文學博士 芳賀矢一
文學博士 高楠順次郎
文學博士 南條文雄
文學博士 上田萬年
監修

織田 佛教大辭典

文學士 大佛衛
文學士 和田徹城
文學士 宮坂喆宗
補修

補訂縮刷版

織田得能著

東京
大藏出版株式會社

再刊の辞

我国最初の完備せる佛教大辞典は、故織田得能師が明治三十二年より同四十四年世を去るの間、逆境を克服して稿を草し、終始一貫、独力を以て編纂せる畢生の遺業、世に織田辞典と称するものである。師の十余年に及ぶ辛苦の結晶は、その後、芳賀矢一、南条文雄、高楠順次郎、上田万年等諸博士の厳正なる校閲を経て、大正六年初版の刊行となり、以て漸く輝きを放つに至つた。爾来本辞典は、東洋文化を究める数多学徒の必携の書として愛用せられ且つ学校、図書館、寺院等の書架に備へられ、佛教辞典の決定版として、その真価を発揮し、師の不朽なる偉業を顕揚して来たのである。

本辞典は、典拠、引用が該博にして正確、解説は簡明適切であり、語彙の豊富、類語の網羅、索引の完備等、数々の特色を有し、殊に国文古典に関する出典引用の多きは、他にその類なく、上に列挙せる諸博士の専門的立場よりする校閲と相俟て、その権威は定評のあるところである。本辞典が、完成以来四十余年を経た今日、尚広く要望される所以は、一巻にして要を満たし得る万人の佛教大辞典であると共に、その内容が他の追従を許さぬ厳正さを持つて居るからである。

今般、佛教普及の念願をもつ弊社は、本辞典が絶版以来既に久しく、需用者の多きにも拘らず入手極めて困難なる事情にかんがみ、又織田師の悲願を継がれる遺族の希望をも承けて、玆に再びこの不朽の名著を世に送ることになつたのである。東洋文化の一大宝蔵たる佛教への理解は、今や、全世界の国際常識となりつゝある。佛教用語の解明に於て最も権威あり、然もその取扱い上、大に過ぎず小に失せざる、極めて便利な一巻本の織田佛教大辞典の再刊は、永く世界の文化に貢献するものであることを信じて疑はない。

再刊に際しては、実用的であることを主眼とし、図版を除き、型体を手頃のものとなした。且つ又、永年本辞典の補訂について特別の注意を拂はれ、その正誤を丹然に調査しつゝけられてゐた宮坂喆宗師の正誤表により、出来る限りの訂正をなした。

終に、今は亡き著者並びに校閲者、その他嘗つて辞典の編纂に盡力された人々の霊に対して祈念を捧げると共に、再刊にあたつて各方面からいたゞいた讃助と激励に感謝の意を表する次第である。

昭和廿九年十月一日

大蔵出版株式会社

序

織田君の晩年は悲慘なりしと謂ふべく、而して佛敎辭典の編纂は悲慘の中に進行し、悲慘をして愈〻悲慘ならしめぬ。「君は嘗て前田村上二君と眞宗新進學僧の三幅對と見られ、中にも夙に才鋒發露し、嚢を脫せずんば已まず、暹羅より歸りて基督敎徒に討論を挑むなど、活躍到らざる無し。後ち著作に從事しつゝ、宗務に奔勞すること幾年、漸く全力を辭典に注ぎ、業大に進みて病を得、病重ければ病院に移り、病輕ければ自宅に業を續け、斯くするや再三再四、以て歿す。」

他の二君は性格の相ひ異なれど、孰れも才の早く露はれず、自ら學者を以て安んじ、人も學者として認め、年を逐て學を積み、識を加へ、帝國大學に講師と爲り、文部大臣より學位を授けられ、世の佛敎學者を擧ぐる者、此の二君を言ひ、織田君を言はず。人或は織田君の才あるに似て才に乏しく、他の二君の才なきに似て才に富み、前者が一生の方針を誤り、後者が之を誤らず、遂に彼の如く距離を生ぜるを說く。織田君は此類の事を聞かざりしに非ず、聞いて果して首肯せしや否や。多感多恨なる君は何ぞ之を雲煙過眼視すべき。

君は種々の事に力を分ち方針に惑へるが如くなれど、自ら固く信ぜるは他なし、已れの學識を以て一大著作を成し遂げ得るといふ事是れなり。人は其學識

を認めて其氣根を認めざりしも、君は尋常に優るの氣根を具へ、尋常に優るの業務を果たすに堪へたり。佛教辭典の小なるは既に若干種の出版あり、其の大なるは一も完成せず、望月君の佛教大辭典の中絶は言はずもがな多額の費用を以てせる佛教大學編纂の佛教大辭彙さへ、一昨年三卷中の一卷の出でしのみ。而して玆に織田君の佛教大辭典の出で、後の雁が先きと爲る。君は豫め之を知りしが如く、佛教大辭典の必ず己れの手に成るべきを明言し、望月君等の編纂を一笑に附し、且つ言ふ、本書の成りて學位を授けらるゝも、吾は斷じて受けず、前田や、村上や、吾が倶にするを欲せざる所なりと。時に神經衰弱の既に重く、顏色憔悴、形貌枯槁、無限の不平胸に溢れ、熱罵冷嘲に繼ぐに涕涙を以てし、寧ろ鬼氣人に迫る。君子は人知らずして慍らずと云ふも、大辭典の成れる後より考ふれば、君の不平不滿の必ずしも無理ならざらんか。

本書出でゝ佛教界始めて大辭典あり。歐米人の辭典を問ふあれば、先づ是を以て答ふべし。佛教大學の佛教大辭彙も早晩完成すべく、之に較べて本書は簡に失すと見えんが、務めて冗語を廢する所、稍〻素養あるものに便を與ふ。他日大辭彙の出づる曉、佛教界に二種の大辭典あり、若し望月君が飜然悟り、中絶せるを繼續せんか、更に一を加ふべし。　是れ啻に佛教の面目なるのみならず、日本及

び東洋の文運に關係あり。而して一病僧の力を以て成れる本書實に其の先驅なり。彼の悲慘なる境遇に此の貴重なる產物ありとは、嗚呼奇にして奇ならず。諺に云ふ、最も闇黑なる雲に閃く電光は最も輝く。

大正五年殘暑の候

雪嶺迂人

佛教大辭典序

佛教は世界の大宗教にして其印度以東の文明に影響する所實に多大なり。故に佛教を信ずると否さに拘はらず、苟も東洋文明の特質如何を知らんと欲せば、根本的に佛教の教義を理解せざるべからず。然れども佛教の教義は大部分哲學的にして一種の術語多く、往々深遠幽奥にして理解し易からず。是れ完備せる佛教大辭典の必要ある所以なり。明治維新以來已に發行せられたる佛教辭典の類五六種之なきにあらずと雖も、或は粗略にして學者の實用に適せず、然らざれば、單に其一部分をのみ發行して未だ完備せず。是れを遺憾となすのみ。織田得能師は明治年間に於ける佛教界の碩學なり。師曾て余を訪ふ。余師を引いて書齋に入り、談話を交ふるに當つて之に謂つて曰く、方今佛教辭典の必要ありと雖も、一も意に適するものなし。師は祗林の龍象にして、博學多才なり。請ふ率先して完備せる佛教大辭典を作れさ。師曰く、諾。其後師と相見ざること實に十有餘年。余殆んど全く當時の談話、佛教辭典に及べることを忘る。然るに師偶、余を訪ふ。師の顏色蒼白にして頗る凄氣を帶び、容貌大に改まるを覺ゆ。師曰く、多年辛苦の結果「佛教大辭典」成る。全く君慫慂の一言に基づくと。

余因つて往事を追懷し、深く師の努力と忍耐との尋常ならざるを感ず。幾くもなく師病を得て、健康復た往日の如くならず。遂に其病の爲に遷す。然れども其遺稿「佛敎大辭典」あり。是れ師の生命を價する所にして又實に師の精神の存する所なり。此書一たび世に出でんか、必ず佛敎の敎義を理解するの鑰鍵として、隨つて又東洋文明の特質を探究するの舟筏として、永く學者の珍重する所とならん。果して然らば師や已に死するも未だ死せずと謂はざるべけんや。頃ろ大倉書店主人、師の「佛敎大辭典」を發行せんとし、印刷已に成るに及んで、余が序を徵すること急なり。今にして之を思へば、師の遺著「佛敎大辭典」に余が序を附すること本と師の遺囑に出づ。余固より師の遺囑に背くに忍びず、且つ此「佛敎大辭典」の如き良著の世に出づることは學界の爲に深く喜ばざるを得ず。因つて直に筆を執りて余の師に對する關係と感想とを述べて以て之が序となす。

大正五年八月五日

文學博士　井上哲次郎識す

序

織田得能師。多年注心血。以單獨之力。從事于編纂佛敎大辭典。及其殆成也。罹疾而逝矣。人皆惜之。況於屬同宗派如予者乎。師實爲越前阪井郡鶉村波寄眞宗大谷派翫香寺主生田氏之子。蚤卒福井縣師範學校之業。尋來東京。寓島地默雷勸學之白蓮會堂。切磋之餘。相共著三國佛敎略史。又之暹羅。察小乘佛敎傳播之現狀。著暹羅佛敎事情。已而爲東京淺草區松淸町同派宗恩寺住職。爾來講經布敎之傍。涉獵內外典籍。孜々不倦。其所著有和漢高僧傳、及大乘起信論義記、天台四敎儀、八宗綱要、七十五法名目、法華經等之講義。又遊支那。更之印度。巡拜佛蹟而歸。蓋大有所期也。後遂始此大事業。然過勞之極。不免於夭折。无可悲也。今也文學博士高楠、芳賀、上田三君受其遺託監修之。文學士大佛、和田、宮坂三君補修之。以成師之志。到見其刊行。則予等之喜可知也。如予者。唯有監修之名。而無其實者也。大倉書店大壁君寄書徵序于予。因陳悲喜之情。以塞其責。此書之眞價。讀者自知之。則固不待予之喋々也。

大正五年八月三十一日

文學博士　南條文雄識

序

篤學にして博識織田得能師の如きは希れなり。篤信にして義俠、今津源右衛門君の如きは亦得難し。この著主にしてこの施主あり、初めてこの大業を成就し得べし。著主の本書編纂に從ふや、博綜貫練、用意周密、極めて世の百科辭書若くは社會事彙の圈内に陷らんことを避け、專ら佛敎硏究字書としてその地域を開拓せんことを期せり。内容解說の方法に於ても、殊に詳略宜しきを得んことを務め、一々の釋義は必その出據を明かにし、その依用する所の本文を出し、之に對する古來の解釋は、その是非に係らず、該羅漏らす所なし。題目排次の形式に於ても、著主獨得の工夫を凝らし、一主題の下必之が類語を排列し專門的、法數的用例より通俗的、文學的應用に至るまで悉く之を示し。宗派に依り讀例、釋例の差あるもの、譯家に依り音譯、義譯の别あるもの、皆之を註し。偈頌、公案、歌題、撰歌の之に關するものあれば亦之を揭げ、以て諸般の適用を一目に通曉せしめんことを期せり。

本書の編纂期に於ては、著主獨力その編述に從ひ、苦心經營十數年、その間、施主は巨多の貲を投じてその業を助け、全篇の綱概漸く成り、未だ再治に及ばずして、不幸二豎の冐す所となり。一朝溘焉として寂す。玆に本書の補修期に移り。

高楠博士序

施主獨力その完成を企圖し、萬難を排してその局に當り、文學士大佛衛、文學士和田徹城兩君ご謀り、前後五週年を經て補修整理その功を終る。その間、南條、上田、芳賀三博士と予とは終始その補修顧問に任ず。殊に南條博士ご予とは直接指示の局に當りしも、予が、印歐漫遊の事あるに及びては、南條博士獨り之を主裁せり。かくの如く予等四名が全然無償にて多くの時間と勞力ごを犧牲に供したるは、故著主の遺志に基づくご雖も、また施主が一意學界の裨益ご遺族の安慰とを思ふの義心に感じたるに由るもの多しごす。印本書の印刷期に入るや又施主の好意に依り、大倉書肆は喜んで之を擔任し。印刷漸く進まんとするに及び、大佛文學士地方赴任の事あり、和田文學士獨手之に當る能はず、文學士宮阪喆宗君入つて之を助け。芳賀博士は國文方面を、予は梵文方面を擔任し、その校正の功を終へたり。その間、東京美術學校教授大村西崖君挿畫全部の撰擇を主裁し、往々東京帝室博物館技手吉浦祐全君の助力を得。狩場明神の神像に關しては中僧正加藤諦見(高野山龍光院)、權少僧正長谷部隆諦(高野山大學教授)兩氏の助力を辱うせり。術語解釋說明に關してはドクトル荻原雲來、文學士木村泰賢(以上文科大學講師)司敎嶋地大等(東洋大學教授)、文學士長井眞琴、文學士池田澄達、ドクトル、ロゼンベルグ(露國大學派遣留學生)等の諸氏の

助力を得たるを謝す。

本書中梵語の音譯に至りては、原語の發見多からざるに非ずと雖も、黯推宜しきを得ざるものあり、的示則を踰ゆるものあり、末だ完璧と稱するを得ざるは深く遺憾とする所なり。但し疑義を存するものは、概ね問點若くは星點を附して之を別ち、補正を要するものは、正誤及び索引に於て之を明示せり。原語、譯名、音義その他不備の點は再版に至りて之を塡補するの豫定なれば、有識の士願くは直接教示の勞を吝まざらんことを。

本書に掲ぐる題辭、序文は皆著主の遺言に依り之を請ひ得たるものなり。著主は更に用語を指定し、上田、芳賀兩氏は國文。井上、三宅兩氏は漢文。南條氏と予とは梵文こし。以て和漢梵の三語六文を臚列せんとせしも、今は撰文各自の自由に一任することゝせり。謹んで本書完成の次第を略記し以て序とす。

大正五年八月三十日本文校了の夕

高野山元遍明院　眞如法親王修禪之處に於て

雪下道人　高楠順次郎識

序

織田君が佛教辭典の編纂を思ひ立たれしは、今よりは二十四五年の昔なりけん、井上巽軒博士の慫慂によれりとぞ折々は語られし。余が君と始めて鄕友會に相識り、ついで君を宗恩寺におとづれし頃は机邊の稿本已に數尺の高さをなしゐたり。或日辭典の編纂法體裁等につきて、余に諮らるゝことありしかば、余は備に外國の辭書の有樣など語り聞かせたるに、君は大に喜びて、其の後もそれ等の事を質問せられしこと度々ありき。余は國文學中の佛語等に就きて屢君の敎を受けしが、問ふ所必ず答へられざるなかりしかば、余は其の博覽强記に感じつゝも井上博士が辭典の業を君に勸められしことの偶然ならざるを悟りき。交友二十餘年の間、君は二階の一室に坐して、日夕机を離るゝことなく、堆き參考書の中に埋れて、食事する時間も愛しなど常にいはれき。「國文學中の佛敎文學」を諸學校に講じ、又「國文十二種の佛語解釋」等を物しなどせられしは、余が君に請ひて强ひて君の貴重なる時間を割かせたるなりき。君或時戲れて、音韻文學の學問に於ては契沖阿闍梨國學界の大功を樹てたり。佛敎文學の闡明に就きては得能恐くは明治の契沖たらんといはれき君は又深く三宅雪嶺博士を賞揚し、南條高楠二博士

にも敬服し居られしかば我が辭書成らば、此等の諸氏に序文を乞はん、君も亦一文を草せよと語られしが、それも十年以前の事なりしなるべし、君は辭典の編纂を以て畢生の事業となし、余が佛恩に報じ、國家に盡すの道はたゞこれのみといはれき。されば稿本已に成りて後も、幾度か增補を施し、修正を加へられて、いつ脫稿すべしとも見えず、かくて君は遂に辭典編纂のために仆れたりき。君は常に細字にて書かれ、極めて早筆にて草體なども交りしかば、稿本を讀まんすら容易の業にあらず。君の歿後まづ其の整理を引受けられしは高楠博士にして、高楠氏外遊中は南條博士之に代られ、稿本修補の傍梵文を記入せられ、歿後五年こゝに始めて此の書世に出づることゝなりしは二博士の勞亦實に尋常ならずといふべし。此の書は君が一生の心血の注ぐ所なり。君が學識は擧げてこゝに收められたり。之を見るもの誰か其の學術と佛教とに忠實なりし至誠の人格をしのばざらん。往事を思ひ出で、感慨の念やむ能はず、いさゝか余が知れる所をしるして、序文の舊約を果す。

大正五年七月歐米漫遊に出立たんとする前三日

芳賀矢一しるす

序

織田得能氏から我等同人が法華經の講義を聽いたのも最早かれこれ二十年前の事となつた其後師が佛教辭典編纂を思ひ立たれその深遠の學識と不撓の根氣とを以て刻苦勵精せらるゝのを見て我等同人は師の爲に滿腔の同情を捧げ一日も早くその完成を祈り學界に一大光明の發現せんことを渴望したのであるゝ然るに悲しいかな師は半途病魔の侵す所となり一生の事業を高閣に委ねて溘焉として易簀せられ了つたそこで師の同縣人にして我等同人の一人なる芳賀文學博士が編纂整理上の總ての世話をなし師の生前の知己高楠文學博士が梵語に關する校訂上の勞を總て取られ大倉書店が進んで出版上の負擔を引受けられて出來上つたのが此書である、明治大正の兩時代にかけて辭書の出版も數限りなくあるがかゝる悲哀の歷史と同情の涙とを以て編纂せられたものは殆ど例があるまいと思ふ此の書が織田得能師の我が國民に與へられた永劫の記念物たるを思ひ我等同人は二十年前の聽講者として謹んで玆に師の冥福を祈るのである

大正五年九月

上田萬年識

凡例

一、本書各語の排列は五十音順により、濁音は纒めて該清音の次下に列す。

二、字音の假名遣は一は中古文讀者の便をはかり、一は正確なる假名遣法を示さん爲め、歴史的假名遣法により、發音によりて該適の項を發見せんとする者の爲に、特に卷末に發音索引を付す。例へば「一體」はイチタイ「一燈」はイチトウと排列し、索引には普通音引に從ひイッタイイットーとせる如し。

三、各語の下にその種類別を示し、名數・術語・地名・天名・界名・人名・譬喩・菩薩・羅漢・異類・眞言・修法・儀式・職位・傳説・故事・印名・種子・經名・書名・流派・寺名・堂塔・動物・植物・雜語・雜名・其他に別つ。同一語にして異解ある場合は図の符號を附せり。

四、所出漢字の字音に多種あるもの、又は一定せずして各派その讀法を異にするものは一々これを列擧してその便に供したれども、一層の注意と配慮とを以て、卷末に漢字畫引索引を附せるを以て、古來難事とせる佛敎用語の讀法を些の努力なくして知ることを得。

五、典據明示のため引用せる經論・註釋等はその數枚擧に遑あらず。その名目は或は「大毘盧遮那成佛神變加持經疏」を「大日經疏」とし或は單に「大疏」と記し「異部宗輪論」を「宗輪論」とせる如く、最も普通の稱呼によりて掲出し、該書の解題は又本文中にその項目を列するを以て、直にその書の具名を知るを得。又單に「經に」として引用を掲げたる場合には、その説明中にある經を指すものとす。蓋し出典の明示は著者苦心の存する所にして、只に各語の解釋を知るのみに非らず、進んで研究せんとするものゝ指針たり。讀者幸にこの點を利用せば得る所亦鮮からざるべし。

六、本項の次下には附項を列擧して體語の專門的・法數的・文學的用例を示し、又は事件の關聯を一目して明白に理解するに便ならしめたり。

七、佛語中には讀み癖せありて、時としては思ひもよらぬ讀方をなすものあり。斯かるものは本項以

外に別に普通の讀方の下に排列し、其の項下に讀方を示したるものあり。例へば禪語の「作麼生」はソモサンと讀むべきこと、專門外の者には思ひもよらざれば、普通音引に從ひ、サマシヤウの項を設けソモサンと讀むべきを示したる如し。

八、引用文に關して疑はしきものは努めて原典と校合せるも、その極めて多方面に渉れることと、翻轉改寫多年に渉り、加之佛敎辭典出版の難事なるとにより、或は多少の誤寫等あるべきを憾みとす。且梵語には殆ど完全なる正誤表を附したれど、諸種の索引校合繁雜を極め、怱々の際尚梵語・漢字等の誤寫・誤植なきを保せず。此等の點につきて誤りを發見せられたる諸賢は高楠博士あてに御注意の勞を取り給はんことを。

九、索引中、音引索引は淸音・濁音を混一し「ワ」行の假名は悉く「ア」行に轉用し「クワン」「クワ」等を「カン」「カ」とし「ハウ」「ホフ」を共に「ホー」とせる如く、吾人日常の通俗的發音に近からんことを期せり。例せばクワンギヤウ(觀經)ハウベン(方便)を索引にはカンギヨーホーベンとせる如し。書引漢字索引は第一字及び第二字の畫の多少により以下は字數によりて排列せり。梵語索引は多少專門的智識を有す順ものの必要に備へたるものなれば、英語字音のるによらずして梵語の順によりて次第せり。「梵」は梵語「巴」は巴利語の略にして、語の終りに＊印を附せるものは疑はしき節ある文字、尙研究を要すべき文字なり。 索引中、本書各語の項目は頁數と段數とを示し綱目中に存する著名なる熟語・名稱等はその行數を示せり。單に23-3とあるは二十三頁の三段目にその項目あるを知らしめ、23-3-12とあるは二十三頁、三段、十二行目にその語あるを知らしむる如し。又音引索引中その重要ならざるものはこれを省略して書引索引に出し、徒に冗漫繁雜ならざるに勉めたり。

十、書中〔　〕は說明の引用書にして◉(　)は國文書中に現はれたる用語の例示なり。◉(曲…)は謠曲を指す如し。

大正五年十月　補修者識

佛教大辭典

あ

ア 阿 𑖀 a。［術語］悉曇十二母韻の最初の韻。五十字門の一。又、過、哀、曷、安、菴、頞、噁。此音が本と爲て一切の梵語を生じ、此字が元と爲て一切の梵字を生ず。【大日經疏七】に「阿字是一切法敎之本。凡最初開レ口之音。皆有二阿聲一。若離二阿聲一。則無二一切言說一。故爲二衆聲之母一。」【同十二】に「阿字爲二一切字之種子一。」【理趣釋】に「阿字菩提心義。一切字之爲先。」譯、無。非。不。弘法の【金剛頂經開題】に「阿名二無不非一」図、阿彌陀佛の畧。頓阿、他阿など。「アミ」を見よ。

阿字爲月輪種子 ［雜語］三密觀には阿字を觀じて月輪となす、是れ阿字本不生の法に理智あり、智の本不生は諸法の本體不生を現覺する智なり、此の義を以ての故に智月の種子に阿字を用ふ。【護身法鈔】

阿字一百義 ［名數］一に一切法無來、二に一切法無去、三に一切無行云々と、無住、無本性、根本以下一百を擧ぐ。

阿字觀 ［術語］眞言宗の觀法。阿字を觀念する方法【辨惑指南一】に眞言の行者の要道は阿字觀に過ぎたることなし。阿字觀に三の別あり。一に聲、二に字、三に實相なり。初に聲の觀とは、其坐法と印相とは常の如し。口には阿字を出息毎に唱て、其聲に意を付て一息一息に懈る事なく修する時は、妄相自ら息て其心寂滅し、眞智自ら生じて一心の本源を明達す。二に字の觀とは先づ我身の心の中に徑一肘量の圓明の月輪を觀じ、其中に八葉白色の開蓮花を觀じ、其臺の上に金色の𑖀字ありと觀ずる也。

阿字具四用 ［雜語］阿字に四種功用あること。【大疏七】に如來の眞言は一一の言に於て皆具に能く一切の義利を成就す、一一の名の中に具に能く一切の義利を成就し、一一の成立の相の中に能く能く具に一切の義利を成就す、且つ三昧耶の眞言を擧ば最初の阿字は本不生の義を以ての故に即ち「息災の用」あり、本不生を以ての故に一切の功德具足して缺ることなきは即ち「增益の用」あり、本不生を以ての故に無量の過失殄滅して餘りなきは即ち「降伏の用」あり、更に一法の此の本不生を出づる者なきは即ち「攝召の用」あり、是の如く本不生の中には功あらざる所なければ即ち能く一切の諸事を成辨する阿字の如く餘の一一の字も亦た是の如し。」

阿字數息觀 ［術語］阿字を出入の息に觀ずる觀法。【大日經悉地出現品】に「以二阿字門一。作二出入息三時思惟一。行者爾時能持二壽命一。」【大疏十一】及【演奥鈔三十九】に入息を不生とし出息を不滅と觀ずる法を說く。

阿字內外聲 ［術語］阿字の一字に喉內聲と喉外聲の二音あるを云ふ。【大日經疏十七】に「阿有二內外一。若雖レ無二外聲一。然不レ能レ離二阿字內聲一。內聲者即謂喉中阿聲也」云々と外聲は之の喉中の阿字の顯現を云ふ。

阿字七義 〔名數〕㊀菩提心、㊁法門の義、㊂無二の義、㊃法界の義、㊄法性の義、㊅自在の義、㊆法身の義。

阿字布心 〔術語〕一切眞言の心なる阿字を行者の心に布く、之を心作心、又は心布心と云ふ、畧して心々と稱す。

阿字本不生 〔術語〕是れ密教の根本義なり、本不生とは本來本有にして今始て生ずるに非ざる義なり、是れ阿字の實義なり、何ぞ阿字に不生の義あると云ふに、凡そ物の元初根本なる者は必ず不生の法なり、生法は必ず能生の因なかるべからず、能生の因あれば是れ根本元初に非ざればなり、今阿字は即ち字の根元にして、更に能生の因なければ、最も此の不生の義を知るに便なり、故に阿字に寄せて、阿字の不生の如く一切諸法の不生の義を知らしむるなり、是を觀ずるを阿字觀と云ふ。【大日經二】に「阿眞言教法。謂阿字門。謂一功諸法本不生。」⦿（近松、萬年草）「分て賜はる骨肉を一つに返す阿字本不生」

阿字門功德七句 〔名數〕【大日經轉字輪品】に「眞言門修二菩薩行一。菩薩若欲レ見レ佛者。㊀若欲二供養一。㊁欲レ證發菩提心一。㊂欲下與二諸菩薩一同會上。㊃欲レ利二益衆生一。㊄欲レ求二悉地一。㊅欲レ求一切智智一者。㊆於二此一切佛心一阿字當二勤修習一。「今此の七句合して五點の功德と爲す、初の一句は發心、第二句は修行、第三句は證菩提、第四、第五の二句は涅槃中に於て、第四句は內證、第五句は外用、第六第七の兩句は方便、此の中第六句は身の方便、第七句は心の方便なり。慧光云く、故和上謂く、第五、六、七の三句は並に是れ中方の方便なりと。」【演奧鈔四十二】

アー 阿 長聲 अ a。〔術語〕安、阿、阿阿、安、菴、頞、悉曇十二母韻の一。五十字門の一。阿の轉生。阿字に修行の點を附したるもの。【金剛頂經字母品】に「阿引去字門。一切法寂靜故。」【文殊問經】に「稱二阿字一時。是遠二離我一聲。」【大莊嚴經】に「唱二長阿字一時。出二自利利他聲一。」【大日經疏十四】に「若見二長阿字一。當レ知修二如來行一。」【同十】に「長聲第二字。是金剛三昧。」一切法寂靜は阿練若 Araṇya より遠離我は Ātman（我）より釋す。又 Ākāśa. Ārya より空、聖者と釋することあり。

アアウダコク 阿奄茶國 〔地名〕（Avanda）西印度の境。小乘の僧徒多し。【西域記十一】

アイ 愛 〔術語〕梵字 ऐ。悉曇十二韻の一。五十字門の一。【文殊問經字母品】に「稱愛引引字時、是威勝聲」と、是れ威儀路の義を有する Airyāpatha. より轉釋せしものゝ如し。

アイ 愛 〔術語〕物を貪る意。染着する意。十二因緣の一。【俱舍論九】に「貪二資具婬一愛」【大乘義章五末】に「貪染名レ愛」【唯識論述記十六】に「躭染爲レ愛」【楞嚴經四】に「異レ見成レ憎。同レ想成レ愛。」【圓覺經】に「輪廻愛爲二根本一。」

二種愛 〔名數〕一に有染汚。所謂貪愛にして妻子等を愛するを云ふ。二に、無染汚、所謂信愛にして師長等を愛するを云ふ。【俱舍論四】

三種愛 〔名數〕一に境界愛。臨終の時。眷屬家財等に於ける愛着心。二に自體愛。臨終の時、吾身體に於ける愛着心。三に當生愛。臨終の時、當來の生處に於ける愛着心。【往生要集中末、同指麾鈔十八】

アイ 阿夷 〔雜語〕阿梨耶 Ārya の訛畧。譯、尊者。聖者。【飾宗記十】に「阿夷翻二尊者或聖者一。今阿夷者略也。僧祇律中。阿梨耶僧聽。即是也。」

アイ 阿夷 〔人名〕悉達多太子を相せし阿私陀仙人の別名なり。【法顯傳】に「阿夷相二太子一處」【大部補註五】に「阿夷亦云二阿私陀一。此云二無比一。又云二端正一也。」

アイイ 愛恚 〔術語〕貪愛と瞋恚との二の惑。【大集經三】に「離二愛恚一故。一切世間。供養恭敬。」

アイエン 愛涎 〔術語〕愛欲の情より垂るゝ涎。【楞嚴經八】に「貪二求財寶一。心發二愛涎一。擧レ體光潤。」

アイエン 愛緣 〔術語〕恩愛の緣。【寶積經七十八】に「諸煩惱中。愛緣所レ合。此最爲レ重。」

アイカ 愛河 〔術語〕愛欲、人を溺らすを以て譬へて河と云ふ。又貪愛の心、物に執着して離れざること、水の物に浸染するに似たれば、河水に譬ふ。【八十華嚴經廿六】に「隨二生死流一。入二大愛河一。」【浴像經】に「願永出二愛河一登二彼岸一。」【楞嚴經四】に「愛河枯乾。令二汝解脫一。」【探玄記十一】に「以レ有二愛水所ヒ沒故。爲二愛河一。」【善導の觀經疏四】に「言二水火二河一者即喩二衆生貪愛如レ水瞋憎如ヒ火也。」

アイカイ 愛海 〔術語〕愛欲の海。欲の深きを海に譬ふ。【八十華嚴經七十八】に「愛欲海。我慢山。」【止觀五之四】に「摧二邪山一。竭二愛海一。」【敎行信證三末】に「沈二沒於愛欲廣海一。迷二惑於名利大山一。」⦿（本朝文粹十四）「斷二疑網於愛海一。」

アイカイ 愛界 〔術語〕愛欲の境界。愛欲の種族。【大集經三】に「知二世愛界一」

アイカウ 受糠 〔譬喩〕愛欲の糠。愛欲の棄つべきを糠に譬ふ。【智度論二十八】に「諸聖人糠已脫」

アイカツ　愛渇 〔術語〕又、渇愛とも云。愛欲の心、貪ること渇にして水を求とが如し。【圓覺經】に「衆生欲下脫二生死一免中諸輪廻上。先斷二貪欲一。及除二愛渇一。」

アイキ　愛鬼 〔譬喩〕愛着人を害すれば鬼に譬ふ。【三教指歸中】に「羈二摩愛鬼一。」【付法藏傳三】に「愛羅刹女。常欺二衆生一。」

アイキツ　藹吉 〔鬼名〕「アイキッシ」を見よ。

アイキツシ　藹吉支 〔鬼名〕人の死尸に魅ゐる鬼なり。【玄應音義二十一】に「藹吉梵言二藹吉支一。此云二起屍鬼一也。」【慧琳音義五十四】に「藹吉支。起屍鬼名也。」「ビダラ」の下に委し。

アイギヤウ　愛敬 〔術語〕尊貴の人を愛し敬ふこと。【無量壽經上】に「如三純孝之子愛二敬父母一。」

愛敬法 〔修法〕又、敬愛法。神佛を愛敬する爲の御修法。又人をして愛敬心を起さしむる爲の御修法。

アイギヤウ　愛行 〔術語〕見行に對する語。愛欲の情多き者を愛行といひ、推理の多き者を見行といふ。行とは心行と熟して心の活動なり。【涅槃經十五】に「人有二二種一。一者見行。二者愛行。」【智度論廿一】に「衆生有二二分行一。愛行見行。愛多者著レ樂。見多者多著二身見等行一。」

アイク　阿育 〔人名〕Aśoka 舊稱、阿恕伽。新稱、阿輸迦。譯、無憂。西紀前三百二十一年頃、印度に於て孔雀王朝を創立せし旃陀掘多大王 (Candragupta) の孫なり。紀元前二百七十年頃、全印度を統一し、大に佛教を保護し、之を各地に宣布せしむ。王の傳は南北によりて、其趣を異にす。北傳【阿育王經、阿育王傳】によれば、其母は瞻婆羅國の婆羅門女にして、名を須跋羅祇 (Subhadrāṅgī) と云へり。王、幼時甚だ狂暴にして父王の寵なく、兄修私摩 (Susīma) を以て、嗣となさんとしたり。偶々領內、德叉尸羅 (Takṣaśilā) 國に叛亂生ぜしを以て、彼をして往いて征討せしむ。阿育王經に「器杖資具悉不レ與レ之」又阿育王傳にも「唯與二四兵一不レ與二刀杖一」とあるより見るも、父王の意其陣沒を期せしなり。然るに彼れ、豪邁善戰克く叛亂を平定し威權之より大に張り、遂に父王の崩御後、修私摩を殺して王位に登れり。南傳【善見律一、島史六章、大史五章】は之と異り、初め阿育王の未だ王たらざる時、出でゝ烏闍衍那 (Ujjayinī) の副王 (Yuva rāja) となり、任地にありて收斂の事を司りしが、偶々父の訃音を聞き踰徨首都に歸り修私摩を襲ひて之を殺し、自ら王位に即き四年間に同母弟帝須を除きて、他九十九人の異母兄弟を殺戮し、然る後即位の大禮を擧げたり。是れ實に佛入涅槃後二百八十年なりと。其何れに依るも即位前後に於て兄弟間に內訌ありしは事實なり。登位の初めにあたりては、依然狂暴を極め臣を殺し、婦女を戮すること無數なり。又栴陀耆利柯なるものゝ言を容れて一大地獄を造り、無辜の民を戮せること算なかりしが、後翻然として佛教に歸するに及んで、大に慈悲の精神を發揮し、正法の興隆宣布に努力したり。王の事蹟に關しては、幸ひに其勅語詔文の殘れるあり。又佛典中にも記載せるものありて、彼此綜合して之を知るを得べし。詔文は或は岩面に刻し、或は石柱に刻せるものにて、現今既に發見せられしもの三十四章あり。幾多學者の苦心によりて讀破する事を得たり。是等の詔文によれば、王には兄弟姉妹及び兩后あり。國都は華氏城にして、王權の及べる範圍は、北は雪山地方より、南はマイソールに及び、東はベンガル灣より、西は亞剌比亞海に及べるを知る。詔文の內容は種々多岐なるも、要は正法 (Dharma) を宣布し、天下和樂して、國民互に慈悲の精神を懷抱すべき事を奬勵するにあり。斯の如く、王は廣大なる版圖を統御して、其宜しきを得たるのみならず、眞理を愛し博愛の精神に富みしことは、印度の古今を通じて空前絕後の聖王たるは勿論、又有史以來の世界の大王たりと稱せざるを得ず。王が歸佛の動機は阿育王傳第一によれば、海比丘の奇蹟を見たるに基因となし、善見律毘婆沙第一に依れば、尼瞿陀 (Nigrodha) の感化に出づと云へり。然れども有名なる詔文第十三章によれば「天愛善見王は灌頂第八年迦餧伽を征服せり、十五萬人は捕虜となり、十萬人は戮せられ、又其數倍の衆は死したり。迦餧伽の併呑以來天愛は熱心に達摩を護持せり、達摩に歸依せり、又達摩の教規を宣揚せり」とあれば、直接歸佛の動機は、此迦餧伽征服にあるも其遠因は即位初年に經驗せし悲劇と一沙門の說法と相待ちて殘忍酷薄なりし王の心中に宗教的信念の萠芽を喚起せしもの後年迦餧伽征服の大慘事を目擊するに及び一時に勃發し來りて、直に佛門に入り、正法に歸せしものなるべし。王の一たび佛門に入るや、熱烈の度又非常にして領內各地に八萬四千の大寺と、八萬四千の寶塔とを建立し、又正法宣布の詔文を四方に刻せしめ、身親しく佛跡を拜して、之を供養せしが如きは、其最も著名なる事蹟なり。善見律婆沙第二に依るに、王は即位十七年、華氏城に於て、異論防止の爲、第三次の結集を企て、目犍連子帝須を上座となし、一千の長老之に從事し、九月を以て其効を終へたり。「ケツジフ」を見よ。結集終了の後、宣教師を四方に派遣し。即ち末闡提 (Majjhantika) を罽賓 (Kaśmīra) 犍陀羅

(Gandhāra) 國に、摩訶提婆 (Mahādeva) を摩醯沙末陀羅 (Mahīsa-maṇḍala マドラス北方か) 國に、勒棄多 (Rakkhita) を婆那婆私 (Vanavāsi 沙漠地方か) 國に、曇無德 (Yonaka-dhamma-rakkhita) を阿波蘭多迦 (Aparantaka 五河の西部) 國に、摩訶曇無德 (Mahā-dhamma-rakkhita) を摩訶勒咤 (Mahā-raṭṭha) 國に、摩訶勒棄多 (Mahārakkhita) を臾那世界 (Yonaloka 希臘領バクトリア地方) に、末示摩 (Majjhima) を雪山邊國 (Himavanta-pada 尼波羅地方) に、須那迦及び鬱多羅 (Sonaka. Uttara) を金地 (Suvarṇa-bhūmi 緬甸) 國に、摩哂陀 (Mahinda) を師子 (Laṅkā 錫蘭) 國に迗り、各々敎化に從事せしめたり。以上は善見律の所傳なり又誥文第十三章によれば、王は希臘の五王國と交通せしことを記せり。所謂五王國とは、シリア (Syria) エジプト (Egypt) マセドン (Macedon) エピロース (Epiros) 及びキレーネ (Cyrene) 是なり。王の出世年代に關しては、古來異說頻々たりしも、近時希臘、印度の比較研究上前記希臘五王國の出世年代より換算して、今や其年時を確定するを得。尤も其換算の方法によりて、三、五年の差異を生ぜざるにあらざれども、其卽位が西暦紀元前二百十七年前後にありしことは明なり。蓋し王の記傳に就きては、南傳と北傳との間に多くの乖錯あり。就中顯著なるは、北傳は王を佛滅百年の出世となして、迦羅阿育の出世を云はず。然るに南傳は、王の出世を佛滅二百十八年となし、佛滅百年に、別に迦羅阿育の治世を說けり。北傳所依者は南傳を以て歸佛前の王と、歸佛後の王とを區別せん爲に、一人を二人の如くなせしなりと論ずるものあれども、斯の如くんば、近時尤も歷史的價値ありとして準據せらるゝ希臘諸王國との關係は全く價値なきものとなるべし。

佛陀懸記阿育王 〔本生〕世尊、阿難と共に行く、道に童子あり、戲に土を以て麨となし世尊に奉る。世尊此童子を記して曰く、此兒は我入涅槃後百年、姓は孔雀、名は阿育として、出世し、轉輪王となり、正法を信樂して、八萬四千の塔を起し、舍利を供養すべしと。【阿育王經一】

阿育王弟七日爲王 〔傳說〕南傳善見律に依れば、王弟帝須初め佛敎を信ぜず、一日森林に入り、群鹿の交尾を見て、比丘の能く欲を制することを疑ひ、還りて之を王に語る。王乃ち此疑問を解き、佛敎に歸せしめんが爲に、七日間王位を帝須に讓り、且つ告ぐるに期終らば、處するに死を以てすべしと。帝須王位に昇り、快樂供養意に任せざるなしと雖、死を畏れて寧日なきが故に欲を起さず、憂惱憔悴せり。王仍りて帝須に謂ひて曰く、出家の比丘は常に死を思惟するが故に、染着の心を起すの暇なしと。是に於て帝須即ち佛法を信じ、曇無德 (Dhamma-Rakkhita) の奇蹟に感激し、終に王に强請して、阿育寺に至りて比丘となる。北傳阿育王傳二卷王弟宿大哆。阿育王經三卷毗多輸柯に關する傳說も大略南傳に同じ。「ヰダシユ」を見よ。

阿育王最後施半菴摩勒果 〔傳說〕王病に臥して施心益強く、日夜黃金を鷄園寺に迗與して止まず。時に邪見の大臣、太子三波地を勸て庫藏を勒守し、王命を行はざらしむ。王竟に施す物なく、唯半菴摩勒果手中にあるのみ。王大に悲惱し、偈を說て曰く。「今我阿育王無㆓復自在力㆒唯半阿摩勒我得自在」と。乃ち侍臣を遣はして之を鷄園寺に施與せしむ。鷄園寺の上座碎て以て粉末となし、羹中に置き、遍く衆僧に分與せり。【阿育王經五】

阿育王役使鬼神 〔傳說〕王が八萬四千の塔を建てし時、一夜に之を成功せしめん爲め、夜叉を役使せり。【阿育王經一。雜阿含經二十三】⦿（本朝文粹）「假神力而責鬼債」

阿育王一子一女出家 〔故事〕阿育王一子あり、摩哂陀と名く、一女あり、僧伽密多と名く、王弟、帝須比丘、王に二子をして出家せしめんことを請ふ。王二子に問ふ、二子大に喜び、出家せんと欲す。即ち二子をして、出家し佛法に入らしむ。摩哂陀、時に年二十に滿つ。目犍連帝須を推して和尙となし、摩訶提婆を阿闍梨として具足戒を受く。僧伽密多は年十八歲、曇摩波羅を和尙となし、六法を受く。是れ王の登位後六年なり。摩哂陀三藏中に於て一切の佛法を總持し、後和尙帝須の勸めに依て師子國に至る。

阿育王傳 〔經名〕七卷、西晋安法欽譯。【藏帙十】(1459)

阿育王經 〔經名〕十卷、梁僧伽婆羅譯。前本と大同小異。【藏帙十】(1343)

阿育王譬喩經 〔經名〕具には天尊說阿育王譬喩經一卷、失譯。天尊は佛の尊號、敎訓的の譬喩を彙集せしもの。百譬喩經の類、阿育王の三字を冠せしは、其初めの一喩が王の事に關するに由る。【藏帙】(1344)

阿育王息壞目因緣經 〔經名〕一卷、符秦、曇摩難提譯。阿育王の息、法益 (Dharma-vardhana) と云ふもの、容貌甚だ美なり、王の夫人之に姦せんとして能はず、遂に姦臣耶奢 (Yaśas) と謀りて太

子の兩目を抉壞せし因緣を說けるもの。【藏帙十】(1367)

アイクワ　愛果　〔術語〕愛欲の果報なり。【大悲經三】に「欒㆓着生死三有愛果㆒。」

アイケ　愛繫　〔術語〕恩愛の縛繫なり。【智度論二十八】に「斷㆓諸愛繫㆒。直趣㆓涅槃㆒。」

アイケ　愛假　〔術語〕思惑の異名なり。思惑は愛を主とす。愛は迷情より起り、體虛假なるが故に愛即假の意なり。

アイケツ　愛結　〔術語〕貪愛の煩惱。貪愛、人を縛すれば結といふ。【大集經三】に「諸見因緣增㆓愛結㆒」【萬善同歸集中】に「愛結情根。其類一等。」九結の一。

アイケン　愛繭　〔譬喩〕愛欲の情、人を縛して自在ならざらしむるを、蠶の自ら絲を吐て自身を束縛するに譬ふ。【止觀五之三】に「還以㆓愛繭㆒自纏。」

アイケン　愛羂　〔術語〕愛は貪愛、羂は羂罟。愚痴の人は貪愛の羂に罹て自在を得ざるを云ふ。【正法念經七】に「已爲㆓愛羂㆒誑。作㆓惡不善業㆒。」

アイケン　愛見　〔術語〕人に執着して愛を起すを云ふ。【維摩經問疾品】に「於㆓諸衆生㆒。若起㆓愛見大悲㆒。即應㆓捨離㆒。」【什註】に「見㆑有㆓衆生㆒。心生㆓愛着㆒。因㆑此生㆑悲。名爲㆓愛見大悲㆒。」又、愛と見と二種の煩惱。迷事の惑を愛と名け、迷理の惑を見と名く。貪欲瞋恚等は迷事の惑。我見邪見等は迷理の惑。【楞嚴經六】に「令㆘諸衆生落㆓愛見坑㆒失㆗菩提路㆖。」【智度論七】に「煩惱有㆓二種㆒。一屬㆑愛。二屬㆑見」【同二十一】に「衆生有㆓二分行㆒。愛行見行。」

アイケンノダイヒ　愛見大悲　〔術語〕煩惱を斷ぜずして大悲を運び衆生を救ふこと。愛は思惑、見は見惑なり。即ち小乘の菩薩が三大阿僧祇刧の間、四弘誓願を發して、六度の萬行を修して衆生を濟度すれども未だ見思の煩惱を斷ぜず。伏惑行因なるが故に能愛所愛の二相を認め、大悲も亦虛妄不淨なる故に人をして疲厭の想をなさしむる故之れを捨離すべきなり。

アイゲ　哀雅　〔術語〕物の音の哀れに雅致あること。【觀經】に「百寶色鳥。和鳴哀雅。」

アイゲウ　愛樂　〔術語〕愛は親愛、樂は樂欲、世間出世間の善法を信じ樂ふ意。【唯識論六】に「愛樂證㆓修世出世善㆒。」【淨土論】に「愛㆓樂佛法味㆒。」

アイゲウコンゴウニヨ　愛樂金剛女　〔天名〕金剛界の曼陀羅の中、第七理趣會に蠟燭を持て本尊に供る天女の名。【金剛界曼陀羅大鈔三】

アイゲン　愛眼　〔術語〕佛の慈愛の眼。【華嚴經二十五】に「大慈大悲愛眼。等視㆓諸衆生㆒。」

アイコン　愛根　〔術語〕愛欲の煩惱、根本となりて他の煩惱を生ずれば愛根といふ。善根の根に同し。【大乘同性經上】に「無明愛根。」

アイコンガウボサツ　愛金剛菩薩　〔菩薩〕金剛界の曼陀羅の中、第七理趣會の中臺の五尊中西方に位する菩薩の名また摩竭幢といふ。左右に人頭の幢を持す。【金剛界曼陀羅大鈔三】

(愛金剛菩薩の圖)

アイゴ　愛語　〔術語〕四攝法の一、「シセフホフ」を見よ。【無量壽經上】に「和顏愛語」

アイゴ　愛護　〔術語〕愛し護ること。【止觀七之三】に「愛護將養。」【秘藏記末】に「諸佛菩薩愛護。」

アイゴウ　愛業　〔術語〕貪愛の業因。業とは善惡の所作にて未來の果を招くもの。【楞伽經二】に「無明愛業等法」

アイゴク　愛獄　〔譬喩〕貪愛の獄。愛欲人を束縛し迫害すれば牢獄に譬ふ。【八十華嚴經五十二】に「處㆓貧愛獄㆒自不㆑能㆑出」【性靈集二】に「同脫㆓愛獄㆒齊遊㆓覺道㆒」

アイサウ　愛想　自己の好む者を執着し親愛する想。即ち愛着に同じ。【涅槃經二】に「如來無㆑有㆓愛念之想㆒」

アイザイテン　愛財天　〔天名〕胎藏界の曼陀羅の中、第十二外金剛院の北方に位する天神の名。七曜中の貪狼星。財を司るが故に愛財と名く。【胎藏界曼陀羅大鈔七】

アイシ　愛刺　〔譬喩〕愛欲の煩惱、人を毒害すれば棘刺に譬ふ。【八十華嚴經十三】に「衆生無㆓智慧㆒。愛刺所㆓毒害㆒。」

アイシジヤウジユハウ　愛子成就法　〔修法〕大藥叉女歡喜母幷愛子成就法の略名。

アイシフ　愛執　〔術語〕愛惜執着の情。恩愛の情に執着して離れ難きをいふ。【法華經方便品】に「深着㆓虛妄法㆒。堅受不㆑可㆑捨。」⦿(曲、江口)「又あるときは聲を聞き、愛執のいと深き心に思ひ口に云ふ。」

アイシユ　愛種　〔術語〕愛欲の種。愛欲は能く苦果を招けば種と云ふ。【大集經一】に「能焦㆓三有諸愛種㆒」

アイシン　愛心　〔術語〕愛欲の心。【楞嚴經七】に「愛心永脫。成二阿羅漢一。」〔往生十因末〕に「五戒優婆塞。由二愛心一爲二鼻虫一。」

アイシンテン　愛身天　〔天名〕欲界に在り。【智度論十】に「愛身在二六天上一。形色絕妙。故言二愛身一。」

アイジヤク　愛惜　〔術語〕愛し惜みて離れ難き情。【法華經勸持品】に「我不レ愛二身命一。但惜二無上道一。」【止觀七之二】に「捨二身命財一。決無二愛惜一。」

アイスヰ　愛水　〔術語〕愛欲の情より流出する水液。精液の如きもの。【楞嚴經八】に「因二諸愛染一。發二起妄情一。情積不レ休。能生二愛水一。乃至心著二行婬一。男女二根。自然流液。」又愛欲の煩惱、能く業を潤して未來の果を引かしむれば水に譬ふ。生前の業が臨終の愛欲に依て果を生ずる爲めなり。【八十華嚴經三十七】に「業爲レ田。識爲レ種。無明覆。愛水爲レ潤。」

アイゼン　愛染　〔術語〕貪愛し染着するの情。煩惱の名。【智度論一】に「自法愛染故毀二訾他人法一。」【同三十四】に「愛染無門。」

アイゼンワウ　愛染王　〔明王〕明王の名。(Rāga) 明王は外相には忿怒暴惡の形を現ずれ共、其內證は戀愛染着の至情を本體とすれば愛染明王と名く、即ち愛の神。【瑜祇經拾古鈔上】に「有文云。染者陰藏之別名也。（陰藏とは男根のこと） 如法秘決云。大日如來入二馬陰藏三摩地一時。大日心上有二字一。反成レ箭。箭反成二愛染王一。」愛染は貪欲の煩惱なれば何ぞ之を以て神明の體となすと云に、煩惱即菩提の意。【大日經疏十】に「常敎以二無貪一治レ貪。今敎以二大貪一治レ貪。」其の身相は三面六臂の忿怒尊にして、弓箭始め種々の法具を持す。【瑜祇經愛染王品】に「身色如二日暉一。住二於熾盛輪一。三目威怒視。首髻師子冠。利毛忿怒形。又安二五鈷鉤一。在二於師子頂一。五色華鬘垂。天帶覆二於耳一。左手持二金鈴一。右執二五峯杵一。儀形如二薩埵一。安二立衆生界一。次左金剛弓。右執二金剛箭一。如レ射二衆星光一。能成二大染法一。左下手持レ彼。右蓮如二打勢一。一切惡心衆。速滅無レ有レ疑。以二諸華鬘索一。絞結以嚴レ身。作二結跏趺坐一。住二於赤色蓮一。蓮下有二寶缾一。兩畔吐二諸寶一。」【閉帙二】【瑜祇經拾古鈔上】に詳釋あり。【瑜祇經一卷、佛母愛染明王最勝眞言法一卷、溪嵐拾葉抄卷六】《第一圖參照》

愛染王弓矢　〔雜語〕冥合敬愛の理を示したるもの、即ち愛染の幖幟。【瑜祇經拾古鈔上】に「澤云。師以二定弓慧矢一和合時。自成二敬愛之義一。御口云。此手表二敬愛義一也。冥合有二二義一。一矢合レ絃。是冥會義也。二所レ放矢至二何處一立レ物。爲二冥合一義也」（陰陽の理之に同じ）◉（曲熊坂）「愛染は方便の弓に矢をはげ」

愛染明王ノ種子　〔種子〕吽（ウン）

愛染三尊　〔雜名〕【種子集末】に三尊の種子を出だす。三尊の名未レ檢。

愛染王根本印　〔印相〕左右の兩手を掌內に交叉して縛を爲し、兩方の中指を竪てゝ相交て染着せしむ。【瑜祇經愛染王心品】

愛染金剛如法佛　〔佛名〕愛染明王の異名。此明王に金剛王の別稱あり、且つ大日如來の變化なれば金剛如法佛と云。【瑜祇經愛染王品】に「三世三界中。一切無二能越一。此名二金剛王一。」安然の【瑜祇經疏】に「並是以二大日尊一。爲二本尊一。乃至變レ身。成二金剛愛染王一。」

愛染王ノ法　〔修法〕愛染王の御修法（みしほ）。【金剛王菩薩秘密念誦儀軌、瑜祇經愛染明王品】に其作法を記す。

如法愛染　〔修法〕御修法（みしほ）の名。如法は如法如說の意、稱美の言。如法尊眼、如法尊勝などの如し。前項に同じ。

愛染明王の座さまさぬ秘法　〔修法〕又、溫座法。晝夜不斷に之を修して座を冷さぬ意。◉（增鏡、內野雪）「成就心院と云ふは愛染王の座さまさぬ秘法取り行はせらる」

愛染講　〔行事〕愛染明王の功德を講讃する「法會（はふゑ）の名。

愛染講式　〔書名〕愛染講の式文。覺鑁上人の作。【密嚴諸秘釋二】

愛染作法　〔書名〕一卷覺鑁著。

愛染王鈔　〔書名〕一卷、小野僧正著。

愛染寶塔　〔堂塔〕愛染王を安置する寶塔吉野にあり。◉（太平記、七）「搦手の五百人、愛染寶塔より、おり下りて」

アイゼンマンダラ　愛染曼荼羅　〔圖像〕明王を本尊とし、四圍に意生、計里枳羅、愛樂、意氣の四金剛、意生、計里枳黎、愛樂、意氣の四金剛女、及び色聲香味の四菩薩、外院に時春、時雨、時秋、時冬、の四菩薩を設けり。【金剛王菩薩秘密念誦儀軌】

アイゾウ　愛憎　〔術語〕親しきを愛し、怨を憎むこと。【八十華嚴經二十八】に「願一切衆生。捨二愛憎心一。斷二貪恚結一。」【法華經藥草喩品】に「我觀二一切一。普皆平等無レ有二彼此愛憎之心一」

アイダウ　愛道　〔人名〕比丘尼の名。又、大愛道。梵名、摩訶波闍波提（まかはじやはだい）(Mahāprajāpatī) 佛の姨母。【行事鈔資持記下三之四】に「愛道是佛姨母。佛生七日。摩耶命終。姨母乳養。」

アイチ　阿一　〔人名〕僧の名。字は如緣。西大

寺の興正に就て戒範を學び、後、河内の教興寺に住して戒柄を秉る。【本朝高僧傳六十一】

アイチタ　阿逸多　【人名】Ajita　舊稱、阿逸多。阿嗜多。新稱、阿氏多。阿制多。譯、無能勝。最勝の義。彌勒菩薩の字。【維摩經什註】に「彌勒姓也。阿逸多字也。南天竺婆羅門子。」【玄應音義二十六】に「阿氏多。此云二無勝一。舊言二阿嗜多一。或作二阿逸多一。皆訛也。是彌勒今生名也。」【慧苑音義上】に「阿逸多。正云二阿制多一。此曰二無能勝一也。」慈恩の【阿彌陀經疏】に「阿逸多菩薩者。依二新譯稱讚淨土經一。翻爲二無能勝一。或言二彌勒一。此言二慈氏一。由下彼多修二慈心一多入中慈定上故言二慈氏一。修レ慈最勝名二無能勝一。」◉（太平記十五）「阿逸多といへども叶はず。」

アイヂヤク　愛着　【術語】愛は恩愛、親愛。着は執着、染着。深く恩愛の境に執着して離れ難き情。愛執に同じ。三毒の中、貪欲の煩惱。【寶積經九十七】に「如下蠅見二於吐一而生中愛着心上。」【六十華嚴經廿五】に「不レ能レ乾二渇愛着大海一。」◉（徒然草）「愛着の道」

愛着慈悲心　【雜語】愛着の念より起る慈悲心。此慈悲心は佛道に甚わろし。【維摩經問疾品】に「於二諸衆生一。若起二愛見大悲一。即應二捨離一。」【什註】に「見有二衆生一。心生二愛着一。因レ此生レ悲。名二愛見大悲一。」◉（曲熊坂）「愛着慈悲心は達多が五逆に勝ぐれ。」

愛着生死　【雜語】凡そ生あるものは、如何なる境遇にあるを論ぜず、生老病死を免れざるに之を悟らず、永久不滅と思惟して此の世に執着するを云ふ。◉（十訓鈔第九）「これ偏に愛着生死の業なれども木石ならぬ身の習にて此恨にしづむ類古今數を知らず。」

愛着の迷　【雜語】一切萬有は五蘊和合して假に存するものなるに、此の理を知らずして、一切萬物を常恒不易と執するを云ふ。◉（太平記三七）「死レ此生レ彼、天上人間禽獸魚蟲に生を替へて愛着の迷を離れ玉はじと罪深き御契なり。」

アイヅ　阿夷頭　【人名】「アギタ」を見よ。

アイテン　阿夷恬　【術語】譯、新學。又新發意發心して佛道に入り未だ多くの時日を經ざるものの稱。【玄應音義九、名義集一】

アイドク　愛毒　【譬喩】恩愛の道を害するを毒藥に譬ふ。即ち恩愛に繋縛せられて佛道修行の妨げとなるを云ふ。【智度論十五】に「爲二邪見箭愛毒塗一」

アイナ　阿夷那　【人名】異學沙門の名。

阿夷那經　【經名】異學沙門阿夷那の弟子の來るに因て諸比丘の爲に法非法、義非義等の差別を說く、中阿含經四十九に攝む。【昃帙七】

アイニン　愛潤　【術語】人の死せんとする時、殊に恩愛の煩惱を起して業種を潤し、未來の苦果を生ぜしむるを云ふ。【八十華嚴經三十八】に「業田愛潤無明覆。」

アーイネーヤ　【雜語】「イニエン」

アイネン　愛念　【術語】他を愛し念ずる事、【涅槃經二】に「如來無レ有二愛念之想一。」【智度論三】に「淨飯王愛二念子一故。常遣レ使問訊。」

アイバク　愛縛　【術語】恩愛の繋縛。【仁王經下】に「無明愛縛。」【同良賁疏】に「愛與二無明一。自纏縛故。」

アイホフ　愛法　【術語】法を愛樂し執着する心。【無量壽經下】に「愛法樂法」【同慧遠疏】に「修二慧行一。得レ法愛樂。名爲二愛法一。」【正觀五之六】に「愛法即無明。」

アイボサツ　愛菩薩　【菩薩】金剛愛菩薩の略。

アイベツリク　愛別離苦　【術語】八苦の一　自己の愛するものに別るゝ苦痛、妻の夫に別るゝ時の苦痛の如し。◉（榮花）「愛別離の苦。」

アイミン　哀愍　【術語】哀は悲哀。愍は憐愍。人の苦を見て起す慈悲の情。【勝鬘經】に「哀愍覆二護我一。」【無量壽經下】に「如來普慈哀愍。悉令二度脫一。」【寶窟上末】に「哀者悲也。愍者慈也。」

アイヨク　愛欲　【術語】愛は貪愛、親愛。欲は貪欲、樂欲。深く妻子などを愛する情。【無量壽經下】に「愛欲榮華。不レ可二常保一。」

愛欲海　【譬喩】愛欲が心の明を蔽ふこと深きを海に喩へて云ふ。【八十華嚴經十三】に「衆生流二轉愛欲海一。」【四十華嚴經六】に「破二煩惱山一。竭二愛欲海一。」◉（曲、清經）「愛欲とんゐちつうげん道場、無明も法性も亂るるは敵、うつは波、ひくは潮」

アイラセツニヨ　愛羅刹女　【譬喩】愛欲の鬼女。愛欲能く人を害すれば鬼女に譬ふ。羅刹は鬼の總名。【付法藏傳二】に「愛羅刹女。常欺二衆生一。」

アイラバツ　愛羅筏　【異類】龍王の名。「アイラバッナ」を見よ。

アイラバツダイ　阿夷羅跋提　【地名】河の名。「アチタバッテイ」を見よ。

アイラバツナ　藹羅筏拏　【異類】Airāvana又、愛羅筏。龍又は象王の名。【玄應音義二十五】に「藹羅筏拏。舊名二伊羅鉢多羅一。亦云二噎羅鉢多羅一。Elāpattra 伊羅此云レ香。鉢多羅此云レ葉。名二香葉象也一。」（鉢多羅 Pattra は葉なり vana は林なり。）【慧琳音義八】に「大龍王名。此無二正翻一。」【俱舍光記十九】に「藹羅筏拏。是水名。水中龍象。從レ水

爲レ名。即帝釋所乘。龍象王也。」「インラナ」を見よ。

アイラバテイ　阿夷羅婆底　〔地名〕Ajiravatī 河の名「アチラバッテイ」を見よ。

アイラワダイ　阿夷羅和帝　〔地名〕Ajiravatī 河の名。「アチラバッテイ」を見よ。

アイリヤウ　哀亮　〔術語〕物の音の哀に明かに響き渡るを云ふ。【無量壽經上】に「清揚哀亮微妙和雅。」

アイリン　愛輪　〔譬喩〕愛欲の車輪、愛欲人を乘せて六道を輪廻すれば車輪に譬ふ。【性靈集八】に「四生之愛輪」

アイル　愛流　〔譬喩〕貪愛の流。貪愛能く人心を惑溺せしむれば、暴流に譬ふ。【心地觀經一】に「善逝恒爲二妙法船一。能截二愛流一超二彼岸一。」

アイレン　哀憐　〔術語〕苦の衆生を哀むこと。【大經淨影疏上】に「佛心哀憐。」

アイロン　愛論　〔術語〕愛着の戲論。愛着の迷心よりする種々不正の言論。【中論疏一】に「明二戲論一有レ二。一者愛論。謂於二一切法一。有二取着心一。二者見論。於二一切法一。作二決定解一。」

アイワク　愛惑　〔術語〕愛欲の惑。惑とは眞理に惑ふ義にて煩惱のこと。之を斷たざれば理を見ること能はず。【光明文句三】に「八人見地。猶有二愛惑一。」

アインラハタイヤ　阿寅羅波帝夜　〔地名〕江の名。正は阿夷羅婆底。譯、有駛流。恒河の支流。佛成道前水浴せし河。【善見律毘婆沙七、翻梵語九】「アチラバッテイ」を見よ。

アウ　阿傴　〔術語〕又阿優に作る。「アヲウ」を見よ。

アヴィーチ　〔界名〕「アビ」を見よ。

アヴィドヤー　〔術語〕「ムミヤウ」を見よ。

アウカ　鴦伽　〔地名〕國の名。「アウクツタラ」を見よ。

アウカシヤタ　鴦伽社哆　〔雜名〕Aṅgajāta 譯、生支。男莖のこと。【根本百一羯磨六】に「梵云鴦伽社哆。譯作二生支一。即是根也。」

アウカダ　鴦伽陀　〔人名〕王の名。【佛本行集經四十三】に「有二刹利王一。名二鴦伽陀一。隋言二與身分一。」

アウカツラシ　鴦竭羅私　〔人名〕アウカラシと讀む、仙人の名。【大日經疏十六】に「鴦竭羅私。是汗液義。也此仙不二從レ胎生一。從二汗液一而生。故得レ名也。」（梵Aṅgiras）

アウクシヤ　鴦俱舍　〔物名〕（梵aṅguśa）又鴦俱奢　鴦俱者、鴦俱尸に作る武器の名。譯、曲鉤。【慧琳音義廿一】に鴦俱奢此云二曲鉤一。」【可洪音義九】に「鴦俱尸此云レ鉤」　鏑矢の義

鴦俱舍印　〔印相〕【陀羅尼集經四】に「鴦俱舍印。唐云二鉤印一。」

アウクツ　央掘　〔人名〕央掘摩羅（アウクツマラ）の略。

央掘經　〔經名〕央掘摩羅經の略。「アウクツマラ」を見よ。

央崛產難　〔公案〕禪の公案。殃崛摩羅、城に入つて托鉢し、一長者の家に到る。其の婦の產難に値ふ。長者告て曰く、沙門これ佛弟子、何の方便ありて我家の產難を救ふ。殃崛返て、佛に白し、佛の敎を以て子を分娩せしむ。【會元一、葛藤集下】

アウクツケイ　鴦崛髻　〔人名〕鴦崛鬘に同じ。

鴦崛髻經　〔經名〕佛說鴦崛髻經一卷、鴦崛摩經と同本小乘部の攝。西晉法炬譯。【昃帙四】（622）

アウクツタラ　鴦掘多羅　〔地名〕國の名。【飾宗記八末】に「眞諦部執疏云。鴦掘多羅國。在二摩竭陀國北一。或云二鴦伽國一。」（Aṅga）

鴦堀多羅阿含　〔經名〕五阿含の一。【善見律毘婆沙一】

アウクツマ　鴦崛摩　〔人名〕鴦崛摩羅（アウクツマラ）の略。

鴦崛摩經　〔經名〕佛說鴦崛摩經、一卷、增一阿含經力品の別出、西晉竺法護譯。小乘部の攝。【昃帙四】（621）

アウクツマラ　央掘摩羅　〔人名〕Aṅgulimālya 舊稱、央掘摩羅、央仇魔羅、央崛鬘、新稱、鴦崛利摩羅（あんぐりまら）。鴦寠利摩羅。譯、指鬘。佛陁在世時、舍衛城に住せしもの。人を殺すは涅槃を得る因なりとの邪說を信奉し、市に出でゝ九百九十九人を殺害し、各々の指を切り取り首にかけて鬘となし、千人目は我が肉親の母を殺さんとせしが佛之を憐愍して正法を說ききかせしかば改過懺愧して佛門に入り、後ち羅漢果を得たり。【西域記六】に「鴦崛利摩羅。唐言二指鬘一。舊曰二央崛摩羅一。訛也。室羅伐悉底之凶人也。殺レ人取レ指。冠レ首爲レ鬘。」【經律異相十七】に「殺二害人民一。各取二一指一。用作二華鬘一。以レ是故。名曰二鴦崛鬘一。」【賢愚因緣經八】に鴦仇魔羅。晉言二指鬘一。周行二斬害一。列二七日一。頭方九百九十。惟少二一指一。時欲レ害レ母。後佛度レ之。【止觀二之四】に「央掘摩羅。彌殺彌慈。」又一切世間眼と名く。【鴦掘經】

央崛摩羅經　〔經名〕佛の央崛摩羅を濟度する事を說く大乘部の攝、宋の求那跋陀羅の譯、四卷。【黃帙十】（434）

アウクツリマラ　鴦崛利摩羅　〔人名〕「アウクツマラ」を見よ。

アウクマラ　央仇魔羅　〔人名〕「アウクツマラ」を見よ。

アウクリマラ　寠鴦利摩羅　〔人名〕「アウクツマラ」を見よ。

アウシユバツマ　鴦輸伐摩　〔人名〕Aṁśuvarman 王の名【西域記七】に「鴦輸伐摩。唐言二光胄一。」第七世紀頃尼波羅國王名也。

アウテン　䖃天　〔界名〕Parīttābha 色界第二禪中初天の梵名。譯有光壽。少光。【玄應音義十二】に「䖃天。晉言二有光壽天一。是第二禪中初天也。亦名二少光天一。以二光小一故也。」【可洪音義一】に「㾊天正作レ䖃也。四阿喩暮抄。云二波栗阿波一。此言二少光一。」

アウハ　䖃波　〔界名〕䖃波摩那の略

アウハマナ　䖃波摩那　〔界名〕Apramāṇābha 無量光天の梵名。人此の天に至れば、身より光明を放つこと量りなし。【玄應音義十二】に「䖃波摩那。晉言二無量光天一也。」【可洪音義一】に「䖃波。四阿喩暮抄云二阿波摩那阿娑一。此言三無量光一。」

アウム　鸚鵡　〔動物〕梵に臊陀。或は叔迦、Śuka 能く人言を作す。【名義集二】

鸚鵡孝養　〔本生〕佛因位の時鸚鵡と爲りて盲父母を養ふ。【雜寶藏經一、義楚二十三】

鸚鵡聞法　〔傳說〕須達長者に二の鸚鵡あり阿難爲に四諦の法を說く。聞て信解し、死して天に生る。【金藏經、義楚二十三、行事鈔下、資持記下四之一】

鸚鵡說法　〔傳說〕夜摩天の中にて鸚鵡說法し、諸天を化導す。【正法念經、義楚二十三】

鸚鵡請佛　〔傳說〕鸚鵡佛を請して林中に說法宴坐せしめ、後、生天を得。【百緣經六、義楚二十三】

阿彌陀佛化爲鸚鵡　〔傳說〕安息國の人佛法を知らず、阿彌陀佛化して鸚鵡となり、國人を敎化す。【三寶感應錄上】

鸚鵡救山火　〔傳說〕山火、林を燒く。鸚鵡林の恩を思て水を取て林に洒ぐ。天帝見て之を感じ、雨を降して火を止む。【僧伽羅刹經、經律異相十一、義楚二十三】

鸚鵡諫王　〔傳說〕王あり、無道にして一の鸚鵡を養ふ。彼れ聰明にして能く言ふ。王の無道を見て其惡を言ふ、王慙ぢて諫を受く。【鸚鵡諫王經、義楚二十三】

鸚鵡屎之答　〔雜語〕問答乖角して河を問ふに山を答ふる如きを云ふ。【百喩經】に「有二二小兒一。水中得二一毛一。一曰仙人髮。一曰熊尾。來問二仙人一。時仙人嚼二麻子一在レ手。答曰。此似二鸚鵡屎一。」

鸚鵡車　〔雜語〕古禪師の語に、設し人、道ひ得て言語尖新なり、而て實行なきを鸚鵡車といふ。【瑯琊代醉編三十二】

鸚鵡經　〔經名〕鸚鵡摩牢兜羅と云人あり。佛嘗て此家に食を乞ひ、爲に法を說き、佛說鸚鵡經と云。一卷、宋の求那跋陀羅譯。【昃帙八】(610)

アウリンバツマ　鴦輸伐摩　〔人名〕「アウシユバツマ」の誤。

アウロコウ　䖃樓亘　〔菩薩〕譯、光世音。即ち舊譯家觀世音菩薩の音譯。【可洪音義二】

アウーン　阿吽　Ahūṁ 阿吽の二字は、一切の文字音聲の根本、阿は開聲、吽は合聲、一切の言語音聲は盡く此二に歸す。阿は大日如來の種子、吽は金剛薩埵の種子。【悉曇三密鈔下】に「阿吽二字。出入息風。即是一切衆生性德、本具自證阿字化他吽字也。恒沙萬德。莫レ不レ包二括此二音兩字一。阿是吐聲權輿。一心舒遍。瀰二綸法界一也。吽是吸聲條末。卷二縮塵刹一。攝二藏一念一也。阿字是毘盧遮那。吽字是金剛薩埵。」又、阿は菩提心の義。吽は涅槃の義。即ち阿吽の二字は菩提涅槃の二。【守護國界經】に「阿字者。是菩提心之義」【吽字義】に「吽字者。一切如來誠實語。所レ謂一切諸法。無因無果。本來淸淨。圓寂義。」【覺阿抄下】に「眞言數息觀。阿吽是也。出息阿。入息吽」【壒嚢鈔十三】に「對譯吽字非二文字音一。誠に玉編吽は。去牛切なればキウ也。非二字音一。然ども依二師傳一讀レ之云々」【大日經義釋五】に吽字師子吼聲。大日經悉地成就品の所說にして二字を蓮花と水とに喩ふ阿は悉地の果花にして吽は之を成就せしむる行因なり。◉（近松萬年草）「出で入る息にあうんの二字を稱へ」又「阿吽の息も消えて。」（梵字 [illegible]）

阿吽二字本有命息　〔雜語〕【溪嵐拾葉集十八】に「息を阿と吹けば暖氣なりこれ胎藏不二の理なり息を吽と吸へば冷氣なりこれ金界の智風なり。これ即ち自性本有の風息法爾自然の說法なり。」

アエンテイカラ　阿剡底訶羅　〔異類〕鬼神の名。譯、食火。【孔雀王呪經上】

アオンバクナ　頞温縛拏　温は濕の誤か　Aśvakarṇa 山の名。譯、馬耳。山の狀、彼に似たり。【名義集三】

アカ　閼伽　〔術語〕又阿伽に作る Arghya の略、譯、水。【名義集二】に「阿伽。此云レ水。」但し内典には、殊に佛に奉る水をさしていふ。即ち水に香花を入れたるもの。【大日經疏十一】に「閼伽水。此即香花之水。」【如意輪儀軌】に「由レ獻二閼伽香水一故。行者三業淸淨。洗下染二煩惱一垢上。」【和名鈔十三】に「閼伽梵語也。漢言二譍勃一。蒸二煮雜香一。以二其汁一供二養佛一也。」

閼伽桶　〔物名〕閼伽の水を容るゝ桶【眞言修

行鈔一】に「東寺醍醐寺。大都、以レ銅鑄レ之。爲二閼伽桶一。此有レ盞。並鑵二手繩一。大都、田舍木桶也。必可レ有レ盞也。」

閼伽折敷 〔物名〕閼伽の器を載する折敷。

閼伽棚 〔物名〕閼伽の具を載する棚。⦿（徒然草一一段）「閼伽棚に菊紅葉など折りちらしたる。」

閼伽杯 〔物名〕閼伽を盛りて奉る金屬製の杯。⦿（源氏）「若き尼君たち二三人、花奉るとて、ならすあかつきの音、水のけはひなど。」

閼伽の具 〔物名〕即ち閼伽杯など。其より轉じて佛に供養する一般の器具をいふ。【佛祖統紀四十三】に「阿伽此云レ器。凡供養之器。皆稱曰二阿伽一。」

閼伽の花 〔雜名〕閼伽の上に浮ぶる花。樒を用ふ。其より轉じて佛に奉る花を一般にいふ。

閼伽の水 〔雜名〕常の水に異れば閼伽の水と云。菩提の道といふが如し。⦿（曲、三輪）「いつも樒閼伽の水を汲ひて」

閼伽井 〔雜名〕閼伽の水を汲む井。⦿（太平記、二九）「いで三熱の焔さまさんとて閼伽井の中へ飛び漬りたれば、實にも閼伽井の水湧き返りて、湧せる湯の如し。」

閼伽印 〔印相〕【八字文殊軌】に「定慧左右手並仰開云々。」

閼伽印言 〔眞言〕【攝眞實經中】に出づ。

閼伽眞言 〔眞言〕【大日經疏九】に「南摩三漫多勃陀喃云々。」

閼伽水加持 〔修法〕三摩耶戒の當日の後夜水を汲みて行ふ。

閼伽灌頂 〔修法〕香水を佛道修行者の頂に灌ぎて其修功を證明する儀式作法を云ふ。⦿（八犬傳、三の四）「君が手づから阿伽灌頂。騎蹲の水の一霤。」

アカウン 阿伽雲 〔菩薩〕藥王菩薩の梵名。【藥王藥上菩薩經、法華經藥王品、名義集一】

アカオニ 赤鬼 〔異類〕地獄の獄卒にて牛頭馬頭などの赤色なるもの。⦿（盛衰記）「青鬼と赤鬼と」

アカカ 阿呵呵 〔雜語〕Ahaha 笑ふ聲。阿は發語の辭。【碧巖着語】

アカギヌ 赤衣 〔衣服〕赤色の淨衣。御修法には本尊に由て其色を異にす。五大明王の中、軍陀利明王は南方なれば、眞言師の淨衣は赤色なり。⦿（榮花）「心譽阿闍梨は軍陀梨の法なるべし、赤衣着たり」

アカケ 阿迦花 〔植物〕花の名。具には阿歌羅花。譯、白花。【玄應音義十】

アカゲサ 赤袈裟 〔衣服〕威儀師の袈裟。勅許なり。【釋家官班記】に「延曆十三年九月三日延曆寺供養の奏行倫二人、威儀師從威儀師、始めて赤袈裟を賜ふ。」⦿（枕草紙）「季の御讀經の威儀の赤袈裟着て」

アカゴロモ 赤衣 〔衣服〕「アカギヌ」を見よ。

アカシ 燈明 〔物名〕神佛の前に揭ぐる燈をいふ。佛の智慧を標幟する爲め奉る。【眞俗佛事編二】に「六種の供具、一に水、二に塗香、三に華、四に燒香、五に食、六に燈明。此六種次第の如く布施、持戒、忍辱、精進、禪定、智慧の六度を表す。」【羂索經十九】に「如レ是眞言。三遍加二持燈明一。獻二供養之一。持法者。觀レ燭二諸暗障一。」

アカシキ 阿迦色 〔術語〕一義、有形の物質。一義、無形の空界。【俱舍論界品】に「阿伽謂積集色。極能爲レ礙。故名二阿伽一。有說。阿伽即空界色。此中無レ礙。故名二阿伽一。」【玄應音義二十四】に「阿伽色。伽此云レ礙。阿有二二義一。或言レ無。或云レ極。猶舍二兩釋一。故立二本名一也。」【俱舍寶疏一下】に「阿伽是極礙也。又阿伽爲二無礙一。梵語阿伽。通二此二義一。」梵 Agham.

隣阿迦色 〔術語〕虛空の色をいふ。虛空は無礙にして「有礙の物質」即ち阿伽と相隣れば隣阿伽色と名け、（阿伽を物質と見る義）又「無礙の空處」即ち阿伽は餘の有礙の物質と相隣れば隣阿伽色と名く。（阿伽を空界と見る義）【俱舍論界品】梵 Agha-sāmantakaṁ.

アカシブミ 燈文 〔雜名〕神佛の前に燈明を奉りて種々の願立をなす文なり。長谷觀音などにて行はる。⦿（源氏玉鬘）「御あかし文かき」。

アカシヤ 阿迦奢 〔雜語〕Ākāśa 譯、虛空【大日經疏十三】

アーカーシャガルブハ 〔菩薩〕「こくうざう」を見よ。

アーカーシャーナンタドッヤーナ 〔雜語〕「クウムヘンジャウ」を見よ。

アーカーシヤーナンターヤタナ 〔雜語〕「クウムヘンシヨ」を見よ。

アカタ 阿揭多 〔雜名〕又阿竭多に作る電の名。星の名。【最勝王經七】に「東方有二光明電王一。名二阿揭多一。」「アカノウ」を見よ。梵 Agastya

阿竭多星呪 〔修法〕【涅槃經十二】に「如二摩羅毒一。凡所二觸螫一。雖レ有二良呪上妙好藥一。無二如レ之何一。唯阿竭多星呪。能令二除愈一。」【同疏】に「阿竭多星者。此星八月出。若有レ人得二此星呪一者。能消二其毒一。」

阿竭多仙 〔人名〕此仙、通力ありて、十二年恒河の水を停めて耳孔の中に置く。【涅槃經三十

九】梵 Agastya

アカダ 阿伽陀 〔飲食〕 阿揭陀に作る Agada 藥の名。譯、普去。無價。無病。或は不死藥、丸藥なりと云ふ。【玄應音義二十四】に「阿揭陀藥。又言二竭陀一。或云二阿伽陀一。梵言訛轉也。此云丸藥也。」【慧琳音義二十五】に「阿竭陀藥。阿云レ普。竭陀云レ去。言投二此藥一。普去二衆疾一。又阿言レ無。竭陀云レ價。謂此藥功高。價直無量。」【慧苑音義上】に「阿無也。揭陀病也。服二此藥一已。更無レ有レ病故爲レ名耳。」【止觀一之五】に「阿伽陀藥。功兼二諸藥一。」

アカツ 阿揭 〔飲食〕 阿揭陀の略。譯、無病。【可洪音義四】前項を見よ。

アカツキ 阿伽坏 〔器具〕 佛に供ふる閼伽を入る、土器なり。「アカ」を見よ。

アカツタ 阿揭多 〔雜名〕 アカダと讀む。「アカタ」を見よ。

アカツダ 阿竭陀 〔雜名〕 アカダと讀む。「アカダ」を見よ。

アカツラ 阿羯羅 〔雜語〕 アカラと讀む。譯、境。心識の依て働く場處、耳の聲に於る、聲と色とは是耳と目との境。【唯識了義燈五本】に「阿羯羅。云レ境。」梵 Āgāra

アカニシツタ 阿迦尼瑟吒 〔界名〕「アカニタ」を見よ。

アカニシヤタ 阿迦尼沙託 〔界名〕 「アカニタ」を見よ。

アカニシュトハ 〔界名〕「アカニタ」を見よ。

アカニタ 阿迦尼吒 〔界名〕 Akanistha 天の名。舊稱、阿迦貳吒、阿迦尼吒。阿迦尼沙託。新稱、阿迦尼瑟吒。阿迦尼瑟搋。阿迦尼瑟捺。譯、色究竟。此天は色界十八天の最上天にして、形體を有する天處の究竟なれば、又質礙究竟と云ふ。故に色究竟天とも有頂天とも名く。之を超れば無色界の天。唯だ心識のみありて形體なし。【法華經序品】に「下至二阿鼻地獄一。上至二阿迦尼吒一。」即ち全色界なり。【慧苑音義上】に「阿迦尼吒。具云二阿迦尼瑟吒一。言二阿迦一者色也。尼瑟吒者究竟也。言其色界十八天中。以最終極也。」【玄應音義六】に「經中或作二阿迦尼沙託一。或作二尼師吒一。或作二貳吒一。皆訛也。正云二阿迦抳瑟搋一。譯云。阿伽言二質礙一。抳瑟搋言二究竟一。謂色究竟天也。」【玄賛二】に「阿迦抳瑟捺」(巴 Akanittha)

アカノウ 阿迦囊 〔異類〕 又、阿伽。阿揭多とも。電神の名。譯、無厚。【消除一切閃電障難隨求如意陀羅尼經】

アカバカマソウドウ 赤袴騷動 〔雜名〕 六條天皇仁安元年十二月より明年二月に至るまで叡山三塔の衆、互に爭ふことあり。山徒皆赤袴を着けたれば赤袴騷動と稱す。【天台史略中】

アカマ 阿伽摩 〔術語〕 Āgama「アーガマ」に同じ。「アゴン」を見よ。

アカモクダ 阿伽目陀 〔雜語〕 數の名。譯、數千萬柿。【本行集經十二】

アカモダラ 阿伽母陀羅 〔印相〕 印相の名。譯、供養法印。【陀羅尼集經五】梵 Ārghya-mudra

アカラ 阿迦羅 〔書名〕 書の名。譯、節分。【佛本行集經十一】

アカラカ 阿伽羅伽 〔天名〕 星神の名。胎藏界の外金剛院の衆。【秘藏記末】に「阿伽羅伽。白色持レ鉢。」【胎曼陀羅鈔六】に「或記曰。熒惑星。或火曜也。是惡星也。」梵 Aṅgāraka

アカロ 阿伽嚧 〔雜名〕 Aguru Agaru 又阿伽樓に作る譯、香樹。沈香。【名義集三】

アガダ 〔飲食〕「アカダ」を見よ。

アガマ 〔術語〕「アゴン」「ケウ」を見よ。

アキシノデラ 秋篠寺 〔寺名〕 大和國添下郡秋篠の里に在て善珠僧正の開基。本尊は藥師如來。初め法相宗なりしを後に眞言宗となる。◉(大和名所圖會三)

アキバジ 秋葉寺 〔寺名〕 遠州秋葉山にあり。鎭守三尺坊、世に信仰せらる。(和漢三才圖會)

アギタ 阿耆多 〔人名〕 又、阿夾頭。十外道の一。譯、無勝。【飾宗記七末】に「阿夾頭。梵云二阿耆多一。此云無勝也。」梵 Ajita

アギタシシヤキンバラ 阿耆多翅舍欽婆羅 〔人名〕 Ajitakeśa-kambara 又阿耆多頞舍甘婆羅。新稱、阿末多。外道六師の一人。現世に於て苦を受くれば、來世は樂なりと執する外道なり、【維摩經什註】に「阿耆多翅舍字也。欽婆羅麁衣也。」【同肇註】に「其人著弊衣一。自拔レ髮。五熱炙レ身。以二苦行一爲レ道。」【希麟音義九】に「阿末多。舊云二阿耆多頞舍甘婆羅一。阿耆多此云二無勝一。頞舍此云レ髮。甘婆羅此云レ衣。此外道以二人髮一爲レ衣。五熱炙レ身也。」【慧琳音義二十六】に「阿耆陀。此云二無勝一。翅舍云レ髮。欽婆羅云レ衣。此以二人髮一爲レ衣。五熱炙レ身也。」

アギタツ 阿耆達 〔人名〕 Agnidatta 又、阿耆陀。王の名。【大部補註五】に「薩婆多云。以レ供二養火一故。名二阿耆達一。」

阿耆達王請佛 〔故事〕 佛、阿耆達王の請に應じて三月の間、馬麥を食ふ。【中本起經下、大方便佛報恩經三、經律異相五、智度論九】

阿耆達王墮蛇道 〔故事〕此王、一生功德を積みしか共、臨終の一念に瞋恚を起せしより蛇道に墮ちし故事。【雜譬喩經、谷響集十】

アギダ 阿耆陀 〔人名〕「アギダツ」を見よ。

アギニ 阿祇儞 〔神名〕Agni 又阿祇尼、阿擬尼に作る。譯、火。印度神話の地上神の最高神。吠陀八天の一。火神にして火を擬人化したるものなり。梨具吠陀の千二十八の偈頌中インドラ即帝釋に次で此の神の讃歌最も多し、その古代帝釋と並びて印度人が崇拜せしことの大なるを知るべし。後、護世八天の一になりて、東南の方位を司り、其の國土をプラヂョーティス(Prajotis)と云ふ、神人間の媒介者にして人家を保護し、人の行業を監守する天帝として信ぜられたり。後ち婆羅門教にありては三脚七臂の赤人にして常に青牡羊に乘る。【梵語雜名】阿祇尼譯火。【名義集二】惡祁尼。譯火神。佛敎中の火天これなり。

アギニダッタ 阿耆尼達多 〔人名〕Agnidatta 巴連弗國の婆羅門の名。かれ母の胎內に在て母をして能く論議せしむ。【雜阿含經二十五、經律異相四十二】

アギビカ 阿耆毘伽 〔雜語〕Ājīvika 譯、邪命。邪法を以て生活する義。【本行集經四十五、名義集六】

アギフマ 阿笈摩 〔術語〕「アゴフマ」と讀む。「アゴン」を見よ。

アギリ 阿祇梨 〔術語〕阿祇利に作る。阿闍梨の變音。【玄應音義九】に「阿祇利。或言二阿闍黎一。皆訛也。正言二阿遮利耶一。或作レ夜。此譯云二正行一。或言二軌範師一也。」【四分律開宗記七本】に「阿闍梨。或祇梨。阿祇利。此云二正行一。」梵 Ācārya

アク 惡 𑖀𑖾 aḥ 〔術語〕悉曇十二母韻の一。五十字門の一、阿の轉聲にして、即ち、無點の阿字の傍に涅槃點を加へたるものなり。沈沒の聲なりといひ、又は一切法遠離不可得の義ありと云ふ。蓋し沈沒はAstaṅgama(下往)より遠離はAsta(捨離)より譯したるものなるべし。【金剛頂經】に「惡字門。一切法遠離シテ不可得故。」【文殊問經】に「稱二惡字一時。是深沒聲。」【大莊嚴經】に「唱二惡字一時。出二一切法皆滅沒聲一。」

アク 惡 〔術語〕理に乖くの行。現在と將來に苦を招くの行。【法界次第上五上】に「惡是乖理之行。故現在將來。由レ斯招レ苦。」【大乘義章七】に「順名爲レ善。違名爲レ惡。」【同十二】に「順レ理名レ善。」

アクイン 惡因 〔術語〕惡果を招くべき惡事の種。【瓔珞本業經下】に「是故善果從二善因一生。是故惡果從二惡因一生。」

アクエン 惡緣 〔術語〕我を惡事に誘ふ外界の事情。【西方要決】に「六惡緣件。阻二壞淨心一。」【往生要集上末】に「煩惱內催。惡緣外牽。」

アクカク 惡覺 〔術語〕惡き思想。八種の別あり。【大乘義章五末】に「邪心思想。名レ之爲レ覺。違二正理一。故稱爲レ惡。惡覺不レ同。離分有レ八。」【止觀五之四】に「八風惡覺。所レ不レ能レ入。」

アクカ 阿休何 〔地名〕Aho-gaṅgā 山の名。譯、嚮。【善見律毘婆沙二、翻梵語九】

アクキ 惡鬼 〔異類〕惡き鬼神。【仁王經下】に「惡鬼惡龍。」【良賁疏】に「惡鬼疾疫。惡龍旱澇。」

惡鬼神 〔異類〕夜叉、羅刹の類、人を惱害する者。【藥師本願經】に「不下爲二諸惡鬼神一奪中其精氣上。」【大集月藏經五】に「諸惡鬼神得敬信品」又、獄卒のこと。

邪婬の惡鬼 〔異類〕今生の邪婬の咎、地獄に惡鬼を感じて吾身を苦ましむ。惡鬼は即ち獄卒なり。【往生要集上本】に「獄卒取二地獄人一。置二刀葉林一。見二彼樹頭一。有二好端正嚴婦女一。如レ是見已。即上二彼樹一。樹葉如レ刀。割二其身肉一。次割二其筋一。如レ是劈二割一切處一已。得レ上レ樹已。見二彼婦女一。復在二於地一。以二欲媚眼一。上看二罪人一。作二如レ是言一。念レ汝因緣。我到二此處一。見已欲心熾盛。次第復下。刀葉向レ上。」⊙(曲)「邪威の惡鬼は身を責め」

アクキニ 惡祁尼 〔天名〕アギニと讀む 或は些吉利多耶尼。譯、火神。【名義集二】「アギニ」を見よ。

アクギヤウ 惡行 〔術語〕惡き行。【俱舍論十六】に「一切不善身語意業。如レ次名二身語意惡行一。」【十地論義記四本】に「現習二惡行一。當レ受二大苦一。」

アクク 惡口 〔術語〕罵詈して人を惱す言。【法界次第上之上】に「惡言加レ彼。令二他受一レ惱。名爲二惡口一。」十惡の一。【無量壽經下】に「兩舌惡口。妄言綺語。」【法華經不輕品】に「若有二惡口罵詈誹謗一。獲二大罪報一。」【大乘義章七】に「言辭麁野。目レ之爲レ惡。惡レ從レ口生。故名二惡口一。」

アククワ 惡果 〔術語〕惡事の因より生ぜし苦果。【瓔珞本業經下】に「是故善果從二善因一生。是故惡果從二惡因一生。」

アクケン 惡見 〔術語〕惡き見解。【八十華嚴經十四】に「捨二不正道一。永除二惡見一。」【成唯識論六】に「云何惡見。於二諸諦理一。顚倒推度染慧爲レ性。」【行事鈔上】に「邪心決徹。名レ之爲レ見。見心違レ理。目レ之爲レ惡。」

惡見處 〔異名〕地獄の名、十六別處地獄の一。【正法念經六、往生要集上本】

アクゲン　惡言　〔術語〕　罵詈の言、【報恩經三】に「以二一惡言一。不レ知二其恩一。毀二罵其母一。喩如二畜生一。」【證道歌】に「觀二惡言一是功德。此則成二吾善知識一。」

アクコツシヤクセイ　惡乞叉也句勢　〔術語〕「アコツシヤクセイ」を見よ。

アクゴ　惡語　〔術語〕　惡き言語。【行事鈔中】に「凡有二所說一。當レ說二善語一。不レ應二惡語一。」

アクゴウ　惡業　〔術語〕　理に乖きたる行を惡といひ、身口意の三にて事を作すを業といふ。【倶舍論光記十三】に「造作爲レ業」即ち十惡五逆の所作。【四十華嚴經四十】に「我昔所レ造諸惡業。皆由二無始貪瞋痴一。」【六波羅蜜經五】に「無始所造惡業。如二大千界所有微塵一。」

アクサ　惡作　〔術語〕　惡事の所作を後に悔ると。懺悔の心。【倶舍論四】に「惡作者。謂緣二惡作一。心追悔性。」唯識論には已が所作を惡くむ意に解して「をさ」と讀む、【唯識論七】に「悔謂惡作。惡二所作事一。追悔爲レ性。」又惡しき作法。七聚の一。突吉羅罪のことなり。

アクサツナ　惡察那　〔術語〕　Akṣara 譯、字。即文字なり。其の不變なる義より取りて改轉せざる義となす。【唯識論述記四】に「惡察那是字無二改轉一義。」【倶舍論光記五】に「梵云二惡刹羅一。唐云レ字。是不二流轉一義。謂不レ隨二方流轉改變一。」【大日經疏十四】に「字輪者。梵音云二噁刹曪輪一。噁刹曪。是不動義。」【同十七】に「字者梵有二二音一。一者名二惡刹羅一也。是根本字也。二者哩比鞞。(Lipi) 是增加字也。根本者即是本字。如二阿字最初二音一。」【梵語雜名】に「字梵名阿乞史羅。」

アクシ　惡師　〔雜名〕　惡き道を以て敎るもの。【智度論二】に「一切衆生。入二邪見網一。爲二異學惡師一所レ惑。」

アクシフアク　惡執惡　〔術語〕　居者の極惡なるもの。【倶舍光記十九】に「諸旃陀羅。皆名二執惡一。於レ中造レ惡。過極甚者。名二惡執惡一。」

アクシヤウ　惡性　〔術語〕　三性の一「サンシヤウ」を見よ。

アクシヤウワウ　惡生王　〔人名〕　惡生王、宿福に依て忽ち五百の寶鉢を感得せし故事。【雜寶藏經九】に出づ。惡生王は別處に琉璃王といふ、舍衛國末利夫人の所生にて迦毘羅國の釋種を族滅せしこと、【有部毘奈耶雜事八、經律異相七】に出づ。

アクシヤジユ　惡叉聚　〔植物〕　惡叉は果實の名。形ち無食子に似、地に落れば多く一處に聚る、故に惡叉聚といふ。【楞嚴經一】に「業種自然。如二惡叉聚一。」【唯識論二】に「一切有情。無始時來。有二種々界一。如二惡叉聚一。法爾而有。」【同述記】に「惡叉形。如二無食子一。落在レ地時。多爲レ聚故。以爲レ喩也。」【同演秘】に「惡叉聚者。於二一聚中一。法爾而有二多品類一也。西域有レ之。人以爲レ染。並取二其油一。」【玄應音義二十三】に「惡叉樹名。其子形如二無食子一。彼國多聚以賣レ之。如二此間杏人一。故喩也。」(梵 Rudra-akṣa 今の金剛子)

アクシヤパーダ　〔人名〕「モクソク」を見よ。

アクシヤヤマテイ　〔菩薩〕「アサマツ」「ムジンイ」を見よ。

アクシヤラ　〔術語〕「アクサツナ」「ラセツラ」「ジ」「ミヤウジ」を見よ。

アクシユ　惡趣　〔術語〕　衆生が惡業の因を以て趣くべき所。【倶舍論世間品】に「趣謂所レ往。」即ち地獄畜生など。

三惡趣　〔術語〕　地獄、餓鬼、畜生の三處。

四惡趣　〔術語〕　三惡趣に修羅を加ふ。

五惡趣　〔術語〕　三惡趣に人と天とを加へ、修羅を天に屬せしむ。【無量壽經下】に「橫截二五惡趣一」

アクシユクウ　惡取空　〔術語〕　因果の道理を撥無し、惡しく空見に執着すること。【地持論二】に「云何爲二惡取空一。若沙門婆羅門。謂二彼此都空一。是名二惡取空一。」【唯識論七】に「撥二無二諦一。是惡取空也。諸佛說爲二不可治者一。」【止觀五之六】に「寧。起二我見一。如二須彌山一。不二惡取空一。」

アクシユジヤウ　惡衆生　〔術語〕惡き有情。【散善義】に「惡世界。惡衆生。」「アシユバ」を見よ。

アクジ　惡時　〔術語〕　惡き時。惡行の盛なる時。【散善義】に「五濁惡時」

アクセ　惡世　〔術語〕　惡事の盛なる世。【阿彌陀經】に「娑婆國土。五濁惡世。」⦿(盛衰記)「惡世無佛の境」

惡世界　〔術語〕　惡世に同じ。【散善義】に「五濁惡時。惡世界。」

アクセツ　惡說　〔術語〕　七聚の一。惡き言說。徒に無用の論義をなすこと、【行事鈔中】に「身名二惡作一。口名二惡說一。」

アクセツラ　惡刹羅　〔術語〕　又噁刹曪。「アクサツナ」を見よ。

アクゼンジ　惡禪師　〔雜語〕　惡き禪師。又、源平時代の語に僧の豪勇なる者をいふ。⦿(盛衰記)「鎌倉の惡禪師」

アクソウ　惡僧　〔雜語〕　惡き僧徒。又、僧の豪勇なるもの。⦿(盛衰記)「三塔無雙の惡僧」

アクソク　惡觸　〔術語〕　食物に他人の手の觸れて惡く穢れたるもの。凡そ戒律の定に他人の手の觸

れたる食物は不淨として之を喰ふことを禁ぜり。【行事鈔下、同資持記下二之二】

アクダウ　惡道　〔術語〕惡行に乘じて往くべき道途。地獄、畜生など。【大乘義章八末】に「地獄等報。爲二道所一レ語。故名爲レ道。故地持言。乘二惡行一往。名爲二惡道一。」惡趣に同じ。

三惡道　〔術語〕地獄餓鬼畜生の三道處。【梵網經】に「墮二三惡道中一。二劫三劫。不レ聞二父母三寶名字一。」

惡道畏　〔術語〕五怖畏の一。「ゴフヰ」を見よ。

惡道者　〔術語〕佛道の修行者を道者といふ、道者の惡きもの。

アクチシキ　惡知識　〔術語〕人に知られたる惡人。又、惡き師友。知識は人に知らるゝ義、已れ事物の理を知る義にあらず。【法華經序品】に「衆所二知識一。大阿羅漢等。」【維摩經二肇註】に「大士處レ世。猶二日月昇レ天。有レ目之徒。莫レ不二知識一。」【法華文句四上】に「聞レ名爲レ知。見レ形爲レ識。見レ形爲レ知。見レ心爲レ識。」【法華經義疏一】に「知二其內德一。識二其外形一。又遠衆則知。近衆則識。」轉じて師友の稱となす。【八十華嚴經五十八】に「遠二善知識一。近二惡知識一。」【法華經譬喩品】に「捨二知識一。親二近善友一。」【涅槃經二十二】に「菩薩於二惡象等一。心無二怖懼一。於二惡知識一生二畏懼心一。」

アクニン　惡人　〔術語〕惡事をなす人。【無量壽經下】に「惡人行レ惡。從レ苦入レ苦。」

アクネン　惡念　〔術語〕惡き念慮。【四十二章經】に「息二滅惡念一。」【菩提心論】に「宿殃未レ殄。惡念旋起。」

アクホウ　惡報　〔術語〕惡事の因に報ひたる惡果。【中阿含經一】に「穢二汚煩惱一。受二諸惡報一。」【優婆塞戒經四】に「能分別。說二邪道正道及善惡報一。」

アクマ　惡魔　〔異類〕佛道を障碍する惡神の總稱。【圓覺經】に「惡魔。及諸外道。惱二身心一。」「マ」を見よ。

惡魔降伏　〔術語〕不動尊などが惡魔を退治すること。⊙（盛衰記）「惡魔降伏の忿怒の形。」

アクミヤウイ　惡名畏　〔術語〕五怖畏の一。「ゴフヰ」を見よ。

アクライヤカンノココロ　惡癩野干心　〔譬喩〕惡癩は惡疾、野干は野狐、心の惡きを喩ていふ。【止觀二之四】に「大論云寧起二惡癩野干心一。不レ生二聲聞辟支佛意一。」但し大論に此語なし。【薩遮尼犍經九】に「若不レ持レ戒。不レ得二疥癩野干身一。況當功德之身。」

アクラカラ　阿鳩羅加羅　〔雜名〕Akulakara 風の名、譯、作亂。【大威德陀羅尼經十五】

アクリウ　惡龍　〔異類〕惡き龍神。【仁王經下】に「惡鬼惡龍」【同良賁疏】に「惡鬼疾疫。惡龍旱澇。」

アクリツギ　惡律儀　〔術語〕善律儀の反對。時を定め事を定めて守り行ふを律儀といふ。律儀に善惡あり、戒法の如きは善の律義。生業的に畋獵をなす如きは惡律儀。【法華經安樂行品】に「不レ親二近旃陀羅。及畜二猪羊鷄狗一。畋獵漁捕。諸惡律儀上。」【涅槃經二十九】に十六種の惡律儀。【報恩經六】に十二種の惡律儀を揭ぐ。

アクリヤウ　惡靈　〔術語〕人の執念此世に留り祟りをなすもの。死靈。怨靈。ものゝけ。

アクル　阿鳩留　〔人名〕豪商の名。嘗て布施を行ふて天上に生る。【阿鳩留經】

阿鳩留經　〔經名〕佛說阿鳩留經、一卷、失譯、小乘部、阿鳩留の事を說く。【宿帙七】(704.)。

アクルシヤ　阿拘盧奢　〔雜語〕譯、罵。【文句記八之四】梵 Akrośa.

アクロウ　惡靈　〔術語〕「アクリヤウ」を見よ。

アクワンダウ　阿觀堂　〔堂塔〕阿彌陀と觀世音とを安置する堂なれば名く。增上寺內にあり。

アグニ　〔神名〕Agni「アギニ」を見よ。

アグヰ　安居院　〔寺名〕京北大宮の東に在て叡山の東塔、北谷竹林房の里坊。【山城名勝志二】

安居院法印　〔人名〕聖覺のこと。

安居院和尙　〔人名〕同上。

アケセタラコク　堊醯掣怛羅國　〔地名〕Ahicchatra 中印度の境。小乘正量部の僧徒多し。【西域記四】

アケラ　阿詣羅　〔天名〕天仙の名、胎藏界の外金剛院の衆。【秘藏記末】に「阿詣羅仙。赤肉色。在二天后傍一。持二蓮華一。上有レ瓶。」淨嚴は耆伽羅和 Aṅgiras と同じと云へり。

アケンダ　阿揵多　〔雜語〕Agantuka 譯、客比丘食。【善見律第六】

アコ　下火　〔儀式〕又、秉炬。葬場にて導師が炬を棺に下して法語をなす佛事。【禪林象器箋十四】に「若し眞火を用れば刻を移して燼き易し、故に木炬を刻みて朱を塗て火の狀に擬す。或は紅なる綿繒にて花を造り、炬の首に著く。而して火を點せず、多人更る〳〵把るに備ふ。是故に其の法語の落句、火といふべき處に或は花といふ。」⊙（太平記）「下火の佛事」。

アコ　阿呼　〔術語〕Ahū 嘆美の詞。譯、奇哉。【名義集五】

図山の名 Arka 譯、日。【彌沙塞律三十四】

アコツシヤヤクセイ　阿乞叉野句勢　〔雜語〕

Akṣayakośa 又、惡乞叉也句勢、譯、無盡藏。【仁王經頁疏下三】に「阿乞叉野句勢。阿者無也。乞叉野者盡也。句勢者藏也。無盡藏也。」【仁王經道場念誦儀軌】に「惡乞叉也句勢。惡梵本云。此是阿字。此翻爲レ無。乞叉也。此翻云レ盡。句勢此云レ藏。即無盡藏也。」

アコツシラ 阿乞史羅 〔術語〕「アクサツナ」を見よ。

アゴウ 阿號 〔雜語〕淨土宗及び時宗に於て法諱の上に阿彌陀佛の名を加ふ、炎魔王宮に到りて名字を問はれし時佛號を稱へしめんが爲なり。東大寺大勸進俊乘房重源に始まる。辨阿、然阿、他阿の類是なり。東大寺の念佛堂にある重源の位牌、表に大勸進南無阿彌陀佛とし裏に重源の名を記す

アゴフマ 阿笈摩 〔術語〕阿含の新稱。

アゴン 阿含 〔術語〕Āgama 小乘經の總名。新稱阿笈摩。舊稱阿含。阿鋡。阿含暮。譯、法歸。万法此に歸趣して漏るゝことなき義。又無比法、無類の妙法なるを云ふ。或は趣無、所說の旨畢竟無に歸趣する義。【長阿含經序】に「阿含者。秦言二法歸一。所謂萬法之淵府總持之林苑也。」【名義集四】に「阿含正云二阿笈多一。此云レ教。妙樂云。此云二無比法一。」【四阿含暮抄序】に「阿含暮者秦言二趣無一也。」新稱、阿笈摩。阿伽摩。譯、教。又は傳。【唯識述記七】に「阿笈摩者。此翻爲レ教。展轉傳說故。名爲レ傳」【玄應音義二十四】に「阿笈摩。亦言二阿伽摩一。此云二教法一。或言レ傳。謂展轉傳來以二法相一教授也。舊言二阿含一。訛略也。」佛成道の初、鹿野苑に於て始めて之を說く。吉藏の【法華論疏】に「阿含正是外國教。名通二大小一。四阿含等爲レ小也。涅槃云二方等阿含一。此即大也。」【華嚴探玄記九】に「阿含。正音阿笈摩。今譯名レ傳。謂此聖言。是三世佛之所二同說一。但古今諸佛。相傳而說。非二新翻作一。故名レ傳。」

四阿含經 〔經名〕一切の小乘經を四部に分類す。一に增一阿含經、五十一卷。法門の數を追て集めしもの。【昃帙一、二、三】二に長阿含經二十二卷。長き經文を集めしもの。【昃帙九】三に中阿含經、六十卷。不短不長の經文を集めしもの。【昃帙五、六、七】四に雜阿含經、五十卷。前の三者を混じて集めしもの。【辰帙二、三、四】四部の名は經文の體裁に依る。

五阿含 〔經名〕一に長阿含。二に中阿含。三に僧育多阿含。四に鴦堀多羅阿含。五に屈陀伽阿含。【善見律毘婆娑一】

阿含時 〔術語〕教相判釋による五時の一。世尊が阿含經を說きし時。又、鹿苑時と名く。鹿野苑に於て此を說けばなり。佛成道後十二年間の名。大藏經の中には、四阿含の外に、或は阿含の名を冠し、或は別題を立てし小乘經數多あれ共、何れも本經の別出又は其部類なれば一切小乘部の經典を總じて阿含經と云ふなり。

阿含正行經 〔經名〕佛說阿含正行經、一卷。後漢安世高譯、五根を賊となし、五根相欺くを說き、又十二因緣を說き五戒を持つことを說く、【宿帙八】(687)

長阿含十報法經 〔經名〕一卷。後漢安世高譯、長阿含中の十上經と同本異譯、十種法を增一に說く、【昃帙十】(548)

別譯雜阿含經 〔經名〕十六卷。失譯、雜阿含經中の撮要別譯、【辰帙五】(546)

雜阿含經 〔經名〕一卷失譯、雜阿含本經中の撮要別譯。【辰帙六】(547)

阿含口解十二因緣經 〔經名〕一卷。後漢安玄、嚴佛調共譯、生死を斷つには十二因緣を念ずべきを說く。【藏帙四】(1339)

アゴンモ 阿鋡暮 〔經名〕「アゴン」を見よ。

四阿鋡暮抄解 〔書名〕婆素跋陀阿羅漢造。符秦鳩摩羅佛提等譯、二卷。功德法と依法と惡法との三法を說けるもの。三法度論と同本。【藏帙四】(138)

アサクサクワンオンツヰナ 淺草觀音追儺 〔行事〕十二月除夜より七日これを行ふ、江戶金龍山淺草寺にあり、今宵參詣堂中に滿つ初更のころ鬼形の者一人堂外に出づ、又一人方相氏の假面をかぶりたる者これを追うて堂を巡る後、除疫の札三千枚を撒じて諸人に與ふ、參詣の人爭ひ拾うて持ちかへりて自家の門に貼す。

アサクサマツリ 淺草祭 〔行事〕三月十八日これを行ふ、人皇三十四代推古天皇の御宇、進中臣と云ふもの過ちありて武藏國淺草に左遷せらる、その臣檜熊、濱成、武成といふ三人の兄弟主人の跡を慕ひ來て中臣に仕へ漁して世渡とす、時に推古帝三十六年三月十八日件の三人宮戶川の沖に網を下すにあやしきものかゝれり、月影に見れば觀世音の靈像なり、即ち草を結びて堂となしこの靈像をおく、今の淺草寺觀世音是れなり、その後三人兄弟を祀りて三社大權現と崇む、今日は即ち三社權現の祭なり、先づ祭の前日三社の神輿三基を本堂に移し、堂前にて俳優あり、これをびん簓と云ふ、この日氏子の町々邌物等の勢揃へあり、翌十八日祭禮當日は町々の引く山ねりもの等を粧ひ、先づ淺草見付の外に來り集り、次第を定めて御藏前より諏訪町並木町を過ぎ觀音の境内に入

る、神輿の前にておの〳〵藝を施し、隨身門を出づ、件の鋈物囃子等渡り畢りて、神輿三基本堂を出て氏子の町々を渡御、淺草御門の外に至りて神輿を船にうつし、淺草川を漕ぎ上り、一の權現へ上げ奉る、今日の船は品川の西、大森村の漁人祭禮毎に出すなり。

アサクワンオンユフヤクシ　朝観音夕薬師　〔行事〕十八日は觀音の緣日、八日は藥師の緣日なれば朝に觀音を拜し、夕に藥師を拜すべきをいふ。朝夕に就て吉凶を論ずるは、【文殊所説宿曜經下】に「毎月十八日。是威力日。梵云二毘紐神下一。(亦云二那羅延天下一)宜下摧レ敵除レ逆。調二習象馬四足諸畜等一。及訓二染惡人下賤之類一。營レ田蒔レ種。有中大爲作事上。皆吉。十八日夜惡。中夜已後還吉。又八日是力戰日。梵云婆娑善神下一。宜二力用之事一。宜下修二造攻戰之具一。置二邊衛一。險二固城壘一。穿二壕塹一。調二乘象馬一等事上。並吉。八日晝惡。午後吉。」とあるによる。

アサザ　朝座　〔行事〕法華八講など修する時に、一日の中に朝夕二座を設け朝座夕座と名く、依て八講は四日に終り、十講は五日に終る。

朝講　〔行事〕即ち朝の講、「朝座」に同じ。

アサセンバウユフレイジ　朝懺法夕例時　〔儀式〕朝は法華懺法の勤めをなし、夕は例時作法の勤をなすこと。天台宗の定め。

アサツシヤ　阿薩闍　〔雜名〕病の名。【涅槃經疏六】に「阿薩闍無二的翻一。義言二無可治一。【玄應音義三】に「阿薩闍病謂不可治病也。」(梵 Asādhya)

アサツタ　阿薩多　〔雜名〕星宿の名。譯軫宿。【翻梵語九】梵語 Pūrvā āsāḍhāḥ

アサマツ　阿差末　〔菩薩〕Akṣayamati アサマと讀む、無盡意菩薩の梵名。【慧琳音義十九】

阿差末菩薩經　〔經名〕七卷、西晉竺法護譯。大乘部。無盡意菩薩經と同本。【玄帙五】(74)

アザリ　阿闍梨　〔術語〕阿遮利「アジャリ」を見よ。

アサンガ　〔人名〕「アソウ」「アソウギャ」「ムヂャク」を見よ。

アサンクフェーヤ　〔雜語〕「サンアソウギコフ」を見よ

アサンクヮヤ　〔雜語〕「アソウギ」「ソウギ」を見よ。

アシ　阿師　〔雜語〕阿は發語の辭、阿誰阿娘の類。師は師匠。碧岩着語に「多口阿師」

アシ　阿私　〔人名〕又、阿夷。「アシセン」を見よ。

アシウ　阿羞　〔異類〕新稱、阿素洛。【可洪音義一】「アシュラ」を見よ。

アシウダ　阿周陀　〔人名〕目連昔阿周陀道人と稱して檀特山にありし時、須大拏太子(釋迦如來因位の時の名)を見て、神通第一の弟子たらんことを發願せり。【佛本行集經、大部補註三】

アシウダナ　阿周陀那　〔植物〕Arjuna 木の名。又龍樹菩薩の字。【龍樹菩薩本傳】に「菩薩之母。樹下生レ之。因字二阿周陀那一。阿周陀那樹名也。以レ龍成二其道一故。以レ龍配レ字。號曰二龍樹一也。【枳橘集一】に「傳中有下入二龍宮一傳レ法之事上。故以レ龍配レ字。」

アシク　阿閦　〔佛名〕「アシュク」を見よ。

アシセン　阿私仙　〔人名〕阿夷。阿私陀。阿斯陀 Asita など。譯、無比。端正。【名義集二】に「阿斯陀。或云二阿夷一。此翻二無比一。又翻端正。」二人あり、一人は過去世に釋尊の爲に法華經を說きしもの。【法華經提婆達多品】一人は釋尊が淨飯王宮に生れし時、之を相せしもの。【因果經一】

大王給侍阿私仙　〔故事〕釋尊が國王たりし時、仙人に仕へし故事、【法華經提婆品】に詳かなり⦿(盛衰記)「大王の阿私仙に從て千歲の給仕に相似たり。」(太平記)「薪を採りて雪を荷ふ夕郎は千載仕給の昔の跡を重くし」(拾遺)「法華經をわが得し薪事はこり菜つみ水汲み仕へてぞ得し。」

阿私陀仙相太子　〔故事〕釋迦初生の時、阿私陀仙人これを相して曰く「若在家者。年二十九。爲二轉輪聖王一。若出家者。成二一切種智一。廣濟二天人一。」【因果經一】

アシタ　阿氏多　〔人名〕又阿嗜多、阿私陀「アシセン」を見よ。図 阿逸多の新稱。

阿氏多尊者　〔羅漢〕十六羅漢の一。【三藏法數四十五】「ラカン」を見よ。

アシタケシヤカンバツラシ　阿市多雞舍甘跋羅子　〔人名〕舊稱、阿耆多翅舍欽婆羅。「アギタシシヤキンバラ」を見よ。

アシタノカウ　朝ノ講　〔行事〕「アサザ」の部を見よ。

アシダ　阿私陀　〔人名〕又阿斯陀に作る「アシセン」を看よ。

アシツダ　頞悉多　〔地名〕Asta 山の名。譯、日沒。【宗輪輪述記】に「梵云二頞悉多一。此云レ沒。鄔陀延此但云レ出。西方見二日西沒一。呼言二頞悉多一。」

アシツダ　頞瑟吒　〔雜名〕又、阿史吒。Aṣṭan 譯、八時。【唯識演秘一本】印度の俗に日夜を八時に分つあり。【義林章一本】

アシツダツサン　阿質達霰　〔人名〕梵 Ajita-sena* 印度沙門の名。【枳橘集一】に「依二貞元錄一。阿質達霰。此云二無能勝一也。天竺三藏名也。」

アシツレイシヤ 阿失麗沙 [雜名] Aśleṣā 星宿の名。譯、柳宿。【寶星陀羅尼經四】

アシトメノヒホフ 足留秘法 [修法] 足留をすべき結界をなし、慈救呪と訶利帝母呪を稱へ、一七日間不動金縛の法を修す、願主は一七日間精進して不動社頭の駒狗の足を縛すを念ず【心舟七刀印田七】

アシフバカハ 阿濕嚩揭波 [物名] Aśvagarbha 又、阿濕摩揭波譯、馬腦。【慧苑音義上】に「阿濕嚩揭波者。此云レ馬也。揭波者腦也。若言二阿濕摩揭波一。(Aśmagarbha)此云二石藏一。按此寶出二白石中一。故應レ名二石藏寶一。古來以二馬腦聲濫二石藏聲一故。謬云二馬腦也一。」【玄應音義二十三】に「遏濕摩揭婆。亦名二阿輸摩竭婆一。是赤色寶也。」【法華玄贊二】に「馬腦梵云二遏濕摩揭婆一。此言二杵藏一。或言二胎藏一者。堅實故也。色如二馬腦一。故從レ彼名作二馬腦字一。以二是寶類一故字從レ玉。或如二石類一。字或從レ石。」

アシフバクカ 阿濕薄迦 [人名] アシフバカと讀む。梵音 Aśvaka【慧琳音義六十】に「阿濕薄迦。人名。無二正翻一。」

アシフバクカツナ 頞濕縛羯拏 [界名] Aśvakarṇa アシフバカナと讀む。又阿沙干那。九山の一。譯、馬耳。【玄應音義二十四】に「頞濕縛羯拏。此言二馬耳一。」【翻梵語九】に「阿沙干那。譯曰二馬耳一。」

アシフバクカツハ 阿濕嚩揭波 [物名] アシフバカハと讀む彼を見よ。

アシフバクシヤ 阿濕婆窶沙 [人名] Aśvaghoṣa 馬鳴菩薩の梵名。【釋摩訶衍論一、西域記八、名義集一、枳橘集二】「メメウ」を見よ。

アシフバクバ 阿濕縛婆 [雜語] Aśvaka 譯、蘇息處。【大日經疏三】

アシフバクバツタ 阿濕縛伐多 [人名] Aśvajit 馬勝比丘の梵名。舍利弗の師。五比丘の一。佛の血族。【瑜伽論略纂十六】に「馬勝者。即舊俱舍三。阿輸實。應レ云二阿濕縛 此云馬 伐多 此云勝 與二梵王一論義比丘也。」又、阿濕婆氏多。【慧琳音義一】又、阿濕婆。【彌勒上生經上】又阿濕波持。【西域記九】又、頞鞞。【中本起經】又、阿說示。【寶勝陀羅經一】

アシフバシタ 阿濕婆氏多 [人名] Aśvajit 馬勝比丘の梵名。「アシフバクバツタ」を見よ。

アシフバタ 阿濕婆他 [植物] Aśvapada 木の名。譯、馬脚。【翻梵語九】に「阿濕婆他。應レ云二阿舍婆陀一。譯曰。阿舍婆者馬。波陀者脚。」或は Aśvattha 即菩提樹の誤か

アシフバチ 阿濕婆恃 [人名] 馬勝比丘の梵名。「アシフバクバツタ」を見よ、【西域記九】

アシフバメイダヤニヤ 阿濕婆迷陀耶若 [行事] Aśva-medha-yajña 譯、馬寶祀。國王の大祭。【大集經五十註】に阿濕婆者。齊云レ馬也。迷陀者寶杜也。耶若者祀也。爲二此祀一者。唯閻浮提王之所レ能也。」(古代より最も神聖せられし祀祭にして馬を犧牲とする故この名あり通常馬祠と譯す)

アシフバユシヤ 頞濕婆庾闍 [雜語] Aśvayuj 譯、七月。【西域記二、梵語雜名】【飾宗記六末】

アシフビニ 阿濕毘儞 [雜名] Aśvinī 星宿の名。譯虛宿。胎藏界の外金剛院の衆、【胎曼陀羅大鈔七】に「此天虛宿。破軍星也。五行金精也。金必有二破レ物能一。故曰二破軍一。」(翻譯名義大集には婁星とす)

アシフマカツハ 阿濕摩揭波 [物名] 又遏濕摩揭婆阿濕摩竭婆に作る馬腦の梵語。「アシフバカハ」を見よ。

アシモ 阿至摸 [術語] 菩薩の位の名。第四住。【出三藏記九】に「阿至模。晋云二四住一。」梵 Arciṣmatī

アシヤ 阿遮 [明王] 阿遮攞 Acala の畧。譯、不動。不動尊の梵名。【金剛般若經開題】に「不動者。梵阿遮攞。」【秘藏寶鑰上】に「阿遮一睨業壽之風定。多隸三喝無明之波涸。」

阿遮一睨 [雜語] 不動尊は左目眇なれば一睨といふ。【大日經疏四】「フドウ」を見よ。◉(盛衰記)「阿遮一睨の窓の前。」

アシヤウ 阿抄 [書名] 阿娑嚩抄の略。

アシヤカ 阿賒迦 [異類] 餓鬼の名。梵語 Āśaka 譯、希望。【正法念經十六】

アシヤカ 阿娑迦 [植物] 「ムウジユ」を見よ。

アシヤカンナ 阿沙干那 [地名] 「アシフバクカツナ」を見よ。

アシヤキマセン 阿沙妃麼洗 [雜語] 譯、四月。【枳橘集一】次項を見よ。

アシヤダ 阿沙陀 [人名] Āṣāḍha 頞沙荼 阿沙荼に作る比丘の名。此の人、比丘尼の爲に度せられて得度す。【阿育王經九、經律異相十七】図 譯、四月、【西域記二、梵語雜名】又星宿の名。譯、箕宿。斗宿。【翻梵語】

アーシヤードハ [人名] 「アシヤダ」を見よ。

アシヤドンマモンヅ 阿遮曇摩文圖 [書名] Acala-dharma-mudrā 聖法印經の異名。【聖法印經題下】に「天竺名二阿遮曇摩文圖一」佛、比丘に對して聖法印を說けるもの。案に阿遮は譯、無動。曇摩は譯、法。即ち聖法印を指す。

アシヤハダ 阿沙波陀 [植物] 樹の名。「アシフバタ」を見よ。

アシヤハナカサンマヂ 阿娑頗那伽三摩

地【術語】又阿娑婆那伽三摩地に作る。定の名。數息觀。【金剛頂經疏二】に「阿娑頗那伽者。舊經云。初依二瑜伽安那般那。繫レ念修習。不レ動二身體。亦不レ動二支分。名二阿娑頗那伽法。安那般那。亦云二阿那波那。亦云二阿般那。謂數息觀。【金剛頂經】に「阿娑頗那伽三摩地。」【秘藏寶鑰下】に【阿娑婆那伽三摩地】「アナハナ」を見よ。梵、Āsvāsa-apānaka.

アシヤバ　阿娑嚩【術語】Asava 阿字は如來部、娑字は蓮華部、嚩字は金剛部、此三字を以て胎藏界の一切の眞言を統攝す(胎藏界を三部に分つ)【大日經疏五】に「入二阿字門。一切諸法不生。是法身義。入二娑字門。一切諸法、無二染著。是蓮華義。入二嚩字門。一切諸法離二言說。是金剛義。如二下字輪品中。以二此三字。統二攝百明。意在レ此也。」【同十四】に「謂阿字、娑字、嚩字。即此三字。顯二三部義一也。阿字是如來部。娑字是蓮華部。嚩字是金剛部。」

阿娑縛鈔【書名】小川僧正承澄集、尊澄治定。二百卷。穴太流の相傳を記す。

アシヤバク　阿娑嚩【術語】アシヤバと讀む。彼「を見よ。

アシヤバラ　阿闍婆羅【雜名】水の名。【因果經四、翻梵語九】

アシヤマ　阿娑磨【術語】Asama 佛の德號。譯、無等。【智度論二】次項を見よ。

アシヤマシヤマ　阿娑磨沙摩【術語】Asama sama 佛の德號。譯、無等等。【智度論二】に佛を餘の菩薩等に比するに全く其等比にあらざるが故に無等と云ひ佛と等同なるが故に重ねて等と云ふなり。

アシヤマフタ　阿娑摩補多【雜語】Asamāpta 譯、無盡。【大日經疏十四】

アシヤマラ　阿叉摩羅【印相】Akṣamālā 印相の名。別名、蹉除波囉蜜多印。Daśapāramitā【譯、十度彼岸印。】數珠印。【陀羅尼集經三】

アシヤミ　阿娑弭【雜語】譯、無等。【大日經疏十三】「アシヤマ」を見よ。

アシヤヤ　阿奢也【雜語】Āśaya 譯、心性。【大日經疏十】に「阿奢也。心性也。謂彼先世所二習行一諸根性欲。」

アシヤユヂ　阿奢踰持【人名】Aśvayuj 羅漢の名。【本行集經三十二】に「長老阿奢踰持。隋云二調馬。」

アシヤラ　阿遮羅【明王】Acala 譯、不動。不動尊の梵名。「アシヤ」を見よ。図菩薩の位の名。十住の中、第八住。【出三藏記九】に「阿遮羅。晉曰二八住。乃至第八住。名二不動。」

阿遮羅赦【雜語】【續門葉和歌集】に「わがたのむしるしもありや阿遮羅赦」と阿遮羅は不動尊のこと。赦の字解し難し、恐くは誤字。

アシヤラ　阿娑羅【飲食】Asaru 藥の名。【止觀一之五】に「如レ服二阿娑羅藥一先用二清水一。」【同輔行】に「阿娑羅藥。未レ詳二形狀一。」(羅 Bhumea Lacera.)

アシヤリニ　阿奢理貳【寺名】Āścarini 又阿奢理兒に作る。伽藍の名。譯、奇特。【西域記一】。阿奢理尼寺【慈恩傳二】

アシヤリヤ　阿遮利耶【術語】Ācārya 阿闍梨の新稱。【南海寄歸傳三】に「阿遮利耶。譯爲二軌範師一。是能敎二弟子法式一之義。先云二阿闍梨。訛也。」

アシヤレイ　阿者麗【明王】譯、不動。【大日經疏四】「アシヤラ」を見よ。

アシヤロ　阿遮樓【地名】Acala 山の名。譯、不動。【咒毒經、翻梵語九】

アシユカ　阿輪伽【人名】Aśoka 新稱、阿輸伽。舊稱、阿叔迦。阿舒伽など。譯、無憂。「アイク」を見よ。

阿輪伽王【人名】「アイク」を見よ。

阿輪柯七日爲レ王【傳說】是れ阿輪伽王の弟。「アイク」の項を見よ。

阿輪伽樹【植物】【翻梵語九】に「阿叔迦樹。應レ云二阿輸迦。譯曰二無憂。」【僧伽羅刹佛行經】に「阿舒伽。」【名義集三】に「阿輪伽。或名二阿輸柯。」悉多太子此樹下に生る。此樹又單に畢利叉 Vṛkṣa と云ふ。即ち嵐毘尼 Lumbinī 園の無憂樹なり。

アシユク　阿閦【佛名】Akṣobhya 如來の名。具には阿閦鞞。阿閦婆。譯、無動。不動。無瞋恚。往昔に此を去る東方、千佛剎、阿比羅提國に出現せし大目如來の所に於て發願し、修行の後、東方に成佛し、其の國土を善快と名く、今現に其の土に於て說法す。又密敎にては金剛界五智如來の中に、東方に住する如來。左手は拳、右手に梵函を持す。黃金色なり。【阿彌陀經】に「東方亦有二阿閦鞞佛。」【慈恩疏】に「阿閦鞞佛。名二無瞋恚。在二東方阿比羅提國。」【維摩經見阿閦佛品】に「有レ國名二妙喜。佛號二無動。」【同慧遠義記】に「阿閦 胡語。此云二無動。」【玄應音義九】に「阿閦鞞亦云二阿閦婆。此譯云二無動。」

阿閦の圖

阿閦佛之二種身【名數】【敎時問答四】に「金剛頂瑜伽云。東方阿閦佛現二二種身。若依二正法輪。現二普賢菩薩身。若依二敎令輪。現二降三世身。」

阿閦如來之種子 【種子】 (hūṃ) 吽。【種子集本】

阿閦如來之印 【印相】 右手は五指を舒て地を指し、左手は五指を以て衣角を執る、破魔印と云。【教王經】

阿閦佛法 【修語】 阿閦佛の御修法。其作法は「阿閦如來念誦供養法」一卷。【閏帙五】に出づ。

阿閦佛國經 【經名】 支婁迦讖の譯、二卷。寶積經の不動如來會と同本異譯【地帙、八】、(118)

阿閦佛經 【經名】 阿閦佛國經の略。

阿閦如來念誦供養法 【經名】 一卷、唐不空譯。秘密部。【閏帙五】(1420) 「略。

阿閦供養法 【經名】 阿閦如來念誦供養法の略。

アシユクカ 阿叔迦 【人名】「アシユカ」を見よ。

アシユクバブツ 阿閦婆佛 【佛名】「アシユク」を見よ。

アシユクビブツ 阿閦鞞佛 【佛名】「アシユク」を見よ。

アシユハ 阿濕波 【神名】 Aśvin 日天と阿濕毗賦との間に生れたる雙子の名、曙光の擬人にして馬又は鳥を駕したる金色の車に乘り、女神ウシヤスの先驅を爲す。【佛所行讃入苦行林品】に「諸梵志等、驚喜傳相告、爲二八婆藪天一、爲二二阿濕婆一」とあるこの神なり。

アシユバ 阿芻婆 【雜語】 Akṣobhya 又、阿閦婆に作る數の名。【倶舍論十二】に五十二數を列る中の第二十の數名。【本行集經十二】に「阿芻婆。隋言二數千兆一也。」【慧琳音義四十七】に「阿閦婆。西方數名。此方万萬載之數也。」

アシユビ 阿衆毘 【術語】 Āçumbhin * 禪定の名。譯、接吻。【探玄記十九】に「阿衆毘者。此云二接口一。得二言教密藏一之定。」

アシユマガルブハ 【物名】「コハク」を見よ。

アシユラ 阿修羅 【異類】 Asura 又阿須羅に作る。舊稱、阿修羅。阿須倫。阿蘇羅。阿素羅。譯、無端、容貌醜陋の義。又、無酒、その果報には酒なき義。新稱、阿素洛。譯、非天。その果報勝れて天に似たれども天に非ざる義。常に帝釋と戰闘をなす神。六道の一。八部衆の一。【名義集二】に「阿修羅。舊翻二無端正一。男醜女端正。新翻二非天一。」【西域記九】に「阿素洛。舊曰二阿修羅一。又曰二阿須倫一。又曰二阿蘇羅一皆訛也。」【法華文句五】に「阿修羅。此云二無酒一。四天下採レ華。醞二於大海一。魚龍業力。其味不レ變。嗔妬誓レ斷。故言二無酒神一。」【大乘義章八末】に「阿修羅者。是外國語。此名二劣天一。又人相傳名二不酒神一。」【玄應音義三】に「阿修倫。又作二阿修羅一。皆訛也。正言二阿素洛一。此譯云。阿無也。亦云レ非。素洛云レ酒。亦云レ天。名二無酒神一。亦名二非天一。經中亦名二無善神一也。」(第二圖參照)

阿修羅界 【界名】 阿修羅の世界。【三界義】に「若し十地經に依らば妙高山(須彌山)の北、大海の下二万一千由旬を過ぎて羅睺阿修羅王の宮あり、次の下二萬一千由旬に勇健の宮あり、次の下二萬一千由旬に華鬘王の宮あり、次の下二萬一千由旬に毗摩質多羅王の宮あり、若し起世經に依らば須彌の東西の面、之を去ること一千由旬の外に毘摩質多羅宮あり、縦横八萬由旬なり、又云く修羅の中に極めて弱き者は人間山地の中に在りて住す、即ち今西方の山中に大なる深窟あり、多く是れ非天(阿修羅)の宮なり。」

阿修羅宮 【雜名】 阿修羅の宮殿。【義楚十六】に「長阿含云。阿修羅宮。在二大海底一。乃至 如レ天宮樂。」【西域記十】に清辯菩薩、南天竺の案達羅國の修羅窟に入て彌勒の出世を待つことを説く。【同九】に「石室西南隅。有二巖岫一。印度謂二之阿素洛宮一也。」

諸阿修羅等居在大海邊 【雜語】 平家物語に出づる文。未だ出典を檢せず。【法華文句五】に阿修羅「有二二種一。鬼道攝者居二大海邊一。畜生道攝者居二大海底一。」【智度論十】に「阿修羅。惡心鬪諍。而不レ破レ戒。大修二施福一。生在二大海邊一住。」

阿修羅道 【界名】 六道の一、修羅道なり。多く瞋、慢、疑の三因に由て生る。【法苑珠林五】

阿修羅王 【異類】【法華經序品】に四人の阿修羅王を列す。婆稚阿修羅王、佉羅騫駄阿修羅王、毗摩質多羅阿修羅王、羅睺阿修羅王。各百千の眷屬あり。

修羅の戰 【雜語】 阿修羅王と忉利天の帝釋との戰。修羅は美女ありて好食なし、諸天は好食ありて美女なし、互に相憎嫉すれば恒に戰闘す。【別譯阿含經三、法華義疏一、經律異相四十六、法苑珠林五】

修羅場 【雜語】 阿修羅と帝釋との戰場。

修羅の巷 【術語】 修羅場に同じ。

修羅藕絲の孔に隱る 【傳說】 阿修羅王、帝釋と戰て敗北し、遁るゝに所なく、通力を以て身を潜め、藕絲の孔に入る。【觀佛三昧海經、智度論三十、法苑珠林五】

阿修羅說五念處三十八品 【傳說】 世界の初めて成ずる時、須彌頂に住す、亦た宮殿あり、後に光音の天に下り、是の如く展轉して第五の天に至る、修羅瞋て便ち之を避け、所住なくして地に

下生し、又佛の說法を嫉む、佛諸天の爲に四念處を說けば則ち五念を說き、佛三十七品を說けば則ち三十八品を說く、常に曲心の爲に覆はれたり。【止觀二之二】

アシユリン　阿須倫　〔異類〕「アシユラ」を見よ。

アシユヴガルブハ　〔雜名〕「アシフバカハ」を見よ。

アシユヴグホーシヤ　〔人名〕「アシフバクシヤ」「メミヤウ」を見よ。

アシユヴチット　〔人名〕「アシフババツタ」「メシヨウ」を見よ。

アショーカ　〔人名〕「アイク」「アシユカ」を見よ。

アシラカセフ　阿支羅迦葉　〔人名〕Acela　王舍城の居士の名。佛、城に入て乞食する途上に於て、苦の事を問て遂に得悟す。【阿支羅迦葉經】

阿支羅伽葉經　〔經名〕具には佛爲阿支羅迦葉自他作苦經、一卷。【宿帙七】(705)

アシラバナ　阿尸羅婆那　〔雜名〕Abhijit　星宿の名。譯、女宿。【大威德陀羅尼經六】

アシラマトギセンダ　阿死羅摩登祇旃茶　〔人名〕女の名。【玄應音義二十三】に「女名也。摩登祇。女之總名。阿死羅。女之別名。此女由二卑賤一故。恒以二拂帚一爲レ業。用給二衣食一也。」旃茶羅女なり。

アシリニ　阿嗜理兒　〔寺名〕寺の名。「アシヤリニ」を見よ。

アシンタイ　阿軫䭾　〔術語〕Acintya　譯、不思議。【大日經疏十三】

アジ　阿字　〔術語〕「ア」を見よ。

アジヤセ　阿闍世　〔人名〕又阿闍貰に作る。王の名。舊稱阿闍世。新稱、阿闍多設咄路。Ajātaśatru　譯、未生怨。佛在世の頃、摩竭陀國、王舍城の治者。父は頻婆娑羅、母は韋提希。韋提希懷胎の時、相師占て此兒生れて父を害すべしといふ、由て未生怨と名く。未生以前より怨を結ぶ意。【西域記九】に「阿闍多設咄路王。唐云二未生怨一。舊云二阿闍世一訛也。」又、婆羅留支と名く。譯、折指。父王相師の言を聞き、夫人と共に謀り、生るゝ日樓上より地に落せども、只指を損じて死せず、故に名く。【法華文句五】に「阿闍世者。未生怨。或呼爲二婆羅留支一此云二無指一。」【同記】に「言二未生怨一者。母懷之日。已常有二惡心一。於二瓶沙王一。未レ生已惡。故因爲レ名。無指者。初生相者言レ凶。王令二昇レ樓撲一レ之不レ死。但損二一指一。故爲レ名也。」

阿闍世太子の逆害　〔故事〕阿闍世太子長じて惡友提婆達多に近づき、初生の時の事を聞き、害意を生じて父母を幽囚す。【觀無量壽經】に詳かなり。◉(盛衰記二)「傳へ聞く阿闍世太子は頻婆沙羅を害せずや」

阿闍世は不動菩薩　〔傳說〕【妙玄六下】に「阿闍世是不動菩薩。」【大部補註三】に普超經を引て之を證す。◉(寶物集二)「阿闍世は凡夫といふべからず」

阿闍世文殊に從て信忍を得　〔傳說〕【阿闍世王經下、普超三昧經二、三、經律異相二十六】

阿闍世王瘡を病む　〔傳說〕王、父頻婆娑羅王を害せし罪に因り遍體瘡を生ぜしを、佛所に至りて懺悔して便ち平癒す。【涅槃經十九】◉(寶物集二)「阿闍世王は凡夫といふべからず或は癩病を受け悲む」。

阿闍世王之夢　〔傳說〕王、如來涅槃の夜に於て、月落ち日地より出で、星宿雲雨繽紛として落ち、七彗星天上に現はれ、又天上に大火聚ありて一時に地に墮つるを見る。之を臣下に問て如來涅槃の不祥の相なるを知る。【大般涅槃經後分下】◉(文粹十四)「阿闍世王之夢。烟暗金河之西。」

阿闍世王經　〔經名〕佛說阿闍世王經、二卷。後漢支婁迦讖譯。佛說未曾有正法經と同本異譯。阿闍世王が文殊師利菩薩の說法を聞て得悟することを說く。方等部の攝【宇帙八】(174)

阿闍世王授決經　〔經名〕佛說阿闍世王授決經、一卷。西晋法炬譯。阿闍世王が佛に燈華を奉りて成佛の記別を授かりしことを說く。方等部の攝【宙帙七】(272)

阿闍世王問五逆經　〔經名〕一卷。西晋法炬譯。阿闍世王が五逆罪の受果を問ひ、功德によりて、一旦地獄に墮ちて後に辟支佛となることを說く【宿帙七】(713)

阿闍世王品　〔經名〕文殊師利普超三昧經の「異名。

阿闍世王女阿術達菩薩經　〔經名〕佛說阿闍貰王女阿術達菩薩經、一卷。西晋竺法護譯。阿闍世王の女、名は無畏德、年十二、舍利弗、目連等の諸聲聞と論難して盡く屈服せしむ。大寶積經無畏德菩薩會第三十二と同本異譯。方等部の攝。【地帙十一】(42)

阿闍世王女經　〔經名〕阿闍貰王女阿術達菩「薩經の略。

アジヤリ　阿闍梨　〔術語〕Ācārya　舊稱、阿闍梨。阿祇利。譯、敎授。新稱、阿遮利夜。阿遮梨耶。譯、軌範。正行。弟子の行爲を矯正し其の軌則師範となるべき高僧の敬稱。【玄應音義十五】に「阿闍梨。經中或作二阿祇利一。皆訛也。應レ言二阿遮利夜一。此云二正行一。又言二阿遮梨耶一。此云二軌範一。舊云。於二善法中一。敎授レ知。名二阿闍梨一也。」【南海寄歸傳三】に「阿遮利

耶。譯爲二軌範師一。是能敎二弟子法式一之義。先云二阿闍梨一訛也。」

五種阿闍梨 〔名數〕【名義集一】に「南山鈔云。四分律。明二五種阿闍梨一。一出家阿闍梨。所依得二出家一者。二受戒阿闍梨。受戒作二羯磨一者。三敎授阿闍梨。敎二授威儀一者。四受經阿闍梨。所二從受一レ經。五依止阿闍梨。乃至依住一宿者。」

眞言の阿闍梨 〔術語〕阿闍梨の名はもと一般の敎師に通ずれども、後には眞言の秘法を傳授する職位の稱號に局れり。【大日經疏三】に「若於二此漫荼羅種種支分一。乃至一切諸尊。眞言手印。觀行悉地。皆悉進達。得二傳法灌頂一。是名二阿闍梨一。」

阿闍梨職 〔職位〕もと僧家の私職なりしを慈覺大師の奏に依り之を公職として仁壽四年安慧惠亮二師、初て此職に補せらる。【釋家官班記】

一の阿闍梨 〔職位〕阿闍梨の首座、此人東寺の長者にて法務の役を勤む。⦿（正統記）「東寺の一の阿闍梨」

一身阿闍梨 〔職位〕貴種の人、特別に官符を以て傳法灌頂の職位を受けしもの。【釋家官班記】に「阿闍梨者。被レ寄二置諸寺一。以二其闕一補任。所レ被レ下二官符一也。而貴種人。別限二其身一。某可レ授二傳法灌頂職位一之由被レ下二官符一。以レ之稱二一身阿闍梨一。」天台宗には尋禪始て一身阿闍梨に任ぜらる。【元亨釋書九】

引請阿闍梨 〔職位〕禪林に得度の沙彌未だ進退を知らざれば、之を引導して敎授する者をいふ。律宗の敎授師なり。【象器箋八】

四種阿闍梨 〔術語〕眞言の阿闍梨に四種の別あり。「シアジヤリ」を見よ。

阿闍梨大曼荼羅灌頂儀軌 〔經名〕一卷失譯。秘密部。【餘帙三】

アジヤリヤ 阿闍梨耶 〔術語〕又阿遮梨耶阿遮梨夜に作る。「アジヤリ」を見よ。

アジユツタツ 阿術達 〔人名〕Aśucita(?) 阿闍世王の女の名。譯、無愁憂。無畏德。十二歲にて能く大道を論ず。【阿術達經】に「是時王阿闍世有レ女。名二阿術達一。漢言二無愁憂一。年十二。端正好潔。」

阿述達菩薩經 阿闍貰王女阿術達菩薩經の略。一卷。【地帙十一】「アジヤセ」の項を見よ。

アジユンナ 阿順那 〔植物〕Arjuna 又頞順那、阿闍那、阿周陀那、闕剌樹那、夷離淳那に作る。印度に產する喬木にして尊樹中の一なり。龍樹菩薩の名は此の樹に取る。「アシウダナ」を見よ。

アジヨカ 阿恕伽 〔名人〕阿紓迦、王の名。【阿育王傳一】に「作レ字名二阿恕伽一。阿恕伽者。晋言二無憂一。」「アイク」を見よ。図樹の名。阿紓樹迦。「アシユカ」を見よ。

アスカデラ 飛鳥寺 〔寺名〕元興寺の別名。大和國飛鳥村に在り。四方の門に額あり。東門、飛鳥寺。西門、法興寺。南門、元興寺。北門、法滿寺。聖德太子の建立、佛法最初の道場。貞觀四年の官符に、「此寺佛法元興之場、聖敎最初之地也」。（三代格式）靈龜二年、平城の左京に移す。【大和名所圖會五】

アスラ 阿修羅 〔異類〕「アシユラ」「ヒテン」を看よ。

アセ 阿施 〔術語〕Artha 譯、義。文に詮はさるゝ義理。【名義集五】言語道斷の義に對す。

アセイタ 阿制多 〔人名〕Ajita 阿逸多の新稱。【慧苑音義上】に「阿逸多正云二阿制多一。此云二無能勝一也。」「アイツタ」を見よ。

アセイタンジヤヤ 阿制單闍耶 〔雜語〕Ajitañjaya 譯、無能勝、最勝の義。【大日經疏十】に「阿誓單闍耶。無能勝也。闍耶是勝。阿是無。」

アセツシ 阿說旨 〔人名〕「メシヨウ」を見よ。

アセツタ 頞哳吒 〔界名〕Atata 八寒地獄の一。「ハチカンヂゴク」を見よ。

アセツタ 阿說他 〔植物〕Aśvattha 木の名。【探玄記二十】に「阿說他樹。此云二無罪樹一。謂二遶三迊一。能滅二罪障一。此是菩提樹。」【百一羯磨五】に「阿說他子一菩提樹子是也。」

アセツラ 阿折羅 〔人名〕Ācāra 羅漢の名。譯、所行。【西域記十】

アセヤ 阿世耶 〔術語〕Āśaya 譯、意樂。意の愛欲を云ふ、又種子を云ふ。【玄應音義二十三】に「阿世耶此云二意樂一。亦云二種子一。」【顯揚聖敎論三】に「貪阿世耶。瞋阿世耶。痴阿世耶。」

アセンダイ 阿闡提 〔術語〕阿闡底迦の舊稱。次項を見よ。

アセンテイカ 阿闡底迦 〔術語〕Anicchantika 舊稱、阿闡提。譯、無欲。涅槃を樂欲せざる義。【玄應音義二十三】に「阿闡底迦。此云二無欲一。謂不レ樂二欲涅槃一。亦言二闡底柯一。此云二多貪一。謂貪二樂生死一。不レ求二出離一。故不レ信二樂正法一。舊言二阿闡提一。譯云二隨意作一也。」

アソ 阿蘇 〔異類〕阿蘇羅の略。譯、非天。【西域記九】に「阿素洛。舊曰二阿修羅一又曰二阿須倫一。又曰二阿蘇羅。此皆訛也」「アシユラ」を見よ。

阿蘇山 〔地名〕案に阿蘇羅より字を宛てたるか。肥後に在り。

アソウ 阿僧 〔菩薩〕Asaṅga 阿僧伽の略。無着菩

薩の梵名。「アソウギヤ」を見よ。【性靈集十】に「阿僧釋二龍猛之中觀一。」⊙（盛衰記）「受二阿僧之流一」

アソウギ 阿僧祇 【雜語】Asaṁkhya 舊稱、阿僧祇。譯、無數。或は無央數。印度數目の名。【智度論】に「僧祇秦言レ數。阿秦言レ無。」新稱、阿僧企耶。譯、無數。【玄應音義二十四】に「阿僧企耶。此云二無央數一。舊言二阿僧祇一。訛畧也。」梵、又、Asaṁkhyeya

阿僧祇劫 【術語】無數の劫。劫は年時の名。

三僧祇 【術語】三阿僧祇劫の畧。菩薩修行の年數。「サンアソウギコフ」を見よ。

アソウギヤ 阿僧企耶 【雜語】又阿僧祇耶に作る。阿僧祇の新稱。彼を見よ。

アソウギヤ 阿僧伽 【人名】Asaṅga 阿僧佉に作る。無着菩薩の梵名。法相宗の祖。【婆藪槃豆傳】に「既得二大乘空觀一。因レ此爲レ名。名二阿僧伽一。阿僧伽譯爲二無着一。」【玄應音義二十四】に「阿僧伽。阿此云レ無。僧迦此云レ著。短聲呼レ之。若長聲呼レ之。即云レ衆。舊云二僧佉一。訛也。」（此長短は Saṅga Saṅgha の別を云ふなり、阿僧伽を「アソギヤ」と讀めと云とに非ず。）【三藏法師傳三】に「城西南五六里。有二故伽藍一。是阿僧伽菩薩說法處。菩薩夜昇二覩史多天一。於二慈氏菩薩所一。受二瑜伽論莊嚴論大乘論中邊分別論一。晝則下レ天。爲レ衆說レ法。阿僧伽亦名二無着一。即健陀羅國人也。佛滅度後。一千年中。出二現於世一。從二彌沙塞部一出家。後信二大乘一。」

阿僧之流 【流派】阿僧伽の略、無着菩薩の流派にて法相宗を指す。⊙（盛衰記十四）「受二阿僧之流一慣二慈氏之教一」

アソクダツ 阿遬達 【人名】Asuddha (?) 玉耶女の舅。玉耶、不孝禮節なし、遬達佛所に詣て自ら其不德を責む、佛之を聞き玉耶に對して婦道を說く。【阿遬達經】

阿遬達經 【經名】佛說阿遬達經。一卷、宋、求那跋陀羅譯、玉耶女經及玉耶經と同本異譯。女の十惡を說き、又五善三惡の法を說き、七種婦の差別を分別す。並に增一阿含非常品に出づ。【昃帙四】(642)

アソラ 阿蘇羅 【異類】「アシュラ」を見よ。

アソラク 阿素洛 【異類】「アシュラ」を見よ。

アタナケン 阿吒那劒 【經名】Aṭṭana 外道所傳の經名か未詳。【十誦律二十四】に「阿吒那劒。鬼神成經。」

アタバクカ 阿吒嚩迦 【神名】Āṭavika アタバカと讀む。鬼神の名。又、遏吒薄。阿吒薄倶。秘敎の中に大元明王。【慧琳音義十二】に「阿吒薄迦。曠野鬼神大將名也。或名二遏吒薄一。皆聲轉也。俗名二元帥大將一非也。十六藥叉將之一將也。」【枳橘集一】に「秘敎之中。云二大元明王一是也。」

（阿吒嚩迦の圖）

阿吒薄倶元帥大將上佛陀羅尼經修行儀軌 【經名】三卷、唐善無畏譯。【閏帙十四】

阿吒婆拘鬼神大將上佛陀羅尼神呪經 【經名】一卷、失譯。【閏帙十四】

阿吒婆拘鬼神大將上佛陀羅尼經 【經名】一卷、失譯。【餘帙二】

阿吒薄拘付囑呪 【經名】一卷、失譯。【餘帙二】

阿吒婆拘呪經 【經名】阿吒婆拘鬼神大將上佛陀羅尼經の略。

アタバグ 阿吒薄倶 【神名】又阿吒婆拘に作る阿吒嚩迦に同じ。前項を見よ。

アタバツテイ 阿吒筏底 【雜名】多聞天即毘沙門天の居城。【慧琳音義十二】に「阿吒筏底城。即多聞天王所居也。」

アタリ 阿吒釐 【地名】國の名。中印度の境。人性澆薄佛法行はれず。【西域記】

アタワ 頞多和 【經名】「アタワギ」を見よ。

アタワギ 頞多和者 【經名】經の名。或は次出の經か。【慧琳音義五十七】に「頞多和、西國經名」

頞多和者經 佛說頞多和多者經、一卷、失譯。布施の事を說く。【宿帙七】(778)

アダ 阿拏 【術語】「アナ」を見よ。

アダ 阿陀 【飲食】阿伽陀の略。藥の名【宗鏡錄二】に「於二群藥中一。但取二阿陀之妙一。」「アカダ」を見よ。

アダイアノクハナ 阿提阿耨波奈 【術語】Adi-anutpāda 譯本初不生。梵字の𑖀阿を釋する語。【智度論二十八】に「四十二字。阿羅波遮那等。阿提秦言初阿耨波奈秦言不生」「ア」を見よ。

アダイモクタカ 阿提目多伽 【植物】Atimuktaka 草の名。譯、善思夷華。苣勝子。龍舐華。草の形、大麻の如く、赤華青葉なり、子は油となすに堪ふ。亦香となすに堪ふ。【名義集三】図、樹名と云ふ。「阿地目得迦。花樹也。」【慧琳音義十二】

アダウ　下堂　〔雜語〕朝の粥飯畢て僧堂に下ると。【象器箋九】

アダツバナ　阿闥婆那　〔術語〕Atharvaṇa 譯、呪術。「キダ」を見よ。

アダナ　阿陀那　〔術語〕Adāna 心識の名。阿賴耶識の別名。譯、執持。此識の力にて善惡の業因之を種子と云並に有情の身體を執取し維持して破壞せざらしむ。【解深密經一】に「阿陀那識甚微細。一切種子如二瀑流一。我於二凡愚一不二開演一。恐彼分別執爲レ我。」【唯識論三】に「第八識。雖二諸有情皆悉成就一。而隨二義別一立二種種名一。或名二阿陀那一。執二持種子及諸色根一。令レ不レ壞故。」【同述記】に「梵云二阿陀那一。此云二執持一。」

アダバギヤシユトロ　阿陀婆耆耶修妬路　〔經名〕「アダバヤシユトロ」を見よ。

アダバヤシユトロ　阿陀婆耶修妬路　〔經名〕經の名。【爺宗記八本】に「阿陀婆耶修妬路。晉云二衆德經一。」【十誦律二十四】に「阿陀婆耆耶修妬路」

アダラ　阿駄囉　〔術語〕Ādara 阿陀羅に作る。合掌の名。【大日經疏十三】に「倶覆二二掌一。亦以二二手中指一相接。名二阿駄囉合掌一。此云二覆手向下合掌一。次又。雙覆二兩手一。以二二大指一。並而相接。十指頭向レ外。亦同レ名也。亦云二覆手合掌一。」

アダン　阿擅　〔術語〕Anātman 或は阿捺摩、譯、無我。【名義集四】

アチクタ　阿地瞿多　〔人名〕Atikūṭa(?) 沙門の名。譯、無極高。中印度の三藏。【開元錄八、陀羅尼集一】

アーチャールヤ　〔術語〕「ワジヤウ」「アジヤリ」「よ。を見よ。

アチラヴティー　〔地名〕「アヂタバツテイ」を見よ。

アヂタ　〔人名〕「アイチタ」「メイテイリ」を見よ。

アヂタケーシヤカムバラ　〔人名〕「アギタシシヤキンバラ」を見よ。

アヂタバツテイ　阿恃多伐底　〔地名〕Ajiravatī 舊稱、阿利羅跋提。阿夷羅拔提。新稱、阿恃多伐底。阿夷羅婆底。阿爾多嚩底。阿脂羅婆提。譯、無勝。別名、吚羅拏伐底。譯、有金。世尊此河邊に於て入滅すと。【西域記六】に「阿恃多伐底河。唐言二無勝一。此世共稱耳。舊曰二阿利羅跋提河一。訛也。典言謂二之吚刺拏伐底河一。譯曰二有金阿一。」【翻梵語九】に「阿夷羅跋提河。應レ云二阿夷羅婆底一。譯曰。阿夷羅者迅流。婆底者有。」【慧琳音義二十五】に「阿利羅跋提河。正云二阿爾多縛底一。西國河名也。」【玄應音義二】に「阿利羅跋提河。泥洹經作二熈連河一。皆訛也。正言二吚刺拏伐底河一。吚羅拏此譯云レ金。伐底此言レ有。名爲二有金河一。」と此の河名に付て異說あり法顯譯の【大般泥洹經一】には「拘夷城力士生地熈連河側堅固林雙樹間」とし。【法顯傳】は「希連禪阿邊」とし。【涅槃經一】に「阿利羅跋提河邊」とせり。【西域記六】も亦之と等しく「阿恃多伐底河」とせり。【玄應音義二】に「阿利羅跋提河。泥洹經作熈連河。皆訛也。正言吚羅拏伐底河。」とし【同三】に「尼連禪河。應レ云二尼連禪那一。或云二熈連禪一。此譯云。尼者不也。連禪那者樂着也。名二不樂著一河也」と熈連、尼連、彼此相通ずる如くす、爲に佛成道の時沐浴せる河と涅槃後に洗浴せる河とアイラバテイー河との三河混同せる風あり、金河は熈連と轉じ得る字音なり。佛成道前苦行を捨てて沐浴せる河は明かに尼連禪河 Nāirañjanā にして、希連、熈連とは轉じ得ざるべし。阿恃多伐底は舍衛城岸を流るゝ河なり。而して拘尸城に在る河は金河（吚剌拏伐底 Hiraṇyavatī）なる事論なし。

アヂタヴテイーナデイー　〔地名〕「ダイカ」を見よ。

アヂモクトクカ　阿地目得迦　〔植物〕「アダイモクタカ」を見よ。

アヂヤータシヤートル　〔人名〕「アジヤセ」を見よ。

アヂヤンタ　〔地名〕Ajaṇta 中印度にある有名なる石窟寺ある地。その壁畫は最も有名なり。

アヂユナ　阿嚋那　〔人名〕Arjuna(?) 天子の名。翻名なし。【慧琳音義四十三】。傳未詳。

アヂユニヤータカーウヌデイヌヤ　〔人名〕「アニヤケウヂンニヨ」を見よ。

アテイリ　阿底哩　〔天名〕Atri 天仙の名。胎藏界の外金剛院の衆。【秘藏記末】に「阿底哩仙。左手水瓶。右手覆レ身。」

アテンテイカ　阿顚底迦　〔術語〕Ātyantika 譯、畢竟。畢竟して成佛の性なき義。畢竟して善心なき義。【唯識論樞要上本】に「第五性有二三種一。一名二一闡底迦一。二名二阿闡底迦一。三名二阿顚底迦一。一闡底迦。是樂欲義。樂二生死一故。阿闡底迦。是不樂欲義。不レ樂二涅槃一故。阿顚底迦。名爲二畢竟一。畢竟無二涅槃性一故。」【玄應音義二十三】に「阿顚底迦。此云二畢竟一。畢竟無レ有二善心一也。」

アテンバシラコク　阿點婆翅羅國　〔地名〕Atyambakela 西印度の境。信度河に臨み、大海の濱に隣す。小乘の僧徒多く正量部の法を學ぶ。【西域記十一】

アーデイトヤ　〔天名〕「アナイテイヤ」を見よ。

アト　阿菟　〔術語〕Aṇu 譯、極微。色法を最微の極度迄分割したるもの。【倶舍光記十二】に「梵云二阿菟一。此名レ微。眼見色中最微細也。應レ知爲二天眼。輪王

眼。後有菩薩眼所見。」「アナ」を見よ。

アトカマンセツリ　阿菟林　〔雜名〕譯、小林。【翻梵語九】

頞杜迦曼折利　〔植物〕「アリ」を見よ。

アドイ　阿㝹夷　〔地名〕城の名。（巴 Anuppiya）

阿㝹夷經　〔雜名〕佛、阿㝹夷城に在て房伽婆梵志の爲に善宿比丘の事を說き且つ世界創造に關する諸見を破す。長阿含經十一に攝む。【㕛帙九】

アドタセンダイ　阿菟吒闡提　〔術語〕偈の名。經論の文字を數へて三十二字に充るもの。【百論疏一】に「婆沙列二四種偈一。一者以二八字一爲二一句一。三十二字爲二一偈一。此是結レ偈法。名二阿菟吒闡提一。是經論數法。亦是計二書寫數一法。二者或六字爲レ句。名二初偈一。三者二十六字爲レ句者。是後偈。此偈名二摩羅一。四者減二六字一爲レ句。此偈名二周梨荼一。」（梵 Anuṣṭubh-chandas; 巴 Anuṭṭhubha-chando）

アドブタ　阿菟浮多　〔書名〕Adbhuta 書の名。譯、未曾有。【佛本行集經十一】

アドブフタ　〔書名〕「アドブタ」「ミゾウ」「キドク」「ヲ見よ。

アドブフタドハルマ　〔經名〕「ミソウキヤウ」を見よ。

アドラ　阿菟羅　〔人名〕師子國王の夫人の名。【慧琳音義七十八】

アドルマ　阿菟盧摩　〔書名〕Anuloma 書の名。譯、順。【佛本行集經十一】

アドロダ　阿菟樓陀　〔人名〕Aniruddha「アナリツ」を見よ。

アナ　頞那　〔地名〕Anna 山の名。譯、飯。【普曜經七、翻梵語九】

アナ　阿拏　〔術語〕Aṇu 又阿菟。阿耨など。譯、極微。色界の色法の最微なるもの。【法苑義林章五本】に「阿拏謂最極小者。說レ此名二極微一。」【大日經疏一】に「言二小分一者。梵云二阿耨一。即是七微合成。」極微に關しては「ゴクミ」を見よ

アナアハナ　阿那阿波那　〔術語〕Anāpāna 觀法の名。「アナハナ」を見よ。

アナイリツタ　阿泥律陀　〔羅漢〕Aniruddha 阿那律の新稱。「アナリツ」を見よ。

アナイテイヤ　阿泥底耶　〔天名〕Āditya 日天子の梵名。【不空羂索經四】

アナガミ　阿那伽彌　〔術語〕Anāgāmin 阿那含の舊稱。【智度論三十二】に「阿那名レ不。伽彌名レ來。是名二不來一。是人欲界中死。生二色界無色界中一。於レ彼漏盡。不二復來生一。」「アナゴン」を見よ。

アナーガーミヌ　〔術語〕「アナゴン」「フゲンクワ」を見よ。

アナガメイ　阿那伽迷　〔術語〕阿那含の舊稱。【坐禪三昧經下】に「阿那伽迷者。秦言二不來一。」「アナゴン」を見よ。

アナギジンネイ　阿那耆盡寧　〔術語〕陀羅尼の名。譯、拔衆生苦。【七佛八大菩薩所說神呪經一】

アナギチラ　阿那耆智羅　〔術語〕陀羅尼の名。譯、救諸病苦。【七佛八大菩薩神呪經八】

アナギチル　阿那耆置盧　〔術語〕陀羅尼の名。譯、度脫衆生。【七佛八大菩薩所說神呪經五】

アナギフチクリチナ　阿那耆不智究梨知那　〔術語〕陀羅尼の名。譯、大極濟【七佛八大菩薩神呪經八】

アナギフル　阿那耆富盧　〔術語〕陀羅尼の名。譯、法忍。【七佛八大菩薩神呪經八】

アナコタル　阿那呼吒盧　〔術語〕陀羅尼の名。譯、護國土及衆生。【七佛八大菩薩神呪經八】

アナゴン　阿那含　〔術語〕Anāgāmin 譯、不還。不來。欲界の煩惱を斷じ盡したる聖者の名。此聖者未來は色界無色界に生ずべし、欲界には再び生じ來らざれば不還といふ。【大乘義章十一】に「阿那含者。此名二不還一。小乘法中。更不下還二欲界一受上レ身。名二阿那含一。」

阿那含果　〔術語〕小乘四果の中の第三果、阿那含の果報を得たる位の名。【無量壽經下】に「二十二億諸天人民。得二阿那含果一。」⦿（平治一三）「かくの如く罪を懺悔しければ阿那含果を得つ」

阿那含向　〔術語〕阿那含果に向て修行する位の名。四向の中の第三向。

アナスラバク　阿那藪囉嚩　〔術語〕「アナリラバク」を見よ。

アナースラヴ　〔術語〕「ムロ」を見よ。

アナタヒンダカツリカバツテイ　阿那他

賓茶揭利呵跋底　〔人名〕Anāthapiṇḍada-gṛhapati 長者の名。譯、給孤獨「アナンビンテイ」を見よ。

アナタヒンダタ　阿那他擯茶他　〔人名〕Anāthapiṇḍada「アナンビンテイ」を見よ。

アナダタフタ　阿那陀答多　〔地名〕「アノクダツ」を見よ。

アナダヒンダダシヤヤアランマ　阿那陀賓茶駄寫耶阿藍磨　〔地名〕Anāthapiṇḍadasyārāma 阿那邠阿藍磨。阿那邠阿藍。阿那陀賓茶陀私那耶阿羅彌。阿難邠坻阿藍。共に梵音の訛略。譯、給孤獨園。舍衛城の富豪、須達長者園の梵名。【玄應音義三】に「阿那陀。此云二無親一。舊人義譯爲二孤獨一。賓茶駄寫耶。此云二團與一。舊人義譯爲レ給。猶是須達多之別

名。須達多此云二善與一。故得二給孤獨名一也。阿藍磨者園也。」「を見よ。

アナートハピヌダダ 〔人名〕「アナンヒンテイ」を見よ。

アナートハピヌダグリハパテイ 〔人名〕「アナタヒンダカツリカバツテイ」「ヒンチ」を見よ。

アナートハピヌダダスヤーラーマ 〔人名〕「アナダピンダダシヤヤアランマ」を見よ。

アナートマヌ 〔術語〕「アダン」「ムガ」を見よ。

アーナヌダ 〔人名〕「アナン」「クワンギ」を見よ。

アーナヌダクータ 〔界名〕「アナンダクサン」「を見よ」を見よ。

アーナヌダプーラ 〔地名〕「アナンダフラコク」

アナハダツタ　阿那波達多 〔地名〕又阿那跋達多。「アノクダツ」を見よ。

アナハナ　阿那波那 〔術語〕Ānāpāna 舊稱、安般。安那般那。阿那般那。新稱、阿那波那。阿那阿波那。譯、數息觀。出息入息を數て心を鎭る觀法の名。【大乘義章十二】に「安那般那觀。自氣息。繫レ心數レ之。勿レ令二忘失一。名二數息觀一。」【安般守意經】に「安名二出息一。般名二入息一。」【智度論慧影疏六】に「阿那般那者。阿那名二出息一。般那名二入息一。」【慧琳音義二十六】に「阿那波那此云二數息觀一。」【舊俱舍十六】に「若風向レ身入。名二阿那一。若風背レ身出。名二波那一。」【俱舍論二十二】に「言二阿那一者。謂持二息入一。是引二外風一。令レ入レ身義。阿波那者。謂持二息出一。是引二內風一。令レ出レ身義。」【同光記二十二】に「阿那此云二持來一。阿波那此云二遣去一。」

アーナーパーナ 〔術語〕「アナハナ」を見よ。

アナハンナ　阿那般那 〔術語〕「アナハナ」を見よ。

アナバタフタ　阿那婆答多 〔地名〕「アノクタツ」を見よ。

アナバダツタ　阿那婆達多 〔地名〕又阿那波達多。阿那跋達多に作る。Anavatapta 池の名。阿耨達の新稱。「アノクダツ」を見よ。

阿那婆達多龍王 〔異類〕【法華經序品】に列ぬ。八大龍王の一。【文句二之下】に「阿那婆達多。從レ池得レ名。此云二無熱一。無熱池長阿含十八云。雪山頂有レ池。名二阿耨達池一。中有二五柱堂一。龍王常處二其中一。」

アナバルキツテイシユ　阿那婆婁吉低輸 〔菩薩〕Āryāvalokiteśvara 觀音菩薩の梵名。【觀音玄義一】に「阿那婆婁吉低輸」「アバルキテイシフバラ」を見よ。

アナヒンテイ　阿那邠邸 〔人名〕又阿那邠坻。舍衞國給孤獨長者の名。「アナンヒンテイ」を見よ。長者七子あり、佛法を信ぜず、阿那邠邸之を悲み、各に金千兩を與へて佛處に詣らしめ、佛の敎を蒙て正法に歸せしむ。【阿那邠邸經】

阿那邠邸經 〔經名〕具には阿那邠邸化七子經、一卷、後漢安世高譯。增一阿含經四十九卷非常品に出づ。【昃帙四】(649)

アナフリウ　穴太流 〔流派〕台密の一流。慈覺大師七代の嫡孫に池上の阿闍梨皇慶といふ人あり、殊に密學に邃く、谷の流と稱す。皇慶の資に賴昭あり賴昭の下には佛頂、智泉の二流を分つ、時に聖昭阿闍梨ありて此二流を兼綜し一派を立つ、而て師は台麓穴太邑に居りければ受學の者之を穴太流と稱せり。【自在金剛集附錄】

アナマテイ　阿那摩低 〔人名〕Ratnamati(?) 沙門の名。譯、寶意。【梁高僧傳三】

アナワタプタ 〔地名〕「ムネツチ」を見よ。

アナリツ　阿那律 Aniruddha 〔人名〕舊稱、阿那律。阿那律陀。阿泥盧豆。阿㝹樓馱。阿樓馱。阿㝹馱。阿泥㝹豆。阿泥嚕多。譯、如意。無貪。新稱、阿泥律陀。譯、無滅。如意。佛十大弟子の一。佛の從弟にして迦毘羅城の釋氏なり。【玄應音義二十六】に「阿那律陀。舊言二阿那律一亦云二阿㝹樓馱一。亦言二阿泥盧豆一。皆一也。此云二無滅一。亦云二如意一。甘露飯王之子。佛堂弟也。」傳は【法華文句三、阿彌陀經慈恩疏上、名義集一】に出づ。

阿那律の天眼 〔故事〕佛の十大第子に各第一あり。此人は天眼第一。【增一阿含經三】に「天眼第一。見二十方域一。所謂阿那律比丘是。」天眼は六神通の中の天眼通。【楞嚴經二】に「阿那律。見二閻浮提一。如レ視二掌中菴摩羅果一。」

阿那律失明 〔故事〕出家の初、睡眠を貪る。佛之を訶して畜生の類とす。かれ責を聞て乃ち七日眠らず、遂に明を失す。【楞嚴經五】

阿那律端正なりければ或人之を美女と謂ひ、之を犯さんとして反て女人と成る事 〔傳說〕【舊譬喩經下、經律異相十三】に出づ。

阿那律一婬女を化す 〔傳說〕【四分律初分八、經律異相十三】に出づ。

阿那律緣覺に食を施して得道する事 〔傳說〕中阿含經十二、經律異相十三】に出づ

阿那律跋提長者を化す 〔傳說〕【彌沙塞律三十卷】に出づ。

阿那律經 〔經名〕佛說阿那律八念經、一卷、後漢支曜譯。即ち中阿含經長壽王品中の八念經と同本異譯。阿那律八種の正念を起して一一之を對明す。佛其所念を知て住て之を讃す。【昃帙八】(563)

阿那律陀經 〔經名〕阿那律陀尊者、諸比丘の爲に四禪及び漏盡の法を說て賢善の命終とす。【中阿含經六十】に攝む。【昃帙七】

アナリツダ 阿那律陀 〔羅漢〕「アナリツ」を見よ。

アナリラバク 阿那邏擺嚩 〔術語〕Anāsrava 譯、無漏。煩惱なき義。【華嚴疏鈔三十】

アナワタプタ 〔地名〕「アナバダツタ」「アノクダツ」を見よ。

アナン 阿難 〔人名〕Ānanda 阿難陀の略。譯、歡喜。慶喜。斛飯王の子、提婆達多の弟、佛の從弟にして十大弟子の一。佛成道の夜に生る。佛壽五十五、阿難二十五歲の時、出家して佛に從侍すると二十五年、一切の佛法を受持す。【中阿含第八侍者經、智度論三、文句二之上、阿彌陀經慈恩疏上】

阿難多聞第一 〔故事〕佛の十大弟子の中、多聞第一。【增一阿含經三】に「我聲聞中。第一比丘。知レ時明レ物。所レ至無レ疑。所レ憶不レ忘。多聞廣遠。堪忍奉レ上。所謂阿難比丘是。」

阿難有二三人一 〔雜語〕【法華文句一之上】に「正法念經。明二三阿難一。阿難陀。此云二歡喜一。持二小乘藏一。阿難跋陁（Ānandabhadra）此云二歡喜賢一。受二持雜藏一。阿難娑伽。（Ānandasāgara）此云二歡喜海一。持二佛藏一。」【華嚴玄談八】に集法經を引て阿難、阿難跋陁。阿難迦羅の三人を出だす。【探玄記二】に阿闍世王懺悔經を引て阿難陀。阿難跋陁、阿難娑伽羅の三人を擧ぐ。

阿難結集 〔故事〕佛滅後、摩訶迦葉、摩揭陀國の大石窟に於て三藏を結集せし時、阿難をして經藏を集めしむ。【智度論二、西域記九】佛滅度の後。文殊師利 彌勒の諸大菩薩、阿難を將て摩訶衍を集む。【智度論百】「結集」參照。

阿難密號 〔雜語〕【胎藏界曼陀羅鈔三】に「阿難密號。集法金剛。」

阿難放光 〔故事〕阿難は多聞第一にて佛一代の說法を受持せるを以て佛の滅後、迦葉が三藏を結集するとき、師子座に昇て其說法を復演せしむ。【增一阿含經一】に之を頌して「阿難仁和具二四等一。意轉入レ微師二子吼一。顧二聆四部一瞻二虛空一。悲泣揮レ淚不二自勝一。便奮二光明一和二顏色一。普照二衆主一如二日初一。彌勒覩レ光及釋梵。叉十希レ聞二無上法一」⊙（源氏）「佛のかくれ給ひけん御名殘には阿難が光はなちけんを」

阿難入二於鑰孔一 〔故事〕三藏を結集するとき、阿難煩惱未だ盡きざれば、迦葉、阿難を外に牽き出だす、阿難坐禪經行して後夜に疲極し息臥せんとして頭未だ枕に至らざるに廓然として得悟し、大阿羅漢となる。其夜門を叩て呼ぶ、迦葉言く、汝門鑰の孔中より來れと、即ち鑰孔の中より入る。【智度論二、西域記九】

阿難分二身二國一 〔傳說〕阿難將に入滅せんとして摩竭陀國を去て、吠舍釐城に趣き、殑伽河を渡て舟を中流に泛ぶ。摩竭陀の王之を聞き其德を慕ひ、兵を嚴にして之を追請す、吠舍釐王亦阿難の來るを聞て軍旅を治めて之を迎ふ。阿難其の兵の互に殺害せんことを恐れて舟中より虛空に上昇し、火を化して身を焚き、中分して兩岸に落す。二國の王、各其舍利を奉じて塔をたつ。【西域記七】

阿難半身舍利 〔傳說〕【西域記九】に「未生怨王窣堵波側。有二尊者阿難半身舍利一。昔尊者將二寂滅一也。去二摩揭陀國一。趣二吠舍釐城一。兩國交爭。欲レ興二甲兵一。尊者傷愍。遂分二其身一。摩揭陀王。奉歸供養。即斯勝地。式修崇建。」

阿難金を見て毒蛇となす 〔傳說〕【義楚六帖十九】に「根本律云。佛行見レ有二寶伏藏一。佛曰此毒蛇也。有レ人得レ之。被二王知一禁奪。阿難白レ佛言。毒蛇不レ謬也。」⊙（寶物集一）「阿難佛は大毒蛇といへり」

阿難佛と前世に善友たる事 〔本生〕【經律異相十五】に出づ

阿難佛勅を奉じて經典を受持し左右に給侍する事 〔故事〕【經律異相十五】に出づ。

阿難七夢を感ずる事 〔傳說〕【七夢經、經律異相十五、六帖七】「ユメ」を見よ。

阿難佛の爲に牛乳を乞ふ事 〔故事〕【經律異相十五】に出づ。

阿難波斯匿王を敎化して僧衆に布施せしむる事 〔故事〕【經律異相十五】に出づ。

阿難八不思議 〔傳說〕佛文殊に告ぐ、阿難我に事ふると二十餘年、八種の不思議を具足す。一に特別の請待を受て施主の家に往かず、往けば必ず衆と共にす、二に如來の衣は故き物と雖も之を受けず、三に佛に見ゆるには見ゆべき時を以す、四に女人を見て欲心を生せず、五に法を聽て再問せず、六に佛の入る所の定を知る、七に衆會の得益を知る、八に佛所說の法を知る。【涅槃經四十】

阿難八法 〔故事〕佛曰く、阿難八法を具足して十二部經を持す。一に信根堅固。二に其心質直。三に身無二病苦一。四に常勤精進。五に具二足念心一。六に心無二憍慢一。七に成二就定慧一。八に從レ聞生レ智。」【涅槃經四十】

阿難七夢經 〔經名〕一卷、東晋竺曇無蘭譯。佛阿難の爲に七夢を解釋し、悉く末世の事に應ず。小乘部の攝。【宿帙八】(718)

阿難四事經 〔經名〕佛說阿難四事經、一卷、吳支謙譯。四事供佛の法を說く。小乘部の攝。【宿帙八】(696)

阿難同學經 佛說阿難同學經、一卷、後漢安世高譯。掘多比丘還俗せんと欲す、阿難佛に啓して之を開示し證果入滅せしむ。【宿帙八】(633)

阿難問事佛吉凶經 〔經名〕佛說阿難問事佛吉凶經、一卷、後漢安世高譯。阿難佛に吉凶を問ふ。佛、持戒は吉、犯戒は凶なりと答ふ。幷に殺生惡意の果報を問答し、末世の俗弟子の理生の事を問答す。【宿帙六】(635)

阿難問事經 〔經名〕佛說阿難問事佛吉凶經の「略稱。

阿難分別經 〔經名〕佛說阿難分別經、一卷、秦法堅譯。阿難問事佛吉凶經と同本。【宿帙六】(637)

阿難說經 〔經名〕阿難、諸比丘の爲に跋地羅帝偈及び其義を說く、中阿含經四十三に攝む。【昃帙七】

アナンカラ 阿難迦羅 〔人名〕又阿難娑伽。阿難娑伽羅。三阿難の一。「アナン」を見よ。

アナンダ 阿難陀 〔人名〕「アナン」を見よ。

阿難陀夜叉 〔雜語〕譯、白牙。【孔雀王咒經上】

アナンダクサン 阿難陀拘蠶 〔界名〕Ānandakūṭa 佛世界の名。譯、華積。【陀羅尼雜集九】

アナンダフラコク 阿難陀補羅國 〔地名〕Ānandapūra 西印度の境。小乘の僧徒多し。【西域記十二】

アナンダモクキヤニカリ 阿難陀目佉尼訶離 〔術語〕Ānanda-mukha-nihārī 陀羅尼の名。

阿難陀目佉尼訶離陀隣尼經 〔經名〕一卷、元魏佛駄扇多譯。【成帙九】(357)

阿難陀目佉尼訶離陀經 〔經名〕上と同本異譯。一卷、宋求那跋陀羅譯。【成帙九】(358)

アナンバツダ 阿難跋陀 〔人名〕又、阿難陀跋羅。阿難三人の一「アナン」を見よ。

アナンヒンテイ 阿難賓低 〔人名〕Anāthapiṇḍada 又、阿那他擯茶揭利呵跋底。阿那邠抵。阿那他濱茶陀など。長者の名。譯、給孤獨。祇園精舍を建てし人。【飾宗記八末】に「阿難賓抵。此是梵語訛略也。正云二阿那陀賓茶揭利呵跋底一。阿那陀。此云二無依一。亦名二孤獨一。賓茶揭利呵跋底。此云二團施一。言長者以二團食施二無依孤獨之人一也。因レ此時人號爲二給孤獨長者一也。本名須達多。」【玄應音義二】に「阿那分坻。正云二阿那陀擯茶陀一。」

アニシンナ 阿儞眞那 〔人名〕Ratnacinta(?) 沙門の名。譯、寶思惟。北印度、迦濕蜜羅國の人。【開元錄九】

アニタバクテイ 阿爾多縛底 〔地名〕河の名。「アチラバツテイ」を見よ。

アニツチユハヌテイカ 〔術語〕「アセンテイカ」を見よ。

アニトヤ 〔術語〕「ムジヤウ」を見よ。

アニミシヤ 阿尼彌沙 〔界名〕佛世界の名。「サマンバツタ」を見よ。

アニヤ 阿若 〔人名〕阿若多の略。譯、無知。五比丘の上首。「アニヤケウヂンニヨ」を見よ。

阿若集 〔書名〕書の名。一卷。智證大師著。【天台小部集】

アニヤケウヂンニヨ 阿若憍陳如 〔人名〕Ājñāta-kauṇḍinya 舊稱、阿若憍陳如。阿若居隣。阿若拘隣。新稱、阿若多憍陳那。阿若は名、憍陳如は姓。阿若の譯、已知。無知。了本際。憍陳如の譯、火器。最初に濟度を受けし五比丘の上首。【文句二】に「憍陳如姓也。此翻二火器一。婆羅門種。阿若名也。此翻二已知一。或言二無知一。非レ無レ所レ知也。乃至知レ無耳。無量壽。文殊問。阿毘曇。婆沙。皆稱爲二了本際一。」(名の最初のアは長音にして短音に非ざれば、已知とは譯すべきも、無知とは譯すべからず、漢字の音譯に長短の別なきより、往々已知と無知との二譯の如き矛盾あり)【彌勒上生經疏上】に「阿若多解也。憍陳那婆羅門姓之一姓也。憍陳如訛也。」【飾宗記七末】に「婆沙八十二云。以二憍陳那先見一レ法故。因レ斯號レ彼爲二阿若多一。」

アニヤコリン 阿若居隣 〔人名〕「アニヤケウヂンニヨ」を見よ。

アニヤタ 阿若多 〔人名〕比丘の名。譯、無知「アニヤケウヂンニヨ」を見よ。【楞嚴經一】に「阿若多五比丘等。」

アニヤタケウヂンナ 阿若多憍陳那 〔人名〕「アニヤケウヂンニヨ」を見よ。

アニルツドハ 〔人名〕「アナリツ」を見よ。

アヌカツランタ 阿奴羯爛多 Anukrānta 〔術語〕譯、逆に次第する義。【述記四末】(梵語の意にては「順に次第する義」あるべきに似たり述記四末を檢するも見當らず)

アヌツタラ 〔術語〕「ムジヤウシ」を見よ。

アヌツタラサムヤクサンボードヒ 〔術語〕「アノクタラサンミヤクサンボダイ」「ムジヤウシヤウシンダウ」「ブツチ」を見よ。

アヌハ　阿奴波　〔人名〕具には阿奴波跋者。Anupadabhāgi 人の名

阿奴波經　〔經名〕佛、阿奴波跋者の都邑に在て阿難に對して提和達多が地獄に入るとを豫言し、且つ大人の根智を說く。中阿含經二十七に攝む。【昃帙六】

アヌパドヒシエーシヤニルヴーナ〔術語〕「ムヨネハン」を見よ。　「起經下」

アヌマ　阿奴摩　〔地名〕國の名。譯、常滿。【修行本起經下】

アヌモタ　阿奴謨枙　〔雜語〕Anumoda　譯、隨喜。施主に辭別する時の詞。【寄皈傳一】

アヌラダ　阿奴邏陀　〔雜名〕Anurādha　星宿の名。譯、房宿。【翻梵語】

アヌリツダ　阿奴律陀　〔人名〕羅漢の名。譯、隨順義。【玄應音義二十六】「アナリツ」を見よ。

アノク　阿耨　〔術語〕譯、極微。「アナ」を見よ。

アノクソトバジユ　阿耨窣都婆頌　〔術語〕Anustubh　經論の文字を數へて三十二に充るもの。【華嚴疏鈔二】に「頌。總有二四種一。一名二阿耨窣都婆頌一。此不レ問二長行與一偈頌一數レ字滿二三十二一。即爲二一偈一。」「アドタセンダイ」を見よ。

アノクタラサンミヤクサンボダイ　阿耨多羅三藐三菩提　〔術語〕Anuttara-samyak-sambodhi　佛智の名。舊譯、無上正偏知。無上正遍道。眞正に偏く一切の眞理を知る無上の智慧のと。【維摩經佛國品肇註】に「阿耨多羅。秦言二無上一。三藐三菩提。秦言二正偏知一。道莫二之大一。無上也。其道眞正。無二法不一レ知正偏知也。」【淨士論註】に「佛所得法。名爲二阿耨多羅三藐三菩提一。阿爲レ無。耨多羅爲レ上。三藐爲レ正。三爲レ偏。菩提爲レ道。統而譯レ之。名爲二無上正偏道一」新譯、無上正等正覺。眞正に平等に一切の眞理を覺知する無上の智慧をいふ。【法華玄贊二】に「阿云レ無。耨多羅。云レ上。三云レ正。藐云レ等。又、三云レ正。菩提云レ覺。即是無上正等正覺。」【智度論八十五】に「唯佛一人智慧。爲二阿耨多羅三藐三菩提一。」◉（太平記、二）「契あれば、この山もみつ、阿耨多羅三藐三菩提の種や植ゑけん」

アノクダツ　阿耨達　〔地名〕Anavatapta　舊稱、阿耨達。阿那陀答多。阿那阿達多。阿那婆達多。新稱、阿那婆答多。譯、無熱。【西域記一】に「瞻部洲之中地者。阿那婆答多池。唐言二無熱惱一。舊曰二阿耨達一訛也。」【釋迦方誌上】に「阿那陀答多。唐言二無惱熱一。所謂阿耨達池。」【翻梵語九】に「阿那跋達多池。譯、云二無熱一。」【華嚴探玄記二】に「阿那婆達多龍王。此云二無熱惱一。」

阿耨達池　〔地名〕瞻部洲の中心、香山の南、大雪山の北に在り。周り八百里、金銀瑠璃、頗胝、其岸を飾れり、金沙彌漫して淸波皎鏡なり、八地の菩薩願力を以ての故に化して龍王となり、中に潛宅せり、淸冷水を出して瞻部洲に給す。【西域記一】

阿耨達山　〔地名〕池の在る所、即ち池の名を以て山に名けしもの。

アノクダツリウワウ　阿耨達龍王　〔異類〕八大龍王の一。阿耨達池に住し、四大河か分出し閻浮洲を潤ほすと云ふ。【長阿含十八】に依れば、唯だ此の龍王三患なしと【智度論七】に「阿那婆達多龍王は是れ七住の大菩薩なり」と云ふ【西域記一】の說は前項阿耨達池の部に引けり。

アノクバツ　阿耨颰　〔地名〕Anupada　城の名。佛此所にて說法す。

阿耨颰經　〔經名〕佛說阿耨颰經、一卷東晉竺曇無蘭譯。即ち中阿含經の阿奴波經と同本。提婆達多、善根を斷て地獄に墮るとを說き、及び如來大人の根相を說く。【昃帙八】（568）

アノクフウキヤウ　阿耨風經　〔經名〕阿耨颰經の異名。前項を見よ。

アノクボダイ　阿耨菩提　〔術語〕阿耨多羅三藐三菩提の略。【涅槃經三十五】に「阿耨菩提。信心爲レ因。」【智度論三十四】に「衆生聞二我名一者。必得二阿藐菩提一。」【敎行信證二】に「阿耨菩提者。即是涅槃界。」

アハグプタ　阿波笈多　〔人名〕Apagupta　人の名。譯、不正護。【阿育王經八】

アハダナ　阿波陁那　〔術語〕Avadāna　譯、譬喩。十二部經の一。經中、世間の譬喩、寓言を以て敎理を說明解釋せる部分を云ふ。【智度論三十三】に「阿波陀那者。與二世間一相似柔軟淺語也。」【大乘義章一】に「阿波陀那經。此名二喩一。」巴 Apadāna

アハツ　下鉢　〔雜語〕禪僧の食法中、僧堂在單の僧衆が粥飯を喫せんとする時、厨前の雲版の鳴るを聞き、掛搭單の上方に懸けたる鉢盂を一齊に下ろすを云ふ。

アハツテイハツラツテイダイシヤナ　阿鉢底鉢喇底提舍那　〔術語〕Āpatti-pratideśana　懺悔の梵語、新譯、說非。【寄歸傳二】に「阿鉢底者。罪過也。鉢喇底提舍那。即對レ他說也。舊云二懺悔一。非レ關二說罪一。何者懺摩乃是西音。自當二忍義一。悔乃東夏之字。追悔爲レ目。悔之與レ忍迴不二相干一。若的依二梵本一。諸除レ罪時。應レ云二至心說罪一。」【飾宗記八本】に「舊云二懺悔一。」

アハツラテイカタイ　阿鉢羅底訶諦　〔雜語〕Apratihata　譯、無對。無比力。【大日經疏九】

アハツリクダニ 阿鉢喇瞿陀尼 〔地名〕Apara-godāna 西牛貨洲の梵名。「クヤニ」を見よ。

アハナカテイ 阿波那伽低 〔術語〕Aparagati 譯、惡趣。惡業によりて趣く場所なり。【玄應音義四】

アハパマラ 阿跛婆㦑囉 〔異類〕鬼の名。「アハマラ」を見よ。

アハマツリカ 阿波末利加 〔植物〕Apamārga 草の名。又、阿婆末唎。阿婆末迦。阿波㦑羅誐。【千手陀羅尼經】に「阿波末利伽草。牛膝草也。」【不空羂索經】に「阿婆末迦」【梵語雜名】に「阿波㦑羅誐。」

アハマナ 阿波摩那 〔界名〕天の名。「アハラマナアバ」を見よ。

アハマラ 阿波摩羅 〔異類〕鬼の名。【慧琳音義十九】に「阿波摩羅。訛也。正云二阿跛婆㦑囉一。癔鬼總名也。」(名義大集 212. 作忘者 梵 Apasmāra)

アハマラカ 阿波㦑羅誐 〔植物〕草の名。「アハマツリカ」を見よ。

アハラ 阿波羅 〔界名〕天の名。「アハヱ」を見よ。

アパラゴーダーナ 〔界名〕「アハツリクダニ」「サイクダニ」を見よ。

アハラシツタ 阿波羅質多 〔印相〕Aparājita 印相の名。譯、無能勝印。【陀羅尼集經三】

アハラダイモクカ 阿波羅提目伽 〔人名〕Apratimukha 王の名。譯、端正。【賢愚因緣經八】

アハラマナアバ 阿波羅摩那阿婆 〔界名〕Apramāṇābha 又、阿波摩那。盧波摩那。色界の第二禪の中、第二天の名。譯、無量光。【四阿含暮抄下】に「阿波羅摩那阿婆。此言二無量光一。」【玄應音義三】に「盧波摩那。晉言二無量光天一。諸經中。有レ作二阿波摩那天一非也。應レ言二阿鉢羅摩那婆鉢利多婆一也。」

アハラマナバハツリタバ 阿鉢羅摩那婆鉢利多婆 〔界名〕「アハラマナアバ」を見よ。

アハララ 阿波羅囉 〔異類〕Apalāla 龍王の名。【阿育王經二】に「龍王名二阿波羅囉一。」

アハヱ 阿波會 〔天等〕Ābhāsvara 又阿波譮。阿會亘修。阿波亘羞。阿波羅。阿波嘬羅遮に作る。色界の第二禪天の中、第三天の名。舊譯、光音。新譯、極光淨。【玄應音義三】に「阿波會天。此云二光音天一。亦言二極光淨天一。即第二禪第三天。」【可洪音義一】に「阿波會天。樓炭經云二阿波嘬羅遮一。天此云二光音一。即第二禪天王也。是第二禪之第三天也。唐云二極光淨天一也。」

アハン 阿潘 〔人名〕漢土に於て始めて出家せし尼の名。洛陽の人。【僧史略上】

アハンダイ 阿般提 〔地名〕Avanti 又阿般地、阿槃提、頞飯底、阿和檀提に作る。西印度ビンドヤ山にありし古王國。

アハンダラ 阿槃陀羅 〔雜名〕譯、結界。寺院の境内を限ること。【餝宗記八末】に「阿槃陀羅界者。阿蘭若處界也。」梵 Abhyantara

アハンナ 阿判那 〔衣服〕衣の名。【阿毘曇經下】に「阿判那者。庫厤雑吉貝衣也。」「スマ」を見よ。梵 Āvapana

アハンラントクカ 阿般蘭得迦 〔地名〕Aparāntaka 印度古王國の名。阿育王が四方に傳道僧を派遣せし時、曇無德の行きたる地なり。【善見律二】

アバクシヤラ 阿縛遮羅 〔雜語〕譯、市廛。【玄應音義二十三、唯識演秘四末】梵 Avacara

アバクルキタイシフバツラ 阿縛盧枳帝位濕伐羅 〔菩薩〕觀自在菩薩の梵名。「アバルキテイシフバラ」を見よ。

アバクルキタイシフバツラ 阿縛盧枳多伊濕伐羅 〔菩薩〕觀自在菩薩の梵名。「アバルキテイシフバラ」を見よ。

アバシヤマラ 阿婆娑摩羅 〔異類〕鬼の名。譯、顚病鬼。形影。轉筋。【尊勝經註下】梵 Apasmāra

アバセラ 阿婆施羅 〔地名〕Avaraśaila 譯、西山。【外國傳四、翻梵語九】

アバツ 阿颰 〔人名〕梵志の名。Ambaṭṭha

阿颰經 〔經名〕佛開解梵志阿颰經の略、一卷。【昃帙十】(592)

アバツタラ 阿跋多羅 〔雜語〕Avatāra 譯、無上。入。【楞伽經註】に「阿跋多羅。華言二無上一。亦云レ入。」

アバツドロジヤクナ 阿跋度路柘那 〔雜語〕譯、不要語。【四阿含暮抄上】

アバツマラ 阿跋摩羅 〔異類〕Apasmāra 鬼の名。【法華經陀羅尼品】に「阿跋摩羅鬼」【文句三十】に「阿跋摩羅。青色鬼。」【義疏十二】に「阿跋摩羅。此云二影形鬼一。亦云二無鎧一。注經云二轉筋鬼一。」

アバツラセラ 阿伐羅勢羅 〔堂塔〕Avaraśaila 譯、西山。南印度、馱那羯磔迦國にありし伽藍の名。【西域記十】

アバハナカ 阿婆頗那伽 〔術語〕觀法の名。【慧琳音義二十六】に「阿婆頗娜伽。唐云二微細金剛觀一。亦曰二從眞起用一也。」「ツリカ」を見よ。

アバマツカ 阿婆末迦 〔植物〕草の名。「アハマツリカ」を見よ。

アバマツリ 阿婆末唎 〔植物〕草の名。【千手千眼治病合藥經】に「阿婆末唎草。牛膝草是也。」「アハマツリカ」を見よ。

アバマラ　阿婆魔羅　【異類】Apasmāra 瘧鬼の總名。【慧琳音義二十六】に「阿婆魔羅。此云二無花鬘一。或云二顚狂一也。」

アバヤギリ　阿跋耶祇釐　【堂塔】Abhayagiri 譯無畏山、錫蘭の古都阿㝹羅陁補羅に在る伽藍の名。【法顯傳】の獅子國の條に記す。今なほ錫蘭に存す。

アバヨウカラ　阿婆孕迦羅　【菩薩】Abhayaṃkara 如來の名。譯、離怖畏【救拔燄口餓鬼陀羅尼經】

アバラカキヤ　阿縛羅訶佉　【術語】又阿縛羅賀迦に作る。A va ra ha kha 此五字次第の如く地水火風空の五大の種子。【大日經疏一】に「阿字門爲レ地。嚩字門爲レ水。囉字門爲レ火。訶字門爲レ風。佉字門爲レ空。」⊙(續門葉和歌)「阿縛羅賀迦なしの高根に雪消て」

アパランタカ　阿波蘭多迦　【地名】Aparāntaka 印度古王國の名。阿育王各地に傳道僧を遣りたる時曇無德の赴きたる地なり。【善見律二】

アバラケンダ　阿婆囉韉陀　【人名】王の名。譯、雲片。【起世因本經十】梵 Abhra-khaṇḍa

アバルキツテイシヤバラ　阿婆盧吉低舍婆羅　【菩薩】觀世音の梵名。「アバルキテイシフバラを見よ。

アバルキテイシフバラ　阿縛盧枳低濕伐邏　【菩薩】Avalokiteśvara 舊稱、阿那婆婁吉低輸。阿梨耶婆樓吉弖稅。譯、觀世音。光世音。新稱、阿縛盧枳低濕伐羅。阿婆盧吉帝舍婆羅。阿縛盧枳帝濕伐邏など。譯、觀自在。觀世音の事。【西域記三】に「阿縛盧枳低濕伐羅。唐言二觀自在一。合字連聲。梵語如レ上。分文散音。即阿縛盧枳多。譯曰レ觀。伊濕伐羅。譯、曰二自在一。舊譯、爲二光世音一。或觀世音一。皆訛謬也。」【法華玄贊六】に「阿縛盧枳帝濕伐邏耶。云二觀自在一。觀二三業歸依一。而拔二衆生苦一。」【玄應音義五】に「阿婆盧吉低舍婆羅。此譯云二觀世自在一。舊譯云二觀世音一。或云二光世音一。並訛也。」【釋迦方志上】に「阿縛盧枳抵伊濕伐羅 云觀也 云自在也 菩薩。」【慈恩傳二】に「阿縛盧枳多伊濕伐羅。唐云二觀自在一。」【觀音玄義一】に「阿那婆婁吉低輸。此云二觀世音一。」嘉祥の【法華義疏十二】に「阿梨耶婆樓吉弖稅。此翻二觀世音一。」「クワンオン」を見よ。

アバルギトテイリチ　阿婆盧耆兜帝梨置　【術語】陀羅尼の名。譯、護助佛法消諸奸惡。【七佛八大菩薩神咒經八】

アバン　阿鑁　【種子】梵 A vaṃ 阿は胎藏界の大日如來の種子。鑁は金剛界の大日如來の種子。眞言宗に於て此二字を秘要とす。

阿鑁秘記　【書名】一卷。小野僧正著。

アバンランガンケン　阿鑁覽唅欠　【術語】A vaṃ raṃ haṃ khaṃ 大日如來の眞言に三品あり、是れ其の上品の眞言。即ち大日法身の眞言。【青龍儀軌上】に「曩莫。三曼多。沒馱喃。阿鑁覽唅欠。」【三種悉地陀羅尼法】に「下品悉地。阿羅波左那。中品悉地。阿尾羅吽欠。上品悉地。阿鑁覽唅欠。」【佛項尊勝佛果三種悉地眞言儀軌】に「阿鑁覽唅欠。毘盧遮那眞言。是五字者。是名二秘密悉地一。」さて此五字の解は阿尾羅吽欠の如く、地水火風空の五大にて大日如來の自躰とす。

アヒダカラヌ　阿避陀羯刺拏　【堂塔】Aviddhakarṇa 譯、不穿耳。中印度波羅奈斯國の東、戰主國に在りし伽藍。昔國王、覩貨邏國沙門の爲に建立せし所なり。【西域記七】に因緣を記す。

アビ　阿鼻　【界名】Avīci 又、阿鼻旨。譯、無間。無間地獄これなり。【涅槃經十九】に「阿者言レ無。鼻者名レ間。間無二暫樂一故。名二無間一。」苦を受ること間斷なき義。八大地獄の一。最苦處。極惡の人之に墮す。【法華經序品】に「下至二阿鼻地獄一。」【俱舍論世間品】に「此贍部洲下。過二二萬一有二阿鼻旨大捺落迦一。深廣同レ前。謂各二萬。故彼底去レ此。四萬踰繕那。以下於二其中一受レ苦無レ間。非レ如二餘七大捺落迦受レ苦非レ恒故。名二無間一。」【玄應音義二十五】に「阿鼻旨。或言二阿毘至一。亦云二阿毘地獄一。或云二阿鼻地獄一。一義也。此云二無間一。無間有レ二。一身無間。二受苦無間。」身無間とは常に死せずして苦命を保つを云ふ。

阿鼻地獄　【界名】阿鼻は地下の牢獄なれば地獄といふ。此地下の最底にあり。餘の大地獄は其上に重疊す。【俱舍論世間品】

阿鼻喚地獄　【界名】受苦の衆生、阿鼻の苦に堪へず叫喚すれば阿鼻喚といふ。

阿鼻焦熱地獄　【界名】阿鼻の猛火人を燒けば阿鼻焦熱といふ。

阿鼻大城　【雜語】阿鼻地獄は廣漠にして凡力のよく脫出し得る所にあらずその堅固なるを大城に譬ふ。【三界義】「阿鼻大城」⊙(太平記)「阿鼻大城の罪人が獄卒の槍に驅られ」

アビ　阿鞞　【術語】位の名。阿鞞跋致の略。【玄應音義三】に「阿鞞此譯云二不退住一。十住經云二第七住一。」「同じ。「アビバッチ」を見よ。

アビサラ　阿毘左囉　【雜語】「アビシャロカ」に

アビサンブツダ　阿毘三佛陀　【術語】Abhisaṃbuddha 譯、現等覺。佛の正覺を成ずること。【玄應音義三】に「阿惟三佛。此言訛也。正言二阿毘三佛陀一。阿毘此譯云レ現。三此云レ等。佛陀此云レ覺。名二現等覺一。」

【智度論三十八】に「兜率天上如二齋處一。於レ彼末後受二天樂一。壽終後來下。末後受二人樂一。便成二阿毘三佛一。」

アビシ　阿鼻旨　〔界名〕又、阿鼻至。阿鼻脂。略して阿鼻といふ。「アビ」を見よ。

アビシド　阿毘私度　〔人名〕【三教指歸下】に「阿毗私度。常爲二膠漆之執友一。」梵 Abhijit 女宿。

アビシヤ　阿尾捨　〔修法〕Āveśa 又阿尾奢 に作る。託人の法。修驗者、鬼魅及び病鬼を攝取して童男女に附託せしめ、病の輕重、命の長短、一切の災祥を問ひ、以て疾を除き祆を攘ふを阿比舍の法と名く。譯、遍入。天神を請降し、鬼魅を攝取して童男女の支體に遍入せしむるをいふ。【摩醯首羅天説阿尾奢法】に「時摩醯首羅告二那羅延一言。汝當二諦聽一。乃至若欲レ知二未來事一者。當レ揀下擇四五童男或童女可二年七八歲一身上無二瘢痕瘡記一慧聰靈利上。先令三七日服二素食一。要二須吉日一沐浴。遍身塗レ香。著二淨衣一。口含二龍腦豆蔻一。持誦者面向東坐。身前以二白檀香一塗二一小壇一。可二一肘量一。令三童女等立二檀上一。乃至取二安息香一。以二大印眞言一。加持七遍。燒令二童女薰一レ手。又取二赤華一加持七遍。安二童女掌一。便以レ手掩レ面。則持誦者結レ印誦レ言。應二誦七遍一。則彼童女戰動。當レ知聖者入レ身。必速應レ驗二未來善惡一切災祥事一。」【瑜祇經】に「若加二持男女一。能令二阿尾捨。三世三界事。盡能知二休咎一。」【同捨古抄下】に「或傳註云レ縛。是令レ攝二縛怨靈等一之義歟。理性院傳云。阿尾捨者此云二遍入一。或詫宜也。」

阿尾奢法經　〔經名〕速疾立驗魔醯首羅天説阿尾奢法、一卷。

アビシヤラ　阿毗遮羅　〔異類〕餓鬼の名。譯、疾行。【正法念經十六】

アビシヤロカ　阿毗遮嚕迦　〔雜語〕Abhicāraka 又阿毘拓嚕迦阿毗左、嚕迦に作る。譯、調伏。降伏。一切萬物を縛して自在ならしめざるの意。

阿毗遮嚕迦儀軌品　〔書名〕具には大方廣曼殊室利童眞菩薩華嚴本教讃閻曼德迦忿怒王眞言阿毘遮嚕迦儀軌品第三十一。唐不空譯、一卷、諸の調伏の法を説く。【閏帙十三】

アビゾクキ　阿鼙賊奇　〔人名〕Akimsuki 兒の名。譯、無惱。【賢愚因緣經八】

アビダツマ　阿毘達磨　〔術語〕Abhidharma. 又阿鼻達磨に作る。論部の總名。舊稱、阿毘曇。譯、大法。無比法。もと大法、無比法は眞智の尊稱なれど、凡そ論部は其眞智を發生するものなれば、大法、無比法の名を附す。新稱、阿毘達磨。譯、對法。對法とは智慧の別名。智慧を以て諸法の眞理を對觀する義。蓋し論部は諸法の事理を問答決擇して人の智慧を發達せしむ。智慧は眞理を對觀するものなれば、轉じて論部を指して眞理を對觀するもの即ち阿毘達磨といふ。【出三藏記十】に「阿毘曇者。秦言二大法一也」。【大乘義章一】に「阿毘曇者。此方正翻。名二無比法一。阿謂無也。毘謂比也。曇謂法也。」【西域記三】に「阿毘達磨藏。或曰二阿毘曇藏一。略也。」【玄應音義十七】に「阿毘曇。或言二阿毘達磨一。或云二阿鼻達磨一。皆梵音轉也。此譯、云二勝法一。或言二無比法一。以詮レ慧故。或云二向法一。以レ因向レ果故。或名二對法一。以レ智對レ境故。」【起信論疏】に「今譯爲二對法一。謂阿毘是能對智。達磨是所對境法。謂以二正智一。妙盡二法源一。簡二擇法相一。分明指レ掌。如二對レ面見一。故云二對法一。」

阿毘達磨藏　〔術語〕一切論部の總稱。三藏の一。文と義を含藏すれば藏と云。

阿毘達磨集異門足論　〔書名〕六足論の一。尊者舍利子説、唐玄弉譯、二十卷。【秋帙一】(1276)

阿毘達磨法蘊足論　〔書名〕六足論の一。尊者大目犍連造、唐玄弉譯、十二卷。【秋帙四】(1296)

阿毘達磨識身足論　〔書名〕六足論の一。佛滅後一百年、提婆設摩阿羅漢造、唐玄弉譯、十六卷。【冬帙九】(1281)

阿毘達磨品類足論　〔書名〕六足論の一。佛滅後三百年、世友尊者造、唐玄弉譯、十八卷。【冬帙十】(1277)

阿毘達磨界身足論　〔書名〕六足論の一。世友尊者造、唐玄弉譯、三卷。【冬帙十】(1282)已上の五論に施設足論を加へたるものを、發智身論に對して六足論と云。【倶舍論光記一】

阿毘達磨發智論　〔書名〕佛滅後三百年の末、迦多衍尼子造唐玄弉譯、二十卷。【秋帙五】(1275)六足論は義門少く、發智論は最も廣し、故に後代の論師彼六論を足となし、發智論を身となす。依て發智身論と云。已上六足一身の七論は説一切有部宗の根本論。【倶舍論光記一】

阿毘達磨大毘婆沙論　〔書名〕毘婆沙、譯、廣説。佛滅後四百年の初、五百の羅漢、健陀羅國の迦膩色迦王の請に由て廣く發智身論を解釋せしもの。唐玄弉譯、二百卷。【收帙一乃至八】(1263)

阿毘達磨倶舍論本頌　〔書名〕頌數六百、世親菩薩造、唐玄弉譯、一卷。【冬帙二】(1270)倶舍、譯、藏。包藏の義。根本阿毘達磨論の要義を包藏すれば倶舍論と云。

阿毘達磨倶舍論　〔書名〕上の本頌を解釋せしもの。世親先に本頌を造り、後に釋論を造る。釋論の中固より本頌を牒擧せり。唐玄弉譯、三十

卷。【収帙九、十】(1267)

阿毘達磨倶舍釋論 【書名】 婆藪盤豆造、陳眞諦譯、二十二卷。婆藪盤豆は世親の梵名。此論は阿毘達磨倶舍論と同本異譯。之を舊論、又舊倶舍と云。【冬帙一、二】(1269)

阿毘達磨順正理論 【書名】 尊者衆賢の著。世親の倶舍論を駁せしもの。一名、倶舍雹論。唐玄弉譯、八十卷。【冬帙三乃至六】(1265)

阿毘達磨藏顯宗論 【書名】 尊者衆賢の著。自宗を顯揚せしもの。唐玄弉譯、四十卷。【冬帙七、八】(1266)

入阿毘達磨論 【書名】 塞建陀羅阿羅漢造、唐玄弉譯、單簡に有部宗の法相を述べしもの。一卷。【藏帙一】(1291)

阿毘達磨集論 【書名】 大乘阿毘達磨集論の略稱、七卷、無着造、玄弉譯。【來帙八】(1199)

阿毘達磨雜集論 【書名】 大乘阿毘達磨雜集論の略稱。別稱對法論。阿毘達磨集論を解せしもの。十六卷、安慧造、玄弉譯。【來帙八】(1178)

アビドン 阿毘曇 Abhidharma 【術語】 阿毘達磨の舊稱。「アビダツマ」を見よ。

阿毘曇八犍度論 【書名】 阿毘達磨發智論と同本異譯。符秦僧伽提婆、竺佛念と共譯。三十卷。犍度、譯、聚。積聚の義。發智論は篇章八聚あるを以て八犍度論と云。【秋帙六】(1273)

阿毘曇毘婆沙論 【書名】 阿毘達磨大毘婆沙論と同本異譯。但し初の三犍度あるのみ。北涼浮陀跋摩、道泰等と共譯、六十卷。【秋帙七、八、九、十】(1264)

阿毘曇心論 【書名】 尊者法勝、婆沙論の太博を嫌て要義を略撰せしもの。晉の僧伽提婆慧遠と共譯、四卷。【冬帙十一】(1288)

阿毘曇心論經 【書名】 阿毘曇心論を釋せしもの。大德優婆扇多造、高齊の那連提耶舍譯、六卷。【冬帙十一、十二】(1294)

雜阿毘曇心論 【書名】 略名、雜心論。尊者法救、阿毘曇心論の簡畧に過るを以て更に增加せしもの。宋の僧伽跋摩等譯、十一卷。【冬帙十二】(1287)

阿毘曇甘露味論 【書名】 尊者瞿沙造、失譯、二卷。十六品あり、種々の法相を論ず。【藏帙一】(1278)

阿毘曇五法行經 【書名】 後漢の安世高譯、一卷。四諦五行を釋す。【藏帙一】(1346)

阿毘曇經 【書名】 阿毘曇八犍度論の異名。

阿毘曇苦慧經 【書名】 阿毘曇五法行經の異名。

舍利弗阿毘曇論 【書名】 姚秦の曇摩耶舍、曇摩崛多と共譯、三十卷。三十品あり、種々の法相を論ず。【秋帙二、三】(1268)

立世阿毘曇論 【書名】 佛說立世阿毘曇論。國土日月等の事、即ち佛教の宇宙觀を說きしもの。廿五品あり。陳の眞諦譯、十卷。【秋帙一】(1297)

衆事分阿毘曇論 【書名】 尊者世友造、宋の求那跋陀羅、菩提耶舍と共譯、十二卷。阿毘達磨品類足論と同本異譯、但七品あり。【冬帙十一】(1292)

アビバッチ 阿鞞跋致 【術語】 Avaivartī 又阿毘跋致、或は阿惟越致に作る、譯、不退轉。成佛の進路を退轉せざる義。菩薩の階位の名。一大阿僧祇劫の修行を經て此の位に至る。【阿彌陀經】に「極樂國土衆生生者。皆是阿鞞跋致。」【同慈恩疏】に「阿鞞跋致者。阿之言無。鞞跋致之言退轉。故大品經云。不退轉故。名阿鞞跋致。乃至是人不爲諸魔所動。更無退轉。」

アビモクキヤ 阿比目佉 【術語】 Abhimukha 又阿毘目佉に作る。菩薩の位の名。十住の中第六住。【出三藏記九】に「阿比目佉。晉曰六住。或作阿比牟佉。」

阿毘目佉印明 【印明】 阿毘目佉、相向と譯す、守力金剛の印なり。

アビモクテイ 阿毘目底 Abhimukti 【術語】 譯、信解。【大日經疏三】に「有大信解者。此信解。梵音阿毘目底。謂明見其理。心無凝慮。下云深信者。此信梵音捨羅馱。是依事依人之信。梵語本是兩名。唐音以無甄別。同名信耳。」

アビラウンケン 阿毘羅吽欠 【術語】 阿尾羅吽欠、阿毘羅吽劍、阿味囉𤙖欠に作る。a vi ra hūṁ khaṁ 胎藏界の大日如來の眞言。【大日經三】に「爾時毘盧遮那世尊。又復住於降伏四魔金剛戲三昧。說降伏四魔解脫六趣滿足一切智智金剛句字。南麽三曼多勃馱喃。阿味囉𤙖欠。」【大日經疏十一】に「此五字。即是降四魔眞言句也。」【毘那夜迦誐那鉢底瑜伽悉地品秘要】に「毘盧遮那五字眞言曰。阿毘羅吽劍。」【秘藏記上】に「即結定印。觀五字。是月輪觀。又實相觀。謂阿卑羅吽欠。」此五字次第の如く地水火風空の五大。【胎曼陀羅大鈔一】に此五字「當界大日眞言也。一切衆生五大。即等佛界無異。仍己身即大日。大日即己身。」

阿毘羅吽欠娑婆訶 【眞言】 陀羅尼の多くは、其末句に「ソワカ」の語を付く。【秘藏記上】に

「娑婆訶。究竟義。驚覺義。成就義。散去義也。」胎藏界大日如來の功力を呼ぶ咒文となる。「ソワカ」を見よ。

アビラダイ　阿比羅提　〔界名〕又、阿維羅提。阿閦如來の淨土の名。「アエイテダイ」を見よ。

アフサウ　押喪　〔雜語〕葬式の殿り役。【禪林象器箋十四】アツモと讀む。

アフス　下副寺　〔職位〕禪院の職名。都監寺の役に副貳して金錢の出納を司るもの。副寺に上下の兩人あり。【禪林象器箋七】アフースと引きて讀む。

アフテン　盧天　〔界名〕盧天に作る「アウテン」を見よ。

アフハ　盧波　〔界名〕盧波摩那の略。「アウハ」を見よ。

アフハマナ　盧波摩那　「アウハマナ」を見よ。

アブカナ　阿浮呵那　〔術語〕Apattivyutthānaṁ 又、阿浮訶那に作る。比丘の犯罪を除く作法の名。【比丘尼鈔下上】に「阿浮呵那。此翻二出罪羯磨一。見論名爲二喚入衆一。亦名二拔除罪法一。」【行事鈔中一】に「阿浮訶那。翻爲二呼入衆一也。」巴 Abbhāna

アブダツマ　阿浮達磨　〔術語〕Adbhuta dharma 又、阿浮陀達摩。譯、未曾有。希法。佛菩薩の神變希有の事跡を說ける經の名。十二部經の一。

アブドン　頞部曇　〔術語〕Arbuda 又、阿部曇、遏部曇に作る。譯、皰、腫物。胎內五位の一。託胎後第二の七日間を云ふ。即ち凝酪の中に於いて皰結を生ずる位。

アブヒサンブッドハ　〔術語〕「アビサンブッダ」を見よ。

アブヒドハルマ　〔術語〕「アビダツマ」「タイホフ」「ビドン」を見よ。

アブラ　油　〔物名〕

油の鉢を覆す　〔故事〕優婆毱多の故事。【付法傳三】に「爾の時一比丘尼あり、年百二十なり、曾て如來を見る、優婆毱多、彼が佛を見るを知り、其所に至らんと欲す、尋で使者を遣して比丘尼に告げしむ、尊者毱多來て相見んと欲すと。時に比丘尼即ち一鉢を以て中に油を盛滿し、戶扇の後に置く。優婆毱多其の所止に至り、房に入る時に當て油數滴を棄つ、共に相慰問し而して後に座に就き、問て言く、大姉、世尊在時の諸の比丘の輩、威儀進止、其事云何ん。比丘尼言く、昔佛の在世、六群比丘最も粗暴なり、此房に入ると雖未だ曾て我が一滴の水を遺さず、大德今智慧高勝にして世人號して無相好佛となす（三十二相を具へざる佛）、然るに吾が房に入て油を棄ると數滴なり、是に由て之を觀れば、佛在時の人は定て奇妙なりと、優婆毱多是の語を聞て甚だ自ら悔責し極て慚悔を懷く。」⊙（榮花）「いとゞ戒律を守りて鉢の油を傾け」

油の鉢を持つ　〔譬喩〕【義楚十九】に「律云。護二持淨戒一。如レ擎二油鉢一。若レ護二浮囊一也。」

アホフ　啞法　〔術語〕無言の行のこと。啞は聾啞の啞なり。【業疏四下】に「十誦云。若受二啞法一偸蘭。以同二外道一故。故僧祇中。不レ得二不語法一。若欲二方便少事不語一。得レ至二半月一。於二布薩時一。應二共語問訊問事答事咒願等一也。」小乘には無言の行を外道の啞法なりとて之を禁ず、大乘は然らず。

アボウ　阿傍　〔異類〕又、阿防に作る。獄卒の名。譯不レ群。【五苦章句經】に「獄卒名二阿傍一。牛頭人手。兩脚牛蹄。力壯排レ山。持二剛鐵釵一。」【五分律二十八】に「悉見二地獄諸相阿傍在レ前。」【法苑珠林八十四】に「牛頭阿傍。」又單に旁と云。【鐵城泥犁經】に「泥犁卒。名曰レ旁。旁即將レ人前至二閻羅所一。泥犁旁言。此人於二世間一爲レ人時。不レ孝二父母一。」又訪羅といふ。【十王經】に「訪羅取二於罪人一。置二秤盤石一。」何れも梵語と見ゆ。但し【俱舍頌疏廿一】に「防邏人」に作る。逃げ行く罪人を防ぎ捕る義にて漢語なり。⊙（盛衰記一八）「阿坊獄卒の稠き責の來らん時は、文覺猶以て叶ひがたし」

阿防羅刹　〔異類〕阿防の暴惡、畏るべきこと羅刹の如くなれば名く。【名義集二】に「羅刹此云二速疾鬼一。又云二可畏一亦云二暴惡一。」⊙（太平記）「牛頭馬頭の阿防羅刹」。（近松七墓廻）「牛頭馬頭五色の阿呆羅刹跳り出で」

アボウ　下捧　〔雜語〕禪宗にて師が柱杖を執つて學人を打つことあり。その打つことを下棒と云ふ。

アボギヤ　阿牟伽　〔術語〕Amogha 又、阿謨伽、阿目佉に作る。譯、不空。功德空しからざる義。【光明眞言金壺集】

阿牟伽皤賖　〔菩薩〕Amoghapāśa 不空羂索觀音の梵名。「陀羅尼集經三」に「阿牟伽皤賖。唐云二不空羂索一。」

阿目佉跋折多　〔人名〕傳不詳。

アマ　阿摩　〔雜語〕Ambā 譯、母。【名義集二】に「阿摩。此云二女母一。」

アマ　尼　〔雜名〕出家の女子。梵語にて比丘尼。比丘の語は男女に通じ尼の音にて女性を示す。【善見論】に「尼者女也。」【文句二之上】に「尼者天竺女人通名也。」和語に「あま」と訓ずるは梵語の阿摩（即ち母の義）の音を取る。

尼比丘　〔雜名〕俗に尼僧をいふ。

尼講　〔雜名〕女子の信徒の結社。

尼寺　〔雜名〕比丘尼の住む寺。

尼法師　〔雜名〕女性の法師、「前といふ。」

尼御前　〔雜名〕あまごぜと讀む。尼を尊て御

尼前 〔雜名〕比丘尼の尊稱、尼御前の略。

尼衣 〔衣服〕尼の着る衣。

尼大師 〔雜名〕尼を尊んで大師と稱するもの、支那に其例多し。【象器箋五】

尼入道 〔雜名〕尼と入道。尼の入道。

尼削 〔雜語〕あまそぎと讀む。髮を肩のほどにて切りたるもの。「じ。

尼剃 〔雜語〕あまそりと讀む。「あまそぎ」に同

尼額 〔雜語〕あまびたいと讀む。上三項「アマビタヒ」を見よ。

尼僧正 〔雜名〕「南朱文帝元嘉十二年勅二尼寶賢一爲二尼僧正一。」【釋書二十七】

アマカツダ 阿摩揭陀 〔天名〕Amagadha 譯。無害毒。帝釋の名。【法華玄贊二】に「能天帝。過去字憍尸迦。此云二蛋兒一。名阿摩揭陀。此云二無害毒一。即摩揭陀國。過去帝釋修因之處。用爲二國名一。」

アマゴヒ 雨乞 〔雜語〕旱魃の時、修法に依りて降雨を乞ふこと。又請雨、或は祈雨と云ふ。古く印度より行はれし如く、海龍王經、大雲經請雨品、大雲輪請雨經等に此の法を說く。皆龍王を請じ、又は孔雀王經を誦するなり。支那、日本に於て廣く行はる。

アマゴロモ 天衣 〔衣服〕天人の衣にて、至て輕きもの。【瓔珞本業經下】に「淨居天。衣重三銖。」【長阿含經二十】に「忉利天。衣重六銖。」【智度論三十四】に諸天の衣量は上に至るに隨て輕き樣を說て、「四天王。衣重二兩。忉利天。衣重一兩。乃至色界天。衣無二重相一。」

天衣撫千歲 〔譬喩〕盤石劫の喩を假て時の長を示す。【瓔珞本業經下】に「譬一里二里。乃至十里石。方廣亦然。以二天衣重三銖一人中日月歲數。三年一拂二此石一乃盡。名二一小劫一。若一里二里。乃至四十里。亦名二小劫一。」【智度論五】に「劫義佛譬喩說。四十里石山。有二長壽人一。百歲過持二細輭衣一。一來拂拭。令二是大石山盡一。劫故未レ盡。」之を盤石劫と名く。⦿（六帖）「天衣撫づる千歲のいはほをも。」（後撰）「天の羽衣うちきては君が千歲にあはざらめやは。」

アマダイ 阿摩提 〔菩薩〕Abhetri Abhetti ＊ 阿麼𪎭に作る。譯、無畏。觀音菩薩の別名。【阿摩提觀音儀軌】に「無畏觀自在菩薩。一名二阿摩𪎭觀自在菩薩一。又云二寬廣一。」

アマチウ 阿摩晝 〔人名〕童子の名。

阿摩晝經 〔經名〕沸伽羅娑羅婆羅門、其弟子阿摩晝をして佛の相好と觀ぜしむ。阿摩晝釋種を輕慢す。佛其種姓の因を出し、並に妙法を說く。長阿含經十三に撰む。【昃帙九】

アマツタ 阿末多 〔人名〕外道の名。「アギタシシャキンバラ」を見よ。

アマツラ 阿末羅 〔植物〕「アマラ」を見よ。

アマノジヤク 海若 〔雜名〕又、耐薫に作る。俗に「あまんじやく」といふ。毘沙門天の腹部に帶する鬼面の名。本名は河伯面、河伯、海若。共に水神の名。莊子に出づ。【壒嚢鈔十五】に「毘沙門の鎧の前に鬼面あり、河伯面といふ、佛師は之をカハヌといふ、或書に云く、河伯面之を海若といふ。」【胎曼荼羅大鈔七】に「帶食帖決曰。毗沙門前帶形造物曰二河伯面一。河伯神形見。」【櫻陰腐談一】に「羅山子說。多聞天王所レ蹈二鬼。名二耐薫一。或有二典據一。我無レ所レ檢。」

アマビタヒ 尼額 〔雜語〕女の髮を切り下げたるを云ふ。平安朝には女の垂げ髮にして長く地に曳く程なりしを、肩のあたりに切れば尼に似たりとて呼び來りしが、又尼削とも云ふ。⦿（枕草子）「あまにそぎたる稚子の額」とあるこれなり。

アマラ 阿末羅 〔植物〕Āmalaka 果の名。新稱、阿末羅。阿摩洛迦。菴摩洛迦など。舊稱、菴摩羅。阿磨勒。菴摩勒など。【玄應音義二十一】に「阿末羅。舊言二菴摩羅一。亦作二阿摩勒一。其葉似二小棗一。花亦白小。果如二胡桃一其味酸而甜。可レ入二藥分一。經中言レ如レ觀二掌中一者也。」【西域記八】に「阿摩落迦。印度藥果之名也。」【慧琳音義二十六】に「阿摩勒果。此云二無垢一。涅槃經。作二呵梨勒一。訛也。」【善見論十七】に「阿摩勒果。此是餘甘子也。」【維摩經弟子品肇註】に「菴摩勒果。形似レ檳。食レ之除二風冷一。」【有部毘那耶雜事一】に「餘甘子。出二廣州一。堪レ沐レ髮。西方名二菴摩洛迦果一也。」【梵語雜名】に「阿摩攞迦。」案に「阿末羅果」と「菴沒羅果」と全く別なり。阿末羅は形圓經一寸許にて藥用。菴沒羅（āmra）は楕圓大さ梨の如くにて食用。又心識の名。阿末羅識又は阿摩羅識の梵語は全く別語なるが如し。「アンマラ」を見よ。

アーマラカ 〔植物〕「アマラ」を見よ。

アマラクカ 阿摩洛迦 〔植物〕「アマラ」を見よ。

アマロク 阿摩勒 〔植物〕果の名。【楞伽經四】に「如來現二前世界一。猶如三掌中視二阿摩勒果一。」「アマラ」「見よ。

アマンジヤク 海若 〔雜名〕「アマノジヤク」を見よ。

アマンダラナイ 阿曼怛羅泥 〔術語〕譯、呼聲。八轉聲中の第八聲。「ニリダイセイ」を見よ。

アミ 阿彌 〔雜語〕阿彌陀佛の略。本阿彌、他阿彌など。阿彌陀佛を念ずる人、自ら此名を附す。又、阿彌陀佛號といふ。

アミタ 〔佛名〕「アミダ」を見よ。

アミターユス 〔佛名〕「アミダ」を見よ

アミダ 阿彌陀 〔佛名〕 Amita 譯、無量。【玄應音義九】に「阿彌陀。譯。云二無量一。」

阿彌陀佛三名 〔名數〕 一に譯、無量壽。Amitāyus 二に譯、無量光。Amitābha 三に譯、甘露。Amṛta 密敎に阿彌陀佛を甘露王と稱し、其の大呪を十甘露明と稱する者是なり。【菩提心義九】に「此佛亦名二無量壽佛一。梵云二阿彌陀喩麗一。又云二阿彌陀婆耶沒馱一。此云二無量光明佛一。」依て此の三名次第の如く法報應三身の稱號となすなり。但し是は密敎の說なり。顯敎には唯初の二名を取るなり。【阿彌陀經】に「彼佛光明無量照二十方國一無レ所二障碍一。是故號爲二阿彌陀一。(乃至)彼佛壽命及其人民無量無邊阿僧祇劫。故名二阿彌陀一。」是なり。《第三圖、第四圖參照》

阿彌陀佛本名 〔雜語〕 五大院安然師の說に【梵語禮讃】を引證して阿彌陀佛の本名を觀自在王如來となし、無量壽佛、無量光佛を以て其の德稱となせり、「クワンオン」を見よ。

阿彌陀佛十三號 〔名數〕 即ち十二光佛の別諦に無量壽佛の本名を加へて十三名とす。【無量壽經上】に「是故無量壽佛號二無量光佛。無邊光佛。無碍光佛。無對光佛。燄王光佛。淸淨光佛。觀喜光佛。智慧光佛。不斷光佛。難思光佛。無稱光佛。超日月光佛一。」

阿彌陀三字法報應三身空假中三諦 〔術語〕 阿字は本不生の義是故空諦。彌字は吾我の義なれば是れ隨緣の假諦。陀字は如の義なれば是れ中諦なり。又三身には阿は第五轉方便究竟の義を取て應身とし、彌は報身、陀は法身なり。慧心の【阿彌陀部心集】に「阿卽空之義也。彌者卽假之義也。陀者卽中之義也。」

阿彌陀成道因果 〔術語〕 密敎の阿彌陀は大日如來の五智の妙觀察智の所現なり、是は大日成道の外に特に阿彌陀の成佛の因果を說かず、之を說くは唯顯敎の大乘のみ。而て大乘敎中、彌陀の成道を說くに總じて四處あり。其一は【法華經化城喩品】に三千塵點劫の昔に佛あり大通智勝と名く。其佛未だ出家せざるとき、十六の王子あり、長を智積と名く。父の成佛を聞て十六王子皆童子を以て出家して沙彌となり等正覺を求む。佛之を聽るし四衆の中に於て法華經を說く、經を說き已て靜室に入り禪定に住すること八萬四千載なり。此の時十六菩薩の沙彌各法座に昇て四衆の爲に此經を覆講して一一に數百萬億那由陀恒河沙の衆生を度す、爾の時三昧より起て普く四衆に對して十六沙彌を印可し之を歡迎し供養せしむ。而して彼の十六沙彌今皆等正覺を成じて十方の國土に於て現在に法を說く。其の二人の沙彌は東方にして作佛し、一は阿閦と名け、歡喜國に在り、二を須彌燈と名く。(乃至)西方の二佛、一を阿彌陀と名け、二を度一切世間苦惱と名く、(乃至)第十六は釋迦牟尼佛なり、娑婆國土に於て等正覺を成ず。」(取意)其二は【悲華經二】に「往昔過恒河沙阿僧祇劫に世界あり、刪提嵐と名く。一劫を善持と名く、轉輪王あり、無諍念王と名く。一大臣あり、寶海と名く。子あり寶藏と名く。其の後出家して等正覺を成し遂に寶藏如來と號す、寶藏如來、轉輪王の爲に廣く正法を說く。王隨喜渇仰して如來及び聖衆を請じて三月供養す。王に千子あり、長を不眴と名け、第二を尼摩と名く、千子亦た供養して二百五十歲を過ぐ。寶海、梵王、千子及び無量の衆生を勸めて菩提心を發せしむ、爾の時如來卽ち三昧に入て大光明を放ち十方世界を現ず。或は世界あり五濁弊惡なり。或は世界あり淸淨微妙なり。王、佛に白して言く。諸の菩薩等何の業を以ての故に淨世界を取り、何の業を以ての故に不淨世界を取るや。佛言く、菩薩願力を以ての故に淸淨土を取り五濁惡に離る。復た菩薩ありて願力を以ての故に五濁惡世を取る。王言く、我れ今眞實に菩提を行はんと欲す、願じて不淨の佛土を取らず、我れ願を發す、願くは成道の時に、世界の中に地獄餓鬼畜生有ることなく、衆生皆金色となり、女人等あるとなく、一たび化生して壽命無量ならん、世界淸淨にして臭穢あるとなからん、餘佛の世界に若し衆生ありて我が名を聞き、諸の善本を修し、我が世界に生れんと願ぜん者は、願くは其の命終に必定して生ずることを得ん。唯だ五逆と、聖人を誹謗し、正法を破壞する等を除く。(大要平等覺經の廿四願に同じ)輪王深願を發し已て佛に授記を請ふ。佛卽ち告て曰く、大王、汝西方過百千萬億の佛土を過て尊音王如來の世界あり、淸淨の莊嚴悉く大王の所願の如し。汝此願を發す汝が字を改めて無量淸淨となさん、彼佛入滅の後三佛出現入滅し、一過恒沙阿僧祇劫を經て第二の阿僧祇劫に入る、此の時世界轉じて安樂と名く、汝此の時に於て作佛して無量壽如來と號すべしと。次に又第一の不眴太子亦た大悲の願を發す、佛卽ち授記して曰く、汝一切衆生を觀て大慈悲心を生じ安樂に住せしめんと欲するが故に、今汝に字して觀世音とせん。無量

壽佛般涅槃の後彼土轉じて一切珍寶所成就世界と名け、汝成佛して徧出一切光明功德山王如來と號せん、次に第二の尼摩太子亦た大勢の願を發す、佛即ち太子に告ぐ汝が今の所願大世界を取る、汝が所願の如く成佛して善住珍寶山王如來と號せん、汝が大世界に取るに由るが故に汝を字して得大勢至と爲す 乃至 第十一子各發願し佛隨て授記す。取意 其三は【無量壽經上】に「過去久遠に錠光如來出世す、是の如く次第に出世して五十三佛に至る、世自在王佛と名く。時に一の國王あり佛の說法を聞て心に悅豫を懷き、國を棄て王を捐てゝ沙門となり、法藏と號す、佛所に至て佛に白して曰く、我れ無上菩提の心を發す、願くば廣く經法を演べよ、我れ當に修行して清淨の妙土を取るべし、我れをして速に正覺を成じて衆生の生死の苦本を拔かしめよ。爾の時佛廣く二百一十億の諸佛國土の麤妙を說き其の心願に應じて悉く之を覩見せしむ。法藏五劫を具足して諸佛の清淨の妙土、清淨の妙行を選擇攝取して佛前に於て四十八願を建立す。其の第十八願に曰く、設ひ我れ佛を得んに、十方の衆生、至心信樂して我國に生れんと欲して乃至十念せんに若し生れずは正覺を取らず、唯五逆と正法を誹謗する者を除くと。其の一一の願に皆不取正覺と誓ふ。爾の時大千感動し天より妙華を雨らし、空中に聲あり讚じて言く、決定して必ず無上正覺を成ぜんと。是に於て法藏不可思議兆載永劫に於て無量の德行を積集し、其の願遂に滿足して正覺を成じ、無量壽佛と號し、其の世界を安樂と名く、現に西方に在りて此を去ると十萬億剎なり、成佛より凡そ十劫を歷て今現に在て法を說く。」其四は【觀佛三昧海經九】に過去空王佛の所に於て三比丘と共に佛の白毫を拜して成佛せしを說く。「クワウブツ」を見よ。

阿彌陀報化異 〔術語〕 諸佛に法報化の三身あり、法身は諸佛平等なり。其の報身は因位の願行に依り、其の化身は所化の機緣に依て種々不同なり。今彌陀の報化二身を示さば、前に記せし悲華經の如き、又觀音授記經の如き、何れも彌陀の入滅觀音勢至の補處を記し。又鼓音聲經に彌陀の國城父母等を記すが如き是れ化土の化身佛なり。【悲華經 宙帙三 阿彌陀鼓音聲王陀羅尼經 地帙十二 觀世音菩薩授記經 同上】を見よ。但し化土に就て淨穢の二あり、阿彌陀の化土も亦然り。已上の諸經に說く所は清淨穢の化土なり。故に五濁世界を以て亦安樂世界と名く。更に穢惡の化土あり、釋迦の娑婆に於けるが如し。【智度論三十六 往帙二】に「當レ知釋迦文佛更有二清淨國土一如二阿彌陀佛國一。阿彌陀佛亦有二不嚴淨國一如二釋迦文佛國一。」次に無量壽經に說く身土は眞の報身報土なり、身は光壽共に無量なり、土は廣大無邊際なり、衆は純大菩薩なり、淨土門の願生は此の佛土に限れるなり。但し此に就て聖道淨土二宗の諍あり、聖道の諸師天台慈恩の如き皆曰く、彌陀の淨土に化土報土の二相あり。既に無量の菩薩衆あれば此の衆に對しては報身報土なり、故に觀經は佛身を說て高六十萬億那由陀恒河沙由旬等と云ふ、是れ菩薩の所見なり。而て又凡夫聲聞の往生を許し、彼土は無量の人天聲聞衆ありと說けり、是れ化土に生れて化身を見るなり。化土にあらざれば彼等未斷惑の凡夫報土に生ずるを得ざること經論の所判分明なり。而して此の二土は別處にあらず、一世界の上に於て地前の凡夫は化土を見、地上の菩薩は報土を見る、故に佛地論には、釋迦如來佛地經を說くとき、地前の大衆は變化身、穢土に居て說法を見、登地の菩薩は受用身、佛の淨土に居して說法すと見ると言へり。さて此の如く同一處に凡あり聖ありて共に同居すれば天台は之を凡聖同居土と云。されば人天聲聞の方より言へば是れ必ず化土なり、此化土に於て聞法勤修して地位に登り、當處に報身報土を感ずるを得るなり。而して其の化土の相を分明に說きし者、前の鼓音聲經等及び觀無量壽經の九品往生の經說是なり。是れ凡夫二乘の機感なり。若し通敎の菩薩には帶劣勝應身方便有餘土を感見し、別敎の菩薩には勝應身實報土を感見し圓敎の菩薩には法身常寂光土を感見す、是れ天台觀經疏及び淨名經疏に具說する所なり。但し化土なるも安樂の淨土にて、五濁の多難なければ、佛道增進の爲に彼の土に往生を願求すべしと。然るに曇鸞道綽等淨宗の諸師は言く【阿彌陀經】に「衆生生者皆是阿毘跋致」と說き、無量壽經に四十八願の中に於て所生人の光壽二無量願を立て、且つ其の人天等の名あるは、經に佛自ら會通して、其諸の聲聞菩薩天人は智慧神通咸しく一類にして、形に異狀なし、但だ餘方に因順するが故に此等の名ありと說けるを以て、彼土の衆は純大菩薩なり、是れ眞の報土なりと云。然るに聖宗は此等の文を以て攝大乘論に說く四意趣中の別時意趣なりとして、（シイシユを見よ）凡夫の直に阿毘跋致の菩薩と成るを許さざるなり。而して淨宗は言く、聖淨二門固より其の途を異にす、彌陀別意の弘願、常規を以て律すべからずと。

阿彌陀相好印相 〔圖像〕阿彌陀の相好印相は顯密の別あり、密教に胎金の別あり、顯教に坐立の別あり。先づ密教に於ては四方の四佛に就て阿閦等の三佛は胎金の兩部各其の方を改め其の名を易るも、獨り西方の阿彌陀に於ては改易なし、是れ無量壽佛の滅度期なきを表する爲なり。而して其相好は胎藏界は金色の螺髮形にて定印を結び目稍閉ぢて下を視る、是れ法藏比丘出家成道の相なり。又金剛界は金色の寶冠形にて印相前の如し、是れ在俗の當躰、本有自然久遠實成の相なり。（阿彌陀秘訣下）又顯教は坐立共に螺髮の出家形なり。而して其の坐像は密教の胎金兩部の如く定印を結ぶ、是れ照智にして寂理躰なる胎藏界の意なり。是れ彌陀成道自利の相なり。其の立像は此定印を分離して上下に分ち、右手を擧ぐ、其の五指は聲聞、緣覺、菩薩、顯佛、密佛の五界を表し、左手を下げ五指は人、天、鬼、畜、地獄の五界を表す、（此の十界の配立は密教なり）是れ寂にして照たる金剛界の意なり。是れ即ち觀無量壽經に說く住立空中の彌陀にして、理智不二にして分、眞應不離にして離、以て衆生を來迎して淨土に引接する化他の相なり（台宗綱要）。其の定印は臍前に於て兩手を仰けて交叉し第二指を竪て、相背け、左右の拇指を以て其の端を捻す（胎曼大鈔一 圖印集一）。愚察に其の兩指の圓相は本有修生の兩覺、又は胎金兩界の圓圓なり、而して其の儘之を上右下左に分けし者即ち立像の來迎印なり。

密教の阿彌陀 〔圖像〕大日如來の五智中妙觀察智の所現なり。先づ胎藏界にありては中臺八葉中、西方の葉上に在まし大日の前面に當つ。Aṁ 唵 字を種子とし、中因の五轉には涅槃の德を主り、東因には證菩提の德を主り、蓮華を三昧耶形とし、密號は清淨金剛なり、而して譯名を以て無量壽佛と云ひ、其の相好は上に釋する如し。次に金剛界に在ては五解脫輪中の西方解脫輪中に在まし大日の背面に當る。紇哩字を以て種子とし、其の主德三昧耶形、密號は胎藏界大日と同じく、其相好は【曼荼羅大鈔一、三】に記する如し。

阿彌陀根本印 〔印明〕二手交叉して拳を作り、二中指を竪て、頭相ひ柱へ蓮華の形を作す。【無量壽儀軌】

阿彌陀種子 〔種子〕 Hrīḥ 紇哩 字なり。密教は人法一體なるが故に 紇哩は阿彌陀の種子なると共に其の三昧耶形の蓮華の種子なり、之を種子となす所以は二義あり、一は字音に就く、八葉心蓮の肉團心を訖栗馱心と名く、今の字を訖里瞿と云、同音の意あり、同音を以て亦同體の義あり、故に蓮華の種子となす。二は字義に就く、 は の四字合成なり、次第の如く東西南北に配す。 ha 字は東方、痴煩惱、即ち無明なり、 は因の義、無明は一切惑業の因にして一切の惑業之を首とすれば之を東方となす。次に ra 字は南方、貪煩惱なり、 は塵染の義、愛着の煩惱なり、南方の火大赤色、人の愛着する所、貪煩惱と相應す。次に ī 字は西方、瞋煩惱なり、 は殃禍の義、殃禍は瞋恚より生ずるが故なり、西方風大能く物を破壞するは瞋煩惱と相應ず。次に aḥ 字は北方、涅槃なり、 は寂靜の義、前の三毒寂靜する即ち是れ涅槃なり、北方の黒色涅槃と相應す、而して此の涅槃は三毒の中より出生す、猶蓮華の淤泥中より生ずる如し、蓮華を水精華と名く、是れ水大自性清淨の性分なるが故なり。淤泥の中より出づるは是れ即ち淤泥の自性清淨の德なり、恰も涅槃の三毒より出づるが如し、彼此其義相應す、故に 字を以て蓮華の種子、即ち阿彌陀の種子となす、即ち中圖の次第によれば阿彌陀は涅槃なり。【護身法鈔】

南無阿彌陀佛 〔眞言〕【聖財集下】に「眞言の口傳に六字の名字は陀羅尼にして五佛の種子なり、(namo)の二字は歸命の義、命は常住の壽命にて大日なり、 の四字は次第の如く阿閦、寶生、彌陀、不空成就の四法なり。

阿彌陀眞言 〔眞言〕一字呪、小呪、大呪の三種あり。其の一字呪に又二あり、一は の一字なり。【不空神變經二十八】に「薄偏解脫一字眞言曰。唵惡莎縛訶。若人六時依レ法持誦滿二一洛叉一。是業成就。觀世音菩薩現二金色身一。當レ滅二無始一切根本重罪一。若不レ現者復倍精進誦。滿二二洛叉或三洛叉一。是業成就。觀世音重當二現レ身執レ手指三示西方淨土阿彌陀佛座二寶蓮華師子之座一。復得三阿彌陀佛手摩二其頂一。」は二 の一字なり。【理趣釋】に「紇利字。具二四字一。成二一字眞言一。乃至 若人持二一字眞言一。能除二一切災禍疾病一。命終已後。當下生二安樂國土一得中上品上生上。」其の小呪は又心咒と云ふ。本名を無量壽如來心眞言と言ふ。【無量壽修願行供養儀軌】に「無量壽如來心眞言曰、唵阿密哩多帝際賀囉吽。此眞言能誦十萬徧滿。得レ見二阿彌陀如來一。命終決定得レ生二極樂一。」此の小呪を解かんに、此中五句あり、第一の唵字と第五の吽字の二は常の如し。第二句の阿密哩多は甘露の義、彌陀の大悲に譬ふるなり。第三句の帝際に六義あり、一は大威德の義、六臂の威

徳を具足するが故に。二は大威光の義、遍照光明を具足するが故に。三は大威神の義、神境神通を具足するが故に。四は大威力の義、六大力を具足するが故に。五は大威猛の義、速滅怨家の徳を具足するが故に。六は大威怒の義、怒入地の菩薩を具足するが故に。第四句の賀羅は作業の義にて六義あり。一は作佛の義、是の心作佛久來始覺の如きを得るが故に。二は作業の義、來迎引接して間斷なきが故に。三は作用の義、神力自在なるが故に。四は作念の義、十念の衆生を迎ふるが故に。五は作定の義、妙觀察智の三摩地定に入るが故に。六は作願の義、六八の大願を發すが故に。而して此九字即ち彌陀八菩薩の種子なり、唵は阿彌陀。阿は觀音。密嘌は彌勒藏。多は虛空藏。帝は普賢。際は金剛手。賀は文殊。囉は除障蓋。吽は地藏なり。【五字九字秘釋】其の大呪は本名を阿彌陀如來根本陀羅尼と云ふ。又呪中阿彌栗多卽甘露の語十句あれば十甘露明と云ふ。【無量壽教行儀軌】に出す。眞言の後の文に「此眞言僅誦一徧。身中十惡四重五無間罪一切業障悉皆消滅。乃至臨二命終時一見下無量壽與二大衆一俱來迎安慰上。即生二極樂上品上生一。」其の他同儀軌に無量壽如來拳印眞言あり。

阿彌陀大心咒 〔眞言〕前條阿彌陀眞言中の大咒なり。⊙(源氏鈴虫)「阿彌陀のだいずいとたふとくほのぼの聞ゆ。」

阿彌陀の三摩耶形 〔術語〕密教の彌陀を見よ。⊙(正統記二)「密教のならひ、西方阿彌陀の三昧耶形なり」

阿彌陀二身 〔名數〕阿彌陀に正法輪、敎令輪の二身あり。【教時問答四】に「金剛頂諭伽云、西方阿彌陀佛現二二身一。若依二正法輪一現二文殊師利菩薩身一。若依二敎令輪一現二焔鬘德迦身一。」

阿彌陀の二脇侍 〔術語〕又、二夾侍。觀音勢至の二菩薩。【觀無量壽經】

阿彌陀の三尊 〔圖像〕中尊、阿彌陀佛。左、觀音菩薩。右、勢至菩薩の三體。【觀無量壽經】⊙(住吉物語)「ちひさやかにつくりて阿彌陀の三尊をうつしならべて」

阿彌陀五佛 〔術語〕三尊に地藏と龍樹。

九體の阿彌陀 〔術語〕極樂に往生するに九品の差別あるにより、佛體に九品を分つ。【觀無量壽經】「クホン」を見よ。

阿彌陀佛法 〔修法〕阿彌陀佛の御修法。「ち阿彌陀護摩のと。」卽御修法(みしほ)。⊙(著聞集、釋教)「又四十八壇の阿彌陀護摩もありけり」

阿彌陀護摩 〔修法〕密教にて行ふ阿彌陀の

阿彌陀講 〔行事〕阿彌陀佛の功德を講讃する法會。禪林寺の永觀之を創す⊙(著聞集、和歌)「鳥羽の車殿より、勝光門院へ御幸有て、庭の櫻を御覽ぜられけり先阿彌陀講を修せられける。」

阿彌陀講式 〔書名〕阿彌陀講を行ふ儀式を書きたる書の名。禪林寺の永觀の著。

阿彌陀經 〔經名〕佛說阿彌陀經一卷、秦の羅什の譯、淨土三部經の一。【地帙十二】(200)

阿彌陀佛の御勤 〔儀式〕佛前にて阿彌陀經を讀誦し、又は念佛するを云ふ。⊙(增鏡藤衣)「又は阿彌陀佛の御勤などに紛らはしてぞおはします。」

阿彌陀佛偈 〔經名〕具には後出阿彌陀佛偈經。一卷、偈頌にて淨土のさまを讃嘆せしもの。【地帙十二】(202)

阿彌陀和讃 〔書名〕阿彌陀佛の功德を讃嘆せる、今樣なり。⊙(著聞集、釋教)「夢に蓮花の舟にのりて、昔つくれる彌陀讃をとなへて西へ行きけり」

阿彌陀三耶三佛薩樓佛檀過度人道經 〔經名〕佛說諸佛阿彌陀三耶三佛薩樓佛檀過度人道經。二卷、吳支謙譯。佛說無量壽經と同本異譯。外題は略して佛說阿彌陀經と云ひ、坊本の表題には大阿彌陀經と云。三耶三佛薩樓佛檀は如來の尊號。過度は濟度の義。此經は阿彌陀如來が人道を濟度するを說けるもの【地帙八】(26)

大阿彌陀經 〔經名〕佛說大阿彌陀經。これに二あり、一は宋の進士王日休、前譯の諸經を取て刪補訂正せしもの。二卷、【地帙八】(203)一は阿彌陀三耶三佛薩樓佛擅過度人道經の異名。

阿彌陀經不思議神力傳 〔經名〕拔一切業障根本得生淨土神咒の後に附す。作者不詳。一卷、【二】【地帙十二】(201)

阿彌陀佛說咒 〔經名〕一卷、失譯。【地帙十二】(485)

阿彌陀鼓音聲王陀羅尼經 〔經名〕一卷、失譯。【地帙十二】(485)

阿彌陀經義記 〔書名〕一卷、天台大師著。

阿彌陀經決十疑 〔書名〕別稱、十疑論。一卷、天台大師著。

阿彌陀經疏 〔書名〕一卷、慈恩大師著。

阿彌陀經開題 〔書名〕別名、阿彌陀經釋。一卷、佛法大師著

阿彌陀經疏鈔 〔書名〕四卷、蓮池大師著。

阿彌陀經要解 〔書名〕二卷、蕅益大師著。

阿彌陀經持者 〔雜語〕 阿彌陀經を常に讀誦するもの。⊙（著聞集、魚蟲禽獸）「先生阿彌陀經の持者の畜生道に入にけるにやとあはれ成事也」

阿彌陀笠 〔物名〕【嬉遊笑覽】に「阿彌陀笠は笠の名にはあらず、笠を仰で後の方へ着けたるが佛の後光めく故にいふなるべけれ」

阿彌陀堂形 〔物名〕 茶の會の鑵子に、阿彌陀形といふあり。昔千利久が阿彌陀堂にて秀吉に茶を獻じたる釜を稱し。後一般にその形に模して作りたるを稱す。

阿彌陀魚 〔傳說〕 執師子國の西南に魚あり、人の語をなして南無阿彌陀佛と唱ふ。因て阿彌陀魚と名く。人阿彌陀佛を唱ふれば魚喜び岸に近づく、取て之を食ふに味甚だ美、是れ阿彌陀佛の化身【三寶感應錄上】

阿彌陀聖 〔雜名〕 阿彌陀佛を念ずる聖、念佛行者の尊稱。空也上人を嚆矢とす。【發心集七】

阿彌陀堂 〔堂塔〕 阿彌陀佛を安置する堂。

阿彌陀寺 〔寺名〕 京極通鞍馬口の南にあり。淨土宗。開基は淸玉上人。本尊は阿彌陀佛、弘法大師の作。【都名所圖會一】

阿彌陀峯 〔地名〕 京都大佛殿の後に當る山にて、豐太閤を葬る。【都名所圖會三】

阿彌陀池 〔地名〕 大阪長堀の南裏にあり【三才圖會】

アミダバヤ 阿彌陀婆耶 〔佛名〕「アミダ」を見よ。

アミリタ 阿密哩多 〔術語〕 Amṛta 又、阿阿密喋多阿密哩帝に作る。譯、甘露。【眞言修行抄三】に「阿密哩帝。此云二甘露一也。」

阿蜜哩多軍荼利明王 〔明王〕 譯、甘露瓶。常に略して軍荼利明王と云。彼を見よ。五大明王の一。「グンダリミヤウワウ」を見よ

アミトダンナ 阿彌都檀那 〔人名〕 Amṛtodana 王の名。譯、甘露施主。【佛本行集經五】

アミノヒトメ 網の一目 〔雜語〕【摩訶止觀五下】に「一目之羅。不レ能レ得レ鳥。得レ鳥者。羅之一目耳。」此語本と淮南子に依る。「有レ鳥將レ來。張レ網而待レ之。得レ鳥者。羅之一目也。今爲二一目之羅一。則無二以得一レ鳥矣。」⊙（正統記）「魚を取るは網の一目によれど」

アムカ 阿牟伽 〔術語〕「アボギヤ」と讀む。

アムリタ 〔術語〕「アミダ」「アミリタ」を見よ。

アムバー 〔雜名〕「アマ」を見よ。

アメ 雨 〔雜名〕

雨多則爛 （歌題） 一方に偏するを誨めたる言。即ち草木を成育する雨も多きに過ぐれば溢流を生ずとの義。【止觀五下四】に「陽則風月。陰則雲雨。雨多則爛。日多則焦。陰如レ定。陽如レ慧。慧定偏者。不レ見二佛性一。」是れ定を雨に譬へ、慧を日に譬ふ。⊙（法門百首）「さみだれに入江の菖蒲みがくれて引人なしに朽ぬべき哉。」

雨僧正 〔人名〕 醍醐寺の仁海雨を祈りて驗あり、以て僧正となりければ時人雨僧正と呼ぶ。【元亨釋書四】

アモクキヤ 阿目佉 〔雜語〕 又阿牟伽。阿謨伽。不空。「アボキヤ」を見よ

阿目佉跋折羅 〔人名〕 Amoghavajra 沙門の名。【宋高僧傳一】に「阿目佉跋折羅、華云二不空金剛一。其先北天竺婆羅門也。」

アモクタイン 阿目多印 〔印相〕 印相の名。譯、無能壓印。【陀羅尼集經三】【四】

アモーグハ 〔術語〕「アボキヤ」を見よ。

アモタ 阿茂吒 〔物名〕 寶の名。【慧琳音義四十】

アモリツト 阿沒喋覩 〔術語〕 譯、甘露。【大日經疏十三】「アミリタ」を見よ。

アモンダイジヨウシン 阿門大乘心 〔人名〕 和州五智院の沙門乘心、密教に達し傍ら大乘の諸宗に通ずれば時人之を稱して阿門大乘心と云。【本朝高僧傳六十乘心傳】

アヤウ 啞羊 〔譬喩〕 羊の啞なるもの。至愚の人に譬ふ。梵 Eḍamūka

啞羊外道 〔流派〕 天竺に外道あり、啞羊の如くして語らず、以て勝行となす。【行事鈔資持記下三之二】

啞羊僧 〔雜語〕 四種僧の一。「ソウ」を見よ。

アヤカツリバ 阿耶揭哩婆 〔菩薩〕「アヤカリバ」を見よ。

アヤカリバ 阿耶揭哩婆 〔菩薩〕 Hayagrīva 又阿耶揭唎婆に作る。馬頭觀音の梵名。【陀羅尼集經一】に「爾時觀世音菩薩。現二阿耶揭哩婆身一。唐云二馬頭一。」【大日經疏五】に「阿耶揭唎婆。譯、云二馬頭一。其身非レ黃非レ赤。如二日初出之色一。以二白蓮花一爲二瓔珞一。至 此是蓮化部忿怒持明王也。」【蘇婆呼童子經】に「阿耶吉唎婆。」

アヤキツリバ 阿耶吉唎婆 〔菩薩〕「アヤカリバ」を見よ。

アヤケンタ 阿夜健多 〔雜名〕 Ayaḥkanda 鐵の名。阿夜塞健那の略。阿夜は譯、鐵。塞健那は譯、勝伏。此鐵能く餘鐵を伏碎する義。【探玄記二十】

アヤナダ 阿耶怛那 〔術語〕 Āyatana 又阿也怛那に作る。舊譯、入。新譯、處。即ち十二入。十二處

など。【俱舍光記一】に「阿耶怛那。唐云レ處。舊翻、爲レ入。此亦不レ然。若言レ入。梵本應レ云二鉢羅吠舍一。舊經亦有二譯爲レ處者一。如二空無邊處及阿練若處一。並與レ今同。」【玄應音義二十一】に「阿也怛那」

アヤテイカ 阿耶底柯 〔雜語〕仙人の名。毒藥の師。【飾宗記四本】

アヤモクキヤ 阿耶穆佉 〔地名〕Ayamukha ＊國の名。中印度にあり、僧徒多く小乘の正量部法を學ぶ。昔佛陀馱婆論師此國に於て說一切有部の大毘婆沙論を製せり。【西域記五】(佛陀馱婆の譯覺使なれば婆は娑の寫誤なること明かなり、卽ちBuddhadāsa, 是なり)

アヤヤ 阿㖿㖿 〔雜語〕又阿耶耶に作る。忍痛の聲。【禪林句集乾】

アヤラ 阿耶羅 〔雜語〕Āyāna 譯、觀。【觀經嘉祥疏】に「阿耶羅。此云レ觀。觀是觀見。亦是觀行。亦是觀察。」

アユヰゲン 阿惟顏 〔術語〕譯、一生補處。彌勒菩薩の位。【玄應音義三】「アビバッチ」を見よ。

アユヰサンブツ 阿惟三佛 〔術語〕又、阿毘三佛。譯、現等覺。正等の知覺を顯現する義。佛智の異名。【放光般若經二】に「具二足佛十八法一。當レ成二阿惟三佛一。」【玄應音義三】に「阿惟三佛。此言訛也。正言二阿毘三佛陀一。」「アビサンブッダ」を見よ。

アユヰラダイ 阿維羅提 〔界名〕Abhirati 又、阿比羅提。阿閦佛の淨土の名。東方にあり。吳譯の【維摩經下】に「阿閦佛阿維羅提世界。」【同註】に「阿閦佛者。漢言二無怒一。阿維羅提者。漢言二妙樂一也。」慈恩の【阿彌陀經疏】に「阿閦鞞佛經云。名二無瞋恚一。在二東方阿比羅提國。」「アシュク」を見よ。

アユヰヲツチ 阿惟越致 〔術語〕「アビバッチ」を見よ。

阿惟越致遮經 〔經名〕四卷、西晉の竺法護譯、不退轉法輪經と同本異譯、法華部の攝。【盈帙三】(150)

アユジヤ 阿踰闍 〔地名〕Ayodhyā 國の名。譯、不生。不可戰。【勝鬘經寶窟上本】に「阿踰闍國者。此翻爲二無生一。此國往昔大乘人住。多解二無生一。國從レ人立レ名。故云二無生國一也。又翻爲二不可戰一。邊城堅固。不レ可二攻戰一。是支祥王所居。爲二舍衞國附庸一。」【玄應音義六】に「阿踰闍。此譯云二不可戰國一。」

アユタ 阿由多 〔雜語〕Ayuta 又阿庾多に作る。數の名。【本行集經十二】に「阿由多。隋言二數十億一也。」【慧苑音義下】に「阿庾多者。當二此方一兆之名一也」【俱舍論十二】に五十二數を列ぬる中の第十の名。

アヨードフヤ 〔地名〕「アユジヤ」を見よ。

アラ 阿羅 〔雜名〕「カランバ」を見よ。又、阿羅摩の略稱。又、錐の梵名。

アライヤ 阿賴耶 〔術語〕アラヤと讀む。「アラヤ」を見よ。

アラカ 阿羅歌 〔植物〕Arka 花の名。白花と譯す、その大葉は外道の祭祠に用ひらる。

アラカ 阿羅訶 〔術語〕Arhat 佛の十號の一。譯、應供。衆生の供養を受くべき義。【智度論二】に「阿羅訶。名二應受供養一。佛諸結使除盡。得二一切智慧一故。應レ受二一切天地衆生供養一。」

アラカマラ 阿羅迦摩羅 〔人名〕阿羅と迦摩羅と二人の仙人。「アララ」を見よ。或は一人の名なりとも云ふ。

アラカン 阿羅漢 〔術語〕Arhān 小乘の悟を極めたる位の名。譯、一に殺賊。煩惱の賊を殺す意。二に應供。人天の供養を受くべき意。三に不生。永く涅槃に入て再び生死の果報を受けざる意。【智度論三】に「阿羅名レ賊。漢名レ破。一切煩惱破。是名二阿羅漢一。復次。阿羅漢一切漏盡。故應レ得二一切世間諸天人供養一。復次。阿名レ不。羅漢名レ生。後世中更不レ生。是名二阿羅漢一。」又譯、應眞。眞人。【法華文句一上】に「阿颰經云二應眞一。瑞應云二眞人一。」四果の一。「アルカン」參照。

阿羅漢果 〔術語〕悟の位を果といふ。是れ修行の因に對する結果なればなり。阿羅漢は小乘の極果。

阿羅漢向 〔術語〕四向の一。不還の聖者、進んで餘殘の煩惱を斷じ、阿羅漢果に向ふもの。【俱舍論二十四】

阿羅漢具德經 〔經名〕佛說阿羅漢具德經、一卷、宋法賢譯。是れ百弟子の德及び比丘尼優婆塞優婆夷の德を說きしもの。增一阿含經の弟子比丘尼品と同本。【昃帙四】(897)

アラクセツバ 阿落刹婆 〔異類〕Rākṣasa 惡鬼神の通名。【枳橘集一】「ラセツ」を見よ。

アラジヤ 阿羅闍 〔術語〕Rāja-dhātu 阿剌闍界結界の名。譯、王界。【飾宗記八末】に「阿羅闍界者。一王所領。一國土衆僧。皆得二是名一。阿羅闍界。阿剌闍。此翻爲レ王也。」【翻梵語九】

アラダ 阿羅陀 〔地名〕Aruta 山の名。譯、無聲。

アラダ 阿邏茶 〔人名〕仙人の名。【慧琳音義十八】に「阿羅茶。唐言自訛。舊經阿蘭迦蘭是也。」「アララ」を見よ。

アラダカラマ 阿邏茶迦邏摩 〔人名〕外道仙人の名。正翻なし【慧琳音義八】案に阿羅茶と迦邏摩との二子。「アララ」を見よ。

アーラーダカーラーマ 〔人名〕「アララ」を見よ。

アラツラツ 阿剌剌 〔人名〕アララと讀む。「ア

ララ」を見よ。

アラテイランバ　阿邏底藍婆　〔雜名〕「アランバ」を見よ。

アーラーヌヤ　〔術語〕「アランニヤ」「レンニヤ」を見よ。

アーラーヌヤカ　〔術語〕「アランニヤクカ」を見よ。

アラハシヤナ　阿羅波遮那　〔雜語〕「アラバシヤナ」を見よ。

アラハタ　阿羅波多　〔人名〕大臣の名。譯、前言。【本行集經四十三】

アラハホウタヤシヤ　阿羅波寶多夜叉　〔異類〕 Alpapota yakṣas 鬼の名。譯、不稱鬼。【孔雀王咒經上】

アラバ　阿羅婆　〔雜名〕藥名。【探玄記二十】に「阿羅婆藥者。云二阿吒迦阿羅婆一。此云二金光汁藥一。阿吒迦云二金光明一 Hātaka 阿羅婆云二汁藥一。」 Rasa*

アラバカリン　阿羅婆伽林　〔地名〕林の名。譯、不諸林。【翻梵語九】に「阿羅婆伽。應云二阿羅婆分一。譯曰。阿者不也。羅婆分者諸也。」

アラバシヤ　阿囉婆娑　〔雜語〕譯、光明。【華嚴疏鈔八】

アラバシヤナ　阿羅婆遮那　〔術語〕又阿羅波遮那に作る。般若經に說く悉曇の字母四十二の初の五字。【摩訶般若波羅蜜經五、智度論四十八】「アバンランウンケン」を見よ。梵 Arapacana

アラヒジリ　荒聖　〔雜名〕擧止荒々しき僧、又は荒行など修する僧。荒法師とも云ふ。⊙(平家物語)「文覺は本より不敵第一の荒聖にてはあり。」

アラホトケ　新佛　〔雜名〕又ニイホトケと讀む。新に死去せし人の靈を云ふ。佛法流通の結果、人死すれば必ず善處に生ずるものとして尊敬の意を表して往生、成佛せりなど云ふ如く、これを「ほとけ」と呼び來りたるなり。

アラマ　阿羅磨　〔雜名〕 Ārāma 又、阿羅彌、阿藍摩、阿羅。譯、園。【玄應音義二】に阿藍磨者園也。【翻梵語九】に「阿羅彌者。園。」【梵語雜名】に「阿羅磨。園也。」

アーラーマ　〔雜名〕「アラマ」「キン」を見よ。

アラミ　阿羅彌　〔雜名〕「アラマ」を見よ。

アラミツ　阿羅蜜　〔雜語〕 Harmita* 譯、遠離。【智度論五十三】に「阿羅蜜。秦言二遠離一。波羅蜜。秦言二度彼岸一。此二言相近。義相會。故以二阿羅蜜一釋二波羅蜜一。」

アラヤ　阿賴耶　〔術語〕 Ālaya 又阿剌耶に作る。心識の名。八識の中の第八。舊稱、阿梨耶。譯、無沒。有情根本の心識にて、其人の受用すべき一切の事物を執持して沒失せざる義。新稱、阿賴耶。譯、藏。一切の事物の種子を含藏する義。又、室。此識は一身の巢宅なるをいふ。蓋し此識中に含藏せらるる種子が外緣に打たれて現起し以て其人の依(外界)正(身體)二報を組織す「三界唯一心」の義は此識に由て立つ。【唯識述記二之末】に「阿賴耶者。此翻爲レ藏。」【慧琳音義十八】に「阿賴耶者。第八識也。唐云二藏識一。」【起信論疏中本】に「阿梨耶。阿賴耶。但梵語訛也。梁朝眞諦三藏。訓レ名翻爲二無沒識一。今時奘法師。就レ義翻爲二藏識一。但藏是攝義。無沒是不失義。義一名異也。」【大日經疏二】に「阿賴耶。義云二含藏一。正翻爲レ室。謂諸蘊於二此中一生。於二此中一滅。即是諸蘊巢窟。故以爲レ名。」【同十四】に「阿賴耶是房義。是盛受義。」

阿賴耶識三種境　〔術語〕一に種子。一切有漏無漏の現行法を生ずる種子なり。二に五根。眼耳鼻舌身の五根なり。三に器界。山河草木飲食器具等の一切衆生の依報なり。阿賴耶識は常恒に此三種を所緣の境とするなり。

心　〔術語〕阿賴耶識の別名。心は積集、集起の二義ありて阿賴耶識は諸法の種子を集め、又諸法を生起するものなれば、心と名く。【唯識論三】に「或名レ心。由二種種法一熏二習種子一所二積集一故。」【述記三末】に「梵云二質多一。此名レ心也。即積集義。是心義。以二能集一生二多種子一故。說二此識一以爲レ心。」【唯識論三、述記三末、了義燈四本】に數多の異名を揭ぐ。

阿陀那　〔術語〕阿賴耶識の別名。「アダナ」を見よ。

所知依　〔術語〕阿賴耶識の別名。【唯識論三】に「或名二所知依一。能爲二染淨所知諸法一爲二依止一故。」【述記三末】に「攝論第一所知依品是。此所知依。阿賴耶識之別名也。」

種子識　〔術語〕阿賴耶識の別名。【唯識論三】に「或名二種子識一。能遍任二持世出世間諸種子一故。」【述記三末】に「即爲二諸法一爲二種子一義。前第一心。是積集種在二其中一義。今此取下能生二諸法一義上。故二差別。」諸法を生ずる一一の源因を種子といふ。

異熟識　〔術語〕阿賴識の別名。【唯識論三】に「或名二異熟識一。能引二生死一善不善業異熟果故。」「イジユク」を見よ。

無垢識　〔術語〕阿賴耶識の別名。【唯識論三】に「或名二無垢識一。最極清淨諸無漏法。所二依止一故。此名唯在二如來地一。」【述記三末】に「唯無漏依。體性無垢。先名二阿末羅識一或名二阿摩羅識一。古師立爲二第九識一者。非也。」

第八識　〔術語〕阿賴耶識の別名。八識の中の第八。【述記三末】に「攝論第二卷初。亦名二第八識一。」【唯識了義燈四本】に「從レ末向レ本數爲二第八一。」

現識　〔術語〕阿賴耶の別名。【唯識了義燈四本】

に「楞伽經云。諸法皆於本識上現故。」

無沒識　〔術語〕阿賴耶識の別名。【唯識了義燈四本】に「無相論云。一切諸種。無所隱沒故。無沒也。」

本識　〔術語〕阿賴耶識の別名。【唯識了義燈四末】に「名本識者。謂是一切法之根本故。」

宅識　〔術語〕阿賴耶識の別名。【唯識了義灯四末】に「無相論云。是種子之宅舍故。」「の譯名。

執持識　〔術語〕阿賴耶識の別名。即ち阿陀那

根本識　〔術語〕阿賴耶識の別名。【述記三末】に「大衆部。立爲根本識。」

第一識　〔術語〕阿賴耶識の別名。【唯識了義燈四本】に「第一識。從本向末。數爲第一。」

阿賴耶外道　〔流派〕大日經住心品に擧る三十種外道の一。【大日經疏二】に「經云阿賴耶者。是執持含藏義。亦是室義。此宗說。有阿賴耶。能持此身。有所造作。含藏萬像。攝之則無所有。舒之則滿世界。不同佛法中第八識義也。」

アーラヤ　〔術語〕「アラヤ」「ラヤ」を見よ。「を見よ。

アーラヤヴィヂユニャーナ　〔術語〕「ラヤシキ」

アララ　阿剌剌　〔雜語〕Alalā【碧巖八十二則著語】に「阿剌剌。」天遊の【語解】に「阿剌剌は音のと、すさまじき樣子を形容していふ。」

アララ　阿羅邏　〔人名〕Ārāḍakālāma　又、阿藍、仙人の名。譯、懈怠。佛出家の始め此人に就て學ぶ。【涅槃經二十一】に「夜半逾城至鬱陀迦阿羅邏等大仙人所。」【因果經三】に「爾時太子即便前。至阿羅邏仙人處。」【慧琳音義二十六】に「阿羅邏此云懈怠。亦獲通定者也。」　図　寒地獄の名。【慧琳音義廿六】に「阿羅邏。阿波波。謂地獄寒苦之聲也。」　梵 Aṭaṭa Hahava

阿羅邏迦藍　〔人名〕又、阿羅邏迦羅摩。阿羅茶迦邏摩。阿蘭迦蘭など。【佛本行集經二十一】に「有一仙人修道之所。名阿羅邏。姓迦藍氏。」【中阿含五十六、羅摩經】に「盛時年二十九。乃至便住阿羅邏迦羅摩所。」【般若經五百九十九】に「阿羅茶迦邏摩子。」若し此等の說に依れば阿羅邏迦藍は阿邏羅の具名なり、然るに他經に之を二人となすなり。【佛本行經三】佛本行集經とは別なりに「菩薩不然阿蘭是法。於是復詣迦蘭問法。乃至捨迦蘭法。於是便至尼連禪江。」【釋迦譜一】に「有二仙人阿羅邏迦蘭。」と云。（二人とする說は迦蘭を Udraka Rāmaputra と爲せるもの丶如し。）⊙（近松誕生會）「寂莫の扃を押扉き、顯はれ出でし阿羅羅仙人」「を見よ。

アララカラマ　阿羅邏迦羅摩　〔人名〕「アララ」

アララギ　阿良良支　〔雜語〕忌詞内の七言の中に塔を云ふ。【延喜式、拾芥抄五】

アラリ　阿羅梨　〔雜名〕屣の飾。【四分律開宗記八本】に「阿羅梨。以鳥毛安華屣邊也。」　梵 Arari*

アラン　阿藍　〔人名〕「アララ」を見よ。

阿藍迦藍　〔人名〕「アララ」を見よ。

アランナ　阿蘭那　〔術語〕又阿欄拏に作る。寺院の惣名。「アランニヤ」を見よ。又、梵志の名。

阿蘭那經　〔經名〕釋尊、往昔、阿蘭那梵志となり、後出家して無常を說き、以て無量の人天を利益せし往因を說く。中阿含經四十に攝む。【昃帙六】(542)

アランニヤ　阿蘭若　〔術語〕Araṇya　寺院の總名。比丘の住處。又、阿蘭那。阿蘭攘　阿蘭若迦。阿練若。阿爛拏。阿練茹。曷刺䴟など。譯、無諍聲。閑寂。遠離處。人里を五百弓離れたる處。【華嚴經一】に「阿蘭若法。菩提道場。」【大乘義章十五】に「阿蘭若者。此翻名爲空閑處也。」【慧苑音義上】に「阿蘭若言阿蘭那。正云阿蘭攘。此翻無諍聲。」【玄應音義一】に「阿蘭拏。女加反　或云阿蘭若。或云阿練若。皆梵音輕重耳。此云空寂。亦無諍也。」【玄應音義三】に「阿蘭那行。或言阿爛拏。正言曷刺䴟。曷此云無。刺䴟此云諍。名無諍也。曷、阿葛反。或苦曷反。」【金剛頂纂要】に「阿蘭那者。此云寂靜。」【飾宗記五本】に「阿蘭若迦。去村五百弓。云住諍處人也。」【可洪音義八】に「阿蘭那此云無靜。云空家也。」【大日經疏三】に「阿練若名爲意樂處。謂空寂行者所樂之處。或獨一無侶。或二三人。於寺外造限量小房。或施主爲造。或但居樹下空地。皆是也。」【四阿含暮抄上】に「阿練茹」

阿蘭若行　〔術語〕比丘、常は阿蘭若に居て外住せざること。十二頭陀行の一。「む。

アランニヤク　阿蘭若　〔術語〕アランニヤと讀

アランニヤクカ　阿蘭若迦　〔術語〕Āraṇyaka「アランニヤ」を見よ。又其住人を云ふ。

アランバ　阿藍婆　〔雜名〕藥の名。正は阿羅底藍婆。Ratilambha 譯、得喜樂。身に塗れば患を去り喜を得る義。【華嚴探玄記二十、慧苑音義下】

アランパソト　阿嵐婆蘇都　〔雜語〕Ārambha-vastu 風の名。譯、發事。【大威德陀羅尼經十五】

アランバヤナ　阿嵐婆也那　〔人名〕Ālambāyana 仙人の名。蛇行を修するもの。【飾宗記四本】

アランマ　阿藍磨　〔雜語〕「アラマ」を見よ。

アリ　蟻　〔動物〕

祇園寺の蟻　〔傳說〕精舍建立の時過去世世

に地に蟻を見たること。【淨心誠觀發眞鈔中本】に「靈感傳云。須達共舍利弗。往圖精舍。（須達即祇洹也）須達自捉繩一頭。舍利弗自捉二頭。共經精舍。（乃至）舍利弗。慘然憂色。即問。尊者何故憂色。答曰。汝今見此地中蟻子不。答曰見。時舍利弗。語須達言。汝於過去毘婆尸佛。亦於此地。爲彼世尊。起立精舍。而此蟻子。在此中生。乃至七佛以來。汝皆爲佛起立精舍。而此蟻子。亦在此中。至今九十一劫。受一種身。不得解脫。」⦿（寶物集）に「過去遠遠占婆城鳩。未來永永祇園寺蟻。」これ人身を受け法を聞きて出離流轉することの難きを示すものなり。

沙彌蟻を救ふ　〔傳說〕羅漢あり一沙彌を畜ふ。七日の後命終するを知り、家に歸らしむ。路に蟻穴、水を被りて漂んと欲するを見、土を以て之を救ふ。七日の後歸り至る。師怪んで之を問ふに具さに其事を說く。師曰く、壽命を延ぶべきは心なりと。【雜寶藏經、七帖五】

アリ　阿梨　〔植物〕木の名。【法華經陀羅尼品】に「頭破作七分。如阿梨樹枝。」【名義集三】に「其枝似蘭枝。若落時必爲七分。」義淨譯の【孔雀經上】に「頭破爲七分。猶如蘭香蕱。」【同註】に「梵云頞杜迦曼折利。頞杜迦蘭香也。曼折利蕱頭也。舊云阿梨樹枝者。旣不善本音。復不識其事。故致久迷。西方無阿梨樹也。」梵 Andūka-mañjari*

アリカ　阿梨呵　〔雜語〕Arihan 阿羅漢の誤用。【坐禪三昧經上】に「阿梨呵。阿利秦言賊。呵言殺。」

アリキタカ　阿力多柯　〔衣服〕Haritaka* 衣の名。【阿毘曇經下】に「阿力多柯衣者。織吉貝庸磨之多毛也。」

アリギ　阿梨宜　〔術語〕Āliṅgita 定の名。譯、抱觸。【探玄記十九】に「阿梨宜者。此云抱捺摩觸。是攝受之相。」

アリシツタ　阿梨瑟吒　〔植物〕Ariṣṭaka 木の名。「アリタ」を見よ。

アリシツカシ　阿唎瑟迦紫　〔植物〕譯、木槵子。【千手合藥註】「アリタ」に同じ。

アリシナ　阿梨斯那　【人名】Āryasena 大衆部の僧の名。譯、聖軍。【慈恩傳四】

アリシヤ　阿利沙　〔術語〕Ārṣa 舊に阿黎沙に作る。譯、古聖主。【演密鈔五】に「梵語阿利沙。秦言古聖主。即自利利他殊勝功德。古仙聖道也。」即ち佛のこと

阿利沙偈　〔眞言〕古仙の成就せる眞言をいふ。【大日經疏】に「所說阿利沙偈。名爲自然成就眞言。」【供養法疏下】に「阿利沙。嘆佛功德也。」

アリタ　阿梨吒　〔植物〕Ariṣṭaka, 巴 Ariṭṭhaka 木の名。【翻梵語九】に「阿梨吒。應云阿梨瑟吒。譯曰無環。」木槵子のこと。図 比丘の名。

阿梨吒經　〔經名〕阿梨吒比丘、惡見を起して婬欲は道を障げずと說く、諸比丘諫むれ共捨てず、佛呼んで之を責め、非法の捨つべきを說く。中阿含經五十四に攝む【昃帙七】(542)

アリタラ　阿唎多羅　〔菩薩〕Ārya-tārā 觀音の別名。常に略して多羅觀音といふ。「タラクワンオン」を見よ。

阿唎多羅經　〔經名〕阿唎多羅陀羅尼阿嚕力品第十四、唐の不空譯、一卷。【閏帙十】

アリヤ　阿梨耶　〔術語〕Ārya 又阿離耶　阿哩夜に作る。譯、聖。聖者。【玄應音義一】に「阿梨耶。此云出苦者。亦言聖者。」【寄歸傳三】に「阿離野。譯、爲聖。」良賁の【仁王經疏】に「阿哩夜。此云聖者。」【演密鈔六】に「梵語阿哩野。此言遠惡。義翻爲聖人。」

アリヤ　阿利耶　〔術語〕識の名。「アラヤ」を見よ。

アリヤサンミツリツテイニカヤ　阿離耶三蜜栗底尼迦耶　〔流派〕Ārya-sammitīya-nikāya 譯、聖正量部。小乘分派の名。【寄歸傳一】「正量部」參照。

アリヤシツタヘイラニカヤ　阿離野悉他陛攞尼迦耶　〔流派〕Ārya-sthavira-nikāya 譯、聖上座部。小乘分派の名。【寄歸傳一】

アリヤダサ　阿梨耶馱娑　【人名】Āryadāsa 沙門の名。譯、聖使。【慈恩傳四】

アリヤバツマ　阿梨耶伐摩　【人名】Āryavarman 沙門の名。譯、聖胄。【慈恩傳四】

アリヤバルキツテイセイ　阿梨耶婆樓吉弖稅　〔菩薩〕觀世音菩薩の梵名。【法華經義疏十二】「アバルキテイシフバラ」を見よ。

アリヤマクカソウギニカヤ　阿離耶莫訶僧祇尼迦耶　〔流派〕Ārya-mahāsaṅghika-nikāya 譯、聖大衆部。小乘分派の名。【寄歸傳一】

アリヤモラサツバシツテイバタニカヤ　阿離野慕攞薩婆悉底婆拖尼迦耶　〔流派〕Ārya-mūlasarvāstivāda-nikāya 譯、聖根本說一切有部。小乘分派の名。【歸寄傳一】

アリラバツダイ　阿利羅跋提　〔地名〕Aciravatī 舍衛城外を流るヽ河の名。「アチタバツダイ」を見よ。

アルカン　阿盧漢　〔雜語〕譯、殺賊。煩惱の賊を殺害する義。嘉祥の【觀經疏下】に「天竺三相近。阿羅訶 Arhat 翻應供。阿羅漢 Arhan 翻殺賊。」「アラカン」參照

アルグフヤ　〔雜語〕「アカ」を見よ。

アルナ 阿留那 〔雜名〕Aruṇa 又、阿樓那、阿盧那に作る。時の名。或は阿樓那。或は薩埵。譯、明、相、明相即ち曉のこと。【開宗記三末、名義集二】又、譯、赤色。【名義集三】

阿盧那花 〔植物〕花の名【慧苑音義上】に「阿盧那。此日欲レ出時。紅赤之相。其花似レ彼。故用レ彼名レ之。謂即紅蓮花也。」

阿盧那香 〔物名〕又、阿樓那香。【慧苑音義上】に「阿樓那香。紅赤色香。其色一如二日欲レ出前之紅赤相一。即梵語中。呼二彼赤相一。爲二阿樓那香一也。」又阿盧那跋香といふ。阿盧那跋底香の略なり。【同音義下】に「阿盧那者。此云二赤色一也。跋底者有也。或云レ極也。謂此香極有二赤色一。因名也。」梵Aruṇapati.

アルハット 〔術語〕「アラカ」を見よ。

アルハヌ 〔術語〕「アラカン」を見よ。「ヤ」を見よ。

アールヤ 〔術語〕「アリヤ」「シャウニン」「ソンジ「よ。

アールヤダーサ 〔人名〕「アリヤダサ」を見よ。

アールヤデーヴ 〔菩薩〕「シャウテンボサツ」を見よ。

アールヤマルガ 〔術語〕「ハチシャウダウ」を見よ。

アールヤーアワローキテーシュヴラ 〔菩薩〕「アバルキッテイシフバラ」を見よ。

アレイシヤ 阿黎沙 〔術語〕Ārṣa 譯、聖主。佛のこと。【智度論二十五】に「阿黎沙。秦言二聖主一。」「アリシヤ」を見よ。

阿黎沙住處 〔術語〕【智度論二十五】に「安二住阿黎沙住處一。」【註】に「第一最上極高。不レ退不レ却不レ沒。具二足功德一。無レ所二減少一。是名二阿黎沙住處一。」即ち佛の住處。

アレンニ 阿練兒 〔術語〕【慧琳音義十四】に「阿練兒舊云二阿蘭若一。唐云二寂靜處一也。」「アランニヤ」を見よ。

アレンニヤク 阿練若 〔術語〕「アランニヤ」を見よ。

アロギ 痾咯祇 〔雜語〕Ārogya 大比丘が沙彌の禮を受る時返禮の辭。無病安全を祈る義。【寄歸傳三】に「大受二小禮一。自可三端拱而云二痾咯祇一。是咒二願彼一令レ無レ病義耳。」

アロダライン 阿嚕陀羅印 〔印相〕Rudra 譯、大怒印。【陀羅尼集經三】

アロナ 阿樓那 〔物名〕香の名。「アルナ」を見よ。

アロハ 阿路巴 〔雜名〕Rūpya 譯、銀。【名義集三】

アロリキ 阿嚕力 〔眞言〕觀音の眞言「阿嚕力迦」の名。次項を見よ。

阿嚕力經 〔經名〕阿唎多羅陀羅尼阿嚕力品第十四の畧。【閏帙十】(1021)

アロリキカ 阿嚕力迦 〔眞言〕アロリキヤと讀む。多羅觀音の眞言。【阿唎多羅陀羅尼阿嚕力品】に「唵。阿嚕力迦。娑縛訶。」

アワイヴルティ 〔術語〕「アビバッチ」を見よ。

アワイヴルティカ 〔術語〕「ユヰヲツ」「フタイ」を見よ。

アワターラ 〔術語〕「アバッタラ」を見よ。「よ。

アワダーナ 〔術語〕「バダ」「アハダナ」「ヒユ」を見よ。

アワヌダ 〔地名〕「アアウダコク」を見よ。

アワローキテーシュヴラ 〔菩薩〕「クワンオン」「フルカチセフバラ」「アバルキテイシフバラ」を見よ。

アワンランハンクハン 〔眞言〕「アバンランガン」を見よ。

アヱガウシユ 阿會亘修 〔界名〕Ābhāsvara 天の名。【玄應音義三】に「阿會亘修天。長安品作二阿陂亘修天一。即光音天也。」

アヲウ 阿歐 〔術語〕阿漚に作る。阿は無の義。歐は有の義。外道の經初に此二字を置く、佛教は之に對して如是の二字を置くと云。「法華文句一上」に「對二破外道阿歐二字不如不是一。」【同記一上】に「阿傴者。阿無。漚有。一切外經。以二二字一爲レ首。以二其所レ計此二爲一レ本。」【百論疏上之下】に「外云。昔有二梵王一。在レ世說二七十二字一。以敎二世間一。名二佉樓書一。世間敬情漸薄。梵王貪悋心起。收取吞レ之。唯阿歐兩字。從二口兩邊一墮レ地。世人貴レ之。以爲二字王一。」【華嚴疏鈔一上、百論疏上之下、圓覺大鈔四上】

アヲオニ 靑鬼 〔異類〕靑色の鬼。地獄にて罪人を呵責するもの。⊙(盛衰記)「靑鬼と赤鬼と」

アヲキハチス 靑き蓮 〔譬喩〕佛の眼に譬ふ。【維摩經】【肇註】佛國品の部に「天竺有二靑蓮華一。其葉修而廣。靑白分明。有二大人目相一。」⊙(榮花)「水に生ひたる花のあをきはちすの世にすぐれて」

アヲダウシン 靑道心 〔雜名〕新に出家して未だ道心の熟せざるもの。剃り立て坊主にて頭の靑靑しきもの。

アン 闇 〔術語〕aṃ 又菴、暗に作る是れ十二摩多の第十一、轉聲五轉の第四輪成菩提なり。五十字門の一。【金剛頂經字母品】に「闇字門。一切法邊際不可得故。」【理趣釋】に「菴字者覺悟義。」【文殊問經】に「稱二暗字一時。是無二我所一聲。」【大莊嚴經】に「菴者。能遮二一切諸不淨物一。於二佛法中一。能捨二一切金銀寶物一。是故名菴。」【大日經疏十四】に「暗。是成菩提。」【同十八】に「暗字一切眞言之心。於二一切眞言一最爲二上首一。」これ阿字に空點を加へたるなり。普通の梵語にては母音として數へず。邊際不可得は Anta (邊際)より。無

我所聲は Amamakara（無我所）より釋したるべし。

アン 庵 〔雜名〕隱遁者の住する茅屋。【釋氏要覽上】に「西天僧俗。修行多居レ庵。」

庵室 〔雜名〕庵寺の室。

庵寺 〔雜名〕もと僧尼に通ずれ共、後には多く尼寺の稱となる。

庵主 〔雜名〕もと僧尼に通ずれ共、後には尼主の稱となる。あんじとも讀む。

アンイツ 行益 〔雜語〕禪語なり。行は食を行くこと。益は食を益すこと。【禪林象器箋十二】

アンカイ 安海 〔人名〕僧の名。大安寺に住して三論を弘め、元慶六年、最勝講の講師たり。【本朝高僧傳七十二】図 叡山の學匠。釋安海。叡山の興良法師に從て台敎を學び、源信覺運を睥睨す。源信嘗て二十七疑を設て宋の知禮に問ふ。安海上中下の三答を作て之に當つ。禮の答釋至るに及んで、海の中下の義の如しと云。【本朝高僧傳十】

アンギヤ 行脚 〔術語〕禪僧が修行の爲に旅行すること【壒囊鈔四】に「ありくをば行脚と云」【祖庭事苑八】に「行脚者。謂遠二離鄕曲一。脚二行天下一。脫レ情捐レ累。尋二訪師友一。求レ法證レ悟也。所以學無二常師一。偏歷爲レ尙。」

行脚僧 〔雜語〕旅僧のこと。

アングリマールヤ 〔人名〕「アウクツマラ」を見よ。

アンケ 菴華 〔譬喩〕菴羅の花。實り難きに譬ふ。【止觀五下】に「坏器易レ埴。菴華難レ實。」「アンラ」を見よ。梵 Āmra

アンゲシヨ 安下處 〔雜語〕禪語。安息して行李を置く處、即ち宿泊處。【禪林象器箋二】

アンコクシ 安國師 〔人名〕杭州壇官山海昌院の齊安國師、法を馬祖に嗣く。【五燈三】

アンコツ 安骨 〔儀式〕火葬の後、白骨を拾收して之を本堂に安置するを安骨といひ、其時の佛事を安骨佛事といふ。【禪林象器箋十四】

アンゴ 安居 〔行事〕Varṣa 印度の僧徒、雨期三ケ月間外出を禁じて坐禪修學を勵む、之を雨安居と名く。異名、坐夏。坐臘など。之を始むるを結夏、之を解くを解夏といふ。【業疏四】に「形心攝靜曰レ安。要期在住曰レ居。」安居の因由に就ては「フサツ」を見よ。

三安居 結夏の時期を舊譯家は前中後の三期に分ち、四月十六日に始るは前安居、五月十六日に始るは後安居、其中間に始るは中安居、其日數は何れも九十日。【行事鈔資持記四之二】又、新譯家は二期にて、前安居は五月十六日より、後安居は六月十六日より始む、中安居なし。但し支那日本の僧徒は皆四月十六日を取て入安居の日とす。【西域記二】に「印度僧徒。依二佛聖敎一。坐二雨安居一。或前三月。或後三月。前三月當下此從二五月十六日一至中八月十五日上。後三月。當下此從二六月十六日一至中九月十六日上。前代譯二經律一者。或云二坐夏一。或云二坐臘一。傳譯有レ謬。」【寄歸傳二】に「若前安居。謂五月黑月一日。後安居則六月黑月一日。唯斯兩日合レ作二安居一。於二此中間一文無二許處一。」【圓覺經】に「若經二夏首一。三月安居。當レ爲二清淨菩薩止住一。」依て古は支那日本の僧徒一般に四月十六日より之を行へり。我國には天武天皇十四年四月、宮中に僧を引て安居せしめしを始めとす。【日本書記二十九】

安居の御法 〔故事〕釋尊、母后摩耶夫人の恩を報いん爲に、一夏九旬の間。忉利天に昇りて說法せしをいふ。【佛昇忉利天爲母說法經】【宙帙六】(153) ⊙(曲百萬)「安居の御法と申すも御母摩耶夫人の孝養の爲なれば。」

安居講 〔行事〕安居の時期に經論を講說する法會。持統天皇四年五月始めて安居講を宮中に置かる。【日本書記三十】

安居講師 〔職位〕安居講の講師。

安居竟 〔術語〕安居の終りたる日。即ち七月十五日。舊譯家 八月十五日。新譯家（此の日自恣の儀行はる）

アンサイ 安西 〔人名〕淨土宗の僧。直正法師に就て淨敎を學び、豫州の本誓寺に住す。寶永七年三月七十一にて寂す。【續日本高僧傳十】

アンザ 安座 〔儀式〕凡そ佛像を奉じて殿內に安ずる時、宗師を請して法話せしむるを安坐佛事といふ。【禪林象器箋十一】入佛會に同じ。

アンザウサンマイギキキヤウ 安像三昧儀軌經 〔經名〕一切如來安像三昧儀軌經の略。

アンシ 按指 〔雜語〕指を押へること。【楞嚴經四】に「如二我按レ指。海印發レ光。汝暫擧レ心。塵勞先起。」長水の【義疏】に「無生智合二無相理一。大用顯現。」と。これ佛の一擧手一投足が大智慧の發露たるに對して、凡夫の大努力は、ややもすれば退轉の因となるを示せるなり。

アンシウ 安修 〔人名〕僧の名。大宰府安樂寺の學頭なり、偏に人世を厭ひて彼の樂邦を期す。【本朝高僧傳七十】

アンシウ 安秀 〔人名〕僧の名。唯識宗を興福寺の平源僧都に受け。天德二年、維摩の講師に當り、天保二年興福寺の主務に補し、少僧都に任ず。【本朝高僧傳九】

アンシツ 闇室 〔雜語〕闇き室。

闇室の忽ちに明なる喩 〔譬喩〕【如來密藏經下】に「迦葉。若二闇室中然レ火燈明一。是闇頗能作二如レ是說一。我百千載住。今不レ應レ去。迦葉白言。不也世尊。當二然レ燈時一。是闇已去。佛言。如レ是。迦葉。百千萬劫。所レ造業障。乃至諸煩惱等。智慧燈照。勢不レ能レ住。」【大集經一】に「譬如二一處百年闇室。一燈能破一。」【止觀一下】に「如下百年闇室若然レ燈時。闇不レ可レ言三我是室主。住レ此久。而不二肯去一。」

アンシツネンブツ 闇室念佛 〔術語〕外界の視聽を絕ち、亂想を避けて、專心に念佛三昧を修せん爲、闇室にて高稱念佛をなすなり。【羣疑論七】に「初學の儔、斯に約して想を注むれば、三昧を得易し」と敎ふ。

アンシヤウ 闇障 〔術語〕無明の障。【八十華嚴經十五】に「所有闇障。靡レ不レ除。」【大集經十一】に「一切法中。悉有二闇障一。壞二闇障一故。即是菩提。」

アンシヤウ 安淸 〔人名〕字は世高。安息國王の太子。漢の桓帝の始、支那に來り、居ると二十餘年三十餘部の經を譯出す。【高僧傳一】

アンシユン 安春 〔人名〕僧の名。元興寺に居て唯識宗を弘め、維摩會最勝會の講師となる。【本朝高僧傳七十二】

アンシヨウ 暗證 〔雜語〕坐禪工夫を專として、敎文の義理に暗きこと。

暗證の禪師 〔雜語〕禪僧の觀道にのみ耽りて敎相文理を知らざるを禪宗以外の宗派のものが嘲りし語。【止觀五上】に「非三暗證禪師。文字法師。所二能知一也。」⦿〔徒然草〕「文字の法師、暗證の禪師。」

アンシン 闇心 〔術語〕疑の心。【大日經一】に「云何闇心。於下無二疑慮一法上。生二疑慮解一。」

アンジヤ 行者 〔職位〕禪語。方丈の給侍。【釋氏要覽上】に「善見律云。有二善男子一。欲レ求出家一。未レ得二衣鉢一。欲下依二寺中一住上者。名二畔頭波羅沙一。未見譯語 今詳。若二此方行者一也。」【禪林象器箋八】に「有レ髮而依二止僧寺一。稱爲二行者一。」【啓蒙隨錄初篇】に「漢土にては有髮なりしを、此國にては落髮し、法名を受く、唐音に呼ぶは禪宗より出でたればなり。」

アンジヤウ 安詳 〔術語〕安穩微妙の貌。【法華經方便品】に「爾時世尊。從二三昧一安詳而起。」嘉祥の【義疏】に「安詳者。示二大人之相一。又安詳者。動寂無礙也。」慈恩の【玄贊】に「安者徐也。詳者審也。」【無量壽經上】に「安詳徐逝。」⦿〔榮花〕「佛の安詳とよそほひしく。」

アンジヤナ 安闍那 〔植物〕Añjana 又、安膳那に作る。花の名。【翻梵語九】

安闍那藥 〔雜名〕【慧琳音義二十六】に「安闍那藥。古音亦云二安陀一。此云二眼藥一。經云。能治二眼痛一。應二是黃連一也。」

アンジヤバウ 行者房 〔雜名〕又、行堂。侍者の部屋。【禪林象器箋二】

アンジユ 闇誦 〔術語〕そらに讀むこと。【行事鈔上】に「說戒人。先當二闇誦令一レ利。」

アンゼン 暗禪 〔雜語〕又、暗證禪師、暗證、暗證禪、暗禪比丘、暗禪法師、盲禪、等と云ふ。敎に依らざる暗解の禪人を云ふなり。敎法に依らざるが故に智解に暗く上慢に墮し、修行に志なき獨證盲悟の徒に終る。

アンテイラ 安底羅 〔神名〕Aṇḍira 又安陀羅、安捺羅に作る。藥師十二神將の一。

アンドン 闇鈍 〔術語〕闇く鈍きこと。【法華經譬喩品】に「諸根闇鈍。矬陋攣躄。」

アンナハンナ 安那般那 〔術語〕Ānāpāna 「アナハナ」を見よ。

アンニトウヲウルガコトシ 如暗得燈 〔雜語〕【法華經藥王品】に「如二暗得一レ燈。如二貧得一レ寶。」法華經の功德を嘆ぜし語。⦿〔法文百首〕「雪ほたる光を窓にあつめても思ひしらるゝ法の燈。」

アンニン 安忍 〔術語〕安心して物に忍耐すること。【止觀七之四】に「安忍者。能忍成二道事一。」【三藏法數三十七】に「安即不動。忍即忍耐。」

アンネン 安然 〔人名〕僧の名。初め慈覺大師に隨て學び、後遍昭僧正に就て受く。叡山に五大院を構て屛居して出です、著述を事とす。元慶八年、勅して元慶寺の座主たらしめ、傳法阿闍梨に任ず。終る所を記せず。世に五大院の先德と稱し。又阿覺大師と稱す。著、悉曇藏八卷あり。【本朝高僧傳八】

アンハン 安般 〔術語〕「アナハナ」を見よ。

安般經 〔經名〕大安般守意經の略。

アンバニヨ 菴婆女 〔人名〕Āmrā 巴 Ambā 又、菴羅女。菴樹女。共に菴婆羅樹女の略。「アンラ」を見よ。

アンバラ 菴婆羅 〔植物〕果の名。「アンラ」を見よ。

菴婆羅多迦 〔植物〕Āmrātaka 巴 Ambāṭaka【慧琳音義五十三】に「菴婆羅多迦。亦天果名也。西國有。此國無。」「アンラ」を見よ。

アンバリシヤ 菴婆利沙 〔人名〕Ambariṣa 國王の名。譯、虛空箭。【佛本行集經二十一】

アンブリマコク 菴浮梨摩國 〔地名〕印度の國名。【慧苑音義下】に「菴謂菴羅。此云二無垢一則西域

果名。其果堪二以療一レ疾。諸國之中。此國最多。故以名焉。其國即在二中印度内一也。」

アンベイ　暗蔽　〔術語〕愚人の心、常に理に暗く、欲に蔽はるゝこと。【法華經譬喩品】に「愚痴闇蔽。三毒之火。」

アンホフキン　安法欽　〔人名〕沙門安法欽は安息國の人、西晉の武帝太康二年、洛陽に來り、阿育王傳等數部を譯出す。【開元錄二】

アンマ　按摩　〔雜語〕なでさすること。【涅槃經二十九】に「按摩故。得二手軟相一」

アンマラ　菴摩羅　〔植物〕Āmra 菴羅、菴沒羅。果の名。新稱、阿末羅。阿摩洛迦。菴摩洛迦など。舊稱、菴摩羅。阿摩勒。菴摩勒など。譯、無垢淸淨。林檎の如しと云ふ。漢字の使用混亂せり。Āmra は「マンゴー」にして菴羅、菴沒羅に相當し Amara は天菓と譯し Amala は無垢と譯す。通じて阿摩羅、菴摩羅など用う。漢名は之を混用して分明ならず。【西域記八】に「阿摩落迦。印度藥果之名也。」【慧琳音義二十六】に「阿摩勒果。此云二無垢一。涅槃經。作二呵梨勒一訛也。」【維摩經弟子品肇註】に「菴摩勒果。形似二檳榔一。食レ之除二風冷一。」【有部毘那耶雜事一】に「餘甘子。出廣洲。堪レ沐レ髮。西方名二菴摩洛迦果一也。」【梵語雜名九】に「阿摩楞迦」

掌中の菴摩羅果　〔譬喩〕【楞嚴經二】に「阿那律。見二閻浮提一。如レ視二掌中菴摩羅果一。」一目瞭然に譬ふ。阿那律は天眼第一なり。

菴摩羅識　〔術語〕又、阿摩羅識。阿末羅識。譯、淸淨識。無垢識。眞如識など。九識の中の第九。【金剛三昧經】に「諸佛如來。常以二一覺一而轉二諸識一。入二菴摩羅一。」【輔行三之二】に「菴摩羅九識。名二淸淨識一。」【宗鏡錄五十六】「阿摩羅。翻二無垢識一。體非二異一。名二眞如識一。」舊譯家は阿賴耶識の外に別に此識ありとして九識を建て、新譯家は之を阿賴耶識の果上の名なりとして此識を別立せず。【唯識論三】に第八識の異名を擧て「或名二無垢識一。最極淸淨。」云々。（「アラヤ」參照）として八識の異名とす。」是れ新譯家の說。（此識名を淸淨識と譯するより見れば Amala にして Āmra にも非ず又「アンマラ」にも非るが如し）。

アンマラクカ　菴摩洛迦　〔植物〕Amalaka 果の名「アマラ」を見よ。案に菴摩勒果即ち菴摩羅果と菴羅果と一混すべからず。菴羅果は新稱、菴沒羅果。（まんごう）菴摩勒は新稱、阿末羅果。又菴摩洛迦。餘甘子　依て【西域記二】に「花華果木。雜種異名。所謂、菴沒羅果乃至阿摩羅果。」と二果を列擧し。【毘奈耶雜事二】に「梵言二菴摩洛迦一。此言二餘甘子一。廣州大有。焉二上菴沒羅一。全別。爲二聲相濫一。人皆惑レ之。故爲注出。是掌中觀者。」【同五】に「菴摩洛迦即嶺南餘甘子也。初食レ之時。稍如二苦澀一。及二其飮一レ水。美味便生。從レ事立レ名。號二餘甘一矣。舊云二菴摩勒果一者訛也。」

掌中の菴摩勒果　〔譬喩〕菴摩羅と兩用する如し。【維摩經弟子品】に「吾見二此釋迦牟尼佛土三千大千世界一。如レ觀二掌中菴摩勒果一。」【楞伽經四】に「如來者。現二前世界一。猶如三掌中視二阿摩勒果一。」

アンミヤウ　安名　〔術語〕新に受戒せし者に、初て法名を付すること。【禪林象器箋五】

アンミヤウセン　安明山　〔地名〕又、安明由山。須彌山の譯語。天台の【維摩經疏會本二】に「須彌山者。此云二安明一。亦云二妙高一。」【垂裕記三】に須彌者此云二安明一。入レ水最深。故名爲レ安。出二諸山上一。故名爲レ明。」

アンミヤウユセン　安明由山　〔地名〕即ち須彌山【玄應音義六】に「安明由山。即須彌山也。」「アンミヤウセン」を見よ。

アンミリテイグンダリボサツ　闍密里帝軍茶利菩薩　〔菩薩〕Amṛtikuṇḍalin 譯、甘露瓶。【枳橘集一】に「集經云闍密里帝甘露軍茶利金剛瓶」

アンモツラ　菴沒羅　〔植物〕アンモラと讀む。果の名。菴羅の新稱。「アンマラ」を見よ。

アンヤウ　安養　〔界名〕西方極樂國の異名、アンニョーと讀む。【無量壽經下】に「諸佛告二菩薩一令觀二安養佛一。」義寂の【疏】に「安レ心養レ身。故曰二安養一。」

安養淨土　〔界名〕娑婆を穢土といふに對して極樂を淨土といふ。淸淨の國土。

安養敎主　〔雜名〕安養國の敎主、彌陀如來のこと。

安養世界の敎主　〔雜名〕上に同じ。◉（太平記一八）「聖眞子は九品安養界の化主」（盛衰記三）「順次之往生、速詣二安養之世界一。」

九品安養　〔界名〕極樂に往生するに九品の差別あれば九品の淨土、九品の安養など言ふ。「クホン」の部を見よ。◉（太平記）「九品安養に同じ臺」

安養の淨刹　〔界名〕安養淨土に同じ。

安養即寂光　〔術語〕西方の極樂は四種の國土の中に最下に位すれど圓融無礙の道理からは、此最下の土が即ち最上の寂光土なるを云。娑婆即寂光と云も同じ。蓋し天台宗に四土を立つ、一に凡聖同居土、娑婆及び安養を云ふ。二に方便土。三に實報土。四に常寂光土、是れ究竟の佛土なり。然るに圓融の理より云へば、四土總て不二なりといふ。【法華文句記九下】に「豈離二伽耶一別

求常寂。非寂光外別有娑婆。」【止觀義例上】に「故知心體即常寂光。寂光諸土無二無別。」【同隨釋三】に「躰即用故有實報方便同居三土之殊。用即體故。一一無非常寂光土。」藕益の【楞嚴經文句一】に「若言三土皆即是常寂光。非超非不超。而論於超故名爲善。即圓教義也。」⦿（續拾遺）「西にのみ住むとないひそ寂なる光へだてぬ有明の月。」

アンラ 菴羅 〔植物〕 果の名。菴婆羅。菴羅（波利）。菴沒羅など。【維摩經佛國品什註】に「菴羅樹其果似桃非桃也。」【同肇註】に「先言柰。」【西域記四】に「菴沒羅果。雖同一名。而有兩種。小者生青熟黃。大者始終青色。」【玄應音義八】に「菴羅或言菴婆羅。果名也。案此花多。而結子甚少矣。果形似梨。舊譯云柰。應誤也。正言菴沒羅。」【起世經一】に「鬱多羅究留洲。有一大樹。名菴婆羅。其木縱廣七由旬。下入於地。二十一由旬。出高百由旬。枝葉垂覆五十由旬。」【名義集三】に「庵羅。正言庵沒羅。或庵羅（波利）。」「アンマラ」參照せよ。梵 Āmra 巴 Amba

菴羅樹園 〔地名〕 印度の毗耶離國に在て菴羅樹女の獻ずる所、佛此に於て維摩經を說く。【維摩經佛國品】に「佛在毗耶離菴羅樹園。與大比丘衆八千人俱。」嘉祥の【維摩經疏一】に「菴園者。即是別處。亦云捺女園。此事如祇陀園。祇陀園。給孤長者。買爲佛起精舍。此處是捺女自捨。爲佛起精舍。」梵 Āmrapālī-ārāma

菴羅衛園 〔地名〕 Āmrapālī 又は Āmrāvatī 【玄應音義二十二】に「菴羅衛。舊云菴羅樹園。即菴羅婆女。以園施佛。仍本爲名也。言衛者。此昔守衛看護此園林。」

淨名大士は講堂に菴羅園を變じたり（盛衰記） 〔雜語〕 佛法を說て菴羅樹園に在りしに、淨名大士（維摩の譯名）方丈の病室より文殊と共に此處に詣らんとして先づ彼が神力を以て、此菴羅樹園を淨土の大講堂のさまに變作せしをいふ。【維摩經菩薩行品】に「爾時、佛說法於菴羅樹園。其地忽然廣博嚴事。一切衆會。皆爲金色。阿難白佛言。世尊以何因緣。有此瑞應。佛告阿難。是維摩詰。文殊師利。與諸大衆。恭敬圍繞。發意欲來。故先爲此瑞應。」

菴羅果熟少 〔譬喩〕 【智度論四】に「帝釋以偈答曰。菩薩發大心。魚子菴樹華。三事因時多。成果時甚少。」【往生要集上本】に「魚子難長。菴羅少熟。」⦿（大鏡）「菴羅といふ木は花はしげけれど果を結ぶことかたし」以て信法の難きに比す。

菴羅女 〔人名〕 又、菴婆女。菴樹女。柰女など。共に菴羅婆樹女の略。彼の女、菴羅婆樹より生じければ呼んで菴羅女と云ふ。摩竭陀國の頻婆娑羅王の妃と爲りて耆婆を生む。後、佛に歸して園を佛に奉る。佛之を受けて住所となす。【慧琳音義二十六】に「菴羅女亦云菴樹女。此依傳云依樹花中而生。」【同卷】に「溫室經云柰女者。即其人也。即頻婆娑羅王之貴妃。良醫耆婆之母也。」【長阿含經二、遊行經】に菴羅園を佛に獻ぜしことを記す。梵 Āmrapālī

菴羅衛女 〔人名〕 【俱舍光記八】に「菴羅衛者。有菴羅衛女。從菴羅樹濕氣而生。或從子生。或從枝生。」梵 Āmrapālī 或 Āmrāvatī

菴羅記 〔書名〕 太子維摩經疏菴羅記、三十卷。凝然著。（太子の義疏五卷と菴羅記三十卷とは佛書刊行會編纂大正元年十一月之を發行せり。）

アンラエ 菴羅衛 〔植物〕「アンラ」を見よ。

アンラク 安樂 〔術語〕 身安く心樂きこと。【文句八下】に「身無危險故安。心無憂惱故樂。」

安樂國 〔界名〕 西方極樂の別名。【無量壽經上】に「無有三途苦難之名。但有自然快樂之音。是故其國。名曰安樂。」

安樂淨土 〔界名〕 極樂淨土。安養淨土など、極樂のことなり。

即往安樂世界 〔雜語〕 【法華經藥王品】に「若如來滅後。後五百歲中。若有女人。聞是經典。如說修行。於此命終。即往安樂世界阿彌陀佛大菩薩衆圍繞住處。生蓮華中寶座之上。」

安樂行品 〔書名〕 【法華經五】の品の名。文殊菩薩、五濁惡世に於て安樂に妙法を修行し得る道を問ひければ、佛は身安樂行、口安樂行、意安樂行、誓願安樂行の四種の安樂行を說きしもの。法華經四要品の一。

安樂行義 〔書名〕 書の名。法華經安樂行義の畧。一卷。南嶽大師著。【陽帙四】(1547)

安樂集 〔書名〕 淨土門の祖、唐の道綽の著、上下二卷。安樂國に往生する要文を集めしもの。

安樂派 〔流派〕 天台宗の別派にて靈空の主唱する所。小乘の比丘戒を持つを以て他の天台僧（當時の天台僧を官僧と云ひ比丘戒を持たず）と區別す。【本朝高僧傳九、靈空傳】

安樂律院 〔寺名〕 靈空の創立に係り、其師、妙立を以て第一祖とす。江州坂本に在り。安樂派の本寺。

安樂堂 〔堂塔〕 病比丘を置く處。延壽堂に同じ。【禪林象器箋二】

安樂寺 〔寺名〕 筑紫太宰府にあり。菅公墓所に、公の死後十七年、延喜十七年藤原仲平建立せしもの。【和漢三才圖會】其の後公の曾孫菅原輔正安

樂寺に多寶塔を立てゝ法華經千部を藏む、【著聞集】

安樂十勝 〔術語〕極樂世界の勝れたる十種。化生所居。所化命長。國非界繋。淨方無欲。女入不居。修行不退。淨方非穢。國土莊嚴。念佛攝情。十念往生の稱、慈恩大師所說。

アンラハリ 庵羅波利 〔人名〕Āmrapālī は人名なるを通常植物名とせるは誤なり。「アンラ」を見よ。

アンランスヰ 闇藍水 〔雜名〕水の名。【智度論二十八。翻梵語水】Amla*

アンリ 行履 〔術語〕行は進退、履は實踐。日常一切の行爲即ち行住坐臥、語默動靜、喫茶喫飯屙屎送尿を指す。「衲僧の行履は佛祖も規する能はず、外魔も亂すこと能はず、頭頭物物、擧足下足都て是れ道の現成」と。古德の言と稱す。

アンリフ 安立 〔術語〕安置建立の義。【無量壽經上】に「敎化安立。無數衆生。」【倶舍論十二】に「安立器世間。」【唯識論八】に「安立眞如。」【勝鬘寶窟上末】に「安立者。始建曰レ安。終成爲レ立。」

安立眞如 〔術語〕「シチシンニヨ」を見よ。

安立行菩薩 〔菩薩〕涌出菩薩の四上首の一。【法華經涌出品】

安立諦非安立諦 〔術語〕【述記十九】に「有差別名言者名二安立一。無差別離二名言一者。非二安立一也。安立者施設義。」

安立三昧 〔術語〕定の名。【智度論四十七】に「得二此三昧一者。一切諸功德善法中。安立牢固。如二須彌山一。」

アンヱ 安慧 〔術語〕意を智慧に安置して動かさぬこと。【十住論十】に「諸佛安慧常不動」【往生要集指麾鈔十五】に「安謂安置、慧是智慧。」図僧の名。初め傳敎に就て學び、後圓仁に就く。貞觀六年圓仁に嗣で叡山の座主となり、同十年四月三日年七十四にて寂す。【本朝高僧傳六】図天竺の論師の名 Sthiramati 唯識論を解釋せし十大論師の一。【唯識述記一本】に「梵云二悉耻羅末底一唐言二安慧一。即糅二雜集一。救二倶舍論一。破二正理師一護法論師同時先德、南印度境、羅羅國人也。妙解二因明一。善究二內論一。」

アンヲン 安遠 〔人名〕道安と慧遠との二師、共に晉代の高僧 ⊙（續日本記）「安遠之講肆。」

アンヲン 菴園 〔地名〕菴羅樹園の畧「アンラ」を見よ。【本朝世紀】「菴園比レ能。」

アンヲン 安穩 〔術語〕アンノンと讀む。身安に心穩かなとを云ふ。【法華經譬喩品】に「身意泰然。快得安穩。」【文句十四】に「不レ爲二五濁八苦所一レ危。故名レ安。日倒暴風所レ不レ能レ動。故名レ穩。」穩通じて隱に作る。

い

イ 伊 〔術語〕i 又壹、彝、意に作る、悉曇五十字門の一、十二母韻の一。【金剛頂經釋字母品】に「伊字門一切法根。不可得故。」【文殊問經字母品】に「伊字時是諸根廣博聲。」【大日經疏十四】に「見二伊字一時。即顯二三昧一。」一切根不可得は Indriya（根）より釋したるなり。

イー 伊 引〔術語〕ī 又翳呬、伊伊に作る、悉曇五十門の一十二母韻の一。【金剛頂經釋字母品】に「伊引字門一切法災禍。不可得故。」【文殊問經字母品】に「唱二伊字一時。是世間災害聲。」【大莊嚴經四】に「稱二伊引字一時。出二一切世間衆多病聲一。」Īti（災）より釋したるなり。

イ 意 〔術語〕事物を思量するを意といふ。【唯識論五】に「薄伽梵。處々經中說二心意識三種別義一。集起名レ心。思量名レ意。了別名レ識。是三別義。」【倶舍論四】に「集起故名レ心。思量故名レ意。了別故名レ識。心意識三名。所詮義雖レ異。而體是一如。」【止觀二上】に「對レ境覺知。異二乎木石一。名爲レ心。次レ心籌量。名爲レ意。」又前念の心が所依となりて後念の心を生ずるを意といふ。梁譯の【攝論一】に「以二識生依止一爲レ意。釋曰。若心前滅後生。無間能生二後心一。說二此名レ意。」【起信論義記中末】に「攝論云。意以二能生依止一爲レ義也。」

イアクゾクム 以惡屬無 〔術語〕惡を以て無となすこと。惡妻子ありとも、妻子なしと云ふが如し。【文句私記二】に「鹿野不生者。鹿野生二善星一。以レ惡屬レ無。倶舍十云。如二惡妻子一。名レ無二妻子一。」

イアンジン 異安心 〔術語〕正統派に異なりたる安心。毀斥の語。眞宗の常語。

イアンラクギヤウ 意安樂行 〔術語〕四安樂行の第三。意に四過を離れて安樂に法華を行ずる法なり。「シアンラクギヤウ」を見よ。

イイン 異因 〔術語〕異なる原因。別途の原因。【遺敎經】に「集實是因。更無二異因一。」

イウクワイ 宥快 〔人名〕高野山寶性院の宥快、信弘阿闍梨を師として入壇灌頂し、永安三年安祥院に往て興雅僧正に謁して慧雲流の密法を相承す、應安二十三年寂、年七十二、著書大日經鈔等數百卷、一

家の學者皆龜鏡とす。【本朝僧傳十七】

イウシヨク　有職　［職位］「イウソク」に同じ。

イウソク　有職　［職位］已講、內供奉、阿闍梨の三をいふ。【壒嚢鈔十四】◎(宇治拾遺)「僧綱有職」図もものしりのこと。【圓光大師行狀翼讃四十四】に「有職はものしる事ありと訓めり、才能の勝れたるを褒めたる詞なり、本は有識の字なり。本邦の諸書多くは今の如し、是れ借音なるにや。」案に借音にあらず、古人の誤を襲ぎしのみ。【勅修傳】に「聖道門の有識にて。」

イウヅ　幽途　［雜名］幽冥の途、死後に趣く地獄餓鬼畜生の三惡道。【止觀四上】に「幽途緜邈。無レ有ニ資糧一。」

イウミヤウ　幽冥　［術語］有るべき理なれども、幽遠にして常識の及ばぬ處。又、三惡道の眞理の光なき處。即ち冥土【無量壽經下】に「壽終後世。尤深尤劇。入ニ其幽冥一。轉レ生受レ身。」【八十華嚴經十一】に「一一毛孔現ニ光明一。普遍ニ虛空一。發ニ大音一。所有幽冥。靡レ不レ照。」

イウヨフジヤウ　猶預不成　［術語］因明の三十三過の一にて、宗因喩の中、因に屬する過。猶預不決の疑義を因に立るをいふ。【入正理論】に「於ニ霧等性一。起ニ疑惑一時。爲レ成ニ大種和合火有一。而有ニ所說一。猶預不成。」彼山の麓に火あるべし宗烟を現ずるが故に因猶烟筒の如し喩是れ霧か烟か未だ決定せざる者を因に供する故、猶預不成と云。【因明大疏五】

イウレイ　幽靈　［雜名］幽冥の靈魂、死者の魂をいふ。見るべからざれば幽といひ、測るべからざれば靈といふ。【續本朝文粹】「所生畫業。併資ニ幽靈一。」

イエン　意猿　［術語］意の狂奔するを猿に譬ふ。【三教指皈下】に「二六之緣。誘ニ策意猿一。」

イエン　異緣　他事に心を懸ること。【大日經疏八】に「情有レ所レ注。不ニ復異緣一。」

イカハダイラナ　伊迦波提羅那　［佛名］如來の名。譯、最上天王如來。【陀羅尼雜集九】

イカン　作麽生　［雜語］禪錄に多く用てそもさんと讀む疑問の詞。

イガク　意學　［術語］禪宗の學問。禪學は身口意の中には意業に當る、依て佛心宗の名あり。【禪源都序一】に「經是佛語。禪是佛意。諸佛心口不ニ相違一。」【傳通緣起上】に「道善ニ意學一。」

イガク　異學　［術語］我道に異なる學問。毀斥の稱。【涅槃經一】に「摧ニ伏異學壞ニ正法一者上。」【散善義】に「異見異學」

イガン　移龕　［儀式］入龕三日の後、龕を法堂に移して讀經するを移龕の佛事といふ。【象器箋十四】

イキコンガウニヨ　意氣金剛女　［天名］胎藏界曼陀羅の中、第七理趣會に在て、本尊に塗香を奉る天女の名。手に塗香器を捧ぐ。【胎藏界曼陀羅大鈔三】

イキニヨライ　生如來　［雜名］もと「生ける淨土」「生ける佛」◎(源語)「生身の普賢」(十訓鈔)「生身の阿彌陀如來」などの語より轉じて高德の僧を極めて嘆美する時に生如來、生佛、生菩薩などいふ。

イキボサツ　生菩薩　［雜名］「イキニヨライ」を見よ。

イキボトケ　生佛　［雜名］生如來に同じ。【釋門正統三】に「時優塡王。不レ堪ニ戀慕一。鑄レ金爲レ像。聞ニ佛當レ下。以レ象載レ之。仰候ニ世尊一。猶如ニ生佛一。」

イキヤウ　意經　［經名］佛說意經、一卷。西晉の竺法護譯。中阿含四十五、心經と同本。心意の相を說く。【昃帙八】(612)

イギヤウシユウ　潙仰宗　［流派］禪宗五家の一。唐の潭州の潙山禪師、名は靈祐、法を百丈海禪師に嗣ぎ。江西の仰山禪師、名は慧寂法を潙山に嗣ぐ。師資相承別に一流を爲し法道甚だ盛なり、遂に潙仰宗の名あり。【稽古略三】

イキリウ　域龍　［人名］又、大域龍。論師の名。梵名陳那 Dinnāga といふ。新因明學の鼻祖。【瑞源記一】に「後記云域龍者。梵語此云ニ陳那一是也。秋篠記云。具存ニ梵音一。應レ言ニ摩訶 Mahā 陳那伽一。此云ニ大域龍一。謂由ニ菩薩德雄辯捷一。而立破自在。其猶レ龍故。五印度域。莫ニ敢抗者一。故稱曰ニ大域龍一」案に【西域記十】に「陳那唐言ニ童授一。」【慈恩傳四】に「陳那此云ニ授童一」原語童授の意なし。誤傳なり。「ヂンナ」を見よ。

イキリヤウ　生靈　［雜名］生きて居る人の怨靈。怨念の結ぶ所其人猶生存しながら惡靈を現じて祟りをなすもの。◎(盛衰記)「生靈死靈輕からず。」

イギ　異義　［雜語］別に義を立て他に異なるもの。【佛昇忉利天爲母說法經下】に「其佛所說。不レ講ニ異義一。」慈恩の【宗輪論疏】に「後別立レ義。乖ニ初所立一。與ニ本宗一別。名ニ末宗異義一。」

イギヤウ　易行　［術語］難行に對する語。平易なる行法。又、行き易き道。念佛の法をいふ。是れ龍樹菩薩の說。【十住毘婆娑論易行品】に「以ニ信方便易行一。疾至ニ阿惟越致地一。」【無量壽經下】に「易レ往而無人。」◎(東關紀)「難行易行の二の道。」

易行品　［書名］龍樹造、十住毘婆沙論第五卷中の品名。初地不退位に至る道に難易あり、易行品はその易行の道を示す、別して阿彌陀佛の救濟を說くこと慇懃なり。

易行道　［術語］易く悟の地に至る路なる故道

といふ。【易行品】に「有下易行道疾得レ至二阿惟越致地一方便上者。願爲說レ之。」【敎行信證六本】に「於二安養淨刹一入聖證果。名二淨土門一。云二易行道一。」

易行の水路 〔譬喩〕【易行品】の中に難行の法を陸路の步行に譬へ、易行の敎を水路の乘船に譬ふ。「佛法有二無量門一。如二世間道一。有レ難有レ易。陸道步行則苦。水道乘船則樂。菩薩道亦如レ是。或有二勤行精進一。或有下以二信方便易行一至二阿惟越致地一者上。」

イクカ 郁迦 〔人名〕Ugra 具さには郁迦羅越。舍衞國の長者の名。譯、功德。又、威德。【慧琳音義二十六】長者佛所に指て出家す、佛爲に法を說く。【郁迦羅越問菩薩行經】梵 Ugravatī

郁伽羅越問菩薩行經 〔經名〕西晋竺法護譯、一卷。【地帙十】(34)「略。

郁迦長者經 〔經名〕郁迦羅越問菩薩行經の

イクカシラ 郁伽支羅 〔地名〕處在明かならず。

郁伽支羅經 〔經名〕佛、郁伽支羅に遊で法要を說きしもの。中阿含經十八に攝む。【昃帙五】巴 Ukkacelā

イクタ 郁多 〔衣服〕鬱多羅僧に同じ。七條衣。【玄應音義十二】に「郁多。於六反。或作二鬱多一。七條衣也。」郁多羅僧伽の略。「ウツタラソウ」を見よ。

イクタラクル 郁多羅鳩留 〔地名〕北大洲の名。「ウツタンヲツ」を見よ。

イクタラソウ 郁多羅僧 〔衣服〕郁多羅僧伽の略。「ウツタラソウ」を見よ。

イクタラソウカ 郁多羅僧伽 〔衣服〕Uttarā-saṅga 上衣、大衣、七條衣。【飾宗記五末】に「郁多羅僧伽。譯云二上着衣一也。言於二常所レ服中一。最在二其上一故也。」「ウツタラソウ」を見よ。

イクドウオン 異口同音 〔雜語〕多人數一時に同一の語を爲すこと。【報恩經一】に「異口同音。倶發レ聲言。」【南本涅槃經十】に「異口同音。唱二如是說一。」慈恩の【彌勒上生經疏】に「身別故異口。語等故同音。」

イクワンクワンコンソクコンニロウ 以觀觀昏卽昏而朗 〔雜語〕【止觀五上】に「當二以レ觀觀レ昏卽レ昏而朗。以レ止止レ散卽レ散而寂。」觀とは智慧、止とは禪定。昏は智慧の正反、散は禪定の正反。今智慧を以て昏闇を照らさば昏闇其まゝ明朗となり禪定を以て散亂を止むれば散亂其まゝ寂靜となるをいふ。⊙(新後撰)「むら雲に隱るる月は程もなくやがてさやけき光をぞ見る。」

イケガミアジヤリ 池上阿闍梨 〔人名〕名は皇慶。丹波の池上に住しければ池上阿闍梨と云。又叡山の東塔、南谷の谷といふ處に住しければ、谷の阿闍梨と稱す。「クワウケイ」を見よ。

イケルジヤウド 生る淨土 〔雜名〕眞の淨土をいふ。⊙(源氏)「いける淨土のかざりにおとらず」

イケルホトケ 生る佛 〔雜名〕眞の佛をいふ。⊙(源氏)「いける佛のお國とおぼす」

イケン 異見 〔術語〕異なりたる見界。善導の【觀經疏四】に「不レ爲三一切別解別行異見異學異執之所二退失傾動一」

イケン 意見 〔術語〕人の見込、南山の【戒疏之上】に「有二何意見一。而欲二乖異一。」

イゲ 異解 〔術語〕異なる見解。【八十華嚴經十七】に「但入二眞如一。絕二異解一。」

イゲ 意解 〔術語〕意識によつて了解するところをいふ。【八十華嚴十四】に「觀三其意解與二同事一。」【深密經一】に「唯除二種種意解。別異意解。變異意解一。」【行事鈔上】に「意解不レ同。心相各別。」【資持記上四之一】に「意解卽所見也。」⊙(三代實錄)「安二其意解一。」図 意の解脫をいふ。【維摩經佛國品】に「漏盡意解」【同】に「漏盡。九十八結漏既盡。故意得二解脫一。成二阿羅漢一也。」【同慧遠疏一】に「內除二愛染一。名爲二漏盡一。得二無學智一。名爲二意解一。」

イゲウ 意巧 〔術語〕意を用ひ、種種に方便して得たる善き巧み。【晉書索靖傳】に「叡哲交通。意巧滋生。」⊙(榮花)「倩二毘首一而加二意巧一。」⊙(正統記)「祖師の意巧。」

イゲウ 意樂 〔術語〕意の滿足を得て悅樂すること。【藥師經】に「精進能調二意樂一。」玄奘譯の【攝大乘論中】に六種の意樂を明かす。又【唯識論九】に七最勝を明かす中意樂最勝あり。【三藏法數廿七】に「菩薩修二習一切法門一皆須二作意欣樂一也。」⊙(東鑑)「面面意樂。不二一准一。」

イコ 意許 〔術語〕因明學に用ふる語、意に存じて言に顯はさぬを意許といひ、言に顯はすを言陳といふ。【因明論大疏三】に「以彼成二立意許法之差別一。積聚他用。」【因明論直解】に「口雖レ不レ言。心有二所指一。即意許差別性也。」

イコウ 已講 〔職位〕僧徒の學職の名。三會已講師の略。奈良方には、宮中の御齋會、藥師寺の最勝會、興福寺の維摩會の三會の講師を經たるもの。⊙(大鏡)に「南京法師は三會講師しつれば已講と名けて、その次第を造りて、律師僧綱になる。」叡山には法華大會の講師を勤めたるもの。【圓光大行師狀翼讚二】に山僧の筆記に云くとて「山門法華會。修二廣學竪義一時。」

答者稱二竪者一。難者稱二已講擬講一。判二談之一者稱二探題一。皆以レ表奏レ之。依レ勅被レ補。會場畫修二法華八講一時。已講勤二講師一。夜竪義勤二難者一。大會已後。是稱二已講一。次法華會。當レ勤二講師一。稱爲二擬講一。此亦當會五卷日之夜。勤二竪義問者一。【釋家官班記】に「講師請者。南北各別之勅命也。受レ請以後。勤仕以前。稱二擬講一。勤仕以後稱二已講一也。」

イコン　意根　〔術語〕六根の一。「ロクコン」を見よ。

イコンザダン　意根座斷　〔術語〕煩惱の根本思量分別を斷滅すること。意識ありて分別を生じ、分別種種の煩惱を生ず。故に煩惱の斷滅は意識の斷滅ならざるべからず。

イコンタウ　已今當　〔術語〕過去現在未來の三世。

已今當說　〔術語〕佛の三世の說法のこと。【法華經法師品】に「已說今說當說。而於二其中一。此法華經。最爲二難信難解一。」

已今當の往生　〔雜語〕三世に渉り淨土に往生する人。【讃阿彌陀偈】に「已生、今生、當、亦然」【阿彌陀經】に「若已生。若今生。若當生。」

イゴウ　意業　〔術語〕三業の一「サンゴウ」を見よ。

イゴン　意言　〔術語〕意中の言にて、意に思ふこと【圓覺經略疏鈔十一】に「意言者意中之言也。」

イゴンギヤウ　意近行　〔術語〕第六意識の上にのみありて、能く意識の爲に親近の緣となり意識をして行ぜしむるもの即ち喜憂捨の三受を云ふ。五受の中、苦樂の二受は五根及び意根に依り意識に親近ならず。この三受其の所緣に各々六境あるが故に合して十八意近行と云ふ。【俱舍論十】

イサウ　異相　〔術語〕四相の一。「ウヰ」を見よ。

イサゴ　砂

砂を聚て佛塔を爲す　〔故事〕【法華經方便品】に「乃至童子戲。聚レ沙爲二佛塔一。如レ是諸人等。皆已成二佛道一。」【義楚十八】に「異相云。五百童子。江岸聚レ沙爲二佛塔一。江深瀑長。一齊溺死生二知足天一。」

砂を佛に施す　〔本生〕阿育王の前世、小兒の時に、釋迦佛に途に逢ひ、戲れに沙を以て麨となして佛に施し、佛より彼が來生に必ず國王となるべしとの預言を得。【阿育王傳一、義楚十八】

イサン　意三　〔名數〕十惡のうち心意に屬する三惡を云ふ。即ち貪欲、瞋恚、愚痴なり。

イザナ　伊舍那　〔天名〕Īśāna 伊邪那、伊賒那に作る。欲界の第六天に居る天神の名。胎藏界曼陀羅には外金剛院の上首に位す。【十二天供儀軌】に「伊舍那天。舊云二摩醯首羅天一。亦言二大自在天一也。乘二黃豐牛一。左手持二刧波杯一盛レ血。右手持二三戟鎗一。淺青肉色。三目忿怒。二牙上出。髑髏爲二瓔珞一。頭冠中有二二仰月一。二天女持レ花。印相者。右手作レ拳。安二腰石一。左手五指。直豎相著。地水二指屈二中節一。火風空三指。各少相去。」【智度論五十六】に「伊賒那是大自在天王」【秘藏記下】に「伊舍那天。黑青色面上三目。繫二髑髏瓔珞一。左手持二器盤一。右手鉾鑞。」【胎藏界曼陀羅鈔六】に委釋。【瑜伽倫記九】に「伊舍那者。此云二自在一。即大自在天。」【玄應音義三】に「伊沙天。此云二衆生主一。」案に摩醯首羅天は色界の頂、即ち第四禪に居り、伊舍那天は其化身にて欲界の頂、即ち第六天に居る。【壒囊鈔十二】に「或說には第六の魔王とは伊舍那天の事なり、則ち伊佐那岐尊是也。」⊙(正統記)「或說に伊弉諾伊弉册は梵語なり、伊舍那天伊舍那后なりともいふ。」

(伊舍那の圖)

伊舍那后　〔天名〕Īśānā 伊舍那天の后妃。【秘藏記下】に「伊舍那天后。白肉色。持レ鉾。」【胎藏界曼陀羅鈔六】に委釋。

(伊舍那后の圖)

伊賒那論師　〔流派〕二十外道の一。「ゲダウ」を見よ。

イサン　潙山　〔人名〕唐の潭州の潙山禪師、名は靈祐、年十五出家し抗州の龍興寺に於て大小乘の教を究め、年二十三、江西に遊び、百丈海禪師に參して心法を究明す。潙山に往て梵宇を搆ふ。武宗の毀釋に値て裹頭して民に隱る。大中の初、裴休、師を請して潙山に還し、連師李景讓額を奏して同慶寺と曰ふ。禪會殊に盛に宗教を敷揚すること四十餘年。大中七年寂、壽八十三。勅して大圓禪師と諡す。師は百丈海に嗣ぎ、海は馬祖一に嗣ぐ。【傳灯錄九、會元八、稽古略三】

イシ　石

畫石　〔譬喩〕堅實の性を具し異變しがたきものに譬ふ。【涅槃經三】に「如來常身。猶如二畫レ石一。」【同十五】に「譬如二畫石一。其文常在。畫レ水速滅。勢不二久住一。瞋如二畫石一。諸善根本。如二彼畫水一。」

堅石聽講　〔故事〕羅什の弟子道生、涅槃經を

講じ、闡提有佛性の義を立てて衆に容れられず、平江の虎丘山に入り石を竪て聽衆となし、涅槃經を講ず。闡提有佛性の處に至て曰く、我が所說の如き佛心に契ふや否やと、群石首肯す。【稽古略二】

難石石裂 〔雜語〕石も非難をきいて碎裂すること【金光明文句五】に「如二長瓜鍱レ腹、難レ石石裂。難レ樹樹折。」【智度論三十六】に「薩遮祇尼揵子。銅鍱鍱レ腹。自誓言。無レ有下人得二我難一而不二流レ汗破壞一者上、大象乃至樹木瓦石。聞二我難聲一。亦皆流レ汗。」

陳那裂石 〔故事〕陳那は新因明の祖。迦毗羅仙の石に化せる者と問答し、石之が爲に裂く。【輔行十之一】に「迦毘羅仙。恐二身死一。往二自在天一問。天令下往二頻陀山一取二餘甘子一食上。可レ延レ壽。食已於二林中一化爲レ石。如二牀大一。有二不レ逮者一。書レ偈問レ石。後爲下陳那菩薩斥レ之書上レ偈。石裂。」

イシカ 伊師迦 Īṣika 〔植物〕矢を作るに用ふる堅き蘆の名又王舍城の高き山の名。以て我見我慢の高きに譬ふ。【瑜伽略纂三】に「伊師迦者。西方二釋。一近二王舍城一。有二高大山一。堅硬常住。我等亦爾。或復有レ草。名二伊師迦一。體性堅實。故喩二我等一。」【玄應音義二十三】に「伊師迦山名也。言 此山高聳。喩二我慢一也。」

イシキ 意識 〔術語〕六識の一。意根に依て起り、法境を了別する心王を云。此に四種の別あり、一に獨頭意識、他の五識と倶起せず、獨り起りて汎く十八界を縁ずる意識を云、是れ散心に在ては三量中必ず比非の二量なり。二に五同縁意識、他の五識と同時に起りて彼と共に其の境を縁じ、明了依となる意識を云。これ心の現量なり、三に五倶意識、五識と同時に起て五境を縁じ、傍に十八界を縁ずる意識を云ふなり、是れ現比非三量に通ず。四に五後意識、五倶意識の後念に生じて前念の五境の境を縁じ、及び他一切法を縁ずる意識なり、是れ全く獨頭意識に同じ。而して此の獨頭意識の釋は六識建立の小乘に就て云ふなり、若し大乘の八識家に就かば、倘末那識阿賴耶識と倶起して、獨頭現行にあらざるなり。【百法問答鈔二】又、第六意識、六識の中に意識は第六に位すれば名く。⦿(盛衰記)「一切衆生の第六の意識。」

イシギリ 伊私耆梨 Ṛsigiri 巴 Isigiri 〔地名〕山の名。譯、仙山【善見律八】

イシヂザウ 石地藏 〔圖像〕石にて造れる路頭の地藏をいふ。「ヂザウ」を見よ。

イシノハチ 石の鉢 〔故事〕佛將に成道せんとする時、四天王來りて各青石の鉢を献ず。佛之を受けて四鉢を以て重疊し、按へて一鉢となす、依て鉢に四際あり。佛に局りて之を用ゐ、弟子には石鉢を許さず。【佛說普曜經七、智度論二十六、同三十五、義楚二十二】佛入滅の時、此鉢を阿難に付す。【處胎經、義楚二十二】晋の法顯三藏、渡天の時、弗樓沙國に於て石鉢を拜す。言く信心なければ象を以て挽くとも動かず、信心ありて擧ぐれば頂上に置くべし。【法顯傳】⦿(竹取)「天竺に佛の御石の鉢」

イシフ 意執 〔術語〕或る事を意に執持して固く動かざること。⦿(盛衰記)「意執我執を存せんこと」

イシフ 異執 〔術語〕正理に異なる理を固く執りて動かざる迷ひの情。善導の【觀經疏四】に「異見異學異執。」【敎行信證六末】に「敎二誡邪僞異執外敎一。」

イシボトケ 石佛 〔圖像〕路傍の石地藏をいふ。

イシヤ 伊沙 〔地名〕Īsa 山の名。譯、自在。【增一阿含二十三】図〔天名〕伊沙那の略。「イザナ」を見よ。

イシヤ 意車 〔譬喩〕意の活動を車に譬ふ。【三敎指歸中】に「油二意車一以戲二九空一。」

イシヤウ 意性 〔術語〕物をして彼此相異ならしむる性。其性は見るべからざれども、此異性あるが爲に異相現はるゝなり。【倶舍論四】に「何名二轉變一。謂相續中前後異性。」勝論師の十句義の中に異性句義あり。【十句義論、唯識論一、述記一之末】に委釋。

意性化身 〔雜語〕意生化身の誤、「意生」を見よ。

イシヤウ 異生 〔術語〕凡夫の異名、凡夫は六道に輪廻して種々別異の果報を受け、又、凡夫は種々に變異して邪見を生じ惡を造る故に異生といふ。【大日經疏一】に「凡夫者。正譯應レ云二異生一。謂由二無明一故。隨レ業受レ報。不レ得二自在一。墮二於種種趣中一。色心像類。各各差別。故曰二異生一也。」【唯識述記二本】に「異有二二義一。一別異名レ異。謂聖唯生二人天趣一。此通二五趣一故。又變異名レ異。此轉變爲二邪見等一故。生謂生類。」【探玄記十】に「異生者。執二異見一而生。故曰二異生一。即舊名二凡夫一也。」【玄應音義二十四】に「異生梵言二婆羅必栗託佗那一。(Bālapṛthagjana)婆羅此云レ愚。必栗託此云レ異。佗那此名レ生。應レ作二愚異生一。言愚痴闇冥。無レ有二智慧一。但起二我見一。不レ生二無漏一也。亦言二小兒別生一。以下如二小兒一不上レ同二聖生一故論中作二小兒凡夫一是也。又名二嬰愚凡夫一。亦云二嬰兒凡夫一。凡夫者義譯也。舊經中或言二毛道凡夫一。案梵本。毛名二嚩羅一。愚名二婆羅一。當下由二上婆聲之相近一致中斯訛謬上。譯人之失也。」【秘藏寶鑰上】に「凡夫作二種種業一。感二種種果一。身相萬種而生。故名二異生一。」

異生性 〔術語〕人をして凡夫たらしむる本性。見惑と云へる煩惱の種子をさしていふ。【唯識論一】に「於下三界見所斷種未二永害一位上。假立二非得一。名二異生性一。於二諸聖法一。未二成就一故。」【倶舍論四】に「云何異生性。謂不レ獲二聖法一。」【述記二本】に「異生之性。」

名二異生性一。」

異生羝羊心　〔術語〕十住心の一。凡夫の愚なるを羝羊に譬へていふ、羝羊は牡羊、只食欲と婬欲とを念ふのみ。【秘藏寶鑰上】

イシヤウ　意生　〔術語〕意のまゝに生ること。

意生身　〔術語〕又意成身。Manomaya 譯。初地以上の菩薩の身。衆生濟度の爲に意の如く受生し得る身なれば名く。【勝鬘經】に「大力菩薩意生身。」【寶窟中末】に「意生身是初地已上一切菩薩。彼人受レ生。無礙自在。如レ心如レ意。名二意生身一。」【四卷楞伽經二】に「意生身者。譬如二意去迅速無礙一。故名二意生一。」【同經三】に三種の意生身を說く。【七卷楞伽經四】には三種の意成身。

意生化身　〔術語〕菩薩の意のまゝに生ずる變化身を云。⊙（曲、藤）に「意生化身自在不滅」異生に作るは非

意生金剛女　〔天名〕金剛界の曼陀羅の中、第七理趣會に香を本尊に奉る天女の名。手に柄香爐を持つ。【金剛界曼陀羅大鈔三】

（意生金剛女の圖）

イシヤウハチエフダイレンゲワウ　意生八葉大蓮華王　〔術語〕內心曼荼羅の大悲胎藏界なり、是れ我が內心より生ずれば意生と稱す、【大日經入秘密曼荼羅位品】及び【義釋十二】を見よ。

イシヤクツ　伊沙崛　〔地名〕「ギシヤクツ」を見よ。

イシヤダラ　伊沙駄羅　Īsādhara〔地名〕又伊沙陀羅に作る。山の名。【倶舍光記十一】に「伊沙駄羅山此云二持軸一。山峰上聳。猶如二車軸一。此山能持。故名二持軸一。」【玄應音義二十四】に「伊沙駄羅。舊言二伊沙陀羅一此言二自在持一。亦言二持軸一。」

イシヤナ　伊沙那　〔地名〕聚落の名。「華嚴經六十四」に「聚落名二伊沙那一。」【探玄記十八】に「依二天竺一。本名二伊舍那一此云二曠野一。亦名二怖求一。」【慧苑音義下】に「伊沙那者。此云二長直一也。」

イシヤナ　伊舍那　〔天名〕又、伊賒那　イザナと讀む。「イザナ」を見よ。

イシヤマデラ　石山寺　〔寺名〕江州石山にあり。開基、良辨。本尊は丈六の如意輪觀音。左に金剛藏王、右に執金剛神、各八尺。【元亨釋書二十八】西國巡禮十三番の札所。⊙（藤川）「道の行くてに石山寺にまうでゝ大悲者を禮し奉る」

イシユ　意趣　〔術語〕心意の趣向。【法華經方便品】に「隨宜所說。意趣難レ解。」

イシユジユギヤウユウシヨコクド　以種種形遊諸國土　〔雜語〕觀世音菩薩が種種に方便化身して諸國を廻りて衆生を濟度すること。二句歌題。【法華經普門品】に「觀世音菩薩。成二就如レ是功德一。以二種種形一。遊二諸國土一。度二脫衆生一。」⊙（三玉集）「いづくかはやどりにもれん水にあれ木の間にみるも空の月影」

イシユツボサツホンギキヤウ　異出菩薩本起經　〔經名〕西晉の聶道眞譯。一卷。【辰帙十】(509)

イーシユヴラ　伊濕伐邏　〔天名〕Īśvara 譯、自在【西域記二】「ジザイテン」「イセフハラ」を見よ。

イーシユヴラヴーナ　〔術語〕「イラバッナ」を見よ。

イシヨテンニンチオタド　移諸天人置於他土　〔雜語〕此の時の會座に列せざりし者なく、天人にして法を聞かざりし者は他土にありたるなりきと云ふ意。【法華經寶塔品】に「時娑婆世界。即變二淸淨一。瑠璃爲レ地。寶樹莊嚴。乃至以二寶網幔一。羅二覆其上一。懸二諸寶鈴一。唯留二此會衆一。移二諸天人一。置二於他土一。」⊙（拾玉集）「歸り來て見るらん物を鷲の山天の羽衣うつす袂を」

イシワリヂゴク　石割地獄　〔界名〕八種地獄中の第三にして、即ち衆合地獄の事なり。⊙（曲、歌占）「石割地獄の苦は、兩崖の大石、もろ〳〵の罪人をくだく。」

イシン　異心　〔術語〕二心。他に移る心。【法華經譬喩品】「若人恭敬。無レ有二異心一。離二諸凡愚一。獨處二山澤一。如レ是之人。乃可二爲說一。」

イシンダイヱ　以信代慧　〔術語〕智慧を硏く代りに信心を修して佛道の因となすこと。日蓮宗の所談。【四信五品抄】に「五品之初二三品。佛正制二止戒定二法一。一向限二慧一分一。慧複不レ堪。以レ信代レ慧。信一字爲レ要。」

イシンデンシン　以心傳心　〔術語〕禪家の常語。言說文字を離れて心を以て心に傳ふること。達磨の【血脈論】に「三界興起。同歸二一心一。前佛後佛。以レ心傳レ心。不レ立二文字一。」【六祖壇經】に「昔達磨大師。初來二此土一。人未レ信レ之。故傳二此衣一。以爲二信體一。代代相承。法則以レ心傳レ心。皆令二自悟自解一。」宗密の【禪源都序上之二】に「達磨受二法天竺一。躬至二中華一。見下此方學人多未レ得レ法。唯以二名數一爲レ解。事相爲上レ行。欲レ令レ知二月不レ在レ指。法是我心一故。但以レ心傳レ心。不レ立二文

字一。顯レ宗破レ執。故有二斯言一。」

イジ 以字 〔術語〕經題又は守札の頭に「ㄨ」の形を書す。之を古來以字といふ。之に就て異義多端。【宋高僧傳三】に「音字俱不レ譯。如二經題上ヘ乙二字一是。」此說に依れば本と「ヘ乙」の形なりしを「ㄨ」に訛れるなり。然るに【祖庭事苑一】に古來の三說を擧て「一は是れ嘔啊の二字（又阿偃といふ）二は是れ音字俱に譯せず。三は是れ梵書の心の字。」而して三說共に取らず、自ら「蓋當時傭書者。運レ筆以覆二經題一。固無レ疑矣。」と決せり。【谷響集二、修驗故事便覽二】に委釋。

イジノサンテン 伊字の三點 〔術語〕梵書の（伊字）∴の形にて三點より成るを伊字の三點と云。是れ不縱不橫にて三角の關係を有すれば、以て物の不一不異、又は非前非後に譬ふ。涅槃經に之を法身般若解脫の三德にたとふ。烈火「∴」の形を橫とし、物の一時に在て體の別なるに譬ふ。牛の兩角の如し。又點水「∴」の形を縱とし、物の異時に在て體の別なるに譬ふ、花と實との如し。【涅槃經二】に「何等名爲二秘密之藏一。猶如二伊字三點一。若並則不レ成レ伊。縱亦不レ成。如二摩醯首羅面上三目一。乃得レ成レ伊三點一。若別亦不レ得レ成。我亦如レ是。解脫之法。亦非二涅槃一。如來之身。亦非二涅槃一。摩訶般若。亦非二涅槃一。三法各異。亦非二涅槃一。」

新舊兩伊 〔術語〕梵書の伊字に新舊の兩樣あり。舊伊は三點連續せず、新伊は細書を以て連續すること、此方の艸書の下の字「∴」の如しと云。是れ章安の說。師の【涅槃經疏六】に「言二伊字一者。外國有二新舊兩伊一。舊伊橫竪斷絕相離。借レ此況下彼橫如二烈火一。竪如二點水一。各不中相續上。不橫不レ同二烈火一。不竪不レ同二點水一。應下如二此土艸下字相細畫相連一是新伊相上。舊伊可レ譬二昔敎三德一。乃至新伊字者。可レ譬二今敎三德一。」【增暉記七】に「∴」舊伊「∵」新伊

イジヤウ 意成 〔術語〕又、意生とも。意の力にて身の成立すると。

意成天 〔天名〕天の名。色界無色界などの飲食を離れて、只意思を以て存在する天人をいふ。【唯識論七】に「無色亦名二意成天一。」

意成身 〔術語〕意生身に同じ。

イジユ 意樹 〔譬喩〕人の意を樹に譬ふ。善果惡果共に意に依て結ぶ。【集沙門不應拜俗事序】に「意樹紛披」⦿（本朝文粹）「開二慧花於四生之意樹一。」

イジユク 異熟 〔術語〕舊譯、果報。新譯、異熟。過去の善惡に依て得たる果報の總名。果が因の性質に異なりて成熟するをいふ。善業にて樂果を感じ、惡業にて苦果を感ずる如き、是れ樂果は善性にあらずして無記性なり、（非善非惡を無記といふ）されば善性の業に對して異類と云ふべし、（善性と無記性と類を異にす）苦果を惡業に對するも苦果は惡性にあらずして無記性なれば是亦因と果と性質を異にせり、（苦樂の二果共に無記性なり）依て之を異熟果と云。因と果と必ず世を隔て丶異時に於て熟する義。【俱舍論六】に「異類而熟。是異熟義。」【唯識述記二之末】に「言二異熟一者。或異時而熟。或變異而熟。或異類而熟。」【輔註十一】に「新云二異熟一。舊云二果報一。」梵 Vipāka

異熟因 〔術語〕六因の一。善惡の二業を云。善業は樂果を感じ、惡業は苦果を感ず、而して苦樂の二果は善ならず惡ならずして無記法なれば、是れ異熟なりその異熟の因なれば異熟因といふ。【俱舍論六】に「唯諸不善。及善有漏。是異熟因。異熟法故。何緣無記不レ招二異熟一。由二力劣一故。如二朽敗種一。乃至爲二異熟之因一。名二異熟因一。」

異熟果 〔術語〕五果の一。即ち六因の内の異熟因よりの二報を云。苦は惡業の生ずる結果を云ふ。【唯識述記二之末】に「異熟因所レ招。名二異熟果一。」

異熟生 〔術語〕大乘の義は異熟と異熟生とを別け、阿賴耶識を異熟とし、眼耳鼻舌身意の六識を異熟生とす。是れ六識の異熟は阿賴耶の種子（即ち異熟）より生ずる義あればなり。【唯識論三】に「眼等ノ六識業所レ感者。是異熟生。非二眞異熟一。」小乘には異熟因の所生を總て異熟生といふ。異熟果といふに同じ。【俱舍論二】に「異熟因所生。名二異熟生一。如二牛所駕車名曰二牛車一。」

異熟識 〔術語〕阿賴耶識の異名。三能變中の第一異名「サンノウヘン」を見よ。

異熟障 〔術語〕自然の果報として佛法を修行すること能はざる境界をいふ。三惡趣又は無想天の如きもの。【俱舍論十七】に「全三惡趣。人趣北洲。及無想天。名二異熟障一。此障二何法一。謂障二聖道。及障二聖道加行善根一。」

イスヰ 意水 〔術語〕定に入りたる人の心意を湛然たる水に譬ふ。【三藏法師傳九】に「定凝二意水一。」

イセツ 異說 〔術語〕他に異なりたる說。【月上女經下】に「利二益衆生一。無二異說一。」【瑜伽論釋】に「就レ相隨レ機。種々異說」【物不遷論】に「群籍殊文。百家異說」。

イセツニ 伊刹尼 〔修法〕Īkṣaṇi 他人が心中に思へることを知り得る呪術の名。【俱舍論廿七】に「有二呪術一名二伊刹尼一。持レ此便能知二他心念一。」【俱舍光記二十七】に「有二呪術一名二伊刹尼一。持レ此便能知二他心念一。如二他心通一。伊刹尼此云二觀察一。又眞諦云。伊刹尼是論名。是露形外道師所レ造。翻爲二觀察一。此呪從二彼所造論一爲レ名。故稱二伊刹尼一。」【玄應音義二十六】に「伊刹尼此云二占相觀察一。」

イセフハラ　伊葉波羅　〔人名〕Īśvara 譯、自在。西域の人。善く三藏に通じ、四阿含に達す。宋の文帝元嘉年中に彭城にて諸經を翻譯す。【名義集一】

イセンキヤウ　移山經　〔經名〕力士移山經の略。

イゼチコンブツヨクセツホフケキヤウ　以是知今佛欲說法華經　〔雜語〕二句歌題。【法華經序品】の偈文に「我見二燈明佛一。本光瑞如レ此。以レ是知二今佛。欲レ說二法華經一。」釋尊法華經を說く前に當りて雨華放光等の六瑞を現はす。彌勒之を擧げて文殊に問ひしかば、文殊は己が過去燈明佛の時に於て、彼佛が此の如きの瑞を現じて法華經を說きしことを實見しければ、今も亦法華經を說くならんと答ふる文なり。⊙（續古今）「法の花今もふる枝にさきぬとはもとみし人や思ひいづらん」

イタオヒ　板笈　〔物名〕修驗者の用具。普通の笈と異なり、長方形の薄板の上部を圓くし、板の周圍に太き緣をつけ下端を長く脚とし、笈裏及び肩箱を付けたるもの。笈の中に不動尊、香爐などを入れ表に水瓶鉢袋等を結び付く。

イタカ　板書　〔雜名〕いたがきの畧。一種の僧。功德善根のために板の塔婆に戒名等を書き、河に流し讀經して錢を請ふもの。

イタビ　板牌　〔圖像〕石窣堵婆の一種。板形の石の中央に佛像佛名種子等を刻し、その下に供具及び供養の種類及び年月を記し供養者の氏名を刻す。關東地方に最も多く、阿波筑前等にも發見せらる。貞永寛元に始まり室町時代を中心として天文に及ぶ。

イタン　異端　〔術語〕端を異にし、我が道と同じからざるもの。外道外敎を指して云ふ。

イダイモクタカ　伊提目多伽　〔經名〕「ジフニブキヤウ」を見よ。

イダイワツタカ　伊帝曰多伽　〔經名〕「ジフニブキヤウ」を見よ。

イダイヲツタカ　伊帝越多伽　〔經名〕「ジフニブキヤウ」を見よ。

イダツノダイトク　已達大德　〔術語〕已に道に達したる高僧。即ち阿羅漢果を證したる聖者を云ふ。

イチイ　一異　〔術語〕彼是同じきを一といひ、彼此異なるを異といふ。共に一方に偏したる思想なるを以てこれを排す。【中論因緣品】に「不生亦不滅。不常亦不斷。不一亦不異。不來亦不去。」嘉祥の【疏二】に「不一不異。治下外道計二執一異一障上。」【智度論二十】に「諸聖人。破二吾我相一。滅二一異相一。」

イチイ　一以　〔人名〕號は大道。虎關和尙に就て契悟し、延文元年、東福寺に住し、尋で南福寺に陞る。應安三年二月、七十九にて寂す。【本朝高僧傳三十二】

イチイチ　一一　〔雜語〕個個一切のと云ふ意。【梵網經開題】に「一一字字。一一句句。皆是諸尊法曼陀羅身。」【觀智軌】に「即以二陀羅尼文字一。右旋布二列心月輪面上一。觀二一一字皆如二金色一。一一字中。流二出光明一。遍照二無量無邊世界一。」又法華經の題字六十四佛と現はれたる烏龍の故事を見よ。

イチイチノセイグワンハ、シユジヤウケドノグワン　一一誓願衆生化度之願　〔雜語〕阿彌陀佛の四十八の大誓願に就きて云ふ。其誓願は種々多樣なれども、要するに、一一の誓願は皆衆生を生死の苦海より救濟せんが爲ならざるはなしと云ふ意なり。⊙（平家一〇）「はじめ、む三あくしゆのくわんより、をはり得三寶忍のぐわんに至る迄、一一のせいぐわん、衆生けどのぐわんならずといふことなし。」

イチイン　一因　〔術語〕一個の原因。【俱舍論六】に「一因生法。決定無レ有。」【瑜伽論釋】に「證二得一因一。即成二佛道一。」

イチイン　一印　〔術語〕一の印相、一の印契「インザウ」を見よ。⊙（太平記）「一印一明」。（十訓抄）「一印陀羅尼。」（一院とあるは誤り）

イチインドンジヤウ　一印頓成　〔術語〕一の印相を習ひ得て頓に成佛の利益を得るをいふ。⊙（撰集抄）「一頓成の春の花。」図一の法印の意、諸法實相の唯一不二の眞理をいふ。【玄義八之上】に「釋論云。諸小乘經。若有二無常無我涅槃三印一印レ之。即是佛說。（乃至）大乘經。但有二一法印一。謂諸法實相。」

イチインヱ　一印會　〔術語〕金剛界九會曼荼羅の第六會。「クヱマンダラ」を見よ。

イチインニミヤウ　一印二明　〔術語〕金胎兩部の大日菩薩の印は共に徧法界無所不至の塔印にして其の眞言は金大日は[梵字]にして胎大日は[梵字]の五字明なるを云。【金剛頂經】に「諸法本不生。二地自性離二言說一。二水清淨無二垢染一。二火回業等二虛空一。二風」是れ無所不至の塔印を說くなり。又【大日經眞言品】は「我覺二本不生一。二地出二過語言道一。二水諸過行二解脫一。二火遠二離於因緣一。二風知二空等二虛空一。二至」是れ亦た無所不至の塔印を說くなり。されば兩部の大日俱に塔婆を以て三昧耶形と爲すが故に一印なり、而して兩部の大日の種子[梵字]と[梵字]と替るが故に二明なり、之を一印二明と稱し、初傳法の時は秘して授けざる印明なり。原雙紙に云く「師傳は云く、體は不變の故に印は一なり、說は替る故に眞言は兩種なり」と。口傳に云く、體

不變故とは六大法界の體は無相無分別の義なり、說替とは說を設くるの義なり。又體不變とは口決に云く、兩部共に一種の法身なり、故に印は一なり、理に住して胎を說くを胎藏部と名け、智に住して金を說くを金剛頂部と名く、故に說は兩種なり。問ふ、𑖀等の五字を以て六大法界の眞言となすは然るべし𑖪𑖽の一字亦た法界の眞言を爲すは如何ん。答ふ、𑖪𑖽とは水大の種子なり、此の𑖪𑖽字を長く引けば其の響き𑖀字即ち地大の種子なり、而して此の地大の方形を角違に切れば即ち𑖨字の三角火轉なり、又此の水の圓形を折半すれば即ち𑖮字の半月風輪なり、又風大の半月に火大の三角を合すれば𑖏字の團形虛空輪なり、されば𑖪𑖽字は五大の種子を具するなり。(識大吽の五大に通ずるは常に五大明に說く如し)【賴瑜秘記】

イチウ　一雨　〔譬喩〕敎法の一味なるを雨にたとふ。佛は一味の法を說けども、衆生は機緣に隨て差別すること、草木の雨に於ける如し。

一地所生一雨所潤　〔雜語〕同じ地に生じ、同一味の雨露に灌はれながらも、草木がその種類を異にするが如く、同一の法を聞きても衆生の機によりて法樂の味に差異を生ずること。二句歌題。【法華經藥草喩品】に「雖二一地所レ生一雨所レ潤。而草木差別。」⊙(千載)「大空の雨はわきてもそゝがねどうるふ草木はおのがさまざま」

イチウ　一雨　〔人名〕二楞庵一雨、名は通潤、明の雪浪が上足。楞嚴合轍二十卷を著して世に行はる。【楞嚴眼髓一】(續藏經第二十二套第三四の二冊)

イチウンショウノタトヘ　一雲所雨の喩　〔譬喩〕同一の雲より降る同一の雨を云ふ。「イチウ」と云ふ如し。【法華經藥草喩品】に「譬如三三千大千世界山川谿谷土地所生。草木叢林。及諸藥相。種類若干。名色各異。密雲彌布。遍覆二三千大千世界一。一時等澍。乃至諸樹大小。隨二上中下一。各有レ所レ受。一雲所レ雨。稱二其種性一。而得二生長一。華果敷實。」

イチエイ　一翳　〔雜語〕他の障蔽となるもの。

一翳在眼空華亂墜　〔雜語〕歸宗の語。一の障蔽物が眼に在れば空華の亂墮するを見て、虛空の實性を認め得ざるを云ふ。空華は空中の花にて有りと見えて實體なきもの。【傳燈錄十】に「福州芙蓉山靈訓禪師。初參二歸宗一。問。如何是佛。宗曰。我向レ汝道。汝還信否。師曰。和尙發二誠實言一。何敢不レ信。宗曰。即汝便是。師曰。如何保任。宗曰。一翳在レ眼。空華亂墜。」【宗鏡錄一】に「先德云。一翳在レ目千華亂レ空。一妄在レ心恒沙生滅。」

イチエフクワンオン　一葉觀音　〔菩薩〕三十三觀音の一。一片の蓮葉に乘じて浮び給ふが故に此名あり。

イチエン　一緣　〔術語〕同一類の機緣、同一種の因緣。【妙玄一之上】に「一根一緣。同一道味。」【大集經三十八】に「行住坐臥。常係二一緣一。」

イチエン　壹演　〔人名〕藥師寺の戒明を師として具足戒を受け、東大寺の眞如に就て密敎を習ひ、河州に相應寺を創して之に居る。貞觀七年、藤原有房の疾を祈て驗あり、權僧正に補して超勝寺の座主に任せらる。同九年七月、六十五にて寂す。【本朝高僧傳六十四】

イチオン　一音　〔術語〕イットンと讀む。一の音聲、如來の說法を指す。【維摩經佛國品】に「佛以二一音一演二說法一。衆生隨レ類各得レ解。」【止觀七下】に「一音殊唱。萬聽咸悅。」

一音敎　如來終始同一の音を以て說法すれども、衆生の機緣に隨て大小漸頓種々の差別を生ず。されば如來一代の敎、諸說不同なれども一音を出でざる也と、是れ梁の菩提流支の立る所。【大乘義章一、義林章一之本、探玄記一】

イチカイ　一界　〔術語〕一の世界。【楞嚴經一】に「佛之威神。令三諸世界合成二一界一。」図　十界の中の一。【玄義二上】に「九界之權。一界之實。」

イチカイソウジヤウ　一階僧正　〔職位〕未だ僧位を經ずして直に僧正に位したるもの。藥師寺の僧、壹演を嚆矢とす。【濫觴抄下】

イチカウ　一向　〔術語〕意を一處に向けて餘念なく散亂の心なきこと。【六十華嚴經五】に「一向信二如來一。其心不二退轉一。」【無量壽經下】に「一向專念二無量壽佛一。」善導の【觀經疏四】に「一向專稱二彌陀佛名一。」【探玄記八】に「情無二異念一故云二一向一。」図　全く、專ら、偏に、なとの意。【藥師經】に「彼佛國土。一向淸淨。無レ有二女人一。」⊙(平家)「一向專修に念佛し」(盛衰記)「一向淸淨に齋戒し」「一向無智の僧。」

一向專念無量壽佛　〔雜語〕一心一向に彌陀を念ずること。二句歌題。【無量壽經下】に「捨レ家棄レ欲。而作二沙門一。發二菩提心一。一向專念二無量壽佛一。修二諸功德一。願レ生二彼國一。此等衆生。臨二命終時一。無量壽佛。與二諸大衆一。現二其人前一。」⊙(新後撰)「みよしのゝみつわけ山の瀧津せも末は一つの流なりけり。」

一向求菩提　〔雜語〕一心專念に無上菩提を求むること。一句歌題。【六十華嚴經六】の偈文に「菩薩於二生死一。最初發心時。一向求二菩提一。堅固不レ可レ動。」⊙(法門百首)「入り難き門とはきけどに

しきゞを立つる心はたゞ一すぢに。」

一向宗　〔流派〕一向に念佛するを宗旨とする故に名く。他宗より眞宗を指していふ。自宗よりは言はぬなり。慧燈の【御文一帖目十五通、帖外御文】に之を辨じ。【御文記事珠二之末】に詳釋す。

一向記　〔術語〕人の問に向て決定の答を與ふるをいふ。【倶舍論十九】に「若作二是問一切有情。皆當レ死不。應二一向記一。一切有情。皆定當レ死。」

一向出生菩薩經　〔經名〕佛説一向出生菩薩經、一卷。隋の闍那掘多譯、秘密部の攝。舍利弗に對して入無邊門と云へる陀羅尼を說けるもの。【成帙九】

イチカエン　一家宴　〔儀式〕禪院の語。入院の節、他寺を請せず、唯寺內の大衆を供養するを云。【象器箋九】　イッケエンと讀む。

イチカク　一覺　〔術語〕同じ覺り。一の悟り。【金剛三昧經】に「諸佛如來。常以二一覺一。而轉二諸識一。入二菴摩羅一。」【起信論】に「本來平等。同一覺故。」

イチカクセンニン　一角仙人　〔人名〕又、獨角仙人。過去久遠の昔に波羅奈の山中にて鹿の腹より生れ、頭に一角あり、形人の如し、依りて名く。長じて禪定を修し、通力を得たるが、扇陀と名くる婬女に惑はされて其の通力を失ひ、山より出でゝ國の大臣となる。卽ち一角仙人は今の釋尊にて、扇陀は今の耶輸多羅女なり。【智度論十七、經律異相三十九】⊙（曲、一角仙人）「扨も此の國の傍に一人の仙人あり、鹿の胎內に宿り、出生せし故により、額に角一つ生ひ出でたり。是によりて、其名を一角仙人となづく。」

イチカシ　一訶子　〔雜語〕一の阿黎勒果。【名義集三】に「訶黎勒。新云二訶梨怛鷄一。此云二天主持來一。此果爲レ藥。功用至多。」【四十二章經】に「視二大千界一。如二一訶子一。」「カリロク」を見よ。梵 Ekaśṛi ga

イチカツ　一喝　〔術語〕喝は口を張て叱叱の聲を出だす也。禪家の祖師、人を提撕するに、之を用ふ。六祖門下二世の法嗣、馬祖道一、嘗て其弟子百丈の之に參ぜし時、威を振て一喝せり。他日百丈其門下に謂て曰く。「佛法不二是小事一。老僧昔再參。蒙二馬大師一喝一。直得二三日耳聾眼黑一。」【傳燈錄六。】に委し【碧巖八則評唱】に「德山棒。臨濟喝。」【禪林句集坤】に「一喝大地震動。一棒須彌粉碎。」【註】に「贊二臨濟德山一句。」蓋し盛に捧喝を用るに至りしは德山臨濟已後の事。

一喝商量　〔公案〕「臨濟問レ僧。有時一喝如二金剛王寶劍一。有時一喝如二踞地金毛獅子一。有時一喝如二探竿影草一。有時一喝不レ作二一喝用一。汝作麼生會。僧擬議。師便喝。」【臨濟錄。會之十一、人天眼目上、葛藤集下】

イチカウイチキ　一向一揆　〔故事〕一向宗の門徒僧侶が宗門保護のために起したる一撥騷動を云ふ。文明七年八月、眞宗本寺に就て爭を生じ、富樫政親、高田の一揆を助けて吉崎に火を放ちし爲め加能越の一揆蜂起し。天文元年八月山科本寺を燒き、永祿六年上宮寺の米を奪ひたるに對して參州一揆起り。元龜元年長嶋宗徒の一揆。天正元年越前宗徒の蜂起等最も有名なるものなり。

イチガイ　一蓋　〔故事〕一つ天蓋。維摩經中に說く不可思の神變を云ふ。【維摩經佛國品】に「爾時毘耶離城。有二長者子一。名曰二寶積一。與二五百長者子一。倶持二七寶蓋一。來二詣佛所一。頭面禮レ足。各以二其蓋一。共供二養佛一。佛之威神。令三諸寶蓋合成二一蓋一。遍覆二三千大千世界一。而此世界廣長之相。悉於レ中現。」

イチガノナガレ　一河の流　〔雜語〕俗に袖ふれ合ふも他生の緣と云ふ如し。一河の水を共に掬するも前生の緣の然らしむるなりと云ふ。【說法明眼論】に「或處一村。宿二一樹下一。汲二一河流一。一夜同宿。一日夫妻。乃至親疏有レ別。皆是先生結緣。」⊙（曲、班女）「一樹の陰や一河の水、皆是他生の緣。」

イチガフサウ　一合相　〔術語〕世界は微塵の集合せる者なれば世界を一合相と云ふ。【華嚴經大疏演義鈔】に「一合相者。衆緣和合故。攬二衆微一以成二於色一。合二五陰等一以成二於人一。名二一合相一。」

イチキ　一機　〔術語〕一類の機緣。同一種の敎を受くべき動機をいふ。【碧巖四十六則評唱】に「古人垂三示一機一境一。要レ接レ人。」図一の機關。【楞嚴經六】に「雖二見諸根動一。要以二一機一抽。息レ機歸二寂然一。諸幻成二無性一。」

イチキ　一蟣　〔雜語〕數量の名。隙塵の七倍を云ふ。【倶舍論十二】に「積二七牛毛塵一。爲二隙遊塵量一。隙塵七爲レ蟣。七蟣爲二一蝨一。」梵 Likṣā

イチキウ　一休　〔人名〕大德寺の僧、宗純、字は一休、狂雲子夢閨、瞎驢、國景と號す。「ソウジュン」を見よ。

イチキウ　一弓　〔雜語〕尺度の量。弓の長さを云ふ【倶舍論十二】に「二十四指。橫布爲レ肘。竪積二四肘一爲レ弓。」【頌疏六】に「一肘有二一尺八寸一。一弓有二七尺二寸一。」梵 Dhanu

イチキヤウ　一鞏　〔人名〕字は固山。藏山和尙に隨て法を受く。貞和元年、東福寺に出世し、後、天龍寺に昇る。延文五年二月、七十七にて寂す。【本朝高僧傳二十九】

イチキヤウ　一慶　〔人名〕字は雲章、左大臣藤原經嗣の子。嘗て奇山然公の語を看て省悟し、永享三年普門寺に開堂す。寶德元年、詔を奉じて南禪寺を主り、寬正四年五月、寂す。【本朝高僧傳四十二】

イチキヤウ　一境　〔術語〕一の境界。【碧巖四十六則評唱】に「古人垂二示一機一境一。要レ接レ人。」

一境四心　〔雜語〕【三藏法數一八】に出づ。

「イチシヨシケン」を見よ。

イチキヤウゴニ　一經其耳　〔雜語〕一度この名號を耳にし聞きたるものはの意。藥師如來十二願の中第七願に「我之名號。一經二其耳一。衆病悉除。身心安樂。」【玄弉譯藥師經】⊙（十訓抄）「一經其耳はさておきつ、皆令滿足うたがはず。」

イチギヤウ　一行　〔術語〕一の行法。一事に專なること。善導の【觀經疏一】に「成佛之法。要須二萬行圓備方乃剋成一。豈將二念佛一行一即望レ成。」

一行三昧　〔術語〕心を一行に定めて三昧を修するなり。【三藏法數四】に「一行三昧者。惟專二一行一。修二習正定一也。」此に事理の二あり、理の一行三昧とは心を定めて眞如の一理を觀ずるをいふ。【文殊般若經下】に「法界一相。繫二緣法界一。是名二一行三昧一。乃至入二一行三昧一者。盡知二恒沙諸佛法界無差別相一。」【起信論】に「依二是三昧一故。則知二法界一相一。謂一切諸佛法身。與二衆生身一平等無二。即名二一行三昧一。當レ知眞如是三昧根本。」【六祖壇經】に「若於二一切處一。行住坐臥。純一直心。不レ動二道場一。直成二淨土一。此名二一行三昧一。」次に事の一行三昧とは念佛三昧の異名。一心に念佛するをいふ。【文殊般若經下】に「若善男子善女人。欲レ入二一行三昧一。應下處二空閑一。捨二諸亂意一。不レ取二相貌一。繫二心一佛一。專稱二名字一。隨二佛方所一。端身正向。能於二一佛一。念念相續。即是念中。能見二過去未來現在諸佛一。」【起信論義記下末、安樂集下、往生禮讚、六要鈔會本二。】⊙（盛衰記）「天台の一行三昧の禪師なり」

一行一切行　〔術語〕一行の中に一切の行を具する事、依て之を圓行といふ。華嚴天台の諸宗に立る妙行、總て是れなり。【止觀一上】に「衆生有二大精進勇猛一。佛說二一行一切行一。則四三昧。」【探玄記一】に「一行即一切行。初發心時。便成二正覺一。具二足慧身一。不二由レ他悟一。」

イチギヤウ　一行　〔人名〕初め普寂禪師に就て出家し、後、金剛智三藏に就て密法を習ひ、善無畏と共に大日經を譯す。玄宗の開元十五年入寂大慧禪師と諡せらる。【宋高僧傳五】

一行流罪　〔傳說〕【圓光大師行狀翼讚三十四】に「寶物集及盛衰記等に一行阿闍梨玄宗皇帝の爲に勅勘を蒙りて火羅國へ流され給ふといへり。されども一行の傳は宋高僧傳、神僧傳、佛祖統紀、及通載、開天傳信記、酉陽雜俎、雜錄などに載せたれど流罪の事は未考。」但し智覺の【萬善同歸集下】に「善惡無レ定。果報從レ緣。業力難レ思。勢不レ可レ遏。乃至斷レ結證レ聖尙還二宿債一。如二師子比丘一行禪師等一。豈況業繫凡夫寧逃二此患一。」⊙（曲、弱法師）「傳へ聞く。彼一行の果羅の旅。闇穴道の巷にも、九曜の曼陀羅の光明、赫奕として行末を照らし給ひけるとかや。」

イチギヤウ　一形　〔術語〕人の形骸の存續する期間を云ふ。一期、又は一生涯に同じ。

イチク　一句　〔術語〕一の義理を詮はすを一句とす。【唯識論二】に「名詮二自性一。句詮二差別一。文即是字。」【倶舍論五】に「句者謂章。詮レ義究竟。如レ說二諸行無常等章一。」【秘藏寶鑰中】に「一句妙法。億劫難レ遇。」【碧巖錄七則垂示】に「聲前一句。千聖不レ傳。」

末後一句　〔術語〕臨終最末の一句。悟を示す肝要の一句。【證道歌】に「一句了然超二百億一。」【禪林句集乾】に「一句定二乾坤一。一劒平二天下一。」⊙（盛衰記）「一句示し玉へ」

一句染神徹劫不朽　〔雜語〕二句歌題。未だ出所を考へず。一度耳にし心に記したる事は永劫に朽ちざるを云ふ。【文句記十六】に「一句染レ神。咸資二彼岸一。」【萬善同歸集四】に「一句染レ神歷劫不レ朽。一善入レ神。萬世匪レ忘。」【宗鏡錄十三】に「一句染レ神。心當二成佛一。一字經レ耳。七世不レ沈。」【同二】に「一句入レ神。歷劫爲レ種。」⊙（法門百首）「露ばかり衣にかくる玉よりぞ三世まで照す光そふなる。」

一句投火　〔故事〕菩薩一句の法を聞く爲に大火坑に入りし事。【佛祖統紀智禮傳】に「半偈亡身。一句投レ火。」【十華嚴經三十五】に「若有レ人言。我有二一句佛所說法一。能淨二菩薩行一。汝今若能入二大火坑一。受二極大苦一。當二以相與一。菩薩爾時。作二如レ是念一。我以二一句佛所說法一。淨二菩薩行一故。假令三千大千世界。大火滿レ中。尙欲下從二於梵天之上一。投レ身而下親況小火坑而不レ能レ入。」

一句偈ノ熏修　〔雜語〕緊要の一句一偈を了悟する修行。禪宗などにいふ。⊙（盛衰記）「大小乘の習字一句偈の熏修。」

一句道盡無剩語　〔雜語〕一句を以て眞理を道破しあます所なしとの意。宋の竹庵の頌に「中論因緣所生法。一句道盡無二剩語一。我說即是空假中。朱簾暮捲西山雨。」【稽古略四】

るを指していふ。

一九之敎 〔術語〕彌陀の敎。【迦才淨土論上】に「二八弘規盛二乎西土一。一九之敎。陵二遲東夏一。」

一九之生 〔術語〕九品の往生を云。【迦才淨土論上】に「二八之觀齊闢。一九之生同歸。」

イチクウ　一空 〔術語〕同一の空性一味一如なるを云ふ。【寂調音所問經五】に「如二瓦器中空。寶器中空。俱同一空一。」【止觀七上】に「方等云。大空小空。皆歸二一空一。」一空即法性實相。」【宋高僧傳五澄觀傳】に「寂二寥於萬化之域一。動二用於一空之中一。」

一空一切空 〔雜語〕空假中三觀の中、空とは啻に空の一をいふのみにあらず、假も中も共に空なるをいふ。【止觀五上】に「一空一切空。無二假中而不一レ空。總空觀也。」

イチクワイキ　一回忌 〔術語〕又、一周忌。死して後滿一年の忌日をいふ。僧を請して佛事を行ふ。儒には之を小祥と名く。【十王經】に「一年過レ此轉苦辛。男女修二齋福業因一。六道輪回仍未レ定。造レ經造レ佛出二迷津一。」「ネンキ」を見よ。

イチクワウサンゾン　一光三尊 〔圖像〕彌陀如來、觀音菩薩、勢至菩薩の三尊、一光明中に立つ姿なればいふ。善光寺の三尊佛など。【雜談集十】に「一光三尊月盖が家に現じ給ふ。」⦿（盛衰記九）「一光三尊の御體。」

一光三尊佛印相 〔圖像〕「口傳に云く變華に坐して一光三尊軒に住す、彌陀は左手を施無畏にし右手を不動の劍印にせり、一光尊は三世一佛の義なり、故に此佛を正法の世には釋迦と名け、像法の時には藥師と名け、末法の時には阿彌陀と名くるなり。故に二菩薩如意珠を持す、三世の利益自在なるを表する故に寶珠を表す、是れ自在の義なり、本尊の劍印は三世斷修惑善の義なり、又化他門なり、施無畏は所化能攝の義なり、變華は從果向因の義、始覺智より本覺智に歸す、軒に坐する意は始覺成佛して軒に坐し、一切衆生の本覺無作の本佛なることを表して正殿に居らず、其意深妙能く之を思ふべし。又云く、此佛天竺より來たると云事其事なり、實は聖德太子の御作佛なり。」【溪嵐拾葉集十九】

イチクワンギヤウ　一卷經 〔雜名〕寫經の時數人分擔し各一卷づゝ筆を執るを云ふ。例へは、法華八軸を八人にて書寫する如し、又一品づゝを分擔せしを一品經と云ふ。

イチグワツ　一月

一月三舟 〔譬喩〕月を佛に譬へ、三舟を衆生の機感の不同に譬ふ。同一の月を舟の動止に依て見るに差異あり。【華嚴經疏鈔十六上】に「譬猶二朗月流レ影偏應一。且澄江一月。三舟共觀。一舟停住。二舟南北。南者見二月千里隨レ南。北者見二月千里隨レ北。停住之者見二月不レ移。設百千共觀。八方各去。則百千月。各隨レ其去。」【三藏法數四】に「一月喩レ佛。三舟喩二世間衆生見佛不同一。」

一月三身 〔譬喩〕一の月を法報應の三身に譬へしもの。【寶王論】に「法身如二月體一。報身如二月光一。應身如二月影一。」

一月不降百水不升 〔雜語〕一月間雨降らず河川の水を增さゞるこの天理の致す所なりとの義。【玄義六上】に「一月不レ降。百水不レ升。而隨二河短長一。任二器規矩一。無レ前無レ後。一時普現。不思議妙應也。」

イチグワンコンリフ　一願建立 〔術語〕彌陀の四十八願中、第十八の一願にもとづきて宗旨を立つること。

イチケ　一家 〔術語〕一宗一派一門に名く。【大乘義章三】に「一家宣說。」【輔行一之五】に「此六即義起レ自二一家一。深符二圓旨一。」

一家衆 〔雜名〕眞宗にて今の連枝院家等を指して云。【考信錄一】

イチケ　一假 〔術語〕次を見よ。

一假一切假 〔術語〕空假中三觀の中、假とは啻に假觀の一を言ふのみにあらず、空觀も中觀も共に假なるをいふ。【止觀五上】に「一假一切假。無二空中而不一レ假。總假觀也。」

イチケ　一花 〔雜語〕一朶の花。

一花開五葉結果自然成 〔術語〕二句歌題。初祖達磨の語。支那に於て禪宗の五家に分かるゝを預言せしもの。「吾本來二茲土一。傳レ法救二迷情一。一花開二五葉一。結果自然成。」【傳燈錄三、五燈會之二】⦿（風雅集）「咲き初むる宿の櫻の一もとよ春のけしきに秋ぞしらるゝ。」

乃至以一華 〔雜語〕【法華經方便品】の語。乃至とは最小を顯はす、僅に一朶の花を供養する者の意。「若人散亂心。乃至以二一華一。供二養於畫像一。漸見二無數佛一。」

一花開者天下皆春 〔雜語〕二句歌題。往生講式の語に依る一花開けば春なる如く心眼一度開けば法界の妙用を見るを得るなり。【華嚴演義鈔四十四】に「約二相類一者。如下覩二一葉落一知二天下秋一。見二一花開一知中天下春上矣。」【往生講式】に「柳一花開天下皆春。一發心者法界悉道。身雖二人身一。心同二

佛心。」⊙（新千載）「咲きそむる法の敎の花にこそ四方の梢の春も見えけれ」

イチケ　一化　〔術語〕一代の敎化。一期の化導。佛菩薩に就ていふ。【法華玄義一上】に「一期化導。事理俱圓。」【三論玄義】に「釋迦小乘一化。徒然虛設。」⊙（盛衰記）「一化早く極まりて八音響絕え」「一化の、緣永く盡きぬ。」

一化五味之敎　〔術語〕天台宗には釋迦如來一代の敎法を華嚴時、阿含時、方等時、般若時、法華涅槃時の五時に區別し、此五時の敎法を涅槃經に出でたる五味の喩に寄せて五味の敎といふ。五味は乳、酪、生酥、熟酥、醍醐にて次第の如く彼の五時に配當す。「ゴミ」を見よ。【法華文句六下】に「四大弟子。深得佛意。探領一化五味之敎。始終次第。其文出此也。」

イチケイ　一髻　〔雜語〕頂上の髻を一に結ぶ、古梵志の中に此風あり。

一髻羅刹王菩薩　〔菩薩〕胎藏界曼陀羅の第一蘇悉地院に住する忿怒尊の名。大火炎髻にて、身色青黑、四手あり。【秘藏記下、曼陀羅大鈔五】

（一髻羅刹王菩薩の圖）

一髻羅刹女　〔異類〕羅刹の名【孔雀王經】に「有大羅刹女。名曰一髻。是大羅刹婦。居大海岸。聞血氣香。於一夜中。行八萬踰善那。」

一髻羅刹法　〔修法〕一髻羅刹尊の御修法。

【一髻尊陀羅尼經】

一髻尊陀羅尼經　〔經名〕佛說一髻尊陀羅尼經。唐の不空譯、一卷。【閏帙十二】

一髻文殊　〔圖像〕頂に一髻を結ぶ文殊菩薩にて、五髻文殊、八髻文殊などに別異す。文殊一字法を修する時、此尊を書く。【溪嵐拾葉集文殊法】「モンジユ」を見よ。

イチケフ　一篋　〔譬喩〕四大和合の身を一の箱に譬へしもの。【涅槃經二十三】に「譬如有王。以四毒蛇。盛之一篋。令人瞻養餧飼臥起。摩跣其身。若令一蛇生瞋恚者。我當准法戮之都市。」【四卷金光明經一】に「地水火風。合集成立。隨時增減。共相殘害。猶如四蛇。同處一篋。四大蚖蛇。其性各異。」【止觀一下】に「三界無常。一篋偏苦。」

イチケン　一拳　〔雜語〕握りこぶし。

一拳五指　〔譬喩〕卷けば一拳、開けば五指、總別一體の義を喩ふ。

イチケン　一見　〔雜語〕一度見ること。

一見卒都婆。永離三惡道。何況造立者。必生安樂國。　〔雜語〕卒都婆の功德を說きし文。卒都婆を見たる者は三惡道の苦を離れ卒都婆を立てたるものは極樂に往生すとなり。現今淨土宗等にてはこの文を卒都婆に書すること あり。【謠曲古鈔】に「此意、經說を尋るに、尊勝陀羅尼云。若有男女人。書寫此陀羅尼。安高幢上。或安高山。或置樓臺乃至窣都婆中。於前幢等。或時遙見。或與相近。其影映身。或復吹陀羅尼等幢上。輕塵落在身者。所有罪業。應墮惡道衆惡之苦。皆悉不受。上此文の意などを取ていへる乎、兎角人師の釋と見えたり、經論に如此つゞきたる文はなき歟」

一見阿字五逆消滅眞言得果即身成佛　〔雜語〕阿字の功德を說く文、孔字を一見すれば罪障消滅して即身成佛の功德を得となり。【金光眞言金壺集】に古德の頌とあり。

一見於女人　〔雜語〕女身を一見するときは、婬欲の心起り、眼眩みて、眼のはたらきなくなるを云ふ。梵網經の所說。⊙（狹衣、一の上）「いかなる折にかぼんまう經にや、一見於女人とのたまへるとおぼしいづれば。」

イチケン　一間　〔術語〕舊に一種子と云。不還向中の一種の聖者、欲界修惑或は八品を斷じたるも、猶ほ一品乃至二品の餘殘ありて更に欲界の生を受くべきものを云ふ。【俱舍論二十四】に「一間者。間謂間隔。彼餘一生。爲間隔故。不證圓寂。或餘一品欲修所斷惑。爲間隔故。不得不還果。有一間者。說名一間。」【玄應音義二十四】に「一間。梵言翳迦鼻至迦。Ekavīcika　翳迦此云一。鼻至迦此云間。言有一間隙在。不得般涅槃也。舊云一種子者。梵言鼻豉迦。Bījika　此言種。斯或譯者不善梵言。或筆人不尋本語。致茲訛失也。」

イチゲ　一雅　〔人名〕字は大全。賀州安國寺の大道和尙に隨つて契悟し、永德壬戌の春、相國義滿の命を受て淡州の安國寺に出世し、應永二年九月、五十五にて寂す。【本朝高僧傳三十六】

イチゲ　一夏　〔術語〕夏時九十日の安居の行を修する間。【本行經】に「作一房。與彼一夏安坐。」「アンゴ」を見よ。⊙（盛衰記）「一夏安居の佛前。」（前の字恐は誤）

一夏の花　〔修法〕一夏九旬の間佛に奉る花。⊙（曲、半蔀）「扨も我一夏の間花を立候。」

一夏九旬 〔術語〕四月十六日より七月十五日に至る九十日。夏の安居の日數を云ふ。【象器箋三】

イチゲ 一偈 〔雜語〕凡そ字數の揃ひし句を四句重ねしもの。但し偈に種類多し。「ゲ」を見よ。【涅槃經二十二】に「一偈之力。尙能如レ是。」【法華經法師品】に「妙法華經。一偈一句。」

イチゲダツ 一解脫 〔術語〕同一のさとり。【法華經方便品】に「佛說一解脫義」【文句記四中】に「一解脫者。昔敎三人。同一解脫。」【涅槃經三十二】に「一切衆生。同有二佛性一。皆同一乘。同一解脫。」

イチゲン 一源 〔譬喩〕一箇の原理を水源に譬ふ。【大集經八】に「諸法無二。無レ有二分別一。一味一乘。一道一源。」【三論玄義】に「一源不レ究。則戲論不レ滅。」

イチゲンシチハ 一源七派 〔名數〕日蓮の一宗旨より、不受不施派、不受不施講門派、本成寺派、妙滿寺派、八品派、本隆寺派の七派を出したること。

イチゲンノカメ 一眼之龜 〔譬喩〕大海に龜あり、腹に一眼を有す、波に隨て浮遊する中、大木の穴あるに値ひ之に乘る、偶風吹き來て此木を覆へし龜の仰向になると共に腹の一眼浮木の孔に當りて、日月の光を見るをいふ。（十住論の龜は眼を頭に持つと見ゆ）盲龜の喩は少し之と違ふ。【法華經莊嚴王品】に「佛難レ得値。如二優波羅華一。又如三一眼之龜値二浮木孔一。」【十住論八】に「人身難レ得。如下大海中有二一眼龜一頭入中板孔上。」

イチコ 一虛 〔術語〕一樣に空き事。【肇論】に「齊三萬有於二一虛一」

イチコハンコ 一箇半箇 〔術語〕極めて小數なる事。道元禪師が「我れ深山幽谷に居して一箇半箇を接得す」と云ふこれなり。

イチコフ 一刧 〔名數〕一の刧。刧は長時を示す梵語にて大中小の三あり。「コフ」を見よ。

イチコマンリ 一擧萬里 〔雜語〕行脚抖擻の行をなすこと。【止觀七下】に「若遁レ迹不レ脫。當二一擧萬里一。絕域他方。無二相諳練一。快得二學道一。」

イチコン 一根 〔術語〕一類の根性。【妙玄一上】に「一根一緣。同一道味。」又眼等六根の一。【楞嚴經六】に「一根既返レ源。六根成二解脫一。」

イチコン 已知根 〔術語〕三無漏根の一。廿二根の一。已に四諦の道理を知了せる修道位にて發する意根、樂根、喜根、捨根、信根、勤根、念根、定根、慧根の九根をいふ。

イチゴ 一期 〔術語〕人の一生。【唯識論五】に「無想有情。一期生中。心心所滅。」【四念處三】に「佛一期。諸大經。門門不レ同。」【妙玄義一上】に「一期化導。事理俱圓。」

イチゴウ 一恒 〔名數〕一恒河沙の畧。

イチゴウガシヤ 一恆河沙 〔名數〕一の恒河沙の數。「ゴウカシヤ」を見よ。

イチゴク 一極 〔術語〕一實至極の道。至理二なければ一といふ。【無量義經序】に「一極正覺。任レ機而通。」【三論玄義】に「法華會二三乘一。同歸二一極一。」【止觀義例上】に「若異若同。同入二一極一。」

イチゴフ 一業 〔術語〕一の業因。同一の業因。【俱舍論十七】に「一業引二一生一。多業能圓滿。」一の業にて未來世の一生を引く意。

一業所感 〔術語〕多人同一の業にて同一の果を感ずる身をいふ。又、共業共果と云ふ。⊙（平家）「一業所感の御身」。（太平記）「一業所感の者どもか。「如何なる一業所感にか斯る亂世に生れ逢ひ。」

イチゴン 一言

一言駟馬 〔公案〕慈明因三僧問二。如何是本來面目。明云。一言已出。駟馬難レ追。」【續燈錄、僧寶傳葛藤集下】

イチサイ 一際 〔術語〕彼此の二邊左別なきこと。【智度論十九】に「涅槃際。世間際。一際無レ有レ異故。」【宗鏡錄二十二】に「法報雖レ分。眞化一際。」

イチサイ 一切 〔術語〕事物を該羅するの稱。【勝鬘經寶窟中末】に「一切止是該羅之名」。【法苑珠林二十八】に「一以二普及一爲レ言。切以二盡際一爲レ語」。【無量壽經慧遠疏上】に「擧レ一名レ餘。故云二一切一。」【智度論三十】に「一切有レ二。一名字一切。一實一切。」

願以此功德普及於一切 〔雜語〕是れ梵天王が佛を供養し其功德を一切衆生に廻施せんことを願ふ文なれば廻向文と名けて、法事の終には必ず之を唱るなり。【法華經化城喩品】の偈文。「願以二此功德一普及二於一切一。我等與二衆生一。皆共成二佛道一。」

一切無障礙 〔雜語〕一切に通達して及ばざるなきを云ふ。【法華經神力品】に「能持二此經一者。於二諸法之義。名字及言辭一。樂說無二窮盡一。如下風於二空中一。一切無中障礙上。」

一切有心者皆應攝佛戒衆生受佛戒即入諸佛位位同大覺已眞是諸佛子 〔雜語〕（⊙盛衰記）に引用【梵網經下】の初に出でゝ、盧舍那佛が佛戒を受る者に告る偈文。「諦聽三我正誦二佛法中戒藏波羅提木叉一。大衆心諦信。汝是當成佛。我是已成佛。常作二如是信一。戒品已具足。一切有レ心者。皆應レ攝二佛戒一。衆生受二佛戒一。即入二諸佛位一。位同二大

覺。己眞是諸佛子。大衆皆恭敬至心聽二我誦一」【列帙二】

一切善惡凡夫得生者　〔雜語〕一句歌題。あらゆる善惡の凡夫が極樂に往生するとを得る者は、皆阿彌陀佛の本願の力を强き因緣となすをいふ。【觀經善導疏一】に「言二弘願一者。如大經說。一切善惡凡夫得レ生者。莫レ不下皆乘二阿彌陀佛大願業力一爲中增上緣上也。」 ⦿（新後撰）「秋深くしぐるゝ西の山風に皆さそはれてゆく木葉哉」

一切賢聖皆以無爲法而有差別　〔雜語〕諸佛は平等無爲を以て法としながら然かもそのうちに嚴然たる差別階段あるを云ふ、二句歌題。これ【金剛經】の文。⦿（續拾遺）「飛鳥川同じ流の水も猶淵瀨はさすがありとこそきけ」

一切業障海皆從妄想生若欲懺悔者端坐念實相　〔雜語〕【普賢觀經】の實相の懺悔を明かせる偈文。「一切業障海。皆從二妄情一生。若欲二懺悔一者。端坐念二實相一。衆罪如二霜露一。慧日能消除。是故應三至心。懺二悔六情根一。」凡そ懺悔の法に事の懺悔と理の懺悔の二あり、此は理の懺悔。

イチサイイチシンシキ　一切一心識　〔術語〕梵名乾栗陀耶の譯。十識の一。「シン」を見よ。

イチサイウジヤウ　一切有情　一切衆生に同じ、舊譯に衆生、新譯に有情。【大般若經五百七十八】に「一切有情如來藏」

一切有情殺害三界不墮惡趣　〔術語〕佛法の功德により大殺生を犯すも惡趣に隨せずとなり此語⦿（曲藤戶）に出づ。【大般若五百七十八理趣品】に「金剛手。若有レ聞二此理趣一受持讀誦。殺二害三界一切有情。不レ隨二惡趣。」今は謠の詞づきにてわざと經文を顚倒す。

イチサイウブ　一切有部　〔流派〕具には說一切有部。梵名薩婆多。小乘宗の名。二十部の一。「セツイチサイウブ」を見よ。

イチサイウヰ　一切有爲　〔術語〕爲作造作ある一切因緣所生のものを云ふ。⦿（曲、谷行）「一切有爲の習ひ」

イチサイカイクウシユウ　一切皆空宗　〔流派〕華嚴宗に立る十宗の一。「ジフシユウ」を見よ。

イチサイギジヤウ　一切義成　〔佛名〕又一切義成就と云ふ。悉達太子の譯名。【西域記七】に「薩婆曷剌他悉達。唐言二一切義成。舊言二悉達一訛也」是れ世尊の幼名。【華嚴經十二】に「如來於二四天下中一或名二一切義成。或名二釋迦牟尼。」金剛頂經に此菩薩の五相成佛の相を說く。「シヤカ」を見よ。

イチサイキヤウ　一切經　〔經名〕佛教に係る經典を總稱する語。亦大藏經といふ。唐の玄宗開元十年、沙門智昇開元釋教目錄二十卷を著し、經論章疏を詮次す、總て五千四十八卷、是れ大藏定數の初め。爾後漸く增加し、且つ官私の刻版、二十餘副に及びしが、元末の兵火に罹り、明に至て僅に南北の二藏あり、南藏は太祖の刻、北藏は太宗の刻、共に官庫に在り。萬曆年間、密藏禪師、願を發して方册大藏を刻す。吾朝寛文年間鐵眼禪師、此本を刻して六千七百七十一卷今に至て續々刊行す。又、明治十八年弘教書院、大藏經を縮刷し、八千五百三十四卷を收む。【縮刷大藏經緣起】

一切經供養　〔行事〕一切經を書寫して之を供養する法事。一切經は法寶なれば三寶の一として之を供養す。

一切經五千餘卷　〔雜語〕五千餘卷は開元釋教目錄の定むる所。大藏綱目、佛祖統紀、亦之に從ふ。⦿【勅修傳】「一切經は五千餘卷あり」

一切經會　〔行事〕一切經を供養する法會。又、大藏會と稱す。藤原賴通延久元年五月、一切經會を平等院に於て創め每年恒例とす。【元亨釋書二十五】康和五年七月五日、日吉社に一切經會を修し永く例式とす。【天明史略中】⦿（著聞集、管絃歌舞）「宅治殿平等院を建立させ給ひて延久元年の夏頃はじめて一切經會を行はせ給けり」。

寫一切經　〔雜語〕天武天皇二年癸酉、川原寺に於て始て一切經を寫す。【濫觴抄上】

一切經音義　〔書名〕唐の玄應撰、二十五卷。【爲帙六、七】（1065）又、唐の慧琳撰、百卷。此中玄應音義慧苑音義等を採集す。【爲帙八、九、十】

續一切經音義　〔書名〕唐の希麟撰、十卷。【爲帙八】

一切經谷　〔地名〕【名跡志四】に「一切經別所粟田口の邊」【翼讃四十九】に「行基菩薩の一切經を納め玉ひし所なれば名く」。

一切經阿彌陀佛偈文　〔經名〕後出阿彌陀佛偈の別名。【往生要集上末】に「一切經中彌陀偈」【指麾鈔九】に要集記を引て「是後出阿彌陀佛偈文也。貞元錄云。後出阿彌陀偈經一卷。或無經字一紙後漢失譯兩譯一失偈未レ知三誰人所造一。故別云二一切經中一。令二人取一レ信也」。されば此目は要集を始とす。

イチサイクドク　一切功德　〔術語〕あらゆる功德の總稱。

具一切功德慈眼視衆生福聚海無量是故應頂禮　〔雜語〕⦿（平家）に引用【法華經普門

品】の偈文にて、觀音菩薩の德を讃嘆せしもの「妙音觀世音。梵音海潮音。勝彼世間音。是故須二常念一。念念勿レ生レ疑。觀世音淨聖。於二苦惱死厄一。能爲作二依怙一。具二一切功德一。慈眼視二衆生一。福聚海無量。是故應二頂禮一」

イチサイコクウゴクミヂンジユシユツシヤウコンガウヰトクダイホウザンマイ　一切虛空極微塵數出生金剛威德大寶三昧　〔術語〕大日如來所入の南方灌頂智の大福德門の大寶三昧を稱す、此に由て寶生如來を出生す。【攝眞實經上】

イチサイシユシキ　一切種識　〔術語〕第八識の異名、八識の一。「シキ」を見よ。

イチサイシユジヤウシツウブツシヤウ　一切衆生悉有佛性　〔雜語〕涅槃經の文。一切の衆生は悉く生れながらにして佛性ありと云ふ。◉（曲、白髭）「一切衆生悉有佛性。如來常住無有變易の波の聲」。

イチサイシユチ　一切種智　〔術語〕三智の一にして佛智なり。「サンチ」を見よ。

イチサイシユメウザンマイ　一切種妙三昧　〔術語〕此三昧を得れば一切種の功德を以て吾身を莊嚴し得るもの。【智度論四十七】

イチサイシヨ　一切處　〔術語〕又偏處（へんじよ）とも。禪定の名。所觀の境一切處に周偏するに由て名く。十種あり、十一切處、又は十偏處といふ。【法界次第下、三藏法數三十八】

イチサイシヨブツ　一切諸佛　〔術語〕三世十方の諸佛を總括するの稱。

一切諸佛所護念經　〔經名〕佛說阿彌陀經の異名。彼經は一切諸佛の護持憶念する經なれば名く。【同經】に「汝等衆生。當レ信下是稱二讃。不可思議功德一。一切諸佛。所二護念一經上」

一切諸佛秘藏之法　〔術語〕法華經は甚深秘密の要法にして小機劣慧の爲には容易に開演せざれば名く。【同經信解品】に「一切諸佛秘藏之法。但爲二菩薩一。演二其實事一」【同經法師品】に「此經是諸佛秘要之藏。不レ可三分布妄授二與人一」【同品】に「是法華經藏。深固幽遠。無二人能到一」【文句八上】に「秘要之藏者。隱而不レ說爲レ秘。總二一切一爲レ要。眞如實相。包蘊爲レ藏」

イチサイシヨムフサウオウシンゴン　一切處無不相應眞言　〔眞言〕四攝菩薩眞言なり。「シシヤウボサツ」を見よ。

イチサイシンゴンシユ　一切眞言主　〔術語〕兩部の諸尊を稱す。【瑜祇經】に「一切眞言主。及金剛界大曼荼羅王。皆悉集會」。

イチサイシンゴンシン　一切眞言心　〔術語〕百光偏照眞言の[梵字]暗字を稱す。【大疏十八】に「此是暗字一切眞言之心、於二一切眞言一最爲二上首一」

イチサイセケン　一切世間　〔術語〕あらゆる穢土を總稱するの語。【阿彌陀佛】に「一切世間。天人阿修羅等」。

一切世間難信之法　〔雜語〕甚深微妙にして一切世間の衆生容易に信受し難き敎法。【法華經序品】に「咸得レ聞二知。一切世間。難信之法一」【阿彌陀經】に「爲二諸衆生一說二是一切世間。難信之法一」

イチサイセソンサイソンドクシン　一切世尊最尊特身　〔術語〕毘盧遮那如來を稱す。【大日經五】に「其中如來一切世尊最尊特身」

イチサイチ　一切智　〔術語〕佛智の名。三智の一。一切の法を知了すること。此を一切種智に對して總別の二義あり。若し總義に依れば總て佛智に名く、一切種智と云に同じ。若し別義によらば一切種智は差別界の事相を視る智。一切智は平等界の空性を視る智なり。先づ總義を示さば【法華經譬喩品】に「勤修精進。求二一切智、佛智、自然智、無師智一」【同化城喩品】に「爲二佛一切智一。當レ發二大精進一」【仁王經下】に「滿二足無漏界一。常淨解脫身。寂滅不思議。名爲二一切智一」【中論疏九末】に「知二一切法一名二一切智一」【華嚴經大疏十六下】に「智度論云。如二函大蓋亦大一。還以二無盡之智一。知二無盡法一。是故如來名二一切智一」次に別義によれば一切平等の空理を知る智。嘉祥の【法華經義疏二】に「般若三慧品云。知二一切法一相一故名二一切智一」【同六】に「一切智者。謂空智也。」【智度論二十七】に一切種智との差別を論じて「有人言。無二差別一。或時言二一切智一。或時言二一切種智一。有レ人言。總相是一切。別相是一切種智。因是一切智。果是一切種智。略說一切智。廣說一切種智。一切智總破二一切法中無明闇一。一切種智觀二種種法門一破二諸無明一」【大乘義章十】に六種の差別を擧ぐ。又聲聞緣覺（えんがく）の智に名く。【智度論二十七】に「後品中佛說二一切智一。是聲聞辟支佛事。道智是菩薩事。一切種智是佛事。聲聞辟支佛。但有二總一切智一。無レ有二一切種智一」

一切智者　〔術語〕一切智を有するもの、佛の稱。【法華經藥草喩品】に「我是一切智者。一切見者。智度者。開道者。說道者」。梵 Sarvajña

一切智藏　〔術語〕一切を知らせるものゝの意、佛の尊稱。【善生經】に「如來即是一切智藏」

一切智人　〔術語〕前條に同じ、【智度論二】に

「問曰。有二一切智人一。何等人是。答曰。是第一大人。三界尊。名曰レ佛。」

一切智智 〔術語〕三智の中の一切智は聲聞緣覺の智に混ずるを以て、彼一切智に殊別せん爲に佛智を一切智智と名く。【大日經疏一】に「梵云二薩婆若那一。Sarvajñāna 即是一切智。今謂二一切智智一。即是智中之智也」望西樓の【無量壽經鈔四】に「大般若說二一切智智一云。一切智道相智一切相智。云云 三智總名二一切智智一。即是佛智。今單智者。從二畧言一也。」【理趣釋】に「一切智智者。唯佛自證之智。」【仁王經中】に「自性淸淨。名二本覺性一。即是諸佛一切智智。」【大日經疏二】に「一切智智。如實了知。名爲二一切智者一。」

一切智心 〔術語〕一切智を求むる心。【往生要集中末】に「一切智心者。是第一義空相應心。或可下是願二求佛種智一心上。」

一切智地 〔術語〕一切智を證得する位、即ち佛果の位。【法華經藥草喩品】に「其所說法。皆悉至二於一切智地一。」

一切智船 〔譬喩〕人を乘せて一切智地の岸に運ぶ船即ち佛のこと。【敎行信證文類二】に「能流二入願海一。乘二一切智舟一。」

一切智相 〔術語〕梵語薩婆若多 Sarvajñatā の譯。一切智の相貌。【智度論二十七】に「薩婆秦言二一切一。若多秦言レ相。」

說一切智 〔雜語〕一句歌題。無量壽經四十八願の中、第二十五願を說一切智願と名く。【經上】に「設我得レ佛。國中菩薩。不レ能レ演二說一切智一者。不レ取二正覺一。」願の意は我國土に往生せんものは悉く佛智に隨順して一切智の妙境界を演說すべしとなり。⊙（雪玉集）「聞ゆるぞやがて佛のみなれ棹さして敎へん思ふ波路を」

一切智忍 〔術語〕六忍の一、「ニン」を見よ。

一切智無所畏 〔術語〕四無畏の一。「シムヰ」を見よ。

一切智光明仙人慈心因緣不食肉經 〔經名〕佛說一切智光明仙人慈心因緣不食肉經。失譯一卷。【黃帙五】(420)

一切智經 〔經名〕佛波斯匿王の爲に、一切智の事、四姓の勝劣等を分別す。中阿含經五十九に攝む。

イチサイチク 一切智句 〔術語〕句は住處の義、一切智句とは佛の住處なり。【大日經六】に「於レ彼恒勤修二求一切智句一。」【義釋十四】に「句是住處義。一切智之住處。即是佛住也。」

イチサイチヱシヤ 一切智慧者 〔術語〕大日如來を稱す。【大日經一】に「一切智慧者。出二現於世間一。如二彼優曇華一。時時乃一現。」

イチサイニヨライ 一切如來 〔術語〕あらゆる如來。

一切如來寶 〔佛名〕胎藏界の曼陀羅、第六釋迦院の中に住む一尊なり。左手に蓮花を持し、上に如意寶珠あり。【秘藏記下、曼陀羅大鈔四】

（一切如來智印の圖）

一切如來智印 〔印相〕胎藏界の曼陀羅、第二遍知院の中。に位する三昧耶形なり。蓮華の上に三角形を作せしもの。

イチサイニヨライゲンシキニヨミヤウセウサマジ 一切如來眼色如明照三摩地 〔術語〕佛眼三摩地なり。大日如來此の三摩地に住して攝一切阿闍梨行位眞言を說く。【瑜祇經大閣梨經品】

イチサイニヨライ、コンガウセイカイ 一切如來金剛誓誡 〔術語〕如來三昧耶の本誓を云。【大疏九】に「結二三昧耶一者。即是必定師子吼。說二諸法平等義一故。立二大誓願一。當レ令二一切衆生得一如レ我故。欲下善爲二衆生一。開中淨知見上故。以レ此警二覺衆生及諸佛一故。是故此三昧耶。名爲二一、切、如、來、金、剛、誓、誡一。」

イチサイニヨライヂヤウ 一切如來定 〔術語〕大空三昧を稱す。【大日經一】に「正覺之等持。三昧證二知心一。非下從二異緣一得上。彼如レ是境界。一切如來定。故說爲二大空一。圓二滿薩婆若一。」【同疏六】に「彼如是境界。一、切、如、來、定者。如二大般若經說一。一切有レ心者悉有二佛性一。此佛性即名二首楞嚴定一。亦名二金剛三昧一。亦名二般若波羅蜜多一。佛佛道同。更無異路。若行人初發心時。能如レ是正觀二心佛性一者。亦即名レ入二如來定一。」

イチサイニヨライ、シヨシヤウインミヤウ 一切如來所生印明 〔印相〕又、三三昧耶攝百印と云、底哩秘密法中卷の所說、不動尊の印明なり。文に曰く此印名爲二功德母一。佛法僧 法住二其中一。請二善明王及本尊一。結二此秘印一皆雲集。以二此如來所生印一。想下爲二閼伽一奉中獻。諸佛菩薩諸尊賢聖上。供養念誦速得二成就一。此の印母の內傳金剛堅固內相傳は佛心即ち是れ五智五指を內心掌中に秘して敎令を外相に彰はすなり。口傳に云く、二空指二大掌中に入るゝは兩部の大日の智德秘

又人法二空の智者なり。二空の妙理に諸法の本源兩部の極智は衆德の總括なり、佛法諸寶住二其中一とは即ち此の意なりと、二地豎開橫慧豎開とは功德の母なり、世の萬物の地より出生する如く、一切の功德は皆菩提心の 𑖀 本不生の義地より生ず、今此義を表して二地二小豎て開くなり。【不動瑜伽要鈔】

イチサイニヨライ、シヨホフホンシヤウ、シヤウジヤウレンゲサンマイ　一切如來諸法本性清淨蓮華三昧　［術語］大日如來所入の西方妙觀察智の大智慧門の蓮華三昧を稱す。此に由て阿彌陀如來出生す。【攝眞實經上】

イチサイニヨライ、ニフサンマヤ、ヘンイチサイ、ムノウシヤウゲ、リキムトウサンマイリキミヤウヒ　一切如來入三昧耶偏一切無能障碍力無等三昧力明妃　［眞言］入佛三昧耶眞言の德名なり。「ムトウサンマヤミヤウヒ」を見よ。

イチサイニヨライ、ヒツヂヤウイン　一切如來必定印　［術語］菩提心の德名なり。一切如來菩提心を發すを以て必定成佛と爲せば之を稱して一切如來必定印を云。」【大疏五】に「次一偈。讃二嘆行人發菩提心功德一。即以二一切如必定印一。爲授二大菩提記一。」

イチサイニヨライ、フゲン、マカボダイサツタ、サンマヤ　一切如來普賢摩訶菩提薩埵三昧耶　［術語］大日如來の東方金剛手菩薩の出生する三昧耶なり【畧出註一】

イチサイニヨライ、ホウクワン、サンガイホフワウ、クワンヂヨウ　一切如來寶冠三界法王灌頂　［修法］【金剛頂經二】に「成二就一切如來金剛加持殊勝三昧耶智一。得二一切如來寶冠三界法王灌頂一。【同疏二】に「如來因位に在て三昧耶智曼荼羅に入るとき、阿闍梨弟子身中の本有の如來藏性を加持して修眞言行菩薩の法益を成ずるを以て、則ち持明乃至印可等の灌項の階位を傳授するに堪任す、此を以て初因と爲し、三密四智印相應するに由て、一切如來の灌頂寶冠を得て、究竟三界の法王と爲るなり。」

イチサイニヨライ、マカボダイ、コンガウケンラウ、フクウサイシヨウ、ジヤウジユ、シユジユジゴウサンマイ　一切如來摩訶菩提金剛堅牢不空最勝成就種種事業三昧　［術語］北方不空成就佛の三摩地を稱す。【攝眞實經上】

イチサイニンチユウソン　一切人中尊　［術語］毘盧遮那如來を稱す。【義釋十三】に「此上有二一切人中尊一。即是毘盧遮那也」。

イチサイフモンシン　一切普門身　［術語］四重法界を具足する偏一切身なり。【大疏八】に「供二養一切普門身一」

イチサイブツシンイン　一切佛心印　［印相］一切偏智印の異名なり。

イチサイブツセヱヒシヤウゲンイン　一切佛世依悲生顯印　［印相］「ブツゲンイン」に同じ。

イチサイブツチヤウリンワウ　一切佛頂輪王　［佛名］佛眼尊より流出する金輪佛頂なり、八輻輪を以て其の三昧耶形をなす、【瑜祇經】に「一切佛頂輪王。手持二八輻金剛寶輪一。」「ブツゲンブツモソン」を見よ。

イチサイブツチヤウリンワウ　一切佛頂輪王　［佛名］攝一切佛頂輪王の畧稱なり。

イチサイブツヱ　一切佛會　［術語］蓮華胎藏界會を稱す。【大疏十六】に「從二金剛智一出二生一切佛會一也」

イチサイヘンチイン　一切遍智印　［印相］三角形を云。是れ火の形にて智火を以て煩惱を燒く意なり。【大日經疏五】に「於二大日如來上一。畫二作一切遍智印一。作二三角形一。其銳向レ下。純白色。光焰圍レ之在二白蓮華上一。即是十方三世一切如來大勤勇印也。亦名二諸佛心印一也。三角是降伏除障義。謂佛坐二道樹一以二威德大勢一降二伏四魔一。得レ成二正覺一。鮮白是大慈悲色也。

イチサイホフ　一切法　［術語］又、一切萬法。一切諸法。共に萬有を總該するの稱。【智度論二】に「一切法。略說有二三種一。一者有爲法。二者無爲法。三者不可說法。此三已攝二一切法一」梵 Sarva-dharma

觀一切法空如實相　［雜語］菩薩の慧眼を以て一切法を空と如實相なりと觀ずるなり。【法華經安樂行品】の文。「菩薩觀二一切法一空。如實相。不二轉倒一。不レ動。不レ退。不レ轉。如二虛空一。無二所有性一。」空とは第一義空、中道空なり。如實相とは眞如實相、諸法實相なり。

一切法高王經　［經名］佛說一切法高王經。元魏瞿曇般若流支。譯、一卷。【寅帙八】(212)

一切法義王經　［經名］一切高王經の異名。

イチサイホフカイ、ケツヂヤウチイン　一切法界決定智印　［術語］毘盧遮那の眞言乃至天龍八部の眞言、皆悉く衆生をして法界に入る決定智を得せしむる法印なるを云。【義釋八】に「欲レ令三此中普皆成二就悉地果一故。更說二一切法界決定智印一」

イチサイホフカイジシンヘウ　一切法界自身表　［術語］表とは表現の義、一切法界の中に於て自の身表現して一切衆生をして知見せしむるを

云。【大日經五】に「法界生如來身。一切法界自身表。化雲偏滿。」【義釋十一】に「一切法界自身表者。謂能令ニ一切衆生悉知見一也。謂如來身表普現ニ色身一。如ニ彼大雲一。偏ニ於法界一。雲是偏滿義也。言化身之雲。偏ニ滿於法界一。偏ニ於十方世界一。不レ可ニ限量一也。」

イチサイホフシヤウカイイン　一切法生界印　［印相］三種三昧耶印中の法界生三昧耶印なり。

イチサイボサツシンゴン　一切菩薩眞言　［眞言］普通種子心眞言に同じ。【大日經持誦次第儀軌】

イチサイマンボウ　一切萬法　［術語］一切諸法に同じ。【宗鏡錄三】に「一切萬法。至理虛玄。」

イチサイマンモツ　一切萬物　［術語］一切萬法に同じ。【無量壽經下】に「於ニ一切萬物一。隨意自在。」

イチサイムシヤウホフインミヤウ　一切無障法印明　［印相］左右を刀印になして外に向け二頭指を側に著く。婆誐嚩帝蘇婆訶（世尊成就）【印田七】

イチサイムジヤウカクシヤク　一切無上覺者句　［眞言］百光偏照眞言の𑖪暗字を稱す。【大日經六】に「此一切無上覺者句。於ニ寺門尊處一諸佛所レ說心。」

イチサイルセフシユインキヤウ　一切流攝守因經　［經名］佛說一切流攝守因經の略後漢安世高譯、一卷。【昃帙八】（559）

イチサウ　一草　［雜語］一莖の草、微物を譬へて云。「一針一草。不レ得ニ故盜一。」

イチサウ　一相　［術語］物の一樣なる相。眞如一實の相。【法華經譬喩品】に「是皆一相一種、聖所ニ稱嘆一。」【維摩經弟子品】に「不レ壞ニ於身一。而隨ニ一相一。」【注】に「肇曰。萬物齊レ旨。是非同觀。一相也。然則身即一相。豈待ニ壞レ身滅一レ體。而後謂ニ之一相一乎。」

一相一味　［術語］一相は衆生の心體もと一實の眞如なるをいひ、一味は如來の教法一實の理を詮はすをいふ。【文句七上】に一相者。衆生之心。同一眞如相。是一地也。一味者。一乘之法。同詮ニ一理一。是一雨也。」【法華經義疏八】に「一相謂一實相。合ニ一地一也。一味謂一智味。合ニ上一雨一也。」

一相三昧　［術語］禪定の名【六祖壇經】に「若於ニ一切處一。而不レ住レ相。於ニ彼相中一。不レ生ニ憎愛一。亦無ニ取捨一。不レ念ニ利益成壞等事一。安間恬靜。虛融澹泊。此名ニ一相三昧一。」

一相無相　［術語］渾然として一相を現ずるものは無相なりとの意。【智度論廿七】に「一相所レ謂無相」

イチサウイチモク、カクイチイングワ　一草一木各一因果　［雜語］凡そ天地間に存在するものは皆其因ありて生じたるものにして、因果の理法によらずしては何物も生ずることなきを云ふ。⦿（太平記二四）「一草一木各一因果、山河大地同一佛性の故に講答既に理佛性を具すを許す。」

イチサウチ　一相智　［術語］諸法の一實の相を證悟する智なり。【智度論六】に「以ニ此方便一敎ニ諸弟子一入ニ一相智一。」

イチサウホフモン　一相法門　［術語］【文殊功德莊嚴經下】に「智上菩薩言く、文殊師利何の一相を以て法を說くや。文殊師利言く、善男子、所說の一法とは云何耶。智上菩薩答て曰く、文殊師利、蘊及び處界を見ず、亦無見に非ず、亦有見にも非ず、法に於て分別無く、亦分別する所無し、又法に於て積集を見ず、亦法に於て散失を見ず、是れ即ち名けて一相の法門と爲す㊀。師子勇猛雷音菩薩曰く、若し法性に於て法性に違はず、種々の分別是れ凡夫の法、是れ聲聞の法、是れ緣覺の法、是れ如來の法と分別せず一相に入る、謂く相を遠離するを、是れ即ち名けて第一相法門と爲す㊁。善見菩薩曰く、若し眞如を修行して而も眞如に於て思惟する所なく、亦此は是れ甚深なりと分別せず、是れ即ち名けて一相法門と爲す㊂。無盡辨菩薩曰く。諸法皆盡く究竟して盡る者乃ち無盡と曰ふ、一切の法不可盡と說く者、是れ即ち名けて一相法門と爲す㊃。善思惟菩薩曰く、若し思惟に於て不思惟に入り、彼の無所思無く、亦不可得、是れ即ち名けて一相法門と爲す㊄。離塵菩薩曰く、若し不染を究竟し、一切の相に於て染に所染なく、亦た愛せず、恚せず、癡せず、一を作さず、異を作さず、亦た作に非ず、亦た不作に非ず、取せず、捨せず、是れ即ち名けて一相法門と爲す㊄。娑蘗羅菩薩曰く、若し甚深の法に入て測り難きと大海の如し、而も正法に於て亦た分別せず、是の如きに住し、是の如きを說き、自に於て所思無く、他に於て所說無し、是即ち名けて一相法門と爲す㊅。月上童眞菩薩曰く、若し一切の有情を思惟し、平等にして月の如く、而も我及び有情を思はず、是の如く說く者、是れ即ち名けて一切法門と爲す㊆。摧一切憂闇菩薩曰く、若し憂慼に遇うて憂ふる所なく、憂箭に於て亦疲厭せず、云何が有情憂根を起さん、所謂我に於て若し平等に住する有らば、是れ即ち名けて一相法門と爲す㊇。無所緣菩薩曰く若し欲界を緣せず、色無色界を緣せず、聲聞獨覺の法を緣せず、佛法を緣せず、是の如く說く者、是れ即ち名けて一相法門と爲す㊈。普見菩薩曰く、若し法を說かば應に平等說たるべし、其平等とは所謂空性なり、空性に於て平等

を思惟せず、平等法に於て亦た所得無し、是の如く說く者是れ即ち名けて一相法門と爲す ㊉。三輪清淨菩薩曰く、夫の所說の法三輪違ひせず、云何が三と爲す、我に於て所得無く、聞に於て分別せず、法に於て所取無く此の如きを名けて三輪淸淨となす、是の如く說く者是れ即ち名けて一相法門と爲す (十一)。成就行菩薩曰く、若し一切の法を知て著せず、是の如く知り、是の如く說き、亦一字を說かず、所謂言說を離るゝが故に、若し是の如く一切法を說く、是れ即ち名けて一相法門と爲す (十三)。深行菩薩曰く、若し瑜伽を樂て一切の法を知れば則ち諸法に於て所見無し、彼に於て若は說、若は無說ならば、法に於て二無し、是れ即ち名けて一相法門と爲す (十四)。」【閱帙十二の八十七以下】

イチサツ　一拶　〔術語〕禪語。ひとあしらひ。師僧が弟子を試るなど。

一拶拶倒了　〔雜語〕ひとあしらひにあしらひ倒して仕舞ふこと。【碧巖三十五則著語】に「一拶拶倒了也。」「三昧なり。」

イチサンマイ　一三昧　〔術語〕物の一途になる

イチサン　一山　〔雜名〕寺院は多く山中に在るを以て一寺といふべきを一山ともいふ。但し一山の名は廣く一寺の稱は狹し。⊙(盛衰記)「一寺一山の和倚」

沙門一山　〔人名〕南禪寺の僧一寧、字は一山、宋國台州の人、「イチネイ」を見よ。

イチシ　一絲　〔人名〕丹州法常寺の僧、文守、字は一絲。「モンシユ」を見よ。

イチシウ　一州　〔人名〕上州雙林寺の僧、正伊、字は一州。「シヤウイ」を見よ。

イチシウキ　一周忌　〔行事〕又一回忌。死の當日より一年を周れる忌日。儒には小祥と名く。「ネンキ」を見よ。

イチシウカン　一周關　〔雜語〕一周忌に同じ。

イチシキ　一色　〔術語〕一の色。些細なることにいふ。

一色一香無非中道　〔雜語〕一色一香は些細なる物をいふ、此些細なる物までが盡く中道實相の本躰なりとのこと。是れ天台に立る空假中の三觀を以て一切諸法を照せる所、悟りの極處なり。【止觀一上】に「繫二縁法界一。一念二法界一。一色一香。無レ非二中道一。己界及佛界。衆生界亦然。」⊙(榮花)「一色一香中道にあらずといふことなし。」(新拾遺)色も香も實の法と聞きしより花に心の猶移るかな。」

一色一香の花　〔雜語〕⊙(太平記)の語。一色一香無非中道の花と云ふ意。

イチシキゲダウ　一識外道　〔流派〕人の身中に一の心魂あり、此が眼耳鼻舌身意の六根によりて外境を攀緣すること、恰かも六窓の室内に一の猿猴を畜ふるが如しと立つる外道。【行事鈔下】に「一識外道如二一室六局獨猴遍歷一。根亦如レ是。一識外道通遊。」

イチシクゲ　一四句偈　〔術語〕四句より成れる一の偈文。【心地觀經二】に「勸二諸衆生一。開三發此心一。以二眞實法一四句偈一。施二衆生一。使レ向二無上正等菩提一。是爲二眞實波羅蜜多一。」

イチシシユツケ、シチセブモジヤウブツダウ　一子出家、七世父母成二佛道一　〔雜語〕一家族中より、一人の僧若くば尼を出せば、其因緣は遠く七世の後に迄も及びて、皆佛門に入りて佛道を成ずるに至るとなり。⊙(曲、高野)「此生に此身を浮かめずば、何の時をか賴むべき、然るに一子出家すれば、七世の父母成佛すと云へり。」

イチシテンゲ　一四天下　〔界名〕須彌山の四方に在る四大洲を指していふ。東弗于逮、南閻浮提、西瞿耶尼、北鬱單越。「シユミ」を見よ。

イチシノハナ　一枝の花　〔雜名〕禪家の語にして金波羅華を云ふ。

イチシヤウクワスヰ　一生果遂　〔術語〕現在一生の間に三往生を經歷すると。第二十願には聞名係念の衆生が其の志願を果遂するは三生果遂の義を以て釋せらる。然るに眞宗には、今生に於て雙樹林下往生の要門より難思往生の眞門に轉入し、更に方便眞門を出でゝ難思議往生の弘願に歸入するは一生果遂なりと云ふ。

イチシヤウゴンサンマイ　一莊嚴三昧　〔術語〕諸法一味の相を觀得する三昧。【智度論四十七】

イチシヤウシヤ　一障者　〔術語〕又、自性と名く、本有の見修二惑無始無明に喩ふるなり。【瑜祇經第七品】に「時會中有二一障者一。不レ從二空生一。亦不下從二他方一而來上。忽然而現。諸菩薩各如二醉人一。不レ知下所二從來一處上。乃至時障者忽然現レ身。作二金剛薩埵形一。於二頂上一現二一金剛輪一。足下現二一金剛輪一。兩手中各現二一金剛輪一。又於二心上一現二一金剛輪一。徧身於レ光照三觸會中一。」此の五輪は心、左手、足下、右手、頂上、次第の如く中、東、南、西、北の五方五部にして五秘を表す、即ち中央は金剛薩埵、四方は即ち欲觸愛慢の四菩薩なり障者

此の五秘密を作るは無明即明の義を表示するなり。

イチシヤウシヨウネン、ザイカイヂヨ　一聲稱念罪皆除　〔術語〕一たび六字の名號、南無阿彌陀佛を稱へて憶念すれば、其廣大無邊の功德によりて、從來作りし、煩惱惡業は悉く除去せらるゝを得と云ふ意。【般舟讃】「利劍即是彌陀號、一聲稱念罪皆除」⊙（盛衰記、三九）「一聲稱念罪皆除と釋して、一聲も彌陀を唱ふれば、過現の罪皆のぞかる。」

イチシヤウシヨケイボサツ　一生所繫菩薩　〔術語〕一生補處菩薩に同じ。「ミロク」を見よ。

イチシヤウフシヨ　一生補處　〔術語〕「ミロク」を見よ。図、密教の釋義には、一とは一實の理にして初地菩薩の位に初て淨菩提心を得、此の一實より無量の三昧總持門を出生し、乃至第十地に至り、更に第十一地即ち佛地の法ありて轉生し以て佛處を補へば一生補處と名くるなり。【大疏六】に「今此經宗。言二一生一者。謂下從二一而生上也。初得二淨菩提心一時。從二一實之地一發二生無量無邊三昧總持尼門一。如レ是一一地中次第增長。當レ知亦爾。迄レ至二第十地一滿足。未レ至二第十一地一。爾時從二一實境界一。具三足發二生一切莊嚴一。唯少二如來一位一。未レ得二證知一。更有二一轉法性一生。即補二佛處一。故名二一生補處一。」　梵 Eka-jāti-prati-buddha

イチシヤウフシヨボサツサイシヨウダイサンマヤザウ　一生補處菩薩最勝大三昧耶像　〔圖像〕三十臂の彌勒菩薩を稱す。「ミロク」を見よ。

イチシヤウフボン　一生不犯　〔術語〕一生の間曾て戒律を犯し婬を行ずるとなきを云ふ。天台座主は必ず是の如き者ならざるべからずと。⊙（平家）に「一生不犯の座主、彼箱をあけて見給ふに、黃紙に書ける文一卷あり。」

イチシヤウニフメウカク　一生入妙覺　〔術語〕天台宗の所說。三論、唯識等の他宗の法門は、三大阿僧祇劫を經ざれは、佛位、即妙覺に至ることを得ず、然るに天台は圓頓の妙覺なるを以て、之を信じ、之を行ずれば、現在世中に於て、凡夫位より一躍直ちに妙覺の佛果に達することを得といふ。之を一生入妙覺と云ふ。⊙（野守鏡下）「天台の一生入妙覺、花嚴の三生成佛、禪宗の見性成佛」

イチシヤウノアクシン　一生の惡身　〔雜語〕一生涯の間、前生の惡因によりて、其に應ずべき惡報を受けたる身と云ふ意。⊙（太平記一九）「一念惡を發せば、一生の惡身を得」

イチシヤウノウチニウマルルレンゲ　一聲の內に生るる蓮華　〔雜語〕阿彌陀佛の功德を聞き、南無阿彌陀佛と一聲稱ふるうちに往生する極樂の蓮華と云ふ意なり。【觀無量壽經】「稱二南無阿彌陀佛一。稱中命終之時、見二金蓮華一。猶如二日輪一。住二其人前一。如二一念頃一。即得レ往二生。極樂世界一。於二蓮華中一。滿二十二大劫一」⊙（曲、誓願寺）「彌陀頼む、心は誰も一聲の、內に生まるゝはちすはの、濁にしまぬ心もて、何疑の有るべき。」

イチシヤクワウ　一叉鳩王　〔人名〕Ikṣvāku 甘蔗氏と譯す。【慧琳音義二十六】又日種善生と名づく、釋迦種族の祖先と稱せらる。印度河の流域たる浮陀落（褒多那 potala）城に治在したりと。

イチシウ　一宗　〔術語〕一の宗旨。又吾宗を指していふ。【西方要決】に「依二此一宗一」【輔行一之一】に「一宗敎門。文無二假以爲レ總者一。」【迦才淨土論】に「此之一宗。竊爲二要路一。」

イチシン　一心　〔術語〕萬有の實體眞如を云ふ。【止觀五上】に「一心具二十法界一。」又唯一すぢに信念の對象に心を集注して他に心の奪はれざるを云ふ。【止觀四下】に「一心者。修二此法一時。一心專志。更不二餘緣一。」【探玄記三】に「一心者。心無二異念一故。」【敎行信證文類三末】に「言二一念一者。信心無二二心一故曰二一念一。是名二一心一。一心則淸淨報土眞因也。」又、一心に事理の二あり。餘念なきは事の一心。實相に入るは理の一心。【觀音義疏上】に「一心歸憑更無二二意一。故名二事一心一也。乃至理一心者。達二此心自他共無。因不可得一。」

三界唯一心。心外無別法。心佛及衆生。是三無差別　〔雜語〕此四句一偈は八十華嚴三十七、十地品の意と及び同十の。「心如二巧畵師一。畵二種々五陰一。一切世界中。無二法而不一レ造。如レ心佛亦然。如レ佛衆生然。心佛及衆生。是三無二差別一。」との兩文に依て古德の作れるもの。意は「三界の事物は盡く一心より起り、心の外には別の事物なし、されば悟りの佛も迷ひの衆生も盡く源を一心に歸し、心佛衆生の三は差別なし」

一心合掌　〔術語〕心を一處に定めて合掌すること。合掌は一心を表す。「合掌」を見よ。【法華經信解品】に「右膝着レ地。一心合掌。」

一心歸命　〔術語〕心を一にして佛に歸順すると。【淨土論】に「世尊我一心歸二命盡十方無碍光如來一。願レ生二安樂國一。」

一心正念　〔術語〕心を一にし念を正して佛に歸すること。善導の【觀經疏四】に「西岸上有レ人

喚言。汝一心正念直來。我能護レ汝。」

一心稱名 【術語】心を一にして佛名を稱ふること。【法華經普門品】に「聞二是觀世音菩薩一。一心稱レ名。觀世音菩薩。即時觀二其音聲一。皆得二解脱一。」

一心專念 【術語】一心に專ら佛を念ずること。【往生論】に「心常作願一心專念。畢竟往二生安樂國土一。」善導の。【觀經疏四】に「一心專念二彌陀名號一。行住坐臥。不レ問二時節久遠一。念念不レ捨者。是名二正定之業一。」

一心念佛 【術語】一心に佛を念ずること。【法華經安樂行品】に「不三獨入二他家一。若有二因緣一。須二獨入一時。但一心念レ佛。」

一心不亂 【術語】心を一にして散亂せざること。【阿彌陀經】に「執二持名號一。若一日乃至若七日。一心不亂。」慈恩の【阿彌陀經疏】に「一心不亂者。專注無散也。」

一心の迷 【雜語】我が心の迷と云ふ意。⦿(曲、安達原)五道六道にめぐること、唯一心の迷なり。」

一心欲見佛。不自惜身命 【雜語】二句歌題。【法華經壽量品】の偈文。「衆生既信伏。質直意柔輭。一心欲レ見レ佛。不三自惜二身命一。時我及衆僧。倶出二靈鷲山一。」⦿(新續古)「入月をしたふ心の誠あらば二度てらす影はみてまし。」(山家集)「鷲の山誰かは月を見ざるべき心にかゝる雲しなければ。」(玉葉)「月影の入るさへ人の僞なれば光見ねども賴まざらめや。」

一心金剛寶戒 【術語】天台宗に相傳する菩薩戒の名。梵網經に依て此稱を立つ。又圓頓戒と名く。戒相は梵網の十重四十八輕戒のみ。【梵網經下】に「我本盧舍那佛心地中初發心中常所レ誦。一戒光明。是一切佛本源。一切菩薩本源。」

一心敬禮 【術語】一心に三寶を敬禮すること。【法華懺法】の初に「一心敬禮十方一切常住佛。一心敬禮十方一切常住法。一心敬禮十方一切常住僧。」⦿(盛衰記)「一心敬禮の音澄めば。」

一心頂禮 【術語】一心に頭面して禮拜すること。【觀音懺法】に「一心頂禮本師釋迦牟尼世尊。」

一心戒文 【書名】三卷、別當大師光定作。

イチシン 一眞 【術語】又一如とも。一實とも云ふ。共に絕待の眞理を云ふ。一とは二に對する一にあらず、平等不二の故に一と云ふ、眞とは虛妄を離るゝ義、所謂眞如。

一眞法界 【術語】華嚴宗に用る極理の稱。猶天台家に諸法實相の語を用る如し。【唯識論九】に「勝義勝義。謂一眞法界。」【華嚴大疏】に「往復無際。動靜一言。含二衆妙一而有レ餘。超二言思一而逈出者。其唯法界歟。」【大疏鈔一】に「以二一眞法界一。爲二玄妙體一。」言ふこゝろは事事物物。一微一塵盡く一眞法界と定るなり。其體絕待なれば一と云ひ、眞實なれば眞と云ひ、一切萬法を融攝すれば法界といふ。是れ華嚴經一部の主意。【三藏法數四】に「無二曰レ一。不妄曰レ眞。交徹融攝。故曰二法界一。即是諸佛平等、法身。從レ本以來。不生不滅。非空非有。離名離相。無內無外。惟一眞實。不可思議。是名二一眞法界一。」

一眞地 【術語】一眞法界の理を悟りたる位。【四十二章經】に「視二平等一如二一眞地一。」道沛の【註】に「平等視二衆生一。如二一眞地一。」以二一眞法界一絕二自他一也。」

一眞無爲 【術語】一眞法界の體は無爲自然なり。【楞嚴經八】に「淸淨無漏。一眞無爲。性本然。」長水の【義疏】に「體即眞如。無漏淸淨一眞法界。此法界體。具二如レ是無方妙用一。故云二本然一。」

イチシンギ 一心義 【流派】淨土十五流の一。悟阿の立つる所。三國佛祖傳集卷下に、悟阿彌陀佛は一心義を立つとあり、其の義詳ならず。傳燈總系譜卷下に悟阿は東大寺知足院に住し、深く淨土に歸し、亦本願亦非本願を立つと云へり。

イチシンサンクワン 一心三觀 【術語】此は天台宗の觀法なり。凡そ何れの宗にも敎觀二門とて、敎相と觀心との二門あり。敎相とは釋迦一代の敎法を自己の宗義より分別判斷するをいひ、觀心とは自宗に立る眞理を觀念するを云ふ。即ち天台宗の如きは五時八敎は敎相門にして、此一心三觀は觀心門なり。一心三觀とは吾人介爾の一心は即空即假即中なりと觀ずるを云ふ。蓋し諸法悉く三諦の理を具すれば、一微塵の色も一微塵の香も皆此三諦を觀ずべし、但吾れに最も手近なるものに就て日常の心念を取るなり、故に一心と云ふなり。而して是れ圓敎の三觀なり。若し別敎に在りては三諦隔歷する故に隨て三觀次第するなり。「サンタイ」を見よ。

イチシンシヨウミヤウノニクノゲ 一心稱名二句偈 【術語】【法華經觀世音菩薩普門品第二十五】の初に「一心稱名觀世音菩薩。即時觀二其音聲一皆得二解脱一」とある文句を云ふ。⦿(太平記、三)「盾の守に矢當りて一心稱名の二句の偈に矢先留りけるこそ不思議なれ。」

イチジ 一字 【術語】一の文字。名の極少。【倶舍論世間品】に「極微字剎那。色名時極少。」【光記十二】

に「析レ名至二一字一。爲二名極少一。」【大方廣師子吼經】に「法唯一字。所謂無字。」

一字不説 〔術語〕佛は八萬四千の法を説けども、佛自證の法は言説を以て説くべきにあらず、又説く所の諸敎は本來法性のありのままにて佛の創説にあらず、此義にて一字不説といふ。【四卷楞伽經三】に「我從三某夜得二最正覺一。乃至某夜入二般涅槃一。於二其中間一。乃至不レ説二一字一。」【七卷楞伽經四】に「大慧菩薩摩阿薩。復白レ佛言。世尊。如二世尊説一。我於二某夜一。成二最正覺一。乃至某夜當レ入二涅槃一。於二其中間一。不レ説二一字一。亦不二已説一。亦不二當説一。不説是佛説。世尊依二何密意一。作二如レ是語一。佛言。依二二密法一故。作二如レ是説一。云何二法。謂自證法。及本住法。云何自證法。謂諸佛所證。我亦同證。不增不減。證智所レ行。離二言説相一。離二分別相一。離二名字相一。云何本住法。謂法本性。如二金等在一レ鑛。若佛出世。若不二出世一。法住二法位一。法界法性。皆悉常住。」【金剛經】に「須菩提。於レ意如何。如來有二所説法一不。須菩提白レ佛言。世尊。如來無二所説一。」【同經】に「若人言二如來有二所説法一。即爲レ謗レ佛。」

一字禪 〔術語〕雲門人を接するに、好んで一字を説く、一字禪と云ふ。【碧巖六則評唱】に「雲門尋常。愛説二三字禪一。顧鑒咦。又説二一字禪一。僧問。殺レ父殺レ母。佛前懺悔。殺レ佛殺レ祖。向二什麼處一懺悔。門云。露。又問。如何是正法眼藏。門云。普。」【大慧語錄十】に「一字入二公門一。九牛拽不レ出。」

知之一字 〔術語〕唐の宗密、荷澤より受けて悟入する所。知の一字、吾人の心性を説破して餘蘊なきをいふ。宗密の【禪源都序上之二】に「諸法如レ夢。諸聖同説。故妄念本寂。塵境本空。空寂之心。靈知不昧。即是空寂之知。是汝眞性。任レ迷任レ悟。心本自知。不レ藉レ縁生。不レ因レ境起。知之一字。衆妙之門。」【同上之二】に「六代相傳皆如レ此也。至二荷澤時一他宗競播。欲レ求二默契一。不レ遇二機縁一。又思二達磨懸係之記一。恐二宗旨絶滅一。遂明二言知之一字衆妙之門一。」

善解一字 〔術語〕一字は律字を指す、戒相種々あれ共律の一字を解得すればたるの意。【涅槃經三】に「善學二戒律一。不レ近二破戒一。見レ有二所行隨一順戒律一。心生二歡喜一。如レ是能知二律法所作一。善能解説。是名二律師善解一字一。」【四分律資持記下三之四】に「一字即律字。以二律訓レ法。總合二大小開遮重輕一。故雖二博通一。指二歸一字一。」

一字三禮 〔術語〕經文を書くに一字毎に三たび三寶を禮拜すること。⦿(盛衰記)「一字三禮の一日經を書き。」

一字五反孔雀經 〔修法〕御修法の名 孔雀經を一字毎に五反づゝ讀む法。

一字金輪法 〔修法〕御修法の一。具さには一字金輪佛頂法。金輪佛頂は尊躰の名。「ボロン」といへる一字を以て眞言となす、故に一字金輪といふ。是れ五佛頂尊の一。之を金輪といふは、一は佛頂尊は佛智の至極にして一切功德の中に最勝最尊なること輪王の大勢力を具ふる如し。一は此尊の頂に肉髻の形あり、其上更に髮髻あり、形ち輪王の如くなれば名く。【大日經疏五】に五佛頂を明して「此是釋迦如來五智之頂。於二一切功德中一。猶如三輪王具二大勢力一。其狀皆作二轉輪聖王形一。謂頂有二肉髻形一。其上復有二髮髻一。即是重髻也」。經軌は下の如し。一字奇特佛頂經三卷(1023)、一字頂輪王念誦儀軌一卷(1024)、菩提場所說一字頂輪王經五卷、一字佛頂輪王經六卷、一字頂輪王瑜伽經一卷、金輪王佛頂要略念誦法一卷(1401)金剛頂經一字頂輪王瑜伽一切時處念誦成佛儀軌一卷、大陀羅尼末法中一字心咒經一卷(541)【閏帙五六】《第五圖參照》

一字金輪佛頂法 〔修法〕一字金輪法の具名。

一字佛頂眞言與佛眼眞言 〔眞言〕【一字佛頂輪王經】に「即説一字佛頂輪王呪一曰、娜莫〔歸命〕糝曼陀勃馱喃〔普遍諸覺者〕勃琳〔種子〕。」次に世尊佛眼咒を説て曰く。「大善男子。若所在方處持二此佛頂咒一者。五百由繕那出世世間一切咒王悉無二成住一。乃至十地一切諸大菩薩。亦怖二是咒威德神力一。何况諸天小威力者。若常誦二是一字佛頂輪王咒一時。每當下先誦二此佛眼咒一七編。滿已又乃安誦二是一字佛頂輪王咒一時數畢已。又誦二佛眼呪一數一七偏上。則得二安穩一無二諸嬈惱一。」【眞言修行鈔二】に「一切の散念誦の初に佛眼眞言を誦すること三部の佛母なるが故なり、大金剛輪の眞言は補闕分の故に最後に之を誦す、又一字金輪眞言は悉地成就の呪なるが故に之を誦す、但だ一字咒の功德餘咒に勝るが故に餘咒の威光皆隱る、故に一字咒の後に密に佛眼咒を誦すると七偏なり、鴆鳥海に入れば鱗類悉く死す、時に犀角入れば必ず蘇生す、故に儀軌中に佛眼呪を犀角に譬ふ、故に深密の口傳に一字の後に密に佛眼眞言七偏を誦すと。」

一字業 〔術語〕菩提道場所說一字頂輪王經を修習する行業。遮那業六種の一。台家の六祖智證大師の奏請して設る所。【台宗學則上】

一字輪王咒 〔眞言〕金輪佛頂尊の咒文、

Bhrūṁ「ボロン」【密咒圓因往生集】

一字佛頂輪王經 〔經名〕 唐の菩提流支譯、六卷。【閲帙六】(753)

一字頂輪王經 〔經名〕 菩提流支譯、同上。

一字經 〔經名〕 菩提道場所説一字頂輪王經の略稱。

イチジイチセキ 一字一石 〔物名〕 法華經を一字づゝ一箇の石に書寫して地中に埋め塚を築くを云ふ。攝津經の島はこの經石を以て清盛が築きたりと云ふ。又此の上に建てたる塔を一字一石塔と云ふ。山城竹田の安樂壽院の塔これなり。

イチジキ 一食 〔術語〕 十二頭陀行との一。「ヅ」を見よ。

イチジツ 一實 〔術語〕 眞如のこと、一は平等の義、この平等の實相を名けて一實と云ふ。【三藏數四】に「一實諦。謂一實相中道之理也。無レ有二虚妄一。無レ有二顚倒一。名二一實諦一也。」【四教義一】に「諸佛菩薩之所二證見一。審實不虚。謂レ之爲レ諦。」

一實乘 〔術語〕 一實の敎法。敎法人を乘せて涅槃の岸に到らしむれば乘と名く。即ち一實の理を説く敎法⊙(盛衰記、三二)「妓樂も講唱も、一實乘に混じて」

一實相 〔術語〕 實の相。一の實相。箇々雜多の現象を一貫統一せる眞理 ⊙(新後撰)「七寶寶樹の風には一實相の理をしらべ」

一實觀 〔術語〕 一實の觀法。【寶積經百十二】に「百千萬劫久習結業。以二一實觀一即皆消滅。」

一實相印 〔術語〕 一の實相印。諸法實相の一法印。三法印に對して諸法實相の一理をいふ。【法華經方便品】に「無量衆所レ尊。爲説二實相印一。」嘉祥の【疏四】に「爲レ人説二於實相一。印二定諸法一。」【三藏法數四】に「一實相者。謂眞實之理。無二無別。離二諸虚妄之相一也。印者信也。蓋如來所説諸大乘經。皆以二實相理一。印二定其説一。外道不レ能レ雜。天魔不レ能レ破。若有二實相印一。則是佛説。若無二實相印一。則是魔説。」「イチホフイン」を見よ。

一實境界 〔術語〕 一實の悟の境界。【占察經下】に「一實境界者。謂衆生心體。從レ本以來。不生不滅。自性清淨。無障無碍。猶如二虚空一。」【往生要集中本】に「此一實境界。即是如來法身也。」

一實無相 〔術語〕 一實の妙體は絶待不二にして諸の虚妄の相を離るれば一實無相と云。方圓の相なきが水の妙體なる如し。是れ即ち諸法の實相。【無量義經】に「無量義者。從二一法一生。其一法者。即無相也。」

一實無相の開顯 〔術語〕 佛、靈鷲山に在て法華經を説き、此一實無相の理を開顯すること八年。⊙(太平記)「一實無相の開顯八箇年。」

一實圓頓 〔術語〕 法華の敎旨を讃嘆せしもの。一實の理に圓頓の功德を具するを云。圓頓は圓滿頓速の義。功德圓滿し、成佛頓速なること。⊙(太平記)「一實圓頓の花。」「即ち法華經。⊙

一實圓乘 〔術語〕 一實圓頓の旨を明す敎法、

一實の圓宗 〔流派〕 一乘實相の敎法を説ける無礙圓滿の宗旨にして、天台宗を云ふ。⊙(盛衰記八)「掌一實の圓宗に合せ」

三權一實 〔術語〕 天台宗に立る藏通別圓の四教の中、前の藏通別を三權とし、後の圓教を一實とす。【玄義七上】に「因中則有二三權一實一。在レ果則四實而無レ權。」【四教儀集注上】に「設二三種權一。扶二一圓實一。」

本願一實 〔術語〕 如來の本願は即ち一實の理。【教行信證文類三本】に「道者即是本願一實之直道。」

眞如一實 〔術語〕 眞如は即ち一實の理。【教行信證文類三本】に「眞如一實之信海。」

一實慈悲。求レ子不レ得。中二止一城一。伺二窮子之機一。父子相見後。初脱二瓔珞之衣一 〔雜語〕 法華經信解品の長者窮子を求むる喩の大意を述べしもの。一實の慈悲は一乘眞實の慈悲にて、如來の大悲、即ち長者に當てゝいふ、「求子不得中止一城」は二句經典の文。長者吾子の他國に漂流するを求めて得ず、中途にして一城に止まるをいふ。「伺窮子之機」は困窮せる吾子の漸々衣食を、求めて本國に還り來るを伺ひ知るをいふ。「父子相見後」は一城にて父子再會せしも、彼窮子は是の長者の實の父なることを知らず、父の威嚴に怖れ、動もすれば遁走せんとするを以て、父は態と上妙の衣を脱して粗弊の服を着し、以て其子に近づくをいふ。經に「譬若下有レ人。年既幼稚。捨レ父逃逝。久住二他國一。乃至其父先來。求レ子不レ得。中二止一城一。其家大富財寶無量。乃至貧窮子。遊二諸聚落一。經二歷國邑一。遂到二其父所レ止之處一。乃至其父見レ子。愍而怪レ之。乃至即脱二瓔珞細軟上服嚴飾之具一。更着二麁弊垢膩之衣一。塵土坌レ身。右手執二持除糞之器一。狀レ有レ所レ畏。語二諸作人一。汝等勤作。勿レ得二懈息一。以二方便一故。得レ近二其子一。」

イチジツ 一實 〔人名〕 淨土宗の僧、字は廓山。初雲譽上人、後に普光國師に就て淨土門を學び慶長十三年、鈞命を蒙り日徒と法戰して之を墮負せしめ、

「グウジ」を見よ。

元和八年増上寺に住す。寛永二年八月、五十四にて寂す。【續日本高僧傳二】

イチジツシンドウ　一實神道　〔流派〕傳敎大師、山王の神授に依て法華一實の旨に基づき、神佛同體の義を立てしもの。眞言には之を兩部神道といふ。【天台史略下】に「噴出記に曰く。延暦十年。山王權現レ神。以二一實神道一授二最澄法師一。最澄即以二是法一奉レ授二桓武天皇一。以來皇朝世世御相承。天皇御即位。必行二此法一云云。近くは慈眼大師天海僧正之を後水尾天皇より相承して德川將軍家康公に授く。」【山王一實神道秘錄四】に「一實神道は山家要略を以て示す事なり。乃至山家要略とは山門記家の密記にて傳敎慈覺より慈慧大師の後までの諸師の嘉言善行を書載たる書也。」（山王一實神道秘錄四卷、山王一實神道源五卷）

イチジフシントク　一字布身德　〔術語〕「大日經悉地成就品及び轉字輪品所說なり。阿の一字を以て身の一切處に布くなり。【註轉字輪品】に「或一切阿字。髮髻金色光。住二白蓮華臺一。等二同於仁者一。」【演奥鈔四十三】に「或一切阿字者。謂以二阿一字一偏ニ布金身一。爲二一曼茶羅一也。」

イチジヤウ　一成　〔術語〕一人の成道。或は一事の成就。

一成一切成　〔術語〕一人の成道は萬人の成道。一事の成就は萬事の成就。一切例して然り。之を事事無礙法界と名く。華嚴經の所明。【華嚴大疏二】に「有分之事。全同二無分之理一、故一小塵即偏二法界一。乃至出現品云。如來成二正覺一時。於二其身中一。普見三一切衆生成二正覺一。乃至理偏レ事故。一成一切成。」

イチジヤウ　一城　〔譬喩〕小乘の涅槃を城に譬ふ。【法華經化城喩品】に「以二方便力一。於二險道中一。過二三百由旬一。化二作一城一。」【文句七下】に「防レ非禦レ敵。稱レ之爲レ城。」

イチジヤク　一寂　〔術語〕寂滅の一理をいふ。【五敎章上】に「一相一寂。」【冠註】に「一相一寂。即一事一理。」【止觀大意】に「於二一寂理一。不分而分。」

イチジユ　一樹　〔雜語〕

一樹の下　〔雜語〕一河の流に同じ人生の萬事他生の因緣にあらざるなきを云ふ。【說法明眼論】に「或坐二一國一。或住二一群一。或處二一縣一。或處二一村一。宿二一樹下一。汲二一河流一。一夜同宿。一日夫婦。一所聽聞。暫時同道。半時戲笑。一言會釋。一坐飮酒。同杯同酒。一時同車。同疊同坐。同牀一臥。輕重有レ異。親疏有レ別。皆是先世結緣。」◉（平治）「一樹の下に住み、同じ流を渡るも、此世一世の事ならず。」

イチジヨウ　一乘　〔術語〕成佛する唯一の敎。乘は車乘にて佛の敎法に譬ふ。敎法人を載せて涅槃の岸に運べば乘と名く、法華經は此一乘の理を說けるもの。【法華經方便品】に「十方佛土中。唯有二一乘法一。無レ二亦無レ三。除二佛方便說一。」【同品】に「諸佛如來。以二方便力一。於二一佛乘一。分別說レ三。」【同品】に「唯此一事實。餘二則非レ眞。」【文句四上】に「圓頓之敎。爲二一佛乘一。」【勝鬘經】に「一乘即是第一義乘。」【勝鬘寶窟上本】に「一乘者。至道無二。故稱爲レ一。運用自在。目レ之爲レ乘。依二法華論一。此大乘修多羅。有二十七種名一。第十四名二一乘經一。」【起信論義記上】に「乘者就レ喩爲レ稱。運載爲レ功。」◉（枕草子）「二三にてはしぬともあらじ、一にてをはらんなどいへば、一乘の法なりと人々わらふ。」

一乘法　〔術語〕一佛乘の御法。即ち是れ法華の敎義。◉（大鏡）「二もなく亦三もなく、一乘法の如し。」

唯有一乘法無二亦無三　〔術語〕二句歌題。有名なる法華の句にして古印度哲學の Eka-m eva advitiyaṁ（唯一つありて二なし）と對稱せらる。眞理は唯一無二なるを指す、即ち佛の敎法の眞意は大乘無上の一道に極し、他は方便權門の法なりと示せるなり。◉（新古今）「いづくにも我法ならぬ法やあると空ふく風にとへど答へぬ。」（拾玉集）「いづかたも殘さず行て尋ぬとも花は御法の花ばかりこそ。」（新後撰）「春はたゞ花をぞ思ふ二なく三なき物は心なりけり。」（寶物集）「二つなく三つなき法ときゝつれば五つの障あらじとぞ思ふ。」

一乘の法門　〔術語〕一乘の法は佛地に入る門戶なれば法門といふ。即ち法華經の所說。

一乘圓宗　〔流派〕天台宗の美稱。彼の宗一乘圓頓の妙義を弘宣すればなり。◉（盛衰記）「一乘圓宗の御師範。」

一乘弘宣の時　〔雜語〕釋尊靈鷲山にて法華經を說く時。◉（盛衰記）「釋尊出世の昔、一乘弘宣の時。」經に四十餘年未顯眞實と云ふ故世尊七十歲より後を指す。

妙法一乘　〔術語〕一乘を嘆美して妙法といふ。◉（榮花）「妙法一乘の經典。」

圓頓一乘　〔術語〕一乘の法に圓頓の德を具ふるをいふ。【和讚】に「本願圓頓一乘。」

一乘究竟敎　〔術語〕一乘の法は一代敎中、究意至極の敎なればいふ。即ち法華經のこと。

一乘經　〔經名〕法華經のこと。此經は主として一乘法を明かせしもの。◉（著聞集）「左の手に一乘經をもつ。」

一乘妙典 〔經名〕一乘の理を明かす妙典。法華經のこと。

一乘の妙文 〔經名〕法華の經文。

一乘妙法の首題 〔雜語〕法華經の題目。妙法蓮華經の五字。⦿（盛衰記）「一乘妙法の首題も八葉の蓮華なり。」

一乘讀誦 〔雜語〕法華經を讀誦すること。

一乘讀讃 〔雜語〕法華經を讀誦讃嘆すること。⦿（盛衰記）「一乘讀誦の精合。」⦿（太平記）「一乘讀讃の論義。」

一乘の機 〔術語〕一乘法を開くべき根機。

一乘菩提 〔術語〕一乘眞實の菩提にて二乘三乘方便の菩提にあらず。⦿（著聞集）「一乘菩提の道に入らせ給ひ。」（十訓抄）「一乘菩提。」（一葉とあるは非）

一乘の珠 〔譬喩〕妙法一乘を珠に譬ふ。⦿（榮花）【法華經五百授記品】に出づ「珠」の部に引く。

一乘圓融の珠 〔譬喩〕法華一乘の敎法には萬德を圓滿し融會すれば圓融とふ。⦿（盛衰記）「一乘圓融珠を磨き。」「衣の裏に一乘の珠をかけ。」

一乘一味 〔雜語〕一乘の敎味は唯一不二なれば一味といふ。⦿（盛衰記）「一乘一味の法門。」

本願一乘 〔術語〕彌陀の本願は一乘の法なるをいふ。本願にて一切衆生を盡く成佛せしむればなり。【愚禿鈔】に「本願一乘。頓極頓速。圓融圓滿敎者。絕對不二之敎。一實眞如之道也。」

一乘八講 〔儀式〕法華の八講をいふ。【元亨釋書三】に「熊山一乘八講。」

一乘醍醐の法花の妙文 〔雜語〕法華經をいふ。法華を醍醐に譬ること「ダイゴ」を見よ。【往生至要抄上】に「一乘醍醐の妙文には。」

一乘圓融之嶺 〔地名〕叡山をいふ。⦿（扶桑略記二十九）「一乘圓融之嶺。開顯之花春鮮。」

一乘院 〔寺名〕南都興福寺内に在りて、大乘院に對峙し、共に門跡地。大乘院と代る〴〵寺務職を勤む。天平寶字元年慈訓僧都に創まる。【大和名所圖會二】

一乘止觀院 〔寺名〕叡山根本中堂の名。一乘の止觀を修する院なれば名く。

一乘要決 〔書名〕三卷、慧心僧都の作。

イチジヨウジマツリ 一乘寺祭 〔儀式〕三月五日之を行ふ、八大天王の社、洛北一乘寺の東にあり、祭る所祇園三社の中の八王子なり、土人產土の神とす、祭る神三神共に今日も祭禮あり。一乘寺の村人烏帽子素袍を着て各々襷をかけて高聲に有幸々々と呼びて神幸をすゝむ。一說に宵宮競馬七番ばかりあり、宵には馬場において走馬し、當日は旅所において村民是に乘る、神鉾出づ。

イチジヨウケンシヤウケウ 一乘顯性敎 〔術語〕圭峯所立五敎の一「ゴケウ」を見よ。

イチジン 一尋 〔雜名〕尺度の名。八尺を尋といふ。【無量壽經下】に「諸聲聞衆。身光一尋。」

イチスヰ 一吹 〔雜語〕劫滅の大火に對する人間の一吹にして極めて弱少なる力を指す【佛藏經上】に「譬如劫盡大火燒時。人以一唾能滅此火。又以一吹還成世界及諸天宮。於意如何。爲希有不。」

イチスヰシケン 一水四見 〔譬喩〕「イチシヨシケン」見よ。

イチセウコフ 一小劫 〔術語〕一の小劫。一增又は一減の間を一小劫といふ是れ新譯家の說。又、一增一減を合して一小劫といふ。是れ舊譯家の說。【法華經化城喩品】に「諸佛法不現在前。如是一小劫乃至十小劫。」「コフ」を見よ。

イチセキガン 一隻眼 〔術語〕眞正に物を見る一箇の眼。【碧巖八則垂示】に「具一隻眼。可以坐斷十方。壁立千仞。」

イチセツ 一刹 〔術語〕Kṣetra 一の國土。刹は掣多羅の略、譯、土田。一佛濟度の境、三千大千世界を以て一刹とす。【名義集七】

イチセツタシヤウ 一殺多生 〔術語〕一人を殺して多人を生かすと。【行願品疏鈔五】に報恩經の文を引て一殺多生の因緣を明かせり。【報恩經七】に「有一婆羅門子。聰明黠慧。受持五戒。護持正法。婆羅門子緣事他行。有五百人。共爲徒侶。前至嶮路。五百群賊。常住其中。賊主密遣一人。歷伺諸伴。應時欲發。爾時賊中復有一人。先與是婆羅門子。親善知識。故先來告語。爾時婆羅門子。聞此語已。譬如人噎。既不得咽。又不得吐。欲告語伴。懼諸伴害此一人。若害此人。懼長諸伴沒三惡道。受無量苦。若默然者。賊當害伴。若害諸伴。賊墮三惡道。受無量苦。作是念已。我當設大方便。利益衆生。三惡道苦。是我所宜。思惟是已。即便持刀斷此賊命。使諸同伴安隱無爲。」（略抄）【菩提心集下】に「一を殺して十を生くといふ事もあり」

イチセツナ 一刹那 〔術語〕Kṣaṇa 一の刹那。時の極少。【俱舍論十二】に「極微字刹那色名時極少。」【仁王經上】に「九十刹那爲一念。一念中一刹那。經九百生滅。」【俱舍論十二】に「何等名爲刹那量。衆緣和合。法得自體頃。或有動法。行度一極微。對法諸師說。如壯士一疾彈指頃。六十五刹那。如是名爲一刹

那量。」【無性攝論六】に「處レ夢謂レ經レ年。寤乃須臾頃。故時雖二無量一。攝二在一剎那一。」⊙（太平記）「石火の光の中の一剎那。」

イチセツブ　一說部　〔流派〕 Ekavyavahārika 小乘二十部の一。一切の事物は唯言說のみありて實體なしと立つれば一說部といふ。佛滅後二百年の中に、大衆部の中より分立す。【宗輪論述記上】

イチセン　一瞻　〔雜語〕 一度目に見ること。

一瞻一禮諸神祇。正受蛇身五百度。現世福報更不來。後生必墮三惡道　〔雜語〕 ⊙（盛衰記）に引用。七言四句の偈文。「一たび邪惡の神祇を瞻仰し禮拜せしものは五百生の間蛇身を受くべく又現世には福報更に來らず、未來は必ず三惡道に墮すべし。」出所未詳。

イチセンイチタイノホトケ　一千一體佛　〔圖像〕 後白川上皇の祈願としたまひし、京都、蓮華王院（三十三間堂）には千手觀音の坐像を本尊とし、堂內の左右に、同じく觀音の立像を安置す、此一體の坐像と、千體の立像とを合すれば一千一體となる。故に之を一千一體の佛とは云ふなり。⊙（平家一）「三十三間の御堂を建て、一千一體の御佛をすゑ奉る。」

イチセンダイ　一闡提　〔術語〕 Icchāntika 成佛の性なきもの。舊稱、一闡提。譯、不信。佛法を信ぜざる義。【涅槃經五】に「無信之人。名二一闡提一。一闡提者。名二不可治一。」【同五】に「一闡提者。斷二滅一切諸善根本一。心不レ攀二緣一切善法一。」【同十九】に「一闡提者。不レ信二因果一。無レ有二慚愧一。不レ信二業報一。不レ見二現及未來世一。不レ親二善友一。不レ隨二諸佛所說敎戒一。如レ是之人。名二一闡提一。諸佛世尊。所レ不レ能レ治。」【同二十六】に「一闡提名レ信。提名二不具一。不レ具レ信故。名二一闡提一。」【涅槃經疏十】に「古來云。闡提具含二衆惡一。不レ知二的翻一。唯河西翻爲二極欲一。言極二愛欲之邊一。此即於二總惡之內一。取二一事一爲レ翻。例如下涅槃名含二衆德一。亦無二的翻一。而翻爲二滅度一者。亦是總中取二此一事一爲上翻」。新稱、一闡底迦。譯、樂欲。生死を樂ふ義。「阿顚底迦」の部に引く。又、一顚迦。【楞嚴經六】に「是一顚迦銷二滅佛種一。如三人以レ刀斷二多羅木一。」長水の【義疏】に「一顚迦。即斷二善根一者。」

二種の一闡提　〔名數〕 一は一切の善根を斷絕せし極惡人の不成佛。一は一切衆生を濟度せんとする大悲菩薩の不成佛。共に一闡提と名く。【入楞伽經二】に「一闡提者。無二涅槃性一。乃至一闡提者。有二二種一。何等爲レ二。一者焚二燒一切善根一。二者憐二愍一切衆生一。作下盡二一切衆生界一願上。大慧。云何焚二燒一切善根一。謂謗二菩薩藏一。作二如レ是言一。彼非下隨二順修多羅毗尼解脫一說上。捨二諸善根一。是故不レ得二涅槃一。大慧。憐二愍衆生一作下盡二衆生界一願上者。是爲二菩薩一。大慧。菩薩方便作レ願。若諸衆生。不レ入二涅槃一者。我亦不レ入二涅槃一。是故菩薩摩訶薩。不レ入二涅槃一。」

謗法闡提　〔術語〕 二種の中第一種の者に名く。

斷善闡提　〔術語〕 亦二種闡提中第一種のものに名く。大乘法を誹謗するに依て、身に具する一切の善根を斷滅し之が爲に一闡提となるもの。

大悲闡提　〔術語〕 此は第二種の人に名く。大悲の誓願を以て一切衆生を濟度し盡くして後に成佛せんと欲する故に、已れ成佛の期なし、何となれば衆生盡く成佛の期なければなり、依て亦一闡提と名く。

一闡提杖　〔雜名〕 【涅槃經三十八】に「是經能爲二一闡提杖一。」

イチセンテイカ　一闡底迦　「イチセンダイ」を見よ。

イチセンニヒヤクノクドク　一千二百功德　〔名數〕 六根淸淨の功德なり。【法華經法師功德品】に「若善男子。善女人。受二持是法華經一。若讀若誦。若解說。若書寫。是人當レ得二八百眼功德。千二百耳功德。八百鼻功德。千二百舌功德。八百身功德。千二百意功德一。以二是功德一。莊二嚴六根一。皆令二淸淨一。」

イチゼンダウ　一箭道　〔雜名〕 里程の名。【法華經藥王品】に「其樹去レ臺。盡二一箭道一。」【同嘉祥疏十一】に「一箭道者。二里也。」

イチソク　一息　〔術語〕 人間の一いき。【止觀四上】に「一息不レ追。千載長往。」【同七上】に「一息不返。即名二命終一。」　「の意。

イチソクサン　一即三　〔術語〕 一乘敎即三乘敎

イチソクジフ　一即十　〔術語〕 一即ち十と云ふこと。一乃至十の數は共に緣成なるが故に若し一を本數即ち單位とすれば一を離れて二乃至十なく一即二乃至、一即十と云ふを得。二は本數の一に由りて始めて二の數を成し得るものにして、一の外に別に二の自躰なければなり。乃至、十は亦本數の一に由りて始めて十の數を成じ得るものにして、一の外に別に十の自躰なし。是れ此の一は元と緣成の一にして自性の一に非ざるに由る。若し自性の一ならば一は即ち一にして、遂に二乃至十を成す能はず。既に二乃至十を成ずるを見れば、一は即緣成の一たるを知る。此の場合に於て本數たる一は有體にして二乃至十に空なり。故に一十相即するを得。又一は有力にして二乃至十は無力なり、故に一十相入するを得。之の所談を法に就て論ずれば。一塵を主とせば、一切佛土悉く此

の中に即し、一念を主とせば、無量の時劫亦悉く此の中に即せざるなし。是れ大陀羅尼緣起の法門にして、華嚴一家の盛に談ずる所なり。又一即多と云ふも同義なり。【五教章中】

イチソクタタソクイチ　一即多多即一　〔術語〕「イチソクジフ」を見よ。

イチソクロク　一即六　〔術語〕眼等六根の中、一根眞性に返れば、他の五根も解脫を得るを云。【楞嚴經六】に「一根既返レ源。六根成二解脫一。」又「六根亦如レ是。元依二一精明一。分成二六和合一。一處成二休復一。六用皆不レ成。」

イチゾウ　一增　〔術語〕人の定命十歲より、百歲每に一歲を增して、八萬四千歲の定命に達する間。【俱舍論光記十二】に「增者從二人壽十歲一。增至二八萬歲一。」【佛祖統紀三十】に「以二人壽八萬四千歲一。百年命減二一年一。至二十歲一。復增至二八萬四千歲一。」（俱舍論又は光記に八萬とあるは大數によ る）⊙（水鏡）「さて十歲より復百年に一年の命をそへて八萬歲になりぬ、これをも一の小劫と申す」。

一增一減　〔術語〕經劫の間人壽の一增一減すること。【俱舍論光記十二】に「增減者。從二人壽十歲一。增至二八萬歲一。復從二八萬歲一。減至二十歲一。」此の一增一減の間を新譯家には中劫と稱す。【俱舍論十二】に「此洲人壽經二無量時一。至二住劫初一。壽方漸減。從二無量一減。至二極十年一。即名二初一住中劫一。此後十八。皆有二增減一。謂從二十年一。增至二八萬一。復從二八萬一。減至二十年一。爾乃名爲二第二中劫一。次後十七。例皆如レ是。於二十八後一。從二十歲一增。極至二八萬歲一。名二第二十中劫一。」舊譯家には此一增一減を小刧とす。【佛祖統紀三十】に「如レ是一減一增。爲二一小刧一。二十增減爲二一中刧一。」【三界義】に委し。⊙（正統紀）「一增一減を二小刧といふ」（水鏡）「二の小刧即ち一增一減を一中刧とは申すなり。」正統記は舊譯家の說。水鏡は新譯家の說。

イチタ　逸多　〔人名〕阿逸多の略。「アイチタ」を見よ。

イチタイ　一諦　〔術語〕一實諦の略。中道實相の理をさしていふ。【智度論八十六】に「聲聞人以二四諦一得レ道。菩薩以二一諦一入レ道。」

イチタイ　一體　〔術語〕外相は異にして其本性の一なること。【涅槃無名論】に「天地與レ我同根。萬物與レ我一體」。【法界觀】に「情與二非情一共一體。」⊙（榮花）「一體無碍。」

一體速疾力三昧　〔術語〕一體にて速疾の力を具する三昧。【大日經疏一】に「毘盧遮那。本行二菩薩道一時。以二一體速疾力三昧一。供二養無量善知識一。遍行二無量諸度門一。」【大疏六】に「一切如來一體速迅三昧者。謂入二此三昧一時。則證二知一切如來。皆同一法界智體一。於二一念中一。能次第觀二察。無量世界海。微塵數等諸三昧門一。知下如レ是如レ是若干衆生。於二彼三昧門中一。應上得レ入レ道。知丁彼善知識。已爲二若干衆生一作二種々因緣一。未丙爲二若干衆生一作乙種々因緣甲。或有二衆生一入二如レ是法門一。不レ可レ得二超昇成佛一。入二餘法門一。久遠稽留不レ得二成佛一。如レ是等種種根性不レ同。進趣方便皆亦隨異。乃至遊二戲其中一。次第修習出入超二世間一。於二一門一。各得三能成二就無量衆生一。故名二一體速疾力三昧一也。」

イチタウミダアンヤウゴク　一到彌陀安養國　〔雜語〕一度安養界に來れば本來の住處に歸りたる如く妙樂を證するを得と云ふ。善導の【般舟讚】に「極樂莊嚴門盡開。普願有緣同行者。專心直入不レ須レ疑。一到二彌陀安養國一。元來是我法王家。兄弟因緣羅漢衆。菩薩法侶爲二知識一。」安養は極樂國の異名。

一到彌陀安養國元來是我法王家　〔雜語〕二句歌題。解上に同じ。⊙（新拾遺）「さらに又尋ね來つれど住なれし昔の花の宮こなりけり。」

イチタサウヤウフドウモン　一多相容不同門　〔術語〕十玄門の一。「ゲンモン」を見よ。

イチタン　一端　〔雜語〕一の端。全局の反對。【文句八上】に「各擧二一端一。適レ時而已。」

イチタンジキ　一揣食　〔飯食〕又、一搏食と云ふ。丸めたる食。比丘は唯一度一揣の食を受くるのみにて、後より二度と增し加へざると。又、節量食と名く。十二頭陀行の一。【大乘義章十五】揣は手にて物を握り固めること、「タンジキ」を見よ。「少に譬ふ。

イチダ　一唾　〔術語〕一たび唾くこと一吹に同じ弱

一唾消世界火　〔譬喩〕【佛藏經上】に「無明相中。假二名相一說。皆是如來不思議力。譬如下有レ人嚼二須彌山一。飛二行虛空一。石筏渡レ海。負二四天下及須彌山一。蚊脚爲レ梯。登二至梵宮一。劫盡燒時。一唾劫火即滅。一吹世界即成。以二藕絲一懸二須彌山一。手接中四天下雨上。」【止觀五下】に「劫火起時。菩薩一唾火即滅。」【性靈集二】に「一唾能銷二百界火一。一朝能滅二萬人愁一。」

イチダイ　一代　〔雜語〕人の一生の間。

一代教　〔術語〕釋迦如來成道より滅度に到るまでの一代に說きし大小乘の諸教。【止觀義例下】に「一代教法。會二在法華一。」【教行信證文類二】に「源信廣開二一代教一。偏歸二安養一勸二一切一。」

一代五時佛法　〔術語〕天台宗に釋迦一代の教法を華嚴、阿含、方等、般若、法華涅槃の五時に區別せしもの。【四教儀】に「以二五時八教一。判二釋東流一代聖教一。罄無レ不レ盡」。「ゴジ」の下に委し。⊙（盛衰記）「崇敬一代五時之佛法」

一代半滿敎【術語】釋尊一代の中に說ける半字敎、滿字敎なり。半滿敎は大小乘と言ふ如し。「ハンマン」を見よ。

イチダイコウ　一大劫【術語】一の大劫。「ダイコフ」を見よ。

イチダイサンゼンセカイ　一大三千世界【術語】一世界の中央に須彌山あり、此四方の大海中に四大洲あり、此大海の外は鐵圍山を以て圍繞せり、之を一小世界と名く。此一小世界を一千合せたるものを小千世界といひ、此小千世界を一千合せたるものを中千世界といひ、此の中千世界を更に一千合せたるものを大千世界といふ。されば一大千世界の數は一〇〇〇〇〇〇〇〇〇なり。是れ同一に成立し破壞すべきもの。又一佛所領の土とす。【俱舍論十一】に「千四大洲。乃至梵世。如レ是總說。爲二一小千一。千二倍小千一。名二一中千界一。千中千界。總名二一大千一。如レ是大千。同成同壞。」さて一大千世界は小千と中千と大千との三種の千を含容すれば、一大三千世界とも、三千大千世界ともいふ。⊙（太平記）「一大三千世界。」

イチダイシヤ　一大車【譬喩】一の大車を法華の妙法に譬ふ、又、大白牛車といふ。【法華經譬喩品】に「是時長者。見下諸子等安穩得レ出。皆於二四衢道中露地一。而坐無中復障礙上。其心泰然。歡喜踊躍。時諸子等。各白レ父言。父先所レ許。玩好之具。羊車鹿車牛車。願時賜與。爾時舍利弗。長者各賜諸子等一大車一。」「クワタク」の下「火宅の喩」を見よ。

爾時長者各賜諸子等一大車【雜語】二句歌題。「クワタク」の下、「火宅喩」を見よ。⊙（拾玉集）「らしやさはかゝる車のありとしらでのらばやとだに思はざりけり」

イチダイジ　一大事【術語】實相の妙理を開顯する事業、佛知見を開示する事業、一大は實相の妙理をさし、佛知見をいふ、即ち法華の妙法。【法華經方便品】に「諸佛世尊。唯以二一大事因緣一故。出二現於世一。」【文句四上】に「一則一實相也。非レ五非レ三。非レ七非レ九。故言レ一也。其性廣博。博二五三七九一。故名爲レ大。諸佛出世之儀式故名爲レ事。」【止觀一下】に「云何爲レ一。一實不虛故。一道淸淨故。一切無礙人。一道出二生死一故。云何爲レ大。其性廣博。多レ所二含容一。乃至 事者十方三世佛之儀式。以レ此自成二佛道一。以レ此化二度衆生一。故名爲レ事。」【玄贊三】に「大事躰即智見。諸佛出世。爲二此大事一。四義明レ之。謂開示悟入。」又、人の生死を大事と云。善導の【臨終正念訣】に「世之大事。莫レ越二生死一。一息不レ來。乃屬二後生一。一念若錯。便墮二輪廻一。」

一大事因緣【術語】一大事の爲の因緣。【文句四上】に「衆生有二此機一。感レ佛 名レ因。佛乘レ機而應。故名爲レ緣。是爲二出世本意一。」⊙（徒然草）「一大事の因緣をぞ思ふべかりける。」

イチダイタク　一大宅【譬喩】長者の一大宅を三界の火宅に譬ふ。【法華經譬喩品】に「譬如二長者一。有二一大宅一。」「クワタク」を見よ。

イチダウ　一道【術語】一實の道。【六十華嚴經六】に「一切無礙人。一道出二生死一。」【八十華嚴經十三】に「諸佛世尊。唯以二一道一。而得二出離一。」【涅槃經十三】に「實諦者。一道淸淨。無レ有レ二也。」【大日經疏十七】に「一道者即是一切無礙人。共出二生死一直至二道場一之道也。而言レ一者。此即如如之道。獨一法界。故言レ一也。」【涅槃經二十五】に「一道者。謂大乘也。」

一道無爲心【術語】一句歌題。眞言宗に立る十住心の一。「ジフシユシン」を見よ。⊙（續門葉和歌集）「たちのこる霞をしらで雲をのみはれぬと見つる春の夜の月、」

一道無爲一乘佛性【術語】二句歌題。一道無爲は眞言家より法華經の所說を指せし名。一乘佛性は涅槃經一部の所明。⊙（久安百首）「しな〳〵に四の車をすゝめずは乘りはづれたる人やあらまし」

イチダウ　一道【人名】淨土宗の僧。西迎院の快譽に就て出家し、淨敎を學ぶ。勢洲の觀正菴に住して淨宗の疏鈔を著す。【續日本高僧傳四】

イチダウホフモン　一道法門【術語】孔阿字の一門を稱す。【大日經六】に「吾今演二說差別道一、一道法門一、」【大疏十七】に「謂一切法不レ出二阿字門一。即是一道也。道者謂乘二此法一。有レ所二至到一之義也。一道者即一切無碍人。共出二生死一直至二道場一之道也。而言レ一者此即如如之道。獨一法界。故言レ一也。」

イチダツ　一脫【術語】三德中の解脫の一德。【文句記四中】に「三德中之一脫。」

イチダラニ　一陀羅尼【術語】陀羅尼一章。尊勝陀羅尼、千手陀羅尼など。

一陀羅尼の行者は智者の頭を步む【雜語】⊙（盛衰記）に引用。一章の陀羅尼を受持する行者は功德廣大にして智者の頭をも踐むべきをいふ。是れ禪者の語に「高步二毘盧頂一」などいふに摸して眞言の功德を述べしもの。出所未レ詳

イチダン　一斷【術語】一の煩惱を斷ずること。

一斷一切斷【術語】一の煩惱を斷ずれば即ち一切の煩惱を斷ずる道理あること、華嚴宗に無盡緣起の理に依て盛に此旨を談ず。【五敎章三】に「但如二法界一。一得一切得故。是故煩惱亦一斷一切斷也。故普賢品明二一障一切障一。小相品明二一斷一切斷一。」

者。是此義也。」

イチダンガマヘ　一壇構　〔修法〕灌頂式の道場の莊嚴に一壇構と兩壇構の兩樣あり、兩壇構とは金胎兩部の曼荼羅を兩壇に莊嚴するを云ひ、一壇構とは金胎の兩部受法の前後に隨て各其の一壇を嚴ざるなり、但し通途は皆一壇構なり。【金剛界式幸聞記】

イチダンノシンシキ　一團心識　〔術語〕密敎所說肉團心に同じ。父母所生の血肉身中の一團、其狀蓮華の開合するに似たる心臟は、意識の存する所なりと考へられ、遂に心臟を以て直に一團の心識と解せらるゝに至りしなり。「ニクダンシン」を見よ。

イチヂ　一地　〔譬喩〕衆生の佛性を地に譬ていふ。一切の草木種子皆地に依て生ずる如く、一切の善根功德皆一佛性に依て生ず。【法華經藥草喩品】に「一地所生」。【文句七上】に「地實相也。究竟非二故名一。」

一地所生一雨所潤　〔譬喩〕一地は衆生の佛性に譬へ、一雨は佛の敎法に譬ふ。佛の敎法は一味の大乘なれば一雨といふ、人天三乘の善根、功德は諸の草木に當る。【藥草喩品】に「雖一地所生。一雨所潤。而諸草木。各差別。」【法華義疏八】に「一相一味者。合上一地所生。一雨所潤也。一相謂一實相。合一地也。一味謂一智味。合上一雨也。」

イチチウ　一肘　〔雜名〕尺度の名。肘の本端より中指の端末に至る長。【俱舍論十二】に「二十四指肘」【頌疏】に「計一肘有一尺八寸。」【名義集三】に「人一尺八寸。佛三尺六寸。」梵 Hasta

イチチウ　一中　〔術語〕齋食を設て普く一堂の中に及ぶをいふ。又一普とも。【聯燈會要洞山价禪師章】に「令主事辦愚痴齋一中。」【傳灯錄】に一普に作る。一普は一堂に及ぶ義。【象器箋十五】に多解あり。

一中一切中　〔術語〕空假中三觀の中、中とは啻に中觀の一をのみいふにあらず、空觀も假觀も中なるをいふとなり。【止觀五上】に「一中一切中。無空假而不中。總中觀也。」

イチチウコウ　一中劫　〔術語〕一の中劫。時の名。「チウコフ」を見よ。

イチチゴニサンワウ　一兒二山王　〔雜語〕山門の諺。傳敎初めて登山の時最初兒に逢ひ次に山王に逢ふより得しなり。【溪嵐拾葉集】に「山門記錄說曰。高祖大師。最初御登山之時。二人化人値給。先現天童。次山王影向給。故一兒二山王云也」

イチチヤク　一著　〔術語〕一事といふ如し。【宗論三】に「向上一著。千聖不傳。」【梵室寓談】に「有名異而實同者。如台宗謂之一心三觀。賢首謂之一眞法界。相宗謂之勝義唯識。禪宗謂之向上一著。蓋未始少異也。」

イチヂヤクシユ　一搩手　Vitasti　尺度の名。又、一磔手、一張手。一折手など。中指と大指とを張りたる長。又、搩の字、磔、橾、摖、析に作る。【字典】に「搩陟格切。音磔。手度物也。」【同】「磔陟格切。音摘。張也。開也。」されば此二字通用すべし。他は皆假借。【行事鈔中】に「佛搩手。尺量不定。今總會諸部。校勘是非。僧祇佛搩手長二尺四寸。明了論同之。善見云。中人三搩手長。佛一搩手。多論云。佛一搩手凡人一肘半。五分佛搩手長二尺。」【行事鈔下】に「今依五分。佛一搩手。長二尺。准唐尺者。則一尺六寸七分强。」【資持記中二之一、下一之二】に委し。【名義集三】に「磔周尺。人一尺。佛二尺。」【釋氏要覽上】に「佛一搩手。長二尺四寸。」【壒囊鈔十五】に「一橾手は八寸、乃至智證の雜記に云、一橾者。散舒中大兩指。以爲一析。」

一搩手半　〔雜語〕造佛の尺なり。【壒囊鈔十五】に「一橾手半と者一尺三寸也、母の肘節より其腕の節に至る也、或は一尺二寸共云、一橾は八寸、半は四寸也、人の母胎に在る時、第二十の七日に至て人相皆備はり、手を以て面を推して蹲踞して坐す、其時の身の長け母の一橾手半と齊等也と云云人に依て少しき不同可有歟、仍て其人の母の肘を可取也、大方は周の世の一尺、或は二三寸に當れり、造佛に一橾手半を取るは胎內の等身也、如此の一橾手半の身、其の三十八の七を滿じて已に出生す、是れ養育に依り五尺八寸等の身と成給也。」⦿(平家)「一橾手半の藥師百臺。」

イチチユ　一炷　〔雜語〕燒香一たき。又、燈明一ともし。【楞嚴經六】に「於身上爇一香炷。」

イチヂ　一持　〔術語〕一たび佛名又は經文を受持すること。

一持秘密咒。生生而加護。奉仕修行者。猶如薄伽梵　〔雜語〕⦿(太平記)に引用。前二句は【不動經】の偈文。「一持秘密咒。生生而加護。隨逐不相離。必送華藏界。」後の二句は蓋し古德の添設、以て一の偈文となせるもの。薄伽梵とは佛陀の尊號。「不動明王に奉仕して其法を修行する者は尊きこと佛陀の如し。」との意。

一持生生加護　〔術語〕⦿(榮花)に引用。不動經の偈文「一持秘密咒。生生而加護」の略。解前條を見よ。

イチヂヤウ　一定　〔術語〕一に物を定ること。【大乘義章四】に「觀法多途。不可一定。」

沙門一定　〔人名〕醍醐寺の僧壹定。少にして

聖寶僧正に從て密教を傳授し、後般若寺の觀賢に嗣ぐ、天慶七年醍醐寺の座主となり、天暦元年六十三にて寂す。

イチヂヤウロクザウ　一丈六像　〔圖像〕一丈六尺の佛像、化身の形。【觀無量壽經】に「一丈六像在池水上。」「ヂヤウロク」を見よ。

イチヂン　一塵　〔術語〕一微塵。物質の極小。【涅槃經十】に「一塵一佛」

一塵法界　〔術語〕一微塵は即ち一法界なること。【圓悟錄一】に「一塵含法界。一念徧十方。」◉（曲、芭蕉）「一塵法界の心地の上に」

一塵内有大千經卷　〔雜語〕一塵の微と雖も智眼を以て法界を觀ずる時は個中に無盡の理を藏する大千の經卷に等しとなり。【華嚴經五十一】に「如下有大經卷。量等三千界。在於一塵內。一切塵悉然。有一聰慧人。淨眼悉明見。破塵出經卷。普饒益衆生上。」

イチツヰ　一鎚　〔譬喩〕鎚の器を作る如く說法が衆生の機を開發するを以て喩ふ。法と云ふ如し。【祖庭事苑五】に「鎚當作椎」椎は鐵椎。智覺の【心賦】に「如王索一椎之器。」

一鎚便成　〔術語〕一言の下に大悟徹底すること。【祖庭事苑五】に「雪峰問投子云。一椎便成時如何。子云。不是性懆漢。峯云。不假一椎時如何。子云。不快漆桶。」

イチヅ　一途　〔術語〕一の義理を途に譬へていふ。【安樂集上】に「徑舉大車。亦是一途。」【戒疏一之上】に「一途之釋也。」【垂裕記一】に「義匪通方。故曰一途。」

イチテウ　一超　〔術語〕一度に飛び超えて佛地に到ること。【證道歌】に「一超直入如來地。」

イチテツ　一轍　〔術語〕一の軌轍。【止觀五上】に「斯一轍之意」【法華文句二之下】に「千車共一轍。」

イチテンカ　一顚迦　〔術語〕「イチセンダイ」を見よ。

イチテンゴ　一轉語　〔術語〕機轉の一語、心機を發揚轉翻する格外の語句を云。公案に向て意見を吐くなどの時。【碧巖九十一則】に「請禪客各下一轉語。」【傳燈錄百丈章】に「黃檗曰。古人錯祇對一轉語。五百生墮野狐身。」

イチトウ　一等　〔術語〕一樣平等のこと。【無量壽經上】に「百千由旬。縱廣深淺。各皆一等。」又階級の同一なること。

イチトウ　一燈　〔譬喩〕一の燈明智慧が迷闇を破るを喩ふ。【華嚴經七十八】に「譬如下一燈入於暗室。百千年暗。悉能破盡上。」【大集經一】に「譬如下百年闇室一燈能破上。」【楞嚴經六】に「身然一燈。燒一指節。」

イチトウサンライ　一刀三禮　〔雜語〕佛像を彫刻するに一刀を下す每に三たび三寶を禮拜する事。書像經文には之を一筆三禮、又は一字三禮といふ。

イチトウ　一東　〔人名〕字は日菴。景川隆和尙に參して省悟し、文明の末、山名政豐の請に依て但州の延通寺に居る。七十四にて終る。【本朝高僧傳四十四】

イチトクジヤウ　一禿乘　〔術語〕功德の具らざる佛道を斥けていふ。【止觀七下】に「祇一禿乘。無法門具度。」頭は禿げて僧形をなせども內心これにかなはざるなり。

イチナフ　一衲　〔衣服〕又一納に作る。一枚の衲衣。衲衣は僧衣の名。「ナフエ」を見よ。【佛祖統記六慧思傳】に「平昔禦寒。唯一艾納。」

イチナユタ　一那由多　〔術語〕一の那由他。數の名。「ナユタ」を見よ。

イチニチ　一日　〔雜語〕日出より日沒までの間。

一日經　〔經名〕頓寫と名け、多勢集りて一部の經を一日に書き了る事。諸經に通ずれども法華經の頓寫を以て本とす。【雜談集七】に「大安寺の勤操僧正の夢に、或禪師告て、我並に母の爲に一日に法華經書寫供養あらば、たすかるべしと見へたり、云云南都には此事を一日經の緣起とせり。」取意 ◉（盛衰記）「一字三禮の一日經を書き。」

一日齋　〔行事〕一日八齋戒を持て精進する事なり居たるなり。

一日佛　〔術語〕一日清淨に暮せば一日間佛となり居たるなり。【宗鏡錄二十三】に「一念相應一念佛。一日相應一日佛。」

一日三時　〔雜語〕晨朝、日中、黃昏なり。晝三時、夜三時に分つは、印度古代の風。【阿彌陀經】に「晝夜六時。而雨曼陀羅華。」◉（盛衰記）一日三時の鬪諍、天鼓自然鳴。」

一日一夜に八億四千の念　〔雜語〕一晝夜に八億四千の念慮往來すと云ふ。【安樂集下】に淨度菩薩經を引て「人生世間。凡經一日一夜。有八億四千萬念。一念起惡。受一惡身。十念起惡。得十生惡身。乃至百念起善。受一百善身。」【法苑珠林四十六】に「惟無三昧經曰。一日一宿。有八億四千萬念。念念不息。一善念者。亦得善果報。一惡念者。亦得惡果報。如響應聲。如影隨形。」◉（保元）「一日一夜をふるにも八億四千の思ありといふ。」（太平記）「一日一夜を經る間に八億四千の念あり。」

イチニナゲク 哭市　〔故事〕常啼菩薩の故事。「ジャウタイボサツ」を見よ。【性靈集五】に「哭市之悲日新。歷城之歎彌篤。」

イチニヨ 一如　〔術語〕一とは不二の義。如とは不異の義。不二不異を名て一如といふ。即ち眞如の理。【三藏法數四】に「不二不異。名曰二一如一。即眞如之理也。」【文殊般若經下】に「不思議佛法。等無二分別一。皆乘二一如一。成二最正覺一。」【讃彌陀偈】に「同乘二一如一號二正覺一。」【敎行信證四】に「法性即是眞如。眞如即是一如。」密敎には事事物物を理と名け、其の理の彼此同相なるを稱して一如と云ふ。故に顯敎の諸法の同體に約する一如に異なれり、即ち顯敎の一如は一法界にして、密敎の一如は多法界なり。【吽字義】に「同一多如。多故如如」

一如頓證　〔術語〕十方の人同じく一如の理に乘じて頓速に菩提を證すること。⦿（續本朝文粹）「開二此一如頓證之源一」　図一の眞如。【止觀八下】に「魔界如。佛界如。一如無二二如一。」【輔行八之三】に「魔佛理一。故名爲レ如。」⦿（盛衰記）「邪正自ら一如。」

一如　〔人名〕明の上天竺寺の僧。法華科註並に大明三藏法數を撰す。【續稽古略三】

イチニヨクワンオン 一如觀音　〔圖像〕三十三觀音の一。雲に乘じて飛行する像。

イチニン 一人　〔雜語〕

一人當千　〔雜語〕一人の力以て千人に當ること。【涅槃經二】に「譬如下人王有二大力士一。其力當レ千。更無レ有中能降二伏之一者上。故稱二此人一人當千一。」

一人不レ成二二世願一。我墮二虛妄罪過中一。不レ還二本覺一捨二大悲一。　〔雜語〕⦿（撰集抄）に引用。出所未レ檢。文の意は「一人にても現世安穩後生善所の二世の願を成せざるときは、我は妄語罪の中に墮せん。又我は本覺の都に還て大悲を捨つることをなさず、常に生死の衢に遊んで衆生を救はん。」【觀音靈驗鈔八】に誓願文云として。「若我誓願大悲中。一人不レ成二二世願一。我墮二虛妄罪過中一。不下還二本覺一捨中大慈上。」

イチネイ 一寧　〔人名〕號は一山。宋國臺州の人。（固より唐人の口調にあらず）育王山に上りて頑極和尙に就て契悟し、後伏見帝正安元年、來化す。北條貞時間諜として、捕へて伊豆の修善寺に置く、後、釋して建長寺の靈席を繼がしむ。正和二年後宇多上皇の請に依り、南禪寺に移り、文保元年、七十一にて寂す。【本朝高僧傳二十三】

イチネン 一念　〔術語〕專一に念想する事。【往生論】に「一心專念」　図時刻の極短。【仁王經上】に「九十刹那爲二一念一」【名義集二】に「刹那毗曇翻爲二一念一」【文句八上】に「一念時節極促也。」【敎行信證文類三末】に「一念者斯顯二信樂開發時尅之極促一」【觀無量壽經】に「如二一念頃一。即生二彼國七寶池中一。」　図一遍の稱名。義寂の【無量壽經疏】に「此言レ念者。謂稱南無阿彌陀佛。經二此六字一頃。名二一念一。」同疏一に「言二一念者一。以二事究竟一爲二一念一。非二唯生滅刹那等一。」

一念十念　〔術語〕一遍の稱名、十遍の稱名。數にかゝはらず共に極樂往生の因となること。【無量壽經上】に「乃至十念」【同下】に「乃至一念」と云に依る。⦿（曲、遊行柳）「中々なれや一念十念。」（盛衰記）「一念十念も正業となり。」

一念義多念義　〔流派〕又一念往生、多念往生。源空上人念佛往生の宗を立てしより其門一人に非ず、異解頗る多し。幸西大德一念義を立つ、一念義とは凡夫の信心佛智と相應する一念にて、往生の業事成辨すとて、敢て多念の念佛を要せざるなり。又長樂寺の隆寬律師は多念義を立つ。念佛の功を積んで往生の業事成辨するとなす、故に一生の間念念相續して臨終を待つ、百萬遍の類なり。【淨土源流章】然るに聖覺法印は能く此二義を和會せり。⦿（著聞集一）に「後鳥羽院へ聖覺法印參上したりけるに、近來專修の輩、一念多念とて、わけて爭ふなどは、いづれが正しとすべきと、御たづねありければ、行をば多念に取り、信をば一念にとるべきなりとぞ申侍ける。」見眞大師は此聖覺法印の義を用ふ、【一念多念證文、唯信鈔文意】を見よ。

一念の念佛　〔術語〕一向專念の念佛。⦿（徒然草）「一念の念佛の最初なり。」

一念喜愛心　〔術語〕如來の慈悲を喜び愛づる一念の信心なり【正信偈】「能發二一念喜愛心一。不斷煩惱得涅槃。」

一念發起菩提心　〔術語〕歸命の一念を起し菩提の心を發す。⦿（曲、卒都婆小町）に引用。【拾葉抄】に「華嚴經曰。一念發二起菩提心一。勝三於造二立百千塔一。寶塔破壞成二微塵一。菩提心熟成二佛道一。」案に普く三本の華嚴經を檢するに此文なし、且つ漢文の語勢に非ず、必ず我朝古德の作たるべし。

一念信解の功德は五波羅蜜の行にも越え　〔雜語〕一念佛を信解し歸命するの功德は自力修業の五波羅蜜の功德に勝る意。⦿（平家）に引用。【法華經分別功德品】に「其有二衆生一。聞二佛壽命長遠如レ是。乃至能生二一念信解一。所レ得功德。無レ有二限量一。若有二善男子善女人一。爲二阿耨多羅三藐三菩提一故。於二八十萬億那由劫一。行二五波羅蜜一。檀波

羅蜜。尸羅波羅蜜。羼提波羅蜜。毗梨耶波羅蜜。禪波羅蜜。除二般若波羅蜜一。以二是功德一。比二前功德一。萬分千分。萬千萬億分。不レ及二其一一。」

一念隨喜 〔術語〕法に歸依し信服するの念、【法華經法師品】に「如レ是等類。咸於二佛前一。聞二妙法華經一偈一句一。乃至一念隨喜者。我皆與二授記一。當レ得二阿耨多羅三藐三菩提一。」

一念阿彌陀佛。即滅無量罪 〔雜語〕彌陀大悲を一念すれば億劫無量の罪障消滅すと云ふ ⊙(平家)に引用。【胎曼陀羅大鈔一】に「阿娑嚩抄云。經云。一念阿彌陀佛。即滅二無量罪一。」【謠曲拾葉抄十五】に「寶王論云。一念二彌陀佛一。即滅二無量罪一。」案に阿娑嚩抄には經名を指さず 又寶王論を檢するに此文なし。

一念五百生。繫念無量劫 〔雜語〕⊙(太平記)に引用。出所未レ詳。恩にも怨にも一念の情にて能く五百生の間互に關係を絕たず、若し多念の繫着なれば無量劫の間相離るべからず。恩怨共に執着の畏るべきをいふ。

一念三千 〔術語〕天台宗の觀法に一念の心に三千の諸法を具するとを觀ずるなり。一心三觀は北齊の慧文禪師中論に依て之を發し、一念三千は天台大師法華經に之を發す、三千とは地獄、餓鬼、畜生、阿羅修、人、天、聲聞、緣覺、菩薩、佛の境界を十界とし、圓融の妙理よりは此十界互に十界を具すれば、相乘じて百界となし、百界の一一に性、相、體、力、作、因、緣、果、報、本末究竟の十如の義を有すれば、相乘じて千如となし、此千如は各衆生、國土、五陰の三世間の別あれば、相乘じて三千世間となる、是にて一切の法を盡すなり。【止觀五上】に「夫レ一心具二十法界一。一法界又具二十法界一。百法界。一界具二三十種世間一。百法界即具二三千種世間一。此三千在二一念心一。若無レ心而已。介爾有レ心。即具二三千一。」【止觀五】に「問一念具二十法界一。爲二作念具一。爲二任運具一。答。諸性自爾。非二作所成一。如二一微塵一。具二十方分一。」⊙(太平記)「一念三千の法門。」

一念不生 〔術語〕念慮を超越したる境界を云ふ。【五敎章上之三】に「頓敎者。言說頓絕理性頓顯。解行頓成。一念不生。即是佛等。」頓敎とは華嚴宗に立る五敎の一にて禪の宗旨之に當る。【冠註】に「通路云。一念不生等者。即心本是佛。妄起故爲二衆生一。一念妄心不レ生何謂不レ得レ名レ佛。故達磨碑云。心有也曠劫而滯二凡夫一。心無也刹那而登二正覺一。」⊙(新後撰)「草の葉に結ばぬ前の白露は何を便にをきはじのけん。」

一念不生。前後際斷 〔雜語〕二句歌題。一切の念慮を超越したる境界に於ては自他前後の差別相を脫離するを云ふ。華嚴の淸涼國師則天武后に對する語に。「若一念不レ生。則前後際斷。照體獨立。物我皆如。」【稽古略三】⊙(新葉集)「きれて又後もつゞかぬ白糸のそのふし〳〵はさもあらばあれ。」

一念不生。即名爲佛 〔雜語〕「一念不生」を見よ。【華嚴大疏二】に「頓敎者。但一念不生即名爲レ佛。不下依二地位漸次一而說上。故爲レ頓。」

一念相應慧 〔術語〕定慧相應の一念、理智相應の一念にて、將に成佛せんとする時の智慧を云ふ。【智度論九十二】に「住二如金剛三昧一。用二一念相應慧一。得二阿耨多羅三藐三菩提一。是時名爲レ佛。一切法中得二自在一。」【起信論】に「如二菩薩地盡一。滿二足方便一。一念相應。覺二心初起一。心無二初相一。」

イチネンゴフジヤウ 一念業成 〔術語〕阿彌陀佛の本願を信ずる一念に往生淨土の業成辨するを云ふ。

イチネンタネンシヨウモン 一念多念證文 〔書名〕一卷。親鸞撰。諸經論中より一念多念の證文を蒐集して和解し、當時の爭點なる一念往生多念往生に判決したるもの。一つに隆寛の一念多念分別事中の要文を釋したりと云ふ。

イチネンタネンノアラソヒ 一念多念の諍 〔故事〕法然上人門下に往生の道は信心を先とす。信の一念に往生決定したる上は稱念を要せず。多念の稱名を修するは佛の願力を信ぜざるなりと主張する一派と。往生の業事成辨は臨終にあり、臨終來迎を拜し正念して往生するを得と主張するものとの諍なり。「イチネン」の項中「一念多念」參照。

イチネンマンネン 一念萬年 〔術語〕刹那一念の心に萬年の歲月を攝して餘すとなきを云ふ。十世古今當處一年と云ふに同じ。「云。

イチノホフシ 一の法師 〔雜名〕法師の上首を云ふ。

イチハウイチシウ 一放一收 〔術語〕一たびは放ち一たびは捕ふ。師が弟子を敎化開導する上に於ける與奪自在の手段を云ふ。

イチハツ 一鉢 〔物名〕三衣一鉢と熟し、比丘の生活の質素なるを云ふ。鉢は梵語、鉢多羅の略。譯、意量器。「ハチ」の部に委し。【秘藏寶鑰中】に「僧尼の一鉢」

イチピツサンライ 一筆三禮 〔雜語〕佛像を繪き經文を寫すに、一筆每に三たび禮拜をなすこと。

イチピヤクイチジフジヤウ 一百一十城 〔名數〕善財童子が福城を起點として次第に南行し善知識を求めたる城の數。【八十華嚴經七十八】に「此

長者子。曩於福城受文殊敎。展轉南行。求善知識。經由一百一十善知識已。然後而來。至於我所。」【六十華嚴五十九】に「彌勒說曰。此童子者。昔於頻陀伽羅城受文殊師利敎。求善知識。展轉經由一百一十諸善知識。聞菩薩行。心無疲倦。次至我所。」

一百一十知識 〔名數〕 善財童子が一百一十城にて値へる善知識なり。さて經の結文には「經由一百一十諸善知識」とあれど、實際說く所は五十四處にて、遇へるは五十五知識なり（德生と有德とは同處にて遇ふ）然るを一百一十知識と結びしは五十五知識の下に在て修行するに當分と勝進との二あるを以て之を一倍せし故なり。又常に五十三參と云ふは五十五人の中に文殊は前後兩度に參し、又德生と有德は同處の參見なれば各一を省きし故なり。「五十三知識」を見よ。

イチピヤクゴジフサンフツジユ 一百五十讚佛頌 〔書名〕 尊者摩咥里制吒造、唐の義淨譯、一卷。百四十八頌を以て佛德を讚嘆せしもの。【藏帙九】(1456)

イチピヤクハチ 一百八 〔名數〕

一百八遍 〔雜語〕 念佛の遍數一百八。一百八は元と煩惱の數量。此煩惱を對治せん爲に數珠に一百八顆を貫き、一百八遍の念佛を爲す。百八の曉鐘も此意なりといふ。「ボンノウ」を見よ。

一百八臂金剛藏王 〔明王〕 胎藏界の曼陀羅、第十虛空藏院に位する忿怒尊。一百八臂ありて種々の器杖を持す。【胎藏界曼陀羅大鈔五】

一百八名陀羅尼經 〔經名〕 聖多羅菩薩一百八名陀羅尼經の略。

一百八尊法身契印 〔經名〕 金剛頂經毘盧遮那一百八尊法身契印の略。

一百八名梵讚 〔書名〕 聖金剛手菩薩一百八名梵讚の略。

（一百八臂金剛藏王の圖）

イチピヤクハチソンカイイン 一百八尊契印 〔經名〕 金剛頂經毘盧遮那一百八尊法身契印の畧稱。（閏帙二）

イチピヤクユジユンナイ 一百由旬內 〔雜語〕 不動を念ずる行者の功德により一切の魔障は百由旬外に去ること、⦿（寶物集）に引用。【不動經】に「若纔憶念 是威怒王。能令一切作障難者皆悉斷壞。一切魔衆。不敢親近。常當遠離是修行者所住之處。一百由旬內。無有魔事及鬼神等。」

イチピヤクサンコンマ 一白三羯磨 〔術語〕 授戒の作法。畧して白四とも、白四羯磨ともいふ。白は表白にて、一たび表白文を讀むこと。羯磨は梵語。譯、作業、授戒の作業を爲す義にて、是亦一種の表白文、三羯磨とは三たび羯磨の表文を讀むこと。均しく表白なれども、最初大衆に對して某に授戒の作法を行ふ旨を告白する表文を白と名け、其次に正しく受者に戒法を授くる旨を記する表文を羯磨と名け是に依て授戒の作業成就すればなり。されば白四とも白四羯磨ともいふ。表白と羯磨にて四度表文を讀む意。是れ授戒の作法上最も鄭重を極めしもの。其の白に「大德僧聽。此某甲從和尙某甲。求受具足戒。此某甲今從衆僧。乞受具足戒。某甲爲和尙。某甲自說。清淨無諸難事。年滿二十。三衣鉢具。若僧時到。僧忍聽授某甲具足戒。某甲爲和尙。白如是。」次に羯磨に「大德僧聽。此某甲從和尙某甲。求受具足戒。此某甲今從衆僧。乞受具足戒。某甲爲和尙。某甲自說。清淨無諸難事。年滿二十。三衣鉢具。僧今授某甲具足戒。某甲爲和尙。誰諸長老。忍僧與某甲受具足戒。某甲爲和尙者、默然。誰不忍者說。」【行事鈔資事記上三之二】「コンマ」の條を見よ。

イチフヲウ 一浮漚 〔譬喩〕 人身のはかなきを大海の一浮漚に譬ふ。【楞嚴經二】に「譬如澄清百千大海棄之。唯認一浮漚躰。目爲全潮窮盡瀛渤。」【同經三】に「反觀父母所生之身。猶彼十方虛空之中。吹一微塵。若存若亡。如湛巨海流一浮漚。起滅無從。」

イチブツ 一佛 〔雜語〕 一人の佛陀。

一佛成道 〔雜語〕 世間に一佛成道すれば法界盡くその德を受く。【金剛錍】に「一佛成道。法界無非此佛依正。」

一佛成道。觀見法界。草木國土。悉皆成佛 〔雜語〕 一頌四句の偈文、大乘の極意を說く。一佛成道して慈眼を以て法界を觀見すれば一切の有情非情皆成佛すとなり。但し古來此偈を以て中陰經の文となすは非なり。【學海餘滴八】に「證眞止觀私記第一。及他宗章疏引之。多爲中陰經

文一也。今撿二本經一。一部二卷。姚秦涼州沙門竺佛念譯。一經十二品。全無二此文一。憶是古人取二於經意一。乃作二此頌一。而後人謬爲二中陰文一。至乃彼經下卷神足品云。爾時妙覺如來。即以二神足一。化二此三千大千刹土一。上至二非想非非想天一。下至二無救地獄一。皆紫金色。皆如二妙覺如來一。而無レ有レ異。三十二相。八十種好。圓光七尺。皆坐二寶蓮華一。高座上坐。演二出梵音聲一。聞二三千大千刹土一。已上經文恐是古人取二此文之意一。乃作二此頌一乎。安然敎時問答第四云。中陰經說。釋迦成道。一切國土。有情非情。身長丈六。悉皆說レ法。」

一佛土 [術語] 一佛世界に同じ。「イチブツセカイ」を見よ。【往生論】に「於二一佛土一。身不二動搖一。而遍二十方一。種種應化。」図同一の佛土。彌陀の淨土。

一佛蓮臺 [雜名] 一佛の蓮臺。又同一に成佛して坐する蓮臺。⦿(盛衰記)「一佛蓮臺上。」

一佛菩提之臺 [雜名] 彼此同一に成佛して菩提の果を得る蓮臺。⦿(盛衰記一)「至二一佛菩提之臺一。」

一佛眞門の臺 [雜名] 彼此同一に成佛して「眞門の悟を開く蓮臺。

一佛三菩提 [術語] 眞言の意は一切の佛菩薩皆大日如來を出でず、而して大日如來の萬德無邊なるも復た大智大悲方便の三を出でず、是の大智門には一切の佛菩薩を皆文殊に攝在し、大悲門には一切の佛菩薩を觀音に攝在し。方便門には一切の佛菩薩を普賢に攝在す、而して其の普賢とは釋迦佛是なり、故に都率院の釋に云く、普賢菩薩。受二大日如來敎勅一。下二閻浮一。八相成道。是名二釋迦文佛一と是れ金剛頂經の說なり【溪嵐拾葉集】

イチブツセカイ 一佛世界 [術語] 又一佛土、一佛國土とも云ふ。一佛所化の世界なり。二佛同時に出現なき時は轉輪聖王の一四天下に同時に二人なきが如く一佛の化四州に普及して餘佛を要せざる意。図一佛世界を一四天下とすると【中阿含】。三千大千世界の恒沙數を一佛世界(五敎章には世界性とす)とし。一佛世界の恒沙數を一佛世界海、(如上次第)一佛世界種。一佛世界と數ふ【智度論五十】

イチブツケウ 一佛敎 [術語] 台密の五大院安然、敎時問答を著して顯密の諸敎悉く大日如來の一時一處一敎なるを明かす、是れ菩提流支三藏の釋迦如來の一音敎に對して甚だ妙なり。

イチブツジヨウ 一佛乘 [術語] 唯一成佛の敎法。是れ法華經の所說、「一乘」の下に委し。【法華經方便品】に「十方佛土中。唯有二一佛乘一。」【同品】に「但以二一佛乘一故。爲二衆生一說レ法。」【同品】に「於二一佛乘一。分別說レ三。」【金剛頂一字頂輪王儀軌經】に「十方刹土中。唯有二一佛乘如來之頂法一。等指二諸佛體一。是故名二智拳一。」

一佛乘の峯 [地名] 叡山を指す。是れ天台宗にて一佛乘の旨を弘むる處なればなり。⦿(曲、兼平)「一佛乘の峯と申すは傳へ聞く鷲の御山を象れり。」

イチブツジヤウド 一佛淨土 [術語] 一般の佛土より彌陀の淨土のことゝなる。【十疑論】に「閻浮提の衆生、心濁亂多し、偏に一佛を讃じ、心を一境に專にして即ち往生を得しむ」、とある等より來れるにや。中古よりの一佛土又は一佛淨土とあるは皆彌陀の淨土を云ふ。

イチブツタブツ 一佛多佛 [術語] 大乘に於ては多世界に於て多佛一時に出現するを許すは論なく、小乘に於て異說あり。「ブツ」を見よ。

イチブンケ 一分家 [流派] 心識の一分說、即ち認識作用を起すとき唯自體分を起すのみ、見分相分は無始以來の妄執の熏習によりて能緣所緣に似て現する遍計所執にすぎずとする、安慧の所立。難陀の二分說と共に不正義とせらる。

イチブンボサツ 一分菩薩 [術語] 一分戒を受る菩薩を稱す。【瓔珞本業經下】に「有レ受二一分戒一者。名二一分菩薩一。乃至二分三分四分。十分名二具足受戒一。」

イチヘン 一遍 [雜語] 佛名又は經文を一度誦むこと【觀世音菩薩秘密藏神咒經】に「若讀二誦此陀羅尼一一遍。如二上等事一。悉得レ隨レ意。」【南岳願文】に「講二摩訶般若波羅蜜經一一遍。」

イチヘン 一遍 [人名] 時宗の開祖、名は智眞、一遍と號す。「チシン」を見よ。

イチホウ 一峰 [人名] 京都普門寺の僧。通玄、字は一峰。「ツウゲン」を見よ。

イチホウ 一寶 [譬喩] 一心の靈性を寶に譬へしもの。【寶藏論】に「夫天地之內。宇宙之間。中有二一寶一。秘二在形山一。識物靈照。內外空然。寂寞難レ見。其號二玄玄一。」

イチホフ 一法 [術語] 一切の事物盡く法則を備ふれば總べて法といふ。一法とは一事一物といふ如し。【三藏法數四】に「法即規則之義。」【華嚴經十三】に「惟以二一法一得二出離一。」

一法句 「イチホフク」を見よ。

一法若有 [公案]「僧問二古德一。一法若有。毘盧墮二在凡夫一。萬法若無。普賢失二其體界一。去二此二途一。請師速道。」【會元十七、葛藤集下】

イチホフイン 一法印 [術語] 小乘の三法印に

對して大乘の實印相を一法印といふ。【妙玄八之上】に「釋論云。諸小乘經。若有無常無我涅槃三印印。即是佛說。修之得道。無三法印。即是魔說。大乘經。但有一法印。謂諸法實相。」

イチホフカイ　一法界　〔術語〕眞如の理體に名く。界とは所依又は所因の義。眞如は聖法の生ず所依所因なるが故に法界と名け、唯一無二なる故に一と名く。【起信論】に「心眞如者。即是一法界大總相法門體。」【義記中本】に「一法界者。即無二眞心。爲一法界。此非算數之一。謂如理虛融。平等不二故。稱爲一。依生聖法故云法界。中邊論云。法界者聖法因爲義故。是故說法界。聖法依此境生。此中因義是界義故也。」

一法界心　〔術語〕有無を超絕し差別を離れたる心。【二教論上】に「一法界心。非百非。背千是。」

イチホフク　一法句　〔術語〕眞如一理の義を顯す章句。【往生論】に「說入一法句。一法句者。謂清淨句。」玄一の【阿彌陀經疏】に「眞如一理之句故。言一法句。亦詮清淨眞如。言清淨句。」

イチホフシン　一法身　〔術語〕一の法身。【華嚴經十三】に「一切諸佛身。惟是一法身」。「ホフシン」を見よ。

イチホン　一品　〔術語〕經中の篇章を品と名く。梵に跋渠 Varga 巴 vaggo 譯、品。とは別の義。義の異なる者を別けしもの。「ホン」を見よ。⊙(榮花)「一日に一品。」

一品經　〔雜名〕一部の經を一品づゝ分けて書寫するを一品經といふ。他經に通ずれ共、もと法華經を書寫供養するより創る。⊙(千載集)「一品經供養。」

イチボウ　一棒　〔雜語〕禪宗の祖師、弟子を提撕するに、棒を振て之を警醒す。「イチカツ」を見よ。

イチマ　一麻　〔故事〕世尊苦行の日一麻一米をのみ食ふ。麻は麻子なり。【智度論三十四】に「如釋迦文佛。於漚樓頻螺樹林中食一麻一米。諸外道言。我等先師。雖修苦行。不能如是六年勤苦。」

イチマイキシヤウモン　一枚起請文　〔書名〕法然上人が沒後の異義を防がん爲に、建曆二年壬申正月、死に臨んで一宗の極意を一紙に認め弟子勢觀に渡せしもの。【十卷傳九】

イチマウ　一盲　〔雜名〕一人の盲目者。

一盲引衆盲　〔譬喩〕【無門關】に「拚身能捨命。一盲引衆盲。」

イチマウ　一妄　〔術語〕一片の迷妄の心。【宗鏡錄一】に「一翳在目千華亂空。一妄在心恒沙生滅。」

イチマンサソウヱ　一萬僧會　〔行事〕僧一萬人を會して法事をなす事。千人を會すれば千僧會といふ。⊙(盛衰記)「一萬僧會を行はれしに。」

イチマンハチセンニン　一萬八千人　劫初より已來惡王の父を殺害せしもの一萬八千人ありと云【觀無量壽經】に出づ。

イチミ　一味　〔術語〕如來の教法を甘味に譬へ、教法の理趣唯一無二なれば一味といふ。【法華經藥草喩品】に「如來說法。一相一味。」【涅槃經五】に「又解脫者。名爲一味。」【深密經四】に「徧一切一味相勝義諦。」【三藏法數四】に「一味者喩法華一乘三教也。」

一味の雨　〔譬喩〕同一の教味を以て種々の機感に應ずること、雨の草木に於る如きを云ふ。【法華經藥草喩品】に「雖一地所生。一雨所潤。而諸草木。各位差別。乃至如來說法。一相一味。」【法華經義疏八】に「一味謂一智味。合上一雨也。」⊙(曲、藤)「一味の雨に開くる花」。(新拾遺)「もろともに一味の雨はかゝれども松は綠に藤は紫。」

一味禪　〔術語〕階段的、漸進的の禪に對して頓悟頓入の禪を名く。【瑯瑘代醉編三十二】に「有僧辭歸宗。云。往諸方學五味禪。歸宗云我這裏有一味禪。爲甚不學。」

イチミウン　一味蘊　〔術語〕無始已來、一味相續して轉ずる細の意識を云ふ。是れ經量部に於て輪廻の主體となせるもの。【異部宗輪論】

イチミシヤビヤウ　一味瀉瓶　〔術語〕又潟瓶とも云ふ。一瓶の水を他瓶に瀉すに、毫も餘雜なく遺漏なきに譬へて。師資相承遺餘なきを喩す。【八宗綱要上】「佛滅百年寫瓶無遺」

イチミジン　一微塵　〔術語〕極微分子。物質の最小。「ゴクミ」の部に委し。

人身を一微塵に譬ふ　〔譬喩〕【首楞嚴經三】に「反觀父母所生之身。猶彼十方虛空之中。吹一微塵。若存若亡。」

一微塵の中に大千の經卷あり　〔雜語〕【止觀一下】に「一微塵中。有大千經卷。心中具一切佛法。」【輔行一之五】に「寶性論云。有一神通人。見佛法滅。以大千經卷。藏一塵中。後有人。破塵出卷。」委しくは六十華嚴二十五を見よ　一塵内有大千經卷に同じ。

イチミヤウ　一明　〔術語〕一の陀羅尼。明は眞言陀羅尼の異名。是れ佛の口より出る陀羅尼は佝佛の身より出る光明の如きに由りて名く。【大日經疏十二】に「破除一切無明煩惱之闇故。名之爲明。然明及眞言。義有差別。若心口出者。名眞言。從一切身分。任運生者。名之爲明也。」⊙(太平記)「一印一明。」

イチミヤク　一麥　〔雜語〕量名。【倶舍論十二】に「七蝨爲二鑛麥一。七麥爲二指節一。三節爲二一指一。」梵 Yava.

イチムゲダウ　一無礙道　〔術語〕一の礙りなき道。生死と涅槃とを融和して障りなき悟の道。【往生論註下】に「一道者。一無礙道也。無礙者。謂知二生死即是涅槃一。」

イチメツ　一滅　〔術語〕一の涅槃四諦の中の滅諦の一。【成實論一諦品】に「以二一諦一得レ道。所謂爲レ滅。」【三論玄義】に「就二成實義一。但會二一滅一。方乃成レ聖。」【歸敬儀中】に「事分二三義一。宗成二一滅一。」三義は戒定慧

イチメン　一面　〔雜語〕場所の一部を云ふ。【法華經序品】に「各禮二佛足一。退二坐一面一。」

一面器　〔儀式〕護摩壇の四方に六器を飾るを四面器と云。其を略して正面の一方に止るを一面器と云。

イチモウタン　一毛端　〔雜語〕極少を云。【楞嚴經二】に「不レ動二道場一。於二一毛端一。徧能含二受十萬國土一。」

イチモク　一目　〔雜語〕

瞎者護餘一目　〔譬喩〕片盲者が殘りの一目を守る如く。菩薩が衆生の道心を守護する意。【涅槃經二十五】に「菩薩摩訶薩。常勤守二護是菩提心一。如三瞎者護二餘一目一。」

イチモクタカ　一目多伽　〔經名〕又、一日多伽に作る。「イダイモクタカ」を見よ。

イチモン　一門　〔譬喩〕生死を出る道を譬へて門といふ。【法華經譬喩品】に「唯有二一門一。而復狹小。」【文句五上】に「門者出要路也」【楞嚴經一】に「十方如來一門超出妙莊嚴路。」又、涅槃に入る門。【安樂集上】に「唯有二淨土一門一。可二通入一路。」

一門普門　〔術語〕一法に通ずれば一切法に達する道理をいふ。【大日經疏一】に「從二此一門一得レ入二法界一。即是普入二一切法界門一也。」

イチモン　一聞　〔雜語〕一たび法を聞くと。【宗鏡錄二】に「上上根人。一聞千悟。」

一聞我名惡病除愈乃至速證無上菩提　〔雜語〕一度藥師佛の名を聞けば惡疾忽ち癒え遂には無上菩提を證するを得となり。此文⊙（榮花、鳥舞）には隨願藥師經として之を引き。【法門百首】には本願藥師經として之を引く。凡そ藥師經に五譯あり。「ヤクシキヤウ」を參照せよ。さて隨願藥師經といふは藥師經の別號にて、彼の佛說灌頂經を一名灌頂隨願往生十方淨土經といふなり、藥師經に隨願の二字を冠すること、僧祐の【出三藏記卷四】に辯ぜり。今玆に引ける經文は十二願中第七の願なれども、其の文句は帛尸梨密多羅譯、達摩笈達譯、玄奘譯、義淨譯の經と異れり。されば慧簡譯の藥師經なるか。是亦經本を得ざれば是非決し難し。阿彌陀院寶物（群書類從）の中に「隨願藥師經一卷」とあり。

イチモンフチ　一文不知　〔雜語〕一箇の文字だも知らぬ愚かなるもの。法然の【一枚起請文】に「一文不知の愚鈍の身になして。」蓮如の【御文】に「一文不知の尼入道。」

イチヤハ　市屋派　〔流派〕時宗十二派の一。一遍上人の弟子作阿俊晴を祖とす、京都五條金光寺を本山とす。市屋は、古へ京都に於ける東西市場の名。金光寺は東市屋に在りしを以て名とす。

イチユジユン　一由旬　〔雜語〕一の由旬。里程の名。「ユジユン」を見よ。

イチユゼンナ　一由繕那　〔雜語〕一の由繕那。由旬の新稱。「ユゼンナ」「ユジユン」を見よ。

イチライクハ　一來果　〔術語〕四果の一、「シクワ」を見よ。

イチライウカ　一來向　〔術語〕四向の一、「シカウ」を見よ。

イチラクシヤ　一洛叉　〔雜語〕一の洛叉。數の名。「ラクシア」を見よ。

イチラウ　一﨟　〔術語〕又一臘に作る。僧の受戒して一夏を經ること。【字典】に「集韻臘或作レ﨟。」﨟は【字典】に「說文冬至後三戌。臘二祭百神一也。」然るに佛安居の制を立て、四月十六日より七月十五日に至る九十日を以て安居の期日と定めしより、此安居を以て僧家の一歲とし、之を法﨟又は法歲といひ、其の夏期に屬するを以て夏臘といふ。又、僧臘戒臘の名あり。【釋氏要覽下】に「夏臘即釋氏法歲也。凡序二長幼一。必問二夏臘一。多者爲レ長。」官位の次第に上臘下臘の名あるは此より來る。⊙（保元）「一﨟判官。」図法﨟第一の長老の意に取ることあり。

イチラフバク　一臘縛　〔雜語〕一の臘縛。量の名。「ラフバク」を見よ

イチリ　一理　〔術語〕同一の理性。【華嚴大疏二】に「一理齊平故。說二生界不增不減一。」【法華文句記六中】に「由二一理一故。徧通二一切一。」

一理隨緣　〔術語〕「タンリズヰリエン」を見よ。

イチリウ　一流　〔術語〕同一流類。【法華文句八上】に「此二千人。或是學。或是無學人。同是一流。」【拾毘及義鈔上之一】に「衆生行別。不レ能二一流一。」図一の宗派にて師資相承するもの。蓮如の【御文】に「聖人一

流の御勸化。」

イチリヨ　一慮　〔術語〕心慮を專一にすると。【歸敬儀中】に「論美二四修一。經歎二一慮一。」

イチリン　一麟　〔人名〕字は天祥。別號は一菴。龍山見公に就て契悟す。延文三年、衆を南禪寺に督し、永和三年、薩州の大願寺に出世す。繼て建仁、天龍に主たり。應永十四年十二月、七十九にて寂す。【本朝高僧傳三十七】

イチルシヤ　一盧舍　〔雜語〕一の俱盧舍の略。「クルシヤ」を見よ。

イチルヰ　一類　〔雜語〕彼此相似たるもの。【唯識述記七末】に「一類者是相似義。」

イチルヰイチソク　一縷一觸　〔雜語〕袈裟の絲、二すぢを得又は袈裟に一度觸るゝとも無限の功德あるを云ふ。【文句記三中】に「龍得二一縷一。牛角一觸。」【同私記三本】に「龍得一縷者。龍得二袈裟一縷一。免二金翅鳥難一。牛角一觸者。牛觸二袈裟一。免二畜身一。」【往生要集指麾鈔九】に「龍得一縷者。廣見二法苑四十七。經律異相四十八。大部補注六等一。牛角一觸者。籤難第一云。曾以レ角觸二袈裟一。後改レ報爲レ僧聞レ法等。未レ見二出處一。後更追注。」

イチルヰワウジヤウ　一類往生　〔術語〕念佛を修する一類のみが彌陀の本願に順じて往生を遂げ、餘行を修するものは往生せずとの說。二類各生に對す。是れ法然門下西山證空の唱義なり。念佛は彌陀本願の行なるが故に。餘業を修する者は往生を得ざれども、若し念佛に任持せらるれば、則ち能く往生の業因となると說く。

イチレン　一蓮　〔雜語〕一の蓮華。同じ蓮臺、

一蓮之實　〔雜語〕同一に淨土の蓮臺に上りて成佛の實を結ぶこと。⦿（盛衰記）「爭互截二生死之絆一。不レ成二一蓮之實一哉。」

一蓮托生　〔術語〕淨土に往生して同一の蓮華の中に托生すること。

イチレン　一連　〔雜語〕一つなぎ。數珠など。⦿（盛衰記）「水精の念珠一連。」

イチロ　一路　〔術語〕涅槃に到る一の道路。【首楞嚴經五】に「此阿毘達磨。十萬薄伽梵。一路涅槃門。」【長水の【義疏】に「唯此一路。能通至レ彼。」【傳灯錄七、盤山語】に「向上一路。千聖不レ傳。學者勞レ形。如二猿捉レ影。」

イチワ　壹和　〔人名〕法相宗を增利僧都に學び、天曆四年、維摩會の講師となる。初め興福寺の東院に居り、後東北院に移る。【本朝高僧傳九】

イチワウ　一往　〔雜語〕一わたり、一通り。【止觀七上】に「一往然。二往不レ然。」【法華論記二】に「一往三藏名爲二小乘一。再往三教名爲二小乘一。」【文句記五上】に「言非レ盡レ理。故云二一往一。」

イチワク　一惑　〔術語〕一類の妄惑。【歸敬義中】に「元立二三學一。同傾二一惑一爲レ宗。」

イチワジヤウヰ　一和尙位　〔職位〕法要を修する時法臘の順序によりて座席を定むるにあたり、最高位に着座するものを云ふ。【勅修御傳十四】「その先達に、叡山法華堂の一和尙位、正覺房眞慧をめさしめしかば」

イチヰイイサイヰ　一位一切位　〔術語〕一の位を得れば同時に一切の位を得ること、華嚴經の所明。一門普門と云ふに同じ。【探玄記一】に「圓教者明二一位即一切位。一切位即一位一。」【同卷】に「若依二普門一。一位即一切位故。亦一運即一切運。名二不思議

乘一。」

イチヱ　一會　〔術語〕讀經又は法說の會座。多人會合すれば會と云ふ。【無量壽經上】に「菩薩大士。不レ可二稱計一。一時來會。」【阿彌陀經】に「諸上善人俱會一處。」

イチヱン　一圓　〔人名〕無住と號す、相州鎌倉の人。初諸處に遊歷して顯密の諸教を學び、後、聖一國師に見えて禪要を受け、弟子の班に入る。文永の初、尾州の木賀崎に於て長母寺を創して禪教兼ね弘む、正和元年十月、八十七にて桑名の蓮華寺に終ふ。著す所砂石集等。【本朝高僧傳二十三】

イチヱンサウ　一圓相　〔術語〕禪門にて悟の對照として出す圓相なり、圓相の商量あるは慧忠國師より始まる。【傳灯錄五】に「師見二僧來一。以レ手作二圓相一。相中書二日字一。僧無レ對。」【碧巖六十九則】に南泉一圓相の公案あり。「南泉、歸宗、麻谷。同去禮二拜忠國師一。至二中路一。南泉於二地上一畫二一圓相一云。道得即去。歸宗於二圓相中一坐。麻谷便作二女人拜一。泉云。恁麼則不レ去也。」

イチヲウ　一漚　〔譬喩〕一の水泡。【楞嚴經六】に「空生二大覺中一。如二海一漚發一。」「イチフヲウ」に同じ。

イチヲウ　一翁　〔人名〕上野長樂寺の僧、名は院豪字は一翁。【本朝高僧傳二十一】

イヂ　意地　〔術語〕意は第六識是れ一身を支配する所。又萬事を發生する場處なれば地と云心地と云ふ如し。【唯識論五】に「意地感受。名二憂根一。」【宗鏡錄二】に「注二一味之智水一。洗二意地之妄塵一。」

イツア　逸婀　〔術語〕一の阿字をいふ。逸一音近、婀阿聲同。【性靈集六】に「奇哉逸婀之德。皇矣五轉之鑁。」

イツタ　逸多　〔菩薩〕阿逸多の略。彌勒菩薩の名。【四明教行錄】に「輔處逸多。受二折維摩詰一。」「よ。

イッチュハヌティカ　〔術語〕「イチセンダイ」を見よ。

イツツノクモ　五の雲　〔雜語〕五の障りを雲に譬ふ。⦿(曲、當麻)「五の雲は晴れやらぬ。」(山家集)「けふや君思ふ五の雲晴て心の月をみがき出らん。」

イツツノサワリ　五の障　〔術語〕「ゴシヤウ」を見よ。

イツツノシナノヨツノマコト　五の品の四の眞　〔雜語〕淨土に往生する九品の眞の道を云。「九品」の部を見よ。⦿(拾玉集)「いそぎ行くやどしかはらぬ道なれや五のしなの四のまことを」

イツツノナニガシ　五の某　〔雜語〕五の障をかくしていふ。⦿(源氏)「五のなにがしもなほうしろめたきを。」

イツツノニゴリ　五の濁　〔雜語〕「ゴヂヨク」を見よ。⦿(源氏)「五の濁りなき世に。」

イヅモヂハ　出雲寺派　〔流派〕眞宗一派の一。越前今立郡清水頭毫攝寺を其の本寺とす。丹波六人部の人、乘專、淸範法眼と稱し、禪僧なりが、本願寺覺如に歸し鄕里に一宇を建立し、覺如の別號毫攝を寺號とす。後京都出雲路に移り、次て越前に移る。

イヅルイキハイルヲマタズ　出息不待入　〔雜語〕無常迅速になるを云ふ。【輔行七之三】に智度論を引て「有二一比丘一言。出息不レ保二入息一。佛言。是名三精進善修二無常一。」

イティヴリタカ　〔經名〕「モクタカ」を見よ

イテイモクタカ　伊帝目多伽　〔經名〕「イダイモクタカ」を見よ。

イテツ　異轍　〔術語〕異なる軌轍。學派などの異なるをいふ。毀付の語。【文句記九之上】に「進止異轍」

イトク　以篤　〔人名〕字は信中。法を慧日山の大蔭樹公に嗣ぐ。永亨八年、東福寺に住し、次で天龍寺を主りて南禪寺に昇る、寶德三年十月、寂す。【本朝高僧傳四十二】

イナ　麼　〔雜語〕支那の俗語「イナ」又は「イナヤ」と訓ず。語錄に多く用ゆ。

イナイエン　伊泥延　〔雜語〕「イニエン」と讀む。「イニエン」を見よ。

イナヅマ　電　〔譬喩〕【金剛般若經】六喩の一。【維摩經、大般若經】十喩の一、忽ち生じ忽ち滅する者なれば以て身のはかなきに喩ふ。【金剛般若經】に「一切有爲法。如二夢幻泡影一。如レ露亦如レ電。應レ作二如レ是觀一。」

是身如電　〔雜語〕一句歌題。句意前條に同じ。【維摩經方便品】に「是身如レ電。念念不レ住。」⦿(風雅集)「稻妻の光の程か秋の田のなびく葉末の露の命は。」

知法如電影　〔雜語〕一句歌題。法は萬法なり。一切の現象盡く電影の如しとの意。【無量壽經下】に「知二法如二電影一。究二竟菩薩道一。具二諸功德本一。受レ決當レ作レ佛。」⦿(碧玉)「願ひきて今得る法の稻妻の光の中の世をぞ驚く」

イナハンナリウ　伊那槃那龍　〔異類〕Edavarna 龍の名。羊色の義。(名義大集、一六七)伊那、譯、樹。槃那、譯、葉。過去に樹葉を壞るを以て龍中に墮在す、故に名くとせるは Erāpattra の解なる如し是れ別の龍王なり【探玄記十八】「イラバツリウワウ」を見よ。

イナバナ　伊那婆那　〔地名〕林の名。【探玄記四】に「伊那婆那此言二王林一。謂佛爲二太子時一。在二此林中一生。故立名也。」梵 Airāvana

イナリ　稻荷　〔神名〕「ダキニ」を見よ。

イナリマツリ　稻荷祭　〔行事〕四月中の卯日にこれを行ふ。稻荷社は山城國紀伊郡にあり。【紀事】四月卯日二つあれば初の卯日を用ふ。新御供社家松本氏調進す。神輿五基に供するなり。巳の刻ばかりに神輿五基御旅所の西に出で、東寺の南門の内に入る。此所に於て床をかまへ、五社の神輿各々南に向ひて、其上に安置す。寺僧各々御供所に侍す。こゝに於て東寺の役人甲冑を着し、左手に長刀を横たへ、右手に御供餅をさゝげ、又東寺地人の妻四人、寺中頭屋院より雜品供物を唐櫃に盛り頭上にいたゞき來て、神輿毎にこれを供して、寺僧一人壇上に進み出で奉幣あり、又護摩を修す。一座終りて後社家並に氏子供奉し、北の方大宮通りを經て、五條松原より、五條の橋を過ぎ大和大路より本山に入る。

イニエン　伊尼延　〔雜語〕Aineya 又、伊泥延、翳尼延。翳泥耶、毉泥耶。噎尼延。因尼延。伊梨延陀。鹿の梵名。【玄應音義一】に「伊尼延。或云二噎尼延一。皆訛也。正言二毉尼延耶一。此鹿王名也。噎。音烏賢切。毉。烏奚切。」【同二十二】に「毉泥耶䴊。烏奚切。下市耎切。鹿王名也。舊經中伊尼延。又作二因尼延一。亦作二噎尼延一。皆一也。」【名義集三】に「伊尼延。或伊泥延。此云二金色一。」

伊泥延膞相　〔術語〕佛の三十二相中、第八の相。佛の膝が彼鹿王の膝に似たるを云。【智度論四】に「八者伊泥延膞相。如二伊泥延鹿王膞一。隨次傭纖。」【慧苑音義下】に「伊尼延者鹿名也。其毛多色黑膞形傭纖。長短得レ所。其鹿王最勝。故取爲レ喩。」

膅字又作レ蹲。」梵 Aineyajangha

イニン　異人　〔雜語〕他人、別人などに同じ。【法華經序品】に「妙光菩薩。豈異人乎。我身是也。」

イヌ　恚怒　〔術語〕瞋恚、忿怒。【無量壽經下】に「或時心諍。有レ所二恚怒。」

イヌ　犬

犬逐塊　〔譬喩〕知無の者は果を見て因を求めず。犬が塊を追うてそれを投ずる人を逐はざる如し。【涅槃經二十五】に「一切凡夫。惟觀二於果一。不レ觀二因緣一。如二犬逐レ塊不レ逐二於人一。」

狗著師子皮　〔譬喩〕愚人が智者を眞似ぬるを犬が獅子の皮を被たるに喩ふ。【智度論七十三】に如下狗著二師子皮一諸獸見レ之雖レ怖。聞レ聲則知中是狗上。」

狗臨井吠　〔譬喩〕幻の愛欲に身を亡ぼすを井中の影に吠ゆる犬に譬ふ。【智度論八十九】に「如下惡狗臨レ井自吠二其影一。水中無レ狗但有二其相一。而生二惡心一。投レ井而死。衆生亦如レ是。四大和合故名爲レ身。因緣生識和合故動作言語。凡夫人於レ中起二人相一。生レ愛生レ恚。起二罪業一。墮二三惡道一。」

イノチ　命　〔術語〕煖と識とを支持して生物の元となるもの。【俱舍論五】に「命根體即壽。能持二煖及識一。」

命如二風中燈一　〔譬喩〕無常の人生を風に吹かるゝ燈火に譬ふ。【歸敬儀上】に「經曰。命如二風中燈一。不レ知二滅時節一。今日復明日。不レ覺二死時至一。冥冥隨二業緣一。不レ知レ生二何道一。」

イノリノシ　祈の師　〔術語〕息災延命の祈禱をなす法師。⦿（源氏）「御いのりのしにて候ひける僧都」

イハウ　醫方　〔術語〕醫療禁咒の術。

醫方明　〔術語〕五明の一。「ゴミヤウ」を見よ。

醫方論　〔術語〕五明論の一。醫術を說ける論。

イハウベン　異方便　〔術語〕特殊のてだて。【法華經方便品】に「更以二異方便一。助二顯第一義一。」【觀無量壽經】に「諸佛如來。有二異方便一。令二汝得レ見。」

イハツ　衣鉢　〔術語〕三衣と鉢なり。二者は僧の資物の最も重大なるものなり。出家受戒の時も最初に衣鉢具足を條件とせらるゝに見るも明かなり。後袈裟と鐵鉢の意となり。禪家にて道を授受するを衣鉢を授受すといふ。【傳燈錄一】に「爾時世尊。說二此偈一已。復告二迦葉一。吾將二金縷僧伽梨衣一。傳二付於汝一。轉二授補處一。至二慈氏佛出世一。勿レ令二朽壞一。」【六祖壇經】に「五祖忍大師。傳二衣鉢六祖能大師一。」【輔行一之一】に「預二厠禪門一。衣鉢傳授者盈レ耳。」　図　僧の錢帛を總じて衣鉢と云。【象器箋二十】に多く典據を引く。

衣鉢閣　〔雜名〕イホカクと讀む。住持の衣財を藏する處、此方に所謂眠藏。【象器箋一】

衣鉢侍者　〔職位〕住持の錢帛を掌るもの。【象器箋六】に「住持資具。錢帛之有處。謂二之衣鉢閣一。蓋蓄二資財一。非二僧人本志一。諱二露言レ之。稱二衣鉢一矣。而此侍者掌レ此。」

衣鉢簿　〔雜名〕錢財の帳簿。

イハトクワンオン　岩戸觀音　〔圖像〕岩窟の內に端座し給へる觀音。「三十三觀音」の一。【法華普門品】に「蚖蛇及蝮蠍、氣毒煙火燃、念彼觀音力、尋聲自廻去」とあるに配す。

イハブチハチコウ　石淵八講　〔行事〕大和石淵寺にて修せし法華八講のこと。延曆十五年、勤操僧都、友人榮好の母の冥福の爲に四日二座の講席を設け、七僧と共に法華八軸を講じ每歲缺さず。【元亨釋書二】

イハン　倚版　〔物名〕禪版に同じ。坐禪の時に倚りかゝる道具。厚三分餘、長一尺八寸、橫三寸九分、上下に穴を穿ち、之を用る時繩床の橫繩に束定す。【象器箋十九】

イバ　意馬　〔譬喩〕人の意の外境に驅逐して一處に住せざるを奔馬に喩ふ。【慈恩傳九】に「願託二慮於禪門一。澄二心於定水一。制二情猿之逸躁一。縶二意馬之奔馳一。」

心猿意馬　〔譬喩〕【心地觀經八】に「心如二猿猴一。遊二五欲樹一。暫不レ住故」【趙州錄遺表】に「心猿罷レ跳。意馬休レ馳。」

イフンテン　意憤天　〔天名〕意の憤に由て天處を沒して人間に降生するもの。須彌山に住す。【止觀私記五末】に「婆沙云意憤天。」

イブ　異部　〔術語〕別異の部類、宗派などにいふ。【異部宗輪論述記上】に「異者別也。部者類也。人隨二理解一情見不レ同。別而爲レ類。名爲二異部一。」

異部宗輪論　〔書名〕世友菩薩造、唐の玄奘譯、一卷。薩婆多宗の所傳なり。宗派の部類異なれば異部と云ひ、所宗の法互に取捨ありて輪轉不定なれば宗輪と名く。小乘二十部の宗旨を述べしもの。【藏帙四】(1286)

異部宗輪論述記　〔書名〕一卷、慈恩作。

イブソク　伊蒲塞　〔術語〕優婆塞の轉音。【西域記九】に「鄔婆索迦。唐言二近事男一。舊曰二伊蒲塞一。又曰二優婆塞一。皆訛也。」「ウバソク」を見よ。Upāsaka

イブツダウシヤウ　以佛道聲　〔雜語〕一句歌題。【法華經信解品】に「我等今者眞是聲聞。以二佛道聲一。令二一切聞一。」小乘の弟子等も大乘の佛道を領悟し今は佛道の敎を以て一切の人に傳るをいふ。我は小乘の弟子を指す。⦿（拾玉集）「松風の風を傳る言の葉

もしかの園にやなびきそめけん。」

イヘノイヌ　家狗　〔譬喩〕煩惱に喩ふ。【涅槃經十五】に「如下家犬不レ畏ニ於人一。山林野鹿見レ人怖走上。瞋恚難レ去。如ニ守レ家狗一。慈心易レ失。如ニ彼野鹿一。」【往生要集中末】に「野鹿難レ繫。家狗自馴。」

イホソク　伊蒲塞　〔雜語〕いぶそくと讀む。「イブソク」を見よ。

イホン　異品　〔術語〕因明學に宗の義と異なる品類を異品といふ、即ち異喩に供ふるもの。【入正理論】に「異品者。謂於ニ是處一。無ニ其所立一。」

異品遍無性　〔術語〕因明學の語。體に於て三義を具ふべき中の第三義。因は必ず宗の異品即ち異喩の物に絕めて、宗の義の遍無なる性を具ふべきをいふ。【入正理論因明大疏上二】

異品一分轉同品遍轉不定　〔術語〕因明三十三過の中、因に屬する過の名。因が異喩に一分通じ、同品に全分通ずる者にて、其の一分異喩に通ずるを以て、宗をして不定ならしむるもの。【入正理論、因明大疏上】

イマミ　懿摩彌　〔人名〕Ikṣvāku　又懿摩、伊摩。甘蔗と譯す。又日種、善生とも云ふ。「カンショワウ」を見よ。

イミゴト　忌事　〔雜語〕戒律を云ふ。「カイ」を見よ。

イミツ　意密　〔術語〕三密の一「サンミツ」を見よ。

イミヅキ　忌月　正五九の三月を云ふ。「サンチヤウサイグワツ」を見よ。

イムコト　戒法　〔雜語〕佛弟子の受くべき戒法。五戒、八戒、十戒、具足戒など。此中在家の人には五戒八戒、出家の人には十戒、具足戒。⊙（源氏）「一日一夜にてもいむことのしるしには。」

御いむことの阿闍梨三人　〔雜語〕正式に戒法を受くる中には、戒和尚一人、羯磨師一人、敎授師一人あり。之を三師、又は三阿闍梨といふ。「サンシシチシヤウ」を見よ。

イモン　異門　〔術語〕我と門派を異にするもの他宗他派などに同じ。⊙（盛衰記）「異門他宗の境。」

異門の鍵　〔雜語〕叢林の諺。他處の鍵の意。筋違の論法を差し向くる時に、他を斥けて言ふ詞。

イユキヤウ　醫喩經　〔經名〕佛說醫喩經、宋の施護譯、一卷。醫に四法あるに譬て佛法に四諦法あるを說く。【宿帙八】（949）

イラエウ　伊羅葉　〔植物〕「インラナ」を見よ。

イラタラ　伊羅多羅　〔植物〕伊羅鉢多羅の略、「インラナ」を見よ。

イラバツタラ　伊羅鉢多羅　〔異類〕毉羅鉢呾羅龍王 Erāpattra に同じ。「イラバツリウワウ」を見よ。

イラバツダイカ　伊羅跋提河　〔地名〕河の名。異稱、跋提。譯、賢河。【慧琳音義二十六】Erāvatī

イラバツナ　毉羅跋那　〔術語〕Īśvaravāṇa. 又、毉羅跋那。佛の聲。譯、自在聲。圓音。佛の聲は一音に衆音を具ふればなり。【華嚴疏鈔十二】に「毉羅跋那者。具云ニ毉濕弗羅跋那。毉濕弗自在也。羅跋那者聲也。即圓音自在耳。」【慧苑音義上】に「毉羅跋那。毉者具云ニ毉濕弗羅跋一。此云ニ自在一也。羅跋那者大聲也。謂佛號ニ大自在聲一。」【可洪音義四】に「毉羅跋。上烏兮反。下蒲末反。佛名也。正作ニ堅字一。」

イラバツリウワウ　伊羅鉢龍王　〔異類〕Erāpattra　伊羅鉢龍王、佛の禁戒を毀て樹葉を損傷するを以て命終して龍身を受る因緣。【佛本行集經三十一】に「爾時海內伊羅鉢(此言香葉)王旣受ニ龍身一。心生ニ厭離一。欲レ求ニ解脫一。而作ニ是念一。往昔迦葉如來。親授ニ我記一。汝大龍王。從レ今已去。過ニ若千萬億年一。當下有ニ一佛一出中現於世上。號ニ釋迦牟尼佛陀一。今既過ニ如レ是無量億年一。頗有ニ彼佛一出レ世以不。而依ニ那羅陀童子仙一。始知ニ釋迦世尊出レ世。伊羅鉢龍王與ニ那羅陀一。相隨共向ニ於世尊所一。乃至伊羅鉢龍王。即白レ佛言。世尊我念ニ往昔一。有レ佛出世。名曰ニ迦葉如來一。我於ニ彼中一。出家修行。我時見ニ一草一。名曰ニ伊羅一。我時以レ手。斫ニ彼草ニ取。執捉將詣ニ佛所一。白ニ彼佛一言若有ニ比丘一。斫ニ於此草一。得ニ何果報一。時彼世尊。即報レ我言。汝知若人故心斫ニ斷此草一。當レ墮ニ牢固地獄一。我於ニ爾時一聞ニ此佛語一。心中不レ信。以レ不レ取ニ彼佛語一故。不レ受ニ其敎誨一。又自思惟。但斫ニ此草一。有ニ何果報一。以ニ既不レ信故。造ニ波夜提罪一。不レ捨ニ此邪見一。命終已後。遂即生ニ長壽龍中一。是故彼時。爲レ我立レ名。名ニ伊羅鉢一也。」【四分律一】に「所造惡雖レ微。愼莫ニ謂爲レ輕。如レ破ニ伊羅葉一。常在ニ於龍中一。」【莊嚴經論三】に「伊羅鉢龍王。以下其毀ニ禁戒一。損中傷樹葉上故。命終墮ニ龍中一。」

イラン　伊蘭　〔植物〕Erāvaṇa　又伊羅、翳羅、堙羅那など、樹の名。花愛すべく惡息甚しく、その惡臭四十里に及ぶと云ふ。經論中伊蘭を煩惱に喩へ、栴檀の妙香を菩提に比すること多し。

イランナハツバツタコク　伊蘭拏鉢伐多國　〔地名〕Īriṇa-parvata　中印度の境。小乘の學徒多し。【西域記十】

イリアヒノカネ　入相の鐘　〔雜語〕日の將に西山に沒せんとする頃、佛寺は、梵鐘を鳴らして、夕時の看經を修するにより、此鐘聲と日沒とを列ねて、用語と爲せるなり。⊙（更科）「しげかりしうき世のことも忘られず入相の鐘の心ぼそさに」

イリエンダ　伊梨延陀　〔雜語〕鹿の梵名。【所量輕重儀上】「イニエン」を見よ。

イリキ　意力　〔術語〕正覺を求る意思。【無量壽經下】に「意力願力」【同淨影疏】に「求佛之心。名爲意力。」

イリシヤシヤウナ　伊梨沙掌拏　〔雜名〕生殖器病の名。譯、妬黃門。他の婬するを見るに因て、方に妬心ありて婬根の起る病。【名義集二】Īrṣyāpaṇḍaka「ゴシユフナン」を見よ。（名義大集二七一）

イリツダ　矣栗馱　〔雜語〕譯、心。物の中心。要點。【止觀一上】に「質多者。天竺音。此方言心。即慮知之心也。天竺又稱汗栗馱。此方是草木之心也。又稱矣栗馱。此方是積集精要者爲心也。」

イリモミ　煎揉　〔雜語〕又、セメフセなど。惡靈の退治などを本尊にせめはたること。⊙（榮花）「佛をいりもみ奉る。」

イリン　意輪　〔術語〕三輪の一。「サンリン」を見よ。

イレブツジ　入れ佛事　〔雜語〕檀家の法事を寺にて爲すをいふ。

イロン　異論　〔術語〕異なる論義。正法に反する義と、雜多との二義あり。【雜阿含經三十四】に「給孤獨長者。於外道精舍。伏彼異論。」【成實論二】に「諸比丘等。種種異論。」

イワウ　醫王　〔術語〕醫中の王。佛を稱讃して醫王に譬ふ。【無量義經】に「醫王大醫王。分別病相。曉了藥性。隨病授藥。令衆生服。」【涅槃經五】に「成等正覺。爲大醫王。」

醫王善逝　〔術語〕藥師如來の別名。醫王の名は諸佛に通ずれ共今は藥師の名に因て殊に此如來を醫王と云ふ　善逝とは諸佛十號の一。⊙（平家）「醫王善逝日光月光」。（盛衰記）「醫王善逝の化現か」

醫王山王　〔雜語〕醫王は叡山の根本中堂の藥師如來。山王は日吉神社。⊙（平家）「醫王山王」（秋夜物語）「伊王山王の結緣」醫王の誤。

イワウ　易往　〔術語〕易行に同じ。淨土に往生し易きこと。

易往而無人　〔雜語〕一句歌題。【無量壽經下】に「宜各勤精進努力自求之。必得超絕去。往生安養國。橫截五惡趣。惡趣自然閉。昇道無窮極。易往而無人。其國不逆違。自然之所牽。」【尊號銘文】に「易往而無人といふは易往はゆきやすしとなり、本願力に乘ずれば本願の實報土に生るゝこと疑ひなければゆき易きなり、無人といふは人なしといふ、ひとなしといふは眞實信心の人はありがたきゆへに實報土に生まるゝ人まれなり」⊙（山家集）「西へ行く月をやよそに思ふらん心に入らぬ人のためには」

イワウイギヤウ　易往易行　〔術語〕往生し易く修行し易しとの意にして、他力念佛の宗旨を云ふ。⊙（著聞集、釋敎）「易性易行の道におもむく」

イヱ　異慧　〔術語〕正理に異なる種々の邪智なり。【大疏九】に「勿生於異慧。乃至異慧是分別妄想之慧。」

イヱン　以圓　〔人名〕大江以言の子。叡山の楞嚴院に居て顯密の敎を學ぶ。病中法華を讀て七日に諳記す。早く寂す。【本朝高僧傳七十】

イン　印　〔術語〕印契。印相。契印など。指の先にて種々の形をなし、以て法德の標幟となすもの。小指より次第に數へて大指に至り之を地水火風空の五大とし。又左手を定とし右手を慧とし此左右の十指を以て種々の印相をなす。例せば火德を標して火印を結び、水德を標して水印を結ぶなど。【菩提心論】に「身密者。如結契印。召請聖衆是也。」【大日經疏十三】に「此印者。即是法界之標幟。以此印故。標示法界之體。即名法界幢也」【補陀落海會軌】に「左手寂靜故。名理胎藏海。右手辨諸事。名智金剛海。左手五指者。胎藏海五智。右手五指者。金剛海五智。左手定右慧。十指即十度。或名十法界。或曰十眞如。縮則攝收一。開則有數名。左小指爲檀。無名指爲戒。左中指爲忍。左頭指爲進。左大指爲禪。右小指爲慧。無名指爲方。右中指爲願。右頭指爲力。右大指爲智。乃至小指爲地。無名爲水。中指爲火。頭指爲風。大指爲空。」⊙（源氏）「不動の陀羅尼よみ、いん結びて。」〔二〕佛菩薩の手に執る種々の具を印と云。即ち三昧耶形なり。【大日經疏二十】に「印謂所執印。即刀輪羂索金剛杵之類也。」〔三〕敎理の決定せる者を印と云。實相印、三法印など。【大乘義章二】に「優檀那者是外國語。此名爲印。乃至法相楷定。不易之義名印也。」【秘藏記上】に「印決定義也」〔四〕印章。【象器箋十九】に「毘奈耶雜事云。時有賊。來盜僧庫藏。並及私物。爲無記驗。苾芻不知何時失物。佛曰。苾芻可畜其印。應用五種物爲印。所謂鍮石赤銅白銅牙角。佛言。凡印有二種。一是大衆。二是私物。若大衆印。可刻轉法輪印。兩邊安鹿。伏跪而住。其下應書元本造寺施主名字。若私印者。刻作骨鎖像或作髑髏形。欲令見時生遠離故。」

印契　〔術語〕印相は法界の性德を標示して僞りなきものなれば契といふ。契は契約不改の義。【即身成佛義】に「手作印契。口誦眞言。心住三摩地。三密相應加持故。早得大悉地」

印相 〔術語〕印の姿を形す。不動の印は刀劍の相をなし、觀音の印は蓮華の形をなすなど。

印明 〔術語〕印は印相。明は陀羅尼。「イチインニミヤウ」を見よ。⦿（曲、高野物語）「昔薩埵の因明を授り。」因は印の誤。（盛衰記）「親悉傳二印明一。」

印觀 〔術語〕手に印相を結んで、意に本尊を觀ずると。印は身密、觀は意密。

イン 因 〔術語〕果を造るもの。即ち原因なり。【婆娑論百二十七】に「造是因義。」【大乘義章二】に「親生義。目レ之爲レ因。」

二因 〔名數〕「ニイン」を見よ。

三因 〔名數〕「サンイン」を見よ。

五因 〔名數〕「ゴイン」を見よ。

六因 〔名數〕「ロクイン」を見よ。

十因 〔名數〕一に隨說因。欲界色界無色界に於て一切惑業繫縛の法、及び不繫縛の法、見聞覺知する所に隨て言說を起すを隨說因と名く。二に觀待因。諸の有情三界有繫縛の樂、及び出世間不繫縛の樂を求めんと欲して、彼の所緣に於て或は求得を爲し或は受用を爲し、彼を觀て此に對するを觀待因と名く。三に牽引因。淨不淨の薰習に由て三界善惡の諸行、可愛不可愛趣の中に於て可愛不可愛の自體を牽引するを牽引因と名く。四に生起因。三界の可愛不可愛の一切惑業繫縛の法各々自種より生じ愛は能く種を潤ほし、種は愛に潤ほされ、此に由て先きに牽引する所の可愛不可愛の自體生起さるを生起因と名く。五に攝受因。三界の惑業繫縛の法及び不繫縛の法悉く眞實の見の攝受する所となるを攝受因と名く。六に引發因。欲界繫縛の善法能く欲界繫縛の諸の勝善法を引き、又能く色界無色界の繫縛及び不繫縛の善法を引き、乃至無色界繫縛の善法能く無色界の諸の勝善法及び不繫縛の善法を引くを引發因と名く。七に定異因。三界繫縛の諸法及び不繫縛の法自性功能差別あるを定異因と名く。八に同事因。自性功能の和合に由て三界繫縛の法及び不繫縛の法を生じ、亦た成辨和合するを同事因と名く。九に相違因。三界繫縛の法及び不繫縛の法將に生ぜんとする時若し障碍現前すれば生ずるとを得ざるを相違因と名く。十に不相違因。三界繫縛の法及び不繫縛法將に生ぜんとする時若し他の障碍現前することなければ便ち生ずるを得るを不相違因と名く。【瑜伽論五】

十因十果 〔名數〕一に婬習因。婬習交接し研磨して休ざるが故に火光有て中に於て發動し二習交然たり、故に鐵床銅柱八熱地獄の報有るなり。二に貪習因。貪習の心往來計算して相吸を發し吸攬して止ざれば則ち水を感じ、積風寒と爲り結水氷と爲る、故に寒氷地獄の報有るなり。三に慢習因。慢習交交淩ぎ相恃を發し憍縱馳騁し流逸して止ざれば積て惡毒を致す、故に血河毒海灌呑の報有るなり。四に瞋習因。瞋習交交衝て相忤を發す故に心熱して火を發し鑄氣金と爲る、此の業の感ずる所なるが故に官割斬斫等の報有るなり。五に詐習因。詐習交交誘つて相調詐僞の心を發し引起して住せず、此の業の感ずる所なるが故に杻械鞭杖等の報有るなり。六に誑習因。誑習交交欺て相罔を發し誣罔止ざれば其の心飛揚して風の塵を鼓し人をして見ると無らしむるが如し、故に騰擲飛墜漂淪等の報有るなり。七に冤習因。冤習交交嫌て銜恨を發し陰毒の人心に毒惡を懷くが如し、此の業の感ずる所なるが故に投擲擊射等の報有るなり。八に見習因。見習交交明かに邪悟の諸業各々己見を執じ互に其の事を是非し違拒を發す、故に勘問權詐栲訊推鞫等の報有るなり、九に枉習因。枉習交交加て誣謗を發すること讒賊の人良善を逼枉するが如し、此の業の發現なるが故に拘押按捺の其の體を迫蹙し其の血を瀝漉する等の報を感ずるなり。十に訟習因。諍訟交交其の事を諠し隱覆を發すること鑑照燭の隱藏する能はざるが如し、故に業鏡の火珠披露宿業對驗等の報有るなり。【楞嚴經】

インイキ 印域 〔地名〕印度を指していふ、印は印度域は境域。【三論大義鈔一】に「印域探二三藏之頤致一。」

インイホン 因異品 〔術語〕因明にて異喩に備へたる條件が因と品類を異にせるを云ふ。

インイン 因因 〔術語〕果果に對して云。「クワクワ」を見よ。

インエン 因緣 〔術語〕インネンと讀む。一物の生ずるに親しく强く力を與る者を因とし、疎く弱く力を添る者を緣とす。例せば種子は因、雨露農夫等は緣。此因緣和合して米を生ず。【大乘入楞伽經二】に「一切法因緣生。」【楞嚴經二】に「彼外道等。常說二自然一。我說二因緣一。」長水の【楞嚴經疏一之上】に「佛敎因緣爲レ宗。以下佛聖敎自レ淺至レ深。說二一切法一不上レ出二因緣二字一。」【維摩經佛國品註】に「什曰。力强爲レ因。力弱爲レ緣。肇曰。前後相生因也。現相助成緣也、諸法要二因緣相假一。然後成立。」【止觀五下】に「招レ果爲レ因。緣名二緣由一。」【輔行一之三】に「親生爲レ因。疏助爲レ緣。」【演密鈔三】に「因緣者所以之義也。」

六因四緣 〔名數〕因に六種あり。【倶舍論六】緣に四種あり。【倶舍論七】「ロクイン」と「シ

エン」を見よ。【倶舍論七】

十二因緣 〔術語〕人の三世に流轉するを十二種の因緣に分けて説明せしもの。「ジフニインエン」を見よ。

因緣所生法。我說卽是空。亦名爲假名。亦是中道義。 〔雜語〕空假中の三諦を約說したる句なり【中觀論四諦品】の文。但し論の現文には上の二句、「衆因緣生法我說卽是無」に作る。而て天台は【止觀一上】に嘉祥は【中論疏十之本】に論文を牒擧して、今の如く記せり。此四句の解は、天台家に於て最も肝要とする所。北齊の慧文は之に依て一心三觀の理を悟り、之を南岳に傳へ、南岳は之を天台に傳ふと云。因緣所生法の一句は因緣生の萬有を標せしもの。下の三句は萬有の事相に具る實理を說きしもの。我說卽是空は是れ空諦の理。亦爲是假名は是れ假諦の理。亦是中道義は中諦の理。三諦の理宛然たり。台宗は此四句を四敎に配して一切敎を統攝す。因緣所生法は藏敎なり、我說卽是空は通敎なり、亦爲是假名は別敎なり、亦是中道義は圓敎なり。又四句に就て通別圓の三敎淺深を異にす。「サンクワン」を見よ。

因緣生の敎に自性なし 〔雜語〕⦿（ささめごと）に引用。【智度論十九】に「一切諸法。因緣生故。無ㇾ有二自性一。是爲二實空一。」されば敎の字、故の誤。

因緣周 〔術語〕三周の一「サンシユ」を見よ。

因緣觀 〔術語〕十二因緣の道理を觀じて生死流轉の理を悟ること。此觀をなして悟を開くものを緣覺と名く。【宋高僧傳】に「接二飛花墜葉一。作二因緣觀一。」【大乘義章十二】に「因緣觀者。於二彼生死十二因緣一。分別觀察。」

因緣合成 〔術語〕森羅萬象は、必ず因（親因）と緣（助緣）とによりて成る、此の二つもの相合して、結果を生ずるを因緣合成と云ふ。⦿（盛衰記二四）「因緣合成して中央中臺の遮那の果滿現じ給ふ。」

因緣釋義 〔術語〕三論宗四種釋義の一。「シヤクギ」を見よ。

因緣說 〔術語〕經中事物の由來を說く處。十二部經の一。「ジフニブキヤウ」を見よ。

因緣生死 〔術語〕七種生死の一。

因緣舞 〔行事〕神佛の因緣を文句にて舞をなすこと。

因緣輪 〔譬喩〕因緣の物を運ぶこと車輪の如しとて輪と云。因緣相繼いで生起して限極なきを輪に譬ふ。又「インエンリン」を見よ。

因緣僧護經 〔經名〕佛說因緣僧護經、失譯一卷。五百の商人海に入る時、僧護を請して說法者となす。海中に至るに逮で龍王乞ひ去り四龍子に四阿含經を授けしむ、商人還る時、僧護海より出でゝ同く還る。途中相失し地獄中の五十六事を見、次に五百仙人の處に至て一宿し之を濟度し、來て佛を見、佛に因緣を問ふ、佛一一之に答ふ。【宿帙八】

（781）

インエンシユウ 因緣宗 〔流派〕大衍所立四宗の第一。「シユ」を見よ。

インエンリン 因緣輪 〔語術〕阿等の十二摩多を緣覺の十二因緣觀に約して因緣輪と稱す。【義釋十一】に細說す。

インカ 印可 〔術語〕弟子の所得を證明して之を許可し稱美すること。【維摩經弟子品】に「若能如ㇾ是宴坐者。佛所二印可一。」【輔行七之三】に「印謂印可。可謂稱可。事理相稱。故可二聖心一。」

インカイ 印契 〔術語〕印相のこと「イン」を見よ。

インカン 允堪 〔人名〕宋の昭慶、律師允堪、錢塘の人、天台の崇敎大師慧思に依て出家す。學通せざるなく、殊に律部に精通し、會正記等の文十二部を著して南山宣律師の律藏を繼紹す。後に靈芝律師元照資持記を作るに及て、會正資持相對して派を分つ。【釋氏稽古略四】

インカツダソンジヤ 因揭陀尊者 〔人名〕十六羅漢の一、「ラカン」を見よ。

インガダイシ 引駕大師 〔人名〕唐朝四大師の一。天子の車駕を引き迎る役。【元亨釋書廿七】に「太宗貞觀中。封二智威一爲二引駕大師一。」【佛祖統紀七】に「師在二太宗朝一。名德昇聞。召補二朝散大夫一。封二四大師一。」【註】に「耆老相傳云。唐有二四大師一。謂引駕大師。護國大師。餘二闕ㇾ聞。今詳考二隋唐傳一。但有二引駕之名一。共員有ㇾ四。」【僧史略下】に「爲二引駕大德一者。唯端甫稱ㇾ之。（唐憲宗の時の僧）此必勅補。儻自號私署。安可ㇾ稱ㇾ之。此命近亦不ㇾ聞矣。然則車駕巡幸還ㇾ京。僧道必具二旛幢螺鈸一遠迎。僧錄道錄。騎ㇾ馬引ㇾ駕。而無下敢自稱二引駕一者上。」

インキン 引磬 〔術語〕磬の小なるもの之を打て衆を引き導けば引磬と名く。【禪林象器第十八】

インギヤウクワ 因行果 〔術語〕大日經所說の三句義なり、第一句菩提心爲因は是れ因なり。第二句大悲爲根は是れ行なり、第三句方便爲究竟は是れ果なり。此の三に一切大小顯密の諸宗を攝するなり。

インクワ 婬火 〔譬喩〕婬欲の熱情を火に譬ふ。【止觀七上】に「皆以二不淨一爲二初門一。悉治二婬火一。」【智

度論十四】に「婬火內發。自燒而死。」

インクワ　引果 【術語】滿果に對する語。一有情の果報を總別の二に分ち、果報の主成分を引果といひ、果報の局部を滿果といふ。例せば第八識は引果、五根五境等の好醜美惡は滿果。第八識は總報の果體として、吾等人界の五根五境等の總體を反現せし上に於て、更に彼の總體に就て美惡上下貧福等の差別を變成す、是れ第八識の中に具する滿業の種子の然らしむる所。依て知るべし、同一の人間にて、果報上種々の上下差別あるは是れ滿果のこ。引果は總て同一。【唯識論二、同述記二末、百法問答抄三】

インクワン　印觀 【術語】「イン」を見よ。

インクンジフキヤウ　因薰習鏡 【術語】眞如の體內に一切の功德を具足して衆生に薰習し、以て成佛の正因となること、淨鏡に一切の影を現ずる如きをいふ。四鏡の一。【起信論】に「二者因薰習鏡。謂如實不空。一切世間境界。悉於レ中現。不出不入。不失不壞。常住一心。」

イングワ　因果 【術語】因は能生。果は所生。因あれば必ず果あり。果あれば必ず因なかるべからず。之を因果の理といひ、佛敎は之を三世に通じて善惡應報の義を說く。【觀無量壽經】に「深信二因果一。不レ謗二大乘一。」【止觀五下】に「招レ果爲レ因。尅獲爲レ果。」【十住毘婆娑論十二】に「因以レ得知。得者成就。果者從レ因有。事成名爲レ果。」◉（榮花）「物の因果知らぬ身。」

因果ノ理 【術語】善因善果、惡因惡果。生者必滅、會者定離などの理。◉（保元）「妙覺の如來猶因果の理を示す。」（徒然草）「學問して因果の理をもしり」

因果歷然 【術語】因果の事實、顯れて明白なること。【止觀義例上】に「存二諸敎一則因果歷然。」【宗鏡錄十二】に「一切即一。皆同二無性一。一即一切。因果歷然。」【濟緣記一上】に「妙有則一毫不立。眞空乃因果歷然。」◉（太平記）「因果歷然の理。」（曲、綾鼓）「因果歷然は目のあたり。」

三世因果 【術語】過去現在未來三世に亘りて因果を尋ぬること。【因果經】に「欲レ知二過去因一者。見二其現在果一。欲レ知二未來果一者。見二其現在因一。」（古來此文を因果經の語として處々に引けども現流の經に此文なし）【涅槃經憍陳品】に「善惡之報。如二形隨一レ形。三世因果。循環不レ失。此生空過。後悔無レ追。」

因果應報 【術語】善因には善果、惡因には惡果と、原因あれば必ず結果の應報すべき理。【慈恩傳七】に「唯談レ玄論レ道。問二因果報應一。」

因果不二門 【術語】十不二門の一。「ジフフニモン」

因果撥無 【術語】因果應報の道理なしと否定すること。【十輪經七】に「撥二無因果一。斷二滅善根一。」【廣百論釋論五】に「若無二善惡一。苦樂亦無。是即撥二無一切因果一。」【俱舍論十七】に「緣二何邪見一。能斷二善根一。謂定撥二無因果一邪見。」

因果經 【經名】過去現在因果經の略稱。別に坊刊に佛說因果經一卷あり、羅什の譯、經藏に入らず。

インクワウ　印光 【術語】佛陀の心印より發する光明。【大日經疏六】に「菩提印光。」

インケ　引化 【術語】引接化度。【六祖壇經】に「世尊在二舍衛城中一。說二西方引化一。」

インケイ　印契 【術語】インカイと讀む。「イン」を見よ。

インゲゴヒヤクセンモン　因解悟百千門 【雜語】一個の法門を知りて百千の法を悟る意。一句歌題。聞一悟解百千門の誤。【般舟讚】に「彼國衆生心根利。聞レ一悟二解百千門一。」◉（新和歌集）「鶯の春をつげたる一聲に　さとりひらくる　花のいろ〳〵。」

インゲン　因源 【術語】果に對して因といひ、末に對して源といふ。【華嚴經疏四】に「因該二果海一。果徹二因源一。」

インゲン　隱元 【人名】僧の名。釋の隆琦、字は隱元、明僧なり。後光明帝承應三年本朝に來り、黃檗山萬福寺を開く、是れ本朝黃檗派の祖。【本朝高僧傳四十五】

隱元禪師語錄 【書名】明の海寧編、十六卷。

隱元ささげ 【植物】【草廬漫筆】に「八外豆は隱元禪師其種を持ち來り南京寺に植しより世に流布す。」

インゲン　印元 【人名】號は古先。文保二年、元に入り、天目山の中峰禪師に就て契悟す。泰定二年、清拙禪師に從て東歸し、建長寺に住して敎藏を典る。源義詮、鎌倉に長壽寺を創して元を招く。元遂に此に終ふ。壽八十。【本朝高僧傳三十三】

インゴフ　引業 【術語】滿業に對する語。善惡の業にて正しく未來世の果報の體を引くものを引業といひ、部分的の果報を招くものを滿業といふ。依て引業より生じたるより引果といひ、滿業を生じたるを滿果といふ。【唯識論二、同述記二末、百法問答鈔三】

インゴフ　因業 【術語】因とは親しく結果を生ずる力あるもの。業とは果を生ずる助緣となる所作、即ち因と緣にて、此二相和して諸法生ず。【大日經二】に「諸法無二形像一。清澄無二垢濁一。無レ執離二言說一。但從二因業一起。」【大日經疏十九】に「因如レ鏡。業如レ身。對レ鏡而影現也。」

インザ 引座 〔術語〕 インゾと讀む。

インザウ 印相 〔術語〕「イン」を見よ。

インザウ 印象 〔雜語〕 鏡などに影の印せる形。【大集經十五】に「如二閻浮提一切衆生身及餘外色一。如レ是等色一。海中皆有二印象一。」

インシ 印紙 〔物名〕 禪林に小片紙を以て其寺號を朱印するを印紙と云ふ。【象器第十六】 図印と紙と。

印紙同時 〔譬喩〕 一枚の文は次第前後あるも、之を紙に印する時は同時に現はる。依て次第前後ある物の同時に現はるゝ譬に用ゆ。【五教章上】に「依二此普法一。一切佛法。並於二第二七日一。一時前後說。前後一時說。如二世間印法一。讀レ文則句義前後。印レ文則同時顯現。同時前後。理不二相違一。」

インシウ 因修 〔術語〕 因地の修行。佛因を修行する位を因地と云 修因と云ふべきを果證に對して句を倒す 又成佛の因を修行すること。【慈恩傳、序】に「示レ之以二因修一。明レ之以二果證一。」

インシフイン 婬習因 〔術語〕 十因の一。「インの部「十因六果」を見よ。

インシヤウジヤリ 引請闍梨 〔術語〕「アジヤリ」を見よ。

インシヤウタイシ 引正太子 〔人名〕 中印度憍薩羅國引正王（娑多婆漢那 Sātyavāhana*） の子なり。王深く龍樹菩薩に歸依し、龍樹の妙術に依て、王の年貌衰へざりしかば、太子王位を嗣ぐこと能はざるを患へ、父王の長命は龍樹の福力に依るなりとし、龍樹に請て自殺せしむ。父王龍樹の死を聞き、即ち命終しければ、太子王位に即く。【西域記十】◎（盛衰記三四）「龍樹菩薩は、弘經の大士なり、引正太子に失はる。」

インシヤウ 印性 〔人名〕 藤原長輔の子。東寺の任覺僧正に從て兩部の秘法を受く。建久三年、東寺の長者となり、建永元年東寺の法務に任ず、承元元年七月、七十六にて寂す。【本朝高僧傳五十三】

インシユウ 印宗 〔人名〕 廣州法性寺の印宗、初め涅槃經を講ず、六祖能大師、某寺に至るに遇て必要を悟り能を以て傳法の師となす。能亦此人に就て出家受戒す。先天二年八十七にて寂す。【傳灯錄五】

インシユツブツシヤウ 引出佛性 〔術語〕 三佛性の一。「サンブツシヤウ」を見よ。

インシユボサツ 印手菩薩 〔人名〕 晉の道安の綽名。【佛祖通載七】に「安左臂有レ肉。方寸許。隆起如レ印。時號二印手菩薩一。」【廣弘明集二十】に「或稱二印手。高坐擅レ名。」案に【維摩經】の列衆に寶印手菩薩あり。

インシン 印信 〔術語〕 秘法を傳授せししるし。【元亨釋書一】に「兩部大法。秘密印信。皆悉授レ汝。」【沙石集二上】に「秘法をも傳授し、印信をも許したく思ふに。」

インジゴンガウク 因字金剛句 〔術語〕 因字とは東方阿閦佛の種子。[梵字]字を稱す。[梵字]の字體[梵字]訶は因の義なればなり。金剛句とは此の[梵字]の種子變して五股金剛の形となるを云ふなり。【瑜祇進】に「因字金剛句。發二生猛利火一。燒二除衆不祥一。」

インジシヤウコンガウ 因字生金剛 〔術語〕 金剛薩埵の種子[梵字]字を稱す、其の字體[梵字]字は一切諸法の本因なれば因字と稱し、此の[梵字]字變じて五股の金剛杵と成れば生金剛と云ふ。【瑜祇經】に「因字生二金剛一。滿二彼大空界一。」

インジフシヤウエン 因集生緣 〔術語〕 十六行相中の四行相。集諦の境を觀じてなす四種の觀解。即ち、集諦は迷の因なる惑業なり。惑業は苦果を生ずる因なり。苦果を集積して現ぜしむるは集なり。苦果を相續して絕えざらしむるは生なり。助緣となりて苦果を成辨せしむる緣なり。と觀ずるなり。

インジヤウ 引聲 〔術語〕 聲明法によりて節を付て聲を引くこと。【根本說一切有部毘奈耶雜事六】に「苾芻不レ應二歌詠引聲一。」

引聲念佛 〔行事〕 聲明法に依て長く聲を引く念佛。昔し慈覺大師、渡唐して五臺山法道和尙に調して傳受せし極樂の法音なり。承和十五年叡山に常行三昧堂を建て、仁壽元年此法を行ふ。【天台座主記、天台霞標二之二】

引聲彌陀經 〔行事〕 節を付けて阿彌陀經を讀む法。【古事談三】に「慈覺大師音聲不足令レ座給之間以二尺八一引聲の阿彌陀經を令レ吹給ぬ。」

引聲行道 〔行事〕 曲調を付して經文を誦しつゝ行道をなすこと。

インジヤウケ 因成假 〔術語〕 諸法は因緣より成立する故に假にして實にあらざるをいふ。三假の一。成實宗の所立。

インジユ 印咒 〔術語〕 印と相應せる咒なり。「印と咒なり。」

インセフ 印接 〔術語〕 又引攝。佛菩薩の手に衆生を引取ること。【涅槃經二十八】に「方便引接」【往生要集上本】に「與二無量聖衆一。同時讚嘆。授レ手引接。」

引接の悲願 〔術語〕 衆生を引接する本願。彌陀の四十八願の中第十九願を指す。「十方衆生。發二菩提心一。修二諸功德一。至心發願。欲レ生二我國一。臨二壽終一時。假令不下與二大衆一圍繞現中其人前上者。不レ取二正覺一。」【無量壽經上】◎（盛衰記）「引接の悲願を念ず。」

引接結緣樂 〔雜語〕 一句歌題。往生要集に十樂を明す中の第六樂。淨土に往生して後、娑婆

にて結緣せし父母知友を、自在に引接し濟度する樂なり。【要集上末】に「若生二極樂一智慧高明。神通洞達。世々生々恩所知識。隨レ心引接。乃至無緣尙爾。況結緣乎。」⦿（新古今）「立ち歸り苦しき海におくあみも深きえにこそ心引くらめ。」「見よ。

インセフク　引攝句　〔術語〕「セフシヤウク」を見よ。

インセン　陰錢　〔雜名〕紙錢の別名。陰府に用る錢貨。「エイセン」を見よ。

インゾ　引座　〔術語〕禪林に他の陞座說法するを導引して衆に紹介するもの。【象器箋十一】

インタイ　因體　〔術語〕因明にて因の體となるもの。即ち有法の上に具する義にして立者敵者の共に許す事件を云ふ。聲無常の宗を立つるに聲論師及佛者共に同く有りと許す所作の義、是れ即ち因體なり。

インタウ　淫湯　〔飮食〕米の湯。淫は留まる義、米粉を湯に點して混濁滯留すれば淫湯といふ。【象器箋十七】に「舊說曰。淫當レ作レ飮。僧堂鳴二開鉢槌一時。唱二飮湯一而行レ之。忠曰。續字彙云。淫王粲七襃詩。何爲久滯淫。文選註留也。蓋米粉點レ湯。混濁滯留。故言二淫湯一。即米湯也。」

インタツラ　印達羅　〔雜語〕Indra　數量の名六十數の一。【倶舍論三】に「十大羯臘婆。爲二印達羅一。」

インダツラダイシヤウ　因達羅大將　〔天名〕Indra　藥師十二神將の一。因達釋、譯、帝釋。【大孔雀咒王經】「インダラ」を見よ。

インタフ　印塔　〔堂塔〕寶篋印塔の略稱。図板にしたる塔なり。【諸軌儀譯影七】「見よ。

インダイ　因提　〔天名〕又、因抵。「インダラ」を見よ。

インダイリ　因提梨　〔天名〕「インダラ」を見よ。

インダウ　引導　〔術語〕人を導て佛道に入らしむること。【法華經方便品】に「但以二假名字一引二導衆生一。」【同法師品】に「引二導諸衆生一。集レ之令レ聽レ法。」

死後ノ引導　〔儀式〕下炬の時の法語をいふ。黃檗の希運禪師が母の溺死したるに際して炬を投し法語を說きしを死後引導の始めとす。【百通切紙三】に「禪家の黃檗禪師母を引導す、其の句に云く。廣河源頭乾二徹底一。是此五逆無レ所レ藏。一子出家九族生レ天。若是妄語諸佛妄語。」と。黃檗禪師母を引導してより禪家に引導す、禪家の引導を見て他宗も他宗の意を以て引導すると見へたり。」

インダウ　因道　〔術語〕因は果に對する語、果を得ん爲に修する道を因道といふ。

インダニラ　因陀尼羅　〔雜名〕「インダラニラモクタ」を見よ。

インダラ　因陀羅　〔天名〕Indra　もと雷雨の神。佛敎當時の最高神として梵天と共に双び稱せらる。天主と譯するは釋提桓因 Śakradevendra よりしたるなり。又、因坻。因提。因提梨。因達羅など。譯、天主帝。即ち帝釋天の事。【玄應音義三】に「因坻。直尸切。或言二因提梨一。或言二因陀羅一。正翻名二天主一。以レ帝代レ之。故經中亦稱二天主一。或稱二天帝釋一。並位之與レ名也。」

因陀羅王　〔天名〕帝釋天のこと。【大日經疏一】に「因陀羅王者。帝釋也。」

因陀羅網　〔譬喩〕是れ梵漢雙擧の名。單に漢語なれば帝網と云。即ち帝釋天にある寶網。其の網の線と珠玉が交絡するを取て物の重重無盡に交絡涉入するに譬ふ。【通路記】に「忉利天王帝釋宮殿。張レ網覆レ上。懸レ網飾レ殿。彼網皆以二寶珠一作レ之。每レ目懸レ珠。光明赫赫。照燭明朗。珠玉無量。出二算數表一。網珠玲玲。各現二珠影一。一珠之中。現二諸珠影一。珠珠皆爾。互相影現。無レ所二隱覆一。了了分明。相貌朗然。此是一重。各各影現。珠中所現。一切珠影。亦現二諸珠。影像形體一。此是二重。各各影現。二重所現。珠影之中。亦現二一切。所懸珠影一。乃至如レ是。天帝所感。宮殿網珠。如レ是交映。重重影現。隱映互彰。重重無盡。」【探玄五敎章中之三引レ之】

因陀羅微細境界門　〔術語〕十玄門の一。「ゲンモン」を見よ。

因陀羅網　〔書名〕十五卷、江府妙延寺空誓著。敎門の名目數千條を列擧し、各出據の書目を出せしもの。

インダラシユウ　因陀羅宗　〔流派〕帝釋天聲明論を造て能く一言を以て衆義を含むを因陀羅宗と云ふ。【大日經二】に「如二因陀羅宗諸義理成就一」【同疏七】に「因陀羅者是天帝釋之異名。帝釋自作二聲論一。能於二一言一具二含衆義一。故引以爲レ證。」

インダラセイタ　因陀囉誓多　〔天名〕Indra-ceṭa　譯、帝釋侍者。【陀羅尼集經十二】

インダラセラクカ　因陀羅世羅求訶　〔地名〕Indraśailaguhā　又、因陀羅勢窶訶、山の名。【法華文句一上】に「因陀羅世羅求訶。此云二蛇神山一。靈鷲山五精舍之一也。」【西域記九】に因陀羅勢羅窶訶山。唐言帝釋窟。」

インダラダツバモンブツ　因陀囉達婆門佛　〔佛名〕譯、相應佛。【陀羅尼雜集二】

インダラニラ　因陀羅尼羅　〔雜名〕「インダラニラモクタ」を見よ。

インダラニラモクタ　因陀羅尼羅目多

〔雜名〕 Indranilamukta 又、因陀尼羅。因陀羅尼羅。帝釋の青珠。【玄應音義二十三】に「梵言因陀羅尼羅目多。是帝釋寶。亦作青色。以其最勝故。稱帝釋青。或解云。帝釋所居處。波利質多羅樹下地。是其寶故。名帝釋青。目多此云珠。以此寶爲珠也。」【慧苑音義下】に「因陀羅尼羅。因陀羅此云帝也。主也。尼羅青也。寶中最尊第一。故曰青主也。」【智度論十】に「因陀尼羅。天青珠也。」

インダラバツタイ　因陀羅跋帝　〔雜名〕 帝釋天の所居の城の名。【菩薩念佛三昧分十】に「彼天主王所居大城。名曰因陀羅跋帝。」【經註】に「遁名天主城。亦名帝幢。」

インチウセツクワ　因中說果　〔術語〕 因の上に果のとを說く論法。【涅槃經三十七】に「如來或時。因中說果。果中說因。如世間人。說泥即是瓶。縷即是衣。是名因中說果。果中說因者。牛即水草。人即是食。」【智度論四十三】に「知人日食數匹布。不可食。從布因緣得食。是名因中說果。如見好畫而言好手。是爲果中說因。」

インヂ　因地　〔術語〕 佛道修行の位。成佛の位を果地又は果上といふに對して名く。【圓覺經】に「說於如來本起淸淨因地法行。」【楞嚴經五】に「我本因地。以念佛心。入無生忍。」又地に因ること。

因地倒者因地起　〔雜語〕 悟るも迷ふも心を離れてなきが如く、倒るゝも立つも地を離れざるを云ふ。【玄義六下】に「若信若謗。因倒因起。如喜根雖謗後要得度。」【禪林類集正覺逸頌】に「堪悲堪笑修山王。因地倒兮因地起。」【宗鏡錄七】に「如人因地而倒因地而起。一切衆生。因自心根本智而倒。亦因而起。」【文句記十之中】に「因

誘墮惡。必由得益。如人倒地還從地起。」

インヂ　印治　〔術語〕 印可治定の義。⦿（勅修傳）「治處定せんが爲に。」

インヂ　印持　〔術語〕 自ら信認し受持すること。⦿（勅修傳）「末代の念佛を印持せんが爲に。」

インヂヤウ　印定　〔術語〕 印可決定の義。【唯識述記六之本】に「印境決定。」

インテイ　因坻　〔天名〕 インチと讀む。【可洪音義一】に「因坻。音遲。亦言因提。此云主。謂天主帝釋也。」「インダラ」を見よ。

インド　印度　〔地名〕 梵 Sindhu＝波斯 Hindhu＝希臘 India（國名）Indus（河名）舊稱、身篤。身毒。賢豆。天竺など。新稱、印度。印特伽。譯、月。【西域記二】に「天竺之稱。異議糺紛。舊云身毒。或云賢豆。今從正音。宜云印度。印度者。唐云月。月有多名。斯其一稱。乃至良以其土聖賢繼軌。導凡御物。如月照臨。由是義故。謂之印度。」【慈恩傳二】に「印特伽國。謂印度也」是れ月の名と Indu と混じたるなり。

インド　印土　〔地名〕 印度を指す、印度の國土の義。【出生義】に「收跡都史天宮。下生中印土。」【梵網經本疏】に「是故印土持菩薩戒者。無不背誦。」【肇論新疏中】に「天竺或曰印土身毒。」

インドクカ　印特伽　〔地名〕「インド」を見よ。

インナイ　因內　〔術語〕 因明と內明。「インミヤウ」を見よ。

インニエン　因尼延　〔雜語〕「イニエン」を見よ。

インニフ　引入　〔術語〕 ひきいれる。【大日經疏十九】に「有常悲者。乃合引入曼陀羅也。」

インニフイン　引入印　〔印相〕 弟子を壇場內に引入する印なり。【溪嵐拾葉集十六】に「胎藏界は入佛三昧耶の印を用ひ、金剛界は薩埵の三昧耶印を用ひ、蘇悉印は合掌を用ふ、此れ即ち三部の三昧耶を以て佛家に生在する意なり。」是れ山門の法なり、東寺には幸聞記に依るに總べて大鉤召印なり。

インニン　因人　〔術語〕 因位の人。佛果に到らざる以前の修行を爲す人の總稱。

インヌチ　婬怒癡　〔術語〕 是れ舊譯の稱。新譯には之を貪瞋癡といふ。三毒の煩惱なり。【涅槃經五】に「無量劫中。被婬怒癡煩惱毒箭。受大苦切。」

インノウヘン　因能變　〔術語〕 果能變の語に對す。八識の種子が第八阿賴耶識に在て種子生種子と念念相續する前因後果の轉變と、又、八識の種子が各八識の現行を生ずる轉變と、此二種の轉變を因能變と云ひ、其の種子より生じたる八識が各自體分より見相二分を變現するを果能變と云。【唯識述記二末】に「因能變即是種子。轉變生果。果通種子及與種子。自類種子亦相生故。」【同三本】に「變有二種。一者生變。即轉變。變謂因果生熟差別。等流異熟二因習氣名因能變。所生八識現種種相。是果能變。故能生因說名能變。二緣名變。即變現義。是果能變。且第八識唯變種子及有根身等。眼等轉識變色等是也。」

インヒ　因譬　〔術語〕 因緣と譬喩。【法華經方便品】に「種種因緣、種種譬喩。」【本朝高僧傳十三】に「因譬壯麗」

インビンジヤク　因便釋　〔術語〕 本事を解する因みに他の事を釋すること。

インブツ　印佛　〔術語〕 香に佛形を作て之を燒くを印佛と云ふ。瑜伽行に拾遺の徒に印佛讀經の事あり。【眞言修行頌二】

印佛作法【修法】若は紙上に之を印し、若は淨砂の上に之を印し、若は虛空等に印す、先づ一の前机に香花を備へ、形木を置き、次に三禮、如來咒を誦す。次に淨三業印言。次に三昧耶戒印言、針印。三摩耶、薩埵鑁。次に發菩提心印言、外縛定印。唵菩提質多摩陀波陀耶彌。次に勸請合掌して「我今香煙印如來（水虛空等隨改）相好具足放光明徧滿虛空世界海。猶如燈烟無障碍。依此印佛德力。恒爲二衆生解脱緣一。」次に右手に棒を取て佛を印し、左手念珠を持して數を記し、眞言を誦し已て之を印す。（此眞言に異說あり大日佛眼は大日所印の佛）想ふべし所印の所尊五眼具足三身圓滿して眞佛に同く異あることなく、此香烟に乘じて（虛空水等隨改）十方界に周遍し、衆生を利益し、共に佛次を成ずと。次に佛を印し數滿じ已て總じて香華を供養す。次に普供養印明。次に回向、願我所修印佛善。回施三有及四恩。自他共入菩提城。同證一如眞如法界。印佛軌に云く、「印二沙土一。地中生類離レ苦得レ樂。印二水上一。水中生類離苦得レ樂。」

インブンカセツ 因分可說【術語】佛陀の證悟せる性海は佛佛自知の法にして言說すべからず、之を果分不可說と云。然に此の不可說の果分を因人の機緣に小分して說くとを得べし、之を因分可說と云。因分とは其所現所說は皆因位因人の爲なれば、只是れ因位因人の所知所了の分際なるを云ふ。【五敎章上】に「地論云二因分可說果分不可說一者是也」。即ち【十地論二】に「前言二十地義一。如レ是不レ可レ得二說聞一。今言三我但說二一分一。此言有二何義一。是地所レ攝有二二種一。一因分。二果分。說者解釋。一分者是因分。於二果分一爲二一分一。故言三我但說二一分一。」

インポツイン 引發因 十因の一。「イン」の項「十因」を見よ。

インホウ 隱峯【人名】姓は鄧氏、鄧隱峯と稱す。初、馬祖の門に遊で其奧を見ると能はず、石頭に來往する兩番、後に馬祖の言下に契悟す。唐の元和中、五臺山に上て寂す。【會元三】

隱峯推車【術語】公案。「隱峯禪師。一日推レ車。次馬祖展レ脚。在二路上一坐。師云。請師收レ脚。大師云。已展不レ縮。師云。已進不レ退。乃推レ車碾二損祖脚一。祖歸二法堂一。執二斧子一曰。適來碾二損老僧脚一底出來。師便出二於祖前一引レ頸。祖乃置レ斧。」【會元三、光明藏中、葛藤集下】

インマンダラ 因曼陀羅【術語】胎藏界の曼陀羅のこと。是れ金剛界の曼陀羅に對して。金剛界は修得の智を顯したる法門なれば果に配し、胎藏界は本有の理を示したる法門なれば因に屬す。依て復之を東西に當てゝ胎藏界の方を東曼陀羅といひ、金剛界の方を西曼陀羅といふ。【金剛曼陀羅大鈔一】

インミヤウ 因明【術語】五明の一。梵名、醯都費陀。Hetuvidyā 論理に屬する學科。宗因喩の三支の作法を立てて言論をなす法。例せば「聲は無常なるべし宗。所作性なるが故に因。瓶等の如し喩。」此三支の中、因支を以て肝要となす故に因明といふ。【因明大疏上本】に「明二此因義一。故曰二因明一。」釋尊の以前に於て足目 Akṣapāda と云ふ仙人之を創し。佛滅後大乘の論師陳那に至て之を完成す。其書を因明正理門論と名く。【因明大疏上本】

因內二明【術語】因明と內明と。內明亦五明の一。內典の學科。「ゴミヤウ」に委し。

因明門【術語】因明の法門。是れ他の法門に對する語。

因明論【術語】餘の論部に對して因明を明かせる論を因明論と云。即ち正理門論、入正理論など。

因明王【人名】仁和寺の聖寶、叡山の元昭を稱して云く、世人昭を謂て護摩王となす、今亦因明王と謂ふべし。【元亨釋書五】

因明正理門論本【書名】陳那菩薩造、唐の玄奘譯、一卷。【來帙十】(1224)

因明正理門論【書名】陳那の著、唐の義淨譯、一卷。上と同本。【來帙十】(1223)

因明入正理論【書名】陳那の弟子、商羯羅主の著、唐の玄奘の譯、一卷。眞能立、眞能破、眞現量、眞比量、似能立、似能破、似現量、似比量の八門を明かして自悟悟他の兩益を辯ぜしもの。【來帙十】(1216)

因明大疏【書名】本名は因明入正理論疏、慈恩寺窺基の著、三卷。因明入正理論の解釋。

因明論疏瑞源記【書名】八卷、華嚴寺の鳳潭著。因明大疏を釋せしもの。

インミヤウ 印明【術語】「イン」を見よ。

インモ 恁麼【雜語】如此の意。【傳灯九】に「六祖問。什麼物恁麼來。」【婆子燒庵則】に「正當恁麼時如何。」【碧巖四十三則】に「從上來還有二恁麼家風一也無」【祖庭事苑一】に「恁麼、上當レ作レ與。麼正從レ云。作麼。與麼指辭也。」

インモ 什麼【雜語】疑問の辭、何ぞと云ふ如し。【祖庭事苑一】に「什麼當レ作二甚麼一。甚麼問辭也。什雜也。非レ義。」

インモ 印母【術語】十二合掌を稱す。是れ一切契印の根本なれば印母と云。【大疏十三】に「今此中先說二十二合掌名相一。凡諸印法。此十二極要。宜二明記一也。」

インヤク 印鑰【物名】印鑑と鑰。【名目抄】に「印

鎰。鎰當作鑰。字彙曰。鎰弋質切。逸。國語二十四兩爲鎰。鑰弋灼切。藥。鎖鑰。」⦿（神皇正統紀）に「綱所の印鎰を東寺の阿闍梨に預けらる」

インユウ　印融　〔人名〕高野山に上て密教を學び、無量光院に主たり。後武州鳥山の三會寺に移る。著作極めて多し。永正十六年、八十五歳にて寂す。【本朝高僧傳十八】

インヨク　淫欲　〔術語〕色欲のこと。【圓覺經】に「諸世界一切種性。卵生胎生濕生化生。皆因婬欲而正性命。」【行事鈔中】に「智論云。婬欲雖不惱衆生。心心繫縛。故爲大罪。故律中婬欲爲初。」

淫欲即是道　〔雜語〕煩惱即菩提の理によりて立てし言。【諸法無行經下】に「貪欲是涅槃。恚痴亦如是。於是三事中。有無量佛法。若有人分別貪欲瞋恚痴。是人去佛遠。譬如天與地。」【智度論六】に此文を引き「婬欲即是道。恚痴亦如是。如此三事中。無量諸佛道。」氷の性は即ち水なる如く。貪瞋痴三毒の性は即ち法性眞如なるをいふ。是れ煩惱即菩提生死即涅槃の意なり。【止觀二】「無行經云。貪欲即是道。恚痴亦如是。乃至貪欲即菩提。乃至佛說貪欲即是道者。佛見機宜。知一種衆生。底下薄福決不能於善中修道。極任其罪轉無已。令於貪欲修習止觀。極不得已故作此說。」【輔行四】に「經說欲是道者。只云道性不出於欲。亦云欲性不離於道。約理云即。約事須離。」「ソク」を參照せよ。

淫欲火　〔譬喩〕婬欲心を燒けば火に譬ふ。【千手陀羅尼經】に「若能稱誦大悲呪。婬欲火滅。邪心除。」

淫欲病　〔譬喩〕婬欲、身を傷へば病に譬ふ。【止觀九上】に「如是想者。是婬欲病之大黃湯。」

インラ　淫羅　〔譬喩〕婬欲の人の捕ふるをあみに譬ふ。【智度論十四】に「婬羅網。人皆投身。」

インラ　堙羅　堙羅那の略。「次項」を見よ。

インラナ　堙羅那　Erāvāṇa　〔植物〕又、咽那婆那。伊羅鉢多羅。伊羅鉢那。咽羅婆那。伊羅婆拏。鹥羅葉。毉羅葉。伊蘭など。元と草の名。天帝の象に名く。【玄應音義、十一】に「堙羅、古文堙窒二形。今作堙。同。於仁切。帝釋象王。名堙羅那。或名毉那婆那。或名伊羅鉢多羅。此譯云香葉。身長九由旬。高三由旬。其形相稱也。咽烏賢切。」【同二十二】に「鹥羅葉。一奚切。樹名也。舊經律中。作伊羅葉訛也。」【華嚴疏鈔四十三】に「伊羅鉢那。此云香葉。常居第一金山之脇。」【可洪音義三】に「鷖羅。上烏兮反。龍象王之名也。又因煙二音。或云咽羅婆那。或云伊羅婆那。或云哀羅跋拏。或云藹羅伐拏。」【慧琳音義第十二】に「咽羅婆那。白象王名也。天帝釋所乘。」【同十六】に「伊羅跋象。此象王名。天帝釋常所乘。有大神通。」【華嚴經六十六】に「伊羅婆拏大象」図　龍王の名。【本行集經三十七】に「爾時海内伊羅鉢王。既受龍身。」【經注】に「尹羅鉢。隋言霍香葉。」【慧琳音義三十八】に「毉羅葉者。龍王名也。此龍頭上有毉羅樹故名。」「イラン」を見よ。（本項中、伊羅婆那　Erāvāṇa　と伊羅鉢　Erāpattra　と相混ぜるが如し。婆那は林にして鉢は葉なり。或は兩用せしやも知らず。）

インラン　因蘭　〔術語〕蘭は偸蘭遮なり。是れ四重禁の方便なれば因蘭と云。「チユウランジヤ」を見よ。

インリキ　因力　〔術語〕物の生ずるに正しく原因となる力。緣力に對す。【無量壽經下】に「因力緣力。」

インロン　因論　〔術語〕因明論の事【大日經疏三】に「聲論因論【演密抄四】に「因論因明也」【探玄記十二】に「因論治邪見。以格量正理。」又、論に因ること。

因論生論　〔術語〕論に因て論を生ず。本論より支論に渉るをいふ。【探玄記四】に「後三品因論別問別答。」

インヰ　因位　〔術語〕佛因を修行する位。發心より成佛までの間を云。【教行信證文類二】に「法藏菩薩因位時。」【玄義六上】に「果地圓極。非復因位。」

インヱン　因圓　〔術語〕佛果を得べき因の圓滿すること。⦿（盛衰記）「因圓の月滿ちなんとす。」

因圓果滿　〔術語〕修行の因具足して佛果の德圓滿すること。【心地觀經一】に「三僧祇刧度衆生。勤修八萬波羅蜜。因圓果滿成正覺。住壽凝然無去來。」⦿（榮花）「南無因圓果滿彌陀如來。」

う

ウ　塢　〔術語〕　u　悉曇五十字門の一。十二母韻の第三音。又烏、歐、郁、憂、于、嘔、甌、鬱、優、有、傴、溫、鄔、佛、盂、に作る【金剛頂經字母品】に「塢字門一切法譬喩不可得故。」【文殊問經字母品】に「稱塢上字時。是多種逼迫聲。」【大莊嚴經四】に「唱烏上聲字時。出世間諸惱亂事聲。」【涅槃經八】に「郁者。於諸經中。最上最勝。增長上上謂大涅槃。」譬喩不可得は Upamā（譬喩）より、逼迫及び惱亂は Upadrava より釋したるなり。

ウ　有　〔術語〕生死の果報を指て云。有にして無ならざる義。【大乘義章八】に「生死果報。是有不無。故名爲有。」【三藏法數十三】に「因果不亡。故名爲有。」

図十二支の一。未來の果報を招くべき現在の業因を指て云。是れ業因能く未來の果報を有する義。【大乘義章四】に「有者現在行業。能有二當果一。故名爲レ有。」と【唯識述記八本】に「有レ果名レ有」と

三有 〔名數〕三界の異名なり。生死の境界、因あり果あるを有と云。三有は三界の生死なり。一に欲有。欲界の生死なり。二に色有。色界の生死なり。三に無色有。無色界の生死なり。【新譯仁王經中】に「三有業果。一切皆空。」【智度論一】に「三有愛着心。」【頌疏界品一】に「名二三有一者。欲有色有無色有。」【遁麟記一】に「言二三有一者。即三界之異名。」図一に本有。現生の身心。二に當有。未來の身心。三に中有。本有と當有との中間に受くる身心。欲界色界の生死には必ず中有あり。【七帖見聞四末】

四有 〔名數〕一に生有。諸趣に於て結生する一刹那なり。二に本有。生有の一刹那を除き死有の一刹那の前の餘位なり。三に死有最後の一刹那にして次の中有の前なり。四に中有。死有と生有との中間に生起する身心なり。欲界色界の有情は四有を具す。【倶舍論九】

七有 〔名數〕又七生と云ふ。人界の七生と欲天の七生を合せて七有と云ふ。故に開けば十四生なり、而して各、中有生有あれば二十八有なり。預流果の聖者は欲界九品の修惑七有即ち二十八生を潤生するに止まり、更に第八有(即ち二十九有)を受くることなし。「潤生」を見よ。図一に地獄有。二に傍生有。畜生なり。三に餓鬼有。四に天有。五に人有。六に業有。七に中有。是れ五趣の果(初分)と其の因(第六)と五趣の方便とを數ふるなり。【長阿含十報法經】

八有 〔名數〕欲界の第八有なり、後の二十九有と云ふ如し。是れ預流果以上の人に於て無き法なり。【正理論六十一】に「有謂第八有。」「七有」を見よ。

九有 〔名數〕又、九居と云ふ。三界の中に有情の樂住する地處九所あり。九有情居、又九衆生居と名く。略して九有又九居と云ふ。一に欲界の人と六天、二に初禪天、三に二禪天、四に三禪天、五に四禪天中の無想天、六に空處、七に識處、八に無所有處、九に非想非々想處なり。(此中無想と非想とを除て七識住と名く)【倶舍論八】に「前七識住及第一有無想有情。是名爲レ九。諸有情類唯於二此九一欣樂住故。立二有情居一。餘處皆非。不二樂住一故。」【大乘義章八末】に「此之九處。衆生樂住。名二衆生居一。」【增一阿含經】に九衆生居品あり。【寄歸傳一】に「創成二正覺龍河一。九有興二出塵之望一。」

十八有 〔名數〕十八空所破の十八種の妄執を十八有と云。【止觀三之一】に「破二十八有一云二十八空一。」

二十五有 〔名數〕三界を開て二十五有となす。欲界の十四有あり。四惡趣四洲六欲天なり。色界に七有あり。四禪天及び初禪中の大梵天、並に第四禪中の淨居天と無想天となり。無色界に四有あり、四空處是なり。三界を通じて二十五の果報あり、二十五有と名く。【輔行二】に「二十五有。總爲レ頌曰。四域(即ち四洲)四惡趣。六欲並梵王。四禪四無色。無想五那含(即ち淨居天)。」【涅槃經四】に「二十五有。如二首楞嚴經中廣說一。」

二十八有 〔名數〕又二十八生と云。欲界九品には二十八性を潤するを云。

二十九有 〔名數〕六陰十三入十九界と言ふ如し、事物の絶無を言ふなり。初果聖者は二十八有を極度とし第二十九有なきを云。【十住毘婆沙論一】に「人得二須陀洹道一(即ち初果)善閉二三惡道門一。見レ法入レ法得レ法。住二堅牢法一不レ可二傾動一。究竟至二涅槃一。斷二見諦所斷法一故心大觀喜。設使睡眠懶惰不レ至二二十九有一。」

ウー 烏 〔術語〕Ū 悉曇五十字門の一、十二母韻の第四。又、汙、憂、優、宇、歐、憂、甌、烏烏、嗚、に作る。【金剛頂經字母品】に「汙字門。一切損減。不可得故。」【文殊問經文字品】に「稱二汙字一時。是損減世間多有情聲。」これ Ūna(損減)より釋したるなり。又【大莊嚴經四】に「唱二烏字一時。出二諸世間一切衆生智慧狹劣聲一。」

ウイサイ 回祭 〔術語〕禪院の語。先に庫司に報じて祭食を造らしめ、後に其費用を還すを云。【象器箋二十】

ウイザイ 回財 〔術語〕回祭を誤て回財と云。【象器箋二十】

ウイチニン 有一人 〔公案〕「圓智禪師問うて曰く、一人あり出入の息なし、速かに道ひ將ち來れ、霜曰く、道はじ。圓曰く、何によりてか道はざる。霜曰く、將來せずと。又魯祖に問ふ、出息衆緣に渉らず、入息、陰界に居せずして、此の意に住する時如何、祖曰はく、一人あり、出入の氣息なし」と。眞佛は數息に渉らざるを示す。

ウイチホウビヤウ 有一寶瓶 〔雜語〕下を「見よ。」

有一寶瓶盛諸光明 【雜語】二句歌題。【觀無量壽經】に勢至菩薩頂上にある寶瓶より光明の輝く相を述て。「頂上肉髻。如二盋頭摩華一。於二肉髻上一。有二一寶瓶一。盛二諸光明一。普現二佛事一。」⊙(雪玉)「いろ〳〵の花の外にも匂ふこそ瓶にさしたる光

なりけれ。」

ウインムクワ 有因無果 〔術語〕外道四執の一、「シシフ」を見よ。

ウインロン 有因論 〔術語〕實因ありて實果を生ずと立つ、是れ一種の邪見にて有因論と云。佛敎は無生の本義より此有因論を破す。【四卷楞伽經四】に「野馬揵闥婆。世間種種事。無因而相現。折ニ伏有因論一。申ニ暢無生義一。申ニ暢無生一者。法流永不レ斷。」

ウエン 有緣 〔術語〕佛道に緣あるもの。【觀無量壽經】に「有緣衆生。皆悉得レ見。」【報恩經七】に「佛世尊應ニ現世間一。引ニ接有緣一。有緣既盡。遷レ神涅槃。」◉(平家)「有緣の衆生。」

ウヲセガキ 魚施餓鬼 〔行事〕魚族供養の施食會。漁夫が平生の殺生に對し後生菩提を薦めんが爲。又は航海中の遭難を魚族の祟として、河海に飲食を投じて、施食供養をなすを云ふ。

ウカイ 有界 〔術語〕有世界の略。欲界、色界、無色界の三界を總じて、有の世界と名く。◉(平家、灌頂卷)「うかいは秋の月、雲に伴ひて隱れてやすし。」

ウカイ 有海 〔術語〕三界の生死を指て云。有は果報のこと、(果報實に有れば有と云) 海は生死の無邊に譬ふ。【寶積經】に「生死有海。苦哉痛哉。」【俱舍論一】に「由レ惑世間漂ニ有海一。」【頌疏界品一】に「由ニ煩惱惑一。令ニ有情世間漂ニ在三有死海中一。」

ウカイ 憂海 〔譬喩〕憂の深を海に譬ふ。【智度論二】に「心沒ニ憂海一。不レ能ニ自出一。」

ウカクウクワンサンマイ 有覺有觀三昧 〔術語〕三三昧の一。「サンサンマイ」を見よ。

ウガ 優伽 〔書名〕【本行集經十一】に「優伽隋言ニ嚴熾一。」梵 Ulkā *

ウガ 宇賀 〔天名〕辯才天の尊號。【辯才天三經略疏一】に「宇賀耶。梵語。即天女號也。」【鹿王禪院如意寶珠記】に「宇賀翻如意也」梵 Ūhā *

宇賀神 【壒囊鈔四】に「福の神を宇賀神と申す心いかん、神代に伊弉册尊の萬の神を生み給へる中に、倉稻魂命と云ふ神を生み給へるは、稻を司り給ふ神也。「ウケ」と云ふを、通音なれば、宇賀と云ひなしたるにや。乃至蛇を今の世に宇賀と云ふは、宇賀神の蛇の形に變じて、人に見え給ふ心か、實の蛇は、なにばかりの福分か有らん。」然に辯才天三經の中、【最勝護國宇賀耶頓得如意寶珠陀羅尼經】に「是時。金剛手菩薩。即告ニ大衆一言。汝等當レ知。今此會中。有ニ一神王一。名曰ニ宇賀神將一。乃至宇賀神王。從ニ座中一顯現。其形如ニ天女眉白一。頂上有ニ寶冠一。冠中有ニ白蛇一。其蛇面如ニ老人一。乃至復此神王。身如ニ白蛇一。如ニ白玉一。」されば此神は辯才天女と同一體なり。【宇賀耶陀羅尼經】に「爾の時佛大衆諸の大菩薩に告て言く、汝等此の神王に於て輕慢を作すこと莫かれ、此の神王は西方淨刹に在て無量壽佛と號し、娑婆世界に在て如意輪觀音と稱す、正生身の體は日輪の中に居して四洲の暗を照らす、吒枳尼天の形を現じて福壽を衆生に施し大聖天の身を現じて二世の障難を拂はしめ愛染明王の形を以て一切衆生に愛福を授け終に無上菩提に到らしむ」。【辯財天三經略疏序】に「此天女在ニ天竺一則稱ニ辯財天女一。或號ニ宇賀神王一。現ニ日本一則名ニ大日尊一。或稱ニ天照太神一。」然に此經は經藏目錄に載せず、且つ文體和臭を帶ぶ、一見して僞經たるを知る。

宇賀魂大年神 〔神名〕【御鎭座本記】に「宇賀魂大年神一座」

ウガク 有學 〔術語〕小乘四果の聖者中、前の三果を有學といひ、第四果を無學といふ。前三果は尙學修すべき道あれはなり。【法華玄贊一】に「戒定慧三。正爲ニ學體一。進趣修習。名爲ニ有學一。進趣圓滿。止ニ息修習一。名爲ニ無學一。」梵 Śaikṣa

十八有學 〔名數〕三說あり。一は成實論の說なり。見道前に於て二人を立つ、一に隨信行、二に隨法行。是れも鈍利の二根なり。大果經中に見道前に二を分つ、此と同じ。是れ俱舍七聖中の前二なり。三に無相行、前の二人見道に入て空觀相續して相の間在することなきもの(本宗には俱舍宗の如く四諦の行相を別觀せず)此の三を須陀洹行(新は向)とす、四に須陀洹果五に斯陀含行、六に斯陀含果。七に阿那含行なり。之に十一不還を加て十八とす【大乘義章十一】。次に中阿含福田經は見諦上阿那含果に於て十八有學を立つ。一に信、二に法行、三に信解、四に見到、五に自證、六に家家、七に一種、(新は一間)此の二俱舍七聖中の第三第四なり。八に須陀洹向、九に須陀洹果、十に斯陀含向、十一に斯陀含果、十二に阿那含向、十三に阿那含果、此六即ち三向三果なり、之に五種不還を加へて十八とす。三に俱舍家の說。【正理論六十五】に佛說を擧げて十八有學九無學を列次す、即ち前の九は福田經に同じく、隨信隨法の二行を須陀洹向中即ち見諦上の差別とす、相異せるは福田經は身證不迷を加へて阿羅漢向を除き、俱舍は之に反す。俱舍の身證を除くは彼が所得の滅盡定は有漏法なればなり。論に「謂世尊告ニ給孤獨一言。長者當レ知。福田有レ二。一者有學。二者無學。有學十八。何等名爲ニ有學十八一。謂預流向。預流果。一來向。一來果。不還向。不還果。阿羅漢向。隨信行。隨法行。信解。

見至。家家。一間。中。生。有行。無行。上流。是名二十八。」

ウガクムガク 有學無學 〔術語〕「ウガク」を見よ。【法華經序品】に「復有學無學二千人。」【高倉院升遐記】に「うがくむがくのらかんのあつまり。」

ウキ 雨期 〔雜語〕夏三月を云ふ「アンゴ」を見よ。

ウキウ 烏臼 〔人名〕烏臼、法を馬祖に嗣ぐ。【傳燈錄八、會元三】

烏臼問法道 〔公案〕【碧岩集七十五則】に出づ。

ウキキ 浮木 〔譬喩〕幸運に遇ひ難きを、海中の盲龜浮木に逢ふに譬ふ。【雜阿含經十六】に「大海中有二一盲龜一壽無量劫。百年一遇出レ頭。復有二浮木一。正有二一孔一。漂二流海浪一。隨レ風東西。盲龜百年一出。得レ遇二此孔一。至二海東浮木一。或至二海西一。違繞亦爾。雖二復差違一。或復相得。凡夫漂二流五趣海一。還二復人身一。甚難二於此一。」【涅槃經二】に「生レ世爲レ人難。值二佛世一亦難。猶如三大海中盲龜遇二浮孔一。」【法華經八】に「佛難レ得レ值。如三優曇波羅華一。又如三一眼之龜值二浮木孔一。」【輔行記五之二】に如三大海中有二一盲龜一。爾時海中復有二浮木一。唯之一孔。可レ立二龜身一。此龜三千年。方得二一出一。億百千出。何由可レ值二浮木孔一。」⦿（拾遺）「法の浮木。」

浮木の龜 〔譬喩〕浮木の孔を求る盲龜、又は一眼の龜。

浮木の孔 〔譬喩〕盲龜が身を容るゝ孔、又は一眼の龜が天日を見る孔。上の說明と「イチゲン」を參照せよ。

ウキホフ 有記法 〔術語〕善惡の二法は其の相顯了にして當來の果相を記別し得るが故に有記法と云ふ。即ち異熟果を引くべき表象を有する法の意。【毘婆沙論五十二】

ウキヨ 憂世 〔雜語〕現世は四苦八苦充滿して憂懼不安なる意。又浮世とも作る。浮雲萍草の如く定相なきを云ふ。

ウギ 有愧 〔術語〕梵に地底迦、有愧と譯す。己が所作に於て愧る心あるを云。【遺教經】に「有愧之人。則有二善法一。」

ウギ 烏耆 〔地名〕又阿耆尼、偽夷、に作る。新疆の東北部。【慈恩傳二】に由來を出す Agni *

ウギタイ 烏耆帝 〔眞言〕呪の名。【七佛所說神呪經一】に「有レ呪名二烏耆帝一。晉言二除禪定垢却障道罪諸魔邪鬼悉能滅之一。」

ウク 有句 〔術語〕有無の義に就て、四句を立てゝ分別する時、第一の句を「有にして無に非ず」といふ。是れ有句なり。第二の句を「無にして有に非ず」といふ。是れ無句なり。第三の句を「亦は有亦は無」といふ。是れ双亦句なり。第四の句を「有にも非ず無にも非ず」といふ。是れ双非句なり。

ウクウ 有空 〔術語〕森羅萬象の歷然たるを有といひ、其實體の空虛なるを空といふ。

有空不二 〔術語〕有相其まゝが空性にて、空性其まゝが有相なるを云。【般若心經】に「色即是空。空即是色。」【維摩經入不二法門品】に「色色空爲レ二。色即是空。非二色滅空一。色性自空。如レ是受想行識識空爲レ二。識即是空。非二識滅空一。識性自空。於二其中一而通達者。是爲レ入二不二法門一。」⦿（續千載）「空しとも有りともいはじ今更に眞の法の二なければ。」

有空中の三時 〔術語〕法相宗には佛一代の教法を有空中の三教に分類す。謂く佛、最初に凡夫外道の我執を破せんが爲に阿含經等を說て、法は有にして我は無なる理を示し、次に彼が法執を破せんが爲に般若經等を說て諸法皆空の理を示し、終に有空の二執を破せんか爲に解深密經等を說て非空然有の中道の理を示す。之を大乘の至誠とす。依て初時の說を有教、第二時を空教、第三時を中道教と云。【唯識述記一本、了義燈一本】

ウクバカ 烏俱婆誐 〔天名〕不動明王の使者の名。八大童子の一。【聖無動尊一字出生八大童子秘要法品】に「金剛波羅蜜。即菩提心行。所以出二現使者一。名二烏俱婆誐一。此云二超越住世一也。」梵 Ugra-bhaga *

ウクワ 憂火 〔譬喩〕憂惱の烈を火に譬ふ。【金光明經四】に「我常渴仰。欲レ見二於佛一。爲二是事一故。憂火熾然。惟願世尊。賜二我慈悲一。清冷法水。以滅二此火一。」

ウケ 雨華 〔術語〕天より華を雨らすと、【法華經序品】に「是時天雨二曼陀羅華。摩訶曼陀羅華。曼殊沙華。摩訶曼殊沙華一。散二佛上及諸大衆一。」【無量壽經上】に「斯願若尅レ果。大千應二感動一。虛空諸天人。當レ雨二珍妙華一。」

雨華瑞 〔術語〕釋尊將に法華經を說かんとして、三昧に入る時、天より四種の華を雨らせり。（上に記す）之を雨華瑞と稱して法華六瑞の第三瑞とす。【法華經疏二】に「據レ事而言。既說二非常法一。致レ感諸天供養。乃至約レ理而談者。天者淨也。四衆封執之心既淨故。得二聞レ經成佛一。乃至雨二四華一者。正表二四衆成佛一。」

ウケウ 有教 〔術語〕空教に對する語。小乘の俱舍宗、大乘の法相宗を指て云。一は小乘に在て諸法實有の義を立て、一は大乘に在て唯識本有の義を立

つ、依て一は小乘の成實宗に對し、一は大乘の三論宗に對して有教又は有宗と稱す。

ウケツ 有結 〔術語〕有とは生死の果報のこと。其の果報を招くべき煩惱を結といふ。貪瞋痴の煩惱は人を束縛して生死の中に住在せしむれば結と名く。【法華經序品】に「盡二諸有結一。心得二自在一。」【法華文句一上】に「諸有二十五有生處也。結即二十五有生因也。」【性靈集七】に「早脫二有結一。頓入二無漏一。」

ウケヒ 祈誓 〔雜語〕神佛に誓ひ自己の心中を披瀝し、或は我が祈誓するとの驗ありや否を徵すること。後世人を咀ふをも云ふ。

ウケン 有見 〔術語〕有に執着する邪見。又、常見と云。【智度論七】に「有二二種見一。有見無見。」【法華經方便品】に「入二邪見稠林若有若空等一。依二止此諸見一。具二足六十二一。」【法華經義疏四】に「智度論云。愛多者着レ有故起二有見一。見多者着レ無故起二無見一。又云。四見多者着レ有。邪見多者着レ無也。」【法華玄贊四】に「若有者執二我後身一爲レ有。常見也。若無者執二我後身一爲レ無斷見也。」図 十八界に就て有見無見を分別するに。唯色界の一は有見、他は皆無見なり。顯色形色の二は在彼在此の差別不同なるに由て能く彼此の言說を示現す、言說を見と名く、彼の言說を有するが故に有見と名く。又見は眼、根色を觀照するが故に見て名く、色眼見を有すれば有見と名く。【俱舍論二】梵 Sanidarśanaṁ.

ウケン 有驗 〔術語〕密法を成就して種種の靈驗を現はすを云。⊙(盛衰記)「有驗智德に仰せて。」

ウケンブツシ 有見佛子 〔雜語〕偈下を見よ。

有見佛子未甞睡眠 〔雜語〕二句歌題。【法華經序品】に佛の眉間より放てる光明にて、他方國土の種種なる佛道修行の相を見るを說て、「又見下佛子未二甞睡眠一。經二行林中一勤中求佛道上。」⊙(法門百道)「ぬる夜なく法を求むる人もあるを夢の中にて過ぐる身ぞうき。」

ウゲ 有解 〔術語〕空解に對する語。諸法は有にして無にあらずとの見解。【止觀十下】に「作二此有解一。」

ウコンジン 有根身 〔術語〕眼耳鼻舌身の五根をいふ。身根總じて他根を有すればなり。【唯識述記三本】に「身者總名。身中有レ根。名二有根身一。」

ウゴク 憂獄 〔譬喩〕憂愁の苦を牢獄に譬ふ。【智度論十八】に「勝負懷二憂喜一。勝者墮二憍坑一。負者墮二憂獄一。」

ウゴシヤウジ 有後生死 〔術語〕七種生死の一。「シヤウジ」を見よ。

ウゴン 有嚴 〔人名〕臺州赤城崇善寺の法師、名は有嚴、櫨木の下に退庵し、號して櫨庵と曰ふ。宋の徽宗建中靖國元年歸寂す。大部備檢、箋難、助覽、或對の著あり。【稽古略四】

ウサ 有作 〔術語〕無作に對する語。自然ならぬこと。作相を認ること。有相に同じ。【傳通記糅鈔五】に「舊譯經論云二有作無作一。新譯經論云二安立非安立一。安立者有作義也。非安立者無作義也。」図 有作とは有爲と言ふ如し、因緣所生の法を云。⊙(榮花)「有作無作の諸法。」

ウサウ 有相 〔術語〕無相に對する語。造作の相あるもの。虛假の相あるもの。【大日經疏一】に「可見可現之法。即爲二有相一。凡有相者皆是虛妄。」

有相業 〔術語〕淨土ありと信じて佛を念じ、往生を求る如き、是れ有相の作業。【往生要集下末】に「有相業。謂或觀二相好一。或念二名號一。偏厭二穢土一。專求二淨土一。」

有相教 〔術語〕岌法師、三教を立る中の第一敎。佛成道後十二年間、阿含經を說けるを有相教と云。是れ阿含經は諸法實有の理を本とすればなり。【華嚴經疏一、三藏法數十】

有相宗 〔術語〕【選擇集本】に法相宗を呼て有相宗となし、以て三論宗を無相宗と云に對す。「且如二有相宗。立二三時敎一。而判二一代理敎一。」彼れ大乘に在て。心外の境は無なれども心内の法は有なりと立つればなり。

有相安樂行 〔術語〕法華經安樂行品に末世の道俗安樂に法華を修行する法を身、口、意、誓願の四種に別けて明かせり。而して南岳大師は此安樂行に就て有相無相の二門を立て、入定觀念するを無相安樂行とし、散心念誦を有相安樂行とす。【萬善同歸集二】に「南岳法華懺云。六根性淸淨菩薩。學二法華一具二足二種行一。一有相行。二無相行。無相安樂行甚深妙禪定。觀二察六情根一。有相安樂行。此依二勸發品一。散心誦二法華一。不レ入二禪三昧一。坐立行一一心。念二法華文字一。行若成就者。即見二普賢身一。」勸發品は具名、普賢菩薩勸發品にて法華經最末に在る、散心念誦を勸めしもの。南岳の法華懺今傳はらず、依て萬善同的集を引く

有相無相 〔術語〕密敎に有相無相に就て淺略深秘の二釋あり。【十住心應名目六】に「有相無相に重重あり、淺略の義には、有相とは凡夫所知の色心の諸法事相顯了にして心前に現行して了じ易き知り易きを有相と云。無相とは諸法の體性如幻虛僞にして自性即空、無色無形にして一相を存せざるを無相と云。深秘の釋には、有相とは一切の法各各の相分明にして住するなり、無相とは一相の中に一切の相を具して一相に留まらざるを云ふな

り、一切の相を具して一相なき故に無相と云、非色非形にあらざるなり。」台宗圓教の圓空、妙空、畢竟空、第一空、此の第二釋に同じ。【大日經供養法】に「甚深無相法、劣慧所レ不レ解。爲レ應二彼等一故。在二有相說一。」【要略念誦經】に「相無相甚深。少智所レ不レ能レ入。依二無相一說レ相。攝二彼二種人一。」凡そ密教の三本尊三密等に於て此有相無相の淺深二重あるなり。而して彼宗、無相を以て一概に顯教の淺義と爲すは顯密相對の一往の義なり、若し自宗に於て之を言はゞ、尙無相を以て深義となすを此所引の經文に依て知るべし。

ウサウ 有想 〔術語〕無想に對する語。無想天の有情に對して他の思想を有する有情を指して云。無想天は色界に在て此に生ずる衆生は五百大劫の間、無心に住す。

有想無想 〔術語〕有想と無想との有情。【法華經隨喜功德品】に「有形無形。有想無想。非有想非無想。無足二足。四足多足。如レ是等在二衆生數一者。」【齊東俗談】に「俗に取まじへたる事を云。」【金剛經】に「若有想若無想。」

有想天 〔界名〕あらゆる天處の中、無想天と非想非非想天とを除き、餘は盡く有想なり。

ウサウシフヂヤク 有想執着 〔術語〕人の感官にて、感知する所の事物を、實有なりと認めて、これに心を寄せ、心を奪はるゝを云ふ。⦿(曲、土車)「有想執着の妄念より起れり。」

ウサギ 兎 〔雜名〕

兎自ら身を燒て大仙に供ふる因緣 〔本生〕【雜寶藏經二、經律異相四十七】

月中の兎 〔傳說〕狐兎猿の三獸相親み遊ぶ。天帝三獸の心を試みん爲め、故らに飢乏の形を現じて各をして食を求めしむ。狐猿の二獸去て各得る所ありて天帝に饋りしが、兎獨り得る所なかりしかば、自ら身を燒て天帝に供せり。天帝其心を感じて兎を月輪に寄せて後世に傳へしめたり。是より印度の國人月中に兎ありと云ひけるとぞ。【西域記七】

懷兎は月に非ざるべし 〔雜語〕これ天帝の故事より印度人は一般に「兎を懷くものは月なり」と信ずるを以て若し此に論者ありて。「懷兎は月にあらざるべし」といふ宗を立てなば、彼は因明三十三過の中に世間相違の過を犯すと云。【三十三過本作法】

兎は月の光を見て胎む 〔傳說〕【撰集抄九】に引用。明昱の【因明直疏】に「世間人說。兎望レ月蹈レ影成レ胎。」

ウサノミヤマツリ 宇佐宮祭 〔行事〕八月十五日これを行ふ。宇佐宮は豐前國宇佐郡筑紫にあり、欽明天皇三十一年豐前國廐の峰菱形の池のほとりの民家の兒に託して曰く、我は是れ第十六主譽田天皇廣幡八幡なり、我を護國靈驗威身大自在菩薩と名づく、迹を諸州の神明に垂る、今顯に此地に在すと、よりてこれを奏す、勅して祠をたつ、八方に八色の幡を立てたり、故に託宣して八幡と號す。〇社說に、當社稱宜奏して云く、大神の託に宣く、我れ無量劫よりこのかた三有に化生して善行方便を修し、諸國衆生を濟度す、我が名を大自在王菩薩と申せと也、帝叡聞ありてこれを許したまふ。⦿(公事根源)八幡は垂跡の號、後は豐前國宇佐に鎭まり給ひしが、聖武天皇東大寺建立の後巡禮し給ふべきよし託宣あり、依りて彼の寺に勸請申されき。されど勅使などは猶宇佐に參れり。宇佐宮祭、いにしへは勅會なり、放生會等此地をはじめとす。

ウザイ 有財 〔雜語〕Sāmiṣa 財物を有すること。

有財餓鬼 〔異類〕餓鬼に三種あり。一は無財餓鬼。畢竟食ふと能はざるもの。二は小財餓鬼。膿血等を食ふもの。三に多財餓鬼。能く人の遺落の食及び祭饗の食を得るもの。【三界義】に說く。後の二を指て有財餓鬼と云。

有財釋 〔術語〕六離合釋の一。Bahuvrīhi-samāsa 「māsa」を見よ。

ウシ 有支 〔術語〕十二支の一。【唯識述記八本】に「有謂三有。支者因義今義。即三有因。生二善惡趣一差別因也。」「ジフニシ」を見よ。

ウシ 牛 〔譬喩〕佛を牛に譬て牛王と云。「ゴワウ」を見よ。

牛の車 〔譬喩〕【法華經譬喩品】に羊鹿牛の三車を說て成佛の道を牛車に譬ふ。「クワタク」を見よ。⦿(拾遺)「世の中に牛の車のなかりせばおもひの家をいかでいでまし。」

騎牛求牛 〔譬喩〕【傳燈錄九】に「大安禪師。造二于百丈一。禮而問曰。學人欲レ求レ識レ佛。何者即是。百丈曰。大似二騎レ牛覓一レ牛。師曰識後如何。百丈曰。如二人騎レ牛至一レ家。」【碧巖七則評】に「有者道。大似二騎レ牛覓一レ牛。有者道問處即是。」

牛は水を飮て乳となす 〔雜語〕【沙石集一下】に「牛は水を飮んで乳となし、蛇は水を飮んで毒とす。」

牛の時參り 〔雜語〕願望を達せむ爲、頭上三脚の鐵輪に火を點じ日を期して毎午前二時に寺社に參詣す、多くは惡鬼神の威力を借らむが爲なり。⦿(曲、鐵輪)にこの例あり。

牛に引れて善光寺參り　〔雜語〕【本朝俚諺】に「養艸云、昔信濃善光寺近邊に七十にあまる姥ありしが、隣家の牛はなれて、さらしおける布を角に引かけて、善光寺にかけこみしを、姥おひゆき初めて靈場なるとをしり、度々參詣して後世を願へり、此を牛に引かれて善光寺詣りと云。」

牛袈裟に觸て死し生れて人となる　〔傳說〕【義楚六帖二十二】に「異相に云く、比丘鉢を持す、奔牛あり袈裟に觸着して死して人と爲を得、乃至佛に遇て出家成道す。」【文句記三中】に「龍得二一縷一。牛角一觸。」【同私記三本】に「牛角一觸二袈裟一免二畜身一。」

ウシキ　有色　〔術語〕欲界と色界の有情。色身を有するもの。【金剛經】に「若有色。若無色。」天台の【疏】に「有色即欲色二界。無色即空處。」長水の【刊定記四】に「有色即以レ色爲レ身。無色即以二四蘊一爲レ身。」

ウシキ　有識　〔術語〕識を有するもの、有情と云ふ如し。【歸敬儀中】に「有識凡夫。」【觀經散善義】に「含靈聞レ之生レ信。有識覩者西歸。」

ウシキコンシン　有識根身　〔術語〕「ウコンジン」を見よ。

ウシキテン　有色天　〔界名〕色界の諸天を云ふ。

ウシジフケ　有支習氣　〔術語〕三種習氣の一。三有の因となる熏習の氣分にして能く三界異熟の果法を招く業種を云ふ。二あり、一は人天の善果を招くもの、二は三惡趣の非愛の果を招くもの。【成唯識論八】に「有支習氣。謂招三界異熟業種。有支有二。一有漏善。即是能招可愛果業。二諸不善。即是能招非愛果業。隨二有支所熏成種。令異熟果善惡趣別。」

ウシツ　烏瑟　〔術語〕烏瑟膩沙の略。

ウシツシヤマ　烏瑟沙摩　〔明王〕ウズサマと讀む。「ウズサマ」を見よ。

ウシツチヤクヂ　右膝着地　〔雜語〕印度の敬禮法。右の膝と、右の指先とを地に着けて右の股を空に在らしめ、又左膝を上に竪てゝ左の足裏を地に着かしむるなり。之を互跪とも云ふ。【歸敬儀下】に「言二互跪一者。左右兩膝。交互跪レ地。此謂有所二啓請一。悔過授受之儀也。佛法順レ右。即以二右膝一拄レ地。使二右膝在一レ空。右指拄レ地。又左膝上戴左指拄レ地。使二三處翹々曲一レ身前就。故得三心有二專志一。請悔方極。」三處は右膝右指左指【同下】に「佾是丈夫。剛幹事立。故制二互跪一。尼是女弱。翹苦易レ勞。故令二長跪一。兩膝據レ地。兩脛翹レ空。兩足指拄レ地。挺レ身而立者是也。」【象器箋十】に「忠曰。今人所レ爲互跪者。右膝着レ地。右跡承レ尻。植二左膝一屈レ之。左 膝蹈レ地。都無二在レ空者一。如レ此互跪。易二於長跪一。寧長跪可レ踣。互跪不可レ倒。翻令三人疑二互跪難レ爲長跪易レ爲之說一。」【法華經信解品】に「偏袒二右肩一。右膝着レ地。一心合掌。」

ウシツニシヤ　烏瑟膩沙　〔術語〕Uṣṇīṣa 又、嗢瑟尼沙。鬱瑟尼沙。欝尼沙。塢瑟膩沙。譯、佛頂。肉髻。佛の頂骨隆起して髻の形を成せるもの。三十二相の一。【可洪音義一上】に「烏瑟膩沙。此云二佛頂一。」【玄應音義二十一】に「烏瑟膩沙。或作二嗢瑟尼沙一。或作二鬱瑟尼沙一。此云レ髻。案無上依經云。頂骨涌起。自然成レ髻。是也。」【慧琳音義四】に「烏瑟膩沙梵語也。如來頂相之號也。觀佛三昧海經云。如來頂上。肉髻團圓。當レ中涌起。高顯端嚴。猶如二天蓋一。」【往生要集上末】に「烏瑟高顯晴天翠濃。白毫右旋秋月光滿。」【無上依經】に「鬱尼沙」

烏瑟膩沙總持經　〔經名〕一切如來烏瑟膩沙最勝總持經の略名。

ウシツホウタフ　有七寶塔　〔雜語〕一句歌題。【法華經見寶塔品】に於て、釋迦如來の說法を證明せん爲に多寶如來の全身の舍利を納めたる七寶塔ありて法座の前に現ぜるもの、所謂多寶塔なり。「爾時佛前有二七寶塔一。高五百由旬。縱橫二百五十由旬。從レ地涌出。住二在空中一。乃至爾時寶塔中。出二大音聲一歎言。善哉善哉。釋迦牟尼世尊。能以二平等大慧。敎菩薩法。佛所護會。妙法華經一。爲二大衆一說。」⊙（拾玉）「目もあやに雲井にぞ見る古の聖の住し宿のけしきを。」

ウシトラノワタリドノ　艮廊　〔雜語〕日蓮入寂の前弟子擅那に波木井書を遣して自ら靈山の艮の廊にて待つべきを誓ふ、艮は三世諸佛の成道を艮の刻とし啓運抄三に之が說をなし。以て日蓮宗の安心中重大なることとす。

ウシフ　有習　〔術語〕習は習氣とて身に染みたる煩惱の氣分を云。無明の語に對して有習と云。⊙（本朝文粹）「無明夢驚長別二苦海一。有習怨盡應レ謝二稠林一。」

ウシフジユ　有執受　〔術語〕吾身分に屬する四大の如き、己が心識に執持せらるゝ者を有執受と云ひ、身體外の事物の如き然らざる者を無執受と云。【俱舍論一】に「罄唯八種。謂有執受。或無執受大種爲レ因。」【同二】に「有執受者。此言二何義一。心心所法。共所二執持一。攝爲二依處一。名二有執受一。」

ウシマツリ　牛祭　〔行事〕太秦の廣隆寺にて摩多羅神を祭る式事なり。每歲九月十二日夜戌の刻に、當寺の僧侶五人、五大尊の形を表して異形の面をかけ、太刀を佩き、壹人は幣を捧て牛に乘り、四人は前後を圍み、從者は松明を振り立て、行列巍巍として本堂の傍より後へ廻り、又西の方より祖師堂の前なる壇上

に登り、祭文を讀む、文句古奇なり。【都名所圖會四】

ウシヤ 烏社 〔雜名〕「ウバダヤ」を見よ。

ウシヤウ 有性 〔術語〕出離解脱の性あるを有性といひ、佛性なきを無性といふ。即ち闡提なり。

有性無性齊成佛道 〔雜語〕一眞法界の理より觀る時は、地獄も天宮も皆淨土にて、出離の善根ある者もなき者も共に佛道を成就し居るとの意。(太平記二十四)に引く。【圓覺經】に「地獄天宮皆爲二淨土一。有性無性齊成二佛道一。」圭峰の【略疏下一】に「有性者三乘性也。無性者闡提性也。非レ爲二他日廻心一。現已齊成二佛道一。」

ウシヤウテンギヤウ 有勝天經 〔經名〕尊者阿那律、仙餘財主の爲に、光天、淨光天、徧淨光天の因果の差別を説けるもの【中阿含經十九】に攝む。

ウシヤカラ 鄔斜訶羅 〔異類〕夜叉鬼の名。譯、吸食。【孔雀王經上】

ウシヤシ 烏沙斯 〔天名〕Uṣas 星の名。譯、太白星。【玄應音義二十二】吠陀の女神。曙光を神格化せしなり。

ウシヤタラカ 烏娑哆羅迦 〔異類〕惡鬼の名。【慧琳音義三十五】梵 Uṣṭraka ＊

ウシヤナマラ 于遮那摩羅 〔人名〕妃の名。譯、金鬘。【阿育經四】に「于遮那翻レ金。摩羅翻レ鬘」。于は干の誤。梵 Kāñcana-mālā

ウシヤハバツタ 優差波跋多 〔書名〕書の名、譯、擧轉。【本行集經十一】

ウシユ 右手 〔術語〕右手を智慧に配す。【大日經疏三】に「左手是三昧義。右手是般若義。十指是十波羅蜜滿足義。」【秘藏記本】に「右手辨二一切事一故名レ智。金剛界也。右手五指金剛界五智。」

ウシユ 有手 〔雜名〕Hastin 象の別名。【百論疏上之下】に「象有二七肢一以二手勝一故。從レ勝受レ名。爲二有手一。故外國人。呼レ象以爲二有手一婆沙云。佛經説二信是象手一。如三象手能取二衆生數非衆生數物一。信能取二善法一。故知外國道俗。通謂レ象爲二有手一。」

ウシユ 雨衆 〔流派〕Vārṣya 數論派の別稱。【唯識述記一末】に「有二外道一名二劫比羅一。古云二迦毘羅一訛也。此云二黄赤一。鬢髮面色。並黄色故。今西方貴二婆羅門種一。皆黄赤色也。時世號爲二黄赤色仙人一。其後弟子之中上首。如二十八部中部主者一。名二伐里沙一。此翻爲レ雨。雨時生故。即以爲レ名。其雨徒黨。名二雨衆外道一。」「シユロン」を見よ。

雨衆三德之談 〔術語〕數論派は二十五諦を立て、其の第一を自性冥諦といひ、之に薩埵、剌闍、答摩の三德ありとす。「サントク」を見よ。

ウシユシツマ 烏樞瑟摩 〔明王〕「ウズサマ」を見よ。

ウシユシフマ 烏芻澁摩 〔明王〕「ウズサマ」を見よ。

ウシユシヤマ 烏芻沙摩 〔明王〕「ウズサマ」を見よ。

ウシユモツ 有主物 〔術語〕所有主ある財物を云。略して四種あり、一に三寶の物、二に人の物、三に鬼神の物、四に畜類の物。此等の有主物を取れば盜罪を成ず。【行事鈔中、資持記中一之四】

ウシヨウカマ 憂承伽摩 〔動物〕鳥の名。「ウゼンカマ」を見よ。

ウシヨエン 有所緣 〔術語〕心識を有所緣といひ、心識以外の物を無所緣と云。所緣とは眼識の色に於る耳識の聲に於る如き心識の攀緣寄託すべき境界をいふ。而て總ての心識は必ず此所緣を有すれば有所緣と名く。【俱舍論二】に「六識意界及法界攝諸心所法。名二有所緣一。能取レ境故。」

ウシヨトク 有所得 〔術語〕執着の心。分別の心。【智度論六十】に「有所得者。所謂以二我心一。於二諸法中一。取レ相故。」【同八十三】に「諸有レ二者是有所得。無レ有レ二者。是無所得。」【佛藏經一】に「有所得者。説レ有二我人壽者命者一。」【探要記十】に「愛執即生。名二有所得一。若執二有相一。是增益執。亦名二常見一。若執二無相一。是損減執。亦名二斷見一。」【涅槃經十七】に「無所得者則名爲レ慧。乃至名二大涅槃一。」【三論玄義】に「有所得者爲二魔眷屬一。非二佛弟子一。」

有所得心 〔術語〕唐譯の【仁王經上】に「法相如レ是。有所得心。無所得心。皆不可得。」良賁の【疏、中二】に「有所得者。取相之心也。無所得心者。無分別智也。」

ウシラ 優尸羅 〔植物〕Uśīra 冷藥の草の名。【正法念經二十三】譯、香菜。【四分律疏九】

ウシロド 後戸 〔雜名〕本堂の後口のこと、又裏堂、後堂と云ふ。

ウシン 有身 〔術語〕六根の身相を有するもの。【臨濟錄】に「有身非二覺體一。無相乃眞形。」

ウシンヰ 有心位 〔術語〕心王の起りつゝある時を云ふ。無心位に對す。小乘薩婆多部にては二心並起を許さゞる故、六識中の何れかゞ働き居る時を云ふ。大乘にては八識俱起を許し七八二識は恒に相續して止むことなきが故に有無を論ぜず。又前五識は必ず第六識に伴ひ起るが故に、唯第六識の起不起に就て有心無心を論ず。【成唯識論七】

ウジ 有事 〔術語〕有爲法の異名。【俱舍論一】に「諸有爲法。謂色等五蘊。亦世路言依。有離有事等。」【頌疏】に「有事者。事是因義。有爲有レ因故。名爲二有事一。」

ウジデラ 氏寺 【雜名】我一族の菩提所。藤原氏の興福寺に於る、平家の延暦寺に於るなど。

ウジブジ 于時奉事 【雜語】その時奉事せりとの意、法華經の成句。

于時奉事經於千歳 【雜語】二句歌題。【法華經提婆品】の大王が阿私仙に仕へし故事。「阿私仙」に委し。⦿（新千載）「今こそは思ひとかるれ千歳まで求めし法の花の下紐。」

ウジヤウ 有情 【術語】Sattva 梵語、薩埵。舊譯、衆生。新譯、有情。情識あるもの。愛情あるもの。總じて動物に名く。【唯識述記一本】に「梵言二薩埵一。此言二有情一。有二情識一故。乃至 又情者愛也。能有レ愛生故。乃至 言二衆生一者。不レ善レ理也。草木衆生。」【大日經疏十七】に「有情者梵音索哆。是着義。又名二薩埵一。是有情義。」

有情數 【術語】非有情數の對。有情の類に攝めらるゝものをいふ。【毘婆沙論十三】に有執受の有情數（感覺ある有情數）無執受の有情數（感覺なき有情化人の如き）の外に有情數大種因、非有情數大種因を擧げ【婆沙論百三十八】に品類足、識身足の二により有執受を解し、有情數と有根と異熟生の三語を同義とせり。

有情居 【術語】有情の好んで居住する所を有情居といふ、九所あり、九有情居と稱す。【俱舍論八】に「前七識住。及第一有。無想有情。是名爲レ九。諸有情類。唯於二此九一。欣樂住故。立二有情居一。」「よ。

有情世間 【界名】二世間の一、「セケン」を見

有情緣慈 【術語】苦の有情を見て起す慈悲。三種緣慈の一。

有情非情皆共 【雜名】生命あるものもなきものも、悉く漏すことなしとの意。⦿（曲、鵜）「有情非情皆共成佛道」

ウジヤウジ 有上士 【術語】等覺の菩薩を云。【四敎義十】に「問曰。爲下定用二金剛智一斷中無明上耶。答曰。涅槃經云。有二所斷一者名二有上士一。無二所斷一者名二無上士一。」【四敎儀】に「更斷二一品無明一。入二等覺位一。亦名二金剛心一。亦名二一生補處一。亦名二有上士一。」

ウジヤエンナ 鄔闍衍那 【地名】Ujjayinī 國の名。南印度の境。僧徒三百餘人、大小乘學。阿輪迦王の作れる地獄の遺趾あり。【西域記十一】

ウジヤラ 于闍羅 【植物】木の名。譯、好。【翻梵語九】に「于闍羅應レ云二那闍羅一。譯曰レ好也」。梵 Kuñjara*

ウジユ 憂受 【術語】五受の一。「ゴジユ」を見よ。

ウジンウシ 有尋有伺 【術語】三三摩地の一。「サマジ」を見よ。

ウズサマ 烏芻沙摩 【明王】Ucchuṣma 又烏樞沙摩、烏芻澁摩、烏芻瑟摩、烏樞瑟摩、烏素沙摩、に作る。明王の名。譯、不淨潔。穢迹。火頭など。能く不淨を轉じて清淨ならしむる德を有す、依て厠中に此明王を祭る。【陀羅尼集經九】に「烏樞沙摩。唐云二不淨潔金剛一。」【希麟音義五】に「烏樞瑟摩。或云二烏芻沙摩一。此云二穢迹一。舊翻爲二不淨潔一。皆訛。新翻爲二除穢一。忿怒尊也。」【楞嚴經五】に烏芻瑟摩。於二如來前一。合掌頂禮佛之雙足一。而白レ佛言。我常先憶二久遠劫前一。性多二貪欲一。有二佛出レ世。名曰二空王一。說多婬人成二猛火聚一。敎レ我徧觀二百骸四支諸冷煖氣一。神光內凝。化二多婬心一。成二智慧火一。從レ是諸佛。皆呼召我。名爲二火頭一。我以二火光三昧力一故。成二阿羅漢一。心發二大願一。諸佛成道。我爲二力士一。親伏二魔怨一。」【義疏五下】に「烏芻沙摩。云二火頭一。」

烏芻沙摩の尊形 【圖像】尊形は忿怒形にて、諸の毛孔より火焰を流出し、四臂具足す、右の手に劍を持し、下の手に羂索を把り、左の手に棒を持し、次の手に三股叉を把る、一一の器杖皆火焰起る。【烏樞瑟摩明王經上、圖像鈔八】若し【陀羅尼集經九】に依れば、「面貌端正。極令二殊好一。」とあれば忿怒の形にあらず、且つ四臂の器杖に差違あり。更に異形あり。【圖像鈔八】に列らぬ。

（烏芻沙摩の尊形の圖）

烏芻沙摩の修法 【修法】大威怒烏芻澁麼儀軌經一卷、大威力烏樞瑟摩明王經三卷、穢迹金剛神通大滿陀羅尼法術要門一卷、穢迹金剛百變法經一卷、【閏帙十三】陀羅集經九、金剛烏樞瑟摩法印咒品、【閏帙四】等に出づ。

烏樞瑟摩明王經 【經名】金剛恐怖集會方廣軌儀觀自在菩薩三世最勝心明王大威力烏樞瑟摩明王經の略。唐の阿質達霰譯、三卷。【閏帙十三】

烏芻澁摩儀軌 【經名】大威德烏芻澁摩儀軌の略稱。

ウセイキヤウ 雨勢經 【經名】佛、雨勢大臣の爲に七不衰法を說けるもの。中阿含經三十五に攝む。

ウセラ 烏施羅 【植物】Uśīra 草の名。【玄應音義二十五】に「烏施羅末草名也。形如二此土細辛一。其躰極冷。」

ウセン 右旋 【術語】佛の白毫の右方に向て旋繞

するを云。【觀無量壽經】に「眉目白毫。右旋婉轉。如ニ五須彌山一。」

ウゼンカマ 優禪伽摩 〔動物〕又、憂承伽摩。鳥の名。譯、高行。【起世因本經二】に「優禪伽摩。隋言ニ高行一。鳥名也。」【異譯經本】に「憂承伽摩。此言ニ高逝一。」梵 Uccaṅgama

ウソギチウニタ 烏蘇耆葦膩多 〔經名〕陀羅尼の名。譯、金光照燿。【陀羅雜集一】

ウソシヤマ 烏素沙摩 〔明王〕ウズサマと讀む。「ウズサマ」を見よ。

ウソタ 烏蘇吒 〔經名〕陀羅尼の名。譯、除嬈。【七佛所說神咒經一】梵 Usṭa

ウソハチロ 烏蘇波置樓 〔經名〕得大勢菩薩の陀羅尼の名。譯、救諸病苦。【陀羅尼集經一】

ウソマン 烏蘇慢 〔異類〕鬼の名。譯、厭神。【玄應音義一】に「厭人鬼名也。梵言ニ烏蘇慢一。此譯言レ厭」。

ウソン 烏孫 〔地名〕國の名。「ウヂヤウナ」を見よ。【釋迦譜二】に「烏蘇慢。漢名ニ厭神一。」

ウタ 歌 〔雜名〕

歌念佛 〔行事〕念佛に、ふしを付けて歌ふこと。

歌說經 〔行事〕歌念佛に同じ。

歌比丘尼 〔雜名〕歌念佛をなす尼法師。

ウタ 優多 〔術語〕人を暗抗に陷るゝ法。【戒疏與咸註中】に「優多者。律中。作ニ無烟火坑一。以レ土覆レ上。令ニ人陷死一。」梵 Gūdha

ウタイ 有體 〔術語〕無體に對する語。實體あるもの。有部宗には七十五法を立て、成實宗には八十四法を立て、法相宗には百法を立てゝ有體の法とす。此中有形の物質もあり、無形の心識もあり、因緣生の有爲法もあり、非因緣の無爲法もあり。

有體施設假 無名の法體の上に假に名を施設したるものを云。諸法實相の上より論ずれば世間萬般の事物皆是なり。二假の一。「ニケ」を見よ。

ウタイ 有對 〔術語〕十八界に就て三種の有對を分別す。一は障礙有對、二は境界有對、三は所緣有對なり。對とは礙の義。礙に二種あり、一は障礙の義、二に拘礙の義。障礙の義とは、第一の障礙有對なり。五根五境の小色を體とす。此十色互に障礙すること、手の手を礙げ、石の石を礙ぐるが如き故に障礙を名とす、障礙即有對なり。拘礙の義とは第二の境界有對と第三の所緣有對なり。境界有對とは六根六識の十二界と法界の一分の心所法なり、此の十三界の法は境の爲に拘せらるれば有對と名く、境界が有對なり。所緣有對とは六識及び境界の七心界と法界の一分心所法なり。此八界は所緣の境の爲に拘礙せらるれば有對と名く、所緣が有對の依主釋なり。此中境界と所緣との差別に多義あり、先づ一義を云はゞ根及び心識の境を取る邊を以て境界有對と名け、心と所の境を緣ずる邊を以て所緣有對となすなりと云。【俱舍論二】梵 Sapratigha

ウタクシフフ 烏啄支富敷 〔眞言〕神咒の名。譯、衆生五欲淤泥臥提拔令出三界。【陀羅尼集經二】

ウタソクラン 雨多則爛 〔雜名〕一句歌題。「アメ」を見よ。

ウタラ 優多羅 Uttara 〔人名〕人の名。譯、上。【百緣經五】に「佛在ニ王舍城迦蘭陀竹林一。時彼國中。有ニ一長者一。其婦懷妊。滿ニ足十月一。生ニ一男兒一。端正殊妙。世所ニ希有一。父母歡喜。因爲立レ字。名ニ優多羅一。」

優多羅母墮餓鬼 〔傳說〕【百緣經五】に出づ。

優多羅比丘被囑累增一阿含 〔故事〕優多羅比丘が世尊より增一阿含を受持することを依託せられたること。【增一阿含經一】に「時尊者阿難。告ニ優多羅一曰。我今以ニ此增一阿含一。囑ニ累於汝一。善諷讀誦莫レ令ニ漏減一。」

塚間第一 〔故事〕優多羅比丘が常に人中を離れて塚間に在て法樂を味ひたること佛弟子中第一位とす。【增一阿含三】に「常樂ニ塚間一。不レ處ニ人中一。所謂優多羅比丘是。」「を見よ。

ウタラソウ 優多羅僧 〔衣服〕「ウッタラソウ」

ウタラマナフ 優多羅摩納 〔人名〕Uttaramanas 婆羅門の名。譯、上志。大梵志の貴族。【慧上菩薩問大善權經下】

ウダ 鄔茶 〔地名〕國の名。「ウヂヤウナ」を見よ。

ウダイ 有待 〔術語〕人の身は食物衣服等の資を待て立つものなるを云。【止觀四上】に「有待之身。必ス假ル資籍ヲ。」南山の【戒疏四上】に「有待之形。假レ資方ニ就ル。」【行宗記二上】に「身名ニ有待一。必假ニ資緣一。」【梁僧傳、道安傳】に「捐ニ米千斛一。彌覺ニ有待爲レ煩。」案に有待の字は【莊子、逍遙遊】の「猶有レ所レ待也」に本く。

有待ノ依身 〔術語〕依身とは身體のこと。種種の資緣て假て立つ身體を云。

有待轉變 〔術語〕有待の身は轉變すべきを云。

有待不定 〔術語〕有待の身は無常なるを云。⦿（盛衰記八）「有待不定の玉躰」。

ウダイ 優陀夷 〔人名〕Udāyin 又烏陀夷、鄔陀夷に作る。人の名。譯、出現。【法華經義疏九】に「優陀夷。亦烏陀夷。此云レ出也。」【唯識述記七本】に「鄔陀夷。此名ニ出現一。日出時生。故以名也。」【佛本行集經五十三優陀夷品】に「長老優陀夷」因經名。【順正理論十二】に出づ。人に依て經に名けしもの。

勸導第一　〔故事〕人を勸發化導すること佛弟子中優陀夷を以て第一とす。【增一阿含三】に「善能勸導。福ニ度人民一。所謂優陀夷比丘是。」

ウダエン　鄔陀延　〔地名〕Udayana　又、優陀延、鄔陀衍に作る。譯、出。日出の義。【宗輪論述記】

優陀延王　〔人名〕【釋迦方誌上】に「優塡古優陀延也。唐云ニ出愛一。」「優塡」を見よ。

優陀延山　〔地名〕【慧琳音義廿六】に「優陀延山。此云ニ日出一處也。」

ウダエンナ　鄔陀衍那　〔人名〕王の名。「ウテン」を見よ。

ウダカ　憂陀伽　〔雜名〕Udaka　譯、水。「ウッヂ」を見よ。

ウダカシヤラセンダン　憂陀伽娑羅栴檀　〔植物〕Uragasāracandana　木の名。【探玄記二十】に「憂陀伽娑羅栴檀者。具云ニ地毗烏羅伽娑羅一也。地毗此云レ妙。烏羅伽此云ニ腹行一。即龍蛇之類。娑羅此云レ勝。亦云ニ堅固一。謂此栴檀堅固勝出。在ニ龍宮一。故以爲レ名。」

ウダナ　憂陀那　〔術語〕Udāna　又、優陀那。烏拕南。鄔陀南。優檀那。鄔馱南。鬱陀那など。語言を發する喉中の風。【智度論六】に「如ニ人欲レ語時一。口中風出。名ニ優陀那一。此風出已。還入至レ臍。觸レ臍響出。響出時觸ニ七處一退。是名ニ語言一。」図譯、丹田。【圓覺經大鈔十一之下】に「有師言。臍下一寸。名ニ憂陀那一。此云ニ丹田一。」【名義集六】に「優陀那。天台禪門曰。此云ニ丹田一。去レ臍下二寸半。」図譯、中。天台の【禪門口訣】に「一脉直往趣レ臍。號曰ニ優陀那風一。優陀那者中也。故號ニ此脉一爲ニ中脉一也。」図譯、自說。十二部經中の無問自說經。人の問ふとなきに佛自ら法を說きしもの。【倶舍光記一】に「鄔陀南。此云ニ自說一。即十二部經中第五。自說經也。無ニ人問一佛自說故。若言ニ嗢陀南一。此云ニ集散一。集ニ散說一故。或言ニ集施一。集ニ所レ說義一。施ニ有情一故。」【慧苑音義上】に「鄔馱南。此云ニ無問自說一。」【玄應音義二十一】に「鄔拕南。此言ニ自說一。舊言ニ鬱陀那一。」【同二四】に「鄔拕南舊曰ニ優陀那一。自言ニ自說一。謂不レ待ニ請問一而自說也。即無問自說經是也。」図譯、印。標相。總略。一切行無常等の四法印を云。【瑜伽倫記十一之下】に「四烏拕南。若作ニ嗢字一者。皆須ニ改正一。舊語不レ正。名ニ四優陀那一。翻レ名爲レ印。今翻名レ說。即世尊常誦說。此義似ニ無問自說一。隨レ義傍翻。亦得レ名レ印。或名ニ總略義一。或名ニ標相一。如レ說ニ無常一是有爲標相。乃至涅槃寂靜。是無爲法標相若名ニ嗢拕南一。則名ニ集施一。」【大乘義章二】に「優檀那者。是外國語。此名爲レ印。法相楷定不易之義名レ印也。」【華嚴經大疏鈔十八】に「優檀那此名ニ標相一。」【同鈔】に「嗢陀南此云ニ集施一。應下與ニ鄔陀南一異上。今論亦云ニ嗢陀南一。或譯之少レ巧。」【同二十二】に「鄔陀南者、舊爲ニ優陀那一訛也。正翻爲レ說。義當ニ無問自說一。」案に四法印の頌を四烏拕南とも四嗢拕南とも云。但、烏拕南と言へば自說又は法印の義。嗢拕南と言へば集散又は集施の義。此中烏拕那と言ふを本義とするのみ。

ウダナン　鄔馱南　〔術語〕又烏拕南、鄔陀南に作る「ウダナ」を見よ。

ウダホウシ　宇陀法師　〔雜名〕琵琶の名。誹諧の「書名。」

ウダラ　優陀羅　〔雜名〕風の名。譯、火破。【翻梵語九】図人の名。優陀羅羅摩子の略。

憂陀羅經　〔經名〕優陀羅羅摩子は癰本を知らざれば非想天に生ずれども還て狸中に墮つ。されば身は癰たり、愛は癰本たるを說く。【中阿含經二十八】に攝む。【尽帙六】「ウヅランホツ」を見よ。

ウダラマシ　優陀羅羅摩子　〔人名〕「ウヅランホッ」を見よ。

ウダンナ　優檀那　〔術語〕優檀那、譯、說。印。「ウダナ」を見よ。

ウチシキ　打敷　〔物名〕佛前の卓上に敷くもの。打敷の文字は俗語、漢字に卓圍と書す。經論には敷具と云。【十住論九】に「諸佛師子座。金薄幃帳。柔輭滑澤種種天衣。以爲ニ敷具一。」【鎌倉志七】に「平家調伏の打敷一帳、」打敷は俗語也、卓圍の事なり。【菩提場莊嚴陀羅尼經】に「於ニ是幢中一。有ニ師子座一。閻浮檀金所成。七寶莊嚴。以ニ種種天妙衣服一。敷ニ其座上一。」

ウチハダイコ　團扇太鼓　〔物名〕團扇の如く、丸く一枚の皮を張りて柄を付けたる太鼓。日蓮の信徒之を打ちて題目を唱ふ。

ウチヤウ　烏萇　〔地名〕烏長、國の名。「ウヂヤウ」「ナ」を見よ。

ウチヤウ　有頂　〔界名〕天の名。色界の第四處にて、本名を色究竟天と云。これ形ある世界の最頂に位すれば有頂と稱す。此外無色界とて無形の世界あり有頂の有は有唐有宋の有の如し。【法華經序品】に「從ニ阿鼻獄一。上至ニ有頂一。」【法華經義疏二】に「長行云ニ阿迦尼吒一。色究竟天と譯す今稱ニ有頂一者。樓炭經云。阿迦尼吒。在ニ有色之頂一也。」図無色界の第四處、非想非非想天を云。是れ世界の最頂に位すれば有頂と稱す。【妙句解六】に「非非想天。名爲ニ有頂一。是於ニ三界有漏世間一。極頂之故。」【往生要集上本】に「乃至有頂。輪廻無レ期。」梵 Akanisṭha. 巴 Akaniṭṭha

ウチヤウユキヤウ　烏鳥喩經　〔經名〕比丘の行は應に獺の如く、乃至烏鳥の如くすべからず、應に猩猩の如くすべき喩を說く。【中阿含經十三】に攝む。

ウチロンギ　內論義　〔行事〕大內に於ての論義なれば內論義と云ふ。嵯峨天皇弘仁四年正月、大極殿

の御齋會に始めて之を置く、御齋會の末日、即ち正月十四日に之を行ふなり。⊙（公事根源）に「十四日は御齋會（正月八日より之を始む）の結願なり。内論義は御殿にて行はる。御物忌の時は南殿にてあり。問者講師などありて、御前にて論義すれば内論義とは申なり。」

ウヂノソウジヤウ　宇治僧正　【人名】釋覺圓初め園城寺の長吏に補し、承曆元年延曆寺の座主に補し、後大僧正に任ず。常に宇治の精舍に居りければ、時人宇治の僧正と稱しき。【本朝高僧傳十一】

ウヂノホフイン　宇治法印　【人名】釋永實、顯密の法を覺圓大僧正に稟け、後宇治の精舍に移り、法印權大僧都に叙し、一身阿闍梨に任ず。時人宇治の法印と稱す。【本朝僧傳十二】

ウヂヤウナ　烏仗那　【地名】Udyāna 又、烏杖那。烏萇。鄔茶。烏孫。烏儞也曩など。國の名。【西域記二】に「烏仗那國。唐言苑。昔輪王之苑囿也。舊云烏孫場。或曰烏茶。皆訛。北印度境。」【開元錄六】に「烏萇國。正音應云鄔茶。」【慈恩傳二】に「烏仗那。舊稱烏長訛也。」【梵語雜名】に「烏儞也曩」北印度の境に在て、周り五千餘里、山谷相屬す、佛法を崇重し大乘を敬信す。如來昔し哥利王と爲て肢體を割截し、尸毘王と爲て鷹に身を捨てしなどの遺跡此國にあり【西域記三】

ウツウツクワウクワ　鬱鬱黃花　【雜語】

鬱鬱黃花無非般若　【雜語】一句歌題。元と「青青翠竹盡是眞如鬱鬱黃花無不般若」と云一聯の對句にて、秦の道生法師の語。草も木も盡く佛性を具へて一眞法界たるの理を述ぶ。【祖廷事苑五】に「道生法師說。無情亦有佛性。乃云。青青翠竹盡是眞如。鬱鬱黃花無非般若。（乃至）禪客問南陽國師。青青翠竹盡是眞如。鬱鬱黃花無非般若。人有信否。意旨如何。師曰。此盡是文殊普賢大人境界。非諸凡小而能信受。皆與大乘了義經意合。故華嚴經云。佛身充滿於法界。普現一切衆生前。隨緣赴感靡不周。而常處此菩提座。翠竹不出於法。豈非法身乎。又經云。色無邊故般若亦無邊。黃花既不越色。豈非般若乎。」⊙（法門百首）「仇野の花ともいはじをみなへし三世の佛の母とこそきけ。」

ウツカダダツマボサツ　鬱伽陀達磨菩薩　【菩薩】Udgatadharma 菩薩の名。譯、法盛。【智度論九十七】に「鬱伽陀秦言盛。達磨秦言法。此菩薩在衆香城中。爲衆生隨意說法。令衆生廣種善根。故號法盛。」

ウツコンカウ　鬱金香　【植物】鬱金は草の名。梵語、茶矩磨。Kuṅkumaṁ 其花黃にして香し、以て薰香となすべし。【名義集三】に「茶矩磨。此云鬱金。周禮春官。鬱人采取以鬯酒。說文云。鬱金草之華。遠方所貢芳物。鬱人合而釀之。以降神也。宗廟用之。」【最勝王經七】に「鬱金茶矩麼」

ウツシツニシヤ　鬱瑟尼沙　【術語】「ウシツニシヤ」を見よ。

ウツソウカ　鬱曾伽　【雜語】Ucchaṅga 數の名。譯、數千萬百。【本行集經十二】

ウツソウカラ　鬱瘦歌邏　【人名】婆羅門の名。

鬱瘦歌邏經　【經名】鬱瘦歌邏婆羅門、四種の奉事を說て四姓の差別を立つ。佛、種種の喩を說て四姓の平等を明かす。【中阿含經】

ウツタマ　鬱多摩　【雜語】Uttama 譯、明。金光明經の明。【金光明經玄義】（鬱多摩は最勝と譯す、明の梵語に非ず。）

ウツタラカシン　鬱多羅迦神　【神名】【山城名勝志九（高山寺紀）】に「大白光神。梵云鬱多羅迦神。天竺雪山神也。有禪法擁護之誓。故勸請之。即十二神之隨一也。」梵 Uttaraka

ウツタラクル　鬱多羅究留　【界名】Uttarakuru 又、鬱多羅鳩婁。鬱多羅拘樓。郁多羅鳩留。鬱怛羅究瑠。鬱怛羅越。鬱單越。鬱單曰。殟怛羅句嚧。殟怛羅矩嚕。北拘盧。拘盧など。大海の中心に立てる須彌山の四方に在る四大洲の中、北方の大洲の名。【玄應音義十二】に「鬱單越或言鬱怛羅越。或言鬱多羅拘樓。或言郁多羅鳩留。正言鬱怛羅究瑠。此譯言高上作。謂高上於餘方也。亦言勝。鳩瑠此云作。亦云姓也。不詳何義立名。」【同十八】に「鬱單曰。或言鬱怛羅越。」【同二十四】に「俱盧洲此云上勝。亦云勝生。舊經中作鬱單越。」【華嚴疏鈔十三上】に「鬱單越。此云勝生。以定壽千歲衣食自然故。」【起世因本經二】に「有何因緣。說彼名曰鬱多羅究留洲。諸比丘。其鬱多羅究留洲。於四天下。比餘三洲。最上最妙最勝彼。故說鬱多羅究留洲。鬱多羅究留洲。隋言上作。」【慧苑音義上】に「鬱單越。具正云殟怛羅句嚧。言殟怛羅者。此云上也。勝也。句嚧所作也。謂彼洲人。於所作事。皆無我所。勝餘三洲故也。」【西域記一】に「北拘盧洲。舊曰鬱單越。又曰鳩樓。訛也。」【慧琳音義一】に「殟怛羅矩嚧。此譯爲高勝。常受樂勝故爲名。古鬱單越。或鬱拘樓。」

ウツタラーサンガ　【衣服】「ウツタラソウ」を見よ。

ウツタラクロ　鬱多羅拘樓　【界名】「ウツタラクル」を見よ。

ウツタラソウ　鬱多羅僧　【衣服】Uttarāsaṅga

又、嗢多羅僧。優多羅僧。郁多羅僧伽。嗢怛羅僧伽など。袈裟の名。三衣の一。譯、上衣。【玄應音義十四】に「鬱多羅僧。或云二郁多羅僧伽一。或云二優多羅僧一。或作二漚多羅僧一。亦猶梵言訛轉耳。此譯云二上着衣一也。着謂與レ身相合。言於二常所服中一最在二其上一。故以名焉。或云二覆左肩衣一。」【慧琳音義十五】に「鬱多羅伽。梵語僧衣名也。即七條袈裟。是三衣之中常服衣也。亦名二上衣一。」【瑜伽論二十五】に「嗢怛羅僧伽」

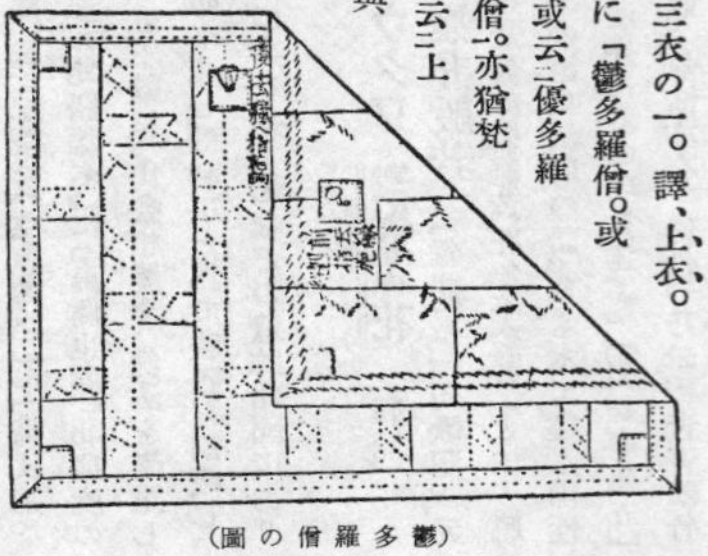
（鬱多羅僧の圖）

七條衣　〔衣服〕鬱多羅僧衣は横に割截の條數七あるを以て七條衣と云ふ。【六物圖】

中價衣　〔衣服〕價に就けば三衣の中に居るを以て中價衣と名く。【六物圖】これ價額にあらずして衣の尊貴の點に於て得し名の如し。

入衆衣　〔衣服〕禮拜誦經齋會など大衆會合の時必ず服するを以て入衆衣と云ふ。【六物圖】に「從レ用名二入衆衣一。」

ウツタンワツ　鬱單曰　〔界名〕「ウツタラクル」を見よ。

ウツタンヲツ　鬱單越　〔界名〕「ウツタラクル」を見よ。

ウツダイシ　鬱提尸　〔地名〕山の名。譯、遠聞。【探玄記十五】に「鬱提尸山。此云二遠聞山一。謂多處遠人皆聞故。即此國四周之山處也。」梵 Udeśin* 図　譯、日出處。【翻梵語九】

ウツダカ　鬱陀伽　〔人名〕仙人の名。【涅槃經二十一】に「夜半踰レ城。至二鬱陀伽阿羅羅等太仙人所一。」【慧琳音義二十六】に「鬱陀伽。古音云レ勝也。亦名レ盛也。」「ウツヅランホツ」を見よ。

ウツダツラクル　鬱怛羅究瑠　〔界名〕「ウツタラクル」を見よ。

ウツダツラヲツ　鬱怛羅越　〔界名〕「ウツタラクル」を見よ。

ウツダナ　鬱陀那　〔術語〕「ウダナ」を見よ。

ウツダラカ　鬱陀羅伽　〔人名〕「ウツヅランホツ」を見よ。

ウツダララマ　鬱陀羅羅摩　〔人名〕「ウツヅランホツ」を見よ。

ウツチユシユマ　〔明王〕「ウズサマ」「フジヤウコンガウ」を見よ。

ウツヂ　鬱持　〔雜名〕Udaka 又、鬱持迦。憂陀伽。烏娜迦など。水の別名。【涅槃經十三】に「隨二其種類一。說二言其水一。或言二波尼一。或言二鬱持一。或言二婆利藍一。」【慧琳音義二十六】に「鬱持東天竺人。呼レ水名也。」【玄應音義二】に「鬱持迦此水之一異名也。」【翻梵語九】に「鬱持應レ云二憂陀伽一。譯曰レ水也。」【梵語雜名】に「烏娜迦」

ウツヂカ　鬱持迦　〔雜名〕「ウツヂ」に同じ。

ウツヅ　鬱頭　〔人名〕婆羅門の名。鬱頭藍弗の略。

ウツヅラン　**鬱頭藍**　鬱頭藍弗の略。

ウツヅランホツ　鬱頭藍弗　〔人名〕Udraka Rāmaputra【涅槃經三十八】に「鬱頭藍弗」【同二十一】に「鬱陀伽」【佛本行集經二十二】に「優陀羅羅摩子」【中阿含優陀羅經】に「優陀羅羅摩子」【中阿含羅摩經】に「嗢達洛迦」【智度論十七】に「鬱陀羅伽仙人」何れも同一梵語。佛出家して道を問ひし仙人の名。【慧淋音義二十六】に「鬱頭藍弗。此云二獺戲子坐一。得二非想定一。獲二五神通一。飛ヿ入王宮一。遂失レ定。徒步歸レ山。」【名義集二】に「鬱陀羅羅摩子。亦云二鬱頭藍弗一。此云二猛喜一。又云二極喜一。」

佛問鬱頭藍弗　〔故事〕釋尊出家して、先づ阿羅邏と伽藍を問ひ、次に鬱頭藍弗を問ひしに、彼れ非想定を以て之に示す。【佛本行集經二十二、中阿含經五十六羅摩經】

鬱頭爲女失五通　〔傳說〕【智度論十七】に「如二鬱陀羅伽仙人一。得二五通一。日々飛ヿ到王宮中一食。王大夫人。如二其國法一。接レ足而禮。夫人手觸。即失二神通一。從レ王求レ車。乘レ駕而出。還二其本處一。」

鬱頭生非想天後爲飛狸　〔傳說〕彼れ一且失へる五通を得んとて林間に於て一心專至、當に得るに垂んとする時、鳥あり樹上に在り、急に鳴て以て其意を亂す。樹を捨てて水邊に至り定を求む。復魚鬪て水を動かすの聲を聞て禪を得ず、即ち瞋恚を生ず。我れ當に盡く魚鳥を殺すべしと、此人久しくて後、定を得て非想天に生ず。壽八萬劫を終て下生して飛狸となりて諸の魚鳥を殺し、無量の罪を作て三惡道に墮つ。【智度論十七、止觀輔行四之二】⦿（寶物集）「鬱頭生天期八萬劫。」

ウツドンバツ　鬱曇鉢　〔植物〕花の名。「ウドン」を見よ。

ウツニシヤ　鬱尼沙　〔術語〕「ウシツニシヤ」を「見よ。

ウツハシ　鬱波尸　〔人名〕女の名。譯、自在。【慧琳音義二十五】

ウツハラハンニカ　鬱波羅槃尼柯　〔人名〕比

丘尼の名。【阿育王經三】に「鬱波羅翻レ青。槃尼柯翻レ色。」【智度論十三】に「鬱盔羅華」梵 Utpala-varṇikā

ウツビラ　鬱鞞羅　【地名】Uruvilvā 河の名。譯、過時。【翻梵語】優婁頻螺に同じ。もと苦行林のある村名なり。この村を流るる故又河名となりしか。次條鬱鞞尼連禪は即ち優婁頻螺村の尼連禪河なり。世尊成道の前苦行を捨てて沐浴せし河なり。

鬱鞞羅尼連禪　【地名】河の名。譯、大時不受。【翻梵語】

ウツユカハラ　鬱庾伽波羅　【異類】夜叉の名。譯、勤守。【梁譯孔雀王咒經下】又、溫獨伽波羅。譯、勇進勤護。【唐譯大孔雀王咒經中】梵 Udyoga-pāla

ウツレウカ　鬱楞伽　【人名】緣生論及び大乘緣生論の作者。梵 Ullaṅga

ウヅテン　烏頭天　【天名】天の名。胎藏界曼陀羅の第十二外金剛院の一尊。【胎藏界曼陀羅大鈔六】に「此天者井宿也。問何故名二烏頭一乎。答。頂上戴二烏頭一故。」梵 Nirviṣi*

ウヅマサデラ　太秦寺　【寺名】本名、廣隆寺。山城國葛野郡太秦の里にあれば太秦寺と云。「クワウリウジ」を見よ。

ウヅマラ　烏圖末羅　【植物】木の名。【大陀羅尼末法中一字心咒經】に「若欲レ祈(クチナシ)レ雨。取二烏圖末羅木一。【經註】に「三藏云。其木似二梔子一。」

ウヅエノホウシ　卯杖法師　【雜名】正月の卯杖を奉る法師。【都名所圖會】

ウテン　于闐　【地名】又、于殿、于塡、于遁、豁丹、屈丹など。梵語にては瞿恒薩那 Kustana 地乳と譯す。今の Khotan 和闐の地なり。離車族が尼波羅より西藏高原を縱斷して此處に建國すと云ふ。大乘の行はれし地にして東來の經典多く此の地を經て來りたるなり。【西域記十二】に此の地に關する歷史を記す。

ウテンワウ　優塡王　【人名】Udayana 舊稱、優塡。于闐。新稱、優陀延。鄔陀衍那。嗢陀演那伐蹉。など。拘睒彌國の王の名。譯、出愛。【西域記五】に「鄔陀衍那王。唐言二出愛一。舊云二優塡王一訛也。」【釋迦方誌上】に「鄔陀衍那王古優陀延也。唐云二出愛一。」【瑜伽略纂十六】に「云二出愛王一者。即舊言二優塡王一也。正本音言二嗢陀演那伐蹉一(此云出愛)。揭剌闍(此云王)。云二優塡一者訛也。」【心地觀經一】に「于闐王」

優塡王造佛像　【傳說】釋尊、一夏九旬、忉利天に昇て母の爲に說法し、閻浮に還らず。時に拘睒彌國の優塡王之を思慕し、牛頭栴檀を以て如來の像を造る、高さ五尺、如來天宮より還るや、刻檀の像立て迎へしかば、世尊彼の像に末世の敎化を囑せしとぞ。【增一阿含經二十八、西域記五、經律異相六】又、佛上天の時、優塡王、金を鑄て像を作ると云ふ。【觀佛三昧經六】

優塡大王の紫磨金を磨き　【雜語】⦿(平家)の語「優塡大王の刻みしは牛頭栴檀にて紫磨金にあらず。紫磨金は此時波斯匿王が、優塡王の刻像を聞き、紫磨金を以て高さ五尺の釋尊の像を鑄りたりと云ふ。【增一阿含經二十八】今は二者を合せたるもの。

優塡王色を以て誘ひ五百の仙人の手足を截る事　【傳說】【修習止觀坐禪法要】に「頻婆娑羅王以二色欲一故。身入二敵國一。在二婬女阿梵頗波羅房中一。優塡王以二色染一故。截二五百仙人手足一。」

優塡王經　【經名】佛說優塡王經。一卷、西晉の法炬譯。此經は佛說大乘日子王所問經と共に、大寶積經九十七卷優陀延王會の異譯にて、優塡王の正后佛に歸して須陀洹(すだおんくわ)果を得たるを、無比夫人の譖に依て、王之を殺さんと欲し、三たび箭を發すれども、箭還て王の頂上の空中に住しければ、王大に驚悔し、無比夫人と共に佛所に來て罪を懺し、佛爲に大夫及び夫人の道を說く。【地帙十一】(38)

優塡王作佛形像經　【經名】佛說作佛形像經の別名。一卷、失譯。佛、優塡王の問に依て作像の功德を說きしもの。

佛爲優塡王說王法正論經　【經名】一卷唐の不空譯。帝王の十種の過失、十種の功德、及び五種の衰損法、五種の可愛樂法を說く。【閏帙十五】(1006)

ウトクニヨ　有德女　【人名】波羅奈城有德婆羅門の女、佛の相好を見て淨信を起し深法を問ふ。

有德女所問大乘經　【經名】一卷、唐の菩提流志譯。佛、有德女の問に因て第一義諦の理を說き、彼に菩提の記別を授く。【宙帙一】(343)

ウトパラ　【植物】「ウハツラ」「レンゲ」「シヤウレン」を見よ。

ウトン　有貪　【術語】上二界の貪煩惱のこと、有は上二界の定、及び其の依身なり。上二界に於ては常に定貪を起し多く內門に於て轉ずるが故に此の名を立つ。外道は上二界に於て解脫の想を起すが故に、之を遮せんが爲に此の名を立つ。梵 Bhavarāga

ウトン　于遁　【地名】「于闐」に同じ。「見よ。

ウドウムバラ　【植物】「ウドン」「ズヰオウケ」を

ウドヤーナ　【地名】「ウテン」を見よ。

ウドラカラーマプトラ　【人名】「ウツヅランホツ」を見よ。

ウドン　優曇　〔植物〕 Udumbara 又、烏曇。花の名。具には優曇波羅。烏曇跋羅。鄔曇鉢羅。優曇鉢など。譯、靈瑞、瑞應など。【法華文句四上】に「優曇花者。此言二靈瑞一。三千年一現。現則金輪王出。」【慧琳音義八】に「優曇花訛略也。正音烏曇跋羅。此云二祥瑞靈異一。天花也。」【同二十六】に「此云二起空一。亦云二瑞應一。」【玄應音義二十一】に「烏曇跋羅花。舊言二優曇波羅花一。或作二優曇婆羅花一。此葉似レ梨。果大如レ拳。其味甘。無レ花而結レ實。亦有レ花而難レ植。故經中以喩二希有者一也。」【慧苑音義下】に「烏曇花。此云二希有一也。此花多時乃一開也。」【法華玄讃三】に「鄔曇鉢羅。此云二瑞應一。」【法華義疏三末】に「阿西道朗云。此云二雲瑞花一。又云二空起花一。天竺有レ樹而無二其花一。若輪王出レ世。此花則現。」【翻梵語九】に「鬱曇鉢林。亦云二憂曇婆羅一。亦云二優曇鉢一。譯曰。優者起也。曇婆亦者空也。」法華經方便品】に「譬如下優曇華一切皆愛樂天人所二希有一時時乃一出上。」【同品】に「如レ是妙法。諸佛如來。時乃說レ之。如二優曇鉢華時一現一耳。」【同化城喩品】に「昔所レ未二曾覩一。無量智慧者。如二優曇婆羅一。」【同妙莊嚴王品】に「佛難レ得レ値。如二優曇波羅華一。」

ウドンハラ　優曇波羅　「植物」 又憂曇波羅に作る。花の名。「ウドン」を見よ。

ウドンバツ　優曇鉢　〔植物〕 又優曇盋に作る。花の名。「ウドン」を見よ。

ウドンバツラ　烏曇跋羅　〔植物〕 又、優曇鉢羅、鄔曇鉢羅に作る。花の名「ウドン」を見よ。

烏曇跋羅漿　〔飲食〕【百一羯磨五】に「烏曇跋羅。其果如二梨子一。八種漿之第五也。」

ウドンバラ　優曇婆羅　〔植物〕 又は優曇婆羅に作る。花の名。「ウドン」を見よ。

優曇婆邏經　〔經名〕 王舍城に一居士あり、實瑟居士と云。優曇婆羅林の異學園に詣る。異學告るに我れ一論を以て瞿曇を滅すると空瓶を弄するが如しと。世尊之を聞き、其園に至て種々の法を說て彼をして屈服せしむ。中阿含經二十六に攝む。【昃帙六】「見よ。

ウナカ　烏娜迦　〔雜名〕 水の一異名。「ウッヂ」を見よ。

ウナマツヌシヤバタ　鄔那末奴沙婆陀　〔術語〕 Ūnamanuṣyapada 譯、減人語。他人を損減する語、即ち毀呰なり。【飾宗記六本】

ウニヨイチゲンシキ　又如一眼之龜　〔雜語〕

又如一眼之龜値浮木孔　〔譬喩〕 一句歌題。「一眼之龜」を見よ。⊙（新後撰）「まれにとく御法の跡を來てみれば浮木にあへる龜井なりけり。」

ウニヨジヤウミヤウキヤウ　又如淨明鏡　〔雜語〕

又如淨明鏡悉見諸色像　〔雜語〕 一句歌題。【法華經法師功德品】に「若持二法華經一。其身甚清淨。如二彼淨瑠璃一。衆生皆喜レ見。又如二淨明鏡悉見二諸色像一。菩薩於二淨身一。皆見二世所有一。唯獨自明了。餘人所レ不レ見。」此は六根清淨の功德に、身根清淨の功德を述べしものにて、身體透明、身中に一切の事物を影現するを云。⊙（詠藻）「濁なく淸き心にみがゝれて身こそますみの鏡なりけれ。」

ウニヨライメツドシゴ　又如來滅度之後　〔雜語〕

又如來滅度之後。若有人聞妙法蓮華經乃至一偈一句一念隨喜者。我亦與授阿耨多羅三藐三菩提記　〔雜語〕 これ現在と未來との衆生にして、法華經を信受する者は必ず成佛得道すべしと、成佛の記を授くる文なり。成佛の記とは成佛を保證する如來の宣告を云。三句歌題。【法華經法師品】に「爾時世尊。因二藥王菩薩一。告二八萬大士一。藥王汝見下是大衆中。無量諸天乃至求二佛道一者上。如レ是等類。咸於二佛前一。聞二妙法華經一偈一句一。乃至一念隨喜者。我皆與二授記一。當レ得二阿耨多羅三藐三菩提一。佛告二藥王一。又如來滅度之後。若有レ人。聞二妙法蓮華經乃至一偈一句一。乃至一念隨喜者。我亦與二授阿耨多羅三藐三菩提記一。」⊙（玉葉）「偈のなき言の葉の末の露後の世かけす契おくかな。」

ウニン　有人　〔雜語〕 或人と云ふ如し。【法華經譬喩品】に「在二門外一立。聞二有人言一。」

ウネウ　右繞　〔術語〕 敬禮の一。尊者の傍を右に旋遶するなり。【無量壽經上】に「稽二首佛足一。右繞三市。」【象器箋十】に「四分律云。客比丘於二塔邊一。左行過。護塔神瞋。佛言。不レ應二左行過一。應下右二繞塔一而過上。」薩婆多毘尼毘婆沙云。右繞者順二佛法一故。所以右繞。」【寄歸傳三】に「言二旋右一者。梵云二鉢喇特崎拏一。Pradakṣiṇa　鉢喇字緣。乃有二多義一。此中意趣。事表二旋行一。特崎拏即是其右。總明二尊便之目一。故時人名二右手一爲二特崎拏一。意是從二其右邊一。爲レ尊爲レ便。方合二旋繞之儀一。」さて右繞を解するに古來紛義あれど、南山、義淨の意に依れば、尊者の右手の邊に向て旋り其の左手の邊に出るを右繞とし、之に反するを左繞とす。南山の【歸敬儀】に「右繞者面西

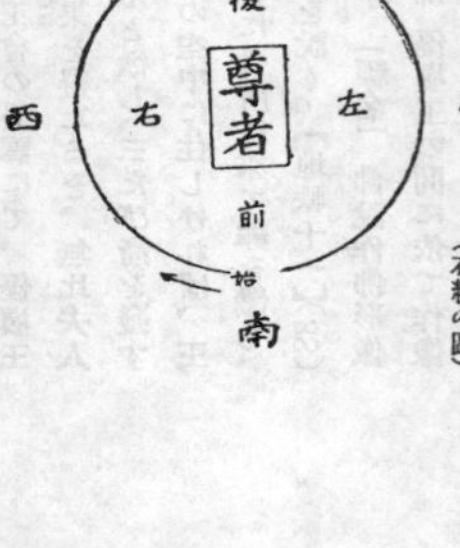

（右繞の圖）

北轉。右肩袒侍。向レ佛而恭。此見レ有レ僧。非二於此法一。便東廻北轉。此爲二右繞一。西竺梵僧。闘二衆京邑一。經行旋遶。日閲二其蹤一。並乃西廻而爲二右繞一。以レ順二天道一。如二日月一焉。」是れ尊者の左手を東とし、其右手を西とするもの。義淨の【寄歸傳三】に「但可レ依二其梵本一。並須レ杜二塞人情一。向二右邊一。爲二右繞一。向二左邊一爲二左繞一。斯爲二聖制一。勿レ致二疑惑一。」是れ亦た尊者の左手を左邊とし、尊者の右手を右邊とせしもの。されは南山義淨其意一なり、慈雲の解纜鈔に南海寄歸傳を解して東向北轉の義となすは大に非 然に南山の【感通傳】に「戒壇之擧。住持之式相也。衆僧說戒受戒。盡往登レ之。事訖東廻左轉。南出而返也。」此は左旋なり。此相違と云ふは、元照は之を解して歸敬儀は繞佛の儀を示し、感通傳は繞檀の義を示したる者とす。【資持記下三之二】に「然諸經論。皆令二右繞一。古今諍論。紛紛不レ息。都緣レ不レ曉三繞佛遶壇兩儀自別一。乃至遶佛者本二乎致敬一。遶壇者便二於行事一。致敬則必須二右遶一。表二執持之恭勤一。行事則必須二左遶一。使二上下而倫序一。」【象器箋十】に「忠按。禪林巡堂者。左遶而準二繞壇儀一。尋常行道者。右繞而準二繞佛儀一。」又、【慧琳音義二十一】に萬字形と白毫右旋の圖を示す、左の如し。されば何れに依るも、右繞左繞は我より尊者の左右を標準として立てし稱呼なり。

(左繞の圖)

室利靺瑳。此云吉祥海雲

難提伽物多。此云右旋

右遶佛塔功德經 【經名】佛說右遶佛塔功德經。一卷。唐の實叉難陀譯。舍利弗の請問に因て遶塔の功德を說く。【宙帙七】(458)

ウハ 烏波 【術語】Bhava 譯、有。三有二十五有の有。一切の生死の果報を云。又、十二緣起の中の有支、未來の苦果を招く善惡の業を云。【名義集六】に「烏波或云二薩遮一。此云レ有。婆沙云。有是何義。謂一切有漏法是。佛言。若業能令二後世續生一。是名爲レ有。」

ウハカラ 優波柯羅 【異類】Upakala 鄔波哥羅。夜叉の名。譯、小黑。【孔雀王咒經下】

ウハキクタ 優波毱多 【人名】又、鄔波毱多に作る。羅漢の名。「ウバキクタ」を見よ。

ウハギフタ 優波笈多 【人名】又鄔波笈多。鄔波級多に作る。羅漢の名。「ウバキクタ」を見よ。

ウパグプタ 【人名】「ウバキクタ」を見よ。

ウハケイシシヤ 烏波髻使者 【佛名】文殊の使者。胎藏界曼陀羅の第七文殊院二十五尊中の一、文殊の左方第一に位す。【秘藏記下】に「烏波髻使者黃色。左手青蓮華。右手利劍。」梵 Upakeśini

ウハケウシヤラ 優波憍舍羅 【術語】又、漚恕拘舍羅。譯、善巧方便。十波羅蜜中、第七波羅蜜の名。【可洪音義二】「ウワクシヤラ」を見よ。

ウパーサカ 【術語】「ウバソク」「シャウシンジ」を見よ。

ウハサクカ 鄔波索迦 【術語】烏波索迦「ウバソク」を見よ。

ウハサンハツナ 鄔波三鉢那 【術語】Upasampanna 譯、近圓。大戒を受けし者の美稱。【寄歸傳三】に「既受レ戒已。名二鄔波三鉢那一。」【注】に「鄔波是近。三鉢那是圓。謂涅槃也。今受二大戒一。即是親二近涅槃一。」

ウハシカ 鄔波斯迦 【術語】又、烏波斯迦。優波賜迦に作る。「ウバイ」を見よ。

ウパーシカー 【術語】「シンニョ」「ウバイ」「ジャウシンニョ」「ソヒ」を見よ。

ウハシナ 優波斯那 【人名】Upasena 梵志の名。譯、最上征將。【本行集經四十二】

ウハシヤカ 優波娑迦 【術語】「ウバソク」を見よ。

ウハシヤロ 鄔波遮盧 【人名】輪王の名。譯、小髀。父の髀より生ずれば名く。【俱舍論八、同光記八】Upacāru

ウハセラ 鄔波世羅 【人名】Upaśaila 劫初に卵生せし羅漢の名。譯、小山。住處に因て名く。【俱舍論八、同光記八】

ウハセンタ 優波扇多 【人名】Upaśānta 比丘の名。阿毘曇心論經の著者。

ウハソウカ 鄔波僧訶 【異類】Upasiṁha 又、優婆僧伽。夜叉の名。譯、小獅子。【孔雀咒王經中】

ウハソカ 鄔波素迦 【術語】「ウバソク」を見よ。

ウハソクカ 塢波塞迦 【術語】「ウバソク」を見よ。

ウハタイ 優波替 【人名】Upatiṣya 舍利弗の名。

ウハタイシヤ 優波替舍 【人名】「シヤリホツ」を見よ。

ウハタヤ 鄔波柁耶 【術語】又、鄔波馱耶に作る。「ウバタヤ」を見よ。

ウハダ 優波陀 【植物】「ウハッラ」を見よ。

ウハダイシヤ 優波提舍 【術語】「ウバダイシヤ」を見よ。

ウハダイシヤク 鄔波題鑠 【術語】「ウバダイシヤ」を見よ。

ウハダイシヤナイ 鄔波提舍泥 【雜名】

Upadeśana 譯、業聲。八轉聲の第二。

ウハダイネハン 烏波提涅槃 〔術語〕譯、有苦涅槃。外道小乘の涅槃を云。【慧苑音義下】に「烏波。此翻爲レ有。提云レ苦也。謂二乘所得無餘涅槃。未レ離二變易行苦一故。有餘涅槃。及諸外道所計涅槃。並未レ離二三苦一故。」Upādhi-nirvāṇa.

ウハダヤ 塢波陀耶 〔術語〕又、鄔波陀耶に作る。「ウバタヤ」を見よ。

ウハツ 優鉢 〔植物〕又、烏鉢。花の名。優鉢羅の略。「ウハツラ」を見よ。【法華經隨喜功德品】に「優鉢華之香。常從二其口一出。」

ウハツチスヰ 有八池水 〔雜語〕

有八池水一一池水七寶所成 〔雜語〕三句歌題。【觀無量壽經】の極樂の寶池を說ける經文。淨土に八個の池あり、各の池水皆七寶を以て成る。◎(雪玉)「思ひやる心さま〲すみにけりなゝの寶のなれる池水。」

ウハツラ 優鉢羅 〔植物〕Utpala 又、烏鉢羅。漚鉢羅。優鉢刺。花の名。譯、青蓮花。黛花。紅蓮花。【慧苑音義上】に「優鉢羅。具正云二尼羅烏鉢羅一。尼羅(Nīla)者此云レ青。烏鉢羅者花號也。其葉狹長。近レ下小圓。向レ上漸尖。佛眼似レ之。經多爲レ喩。其花莖似レ藕稍有レ刺也。」【玄應音義三】に「優鉢刺。又作二漚鉢羅一。此譯云二黛花一也。」【法華玄贊一】に「優鉢羅者。此云二紅蓮花一。」【大日經疏十五】に「優鉢羅花。有二赤白二色一。又有二不赤不白者一。形如二泥盧鉢羅花一。」

優鉢羅龍王 〔異類〕【法華經序品】に八龍王を列る中の一。【文句二上】に「漚鉢羅。此云二黛色蓮花池一。龍依レ池住。從レ池得レ名。」【法華義疏二】に「漚鉢羅龍者。從二蓮華池一作レ名也。」

ウハツラケビクニ 鬱盋維華比丘尼 〔人名〕「ケシキビクニ」を見よ。

ウハツラビクニ 優鉢羅比丘尼 〔人名〕「ケシキビクニ」を見よ。

ウハテイシヤ 優波底沙 〔人名〕Upateja 阿羅漢の名。譯、大光。解脫道論の著者。【解脫道論一】

ウハテイシヤク 優波弟鑠 〔術語〕「ウバダイシヤ」を見よ。

ウハテイヤ 鄔波馳耶 〔術語〕「ウバタヤ」を見よ。

ウハテイヤヤ 優波弟耶夜 〔術語〕「ウバタヤ」を見よ。

ウパデーシヤ 〔術語〕「ウバダイシヤ」「ロン」を見よ。

ウパードフヤーヤ 〔術語〕「ウバダヤ」「ワジヤウ」「シ」及び「シンケウ」を見よ。

ウハナ 鄔波那 〔雜語〕譯、發起。【大日經疏一】

ウハナカ 優波那訶 〔術語〕「ウバダヤ」を見よ。

ウハナンダ 優波難陀 〔人名〕Upananda 比丘の名。譯、重喜。大喜。【慧琳音義二十五】に「優波難陀。或云二拔難陀一此云二重喜一。」【涅槃經疏一】に「優波難陀。此翻二大喜一。或云二重喜一。其形端正。父母字レ之爲二大喜一。」

ウパナンダ 〔人名〕「ウハナンダ」「バツナンダ」を見よ。

ウハニシヤダ 優波尼沙陀 〔術語〕「ウハニセツドン」を見よ。

ウパニシヤツド 優婆尼沙曇 〔術語〕Upaniṣad 吠陀の後に出でたる ブラーハマナ Brāhmaṇa 文學の末期にアーラヌヤカ(阿蘭若迦 Āraṇyaka)と稱する部分に附屬せる一大文學あり、之を優婆尼沙曇と云ふ。優婆尼沙曇は其數極く多く、其內容一人の思想に非ず、其所說區々たり。今全體に亘りて其思想の傾向を見るに宇宙の本源、造化の本體を論じ、印度思想の根本たる梵我不二の大義を確立して一般に波羅門傳說の宗敎的色彩を脫して、純然たる自由思索の哲學となれるを特色とす。優婆尼殺曇の字源は、Upa-ni-sad なり、根sad に二義あり。一は「坐す」他は「滅ぼす」なり。歐州の學者は專ら前義を採りて、「近侍」亦は「侍坐」の義に解して、師に近侍して隨聞すべきものなるより來たれる名とし、印度の學者は多くシヤンカラの說を踏襲して、後義に歸し、人の欲情、迷妄を打破し、智識を與ふるものなるより得たる名となすも原義は「近侍」の意なりしに相違なかるべし。即ち公會稠坐の席上に於て說かるべきのもにあらずして、秘密對坐の間に於てのみ傳へらるべき敎義なりとす。この意よりして優婆尼殺曇は秘奧秘密秘義等を意味するものなり。優婆尼殺曇中には多く此等の意にて用ひらる。從て優婆尼殺曇の異名として、秘密敎、最上秘密、至上秘密の名を以てすることあり。印度に於て二種の優婆尼殺曇あり、一は五十二種を含み、他は百八種を有す。五十二集は印度學者間に公認せられたる定數なるも、百八集は南印度のみに存し、其內容も全く信用すべきものならざるが如し。然れども全體に於ては其數極て多く、佛のバルト氏は總數二百五十種ありとし、獨のヱーベル氏は二百三十五種を列擧せり。其中「四吠陀」に屬するものとして世の承認せられたるものは約五十種なり、而して之を新舊に分ち最古の「三吠陀」即ち「リグ」「サーマン」「ヤジユス」に屬するもの十一種を古「ウパニシヤツド」と稱し、第四吠陀即ち「アタルワ」に屬するもの三十九種を新「ウパニシヤツド」と云ふ。ウパニシヤツドの翻譯には波斯譯、

羅甸譯、獨逸譯及び英譯の四種あり。波斯譯は西曆一六五七年波斯國皇子ダーラー、シユコホ Dārā Shukoh が波羅門學士をして翻譯せしめしもの。羅甸譯は佛人アンケチ、デユペロン Anquetil du Peron が波斯譯より羅甸語と翻譯せししものにして、之を「ウプネカット」と稱す。獨逸譯はパウル、ドイツセン Paul Deussen が四吠陀に屬する五十種以外のものにして、「ウプネカット」中に存する十種の原本を加譯し合せて「六十ウパニシヤッド」Sechtig Upaniṣadsdes Veda と稱するもの是なり。英譯には種々あり、就中馬翁の東方聖書第一卷、及第十五卷に於ける十二種の譯と、印度圖書 Bibliotheca Indica 中にある殆んど同數の飜譯を以て重なるものとなす。而して上記四種の飜譯中尤も完全なるものにして學者の坐右に缺ぐべからざるものは「ドイツセン」の獨逸譯なり。

ウハニセツドン 鄔波尼殺曇 〔雜語〕 Upaniṣad 又、塢波尼殺曇、優波尼沙陀。譯、近少。微細。因など。【慧苑音義上】に「優波尼沙陀分。正云二塢波尼殺曇一。言二塢波一者近也。尼殺曇者少也。」【慧琳音義一】に「優波尼沙陀分。梵語算法。數之極也。大論釋爲二微細一。微細分析至極之言。也。」【同十】に「義譯爲二微細一。極至二隣虛一。名二塢波尼殺曇一。」【玄應音義二十一】に「鄔波尼殺曇分。又言二優婆沙陀分一。此數之極也。」【能斷金剛論下】に「鄔波尼愍曇。譯爲レ因。」

ウハハンシカ 鄔波半止迦 〔異類〕 又、優波般止迦に作る。Upapañcaka 夜叉の名。譯、小五。【孔雀王咒經下】

ウハバシヤ 優波婆娑 〔術語〕 Upavāsa 又鄔婆沙。譯、近住。聖道に近づきて住する義。又、齋。八齋戒を持つ義。又、善宿。不善を離れて善道に宿する義。男女に拘はらず、八齋戒を持つ者の稱。【玄應音義二十三】に「鄔波婆娑。亦言二優波婆娑一。此云二近住一。謂受二八戒一者。近二阿羅漢等善人一而住者也。」【俱舍光記十四】に「鄔波婆娑、或翻爲レ齋。西方有レ人。一日持レ齋亦名二鄔波婆沙一。共受二八齋戒一。亦名二優波婆沙一。」【成實論九】に「八戒齋名二優婆娑一。秦言二善宿一。是人善心。離二破戒宿一。故爲二善宿一。」

ウハマナ 優波摩那 〔人名〕 Upamāna 人の名。譯、譬喩。是れ佛の庶子なりと云ふ。可考。【慧琳音義二十六】

ウハヨミホフモン 上讀法門 〔行事〕 德川時代關東十八壇林の貫主が論頭となり四月十月の兩回、三學席の學徒百五十人を集めて論衆とし、宗學を議論せし淨土宗の行事を云ふ。

ウパラクシヤ 〔術語〕「ウハラサン」「カイリツ」「リツ」を見よ。

ウハラサン 優波羅懺 〔術語〕 Upalakṣa 又、優婆羅叉、譯、律。【四分律開宗記一本】に「言二律藏一者。梵云二優波羅懺一此譯爲レ律。律則法也。非レ法無三以肅二威儀一也。」【大章義章一】に「優婆羅叉。此翻爲レ律。」

ウハリ 優波離 〔人名〕 又、鄔波離。鄔波離。憂波利。「ウパリ」を見よ。

ウバイ 優婆夷 〔術語〕 Upāsikā 舊稱、優波夷。優婆斯。新稱、鄔婆斯迦。鄔波斯迦。優波賜迦。優婆私柯。鄔波斯迦など。譯、淸信女。近善女。近事女。三寶に近く事ふる義。惣て五戒を受けたる女子の稱。四衆の一。七衆の一。【玄應音義二十一】に「鄔波斯迦。或言二優波賜迦一。此云二近善女一。言二優婆夷一者訛也。」【同二十三】に「優婆此云レ受、私柯此云レ女」受は五戒を受ける義。【慧琳音義十三】に「鄔波斯迦唐言二近善女一。或言二近事女一。」【西域記九】に「鄔波斯迦。唐言二近事女一。舊曰二優波斯一。又曰二優波夷一。皆訛也。」【華嚴疏六十二】に「親二近比丘尼一而承事故。」在俗の信女なり。

優婆夷淨行法門經 〔經名〕 二卷、失譯。毗舍佉母の問に因て廣く優婆夷の淨行を說きしもの。「略。方等部の攝。【宙帙七】(506)

優婆夷淨行經 〔經名〕 優婆夷淨行法問經の

優婆夷墮舍迦經 〔經名〕 佛說優婆夷墮舍迦經。一卷、失譯。佛說齋經と共に中阿含經五十五持齋經の別譯。優婆夷墮舍迦に對して齋戒の法及び其功德を說く。墮舍迦は夫人の名。【昃帙五】(576)

ウバカ 烏婆柯 〔人名〕 Upaka 外道の名。譯、近住。【義林章二本】

ウバキクタ 優婆毱多 〔人名〕 Upagupta 又、優波鞠多、優波掘多。優波笈多。鄔波毱多。優婆毱提。鄔波級多。鄔婆屈多。鄔波毱多。烏波毱多など。譯、大護。近藏。近護。小護など。【阿育王經七】に「優波笈多。翻二大護一也。」【西域記四】に「鄔波毱多。此云二近護一。」【毘奈耶雜事四十】に「鄔波笈多。此云二小護一。」【俱舍寶疏五】に「鄔波毱多。此云二近藏一。佛涅槃後。一百年出。是阿育王門師。」付法藏の第五師にて佛滅後二百年阿育王の時に出でゝ無相佛と稱せらる【賢愚經十三優婆毱提品、付法藏傳三、阿育王經六】

無相好佛 〔人名〕 優婆毱多身に三十二相八十種好を具へざれども、其功德佛に齊しければ時人無相好佛と稱す。【付法藏傳三】に「大德今者。智慧高勝。世人號爲二無相好佛一。」【阿育王經八】に「如二佛所記一。我入二涅槃一百年後。有二比丘一。名二優波笈多無

相佛。當レ作二佛事一。」

黑白の石 【故事】優婆毱多、其師商那和修の敎に依て若し惡心を起せば黑石を下し、若し善心を生ぜば白石を下す。初は黑多く白少く、漸く修習して白黑平等、滿七日に至て黑石都て盡き唯白石のみ。其時商那和修、四聖諦を說き、即時に須陀洹道を得せしむ。【付法藏傳三】

三死屍を以て天魔の頸に懸けて彼を降伏する事 【傳說】【阿育王經八、付法藏傳三、經律異相十六】

天魔に命じて釋迦如來生身の相を現せしめ、優婆毱多思はず恭敬禮拜する事 【傳說】【阿育王經八、付法藏傳三】

油滴をこぼす事 【傳說】【付法藏傳三】「アブラ」を見よ。

ウバキクダイ　優婆毱提 【人名】「ウバキクタ」を見よ。

ウバクツタ　優婆掘多 【人名】又鄔波屈多「ウバキクタ」を見よ。

ウバシ　優婆斯 【術語】「ウバイ」を見よ。

ウバシカ　優婆私柯 【術語】又波鄔斯迦「ウバイ」を見よ。

ウバシヤ　優婆娑 【術語】「ウハバシヤ」を見よ。

ウバシヤカ　優婆娑柯 【術語】「ウバソク」を見よ。

ウバソク　優婆塞 【術語】Upāsaka 舊稱、優婆塞。伊蒲塞。新稱、鄔波索迦。優波娑迦。優婆娑柯。鄔波塞迦。鄔波素迦など。譯、淸信士。近事男。善宿男など。三寶に親近し奉事する義。總て五戒を受けたる男子の稱。四衆の一、七衆の一。【西域記九】に「鄔波索迦。唐言二近事男一。舊曰二伊蒲塞一。又曰二優波塞一。皆訛也。」【玄應音義二十一】に「鄔波索迦。或言二優波娑迦一。近侍也。言二優婆塞一者訛也。此云二近善男一。亦云二近宿男一。謂近二三寶一而住宿也。或言二淸信士善宿男一者義譯也。」【同二十三】に「鄔波索迦。亦云二優婆娑柯一。受二三歸一住二五戒一者。優婆此云レ受。娑柯此云レ男。」【希麟音義五】に「烏波塞迦。此云レ近。迦此云レ事。素即男聲也。即近事男也。謂親二近承二事三寶一者故云。」【業疏二下】に「正音云二鄔波塞迦一。唐翻二善宿一也。故成論云。此人善能離二破戒一宿。古錄以爲二淸信士一者。淸是離レ過之名。信爲二入レ道之本一。士即男子通稱。取レ意得矣。在レ言少異。」【涅槃經八】に「歸二依於佛一者。眞名二優婆塞一。」

優婆塞戒 【術語】不殺、不盜、不邪婬、不妄語、不飮酒の五戒を云。是れ優婆塞の受持すべき戒法なり。

優婆塞戒經 【經名】七卷、北涼の曇無讖譯。在家の菩薩入道修行の法を說く。大乘律の攝。【列帙二】(1099)

優婆塞五戒威儀經 【經名】一卷(1083)宋の求那跋摩譯。曇無讖譯の菩薩戒本經(1096)と玄奘譯の菩薩戒本(1098)と同本異譯にて、菩薩戒の戒相を記せしもの。五戒とは五邪命五放逸事等にて、殺、盜等の五戒にあらず。大乘律の攝。【列帙二】

優婆塞五戒相經 【經名】佛說優婆塞五戒相經一卷、宋の求那跋摩譯。淨飯王の請に依て五戒の相を分別す、小乘律の攝。【塞帙十】(1114)

優婆塞經 【經名】優婆塞能く五戒を持ち及び三寶を念ずれば證果を得るを說く。中阿含經三十に攝む。【昃帙六】

ウバソクカ　優婆塞迦 【術語】「ウバソク」を見よ。

ウバダヤ　優婆駄耶 【術語】Upādhyāya 又、鄔波柁耶。優波那訶。憂波第耶夜。鄔波陀耶。優波陀訶。郁波弟耶。鄔波馳耶。塢波陀耶。鄔婆提耶。郁波弟耶夜など。譯、親敎師。依學など。弟子より師を呼ぶ稱。【善見律四】に「優波那訶。漢言二瞋盛一。」【百一羯磨一注】に「鄔波駄耶。譯爲二親敎師一。言二和尚一者。乃是西方俗語。非二是典語一。然諸經律梵本。皆云二鄔波駄耶一。」【寄歸傳三】に「鄔波是其親近。波字長喚中有二阿字一。義當二敎讀一。言二和尚一者非也。西方汎喚二博士一。皆名二鄔社一。乃至北方諸國。皆喚二和社一。致レ令三傳譯習二彼訛音一。」【菩提資粮論五】に「憂波弟耶。隋言二近誦一。」【玄應音義二十二】に「鄔波柁耶。舊言二和尚一或言二和闍一。皆訛也。此云二親敎一。亦云二近誦一。以下弟子年少不レ離二於師一。常逐常近。受レ經而誦上也。」【同二十三】に「舊云二和尚和闍一。皆于闐等諸國訛也。義譯云、知罪知無罪爲二和上一也」。【業疏三上】に「中梵本音。鄔波陀耶。在レ唐譯言。名二之依學一。依二附此人一。學二出道一故。自レ古翻譯。多雜二蕃胡一。胡傳二天語一。不レ得二聲實一。故有二訛僻一。轉云二和上一。如二昔人解一。和中最上。此逐レ字釋不レ知二音本一。人又解云。翻二力生一。弟子道力。假レ敎生成。得二其遠意一。失二其近語一。眞諦所譯明了論疏。則云二優波陀訶一。稍近二梵音一。猶乖二聲論一。余親參レ譯。委問二本音一。如二上所述一。彥琮譯云。郁波弟耶。聲相似也」

ウバダイシヤ　優婆提舍 【術語】Upadeśa 又、鄔波題鑠。優婆題舍。優波提舍。鄔波弟鑠。優波替舍など。譯、論議。十二部經の一。【大乘義章一】に「優婆提舍。此正名レ論。論二諸法一故。」【同卷】に「優婆提舍。此名二論義一。問答論レ理。名二論義經一。」【法苑義林章二之

本】に「鄔波題鑠。古優婆題舍。此云論議。」【玄應音義十七】に「優婆提舍。此云逐分別所說。沙門隨彼即釋。舊人義譯。爲論義經也。」【同二十三】に「鄔波弟鑠。此云論議也。」

ウバダイヤ　鄔婆提耶　〔術語〕「ウバタヤ」を見よ。

ウバダハニ　烏婆陀頗尼　〔飲食〕譯、薄甘蔗糖。【善見律十七】

ウバテイシヤ　優婆底沙　〔人名〕「ウハテイシヤ」を見よ。

ウバニシヤダ　優婆尼沙陀　〔術語〕「ウハニセツドン」を見よ。

ウバニセツドン　優婆尼殺曇　〔術語〕「セツドン」を見よ。

ウババシヤ　鄔婆婆沙　〔術語〕「ウハバシヤ」を見よ。

ウバラシヤ　優婆羅叉　〔人名〕「ウハラサン」を見よ。

ウバリ　優婆離　〔人名〕Upāli 又、優婆利、鄔波離。優波離。鄔波離。憂波利。譯、近取、近執。羅漢の名。悉達太子の執事たりし人。是れ本行集經五十三優婆離因緣品の所說にて、持律第一の比丘。更に一人あり、本と尼犍外道の弟子、是れ中阿含經三十二優婆離經の所說。【註維摩經三】に「肇曰。淺婆離。秦言上首。弟子中持律第一也。」【二十唯識述記下】に「鄔波離者。此云近執。親近於王。執王事也。如世說言朝庭執事。」【彌勒上生經疏下】に「優波離、此云近執。佛爲太子。彼爲大臣。親近太子。執事之臣、古人云佛家人。非也。」【淨名疏五】に「優波離。此云上首。有翻化生。」

持律第一　〔雜語〕【增一阿含經三】に百比丘の第一を說く中に優婆離を以て持戒第一とす。「奉持戒律。無所觸犯。優波離比丘是。」【智度論二】に「長老、憂波利。於五百阿羅漢中。持律第一。」【注維摩經三】に「什云。長夜誓願。世世常作持律。故於今持律第一也。」

佛の髮を剃る中第四禪定に入る事　〔故事〕【佛本行集經五十三優波離因緣品、四分律第四分第三卷、經律異相十五】

優婆離結集律藏　〔故事〕佛滅後第一結集の時、優波離律藏を結集す、【智度論二、四分律五十四、善見律毘婆沙一、西域記九】

優婆離問佛經　〔經名〕一卷、宋の求那跋摩譯。優婆離の問に因て小乘戒の大要を說きしもの。【寒帙十】(1109)

優婆離問經　〔經名〕優婆離問佛經の略稱。

優婆離律　〔經名〕優婆離問佛經の異名。

優婆離問菩薩受戒法　〔經名〕一卷の菩薩善戒經の異名。

優婆離經　〔經名〕二部あり、一は中阿含經三十三に攝む、苦行尼犍が弟子に優婆離居士あり、三業中意業最も重しと云ふ佛の立義を難破せんとて來り、反て佛化を受て斷惑證果するを說く。案に是れ別人の優婆離なり。【昃帙六】一は中阿含經五十二に攝む、七滅諍等に就て如法不如法を問答せしもの。是れ持律第一の優婆離なり。【昃帙七】

優婆離因緣品　〔經名〕憂婆離の史傳。佛本行集經五十三に攝む。【辰帙七】(680)

ウバリタヤ　憂婆唎馱夜　〔雜語〕譯、小心法。【陀羅尼集經二】

ウヒシヤ　憂畢叉　〔術語〕「ウヒツシヤ」を見よ。

ウヒツシヤ　優畢捨　〔術語〕Upekṣa 又憂畢叉。譯、捨。平等。心を平等に持ちて一方に偏らざるを云。捨は偏心を、捨ると【涅槃經三十】に「憂畢叉者。名曰平等。亦名不諍。又名不觀。亦名不行。是名爲捨。」【慧琳音義二十六】に「憂畢叉。此云捨也。」【大乘義章十】に「止觀捨者。經中亦名定慧及捨。此乃修中之差別也。修義不同。一門分三。止者外國名奢摩他。此翻爲止。守心住緣。離於散動。故名爲止。止心不亂、故復名定。觀者外國名毘婆舍那。此翻爲觀。於法推求簡擇名觀。觀達稱慧。捨者外國名優畢叉。此翻爲捨。行心平等。捨離偏執。故名爲捨。」

ウフクムキ　有覆無記　〔術語〕「ムキ」を見よ。

ウフシヤタ　烏逋沙他　〔行事〕Upavasatha 巴 Uposatha 譯、齋日。增長。【起世因本經七】に「一月中。有六烏晡沙他。」【注】に「隋言增長。謂受持齋法。增長善根。」即ち六齋日のこと。【同經十】に「烏逋沙他。隋言齋戒。」【異譯經二】に「隋言潔齋。」「フサツ」を見よ。

ウブ　有部　〔流派〕宗の名。說一切有部の略。小乘宗の一。梵名薩婆多。有爲無爲の一切法盡く實有と立つれば說一切有部と云。佛滅後三百年の初、上座部の中に分立す。【宗輪論述記】巴 Sabbatthivāda 梵 Sarvāstivāda

有部律　〔經名〕有部宗の戒律。又、律書。十誦律。根本說一切有部毘奈耶など。

有部尼陀那　〔經名〕根本說一切有部尼陀那「の略稱。

有部目得迦　〔經名〕根本說一切有部目得迦の略稱。

有部律攝　〔經名〕根本薩婆多部律攝の略稱。

ウブツ　有佛　〔術語〕佛の世にある時を云。

有佛無佛性相常然　〔雜語〕佛の出世の有無に拘はらず、諸法の眞理は常に增減なきを云。【文句九下】

ウブンシキ　有分識　［術語］阿頼耶識の異名。【了義燈四本】に「上座部分別説部。立爲二有分識一。」

ウヘウゴフ　有表業　［術語］身口意の三業に有表業無表業の二あり。又有表色無表色と云ふ。「ゴフ」を見よ。

ウヘウシキ　有表色　［術語］即ち有表業なり。

ウヘン　有邊　［術語］有の邊際。有無の理を論ずる時の語。世間一切の事物必ず衆緣の和合を假て生じ、和合の力能く一箇の作用を呈す、之を有邊と名く。既に衆緣の和合を假て生じ、もと自性なし、自性なければ法體有と言ふを得ず之を無邊と名く。【三藏法數八】

ウホウ　雨寶　［譬喩］妙法の德を寶に譬ふ。

雨寶經　［經名］佛說持世陀羅尼經の異名。

雨寶陀羅尼經　［經名］佛說雨寶陀羅尼經、一卷。唐の不空譯。佛說大乘聖吉祥持世陀羅尼經と共に、佛說持世陀羅尼經の異譯。【閏帙八】(962)

ウホウドウジ　雨寶童子　［圖像］右手金剛寶捧に支へ、左手掌上に寶珠をとりて立ち、頂上五輪塔婆あり。天照大神日向下生の像なりと。

ウホフ　有法　［術語］無法に對する語。龜毛兎角の如き體性都無の者を無法と云ひ、他の事物の如き體用無ならざる者を有法と云。【涅槃經十】に「本有今無。本無今有。三世有法。無レ有二是處一。」　図　因明にて宗の前句を有法と名け、後句を法と名く。即ち前句は後句の法を有する義。例せば聲は無常なるべし(是れ有法)(是れ法)二者を合せて宗と名く。【因明大疏上本】に「初所陳唯具二一義一能持二自體一。義不二殊勝一。不レ得二法名一。後之所陳具二足兩義一能持復軌。義殊勝故。獨得二法名一。前之所陳。能有二後法一。復名二有法一。」

有法自相相違因　［術語］因明三十三過の中、因に屬する過。四相違の中の第三。既に已が述べたるの宗の有法(例へば聲)の言に正反對の宗果を成立すべき因を云。【因明入正理論、因明大疏下本】

有法差別相違因　［術語］四相違の中の第四。立者が宗の有法の言句の內に含める義意と正反對の宗果を成立すべき因を云。【同上】

ウホフクウ　有法空　［術語］「クウ」を見よ。

ウホフイコ　有法意許　［術語］宗の前名辭に用ふる語は立敵共許ならざるべからず。然るに秘かに別種の意見を有せしめて狡黠の手段とするもの。四相違中、有法自相相違因と有法差別相違とは敵者が有法意許を看破して、立者自身の因喩を以て立者を破したる場合の立者の過誤を指す。

ウホフシヤベツサウヰイン　有法差別相違因　［術語］「ウホフ」を見よ。

ウホフジサウサウヰイン　有法自相相違因　［術語］「ウホフ」を見よ。

ウボンサイ　盂盆齋　［行事］盂蘭盆齋の略。「ウラボン」を見よ。

ウマ　馬　［動物］轉輪聖王七寶の一。馬王婆羅醯と名く、大海の洲內に住し、眷屬八千あり、若し轉輪聖王、世に出れば最小の者を取て馬寶と爲す。【經律異相四十七】

馬聖　［雜名］虛無僧を云。

馬祀　［修法］馬を犧牲として行ふ外道の修法。梵語 Aśvamedha【百論疏上之下】に「爲レ求二常天一故。修二馬祀一。取二一白馬一。放レ之百日。或云三年。尋二其足迹一。以布二黃金一用施二一切一。然後取レ馬殺レ之。當二殺レ馬時唱言一。婆藪殺レ汝。馬因二祀殺一。亦得レ生レ天。」(此下眞諦三藏の說を擧て韋陀中馬祀の法を引く)

ウマ　烏摩　［異類］Unmada 又、憂摩陀。鬼の名。【慧琳音義二十六】に「憂摩陀、此云二妖狂一。亦是醉神者也。」【涅槃經疏七】に「優摩陀。能令二人醉一鬼。阿婆羅。令二人狂一鬼。」【文句私記十末】に「注經云。烏摩食精鬼。」

ウマヒ　烏摩妃　［天名］Umā 烏摩は貪と譯す、【金剛頂伽降三世極深密門】に「大自在天王。妃烏摩爲レ座」。と摩醯首羅天の后妃なり、彼天の左足に烏摩妃を蹈む、是れ貪を表する也。又此尊は降三世の足下に蹈まる、赤羊に乘ずるは摩醯首羅既に白牛に乘じて大自在力を得るが故に、妃は羊に乘じて其微力なるを顯はす。【曼陀羅大鈔七】に烏摩妃は白肉色にて赤羊に乘じ左手に三戟を持し右手に蓮花を持す。【秘藏記末】

(大自在天の圖)　(烏摩妃の圖)

ウマカヂ　馬加持　［修法］病馬に加持して平癒を祈ること。馬頭觀音に對し法華譬喩品を誦す。中古修驗者間に行はる。

ウマダ　優摩陀　［異類］「ウマ」を見よ。

ウマヤドノワウジ　厩戸皇子　［人名］「シヤウトクタイシ」を見よ。⦿(正統記三)「厩戸の皇子をして萬機の政を任せ給ふ。」

ウマンダラケ　雨曼陀羅華　［雜語］法の奇瑞として天より曼陀羅華を降らすこと。一句歌題。【法華經分別功德品】に「佛說二是諸菩薩摩訶薩得二大法利一時。於二虛空中一。雨二曼陀羅華摩訶曼陀羅華一。以散二

無量百千萬億寶樹下師子座上諸佛。」【佛說阿彌陀經】に「晝夜六時。而雨二曼陀羅華一。」⊙(散木)「色々にたへなる花のちりかへば天のみ空やまだらなるらん。」

ウミ 海 [雜語] 海に八德、八不思議、十德あり。「カイトク」を見よ。

ウミヤマモジヤウブツノスガタ 海山も成佛の姿 [雜語] 森羅萬象、みなこれ一實相、眞如の顯現なりと觀ずれば、海も山も共の當體は眞如法性の佛身に外ならざるを以て、斯く云へるなり。⊙(曲、弱法師)「普き誓ひ滿潮の、おし照る海山も皆成佛の像なり。」

ウム 有無 [術語] 有法と無法との二。小乘の七十五法、大乘の百法の如きは是れ有法。龜毛兎角の如きは是れ無法。図 有とは常見、我あり法ありと執ずる邪見なり、無とは斷見、我もなく法もなしと執ずる邪見なり。即ち反對の偏見なり。【十卷楞伽經五】に「邪見論二生法一。妄想計二有無一。若知レ無二所生一。亦知レ無二所滅一。觀レ世悉空寂。彼不レ墮二有無一。」【同九】に「於二南大國中一。有二大德比丘一。名二龍樹菩薩一。能破二有無見一。爲レ人說二我法大乘無上法一。」⊙(近松、大職官)「十界一心、平等大念有無の問の中道實相。」

有無二見 [術語] 一切の邪見は此二に納まる、此二見より一切の邪見を生ず。【法華經方便品】に「入二邪見稠林若有若無等一。依二止此諸見一。具二足六十二一。」【文句四下】に「若有是常見。若無是斷見。因二此二見一。生二六十二一。」

有無二邊 [術語] 有の邊際を執じ、無の邊際を執ずる、共に邪見なれば邊見と云。【肇論】に「有無之境。邊見所レ存。豈是處中莫二之道乎。」

有無四句 [術語] 第一有句。必ず我ありと執す、即ち常見なり。第二無句。必ず我身なしと執す、是れ斷見なり。第三亦句。我身は亦有亦無と執す、是れ有無相違見なり。第四非句。我身は非有非無なりと執ず。是れ戲論見なり。【華嚴疏十六、三藏法數十八】

有無邪見 [術語] 有見無見共に中道の正見にあらざれば邪見と云。

ウムサコクワウ 又夢作國王 [雜語] 夢に國王となり世尊一代の經路を踏み涅槃に入るまでを見る。一句歌題。【法華經安樂行品】に「又夢作二國王一。捨二宮殿眷屬及上妙五欲一。行詣二於道場一。在二菩薩樹下一。而處二師子座一。求レ道過二七日一。得二諸佛之智一。成二無上道一已。起而轉二法輪一。乃至後當レ入二涅槃一。如二煙盡燈滅一。」是れ法華の安樂行を成就する者は斯る好夢を感ずと云。⊙(拾玉)「御法ゆゑ夢に成りぬる皇はさむる現も又夢のほど。」

ウモツ 烏勃 [植物] 果の名。【慧琳音義五十三】に「烏勃林。即嗢勃林也。木果也。似二木苽一而大甚香。」

ウモン 有門 [術語] 四門の一。「シモン」を見よ。

ウモンジヤウボダイ 又聞成菩提 [雜語] 一句歌題。【法華經提婆品】に「又聞成二菩提一。唯佛當二證知一。我闡二大乘敎一。度二脫苦衆生一。」此は龍女の偈頌にて、先に如來の淨身を嘆じ、次に我は文殊の說法を聞て菩提を成就せり。此事は他人は知らず、唯佛のみ知るべし。我は此より大乘の妙法を弘闡して苦惱の衆生を濟度すべしと自讃せしなり。⊙(拾玉)「君も佛我も佛となるならば苦しむ人は皆のがれなん。」

ウヨ 有餘 [術語] 一切の事理に就て未だ究竟し至極せざるを詮はす詞。

有餘說 [術語] 尙餘義を存して究竟至極にあらざる說を云。【勝鬘經】に「亦是如來方便有餘不了義說。」【寶窟中末】に「有餘者。明レ義不レ盡。對二盡理之說一。」【法鼓經】に「一切空經。是有餘說。唯有二此經一。是無上說。非二有餘說一。」

有餘師說 [術語] 正義の外、更に餘義を爲す人の說なり。五百の阿羅漢大毘婆沙を結集する如き、一法に就て種々の說を列ぬ。其中正說を除き他を皆有餘師說と云。

有餘涅槃 [術語] 有餘涅槃は無餘涅槃に對す。有餘無餘を解するに三種あり。一は唯小乘に就て說く。一切の煩惱を斷じて未來生死の因を絕ちたる者、尙今生の果報身體を餘すを有餘涅槃と云ひ、其人今生の果報盡きて寂滅に歸するを無餘涅槃と云ふ。即ち阿羅漢の證を得たるが、其身の存生する間は有餘涅槃にて、其身の死する時、乃ち無餘涅槃なり。故に有餘涅槃には生死の因なくして唯生死の果(此は前生より招きたる果報)あり。無餘涅槃は生死の因もなく果もなきなり。又、有餘依涅槃 Sopādhiśesanirvāna 無餘依涅槃 Nirupadhiśesanirvāna と云。依は依身と熟し、身は人の所依なれば依身と名く。【法華經信解品】に「我等長夜。修二習空法一。得レ脫二三界苦惱之患一。住二最後身有餘涅槃一。」【寶窟下本】に「因亡名二有餘一。果盡名二無餘一。」【唯識述記十末】に「其因盡苦依未レ盡。異熟猶在。名二有餘依一。依者身也。乃至此中有餘。約二二乘一說。以レ言二唯有二微苦依一故。依謂依身。」二に唯大乘に就く。變易生死の因盡るを有餘涅槃と云ひ、變易生死の果盡きて佛の常身を得るを無餘涅槃と云。(凡夫の生死を分段と云ひ菩薩の生死を變易と云ふ)【寶窟下本】に「金剛心斷二變易

因盡。而變易果猶存。有餘果故曰有餘。佛果爲解脫道起則無復因果。變易生死果亦亡則無復果累。故名無餘也。」三に大小相對に就く。小乘の無餘涅槃には尙惑業苦三道の殘餘あれば之を有餘と云ひ、大乘の無餘涅槃は究竟して殘餘なければ無餘と云ふ。【勝鬘經】に「有有爲生死。有無爲生死。涅槃亦如是。有餘及無餘。」【同經】に「以成就有餘解脫有餘淸淨有餘功德故。知有餘苦。斷有餘集。證有餘滅。修有餘道。是名得少分涅槃。」【法華經譬喩品】に「我本著邪見。爲諸梵志師。世尊知我心。拔邪說涅槃。我悉除邪見。於空法得證。爾時心自謂。至於滅度。而今乃自覺。非是實滅度。若得作佛時。具三十二相。天人夜叉衆。龍神等恭敬。是時乃可謂永盡滅無餘。」【寶窟下本】に「小乘中因果盡名有餘。大乘因果盡名無餘。佛性論云。二乘有三種餘。一煩惱餘。謂無明住地。二業餘。謂無漏業。三果報餘。謂意生身陰。」

有餘土　具には方便有餘土。四土の一。阿羅漢の如き三界の煩惱を斷じたる聖者の死して生ずる處。故に有餘土は三界の外にあり。然るに小乘の宗義には、阿羅漢は無餘涅槃を得れば畢竟不生にして、何れにも生ずる所なしと立つれども、大乘の宗義には阿羅漢は畢竟不生にあらず。三界の生盡くれば直に界外の有餘土に生ずるなり、故に彼の無餘涅槃と云は尙有餘涅槃なりと云。是れ大小乘の差別なり。無明の盡きざる人の生ずる土なれば有餘土と名く。天台の【觀經疏】に「方便有餘者。修方便道。斷四住惑。故曰方便。無明未盡。故言有餘。」

ウヨエ　有餘依　〔術語〕 二種涅槃の一。「ウヨ」を見よ。

ウラカ　烏羅伽　〔雜名〕 Uraga 譯、腹行。即ち龍蛇の類。【探玄記二十】

ウラクカセンダン　烏洛迦栴檀　〔植物〕 Uragacandana 香木の名。【慧苑音義下】に「烏洛迦者西域蛇名。其蛇常患毒熱。據此香樹。以身遶之。毒熱便息。故因名也。或曰。此蛇最毒。螫人必死。唯以栴檀能治。故以爲名耳。」

ウラツシ　烏刺尸　〔地名〕 國の名。北印度の境迦濕彌羅國に屬し、僧徒大乘を學ぶ。【西域記三】

ウランバナ　烏藍婆拏　〔行事〕「ウランボン」を見よ。

ウランボン　盂蘭盆　〔行事〕 Ullambana うらぼんと讀む。又、烏藍婆拏。譯、倒懸。苦の甚きを云。【玄應音義十三】に「盂蘭盆。此言訛也。正言烏藍婆拏。此譯云倒懸。按西國法。至於衆僧自恣之日。盛設供具。奉施佛僧。以救先亡倒懸之苦。舊云盂盆是貯食之器。此言訛也。」然に宗密の【盂蘭盆經疏】に「盂蘭是西域之語。此云倒懸。盆乃東夏之音。仍爲救器。若隨方俗。應曰救倒懸盆。斯由尊者之親魂沈闇道。載飢且渴。命似倒懸。縱聖子之威靈。無以拯其塗炭。佛令盆羅百味式貢三尊。仰大衆之恩光。救倒懸之窘急。」此に依れば盆の一字は漢語にて、倒懸の苦を救ふ爲に百味を盆に盛て三寶に供ふれば盂蘭盆と云ふ。元照の【盂蘭盆疏新記上】に之を評して「按應法師經音義云。梵語烏藍婆拏。此翻倒懸。今詳烏藍即盂蘭也。婆拏即今之盆也。是則三字並是梵言。但音之訛轉耳。疏主且據經文安著盆中之語。故作華言解釋。音義則梵言得實。疏家則一往符經。疑故兩存。隨人去取。」

盂蘭盆會　〔行事〕 佛の弟子、目連尊者、その母の餓鬼道に墮ち倒懸の苦を受け居るを見て、之を救ふ法を佛に問ふ。佛每年七月十五日（僧の安居の覺はれる日）に百種の供物を三寶に供へて其威を請はゞ七世の父母を救ひ得べしと敎へしより起れる法會なり。【盂蘭盆經】に「是佛弟子修孝順者。應念念中憶父母乃至七世父母。年年七月十五日。常以孝慈憶所生父母。爲作盂蘭盆。施佛及僧。以報父母長養慈愛之恩。」【佛祖統紀三十三】に「盂蘭此翻解倒懸。言奉盆供於三寶福田。用以解饑虛倒懸之急。」漢土には梁の武帝大同四年、初て盂蘭盆齋を設く。【佛祖統紀三十三】 我國には 齋明天皇 三年七月十五日、須彌山の形を飛鳥寺の西に作り、且つ盂蘭盆會を設く。【日本書紀二十六】 其後聖武天皇の天平五年七月盂蘭盆供を宮中に置き、立てゝ常式となし、且つ天下に令して七月十五日の盂蘭盆供を行はしむ。【元亨釋書二十二】

盂蘭盆供　〔行事〕 當日百味の飲食及び百種の器具を調へて、安居を終へたる衆僧を供養するを云。祖先の亡靈に供へ、及び餓鬼に施すが本意にあらず。雲棲の【正訛集】に「世人以七月十五日。施鬼神食。爲盂蘭盆大齋之會。此訛也。蘭盆緣起目連。謂七月十五日。衆僧解夏自恣。九旬參學。多得道者。此日修供。其福百倍。非施鬼神食。施食自緣起阿難。不限七月十五日。」但し世俗は此日生靈棚と云ふを設け、亡靈來て之を享くる者と信ぜり。

盂蘭盆講　〔行事〕 講とは法會のこと。◎〈新續古今〉「なき人の此世に歸る面影のあはれふみ行く秋

の燈」

盂蘭齋 〔行事〕盂蘭盆齋の略。齋は齋食にて、當日盂蘭盆の爲に齋食の供養あれば齋と名く。

盂蘭盆經 〔經名〕佛說盂蘭盆經。一卷、西晉の竺法護譯。盂蘭盆の起緣及び修法を說く。【宙帙六】(303)宗密の盂蘭盆經疏一卷、元照の新記二卷、疏記合糅現行す。又、智旭の盂蘭盆經新疏一卷、靈耀の盂蘭折中疏一卷あり。

盂蘭經 〔經名〕盂蘭盆經の略。

ウリウ 烏龍 〔人名〕【法華傳八】に「李遺龍者。並州人。其家書業。相繼究レ微。龍父名曰二烏龍一。偏重二此土道敎一。不レ信二佛敎一。性躭三嗜酒肉一。謗二佛經一。乃至凡一生中。不レ書二佛經一。設復有レ人。賷三投金玉利一。都不レ見レ經。況自書寫。遂發二狂亂一。語二遺龍一曰。若汝吾子。不レ可レ信二佛經一。信而犯者。灾横不レ少。卽吐レ血而卒。後並州司馬。發心貞固。偏重二法華一。如法欲レ寫二其經一。無二能書一。同志有レ人謂二司馬一曰。烏龍之子遺龍。繼レ業能書。其家邪見。不レ寫二佛經一。君威能伏二邪心一。堪任書寫。司馬以二方便一調伏。更不レ隨。自稱二家傳一固辭。更雇二餘書生一。造二一部一畢。若紙若筆。必以二淨心一。自出二珍寶一。如法營。欲二清淨供養一。復思惟我旣州主。龍豈不二肯受一言。逼以二刑言一。贖以二金玉一。龍遂立二題目一。悔二責父遺囑一。入レ夜不レ覺。一日一夜。次夜夢。百千天人圍繞大成德天。龍前庭中住立。問誰人天。答我是汝父烏龍。先生愚氣。不レ信二佛經一。墮二大地獄一。炎火纏レ身。一日一夜。萬死萬生。求レ死不レ得。求レ生不レ得。五百利犁。攆二吾舌肉一。不レ可二具說一。昨日地獄上。忽有二光明一。於レ中現二一化佛一。說レ偈言。假令遍二法界一。斷善諸衆生。一聞二法華經一。決定成二菩提一。如レ是六十四佛。次第而現。說レ偈亦爾。爾時地獄火滅。變爲二涼地一。我及衆生。捨レ身生二第四天一。天上法爾初三事卽知。汝造二題目六十四字一。一一之字。現二化佛身一。說レ偈拔レ苦。我與二汝身一。一肉血分。依二我一人善緣一。地獄罪人。聞レ偈離レ苦。同生二一處一。今圍繞者是也。」

ウリツタ 汗栗馱 〔術語〕Hṛdaya 譯、心。草木の中心を云。【止觀一上】に「質多者天竺音。此方言レ心。卽慮知之心也。天竺又稱二汗栗馱一。此方稱是草木之心也。」「カリタシン」を見よ。通常肉團心と云ふ。密敎の用語。

ウリノカハ 瓜の皮 〔故事〕【楞伽經唯識論】に「毗尼中。有二一比丘一。夜蹈二瓜皮一。謂レ殺二蝦蟇一。死入二惡道一。」法藏の【梵網經疏一】に之を引く。

ウリヤウ 有量 〔術語〕無量に對する語。事物に限極あるを云。

有量諸相 〔術語〕凡そ實體は絕待なれば彼此の限量なき者なれども、有爲の事相は必ず彼此の限量なきを得ず、之を有量の諸相と云。卽ち世間一切の事物は盡く限量あれば是れ一一の事相にて實體にあらず、體なるものは一味平等無限絕待なり。【讚阿彌陀偈】に「智慧光明不レ可レ量。故佛又號二無量覺一。有量諸相蒙二光曉一。是故稽二首眞實明一。」【智度論八十二】に「有相有量爲レ麁。無相無量爲レ細。」

ウリヤウ 有靈 〔術語〕靈魂を有するもの。有情と言ふ如し。【唯識樞要上本】に「有靈之類。誰不二懷欽一。」

ウリン 有輪 〔術語〕有は生死の果報、三有二十五有などの有。輪は生死の果報は旋轉して究りなければ車輪に譬へしもの。【安樂集上】に「若能一發二此心一。傾二無始生死輪一。」【嘉祥仁王經疏三】に「發二一念菩提心一故。破二無始有輪一。」

ウリヰン 雲林院 〔寺名〕僧正遍昭の開基にて天台宗なり。紫野に在り。本と淳和帝の離宮なりしを、仁明帝の第七子常康親王に賜はりしが、親王出家の後、之を僧正遍昭に付屬し、精舍となさしむ。陽成帝元慶八年、遍昭之を朝に請て、元慶寺の別院となし、其門弟をして之を勾當せしむ。【三代實錄】今は大德寺の前に在て、觀音堂のみ殘り、大德寺に屬せり。小野篁及び紫式部の墓、相並びて此境內に在り、今に存す。

ウル 有流 〔術語〕有は三界の果報。流は四種の惑。三界の果報實に有れば有と云ひ、四種の惑にて人を三界の生死海に漂沒せしむれば流と云。四流とは一に見流、二に欲流、三に有流、(今の有流と異なり)四に無明流なり。「四流」に解す【止觀一下】に「橫截二死海一。超二度有流一。」【輔行一之四】に「有謂三有。流謂四流。於二此三處一。因果不レ亡。故名爲レ有。爲二此四法一。漂溺不レ息。故名爲レ流。見流三界欲也。欲流欲界一切諸惑。除二見及痴一。有流上二界一切諸惑。除二見及痴一。無明流三界痴也。」図四流中の見流。「四流」を見よ。

ウル 優樓 〔人名〕優樓迦の略。「ウルカ」を見よ。【止觀十上】に「優樓僧佉」

ウルカ 優樓迦 〔人名〕Ulūka 又憂流迦。嘔盧伽優婁佉。嘔露迦。漚樓僧佉。優樓僧佉。譯、鵂鶹。仙人の名。佛出世以前八百年の頃に出て、六句義の勝論を說ける人。【百論疏上之中】に「優樓迦。此云二鵂鶹仙一。云二鵂角仙一。亦云二晃胡仙一。此人釋迦未レ興八百年前。已出世。而白日造レ論。夜半遊行。欲レ供二養之一。當下於二夜半一營中辦飮食上。仍與二眷屬一。來受二供養一。所說之經。名二衛世師一。有二十萬偈一。明二於六諦一。」【玄應

音義二十四】に「優婁佉。此云二鵂鶹一。是造二鞞世師論一。說二六諦義一者也。」【唯識述記一末】に「成劫末人壽無量。外道出レ世。名二嗢露迦一。此云二鵂鶹一。晝避二色聲一。匿二跡山藪一。夜絕二視聽一。方行二乞食一。時人謂レ似二鵂鶹一。因以名也。舊云二優婁佉一訛也。或名二羯拏僕一。羯拏云二米齋一。僕翻爲レ食。先爲二夜遊一。驚二他稚婦一。遂收二場碾糠粃之中米齋一。食レ之。故以名也。時人號曰二食米齋仙人一。舊云二蹇尼陀一訛也。亦云二吠世師迦一。此翻爲レ勝。造二六句論一。諸論罕レ匹。故云レ勝也。或勝人所造。故名二勝論一。舊云二衛世師一。或云二鞞世師一。皆訛略也。」【止觀十上】に「漚樓僧佉。此翻二休睺一。計二因中無果一。」【同輔行】に「優樓僧佉。此云二休留仙一。」このうち優樓僧佉は、優樓迦と僧佉とが相混じたるなり、僧佉は數論なり。「シヨウロンシユ」「シユロン」參照。

ウルーカ 〔人名〕「ウルカ」「ルキヤ」を見よ。

ウルキヤ 優婁佉 〔人名〕「ウルカ」を見よ。

ウルソウギヤ 漚樓僧佉 〔人名〕又、優樓僧佉。漚樓と僧佉。二仙人の名。漚樓は勝論の祖。「ウルカ」を見よ。僧佉は數論師を指す。

ウルビカセフ 優留毘迦葉 〔人名〕「ウルビンラカセフ」を見よ。

ウルビンラ 優樓頻螺 〔植物〕Uruvilvā 巴 Uruvelā 又、漚樓頻螺。木の名。譯、木瓜。【智度論三十四】に「如二釋迦文佛一。於二漚樓頻螺樹林中一。食二一麻一米一。」【文句一之下】に「優樓頻蠡。亦優樓毘。乃至此翻二木瓜林一。」又、村の名。苦行林のある地。

ウルビンラカセフ 優樓頻螺迦葉 〔人名〕Uruvilvā-kāśyapa 又、優樓頻贏迦葉。優盧頻螺迦葉。優樓頻蠡迦葉。優留毘迦葉。烏盧頻螺迦葉波。羅漢の名。譯、木瓜林。三迦葉の第一。【玄應音義二十五】に「烏盧頻螺。此云二木瓜林一。在二此林下一修レ道。故以名焉。迦葉波是姓。舊言二優樓頻螺一。正法華經。云二上時迦葉一。兄弟三人。居レ長者也。」【玄贊一】に「迦葉波者姓也。此云二飲光一。婆羅門姓。上古有レ仙。身有二光明一。飲二蔽日月之光一。乃至三迦葉。皆飲光種。兄弟三人。梵云二鄔盧頻螺一。言二優樓一訛也。此云二木瓜一。當二其胸前一。有二一癃起一。猶如二木瓜一。又池中龍亦名二木瓜一。從レ彼爲レ稱。故以爲レ名。」歸佛前より五百の弟子を有する外道論師なりしが。佛を毒蛇窟に導きて害することを得ず、二弟及び弟子と共に歸佛出家す。【四分律三十二】

供養第一 〔故事〕僧伽に供養すること優留頻羅迦葉を以て第一とす。【增一阿含三】に「將二養聖衆一。四事供養。所謂優留毘迦葉比丘是。」

ウルビンラカセフハ 鄔盧頻螺迦葉波 〔人名〕又、烏盧頻螺迦葉波。「ウルビンラカセフ」を見よ。

ウルマンダ 優流漫陀 〔地名〕Urumaṇḍa 又優留曼茶。山の名。【阿育經七】に「優流漫山名。此翻二大醍醐一。」【翻梵語】に「優留大。曼茶醍醐也。」

ウルラムバナ 〔行事〕「ウランボン」を見よ。

ウロ 有漏 〔術語〕漏とは煩惱の異名、煩惱を含有する事物を有漏と云。一切世間の事體は盡く有漏法にて、煩惱を離れたる出世間の事體は盡く無漏法なり。「ロ」を見よ。⦿（平家）「有漏の身。」

有漏道 〔術語〕人天三界の果報を招く行法を有漏道と云ひ、涅槃の果を成就すべき道を無漏道と云。三界は盡く有漏にて、涅槃は無漏なればなり。

有漏路 〔術語〕有漏道に同じ。又、迷ひの世界を云ふ。

有漏の三界 〔術語〕三界は煩惱の結果なれば盡く有漏なり。

有漏の世界 〔雜名〕即ち三界のこと。一切迷ひの衆生の住む所。

有漏因 〔術語〕三界の果報を招くべき業因。即ち五逆十惡五戒十善など。

有漏果 〔術語〕有漏の業因より招きたる果報。即ち人間天上乃至地獄など。

有漏善法 〔術語〕有漏の業因に善惡あり、五戒十善は是れ善法。五逆十惡は是れ惡法。有漏の善法は有漏の樂果を招く、即ち人天の果報。有漏の惡法は有漏の苦果を招く、即ち鬼畜の果報。

有漏禪 〔術語〕無漏禪に對す、即ち四眞諦等に依らず、たゞ厭下欣上有漏の六行觀に依りて修する禪定をいふ。四禪、四無色定、四無量心定これ也。

有漏斷 〔術語〕無漏斷に對す。有漏道を以て煩惱を斷ずること。凡夫は有漏の六行觀を修して八地七十二の修惑を斷じ、聖者は世俗道を以てす。

有漏智 〔術語〕無漏智に對す。有漏煩惱の過を帶び、迷理の煩惱を斷ずる力なき智慧をいふ。一切有爲無爲の法を觀緣すれども重に世俗の法を對象とする故世俗智とも云ふ。

ウロウビンラカセフ 優樓頻螺迦葉 「ウルビンラカセフ」を見よ。

ウロナラシヤ 嗚嚕捺囉乂 〔植物〕Rudrākṣa 樹果の名。譯、天目。葉の形より取る。櫻桃顆の如し、紫色あり、金剛子と名く、數珠と爲すに堪ゆ、金剛部念誦の人、即ち此數珠を用ゆ、珠甚だ堅硬。【慧琳音義三十五】

ウロンザ 胡亂坐 〔雜語〕僧の臘次を顧みず、

亂雜に坐するを云。禪林の語。【象器箋十】

ウワ　傴和　【雜語】「オウワクシヤラ」を見よ。

ウワクシヤラ　傴和拘舍羅　【雜語】「オウワクシヤラ」を見よ。

ウヰ　有爲　【術語】爲とは造作の義にして、造作を有するを有爲と云。即ち因緣所生の事物は盡く有爲なり。能生の因緣は是れ所生の事物を造作するもの、所生の事物は必ず此因緣の造作を有すれば有爲法と云ひ、本來自爾にして、因緣所生にあらざるものを無爲法と云。故に有爲とは有因緣と言ふ如し。【大乘義章二】に「爲是集起造作之義。法有㆓爲作㆒故。名㆓有爲㆒。」【倶舍論光記五】に「因緣造作名ㇾ爲。色心等法。從㆓因緣㆒生。有㆓彼爲㆒故。名曰㆓有爲㆒。」【倶舍論頌疏界品一】に「爲者作也。此有爲法。衆緣造作故名ㇾ爲。有㆓彼爲㆒故。名爲㆓有爲㆒。」梵 Asaṃskṛta

三有爲法　【名數】一に色法。質礙の法なり。小乘倶舍は五根、五境、無表色の十一法なり。大乘法相は五根、五境、法處所攝色の十一法なり。二に心法。慮知の法なり。倶舍には心王一と心所法四十六との四十七法なり。大乘は心王八と心所法五十一との五十九法なり。三に非色非心法。倶舍は不相應法の十四法なり。大乘は不相應法の二十四法なり。此三聚皆因緣の爲作を有する故に有爲法と名く。【大乘義章二】

四有爲相　【名數】生住異滅の四なり、此に二種あり。一は一期四相。法の初て有るを生と名け、生じ已て相ひ似て相續するを住と名け、此の相續の轉變するを異と名け、後に無なるを滅と名く。二に刹那生滅。一刹那の中に四相を具するを云。此に大小乘の別ありて、大乘法相宗は、色心の法體自ら生住異滅の四相の變化あり。即ち四相は其の變化の分位に名けたる假法なりと云。謂くもと無くして今有る位を生と名け。生の位に暫く停る位を住と名け。住すると前後に別なる位を異と名け、無き位を滅と名く。此中前の三は有なるが故に同く現在にあり。一は無なるが故に過去にあり。（唯識述記二末）次に小乘有部は、色心の法體は恒有と立つれば、其の生滅の變化は用にはめて說き、體に據るにあらず。且つ法體を離れて別に四相の實性あり、以て彼の心身の作用をして生住異滅せしむと云。故に色心の法を所相と名け、四相を能相と名く。謂く先に無なる色心の作用をして今有ならしむるを生相と名け。其の作用をして暫時安住せしめ、其の自果を引かしむるを住相と名け。其の自果を引く作用をして衰變せしむるを異相と名け。其の作用をして遂に滅壞せしむるを滅相と名く。而て此の生等の四相既に是れ有爲法なれば更に別に生等の四相なかるべからず。若し果して有りとせば、彼れ亦餘の四相あるべきを以て無窮の失あるべし。之に就て四相に本相隨相の二あり、隨相以て本相を生ず、而して本相に八能あり、隨相に一能ありて互に能生所生となれば、隨相の外に更に隨相無く、即ち無窮の失なしと云。謂く色法の生ずる如き、九法ありて倶起す。一には是れ本法、色の自體の作用なり、此の色の自體の作用生ぜしむる法を本生相とし、色の自體の作用を住せしむる法を本住相とし、色の自體の作用を異せしむる法を本異相とし、色の自禮の作用を滅せしむる法を本滅相とす。（之を四本相とも四大相とも云ふ）合せて五法なり、而て本生相自ら生ずること能はず、更に隨生相ありて本生相を生ず。乃至本滅相自ら滅すると能はず、更に隨滅相ありて本滅相を滅す、（之を四有相とも四大有相とも云ふ）合せて九法なり、此九法の中に於て本生相は自ら除て餘の八法を生じ、乃至本滅相は自を除て餘の八法を滅す。又隨生相は唯だ本生相を生じて自餘の八法（自と他の七法）を生すると能はず、乃至有滅相は但本滅相を滅して自餘の八（自と他の七法）を滅相るを能はず。之を八と一とに於て能ありと云ふ。即ち四本相は各八法に對して能あり、四隨相は各一法に於て能ありて、互に能生所生となれば、更に無窮の失なし。【倶舍論五】に「此有㆓生生等㆒。於㆓八一㆒有ㇾ能。」

三有爲相　【名數】經中四有爲法を說くと共に又三有爲相を說く三有相爲とは一に生相、二に住異相、三に滅相なり。此中第二の住異相に就て倶舍論に二說あり　一者謂く住とは異の別名なり、住には必ず異あれば、異相を住異相と云、住と異との二相にあらず。而て佛、生異滅の三相を說くは、三世遷流の相に於て有情をして厭畏を生ぜしめんが爲なり。生は未來の法を引て現在に流入せしめ、異と滅とは、其をして衰異し及び壞滅して過去に流入せしむ。猶三の怨敵ありて人の稠林に居るを見て一は之を稠林より牽き出し、二は其の力を衰へしめ、三は其の命根を壞するが如し。住相は法に於て安立し、人之を厭畏せざれば有爲相の中に之を說かざるなり。又無爲法に自相の住あり、住相は彼に濫ずる故に之を說かざるなり。二者謂く住異相とは住相と異相の二なり、之を合して說くなり、然る所以は住は是れ有情の所愛處なれば之を厭捨せしめん爲に異と合して說く、黑耳と吉祥と倶なりと說くが如し。【唯識述記二末、倶舍光記五】

有爲轉變 〔術語〕 有爲法は生住異滅して常に轉變するを云。【華嚴演義鈔二十一】に「雜集論云。若法有二生住異滅一。可レ名二有爲一。」生住異滅即ち變轉の相なり。

有爲無常 〔術語〕 有爲法は轉變して常なきを云。【華嚴演義鈔十六下】に「以レ有レ所二作爲一故名二有爲一。有爲是無常。」⊙（盛衰記）「有爲無常の境。」

有爲の世 〔術語〕 有爲轉變の世

有爲空 〔術語〕 有爲の諸法は因緣の假和合にて自性なきを云。十八空の一。【涅槃經十六】に「有爲空者。有爲之法。悉皆是空。」天台の【仁王經合疏中】に「有爲空者。色心和合生。陰界入等。皆無二所有一。」

有爲の境 〔雜語〕 無爲の境界に對す。無爲の境界とは、絕對常住の境なり。これに對して、世間的萬法をはじめ、生滅增減ある十八空智等出世間の諸法をも、有爲の境と名づく。⊙（太平記、三十三）「六十余州命に隨ふ者は多しと雖、有爲の境を辭するには伴ひ行く人もなし。」

有爲功德 〔術語〕 涅槃の第一義諦を無爲功德と云に對して、其他一切因緣生の功德を云。【仁王經上】に「有爲功德。無爲功德。」

有爲生死 〔術語〕 凡夫の分段生死を有爲生死と云ひ、菩薩の變易生死を無爲生死と名く。【勝鬘經】に「有二有爲生死無爲生死一。涅槃亦如レ是。有餘及無餘。」【寶窟下本】に「分段名曰二有爲一。變易名曰二無爲一。分段之因名爲二有漏一。變易因名爲二無漏一。分段果名二有爲一。變易果爲二無爲一。對二界內有漏一。語二界外一爲二無漏一。然實是有漏。對二界內有爲一。名二界外無爲一。然實是有爲。」

有爲報佛夢裏權果 〔雜語〕 歌題。【守護國界章下之中】に「有爲報佛夢裏新千載作中誤權果。無作三身覺前實佛。」此は大乘至極の圓意にて、彼の法相宗の所說の如きは三大劫の修行に依て自受用の智身を成ず、是れ因行に報答せる有爲佛にして本有にあらず、既に是れ因緣生の有爲佛なれば猶夢中の幻相の實なきが如く、其の佛果は權假にして實性なきものなれば、之を有爲の報佛は夢中の權果と云。然るに圓敎は是の如くにあらず。三身の體性宛然として本來常住なり、只迷妄に依て之を知らざるのみ、一旦迷妄を去れば本有の三身居然として顯はるゝなり、是れ因緣力に依て造作するに非ざれば之を無作の三身と云。此無作の三身即ち覺前の實佛なり。【大日經疏一】に「又、如下重陰昏蔽日輪陰沒亦非二壞滅一。猛風吹レ雲日光顯照亦非中始生上。佛心之日亦復如レ是。雖下爲二無明煩惱戲論重雲一之所中覆障上。而無二所減一。究二竟諸法實相三昧一。圓明無際而無二所增一。」⊙（新千載）に「ます鏡みがきてうつる影になほ見ゆるばかりの色にぞありける。」

有爲の法は皆假諦 〔雜語〕 有爲の法とは、因緣生成の、自然法爾のものにあらず、遷流の法なり。かゝる性質の萬有は、何れも眞實體にあらずして假の存在物なるが故に假諦と云ふなり。⊙（野守鏡上）「かつは有爲の法は、皆假諦なるべきによりて、實あらざるを實とすべし。」

有爲經 〔經名〕 諸行有爲經の略。

ウヰサイ 回祭 〔雜語〕 亡僧の供養料を副司に收むること。「ると。【象器箋十】

ウヰレイ 回禮 〔雜語〕 祥院の語。他の禮に答

ウヱクル 烏廻鳩羅 〔雜語〕 譯、無二平等。【可洪音義十五】に「梵云二烏廻鳩羅一。此云二無二平等一。薩婆多律云。烏廻名レ二。鳩羅名二平等一。其心無二平等一如レ稱。名二烏廻鳩羅一也。」

ウヲ 魚

阿彌陀魚 〔傳說〕 阿彌陀佛、魚と爲りて人を濟度せし事。「アミダ」を見よ。

爲魚救飢渴 〔本生〕 釋迦如來、菩薩の行を修する時、嘗て海中に往き、海中の魚、互細相呑むを見て、自ら足を海に沒じ、大魚飽くを得て小魚活を得たり。此に菩薩の魂神化して鯨魚の王となり身數里あり時に海邊饑饉し人民相食む、鯨魚乃ち身を海邊に寄せて肉を取て之を食はしめ、饑饉の民を救ふ。【度無極集一、經律異相十一】

魚の子多し 〔譬喩〕 始め多くて終り少きものに譬ふ。【智度論四】に「菩薩發二大心一。魚子菴樹華。三事因時多。成レ果時甚少。」【往生要集上本】に「魚子難レ長。菴羅少レ熟。」⊙（大鏡）「魚の子多かれどまことの魚となることは難し。」

ウン 蘊 〔術語〕 梵名、塞建陀。Skandha 舊譯、陰。新譯、蘊。蔭覆の義、色心の法眞理を蔭覆するを云。積集の義、色心の法は大小前後等積集して自體を成すを云。色蘊、心蘊など。【義林章五本】に「梵云二塞建陀一。唐言レ蘊。舊譯名レ陰。於禁反此陰是蔭覆義。若言レ蔭者。梵本應レ云二鉢羅婆陀一。至乃或翻爲レ聚。故法華云。五衆之生滅。此亦不然、若言レ衆者。梵本應レ云二僧伽一。或翻爲レ衆。此亦不レ然。若言レ聚者。梵本應レ云二曷羅陀一。」【俱舍論光記一之餘】同じ。【俱舍論一】に「聚生門種族。是蘊處界義。」【頌疏界品一】に「聚謂積聚。即是蘊義。」然に新譯の【仁王經上】は二義を並用す。「色名二色蘊一。心名二四蘊一。皆積聚性。隱二覆眞實一。」

五蘊 〔術語〕 色受想行識の五法は皆積集性の者なれば五蘊と云。

非色四蘊 〔術語〕 五蘊の中受想行識の四は心法の差別にして色法に非ざれば非色の四蘊と云。【仁王經上】に「色名二色蘊一。心名二四蘊一。」

蘊不攝無爲 〔雜語〕 積集性の者を蘊といふ、然に無爲法は積集性にあらざれば、蘊の中に彼を攝めざるを云。依て五蘊の中に一切の有爲法を含攝すれども獨り無爲法は此中になし。【俱舍論一】に「蘊不レ攝二無爲一。義不二相應一故。」

ウン 吽 〔術語〕 Hūṁ 又、𤙖。諸天の總種子にして の四字合成なりと云ふ。【般若理趣釋上】に「吽字は因の義。因の義とは、謂ゆる菩提心爲因にして、即ち一切如來の菩提心。亦是一切如來の不共眞如の妙體、恒沙の功德皆此れより生ず。此の一字に四字の義を具ふ云云」空海の【𤙖字義】に詳釋す。

ウンアン 運庵 〔人名〕 宗の湖州道場山の運庵巖禪師。法を松源岳禪師に嗣て之を虛堂愚禪師に授く。【稽古略四】

ウンウノタトへ 雲雨喩 〔譬喩〕 法華經七喩の一。「イチウン」を見よ。

ウンウン 云云 〔雜語〕 未だ言ひ盡さゞる貌。【止觀輔行一之二】に「云云者未盡之貌。云者言也。說文云。象二雲氣在レ天廻轉之形一。言之在レ口。如二雲潤レ物。廣雅云。云者有也。下文尙有二如レ雲之言一。」【文句記一上】に「云云者象二氣之分散一。如二雲在レ天。非レ可二卒量一也。意言下未レ說者。尙多如レ雲。」

ウンウン 吽吽 〔雜語〕 牛の吼ゆる聲。【臨濟錄】に「師問二杏山一。如何是露地白牛。山云。吽吽。」

ウンカイ 蘊界 〔術語〕 五蘊と十八界。之に十二處を加て三科と云。【俱舍論頌疏一】に「三科蘊界訓談」

ウンカイ 雲海 〔譬喩〕 物の多きを譬て云。【大日經疏一】に「以二遍一切處淨菩提心一。興二供養雲一。普作二佛事一。」【金剛界禮懺文】に「遍法界一切供養雲海菩薩摩訶薩。」【秘藏寶鑰上】に「八供天女。起二雲海於妙供一。」

ウンカラシン 吽迦囉身 〔圖像〕 普賢金剛が惡魔降服のために現ずる形。【金剛頂瑜伽降三世成就極深密門】に「普賢金剛手。爲レ降二伏一切一。現二吽迦羅身一。摧二三世有毒一。」梵 Hūṁkāra

ウンガバイ 云何唄 〔行事〕 【涅槃經三】に「云何於二此經一。究竟到二涅槃一。願佛開二微密一。廣爲二衆生一說。」此四句一偈の首に云何の二字あるを以て云何唄と云。唄とは梵語唄匿の略にて、音調を付て諷詠するを云。

ウンガン 雲巖 〔人名〕 潭州雲巖寺の曇晟、鍾陵建昌の人、姓は王氏、少にして出家し、初め百丈海禪師に參し、左右に侍すると二十年、未だ玄旨を悟らず、百丈歸寂の後、藥山に謁して、言下に契會す。唐の會昌元年、六十にて寂す。【宋高僧傳十一、傳燈錄十四、五燈會元五】

雲巖問道吾手眼 〔公案〕 【碧巖八十九則】に「雲巖問二道吾一。大悲菩薩。用二許多手眼一。作二什麼一。吾云。如三人夜半背手摸二枕子一。」

雲巖大悲 〔公案〕 【從容錄五十四則】碧巖八十九則に同じ。

雲巖掃地 〔公案〕 【從容錄二十一則】に雲巖掃地次。道吾云。太區區生。巖云。須レ知レ有下不二區區一者上。吾云。恁麼則有二第二月一也。巖提二起掃箒一云。這箇是幾月。吾便休去。」

ウンク 雲鼓 〔物名〕 午時の齋を報ずる鼓に雲の形を畫けば雲鼓と云。【象器箋十八】「見よ。

ウンクタ 嗢俱吒 〔雜語〕 「ウンクツチクカ」を見よ。

ウンクツチクカ 嗢屈竹迦 〔雜語〕 Utkuṭuka 又、俱嗢吒。譯、蹲踞。兩足地を蹈み、兩膝を竪つ。凡そ人に向て罪を謝し、大衆に向て禮を申ぶるなど之を作す。【南海寄歸傳三】に「嗢屈竹迦。譯爲二蹲踞一。雙足履レ地。兩膝皆竪。攝二斂衣服一。勿レ令レ垂レ地。即是持衣說淨。常途儀式。或對二別人一而說レ罪。或向二大衆一而申レ敬。或被レ責而請レ忍。或受レ具而禮レ僧。皆同斯也。」【慧琳音義三十六】に「嗢俱吒坐。臀不著地。」

ウンゲ 雲華 〔人名〕 華嚴宗の第四祖智儼の號稱。【八宗綱要】に「第四智儼禪師承二杜順佛一。盛弘二此宗一。制作多多。居二雲華寺一號二雲華尊者一。」

ウンコンガウ 雲金剛 〔菩薩〕 又、時雨金剛と云。す(鑁字)の智水にて煩惱の火を滅すれば雲金剛と云。【理趣釋】

ウンゴラカン 雲居羅漢 〔人名〕 雲居寺に羅漢あり自ら胸を指す、飢を示す貌なり。雲居寺飲食に乏し、故に後人以て故事となす。【諸錄俗語解】図 雲上に居る羅漢にて遠く俗界を超脫せしものを形容す。但し叢村の着語には「をつに高くとまる」といふ場合に用ふ。【碧巖十一則着語】に「也是雲居羅漢」

ウンサウ 温糟 〔雜名〕 紅糟を誤て温糟と爲す。「クンザウ」を見よ。

ウンシキ 蘊識 〔術語〕 心識を蘊蓄する意にて含識と云ふ如し、有情を云。【西域記序】に「蘊識懷靈之異。」図 識は五蘊の一なれば蘊識と云。

ウンシツ　温室　【雜名】浴室とも云。湯殿のこと。【寶積經五十七】に「明至二我家一。入二溫室一源浴。」【敎誡律義】に溫室に入る法十六條を示せり。

温室洗浴衆僧經　【經名】佛說溫室洗浴衆僧經、一卷。後漢の安世高譯。洗浴の功德を說く。小乘部の攝。【宿帙八】(387)

温室經　【經名】佛說溫室洗浴衆僧經の略稱。

ウンシユ　雲集　【雜語】多く集りたる貌。又、雲の如く無心に集りたる貌。他方來の大衆を云。【八十華嚴經二】に「爾時如來道場衆海。悉已雲集。」【大疏二】に「多數大身。重々無礙。雲之象也。又浮雲無レ心。龍吟則起。菩薩無レ住。佛現爰來。」

雲集衆　【術語】如來の弟子を二分して、常に隨從して敎を聞き化を助る者を常隨衆と云ひ、或る時或る處に限り、他方より雲の如く多く來集する者を雲集衆云ふ。此雲集衆は大乘經に限れり。智旭の【楞嚴文句一】に「與大比丘衆已下。具列二常隨雲集兩類一。顯二同聞衆成就一。」

ウンシユウ　雲宗　【流派】白雲宗の略。

ウンシン　雲心　【術語】雲時の心なり。雲雨の時には人氣鬱鬱し、多く物を憂慮するものなれば、當に苦樂を思慮して心の晴れざるを雲時の心と名く。六十心の一。【大日經一】に「云何雲心。謂常作二降雨一思念。」【疏二】に「如二西方一。夏三月中。霖雨殊甚。以二常滯淫昏墊一故。時俗憂樂思慮之心。蔚翳滋多。故作二降雨時思念一也。覺知己則當レ行二捨心一。離二於世間憂喜一。隨二順法喜一。是所對治。」

ウンシン　運心　【術語】兎やせん角やせんとの心を起すこと。又、心を或る方に向け運ばすこと。

運心供養　【行事】但だ心中に供養の思を起すのみにて事實に現さゞること。又、心中に至誠の供養想を起すこと。【蘇悉地經中】に「有二四供養一。遍通二諸部一。一切處用。一謂合掌。二以二閼伽一。三用二眞言及慕捺羅一。四但運心。此善品中。隨レ力應レ作。或復長時供養中最。無レ過二運心一。如二世尊說一。諸行法中。心爲二其首一。若標レ心而供養者。滿二一切願一。」【同上】に運心の相を述て。「若無二如上花養根菓獻者一。曾見曾聞獻供養花。或自曾獻花。隨二所應一。令二想運供養一。最爲二勝上供養尊法一。雖レ有二如レ前花菓等獻一。若能至心虔虔。合掌頂奉。供二養本尊花菓一。如レ是心意供養最上。更無二過者一。」

運心隨方　【術語】眞言宗の事相の行法に此二途あり、運心とは、たとひ身は何れの方に向ふとも、我前の方を東方とする如きを云ひ。隨方とは實際東西南北の四方に隨ふを云ふ。是れ方角の一を擧て他を列同せしもの。【辨惑指南四】

ウンジモン　吽字門　【堂塔】叡山坂本に三重の鳥居あり、大神門を胎藏界として、阿字門と稱し。中神門を金剛界として鑁字門と稱し、內御門を兩部不二として吽字門と稱す。傳敎之を建つ。【日吉社神道秘密記】

ウンスヰ　雲水　【術語】廻國修行の行脚僧のこと。行雲流水の意に取る。禪林の語。【從雲錄一】に「兩堂雲水盡紛拏。王老師能驗二正邪一。」◎(曲、百萬)「雲水の身。」

ウンセイ　雲棲　【人名】雲棲大師、諱は袾宏、字は佛慧、蓮池と號す。初め儒生たり、三十の後、出家し、行脚多年、杭の雲棲に住し、禪林を建創し、念佛を勵め、戒律を嚴る、壽八十一、明の神宗、萬曆四十三年寂す、著書三十二種。【續稽古略三】

ウンダウ　雲堂　【堂塔】又、僧堂と云。大衆の集る處、甚多きこと雲の如し。【象器箋一】に「忠曰。僧堂亦曰二雲堂一。謂三衆集如二雲多一也。」

ウンダラ　温陀羅　【雜語】「オッダラ」を見よ。

ウンダナン　蘊馱南　【術語】「オッダナン」を見よ。

ウンドクハラ　温獨波羅　【異類】夜叉の名。譯、勇進勤護。【大孔雀呪王經】梵 Udyoga-pāla

ウンノフ　雲納　【術語】雲水の衲僧。雲水は行脚を喩て云。【佛祖通載 雲峰高禪師傳】に「雲衲四來。三堂皆溢。」

ウンパン　雲版　【物名】版の形を雲形に鑄れば雲版と云。時を報ずる爲に打つもの。又、大版とも云。庫司の前に掛く。【象器箋十八】に「雲章曰。版形鑄作二雲樣一。故云二雲版一。俗事考云。宋太祖以二鼓多驚レ寢。易以二鐵磬一。此更鼓之變也。或謂二之鉦一。即今雲版也。三才圖會云。雲版即今之更點擊鉦。」

(雲版の圖)

ウンマ　蘊魔　【術語】四魔の一。「シマ」を見よ。

ウンモン　雲門　【人名】韶州雲門山の文偃禪師、姑蘇嘉興の人、姓は張氏、雪峰に嗣ぐ。南漢主晟王、之に歸依し、匡眞禪師の號を賜ふ。乾和七年巳酉の歲寂す。後、宋の太祖乾德四年。(南漢主鋹王天寶九年)諡を大慈雲匡眞弘明禪師と賜ふ。【傳燈錄十九、會元十五、稽古略三】

雲門宗 〔流派〕禪宗五家の一。雲門山の文偃禪佛を宗祖とすれば雲門宗と云ふ。【稽古錄三】に「師嗣雪峯存禪師。存嗣德山鑒。鑒嗣龍潭信禪師。師之法。道世宗仰之。目之曰雲門宗。」

雲門屎橛 〔公案〕「僧問雲門。如何是佛。門云。乾屎橛。」乾屎橛とは、人の糞を拭ひたる橛の乾きたるもの。至て汚穢の意を取る。【會元十五、無門關二十一則、葛藤集上】

雲門三句 〔公案〕「師云。我有三句語。示汝諸人。一句函蓋乾坤。一句截斷衆流。一句隨波逐浪。若辯得出。有參學分。若辯不出。長安路上輥々地。」案に雲門の三句起信論に依れば、第一句は一心門、第二句は眞如門、第三句は生滅門。【會元十五德山緣密章、人天眼目中雲門宗部、葛藤集上】

雲門體露金風 〔公案〕「僧問雲門。樹凋葉落時如何。雲門云。體露金風。」まるだしの秋風。【碧巖廿七則、種電鈔三】⦿（風雅）「立田川もみぢ葉ながるみよし野のよしの山に櫻花さく。」

雲門一寶 〔公案〕「雲門示衆云。乾坤之內。宇宙之間。中有一寶。祕在形山。拈燈籠向佛殿裏。將三門來燈籠上。」此は肇公の【寶藏論廣照空有品】に「夫天地之內。宇宙之間。中有一寶。祕在形山。識物靈照。內外空然。寂寞難見。其號玄玄。」と云に據る。拈燈籠巳下は雲門の注脚。形山は四大五蘊、燈籠は一寶の明照に譬へ、佛殿裏は形山の空虛に比す、三門は即ち山門。【碧巖六十二則、種電鈔七、從容錄九十二則】

雲門餬餅 〔公案〕「僧問雲門。如何是超佛越祖之談。門云。餬餅。」【碧巖七十七則、種電鈔八、從容錄七十八則】

雲門須彌 〔公案〕「僧問雲門。不起一念。還有過也無。門云。須彌山。」【從容錄十九則、會元十五雲門章、葛藤集上】

露門露柱 〔公案〕「雲門示衆云。古佛與露柱相交。是第幾機。自代云。南山起雲。北山下雨。」【碧巖八十三則、種電鈔九、從容錄三十一則】

雲門對一說 〔公案〕「僧問雲門。如何是一代時敎。雲門云。對一說。」圜語の評唱に「一大藏敎。只消三箇字。四方八面。無儞穿鑿處。人多錯會却道。對一時機宜之事故說。又道森羅及萬象。皆一法所印。謂之對一說。更有道。只是說那箇一法。有什麼交涉。非唯不會。更入地獄如箭。殊不知古人意不如此。」【碧巖十四則、種電鈔二本】

雲門倒一說 〔公案〕「僧問雲門。不是目前機。亦非目前事。時如何。門曰。倒一說。」【碧巖十五則、種電鈔二本】

雲門金毛獅子 〔公案〕「僧問雲門。如何是清淨法身。門云。花藥欄。僧云。便恁麼去時如何。門云。金毛獅子。」花藥欄とは竹林を以て芍藥牡丹等の四邊を圍めるもの。【碧巖三十九則、種電鈔四】

雲門一曲 〔公案〕「僧問如何是雲門一曲。門云。臘月二十五。」【會元十五雲門章、葛藤集上】

雲門十五日 〔公案〕「雲門垂語云。十五日巳前不問汝。十五日巳後。道得一句來。自代云。日々是好日。」【碧巖六則、種電鈔一坤】

雲門露字 〔公案〕僧問雲門。殺父殺母。向佛前懺悔。殺佛殺祖。向甚麼處懺悔。門云。露。」【會元十五雲門章、葛藤集上】

雲門聲色 〔公案〕「雲門示衆云。聞聲悟道。見色明心。觀世音菩薩。將錢來買餬餅。放下手却是饅頭。」【從容錄八十二則】

雲門塵々三昧 〔公案〕「僧問雲門。如何是塵三昧。門云。鉢裏飯。桶裏飯。」【碧巖五十則】

雲門鉢桶 〔公案〕【從容錄九十九則】碧巖五十則塵々三昧に同じ。

雲門柱杖子 〔公案〕「雲門以柱杖示衆云。柱杖子化爲龍。吞却乾坤了也。山河大地甚麼處得來。」柱杖子は杖のと。【碧巖六十則。種電鈔六】

雲門光明自在 〔公案〕雲門垂語云。人々盡有光明在。看時不見暗昏々。作麼生是諸人光明。自代云。厨庫三門。又云。好事不如無。」【碧巖八十六則、種電鈔九】

雲門藥病相治 〔公案〕雲門示衆云。藥病相治。盡大地是藥。那箇是自己。」【碧巖八十七則、種電鈔九】

雲門六不收 〔公案〕「僧問雲門。如何是法身。門云。六不收。」【碧巖四十七則、種電鈔五】

雲門舉令 〔公案〕「雲門一日云。宗門作麼生舉令。代云。吽。」【雲門廣錄、葛藤集下】

雲門失通 〔公案〕「靈樹生々不失通。爲僧修淨業故五欲染着垢故」靈樹は雲門三生爲王。所以失通。」靈樹は雲門と同門の人。【碧巖六則評唱、葛藤集下】

雲門七條 〔故事〕【五燈會元雲門章】に「上堂因聞鐘聲乃曰。世界與麼廣濶。爲甚麼鐘聲披七條。」

雲門禪師語錄 〔書名〕三卷。【續藏】

雲門匡眞禪師語錄 〔書名〕 雲門禪師語錄の具名。

ウンラク 蘊落 〔術語〕五蘊の聚合を聚落に譬へ

しもの。【釋摩河衍論】に「已過二五蘊聚落一故」【秘藏寶鑰下】に「藏海息二七轉之波一。蘊落斷二六賊之害一。」

ウンリンキン 雲林院 〔寺名〕「ウリンキン」を見よ。

え

エ 翳 〔術語〕 E 悉曇五十字門の一。十二韻の一、又、曀、藹、曳、哩、に作る。【字記】に「短藹字去聲。聲近二櫻係反一。」【大日經】に「翳」【金剛頂】に「曀」【涅槃經】に「哩。」【金剛頂經字母品】に「曀字門一切法求。不可得故。」【文殊問經】に「稱二曀字一時。是起二所求一聲。」【大莊嚴經】に「唱二翳字一時。出下所二希求一諸過患事上聲。」【涅槃經】に「哩者即是諸佛法性涅槃」と法求不可得は Eṣaṇā(所求)より釋したるなり。

エ 衣 〔衣服〕 梵語 Cīvara 五條乃至二十五條の袈裟並に覆肩裙の類の總名。袈裟は其衣の色より付けし名なり。

二衣 〔名數〕 一に制衣、五條七條九條の三衣は、佛制にして比丘をして必ず之を畜へしむるもの、服せざれば罪を受く。二に聽衣、百一資具糞掃衣など土地の寒溫人體の消長を計りて佛の開許せしもの、用ひざれども罪なし。【行事鈔下一】に「二衣總別編」

三衣 〔名數〕 一に安陀會衣、Antarvāsa 五條袈裟。二に鬱多羅僧衣 Uttarāsaṅga 七條袈裟。三に僧伽梨衣 Saṅghāṭī 九條乃至二十五條袈裟。【行事鈔下之一】

五衣 〔名數〕 四分律には三衣と僧羯支 Saṃkakṣikā と覆肩衣とを以て五衣とし、五分律には三衣と覆肩衣水浴衣を以て五衣とし、義淨の新律には三衣と僧脚崎と俱蘇洛迦とを以て五衣とす。【十八物圖】

エ 依 〔術語〕 梵語賦地 Nidhi の譯。疎所依のこと。親所依を所依といふに對す。即ち物の依止又は依憑となるとを云ふ。

エ 黳 〔術語〕 愛謁に作る。【南本涅槃經】に「黳」【北本涅槃經】に「野」【字記】に「長」藹字。近二於界反一。」【大日經】に「藹」【金剛頂經】に「愛」「アイ」を見よ。

エイカ 詠歌 〔雜名〕 西國三十三所觀音の靈場を順禮者の唱ふる和讃。三十三所に各一首の和歌あり。花山院の御奉納なりと云ふ。

エイカ 永嘉 〔人名〕 溫州永嘉の玄覺禪師。永嘉の人、姓は戴氏。出家して偏く三藏を探り、天台の止觀に精通す。後に曹溪の六祖に詣て言下に契悟し、一宿して去る。時に一宿覺と稱す。翌日山を下て溫江に廻る。學者輻輳し、眞覺大師と號す。唐の睿宗先天元年入寂、諡を無相大師と賜ふ。證道歌一首を著す。又、永嘉集あり、盛に世に行はる。【傳燈錄五、佛祖統紀十】

永嘉集 〔書名〕 慶州の刺史魏靖、玄覺禪師の文を緝め、之を序して十篇となし、目して永嘉集と云ふ。【臘帙四】(1585)

エイカイ 榮海 〔人名〕 眞言宗の僧。大舍人藤原俊業の子。醍醐山に入て聖陽僧正に就て密法を受け、貞和元年春正月東寺の長者に補せらる。【本朝高僧傳十七】

エイカウ 膐好 〔人名〕 天台宗の僧。叡山三昧和尙の門人。横川の勝行と共に肥前の肥御崎に至て觀音の來現を感ず。【本朝高僧傳四十八】

エイカキシヤラ 翳迦訖沙羅 〔雜語〕 Ekākṣara 譯、一字。【一字頂輪王瑜伽經】

エイカサンニ 翳迦珊尼 〔雜語〕 Ekāsanika 譯、一坐食。【四分律疏飾宗記五本】

エイカシヤタ 翳迦惹吒 〔菩薩〕 Ekajaṭa 翳迦は一、惹吒は髻なり、一髻尊の梵名なり。【諸儀軌訣影五】

エイカビシカ 翳迦鼻指迦 〔術語〕 Ekavīcika 翳迦鼻指迦舊譯、一種子。新譯、一間。聖者の位の名。「イチケン」を見よ。【玄應音義二十三】に「翳迦此云レ一。鼻至迦此云レ間。言有二一間在一。不レ得二般涅槃一也。舊言二一種子一者。梵言二鼻致迦一。此云レ種。斯或譯者不レ善二梵音一。或筆人不レ尋二本語一。致二玆訛失一也。」【瑜伽倫記六】に「一間者。唯爲二一生所レ間。不レ得二涅槃一。故名二一間一。間是隙、舊名二一種子一。謂不正也。」

エイクウ 叡空 〔人名〕 西大寺の叡空。字は圓道。慧海律師に從て具足戒を禀け、偏く顯密の宗を探る。應永十四年、西大寺衆の請を受て住持五歲、十九年三月、八十にて寂す。【本朝高僧傳五十七】

エイグ 影供 〔行事〕 神佛又は人の影形をうつし造りたる木像又は繪像に供物を捧ぐること。

エイグワ 榮華 〔雜語〕 富み榮ゆると。【無量壽經下】に「愛欲榮華。不レ可二常保一。」

エイケキ 翳醯呬 〔雜語〕 Ākarṣaṇaṁ 譯、召請。【慧琳音義三十五】に「此句梵語也、唐名二召請句一。來義也。」

エイサイ 榮西 〔人名〕 建仁寺の榮西、明庵と號す。又、葉上房。備中吉備津宮の人。叡山に登て台教及び密乘を禀く。仁安三年、宋に入り、天台の章疏

を得て歸る。文治三年重て宋に入り、天童の虚庵に就て臨濟禪を傳へ、建久二年歸朝す。建保元年僧正に擢んでられ、同三年七十五にて寂す。榮西又、伯耆の大山に上て基好に就て密乘を傳へ、叡山に還て横川の顯意に依て密灌を受け、葉上流の一流を創せり。【元亨釋書二、自在金剛集八】

エイサン 瑩山 〔人名〕 能州總持寺の開基、紹瑾の號。

エイザン 叡山 〔地名〕 比叡山の略稱。

叡山九院 〔堂塔〕 一に止觀院。二に定心院。三に總持院。四に四王院。五に戒壇院。六に八部院。七に山王院。八に西塔院。九に淨土院。

叡山十六院 〔堂塔〕 一に法華三昧院。二に一行三昧院。三に般舟三昧院。四に覺意三昧院。五に東塔院。六に西塔院。七に寶塔院。八に菩薩戒壇院。九に護國院横川中堂。十に總持院。十一に根本法華院。十二に淨土院。十三に禪林院。十四に脱俗院。十五に興眞院。十六に一乘止觀院。【山門堂舍記】

エイシン 叡信 〔雜語〕 皐室の御信心。⊙(盛衰記)「山門の叡信淺からざれば。」

エイシンヤク 翳身藥 〔雜名〕 此藥を用れば、能く人の身を隱して、他人の目に觸れざらしむるを得と云。印度の仙法にて、隱形藥と云。【龍樹菩薩傳】に「四人相親。莫レ逆ニ於心一。倶至ニ術家一。求ニ隱身法一。乃至各與ニ青藥一丸一。告レ之曰。汝在ニ靜處一。以レ水磨レ之。用塗ニ眼瞼一。汝形當レ隱。無ニ人見者一。龍樹磨ニ此藥一時。聞ニ其氣一。即皆識レ之。分數多少。錙銖無レ失。還告ニ藥師一。向ニ所レ得藥。有ニ七十種一分數一。多少皆如ニ其方一。乃至四人得レ術。縱レ意自在。常入ニ王宮一。宮中美人。皆被ニ侵淩一。」

エイセイシ 衛世師 〔流派〕 「ショウロンシュウ」を見よ。

エイセン 瘞錢 〔雜名〕 葬處に瘞む錢を云。【釋門正統四】に「唐王岐傳云。玄宗時。岐爲ニ祠祭使一。專以レ祠解ニ中帝一。意有レ所ニ禳祓一。大抵類ニ巫頑一。漢以來。葬者皆有ニ瘞錢一後世俚俗。稍以レ紙寓レ錢爲ニ鬼事一。至レ是岐乃用(フト)レ之。則是喪祭之焚ニ紙錢一。起ニ于漢世之瘞錢一也。其禱レ神而用ニ寓錢一。則自ニ王岐一始耳。」案に日本の俗、柩内に銅錢六箇を容れて六道錢と名く。即ち瘞錢の義なり。

エイセンジ 永宣旨 〔雜語〕 或る官職に限りて、永久奏上を經ず補任するを得る宣旨を云ふ。永宣旨阿闍梨職の如きこれ也。

エイソセンミヤウ 永祚宣命 〔故事〕 一條天皇永祚元年九月二十九日、餘慶座主職を襲ぐ。慶は智證の門徒なれば山徒之を拒む。勅使右大辨藤原在國、宣命を前唐院に讀む。常の例に異なり。之を永祚宣命と稱す。【天台史略上】

エンソン 叡尊 〔人名〕 西大寺の叡尊。字は思圓。信慧阿闍梨に就て密宗の奥義を極む。後に東大寺に往て律學を研き、覺盛等と共に自誓受戒を創す。西大寺に住して大に戒香を熏ず。弘安四年蒙古入寇の時、後宇多帝の命を奉じて男山八幡宮に祈て神風を起す。正應三年九十にて寂す。正安二年、後伏見帝、興正菩薩と謚す。鑑眞の後、戒法の勃興、此時を盛なりとし、律宗の中興と稱す。【本朝高僧傳五十九】

エイソン 榮尊 〔人名〕 肥州萬壽寺の榮尊。神子と稱す。【本朝高僧傳二十一】

エイタイ 永代 〔術語〕 永久の世代

永代經 〔行事〕 永代其人の忌日毎に經を讀むと。【考信錄二】に「今時永代經と稱して、檀越より若干の錢財を出せば、僧侶之を常住に納めて忌日毎に讀經すると、差降種々なれども、大途は同じ、是れ諸宗一統の事と見ゆ。」

永代講 〔行事〕 永代經を勤むる法會。

エイダウ 影堂 〔堂塔〕 佛祖の眞影を安置する堂舍。本願寺には開山堂を御影堂(ごえいだう)と云ふ。又、京都に御影堂(みえいだう)と云伽藍あり。

エイダカ 翳茶迦 〔動物〕 虫の名。糞を食ふ、蜣蜋の類。【慧琳音義十五】

エイチウ 英仲 〔人名〕 丹州圓通寺の法俊、字は英仲。【本朝高僧傳三十九】

エイテウ 榮朝 〔人名〕 上州長樂寺の榮朝。字は釋圓。建仁寺の榮西禪師に從て宗門の要旨を受け、上州の世良田に長樂寺を創して大に禪教を弘む。寶治元年九月寂す。【本朝高僧傳十九】

エイテウ 英朝 〔人名〕 京都大德寺の英朝。號は東陽。雪江探禪師の開示を受て心印を傳持す。永正元年七十七にて寂す。謚を大道眞源禪師と賜ふ。著す所、正燈錄二十卷。門人其法語を緝めて無孔笛と云、十卷あり。【本朝高僧傳四十三】

エイナイヤ 翳泥耶 〔術語〕 又、毉泥耶に作る。鹿の名より三十二相の一となる。「イニエン」を見よ。

エイネイ 永寧 〔人名〕 虚堂禪師、諱は永寧。太湖山の無用に參して玄旨を悟る。元の順帝の歸敬を受け、三番號を賜はる。明の洪武二年、七十八にて寂す。【續稽古略二】

エイネイジ 永寧寺 〔寺名〕 北魏献文帝之を建つ。長安の北臺に在り。塔七級、高さ三十丈。【稽古史略二】

エイヘイ　永平　〔人名〕　曹洞宗の道元禪師、越の永平寺に住して永平と云ふ。

永平元和尙頌古　〔書名〕　一卷、侍者詮慧等編す。【霜帙八】

エイヘイシンキ　永平淸規　〔書名〕　二卷。道元撰。又永平元禪淸規、永平大淸規と云ふ。洞家の日用儀式法を誨へたるもの。上卷に典座敎訓、辨道法、僧堂四板被位の圖、赴粥飯法、十二板首鉢位の圖を示し。下卷に衆寮淸規、對大己法、知事淸規、衆寮十二板圖等あり。嘉祥三年より寛元四年の間に於て作られ、寛文七年永平寺の光紹初めて上梓す。

エイヘイジ　永平寺　〔寺名〕　吉祥山永平寺。越前吉田郡志比谷村に在り。曹洞宗。開基道元禪師。願主は出雲守波多義重。寛元二年の草創。曹洞宗の大本山。能本山に對して越本山と稱す。【三才圖會七十】

エイメイ　永明　〔人名〕　宋の智覺禪師延壽、杭州の慧日山永明寺に住しければ永明と稱す。ヤウメイと讀む。「エンジユ」を見よ。

永明心賦註　〔書名〕　永明の著、四卷、【續藏】

永明智覺禪師唯心訣　〔書名〕　一卷、【膽帙四】(1652)

エイモン　英文　〔人名〕　京都南禪寺の英文。號は景南。東福寺の大方用和尙の弟子。享德三年八十三にて寂す。【本朝高僧傳四十一】

エイラ　翳羅　〔植物〕　又、黳羅、蘙羅に作る。樹の名。「インラナ」を見よ。

エイラバツ　蘙羅跋　〔異類〕　「イラバツナ」を見よ。

エイラバツナ　蘙羅跋那　〔異類〕　「イラバツナ」を見よ。

エウギヤウ　要行　〔術語〕　肝要なる行法。【佛昇忉利天爲母說法經上】に「堅固志願建ニ立要行一」【行事鈔下四之二】に「明ニ諸要行一勿レ過ニ八敬一」

エウクワ　瑤花　〔堂塔〕　玉華宮を云。⊙(太平記)に「瑤花風芳。」「ギヨククワ」を見よ。

エウグサウダイ　要弘相對　〔術語〕　淨土門中に於て、諸行往生の要門と念佛往生の弘願門とを相對して、其權實を論じ擬立を說くを云ふ。

エウゲ　要偈　〔雜語〕　肝要の偈頌。

エウゴン　要言　〔雜語〕　肝要の言句。【行事鈔下三之四】に「要言妙辭。直顯ニ其義一」

エウシ　要旨　〔雜語〕　肝要の旨趣。【禪源都序上】に「禪門要旨。無レ是無レ非。」

エウシユク　曜宿　〔術語〕　七曜と二十八宿。「シヤウシユク」を見よ。⊙(盛衰記)に「曜宿相應の良辰」

エウシン　要津　〔術語〕　生死海を渡る肝要の津路。【傳燈十六、藥山章】に「末後一句。始到ニ牢關一。鎖ニ斷要津一。不レ通ニ凡聖一」【臨濟錄序】に「把ニ定要津一壁立萬仞。」

エウシングノサンモン　要眞弘三門　〔術語〕　眞宗にて云ふ所の敎相。要門と眞門と弘願となり。要門は第十九願成就の法門にして、觀經に說かる、定散自力の諸行を修して懈慢邊地に往生するを云ふ。これ雙樹林下往生と稱す。眞門は第二十願成就の法門にして阿彌陀經に說く自力廻向の念佛を修して疑城胎宮に往生す。難思往生とす。弘願の眞門は第十八願成就の法門にして無量壽經に說く、他力信心の念佛をもつて眞實報土に往生するを云。難思議往生と稱す。衆生は此の三門より彌陀の淨土に往生す。

エウジフキヤウ　要集經　〔經名〕　諸佛要集經の略名。

エウジユツ　要術　〔雜語〕　肝要の方術。【資持記中一之三】に「唯戒一門。嚴爲ニ要術一」

エウセン　腰線　〔修法〕　線縷を加持して、行者の腰に帶ぶるもの。【蘇悉地經一】に「復取ニ白氎絲及以麻縷一。令ニ童女染而紅色或鬱金色一。合令レ作レ線。取結爲ニ眞言索一。持誦七遍。而作ニ一結一。一一如レ是。乃至ニ七結一。置ニ本尊前一。以ニ眞言一持。經ニ一千遍一。或持誦時。及護摩時。欲レ臥之時。應ニ以繫レ腰。夜臥之時。不レ失精穢一。故應ニ須繫一。」【蘇悉地供養法下】に「其腰線者。令ニ童女右旋搓合一。經ニ三合一已。重更三合。若ニ網調雲一作。」

エウダウ　要道　〔術語〕　肝要の道。【大寶積經百五】に「三世諸佛世尊要道」【廣百論釋論八】に「是利ニ自他一正眞要道」

エウハク　腰白　〔衣服〕　又、腰帛、喪中に白帶を以て腰を圍むもの。【象器箋十七】に「尊宿遷化。孝服者。白帶圍レ腰。言ニ腰帛一。或作ニ腰白一。」

エウフゲンギヤウヰ　永不現行位　〔術語〕　十地の中第八地以後佛果に至る間を云ふ。無漏心任運に相續して煩惱起らざるが故に此名あり。又功德刹那に增進するが故に刹那增進位とも云ふ。

エウメウ　要妙　〔術語〕　諸法の要處、眞理の妙旨。【無量壽經下】に「深入ニ諸法一。究ニ暢要妙一。」【淨影疏】に「得ニ其宗要一。知ニ其妙旨一。」

エウモン　要門　〔術語〕　觀無量壽經に說く十六觀の法を要門と云。善導一家の稱。【觀經玄義】に「娑婆化主因ニ其請一故。廣開ニ淨土之要門一。安樂能人。顯ニ彰別意之弘願一。其要門者。即此觀經定散二門是也。」【傳通記三】に「要者肝要。門者通入。謂一一行。各通ニ淨土一之要。故云ニ要門一。」

エウモン　要文　〔術語〕肝要の法文。【梁僧傳慧遠傳】に「抄二其要文一。撰爲二二十卷一。」【慈恩傳七】に「翻二譯聖教要文一。」

エウラク　瓔珞　〔物名〕寶玉を連ねて身又は宮殿の飾りとなすもの、梵に枳由邏と云。【玄應音義一】に「吉由羅應レ云二枳由邏一。此云二瓔珞一。」Keyūra

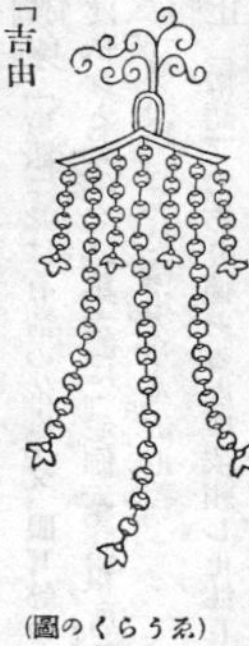

(ゑうらくの圖)

エウラクキヤウ　瓔珞經　〔經名〕菩薩本業瓔珞經の略、方等部經の略名。大乘律部の攝。又菩薩瓔珞經の略、方等部の攝。

エウラクホンゴフキヤウ　瓔珞本業經　〔經名〕菩薩本業瓔珞經の略名。

エウリヤクネンジユキヤウ　要略念誦經　〔經名〕大毘盧遮那佛説要略念誦經の略名。

エウロ　要路　〔雜語〕要道に同じ。【楞嚴經四】に「一切要路津口。」【梁僧傳七身篇論】に「七覺八道實涅槃之要路。」「の略。

エウヱキヤウ　要慧經　〔經名〕大乘方等要慧經

エカイ　衣界　〔術語〕攝衣界の略。衣を攝めて其人に屬し、離衣罪なからしむる結界なり。【資持記上二之一】に「注羯磨云。衣界者。攝レ人屬レ人。令レ無二離宿罪一。」

エガウロ　柄香爐　〔物名〕又、手爐と云。香爐に柄を付けたるもの。【考信錄一】に「爐にて香を燒き、經卷を薰ずるものなり」。【菩提心集下】に「香爐は我口の香をかくす。」（第七圖參照）

エガク　依學　〔術語〕依り學ぶと。

依學の宗　〔術語〕只學問として依り學ぶの宗にて、信心して修行する宗に非ざるを云。八宗の中に吾朝に於て、倶舍成實の如きもの。

エキノウバソク　役優婆塞　〔人名〕「エンノウバソク」を見よ。

エキヤアシツテイカ　瀸佉阿悉底迦　〔術語〕Ekāsitika　佛の德相。八十一隨好なり。瀸は穢と同じ。「シエ」を見よ。

エギフエゴ　依義不依語　〔術語〕法四依の一。

エクワ　依果　〔術語〕又、依報とも。凡そ有情の果報に二種あり。有情の心身を總じて正果正報と云ひ。身外の物、即ち山川居家衣服飮食等を名けて依報依果と云。是れ正報正果の依處なればなり。【讚彌陀偈】に「無漏依果難二思議一。」

エケウブンシユウ　依敎分宗　〔術語〕敎相判釋に同じ。「ケウハン」を見よ。

エケンド　衣犍度　〔術語〕犍度は梵語。Khaṇḍa譯、蘊。聚など。經論の篇章に名く。四分律に二十犍度あり、法衣を說ける篇章を衣犍度と稱す。

エコ　依怙　〔術語〕依り賴りになるもの。【法華經普門品】に「觀世音淨聖。於二苦惱死厄一。能爲作二依怙一。」【大寶積經廿三】に「世間大依怙。以二此乘一出離。」

エコク　衣裓　〔衣服〕長方形の切にて、男女多く肩に掛く。手を拭ひ、又は物を盛る。【法華經譬喩品】に「當下以二衣裓一。若以二几案一。從レ舍出上レ之。」【阿彌陀經】に「各以二衣裓一盛二衆名華一。供二養他方十萬億佛一。」【義疏五】に「衣裓者。衣衿也。」【玄贊五】に「裓者。孤得反。衣襟也。乃至天仙之衣。應二是彼類一。」案に肩に懸くれば裓と云ひしなるべし。今天人の像を見るに兩肩より長く垂るるもの是れなるべし。又、一說に衣裓は本來花器の稱。【法華文句五下】に「三藏法師云。衣裓。是外國盛レ花之器。」天台の【阿彌陀經義記】に「衣裓是盛レ花器。形如レ函。而有二一足一。手擎供養。」【象器箋十九】に「僧家散花器。名二衣裓一。其器小竹籠。以貯レ花而散レ之。」即ち後に轉じて華籠の稱となれるなり。

エゴンシンニヨ　依言眞如　〔術語〕離言眞如に對す。「シンニヨ」の項、「二眞如」を見よ。

エサウフモク　依草附木　〔術語〕又、依草附葉。精靈の草木に依附せるもの。人の精靈に對して云。【無門關】に「祖關不レ透。心路不レ絕。盡是依草附木精靈。」【臨濟錄】に「十年五歲並無二一人一。皆是依草附葉。竹木精靈。野狐精魅。」

エザシツ　衣座室　〔譬喩〕法師が法華經を弘通するに就て三種の軌則を喩に寄せて示したるもの、之を弘經の三軌と云。【法華經法師品】に「藥王。若有二善男子善女人一。如來滅後。欲下爲二四衆一說中是法華經上者。云何應レ說。是善男子善女人。入二如來室一。著二如來衣一。坐二如來座一。爾乃應下爲二四衆一廣說中此經上。如來室者。一切衆生中大慈悲心是。如來衣者。柔和忍辱心是。如來座者。一切法空是。」

エシ　依止　〔術語〕「エジ」を見よ。

エシシヤク　依士釋　〔術語〕依主釋の異名。六合釋の一。「ロクリガフシヤク」を見よ。

エシヤウ　依正　〔術語〕正しく過去の業に由て受けたる我心身を正報と云ひ、其心身の依止となる一切世間の事物を依報と云。【三藏法數二十七】に「依謂依報。即世間國土也。正謂正報。即五陰身也。正由二業力一。感二報此身一。故名二正報一。既有二能依之身一。即有二所依之土一。故國土亦名レ報也。」【行願品疏鈔二】に「依者凡聖所依之國土。若淨若穢。

正者凡聖能依之身。謂人天男女。在家出家。外道諸神。菩薩及佛。」

依正二報 〔術語〕正報と依報と、共に前業に應ぜる果報なれば二果とも、二報とも云。

依正不二門 〔術語〕十不二門の一。「ジフフニモン」を見よ。

エシユ　衣珠 〔譬喩〕法華七喩の一。佛性を衣中の寶珠に譬へしもの。【法華經五百授記品】に「譬如有レ人至二親友家一。醉レ酒而臥。是時親友。官事當レ行。以二無價寶珠一。繫二其衣裏一與レ之而去。其人醉臥。都不二覺知一。起已遊行。到二於他國一。爲二衣食一故。勤力求索。甚大艱難。若少有レ所レ得。便以爲レ足。於レ後親友。會遇見レ之而作二是言一。咄哉丈夫。何爲二衣食一。乃至如レ是。我昔欲レ令下汝得二安樂一五欲自恣上。於二某年日月一。以二無價寶珠一。繫二汝衣裏一。今故現在。而汝不レ知。勤苦憂惱。以求二自活一。甚爲レ癡也。汝今可下以二此寶一貿中易所須上。常可二如レ意無一レ所二乏短一。」【楞嚴經四】に「譬如下有レ人於二自衣中一。繫二如意珠一。不二自覺知一。窮二露他方一。乞食馳走上。」【文句記三下】に「衆生身中。有二昔種緣一。名爲二衣珠一。」

エシユシヤク　依主釋 〔術語〕六離合釋の一。「ロクリガフシヤク」を見よ。

エシン　依身 〔術語〕身は有情の依處。又、眼耳等の依處なれば依身と云。【名義集六】に「瑜伽云。諸根所二隨周遍積集一。故名爲レ身。是積集義。及依止義。」

エジ　依止 〔術語〕力あり德ある處に依賴し止住して離れざると。【法華經方便品】に「若有若無等。依二止此諸見一。」

依止甚深 〔術語〕如來所證の眞如の法體は一切處に遍じて、一切萬有の所依となるを云。五甚深の一。【法華論、三藏法數十九】

大依止處 〔術語〕佛菩薩を云。【無量義經】に「是諸衆生安穩樂處。救處。護處。大依止處。」

依止阿闍梨 〔職位〕比丘新に度せられて後、他の先輩の比丘に依止して其監督を受くるを法とす。その師を依止阿闍梨と云。五種阿闍梨の一。【四分律三十四】

依止師 〔職位〕依止阿闍梨に同じ。【元亨釋書二十四】に「或居二本寺一。請二依止師一。細學二律相一。」図禪家受學參禪の師を云ふ。【象器箋】

エジキシチウムダウシン　衣食之中無道心 〔雜語〕傳敎大師の語。光定の一心戒文に引く。【一心戒文下】に「最澄法師云。乃至道弘レ人。人弘レ道。道心之中有二衣食一矣。衣食之中無二道心一矣。」

エジユ　衣樹 〔植物〕妙衣を生ずる樹。忉利天の喜見城に在り。【瑜伽論四】に「復有二衣樹一。從レ此出二生種種妙衣一。其衣細軟。妙色鮮潔。雜綵間飾。」

エタ　依他 〔術語〕自然の法にあらずして、他の因緣に依て起る法を、依他法とも依他起性とも云。三性の一。【成唯識論八】に「由二斯理趣一。衆緣所レ生。心心所體。及相見分。有漏無漏。皆依他起。依二他衆緣一而得レ起故。」

依他自性 〔術語〕三自性の一。依他起の法には假有似有の自性あり。

依他八喩 〔譬喩〕依他十喩中。幻事、陽焰、夢境、鏡像、光影、谷響、水月の八喩なり【攝大乘論五】に出づ「依他十喩」を見よ。

依他の十喩 〔譬喩〕依他法の實體なきを十種の喩にて顯はすもの。【維摩經方便品】に「是身如二聚沫一。不レ可二撮摩一。是身如レ泡。不レ得二久立一。是身如レ炎。從二渴愛一生。是身如二芭蕉一。中無レ有レ堅。是身如レ幻。從二顚倒一生。是身如レ夢。爲二虛妄見一。是身如レ影。從二業緣一現。是身如レ響。屬二諸因緣一。是身如二浮雲一。須臾變滅。是身如レ電。念念不レ住。」【大般若經一】に「於二諸法門一。勝解觀察。如レ幻如二陽焰一。如レ夢如二水月一。如レ響如二空花一。如レ像如二光影一。如二變化事一。如二尋香城一。」

エタイ　衣體 〔術語〕法衣の材體の義。即ち三衣等を作る品質なり。【四分律六】に糞掃衣及び十種の衣を許す即ち「憍賒耶衣。劫貝衣。欽婆羅衣。芻摩衣。讖摩衣。扇那衣。麻衣。翅夷羅衣。鳩夷羅衣。讖羅半尼衣」なり。憍賒耶 Kauśeya 巳 Kausa は野蠶の絹布。劫貝は迦波羅 Karpāsa 巳 Kappāsika 即ち綿布。欽婆羅 Kambala は毛絲雜織とも細羊毛衣とも云ふ。芻摩 Kṣaumaka 麻布の一種なり。扇那は白羊毛布。鳩夷羅は絳色羊毛布。讖羅半尼は尨色羊毛布。翅夷羅は鳥毛を織りし物なり【西域記二】に亦憍奢耶以下五種衣を擧ぐ。然るに後世南山律に於て絹布を排するは典據あるにあらず、現に義淨は【南海寄歸傳二】に之を說破せり。本朝德川時代に及んで一般の服制を定めらるると共に諸宗各僧侶の階級によりて色及び地を異にする制生ず。

エタキシヤウ　依他起性 〔術語〕「サンシヤウ」項中、「遍依圓三性」を見よ。

エタシン　依他心 〔術語〕佛の變化身の假心を云。

エダクワンジユ　枝卷數 〔行事〕節分の夜に祈禱をなして、其讀經の卷數を記したるものを卷數の守と云ひ、之を修驗家には桃の枝にさして門の傍に挿す、是れ枝卷數なり、【修驗壇問愚答集一】

エチウノタカラ　衣中の寶 〔譬喩〕法華七喩の一。「エシユ」を見よ。

エチフエチ　依智不依智 〔術語〕法四依の一。「シエ」を見よ。

エヂ　依地　〔術語〕依身に對する所依の定を云ふ。定を地に喩ふ。

エヂヤク　依着　〔術語〕執着すること。【大般若經七十一】に「能如レ實知二一切法相一。而不二執着一故。復名二摩訶薩一。」【往生要集上末】に此文を引て「執着」を「依着」に作る。

エツウ　依通　〔術語〕通力の一種。藥力咒術等に依憑して神通の作用を現はすを依通と云。所謂神仙の類。五通の一。【宗鏡錄十五、三藏法數二十一】

エツシツチ　洩悉知　〔地名〕Yasti-vana 林の名。譯、竹杖。【西域記九】に「洩瑟知林。唐言二杖林一。林竹脩勁。其先有二婆羅門一。聞釋迦佛身長丈六。常懷二疑惑一。未二之信一也。乃以二丈六竹杖一。欲レ量二佛身一。恒於二杖端一出過二丈六一。如レ是幷高。莫二能究一レ實。遂投レ杖而去。因植レ根焉。」

エツシユ　悅衆　〔職位〕別名、知事。僧中の職名。僧中の事務を司るもの。【僧史略中】に「案西域知事僧。總曰二羯磨陀那一。Karma-dāna 譯爲二知事一。亦曰二悅衆一。謂下知二其事一悅中其衆上也。乃至 秦主勅選二道碧法師一。爲二僧正一。慧遠爲二悅衆一。法欽慧斌掌二僧錄一。」

エツザウチシン　閱藏知津　〔書名〕明の智旭著。四十卷。一切經の每部又は每品の大意を叙し、且つ翻譯の單複を詮考せしもの。

エツヅダン　閱頭檀　〔人名〕Śuddhodana 又、首圖駄那。譯、淨飯。白淨飯王【本行集經五】に「閱檀頭王。隋言二淨飯王一。」【玄應音義四】に「閱頭檀王。此譯云二白淨飯王一也。或言二淨飯王一也。」「ジヤウボンワウ」を見よ。

エドサンワウマツリ　江戶山王祭　〔行事〕六月十五日これを行ふ。神社は江戶永田馬場にあり。祭る所近江日吉の神に同じ。別當勸理院僧正、神主樹下采女正、その外社家數多あり。乃ち官より神領六百石を附せらる。當社古は入間郡川越仙波といふ所にあり。その地仙臺仙人の住せし古跡なりしを、慈覺大師草創ありて星野山無量寺と號し、天台の靈地として山王を勸請あり。その後尊海僧正中興し、三十餘院甍をならべたり。後花園院長祿三年太田道灌江戶を築くの後、文明年中仙波星野山の山王を勸請して江戶の城護とす、その地今の紅葉山なりといふ。德川氏在城の初にあたり、城西の貝塚に移さる、明曆回祿の後、再び溜池の上にうつさる、是れ今の社地なり。祭禮は六月十五日官祭なり。(神田明神と隔年に行はる)凡そ祭禮に預るの町、南は芝を限り、西は麴町飯田町を限り、東は傳馬町濱町邊を限り、北は内神田を限りとす。神輿三基、祭禮の番組四十餘番、各各花だし(山鉾の類なり)一本練物等を出す。神輿渡御の町町は宵宮より棧敷を構へ、幕を張り、毛氈を鋪きつらね、軒に多くの提灯を釣る。十五日の未明先づ榊渡る、太鼓これに添ふ。其次猿の造り物ある引出、その次諫鼓雞の引山わたるなり。其外の番組は例年の定めあり。此際に麴町より朝鮮人來朝の形に出立ち、布にて造りし大なる象の練物を出す。(近年引山の外これを止めらる)神幸の道、本山を出て永田馬場より御堀端を歷て麴町御門に入り、上覽所を渡り竹橋より神田橋鎌倉河岸を過ぎ、本町一丁目へ出で、石町三丁目、小傳馬町、大傳馬町、旅籠町へ渡る、傘鉾、大吹貫、幟、屋臺、引山、甲冑の法師等なり。氏子に預る所の諸侯も又警固の武士をいだし、長柄鑓を立てつらねて群行す。茅場町藥師堂(山王別當の別院なり)の境内にて神饌を獻じ、畢りて八町堀日本橋筋を中の橋へかかりそれより本山へ還御也。

エドテンワウマツリ　江戶天王祭　〔行事〕相傳ふ元祿のはじめ大に流疫す。よりて官に請ひ奉りて神田明神の社地に勸請ある所の祇園三社の神輿を出して街に渡御し奉る、これより後每年祇園會を修す。先づ大傳馬町御旅所神輿一基、六月五日出輿、八日還輿。小船町御旅所神輿一基、十日出輿、十二日還輿。南傳馬町御旅所神輿一基、七日出輿、十四日還輿なり。何れも神輿還幸の時そのもよりの町町を渡御、社人裝束馬にて供奉、鉾三本、氏子これに隨ふ、神輿渡御の町町は一日廢務なり、或は門に竹を植うる家あり、忌竹の意なるべし。其外淺草御藏前、千住、品川、四谷等にも此祭あり。中にも品川の神輿は海汀を渡御す。天王祭とは牛頭天王の祭といふ義なり、祇園會といはずして天王祭といふは江戶の方言なり。

エナ　衣那　〔雜名〕俗に臍の緒と云ふものなり【資道什記上】に「九界袈裟者。尋二其根元一。宿二胎內一時。白レ臍生レ物。猶如二海草一。本小末大也。譬如二袋中納一レ物。自二面前一覆二背邊一。而禦二寒熱一。令二赤子生長一。正垂二出胎一。乃向二産門一。逆頭而生。爾時身先生。衣那後出。故謂二後物一。於レ是量二赤子臂長一。切二其臍尾一。而以二吉酒一洗見レ之時。於二其衣那一。有二松文一者。長命富貴之相也。若有二竹文一者雖二長命一而貧窮也。或有二龜文一者。最短命不吉之相也。如レ是能見レ之已。以二其臍尾一埋二淸淨處一。供二五節供等一。成二大黑氏神一。是於二我等一大恩德者也。若致二不法一。令二大鳥等食一レ之。則成二障礙神一。頻爲二禍崇一矣。是名二衣那荒神一。故爲レ報二此恩一。正稱二袈裟一。而掛二體上一。修驗行者結袈裟者、全是彼衣那形也。」結袈裟は即ち九界袈裟

エナウ　衣囊　〔物名〕三衣を納るる囊。又衣袋とも

云ふ。【五分律廿一】に「時諸比丘在路行。不收攝衣曳地汙裂。以是白佛。佛言。不應爾。犯者突吉羅。應作囊盛。諸比丘作囊太長。以是白佛。佛言不應爾。極長使前至臍後至腰。乃至應用麤物作」【薩婆多部律攝五】に「三衣袋法三肘廣一肘半。長牒兩重縫之爲袋。兩頭縫合當中開口。長內其衣搭在肩上。口安絢帶勿令蟲入。」

Çivarabṛsikā

エノキノソウジヤウ　榎僧正　〔人名〕　良覺僧正の綽名。⦿(徒然草)に「公世の二位のせうとに、良覺僧正と聞えしは、きはめて腹あしき人なりけり。坊の傍に大なる榎の木有ければ、人榎木の僧正とぞ」

エハツ　衣鉢　〔物名〕「イハツ」を見よ。「いひける。」

エヒヤウ　依憑　〔術語〕　依り頼むと。【南本涅槃經十九】に「依二憑國王一。無レ有二盜賊一。」

天台依憑集　〔書名〕　一卷、傳教著、天台の行者が依憑すべきことを論じたるもの。

エフエクワンオン　葉衣觀音　〔菩薩〕　被葉衣觀音の略。被葉衣は喩にて八萬四千の功德の衣を着する意。密號は異行金剛。三昧耶形は未敷蓮華。其形像は【葉衣觀自在菩薩陀羅尼經】に「其像作二天女形一。首戴二寶冠一。冠有二無量壽佛一。瓔珞環釧。莊二嚴其身一。身有二圓光一。火焰圍繞。像有二四臂一。右第一手。當レ心持二吉祥果一。第二手作二施願手一。左第一手。持二鉞斧一。第二手持二羂索一。坐二蓮華上一。」【秘藏記】に「白肉色。左手取二羂索一。右手執二未敷蓮華一。」【胎藏界曼陀羅鈔二】に「問。何故名二被葉衣一耶。答。不明。若是葉色色云心歟。衣慈攝受。被着歟。同上阿鈔　私案云。被着之義可レ然。葉者八萬四千諸相好外繁茂義歟。衣法華云。柔和忍辱衣、矣。」(第六圖參照)梵 Palāśavalin

葉衣觀自在菩薩陀羅尼經　〔經名〕　一卷、唐の不空譯。詳に其修法及び功德を說く。「羅尼經の略名。【閨帙十二】

エフガイ　葉蓋　〔物名〕　木の葉にて造れる蓋笠。【釋氏要覽中】に「蓋律有二二種一。一竹蓋。二葉蓋。」

エフク　衣服　〔物名〕

衣服隨念願　〔術語〕　一句歌題。【無量壽經上】の四十八願中、第三十八願に「設我得レ佛。國中人天。欲レ得二衣服一。隨レ念即至。如二佛所レ讃應レ法妙服一自然在レ身。若有二裁縫擣染浣濯一者。不レ取二正覺一。」望西樓の【大經鈔四】に之を科して衣服隨念願と云。⦿(雪玉集)「裁縫も誰か手をからで唐衣たもとゆたかに重ねてぞきる。」

エフクテン　衣服天　〔天名〕　又、金剛衣天。金剛界曼陀羅の第二羯磨會の衆中、外金剛二十天の中の一天。此尊は胎內の胞衣が所生の子を覆て、母の飮む所の寒溫の氣を防ぐ德を司るなり。黑色にて弓箭を持つ。【金剛界曼荼羅大鈔二】

エフジヤウ　葉上　〔人名〕　建仁寺榮西禪師の房號。轉じて榮西の稱となる。

葉上僧正　〔人名〕　榮西、僧正に任ぜらる、故「に名く。

葉上流　〔流派〕　又、佛頂流。建仁寺流とも。穴太三流の一。葉上房榮西、伯耆大山の好基と横川南樂房の顯意とより傳持して創立せし眞言一流の名。【白在金剛集八】

エフドウジ　衣蒲童子　〔圖像〕　宋の太尉呂惠卿、五臺山に遊で一童子を見る。體黑くして髮を被り、蒲を以て足より纏て肩に至り、右膊を袒て、手に梵筴を執る。大尉に對して華嚴經の深義を說き、且つ文殊の本形を現はして去る。太尉家に還て晨夕之を思ひ、久くして忽然童子を香几の上に感見し、畫工に命じて之を圖せしむ。【稽古略四】

エホウ　衣寶　〔譬喩〕　法華七喩の一、衣珠の喩を指す。「エシユ」を見よ。【法苑珠林序】に「衣寶與二髻珠一。」

エホウ　依報　〔術語〕　心身は正く實の果報なり、此心身の依止すべき身外の諸物を依報と云ふ。世界國土、家屋、衣食など。【瓔珞本業經上】に「凡夫衆生。住二五陰中一。爲二正報之土一。山林大地共有。名二依報之土一。」「エシヤウ」を見よ。

九十四種阿僧祇依報莊嚴　〔雜語〕　金剛幢菩薩十回向中、第十等法界無量回向の菩薩、その法施所修の善根を回向して、九十四種の阿僧祇の莊嚴具を以て十方の佛刹を莊嚴せんことを願ずるを說く。

エホフ　衣法　〔術語〕　衣と法と。正法を傳へたる徵として更に師の袈裟を授かるを云。【傳燈錄三】に五祖弘忍、六祖慧能に對して「諸佛出世。爲二一大事故一。隨二機小大一。而引二導之一。遂有二十地三乘頓漸等旨一。以爲二教門一。然以二無上微妙秘密圓明眞實正法眼藏一。付二于上首迦葉尊者一。展轉傳授。二十八世。至二達磨一屆二于此土一。承襲以至二于吾一。今以二法寶及所レ傳袈裟一。用付二於汝一。善自保護。無レ令二斷絕一。乃至能居士跪受二衣法一。」

エホフフエニン　依法不依人　〔術語〕　法四依「の一。「シエ」を見よ。

エミヤウシヤクギ　依名釋義　〔術語〕　三論宗四種釋名の一。「シシヤク」を見よ。

エリ　衣裡　〔譬喩〕　法華七喩の一、衣珠の喩。「衣

衣裡珠　〔譬喩〕　上に同じ。「珠」を見よ。

ヱリヤウジユ　衣領樹　〔雜名〕　冥土に在て罪人

の衣を褫て懸くる樹の名。【十王經二】に「官前有二大樹一。名二衣領樹一。」【抄】に「梵云二大波羅樹一。又云二毘羅樹一。漢云二衣領樹一。罪人懸レ衣。故云二衣領樹一也。」

エヱン 依圓 〔術語〕依他起性と圓成實性との二性。【三論大義鈔一】に「都存二依圓一徒。還同二渠過一。」

エン 緣 〔術語〕Pratyaya 攀緣の義。人の心識が一切の境界に攀緣するを云。即ち眼識が色境を攀緣して之を見、乃至身識が觸境を攀緣して之を覺する如し。依て心識を能緣とし、其境界を所緣とし、其心識が境界に向て動く作用を緣と云、即ち心が境界を攀緣するなり。されば緣とは心の境に對する作用にて、換言せば心の慮知なり。依て緣慮と熟して、緣は即ち慮知なるを示す。【成唯識論一】に「在二第六識一。緣二識所變五取蘊相一。」図 由藉の義。他に依り藉らるるもの。【大乘義章三本】に「緣者由藉之義。緣別不レ同。故分爲レ四。一者因緣。二者次第緣。三者緣緣。四者增上緣。」

エン 焔 〔譬喩〕又、炎、如來は衆生の機緣の薪盡くれば即ち涅槃に入れば、薪の盡くるに隨て火の滅するに寄せて涅槃を炎と稱し、隨て涅槃經を炎經、涅槃點を炎點と稱す。【玄莊譯攝論釋十】に「或現等正覺。或涅槃如火。」

エンイシヤウ 緣已生 〔術語〕緣によりて生じたるものを云ふ。無明の緣によりて生じたる行は緣已生にして、行より見る時識は緣已生なり。

エンイン 緣因 〔術語〕緣は緣助、謂く一切の功德善根、了因を資助して、正因の性を開發するが故に、緣因と云。二因の一。【涅槃經二十八、三藏法數六】

エンエウ 緣影 〔術語〕又、緣氣、緣事と云ふ。是れ心識四分中の見分が外塵を緣慮するに依て生ずる外塵の影像なれば緣影と云。見分が外塵を緣慮する氣分なれば緣氣と云。是れ能緣の心性に非ず、所緣の事相（即四分中の相分）なれば緣事と云。緣影に二種あり、五識及び五因緣の意識が外の五塵を緣ずる時、心內に現はるる色聲等是れ一なり。又五後の意識、獨類の意識が外の六塵を見聞覺知せりと分別する性覺なり。（五識及び五因緣の意識は見聞覺知するも見聞覺知せりとの分別心なし）此の見聞覺知せりと分別する分別性は外塵を緣じて生ずるものなれば亦是れ緣影なり。されば第一と第二とは所緣能緣の別あるも、共に是れ緣影なり。

エンエン 緣緣 〔術語〕舊に緣緣と云ひ、新に所緣緣と云。所緣の緣なり。四緣の一。心識が境界に對するとき（眼の色に於る如き）心識を能緣と云ひ、境界を所緣と云。緣は攀緣にて心識が各自の境界を攀緣する義なり。依て境界は心識が爲に所緣の緣となる、即ち心識は其所緣を緣として起るもの、之を緣の緣或は所緣の緣と稱して、他の諸緣に別異す。【大乘義章三本、三藏法數十五】

エンカウ 鹽香 〔譬喩〕鹽もと香なし、以て無法に譬ふ。龜毛兎角に同じ。【成實論二】に「世間事中。兎角龜毛。蛇足鹽香風色等。是名レ無。」【萬善同歸集五】に「何起二龜毛兎角之心一。作二蛇足鹽香之見一。」

エンカンジヤウ 蔫乾淨 〔飲食〕五淨食の一。「ゴシユジヤウジキ」を見よ。

エンガイ 烟蓋 〔雜語〕香烟蟠て蓋の形を作すもの。【賢愚經六】に「香烟如レ意乘レ虛往。至二世尊頂上一。相結合聚。作二一烟蓋一。」

エンガク 緣覺 〔術語〕梵語 Pratyekabuddha 舊稱、辟支佛。又、辟支迦羅。新稱、鉢刺翳伽佛陀。舊譯、緣覺。新譯、獨覺。緣覺とは、一は十二因緣の理を觀じて斷惑證理し、一は飛花落葉の外緣に因て自ら無常を覺悟して斷惑證理するを云。獨覺とは彼は無佛の世に於て宿因の萠す所、或は十二因緣を觀じ、或は飛花落葉を觀じて獨り自ら覺悟すればなり。【大乘義章十七末】に「言二緣覺一者。外國正音。名二辟支佛一。此翻二辟支一。名曰二因緣一。佛名爲レ覺。緣覺名義。解有二兩種一。一約二所觀法門一。以釋。緣者是其十二緣法。始從二無明一。乃至老死。觀レ斯悟解。從レ緣得レ覺。故號二緣覺一。二就二得道因緣一以釋。如二辟支佛得道因緣經中廣說一。如下拂迦沙見二風動レ樹。而得レ悟レ道。如是等皆藉二現事緣一。而得二覺悟一。曰二緣覺一。」【瑜伽倫記八上】に「獨覺地。若依二梵語一。名二鉢刺翳迦陀一。舊云二辟支一。訛也。此云二獨覺一。初發心時。亦値二佛世一。聞レ法思惟。後得道身出二無佛世一。性樂二寂靜一。不レ欲二雜居一。修二加行一滿。無二師友教一。自然獨悟。永出二世間一。中行中果。故名二獨覺一。或觀二待緣一。而悟二聖果一。亦名二緣覺一。」【玄贊五】に「樂二獨善寂一者。是獨覺義。出二無佛世一。得二能證レ道。獨自善證二寂滅理一故。又以二此慧一。深知二諸法因緣一者。是緣覺義。故瑜伽云。或觀二待緣一而證二聖果一故名二緣覺一。觀二十二緣起一而證レ果故。」然に天台一家は此二を區分して、佛世に出でて十二因緣を觀じて得悟するものを緣覺とし、無佛世に出でて飛花落葉の外緣を觀じて成道するものを獨覺とす。【四敎義三】に「辟支迦羅。是天竺之言。此土翻爲二緣覺一。此人宿世福德。神根勝利。學二十二因緣一以悟レ道也。大智度論云。緣覺有二二種一。一獨覺。二因緣覺。一明二獨覺辟支迦羅一者。若佛不二出世一。佛法已滅。是人先世因緣。能獨出二智慧一。不レ從二他聞一。自以二智慧一。得レ道故。名二獨覺一。乃至二明二因緣覺一者。因レ聞二十二因緣一覺悟。成二辟支佛一

也。」【輔行九之三】に「大論二十一云。迦羅此翻二因縁覺一。亦云二獨覺一。出二値佛世一。聞二因縁法一。名爲二縁覺一。出二無佛世一。自然得レ悟。名爲二獨覺一。」【文句四上】に「釋論云二縁覺獨覺一。獨覺出二無佛世一。縁覺願出二佛世一。」【四教儀集註中】に「縁覺者。觀二內因縁一。稟二佛教法一。獨覺者。觀二外因縁一。無師自悟。」【大乘義章十七末、七帖見聞六末、增輝記五】

縁覺乘 〔術語〕 十二因縁を觀じて眞空の理を覺悟する教法。三乘の一。

縁覺身 〔術語〕 【楞嚴經六】に「若諸有學。斷二十二因縁一。縁斷勝性。勝妙現圓。我於二彼前一。現二縁覺身一。而爲說レ法。令二其解脫一。」

縁覺法界 〔術語〕 十法界の一。諸佛衆生の本體を法界と云。十種の差別あり、縁覺は其の中の一。天台の所立。

縁覺菩提 〔術語〕 三菩提の一。縁覺の人の發菩提心なり。他の衆生を勸化せず、己れ獨り解脫せんと欲す。出生菩提經の說。【三藏法數九】

聲聞と縁覺の同異 〔雜語〕 【大乘義章十七末】に五同六異。【法華文句七下】に六同十異。【法華義疏八】に七同十一異。

縁覺十二因縁院 〔堂塔〕 縁覺の人、院內に十二因縁觀を修習すれば名く。往昔祇園精舍の內に在りき。【祇園圖經】御堂關白、之を法成寺の內に建つ。⦿(榮花物語)

エンキ 縁機 〔術語〕 因縁機會。【止觀十下】に「若有二縁機熟一。即坐二道場一。斷レ結作レ佛。」

エンキ 縁氣 〔術語〕 縁慮心の氣分なり。「エンエウ」を見よ。

エンキヤウ 炎經 〔經名〕 涅槃經の異名なり。是れ佛臨滅の時將に荼毘に附せんとする際の經文なれば斯く名く、図 涅槃光明の法を讃じて炎經と云ふ 図 「エン」を見よ。

エンギ 縁起 〔術語〕 事物の縁を待て起ると。一切の有爲法は皆縁より起るもの。【中論疏十末】に「縁起者體性可レ起。待レ縁而起。故名二縁起一。」【法華經方便品】に「佛種從レ縁起。」【俱舍論九】に「諸支因分。說二名縁起一。由二此爲レ縁能起レ果故。諸支果分。說二縁已生一。由二此皆從レ縁所レ生故。」【維摩經佛國品】に「深入二縁起一。斷二諸邪見一。」【大日經三】に「縁起甚深難レ可レ見」 図 事物の起る因由。【輔行一之二】に「述二此縁起一。凡有二十意一。」 図 事の起れる由來を述たる書の名。顯戒論縁起。付法藏縁起。三國佛法傳通縁起。或は何寺何社の縁起など。

四種縁起 〔名數〕 華嚴宗の教理は縁起を主とするなり。されば具の一字彌今宗を顯はすとは天台の事なり。本宗は之に對して起の一字益當家を振ふと云ふを得べし。何となれば本宗の至極は法界縁起にあればなり。而して今五教に就て之を分別するに各一箇の縁起あり。但だ頓教を除く。曰く業感縁起是れ小乘教なり。曰く賴耶縁起是れ大乘始教なり。曰く如來藏縁起是れ大乘終教なり。曰く法界縁起是れ圓教なり。而して獨り頓教を除く者は彼は無相離言の宗にして、更に教相に涉らざる教なればなり。此に四種縁起の大要を辨ぜば、一に業感縁起。是れ惑業苦の三道展轉して因果相續するを云ふ。惑とは心の病なり。業とは身の惡なり。苦とは生死の果報なり。心の病を縁として身の惡を造り、身の惡を因として生死の果を感ずる、之を業感縁起と稱するなり。例へば人ありて瞋恚を起す是れ惑なり。之より終に刀を引て他を殺す是れ業なり。此の業自ら未來の苦果を牽引するに至る是れ業なり。而して未來の苦果を感じ了れば、其の苦果の身に於て更に惑を起し業を造す、是れ一具の縁なり。而して更に惑を起し業を造て他世の苦果を招く、是れ亦一具の縁起なり。此の如く惑業苦の三道展轉して互に因となり果となり、輪環玉の如きもの、生死輪廻の相なりとす。故に之を溯れば過去永永更に生の始なく、之を趁へば未來漫漫更に死の終なきなり。佛教に談ずる三世因果の相は大要之に過ぎず。而して之を詳にせし者は即ち十二因縁觀是れなり。然り而して是の如く論じ來れば因果の關係を知るに足れども、此の三法はもと何より生じ來るやと問はゞ之に答ふる辨解なかるべし。是れ業感縁起に次て賴耶縁起の興る所以なり。二に賴耶縁起。賴耶とは阿賴耶の略、譯して藏と云ふ、種子を藏する義なり。微細不可知の一大藏識ありて一有情の根本依となり。有情を差排する萬法は皆此藏識に執持する種子より現行せる者にして、之を種子生現行と云ひ。彼の現行せられたる萬法は新に其種子を藏識に熏ずる者とし、之を現行熏種子と云ふ。依て三法を得べし。一に本有種子。是れ藏識に執持せられて縁に遇へば現行せんとする種子なり。二に現行法。是れ本有種子の縁に遇て現行せし法なり。三に新熏種子。是は現行法より新に熏ぜし種子なり。此三法は展轉して同時に因果をなすと猶ほ秤の一時に高低するが如し。之を種子生二現行一現行熏二種子一三法展轉因果同時と云ふ。是れ一具の縁起なり。而して後時更に縁に遇へば種子より現行を生じ、現行より種子を熏じて、更に一具の縁起を爲す。此の如く展

轉して因果無究なる之を賴耶緣起の相となす。而して謂ふ所の緣とは別法あるにあらず。反て賴耶より現行せる諸法なり。現行せられたる諸法を緣として種子を鼓動し惑を生じ業を造り果を招くなり。されば三世因果の相たる惑業苦の三道共に吾一心より緣起することを知り得るは賴耶緣起の功なり。然れども更に一步を進めて賴耶心反て何より生ずと云はば之に答ふる辯解なかるべし。若し前七識より生ずと云はば、更に賴耶と前七識と共に何れより生ずと詰るべし。豈之に答ふる辭あらんや。是れ賴耶緣起に次で如來藏緣起の興る所以なり。三に如來藏緣起。又眞如緣起と云ふ。一味平等の眞如ありて無始無終不增不滅の實體なる者、染淨の緣に驅られて種種の法を生ずるを云ふ。即ち其實體に眞如門、生滅門の二義ありて、眞如門の故には一味平等の體なれども、生滅門の故には染緣に由て六道を現はし、淨緣に由て四聖を出す。此に於て三法あり。一に眞如の體。二に生滅の相。三に因緣の用。即ち眞如の體を因とし、因緣の用を緣とし、以て生滅の相を生ず。而して其生滅の果即ち現行の賴耶識なり。是に於て賴耶識は如來藏に由つて生ずるを知る。而して如來藏は更に何より生ずと詰問すべからず。何となれば如來藏は體眞如なればなり。更に生ずる所あれば眞如にはあらざればなり。而して是の如く一切萬法は一如來藏より變造せしものなれば、其の萬法は互に融通して一大緣起をなすべしと論ずる、是れ法界緣起なり。四に法界緣起。法界の事法有爲も無爲も、色心も依正も、過去も未來も、盡く一大緣起を成し、更に單立する者なきを云ふ。故に一法を以て一切法を成じ、一切法を以て一法を起す。他語を以て之を言へば、萬有は萬有に緣て起ると云ふ者是れ法界緣起の義なり。これを詳釋せしもの即ち六相十玄の法なり。

十玄緣起 [術語] 是れ四種緣記中の法界緣起を具體的に說明せし者にて、緣起の義理此に窮極するなり、是れ華嚴一家の特色なり。其の緣起の精神とする點は一多相即にあり。此に錢貨十錢あり、此の十錢は一錢より成りたる者とす、何となれば本來自性の十なく、一なければ即ち十も亦なし。之に反して一錢は十錢に由て成るを知るべし、何となれば本來自性の一あるに非ず、一は是れ十に對して成り得たる緣成の法にして、十なければ一亦なきなり。然れば一を擧ぐれば、一能く十を造る勢力を具し、十は即ち一中の十となり。又た十を擧ぐれば十能く一を造る勢力を具し、一は即ち十中の一となる。此の如く十は一中の十となり、一は十中の一となるもの之を一多相入の義と稱す、是れ諸法の勢力に就て論ずるなり。而して此の如く十は一中の十となれば、一の體即ち十にして、一の外更に十なし、依て一を擧げて體とすれば、十は即ち虛となる。又た一は十中の一なれば、十の體は即ち一にして、十の外更に一なし、依て十を擧げて體とすれば一は即ち虛となる。是れ一を實とすれば十は虛となり、十を實とすれば一は虛となり、一十相望すれば、常に一虛一實、恰も物體と虛空との如く、更に離隔障礙する所無し。之を一多相即の義と稱す、之れ諸法の體に就て論ずるなり。此の如く勢力に就て相入を論じ、自體に就て相即を論じ、法界萬有の法盡く相即相入すと云ふ者、是れ緣起の妙義なりと知るべし。この理に立ちて法界の事事無礙を極說するを十玄緣起と云ふ「ゲンモン」を見よ。

十二緣起 [術語] 一有情が過去現在未來の三世に流轉する緣起を十二段に分けて說明せしもの。「ジフニインエン」を見よ。

緣起因分 [術語] 性海果分に對す。華嚴宗の語。もと如來の果海は不可稱不可說なるを、機緣に隨て說を起し、因人の爲にす。依て其說く所皆因人(因人とは因位の人即ち等覺以還を云)の所知所了の分齊なるを緣起因分と云。【五教章上】に「緣起因分。即普賢境界也。」

緣起聖道經 [經名] 佛說緣起聖道經、一卷。唐の玄弉譯。方等部の攝。佛が初め樹下に坐して十二因緣の流轉還滅の道理を觀じて正覺を成ぜしを說きしもの。佛說貝多樹下十二因緣經と同本。【宙帙七】(279)

緣起經 [經名] 一卷。唐の玄弉譯。小乘部の攝。十二因緣の義を釋す。【昃帙四】(628)

エンギ 緣儀 [行事] 大法會の時、本堂の周圍緣側を行道する儀式を云ふ。通常は內陣のみを行道すれども、大衆多く儀式莊嚴なるときは此の式を行ふ。庭にて行ふを庭儀と稱する如く緣上に行ふ故緣儀と云ふ。

エンギゲ 緣起偈 [術語] 佛教の根本義なる四諦中、苦集滅の三諦を說きし偈文なり。(中論偈中三諦を說くは智度論の文のみ其の他は苦滅の二諦なり)其中苦諦の因緣生に約して緣起偈と云ふ。又緣起法頌とも云ふ。又此法頌を以て塔基、塔內又は佛像の體內に安置すれば法身舍利偈とも法身偈とも云ふ。「ホフシンゲ」を見よ。【寄歸傳四】に「凡

形像及以制底。金銀鋼鐵泥漆瓦磚。或聚二沙雪一當レ作之時。中安二二種舍利一。一謂大師身骨。二謂緣起法頌。其頌曰。諸法從レ緣起。如來說二是因一。彼法因緣盡。是大沙門說。」と【金剛童子成就儀軌上】に「又欲レ成二就殊勝果一者。於二神通日月白分就趣河海側一。印レ沙印レ泥爲レ塔。中置二緣起偈一。」

エンギジユ 緣起頌 〔術語〕緣起偈に同じ。

エンギセウ 演義鈔 〔書名〕大方廣佛華嚴經疏演義鈔の略名。「ゲ」を見よ。

エンギホフジユ 緣起法頌 〔術語〕「エンギ

エンギヤウダウ 緣行道 〔行事〕緣側を行道すること。「エンギ」を見よ。

エンク 餤口 〔異類〕餓鬼の名。阿難獨り靜室に坐す、其夜三更、一の餓鬼を見る、餤口と名く。身體枯瘦、咽針の如く、口より火餤を吐く。阿難に告て曰く、却後三日汝命盡きて餓鬼の中に生ぜんと。阿難恐れて免苦の方便を問ふ、鬼曰く、汝明日我等百千の餓鬼及び諸の婆羅門仙人等の爲に各一斛の食を施し、且つ我が爲に三寶に供養せよ、汝壽を得て、我は天に生るることを得んと。阿難以て佛に白す。佛即ち陀羅尼を說く。曰く、此陀羅尼を誦すれば能く無量百千の施食を充足せんと。【餤口餓鬼經】

餤口餓鬼經 〔經名〕佛說救拔餤口餓鬼陀羅尼經の略稱。

焰口儀軌經 〔經名〕瑜伽集要救阿難陀羅尼焰口儀軌經の略名。

焰口施食儀 〔經名〕瑜伽集要焰口施食儀の略稱。

エンクエン 厭苦緣 〔雜語〕一句歌題。善導は觀經の發起序を七段と分けて、時韋提希被幽閉已より共爲眷屬に至る一段を厭苦緣と科せり。此の一段は韋提希夫人が阿闍世王の爲に幽閉せられたるより、娑婆の苦を厭ふの情を起せし緣起なるを云ふ。【觀經序分義】に「從二時韋提希被幽閉一下至二共爲眷屬一已來。明二厭苦緣一。」⦿（續古今）「いとふべき世の理の苦しさもうき身よりこそ思ひ知りぬれ。」

エンクワン 緣觀 〔術語〕所緣の境と能觀の心。【三論玄義】に「內外並稱。緣觀俱寂。」【天台仁王經疏中】に「緣觀俱空。」

エンクワン 鹽官 〔人名〕杭州鹽官縣の鎭國海昌院の齊安禪師は海門郡の人、姓は李氏、生るる時神光室を照す、出家して後、大寂、化を龔公山に行ふと聞き、之に奔て詣る。大寂一見して之を器とし、命じて室に入れ、密に正法を示す。【傳燈錄七】

鹽官犀牛扇子 〔公案〕「鹽官一日喚二侍者一。與レ我將二犀牛扇子一來。侍者云。扇子破矣。官云。扇子既破。還二我犀牛兒一來。侍者無レ對。投子云。不レ辭二將出一。恐頭角不レ全。雪竇拈云。我要二不レ全底頭角一。石霜云。若還二和尙一即無也。雪竇拈云。犀牛兒猶在。資福畫二一圓相一。於レ中書二一牛字一。雪竇拈云。適來爲二什麼一不二得出一。保福云。和尙年尊。別請レ人好。雪竇拈云。可レ惜勞而無レ功。」【碧巖九十一則、種電鈔十、從容錄二十五則】

エンクンジフキヤウ 緣燻習鏡 〔術語〕四鏡の一。「シキヤウ」を見よ。

エング 厭求 〔術語〕苦を厭ひ樂を求むること。【起信論】に「厭二生死苦一。欲レ求二無上菩提一。」【往生要集上本】に「厭二離穢土一。欣二求淨土一。」

エンケ 緣化 〔術語〕勸化に同じ、緣ある者を勸め敎化して、布施を行はしむること。【禪苑淸規】に「堂主緣化。」

エンケツフシヤウ 緣缺不生 〔術語〕一切法は因緣の和合によりて生ずるを以て、顯現の因の存在も緣を缺く時は永久に未來に止まりて顯現するを得ざるを云ふ。

エンゲンタイヂ 厭患對治 〔術語〕四對治の一。「シタイチ」を見よ。

エンゴン 厭欣 〔術語〕厭離穢土欣求淨土の略。

猿猴取水月圖 〔雜語〕「ミコウ」を見よ。

エンサウ 緣相 〔術語〕緣慮のさま。【圓覺經】に「六根四大。中外合成。妄有二緣氣一。於レ中積集。似レ有二緣相一。假名爲レ心。」

エンサウ 緣想 〔術語〕境界を攀緣する妄想。【止觀四下】に「如レ是呵已。色欲即息。緣想不レ生。專心入レ定。」

エンザ 宴坐 〔術語〕坐禪すること。【維摩經弟子品】に「宴二坐樹下一。」淨影の【義記二本】に「宴猶レ嘿也。嘿二坐樹下一。名爲二宴坐一。宴晏相濫。晏是安義。宴是嘿義。全別。今影レ宴矣。」天台の【疏四】に「宴坐者。有云。縮止義。如二龜藏レ六野干不レ能レ害。縮二止六識一。六塵魔不レ能レ惱。故言二縮止一。今明宴之言安。安二住根本淨禪乃至滅定一。息二外勞塵一。似二涅槃一法。安二置心中一。身證二想受滅一。故言二宴坐一。」

エンザ 燕坐 〔術語〕宴坐に同じ。【中阿含經二十八】に「入室燕坐。」

エンシキ 掩色 〔術語〕白毫の色を掩ひ隱す意にて、佛陀の死を云。又、高僧の死に用ふ。【性靈集二】に「和尙掩色之夜」【同便蒙二】に「俱舍曰。靑蓮龍レ笑。白毫掩レ色。」

エンシツ 掩室 〔術語〕室を掩閉して、人に接せざること。如來が成道して後、三七日の間、坐思して說法せざるを云。僧肇の【無名論】に「釋迦掩二室於

摩竭。淨名杜ニ口於毘耶。」【肇論新疏下】に「法華說。如來成佛。三七日中。而不レ說レ法。智度論第七云。佛得道五十七日。不說等。義言ニ掩室一也。」

エンシヤウ　緣生　〔術語〕　緣より生ずと云ふこと。一切の有爲法を云ふ。緣起と云ふに同じ。但し緣起とは其の因より立てたる名、緣生とは其果より立てたる名。新譯の【仁王經二】に「深入ニ緣生空無相願。」【良賁疏上二】に「言ニ緣生一者。緣謂衆緣。生者起也。諸有爲法。皆從レ緣生。」【唯識述記十六】に「瑜伽五十六說。因名ニ緣起一。果名ニ緣生一。」

十二緣生　〔術語〕　十二因緣のこと。【祖庭事苑】に「緣生即十二因緣。亦名ニ十二緣生一。」

緣生初勝分法本經　〔經名〕　佛說緣生初勝分法本經、一卷、隋の達摩笈多の譯。分別緣起初勝法門經と同本。十一種の勝分あるを以て十二緣生の初に無明を置きし故を說きしもの。【宙帙七】(141)

緣生論　〔書名〕　一卷、聖者鬱楞迦造。十二因緣の義を明かしたるもの。隋の達摩笈多譯。【藏帙三】(1227)

大乘緣生論　〔書名〕　一卷、唐の不空譯。上本と同じ、實は小乘の論なり。

エンシヤウ　緣正　〔術語〕　三佛性の中に緣因佛性と正因佛性。【文句七】に「衆生但正無レ緣。今聞信解。緣正具足。開ニ佛知見一。」

エンシヤウゲ　緣生偈　〔術語〕　緣起偈に同じ。「ホフシンゲ」を見よ。

エンシヤウジ　延勝寺　〔寺名〕　六勝寺の一。【拾芥抄】に「延勝寺、久安五、三、二十供養、行幸近衞院。」

エンシユ　緣修　〔術語〕　二修の一。「ニシユ」を見よ。

エンシン　緣心　〔術語〕　事物を攀緣する心。【圓覺經】に「此虛妄心。若無ニ六塵一則不レ能レ有。四大分解。無ニ塵可レ得。緣塵各歸ニ散滅一。畢竟無レ有ニ緣心可レ見。」【楞嚴經二】に「我悟ニ佛現說法一。現以ニ緣心一。允所ニ瞻仰一。」

エンシン　鹽心　〔術語〕　鹽の入る處皆鹹味を增す如く、凡そ人心一且思念する事は更に思念を增すを云。【大日經一】に「云何鹽心。謂所ニ思念一。彼復增ニ加思念一。」

エンジ　緣事　〔術語〕　事相を緣ずる心。緣理に對す。非因非果の法性の妙理を信ずるを緣理と云ひ、因果應報の事相を信ずるを緣事と云。【往生要集上末】に「緣事誓願亦有ニ勝利一耶。答。雖レ不レ知ニ緣理一。此亦有ニ勝利一。」　図吾身に關係する事務。【圓覺經】に「若在ニ伽藍一。安ニ處徒衆一。有ニ緣事一故。隨レ分思察。」

図　緣影のこと。「エンエウ」を見よ。

エンジヤ　緣者　〔雜語〕　吾身に緣あるもの。

エンジヤウ　緣成　〔術語〕　自性に對す。諸法は因緣所成にして全く自性なきを云ふ。華嚴の無盡緣起は之の理に基く。

エンジヤク　宴寂　〔術語〕　安然として入寂すること。聖者の死を云。【法華經化城喩品】に「於ニ佛宴寂後一。宣揚助ニ法化一。」【大部補註八】に「宴寂。宴安也。息也。上文云ニ寂然宴默一是也。」

エンジユ　延壽　〔人名〕　杭州慧日山永明寺の智覺禪師、名は延壽。天台の韶國師に參して玄旨を悟る。吳越の忠懿王弘俶、深く師に歸す。永明の大道場に遷て衆三千に盈つ。宋の太祖開寶八年七十二にて寂す。宗鏡錄百卷、萬善同歸集六卷を著す。師は天台の韶國師に嗣ぎ、韶は法眼の益禪師に嗣ぐ。【五燈會元十、佛祖統紀二十六、佛祖通載二十六、稽古略三】

延壽妙門陀羅尼經　〔經名〕　佛說延壽妙門陀羅尼經。一卷、宋の法賢譯。佛菩提道場に在る時、金剛手菩薩の請に由て延壽の妙咒を說く。護命法門神咒經、善方便陀羅尼經、金剛秘密善門陀羅尼經、共に同本。【成帙八】(918)

延壽經　〔經名〕　上經の略稱。

延壽堂　〔堂塔〕　又、省行堂、涅槃堂など。必死の病人を置く處。【釋氏要覽下】に「西域傳云。祇桓西北角。日光沒處。爲ニ無常院一。若有ニ病者一。當レ安ニ其中一。意爲下凡人內心貪ニ著房舍衣鉢道具一。生ニ戀着心一無上中厭背上故。制ニ此堂一。令下聞レ名見レ題。悟中一切法無レ有レ常故。今稱ニ延壽堂涅槃堂一者。皆後人。隨ニ情愛一名レ之也。」【象器箋二】に「禪林寶訓音義云。延壽堂撫ニ安老病一之所也。古者叢林老僧。送ニ安樂堂一。病者送ニ延壽堂一也。又今涅槃堂是也。」

延壽堂主　〔職位〕　略稱、堂主。延壽堂の主事。【象器箋八】に「禪苑清規延壽堂主云。堂主須下請ニ寬心耐レ事。道念周旋。安ニ養病僧一。善知ニ因果一之人上。堂中所レ用。柴炭米麵。油鹽醬菜。茶湯藥餌。薑棗烏梅。什物家事。皆係ニ堂主緣化一。」

エンセ　厭世　〔術語〕　世間を厭て、出離を求むること。【止觀五】に「設厭レ世者。翫ニ下劣乘一。攀ニ附枝葉一。狗狎作レ務。敬ニ獼猴一爲ニ帝釋一。宗ニ瓦礫一是明珠。此黑暗人。豈可レ論レ道。」

エンセウ　延沼　〔人名〕　汝州の風穴禪師、諱は延沼、南院の顒禪師に參して旨を悟る。宋の太祖開寶六年七十八にて寂す。師は南院の顒に嗣ぎ、顒は興

化の獎に嗣ぎ獎は臨濟の玄に嗣ぐ。【僧史略三】

エンゼツ　演說　〔術語〕義を布演して說き示すと【法華經序品】に「演二說正法一」【八十華嚴六】に「依二於一實理一。演二說諸法相一。」

十種演說　〔名數〕善財童子南詢第二十參徧行外道、童子に對して、自ら一切種生の爲に十種の法門を演說するを說く。一に或は爲に一切世間種種の技藝を演說して一切の巧術陀羅尼智を具足するとを得せしむ。二に或は爲に四攝の方便を演說して一切智の道を具足するとを得せしむ。云々【唐華嚴經六十】

エンソ　演祖　〔人名〕蘄州五祖山の法演禪師を云。白雲端に就て契悟し、東山に居て衆を接す。【續傳燈錄二十】

エンソクコフチ　延促劫智　〔術語〕佛の智力偉大にして自在に劫(時間)を超越し、伸縮するを得るを云ふ。

エンタイ　焰胎　〔術語〕光焰其の身を圍繞し、胎藏にある如きを焰胎と云。【大日經一】に「身處二於焰胎一。」【同疏五】に「光焰周二徧苦身一。如レ在二胎藏一。故云レ處二焰胎一也。」

エンダウゾクゴフキヤウ　演道俗業經　〔經名〕佛說演道俗業經、一卷。乞伏秦の聖堅譯。佛、給孤獨長者の爲に在家の三財と出家の三業とを說きしもの。【宙帙七】(415)

エンチヤウ　演暢　〔術語〕義理を說き演ぶること。【法華經提婆品】に「演二暢實相義一。開二闡一乘法一。」【阿彌陀經】に「演二暢五根五力。七菩提分八聖道分。如レ是等法一。」

エンヂン　緣塵　〔術語〕色聲等の六塵を緣ずること。【楞嚴經二】に「念無始來。失二却本心一。妄認二緣塵分別影事一。」長水の【義疏】に「悟二知緣レ塵之心是影事一。」

エンテン　焰天　〔界名〕Yāmā 又、焰天、炎天、夜摩、須夜摩、焰摩。譯、妙善。善時分。欲界の第三重天なり。【可洪音義一】に「𡑐天。或云二炎天一。或云二焰天一。或云二夜摩一。智度論云。須夜摩。秦言二妙善一。大般若經云二善時分一。」「エンマテン」を見よ。

エンテン　炎點　〔術語〕涅槃の猛炎能く生死を燒盡すれば炎と云ひ、涅槃點を炎點と云。「ネハンシヤウ」を見よ。

エントウ　炎刀　〔物名〕獄卒の持する刀にて、刀身より炎を發するもの。【往生要集上本】に「炎刀剝二割一切身皮一。」

エントウ　園頭　〔職位〕禪寺の役名。菜園を司るもの。エンヂュウと讀む。「十四」

エンド　掩土　〔儀式〕全身埋葬すること。【象器箋十四】

エンニ　咽尼　〔術語〕又、咽尼。佛の德相なり。譯、鹿王。【玄應音義四】に「咽尼又作レ咽。同於堅於見二切。此譯云二鹿王一。」「イニエン」を見よ。

エンニチ　緣日　〔術語〕有緣日の略。或る佛の娑婆に緣ある日を云。又結緣日の義。衆生が其佛に緣を結ぶ日なるを云。此緣日の義は經論に典據なし。但三十佛を三十日に配當して之を拜せしは、五祖の戒禪師より始まる。是れ緣日の根元なり。【虛堂錄七】に揚御藥聖旨を奉じて每月念佛の圖を跋せんとを請ふ文に「每月念佛之圖。戒禪師所レ編。自二初一定光佛爲レ首。三十日至二釋迦世尊一。終而復始。猶若二貫花一。新新不レ住。念念不レ停。口誦心思。光明發現。爲二人天福一。是念佛精誠之感驗也。」

緣日	佛名	緣日	佛名
一　日	定光佛	二　日	燃燈佛
三　日	多寶佛	四　日	阿閦佛
五　日	彌勒菩薩	六　日	二萬燈佛
七　日	三萬燈佛	八　日	藥師如來
九　日	大通智勝佛	十　日	日月燈明佛
十一日	歡喜佛	十二日	難勝如來
十三日	虛空藏菩薩	十四日	普賢菩薩
十五日	阿彌陀佛	十六日	陀羅尼菩薩
十七日	龍樹菩薩	十八日	觀世音菩薩
十九日	日光菩薩	二十日	月光菩薩
二十一日	無盡意菩薩	二十二日	施無畏菩薩
二十三日	得大勢至菩薩	二十四日	地藏菩薩
二十五日	文殊師利菩薩	二十六日	藥上菩薩
二十七日	盧遮那如來	二十八日	大日如來
二十九日	藥王菩薩	三十日	釋迦如來

表中定光佛と燃燈佛とは同一佛。藥師、觀音、地藏、等は現今の緣日と等しけれど、他はこれを知らず。特にこのうち一人の龍樹菩薩あるは注目すべし。或は缺名の日に强ひて佛名を配したる如し。

【叢林集九下】に一說を揭げて。「所詮緣日とあれば參禮の人多く、勤事も殊に重くすれば、其益尤も多し。即ち緣日の義なり。結緣なり、有緣なり。然に其緣日を云ふこと、或は異あり。近來敬禮三寶說と云ふ書あり、高泉子の序あり、運敞の校合たり。彼說の趣き、一月三十日其の日其の佛を禮すべき道理を明せり。世流布の緣日の義と相違多し。」下に其佛名を出す【櫻陰腐談一】に「相傳有二二說一。一謂昔於二日本一。造二觀音或藥師等之殿堂一。用下初致二遷宮一之日上。習來爲二其緣日一乎。一謂緣日具名二娑婆有緣日一。若爾用下尊初現二釋迦說經座一之日上。爲二其緣日一乎。久來但有二此兩說一。更無二全取レ決之證一。」

エンニヤク　演若　【人名】演若達多の略。【宗鏡錄五】に「千迷競起。空迷二演若之頭一。一法纔生。唯現二閻婆之影一。」「ツタ」を見よ。

エンニヤクタ　演若多　【人名】「エンニヤクダツタ」

エンニヤクダツタ　演若達多　【人名】Yajñadatta 又、延若達多、耶若達多。人の名。譯、祠授。天を祠るに因て授かれる義。【俱舍光記三十】に「延若達多。此云二祠授一。因レ祭二祠天一。而乞二得子一。故言二祠授一。」【楞嚴經四】に「演若達多」【唯識述記一本】に「耶若達多。」

演若多之頭　【故事】室羅城に演若達多と云ふ一の狂人あり、或日の朝、鏡を以て面を照せしに、鏡中に於て頭中の眉目を見るを得て喜べり。還て己を見るに、己が頭中の眉目を見るを得ず、因て大に瞋恨し、是れ魑魅の所作なりとして狂走すと云。是れ自己の本頭を眞性に譬へ、鏡中の頭を妄相に譬へ、鏡内の頭に眉目あるを見るを喜ぶは、妄相を認て眞となし、堅執して捨てざるに比し。自己の本頭に眉目あるを見ざるは、眞性には一切の諸相なきに比す。【楞嚴經四】に「汝豈不レ聞。室羅城中演若達多。忽於二晨朝一。以レ鏡照レ面。愛二鏡中頭眉目可一レ見。嗔二責己頭不一レ見二面目一。以爲二魑魅一。無狀狂走。於レ意云何。此人何因無レ故狂走。富樓那言。是人心狂。更無二他故一。」【同十】に「乃至虛空。皆因二妄想一之所二生起一。斯元本覺妙明直精。妄以發二生諸器世間一。如二演若多迷一レ頭認レ影。」

エンネツヂゴク　炎熱地獄　【界名】梵名 Tapana 八大地獄の第六。火、身に隨つて起り熱苦堪へざれば炎熱と云。【俱舍論世間品】

エンネン　延年　【術語】延壽、延命に同じ。命を延ばすと。【觀念法門一】に「蒙下佛與二聖衆一常來護念上。既蒙二護念一。即得二延年轉壽長命安樂一。」【舊譯の藥師經】に「心不二自正一。卜問覓レ禍。殺二種種衆生一。解二奏神明一。呼二諸魍魎一。請二乞福祐一。欲二冀延年一。終不レ能レ得。乃至横死入二地獄一。無レ有二出期一。」㊂舞の名。【謠曲拾葉抄】に「延年の舞は總て舞樂の時、最初にある義。此舞の初は御室より起れり。古は南都北嶺共に仁和寺へ年始の御禮勤めしに、門主御盃を下され、其時御前にて舞ふと云云。其後南都北嶺、大會を行ふときは必ず延年の舞を奏す。今は共に絕えたり。但南都藥師寺に此舞を傳へ知るといへり。甲斐國身延山に毎年十月御影講に此舞あり。」

エンネン　緣念　【術語】境界の事物を攀緣し思想すると。【歸敬儀下】に「想倒空時。緣念斯絕。」

エンノウバソク　役優婆塞　【人名】優婆塞は梵語、在家の信者にて五戒を持つ者を云ふ。役小角は俗形ながら佛道を修行せし故、役優婆塞と云。

エンノギヤウジヤ　役行者　【人名】役小角、諸國を遊歷して苦行を修せし人なれば役行者と云。行者の名はもと一般に通ずれども、此より殊に修驗道の山伏に名くる稱となる。

役行者講　【行事】役行者を供養する法會。

エンノヲヅヌ　役小角　【人名】姓は役公、名は小角、大和國葛城上郡茆原の人、舒明天皇の六年に生る。三十二歲にして葛城山に入り、孔雀明王の咒を誦して悉地を得、神驗を現はす。文武天皇の三年、讒に由て伊豆に流され、大寶元年赦されて還る。終る所を知らず。之を修驗道の祖とし、世に役の行者、役の優婆塞と稱す。【元亨釋書十五】

エンバクダン　緣縛斷　【術語】所緣の縛を斷ずること。自性斷に對す。所緣境とは五部の煩惱が、所緣の境を縛して自在ならざらしむるを云ふ。【俱舍論二十一】

エンバド　閻婆度　【畜生】地獄の罪人を苦むる鳥の名。【往生要集上本】に正法念經十三を引て「有二惡鳥一身大如レ象。名曰二閻婆一。猪利生レ炎。執二罪人一遙上二空中一。東西遊行。然後放レ之。如三石墮レ地碎爲二百分一。」

閻婆度處　【界名】十六眷屬地獄の一。閻婆度鳥の居る處。【往生要集上本】

エンバハド　閻婆叵度　【界名】閻婆度なり前項に同じ。【正法念經十三】に「閻婆叵度」

エンブ　閻浮　【界名】「エンブダイ」を見よ。

エンブ　閻浮　【植物】Jambu 又、剡浮、琰浮、舊稱、閻浮。新稱、贍部。譯、穢。樹の名。嘉祥の【法華經義疏八】に「閻浮者。此云レ穢。」【善見律十七】に「閻浮子。其形如二沈㮈大一。紫色酢甜。」

エンブダイ　閻浮提　【界名】Jambudvīpa 舊稱、閻浮提。琰浮洲。閻浮提鞞波。新稱、贍部洲。須彌山の南方に當れる大洲の名。即ち吾人の住處。閻浮は新稱、贍部、樹の名。提は提鞞波の略、譯、洲。此洲の中心に閻浮樹の林あるを以て洲名とす。又南方に屬すれば南閻浮提と云。【智度論三十五】に「如二閻浮提一者。閻浮樹名。其林茂盛。此樹於二林中一最大。提名爲レ洲。」【俱舍論十一】に「大雪山北。有二香醉山一。雪北香南有二大池水一。名二無熱池一。乃至於二此池側一。有二贍部林一。樹形高大。其果甘美。依二此林一故。名二贍部洲一。」【玄應音義十八】に「剡浮或云二閻浮提一。或作二譫浮一。又云二贍部一。皆梵言訛轉也。剡浮者從レ樹爲レ名。提者略也。應レ言二提鞞波一。此云レ洲也。」【西域記一】に「南

贍部洲。舊曰閻浮提洲訛也。」

エンブダンゴン 閻浮檀金 〔雜名〕Jambunada-suvarṇa 又、炎浮檀金。閻浮那提金。閻浮那陀金。剡浮那他金。金の名。其色赤黃にて紫焰氣を帶ぶ。閻浮は樹の名。檀又は那提は譯、河。閻浮樹の下に河あり、閻浮檀と云。此河中より金を出だす、閻浮檀金と云。即ち閻浮河金なり。【智度論三十五】に「此洲上有樹林。林中有河。底有金沙。名爲閻浮檀金。」【玄應音義二十一】に「贍部捺陀金。或作剡浮那他金。舊云閻浮檀金。名一也。乃至那他此言江亦云海也。」【大日經疏五】に「鬱金即是閻浮金色。」【法華經授記品】に「閻浮那提金光如來。」

エンブナダゴン 剡浮捺他金 〔雜名〕又、閻浮那陀金。「エンブダンゴン」を見よ。

エンブナダイゴン 閻浮那提金 〔雜名〕「エンブダンゴン」を見よ。

エンホンチキヤウ 緣本致經 〔經名〕佛說緣本致經。一卷、失譯。佛說本相倚致經と共に中阿含の本際經の別出。善惡の諸法、皆次第に緣生するを說きしもの。本は因の義。致は生の義なり。【昃帙八】

(602)

エンマ 琰魔 〔天名〕Yama-rāja 又炎摩、焰摩、琰魔、閻魔、琰摩、熖魔、閻摩羅。閻摩羅社。琰摩邏闍。閻羅など。譯、縛。罪人を縛する義。又、雙世。彼が世中、常に苦樂の二報を受る義。又、雙王。兄妹二人並び王たる義。又、平等王。平等に罪を治する義。地獄の總司なり。【玄應音義二十一】に「焰摩或作琰摩。聲之轉也。舊云閻羅。又云閻摩羅。此言縛。或言雙世也。謂苦樂並受。故云雙世。即鬼官總司也。又作夜摩盧迦。亦作閻摩羅社。閻摩此云雙。羅社此云王。兄及妹。皆作地獄王。兄治男事。妹理女事。故曰雙王。」【慧琳音義五】に「燗魔梵語。鬼趣名也。義翻爲平等王。此司典生死罪福之業。主守地獄八熱八寒。及以眷屬諸小獄等。役使鬼卒。於五趣中。追攝罪人。捶拷治罰。決斷善惡。更無休息。故三啓經云。將付琰魔王。隨業而受報。勝因生善道。惡業墮泥梨。即其事也。」又、譯、遮止。罪惡を止めて更に造らしめざる義。又、諍息。諍を息め、惡を息る義。【慧苑音義上】に「閻羅具正云琰摩邏闍。此云遮止。謂遮止罪人。不更造罪。」【俱舍光記八】に「琰魔王。舊云閻邏者訛也。琰魔此云諍息。謂犯罪人。不自知過。於苦不忍。違拒獄卒。更造過罪。由王示語。便知己罪。意分而受。息諍息罪。皆由王故。故名諍息。」【瑜伽倫記十六】に「焰摩即本地分曰靜息王。靜息諸罪也。」【俱舍論十一】に「琰魔王使諸邏剎娑擲諸有情置地獄者。」図密教には之を天部に攝め、金剛界曼陀羅の第一根本成身會、及び第二羯磨會中外金剛部二十天の一とし。又胎藏界曼陀羅には第十二外金剛部院の一衆とす。

琰魔界 〔界名〕Yama-loka 琰魔王の世界は此大洲の地下五百由旬の處にありて、縱橫亦五百由旬なり。【俱舍論十一】に「琰魔王國。於此贍部洲下。過五百踰繕那。有琰魔王國。縱橫量亦爾。從此展轉。散居餘處。或有端嚴具大威德。受諸富樂。自在如天。或有飢羸顏貌醜陋。如是等類。廣說如經。」【長阿含經地獄品】に「閻浮提南。大金剛山內。有閻羅王宮王所治處。縱橫六千由旬。」

夜摩神はもと地獄の主神にあらず。吠陀時代は正法の神達磨ともせられ、光明の神なりしなり。人界第一の死者として夜摩は次第に闇黑の地獄界の王となりたるもの。上引の俱舍論中「受諸富樂」とあるは昔時の光明神の片影にして、死者の罪を判ずるはその法王としての本性なり。

琰魔王苦樂二相 〔傳說〕閻羅王宮に晝夜三時に大銅鑊ありて自然に現出す。時に大獄卒ありて王を捉へて熱鐵の上に臥さしめ、鐵鉤を以て口を開き、洋銅を以て之に灌ぐ。全身焦爛せざるなし。此苦を受け已て、復た諸の衆生と相娛樂し諸の大臣眷屬と同く福樂を受く。【長阿含經十九地獄品、三界義。】

琰魔王廳 〔雜名〕閻魔王の公判庭。【十王經】に「大城四面周圍鐵墻。四方開鐵門。左右有檀茶幢。上安人頭形。人能見人間。如見掌中菴羅果。右黑闇天女幢。左太山府君幢。乃至左神記惡。形如羅剎。常隨不離。右神記善。形如吉祥。常隨不離。皆錄微善。總名雙童。乃至其王以簿推問亡人。算計所作。隨惡隨善。而斷分之。」【藥師經】に「諸有情有俱生神。隨其所作。若罪若福。皆具書之。盡持授與琰魔法王。爾時彼王。推問其人。算計所作。隨其罪福。而處斷之。乃至彼琰魔王。主領世間名籍之記。若諸有情。不孝五逆。破毀三寶。壞君臣法。毀於信戒。琰魔法王。隨罪輕重。考而罰之。」「エンマテンマンダラ」參照。

琰魔使 〔異類〕極惡の人には琰魔王より鬼卒を遣して之を引き取らしむ。【藥師經】に「然彼自身。臥在本處。見琰魔使引其神識。至於琰魔法王之前。」善珠の【贊】に之を解して、是れ藥師如來の方便力、惡人をして之を夢見せしむる也と云。

琰魔法王 〔天名〕琰魔は勸善懲惡の判官なれば法王と云。【藥師經古迹記】に「曉悟罪人。止衆惡故。雖鬼界攝。亦名法王。」《第八圖》參照

琰魔の三天使 〔名數〕一に老、二に病、三に死。獄卒罪人を將て閻羅王の前に到る時、王之を責て

曰く、我れ此三天使を遣して汝を誡むるに、汝何ぞ覺知せざると。」【長阿含經十九地獄品第四、三界義】

熖摩王印 〔印相〕【熾盛光佛頂儀軌】に「二手合して蓮を成し、小指頭指垂れて掌に入る。檀拏の相に同じ。」

琰魔天 〔天名〕 Suyāmadeva 一切衆生の善惡の業を裁斷する天。三昧耶形（さんまやぎやう）は人頭の杖。又檀茶頭と名く。人頭は淨頗梨鏡に向て善惡の業（ごふ）を知るを標す。【金剛界曼陀羅大鈔二】《第九圖參照》

燄摩天供 〔修法〕 燄摩天を供養する御修法。【密門雜抄】に「御產の御祈。」【百二十尊法六】に其修法を詳記す。

炎魔天供六十壇法 〔修法〕 六十座の炎魔天供を修すると。壇は護摩を修する壇場なり。

エンマウ 焰網 〔術語〕佛の光明の重重に交徹して盡きざると帝釋天の珠網の如きを云。【藥師經】に「燄網莊嚴。過二於日月一。」【藥師經纂解上】に「燄謂光燄。網謂珠網。言光明無盡義也。」

エンマカイ 熖摩界 〔界名〕 餓鬼趣なり。「エンマ」の項、琰魔界を見よ。

エンマソツ 閻魔卒 〔異類〕 墮獄の罪人を呵責する獄卒を云ふ。心に常に忿毒を懷き、好で諸惡業を集め、他の苦を欣悅するものは死して琰魔卒となると。

エンマテン 熖摩天 〔界名〕 Yāma 欲界天の名。欲界天の中、第三重の天處。具稱、須熖摩。略稱、熖摩。又、舊稱、炎摩。譯、善時。新稱、夜摩。譯、時分。【寶積經三十七】に「滅二熖摩天宮乃至遍淨天所有宮殿一。」【無量壽經上】に「第三熖天。乃至色究竟天。」【法華文句二之一】に「忉利上有二炎摩一。此翻二善時一。去二忉利一三百三十六萬里。善時上有二兜率陀一。」

エンマテンマンダラ 熖魔天曼荼羅 〔圖像〕 熖魔天を中心として建立せる曼荼羅をいふ。中央に熖魔天、水牛に踞し、左に人類幢を持す。左右に熖魔后、二人、右は着衣し左は裸なり。外界下部中央に五道大神床上に座し。右に司命、簡と筆を持して跏坐し、右に司錄卷子を見る。又同左側には拏吉尼、裸形にて囊を持し、左に遮文茶、馬頭形の蓮葉上に坐す。又上部の中央には、泰山府君あり、机に凭り筆をとり左手に人頭幢を執れり。其の左に聖天、右に成就仙坐せり。圖中五道大神、司命、司錄、泰山府君は皆唐服なり、然かも泰山府君は道敎の神なり。支那に起れること明かにして熖羅王供行法次第に出せる所と同じからず。 「衆生纏縛。

エンマト 閻摩兜 〔眞言〕 陀羅尼の名。譯、解

エンマトクカ 閻摩德迦 〔明王〕 大威德明王の梵名。「エンマントクカ」を見よ。

エンマボサツ 睒摩菩薩 〔菩薩〕 昔長者あり、夫妻共に兩目並に喪す、山に入て道を求む。時に菩薩あり一切妙見と名く。其意を愍むが故に長者の家に生れ睒摩と名く。至孝仁慈なり、年十歲を過ぎ父母と俱に山に入て奉事す、鹿皮の衣を著、瓶を提げ水を取る。迦夷國の王山に入て射獵し、弓を引て睒を射る。其盲父母天を仰で曰く。睒が至孝天之を知らば睒當に生ずべしと、是に於て釋梵四天睒が前に來下して神藥を口に灌ぐ、箭拔けて更に活す。父母驚喜して兩目皆開く。【睒子經】

エンママキリ 閻魔參 〔行事〕 七月十六日を大齋日といひて善事を修し奴僕にも暇をとらせて、閻魔堂へ詣でしむるなり。

エンマラ 閻摩羅 〔天名〕 閻摩羅社の略。「エンマ」を見よ。

エンマラジヤ 閻摩羅社 〔天名〕 又琰摩邏闍、「譯、雙王。「エンマ」を見よ。

エンマントクカ 閻曼德迦 〔明王〕 Yamāntaka 又、焰曼威怒王。閻摩德迦尊。降閻魔尊。大威德明王。六足尊とも云。五大明王の西方の尊、無量壽佛の敎令輪身。【胎曼陀羅大鈔三】に「大威德密號也。大威德金剛也。正名熖曼德迦也。漢號不レ明。」「降熖魔（ガウエンマ）尊（ソン）」を見よ。

閻曼德迦威怒王 〔明王〕 是れ忿怒の明王「なれば威怒王と云。

閻曼德迦尊 〔明王〕 威德尊大なれば尊と云。

閻曼德迦儀軌 〔經名〕 四本あり。一は聖閻曼德迦威怒王立成大神驗念誦法、一卷。二は大乘方廣曼殊室利菩薩華嚴本敎閻曼德迦忿怒王眞言大威德儀軌品第三十、一卷。三は大方廣曼殊室利童眞菩薩華嚴本敎讚閻曼德迦忿怒王眞言阿毘遮嚕迦儀軌品第三十一、一卷。【閏帙十三】（1422）又、四は妙吉祥最勝根本大敎經、三卷。【成帙十三】

エンマンキヌワウ 熖曼威怒王 〔明王〕 又閻曼威怒王「エンマントクカ」を見よ。

エンミ 厭魅 〔異類〕 死屍を咒して怨敵を殺害せしむるもの。梵に毘陀羅と云。「ビタラ」を見よ。【千手經】に「厭魅咒咀。」

エンミツセウ 演密鈔 〔書名〕 大日經義釋を解せしもの。十卷。大遼の天祐帝の朝。即ち宋の神宗の時。燕京の圓福寺の沙門覺苑の著。

エンミヤウインミヤウ 延命印明 〔眞言〕 延命招魂法の印明なり。

エンム 緣務 〔術語〕 吾身にかかる世間の務を云。【止觀四下】に「緣務妨レ禪。由來甚矣。乃至 緣務有レ

四。一生活。二人事。三伎能。四學問。」

エンムナ　𨝫牟那　〔地名〕Yamunā　又、藍牟尼那、搖尤那に作る。恒河の支流にして鉢邏耶伽 Allahabadにて本流に合す。【翻梵語九】に「藍牟尼那、應レ云二擅牟那一。亦云二搖尤那一。譯曰レ縛也。」【大智度論第廿八卷】「河名也」

エンメイ　延命　〔術語〕人の命を延すと。【淨土和讃】に「息災延命」【金剛壽命陀羅尼念誦法】に「次說護摩除災延命壇。」

延命法　〔修法〕延命の修法に二あり、一は普賢延命。二は延命菩薩。此二同別の沙汰、及び學法の傳授は薄草決の如し。【金剛壽命經略讃】

延命菩薩　〔菩薩〕延命菩薩法の本尊にて即ち金剛薩埵なり。是れ金剛壽命經の所說、二種の延命法中の一なり。【金剛壽命經略讃】に「此經本尊延命菩薩。延命菩薩即金剛薩埵。今經護摩法軌二云。於二花胎中一想二阿字一。光明徧照。成二金剛壽命菩薩一。今經儀軌云。復想二金剛薩埵一。即結二金剛壽命菩薩陀羅尼印一。」【百廿尊法】に修法を出す、

延命地藏菩薩　〔菩薩〕延命地藏經の所說。地藏菩薩に延命の德あれば名く。【經】に「佛告二帝釋一。有二一菩薩一。名曰二延命地藏菩薩一。每日晨朝。入二於諸定一。遊二化六道一。拔レ苦與レ樂。」

延命地藏經　〔經名〕此經、經錄に載せず、人眞僞を疑ふ。【谷響集二】に「至二眞僞之辨一者。世人多信二敬彼延命經一。於レ理無レ妨矣。」亮汰の【地藏經抄】に「覺鑁地藏式。擧二每日晨朝入諸定等文一。爲二伽陀一。是以博檢二地藏經部一。唯此經有二彼文一。然則先德所レ用。足レ爲二龜鏡一也。」

延命講　〔行事〕延命の佛事。【東鑑九】に「長日延命講。」

エンメイクワンオン　延命觀音　〔菩薩〕三十三觀音の一。普門品の「呪咀諸毒藥、所欲害身者。念彼觀音力。還着於本人」に配す。【補陀落海會軌】に第三院東門の延命觀音を「頂上大寶冠。其中住佛身。身相深黃色。慈悲柔輭相。救世二十臂、引接郡生類。云云」と。

エンモク　宴默　〔術語〕安然として沈默すると。【法華經序品】に「寂然宴默。」【補注八】に「宴安也。息也。」【三藏法數四】に「默者無言也。默必對レ說。諸佛菩薩。或說或默。皆能顯二於妙理一。」

エンモン　衍門　〔術語〕衍は梵語、摩訶衍 Mahāyāna の略。譯、大乘。門は部門。小乘に對して大乘を衍門と云。【文句記一上】に「古人唯知二衍門一大一。」

エンラ　閻邏　〔天名〕又、閻羅、𡘾羅、琰羅に作る。閻摩羅闍の略。【慧苑音義上】に「閻邏。具正云二琰摩邏闍一。」「エンマ」を見よ。

閻羅王五天使經　〔經名〕佛說閻羅王五天使經、一卷。宋の慧簡譯。世間の生、老、病、死、刑罰の五は是れ閻羅王の五天使なる旨を說けるもの。【昃帙八】(560)

𡘾羅經　〔經名〕上經の略名。

𡘾羅王供行法次第　〔書名〕唐の不空三藏撰。𡘾羅王の供養法を說きしもの。【餘帙二】

エンラ　啞羅　〔異類〕龍王及象王の名。【可洪音義二】に「啞羅或云二翳羅婆那一。或云二伊羅婆那一。或云二哀羅跋拏一。或云二藹羅伐拏一。」「インラナ」を見よ。

エンラウ　閻老　〔天名〕閻魔王のと。【臨濟錄】に「閻老前呑二熱鐵丸一。」

エンリ　厭離　〔術語〕物を厭ひ離すと。【維摩經佛國品】に「佛以二一音一演二說法一。或有二恐畏一。或歡喜。或生二厭離一。或斷レ疑。」【唯識論六】に「厭謂慧俱無貪一分。於二所厭上一。不二染着一故。」

厭離穢土　〔術語〕娑婆を厭ふと。【往生要集上本】に要集一部の所明を分て十門とし「一厭離穢土。二欣求淨土。乃至十問答料簡。」⦿(新後撰)「みな人のさらぬ別を思ふこそ憂世を厭ふかぎりなりけれ」

エンリ　緣理　〔術語〕眞理を觀念すると。【止觀輔行一之三】に「一切發心。莫レ不レ緣レ理。」【往生要集上末】に「緣理願者。一切諸法。本來寂靜。非レ有非レ無。非レ常非レ斷。不レ生不レ滅。不レ垢不レ淨。一色一香。無レ非二中道一。」

緣理斷九　〔術語〕十界の中に獨り佛界の眞理を觀念して、他九界の妄法を斷ずるを云。天台の別教、華嚴の圓教の所說なり。【觀音玄義記三】に「通別人緣レ理斷レ九。」

エンリキ　緣力　〔術語〕助緣の力。因力に對す。【無量壽經下】に「因力緣力。」【慧遠疏】に「近二善知識一。聽二聞正法一。名爲二緣力一。」

エンリヤクジ　延曆寺　〔寺名〕天台宗。江州比叡山に在り。桓武天皇延曆七年傳教大師の草創。初め比枝山寺と稱す。後、嵯峨天皇弘仁十四年、年紀に配して延曆寺の號を賜ふ。【叡岳要記】

エンリヨシン　緣慮心　〔術語〕境界を攀緣し事物を思慮する心。即ち眼耳乃至阿賴耶の八種の心識を云ふ。又、慮知心。梵名質多。四種心の一。【止觀一之上】に「質多者。天竺音。此方言レ心。即慮知之心也。天竺又稱二汗栗駄一。此方稱是草木之心也。又稱二矣栗馱一。此方是積集精要者爲レ心也。」【名義集六】に「質多耶。或名二質帝一。或名二波茶一。此方翻レ心。黃帝經五

藏論。日ㇾ之爲ㇾ神。西域外道。計ㇾ之爲ㇾ我。此土佛敎。翻ニ緣慮心一。此通ニ八識一。」「シシユシン」を見よ。

エンリヱド 厭離穢土 〔術語〕「エンリ」を見よ。

エンレウ 緣了 〔術語〕三因の中の緣因、了因。智慧を了因と云ひ。其他の一切の善根を緣因と云ふ。「サンイン」を見よ。

エンワウ 閻王 〔天名〕又、燄王。閻魔王のこと。「エンマ」を見よ。【秘藏寶鑰中】に「釋帝詔ㇾ之摧ニ修羅之軍一。閻王跪ㇾ之禮ニ受持之人一。」

エンワウクワウブツ 燄王光佛 〔佛名〕【無量壽經】に說く十二光佛の第五佛。十二佛は皆無量壽佛の光明の德を讃嘆せる名なり。【慧遠疏】に「此光勝ㇾ餘。名ニ燄王光一。」【讃彌陀偈】に「佛光照曜最第一。故佛又號ニ光燄王一。」◉〔散木〕「名にしおはば炎に光さしそへてやみに迷はん道しるべせよ」

エンヱヂ 焰慧地 〔術語〕菩薩の位階の名。十地の第四地。【楞嚴經七】に「明極覺滿。名ニ焰慧地一。」【唯識論九】に「焰慧地。安ニ住最勝菩提分法一。燒ニ煩惱薪一。慧焰增故。」「ジフヂ」を見よ。

お

オ 烏 〔術語〕ろ。又、嗚、襖、鄔、奧、鄂、汙に作る。悉曇十二母韻の一。五十字門の一。【金剛頂經】に「汙字門一切法瀑流不可得故」とし【文殊問經】に「稱ニ汙字一時。是取聲。」又【大莊嚴經】に「唱ニ烏字一時。出ニ死瀑流一。到ニ彼岸一聲」と云ふ。これ Ogha（瀑流）Odha（取）の語より釋したるなり。「り。「アウ」を見よ。

オー 懊 〔術語〕又、炮、奧、悉曇十二母音の第十な

オウ 應 〔術語〕又、應供。梵語阿羅訶 Arhat の譯名。如來十號の一。智德圓滿にして人天の供養を受く應き義。【涅槃經十八】に「應者。一切人天。應下以ニ種種香花瓔珞幢幡妓樂一而供上養之上。是故名ㇾ應。」

オウアン 應庵 〔人名〕明州天童の應庵禪師。名は曇華。法を虎丘の隆禪師に嗣ぎ、宋の孝宗隆興元年寂す。【稽古略四】

オウオウ 應應 〔術語〕法應に對す。法身の感應を法應と云ひ、應身の感應を應應と云ふ。【妙玄六上】に「法應則冥益。應應則顯益。」

オウカ 應伽 〔雜語〕Aṅga 譯語、支分。【慧苑音義下】に「應迦此云ㇾ身。身有ニ四名一。一日迦耶。二日沒理羅。三日弟訶。四日應伽。然應伽亦云ㇾ分。謂支分也。」

オウカシヤ 漚呵沙 〔界名〕Okas* 佛土の名。譯、明闘開。【阿闍世王經上】

オウカン 應感 〔術語〕神佛の感應。【勝鬘寶窟中本】に「應迹爲ㇾ論。應感既彰。」

オウキ 應器 〔物名〕鐵鉢のこと。比丘の食器。梵語、鉢多羅 Pātra 譯、應器。又、應量器。法に應ずる食器の義。人の供養を受くべき者の用る食器の義。腹の分量に應じて食ふ食器の義。【行事鈔資持記下二之三】に「鉢是梵言。具云ニ鉢多羅一。此翻ニ應器一。應ㇾ量之器。對ㇾ法爲ㇾ名。準ニ章服儀一云。堪ㇾ受ㇾ供者用ㇾ之。名當ニ應器一。此即對ㇾ人爲ㇾ目。或處說云。量ㇾ腹而食。故云ニ應器一。即對ㇾ食爲ㇾ名。」【名義集七】に「鉢多羅。此云ニ應器一。發軫云。應ㇾ法之器也。」【楞嚴義疏一上】に「鉢多羅。此云ニ應量器一。色與ニ體量一。皆應ニ法度一也。」

オウギ 應儀 〔術語〕人天の供養に應ずべき威儀を具るもの。即ち阿羅漢の舊譯。【出三藏記集一】に「舊經無着果。亦應眞。亦應儀。新經阿羅漢。亦言ニ阿羅訶一。」【玄應音義四】に「應儀道。又言ニ應眞一。或言ニ眞人一。舊云ニ無着果一。亦云ニ阿羅訶一。今言ニ阿羅漢一。皆是一義。」

オウギヤウ 應形 〔術語〕物に應じたる形。即ち應身。【註維摩經序】に「觀ニ應形一則謂ニ之身一。」

オウクワ 應果 〔術語〕阿羅漢果なり。阿羅漢一に應と譯す、人天の供養に應ずべき德を具すればなり。

オウグ 應供 〔術語〕如來十號の一。梵語、阿羅訶。Arhat 譯、應供。一切の惡を斷じて人天の供養を受くべきもの。【智度論二十四】に「應ㇾ受ニ一切世間供養一。故名爲ニ應供人一。」【大乘義章二十末】に「外國名爲ニ阿羅訶一也。此云ニ應供一。如來諸過悉已斷盡福田淸淨。應ㇾ受ニ物供一。故名ニ應供一。」

オウケ 應化 〔術語〕應は應現。衆生の機類に應じて身を現ずるを云ひ。化は變化。眞佛緣に應じて種種に變化するを云ふ。【西域記七】に「天帝釋欲ㇾ驗下修ニ菩薩行一者上。降ㇾ靈應化爲ニ一老夫一。」

應化身 〔術語〕又、單に應身とも、化身とも。三身中の第三。眞體より變現せしもの。

應化聲聞 〔術語〕四種聲聞の一。本體は佛菩薩なれども他を導かん爲に姑く聲聞の身を現ずるもの。舍利弗、目連の類。【法華文句四上、三藏法數十六】

應化利生 〔術語〕諸佛菩薩の應現して、諸の衆生の爲に、法を說き佛道に入らしめ、無上の利益を與へ給ふを云ふ。◉〔太平記一八〕に「佛法東漸の靈地たるべければ、何れの所にか應化利生の門を開くべきと。」

オウゲホフシン 應化法身 〔術語〕法身の佛が無量の身を應現するを云ふ。【菩薩瓔珞經上】に初地より佛地に至るに各二種の法身あり。法性身、應化法

身是なり。第一義諦の法流水中に於て、實性より智を生ずるが故に、實智の法身とす。法とは自體に名け、集藏を身とす。一切衆生の善根、此の實智の法身を感ずるが故に法身能く無量の法身を現應す。一切世界國土身、一切衆生身、一切佛身、一切菩薩身、皆悉く能く不可思議身を現ずと云ひ。又【同經下】に二法身あり。一に果極法身、二に應化法身と。其の應化法身は影の形に隨ふが如し、果身常なるを以ての故に應身も亦常なりと云へり。是れ即ち他受用報身及び應身、化身等を總じて法身と名けたるなり。「ホフシン」を見よ。

オウゲン 應現 〔術語〕機に應じて身を現ずること。【淨名玄二】に「智論功德相二法身一。處處應現往。」【觀經疏定善義】に「彌陀應レ聲即現。」【定善義傳通記二】に「釋迦許說。彌陀應現。」【金光明經二】に「佛眞法身。猶如二虛空一。應レ物現レ形。如二水中月一。」

オウゴ 應護 〔術語〕諸佛菩薩等が、衆生の所願に應同し、隱見して、其衆生を保護するの意なり。

オウサ 應作 〔術語〕機に應じて作すこと。應現に同じ。【文句二下】に「名月是寶吉祥月天子。大勢至應作。乃至寶光是寶意日天子。觀世音應作。」

オウシヤウヘンチ 應正遍知 〔術語〕應と正遍知。佛の十號の中の第二號と第三號なり。應は應供の略。正遍知は又正等覺と云ふ。「ジフガウ」を見よ。

オウシヤカラクキ 奥闍訶洛鬼 〔異類〕鬼の名。【玄應音義二十一】に「奥烏報反。此云二吸人精氣鬼一也。」梵 Ojaāhāra*

オウシヤク 應迹 〔術語〕應化垂迹。機緣に應じて垂迹の身を化現するを云ふ。【觀音玄上】に「上地爲レ眞爲レ本。下地爲レ應爲レ迹。」【勝鬘寶窟中本】に「應迹爲レ論。應感既彰。」

オウシン 應眞 〔術語〕阿羅漢の舊譯。人天の供養を受く應き眞人。【出三藏記一】に「舊經無著果。亦應眞。亦應儀。新經阿羅漢。」図眞理に應ずる人。【法華文句一上】に「阿颰經云二應眞一。瑞應云二眞人一。」【同記】に「阿颰經能所雙標。應謂能應之智。眞即所應之理。以レ智應レ理之人。故云二應眞一。」

オウシン 應身 〔術語〕Nirmāṇakāya 三身の一。他の機緣に應じて化現せる佛身なり。又、眞如と相應する佛身の義。【義林章七本】に「應レ宜現レ身名二應身一。」【勝鬘經寶窟上本】に「與二眞如一相應。一名爲二應身一。」應身の體を定るに經論に依て三種の不同あり。一は同性經、攝論に依れば地上の菩薩に對して無量の相好身を現ずるを應身とし、地前の菩薩及び二乘凡夫に現ずるを化身とす。【勝鬘經寶窟上本】に「同性經云。應身住二淨土一。化身居二穢土一。乃至攝論云。地前是化佛。登地是應身者。此應身是與二眞如一相應。名爲二應身一。乃至地前未レ見二眞如一。但見二八相成道一。故言レ見二化身一。」二は起信論に依れば凡夫二乘の所見、即ち三十二相の佛身を應身とす。此應身は即ち同性經の化身なり。【起信論】に「凡夫二乘心所レ見。名爲二應身一。乃至諸菩薩從二初發意一。乃至菩薩究竟地心所レ見者。名爲二報身一。」三は金光明經に依れば凡夫二乘菩薩を論ぜず、相好の多少を問はず凡て他に應じて現ずる佛身を應身とす。佛身を現ぜず五趣の身を現ずるを化身とす。此の應身は同性經及び起信論の二身を含有するなり。【義林章七本】に金光明經の文を釋して「如來相二應如如如如智願力一故。所現相好。頂背圓光。名爲二應身一。爲レ爲二地前三乘及十地菩薩一。所レ現之身。及化二十地一他受用身。並名二應身一。應二他機宜一。現二佛身一故。乃至隨二衆生類一。現二五趣身一。是名二化身一。不レ現二佛形一。而顯レ化故。」然に天台は應身に勝劣の二を立てて能く此三種を會通せり。即ち一に勝應身、是れ同性經等の說。二に劣應身、是れ起信論の說。而して此二身を通じたるもの即ち金光明經の說なり。

應身と化身の同異 〔雜語〕同性經金光明經には應身の外に化身を立つれば二身差別し、起信論には應身の外に化身を立てず、又唯識論法華論等には化身の外に應身を立てざれば化身即ち應身なり。「サンシン」を見よ。

オウジユ 應頌 〔術語〕十二分經の一。梵名、祇夜。Geya 前の所說に應じて重ねて頌するもの、亦重頌と名く。【正理論四十四】に「言二應頌一者。謂以二勝妙緝句言詞一。隨述讃二前契經所說一。」

オウジンノド 應身土 〔界名〕應身佛の居住する國土を云ふ。衆生の機緣に應じて變現せる國土を云ふ。

オウタウセンシンケネンイツシヨ 應當專心繫念一處 〔術語〕二句歌題。【觀無量壽經】に「佛告二韋提希一。汝及衆生。應下當專レ心。繫二念一處一。想中於西方上。云何作レ想。凡作レ想者。一切衆生。自レ非二生盲一。有日之徒。皆見二日沒一。當下起二想念一。正坐西向。諦觀中於日上。」此は觀經十六觀の中に日想觀を說ける文なり。⦿（續千載）「夕つく日入江の芦の一すぢに賴む心はみだれざりけり。」

オウタラソウ 漚多羅僧 〔衣服〕袈裟の名。「ウツタラソウ」を見よ。

オウニン 應人 〔術語〕阿羅漢のこと「オウシン」を見よ。【歸寄傳一】に「次有二弘法應人結集一。」

オウノウサンシヨキヤウ 懊惱三處經 【經名】長者子懊惱三處經の略稱。

オウハツラ 漚鉢羅 【植物】Utpala 又、嗢鉢羅。優鉢羅、烏鉢羅。花の名。譯、青黛花。青蓮花。其花青色にして葉細長く、香氣頗る高きもの。【摩訶般若行瑫音義】に「漚鉢羅。漚烏候反。此云二青蓮花一。又云二青黛花一。」【慧琳音義二】に「嗢鉢羅花。唐云二青蓮花一。其花青也。葉細陿長。香氣遠聞。人間難レ有。唯無熱惱大龍池中有。或名二優鉢羅一。」「ウハツラ」を見よ。

オウヒカ 奧箄迦 【術語】譯、可爾。如是。方便。【慧琳音義六十一】に「奧箄迦。Aupayika 唐云二可爾一。或云二如是一。」【有部毘那耶三十一】に「奧箄迦。譯云二方便一。」

オウビヤウヨヤク 應病與藥 【譬喩】佛が衆生の種種の機に對して種種の教を說くを、醫の人の病に應じて藥を與るに譬ふ。【維摩經佛國品】に「應レ病與レ藥。令レ得二服行一。」【菩提心論】に「諸佛慈悲。從レ眞起レ用。救二攝衆生一。應レ病與レ藥。施二諸法門一。」「見よ。

オウブツ 應佛 【術語】應身佛のこと。「オウシン」を見よ。

オウホウ 應報 【術語】善惡の業に應じて苦樂の果報の來ること。經名に罪業應報教化地獄經あり。

オウホフ 應法 【術語】法に相應じ理に背かざること。如法と言ふ如し。

應法沙彌 【雜名】三沙彌の一。正しく沙彌の年齡に應ずるもの。即ち十四歲より十九に至る沙彌を云ふ。【行事鈔資持記下四之二】に「應法者。正合二沙彌位一也。」

應法妙服 【雜名】如法の三衣、即ち袈裟のこと。【無量壽經上】に「如二佛所讃應法妙服一。自然在レ身。」

應法記 【書名】具名、釋門章服儀應法記、一卷。宋の元照の撰。

應法經 【經名】佛說應法經、一卷。西晉の竺法護譯。即ち中阿含受法經の下卷。【昃帙八】(613)

オウホン 應本 【術語】應化身の根本なり。別圓二教は中道を以て應本となす「チウダウオウホン」を見よ。

オウムシヨジユウニシヤウゴシン 應無所住而生其心 【雜語】二句歌題。【金剛般若經】に「是故須菩提。諸菩薩摩訶薩。應二如レ是生二清淨心一。不レ應二住レ色生一レ心。不レ應下住二聲香味觸法一生上レ心。應下無二所住一而生中其心上。」是れ有所住有所得の心を去て無所住無所得の心を生ずべきを云ふ。是れ即ち無住の清淨心なり。⊙(續拾遺)「哀なり雲井を渡る初鴈も心あればぞねをば鳴くらん。」

オウメツヒン 應滅擯 【術語】Pravāsaniya 律中刑罰の名。四波羅夷罪を犯し了て當に滅擯の罰を加ふべきものを云。【行事鈔資持記上一之四】に「應擯者。應猶レ當也。罪合レ當レ擯。而未レ擯故。」「メツヒン」を見よ。

オウユウムヘン 應用無邊 【術語】佛、衆生救濟の爲には、應現の妙用、無碍自在にして時として現れざるなく、處として顯現せざるなきを云ふ。即ち應化の神力自在なるを云ふ。⊙(太平記二九)「應用無邊に候へば何れをまさり、何れを劣れりとは申し難く候へども。」

オウリシユウ 應理宗 【流派】應理圓實宗の略。法相宗の別名。

オウリヤウキ 應量器 【物名】鐵鉢のこと。應器に同じ。

オウリエンジツシユウ 應理圓實宗 【流派】法相宗四名の一。此宗に明かす所、盡く理に應じて圓滿眞實なりとて、理に就て設けし宗名なり。「ホフサウシユウ」を見よ。

オウロウソウキヤ 漚樓僧佉 【人名】「ウルカ」を見よ。

オウロウビンラ 漚樓頻螺 【人名】「ウルビンラ」を見よ。

オウワ 漚恕 【術語】又、漚和「オウワクシヤラ」を見よ。

オウワクシヤラ 漚和拘舍羅 【術語】Upāya-kauśalya 又、漚和俱舍羅。傴和拘舍羅に作る。譯、方便勝智。善巧方便。方便善巧。【法華義疏四上】に「外國稱二傴和拘舍羅一。傴和稱爲二方便一。拘舍羅稱爲二勝智一。」【可洪音義五】に「漚和拘舍羅。亦云二憂波憍舍羅一。此云レ妙。亦云二善巧方便一。」【放光般若經行瑫音義】に「漚和上烏候反。下或作レ恕。漚恕拘舍羅。此云二方便一。」【華嚴疏鈔十四】に「漚和俱舍羅。此云二方便善巧一。」

オウワシユウロン 應和宗論 【故事】村上天皇應和三年八月禁中に於て天台法相二宗の學匠間に五性各別と一乘皆成との義に就て大論議を生じ、天台の良源が無一不成佛と示せるに對し、相宗の仲算は「無の一は成佛せず」と會通し圓覺經の「地獄天宮皆爲淨土、有性無性齊成佛道」の文を春日明神の加護によりて「地獄も天宮も皆淨土たらましかば、有性も無性も齊く佛道を成ぜん」と通ずる等兩々相下らず。古來最も活氣ある禁中の法論なりとして知らる。應和宗論日記。扶桑略記二十六、元亨釋書四。本朝高僧傳九、壒嚢鈔十六。濫觴抄卷下等に出づ。

オガメツドゴオウジユヂシキヤウ 於我滅度後應受持斯經 【雜語】二句歌題。【法華經

如來神力品】に未來の衆生に法華經の受持を勸て「是故有智者。聞此功德利。於我滅度後。應受持斯經。是人於佛道。決定無有疑。」⊙（新後撰）「あらざらん後の世かけし契こそ頼むにつけて嬉しかりけれ」

オキヤウシユ　御經衆　〔雜名〕 如法經を行ふ時、寫經の人衆を御經衆と云。【圓光大師行狀翼讃五】

オク　憶　〔術語〕 心を一處に懸けて忘れざると。【大乘義章二】に「常守一緣。不能捨離。於緣發悟名憶。」

オク　億　〔雜語〕 億に四等あり。【瑜伽略纂二】に「西方有四種億。一十萬爲億。二百萬爲億。三千萬爲億。四萬萬爲億。今瑜伽顯揚百萬爲億。華嚴千萬爲億。智度論十萬爲億。」【探玄記四】に「西國數法。有三種億。一百萬。二千萬。三萬萬。乃至此中據千萬一億。」と。

オクシ　抑止　〔術語〕 惡事を抑へ止めて誡むること。

オクシ　抑止門　〔術語〕 衆生を放逸ならしめざらんがため方便して且らく攝取の慈悲を隱し、惡者の救ふべからざるを言ひて誡を垂ること。攝取門に對す。次項を見よ。

オクシセツシユ　抑止攝取　〔術語〕 制遮と容受とを云ふ。折伏慈悲に同じ。佛は慈悲智慧圓滿せるを以て智慧門に於て逆惡衆罪を制遮し、慈悲門に於て善惡一切を容受して漏らさゞるを云ふ。【無量壽經】の十八願に「唯除五逆誹謗正法」と說き、【觀無量壽經】に「五逆十惡具諸不善者皆得往生」と說けるに就き、古來相違を會するに【善導觀經疏四】に壽經は未造業に約し抑止門に由るが故に逆謗を除き。觀經は既造業に約し、攝取門に由るが故に之を取ると解す。群疑論三の十五家中の第九家 然るに【六要鈔】には別に罪業と多劫障重の二義に解し。若し彌陀大悲の本誓に約せば法事讃に「佛の願力を以て五逆と十惡と罪滅して生ずることを得、法謗闡提廻念して皆往く」と云へる如く、同一無別報土得往の益ありとせり。

オクセウ　沃焦　〔雜名〕 大海の底に在て水を吸ふ石の名。下無間地獄の火氣に由て此石常に焦熱すと云。【觀佛經五】に「從阿鼻地獄上衝大海沃焦山下。大海水渧如車軸許。」【賢愚經四】に「海何故注入不增。下阿鼻火上衝大海。水消涸故不增。常注入故。以不減。」【文句記九下】に「沃焦者。舊華嚴經名號品中。及十住婆沙中所列。大海有石。其名曰焦。萬流沃之至石皆竭。所以大海水不增長。」【文句私記九本】に「翻名苑曰。東海有焦石。一名沃焦。方圓三萬里。水沃之。則消盡。」

沃焦山　〔雜名〕 此石廣大なれば山と云

沃焦海　〔雜名〕 沃焦石の在る海。是れ衆生受苦の處。【六波羅蜜經】に「馬頭山。沃焦海。」【超悟疏】に「謂大海中。有沃焦石。海水無量。悉被消鑠。此是增上受苦之處。」

オクセツニモン　抑攝二門　〔術語〕 「オクシセツシユ」を見よ。

オクヂ　憶持　〔術語〕 記憶の受持して忘失せざること。【觀無量壽經】に「汝等憶持。廣爲大衆。分別解說。」

オクツキ　奧津城　〔雜名〕 墓に同じ。⊙（萬葉集）に「いにしへのささたをとこの妻とひしゐななをとめのおくつきぞこれ」佛式の墓には塔婆を立つ。

オクネン　憶念　〔術語〕 記憶して忘れざると。【華嚴大疏鈔三十四上】に「攝法在心。故名憶念。」

オクノヰン　奧院　〔堂塔〕 一山の中に別して奧に在る院宇を云。

オクホフミヤウモン　億法明門　〔術語〕 一億の法門の數。【仁王經上】に「菩薩摩訶薩。住億佛剎。作親史多天王。修億法明門。行菩提分法。化一切衆生。」

オクラヒジ　御倉秘事　〔雜語〕 又は御藏秘事とも書く「オクラモント」を見よ。

オクラモント　御藏門徒　〔流派〕 眞宗異安心の一類にして、土藏の中にて彌陀の本體を拜せしむと云ふによりて名を得。又布團被り、御杓子講、內證講、秘事法門と稱し、尾張を中心として廣く關東に行はる。四十有餘の小分派あり。自ら大眞會、空也講小社、天王寺派、十三觀派等と號せり。其の主張に曰く。佛法に表裏の二途あり。古來正傳とするは表面の淺義にして、裏面の深義は親鸞聖人より善鸞等に傳はり、爾後俗間に行はるるのみ。法を無宿善の機に語れば却て誹謗の罪を犯さしむるを以て、容易に傳ふると能はずとなし、口傳秘密を重んずること甚だしく、教徒間には親鸞聖人が如信上人に傳へしと云ふ御袖下御書と稱するものを傳授す。中に如信上人へ與ふる書、安心決了鈔、即身佛體鈔、發願廻向鈔の四章あり。又一枚起請文、阿彌陀本原經、十八願、親鸞聖人以下の法語、弘法大師念佛秘事、十二の御名、元祖一枚起請文の秘傳、五臟曼陀羅等の口傳あり。

オクリ　御庫裏　〔雜名〕 門徒宗の僧の妻を御庫裏樣と云ふ。【俚言集覽】

オクリゴヂユウ　贈五重　〔雜語〕 淨土宗にて、死者の父母妻子等の親近緣者が死者に代りて五重相傳を受け、死者を佛祖歷代の血脈相承の人たらしめ法名に譽號を加へて、その功德によりて死者をして

佛道を增進せしめんことを期するなり。

オクリビ 送火 〔行事〕 陰曆七月十六日の宵に、門前にて火を焚くこと。祖先の靈を送る意。十三日の迎火に對す。但し【叢林集九下】に一說あり。「七月送り火の事。盂蘭盆會は種種の供物を設け、諸の鬼趣を勸請す。諸鬼是に趣て食を得るとなり。世人はたゞ先祖亡父等の靈のみを迎へ送ると思へるか。施會事竟て施壇供具等悉以燒散するに、家の邊は火を恐るゝが故に山野河邊に出て之を燒く。之を送り火と云。火を以て靈を送るに非ず、諸供を送りたる火なれば送火と云なり」⦿(小町踊)「送り火をそふや冥途の影法師」「ウランボン」參照。

オケソク 御華束 〔物名〕 佛に供る菓子、餅などを云。

オコウ 御講 〔行事〕 眞宗の七晝夜の報恩講を御講と云。十一月二十一日逮夜より二十八日、日中まで開山親鸞聖人の忌中法會。本願寺派は新曆に換算して一月九日逮夜より十六日迄とす

オコナヒビト 行人 〔雜名〕 行者の和訓。佛道修行者を指す。⦿(宇治拾遺、春日詣)「おとどおこなひ人を召しいで、見給ふに」

オコリノゴシヨ 興御書 〔書名〕 善信が月輪殿に於て、比叡の座主より法論をかけられたるに諍はず逃げ歸りたるを賞して、師法然より與へたる消息なり。印可御書とも云ふ。【眞宗敎典志一】に「親書現在二新黑谷金戒光明寺一。考二書中所一レ叙。元久二年乙丑閏四月。賜二眞影於吾祖一時所レ與之書也。文辭簡潔。具盡二玄奧一。眞宗法義。由レ此而興。故稱曰二興御書一。又曰二印可御書一。然和語燈錄。不レ載レ之者。蓋忌三書中有二一念業成之言一而然歟。」

オサガリ 御下 〔雜語〕 神佛に供へて、さげたるもの。

オシ 御師 〔雜語〕 伊勢の神主にて身分卑きもの。

オシチヤ 御七夜 〔行事〕 眞宗の報恩講は七晝夜が定りなれば御七夜と云。「オコウ」に同じ。

オシヤウ 和尙 〔術語〕 禪宗にて「オシヤウ」と讀み。天台にて「クワシヤウ」と讀み。眞言、律宗にて「ワジヤウ」と讀む。弟子より師を呼ぶの稱。是れ梵語にあらず、漢語にあらず、于闐國の語なり。「ウバタヤ」を見よ。

オシヨブツドズヰグワンワウジヤウ 於諸佛土隨願往生 〔雜語〕 歌題。【般若經理趣分】に「若有情類。受二持此經一。多俱胝劫。得二宿住智一。乃至諸佛菩薩。常共護持。令三一切時善增惡滅一。於二諸佛土一。隨レ願往生。乃至二菩提一。不レ墮二惡趣一。」これ理趣分の功德を述べたるなり。⦿(發心和歌集)「出づるひの朝ごとには入しれず西に心は入るとしらなん」

オジフヤ 御十夜 〔行事〕 淨土宗の法會の名。「ジフヤ」を見よ。

オソシ 御祖師 〔雜名〕 諸宗の開祖に通ずれども、殊に日蓮宗信者の日蓮上人を呼ぶの稱。

オタイ 於諦 〔術語〕 三論宗の語。於は所依の義。佛の說法を敎諦となし、所依の二諦を於諦と云。是れ中論の諸佛依二此二諦一說法の文に依て立つ。【二諦義上】に「論云。諸法性空。世間顚倒。思レ有爲二世諦一。諸賢聖眞知二顚倒性空一。爲二第一義諦一。諸佛依二此二諦一說法。乃至今正此一句。明下依二二諦一說法。所依是於諦。說法是敎諦上也。」

オタマヤ 御靈屋 〔堂塔〕 貴人の位牌堂を云。

オダイシ 御大師 〔雜名〕 諸宗の大師に通ずれども、殊に弘法大師を指す。眞言宗信者の語。

オチゴ 御兒 〔雜名〕 僧に侍する有髮の小童。図 祭禮法會などの時、隊を組み衣服を飾て其行列に加る童男童女。

オチヤジヨ 御茶所 〔堂塔〕 神社佛閣に付屬し、神佛に茶を奉り、參詣者に供養し休息せしむる所。

オツキサンマイ 越喜三昧 〔術語〕 耶輸陀羅女所入の三昧なり。此の三昧に依て種種の歡喜を生じ、一切衆生を歡喜せしむれば、越喜三昧と名く、越は超越無比の義なり。「ヤシユダラ」を見よ。

オツタナシヤ 嗢多那惹 〔術語〕 合掌の名。十二合掌の一。兩掌を以て仰て相並べ、俱に上に向つて相鋪くを嗢多多那惹合掌と云。譯、顯露。內心を顯露する意。【大日經疏十三】

オツタツラクカ 嗢達洛迦 〔人名〕 又、鬱頭藍弗。人の名。譯、雄傑。【慧琳音義十八】に「嗢達洛迦梵語也。唐言二雄傑一。即經中鬱頭藍弗是也。」「ウツヅランホツ」を見よ。 「ウ」を見よ。

オツタラソウ 嗢多羅僧 〔衣服〕 「ウツタラソ」を見よ。

オツダナ 嗢柁那 〔術語〕 「オツダナン」を見よ。

オツダナン 嗢柁南 〔術語〕 又、嗢陀南に作る。四法印の別稱。譯、集施。但し四法印の本稱烏拕南と共義別なり。「ウダナ」を見よ。

オツダラ 嗢呾羅 〔術語〕 Uttara 又、鬱多羅。溫嗢羅。譯、上。【西域記十】に「嗢呾羅。唐言レ上。」【釋迦方誌下】に「溫呾羅羅淡。此云レ上。」

オツダラアシヤダ 嗢怛羅頞沙茶 〔雜語〕 Uttarāṣāḍha 月の名。嗢呾羅は上。頞沙茶月は大陰曆四月十六日より五月十五日の間に當る。是れ夏三月の初なる故、上と云。【西域記六】に「上座部。菩薩以二嗢呾羅頞沙茶月三十日夜一。降二神母胎一。當二此五月

十五日。」

オツダラクロ　嗢怛羅矩嚕　〔界名〕　又、殟怛羅句盧に作る。北大洲の名。「ウツタラクル」を見よ。

オツダラサイナワウ　嗢怛羅犀那王　〔人名〕　Uttarasena 王の名。譯、上軍。【西域記三、釋迦方誌上】

オツダラソウカ　嗢怛羅僧伽　〔衣服〕　「ウツタラソウ」を見よ。

オツダラマンダツリナ　嗢怛羅漫怛里拏　〔界名〕　Uttaramantrina 中洲の名。譯、上議。八中洲の一。【倶舍頌疏世間品】

オツテイカ　嗢底迦　〔人名〕　外道の名。譯、能說。【倶舍記三十】梵 Uktika

オツハツ　嗢鉢　〔植物〕　嗢鉢羅の略。【玄應音義二十一】に「烏沒切。舊言二優鉢羅一。此云二黛花一也。」「オウハツラ」を見よ。

オツハツラ　嗢鉢羅　〔植物〕　「オウハツラ」を見よ。

オツロカ　嗢露迦　〔人名〕　「ウルカ」を見よ。

オヅシ　佛龕　〔物名〕　「ヅシ」を見よ。

オトウヱ　御頭會　〔行事〕　毎正月十三日に身延山にて行ふ年頭の法會。

オトキ　御齋　〔行事〕　正午已前になす僧家の食事のこと。但し後には一般に寺中又は法會の食事を指して云。「トキ」を見よ。

御齋坊主　〔雜名〕　僧徒の卑きもの。檀家の法會に參して御齋の供養を受るとを勸る坊主。

オトクニジ　乙訓寺　〔寺名〕　大慈山乙訓寺は山城國西の岡今里にあり。推古天皇の御願、聖德太子の開基。弘仁二年弘法大師、別當職に補せられ、神佛合體の尊像を刻む。是れ當寺の本尊。例年三月廿一日開帳。【都名所圖會】

オトゴドウジ　乙護童子　〔神名〕　乙護法は常に童子の形を現ずれば乙護童子と云。「オトゴホフ」を見よ。

オトゴホフ　乙護法　〔神名〕　法力の爲に役使せられ、又佛法を守護する爲に示現する鬼神の童形なるを護法と云ひ、幼童的の名を付して乙或は若と云。【塵點壒嚢鈔十三】に十六夜叉を擧る中に護法夜叉と云あり。⦿(保元物語)に「傳敎大師の役使されし乙護法」と云ひ。(太平記十一)に書寫山性空上人の護法を擧て「常隨俗侍の乙護法」とあり。【傳通記糅鈔十三】に「乙護法者。童子形也。今私云。性空上人。書寫籠居時。動侍者。有人云。背振山守護神歟。亦是不應二六根清淨德一。乙護法若護法。來給仕。是不動明王二童子也。」此の乙護法は守賀神十五童子の第十五童子なり、最も末子にして護法の願を發し處處に示現する故に乙護法と號するなり。【溪嵐拾葉集九】に「背振山緣起に云く、南天竺國に大王有り、名を德善大王と曰ふ、此王十五人の王子を生ぜり、第十五王子生て後七箇日を經て行方を知れず失せ畢る。大王此の事を悲歎して龍樹菩薩に白して言ふ。其の時菩薩定に入り、天眼通を現じ、三千界を知見し給ふに、此の王子粟散邊地の境、日域西海の地、背振山に現居せり。菩薩此の事の由を以て大王に白す。爾の時大王歡喜の思を生じ、自餘の十四人の王子達を引率して、龍樹菩薩と共に我國に影向し給ふ、今の背振山權現是なり。」

オトリコシ　御取越　〔行事〕　眞宗の門徒、親鸞聖人の報恩講を修するに、本山にて正忌の報恩講を修する前に取り越して營むを通例とす。かく忌日を引き上げて修する法會を名く。後轉じて報恩講の別稱となる。聖人の忌日は十一月(大谷派)一月(本願寺派)なる故、十月中又は舊年内に行ふを例とす。

オナデモノ　御撫物　〔雜名〕「ナデモノ」を見よ。

オニ　鬼　〔異類〕　人の死にたるものを鬼と云ふが字の本義なれど、佛典には六趣の中に別に鬼趣と云ふ一類を立てゝ、餓鬼を始め夜叉羅刹などの暴惡畏るべきものを總じて鬼と稱す。【名義集二】に「婆沙云鬼者威也。能令三他畏二其威一也。」図地獄の獄卒はもと非情にて(倶舍所說)鬼にあらざれども、其の形の畏るべき所より邦俗之を「オニ」と云。正典の語にあらず。「キダウ」を見よ。

鬼鞭故屍　〔傳說〕【經律異相四十六】に「昔外國有レ人死。魂還自鞭二其尸一。傍人問曰。是人已死。何以復鞭。報曰。此是我故身。爲レ我作レ惡。見二經戒二不レ讀。偸盜欺詐。犯二人婦女一。不レ孝二父母兄弟一。惜レ財不二肯布施一。今死令三我墮二惡道中一。勤苦毒痛。不レ可二復言一。是故來鞭レ之耳。(出譬喩經)」⦿(平治)「溫野に骨を禮せし天人は平生の善を喜び、寒林に骸を打ちし靈鬼は、前世の惡を悲む。」「十六」

二鬼爭屍　〔傳說〕【智度論十二、經律異相四】

オニノホラネンブツ　鬼洞念佛　〔行事〕　七月七日より十五日までこれを行ふ。【滑稽雜談】洞は八瀨河の西の山中にあり、俗鬼のまで洞といふ。口狹く中闊し、高さ二丈ばかり、深さ三丈。昔酒顚童子此洞より丹波の大江山へ移りしといふ。或は昔叡山に一童あり、僧徒其美しきを愛す。飮酒交歡の時時人を歠み血をとり酒に和してこれを飯む。一旦魅となりて此洞に入る云々。此話羅山詩集酒顚童子の洞に題すといへる序に見えたり。【雍州府志】「毎年七月七日より十五日に至り、村中の兒女此洞に聚りて鉦を

鳴らし、大に彌陀の號を唱ふ。これを先祖祭といふ。」

オニヤライ　追儺　[行事]　「ツキナ」を見よ。

オバウサマ　御坊樣　[雜語]　僧侶の尊稱。俗語。

オヒ　笈　[物名]　又、書笈とも云ふ。山伏の旅行に背に負ふものにて箱に足の附きたるもの。【資道什物記書笈品】に「修驗者。象二悲母形一以名レ笈。乃至役大老致二前鬼負一レ之。報二其父母恩重一」とし。又「其の八角なるは母胎内分の八葉を表ずるなり、八尊は八方に坐し、中胎は即ち阿字胎藏大日なり。是を八葉九尊と名づく。行者之を負ふは母胎に宿るの義相なり。」と説明せり。

オヒズリ　笈摺　[物名]　又おひずるとも云ふ。巡禮廻國の行者が笈を負ふ時肩に當てたる布片を稱し、後轉じて袖無き肩衣の如きものなる。⦿(嬉遊笑覽七)に「思ふにこれは笈摺にて、笈を負ふに、そのあたる所すれて破れやすければ、白布をつけたるものなり」と。今は三轉して、笈のことをおひずると云ふことあり。

オビカヂ　帶加持　[修法]　姙婦の用うる岩田帶に易產の陀羅尼を書し。大日、藥師、孔雀、不動一字咒等にて加持す。　「の作。

オフミ　御文　[書名]　又、御文章。眞宗蓮如上人

オブツジ　御佛事　[行事]　報恩講をいふ。

オブツミヤウ　御佛名　[行事]　十二月十九日より廿一まで。禁中にておこなはる。【續日本後記】「仁明天皇五年始めて宮中に佛名を置く。」【公事根源】に「仁壽殿の御本尊をうつして御帳の中にかけて、南の額の間又南北に机をたてゝ佛像塔形をおく。佛前に香華を備ふ。廂に地獄變相の御屛風をたつ。被綿は御佛名の時導師並に衆僧に被け賜はる綿なるよし江次第に見えたり。」　「稱。

オホイホツシ　大法師　[雜語]　叡山にての呼

オホウチシンダウ　大内神道　[流派]　兩部神道の別稱。【天台史略下】に「兩部神道とは其初め聖德太子の神佛二道を兼學兼用し、兩部と名け給ひたるに權輿し、一名大内神道とも稱せり。」

オホオムロ　大御室　[人名]　長和親王は三條院の第四子、出家して濟信大僧正の弟子となり、法名性信。仁和寺に住して大御室と號す。應德二年八十一歳にて寂す。【門跡傳】

オホゲサ　大袈裟　[雜語]　物の大形なると。佛徒より出でたる俗語。

オホサハリウ　大澤流　[流派]　淨土宗名越派の一流。良榮理本を祖とす。良榮は應永九年下野芳賀郡大澤村に圓通寺を開き、十六疑問答見聞十卷、傳通記見聞二十六卷等を著し、名越藤田の兩派を合糅して、一念業成の說を唱ふ。

オホタニハ　大谷派　[流派]　眞宗十派の一。祖廟大谷の地名に基きて名づく。本願寺十一世顯如、織田信長の迫害に頡抗して降らず、天正八年三月正親町天皇の勅によりて攝州石山より紀州鷺森に移り、後京都堀川に居る。文祿元年顯如遷化し、嫡子敎如在住三年職を季弟准如に傳ふ。慶長七年德川家康の旨により後陽成院の勅許を得て東六條に堂宇を營み、敎如を請じて東本願寺とす。爾來本願寺分立して東派西派と稱せしが敎義に異同あるにあらず。明治十四年東派の名を改めて大谷派と稱す。別院五十餘、末寺八千二百。門徒百萬餘を有す。

オホハラノサンジヤク　大原三寂　[人名]　三寂は寂念、寂然、寂超の兄弟三人、共に世を逃て大原山に住しければ、世に大原の三寂と稱す。【扶桑隱逸傳中】

オホハラモンダウ　大原問答　[故事]　後鳥羽天皇文治二年の頃、法然上人が顯眞法印の請に應じ洛北大原に於て淨土の宗義を談論せしを云ふ。初め顯眞、上人より念佛は出離の要行なるを聞きしが疑團釋けず。百日間大原に籠居して淨土の章疏を讀み、遂に要旨を諮決せんが爲上人を請ず。東大寺大勸進俊乘房重源、弟子三十人を具して之に從ひ、道俗來り集る者甚だ多く、前權少僧都明遍、法印權大僧都證眞、侍從已講貞慶、法印權大僧都智海を始め、南都北嶺の學匠等重重に難を致し、上人一一に之を會釋し、聖道諸宗の敎は義理深きも時機に適せず、證悟甚だ難し、淨土の一門は解し易く行じ易し、愚鈍下智を捨てず。得脫最も速なりと說破し、彌陀本願の妙旨を開闡せしに滿座悉く信服せり。中にも顯眞は歡喜の涙を流し、踊り立つて廻遶行道し高聲に念佛せしかば、三百餘人の學匠達同音に念佛して三日三夜間斷なかりしと云ふ。世に大原談義聞書鈔と名くる書傳はれども、後人の僞作にして信ずるに足らず。十六門記、淨土隨聞記、勅修御傳第十四等に出づ。

オホフク　大服　[行事]　もと王服と云ふ。又福茶ともいふ。元日に點ずる茶のこと。村上天皇御惱の事ありて醫藥驗を失ひし時、六波羅蜜寺の觀音の靈告により、觀音に供へたる奠茶を服し給ひて御惱平癒し給へり。主上の服し給へるより王服と云ふ由雜談抄に見ゆ。

オホミネ　大峯　[地名]　大和國吉野郡の奧に在て、【大和志】に「吉野山より南六里」山上か嶽と云。三才圖會に吉野山嶺故曰山上　別名、金峰山。本尊は藏王權現。役行者の感

得する所。

大峯入　〔行事〕大峰山に參詣すると。其道二道ありて吉野より登るを本山と號し、洞川より登るを當山と名け、又逆山と云。是れ醍醐聖寶の闢く所なり。其期日は、毎歳陰曆四月八日より九月八日に至る。【大和名所圖會六】

オホミヤゴンゲン　大宮權現　〔神名〕山王七社權現の一。大己貴の尊を祠る。本地は釋迦如來の示現なりと云ふ。⊙（太平記一八）「所謂大宮權現は久遠實成の古佛」

オマムキサマ　御眞向樣　〔圖像〕阿彌陀如來の御畵像のこと。眞正面に向き給ふ意。

オミヌグヒ　御身拭　〔行事〕三月十九日これを行ふ。山城國嵯峨清凉寺の本尊釋迦如來は五尺二分の立像にて、天竺毘首羯摩の赤栴檀を以て作る所なり。開張には、寺僧白巾を以て佛像をぬぐひ拂ふ、これを御身拭といふ。この起りは此堂建立の人、七日參籠中に本尊告げ給ふやう、汝が父今生を畜生に轉じ、此堂の材木をひく牛となる、彌增に善をなし佛果を得しむべしとなり。急ぎ此牛を乞ひ得て堂の側に繫ぎ父の思ひをなし養ひしが、三月十九日に終りける。佛果を得させんため牛の衣を以て如來を拭ひて赤栴檀の薫りをうつし、牛に着せ葬りけり。其後年毎に今日如來の妙香をうつして衆生煩惱の不淨を淸むとなり。

オミヤウク　大御影供　〔行事〕日蓮宗の御會式のこと「ヱシキ」「オメイグ」を見よ。

オミライセゲントクジヤウブツ　於未來世咸得成佛　〔雜語〕二句歌題。【法華經授記品】に「我諸弟子。威德具足。其數五百。皆當二授記一。於二未來世一。咸得二成佛一」此は迦葉等の四大聲聞に授記せし因みに、豫め五百の聲聞に授記する文なり。正しく彼等に授記するは後の五百弟子授記品なり。

オムリヤウコクチウナイシミヤウジフカトクモン　於無量國中乃至名字不可得聞　〔雜語〕三句歌題。【法華經安樂行品】に「是法華經。於二無量國中一。乃至名字。不レ可レ得レ聞。何況得レ見。受持讀誦」。此は妙法の得難きとを說けるなり⊙（續古今）「なをだにもきかぬ御法をたもつまでいかで契を結びおきけん」

オムロ　御室　〔地名〕宇多天皇出家して益信の弟子となり、御室を仁和寺の內に造て此所に住み給ふより、仁和寺を御室と稱す。是れ門跡の初なり。【元亨釋書十七】

オメイグ　御影供　〔行事〕十月十三日は日蓮上人の忌日なり。春の弘法大師忌を御影供といふに紛る故御命講といふ、えとめと通ず、影讀んでめいとするのみ。【元亨釋書、日蓮上人傳】に日蓮上人は房州の人、三國氏、弘安五年十月十三日寂す、年六十一。後醍醐天皇勅して大菩薩の號を贈らる、蓋し洛北妙顯寺の妙實雨を祈るの賞によりてなりといへり。武藏國千束鄕池上村長榮山本門寺これ終焉の地なり。昨今宗門の徒佛檀を掃除し紙にて製したる造花をさしはさみ、五色に染めたる餠を供す。

オモヒノタマ　念珠　〔物名〕數珠のこと。數珠は念佛の數とりなれば念珠と云。「ジユジユ」を見よ。

オラン　游藍　〔飮食〕食味の名。【慧琳音義七十九】に「游藍是阿修羅王所レ食味也。或云二蘇陀一。天甘露也。其狀難レ名」。

オン　陰　〔術語〕色聲等の有爲法を云。此に就て、諸師異釋。天台は陰に二義、一は陰は蔭覆の義、色聲等の有爲法は眞理を蔭覆するを云。二は積聚の義、色聲等の有爲法は生死の苦果を積聚するを云。【止觀五上】に「陰者陰二蓋善法一。此就レ因得レ名。又陰是積聚。生死重沓。此就レ果得レ名」。淨影は積聚の一義を取る。【大乘義章八本】に「積聚名レ陰。陰二積多法一故」。是れ色聲等の有爲法は多法積聚して體を爲すを云。巳上の二家共に舊譯にて梵語、塞建陀 Skandha の譯語なり。然に新譯には之を蘊と譯して積聚の義に解し。且つ舊譯の陰の字を陰陽の陰と見、以て積聚の義を許して、陰覆の義を許さず。若し陰覆の義ならば梵語鉢羅婆陀なりと云。慈恩の【義林章五本】に「梵云二塞建陀一。唐言レ蘊。舊譯名レ陰。於禁反此陰是陰覆義。若言二鉢羅婆陀一。案梵本應レ云二鉢羅婆陀一。陰音應レ以二於今反一。陰陽之陰也」。陰陽の陰は陰積の義なり　但し【仁王經】に「色名二色蘊一。心名二四蘊一。皆積聚性。隱二覆眞性一」又【中論疏四末】に「陰者陰殺也。其義主レ殺。以三此五法能害二慧命一。是故經中喩二旃陀羅一」是れ天台の釋する如く蔭覆の義あり。【名義集六】に「蘊謂積聚。古翻レ陰。陰乃蓋覆。積二聚有爲一。蓋二覆眞性一」

五陰　〔術語〕「ゴウン」を見よ。

オン　唵　〔術語〕Oṁ 胎藏界の陀羅尼に曩莫の語を冠し、金剛界の陀羅尼に唵の語を冠す。【秘藏記末】に「唵字有二五種義一。一歸命。二供養。三驚覺。四攝伏。五三身」と。一に歸命とは、佛に歸依して無二の命を獻ずる義なり。所歸の佛體に自佛他佛の二あり、自佛とは自心の本覺佛、即ち在纏如來なり、蓮華三昧經に「歸命本覺心法身乃至還我頂二禮心諸佛一」とある是なり。衆生無始以來吾が本覺の佛に違背して生死の中に流轉す、今始て自心の本佛を知り、本覺

の佛に歸する、是れ還源の最初、眞言の歸命なり。他佛とは已成の佛、即ち出纒如來、並に一切衆生の本覺佛在纒如來なり。此唵字を誦すれば是の如く自他佛に歸する功德一時に成就するなり。二に供養とは、是亦自他佛の二あり、上に準じて知るべし。後宇多院の仰に「直言行者。飮食衣服等受用時。忘二自佛供養一。懈怠不修至也」と。三に驚覺とは、唵字を誦する時、其の音行者の毛孔より入りて自心本有の佛及び一切の佛を驚覺し、目前に現前すること、春風と雷雨とによりて蟄虫地を破りて出現し、草木の花果開くが如し。（春風は大悲願行、雷雨は如來加持力、蟄虫は本有法身の如來、草木は本有の法身、華果は始成の智身）四に攝伏とは、譬へば諸司百官王の勅召ある時は身心寒暑を厭はず參集する如く、行者此唵字を誦する時は一切諸天龍神等此音を聞て皆悉く攝伏して參集するなり。（攝伏法に忍の功あるは瑜祇經に「攝伏如二奴僕一」）五に三身とは、法報化の三身なり。其の故は唵の一字はアウム Aum の三字合成なり、アは本不生の義なれば是れ法身なり、ウは譬喩不可得なれば是れ不可思義の報身なり、ムは吾我不可得なれば人天鬼畜の諸衆生を現はす。依て此唵字を誦すれば三身成現して行者を加持掌護するなり【守護國經九、秘藏記鈔七】

唵字印 〔印相〕 掌を側て、風指を屈し、餘は伸て直くす、又吉祥印と名く、言說の標幟なり。【攝大軌中】に「側レ掌屈レ風。餘申直。淨行吉祥印。名爲二唵字印一。」【大日經疏二十】に「其尊作下持二唵字一印上者。即是梵志義法也。淨行者凡有レ所二言說一。皆側二右手一。作二印形一而擧案レ之。」【演奧鈔十四】に「今私推レ之。唵字聲者。淨行者結二此印一欲レ語之時。先唱二唵字聲一歟。是說法驚覺標幟也。秘藏記唵字出二五種義一。驚覺義其一也。此印亦名二吉祥印一。釋迦說法印。亦名二智吉祥印一。准而思レ之。」

唵字觀 〔術語〕 唵字に就て法報化三身の字義を觀ずる觀法なり。【守護經九】に出づ。

釋迦觀唵字成佛 〔雜語〕 【守護國經九】に釋迦成佛の記を載せ、内に「於二鼻端一想二淨月輪一。於二月輪中一作二唵字觀一。」とあるを以て云ふ。

オンアイ 恩愛

〔術語〕 父母妻子などの間に於て互に恩に感じ愛に溺るゝの情。【無量壽經】に「恩愛思慕。憂念結縛。」【圓覺經】に「一切衆生。從二無始際一。由レ有二種種恩愛貪欲一故有二輪廻一。」オンナイと讀む。

恩愛河 〔譬喩〕 恩愛の深を河に譬ふ。【智度論一】に「已度二凡人恩愛河一。」

恩愛奴 〔譬喩〕 毒刺に譬ふ。【長阿含經十】に「三界無極尊。能斷二恩愛刺一。」【普賢觀經】に「色壞二汝眞一。爲二恩愛奴色一。使三汝經二歷三界一。」

恩愛獄 〔譬喩〕 この世界にては人人常に恩愛に縛られて自由を得ざるに譬ふ。【長阿含經一】に「離二於恩愛獄一無レ有二衆結縛一。」

オンアウン 唵阿吽

〔術語〕 ꣽ Oṁ ꢀ ꢄ ꢣ Hūṁ 三箇の種子各別項に解す。此三字を以て木佛の三處に書す。【安像三昧儀經】に「誦二此眞言一已。復想二如來如眞實身諸相圓滿一。然以二唵阿吽三字一。安二在像身三處一。用二唵字一安二頂上一。用二阿字一安二口上一。用二吽字一安二心上一。」

オンカ 恩河

〔譬喩〕 慈恩の河。【性靈集八】に「恩河深而無レ底。德山峻而衝レ天。」

オンカイ 恩海

〔譬喩〕 四恩の廣海。【性靈集七】に「以益二自他一。以酬二恩海一。」

オンカイ 陰界

〔界名〕 五陰と十八界となり。

オンカウニン 音響忍

〔術語〕 樹林の音聲に就て非有而有の眞理を悟ると。三法忍の一。「サンボフニン」を見よ。

オンガク 音樂

〔術語〕【眞俗佛事編三】に「樂を作して三寶に供養すれば功德甚深なり、故に法華經方便品偈二曰。若使二人作一レ樂。擊レ鼓吹二角貝一。簫笛琴箜篌。琵琶鐃銅鈸。如レ是衆妙音。盡持以供養。皆已成二佛道一。と云へり。百緣經二曰。昔佛在世の時、舍衞城中に有二諸人民一、各自莊嚴にして妓樂を作し、出レ城遊戲す、城門に入て佛の乞食し玉ふに値ふ、諸人見レ佛歡喜し、禮拜して即作二妓樂一佛に供養し、發願して去る、佛微笑し、語二阿難一言く、諸人等妓樂を佛に供養するに由て未來世一百劫の中、不レ墮二惡道一、天上人中に受二快樂一。智度論二九十曰。問云諸佛賢聖は離欲人なれば音樂歌舞を不レ須、何故にか妓樂を供養するや。答曰諸佛は於二一切法一無二所著一故に須なけれども、諸佛衆生を憐て出レ世故に受レ之其供養者に隨レ願福を得せしむるなり」。【無量壽經下】に「普散二華香一。奏二諸音樂一。」

音樂天 〔天名〕 胎藏界曼陀羅の第十二外金剛院の一衆。音樂を作す天部。【胎藏界曼陀羅大鈔七】に「是八部衆緊那羅衆也。法華疏曰。天帝法樂神也。佛說法時。與二諸天一來奏レ樂。故兩所擊レ鼓形出。」

オンキヤウ 陰境

〔術語〕 十境の一。「と」。

オンギ 音義

〔術語〕 文字の音を訓じ義を注する

玄應音義 〔書名〕 一切經音義。二十五卷。唐の玄應撰。是れ音義の嚆矢。【爲帙六七】(1605)

慧苑音義 〔書名〕 新譯大方廣佛華嚴經音義、二卷。唐の慧苑撰。【爲帙十】(1606)

慧琳音義 〔書名〕 一切經音義。百卷。唐の慧琳撰。此中玄應慧苑の二音義を攝む。【爲帙八、九、十】

希麟音義　〔書名〕續一切經音義。十卷。唐の希麟集。【爲帙八】

可洪音義　〔書名〕新集藏經音義隨函錄。三十卷。後晋の可洪撰。【爲帙一、乃至五】（序には漢中とあり）

オンギ　音木　〔物名〕割笏のこと。讀經の時句讀毎に打ちて調聲して緩急を規律する具。拍子木の類なり。

「めざる法。」

オンギヤウ　隱形　〔修法〕形を隱して人に見せしむる法。

隱形藥　〔飮食〕翳身藥に同じ。「エイシンヤク」を見よ。

隱形印　〔印相〕梵語、安怛祖那印。譯、隱形印。【摩利支天經】に左手空拳を爲し、右手の掌を舒て之を覆ふ形。【圖印集三】

隱形算　〔雜語〕算法の極意を以て隱形の秘術を行ふ法。⦿（東鑑十六）に「吾爲二天下第一算師一。寧劣二龍猛菩薩之術一哉。」

オンクワウ　飮光　〔人名〕迦葉の譯名。自の光にて他の微光を飮蔽する義、飮光と名るに二義あり。一は是れ祖先の姓なるが故に名く。一は彼の身に光明あるが故に名く。【文句一下】に「摩訶迦葉。此翻二大龜氏一。其先代學レ道靈龜。負二仙圖一而應。從レ德命レ族。故言二龜氏一。眞諦三藏。翻二光波一。古仙人。身光炎涌。能映二餘光一。使レ不レ現。故言二光波一。亦云二飮光一。迦葉身光。亦能映レ物。」【法華義疏一】に「十八部論疏云。具足應レ云二迦葉波一。迦葉此云レ光。波此云レ飮。合而言レ之故。云二飮光一。飮光是其姓。上古仙人。名爲二飮光一。以下此仙人身有二光明一能飮二諸光一令レ不二復現一。今此迦葉。是飮光仙人種。即以二飮光一爲レ姓。從レ姓立レ名。稱二飮光一也。又此羅漢。亦自有二飮光事一。其人身有二金色光明一。乃至此金猶不レ及二迦葉金色一。是故亦名二飮光一。」

飮光仙　〔人名〕上古に仙人ありて飮光と云。上に記す。

飮光部　〔流派〕小乘二十部の一。佛滅三百年の末に説一切有部より別出せしもの。部主の名より取りて飮光部と名く。佛在世の飮光と同名異人。【宗輪論述記上】

オンケウ　音敎　〔術語〕音聲を以て說く所の敎法【法華經信解品】に「我等今日。聞二佛音敎一。歡喜踊躍。得二未曾有一。」

オンケツヂゴク　飮血地獄　〔界名〕日日血を飮む地獄。【地藏本願經上地獄名號品】

オンゲン　陰幻　〔術語〕五陰の如幻假有の理なり。【輔行二】に「聞レ說二陰幻一。知二罪無生一。」

オンコロコロ　唵呼盧呼盧　〔眞言〕【藥師如來觀行儀軌法】に藥師如來の眞言に大小二種ある中の小呪を云ふ。「唵。呼盧呼盧。戰馱利。摩撜祇。莎訶。」【諸尊眞言句義鈔上】に「句義未勘也。但元來言鈔。呼盧呼盧者。無能勝藥師義也。此不審也。追可レ考レ之。」唵の義は「オン」を見よ。

オンザ　穩坐　〔術語〕坐禪と言ふ程の事もなく無事に安坐すること。【臨濟錄】に「老僧穩坐。」

オンザウ　陰藏　〔術語〕佛の陰莖のこと。佛の陰莖は腹中に藏して現見せざらしむれば陰藏と云ひ、其馬の陰に似れば馬陰藏又は陰馬藏と云。三十二相の一。【三藏法數四十八】に「陰相藏密。猶二馬陰不一レ可レ見也」。【往生要集中本】に「如來陰藏。平如二滿月一。有二金色光一。猶如二日輪一。」

オンシン　隱身　〔術語〕隱身の術。隱形に同じ。【龍樹傳】に「唯有二隱身之術一。斯樂可レ辨。」「エイシンヤク」參照。

オンジ　唵字　〔術語〕「オン」を見よ。

オンジキ　飮食　〔術語〕飮料食物。欲界の有情は必ず飮食に依て身を立つ。

「見よ。」

飮食欲　〔術語〕欲界三欲の一。「サンヨク」を

飮食供養　〔術語〕五種供養の一。眞言【觀行要覽】に「蘇悉經二品（獻食）曰。略說二獻食一。應レ用二團根、長根、諸果、酥餅、油餅、諸羹臛等。或種種粥。及諸飮食一。此四種食。通二獻諸部一。瞿醯經中（奉請供養品）曰。所有臭穢。辛苦、澀味。古殘宿。不祥之食。不レ應二供養一。或若不レ辨二種種羹一者。但用二小豆羹一而供養亦得。凡所領上。皆應レ點レ酪。凡乳粥上。皆應レ着レ蜜。其小豆羹上。應レ着二牛酥一。若有レ羹者。亦應レ着レ之。其菓子中。石榴爲レ上。於二諸根中一。毘多羅根爲レ上。」

飮食三時供　〔行事〕蘇悉地經偈に「晨朝時。日中時。及日沒時。」【不動使者軌】に「旦時。午時。黃昏時。」

飮食四時　〔行事〕胎藏は三時常事なり、金剛界は四時なり、是れ此の界は一切の物類四を取るが故なり。四時とは常の三時に半夜を加るなり。

【溪嵐拾葉集十六】

オンジキサンマイ　飮食三昧　〔術語〕五供三昧の一。

オンジキシンゴン　飮食眞言　〔眞言〕六種供養眞言の一「クヤウ」を見よ。

オンジユ　飮酒　〔術語〕酒を飮むこと。五戒の一に飮酒を禁ず。【俱舍論十四】に「諸飮酒者。心多縱逸。不レ能レ守二護諸餘律儀一。故爲レ護レ餘。令レ離二飮酒一。」

飮酒十過　〔名數〕一に顏色惡。飮酒の人は顏貌容色これに因て常を變じ、善相有ること無きなり。二に下劣。飮酒の人は威儀整はざれば動止

輕薄にして、人の賤惡する所なり。三に眼視不明。恣に飲て狂癡瞻視し、昏瞀にして色境辨ずる無きなり。四に現二瞋恚相一。醉酒の人は不善法を行じて、親屬賢善を顧みず、恣に忿怒するなり。五に壞二田業資生一。恣飲放逸にして、產業を破費し資財を散失するなり。六に致二疾病一。飲酒度を過せば身體の調を失し、以て疾病を致すなり。七に益二鬪訟一。酒に醉ひ發根し人と爭競して身命を惜まず、而して鬪訟益增すなり。八に惡名流布。躭飲縱恣なれば善法を棄捨し、而て醜名惡聲遠近に流布するなり。九に智慧減少。飲酒昏迷、愚癡狂騃にして智慧減少するなり。十に命終墮二惡道一。朋に狎れて飲酒し、善行を修せざれば惡業日に增し、命終の後惡道に墮するなり。【四分律十】

飲酒三十五失 【名數】【智度論】

飲酒三十六失 【名數】【四分律】

オンジヤウ 音聲 【術語】耳根に入るものを音聲と云ふ。

音聲佛事 【術語】佛事とは佛が衆生を濟度する事業のこと。佛は衆生濟度の爲、或は光明を以て、或は佛身を以て、或は香飯を以て、或は衣服臥具等を以てするあるも。此娑婆界に於ては他の方法に依らず、獨り音聲を以て說法を爲すを以て、娑婆に於ける佛の濟度法を指して云。【維摩經香積佛品】に「或有下佛土以二佛光明一而作中佛事上。有下以二諸菩薩一而作中佛事上。乃至有下以二佛衣服臥具一而作中佛事上。」【光明玄二】に「此娑婆國土。音聲爲二佛事一。」【唯識述記二本】に「此以二音聲一爲二佛事一故。」【玄義六下】に「他土餘根皆利。隨二所用塵一起レ之。令二他得一レ益。此土耳根利。故偏用二聲塵一。」

音聲念誦 【儀式】聲を出して佛名を稱へ。經を誦すること。四種念誦の一。【秘密瑜伽捷圖】

オンジヤウダラニ 音聲陀羅尼 【術語】佛菩薩の所說に於て秘密の深義を總持するを音聲陀羅尼と云。【智度論六】に「勝意菩薩未レ學二音聲陀羅尼一。聞二佛說一便歡喜。聞二外道語一便瞋恚。聞二三不善一則不二歡喜一。聞二三善一則大歡喜。」と【諸法無行經下】には音聲陀羅尼を音聲法門に作る。

オンセン 陰錢 【雜名】紙錢の異名。【象器箋二十】「エイセン」を見よ。インセンと讀む。

オンヂニフキヤウ 陰持入經 【經名】後漢の安世高譯、二卷。五陰六入等の法相、及三十七器の道科を說く。小乘部。【宿帙六】(780)

オンデン 恩田 【術語】三福田の一。父母師長の恩德ある人に供養すれば福の芽を生ずるを云。【優婆塞戒經三】に「報恩田者。所謂父母師長和尙。」【俱舍論十八】に「害二父母一。是棄二恩田一。如何有恩。身生本故。」

オンデンハ 恩田派 【流派】日蓮宗の一派。具には不受不施恩田派と云ふ。もと單に不受不施派と稱せしが、悲田派起るに及びて恩田派の稱を加ふ。謗法者の施物を受けず、又之に財物を施さざる意なり。文祿四年日奧の開く所。寛永年間幕府此の徒に嚴命して地子寺領飲水行路皆悉く御供養と存ずべし。肯ぜざる時は寺領を下附せずと云へるに對し、寺領は恩田なりと主張して止まざりしかば、主唱者數名を流刑に處す。後小湊誕生寺日映、碑文谷法華寺日附、谷中感應寺日達等悲田派を稱ふに及び之を貶して蝙蝠派と嘲り、破鳥鼠論、三田問答詰難を著して駁擊す。天保九年幕府之を禁制し道俗を囚禁す。明治十五年一派を立て不受不施派、不受不施講門派と稱す。末寺なく只教會を有す。

オンド 恩度 【術語】出家の稱。【象器箋五】に「忠曰。蓋特恩賜レ度者爲二恩度一。張無盡東林善法堂記云。以二弼恩度一而爲二上首一。」

オンドク 恩德 【術語】他に恩惠を施す德。【大日經六】に「常念二恩德一。生二渴仰心一。」【心地觀經八】に「佛於二衆生一。有二大恩德一。」如來三德の一。「サントク」を見よ。

オンナロクヨク 女六欲 【名數】女人が願求し、好愛する六種の欲なり。一に色欲、二に形貌欲、三に威儀欲、四に姿態欲、五に言語欲、六に音聲欲、七に細滑欲、八に人相欲。此の中第八の人相欲を第三第四の威儀欲姿態欲に攝して七欲となし、又第六の音聲欲を第五の言語欲に攝して六欲と爲すなり。【智度論二十二、止觀六之二】

オンニフカイ 陰入界 【術語】五陰、十二入、十八界なり。之を三科と云。「サンクワ」を見よ。【楞伽經】に「惟願世尊。更爲レ我說二陰入界生滅一。」

オンプ 隱覆 【術語】實事を隱すこと。

隱覆說 【術語】實理を隱して說くこと。方便說。【大法鼓經上】に「隱覆說者。謂言二如來畢竟涅槃一。而實如來常住不滅。」

隱覆授記 【術語】其人に成佛の記別を與るに、佛の神力を以て其人に隱して他人に知らしむるを隱覆授記と云。四種授記の一。「ジユキ」を見よ。

オンマ 陰魔 【譬喩】五陰は能く衆生の佛性を害すれば魔に譬ふ。四魔の一。

オンマウ 陰妄 【術語】五陰は盡く迷妄のものなれば妄と云。

介爾陰妄一念〔術語〕吾人が日夜に物思ふ妄心のこと。即ち第六意識の一念。介爾とは微弱の義、細少の義。即ち心のはかなきを形容せしもの。陰妄とは、此心五陰中の識陰に屬して而も迷妄なるを云ひ、一念とは、僅に一刹那の心を云ふ。天台宗の觀法は此心を所觀とし、斯る果なき妄なる一念の心に三千の性相を具して、即空即假即中なりと觀ずるなり。【輔行五之三】に「言二介爾一者謂二刹那心一。又介爾者介者弱也。謂細念也。但異二無心一三千具足。」【四教儀集註下】に「觀二一念心一等者。即現前陰妄一刹那心。」

オンミツ　隱密〔術語〕如來の說法に顯了隱密の二意あり。顯了は文面に分明顯然たるもの。隱密は說者本意の存する所、密に文内に隱すもの。顯說は方便にして密意は眞實なりとす。かの了義教を以て眞實として不了義教を以て方便となすと同からず。【演密鈔二】に「此宗多有二隱密之語一。」【教行證文類六本】に「依二釋家之意一按二無量壽佛觀經一者。有二顯彰隱密義一。」

オンヤ　温野〔雜語〕溫き野原なり。◉（平治物語）に「溫野に骨を禮せし天人は平生の善を喜び、寒林に骨を打ちし靈鬼は前世の惡を悲む。」「テンニン」を見よ。

オンレン　恩憐〔術語〕恩愛憐愍。【心地觀經三】に「母亦恩憐。不二棄遺一。」

オンヲステテムヰニイル　棄恩入無爲〔術語〕【清信士度人經】に「流二轉三界中一。恩愛不レ能レ斷。棄レ恩入二無爲一。眞實報レ恩者。」此は一般に出家せんとて剃頭式を行ふ時に唱る頌文なり。キオンニウムヰと讀む。

か

カ　迦　𑖎 ka〔術語〕又、葛、嘎、揭、柯、羯、箇、各、紺、に作る。悉曇の體文三十五字の中喉聲の第一。五十字門の一。【字記】に「迦」【寄歸傳】に「脚」【金剛頂經字母品】に「迦字門。一切法。離二作業一故。」【文殊問經】に「稱二迦字一時。是入二業異熟一聲。」【大莊嚴經】に「唱二迦字一時。出二入業果聲一。」【涅槃經】に「迦者於二諸衆生一。起二大慈悲一。生二於子想一。如二羅睺羅一。作二妙善義一。是故名レ迦。」【四十二字門】に「稱二迦字一時。入二差別種種般若婆羅蜜門一。悟二一切法作者不可得一故。」【般若經】に「迦字門入二諸法作者不可得一故。」これ Kārya（業作）より釋したるなり。

カ　佉　𑖏 kha〔術語〕又、呿、喀、吃、哿、珂、恪、轗、に作る。悉曇の體文三十五字の中、喉聲の第二。五十字門の一。常に「キヤ」と音す。【字記】に「佉字。去下反。」【金剛頂經】に「佉字門。一切法。等二虛空一不可得故。」【文殊問經】は「稱二佉字一時。是出下一切法等二空虛一聲上。」【大般若經】に「呿字。入二諸法虛空不可得一故。」【華嚴經】に「唱二佉字一時。入二般若波羅蜜門一。」【智度論】に「呿伽。秦云二虛空一。」【大日經疏七】に「梵音佉字。是虛空義。」以て五大の中虛空の種子とす。【大日經一】に「阿字門爲レ地。嚩字門爲レ水。羅字門爲レ火。訶字門爲レ風。佉字門爲レ空。」と。Kha（虛空）の語より釋したるなり。

カ　訶〔術語〕𑖮 Ha 悉曇五十字門の一。六大に配しては風大を表す。【字記】に「訶字許下反音。近二許可反一。一本音賀。」と【大日經】に「賀字門　一切法因不可得故。」【文殊問經】に「稱二賀字一時。是害煩惱離欲聲」【華嚴經】に「唱二訶婆字一時。入二般若波羅蜜門一。名二觀察一切無緣衆生方便攝受命出生無礙力一。」と。上中因不可得は Hetu（因）より釋し、害煩惱離欲は Hata(害)より釋したるなり。

カイ　迦夷〔地名〕迦夷羅の略。佛の生國。「カピラバツト」を見よ。【肇論】に「集二異學於迦夷一。」

カイ　可意〔雜語〕意に適ふこと。【倶舍論一】に「可意及不可意。」【涅槃經疏五】に「可意果。」

カイ　界〔術語〕梵語、馱都、Dhātu 譯、界。差別の義。彼此の事物、差別して混濫なきを云ふ。【大乘義章八末】に「界別爲レ界諸法性別。故名爲レ界。」【止觀五上】に「界名二界別一。」図 性の義。事物固有の體性を云ふ。【大乘義章八末】に「經名爲レ界。亦名爲レ性。」【止觀五上】に「界名二界別一亦名二性分一。」【倶舍光記一】に「族義持義性義爲レ界。」図 因の義。他物を生ずる原因となるを云ふ。【唯識論十】に「界是藏義。或是因義。」【起信論義記中本】に「中邊論云。法界者。聖法因爲レ義故。是故名二法界一。此中因義。是界義故也。」【百法疏】に「界是因義。中間六識。藉二六根一發。六境牽生爲レ識爲レ因。故名爲レ界。」図 種族の義。事物に種族あるを云ふ。【倶舍論一】に「法種族義。是界義。如下一山中有二多銅鐵金銀等族一說名中多界上。如レ是一身或一相續有二十八類諸法種族一。名二十八界一。」案に此義は三界十八界等の多界の界と解すべし、一法界の界と釋すべからず。図 持の義。事物各自相を維持するを云ふ。【倶舍論八】に「能持二自相一。故名爲レ界。」【倶舍光記一】に「持義爲レ界」図 語根の義。語根語幹を總稱して界と云ふ。

カイ　戒〔術語〕梵名、尸羅 Śīla 戒。身心の過を

防禁すると。【大乘義章一】に「言二尸羅一者。此名二淸凉一。亦名レ戒。三業炎火。焚二燒行人一。事等レ如レ燒。戒能防息故名二淸凉一。淸凉之名。正翻レ彼也。以二能防禁一。故名レ戒。」【瓔珞本業經下】に「一切衆生。初入二三寶海一。以レ信爲レ本。住二在佛家一。以レ戒爲レ本。」【玄應音義十四】に「戒亦律之別義也。梵言二三波羅一。此譯云レ禁。戒亦禁義也。」【涅槃經三十一】に「戒是一切善法梯橙」

戒の四位 〔名數〕 五戒、八戒、十戒、具足戒の四級。是れ小乘戒の分相。

戒の四科 〔名數〕 戒法、戒體、戒行、戒相の四。戒法とは如來所制の法。戒體とは受授の作法に由て戒法を心臍に領納し、防非止惡の功德を生ずるもの。戒行とは其戒體に隨順して如法に三業を動作すると。戒相とは其行の差別、即ち十戒乃至二百五十戒なり。一切の戒盡く此四科を具ふ。【資持記上一之三】に「欲レ達二四科一。先須二略示一。聖人制教名レ法。納レ法成レ業名レ體。依レ體起レ護名レ行。爲レ行有レ儀名レ相。」【補助儀上】に「戒科總有二四重一。謂戒法、戒體、戒行、戒相。乃至戒法者。舍那佛三聚淨戒功德是也。戒體者。師資相傳。作法受得。心中領納法體也。此受持法體一一行彰以云二戒行一。其行有二開遮持犯一。名云二戒相一也。」

五戒 〔術語〕 一に不殺生戒。生物を殺さゞると。二に不偸盜戒。與へざるを取らざると。三に不邪淫戒。看守ある者を犯さざると。四に不妄語戒。無實の言を爲さざると。五に不飮酒戒。酒を飮まざると。此五は在家の人の持する所。男子を優婆塞と云ひ、女子を優婆夷と云ふ。大毘婆沙論に五學處と名け、大莊嚴經に五大施と名け、倶舍論に近事律儀と名く。【倶舍論十四】に「受レ離二五所應離一。安二立第一近事律儀一。何等名爲二五所應離一。一者殺生。二不レ與取。三欲邪行。四虛誑語。五飮二諸酒一。」図五戒を持つ優婆塞を指して五戒と云。趙五戒。智擧五戒など。【仁王經上】に「有二千萬億五戒賢者一。」

五戒分滿 〔術語〕 薩婆多部宗の義には五戒の分受を許さず、成實宗の義には隨意に分受を許す。【倶舍論十四】に「近事必具二律義一。」【成實論五戒品】に「問曰。有人言。具受則得二戒律儀一。是事云何。答曰。隨レ受二多少一皆得。但取レ要有レ五。」【智度論十三】に「五戒有二五種優婆塞一。一者一分行優婆塞。二者少分行優婆塞。三者多分行優婆塞。四者滿行優婆塞。五者斷婬優婆塞。」

五戒果報 〔雜語〕 五戒を持てば人趣の果報を得。【文句四下】に「普曜曰。五道源來。五戒爲レ人。十善生レ天。」

五戒と五常 〔雜語〕 【天台仁王經疏上】に提謂經を引て、五戒を五常に配す。「不殺は仁なり。不偸盜は智なり。不邪婬は義なり。不飮酒は禮なり。不妄語は信なり。」【止觀六上】に配する所之に異なり。「仁は不殺戒なり。義は不盜戒なり。禮は不飮酒戒なり。智は不妄語戒なり。信は不邪婬戒なり。」

五戒の二十五神 〔名數〕 五戒の一一に各五神ありて五戒を持つ者を護る。【灌頂經一】

三聚淨戒 〔術語〕 三聚の戒法無垢淸淨なれば淨と云ふ。次項に同じ。

三聚戒 〔術語〕 一に攝律儀戒。五八十具等の一切の戒律を受持するもの。二に攝善法戒。一切の善法を修するを戒とするもの。三に攝衆生戒。又饒益有情戒。一切の衆生を饒益するを戒とするもの。是れ華嚴梵網占察瓔珞等の經。瑜伽唯識等の論の所說。此三積聚すれば三聚と云。戒に大小あり十戒二百五十戒等を小乘戒とし、十重四十八輕戒三聚戒等を大乘戒とす。又、在家出家の別あり五戒八戒を在家戒とし、十戒二百五十戒を出家戒とし、三聚戒を道俗通行戒とす。即ち大乘の菩薩は出家も在家も共に之を受るなり。但在家の菩薩は汎く此三聚を受て以て心とするもの之を通受と云。出家の菩薩は初に別して攝律儀戒を受く、即ち二百五十戒及び十重等なり（攝律儀の中に一切大小の戒あり）之を別受と名く。次に總じて三聚を受くるなり。而て此を通受するに二種ありて、一は從他得。唯師に對して得。二は自誓得。唯だ佛像の前に於て善心を以て自誓して得。共に白四羯磨の作法を要せざるなり。【唯識論九】に「戒學有レ三。一律儀戒。謂正遠二離所應離法一。二攝善法戒。謂正證下應二修證一法上。三饒益有情戒。謂正利二樂一切有情一。」【大乘義章十】

八戒 〔術語〕 八戒齋に同じ

八戒齋 〔術語〕 又、八齋戒、八關齋、八支齋とも、亦單に八戒とも云ふ。二說あり、倶舍論によれば、一に殺生。有情の生命を殺すなり。二は不與取。他の與へざる物を取るなり。三に非梵行。男女の媾合なり。（五戒中の不邪婬と同じからず）四に虛誑語。心に相違の言說なり。五に飮諸酒。酒を飮むなり。六に塗飾鬘舞歌觀聽。身に香を塗り、花鬘を飾り、舞蹈を觀、歌曲を聽くなり。七に眠坐高廣嚴麗床上。高廣嚴麗の床上に坐臥するなり。八に食非時食。非時の食（午後の食）を食するなり。此八種の非法を

離るるを八戒とす、然に此八戒中の第八離非時食は是れ齋法なれば總じて八戒齋と名く、猶八正道の中の正見のみ是れ正道なれども通じて八正道と云ふ如しとなり。次に薩婆多論及び成實論、智度論等に依れば、塗飾香鬘と舞歌觀聽と分けて二となし總じて九戒あり、此中前の八は戒にして後の一は齋なれば戒齋合して八戒齋と名くとなり。即ち倶舍論に依れば八戒即ち八戒齋なり。他論に依れば八戒と齋法とを合して八戒齋なり。何れに依るも八戒には必ず齋法（不過中食）を具すなり。此八戒齋は在家の男女一日一夜受持する戒法なり、六齋又は十齋日など稱するは此八戒齋を受持する日を云ふなり。【倶舍論十四】に「何等名爲二八所應離一。一者殺生。二不レ與取。三非梵行。四虛誑語。五飮二諸酒一。六塗飾香鬘歌舞觀聽。七眠二坐高廣嚴麗牀座一。八食二非時食一。」【智度論十三】に「一不殺生。二不盜。三不婬。四不妄語。五不飮酒。六不レ坐二高大牀上一。七不レ著二華瓔珞一不二香塗一レ身。不レ著二香薰衣一。八不二自歌舞作一レ樂。不二往觀聽一。九一日一夜不レ過二中食一。」【十善戒經】に「八戒齋者。是過去現在諸佛如來。爲二在家人一制二出家法一。一者不殺。二者不盜。三者不婬。四者不妄語。五者不飮酒。六者不レ坐二高廣大牀一。七者不下作二倡伎樂一故往觀聽上。不レ着二香薰衣一。八者不レ過二中食一。」

八戒齋八種勝法 【名數】【十善戒經】に「持二此受齋一功德。㊀不レ墮二地獄一。㊁不レ墮二餓鬼一。㊂不レ墮二畜生一。㊃不レ墮二阿修羅一。㊄常生二人中一正見出家得二涅槃道一。㊅若生二天上一。㊆恒生二梵天一。㊇值二佛出世一請二轉法輪一得二阿耨多羅三藐三菩提一。」

比丘尼八歸敬戒 【術語】比丘尼の守るべき八法。百夏の比丘尼も初受戒の比丘を禮すべし。比丘を罵ること得ず。比丘の罪をあげ及び過を說くことを得ず。大德の僧に從ひて具足戒を受くべし。尼、僧殘を犯せば僧に從ひて懺悔すべし。半月每に僧の敎誡を受くべし。比丘に從ひて三月安居すべし。夏滿ちて僧中に詣り自恣の人を求むべし。以上の八法を比丘尼の八敬法と云ふ。

十戒 【術語】一に不殺生。二に不偸盜。三に不婬。四に不妄語。五に不飮酒。六に不下著二華鬘一好香塗上レ身。七に不二歌舞倡伎一。亦不二往觀聽一。八に不レ得レ坐二高廣大牀上一。九に不レ得二非時食一。十に不レ得レ捉二錢金銀寶物一。

二十四戒 【術語】【方等陀羅尼一】に出づ。

二十八輕戒 【術語】【優婆塞戒經四】に出づ。

二百五十戒 【術語】比丘の具足戒なり。分て八段とす、一に四波羅夷、二に十三僧殘、三に二不定、四に三十捨墮、五に九十單提、六に四提舍尼、七に百衆學、八に六滅諍なり。「具足戒」參照。

五百戒 【術語】比丘尼の具足戒なり。本律の說相には唯三百四十八戒なれども大數を以て五百と稱す。束て七聚とす。一に八波羅夷。二に十七僧殘。三に三十捨墮。四に百七十八單提。五に八提舍尼。六に百衆學。七に七滅諍。【行事鈔中一】に「律中尼有二三百四十八戒一。」【比丘尼鈔中上】に「世人妄傳二五百戒一者非也。亦有二經律一尼戒五百。此但有二總數一而無二實名一也。」「具足戒」參照

具足戒 【術語】「グソクカイ」を見よ。

二種戒 【名數】これ戒の項目の數によるにあらず。戒の特質に就て區分せるなり。一に作持戒、二に止持戒と云ふ。戒の本來の成立は惡行の防止にありて、止持戒と稱するもの即ち戒本に列するものを根本とすれ共、止惡の理想は作善にあるより積極的の行爲を敎ふるものをも名けて戒と呼び、これを作持戒とす。半月說戒。三月安居の如き規定これなり。図一に出世間戒、沙彌の十戒、比丘の具足戒なり。二に世間戒、優婆塞、優婆夷の五戒八戒なり。【毘尼母論一】図一に性戒、殺、盜、邪婬、妄語の四戒なり、此四は性自ら是れ戒にして、佛制を待たず。人若し之を持すれば即ち福を得之を犯せば即ち罪を受く。二に遮戒、飮酒等の戒是なり、若し酒を飮めば能く諸戒を犯す、是の故に佛殊に遮止して之を飮まざらしむ、飮酒の性是れ罪にあらず。【倶舍論十八】に「離二性及遮一故。倶說爲レ戒。」図一に道共戒、三乘の聖者、見道修道の位に至て無漏道を發すれば、無漏智と共に自ら防非止惡の戒體を發するもの、戒體亦無漏なり。二に定共戒、行人色界の四禪定を修持すれば、彼の定心と共に身中自ら防非止惡の戒體を生ずるもの。この定有漏なれば戒亦有漏なり。【毘婆沙論十三】図一に性重戒。殺盜婬妄の四重なり、此四は自性是れ極重の罪なれば性重と云。二に息世譏嫌戒、飮酒以下の諸戒、佛大慈を以て世人の譏嫌を息むる爲に殊に內衆に向て制せしもの、即ち一切の遮戒是なり。【涅槃經十一】図一に隨相戒。隨は即ち隨順、相は即ち形相。如來の敎に隨順して染衣出家乞食自活の相を行ずるを隨相戒と名く。二に離相戒。離は即ち遠離、持戒の人、心に所著なければ則ち一切の戒相は猶虛空の如く了に持戒の相なきを離相戒と名く。【華嚴大疏五】

十種戒 【名數】一に菩提心を捨てざる戒。二に二乘地を遠離する戒。三に一切衆生を觀察利益する戒。四に一切衆生をして佛法に住せしむる戒。五に一切菩薩の所學を修する戒。六に一切の法に於て無所得なる戒。七に一切の善根を以て菩提を回向する戒。八に一切の如來身に著せざる戒。九に一切の法を思惟し取著を離るゝ戒。十に諸根律儀の戒。【唐華嚴經五十三、智度論二十二、唐華嚴經二十一】

受大乘戒十忍 【雜語】大乘授戒の精神を十箇條に列ぬたるもの。【天台戒疏上】に「欲レ受レ戒者。應下香火請二一師一至二佛前一受上。師應レ問。能忍二十事一不。割レ肉飼レ鷹投二身餓虎一等。」【順正記二】に一に割レ肉食レ鷹。二に投二身餓虎一。三に斫レ頭謝レ天。四に折レ骨出レ髓。五に挑二身千燈一。六に挑レ眼布施。七に剝レ皮書レ經。八に刺レ心決レ志。九に燒レ身供レ佛。十に刺レ血灑レ地。「五」に出づ。

大乘十種清淨禁戒 【術語】【文殊千鉢經】に出づ。

大乘戒持犯相 【術語】【義釋十三】に出づ。

戒の師 【職位】戒を授る師。又、戒和尙と云ふ。

戒因緣經 【經名】鼻奈耶の異名。十卷。姚秦、竺佛念譯。小乘律。【寒帙九】(1130)

戒德香經 【經名】佛說戒德香經。一卷。東晉竺曇無蘭譯。戒香普く聞え世間の諸香に勝るを說く。雜阿含三十八に出づ。小乘經の部【辰帙六】

戒德經 【經名】戒德香經の略名。

戒香經 佛說戒香經。一卷。宋法賢譯。上經と同本。【辰帙六】(911)

戒消災經 【經名】佛說戒消災經。一卷。吳支謙譯。三歸戒を受る人は鬼神畏避すること、及び五戒の功德を說く。小乘律の部。【寒帙十】(1113)

カイイハ 解意派 【流派】二世阿彌陀佛の弟子解阿、常陸海老島新善光寺に住して唱へたる時宗の一派。今は本山に合して派名なし。

カイイン 海印 【術語】佛所得の三昧の名。大海中に一切の事物を印象する如く、湛然たる佛の智海に一切の法を印現するを云。【大集經十五】に「譬如三閻浮提一切衆生身。及餘外色。如是等色。海中皆有二印像一。以レ是故。爲二大海印一。」【寶積經二十五】に「如三大海一切衆流悉入二其中一。一切諸法。入二法印中一。亦復如レ是。故名二海印一。」【探玄記四】に「海印者。從レ喩爲レ名。如下修羅四兵列二在空中一。於二大海中一印中現其像上。菩薩定心猶如二大海一。應レ機現レ異。如二彼兵像一故。」【還源觀】に「言二海印一者。眞如本覺也。妄盡心澄。萬像齊現。猶如下大海由レ風起レ浪。若風止息。海水澄清。無中像不上レ現。」【八十華嚴經十四】に「衆生形相各不レ同。行業音聲亦無量。如レ是一切皆能現。海印三昧威神力。」【楞嚴經四】に「如二我按レ指。海印發レ光。汝暫擧レ心。塵勞先起。」【三藏法數三十九】に宗鏡錄に依て海印三昧に十義を列ね。華嚴宗には此海印三昧を以て華嚴經所依の定となす。【華嚴經鈔二】に「如下說二法華一依二無量義處三昧一。說二般若經一依中等持王三昧一。說二涅槃經一依中不動三昧上。故說二諸經一。多依二三昧一。今說二此經一依二何三昧一。即海印三昧。」

カイイン 戒印 【術語】戒は人の信ずる所なれば印に譬ふ。【成實論十四】に「入二善人聚一。以レ戒爲レ印。」【行事鈔上一】に「入二善人聚一。要レ佩二戒印一。」

カイイボサツ 海意菩薩 【菩薩】寶莊嚴土世界の菩薩、海意經の發起衆。

海意菩薩所問淨印法門經 【經名】九卷。宋の維淨、法護と共に譯。大方等大集經海慧菩薩品第五と同本。【玄帙六】(976)

カイインコウイン 開咽喉印 【印相】施餓鬼法に餓鬼の咽喉を開き能く飮食せしむる印契なり「セガキボフ」を見よ。

カイインダイバダツタ 皆因提婆達多 【雜語】歌題。【法華經提婆品】に「佛告二諸比丘一。爾時王者。則我身是。時仙人者。今提婆達多是。由二提婆達多善知識一故。令下我具二足六婆羅蜜。慈悲喜捨。三十二相。八十種好。紫磨金色。十力。四無所畏。四攝法。十八不共。神通道力一。成二等正覺一。廣度中衆生上。皆因二提婆達多善知識一故。」此は釋迦佛の成佛せしは提婆達多の前身大仙たりし時、法華經を釋迦に授けしに由るを說けるなり。◉(拾玉集)「有し昔我が導きし仙人をけふはあだとや人の見るらん。」

カイウ 加祐 【術語】神佛の力を衆生に加へて助くること。加被に同じ。【稱讚淨土經】に「慈悲加祐。令二心不一レ亂。」

カイウンビク 海雲比丘 【人名】華嚴經法界品に說く善財童子の善知識五十三人中の第二。海門國に住して、常に海を觀ず。【探玄記十八】に「海雲者。此比丘、常在二海岸一。觀二緣起大海及彼海上人法莊嚴遍布如一レ雲。從二所觀一爲レ名。」

カイエン 開演 【術語】法を說くこと。【解深密經一】に「一切種子如二暴流一。我於二凡愚一不二開演一。」【唯識述記一本】に「幽隱未レ顯今說名レ開。先略難レ知廣談爲レ演。」

カイカイ 戒海 【術語】戒律の淸淨なるを海に譬ふ。【止觀二下】に「戒海死屍。宜二依レ律擯治一。」【同輔行】に「律云。譬如下彼死屍大海不二容受一。爲二疾風所一レ

吹置中之岸上上。犯レ重如二屍衆海不一レ受。作法擯治如二疾風吹一。飄二出衆外一如レ置二岸上一。」

カイカウ　戒香　〔術語〕戒德の四方に熏ずるを香に譬ふ。【觀無量壽經】に「戒香熏修。」【觀佛經三】に「常以二戒香一爲二身瓔珞一。」【戒香經】に「世間所有諸華香。乃至沈檀龍麝香。如レ是等香。非二徧聞一。唯聞二戒香徧二一切一。」⦿(榮花、玉の臺)「忍辱の衣身にきつれば戒香の匂しみかをりて」

戒香德經　〔經名〕「カイ」の部に出づ

カイカク　開覺　〔術語〕本有の佛性を開發し、眞性の本源を覺知すること。【八十華嚴經六】に「應レ受レ化者。咸開覺。」【地持論】に「平等開覺。故名爲レ佛。」

開覺自性般若波羅蜜多經　佛說開覺自性般若波羅蜜多經。四卷、宋の惟淨等譯。【月帙九】

カイカツマ　戒羯磨　〔術語〕羯磨は梵語、「コンマ」と讀む。授戒の時、用ふる表白文の名。「コンマ」を見よ。

カイカンロモン　開甘露門　〔術語〕施餓鬼のこと。幻住菴淸規に詳に其法を載す。【象器箋十四】

カイガク　戒學　〔術語〕戒律の修學。三學の一。「サンガク」を見よ。

カイガネ　貝鐘　〔物名〕法螺の貝と釣鐘。共に寺中の道具。【不空羂索經十八】に「若加二持螺一。詣二高望處一。大聲吹者。聞二螺聲一者。滅二諸重罪一。」【義楚六帖廿三】に「大悲經云。若爲レ呼二召一切諸天善神一。求二寶螺手一。」【名義集七】に「增一云。若打レ鐘時。一切惡道諸苦。並得二停止一。」

カイガンゴク　海岸國　〔地名〕華嚴經法界品に說く善財童子の善知識五十三人の中の第三、善住比丘の住處。【探玄記十八】に「海岸國者、此國在二海濱一故。天竺本名二海岸楞伽道一。解云。此國道向二楞伽山一故也。」

カイガンザン　海岸山　〔地名〕海岸山は今の補陀洛山にして觀音の住處。早離速離の兄弟、繼母の爲にここに遺棄せられて餓死せしと淨土本緣經に說く。【往生要集指麾鈔九】に之を引けり。但し此經僞作なると知るべし。⦿(太平記十八)「彼の早離速離の海岸山に放たれ。」(海道記)に「海岸山の千眼は南方より北に飛て有緣を此山に導く。」

カイキ　戒器　〔術語〕戒を受くるに堪ふる道具の意。即受戒者として許さるべきものなり。南傳の障法は結節瘡等の諸病者、非男、未開放奴、負債者、禁軍の兵等ならざること、及び滿二十歲以上、衣鉢具足を上げ。【四分律三十五】に十三難十遮を擧ぐ。即ち不犯邊罪、不犯比丘尼、非賊心入道、非壞二道、非黃門、非殺父、非殺母、非殺阿羅漢、非破僧、不惡心出佛身血、非是非人、非畜生、非有二形、及び不自稱名字、不稱和尙名、年不滿二十、不具三衣鉢、不聽父母、負債、奴隸、官人、大夫、惡病是なり。有部所傳百一羯磨及び出家近圓羯磨儀範には一層複雜の形式を有す。瑜伽論五十三參照 然るに【梵網經下】には一切の此等の制限を附せず。「若一切衆生初入三寶海以信爲本。住在佛家以戒爲本。佛子。始行菩薩若信男若女中。諸根不具黃門婬男婬女奴婢變化人受得戒。」とす。

カイキ　開基　〔術語〕一寺を建立して始て住持せし僧。

カイキフ　戒急　〔術語〕專ら成佛の道に急にして、知慧を硏くを乘急の人と云ひ、殊に戒法を嚴にして智慧を硏くを後にするを戒急の人と云ふ。依て乘急戒緩、戒急乘緩、乘戒俱急、乘戒俱緩の四種を生ず。これを戒乘の四句と云ふ。乘急戒緩の人は維摩居士の如し。戒急乘緩の人は小乘の比丘の如し。乘戒俱急の人は出家の菩薩の如し。乘戒俱緩の人は言ふに足らず。【南本涅槃經六】に「於レ乘緩者。乃名爲レ緩。於レ戒緩者。不二名爲一レ緩。」【止觀四上】に「約二此乘戒一。四句分別。一乘戒俱急。二乘急戒緩。三戒急乘緩。四乘戒俱緩。」

戒急乘緩　上の項を見よ。

カイキヤウ　戒經　〔經名〕梵網經、優婆塞戒經など戒律を說けるもの。【玄義三下】に「戒經云。諸惡莫作。諸善奉行。自淨其意。是諸佛教。」[又]菩薩戒本四分戒本など戒本をいふ。

カイキヤウ　契經　〔術語〕經文は人の機に契ひ法の理に合へば契と云。【大乘義章一】に「以下其聖教稱二當人情一。契中合法相上。從レ義立レ目。名レ之爲レ契。」【玄義八上】に「翻爲レ契者。契レ緣契レ事契レ義。」【義林章二本】に「今大乘解。梵言二素呾纜一。此名二契經一。乃至契者。契當至合之義。」【探玄記一】に「素呾纜。此云二契經一。契有二二義一。謂契レ理故。合レ機故。」

カイキヤウ　開經　〔術語〕本經を說く以前に之が序說として豫め演べ給ふ經を云ふ。法華經を本經とし、無量義經を開經とする如し。[又]經文を開繙するを云ふ。普通に「無上甚深微妙法。百千萬劫難遭遇。我今見聞得受持。願解如來眞實義」の偈を唱へて經卷を繙き、之を開經偈と稱す。

カイキン　開啓　〔儀式〕開白に同じ。法會の初めに本尊に次第を白するを云ふ。

カイギヤウ　戒行　〔術語〕授戒の作法に依て一旦戒體を發得したる者は、能く其の戒體に隨順して、法の如く三業を動作するを戒行と云。【行事鈔中】に「戒行謂方便修成順二本受體一。」

カイク　戒垢　〔術語〕女人は戒法を垢す源因とな

れば因中に果を說て女人を戒垢と稱す。【智度論三】に「佛言。女人爲戒垢。女人非戒垢。是戒垢因故。女人爲戒垢。」

カイクウムロ 皆空無漏 〔術語〕諸惡皆空寂して淸淨となるを云。無漏とは煩惱の垢染を離れて潔白淸淨なるを。「ムロ」を見よ。⦿（海道記）「六賊重罪の犯却て皆空無漏の旨を奏す。」

カイクワインエンキヤウ 戒果因緣經 〔經名〕鼻奈耶の異名。

カイクワウ 開光 〔術語〕佛像を開眼すること。【佛說一切如來安像三昧儀軌經】に「復爲佛像開眼之光明。如點眼相似。即誦開眼光眞言二道。」

カイクワウキ 戒光記 〔書名〕本名行林鈔。百卷、或は八十卷、戒光坊法眼靜然著。

カイクワウサンボウロク 開皇三寶錄 〔書名〕歷代三寶紀の異名。開皇は著作の年代。

カイクワウミヤウ 開光明 〔術語〕開眼のこと。禪家の用語。【大慧錄】に「江給事請開佛光明。」「開光」を見よ。

カイクワン 戒緩 〔術語〕戒律を固守せざること。在家の菩薩の如し。「カイキウ」を見よ。

カイクワン 戒灌 〔術語〕授戒は一の灌頂法なれば授戒を戒灌と云。密敎の語。

カイクワン 誡勸 〔術語〕佛敎は誡勸二門に出でず。諸惡莫作は誡門なり、諸善奉行は勸門なり。【中論疏一】に「佛有誡勸二門。諸惡莫作名爲誡門。諸善奉行名爲勸門。」

カイクワン 戒環 〔人名〕宋の溫陵の開元蓮寺の沙門。徽宗の宣和年中、妙法蓮華經解二十卷を著す。

カイグ 開具 〔術語〕器物の數目を詳に列記すること。【敕修淸規送亡板帳式】に「開具內。幾貫文。」

カイグジヤウブツダウ 皆共成佛道 〔雜語〕歌題。【法華經化城喩品】に「願以此功德。普及於一切。我等與衆生。皆共成佛道。」此は諸の梵天王が釋迦如來を讚嘆し供養するを叙る偈文の結語なり。此四句を廻向文と云。所修の功德善根を一切衆生に廻施し（上二句の意）又之を佛道に廻向して（下二句の意）自他共に成佛せんと願ふ文なれば廻向文と云。⦿（拾玉集）「さまぐにうき世の花は匂へどもおなじ佛の身とぞ成るべき。」

カイケ 開化 〔術語〕人を敎て蒙を開き惡を化すること。【法華經序品】に「是諸八王子。妙光所開化。」【無量壽經上】に「入衆言音。開化一切。」

カイケ 界繫 〔術語〕此は欲界に繫屬する法、彼は色界に繫屬する法など、色心の諸法に於て各其の界の繫屬に定りあり、之を界繫と云ひ、其の界繫を判定するを界繫分別と云。【俱舍論二】に「十八界中。幾欲界繫。幾色界繫。幾無色界繫。乃至繫謂繫屬。即被縛義。」図三界の繫縛。業を指て云。凡夫は業を以て三界に繫縛せらるゝもの。【羯磨疏序】に「夫聖人之利見也。妙以淸澄界繫亡我靜倒。以爲言焉。」【濟緣記一上】に「界是苦道。繫是業道。」

カイケ 戒家 〔流派〕叡山にて圓頓戒を專修するものの稱。【天台學則上】に「古は戒家止觀家と稱して台律の邊を戒家と稱し、又は大乘律宗（亦は梵網宗と云）の學と云ふ。」

カイケイ 開啓 〔術語〕初めて法事の場を開くこと【敕修淸規聖節】に「披閱金文。今辰開啓。」（「カイキン」を見よ）

カイケウ 開曉 〔術語〕蒙を開き暗を明にすること。【藥師經】に「幽明衆生。悉蒙開曉。」

カイケサンマイ 開華三昧 〔術語〕觀音菩薩が西方の淨土に往生せし人の宿れる蓮花を開かん爲に住する三昧の名。【觀經定善義】に「因大悲菩薩入開華三昧。疑障乃除。宮華開發。身相顯然。」【傳通記一】に「開華三昧者。菩薩威神。有開華德。從德立名。故云開華。」

カイケツニキヤウ 開結二經 〔術語〕無量義經と普賢經の二經。法華經を本經と定め、無量義經は法華經の前に序說として說きしものなれば之を開經と名け、普賢經は法華の後に說き、彼の經意を總結せしものなれば之を法華の結經と名く是れ天台宗の定め。⦿（太平記一一）「開結二經を細字に書きたるあり。」

カイケン 戒驗 〔術語〕受戒を證明したる公驗。即ち戒牒。受者、戒驗を乞ふ辭に「比丘某。今蒙慈濟。秉受淨戒。納法在心。福河流注。伏乞現前傳戒和上。幸垂示名。永爲戒驗。」【朝野群載十六】

カイケン 戒賢 〔人名〕天竺摩竭陀國、那爛陀寺の住僧。護法菩薩の弟子、玄奘三藏の師。梵名、尸羅跋陀羅、Śīlabhadra（西域記八に尸羅跋陀羅 慈恩寺傳十に尸羅跋陀）師は三摩呾吒國の王族、婆羅門の種なり、少くして學を好み、風操あり、諸の印度に遊び、明哲に求詢す、摩竭陀國那爛陀僧伽藍に至て護法菩薩に遇ひ、法を聞て信悟し、請て出家す、既に至理を極て名聲遠く聞ゆ。【西域記八】那爛陀寺の衆僧、玄奘法師を得て正法藏に參せしむ、即ち戒賢法師なり。衆共に尊重し、其名をささず、號して正法藏となす、正法藏悲泣して三年前の靈夢を說て、法師の來るを豫知するを示し、師弟の禮をなす。【慈恩傳三】⦿（十訓抄一）「天竺には那蘭陀寺

戒賢論師の住處」

カイケン　開顯　〔術語〕開權顯實の略。是れ法華經一部の說意。天台宗の判釋なり。權とは方便のこと、實とは眞實のこと。方便を開て眞實を顯すが本經一部の主意。方便を開くとは四十餘年の方便說を指て是れ方便なりけりと打ち明くること。之を打明けざるを方便の門を閉づと云。法華に至るまでは方便の說を眞實の如く裝て方便の門を閉ぢけるを以て眞實の義を見ることを得ざりしなり。然るに今は方便は方便なりと打ち明けしを以て方便の方便たるを知ると共に眞實の眞實たる所も自ら顯はるゝなり。之を經文には「開二方便門一。示二眞實相一。」と云。是れ即ち法華の開權顯實なり。さて此開權顯實を經文に當つれば前の十四品を開三顯一の說と云ひ、後の十四品を開近顯遠の說と云ふ。開三顯一とは教法に就く名にて、開近顯遠とは佛身に就く名なり。即ち初は三乘教の方便を開て一乘教の眞實を顯し、後は垂迹の近佛を開て本地の遠佛を顯すなり。依て法華一部二十八品、前半は開三顯一、後半は開近顯遠、之を總ぶれば開權顯實、即ち開顯の二字に結歸するなり。【玄義一上】に「華敷譬二開權一。蓮現譬二顯實一。文曰。開二方便門一。示二眞實相一。」【文句八上】に「河西道朗云。直名レ三爲二方便一。即是開二方便門一。昔不レ言二三是方便一。故方便門閉。今名レ三爲二方便一。即示レ一爲二眞實一也。私謂此釋符レ文。」【文句記八之三】に「嘉祥亦云。開二二種之方便一示二二種之眞實一。昔不レ云二二是方便一。故門閉。今云二二種是方便一。故方便門開。」(二種方便とは教法と佛身と)【玄義一下】「開權顯實者。一切諸法。莫レ不二皆妙一。一色一香。無レ非二中道一。衆生情隔二於妙一耳。」【同五上】に「昔權蘊レ實。如二華含一レ蓮。開權顯實。如二華開蓮現一。離二此華一已。無二更別蓮一。」【同五下】に「開權顯實。於二一切法一中。即見二中道一。」【同七下】に「若開權顯實者。達二事法一已。權意即息。亦不三離レ權遠求二於實一。權即是實。無二復別權一。故言二開權顯實一也。」【同十上】に「拂レ之以二權迹一。顯レ之以二實本一。當レ知此經唯論二如來設教大綱一。不レ委二微細網目一。」【文句記四下】に「六章之要。莫レ若二開顯一。」

カイケン　戒撿　〔術語〕戒律の檢束。【感通錄】に「俗中常論。以レ淪二陷戒檢一爲レ言。」

カイケンコク　海澗國　〔地名〕華嚴經法界品に說く五十三知識の中彌勒菩薩の住國。【六十華嚴經五十八】に「於二此南方一。有二一國土一。名曰二海澗一。」【探玄記二十】に「此是南天竺。近二海岸一故。名二海澗國一。天竺本名二海岸門國一。」

カイケンリウニヨ　皆見龍女　〔雜語〕歌題。【法華經提婆品】に「當時衆會。皆見下龍女忽然之間變二成男子一。具二菩薩行一。即往二南方無垢世界一。坐二寶蓮華一。成二等正覺一。三十二相。八十種好。普爲二十方一切衆生一演中說妙法上。」此は八歲の龍女が龍宮より來り、法華經の功力に依て、即身成佛する相を說く文なり。◉(拾玉集)「見るもうれし南の海のいろくづの五の雲のはるゝ景色を。」

カイゲ　開解　〔術語〕道理を了解すること。【無量壽經】に「心中閉塞。意不二開解一。」【賢愚經二】に「聞二佛說法一。咸得二開解一。」【台宗學則下】に「宿植の機ありて一心に見性を求むれば此一大事も亦遂げ難きことにも非ず、禪門には之を悟道と云ひ、台門には是を開解と稱す。」

カイゲ　界外　〔術語〕三界の外の國土を云ふ。三界の外に諸佛菩薩の淨土あり、之を界外と云ひ、三界を界內と云ふ。此界外の淨土に於て天台は方便有餘土、實報無障碍土の二土を差別す。【寶窟中末】に「三界外者名二無漏一。」

界外教　〔術語〕見思の惑を斷じて三界を離れ、界外の淨土に變易生死を受る法身の菩薩に對して、無明を斷じて成佛するを教る法門なり。天台には四教を立てゝ藏通の二教を界內教とし、別圓二教を界外教とす。【玄義五上】に「若隨二界外好樂一。說二後兩教位一。」【同六下】に「三藏不レ說二界外一。今以二大乘意一望レ之。」【四教儀集註下】に「然藏通三乘。斷レ惑出レ界。乃至對二界外方便等土一。名二界內教一。以二此二教一化二界內一也。」

界外事教　〔術語〕天台の別教なり。別教の菩薩は中道の理に迷ふこと重きが故に、無量の事法を分別して、其を方便として理を悟らしむれば之を界外の事教と云ふ。【七帖見聞七】【玄義三上】に「別教佛與二菩薩一。俱知二界外十二因緣事一。」

界外理教　天台の圓教なり。圓教の菩薩は理に迷ふこと輕きが故に、事事の方便を借らず、直に一切萬法を中道實相の妙理なりと談ずる故に界外の理教と云ふ。【玄義三上】に「圓教佛與二菩薩一。俱觀二界外十二因緣理一。」又「無作迷レ中輕故從レ理得レ名。」

カイゲン　開眼　〔術語〕新に佛像を作て行ふ法會の名。佛の眼を開く義。佛の魂を入るゝ義。【和語灯五】に「開眼と申は、本體は佛師が眼を入て開き參らせ候を申候なり、是をば事の開眼と申すなり。次に僧の佛眼の眞言を以て眼を開き、大日の眞言を以て佛の一切の功德を成就し候をば理の開眼と申也。」【叢林集四】に「佛像開眼と云ふ事諸宗一同の義歟、殊

に眞言密家の大事なり。凡そ開眼と云ふは法力咒力を以て形像に其靈を開かしむるを云ふ、勸請入魂の義なり。」【行狀翼讃三十六】に「佛を供養するを開眼と云ひ經を供養するを開題と云ふ。」さて開眼の本據は【一切如來安像三昧儀軌經】に「如レ是供養儀則已周備。復爲二佛像一開二眼之光明一。如レ點レ眼相似。即誦下開二眼光一眞言二道上。」【大威力烏樞瑟摩明王經中】に「令下匠於二壇中一速刻中本尊上乃至以二彩色一嚴レ之。像額間點二赤或黃一。至二來月一日一開レ目。」二經の中前經は理の開眼を說き、後經は事の開眼を說く。然に開眼の古式は事理共に爲したりと見ゆ。【橘窓自語】に「新佛を開眼供養として法事せることあれども、誠の開眼をきかず、昔は開眼供養は佛面に開眼せしことなるべし、東大寺大佛殿繪詞に菩提僊正佛前にすゝみ參りて筆を執て開眼し奉る、其筆に綱を付けて參集の諸人此綱にとりつきて皆開眼の緣を結びしこととなりと見えたり、東大寺三藏寶物圖に大佛開眼の筆と云ふものゝありしも、此にて知るべし。」

開眼供養 〔儀式〕 開眼の法會を行ふには必ず佛に香華、佛供、燈明などを捧ぐれば供養と云。【安像三昧義軌經】に委し。

開眼師 〔職位〕 開眼供養の導師。

カイゲンシヤクケウロク 開元釋敎錄 〔書名〕 二十卷、唐の智昇撰。經律論及び諸師の撰述を序次して之を詮考せしもの【結帙四、五】【縮刷藏經緣起】に「唐太宗開元十年。沙門智昇。著二開元釋目錄二十卷一。詮二次經律論及諸師撰述一。五千四十八卷。以二千字文一定二函號一。是大藏定數之始也。爾來歷朝。大藏詮次。以二開元錄一爲二摸範一。」

開元釋敎錄略出 〔書名〕 四卷。同人撰。前の釋敎錄中の入藏錄を千字文を以て編定せしもの。【結帙五】

カイコウ 開講 〔雜語〕 始て、講釋を開くこと。講座の初日。解講又は滿講に對す。【考信錄二】に「開講、發講並に解講、解座の字は廣弘明集二十一に屢見えたり。」

カイゴ 開悟 〔術語〕 智を開き理を悟ること。【法華經序品】に「照二明佛法一。開二悟衆生一。」【八十華嚴經四】に「開二悟一切愚闇衆生一。」【出曜經二】に「欲下化二彼人一令上レ得二開悟一。」

開悟得道 〔雜語〕 ⊙(盛衰記卅二)に「馬鳴菩薩は苦空の曲皆悟得道の世。」皆悟は開悟の誤。【付藏藏傳五】に「爾時馬鳴。著二白氎衣一。入二衆伎中一。自擊二鐘鼓一。調二和琴瑟一。音節哀雅。曲調成就。演二宣諸法苦空無我一。時此城中五百王子。同時開悟厭二惡五欲一。出家爲レ道。」

カイゴン 開權 〔術語〕 開權顯實の略。法華一部の說相、「カイケン」を見よ。【文句記三上】に「開權即是法華之相。息化即是涅槃之徵。」

カイゴン 戒禁 〔術語〕 宗規に依て定められたる「戒律禁制。」

戒禁取見 〔術語〕 牛戒狗戒など、非理の戒法を確取して生天の因なり、解脫の道なりと思ふ如きを云。非理の戒禁を迷取する邪見なり。此中に布施取苦行取等をも含む。非理の布施又は非理の苦行を迷取して淸淨の因なり道なりと思ふものあればなり。但し印度の外道は邪戒を守るもの多きに由て戒禁取と云。五見の一。【俱舍論十九】に「於レ非二因道一謂二因道一見。一切總說。名二戒禁取一。乃至理實應レ立二戒禁等取名一。略二去等言一。但名二戒禁取一。」【大乘義章六】に「言二戒取一者。於二有漏法一。取爲二能淨一。故云二戒取一。」【智度論二十三】に「外道戒者。牛戒鹿戒狗戒羅刹鬼戒啞戒聾戒。如レ是等戒智所レ不レ讚。唐苦無二善報一。」

カイゴンケンジツ 開權顯實 〔術語〕 法華一部の說相。「カイケン」を見よ。

カイゴンケンヲン 開近顯遠 〔術語〕 開迹顯本に同じ。八相成道の近事は方便なりと打ち明けて久遠の本體を顯すこと。【玄義十下】に「如二法華三周說法一。斷二奠聲聞一。咸歸二一實一。後開近顯遠。明二菩薩事一。」【同九下】に「若扶二文便一應レ言二開近顯遠一。若取二義便一應レ言二本迹一。呼レ近爲レ迹。稱レ遠爲レ本。名異義同。」「カイケン」を見よ。

カイサイ 開齋 〔術語〕 比丘の朝飯を喫すること。【義楚六帖六】に「律云。明相出時開レ齋。明相者。日照二閻浮樹一時。身黑葉靑。過則白。開レ齋。又云二星沒一。又云三少年比丘見二手中麁文一。」

カイサウ 戒相 〔術語〕 戒行の三業に現れたる相。即ち五戒乃至二百五十戒のこと。戒を論ずるに戒法戒體戒行戒相の四あり、之を戒の四科と云。【行事鈔資持記中一之二】「カイ」を見よ。

カイサン 開山 〔術語〕 山を開て寺を立るを開山と云ひ、一轉して一宗派を創めし人を稱して開山と云。【佛祖統紀八擇卿傳】に「建二壽聖院一。請レ師開レ山。」【續稽古略一】に「成宗建二大萬聖祐國寺於五臺一。詔求二開山第一代住持帝師迦羅斯巴一薦レ之。」

開山忌 〔行事〕 寺の開基の入滅の日を云。此日に必ず供養を修す。

カイサンケンイチ 開三顯一 〔術語〕 天台宗に於て三乘敎は一乘敎の方便なりと打ち明けて絕待の一乘敎を顯すこと。法華經前半十四品の所明。之を

迹門の法華と云ふ。【玄義六下】に「今經四大弟子。領二佛開三顯一益一。」「カイケン」を見よ。

カイザイコクウ　皆在虛空　〔雜語〕歌題。【法華經見寶塔品】に「爾時大衆。見下二如來在二七寶塔中師子座上一。結跏趺坐上。各作二是念一。佛座高遠。惟願如來。以二神通力一。令三我等輩俱處二虛空一。即時釋迦牟尼佛。以二神通力一。接二諸大衆一。皆在二虛空一。」これ多寶釋迦の二佛が虛空の多寶塔中に坐すると共に、一會の大衆も同く虛空に在住するを明せる文なり。⦿（續古今）「聞人も遙に之をあふげとて空にぞ法をとく聲はせし。」

カイザウ　戒藏　〔術語〕戒律を明かしたる經書。【梵網經下】に「諦聽三我正誦二佛法中戒藏波羅提木叉一。」

カイザウ　海藏　〔人名〕元亨釋書の記主、虎關師錬、東福寺の海藏院に住しければ海藏師と稱す。【本朝高僧傳二十七師錬傳】に「曆應四年辛巳。解二南禪印一。居二海藏院一。」

カイシ　契此　〔人名〕唐の明洲奉化縣の釋契此、皤額皤腹言語恒なく、隨處に睡る、常に杖を以て布囊を荷ひ、物を見れば則ち乞ひ、少許を分けて袋に入る。長汀子。布袋師と號す。後梁の貞明三年丙子三月示寂。辭世の偈に彌勒眞彌勒。分身千百億。時時示二時人一。時人不二自識一。と世以て慈氏の垂迹となす。【宋僧傳廿一、傳燈錄二十七】

カイシ　戒師　〔術語〕又、戒和尚と云ふ。戒を授る師。「カイワジヤウ」を見よ。⦿（盛衰記五）「何不レ被レ置二禮儀於戒師一」

カイシツ　開室　〔雜語〕入室に同じ。室を開て衆をして入參せしむるなり。【象器箋十一】

カイシヤ　開遮　〔術語〕戒律の語。開は許の義。遮は止の義。作すとを許すを開と云ひ、作すとを禁ずるを遮と云ふ。【資持記上一之五】に「遮即是制。不制意即是開。」

カイシヤク　界尺　〔物名〕文房の具。以て罫線を引き、兼て紙幅を鎭す。【象器箋十九】

カイシヤク　戒尺　〔物名〕兩小木。一は仰ぎ、一は俯し、仰ぐ者は下に在て稍大に、上なる者を把て下に向て擊て之を鳴す。受戒に專ら之を用れば戒尺と云。【敕修淸規沙彌得度】に「設二戒師座机一。與二住持一分レ手。机上安二香燭手鑪戒尺一。」

カイシヤクケンポン　開迹顯本　〔術語〕開近顯遠に同じ。八相成道の釋迦は垂迹の身なりと打明けて、久遠實成の本地を顯すと。是れ法華經後半十四品の所明。之を本門の法華と云。「カイケン」を見よ。【玄義七下】に「華開蓮現譬二開迹顯本一。」「處所。

カイシユ　界趣　〔術語〕三界六趣にて、生死輪廻の

カイシユ　戒取　〔術語〕戒禁取見に同じ。「カイゴン」を見よ。四取の一。

戒取見　〔術語〕戒禁取見に同じ。五見の一。

戒取使　〔術語〕使は煩惱の異名。戒取の煩惱なり。五利使の一。【三藏法數二十四】に「戒取者。謂諸外道。於二非戒中一。謬以爲レ戒。如下鷄狗等邪戒以爲二眞戒一。取以進行上也。由二此戒取一。驅二役心身一。流轉不レ息。故名爲レ使。」鷄戒とは鷄の一足立を學び、狗戒とは糞穢を食ふ也

カイシユ　海衆　〔譬喩〕衆僧の一味和合を海に譬ふ。【釋氏要覽下】に「海衆。增一經云。衆僧如二彼大海一。流レ河決レ水。以入二乎海一。便滅二本名一。但有二大海之名一。」

カイシユ　戒珠　〔譬喩〕戒律の潔白にして人身を莊嚴するを珠玉に譬ふ。【梵網經下】に「戒如二明日月一。亦如二瓔珞珠一。」【唐高傳智者傳】に「禪師戒珠圓淨。定水淵澄。」

カイシユ　海珠　〔譬喩〕海底の寶珠。得難きに譬ふ。【寄歸傳一】に「考二其功一也。實致二爲山之勞一。覈二其益一焉。時有二海珠之潤一。」「名。

カイシユウキ　開宗記　〔書名〕四分開宗記の略

カイシヨ　戒疏　〔書名〕天台の菩薩戒經義疏の略名。又、南山の四分含註戒本疏の略名。【六】（「ケイシヨ」と讀む）

カイシヨ　契書　〔雜名〕手形。證書。券。【象器箋十

カイシン　戒身　〔術語〕小乘は戒、定、慧、解脫、解脫知見の五法を以て佛陀三身中の法身と立つ。依て戒は法身の一分なれば戒身と云。「カイヂヤウヱ」の項を見よ。

カイシン　戒心　〔術語〕戒本に同じ。戒律の心要。【高僧傳一曇柯迦羅傳】に「譯二出僧祇戒心一。止備二朝夕一。」

図　書の名。

カイシンソクロン　界身足論　〔書名〕六足論の一。「アビダツマ」の項を見よ。

カイシンニフチカフチ　開心入智闔智　〔術語〕金剛界の五相成身の前に此の三種を說く。開心とは無漏智に入る爲に先づ我が心殿を開くなり。【觀自在王如來軌】に出づ。

カイジ　開士　〔術語〕開悟の士。又法を以て開導するの士。菩薩の德名。【玄應音義四】に「開士。謂以レ法開導之士也。梵云二扶薩一。又作二扶薛一。或言二菩薩一是也。」【釋氏要覽上】に「經中多呼二菩薩一爲二開士一。前秦苻堅。賜下沙門有二德解一者上。號二開士一。」

カイジゴニフ　開示悟入　〔術語〕佛知見を開き佛知見を示し佛智見を悟らしめ佛知見に入らしむるこ

と。是れ佛が出世の本懐を顯したる語なり。【法華經方便品】に「舍利弗。云何名下諸佛世尊。唯以二一大事因緣一故。出中現於世上。諸佛世尊欲下令三衆生開二佛知見一。使上得二清淨一故。出二現於世一。欲レ示二衆生佛之知見一故。出二現於世一。欲レ令三衆生悟二佛知見一故。出二現於世一。欲レ令三衆生入二佛知見道一故。出二現於世一。舍利弗是爲下諸佛唯以二一大事因緣一故。出中現於世上。」開とは始て藏の戸を開くが如し。示とは藏の内の寶を現すが如し。悟とは藏内の寶物を一一記得するが如し。入とは藏に入て寶物を取るが如し。是れ開悟の淺深を次第せしにて、之を大乘の階位、四十位に配當す。【文句四上】に「知見者。智知二於理一。見二諦法一。諦法無爲則無分別。以二無爲一故而有二差別一。約二此知見一。論二開示悟入一。以レ略擬レ廣則有二四十位一。乃至開者。即是十位。初破二無明一。開二如來藏一。見二實相理一。示者。惑障既除。知見體顯。體備二萬德一。顯示分明。故名爲レ示。悟者。障除體顯。法界行明。事理融通。更無二二趣一。入者。事理既融。自在流注。任運從レ阿到レ茶。入二薩婆若海一。」⊙(盛衰記九)「開示悟入、善巧方便は哀に恭き御事なり。」

開示悟入之妙典 【經名】 法華經のこと。

カイジヤウ 開成 【人名】 攝州彌勒寺の沙門。光仁帝の子、桓武帝の庶兄。天平神護元年正月一日潛に宮を出でて勝尾山に入て修行す。嘗て大般若を寫さんとして八幡大菩薩の來降を感ず、詑宣の偈に「得道以來不レ動レ性。自二八正道一垂二權迹一。能得レ解二脱苦衆生一。故號二八幡大菩薩一。」又荒神を感ず。寫し已て道場を建てて之を納め、彌勒寺と云、天應元年十月四日、西面して寂す。壽五十八。【元亨釋書十五】

カイジヤウ 開靜 【雜語】 禪林に晨朝版を鳴すを云、靜睡を開覺する謂なり。小大の二あり、五更四點の後庫前の版を鳴して先づ行者を起すを小開靜と云ひ、五更五點の後庫前の版及び諸堂の版一齊に鳴して闔寺の大衆を起すを大開靜と云。【象器箋十八】

カイジヤウブツダウ 皆成佛道 【術語】 法華經方便品の皆已成佛道の語を略したるもの。三世を通じて佛の法を信受する者は皆すべて成佛せるなりとの意。「若有二衆生類一。値二諸過去佛一。若聞レ法布施。或持戒忍辱。精進禪智等。種種修二福德一。如レ是諸人等。皆已成二佛道一。乃至於二諸過去佛現在或滅後一。若有レ聞レ法者。皆已成二佛道一。」⊙(盛衰記)「皆成佛道の法をもて。」

カイジヨウノシク 戒乘四句 【名數】 持戒と聞法との緩急について四句分別をなし機類を別つこと。「カイキフ」を見よ。

カイスウ 契嵩 【人名】 宋の抗州靈隱寺の明教大師契嵩、字は中靈、藤州の鐔津李氏の子。遊方して徧く知識に參し、法を洞山曉聰禪師に得。師文才あり、原教篇十餘萬言を作て儒釋一貫の旨を明かし以て韓愈排佛の說に抗す。後、永安蘭若に居て禪門定祖圖、傳法正宗記、並に輔敎篇【露帙十一】(1530)を著して仁宗皇帝に上進す、帝之を覽て嘆賞し、詔して大藏に入れて流通せしめ、號を明教と賜ふ。照寧四年六月寂。文集二十卷あり、鐔津文集【露帙十、十一】(1654)と云、盛に世に行はる。【佛祖統紀四十五、佛祖通載三十八、稽古略四、續傳燈錄五】

カイセン 契線 【雜名】 線は經なり。契線は契經と云に同じ。經文を云。「カイキヤウ」を見よ。【性靈集八】に「金剛等至之契線。」

カイゼフゲンキジンシリキ 皆是普賢威神之力 【雜語】 歌題。【法華經普賢勸發品】に「世尊。若有二菩薩一。得レ聞二是陀羅尼一者。當レ知普賢神通之力。若法華經。行二閻浮提一。有二受持者一。應レ作二是念一。皆是普賢威神之力。」これ普賢菩薩の力に依て、佛の滅後法華經の世に流傳するを說けるもの。⊙(拾玉集)「霜をはらふあるじとなれる力にや又なき法の花を見るらん」

カイゼン 開善 【人名】 梁の鍾山開善寺の智藏法師、寺號を以て開善と呼ぶ。【唐僧傳五】

カイゼン 開漸 【術語】 顯頓に對す。開漸顯頓は開權顯實に同じ。漸敎を開て頓敎を顯すと、「カイケン」を見よ。

カイゼン 戒善 【術語】 戒を持ちし善根。前生五戒を持てば今生人間に生れ、前生十善戒を持てば今生天上に生る、國王は人間已上のものなれば前生の十善持戒の功に由るとす。「ジフゼン」を見よ。⊙(盛衰記)「過去の戒善修福の功に依て」。【玄義十上】に「諸經皆明二戒善一。」

カイゼンジ 開善寺 【寺名】 梁の武帝寶德大士の爲に塔寺を建てゝ開善と名け、智藏法師を禮敬して之に居らしむ。【稽古略二】

カイソ 開祖 【術語】 一宗を開きたる祖師。

カイソク 戒足 【譬喩】 戒は佛道に進趣する要具たれば足に譬ふ。【行事鈔上】に「經云。若欲レ生二天等一必須レ護二戒足一。」【資持記上一之三】に「戒以レ足譬。頗符二發趣之義一。」

カイタイ 戒體 【術語】 防非止惡の功能なり。戒法授受の作法成就する時、非を防ぎ惡を止る功能が受者の身中に發現する者を指て戒體と云ふ。此戒體を舊譯には無作と云ひ、新譯には無表と云ふ。此の戒體に隨順して身口意の三業に如法の所作の現るゝを戒行と云ふ。戒の四科に論ず。「カイ」の項參照せよ。

【楞嚴經一】に「婬躬撫摩。將レ毀二戒體一。」

戒體三種 〔名數〕 戒體の性を定るに大小乘を通じて三種あり。一に色法、受戒の時、身口二業に發顯する表色あり。其表色の四大に依て一種の色法生じて防非止惡の功能を有す、之を無表色又は無作色と名く、是れ四大所生なれば色法として色蘊の中に攝む。是れ有部宗の義なり。二に心法、受戒の時に發動する思の心所あり、此心所の種子相續して防非止惡の功能を有するを戒體とす、是れ受戒の時の表色の作用に依て起るものなれば色の名を附するも實は心法なりと立つ、大乘唯識論是なり。三に非色非心法、彼れ形質なければ色に非ず、彼れ緣慮なければ心に非ず、即ち非色非心の別法なり、是れ小乘成實論の所立なり。已上三種の戒體に就て南山は四分律の當分に於ては成實宗の所立に準じて非色非心の戒體を立て、自己の本意には大乘唯識の義に依て心法の戒體を取る。又天台は止觀には心法を取り、戒疏には色法を取る。但し小乘の有部大乘の唯識に異なる所は性具の色、性具の心にして其意杳に彼の二宗に異なれりと云。【梵網戒疏上】に「戒體者。不レ起而已。起即性無作假色。」

カイタイバコ 戒體箱

〔物名〕 三昧耶戒金剛界胎藏界の式文を戒體と稱し其の戒體を容るゝ箱を戒體箱と稱す。【三昧耶戒幸聞記】

カイタウ 戒刀

〔物名〕 比丘の持つ小刀。三衣を割切する用に供す。【僧史略上】に「禪師則菱笠。及持二澡罐漉囊錫杖戒刀斧子針筒一。此皆爲二道具一。」【釋氏要覽中】に「僧史略云。戒刀皆是道具。按律許レ畜二月頭刀子一爲レ割レ衣故。今比丘齎レ刀名レ戒者。盖佛不レ許レ斫二截一切草木一壞二鬼神村一故。草木尙戒。況ヤ其他也。」

カイタウイン 開塔印

〔印相〕 塔印を作り其の二大指の間を少く開くなり。「ソトバイン」を見よ。

カイダイ 開題

〔術語〕 經文の題號を解釋すること。大日經開題、金剛頂經開題など、空海多く此の名を用ふ。

開題供養 〔儀式〕 新に經文を書寫して之を供養する法會。其法會の表白には自ら其經文の題號及び其大意を解釋すれば開題の名を用ふ。【行狀翼讚三十六】に「佛を供養するを開眼と云ひ、經論を供養するを開題と云。」

カイダウ 開堂

〔儀式〕 もと譯經院の儀式に毎歲聖誕節に必ず新經を譯して上進し、聖壽を祝す。其より前兩月に諸官集て翻譯を觀るを開堂と云。今の世宗門の長老新に住持して初て演法するを開堂と云ふもの之に基く。【祖庭事苑八】

カイダウ 開導

〔術語〕 蒙を開きて之を佛道に導く。【無量壽經下】に「隨レ器開導。授二與經法一。」

開導依 〔術語〕 前に生じたる心王が路を開て、後に生ずる心王心所を引き導くを云。【唯識論三】に「開導依者。謂有緣法爲レ主。能作二等無間緣一。此於二後生心心所法一。開避引導名二開導依一。此但屬レ心。非二心所等一。」

カイダウシヤ 開道者

〔術語〕 能く佛道を開示する者。佛の自稱。【法華經藥草喩品】に「我是一切智者。一切見者。知道者。開道者。說道者。」

カイダン 戒壇

〔術語〕 戒を授くる式場。梵に曼陀羅、壇と譯す。高く之を築けば壇と云ふ。【資持記上二之一】に「法既尊特。常地莫レ行。如下持二秘咒一必結中壇場上羯磨咒術。其類頗固。」其濫觴は天竺に於て樓至菩薩戒壇を築て比丘の爲に戒を受けしめんとを請ふ。佛之を許して祇園精舍の外院の東南に壇を建てしむ。【釋氏要覽上】 支那に在ては曹魏の嘉平正元中、曇柯迦羅、曇帝と共に洛陽に於て大僧羯磨の法を立つ、是れ支那戒壇の始なり。南朝の永明中、三吳に初て戒壇を作る、是れ吳中立壇の初なり。唐の初、靈感寺の南山律師法を按して壇を立て戒壇經一卷を撰す。【僧史略上】我國には孝謙帝天平勝寶六年正月唐の鑑眞來り、同く四月戒壇を東大寺に築く【扶桑略記】尋で淳仁帝天平寶字五年、下野の藥師寺筑前の觀世音寺に戒壇を置て本朝三戒壇と云、是れ一般諸宗に通ずる戒壇なり。次に嵯峨帝弘仁十三年、叡山に於て一の戒壇を立てしむ、是れ天台一宗特別の戒壇にて、前の三戒壇に合せて本朝四箇の戒壇と云ふ。【元亨釋書二十二】⊙(平家三)「三井寺に戒壇建立の由奏聞す。」

三戒壇 〔雜名〕 一に東大寺、二に藥師寺、三に觀世音寺上に述ぶ此の三戒壇の作法は四分律を標準とせる小乘法なれども、戒は大小なきの意により、一般大乘僧をして之に就かしむ。是れ南山律宗及び法相宗等の意。支那の天台宗亦然り。

方等戒壇 〔術語〕 大乘戒壇のこと。方等は大乘の別名。蓋し壇法はもと諸律より出で、律は即ち小乘の敎なり。小乘の敎中一一に如法なるべし、毫も乖違あらば受者をして戒を得ざらしめ、臨壇の人罪を犯す。大乘方等の如きは即ち根缺緣差に拘らず並に受戒するを得、但大心を發せしめて之を領納する耳。大乘方等の敎文に準じて戒壇を立つる故に方等戒壇と名く。唐の代宗の永泰元年、

大興善寺に勅して之を立つ。【僧史略下】

圓頓戒壇　〔術語〕法華圓頓の旨に依て立てしもの。即ち是れ純一の大乘戒壇にて。大乘僧たるものは必ず之に就て受戒すべきを主張せしは傳敎にて、立壇の勅許を得しは傳敎の死後七日、義眞座主の時なり。

三昧耶戒壇　〔術語〕密敎の意に依て成れる戒壇。叡山の圓頓壇に對抗して三井寺に於て之を建つ。叡山の戒壇建立の後、二百十餘年、後朱雀帝長曆年中、慈覺智證の兩門、內訌を生じ、寺門の沙彌、叡山の戒壇に登ると能はざるより、此に三昧耶戒壇を建立せんとを欲し、之を朝に請ふ。長久二年勅して可否を諸宗に詢ふに諸宗之を贊す、唯山門固く執て動かず。其後、白河帝に至て、宣旨を賜はり、戒壇を立て法事を行ふに及で、山門の徒之を怒り永保元年六月九日、三井寺を攻て之を燒く。爾來兩門の釁隙益甚し。【壒囊鈔十八】

四戒壇　〔雜語〕小乘の三戒壇に大乘の圓頓戒壇を加へたるもの。「カイダン」を見よ。

戒壇院　〔寺名〕天平勝寶六年四月五日初て南都大佛殿の前に於て、鑑眞和尙を戒師として聖武上皇壇に登て菩薩戒を受け、同五月一日、戒壇院建立の宣旨を下し、同七年九月工を竣ふ。則ち大佛殿の壇法を移せしなり。三層より成る。第二層の西南の角に普賢文殊金剛齊の三菩薩の像を置く、是れ傳戒の諸主なればなり。第三層の高さ二寸は眞俗二諦の意を表し、其上に金剛齊菩薩所造の寶塔を置き、內に迦葉維衛の二佛の毗尼藏を納む。其三層なるは三解脫門を表するなり。【壒囊鈔十八】図叡山の戒壇院あり。◉（盛衰記、九）「戒壇院と申すも、同じき大師の建立と云ふはこれなり。」

戒壇圖經　〔經名〕一卷。唐の道宣撰。【僧史略上】に「唐初靈感寺。南山宣律師。按レ法立レ壇。感二長眉僧即賓頭盧身也隨喜讚嘆一。立壇應法。勿レ過レ此焉。宣撰二戒壇經一卷一。今行二於世一。」◉（盛衰記二四）「戒壇圖經並に中天竺那爛陀寺の戒壇の上。」

戒壇石　〔物名〕禪律諸寺の門頭に「禁葷酒入山門」と大書せる碑石のと。戒壇の前に立る石なれば戒壇石と云。一山を盡く戒壇と見る意。

カイダンダウカイチヤウ　戒壇堂開帳　〔行事〕四月八日これを行ふ戒壇堂は江州比叡山にあり【帝王編年記】に「弘仁十三年六月參議左大辨藤原家業、戒壇を建つべきよしの宣旨を帶びて登山す、傳敎喜悅に堪えず、閏六月十一日殊に勅詔を下して創めて戒壇を築く、十四年四月十四日修禪和尙義眞始めて受戒を行ふ云々」【紀事】に「四月八日諸人參詣す、女人は常に叡山に登ることを得ず、然るに今日許して東坂本の花摘の社に指でしむ、これを花摘と云ふ。花堂を作りて小釋迦の銅像を安置す。此社は傳敎大師の御母堂妙德婦人を祭るといへり、婦人存生の時大師御對面のためこの處まで登山し給ふ。今日女人の參詣をゆるすは此遺意といへり」

カイチヤウ　開帳　〔行事〕平常閉鎖し置ける佛像の戶を開て人をして之を拜せしむるを開帳と云。俗語なり。雅に啓龕と云。其事支那に基く。【櫻蔭腐談二】に資治通鑑二百四十を引き。「憲宗元和十三年十一月。功德使上言。鳳翔法門寺塔有二佛指骨一。相傳三十年一開。開則歲豐大安。來年應レ開。請迎レ之。」

三十三年開帳　〔行事〕三十三年を以て其期限となすは李唐以前に其例ありとす、櫻陰腐談に上の通鑑を引けり。案に三十三の數は李唐の三十に依ると共に、三十三回忌の意を兼ねしなるべし。

カイチヤウオン　海潮音　〔術語〕音の大なるを海潮に譬ふ。又、海潮無念なれ共時を違へず、大悲の音聲時に應じ機に適して說法するに相似たり。【法華經普門品】に「梵音海潮音。」【楞嚴經二】に「佛興二慈悲一。哀二愍阿難及諸大衆一。發二海潮音一。徧告二同會諸善男子一。」長水の【義疏】に「天鼓無レ思。隨レ人發レ響。海潮無レ念。要レ不レ失レ時。此表二無緣慈悲應レ機而說一。不レ待レ請也。」

カイチヤク　海滴　〔譬喩〕如來壽量四喩の一。「ユ」を見よ。

カイチヨク　戒躅　〔術語〕戒律の軌躅。【寄歸傳一】に「初轉二法輪一則五人受レ化。次談二戒躅一則千生伏レ首。」

カイチン　開枕　〔雜語〕寢に就くと。【日用軌範】に「候二首座開枕後一。困重者就レ寢。」

カイヂヤウ　戒場　〔術語〕戒を授受する道場。戒壇に同じ。但戒壇は地より立ち、戒場は平地を限るのみ。【釋氏要覽上】に「今言壇場非レ一也。壇則出レ地立レ基。場則除レ地令レ平。今有二混稱一。蓋誤。」さて戒場戒壇を設る所以は、凡そ法事を爲すには一山内即ち結界の內の僧盡く會同和合せざれは成就せさるなり。然に僧中の法事授戒等一ならず、事每に大衆を來會せしむるは、事に妨あり人に勞あるを恐れて、殊に一の道場を結定せしめ、一定の人數にして此場上に聚り、此人人にして和合贊同する時は法事の成功を許す爲なり。【行事鈔羯磨篇】に「戒場本爲二數集惱一レ僧故開レ結レ之。」【同結界篇】に「戒場者。律云。以下僧中數有二四人衆起乃至二十人衆起一。令中僧疲極上。佛聽レ結レ之。」

カイヂヤウ 楷定 〔術語〕⦿正く決定すること。【玄應音義廿五】に「廣雅楷模品式法也。」【法華玄義一上】に「印是楷定不レ可二改易一。」

楷定疏 〔書名〕唐の善導、觀經の疏四卷を作り、其第四卷の末に「今欲下出二此觀經要義一楷中定古今上」と云。依て世に楷定疏と稱す。【眞宗經典志一】

楷定記 〔書名〕三十六卷。竹林寺の顯意著。善導の楷定疏を釋せしもの。

カイヂヤウ 戒定 〔術語〕持戒と禪定。身を制するを戒と云ひ、心を愼むを定と云。【淨心誡觀上】に「一切苦因果財色爲レ本。一切樂因果戒定爲レ本。」

カイヂヤウヱ 戒定慧 〔術語〕之を三學と稱す。戒とは身の惡を防ぐこと。定とは心の散亂を靜むること。慧とは惑を去り理を證ること。【名義集四】に「防レ非止レ惡曰レ戒。息レ慮靜レ緣曰レ定。破レ惡證レ眞曰レ慧。」此三法を學で涅槃に到れば三學と云ふ、若し人三業の邪非を防止すれば心水自ら澄明す、是れ戒によりて定を生ずるもの。心水澄明なれば自ら萬象を照す、是れ定に由て慧を生ずるもの。此三次第相生。入道の關鍵なり。【玄義三下】に「增三數明レ行者。謂戒定慧。此三是出世梯橙。佛法軌儀。」【三藏法數九】に「如來立敎。其法有レ三。一曰戒律。二曰禪定。三曰智慧。然非レ戒無二以生一レ定。非レ定無二以生一レ慧。三法相資。不レ可レ缺。」⦿(近松誕生會)「峯に戒定慧の梢を竝べ」(曲、兼平)「昔天竺の波羅那國に戒定慧の三學を兼備し給へる一人の沙門おはしけり。」

戒定慧解脫解脫智見 〔術語〕一に戒、二に定、三に慧、四に解脫、五に解脫智見、之を五分法身と云。戒定慧の三は上の如し。解脫とは慧によりて惑を斷じ、惑の繫縛を解きしもの即ち涅槃の事。解脫智見とは已が解脫したるを認むる智慧の事。是れ初の三は修因にて後の二は結果なり。結果の中に涅槃の智慧を擧げしもの。此五種の法を以て佛の身體とすれば法身と云ふ。三身の中の法身即ち小乘の所立。【大乘義章二十本】

戒定慧解脫知見 〔術語〕解脫と解脫智見との二を合して解脫智見と云ふ。

戒定慧解知見生 〔雜語〕⦿(榮花)に引用。是れ無量義經の偈文にて佛の法身は戒定慧解脫、解脫知見の五より生ずと云ふ意。偈文なれば字を略せるなり。

カイテフ 戒牒 〔物名〕戒を受けし證書。初に誰を以て和尙となし、誰を以て敎授師となす等一一其名を列ね、次に戒を受る自己の意志を表白し、終に自己の名を記す、其奧に傳戒師等十師の署名押印ありて之を證明す。【朝野群載十六】に延曆寺戒壇院の戒牒の例を載す。凡そ出家の日に官より沙彌に賜はる許狀を度緣と稱し、受戒の時に戒牒の外更に官の證明書を賜はるを公驗と稱す、公驗は元正天皇養老四年より始まる。其後勝寶年中より受戒の日に當て度緣を毀ち公驗を停められしより多く僞濫の徒を出すに至る。弘仁四年治部省の奏請に依て爾來受戒の日に度緣を毀たず、度緣の末に於て受戒の年月を記入し、僧綱治部省玄蕃寮の印を捺して受者に與ふる事となす。是れ度緣を其儘公驗としたるなり。然るに其後反て戒牒に重きを置き專ら戒牒を以て一般の公驗と僞すに至りしを、次て陽成天皇天慶六年僧正遍照の請に依て、戒牒の後に省寮の署名捺印を作し、戒牒を以て實の公驗となす。【三代實錄四十二】に「伏望。自レ今已後。受戒之日。省寮威從。治部省玄蕃寮威儀師經威儀師 共向二戒場一。子細勘二會官符度緣一。即令二登壇受戒一。便收二取受戒者戒牒一。具注二其本籍姓名一。以二後紙一。省寮相共押署。捺以二省印一。五月以前下二於僧綱一。僧綱六月一日頒二給受戒者一。嚴勅有司一。不レ使レ違レ期。若有下持二白紙戒牒一者上。處以二違勅一。」【夜鶴庭訓抄】に「出家して戒牒と申ものあり、四月十一日にあり、檀紙した繪あり、三枚おくに比丘といふ所をば必三行に書べし、端の行よりは、すこしひきあけて高くかく、座主の判所、眞に可レ書。」【稽古略三】に「唐宣宗太中十年。勅二法師辯章一。爲二三敎首座一。初令二僧尼受レ戒給一レ牒。」

カイテンジヤウブツ 改轉成佛 〔術語〕惡を改轉して成佛すること。日蓮の如きはかゝる成佛は性惡の敎理に反するが故に眞實の證にあらずといへり。

カイデン 戒殿 〔術語〕戒壇院のこと。【一心戒文下】に「承二伴右大辨一。令レ造二戒殿一。」

カイトク 戒德 〔術語〕戒律の功德。【普超三昧經一】に「被二戒德鎧一。化二度衆生一。」【行事鈔標宗顯德篇】に廣く諸經論を引て戒德を顯せり。

カイトク 海德 〔術語〕【海八德經】に八美德を列ぬ。「一に汪洋無涯。二に海潮期を愆たず、三に死臭を容れず、四に七寶珍珠あり、五に五河倶に入て舊名なし、六に霖雨注來するも增減なし、七に衆魚巨身あり、八に壚味邊中一なり。」【涅槃經三十七】に海の八思議を說き。【華嚴經四十二】に海の十德を列ぬ大部之に同じ。

カイド 開度 〔術語〕開導し濟度すること。【賢愚經六】に「唯願如來當レ見二哀愍暫下開度一。」

カイドウ 海東 〔人名〕新羅國の沙門元曉入唐受學、聲望あり。新羅國の人なるを以て世に海東を以

て呼ぶ。【宋僧傳四】

カイドウビク　海幢比丘　〔人名〕華嚴經の五十參善知識の第六。

カイドキ　戒度記　〔書名〕大智律師元照觀經の疏を造り義疏と名く、二卷あり。戒度用欽の二弟子あり、用欽は白蓮記四卷を造り、戒度は正觀記三卷を造る、戒度記と曰ふ。

カイドリ　鑰取　〔職位〕叡山下男の役名。【壒嚢斷餘】に「鑰取男。前唐院の鑰あづかる也。」

カイナイ　界內　〔術語〕欲界色界無色界の三界のこと。此三界を界外の國土に對して界內と云ふ。「カイゲ」を見よ。

界內敎　〔術語〕三界の中に沈淪する衆生に對して見思の二惑を斷じて三界を出離するを敎ふる法門を云ふ。天台にて藏敎通敎《ざうげうつうげう》の二是なり。【四敎儀】に「此二敎是界內敎」【同集註下】に「藏通三乘斷レ惑出レ界。乃至對《シテ》二界外方便等土一。名二界內敎一。以二此二敎一化二界內一也。」【玄義五上】に「若隨二界內好樂一。說二前兩敎位一。」

界內事敎　〔術語〕天台に在て三藏經を云ふ。彼敎は五蘊十二處十八界等の事相の法門を精究するも、理は唯偏眞の空理にして、理を究むると最も淺薄なれば、貶して界內の事敎とす。【玄義三上】に「三藏具有二三人一。而皆以二析智一。觀二界內十二因緣事一爲二初門一。」【玄義三上】に「通敎亦有二三人一。同以二體智一。觀二界內十二因緣理一。」

界內理敎　〔術語〕天台に在て通敎を云ふ。彼敎は事相の談は藏敎に讓り理を窮ること稍深く、生即無生、空即不空と達すれば之を褒して界內の理敎と云ふ。

界內惑　【術語】三惑の中に見思の惑は三界の生死を招く故に界內の惑と名く。

カイナイコジユホウ　開內庫授寶　〔雜語〕歌題。【秘藏寶鑰上】に「爾廼《スナハチ》九種《ノ》心藥拂《ハテ》二外塵《ヲ》一而遮《シ》レ迷《ヲ》。金剛一宮《ノ》排《ハテ》二內庫《ヲ》一而授《ク》レ寶《ヲ》。」是れ十位心の勝劣を判ぜしものにて、前の九住心は顯敎にて邪を拂ふ消極の分、第十住心は密敎にて正しく實を示す積極の分なるを云。⊙（續千載）「さとり入十の心のひらけてぞ思のまゝに世をすくひける」十住心論と標し、開內庫に作るは誤。

カイニチワウ　戒日王　〔人名〕Śīlāditya 中印度、羯若鞠闍國 Kanyākubja 曲女城（カヌヤークブヂヤの譯名なり）の王、もと吠奢種なり。名は曷利沙伐彈那 Harṣavardhana 喜增と譯す。兄王隣國の王に殺さるゝに及で、兄に嗣て王となり、尸羅阿迭多と號す。唐に戒日と譯す。立て六年兄の讎を復し、五印度を臣とし、象軍六萬馬軍六萬を有し、三十年に垂として兵戈起らず政敎和平なり。五印度の城邑に於て精舍を建立し、飮食醫藥を設け、諸の窮貧に施して周給せしめ、聖迹の所は並に伽藍を立つ。又五歲に一たび無遮大會を設け府庫を竭して一切に施し、歲に一たび諸國の沙門を集て、三七日の中四事を以て供養し、法座を莊嚴して其優劣を校して淑慝を褒貶す。唐の玄弉此時に渡天し、王の大會を曲女城に設るに遇ひ其盛事を見る。【西域記五】王、八大靈塔梵讚の著あり。一卷、宋の法賢譯。【成帙十三】⊙（寶物集二）「戒日大王は五天竺を討ち」

カイニヨ　界如　〔術語〕十界と十如。天台の法相。「イチネン」の項中、一念三千を見よ。

界如三千の窓　〔雜語〕天台の一念三千の觀法を修する窓。一念に三千の諸法を具すと觀ずるが天台宗の觀法にて、此三千の諸法は十界と十如と三世間とより成れる者なれば界如三千と云ふ。⊙（盛衰記一五）「界如三千之窓の內に七十餘家の施設を省く。」

カイネハンモンセンゲダツフウ　開涅槃門扇解脫風　〔雜語〕歌題。【無量義經】に「請二佛轉法輪《ヲ》一。隨順《シテ》能《ク》轉《シ》。微諦先墮《ツテ》以淹《ヒ》二欲塵《ヲ》一。開《キ》二涅槃門一。扇二解脫《ノ》風一。除《キ》二世《ノ》熱惱《ヲ》一。致《ス》二法《ノ》清涼一。」【止觀一上】に之を引く、此は經の初に菩薩の德を嘆ぜし文にて、菩薩が人を敎ふるに先づ小乘の敎を以て涅槃の門を開き世の熱惱をさますを云。⊙（法門百首）「おしひらく草の庵の竹の戸に袂すずしき秋の初風」

カイノシ　戒師　〔術語〕戒を授る師。

カイハイ　開廢　〔術語〕開遮に同じ。聽許を開と云ひ、禁制を廢と云。

カイハイヱ　開廢會　〔術語〕開と廢と會となり。天台に云ふ本迹二門の開會を論ずるに就ての三義なり。開は開除にして權敎及び迹門を除くこと。廢は廢捨にして權敎及び迹門を捨つること。會は會入にして權敎及び迹門の諸行を融會して實敎及び本門に歸入せしむると。開は敎法の體につき、廢は化導の用につき、會は所修の行につきていふ也。

カイハウベンモンジシンジツサウ　開方便門示眞實相　法華經一部の經意を示したるもの。方便權門を捨てて眞實相を示すもの、【法華經法師品】に「一切菩薩《ノ》阿耨多羅三藐三菩提《ハ》皆屬《ス》二此經一。此經《ハ》開二方便門《ヲ》一。示《ス》二眞實相《ヲ》一。是法華經《ノ》藏《ハ》。深固幽遠。無二人《ノ》能到《ル》一。」「カイケン」を參照せよ。

カイハツトクキヤウ　海八德經　〔經名〕佛說

海八德經。一卷、秦の羅什譯。大海の八德を擧て戒經の八德を比顯せしもの。小乘部。【宿帙七】

カイハラミツ 戒波羅蜜 【術語】戒は六波羅蜜の一。波羅蜜、譯、度。生死海を渡る義。戒は生死海を渡る妙法なれば波羅蜜と云。

戒波羅蜜の敎主 【雜語】梵網の菩薩戒を說ける盧舍那佛を云。是れ千葉の蓮花臺に坐する報身佛なり。即ち奈良の大佛。【梵網經下】に「我今盧舍那。方坐二蓮花臺周一匝千花一上上」⦿(盛衰記二十四)「ことさら戒波羅蜜の敎主を選びて千葉臺上の尊像を顯し奉る」

カイハン 契範 【術語】「カイボン」を見よ。

カイハンジ 界畔字 【術語】[悉曇字]字五轉の中成菩提の[悉曇字]と入涅槃の[悉曇字]の二字を以て界畔字と稱す。菩提涅槃の二轉は煩惱生死を盡くすの邊際なればなり。【悉曇三密鈔上】

カイバウ 街坊 【雜名】街坊化主の略。

カイバウケシユ 街坊化主 【雜名】或は單に化主と言ひ、單に街坊と言ふ。市鄽街坊を勸化し、施物を索めて大衆の供料となす役。【象器箋七】に「古德曰。東山外集。多下送二街坊一頌上。蓋到處若不レ持二師家送偈一。則人疑爲二贋索一。故作レ頌送レ之。」【敕修淸規】に「化主凡安レ衆處。常住租入有レ限。必藉二化主一勸二化檀越一。隨レ力施與。添助供レ衆。其或恒產足レ用。不二必多往一レ求取上レ厭也。」ガイボーケシと讀む。

カイバツ 誡罰 【術語】僧中の有罪を罰すること。【僧史略上】に「或有レ過者。主事示以二柱杖一。焚二其衣鉢一。謂二之誡罰一。」

カイバト 迦夷婆兜 【地名】迦毘羅婆蘇都の略。

カイバリ 戒婆離 【人名】佛の十弟子中、優婆離尊者は持律第一の故に戒婆離と名く。「ウバリ」を見よ。

カイヒザ 戒膝 【儀式】比丘が戒を受る時の膝つき。即ち右膝着地の坐法。「ウシツチヤクヂ」を見よ。【行事鈔上之三】に「若堂內者。至二門限內一。擧レ手呼言。某甲來。彼來已爲捉二衣鉢一。令レ至二僧中一。敎禮二僧足一已。至二戒師前一。右膝著レ地合掌。」

カイビヤク 開白 【儀式】法事の初を開白と云ひ、終を結願と云。開白の文字は法事の初に必ず表白文を讀むに取る。

開白の詞 【儀式】表白の詞。即ち法會の趣を述るもの。

開白打ち 【儀式】開白の爲に磬を打つこと。

カイフケワウニヨライ 開敷華王如來 【菩薩】胎藏界八葉中の南方の尊なり、經には華開敷と云ひ、疏には沙羅樹王開敷佛と云。金色にして光明を放ち離垢三昧に住する相なり。平等性智の所成にして、五德の第二修行の德を司る、大悲の萬行を長養して萬德を開敷すれば華開敷と名く。其の種子は第二點の[悉曇字]にして其の密號は平等金剛なり、是れ平等性智の所成なればなり。金剛界には寶生如來と云ひ、其の密號を同くす。これ四種法身中の他受用身なり。【大日經一】に「南方大勤勇遍覺華開敷。三昧離二諸垢一。」【同疏四】に「南方觀二娑羅樹王華開敷佛一。身相金色放二光明一。如下住二離垢三昧一之標相上。自二菩提心種子一長二養大悲萬行一。今成二遍覺一。萬德開敷故以爲レ名。」

カイフダウイン 開敷道印 【印相】辯才天の印なり。八葉印を左右に離して仰ぎ五指を開舒するなり。【諸大事】

カイブツチケン 開佛知見 【雜語】歌題。【法華經方便品】の語。「カイジゴニフ」を見よ。⦿(拾玉集)「世に出でて佛の道を開く人はもとの心のとほるなりけり」

カイブン 界分 【術語】欲界色界無色界の三界のこと。界は分の義なれば、之を熟語にして界分と云。【行事鈔羯磨篇】に「拔二群迷之重累一。出二界分之深根一。」【資持記上一之五】に「界分即三有依報。」

カイホツコンガウホウザウヰ 開發金剛寶藏位 【術語】大日經に三妄執を斷ずるを地前に屬し、此上更に十地を立てて開發金剛寶藏位と稱す、是れ大日金剛の寶藏を開發する行位なればなり。

カイホフ 戒法 【術語】佛所制の戒律の法。戒の四科に辨す。「カイ」の項を見よ。

カイホフ 開法 【術語】敎法を開き始ること。【資持記上一之一】に「以二如來一爲二開法大師一。迦葉已下爲二佛法聖僧一。」【塵露章】に「如來是開法導師迦葉乃傳持初首。」【玄義一上】に「開法進道。」

カイホン 開本 【術語】開迹顯本の略。「カイシヤクケンホン」を見よ。⦿(烏鷺記)「鷲嶺顯本の朝」

カイホン 戒本 【書名】廣律の中より戒律の箇條を拔萃せしもの。是れ廣律の根本なれば戒本と云ひ、又說戒の根本なれば戒本と云。四分戒本、菩薩戒本など。【四分戒疏一上】に「戒爲二敎本一。一部廣律。止解二戒行一之文。乃至戒爲二說本一。在レ座勸誡。有レ所二依承一。」これ波羅提木叉 Prātimokṣa なり。

二部戒本 【書名】比丘の戒本と比丘尼の戒本【行事鈔說戒篇】に「僧祇云。若誦戒時。應レ誦二二部律一。」【日本後紀十三】「受戒之後。皆令三先必讀二誦二部戒本一。」

戒本經 【經名】梵網經の下卷は菩薩の戒本を

逃べし者なれば戒本經と稱す。

戒本疏 〔書名〕 梵網經菩薩戒本疏、五卷、華嚴の法藏撰。又四分合註戒本疏、四卷、南山の道宣撰。又、四分戒本疏、四卷唐の懐素撰。

カイホン 戒品 〔術語〕 戒の品類。五戒、十善戒など、【梵網經下】に「常作《セバ》二如レ是信《ヲ》一。戒品已具《ニ》定《スト》。」 図 戒を明せる篇章の名。梵網經盧舍那佛説菩薩心地戒品。是れ梵網經中の一篇章。

カイホン 界品 〔術語〕 倶舍論一部九品の第一。此品諸法の體性を明かせば界品と名く。界とは性の義なり。【倶舍光記一】に「界者性也。性之言《ハ》體也。此品明二諸法《ノ》體一。以レ界標レ名。」

カイボン 契範 〔術語〕 經典の異名。佛の經典は理に契ひ機に契ふて轉迷開悟の法則軌範なれば契範と云。【探玄記一】に「素咀嚫。此云二契經一。契有二二義一。謂契レ理故。合レ機故。」【八宗綱要上】に「阿難尊者。持二契範一而利二群生一。」

カイマカ 何夷摩柯 〔人名〕 劫初の王名。譯、金者。【起世因本經十】 梵 Haimaka*

カイミヤウ 戒名 〔術語〕 受戒に依て授かる名。初て沙彌戒を受る時、師より法名を賜て俗名を捨てしむ。後世に至ては生前戒を受けず、死後に至て唯僧より名を附するを戒名と云。僭の甚きもの。【百通切紙三、啓蒙隨錄一】

カイモクセウ 開目鈔 〔書名〕 二卷、日蓮著。文永九年二月佐渡の謫處に於て述べたるもの問答體をなす。自ら久遠實成の釋迦牟尼佛の使者、今、滅後末法に出現せり、一一の經文身に符合せりとて。「我れ日本の柱とならん我れ日本の眼目とならん、我れ日本の大船とならん等と誓ひし願破るべからず。」今自家の受くる折伏は信仰改善の大慈悲に出づ。現在の小苦によりて未來の佛果の大樂を受けんと歡べり。

カイモン 誡門 〔術語〕 「クワンモン」を見よ。

カイモン 戒門 〔術語〕 戒律の法門。

カイモンコク 海門國 〔地名〕 華嚴經五十三知識中、海雲比丘の住處。【探玄記十八】に「言二海門一者。此國近二在南海一。城門向レ海故名也。」

カイヨウケンヒリウニヨジヤウブツ 皆遙見彼龍女成佛 〔雜語〕 歌題。【法華經提婆品】に「爾《ノ》時娑婆世界菩薩聲聞。天龍八部。人與二非人一。皆遙見下彼龍女成佛《ノ》普《シテ》爲二時會《ノ》人天一說上レ心。心大《ニ》歡喜《シ》。悉《ク》遙《ニ》敬禮《セリ》。」 此は八歳の龍女が龍宮より靈鷲山に來て、實相の理を悟り、南方無垢世界に飛び去て現生に成佛せしを、法華一會の大衆が遙見せし記事なり。⊙(新葉集)「わたつみのあしまの波をわけきても五の障なきぞうれしき」

カイヨク 開浴 〔雜語〕 風呂を沸かすと。寒月には五日に一浴、暑天には毎日沐汗すと云ふ。開浴を衆僧に告知する爲、齋堂の前に開浴牌を掛く。【敕修淸規《ノ》知浴】に「凡遇《ヘハ》二開浴《ニ》一。齋前《ニ》掛《ク》二開浴牌《ノ》一。」

カイヨジツサウフサウヰハイ 皆與實相不相違背 〔雜語〕 歌題。【法華經法師功德品】に「諸《ノ》所レ說法。隨《テ》二其《ノ》義趣《ニ》一。皆與二實相一。不二相違背一。若說《ハンニ》二俗間《ノ》經書治生《ノ》語言。資生《ノ》業等《ヲ》一。皆順《セン》二正法《ニ》一。」 此は六根淸淨の功德の中に、意根淸淨の功德を說きし文にて、一且《ひつきう》實相の理を得し上は何事を說くも正法に違はざるを云。⊙(拾玉集)「何事もまことの道にあらはれてたがはずと知るぞ限なりける」

カイラ 迦夷羅 〔地名〕 「カビラバソト」を見よ。

カイライヤカン 疥癩野干 〔譬喩〕 極て嫌ふべきものの譬に取る。【行事鈔標宗顯德篇】に「薩遮尼犍《ニ》云《ク》。若不《レハ》レ持レ戒。乃至不レ得二疥癩野干《ノ》身《ヲモ》一。何況當レ得二功德之身一。」【無盡灯論上】に「以二二乘類《ノ》一。比《ス》二疥癩野干《ニ》一。」「アクライヤカン」に同じ。

カイラフ 戒臘 〔術語〕 受戒の年數。比丘の坐次は戒臘の多少に依て定む。【禪苑掛搭章】に「維那依二戒臘次第一掛搭。」

戒臘牌 〔物名〕 僧の席順を記したる木牌。【禪苑結夏章】に「堂司預設二戒臘牌一。香華供養。」

戒臘茶 〔儀式〕 衆の戒臘に因て、上位より次第に衆寮を請して茶を點ずると。【禪林象器箋十七】

カイリウワウ 海龍王 〔異類〕 一時、佛靈鷲山に在て無量の衆に圍繞せらるる時、忽ち海龍王無數の眷屬を率て佛處に詣る。佛爲に深法を說きしかば大に歡喜し、佛に請ふに海底の龍宮に降て供養を受け法を說くを以てす。佛之を許す。時に龍王大殿を化作し、紺瑠璃紫磨黄金を以て莊嚴し、寶珠瓔珞七寶を欄楯となし、極て廣大なり。又、海邊より金銀瑠璃の三道の寶階を通じて龍宮に至らしめ、以て世尊及大衆を請す。世尊乃ち無量の大衆を率て龍宮に到り大殿の獅子座に坐して更に妙法を說き龍屬を化す。【佛說海龍王經請佛品】

海龍王の家 海龍王、佛を請するため、龍宮に於て大殿を化作せしもの。上に記す。

海龍王のきさき 〔雜語〕 【海龍王經行品】に「佛語未レ竟。尋時《テニ》龍王與二七十二億《ノ》婇女八十四億《ノ》眷屬一。皆賫二香華幢幡寶蓋百千伎樂一。往二詣佛所一。前《チ》稽《シ》首畢。」

海龍王の女 〔異類〕 海龍王の女、字は寶錦、尊者迦葉と大乘の深義を問答す。佛之を稱讚して

成佛の記を授く。【海龍王經女寶錦受決品】

海龍王經　〔經名〕佛說海龍王經。四卷。西晉の竺法護譯。佛、海龍王の爲に大乘の深義を說き、龍王龍女、阿修倫等に記別を與へしもの。【宇帙六】(456)

海龍王寺　〔寺名〕南都法華寺の東北にあり。律宗、天平三年光明皇后の建立。【大和名所圖會二】

カイリキ　戒力　〔術語〕戒律の功力。戒を持ちし功力。五戒を持てば人間に生れ、十善を持てば天上に生るなど。

カイリツ　戒律　〔術語〕五戒十善戒乃至二百五十戒など、佛徒の邪非を防止する法律を云。梵語、尸羅。Śīla 譯、戒、防非止惡の義、梵語、優婆羅叉。Upalakṣa 譯、律。淨影。梵語毘尼 Vinaya 譯、律、南山法律の義。【大乘義章一】に「言二毘尼一者。乃至言二尸羅一者。此名二清涼一。亦名爲レ戒。三業炎非。焚二燒行人一。事等レ如レ熱。戒能防息。故名二清涼一。清涼之名。正翻レ彼也。以二能防禁一故名爲レ戒。乃至所レ言律者。是外國名二優婆羅叉一。此翻爲レ律。解釋有レ二。一就レ教論。二就レ行辨。若當二就レ教詮量名一レ律。若當二就レ行調伏名一レ律。」【四分戒疏一上】に「或云二尸羅一。或云二波羅提木叉一。Prātimokṣa 或云二毘尼一。乃至初云二尸羅一。此翻爲レ戒。戒有二何義一。義訓レ警也。由下驚二策三業一遠中離緣非上。明二其目一也。乃至三云二毘尼一。唐稱爲レ律。古譯二毘尼一。皆稱爲レ滅。今以二何義一。翻レ之爲レ律。律者法也。從レ教爲レ名。斷二割重輕開遮持犯一。非レ法不レ定。故正二翻之一。」略抄 是れ初め淨影は毘尼に四名ありとして、別に律の梵名を擧げ、後の南山は但三名として律の梵名を毘尼となす。【開宗記一本】に「言二律藏一者。梵云二優婆羅儀一。此譯爲レ律。律則法也。非レ法無三以肅二威儀一也。」【資持記上一之一】に「律者梵云二毘尼一。華言稱レ律。乃至不レ出二三義一。初言レ律者法也。從レ敎爲レ敎。斷二割重輕開遮持犯一。非レ法不レ定。乃至二言レ律者分也。謂須二商度一。據量有レ在。若二律呂分一レ氣也。乃至三云律字安レ聿。聿者筆也。必審レ敎驗レ情。在二筆投斷一。」

戒律藏　〔術語〕戒律を明かせる經典を云。彼れ戒律の文義を包含蘊積すれば藏と名く。【大乘義章一】に「有二苞含蘊積一名レ藏。」三藏の一。

カイリヤウニフブツダウ　皆令入佛道　〔雜語〕【法華經方便品】に「如二我昔所願一。今者已滿足。化二一切衆生一。皆令レ入二佛道一。」釋尊の本願は一乘の法を說て一切衆生を佛道に入らしむるに在り。今法華を說て其本願を滿足せしと云。是れ方便品に於て已に一乘の實を開顯し了りし後の述懷の偈なり。

カイリヤウブツダウ　皆令佛道　〔雜語〕皆令入佛道の略。⦿(曲、高野物狂)「皆令佛道緣覺の由を明す。」

カイリヤウマンゾク　皆令滿足　〔雜語〕佛加被力によりて一切の所求を滿足せしむる意。玄奘譯【藥師經】に「第十二大願願我來世。得二菩提一時。若諸有情。貧無二衣服一。蚊虻寒熱。晝夜逼惱。若聞二我名一。專念受持。如二其所一レ好。即得二種種上妙衣服一。亦得二一切寶莊嚴具一。華鬘塗香。鼓樂衆伎。隨二心所一レ翫。皆令二滿足一。」⦿(十訓抄)「皆令滿足うたがはず。」

カイレン　開蓮　〔譬喩〕花開蓮現の略。天台、法華經題の蓮華に就て三喩を立てし中の第二喩にて、開權顯實の意を示したるもの。【玄義一上】に「華開蓮現。可レ喩二即レ權而實一。」【玄義七下】に「二華開故蓮現。而須レ華養レ蓮。譬下權中有レ實。而不レ能レ知。今開レ權顯レ實。意須中於權上。」

開蓮之文　〔雜語〕法華經のこと。

カイロ　開爐　〔行事〕禪林には陰曆十月一日爐を開き、此日方丈に大相看あり。【敕修淸規月令須知】に「十月初一日開爐。方丈大相看。」

カイワジヤウ　戒和尙　〔術語〕正しく戒を授くる本主を戒師又は戒和尙と云。餘師は盡く助手なり。「三師七證」を見よ。和尙、又、和上と書す、弟子、師を呼ぶの稱。「ワジヤウ」を參照せよ。⦿(太平記七)「あわれ天台座主の戒和尙の一やと見え給ひけれ。」

カイヰンジユ　廨院主　〔職位〕廨院は禪林の食物を管理する所、主は其の管事なり。【禪苑淸規】に「廨院主之職。主二院門收雜買賣一。」

カイヱ　開會　〔術語〕開は方便の方便たることを明に打ち開くこと。會は其方便は即ち眞實の法なりと方便を眞實に和會すること。例せば【法華經方便品】に於て三乘敎は方便の說なりと斷定せし所は開にて、經文に之を開方便門と云。又、三乘敎は一乘の上に於て始て分別せしもの、一乘の外に三乘なし、三乘即ち一乘なりと說く所は會にて、經文に之を示眞實相と云。依て開顯と云も同じ。是れ法華經一部の主意【四敎儀】に「開二前頓漸一。會二入非頓非漸一。故言二開權顯實一。」「カイケン」を見よ。

カイヱ　契會　〔術語〕契當し會合して乖角なきこと。【唯識論三】に「遠二離二邊一。契二會中道一。」【十地義記一本】に「妙捨二有無一。契二會中道一。」

カイヱ　海會　〔譬喩〕聖衆會合の座を云。德の深きと數の多を海に譬ふ。【華嚴玄疏一】に「言二海會一者。以二深廣一故。謂普賢等衆。德深齊レ佛。數廣二剎塵一。故稱爲レ海。」【演密鈔】に「海會衆也。」【華嚴經傳記一】に

「普賢等海會聖衆」図 總墓の名。海衆同く一穴に會する義。【僧寳傳濟禪師傳】に「公遺言藏二骨石於海會一。示三生死不二與レ衆隔一也。」

カイヱ 界會 【術語】遍界悉く集會するを云。【九條錫杖文】に「恭二敬供二養三尊界會一。」

カウ 香 【雜語】梵語、健達 Gandha 譯、香。【玄應音義三】に「健達此譯云レ香也。」有情非情の氣分一切鼻に嗅ぐべきもの。【大乘義章八末】に「芬馥名レ香。此名不レ足。於レ中亦有二腥臊臭一。不レ可二備擧一。且存二香稱一。」【倶舍論一】に「香有二四種一。好香惡香。等不等香。有二差別一故。」此中沈水等の薫物を以て六種供養の一とす。【大日經疏十一】に「隨取二華等一。以二心念一加レ之。如下華即以二華眞言一。香以二香眞言一加上レ之。乃至以二如來加持力一故。能成二不思議業一。」此香に塗香末香丸香等の別あり。

香爲佛使 【雜語】香は能く人の信心を佛に通ずる使なれば佛使と云。【行事鈔計請篇】に「增一云。有レ設レ供者。手執二香爐一。而白二時至一。佛言。香爲二佛使一。故須レ之也。」【資持記下三之三】に「以二能通レ信故云二佛使一。」

香爲信心之使 【雜語】【資持記下三之三】に「賢愚經六云。佛在二舍衛一。放鉢國長者。有レ子名二富奇那一。後出家證二阿羅漢一。化二兄羨那一。造二旃檀堂一。請レ佛各持二香爐一。共登二高樓一。遙望二祇桓一。燒香歸命。會二佛及聖僧一。香烟乘レ空在二佛頂上一。作二一烟蓋一。佛知即語二神足比丘一同往。」【僧史略中】に「經中長者請レ佛。宿夜登レ樓。手秉二香爐一。以達二信心一。明日食時。佛即來至。故知香爲二信心之使一也。」

香如須彌 【譬喩】香を須彌山に譬ふ。【新譯仁王經上】に「無色界雨二諸香花一。香如二須彌一。花如二車輪一。」と云。

カウ 綱 【職位】僧綱の略。僧正僧都律師を僧綱と云。

カウアン 香案 【雜名】香爐の机。香煙臺。【行事鈔二衣篇】に「經架香案經函之類。」

カウイン 香印 【雜名】香篆に同じ。「カウテン」を見よ。【象器箋十九】に「希叟曇禪師廣錄禪房十事香印頌云。要レ識二分明古篆一。一槌打得完全。燒二炷旃檀牛糞一。衲僧鼻孔校穿。」

𑖮𑖿𑖨𑖱𑖾字香印 【術語】香を以て阿彌陀の種子𑖮𑖿𑖨𑖱𑖾の形を作りしもの。【觀自在菩薩大悲智印周遍法界利益衆生熏眞如法】に「於二其壇中一。安二置香爐一。其香爐含三攝觀自在周遍法界之相一。以レ何爲レ相。即其香印。應レ作二紇哩文一。其梵文𑖮𑖿𑖨𑖱𑖾是也。乃至我作二其圖一。」

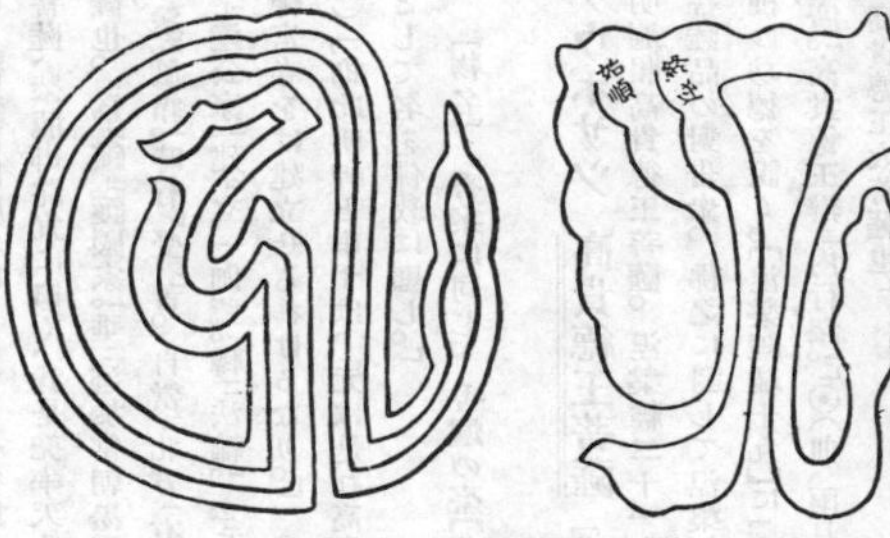

(紇哩字香印略圖)

カウウン 香雲 【雜名】香煙雲の形を爲すもの。【最勝王經六】に「所有種種香雲香蓋。皆是金光明最勝王威神之力。」

カウエ 香衣 【衣服】勅許の色衣。元と香木を以て染めたる故名く。後に轉じて種種の色となれり。但し台密等の所用は赤に黄を帶びたるものなり。禪宗濟家にては黄色、洞家にては種種あり。淨土宗にては紫緋の外皆通じて香衣と名く。但し藍色を除く。【啓蒙隨錄二】按に香衣は香染の衣を云。「カウゾメ」を見よ。

カウエン 香緣 【術語】香は佛の使にて至らざる所なきを云。⊙(文粹十四匡衡願文)に「既曰二香緣一何隔二何鼻一。」

カウエン 香煙 【雜名】佛に供ふる香の烟。【賢愚經六】に「香烟如レ意。乘レ虛往至二世尊頂上一。相結合聚。作二一烟蓋一。」⊙(平家)「香烟靡滅して」

カウオンジン 香音神 【天名】乾闥婆神のこと。「カウジン」を見よ。

カウカイ 香海 【雜語】香水の海。須彌山を圍繞せる內海は盡く香水なりと云ふ。此に二あり、一は蓮華藏世界の香水海。【華嚴經八】に「彼須彌山微塵數風輪。最在レ上者名二殊勝威光藏能持普光摩尼莊嚴香水海一。此香水海。有二大蓮華一。」【探玄記三】に「爲レ異二彼染土鹹烈海一故。云二香水海一也。」更に一は娑婆世界の香水海。【倶舍論十一】に「妙高爲レ初輪圍最後。中間八海。前七名レ內。七中皆具二八功德水一。」【佛祖統記三十一】に「第一香水海。橫廣八萬由旬。第二香水海四萬由旬。乃至第七香水海一千二百五十由旬。」【法華玄贊序】に「騰二香海一而津二八萬一。」

カウコウ 迎講 【行事】彌陀來迎の儀式を演ずる法會にて慧心僧都始て之を華臺院に行ひ、寛印供奉之を倣て丹後の天の橋立に行ひ丹後迎講と稱す。【古事談三】に「迎講者慧心僧都始給事也、三寸小佛を脇足の上に立て脇足の足に緒を付て引寄引寄して涕

泣し給けり。寛印供奉其を見て智發して丹後迎講を始行。」【壒嚢鈔二十】に「慧心の先徳願求淨土の志懇なる餘り、聖衆の來迎を心元なきとに思ひ給ひ、迎講の儀式を華臺院にて執り行はれける、乃至此寛印供奉は大聖文殊の化現なりと云とも、親り聖衆の來迎の儀を隨喜して、丹後の國府の天橋立に移して三月十五日毎年之を行はれけるなり。」⦿(今昔物語十九)に「始ニ丹後國迎講一聖人往生給語」是れ蓋し寛印供奉の事を記するなり

カウカク　綱格　〔雜語〕　大體のきまり。【止觀七下】に「敎門綱格」【輔行七之四】に「綱謂ニ綱紀一。如ニ綱之外圍一。格謂ニ格正一。如ニ物之大體一。」

カウカクハン　洪覺範　〔人名〕　宋の寂音尊者淸凉禪師名は慧洪字は覺範。「エカウ」を見よ。

カウカンユキヤウ　藁幹喩經　〔經名〕【蘇婆呼童子經上】に「譬有下有レ人耕レ田種レ稻。唯求ニ子實一。不レ望ニ藁幹一。子實成熟。收ニ獲子一已。藁幹不レ求。而自然得上。行者欲レ得ニ菩提種子功德一。不レ爲ニ世樂一。求ニ無上菩提一。以喩ニ其實一。諸餘世樂。況ニ喩草幹不レ求自得一。」【智度論八十七】に「譬如ニ人爲レ穀故種レ禾而藁草自至一。」藁幹喩經とは此等の所說に從ひて其名を立てしものあれど、稻幹經に此文なし。【寳物集一】に此文を擧て稻幹經と云此例他に多し。

カウガイ　香蓋　〔雜名〕　香煙上りて蓋の形を爲すもの。【最勝王經六】に「見ニ彼香烟一。一刹那頃。變成ニ香蓋一。」

カウガウ　香合　〔物名〕　香を入るゝ器。【敕修淸規念誦】に「燒香侍者捧ニ香合一。」

カウキ　高貴　〔菩薩〕　高貴德王菩薩の略。

高貴四德之敎　〔術語〕　高貴德王菩薩は涅槃經の對告衆にて佛之に對して常樂我常の四德の妙理を說きしを云ふ。涅槃經二十一より二十六までは高貴德王品なり。⦿(三代實錄三)「高貴四德之敎。寛談ニ佛性常住之旨一。」

住吉明神は高貴德王の垂迹　〔傳說〕　⦿(著聞集)に「住吉は四所おはします。一御所は高貴德王大菩薩、柴龍御詫宣に曰く、我是兜率天內高貴德王菩薩也。爲レ鎭ニ護國家一。垂ニ迹於當朝墨江邊一。松林下久送ニ風霜一。時有レ受レ苦。自當ニ北方一有ニ一勝地一。願奏ニ達公家一。建ニ立一伽藍一。轉ニ法輪一。云云。これに依て神宮寺をは建立せられけるなり。」⦿(盛衰記三六)「抑此明神と申すは、元は是れ高貴德王の變身として名を佛敎に顯し。」

カウキ　香几　〔物名〕　香案に同じ。香爐の臺【象器箋十九】

カウキトクワウボサツ　高貴德王菩薩　〔菩薩〕　具名は光明遍照高貴德王菩薩。涅槃經二十一卷巳下高貴德王菩薩品の對告衆。佛之に對して涅槃經を修行する十種の功德を說く。【涅槃經疏十九】に「光明遍照論ニ外化廣一。高貴德王辨ニ內行深一。」⦿(曲、雨月)「我是兜率天內高貴德王大菩薩也」

カウキヨ　康居　〔地名〕　西域の國名。【史記大宛列傳】に「月氏在ニ大宛西一。可ニ二三千里一。其南則大夏。西則安息。北則康居也。大宛去長安萬二千五百五十里。月氏在天竺北可七千里」【西域記一】に「從レ此西北。入ニ大沙磧一。絕無ニ水草一。途路彌漫。疆境難レ測。望ニ大山一尋ニ遺骨一。以知ニ所指一。以紀ニ經途一。行五百餘里。至ニ颯秣建國一。Samarkand 唐言ニ康國一。颯秣建國。周千六七百里。東西長。南北狹。國大都城。周二十餘里。極堅固。多ニ居人一。異方寳貨。多聚ニ此國一。乃至凡諸胡國。此爲ニ其中一。」

カウク　更鼓　〔雜名〕　夜の時を報ずる太鼓。【象器箋十八】

カウクビク　香口比丘　〔人名〕　歎德の功德に依て口中の香氣を感得せし比丘。【釋門歸敬儀】に「香口比丘。報ニ由歎佛一。正業所感。爲レ人所レ名。」【智度論十一】に「阿輸伽王、一日八萬の佛圖を作る。未だ見道せずと雖佛法の中に於て少く信樂あり。日日に諸の比丘を請じて宮に入れて供養し、日日に次第に法師を留て說法せしむ。一の年少法師あり、聰明端正なり。次で說法に應じて王の邊に在て坐す。口に異香あり王甚だ疑怪す。謂く彼れ香氣を以て王宮の人に熏せんと欲するかと。比丘に語つて言く、口中何等かある、口を開け之を看んと。即ち爲に口を開きたるに所有なし。水を與て嗽がしむるに香氣故の如し。王問ふ、大德新に此香ありや、舊より之ありや、比丘答ふ、迦葉佛の時より有り。如何して有りや。答ふ、我れ昔迦葉佛の法中に在りて說法の比丘となり、大衆の中に在りて歡喜して迦葉世尊の無量の功德を演說せり。是より以後常に妙香ありて口中より出て世世絕えず恒に今日の如し。」

カウクワ　香火　〔物名〕　燒香燈火。人の寺廟に捧ぐる物。【釋門正統四】に「香火之嚴。於レ今爲レ盛。」【唐高僧傳一】に「香火梵音。禮拜唱導。」

香火寺　〔雜語〕　俗に菩提所。

カウクワウシヤウゴン　香光莊嚴　〔術語〕　心に佛を念ずれは佛の吾身に隨逐すると猶香氣に染む人の身に香氣ある如きを云。【楞嚴經五】に「子若憶レ母如ニ母憶時一。母子歷レ生不ニ相違遠一。若衆生心憶レ佛念レ佛。現前當來必定見レ佛。去レ佛不レ遠。不レ假ニ方便一自得ニ心開一。如ニ染レ香人身有ニ香氣一。此則名曰ニ香光莊嚴一。」

カウクンジフハウ　香熏十方　〔雜語〕　歌題。

【無量壽經上】に「設我得レ佛。自レ地己上。至二于虚空一。宮殿樓觀。池流華樹。國中所有。一切萬物。皆以二無量雜寶百千種香一。而共合成。嚴飾奇妙。超二諸人天一。香普熏二十方世界一。菩薩聞者。皆修二佛行一。若不レ如レ是者。不レ取二正覺一。」是れ彌陀の四十八願中、第三十二に國土の嚴飾を願じたるもの、義寂は願名を國土嚴飾奇妙願と云。⦿(碧玉集)「二葉より匂ふ林に立ぬるる袖もかくこそ四方の春風」

カウグ　講供　〔行事〕經を講じ僧を供養するなり。宮中正月の御齋會など。【元亨釋書廿二】に「凡講供有レ儀曰二齋會一。諷供不レ儀曰二僧齋一。」

カウグワン　香丸　〔物名〕種種の香を混じて丸めたるもの。密軌に用ゆ。

カウケンシヨ　高顯處　〔術語〕塔の譯名。【資持記下三之二】に「經音義云。正言二窣覩波一。義翻二方墳一。翻二高顯處一。以二聳出一故。」【文句記三中】に「新云二窣覩波一。此云二高顯一。」

カウケンジユ　好堅樹　〔植物〕木の名。【智度論十】に「譬如三有樹名爲二好堅一。是樹在二地中一百歲。枝葉具足。一日出生。高百丈。是樹出已欲下求二大樹一以蔭中其身上。是時林中有レ神。語二好堅樹一言。世中無二大レ汝者一。諸樹皆當レ在二汝蔭中一。」⦿(太平記一八)「好堅樹は地の底にありて、芽百圍をなし、」

カウゲ　香華　〔物名〕香と華と、倶に佛に供養するもの、各、六種供養の一。【法華經序品】に「香華伎樂。常以供養。」【後分涅槃經】に「如來荼毘の式を擧て「大衆各持二無數香花寶幢幡蓋一供養。」

香華院　〔雜名〕俗に菩提所。祖先の靈牌を安置して香花を奉る處。

香華寺　〔術語〕香華院に同じ。

香華所　〔雜名〕香華院に同じ。

カウゲトウ　向外等　〔術語〕「カウナイトウ」を見よ。

カウゲンリクチフシヤウレンゲ　高原陸地不生蓮華　〔譬喩〕二乘空寂の證を得し者は大乘の菩提心を生ずると能はざるに譬へしもの。【維摩經觀衆生品】に「譬如下高原陸地。不レ生二蓮華一。卑濕淤泥。乃生中此華上。如レ是見二無爲法一入二正位一者。終不三復能生二於佛法一。煩惱泥中乃有二衆生一。起二佛法一耳。」

カウコ　向去　〔術語〕洞宗の擧唱に正位に向ふを向去となし正位より偏位に來たるを却來と云。【象器箋六】

カウゴン　香嚴　〔術語〕香光莊嚴の略。

カウゴン　香嚴　〔人名〕唐の鄧州香嚴山の智閑禪師、潙山の靈祐禪師に就て契悟し、法化盛に行はる、死後勅して襲燈大師と諡す、【宋高僧傳十三】

香嚴擊竹　〔公案〕「師出家して潙山の禪會に依る。祐和尚其法器を知り、智光を激發せんと欲し、一日之に謂て曰く、吾れ汝に平生の學解及び經卷册子上記得する者を問はず、汝未だ胞胎を出でず、未だ東西を辨ぜざる時の本分の事、誠に一句を道ひ來れ、吾れ要ず汝を記せん。師瞢然とし對なし、沈吟之を久くして、數語を進めて其所解を陳す。祐皆許さず。師曰く、却て和尚の爲に說くを請ふ。祐曰く吾れ吾が見解を說得するも汝の眼目に於て何ぞ益あらんや。師遂に堂に歸り、徧く集る所の諸方の語句を檢するに一言として將て酬對すべきなし。乃ち自ら題して曰く畵瓶飢に充つべからずと。是に於て盡く之を焚て曰く、此の生、佛法を學ばず、且つ箇の長行の粥飯僧と作て心神を役するを免れんと。遂に泣て潙山を辭し去り、奉陽に到り、忠國師の遺跡を覩て遂に憩止す。一日山中に草本を芟除するに因て、瓦礫を以て竹を擊ち聲を作す。遽に歸て沐浴し、香を燒て遙に潙山を禮し、贊して云く、和尚大悲。恩父母に逾ゆ、當時若し我が爲に說却せば何ぞ今日の事あらんやと。仍て一偈を述て曰く「一擊忘二所知一。而不レ假二修知一。動容揚二古路一。不レ墮二悄然機一。處處無二蹤跡一。聲色忘二威儀一。諸方達道者。咸言上上機。」【傳燈錄十一、會元九、葛藤集】⦿(鴉鷺合戰一)に「最初の一句の劒、双上香嚴擊竹樹下石上」

香嚴樹上　〔公案〕「禪師云、如二人上レ樹。口啣二樹枝一。手不レ攀レ枝。脚不レ踏レ樹。樹下有レ人。問二西來意一。不レ對即違二他所問一。若對又喪身失命。正與麽時。作麽生對。有二虎頭上座一。云。上レ樹即不レ問。未レ上レ樹。請和尚道。師呵呵大笑。雪竇云。樹上道即易。樹下道即難。老僧上レ樹。致二將一問一來。」【傳灯錄十一、會元九】

カウサイ　幸西　〔人名〕叡山の沙門、釋の幸西、字は成覺。西塔に住して天台の章疏を究む。後、源空の弟子となり、專念の法を學び、天台の義に依て本迹の二門を開く。謂く、十劫正覺は迹門の彌陀、無始本覺は本門の彌陀なり、即ち衆生所具の性と差別あるなし。されば眞佛は衆生の一念にありと。依て一念義を立てて曰く、一念とは佛智の一念正しく佛心を指す、凡夫の信心佛智の一念に冥會すれば能所二なく信智唯だ一、念念相續して決定往生すと。【本朝高僧傳十三】

カウサツラワウ　高薩羅王　〔人名〕Kosala 波斯匿の別名。【大威德陀羅尼經六】に「波斯匿高薩羅王」【易土集六】に「高薩羅者。應二憍薩羅轉聲一。波斯匿王。舍衛國主也。舍衛者即憍薩羅。都城之名也。由レ是

波斯匿。亦名二高薩羅王一乎。」

カウサン　講讃　〔術語〕和解するを講と云ひ、褒美するを讃と云ふ。故に講讃は、其義理を和解し、其利益を褒美するを云ふ。⊙（増鏡、老の波）「講讃のことば、めでたらいみじ」

カウザ　高座　〔物名〕一段高くしたるもの。導師の登る高座あり。說法者の登る高座あり。又、法華會等の大會には左右に講師の高座あり。

カウゾウ　香象　〔異類〕青き色に香氣を帶る象。羅什の【維摩經注】に香象菩薩の名を釋して「青香象也。身出二香風一。菩薩身香風。亦如レ此也」。此菩薩北方の香聚山に在て說法す。【華嚴經菩薩住處品】に「北方有二菩薩住處一。名二香聚山一。過去諸菩薩。常於レ中住。彼現有二菩薩一。名二香象一。有二三千菩薩眷屬一。常爲說レ法。」梵 Gandhahasti

香象菩薩　〔菩薩〕維摩經の同聞衆。

白香象菩薩　〔菩薩〕同く同聞衆。

香象之文　〔術語〕世親菩薩俱舍論を造て之を香象に載せて宣令せし故事に取る、俱舍論を指て云。【俱舍論頌疏一】に「于レ時世親至二本國一已。講二毘婆沙一。乃至如是次第成二六百頌一。攝二大婆沙一。其義周盡。標二頌香象一。擊レ鼓宣令云。誰能破者。吾當レ謝レ之。」【西域記張說叙】に「欲レ窮二香象之文一。將レ罄二龍宮之目一。」図佛典の通稱。【大方便報恩經四】に「提婆達多。雖三復能多讀二誦六萬香象典一。作經〔麗本〕而不レ能レ免二阿鼻地獄罪一。」

香象大師　〔人名〕華嚴宗の第三祖、名は法藏字は賢首、香象大師と稱す。【宋高僧傳五】に「釋法藏。字賢首。姓康。康居人也。乃至復號二康藏國師一是歟。」【谷響集五】に「推康藏與二香象一音近。故假レ音呼二香象一歟。日本鈔記。多號二香象大師一。」⊙（太平記、二四）「其後花嚴の祖師香象大師にして此空有の論を聞きて、色即是空なれば護法の有をも嫌はず。」

カウザン　香山　〔地名〕カウセンと讀む。無熱池の北に在て閻浮提洲の最高中心。漢に所謂崑崙山なりとぞ。俱舍論には香醉山と云。【俱舍論十一】に「大雪山北。有二香醉山一。雪北香南。有二大池水一。出二四大河一。」【西域記一】に「瞻部洲之中池者。阿耨婆答多池也。唐言二無熱惱一。在二香山之南大雪山之北一。周八百里矣。」南山の【戒疏一上】に「四河本源香山所出。乃至俗云二崑崙一者。經言香山。」梵 Gandhamādana

香山大樹緊那羅　〔天名〕香山に居る大樹といふ緊那羅。緊那羅は八部衆の一にて音樂の神。「ダイジユキンナラ」を見よ。⊙（盛衰記三十二）「香山大樹緊那羅の瑠璃の琴」

香山寺　〔寺名〕龍門山の陽、伊水の左にあり、もと唐の日照三藏の墓處、後に梁王の請に因て伽藍を立て勅して香山寺と爲す。危樓溪を切り飛閣雲を凌ぎ、石像七龕浮圖八角、莊麗天下に冠たり。【賢首華嚴傳記一】

カウザン　衡山　〔地名〕又、南岳。古の支那の衡州。天台宗の第二祖慧思之に居る。【輔行一之一】に「博物誌云。嵩高爲二中岳一。屬二豫州一。華山爲二西岳一。屬二同州一。泰山爲二東岳一。屬二袞州一。恒山爲二北岳一。屬二冀州一。衡山爲二南岳一。屬二荆州一。後開二衡州一。從レ山爲レ名。」

カウザン　高山　〔人名〕建仁寺の沙門釋の慈照高山と號す。【本朝高僧傳二十六】

高山寺　〔寺名〕栂尾山高山寺は京都の西の方、槇尾山の東、高雄寺の西北に在り。もと天台尊意の開基、華嚴宗明慧の中興。金堂の中尊盧舍那佛。【山城名勝志九】

カウザントンセツ　高山頓說　〔雜語〕歌題。華嚴經は世尊成道の最初に高位の菩薩を集てなせし最上の說法にて、之を日の東天に出る時、先づ高山を照すに譬て高山頓說と云。高山は菩薩の機に譬へ、頓說は次第階級を歷ず、頓に大乘の法を說くを云。【玄義一上】に「雖二高山頓說不一レ動二寂場一。而遊二化鹿苑一。」【八十華嚴經五十如來出現品】に「譬如二日光出現時一。先照二山王一。次餘山。後照二高原及大地一。而日未三始有二分別一。善逝光明亦如レ是。先照二菩薩一次緣覺。後照二聲聞及衆生一。而佛本來無レ動レ念。」【四教儀】に「第一頓教者。即華嚴經也。乃至此經中云。譬如三日出先照二高山一。」⊙（新後拾）「朝日さす高根の雲は匂へども麓の人はしらずぞありける」

カウシ　高士　〔術語〕菩薩の舊譯。【三教指歸二】に「菩薩。古維摩經翻二高士一。」

カウシオンキヤウ　孝子隱經　〔經名〕菩薩睒子經の異名。「見よ。

カウシキ　香色　〔雜語〕香染の色。「カウゾメ」を見よ。

カウシキヤウ　孝子經　〔經名〕一卷。失譯。父母に供養するは父母を勸めて善をなし惡を去らしむるに若かざる旨を明かす【宿帙八】(702)

カウシセンキヤウ　孝子睒經　〔經名〕菩薩睒子經の異名。

カウシツ　香室　〔堂塔〕世尊の居室より轉じて佛殿の異名となる。【毘奈那雜事二十六註】に「西方名二佛所住堂一。爲二健陀俱知一。Gandhakuṭī　健陀是香。俱知是室。此是香室香臺香殿之義。不レ可三親觸二尊顏一。故但喚二其所住殿一。即如二此方玉階陛下之類一。然名爲二佛堂佛殿一者。斯乃不レ順二西方意一也。」

カウシヤウ 香姓 〔人名〕 Droṇa 巴、Doṇa 婆羅門の名。佛を拘尸那城の沙羅雙樹の間に火葬し了て、骨(即舍利)となせし時、諸國の王來て、其舍利を得んとて爭端を開きし折、佛舍利を平等に分ちて諸國の爭を止めしもの。【長阿含經卷四遊行經】に「時に遮羅波國 Amalakapa* 巴 Allakappa の諸の跋羅民衆、巴 Bulaya 及び羅摩迦國 Rāmagrāma 巴 Rāmagāma の拘利民衆、Kaulya 巴 Koliya 毘留提國 巴 Veṭhadīpa の婆羅門衆、迦維羅衞國 Kapilavastu 巴 Kapilavatthu の釋種民衆 Śākya 巴 Sakya 毘舍利國 Vaiśālī 巴 Vesālī の離車民衆、Licchavī 及び摩竭陀 Magadha 王阿闍世、Ajātaśatru 巴 Ajātasattu 如來が拘尸城 Kuśinagara 巴 Kusinārā の雙樹の間に於て滅度を取るを聞き、皆自ら會して言く、今我れ宜く往て舍利の分を求むべし。時に諸國王阿闍世等、即ち國中に令を下し、四種の兵、象兵、馬兵、車兵、歩兵を嚴にし、進で恒河を渡る。先づ婆羅門香姓を遣して拘尸城に至り、舍利を求めしむ。曰く與へずんば四兵此に在り、身命を惜まず力を以て取るべしと。拘尸城の君臣聽かずして曰く、如來の遺形敢て許さず、彼れ兵を擧げんと欲すれば吾亦此に在りと。時に香姓婆羅門衆人を曉して曰く、諸賢長夜に佛の教誡を受け、口に法言を誦し、心、仁化に服す。寧んぞ佛舍利を諍て共に相殘害すべけんや。如來の遺形、以て廣く益せんとす、舍利現在するもの但當に分取すべしと。衆咸な善と稱し、香姓に命じて分たしむ。爾の時香姓、一瓶の一石許の舍利を以て均く八分となし已て八國に與へ、己は衆人に請て其空瓶を受く。」取意【後分涅槃經】に「姓烟婆羅門」⊙(榮花、疑)「かの香姓婆羅門が留めおきけんほどあはれにおぼされて、例の殘ることなくせさせ給ふ。」Droṇa は量の義香姓の原語に非ず。香姓の名詳かならず。「名。

カウシヤウ 綱掌 〔職位〕 法會の式事を司る役

カウシヤウテウ 好聲鳥 〔點類〕 Karaṇḍa 又 Karaṇḍaka 梵語、迦蘭陀。譯、好聲鳥。又、拘耆羅。Kokila 譯、好聲鳥。【名義集二】

カウシヤク 香積 〔佛名〕 衆香世界の佛名。【玄應音義三】に「香積、梵言二乾陀羅耶一。」【維摩經香積佛品】に「上方界分。過二四十二恒河沙佛土一。有レ國名二衆香一。佛號二香積一。今現在。其國香氣。比二於十方諸佛世界人天之香一。最爲二第一一。乃至其界一切皆以レ香作二樓閣一。經二行香地一。苑園皆香。云云。」図 僧家の食厨又供料を云ふ。蓋し香積世界の香飯に取る。

香積寺 〔寺名〕 叡山横川神宮寺山の北洞にあり。明達律師の草創。本尊虚空藏菩薩。【山門堂舍記】

カウシヤームビー 〔地名〕 「クセンミ」「ケウシヤウミ」を見よ。

カウシユ 香芻 〔植物〕 香草。自恣の比丘以て座となす。【祖庭事苑六】に「根本百一羯磨云。受二隨意一比丘。應下以二生茅一與二僧伽一爲上レ座。諸比丘並於二草上一坐。乃至 隨意即自恣也。」

カウシユツザンマイ 高出三昧 〔術語〕 福德智慧を出生する三昧。【智度論四十七】に「高出三昧者。菩薩入二此三昧一。所有福德智慧。皆悉增長。諸三昧性。從レ心而出。」

カウシユトヒラ 〔人名〕 「クシツチラ」を見よ。

カウシヨウ 交承 〔雜語〕 新舊の人交代するを云。承ば相承の義。【象器箋九】

カウシンニチ 庚申日 〔雜名〕 【北斗七星儀軌】に「世有二司命神一。毎レ至二庚申日一。上向二天帝一。陳二說衆人之罪惡一。」「カウジンヱ」を見よ。

カウシンマチ 庚申待 〔行事〕 「カウジンヱ」を「見よ。

カウシンロク 考信錄 〔書名〕 六卷。安永三年。玄智景耀、江戸築地に於て著す。内外の事物を考論せしもの。

カウジフ 香集 〔界名〕 佛國の名。虚空藏菩薩の本土。【虚空藏菩薩經】に「西方過二八十恒河沙世界一。有二一佛刹一。名二一切香集一。彼國有レ佛。名二勝華敷藏如來一。彼佛今正爲二諸大衆一。轉二妙法輪一。彼有二菩薩一。名二虚空藏一。已從二彼佛一。聞二深妙法一。得二諸禪定一。時虚空藏菩薩。即與二八十億菩薩一。俱頂二禮佛足一。身昇二虚空一。詣二娑婆世界一。」陳の文帝の【虚空藏菩薩懺文】に「動二神變相一去二香集之境一。放二淨光明一來二閻浮之界一。」

カウジヤウ 向上 〔術語〕 末より本に進むを向上と云ひ、本より末に下るを向下と云ふ。【釋摩訶衍論二】に「於二生滅門一。有二二種位一。云何爲レ二。一者向上門。二者向下門。如レ是二門。生滅決擇。」【碧巖普照序】に「衲僧向上巴鼻」【種電鈔】に「向上者。千聖不傳底事。」

向上一路 〔術語〕 宗門の極處を向上の一路と云。【碧巖種電鈔二之本垂示】に盤山の語を引て「向上一路。千聖不傳。學者勞レ形。如二猿捉一レ影。」⊙(曲、放下僧)「さて向上の一路は如何に」

向上一句 〔術語〕 悟を極めたる至極の一句。

向上宗乘 〔術語〕 悟を極むる至極の宗旨。【碧巖種電鈔十垂示】に「提二起向上宗乘一。扶二竪正法眼藏一。」

カウジヤウ 香城 〔異名〕 般若經に說く法涌菩薩の住處。常啼菩薩、此所に於て身を犧して般若波羅蜜多を求む。【大般若三百九十八常啼菩薩品】「ジヤウダ

イ」を見よ。【止觀五上】に「香城粉レ骨。雪嶺投レ身。亦何足二以報一レ德。」

カウジユセン　香聚山　〔地名〕香象菩薩の住處。【六十華嚴二十九】に「北方有二菩薩住處一。名二香聚山一。」【探玄記十五】に「香聚山。乃至彼現有二菩薩一名二香象一。」應二是在レ北香山王一。」

カウジユン　孝順　〔術語〕キョージユンと讀む。子の親に對して誠を盡し命に順ふ道。【梵網經下】に「孝順至道之法。孝名爲レ戒。」【心地觀經二】に「不レ如下一念住二孝順心一以二微少物一色中養悲母上。」

カウジヨ　綱所　〔職位〕僧正、僧都、律師等の僧官を僧綱と云ひ、其出仕の役所を綱所と云ふ。【壒囊鈔十四】即ち一國の法務を知行する所。又、綱所の人、仁壽殿の二間供の事を預かれば二間預と云。

綱所の印鎰　〔物名〕綱所の印と鑰。法務の職に居るもの之を掌る、【名目鈔】に「印鎰。鎰當レ作レ鑰。字彙曰。鎰弋質切。逸。國語。二十四兩爲レ鎰。鑰弋灼切。藥。鎖鑰。」

カウジン　香神　〔天名〕又、香音神。八部衆の一、乾闥婆神 Gandharva 香を食し身より香を放つ故に香神と云。【玄應音義三】に「犍沓和。又云二犍陀羅一。又作二乾沓婆一。或云二犍達婆一。或云二乾闥婆一。舊名也。今正言二犍達縛一。此云二齅香一。亦云二樂神一。一云二食香一。舊云二香神一。亦近也。經中亦作二香音神一也。」

カウジンヱ　庚申會　〔行事〕庚申の夜に青面金剛の像を以て本尊とし、猿の形を造て神とし、祭供を設て夜を徹し、以て衆願を滿足すと。之を庚申を守ると云。然に是れ本と道家三尸を避くるの說に出でて更に佛敎の典據なし。但支那に於て已に佛者之に和せり。【諸儀軌訣影四】に「青面金剛の事は他の軌にも出れども委く說くとは陀羅尼集經のみなり。此集經に庚申の事見えず、庚申のとは道經より出づ、佛說に非ず。青面金剛を庚申の本尊と爲すは天台家より出でし樣なり、天台の事相には斯樣の僞說多し。」【僧史略下】に「近聞。周鄭之地。邑社多結下守二庚申一會上。初集鳴二銅鈸一。唱佛歌讃。衆人念佛行道。或動二絲竹一。一夕不レ睡。以避三三彭奏二上帝一。免二注レ罪奪一レ算也。然是實道家之法。往往有二無知釋子一。入レ會圖二謀小利一。會不レ尋二其根本一。誤行二邪法一。深可レ痛哉。」但し青面金剛を其本尊とするは青面金剛の儀軌に「若患二骨蒸、伏運、傳尸鬼病一者。誦レ咒千徧。其病即愈」。と云に據る。其の儀軌【陀羅尼集經十】に出づ。【眞俗佛事編一】に「北斗七星軌に道敎の庚申待の事出れども强ちに非二貴レ之說一。故に今不レ出。吾朝庚申の本尊の前に塞レ目塞レ口塞レ耳三の猿をを く事は道書にも不レ見、青面の軌にも素よりなし、愚按ずるに是吾朝の好事の者、庚申の緣より思ひつけて、孔子家語の三緘の故事を取て、不レ言不レ聞不レ見の敎を垂るるものなり。」

カウスヰ　香水　〔術語〕香又は花を入れて佛に奉る水。梵語にて閼伽。「アカ」を見よ。【蘇悉地經二】に「器盛二淨水一。隨二所作事一。置二本獻衣一。復置二塗香一。依二本法一而作二閼伽一。燒レ香薰レ之。應レ誦二眞言一。」【大日經疏五】に「調二和香水一。以二鬱金龍腦旃檀等種種妙香一。」

⦿(榮花)「加持の香水」

香水錢　〔物名〕僧の稅錢。【宋高僧傳八神會傳】に「十四年范陽安祿山。擧レ兵內向。兩京版蕩。駕幸二巴蜀一。副元帥郭子儀。率レ兵平殄。然於二飛輓一索然。用二右僕射裴冕權策一。大府各置二戒壇一度レ僧。僧稅レ緡。謂二之香水錢一。聚レ是以助二軍須一。」

香水海　〔雜名〕「カウカイ」を見よ。

カウスヰセン　香醉山　〔地名〕「カウザン」を見よ。

カウスヰビヤウ　香水瓶　〔器具〕閼伽水を容る瓶なり。【大日經疏八】に「如二香水瓶一者。諸閼伽器亦然。當下用二金銀白瑠璃等一爲上レ垸。乃至商佉熟銅石木。或以二樹葉新瓦一。盛二衆香水一置二衆名花一。」

カウセウ　好照　〔物名〕明鏡のこと。坐禪の時の道具。【行事鈔鉢器篇】に「大論供二給坐禪一法。禪杖。禪毱。禪鎭。骨人。禪經。好佛。好照。衣服等。」【資持記下二之三】に「好照。有說座禪處。多懸二明鏡一。以助二心行一。或取二明瑩現一レ像。或取二光影交射一。」

カウセツ　香刹　〔術語〕佛寺のこと。香は香殿香室の香に同じく、刹は梵語、Kṣetra の略。譯、土田。

カウセヤ　高世耶　Kauśeya〔物名〕又、憍奢耶。憍尸。絹の名。【寄歸傳二】に「高世耶乃是蠶名。作レ絹還受二此號一。」【飾宗記五末】に「今三藏云。高世耶者。即是野蠶之名。此蟲不レ養。自生二山澤一。西國無レ桑。多於二酢果樹上一。而食二其葉一。其形皓白。麁如二拇指一。長二三寸。月餘便老。以レ葉自裹。內成二其繭一。大如二足指一。極爲二堅硬一。居人採レ之。取レ熱成レ絹。其絹極牢。體不二細滑一。」

高世耶僧悉哩喇　〔末〕Kauśeya-saṃastara* 譯、野蠶臥具。【飾宗記五

カウセン　香山　〔地名〕「カウザン」を見よ。

カウセン　香饌　〔飮食〕忌日の齋食を云。【敕修淸規達磨宿忌】に「率二比丘衆一。營二備香饌一。以伸二供養一。」

カウセン　香錢　〔物名〕【壒囊鈔十】にカウデンと讀む。佛前に香費を資る錢なり。【敕修淸規知殿】に「施主香錢。不レ得二互用一。」按に香奠香錢、義少く異。「カウデン」を見よ。

カウソ　高祖　〔雜名〕各其の宗の開祖を高祖と云。

カウソウ 高僧 〔雜名〕德高き僧。出家に對する尊稱。

高僧傳 〔書名〕十四卷。梁の慧皎撰【致帙二】(1940)外に續高僧傳三十卷、唐の道宣撰。【致帙二、三、四】(1493)宋高僧傳三十卷、宋の贊寧等撰。【致帙四、五】(1495)明高僧傳八卷、明の如惺撰。【續藏】已上之を四朝高僧傳と云。日本には本朝高僧傳七十五卷、元祿十五年濃州の師蠻撰。續日本高僧傳十一卷、慶應三年美作の道契撰。

高僧法顯傳 〔書名〕一卷、東晋の法顯著。師が渡天の旅行記なり。固て別名佛國記。【致帙六】(1496)

高僧和讃 〔書名〕一帖。見眞大師の作。今樣體にて淨土門の七高僧の德を讃じたるもの。三帖和讃の一。

カウソウガイ 康僧鎧 〔人名〕梵名僧伽跋摩 Saṁghavarman また僧伽婆羅 Saṁghapāla 印度の人、廣く群經を學び、曹魏の嘉平五年支那に來り、洛陽の白馬寺に於て無量壽經を譯す。【梁高僧傳一 曇柯迦羅傳附】

カウソウヱ 康僧會 〔人名〕其先は康居の人、世世天竺に居る、其父商賈に因て交趾に移る。僧會少にして二親を喪ひ、道に入て勵行し、深く三藏に達す。時に吳初て佛法に染み、大化未だ全からざるを以て、僧會道を江左に振はんと欲す。吳の孫權赤烏四年建康に至る權の爲に舍利を感得して法驗を示し、因て大に寺を起し經を譯す。此より江左の大法鬱興す。天紀四年九月、病んで寂す。此歲晋武太康元年なり。【梁高僧傳一】

カウソク 高足 〔雜語〕弟子の勝れたるもの。【宋高僧傳七】に「有二大乘基一。爲二其高足一。」

カウゾメ 香染 〔術語〕茶褐色、即ち黃に黑みを帶びたる色にて、袈裟の本色。木蘭色と同じ。之を香染と名るは乾陀羅といへる香樹の汁を取て之を染むるに由る。【谷響集五】に「寶樓閣經中云。若以二乾陀羅樹香一和二白芥子油一。伏二一切龍一。自註云乾陀羅樹香。安息香也。翻譯名義集三云。乾陀羅耶。正言二犍達一。此言レ香。金剛頂念誦經四云。若出家人。合レ著二乾陀色衣一。大日經不思儀疏云。袈裟者乾陀色也。立印儀軌云。乾陀褐色也。按二字書一云。褐黃黑色。俗謂二之茶褐色一。一謂犍陀羅黃色梵名也。見二于名義集一。」按に【名義集三】に「犍陀羅。或劫賓那。此云二黃色一。」何れにても香染は袈裟の本色なるは明了。⦿(太平記四)「香染の衣を武家より調進したりけれども。」 Kaṇṭa 又 Kaṇṭala 枳殼科の樹なり。乾陀穀子の三衣など用ふ。

カウタウ 勾當 〔職位〕寺中の法務を預る役名。【庭訓往來精注鈔】に「專當勾當は眞言家にあり、行者に等くして法務に預るもの。」

カウタウ 香稻 〔植物〕香氣ある米稻。劫初の時、自然地上に生ぜしもの。【俱舍論十二】に「有下非二耕種一香稻自生上。衆共取レ之。以充二所食一。」【寄歸傳一】に「林藤香稻。轉次食レ之。身光漸滅。日月方現。」

カウタウ 香湯 〔物名〕密敎に香湯を以て身を洗浴する法あり。香藥三十二味を加合す。【最勝王經七】

カウタウ 香塔 〔堂塔〕香を泥に和し造りたる塔。

カウダイ 香臺 〔堂塔〕佛殿の別稱。「カウシツ」を見よ。【寄歸傳一】に「富羅勿レ進二香臺一。」図香爐の臺。【考信錄一】

カウダイジ 高臺寺 〔寺名〕鷲峰山高臺寺は慶長年中に太閤秀吉、北の政所建立の菩提所なり。古は雲居寺にして自然居士の住みしを三江和尙中興せしなり。宗旨は禪の濟家。【都名所圖會三】

カウダウ 革堂 〔寺名〕本名は行願寺、下御靈の南に隣る、天台宗にて、本尊十一面千手觀音は長八尺の立像、西國第九番の巡禮所なり。開基行圓、常に革衣を服せしより、都の人革上人と呼び、其寺を革堂と稱す【都名所圖會】

カウダウ 交堂 〔雜語〕僧堂の當直の人、他の直人に交附するを云。【象器箋九】

カウダラニキヤウ 香陀羅尼經 〔經名〕大金剛香陀羅尼經の略名。

カウチウ 綱中 〔職位〕綱所の中。僧綱の中。「カウジヨ」を見よ。⦿(正統記)「綱中の法務」

カウチユ 香炷 〔雜名〕線香の類。又、香氣ある燈燭。【楞嚴經六】に「能於二如來形像前一。身然二一燈一。燒二一指節一。及於二身上一。爇二一香炷一。我說二是人無始宿債一時酬畢。長揖二世間一。永脫二諸漏一。」(炷字音スなりコースと讀むべし)

カウチウ 香厨 〔雜名〕僧家の食厨を香積香厨など云。蓋し香は香飯の儀に取る。「カウハン」を見よ。

カウヂン 香塵 〔術語〕塵は染汚の義。色聲香味等は人の情識を汚して眞性を覆ふものなれば斥けて塵と稱す。香は六塵の一。【三藏法數二十八】に「塵即染汚義。謂能染二汚情識一。而使二眞性不一レ能二顯露一。乃至旃檀沈水。飮食之香。及男女身分所有香等。是名二香塵一。」

カウテイ 香亭 〔物名〕香爐を置く小亭。器の形亭の如く、四傍紗にて圍み、前に香亭の兩字を扁し、眞亭の製に同じく、內に大香爐を安す。尊宿の喪、壇場に赴く時、香亭は眞亭の前に在て進む。【象器箋二十】

カウテン 香篆 〔雜名〕香を以て篆文を造り、之に火を點じて時を測るもの。後には唯香を聞く爲に

飮席又は佛前に燒く。【谷響集七】に「洪芻香譜云。百刻香。近世尙レ奇者。作二香篆一。其文準二十二辰一。分二一百刻一。凡燒二一晝夜一。」【釋門正統三】に「後又有下以レ盤摹二香篆一號二無聲漏一者上。締創若レ易。而久久之後。末香有二燥濕一。山童有二勤惰一。豈若二壺更之罕一レ失乎。」

カウテン 交點 【雜語】彼此相共に交接して點檢すること。【象器箋十二】

カウデン 香殿 【堂塔】佛殿の雅名。「カウシツ」を見よ。【求法高僧傳一】に「根本香殿」

カウデン 香奠 【雜名】佛事法會などに贈る料物のこと。【壒囊鈔十】に「當時佾齋なんどに出す料足を香田とは何ぞ、香田と書は當字歟、香錢と書く也、錢をてんとよむは宋音歟、錢の字にてんの音なし、香奠なるべし、乃至當時禪宗に禮錢を云詞也。喩ば香代なんど云同じ心也、抹香は輕物なれば彼の代物と云て卑下する詞也、禪家の詞には香奠と云、即香の代なり」

カウデン 香田 【雜名】香錢の當て字。前項參照。

カウナイトウ 向內等 【術語】向外等に對す。等字に二義あり、眼等と言て外に耳鼻舌身を等取するを向外等と云ひ、眼耳鼻舌身等と言て內に向て等類を示し他は取る所なきを向內等と云。又、等內、等外とも云。

カウニフ 香入 【術語】香は總て鼻に嗅ぐもの。十二入の一なれば香入と云。「ジフニニフ」を見よ。

カウネン 香燃 【雜語】佛堂の忌詞。【拾芥抄五】

カウハクハクチ 硬剝剝地 【雜語】物の堅き形容。【碧巖五十九則着語】

カウハン 香飯 【傳說】維摩が香積佛の世界より齎して一會の大衆に供せしもの。【維摩經香積佛品】に「舍利弗心念。日時欲レ至。此諸菩薩。當二於レ何食一。時維摩詰。知二其意一而語言。佛說二八解脫一。仁者受行。豈離二飮食一而聞レ法乎。若欲レ食者。且待二須臾一。當レ令三汝得二未曾有食一。乃至於レ是維摩詰。不レ起二於座一。居二衆會前一。化二作菩薩一相好光明。威德殊勝。蔽二於衆會一。而告レ之曰。汝往二上方界分一。度下如二四十二恒河沙一佛土上。有レ國名二衆香一。佛號二香積一。與二諸菩薩一方共坐食。汝往到レ彼。如二我辭一曰。維摩詰稽二首世尊足下一。乃至願得二世尊所食之餘一。當下於二娑婆世界一施二作佛事一。令中此樂二少法一者得上レ弘二大道一。乃至於レ是香積如來。以二衆香鉢一盛二滿香飯一與二化菩薩一。時彼九百萬菩薩俱發レ聲言。我欲下詣二娑婆世界一供中養釋迦牟尼佛上。幷欲レ見二維摩詰等諸菩薩衆一。佛言可レ往。乃至時化菩薩。既受二鉢飯一。與二彼九百萬菩薩一。俱受二佛威神力及維摩詰力一。於二彼世界一。忽然不レ現。須臾之間。至二維摩詰舍一。時維摩詰即化二作九百萬師子之座一。嚴好如レ前。諸菩薩皆坐二其上一。時化菩薩。以二滿鉢香飯一與二維摩詰一。香飯普熏二毘耶離城及三千大千世界一。乃至時維摩詰。語二舍利弗等諸大聲聞一。仁者可レ食二如來甘露味飯一。大悲所レ熏。無下以二限意一食上レ之。使レ不レ消也。有二異聲聞一。念是飯少。而此大衆人人當レ食。化菩薩曰。勿下以二聲聞小德小智一稱中量如來無量福慧上。四海有レ竭。此飯無レ盡。使二一切人食一。摶若二須彌一。乃至一劫。猶不レ能レ盡。乃至於レ是鉢飯。悉飽二衆會一。猶故不レ賜。」

カウバイ 衡梅 【人名】關山國師の第六世妙心寺の宗深。號は雪江。妙心寺の衡梅院に住しければ衡梅と稱す。初め日峰に奉ずると十九年、後に義天に侍すると十五年、終始一の如く攻苦儔希なり。義天會下衡梅獨り印授を得。寬正三年勅を奉じて大德寺に入り文明十八年衡梅院に寂す。壽七十九。景川紹隆、悟溪宗頓、特峯禪傑。東陽英朝の四傑を出だす。【本朝高僧傳四十二】【無盡燈論上】に「衡梅結二毒果一。刻苦盡二二妙一。正眼和二黑豆一。惱二害四子腹一。」

カウバン 香盤 【物名】香篆の盤。【象器箋十九】「カウテン」を見よ。

カウフウセン 香風山 【物名】香山にあり。香光明菩薩の住處。【華嚴經菩薩住處品、探玄記十五】

カウフク 孝服 【儀式】尊宿の遷化に弟子法眷の着する凶服を云。【敕修淸規】に尊宿遷化孝服の一章ありて麻布綟腰帛等差あり。然に釋門の正儀にあらず。【六祖壇經】に「吾滅度後。莫レ作二世情悲泣雨淚一。受二人弔問一身著二孝服一。非二吾弟子一。亦非二正法一。但識二自本心一見二自本性一。」元照の六物圖亦之を痛非す。

カウフシツリウ 好不唧嵧 【雜語】好は弄びて美言を加ふ。不唧嵧は不秀不慧の義。「フシツリウ」を見よ。

カウフシ 香附子 【飮食】梵語。目窣哆。Musta 藥の名。香藥三十二味の一。【最勝王經七】

カウブツチヤウ 高佛頂 【菩薩】胎藏界の第六釋迦院に住する五佛頂尊の一。「ブツチヤウ」を見よ。

カウベヤ 香部屋 【雜名】本願寺に於て出仕僧の控所を香部屋とも香房とも稱す。

カウベン 高辨 【人名】城州高山寺の高辨、號は明慧、華嚴を宗とす。辨八歲にして父母を喪ひ、高尾山に上りて伯叔上覺に師事し、十歲にして遊學、密乘を醍醐の實尊に聞き、華嚴を南都の景雅に習ひ、十六にして上覺に就て剃髮し、東大寺の戒壇に受戒す。尊勝院の聖詮は景雅の上足、之に就て華嚴を研究し、十九歲小野の興然に從て兩部の密灌を受く。建久の末、栂尾山に住し、建仁寺の榮西と往來して其心訣を得、元久二年同志と支那より天竺に達せんとして果さず。

建永元年、後鳥羽上皇より栂尾山の古寺を賜りて之を復興し高山寺と號して華嚴興隆の地とす。建保六年建禮門院の爲に戒を授け、寛喜二年、後堀河帝の請に因て法を説く。平泰時深く辨を敬して世出世の道を問ふ。常に曰く我が家、國を治むるは偏に辨師の敎化に依ると。寛喜四年正月十九日、彌勒の寶號を唱て寂す、春秋六十。所著總て七十餘卷。實に華嚴中興の祖なり。【元亨釋書五、本朝高僧傳十四】⊙(著聞集釋敎)「高辨上人をさなくては、北院御室に候はれけり。」

カウホウ 高峰 ［人名］ 禪師の號。諱は原妙。宋の嘉熙戊戌に生る。雲巖欽に北磵に參して法を得。元の世祖至元巳夘、天目の西峯に上り、張公洞に入り、死關と題して戸を出でざると十五年。學徒參請、虛日なし。成宗元貞元年寂す、壽五十七。高峯錄盛に世に行はる。【續稽古略】

高峰錄 ［書名］ 一卷。宋の祖雍編。【續藏】

カウホウ 杲寶 ［人名］ 東寺觀智院の杲寶。幼にして東寺に投じて寶嚴院の賴寶法印に禀け、後、小野の榮海に就て灌頂法を傳ふ。又南都に往て法相を學び、還て觀智院に住す。寶、求聞持の法を修して悉地を得、性氣靈敏、殊に眞言の精義を極む。時人曰く、南山の宥快賴瑜は空海の皮肉を得、東寺の杲寶は其骨髓を得と。寶、僧綱に任ぜず、專ら著述を事とす。所レ著都て一百餘卷。其師賴寶其弟子賢寶亦各大著あり、俗之を東寺の三寶と稱す。【本朝高僧傳十七】(ゴーホーと呼ぶ)

カウホウクワンサンマイ 高峰觀三昧 ［術語］ 佛所入の三昧に名く、高峯に上て十方を觀ずるに高低なきが如く、此三昧に住して十界の衆生を觀ずるに一相一味なるが故なり。【大日經疏】

カウボウ 香房 ［雜名］「カウベヤ」を見よ。

カウボク 香木 ［物名］ 厠を出でて穢を去る木。香材を以て之を造り、竿の端に懸け之を摩擦して兩手を淨む。【象器箋二十】

カウボンス 膠盆子 ［譬喩］ 膠を盛りたる盆、文字葛藤に譬ふ。【臨濟錄】に「眞正學人便喝先拈出一箇膠盆子。善知識不レ辨是境。便上他境上作レ模作レ樣。」

カウミ 香味 ［術語］ 色香味觸の四極微の一。「シ「ミ」を見よ。

カウミヤウ 膏明 ［譬喩］ 膏油と燈明。正行を膏に譬へ、妙解を燈明に比す。【止觀五上】に「膏明相賴。日定更資。」

カウム 綱務 ［職位］ 綱所の事務。僧正、僧都、律師の三官を僧綱と稱し、僧綱の事務を綱務と云。

カウメウ 浩妙 ［雜語］ 浩大、微妙。【止觀一上】に「法門浩妙。爲天眞獨朗。」

カウモウシヤウ 康孟詳 ［人名］ 後漢の康孟詳。其先は康居國の人、慧學の譽あり、獻帝興平元年至り建安四年洛陽に於て遊四衢等の經六部を譯す。【開元釋敎錄一】

カウヤ 高野 ［地名］ 山の名。南山と號す。紀州伊都郡に在り。嵯峨天皇弘仁七年、弘法大師之を請ひて棲身入定の地となし、七里四方を結界して一寺を立てて金剛峯寺と稱し、擁護國家の道場となす。【大師正傳】

八葉の峯 ［地名］ 高野は山嶺の平地にて、其四面に八の峯有て恰も八葉の蓮花に似たれば之を胎藏界の曼陀羅、中臺(中央の平地)八葉院(傍の八峰)と見て八葉の峰と云。さて山は中臺八葉の胎藏界にて其中臺の處に建てたる大塔には却て金剛界の五智如來を安置せり、是を以て高野の大塔を金胎不二の總體と云。【壒囊鈔十九】に「夫れ金剛峰寺は峰八葉に聳て華藏を心海に觀じ、山兩部を重て曼陀を石壁に顯す者なり。」【野山名靈集二】に「當山大塔の四方に八の峰有て宛も八葉の蓮花の如し、是則ち阿閦、寶生、彌陀、釋迦、及普賢、文殊、觀音、彌勒の四佛四菩薩の國土を表す、中央は是八葉の中臺にして大日覺王の所住に當れり、故に大師此處に大塔を建て五佛を安置し給へり。兩部不二の深義法爾に如是なるものなり。又無住和尙の云、高野の大塔は金胎不二の惣體なり。」

上品上生の高野山 ［雜語］ 日本國內の名山に就て九品の淨土を配當すれば高野山は即ち第一の上品上生なりと云。【壒囊鈔十七】に九品の地名を出し後に附記して、鎭西須古の檢校親通が許へ大唐より渡し奉る一切經の上に所レ記如レ右、之に依て普く流布すと。【野山名靈集二】に「嵯峨天皇の御時日本に九品の靈地を擇ばせ給ふには、當山を以て上品の上刹とし」⊙(鴉鷺合戰)「高野山は八葉心蓮の都、九品最上の土なり。」

高野大師 ［人名］ 弘法大師空海、高野に入定しければ高野大師と云。天台の論義などには野山大師と稱す。

カウヤウ 孝養 ［雜語］ 孝道をつくして父母を供養すると図 追善供養するを孝養と云。⊙(盛衰記)「孝養報恩退轉なし」キョーヨーと讀む。

孝養父母行世仁慈 ［雜語］ 歌題。【觀無量壽經】に「若有二善男子善女人一。孝二養父母一。行二世仁慈一。此人命欲レ終時。遇三善知識爲レ其廣說二阿彌陀佛國土樂事一。乃至尋即命終。譬如下壯士屈二伸臂一頃上。即

生二西方極樂世界一。」これ世間の孝養仁慈の道が即ち往生極樂の善根となるを說けるなり。⊙（雪玉集）「今ぞ知る庭の敎にしたがふも眞の道のしるべなりとは」

孝養父母奉事師長　〔雜語〕十調抄に引用【觀無量壽經】に「欲レ生二彼國一者。當レ修二三福一。一者孝二養父母一。奉二事師長一。慈心不レ殺。修二十善業一。二者受二持三歸一。具二足衆戒一。不レ犯二威儀一。三者發二菩提心一。深信二因果一。讀二誦大乘方等經典一。勸二進行者一。如レ此三事。名爲二淨業一。」此は極樂世界へ往生するには三福を以て正因となすを說けるなり。

カウヤク　更藥　〔飮食〕舊稱、非時藥。朝方より初更まで服するを得る八種の漿水を云。四藥の一。【百一羯磨五】に「更藥者晝日應レ飮。如二其至一レ夜。但齊二初更一。律敎一夜分爲二三節一。初之一分。名曰二初更一。過レ斯不レ應二飮用一。若準二五更一。當二一更强半一。舊云二非時一者。非二正譯一也。」

八種更藥　〔名數〕【百一羯磨五】に「言二更藥一者。謂八種漿。一招者漿 Coca 酢似梅狀如皂莢 二毛者漿 Moca 卽熟芭蕉實是 三孤落迦漿 Kuraka 其果狀似酸棗 四阿說他子漿 Aśvattha 菩提樹子是 五烏曇跋羅漿 Udumbara 其果大如李子 六鉢嚕灑漿 Parūṣa 其果狀如蘡薁子 七蔑栗墜漿 Mṛdvīkā 是蒲桃果 八渴樹羅漿 Kharjura 形如小棗

カウヤク　香藥　〔飮食〕種種の香を混じ練りし物。【最勝經王七】に「洗浴之法。當レ取二香藥三十二味一。」

カウヤハナグ　高野花供　〔行事〕四月廿一日之れを行ふ【元亨釋書】に弘仁中紀州に遊びて勝地を相し、高野山に登りて金剛峯寺を創す。又曰く。釋觀賢（醍醐寺の座主職）聖寶の上足たり、延喜廿一年醍醐帝の夢中に弘法大師奏して曰く我が衣弊れ朽ぬ。願くば恭くせんと。これによりて釋法の徒尤しき者に勅して紫衣一襲を野山に送る。觀賢選に中りて山に入り入定の扉を啓くに、雲霧隔つるが如くにして儀容を看ず。觀賢禮して曰く、少年より道を修し梵行玷なし。況して遺法を奉じ歲月を累ぬるに於てをやと。默訴すること須臾にして、眞儀漸く見はる、霧斂りて月の顯るが如し。賢順禮して仰ぎ瞻るに、鬚髮甚だ長ず、便ち剃り落して衣を換ふるに諸衆これを見ること能はず。後世疑謗を致さんとて觀賢脊儀して石を重くし固く封ず。○今高野山寶龜院の住持代代此事を預り、ひはた色の御衣を奉る。是れを花供と云ふは金堂にて學侶方の僧藥師會を行ひ花を供するの日と、大師の御衣をかふる日と同日の故なり。

カウユヰ　綱維　〔職位〕寺中の役名。寺內を綱領し佛事を維持するもの。即ち寺主、上座、維那の三ありて、之を三綱と云。【義楚六帖六】「カウヰ」と讀む。

カウヨク　香欲　〔術語〕色聲香味觸の五欲の一。是れ凡情の常に欲する所なれば欲と名く。【止觀四下】に「香欲者。即是鬱茀。氛氳。蘭馨。馞氣。芬芳。酷烈。郁𩐊之物。及男女身分等香。」

カウロ　香爐　〔物名〕香を燒く器。金製を金香爐と云ふ。土製を土香爐と云ふ。二層形に造りたるを火舍香爐と云ふ。皆佛前に供ふ。導師の持つを柄香爐と云ひ、香爐に柄を付く。

香爐箱　〔物名〕柄香爐を容るゝ長方形の箱、導師の後に侍者をして之を持たしむ。

カウロウ　香樓　〔堂塔〕佛を火葬する時、寶棺を置きし樓。【後分涅槃經下】に「爾時一切大衆。所レ集微妙香木。積高二須彌一。芬馥香氣。普熏二世界一。相重密次。成二大香樓一。乃至是時天人大衆。將欲下擧レ棺置二香樓上一。乃至漸漸荼毗。經二于七日一。焚二妙香樓一。爾乃方盡。」

カウロク　高六　〔雜語〕高は高祖にて天台大師、六は六祖にて荊溪大師、台宗の稱。【台宗學則上】

カウワウ　香王　〔菩薩〕菩薩の名。【香王菩薩陀羅尼呪經】に「其畫像法。任二其大小一。身肉皆白。面貌端正。頭戴二天冠一。頸有二瓔珞一。右臂垂下。五指皆申。施無畏手。其五指端。各雨二甘露一。施二於五道衆生一。手下並畫二黑鬼三五個一。左臂屈レ肘。手當二左嬭一。以把二蓮華一。其華從二脚下一出生。其華白紅色。足下蓮華。亦白紅色。項背圓光。上有二傘蓋一。五色綵綺。以爲二衣服一。兩重珠絛。絡二於髆上一。一赤色一黃色。」Gandharāja

香王觀音　〔菩薩〕此菩薩は觀音の部屬なれば十五觀音の中に香王觀音として之を第十五に數ふ。【諸尊眞言句義抄中】

（香王觀音の圖）

香王菩薩陀羅尼呪經　〔經名〕一卷、唐の義淨譯。呪並に畫法行法を記す。【閱帙十】

香王經　〔經名〕上經の略名。

カウワウキヤウ　高王經　〔經名〕高王觀世音經の略。

カウワウクワンオンキヤウ　高王觀音經　〔經名〕高王觀世音經の略。

カウワウクワンゼオンキヤウ　高王觀世音經　〔經名〕東魏の天平年中、高王の時の人が感得

せし觀音經なり。【續高僧傳二十九、法苑珠林二十五】に觀世音救生經と云ひ、又高王觀世音經と云ひ、【佛祖統紀五十四】に十句觀音經と云ひ、【稽古略二】に救苦觀音經と云ふ。【續高僧傳二十九】に「昔元魏天平。定洲募士孫敬德。於二防所一造二觀音像一。及二年滿還一。常加二禮事一。後爲二劫賊一所レ引。禁二在京獄一。不レ勝二拷掠一。遂妄承レ罪。並處二極刑一。乃至夢一沙門敎レ誦二觀世音救生經一。經有二佛名一。令レ誦二千遍一。得レ免二死厄一。德既覺已。緣二夢中經一。了無二謬誤一。比レ至二平明一。已滿二百遍一。有司執縛向レ市。且行且誦。臨レ欲レ加レ刑。誦滿二千遍一。執レ刀下斫。折爲二三段一。三換二其刀一。皮肉不レ損。怪以奏聞。丞相高觀。表請免レ刑。仍敕傳寫。被二之於世一。今所謂高王觀世音經是也。」【和語雜錄七】に「此間法皇御所、御印施遊ばさる救生觀音經とてある人見せられたり。其經云、觀世音。南無佛。與レ佛有レ緣。佛法相緣。常樂我淨。朝念二觀世音一。暮念二觀世音一。念念從レ心起。念佛不レ離レ心。と之を高王觀音經と云ふと昔より聞き及びたることなれども、其文を拜見するは此度初てなり、難有御經なり。」と喜び、明の蓮池は僞經なることを擧げて痛く辨駁を加へたり。

カウヰ　綱位　〔職位〕僧綱の位。僧正、僧都、律師の「三官を云。

カエイ　歌詠　〔行事〕律敎には歌詠を禁ず。【毘奈耶雜事六】に「苾芻不レ應三歌詠引聲而誦二經卷一。若苾芻作二闡陀聲一誦二經典一者。得二越法罪一。若方國言音。須二引聲一者。作時無レ犯。」然に大乘には之を許し【大日經義釋六】に「一一歌詠。皆是眞言。一一舞戲。無レ非二實印一。」

カカ　迦迦　〔動物〕Kaka 又、迦迦迦、迦迦羅。Kākala 譯、烏。【大威德陀羅尼經七】に「迦迦烏也」【慧琳音義二十六】に「迦迦羅。此云レ烏。因レ聲立レ名也。」【梵語雜名】に「烏梵名迦迦法引迦」

カカカ　迦迦迦　〔動物〕「カカ」を見よ。「十三」

カカナ　迦迦那　〔雜語〕Gagana 譯、空。【大日經疏十三】

カカナヒレイシヤニ　伽伽那卑麗叉尼　〔書名〕Gagana-prekṣaṇa 又、伽伽那必利綺那。譯、觀虛空。【本行集經十一】に「伽伽那卑麗叉尼書。隋言二觀虛空一。」【可洪音義五上】に「伽伽那必利綺那。唐云二觀虛空一。」

カカナヒツリキナ　伽伽那必利綺那　〔書名〕「前項を見よ。

カカバカヒンジヤラ　迦迦婆迦頻闍邏　〔雜名〕譯、雉。【大威德陀羅尼經七】Kapiñjala

カカラ　迦迦羅　〔雜名〕譯、烏。「カカ」を見よ。

迦迦羅虫　〔書名〕【慧琳音義二十六】に「迦迦羅虫。此云二黑虫一。虫必害レ母」。梵 Kakala

カカラクリカ　何伽羅久履苛　〔雜語〕譯、最勝姓。【阿育王經一】

カカルタ　迦迦婁多　〔書名〕書の名。譯、烏音。【本行集經十一】「キヤロ」の項を見よ。Kaka-ruta

カガミ　鏡　〔物名〕律に好照と名く。【資持記下二之三】に「坐禪之處。多懸二明鏡一。以助二心行一。」

カキ　迦枳　〔植物〕花の名。無翻。【可洪音義四下】

カキノコロモ　柹衣　〔衣服〕赤色無紋の衣にて、山伏が正先達の位に至て之を着す。【資道十物記】に「柹衣者。我等衆生。宿二母胎內一。住二于血中一。經二五位一出現。初趣二佛法修行一。將下報二父母恩重一利中益衆生上。故表二彼血相一。染二道赤色一。繫二此體上一。以稱二柹衣一。」

カキノモトノキソウジヤウ　柹本紀僧正　〔人名〕高尾山神護寺の僧正眞濟、姓は紀氏、

カギトリ　鑰取　〔職位〕カイドリと讀む。「カイドリ」を見よ。

カク　覺　〔術語〕梵語、菩提 Bodhi 舊に道と譯し、新に覺と翻ず。覺に覺察覺悟の兩義あり。覺察は惡事を察知するを云ひ、覺悟とは眞理を開悟するを云ふ。【大乘義章二十末】に「有二兩義一。一覺察名レ覺。如二人覺レ賊。二覺悟名レ覺。如二人睡寤一。覺察覺對二煩惱障一。煩惱侵害。事等如レ賊。唯聖覺知不レ爲二其害一。故名爲レ覺。覺悟覺對二其智障一。無明昏寢。事等如レ睡。聖慧一起。翻然大悟。如二睡得一レ寤。故名爲レ覺。」俱舍論には盡智無生地の二を以て覺體となし、唯識には大圓鏡智等の四智を以て覺體となし、智度論には一切種智等の三智を以て覺體とし、密敎には法界體性智等の五智を以て覺體とす。

カク　加句　〔術語〕眞言の上下に增加する語句なり。其法に隨て各別なり。

カク　郝　〔術語〕𑖮𑖾 Haḥ 是れ摧一切魔菩薩の種子なり。四義を具す、一は一切法本不生の義、二に因の義、三に人我の義、四に法我の義なり、一切法の本不生の理に迷ふに由て一切煩惱の因となり、煩惱の因二種の我を起す、所謂人我法我なり。是の故に一切の外道諸天我を執し法を執す、彼をして調伏せしめん爲に金剛藥叉三摩地に入て即ち此の菩薩の一字眞言を思惟し、一切法本不生門に入れば則ち一切の煩惱の因を離れ、煩惱既に離るれば即ち二種の無我を證して眞如恒沙の功德を顯はし、即ち三界九地の妄心所起の諸惑雜染を超越す。是の故に摧一切魔大菩薩と名づくるなり。【理趣釋】

カーク　訶　〔術語〕𑖮𑖾 Hāḥ 降三世尊の種子なり。「降三世」を見よ。

カクイサンマイ　覺意三昧　〔術語〕諸の三昧をして無漏となり七覺と相應せしむる三昧。【智度論四十七】に「得二是三昧一。令下諸三昧變成二無漏一。與二七

覺一相應上。譬如下石汁一斤能變二千金銅一爲上レ金」。天台智者の釋摩訶般若波羅蜜經覺意三昧一卷あり。

カクカ　迦拘伽　〔地名〕河の名。所在不明、譯、腫領。【翻梵語九】

カクカイ　覺海　〔譬喩〕覺性の甚深湛然なるを海に譬ふ。【楞嚴經六】に「覺海性澄圓。圓澄覺元妙。」【長水疏】に「覺性周徧。甚深湛然。故如レ海也」。【續入藏經明神宗序】に「假二筏迷津一。施二航覺海一。」

カクガン　覺岸　〔譬喩〕迷を海に比し、覺を岸に譬ふ。佛となりしは悟の岸に到りしなり。【玄賛一】に「庶令下畢離二苦津一終登中覺岸上。」

沙門覺岸　〔人名〕元の吳興の沙門覺岸、寳洲と號す、釋氏の事實を考へて釋氏稽古略四卷を著す。至正十四年李桓の序あり、【續稽古略一】

カクキイン　覺起印　〔印相〕又、金剛起印。驚覺一切如來印。諸佛を驚覺して定より起たしむる印契。修法の時、諸佛の出定護念を請ふ爲に之を結ぶ。【眞言修行鈔二】に「憲深口傳云。上觀佛時。雖レ奉レ見二遍空諸佛一。彼諸佛未レ出レ定故。今結二金剛起印一加持時。入定諸佛被二驚覺一。出定護二念行者及法界衆生一。千手儀軌云二驚覺一切如來印一。攝眞實經云二覺起印一也。」

カクキヤウ　何苦經　〔經名〕出家在家の苦樂の問に答へしもの。【中阿含三十六】に攝む。【昃帙五】

カクギヤウ　覺行　〔術語〕自覺覺他の行法。【大乘義章二十末】に「覺行究滿、故名爲レ佛。」

カククワウ　覺皇　〔術語〕覺王と云ふ如し、佛を云。【釋門正統八】に「覺皇盛心。其欲レ躋二天下於仁壽一者。」

カククワン　覺觀　〔術語〕新譯に尋伺と云ひ、舊譯に覺觀と云ふ。麁思を覺と名け、細思を觀と名く。二者共に定心を妨ぐるもの。此覺觀の有無に因て定心の淺深を判す。【智度論二十三】に「是覺觀撓二亂三昧一。以レ是故說二此二事一。雖レ善而是三昧賊。難レ可二捨離一。至乃麁心相名レ覺。細心相名レ觀。」【往生要集中本】に「願除二滅我麁動覺觀心一。」図覺と觀とは言語を發する因にて覺觀の心を離るれば言語なしと云。【維摩經弟子品】に「法無二名字一。言語斷故。法無レ有レ說。離二覺觀一故。」【肇註】に「覺觀麁心。言語之本。」

覺觀風　〔雜語〕【智度論十七】に「實塵蔽二天日一。大雨能淹レ之。覺觀風散レ心。禪定能滅レ之。」

カクグワイ　格外　〔術語〕常格を超ゆると。尋常ならぬと。【碧巖九則評唱】に「須下是斬二斷語言一。格外見諦透脫得去上。」

格外句　〔術語〕常格を越たる向上の語句。從上祖家の語句皆然り。【碧巖二十一則垂示】に「太平時節。若辨二得格外句一。擧一明三。」

カクケ　覺華　〔譬喩〕眞覺を華に譬ふ。覺は智慧なり、智慧の開くと華の開くが如し。【長阿含經】に「受レ法而能行。覺華而爲レ供。」【元亨釋書九】に「春向二覺華一而獨坐。夏蔭二提樹一而閑眠。」【性靈集九】に「靜二禪波一而涉。開二覺華一以芳。」

カクケ　覺華　〔佛名〕【智度論四十】に「時劫名二華積一。佛皆號二覺華一。」

カクケン　覺憲　〔人名〕和州寳積院の覺憲、藤原通憲の子。藏俊僧正に從て唯識を研き、戒律を學ぶ。初め寳積院に住し、後招提寺に移る。建久六年、東大寺大佛殿の慶落に導師となり、盛名一時に冠たり。建曆二年、壽八十二にて寂す。【本朝高僧傳十三】

カクケン　覺堅　〔術語〕六堅法の一。覺了の堅固なるを云。【三藏法數二十五】

カクゲン　覺彥　〔人名〕江府靈雲寺の開基淨嚴、字は覺彥。「ジャウゴン」を見よ。

カクゲンホンド　各還本土　〔雜語〕歌題。法華の說法を證明する爲に多寳塔を地下より現ぜしめ、且つ十方より無量の分身の諸佛を集めしを、今は既に一經の正說終りしを以て各本土に還らしむるなり。【法華經囑累品】に「爾時釋迦牟尼佛。令三十方來諸分身佛各還二本土一。而作二是言一。諸佛各隨二所安一。多寳佛塔。還可レ如レ故。」⊙(拾玉集)「諸人の歸る光は消えはててその木のもとやさびしかりけん」

カクコイチギ　各據一義　〔術語〕各一門に據て義を立るを云。【俱舍光記一之餘】に「各據二一義一。並不二相違一。」

カクゴ　覺悟　〔術語〕眞理を會得すると。眞智を開くと。【南本涅槃經十六】に「佛者名レ覺。既自覺悟。復能覺レ他。」【六十華嚴經七】に「彼光覺二悟命終者一。念佛三昧必見レ佛。」

カクゴチ　覺悟知　〔術語〕佛智能く諸法を了達すれば覺悟智と云。【金剛頂經一】に「一切金剛界覺悟智。」

カクゴン　格勤　〔職位〕山門にて御膳を調ふる役を御格勤と云。妻帶出家隨意なり。【驢鞍嘶餘】

カクサク　覺策　〔術語〕妄心を醒覺し煩惱を警策すると。【止觀四上】に「覺二策煩惱一。」

カクサクセンニン　客作賤人　〔雜語〕他が家に客と爲て業を作す賤き人。是れ法華經窮子の喩の中の語にて窮子は已に父の家に還り來り種種の厚遇を受くれども、尙自ら客作の賤人なりと謂て嘗て高尙の志なきを云。須菩提等の聲聞、耳に大乘の法を聞きながら未だ大乘心を發さゞるを喩へしなり。【法華

經信解品】に「爾時窮子。雖レ欣ニ此遇一。猶レ故自謂ニ客作賤人一。由ニ是之故一。於ニ二十年中一。常令レ除レ糞。」【法華義疏七】に「未レ識ニ大乘一。爲ニ客作一。苟守ニ小分一。爲ニ賤人一也。」

カクザウ　轂藏　【譬喩】人の無明煩惱に纏覆せらるる鳥の卵轂の内に藏せらるるに譬ふ。【勝鬘經】に「爲ニ無明轂藏世間一開現演說。是故名ニ聖諦一。」【同寶窟下末】に「爲ニ於無明纏覆一。如ニ鳥在ニ轂。爲ニ轂所ニ藏。故名爲レ藏。」

カクシ　覺支　【術語】心術の偏正を覺察すべき法を覺と云ひ、其覺一にあらざれば支と云ふ。舊譯には菩提分と稱す。菩提譯覺「即ち七菩提分なり。」

七覺支　【術語】覺法七種あれば七覺支と云。

カクシ　客司　【職位】カクスと讀む。接待所。又、接待掛。【敕修淸規知客】に「官員尊宿相過者。引上相見。仍照ニ管安下去處一。如次次人客。只就ニ客司一相款。」

カクシシヨシトウイチダイシヤ　各賜諸子等一大車　【雜語】「イチダイシヤ」を見よ。

カクシヤ　覺者　【術語】梵語の佛陀、Buddha 覺者と譯す。覺に覺察覺悟の二義あり。覺を見よ之を以て自ら覺し、他を覺し、覺行窮滿する者を覺者と云。此三、一を缺けば覺者にあらず。【大乘義章二十末】に「既能自覺。復能覺レ他。覺行圓滿。故名爲レ佛。道ニ言自覺一。簡ニ異凡夫一。云ニ言覺他一。明レ異ニ二乘一。覺行究滿。彰レ異ニ菩薩一。是故獨此偏名レ佛矣。」

カクシヤウ　覺性　【術語】一切の迷妄を離れたる覺悟の自性。【圓覺經】に「若諸菩薩。以ニ圓覺慧一。圓ニ合一切一。於ニ諸性相一。無レ離ニ覺性一。此菩薩者。名爲下圓ニ修三種一自性淸淨隨順上。」図 覺知の性。心識を云。【唯識論一】に「非ニ覺性一故。」【同述記一末】に「覺者覺察。心心所總名。」

カクシヤウイン　覺勝印　【印相】大日金輪の智拳印を稱す。

カクシユ　閣主　【職位】佛閣の主事。【禪苑淸規】に「閣主殿主維那所レ請。」

カクシン　覺心　【術語】本覺の妙心。一心の靈性本來迷妄を離るれば覺と云。之を全うせしを即ち佛と稱す。【圓覺經】に「一切衆生種種幻化。皆生ニ如來圓覺妙心一。猶如ニ空華從レ空而有一。幻化雖レ滅空性不レ壞。衆生幻心還依レ幻滅。諸幻盡滅。覺心不レ動。」

覺心不生心　弘法十住心論の所立、十住心の第七にて、自心の本來不生なるを覺知するを云。是れ三論宗の意を說けるにて不生とは彼の宗に說く不生不滅不去不來不一不異不斷不常の八不の中の第一不を擧て他の七不を略せしもの、即ち一心の不生乃至不常なる道理を覺りて一切の戲論妄想を離るゝ住心なり。此位に住する行者の心相は即ち三論宗に當るなり。【大日經住心品】に「心主自在。覺ニ自心本不生一。」と說ける語句を略せるなり。【秘藏寶鑰上】に「不生覺レ心。獨空慮絕。則一心寂靜。不二無相。」⊙（新拾遺）「あともなきむろのやしまの夕烟なびくとみしや迷なるらん」

カクジヤウ　覺盛　【人名】和州招提寺中興の祖覺盛、字は學律、後窮情と號す。建曆二年、竺置の解脫に見えて激賞せられ、又栂尾の明慧に就て華嚴を學び、西大寺の戒如に隨て戒法を受け、遂に興律を以て任とす。嘉禎二年の秋、西大寺の睿尊等と共に、大乘自誓受の法に依て具足戒を得て、律幢を興福寺の松院に建つ。仁治年間、四條帝の爲に禁中に於て菩薩大戒を授け、寬元元年旨を奉じて招提寺に住す。時の人皆鑑眞の再生と稱す。建長元年壽五十六にて寂す。後醍醐天皇敕して大悲菩薩と諡す。【本朝高僧傳五十九】

カクジヤウ　覺城　【譬喩】覺悟の内には一切の衆惑を入れざれば城に譬ふ。【圓覺經】に「一切諸衆生。皆由レ執ニ我愛一。無始妄流轉。乃至愛憎生ニ於心一。諂曲存ニ諸念一。是故多迷悶。不レ能レ入ニ覺城一。」【圭峯疏】に「了ニ心性空一。衆惑不レ入。如レ防ニ外敵一。」図 佛の正覺を成ぜし都城。即ち摩謁陀國の伽耶城。Gayā【因明大疏上】に「乃振ニ錫中區一。以發ニ覺城之地一。」

カクジユ　覺樹　【植物】世尊畢波羅樹の下にて菩提を成じければ其樹を菩提樹と稱す。梵語、菩提。新譯、覺。依て覺樹と云。図 譬の語。正覺を開くべき功德善根を樹に譬へしもの。

カクズヰ　覺蘂　【譬喩】正覺は修行の根より發するものなれば之を花に譬ふ。⊙（本朝文粹）「倂開ニ善根一同攀ニ覺蘂一」

カクセン　覺山　【譬喩】佛の妙覺を山に譬ふ。【性靈集七】に「覺山妙果。不レ可レ不レ仰。」

カクタ　覺他　【術語】自ら既に覺し巳て、法を說て他を開悟し、生死の苦を離れしむると。二覺の一。【三藏法數四】

カクタイ　覺帝　【術語】覺王に同じ。佛を云。【性靈集七】に「奇哉覺帝之德。異哉經王之功。」

カクダ　角馱　【譬喩】驢馬物を負ふを云。以て衲僧負ふ所の邪見妄想に譬ふ。【碧巖二十一則垂示】に「脫ニ籠頭一。卸ニ角馱一。」【祖庭事苑二】に「馱徒箇切。負レ重也。謂驢馬負レ物也。」

カクダイシ　覺大師　【人名】慈覺大師の略稱。

カクダウ　覺道　【術語】大覺の道。正覺の大道。【維摩經佛國品】に「始在ニ佛樹一力降レ魔。得ニ甘露滅一覺道成。」【肇註】に「大覺之道寂滅無相。至味和レ神如ニ甘

露。」図 七覺と八正道。【法華經譬喩品】に「根力覺道。」

覺道支 〔術語〕 七覺支と八正道支。【稱讚淨土經】に「甚深念住。正斷神足。根力覺道支等。無量妙法。」

カクチイチシンシヤウジヤウキ 覺知一心生死永棄 〔雜語〕 歌題。解脱の【愚迷發心集】に「有二心外法一。輪二廻生死一。可レ歎可レ悲。覺二知一心一。生死永棄。不レ可レ不レ信」。我が心の外に實我實法ありとして、其實我實法に執着する故に、惑を起し業を造て生死に輪廻するなり、然るに三界の法は盡く我一心の影現なり、萬法は唯我心一つなる旨を覺知すれば、實我實法の執念止み、惑を起さず業を造らず、生死永く棄たりて涅槃の妙果を得。是れ唯識論一部の主要なり。⦿(續千載)「おしなべて心一つをしりぬればうき世にめぐる道もまどはず」

カクテウ 覺超 〔人名〕 叡山兜率院の覺超。少にして叡山に出家し、天元年中試業得度、台教を慧心に學び、密灌を慶圓に受け、名一山に冠たり。性隱約を喜び兜率院に居り、後橫川の楞嚴院に移る。某の年僧都に拜せられ、長元年中寂す。著書多し。【本朝高僧傳十】

カクテン 覺天 〔人名〕 Buddhadeva 婆沙四評家の一。【俱舍光記二十】に「能覺二悟天一故名二覺天一。梵云二勃陀提婆一。勃陀名レ覺。提婆名レ天。舊云二佛陀提婆一訛也。」此師三世の異あるは前後を觀待するに依て然りと云。

カクトク 覺德 〔人名〕 比丘の名。【涅槃經】に世尊過去に王と爲り有德と名く、覺德比丘を擁護せん爲に惡比丘と鬪戰して死す。【涅槃經會疏一】に「仙豫行レ誅。覺德破レ陣。諸菩薩上求心大。至レ此如レ海。」

カクニチ 覺日 〔術語〕 常住不變の日時を云。【性靈集三】に「覺日者也本常。妄時者也代謝。」【大日經疏一】に「即此實相之日。圓明常住。湛若二虛空一。」

カクニヨ 覺如 〔術語〕 眞如を覺ると。【弘法大師正傳二】に「覺如日光無二晦曉一。歸源淸流何別レ派。」

カクニン 覺人 〔術語〕 眞記を覺悟する人。【佛祖統紀四十二】に「唐穆宗南山律師讚曰。代二有覺人一爲二如來使一。龍鬼歸仰天人奉侍。」

カクハン 覺範 〔人名〕 宋の瑞州淸涼寺の寶覺禪師、名は德洪、字は覺範、初の名は慧洪。眞淨克文禪師に就て得悟。禪林僧寶傳三十卷及び林問錄を著す。高宗建炎二年五月入寂。壽五十八。寶覺圓明の號を賜ふ。【稽古略四、佛祖通載二十九】

カクバ 迦拘婆 〔植物〕 樹の名。譯、峯。【本行集經四十二】

カクバン 覺鑁 〔人名〕 紀州傳法院の覺鑁。すを覺る義。正覺と號す。少にして、仁和寺の寬助僧正の門に入り、密典を習讀し、十四の年、南都に遊で法相を喜多院の慧曉に受け、三論を東南院の學樹に學び、天永元年還て寬助僧正に就て剃髮得度密規を受け、永久二年東大寺の戒壇に登て具足戒を受く。其年冬高野山に登て最勝院の明寂阿闍梨に謁して密部を精究し、保安二年仁和寺に回て三摩耶戒を受け灌頂法を傳ふ。冬十月醍醐寺に抵て理性院の賢寬法印に見えて五部の灌頂を受け、且つ求聞持の法を傳へて悉地を得。大治の初年、鳥羽上皇の御願寺として傳法院を根來山に創し、尋て根來の陋隘を以て天永元年朝に奏して傳法院並に密嚴院を野山に建つ。其後鳥羽の離宮に於て、更に三井の覺猷を請じて秘璽を傳授し、且つ醐醐山の定海、勸修寺の寬信、華藏院の聖慧に歷仕して秘賾を受て餘蘊なし。長承三年上皇の命を受て傳法院の座主を以て金剛峯寺を兼攝す。保延元年兩寺の印を解て密嚴院に居り、人事を禁じて專ら密觀を修す。其弟子之を竊ふに不動明王と成て迦樓羅焰の中に坐す。依て一山の嫉媢を受て將に橫害を被らんとせしより、遂に一門を率て根來に往く。是より別に一派を成して野山を古義派と稱し、根來山を新義派と稱す。康治二年壽四十九にて寂す。元祿三年の冬、東山天皇、諡を興教大師と賜ふ。【本朝高僧傳十二】

カクブン 覺分 〔術語〕 梵語菩提分、新に覺分と譯す。覺に順ずる支分三十七法あり、覺分と名く、即ち三十七科の道品なり。【俱舍論二十五】に「經說二覺分二有二三十七一。謂四念住。四正斷。四神足。五根。五力。七等覺支。八聖道支。乃至三十七法順ヨ趣菩提一。是故皆名二菩提分法一。」 Bodhyaṅga

カクマン 覺滿 〔術語〕 覺の圓滿するもの。佛を云。【大乘義章二十末】に「既能自覺。復能覺レ他。覺行圓滿。故名爲レ佛。」

カクモ 覺母 〔菩薩〕 文殊の德號。佛を譯して覺と言へば覺母は即ち佛母なり。文殊は理智二門の中に智門を司る義に因て佛の母と稱す、諸佛は智慧より出生すればなり。【心地觀經三】に「文殊師利大聖尊。三世諸佛以爲レ母。十方如來初發心。皆是文殊敎化力。」【同八】に「三世覺母妙吉祥」梵文殊師利譯妙吉祥【華嚴經略策】に「問文殊菩薩。現是因人。那稱二佛母一。乃至偏主二摩訶般若一。復爲二佛母之名一。」【名義集二】に「本所レ事佛。名二不動智一。故常爲二佛母一。」

カクモンガウケンジヌリキシユゼン 各聞強健時努力修善 〔雜語〕 歌題。【往生禮讚日沒

無常偈】に「未レ得三解脱出二苦海一。云何安然不二驚懼一。各聞強健有レ力時。自策自勵求二常住一。」⊙(新後撰)に「我かくて山の端ちかく成るままに過ぎし月日の數ぞ悲しき」

カクユウ 覺猷 【人名】 延暦寺の覺猷。源の隆國の子、顯密の法を覺圓大僧正に受て其源底を盡す。鳥羽上皇之を鳥羽の離宮に召して法要を問ひ、寺を構て之に賜ふ。護持僧となし尋で僧正に任ず。天治の末、園城寺の長吏に補し、保延四年延暦寺の座主となる。六年六月、鳥羽の精舍に寂す。時人鳥羽僧正と稱す。【本朝高僧傳十二】

カクルハンザジヨウケエフ 各留半座乘華葉 【雜語】 歌題。【五會法事讃】に「一切廻レ心向二安樂一。即見二眞金功德身一。淨土莊嚴諸聖衆。籠籠常在二行人前一。行者見已心歡喜。終時從レ佛坐二金蓮一。一念乘レ臺到二佛會一。即證二不退一入二三賢一。一一池中華盡滿。華華總是往生人。寧合二金華一百千劫。不レ願二地獄須臾間一。各留二半座一乘二華葉一。待二我閻浮同行人一。」⊙(新千載)「見せばやと花の半をのこしてもたれ古鄕の我を待つらん」

カクレウ 覺了 【術語】 事理を覺悟了知するとと。【無量壽經下】に「佛眼具足。覺三了法性一。」【楞嚴經一】に「應レ知汝言三覺了能知之心住二在身内一。無レ有二是處一。」

カクレツ 摑裂 【雜語】 裂き破るとと。【無量壽經上】に「摑三裂邪網一」【同述文讃】に「摑古惡反。亦裂也。」

カクロ 覺路 【術語】 正覺の道路。菩提の道。【楞嚴經六】に「無上覺路」⊙(太平記)「三明の覺路」

カクロシ 㲉漏子 【器具】 カロスと讀む。

カクワウ 覺王 【術語】 佛は覺に於て自在を得ればば覺王と云。【萬善同歸集六】に「同躡二先聖之遺蹤一。共禀二覺王之慈勅一。」【往生十因】に「覺王一發。妄軍悉退。」⊙(平語)「三身圓滿の覺王」

カクワン 可觀 【人名】 四明法智の四世の法孫、宋の秀州當湖の竹庵の解空尊者、名は可觀。少くして車溪擇卿の講席に依て旨を得、擇卿之を印可す。又慧覺に湖州に見え、雪窓の下に指要鈔を讀み、若不レ謂レ實。鐵床非レ苦。變易非レ遷と云に至て、豁然喜で曰く、世間の文字言語は皆糟糠のみと。高宗の紹興戊午當湖の德藏院を司り、乾道七年の秋、北禪の天台寺に住し、淳熙九年二月寂す壽九十一。

カクヰ 覺位 【術語】 正覺の位。成佛の位。

カクヰ 客位 【雜名】 賓客及び新參者の休憩室。旦過寮の外に之を設く。【象器箋二】

カクヱン 覺圓 【人名】 延暦寺の覺圓。藤原賴通の第六子。園城寺の明尊僧正に從て剃髮受業、名聞朝に達す。敕して一身阿闍梨に任じ、園城寺の長吏に補す。承曆元年延暦寺の座主を領し大僧正に任ず。承德二年法勝寺の寺務を掌る。此任圓より始まる。夏四月壽六十八にて寂す。圓常に宇治の精舍に居り、時の人宇治の僧正と稱す。【本朝高僧傳十一】

カクヲウ 覺雄 【雜語】 又、世雄。梵雄など、共に佛の尊稱。覺雄は覺道に於て大威猛力あるを云。【祖英集】に「必須二覺雄讓一レ雄」

カクヲン 覺苑 【雜語】 覺りの園。淨土を云。

沙門覺苑 【人名】 遼の燕京の圓福寺の沙門覺苑、總秘大師と號す。秘密瑜伽宗なり。大遼國天祐皇帝の大康三年勅を奉じて大日經義釋演密鈔十卷を撰す。趙孝嚴の引文及び自序あり。他に紀傳の考ふべきなし。大康三年丁巳は宋の神宗皇帝の十年、本朝白河帝承曆元年に當る。【谷響集二】

カクン 家訓 【雜語】 小參を家訓又は家敎と云。禪林の語。「小參」を見よ

カグ 加供 【雜語】 法事の供養に加入して供物を出すとと。⊙(太平記)「殿原みな加供し給ふ」

カグワツ 珂月 【譬喩】 珂は玉の白きもの。珂と月以て物の鮮白に譬ふ。【法華經嚴王品】に「眉間毫相。白如二珂月一。」

カケウ 家敎 【雜語】 小參の別名、禪林の語。【日本錄小參】に「古德小參。謂二之家敎一。細大法門。一一指陳。」【龍翔錄】に「明日結制。今夜小參。謂二之家敎一。如三家裡人説二家裡話一。」「小參」を見よ。

カケカウ 懸香 【物名】 又掛香に作る。嚢に香を入れ之を室内に置き惡臭を拂ふ。【四分律五十二】に、比丘が屋内に香泥を塗り又は四角に香を懸くるを許す。支那宋代の禪僧が之を用ひたること「去日正宜供夜直。歸來渾未識春愁。禪人尙有香嚢愧。道士猶懷炭婦羞」。の詩あるに見て明かなり。

カケカガミ 懸鏡 【物名】 佛堂に懸け置く鏡。經中鏡を佛智に譬へたるあれども。之れ神鏡にならひたる風ならんとも。【濫觴抄上】 座禪の時の姿態を整ふる用とも云ふ。「カウセウ」參照。

カケホトケ 懸佛 【圖像】 圓板形の銅板、又は木に佛像を半肉に刻したるもの足利時代に於て最も盛に行はる、又御正體とも云ふ。

カケンウタイシキ 可見有對色 【術語】 又、有見有對色。色法に眼等の五根と、色等の五境と、無表色との十一種あり、此中色境の一を可見有對色とし、眼等の五根と聲等の四境を不可見有對色とし、無表色を不可見無對色とす。眼に見るべきを可見と云ひ、

極微より組織して障礙あるものを有對と云ふ。【智度論二十】に「佛說二三種色一。有レ色可見有對。有レ色不可見有對。有レ色不可見無對。」

カゲ　歌偈　〔雜名〕他の德を歌歎する偈頌。【智度論三十五】に「喜德女見二太子一。自造二歌偈一。而讚二太子一。愛眼視レ之。日未二曾眴一。」

カゲ　影　〔雜名〕日光を遮て生ずる薄闇色。十二顯色の一。【俱舍論一】に「障二光明一生。於レ中餘色可レ見名レ影。」図　影は實體より生じて而も實性なきものなれば、因緣生の事物に譬ふ。【維摩經方便品】に「是身如レ影從二業緣一生」。【無量壽經下】に「知三法如二電影一。究二竟菩薩道一。」【金剛經】に「一切有爲法。如二夢幻泡影一。」図　物の相離れざるに譬ふ。【法句經上】に「福樂自追。如二影隨一レ形。」【菩薩處胎經七】に「善惡之報。如二影隨一レ形」、

カゲロウ　陽燄　〔雜名〕渴鹿。颺炎。野原にて日光の塵に映ずるもの。【維摩經方便品】に「是身如レ燄。從二渴愛一生。」【註】に「渴見二陽燄一。惑以爲レ水。」【四卷楞伽經二】に「譬如下群鹿爲レ渴所レ逼。見二春時燄一而作中水想上。迷亂馳赴。不レ知レ非レ水。」【止觀一上】に「集既即空。不レ應レ如三彼渴鹿馳二逐颺燄一。」

カゴ　加護　〔術語〕力を加へて助け護ると。【八十華嚴經廿七】に「常爲二一切諸佛一加護。」【最勝王經八】に「由二諸天加護一。得レ作二於國王一。」

カゴヨク　呵五欲　〔雜語〕【智度論十七】に種種の譬喩因緣を擧て五欲の過を說く。

カサイネンブツ　葛西念佛　〔流派〕德川の末に武藏國葛西郡の土人より始まれる躍り念佛の名。【劇場新話】に「葛西念佛、鳴物は鉦太鼓三味線」

カサギデラ　笠置寺　〔寺名〕鹿路山笠置寺は木津川の河上笠置の山上にあり。天武天皇皇子たる時、山に遊獵して彌勒佛の自然石を感得し、天皇の白鳳十一年(或は十二年)伽藍を創立し笠置寺と號す。即ち彌勒を本尊とし、法相宗なりしが、後に眞言宗新義派となる。【山城名勝志二十、都名所圖會五】

カザ　跏坐　〔術語〕足を髀上に加へて坐する法、全跏半跏の二あり、全跏は兩足を兩髀に加るもの。半跏は左右の一足を一方の髀上に加ふるもの。經中結跏趺坐と云ふは即ち全跏坐なり。「ケツカフザ」を見よ。

カシ　加尸　〔飮食〕Kāśa, Kāśi* 又、加私。迦尸。藥の名。譯、光。【玄應音義三】に「加尸亦作二迦尸一。此譯云レ光。言有二光澤一也。」【同十】に「迦私此云レ光。能發レ光。藥名也。」

カシ　迦師　〔飮食〕穀の名。譯、錯麥。小麥飯。【名義集七】に「十誦指二迦師一爲二錯麥一。事鈔錯麥與二迦師一一物也。」

カシ　呵子　〔植物〕呵梨勒の實を云。【資持記下二之一】に「呵梨勒。今時所謂呵子是也。」

カーシー　迦尸　Kāśi　〔地名〕國の名。迦尸は本と竹の名、此國此竹を出せば名く。【慧苑音義上】に「迦尸者西國竹名也。其竹堪レ爲二箭幹一。然以三其國多出二此竹一。故立二斯名一。其國即在二中天竺境憍薩羅國之北隣一。乃是十六大國之一數也。」(今のベナレス Benares の地方を云ふ。)

カシウアナゴンキヤウ　呵鵰阿那含經　〔經名〕一卷、東晉の曇無蘭譯。佛、呵鵰優婆塞の八事を讃す。【宿帙七】(719)

カシカ　迦尸迦　〔人名〕比丘の名。【易土集六】

苾蒭迦尸迦十法經　〔經名〕一卷、宋の法天譯。慚愧等の十法を說く。【寒帙十】(824)

カシキヨクホフ　呵色欲法　〔經名〕菩薩呵色法經の略稱。【磨九】

カシツタ　訶悉多　Hasta　〔雜名〕譯、手。【百一羯

カシナアランマナ　迦師那阿攬摩那　〔雜名〕譯、三十八禪定。【善見律四】

カシヒヨ　柯尸悲與　〔界名〕「カババ」を見よ。

カシフミラ　迦濕彌羅　〔地名〕Kaśmīra　新稱、迦濕彌羅。羯濕弭羅。迦葉彌羅。舊稱、罽賓。國の名。印土の西北境。【西域記三】に「迦濕彌羅國。舊曰二罽賓一訛也。北印度境。周七千餘里。四境負レ山。山極峭峻。雖レ有二門徑一。而復隘狹。自レ古隣敵。無二能攻伐一。國大都城。西臨二大河一。南北十二里。東西四五里。宜二稼穡一。多二花菓一。出二龍種馬及鬱金香。火珠藥草一。氣序寒勁。多雪少風。服二毛褐一。衣二白氎一。」【希麟音義一】に「罽賓西域國名。或云二个濕蜜羅一。亦云二迦葉彌羅一。皆梵語訛轉也。正云二羯濕弭羅一。此翻爲二阿誰入一。」【貞元錄十七】に「迦畢試國。罽賓訛也。」【梵語雜名】に「罽賓。梵劫比舍也。」

迦濕彌羅國龍池　〔地名〕【西域記三】「ケイヒン」の部に引く【部執論疏】了義燈一に引く【希麟音義一】

カシマホフラン　加島法亂　〔雜語〕駿河國富士郡下方字加嶋に於て、龍泉寺(眞言)の院主代平左近入道行智と謀り、弘安二年四月の神事に際し日蓮の徒四郎房を殺したるによりて起る。日興日秀等頻に行智の罪を鳴らし、日蓮又書を送りて殉教を勸むる等威武に屈せず。前後六年漸くにして平ぐ。

カシヤ　加沙　〔雜語〕Kaṣāya 又、迦沙。袈裟。色の名。譯、不正色。染色。濁色。又、乾陀、加沙野と云、赤色の義。「ケサ」を見よ。

カシヤ　河沙　〔譬喩〕恒河沙の略。天竺の恒河の砂。數の多きに譬ふ。【釋門正統八】に「有二劫石一焉。有二河

沙ニ焉。沙石之數有レ限。壽量之數無レ窮。是金仙氏長生也。」【圓覺經】に「若化ニ河沙衆一皆得ニ阿羅漢一。」

カシヤ　迦柘　〔雜名〕寶の名。【慧琳音義四十九】に迦柘章夜反。梵言寶名。經中自云レ珠也。」「カシヤマニ」を見よ。Kāca

カシヤ　佉沙　〔地名〕「キヤシヤ」を見よ。

カシヤウ　嘉尙　〔人名〕唐の慈恩寺の嘉尙。玄奘門下四哲の一。奘の門に遊んで瑜伽唯識の旨を受け、奘の大般若を譯する時、證義綴文をなす。又、則天武后の朝、薄塵靈辯等と譯場の證義に預り功績多し。後終る所を知らず。【宋高僧傳四】

カシヤウ　嘉祥　〔人名〕「カジヤウ」を見よ。

カシヤウ　歌聲　〔故事〕緊那羅の歌聲にて五百の仙人通を失ひ、迦葉尊者座に堪へざりしと。【智度論十七】「キンナラ」を見よ。

カシヤク　呵責　〔術語〕比丘を治罰する七種法の一。僧衆の面前にて呵責を宣告して三十五事の權利を奪ふなり。【行事鈔僧綱編】

訶責揵度　〔書名〕四分律の篇章の名。比丘治罰法を脫ける篇章。揵度は梵語。譯、聚。蘊。

カシヤク　迦柘　〔雜語〕カシヤと讀む。「カシマニ」を見よ。

カシヤクコ　可惜許　〔雜語〕禪錄中の語。許は語助にて許多許久の許の如し。

カシヤダイ　伽車提　〔雜語〕Gacchati 譯、去。【智度論四十七】に「若聞ニ車字一。即知ニ一切法無レ所レ去。伽車提。秦言レ去。」

カシヤマニ　迦遮末尼　〔雜名〕Kācamaṇi 又、迦柘末尼。玉の名。【玄應音義二十一】に「迦遮末尼。舊言ニ迦柘一。柘之夜反。此云ニ水精一。」【慧琳音義三】に「迦遮末尼。珠寶名也。琉璃玻玉之類也。」【同十八】に「迦遮惡寶名也。玉名也。」

カシヤヤ　加沙野　〔雜語〕Kaṣāya 譯、赤色。【百一羯磨九】に「乾陀色。梵云ニ加沙野一。譯爲ニ赤色一。」

カシヤリンチ　迦遮鄰地　Kācalindikāka〔動物〕又、迦旃鄰提、迦旃鄰陀。迦止栗那。迦遮鄰底迦。迦眞鄰底迦。迦鄰提。迦鄰陀など。鳥の名。【正法念經三十】に「迦旃鄰提。海中鳥。觸レ之大樂。有ニ輪王出一。此鳥則現。」【慧琳音義二十五】に「迦鄰提。此云ニ實可愛一。謂水鳥。即鴛鴦之類是也。」

迦遮鄰地衣　〔衣服〕鳥毛を以て織りたる衣。又、迦鄰陀衣。【慧琳音義十三】に「迦遮鄰地。唐言ニ細軟輕妙一。最上服也。」【同十九】に「迦止栗綿。亦名ニ迦眞鄰底迦一。瑞鳥名也。身有ニ細軟毛一。非ニ常輕妙一。如レ綿緝績。以爲レ衣。或爲レ絮。轉輪聖王。方御ニ此服ニ也。今雖レ有ニ此鳥類一。非レ鳥也。其毛粗惡。不レ堪ニ緝績ニ也。」【同四十一】に「迦遮鄰底迦。瑞鳥名也。身有ニ毳毛一。非ニ常輕軟一。績以爲レ衣。轉輪聖王。方御ニ此服一。」

カシヤリンテイカ　迦遮鄰底迦　〔動物〕「カシヤリンチ」を見よ。

カシユ　迦種　〔地名〕山の名。「ガヤ」を見よ。

カシユミラ　〔地名〕「カシフミラ」を見よ。

カーシユヤパ　〔人名〕「カセフ」を見よ。

カシリツナ　迦止栗那　〔動物〕「カシヤリンチ」を見よ。

カシンリンテイカ　迦眞鄰底迦　〔動物〕「カシヤリンチ」を見よ。

カジ　訶字　ᡀ　Ha 梵の訶の字は五大の中の風大の種子。【大日經疏一】に「訶字門爲レ風。」「カ」を見よ。

カジフ　嘉集　〔雜語〕嘉吉の集會。【注維摩經一】に「肇曰。一時。法王啓レ運嘉集會之時也。」

カジヤ　迦闍　〔地名〕國の名。所在不明、譯、蘆葦。【慧琳音義十八】

カジヤウ　家常　〔雜語〕禪錄の語。家中常に有り合ひの物、出來合の物、家常の茶飯など。

カジヤウ　嘉祥　〔人名〕隋の會稽の嘉祥寺の吉藏。寺號を以て嘉祥と稱す。三論宗の祖なり。【唐高僧傳十三、佛祖統紀十】に傳あり。図　梁高僧傳の著者慧皎、梁の會稽の嘉祥寺に住しければ呼んで嘉祥と云。【唐高僧傳六】

カジヤシヤタ　伽邪舍多　〔人名〕西天第十八祖、難提尊者に遇て得度し、徒を領して大月氏國に至り、鳩摩羅多を化して法を付し、神變を現じて火化す。【傳燈錄二】

カジユ　歌頌　〔雜名〕德を謳歌する偈頌。【法華經法師品】に「妓樂歌頌。供養恭敬。」

カスガダイミヤウジン　春日大明神　〔明神〕社壇は大和三笠山の麓に在て藤原家の氏神なり、慈悲萬行大菩薩と稱して法相宗を加護す。【元亨釋書十敎圓傳】に「敎圓能く唯識論に通ず。一日誦して第一より第十に至りしとき側の松樹に異人の舞をなすあり。敎圓奇異の思をなし其故を問ひしに、師唯識論を誦し快極りなきを以て舞ふなりと。其何神なるやを問ふに春日明神なり云云」【神社考一】に「舊記云。春日祠初在ニ山上一。空海以ニ其參詣不レ便。而改移ニ于今所一。又云。春日大明神。或號ニ慈悲萬行大菩薩一。」⊙(平家)「法相擁護の春日大明神」

春日御正體　〔雜語〕【桃花蘂葉】に「春日御正體爲ニ金剛般若經一事。治承五閏二廿六。今日覺乘來語云。故藏俊僧都云。春日御社御正體。眞實者金剛

般若經也。有二所見一云云。此語余所レ見之夢想。正夢之條。更無二疑事一歟。抑可レ信者也。」

春日の四所 〔名數〕 第一殿武雷命。第二殿齋主命。第三殿天津兒屋根命。第四殿。姫大神。是れ春日大宮の四所明神なり。次項參照。

カスガヅシ　春日厨子 〔物名〕 春日曼荼羅を畫ける厨子にして、普通の厨子の如く其の平面楕圓形を爲さず、必ず正方形又は長方形を爲せる物を云ふ。曼荼羅は正面の壁上に畫かれ扉の内面には十六善神等を畫く。其の曼荼羅は春日祭神四所及び若宮五社の本地を圖示す。五社は武甕槌命（本地不空羂索）齋主命（藥師）天兒屋根命（地藏）。姫命（十一面又は大日）。天押雲命（文殊）是なり。若宮を除きて餘の宮を四所明神と稱し其の本地は四所合して釋迦なりと云ひ。又春日明神の本地は釋迦なるを以て、釋迦、藥師、十一面、文殊地藏にて建立せるものを春日曼荼羅と稱せらる。「バソト」を見よ。

カズキラヱ　迦隨羅衛 〔地名〕 城の名。「カビラ

カセツ　珂雪 〔譬喩〕 雪の如き白き貝。以て物の鮮白に譬ふ。【玄應音義六】に「珂螺屬也。出二海中一。潔白如レ雪者也。」【祖庭事苑七】に「珂丘何切。石次レ玉也。亦瑪瑙。潔白如レ雪者。一曰螺屬。」

カセフ　迦葉 〔人名〕 又、迦攝。Kāśyapa 迦葉波、迦攝波の略。譯、飲光。古代の姓氏。【玄應音義二十四】に「梵言二迦葉波一。迦葉此云レ光。波此云レ飲。」【慧苑音義上】に「迦葉具云二迦攝波一。此曰二飲光一。斯則一家之姓氏。」佛の十大弟子中、頭陀第一の羅漢あり、摩訶迦葉と云、略して迦葉と稱す。「オンクワウ」「マカカセフ」を見よ。⊙（著聞集、釋敎）「往昔迦葉説法所。」

迦葉尊者 〔人名〕 佛弟子の中に摩訶迦葉 Mahākāśyapa 優樓頻螺迦葉 Uruvilvākāśyapa 伽耶迦葉 Gayākāśyapa 那提迦葉 Nadīkāśyapa 十力迦葉 Daśabalakāśyapa の五人あり單に迦葉と云ふは摩訶迦葉を指す。頭陀第一附法藏の第一祖。

三迦葉 〔雜名〕 三迦葉は三人の兄弟なり、共に佛弟子となる。長を優樓頻螺迦葉と云ひ又鬱爲と云ひ、木瓜林と譯す。次を伽耶迦葉と云ひ城と譯す。次を那提迦葉と云ひ河又は江と譯す。【十二遊經】に「三年爲二鬱爲迦葉兄弟三人一説レ法。滿二千比丘一」【法華文句一】に「毘婆尸佛時。三人共立二刹柱一。以二是因緣一感レ報。遂爲二兄弟一。」

迦葉頭陀第一 〔雜語〕「マカカセフ」を見よ。

迦葉結集三藏 「マカカセフ」を見よ。

拈花微笑 〔傳説〕「マカカセフ」を見よ。⊙（榮花）「迦葉の口の中よりゑみを含める程。」

迦葉之衣價十萬兩 〔傳説〕「マカカセフ」を見よ。⊙（榮花、音樂）「迦葉尊者の室にもいまだあらざる臥具をしき」（臥具は衣の異名）

迦葉の舞 〔故事〕「マカカセフ」を見よ。⊙（源語）「さかしう聖りだつ迦葉もされ ばや立ちて舞ひ侍りけん。」

迦葉擎拳 〔圖像〕【釋門正統三】に「今殿中設二釋迦文殊普賢阿難迦葉梵王金剛一者。此土之像也。阿難合掌。是佛堂弟。理非二異儀一。迦葉擎レ拳本外道種。且附二本習一。以レ威來象也。」

迦葉捨金色妻 〔傳説〕【智度論四十五】に「如二摩訶迦葉。娶二金色女一爲レ妻。心不二愛樂一。棄捨出家。」

佛分半座迦葉 〔傳説〕 佛、三乘の解脱同一なるを示さん爲半座を迦葉に分けて坐せしむ。【華手經一】

迦葉傳衣 〔傳説〕 迦葉尊者如來の僧伽梨を傳て之を受持す。「マカカセフ」を見よ。

迦葉刹竿 〔公案〕「阿難迦葉に問て曰く、世尊金襴の袈裟を傳ふる外、別に何の法をか傳ふ。迦葉答て曰く、阿難と、難應諾す。迦葉曰く、門前の刹竿を倒却せよ。難言下に於て大悟す。」【會元一阿難章】【葛藤集下】

迦葉赴佛般涅槃經 〔經名〕 一卷。東晋の曇無蘭譯。迦葉が佛の涅槃處に赴き、悲哀して偈を説くを記す。【辰帙十】(1330)

迦葉結經 〔經名〕 一卷。後漢の安世高譯。佛滅度の後、迦葉が阿難の九過を擧げ、及び三藏を結集する事を説く。【藏佚八】(1363)

迦葉禁戒經 〔經名〕 佛説迦葉禁戒經。一卷。宋の京聲釋。佛迦葉に對して禁戒の法を説きしもの。小乘律部の攝。【寒帙十】

迦葉本經 〔經名〕 大迦葉本經の略名。

童子迦葉 〔人名〕 其母妊娠の中に出家して比丘尼となり、後に男子を生む。童子迦葉と字す。年八歲に至て出家し、阿羅漢果を開く。嘗て恒河に浴し波斯匿王の前に神通を現じて王をして僧寶を敬信する念を起さしむ。【經律異相十六】

童女迦葉 〔人名〕 斷見外道の弊宿梵志と論議し、遂に彼を屈服せしめて優婆塞となす。【長阿含經第七弊宿經】に「時童女迦葉。在二斯婆醯村一。北尸舍婆林一住。時有二婆羅門一名曰二弊宿一。止二斯婆醯村一。此村豐樂。民人衆多。樹木繁茂。波斯匿王。別封二此村一與二婆羅門弊宿一。以爲二梵分一。然に之と同本異譯なる【中阿含經十六蜱肆經】に「一時尊者鳩摩羅迦葉。遊二拘薩羅國一。與二大比丘衆一俱。往詣二斯恕提一。

住二彼村北尸攝恕林一。爾時斯恕提中。有レ王名二蜱肆一。」鳩摩羅此に童子と譯す、即ち童子迦葉なり。されば童女とあるは誤にや。【僧祇律十九】に「王舍城中に姉妹二人あり、妊身して未だ產せず、佛を信じて出家す、諸の比丘尼其の腹相を見て便ち驅出す。是の因緣を以て往て世尊に白す、佛言く、在家にして妊身せしは罪なしと。此の比丘尼後に男兒を生む、童子迦葉と字す、年八歲に至り出家して道を爲し、阿羅漢を成ず。」【五分律九】に「童子迦葉、二十に滿たずして具足戒を受く、比丘疑を生ず、佛言く、今胎中の歲を數て足して二十と爲すを聽るす、若し猶滿たずんば又閏月を以て足すを聽す。」

迦葉佛 〔佛名〕 現世界に於て人壽二萬歲の時に出世して正覺を成じ、釋迦より直ぐ前の佛なり。過去七佛の一。【法苑珠林八、佛祖統紀三十】◉（榮花、玉の飾）「迦葉佛は過去七佛の第六にて、釋迦佛の直ぐ前に出世せし佛なり。」 図 菩薩の名。【涅槃經三】に「爾時衆中。有二一菩薩摩訶薩一。本是多羅聚落人也。姓大迦葉。婆羅門種。年在二幼種一。以二佛神力一。即從レ座起。偏袒二右肩一。遶百千匝。右膝着レ地。合掌向レ佛。而白レ佛言。世尊我於二今者一。欲二少咨問一。」

迦葉菩薩品 〔經名〕 涅槃經の篇章の名。佛此の幼童の迦葉菩薩と佛性常住の深義を問答發揚せしもの。

迦葉童子 〔菩薩〕 迦葉菩薩のこと。【砂石集二】に「涅槃經には迦葉童子如來に秘密藏を問ひ奉り」

迦葉仙人說醫女人經 〔經名〕 一卷。宋の法賢譯。迦葉仙人か嚩嚩迦仙人の請に應じて女人の產病を醫する法を說きしもの。全然醫書、佛敎に關せず。【藏帙九】(884)

カセフハ 迦葉波 〔雜名〕 又、迦攝波。佛弟子の名。古佛の名。童子の名。仙人の名。律部の名。「カセフ」を見よ。

カセフビ 迦葉毗 〔流派〕 又、迦葉遺。迦葉維。迦葉波。律部の名。「カセフヰ」を見よ。

カセフマトウ 迦葉摩騰 〔人名〕 Kāśyapamātaṅga 又、攝摩騰。竺攝摩騰。翻名なし。中天竺の人、能く大小乘の經を解す。嘗て一小國王の爲に金光明經を講じて敵國の侵害を防ぎ大に名を顯す。漢の明帝蔡愔等を天竺に遣して法を求るに遇ひ、永平十年竺法蘭等と共に洛陽に至り、四十二章經等を譯し、漢地をして始て佛法あらしむ【歷代三寶記四、梁高僧傳一、開元釋敎錄一】

カセフミラ 迦葉彌羅 〔地名〕 國の名。「カシフミラ」を見よ。

カセフユヰ 迦葉遺 〔人名〕 又、迦葉維「カセフヰ」を見よ。

カセフリシ 迦葉利師 〔人名〕 Kāśyapa-ṛsi 迦濕彌羅國の國王の名。王甚だ佛法を信じて諸部の取捨に迷ふ。迦旃延子、薩婆多部の宗義に依て發智論を造て王に示す。王之を可として世に弘む。【了義燈一本】「カセンエン」を見よ。

カセフヰ 迦葉遺 〔人名〕 Kāśyapīya 又、迦葉維。迦葉毗。迦葉波。元と人の名なるを律部の名とす。佛滅後百年、優婆麴多の門に五人の弟子あり、各異見を立てて律藏五部に分かる。迦葉遺は其中の一人なれば其名を部に付け迦葉遺部と稱す。【可洪音義三上】に「迦葉毗。亦云二迦葉維一。亦云二迦葉波一。亦云二柯尸悲與一。此云二飮光一。此部律此土無レ文。」【拾毘尼義鈔上一】に「迦葉遺者人名也。此人精進勇決。救二護衆生一。着二木蘭袈裟一。」案に迦葉遺を重空觀又は解衆生空などと譯するは迦葉遺比丘が執れる主義より義譯せるにて其正翻にあらず。【大集經二十二】に「我涅槃後。我諸弟子。受二持如來十二部經一。書寫讀誦。說レ無レ有二我及以受者一。轉二諸煩惱一。猶如二死屍一。是故名爲二迦葉毗部一。」是れ如來の豫言なり。【戒本疏一上】に「迦葉毗。此云二重空觀一。法名二解脫一。此有二戒本一。相同二五分一。」

カセン 迦旃 〔人名〕 迦旃延、又は迦旃延子の略。

カセンエン 迦旃延 〔人名〕 Kātyāyana 佛の十大弟子の中、論議第一の摩訶迦旃延子。Mahā-Kātyāyanī-putra 又、迦旃子。迦旃延子。迦多衍那。迦多衍尼子。迦底耶夜那。迦多演尼子。迦氈延。迦氈延尼子など。譯、剪剃種。扇繩。好肩など。婆羅門姓十姓の一。姓を以て名とす。【慧琳音義廿七】に「摩訶迦旃延。摩訶迦多衍那。此云二大剪剔種男一。剪剔婆羅門姓也。」嘉祥の【維摩經疏二】に「迦旃延即其姓。此云二好肩一。」【不思議境界經上】に「迦底耶夜那舊名迦旃延者」【法華文句一下】に「摩訶迦旃延。此翻爲二文飾一。亦肩乘。人云。字悞。應レ言二扇繩一。亦好肩。亦名二柯羅一。柯羅此翻二思勝一。皆從レ姓爲レ名。」【同記】に「言二文飾一者。善讚詠故。言二扇繩一者。若作二肩乘一。二字並悞。以下其生時父已亡レ世。此兒得レ母不レ得二再嫁一。如中扇繫上レ繩。」【倶舍論神泰記一】に「迦多衍尼子。舊云二迦氈延一。訛也。」【慧苑音義下】に「迦旃一宗之姓氏也。延此云レ胤也。言此尊者是彼種族之後胤耳。」【倶舍論光記一】に「迦多衍尼子者。迦多名二剪剃一。衍名爲レ種。尼是女聲。此人是剪剃種女生。從二母姓一爲レ名。故名二迦多衍尼子一。是婆羅門十姓中一姓也。此剪剃種。西方貴族。乃至若言二迦多衍那一。迦多衍如二前釋一。那是男聲。從レ父爲レ名也。」【法華玄贊一】に「梵云二摩訶迦多衍那一。云二迦旃延一。亦訛也。大般若云二

大迦多衍那一。此云二大剪剃種男一。剪剃種者。是婆羅門姓也。」図 天神の名。【涅槃經七】に「爲レ欲レ供二養天神一。故入二天祠一。所レ謂梵天。大自在天。違陀天。迦旃延天。」図 外道の名。十外道の第七。譯、算數、【餝宗記七本】に「宗雖レ有レ六。而有二七人一也。第一不蘭迦葉。乃至第七迦旃延。」【註】に「梵云二迦多衍那一。此云二算數一也。上古有レ仙。常念二算數一。因爲レ名也。」」を見よ。

迦旃延論議第一 〔雜語〕「マカカセンエン」を見よ。

迦旃延著作 〔雜名〕 施設足論一萬八千頌を著す。是れ六足論の一。【倶舍論光記一】に「大迦多衍那。造二施設足論一。一萬八千頌。」

迦旃延敎化 〔雜語〕 貧困の老母を敎へて貧を賣て生天の果を得せしむる事。【賢愚經五迦旃延敎老母賣貧品、諸經要集六、經律異相十五】尊者佛勅を受け、本生處惡生王國に往き、國王の爲に八夢を解して正信を發さしむる事。【雜寶藏經九】

迦旃延經 〔經名〕 經中の所說、有無の二邊を離るゝなり。【智度論二】に「車匿比丘。我涅槃後。如二梵天法一治。若心濡伏者。應レ敎二那陀迦旃延經一。即可二得道一。」【探玄記二】に之を引き「惡性比丘以二梵檀一治レ之。此云二默擯一。若心耎伏爲說二迦旃延經一。此云二離有無經一。破二我慢心一也。」この經智度中に名を存して東來せず。

薩婆多部鼻祖迦旃延 〔人名〕【智度論二】に「佛後百年。阿輸迦王。作二般闍于瑟大會一。諸大法師。論議異故。有二別部名字一。從レ是以來。展轉至二姓迦旃延婆羅門道人一。智慧利根。盡讀二三藏内外經書一。欲レ解二佛法一。故作二發智經八犍度一。」是れ即ち發智論なり。これより以來展轉してと云ふ年限に就き、【光記一】に「至二三百年末一。迦多衍尼子造二發智論一。二萬五千頌。」【婆藪槃豆傳】に「佛滅後五百年中。了義燈一に三百年に作る 有二阿羅漢一。名二迦旃延子一。母姓迦旃延。從レ母爲レ名。先於二薩婆多部一出家。本是天竺人。後往二罽賓國一。罽賓在二天竺西北一。與二五百阿羅漢及五百菩薩一。共撰二集薩婆多部阿毘達磨一。製爲二八伽蘭他一。即此世間云二八犍度一。乃至亦稱二此文一。爲二發慧論一。」の文に照せば五は三の寫誤と云ふべく、尚他の諸書を參すれば何れも三百年の出世とし、且つ之を以て上座部の小乘が初て二分せし源由となす。【宗輪論】に「其上座部經二爾所時一。一味和合。阿輸迦王の時、小乘初て上座大衆の二部に分れし以來をいふ 三百年初。有二少乖諍一。分爲二兩部一。一說一切有部。亦名二說因部一。二即本上座部。轉名二雲山部一。」【同述記】に「上座部本弘二經藏一。以爲二上首一。以二律對法一。爲レ後弘宣。乃至至二三百年初一。迦多衍尼子出レ世。於二上座部一出家。先弘二對法一。後弘二經律一。既乖二上座本旨一。所以鬪諍紛紜。名二少乖諍一。」【三論玄義】に「從二迦葉一至二寢者柯一。二百年已來無二異部一。至二三百年初一。迦旃延尼子去レ世。便分成二兩部一。一上座弟子部。二薩婆多部。」「名。迦旃延の作。

迦旃延阿毘曇 〔書名〕 阿毘曇八犍度論の異名。

迦旃延說法沒盡偈經 〔經名〕 佛使比丘迦旃延說法沒盡偈の略名。是れ亦た佛滅後の迦旃延が佛法沒盡の相を說きしもの。

說假部鼻祖迦旃延 〔人名〕 佛滅後二百年の頃に迦旃延阿羅漢ありて大衆部の中より一部を獨立して說假部、又は多聞分別部と名く。而て此阿羅漢は佛在世の迦旃延が入定して壽を保ち、此時出定せしものなりと傳ふ。【宗輪論】に「次後於二此第二百年一。大衆部中更出二一部一。名二說假部一。」【同述記】に「舊釋言。大迦旃延。先住二無熱地側一。佛入滅後。二百年時。方從レ彼出。至二大衆部中一。於二三藏敎一。明二此是世尊假名而說。此是實義而說。大衆部中。有二不レ信者一。亦有二信者一。遂別分レ部。此部即大迦多衍那弟子所二弘通一也。」【三論玄義】に「於二二百年中一。從二大衆部一更出二一部一。名二多聞分別部一。佛出レ世時。大迦旃延造レ論。解二佛阿含經一。至二二百年一。大迦旃延。從二阿耨達池一出。即ち無熱池 更分二別前多聞部中義一。時人有下信二其所說一者上。故云二多聞分別部一。」されば此迦旃延は發智論の作者にあらず。

カセンエンシ 迦旃延子 〔人名〕 單は迦旃延といふに同じ。是れ迦旃延姓の子息なれば子の字を付けし耳。

カセンエンニシ 迦旃延尼子 〔人名〕 比丘の名。「カセンエン」を見よ。

カセンシ 迦旃子 〔人名〕 迦旃延子の略。「カセンエン」を見よ。

カセンリンダ 迦旃隣陀 〔動物〕 鳥の名。「カシヤリンチ」を見よ。【淨土論註上】に「寶性功德草。柔軟左右旋。觸者生二勝樂一。過二迦旃隣陀一。」

カセンリンダイ 迦旃隣提 〔動物〕 鳥の名。「カシヤリンチ」を見よ。

カゼ 風 〔譬喩〕 物の碍りなきに譬ふ。【法華經神力品】に「能持二此經一者。於二諸法之義。名字及言辭一。樂說無二窮盡一。如下風於二空中一。一切無中障礙上。」

カタ 伽他 〔雜名〕 譯、頌。「カダ」を見よ。

カタ 迦多 〔人名〕 迦多衍那の略。婆羅門の姓「カセンエン」の項を見よ。

カタエンナ 迦多衍那 〔人名〕 羅漢の名。「カセンエン」を見よ。

カタエンニシ 迦多衍尼子 〔人名〕 Kātyāyanīputra 迦多演尼子「カセンエン」を見よ。

カタカ　呵吒迦　〔飮食〕Hāṭaka* 又、訶宅迦。藥の名。【慧苑音義下】に「訶宅迦。此云二金色水一。甚二於九轉還丹之力一者也。」【圓覺大鈔五上】に「有二藥汁一。名二訶宅迦一。」【探玄記二十】に「阿羅婆藥者。具云二呵吒迦阿羅婆一。此云二金光汁藥一。呵吒迦云二金光明一。阿羅婆 Rasa 云二汁藥一。出二於山中井內一。諸龍守護。若有レ得レ飮皆成二仙人一。」前出阿羅婆として【翻梵語】を引く。或は阿羅婆の誤なるべし。

カタク　荷澤　〔人名〕唐の洛陽荷澤寺の神會。年十四沙彌となり、六祖曹溪に謁し、居ること數歲、能く其旨を得、尋で西京に往て受戒し、唐の景龍年中曹溪に歸る。六祖滅後二十年間、曹溪の頓旨南地に沈廢し、嵩嶽の漸門盛に京洛に行はる。乃ち京に入て、天寶四年南北頓漸の兩宗を定て顯宗記を著し、盛に世に行はれ、遂に嵩嶽の門をして寂寞たらしむ。肅宗の上元元年壽七十五高僧傳九十三にて寂す。【宋高僧傳八、傳燈錄五】

カタクカ　訶宅迦　〔飮食〕靈藥の名。「カタカ」を「見よ。

カタグ　片供　〔術語〕灌頂式に小壇所に供る供物に前供三箇と後供三箇とあり、其の一方を指して片供と稱す。三昧耶戒には前の片供を用ひ、金胎兩戒には前後供を用ふ。其の前供は新佛を供養し　新阿闍梨　後供は古佛を供養するなり。

其布列の次第は金剛盤金剛杵を置く聖堂の前に卍字の火舍を置き其前後に閼塗華と次第して之を置くなり。

後供

華	塗	閼
盤	剛	金
	火	
華	塗	閼

前供

カタゾナヘ　片膳　〔雜語〕齋食の忌詞。內七言の一。【拾芥抄五】

カタフダンナ　迦吒富單那　〔異類〕又、迦吒布單那 Kaṭabhūtana 又 Kaṭapūtana 譯、奇臭鬼。【玄應音義二十一】に「羯吒布怛那舊言二竭吒富咀那一。此云二極臭鬼一。或言二奇臭鬼一也。」【慧琳音義十八】に「羯吒布但那鬼。唐云二呌譟作災怪鬼一。」【首楞嚴經】に「迦吒富單那」【梵語雜名】に「迦吒布單那」

カタミノコロモ　形見衣　〔衣服〕律に唱衣と名く。死者の服を知人緣者に分つもの。「シヤウエ」を見よ。

カタムニ　迦吒牟尼　〔人名〕人の名。譯、苦行仙。【本行集經四十】

カタン　荷擔　〔雜語〕背に在るを荷と云ひ、肩に置くを擔と云ふ。【金剛經】に「則爲レ荷二擔如來阿耨多羅三藐三菩提一。」【法華經】に「爲三如來肩所二荷擔一。」

カタン　歌嘆　〔雜語〕謠歌して其德を讚嘆すること。【無量壽經下】に「咸然奏二天樂一。暢二發和雅音一。歌二嘆最勝尊一。供二養無量覺一。」

カタンニ　珂但尼　〔飮食〕Khādaniya 又、佉陀尼。佉闍尼。譯、嚼食。咬嚼して食ふべきもの。五種あり、時藥の一分とす。【百一羯磨五】に「時藥者。謂是五種珂但尼。五種蒲膳尼。」【寄歸傳一】に「律云。半者蒲膳尼。半者珂但尼。蒲膳尼以二含噉一爲レ義。珂但尼即齧嚼受レ名。半者 Pañca 謂五也。半者蒲膳尼。應三譯爲二五噉食一。舊云二五正一者。准レ義翻也。一飯。二麥。三麥豆飯。四肉。五餅。半者珂但尼。應三譯爲二五嚼食一。一根二莖三華四葉五果。」【玄應音義四】に「佉陀尼食。譯云二可噉一。」【資持記中三之二】に「五種佉陀。即不正也。」又、「佉闍尼。此云二不正一。」【善見律十七】に「一切果。是名二呿闍尼一。」

カダ　伽陀　〔術語〕Gāthā 又、伽他。譯、句。頌。孤起頌。不重頌。凡そ伽陀に二種あり、一に通、頌文と散文長行とを論ぜず凡そ經文の文字を數て三十二字に至るもの之を首盧伽陀 Śloka と云。二に別、必ず四句を以て文義具備するもの三言乃至八言等を問ふとなく必ず四句を要す、之を結句伽陀と云。伽陀に此通別の二種あるを以て通の伽陀を單に句と譯し、別の伽陀を頌と譯す。次に結句伽陀の中に又二種あり、一に單獨に句を結て法義を演べ又は佛德を讚嘆するもの、十二部經の中には之を伽陀と稱して孤起頌又は不重頌と譯す。二に前に說ける散文の經義を重ねて伽陀に結びたるもの、十二部經の中には之を祇夜 Geya と稱して應頌又は重頌と譯す。されば伽陀の言に二重の通別あり。【嘉祥法華義疏三】に「偈有二二種一。一首盧偈。凡三十二字。蓋是外國數經之法。數レ經之法者。莫レ問二長行與一レ偈。但具二三十二字一。便名二一首盧偈一也。」此は首盧伽陀の釋【法華玄贊二】に「偈是句數義」【淨土論註】に「梵云二伽陀一。此翻爲レ頌。頌者美也。歌也。頌中文句極美麗故。歌二頌之一故。訛略云レ偈。」【西域記三】に「舊曰レ偈。梵文略也。或曰二偈陀一。梵音訛也。今從二正音一。宜レ云二伽陀一。伽陀唐言レ頌。頌三十二言也。」【玄應音義二十三】に「伽陀此方當レ頌。或言レ攝。言諸聖人所レ作。不レ問二重頌字之多少一。四句爲レ頌者。皆名二伽陀一。案西國數レ經之法。皆以二三十二字一爲二一伽陀一。或言二伽他一訛也。舊言レ偈者。亦伽陀之訛也。」己上結句伽陀の總釋【大乘義章一】に「伽陀此翻名爲二不重頌偈一。直以二偈言一顯二示諸法一。故名二伽陀一。」【玄義一下】に「孤起偈。說二世界陰入等事一。是名二伽陀一。」【同六上】に「伽陀者。一切四言五言七言九等偈。不二重頌一者。皆名二伽陀一也。」【法華玄論六之一】に「伽陀此云二不重頌一。亦略云レ偈耳。四句爲レ頌。如二此間詩頌一也。」己下結句伽陀の別釋

四種伽陀　〔名數〕一に八字一句の四句偈、阿苑吒闡提 Anuṣṭubh-chandas と名け、處中偈と云。二

に六字一句の四句偈、初偈と名く。三に二十六字一句の四句偈。摩羅 Mālā と名け、後偈と云。四に六字以下を以て句とせる四句偈、周利偈 Śrī と云。「アドタセンダイ」を參照。

伽陀の役 〔職位〕法會の時に伽陀を唱ふる役。

カダ 伽陀 〔飲食〕Agada 阿伽陀の略。藥の名。「アカダ」を見よ。【六十華嚴經十】に「譬如三伽陀藥。消二滅一切毒一。」【探玄記六】に「伽陀此云二良藥一。」

カダイ 迦提 〔衣服〕「カチナ」を見よ。

カダイシ 可大師 〔人名〕東土の二祖慧可大師。【六祖檀經序】に「西傳四七。至二菩提達磨一。東來二此土一。直指二人心一。見レ性成佛。有二可大師者一。首於二言下一悟入。末上三拜。得レ髓受レ衣。」

カダクカバツサ 迦諾迦伐蹉 〔羅漢〕Kanakavatsa 尊者の名。十六羅漢の一。

カダクカバツリダジヤ 迦諾迦跋釐墮闍 〔羅漢〕尊者の名。十六羅漢の一。Kanakabhāradvāja

カチウ 可中 〔雜語〕たとひ。又、若しなど。設けて云ふ詞。【鷹峰群談二】に「疏記五云。可中此佛實是三祇至レ果。但斷二見修一而已。隨聞云。可中猶二縱使一也。」【潙山警策】に「可中頓悟二正因一。便是出塵階漸。」【守遂註】に「若頓悟二正因兩字一。則百川會レ海。」

カチナ 迦絺那 Kaṭhina 〔衣服〕又、迦提。羯絺那。衣の名。譯、堅實。功德。比丘が九十日の安居の行を終へて後に人より供養されし衣にて此衣は安居の功に依て五種の德を有すれば功德衣と名く。五德とは一に此功德衣を受けたる上は、作法を行はずして(說淨作法)常に之を長衣と云ありと餘分の衣を畜るも罪なきと(常には之を戒として禁す)、二に三衣の中一衣を携へずして一宿を經るも罪なきと(常には之を離三衣宿戒として禁止す)、三に檀主の別請に應ずるも罪なきと(常には之を別衆食戒として禁ず)、四に午時までに數度施主の齋を受るも罪なきと(常には之を背請戒又は展轉戒又は處處食戒として禁止す)、五に午時までは同住の人に告知せずして施主の家に至るも罪なきと(常には之を不囑同利入聚戒として禁止す)。其功德衣は四周に緣を付け、五條ならば各條を一長一短に二分して通計十隔となすを法とす。其一枚の功德衣を、衆僧一處に和集して受衣の作法を行ひ、且つ一人の持者を定めて之を護持せしめ、以て衆僧各受衣の功德を得となす。其衣は施主より供せらるるもあり、若し之なき時は衆僧集て之を裁縫す。【行事鈔上之四】に「明了論云。本言二迦絺那一。爲レ存レ略故。但云二迦提一。此翻爲二功德一。以二坐夏有レ功五利賞レ德也。」【同上之四】に「明了論翻爲二堅實一也。」定賓の【四分律戒本疏下】に「迦絺那。此云二堅實衣一也。此衣以二是堅財成一。又令三施主受二堅實報一。復令三衆僧生二得五利堅實功德一。乃至亦名二功德衣一也。」【飾宗記八末】に「一切堅物。皆稱二迦絺那一。如下人煩惱强盛。名二此人一爲中迦絺那心人上。」迦絺那は字意は堅なり、麁製の綿布を以て作るとも、安居の功德堅實なりとも云ふ。一日に作り終るを法とす。十二月十五日羯磨を用ひて捨つるなり。此の衣に就ては諸說紛紛たり。後世の注釋家の說中多く信ずべきなし。

迦絺那月 〔雜名〕又、迦提月。迦栗底迦月。羯栗底迦月。迦利邸迦月。迦剌底迦月。迦哩底迦歷洗 Kārttika など。安居竟りし明日より三十日間は比丘が迦絺那衣を受くべき時なれば、之を以て月に名けたるなり。月に配するに新舊の別あり、南山の舊譯家は四月十六日(總て陰曆)を前安居の入日とすれば七月十五日が安居竟日にて其翌日十六日より八月十五日に至る三十日を以て迦絺那月となす。(此功德衣は前安居の人に限る)【行事鈔上之四】に「若四月十六日結者。至二七月十五日夜分盡訖一。名二夏竟一。至二明相出一十六日後。至二八月十五日一已來。名二迦提月一。」玄奘義淨の新譯家は五月十五日を以て前安居の入日とすれば八月十五日が竟日にて、其翌日より九月十五日までを迦提月となす。【寄歸傳二】に「八月十六日。即是張二羯絺那衣一日。」【同二】に「從二八月半一已後。名二歌栗底迦月一。江南迦提設レ會。正是前夏了時。」此の如く舊譯家は八月の前半に涉り、又新譯家は八月と九月との兩月に跨がれば、八月又は九月と翻ず。【飾宗記六末】に「迦栗底迦。舊名二迦提一者訛。八月也。」【西域記二】に「頞濕縛庾闍月。迦剌底迦月。末伽始羅月。當下此從二七月十六日一至中十月十五日上。」【慧琳音義十一】に「迦利邸迦。唐言二昴星一。每年九月十五日。月臨二昴宿一故。取二此星一爲二九月名一。古名二迦提一。訛略不正也。」

迦絺那經 〔經名〕八百の比丘及世尊、阿那律の爲に衣を作り、阿那律衆の爲に信心出家より乃至三明六通を說て迦絺那法となす。中阿含經十九に攝む。【艮帙五】「の名。

カチヤウビク 迦丁比丘 〔人名〕佛滅後の羅漢人名。末世に至り佛法の破滅する相を說きしもの。

迦丁比丘說當來變經 〔經名〕一卷。失譯【藏帙八】(1371)

カチラ 軻地羅 〔植物〕Khadira 又、珂地羅、朅地羅。軻梨羅。朅達羅。佉陀羅。朅地洛迦。佉達羅。朅達洛迦。佉提迦など。木の名。譯、山木。若棟木。空破。紫橿木。毒樹刺など。【慧琳音義二十五】に「朅地羅舊言二佉陀羅一。木名也。」【玄應音義二十一】に「擔山木梵言二朅達羅一。舊言二佉陀羅一。南地多饒二此木一。」【陀羅尼集經二】に「佉陀羅木。唐云二紫薑木一也」【同十】に「犲地羅木。此

云二紫橿木一。」【慧琳十五】に「佉達羅。毒樹刺名。如二此方皂莢之類一。」【俱舍光記十一】に「朅地洛迦。印度樹名。此方南邊。亦有二此樹一。稱爲二擔木一。山上寶樹。其形似レ彼。從レ樹爲レ名。舊云二佉陀羅木一訛也。」【玄應音義二十四】に「朅地洛迦。此云二擔山木一。」【瑜伽略纂一】に「七金山之第五也。朅達洛迦。此云二擔木一。諸阿修羅以二此木一。擔二須彌山一。山有二擔木一。故以爲レ名。」【起世經一】に「須彌下。其次有レ山。名二佉提羅迦一。高四萬二千由旬。」

軻地羅山 〔地名〕又、佉陀羅山など。七金山の第五。【玄應音義一】に「軻梨應レ云二軻地羅一。此譯曰空也。地羅破也。名二空破山一也。」【慧苑音義下】に「佉陀羅應レ曰二軻梨羅一。此即木名。謂此方苦楝木也。由三彼山中多有二此木一故立二其名一。」

カチン 家珍 〔雜語〕【會元七雪峰存章】に岩頭喝して曰く「偏不レ聞レ道。從レ門入者。不二是家珍一。」【無門關自序】に「從レ門入者。不二是家珍一。從レ緣得者。始終成壞。」

カヂ 加持 〔術語〕梵語、地瑟娓曩 Adhiṣṭhāna 譯、加持。佛力を軟弱の衆生に加附して其衆生を任持すること。又佛の加ふる三密の力を衆生の三業にて任持すること。又祈禱は佛力を信者に加附し、信者をして其佛力を受授せしむる爲なれば祈禱を直に加持と云ふ。【演密鈔一】に「地瑟娓曩此云二加持一。通二三業一也。或云二憶念一。唯意密故。」【同二】に「言二加持一者。加謂加被。持謂任持。佛以二上神力一。加二被任一持現前大衆一。得レ見二如レ是不思議莊嚴境界一。」【即身成佛義】に「加持者。表二如來大悲與二衆生信心一。佛日之影。現二衆生心水一曰レ加。行者心水能感二佛日一曰レ持。」【八十華嚴經六】に「佛所二加持一無レ有レ邊」【大日經題】に「成佛神變加持」

二種加持 〔名數〕五相成身の後に、一切如來の加持總と四佛の加持別との二種あり。此の第二の加持に大日を擧げざるは四佛の惣德即ち大日なれば四佛を擧げて大日を攝する意なり。

三種加持 〔名數〕大日經入秘密曼荼羅性品の所說なり。師弟及び曼荼羅の三種なり。【義釋十一】に「前品說下入二秘密曼荼羅一方便上。所謂三種加持也。謂以二眞言一加二師之身及所入之壇一。等持二弟子一。令レ至二堅固一。」

加持身 〔術語〕加持に依て現起する佛身を加持身と云。即ち應身なり。【演密鈔二】に「今言二如來一。是佛加持身。即是應身。謂從二加持一而現起故。加持之身名二加持身一。」

加持成佛 〔術語〕修行の功に依り佛力に加持せられて、成佛の相を現するを云ふ。眞言三種成佛の一。

加持自身法 〔修法〕自身に加持して本尊となす法。【大疏演奧鈔十二】に「觀下心中有二縛字一。變成二五股金剛杵一。杵變成中金剛薩埵上。如レ是觀已。手結二薩埵印一。口誦二其眞言一。爲二加持法一也。」諸尊之に準ず。

加持門說 〔術語〕大日如來の自證身は說法なく、大日如來加持三昧に入り加持身を以て大日經を說くと、故に加持門說と云ふ。是れ興敎大師覺鑁の創說にして眞言の新義派を以て別立せし所以なり。師の【愛染講式】に「大日如來報二在昔之悲願一。入二加持之門一」又、【舍利供養式】に「大日如來出二法樂之都一。趣二加持之門一」

加持杖 〔修法〕桃木の枝を尺餘に切り、眞言を以て之を加持し、以て或は魅女の肩を扣き、或は病者の痛所を打つもの。【止觀八】に「又臨二身上一。有レ痛處。以レ杖痛打二病處一。至二四五十一。此復何意。夫諸病無レ非二心作一。心有二憂愁思慮一。邪氣得レ入。今以レ痛區レ之。則不レ暇二横想一。邪氣去病除也。」桃木を用るは道家の記に由る。【事物紀元八】に「五燭寶典曰。元日施二桃枝一著二戶上一謂二之仙木一。以二鬱壘山桃百鬼畏一之故也。」【本草綱目二十九】に「一名二仙人桃一。」

散杖加持 〔儀式〕散杖を以て加持水を信者の頭に灑ぐを云ふ。【眞俗佛事編一】

加持の香水 〔物名〕法を修して神力を加へたる香水。【蘇悉地經二】に「器盛二淨水一。隨二所作事一。置二本獻花一。復置二塗香一。依二本法一而作二閼伽一。燒レ香薰レ之。應レ誦二眞言一。」◉(榮花、疑)「道俗加持の香水を以て法身の御頂に灑がると思しめす。」

加持札 〔物名〕眞言を唱て加持したる神聖の紙札。札上には種種の眞言又は符を押す。

カツ 喝 〔雜語〕勢を張て物を叱咤するの聲。黃檗臨濟の時より禪家の宗匠多く之を用て學人の漆桶を打破す。「イチカツ」を見よ。

カツアイ 渇愛 〔術語〕渇して水を愛する如く凡夫の五欲に愛着するを云ふ。【維摩經方便品】に「是身如レ炎。從二渇愛一生」。【註】に「肇曰。渇見二陽炎一。惑以爲レ水。愛見四大一。迷以爲レ身。」【行事鈔下之二】に「渇愛難レ滿。如二海吞一レ流。」

カツカン 喝捍 〔地名〕國の名。【西域記一】に「喝捍國。唐言二東安國一。」

カツガ 渇伽 〔動物〕Khaḍga 又、朅伽。佉伽。譯、犀牛。【玄應音義一】に「佉伽婆沙。又作二喝伽一皆訛也。正言二朅伽一。朅音去謁切。此譯云二犀牛一。毗沙拏此云レ角。謂犀牛一角也。一亦獨也。喩二獨覺一也。」【大日經疏

十五】に「獨覺本云二犀角一。論云二麟角一。」

カツガ　竭誐　〔物名〕Khaḍga 又 Khaiga 又、渇識、堨伽。譯、太刀。【梵語雜名】に「太刀。梵名二竭誐一。」

渇誐印　〔印相〕譯、劍印。【慧琳音義三十六】に「堨伽。唐云レ劍。」

カツガウ　渇仰　〔術語〕渇者の水を慕ふが如く其人を仰ぎ慕ふと。【法華經壽量品】に「心懷二戀慕一。渇二仰於佛一。」【涅槃經一】に「善持二淨戒一。渇二仰大乘一。」

カツガビシヤナ　堨伽毘沙拏　〔動物〕又、佉伽婆沙。渇伽婆沙。佉伽毘沙拏。譯、犀角。「カツガ」を見よ。Khaḍga-viṣāṇa

カツクソンナ　羯句村那　〔佛名〕佛の名。「クルソン」を見よ。

カツクチヤクケンリウ　羯句摘劍龍　〔異類〕龍の名。【大日經疏二】に「商佉龍。羯句摘劍龍。」

カツクワ　喝火　〔雜語〕禪院に寮を巡て火を警るを喝火と云。【象器箋十二】

カツケイト　羯雞都　〔雜名〕寶の名。【慧琳音義四】に「羯鷄都寶。寶名也。此即水精之異名。其寶色白。小如二鵝卵許大一也。」梵 Karketana

カツサウナ　羯霜那　〔地名〕國の名。譯、史國。鐵門關を以て、東南の方覩貨羅國に接す。【西域記一】Kaśana

カツサン　喝參　〔雜語〕身自ら來て伺候を報道するを喝參と云。即ち參と唱ふなり。【敕修淸規訓童行】に「緩聲喝曰。參。」

カツシ　竭支　〔衣服〕又、祇支。譯、覆腋衣。長方形にて左肩より右腋を覆ふもの。【玄應音義四】に「竭支或作二僧祇支一。者。皆訛也。應レ言二僧迦鵄一。此譯云二覆腋一。若着二瞿脩羅一。則不レ着二僧伽鵄一。瞿脩羅者。此云レ圖也。像二其衣形一而立レ名也」。【資持記中三之三】に「謁支即祇支。相量四方。」Saṃkakṣikā

カツシナジナ　羯瑟那自那　〔印相〕印象の名。譯、着鹿皮印。【陀羅尼集經四】

カツシフミラ　羯濕弭羅　〔地名〕國の名。「カシフミラ」を見よ。

カツシヤ　竭叉　〔地名〕國の名。其國葱嶺の中に在り、寒くして餘穀を生ぜず、唯熟麥のみ。國中佛の一齒あり、佛齒の爲に塔を起し、千餘の僧徒ありて盡く小乘を學ぶ。晉の法顯此國に至り、五年大會五年毎の大會に遇ふ、四方の沙門皆雲集し、王及び群臣、法の如く供養すると一月乃至三月。供養し畢て、盡く王の馬匹を出し、重臣をして之を騎せしめ、種種の珍寶並に沙門所須の物を具へて、群臣と共に發願して衆僧に布施し、布施し已て僧より之を贖ふ。【法顯傳】

カツシユオツギラ　羯朱嗢祇羅　〔地名〕國の名。中印度に在り、土地卑濕、稼穡豐饒、學藝を崇重す。昔戒日王の東印度に遊ぶや、此に於て宮を築て國務を理す。至れば則ち茅を葺て宇となし、去れば則ち焚燒す。伽藍六七所、僧徒三百餘人。【西域記十】梵 Kajughila＊

カツジキ　喝食　〔職位〕大衆齋粥を食する時、食堂の一面に立ち、聲を擧て就食の案内を爲し、食物の名を唱て勸る役。其法は堂に入て先づ聖僧を拜し、次に住持を拜し、次に首座を拜し、次に南方の一面に立ち、首座の施食の呪願了るを待て請大衆下鉢と唱へ、次に香飯羹菜等次第に喝するなり。【象器箋八】に「舊說曰。喝食者。喝是唱義。當二衆僧齋粥時一。唱二喝湯香飯等名一。」【南禪規式】に「且望喝食二人。列二立僧堂門右邊一。同音喝食。粥則曰。飲湯。次白粥。次汁菜。次再請。次潑水。或云鉢水次折水。折者棄義齋則曰。香飯。次汁菜。次再請。次請折。次潑水。次折水。次第喝レ之。」【象器箋八】に「古德曰。喝食者。喝二大衆喫飯一也。忠曰。禪苑淸規已言。喝食言語。若有二差誤一。受食之法不レ成。須レ令二再喝一。依レ此別喝二大衆喫飯一之說爲レ當矣。但可下依二敕修淸規一。喝言中請大衆下鉢上。此語不レ明。實應二受食不一レ成。豈有下但誤唱二飯羹等一而受食不成之義上哉。然初喝二請大衆下鉢一。次第喝二香飯羹菜等一。可レ如二南禪規條一。」又、古は老少を擇ばず此役を務めしも、後に少年に限り、且つ垂髮の童子をして之を爲さしむ。【象器箋八】に「今時喝食。分二取額上髮少許一。下二垂額面一。剪二斷其末一。又左右髮抽二取少許一。下二垂左右肩前一。」⦿（太平記）「沙彌喝食」カッシャと讀む。

カツジヤシリシヤ　羯闍尸利沙　〔地名〕Gajaśīrṣa 又、揭闍尸利沙。山の名。譯、象頭山。舊稱、伽耶。伽種。二處あり、一は靈鷲山の近にありて提婆の破僧罪を成せし處。一は佛成道處の近にあり。【俱舍光記十八】に「羯闍尸利沙山。此云二象頭山一。山頂如二象頭一。故以名レ焉。去二鷲峯山一。北可二三四里一。同一界內。天授住レ彼。而破レ僧。乃至舊云二伽耶山一者訛也。以下羯闍之與二伽耶一音相近故。故謬傳爾。然西方別有二伽耶山一。去二鷲峯山一。一百五十餘里。非二同一界一。非二破僧處一。」【開宗記九末】に「伽種山名。文中錯擧。應レ言二揭闍尸利沙山一。此云二象頭一。以三山頂似二象頭一故。此山在二鷲峯山北一。可二三四里一。同一界內。乃至文言二伽種一者。梵音相似也。但以二譯人謬錯故一耳。然彼實有二伽種山一。此山其鷲峰山東北可二一百五十餘里一。非二同一界一。豈得二破僧一。」「ガヤ」を見よ。

カツジユラ　渇樹羅　〔植物〕果の名。形小棗に似。【百一羯磨五】に「形如二小棗一。澀而且甜。出二波斯國一。中方亦有。其味稍異。其樹獨生。狀如二椶櫚一。其果多有レ欒。至二番禺一時。人名爲二波斯棗一。其味頗與二乾柹一

相似。」梵 Kharjūra

渴樹羅漿 〔飲食〕八種漿の第八。

カツズヰ 羯隨 〔動物〕鳥の名。迦陵頻伽に同じ。【釋迦譜五】に「佛有八種音聲。今海邊有鳥。名曰羯隨。其音哀亮。頗似萬一。」「カリヤウビンガ」を見よ。

カツセンバツシシヤバテイカ 羯專鉢失遮薄底迦 〔雜語〕譯、不重受食。一時に食を受て再度受けざるなり。【飾宗記五本】に「羯專鉢失遮薄底迦。此云不重受食也。此含二義。一者不作餘法而食。二者一時受訖。更益不受也。」

カツタウ 葛藤 〔譬喩〕煩惱に譬ふ。又、法門の煩しきもつれを斥けて云。又言語を云。禪家の常語。【出曜經三】に「其有衆生。墮愛網者。必敗正道。乃至猶如葛藤纏樹。至末遍則樹枯。」【碧巖十二則垂示】に「却有許多葛藤公案。具眼者。試說看。」【種電鈔一】に「葛藤者謂語言。」【碧巖第一則垂示】に「看取雪竇葛藤。」【叢林盛事】に「禪家者流。凡見說事枝蔓不徑捷者。謂之葛藤。」【楞伽經一】に「叢樹葛藤句。非叢樹葛藤句。」

葛藤禪 〔術語〕【大慧武庫】に「雪居舜老夫。常譏天衣懷。說葛藤禪。一日聞懷遷化。於法堂合掌曰。且喜葛藤樁子倒。」

カツタシ 羯吒斯 〔術語〕ケツタシと讀む。又羯吒私。譯、貪愛。【玄應音義二十二】に「羯吒斯羯居謁切。謂貪愛之別名也。」倶舍光記九】に「羯吒私。此云貪愛。亦名血鏤。」梵 Katasi

カツタフダナ 羯吒布怛那 〔異類〕又、揭吒富咀那。譯、奇臭鬼。「カタフダンナ」を見よ。

カツダ 羯荼 〔地名〕國の名。【百一羯磨五】に「羯荼國。此屬佛逝。舶到之時。當正二月。若向師子洲。西南進舶。傳有七百驛。停此至冬。汎舶南上一月許。到末羅逝洲。今爲佛逝多國矣。」Kaccha*

カツダクカムニ 羯諾迦牟尼 〔佛名〕佛の名。「カナカムニ」を見よ。

カツダツラ 朅達羅 〔地名〕山の名。七金山の第五。「カチラ」を見よ。

カツチナ 羯絺那 〔衣服〕譯、功德衣。「カチナ」を見よ。

カツチナ 羯耻那 〔雜名〕又、羯耻羅。伽絺那。譯、煑狗人。斷獄官。【玄應音義二十三】に「羯耻那。此謂煑狗人。行猶の【雜集論音義】に「羯耶那。此云殺狗人。」【了義燈二本】に「羯耻羅。此云斷獄官。」【瑜伽倫記五下】に「羯耻那家者。謂旃荼羅即根本執惡。依執惡家。更作極惡。名羯耻那。如居兒名執惡。執惡執乃杖等名羯耻那。此即典獄之類。又解。羯耻那家。此名堅勤家。」Khatika

カツチラ 羯耻羅 〔雜名〕「カツチナ」を見よ。

カツチラ 羯地羅 〔植物〕木の名。「カチラ」を見よ。

カツチラカ 朅地洛迦 〔植物〕又、竭地洛迦木の名。「カチラ」を見よ。

カツヂゴク 渴地獄 〔界名〕獄卒熱鐵丸を以て罪人の口中に著て其脣舌を燒き、通徹して腹に入り、燋爛せざるなし。十六遊增地獄の一。【三藏法數四十五】

カツテイ 揭底 〔雜名〕數の名。【頌疏世間品】に「十大三摩鉢躭爲揭底。」六十數の一。Gati

カツナモク 羯拏僕 〔人名〕Kanabhuj 舊稱、蹇尼陀。Kanāda 譯、食米齋。嗢露迦仙人の別名。勝論の祖。【唯識述記一末】に「或名羯拏僕。羯拏云米齋。僕翻爲食。先爲夜遊。驚他稚婦。遂收場碾糠粃之中米齋食之。故以名也。時人號曰食米齋仙人。舊云蹇尼陀訛也。」

カツニヤキクシヤ 羯若鞠闍 〔地名〕Kanyākubja 國の名。譯、曲女城國。中印度。周り四千餘里、國の大都城は西殑伽河に臨み、長二十餘里、廣四五里、曲女城と名く、玄奘渡天の時、戒日王此に無遮大會を開く。【西域記四】に「羯若鞠闍國。唐言曲女城國。中印度境。」

カツハンダ 朅盤陀 〔地名〕國の名。西域の一處。開國の祖を漢日天種と云。謂く母は漢土の人父は日天より來れりと。其王族の容貌中國に同じく、首に方冠を飾り、身に胡服を被る。此國經部の祖、童受論師の伽藍あり、此國の王嘗て論師の盛名を聞き、兵を興して呾叉始羅國を伐ち、師を將て還りしなり。【西域記十二】梵 Gorband

カツビ 羯毘 〔動物〕又、羯隨。迦毘。鳥の名。譯、好聲鳥。【玄應音義四】に「羯毘或言羯隨。或云迦毘。此皆梵音訛也。此譯云。迦毘聲。迦羅者好。名爲好聲鳥也。」「カリヤウビンガ」を見よ。

カツビカラ 羯毘迦羅 〔動物〕又、羯鞞伽羅。羯脾迦羅。鶡鵯迦羅。鳥の名。「カリヤウビンガ」を見よ。

カツフラ 羯布羅 〔物名〕Karpūra 香の名。譯、龍腦香。【玄應音義四】に「羯布羅香案西域記云。羯布羅香。樹松身異葉。花果亦別。初採既濕。尙未有香。木乾之後。修理而折。其中有香。狀若雲母。色如氷雪。此謂龍腦香者也。」

カツホフ 渴法 〔雜語〕正法に渴すると。【大集經二十一】に「釋迦牟尼佛。告諸梵天帝釋四王。善男子。我於此惡處。成就阿耨多羅三藐三菩提。爲欲利益無明闇冥渴法衆生。」

カツマ 羯磨 〔術語〕Karma 曼陀羅にはカツマと

讀み、受戒の作法にはコンマと讀む。譯、業。所作。事。辨事。作法など。即比丘の受戒亦は懺悔するときの作法。【行事鈔上之一】に「明了論疏翻爲レ業也。所作是業亦翻爲二所作一。百論云レ事也。若約レ義求翻爲二辨事一。謂施造遂レ法必有二成濟之功一焉。」【玄應音義十四】に「羯磨此譯云二作法辨事一。優波離問經作二劒暮一。是梵言訛也。」

羯磨曼陀羅 〔術語〕 四曼の一。諸佛菩薩等の身體手足を動作する形。【秘藏記本】に「羯磨曼陀羅威儀也。謂木像泥等作業之義。」【辨惑指南三】に「羯磨曼陀羅、羯磨は梵語、此には事業と翻す、謂く諸佛菩薩金剛明王天等の手を揚げ足を申べ頭を傾くる等の諸の威儀、取捨屈申行等なり、」凡そ四曼の釋に二あり、一は木佛畵像に就て釋し、一は實體生身に就て釋す、秘藏記の釋は但木佛畵像の上に就く釋にて一緰像の全體を指して大曼と云ひ、其所持の器具を指て三昧耶曼と云ひ、其種子を指て法曼と云ひ、其威儀の姿を指て羯磨曼と云ふのみ。

羯磨會 〔術語〕 此は金剛界九會曼陀羅の中央の會にて、根本會とも成身會とも羯磨會とも云。これ諸尊の本體を示したるものなれば成身會と名け、四曼の中には大曼なり。身相の全體なる故に然に之を羯磨會と名けしは、眞實の人體の上には作業の義勝ぐるを以てなりと云。【秘藏記抄二】に此會中卅七尊、賢劫の千佛、二十天、四執金剛の一千六十一尊あり。

羯磨身 〔術語〕 密教は顯教の法報應三身に對して種子、三昧耶、尊形の三身を立て、尊形を以て羯磨身と名く。種子身は阿等の字、三昧耶身は獨鈷等の器、羯磨身は諸尊の形體。是れ微より顯に赴く法報應の次第なり。【雜談集九】但し尊形を名るに大曼の名を以てせずして羯磨曼を以てせしは成身會を羯磨會と云に同じ。上に辨ず。

羯磨部 〔術語〕 金剛界五部の一。金剛界の五大月輪の中北方を羯磨部と名く。衆生の爲に慈悲を埀れて種種の事業を成す部分なり。佛は不空成就如來、釋迦の別名智は成所作智、應形は鬼神なり。【秘藏記本】に「爲二衆生一埀二悲愍一。成二辨一切事業一。云二羯磨部一。」潮音の【辯天經略疏一】に「羯磨部謂諸鬼神咒。」

羯磨金剛 〔物名〕 法器の名。三股を十字に横へしもの。修法に用ふ。羯磨は必ず金屬製なるを以て羯磨金剛と云。【大日經五】に「以二本性清淨一故。羯磨金剛所二護持一故。淨二除一切塵垢我。乃至株杌過患一。」【疏十六】に金剛有二二種一。一者智金剛。二者業金剛。此梵云二金剛羯磨一。謂所作事業也。以二此金剛業一而加持故。得レ淨二除其心地一。」【金剛頂義決】に「若欲三種族得二增長一。爐內作二羯磨印相一。謂三股十字形。此形は三股と三股と相突貫する相にて正しく金剛杵の作業を示したるもの。【谷響集六】に「羯磨金剛者。横二竪三股杵一。是故號云二十字金剛一。謂執二三股一金剛。横擊竪突之標相也。此乃金剛之作業。故表二本有作業一智也。」

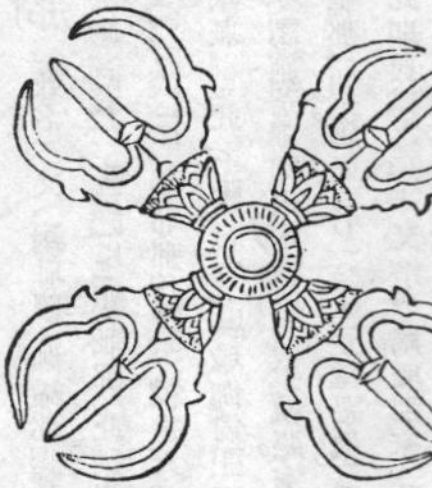

(羯磨金剛の圖)

羯磨橛 〔物名〕 羯磨金剛を云。

カツマイン 羯磨印 〔印相〕 何れの尊にも其の尊の威儀を結び顯はす印を云。【諸儀軌語影四】

軍荼利明王羯磨印 先づ左手五指を舒べ、智を以て慧の甲を押へ、方願力の三指三鈷の形の如し、右手同じく此印を作し、右を以て左を押し臂を交ゆ。【圖印集三】

金剛薩埵羯磨印 〔印相〕 左手金剛拳を作して左の胯に置き、右手金剛杵を擲つ勢を爲す。【圖印集二】

阿閦如來羯磨印 〔印相〕 左手を臍に安し、右手垂れて地に觸る。【圖印集四】

寶生如來羯磨印 〔印相〕 左拳を臍に置き、右手施願印を爲す。【圖印集四】

カツマダナ 羯磨陀那 〔職位〕 Karmadāna 舊稱、維那。譯、授事。寺役の名。【求法高僧傳上】に「若鳴二健稚一。及監レ食者。名爲二羯磨陀那一。譯爲二授事一。言二維那一者略也。」「キナ」を見よ。

カツマラ 羯磨羅 〔植物〕 木の名。譯、香花。【翻梵語九】に「竭摩羅。應レ云二犍陀摩一。譯曰二香花一。增一阿含第二十九。」

カツラカソンタ 羯洛迦孫駄 〔佛名〕 佛の名。「クルソン」を見よ。

カツラチ 褐剌縭 〔物名〕 毛織の名。【西域記二】に「褐剌縭衣。織二野獸毛細耎一。可レ得二緝績一。故以爲レ珍。而充二服用一。」Kārali

カツラナ 羯羅那 〔植物〕 豆の一類。食して人に益なし。【玄應音義二十三】 Kāraṇḍava*

カツラナソバラナ 羯羅拏蘇伐剌那 〔地名〕 Karnasvarṇa 國の名。南印度の境。周り四千四五百里。國の大都城二十餘里、人多く家富めり。伽藍十餘

所、僧徒二千餘人、小乘正量部の法を習學す。別に三伽藍あり、乳酪を食せず、提婆達多の遺訓に遵ふなり。【西域記十】

カツラバ 揭羅婆 〔物名〕 Karpāra 香藥の名。【最勝王經七】に香藥三十二味を列ぬる中、第十八に「婆律膏香揭羅婆」【同慧沼疏】に「婆律膏者。是龍腦香脂。」

カツラビンガ 羯羅頻伽 〔動物〕 又、羯羅頻迦。鳥の名。「カリヤウビンガ」を見よ。

カツラツバ 羯臘婆 〔雜名〕 Karabha 數の名。十大醯都。六十數の一。【俱舍論】

カツララ 羯邏羅 〔雜名〕 カララと讀む。「カツラ」「ラン」を見よ。

カツララン 羯邏藍 〔物名〕 Kalala カラランと讀む。又、羯羅藍、歌羅邏、羯剌藍、羯邏羅など。譯、凝滑。雜穢など。父母の兩精初て和合凝結せしもの。受生の初より七日間の位。胎內五位の一。【玄應音義二十三】に「羯邏藍。舊言二歌羅邏一。此云二和合一。又云二凝滑一。父母不淨和合。如二密和一レ酪。泯然成レ一。於二受生七日中一。凝滑如二酪上凝膏一。漸結有二肥滑一也。」【同二十四】に「羯剌藍」【慧琳音義十三】に「羯邏羅初受胎時。父之遺泄也。」【俱舍光記九】に「翻云二雜穢一。」

羯邏藍識 〔術語〕 羯邏藍に寄託する心識にて、十二緣起支の中の第三識支是なり。

カツラン 羯藍 〔地名〕 「カツランバ」を見よ。

カツランダカ 羯嬾馱迦 〔地名〕 「カランダ」を見よ。

カツランチヤクカ 羯蘭鐸迦 〔地名〕 「カラン」「ダ」を見よ。

カツランバ 揭藍婆 〔地名〕 又、揭藍波。鬼の住處の名。【地藏十輪經四】に「有二一大丘壙一。名二揭藍婆一。甚可二怖畏一。藥叉羅剎。多住二其中一。」【玄應音義二十一】に「揭藍婆舊經云二呵羅一。此云レ强也。」【慧琳音義十八】に「揭藍波。唐云二伏剛強處一。地名也。不レ求二字義一。」

カツリ 羯利 〔人名〕 王の名。新稱、揭利。舊稱、哥利。「カリ」を見よ。

カツリ 歇里 〔異類〕 夜叉の名。又、訶利。譯、獅子、【孔雀王咒經上】に「訶利。梁云二獅子一。」【大孔雀咒王經】に「歇里」 Hari

カツリケシヤ 歇里雞舍 〔異類〕 夜叉の名。又、訶利枳舍。譯、獅子髮。【孔雀王咒經上】に「訶利枳舍梁云二獅子髮一。」【大孔雀咒王經】に「歇里雞舍」 Harikeśa

カツリシヤバナ 羯利沙鉢那 〔雜名〕 又、羯利沙鉢拏、錢量の名。「カリシヤハナ」を見よ。

カツリダラクテイ 揭利馱羅鳩胝 〔地名〕 山の名。「ギシヤクツ」を見よ。

カツリテイカ 羯栗底迦 〔雜名〕 月の名。「カチ」「ナ」を見よ。

カツリヤウガ 羯陵伽 〔動物〕 又、羯餕伽。迦陵伽。譯、和雅。鳥の名。「カリヤウビンガ」を見よ。

羯陵伽林 〔地名〕 【唯識述記下】に「羯陵迦者。此云二和雅一。如二彼鳥名一。陵字去聲呼也。」

羯餕伽國 〔地名〕 Kaliṅga 南印度に在り、周り五千餘里、稼穡豐饒、僧徒多く大乘上座部の法を習學す。此國五通仙人の怒に觸れて、咒術を以て國人を殘害せられ、今に充實せずと云。【西域記十】

カツルセイ 瞎屢生 〔雜語〕 瞎は盲目。屢は婁と通じ、愚なり、昧なり。生とは人を指すの稱。至愚を呼で瞎屢生と云。【臨濟錄】に「瞎屢生 索二飲錢一有レ日在。」

カツレイ 褐麗 〔人名〕 褐麗筏多の略。比丘の名。

カツレイバタ 褐麗筏多 〔人名〕 Revata 舊稱、離婆多。比丘の名。【慧琳音義八】に「褐麗筏多。舊云二離婆多一。略也。」「リバタ」を見よ。

カツロ 瞎驢 〔譬喻〕 盲目の驢馬。至愚に譬ふ。【臨濟錄序】に「正法誰傳。瞎驢邊滅。」

カツロク 渴鹿 〔譬喻〕 渴せる鹿は陽炎を見て水となす。迷忘の心に譬ふ【四卷楞伽經二】に「譬如下群鹿爲レ渴所レ逼。見二春時焰一而作二水想一。迷亂馳逐不上レ知レ非レ水。」【止觀一下】に「集既即空。不レ應レ如三彼渴鹿馳二逐陽燄一。苦既即空。不レ應レ如三彼痴猴捉二水中月一。」【輔行】に「渴鹿逐レ焰者。熱及空塵三因緣故而二生於燄一。渴因緣故謂レ之爲レ水。」【止觀五上】に「如二渴鹿逐レ炎。狂狗齧レ雷。何有レ得レ理。」

カツロダ 揭路茶 〔動物〕 鳥の名。「カルラ」を見よ。

カツロニイイ 喝露嚹咦 〔雜語〕 喝は人を叱吒する聲。露は露現、露堂堂など熟して物の顯然分明なると。嚹は物を指す詞。咦は人を呼ぶ聲。禪家の宗匠は此等の單語を假用して學人を提撕す。

カツロン 勝論 〔流派〕「シヨウロンシユウ」を見よ。

カツヱ 黠慧 〔術語〕 世俗の智慧を云。【大般若經三百三】に「是善男子善女人等。是黠慧不。」

カテイ 伽胝 〔衣服〕 Saṁghāṭī カチと讀む。僧伽胝の略。袈裟の名。九條より二十五條までの袈裟。【可洪音義二】「胝丁尼反。袈裟名也。舊譯云二僧伽梨一。此云二複衣一。從二九條一已上。至二二十五條一。皆名二僧伽胝一。」

カテウアナゴン 呵鵰阿那鋡 〔人名〕 呵鵰は比丘の名。阿那鋡は其證果なり。

佛說呵鵰阿那含經 〔經名〕 一卷。東晉の曇無蘭譯。呵鵰阿那鋡の德行及び說法を佛の印可せしもの。

カテン 歌天 〔天名〕 胎藏界の外金剛部院に住す。天人の笛を吹くもの。又歌天女あり。【胎藏界曼陀羅

大鈔六】

カトウジヤウグワシヤク　加刀杖瓦石　〔雜語〕歌題。【法華經法師品】の偈文に「若説二此經一時。有レ人惡口罵。加二刀杖瓦石一。念レ佛故應レ忍。」此は佛の滅後に於て法華經を弘通する法師の方規を明す中、忍行を勸めし文なり。⊙（新古今）「深き夜の窓うつ雨に音せぬはうき世を軒の忍ぶなりけり」

カートヤーヤナ　〔人名〕「カセンエン」を見よ。

カドギヤウ　門經　〔儀式〕送葬のとき、棺を戸外に出ださんとする時、屋前にて經を讀むこと。

カドゼツケウ　門説敎　〔雜名〕佛敎の事を説て人の門に物乞ひする一種の乞食。次項に同じ。

カドダンギ　門談義　〔雜名〕法師の墮落せる者が街頭に立ち説經をなし、合力を乞ひありくを云ふ。元祿頃の風俗にして乞丐の一種なり。【訓蒙圖彙】に長柄の傘させる僧を畫きて「片言まじりの聞き法文、一から十まで不淨の説法なり。うけがたき法師の身となりて、法によりて地獄に落つるはさてもあさまし境界かな」と。又門説經とも云ふ。同書にさざら、胡琴、三弦を彈く體を畫き「小弓引、伊勢、會山より出づ。このふし一風あり、物もらひに種なしといへども、小弓引さざら摺はわきて下品の一屬なり」と云ふこれなり。

カドビ　門火　〔儀式〕葬送の時に門前に火を燒くと。是れ支那の風習。【周禮】に「喪設二門燎一」【顏氏家訓】に「喪出之日。門前燃レ火。」

カドンハ　迦曇波　〔植物〕又、迦曇婆。樹の名。【起世經一】に「弗婆毘提訶洲有二大樹一。名二迦曇婆一。其本縱横七由旬。高百由旬。」【翻梵語九】に「迦曇波花樹。譯曰二白花一。念佛三昧經第四。」Kadamba

カナ　伽那　〔雜語〕譯、厚。【智度論四十八】に「若聞二伽字一。即知二諸法不厚不薄一。伽那秦言レ厚。」Ghana

カナカムニ　迦那伽牟尼　〔佛名〕Kanakamuni 又、羯諾迦牟尼。佛の名。舊稱、拘那含牟尼。譯、金寂。金仙人。賢劫中の第二佛。過去七佛中の第五。人壽三萬歲の時淸淨城に生る。【智度論九】に「迦那伽牟尼。秦言二金仙人一。」【玄應音義二十一】に「羯諾迦牟尼。舊言二拘那含牟尼一。此云二金寂一也。」【慧琳音義十八】に「羯諾迦牟尼。唐言二金寂靜一。是賢劫中第二佛。」【梵網經述記下】に「拘那含牟尼者。或言二迦那伽牟尼一。拘那含此云二無節樹一。牟尼者此云レ忍。亦云レ滿亦云レ寂。」

カナシバリノホフ　金縛法　〔修法〕不動明王金縛法とも云ふ。不動明王の威力にて、金鎖にて縛したる如く、人の身體を動く能はざらしむる法。【底哩三昧耶不動尊威怒王使者念誦法】に「又法欲下禁二他軍陣衆一令上レ不レ動者。於二自旗上一畫二不動尊一。四面四臂身作二黃色一。上下出レ牙作二大忿怒瞋怖畏狀一。徧身火光作二天兵勢一。行者以レ旗示二彼軍衆一。復想下聖者以二羂索一縛中彼兵衆上。即軍衆盡不レ能レ動。」

カナシヤウケウ　假名聖敎　〔書名〕眞宗列祖の假名書の法語をいふ。西本願寺の法如上人、其中の三十九部を撰定して眞宗法要と題し、總て三十一卷、明和二年刊行せり。

カナダイバ　迦那提婆　〔人名〕Kāṇa-deva 龍樹の弟子、提婆菩薩の別名、一眼を缺く、故に迦那提婆と云ふ。【付法藏傳六】に「其初託二生南天竺土婆羅門種一。尊貴豪勝。由レ毀二神眼一。遂無二一目一。因即號曰二迦那提婆一。」【提婆菩薩傳】に「初出レ眼與レ神。故遂無二一眼一。時人號曰二迦那提婆一也。」「ダイバ」を見よ。

カナナバツタシヨ　伽那那跋多書　〔雜名〕六十四書の一。譯、算轉。【本行集經十一】

カナバテイ　迦那跋底　〔天名〕雙身象鼻の歡喜天の名。「ガナハッテイ」を見よ。

カナフクリキシヤ　伽那馥力叉　〔人名〕龍樹菩薩の梵名。「ナガアラジユナ」を見よ。

カナブツ　金佛　〔圖像〕金屬を以て造れる佛像。

カナホフシ　假名法師　〔雜名〕【倭字通例書】に「假名法師。註。野人呼レ兒假名法師と云。いまだ名もなきにや。」

カニ　訶尼　〔雜語〕【探玄記四】に「訶尼。此或云二捨義一。或云二生滅一。以二本語難一レ定也。」

カニカ　迦尼迦　〔植物〕又。羯尼迦。樹の名。【慧琳音義二十五】に「迦尼迦樹。具云二尼迦割羅一。尼迦此云レ月也。割羅此云レ作也」。【慈恩傳三】に「羯尼迦樹。處處成レ林。發レ莖開レ榮。四時無レ間。花如二金色一。」Kaṇika

カニシキヤ　迦膩色伽　〔人名〕Kaniṣka 月氏族に屬す、其祖は中央亞細亞に於て富强なる國土を領せしが、王に至り更に勢威を張り、新に健馱羅王國を創建し、領地は西は大夏 Bactria の境より東は殆んど恒河に達し、北は葱嶺を總べ、南は信度 Shindu 河口に及び、阿育王以後其例を見ざる廣大の領土を占む。はじめ罪福を信ぜず、佛法を輕侮せしが、後正信を發して深く佛法に歸依し、佛敎の弘宣に全力を注ぎ、古來外護者として阿育王と倂稱せらる、就中其功の顯著なるは佛典結集なり（別項）。王出世年代に就ては古來種種異論ありて一致せず、今尙混沌たれども、衆説は紀元前一世紀より後一世紀の間を彷徨して之を越ゆることなきを以て、今暫く西域記佛國記所傳により、佛滅四百年頃の出世説に從ふ。（王歸佛は釋尊の懸記によるとの傳説あり、西域記二に出

づ)

迦膩色迦王結集三藏 〔故事〕王如來涅槃の後第四百年を以て期に應じ運を撫し、王風遠く被り、殊俗內附す、機務の餘暇、每に佛經を習ひ、日に一僧を請じて宮に入て說法せしむ。諸師各說を異にし王頗る去就に惑ふ。以て脇尊者に問ふ。尊者曰く、如來世を去て歲月逾邈、師資の部執自ら矛盾を致す、今に及で自宗に隨て三藏を結集するに如かずと。王之を聽き其人を精選して四百九十九人を得たり、皆阿羅漢なり。後に世友菩薩を得て上座となし五百人に充つ、迦濕彌羅國は四周皆山にして要害の地、物產豐饒なるを以て、迦膩色迦王、諸阿羅漢を率て此國に至り、伽藍を建立して三藏を結集せしむ。三藏各十萬頌、惣て三十萬頌、九百六十萬言なりと稱せらる、是れ大毘婆沙論なり。王遂に赤銅を以て鍱となし、論文を鏤寫し、石函を以て緘封し、塔を建てて其中に藏し、藥叉神に命じて其國を守衞し之を外に出さしめず、習學を求るものは中に就て業を受けしむ。【西域記三】

カネ 鐘 〔物名〕Ghaṇṭā 又、つりがね、梵鐘など。梵語、犍稚。譯、鐘。又、磬。法事を作す時衆を集むる爲に打つもの。【增一阿含經】に「阿難即升二講堂一。手執二犍稚一。並作二是說一。我今擊二此如來信鼓一。諸有如來弟子衆者。盡當二普集一。爾時復說二此偈一。降二伏魔力怨一。除レ結無レ有レ餘。露地擊二犍稚一。比丘聞當レ集。諸欲レ聞レ法人。度二流生死海一。聞二此妙響音一。盡當レ雲二集此一。」【行事鈔上之一】に「佛在世時。但有二三下一。故五分云二打三通一。後因二他請一。方有二長打一。乃至然初欲レ鳴時。當下依二經論一建レ心標爲上。必有二感徵一。應下至二鐘所一禮二三寶一訖。具レ儀立上レ念。我鳴二此鐘一者。爲レ召二十方僧衆一。有得レ聞者。並皆雲集。共同和利。又諸有惡趣受苦衆生。令レ得二停息一。」「カンチ」參照。

晨昏鐘 〔雜名〕山內晨昏に鐘を打つは支那の寺規。【敕修淸規法器章】に「大鐘叢林號令資始也。曉擊即破二長夜一。警二睡眠一。暮擊則覺二昏衢一。疏二冥昧一。」

百八鐘 〔術語〕晨昏の大鐘は之を打つこと一百八。【敕修淸規法器章】に「引レ杵宜レ緩。揚レ聲欲レ長。凡三通。各三十六下。總一百八下。起止三下稍緊。」其百八の數に就て禪林象器箋十八に古來の俗說一百八の煩惱の睡を醒すと云ふを破して、支那の世典に所謂十二月、二十四氣、七十二候を合成して百八を成せる者として詳に考證せり。【群談採餘】に「鐘聲晨昏叩一百八聲者。一歲之義也。蓋年有二十二月一。有二二十四氣一。又有二七十二候一。正得二此數一。」

鳴鐘功德 〔雜語〕【行事鈔上之一】に「增一阿含云。若打レ鐘時。一切惡道諸苦。並得二停止一。」【付法藏傳五】に月支國の栴檀罽呢吒王、安息國王と戰て勝ち九億人を殺す、死して大海の中に生じ千頭魚となる、劍輪身を繞て頭を斫り、隨て斫れば隨て生ず。時に羅漢僧の維那あり、王白して曰く、我れ鐘聲を聞く時は苦痛少く息む、願くば我が爲に長く鐘を打つべしと、此より此寺今に至り長打す。【唐高僧傳智興傳】に「亡者通二夢其妻一曰。不幸病死。生二於地獄一。賴蒙二禪定寺僧智興鳴一レ鐘。響震二地獄一。同受レ苦者。一時解脫。」【西域記一】に「迦膩色迦王惡龍の請に由て伽藍を建て、鐘を打て其瞋心を息む。」

臨終鳴鐘 〔儀式〕【俱舍論】に「爲下臨終令中生二善念一中死上。打レ鐘鳴レ磬。引二生善心一故。」【行事鈔下之四】に「若終亡者。打二無常磬一。」【佛祖統紀六智者傳】に「又誡二維那一曰。人命將レ終。聞二鐘磬聲一。增二其正念一。惟長惟久。氣盡爲レ期。」

龍宮鐘 〔傳說〕【祖庭事苑四】に「感通傳云。西國修多羅院有二一石鐘一。形如二㒵樣一。色如二青碧玉一。可レ受二十斛一。鼻上有二三十三天像一。四面以二金銀一隱。東西兩面有二寶珠一。大如二五升一。一角分レ耀。狀如二華形一。周迊作二十方諸佛初成道像一。至二日出時一。鐘上有二諸化佛一。說二十二部經一。舍衞城童男童女。悉來聽レ之。聞レ法證レ聖。犯レ欲者不レ聞レ法。摩尼大將以二金剛杵一擊レ之。百億世界中聞レ聲。於二光明中一。悉聞三百千釋迦佛說二修多羅經一。此鐘是拘留秦佛所造。彼佛滅度後。娑竭龍王收去。至二釋迦佛興一。復將來。至二佛滅度一。鐘先唱言。却後三月。當二般涅槃一。鐘鼻諸天。聞皆涕泣。龍復將去。」

祇園精舍鐘 〔物名〕【祇園圖經】に「無常院の中に一の堂あり。但白銀を以て飾れり。院に八鐘あり。四は白銀、四は頗梨なり。銀鐘は院の四の角にあり、起てて、之を置く。頗梨鐘は無常堂の四角にあり、其頗梨鐘は形腰鼓の如し。鼻に一の金毘崙あり。金の獅子に乘じて手に白拂を執れり、病僧の氣（無常堂には病僧を置くなり）將に大漸せんとするとき、是の金毘崙の口より無常苦空無我を說けり。手に白拂を舉ぐれば鐘即ち自ら鳴る。音の中に諸行無常是生滅法生滅滅已寂滅爲樂を說く。病僧音を聞て苦惱即ち除きて淸凉の樂を得ること三昧に入るが如くにして淨土に往生す。乃至銀鐘は帝釋の所作なり、頗梨鐘は月天子の所造なり、其聲の至る所百億世界なり、佛の滅度に至りて二の鐘上り去りて各本土に還る。」

カネ 鉦 〔物名〕鐃の小なるもの。【說文】に「鐃小鉦

也」今は反て鉦は鐃より小さし。其釣るを釣鉦と云ひ、置くを敲鉦と云ふ。法事の時、物の合圖に叩き、又念佛を稱ふに叩く。

カネイノクワンジン　鐘鑄勸進　〔雜名〕梵鐘鑄造の爲に寄附金又は古銅器等を募集すること。梵鐘の銘文に勸進者の名を連ぬる等のことあり。元祿の頃一種の乞丐と變じ、鐘鑄に托して古鐘金屬を勸進し、賣りて生計をなす者生ず【訓蒙圖彙】に「當世賣僧のてだてとして遠郷他國の寺號を名のりて、鑄もせざる鐘鑄のすすめ、文匣のふたに古釘古金をいれて持もあり、紙につりがねをゑがきて竹にはりて、高らかにいひめぐるあり。此罪幾ばくのむくひならまし、地獄の猛火は鐘鑄のたたらにはをとるまじ。」

カネクヤウ　鐘供養　〔儀式〕鐘を鑄て成就したる後撞き初めをなす供養を云ふ。中古以來多く女人をして撞き初めを行はしむ。道成寺の傳說の起元をなしたるものか。又此の俗より傳說を產みたるものか。

カネタタキ　鉦叩　〔雜名〕鉦を叩くと。又、鉦を叩て道を行き、人の布施を乞ふものに名く。

カネツキダウ　鐘撞堂　〔堂塔〕鐘樓の俗語。梵鐘を釣る所。

カノキシ　彼岸　〔術語〕涅槃。成佛の所。「ヒガン」を見よ。

カハコロモ　皮衣　〔衣服〕僧衣の異名。蓋し悉多太子が山に入りし時鹿皮の衣を着せし故事に取る。【瑞應經上】に「行數十里。逢二兩獵客一。太子自念。我巳棄レ家。在二此山澤一。不レ宜下如二凡人一被中服寶衣上。有下慾態上也。乃脫二身寶裘一。與二獵者一貿二鹿皮衣一。乃至車匿悲泣。隨路而啼。顧二視太子一。已被二鹿皮衣一。」【異出菩薩本起經】に「太子行十數里。道逢二獵者一。太子曰。我欲二從レ汝有レ所レ債。寧可レ得耶。獵者言。所レ索者可レ得。太子曰。欲レ得二君鹿皮一。獵者即以レ皮與二太子一。太子亦以二珍物一與レ之。」

カハセガキ　川施餓鬼　〔行事〕水死せる人などの追福の爲に、河中に船を浮べ又は河岸に壇を築きて行ふ施餓鬼。多く夏期に行ふ。

カハダウ　革堂　〔堂塔〕「カウダウ」を見よ。

カハノリウ　川の流　〔流派〕台密一流の名。慈慧大師の一流を稱す。【自在金剛集付錄】に「慈慧大師の如きは智證大師の流を花山の覺慧に學び給へり、都率の先德に至て別に一流の名を稱せり、川の流是なり、今山門鷄足院に此流の灌頂を行ず、此の流は遍照僧正の慈覺智證の兩流を習ひ傳へらるるより學慧に至て慈慧大師に傳へらるる故智證流を兼ねたるなり。」

カハヤ　厠　〔雜名〕西淨、東淨、東司、雪隱、後架、起止處など。【釋氏要覽下】に「釋名云。厠。雜也。或云レ溷。溷濁也。或云レ圊。圊淸也。至穢之處。宜二潔淸一故。」

厠の位置　〔雜語〕天竺の精舍には厠院を其西或は南に置く。【摩訶僧祇律】に「厠屋不レ得二在レ東在一レ北。應二在レ南在一レ西。小行亦如レ是。」【祇園圖經】に「次北第六院名爲二流厠一。有二大高屋一。三重而立。飛橋雙上。甚自淸淨。下施二厠坑一。砌以二伏竇一。天帝手作。上無二臭氣一。大渠從二大院北西一注。南入二厠院一。伏流入レ竇。北出會二於大河一。人無二見者一。一切比丘。皆此便利。」【業疏濟緣記二上】に「西土僧寺門皆東向故。塔廟置レ前。厨在二後角一。僧在二兩間一。行來處即大小便處。彼多二東風一故。厨厠皆在二西南一吹二氣於後一。而厠在二厨後一。」【同卷】に「然此土寺門多是南向。尙二正陽一故。厨厠宜レ在二東北一。亦以レ多二南風一故也。」

設厠功德　〔雜語〕【大勇菩薩分別業報經】に「造レ厠除二衆穢一。後無二便利患一。身心常淸淨。見者無レ不レ歡。緣レ是離二諸垢一。究竟獲二大安一。」【福田經】に「佛告二天帝一。我昔安二設圊厠一。緣二此切德一。世世淸淨。穢染不レ汙。食自消化。無二便利患一。」【增一阿含經十】に「近レ道作二圊厠一。人民得二休息一。晝夜得二安穩一。其福不レ可レ計。」【釋氏要覽下】に「虛空藏經云。若懺罪人。治レ厠八百日。能滅二罪垢一。」

厠神　〔明王〕烏蒭沙摩明王に解穢の眞言あれば以て厠の神とす。【雜談集七】に「烏蒭沙摩の眞言は東司にて殊に誦呪すべきなり。是は別段の事なり。不動明王の垂迹として不淨金剛と號して、東司の不淨の時、鬼若し人を惱ますことあらば守護せん爲の御誓なり、行ずべきことなり。」

厠簡子　〔物名〕又、厠籌。屎を拭ふ小木。【象器箋二十】に「江南野錄云。李後主親爲二桑門一。削二作厠簡子一。試二之顋頰一。少有二澁滯一者。再爲治レ之。」

カハラキヤウ　瓦經　〔物名〕瓦に經文を刻みて之を燒き地中に埋めしもの。其の名高きは播磨國極樂寺瓦經なり。

カハラブキ　瓦葺　〔雜語〕寺の忌詞。【拾芥抄五】

カハリウ　川流　〔流派〕台密十三流の一。横川慈慧大師流のこと。「カハノリウ」を見よ。

カバイ　珂貝　〔物名〕珂は美石、貝は貝殼の美なるもの、古は以て貨幣に用ふ。【慧琳音義二十五】に「珂。廣雅美石次レ玉也。埤蒼瑪瑙也。貝玉篇螺屬也。出二海中一。色白如レ雪。緇傳曰。古者無レ錢。唯傳二貝齒一。且如二資財貨賄之字一。皆從二於貝一。中天五印度。見今行用。」

カバイ　歌唄　〔儀式〕歌は歌嘆。唄は梵語、唄匿。譯讚頌。讚嘆。是れ梵漢雙擧の語。又、唄を歌ふ義。【法

華經方便品】に「或以二歡喜心一。歌唄頌二佛德一。」【文句記五之中】に「經云レ唄者。或云二唄匿一。此云二讚誦一。」【玄贊四】に「梵云二婆陟一。此言二讚嘆一。唄匿訛也。」梵 Pāṭhaka

カバクシヤ 迦嚩遮 〔雜語〕譯、甲冑。【大日經疏九】に「伐折囉是金剛。迦嚩遮名レ甲。」Kavaca 鎧甲（名義大集二三八）

カババ 呵婆婆 〔界名〕Hahava 寒地獄の名。寒氣の爲に聲語をなさず、苦惱の音を取りて名とす。

カバリ 迦婆離 〔人名〕Kabarī 外道の名。譯、結鬘。【入正理論疏中】に「迦婆離。此云二結鬘一。穿二人髑髏一。以爲二鬘飾一。人有二誚者一。遂立レ量言。人頂骨淨。衆生分故。猶如二螺貝一。因喩雖レ無レ有レ過。宗違二世間共爲二不淨一。」【正法念經十六】

カバリカ 迦婆離迦 〔異類〕鬼の名。譯、護身。

カヒシ 迦畢試 〔地名〕Kapiśa 國の名。周り四千餘里、北は雪山に背き三陲は黒嶺、國の都城周り十餘里、穀麥に宜く果木多し、善馬鬱金香を出し、異方の奇貨多く此國に聚る、文字大に覩貨羅國に同じ、僧徒六千餘人多く大乘を習學す。昔健陀羅國の迦膩色迦王、地を廣めて葱嶺の東に至り、河西の蕃維皆質子を送る、王之を優待し、冬は印度の諸國に居き、夏は此國に還り、春秋は健陀羅國に止れり。【西域記一】

カヒラ 迦比羅 〔人名〕外道の名。「カビラ」を見よ。

カヒラハソツツ 迦比羅皤窣都 〔地名〕城の名。「カビラバソツ」を見よ。

カヒラバシユト 迦比羅婆修斗 〔地名〕城の名。「カビラバソツ」を見よ。

カヒラバツシ 迦比羅跋晃 〔地名〕樹林の名。「カビラバソツ」を見よ。

カピラワスツ 〔地名〕「カビラバソツ」を見よ。

カヒンド 迦賓菟 〔人名〕比丘の名。【飾宗記八本】に「迦賓菟者。五分十六ニ劫賓那是也。」「コフヒンナ」を見よ。

カビ 加被 〔術語〕神佛の力を衆生に加へ與ふること。【楞嚴經六】に「願加二被未來一。於二此門一無レ惑。方便易二成就一。」【觀念法門】に「諸佛同體。大悲念力。加被令レ見。」

カビ 加備 〔術語〕佛力を加て衆生の用に備ふるなり。加被に同じ。【玄義分】に「請願遙加備。念念見二諸佛一。」【法事讚】に「遙加普備。」【俱舍光記一】に「恐下有二魔事一。造論不レ終。讚レ德歸敬。請二加備一故。」

カビカ 迦毗伽 〔動物〕鳥の名。「カリヤウビンガ」を見よ。

カビカラ 迦毗伽羅 〔動物〕鳥の名。「カリヤウビンガ」を見よ。

カビマラ 迦毘摩羅 〔人名〕Kapimala *羅漢の名。付法藏の第十三祖。【付法藏傳五】に「比羅」【摩訶止觀一上】に「毗羅」【佛祖統紀一】に「迦毘摩羅」摩揭陀國の人。初め三千の弟子を有せし外道なりしが、馬鳴と談論の結果屈服して其の弟子となり、南天に於て法を布き法を龍樹に附す。無我論一百偈の作あり。

カビラ 迦毘羅 〔人名〕Kapila 外道の名。又、迦比羅、迦毘梨、劫毘羅など。譯、黃頭。赤色など。數論派の祖。二十五諦の義を立つ。【百論疏上中】に「迦毘羅。此云二黃頭仙一。亦云二金頭一。頭有二金色一。故以名レ之。金七十論云。迦毘羅。此云二赤色仙一。劫初時。從レ空而出。」【玄應音義二十三】に「迦比羅此云二赤色一。謂赤色仙人也。造二僧佉論一。說二二十五諦義一者。」【慧琳音義二十六に】に「迦比羅此云二黃頭仙人一。」【賢愚經九】に「迦毘梨。晉云二黃頭一。」【唯識述記一末】に「有二外道一名二劫比羅一。古云二迦毘羅一訛也。此云二黃赤一。鬢髮面色並黃赤故。今西方貴波羅門種皆黃赤色也。」これ數論の宗義を立てし實際的人物にあらず、神話的架空人なり。図 〔異類〕鬼神の名。【孔雀王咒經下】に東方の四夜叉を列る中に「迦毘羅梁言二黃色一。」【文句私記十本】に「入唐常曉法師貢二錄中一云。大聖迦毘羅神王像一軀。右神者是如來化身。秦代羅什。昔周二五天一。感二得此神一。」【釋氏要覽下】に「伽毘羅神像。法秀禪師。元嘉年中。初至二建業一。懇二祇洹寺一。請二此神像一。于レ今効レ之。」図 〔地名〕城或は國の名。迦毘羅婆蘇都の略。「カビラバソツ」を見よ。

カビラ 迦尾羅 〔動物〕鳥の名。「カリヤウビンガ」を見よ。【七佛經】に「音聲甚深妙。如二迦尾羅聲一。」

カビラハソツツ 迦毘羅皤窣都 〔地名〕城の名。「カビラバソツ」を見よ。

カビラバ 迦毘羅婆 〔地名〕城の名。迦毘羅婆蘇「都の略。

迦毘羅婆仙人林 〔地名〕【智度論三十三】に「一切諸佛法。還二本國一時。與二大會諸天衆一。俱住二迦毘羅婆仙人林中一。此林去二迦毘羅婆城一五十里。是諸釋遊戲園。」

カビラバクバタ 迦尾攞縛婆多 〔地名〕城の名。「カヒラバソツ」を見よ。

カビラバソツ 迦毘羅婆蘇都 〔地名〕Kapilavastu 又、迦維。迦維羅閱。迦維羅越。迦毘羅。迦毘羅婆。迦比羅皤窣都。迦毘羅皤窣都。迦夷羅。迦維羅衛。迦比羅婆修斗。迦隨羅衛。迦尾攞縛婆多。劫比羅伐窣堵など。城の名。悉多太子の生處。【釋迦譜六】に「迦維羅閱城。晉言二妙德一。」【本行集經二十四】に「迦毘羅婆蘇都。隋言二黃頭居處一。」【十二遊經】に「迦維羅越。此言二妙德一。」【慧苑音義下】に「迦毘羅城。具云二迦比羅皤

窣都一。言二迦比羅一者此云二黃色一也。睹窣都者所依處也。謂上古有二黃頭仙人一。依二此處一修レ道。故因名也。」【百論疏一上】に「迦夷羅者。云二赤澤國一也。」石壁の【梵網經疏上】に「迦夷羅國。正云二劫比羅伐窣堵一也。此云二黃髮仙人住處一。即是白淨王等兄弟四人所住之處。本是彼仙住處。因立二城名一。今爲二國號一耳。」【慧琳音義二】に「迦維梵語訛略也。正言二劫毗羅筏窣覩城一。佛下生之處也。」【西域記六】に「劫比羅伐窣堵國。舊曰二迦毘羅衞一訛也。」【慧琳音義十】に「迦毘羅衞國。即如來下生之地。淨飯王所治之境界。」【智度論三十三】に「迦毘羅婆城。」

カビラヱ 迦毘羅衞 〔地名〕城の名。悉多太子の生處。「カビラバソツ」を見よ。

カビリ 迦毘梨 〔人名〕外道の名。「カビラ」を見よ。

カビンジヤラ 迦賓闍羅 〔動物〕Kapiñjara 又、迦頻闍羅に作る、鳥の名。【慧琳音義二十六】に「古昔云。是鵽鳥也。引二釋論一云。似二嶋鵐一。與二象猴一爲二親友一。故知是也。鵽音卓刮反。」【名義集二】に「迦頻闍羅。此云レ雉。」【爾雅釋鳥】に「鷂鳩冠雉。」

カフ 跏趺 〔雜語〕結跏趺坐のこと「ケッカフザ」を見よ。【無量壽經上】に「跏趺而坐。奮二大光明一。」

カフゲサ 甲袈裟 〔衣服〕七條袈裟の黑き緣を取り地の廣き所龜甲四角の形をなせるを云。其地色に紫青等種種あり【法中時用裝束集】に「紫甲七條僧綱法印懸レ之。橡甲七條僧綱律師懸レ之。青甲七條有職懸レ之。黃甲七條同。赤甲七條威儀師從威儀師懸レ之。」

カフサン 甲讚 〔儀式〕讚嘆の偈句を甲の調子にて擧ぐる法。曼陀羅供などの式に用ふ。

カフザ 跏趺坐 〔雜名〕跏趺に同じ「ケッカフザ」を見よ。

カフザン 夾山 〔人名〕唐の澧州夾山の善會禪師、船子德誠禪師に嗣ぎ、中和元年寂、壽七十七。【傳燈錄十五】カッサンと呼ぶ。

カフシユ 甲衆 〔雜名〕甲袈裟を懸けたる僧衆。

カフジ 下副寺 〔職位〕アフスと讀む。

カフセツ 甲刹 〔雜名〕カッサツと讀む。十刹の外、禪刹に甲たるもの。【象器箋一】に「支那甲刹。有二龍翔山集慶寺。華嚴山顯報寺等一。不レ得二盡錄一。日本甲刹有二平安山佛心寺。靈龜山景德寺等一。不レ得二盡錄一。」

カフチウイン 甲冑印 〔印相〕先づ二手を以て合掌して心に當て、即ち二頭指を以て二中指の背に附け、二大指を並竪し二中指の中節を捻ず。

甲冑嚴印明 〔眞言〕【略出經一】に「若欲便轉即作二甲冑契一莊二嚴己身一。即誦二此密語一唵砧、(如如等同大空)以二此密語一擁二護己身一。其契法。以二止觀二羽一各結二金剛拳一。申二進力度一(左中頭指)於二力度(右頭指)頭一想二[梵字]字一。於二進度頭一想二[梵字]砧字一於二其心上一結。以二進力度三相遶レ之。如二繫レ甲狀一。又移置レ背。復至二臍腰處一繞膝。咽喉顙額。頸前頂後。皆三繞如二繫レ甲狀一。即便垂下。從二檀慧度一(左小指)次第解散。猶如二天衣一。至心即止。」

カフトクカ 迦布德迦 〔動物〕Kapotaka 譯、鴿。

迦布德迦伽藍 〔地名〕Kapotaka-saṅghārāma【西域記九】に「迦布德迦(唐言鴿也)伽藍。昔佛於レ此爲二諸大衆一。一宿說レ法。佛說レ法時。有二羅者一。於二此林中一。網二捕羽族一。經レ日不レ獲。遂作二是言一。我惟薄福。恒爲二弊事一。來二至佛處一。揚レ言唱曰。今日如來。於レ此說レ法。我今網捕都無レ所レ得。妻孥飢餓。其計安在。如來告曰。汝當レ蘊レ火。當レ與二汝食一。如來是時。化二作大鴿一。投レ火而死。羅者持歸。妻孥共食。其後重往二佛所一。如來方便攝化。羅者聞レ法悔レ過。自レ新捨レ家修學。便證二聖果一。因名二所建一。爲二鴿伽藍一。」この精舍の名の因緣に就て他に一說あり「ガウヲン」を見よ。

カフネンブツ 甲念佛 〔儀式〕佛名を甲の調子にて唱ふる法。大法會の行道の時などに用ふ。

カププヒヌア 〔人名〕「コフヒンナ」「クヒンナ」を見よ。

カブサマヂ 歌舞三摩地 〔術語〕是れ大日如來の歌三摩地舞三摩地なり。大日如來此三摩地に住して各一天女を變現し、一は歌詠を西方彌陀如來に供養し、一は舞技を北方不空成就如來(釋迦)に供養す。是れ金剛界三十七尊中の內四供女菩薩なり。されば歌舞即ち大日法身內證の德なり。一句の歌詠一曲の旋舞も深妙の佛事にあらざるなく、以て法性無盡の德を具するなり、故に之と相應すれば一切の悉地は成就するを得るなり。【智度論十三】に「問ふ、諸佛賢聖は是れ離欲の人なり、則ち音樂歌舞を用ひず、何を以ての故に伎樂を供養するや。答ふ、諸佛一切の法中に於て心に所著なく、世間法に於て悉く所須なきも、衆生を憐愍する故に世に出づ。應に供養者に隨つて願に應じて福を得せしむべきが故に受く。又菩薩佛土を淨めんと欲するが故に好音聲を求む。國土の中の衆生をして好音聲を聞き其の心柔軟ならしめんと欲す、心柔軟なるが故に化を受くること易し。是の故に音聲の因緣を以て佛を供養す。」

カブニン 歌舞人 〔雜名〕內四供の西北の二供なり。【秘藏寶鑰上】に「金寶法業歌舞人」

カブノボサツ 歌舞菩薩 〔菩薩〕天樂を奏し、歌舞して如來を讚歎し、往生人を賞揚する菩薩。【無

量壽經下】に「咸然奏二天樂一。暢二發和雅音一。歌二歎最勝尊一。供二養無量覺一。」と。又、金剛界三十七尊中金剛歌、金剛舞の二菩薩あり。

カマ　鎌子〔公案〕【會元三】に「師南泉普願一日。在二山上一作務。僧問。南泉路向二那處一去。師拈二起茅鎌子一曰。這ノ茅鎌子。卅文錢ニ買得ス。僧曰。不レ問二茅鎌子一。南泉ノ路向二那處一去。師曰。我使得ヒテニ正快シ。」

カマ　迦摩〔異類〕餓鬼の名。【正法念經十七】に「迦摩餓鬼」【經注】に「迦摩雨盧波。魏ニ言二欲色一。」Kāma-rūpa

カマクラノゴサン　鎌倉五山〔寺名〕「ゴサン」を見よ。

カマシヤハダ　迦摩沙波陀〔人名〕【賢愚經十一】に斑足と譯し、【智度論四】に劫磨沙波陀に作り、鹿足と譯す、普明王を殺害せんとせし惡王の名なり。Kalmāṣapāda

カマセリシヤタ　柯摩施離沙多〔異類〕夜叉の名。【孔雀王咒經上】に「柯摩施離沙多。梁ニ言二勝欲一。」【大孔雀經】に「迦摩施瑟陀」Kāmaśreṣṭha

カーマドハーツ〔術語〕「ヨクカイ」を見よ。「よ。

カマツラ　迦末羅〔雜名〕病の名。「カマラ」を見よ。

カマラ　迦摩羅〔雜名〕又、迦末羅。病の名。譯、黃病。【玄應音義二十三】に「迦末羅病。舊云二迦摩羅病一。此云二黃病一。或云二惡垢一。言腹中有二惡垢一。即不レ可レ治者也。」【慧琳音義二十六】に「迦摩羅病。此云二大風病一。」【名義集六】に「亦云二癩病一。」Kāmalā 黃日。(名義大集二八四)図〔人名〕仙人の名。「アララカマラ」を見よ。

カマルハ　迦摩縷波〔地名〕Kāmarūpa 國の名。東印度に在て周萬餘里、人體卑小、語言少く中印度に異り、天神を崇奉して佛法を信ぜず。佛教興てより唐の世に至るまで未だ伽藍を建立して僧侶を招集せず、淨信の徒は竊に佛を念ずるのみ。王拘摩羅玄奘三藏の摩揭陀に在るを聞き、頻に使を遣して三藏を延請す。三藏、戒賢論師の勸に由て彼處に至り、盛に大唐天子の聖德を頌し、王と共に同行して還り、戒日王の無遮會に會す。【西域記十】

カミ　神〔術語〕靈妙不測の德を有するものの通稱。通じて八部衆に名く、天神乃至阿修羅神など。

カミカブリ　紙冠〔物名〕又額烏帽子とも云ふ。法師陰陽師等が著用せしもの。又死人の額に當つる三角の紙を云ふ。

カミコ　紙衣〔衣服〕かみころもの略。紙子、楮衣に作る。紙を蒟蒻薯の糊にて續ぎ澁を塗り揉みて軟めて作る。澁を塗らざるを素紙衣と云ひ住山者、持律僧、東大寺二月堂參籠者等著用す。澁塗のものは肩及び袖に模樣あり零落者の衣とす。

カミテンジヤウ　神天上〔術語〕日蓮宗にて、國民が法華經を信ぜざるときは、三十番の善神皆天に上り、惡神ために國に災すと說くを云ふ。

カミソリ　剃刀〔物名〕毛髮を除くもの。【中阿含經四】に「鐵輪利ナルコト如二剃刀一。」【慧琳音義三十六】に「剃ハ體計ノ反。除二毛髮一之剃刀也。」図〔儀式〕出家得度の式を云ふ。眞宗にて在俗の信者が冥加金を納めて、法主より剃刀を模せるものにて頭の三打を受け、法名を授かる式なり。又、死者に導師が剃刀を紙に包みて與ふるは、多くは棺蓋を三點するなり。二者共におかみそりと稱す。死者に對するは引導の變形か。

カミナガ　髮長〔雜語〕僧を指す齋宮の忌詞。內の七言の一。【拾芥抄五】

カメ　龜〔動物〕

一眼之龜〔譬喩〕【法華經莊嚴王品】に「佛難レ得レ値。如二優曇波羅華一。又如三一眼之龜。値二浮木ノ孔一。」【十住論八】に「人身難レ得。如下大海中有二一眼ノ鼈一頭入中板孔上。」

盲龜浮木〔譬喩〕【涅槃經二】に「生レ世爲シテレ人トナルコト難シ。値二佛世一亦難。猶如三大海中盲龜。值二浮孔一。」【同二十三】に「淸淨ノ法寶。難レ得二見聞一。我今已聞。猶如三盲龜。値二浮木ノ孔一。」【圓覺經】に「浮木盲龜難二値遇一。」【稱揚諸佛功德經中】に「一切世界設ヒ滿ルニ二タトヒ中水一。水上有レ板。而板有レ孔。有二一盲龜一。於二百歲中一乃一舉スルニレタビ頭。欲レ値二於孔一。斯亦甚難。求二索スル人身一。甚難甚難。」

龜藏六〔譬喩〕人の六識を龜の六支を藏するに譬ふ。【雜阿含經四十三】に「過去世ノ時。有二河中草一。有レ龜於レ中住止ス。時有二野干一。飢テ行テ覓レ食。遙見二龜蟲一。疾ク來テ提取。龜蟲見レ來即便藏レ六。野干守伺。糞レ出二頭足一。欲二取食ヒテ之一。久守二龜蟲一。永不レ出レ頭。亦不レ出レ足。野干飢乏。瞋恚而去。諸比丘汝等。今日亦復如レ是ノ。至テ爾時世尊。即說レ偈曰。龜蟲畏二野干一。藏ヲ六於殼內一。比丘善攝レ心。密藏二諸覺想一。」又【涅槃經一】に出づ。

龜不愼口墜地死〔傳說〕鼈、枯旱に遇ひ湖澤乾竭し、自ら食あるの地に至ること能はず。時に大鶴あり、其邊に住す、鼈來て哀を求む、鶴之を銜み飛て都邑を過ぐ。鼈問ふ此れ何等ぞ、此の如くして止まず。鶴便ち之に應ず、口開て鼈墜ち人得て之を食ふ。【舊雜譬喩經下、法苑珠林四十六】又、【五分律】に云く。過去世の時、阿練若の池水の邊に二鴈あり。一龜と親友なり。後に池水涸竭す。二鴈議して言く、今此の池水涸竭す、親友必ず大苦を受けんと。議し已て龜に語て言く。此の池水涸竭す、汝生くべき理なし、一木を銜むべし、我等各一頭を銜み

汝を將て大水の處に着せん、木を銜むの時、愼で語るべからずと。便ち之を銜て、聚落を經過す。諸の小兒見て皆言ふ。鴈、龜を銜み去ると。龜卽ち瞋て言く、何ぞ汝の事に預らん。便ち木を失ひ、地に墜て死す。【法苑珠林八十二】

龜爲獼猴被謀話 〔傳說〕 龍あり、林間の一獼猴と親み、屢往て遊ぶ。其の婦之を妬み、獼猴を殺して夫の外出を止めんと欲し、佯て病に臥し夫に謂て言く、吾病甚だ重し、當に汝が親む所の獼猴の肝を得ば吾れ乃ち活きん。夫已むを得ず、往て獼猴を請じて小食を供せんと談る。獼猴曰く、吾は陸地に居り卿は水中に在り、安ぞ相ひ從ふことを得ん。龍曰く、吾れ當に卿を負ふべしと、獼猴便ち從ふ。負て中道に至り、獼猴に謂て言く、卿を請ずる所以は吾が婦の病困に因て、卿の肝を得んと欲するなり。獼猴報じて曰く、吾肝掛けて樹に在り、今持ち來らず、速に還て肝を取りて相從はんと。便ち樹上に還り、跳踉して歡喜す。時に龍問て曰く、卿何ぞ早く肝を持ち來らざるや。獼猴曰く、天下の至愚、卿に如くはなし、誰か肝を以て樹に掛るものぞ、共に親友と爲て、而して反て相圖り、我命を危くせんと欲す、今より以往各自ら別に處せん。【本生經一】

カメ 瓶 〔物名〕

天の瓶 〔物名〕 心に願ふものを出す瓶なり。【六十華嚴經五十九】に「菩提心者。則爲二天德瓶一。滿二足一切所一レ樂欲一故。」【探玄記二十】に「天德瓶者。於レ中所レ索悉皆得故。如二如意珠一也。」

瓶碎失寶 〔譬喩〕 瓶は天の瓶なり【智度論十三】に「譬如レ有レ人。常供二養天一。其人貧窮。一心供養。滿二十二歲一。求二索富貴一。天愍二此人一。自現二其身一。與二一器一。名曰二德瓶一。而語レ之言。所須之物。從二此瓶一出。其人得已。應二意所欲一。無レ所レ不レ得。得レ如レ意已。具作二好舍象馬車乘一。七寶具足。供二給賓客一。事事無レ乏。客問レ之言。汝先貧窮。今日所由得二如レ此富一。答言。我得二天瓶一。瓶能出二種種衆物一。故富如レ是。客言出レ瓶見示。幷所出物。卽爲出レ瓶。瓶中引二出種種衆物一。其人憍佚。立二瓶上一舞。瓶卽破壞。一切衆物。亦一時滅。持戒之人。亦復如レ是。種種妙樂。無レ願不レ得。若人破レ戒。憍佚自恣。亦如二彼人破レ瓶失一レ利。」

瓶の水 〔譬喩〕 師資傳燈するを瓶の水を瓶に瀉すに譬ふ。【涅槃經四十】に「阿難事レ我二十餘年。乃至持二我所說十二部經一。一經二其耳一。不二曾再問一。如下寫二瓶水一置中之一瓶上。」常に瀉瓶と云ふ。◉〈榮花、疑〉「眞言をみがきて瓶の水をうつし」

カヤ 迦耶 〔術語〕 Kāya 譯、身。積集。【圓覺大鈔七下】に「迦耶此云二積集一。雖二五根大造並皆積集一。身根爲二彼多法依止一。積二集其中一。獨得二身稱一。瑜伽論云。諸根所二隨周遍積集一。故名爲レ身。」【名義集六】に「梵有二四名一。一迦耶。二設利羅。三弟訶。四應伽。此云二集積一。」【義林章三本】に「身者。積集義。依止義。乃至雖二迦耶是積集所依義一。翻爲レ身者。體義相當。依二唐言一譯。」

カヤ 何耶 〔菩薩〕 Haya 馬頭觀音の梵語。【演密鈔九】に「何耶是略梵語。正云二賀演屹哩嚩一。此云二馬頭一。」次項を見よ。

カヤカツリバ 何耶揭唎婆 〔明王〕 Hayagrīva 又、賀野紇哩嚩に作る。譯、馬頭。明王の名。【大日經疏五】に「何耶揭唎婆。譯云二馬頭一。其身非レ黃非レ赤。如二日初出之色一。以二白蓮華一爲二瓔珞等一。莊二嚴其身一。光焰猛盛。赫奕如レ髮。指甲長利。雙牙上出。首髮如二師子頂毛一。作二極吼怒之狀一。此是蓮華部忿怒持明王也。猶如三轉輪王寶馬巡二歷四洲一。於二一切時一切處一。去心不レ息。諸菩薩大精進力。亦復如レ是。所以得二如是威猛之勢一。於二生死重障中一。不レ顧二身命一。多下所二摧伏一者上。正爲二白淨大悲心一故。故用二白蓮瓔珞一而自嚴レ身也。」【慧琳音義三十六】に「何耶揭哩嚩。唐言二馬頭明王一。」カヤカリバと讀む。図 〔菩薩〕 觀音の名。馬頭觀音。六觀音の一。「バトウ」を見よ。

何耶揭唎婆像法 〔經名〕 一卷。失譯人名。馬頭觀音の像法及び壇法を說く。【餘帙二】

何耶揭唎婆觀世音菩薩受法壇 〔經名〕 一卷。失譯人名。馬頭觀音の壇法を說く。

カヤホセツナ 迦耶褒折娜 〔衣服〕 譯、拭身巾。比丘十三資具の一。【百一羯磨十】 Kāyapoñchana

カユ 粥 〔飲食〕 又、小食、字を畫て成らざる程の柔さのもの。禪林の常法、朝は粥を喫す。【僧祇律二十九】に「粥初出レ釜。劃不レ成レ字者。」

粥之利 〔雜語〕【四分律】に「食レ粥有二五事一。善除レ飢。除レ渴。消二宿食一。大小便調適。除二風患一。食レ粥者。有二此五善事一。」【僧祇律二十九】の偈に「持戒淸淨人所レ奉。恭敬隨レ時以施レ粥。十利饒二益於行者一。色、力、壽、樂、辭、淸辯。宿食風除、飢渴消。是名爲レ藥。佛所說。」

粥之時 〔雜語〕 明相現じて手中の文を見るを得る以來食するを得。「カイサイ」を見よ。【釋門正統三】に「粥則見二於手中文一。齋則過レ午不レ食。」

八種粥 〔飲食〕 佛迦尸國の竹園に諸比丘と安居せる時、居士等種種の粥を作て佛と僧とに施す、故に八種の名有り。一に酥粥、牛馬等の酥を以て

米粟に和し煮て粥と爲すなり。二に油粥、荏酥麻等の油を以て米粟に和し煮て粥と爲すなり。三に胡麻粥、胡麻の子を取て米粟に和し煮て粥と爲すなり。四に乳粥、牛馬等の乳を以て米粟に和し煮て粥と爲すなり。五に小豆粥、綠豆赤豆等を以て米粟に和し煮て粥と爲すなり。六に摩沙豆粥、摩沙豆は疑らくは即ち大豆ならん、蓋し梵語、摩訶、華に大と言ふ今摩沙と云ふは乃ち梵音遠近同じからざるなり、此の豆を以て米粟に和し煮て粥と爲すなり。(摩沙 Māṣa 荳顆と譯す)七に麻子粥、黃麻子を以て米粟に和し煮て粥と爲すなり。八に薄粥、或は米を用ひ或は粟を用ひて煮て稀粥と爲すなり。【十誦律二十六】

粥疏 〔雜名〕 高僧齊己、蜀人なり、幼にして俗を捨て潙山の祐禪師に依る。時に仰山義寂禪師豫章の觀音院に住す。己庶務を總轄して粥疏あり曰く、粥名二良藥一。佛所レ稱揚。義冠二三種一。功標二十利一。更祈二英哲一。各遂二願心一。既備二淸晨一。永資二白業一。【釋氏稽古略三】

正月十五日粥 〔行事〕 本朝正月十五日に粥を食するは昔黃帝蚩尤と七十二戰す。最後に玉女天より降て蚩尤を捕へ、之を沸湯に入れて殺す。是れ恰も正月十五日なり。今の世に其の日に於て粥を食するは蚩尤が極惡の沸湯の身を食ふ意なりと云。【傳通記糅鈔二十二】

カユヰ 迦維 〔地名〕 迦維羅衛の略。城の名。「カピラバソツ」を見よ。「ラバソツ」を見よ。

カユヰラエツ 迦維羅閱 〔地名〕 城の名。「カピラバソツ」を見よ。

カユヰラヱ 迦維羅衛 〔地名〕 城の名。「カピラバソツ」を見よ。

カユヰラヲツ 迦維羅越 〔地名〕 城名。「カピラバソツ」を見よ。

カユヰヱ 迦維衛 〔地名〕 迦維羅衛の略。城の名。「カピラバソツ」を見よ。

カヨクキヤウ 呵欲經 〔經名〕 菩薩訶色欲法經の略稱。

カヨクキヤウ 何欲經 〔經名〕 生聞梵志、剎利居士等は何を欲し何を行ずる等を問ひ、佛一一之を答ふ。中阿含經三十七に攝む。【昃帙五】

カラ 迦羅 〔術語〕 Kāla 又、迦攞。譯、實時。時に二種あり。實時を迦羅と云ひ、假時を三摩耶と云ふ。律の中に說く時食時藥時衣の時の如きは實時にて、經中に說く一時一日乃至一劫の時の如きは假時なり。【智度論一】に「天竺說二時名一有二二種一。一名二迦羅一。二名二三摩耶一。」【名義集二】に「刊正記云。即實時。謂毘尼中。聽二時食一。遮二非時食一。則實有二其時一也。故大論云。毘尼結戒是世界中實。非二第一義中實一。」「サンマヤ」を見よ。

カラ 柯羅 〔雜語〕 Kāla 又、哥羅。迦攞。譯、黑。

柯羅夜叉 〔異類〕 【孔雀王咒經上】に「柯羅梁レ云レ黑。」

迦羅龍 〔異類〕 【本行集經三十一】に「迦羅隋レ言二黑色一。」「カラカ」を見よ。

カラ 迦羅 〔雜名〕 Kalā 又、哥羅。歌羅。分量の名。【慧苑音義上】に「哥羅分。正云二迦羅一。此云レ竪、折二人身上一毛一爲二百分一中之一分也。或曰。十六分之一分。西域風俗。以二十六升一爲レ斗。如下此土以二十六兩一爲中一斤上。義譯爲二校量分一。」【玄應音義四】に「折二一毛一以爲二百分一。一分爲二歌羅分一。論以レ義翻名爲二力勝一。以三無漏善法一歌羅分。勝二有漏千分一故也。」

カラアイク 迦羅阿育 〔人名〕 Kālāśoka 佛滅百年頃摩訶陀國に君臨せし王にして難陀王朝(Nanda)の始祖なり。古來此の王の歷史的存在に就ては議論ありて未決の問題たり。是れ北方所傳に此の王の記事なきが爲なり。之を排するものは迦羅とは時の義なるを以て、或る時代の缺陷を補はんが爲に作りし虛構の人物なりと云ひ、或は迦羅は黑色の義よりして達磨阿育王歸佛後の光彩を大ならしめん爲に歸佛前の兇暴なりし時代を指すなりと主張するものあり。然れども近時希臘印度の年代比較硏究の結果、達磨阿育王の出世年代は紀元前四世記即佛滅二百十八年の善見律の所傳確實となりしより、是の王の歷史的人物なることも價値を增すに至れり。

カラウ 迦老 〔雜語〕 釋迦は八十の壽を保ち老比丘の相を現ずれば迦老と云。

カラカ 迦邏迦 〔雜語〕 Kāraka 譯、作者。【智度論四十八】に「若聞二迦字一。即知二諸法中無レ有二作者一。迦邏迦。秦言二作者一。」

カラカ 迦羅迦 〔雜語〕 Kālaka 譯、黑。

迦羅迦龍 〔異類〕 又、迦羅龍。迦梨迦龍。【玄應音義三】に「迦梨迦龍。又云二迦羅迦龍一。此譯云二黑龍一也。」

迦羅迦樹 〔植物〕 【慧琳音義二十五】に「迦羅迦樹。此云二黑果一。形似二鎭頭一。」【同卷】に「鎭頭迦果狀。同二此方柹子之類一。」有害の果なりと云ふ。「カラチンヅ」を見よ。

カラカラ 訶羅訶羅 〔物名〕 Halāhala 毒藥の名。

カラクソンダ 迦羅鳩忖駄 〔佛名〕 Krakucchanda 又、迦羅鳩飡陀。舊稱、拘留孫。佛の名。「クルソン」を見よ。

カラクソンダイ　迦羅鳩村大　〔佛名〕舊稱、拘留孫。佛の名、「クルソン」を見よ。

カラクダ　迦羅鳩駄　〔佛名〕迦羅鳩忖駄の略。佛の名。舊稱、拘留孫。【慧苑音義上】に「迦羅鳩駄。具云迦羅鳩忖駄。此云所應斷已斷。」「クルソン」を見よ。

カラクダ　迦羅鳩駄　〔人名〕Krakuda　外道の字。姓は迦旃延。六師外道の一。

迦羅鳩駄迦旃延　〔人名〕Krakudakātyāyana　【維摩經弟子品肇註】に「姓迦旃延。字迦羅鳩駄。其人謂法亦有相亦無相。」【同什註】に「其人應物起見。若人問言有耶。答言有。問言無耶。答言無也。」【慧琳音義二十六】に「迦羅鳩駄名也。此云黑領。迦旃延姓也。」

カラクラ　迦羅求羅　〔動物〕虫の名。【智度論七】に「譬如迦羅求羅虫其身微細。得風轉大。乃至能呑食一切。光明亦如是。得可度衆生。轉增無限。」梵 Kalākula*

カラコラ　何羅怙羅　〔異類〕Rāhula　譯、障月。覆障。阿修羅の名。日月の蝕を起さしむるラーフのことなり。

カラシヤマ　迦羅者摩　〔雜名〕譯、虎皮。【何耶揭唎婆像法】「よ。

カラダ　迦羅陀　〔地名〕山の名。「キヤラダ」を見よ。

カラチンヅ　迦羅鎭頭　〔譬喩〕迦羅と鎭頭と共に果の名。迦羅果は有毒、鎭頭は無毒、而して二果相似、以て比丘の持戒破戒に譬ふ。【涅槃經六】に「善男子。如迦羅迦林。其樹衆多。於是林中。唯有一樹。名鎭頭迦。是迦羅迦樹鎭頭迦樹。二果相似。不可分別。其果熟時。有一女人。悉皆拾取。鎭頭迦果。纔有一分。迦羅迦樹。乃有十分。是女不識。齎來詣市。而衒賣之。凡愚小兒。不復別故。買迦羅迦果。噉已命終。有智人輩。聞是事已。即問女人。姊何處持是果來。是時女人即示方所。諸人即言。如是方所。有無量迦羅迦樹。唯有一根鎭頭迦樹。諸人知已。笑而捨去。善男子。大衆之中。八不淨法。亦復如是。於是衆中。多有受用如是八法。唯有一人清淨持戒。不受如是八不淨法。」【止觀十下】に「從外道四見。乃至圓門四見。有害無害。譬如迦羅鎭頭二果。」Kālaka Tinduka

カラツテイカ　迦刺底迦　〔雜名〕月の名。「カダイ」を見よ。

カラナ　迦羅那　〔植物〕木の名。譯、作。【翻梵語九】に「迦羅那樹。譯云作也。」梵 Karana*

カラヌダ　〔地名〕「カランダ」を見よ。

カラネ　迦囉停　〔雜語〕譯、饒益。【大日經疏八】に「梵本云係多。Hita 翻云利益。次云吃囑耶。Kriyā 此翻爲利。迦囉停。Karaṇi 翻爲饒益。本名各異。」

カラハツシヤラハツ　迦羅鉢舍羅鉢　〔物名〕Kāla-pātra Śona-pātra 黑赤二色の鉢。【飾宗記十本】に「此二即是梵語。黑赤二色也。下文既迦羅是黑。故知舍羅是赤也。」

カラビカ　迦羅毘迦　〔地名〕【本行集經四十五】に「迦羅毘迦。隋言赤黃色。大村名也」。案に迦羅毘迦は迦毘羅迦の誤。「カビラバソツ」を見よ。

カラビラ　迦羅毘囉　〔植物〕木の名。譯、羊躑躅。【陀羅尼集經八】に「迦囉毘囉樹脂。唐云羊躑躅也。若採其葉即脂汁出。」梵 Karavīra

カラビンカ　迦羅頻伽　〔動物〕鳥の名。「カリヤウビンガ」を見よ。

カラフ　迦羅富　〔地名〕城の名。譯、臭地。【慧琳音義二十六】梵 Garāpu*

カラブン　迦羅分　〔雜名〕又、歌羅分。哥羅分。迦羅は分數の名なれば迦羅分と云。「カラ」を見よ。

カラベイラ　迦囉吠羅　〔雜名〕Kālavelā　時分の名。【慧琳音義十三】

カラヤシヤ　伽羅夜叉　〔異類〕【智度論六十四】に「伽羅夜叉。以拳打舍利弗頭。舍利弗時入滅盡定。不覺打痛。」是れ般若を行ずるもの非人の害を得ざるの證なり。梵 Kālaka*

カーラヤシヤス　〔人名〕「キヤウリヤウヤシヤ」「コウラウヤシヤ」を見よ。

カララ　歌羅邏　〔雜名〕初て胎内にやどりし位。「カツララン」を見よ。

カララ　呵羅羅　〔界名〕Aṭaṭa　寒地獄の名。【智度論十六】に「呵婆婆呵羅羅睺睺。此三地獄。寒風噤顫。口不能開。因其呼聲。而以名獄。」

カララ　迦羅邏　〔異類〕夜叉の名。譯、嗏嗟。【無量破魔陀羅尼經】梵 Karāla

カララテイリ　迦羅囉底哩　〔天名〕Kālarātri　譯、黑夜神。【演密鈔九】に「迦羅云黑。囉底哩云夜。黑夜神也。」「見よ。

カラロク　迦羅勒　〔植物〕果の名。「カリロク」を見よ。

カラヲツ　迦羅越　〔術語〕梵音クラパテ Kulapati 有族者之義。居士の事。

カランガ　加蘭伽　〔動物〕鳥の名。「カリヤウビンガ」を見よ。

カランタカ　迦蘭多迦　〔動物〕鳥の名。「カランダ」を見よ。

カランダ　迦蘭陀　〔動物〕Karaṇḍa, Karaṇḍaka 又、迦蘭駄。迦藍陀。羯蘭鐸迦。迦蘭多迦。迦蘭陀夷。羯蘭駄迦。伽隣など。鳥の名。譯、好聲鳥。【玄應音義十九】に「迦蘭陀鳥。或言柯蘭陀。或作迦蘭駄迦。或云羯蘭鐸迦。皆梵音輕重也。此譯云好聲鳥也。案外國傳云。其形似鵲。但此鳥群集。多棲竹林。」【釋迦譜

五】に「時摩竭陀國。有二長者。名曰迦陵。乃至是故名曰迦陵竹園。」因山鼠の名。【善見律六】に「迦蘭陀者。是山鼠名。」

迦蘭陀村 [地名]【善見律六】に「時毘舍離王。將諸妓女。入山遊戲。王時疲倦。眠樹下。伎女左右。四散走戲。時樹下窟中。有大毒蛇。聞王酒氣。出欲螫王。樹上有鼠。從上來下。鳴喚覺王。蛇即還縮。乃至王自念言。我今復活。由鼠之恩。王便思惟。欲報鼠恩。時山邊有村。王即命村中。自今以後。我之祿限。悉迴供鼠。因此鼠故。即號此村。名爲迦蘭陀村。」

迦蘭陀長者 [人名]【善見律六】に「迦蘭陀子者。是時村中有一長者。有金錢四十億。王即賜長者位。因村名故。號迦蘭陀長者。」

迦蘭陀竹林 [地名] Kāraṇḍa-veṇuvana 又、迦蘭陀竹園。迦藍陀竹園。迦陵竹園。迦隣竹園など。迦蘭陀鳥の棲む竹林。又、迦蘭陀長者の所有たりし竹林。摩竭陀國王舍城と上茅城との間に在り。迦蘭陀長者の所有に係り、もと尼犍外道に與へしを、後に佛に奉て僧園となす、是れ印度僧園の初、所謂竹林精舍是れなり。【慧琳音義四十一】に「迦蘭多迦。古云迦蘭陀夷。或云羯蘭鐸迦。訛也正云羯蘭駄迦。大竹園名也。在王舍城。」【西域記九】に「初此城中（言上茅城）有大長者迦蘭陀。時稱豪貴。以大竹園。施諸外道。及見如來聞法淨信。追惜竹園居彼異衆。今天人師。無館舍。時諸鬼神。感其誠心。斥逐外道。而告之曰。長者迦蘭陀。當以竹園起佛精舍。汝宜速去得免危厄。外道忿恚。含瞋而去。長者於此建立精舍。功成事畢。躬往請佛。如來是時遂受其施。」【玄應音義五】に「迦蘭陀。鳥名也。其形似鵲。鞞紐婆那此云竹林。謂大竹林也。此鳥多栖此林。」竹園精舍の緣起【中本起經上】に委し。然に【因果經四、四分律五十】に依れば瓶沙王の施與となす。【四分律五十（房舍犍度）】に「爾時世尊。在王舍城。摩竭王瓶沙。作如是念。世尊若初來所入園。便當布施作僧伽藍。時王舍城。有迦蘭陀竹園。最爲第一。時世尊知王心念。即往迦蘭陀竹園。王遙見世尊來。即自下象。取象上褥。疊爲四重。敷已。白佛言。願坐此座。世尊即就座而坐。時瓶沙王。操金澡瓶。授水與佛。白言。此王舍城。迦蘭陀竹園。最爲第一。今奉施世尊。願慈愍故爲納受。乃至王瓶沙。聞世尊聽衆僧作房舍。欲於迦蘭陀竹園。作大講堂如王住殿。一切所須。供給具足。佛言聽作。」【因果經四】に「時頻毘娑羅王。知佛受請住竹園已。頂禮佛足。辭退而去。王還城已。即敕諸臣。令於竹園。起諸堂舍。種種莊飾。極令嚴麗。懸繒幡蓋。散花燒香。悉皆辨已。即便嚴駕。往至佛所。頭面禮足。而白佛言。竹園僧伽藍。修理已畢。唯願世尊。與比丘僧。哀愍我故。往住彼也。」以上竹林精舍施與者に就て二說あれども、是園林の寄附者と精舍の施與者とを混交せるなり。即ち竹園は長者迦蘭陀の寄附にかかり、其園へ頻婆沙羅王精舍を建立して佛に奉りしなり。

カランダイ　迦蘭陀夷 [地名] 竹園の名。「カランダ」を見よ。

カランナフラ　迦蘭那富羅 [地名] Karṇapura 聚落の名。譯、耳城。【本行集經三十三】

カランビンガ　迦蘭頻伽 [動物] 鳥の名。「カリヤウビンガ」を見よ。

カランブ　迦藍浮 [人名] 王の名。「カリ」を見よ。

カリ　訶利 [動物] Hari 又、呵梨。⿰口歌里。譯、獅子。【孔雀王咒經上】に「訶利。梁云獅子。」【寶窟上本】に「外國云呵梨。此云獅子。」

カリ　迦利 [人名] Kali 又、哥利。歌利。迦梨。羯利。迦藍浮。迦羅富。迦黎。王の名。譯、鬪諍。惡生。【西域記三】に「瞢揭釐城東四五里。有窣堵波。極多靈瑞。是佛在昔。作忍辱仙。於此爲羯利王（唐言鬪諍舊云哥利訛也）割截肢體。」【玄應音義三】に「歌利王。或言迦利王。論中作迦藍浮王。皆訛也。正言羯利王。此譯云鬪諍王。西域記云。在烏仗那國。瞢揭釐城東四五里。是其處也。舊云惡世無道王。即波羅奈國王也。」【涅槃經三十一】に「迦羅富」【度無極集五】に「迦黎。」梵又、Kaliṅgarājā（名義大集一八〇）

歌利王害忍辱仙 [本生] 往昔佛南天竺、富單城の波羅門の家に生る。時の王迦羅富、性暴惡憍慢なり。爾時佛衆生化度の爲城外に於て禪定を修せり、王其一族宮人を率ゐて遊觀し樹下に到る。婇女王を捨てて佛處に來る。佛爲に法を說く、王之を見て惡心を生じ佛に問ひて曰く、汝羅漢果を得たりやと、佛答へて曰く否。王曰く然らば汝尙ほ貪欲の煩惱を具する身を以て恣に女人を見るやと。佛曰く我れ未だ貪結を斷ぜざるも、內心實に貪着なし。（中略）王即ち之を試みんとして佛の耳を截る、而も顏容變ぜず、群臣王を諫めて之を中止せしめんとす。王聽かず。更に鼻を劓り手を削るも相好圓滿にして少しの變化なし。時に天大に沙石を雨らす。王心大に怖畏し佛處に詣し慚愧し哀愍を請ふ。佛曰く我が心瞋なきこと亦貪なきが如し。王言く大德云何ぞ心に瞋恨なきを知らん。佛言く我れ若し瞋恨なく

んば此の身元の如くならしめんと。是の如く願を發し已て身即ち本復せしかば、王益懺愧し遂に佛門に入る。【涅槃經三十一】【金剛經】に「如下我昔爲二歌利王一割中截身體上。我於二爾時一。無二我相一。無二人相一。無二衆生相一。無二壽者相一。何以故。我於二往昔節支解時一。若有二我相人相衆生相壽者相一。應レ生二瞋恨一。」【智度論十四】の說之に同じ、【度無極集五】の說、少しく緣起を異にす、【經律異相八】に引く。

カリ　軻梨　〔地名〕 Khadiraka* 山の名。【玄應音義一】に「軻梨應レ云二軻地羅一。此譯云。軻者空也。地羅者破也。名二空破山一也。」

カリカ　迦梨迦　〔衣服〕 衣の名。【阿毘曇經下】に「迦梨迦衣。織二吉貝花一作レ衣。以レ蠟染レ之。作二斑色一。」

カリカ　迦梨迦　〔異類〕 Kalika 又、迦羅迦。龍の名。譯、黑龍。【玄應音義四】

カリカ　迦哩迦　〔人名〕 尊者の名。十六羅漢の一。「ラカン」を見よ。

カリキ　加力　〔術語〕 佛菩薩の加被の力。

カリキシヤ　訶利枳舍　〔異類〕 又、嚩里離舍。夜叉の名。譯、獅子髮。【孔雀王咒經上】 Harikeśa

カリキヒダ　荷力皮陀　〔術語〕 Ṛg-veda 四吠陀の一。梨倶吠陀のこと「キダ」を見よ。

カリシヤ　迦利沙　〔雜名〕 又、迦利沙那。兩目の名。【起世經七註】に「半迦利沙。隋言二半兩一也」。【楞伽經】に「迦利沙那」梵 Karṣa, Karṣaṇa 「よ。

カリシヤナ　迦利沙那　〔雜名〕 「カリシヤ」を見

カリシヤシヤニ　迦梨沙舍尼　〔雜語〕 譯、滅罪。【陀羅尼集經一】 梵 Karṣaṇīya*

カリシヤハツナ　迦利沙鉢拏　〔雜名〕 又、迦履沙鉢拏。錢量の名。「カリシヤハナ」を見よ。

カリシヤハナ　迦利沙波拏　〔雜名〕 又、羯利沙鉢那。羯利沙鉢拏。迦利沙婆拏。迦利沙般拏。罽利沙盤。迦利沙鉢拏など。錢量名。譯、貝齒。四百錢。【慧琳音義十三】に「羯利沙鉢拏金名也。計直可レ當二四百錢一顆金一也。顆顆圓大如二江豆一也。」【同二十九】に「迦利沙波拏此云二貝齒一。」【玄應音義二十一】に「羯利沙鉢拏。亦作二迦利沙鉢拏一。聲之轉也。鉢拏此云二銅錢一。十六鉢拏。爲二一迦利鉢拏一。」【同二十二】に「迦利沙般拏。」【俱舍寶疏二十二】に「婆沙一百八十一云。不レ取二現在一迦履沙彌拏一。」【同註】に「鉢拏此云レ錢。一迦履沙當二十六貝珠一。八十貝珠當二一鉢拏一。十六鉢拏名二迦履沙鉢拏一。雜心論翻二迦履沙鉢那一。爲二一錢一。謬也。」【金光明最勝王經六義淨註】に「此是根本梵音。唯是貝齒。而隨レ方不レ定。或是貝齒。或是金銀銅鐵等錢。然摩揭陀。現今通用。一迦利沙波拏。有二一千六百貝齒一。總數可二準知一。若準二物直一。隨レ處不レ定。」【可洪音義二】に「羯利沙鉢那。或云二迦利沙鉢那一。或云二罽利沙般一。此云二銅錢一。十六錢爲二一羯利沙鉢拏一也。又僧祇律云。十九古錢爲二一罽利沙槃一。」梵 Kārṣāpaṇa

カリシヤハンナ　迦利沙般拏　〔雜名〕 又、迦理沙般拏。迦利沙波拏に同じ。「カリシヤハナ」を見よ。

カリシヤバナ　迦利沙婆那　〔雜名〕 迦利沙波拏に同じ。「見よ。

カリダ　呵利陀　〔天名〕 鬼母の名。「カリテイ」を

呵利陀山　〔地名〕 Harta, Haridrābha*【翻梵語九】に「呵利陀。譯曰レ黃也。」

カリダ　干栗駄　〔術語〕 Hṛd Hṛdaya 又、汗栗太。乾栗駄。內團心と譯し、或は堅實心と譯す。「キリヤ」を見よ。

カリダキヨウ　呵梨陀薑　〔植物〕 智首の【四分律疏九】に「呵梨陀者。翻云二黃薑一。今律文胡漢並彰。故曰也。」梵 Haridrā

カリダケイ　訶梨怛鷄　〔植物〕 果の名。「カリロ「ク」を見よ。

カリテイ　訶利底　〔天名〕 Hārītī 又、哥利底。呵利帝。訶利帝。訶哩帝。呵利陀に作る。鬼母の名。譯、歡喜。暴惡。青色。黃色など云ふ。【毘奈耶雜事三十一】に「月滿生レ女。容貌端嚴。見者愛樂。其女生時。諸藥叉衆。咸皆歡喜。諸親立レ字。名曰二歡喜一。」【同卷】に「此旣取二我男女一充レ食。則是惡賊藥叉。何名二歡喜一。因レ此諸人皆喚爲二訶利帝藥叉女一。」【希麟音義六】に「呵利帝。此云二歡喜天母一也。」行瑫の【孔雀經音義】に「訶利底唐云二愛子母一也。」【准胝陀羅尼經】に「呵利底菩薩。」【密敎秘記】に「翻梵語云。呵利陀鬼子母。呵利陀此云二黃色一。信行梵語集云。訶利帝此云二青色一。梵漢相對鈔云。訶利底此云二青衣一。古譯云二功德天一。」【寄歸傳解纜鈔一】に「呵利底。此云二暴惡一。」

訶利帝母　〔天名〕 即鬼子母神なり【毘奈耶雜事三十一】に「往昔王舍城中に獨覺佛世に出づ。爲に大會を設け、五百人ありて各身を飾り共に芳園に詣る。途中懷妊の牧牛女酪漿を持して來るに遇ひ、同じく園に赴くことを勸む。女之を喜で舞蹈し、遂に胎兒を墮す。諸人等捨てて園內に赴き、女獨り止りて懊惱す。便ち酪漿を以て五百の菴沒羅果を買ふ。獨覺佛の女の傍に來るを見て頂禮して之を供養し、一の惡願を發す。曰く、我れ來世、王舍城中に生じて盡く人の子を食はんと。此惡願に由て、彼れ身を捨てて後、王舍城の娑多藥叉の長女に生れ、健陀羅國の半叉羅藥叉の長子、半支迦藥叉と婚して五百の兒を生み、其の豪强を恃みて日日王舍城の男女を食ふ。佛方便を以て鬼女の一子を隱す。鬼女悲歎し求めて遂に佛邊にあるを知る。佛曰く汝

五百子を有するも尙一子を憐む。況や餘人の一二のみなるをやと、之を敎化し五戒を授けて鄔波斯迦とせり。鬼女曰く今後兒の食すべきものなし。佛曰く憂ふるなかれ我が聲聞の弟子に於て食次每に汝及び兒の名を呼び皆飽食せしめん、故に汝我が法中、伽藍及び僧尼を勤心擁護せよ。鬼女兒と共に歡喜す。」と【寄歸傳一】に「西方諸寺。每於門屋處。或在食廚邊。塑畫母形抱一兒子。於其膝下。或五或三。以表其像。每日於前。盛陳供食。其母即是四天王衆。大豐勢力。其有疾病無兒息者。饗食薦之。咸皆遂願。」

訶利帝母畫像 〔圖像〕【大藥叉女歡喜母並愛子成就法】に「先於白氎上或素絹上。隨其大小。畫我歡喜母。作天女形。極令殊麗。身白紅色天繒寶衣。頭冠耳璫。白螺爲釧。種種瓔珞。莊嚴其身。坐寶宣臺。垂下右足。於宣臺兩邊。傍膝各畫二孩子。其母左手於懷中抱一孩子。名畢哩孕迦。(梵 Priṅka) 極令端正。右手近乳。掌吉祥果。於其左右。並畫侍女眷屬。或執白拂。或莊嚴具。」(第十圖參照)

(訶利帝母の圖)

訶利帝母法 〔修法〕密教にて訶利帝母を本尊として出産を祈らんがために修する秘法にして、鬼子母神の修法に同じ。大藥叉女歡喜母並愛子成就法、一卷。訶利帝母眞言經、一卷。氷揭羅天童子經、一卷。共に具に其修法を說く。

訶利帝母供 〔修法〕訶利帝母を供養する法會。產時に之を修す。【密門雜抄】「成就法の異名。

訶利帝母經 〔經名〕大藥叉女歡喜母並愛子成就法の異名。

訶利帝母眞言經 〔經名〕一卷。唐の不空譯。鬼子母の修法を說く。【閱帙十四】

訶利帝母眞言法 〔經名〕訶利帝母眞言經の「異名。

カリテイカ　迦利底迦 〔雜名〕又、迦利耶迦。歌利底迦。月の名。「カチナ」を見よ。

カリテイカマセン　迦哩底迦麼洗 〔雜名〕月の名。麼洗は譯、月。「カチナ」を見よ。

カリテイナン　訶利底南 〔天名〕訶利底母に同じ。凉譯の【金光明經三】に「訶利底南。鬼子母等。及五百神。」【名義集二】に「訶利底南此標梵語。鬼子母等此顯凉言。名雖有二。人祇是一。」「カリテイ」を見よ。

カリトクキ　呵梨得枳 〔植物〕果の名。「カリロク」を見よ。

カリバツダ　呵梨跋陀 〔人名〕Haribhadra 人の名。譯、獅子賢。【梁高僧傳三】求那跋摩三藏の祖父の名。

カリバツマ　訶梨跋摩 〔人名〕Harivarman 三藏の名。譯、獅子鎧。獅子鉀。成實宗の祖。中印度婆羅門の家に生れ初め數論外道に學び、後薩婆多部鳩摩羅陀に就きて發智論を聞き、更に轉じて大衆部に赴き、又大乘を研究し成實論を作る。出世年代は下出の如く佛滅九百年とすれども確ならず、其成實論の支那に翻譯せられしは西紀四百十二年なり。【出三藏記十一】に「訶利跋摩者。宋稱獅子鎧。佛泥洹後九百年出。在中天竺。婆羅門子也。」【三論玄義】に「成實論者。佛滅度後九百年內。有訶利跋摩。此言獅子鎧。之所造也。其人本是薩婆多部鳩摩羅陀弟子。慨其所釋近在名相。遂徙轍僧祇。大小兼學。鑽仰九經。澄汰五部。再卷邪霧。重舒慧日。於是道振罽賓。聲流赤縣。」

カリバノシンエイ　狩場の神影 〔圖像〕弘法大師高野山を開創せむとする時、大和國宇智郡犬飼に於て、高野明神狩人と爲りて現はれ、黑白の二犬をして大師を導かしめ給へる神影なり。一に狩場明神と云ふ。丹生明神と共に天野の社に祭らる。【野山名靈集等】(第十一圖參照)

カリヤウ　迦陵 〔動物〕迦陵頻伽の略。鳥の名。「カリヤウビンガ」を見よ。【楞嚴經一】に「迦陵仙音。徧十方界。」

カリヤウカ　迦陵迦 〔動物〕「カリヤウガ」を見よ。

カリヤウガ　迦陵伽 〔動物〕又、羯陵伽。迦陵迦。鳥の名。「カリヤウビンガ」を見よ。

迦陵伽衣 〔衣服〕【慧琳音義二十五】に「迦陵伽是國名。波和羅是衣名。」【三德指歸二】に「迦陵迦者。迦陵迦此云細滑衣。又云鳥毛衣。」梵 Kaliṅga prāvara

迦陵伽王 〔人名〕譯、憍逸。鬪諍。羅什譯の【金剛經】に「歌利王」留支譯の【金剛經】に「迦陵伽王」【二十唯識述記下】に「迦陵伽此云憍逸。仙人之名。舊云王名。」【慧琳音義十】に「迦陵伽王。古昔王名也。此云鬪諍。即波羅奈國無道王也。」Kaliṅgarāja

迦陵迦林 〔地名〕Kaliṅgavana 又、羯陵伽林。【慧苑音義下】に「迦陵迦林。以義翻之名相鬪諍時。此據因鬪諍。建國立名。」【探玄記十九】に「迦陵迦者。此云鬪諍時也。婆提者。正云婆那。此云林也。」

カリヤウナガリ　迦良那伽梨　〔人名〕太子の名。譯、善事。【賢愚經十】梵 Kalyāṇakāri

カリヤウビガ　迦陵毘伽　〔動物〕鳥の名。「カリヤウビンガ」を見よ。

カリヤウビン　迦陵頻　〔動物〕鳥の名。「カリヤウビンガ」を見よ。

カリヤウビンガ　迦陵頻伽　〔動物〕Kalaviṅka 又、歌羅頻伽。加蘭伽。迦蘭頻伽。羯羅頻迦。迦楞頻伽。迦陵毘伽。迦陵伽。羯陵伽。羯羅頻伽。羯毘伽羅。羯隨伽羅。迦毘伽羅。鶡鵯伽羅。羯脾伽羅。羯鞞伽羅。迦毘伽。迦尾羅など。鳥の名。譯、好聲。和雅。【玄應音義一】に「迦陵頻伽。經中或作二歌羅頻伽一。或云二加蘭伽一。或云二羯羅頻伽一。或言二毗伽一。皆梵音訛轉也。迦陵者好。毗伽者聲。名二好聲鳥一也。」【慧苑音義下】に「迦陵頻伽。此云二美音鳥一。或云二妙聲鳥一。此鳥本出二雪山一。在二㲉中一即能鳴。其音和雅。聽者無レ厭。」【智度論二十八】に「如二迦羅陵頻伽鳥一。在二㲉中一未レ出。發レ聲微妙。勝二於餘鳥一。菩薩摩訶薩亦如レ是。」【玄應音義四】に「羯毘。或言二羯隨一。或云二迦毘一。或言二加毘一。此皆梵音訛也。此譯云。迦毘者聲。伽羅者好。名爲二好聲鳥一也」。【可洪音義三下】に「鶡鵯。正作二羯脾一也。或云二羯毘一。或云二羯鞞一。皆梵音楚夏耳。正言二迦陵頻伽一。」【探玄記二十】に「迦毘伽鳥者。具云二迦羅頻伽一。此云二美音鳥一。謂迦羅云二美音一。頻伽云二語言一。謂雪山中。一切鳥聲。皆悉不レ及。又在二卵中一。即能出レ聲。」⦿（著聞集、管絃歌舞）「正教に篳篥は伽陵頻伽の聲を學ぶと云へる事あり。」《第十二圖參照》

カリヤナ　迦梨耶那　〔人名〕人の名。譯、正眞。【起世因本經十】梵 Kalyāṇa 「カチラ」を見よ。

カリラ　珂梨羅　〔植物〕又、軻梨羅。可梨羅。木の名。

迦梨羅講堂　〔堂塔〕【梵網六十二見經】に「是時佛從二倶留國一。往至二舍衛國一。止二在祇樹給孤獨園一。爾時諸比丘。會二於迦梨羅講堂一。」

カリロク　訶梨勒　〔植物〕Harītakī 又、訶利勒。呵利勒。訶梨勒。訶梨怛鷄。呵梨得枳。賀唎怛鞊。訶羅勒など。果の名。譯、天主將來。五藥の一。【毘奈耶雜事一】に「餘甘子。訶梨勒。毗醯勒。畢鉢梨。胡椒。此之五藥。有病無病。時與二非時一。隨意皆食。」【善見律十七】に「訶羅勒。大如二棗大一。其味酢苦。服便利。」【玄應音義二十四】に「訶梨怛鷄。舊言二訶利勒一。翻爲二天主將來一。此果堪レ爲二藥分一。功用極多。如二此土人參石斛等一無レ所レ不レ入也。」【百一羯磨八】に「呵黎得枳。舊云二呵黎勒一。訛。」【梵語雜名】に「賀唎怛鞊」【資持記下二之一】に「呵梨勒。今時所謂呵子是也。」

カリンダ　迦鄰陀　〔動物〕鳥の名。「カシヤリンチ」を見よ。

迦鄰陀衣　又、迦旃隣陀衣。迦鄰陀鳥の毛を以て造りたる衣。

カリンダイ　迦鄰提　〔動物〕鳥の名。「カシヤリンチ」を見よ。

カリンロクジホフ　河臨六字法　〔修法〕又六字河臨法と云。「ロクジカリンホフ」を見よ。

カルウダイ　迦樓烏陀夷　〔人名〕Kālodāyin 比丘の名。

迦樓烏陀夷經　〔經名〕迦樓烏陀夷、世尊の恩の深きを思ひ、不可中食を讃す、佛之を印可し、此戒を持せざるものを呵す。【中阿含五十】に攝む。【戾帙五】

カルエン　迦樓炎　〔雜名〕迦樓羅炎の略。「カルラ」の項を見よ。

カルダ　迦嘍茶　〔動物〕Garuḍa 鳥の名。「カルラ」を見よ。

カルダイ　迦留陀夷　〔人名〕Kālodāyin 比丘の名。譯、起時。黑曜。黑光。婆羅門種にて悉達太子宮に在りし時の師、出家して比丘となる、六群比丘の一。嘉祥の【法華經義疏九】に「迦留陀夷者。迦留此翻レ時。陀夷名レ之爲レ起。十八部疏云。迦留者黑。陀夷者上。謂悉達太子在レ宮時師也。」慈恩の【彌陀經疏】に「迦留陀夷者。正法華云。此名二黑曜一。毘奈耶律云。名二黑光一。增一阿含云。迦留陀夷。其身極黑。夜行乞食。時天大闇。而至二他家一。天有二閃電一。彼家婦人。身正懷孕。於二電光中一見謂二是黑鬼一。怖而墮胎。乃謂レ之曰。汝何鬼耶。答曰。我瞿曇弟子。今來乞レ食。彼女人即發レ聲惡罵。如來知レ之。即敕二比丘一。從レ今已後。不レ得二過レ中食一。不レ得二豫乞ヒ食。」⦿（盛衰記三）「伽留陀夷は證果の尊者なり」

迦留陀夷敎化　〔故事〕佛、舍衛國に在り。爾の時長老迦留陀夷、阿羅漢道を得て是の念を作す。我れ先に六群比丘の中に在て、舍衛國に於て諸家を汚辱せり、我れ今當に還て此諸家をして清淨ならしめんと。是の念を作して後、舍衛國に入て九百九十九家を度す。若し夫道を得て婦得ず、婦道を得て夫得ざるものは此數に在らず。而して更に一家を度して千家に滿じて遂に枉殺せらる。【十誦律十七】

迦留陀夷死糞中　〔傳說〕時に舍衛城に婆羅門の家あり、應に聲聞を以て得度すべし。迦留陀夷、念じて言く、我れ復た此家を度せば舍衛城に於て千數に滿つと。晨朝に鉢を持して其家に至るに、主婦門を閉ぢて麨を煎る。迦留陀夷、種種の神變を現じて其心を化し、祇洹に至て其麨を佛に供せしむ。因て法を說て初果の證を得せしめ、五戒を與へて優婆夷となす。彼れ家に還て其夫を導て來り、其夫亦た初果を得て優婆塞となる。夫妻既に道に入て力を盡して迦留陀夷を供養し、其子に命じて身死して後も今と異なるとなからしむ。其子命を奉

じて供養すると法の如し。後に子の婦賊主の年少端正なるを見て、竊に之に通じて娛樂す。時に迦留陀夷、其家に往て婦の爲に婬欲の過を說く。婦之を聞て疑を生じ、或は夫に向て之を說かんとを恐れ、賊主と相謀り、一日病に託して迦留陀夷を請じ、日沒の後、迦留陀夷の糞所に到るを伺て賊主をして之を刺さしむ。賊主便ち利刀を以て其の頭を斷じ糞中に埋着す。世尊之を知て諸比丘を率て糞所に至り、死屍を擧て法の如く之を城外に火化す。波斯匿王之を聞き、婆羅門の家を滅して七世の親に及ぶ。【十誦律十七、經律異相十五】

カルダガ　迦留陀伽　〔人名〕Kālodaka 沙門の名。譯、時水。【開元釋敎錄三】に「沙門迦留陀伽。晉言二時水一。西域人。弘喩有レ方。懷レ道遊レ國。以二孝武帝太元十七年壬辰一。譯二十二遊經一部一。」

カルナ　迦樓那　〔雜語〕Karuṇā 又、迦盧拏。譯、悲。【玄應音義三】に「摩訶。此云レ大。迦樓那。此云レ悲。言二如來功德。以二般若大悲二法一爲レ體。」【大日經疏一】に「梵音謂レ悲爲二迦盧拏一。迦是苦義。盧拏是剪除義。慈如三廣植二嘉苗一。悲如レ芸二除草穢一。」

カルニ　迦嚧尼　〔雜語〕Karuṇin 譯、悲。【大日經疏十】に「迦嚧尼悲也。麼也。體也。所謂大悲爲レ體也。」

カルパ　〔術語〕「コフ」を見よ。

カルハダ　迦留波陀　〔雜名〕Karipada 天の名。譯、象跡天。【正法念經二十三】

カルマ　〔術語〕「コンマ」「カツマ」を見よ。

カルラ　迦樓羅　〔動物〕Garuḍa 又、迦留羅。迦婁羅。揭路茶。迦嘍茶。伽樓羅。誐嚕拏。蘖嚕拏など。鳥の名。舊譯、金翅鳥。新譯、妙翅鳥。頂癭鳥。食吐悲苦聲など。四天下の大樹に居り、龍を取て食となす。八部衆の一。【法華文句二下】に「迦樓羅。此云二金翅一。翅翮金色。居二四天下大樹上一。兩翅相去三百三十六萬里。」【探玄記二】に「迦留羅。新名二揭路茶一。此云二妙翅鳥一。鳥翅有二種種寶色莊嚴一。非二但金一。依二海龍王經一。其鳥兩翅相去三百三十六萬里。閻浮提止容二一足一。依二涅槃經一。此鳥能食二消龍魚七寶等一。又依二增一經一。日別食二一大龍王五百小龍一。達二四天下一。周而復始。次第食レ之。命欲レ終時。諸龍吐レ毒。不レ能二復食一。飢火所レ燒。聳レ翅直下。至二風輪際一。爲レ風所レ吹。還復上來。往還七返。無二處停一レ足。遂至二金剛輪山一。頂上命終。以レ食二諸龍一。身肉毒氣。發レ火自焚。難陀龍王。恐レ燒二寶山一。降レ雨滅レ火。渧如二車軸一。身肉消散。唯有二心在一。大如レ髀。純青瑠璃色。輪王得レ之。用爲二珠寶一。帝釋得レ之。爲二髻中珠一。」【慧苑音義上】に「迦樓羅。或曰二揭路茶一。此云二食吐悲苦聲一也。謂此鳥凡取二得龍一。先內二嗉中一。得二吐食一レ之。其龍猶活。此時楚痛出二悲苦聲一也。或曰。此云二大嗉頂鳥一。謂此鳥常貯二龍於嗉內一。益二其頂麁一也。舊云二金翅妙翅一者。且就レ狀而名。非二敵對翻一也。然其翅有二種種寶色一。非二唯金耳一。」【慧琳音義一】に「揭路茶。正音蘖嚕拏。古云二迦婁羅一。」【同十一】に「迦留羅。梵音不正也。正音誐嚕拏。」【俱舍光記八】に「揭路茶。此云二頂癭一。或名二蘇鉢剌尼一。Suparṇī 此云二妙翅一。翅殊妙也。舊云二翅金鳥一。非二正所目一。」（第十三圖第十四圖參照）

（胎藏曼荼羅迦樓羅の圖）

（圖像集迦樓羅の圖）

迦樓羅炎　〔雜名〕火の燃ゆる狀迦樓羅鳥の羽を開きたる如きを云。【聖無動尊安鎭家國等法】に「威容極忿。右持二智劍一。左執二羂索一。坐二金盤石一。光焰熾然。其焰多有二伽樓羅狀一。」【同偈】に「猛焰從レ心生。狀如二金翅鳥一。」◉（太平記一八）「上人は不動明王の形像にて、伽樓羅炎の內に坐し給へり。」

迦樓羅法　〔修法〕迦樓羅鳥の修法。文殊師利菩薩根本大敎王經金翅鳥品一卷、【閏帙十四】（1054）速疾立驗魔醯首羅天說阿尾舍法一卷、（1396）具に其法を說く。【密門鈔抄】に「伽樓羅大法は風雨を止め及び惡雷の御祈。」案に迦樓羅法は迦樓羅鳥の神靈を以て惡龍の災を除く意。

カルラクワン　迦樓羅觀　〔術語〕迦樓羅鳥の毒蛇の害を除く如く諸の災害を除く觀法を迦樓羅觀と名く。義譯して微妙觀と云。【守護經】

カロス　殼漏子　〔雜名〕又、可漏子に逕る。可殼唐音相近き故に假用す。殼は卵の皮甲、漏は汙物を漏泄する義、子は物を指す語、人の身體を譬て云。又、封皮は人の身體に似たる所あるを以て可漏子と云。【傳燈

錄价禪師章】に「師將二圓寂一。謂レ衆曰。離二此殼漏子一向二什麽處一與レ吾相見。衆無レ對。」【傳燈錄長慶稜禪師章】に「保福遷化。人問レ師。保福抛二却殼漏子一。向二什麽處一去也。師曰。且道保福在二那箇殼漏子裏一。」

カロラ　迦樓羅　〔動物〕Garuḍa 鳥の名、カルラと讀む。「カルラ」を見よ。

カワイ　河淮　〔地名〕河は河北。淮は淮南。支那の天台の鼻祖、北齊の慧文の住處。（カンノーシシャ又はカンニンスシヤと讀む）【止觀一上】に「南岳師二事慧文禪師一。當二齊高之世一。獨二步河淮一。法門非二世所一レ知。履レ地戴レ天。莫レ知二高原一。」

河淮之流　〔流派〕天台宗の派義を云ふ。⦿（太平記）「學三圓頓於二河淮之流一」

カワウ　哥王　〔人名〕哥利王。「カリ」を見よ。

カワウ　歌王　〔人名〕歌利王。「カリ」を見よ。【稽古史略三】に「忍仙林下坐禪時。曾被三歌王割二截肢一。」

カヱ　嘉會　〔雜語〕嘉吉の法會。【大日經疏四】に「良日晨者。意在二菩提心嘉會之晨一也。」

カヱダンマンダラ　嘉會壇曼陀羅　〔術語〕曼陀羅の德名。曼陀羅を設けて灌頂を行ふは十方の諸佛來集して導師の當來を生ずる嘉會なればいふ。【溪嵐拾葉集十四】に「灌頂時。依二諸佛加持誓願一。當來導師始生故。佛菩薩影向擁護嘉會云。嘉者歡喜義也。會者來集義也。諸佛來臨影向。行者正覺歡喜給義嘉會壇云也。」図 中臺大日の理法身、西方の蓮華部の阿彌陀三昧に住して加持曼荼羅を領し、衆生の爲に說法するを嘉會曼荼羅と云ふ。大日經具緣品の說法是なり、是れ自證會加持身の說なり。又西方極樂の阿彌陀の相を領して說法する是れ嘉會曼荼羅なり。是れ說聽和合の嘉運なれば嘉會と云ふ。諸經の首に所謂一時是なり。【大日經六】に「青色是無量壽色、既到二金剛實際一。即以二加持方便一。善現二大悲曼荼羅一。」【秘藏記鈔一】に「大日阿彌陀三摩地に住して加持曼荼羅を領す、三部の中には蓮華部の曼荼羅なり。」【理財集下】に「五佛中の初の三佛は內證の三點無相の法身なり、三點の中の南方は理智不二の寶生なり、迷機に對せず、之を四身一體の內證の自性壇王と云ふ。西方の嘉會壇は始て迷機に對する淨土の佛彌陀なり、一切の淨土の佛は彌陀の分身なり。」

カンインズサ　感應使者　〔圖像〕帝釋の使者として禪院の伽藍神に之を祭る。蓋し支那の風習に成りしもの。【象器箋四】に「鎌倉建長寺。伽藍神五軀相並。（乃至）張大帝。大權修利。掌簿判官。感應使者。招寶七郎。（乃至）慧日山東福寺土地堂。安二梵天帝釋據レ床像一。像東安二掌簿判官立像一。其像著二襆頭一。左手持二卷軸一。右手提レ筆。梵釋像西安二感應使者立像一。右手持レ棒。擔二子右肩一。左手持レ槌。（乃至）三聖寺土地堂感應像。右手持レ槌。左手提レ棒。與二東福像一左右相反。皆被髮不二復着一レ巾。所謂作二卑下之容一也。」

カンオウ　感應　〔術語〕衆生に善根の感動する機緣あれば、佛力の之に應じ來るを感應と云ふ。感は衆生に就き、應は佛に屬す。【玄義六上】に「經中機語緣語。並是感之異目。悉語二衆生一。（乃至）應是赴義。」【三藏法數三十七】に「感即衆生。應即佛也。謂衆生能以二圓機一感レ佛。佛即以二妙應一應レ之。如下水不二上升一。月不二下降一。而一月普現中衆水上。」【正法華經一】に「無數世界廣說二經法一。世尊所爲感應如レ是。」【大日經疏一】に「妙感妙應。不レ出二阿字門一。」【金光明文句六】に「淨土三昧經云。衆生亦度レ佛。若無二機感一佛不二出世一。亦不レ能レ得レ成二三菩提一。」【同記】に「今從レ圓說始究二經意一。良以下自他性本不二。方有二能感一及有中能資上。」是に就て台宗四機四應を立つ。次項を見よ。

感應妙　〔術語〕衆生の機感に應ずる如來の妙德。法華迹門十妙の一。「カンオウメウ」を見よ。

感應道交　〔術語〕衆生の感と如來の應との道互に交通するを云ふ。【文句六下】に「始於二今日一。感應道交。故云忽於二此間一。會遇見レ之。」

感應使者　〔圖像〕「カンイズサ」を見よ。

カンオウメウ　感應妙　〔術語〕十妙の一。衆生に於て佛菩薩の靈應を感ずる善根の發動するを機と云ひ、此の機に應じて佛菩薩の利益を垂るるを應と云ふ。之に就て四句あり。一に冥機冥應。過去に善く三業を修するも現在に於て未だ身口を運ばさず、往昔の善根に籍るを冥機となす。現に靈應を見ざるも密に法身の益する所となり、不見不聞にして覺智するを冥應となす。二に冥機顯應。過去に善を植ゑて冥機已に成り佛に値ひて法を聞くを得、現前に利益を得るもの、佛の初て出世し最初に度を得るの人現在何ぞ嘗て修行せん、諸佛共の宿機を照して自ら往て之を度するなり。三に顯機顯應。現在の身口意精勤惰らず能く降臨を感ず、須達長跪して佛祇洹に往き、月蓋曲躬して聖門閫に臨む如し。又今の行人道場に禮懺し能く靈應を感ずる者是なり。四に顯機冥應。人一世に勤苦し現善濃積するも而も顯感せず冥に其の利あり、即ち顯機冥益なり。【法華玄義六上】に「衆生根性百千。諸佛巧應無量。（乃至）今略言レ有レ四。一者冥機冥應。二者冥機顯應。三者顯機顯應。四者顯機冥應。」

三十六句　〔名數〕上の四句各四句あり。即ち一に冥機冥應、二に冥機顯應、三に冥機亦冥亦顯應、四に冥機非冥非顯應なり。餘の三機亦た此の如し、即ち十六句を成す。而て機既に應を召せば應に亦

た十六句あり。即ち一に冥應冥機、二に冥應顯機、三に冥應亦冥亦顯機、四に冥應非冥非顯機なり。他の三句亦た此の如し、依て機應各十六、合して三十二句を成し、これに根本の四句を加へて三十六句の機應を成すなり。【玄義六之一】

カンオンアミダキヤウ　漢音阿彌陀經　〔儀式〕阿彌陀經を漢音にて讀むと。「カンオンセウキヤウ」を見よ。

カンオンセウキヤウ　漢音小經　〔儀式〕小經は佛說阿彌陀經の異名。眞宗の經は吳音にて讀むが常なるを阿彌陀經に限て漢音にて讀む式あり、之を漢音小經と云。【實悟記】に「御本堂の阿彌陀經は嵯峨本とて彌陀經のすり本候。漢音を付たる本にて候。綽如上人あそばされたる阿彌陀經を披見申候つるにも、嵯峨本のごとく御付候て。如レ此嵯峨本の如く毎朝すべしと奧書にあそばしをかれ候ひき。此本は漢音ばかりにあらず、唐音もあり、くだらよみとて、聖德太子の百濟國より取寄られし讀みにて候間くだらよみと申にて候。當時はちとかはり申候歟。古へ圓如上人御稽古候つる、件の嵯峨本にて御稽古候き。當時は吳音おほくまじりたるやうに候。」【考信錄一】に「今時讀み傳ふる樣は蓮門課誦西山徒慧空作に載する國字讀を付たると同じ。但今家には若一日等、日の字、及六方諸佛名の佛の字を略す。金口の文字を省くこと何なる故のありけるにや、未審し。又漢音小經の舌舌每朝本堂にて讀誦なりしかども、安永元年壬辰の正月九日より廢して代代讚佛偈を以てす。祖堂の正信偈の舌舌も同時に廢せらる。今按ずるに漢音小經は例時作法の引聲小經の略なるに似たり。」大谷派にては今も尙每朝本堂朝に於て漢音小經を讀誦し、本願寺派は諒闇又は法會等に讀誦す、考信錄は本願寺派の書なり

カンガイサウオウ　函蓋相應　〔術語〕彼此の二物能く吻合するを函と蓋との相稱ふに譬ふ。【智度論二】「如二諸法無量一智慧亦無量。無數無邊。如二函大蓋亦大。函小蓋亦小一。」【淨土論註上】に「相應者。譬如二函蓋相稱一也。」【大日經疏三】に「須二函蓋相稱一。則授受皆得二其宜一。」【玄義二上】に「以二法常一故。諸佛亦常。函蓋相稱。」

カンキ　函櫃　〔物名〕僧堂の衆衣服等を貯ふる器を云。【象器箋十九】

カンキキヤウ　閑機境　〔術語〕不用の機緣作略。【臨濟錄】に「皆是上二他古人閑機境一」「み、讀經を云。

カンキヤウ　看經　〔儀式〕禪家にてカンキンと讀み、讀經を云。

カンキン　看經　〔儀式〕禪語。經を讀むと。

カンギヤウ　寒行　〔行事〕寒三十日間、每夜薄著して寒を忍び、誦經分衛を行じ、福樂を祈願するを云ふ。苦行の意味にして平易なる行に勝れりとせるなり。鉦を打ち和讚佛名を唱ふるを寒念佛と稱し。裸形して水垢離を取り神社佛閣に詣るを寒參りと云ふ。

カンクテウ　寒苦鳥　〔動物〕又、雪山鳥。【錄內拾遺五】に「鷲林拾葉二十三云。物語云。天竺雪山と云山に寒苦鳥と云鳥あり、終夜嶋は殺我寒故と說き、雄は夜明造巢と鳴也。夜明ぬれば朝日の暖なるに映じて巢をも造らず、何故造二作栖一安二穩無常身一今日不レ知レ死明日不レ知レ死と鳴也。天竺は佛國にて鳥獸までも有二功德一故作二無常偈一此の如く囀也。此意を「朝な〳〵雪の山邊に鳴く鳥の聲に驚く人もなきかな」、或人云、妻鳥は寒苦逼レ身夜明造レ巢と鳴き、夫鳥は今日不レ知レ死明日不レ知レ死何故造二作栖一安二穩無常身一と鳴くと云云連集良材大旨同レ之、但し朝な〳〵の歌、後京極の詠と云へり。」

カンクワ　感果　〔術語〕作せる業因に由て或る結果を招くと。【戒疏四下】に「因不二虛設一必能感レ果。」

カンケツ　咸傑　〔人名〕宋の明州天童の密庵禪師、名は咸傑。應庵の華禪師に就て法を得、敕を奉じて徑山の靈隱寺に住し、晚に天童に居て寂す。【五燈會元、稽古略四】

カンコ　閑居　〔術語〕止觀を修する二十五方便中第一科具五緣の中の第三に閑居靜處。【止觀四上】に「第三閑居靜處者。雖レ具二衣食一住處云何。若隨自意觸處可レ安。三種三昧必須二好處一好處有レ三。一深山幽谷。二頭陀抖擻。三蘭若伽藍。」

閑居十德　〔名數〕

無二男女境一　無二雜言緣一　無二妄語愆一
無二愛欲心一　無二是非友一　無二讃毀誤一
無二敵對人一　無二鬪諍畏一
無レ見二人失一　無二隨逐屬一　無二眷屬嗜一
無レ談二他過一
無二對面人一　無二來臨客一　無二饗應營一
無二禮儀煩一
無二交衆情一　獨修二妙行一　更無二他妨一
無二好衣望一

【類雜集九】

カンゴリ　寒垢離　〔行事〕神佛に祈誓する爲め寒中水をを浴ると、「コリ」「カンギヤウ」を見よ。

カンサイシシヤ　監齋使者　〔圖像〕僧食を監護するの神。支那の僧寺には監齋菩薩と稱す。靑面朱髮。【象器箋四】

カンサ　監作　〔職位〕修造局に隸して作事を監督するもの。【象器箋七】

カンザン　寒山　〔人名〕【宋高僧傳十九豐干傳】に「寒山子は世に謂て貧子と爲す。風狂の士なり、天台始豐縣の西七十里寒巖の中に幽止す。時に國淸寺に拾得なる者あり、寺僧食堂に知事たらしむ。恒に衆僧の殘食菜滓を拾て、亙竹を斷て筒を爲り內に投藏す。若し寒山子來れは即ち負て去り、或は廊下に經行す。或時は叫喚人を淩ぎ、或は空を望で漫罵す。寺僧耐へずし

て杖を以て逼逐すれば身を翻し掌を撫でて呵呵として徐に退く。然に其布襦零落、面貌枯瘁し、樺皮を以て冠となし、大木履を曳く。初め臺州の守閭丘、寺に入て寒山を問ひ、之を見て拜す。寺僧驚て曰く、大官何ぞ風狂夫を禮するや。二人臂を連れ笑傲して寺を出づ。閭丘復た寒巖に往て訪問し、衣裳藥物を送る。高聲に唱て曰く、我を賊す、賊退けと、便ち身、巖穴の中に縮入して其穴自ら合す、寒山詩あり、山林の間に題す、之を集て卷を成し、寒山詩集と云ひ、世に行はる」【稽古略三】に「閭丘曰く、天台の國淸に賢達ありや。豐干曰く、寒山は文殊、拾得は普賢、宜く就て之を見るべし。閭丘寺に入て二大士を拜す。二士走て曰く、豐干饒舌、彌陀不識、我を禮して何にか爲ん。」

寒山詩集 〔書名〕一卷。唐の閭丘胤撰、寒山の遺偈。

カンザン 憨山 〔人名〕名は德淸、憨山と號す。那羅延窟を大にし、曹溪の道場を復興す。著す所楞嚴通議、楞伽記、南華註等世に行はる。【續稽古略三】

憨山大師全集 〔書名〕四十卷。明の福善等錄。

憨山大師夢遊全集 〔書名〕憨山大師全集の具名。

憨山大師年譜 〔書名〕二卷。明の德淸自著。

カンザンスヰロク 看山水陸 〔術語〕施餓鬼法を水陸法と云ふ。水陸の有情に施與する意。又、之を看山水陸と稱す。【釋門正統四】に「我朝文忠公軾。重テ述二水陸法像贊一。今謂二之看山水陸一。供二養上下八位一者是也。熙寧中東川楊鍔祖二述舊規一。又製二儀文三卷一。行二於蜀中一。最爲レ近レ古。」

カンシ 揀師 〔術語〕阿闍梨を揀擇すること。未熟の阿闍梨、自ら大宗師と稱し、人を邪路に導く者ある故、所化は宜く其の熟未熟を揀擇すべきを云ふ。

カンシケツ 乾屎橛 〔譬喩〕人の糞を拭ひし橛(くひ)の乾きたるもの。至て穢れたる意を取る。屎橛は又、厠籌。淨籌。淨木。厠簡子など云。之を用ふるは印度の風。「シチュ」を見よ。【會元十五】に「僧問二雲門一。如何是佛。門云。乾屎橛」。【禪林句集】に「不念彌陀佛。南無乾屎橛。」

カンシヤウキ 刋正記 〔書名〕二卷。孤山の智圓著。天台の觀經疏を釋す。

カンシヨ 甘蔗 〔譬喩〕物の多きに譬ふ。【維摩經法供養品】に「三千大千世界。如來滿レ中。如二甘蔗竹葦稻麻叢林一。」

カンシヨ 図 〔人名〕釋尊五姓の一。【佛本行集經五】に甘蔗王の次前に王あり、大茅草王と名く、王位を捨てて出家して五通を得て王仙と稱す。王仙衰老して行くと能はず、諸弟子之を草籠に容れて木に懸け、出でて食を乞ふ。時に獵者あり、王仙を誤て白鳥となし射て之を殺す。其血の滴る處後に甘蔗二本を生ず。日に炙られて開剖し、一は童子生じ、一は童女を生ず。大臣聞て迎へ取り、宮中に養育す、日光甘蔗を炙て生ずる故に善生 Sujāta と名け、甘蔗より生ずる故に甘蔗生 Ikṣvāku と名け又日炙に由る故に日種 Sūryavaṁśa と名く而して女を善賢と名く。遂に善生を立てゝ王となし善賢を其妃となす、善賢四子を生む。王後に第二妃を納れて一子を生む。第二妃王を勸めて四子を國外に放逐せしむ。四子雪山の南に於て國を建て姓を釋迦 Śākya と稱し、又舍夷と號す。即ち是れ迦毘羅城なり。三子沒して後、一子王となり尼拘羅と名く。次を拘盧と名け、次を瞿拘盧と名け、次を師子頰 Siṁhahanu と名け、次を閱頭檀 Śuddhodana と名く。即ち悉達太子の父王なり。」【佛所行讃一】に「甘蔗之苗裔。釋迦無勝王。淨財德純備。故名曰二淨飯一。」上記の如く本經集經は釋種を以て甘蔗王の第四王子より出でたるものと爲し、五分律、起世經、有部律亦是れと同一なり。然るに四分律、長阿含經、大樓炭經には第一王子より出でたるものとせり。何れにするも釋種は甘蔗王より出でたりとせるは一なり。

カンシヨ 閑處 〔術語〕閑靜の處。練若(れんにゃ)を云。【法華經安樂行品】に「在二於閑處一。修二攝其心一。安住不レ動。如二須彌山一。」

カンシン 鑑眞 〔人名〕カンジン又はガンジンと讀む。俗姓は淳于氏、唐の揚州江陽縣の人、年十四にして智滿禪師に就て出家し、三藏を極め、殊に戒律に精し。我が入唐僧榮叡普照の請に依り、其徒一百八十四人と共に六回の大難を犯して來朝す。時に天平勝寶六年なり。敕して東大寺に居らしめ、授戒傳律の任を委ね、傳燈大法師位を授く。此歳四月、戒壇を盧遮那殿前に建て、聖武上皇、皇帝已下四百餘人戒を受く。後に其の戒壇を大殿の西に移して戒壇院を立て、七年皇子新田部の邸を賜りて唐招提寺を創す。此歳大僧都に任じ、大僧正に轉じ、天平寶字元年、大和尙の號を賜はる。七年五月六日、壽七十七にて寂す。眞渡海の時、瘴氣に罹て兩目明を失ふも、大藏の文句諳記する所多し。上足思託及び白衣の弟子眞人、各東征傳を製す。【宋高僧傳十四、本朝高僧傳二】◎(水鏡、下)「八月三日鑒眞和尙と申しし人、聖武天皇の御爲に招提寺をたて給ひき。」

鑑眞傳 〔書名〕六卷。思託著。即ち東征傳。

鑑眞大和尙傳 〔書名〕一卷。淡海眞人玄開著。

唐鑑眞大和上傳 〔書名〕一卷、賢位著鎌倉時代に成りたる和文の傳記なり。

カンジ　監寺　〔職位〕カンスと讀む。禪林の語。一寺を監督するもの。寺主に同じ。【釋氏要覽下】に「會要云。監者惣領之稱。所以不稱寺院主者。蓋推尊長老。」【祖庭事苑八】に「僧史曰。知事三綱者。若網罟之巨綱。提之則百目正矣。梵語摩摩帝。此云寺主。即今監寺也。詳其寺主起於東漢白馬也。寺既爰處。人必主之。于時雖無寺主之名。而有知事之者。至東晉以來。此職方盛。今吾禪門有內外知事。以監寺爲首者。蓋相沿襲而然也。」

カンジン　感進　〔術語〕感は感應、進は精進。精進習學の人は佛の感應を得、感は進に生ず、感進と云。元亨釋書十科の中、第三科を感進と稱す。【釋書三十】に之を釋して「慕道之士。進其爲精。進進不止、感應便生。進感續焉。」

カンス　監寺　〔職位〕寺內を監督し、衆僧を總領する役。禪宗六知事の一。「カンジ」を見よ。

カンスヰユキヤウ　鹹水喩經　〔經名〕佛說鹹水喩經一卷。失譯人名。海水に沒する人乃至海水を渡る人の七喩を擧げて、生死に沒する人乃至彼岸に到る人の七種に譬へて法を說きしもの。【昃帙八】(558)

カンダウニン　閑道人　〔術語〕【詩經毛註】に「閑習也」道を習ふ人。【證道歌】に「絕學無爲閑道人。」

カンダツホフ　堪達法　堪達法より一等優りたる羅漢　〔術語〕羅漢の其性練習に堪へ能く不動法に達すべきもの。六種羅漢の一。【俱舍論二十五】に「堪達法者。彼性堪能好修練根。速達不動。」

カンチ　犍稚　〔物名〕Ghaṇṭā 又、犍稚。犍槌。犍地。犍遲。犍椎に作る。譯、鐘。磬。打木。聲鳴など。打て聲を作すべき物の通稱。大小別なし。案に椎稚の二字共に梵音を寫したるものなれば、何れを用るも妨なからんも、聊か其相違を辨せば、椎は【集韻】に「傳追切。音追。通作槌。俗作梠。」とあれば椎槌通用し。稚は【廣韻】に「直利切。音治。」とあり。然るに玄應は經論の中椎或は槌の字を用ふるは總て稚の寫誤なりと云ひ、元照は椎或は槌と書して地と訓するが本にて、稚と書して直に地と訓するは後人の妄改なりと云。【玄應音義十四】に「犍椎椎宜作稚。稚音直致切。」【同一】に「犍稚。椎直追反。經中或作犍遲。案梵本。臂吒犍稚。臂吒此云打。犍稚所打之木。或檀或桐。此無正翻。以彼無鐘磬故也。但椎稚相濫。所以爲誤已久也。」【同十七】に「犍稚直致切。舊經多作犍遲。乃至今經律多作犍稚誤也。」次に元照は南山の行事鈔上之一に「出要律儀。引聲論翻。犍巨寒反椎音地此名磬。亦名爲鐘。」案に現本の行事鈔は此處の椎の字稚に作れど元照の意に據れば固より椎に作るべし　とあるを釋して、【行事鈔資持記上一之四】に「若諸律論。並作犍槌。或作犍椎。如字而呼。乃是梵言訛轉。唯獨聲論正其音耳。今須音槌爲地。又羯磨疏中。直云犍地。未見稚字呼爲地也。後世無知。因此羯磨疏の犍地の文字一誤。於鈔文前後以及一宗祖教。凡犍椎字。並改爲稚。直呼爲地。請尋古本寫鈔及大藏經律考之。方知其謬。但以稚椎相濫。容致妄改。今須依律論並作犍槌。上至呼召時。自從聲論。或作椎亦爾。世有不識梵語者。上云是打鐘之槌及砧槌等。此又不足議也。」さて南山の行事鈔に據れば前に引く犍稚を磬或は鐘と翻ずれども、同師の尼鈔に據れば鐘磬は彼に無ければ打木と翻ずべしと云。【資持記上一之四】に「若準尼鈔。西傳云。時至應臂吒犍槌。臂吒此云打。犍槌此云所打之木。或用檀桐木等。彼無鐘磬。故多打木集人。」玄應音義の說前に引く亦た之に據る。然るに元照等之を疑ひ、【同資持記註】に「應法師經音義。大同尼鈔。然祇桓圖中。多明鐘磬。而云彼無者。或恐少耳。」【名義集七】に「應法師釋云。梵語臂吒。此云打。梵語犍椎。此云所打之木。或檀或桐。此無正翻。彼無鐘磬故也。音義指歸斥云。祇如梵王鑄祇桓寺金鐘。又迦葉結集撾銅犍椎。豈無鐘耶。但天竺未知有磬。五分律云。隨有瓦木銅鐵鳴者。皆名犍地。」【釋氏要覽下】に「今詳律。但是鐘磬。石板。木板。木魚。砧槌。有聲能集衆者。皆名犍稚也。」【祖庭事苑】に「犍稚。此翻磬鳴。」

カンヂヤウキ　刋定記　〔書名〕華嚴刋定記、十六卷。靜法寺の慧苑、新譯の經を釋し、賢首と見地を異にす。

カンヂンキヤウ　閑塵境　〔術語〕無要の文字、不用の言語を云。文字は色塵の境に屬し、言語は聲塵の境に屬す。【臨濟錄】に「上他閑塵境。都不辨邪正。」

カンツウデン　感通傳　〔書名〕外題に道宣律師感通錄。內題に宣律師感天侍傳。因て感通傳とも感通錄とも、又律相感通傳とも云。一卷。道宣師、天人の來降を感じて戒律の事相に付き問答せしもの。【露帙七】案に一卷の傳錄は蓋し感通の一部分を記せしものの歟。何となれば【釋門正統八】に「又言此土雪蹤西天聖跡。計有三千八百餘條。隨問隨錄。爲感通傳。」

カンツウロク　感通錄　〔書名〕感通傳を見よ。

カンヅン　眼同　〔雜語〕衆眼一同に見て事を爲すと。元朝の俗語。【象器箋十五】ガンズンと讀む。

カンニン　堪忍　〔術語〕苦難を堪へ忍ぶと。【南本涅槃經二十六】に「不惜身命。堪忍衆難。」【俱舍論十八】に「衆苦逼身。皆能堪忍。」

堪忍世界　〔界名〕娑婆世界の譯名。此界の衆生は忍て惡を爲すが故に、又諸の菩薩、教化の爲に

忍て勞倦を受くるが故に堪忍世界と名く。【文句二下】に「娑婆此翻忍。其土衆生。安於十惡。不肯出離。從人名土。故稱爲忍。悲華經云。云何名娑婆。是諸衆生。忍受三毒及諸煩惱。故名忍土。」【玄贊二】に「梵云索訶。此云堪忍。諸菩薩等。行利樂時。多諸怨嫉。衆苦逼惱。堪耐勞倦。而忍受故。因以爲名。娑婆者訛也。」

堪忍地 〔術語〕菩薩の十地の中、初地の別名。【南本涅槃經十一】に「得四念處已。則得住堪忍地中。菩薩摩訶薩。住此地已。則能堪忍貪欲恚癡。亦能堪忍寒熱飢渴。蚊虻蚤蝨。暴風惡觸。種種疾疫。撾打楚撻。身心苦惱。一切能忍。是故名爲住堪忍地。」此堪忍地を菩薩の十地に配するに諸師の異見あれども、天台一家は之を初地の位と定む。【涅槃經會疏十一】に「舊云。第五地禪波羅蜜備是堪忍地。今明不爾。若各就別圓。別論定果。已如前釋。若圓別合論。還是初地。」【玄義四上】に「祇登地時。不爲二邊所動。名不動地。上持佛法。下荷衆生。名堪忍地。於生死涅槃。俱得自在。名無畏地。無畏地從我德立名。堪忍地從樂德立名。不動地從常德立名。淨德通三處。登地之日。四德俱成。」⊙（十訓抄）「十地の中には堪忍地あり。」

堪忍之境 堪忍世界に同じ。娑婆世界を云。⊙（續文粹十二）「出堪忍之境。歸眞如之宮。」

カンネンブツ　寒念佛 〔行事〕寒中三十日、道路を經廻して念佛を唱ふる修行。「カンギヤウ」を見よ。

カンノウ　堪能 〔術語〕力ありて能く物に堪ふるを云。【起信論】に「於一切時一切處。所有衆善。隨己堪能。不廢修學。」【止觀七下】に「地持云。得勝堪能。名爲力。」

カンパ　勘破 〔術語〕事の是非を勘へ定むること。【碧巖四則】に「勘破了也」「よ用心せよとなり。」

カンハウベン　看方便 〔雜語〕禪錄の語。注意せ

カンバウ　看坊 〔雜名〕禪院に在て後見し、又留守する僧を云。又、寮の時は看寮と云。【壒嚢鈔四】

カンピヤウヂゴク　寒氷地獄 〔界名〕寒風氷凍を以て罪を責る地獄。十六遊增地獄の一。【三藏法數四十五】

カンビヤウ　看病 〔雜語〕病人を看護すること。【梵網經下】に「若佛子見一切病人。常應供養如佛無異。八福田中。看病福田。第一福田。」【僧祇律二十八】に看病人法を說き、其の中世尊病比丘を洗ふ事緣を記す。【四分律四十一】に亦此事を記して言く。「汝曹比丘。自今已後。應看病比丘。乃至若有欲供養我者。當供養病人。」

カンベン　勘辨 〔術語〕宗門に勘辨の一科あり。凡そ一機一境の處に於て師家は學者の深淺を試み、學者は師家の邪正を探るもの、之を勘辨と云。【禪林類集六勘辨部】

カンボ　紺蒲 〔植物〕果の名。赤くして圓、三約の横文あり佛の頸此相を成ずるを紺蒲成就と云。【慧苑音義下】に「紺蒲正云劍蒲。乃西域菓名。其色紅色。復周三約橫文。而佛頸成就彼相。」

紺蒲國 〔地名〕華嚴經に言ふ甘菩遮國。梵 Kamboja 「カンボシヤ」を見よ。

カンボシヤ　甘菩遮 〔地名〕Kamboja 國の名。【探玄記十五】に「甘菩國者。正云劍甫。是北印度。此國多出美女。故以爲名也。」【華嚴疏鈔四十五】に「甘菩遮國。正云紺蒲。即是果名。赤白圓滿。乍似此方林檎。而復三約橫文。此國多端正女人。面似甘蒲。三約橫文成。以女名國。」案に紺蒲、甘菩遮は俗に言ふ「カボチヤ」にて、甘菩遮國は柬浦塞國なり。（今のカンボチヤに非ず、北方アフガン地方なり。）

カンマン　敢曼 〔衣服〕腰に纏ふもの。【寄歸傳一】に「赤脚敢曼」【慧琳音義八十一】に「敢曼梵語也。遮形醜之下裳。如此方之褌袴。一幅物。亦不裁縫。橫纏腰下。名曰合曼也。」梵 Kambala

カンモンジ　閑文字 〔雜語〕不要の文字。【六祖壇經】に「若見本性。十二部經總是閑文字。」

カンライケツスヰヘンサケンピヤウ　寒來結水變作堅氷 〔雜語〕歌題。【止觀五上】に「無明癡惑。本是法性。以癡迷故。法性變作無明。起諸顚倒善不善等。如寒來結水變作堅氷。又如眠來變心有種種夢。」迷情の固結するを無明煩惱となし、知見の融解するを眞如法性となす。無明法性本來一物なりとの旨を說きしもの、是れ圓宗の極談。⊙（法門百首）「ながれこしその水上に風さえていつ結びける氷なるらん」

カンリツダ　汗栗馱 〔術語〕Hṛd Hṛdaya 又、乾栗馱。干栗多。カリダと讀む。「キリヤ」を見よ。

カンリン　寒林 〔雜名〕林葬の處、一の林を墓所と定て死屍を運びて之に棄て、諸の禽獸を飼ふなり。梵語、尸陀。屍陀。Śītavana 其林幽邃にして寒き故、又は死屍の横はる所之に入るもの畏れて身の毛の寒を覺ゆれば寒林と名く。【玄應音義七】に「屍陀林。正言尸多婆那。此名寒林。其林幽邃而寒。因以名也。在王舍城側。死人多送其中。今總指棄屍之處。爲屍陀林者。取彼名之也。」【釋氏要覽下】に「寒林。即西域棄尸處。僧祇律云。謂多死尸。凡入者可畏毛寒。故名寒林。」尸陀林の原語は divya-avadāna に見ゆ、

又 Śmaśāna 法顯傳の尸摩賒那(墓田)にして名義集七の舍摩奢那は(冢)に相當す。(外來語字書二八二)「シダリン」を見よ。

靈鬼鞭骨寒林 [傳說]【天尊說阿育譬喩經、經律異相四十六、谷響集十】に出づ。「オニ」の項を見よ。⊙(平治物語)「寒林に骨を打ちし靈鬼は前生の惡を悲しむ」

寒林經 [經名] 大寒林聖難拏陀羅尼經の異名。

カンレウ 看寮 [雜名]「カンバウ」を見よ。

カンロ 甘露 [飮食] 梵語 Amṛta 阿密哩多。譯、甘露。異名、天酒。美露。味甘くして蜜の如きもの。天人の所食。【光明文句五】に「甘露是諸天不死之藥。食者命長身安。力大體光。」【註維摩經七】に「什曰。諸天以二種種名藥一著二海中一。以二寶山一摩レ之。令レ成二甘露一。食レ之得レ仙。名二不死藥一。生曰。天食爲二甘露味一也。食レ之長壽。遂號爲二不死藥一也。」【玄應音義二十二】に「蘇陀味。舊經中作二須陀飮一。此云二天甘露食一也。」【正法念經九】に「甘露爲レ毒」⊙(著聞集、釋敎)「この水はほそく見ゆれども八功德水、甘露利益、含識方便にてあらんずるぞ。」

四種甘露 [名數] 青黃赤白の四種。【瑜伽論四】に「復有二食樹一。從二其樹裏一。出二四食味一。名曰二蘇陀一。所謂青黃赤白。」【同略纂二】に「有二四種蘇陀味一者。謂青黃赤白四色妙味。」【法華玄贊六】に「若天得レ勝。便入二非天(即ち阿修羅)宮中一。爲レ奪二其女一。起二此違諍一。若非天得レ勝。即入二天宮一。爲レ求二四種蘇陀味一。故相戰鬪。」蘇陀は Śuta 又は Sudhā にして蘇摩 Soma を指す。修羅軍と神軍とが神酒甘露即ち蘇摩を爭ふことは古來の說なり。「アシュラ」を參照せよ。

甘露法 [術語] 如來の敎法を甘露に譬ふ。【法華經藥草喩品】に「我爲二世尊一。無二能及者一。安二穩衆生一。故現二於世一。爲二大衆一說二甘露淨法一。其法一味。解脫涅槃。」【佛地論三】に「如來聖敎。於二諸外道一。一切世間邪劣敎中。最爲二眞實殊勝淸淨一。猶如二醍醐一。亦如二甘露一。令下得二涅槃一永不上レ死故。」【註維摩經七】に「什曰。佛法中以二涅槃甘露一。令二生死永斷一。是眞不死藥也。」【無量壽經下】に「猶如二大雨一。雨二甘露法一潤二衆生一故。」

甘露法雨 [譬喩] 如來の敎法を甘露の雨に譬ふ。【涅槃經二】に「世尊我今身。有二調牛良田一。除二去株杌一。唯悕二如來甘露法雨一。」【法華經普門品】に「悲體戒雷震。慈意妙大雲。澍二甘露法雨一。滅二除煩惱焰一。」

甘露滅 [術語] 甘露は涅槃の喩、涅槃を得て生死を滅するを甘露滅と云。【維摩經佛國品】に「始在二佛樹一力降レ魔。得二甘露滅一覺道成。」【同註】に「肇曰。大覺之道。寂滅無相。至味和レ神。喩若二甘露一。」天台の【維摩經會疏二】に「見二四諦理一。名レ得二甘露一。正習俱盡。故名レ滅也。」【止觀輔行一之二】に「見二無諦理一。離二生死法一。名二甘露滅一。」【寶積經六十八】に「佛說二甘露一滅二三毒一。如三阿伽陀消二衆毒一。」【大集經三十四】に「大悲牟尼王。悲心爲說レ法。聞已除二癡愛一。獲二甘露涅槃一。」

甘露門 [譬喩] 甘露の涅槃に到る門戶。即ち如來の敎法。【法華經化城喩品】に「普智天人尊。哀二愍群萠類一。能開二甘露門一。廣度二於一切一。」

甘露城 [譬喩] 涅槃を城に譬ふ。【智度論三】に「能到二甘露城一。」

甘露法門 [譬喩] 最上の法に譬ふ。【長阿含經一】に「吾愍二汝等一。今當レ開二演甘露法門一。」

甘露界 [術語] 涅槃界を譬て云。【中阿含經二】に「於二甘露界一。自作レ證。成二就遊一。」

甘露鼓 [譬喩] 妙法の聲を甘露の鼓に譬ふ。【中阿含經五十六】に「我至二波羅㮈一。擊二妙甘露鼓一。轉二無上法輪一。世所レ未二曾轉一。」

甘露日 [雜名] 七曜と二十八宿と相應する日を以て甘露日と名け、大善日と爲す。【宿曜經下】に「太陽直日。月與レ軫合。大陰直日。月與レ畢合。乃至土曜直日。月與レ星合。已上名二甘露日一。是大吉祥。宜三册立受二灌頂法一。造二作寺宇一。及受戒習二學經法一。出家修道。一切並吉。」

甘露軍荼利明王 [明王] 軍荼利明王は五大尊の一。軍荼利明王に三種あり、一に金剛軍荼利、二に蓮華軍荼利、三に甘露軍荼利。【胎藏曼陀羅大鈔三】に「師曰。胎藏界圖。三處有レ之。金剛手院軍荼利。觀自在院軍荼利名二蓮華軍荼利一。蘇悉地院軍荼利名二甘露軍陀利一也。既其本誓各別也。故隨二所用一擧レ之。」【谷響集七】に「一家相承有二三部軍荼利明王一。甘露軍荼利爲二佛部一。蓮華軍荼利爲二蓮華部一。金剛軍荼利爲二金剛部一。」梵語、阿密利多軍荼利。Amṛtakuṇḍalin 阿密利多は、譯、甘露。軍荼利は譯、瓶、此明王は甘露の寶瓶を三昧耶形とする故に名く。【軍荼利儀軌】に「甘露軍荼利。能摧二諸魔障一。以二慈悲方便一。現二大忿怒形一。成二大威日輪一。照二曜無邊界修行者暗瞑一。速得二悉地一故。流二沃甘露水一。洗二滌藏識中一。」

甘露軍荼利明王畫像 [圖像]【甘露軍荼利菩薩供養念誦儀軌】に「軍荼利身色。瑩如二碧頗梨一。威光逾二劫焰一。赫奕佩二日輪一。顰レ眉笑怒容。虎牙上下現。千目現不レ瞬。晃耀皆如レ日。千手各操二持金剛諸

器杖。首冠ニ金剛寶一。龍瓔虎皮裙。無量忿怒衆。金剛及諸天。圍繞作ニ侍衞一。」【同軌次文】に「次說ニ本尊身相一應レ觀。四面四臂。右手執ニ金剛杵一。左手滿願印。二手作ニ羯磨印一。身佩ニ威光焰鬘一。住ニ月輪中一。青蓮華色。坐ニ瑟瑟盤石一。正面慈悲。右第二面忿怒。左第三面作ニ大笑容一。後第四面微怒開レ口。乃至隨ニ意所一レ樂。觀ニ念四臂八臂乃至兩臂千臂一。」

甘露王尊　〔明王〕甘露軍荼利の略名。【眞言修行尊鈔五】に「軍荼利云ニ甘露王尊一。」

甘露尊　〔明王〕甘露軍荼利王の略名。【軍荼利儀軌】に「加ニ持自身一。同ニ甘露尊一。」

甘露軍荼利菩薩供養念誦成就儀軌　〔經名〕一卷。唐の不空譯。軍荼利の印咒觀門を說きしもの。

甘露王　〔佛名〕阿彌陀の別號。阿彌陀の咒を甘露咒と云ふより阿彌陀を甘露王如來と云。彌陀の化身說法して甘露の雨を澍ぐ德を稱せしもの。但し此時の梵語は阿彌利帝と云。【胎藏曼陀羅大鈔一】に「阿娑縛抄云。阿彌陀。阿彌利帝。梵語也。此翻ニ無量壽無量光一。又正云ニ甘露一。故大咒云ニ十甘露明一。依レ之甘露王如來云。服ニ甘露一不老不死故。名ニ無量壽一矣。」【菩提心集經上】に「甘露王は應身なり、甘露は說法の德なり、法に名く。甘露の時は梵語阿密㗚多なり。」Amṛta

甘露陀羅尼咒　〔經名〕一卷。唐の實叉難陀 Śikṣānanda の譯。無量壽如來供養儀軌中の無量壽如來根本陀羅尼と同本。即ち阿彌陀の大咒。咒の中甘露の言十語あれば十甘露明と名く。【成帙八】

十甘露明　〔眞言〕又、十甘露咒。甘露陀羅尼咒。無量壽根本陀羅尼。即ち阿彌陀の大咒。

甘露經陀羅尼　〔經名〕佛說甘露經陀羅尼、一卷。唐の實叉難陀の譯。此經の中に「取ニ水一掬一。咒レ之七遍。散ニ於空中一。其水一渧。變成ニ十斛甘露一。一切餓鬼。並得レ飮レ之。無レ有ニ乏少一。皆悉飽滿。」とあるを以て、施甘露眞言とも十甘露咒とも云。【成帙八】(540)

甘露經　〔經名〕甘露經陀羅尼の略名。

甘露鼓經　〔經名〕樓閣正法甘露鼓經の略名。

甘露味經　〔書名〕阿毘曇甘露味論の異名。

甘露味論　〔書名〕阿毘曇甘露味論の略名。

甘露味阿毘曇　〔書名〕阿毘曇甘露味論の異名。

甘露味國　〔地名〕華嚴の善財童子五十三人の善知識を訪ふ中、青蓮花香長者の住國。【探玄記十九】に「甘露味者。救生善巧之勝味也。」

カンワウキヤウ　諫王經　〔經名〕佛說。諫王經。一卷。宋の沮渠京聲譯。佛、國王不離先尼に對して治世の要を敎誡切諫せしもの。言言適實、百王の洪範。

カンヰン　監院　〔職位〕古は監寺を監院と云。【象器箋七】

カンヱチ　乾慧地　〔術語〕三乘共十地の第一地。其の智慧乾燥して淳熟せざれば乾慧と云。【大乘義章十四】に「雖レ有ニ智慧一。未レ得ニ定水一。故云ニ乾慧一。又此事觀。未レ得ニ理水一。亦名ニ乾慧一。」

ガ　哦　〔術語〕𑖐 ga 又、誐、伽、哃、我、疙に作る。悉曇の體文三十五字の中、牙聲の第三。五十字門の一。【字記】に「迦」【大日經疏】に「哦」【金剛頂經】に「誐字門一切法行。不可得故。」【文殊問經】に「稱ニ誐字一時。是湛深法聲。」【大莊嚴經】に「唱ニ伽字一時。出下甚深法入ニ緣起一聲上。」と。これ Gata (行) 及び Gambhīra (甚深) より釋したるなり。

ガ　伽　〔術語〕𑖑 gha 悉曇の體文三十五字の中、牙聲の第四、五十字門の一。【大日經】に「伽引法字門。一切法一合不可得故。」【文殊問經】に「稱ニ伽字一時。是摧ニ稠密無明闇冥一聲。」【莊嚴經】に「唱ニ伽字一時。出下除ニ滅一切無明黑闇厚重翳瞙一聲上。」と。これ Ghatana (合) 及び Ghana (稠密) の語より釋したるなり。

ガ　仰　〔術語〕𑖒 ṅa 又、我、俄、哦に作る。悉曇の體文三十五字の中、牙聲の等五。五十字門の一。【字記】に「哦」【寄歸傳】に「我」【南本涅槃】に「俄」【金剛頂經】に「仰」【金剛頂經】に「仰字門。一切法支分不可得故。」【文殊問經】に「稱ニ仰字一時。是五趣清淨聲。」【大莊嚴經】に「唱ニ哦字一時。出下銷ニ滅衆生十二支一聲上。」と。これ Aṅga (支分) の語より釋せるなり。大日經、華嚴經、大品等 𑖒 を說かず。中天の傳にはギヨウと讀む。

ガ　蛾　〔譬喩〕欲樂の爲に身命を墮すものにたとふ。【智度論十七】に「諸欲樂甚少。憂苦毒甚多。爲レ之失ニ人身一。如ニ蛾趣ニ燈火一。」

ガ　我　〔術語〕己が身に一の主宰ありて常住なるもの。我を認定するものを外道とし、之を否定するを佛敎とす。【唯識論一】に「我謂主宰。」【述記一本】に「我如ニ主宰一者。如ニ國之主有ニ自在一故。及如ニ輔宰能割斷一故。有ニ自在力及割斷力一義。同レ我故。或主是我體。宰我所。或主如ニ我體一。宰如ニ我用一。」佛敎は五蘊の和合するものを指て假に我となす、實の我體あるにあらず。【佛地論一】に「我謂諸蘊世俗假者一。」【智度論一】に「佛弟子輩等。雖レ知ニ無我一隨ニ俗法一說レ我。非ニ實我一也。」

ガアイ　我愛　〔術語〕己が妄執の我に於て深く愛着すると。俗に所謂自愛心。第七識は常に第八識に向て

此煩惱を起す。四根本煩惱の一。【唯識論四】に「我愛者。謂我貪。於二所執我一深生二耽着一。故名二我愛一。」【圓覺經】に「有二我愛一者。亦愛二涅槃一。伏二我愛根一。爲二涅槃相一。」

ガイ 蓋 〔術語〕煩惱の異名。覆蓋の義。行者の心を覆ひて善心を開發せざらしむるもの。【法界次第上之上】に「蓋以二覆蓋一爲レ義。能覆二蓋行者一。清淨信心。不レ得二開發一。」【無量壽經下】に「離レ蓋清淨。無二厭怠心一。」図笠蓋。比丘の用るもの、【釋氏要覽中】に「律云。跋難陀比丘。持二大蓋一行 似今涼傘也 諸居士遙見謂二是官人一。皆避レ道。及レ近元是比丘。乃譏二謙之一。佛乃制戒。不レ應レ持二大蓋一。若天雨即聽。」【同卷】に「蓋有二二種一。竹蓋。二葉蓋。寄歸傳云。西域僧。有レ持二竹蓋一。或持レ傘者。」図佛の供具。寶蓋。天蓋など。【象器箋十九】に出す。【増一阿含經】に「是時梵天王在二如來右一。釋提桓因在二如來左一。手執レ拂。密迹金剛力士。在二如來後一。手執二金剛杵一。毘沙門天王。手執二七寶之蓋一。處二虛空中一。在二如來上一。恐下有二塵土一坌中如來身上。」蓋の用は塵埃を防ぐにあり。【觀無量壽經】に「其光如レ蓋、七寶合成。徧覆二地上一。」

五蓋 〔名數〕「ゴガイ」を見よ。

ガイ 姟 〔雜名〕數目。梵語、那由他。譯、姟。【玄贊八】に「風俗通。十千曰レ萬。十萬曰レ億。十億曰レ兆。十兆曰レ京。十京曰レ姟。乃至那由他姟也。」梵 Nayuta 一に十兆とし、又百萬即ち兆とす。（名義大集二四九）に Ayuta 阿庾多を垓と譯す。百京にあたる。

ガイアン 鎧庵 〔人名〕吳克己、字は復之、鎧庵と號す。幼にして頴悟、學て通ぜざる所なし、忽ち目疾を患ひ、人の勸に由て圓通道大士の號を念じて便ち癒ゆ。是に於て深く佛法を信じ、楞嚴を讀み、空生二心内一猶三雲點二大淸一に至て豁然豪を發す。嘗て宗鏡錄を讀む。寶積曰く、此書規矩なし、止觀を讀むに如かず、日夜境觀の二字を悟らしむ。果して悟入あり。嘉定七年の冬、寶山に終ふ。僧禮を以て茶毗す。壽七十五。著す所法華樞鍵、楞嚴集解科等あり。晚に釋門正統を編す、未だ就らずして亡す。良渚宗鑑、續て之を成ず。【佛祖統記十七】

ガイカク 害覺 〔術語〕他人に害を加へんと欲する心。三覺の一。又八覺の一。【無量壽經淨影疏上】に「害覺亦名二惱覺一。於二他人所一。念二欲加一レ害。」

ガイケ 改悔 〔術語〕惡事を悔い改むること。【涅槃經十六】に「是一闡提。若受レ苦時。或生二一念改悔之心一。我即當三爲說二種種法一。」【止觀七之上】に「既知レ是已。深生二改悔一。」

ガイケヒハン 改悔批判 〔術語〕眞宗にて安心領解を批判する儀式。蓮如上人の頃報恩講七晝夜の間厚信の僧俗上人の前に於て安心領解の相を告白し批判を乞ひしに初まる。後御影堂に於て報恩講初夜勸經の後、數名の僧代表者となりて改悔文を讀みて告白に代へ、講者之に對して勸信誡疑をなすを云ふ。

ガイケモン 改悔文 〔書名〕蓮如上人述、一紙。又領解文とも云ふ。自力を捨てて彌陀をたのみ。報恩の稱名を相續し、開山善知識の恩德を喜び宗規を守るを述べたるもの。古來安心、報謝、師德、法度に分科して釋す。世に異本多し。出口光善寺の所藏は上人の親書たりと云ふ。

ガイコフ 姟劫 〔雜名〕姟は數の名。劫は梵語 Kalpa 時の名。【風俗通】に「十億曰レ兆。十兆曰レ京。十京曰レ姟。」「ガイ」を見よ。

ガイサイカウバイ 啀喍嘷吠 〔雜語〕啀喍は口をいがめて物を嚙むこと。嘷吠は口を張てさけび吼ゆること。【法華經譬喩品】に「鬪諍摣掣。啀喍嘷吠。」

ガイサウ 害想 〔術語〕三想の一。人を害する思想なり。

ガイセフモン 該攝門 〔術語〕分相門に對す。華嚴宗賢首の用語。一乘の外に三乘あるを分相門と云ひ、一乘の内に三乘を該ぬるを論ずるを該攝門と云ふ。【五教章上之一】に「就二普賢門中一。復作二二門一。一分相門。二該攝門。」

ガイテン 蓋纏 〔術語〕五蓋と十纏。共に煩惱の數。【維摩經佛國品】に「悉已淸淨。永離二蓋纏一。」

ガイテン 蓋天 〔界名〕Parittābha【玄應音義五】に「蓋天諸經作二廬天一。此譯云二有光壽天一也。廬烏合切。」

ガイラ 該羅 〔術語〕物を兼ね攝めて漏らさざること。【無量壽經下】に「於二佛教法一。該羅無レ外。」

ガイロウコウ 蓋樓亘 〔菩薩〕譯、光世。【可洪音義二下】に「蓋樓亘。此云二光世菩薩一也。」案に蓋は廬の誤なるべし。觀世音菩薩の音譯。

ガイヰシヤウボフシユウ 害爲正法宗 〔流派〕外道十六宗の一。諸の外道、肉を食せんが爲め、若くは祠を祀り咒術をなさんが爲に猥りに人命を害し、祀る者も害せらるゝ者も、其の助伴者も共に天に生ずと立つるものを云ふ。【義林章一】「害爲正法宗。謂諍二競劫起一。諸波羅門爲レ欲レ食レ肉妄起二此計一。若爲二祀レ祠。咒術爲レ先。害二諸生命一。能祀所害。若助伴者皆得レ生レ天。」【瑜伽論七】「立如是論。若於二彼祠中一。咒術爲レ先。害二諸生命一。若能祀者。若所害者。若諸助伴。彼一切皆得レ生レ天。」

ガウ 我有 〔術語〕一實の我體ありとの妄執。【唯識述記一本】に「說二阿笈摩一。除二我有執一。」

ガウ　號 〔雜語〕名稱の外に彰るるもの。【大乘義章二十末】に「通釋義齊。隨レ相分別。顯レ體爲レ名。樹レ德云レ稱。名稱外彰。號二令天下一。說レ之爲レ號。」

ガウエン　强緣 〔術語〕强き因緣の力。【敎行信證文類序】に「弘誓强緣。多生叵レ値。」

ガウエンマソン　降焰魔尊 〔明王〕又、焰漫德迦と云ふ。【帖決三】に「炎漫德迦。或云二降炎魔尊一。謂降二伏炎魔王一義也。鬼類故。炎漫者炎魔也。德迦者降義歟。未レ詳。」又六面尊とも六足尊とも大威德王とも云ふ。【聖閻曼德迦威怒王立成大神驗念誦法】に「聖閻曼德迦威怒王」【閻曼德迦忿怒王眞言大威德儀軌品】に「閻曼德迦忿怒王。」又「大威德尊。」【大日經疏六】に「降焰摩尊」【秘藏記末】に「閻摩德迦尊」【仁王經儀軌上】に「威怒六足金剛」此尊は阿彌陀如來の敎令輪身。其の自性輪身は文殊師利菩薩。五方の中には西方【補陀落海會軌】に「六足尊無量壽佛忿怒。自性輪文殊師利菩薩。」彼尊は焰摩を降伏すれば降焰摩尊と云ふ。【讃閻曼德迦忿怒王眞言儀軌品】に「忿怒暴怖事。能壞二嚧那囉一。亦斷二閻摩命一。忿猛爲二常業一。」Yamāntaka

降焰魔尊畫像 〔圖像〕【大神驗念誦法】に「聖閻曼德迦威怒王。身乘二靑水牛一。持二種種器杖一。以二髑髏一爲二瓔珞頭冠一。虎皮爲レ裙。其身長大。無量由旬。徧身火焰。洞然。如二劫燒焰一。顧二視四方一。如二師子奮迅一。」【仁王經儀軌上】に「依二敎令輪一。現作二威怒六足金剛一。手臂

(胎藏曼荼羅降閻摩尊の圖)

頭各六。坐二水牛上一。」【大日經疏六】に「降閻摩尊。是文殊眷屬。具二大威勢一。其身六面六臂六足。水牛爲レ座。面有二三目一。色如二玄雲一。作二極忿怒之狀一。」

(圖像集降閻摩尊の圖)

降閻摩尊修法 〔修法〕修法の儀軌は「エンマントクカ」の下に引く。

ガウサウ　毫相 〔術語〕如來の三十二相の中の白毫相と云ふ。「ビャクガウサウ」を見よ。

毫相一分 〔術語〕佛滅後の比丘は如來白毫相の一分の德に浴して衣食餘りあるを云ふ。【佛藏經下】に「舍利弗。如來滅後。白毫相中。百千億分。其中一分。供二養舍利及諸弟子一。舍利弗。設使二一切世間人皆共出家隨二順法行一。於二白毫相百千億分一。不レ盡二其一一。」

ガウサンゼフンヌヂミヤウワウソン　降三世忿怒持明王尊 〔明王〕降三世明王の具名。持は保持の義、能く忿怒を保持するを云ふ。「降三世明王」を見よ。

ガウサンゼミヤウワウ　降三世明王 〔明王〕Trailokya-vijaya-rāja 又、月厭黑尊勝三世王と名く。五大明王の一。四面八臂の忿怒身、大自在天の夫妻を踐む。五方の中には東方。貪瞋痴を三世と云ひ、之を降伏すれば降三世と云ふ。又、過現未の三世に涉る貪瞋痴を降伏すれば降三世と云ふ。【大日經疏十】に「所謂三世。世名二貪瞋痴一。降二此三毒一。名二降三世一。又由下如過去貪故。今受二此貪報之身一。復生二貪業一受中未來報上。三毒皆爾。名爲二降三世一也。復次三世者爲二三界一乃至以能降二伏三世界主一故。名二降三世明王一也。」此明王は金剛薩埵を自性とし、かの薩埵の忿怒身なり。【理趣釋降三世品】に「時金剛手大菩薩。欲三重顯二明此義一故。持二降三世印一。以二蓮華面一微笑而怒。顰レ眉猛視。利牙出現。住二降伏立相一。說二此金剛吽迦羅心一。」【降三世成就極深密門】に「歸二命聖主宰普賢金剛手一。爲レ降二伏一切一。現二吽迦囉身一。摧二三世有毒一。」【仁王經儀軌上】に「此金剛手卽普賢菩薩也。乃至依二敎令輪一現二成威怒降三世金剛一。」⊙(十訓抄第一)「寛朝は降三世と現じて。」(榮花、玉の臺)「東方に降三世明王。」

降三世と大日如來 〔雜語〕降三世は金剛薩埵の忿怒身なるが故に之を大日如來に望むるときは大日を以て自性輪身とし、薩埵を以て正法輪身とし、降三世を以て敎令輪身とす。故に薩埵の正法輪身を大日の自性輪身に歸すれば降三世明王は即ち大日の忿怒身となる。「ケウリヤウリンシン」を見よ。

降三世と阿閦如來 〔雜語〕金剛界五智如來の分相門に依れば金剛薩埵は阿閦如來の四親近菩薩の第一なれば隨て降三世は東方阿閦如來の敎令輪身となる。【補陀落海會軌】に「降三世阿閦佛忿怒。自性輪金剛薩埵菩薩。」【降三世忿怒明王念誦儀軌】に「阿閦普賢(普賢は卽ち金剛薩埵)大弘誓甚深故。示二現忿怒形相一。」【仁王經念誦儀軌上】に金剛手と降三世を對して正法敎令の二輪を論ずる亦此意なり。

降三世と釋迦如來 〔雜語〕【理趣釋降三世品】に「毘盧遮那佛。於二閻浮提一。化二八相成佛一。度二諸外道一。」是れ釋迦を以て大日の正法輪身と爲す意。【十八會指歸】に「示二現釋迦牟尼佛一。降二於閻浮提一。變化身八相成道。皆是普賢菩薩幻化一。」（普賢は即ち金剛薩埵）是れ釋迦を以て金剛薩埵の示現となす意。而て降三世の大日の敎令輪身たり。金剛薩埵の忿怒身たると は上に示す如くなれば、釋迦と降三世は其能變に就けば同一體なり。

三部降三世 〔名數〕胎藏界曼荼羅に降三世王三尊あり。一は金剛手院中の一尊、一は五大院中の降三世王と勝三世王との二尊、降世と勝世とは其義一なり依て同尊とす。而て此三尊を三部の忿怒尊とす猶軍荼利明王に三部の別ある如し、即ち金剛手院の降三世は金剛薩埵にして金剛部の忿怒尊、五大院中の不動尊の北の降三世は大日の所變にして佛部の忿怒尊、其の西方の勝三世は地藏菩薩の所變にして蓮華部の忿怒尊なり。然れば同院の中に同一の兩尊を列ぬるに非らずやと云ふに、是に其の名は同じきも佛と地藏との所變異なれば其の異あり。

降三世尊形 〔圖像〕【仁王經儀軌上】に「依二敎令輪一故。現作二威怒降三世金剛一。四頭八臂。摧二伏摩醯首羅大在自天諸魔軍衆一。」【降三世成就極深密門】に「吽迦羅金剛。暴怒處二月輪一。身流二火光聚一。偏體玄青色。大自在天王。妃烏摩爲レ座。乃至即起二平身一立。擧二右足一左旋。蹋二彼傲慢者大自在欲王一。撲至二於地一已。定左足按二於彼頂一。慧右足踐二彼王妃烏摩乳房上一。乃至二羽兩手印當レ心。慧手右手持二五鈷一。怒臂如二下擬一。次箭鈒直執。定上左の上手五鈷鉤。次弓次執レ索。皆直引レ臂持。四面正青色。右黃左綠色。後紅咸忿怒。自在天王妃爲レ座如二前說一。吽迦囉金剛。作二如レ是相好一。」已上何れも四頭八臂なり五大尊の中の降三世なり。

（胎藏曼荼羅降三世明王の圖）

金剛界に屬す。若し胎藏界曼陀羅の降三世は二臂なり。【大日經疏五】に「降三世忿怒明王尊。首戴二寶冠一。持二五鈷金剛印一。」【秘藏記末】に「降三世尊。黑色大忿怒之相。二牙上。左手持二三股跋折羅一。右一手持二鉾鎊一。二端有二三股刄一。在二火炎中一。」

（圖像集降三世明王の圖）

降三世種子 〔種子〕𑖮𑖽なり。是れ自在の風を以て體となす。𑖮𑖽は長聲に之を呼ぶは萬行を具足するなり。涅槃點を加ふるは如來の解脫力を明かさんが爲の故なり。【義釋七】

降三世眞言 〔眞言〕常には蘇婆儞蘇婆（降三世）吽（破壞）縛日羅（金剛）吽發吒（破壞）と稱すれども本軌には儞蘇婆（降三世）縛日羅（金剛）吽發吒（破壞）となす。大咒には降三世五重結護の秘釋あり。

降三世儀軌 〔雜名〕降三世明王の修法の儀軌は金剛頂瑜伽降三世成就極深密門一卷。降三世忿怒明王念誦儀軌一卷。

降三世成就極深密門 〔經名〕具名は上の如し。一卷。不空と遍智との譯。降三世の儀軌は之を本とす。【閏帙十三】(1389)

降三世忿怒明王念誦儀軌 〔經名〕一卷。唐の不空譯。【餘帙二】

ガウシヤウ　降生 〔術語〕如來の兜率天より降て世に生るると。【釋迦譜一】に「釋迦降生成佛」【止觀弘決序】に「惟昔智者大師。降二生不生一。」

ガウシン　降神 〔術語〕如來の母胎に宿ると。【無量壽經上】に「捨二彼天宮一。降二神母胎一。」

ガウセ　降世 〔術語〕佛菩薩の出生を云。高きより下劣の世界に降るの義。

ガウセフ　迎接 〔術語〕迎へ取ると。【觀無量壽經】に「阿彌陀佛。放二大光明一。照二行者身一。與二諸菩薩一。授レ手迎接。」

ガウタイ　降胎 〔術語〕佛が母胎に宿ると。【無量壽經上】に「捨二彼天宮一。降二神母胎一。」

ガウタマ 〔人名〕「クドン」を見よ。

ガウタミー 〔人名〕「クイ」「クドンミ」を見よ。

ガウタン　降誕 〔術語〕佛の世に生るると。【象器箋十三】に「趙吿賓退錄云。詩誕彌厥月。誕大也。朱文公以爲二發語之辭一。世俗誤以レ誕訓レ生。遂有二降誕慶誕之語一。前輩辯者多矣。」【佛法傳通緣起】に「迦毘羅城示二降誕之迹一。」

ガウブク　降伏　［術語］梵語、阿毘遮嚕迦。Abhicāraka 譯、降伏。威力を以て他を降し伏せると。【維摩經佛國品】に「降二伏魔怨一。制二諸外道一。」

降伏法　［修法］五大明王等の法を修して怨敵惡魔を退治するを云。五部尊法の一。【補陀落海會軌】に「三降伏法。用二金剛部尊等一。是故有二五大忿怒尊等一。」不空譯の【阿毘遮嚕迦儀軌品】に諸種の降伏法を明す。

降伏坐　［術語］又、降魔坐。先づ右足を以て左の股を押へ、次に左足を以て右の股を押すを云。之に反するを吉祥坐と云。【慧琳音義八】に「降魔坐」【玄賛二】に「降伏坐」「カフ」を見よ。

降伏部多經　［經名］金剛手菩薩降伏一切部多大敎王經の略名。

ガウブクイン　降伏印　［印相］二手内に相叉し、二小指相ひ鈎し、二無名指各左右虎口に入れ、二中指竪て合し、二頭指各中指の背を捻し、二大指各中指の中節を捻ず。【觀[illegible]母成就法】

ガウブクシマシンゴン　降服四魔眞言　［眞言］「ガウフクシマコンガウケサンマイ」に同じ。

ガウブクシマコンガウケサンマイ　降伏四魔金剛戲三昧　［術語］佛此の三昧に住して四魔を降伏する眞言を說くなり。金剛戲とは佛の四魔を降伏するは佛の神通遊戲の一端なればなり。【大日經悉地出現品】に「爾時毘盧遮那世尊。又復住下於降伏四魔金剛戲三昧一。說下降二伏四魔一解二伏六趣一滿二足一切智智一金剛字句上。」其の金剛字句とはアビラウンケン [illegible] 五字なり。

ガウマ　降魔　［術語］惡魔を降伏すると。佛將に正覺を成ぜんとして、菩提道場に坐する時、欲界の第六天が惡魔の相を現じ來り、種種の妨害を試む。或は溫言を以て之を誑かし、或は暴威を以て之に逼れども、佛盡く之を降伏せしを降魔と云。【佛說無量壽經上】に「受二施草一敷二佛樹下一。跏趺而坐。奮二大光明一。使二魔知レ之。魔率二官屬一。而來逼試。制以二智力一。皆令二降伏一。」【維摩經佛國品】に「始在二佛樹一力降レ魔。得二甘露滅一覺道成。」《ロ繪アジアンター壁畫參照》

降魔相　［術語］此の降魔は八相成道の一なれば降魔相と云。図　不動明王などの惡魔を降伏する畏るべき忿怒相を降魔相と云ひ、ガマノソウと讀む。

降魔杵　［物名］【演密鈔十】に「杵頭有二四角形一者。如二尋常塑画一。金剛神手所レ執者。名二降魔杵一。是也。」

降魔坐　［術語］降伏坐に同じ。彼を見よ。

降魔の利劒　［物名］不動明王などの持つ刀劍を云。是れ惡魔を降伏する爲の利劍。⦿（太平記一）「降魔の利劍提げて向ふ敵に走りかかり」

降魔經　［經名］魔あり、目連の腹中に入る、目連喚び出して、往昔の因緣を說く、魔乃ち怖て降伏す。中阿含經三十に攝む。【昃帙五】

ガウミ　毫眉　［術語］佛の眉間の白毫を云。【唐高僧傳一】に「陽門飾二毫眉之象一。夜臺圖二紺髮之形一。」

ガウリウハツ　降龍鉢　［故事］龍を降伏して鉢中に入る。【佛本行集經迦葉三兄弟品】に「如來迦葉の三兄弟を化せんとして優螺頻羅聚落に至り一の止宿處を求む。彼に一の草堂あり、迦葉の一弟子、下痢を病て草堂を穢したる故を以て之を擯出せられたるを恨み、死して毒龍となり、此草堂に住し人畜を害す。迦葉之を伏せんとて火神を祭祀すれども、火神の力及ばず。如來堂内に住し、寂然禪定に入る。爾の時、毒龍火焔を吐て如來に逼れば如來亦た火光三昧に入て身より大火を出し、草堂熾然として大火聚の如し。時に毒龍、如來所坐の處獨り寂靜にして火光なきを見て、自ら佛所に至り身を踊らして佛鉢の中に入り、偈を說て曰く、若人百千億萬歲。一心祭二祀此火神一。彼猶不レ能レ斷二去瞋一。如今勝世尊忍辱。一切天人世界內。唯有二世尊大丈夫一。諸被二瞋恚重病纏一。世尊能與二忍辱藥一。爾の時如來鉢を擎て優婁頻螺迦葉の所に至り告て言く、此の毒龍汝等の畏るる所、今我が威火を以て其の毒火を滅す、以て汝等に示す。」【梁高僧傳十渉公傳】に「渉公西域人也。以二苻堅建元十二年一至二長安一。能以二秘呪一。呪二下神龍一。每レ旱堅常請レ之呪レ龍。俄而龍下二鉢中一。天輙大雨。堅及群臣。就二鉢中一觀レ之。咸嘆二其異一。」【證道歌】に「降龍鉢。解虎錫。」

ガウリウワウキヤウ　降龍五經　［經名］龍王兄弟王經の異名。

ガウリン　降臨　［術語］佛菩薩の來臨すると。【安像三昧儀軌經】に「如來賢聖。降臨隨喜。成二就功德一。」

ガウワツケクワウニヨライ　號曰華光如來　［雜語］歌題。【法華經譬喩品】に世尊舍利弗に未來成佛の記を與へて、「舍利弗。汝於二未來世一。過二無量無邊不可思議劫一。當レ得二作佛一。號曰二華光如來。應供。正徧知。明行足。善逝。世間解。無上士。調御丈夫。天人師。佛世尊一。」⦿（續後撰）「行末の花の光の名を聞くにかねてぞ春にあふ心地する」

ガオアノクタラサンミヤクサンボダイナイシムウセウホフ　我於阿耨多羅三藐三菩提乃至無有少法　［雜語］歌題。【金剛經】に「須菩提白レ佛言。世尊。佛得二阿耨多羅三藐三菩提一。

爲レ無二所得一耶。佛言。如レ是如レ是。須菩提。我於二阿耨多羅三藐三菩提一乃至無レ有二少法可一レ得。是名二阿耨多羅三藐三菩提一。」是れ無所得の法を眞の菩提となすを云。⊙（新後撰）「夢のうちにもとめし法の一こともまことなきこそ現なりけれ」

ガカクホンフシヤウ 我覺本不生　〔雜語〕【大日經二】に「我覺二本不生一。出二過言語道一。諸過得レ解脫一。遠二離於因緣一。知二空等一虛空一。」是れ釋迦如來が金剛薩埵に對して自己の證を述べしもの。⊙（さゝめこと上）に此の句を引けり。

ガガシヨ 我我所　〔術語〕我とは自身を云ひ、我所とは身外の事物を云。是れ我が所有なれば我所と名く。【智度論三十一】に「我是一切諸煩惱根本。先着二五衆一（五蘊の身）爲レ我。然後着二外物一爲二我所一。」【註維摩經二】に「肇曰。我身之妙主。我所自我之外。身及國財妻子萬物盡我所也。什曰。離レ我衆生空。離二我所一法空也」。【慧遠の維摩經疏一末】に「約レ報名レ我。外境是其我家所有。名爲二我所一。」【圓覺經鈔九】に「我謂正報。我所謂依報。」

ガガナヒレイシヤニ 伽伽那卑麗叉尼　Gagana-prekṣaṇa.　〔書名〕書の名、譯、觀虛空。【本行集經十二】

ガガナガルブハ　〔菩薩〕「コクウザウ」を見よ。

ガキ 餓鬼　〔異類〕梵語、薜荔哆。Preta 譯、餓鬼。常に飢渇の苦を受くる一類の鬼。【雜心論八】に「從レ他希求故。說二餓鬼一。」【婆沙論百七十二】に「有說飢渇增故名レ鬼。由下彼積中集感二飢渇一業上。經二百千歲一。不レ得レ聞二水名一。豈能得レ見。況復得レ觸。有說被二驅役一故名レ鬼。恆爲二諸天一處處驅役馳走故。有說多二希望一故名レ鬼。謂五趣中。從二他有情一多二希望一者。無レ過レ此故。」【大乘義章八末】に「言二餓鬼一者。如二雜心釋一。以二從レ他求一故名二餓鬼一。又常飢虛。故名爲レ餓。恐怯多レ畏。故名爲レ鬼。」此の鬼類の中には藥叉羅刹の大威德を有するものあれば新譯には鬼と云て餓と云はず。然に舊譯の經論に多く餓鬼と云ふは鬼類の中餓鬼最も多きが故なり。《第十五圖參照》

九鬼　〔名數〕【順正理論三十一】に「鬼の種類三あり、一は無財鬼、二に少財鬼、三に多財鬼なり。此三各三あり、無財鬼の三は、一に炬口鬼、二に鍼口鬼、三に臭口鬼なり。少財鬼の三とは、一に鍼毛鬼其の毛針の如く以て自ら刺し他を刺すなり。二に臭毛鬼、三に癭鬼なり。多財鬼の三に一に希祠鬼、常に祀祠の中に居り其の食物を希ふなり。二に希棄鬼、常に人の棄るを希ふて之を食するなり。三に大勢鬼大勢大福、天の如きなり。【倶舍論十一】に「或有下端嚴具二大威德一。受二諸富樂一。自在如上レ天。或有二飢羸顏貌醜陋一。如レ是等類。廣說如レ經。」

三十六鬼　〔名數〕【正法念經十六】に三十六種を舉ぐ「一に鑊身餓鬼、二に針口餓鬼、三に食吐鬼、四に食糞鬼、五に無食鬼。六に食氣鬼、七に食法鬼、八に食水鬼、九に希望鬼、十に食唾鬼、十一に食髮鬼、十二に食血鬼、十三に食肉鬼、十四に食香鬼、十五に疾行鬼、十六に伺便鬼、十七に地下鬼、十八に神通鬼、十九に熾燃鬼、二十に伺嬰兒便鬼、二十一に欲色鬼、二十二に住海渚鬼、二十三に使執杖鬼、即ち閻魔王なり、二十四に食小兒鬼、二十五に食人精氣鬼、二十六に羅刹鬼、二十七に火爐燒食鬼、二十八に住不淨巷陌鬼、二十九に食風鬼、三十に食火炭鬼、三十一に食毒鬼、三十二に曠野鬼、三十三に住塚間食熱灰土鬼、三十四に樹中住鬼、三十五に住四交道鬼、三十六に殺身餓鬼なり。」

餓鬼住處　〔雜語〕【正法念經十六】に「餓鬼所住。略有二二種一。一者人中住。二者住二於餓鬼世界一。是人中鬼。若人夜行。則有二見者一。餓鬼世界者。住二閻浮提下五百由旬一。長三萬六千由旬。」【倶舍論十一】に「諸鬼本處。琰魔王國。於二此贍部洲下一。過二五百踰繕那一。有二琰魔王國一。縱橫量亦爾。從レ此展轉。散二居餘處一。」

餓鬼城　〔雜語〕【順正理論三十一】に「贍部洲西。有二五百渚一。於レ中有レ二。唯鬼所レ居。渚各有二城二百五十一。有二威德鬼一。住二一渚城一。一渚城居無二威德鬼一。」

餓鬼の因　〔雜語〕餓鬼となるべき因緣なり。【楞嚴經八】に「是諸衆生。非レ破二律儀一。犯二菩薩戒一。毀二佛涅槃一。諸餘雜業。歷劫燒然。後還レ罪畢。受二諸鬼形一。」【止觀一下】に「若其心念念。欲レ得二名聞一。四遠八方。稱揚欽詠。內無二實德一。虛比二賢聖一。起二下品十惡一。如二摩犍提一者。此發二鬼心一。行二刀途道一。」此は通因なり。若し別別の因は餓鬼報應經、佛說鬼問目連經、佛說雜藏經の三經に詳說す。

餓鬼道　〔界名〕道は道路の義。餓鬼の業因を造りし者の行くべき道路なれば餓鬼道と云。五道又は六道の一。⊙（平家灌頂卷）「是又、餓鬼道の苦とこそは覺え候ひしか」

餓鬼趣　〔異類〕【大乘義章八末】に「此之六種。經名爲レ道。亦名爲レ趣。」餓鬼の業因ある者の趣くべき所なれば餓鬼趣と云。五趣又は六趣の一。

餓鬼界　〔界名〕餓鬼の世界なれば餓鬼界と云。十界の一。⊙（新千載）「子を思ふ心をも猶わすらるるいかなる闇にまどふなるらん」

餓鬼食吾子 【傳說】【百緣經五】に「昔一夫人あり、其の妾の妊めるを見て大に之を嫉妬し、竊に毒を與へて之を墮胎せしむ。後に命終て餓鬼となり、一日一夜に五百子を生み、隨て生めば隨て食ふ。」【俱舍論八】に「餓鬼母《ノ》白二目連一云。我夜生二五子一。隨レ生皆自食。晝生レ五亦然。雖レ盡而無レ飽。」

德尸羅城餓鬼 【傳說】往昔德叉尸羅に一餓鬼住し、五百歲の間食を得ずして其子を飢やせしと云ふ【付法藏傳六】⦿(盛衰記四八)「得尸羅城の餓鬼は五百生の間終に水を得ることなく」

師子國餓鬼 【傳說】月支摩訶衍傳法菩薩蘇摩耶諸國を遊化して師子國の海畔に至り五百の餓鬼を見、海渚に住すること幾時なりやと問ふ。餓鬼答へて曰く、幾時なるを知らず只大海七變興せるを見たりと」【法華傳記九】⦿(盛衰記四八)「師子國の餓鬼は洹伽河の七度山となり海となるまで飲食の名を聞かず。」

餓鬼報應經 【經名】一卷、失譯人名。佛說雜藏經一卷、佛說鬼問目連經一卷と共に目連が各種の餓鬼に對して一一其の業因を說明せしもの。【宿帙六】(677)

ガキヤウオクネン　何況憶念 【雜語】【觀無量壽經】に「若《シ》善男子善女人。但聞二佛《ノ》名二菩薩《ノ》名一。除二無量億劫生死之罪一。何況憶念。」⦿(古事談)「永觀律師修行の時、無下によわくなられて後念佛の聲もきこえざりければ、いかに念佛はと問申ければ何況憶念憶念と被レ示てやがて命終。」

ガキアイ　餓鬼愛 【術語】二愛の一。欲愛の異名。凡夫の五欲に愛着する餓鬼趣に同じければなり。【涅槃經五】に「愛有二二種一。一者餓鬼愛。二者法愛。」

ガキヤウオホフヱ　何況於法會 【雜語】歌題。【法華經隨喜功德品】に「若《シ》人於二法會一。得レ聞二是經典一。乃至於二一偈一。隨喜《シテ》爲レ他說《ク》。如是展轉《シテ》敎《ヘン》。至二於第五十一。最後《ノ》人獲《ル》レ福。今當レ分二別之一。乃至最後第五十。聞二一偈一隨喜《スル》。是人《ノ》福勝《ル》レ彼《ニ》。不レ可レ爲二譬喩一。如レ是展轉《シテ》聞《クニ》。其福尙無量《ナリ》。何況《ヤ》於二法會一。初《テ》聞《ニ》隨喜《スル》者《ヲヤ》。」是れ末末に法を聞きし者の功德を擧げて根本に聽聞隨喜する人の德を顯したるなり。⦿(新拾遺)「水上を思ひこそやれ谷川の流も匂ふ菊の下水」

ガギヨシンゴン　駕御眞言 【眞言】十八道に寶輅車印と云ふ是なり。佛部は不動眞言、蓮華部は馬頭眞言、金剛部に軍荼梨眞言なり。【溪嵐拾葉集十六】

ガク　學 【術語】戒定慧の三を學修するヿ。因位を學と云ひ、果上を無學と云。

ガクウ　我空 【術語】又、生空。人空。衆生盡く心身あれども是れ五蘊の假に和合せるものにて、常一の我體なきを我空又は衆生空と云。【十地論一】に「無我智者有二二種一。我空法空。如實知《ルカ》故《ニ》。」【三藏法數十】に「我空《トハ》。謂於二五蘊法一。强《テ》立《ル》二主宰《ヲ》一。名《ク》爲二我執一。若推二求《スルニ》色受想行識之五法《ヲ》一。皆無二自性一。不レ見二我體一。是名二我空一。」【同六】に「人空即我空也。亦曰二生空一。謂凡夫妄計二五蘊是我一。强立二主宰一。引二生煩惱一。造二種種業一。佛爲レ破二此計一故。說二五蘊無我一。二乘悟レ之。入二無我理一。是名二人空一。」

我空眞如 【術語】無我の眞理を云。眞如は常住の眞理に名く。今此眞理は我執を離れたる無我の眞體なれば我空眞如と云。二乘證悟の眞理は此一に止る也。【原人論】に「便悟此身但是衆緣和合相。元無二我人一。爲レ誰貪瞋。爲レ我殺盜施戒。遂不レ滯二心於三界有漏善惡一。但修二無我觀智一。以斷二貪等一。止二息諸業一。證二得我空眞如一。」【孔目章三】に「人我執無處所レ顯眞如。名二人空一。」

ガクオン　樂音 【雜名】管絃絲竹の聲。

樂音樹 【植物】微風樹葉を吹て音樂の聲を出すもの。【阿彌陀經】に「彼佛國土。微風吹二動諸寶行樹及寶羅網一。出二微妙音一。譬如二百千種樂同時俱作一。」【藥師經】に「薄伽梵。遊二化諸國一。至二廣嚴城一。住二樂音樹下一。」

樂音乾闥婆 【天名】法華總序品に列ぬる四乾闥婆の一。

ガクカイ　學海 【人名】【續高僧傳一 菩提流支傳】に「沙門曇顯。依二大乘經一。撰二菩薩藏衆經要及百二十法門一。乃至雖二山東江表一。乃稱二學海一。」

ガクカイチスヰヲワカス　學海涌智水 【譬喩】水の四六時中たえず湧出するが如く、學解智辯の滾々として湧出するを云ふ。⦿(太平記四〇)「講演論場の砌には、學海智水を湧し」

ガクケ　學悔 【術語】一旦婬盜殺妄の一を犯せし比丘の懺悔せしもの。蓋し一度此重罪を犯せし者は比丘たるの資格を失へども、若し懺悔すれば之を學悔と名けて終身比丘の最末に列す。

ガクケウジヤウメイ　學敎成迷 【雜語】歌題。佛の說ける敎法を學で謬解を生ずるヿ。小乘、權大乘の如きもの。是れ三輪宗の用語。【三論玄義】には學敎起迷に作る。【三論玄義】に「言不レ會レ道破而不レ收。說必契レ理收而不レ破。學レ敎起レ迷亦破亦收。破二其能迷之情一。收二取所惑之敎一。諸法實相言忘慮絕。實無レ可レ破亦無レ可レ收。」⦿(續門葉和歌集)「我とまる心のおくを迷ひいで敎ふる道を猶たどるかな」

ガクケンダツバ　樂乾闥婆 【天名】法華經序品に四種の乾闥婆を列ぬる中の一。樂は音樂にてそ

の名なり。

ガクシヤウ　學匠　〔術語〕學徒、學生。叡山には多く學匠と云。匠は工匠にて學徒を譬へしもの。師を師匠と云に對して弟子を學匠と云。

ガクシヤウ　學生　〔術語〕少年寺院に寓して外典を習學するもの。【寄歸傳三】に「凡諸白衣。詣二苾芻所一。若專誦二佛典一。情希二落髮一。畢願二緇衣一。號爲二童子一。或求二外典一。無レ心二出離一。名曰二學生一。」

ガクシユ　額珠　〔譬喩〕「額上珠」を見よ。

ガクシヨ　學處　〔術語〕學ぶべき箇處。【菩薩地持經一】に「菩薩於二何處一學。學有二七處一。一者自利。二者利他。三者眞實義。四者力。五者成二熟衆生一。六者自熟二佛法一。七者無上菩提。」

ガクシン　樂神　〔天名〕八部衆の一、乾闥婆のこと。「カウシン」を見よ。

ガクジヤウノタマ　額上珠　〔譬喩〕各人固有の佛性を額上の金剛珠に譬ふ。【涅槃經七】に「譬如王家有二大力士一。其人眉間有二金剛珠一。與二餘力士一較レ力相撲。而彼力士。以レ頭抵二觸其額上一。珠尋沒二膚中一。都不三自知二是珠所在一。其處有レ瘡。即命二良醫一。欲二自療治一。時有二明醫一。善知二方藥一。即知三是瘡因二珠入一レ體。是珠入レ皮。即便停住。乃至是時力士。不レ信二醫言一。若在二皮裏一。膿血不淨。何緣不レ出。若在二筋裏一。不レ應二可見一。汝今云何欺二誑於我一。時醫執レ鏡。以照二其面一。珠在二鏡中一。明了顯現。力士見已。心懷二驚怪一。生二奇特想一。善男子。一切衆生。亦復如レ是。不レ能レ親二近善知識一故。雖レ有二佛性一。皆不レ能レ見。而爲三貪婬瞋恚愚痴之所二蔽覆一故。墮二地獄畜生餓鬼一。」

ガクダウ　學道　〔行事〕高野山に於て行はるる論講の式典、具に勸學院學道と云ふ。智豐兩山の夏冬報恩講と相對して最も莊重なる儀式とせらる。毎夏八月二十一日より三十日迄十日間學道を行ひ、翌日問講、次二日登堂、後一日一﨟事、合せて十四日を以て式を終ふ。

ガクト　學徒　〔術語〕學生に同じ。【倶舍論一】に「敎二誡學徒一。故稱爲レ論。」【義林章一本】に「庶後學徒。詳而易レ入。」

ガクトウ　學頭　〔職位〕學徒の頭首。又、學職の名。【圓光行狀翼讃四十六】に「學頭とは或山家者云。三塔之碩學。寺拜任之人。必兼二探題職一。而掌三論義之精義等一。都預二學道之事一。」【釋家官班記】に「延暦寺學頭一。園城寺學頭一等。被レ任二僧綱一例也。」

ガクニン　學人　〔雜語〕學道の人を云。【菩薩瓔珞經】に「佛子莊二嚴二種法身一。是人名二學行人一。」

ガクホフクワンチヤウ　學法灌頂　〔儀式〕傳法灌頂に對す。弟子たるの位を印可するを學法灌頂と云ひ、師たる位を印可するを傳法灌頂に云。【大疏演奥鈔三】に「學法傳法者。師資兩位灌頂也。印二可資位一名二學法一。印二可師位一名二傳法一。此二座眞言行者入修次第故。處處對二明之一也。」【台宗學則下】に「上古の傳密は當世の如く四度加行とて四廻にて事濟しことにてはなし。それ故始め十八道を行ふにてもなく、先づ最初に學法灌頂とて（學法灌頂とは即ち受明灌頂の事なり）兩界の法に於て各入壇し、（此時金剛號等を得る也）然して後兩界の得尊の行法を勸むるを最も初心始行の人とせり。」

ガクホフニヨ　學法女　〔術語〕「シキシヤマニ」「を見よ。

ガクムガク　學無學　〔術語〕眞理を研究して妄惑を斷ずるを學と云ひ、眞理究り妄惑盡き、更に修學すべきなきを無學と云ふ。小乘の學無學は前三果を學とし、阿羅漢果を無學とし。大乘の學無學は菩薩の十地を學とし、佛果を無學とす。【文句八上】に「研レ眞斷レ惑。名爲レ學。眞窮惑盡。名二無學一。研二修眞理一。慕二求勝見一。名レ之爲レ學。學位在二三果四句眞無漏慧一也。阿羅漢果。研理已窮。勝見已極。無二復所一レ學。故名二無學一。」嘉祥の【法華義疏九】に「若緣レ眞之心。更有二增進義一。是名爲レ學。緣レ眞之心。已滿不二復進求一。是名二無學一。」【法華經序品】に「學無學二千人」

ガクモンソウ　學問僧　〔雜語〕入唐して修學せる僧を云ふ。

ガクリヨ　學侶　〔雜語〕學問せる僧侶。

學侶方　〔職名〕高野山は中古以來一山を三分して各之を統轄せり、一を學侶方と云ひ、二を行人方と云ひ、三を聖方と云ふ。學侶方は其の根本なり。【考信錄五】に「高野元とは學侶の一派なりしが、大治五年庚戌より行人方始まり、貞應三年甲申（即元治元年）より聖方起れり。一山の宰主は學侶方青巖寺にして、是れ空海師以來嫡嫡相承の胤なり。之を寺務檢校執行と云、（官位は法印僧正に至り祿は二千石なり）檢校の下に門首（或作主）兩人あり、寶性院無量壽院なり、（兩院の內一人つつ毎年江戶へ參勤）次に碩學七人あり、次に集議十三人あり、碩學集議合して二十人、之を老分と云。此內より兩人づつ江戶二本榎輪番を勤む。次に中﨟數百員、老分の外、入寺以上の輩を惣じて中﨟と稱す。（これに上通中通下通の差あり上通は五十二院あり中下云云）中﨟の內に下座二十人を横目と云ひ、次に三十人（職名）あり、之を謂口と云、次に衆分千有餘人あり、兒剃の學俗といふ是なり。以上檢校、門首、碩學、集議、中﨟、三十人、衆分を都て學侶とも學徒とも名く。一山の衆、通計三千餘人、悉く兩門首に屬せり。學侶昇進の職階は衆口昇口（十人）新學衆（百六十八人）會衆（百三十五人）學道衆（二十人）三十人寺（八十五人）阿

閣梨百人山籠三十人讀書二人聽衆十人竪者一人精義一人學頭二人護摩衆五十人年預一人集議十三人碩學七人門首二人檢校なり。」

ガグ　我愚　〔術語〕我體ありと妄執する愚惑の情。無我の眞理に達せざるを云ふ。【唯識述記一本】に「彼聞二四諦一。雖レ斷二我愚一。而於二諸法一。迷二執實有一。」

ガグワンキマンシユマウヤクソク　我願既滿衆望亦足　〔雜語〕歌題。【法華經人記品】に「阿難常爲二侍者一。護二持法藏一。羅睺羅是佛之子。若佛見レ授二阿耨多羅三藐三菩提記一者。我願既滿。衆望亦足。」是れ阿難羅睺羅が佛に授記を請ふ意を述べたる文なり。⦿（玉葉）「我ねがひ人の望もみつ汐のひかれて浮ぶ浪のしたくさ」

ガケン　我見　〔術語〕五蘊の假に和合せる心身をさして常一の義なりと見るを我見と云ひ、又身見とも云ふ。梵語、沒曳達利瑟致。譯、我見。【唯識論四】に「我見者、謂我執。於二非我法一妄計爲レ我。故名二我見一。」【同述記九末】に「梵云二沒曳達利瑟致一。此云二我見一。」【大氣義章六】に「言二身見一者。亦名二我見一。五陰名レ身。身中見レ我。取執分別。從二其所迷一故。名二身見一。以レ見レ我故。從二其所立一。亦名二我見一。」【起信論】に「一切邪執。皆依二我見一。若離二於我一。則無二邪執一。」

寧起我見　〔術語〕空見に執して固頑迷惑せんよりも寧ろ我見を起せとの意。【寶積經百十二】に「寧起二我見一。積若二須彌一。非下以二空見一起中增上慢上。所以者何。一切諸見。以レ空得レ脫。若起二空見一。則不レ可レ除。」【大乘入楞伽經四】に「我依二此義一。密意而說。寧起二我見一。如二須彌山一。不下起二空見一懷中增上慢上。若起二此見一。名爲二壞者一。」【無上依經上】に「若有レ人。執二我見一。如二須彌山大一。我不二驚怖一。亦不二毀呰一。增上慢人。執二着空見一。如三一髮毛作二十六分一。我不二許可一。」【佛性論二】に「佛語二迦葉一。若人起二我見一。如二須彌山大一。我亦許レ之。何以故。以レ可レ滅故。若此增上慢人。所レ起空執。猶如二髮端四分之一一。我急呵責。決定不レ許。」

我見燈明佛本光瑞如此　〔雜語〕歌題。【法華經序品】に「我見二燈明佛本光瑞一如レ此。以レ是知今佛。欲レ說二法華經一。今相如二本瑞一。是諸佛方便。今佛放二光明一。助二發實相義一。」是れ文珠菩薩が彌勒の問に應じて、已が曾て過去日月燈明佛の法華經を說かんとして光瑞を放ちたるを見し事實を擧て、今釋迦佛の法華經を說くを示す偈文なり。⦿（續千載）「昔見し春の光のかはらねば今も御法の花ぞ咲くらん」

我見自心形如月輪　〔雜語〕歌題。【菩提心論】に「我見二自心一。形如二月輪一。何故以二月輪一爲レ喩。謂滿月圓明體。則與二菩提心一相類」。是れ眞言宗月輪觀の意。⦿（新拾遺）「餘處に見るかげとはいはじ心にも空にも同じ月ぞ出でぬる」

ガゲン　鵝眼　〔譬喩〕又、乳水眼と云ふ。鵝鳥能く一器の乳水を分つを以て學者の擇法眼に譬ふるなり。【續本朝高僧傳二】に「具二鵝王眼一」「ガワウ」の條下を見よ。

ガコウシキ　何故憂色　〔雜語〕歌題。【法華經勸持品】に「爾時佛姨母摩訶波闍波提比丘尼。乃至合掌。瞻二仰尊顏一。目不二暫捨一。於レ時世尊。告二憍曇彌一。（即ち摩訶波闍波提比丘尼）何故憂色。而視二如來一。汝心將無レ謂丁我不丙說二汝名一授乙阿耨多羅三藐三菩提記甲耶。憍曇彌。我先總說二一切聲聞皆已授記一。今汝欲レ知レ記者。將來之世。當下於二六萬八千億諸佛法中一爲中大法師上。及六千學無學比丘尼。俱爲二法師一。」⦿（續千載）「いかにして恨し袖に宿りけん出でがたく見し有明の月」

ガコンスヰラウ　我今衰老　〔雜語〕歌題。【法華經壽量品】に良醫が諸子に藥を服せしめんとするも聽かざるを以て、其心を動かさん爲に家を出で、他國に行くとて、其の出で行く時の言に「汝等當レ知。我今衰老。死時已至。是好良藥。今留在レ此。汝可二取服一。勿レ憂レ不レ差。作二是敎一已。復至二他國一。遣レ使還告。汝父已死。」⦿（法門百首）「置く霜の老の末端にかかるまで跡とどむべき此世とや見る」

ガコンホウジユセソンナフジユ　我獻寶珠世尊納受　〔雜語〕歌題。【法華經提婆品】に八歲の龍女あり、龍宮より來て、世尊に寶珠を獻じて成佛する相を說て「爾時龍女。有二一寶珠一。價直三千大千世界。持以上レ佛。佛即受レ之。龍女謂二智積菩薩尊者舍利弗一言。我獻二寶珠一。世尊納受。是事疾否。答曰。甚疾。女言。以二汝神力一。觀二我成佛一。復速二於此一。」⦿（夫木）「波間より一の玉をささげずばいかで五障の雲のはれまし」

ガゴシユ　我語取　〔術語〕種種我見の言語に執着するを我語取と云。取は執着の義。四取の一。

ガゴンテウセグワン　我建超世願　〔雜語〕歌題。【無量壽經上】に法藏菩薩既に四十八願を立てて其の總結の頌文に「我建二超世願一。必至二無上道一。斯願不二滿足一。誓不レ成二正覺一。」⦿（新後撰）「立歸り又ぞしづまん世に超ゆるもとの誓のなからましかば」

ガサウ　我相　〔術語〕實我の相。四相の一。【金剛經】に「若菩薩有二我相人相衆生相壽者相一。則非二菩薩一。」【同刊定記四】に「我者謂自五蘊總相爲レ我。」

ガサウ　我想　〔術語〕實我ありと思惟すを妄想。【維摩經問疾品】に「除二我想及衆生想一。當レ起二法想一。」

ガサン　峩山　〔人名〕能州總持寺の第二世紹碩峩山と號す。貞治四年寂。壽九十一。【本朝高僧傳三十一】

ガシツ　我室　〔譬喩〕我執能く一切の煩惱を包藏すれば之を室に喩ふ。【釋門歸敬儀上】に「我室四蒙包藏見愛。」【同通記上本】に「我有二二種一。人我法我。主宰爲レ義。能藏二見愛一。喩二之室一。」

ガシフ　我執　〔術語〕我身ありと認むる執念を我執とも人執とも云。【唯識述記一本】に「煩惱障品類衆多。我執爲レ根。生二諸煩惱一。若不レ執レ我無二煩惱一故。」【俱舍論二十九】に「由二我執力一。諸煩惱生。三有輪廻。無レ容二解脫一。」【俱舍光記二】に「我執謂我見。」梵Ātma-grāha

ガシヤ　我者　〔術語〕自身を云。【圓覺經】に「其心乃至圓悟二涅槃一。是我者。」

ガシヤ　伽闍　〔地名〕山の名。「ガヤ」を見よ。

ガシヤクシヨザウシヨアクゴフ　我昔所造諸惡業　〔雜語〕【四十華嚴經四十普賢行願品】に「我昔所レ造諸惡業。皆由二無始貪瞋癡一。從二身語意一之所レ生。一切我今皆懺悔。」此の四句一偈を世に懺悔文と云ふ。意は我が昔より造りし所の諸の惡業は皆無始已來我が身にそふ貪欲瞋恚愚癡の三毒に由るなり、さては今身語意の三業より生ぜし一切の惡をば皆此に懺悔すとなり。

ガシユ　鵝珠　〔傳說〕【大莊嚴經論十一】に「昔一比丘あり、乞食して穿珠家に至て門に立つ。時に彼の珠師、國王の爲に摩尼珠を穿つ、比丘の爲に舍に入て食を取る間に鵝鳥來て其珠を含む、珠師還り來て珠の無きを見て比丘を疑ひ之を責む。比丘鵝を殺して珠を取らんことを恐れ、偈を說て之を諷すれども聽かず、遂に比丘を縛して大に棒打を加ふ。耳眼口鼻盡く血を出だす。時に彼の鵝來て血を食ふ、珠師瞋て鵝を打殺す。比丘を見て懊惱し偈を說て曰く。菩薩往昔時。捨レ身以救レ鴿。我亦作二此意一。捨レ身欲レ代レ鵞。由二汝殺一レ鵞故。心願不二滿足一。爾の時珠師鵞の腹を開て之を見るに珠あり。乃ち聲を擧て號哭し、比丘に語て言く、汝鵞の命を護て身を惜まず、我をして此非法の事を作さしむ。」【天台霞標二ノ光定戒牒】に「乞食沙門顯二鵞珠於死後一。賊縛比丘脫二草繫於王遊一。」

ガシユクガザイシヤウシアクシ　我宿何罪生此惡子　〔雜語〕歌題。【觀無量壽經】に摩竭國頻婆沙羅王の夫人韋提希が阿闍世王の爲に幽閉せられたるを悲て「時韋提希。見二佛世尊一。自絕二瓔珞一。擧レ身投レ地。號泣向レ佛白言。世尊我宿何罪。生二此惡子一。世尊復有二因緣一。與二提婆達多一。共爲二眷屬一。」⊙（新和歌集）「今更にみぬさきの世のつらきかなさらすばかかる物は思はじ」

ガシヨ　我所　〔術語〕我所有の略。自身を我とし、自身外の萬物を我所有と云。有我の情には自身外の事物を皆我の所有となせばなり。【註維摩經五】に「肇曰。我爲二萬物主一。萬物爲二我所一。生曰。有我之情。自外諸法。皆以爲二我之所有一。是對レ我之法。」

我所心　〔術語〕實に我が所有の事物ありと想ふ心。【無量壽經下】に「於二其國土所有萬物一。無二我所心一。」

我所事　〔術語〕我所、我所有と云ふに同じ。【俱舍論廿二】に「我所事者。謂衣服等。」

我所見　〔術語〕我所有に執する偏見、即一切の事物は假有にして自他の所屬なきものなるを、誤りて我が所有なりと固執する偏見をいふ。

ガシンジクウザイフクムシユ　我心自空罪福無主　〔術語〕歌題。【普賢觀經】に「何者是罪。何者是福。我心自空。罪福無レ主。一切法如レ是。觀レ心無レ心。法不レ住二法中一。諸法解脫。滅諦寂靜。如レ是想者。名二大懺悔一。」此は罪福に執着する迷情を懺悔せしむる經文にて、もと罪福は我心より起すものなるが、心に實體ありやと尋るに心は空にして實體なし、されば空なる心より成れる罪も福も共に無體にて主體あるなし。更に罪福に懸念すべからずとなり。觀心以下の文は其の心と他の事物との共に無體無相なるを說けるもの。⊙（新拾遺）「かつまたの池の心はむなしくて氷も水も名のみなりけり」（平家一一）「されば我心自空罪福無主觀心無心不住法とて、善も惡も空なりと觀ずるが、正しく佛の御心に相叶ふことにて候ふなり。」

ガジ　我事　〔術語〕自身を云。【俱舍論廿二】に「我事謂自身。」

ガジシヤウ　何似生　〔雜語〕疑問の詞。作麼生と言ふ如し、イカンゾと訓ず。

ガジツジヤウブツイライクヲン　我實成佛已來久遠　〔術語〕歌題。【法華經壽量品】に「是諸世界。若著二微塵一。及不レ著者。盡以爲レ塵。一塵一劫。我成佛已來。復過二於此一。百千萬億那由佗阿僧祇劫。乃至然我實成佛已來。久遠若レ斯。但以二方便一。敎二化衆生一。令レ入二佛道一。作二如レ是說一。」⊙（續拾遺）「世にふりてたえぬ誓のあり數に積れる塵の程ぞ久しき」

ガジヨウユウシヨコク　我常遊諸國　〔雜語〕【法華經涌出品】に無量の菩薩忽ち地下より涌出するを見て、彌勒菩薩希有の想をなし偈を以て佛に問ふ。「如レ是諸菩薩。神通大智力。四方地振裂。皆從レ中涌出。乃至我常遊二諸國一。未三曾見二是衆一。我於二此衆中一。乃不レ識二一人一。忽然從レ地出。願說二其因緣一。」⊙（拾玉）

「庭の面にかかる光はまたぞ見ぬ遊びのこせる國はなけれど」

ガジンキヤウニヨトウ　我深敬汝等　〔雜語〕歌題。【法華經不輕菩薩品】に「有二一菩薩比丘一。名二常不輕一。得大勢。以二何因緣一。名二常不輕一。是比丘。凡有レ所レ見。若比丘比丘尼。優婆塞優婆夷。皆悉禮拜讃嘆。而作二是言一。我深敬二汝等一。不二敢輕慢一。所以者何。汝等皆行二菩薩行一。當レ得二作佛一。而是比丘。不三專讀二誦經典一。但行二禮拜一。乃至常作二是言一。汝當二作佛一。說二此語一時。衆人或以二杖木瓦石一。而打二擲之一。避走遠住。猶高聲唱言。我不三敢輕二於汝等一。汝等皆當二作佛一。以三其常作二是語一故。增上慢比丘比丘尼。優婆塞優婆夷。號レ之爲二常不輕一。」⦿（拾玉）「寸あまり八つてふもゝにあらはれて佛の種はかくれざりけり」

ガゼボンブ　我是凡夫　〔雜語〕我は是れ凡夫の意。【文殊五字陀羅尼】の頌文に「若起二於一心一。言二我是凡夫一。同レ謗二三世諸佛一。法中結二重罪一。」

ガゼン　我禪　〔人名〕釋の俊芿、字は我禪、不可棄と號す。泉涌寺の開基。土御門天皇正治元年入宋し、順德天皇建曆元年歸朝し台禪律の三宗を弘む。【本朝高僧傳五十八、群書類從二百十七傳二十八】

ガタウ　我倒　〔術語〕實我ありと思ふ顚倒の妄見。四倒の一。【行事鈔下之四】に「大德順二佛正敎一。依レ敎而修。內破二我倒一。外遣二執着一。」

ガタヤ　哦哆也　〔雜語〕譯、行。去來不住の義。【大日經疏七】に「梵云二哦哆也一。是名爲レ行。行謂去來進不住之義。」Gatayaḥ*

ガチ　我痴　〔術語〕無我の道理に迷ふを我痴とす。【唯識論四】に「我痴者。謂無明愚二於我相一。迷二無我理一。故名二我痴一。」

ガチシヤ　我知者　〔術語〕數論二十五諦中、第二十五の神我諦を云。【述記一末】に「我知者神我也。」

ガテンニク　我天爾狗　〔術語〕百論の著作者提婆が外道論師を論伏せしむる爲に用ひし循環論法の一種、【西域記五】に「初提婆菩薩。自二南印度一。至二此伽藍一。城中有二外道婆羅門一。高論有レ聞。辯才無礙。循レ名責レ實。反質窮レ辭。雅知三提婆博究二玄奧一。欲レ挫二其鋒一。乃循レ名問曰。汝爲二何名一。提婆曰。名レ天。（提婆譯天）外道曰。天是誰。提婆曰。我。外道曰。我是誰。提婆曰。狗。外道曰。狗是誰。提婆曰。汝。外道曰。汝是誰。提婆曰。天。外道曰。天是誰。提婆曰。我。外道曰。我是誰。提婆曰。狗。外道曰。誰是狗。提婆曰。汝。外道曰。汝是誰。提婆曰。天。如レ是循環。外道方悟。自レ時厥後。深敬二風猷一。」

ガトウヂヤウヤシユジフクウホフ　我等長夜修習空法　〔雜語〕歌題。【法華經信解品】の頌に迦葉等の四大聲聞が小乘空門の敎を修習して三界の苦を脫し、小乘の涅槃を得たる旨を述て、「我等長夜修二習空法一。得レ脫二三界苦惱之患一。住二最後身有餘涅槃一。佛所二敎化一。得レ道不レ虛。則爲三已得レ報二佛之恩一。」空法とは小乘寂滅の法。最後身とは生死海に於て最後の身にして、再び流轉することなきを云ひ、有餘涅槃とは肉身を存する涅槃を云。是れ彼等が現在の相なり。⦿（千載）「長き夜も空しき物としりぬればはやく明けぬる心地こそすれ」

ガトウモンキシンアングソク　我等聞記心安具足　〔雜語〕歌題。【法華經勸持品】に諸の比丘尼が成佛の記を得て喜ぶを敘して、「爾時。摩訶波闍波提比丘尼。耶輸陀羅比丘尼。並其眷屬。皆大歡喜。得二未曾有一。卽於二佛前一。說レ偈言。世尊導師。安二穩天人一。我等聞レ記。心安具足。」⦿（詠藻）「かくばかり心はれける月影ををばすて山と何思ひけん」

ガトク　我德　〔術語〕我は自在の義、佛に八種の自在を具するを我德とす。涅槃の四德の一。「ハチダイジザイガ」を見よ。

ガナ　伽那　〔雜語〕Gaṇa 譯、密合。【大日經疏七】に「梵云二伽那一。是密合義。如下衆微相合成二一細塵一。諸蘊相合成二一身一等上。」

ガナダイバ　伽那提婆　〔人名〕Kāṇadeva「ダイバ」を見よ。

ガナナカニタ　伽那那伽尼多　〔雜名〕Gaṇanagaṇita 數の名。【本行集經十二】に「百三蔓多羅婆。名二伽那那伽尼多一。隋數十柿。」

ガナハツテイ　誐那鉢底　〔天名〕Gaṇapati 又、迦娜籤底。我那婆底。譯、歡喜。大聖歡喜天の梵名。【毘那夜迦誐那鉢底瑜伽悉地品秘要】に「誐那鉢底。此云二歡喜一。非二餘毘那夜迦一也。以二慈善根力一。令三諸毘那夜迦生二歡喜心一。然後呵責。令レ不レ作レ障。」「クワンギテン」を見よ。ガナは衆、パティは主と譯す。

ガナバテイ　誐那婆底　〔天名〕誐那鉢底に同じ「クワンギテン」を見よ。

ガニ　伽尼　〔飲食〕譯、石蜜。【善見律十八】に「廣州土境。有二黑石蜜者一。是甘蔗糖。堅強如レ石。是名二石蜜一。伽尼者此是蜜也。」（Guḍa*）

ガニヤヤ　伽若耶　〔人名〕譯、瞎眼。女人の名。【開宗記四本】Kāṇeyā

ガニン　我人　〔術語〕我と人と。我の四名の二。【圓覺經】に「一切衆生。從二無始一來。妄想執レ有二我人衆生及與壽命一。認二四顚倒一。爲二實我體一。」【同宗密略疏下一】に「統唯我相。但由二展轉約レ義。故有二四名一。初者謂取二自體一爲レ我。計レ我展轉趣二於餘趣一爲レ人。」

ガハイ　伽憊　〔術語〕委しくは路伽憊 Lokavit 譯、世間解。如來十號の一。【玄應音義三】

ガハカラ　伽破訶羅　〔異類〕夜叉の名。譯、食孕。【孔雀王咒經上】Garbha-āhāra

ガハラミツ　我波羅蜜　〔術語〕佛果に至て我德を成就する波羅蜜の行を云。波羅蜜は到彼岸と譯し、總て佛果に至る行法の名。【普賢觀經】に「釋迦牟尼。名二毘盧遮那遍一切處一。其佛住處。名二常寂光一。常波羅蜜所二成攝一處。我波羅蜜所二安立一處。淨波羅蜜滅二有相一處。樂波羅蜜不レ住二身心相一處。」

ガビラ　伽毘羅　〔神名〕神の名。「カビラ」を見よ。

ガフアイシンミヤウ　我不愛身命　〔雜語〕歌題。【法華經勸持品】に無量の菩薩佛の敎勅を受け、末世に妙經を弘布せんとを誓ふ偈文の中に「濁劫惡世中。多有二諸恐怖一。惡鬼入二其身一。罵詈毀二辱我一。我等敬二信佛一。當レ著二忍辱鎧一。爲レ說二是經一故。忍二此諸難事一。我不レ愛二身命一。但惜二無上道一。我等於二來世一。護二持佛所囑一。」⊙(新古)「數ならぬ命は何かをしからん法とく人を思ふばかりぞ」

ガフギヤウ　合行　〔雜語〕アッアンと讀む。應に作すべきの事を云。禪林の語。【敕修淸規副寺】に「合行人事。」

ガフギヤウヒミツクワンヂヤウ　合行秘密灌頂　〔修法〕胎藏界と金剛界との兩部を合行する秘密の灌頂法なり。山家大師唐より傳ふ。【自在金剛集】

ガフギヤウマンダラグ　合行曼陀羅供　〔修法〕胎藏界と金剛界との曼陀羅を合せて供養する法會を云。

ガフクワン　合歡　〔植物〕木の名。【大疏演奧鈔十一】に「尸利沙。此云二合昏一。又云二合歡一。和名禰無里乃木。」Śirīsa(Acacia Sirissa)

ガフコンジユ　合昏樹　〔植物〕梵語、尸利灑。譯、合昏樹。香藥三十二味の一。【最勝王經七】優曇鉢羅。譯、合昏樹。【演密鈔五】前項を見よ。

ガフサウ　合爪　〔術語〕左右の十指の爪を合すると。合掌に同じ。印度の敬法。【法苑珠林二十】に「律云。當下令三一心合二十指爪掌一供中養釋師子上。」「ガフシヤウ」を見よ。

ガフサツ　合殺　〔雜語〕ガッサツと讀む。もと舞樂に關する曲調の名。舞樂の結尾に殊に一の曲調を以て終了す、之を合殺と云。殺は散の義、漸く聲を縮合して終に放散する義なるべし。佛家此名を以て一の聲明法に名く。念佛の合殺法【唄策】に出づ。讀經行道の終に之を奏す。【行狀翼讚九】に「十因記云。聲明之法。佛號六返。合爲二一曲一。故云二合殺一。殺之言六也。大集經復有二殺印一。如來眞實了二知六入一等。」此の說非なり。【谷響集三】に「問。眞言宗讀經音調有二合殺目一。此名未レ審。梵語唐言。答。以二合殺一爲二梵語一者。無レ知三於合殺之名所二自而出一。漫臆度推鑿。致レ有二妄說一。不レ足レ云耳。夫合殺之名。本出二於樂家一。謂唐舞樂將レ闋時。有二合殺名一。蓋取二唐目一以名二梵樂一。梵樂儀則。讀經行道。唱首引レ隊。諸衆屬而和。其將レ終曲調。名爲二合殺一。殺音薩。散也。良以云眞言敎。唐代肇來朝。故以二唐言一。爲二梵曲名一。本朝祖師。入レ唐學習。故傳迄レ至レ今。有二此名目一也。」

ガフシヤウ　合掌　〔術語〕ガッシヤウと讀む。左右の掌を合せ、十指を合せて吾心が專一なるを表する敬禮法。支那には拱手を敬とし、印度には合掌を敬とす。【觀音義疏上】に「合掌者。此方以二拱手一爲レ恭。外國合掌爲レ敬。手本二邊。今合爲レ一。表下不二敢散誕一。專至一心上。一心相當故。以レ此表レ敬也。」【法苑珠林二十】に「律云。當下令三一心合二十指爪掌一。供中養釋師子上。或云。叉手白レ佛言者。皆是斂レ容呈レ恭。制レ心不レ令二馳散一。然心使難レ防。故制二掌合一レ心也。」

合掌叉手　【考信錄二】に本儀編を引て「掌を合せて手指を交叉し結ぶなり。密敎に所謂金剛合掌。」【觀無量壽經】に「合掌叉手。讚二嘆諸佛一。」

十二合掌　〔名數〕密敎に於ける合掌の樣法。即ち、一堅實合掌。二虛心合掌。三如來開運。四初割蓮。五顯露。六持水。七歸命合掌。八反叉合掌。九反背互相著合掌。十橫柱合掌。十一覆手向下合掌。十二覆手合掌。【大日經疏十三】に委し。

ガフチウチ　合中知　〔術語〕鼻根の香境に於る如きは香微の鼻根に接するを待て知覺すれば之を合中知と云ひ、眼根の色境に於る如きは之に反すれば離中知と云。【俱舍論二】に「眼耳意根境不至。三相違。」【同光記二】に「此宗眼耳意三取二非至境一。鼻舌身三唯取二至境一。若依二勝論外道一。六根皆取二至境一。」

ガフブコンクワウミヤウキヤウ　合部金光明經　〔經名〕八卷二十四品。隋の寶貴天竺三藏闍那堀多 Jñānagupta 譯(志德)と共に前朝の曇無讖 Dharmarakṣa 譯、眞諦 Paramārtha 譯の諸品、及び自譯の一品を合せて一經二十四品とせしものなれば合部金光明經と云ふ。【黃帙九】(130)

ガフマン　鴿鬘　〔人名〕濕生せる女子の名。【俱舍光記八】に「鴿鬘者。昔有二一王一。名二跋羅哈摩達多一。唐言二淨授一。於二王腋下一有レ疱。生二一女子一。名爲二鴿鬘一。從二腋下一出。如二鴿飛出一。王重如レ鬘。故以名焉。」

ガフヨウ　合用　〔雜語〕ガフユウと讀む。用ふべ

きもの。禪語。【敕修淸規副寺】に「病僧合用供給之物。」

ガフレンゲ　合蓮華　〔術語〕密教に於て凡夫の心臟を譬て云。【菩提心論】に「凡人心如二合蓮華一。佛心如二滿月一。」

ガフヱウベツリ　合會有別離　〔雜語〕歌題。【涅槃經二】に「夫盛必有レ衰。合會有二別離一。壯年不二久停一。盛色病被レ侵。命爲二死所一レ呑。無レ有二法常者一。」◉（新古）「あひ見ても嶺にわかる白雪のかかる此世のいとはしき哉」

ガフヲン　鴿園　〔寺名〕迦濕彌羅國に在り。五百僧園の一。【宗輪論述記】に「爾時鷄園諍。猶未レ息。後隨二異見一。遂分二二部一。一上座部。二大衆部。時諸賢聖。知二衆乖違一。便捨二鷄園一。欲レ往二他處一。王聞旣瞋。便敕レ臣曰。宜三皆引至二殑伽河邊一。載以二破船一。中流墜溺。即驗二斯輩是聖是凡一。臣奉二王言一。便將二驗試一。時諸賢聖。各起二神通一。猶如二雁王一。凌レ虛而往。復以二神力一。攝三取船中同捨二雞園一未レ得レ通者一。現二諸神變一。作二種種形一。相次乘レ空。西北而去。王聞見已。深生二愧悔一。速即遣レ人尋二其所一レ趣。使還知レ在二迦濕彌羅一。後固請レ還。僧皆辭レ命。王終總捨二迦濕彌羅國一。造二僧伽藍一。安三置賢聖衆一。隨下先所二變作一種種形上。即以標三題僧伽藍號一。謂二鴿園等一。」「カフトクカ」を見よ。梵 Kapotaka-saṅghārāma

ガホフクウシユウ　我法倶有宗　〔術語〕華嚴宗の所談、十宗の第一なり。人天乘及び小乘の犢子部等を云。我も法も共に實有とするを以てなり。因て犢子部等を附佛法の外道となし、倶舍論破我品に嚴しく之を破す。【五教章上三、探玄記一、華嚴大疏鈔八】

ガボウハダイ　伽傍簸帝　〔人名〕Gavāṁpati 又、伽梵波提。憍梵波提。譯、牛主。羅漢の名。【不思議境界經上】に「伽傍簸帝。隋云二牛主一。舊名二憍梵波提一者。」【阿育王經六】に「伽梵波提。翻二牛主一。」「ケウボンハダイ」を見よ。

ガボン　伽梵　〔雜語〕婆伽梵 Bhagavat の略。佛「の尊稱。

ガボンダツマ　伽梵達摩　〔人名〕Bhagavaddharma 譯、尊法。比丘の名。【開元錄八】に「沙門伽梵達摩。唐云二尊法一。印度人也。譯二千手千眼大悲心經一卷一。」

ガボンハダイ　伽梵波提　〔人名〕比丘の名。「ガボウハダイ」を見よ。

ガマゼン　蝦蟆禪　〔術語〕蝦蟆の唯だ一跳を解して他の術を解せざるを、一知半解を認めて是となし、他に通ぜざる不活脱不自由の死禪に譬ふ。

ガマン　我慢　〔術語〕梵語 Asmimāna 我を恃て自ら高貢し、他を慢るを云。【唯識論四】に「我慢者。謂踞二傲恃所執我一。令二心高擧一。故名二我慢一。」【法華經方便品】に「我慢自矜高。諂曲心不レ實。」

ガマンヂヤウ　我慢定　〔術語〕又、慳執定と云。定中所現の種種の異境に於て、之を殊妙として取著するを云。【大疏六】に「若見二異境界一以爲二殊妙一。而取二著之一。名爲二我慢定一。亦名二慳執定一。」

ガミニ　伽彌尼　〔人名〕巴 Gamini 天子の名。

伽彌尼經　〔經名〕佛、伽彌尼天子の爲に黑白の果報は石と油の如く、一は沈み一は浮ぶを說く。中阿含三に攝む。【戾帙五】

ガモン　我聞　〔雜語〕一切經の初に我聞の二字を置くは世の執競を息め、且つ親聞の謬なきを證す。我は阿難なり。【注維摩經一】に「什曰。若不レ言レ聞。則我自有レ法。我自有レ法。則情有二所執一。情有二所執一。諍亂必興。若言二我聞一。則我無レ法。則無二所執一。得失是非。歸二於所聞一。我旣無レ執。彼亦無レ競。無レ執無レ競。諍何由生。肇曰。出レ經者。明下己親承二聖旨一無中傳聞之謬上也。」【華嚴經疏四】に「我即阿難。聞謂親自聽聞。」

ガヤ　伽耶　〔術語〕Kāya 譯、身。【名義集六】に「梵有二四名一。一伽耶。二設利羅。三弟訶。四應伽。此云二積集一。」図 Gaya 譯、象。【本行集經十二】に「伽耶。隋言二象王一。仙名也。」【名義集二】に「伽耶。或那伽（Nāga）或那先。此云レ象。」

伽耶山　〔地名〕新稱、羯闍尸利沙山。舊稱、伽耶山。伽闍山。伽種山など。譯、象頭山。二處あり、一は靈鷲山の近にあり、一は菩提道場の近にあり。「カッジャシリシャ」を見よ。【西域記八】に菩提道場に近き伽耶山を記して。「城西南五六里至二伽耶山一。谿谷杳冥。峯巖危險。印度國俗。稱曰二靈山一。自レ昔君王。馭レ宇承レ統。化洽二遠人一。德隆二前代一。莫レ不三登封而告二成功一。」Gajaśīrṣa

伽耶城　〔地名〕【西域記八】に「渡二尼連禪河一至二伽耶城一。甚險固少二居人一。唯婆羅門有二千餘家一。大仙人祚胤也。」余明治三十五年四月此に一宿す。商戶數千、小都會をなす、城を出でて東南に三里、大道坦坦、菩提道場に至る。【法華經誦出品】に「如來爲二太子一時。出二於釋宮一。去二伽耶城一不レ遠。坐二於道場一。得レ成二阿耨多羅三藐三菩提一。」成菩提の地は通常佛陀伽那 Buddhagayā と稱する地なり。城名と正覺道場と共に伽耶と呼ぶ如し。

伽耶山頂經　〔經名〕二經あり。一は秦の羅什譯の文殊師利問菩提經一卷を一名伽耶山頂經と稱し、一は元魏の菩提留支譯の伽耶山頂經一卷なり。之に隋の毘尼多流支譯の佛說象頭精舍經一卷

と唐の菩提流志譯の大乘伽耶山頂經一卷を合せて四譯同本なり。佛初て成道し伽耶山に在りし時、最初文殊菩薩發菩提心の深義を佛に問ひ、次に諸天子等交請問せしに應じて文殊自ら種種の菩薩道を答へしもの。【宙帙二】(239)

伽耶山頂經論 〔書名〕 文殊師利菩薩問菩提經論の異名。天親の作。

ガヤカセフ 伽耶迦葉 〔人名〕 Gayākāśyapa 又、竭夷迦葉。伽耶迦葉籖。羅漢の名。伽耶の譯、象。城。三迦葉の一。光宅の【法華疏一】に「伽耶迦葉者。昔日亦是外道。其人事火。領五百徒衆。住在伽耶城中。如來往化。即捨邪從正。得羅漢道。仍以本所住城爲名也。」【文句一下】に「伽耶亦竭夷。亦象。此云。伽耶山名。即象頭山也。文句翻城。近此山故。」【不思議境界經上】に「伽耶迦葉籖」「カセフ」を見よ。

ガヤシヤウゴシ、ズヰシヤウカイジジキ 我夜生五子隨生皆自食 〔雜語〕 【倶舍論八】に餓鬼に胎生の者あるを證するとて「鬼胎生者。如餓鬼母白目連云。我夜生五子。隨生皆自食。」「ガキ」の項を見よ。

ガラダ 伽羅陀 〔術語〕 菩薩の位の名。譯、度邊、地。羅什譯の【仁王經下】に「以六阿僧祇劫。集無量明波羅蜜故。入伽羅陀位。無相行。受持一切法。」【吉藏疏五】に「入伽羅陀者。此云度邊地也。」 図

ガラン 伽藍 〔地名〕 山の名。「キヤラダ」を見よ。

〔術語〕 僧伽藍摩 Saṅghārāma の略。譯、衆園。僧衆の住む園庭にて寺院の通稱。「ソウギヤランマ」を見よ。

伽藍神 〔神名〕 所謂鎭守なり。伽藍を護衛する神にて佛說に十八神あり。【釋氏要覽上】に「七佛經云。有十八神。護伽藍。㈠美音。㈡梵音。㈢天鼓。㈣歎妙。㈤歎美。㈥摩妙。㈦雷音。㈧師子。㈨妙歎。㈩梵響。⑪人音。⑫佛奴。⑬頌德。⑭廣目。⑮妙眼。⑯徹聽。⑰徹視。⑱遍視。」伽藍神を單に伽藍と云。【敕修淸規念誦】に「伽藍土地。護法護人。」【同沙彌得度】に「伽藍土地。增益威光。護法護人。無諸難事。」【象器箋四】に「鎌倉建長寺伽藍神五軀並。張大帝。大權修利。掌簿判官。感應使者。招寶七郎。」又、和漢の寺院に漢將關羽を以て伽藍神となす。

伽藍堂 〔雜語〕 內の空虛なる室を俗に伽藍堂と云。蓋し伽藍の堂宇は其のさまなり。

伽藍鳥 〔動物〕 水鳥にて鷲の大なるもの。咽に袋ありて水一升を貯ふと云。【俚言集覽】

伽藍經 〔經名〕 佛、伽藍國の衆人の爲に十惡を戒め慈悲喜捨の四安穩處を說く。中阿含三に攝む。

ガランタ 伽蘭他 〔雜語〕 譯、結。節。敎文の一結一節を云。【婆藪槃豆法師傳】に「伽蘭他。譯爲結。亦曰節。謂義類各相結屬故曰結。又攝義令不散故云結。義類各有分限故云節。」 Grantha

ガリ 伽梨 〔衣服〕 「ギヤリ」と讀む。僧伽梨の略。

ガリタ 〔飮食〕 「ソミツ」を見よ。

ガリタンケ 賀唎怛䋣 〔植物〕 果の名。「カリロク」を見よ。

ガリン 伽隣 〔地名〕 竹園の名。「カランダ」を見よ。

ガロナ 誐嚕拏 〔動物〕 鳥の名。「カルラ」を見よ。

ガロラ 伽樓羅 〔動物〕 鳥の名。「カルラ」を見よ。

ガロン 我論 〔術語〕 法我見、人我見の二種の邪論。【楞伽經四】に「離於我論。自性無垢。」

ガワウ 鵞王 〔譬喩〕 佛を譬ふ。佛の三十二相の中に手足縵網相とて、手指足指の中間に縵網ありて交合すると鵞鳥の足に似たるを以てなり。【涅槃經二十八】に「若菩薩摩訶薩。修四攝法。攝取衆生。以是業緣。得網縵指。如白鵞王。」【金光明經二】に「足指網縵猶如鵞王。」又、佛の行步鵞鳥の如しと云に取る。求那跋陀羅譯の【央掘摩羅經一】に「住住大沙門。儀雅鵞王趍。」【同卷】に「爾時世尊。猶如鵞王。庠行七步。」Haṁsarāja

鵞王別乳 〔傳說〕 水乳を和して之を一器に置けば鵞鳥は但乳汁を飮て水を殘すとぞ。【祖庭事苑五】に「正法念經云。譬如水乳同置一器。鵞王飮之。但飮其乳汁。其水猶存。」【玄義五上】に「無明是同體惑。如水內乳。唯登住已去菩薩鵞王。能唼無明乳。淸法性水。」此は鵞王を菩薩に喩ふ。

鵞王眼 〔譬喩〕 鵞王の能く水乳を別つ如く學者の擇法眼明かなるに喩ふ。【高僧傳二】に「直入正宗。可謂具鵞王眼也。」

ガワーヌパティ 〔人名〕 「ケウボンハダイ」を見よ。

ガン 龕 〔物名〕 佛像を安置する櫃、即ち厨子のこと。【增韻】に「浮圖塔」【廣韻】に「塔下室」【敕修淸規結制禮儀】に「侍者於聖僧龕後立。」 図 尸を盛る棺を龕と云。【釋氏要覽下】に「今釋氏之周身。其形如塔。故名龕。方志云。受也。廣雅云。盛也。此名蓋異俗也。」【壒囊鈔十六】に「龕をばもこしと讀む。」

龕子 〔物名〕 子は附け字にて椅子の子の如し。

龕前堂 〔堂塔〕 葬場に龕を安置する堂の名。【啓蒙隨錄】に「亡人の宅にて死體入棺の時、鎖龕の

式を行ふべきを、場所不便なる故、葬所に於て此等の式を整へん爲に設くる處を指す。即ち龕前の法式を修する堂と云ふこととなるべし。但し漢土になし、此方後世の施設なり。」

龕前疏 【雜名】龕前にて讀む疏文。【百丈清規】に「鄕人法眷作二祭文一」と云ふ、是なり。

ガン 雁 【動物】梵語、亘娑。譯、雁。（亘娑は Haṁsa を云ふ。ハムサは鵝なり。通名として雁にも用ふ。雁の梵名 Dhārtarāṣṭra なり。）

雁爲比丘落命 【傳說】「雁塔」を見よ。

五百雁聞佛法生天 【傳說】佛波羅捺國に在て四衆の爲に法を說く。時に空中五百の群雁ありて佛の音聲を聞て之を愛樂し、世尊の所に來下せんとす。時に獵師ありて羅を設く。五百の群雁羅に罹りて獵師の爲に殺され、聞法の功德によりて忉利天に生ず。【賢愚經十三五百雁群聞佛法生天品、經律異相四十八】

雁不食出籠 【傳說】國王雁肉を得んと欲し籠を以て之を養ふ、中に食はざるものあり、諸雁謂て言く何ぞ食はざる。食はざるもの言く、憂て食ふと能はずと。七日にして瘠瘦し、籠孔の中より出づるを得て飛び去る。遂に肥者に謂て曰く卿等食を貪る、害痛後に在りと。【譬喩經六、經律異相四十八】

五百雁爲五百羅漢 【本生】【報恩經四】に「昔國王あり、雁肉を得んと欲し、獵師をして雁を捕らしむ。時に五百の群雁ありて虛空を過ぎ、雁王誤て網中に落つ。獵師大に喜び取て之を殺さんとするに、一雁あり、來て悲鳴して雁王に投ず。五百の群雁亦た虛空に徘徊して去らず。獵師之を見て雁王を殺すに忍びず之を放ち去らしむ、國王之を聞きて雁肉を斷つ。爾の時の王は今の阿闍世王、雁王は佛、一雁は阿難、五百の群雁は五百羅漢なり。

ガンウ 雁宇 【堂塔】又、雁堂。佛堂の異名。【善見律十】に「高閣講堂者。於二大林一作レ堂。堂形如二雁子一。一切具足。爲レ佛作二此堂一也。」

ガンクワウギキ 含光儀軌 【書名】毘那夜迦誐那鉢底瑜伽悉地品秘要、一卷、不空の弟子含光記す、之を含光儀軌と云。

ガンケ 含華 【術語】極樂に往生するに九品の差別ありて、其の上品上生の人は生れながら七寶の開蓮華に坐して、妙法を聞けども、上品中生より已下は一宿乃至下品下生の人は十二大刧を經て花方に開く。其の花中に含まれて三寶を見聞すると能はざるを含華と云。【觀經定善義】に「雖レ得二往生一。含レ華未レ出。或墮二邊界一。或墮二宮胎一。」

ガンシキ 含識 【術語】心識を含有するもの。即ち有情。【行事鈔資持記上四之一】に「心依二色中一。名爲二含識一。總攝二六道有情之衆一。」

ガンシヤウ 含生 【術語】生命を含有するもの。含靈に同じ。【西域記十二】に「捨二金輪一而臨二制法界一。摛二玉毫一而光撫二含生一。」

ガンジヤウ 含情 【術語】情識を含むもの。含生に同じ。【法事讚上】に「悲智雙行。不レ捨二含情一。」

ガンジユ 岸樹 【譬喩】人命の危に譬ふ。【涅槃經一】に「是身易レ壞。猶如二河岸臨レ峻大樹一。」【慈恩傳九】に「衆緣和合。念念無常。雖二岸樹井藤一不レ足三以儔二危脆一。」

ガンシヨ 雁書 【本生】佛の前生譚。往昔波羅捺王摩訶羅闍の二子、善友惡友と名く。兄如意珠を得て國人を恤まんと欲し、弟惡友と共に大海に入りて珠を得たり、弟之を嫉み珠を奪ひて兄の眼を刺し、歸りて水に沒せりとなす。父母慟哭す。後兄の眼恢復し利師跋國に在り。宮廷初め一白雁を飼ふ、其主の不幸を聞き悲鳴宛轉す。母夫人爲に書を作りて雁の頸に繫ぐ、雁飛んで利師跋國に到り善友を見て飛鳴す。善友父母の悲哀を知り手書を作て又其雁に繫ぐ、雁歸り父母事情を審にし即ち惡友を杻械し善友を迎ふ。其の時の惡友は提婆達多にして善友は今の佛なりと。」【大方便佛報恩經四惡友品】

ガンタフ 雁塔 【堂塔】【西域記九】に「有二窣堵波一。謂二亘娑一。Haṁsa 唐言レ雁。昔此伽藍。習二翫小乘一。小乘漸敎也。故開二三淨之肉一。而此伽藍。遵而不レ墜。其後三淨。求不二時獲一。有二比丘一經行。忽見二群鴈飛翔一。戲言曰。今日衆僧中。食不レ充。摩訶薩埵。宜レ知二是時一。言聲未レ絕。一鴈退飛。當二其僧前一。投レ身自殞。比丘見已。具白二衆僧一。聞者悲感。咸相謂曰。如來設レ法。導誘隨レ機。我等守レ愚。遵二行漸敎一。大乘者正理也。宜下改二先執一務從中聖旨上。此鴈垂レ誡。誠爲二明導一。宜下旌二厚德一傳中記終古上。於レ是建二窣堵波一。式照二遺烈一。以二彼死鴈一瘞二其下一焉。」

ガンタフ 龕塔 【堂塔】龕室を有する塔。即ち常の塔なり。【十誦律五十六】に「佛聽レ作二龕塔柱塔一。」

ガントウ 巖頭 【人名】唐の鄂州巖頭の全豁禪師、德山に參して旨に契ひ、巖頭に住む。武宗の汰敎に値ひ隱れて渡子となる、後に洞の臥龍山に庵し徒衆輻湊す、光啓三年入寂勅して淸巖禪師と謚す。【傳灯錄一六】

ガントウ 岸頭 【雜語】苦海の岸。【無門關】に「於二生死岸頭一。得二大自在一。」

ガンマン 唅鑁 【術語】Haṁ・Vaṁ 不動尊

の種子。不動尊眞言の最後に在り。【大日經疏十】に「用二後二字一爲二種子一。諸句義皆成二就此一也。」

ガンモクノイミヤウ 眼目異名 〔譬喩〕名は異なるも其實の同きことを眼も目も名は異なるも其實の同じきに例していふ。【俱舍光記一】に「一切與レ諸。眼目異名。」【同二十】に「性之與レ體。眼目異名。」

ガンモン 鴈門 〔雜語〕佛を鴈王と云ふより佛門を鴈門と云ふ。◎（本朝文粹前中書王願文）「敬屈二鴈門之師一。講二演鷲峰之偈一。」図〔人名〕淨土論註の記主梁の曇鸞の稱號。師は鴈門の人なるを以てなり。【唐高僧傳六】に「釋曇鸞。或爲レ巒。未レ詳二其氏一。鴈門人也。」

ガンリヤウ 含靈 〔術語〕靈魂を含むもの。含識。含生。有情など同じ。【大寶積經三十八】に「假令三界諸含靈。一切變爲二聲聞衆一。」

ガンルヰ 含類 〔術語〕含識の衆類。諸の有情を云ふ。【大唐三藏聖教序】に「微言廣被極二含類於三途一。遺訓遐宣導二群生於十地一。」

ガンワウ 鴈王 〔雜名〕佛の異名。鵝王に同じ。佛の三十二相中、手足の一一の指の間鴈の如く、鵝の如く縵網ありて交絡するを以てなり。【智度論四】に「五者手足指縵網相。如二鴈王一。張レ指則現。不レ張則不レ現。」

き

キ 機 〔術語〕根機、機緣など熟し、本來自己の心性に有し教法の爲に激發されて活動する心の働を云。【玄義六上】に「機有二三義一。一者機是微義。故易云。機者動之微。吉之先現。又阿含云。衆生有二善法機一。聖人來應也。衆生有二將レ生之善一。此善微微將レ動。而得レ爲レ機。乃至如下弩有二可レ發之機一。故射者發上レ之。發則善生。不レ發則不レ前。衆生有二可生之善一。故聖應則善生。不レ應則不レ生。故言機者微也。二者古注楞迦經云。機是關義。何者衆生有レ善有レ惡。關二聖慈悲一。故機是關義也。三者機是宜義。如レ欲レ拔二無明之苦一。正宜二於悲一。欲レ與二法性之樂一。正宜二於慈一。故機是宜義也。」【會本文句記十一】に「問。機器何別。答。雖二並從一レ譬。各有二一意一。機論レ可レ發。器語二堪任一。」図眞理に契合する機關。【大明錄】に「文義俱明者謂二之理一。忘レ言獨契者謂二之機一。」

キ 器 〔譬喩〕根器、器量など。人の根性を物に譬て器と云。【法華經提婆品】に「女身垢穢。非二是法器一。」【名義集二】に「五道非二成佛器一。由レ是諸佛唯出二人間一。」

キ 記 〔術語〕「キベツ」を見よ。図經論の註釋を云ふ。俱舍の光の記と云ふ如し。

キ 忌 〔術語〕物いみなり。又物いみの日を云ふ。喪中又は命日に心身を愼むこと。「キチウ」參照。

キ 鬼 〔異類〕梵語、薜荔多。Preta 舊譯、餓鬼。新譯、鬼。【名義集二】に「婆沙云。鬼者畏也。謂虛怯多レ畏。又威也。能令二他畏一其威一也。又希求爲レ鬼。謂彼餓鬼。恆從二他人一希二求飲食一。以活二性命一。」【文句四下】に「鬼者。胡言二闍梨多一。闍は閉の寫誤秦言二祖父一。衆生最初生二彼道一故名二祖父一。後生者亦名二祖父一。此趣多二饑渴一故名二餓鬼一。亦被二諸天驅使一。亦希二望飲食一。故名二餓鬼一。」鬼に種類多し或は夜叉羅刹の如く通力を有し人を害するもの、或は餓鬼の如く常に飢渴に苦むもの。此の中六趣中の鬼は餓鬼に付て之を說く。「ガキ」を見よ。

三種鬼 〔名數〕一に精媚鬼。半夜の子刻に子鼠等の精靈變化して坐禪の人を厭媚するなり。或は少男少女老病の形及び可畏等の相を作す。此時禪人各其時を識り子時に來らば鼠獸なるを知り其の名字を呼べば精媚即ち散ずと（止觀八之三に時媚鬼と作る）。二に悼惕鬼。三に魔羅鬼。是れ第六天の魔屬なり。【禪波羅蜜次第法門四】

鬼黏五處 〔本生〕【智度論十六】に「精進相者。身心不レ息故。譬如二釋迦文佛一。先世曾作二賈客主一。將二諸賈人一。入二險難處一。是中有二羅刹鬼一。以レ手遮レ之言。汝住莫レ動。不レ聽二汝去一。賈客主即以二右拳一擊レ之。拳即著レ鬼。挽不レ可レ離。復次左拳擊レ之。亦不レ可レ離。以二右足一蹴レ之。足亦黏著。復以二左足一蹴レ之。亦復如レ是。以レ頭衝レ之。頭即復着。鬼問言。汝今如レ是。欲レ作二何等一。心休息未。答言。雖二復五事被一レ繫。我心終不二爲レ汝伏一也。當下以二精進力一與レ汝相擊要不中懈退上。鬼時歡喜。心念。此人膽力極大。即語レ人言。汝精進力大。必不二休息一。放レ汝令レ去。」【止觀】に「如三大論釋二精進一。鬼黏二五處一。」

キイ 奇異 〔雜語〕常ならぬこと。【十地論一】に「若來二此處一。則非二奇異一。」【唐太宗三藏聖教序】に「鹿苑鷲峰。瞻レ奇仰レ異。」

キウ 祈雨 〔修法〕請雨法を修すること。「セウウホフ」を見よ。

祈雨法 〔修法〕「セウウホフ」に同じ。

キウクワアンジヤ 供過行者 〔職位〕供頭行者の別稱。【象器箋八】クカアンジヤと讀む。

キウグウ 虬宮 〔雜名〕龍宮に同じ。龍樹菩薩龍宮に入て華嚴經を誦出す。【三論大義鈔一】に「印域探二三藏之賾一致。虬宮研二方等之幽趣一。」

キウコウ 宮講 〔行事〕宮中の講經。舒明天皇十

二年、慧隱、五月五日の宮中の齋會に無量壽量を講ずるを始とす。【元亨釋書二十】

キウサンジヤウダウ　九參上堂　〔行事〕毎月九庋即ち三日毎に上堂參禪するを云ふ。「クサンジヤウダウ」を見よ。「ジ」を見よ。

キウジ　丘慈　〔地名〕又、龜兹。屈支。國の名。「キウヂウアンジヤ」と讀む。

キウヂウアンジヤ　供頭行者　〔職位〕粥飯の時、飯羹茶果等を行くものを云。或は單に供頭と稱す。【象器箋八】クヂウアンジヤと讀む。

キウニウノボンシヨウ　九乳梵鐘　〔雜語〕佛事の時、之を撞打するが故に、梵鐘と云ふ。九乳は鐘の上部周圍に、乳狀をなして、突出せるものにして、通例一行に五乳あり。⦿（鴉鷺合戰九）「九乳の梵鐘を叩きて、十號の尊德を驚す。」

キウビサイ　九味齋　〔雜語〕又、鳩美菜、供備菜に作る法會宿忌（逮夜）の供物を云。九種の美味を盛れば九味と名く。【象器箋十四】に「九味齋。或作二鳩美菜一。蓋集二美味一也。或作二供備菜一。大鑑淸規。作二九味齋一。今依レ此爲レ正。蓋果糍類有二九味一而已。如二今時一。小器長脚者。金銀裝飾。高飾二釘餖頭羊羹等及諸珍果一。或十二器。（左右各六器）或十六器（左右各八器）」【大鑑淸規末後事儀】に「正大夜時。念誦諷經。九味齋略レ之。」

キウン　希運　〔人名〕唐の洪州黃檗山の希運。閩人なり。身量矮少、額間隆起、號して肉珠となす。倜儻不羈眞に大乘の器なり。一姥の勸に依て百丈山の海禪師に見えて心眼を開き、還て黃檗山に住す。相公斐休深く之を欽重す。大中年中を以て終ふ。勅して斷際禪師と謚す。【宋高僧傳二十、傳灯錄九】

キエ　歸依　〔術語〕勝者に歸投し、依伏すること。【大乘義章十】に「歸投依伏故曰二歸依一。歸投之相如二子歸レ父。依伏之義如二民依レ王。如二怯依レ勇。」【法界次第上之上】に「歸以二反還一爲レ義。依者憑也。」【勝鬘經】に「一切法常住。是故我歸依。」【義林章四本】に「歸依者。歸敬依投之義。」

歸依佛　〔術語〕邪師を捨てて正師に事ふること。【大乘義章十】に「依レ佛爲レ師。故曰二歸佛一。」

歸依法　〔術語〕邪法を捨てて正法を修すること。【大乘義章十】に「憑レ法爲レ藥。故名二歸法一。」

歸依僧　〔術語〕邪友を捨てて正友に伴ふこと。【大乘義章十】に「依レ僧爲レ友。故稱二歸僧一。」

キエウ　機要　〔術語〕機密肝要。【唐高僧傳（玄奘）】に「極二空有之精微一。體二生滅之機要一。」

キエン　機緣　〔術語〕衆生善根の機ありて教法を受くる緣となるもの。【最勝王經一】に「隨二其器量一。善應二機緣一。而爲說レ法。」【淨名玄一】に「聖人說法。深鑒二機緣一。」【文句記二下】に「演二一乘之實唱一。飽二妙行之機緣一。」【四教義一】に「夫衆生機緣不レ一。是以教門種種不レ同。」⦿（曲、身延）「逢ふ事難き優曇華の、花待ち得たり。うれしの今の機緣や。」 図 禪家の宗匠、機に臨み緣に應ずる行藏作略を機緣と云。六祖壇經に機緣篇あり。

キエン　鬼緣　〔雜語〕邪鬼の因緣。【止觀十下】に「若前世。外有二鬼緣一。鬼則加レ之。發二鬼禪鬼見一。」

キオウ　機應　衆生の機と如來の應と。【文句一上】に「信則論レ機。見則是應。」「機應相稱。故曰二道交一。」

キオンニフムヰ　棄恩入無爲　〔雜語〕歌題。【淸信士庋人經】に「流二轉三界中一。恩愛不レ能レ斷。棄レ恩入二無爲一。眞實報レ恩者。」此の四句一偈は一般に剃頭出家する時に唱ふる偈文なり。恩愛は親子共に三界に流轉する羈なり、今其の恩愛の羈を斷て無爲の眞道に入り、遂に一切衆生を濟度する身となるこそ眞に父母の恩を報ずる者と云ふべけれとなり。⦿（新古）「そむかずばいづれの世にかめぐりあひて思ひけりとも人に知られむ」

キカイ　器界　〔譬喩〕國土は衆生を入るる器物世界なれば器界と云。器世界、器世間などに同じ。【三藏法數二十】に「器界者。世界如レ器。即國土也。」

器界說　〔雜語〕如來不思議の神力を以て能く草木國土をして說法せしむ。華嚴經の菩提樹等能く佛事を作し、極樂の樹林妙法を說く如し。五類說法の一。【三藏法數二十】「を見よ。

キカイ　鬼界　〔界名〕鬼類の世界。十界の一。「キ」

キカイ　歸戒　〔術語〕三歸戒のこと。佛法僧の三寶に歸依する戒法。「サンキ」を見よ。

キカウリヤウ　紀綱寮　〔雜名〕維那の住室。【象器箋二】に「維那寮又曰二紀綱寮一。」

キカツ　寄褐　〔雜語〕孩兒を護持する爲に僧衣を被すること。【釋氏要覽下】に「今世人。護二惜孩兒一。遂服以二僧衣一。謂二之寄褐一。」

キカン　機感　〔術語〕衆生善根の機ありて佛を感ずること。又、衆生善根の機あれば佛之に感じ應ずること。【探玄記二】に「機感相應。有二形言一現。」【釋籤一之二】に「機感相應得レ益。」【文句一上】に「機成致レ感。逮二得己利一。」

キガウ　歸仰　〔術語〕歸依し仰慕すること。【義林章四本】に【起二殷淨心一。策二殊勝業一。申レ誠歸仰。故名二敬禮一。」【無量壽經上】に「天人歸仰。」

キガヂゴク　饑餓地獄　〔界名〕十六遊增地獄の一。【三藏法數四十五】

キガン　起龕　〔行事〕棺を家より出す時の佛事を

起龕と云。【敕修淸規送亡】に「維那出燒香。請二起龕一佛事一。擧畢行者鳴レ鈸。擡レ龕出二山門首一。」⦿（太平記三三）「起龕は南禪寺の平田和尙。」

キガンセイ　鬼眼睛　〔雜語〕妖怪の眼睛。正見にあらざるを云。【碧巖第五則着語】に「山僧從來不レ弄二鬼眼一。」

キキ　窺基　〔人名〕唐の京兆の大慈恩寺の窺基、玄奘に事へて五竺の語を學び、唯識因明の旨を傳へて疏を造ると百本、百本の疏主と稱す。法相宗の開祖なり。永淳元年、壽五十一にて寂す。甞て彌勒上生經の疏を書して舍利二七粒を感じ、又彌勒の像を造り像前に於て日に菩薩戒を誦すると一徧、以て兜率の往生を願ふ。世に慈恩大師と稱す。【宋高僧傳四】

キキイミ　聞忌　〔雜語〕遠方に在る親近者等の死去を聞きて忌をなすこと。

キキツヤクドシフ　枳橘易土集　〔書名〕三十卷。享保元年泉涌寺の慧晃著。梵語の翻譯を蒐集せしもの。

キキヤウ　歸敬　〔術語〕歸依敬禮。賢善に歸依し敬禮すると。【義林章四本】に歸敬章あり。

キキヤウジヨ　歸敬序　〔雜語〕信ずる所の如來に歸命敬禮を表する序文なり。經論釋の初に、歸命大智海毘盧遮那佛、南無釋迦牟尼佛、南無阿彌陀佛など記せるを云ふ。

キキヤウモン　龜鏡文　〔書名〕一卷。慈覺の著。

キキラ　喫棄羅　〔物名〕Khakkhara 錫杖の梵名なり【寄歸傳四】に「言二錫杖一者。梵云二喫棄羅一。即是鳴聲之義。」

キキンサイ　饑饉災　〔雜語〕中劫の末に起る小の三災の一。【倶舍論十一】に「小三災中劫末起。三災者。一刀兵。二疾疫。三饑饉。乃至中劫末十歲時人。亦具二如レ前諸過失一故。天龍忿責。不レ降二甘雨一。由レ是世間久遭二饑饉一。既無二支濟一。多分命終。」

キギ　軌儀　〔術語〕軌範儀則。【玄義三下】に「戒定慧。此三是出世梯橙。佛法軌儀。」

キギ　機宜　〔術語〕衆生善根の機ありて敎を布くに宜きもの。【玄義六上】に「機是宜義。如レ欲レ拔二無明之苦一。正宜二於悲一。欲レ與二法性之樂一。正宜二於慈一。故機是宜義。」【同一下】に「夫敎本應レ機。機宜不レ同。故部別異。」【唯識述記一本】に「如來設レ機。隨二敎所一レ宜。」

キギウキカ　騎牛歸家　〔譬喩〕十牛の一。

キクセン　寄庫錢　〔雜名〕葬送の時土中に埋むる錢を云。冥土の府庫に錢を寄せて亡者の罪を免ぜんとを請ふ意。蓋し漢魏以來の俗習にて一に瘞錢と云。即ち吾國の六道錢なり。「エイセン」を見よ。【佛祖統紀】に「世有下用二紙鏹一寄レ庫者上。」龍舒の【淨土文】に「予遍覽二藏經一。即無二陰府寄庫之說一。奉レ勸二世人一。以二寄庫所レ費。請レ僧爲二西方之供一。一二心西方一。則必得二往生一。若不レ爲レ此而爲二陰府寄庫一。則是志在二陰府一。死必入二陰府一矣。」

キクタ　鞠多　〔人名〕又、毱多。優婆鞠多の略。比丘の名。「ウバキクタ」を見よ。

キクツリ　鬼窟裏　〔譬喩〕幽鬼の棲み處、闇黑なる處、之に對して里山下など云、總て盲昧見る所なき學人の境界に譬ふ。【坐禪儀】に「法雲圓通禪師。亦呵二人閉レ目坐禪一。以謂二黑山鬼窟一。」【碧巖第一則】に「向二鬼窟裏一作二活計一。」

キクトウ　菊燈　〔物名〕佛前に供ふる燈明の臺の一種を云ふ。菊花に象りて作りたる故この稱あり。

キクワ　鬼火　〔物名〕鬼神の起す陰火。【新譯仁王經下】に「龍火鬼火」

キクワウニヨライ　奇光如來　〔佛名〕小乘經に顯はれたる釋尊外の唯一の現在佛。東方七恒河沙を過ぎたる佛土に出現せりと云ふ。【增一阿含經卅九】に「目連禮二世尊足一。即於二如來前一沒不レ現。往二詣東方七恒河沙佛土一。有レ佛名二奇光如來一。至眞等正覺。出二現彼土一。」

キクワン　機關　〔術語〕禪門の宗匠古則公案一喝一棒を以て學人を接得するを云。【元亨釋書辨圓傳】に「甞擧二唱理致機關向上三宗旨一。」【七帖見聞一末】に「神智云。宗門立二理致機關二門一。敎二化機緣一。」

キクワンモクニン　機關木人　〔譬喩〕五蘊の假者に譬ふ。【智度論六】に「都無レ有二作者一。是事是幻耶。爲二機關木人一。爲二是夢中事一。」

キグワン　祈願　〔術語〕神佛に福利を祈り願ふと。

キグワンジヨ　祈願所　〔雜語〕又祈願寺、御願寺ともいふ。現世未來の福德を祈らんため、勅により て建てられたる寺院を云ふ。幕府も之に倣ひて祈願所を建つ。

キケウ　機敎　〔術語〕衆生の機と佛の敎と。二者必ず相應すべきもの。【文句一上】に「若應レ機設レ敎。敎有二權實淺深不同一。」【華嚴玄談四】に「約レ佛雖二則一音一。就二機差一而敎別。」

キケン　喜見　〔雜語〕人之を見るを喜ぶこと。

喜見菩薩　〔菩薩〕一切衆生喜見菩薩の略。藥王菩薩の前身にて甞て、法華經を供養する爲に身を燒く。【法華經藥王品】に「是一切衆生喜見菩薩。樂二習苦行一。於二日月淨明德佛法中一。精進經行。一心求レ佛滿二萬二千歲一。已得二現色身三昧一。得二此三昧一已。心大歡喜。即作二是念一。我得二現一切色身三昧一。皆

得レ聞二法華經一力。我今當レ供二養日月淨明德佛及法華經一。即時入二是三昧一。於二虛空中一。雨二曼陀羅華一。乃至以供二養佛一。作二是供養一已。從二三昧一起。而自念言。我雖下以二神力一供中養佛上。不レ如二以レ身供養一。即服二諸香旃檀一。乃至以二天寶衣一。而自纏レ身已。灌二諸香油一。以二神通力願一。而自燃レ身。光明遍照二八千億恒河沙世界一。乃至爾時佛告二宿王華菩薩一。於二汝意一云何。一切衆生喜見菩薩。豈異人乎。今藥王菩薩是也。」

喜見城 〔界名〕 忉利天 三十三天と譯す の帝釋の住する城の名。須彌山の頂にあり。【智度論一百】に「七市山頂有二三十三天宮一。其城七重。名爲二喜見一。九百九十九門。一一門邊皆有二十六青衣大力鬼神一。守二護城中一。」然に起世經、賢愚經、長阿含經、優婆塞戒經、倶舍論、順正理論等總て善見城に作る、是れ翻譯の相違のみ。依て【倶舍論頌疏十一】に「於二山頂中一有レ宮名二善見一。亦名喜見城也 見者稱レ善也。」 惠心の三界義之に同じ ⊙（榮花、玉の臺）「寂光の都喜見城」（平家灌頂の卷）「喜見城の勝名の樂」

喜見天 〔界名〕 喜見城の天處、即ち三十三天。

キケン 機見 〔術語〕 衆生の機に依て佛を感見するとと。【宗鏡錄二十一】に「他受用及變化二土正證二於前一。相似名同。而隨レ機見異。」

キケン 鬼見 〔譬喩〕 邪見を鬼に譬ふ。【止觀十下】に「若前世。外有二鬼緣一。鬼則加レ之。發二鬼禪鬼見一。」

キケンキヤウ 起顯竟 〔術語〕 又起顯終とも云ふ。起り、顯はれ、竟るといふこと。日蓮宗にて、本化の法門は法華經法師品の況滅度後、寶塔品の付屬有在等の經文に起因し、壽量品に久遠の大法を顯說し、神力品に上行等に付屬して佛出世の大事ここに終ると立つるを約言せるなり。【日蓮御義口傳卷下】に「總じて妙法蓮華經を、上行菩薩に付屬し給ふ事は、寶塔品の時事起り、壽量品の時事顯れ、神力囑累品の時事竟る。」とある是なり。

キケンチヤウ 寄見丁 〔職位〕 御修法の時、華を執る僧侶の役名。

キゲン 譏嫌 〔雜語〕 又、機嫌に作る。譏嫌とは他人の譏り嫌ひを云ふ。他人の譏り嫌ふ事をなさざる事を機嫌を護ると云。俗に「きげんをとる」といふに同じ。【起信論】に「當護二譏嫌一不レ令下衆生妄起中過罪上故。」【楞嚴經九】に「誹二謗比丘一。罵二詈徒衆一。訐二露人事一。不レ避二譏嫌一。」【涅槃經十一】に「息二世譏嫌一戒」【淨土論】に「大乘善根界。等無二譏嫌名一。」俗に譏を機に作る機は人の氣合をいふなるべし。

譏嫌戒 〔術語〕 具には息世譏嫌戒。世人の忌み嫌ふことを止むる戒律を云。其事の性質上惡なるを性重戒と云ひ、其事の性質は敢て惡にあらざれども、世人の見て以て忌み嫌ふ事を譏嫌戒と云。【涅槃經十一】に「善男子。有二二種戒一。一者性重戒。二者息世譏嫌戒。性重戒者。謂四禁也。息世譏嫌戒者。不レ作二販賣一等。」新譯の【起信論】に「護二持如來所制禁戒一。不レ令二見者有一レ所二譏嫌一。能使二衆生捨レ罪修一レ善。」

キゲン 歸元 〔術語〕 又歸眞、歸寂、歸化、歸本とも云ふ。生滅界を出でて眞寂の本元に還歸する意にして、人の死亡を云ふ。圓寂と同義なり。禪家に亡者の位牌に新歸元或は新歸眞と題し、其の下に法名をかけるあり。普通には僧侶の死亡に云ふ。

キコツ 起骨 〔儀式〕 遺骨を收め來て寢殿に安置し、佛事を爲すを安骨と云ひ、其後塔に入れんとする時に爲す佛事を起骨と云。【勅修淸規尊宿靈骨入塔】に「鳴レ鐘衆集。都寺上香畢。請二起骨佛事一。送至二塔所一。請二入塔佛事一。」

キコトウブツ 貴己等佛 〔雜語〕 高慢の心を以て己を貴となし佛に等しと考ふるをいふ。理に約すれば固より生佛一如なりと雖も、迷悟因果懸に相隔つにかかはらず、佛と等しとの見を起し慢擧して實修を疎んずるに至るを云ふ。

キコン 機根 〔術語〕 衆生の根性、性質。【二敎論上】に「文隨二執見一隱。義逐二機根一現。」 ⊙（鴉鷺合戰八）「機根强盛にして、謀略いみじきを、上上の機とす」

キコン 喜根 〔菩薩〕 菩薩の名【諸行無行經下】に喜根勝意二菩薩の事を說く【智度論六】に此を引き。文殊師利佛に白して言く昔佛あり獅子音王と名く。時に二の菩薩の比丘あり一を喜根と名く、容儀質直にして世法を捨てず、又た善惡を分別せず、少欲知足を讃せず、戒行頭陀を讃せず、但諸法實相を說く。諸の弟子に語て、一切の諸法婬欲の相瞋恚の相愚痴の相即是れ諸法實相なりと方便して弟子を敎て一相智に入らしむ、云々

キゴ 機語 〔術語〕 神機の語句。【大明錄】に「文義俱明者。謂二之理一。忘レ言獨契者。謂二之機一。」【山菴雜錄】に「機語相投容二入室一。」

キゴ 綺語 〔術語〕 一切婬意を含む不正の言詞を云。舊譯、綺語。新譯、雜穢語。十惡の一。【大乘義章七】に「邪言不レ正。其猶二綺色一。從レ喩立レ稱。故名二綺語一。」【倶舍論十六】に「一切染心所發諸語。名二雜穢語一。」【成實論】に「語雖二實語一。以二非時一故。即名二綺語一。」

キゴシン 喜悟信 〔術語〕 「忍なり」。「キニン」を見よ。

キゴフサウ 起業相 〔術語〕 惑に依て種種の業

を造るを云。六麁相の一。【起信論】

キゴンタン　寄言歎　〔術語〕種種の善言を以て法を讚歎するを寄言歎と云ひ、更に進で讚歎の言辭なきを言ふを絶言歎と云。天台、法華方便品の諸佛智慧甚深無量等の言を寄言歎と科し、止止不須說を以て絶言歎と科す。【止觀輔行一之一】に「於二方便品一初。寄言絶言。廣歎略歎。不レ出二權實一。」

キサダラ　紇差怛羅　〔術語〕Kṣetra 譯、土田。國土の事。「セツ」を見よ。

キザイトクイ　貴在得意　〔雜語〕貴ぶ所は其意を得るに在るを云。【文句一上】に「貴在レ得レ意。不レ煩二筆墨一。」

キザイトクゴ　貴在得悟　〔雜語〕敎文の義理は無方にして定まりなし、所詮貴ぶ所は悟を得るに在るを云。是れ三論一家の綱要。【法華遊意上】に「一之與レ異。隨レ時用レ之。貴在二得悟一。義無レ定也。」

キザウロク　龜藏六　【譬喩】龜六處を藏めて野干の害を免るる喩。「カメ」を見よ。

キシウガキ　奇臭餓鬼　〔異類〕梵語、迦吒富單那譯、奇臭餓鬼。【玄應音義二十一】「カタフダンナ」參照。

キシキ　起尸鬼　【異類】毘陀羅法に用る鬼の名。【菩薩戒疏與咸註中】に「毘陀羅者。西土有二咒法一。咒二死屍一令レ起。謂使二鬼去殺一レ人。」【文句十下】に「吉遮起尸鬼」「ビタラ」「キツシヤ」を見よ。

キシジヨ　起止處　〔雜語〕糞處のこと。即便所なり。【象器箋二】に「起止處者。正局レ糞之處也。毘尼母經云。上レ廁有二二處一。一者起止處。二者用水處。用水處坐起褰レ衣。一切如二起止處一無レ異。」

キシツ　記室　〔職位〕書記のこと。【象器箋六】に「書記亦名二記室一。大慧年譜云。師三十八歲。居二天寧記室一。」

キシニンジユ　起死人咒　〔修法〕新に死せし屍を咒して起たしめ、以て怨む所の者を殺害せしむる魔咒なり。「ビタラ」を見よ。【五分律二十六】に「諸比丘。學二起死人咒一。佛言。不レ聽。犯者偸蘭遮。」

キシモ　鬼子母　〔天名〕本名、訶梨帝。譯、歡喜。五百鬼子の母なるを以て鬼子母と云。「カリテイ」を見よ。【增一阿含經二十二】に「降二鬼諸神王一。及降二鬼子母一。如レ彼噉レ人鬼。」と。初め惡神なり後事を以て佛に歸し護法神となる【金光明經三】に「訶利帝南鬼子母等。及五百神。常來擁二護聽一是經一者上」【最勝王經八】に「敬二禮鬼子母。及最小愛兒一。」と云。

鬼子母神　〔天名〕人を噉ふ夜叉女なれば神と云。【諸天傳】

鬼子母天　〔天名〕二十天の一に之を數ふ。

鬼子母經　〔經名〕佛說鬼子母經。一卷。失譯人名。鬼子母、人の子を食ふ、佛其の愛子を隱くして之を濟度し三寶を擁護せしむるとを說く。然に毘奈耶雜事三十一の所說に比して疎なり。【宿帙七】（759）

祭鬼子母　〔行事〕西竺の寺厨に鬼子母を供養して福を求む。「カリテイ」を見よ。

キシヤ　起者　〔術語〕我見を有する人は自能く罪福を起すと計度する故に起者と名く。十六神我の一。【大乘義章六】

キシヤ　乞灑　〔術語〕क्ष Kṣa 悉曇五十字門の一。四十二字門の一。乞察、乞叉、吃灑、葛叉、訖灑、差、叉、剎等に作る。乞灑字を稱すれば一切法盡不可得なりと云ひ、一切文字究竟無言說の聲なりといふ。【文殊問經釋字母品】に「稱乞灑字時。是一切文字究竟無言說聲」【金剛頂經釋字母品】に「稱乞灑字門。一切法盡不可得。」と。もと叉耶 kṣaya に盡の義あるより出づ。隨て之に種種の義を附し以て此等甚深の釋を下せり、所謂五十字門の最終の字母にして、諸法復た說く可らざるが故に或は究竟無言說の聲なりとし。文字言說を離れ、涅槃本寂の境にして、生死業繫を止息せる般若海藏なるが故に一切法窮盡、性不可得等と云ふなり。

キシヤ　喜捨　〔術語〕淨捨、淨施など云ふ。喜びて財寶を施すなり。

キシヤウ　起請　〔術語〕神祇又は三寶を起して勸請し、吾言の僞なき保證となすを起請と云。但し此の起請は即ち盟誓にて小乘の戒律よりは之を禁止す。【毘奈耶雜事十九】に「是時六衆。有二緣事一時。即便引二佛法僧寶一。而爲二咒誓一。或引二鄔波馱耶。阿遮利耶一。而爲二咒誓一。俗生二譏恥一。時合二其宜一。然出家本求二實語一。不レ應二盟誓一。若作者得二越法罪一。」

起請文　〔雜名〕又、告文、誓狀など。【壒嚢鈔三】に「紙に書く事をば告文と云。罪なき由を冥道に告げ訴る故なり。慈慧大師も虛名を歎きて書き給ふを大師勸請起請と云。」

キシヤウ　祈請　〔術語〕求め請ふと。【梁高僧傳求那跋摩傳】に「往レ彼祈請。並致二書於跋摩一。」

キシヤウ　機性　〔術語〕人の機根性質。【最勝王經一】に「此諸衆生。有二上中下一。隨二彼根性一。而爲說レ法。」

キシヤウ　歸性　〔術語〕有爲の事相を攝めて眞如の實性に歸すると。【述記一本】に「攝相歸性。皆如爲レ體。故經說言。一切法亦如也。至二於彌勒一亦如也。」⦿（曲、山姥）「歸性の善所」

キシヤウモツゲ　軌生物解　〔術語〕法の字を

釋して云ふ。法には、よく人の軌範となり、物に對する了解を生ぜしむる意ありとすること。

キシヤク　毀釋　〔雜語〕釋尊及びその教法を毀ち廢すること。

キシユ　鬼趣　〔界名〕又、鬼道。鬼神の趣く境土。五趣の一。【倶舍論八】に「趣謂所往。」

キシユテン　器手天　〔天名〕又、器酒天。胎藏界の外金剛部衆の一天。手に酒器を把る。【胎曼大鈔六】

(器手天の圖)

(器手天后の圖)

キシユシヤウニン　記主上人　〔人名〕淨土宗鎭西派の二祖、光明寺の開山良忠、自宗に就て疏記五十餘卷を著す、伏見天皇永仁元年、記主禪師と敕謚せらる。又記主上人とも云ふ。【本朝高僧傳十五】

キシン　寄進　〔雜語〕他へ物を寄附すると、後には寺院へ送るに限る。【雜談集三】に「越前に鮭の庄とて鮭とる庄御寄進有けり。」

キシン　歸眞　〔術語〕眞如に終歸すると。涅槃を云。【四教義一】に「夫道絕二二途一。畢竟者常樂。法唯一味。寂滅者歸眞。」又、釋尊の死を歸眞と云。「キジヤク」を見よ。

キシン　鬼神　〔術語〕鬼は六趣の一。神は八部の通稱。威あるを鬼と云ひ、能あるを神と云。【金光明經文句六】に「鬼威也。能令三他畏二其威一也。神者能也。大力者能移レ山塡レ海。小力者能隱顯變化。」【金光明經三】に「鬼神品」とあるを【最勝王經九】に「諸天藥叉護持品」と云。諸天藥叉の類即ち鬼神なり。【釋摩訶衍論】に「鬼幷及神。云何差別。障レ身爲レ鬼。障レ心爲レ神。」【長阿含經二十】に「佛告二比丘一。一切人民所居舍宅。皆有二鬼神一。無レ有二空者一。乃至凡諸鬼神。皆隨二所依一。即以爲レ名。依レ人名レ人。依レ村名レ村。乃至依レ河名レ河。佛告二比丘一。一切樹木極小如二車軸一者。皆有二鬼神一依止。無レ有二空者一。一切男子女人。初始生時。皆有二逐神一。隨逐擁護。若其死時。彼守護鬼。攝二其精氣一。其人則死。」

鬼神食時　〔雜語〕昏夜は是れ鬼神所食の時。四食時の一。【三藏法數十九】

キシンニモン　起信二門　〔術語〕起信論にて衆生心を說明するに當り、心眞如門と心生滅門とに別てるをいふ。心眞如門は衆生心の本體的方面の說明にして、心生滅門は衆生心の現象的方面の說明也。

キシンリン　記心輪　〔術語〕他の心を識別する佛の意業の用を云。三輪の一。【義林章六末三輪章】に「三輪別名者。雜集第一說。一神變輪。二記心輪。三教誡輪。乃至心謂他心種類差別。記謂別識。識二別彼心一。名曰二記心一。」

キシンロン　起信論　〔書名〕大乘起信論の畧名。馬鳴菩薩の作、二譯あり。一は梁の眞諦の譯一卷。二は唐の實叉難陀の譯二卷。正信を起さしめん爲に大乘の極理を說きしもの。【來帙十】(1249)(1250)

起信論義記　〔書名〕大乘起信論義記。又、大乘起信論疏、二卷。唐の法藏の作。起信論を解せしもの。古來最も指南とす。

起信註疏　〔書名〕大乘起信論疏の異名。四卷。唐の宗密、義記を取て本論に注せしもの、聊か撮略あり。【調帙八】(1625)

起信論疏筆削記　〔書名〕二十卷。宋の子璿、宗密の註疏を解せしもの。【調帙八九】(1626)

起信敎理鈔　〔書名〕十九卷。本朝稱名寺の本如作。起信論義記に付て要義を論ぜしもの。

起信裂網疏　〔書名〕大乘起信論裂網疏、二卷。明の智旭、新譯の起信論を解して、一新機軸を出せしもの。

起信論三疏　〔書名〕慧遠の義疏二卷。元曉の疏二卷。法藏の義記二卷。之を起信の三疏と稱す。

キジ　雉　〔動物〕し、倂せ學ぶを常とす。

雉救林火　〔傳說〕昔野火林を燒く、林に一雉あり、水を以て林に灑ぎ往返止まず。時に天帝來り問て言く、汝何をか作す。答て曰く、我れ衆生を愍むが故に此林を救はんと欲す、此林蔭影清凉、我が諸の種類眷屬皆悉く依仰す、我れ身力あり、云何ぞ怠て之を救はざる。天帝問て言く、汝精勤幾時に至るべきや。答て曰く、死を以て期とせん。天帝言く、汝が心爾りと雖、誰か之を證知するや。即ち自ら誓を立つ、我が心至誠虛からずんば火即ち當に滅すべしと。是の時淨居天雉の弘誓を知り即ち爲に火を滅す。【智度論十六、經律異相四十八、義楚六帖二十三】

火神救雉雛　〔本生〕一阿練若あり野に處す。野火至らんとす、云何すべきを知らず、以て佛に白す。佛言く、汝往て滅せよ。教を受て往て滅すれども滅せしむる能はず、還て佛に白す。佛言く我名を以て火神に語て言ふべし、世尊汝をして滅せしめんと欲すと。教を受て往て語るに火即ち滅す。還て佛に白す。佛言く、此火神但今世に我名を聞て火

即ち滅するのみならず、過去世の時に海中に洲あり、七歳中常に火の燒く所となる。彼の洲上叢草の中に雉あり、一雛を生ず、父母火の至らんと欲するを見て便ち捨てて去る。其の雛後に於て翅脚を張舒し火神に示し偈を說て曰く、有脚未レ能レ行。有レ翅未レ能レ飛。父母見二捨去一。唯願活二我命一。火神即ち偈を以て答ふ、卵生非レ所レ求。而今從レ吾乞。我今當レ施レ汝。四面各一尋。佛言く爾の時の雉雛は則ち我身是なり、火神は今の火神是なり。【五分律二十六】

キジ 龜玆 〔地名〕 Kucha 又、丘慈。倶支曩。屈支。國の名。西域にあり。古來佛敎繁昌の地にして鳩摩羅什の生國也。【西域記一】に「屈支國。舊曰二龜玆一。【玄應音義四】に「丘慈或言二龜玆一。正言二屈支一也。屈晉居勿反。多出二龍馬一。左傳云二屈產之乘一。」【梵語雜名】に「龜玆倶支曩。」詳細は西域記一に出づ。

キジヤウ 鬼城 〔雜名〕 乾闥婆城の異名。蜃氣樓のこと。乾闥婆は八部衆の一にて鬼神の類なれば鬼と云ふ。「ケンダツバジヤウ」を見よ。

キジヤウ 危城 〔譬喩〕 身を危き城に譬ふ。【歸敬儀中】に「大聖垂レ訓。法喩所レ歸。止在下誡二約身心一無中沿二逸欲一。或比二行厠畫瓶一。或擬二危城杯器一。」【涅槃經一】に「是身如レ城。血肉筋骨。皮裏二其上一。手足以爲二却レ敵樓櫓一。目爲二竅孔一。頭爲二殿堂一。心王處レ中。如レ是身城。諸佛世尊所二棄捨一。凡夫愚人常所二味着一。貪婬瞋恚愚癡羅剎。止二住其中一。」

キジヤク 歸寂 〔術語〕 又、入寂と云。寂滅に歸し、寂滅に入るの義。證果の人の死を示す詞。寂滅は涅槃の譯語にて元來は生死共に滅する義なれ共、今は生のみの一邊に約して歸寂と云ふ。後遂に僧侶の死を尊て一般に用ふ。【輔行一之二】に「圓音敎風。息レ化歸レ寂。」【釋氏要覽下】に「釋氏死謂二涅槃、圓寂、歸眞、歸寂、滅度、遷化、順世一。皆一義也。隨レ便稱レ之。蓋異レ俗也。」⦿（正統記四）「彼の山に智者歸寂より以來。」

キジユ 喜受 〔術語〕 心が順境に於て忻悅の喜を受くるを云。五受の一。【三藏法數二十一】

キジン 起盡 〔術語〕 始末と云に同じ。【文句一上】に「古講師。但敷二弘義理一。不レ分二章段一。若純用二此意一。後生殆不レ識二起盡一。」

キスヰ 機水 〔譬喩〕 衆生の機根を水に譬ふ。【性靈集二】に「臺鏡瑩磨。俯二應機水一。」

キセイ 祈誓 〔術語〕 心中に一定の誓を立てて神佛の冥祐を祈ること。祈禱に似たれ共誓を立つる點異なる。參籠の期間。斷食等をなすなり。

キセインホンキヤウ 起世因本經 〔經名〕 十卷、隋の達摩笈多等譯。長阿含經中起世經、佛說樓炭經、起世經と同本。品次稍異なり。世界の樣を說きしもの。【辰帙一】(549)

キセキヤウ 起世經 〔經名〕 十卷。隋の闍那崛多譯。起世因本經と同本異譯。【辰帙一】(550)

キセケン 器世間 〔界名〕 一切衆生の住居すべき國土世界を器世間と云。衆生世間又は有情世間に對する語。【倶舍論十一】に「如レ是已說二有情世間一。器世間今當レ說。」【楞嚴經四】に「無始衆生世界。生二纒縛一故。於二器世間一。不レ能二超越一。」

キセン 喜撰 〔人名〕 喜撰法師は桓武帝の裔。一に窺仙といふ、蚤く塵網を出でて醍醐山に登り、後、宇治山に隱る。而して密咒を持し、穀を避け、丹を煉り、一日峰に上て雲に乘じて去る。【扶桑隱逸傳上】

キゼン 鬼禪 〔術語〕 鬼神の通力を發する禪定。【止觀十下】に「若前世。外有二鬼緣一。鬼則加レ之。發二鬼禪鬼見一。」

キソウソクジヤウロンドウニフワガフカイ 歸僧息諍論同入和合海 〔雜語〕 盛衰記に引く、出所未撿。文の意は「僧に歸入しぬれば諍論を息めて同く和合海に入る」是れ僧の本義を說きしもの。【智度論三】に「僧伽秦言レ衆。多比丘一處和合。是名二僧伽一。譬如三大樹叢聚是名爲レ林。一一樹不レ名爲レ林。」

キゾク 歸俗 僧をやめて俗生活に復歸すること。【象器箋十二】に「居家必用吏學指南篇云二還俗一。謂僧道犯レ罪。歸レ家者。歸俗。謂僧道無レ罪。自願歸レ家也。」

キタ 枳吒 〔地名〕 譯、踊出處。「キダツナ」を見よ。

キタ 唫吒 〔異類〕 餓鬼の名。譯、食唾。【正法念經十六】梵 Kheta.

キタイ 希代 〔雜語〕 世に希なること。【慈恩傳九】に「英詞曲被。即超二希代之珍一。」

キタマクラ 北枕 〔雜語〕 如來滅後の佛敎北方に止住する緣あるを以て、滅に臨で北方の拘尸那城に至り、沙羅双樹の間に北首して涅槃に入る。是れ北枕の起因なり。【長阿含經三】に「爾時世尊。入二拘尸那城一。向二本生處沙羅雙樹間一。告二阿難一曰。汝爲二如來一於二雙樹間一。敷三置牀座一。使二頭北首而向西方一。所二以然一者。吾法流布。當三久住二北方一。對曰唯然。即敷レ座令二北首一。爾時世尊。自四二疊僧伽梨一。偃二右脅一。如二師子王一。累レ足而臥。」【涅槃經後分上】に「爾時世尊。三反入二諸禪定一。三反示二海衆一已。於二七寶牀一。右脅而臥。頭枕二北方一。足指二南方一。面向二西方一。後背二東方一。乃至於二其中夜一。入二第四禪一。寂然無レ聲。」

キタン 起單 〔術語〕 禪僧の寺を離れて去るを云ふ。小紙片を以て衆僧の名を題し各の位上の壁に貼

するを單と云ひ。單のある位即ち席を單位と云ふ。起單は其の單位より身を起すなり【碧巖七則評唱】に「便起單渡レ江去。」【壒嚢鈔四】に「離寺をば起單と云ふ。」

キダウ　虚堂　〔人名〕禪家の呼び慣ひなり。「キヨダウ」を見よ。

キダウ　鬼道　〔界名〕又、鬼趣。夜叉羅刹餓鬼諸神等の境土。六道の一。【大乘法數二十七】に「道即能通義。謂六道生死展轉相通。」⦿（水鏡、中）「父は大鬼道に落ちにき。」

キダツ　枳怛　〔地名〕海島の名。「キダツナ」を見よ。

キダツナ　枳怛那　〔地名〕海島の名。譯、踊出。【探玄記十五】に「枳怛者。具云二昵枳多一。此云二踊出一。即海島山之名。」【華嚴疏鈔四十五】に「枳怛那。」【慧琳音義六十】に「枳吒。」

キチカ　吉河　〔地名〕外道恒河を指して云。【百論疏上中】に「外道謂二恒河是吉河一。入レ中洗者。便得二罪滅一。彼見三上古聖人入レ中洗浴。便成二聖道一故。就二朝暝及日中三時一洗也。」

キチカヤ　吉迦夜　〔人名〕Kekaya　沙門の名。譯、何事。【歷代三寶紀八】に「宋明帝世。西域沙門吉迦夜。魏言二何事一。」大方廣菩薩十地經等五部を譯す。

キチキヤウ　吉慶　〔雜語〕幸福の慶ぶべきもの。【寶篋印陀羅尼經】に「若是塔所在之處。有二大功勳一。具二大威德一。能滿二一切吉慶一。」

吉慶阿利沙偈　〔雜語〕灌頂を行ふとき、受者の吉事を賀して唱ふる伽陀の名。又、吉祥伽陀と云。阿利沙偈とは古聖主の作れる伽陀の通稱。「アリシヤ」を見よ。【大日經疏八】に「經云二吉祥伽陀等廣多美妙言一者。此頌凡有二三種一。一名曰二吉慶一。二名曰二吉祥一。三名曰二極吉祥一。皆是阿利沙偈。用レ之慶二慰其心一。仍有二加持用一。阿闍梨當二自說一レ之。次於二次文一。且出二吉慶一種一。」疏の中十一段の吉慶偈の梵漢二種を出だす。疏に其梵讚の出所を示して「吉慶阿利沙偈。出二縛馴囉阿避庾經中一。譯云二金剛起經一也。」

吉慶讚　〔雜語〕即ち吉慶阿利沙偈のこと。

キチザウ　吉藏　〔人名〕唐の延興寺の吉藏もと安息國の人、其の祖仇を避て南海に移り、交廣の間に家す、後、金陵に移て藏を生む、年七歲、法朗法師に從て出家し頴悟譽あり、具戒の後聲聞轉た高し、陳の桂陽王深く之を欽奉す。隋、南地を定むるに及で東に遊で嘉祥寺に止る、開皇の末歲、煬帝四道場を晉藩に置く、藏を引て慧日道場に入て優賞殊に渥し、藩王又日嚴寺を京師に置き、別に藏を延て彼に居り、道を中原に振はしむ。大唐興るに及て武宗藏の聲望を聞て之を優禮し、十大德の一に置て法務を綱維せしむ。齊王元王其の風猷を欽して之を師範とし、屈して延興寺に居らしめ倶に交獻す。武德六年五月、壽七十五にて寂す。師龍樹提婆の旨を顯揚して三論宗の祖となる、其の先安息國より出れば胡吉藏と云ひ、嘉祥寺に居たるを以て嘉祥大師と稱す。【唐僧傳十一】

キチシヤ　吉遮　〔異類〕梵 Kṛtya 巴 Kicca 又、吉蔗に作る。鬼の名。譯、所作。起尸鬼なり。【玄應音義六】に「吉遮。正言二訖栗著一。此譯云二所作一也。」【因明大疏上】に「訖栗底者造也。」【文句十下】に「吉遮起尸鬼」嘉祥の【義疏十二】に「吉遮。此云二起尸鬼一。」「キシキ」を見よ。

夜叉吉蔗　〔異類〕吉遮にて夜叉の所作を爲すもの。【法華經陀羅尼品】に「若夜叉吉蔗。若人吉蔗。」【文句十下】に「吉遮起尸鬼。若人若夜叉。倶有二此鬼一。」

人吉蔗　〔雜語〕吉蔗にて人の所作を爲すもの。

キチジヤウ　吉祥　〔雜語〕吉事の兆瑞。【大日經疏八】に「梵云二落吃澁弭一。Lakṣmī 翻爲二吉祥相一。或名二具相一。亦是嘉慶義。吉慶義。」

吉祥童子　〔人名〕佛將に成道せんとする時、吉祥草を奉りし童子。【佛所行讚】「釋帝桓因。化爲二凡人一。執二淨軟草一。菩薩問言。汝名二何等一。答名二吉祥一。菩薩聞レ之。心大歡喜。我破二不吉一。以成二吉祥一。菩薩又言。汝手中草。此可レ得不。於レ是吉祥。即便授レ草。以與二菩薩一。因發願言。菩薩道成。願先度レ我。菩薩受已。敷以爲レ座。而於二草上一。結跏趺坐。」

吉祥草　〔植物〕吉祥童子の奉りし草なれば吉祥草と云。佛敷て座となし以て成佛す。【七帖見聞五末】に「一義云。茅草頭似レ劍。魔王見レ之。劍上坐思成二怖畏一。去此草名二智劍草一。云云一義云。此草敷二精舍一。去二不淨一。七尺也。佛爲レ去二煩惱不淨一。用レ之也云云一義云。此草吸二物熱一。仍以二空觀草一。吸二煩惱熱一事表。」「吉祥茅」に同じ。Kuśa

吉祥茅　〔植物〕【大日經疏十九】に「西方持誦者。多用二吉祥茅一爲レ藉也。此有二多利益一。一者以二如來成道時所レ坐故。一切世間以爲二吉祥一故。持誦者藉レ之。障不レ生也。又諸毒虫等。若敷之者。皆不レ得レ至二其所一也。又性甚香潔也。云云」

吉祥茅國　〔地名〕王居城の別名なり、【慧琳音義六】に「吉祥茅國。古名二王舍城一。卽摩竭陀國之正中心。古先君王之所レ都處。多出二勝上吉祥香茅一。因以爲レ名。亦名二上茅城一。崇山四周。以爲二外郭一。」

吉祥果　〔物名〕鬼子母の掌に持つ果の名。石

榴を以て之に充つ。【鷹峰群談五】に「問曰。鬼子母所レ掌吉祥果。或爲二之石榴一。是乎不也。答曰。有云。吉祥果西方有レ之。此間無矣。畫像方式云。吉祥果如二茂蔞一。黄赤色。此方所レ無レ之。已上憶是以二石榴一擬二吉祥果一耳。則石榴一華多菓。一房千實者。因謂鬼子母千子母也。故愛二此菓一。遂擬二吉祥果一也。」

吉祥坐〔術語〕坐相の一。「ケツカフザ」を見よ。

吉祥日「キチニチリヤウシン」を見よ。

吉祥海雲〔術語〕卐字の別稱。【慧琳音義二十一】は「室利靺蹉。Śrī-vatsa 此云二吉祥海雲一。」「マンジ」を見よ。

吉祥伽陀〔術語〕吉慶阿利沙偈を云。「キチキヤウ」を見よ。

吉祥瓶〔物名〕【不空羂索陀羅尼自在王咒經上】に「以二赤銅一作二吉祥瓶一。盛二滿一切諸妙香藥末尼眞珠金銀等寶一。和雜盛レ之。以二雜華鬘一。繫二其瓶頂一。」【大疏八】に「吉祥瓶法。當レ用二金銀等寶一。乃至無者應下以二瓷或淨瓦一爲レ之。極令中圓滿端正上。」

吉祥柱〔物名〕【同經上】に「於二壇方面一。各開二一門一。門外各有二二吉祥柱一。」

吉祥持世經〔經名〕持世陀羅尼經の異名。

吉祥陀羅尼經〔經名〕佛說大吉祥陀羅尼經の略稱。

吉祥伽陀〔經名〕文殊室利菩薩吉祥伽陀の略稱。

吉祥悔過〔修法〕最勝王經を誦して罪過を懺悔する法。【最勝王經二夢見金口懺悔品】に懺悔の法及び功德を說く。【濫觴抄下】に「吉祥悔過。昌泰二年十二月九日符。應三諸國勤二修之一。」【二中歷五】に「吉祥悔過。昌泰元年十二月九日符云。貞觀十八年六月十九日符。於二鎭守府一修二最勝講一。」

吉祥山〔寺名〕永平寺の山號。

キチジヤウテンニヨ　吉祥天女〔天名〕舊稱、功德天。新稱、吉祥天。本來婆羅門神なりしを佛敎に取り入れしもの。父は德叉迦、母は鬼子母、毘沙門天の妹にして功德成就して大功德を衆生に與ふ。或は云ふ毘沙門天の后妃なりと。然れども確乎たる經軌の說なし。【金光明經二】に「功德天品。」【最勝王經八】に「大吉祥天女品。」【義釋四】に「吉祥天女。舊譯云二功德天女一。」【大疏演奧鈔十五】に「千手觀音二十八部衆釋定深記云。次言二功德一者。吉祥天女也。梵曰二摩訶室利一。Mahāśrī 言二摩訶一者大也。室利有二二義一。一者功德。二者吉祥。由二此二義一。曇無讖及伽梵達摩。阿地瞿多等三藏諸師。同云二功德天一。餘諸三藏。翻爲二吉祥一。如下文殊師利或云二妙吉祥一或云中妙德上。」【大疏演奧鈔十五】に「雜鈔一云。不空所譯毘沙門天王經中。說二吉祥天女印明一。是多聞天所屬明矣。可レ推二知之一。三家次第下云。此天有二八兄弟一。及祖母等。吉祥功德天。萬勝獨勇健男女子孫等眷屬二自圍繞。以知二功德天多聞天之后一也。山門承隆僧正記云。此天女爲二多聞所屬一事見二經軌一。憖爲レ后事。未二分明一。可レ撿レ之。」其の住處は毘沙門の城に近し。【最勝王經八】に「爾時大吉祥天女。復白レ佛言。世尊北方薜室羅末拏舊稱毘沙門天王城名二有財一。去レ城不レ遠有レ園。名曰二妙花福光一。中有二勝殿一。七寶所レ成。世尊我常住レ彼」。其の天女の形は【陀羅尼集經十功德天品】に「其功德天像。身端正。赤白色。二臂。畫作種種瓔珞環釧耳璫天衣寶冠。天女左手持二如意珠一。右手施咒無畏。宣臺上坐。左邊畫二梵摩天一。右邊畫二帝釋天一。如レ散二華供一養天女一。背後各畫二一七寶山一。於二天像上一。作二五色雲一。雲上安二六牙白象一。象鼻絞二馬腦瓶一。瓶中傾二出種種寶物一。灌二功德天頂上一。天神背後。畫二百寶華林一。頭上畫二作千葉寶蓋一。著上作二諸天伎樂一。散華供養。」其の經軌は佛說吉祥天女十二名號經一卷、大吉祥天女十二契一百八名無垢大乘經一卷、功德天法、一卷陀羅尼經十 吉祥天を以て毘沙門の后妃とすることに關して台密には毘沙門吉祥の双身法あり。一方犍達羅の刻像中には男女の二天を相並べて毘沙門天と鬼子母神なりとせるものあり。刻像の考證經過不明なれ共或は時に吉祥天と辨才天と相混同する如く、鬼子母神と吉祥と相混じたるにあらざるか。初の屬性は毘紐即ち那羅延天后たりしは明かなり。Lakṣmī《第十六圖及第十七圖參照》

吉祥天女十二契一百八名經〔雜名〕大吉祥天女十二契一百八名無垢大乘經の略稱。

吉祥天女十二名號經〔經名〕佛說大吉祥天女十二名號經の略稱。

キチニチリヤウシン　吉日良辰〔術語〕星宿の法に由て吉日良辰を定むると印度の古法にて、宿曜經、摩登伽經、舍頭諫太子二十八宿經等に之を詳說せり。【大日經疏四】に「良日晨者。謂作法當レ用二白分月一。就レ中一日三日五日七日十三日。皆爲二吉祥一。堪レ作二漫茶羅一。又月八日十四日十五日最勝。至二此日一常念誦。亦應レ加レ功也。」【宿曜經上】に偈を以て「一三五九十一與二十三一。於二白黑分一。所作皆成就。黑三夜七晝。十夜十四晝。白四夜八晝。一夜十五晝。於二此黑白分一。晝夜不二成就一。日中及中夜。已後皆通吉。」然に經中に於て世出世の法に就て吉日良辰を撰ぶを禁ずると許さるるの二說あり。

キチハンダ　吉槃茶〔異類〕又、鳩槃茶に作る。大力を有する鬼なり。【圓覺經】に「爾時有二大力鬼王一。名二吉槃茶一。」【同略疏四】に「吉槃茶。亦云二鳩槃

茶。食二人精氣一。其疾如レ風。」「クハンダ」を見よ。

キチウ 忌中 〔雜語〕人の死したる後四十九間日のを云。七七の齋會を修するを以なり。「シジフクニチ」を見よ。

キチユラ 吉由羅 〔雜名〕又、枳由邏。躰由羅。譯、瓔珞。「シユラ」「エウラク」を見よ。梵 Keyūra

キチラ 吉羅 〔術語〕きらと讀む。突吉羅の略。犯罪の名。「トツキチラ」を見よ。【戒疏一上】に「惡作惡說。同號二吉羅一。」

キチリ 吉利 〔動物〕鳥の名。姞栗陀に同じ。【雜寶藏經三】に吉利鳥の話あり。梵 Gṛdhra

キチリツダラクタ 姞栗陀羅矩吒 〔地名〕靈鷲山の梵名。「ギシヤクツ」を見よ。

キチリラ 吉利羅 〔佛名〕具名、髻離吉羅。金剛界の一尊の名。「ケイリキラ」を見よ。【性靈集七】に「吉利羅尊容。寬爾意示。」

キヂ 軌持 〔術語〕法の字義を解せしもの。法に二義あり、一は軌の義、其體が軌範となりて人の領解心を起さしむるを云。二は持の義、其體を維持して他體に混亂せざるを云。【唯識論一】に「法謂軌持。」【同述記一本】に「軌謂軌範。可レ解二物解一。持謂任持。不レ捨二自相一。」

キヂウ 櫃頭 〔雜語〕【象器箋七】に「副寺亦曰二櫃頭一。」「フス」を見よ。

キヂヤウイン 器仗印 〔印相〕獨鈷等の三昧耶形なり。【諸儀軌決影四】

キツネ 狐 〔動物〕「ヤカン」を見よ。

狐爲獸王聞獅子吼死話 〔傳說〕昔一人山中に刹利書を誦す、一野狐あり其傍に住し專心誦書を聞て解する所あり。謂く我れ此書を解す諸獸中の王となるに足ると。是に於て遊行し痩たる狐に遇ひ之を威嚇して之を服從せしめ、展轉して一切の狐を伏し、一切の象を伏し、一切の虎を伏し、一切の獅子を伏し、遂に獸中の王となるを得。乃ち此念を作す、我れ今獸中の王たり、王女を得て婚すべしと、白象に乘じて無數の群獸を率て迦夷城を圍む。城中の智臣王に白して言く、王獸と戰日を期し、且つ彼に一願を索むべし、願くは獅子をして先づ戰て後に吼えしむべしと、彼れ必ず我れが獅子を畏るるなりと謂て獅子をして先づ吼えて後に戰はしめんと。野狐果して獅子をして先づ吼えしむ、野狐之を聞て心破れて象上より地に墜て死す。是に於て群獸一時に散走す【五分律、法苑珠林五十四】

野干詐死雖被截耳尾而堪任及斷命驚走話 〔傳說〕【智度論十四】に詳說す。

野狐從師子乞食肥後爲師子所食話 〔傳說〕野狐あり、獅子の所に往て食を乞ひ每に殘餘を得。適獅子の飢に値ひ便ち野狐を呼び、取て之を呑む。未だ死せず咽中に呼で言く、大家我を活せよ、獅子心に念ふ、汝を養て肥大せしめたるは以て今日に備ふ耳、汝復た何をか云ふと。【經律異相四十七】

キヅ 櫃頭 〔雜語〕キヂウと讀む。

キトウ 祈禱 〔術語〕小乘敎中祈禱の法なし、大乘顯敎の中金光明經仁王經の如き其意あれども、修法の儀軌全く備はらず、獨り大乘密敎に於て則ち全し。其の法、事に隨て千差萬別なれども要するに四法に過ぎす、四法とは一に息災法、二に增益法、三に敬愛法、四に調伏法。建立軌秘藏記佛菩薩明王諸天等各本誓あり、其本誓に應じて法を修すれば感應空しからず、之を祈禱と云。他力眞宗にては絕對に祈禱を忌みて、往生の因たる念佛を以て直ちに佛恩報謝と解す。これ信の一念にて往生成就すと見る故なり。案に祈禱の法は本と古の吠陀より出づ。吠陀の第二を耶受 yajus と名け祭祠祈禱の法を明かす。【西域記二】に「二曰祠。謂二享祭祈禱一。」【毘奈耶雜事四十七】に「爲レ求レ子故。祈二禱神祇一。」

キトクニヨ 喜德女 〔人名〕往昔妙光菩薩を愛敬して世世其婦たらんことを發願せしを以て、後に喜見婬女園の蓮華の中に化生し、喜見婬女に養はれて才色共に備る。廿四の年國王の太子德主を見て愛敬の心を起し、其妻たらんことを請ふ。太子言く、我れ大菩提心を發て自の身命財に於て慳惜する所なし、汝若し悔ると勿くんば可なりと。喜德女言く、假令ひ地獄の火來て我身を燒くも終に悔いずと。是に於て相共に佛所に詣て法を聽き、太子は無量の陀羅尼門を得、女は調伏心志を得たり。【智度論三十五】

キド 呬度 〔地名〕北方の胡國より印度を呼ぶの稱。【寄歸傳三】に「北方胡國。獨喚二聖方一。以爲二呬度一。呬音許伊反。全非二通俗之名一。但是方言。固無二別義一。西國若聞二此名一。多皆不レ識。」

キドク 奇特 〔術語〕〔梵語〕Āścarya 阿濕理貳。又、過部多 Adbhuta 譯、奇特。獨一不偶を云。【西域記一】に「何耆理貳伽藍。唐言二奇特一。」【佛所行讚四】に「知レ得二未曾法一。而起二奇特想一。」【賢愚經八】に「如來出世。實復奇特。」

三種奇特 〔數名〕一に神通奇特。佛世尊妙に群機に應じて大神變不思議を現じ、一切衆生及び諸の邪魔外道をして咸く正化に歸せしむるを云。二に慧心奇特。佛の智慧心光堪寂一切諸法を照了し一切種智を成するを云。三に攝受奇特。佛能く衆生の諸根の利鈍を知り、機に隨て攝受し開導敎

化し彼をして咸く法要を聞て妙行を進修し、生死を出離せしむるを云。【過去現在因果經四】

キドクキヤウ 奇特經 〔經名〕一字奇特佛頂經の略名。

キドナイシヤ 呬怒泥舍 〔地名〕Sindhu-deśa 呬怒は天竺の本名。泥舍は譯、國。【梵語雜名】

キナン 歸南 〔人名〕歸宗の常禪師と、南泉の願禪師。【略禪林類集四】に「歸宗常禪師、因剗草次。有二座主一來參。偶見二一蛇過一。師遂鋤斷レ之。主云。久響二歸宗一。元來是箇麁行沙門。師云。儞麁我麁。主云。如何是麁。師豎二起鋤頭一。主云。如何是細。師作二斬レ蛇勢一。主云。與麼則依而行レ之。師云。依而行レ之且置。儞甚處見二我斬一レ蛇。主無レ對。」【同四】に「南泉願禪師。因兩堂首座爭二猫兒一。師乃提起云。大衆道得即救取。道不レ得即斬却也。衆無レ對。遂斬レ之。至レ晩趙州從レ外歸。師擧二似州一。州乃脫レ履安二頭上一而出。師云。子若在即救二得猫兒一。」【宗論三之三】に「寒拾之訶二律主一。歸南之斬二猫蛇一。譬下良醫砒霜治レ病。大將奇計除上レ賊。」

キニチ 忌日 〔術語〕又、諱日に作る。人の死せし日。其人を追懷して逸樂の事を忌み愼めば忌日と云。【禮祭義】に「君子有二終レ身之愛一。忌日之謂也」【註】に「忌日者親亡之日」【楞嚴經一】に「波斯匿王。爲二其父王一。諱日營レ齋。請二佛宮掖一。」【同長水疏】に「先王崩日。忌諱之辰。故云二諱日一。諱忌也。以下忌擧二吉事一諱中避其名上也。」【釋氏要覽下】に「二月十五日。佛涅槃日。天下僧俗。有二營會供養一。即忌日之事也。俗禮君子有二終身之孝一。忌日之謂也。又謂二不樂之日一。不二飮樂一故。或云二諱日一。或云二遠日一。遠日猶溫曲禮喪事先遠日 釋子死亡。可レ稱二歸寂之日一。蓋釋氏無二忌諱一故。」

忌日請僧設齋 〔行事〕死人の忌日に僧を招待して讀經を請て是に齋を供して冥福を祈ること。【梵網經下】に「父母兄弟。和上阿闍梨。亡滅之日。及三七日。乃至七七日。亦應下讀二誦講二說大乘經律一。齋會求上レ福。」

キニフ 歸入 〔術語〕妄を發して眞に入ると。【漢光類聚一】に「斷二九界迷情一。歸二入佛界一理一。」

キニン 喜忍 〔術語〕淨土門所說三忍の一。阿彌陀佛を現見して心に歡喜を生ずる時、無生法忍を得れば之を喜忍と名く。【觀無量壽經】に「見二彼國土。極妙樂事一。心歡喜故。應三時即得二無生法忍一。」【觀經序分義】に「阿彌陀佛國淸淨光明忽現二眼前一。何勝二踊躍一。因二茲喜一故。即得二無生之忍一。亦名二喜忍一。亦名二悟忍一。亦名二信忍一。」

キネン 祈念 〔術語〕「キトウ」に同じ

キノジンシン 機深信 〔術語〕二種深信の一。自己の機相が虛假不實無慚放逸のあさましきを深信し。罪業深重の凡夫なれば苦界を免るると能はざるものなりと信知するを云ふ。「キホフイチタイ」を見よ。

キノナハツラニヘイ 枳攘娜鉢囉儞閉 〔術語〕Jñānapradīpa 譯、智燈。【仁王護經道場念誦儀軌】に「枳攘娜。此云レ智。鉢囉儞閉。此云レ燈。由二此智燈一。破二諸闇一故。」

キノミドキヤウ 季の御讀經 〔行事〕春秋二季に殿中に於て大般若經を讀む法事。【公事根源】に「二月八日に大般若經を百敷にて講ぜらる。四箇日の事にて、第二日には行茶とて僧に茶を給ふ事あり、天平元年四月八日に始めらる。」【江次第裏書】に「季御讀經。春秋二季。請二百僧於二南殿一。讀二大般若經一。」◉（大鏡三）「としごとの季御讀經なども。」

キハイ 跪拜 〔雜語〕佛の在世に國人婆羅門に遇へば跪拜し沙門に遇へば敬禮す。【毘奈耶雜事一】に「六衆報曰。汝等愚人。不レ閑二禮式一。誰合二跪拜一。誰當二敬禮一。彼人答曰。我等但知下見二老婆羅門一即云二跪拜一。若見二必芻一便云中敬禮上。」

キハンシ 軌範師 〔術語〕「アジヤリ」を見よ。

キバ 鬼婆 〔譬喩〕和俗にオニババと云。唐の則天の諡名なり。【說郛三十四諡名錄】に「鬼婆者武后也。地藏菩薩李光弼也。」

キビヤウ 鬼病 〔雜語〕鬼魅の人に著て病を爲すもの。【千手經】に「誦二持此神咒一者。世間八萬四千種鬼病。悉皆治レ之。無二不レ差者一。」【止觀八】に「魔病者與レ鬼不レ異。鬼但病レ身殺レ身。魔則破二觀心一。破二法身慧命一。」

キフ 寄附 〔雜語〕寺院に物を委託すると。三寶の用に備ふる爲に委託し置くなり、施與と同じからず。【優婆塞戒經】に「善男子受二優婆塞戒一者。先學二世事一。既學通達如レ法求レ財。若得二財物一。應レ供二父母妻子眷屬一。其餘藏積俟レ用。不レ應レ寄二附四處一也。一老人。二遠處。三惡人。四大力。」

キフキフニヨリツレイ 急急如律令 〔術語〕本と是れ漢朝官符に用ゐたるもの、後に巫者の咒語となる【演密鈔二】に「且如二此方言言一。亦有二顯言一。有二咒語一。如二急急如律令等一。咒レ火不レ燒。咒レ瘧令レ停。蓋作二咒用一。不レ同二顯言一。」

キフジ 給侍 〔雜語〕左右に侍して給仕すると。【法華經提婆品】に「王聞二仙言一。歡喜踊躍。即隨二仙人一。供二給所須一。採レ菓汲レ水。拾レ薪設レ食。乃至以レ身。而爲二牀座一。身心無レ倦。于レ時奉持。經二於千歲一。」

爲二於法一故。精勤給侍。令レ無レ所レ乏。」⦿(盛衰記)「給侍を千歳に運びし一乘の說。」

キフセイリン　汲井輪　[譬喩]　輪廻極りなきを井水を汲む車輪に譬ふ。【楞伽經四】に「墮二生死海諸趣曠野一。如二汲井輪一。」【原人論】に「劫劫生生。輪廻不レ絕。無レ終無レ始。如レ汲レ井輪。」【無常經】に「隨レ業受二衆苦一。循二環三界內一。猶二汲井輪一。」

キフセエ　急施衣　[術語]　安居竟て施すべき三衣を、施主の事故ありて竟日を待つを得ず、其以前に安居僧に施與するもの。安居竟より十日已前に之を受るを開す。捨墮罪の中に過前受施衣過後畜戒あり【行事鈔中二】

キフモク　鬼怖木　[植物]　柳のこと。禪提比丘柳枝を以て龍を呪ふ。以後柳樹を鬼怖木と名づくと。灌頂經に見ゆ。

キベツ　記別　[術語]　又、記莂に作る。佛が弟子の成佛する事を記し、委しく劫數國土佛名壽命等の事を分別するを記別と云ふ、此記別を弟子に授くるを授記と云。別の字は草冠を付するは非なり。【文句七上】に「記是記レ事。莂是了莂。」【嘉祥義疏八】に「記者云レ決也。亦云レ莂也。所レ言決者。於二九道中一。分二決此人必當二成佛一故云レ決也。莂義亦然。」【玄贊七】に「記者決也別也。爲決二了當果一。爲分二別其當來果相一。」【玄應音義】に「別分別也。經文從レ草作レ莂。非也。」【演密鈔四】に「記別者。謂世尊記二諸弟子未來生事一。記二因果一也。」⦿(太平記一)「提婆達多は三逆の罪人なり、無間の炎の底にして、或佛の記別に預る。」

記別經　[經名]　十二部經の一。梵語、和伽羅那。Vyākaraṇa 譯、授記。又は記別。【俱舍光記十八】に「正理四十四云。言二記別一者。謂隨二餘問一。酬答辨折。如二波羅衍拏等中辨一。或諸所有辨二曾當現眞實義一言。皆名二記別一。」

キベハ　木邊派　[流派]　眞言十派の一。江州錦織寺を以て本寺とす、もと天台宗なりしを親鸞之を再興せるもの五十箇の末寺あり。

キベンバラモン　鬼辯婆羅門　[人名]　馬鳴菩薩、鬼辯婆羅門を降伏す。「ケンキ」を見よ。

キホフイチタイ　機法一體　[術語]　衆生の機と阿彌陀佛の法と一體にして離れざること。もと西山派に出で眞宗に用ひられ共に宗義の要目となる。西山派にては、深草顯意の竹林鈔に見ゆるを始とし、安心決定鈔に盛に之を論ず。其の意を按ずるに、一に十八願の設我得佛と三方衆を對して生佛不二の機法一體とし、二に三信の願と十念の行とを相望して願(機)行(法)具足の機法一體を論じ、三に若不生者と、不取正覺とを相望して往生と正覺との機法一體を論ず。而かも生佛不二を法の上にも機の上にも談ずるもの是なり。【安心決定鈔】に「彌陀大悲の胸の中に、かの常沒の衆生、みちみちたるが故に機法一體にして南無阿彌陀佛なり」と云へるは法の上の機法一體なり。吾等は之を知らざりしが故空しく流轉せるなりと信じ、此の理をきくを正因とし一期念佛相續するを正行とす。其の正行の進みたるものは善導の如く現に聲聲の念佛悉く佛體を現ず。未進の者と雖も已に正覺の一念に生佛不二一體を成就し給ひたるを以て出息入息は是れ即ち佛體なりとす。眞宗の機法一體は其の義を異にし。一は光明と信と、二は名號と信心とに就て云ふ。而して各横竪の二種あり。彌陀の光明の法と行者の信心の機とを相望して、自ら母子の關係あるを論じ、所謂遍照の光明にはぐくまれて、歸命の信心の生ずと云ふは、是れ光明信心相望の竪の法なり。又名號の法と、信心の機とを相望して、自ら父子の關係あるを論じ、名號全く信心と爲るといふは、是れ名號信心相望の竪の機法一體なり。是れ曇鸞の光明破滿名號破滿の說に根源し、宗祖の光號因緣釋となり、覺如の願願鈔、最要鈔に至り玆に機法一體と稱せられたり。又名號と信心とを相望して能歸の信心と所歸の名號とは一の南無阿彌陀佛に成就せられたるものなれば所行と能信と不離一體なりと云ふは、是れ名號信心相望の横の機法一體にして、善導の言南無者の釋に根源し、宗祖の行卷銘文、存覺の六要鈔、蓮如の御文に來りて盛に稱へられたる所なり。又光明の攝取と行者の信心とを相望して、能照所照不離の一體となし他力救濟の極意を成ずるは是れ光明信心相望の横の機法一體なり。是れ善導の往生禮讚の念佛衆生攝取不捨の釋に根源し、宗祖以下諸釋に彌滿せる所なり。如上の義相差別あるが如くなれ共、要するに竪は法を機に屬し機の上に談ずる機法一體にして、横は機を法に屬し法の上に談ずる機法一體なり。其の主とする所は名號と信心を相望する横の機法一體にして、南無の能歸は是れ行者自力の信にあらず、全く願力成就の南無阿彌陀佛なり。阿彌陀佛の所歸は單に四字成就の如來にあらず、南無の能歸に離れざる即是其行、選擇本願の南無阿彌陀佛なり。信心の機にありても、六字一體なれば所歸の法の上にも六字一體なりと談じ、善導の願行具足を曇鸞の他力廻向に合し以て他力信心の宗義を成ずる所以なり。眞宗にては西山流を十劫非事として排す。

キホフカイ　鬼法界　[界名]　鬼類の世界を云。「十法界の一。

キホフジユウキヤウ　記法住經　〔經名〕佛臨涅槃記法住經の略稱。

キボサツ　喜菩薩　〔菩薩〕具名、金剛喜菩薩、阿閦如來四親近の一。

キボン　軌範　〔術語〕物の法軌模範。【唯識論一】に「法謂軌持」【同述記一本】に「軌謂軌範。可レ生二物解一。」

軌範師　〔術語〕キハンジと讀む。【寄歸傳三】に「阿遮利耶。譯爲二軌範師一。是能敎二弟子法式一之義。」

キマダラ　呬摩呾羅　〔人名〕Himatala　覩貨羅國王の名。譯、雪山下。【西域記三】

キミ　鬼魅　〔雜語〕靈鬼の人に害をなすもの。【華嚴經六十五】に「風癎消瘦。鬼魅所レ着。如レ是諸有一切諸病。」

キミナ　君名　〔雜名〕又卿名に作る。未得度の兒童に父の職名をとりて喚名とす。古來比叡山等に行はれたる風習にして、即ち堂上の子息を容れて弟子とする時先づ稚兒に取り立て、中將、宰相、民部卿、兵部卿など喚びたる風習にして、親鸞聖人幼時青蓮院に入り範宴小納言公と號せし如きもの。【貞丈雜記二】に「天台宗の僧の名に民部卿、兵部卿、式部卿など云ふは、是を君名と云ふ也。他人より云ふには民部郷の君、兵部卿の君など云ふ也。畢竟は喚名也。かの僧、民部卿式部卿の官に任じたるにあらず。狩野家の繪師などの民部卿など云ふも是に同じ。僧に准じたるなり。其根元を正せば、攝政關白の子の僧になりて法印になりたるをば、殿の法印と云ふ。左大臣の子の僧正になりたるをば、式部卿の法印と云ふ類、皆父の官を以て稱するなり。後代に至りては父の官に拘らず百姓商人の子にても、天台の僧にだになれば、兵部卿治部卿などよぶ事になりたり。」と

キミヤウ　歸命　〔術語〕Namas Namaḥ Namo　梵語、南無。譯、歸命。三義あり。一は身命を佛に歸趣する義。二は佛の敎命に歸順する義。三は命根を一心の本元に還歸する義。惣じて信心の至極を表する詞なり。【起信論淨影疏上】に「內正報中。命根爲レ要。故擧二要命一。屬二彼三寶一。名レ之爲レ歸。」【起信論義記上】に「歸者趣向義。命謂己身性命。生靈所レ重。莫二此爲レ先。乃至二歸是敬順義。命謂諸佛敎命。」【同海東疏上】に「敬順義是歸義。趣向義是歸義。命謂命根。總二御諸根一。一身之要。唯命爲レ主。萬生所レ重。莫二是爲レ先。擧二此無二之命一。以奉二無上之尊一。表二信心極一。故言二歸命一。又復歸命者還源義。所以者衆生六根。從二一心一起。而背二自源一。馳二散六塵一。今擧レ命總二攝六情一。還二歸其一心源一。故曰二歸命一。所歸一心即是三寶故也。」【法華嘉祥疏四】に「歸命者。以レ命歸二投十方諸佛一也。」

歸命頂禮　〔術語〕頂禮は神佛の足を我頂上に戴て禮拜するもの。是れ歸命は意業の禮拜、頂禮は身業の禮拜なり。【大日經疏十二】に「重言二歸命頂禮一者。此義大同小異。重言者。恭敬深至故爾也。」⊙〔十訓抄一〕「手を額にあてて歸命頂禮するほどに。」

歸命合掌　〔術語〕十二合掌の一。禮拜の時。左右の掌を合せて十指を交叉するを歸命合掌と云。即ち金剛合掌なり。【大日經疏十三】に「令下十指頭相叉。皆以二右手指一加中於左手指上上。如二金剛合掌一也。此云二歸命合掌一。梵音名二鉢囉拏摩合掌一。」【行法肝葉鈔上】に「高雄口決云。禮拜時作二金剛合掌一。即名二歸命合掌一。相叉意者。此十指者爲二十波羅蜜十法界一也。」【蓮華部心軌】に「歸命合掌亦名二金剛合掌一。」梵 Praṇāma

キメウ　奇妙　〔雜語〕類なく珍らしきこと。【法華經囑累品】に「容顏甚奇妙。」【阿彌陀經】に「種種奇妙雜色之鳥。」

キメツ　起滅　〔術語〕事物の生じ滅すること。因緣和合すれば生起し、因緣離散すれば滅謝す。【維摩經問疾品】に「應作二是念一。但以二衆法一。合二成此身一。起但法起。滅但法滅。」【圓覺經】に「生死涅槃同二於起滅一。妙覺圓照離二華翳一。」

キメンテン　喜面天　〔天名〕胎藏界の外金剛院の一衆。伊舍那天の愛子。【胎曼大鈔六】

（喜面天の圖）

キモウ　龜毛　〔譬喩〕名ありて實なき物に譬ふ。【智度論十二】に「如二兎角龜毛一。亦但有レ名而無レ實。」【成實論二】に「世間事中。兎角龜毛。蛇足鹽香風色等。是爲レ無。」【止觀十上】に「人我如二龜毛兎角一不可得。」【宗鏡錄四十六】に「如下辯二兎角之大小一。了中龜毛之短長上。」【楞伽經二】に「無性而作二言說一。謂兎角龜毛等世間現二言說一。」【楞嚴經一】に「無則同二於龜毛兎角一。」

キモン　鬼門　〔雜語〕家又は城郭の東北隅を指して云ふ。是れ支那の俗說なり、【曆鑑輯要九】に「予按二山海經一。東海度朔山。有二大桃樹一。蟠屈三千里。其卑枝向二東北一。萬鬼出入。謂二之鬼門一。有二二神一。一曰二神荼一。二曰二鬱壘一。乃主二領之一。閱二衆鬼出入一。執レ之飼レ虎。於レ是黃帝法而象レ之。因立三桃板於二門戶上一。畫二神荼鬱壘一。以禦二凶鬼一。蓋鬼門者。斯謂レ之乎。」【谷響集一】に

「海水經云。東海中有レ山焉。名二度索一。上有二大桃樹一。東瘣枝名曰二鬼門一。萬鬼所レ聚。瘣呼罪切。腫傍出也。又木病無レ枝也。法苑珠林十云。依二神異經一曰。東北方有二鬼星石室一。屋三百戶。而其所石傍題曰二鬼門一。門晝日不レ閉。至レ暮則有二人語一。有二火青色一。」何れも皆荒唐の說にして毫も佛に關せず、固より佛徒の忌避すべきものあらず。されば叡山を王城の鬼門を護ると云も適時の方便なり。傳教の【淨結界章】に「本有常住之曼荼者。始レ自二甲方一。終二於癸方一。魑魅魍魎之惡鬼者。狩レ自二巽氣一。納二諸良氣一。」是れ山家に於て王城の鬼門を護ると云ふ本據なり。◉(太平記二九)「夫吾山者當二王城之鬼門一。爲二神德之靈地一。」

キモンモクレンキヤウ　鬼問目連經 [經名] 佛說鬼問目連經。一卷。後漢の安世高譯。種種の餓鬼が惡報の業因を目連に問ひ、彼一一之に答へしもの。【宿帙六】(675)

キヤ　佉 [術語] [𑖏] 悉曇體文の第一。牙聲第二。「カ」を見よ。

キヤウ　境 [術語] 心の遊履攀緣する所を境と云。色は眼識の遊履する所なれば色境と云ひ、乃至法は意識の遊履する所なれば法境と云ふ如し。【俱舍頌疏一】に「色等五境爲二境性一。是境界故。眼等五根名二有境性一。有二境界一故。」図 實相の理は妙智の遊履する所なれば稱して境と云。是れ前の法境に屬す。【玄義二上】に「以二境妙一故。智亦隨妙。以二法常一故。諸佛亦常。函蓋相稱。境智不可思議。」

キヤウ　經 [術語] 梵語、舊に修多羅。Sūtra 新は素呾纜。正譯、線、或は綖、經、眞經、契經と翻す。【玄義序】に「經者外國稱二修多羅一。聖教之都名。」【玄義八上】に「言レ經者。開善云。非二正翻一也。但以レ此代レ彼耳。此間聖說爲レ經。賢說子史。彼聖爲レ經。菩薩稱レ論。既不レ可レ翻。宜下以二此代一レ彼。故稱レ經也。」【大乘義章一】に「若正相翻。名レ之爲レ線。」【勝鬘經寶窟上本】に「言レ經者。天竺名二修多羅一。此方隨レ義翻譯非レ一。傳譯者多用二綖本二名一。以翻二修多羅一。至レ俗言レ經者常也。雖二先賢後聖一。而敎範古今恒然。故名爲レ常。佛法亦然。雖二三世諸佛隨レ感去一。留二敎範一古今不レ可二改易一。」然に天台は之を以て正翻とせり【玄義八上】に「從レ古及レ今。譯レ胡爲レ漢。皆題爲レ經。若餘翻是正。何不三改作二契線一。若傳譯僉然。則經正明矣。」【注維摩經一】に「肇曰。經者常也。古今雖レ殊。覺道不レ改。群邪不レ能レ阻。衆聖不レ能レ異。故曰レ常也。」天台の【觀經疏】に「經者訓レ法訓レ常。由二聖人金口一故言レ經也。」【玄贊一】に「經者爲レ常爲レ法。是攝是貫。常則道軌二百王一。法乃德模二千葉一。攝則集二斯妙理一。貫又御二彼庸生一。」然に淨影師の解に依れば、經の義綖に同じと。「シュタラ」を見よ。

經體三塵 [名數] 經體三あり。一は聲なり、佛の在世には金口の音聲を聞て道を得、是れ聲塵を以て經とす。二は色なり、佛の滅後には經卷紙墨に由て傳持す、是れ色塵を以て經とす。三は法なり、內心自ら法を思惟して理に契ふ、是れ他敎に由らず、紙墨に由らず、唯法塵を以て經とす。耳識利なる者は聲に依り、眼識利なる者は色に依り、意識利なる者は法に依る。此土の人は此三識利にして餘の三識は鈍なり、鼻紙墨を嗅ぐとも知る所なく、身經卷に觸るるも解するを能はず、舌文字を啜ふも寧に是非を辨ぜんや、是の故に唯三塵を以て經體とす。【玄義八上】

焙經 [行事] 火爐を設け、藏經を焙て其の蒸濕を去るなり。【敕修淸規知藏】に「函帙目錄。常加二點對一。缺者補完。蒸潤者焙拭。殘斷者粘綴。」

拭經 [行事] 綿を焙て經を拭ふなり。

キヤウアイ　敬愛 [術語]【無量壽經下】に「父子兄弟夫婦室家。中外親屬。當三相敬愛無二相憎嫉一。」図 五種壇法の一。諸佛菩薩の愛護を請ふ御修法の名。又一家親屬の平和を祈るなどに用ゐる御修法の名。【秘藏記末】

キヤウアン　經案 [物名] 經を載する机。

キヤウアン　輕安 [術語] 心所の名。善心と相應して起り、心をして其事に堪へ、身をして輕樂安穩ならしむる心の作用なり。【俱舍論四】に「輕安者。謂心堪任性。」

キヤウイシ　經石 [雜名] 小石の面に經の文字を一字づゝ墨書して土中に埋めたるもの。諸國に經石の出づる地あれど、最も名高きは甲斐國石和宿の鵜飼山遠妙寺に在て、日蓮上人鵜飼濟度の經石といふものなり。

キヤウウソンジヤ　慶友尊者 [羅漢] 十八羅漢の第十七。「ラカン」を見よ。

キヤウエ　經衣 [物名] キヤウカタビラと讀む。

キヤウオセンザイ　經於千歲 [雜語] 歌題。【法華經提婆品】に往昔大王が法華經を聞かん爲に千歲の間阿私仙人に給仕せしを說て「于レ時奉事。經二於千歲一。爲二於法一故。精勤給侍。令レ無レ所レ乏。」

キヤウカ　經架 [物名] 經を置く棚。

キヤウカイ　經戒 [術語] 經義と戒行。又、經中所譯の戒法。又、戒は萬世の常經なれば經戒と云。【無量壽經下】に「奉二持經戒一。受二行道法一。」

キヤウカク　警覺 [術語] 心の惛沈を警め醒ますこと。【唯識論三】に「作意謂能警レ心爲レ性。」【俱舍論四】に「作意謂能令二心警覺一。」【寶篋印陀羅尼經】に

「從佛身出種種光明。間錯妙色。照觸十方。悉皆警覺一切如來。」

キヤウカク　驚覺　〔術語〕三昧耶四義の一。【秘藏記本】に「若衆生有歸依者。住法界定自受法樂如來。驚覺不敢違越本願。影向行者所。以眞言印契加持護念。譬如國王自造法令。不敢違犯。令他行之。乃至如來驚覺是驚覺義。」

驚覺一切如來印　〔印相〕又、金剛起印、覺起印。一切の如來を驚覺する爲の印契なり。【眞言修行鈔二】

驚覺眞言　〔眞言〕三世十方の諸尊を驚覺する爲の陀羅尼の名。密敎の修法に之を唱ふ。【魚山集略】

キヤウカタビラ　經衣　〔衣服〕又、經帷子に作る。死者の被る淨衣に經文を書きしもの。【不空羂索眞言經六】に「若有衆生。億劫具造四重五逆十惡等罪。身壞命終。墮阿鼻獄。若此亡者隨其身分屍骸衣服爲眞言者。身影映着。即得解說。捨所苦身。直生淨土。」【大寶樓閣經上】に「若讀若誦。若受持。若佩身上。若書衣中。乃至決定當得不退轉無上菩提。」現今は麁なる白綿布にて作り、縫糸の端を結ばず、縫目を表にして著せしむ。多く經文を書かず、丈を腰までにす。

キヤウカツラ　薑羯羅　〔雜語〕Kaṅkara 數法の名。【慧琳音義十三】に「俱舍論六十種數法中。有矜羯羅。」

キヤウカフ　經夾　〔雜名〕又、梵夾と云。經文を貝多羅に刻し厚き板に夾みて、繩を以て結べるなり。其の狀箱に類すれば梵筴とも云ふ。愚案に夾は筴の誤、筴に同じ。

キヤウカラビツ　經唐櫃　〔物名〕「キンキ」に同じ。

キヤウガイ　經貝　〔雜名〕蛤貝の內面に經の文字を一字づつ墨書したるものにて、經石、經瓦の類。その塚上總國に在りと云。

キヤウガイ　境界　〔術語〕Viṣaya 自家勢力の及ぶ境土、又、我の得たる果報の界域を境界と云。【無量壽經上】に「比丘白佛。斯義弘深。非我境界。」【入楞伽經九】に「我乘內證智。妄覺非境界。」⦿（方丈記）「境界なければ、何につけてか破らむ。」

境界相　〔術語〕起信論所說三細の一。第二の轉相より一切の境界を現じたるもの。亦た現相とも現識とも名く。唯識論に所謂果能變にて、識の自體分より現じたる相分に同じ。【起信論】に「境界相、以依能見故。境界妄現。」

境界般若　〔術語〕五種般若の一。一切諸法は般若所對の境界なれば（般若は能緣の智 諸法は所緣の境）一切諸法を指して境界般若と云。【三藏法數二十】

キヤウガイアイ　境界愛　〔術語〕三種愛の一。「アイ」を見よ。

キヤウガイウタイ　境界有對　〔術語〕三有對の一。「ウタイ」を見よ。

キヤウガハラ　經瓦　〔物名〕瓦に經文を彫付け、永く傳ふる爲土中に埋め置くもの。

キヤウキ　經軌　〔術語〕密部の經典と儀軌。【天台學則上】に「密學は經軌共に皆新譯の書ゆゑ新譯家の性相の學問をせざれば滯る所なきにあらず。」

キヤウキ　經櫃　〔術語〕キンキと讀む。衆僧の衣服道具を貯ふるの器、其の僧堂に在るを函櫃と云ひ、其の衆寮に在るを經櫃と云。衆寮は是れ看經の所なれば經櫃と云。【象器箋十九】

キヤウキ　慶喜　〔術語〕念佛者が信の一念にて已に往生治定し正定聚の數に入りし事を喜ぶこと。歡喜に對す。

キヤウギ　經木　〔物名〕讀經の時に打つ拍子木を「經木とも音木とも云。

キヤウギガサ　經木笠　〔物名〕經木型の薄き板片を削りたる鉋くづにて作れる笠。

キヤウギヤウ　胸行　〔雜名〕胸にて步行する者の意。蛇、蜥蜴等を云ふ。

キヤウギヤウ　經行　〔術語〕一定の地を旋繞往來すること。即ち坐禪して睡眠を催せしとき之を防がん爲、又養身療病の爲になすなり。【寄歸傳三】に「五天之地。道俗多作經行。直去直來。唯遵一路。隨時適性。勿居閙處。一則痊痾。二則銷食。乃至若其右繞佛殿。旋遊制底。別爲生福本。欲虔恭。經行乃是銷散之儀。意在養身療病。舊云經行道。或曰經行。二事總包。無分涇渭。遂使調適之事久闕東川。」【玄贊二】に「西域地濕。疊塼爲道。於中往來。消食誦經。如經布絹之來去。故言經行。」【釋氏要覽下】に「十誦律云。經行有五利。一勤健。（勤音巢 輕捷也）二有力。三不病。四消食。五意堅固。三千威儀經。有五處可經行。一閑處。二戶前。三講堂前。四塔下。五閣下。」【法華經序品】に「未嘗睡眠經行林中。」【同方便品】に「我始坐道場。觀樹亦經行。」【十誦律五十七】に「經行法者。比丘應直經行。不遲不疾。若不能直。當畫地作相。隨相直行。是名經行法。」【摩得勒伽六】に「比丘經行時。不得搖身行。不得大駛駛。不得大低頭縮。攝諸根。心不外緣。當正直行。行不能直者安繩。」又キンヒンと讀む。

キヤウギヤウクワ 境行果 〔術語〕境は所觀の境、行は修斷の行。果は所得の果。一切法に就て審に三性有體無體、有爲無爲等を分別觀察するを境と云ひ。已に境界を知れば聞思修の三慧を修習し、五重唯識觀を凝すを行と云ひ。果とは、有漏の修は能く世間一切の妙果を感じ、無漏の修は永く諸障を滅して大菩提を得と云ふなり。

キヤウク 狂狗 〔譬喩〕人の狂愚に譬ふ。【止觀五】に「渴鹿逐レ炎。狂狗齧レ雷。何有二得理一。」

キヤウクヤウ 經供養 〔行事〕何の經に限らず、之を書寫して、其が爲に佛事を作すを經供養と云。經を供養する義。經は三寶中の法寶に屬す、經を供養するは即ち法寶を供養するなり。【法華經分別功德品】に「如來滅後。若有下受持讀誦。爲二他人一說。若自書。若敎二人書一供中養經卷上。不レ須下復起二塔寺一。及造二僧坊一供中養衆僧上。」【隨求陀羅尼經】に隨求陀羅尼を書して病比丘の頸に繫けしに依り、大に病苦を減じ、死して後、地獄に墮つるも咒力に依て罪障を消滅し、天に生れて隨求即得天子と成るを記す。

キヤウクワン 經卷 〔術語〕古經は皆卷き本なれば經卷と云。方冊の經は明朝に成る。【法華經法師品】に「於二此經卷一。敬視如レ佛。種種供養。」

キヤウクワンダテ 經卷立 〔物名〕經卷を立て置く器具。多く木造金箔押にて縱木二本を**立て**、**二本**の橫木に穴を穿ち經卷を嵌入す。

キヤウケ 經家 〔人名〕經典を結集せし人、即ち阿難を指す。【三德指歸一】に「經家者。即阿難。是結集經家也。」

キヤウケ 狂華 〔雜語〕空華の狂亂するもの。目を勞する人之を見る。【楞嚴經二】に「其人無レ故不レ動二目睛一。瞪以勞レ目。則於二虛空一別見二狂華一。」【圓覺經】に「如レ是經敎功德名字」

キヤウゲウ 經敎 〔雜語〕經典の敎訓。【圓覺經】に「如レ是經敎功德名字」

經敎如鏡 〔雜語〕歌題。【觀經疏序分義】に「經敎喩レ之如レ鏡。數讀數尋。開二發智慧一。」◉（新勅撰）「後の世をてらす鏡のかげを見よ知らぬ翁はあふかひもなし」

キヤウコク 鏡谷 〔譬喩〕影の鏡に映じ響の谷に應ずるを佛と衆生の感應に譬ふ。◉（盛衰記）「歸スレハレ之答眖隨レ心鏡谷之應維新也。」

キヤウサク 經筴 〔物名〕又、梵筴、貝筴と云。筴は音楚革切、筮策なり、簡書なり。【字典】に「廣韻楚革切。魯語滅文仲聞二柳下季之言一。使レ書以爲二三筴一。註簡書也。」貝經簡策に同じければなり。多く夾に作るは非なり。【寄歸傳一】に「云二十誦四分一者。多是取二其經夾一以爲二題目一。」【僧史略上】に「于レ時未レ事二翻譯一。必存二梵筴一。」筴は夾に准じてカフと讀めども、本音はサクなり。

キヤウサン 慶讚 〔術語〕新に佛像經卷及び堂塔などを調へたる時の法事を云ふ。成功を慶喜し善根を讚する義。【安像三昧儀軌經】に「從二三昧一起。說二彼塑像畫雕莊嚴。一切佛及諸賢聖之衆。安像慶讚儀軌之法一。」

慶讚小經 〔行事〕眞宗一門の慶讚の法會には必ず阿彌陀經を轉ずるを式とす。【考信錄一】に「有說に小經には火の字なき故に殿堂落慶の經とすと云へり。」小經とは阿彌陀經を指す。

キヤウサン 慶懺 〔術語〕慶讚に同じ。【禪苑清規看藏經】に「於二看經了日一。設二齋供一慶懺。」【象器箋十一】に「碧巖錄云。長慶云。大似二因レ齋慶讚一。即作レ讚。恐作レ懺者訛。然諸錄多作レ懺。」

キヤウサン 匡山 〔地名〕廬山の本名。

キヤウザウ 狂象 〔譬喩〕妄心の狂ひ迷ふを狂象に譬ふ。【涅槃經三十一】に「心輕躁動轉。難レ捉難レ調。馳騁奔逸。如二大惡象一。」【同二十五】に「譬如下醉象狂騃。暴惡多欲二殺害一。有二調象師一。以二大鐵鉤一。鉤二斲其頂一。即時訓順。惡心都盡上。一切衆生。亦復如レ是。」

キヤウザウ 鏡像 〔譬喩〕有りと見えて無きものを鏡中の影像に譬ふ。般若經十喩の一。【智度論六】に「如二鏡像一。實空不生不滅。誑二惑人眼一。一切諸法。亦復如レ是。空不實不生不滅。誑二惑凡夫人眼一。乃至諸法因緣生無二自性一。如二鏡中像一。」

キヤウザウ 經藏 〔術語〕佛所說の經典を該攝して經藏と稱す。經の中に各事理を含藏すれば藏と云。【三藏法數九】に「三藏者。謂經律論。各各含二藏一切文理一。故皆名レ藏。」【六十華嚴經六】に「自歸レ於レ法。願與二衆生一。深入二經藏一。智慧如レ海。」図經典を納る府庫に名く。又、經堂、藏殿、輪藏など。此の中經律論の三藏及び賢聖祖の章疏をも收むれども經藏と名くるは本に就てなり。【寄歸傳四】に亡僧の遺物に就て「所有經典章疏皆不レ可レ分。當下納二經藏一四方僧共讀上。」

經藏堂主 〔職位〕藏主の下に堂主あり、藏主は藏殿に居らず、堂主は經を守て常に藏殿に在り。【象器箋六】

キヤウシ 經師 〔雜名〕經を讀誦する法師。【毘奈耶雜事四】に「善和苾芻。作二吟諷聲一。讚二誦經法一。乃至我欲三親往奉二彼經師一。」【同十三】に「經師律師論法師禪師。不下以二同類一令上レ聚二一處一。」【梁高僧傳】に經師の一科あり 図經の地紙を造る法師の役。「キヤウジ」を

見よ。

キヤウシ　經笥　〔物名〕經を入る箱。【釋氏要覽中】に「經笥法將。並五印度學人。稱二丱法師一。」是れ箱の義より轉じて經に通達せる人の義となる。【西域記十二】に丱師を賛して「印度學人。咸仰二盛德一。既曰二經笥一。亦稱二法將一。」と共に後者の義なり

有脚經笥　〔人名〕【宋僧傳十六】に「後唐貞峻。時稱二有脚經笥一。聽二倶舍論一。隨レ講誦レ頌。八品六百行。」

キヤウシヤ　經者　〔人名〕法華經を受持するもの。又經論を講說するもの。禪者に對して云。

キヤウシヤウ　經生　〔雜名〕又、經手。經を書寫するもの。

キヤウシヤク　經釋　〔術語〕佛經と師釋となり。佛の說法を直ちに誦傳記錄せしものを經といひ、その經意を人師が解釋したるものを釋と云ふ。

キヤウシユ　經手　〔雜名〕又、經生。經を書寫するもの。

キヤウシユウ　經宗　〔術語〕經に依て開きし宗旨を經宗と云ひ、論に依て開きし宗を論宗と云ふ。華嚴天台の如きは是れ經宗。成實三論の如きは是れ論宗。図日蓮宗の別稱。彼の宗殊に法華經を主張すればなり。

キヤウジ　經師　〔雜名〕經の地紙を拵ふる法師をいふ。【居龍工隨筆】に「經師佛師は比叡にもあれ高野にもあれ、其寺にて經の地をこしらへ佛を刻むを役とする法師なり。」

キヤウジユン　敬順　〔術語〕他を敬ひ他の命に順ふと。【法華經安樂行品】に「敬二順佛一故。發二大誓願一。」

キヤウタイ　經體　〔術語〕經の體の意。一經所詮の主質を云ふ。天台觀經疏卷上に諸法實相を經の體とし餘は皆魔事なり、諸星北辰を環り萬流の東海に宗するが如しと云ひ。天台以前の諸師は經宗と經體とを別たず、天台は體は一經の主にして宗は輔臣の如くなりと云ふ。小乘經は三法印を體とし、淨土の諸師は念佛を以て體とす。

キヤウタフ　經塔　〔堂塔〕經文、陀羅尼を納めて供養する塔を云。凡そ西天の法、塔及び像を造れば必ず舍利又は經頌を納む。其の經頌を納むるもの即ち經塔なり。【寄歸傳四】「凡造二形像及以制底一。乃至中安二二種舍利一。一謂大師身骨。二謂緣起法頌。」と密教には陀羅尼を置くを勸む。【寶篋印羅尼經】に「安二置此陀羅尼於二塔像中一者。我等十方諸佛。隨二其方處一恒常隨逐。」【尊勝陀羅尼經】に佛天帝に此の供養者を摩訶薩埵と云ふと敎へ。【法華經法師品】にも經卷所住の處に七寶の塔を起して嚴飾するを敎ふ。図塔に經文を書したるもの【書史會要六】に「釋法暉。政和二年天寧節。以二細書經塔一來上。作二正書一。如二半芝麻粒一。寫二佛書十部一。」

キヤウタン　經單　〔物名〕キンタンと讀む。紙片を單と云。經目を單紙に錄せしもの。【敕修淸規聖節】に「上殿經單。倶用二黃紙一書レ之。」

キヤウダイ　經題　〔術語〕經の題目。佛經は重きを首題に置き題を一部の總標とす。天台は經題を釋するに五重の玄義を立てて萬代の洪範とせり。

キヤウダウ　經堂　〔堂塔〕一切經を入るる殿堂。經藏に同じ。

キヤウダウ　享堂　〔堂塔〕祖堂なり。祖の像牌を安じ之を祭享すれば享堂と云。【象器箋一】に「日本人開山の享堂を以て謬て照堂と稱す。蓋し其の轉謬由る所あり。抑も照堂もと僧堂の後に在り。或處に佛殿の後に開山塔を設く。彼の僧堂後の照堂に似たり。故に佛殿後の開山塔を稱して照堂となす。遂に殿後にあらざるものも亦例して照堂と云なり。」「セウダウ」を見よ。

キヤウダウ　經道　〔術語〕經典に說く道。【無量壽經下】に「如來興世難レ値難レ見。諸佛經道難レ得難レ聞。」

經道滅盡我以慈悲哀愍特留此經　〔雜語〕歌題。【無量壽經下】に末法に至て諸經の滅する時、獨り此經を止住するを說て「當來之世。經道滅盡。我以二慈悲一哀愍。特留二此經一。止住百歲。」⦿（詠藻）「法のみな消えなん後の末までも彌陀の敎ぞ猶殘るべき。」

キヤウダウシ　慶導師　〔職位〕慶讃の法會の導師。

キヤウチ　境智　〔術語〕所觀の理を境と云ひ。能觀の心を智と云。【釋籤一】に「理惑一體。境智如如。」

キヤウチギヤウ　境智行　〔術語〕台宗所立の三軌なり。「サンキ」を見よ。

キヤウヂユウギ　輕重儀　〔書名〕四分律輕重儀、一卷、南山道宣著。亡五衆物に就て輕物重物を分別せしもの。律中死者の遺產相繼法として輕物は親近比丘、弟子比丘、看病比丘等に與へ、重物は四方僧に屬するものとして分與を許さず。これ輕重物を分別すべき要ある所以なり。又現前僧物、四方僧物と云ふ。

キヤウヅカ　經塚　〔雜名〕經塔、經筒、經石、經瓦などを納めたる塚。諸國に在り。

キヤウヅツ　經筒　〔物名〕銅、石、陶器などにて丸形の筒を造り、法華經などを其內に納めて蓋を

固く封じ、地中に埋め置くもの。もと叡山の如法堂より始る。【叡岳要記下（如法堂銅筒記）】に「右當院住僧覺超等。奉守護此如法經。如護己命。如護眼睛。而作此念。法住有限。將來可恐。堂塔破壞。無人修理之時。恐此妙文混泥土。爲邪見人所輕歟。諸僧僉議云。鑄銅筒一口。埋置堂裏。誡末世住僧。令移納此經。積土石成山岳。待慈尊出世。豈非勝術乎云云。」

キヤウテン　經典　〔雜名〕佛之を說き、阿難之を結集し、初は之を口に傳へ、後に至て之を貝葉に書す。其の文句並に書籍をさして經典と云。【無量壽經上】に「菩薩經典。究暢要妙。」【法華經序品】に「聖主師子。演說經典。微妙第一。」

キヤウデン　敬田　〔雜語〕佛法僧の三寶を恭敬供養すれば無量の福分を生するが故に敬田と云。【優婆塞戒經三】に「功德田」と云ふ。三福田の一。【止觀十下】に「上不見經佛敬田。下不見親恩之德。」

敬田院　〔堂塔〕聖德太子天王寺を建てて其の中樞の堂塔を敬田院と稱し。他の三院に對す。【首書太子傳略二】に「敬田院。詮要云。天王寺築垣內云也。七代記俗號荒陵寺。法號敬田院。東西八町。南北六町。乾角建施藥院。艮角建悲田院。此中間建療病院也。」

キヤウドウ　經頭　〔職位〕誦經の時、音頭を取るもの。是れ導師の役。經頭の作法。【講勸拾要】に委し。図禪院に一切經を補修する爲に街坊を勸化する役を經頭と云。

キヤウナガシ　經流　〔行事〕經を書寫して河海に流すこと。【百鍊鈔九】養和元年九月十一日の條に「院に於て。柿葉に心經千卷を書して供養し、俵十二を納む。東海西海に入れしめんが爲めなり。是れ資盛朝臣夢想に依りてなり。」と。平家物語等に崇德天皇が法華を血寫して龍神に奉り給へる。又、加茂川に法華經を流し安德天皇に供養する等是なり。

キヤウバイ　經唄　〔雜語〕經文を歌詠する聲。即ち梵唄なり。【慧琳音義六十五】に「經唄。僧尼法事梵唄聲也。」

キヤウバコ　經箱　〔物名〕經を容るる箱。形不同なれども經机の上に置く竪一尺許り橫四五寸のものを云ふ。金銀を鏤め螺鈿蒔繪せるもの多し。

キヤウブ　經部　〔流派〕具名。經量部。「キヤウリヤウブ」を見よ。

キヤウホンヂヤウシン　境本定身　〔術語〕佛の相好を見て發心するを見相發心と云。此の見相に四教の機に依て四種の不同あり。然れ共其の所對の佛身は必ず丈六の釋迦應身なり。應身を所觀の境として此四相の別を觀見するなり。依て境本と定まれる佛身は丈六の釋迦なり。之を境本定身と云ふ。【止觀輔行一】は「皆以三藏如來而爲境本。於色相上四見不同。」【四教儀集註上】は「如來。詣丈六身。即境本定身也。」

キヤウボフ　經法　〔術語〕金口の聖說、萬世の常法となるもの稱して經法と云。【無量壽經下】に「聽受經法。歡喜無量。」【毘奈耶雜事四】に「善和苾芻。作吟諷聲。讚誦經法。」

キヤウマ　經馬　〔雜名〕キンマと讀む。般若心經と繪馬との二。禪院の祈禱又は盂蘭盆會などに此二を印造して之を焚く。【象器箋十五】に「日本の禪剎祈禱或は盂蘭盆會等に心經及び馬圖を印造し、之に紙錢を加へて先づ殿柱に掛け、經罷て焚化す。未だ何の時より起るを知らず。必ず是れ宋國禪林の法、此方に傳習するのみ。蓋し人鬼の道異なり、若し火に之を化せば則ち他受用するを得、乃至今馬を繪して之を火化すれば則ち鬼取て乘るとを得。」【同書】に焚經の典據を證して「異聞總錄云。李泳子永。常印尊勝陀羅尼幡。焚施鬼道。」

キヤウマウ　輕毛　〔譬喩〕十信の位に在る菩薩を輕毛に譬ふ。其の佛道に於る一進一退不定なればなり。舊譯の【仁王經受持品】に「習忍以前行十善菩薩。有進有退。譬如輕毛隨風東西。」【法華文句二上】に「六心已前輕毛菩薩。信根未立。其位猶退。」【名義集二】に「婆羅。隋言毛道。謂行心不定。猶如輕毛隨風東西。魏金剛云毛道凡夫。」然るに唐の善導師が信外の輕毛と云ふは自ら謙て云ふなり【觀經玄義分】に「況我信外輕毛。敢知旨趣。」

キヤウマン　輕慢　〔術語〕人を輕しめ慢ると。【法華經不輕菩薩品】に「我深敬汝等。不敢輕慢。」

キヤウモン　經文　〔術語〕經の文句。能く義理を詮はすもの。即ち經文を能詮として義理を所詮とす。

キヤウユヰシキ　境唯識　〔術語〕所觀の境界に約する唯識。五種唯識の一。【法苑義林章一】に「一に境唯識とは、阿毘達磨經に云く。鬼と傍生と人と天と、各其の所感に隨つて、等しき事に心異なるが故に、義眞實に非ずと。是の如き等の文の、但だ唯識所觀の境を說けるものは、皆境唯識なり」と。

キヤウライ　敬禮　〔雜語〕Vandana　恭敬禮拜すること、即ち佛及び法僧を禮拜すること。【毘奈耶雜事一】に「見老婆羅門。即云跪拜。若見苾芻。便云敬禮。」【同十五】に「凡是口云我今敬禮。但是口業申敬。若時曲躬口云畔睇。此雖是禮。而未具足。然

鄔波離。於二我法律一。有二二種敬禮一。云何爲レ二。一者五輪着レ地。一者兩手捉レ腨。而皆口云二我今敬禮一。彼云二無病一。若不レ爾者。俱得二越法罪一。」【法華懺法】に「一心敬禮十方一切常住佛。」【義林章四本】に「言二敬禮一者。虔恭曰レ敬。軌儀稱レ禮。諦發二殷誠一。屈レ儀褒讚。申二虔恭之道一。標二敬禮之名一。又起二殷淨心一。策二殊勝業一。申レ誠歸仰。故名二敬禮一。即通二三業一。諸敎云二稽首一者。藉二身業之稽首一。申二三業之敬禮一。」【義林章四本】に「古云二南牟一。即是敬禮。應レ言二納慕或納莫一。」

敬禮天人大覺尊 〔雜語〕「敬禮天人大覺尊。恒沙福智皆圓滿。因圓果滿成二正覺一。住壽凝然無二去來一。」【心地觀經第一序品】に出でて、師子吼菩薩の釋迦如來を讚嘆せし偈文の中の句なり。（經文には此四句一連にあらず前二句後二句別處にあり）顯密の諸家之を以て法會の中諷詠すべき伽陀となす。

敬禮救世觀世音 〔雜語〕百濟の日羅、聖德太子を讚する語なり。【平氏傳上】に「日羅跪レ地而合レ掌白曰。敬禮救世觀世音。傳二燈東方粟散王一。云云人不レ得レ聞。太子修レ容折磬而謝。」【扶桑略記一】に「敬禮救世大慈觀音。妙敎流通東方日國。四十九歲傳燈演說。大慈大悲敬禮菩薩。」【元亨釋書太子傳】に「敬禮救世觀世音。傳燈東方粟散國。」⦿（水鏡）に「百濟國より日羅と云ふ僧來れりき、乃至太子を拜み奉るとて、敬禮救世觀世音、傳燈東方粟散王と申しき」

キヤウランワウジヤウ　狂亂往生 〔術語〕四種往生の一。罪業深き人臨終に地獄の猛火を見て心狂亂し、手に虛空を握り、身より汗を流して七顚八倒せるものが、善友の敎を聞き十聲又は一聲の念佛にて淨土に往生するを云ふ。

キヤウリツ　經律 〔術語〕三藏の中の經藏と律藏。俱に金口の直說に係り、經は常道を敎ふるもの。律は惡事を制するもの。

經律異相 〔術語〕五十卷、梁の僧旻寶唱等集。經律二藏の中に就き拔粹類聚せしもの、法苑珠林の類。「見よ。

キヤウリツロン　經律論 〔術語〕「サンザウ」を見よ。

キヤウリヤウブ　經量部 〔流派〕小乘十八部の一。佛滅後四百年の初に說一切有部より別派せしもの。三藏の中、唯經を以て正量となせば經量部と名く。單に經部とも云。【宗輪論述記】に「此師唯依レ經爲二正量一。不レ依二律及對法一。凡所二援據一。以レ經爲レ證。即經部師。從二所立一以名二經量部一。」Sautrāntika

キヤウリヤウヤシヤ　畺良耶舍 〔人名〕Kālayaśas【梁高傳三】に「畺良耶舍、此に時稱と云。西域の人なり、三藏兼ね明せども禪門を以て專業とす。宋の元嘉の初を以て京洛に來る。太祖文皇帝深く嘆賞を加へ、鍾山の道林精舍に居らしむ、沙門寶誌其の禪法を崇め、沙門僧含筆受して藥王藥上經、觀無量壽經の二經を譯す、壽六十にて終ふ。」

キヤウリヤウルシ　彊梁婁至 〔人名〕Kalyāṇaruci 沙門の名。【貞元錄四】に「沙門彊梁婁至。晉言二眞喜一。西域人。志情放曠。弘化在レ懷。以二武帝太康二年辛丑一。於二廣州一譯二十二遊經一部一。」

キヤウロン　經論 〔術語〕三藏の中の經藏と論藏。經は如來の金口說法、法華經涅槃經など。論は菩薩の祖述、唯識論俱舍論など。【三論檢幽鈔一】に「欲レ示二師資不同一故。師說名レ經資言稱レ論。以三師所說可則可常。能顯二至道一故。稱爲レ經。資之所作但論二佛語一。更無二異制一故稱爲レ論。」

キヤウワウ　經王 〔譬喩〕其經の他經に勝れたるを稱して經王と云。即ち經中の王なり。【法華經藥王品】に「如下帝釋於二三十三天中一王上。此經亦復如レ是。諸經中王。」【法華嘉祥疏九】に「乃至如三佛爲二諸法王一。此經亦復如レ是。諸經中王。」【法華嘉祥疏九】に「言二經王一者。此經於二今昔權實一開合自在。故稱爲レ王。又獨一無二。亦是王義。」【最勝王經一】に「金光明妙法。最勝諸經王。」【心地觀經八】に「若有二法師一受三持讀二習解四說書一寫此心地經衆經中王一。如レ是法師與レ我無レ異。」

キヤウヱ　狂慧 〔雜語〕散亂の智慧を斥けて狂となす。【觀音玄義上】に「若定而無レ慧者。此定名二痴定一。譬如三盲兒騎二瞎馬一。必墮レ坑落レ塹。而無レ疑也。若慧而無レ定者。此慧名二狂慧一。譬如下風中然レ燈。搖颺搖颺照レ物不了上。」

キヤカラバア　佉訶囉嚩阿 〔術語〕Kha Ha Ra Va A. 此五字は五大の種子。佉は空大、訶は風大、囉は火大、嚩は水大、阿は地大なり。五輪の塔婆は五大に形りしものにて、下より方地大圓水大三角火大半月風大團形空大と積み上ぐる故其種子を上より讀み下せば佉訶囉嚩阿なり、依て世俗木牌の率都婆に必ず此五字を書す。【辨惑指南三】「ゴダイ」を見よ。

キヤククダカタエンナ　脚俱陀迦多演那 〔人名〕Krakuda-kātyāyana 又脚陀迦旃延。外道の名。【希麟音義九】に「脚陀。舊云二迦羅鳩馱一。此云二黑領一。迦旃延姓也。此外道應レ物而起。若問レ有答レ有。問レ無答レ無也。」又【毘奈耶雜事三十八】に出づ。

キヤクサン　客山 〔雜名〕案山子の別名。山を主山と云に對す。【虛堂顯孝錄】に「爲二甚麼一。客山高。主山低。」

キヤクシモン　隔子門　〔雜名〕子は助字、方丈の小門外庭を隔つ故に隔子門と云。【象器箋一】カクシモンと讀む。

キヤクシヤウソクマウ　隔生即忘　〔雜語〕生を隔つれば盡く前世の事を忘れて記憶せざると。是れ凡夫は云ふまでもなく、天台六即位の中、觀行則の位に至ても爾りと云。【玄義六下】に「若相似益。隔レ生不レ忘。名字觀行益。隔レ生即忘。」◉（太平記一一）「隔生則妄とは申しながら、又一念五百生、繫念無量劫の業なれば」

キヤクシユク　隔宿　〔雜語〕忌日の前日を云。當日と一宿を隔つればなり。【勅修清規景命四齋日祝讃】に「隔宿堂司行者。報レ衆掛二諷經牌一。」

キヤクソウ　客僧　〔雜名〕外來の僧。

キヤクヂン　客塵　〔術語〕煩惱を形容せしもの。煩惱は心性固有の物にあらず、理に迷て起る者なれば之を客と名け。心性を汚す者なれば塵と云。【維摩經問疾品】に「菩薩斷二除客塵煩惱一」【註】に「什曰。心本清淨。無レ有二塵垢一。塵垢事會而生。於レ心爲二客塵一也。肇曰。心遇二外緣一。煩惱横起。故名二客塵一。」【寶窟下末】に「無始無明。自心分別所作。無レ有二眞實一。故名爲レ客。坌汚稱レ塵。」太子の【維摩經疏四】に「一切不善。理非二恒有一。終必有二遣除之義一。故爲レ客。」【最勝王經一】に「煩惱隨惑。皆是客塵。法性是主。無レ來無レ去。」【楞嚴經一】に「時憍陳那。起立白レ佛。我今長老。於二大衆中一。獨得二解名一。因下悟二客塵二字一成上レ果。」【圓覺經】に「靜慧發生。身心客塵。從レ此永滅。」

キヤクヅギヤウジヤ　客頭行者　〔職位〕カチウアンジヤと讀む。禪院に於て知客寮に屬して其の使令を受くる侍者を云。【象器箋八】

キヤクニフシヤウジ　却入生死　〔術語〕菩薩の生死海に却來して衆生を濟度すると。【文句記五中】に「却入生死之說。驚入火宅之喩。」【大部補註六】に「寶積經云。文殊師利言。吾又恣レ心入二諸塵勞生死之内一。」

キヤクハン　脚板　〔雜名〕足のこびらなり。【雜寶藏經】に「命終之時。以二八識之所一レ去。知二六道之誕生一。頂聖眼生レ天。心人餓鬼腹。傍生膝蓋離。地獄脚板。」【臨濟錄】に「儞波波地往二諸方一。覓二什麼物一。踏二儞脚板一濶。」

キヤクフ　脚布　〔物名〕入浴の時に用ふる具。湯卷なり。【百丈清規六】に「展二浴袱一取二出浴具於一邊一。解二上衣一。未レ卸二直綴一。先脫二下面裙裳一。以二脚布一圍レ身。方可下繫二浴裙一將二裩袴一捲中摺内袱内上。」

キヤクホフ　脚絣　〔物名〕脚部を裹む絣なり。又、行纏、脛衣、脛巾とも稱し俗に脚絆と呼ぶものにして律には護蹲衣、腨衣と云ふ。

キヤクライ　却來　〔術語〕却入に同じ。洞家の擧唱に正位に向ふを從假入空向去とし、正位より偏位に來るを從空出假却來とす。

却來首座　〔雜語〕大方の尊宿人の爲に位を退て首座の職に就きたるを云。

キヤクリヤク　隔歷　〔術語〕彼此相隔て次第して和會融會せざると。常に圓融の文字に對す。【玄義一下】に「五陰實法。隔二歷是世界一。」【四念處四】に「別則隔歷。圓則一念。」

隔歷三諦　〔術語〕空は但空にして見思の惑を破し、假は但假にして塵沙の惑を破し、中は但中にして無明の惑を破す。又空觀よりして假觀に入り假觀よりして中觀に入る。此の如く空假中の三各別に次第するを隔歷の三諦と名け、別教の分際とす【玄義一上】に「隔歷三諦麁法也。圓融三諦妙法也。」【四教儀集註下】に別教の理智を明かにして「理則隔歷三諦。智則三智次第。」

キヤシヤ　佉沙　〔地名〕國の名。舊稱、疏勒。【西域記十二】に「佉沙國。舊謂二疏勒一者。乃稱二其域號一也。正音宜レ云二室利訖栗多底一。疏勒之言。猶爲レ訛也。」Kāsa*

キヤジ　佉字　〔術語〕悉曇の𑖎の字を以て五大の中空大の種子とす。「カ」を見よ。

キヤジヤニ　佉闍尼　〔飮食〕又、呿闍尼に作る。食物の種類の名。「カタンニ」を見よ。

キヤタカ　佉吒迦　〔印相〕印相の名。旋舞の形。【慧琳音義三十六】に「佉吒迦。梵語也。以レ義譯レ之云。以二左右手腕一相近。柔耎輪二散十指一。共於二心前一。三翻旋舞。心住二悅喜觀一也。」梵 Khataka

キヤダイラカ　佉提羅迦　〔植物〕又、佉陀羅に作る。木の名。「カチラ」を見よ。

キヤダジキ　佉陀食　〔飮食〕佉陀尼食の略。

キヤダニ　佉陀尼　〔飮食〕Khādaniya 食物の名。「カタンニ」を見よ。

キヤチウラ　佉啁羅　〔雜名〕Katvā* 譯、小長床。【玄應音義十五】に「佉啁羅床。此譯云二小長床一。啁竹交反。」

キヤバシ　亟縛屣　〔物名〕譯、靴。【慈恩寺傳三】に「亟縛屣。唐言レ靴也。」【梵語雜名】に「靴。迦縛史」

キヤラ　佉羅　〔植物〕Khara 木の名。譯、櫨。【大陀羅尼法中一字心咒經】

キヤラ　伽羅　〔植物〕Tagara 多伽羅の畧。香木の名。図黑沈香。【谷響集七】に「伽羅翻レ黑。經所レ謂

黒沈香是矣。蓋昔蠻商傳二天竺語一耶。今名二奇南香一也。華嚴經云。菩提心者。如二黒沈香一。能熏二法界一。悉周遍故。又虛空藏經云。燒二衆名器堅黒沈水一。」【玄應音義一】に「多伽羅香此云二根香一。」【慧琳音義三】に「多揭羅香名也。正云二櫱囉一。即零陵香也。」

伽羅樹 〔植物〕【陀羅尼集經十一】に「欲レ除二家内一切災禍一。取二伽羅樹枝一。若無二此木一取二石榴枝一。寸截塗二酥酪蜜一。呪レ之一徧著二火中一。」案ずるに多伽羅の略。

キヤラカ 羯羅訶 〔神名〕神の名。羯羅訶は執と譯す、祟りを作す神なり、祟りを作すとは執着より起るなり、故に羯羅訶神と云。【諸儀軌訣影二】梵 Graha.

キヤラケンダ 佉羅騫駄 〔異類〕Kharakaṇṭha 鬼王の名。譯、吼如雷。【金光明文句七】図阿修羅王の名。譯、廣肩胛。【文句二下】に「佉羅騫駄。此云二廣肩胛一。亦云二惡陰一。涌二海水一者。」【玄贊二】に「佉羅騫駄者。古云二廣肩膊一。」

キヤラダ 伽羅陀 〔地名〕Kharādīya* 又、佉羅陀、佉羅帝耶、佉羅提耶に作る。山の名。譯、驢林山。十寶山の一。又七金山の一。佛此山に在て地藏十輪經を説く。依て地藏菩薩の住處とす。【玄應音義二十一】に「佉羅帝耶山。或云二佉羅提耶山一。或云二佉羅帝山一。皆一也。此云二驢林山一。」【慧琳音義十八】に「佉羅帝耶山。上羌伽反。梵語山名也。或譯爲二驢林山一。十寶山之一山也。亦是七金山之一數。接二近須彌一。高四萬踰繕那。光味仙人。居二住此山一。習二驢脣仙所傳玄象列宿法一。」【地藏十輪經一】に「一時薄迦梵。在二佉羅帝耶山諸牟尼仙所依住處一。」【延命地藏經】に「一時佛在二佉羅陀山一。」を見よ。

キヤラダイ 佉羅帝 〔地名〕山の名。「キヤラダ」

キヤラダイヤ 佉羅帝耶 〔地名〕又、佉羅提耶に作る。山の名。「キラダ」を見よ。

キヤリ 佉梨 〔雜名〕斗量の名。譯、斛。【玄應音義二十四】に「佉梨此云二一斛一。謂十斗也。」梵 Khārī

キヤル 佉盧 〔人名〕Khara 又、佉樓。仙人の名。「キヤロ」を見よ。図升量の名。Khāra 一斗に當る。【名義集三】

キヤルシツタ 佉盧虱吒 〔人名〕又、佉路瑟吒。仙人の名。「キヤロ」を見よ。

キヤロ 佉樓 〔人名〕Kharoṣṭhi 又、佉盧。具には佉盧虱吒。佉路瑟吒。仙人の名。譯、驢脣。【月藏經七】に「佉盧蝨吒驢神仙人。隋言二驢脣一。身體端正。唯脣似レ驢。是故爲二驢脣仙人一。」

佉樓書 又、佉盧書。驢仙の造りたる書。【百論疏上之下】に「外云。昔有二梵王一。在レ世説二七十二字一。以敎二世間一。名二佉樓書一。世間敬情漸薄。梵王貪悋心起。收取呑レ之。唯阿漚兩字從二口兩邊一墮レ地。世人貴レ之以爲二字王一。故取二漚字一置二四韋陀首一。以二阿字一置二廣主經初一。乃至毘婆沙云。瞿毘婆羅門。造二梵書一。佉盧仙人造二佉盧書一。大婆羅門造二皮陀論一。」【玄應音義十七】に「佉樓書。應レ言二佉路瑟吒一。謂北方邊處人書也。」【本行集經十一】に「梵天所説之書。乃至佉盧虱吒書。隋言二驢脣一。」《第十八圖參照》

キヤロシツタ 佉路瑟吒 又、佉盧虱吒。仙人の名。「キヤロ」を見よ。

キヤンコ 向火 〔雜語〕禪家にて爐邊に煖を取るを云ふ。【百丈清規六】に「寒月向火先坐二爐圈上一。然後轉レ身正坐。揖二上下肩一。不レ得レ弄二香匙火筯一。不レ得二撥レ火飛一レ灰。不レ得二聚レ頭説話一。不レ得レ煨二點心等物一。不レ得三炙レ鞋焙レ屧烘二衣裳一。不レ得下攬二起直裰一露中袴口上。不レ得三吐レ唾並彈二垢膩於火内一。」と。

キユウコウ 宮講 〔行事〕宮中にて經文を講ずること「みかどよみ」と訓ず。支那には古より行はれたる如く。東晉の竺潛が元帝太興元年に内殿に講經せると見ゆ。本邦には推古天皇十一年十月聖德太子、諸法師に命じて安宅經を講ぜしめたると【扶桑略記三、元亨釋書二十】に出づ。

キユウタイ 裘代 〔衣服〕裘に代ふる衣の意。宮體、宮帶、裘袋に作る非なりと貞丈雜記五に云ふ。素絹に似て襟に僧綱あり、裾に襞を付け帶を以て腰部を約す。中古の僧の禮服なり。

キユウチユウノシンゴンヰン 宮中眞言院 〔堂塔〕「シンゴンヰン」を見よ。

キユラ 枳由羅 〔物名〕罽由羅。吉由羅に作る。又、譯、瓔珞。「シユラ」「エウラク」を見よ。

キヨアン 虛庵 〔人名〕宋の天童の虛庵懷敞禪師。黃龍慧南の法嗣黃龍の靈源惟淸。淸の法嗣長靈守卓。卓の法嗣育王の無示介諶。諶の法嗣萬年の心聞曇賁。賁の法嗣天童の經瓘。瓘の法嗣は即ち虛庵懷敞なり。敞天台の萬年寺に住して法を建仁寺の開山明庵榮西に傳ふ。【佛祖宗派綱要】此に依れば虛庵は黃龍七世の孫に當る。【元亨釋書榮西傳】に「虛庵敞禪師住二萬年寺一。黃龍八世之嫡孫也」とあるは未審。

キヨウ 機用 〔術語〕禪家の宗匠、言語の及ばざる機微の證悟を心を用て學者に施すを機用と云。【谷響集九】に「大機在二宗師一。施二之學者一。謂二之大用一也。」

キヨウジ 胸字 〔術語〕佛三十二相の一。胸上の卍字を云。【觀佛三昧經三】に「是時世尊。披二僧祇支一。示二胸臆字一。令三比丘讀二誦臆字一。已知二佛功德智慧莊嚴一。於二卍字中一。説二佛八萬四千諸功德行一。比丘見已。」

讃二嘆佛一言。世尊甚奇特。但於二胸字一說二無量義一。何況佛心所有功德。」

キヨクシ 旭師〔人名〕明の藕益大師、名は智旭、旭師と云。「チキヨク」を見よ。

キヨクボン 曲盆〔物名〕大圓盆、茶盞數箇を盛るもの。日本の禪林之を曲盆と名く。凡そ特爲の外は此器を用て茶盞を行くなり。【象器箋二十】

キヨクモク 曲木〔物名〕曲彔木の略。【雲門錄】に「諸方老禿奴。曲木禪床上坐地。求レ名求レ利。」【祖英集】に「曲木據レ位。知幾何。」

キヨクロク 曲彔〔物名〕又、曲錄。曲祿。曲顙。僧家の用ゐる椅子の名。木を刻て造り其形屈曲すれば曲彔と云。【正字通】に「刻レ木曲彔也。」されば彔を本字とし、他は假用なり。【象器箋十九】に「曲彔。蓋刻レ木屈曲貌。今交椅曲彔然。故畧名曲彔木。遂省レ木單稱二曲彔一也。」【五祖演錄】に「曲彔木頭上。不レ免將レ錯就レ錯。」【圓悟錄五】に「三萬三千師子座。爭及二此箇曲彔木一。」【明高僧傳六曇華傳】に「隨レ分著衣喫飮。二十年來。坐二曲彔床一。」【尺素往來】に「曲彔胡繩床竹椅」⊙（太平記一〇）「閑閑と中門に曲彔をかざらせて、其上に結伽趺坐し」

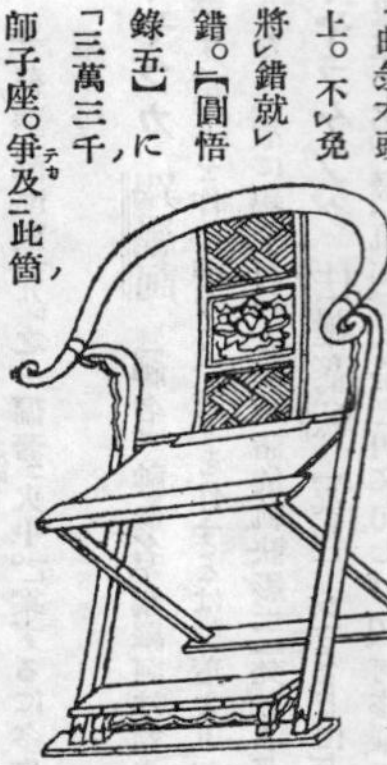

（曲彔の圖）

キヨクロフ 極臈〔雜名〕最も臈次の高きもの。

キヨシウ 虛舟〔人名〕元の虛舟禪師、名は普度、初め中天竺寺に住し後靈隱寺に住す。【稽古略四】に「詔二中天竺虛舟普度一。住二影德靈隱一。師揚州人。受二業揚子橋白蓮寺一。嗣二常州華藏無得通禪師一。通嗣二靈隱松源岳禪師一。」

キヨシヤ 噱叉〔地名〕Vakṣu（the Oxus）河の名。

キヨタキヱ 淸瀧會〔行事〕醍醐寺の櫻會の一名。每年二月に法會を營み、のち觀櫻の興宴を催すをいふ。保延年中より鎌倉時代の末葉まで行はれたり。往往上皇法皇の臨幸ありて饗應頗る盛大を極めたりと傳ふ。

キヨダウ 虛堂〔人名〕名は智愚、虛堂は其號、キダウと讀む。湖州道場山の運菴巖に就て契悟し、嘉興府の興聖禪寺に出世す、時に宋の理宗紹定二年なり、寶祐六年敕に依て育王山を領すると三年、景定五年詔ありて淨慈に住せしむ。衲子雲集し堂宇容るるとなく。半は堂外に居る。理宗崩ず、師を召して靈に對して普說せしめ、兩宮優渥を賚ふ、度宗咸淳三年徑山に遷り、同六年壽八十五にて寂す。【會元續略三上、虛堂錄末尾付行狀】

虛堂三問〔故事〕虛堂、靈隱の鷲峰塔に在て世諦を杜絕し、衲子請益すれば遂に三問を立てて各著語せしむ。一に己眼未レ明底。因レ甚將二虛空一作二布袴一著。二に劃レ地爲レ牢底。因レ甚透二者箇一不レ過。三に入レ海算レ沙底。目レ甚。針鋒頭上翹レ足。」【虛堂錄八】

虛堂錄〔書名〕門人妙源編。【錄尾】に「祖翁在世語錄二帙。刊二流天下一。宋咸淳五年晉之續錄二後集一已成二三卷一。」現行和本七冊。「號。」

キヨフクザン 巨福山〔雜名〕京都建長寺の山號。

キヨミツデラ 淸水寺〔寺名〕本尊丈六の千手觀音。開基、延鎭。願主、坂上田村麿。【拾芥抄】延曆十五年建立。【歷代編年集成】「敕。淸水寺爲二鎭護國家一。則以二田村麿之苗裔一乃撰二成寺家之職一。以二僧延鎭之門徒一爲下修二治寺家一之司上矣。弘仁二年十月五日。嵯峨天皇宸筆」【東寶記】「寬治四年十月。天皇幸二淸水寺一。宿レ寺一七日。」【元亨釋書】⊙（更科日記）「淸水のらい堂に居たれば、別當とおぼしき人出で來て」⊙（水鏡下）「田村將軍淸水の觀音の尊像を作奉り」

キラ 訖羅〔雜名〕Graha 又、鈴栗何。蘖哩訶。譯、執。日月等の五執を云。【大日經疏十三】に「言二訖羅一是執。日之眷屬凡有二八曜一皆名爲レ執也。」【同四】に「九執者。梵音訖栗何。是執持義。」【同七】に「其日月五星等亦以二終始相隨一故。梵語名二蘖哩訶一。翻爲二九執一。正相二會一處一。天竺曆名二正著時一。此執持義。」

キラウゴク 棄老國〔地名〕【雜寶藏經一】に「佛言。過去久遠。有レ國名二棄老一。彼國土中。有二老人一皆遠驅棄云云。」一大臣老父を密室に置き老父の智によりて國難を救ひたる說話を記す。⊙（今昔物語）參照

キラク 喜樂〔術語〕眼等の五識無分別に悅豫するを樂と云ひ、意識の分別して悅豫するを喜と云。五受の中の二。

キラソ 枳羅蘇〔地名〕Kilāsa 山の名。譯、白。【翻梵語九】に「枳羅蘇。應云二枳羅婆一。婆の誤りなるべし譯曰レ白也。僧祇律第三十四卷。」

キラツナバツテイ 吖剌拏伐底〔地名〕河の名。譯、有金河。佛此河邊に涅槃す。「アヂタバツテイ」又は「キレン」を見よ。

キラバ 枳羅婆〔地名〕山の名。「キラソ」を見よ。

キリキリソン 枳哩枳哩尊〔明王〕降三世明

王の異名。【眞言修行鈔五】梵 Kelikila

枳哩枳哩眞言【眞言】降三世明王の眞言。【建立曼荼羅及揀擇地法】に「都以ニ枳哩枳哩忿怒無對眞言ー持ニ誦香水ー。」

キリク 紇哩〔術語〕 Hriḥ 又、紇利に作る。阿彌陀佛又は觀音菩薩の種子。【雜趣釋下】に「若人持ニ此一字眞言ー。能除ニ一切災禍疾病ー。命終已後。當下生ニ安樂國土ー得中上品上生上。」【難談集十】に「（キリク）字は彌陀觀音の種子なり、（カライアク）の四字を合て一字とす、眞言の習也、輙く不レ可レ記。乃至極樂の宮殿樹寶池水鳥等、皆此一字より生ずと說かれたり。」

キリコトウロウ 切子燈籠〔物名〕 金燈籠の一種。又龜甲燈籠に作る。十二面あり中央の菱形。四方の三角に五色の紙を糊し、下に長く白紙片を垂らす。

キリタ 訖利多〔雜語〕 Krīta 譯、買得。奴隸を云。【西域記三】に「於ニ諸異國ー買ニ鬻賤人ー以充ニ役使ー。乃至謂ニ之訖利多ー。唐言ニ買得ー。」

訖利多王〔雜名〕 北印度迦濕彌羅國は末田底迦阿羅漢の爲に開拓せられ、阿羅漢入滅の後、訖利多種自立して王となる。其後佛滅後四百年の頃健馱邏國の迦膩色迦王一旦訖利多種を伏して大に佛法を興せしも、迦膩色迦王死するの後訖利多種復王となり僧徒を斥逐し佛法を毀壞す。其後佛滅六百年の頃、覩貨羅國の釋種呬摩呾羅王の爲に亡さる。【西域記三】

キリダヤ 紇哩陀耶〔術語〕 梵音 Hṛdaya 又、紇哩娜耶、紇哩乃耶、訖利馱耶、紇哩娜野、紇利陀耶、釳利陀に作り、又汗栗馱に作る。眞實心、堅實心と譯す。【楞伽阿跋多羅寶經第一】に「此是過去未來現在諸如來應供等正覺性。自性第一義心」と說ける註に「此心梵音肝栗大。肝栗大者。宋言レ心。謂。如ニ樹木心ー。非ニ念慮心ー。念慮心者。梵音質多。」【菩提心義】に「一切衆生、元より眞如淨心あり、干栗馱耶と名づく。是の心は眞實の義なり。諸經論中に此の心を名づけて眞如法性と爲す」と。然るに宗密は紇利陀耶を肉團心と云ひ、乾栗陀耶を堅實心と云ふ。誤りなるべし。【秘藏記】に「干栗多は處中に名く。非常等の心なり」と云へる、眞實の心性即ち如來藏心を指せること明かなり。人の肉團心と解したるは、眞言の所謂即身成佛、即事而眞の說より出でたるものにして、肉團心即法身毗盧遮那身と觀ぜしめんが爲に過ぎず。故に肉團心と云ふと雖も、其實心を指すなり。其の形より未敷蓮華に配す。

キリヤウ 器量〔雜語〕 才能の多少。【最勝王經一】に「佛世尊無レ有ニ分別ー。隨ニ其器量ー。應ニ其機緣ー。爲レ彼說レ法。」【百論肇公序】に「鳩摩羅什。器量淵宏。」

キリンエン 喜林苑〔雜名〕 四苑の一。舊に歡喜園と云。帝釋天の苑庭の名。【俱舍論七】に「城外四面四苑莊嚴。是彼諸天共遊戲處。一衆車苑乃至四喜林苑。」【光記十一】に「婆娑一百三十三云。四喜林苑。極妙欲塵。殊類皆集。歷觀無レ厭。」

キレン 熙連〔地名〕 又、希連に作る。Hiraṇyavatī 河の名尸刺那伐底。譯を金河と云ふ。佛この河畔に涅槃す。「アチタバツテイ」を見よ。

キレンゼン 熙連禪〔地名〕 又、希連禪に作る。河の名「キレン」を見よ。

キロ 跪爐〔雜語〕 跪きて爐前に拈香すること。【百丈淸規一】に「兩序分班對立。住持就跪。知客跪進ニ手爐ー。侍者跪進ニ香合ー。維那白佛宣疏畢。知客跪接レ爐。住持收ニ坐具ー。」

キロク 鬼錄〔物名〕 閻魔の廳に罪を記する鐵札。【歸敬儀中】に「業網所レ拘。報増ニ鬼錄ー。」

キロンゲタウ 記論外道〔流派〕 毘伽羅論を弘むる人を云。【玄應音義二十三】に「記論外道。即毘伽論是也。」

キン 磬〔物名〕 他家にはケイと呼び、禪家にはキンと呼ぶ。「ケイ」を見よ。

キンカクジ 金閣寺〔寺名〕 本名、鹿苑寺。三重の金閣あれば俗稱金閣寺。開基夢窓國師。願主足利義滿。相國寺の末。【山城名勝志七】

キンキ 金龜〔雜名〕 此の世界の最底は虛空にして之を空輪と云ひ、空輪の上に風輪あり、風輪の上に水輪あり、水輪の上に金輪あり、金輪の上に須彌山及び海陸ありと云。此の中密教にては金輪の形を方角となし金龜の如しと觀ずるなり。【秘藏記末】

キンキ 經櫃〔物名〕 經典衣服其他のものを入るる箱を云ふ。前面と後面に各二本の足をつけたる唐櫃にして、その小なるものは時に經案の代用とすることあり。大なるものはよく大人を容れて餘あり。大塔宮が般若寺に賊難を免かれ給ひしは有名なる事實なり。「キヤウカラビツ」を見よ。

キンキウ 勤舊〔雜名〕 禪院にて知事。侍者。新主などの退職せるものを云。嘗て事務を勸めしものなれば勤と云ひ、已に職を退けば舊と云ふ。【象器箋五】

キンケイ 金磬〔物名〕 金屬製の磬。（ゴンキウと讀む）

キンケイ 金雞〔譬喩〕 初祖達磨を金雞に譬へし識語。【傳燈錄六 江西馬祖章】に「西天般若多羅。記ニ達磨ー云。震旦雖レ濶無ニ別路ー。要レ假ニ姪孫脚下行ー。金雞解レ銜ニ一顆粟ー。供ニ養十方羅漢僧ー。」六祖慧能の門下に南岳讓

と青原思の二師を出だし、南岳より江西馬祖を出だし、青原より湖南石頭を出だし、此二師に依て禪法天下に汎濫す。是れ即ち初祖達磨の姪孫にして西天の金雞一顆の粟を銜み來て十方の羅漢僧を供養せるなり。【無盡燈論上】に「金雞一粒粟。震旦無㆓別路㆒。足下出㆓馬駒㆒。蹈㆓殺天下人㆒。」下の二句は馬祖を云。「バソ」を見よ。

キンゲン　金言　〔雜語〕世尊の言語を金言と云。【大法炬陀羅尼經九】に「即是世尊ノ金言教誨。」【梁僧傳經師論】に「金言有㆑譯。梵響無㆑授。」【十二門論宗致義記上】に「龍猛位登㆓極喜㆒。應非ス㆓金言ニ㆒。」

キンコツ　金骨　〔雜名〕佛舍利を云。宋の仁宗の【佛牙舍利贊】に「惟有㆓吾師金骨在㆒。曾經㆓百鍊㆒色長ニ新。」（釋門正統四引之）

キンゴロノイン　禁五路印　〔修語〕死に臨める病人の魂魄を現身に引き留め、延命せしむる爲に結ぶ印にして、無名指を屈して掌中に入れ、小指を竪つるもの。乳味鈔第二十二に「禁とは閉塞の義。五路とは、即ち六道の中の五道なり。言ところは、人死して而て他界に趣く。今は既に人道に在り。死去する所の處は、是れ五道なり。不思議の加持力を以て、五道の門を禁閉す。時に蘇して而して前身に還る。故に爾か言ふなり。洞口に曰く、魂魄は五路を經て而して去る。今は是をして防過せしむる意なり。五路とは、曰く一に臍下、二に胸、三には腹、四には首、五には頂上なり」と云へり。穢跡金剛説神通大滿陀羅尼法術靈要門に出づ。

キンザン　徑山　〔地名〕杭州臨安府にあり、興聖萬壽禪寺と云。震旦五山の一。道欽之を開く。

徑山道欽禪師　〔人名〕玄素の法嗣。始て錫を徑山に駐む。唐の代宗大曆三年詔して闕に至らしめ詔對旨に叶ふ。號を國一と賜ふ。辭して本山に歸り、德宗貞元八年寂。壽七十九。大覺禪師と謚す。【宋高僧傳九、傳燈錄四】

徑山佛鑑禪師　〔人名〕臥龍破庵祖先の法嗣。名は師範、無準と號す。東福寺の開山聖一、圓覺寺の開山祖元、共に其法嗣なり。「ムジュン」を見よ。

徑山虛堂智愚禪師　〔人名〕道場運庵普岩の法嗣。名は智愚、虛堂と號す。建長寺の紹明は其法嗣なり。「キヨダウ」を見よ。

キンシチジフロン　金七十論　〔書名〕Hiraṇyasaptati 數論師自在黑の作、七十行の偈頌あり。其時の國王之を賞するに金を以てせしかば彼れ之を名譽として金七十論と名く、と云ふ。論の長行は（偈頌を解釋する語を長行と云ふ）天親の作なりとするは非なり。彼の宗二十五諦の義を述ぶ。三卷。陳の眞諦譯。【唯識述記一末】に「有㆓外道㆒。入㆓金耳國㆒。以㆑鐵鍱㆑腹。頂㆓戴火盆㆒。擊㆓王論鼓㆒。求㆓僧論議㆒。因㆑諍㆓世界初有後無㆒。謗㆔僧不㆑如㆓外道㆒。遂造㆓七十行頌㆒。申㆓數論宗㆒。王意朋㆑彼。以㆑金賜㆑之。外道欲㆑彰㆓己令譽㆒。遂以㆓所造㆒。名㆓金七十論㆒。彼論長行天親菩薩之所㆑造也。」金七十論下に本書の傳承を記して「迦毘羅仙人初出有㆓四德㆒。一法二智三離欲四自在。乃至由㆓慈悲㆒故先爲㆓阿修利㆒說。是阿修利仙人。次爲㆓般尸訶㆒說。般尸訶廣說㆓此論㆒有㆓六十千偈㆒。乃至次第乃至㆓婆羅門姓拘式名自在黑㆒。抄㆔集七十偈㆒。」又「此智者從㆓迦毘羅㆒來至㆓阿修利㆒。阿修利傳㆓與般尸訶㆒。般尸訶傳㆓與褐伽㆒。褐伽傳㆓與優樓佉㆒。優樓佉傳㆓與䟦婆利㆒。䟦婆利傳㆓與自在黑㆒。如㆑是次第自在黑得㆓此智㆒。見㆓大論難㆑可㆓受持㆒。故略㆔抄七十偈㆒。」と。世親菩薩との關係は【婆藪槃豆法師傳】に出づ。

キンシュク　緊祝　〔植物〕樹の名。又、寶の名。「キンシュクカ」を見よ。

キンシュクカ　緊祝迦　〔植物〕Kiṃśuka 又、甄叔迦。堅叔迦。樹の名。又、寶の名。【慧琳音義十六】に「緊祝迦。梵語寶名也。古譯或云㆓堅叔迦㆒。」【可洪音義二】に「緊祝。樹名也。諸經作㆓甄叔迦㆒。」「ケンシュクカ」參照。

キンジヤウハイ　今上牌　〔圖像〕今上皇帝の壽牌にして、禪宗等の寺院佛殿の正面に安置す。「今上皇帝聖壽萬安」「今上皇帝聖化無窮」など記す。

キンジュドウジ　金鷲童子　〔人名〕良辨僧正の別號。又、金鐘行者に作る。「コンショウギヤウジヤ」を見よ。

キンジン　金人　〔雜名〕黃金色の人、佛を云。又、金屬を以て造れる佛像。【僧史略上】に「案㆓釋老志㆒。曰。釋氏之學。聞㆓於前漢㆒。武帝元狩年中霍去病獲㆓毘邪王金人㆒。帝以爲㆓大神㆒。列㆓甘泉宮㆒。燒香跪拜。此佛法流傳之始也。」【瑯邪代醉編三十一】に「漢武故事云。渾邪王。殺㆓休屠王㆒以㆓其衆㆒來降。得㆓其金人之神㆒。置㆓之甘泉宮㆒。金人皆長丈餘。其祭不㆑用㆓牛羊㆒。唯燒㆑香禮拜。上使㆘依㆓其國俗㆒祠㆖之。此神全類㆓於佛㆒。」【釋門正統四】に「後漢明帝永平七年。帝夢㆘金人頂佩㆓日光㆒飛至㆗殿庭㆖。旦以問㆓群臣㆒。大學生傅毅奏曰。西方有㆓聖人㆒號㆑佛。陛下所㆑夢必此也。」【後漢佛老志】に「明帝寢㆓南殿㆒。夢㆘金人身長丈六頂佩㆓日光㆒胸題㆗卍字㆖。」

キンセン　金仙　〔雜名〕佛を云。【稽古略四】に「宋徽宗宣和元年。詔改㆑佛爲㆓大覺金仙㆒。」【元亨釋書上表】に「我金仙氏之道」

キンソ　金鼠　〔故事〕不空三藏の咒力に依り、金色

の鼠西蕃の兵器を咋む。【宋僧傳一不空】に「天寶中。西蕃大石康三國帥兵圍西涼府。詔空入。帝御于道場。空秉香炉。誦仁王密語二七徧。帝見神兵可五百員在于殿庭。驚問空。空曰。毘沙門天王子領兵救安西。請急設食發遣。四月二十日果奏云。二月十一日。城東北三十許里。雲霧間見神兵長偉。鼓角喧鳴山地崩震。蕃部驚潰。彼營壘中。有鼠金色。咋弓弩絃皆絕。城北門樓有光明天王怒視。蕃帥大奔。帝覽奏謝空。因勅諸道城樓置天王象。是其始也。」⊙（太平記）「金鼠之咀」

キンゾク　金粟　〔雜語〕　粟の色黃なると金の如きを云ふ。

金粟如來　〔雜名〕　維摩居士の前身を金粟如來と云ふと古來の說なれど經文の本據を見ず、或は發迹經の說、思惟三昧經の說と云へど二經倶に經錄になし。【維摩經會疏三】に「今淨名或云金粟如來。已得上寂滅忍。」【谷響集一】に「李善文撰頭陀寺碑註引發迹經云。淨名大士是往古金粟如來。予（寂照）嘗檢藏中。不得此經。又按復禮法師十門辨惑論。稽疑曰。竊見維摩神力。掌運如來。但十地之觀如來。尙隔羅縠。若維摩是如來。助佛揚化。未知何名何號何論何經。請煩上智。示下愚。辨惑曰。金粟之名。傳而有據者也。自註云。吉藏師云。金粟事出思惟三昧經。自云。其本。今檢諸經錄目。（寂照）無此經名。竊謂西國有經。東方未譯矣。」【祖庭事苑三】に「十門辨惑論（復禮）未見其本。自云。維摩是金粟如來。吉藏師云。事出思惟三昧經。自云。未見其本。」李白が湖州の司馬の問に答ふる詩に「湖州司馬何須問。金粟如來是後身。」是れ李白自ら淨名居士に比せしなり。

金粟影　〔雜名〕　維摩居士の像を云。【谷響集一】に「事文類集前集傳神條云。金粟影老杜詩云。虎頭金粟影。神妙獨難忘。佛經有金粟如來。謂顧愷之所畫維摩。虎頭謂顧愷之也。」

金粟王塔　〔堂塔〕　金粟王の造れる塔。善無畏三藏此の塔下に於て文殊菩薩より毘盧遮那供養次第法を受く・是れ大日經の第七卷なりと云ふ不可思議疏の說なり。【大日經供養次第法不可思議疏上】【金剛界曼陀羅大鈔一】に「或說云。北天竺慕嚕陀國有王名金粟王。歸依善無畏三藏。建塔置其寺。」

金粟沙　〔雜名〕　【中阿含經三十三】に「池水清且涼。底有金粟沙。」

キンタン　經單　〔物名〕　經名を記せる紙標にして禪家にて每年正月祝道場を啓建する前一日大殿前に貼附するもの。【勅修百丈清規第一】に「啓建元先一日。堂司備榜。張于三門之右及上殿經單。俱用黃紙書之。」

キンダイ　均提　〔人名〕　人の名

均提沙彌　〔人名〕婆羅門の子、字は均提 Kunti 七歲の時父母舍利弗に與て出家せしむ。舍利弗得て祇洹に至り漸く法を說て阿羅漢を得しむ。均提既に道を得て師恩を思ひ、終身沙彌となりて所須を供給す。【賢愚經十三沙彌均提品　經律異相二十二】

均提童子　〔人名〕　文殊の侍者。杭州の無着文喜禪師、五臺山に往て均提童子に遇ふ。【五燈會元九】

キンダラ　緊陀羅　〔神名〕　歌神の名。八部衆の一。「キンナラ」を見よ。

キンチ　緊池　〔飲食〕　毒果の名。【慧琳音義四十一】に「緊池果。梵語也。西國大毒藥名也。此果端正。人見生愛。愚夫執之。觸著即死。故喩慘毒也。」

キンヂウ　經頭　〔職位〕　禪家にて經卷圖書のことを掌る役僧を云ふ。

キンテフ　金牒　〔譬喩〕　經文の尊きを金玉に譬ふ。【唯識述記一本】に「賓偈南贊。金牒東流。」

キントウ　斤斗　〔雜語〕　又、筋斗。巾斗に作る。唐の俗語。身を倒翻すると。斤を本字とし、餘は皆假用なり。【祖庭事苑七】に「斤斫木具也。頭重而柄輕。用之則斗轉。爲此技者似之。」斗は柄なり。

キンナ　緊捺　〔天名〕　緊捺羅の略。

キンナラ　緊那羅　〔天名〕　Kimnara　又、緊捺羅、緊陀羅、甄陀羅、眞陀羅、緊捺洛、舊譯、人非人、疑神。新譯、歌神。即ち樂神の名。八部衆の一。【注維摩一】に「什曰。秦言人非人。似人而頭上有角。人見之言人耶非人耶。故因以名之。亦天伎神也。小不及乾闥婆。」【文句二下】に「緊那羅。亦云眞陀羅。此云疑神。似人而有一角。故號人非人。天帝法樂神。居十寶山。」【玄贊二】に「梵云緊捺洛。此云歌神。緊那羅。訛也。」【玄應音義三】に「甄陀羅。甄之人反。又作眞陀羅。或作緊那羅。正言緊捺羅。此譯云是人非人也。」【慧琳音義十一】に「眞陀羅。古作緊那羅。音樂天也。有微妙音響。能作歌舞。男則馬首人身能

（緊那羅之圖）

歌。女則端正能舞。次此天女。多與二乾達婆天一爲二妻室一也。」

大樹緊那羅瑠璃琴 〔物名〕【大樹緊那羅王所問經一】に己所レ彈瑠璃之琴。閻浮檀金。花葉莊嚴。善淨業報之所二造作一。在二如來前一。善自調レ琴。及餘八萬四千伎樂。乃至時諸一切聲聞大衆。聞二琴樂音一。不レ能二堪任一。各從レ座起。放二捨威儀一。誕貌逸樂。如二小兒舞戲一。不レ能二自持一。」【智度論十一】

甄陀羅女歌聲 〔雜語〕【智度論十七】に「如二五百仙人一在二山中一住。甄陀羅女。於二雪山池中一浴。聞二其歌聲一。即失二禪定一。心醉狂逸。不レ能二自持一。譬如三大風吹二諸林樹一。」【同下文】に「如二五百仙人飛行時一。聞二緊陀羅女歌聲一。心著狂醉皆失二神足一。一時墜レ地。」

緊陀羅王屯崙摩 〔天名〕【智度論十七】に「如二聲聞一。聞下緊陀羅王屯崙摩。Druma 彈琴歌聲。以二諸佉實法一讃上佛。是時須彌山。及樹木皆動。大迦葉等諸大弟子。皆於二座上一。不レ能二自安一。」

キンバラ 欽婆羅 〔衣服〕Kambala 衣の名。【慧琳音義二十五】に「欽婆羅衣。毛絲雜織。是外道所レ服也。」【西域記二】に「顉虛嚴反鉢羅衣。織二細羊毛一也。」【三德指歸二】に「欽婆羅。此云二麁衣一。善見云。此衣有二二種一。一髮欽婆羅。織二人髮一作。二毛欽婆羅。織二犛牛尾一作。」

キンブセン 金峰山 〔地名〕大和國吉野山の別名にて六田飯貝より大峯小篠に至る總名なり。其名唐に聞ゆ。【義楚六帖二十一】に「本國都城南。五百餘里。有二金峰山一。頂上有二金剛藏王菩薩一。第一靈異。山有二松檜名花軟草一。大小寺數百。節行高道者居レ之。不下會有二女人一得上レ上。至レ今男子欲レ上。三月斷二酒肉欲色一。所レ求皆遂。」

金峰山寺 〔寺名〕吉野山の麓六田町より攀ると凡そ三十六町の處に在り。本堂藏王權現、身の長二丈六尺。役の行者の開基。講堂僧舍四十一區あり、其中吉水院實成院は後醍醐帝の行宮となる。貞和三年盡く兵火に罹り、豐太閤の時、諸堂舊に復す。大塔の趾は本堂の西に在り。【大和名所圖會六】

キンマ 經馬 〔雜名〕禪宗にて祈禱會又は盂蘭盆會の時に鬼神に施す爲に紙錢と共に佛殿の柱に懸くる心經と馬の圖を云ふ。「キヤウマ」を見よ。

キンマウノシシ 金毛獅子 〔動物〕文殊の所乘。【五燈會元九文邃章】に「但見下五色雲中文殊乘二金毛獅子一往來上。」【李長者華嚴經論四】に「文殊乘二獅子一者。爲レ明下創證二法身佛性一根本智斷惑之驗上故。普賢乘二香象王一者。表三行庠序爲二威德一故。」

図 〔本生〕世尊因位に金毛の獅子となり、獵師の爲に身を捨つ。【賢愚經十三堅誓師子品】に此事を記して「有二一獅子一名二號蹉迦羅毘一。晉言堅誓軀體金色。」「ケンセイ」を見よ。

キンモンテウビン 金門鳥敏 〔修法〕五大虛空藏の御修法を云。其の義未詳。【禁秘抄下】に「辛酉年金門鳥敏五大虛空藏也」辛酉の歳にあたれば五大虛空藏の法を修するを云。

キンランエ 金襴衣 〔衣服〕金襴を以て作れる袈裟。佛嘗て之を服す。【菩薩瓔珞經一】に「時有二天子一。名曰二福蓋一。即知菩薩心中所念一。尋奉二八萬四千金縷織成袈裟一。菩薩自念。過去諸佛。法服云何。進趣行來。斯用二何法一。虛空神天。叉手白言。過去諸佛。皆著下織二成金縷一袈裟上。亦如二今日諸天所獻一。菩薩即受二八萬四千織成金縷袈裟一。以二道神力一。而合爲二一袈裟一。著レ體。」又、衆僧にも之を許す。【智度論二十一】に「摩阿憍曇彌。以二金色上下衣寶一奉レ佛。佛知三衆僧堪二能受用一。告二憍曇彌一。以二此上下衣一與二衆僧一。」大乘の菩薩は言ふも更なり。【不空羂索經廿九供養品】に「諸天供二養觀音一。雨二不可說金縷袈裟衣服海雲一。」

本朝敕賜金襴衣之初 〔故事〕北朝光明天皇貞和元年、敕使天龍寺に至り金襴衣を夢窓疎石に賜ふ。我國金襴衣を賜ふの初とす。【本朝高僧傳二十八疎石傳】

世尊附屬金襴袈裟迦葉傳彌勒 〔傳說〕【西域記九】に「如來化緣斯畢。垂レ將二涅槃一。告二迦葉波一曰。我於二曠劫一。勤修苦行。爲二諸衆生一。求二無上法一。昔所二願期一。今已果滿。我今將欲レ入二大涅槃一。以二諸法藏一。囑二累於汝一。住持宣布。勿レ有二失墜一。姨母所レ獻。金縷袈裟。慈氏成佛。留以傳付。」然に【毘奈耶雜事、付法藏傳】に依れば糞掃衲衣とす「カセフデンエ」、「コンルゲサ」を見よ。

キンランゲサ 金襴袈裟 〔衣服〕金襴衣のこと。

キンリウソン 金龍尊 〔人名〕過去に王あり、金龍尊と名く。微妙の章句を以て三世の諸佛を讃嘆し、且つ夜金鼓を夢みて深妙の聲を聞き、此因緣に依て當來釋迦佛に値て、二子金龍金光と共に記別を受けんことを發願す。此發願に依て今世に於て信相菩薩となり、金光明經の發起衆となる。【金光明經讃歎品】

キンルゲサ 金縷袈裟 〔衣服〕コンルゲサと讀む。「キンランエ」を見よ。

ギ 疑 〔術語〕諸の實理に於て猶豫不決の心を云。故に一旦諦理に契悟せざる限りは之を絕つこと能はず。即ち小乘には預流果以上、菩薩には初地以上は斷疑せるものなり。【唯識論六】に「云何爲レ疑。於二諸諦理一。猶豫爲レ性。能障二不疑善品一爲レ業。謂猶豫

者。善不レ生故。」【大乘義章六】に「疑者於レ境不決猶豫曰レ疑。有二二種一。一者疑レ事。如下夜觀レ樹疑爲中是人一爲二非人一等上。二者疑レ理。疑二諸諦等一。小乘法中。唯取レ疑レ理。說爲二疑使一。大乘通取。皆須レ斷故。」

疑續善 〔術語〕因果の道理は決して無しと斷定するを邪見と名け、此の邪見を有するものを斷善根の人とす、是れ一切の善根を斷滅して發生せしめざればなり。然に此の邪見の人、時に善緣に觸れて或は因果の道理あらんとの一念の疑を生じ來れば、此の時、已斷の善根再び續生するを疑續善と云。【俱舍論十七】に「續善疑有見。」疑有とは、因果の理あらんとの疑念なり、見とは定めて有りとの決定の正見なり。

疑是解津 〔雜語〕疑は知解の津濟なるを云。【涅槃疏十三】に「疑是解津。復是惑本。」【三德指歸十八】に「疑是解津者。津謂二津濟一。由レ疑故得レ解。則疑是解之津濟也。」【輔行四之四】に「師法二疑。須レ曉二其時一。若未レ入二三昧一來。於二此二法一。若不レ疑者。或當三復雜二邪師邪法一。故應三熟疑思擇レ之。疑爲二解津一。此之謂也。」【南山戒疏一】「由レ涉レ疑故。是解家法。」

ギ 愧 〔術語〕過をなし他に羞づること。【大乘義章二】に「於レ惡自厭名レ慚。於レ過羞レ他爲レ愧。」

ギ 義 〔術語〕道理、意味、わけ。【華玄略述一本】に「義者所以也。」【淨影維摩義記四】に「義別有レ三。一對レ相顯レ實。所以名レ義。二對二體用一顯二義用一名レ義。三對レ惡論二善義利一名レ義。」

ギイ 義意 〔術語〕義趣意向。【順正理論二十三】に「我見二此經一。義意如レ是。」【慧愷舊俱舍序】に「重譯二論文一。再解二義意一。」

ギイキ 耆域 〔人名〕Jīva Jīvaka 又、耆婆、時縛迦。譯、固活、能活。耳醫の名。「ギバ」を見よ。

耆域因緣經 〔經名〕奈女耆域因緣經の略稱。

ギガイ 疑蓋 〔術語〕疑惑の情心識を蓋覆して眞理を徹見せざらせしむるを云ふ。五蓋の一。【法界次第上之上】に「痴心求レ理。猶豫不レ決。名レ之爲レ疑。蓋者以二覆蓋一爲レ義。能覆二蓋行者淸淨心善一。不レ得二開發一。故名爲レ蓋。」

ギガイムザフ 疑蓋無雜 〔術語〕眞實の信心には疑心間雜するなきの意。疑は五蓋の一。無漏の五蘊を障ふるが故に疑蓋と云ふ。【教行信證信卷】に「明知至心。即是眞實誠種之心故。疑蓋無雜也。信樂即是眞實誠滿之心。極成用重之心。審驗宣忠之心。欲願愛悅之心、歡喜賀慶之心故。疑蓋無雜也。欲生即是願樂覺知之心。成作爲興之心。大悲廻向之心故。疑蓋無雜。今按三心字訓。眞實心而虛假無雜。正直心而邪僞無雜。眞知疑蓋無間雜故。是名信樂。信樂即是一心也。一心即是眞實信心。」

ギガク 妓樂 〔術語〕又、伎樂、妓は女樂。伎は伎巧。妓を正とす。又吳樂とも云ふ。雅樂の一種推古天皇の朝我國に傳來す。【三德指歸二】に「妓樂者。女樂曰レ妓。字應レ從レ女。從レ人者非。」【探玄記十二】に「妓樂等。治二憂惱障一。」【法華經序品】に「香華妓樂。常以供養。」宗淵の【妙法蓮華經考異上】に「妓行本作レ技。藥本。宋藏本。明藏本。並作レ伎。慈音云。技藝也。伎立也。弘決云。伎字應レ從レ女。謂二女藝一也。」⊙(平家一〇)「妓樂歌詠して只今極樂の東門を出で」

ギキ 儀軌 〔術語〕密部の本經に說ける佛菩薩諸天神等を念誦供養する儀式軌則を記せる書を儀軌と云。【金剛頂經開題】に「儀儀形。軌軌則。」と、もと龍樹の誦出する所最廣博なり。其の中より不空善無畏の三藏之を抄出して傳譯せしもの今の儀軌なり。支那にては宋元以下の大藏經中に之を載す。然るに本朝には傳敎弘法等の八家各彼地より將來せしもの數百卷あり。其の中元祿年間黃檗山より乾兌離震巽坎艮坤の八號外に總目錄を合せて七十五冊一百八十七部三百二十四卷を印行す、所謂秘密儀軌にて世に之を本儀軌と稱す。(檗山又經類五冊十五部十七卷を刊行す、世に之を十五經と稱す。)其後正德元年、武城靈雲寺より攝大軌、廣大軌、成佛軌、成就瑜伽軌、合せて四冊十一卷を印行す、世に之を四部儀軌と稱す。次に享保年間豐山より十三冊六十七部七十二卷を印行す、世に之を錄外儀軌と稱す。次に享和年間豐山より十二冊四十四部四十八卷を印行す、世に享和儀軌と稱す。總して一百九冊なり。(此中儀軌と稱するは本經をも含む)此の他藏經の中に尙數百卷の儀軌あり、弘敎書院發行の縮刷藏經の中に總て之を網羅せり。

儀軌傳受 〔術語〕儀軌の傳受は世に久く絕たるを延寶の比、湯島靈雲寺の覺彥和尙(本名淨嚴)之を慨き、御室法務孝源大僧正より傳受し、黃檗の藏本に依て和本高麗本の同異を校合し對譯して梵字を加へ、處處の爛脫を指示せしより世人初て本軌を讀むに至れるものと云。【密軌撮要】

ギキヤウ 僞經 〔術語〕漢魏以後、翻譯盛なるより僞似の經論雜然として出づ。辨ぜずんばあるべからず。道安の【疑經錄序】に「外國僧法學。皆跪而口受。同師所レ受。若十二十。轉以授二後學一。若有二一字異一者。共想推校。得二便擯レ之。僧法無レ縱也。經至二晉土一。其年未レ遠。而喜レ事者。以レ沙糅レ金。斌斌如也。而無二括正一。何以別二眞僞一乎。乃至安敢豫二學次一。見二涇渭

雜レ流龍蛇並進一。豈不レ耻レ之。今列下意謂レ非二佛經一者上如レ左。以示二將來後學一。」以て安公の時より既に盛なるを知る。

僞經目錄 〔書名〕【出三藏記集五】に道安の疑經錄及び僧祐の疑經錄を揭げ、【大唐内典錄十】に歷代所出疑僞經論錄を揭げ。【大周刋定衆經目錄四十】に僞經目錄あり。【開元釋敎錄十八】に疑惑錄を揭げ、其他歷代の衆經目錄各僞經の一科あり。

ギギ　擬宜 〔雜語〕說法を衆生にあてはめて之を受け得るや否やを考ふること。

ギクワンチヤウ　擬灌頂 〔職位〕翌年の結緣灌頂に、灌頂阿闍梨たるべく定められたる僧の職稱。

ギケ　疑悔 〔術語〕疑念と後悔。【法華經序品】に「諸求二三乘一人。若有二疑悔一者。佛當三爲除斷令二盡無一レ有レ餘。」

ギケツ　疑結 〔術語〕眞諦の理を疑ふより種種の妄業を作り三界に繫縛せられて出離すると能はず、之を疑結と名く。九結の一。結は結縛不出の義。【大乘義章五末】に「煩惱闇惑。結二縛行人一。故名爲レ結。亦能結二集一切生死一。故稱爲レ結。」【三藏法數三十五】に「疑結。謂諸衆生。於二佛法僧寶一。妄生二疑惑一。不レ修二正行一。廣行二衆善一。由レ此遂招二未來生死苦一。流二轉三界一。不レ能二出離一。是名二疑結一。」

ギケン　疑見 〔術語〕諸の諦理に於て猶豫を懷て決定の見なきを云。十種見の一。【三藏法數四十三】

ギケンリヤウカウ　義兼兩向 〔雜語〕一文上下に向て義を異にするを云。

ギゲ　義解 〔術語〕義理の解釋。佛經の深義を解釋すると。高僧傳十科の中に義解の一あり。

ギゲイテンニヨ　伎藝天女 〔天等〕魔醯首羅天の化生にして諸藝の祈願を納るる天女。其の念誦の作法、【伎藝天女念誦法】に出づ。

天女畫像 〔圖像〕【伎藝天女念誦法】に「先畫二摩醯首羅天王一。三面六臂。顏貌奇特。端正可レ畏。從二其髮際一。化二生一天女一。殊妙可レ喜。天上人間。無二能勝者一。著二天衣服一。瓔珞嚴レ身。兩手腕上。各有二環釧一。左手向レ上。捧二一天花一。右手向レ下。作二捻レ裙勢一。身形可二長三尺一。或隨二大小一。任レ取二稱量一。」《第十八圖參照》

伎藝天女念誦法 〔書名〕摩醯首羅大自在天王神通化生伎藝天女念誦法の略名。

ギゲン　義玄 〔人名〕唐の眞定府臨濟院の義玄、曹州南華の人。黃檗山の運禪師を見て了然通徹し、鄉土に歸て趙人の請に順ひ子城の南臨濟に住す、人に心要を示すと頗る德山と類す。咸通七斗丙戌を以て寂す、慧照大師と敕諡す。言敎頗る世に行はれ、臨濟宗と稱す。【宋高僧傳十二、傳燈錄十二】

ギコ　義虎 〔人名〕義解の猛きを虎に譬ふ。【釋氏要覽中】に「高僧道光。在二江東一。研二究義理一。號二義虎一。」

ギコウ　擬講 〔職位〕學職の名。【釋家官班記下】に「講師講者。南北各別之勅會也。受講以後。勤仕已前。稱二擬講一。勤仕以後。號二已講一也。」

ギコン　疑根 〔譬喩〕疑念深く心に入るを根に譬ふ。【萬善同歸集六】に「智双綄揮。疑根頓斷。」【楞嚴經二】に「佛哀愍宣二示圓音一。拔二我疑根一歸二無上道一。」

ギサウ　義操 〔人名〕唐の青龍寺東塔院の義操。惠果阿闍梨付法の上足。國師となる。大悲胎藏等三部の秘法を以て法潤義眞大遇等に付す。【明匠略傳】

ギサウ　義相 〔術語〕義理と相狀。【五敎章下】に「佛果義相」図義理の相狀。【三藏法數十五】に「義相ヲ名レ相。即能詮敎下。所詮義理之相。」

ギシ　祇支 〔衣服〕「ソウギシ」を見よ。

ギシ　疑使 〔術語〕疑惑に驅役せられて三界に流轉するを疑使と云。十使の一。【大乘義章六】に「使者如二地論說一。隨逐縛義。名レ之爲レ使。蓋乃就レ喩以名二煩惱一。如下世公使隨二逐罪人一得中便繫縛上。煩惱亦爾。久隨二行人一。繫二縛三有一。不レ令二出離一。故名爲レ使。有人釋言。驅役名レ使。於レ義無レ爽。但非二經論一。」【法界次第上之上】に「使以二驅役一爲レ義。能驅二役行者心神一。流二轉三界一。」

ギシ　疑刺 〔譬喩〕疑念は善根を害すれば毒刺に譬ふ。【萬善同歸集六】に「堅二信根一。而拔二疑刺一。」

ギシキ　儀式 〔術語〕儀式作法。【法華經方便品】に「如二三世諸佛說法儀式一」【八敎大意】に「頓漸秘密不定化之儀式。」

ギシフ　疑執 〔術語〕疑惑の執念。見道に斷するもの。【唯識樞要上本】に「遠二離疑執一。起二處中行一。」

ギシヤ　耆闍 〔動物〕譯、鷲。【智度論三】図耆闍崛の略。山の名。次項を見よ。

耆闍流通 〔術語〕歌題。世尊が王宮に於て韋提希夫人の爲に觀無量壽經を說きしを、阿難が耆闍崛山に還て之を複演せしを云。【觀無量壽經】に「爾時世尊足步二虛空一。還二耆闍崛山一。爾時阿難。廣爲二大衆一。說二如レ上事一。無量諸天。及龍夜叉。聞二佛所說一。皆大歡喜。禮レ佛而退。」⊙（新和歌）「み山にもおなじにほひに吹きにけり都の花の色もかはらで」

耆闍會 〔術語〕即ち耆闍の流通を云。世尊王宮に在て說けるを王宮會を云ひ、阿難耆闍崛山に還て複演せしを耆闍會と云。⊙（新後撰）「いひ置きし我ことの葉のかはらぬに人のまことは顯はれに

けり」

ギシヤクツ　耆闍崛　〔地名〕梵音、Gṛdhrakūṭa 耆闍崛は巴利音 Gijjakūṭa をうつす、又、伊沙堀。揭梨馱羅鳩胝。姞栗陀羅矩吒。山の名。譯、鷲頭。鷲峰。靈鷲。山頂鷲に似たり、又山中鷲多し、故に名く。中印度摩揭陀國王舍城の東北にあり釋尊說法の地。【智度論三】に「是山頂似レ鷲。王舍城人。見二其似一レ鷲故。共傳言二鷲頭山一。因名レ之爲二鷲頭山一。復次王舍城南。尸陀林中。多二諸死人一。諸鷲常來噉レ之。還在二山頂一。時人便名二鷲頭山一。此山五山中。最高大。多二好林水一。聖人住處」。【法華文句一上】に「耆闍崛山。此翻二靈鷲一。亦曰二鷲頭一。云二狼跡一。」【玄應音義六】に「耆闍崛山。或言二姞栗陀羅矩吒山一。此翻云二鷲臺一。又云二鷲峰一。言此山既栖二鷲鳥一。又類二高臺一也。舊譯云二鷲頭一。或云二鷲峰一者。一義也。」【西域記九】に「如來御レ世。垂二五十年一。多居二此山一。廣說二妙法一。」【翻梵語】に「耆闍崛應レ云二耆闍崛多一。譯曰。耆闍鷲。崛多頭。」

ギシヤクツタ　耆闍崛多　〔地名〕山の名。「ギシヤクツ」を見よ。

ギシユ　義趣　〔術語〕義理の歸趣する所。【法華經方便品】に「了二達諸義趣一。」【玄贊三】に「是所說義。何所二歸趣一。」

ギシユウノクワン　祇宗の觀　〔雜語〕【親行東關紀行】に「禪僧庵をならぶ、月おのづから祇宗の觀をとぶらひ。行法座をかさぬ、風とこしなへに金𨪙の響をさそふ。」祇宗の二字思ひ合せず。

ギシヨ　義疏　〔術語〕本經の義理を解釋せしものに名く。疏は疏通の義、義理を疏進する意。【止觀七下】に「覽二他義疏一。洞識二宗途一。」

ギシン　義眞　〔人名〕延曆寺の義眞、相州の人、最澄を師として台敎を探り、能く唐言に通ず。延曆甲申、最澄入唐の時之に隨ひ、唐の貞元二十年、台州の國淸寺に於て圓頓戒を受く。最澄と同く順曉の灌頂壇に入る。明年最澄に隨て歸朝す。弘仁十四年、根本中堂に於て始て圓頓戒の羯磨（こんま）を行ひ、自ら和上となる。天長九年、延曆寺の座主に住す、此の職眞に始まる。九年壬子、興福寺の維摩會の講師となる、台徒の之に預るは之を始とす。修禪院を構て退隱す、因て修禪大師の稱あり。十年癸丑、五十三にて本院に寂す。【本朝高僧傳五】⦿（太平記二）「天台座主始りて、義眞和尙より以來一百年。」

ギシン　義心　〔術語〕猶豫不決の心。迷事迷理の二あり。迷事の疑は見道に斷じ、迷理の疑は佛に至て斷ず。

ギジヤウ　義淨　〔人名〕唐の京兆の大薦福寺の義淨三藏、咸亨二年、年三十七、發足して路を南海に取り印度に趣き、二十五年を經て三十餘國を經、天后の證聖元年、洛陽に還る。天后親く上東門外に迎へ、齎す所の梵本を佛授記寺に置く。初め于闐の實叉難陀と共に華嚴經を譯し、後に長安の福先寺及び雍京の西明寺に於て自ら最勝王經等二十部を譯す。和帝神龍元年、洛陽の內道場に於て孔雀王經を譯し、又大先福寺に於て莊嚴王經を譯す。二年駕に隨て雍京に歸る。後翻經院を大薦福寺に置て之に居らしむ。三年內に入て翻經沙門と同く九旬安居す。其後譯する所多多、都て五十六部二百三十卷を出す。別に南海寄歸內法傳、西域求法高僧傳等五部九卷を出す。其他雜著多し。淨遍く藏を譯すれども偏に律部を攻む。先天二年七十九にて寂す。【宋高僧傳一】

ギジヤウタイグ　疑城胎宮　〔術語〕阿彌陀佛の國土の邊地に於て一の宮殿あり、七寶を以て莊嚴す、若し疑心の中に阿彌陀佛を念ずるものは此宮殿の中に胎生して五百歲の間、三寶の名を聞くを得ざるなり。疑惑の人の所住なれば疑城と云ひ、胎生の宮殿なれば胎宮と云。但宮殿の中に籠居して見佛聞法の益を得ざれば胎生と云、四生の中の胎生に似たれば胎生と云ふのみ。【無量壽經下】「若有二衆生一。以二疑惑心一。修二諸功德一。願レ生二彼國一。不レ了二佛智不思議智。不可稱智。大乘廣智。無等無倫最上勝智一。於二此諸智一。疑惑不レ信。然信二罪福一。修二習善本一。願レ生二其國一者。此諸衆生。生二彼宮殿一。壽五百歲。常不レ見レ佛。不レ聞二經法一。不レ見二菩薩聲聞聖衆一。是故於二彼國土一。謂二之胎生一。」【敎行信證六】に「亦如二大無量壽經說一。即疑城胎宮是也。」【六要鈔】に「疑城胎宮是同處歟。是別處歟。又此得名。其意如何。答。是同處也。疑惑行者所止城故。謂二之疑城一。簡二彼化生一。謂二之胎生一。則此胎生處二宮殿一故。言二之胎宮一。則邊地也。」

ギジヤウデン　義成殿　〔雜名〕佛生日に佛を洗浴する小亭を造り、之に義成殿の額を揭ぐ。義成は悉達太子の幼名、一切義成の略。【西域記七】に「薩婆曷剌他悉陀、Sarvārtha-siddha 唐言二一切義成一。舊曰二悉達多一。訛略也。」

ギジヤク　義寂　〔人名〕宋の天台山螺溪傳敎院の義寂、字は常照、溫州永嘉の人。受具し已て會稽に往て南山の律鈔を學び、天台山に至て止觀を研究す。之より先き天台の敎迹、盡く散逸し、金華の古藏中、淨名疏を得るのみ。後、韶禪師に告て人を日本に派して購獲して僅に足る。佛隴道場國淸寺に於て相繼て講訓す。許王錢氏私に淨光大師と署し、紫方袍を賜ふ。

螺溪の道場を興すに及て四方の學侶雲集す。雍凞四年六十九にて寂す。止觀義例等を著す。智者世を捐てゝより六代の傳法湛然の後二百餘歳、其の遺寄を受け、最も能く荷負す【宋高僧傳七】

ギジユ　祇樹　〔地名〕祇陀太子の樹林を略して祇樹と云。是れ太子が佛に樹林を供養せしもの。祇陀林。祇洹林。祇洹飯那。祇哆槃那皆同じ。新稱、誓多林。【慧琳音義十】に「祇樹。梵語也。或云二祇陀一。或云二祇洹一或云二祇園一。皆一名也。正梵音云二誓多一。Jeta 此譯爲レ勝。波斯匿王所治城也。太子亦名レ勝。孤長者。就二勝太子一。抑二買園地一。爲レ佛建二立精舍一。太子自留二其樹一。供二養佛僧一。故略云二祇樹一也。」【玄應音義三】に「誓多。此譯云二勝氏一。即憍薩羅國婆斯匿王之子也。婆那此云レ林。正言二飯那一。以レ樹代レ之耳。」

祇樹園　〔地名〕祇陀太子の供養せる樹林のある園庭。即ち祇洹精舍の在る處。

祇樹給孤獨園　〔地名〕舍衞城に長者あり、よく孤危を哀恤す。世人給孤獨 Anātapiṇdika と呼ぶ。佛摩掲陀國に在りし時來りて法を聞き三歸して優婆塞となる。後佛の舍衞城に來り國人を度せむ事を乞ひ、佛に園林を献ぜん事を以てす。佛之を許す。長者國に歸りて園林を撰ぶに太子誓多の園林 Jetavana を第一とす。【彌勒上生經疏上】に慈恩は二人の名を以て園林の名とせる因緣を載て。「地唯挾塏。泉林繁鬱。壁方五里。可レ設二伽藍一。善施請レ買。太子不レ許。因戲言曰。布レ金滿レ地。厚敷五寸。時即賣レ之。善施許諾。乃至太子知二其情邈一。自發二勝心一。人之所レ貴。莫レ過二金寶一。而彼當二能傾レ庫買一レ地以造二僧園一。我何所レ乏而無二修建一。請レ悔二先地一。長者不レ從。太子云。許レ地取レ金。未レ論二林樹一。地隨二汝主一。林屬二我身一。其助成功。但陳二供養一。佛後遊レ此。告二阿難一曰。園地善施所レ買。樹林誓多所レ施。二人同レ心。共崇二功德一。自今已後。應下謂二此地一爲中誓多林給孤獨園上。」「ギヲンシヤウジヤ」を見よ。

祇樹花林窟　〔地名〕祇樹給孤獨園を云。【長阿經一】に「一時。佛在二舍衞國祇樹花林窟一。」

ギジユツ　蟻術　〔雜語〕救蟻の術にて沙彌の勸を云。「シヤミ」を見よ。【演密鈔序】に「幼攻二蟻術一。長號二鵬者一。」

ギセウ　義少　〔雜名〕能く義を解する少年。【釋氏要覽下】に「法安年十八。講二涅槃經一。張永問二年幾一。永嘆曰。昔扶風朱勃。年十二。能讀レ書。人號二才童一。今安公可レ曰二義少一。」

ギセン　義山　〔譬喩〕義理の高き山に譬ふ。【因明大疏一】に「竦二義山於奧辭一。」

ギセン　耆山　〔地名〕耆闍崛山の略。

ギソ　義楚　〔人名〕宋の齊州開元寺の義楚、出家して勸學怠らず。俱舍の一宗を極む。後大藏を該覽すると三徧、白樂天六帖に擬し、一十年中孜孜として義楚六帖を著して朝に呈す。唐の世宗敕して史館に附し、明教大師の號を賜ふ。開寶年中、壽七十四にて寂す。【宋高僧傳七】

義楚六帖　〔書名〕二十四卷、義楚の著。釋氏の義理文章、庶事群品、之を類集せしもの。大綱五十部。隨事四十門。

ギソクキヤウ　義足經　〔經名〕佛說義足經、二卷、吳の支謙譯。十六小經より成り、各經の終に義足偈あり、依て義足經と名く。義足偈とは上來說きし經義を補足する意。【宿帙五】（674）

ギソン　義存　〔人名〕唐の福州の雪峰廣福院の義存。泉州南安の人。十七落髮し、德山宣鑒に遇て契悟す。咸通年中、閩の象骨山雪峰に登て院を創し、徒衆翕然たり。僖宗、號を眞覺大師と賜ふ。師閩州に住する四十餘年、學者冬夏千五百を減ぜず。梁の開平二年、壽八十七にて寂す。【宋高僧傳十二、傳燈錄十六】

ギタミツ　祇多蜜　〔人名〕Gītamitra 沙門の名。譯、歌友。【開元釋敎錄三】に「沙門祇多蜜。或云二祇密多一。晋云二歌友一。西域人。識性通敏。聰達宏遠。志存二弘化一。無レ憚二遠遊一。爰於二晋代一譯二菩薩十住等經二十三部一。」

ギタハンナ　祇哆槃那　〔地名〕Jetavana 舊稱、祇哆槃那。新稱、逝多飯那。誓多飯那。譯、勝林。祇洹精舍の在る處。「ギジユ」を見よ。【翻梵語九】に「祇洹林應レ云二祇哆槃那一。亦云二祇哆槃林一。譯曰。祇多者勝。槃那者林。華嚴經三十一卷。」「ギジユ」を見よ。

ギタハンリン　祇哆槃林　〔地名〕誓多林の意、「ギジユ」を見よ。

ギダ　祇陀　〔人名〕Jetr Jeta 舊稱、祇陀。新稱、逝多。誓多、譯、勝。舍衞國波斯匿王の太子の名。⊙（水鏡上）「祇陀太子またもとのやうに造り給へりける。」

祇陀林　〔地名〕元と祇陀太子の所有なれば祇陀林と云。「ギジユ」を見よ。⊙（榮花、鳥の舞）「法覺院より、祇陀林迄のみちのほど」

祇陀園　〔地名〕「ギジユ」を見よ。

祇陀飲酒　〔傳說〕【未曾有經下】に「祇陀太子佛に白す、昔五戒を受く、制酒持し難し、五戒を捨てゝ十善を持せんと欲すと。佛言く、飲む時何の過かある。答ふ、國中の豪賢時に齎して共に飲むのみ、亦餘過なし。佛言く若し此の如くんば終身過なし。」【止觀二】に「祇陀末利。唯酒唯戒。」

ギダウ　義堂　〔人名〕　南禪寺の周信、字は義堂、空華道人と稱す。土州長岡の人。夢窓國師を師とし遂に玄旨に契ふ。康暦元年源義滿の命に依て建仁寺に主たり。至德三年旨を奉じて南禪寺に上る。至德丙寅の夏、源義滿京都鎌倉の禪刹の位次を定めて僧をして級を拾て昇らしめ、南禪を以て五山の上に置く。嘉慶二年壽六十四にて寂す。著す所、語錄及び空華外集、日用工夫集等盛に世に行はる。【本朝高僧傳三十四】

ギダラニ　義陀羅尼　〔術語〕　Artha-dhāraṇī　陀羅尼は梵語、總持の義。能く所聞の義趣を總持して忘失せざるを義陀羅尼と云。是れ菩薩所成の德。四種陀羅尼の一。【三藏法數十四】に「諸菩薩。持二所聞無量義趣一。經二無量時一。永不二忘失一。是名二義陀羅尼一。」【大乘義章十一】に「於二諸法義一。總持不レ忘。名二義陀羅尼一。」

ギテン　義天　〔人名〕　慈恩大師能く妙義を解すれば稱して義天と云。【宋高僧傳七】に「有二大乘基一。爲二其高足一。不レ緣二宿習一。多見二生知一。謂二之義天一。」図十住等の菩薩を義天と名く、四天の一。【涅槃經二十二】に「義天者。十住菩薩摩訶薩等。以二何義一故。十住菩薩。名爲二義天一。以三能善解二諸法義一故。云何爲レ義。見二一切法是空義一故。」

義天　〔人名〕　高麗國仁孝王の第四子、出家して祐世の僧統に封ぜらる。元祐の初め中華に入て法を求め、哲宗に上表して賢首の宗教を傳へて國に歸て流通せんとを請ふ、敕して錢唐の慧因寺の淨源に就て法を受けしむ。又、天竺寺の慈辨に就て天台の教觀を受け、靈芝の大智に謁して律藏を學び、圓照の宗本禪師に就て宗旨の大義を問ふ。國に歸て華嚴を弘通す。【釋門正統八、稽古略四】

義天目錄　〔書名〕　本名、新編諸宗教藏總錄、二卷。海東の傳華嚴大教沙門義天著。諸家の章疏を目次せしもの。是れ章疏目錄の嚆矢。【自序】に「開元中。初有二大法師一。厥號智昇。刊二落訛謬一。删二簡重複一。總爲二一書一。曰二開元釋教錄一。凡二十卷。最爲二精要一。議者以爲。經法之譜。無レ出二昇之右一矣。而章疏或廢則流衍無レ由矣。輒效二昇公護法之志一。搜二訪住持遺教一。莫大焉。予掌竊謂。經論雖レ備。教迹一。以爲二已任一。孜孜不レ捨。僅二二十載于玆一矣。今以二所レ得新舊製撰諸宗義章一。不二敢私秘一。叙而出レ之。後有レ所レ得。亦欲二隨而錄一レ之。脫或將來編二次函帙一。與二三藏正文一。垂二之無窮一。則吾願畢矣。」

ギテン　義天　〔人名〕　關山國師の第五世妙心寺の玄詔。義天と號す。日峰禪師に尾州の瑞泉寺に參して遂に大悟す。享德二年敕を奉じて大德寺に住し、寬正三年龍安寺に寂す。壽七十。義天眉宇凜然許與を愼み其法を嗣ぐ者は銜梅宗深一人のみ。【日本高僧傳四十一】【無盡灯論上】に「宗風遍二義天一。唱高機愈峻。」

ギト　耆宅　〔人名〕　Jina　仙人の名。譯、勝仙。【慧琳音義二十六】

ギトウ　義燈　〔書名〕　唯識論了義燈の略稱。

ギドウサンシ　儀同三司　〔職位〕　支那には唐の代宗初て不空三藏に開府儀同三司肅國公を賜ふ。【僧史略下】吾朝には崇德天皇大治二年、仁和寺の覺行法親王、皇太后の寶塔を慶讚せしを賞して儀同三司を賜ふを始とす。

ギナ　耆那　〔術語〕　Jina　譯、勝。佛の尊稱。【佛本行集經一】に「御時如來。住二於佛行一。無二復煩惱一。故名二耆那一。」【玄應音義十九】に「耆那。或云二規那一。或作二嗜那一。此譯云レ勝。謂二最勝一也。」

ギバ　耆婆　〔人名〕　Jīvaka　Jīva　又、耆域。時縛迦。譯、固活。能活。王舍城の良醫の名。耆婆耆域の同一人なるは同本異譯經題を一は柰女耆婆經と云ひ、一は柰女耆婆經と云ふにて知るべし。（二經共に後漢の安世高の譯、但少く具略の相違のみ）其の出姓を叙するに前揭の二經は柰女と萍沙王（頻婆沙羅王）との子なりとし【四分律三十九】には王舍城の婬女（娼女）婆羅跋提と瓶沙王（頻婆沙羅）の子無畏王との子にして得叉尸羅の賓迦羅に就て醫を學ぶと云ふ。⦿（太平記二一）「耆婆扁鵲が靈藥も、施すに其驗おはしまさず。」「七」に耆婆の本生を叙す。

耆婆爲醫王因緣　〔本生〕　【善見律毘婆沙十七】

耆婆諫止阿闍世逆害　〔故事〕　【觀無量壽經】に出づ「アジヤセ」を見よ。

耆婆導阿闍世詣佛所　〔故事〕　【佛說寂志果經】に王父母を害して憂惱措く能はず、六師外道も之を如何ともするなく、遂に佛所に來りて懺悔するを叙す。【涅槃經十九】參照

耆婆叩髑髏知生處　〔傳說〕　【五分律二十】に耆婆善く音聲本末の相を知る五個の髑髏を叩て地獄餓鬼畜生人天に生ぜるを知る。一髑髏あり生處を知らず。これ羅漢の髑髏なりきと。（他の傳說は耆婆を外道論師に作る）

耆婆治病　〔故事〕　耆婆種種の妙術を以て病を治すると佛說捺女耆域因緣經、佛說柰女耆婆經、四分律第四十、毘奈耶雜事第二十一に委し。

耆婆天　〔天名〕　譯、命天。長命の天なり。【楞嚴經二】に「王言。我生三歲。慈母攜レ我。謁二耆婆天一。」【長水疏】に「耆婆此云レ命。西國風俗。皆事二長命天神一。子生三歲。即謁二彼廟一。謝二求得一也。」此

天は帝釋天の左右の侍衛なり。【長阿含經】に「釋提桓因左右。常有二十大天子一。隨從侍衛。何等爲レ十。一名二因陀羅一。二名二瞿夷一。三名二毘樓一。四名二毘樓婆提一。五名二陀羅一。六名二婆羅一。七名二耆婆一。八名二靈醯兎一。九名二物羅一。十名二難頭一。」

耆婆林 【地名】【翻梵語九】に「嗜婆林。譯曰レ命。林名也。」

耆婆鳥 【動物】【涅槃經】に「命命鳥」【勝天王般若經】に「生生鳥」【阿彌陀經、雜寶藏經】に「共命鳥」梵名は耆婆耆婆。一身兩頭の鳥。【玄應音義 一】に「梵言二耆婆耆婆鳥一。此言二命命鳥一。是也。」「グミヤウテウ」「ギバギバ」を見よ。

ギバギバ 耆婆耆婆 【動物】又、耆婆耆婆迦 Jīvajīvaka 又 Jīvaṁjīvaka と云ふ。鷓鴣の類。鳴聲より名く。耆婆は命或は生の意なれば共命鳥と云ふ。經中本行集經二身二頭の禽鳥なりと云ふ。

ギフコ 給孤 【人名】佛在世の長者の名。本名は梵に蘇達多。譯、善施。別號を梵に阿那陀擯荼陀。譯、給孤獨。略して給孤と云。祇洹精舍を建てし人。【西域記六】に「善施長者。仁而聰敏。積而能散。拯レ乏濟レ貧。哀レ孤恤レ老。時美二其德一。號二給孤獨一焉。」【玄應音義三】に「阿那他。此云二無親一。舊人義譯爲二孤獨一。賓荼駄寫耶。此云二團與一。舊人義譯爲レ給。猶是須達多之別名。修達多此云二善與一。故得二給孤獨名一也。」

給孤獨園 【地名】給孤獨長者の祇陀太子より買得して僧衆に施與せし園なれば名く。「ギヲンシヤウジヤ」を見よ。⦿（盛衰記三）「給孤獨園訪二伽濫一。」

給孤獨長者女得度因緣經 【經名】佛說給孤獨長者女得度因緣經、一卷 宋の施護譯。長者の女須摩提、滿財長者の子に嫁して、其家をして佛僧を供養せしめ、同じく悟道するを說く。增一阿含經須陀品第三十に出づ。【㕦帙四】

ギフシユナンジヨ、カイノウクサイ 及衆難處皆能救濟 【雜語】歌題。【法華經妙音菩薩品】に「是菩薩現二種種身一。爲二諸衆生一。說二是經典一。乃至諸有地獄餓鬼畜生。及衆難處。皆能救濟。」⦿（續後拾）「沈むべき人を悲しと思ふには淵を瀨になすものにぞありける」

ギフタ 笈多 【人名】優波笈多の略。羅漢の名。「ウバキクタ」を見よ。

ギフバウハツテイ 笈房鉢底 【人名】Gavāṁpati 又、舊稱、憍梵波提。新稱、笈房鉢底。笈防鉢底。譯、牛相。【法華玄贊一】に「梵云二笈房鉢底一。此云二牛相一。憍梵波提訛也。過去因下摘二一莖禾一數顆墮上レ地。五百生中。作レ牛償レ他。今雖二人身一。尙作二牛蹄牛哃之相一。因號爲二牛相比丘一。」「ケウボンハダイ」を見よ。

ギフヲンチヤウジヤ 給園長者 【人名】給孤獨長者なり。

ギベン 義辯 【術語】菩薩七辯の一。【智度論五十五】に「說下趣二涅槃一利益之事上。故名二義辯一。」

ギベン 義便 【術語】義を明かす便宜。【玄義一下】に「若從二義便一。應三先明レ法却論二其妙一。下文云。我法妙難レ思。若從二名便一。應二先レ妙次一レ法。」

ギボシユ 擬寶珠 【雜名】本と佛塔の相輪の上に在る寶珠を形つて欄杆の柱頭に置きしもの。

ギマウ 疑網 【譬喩】疑惑の交絡するを網に譬ふ。【法華經方便品】に「無漏諸羅漢。及求二涅槃一者。今皆墮二疑網一。」【智度論二十七】に「從二諸佛一聞レ法。斷二諸疑網一。」

ギミ 義味 【譬喩】文に依て義を生ずるは食に依て味を生ずる如し。即ち義を食味に喩ふ。又義は言義、味は趣意、即ち言と意となり。【行事鈔中二】に「義味俱解」【資持記中二之一】に「義謂言義。味即意趣。」

ギムゲ 義無碍 【術語】諸法の義を知り、了了通達して滯りなきを云。四無碍の一。【大乘義章十一】に「知レ義無レ滯。名二義無礙一。」

義無碍智 【術語】義に於て無碍を得る智を云。「無碍解。」

義無碍解 【術悟】舊譯、義無碍智。新譯、義無碍解。

義無碍辯 【術語】義無碍の智より義無碍の言說を起すを云。言說に於て辨了するを名く。「シムゲ」を見よ。

ギモン 義門 【術語】各種の義理門戶を異にして彼此混同せざるを云。門は差別の義。【止觀大意】に「開二拓義門一。觀法周備。」元照の【彌陀經疏】に「先以二義門一。括二其綱要一。」

ギヤ 祇夜 【術語】Geya 舊譯、重誦偈。重頌。新譯、應頌。前段に說ける經文の義を更に偈頌になせしもの、即ち其義を重說すれば重頌と云ひ、前段の經義に相應ずれば應頌と云ふ。十二部經の一。【大乘義章一】に「祇夜此翻名爲二重誦偈一也。以レ偈重二誦修多羅中所說法義一。故名二祇夜一。」【玄義六上】に「祇夜者。諸經中偈。四五七九言。句少多不レ定。重二頌上一者。皆名二祇夜一也。」【華嚴疏鈔二十一】に「祇夜者。此云二應頌一。一與二長行一相應之頌。由下於二長行一說未上レ盡故。雜集云。不了義經。應二更頌釋一。二爲二後來一。應二更頌一故。涅槃云。佛昔爲二諸比丘一說二契經一竟。爾時復有二利根衆生一。爲レ聽レ法故。後至二佛所一。即便問レ人。如來向者爲レ說二何事一。佛時知已。即因二本經一。以レ偈頌曰。我昔與二汝等一不レ識二四眞諦一。是故久流二轉生死大苦海一等。」【三藏法數四十四】に「梵語祇夜。華言應頌。

又云二重頌一。謂應二前長行之文一。重宣二其義一。或六句四句三句二句。皆名レ頌也。」

ギヤウ　行　〔術語〕　身口意の造作を云。又、内心の外境に趣くと心行の如し。【大乘義章三本】に「內心涉レ境。說名爲レ行。」【俱舍論一】に「行名二造作一。」【大乘義章八】に「起作名レ行。」【法界次第上之上】に「造作之心。能趣二於果一。名爲レ行。」【玄義三下】に「大行名二進趣一。非レ智不レ進。」　図有爲法の因緣より集起し三世に遷流するを云。【大乘義章二】に「有爲集起。目レ之爲レ行。」【俱舍頌疏一】に「造作遷流二義名レ行。據二此義邊一。色等五蘊。俱合レ名レ行。」【俱舍光記一之餘】に「若於二造作一。或約二遷流一。餘四蘊。亦名爲レ行。」【增一阿含經二十七】に「色如二聚沫一。受如二浮泡一。想如二野馬一。行如二芭蕉一。識爲二幻法一。」

ギヤウイチ　行一　〔術語〕　法華經四一の一。一切の諸行盡く成佛の一行に歸するを云。【法華經方便品】に「正直捨二方便一。但說二無上道一。」【同品】に「諸有所作。常爲二一事一。」各家之を以て行一を明す文となす。「シイチ」を見よ。

ギヤウイン　行婬　〔雜語〕　婬を行ふこと。【楞嚴經八】に「一切如來。色二目行婬一。同名二欲火一。」

ギヤウウ　行雨　〔人名〕　頻婆沙羅王の大臣の名。涅槃經に雨行と云ひ、有部毘奈耶に行雨と云。【有部毘奈耶四十五】に「摩竭陀國王舍城王。名曰二影勝一。以レ法理レ人。國無二災患一。如二餘廣說一。夫人名二勝身一。儀貌超絕。國內無レ比。王之太子。名二未生怨一。有二一大臣一。名曰二行雨一。是大婆羅門種。高勝貴族。」

ギヤウウン　行蘊　〔術語〕　有爲法の因緣に造作せられ三世に遷流するを行と云。此の中色受想識の四を除き、他のあらゆる有爲法を行蘊と名く。五蘊の一。蘊は積集の義、是れ亦有爲法の通名。【俱舍論一】に「四餘爲二行蘊一。」【頌疏一】に「四者謂色受想識。除二四蘊一外。諸餘心所有二四十四及十四不相應一。此五十八法是四蘊餘。總名二行蘊一。造作遷流二義名レ行。據二此義邊一。色等五蘊。俱合レ名レ行。謂由二行蘊攝レ法多一故。偏得二行名一。」【俱舍光記一之餘】に「問。若於二造作一。或約二遷流一。餘四蘊亦名爲レ行。何故行蘊獨得二行名一。解云。其餘四蘊雖二亦名レ行。攝レ行少故。各受二別名一。行蘊攝レ行多故。故得二行名一。」

ギヤウエウ　行要　〔術語〕　修行の肝要。【玄義九上】に「修行之要。不レ出二定慧一。」「陰。「オン」を見よ。

ギヤウオン　行陰　〔術語〕　新譯、行蘊。舊譯、行陰。

ギヤウカウ　行香　〔儀式〕　香を僧衆に行き渡すをいふ。即ち施與の義、香は佛に對する信心の使なれば之を僧に施與して之を燒き以て佛を勸請せしむるなり。【漢書高帝紀】に「行二田宅一」【註】に「蘇林曰。行音行レ酒之行。猶二付與一也。」此の事法會の嚴儀にて大會に非ざれば作さず、之を作すには上位の人其の役を勤む。【普達王經】に「佛言。乃昔摩訶文佛時。王爲二大姓家子一。其父供二養三尊一。父命レ子傳レ香。」【僧史略中】に「安法師三例中。第一是行香定二座上講一。斯乃中夏行香之始也。」【同】に「唐中宗設二無遮會一。詔二五品已上一。行香。或以二然香一熏レ手。或將二香粖一徧行。謂二之行香一。」【和久良和の御法】に「さてすでにはてしかば行香あり。この濫觴を思へば、もろこしに秦姚興王佛事を修せられける時、天人八人あまくだりて僧衆に香をくばりける、是によりて行香をば、行をくはるとよみ傳ふとなり。それを我朝にも摸せられて、宰座の公卿、上より八人、僧衆に香をくばり給ふ。去りながら武官の翟之をのぞかる、ただし凡僧は受香せず。」　図香を燒くを行香と云。【敕修淸規聖節】に「燒香侍者覆二住持一。來早上堂。至二五更一住侍行香。」【尙直編】に「行中仁禪師。每旦行香。至二世尊前一。於二小合中一。別取二好香一炷一進レ之。」【備用淸規達磨忌】に「行者鳴二行香鈸一。維那轉二身爐前一。揖二住持一上香。」

行香本緣　〔本生〕【賢愚經七】に「佛阿難に告ぐ、過去無量阿僧祇劫に閻浮提に一の大國あり、波羅捺と名く、時に一人あり好て家業を修む。意偏に金を愛して勤めて積む、因て一瓶を得たり、其の舍內に於て地を掘て之を藏す。是の如く身を勤めて乃ち七瓶を得、悉く取て之を埋む。後に疾に遇て終り、一の毒蛇と作て此の金瓶を守る。是の如く展轉して形を受け一萬歲を經、最後の受身に厭心忽ち生ず。一人あり道を通るを見て之を呼て曰く、吾れ今此處に一瓶金あり、用て君に託して僧に供して福を作さんと欲す、食を設るの時に一の阿先提（苾芻と譯す）を持して來て我を取れと。彼れ日に至て蛇を擔て寺に至り、衆僧の前に著く。食時已に到り僧衆行立す、蛇彼の人をして次第に香を賦らしむ、衆僧食し終て蛇の爲に說法す。歡喜轉增して僧の維那を得て埋金の所に到り、餘の六瓶の金を盡く用て僧に施し、命終して忉利天に生る。佛阿難に告ぐ、爾の時の蛇を持する人は則ち我身是なり。是の毒蛇は今の舍利弗是なり。」【行事鈔下三】に「賢愚經蛇施レ金已。令三人行レ香置二僧手中一。」

行香儀則　〔術語〕【行事鈔下三】に「若行レ香者。不レ令三婦人指二挃掌掌一。語令二懸放一。必不レ肯者。便可三縮レ手常使二過去一。若有二男子一。幸遣レ行レ之。尼法反レ前。爲二深防一罪故。五百問及三千云。不レ得二立受一レ香。因三比丘受レ香女觸二其手一。欲發レ罷レ道。佛

言。若立受者吉羅。」本朝大法會行香の式は【修善雜記上】に委し。

ギヤウカク 仰覺 〔術語〕正覺を仰望するを云。【二教論上】に「仰覺薩埵。」「學を指す。

ギヤウガク 行學 〔術語〕行法修學。戒定慧の三

ギヤウキヤウジフブツ 行境十佛 〔術語〕修行滿足して證得せる境界の十佛。解境十佛に對す【舊華嚴經三十七】に、願佛、業報佛、住持佛、新華嚴經に正覺佛 法界佛、心佛、三昧佛、性佛新本性佛 如意佛新隨樂佛 の名を列ねたる是なり。

ギヤウギ 行基 〔人名〕菅原寺の行基、泉州の人。天智帝七年生る。十五出家、藥師寺に居て瑜伽唯識を學ぶ。年二十四具足戒を德光に受く。基、人を勸めて池を穿ち堤を築き橋を架し道を開く、州民之に賴る。聖武天平八年婆羅門僧正を難波津に迎て歌を詠ず。此の任基に帝基を敬重し、天平十七年大僧正となす。此の任基に始る。二十一年正月帝及皇太后皇后菩薩戒を受け、號を大菩薩と賜ふ。同年二月二日、壽八十二にて菅原寺に寂す。【元亨釋書十四】

行基文殊化身 〔傳說〕婆羅門僧正行基への返歌に「迦毘羅衛に共に契りしかひありて文殊の御顏あひ見つるかな」拾遺集【壒囊鈔十八】に「導師婆羅門僧正は普賢菩薩の降臨、法會の咒願行基菩薩は大聖文殊の化身也。」【本朝高僧傳六十四傳贊】に「當時稱爲二文殊之應化一。則聖武皇帝始賜二大菩薩一。誠符二本地風光一者也。」⦿(著聞集釋敎)「行基菩薩ぞ導師にては御座せし。」

ギヤウク 行苦 〔術語〕行は遷流の義、一切有爲法の三世に遷流して刹那も常住安穩ならざる苦を行苦と云。三苦の一。【法界次第中之下】に「常爲二無常一遷動。即是行苦也。」【止觀七上】に「念念流炎。是爲二行苦一。」

ギヤウクジキ 仰口食 〔術語〕比丘が星宿日月風雨等術數の學をなして衣食を求るを云。四邪命食の一。【智度論三、三藏法數十九】

ギヤウクヤウ 行供養 〔術語〕善法を行じて佛に供養するを。【般若經理趣分】に「修二行一切波羅蜜多一。於二諸如來一。廣設二供養一。修二行一切慈悲喜捨一。於二諸如來一。廣設二供養一。」

ギヤウクワ 行果 〔術語〕行業と果報。果報は必ず行業の因に依る。【無量壽經上】に「行業果報。不可思議。」【行宗記一之下一】に「良以二如來行果極圓一。究二盡衆生重輕業性一。」

ギヤウグワン 行願 〔術語〕身の行と心の願。此二相資けて大事を成ず。【青龍疏下】に「由二行與一レ願互相依持一。此二俱修。不二偏起一故。」【菩提心論】に「凡人欲レ爲善之與レ惡。皆先標二其心一。而後成二其志一。所以求二菩提一者。發二菩提心一。修二菩提心一。」【次第禪門一上】に「有レ願而無レ行。如下人欲レ度二彼岸一。不レ肯レ備中於船筏上。當レ知常在二此岸一終不レ得レ度。」

行願勝義菩提心 〔術語〕龍樹の菩提心論に菩提心の相を行願、勝義、三摩地の三種に分別す。第一に一切衆生を利益して成佛せしめんとの願を起すを行願菩提心と云。【論】に「行願者。謂修習之人。常懷二如是心一。我當レ利二益安二樂無餘有情界一。觀二十方含識一。猶如二己身一。」

行願品 〔書名〕大方廣華嚴經入不思議解脫境界普賢行願品の略稱。四十華嚴經卷第四十に出づ。普賢菩薩の十大願を說きしもの。

行願讚 〔書名〕普賢行願讚の略稱。唐の不空譯。行願品中の普賢自讚の偈のみ別出したるもの。即ち本經の偈と同本異譯。「に貞元疏と云。

行願品疏 〔書名〕十卷。淸涼大師澄觀著。世

行願品疏鈔 〔書名〕又行願品隨疏義記と云。六卷、宗密著。行願品疏を解せしもの。

ギヤウグワツテン 仰月點 〔術語〕成菩提の大空點に二樣あり一は圓點●一は仰月點◡なり、此に就て種種の異義あり、東寺及び安然師の義は[illegible]字[illegible]字及び[illegible]等の五字皆通じて圓點とも半月とも成るなり。大日經疏の意及び東寺安然師以外の諸流には[illegible]字は圓點に局り[illegible]等の五字は仰月に局るなり。「大空點」を見よ而て此の兩點を並用すれば[illegible]の形なり。悉曇三密鈔に問て曰く若し二點共に是れ空點ならば一種にして足らん、何ぞ兩種を爲すや。答ふ、仰月は是れ莊嚴點、圓點は是れ實體なるが故に其の異あり。是れ悉曇字記に仰月を以て嚴字となすに依るなり。愚案に莊嚴の解不可なる歟。梵文の一點一畫豈に深意なくして可ならんや。私に案ずるに瑜祇經愛染王品所說の愛染王の種には[illegible]字を重ね[illegible]の形なり是れ胎金兩部の不二法なればなり。されば一の圓點は胎藏界の日輪を約して大空を示し、仰月點は金剛等の月輪に約して大空を示すなり。之に據るに假令[illegible]の一字なるも胎金不二を示さん爲に故さらに兩點を並用すると明なり。故に【悉曇藏三】に「大日經義釋云。摩是重空。此於二阿空點一加二仰月形一。爲二重空一也。」「クウテン」を見よ。

ギヤウゲ 行華 〔儀式〕華を配賦すること。【慈恩傳二】に「法師至る、諸德起ち來りて相慰め訖りて各各還つて坐に就き、一僧をして鮮華一盤を擎げ來りて法師に授けしむ。法師受け已りて將つて佛前に至

り、散華禮拜し、訖て木叉毱多の下に就て坐し、巳に復た行華す。」と云ふに見るに西域にて行はれたる明かなり。行華の行は行香の行に同じ。

ギヤウケ 行化 〔術語〕教化を行ふと。

ギヤウケウ 行敎 〔術語〕普く道俗を化する敎を化敎と云ひ、偏に比丘の行法を制する敎を行敎と云。化敎は經論二藏の所詮、行敎は律藏の所詮なり。【南山戒疏一】に「言二行敎一者。起必因レ過。隨レ過制約。乃至戒律一宗。局二斯敎一矣。」

沙門行敎 〔人名〕大安寺の行敎、武內大臣の裔。貞觀元年年豐前の宇佐八幡に詣して九旬念誦し、神靈を感じ、朝に奏して八幡の新宮を男山の鴿峯に建つ。敎嘗て大神の本地を見んことを祈りしに彌陀三尊の像袈裟の上に現ず。是に因て殿內三像を安ず。【元亨釋書十】

ギヤウケンド 行犍度 〔書名〕發智論に善惡の行業を說ける篇章の名。八犍度の一。犍度は譯、類聚。品と言ふ如し。

ギヤウゲ 行解 〔術語〕心識が所對の境を遊行して之を解了すると。【倶舍光記一之餘】に「言二行解一者。唯是心等作用差別。乃至作用名二行解一。影像名二行相一。」因修行と知解と。【釋氏要覽下】に「宗鑑錄云。禪僧行解有レ十。」

ギヤウコツ 行乞 〔術語〕比丘の乞食を行ふを云ふ。又托鉢とも行鉢とも云。十二頭陀行の一。【遺敎經】に「何況入道之人爲二解脫一故。自降二其身一。而行レ乞耶。」【維摩經弟子品】に「住二平等法一。應レ次行二乞食一。」

ギヤウゴフ 行業 〔術語〕身口意の所作。【法華經提婆品】に「善知二衆生諸根行業一。」因善惡の所作にて苦樂の果報を感ずべきもの。【無量壽經上】に「行業果報。不可思議。」

ギヤウサウ 行相 〔術語〕心識各自固有の性能を行相と云ふ。心識各自の性能を以て境相の上を遊行し、又所對の境の相狀を行ずれば行相と名く。【唯識論二】に「識以二了別一爲二行相一故。」と、心識が事物の境に對する時必ず其の影像を心內に現ずること鏡の物に於けるが如し。其の心內の影像を指して行相と云【唯識述記三本】に「相者體也。即謂二境相一。行二於境相一。名爲二行相一。或相謂二相狀一。行二境之相狀一。名爲二行相一。或行レ境之行解相貌。然本但是行二於相一義。非二是行解義一。」又、是れ事物を行解せし相貌なれば行相と云。【倶舍光記一之餘】に「言二行相一者。即是行解相故。名爲二行相一。」【同四】に「有二所行境界相一故名二行相一。又解。行謂行解。如二了別等一。相謂相貌。如二影像等一。行家相故。名爲二行相一。」【倶舍寶疏四】に「能緣心法。於二所緣境品類不同一。行二解心上一。起二品類相一。如下鏡照二物類一於二鏡面上一有中種種像差別之相上。」【頌疏三】に「如下緣二青境一心及心所上。皆帶二青上影像一。此識上相。名爲二行相一。行謂行解。即能緣心也。相謂影像。即行上相也。行解之相。名爲二行相一。依主釋也。」

二種行相 〔名數〕此の行相に就て倶舍唯識の異義あり。倶舍は直に心外の境を緣ずるを許すを以て心外の境を所緣とし、心內の行相即ち所緣なり。然に唯識は直に心外の境を緣ずるを許さず、必ず心內に影像を現じ、之を所緣として更に能緣の相を起すなり、即ち心內に能緣所緣の二相ありて、所緣を相分と名け能緣を見分と名く、而して此見分即ち行相なり。されば唯識より之を見れば我は見分行相にして倶舍は相分行相なり。【唯識論二】に「執レ有二離レ識所緣境一者。彼說外境是所緣。相分名二行相一。見分名二行相一。乃至達レ無二離レ識所緣境一者。則說相分是所緣。見分名二行相一。」【述記三本】に「行相有レ二。一者見分。如二此文說一。二者影像相分。名爲二行相一。」【倶舍光記一之餘】に「若依二大乘一。此行相當二相分一。此相分是境攝。隨レ變二色等一。即色等攝。」

十六行相 〔名數〕苦集滅道の四諦に於て各四種の影像を心に浮べて之を解了すると。【倶舍論二十六、法界次第中之下】

ギヤウサン 形山 〔譬喩〕身體を山に譬ふ。【寶藏論空有品】に「天地之內。宇宙之間。中有二一寶一。秘二在形山一。」

ギヤウサン 仰山 〔人名〕禪師慧寂、江西の大仰山に居り、仰山と號す。師十四出家、初め忠國師の侍者耽源に謁して國師の圓相を傳へ、後に潙山に參して玄旨を悟る。【傳燈錄十一】

仰山枕子 〔雜語〕公案。僧仰山に問ふ、法身說法するや否や。山云く、我れ說き得ず、別に一人の說き得るあり。僧云く、說き得る底の人什麼の處にか在る。山枕子を推し出す。【會元九仰山章】

ギヤウザウ 行像 〔行事〕西域の俗每年佛生日に佛像を莊嚴して之を車に載せ城內を巡行す、之を行像と云。【法顯傳】に巴連弗邑の行像を記して「年年常以二建卯月八日一行レ像。作二四輪車一。縛レ竹作二五層一。有二承櫨偃戟一。高二丈許。其狀如レ塔。以二白氎一纏レ上。然後彩畫作二諸天行像一。以二金銀瑠璃一莊二嚴其上一。懸二繒幡蓋一。四邊作レ龕。皆有二坐佛一菩薩立侍。可レ有二二十車一。車車莊嚴各異。當二此日一境內道俗皆集。作二倡伎樂一。華香供養。婆羅門子來請レ佛。佛次第入レ城。入二城內一再宿。通夜燃燈伎樂供養。國國皆爾。」【僧史略上】に詳釋。

ギヤウシ　行思　〔人名〕唐の吉州靑原山の行思禪師。出家の後、曹溪に詣で六祖に謁す、祖深く之を器とし會下の首とす。師既に道を得て靑原山の靜居寺に住す。僧問ふ、如何か是れ佛法の大意。師曰く、廬陵の米什麽價。師既に石頭の希遷を得て法を付し、唐の開元二十八年寂す。僖宗弘濟禪師と謚す。【傳灯錄五】

ギヤウシ　行厠　〔譬喩〕身の不淨を屎を受くる厠に譬ふ。【金光明經四】に「是身不レ堅。無レ所二利益一。可レ惡如レ賊。猶若二行厠一。」【釋門歸敬儀】に「或比二行厠畫瓶一。或擬二危城坏器一。」

ギヤウシユウキ　行宗紀　〔書名〕八卷、宋の元照著。南山の戒疏を釋せしもの。

ギヤウシキ　形色　〔術語〕形體と色相。【法華經譬喩品】に「即遣二二人形色憔悴一。」【無量壽經上】に「國中人天。形色不同。」図長短方圓等の形の眼に見るべきものを云。二色の一。【俱舍論一】に「形色有レ八。乃至長短方圓高下正不正。」

ギヤウシヤ　行捨　〔術語〕善心と相應する心所に捨と稱するあり、心をして平等に住し掉薄の過を離れしむるもの。是れ五蘊門には行蘊に屬すれば行捨と稱して受蘊所攝の捨受に揀別す。

ギヤウシヤウ　行性　〔術語〕菩薩の大行と佛性を云。「ギヤウブツシヤウ」を見よ。

ギヤウシヨウ　行證　〔術語〕修行と證悟。道を行ふに依て理を證るなり。行は因、證は果。【三藏法數十三】に「如來滅後。教法垂レ世。人雖レ有レ禀レ教。而不レ能二修行證果一。是名二末法一。」

ギヤウシン　行信　〔術語〕淨土眞宗の名目。念佛を行と云ひ、信心を信と云。即ち次第の如く四十八願中の第十七第十八なり。【教行信證文類二】に「其眞實行願者諸佛稱名願。其眞實信願者至心信樂願。斯乃選擇本願之行信也。」

ギヤウシン　形身　〔術語〕【大乘入楞伽經三】に「名句形身」形身は即ち文身字句文身。【楞伽經二】に「名句形身」形身は即ち文身字身なり。文字は形を以て體とすれば形身と云。【楞伽經二】に「形身者。謂顯二示名句一。是名二形身一。」

ギヤウジ　行事　〔職位〕山門俗役の名。【拾芥抄】に「行事勾二當公文一。謂二之所司一。」「クジキ」を見よ。

ギヤウジキ　仰食　〔雜語〕仰口食の略。「ギヤウ

ギヤウジセウ　行事鈔　〔書名〕四分律删繁補闕行事鈔の略稱。十二卷。南山道宣著。之に戒疏業疏を加て律の三大部と稱す。

行事鈔資持記　〔書名〕十六卷。宋の元照著。行事鈔を解せしもの。

行事會正記　〔書名〕十二卷。宋の台堪著。行事鈔を解するに資持記と見を異にし、遂に一家を成せしもの。

ギヤウジヤ　行者　〔術語〕Ācārin 佛道を修行するもの。【釋氏要覽上】に「經中多呼二修行人一爲二行者一。」【觀無量壽經】に「讀二誦大乘一。勸二進行者一。」図禪院の侍者を行者と云。アンジヤと讀む。図和俗、修驗山伏の輩多く苦行を作す者を稱して行者と云。⦿(曲、道成寺)「行者の法力つくべきかと」

ギヤウジユ　行樹　〔雜名〕ゴウジユとも發音す、列を成せる樹林。【阿彌陀經】に「七重行樹」【同經通贊疏卷中】に「七重行樹。七重寶樹。國中行列。長開二異華一。更無二凋變一。靈禽上棲。衆遊從故。云七重行樹。」と

ギヤウセンバウリウ　行泉房流　〔流派〕慧心四流の一。椙生流の皇覺より三傳して靜明に至り、その弟子に靜運、政海あり。この靜運の門流を行泉流と稱す。

ギヤウゼン　行善　〔術語〕止善に對す。進趣の善にして諸惡莫作に對する諸善奉行なり。作持と同義なり。

ギヤウゼンキヤウ　行禪經　〔經名〕四種の禪行を料簡せしもの。中阿含經四十四に攝む。【昃帙五】

ギヤウソク　行足　〔譬喩〕智慧を目に譬へ、修行を足に譬ふ。【玄義二上】に「因二於智目一。起二於行足一。」【同三下】に「智目行足。到二淸涼池一。」

ギヤウソン　行尊　〔人名〕園城寺の行尊。源基平の子。明尊僧正を拜して剃髮し、密を賴豪に學び、兩部の灌頂を覺圓に受く。十七歲寺を出で諸國を跋涉し、嘗て大峯に入て苦行す。咒持靈驗を現す。永久四年三井の長吏に補し、其秋權僧正に任じ、元永元年天王寺及び平等院の寺務を領す。保安四年天台の座主に任じ。天治二年大僧正に進む。長承四年寂す。年七十九。【本朝高僧傳五十一】

ギヤウダウ　行道　〔儀式〕佛を敬禮する爲に其の周圍を佛の右方に向て旋繞するを云。【寄歸傳三】に「諸經應レ云二旋右三匝一。若云二佛邊行道一者非也。經云二右繞三匝一者。正順二其儀一。」【萬善同歸集二】に「行道一法。西天偏重。繞百千帀方施二一拜一。經云。一日一夜行道。志心報二四恩一。如レ是等人。得二入レ道疾一。」【尊勝陀羅尼經】に「於二四衢道一。造二窣堵波一。安二置陀羅尼一。合掌恭敬。旋遶行道。歸依禮拜。」大法會には必ず行道の式を行ふ。⦿(著聞集釋教)「其所にあたりて、天童行道し、蓮華開敷けり。」図道を行ふを云。【無量壽經下】に「行道進德。」図經行と同じく用ふ。

行道誦經　〔儀式〕行道しつつ誦經するにて天

台の常行三昧是なり。

ギヤウダウ　行堂　〔堂塔〕アンドウと呼ぶ。行者の寮室なり。又、選僧堂と云、行者の中にて僧となるべきものを選べばなり。

ギヤウチユ　行籌　〔物名〕事故又は異見を生じたる時、双方の人員を算する事、各人籌を捉りて投票を行ひ票數にて人數を知る。數取りの要をなす、竹紙片等を以て作る。【釋氏要覽下】に「梵音舍羅。此云レ籌。律有二婆羅門一問二比丘一。逝多林住二幾人一。比丘不レ知。佛言。應レ行レ籌。」梵 Salākā

ギヤウヂユウザグワ　行住坐臥　〔雜語〕擧止動作なり之を四威儀と云。【心地觀經】に「行住坐臥。」【觀念法門】に「不レ問二行住坐臥一。一切時處。若晝若夜。」【往生要集下本】に「今勸二念佛一。不レ簡二行住坐臥一。不レ論二時處諸縁一。修レ之不レ難。」⦿（盛衰記三九）「行住坐臥を嫌はねば、四儀の稱念に煩ひなく」

ギヤウトク　行德　〔術語〕修行の功德。

ギヤウドウソクジ　形同息慈　〔雜名〕大乘の學人にして小乘の十戒を受けて沙彌の形に同ずるもの。息慈は梵語沙彌の譯。「見よ。

ギヤウニフ　行入　〔術語〕二入の一。「ニニフ」を

ギヤウニン　行人　〔雜語〕佛道を修行する人。

行人方　〔職位〕高野山三方の一。【考信錄五】に「高野元は學侶の一派なりしが、大治五年庚戌より行人方始まり、貞應三年甲申より聖方起れり。乃至行人又承仕と云又は六番衆又世間者と云もと學侶方法事修行の節、承仕の役を勤めし輩にして、今にも其式ありとぞ。興山寺を主領として次に組頭六人あり、自ら六役と名く。」聖方は地方に出て勸進を司る。

ギヤウノイチネン　行一念　〔術語〕信の一念に對す。一念を稱ふること。南無阿彌陀佛を一聲稱ふることなり。

ギヤウノマキ　行卷　〔書名〕親鸞の敎行信證の二卷目の稱。第十七願成就の南無阿彌陀佛のことを明かす。

ギヤウヒヤウ　行表　〔人名〕大安寺の行表。博く經律を學で江州の講師となる。天平十五年興福寺に於て唐の道璿より重て戒法を受く、時に年七十三。璿授くるに北宗普寂の禪を以てす。表大安寺に住して盛に敎觀を弘め、晩に心法を以て上足最澄に授く。延曆十六年寂す、年一百十四。【本朝高僧傳四】

ギヤウフクセカイ　仰覆世界　〔界名〕華嚴經に種種の世界を說く中に仰世界あり覆世界あり。仰世界は常の如し、覆世界は蜂窩の如きもの。【八十華嚴經十七】に「仰世界即是覆世界。覆世界即是仰世界。」

ギヤウフタイ　行不退　〔術語〕三不退又は四不退の一。永く菩薩の大行を退失せざる位を云。之に菩薩の階位に配するに諸說あり。「フタイ」を見よ。

ギヤウフモン　行布門　〔術語〕菩薩の階位初後相卽するを圓融と云ひ、初後次第するを行布と云ふ。華嚴經の所說に此二意ありとなす、是れ華嚴宗の所判なり。即ち第二會の名號品より第六會の小相光明品に至る二十八品に信住行向地及び佛果の次第差別を說くは行布門にして。他に初發心時便成正覺と言ふ如きは圓融門なり。【探玄記一】に「顯レ位故者。爲レ顯下菩薩修二行佛因一道。至レ果具中五位上故。此亦二種。一次第行布門。謂。十信十解十行十廻向十地。滿後方至二佛地一。從レ微至レ著。階位漸次。二圓融相攝門。謂一位中即攝二一切前後諸位一。是故一一位滿。皆至二佛地一。此二無礙。」と

ギヤウブツシヤウ　行佛性　〔術語〕佛性あり之に依て大行を發し佛果を感ずるを行佛性と云ひ、佛性あるも但其理を具ふるのみにて行を起す用なきを理佛性と云ふ。是れ法相宗の所立。依て彼の宗に言ふ、涅槃經に一切衆生悉有佛性とあるは理佛性に就て云ふ、若し行佛性に據れば一類の無性衆生ありと。【唯識樞要一本】に「涅槃據二理性及行性中少分一切一。唯說レ有レ一。」⦿（太平記）「雖レ具二理佛性一無二行佛性一。」

ギヤウボウヨク　形貌欲　〔術語〕六欲の一。

ギヤウボフ　行法　〔術語〕修行の法。四法の一。【阿彌陀經元照疏】に「大覺世尊。一代名敎。大小雖レ殊。不レ出二敎理行果一。因レ敎顯レ理。依レ理起レ行。由レ行克レ果。四法收レ之。鮮無レ不レ盡。」

四度行法　〔修法〕又、四度の加行と云。一に十八道の行法、二に胎藏界の行法、三に金剛界の行法、四に護摩の行法、是れ密敎一般の行法なり。【台宗學則上】⦿（徒然草）「行法も法の字をすみていふわろし、濁りていふと淸閑寺の僧正仰せられき」

ギヤウボフチウカンリツザサホフ　行法中間立座作法　〔修法〕密敎の行者が修法の中間にて所要のため。座を立つ時の作法。【作法集】に「行法の間。要事に依りて、立座する時は、五股の印を結びて吽字を誦し、然る後却き去る。傳に云はく。念誦の時要事ありて座を立ち出づる時は念珠を蟠げて壇上に安き出づべし云云。」と【乳味鈔十九】に開必秘決の立座法を引きて後、吽字と外五股とを解して、外五股は則ち五大、吽は識大の種子なれば居立倶に是れ即ち六大無礙常瑜伽の義なりと云ふ。

ギヤウマン　行滿　〔人名〕佛隴寺の行滿。荆溪の

高弟なり。【元亨釋書一】に傳教大師行滿より天台の諸籍を受くるを記す。然るに滿師の事、史傳なし、【佛祖統紀十】に荊溪の旁出として其名を掲ぐれども傳なし。【宋高僧傳二十二】に天台山智者禪院行滿傳あれども遙に其の年代を異にす。唯本朝の【明匠略傳】に蘇州の人二十出家。二十五具戒。太曆三年荊溪和尚に就て止觀玄義各一遍文句三遍を學ぶ。佛隴寺に住すと。

ギヤウマンジヤウブツ　行滿成佛　[術語]「シマンジヤウブツ」を見よ。「フゲン」を見よ。

ギヤウムシキ　行無色　[術語]　七種不還の一。

ギヤウメウ　行妙　[術語]　法華十妙の一。

キヤウユウ　行用　[術語]　密教修法の秘傳口決を記したるものを云。是れ實地の修行に要用なれば行用と云ふなるべし。【台宗學則上】に「此行用のこと、東密並に山門には次第と云ひ、山門には又私記とも云なり。山門にも行用と云ともあれども、其は直に私記を呼て行用と云なり。此寺門の流にては次第は卷軸にして之を傳授し、次第の外に行用は別に一卷づつあり。それ故三井にて次第と云は東密及び山に云次第にはあらず、又彼の私記にもあらざるなり。」【密規撮要】に「往古の諸師傳法授受するは多く本位儀軌に依り、若し相承の口決あれば口授して筆紙に錄せず。其の口決の不同に依て其の流義を分つ。此より後本軌に口決を加て行法の規則を作るが今の行用なり。眞言家は廣澤宣朝小野仁海の時分より始り、台宗は井上(いけがみ)の皇慶より始まると云へり。」

ギヤウヨウ　行用　[術語]　ギヤウユウと讀む。

ギヤウリンセウ　行林鈔　[書名]【諸宗章疏錄二】に「百卷」【自在金剛集】に「八十卷。號二戒光記一。戒光坊法眼靜然。」

ギヤウヲロクジニツヅム　約行六字　[術語]　行は修行にして、萬善萬行なり。六字は南無阿彌陀佛なり。阿彌陀如來は五劫の間思惟し、兆載永劫の間修業して得たる大功德を、一法句、南無阿彌陀佛の六字中に含有せしめたまへり。之を六字に約むとは云ふなり。⊙(平家一〇)「志を九品に分ち、行を六字に約めて」

ギヤクエン　逆緣　[術語]　惡事が佛道の緣となること。蓋し佛果菩提に望めば惡を逆緣とし善を順緣とし、生死の苦果に對すれば善を逆緣とし惡を順緣とす。總て固體の果性に違逆するもの皆逆緣なり。【楞嚴經六】に「聖性無レ不レ通。順逆皆方便。」然れども常に論ずる順逆二緣は佛果菩提に望める方にて、佛道に逆ふ道を逆緣とし、佛道に順ずる道を順緣とす。而して順逆異なれど共佛道に緣を結ぶは一なり。依て順逆二緣共に濟度せんと欲す。是れ佛道の本意なり。【止觀五上】に「因緣有二逆順一。順二生死一者。有漏業爲レ因。愛取等爲レ緣。逆二生死一者。以二無漏正慧一爲レ因。行行爲レ緣。倶損レ生破レ惑。」⊙(曲、東北)「逆緣の利益ともなるべきなり。」

逆緣ながら　[雜語]　邦語に先亡の供養を爲すに多く「逆緣ながら」の語を用ふ。親の子を供養する、生前の仇敵が供養する是なり。又逆事ならざるも自己の罪惡を認るより自ら謙遜して逆緣と云。何れも順逆二緣の本義と聊か相違す。

ギヤククワン　逆觀　[術語]　順觀に對す、逆次に觀を修すること。例へば十二因緣を觀ずるに、無明、行、識、の次第に依らずして老死、病、生、有、と觀ずるなり。即ち果より因を探るなり。眞言にては諸法無因より觀じて、本不生に歸せしむるを逆觀旋轉と稱せり。【大日經疏第七】に「若し法無因ならば則ち諦不可得なり。若し諦不可得ならば則ち自性鈍なり。苦し是れ自性鈍ならば當に知るべし本性寂なり。若し本性寂ならば當に知るべし無相なり。乃至若し本不生ならば當に知るべし無因なり。」

ギヤクケ　逆化　[術語]　佛菩薩の善計して邪道を行じたる衆生を化敎するを云ふ、燈光梵志、和須密多女等の如し。

ギヤクシユ　逆修　[術語]　逆(あらかじ)め吾死後の佛事を修すること。又、豫修と云。【灌頂隨願往生十方淨土經】に「四輩男女。能解二法戒一。知二身如幻一。精勤修習。行二菩提道一。未レ終之時。逆修二三七一。燃レ燈續レ明。懸二繒幡蓋一。請二召衆僧一。轉二讀尊經一。修二諸福業一。得レ福多不。佛言。普廣。其福無量。不レ可二度量一。隨二心所願一。獲二其果實一。」【釋氏要覽下】に「豫修二齋七一」按に要覽は本經の三七を誤て生七として齋七の說をなす、寂照の谷響集亦誤に就く　⊙(曲、丹後物語)「御逆修とも成り候ふべし。」

ギヤクジユンサンマイ　逆順三昧　[術語]　順逆の諸法に於て自在を得る禪定。【智度論四十七】に「得二此三昧一。於二諸法中逆順一自在。」

ギヤクトク　獲得　[術語]　物を得ること。獲を得の字と同義とするは【敎行信證三】に「信樂を獲得することは、如來選擇の願心より發起す」と云ふ之なり。又獲は現世に付て云ひ、得は未來世に付て云ふ。三帖和讚末尾の法語に「獲の字は、因位のときうるを獲といふ。得の字は果位のときにいたりて、うるを得と云ふ。」

ギヤクドク　逆讀　[術語]　經文を逆次に讀むこと。日蓮が法華を逆讀して、迹門流通分の意を以て正宗

分を解釋せし如きを云ふ。【法華要鈔】に「方便品より人記品に至るまでの八品に二意あり。乃至安樂行より勸持、提婆、寶塔、法師と逆次に之を讀めば、滅後の衆生を以て本と爲す。在世の衆生は傍なり。」と云ふ如き是なり。

ギヤクバウ　逆謗　〔術語〕五逆罪の者と、正法を誹謗する者と。【無量壽經上】に「唯除三五逆誹二謗正法一」

ギヤクミヤウ　逆名　〔雜語〕生前につけおく死後の戒名を云ふ。

ギヤクメンアクダウキヤウ　獲免惡道經　〔經名〕嗟韈曩法天子受三歸依獲免惡道經の略名。

ギヤクユ　逆喩　〔術語〕果より因を推し、末より本を究むる喩法を云ふ。例せば大海本あり謂く大河、大河本あり謂く小河、小河本あり謂く大池等と云ふ如し。八喩法の一。【涅槃經二十九、三藏法數三十二】

ギヤクル　逆流　〔術語〕須陀洹の譯名、新に預流、舊に逆流。初て生死の流に背きて涅槃の道に入ればなり。【大乘義章十七本】に「須陀洹者。是外國語。義釋有レ三。乃至二隨レ義傍翻。名爲二逆流一。逆二生死流一。三途生死。永不レ受故。」【楞嚴經四】に「今欲下逆二生死欲流一反窮二流根一至中不生滅上」

ギヤクロカヤダ　逆路伽耶陀　〔流派〕梵に路伽耶陀。Lokāyata 譯、順世外道。世情に順ずる教を立る外道の名。梵に縛摩路伽耶陀。Vāma-lokāyata 譯、逆順世外道。又、左順世外道。順世外道に反して世情に逆ひ左ふ教を立る外道の名。【玄贊九】に「路伽耶陀者。先云二惡答對人一。正言二路迦耶底迦一。云二順世外道一。逆路伽耶陀者。先云二惡徵問人一。正言二縛摩路迦耶底迦一。云二左順世外道一。執與レ前乖者。名二左順世一也。」【法華嘉祥疏十】に「路伽耶陀者。舊云二是惡解義一。逆路迦耶陀者。是惡論義。注經云二路伽耶陀者。如二此間禮儀名教儒墨之流一也。逆路伽耶陀者。如二老莊玄書絕レ仁棄レ聖之例一。又言。路伽耶陀。翻爲二世間行一。逆路伽耶陀。此云二逆世間行一。」【法華經安樂行品】に「路伽耶陀。逆路伽耶陀者。」

ギユキヤウ　蟻喩經　〔雜名〕佛說蟻喩經。一卷。宋の施護譯。蟻の蛸集するを五蘊に譬ふ。【宿帙八】(986)

ギヤダクタ　蘗駄矩吒　〔堂塔〕Gandhakuṭī 譯、香臺殿。世尊の居室なり祇園精舍の中央部に位す。

ギヤリカ　蘗哩訶　〔異類〕Gṛha 人に執着する鬼の名。四鬼の一なり。【大日經疏七】に「經云二鬼魅所著一。或云二非人所持一。智度云二著蘗一。皆是蘗哩訶鬼所作。以二著レ人不二相捨離一故以爲レ名。其日月五星等亦以二終始相隨一。故梵語名二蘗哩訶一。翻爲二九執一。乃至是執持義。」Graha に同じ。

ギヨウネン　凝然　〔人名〕東大寺戒壇院の凝然。示觀と號す。戒壇院の圓照に就て出家し、弱冠に及で遊方し、諸宗の奧義を盡して、竟に華嚴を以て宗とす。弘安の初大佛殿に開講す、七寺の龍象卷を執て翕集す。照に繼て戒壇院に住し、正和二年招提寺に移る。住職五年にして戒壇院に回る。後宇多上皇、然に就て菩薩戒を受け、國師の號を賜ふ。元亨元年九月、戒壇院に寂す。壽八十二。著書凡て一千一百餘卷。【本朝高僧傳十六】

ギヨキ　御忌　〔行事〕正月廿五日なり。洛の東山華頂山智恩院大谷寺は淨土宗總本山なり。正月十八日より廿五日に至つて一七日晝夜別行法事を修す、廿五日を以て正日とす是れ法然上人の忌日なり、故に御忌といふ。○京俗御忌詣を遊覽の始めとして辨當はじめと云ふ。十月東福寺の開山忌を終りとして辨當納と云ふ。

ギヨク　魚鼓　〔物名〕木魚の異名。現今の木魚は玉鱗に形りたるなり。本來は圖示せる如き魚形の板鼓にして諸事の報知の爲に打つものなり。その空洞なるを鼓と云ひ板形なるを魚板と云ふ。魚板は敢て魚形を要せす。【象器箋十八】

(魚鼓の圖)

ギヨクキヤキヤウ　玉哂耶經　〔經名〕蕤呬耶經の異名。

ギヨクガウ　玉豪　〔譬喩〕又、玉毫に作る。佛の白毫相を云。豪は毫の借字。【慧琳音義十一】に「玉豪。假借字也。正體從レ毛作レ毫。言二玉毫一者。如來眉間白毫毛也。皓白光潤。猶如二白玉一。佛從二毫相一。放二大光明一。照二十方界一。故云二玉毫瑞色一也。」【西域記張說叙】に「玉毫流レ照甘露灑二于大千一。金鏡揚レ暉薰風被二于有截一。」

ギヨククワ　玉花　〔堂塔〕宮名。唐の玄奘三藏、玉華宮に於て大般若經を譯す。【釋門正統八】に「顯慶四年。以二玉華宮一爲レ寺。追二崇先帝一。詔居レ之。於レ此譯二大般若經一。涉二四年一成二六百卷一。」

玉泉玉花兩宗　〔流派〕玉泉は天台宗、玉花は法相宗を云。新譯の經論を出して支那に法相宗を傳へしは玄奘師なり、依て其の所居に就て玉花と云。

ギヨククワン　玉環　〔物名〕玉製の環。千手觀音の一右手に持てるもの。手を玉環手と云ふ。

ギヨクセン　玉泉　〔寺名〕寺の名。天台智者の所居。【智者別傳】に「於二當陽縣玉泉山一而立二精舍一。蒙レ敕賜レ額。號爲二一音一。重改爲二玉泉一。其地本來荒險。神獸蛇暴。」【止觀一上】に「於二荆州玉泉寺一。一夏敷揚。」⦿（太平記一七）「玉泉水淸。」⦿（太平記一）「三諦即是の月光を玉泉の流に浸せり。」

玉泉玉花兩宗　〔流派〕「ギヨククワ」を見よ。

ギヨクテフ　玉牒　〔術語〕佛典を云。【因明大疏一】に「金容映レ夢。玉牒暉レ晨。」

ギヨクニウ　玉柔　〔雜名〕牛の肉なり、牛の肉と云へば顯はなる故に玉柔と云ふ。氷揭羅童子經に出づと。【諸儀軌訣影三】

ギヨクヤ　玉耶　〔人名〕給孤獨長者の兒婦の名。

玉耶女經　〔經名〕一卷。失譯人名。佛玉耶女に對して女人の十惡、五善三惡の法を說き、七種の婦を分別す。玉耶女教を聞て悔過しければ爲に十戒を授く。【昃帙四】

玉耶經　〔經名〕一卷。東晉の曇無蘭譯。上經「と同本異譯。

ギヨサン　漁山　〔地名〕又、魚山に作る。支那の地名。魏の曹植此處に在て始て梵唄を製す、依て梵唄を漁唄漁梵など云。【玄贊四】に「陳思王登二漁山一。聞二巖岫誦レ經。淸婉遒亮。遠谷流レ響。遂擬二其聲一。而制二梵唄一。故今俗中。謂二之漁梵一。冥二西域三契七聲闘俱胝耳等所作法一也。」【文句記五中】に「按二梁宣驗記一云。陳思王。姓曹名植。字子建。魏武帝第四子。十歲善二文藝一。私制二轉七聲一。植曾遊二漁山一。於二巖谷間一。聞二誦經聲一。遠谷流レ美。乃效レ之而制二其聲一。如二賢愚經鈴聲比丘緣一。」【西征記】に「魚山此臨河。在二濟州一。」慈覺大師入唐して此梵唄を相傳せしを、其より第十代に當て良忍上人あり、殊に此業に精く、大原山に於て來迎院を創して之を傳授す。是より此處梵唄聲明の本場となり、彼の山に因みて山をも魚山と名く。聲明に顯密の二流あり、顯の聲明は盡く此末流なり【壒囊鈔十五】⦿（大平記二）「歌唄頌德の所には、魚山の嵐響を添へ」

魚山の聖　〔雜語〕聲明に巧みなる法師を云。

ギヨシ　魚子　〔譬喩〕因多くして果の成熟すると少きを魚の子に譬ふ。【智度論四】に「菩薩發二大心一。魚子菴樹華。三事因時多。成レ果時甚少。」図佛の衆生を念ずる魚母の魚子を念ずるに譬ふ。【智度論三十七】に「以二佛念一故。而不二墮落一。譬如二魚子母一。念則得レ生。不レ念則壞。」

ギヨト　魚兎　〔譬喩〕經文の義理に譬ふ。【止觀三】に「得二魚兎一忘二筌罤一。」

ギヨバン　魚板　〔物名〕本名を梆と云。魚形の小板。禪院の浴室に之を懸く。【象箋十八】

ギヨボン　漁梵　〔雜名〕陳思王漁山に在て梵唄を創しければ梵唄を漁梵と云。「ギヨサン」を見よ。

ギヨモ　魚母　〔譬喩〕彌陀佛の念力を以て極樂國土を住持するを魚母の子を念持するに譬ふ。【淨土論註上】に「住持者。如下黃鶴持二子安一千齡更起。魚母念二持子一逕レ澩不上レ壞。」

ギヨランクワンオン　魚籃觀音　〔菩薩〕三十三觀音の一、手に魚籃を持せるを以て名あり。又水上大魚に乘りたる形像あり。【法華普門品】に「或遇惡羅刹。毒龍諸鬼等。念彼觀音力。時悉不敢害。」とあるに配すれ共、中世支那に起れる信仰にして經軌になし。宗學士全集補遺第三にある魚籃觀音像贊にある故事より來りたるものの如し。

ギヨワウバイモ　魚王貝母　〔譬喩〕此二行く時衆魚衆貝悉く附隨す。以て一の大煩惱に衆惑の隨起するに譬ふ。【止觀五下】に「魚王貝母。衆使具足。」

ギリ　義理　〔術語〕理に適へる道。【八十華嚴經廿一】に「修多羅文句義理。無レ有二忘失一。」【思益經力說品】に「隨二其義理一不レ隨二章句言辭一。」【成實論衆法品】に「佛法皆有二義理一。外道法無二義理一。」

ギリ　義利　〔術語〕義と利と相應じ、義には必ず利あれば義利と熟す。【佛地經論一】に「義利現益名レ義。當益名レ利。」【大日經疏七】に「於二一一眞言一。皆具能成二就一切義利一。」

ギリウ　義龍　〔譬喩〕義學に長じたるを龍に譬ふ。【釋氏要覽中】に「陳高僧惠榮。講學縱橫。號二義龍一。」

ギリカ　耆利柯　〔人名〕Girika 人の名。譯、山。【阿育王經一】

ギリン　祇林　〔地名〕祇陀林の略。「ギダ」を見よ。

ギリンジヤウ　義林章　〔書名〕「ダイジヨウホフヲンギリンジヤウ」を見よ。

ギルキノシダイ　義類次第　〔術語〕法相宗の三時教判を釋する語、年月を以て次第するの意に對す、釋尊所說の教法を年月の前後に關せず。教義の淺深によりて有空中の三時に判ずるなり。

ギレイ　義例　〔書名〕止觀義例の略稱。荆溪の作、「二卷。

義例纂要　〔書名〕六卷。宋の神智從義、義例を釋せしもの。所謂山外の異義なり。

義例隨釋　〔書名〕六卷。草堂處元著。義例を釋して山外神智の纂要を破す。

ギワク　疑惑　〔術語〕理を疑ひ事に迷ふて是非を決定すると能はざるもの。【法華經譬喩品】に「今於二世尊前一。聞レ所レ未レ聞。皆墮二疑惑一。」【無量壽經下】に「疑惑中悔。自爲二過咎一。」

ギヲン　祇園　〔地名〕又、祇洹。祇桓に作る。祇園

は祇樹園。祇陀園。祇樹給孤獨園の略。洹桓二字、經論互に用ふ。或は云ふ梵語、或は云ふ漢語、桓は林なり。【釋要】に「祇桓者。梵語也。若作二方言一釋者。應法師曰。桓即林也。即祇陀太子林也。以下古桓字與二園字一同用上也。」案に若し之を梵語とすれば洹字を正とし桓は借、若し之を漢語とすれば桓字を正とし洹は假借なり。「ギジユギフコドクヲン」を見よ。

祇園精舍 〔堂塔〕祇陀園林須達精舍の略。【涅槃經二十九】に「時に須達長者舍利弗に白す。大德此の大城（舍衞城を指す）の外に何の處か地あり、近からず遠からず、多く泉池に饒かにして、好林樹あり、花果蔚茂し、淸淨閑豫なるや、我れ當に中に於て佛世尊及び比丘僧の爲に精舍を造立すべしと。舍利弗曰く、祇陀（太子の名）の園林、近からず遠からず、乃至此處最勝なり、精舍を安立すべし、云云と」⊙（平家一）「祇園精舍の鐘の聲、諸行無常の響あり。」

祇園精舍興廢 〔故事〕【法苑珠林三十九】に「依二宣律師祇洹寺感通記一云。經律大明二祇洹寺基趾一。多云二八十頃地一百二十院一。准約東西近有二十里一。南北七百餘步。祇陀須達二人共造。成レ之已後。經二二百年一。被レ燒都盡。則當二此土周姬第十三王平王三十一年一。乃至於二後五百年一。有二旃育迦王一。依レ地而起。十不レ及レ一。經二于百年一。被二賊燒盡一。經二十三年一。有二王六師迦者一。依レ前重造。屋宇壯麗。皆寶莊嚴。一百年後。惡王壞レ之。爲二殺レ人場一。云云。」

祇園精舍の無常院 〔堂塔〕【釋氏要覽下】に「西域傳云。祇桓西北角。日光沒處。爲二無常院一。若有二病者一。當レ安二其中一。意爲下凡人內心貪二着房舍衣鉢道具一。生二戀着心一。無中厭背上故。制二此堂一。令四聞レ名見レ題悟三一切法無二彼常一故。」

祇園精舍の頗梨鐘 〔物名〕【祇園圖經】に出づ。【往生要集上本】に「祇園寺無常堂四角。有二頗梨鐘一。鐘音中。亦說二此偈一。」「カネ」の項を見よ。

祇園圖經 〔書名〕一卷。南山道宣著。

ギヲンヱ 祇園會 〔行事〕京都祇園神社に行はる齋會、具さに祇園御靈會と云ふ、今の祇園なり。當社は貞觀十八年常住寺十禪圓如法師が播摩國廣峰より、牛頭天王を勸請して觀慶寺を建立したるに初まり、承平四年六月、修行者感神院を建てたる時初めて社殿あり。天祿元年六月十四日（一說に貞觀十八年と云ふ）疫病退散の爲に行ひたる齋會を以て祇園會の最初とす。古は佛式を以て行ひたるものなりしが、今は八坂神社として純然たる神社となる。

ギンエイ 吟詠 〔雜事〕二事吟詠を許す。【毘奈耶雜四】に「佛言く、吟詠の聲を作して諸の經法を誦すべからず、及び經を讀み、請敬白事皆作すべからず。然に二事あり吟詠の聲を作せ、一は謂く大師の德を嘆ず、二は謂く三啓經を誦す、餘は皆合せず。」

ギンカクジ 銀閣寺 〔寺名〕本名、慈照寺。淨土寺村に在り。寺內二重の銀閣あれば俗に銀閣寺と云。相國寺の末。十刹の一。夢窓國師の開基。【山城名勝誌十三】

ギンシキニヨキヤウ 銀色女經 〔經名〕佛說銀色女經、一卷、元魏の佛陀扇多譯。佛過去に銀色女と爲て他を救ひし事を說く。佛說前世三轉經と同く、事迹小異なり。【宙帙六】（271）

ギンダウ 銀堂 〔堂塔〕南都東大寺境內に在て銀の丈六佛を安置す。【扶桑略記二十八】に「寺內東去五六町許。山上有レ堂。謂二之銀堂一。堂中安二銀丈六盧舍那佛像一。蓋以レ之爲二堂號一也。」

ギンチ 銀地 〔雜名〕或は金地瑠璃地など。佛閣道場の通稱。【本朝文粹施無畏寺鐘銘】に「云排二丹霞一聊啓二銀地一。」

ギンチダウヂヤウ 銀地道場 〔堂塔〕支那天台山に在る古佛の道場、智者大師此に法を傳ふ。【大明一統志四十七】に「銀地嶺在二天台縣北三十里一。與二金地嶺一相接。相傳爲二定光佛示現處一。」【元亨釋書三圓珍傳】に「如二台州一上二天台山一列二禪林寺一。乃陳朝修善寺。智者傳法之所。所レ謂銀地道場也。」

ギンプウ 吟諷 〔雜語〕【毘奈耶雜事】に「善和苾芻作二吟諷聲一。讚二誦經法一。其音淸亮。上徹二梵天一。」

ギンリンワウ 銀輪王 〔雜名〕四種輪王の一。「リンワウ」を見よ。

ギンワンリセイセツ 銀椀裏盛雪 〔公案〕生佛一如の眞源、即ち一色邊の宗極を示したるもの。雲門文偃の法嗣巴陵新開院顥鑒の三轉語の一にして、碧巖集十三則に「僧巴陵に問ふ、如何か是れ提婆宗。巴陵云はく、銀椀裏に雪を盛る。」又、【寶鏡三昧歌】に「銀盌盛レ雪。明月藏鷺。類而不レ齊。混則知レ處」とあり。

く

ク 苦 〔術語〕梵語豆佉 Duḥkha 身心を逼惱するを云。【佛地經五】に「逼二惱身心一名レ苦。」【大乘義章二】に「逼惱名レ苦」

二苦 〔名數〕一に內苦、此に二種あり、四百四病を身苦とし、憂愁嫉妬等を心苦とし、此二を合せて內苦とす。二に外苦、此に二種あり、一に惡賊虎

狼等の害、二に風雨寒熱等の災、此二を合せて外苦とす。【智度論十九】

三苦 【名數】一に苦苦、寒熱饑渇等の苦緣より生ずる苦。二に懷苦、樂境の壞する時生ずる苦。三に行苦、一切有爲法の無常の爲に遷動せらるる苦。【俱舍論二十二、三藏法數十二】図、數論の三苦は、依內依外、依天の三なり。依內は身心の苦。依外は人、物の害より來る苦。依天は風雪等より來る苦。【金七十論上】

四苦 【名數】生老病死の四。

五苦 【名數】一に生老病死苦。即ち四苦を合して一とす。二に愛別離苦。親愛する者と離別する苦。三に怨憎會苦、憎惡する者と會合する苦。四に求不得苦、求欲する者を得ざる苦。五に五盛陰苦、五陰盛苦とも云。五陰とは身心の總體なり、心身の熾盛生長なるに就ての諸苦なり、又心身に一切諸苦を盛受するなり。

八苦 【名數】前の五苦の中、生老病死苦を開て四苦となす。【涅槃經十二】に「八相爲レ苦。所謂生苦。老苦。病苦。死苦。愛別離苦。怨憎會苦。求不得苦。五盛陰苦。【三藏法數三十三】

悲想天八苦 【名數】八苦は人間のみならず乃至非想天にも之あるなり。【法華文句六】に「非想亦有二八苦之火一。心生二異念一名二生苦一。念念不住名二老苦一。行心擾擾妨レ定名二病苦一。退レ定是死苦。求レ定不レ得是求不得苦。求レ定不レ得必有二於障一。即怨憎會苦。四陰心即五盛陰苦。」

十苦 【名數】菩薩藏經に云く人に十苦の逼迫せらるるあり。一に生苦。二に老苦。三に病苦。四に死苦。五に愁苦。六に怨苦。七に苦受。是に三受の中の苦受なり。八に憂苦。九に病惱苦。十に流轉大苦。【釋氏要監一】

ク 句 【術語】事物の義理を詮はすを句となす。【唯識論二】に「名詮二自性一。句詮二差別一。」【俱舍論五】に「句者謂章。詮レ義究竟。如下說二諸行無常等一章上。」【瑜伽論倫記五上】に「詮二法自性一名レ名詮二法差別一名レ句。」

ク 垢 【術語】妄惑心性を垢がせば垢と名く。煩惱の異名。【俱舍論二】に「垢之與レ漏。名異體同。」【大乘義章五本】に「流注不レ絕。其猶二瘡漏一。故名爲レ漏。染二汚淨心一。說以爲レ垢。能惑二所緣一。故稱爲レ惑。」梵、摩羅、Mala

六垢 【名數】惱、害、恨、諂、誑、憍の六法、能く淨心を汚穢すれば名て垢と云。【俱舍論廿一、大乘義章五末、三藏法數二十七】

七垢 【名數】一に欲垢、他をして自己の功德を知らしめんと欲するを云。二に見垢、自己の功德に於て執着分別の見を生ずると云。三に疑垢、自己の功德に於て疑惑を生ずるを云。四に慢垢、自己の功德に於て他と校量して他を輕ずる心を生ずるを云。五に憍垢、己の功德に於て貢高欣喜の心を生ずるを云。六に隨眠垢、自己の功德を他の諸煩惱に蓋覆せらるるを云。（隨眠は煩惱の異名）七に慳垢、自己の功德に於て慳惜の心を生ずるを云。【瑜伽論七十四、三藏法數三十】

ク 鼓 【物名】樂器の名、皮を木に張り桴を以て之を擊ち鳴すもの即ち太鼓なり。【釋氏要覽下】に「五分云。諸比丘布薩。衆不二時集一。佛言。若打二犍稚一。或打レ鼓。吹レ貝。」

毒鼓 【術語】「ドクク」を見よ。

甘露鼓 【術語】「カンロ」の項下を見よ。

法鼓 【術語】「ホフク」を見よ。

金鼓 【物名】「キンク」る見よ。

天鼓 【物名】「テンク」を見よ。

ク 口 【術語】言說の處。【大乘義章七】に「起レ說之門。說レ之爲レ口。」

ク 衢 【術語】又、瞿に作る。衢の聲に十名を含む。【四阿含暮抄下】に「梵言衢十名。羊也。眼也。地也。天也。水也。說也。方也。金剛也。光也。箭也。」【俱舍論五】に「且如レ古者。於二九義中一。共立二一瞿聲一。爲二能詮定量一。故有二頌言。方獸地光言。金剛眼天水。於二斯九種義一。智者立二瞿聲一。」

クアクセツ 口惡說 【術語】二吉羅罪の一。口に妄言綺語等の惡說を出だすを云。【三藏法數七】

クアンラクギヤウ 口安樂行 【術語】四安樂行の「シアンラクギヤウ」を見よ。

クイ 舊醫 【譬喩】新舊の二醫共に乳藥を用て一は非、一は是なり。「シンクイ」を見よ。

クイ 瞿夷 【人名】Gopikā 又、瞿昆耶。瞿比迦。瞿波。瞿婆。（憍曇彌）（喬答彌）譯、明女。守護大地。舍夷長者の女、悉達太子第一の夫人。【十二遊經】に「舍夷長者。名水光。其婦母名二月女一。有二一城一居近二其邊一。生レ女之時。日將欲レ沒。餘明照二其家一。室內皆明。因字レ之爲二瞿夷一。晉言二明女一。瞿夷者是太子第一夫人。」古來悉多太子の妃に付て諸說あり上出【十二遊經】は瞿夷。耶惟檀。（羅瞿羅女）鹿野。【智度論十七】は瞿昆耶。耶輸陀羅。（羅母）とす。【法華文句二上】に十二遊經の說と共に「未曾有及瑞應皆云二羅睺是瞿夷子一。涅槃及法華皆云二是耶輸子一。」とす。瞿夷は、又、單に Gopā と稱し、守護地、覆障、牛護と譯し、善覺王の女とも云ふ。耶輸陀羅と同一人なり。上出憍曇彌 Gautamī は

瞿曇 Gautama の女性名詞なり。之れ瞿曇の妃の意なり、耶輸陀羅と同人異稱なる明なり（佛夷母とも稱す）三妃の說は三時殿を根據とするが如くなれども三時殿は印度の氣候によりて作られたるなり

瞿姨本生 〔本生〕【本起經上】に本生を談りて昔定光佛世に出でし時儒童と云ふものあり。佛出世を聞て喜で城中に行き、華を供養せんとせしが得ず。一女瞿夷あり、七莖の青蓮花を持す。儒童瞿夷より華を得、瞿夷儒童と後生婦たるを約す。儒童は今の世尊にして瞿夷は太子妃なり。これ有名なる錠光佛の授記の條なり【寶積經百七。智度論三十五】◎（十訓抄五）「釋迦如來は瞿夷女をむすびて、世世菩提心を退せず」

クイキ 九域 〔界名〕九地なり、又九界なり。弘法の【念佛法語】に「簡二九域一而止二亂心一。」

クイキ 苦域 〔譬喩〕苦の世界。娑婆は苦痛に滿てるより名く。【天台觀經疏】に「夫樂邦之與二苦域一。金寶之與二泥沙一。」

クイナカツ 拘夷那竭 〔地名〕又、倶夷那竭。拘尸那に作る。世尊入滅の國名。中印度の東北方にあり。【玄應音義二十一】に「拘尸那。舊經中或作二拘夷那竭一。又作二究施城一。那者以下梵言二那伽囉一此云レ城也。譯言二上茅一者。多有二好茅一故也。」又、拘尸城と云ふ Kuśinagara の轉訛なり

クイラ 鳩夷羅 〔動物〕Kokila 又、鳩那羅。拘者那羅。拘者羅。拘翅羅。拘枳羅。倶繋羅。瞿翅羅。瞿師羅。鵃鳴羅。倶枳羅。瞿枳羅。具史羅など。鳥の名。譯、好眼鳥。好聲鳥。美音鳥。鵐鷗など。【玄應音義五】に「鳩夷羅。或云二居枳羅鳥一。此云二好聲鳥一。」【同十】に「拘者羅。或作二拘翅羅一。梵音轉也。譯云二好聲鳥一。此鳥聲好而形醜。從レ聲爲レ名也。」【同八】に「拘枳。或名二拘翅一。或作二瞿翅羅一。譯云二鵐鷗鳥一。」【同七】に「案二中本起經一云。瞿師羅者。此譯云二美音一。」【慧琳音義十四】に「倶繋羅。舊云二倶枳羅一。梵語。西國鳥名。此國無。」

鳩夷羅衣 〔衣服〕【四分開宗記三末】に「鳩夷羅衣絳色羊作衣也。」

クイン 苦因 〔術語〕苦の業因。【法華經譬喩品】に「深著二苦因一。不レ能二暫捨一。」【成實論六】に「衣食等物皆是苦因。」

クインイチクワ 九因一果 〔術語〕十界の中前九界は因にして後一は果なり。「ソン」を見よ。

クイン 口印 〔印相〕不動尊十四印の一。「フダウ

クウ 驅烏 〔雜名〕七歲より十三歲に至る沙彌を云。食上の烏を驅る役を勤むる義。【四分律三十四】に「爾時阿難有二檀越家一死盡。唯有二一小兒在一。將至二佛所一。頭面禮レ足。在二一面一坐。佛知而故問。此是何等小兒。阿難以二此因緣一。具白二世尊一。世尊告言。何故不三度令二出家一。答言。世尊先有レ制。不レ得レ度下減二年十二一者上。是以不レ度。佛問二阿難一。此小兒能驅レ烏。能持レ戒。能一食不。若能如レ是者。聽令二出家一。阿難報言。此小兒能驅レ烏。能持レ戒。能一食。佛告二阿難一。若此小兒。盡能爾者。聽三度令二出家一。」【十誦律二十一】

クウ 空 〔術語〕因緣所生の法、究竟して實體なきを空と云。又、理體の空寂なるを云。【維摩經弟子品】に「諸法究竟無二所有一。是空義。」【同注】に「肇曰。小乘觀二法緣起一。內無二眞主一爲二空義一。雖二能觀レ空。而於レ空未レ能二都泯一。故不二究竟一。大乘在レ有不レ有。在レ空不レ空。理無レ不レ極。所以究竟空義也。」【大乘義章二】に「空者就レ理彰レ名。理寂名レ空。理之別目。絕二衆相一故名爲レ空。」【萬善同歸集五】に「敎所レ明空。以二不可得一故。無二實性一故。是不二斷滅之無一。」梵 Śūnyatā

二空 〔名數〕一に生空、衆生の空無を云。二に法空、事物の空無を云。【智度論十八、同二十】又、此二を又我空法空と名く。【唯識論】又、此二を人空法空と名く。【法藏心經略疏】 図 一に內空、內身の空無を云。二に外空、外器の空無を云。【般若經五、雜阿毘曇論七、吉藏仁王經疏二】 図 一に但空、小乘の空、ただ空を見るを云。二に不但空。大乘の空、但空を見るのみならず、空も亦空なりと見て即ち中に歸するを云。【止觀三上】

三空 〔名藏〕一に我空、二に法空、三に倶空、我も法も倶に空ずるなり。【金剛經刊定記一、三藏法數十】又、三解脫門を三空と云。【大乘義章二、同四】

四空 〔名數〕一に法相空、有法の空無を云。二に無法空、無法の空無を云。三に自法空、自性の空無を云。四に他法空。他法の空無を云。【大乘義章二】

六空 〔名數〕【仁王經上】に「色受想行識空。十二入十八界空。六大法空。四諦十二因緣空。」天台の【同經疏中】に智度論を引て之を六空となす。一に果報空、五蘊空是なり。二に受用空、十二入空是なり。三に性別空、十八界空是なり。四に遍到空、六大空是なり。五に境空、四諦空是なり。六に義空、十二因緣空是なり。

七空 〔名數〕【楞伽經一】に七空を說く。一に相空、生相を求めて不可得の空。二性自性空、性自らの空なり。三行空、三業の所作不可得なる。四、無行空、緣起の自性空なる故行即無行となる。

五、一切法離言説空、一切法は言説すべからずと。六、第一義聖智大空、佛の聖智は見思を空じ、能空の智亦空なり、此の畢竟空を大空と云ふ。七、彼彼空、之れ假空なり、空舍の空の如し、舍體を空ずるあたはず。又【智度論三十六】に七空あり廣説十八空、略説七空とすと云ふ。㊀性空。㊁自相空。㊂諸法空。㊃不可得空。㊄無法空。㊅有法空。㊆無法有法空。

十一空　［名數］　㊀內空。㊁外空。㊂內外空。㊃有爲空。㊄無爲空。㊅無始空。㊆性空。㊇無所有空。㊈第一義空。㊉空空。(十一)大空。【涅槃經十六、大乘義章四】

十三空　［名數］　十一空に波羅蜜空、因空、佛果空を加へて無所有空を除く。【仁王經上】

十六空　［名數］　㊀內空。㊁外空。㊂內外空。㊃空空。㊄大空。㊅勝義空。㊆有爲空。㊇無爲空。㊈畢竟空。㊉無際空。(十一)散空。(十二)本性空。(十三)自性空。(十四)一切法空。(十五)無性空。(十六)無性自性空。【般若經四百八十三】

十八空　［名數］　內空。外空。內外空。空空。大空。第一義空。有爲空。無爲空。畢竟空。無始空。散空。性空。自性空。諸法空。不可得空。無法空。有法空。無法有法空。【智度論二十、同三十一、同四十六、法界次第下、大乘義章四】

クウイチケンジキ　空一顯色　［術語］　四洲より天色、北洲よりは金色、東洲よりは銀色、南洲よりは碧色、西洲よりは赤色。是れ須彌山の四面の空中に於る各一の顯色なれば空一顯色と云。婆沙論の正義に依れば顯色に青黃乃至明暗の十二あり、形色に長短乃至正不正の八あり、惣じて二十色に限る。空一顯色の如きは唯明闇の差別なりとす。然るに婆沙の一師及び瑜伽論等の説に依れば、須彌山の四方に於る空一顯色を以て一の別體の顯色と立て、以て第二十一を數ふるなり。【俱舍論一】に「有餘師說。空一顯色。第二十一。」【同光記一之餘】に「妙高山四邊空中各一顯色。名二空一顯色一。故正理三十四云。空一顯色。謂見二空中一蘇迷盧山所レ現純色。」

クウイチサイシヨ　空一切處　［術語］　又、空徧處。禪定の名。一切處を徧くして空界の一色たらしむるもの。十徧一切處定の一。【三藏法數三十八】

クウイモンコニフオシンシヤウ　空爲門故入於眞性　［術語］　格言。空理を以て佛教の眞理となすにあらず、邪執を空ぜんが爲に空を假り、門戶となし、以て中道の眞理に入るのみ。眞理は中道にして空にあらずとなり。【法苑義林章一末】に「說レ要二觀レ空方證一レ眞者。謂要レ觀二彼遍計所執空一。爲レ門故入二於眞性一。眞體非レ空。」【演密鈔三】に「三乘之人。同以レ空爲レ門。入二諸法眞實之性一。」

クウイン　俱有因　［術語］　六因の一。俱時に有る法が互に因となるを俱有因と云。例へば地水火風の四大の如き、必ず四大相依て生ずるもの、彼は我の因となり、我は彼の因となると恰も三叉の相依て立つに均し。之を俱有因と名く。而して此法は因果同時なれば相對して俱有因と云ふを得ると共に、相望して互爲果と云ふを得るなり。四大の中一大を因とすれば他の三大を果とし、他の三大を因とすれば此一大を果とし、互に因と爲る者は必ず互に果となればなり。其の果の名を士用果と稱す。即ち俱有因の法は互に士用果となり、互に士用果となる者は必ず俱有因の法なり。【俱舍論六】に「若法更互爲二士用果一。彼法更互爲二俱有因一。其相云何。如三四大種更互相望爲二俱有因一。」

クウウ　空有　［術語］　遮遣するを空と云ひ、建立するを有と云。論理上正反對の二門なり。梵 Sahabhūhetu

空有二執　［術語］　凡夫の迷情、實我實法ありと執するを有執と云ひ、因果の事法涅槃の妙體なしと執するを空執と云ふ。又有無二見と名く。

空有二觀　［術語］　空有二執を破する爲にこの二觀を立つ。實我實法なしと觀るを空觀と云ひ、以て有執を破し。因果の事法涅槃の妙體ありと觀ずるを有觀と云ひ、空執を破す。法相宗に五重の唯識觀を立つる中、第一重の遣虛存實觀は即ち是の空有の二觀なり。【義林章一末】に「由下無始來執二我法一爲レ有。撥二事理一爲上レ空故。此觀中遣者。空觀對二破有執一。存者有觀。對二遣空執一。」

空有二論　［雜語］　二觀は本と二執を破する爲の一具の佛法なれば何れの宗も此意を失はざれども、自他宗對抗の上に於ては空門空觀を以て主と立る者あり、有門有觀を以て主と立る者あり。即ち小乘に在ては一切有部宗は有門有觀にして、成實宗は空門空觀なり。殊に大乘にありて法相宗の有門と三論宗の空門との爭の如き著きものとす。佛滅後一千載、印度に於て護法清辨の二菩薩出でて護法は彌勒の瑜伽論に依り、成唯識論を釋して妙有の義を張り（是れ法相宗）。清辨は龍樹の中觀論（三論の一）に依り、掌珍論を著して眞空の理を立つ（是れ三論宗）。【佛地論四】に「菩薩藏。佛滅後千載已前一味。千載已後。興二空有二論一。」【寄歸傳一】に印度の大乘を述て「所レ云大乘。不レ過二二種一。一則中觀。二乃瑜伽。中觀則俗有眞空。體虛如レ幻。瑜伽則外無內有。事皆唯識。斯並咸遵二聖教一。孰是孰非。同契二涅槃一。何眞何僞。」

意在下斷二除煩惑一拔中濟衆生上。豈欲下廣致二紛紜一重增中沈結上。」⦿（太平記）「空有の法論」

空有二宗　［名數］　八宗の中に俱舍宗を小乘の有宗、成實宗を小乘の空宗とし、法相宗を大乘の有宗とし、三論宗を大乘の空宗とす。

クウウムゲシユウ　空有無礙宗　［術語］清涼所立十宗の第九。五敎中終敎所詮の旨歸にして、賢首の眞德不空宗に當る。諸法はもと偏有偏空に非ず。空は有に即するの空、有は空に即するの有なり。故に互融雙絕して而も兩存を礙げずとする宗。四法界中理事無礙法界に約して立つ。

クウウン　空雲　［譬喩］　物の堅實ならざるを空中の浮雲に譬ふ。【維摩經觀衆生品】に「如三智者見二水中月一乃至如二空中雲一。乃至菩薩觀二衆生一爲レ若レ此。」【新譯仁王經中】に「三世善惡。如二空中雲一。」

クウエ　空衣　［衣服］　素絹衣の異名。高野山にての稱。【三餘隨筆下】に「素絹の素はしろしと讀む義にあらず、素絹といふことなり、精好の絹を用て織もの紋あるを用ゐず、高野山には空衣と稱し、醍醐の僧は等身衣といふとなん。」

クウエ　俱有依　［術語］　同時に在る依の義。又俱有根とも云ふ。【成唯識論四】に「五識俱有所依定有二四種一。謂五色根六七八識。隨闕二一種一必不レ轉故。同境分別染淨根本所依別故。聖敎唯說レ依二五根義一。以二不共一故。又必同レ境近相順故。第六意識俱有所依。唯有二二種一。謂七八識。隨闕二一種一必不レ轉故。雖二五識俱取レ境明了一。而不二定有一故非二所依一。聖敎唯說レ依二第七一者。染淨依故同轉識攝。近相順故。第七意識俱有所依。但有二一種一謂二第八識一。藏識若無定不レ轉故。如二伽他說一。阿賴耶爲レ依、故有二末那轉一。依ニ止心及意一。餘轉識得レ生。阿賴耶識俱有所依。亦但一種第七識。彼識若無定不レ轉故。論說下藏識恒與二末那一俱時轉上故。又說三藏識恒依二染汚一。此即末那」此れ唯識家の正義なれ共難陀、安慧、淨月等の所說は之と異なる。

クウカイ　空界　［界名］　六界の一。無邊の虛空を云。

空界色　［術語］　有部の所立には虛空の外に別に空界あり、眼見すべし、門牕口鼻等の內外の竅隙是なり、既に眼見すべければ色の名を附して空界色と云。【俱舍論一】に「諸有門牕及口鼻等內外竅隙。名爲二空界一。」此空界色を隣阿伽色と名く。「リンアカシキ」を見よ。

クウカイ　空海　［術語］　虛空と大海。【文句三上】に「當レ知今品乃是如來方便攝二一切法一。如二空包レ色。若二海納レ流。」【同記】に「總ニ包諸經色流一。咸歸二今經空海一。」

クウカイ　空海　［人名］　日本眞言宗の開祖、弘法大師名は空海。讚岐の人。勤操に從て出家し、求聞持法を受く。延曆十四年、東大寺の戒壇に登て受戒。二十三年五月入唐、靑龍寺の慧果阿闍梨に就て悉く密法を傳受し、大同元年八月歸朝。弘仁十三年、平城太上皇に灌頂を授く。十四年、東寺を賜りて灌頂院を立つ。承和元年、朝に奏して眞言院を宮中に置く。天長の初、僧都となる。初め弘仁七年、高野山に登て金剛峰寺を創め終焉の地となす。承和二年三月二十一日此の地に入定。壽六十二。延喜二十一年、謚を弘法大師と賜ふ。【元亨釋書一】

クウキヤウ　空經　［術語］　般若部の經。諸法皆空の旨を說くを以て空經と云。【法鼓經下】に「佛告二迦葉一。一切空經是有餘說。」

クウギヤウ　空行　［術語］　空法を修する行。空法に大小淺深あり、以て大乘小乘菩薩聲聞の別をなす。【涅槃經一】に「爲レ欲レ利ニ益安ニ樂衆生一。成ニ就大乘第一空行一。」

クウクウ　空空　［術語］　十八空の一。空の亦空を空空と云。【智度論四十六】に「何等爲二空空一。一切法空。是空亦空。是名二空空一。」【嘉祥仁王經疏二】に「空破二五陰一。空空破レ空。如下服レ藥能破レ病。病破已藥亦應レ出。若藥不レ出即復是病上。以レ空破二諸煩惱病一。恐二空復爲レ患。是故以レ空捨レ空。故名二空空一也。」

クウクウジヤクジヤク　空空寂寂　［術語］　宇宙の有形無形一切の實體は空無にして、思慮分別すべきもののなきを云ふ。

クウクワ　空果　［譬喩］　虛空の果實。無法に譬ふ。【圓覺經】に「善男子。有レ作二思惟一。從二有心一起。皆是六塵妄想緣氣。非二實心體一。已如二空華一。用二此思惟一辨二於佛境一。猶如三空華復結二空果一。展轉妄想。無レ有二是處一。」

クウクワン　空觀　［術語］　諸法皆空の理を觀ずること。一切諸法は盡く因緣所生なり、因緣所生の法は自性あることなく空寂無相なり。【中觀論四諦品】に「因緣所生法。我說即是空。」此を空諦の理と云ひ、此空諦の理を觀ずるを空觀と云。此空觀に四敎の別ありて、藏敎は諸法を分析して空理を觀ずれば折空と云ひ、通敎は分析を要せず幻夢の體に比して直に空を證すれば體空と云ひ、別敎は假中の外に空を觀ずれば偏空と云ひ、圓敎は假中即空と觀ずれば圓空と云。此の如く四種の別あるものは機に利鈍の別あればなり。利鈍の機別なれ共均く空觀を以て入理の門となすは一なり。【演密鈔三】に「三乘之人。同以レ空爲レ

門。入二諸法眞實之性一。」其の圓空を解するものは【三藏法數十】に「空者離レ相離レ性之謂也。謂觀二一念之心一。不レ在レ內。不レ在レ外。不レ在二中間一。名レ之爲レ空。由レ觀二一念空一故。一空一切空。無二假中而不一レ空。」【光明玄義拾遺記五】に「三觀之首。皆言レ即者。指二一念心即三諦一故。初云二即空一。非二即偏空一。乃觀二一念即圓空一也。此空能破二三諦相着一。故云二一空一切空一也。」【止觀五上】に「一空一切空。無二假中而不一レ空。總空觀也。」⊙(續古今)「心とて實には心のなきものをさとりは何のさとりなるらん」

空觀破怖畏 〔雜語〕 小乘は魔鬼等の怖畏ある時は三念八念を以て之を破するなり、大乘は空觀を修して之を破す。但し大乘中相違あり、顯教は豁虛無物を空となし、本來無物ならば誰をか能障となし誰をか所障とせんと觀ず。密教は然らず我が身口意も佛の身口意も魔の身口意も平等にして法界に周遍す、此中自他能所の相を泯し、不二一如なりと觀ず。

クウケウ 空教 〔術語〕 法相宗に三時教を立てて、一切の小乘教を世尊初時の說法有教とし、諸部の般若經を第二時の說法空教とし、華嚴法華等の諸經を第三時の說法中道教とす。空教は諸法皆空の理を明かす教法を云。【唯識述記一本】に「彼聞二四諦一。雖レ斷二我愚一。而於二諸法一。迷二執實有一。世尊爲レ除二彼法有執一。次於二鷲嶺一。說二諸法空一。所レ謂摩訶般若經等。」【八宗綱要法相宗】に「二者空教。於二第二時一。爲下發二趣大乘一者上。明二諸法皆空旨一。以破二前實法之執一。」

クウケン 空見 〔術語〕 因果の理を撥無する邪見。諸見の中空見の過最も重し。又、空法に着する見。【無上依經上】に「若有レ人執二我見一如二須彌山大一。我不二驚怖一。亦不二毀呰一。增上慢人。執二着空見一。如三一毛髮作二十六分一。我不二許可一。」【楞伽經三】に「我說寧取二人見一如二須彌山一。不レ起二無所有增上慢空見一。」【止觀十上】に「天竺諸見。空見最重。」【同十下】に「諸見之中。空能壞二一切一。一切不レ能レ壞レ空。」【同四上】に「當レ知邪僻空心。甚可二怖畏一。若墮二此見一。永淪長沒。尙不レ能レ得二人天涅槃一。何況大般涅槃耶。」【同十下】に「空心無レ畏。不レ存二規矩一。恣レ情縱レ欲。破二正見威儀淨命一。死皆當レ墮二三惡道中一。」「クウシフ」參照

クウケン 空拳 〔雜語〕 空手拳を作り以て小兒を誑す。【寶積經九十】に「如下以二空拳一誘中小兒上。示言レ有レ物令歡喜。開レ手拳空無レ所レ見。小兒於レ此復號啼。如レ是諸佛難二思議一。善巧調二伏衆生類一。了二知法性無二所有一。假名安立示二世間一。」【智度論二十】に「我坐二道場一時。智慧不可得。空拳誑二小兒一以度二於一切一。」【證道歌】に「空拳指上生二實解一」梵 Riktamuști

クウゲ 空華 〔譬喩〕 空中の華。眼を病むもの空に花あるを見る。もと虛空華なし、只是れ病眼の見る所、以て妄心所計の諸相實體なきに譬ふ。【圓覺經】に「妄認二四大一爲二自身一。六塵緣影爲二自心相一。譬如三彼病目見二空中華及第二月一。」【傳燈錄十歸宗語】に「一翳在レ眼。空華亂墜。」梵 Khapușpa

空華外道 〔術語〕 Śūnyapușpa 印度の小乘學者大乘を謗て空華外道となす。【慈恩傳四】に「僧皆小乘學。不レ信二大乘一。謂爲二空華外道一。非二佛所說一。乃至那爛寺空花外道。與二迦波釐一不レ殊故也。」

クウゲ 空華 〔人名〕 南禪寺の周信、字は義堂、空華道人と號す。「ギダウ」を見よ。

クウゲ 空解 〔術語〕 空理に着する知解。即ち空見なり。【止觀五下】に「生二一分空解一。此是空見法塵。與レ心相應。」【同十上】に「或作二幻本無レ實。無レ實故空。空解明利一。」

クウゲダツモン 空解脫門 〔術語〕 三解脫門の一。一切法を觀ずるに、因緣和合より生じて自性本來空にして、作者なく受者なし。此の如く通達するものは能く涅槃解脫の城に入るが故に之を解脫の門と稱す。【智度論二十】に「涅槃城有二三門一。所レ謂空無相無作。」【大乘義章二】に「涅槃果德絕レ縛名レ脫。空無相等與レ脫爲レ門。名二解脫門一。故龍樹言。行二此三法一。能入二涅槃解脫果一。故名二解脫門一。」

クウゲチウ 空假中 〔術語〕 天台所立の三諦三觀なり。所觀の理に就て三諦と云ひ、能觀の智に就て三觀と云ふ。一念の心無相なりと觀ずるを空とし、此心に一切法を具すと觀ずるを假とし、此二不二と觀ずるを中とす。空は以て一切法を破し、假は以て一切法を立て、中は以て一切法を妙にす。此三一法の異名なれば即空即假即中と云。【祖庭事苑】に「天台智者。以下龍樹偈云丙因緣所生法我說二即是空一亦名爲二假名一亦名乙中道義甲。乃依二一心三諦之理一。示二三止三觀一。嘗云。破二一切惑一莫レ盛二乎空一。建二一切法一莫レ盛二乎假一。究二竟一切性一莫レ大二乎中一。故一空一切空。無レ假無レ中不レ空。一假一切假。無レ空無レ中不レ假。一中一切中。無レ假無レ空不レ中。」⊙(野守鏡上)「猶以空假の二法を具足して」(鴉鷺合戰一 一)「空假中の三諦」

クウゲハ 空華派 〔流派〕 眞宗本願寺派の學派の名、即ち空華僧鎔の學系を云ふ。僧鎔は空華と稱し僧樸に就て學び、後眞宗宗學に於て自ら機軸を異にし、頗る發揮する所あり。

クウゲンシヨ 空閑處 〔雜名〕 阿蘭若 Āraņya

の譯。聚落を去る三百乃至六百歩。閑靜にして比丘等の修行に適する場所を云ふ。

クウコフ　空劫　〔術語〕四刧の一。此世界壞滅し已て二十中刧の間唯空空たるを云。【倶舍論十二】に「謂此世間。災所レ壞已。二十中刧。唯有二虛空一。」⊙（水鏡）に「次に空刧と申して、又二十の中刧のほどを、世の中に何もなくて大空の如くにて過ぐるなり。空しければ空刧と申すなり」（正統記）に「かくて世界虛空、黑雲の如くなる是を空刧と云ふ」

クウコン　倶有根　〔術語〕心心所と同時にありて而もその所依となる眼、耳、鼻等の六根を云ふ「クウエ」を見よ。

クウゴテン　空居天　〔界名〕空に居する天の意。地居天に對す。欲界の夜摩、兜率、化樂、他化自在の四天及び色界の諸天を云ふ。

クウサイ　空際　〔術語〕涅槃の異名。涅槃は空寂の際極なれば空際と名く。又、實際と云。【楞伽經三】に「如如與二空際一。涅槃及法界。」【註解】に「如如即眞如。空際即實際。涅槃即究竟大涅槃。法界即佛法界。此是一體異名。」「ジッサイ」を言よ。

クウサウ　空相　〔術語〕諸法皆空の相狀。因緣生の法は自性あるとなし、是れ空の相狀なり、【智度論六】に「因緣生法。是名二空相一。亦名二假名一。亦說二中道一。」【同五十三】に「須菩提常行二無諍三昧一。與二菩薩一同レ事。巧便樂三說二一種空相法門一。」図眞空の體相を空相と名く。【般若心經】に「諸法空相。不生不滅。不垢不淨。不增不減。」【法藏略疏】に「辨二此空狀一故云二空相一。或眞空體相也。」

十種空相回向心　〔名數〕十回向中第五無盡功德藏回向の菩薩、所回向を觀じて十種の無相を了知す。一に一切の衆生界に衆生あるとなしと了し。二に一切の法に壽命有るとなしと解し。三に一切の法に作者有るとなしと知り。四に一切の法に補特伽羅なしと悟り。五に一切の法に忿諍有るとなしと了し。六に一切の法皆緣に從て起て住處あるとなしと觀じ。七に一切の物皆所依なしと知り。八に一切の剎悉く所住なしと了し。九に一切菩薩の行亦た處所なしと觀じ。十に一切の境界悉く所有なしと見る。【唐華嚴經二十五】

クウサウ　空想　〔術語〕空に着する思想。【止觀五下】に「着二此空想一。諸佛不レ化。」

クウサンマイ　空三昧　〔術語〕三三昧の一。【智度論五】に「觀二五蘊無レ我無二我所一。是名爲レ空。知二一切諸法實相一。所謂畢竟空。是名レ空。是名二空三昧一。復次十八空。是名二空三昧一。」因に就て三三昧と云ひ、果に就て三解脫と云ふ。

クウザン　空盞　〔物名〕茶湯を盛る茶盞を云。【象器箋二十】

クウシキ　空色　〔術語〕無形を空と云ひ、有形を色と云。【般若心經】に「色即是空。空即是色。」【止觀五】に「金鎞抉レ膜。空色朗然。」

クウシケウ　空始敎　〔術語〕華嚴宗所立の五敎中第二を大乘始敎とし、此始敎に空始敎相始敎の二を分ち、般若三論等の諸法皆空の理を詮はすものを空始敎とし、深密瑜伽等の諸法を建立するものを相始敎とす。倶に大乘の初門なれば始敎と云。【起信論義記上】に「一隨相法執宗。即小乘諸部是也。二眞空無相宗。即般若等經。中觀等論所說是也。三唯識法相宗。即解深密等經。瑜伽等論所說是也。四如來藏緣起宗。即楞伽密嚴等經。起信寶性等論所說是也。」此中の第二は空始敎、第三は相始敎なり。

クウシフ　空執　〔術語〕偏空の執念。固く偏空の理を執て因果の理を撥無するを云。空見に同じ。「クウケン」を見よ。

クウシヤウ　空聖　〔雜名〕聖者の名を得て聖者の實德なきもの。⊙（十訓鈔）「女心ある者の空聖だちける」

クウシヤウ　空性　〔術語〕眞如の異名。梵語舜若多。Sūnyatā 譯、空性。眞如は我法二執を離れたる實體なれば、空觀を修して我法二執を離るる處、眞如の實體躍然として顯はる、即ち空に依て顯はるる實性なれば空性と云。眞如の體是れ空と云ふにあらず。【唯識述記一本】に「梵言二舜若一。可レ說二如空一。名二舜若多一。如是空性。即是二空所顯實性。故言レ空者。從二能顯一說。二空之性。依士釋名。言二眞如空一。未レ善レ理故。」【同序】に「空性了義。幾二乎息一矣。」

クウシヤウ　空生　〔人名〕須菩提の翻名。【四敎儀集註上】に「須菩提。翻二空生一。解空第一。」「シュボダイ」を見よ。

空生空死　〔雜語〕【止觀十下】に「空生空死。唐棄二一期一。」空しく生を享けて空しく死すること。醉生夢死と云ふに同じ。

クウシヤミ　驅烏沙彌　〔雜名〕三沙彌の一。比丘の食を奪はんとして來る烏を追ふ沙彌を云ふ。沙彌沙彌尼となり得る最小限を滿十五歳とすれ共、事情によりて七歳の幼者を許す事あり。是の如き沙彌を驅烏沙彌と云ふ。「クウ」を見よ。

クウシユウ　空宗　〔術語〕空理を旨とする宗。小乘には成實宗、大乘には三論宗。【原人論】に大乘中に三敎を分ち、一を大乘法相敎、二を大乘破相敎、三を一乘顯性敎とす。【宗鏡錄三十四】に此三宗を次第

の如く有宗空宗性宗となし、而して十異を立てて空性二宗を分別せり。「上之三教。攝二盡一代經論所宗一。就二三義中一。第一第二空有相對。第三第一性相相對。皆迢然易レ見。唯第二第三破相與二顯性一相對。講者禪者。俱迷爲レ同。是一宗一教。皆以二破相一即爲二眞性一。故今廣辯二空宗性宗一。有二其十異一。空相唯破相。性宗唯顯性。權實有レ異。遮表全殊。不レ可下以二遮詮遣蕩破執之言一爲中表詮直示建立顯宗之教上。又不レ可下以二逗機誘引一期權漸之說一爲中最後全提見性眞實之門上。」

空宗性宗十異 [名數] 一に法義眞俗異。二に心性二名異。三に性字二體異。四に眞智眞知異。五に有我無我異、六に遮詮表詮異。七に認名認體異。八に二諦三諦異。九に三性空有異。十に佛德空有異。【宗鏡錄三十四】

クウシヨ 空處 [界名] 無色界は總じて形色なければ空處と云ひ、此に四處の別あり、四空處と云ひ。又四無色處と名く。【法界次第上之下】

空處定 [術語] Ākāśānantāyatanadhyāna 四無色定の一。色を厭ひ、空を緣じて定に入り、定心無邊の虛空と相應すれば空處定と云ふ。【法界次第上之下】

クウシン 空心 [術語] 空理を觀ずる心。因果の理を否定する心。【止觀十下】に「空心無レ畏。不レ存二規矩一。恣レ情縱レ欲。」即ち空見を執せる心なり。「クウケン」を見よ。

クウジヤク 空寂 [術語] 諸相なきを空と云ひ、起滅なきを寂と云。【維摩經佛國品】に「不レ著二世間一如二蓮華一。常善入二於空寂行一。」【心地觀經一】に「今者三界大導師。座上跏趺入二三昧一。獨處凝然空寂舍。身心不レ動如二須彌一。」

クウジヤウゴ 九有情居 [名數] 三界五趣の中に於て、有情の樂で住する處に就て九有情居を立つ。即ち七識住と有頂天と無想天なり。一に身異想異識住、身體の形貌及び苦樂等の想念異なる處なり、人界及び欲界の六天と初禪天なり。（劫初起を除く）二に身異想一識住、劫初起の初禪天なり、初禪の梵衆梵王等身形の勝劣異なれば身異なり、劫初には梵王は梵衆を生ずと想ひ、梵衆は梵王より生ずと想ひ其の想念一なるは想一なり。三に身一想異識住、形貌異なざるは身一なり、喜受と捨受との念時に交差するは想異なり、即ち第二禪天なり。四に身想一識住、形貌異ならず、又唯一の樂想なり、即ち第三禪天是なり。五に空無邊處識住、無色界の第一處なり。六に識無邊處識住、無色界の第二處なり。七に無所有處識住、無色界の第三處なり。（已上七識住）八に第四禪の無想天。第八に非想非非想處即ち無色界の第四處なり。（第一有とも有頂天とも云ふ）【俱舍論八】に「前七識住及第一有無想有情。是名爲レ九。諸有情類。唯於二此九一欣二樂住一。故立二有情居一。」

クウジユ 空聚 [術語] 無人の聚落。【維摩經弟子品】に「以二空聚想一入レ於二聚落一。」と 図 [譬喩] 人身の六根假に和合して實主なきを無人の聚落に譬ふ。【涅槃經二十三】に「空聚落者。是六入。」【維摩經方便品】に「是身如二毒蛇一。如二怨賊一。如二空聚一。」【金光明經一】に是身虛僞。猶如二空聚一。六入村落。結賊所レ止。」【六十華嚴經二十四】に「依二六入空聚一。四大毒蛇所二侵害一。」【止觀七下】に「頭足支節。一一諦觀。了不レ見レ我。何處有二人及以衆生一。業力機關。假爲二空聚一。」

クウソクゼシキ 空即是色 [術語] 空即ち是れ色の意。色即是空に對す。【般若心經】に「舍利子。色不レ異レ空。空不レ異レ色。色即是空。空即是色。受想行識。亦復如是。」これ五蘊に就て有空不二の理を說けるもの。色は色蘊にて四大五根等の一切形質を有するものを云。此色蘊たるや因緣所生の法にして實性あることなければ、是れ色は空に異ならざるなり。かく實性空なれとも、因緣の會する處色相あり、是れ空は色に異ならざるなり。されば實性より云へば色即是空なり（之を眞諦と名く）因緣より云へば空即是色なり（之を俗諦と云ふ）而して共に即是と云ふは、不二を示したるなり。即ち中道の一實諦に歸す。⦿（續拾遺）「春秋の花も紅葉もおしなべてむなしき色ぞまことなりける」（榮花玉の臺）「空即是色なるが故に相好光明と云ふ」

クウタイ 空諦 [術語] 天台所立三諦の一。一切世間の法は有情非情を論ぜず、總て因緣生のものにして、因緣生の法は自體不實なれば空と云ひ、此理眞なれば諦と云。中論偈の「因緣所生法。我說即是空。」二句に依て之を立つ。「サンダイ」を見よ。

クウダイ 空大 [術語] 五大の一。虛空の體性廣大にして一切處に周偏すれば空大と云。【楞嚴經三】に「若レ此虛空。性圓周偏。本不二動搖一。當レ知現前地水火風。均名二五大一。性眞圓融。」

クウヂヤウ 空定 [術語] 空相を觀する禪定。內外に通ず。內道の空定は三三昧是なり。外道の空定は四無色定是なり。四空定とも云。是れ諸法を空するも獨り我を空ずると能はざる故、還て三有に輪廻す。【大日經疏七】に「若深求二此中至頣一。自然撥二除因業一。唯我性獨存。乃至無二一法入レ心。而證二空定一。最是世間究竟之理。是故垂レ盡二三有一還墮二三途一。」

クウヂン 空塵 [術語] 外道空を觀ずれば必ず空相を存して空見に墮す、此空見は六塵の中の法塵に屬すれば空塵と云。即ち外道の空觀は法塵にして正

觀にあらざるを示す。【止觀五下】に「觀心推畫。發二一分細定一。生二一分空解一。此是空見法塵。與レ心相應。何關二無生一。」【次文】に「即是向者。所レ發空塵。謂爲二涅槃一。」

クウテウ　空鳥　〔譬喩〕　空空の聲を發する鳥を云。以て眞空の妙理を知らずして濫に空を言ふに譬ふ。【止觀八上】に「諸位全無。謬謂二即是一。猶如二鼠喞一。若言二空空一。如二空鳥空一。」【同輔行】に「不レ達二諦理一。謬說二即名一。何異三怪鼠作二喞喞聲一。即聲無レ旨。濫擬二生死即涅槃一。亦如三怪鳥作二空空聲一。豈得三濫同二重空三昧一。」

クウテン　空點　〔術語〕　梵字の頂上にある圓點にてンṁの音を發するもの。此點は總て諸法皆空の理を示すものとして之を空點と名く。而して此空點は阿 𑖀 a 訶 𑖮 ha 及び仰 𑖒 ṅa 壤 𑖗 ña 儜 𑖜 ṇa 曩 𑖡 na 莽 𑖦 ma の五字より生ずるものとす。【大日經疏七】に經の仰壤儜曩莽の五字を釋して「涅槃經。此五字亦具明二字義一。今毘盧遮那宗。寄二此五字一。以明二大空一。大空是證處。無二法可レ說。故但以二圓點一表レ之。」【理趣釋上】に吽字 𑖮𑖳𑖽 hūṁ を釋して「其字頭上有二圓點半月一。即謂 𑖦 ma 摩字。」【吽字義】に「此吽字上有二空點一。是空點者摩字所生。摩字兼二人法二空義一。」

空點二形　〔名數〕　一に圓點●の形、二に仰月の形。【悉曇三密鈔上】に「凡就三此圓點與二仰月一。自他門存二異義一。他門 𑖀𑖽 aṁ 字局二圓點一。𑖒 ṅa 𑖗 ña 𑖜 ṇa 𑖡 na 𑖦 ma 五字局二仰月一也。東寺 𑖮 ha 字 𑖀𑖽 aṁ 字 𑖒 ṅa 等五字皆通成二圓點半月一也。」又【同書】に「安然は仰月を以て仰等五字の異形と爲す。」されば圓點仰月は同じ空點なれば何れか一を用ゐれば可なるべきに、他流は大日經の意に依て 𑖀𑖽 の如く一圓點に止れども、東寺と安然とは理趣經の意に依て 𑖀𑖼 の如く圓點仰月兩用するなり。【三密鈔上】に之を解して「仰月是莊嚴點。圓點是實體。」

クウニヨライザウ　空如來藏　〔術語〕如來藏とは眞如の德名。眞如の體性畢竟空寂にして一切染淨の法を止めざると明鏡内に一の實質なき如きを空と云ふ。眞如の體是れ無と云ふにあらず。【大乘止觀一】に「此心性雖三復緣起建二立生死涅槃違順等法一。而復心體平等。妙絕二染淨之相一。非二直心體自性平等一。所起染淨等法。亦復性自非レ有。」【起信論義記中本】に「言二如實空一者。此以三如實之中空二無妄染一故。云二如實空一。非レ謂二如實自空一。」

クウホフ　空法　〔術語〕　我空法空有爲空無爲空等の空理を觀ずる法。般若經之を說く。【寶積經七十八】に「欲レ除二如レ是過一。當下離二諸利養一遠離在二空閑一修中習於空法上。」【中論二】に「大聖說二空法一。爲レ離二諸見一故。」【法華經弟子授記品】に「於二諸佛所說空法一。明了通達。」図　小乘の涅槃を云。【法華經譬喩品】に「我悉除二邪見一。於二空法一得レ證。」

クウホフ　倶有法　〔術語〕　地水火風の四大種、又は本法と本相と、心王と心所との如き、同時に並び存在して一の組識をなし、互に相離れざるものを云ふ。「クウイン」を見よ。

クウマ　空魔　〔異類〕　因果を撥無する空見の惡魔。【楞嚴經九】に「有二空魔一入二其心腑一。乃謗二持戒一名爲二小乘一。菩薩悟レ空有二何持犯一。其人常於二信信檀越一。飲レ酒噉レ肉。廣行二淫穢一。」

クウム　空無　〔術語〕　一切事物の箇箇の自性なきこと。【注維摩經九】に「觀二於空無一而不レ捨二大悲一。」【注】に「肇曰。諸法之相。唯空唯無。然不下以二空無一捨中於大悲上也。」

クウムガ　空無我　〔術語〕　苦諦の四行相中の二。五蘊の法に確實なる一相異相なきを空と云ひ、我我所なきを無我と云。【法界次第中之下】に「空行者。觀二五受陰一。一相異相無故。無我者。觀二五受陰中一。我我所法不レ可レ得故。」又、我所なきを空と云ひ、我見なきを無我と云ふ。【倶舍論二十六】に「違二我所見一故空。違二我見一故非我。」図空と無我とは異名同義。【大乘義章一】に「空與二無我一。眼目異名。」【無量壽經下】に「通二達諸法性一切空無我一。」

空無我聲　〔雜語〕　極樂の八功德池の波の聲に空無我の妙法を說く。【無量壽經上】に「波揚二無量自然妙聲一。乃至或寂靜聲。空無我聲。」

クウムサウムグワン　空無相無願　〔術語〕「サンサンマイ」を見よ。

クウムサウムサ　空無相無作　〔術語〕「サン「サンマイ」を見よ。

クウムヘンシヨ　空無邊處　〔界名〕　梵 Ākāśānantāyatana 無色界の第一天。形色の身を厭ひて無邊の空を思ひ、空無邊の解を作して生ずる處なれば空無邊處と云。無色界は處所なけれども、果報の差別に由て姑く處の名を付す。【倶舍頌疏世間品一】に「修二此定一前。於二加行位一。思二無邊空一。作二無邊解一。名二空無邊處一。」

空無邊處定　〔術語〕　Ākāśānantāyatana dhyāna 人界に於て此定を修得するもの死して後空無邊處に生ずるなり。此定に加行根本の二あり、空無邊の知解あるは加行定の分なり、根本定を發得すれば只空無邊の境界のみ、知もなく解もなし。

空無邊處地 〔界名〕三界九地の一なれば地と名く。

空無邊處天 〔天等〕六道の中天道に屬すれば天と云。

クウモン 空門 〔術語〕常有の見を破せんが爲の我空法空有爲空無爲空等の空相の法門を云。【知度論十八】に「空門者。生空法空。」図 四門の一。有空に就ての四句分別の論法に、第一に有門、第二に空門。第三に亦有亦空門あり。第四に非有非空門あり。天台は自家の四敎に於て盡く此四門ありと云。【五敎章上】に「法鼓經中。以二空門一爲レ始。以二不空門一爲レ終。」⊙（十訓抄第三）「これによりて、智者は空門を破すとも云ふ」図 佛敎の總名。佛敎は主として空法を以て涅槃の門となせばなり。【智度論二十】に「涅槃城有二三門一。所謂空無相無作。」【元亨釋書表】に「空門之斐文。」

空門子 〔雜名〕僧徒を云。【釋氏要覽上】に「智度論云。涅槃有二三門一。一空門。二無相門。三無作門。何者空門。謂觀二諸法一。無二我我所一。諸法從二因緣一生。無二作者受者一。是名レ空。今出家人。由二此門一入二涅槃宅一。故號二空門子一。」

クウヤ 空也 〔人名〕釋の光勝、姓氏を言はず、或は言ふ醍醐帝の子、或は言ふ常康親王の子。沙彌たりし時、自ら空也と稱す。佚遊を好み足跡天下に遍し。過る所橋を架し井を穿ち利濟する所多し。天慶元年王城に入て彌陀を唱て市人を化す、人呼で市上人と號す。天曆二年天台山に上り、座主延昌に從て大戒を受く。五年京畿疫あり、長一丈の十一面觀音の像を刻て之を祈り、疫即ち止む。西光寺を創して之を安置す。後、奥羽二州を遊化して東夷始て佛法に沾ふ。暮年に京に歸り西光寺に居る。天祿三年九月十一日寂。壽七十。之を時宗の大祖とす。弟子中信、台敎に精く、能く師業を繼ぐ。院宇を修飾して六波羅蜜寺と稱す。【本朝高僧傳六十四】⊙（著聞集、釋敎）「六波羅蜜寺、空也上人の建立。」

空也堂 〔堂塔〕紫雲山極樂院光勝寺、空也堂と號す。京都四條坊門堀川の東敲町に在り。空也上人優婆塞の弟子平定盛之を創し、上人を以て開山とす。本堂に上人自作の像を安ず。境内に八軒あり、鉢敲と稱す、皆定盛の子孫なり。【都名所圖會一】

空也念佛 〔雜名〕定盛、上人に歸依し、其敎によりて妻子を具し、髪を畜へながら衣を着し、天台衣瓢を敲て上人の作れる和讚を諷ひ、寒中夜夜市中を徘徊せり、之を空也念佛の濫觴とす。之を俗に鉢敲と云ふ。又此鉢敲の徒、旁ら茶筅を賣て業とす。【都名所圖會一】

空也宗 〔流派〕公稱の宗名にあらず、但空也念佛を修すれば空也宗と云。天台宗に屬す。

空也忌 〔行事〕十一月十三日なり。上人は九月十一日に寂すと釋書にあれ共、上人晩年京を出て東行するとき、徒弟に謂て、今日寺を出づるの日を以て予が命日と定めよと、故に其の日を以て法事を修す。

クウリ 空理 〔術語〕人と法との二を空なりと觀ずるに依て顯はるる眞理。

クウリン 空輪 〔界名〕此世界の最下底の虛空を云。輪は圓滿の義。【佛祖統紀三十一】に「華嚴經云。三千大千世界。以二無量因緣一。乃成二大地一。依二於水輪一。風輪空輪。空無二所依一。衆生業感。世界安住。」【俱舍論十一】に「諸有情業增上力。先於二最下一。依二止虛空一。風輪有レ生。」図〔術語〕空大を空輪と云。五輪の一。図〔物名〕塔上に安ずる輪相を云。又九輪と書す、共に俗稱なり。經には相輪と云。「クリン」を見よ。

クウワウ 空王 〔術語〕佛の異名。法を空法と云ひ、佛を空王と云ふ。一切の邪執を空無するを涅槃城に入る要門とすればなり。【頌古聯珠集】に「空王以レ此垂二洪範一。錦上敷レ華知幾重。」

クウワウブツ 空王佛 〔佛名〕過去世の一佛。空王は佛の總名なれど今は一佛の名なり。法華經に釋尊阿難と共に空王佛の所にて發心せしとを説く。【法華經人記品】に「諸善男子。我與二阿難一等。於二空王佛所一。同時發二阿耨多羅三藐三菩提心一。阿難常樂二多聞一。我常勤精進。」又、阿彌陀如來因位に比丘たりし時、他の三比丘と共に此佛の白毫相を拜して成佛せしとあり。【觀佛三昧經九】【往生要集中本】に「五體投レ地。遍身流レ汗。歸二命彌陀佛一。念二眉間白毫相一。發露涕泣。應レ作二此念一。過去空王佛。眉間白毫相。彌陀尊禮敬。滅レ罪今得レ佛。我今禮二彌陀佛一。亦當二復如レ是。」（榮花物語に過去等の四句を引き禮敬を禮拜に作る）⊙（榮花玉の臺）「過去空王佛眉間白毫相。」

クウヱ 空慧 〔術語〕空理を觀ずる智慧。【嘉祥法華經疏二】に「經論之中多說。慧門鑒レ空。智門照レ有。」【安集集上】に「若依二維摩經一。不可思議解脫爲レ宗。若依二般若經一。空慧爲レ宗。」【瓔珞本業經下】に「爲二過去未來現在一切衆生一。開二空慧道一。入二法明門一。」

クウン 苦蘊 〔術語〕人身を云。人身は五蘊より成り、三苦八苦等の苦を免ぜざれば苦蘊と云。【八十華嚴經二十四】に「永除二苦蘊一。永斷二苦覺一。」

クエウ 九曜 〔雜名〕又、九執と名く。七曜と蝕星彗星の九なり。此中七曜を日に配し、以て其日の吉凶を定むるは印度の古法なり。【大日經疏四】に「諸

執者。執有二九種一。即是日月火水木金土七曜。及與羅睺 Rāhu 計都 Ketu 合爲二九執一。羅睺是交會蝕神。計度正翻爲レ旗。旗星謂二彗星一也。除二此二執一之外。其餘七曜。相次直レ日。其性類亦有二善惡一。如二梵曆中說一。」一行の【梵天火羅九曜】に委く九曜を說く。「シャウシュク」參照。

九曜曼陀羅 〔圖像〕 九曜及び其所屬の神像を圖畫せしもの。【大日經疏四】に「如レ是執曜。即是漫荼羅中一種善知識門。彼諸本尊即能順二世間事業一。而作二加持方便一。以三阿闍梨善擇二吉祥時一故。與二彼眞言本誓一。法爾相關。爲作二加持一。得レ離二諸障一也。」【梵天火羅九曜】に其神像を圖し、卷尾に梵天火羅圖一帳を載す、是れ正く九曜曼陀羅にして【寶物集五】に「唐の玄宗は楊貴妃に近付けりと云疑を以て、一行阿闍梨を火羅國とて、七日空も見えぬ所へ流し給ふ。星宿無實によりて罪を蒙る事を哀て九曜の象を現じて守り給ふ。九曜の曼陀羅は其時一行の寫て弘め給ふ所也。」と ⊙(平家二)「九曜の形を現じつつ、一行阿闍梨を守り給ふ。時に一行右の指を嚙ひ切り左の袂に九曜の形をうつされけり。和漢兩朝に眞言の本尊たる九曜曼荼羅是なり。」

梵天火羅九曜 〔書名〕 一卷。唐の一行著。【餘帙四】火羅の語詳ならず。源平盛衰記に火羅を國名となすは信すべからず。「クワラ」を見よ。

クエン 鳩垣 〔異類〕 又、鳩洹。仇桓。鬼の名。譯、大身。【玄應音儀三】に「鳩垣諸經中。或作二鳩洹一。或作二仇桓一。皆梵言訛也。此譯云二大身一也。」梵 Kupana

クエンクワ 倶緣果 〔植物〕 准提觀音の手に持つ果の名。金剛智譯の【准提陀羅尼經】に准提の書像の法を說て「第五手把二微惹布羅迦果一。漢言子滿果此間無西國有 第六手把二鉞斧一。」然に不空譯の【准提陀羅尼經】に「第五手掌二倶緣果一。第六手持二鉞斧一。」又不空譯の【大孔雀明王書像壇場儀軌】に「倶緣果其果狀似木瓜一」梵 Bījapūraka

クオン 苦陰 〔術語〕 新譯、蘊。舊譯、陰。有情の身心を構造する者を云。人身苦あれば苦陰と云ふ。「オン」を見よ。【釋門歸敬儀上】に「形則縛二於俗習一。苦陰常纏。」

苦陰經 〔書名〕 佛說苦陰經。一卷。失譯人名。即ち中阿含經中苦陰經上の別譯。【昃帙八】(578)

苦陰因事經 〔書名〕 佛說苦陰因事經。一卷。西晉の法炬譯。即ち中阿含經中苦陰經下の別譯。【昃帙八】(579)

クオンジヤウダラニキヤウ 鼓音聲陀羅尼經 〔經名〕 阿彌陀鼓音聲王陀羅尼經の略稱。

クオンジヤウワウキヤウ 鼓音聲王經 〔經名〕 阿彌陀鼓音聲王陀羅尼經の略稱。

クオンニヨライ 鼓音如來 〔佛名〕「テンクライオンブツ」を見よ。

クオンワウキヤウ 鼓音王經 〔經名〕 阿彌陀鼓音聲王陀羅尼經の略名。

クカ 苦河 〔譬喩〕 苦の深きを河に譬ふ。【大集經十九】に「善作二諸行一。能乾二苦河一。」

クカイ 苦海 〔譬喩〕 苦の際限なきを海に譬ふ。【法華經壽量品】に「我見二諸衆生一。沒二在於苦海一。」【楞嚴經四】に「引二諸沈冥一。出二於苦海一。」【心地觀經二】に「常於二生死苦海中一。作二大船師一濟二群生一。」【千手陀羅尼經】に「南無大悲觀世音。願我早得レ超二苦海一。」【止觀四上】に「苦海悠深。船筏安寄。」⊙(曲、實盛)「極樂世界に行きぬれば、長く苦界を越えすぎて」

クカイ 九界 〔名數〕 十界の中、佛界の一を除き菩薩界より地獄界に至る九を云。是れ佛界に對して悉く迷の境界なり。【玄義二上】に「己身他身。微妙寂絕。皆非權非實。而能應二於九界之權一界之實一。」⊙(太平記一六)「九界の間に、何か御邊の願なると問ひければ」

九界情執 〔雜語〕 淺深の別あれども九界の人は盡く無明の情執を免れず。獨り情執を離れて知見を全うするは佛界の一のみ。

九界袈裟 〔衣服〕 又、結袈裟。不動袈裟。山伏の首に掛くる輪袈裟の名。袈裟に九の結合あり、以て九界の衆生を結攝して之を濟度する意とす。自身は即ち佛界なり。依て九界袈裟と稱す。又、金剛界の九會曼荼羅を幖するなり。【資道什物記】又、九界袈裟は胞衣の形を取るとの說あり「エナ」を見よ。

クカイ 狗戒 〔術語〕 天竺外道の中に狗の死して天上に生るるものあるを見て、狗法は天上の生因なりと邪度し、狗に則りて戶外に臥し、人糞を食ふものあり。之を狗戒外道と云。【智度論二十二】に「外道戒者。牛戒鹿戒狗戒羅刹鬼戒啞戒聾戒。如レ是等戒。智所レ不レ讚。唐苦無二善報一。」【倶舍論十九】に「本論說。有二諸外道一。起二如レ是見一。立二如レ是論一。若有二士夫補特伽羅一。受二持牛戒鹿戒狗戒一。便得二清淨解脫出離一。永超二衆苦樂一。至二超苦樂處一。」

クカク 苦覺 〔術語〕 苦の覺想【八十華嚴經二十四】に「永除二苦蘊一。永斷二苦覺一。」

クカリ 瞿迦離 〔人名〕 又、倶迦利。倶迦離に作る。比丘の名。「クガリ」を見よ。

クガクブツ 九河供佛 〔雜語〕 大乘を信解する

人は、過去に於て熈連河又は八恒河等の邊の諸佛の舊跡を供養したる果報なりと説く。【涅槃經六】

クガニ　瞿伽尼　〔界名〕又、劬伽尼に作る。西大洲の名。譯、牛。「クダニ」を見よ。

クガホツシン　九河發心　〔雜語〕九河供佛に同じ。

クガリ　瞿伽離　〔人名〕Kokālika巴 Kokāliya 又、倶伽離。仇伽離。瞿迦離。倶迦利に作る。比丘の名。譯、惡時者。牛守。提婆達多の弟子。【大寶積經二】に「倶迦利比丘唐言惡時者」【慧琳音義二十六】に「瞿伽離。亦云瞿波離。亦云瞿和離。此云牛守。」

瞿伽離謗二聖墮地獄　〔傳説〕【智度論十三】に、舍利弗目連雨に遇て陶家に宿す。暗中先に女人あり、二人不知。女人夜夢に精を失し、晨朝水浴す、瞿迦離見て二人不淨を行ひたりと云ふ。三度佛に呵せられて改めず、遂に瘡を生じ死して大蓮華地獄に墮つ。【雜寶雜經三。雜阿含經四十八。十誦律三十七】にも出づ。【涅槃經二十】に「瞿伽離比丘。生身入地。至阿鼻獄。」

倶迦離無信墮惡道　〔傳説〕【智度論一】に「如提婆達多大弟子倶迦離。無信法故墮惡道中。是人無信。於佛法自以智慧求不能得。何以故。佛法甚深故。」

クキ　倶起　〔術語〕同時に生起すること。二つ以上のものが倶時に生ずるなり。

クキヤウ　九經　〔名數〕十二部經の中の九部を云。十二部經には大小乘の別あり。【大乘義章一】に「小乘九者。十二部中。除彼授記無問自説及以方廣。大乘九者。十二部中。除彼因縁譬喩論義。大小各九。」【四教儀集注上】に「別言之。小乘譲三存九。小乘灰斷無方廣經。説必假縁無無問自説。雖有受記作佛者少。」【三論玄義】に「鑽仰九經。澂汰五部。」【梁僧傳二】に「託意九經。遊心十二。」

クキヤウ　究竟　〔術語〕梵字 Uttara の譯。事理の至極を云。【三藏法數六】に「究竟猶至極之義。」

究竟覺　〔術語〕起信論四覺之一。菩薩の大行圓滿して究竟至極の覺を云。即ち成佛の位。【起信論】に「如菩薩地盡。滿足方便。一念相應。覺心初起。心無初相。以遠離微細念故。得見心性。心即常住。名究竟覺。」【三藏法數九】に「究竟即決定終極之義也。謂能覺了染心之源。究竟終窮。同於本覺故名究竟覺。」

究竟位　〔術語〕大乘五位の一。佛果は究竟至極の位なるを以て究竟位と云。【唯識論九】に「究竟位。謂住無上正等菩提。」【述記十末】に「言究竟者。略有二義。一簡前四位名究竟。二簡二乘名究竟。二乘雖得菩提涅槃。非究竟義。非高勝故。」【三藏法數二十一】に「究竟位。謂妙覺佛證此果位。最極清淨。更無有上。故名究竟位。」

究竟即　〔術語〕台宗六即位の第六。佛果究竟の覺悟なれば究竟と云ひ、此覺智初位の凡心と理體不二なれば即と云。【止觀一下】に「究竟即菩提者。等覺一轉入于妙覺。智光圓滿。不復可增。」【四教儀】に「智斷圓滿。爲究竟即。」【觀經妙宗鈔上】に「六種即名。皆是事理。體不二義。」【涅槃經】に「發心究竟二不別」◉（徒然草）「究竟は理即にひとし」

究竟佛　〔術語〕六種佛の第六。究竟即の位に至て事理共に圓滿する佛を云。（前五佛は理圓なるも事は圓せず）【觀經天台疏】に「究竟佛者。道窮妙覺。位極於茶。故唯佛與佛乃能究盡諸法實相。邊際智滿。種覺頓圓。乃至如十五日月圓滿具足衆星中王。最上最勝。威德特尊。是爲究竟佛義。」

究竟道　〔術語〕理の至極を云。【智度論七十二】に「究竟者。所謂諸法實相。」

究竟樂　〔術語〕涅槃の妙樂を云。【起信論】に「離一切苦。得究竟樂。」

究竟如虛空廣大無邊際　〔雜語〕歌題。【往生論】に「觀彼世界相。勝過三界道。究竟如虛空。廣大無邊際。」是れ極樂の究竟圓滿せる相を讃嘆せしもの。◉（散木）「春雨のあしとは人のふりくれどまなくも見えず程の廣さに」

究竟一乘法性論　〔書名〕四卷。元魏の勒那摩提譯。【暑帙二】（1236）

クキヤウイチサイチチ　究竟一切智地　〔術語〕眞言宗には初地の淨菩提心より已上、等覺に至るまでを信解地の中に攝し、唯だ妙覺の位を究竟一切智地と名くるなり。【大疏二】に「此經宗。從淨菩提心以上十住地。皆是信解中行。唯名究竟一切智地。」【同二】に「唯如來名究竟一切智地。如華嚴中。初地菩薩能信如來本行所入。乃至信成就果。於如是諸事。其心畢竟不可破壞。不復隨他縁縛。故名信解行地。亦名到於修行地也。」

クキヤウグワン　究竟願　〔術語〕願心不退にして遂に成就するを云ふ。

クキヤウネハン　究竟涅槃　〔術語〕「ダイハツネハン」に同じ。

クキヤウホフシン　究竟法身　〔術語〕無上の佛果なり。法性をさとり究めたる佛身。「ホフシン」を見よ。

クキラ 瞿枳羅 〔動物〕 Kokila 又、倶枳羅。鵁鳴羅。拘枳羅に作る。鳥の名。「クイラ」を見よ。

倶枳羅經 〔經名〕 倶枳羅陀羅尼經の異名。

倶枳羅陀羅尼經 〔經名〕 佛說倶枳羅陀羅尼經、一卷。宋の法賢譯。佛阿難に對して之を說く。倶枳羅は陀羅尼の名。

クギ 句義 〔術語〕 一句一句に就ての義理を釋するを云。眞言を釋するに初に字義を釋し、次に句義を釋するを例とす。【大日經疏四】に「眞言中有字義句義。」「シシヤク」を見よ。

クギ 拘耆 〔動物〕 拘耆羅の略。鳥の名。譯、好聲鳥。「クイラ」を見よ。【玄應音義八】

クギ 救蟻 〔故事〕 沙彌を救蟻と名く。【雜寶藏經四】に「昔一の羅漢あり、一の沙彌を畜ふ。此沙彌却後七日必ず命終すべきを知り、暇を與へて家に歸らしめ、七日の頭に至て命じて還り來らしむ。沙彌師を辭して便ち去る、其道中に於て衆の蟻子水の爲に漂流して命將に絕んとするを見、慈悲心を生じて、自ら袈裟を脫し、土を盛り、水を堰て、蟻子を取て高燥の處に置く。遂に悉く活するを得たり。七日の頭に至て還て師の所に歸る。師甚だ之を怪み、尋で便ち定に入り、天眼を以て觀知するに、更に餘福なし。蟻子を救ふ因緣を以ての故に七日にして死せず、延命を得。」

クギニ 工伎兒 〔譬喩〕 心を巧みなる優伎者に譬ふ。【楞迦經四】に「心爲工伎兒。意如和伎者。五識爲伴侶。妄想觀伎衆。」

クギヌキ 釘貫 〔雜名〕 葬場を圍む柵を云。【壒囊鈔五】に「町町にある城戶をクギヌキと云歟、文字如何。クギヌキと云也、平家にも成經歸洛の時、父の墓に參りて壇築きくぎぬきせさせと書く、字にも釘貫と書く、人を登せじとて釘を打通して根を返さざる故に釘を貫くと書く歟。」

クギナラ 拘耆那羅 〔鳥名〕 鳥の名。「クイラ」を見よ。

クギヤウ 恭敬 〔術語〕 謙退を恭と云ひ、其の德を推尊するを敬と云。【法華經嘉祥疏二】に「謙遜畏難爲恭。推其智德爲敬。」【釋氏要覽中】に「四分律云。汝等比丘。於我法中出家。更相恭敬。佛法可得流布。戒本云。若比丘不恭敬。犯波逸提罪。」

恭敬施 〔雜語〕 三施の一。他に向て恭敬禮拜等を爲すを云。【智度論十二】に「恭敬施者。信心淸淨。恭敬禮拜。將送迎逆。讃歎供養。如是等種種。名爲恭敬施。」

恭敬經 〔經名〕 中阿含經第十に攝む。恭敬は威儀を具し學法を具し、乃至涅槃に至る源なるを說く。【昃帙五】

クギヤウ 苦行 〔術語〕 梵語、Duṣkara-carya 又は Tapas の譯、又、難行苦行と熟す、身に堪へがたき諸種の行を敢てするを云ふ。主として佛法以外の外道の敎ふる所の行業を指す。苦行を以て出離解脫の道とする思想は一般に印度に行はれたるなり。世尊の六年苦行の事跡に見て知るべし。後世に至り佛敎中の荒行をも苦行と云ふに至る。図 寺內の淨人を苦行と云。【傳燈錄豐干章】に「本寺廚中。有二苦行。曰寒山子拾得。」【宋高僧傳常譽傳】に「乃禮歸宗寺禪師。充苦行焉。」

苦行外道 〔流派〕 【俱舍論九】に「如諸離繫及婆羅門輸婆多。般利伐羅多迦等。異類外道。受持種種露形。拔髮。杖烏鹿皮。持髻。塗灰。執三杖。剪鬚髮等無義苦行。」【百論上】に「勒沙婆弟子。誦尼乾子經。言五熱炙身。拔髮等。受苦法。是名善法。又有諸師。行自餓法。投淵赴火。自墜高巖。寂默常立。持牛戒等。是名善法。」【止觀輔行十之一】に「苦行即長壽天行。五熱炙身等。總有六行。一自餓。二投淵。三赴火。四自墜。五寂默。六持雞犬等戒。」【本行集經二十四】に「或有裸形。或臥棘上。或臥板上。乃至或臥塚間。或蟻垤內。猶如蛇居。乃至或復有用沙土烟塵。以塗身正立而住。或不梳洗頭首面目。髮如螺髻。拳攣而住。或復拔髮。或拔髭鬚。」【智度論三十八】に「諸外道等。信著苦行。若佛不六年苦行。則人不信。言是王子慣樂不能苦行。以是故。佛六年苦行。」

佛伏苦行外道 〔故事〕 【因果經三】に「即於尼連禪河側。靜坐思惟。觀衆生根。宜應六年苦行而以度之。思惟之已。便修苦行。於是諸天。奉獻麻米。太子爲求正眞道故。淨心守戒。日食一麻一米。」

苦行宿緣經 〔經名〕 佛、今生に六年の苦行を爲すに至れる宿の因緣を說きしもの。佛說興起行經下に攝む。【辰帙十】(733)

苦行論師 〔流派〕 二十外道の一。【外道小乘涅槃論】に出づ。「苦行外道」を見よ。

クギヤウリン 苦行林 〔地名〕 釋尊の苦行し給ひし地。優樓頻螺村なり「ウルビンラ」を見よ。

クギラ 拘耆羅 〔動物〕 鳥の名。「クイラ」を見よ。

クク 苦苦 〔術語〕 梵語 Duḥkha-duḥkhatā の譯。三苦の一。衆生の身心を苦しましむる苦にして飢餓疾病風雨寒熱鞭打勞役等の苦緣より生ずる苦を云。【大乘義章三】に「從彼苦緣逼而生惱。名爲苦苦。刀杖等緣能生內惱。說之爲苦。從苦生苦。故曰苦

苦。」【法界次第中之下】に「苦受從二苦緣一生。情覺二是苦一。即苦苦也。」図有情の心身本來是れ苦、更に刀杖等の苦を加ふれば苦苦と云。【大乘義章三】に「心性是苦。依二彼苦上一。加以二事惱一。苦上加レ苦。故云二苦苦一。」【止觀七上】に「四大成レ身。乃至如三篋盛二四蛇一。癰瘡刺箭。常自是苦。有二何可レ樂。加以二飢渴寒熱鞭打繫縛生老病死一。是爲二苦苦一。」【三藏法數十二】に「有漏五陰之身。性常逼迫名レ苦。又與二苦受一相應。即苦上加レ苦。故名二苦苦一。」

クク　句句　〔雜語〕一句一句。

クク　句句之下通結妙名　〔雜語〕【文句記一上】に「妙法之唱。非二唯正宗一。二十八品。俱名レ妙故。故品品之內。咸具二體等一。句句之下。通結二妙名一。」法華經の一字一句が悉く圓妙の理を詮はすを云。

クク　九孔　〔雜語〕兩眼、兩耳、兩鼻及び口、大小便の九處を云。又、九入、九漏、九瘡とも云。【資持記中之二】【涅槃經二十九】に「男女等根九孔不淨。」

ククイン　九句因　〔名數〕因が宗同品及び宗異品に關係の有無を以て、其の正不を判定するに九種の別あるを云ふ。一に同品有異品有。二に同品有異品非有。三に同品有異品有非有。四に同品非有異品有。五に同品非有異品非有。六に同品非有異品有非有。七に同品有非有異品有。八に同品有非有異品非有。九に同品有非有異品有非有なり。【因明正理門論】に「宗法同品に於て謂く有と非有と俱となり、異品に於て、各三あり、有と非有と二となる」と。【因明入正理論疏上】に「宗法と言ふは謂く、宗の法にして即ち因是れなり。同品に於ては、宗同品なり。體は即ち同喩なり。謂く能立の因、同品喩に於て其の三種を成す。一に有、二に非有、三に亦有亦非有なり。彼に名けて俱となす。此三種の因は宗異品異法喩の上に於ても亦各三あり。一に有、二に非有、三に亦有亦非有なり。彼に及二と名づくるは謂く同品有にして、異品の三とは謂く因同品に於て有り、異品にも亦有ると、同品に於て有り異品に非有なると、同品に於て有り、異品に有非有なるとなり。是の如く因同品非有に於て異品に亦三あり。同品有非有に於て異品に亦三あり。故に九句を成ず。」と云へり。蓋し因はもと宗を成ずるものなるが故に、必ず宗同品には關係を有し、宗異品には關係せざるを法とす。今九句の中、全分關係を有せるものを有と名づけ、全分關係を有せざるものを非有と名づけ、一分は關係し一分は關係せざるものを有非有と名くるを以て一、二、三、五、七、九、の五句は不定の過を成じ四と六とは相違の過を成じ、餘の二と八とのみ無過の因たるを得るなり。

ククウ　俱空　〔術語〕我と法と俱に空なるを云。三空の一。【三藏法數十】

ククウ　苦空　〔術語〕有漏の果報の四相の二。有漏の果報は三苦八苦の性なるを苦と云ひ、男女一異等の實の諸相なきを空と云ふ。

苦空の曲　〔雜語〕印度の馬鳴菩薩は歌詠に巧にして常に苦空無常の理を詮はす曲を奏して人を化せり。曲名を賴陀和羅と云。「ライダワラ」を見よ。

苦空無我　〔術語〕有漏の果報の四相の三。苦空の二は上の如し、無我とは有漏の果報中我の實體なく、我が所有物の實體なきを云。⦿（榮花、鳥の舞）「苦空無我の聲にてありける讚嘆の聲にて」

苦空無我聲　【觀無量壽經】に「其摩尼水。流二注華間一。尋レ樹上下。其聲微妙。演二說苦空無常無我、諸波羅蜜一。」と云ふに依り無常の一を略せしもの。

苦空無常無我　〔術語〕是れ即ち有漏の果報の四相にて苦諦の四行相と云。苦空無常無我は舊譯。新譯は非常苦空非我と云。【俱舍論二十六】に「苦聖諦有二四相一。一非常二苦三空四非我。待レ緣故非常。逼迫性故苦。違二我所見一故有。違二我見一故非我。」【觀無量壽經】に「八種淸風。從二光明一出。鼓二此樂器一。演二說苦空無常無我之音一。」【大乘義章三】に「逼惱名レ苦。苦法遷流說爲二無常一。苦非二我所一。故名爲レ空。苦非二我體一。名爲二無我一。」

ククワンオンキヤウ　救苦觀音經　〔經名〕高王觀世音經の異名。然に高王觀世音經に眞僞の二經あり、此は僞經の名なりとす。靈空の【和語雜錄七】に「續高僧傳第三十九、法苑珠林第二十五には救生觀音經、又高王觀音經と云とあり。佛祖統紀には十句觀音經とあり、經文只十句なればなり。佛祖通載、稽古略には救苦觀音經とあり、此名は僞經の名なり。觀音慈林集中云、救生經非二今僞造救苦經一とあり。」「カウワウクワンゼオンキヤウ」を見よ。

ククサイ　救苦齋　〔行事〕法會の名。梁の武帝之を作す。【佛祖統紀三十七】に「中大通元年。京城大疫。帝於二重雲殿一。爲二百姓一設二救苦齋一。以レ身爲レ禱。」

ククタ　鳩鳩吒　〔雜名〕Kukkuṭa 又、矩矩吒、譯、雞。

鳩鳩吒部　〔流派〕小乘十八部中の雞胤部の梵名。「ククラ」を見よ。

ククタエイセツラ　矩矩吒翳說羅　〔地名〕譯、雞貴。高麗國の一名。【慧琳音義八十一】に「矩矩吒鷄翳說羅蠙。唐言二雞貴一。即高麗國也。共事二雞神一。首戴二雞翎一。故云二雞貴一也。」梵 Kukkuṭeśvara

ククラ　俱俱羅　〔雜語〕Kukkuṭa 又、究究羅。拘拘羅に作る。譯、雞聲。【玄應音義二】に「究究羅。此

是雞聲也。鳩鳩吒。此云レ雞。」

究究羅部 〔流派〕 又、拘拘羅部。譯、雞胤部。小乘十八部宗の一。【四分律開宗記一本】に「拘拘羅部。此云二雞胤部一。准二雞名一亦應レ言二究究羅部鳩鳩吒部一。此是雞聲。從レ聲爲レ名。宗輪論名二雞胤部一。十八部論名二窟居部一。部執論名二灰山住部一。」【三論玄義】に「此山有レ石。堪レ作レ灰。此部住二彼山中一修レ道。故以爲レ名。」梵 Kaukkuṭika

ククラ 求求羅 〔植物〕 Guggula 又、窶具攞。香の名。譯、安息香。【玄應音義十】に「求求羅香。此云二安息香一也。」【最勝王經七】に「安息香窶具攞」

ククワ 苦果 〔術語〕 身心を苦ましむる果報。惡業より生ぜしもの。總じて言へば生死の果報は皆苦なり。中に就て分別せば天上の如きは樂果、地獄の如きは苦果。人界の如きは苦樂立互せり。

ククワギヤウジヤ 供過行者 〔職位〕 ククワアンジヤと讀む。「キウクワアンジヤ」を見よ。

ククワンジヤウ 九卷章 〔書名〕 空海の著九卷。即ち、顯密二教論、二卷。秘藏寶鑰、三卷。心經秘鍵、一卷。即身成佛義、一卷。聲字實相義、一卷。吽字義、一卷を云ふ。

クグ 供具 〔物名〕 又、供物と云。佛菩薩等に供ふる香華飮食幡蓋等の事物を云。【寶積經三十四】に「齋二持微妙供具一。奉二獻如來及諸大衆一。」【法華經】に「於二當來世一。以二諸供具一。供養奉事。」【往生要集中本】に「隨レ力辨二於華香供具一。」

六種供具 〔名數〕 一に華、二に塗香、三に水、四に燒香、五に飯食、六に燈明、是れ次第の如く布施持戒忍辱精進禪定智慧の六度を表すとして、護摩壇の四方に供ふるなり。道範の【行法肝要鈔上】に「四面六種供養即以二六度行供養一顯三得上本有兩部功德之義一也。高雄口決云。檀水。戒塗。忍辱花。進焚。禪飮。般若燈。精進遍レ六置二中間一。乃至精進遍レ六置二中間一者。自餘閼伽塗花等。皆左右兩方備レ之。燒香一種只一爐置レ中。此表示六度中精進無二別體一。只勵二餘五度懈怠一。」

供具如意願 〔術語〕 又、供養具如意願。四十八願中第二十四の願名。【無量壽經上】に「設我得レ佛。國中菩薩。在二諸佛前一。現二其德本一。諸所二欲求一供養之具。若不レ如レ意者。不レ取二正覺一。」菩薩をして諸佛を供養する品具に於て意の如くならしめんとの願なり。⦿(雪玉)「かぎりなき三世の佛の心にもあくまで花を手向けつる哉。」

クグシヤ 舊俱舍 〔書名〕 陳の眞諦三藏の譯せる俱舍釋論、唐の玄弉三藏譯の俱舍論に對して舊俱舍と稱す。

クケ 瞿醯 〔書名〕 譯、念誦。【大日經疏四】に「餘如二瞿醯中說一。」【演密鈔五】に「餘如二瞿醯等一者。梵語瞿醯。此云二念誦一。即指二念誦儀一也。此未レ見レ本。」

瞿醯經 〔經名〕 【八家秘錄上】に「瞿醯經三卷 最澄宗叡將來 蘇呬經三卷 空海宗叡云蘇呬耶經三卷 玉呬怛跢羅經三卷不空譯圓仁惠運將來私云。已上三經。是同本異名。」蘇を蘇に作るは非なり。梵 Guhyatantra

クケゴン 舊華嚴 〔經名〕 東晉の佛駄跋陀羅譯の六十卷の華嚴經、唐の實叉難陀譯の八十卷の華嚴經に對して舊華嚴と云。又卷數に依て六十華嚴と云。

クケタンタラキヤウ 瞿醯檀哆羅經 〔經名〕 又、掬呬耶亶怛囉經と云、蘇呬耶の異名。梵 Guhyatantra

クケツ 垢結 〔術語〕 惑毒淨心を垢がせば垢と云ひ、以て生死の苦果を結成すれば結と云ふ。共に煩惱の異名。【釋名歸敬儀中】に「痴慢爲レ本。故增二垢結一。」

クケツ 九結 〔名數〕 行人を結縛する惑法九種あり。「ケツ」を見よ。

クケツ 口訣 〔雜語〕 口づから決定の要義を授くるを云。【止觀大意】に「咸須二口訣一。方成二一家行相一。」

クケン 公驗 〔雜名〕 官より出し與ふる證據の書物を云。本朝に於て僧尼に與ふる公驗に二種あり、出家の日に與ふる證憑を單に公驗と云。更に受戒の時に與ふる證憑を度牒と稱し、更に受戒の時に與ふる公驗と云。【濫觴抄上】に「僧尼公驗。元正六年庚申正月始授レ之。」【元亨釋書資治表】に「古例。僧尼出家之日授二之度緣一。受戒之時給二之公驗一。」

クケンイチミツ 九顯一密 〔術語〕 眞言宗所判の十住心の中前の九住心は顯教にして後の一住心は密教なるを云。

クゲ 供華 〔儀式〕 花を佛菩薩に供ふると。花を供ふる意趣「カウケ」を見よ。 図 〔物名〕 佛に供ふる盛物を載する臺を供華と云ひ、又供笥に作る「ケソク」を見よ。

供花會 〔行事〕 佛を供養する法會の名。

六波羅蜜寺結緣供花會 〔行事〕 每年三月六波羅蜜寺に於て結緣の爲め法華八講を修し、結了の後詩歌を詠じ、之を供花會と稱す。【慶保胤勸學會序】に「暮春三月百花爭開。別修二四日八講一。號二結緣供花會一。」

長講堂供花會 〔行事〕 六條長講堂に於て每年五月九月に供花會あり。⦿(增鏡老のなみ)に「六條殿の長講堂も燒けにしを造られて、その頃御わたましし給ふ。乃至例の五月の供花、やがてうち續きければ、

女院だち宮宮など、夜の御時に閼伽奉らせ給へば、乃至大かたいづれも年に二度は、昔よりの事にて乃至九月の供花には新院さへわたりものし給へば」【百練抄】に「承元二年五月十六日。今日長講堂供花也。依二六條堂燒失一於二土御門東洞院御所一被レ始レ之。」

クゲ　句偈　［術語］文句、偈頌。【止觀七下】に「一一句偈。如レ聞而修。入レ心成レ觀。」

クゲ　供筒　［物名］餅又は菓子などを盛りて佛前に供ふる器具。「ケソク」を見よ。

クゲウミヤウ　工巧明　［術語］Śilpasthāna-vidyā 五明の一。又巧業明に作る。工巧は工藝。明は明顯の義。即ち伎術、機關、陰陽、曆數等に關する學藝を云ふ。【西域記】の印度總說に「工巧明伎術機關、陰陽曆數」と【瑜伽論三】に「一切世間工巧業處。名二工巧明論一。」【瑜伽師地論十五】に營農工業。商估工業。事王工業。書算計度數印工業。占相工業。呪術工業。營造工業。生成工業。防那工業。和合工業。成熟工業。音樂工業の十二を擧げ【演密抄四】に「文筆讃詠、歌妓樂悉善二其事一。國城村邑。宮宅園苑。泉流陂池。草樹花藥。凡所二布列一。咸得二其宜一。金銀摩尼。眞珠瑠璃。珊瑚等藏。悉知二其處一。出以示レ人。日月星宿。鳥鳴地震。夜夢吉凶。身相休咎。咸善觀察。一無二錯謬一。工巧明也。」と

クゲダツ　倶解脫　［術語］九無學の一。鈍根の羅漢は唯煩惱の障を離るるのみにて之を慧解脫と云ふ。若し利根の羅漢は之と倶に一切禪定の障をも離れて即ち定解脫滅盡定と云へる至極の定を得るに至るを倶解脫と云ふ。即ち慧と定との二障を離れて自在を得るもの。【頌疏二十五】に「定慧障。名レ之爲レ倶。」

クゲダツダウ　九解脫道　［名數］三界に九地あり、九地の一一に見惑修惑あり、其修惑を一地毎に九品に分けて、先づ麁大なるより次第に微細なるものを斷ずるを法とす。而して其一品の修惑を斷ずる毎に無間道解脫道の二節ありて、正しく惑を斷ずる位を無間道と云ひ、既に惑を斷じ已て解脫を得たる位を脫解道と云ふ。依て修惑に對しては一地毎に九無間九解脫の十八節十八心と云ふあり。【大藏法數五十】

クコウ　供講　［儀式］法華經等を書寫して後に供養講讃すると。【性靈集十】に「聊設二法筵一。供講事畢。」

クコフ　九劫　［雜語］釋尊彌勒と共に發心せしも勇猛なる精進力に由て便ち九劫を超て現に成佛せり。【寶積經一百十一】

クコシヨ　九股杵　［物名］金剛杵の上下の頭九分せるもの。【微妙漫拏羅經】に「若復作二九股一。上下猛炎相。此是忿怒金剛杵。」

クゴ　九居　［名數］九有情居の略。「クウジヤウゴウ」を見よ。【寄歸傳一】に「住二持八紀一。弘濟二九居一。」【行事鈔四之二】に「三界九居既是衆生居處。」

クゴ　箜篌　［物名］樂器の名。又、百濟琴と云ふ、其の始め百濟より傳來せし故なるべし。二種あり、竪箜篌、臥箜篌と云ふ。竪は其の體曲りて、長く、弦數は普通二十三條なり、竪に抱き兩手にてかきならす。又臥箜篌は弦七條あり撥を以て彈ず。【法華經】に「簫笛琴箜篌」⦿（曲、石橋）「笙笛琴くご夕日の雲に聞え來」

クゴウ　九業　［雜名］九種の業。即ち欲界及び色界の作業、無作業、非作非無作業と、無色界の無作業、非作非無作業及び無漏の三種と合せて九。

クゴザンマイ　句語三昧　［術語］語句に於て妙悟を發し、通達無礙なるを云。三昧は梵語、一心尊注の結果妙悟を得るの稱。【元亨釋書八祖元傳】に「元從レ是得二句語三昧一。」

クゴボサツ　救護菩薩　［菩薩］胎藏界除蓋障院九尊の一。又救護惠に作る。如來の智慧を以て衆生を救護し、九界の衆生を佛界に進むるが故に名く。【曼荼羅鈔四】に「掌を以て身に向け心を掩ふは、如來の慈は心に在るの義。大指稍竪てて上に向ふは、大指は智なるが故に九界の衆生、佛界に進むなり。是れ覆護哀愍の義。左の手を拳にして腰側に安ずるは哀愍惠の義なり。」と

クゴフ　口業　［術語］三業の一。口の所作、即ち一切の言語。「起レ說之門。名レ之爲レ口。」【大乘義章七】

口業供養　［術語］三業供養の一。口に音を發して諸佛菩薩の功德を稱美すると。【文句二下】

クゴン　苦言　［術語］他の過を呵する語。他を誡むる語。【法華經信解品】に「如レ是苦言。汝當二勤作一。又以二軟語一。若如二我子一。」

クサイ　苦際　［術語］苦の最終。生死の苦を受くる最後の身を云ふ。【法華經序品】に「若人遭レ苦。厭二老病死一。爲說二涅槃一。盡二諸苦際一。」【大部補注六】に「婆沙云。或有二說者一。阿羅漢最後陰。是苦際。」

クサイニチ　九齋日　［術語］九種の齋日なり。一に正月毎日、二に五月毎日、三に九月毎日、之に六齋日を加ふ。六齋日は毎月の八日、十四日、十五日、二十三日、二十九日、三十日なり。齋とは不可中食を云ふ、此九種の日は帝釋四天王等の人間の善惡を伺察する日なれば午時を過て食はず以て身心を愼むなり。【三藏法數三十五】

クサウ　口稱　［術語］「クシヨウ」を見よ。

クサウ　九瘡　［名數］又、九竅、九孔など。兩眼と兩

鼻と兩耳と口と兩便道なり。之を瘡と名くるは常に不淨を流せばなり。【須彌藏經】に「復次如レ是出入息。於二九瘡門一。出入往來。」【行事鈔資持記中二之二】に「九瘡。眼耳鼻各二。口及大小通。破如レ瘡。」【涅槃經】に「九孔常流二膿血不淨一。」

クサウ　苦想　[術語]　十想の一。五陰の身は常に諸苦の逼迫する所となる。此想を爲せば智慧生じて衆苦を滅するを得るを苦想と云。【智度論二十三】

クサウ　九想　[名數]　又、九相に作る。人の屍相に於る九種の觀想なり。一に脹想 Vyādhmātakasaṁjñā 死屍の膨脹するを云。二に青瘀想 Vinīlakasaṁjñā 風に吹かれ日に曝されて死屍の色を變ずるを云。三に壞想 Vipaḍumakasaṁjñā 死屍の破壞するを云。四に血塗想 Vilohitakasaṁjñā 破壞し已て血肉地に塗るを云。五に膿爛想 Vipūyakasaṁjñā 膿爛腐敗するを云。六に噉想 Vikhāditakasaṁjñā 鳥獸の來て死屍を噉ふを云。七に散想 Vikṣiptakasaṁjñā 鳥獸に噉はれて筋骨頭手分裂破散するを云。八に骨想 Asthisaṁjñā 血肉既に盡て只白骨のみ狼籍たるを云。九に燒想 Vidagdhakasaṁjñā 白骨又火に燒かれ灰土に歸するを云。是れ人の貪着心を止息せしめん爲に此九相を觀ぜしむ。所觀の境に約して相と云ひ、能觀の心に就て想と云ふ。智度論に兩用せり。【智度論二十一】に經文を擧て「九想。脹想。壞想。血塗想。膿爛想。青想。噉想。散想。骨想。燒想。」【同四十四】の經文に「九相脹相乃至燒相。」【大乘義章十三】に「死相。脹相。青淤相。膿爛相。壞相。血塗相。蟲食相。骨鏁相。分散相。」此は死相を加て燒相を除きしもの。智者の【禪波羅蜜門九】に「膨脹想。青瘀想。壞想。血塗漫想。膿爛想。蟲噉想。散想。骨想。燒想。」此は智度論に依て而も第七青想を第二に改て次第を善くせしもの。又、【法華玄義四上】に死想を加へて散想を除きて此九想は六欲を對治せん爲なり。死想は威儀、言語の兩欲を破し、脹想壞想噉想は形貌欲を破し、血塗想青瘀想膿爛想は色欲を破し、骨想燒想は細滑欲を破し、九想通じて忻著の人相欲を破す。此の九想は觀練熏修四種禪の第一なり。「ゼン」を見よ。【大乘義章十三】に「九相能治二貪欲之病一。」

クサダンナ　瞿薩旦那　[地名]　Kustana 國の名。【西域記十二】に「瞿薩旦那國。唐言二地乳一。即其俗之雅言也。俗語謂二之渙那國一。匈奴謂二之于遁一。諸胡謂二之豁旦一。印度謂二之屈丹一。舊曰二于闐一訛也。」今の Khotan なり「ウテン」を見よ。

クサラ　拘薩羅　[地名]　又、憍薩羅に作る。Kosala 舍衛國の本名なり。

クサン　拘蠶　[植物]　花の名。諸經、優曇に作る。【可洪音義二】梵 Kutsa*

クサンジヤウダウ　九參上堂　[行事]　一月に九次上堂するを云。即ち一月の中三日每に九次參すれば九參なり。參は進參の義、數にあらず。【象器箋十一】

クザフヒユキヤウ　舊雜譬喩經　[經名]　二卷、吳の康僧會譯。種種の譬喩を集めたるもの。後漢譯に對して舊と云。【暑帙七】(1359)

クシ　瞿師　[動物]　又瞿支に作る。瞿師羅の略。

クシ　口四　[名數]　十惡のうち口業に屬する四業を云ふ。即ち妄語。兩舌。惡口。綺語なり。

クシ　倶尸　[地名]　倶尸那の略。城の名。「クシナ」を見よ。【文句記四下】に「熙連河。近二倶尸城一。」

クシキ　垢識　[術語]　凡夫の心識、妄惑に垢がされたるもの。【新譯仁王經中】に「愚夫垢識。染二着虚妄一。爲レ相所レ縛。」【良賁疏】に「言二垢識一者。無始塵垢。妄分別故。名爲二垢識一。」

クシキ　九識　[名數]　法相宗唯識宗には一切の識を八識と立てて、第八の阿賴耶識を以て色心緣起の根本となし、法性宗華嚴宗天台宗等の諸宗には九識を立てて第九の菴摩羅識を以て色心緣起の根本とす。一に眼識、色を了別するもの。二に耳識、聲を了別するもの。三に鼻識、香を了別するもの。四に舌識、味を了別するもの。五に身識、觸を分別するもの。六に意識、諸法を了別するもの。七に末那識、第八の阿賴耶識を了別して實我となすもの。八に阿賴耶識、種子と五根と器界との三境を了別し且つ之を緣起せしむるもの。九に菴摩羅識、無垢識と譯し、絕待無垢の眞如なり。如來藏とも云。相宗に在ては之を第八阿賴識の果上に至りし時の名なりとして之を別立せざれども、性宗は之を別立して眞如緣起の義を立つるなり。既に是絕待の眞如なれば識と云ふべからざれども、前八識に類從して姑く識の名を付す。これ前八識の隨緣生起する本源なればなり。【宗鏡錄五】に「法相法性二宗如何辯別。答。法相多說二事相一。法性唯談二理性一。如二法相宗一。離二第八識一無二眼等諸識一。若二法性宗一。離二如來藏一無レ有二八識一。若眞如不レ守二自性一。變レ識之時。此八識即是眞如上隨緣之義。」「アンマラ」參照。⦿(曲、葵上)「九識の窻の前、十乘の床のほとりに」

クシキロクキヤウ　九色鹿經　[經名]　佛說九色鹿經一卷。吳の支謙譯。世尊往昔九色の鹿王となりて忍辱を行ひし事を說く。【宙帙五】(218)

クシタ　瞿私多　[地名]　Ghosita 園の名。譯、白牛。【翻梵語】に「瞿私多園。譯曰二白牛一。善見律第十三卷。」

クシダイヂヤウ　九次第定　【名數】四禪、四無色、及び滅受想定（滅盡定とも云）の九種の禪定を他心を雑へず次第に一定より一定に入る法なり。一に初禪次第定、二に二禪次第定、三に三禪次第定、四に四禪次第定（已上は名の如く色界四禪天の根本定なり）五に空處次第定、六に識處次第定、七に無所有處次第定、八に非想非非想處次第定、（已上は名の如く無色界四處の根本定なり）九に滅受想次第定、一切の心識を止息する定にて是を禪定の至極とす。【智度論二十一】に「九次第定者。從二初禪心一起。次第入二第二禪一。不レ令二餘心得一レ入。如レ是乃至二滅受想定一。問曰。餘者亦有二次第一。何以但稱二九次第一。答曰。餘功德皆有二異心一間生。故非二次第一。此中深心智慧利行者。自試二其心一。從二一禪心一起。次入二二禪一。不レ令二異念得一レ入。」【同八十一】に「入二初禪一。乃至過二非想非無想處一。入二滅受想定一。是名二次第定一。」【法界次第中之上、大乘義章十三、三藏法數三十四】

クシッチラ　拘瑟耻羅　【人名】Kausthila　又、俱瑟祉羅に作る。羅漢の名。譯、膝。【玄應音義二十三】に「俱瑟祉羅。舊言二俱稀羅一。譯云レ膝也。言膝骨大也。此即舍利弗舅。長爪梵志是也。」【慧琳音義五十六】に「拘瑟祉羅。梵語。羅漢名也。古曰二俱絺羅一。經作レ祉非也。」

クシツリヨウガ　瞿室餕伽　【地名】Gośriṅga　山の名。譯、牛角。【釋迦誌上】

クシナ　拘尸那　【地名】Kuśinagara　又、俱尸那。拘夷那竭。究施。拘尸那竭。拘尸那揭羅。城の名。譯、角城。茅城など。世尊入滅の處。【玄應音義二十一】に「拘尸那。舊經中。或作二拘夷那竭一。又作二究施城一。那者以二梵語那迦囉一。此云レ城也。譯言二上茅一者。多有二好茅一故也。」【涅槃經會疏一】に「拘尸那。云二無翻一。有二多義一故。或云二角城一。具二三角一故。或云二茅城一。草覆レ城故。又云二仙人城一。」【西域記六】に「拘尸那揭羅國」拘尸那揭羅を上茅と譯すること、或は矩奢揭羅補羅 Kuśāgārapura と混同せるにあらざるか。上茅域は摩揭陀の舊城の名なり。⊙（榮花、鶴林）「釋迦入滅の時かのくしな城の東門より出でさせ給ひけんに違ひたることなし」　　「ナ」の正音。

クシナガラ　拘尸那揭羅　【地名】城の名。「クシナ」の正音。

クシナマツラワウリン　俱尸那末羅王林　【地名】林の名。俱尸那は譯、茅城。末羅は王の姓。【翻梵語九】Malla　「雜名」

クシノ　俱支㬥　【地名】舊稱、龜茲。國の名。【梵語

クシフ　九執　【名數】九曜に同じ。執とは執持の義、諸曜日時に隨逐して相離れざるを云。【大日經疏四】に「九執者。梵音訖栗何。Graha 是執持義。」

クシブツシヤウ　狗子佛性　【公案】又、趙州狗子。趙州無字に作る。趙州從諗が狗子佛性に寄せて有無の執見を打破せるもの。【五燈會元第四】に「僧問ふ。狗子に還つて佛性ありやまた無しや。師曰く、無。僧曰く、上は諸佛より下は螻蟻に至るまで皆佛性あり、狗子甚麽として却て無きや。師曰く、尹に業識性の在るが爲なりと。又僧あり、問ふ。狗子還つて佛性ありやまた否や。師曰く、有り。僧曰く、既に是れ佛性、什麽としてか這箇の皮袋裏に撞入するや。師曰く、他の知つて故らに犯すが爲なり。」と。古來初入門の難關とせらる。

クシヤ　瞿沙　【人名】Ghoṣa　比丘の名。譯、妙音。美音。阿育王の時。菩提樹伽藍に住して王の太子拘浪拏の盲目を醫す。【西域記三】に「時菩提樹伽藍有二瞿沙（唐言妙音）大阿羅漢者一。四辯無礙。三明具足。王將二盲子一陳二告其事一。乃至眼得二復明一。明視如レ昔。」図婆沙四評家の一。【俱舍光記二十】に「音聲妙故。名曰二妙音一。梵云二憚沙一。舊云二瞿沙一。訛也。」図甘露味阿毘曇論の著者。【開元錄十三】に「甘露味阿毘曇論二卷。尊者瞿沙（唐言妙音）造。曹魏代譯。」

クシヤ　瞿沙經　【經名】【玄應音義二十三】に「瞿沙此云二妙音一。人名也。從レ人名レ經也。」

クシヤ　俱舍　【術語】Kośa　又、句捨に作る。譯、藏。鞘。繭。包含攝持の義。【玄應音義十七】に「俱舍。此譯云レ藏。則庫藏之總名也。而體是蠶繭。借以喩レ之也。」【同二十四】に「俱舍此翻云レ藏。則倉庫繭鞘之惣名也。舍藏義一切以名レ焉。」【大日經疏十四】に「法界藏者。此藏梵音俱舍。是鞘義也。猶如三世間之刀在二鞘中一。此藏亦爾。故以レ義翻也。」【梵語雜名】に「藏句捨。又比吒迦 Piṭaka。」⊙（榮花、玉の臺）「山法師七八人計、聲を合せて俱舍を誦し」

倶舍論　【書名】阿毘達磨俱舍論の略稱。世親の作。唐の玄奘譯。三十卷。阿毘は對、達磨は法、俱舍は藏。六足發智婆沙等の薩婆多部の諸論を對法論と名く。藏には攝持と所依との二義ありて、第一の義は此論は彼の對法論の中の勝義を攝持包含する故に此論を名て對法藏と云ふ。即ち對法の二字は彼の本論に屬し、藏の一字は此論に屬す。第二の義は彼の本論は此論の所依なる故に藏と名く、即ち三字共に彼の本論の名なり。されば此論は全く彼の論を所依として造れるものなれば亦全く彼の名を取て此論の名とす、六釋の中には全取他名の有財釋なり。【俱舍論一】に「攝二彼勝義一依レ彼故。此立二對法俱舍名一。」【正理論一】に「藏或所依。猶如二刀藏一。」書中有漏無漏の諸法を擧說し、最末の

一巻に無我を說く。倶舍宗所依の論なり。⊙（曲、丹後物狂）「又內典には、倶舍論のうち、七卷いまだ覺えず候」

倶舍釋論［書名］阿毘達磨倶舍釋論。二十二卷。陳の眞諦の譯。舊譯なれば舊論と稱す。

倶舍頌［書名］阿毘達磨倶舍論本頌。一卷、唐の玄弉譯。是れ倶舍論の本頌なり。六百頌あり、世親最初に此頌文を造り、之を世に宣布せしが、文義幽深にして淺智の人解すべからざるを以て、後に論文を作て之を解す。即ち倶舍論なり。論中固より本頌を入る。⊙（枕草紙）「倶舍のじゆをすこしひつづけありくこそ、所につけてをかしけれ」

倶舍宗［流派］八宗の一。倶舍論の宗旨。抑も印度に於て小乘の區分十八部ありて異論紛紛たり。如來の滅後四百年の初、五百の阿羅漢健馱羅國迦膩色迦王の請に依て大毘婆沙論二百卷を結集せしより、十八部中の薩婆多部の宗義確立す。此論は六足論の義に由て發智論を解釋せしものなれば本宗の大義此に集成す。其後五百年を經て世親菩薩出世し、初め薩婆多部に出家して其宗義を習ひ、後に經量部を學て自宗に慊然たる所あり。遂に大毘婆沙論に依て倶舍論を作り、間間經量部の意を以て之を評破す。故に倶舍論の當意より云へば、取捨折衷して十八部外に一機軸を出せしものなれども、既に婆沙論に依て之を作り、其要義を攝めて漏すとなければ（故は攝彼勝義と云、上段の倶舍論の下を見よ）之を擧て薩婆多部に屬するなり。而して此論印度に在て聽明論と稱せられ、內外の人共に之を學ぶ。支那に於ては陳の眞諦三藏先に之を譯して倶舍釋論と稱し、唐の玄弉更に譯して倶舍論と稱す、門人光寶二師各疏記三十卷を作て大に學者に便す。吾國に傳りしは其初を知る記錄なし、蓋し法相宗と同時に傳來せしもの。或は云ふ皇極天皇大化年中、智通智達の兩師之を傳ふ。或は言ふ聖武天皇天平年中玄昉僧正之を傳ふ、諸寺に之を學習すれども殊に東大寺を以て本處とす。但支那日本に之を學ぶは法相を知る爲に止り、此宗義を奉ずるものなく、殊に延曆十三年の官符に依て之を法相宗に付せしむれば之を寓宗と稱す。【倶舍光記一、頌疏一、內典塵露章、八宗綱要、傳通緣起、元亨釋書諸宗志、七帖見聞一本】⊙（正統記四）「倶舍成實など云ふは小乘なり。」

倶舍論註疏［書名］玄弉の門人慈恩寺の普光、師の說を禀て倶舍論記三十卷を著す。同門慈恩寺の法寶倶舍論疏三十卷を著して間ま普光を駁す。之を光記寶疏と云。學者多く光記を正義とす。之に神泰の疏を加て倶舍の三大部と稱すれども、神泰の疏に今は缺本にして僅に五六卷を傳ふるのみ。其の後、唐の中大雲寺の圓暉、頌疏十五卷を著して倶舍の本頌を釋し、遁麟惠暉の二師各、記を著して頌疏を釋す。梵本には唯稱友 Yaśomitra の釋論あるのみ。

倶舍學頭［雜名］倶舍論に精通して學生を指導する人を云ふ。⊙（近松、女護島）「倶舍、唯識、維摩の學頭にて、智惠ことに勝るれば、今文殊ともあざ名せり。」

クシヤウ 丘井［譬喩］身の老朽して用に堪ざるを丘墟の枯井に譬ふ。【維摩經方便品】に「是身如二丘井一。爲レ老所レ逼。」【同注】に「什曰。丘井丘墟枯井也。」【天台會疏三】に「什師云。丘井者。朽井也。不レ任二受用一。」【淨影疏】に「高丘必頽。深井必滿。有身必老。故取爲レ喩。」

クシヤウ 公請［雜語］朝廷よりの請待。⊙（平家二）「公請を停止せらるる上」

クシヤウ 苦性［術語］苦の性體。【倶舍論二十二】に「有二三苦性一。一苦苦性。二行苦性。三壞苦性。諸有漏行。如二其所應一。與二此三種苦性一合。」「サンク」を見よ。

クシヤウ 倶生［術語］倶生起の略。吾が生と倶に起る義。人の惑心の起るに二種あり、一を分別起と云ひ二を倶生起と云ふ。若し邪師邪敎邪思惟の三に依て起るものを分別起とし、此三を假らずして境に對して自然に起るものを倶生起とす。此中分別起は其惑强くして却て斷じ易く、倶生起は弱くして反て斷じ難し、依て見道に於て先づ頓に分別起の惑を斷じ、次に修道に於て漸漸に倶生起の惑を斷ずるなり。【唯識論一】に「無始時來。虛妄熏習內因力故。恒與レ身倶。不レ待二邪敎及邪分別一任運而轉。故名二倶生一。」【同述記一末】に「與レ身倶起名曰二倶生一。後橫計生名二分別起一。」【百法問答抄四】

倶生起［術語］「倶生」に同じ。

倶生惑［術語］倶生起の諸惑。倶生の我執、倶生の法執、倶生の煩惱障、倶生の所知障など。

倶生神［神名］一切の人の出生と倶に生じて人の善惡を記するもの。玄弉譯の【藥師本願經】に「諸有情有二倶生神一。隨二其所作一。若罪若福。皆具書レ之。盡持授二與琰魔法王一。爾時彼王。推二問其人一。算二計所作一。隨二其罪福一。而處二斷之一。」青丘の【藥師經古迹下】に「傳說。本識與レ身生。故名二倶生神一。能熏習故。言二具書持一。表二法王一故言二授與一。由二業威力一。似二神相一現。」善珠の【藥師經鈔下】に「言二倶生神一

者。若約レ實而言。神即識。倶生神者。即阿賴耶識。以二阿賴耶識是受生之主與レ身倶レ時而生一故。名二倶生。隨二諸有情所作罪福一皆熏二在阿賴耶識中一。故言二隨其所作乃至皆具書之一。」図一說に藥師經の倶生神とは華嚴經の同生同名の二神を指すと。【六十華嚴經四十五】に「如人從レ生有二二種天一常隨侍衛。一曰二同生一。二曰二同名一。天常見レ人。人不レ見レ天。如來神變。亦復如レ是。非三諸聲聞能所二知見一。唯諸菩薩。乃能覩見。」【藥師經鈔下】に「倫法師云。倶生神者。即如二淨土三昧經說一。同生同名二神。及華嚴等有レ文也。」⊙(曲、松山鏡)「倶生神急ぎて苦患を見せよとの仰を蒙り」

クシヤウタイ 苦聖諦 〔術語〕 四聖諦の一。常に略して苦諦と云。此苦集滅道の四諦の理は唯聖智の所知にして凡夫の知る所にあらざれば聖諦と云。【大乘義章三】に「涅槃云。聖者。所レ謂諸佛菩薩一切聖人。就レ聖辨レ諦。故云二聖諦一。何故就レ聖辨レ諦乎。良以諦實唯聖所知。非二凡能覺一。聖所レ知者。方名レ諦故。就レ聖辨レ之。」梵Duḥkha-āryānisatyāni

クシヤウニヨライ 九生如來 〔佛名〕 ⊙(曲、竹生島)に「忝も此島は九生如來の御再誕なれば殊更女人こそ參るべけれ」【拾葉抄】に「竹生島緣起云。辯才天は大自在天宮に付ては大日、須彌山の頂上に顯れ給ふ時は辯才天、下界にては伊勢天照大神宮と顯れ給ふ。此時は曼陀羅の八葉の中におはします四佛四菩薩、中央大日、是以二九尊一名二九生如來一。此時は本地大日如來にてましますなり。又本地阿彌陀と立る時は九品の淨土を指して九生如來と申也。」案に大日又は阿彌陀を九生如來と稱する事、此緣起の外未だ檢せず。

クシヤウネンブツ 九聲念佛 〔儀式〕 法會に行ふ一の法式。念佛を九遍引くと。

クシヤカラプラ 矩奢揭羅補羅 〔地名〕 Kuśāgārapura 上茅宮城と譯す。中印度摩揭陀國王舍舊城の名。

クシヤミホフ 倶舍彌法 〔術語〕 「クセンミ」を「見よ。

クシヤラ 休捨羅 〔地名〕 優婆夷の名。譯、怖望。【慧苑音義下】

クシヤリ 拘舍離 〔流派〕 Gośarī 又、瞿舍梨。劬奢離に作る。十外道の第三。譯、牛舍。【飾宗記七末】に「梵云二劬奢離一。或瞿舍梨。此云二牛舍一也。此是母名也。其母本生二牛舍之中一。因爲レ名也。子名應レ云二牛舍子一也。」【楞嚴經二】に「如レ是乃至分別都無。非レ色非レ空。拘舍離等。昧爲二冥諦一。」

クシヤンテイパーラミタ 〔術語〕 「センダイハラミツ」を見よ。

クシユ 九衆 〔名數〕 常の七衆に出家、出家尼の二衆を加へしもの。【十誦律五十五】に出づ。一に比丘、具足戒を持つ男衆。二に比丘尼、曰く其の女衆。三に六法尼、六法を持つ女衆。四に沙彌、十戒を持つ男衆。五に沙彌尼、同く其女衆。六に出家、八戒齋を持つ男衆。七に出家尼、同く其の女衆。八に優婆塞、五戒を持つ男衆。九に優婆夷、同く其の女衆。天台の戒疏下に之を引く。

クシユウ 九宗 〔名數〕 八宗の外に禪宗又は淨土宗を加へたるもの。【八宗綱要】に「日本所レ傳。自レ昔已來。共許所レ翫。唯此八宗。然八宗外。禪宗及淨土敎。盛而弘通。」又云く「若加二此二宗一。即成二十宗一。然常途所レ因。其啻八宗而已。」「ハツシユウ」を見よ。

クシユク 供宿 〔儀式〕 尊宿を供養すると。【性靈集十】に「禮著二鄕飲一。經稱二供宿一。」【月燈三昧經六】に「當レ問二其夏臘一。若是尊宿者。應二供養恭敬頭面接足禮一。」

クシユケンゴダイグワンダイヒ 久修堅固大願大悲 〔雜語〕 撰集抄七に引く。【地藏十輪經】に「如レ是大士。爲レ欲レ成二熟諸有情一故。久修二堅固大願大悲一。勇猛精進。過二諸菩薩一。是故汝等應二當供養一。」

クシユジキ 九種食 〔名數〕 「ジキ」を見よ。

クシユジヤウニク 九稱淨肉 〔名數〕 「ジキ」を見よ。

クシユセケン 九種世間 〔名數〕 「クセケン」を見よ。

クシユフゲン 九種不還 〔名數〕 欲界より色界に上りて般涅槃する不還果の聖者を九種に分つ。即中有に於て般涅槃するものに速般、非速般、經久般の三。色界に生じて久しからずして般涅槃するものに生般、有行般、無行般の三。色界に生じ更にその上天に轉生して般涅槃するものに全超、半超、遍沒の三あり。

クシユラ 瞿修羅 〔衣服〕 衣の名。圖衣。比丘尼の裙。「クソラカ」を見よ。

クシヨウ 口稱 〔術語〕 口に佛名を稱すると。即「ち念佛。

口稱三昧 〔術語〕 一心不亂に佛名を唱ふるを云。又、稱名の功に依て三昧を發得すれば口稱三昧と云。三昧とは心性淸く澄て明鏡の如く、以て萬像を照すに至る位を云ひ、且つこの位を得んが爲に一心に修行するをも三昧と云。即ち三昧の名は因果に通ず。【觀念法門】に「若得二定心三昧及口稱三昧一者。心眼即開。見二彼淨土一切莊嚴一。說無二窮盡一。」

クシラ 倶尸羅 〔動物〕 又、拘翅羅。瞿翅羅。鴝鳲

羅。瞿師羅。劬師羅に作る。鳥の名。譯、好聲鳥。鵽鷗。「クイラ」を見よ。⊙(榮花、玉の臺)「聲如天鼓俱尸羅」

クシン 苦津 [譬喩] 苦患の深を河津に譬ふ。【智度論十一】に「萬物無常。唯福可レ恃。將レ人出二苦津一。通二大道一。」【法華玄贊一】に「庶令下畢離二苦津一終登中覺岸上。」

クシン 句身 [術語] Pada 又 Padakāya 梵に鉢陀、又は鉢陀迦耶、句と譯す。松は綠なり、花は紅なり等と、其の自性の差別即ち義理を詮はし得るものを句と云。此の句を二箇以上重ねたるを句身と云。身は合集の義。【俱舍論五】に「句身者。謂諸行無常。一切無我。涅槃寂靜等。」【同光記五】に「梵云二迦耶一。唐言レ身。是聚集義。謂衆多名等聚集。是身義也。」又、一句をも句身と云。【楞伽經二】に「句身者。謂句有二義身一。自性決定究竟。是名二句身一。」

クシン 狗心 [譬喩] 少分を得て滿足する凡夫の心を狗に譬ふ。【大日經一】に「云何狗心。謂得二少分一。以爲二喜足一。」

クジ 九字 [修法]

九字咒 [修法] 「臨、兵、鬪、者、皆、陣、列、前、行」の九字を六甲秘祝と名け、山に入る時の密咒とす、道教より起る。【抱朴子內篇四】に「入レ山宜レ知二六甲秘祝一。祝曰。臨兵鬪者皆陣列前行。凡九字常當二密祝レ之。無レ所レ不レ避。要道不レ煩。此之謂也。」然に世に多く傳うる九字は臨兵鬪者皆陳列在前(前行と在前との相違)なり。【軍林寶鑑下卷軍務篇】に太公望が周公旦に授けたるは此九字なりとして一一に其字義を註す。世には更に在前の下に行の一字を加て十字となすものあり。此は前二者の九字を和融せしものなれども(前者の最末の行字を取て後者に加ふ)既に九字と云ふ數に背けば取るに足らず。さて此法本と道家に出づれども後に密家の人之に印契を加て吾家の用となせし由。【眞俗佛事編一】に見ゆ。

九字を切る [修法] 四縱五横の符字にして縱横法と稱す。是亦道家の一法なり。然に九の數同きより世人前の九字に混じて同一の事となすは誤なり。【軍林寶鑑上卷速用篇】に「正立二門內一。叩レ齒三十六通。以二右手大拇指一。先畫二四縱一。後爲二五横一訖。即呪曰。四縱五横。吾今出行。禹王衞レ道。蚩尤避レ兵。盜賊不レ起。虎狼不レ行。還二歸故鄉一。當レ我者死。背レ吾者亡。急急如律令。呪畢便行。愼勿二反顧一。」佛徒亦之を依用す。【修驗故事便覽一】に「吾宗の驗者妙經の中に一句九字の要文あれば則ち取て是を用ふ、曰妙法蓮華經序品第一。曰令百由旬內無諸衰患等なり、而も如レ此文字顯然なるをば九字を書すと云ひ、驗者秘懷して他に令レ見許さず、其字の彰なることを懼れ、其心を摘て如レ是(四縱五横の符)するをば九字を切ると云ふ、而も切斷の義なきにあらず。吾祖曰。切二元品無明一大利劍。不レ過二此法門一歟云云既に元品の無明を切るの力用あり、何ぞ五陰魔煩惱魔死魔及び一切の惡魔魔民を切斷せざらん。是故に吾徒九字を切ると呼び來れり。」縱横を交互に切る法もあり、荒神の修法中このことあり。「クワウジン」の項參照。

九字名號 [圖係] 眞宗には南無不可思議光如來の九字を九字名號、歸命盡十方無碍光如來の十字を十字名號と稱して本山より在家の信徒に授く。

クジ 鬮 [雜名] 鬮は佛教より出でて種種の別あり。

輪相鬮 [雜名] これ【占察善惡業報經】に於て地藏菩薩の說く所、小指許りの木を殆ど一寸の長に切り、四面平にして兩頭を尖らし、其の一平面に十善の一字を書し、其の反面に十惡の一字を書し、合せて十本の輪相と成し、先づ地藏菩薩の前に於て十方の佛を念じ、三寶に歸依し、香を焚き以て之を淨物の上に擲げ、其の現れたる善惡の文字の多少に依て其人の宿世の善業惡業の多少を知るなり。經中三種の占法を擧る中、此は宿世の善惡業を知る一法なり。之を輪相と名るは經中二釋あり。【經上】に一說は木片の形轉じ易き樣に出來たる故とし、他は邪見疑網を轉じて正道となす故なりとす。

竹鬮 [雜名] 世に流布の觀音籤の如く竹策に善惡の語句を刻みしもの。これ灌頂梵天神策經に梵天王の所說なりとす。【經】に「我(梵王)常見下諸異道輩九十五種各有二雜術一爲レ人決上レ疑。而今世尊。正覺最上。更無二此法一。是故啓問。唯願聽許。佛言。梵王善哉善哉。(乃至)若四輩弟子。欲三爲レ人行二此神策法一時。當以二竹帛一書二此上偈一。以二五色綵一作レ囊盛レ之。若欲レ卜時。探二取三策一。至二于七策一。審定無レ疑。」此經は【佛說灌頂卷十】に出づ。【成帙六】

紙鬮 [雜名] 永明の智覺禪師始て之を爲す。【佛祖統紀二十六(永明智覺法師傳)】に「夜半遶レ像。見二普賢前蓮花在一レ手。遂上二智者岩一。作二二鬮一。一曰一生禪定。二曰誦經萬善莊二嚴佛土一。乃冥心淸禱。得二誦經萬善鬮一。乃至七度。於レ是一意專二修淨業一。」

觀音籤 [雜名] 「クワンオン」を見よ。

クジフ 垢習 [術語] 煩惱の習氣。垢は煩惱の穢れ、習は習ひ性となりしもの。【無量壽經上】に「塵勞垢習。自然不レ起。」

クジフ 苦集 [術語] 四諦の二。苦は業煩惱の結果たる生死の苦患を云、即ち一切生死の果報なり。其の生死の苦果を集成する業煩惱をさして集と云、即ち生死の原因なり。

苦集滅道 [術語] 即ち四諦なり。苦集の二は上の如し。滅とは生死の苦果を滅したる涅槃を云ひ、道とは其の涅槃の果を得べき正道を云ふ。即ち苦集滅道は世間と出世間、即ち生死と涅槃との一雙の因果にして、苦は生死の果、集は生死の因、滅は涅槃の果、道は涅槃の因なり。只果を先にして因を後にせしは果は顯著にして知り易く、因は幽微にして知り難ければなり。此四種の理共に眞實なれば諦と云。聲聞乘の人は此四諦の理を觀じて生死を厭ひ、涅槃を欣び以て煩惱(集諦)を斷じて涅槃(滅諦)を證するなり。「シタイ」を見よ。

クジフイチホンノオモワク 九十一品の思惑 [雜語] ⦿(鴉鷺合戰物語)に「九十一品のおもわく」とあるは八十一品の思惑(シワク)の誤。

クジフゴシユ 九十五種 [名數] 外道の總數。「ゲダウ」を見よ。

クジフタンダ 九十單墮 [名數] 「タンダ」を見よ。

クジフハチシ 九十八使 [術語] 使とは又隨眠(ずゐみん)と云、共に煩惱の異名なり。小乘倶舍に見思の惑を以て九十八使を立つ。「見思」を見よ。

クジフハチズヰミン 九十八隨眠 [術語] 九十八使に同じ。隨眠は煩惱の異名なり。常に人に隨逐すれば隨と云ひ。其狀體幽微にして知れ難きこと眠性の如くなれば眠と云ふ。

クジフロクシユ 九十六種 [名數] 九十六種外道なり。

クジフロクシユゲダウ 九十六種外道 [名數] 六師外道の各に十五の弟子あり。合せて九十となる。之に師の六を加へて九十六種外道とす。「ゲダウ」を見よ。

クジフロクジユツ 九十六術 [名數] 九十六種の外道を云。【三論玄義】に「九十六術。栖二火宅一爲二淨道一。五百異部。縈二見網一爲二泥洹一。」「ゲダウ」を見よ。

クジマンダラ 九字曼荼羅 [圖像] 開敷蓮華の中臺並に八葉に各各彌陀觀音の共通の種子なる訖哩(梵字)字を安じて建立せる曼荼羅を云ふ。像を以て現はせるは中臺に觀世音菩薩八葉上に彌陀を安置す。觀音は左手に蓮華を持し右手は開華葉の勢をなし、彌陀は結跏趺坐して定印に住し、各中臺觀自在菩薩に面す。又次の八葉には次第に觀音、慈氏、虛空藏、普賢、金剛手、文殊、除蓋障、地藏の八大菩薩を安置し、內院の四隅に嬉、鬘、歌、舞の四菩薩、外院に香、華、燈、塗香、鉤、索、鏁、鈴の八菩薩を敷列す。【無量壽如來修觀行供養儀軌、降三世大儀軌、弘法大師御作次第、秘鈔問答】等に出づ。

クジヤウシヤウガク 久成正覺 [術語] 久遠の昔に既に正覺の果を開きし佛體を云。法華經壽量品の意に依れば釋迦如來を始として文殊觀音等の大菩薩は皆久成の古佛よりの垂迹なり。⦿(盛衰記)に「久成正覺の如來。」【輔行六】に「遍尋二法華以前諸教一。實無三二乘作佛之文明二如來久成之說一。故知並由レ帶二方便一故。」

クジヤウエンノワク 九上緣惑 [術語] 十一遍行の惑中身邊二見を除きたる九惑を云ふ。この九惑は自界を緣ずるのみならず、他の上界をも緣ずることを得るが故に上緣の惑といふ。

クジヤウニク 九淨肉 [名數] 見聞疑を離れたる三種の淨肉を細分せるなり。即ち、已の爲めに殺せるを見ざる、聞かざる、疑はざる肉、已の爲めに殺さざる肉、命數盡きて自ら死せし肉、鳥の食ひ殘したる肉、死して後久しくして自ら乾きたる肉、期約せずして饗せられたる肉、前に已に殺されし肉なり。

クジヤウユキヤウ 舊城喩經 [經名] 佛說舊城喩經。一卷。宋の法賢譯。佛說緣起聖道經、佛說貝多樹下思惟十二因緣經と同本。十二因緣の觀法を說く。或は逆或は順に十二因緣を觀ずるは舊道を行て舊城に達する如し。依て經名とす。

クジヤカラフラ 矩奢揭羅補羅 [地名] Kuśāgārapura 城の名。摩揭陀國の中央に在て頻婆沙羅王に至るまで此に都す。【西域記九】に「矩奢揭羅補羅城。唐言二上茅宮城一。上茅宮城。摩揭陀國之正中。古先國王之所レ都。多出二勝上吉祥香茅一。以レ故謂二之上茅城一也。」

クジヤク 孔雀 [動物] 梵に摩由羅(まゆら)。Mayūra

孔雀聞雷妊 [傳說] 【涅槃經三十四】に「自有二衆生一。非レ因二父母一而得二生長一。譬如下孔雀聞二雷震聲一而便得上レ身。」

孔雀王 [菩薩] 孔雀明王なり。一頭四臂の菩薩形にして孔雀に駕すれば孔雀明王と云。(明王なれど忿怒尊にあらず)具には佛母大金曜孔雀明王と云。【孔雀明王畫像壇場儀軌】に「於二內院中心一。畫二八葉蓮華一。於二蓮華胎上一。畫二佛母大孔雀明王菩薩一。頭向二東方一。白色著二白繒輕衣一。頭冠二瓔珞一。耳璫臂釧。種種莊嚴。乘二金色孔雀王一。結二跏趺一坐二白蓮華上一。或青蓮華上一。住二慈悲相一。有二四臂一。右邊第一手執二開敷蓮華一。第二手持二倶緣果一。(其果狀似二木瓜一)左邊第一手當レ心。掌持二吉祥果一。

第二手執二三五莖孔雀尾一。」又二臂の孔雀王あり。【秘藏記末】に「孔雀王母菩薩。左手持二開蓮一。右手持二孔雀羽一。」⦿（著聞集、釋敎）「金銅一攞千手の孔雀明王像一體をこめ奉る。」《第十九圖參照》

孔雀の神咒 〔修法〕孔雀經の中に説く、經の初に神咒の緣起を說て「比丘あり莎底と名く、出家して未だ久からず、衆の爲に薪を破り浴事を營む、大黑蛇あり朽木の孔より出でて彼の比丘の右足の拇指を螫す。毒氣身に遍し地に悶絶して口中沫を吐く。阿難以て佛に白す。佛阿難に告て言く、我に摩訶摩瑜利佛母明王大陀羅尼あり。（摩瑜利孔雀と譯す）大威力ありて能く一切の諸毒怖畏災惱を滅し、一切有情を攝受し覆育す。」

孔雀經の御修法 〔修法〕孔雀經の所說に依て孔雀明王の法を修するなり。此法獨り東寺に在り。【胎藏界曼陀羅大鈔五】⦿（盛衰記三）「加茂の上社に、仁和寺の俊堯法印を籠めて孔雀經の法を行ふ。」

孔雀經 〔經名〕佛母大孔雀明王經。三卷。唐の不空譯。諸譯の中之を流通本とす。【閏帙六】（307）⦿（榮花、初花）「孔雀經の御讀經。」

佛說孔雀王咒經 〔經名〕二卷。梁の僧伽婆羅譯。前經と同くして稍略。【成帙七】（308）

佛說大孔雀王咒經 〔經名〕三卷。唐の義淨譯。亦前經と同くして華梵の音聲稍別。【成帙七】（306）

孔雀王咒經 〔經名〕一卷、秦の羅什譯、大金色孔雀王咒經、一卷、唐の義淨譯、佛說大金色孔雀王咒經、一卷、失譯人名。已上三經共に前經中の少分。【成帙八】（331）

孔雀明王經 〔經名〕不空譯の佛母大孔雀明王經の略稱。

儀軌 〔書名〕佛說大孔雀明王畫像壇場儀軌、一卷、唐の大空譯。【閏帙六】（1399）

クジヤクシユ 孔雀種 〔雜名〕梵語摩由羅 Maurya 譯して孔雀と云ふ。阿育王の系譜に二說ある中、旃陀羅笈多王より出づるものを、孔雀種と云ふ。⦿（正統記三）「是より孔雀の種永く絕えにき。」

クジユ 苦受 〔術語〕三受の一。違情の境に對して逼迫の苦を心に領受するを云。【唯識論九】に「領二違境相一逼二迫身心一。說名二苦受一。」

クス 庫子 〔職位〕又庫司行者とも云ふ。禪家の會計等を司る行者。

クセ 究施 〔地名〕城の名。「クシナ」を見よ。

クセ 救世 〔術語〕救世尊。救世者。救世大悲者など、佛菩薩の通稱。【法華經化城喩品】に「善哉見二諸佛救世之聖尊一。能於二三界獄一勉出二諸衆生一。」【起信論】に「最勝業徧知。色無礙自在。救世大悲者。」此等は佛に名けたるもの。【法華經普門品】に「衆生被二困厄一無量苦逼レ身。觀音妙智力。能救二世間苦一。」此は殊に觀音菩薩に名けたるもの。而して此菩薩此土に緣深く信仰最も多ければ救世の稱號獨り觀音の特有となりしと、開山の親鸞に於る大師の空海に於る如し。⦿（盛衰記）「救世の垂迹。」

救世菩薩 〔菩薩〕觀音菩薩の稱號、上に辨ず。

救世觀世音 〔菩薩〕觀音は略名、觀世音は具名、新譯には之を觀自在と云。「クワンオン」を見よ。《第廿圖參照》

救世輪 〔術語〕諸佛を救世者と云ふ如く法輪を救世輪とす。

救世圓通 〔菩薩〕觀世音菩薩の異名。⦿（馬琴、秋七草）「石に名を書く亡魂を導き給へ救世圓通。」

救世の誓 〔術語〕觀世音菩薩の衆生濟度の誓願なり。⦿（著聞集、哀傷）「八十にてあるかなきかの玉の緒は、みださですくへ救世のみ誓」

救世の提闡 〔雜語〕救世の闡提の誤。闡提は無往生の機なり。菩薩の慈悲の無限なる、一切衆生を救濟するの大業を起し、自身の成佛を念せずと云ふより、救世の闡提と云ふ也。⦿（曲、草紙洗小町）「聖德太子は救世の提闡」「合せて九世と云ふ。

クセ 九世 〔名數〕過現未の三世に各三世を具す、

クセケン 九世間 〔名數〕十界の中、佛界を除き他の九界を云。是れ共に迷妄の境なれば世間と名く。「ジフカイ」を見よ。

クセホフモン 曲法門 〔雜語〕えせ法門とも云ふ。邪曲の法義にして世人を迷はしむる法を云ふ。

クセン 拘暹 〔地名〕又、鳩睒。倶睒に作る。國の名。「クセンミ」を見よ。

クセンケンド 俱睒犍度 〔術語〕四分律に說く二十犍度の一。「クセンミ」を見よ。

クセンシヤベツ 句詮差別 〔術語〕名は直に諸法の自體を詮はす者なれば名詮自性と云ひ。句は其の自性の上の義理の差別を詮はす者なれば句詮差別と云。【唯識論二】に「名詮二自性一。句詮二差別一。」

クセンハツカイ 九山八海 〔名數〕一小世界の山海を總稱するの目。一小世界の中心に最高の山あり、水を出ると八萬由旬、水に入ると亦然り、蘇迷盧 Sumeru と名く、舊稱須彌、此に妙高と云。此高山の外に七金山ありて之を圍繞す。一に踰健達羅山 Yugaṁdhara 此に持雙と云。二に伊沙馱羅山 Īśādhara

此に持軸と云。三に堨地洛迦山 Khadiraka 此に擔木と云。四に蘇達梨舍那山 Sudarśana 此に善見と云。五に頞濕縛羯拏山 Aśvakarṇa 此に馬耳と云。六に毘那怛迦山 Vinataka 此に象鼻と云。七に尼民達羅山 Nimindhara 此に持邊と云。其高さ妙高山より次第に二分一を減じて持邊山は六百二十五由旬なり。此妙高山と七金山の一一の間に各大海ありて八功德水を湛へ、之を內海と稱す、七海あり。持邊山の外は鹹海にして之を限るに鐵輪圍山（略して鐵圍山と云）を以す。之を外海と稱して此海上の四方に四大洲あり。吾人は其南大洲に棲息するもの即ち閻浮提洲是なり。依て海は內海七、外海一、合して八海あり。山は一妙高、七金山、一鐵圍山 Cakravāḍa 合て九山あり、即ち九山八海なり。是れ一世界の最小なれば小世界と云。⦿（盛衰記四八）「釋迦如來の御弟、難陀尊者在俗の時、佛の通力に隨ひ奉り、九山八海を廻り、天上地獄を見たりき。」

クセンミ　俱睒彌　［地名］ Kauśāmbī 又、拘剡彌。拘剡彌に作る。【作佛形像經】に「拘塩惟國」【造立形像福報經】に「拘羅瞿國」【優塡王經】に「拘深國」【十誦律三十】に「俱舍彌國」【經律異相六】に「拘翼國」皆舊譯家の稱。新稱、憍賞彌。憍閃彌。優塡王の治國。【西域記五】に「憍賞彌國。舊曰二拘睒彌國一訛也。」【慧琳音義二十六】に「拘剡彌。此云二不靜一。亦云二藏有一也。」【可洪音義三】に「拘邏。國名也。或云二鳩睒一。或云二憍尙彌一。」【大乘日子王所問經】に「一時佛在二憍閃彌瞿尸羅林一。」

拘睒彌國　［地名］ 中印度に在て周り六千餘里、土地沃穰氣序熱し、都城の宮內に大精舍あり高さ六十餘尺、內に刻檀の佛像あり、是れ優顚王の作る所、諸國の君王來て之を移さんと欲すれども能はず、遂に圖して供養し俱に眞を得たりと言ふ。城東遠からず故塼室あり、世親菩薩此に於て唯識論を作る。其東菴沒羅林の中に故基あり、無着菩薩此に顯揚論を作る。其より東北七百餘里殑伽河の邊に迦奢富羅城あり、護法菩薩此に外道を降伏す。【西域記五】

拘睒彌犍度　［術語］【十誦律】に「俱舍彌法」【四分律】に「拘睒彌犍度」此國に於て比丘の鬪諍ありし時如法に之を制止する方法を明かせる品の名。犍度は品或は聚と譯す。巴 Kosambi-khandhaka

クゼン　垢染　［雜語］ 煩惱の心を垢し身に染むを云。【無量壽經下】に「猶如二淨水一洗三除塵勞垢染一故。」

クゼン　九禪　［名數］ 地持十地の二論に說く所、外道二乘に通ぜず獨り菩薩所修の大禪なり。一切の善根功德悉く此九禪の中に攝在す。一自性禪、或は止或は觀或は止觀均等なり。二一切禪、世間出世間禪なり。三難禪、下化衆生上求菩提の現行を生ずる禪なり。四一切門禪、覺觀と俱なる禪乃ち捨受と俱なる禪。五善人禪、味着の念なき禪。六一切行禪、一切菩薩の善行を生ずる禪なり。七除惱禪、一切衆生の苦惱を消除する禪。八此世他世樂禪。菩薩不思議の神通を現じて此世他世の衆生を利益する禪。九清淨禪。一切の功德を成就して無上菩提を證得する禪なり。【法界次第下】

クゼンキヤクゼン　舊善客善　［雜語］ 釋尊出世以前に於て世人に敎へられたる忠孝仁義等の道を舊き善根なりとして舊善と云ひ。釋尊の敎法によりて初めて敎へられたる三歸戒律等の善根を客善と云ふ。

クソ　九祖　［名數］ 天台宗の奉ずる所。【佛祖統紀七】に之を定む。「高祖龍樹菩薩。二祖北齊の慧文。三祖南岳の慧思。四祖天台の智顗。五祖章安の灌頂。六祖法華の智威。七祖天台の慧威。八祖左溪の玄朗。九祖荊溪の湛然。」

クソウ　供僧　［職位］ 本尊に供奉し給仕する僧。勅願寺にては僧綱より以下何人と數を定めて官より資給する故、定額僧と云ふ。⦿（榮花）に「供僧にやんごとなき僧綱などなりて供養法行ひ勤めけり。」

クソウ　九僧　［名數］ 大法會に衆僧の職を帶べるもの九人あり。一に導師。二に咒願師。三に唄師。四に散花師。五に梵音師。六に錫杖師。七に引頭。八に堂達。九に衲衆。

クソウジヨウ　九祖相承　［名數］ 天台宗三種相承の一。龍樹、慧文、南岳、天台、章安、智威、慧威、玄朗、湛然の九祖が順次に天台敎をうけ繼ぎたること。

クソマ　俱蘇摩　［植物］ Kusuma 又、拘蘇摩に作る。譯、花。【玄應音義一】花の十名の中の一。【宗輪論述記】

クソマバツテイ　俱蘇摩跋低　［界名］ Kusumavatī 佛國の名。譯、多華。【四童子三昧經中】

クソマフラ　拘蘇摩補羅　［地名］ Kusumapura 又、瞿蘇摩補羅に作る。城の名。譯、花宮。二所あり、一は羯若鞠闍國 Kanyākubja に在て曲女城の一名。一は摩掲陀國に在て波吒釐子城の一名。【西域記五】に「拘蘇磨補羅。唐言二花宮一。」【同八】に「拘蘇摩補羅城。唐言二香花宮城一。王宮多レ花故以名焉。」

クソマラ　俱蘇摩摩羅　［物名］ Kusumamālā 譯、華鬘。花を貫きて輪にしたるもの。【玄應音義一】に「俱蘇摩。此譯云レ華。摩羅此譯云レ鬘。案西國結

鬘師。多用二蘇摩那華一。行列結レ之。以爲二條貫一。無レ問二男女貴賤一。皆此莊二嚴或首或身一。以爲二飾好一。則諸經中。有二華鬘寶鬘等一。同其事也。」

クソラカ 倶蘇洛迦 〔衣服〕舊稱、祇修羅。瞿修羅。厥修羅。厥蘇洛迦。比丘尼の着する下裙。竹筒の如く縫ひ合せて兩頭なきもの。其形に像て篅衣と譯す。【行事鈔下一】に「此似レ裙周縫合」【同資持記】に「周圓縫合。而無二兩頭一。名二倶修羅一耳。」【玄應音義四】に「瞿修羅者。此云レ圖也。像二其衣形一而立レ名也。」【寄歸傳二】に「梵云二倶蘇洛迦一。譯爲二篅衣一。以三其兩頭縫合形如二小篅一也。長四肘。寬二肘。上可レ蓋レ臍。下至二踝上一四指。」【飾宗記五本】に「厥修羅者。正言二厥蘇洛迦一此是圖。義像二其形一也。」【字典】に「唐韻市緣切。説文判レ竹圜以盛レ穀也。」Kusūla

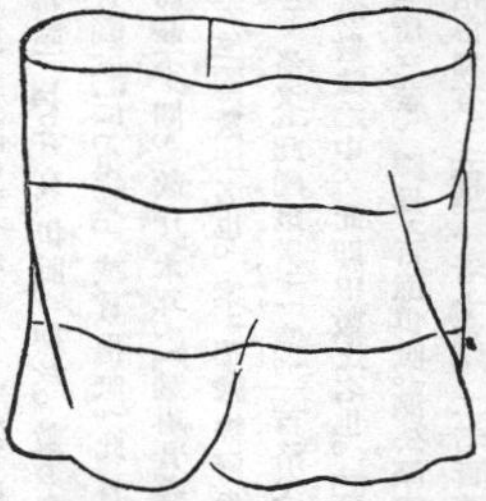

（倶蘇洛迦の圖）

クソラク 倶蘇洛 〔衣服〕衣の名。「クソラカ」を見よ。

クソン 九尊 〔名數〕胎藏界の中臺八葉院の九尊なり。開敷せる八辨の蓮華あり、其中心と八瓣とに各、一尊を現す、中心は大日如來、四方は四如來四隅は四菩薩なり。是れ胎藏界曼陀羅十三大院中の第一にて凡夫肉心の具德を表示せしもの、吾人の肉心は合蓮華の如し、一旦三密相應すれば開敷して八葉の蓮となりこの九尊を現すと云。「シンレン」を見よ。⦿（盛衰記一三）「九尊の中尊の寶冠をば、腦より血を出して、書せられたり。」

クソンバ 倶遜婆 〔植物〕Kusumbha 譯、紅藍花。橙紅色複花にして以て線を染るもの。【蘇悉地羯羅供養法上】

クタイ 宮胎 〔界名〕疑城胎宮に同じ。胎生の者の宮殿なれば胎宮と云ひ、七寶宮の中の胎生なれば宮胎と云ふ。「ギジヤウタイグ」を見よ。【觀經定善義】に「雖レ得二往生一。含レ華未レ出。或生二邊地一。或墮二宮胎一。」

クタイ 苦諦 〔術語〕四諦の一、三界生死の果報は畢竟苦患にして安樂の性あるとなし、此理決定して眞實なるを苦諦と云。「クシヤウタイ」を見よ。

クタイ 舊苔 〔衣服〕又、裘代。法衣の名。襲法素絹の如くにて裳の襞積十折づつあり。【法中時用裝束集】

クタシヤマリ 拘吒賒摩利 〔植物〕大樹の名。【慧琳音義五十三】に「拘吒賒摩利。賒音奢或云二居吒奢摩離一。大樹名也。是諸金翅鳥所二棲薄一處。於レ此採二取龍一食。隨二自己類一。居二住此樹四面一也。」【起世經五】に「居吒奢摩離。隋言二鹿聚一。彼之大樹。其木周圍有二七由旬一。」梵 Kūṭaśālmali

クタタ 句多吒 〔雜名〕咒の名。譯、慈悲忍辱。【七佛所説神咒經二】

クタフマ 瞿答摩 〔人名〕Gautama 釋氏五姓の一。「クドン」を見よ。

クタン 句潭 〔雜語〕又、倶譚に作る。「ガウタマ」の轉化。釋氏の五姓の一。「クドン」を見よ。「籤十九】

クダイ 供臺 〔物名〕供物を置く大卓を云。【象器

クダイ 九諦 〔名數〕無常等の九種の理の不虛なるを云ふ。一に無常諦。二に苦諦。三界有漏の果の逼迫苦痛なるを云ふ。三に空諦。諸法の自性空なるを云ふ。四に無我諦。一切法無我にして、常一主宰の實我なきを云ふ。五に有愛諦。後有を常有とする愛執即ち常見に由りて苦果あるを云ふ。六に無有愛諦。後有を斷無とする愛執即ち斷見に由りて苦果あるを云ふ。七に彼斷方便諦。苦集二諦を斷捨する方便は道に在るを云ふ。八に有餘依涅槃諦。煩惱を斷じて涅槃理を證得するも猶ほ惑業所感の依身あるを云ふ。九に無餘依涅槃諦。その依身を盡し、空寂の理に歸せる滅諦の果を云ふ。【法苑義林章第二】

クダウ 苦道 〔術語〕三道の一。道は能通の義。惑業苦の三互に相通ず、惑より業を起し、業より苦を感じ苦より復た惑を起す、故に苦道と云。即ち三界生死の果報に名く。【三藏法數十二】

クダウ 九道 〔名數〕九有情居を云。【大部補注五】

クダツボサツ 救脱菩薩 〔菩薩〕此の菩薩、藥師經の後半に於て藥師如來を念じて苦難災厄を免かるることを説き、且つ詳に藥師如來を供養する法式を示す。（第廿一圖參照）

クダニ 瞿陀尼 〔界名〕Godānīya 舊稱、瞿耶尼。瞿伽尼。新稱、瞿陀尼。瞿陀尼耶。須彌山の西方に在る大洲の名。譯、牛貨。【西域記一】に「西瞿陀尼洲。舊曰二瞿耶尼一。又曰二劬伽尼一。訛也。」【玄應音義十二】に「瞿陀尼。名二倶耶尼一。或名二瞿耶尼一。或名二瞿伽尼一。皆是訛轉也。瞿此譯云レ牛。陀尼耶此云二取與一。以二多レ牛市易如三此間用二錢帛等一。」【慧苑音義上】に「瞿耶尼。具云二阿鉢唎瞿陀尼一。Aparagodānīya 言二阿鉢唎一者此云レ西。或云二鉢執忙一。此云レ後。謂日沒邊處也。瞿牛也。陀尼貨也。謂以レ牛買レ物。如二此洲用レ錢也。」

クダラ　百濟　〔地名〕

百濟寺　〔寺名〕　推古天皇二十五年聖德太子帝に勸めて寺を熊凝村に營み熊凝寺と云。後に舒明天皇の十一年大和國十市郡百濟川の側に移して百濟大寺と號し、天武天皇十二年高市郡に移して大官大寺と曰ひ、元明天皇和銅三年平城に移して大安寺と云。【元亨釋書二十八】

百濟よみ　〔雜語〕　本願寺にて阿彌陀經を漢音に讀むとあり、之を漢音小經と云ひ、又くだらよみと云ふ。【實悟記】に「此本は漢音ばかりにあらず、吳音も少しまじり、唐音もあり、くだらよみとて聖德太子の百濟國より取寄られしよみに候間くだらよみと申にて候。」

クチ　苦智　〔術語〕　苦諦の理を知る智。十一智の一。【大般若經三】

クチ　俱致　〔雜語〕　Koṭi.　又、俱胝。拘致。數の名。譯、億。【玄應音義五】に「俱致。或言俱胝。此言千萬。或言億。而甚不同。故存本耳。」【慧琳音義二】に「俱胝音知。天竺國數法名也。案華嚴經阿僧祇品云。十萬爲一洛叉。此國以數一億。一百洛叉爲一俱胝。俱胝三等數法之中。此即中數之名也。」【華嚴疏鈔十三上】に「唐三藏。譯爲百億俱胝。測公深密記第六云。俱胝相傳釋有三種。一者十萬。二者百萬。三者千萬。用此三者。以下俱胝數或至百數或至千數或至百千。唐三藏譯定千萬也。故至百數。」⦿（近松誕生會）「魔界となして、俱胝劫の本懷を遂給へ。」図毘俱胝觀音の略。七俱胝佛母尊の略。

クチノシヨ　口疏　〔書名〕　大日經の疏二十卷の中、入眞言門住心品の疏を口疏と云ひ、入漫荼羅具緣品已下の疏を奧疏と云ふ。是れ住心品は眞言の敎相門なれば一般に之を授受し、已下は事相門なれば未灌頂の人に之を許さず、依て之を差別せしもの。

クチヤウ　供帳　〔雜名〕　僧籍を造て官に入るるもの。【佛祖統紀】に「唐玄宗開元十七年。勅天下僧尼。令三歲一造籍。供帳始此。」【勅修淸規】に「往時僧道歲一供帳。納免丁錢。官給爲憑。」

クチラ　俱絺羅　〔人名〕　又、俱祉羅。拘絺羅に作る。新稱慧耻羅。羅漢の名。「クシッチラ」を見よ。

拘絺羅池　〔地名〕　【翻梵語九】に「拘絺羅池。譯曰膝也。」

クチンナ　俱珍那　〔地名〕　又俱陳那に作る。城の名。【慧苑音義下】に「俱珍那城。或言俱陳那耶。言俱陳者是名。此云大盆。那法律也。昔此城未立之時。有一五通仙。名俱陳。而於此地。置一大盆。畜水若池。恒在盆側。修仙法律。亦常爲人說護淨經及養生法。於後學徒。皆以師名及法。爲其姓氏。人衆漸廣即於此邊。建立城郭。故此擧國人。今皆姓俱陳那。城亦因之立號耳。」

クヂ　九地　〔名數〕　三界を區分して九地となす、欲界は五趣の不同あれども同一の散地（欲界の果報に定心なきを云ふ）なれば合して一地となし、色界を分て四地となし、無色界又た四處となし、總て九地なり。一に欲界五趣地、欲界の内に地獄、餓鬼、畜生、人、天の五趣あり、（阿修羅を天に攝む）之を合て一地とす。二に離生喜樂地、欲界の惡を離るるに因て喜受樂受を生ずる地。此地には眼耳身意の四識のみありて鼻舌の二識なし、依て無分別の樂受相應し意識に有分別の喜受相應するなり。即ち色界の初禪天なり。三に定生喜樂地、初禪定の喜樂を因として更に勝妙の喜樂を生ずる地。此地已上には總じて五識を離れて但意識あるのみ。故に一の意識は或は喜受相應し樂受相應するなり。即ち二禪天なり。四に離喜妙樂地、喜受尙麤心なれば二禪の喜を離れて獨り靜妙無分別の樂に住する地、即ち第三禪天也。五に捨念淸淨地、樂受猶粗心なれば之を離れて淸淨無爲の捨受の念に住する地、即ち第四禪天なり。（已上四地は色界也）六に空無邊處地、色界の色を厭て空を思ひ、空に邊際なき觀解を作す者の生ずる地、即ち無色界の第一天なり。七に識無邊處地、前の外空を厭て內識を思ひ、識に邊際なき觀解を作す者の生ずる地、即ち無色界の第二天なり。八に無所有處地、前の內識を厭て無所有を思ひ、無所有の觀解を作す者の生ずる地、即ち無色界の第三天なり。九に非想非非想處地、前地の如き麤想なくして（非想）極て微細なる想念を有する地、（非非想）即ち無色界の第四天、三界中第一の果報なり。【三藏法數三十五、三界義、百法問答抄四、七十五法名目】

クヂウ　庫頭　〔職位〕　副寺のこと

クヂウタコク　久住他國　〔雜語〕　歌題。【法華經信解品】に窮子の喩を說くとて「譬若有人。年既幼稚。捨父逃逝。久住他國。或十二十。至五十歲。」⦿（續千載）「おろかにて迷ひ出にし末にこそやかで誠の道はありけれ。」

クヂウノタフ　九重塔　〔堂塔〕　「タフ」を見よ。

クヂクホンノシワク　九地九品思惑　〔名數〕　三界九地に各九品の惑あり、合せて八十一品の惑を數ふ。

クヂユウシヤ　久住者　〔雜名〕　久しく山寺に在住して修行せるものを云ふ。又、特に比叡山の籠山者を云ふ。⦿（盛衰記四）「山門の久住者圓應殺害せられけり。」

クヂユウシン　九住心　〔名數〕　行者、禪定を修する時心の散亂せざるやう一境に住著せしむることに

九種あり。安住心、攝住心、解住心、轉住心、伏住心、息住心、滅住心、性住心、持住心の稱なり。

クヂユウボサツ　舊住菩薩　〔術語〕新に淨土に往生したる菩薩に對して舊くより淨土に住せる菩薩を稱す。

クツ　沓　〔物名〕舃に作る。二種あり、金襴切を張りたるを草鞋と云ひ、黒漆にて塗り淺履にて鼻あるを鼻高と云。【法中時用裝束集】

クックツタアランマ　屈屈吒阿濫摩　〔寺名〕Kukkuṭa-ārāma 僧寺の名。譯、雞園。阿輪迦王の建る所。【釋迦方誌下】に「屈屈吒阿濫摩寺言雞園也」【西域記八】に「故城東南有二屈吒阿濫摩唐言雞園僧伽藍一。無憂王所レ建焉。無憂王。初信二佛法一也。式遵二崇建一。修二殖善種一。召二集千僧凡聖兩衆一。四事供養。什物周給。頽毀巳久。基趾尙在。」鷄足山とは別なり。

クックツタハダ　屈屈吒播陀　〔地名〕Kukkuṭa-padagiri 山の名。譯、鷄足。摩揭陀國に在て菩提樹の東百餘里に當る、迦葉尊者此に入定す。【西域記九】に「屈屈吒播陀山。唐言雞足亦謂二窶盧播陀山一。唐言尊定 高巒陗無レ極。深溪洞無レ涯。乃至 其後尊者大迦葉波。居レ中寂滅。不二敢指言一。故言二尊足一。」

クックワン　窟觀　〔雜語〕石窟にて觀法を修するを云。即ち坐禪なり。【性靈集四】に「窟觀餘暇」

クツグラ　掘具羅　〔植物〕或は局崛羅。窶具羅。求求羅。譯、安息香。「ククラ」を見よ。「フ」を見よ。

クツゲノケツジフ　窟外結集　〔故事〕「ケツジフ」を見よ。

クツゴブ　窟居部　〔流派〕「ケイインブ」を見よ。

クツサウニカ　屈霜儞迦　〔地名〕國の名。譯、何國。【西域記一】

クツシ　屈支　〔地名〕Kutche 國の名。或は龜玆。

丘慈。【名集義三】

クツシヤウ　屈請　〔雜語〕尊上を迎請すると。【雜阿含經四十八】に「屈請入二其舍一」【有部毘奈耶律九】に「便於二後時一。同レ前屈請。」

クツシユン　屈眴　〔雜名〕布帛の名。第一布。大細布と云ふ。【義楚六帖二十二】に「寶林傳云。唐言二第一布一。紡二木線華心一爲レ之。即達磨所傳之衣七條也。碧レ裏。自二師子尊者一傳與。」【宋僧傳八慧能傳】に「其塔下葆二藏屈眴布鬱多羅僧一。其色青黑。碧縑複袷。非二人間所一レ有物也。」

クツセン　崛山　〔地名〕耆闍崛山の略。譯、鷲峰山。

クツタ　崛多　〔人名〕優婆崛多の略。佛滅後百年に出でし羅漢の名。「ウバキクタ」を見よ。【義楚六帖七】に「迦葉創二其綱維一。崛多分二其修貫一。」

クツタアランマ　屈吒阿濫摩　〔寺名〕寺の名。譯、雞園。「クックツタアランマ」を見よ。

クツタク　窟宅　〔雜語〕【大慧書】に「以二思量計較一爲二窟宅一。」俗にくつたくの詞は是歟。

クツダカアゴン　屈陀迦阿含　〔術語〕巴Khuddakāgama 五阿含の一。四阿含外の一切の雜經にして、【善見律毘婆沙一】に「四阿鋡を除きて餘は一切の佛法、悉く屈陀迦經と名づく。」と云へる是なり。其中十餘の小部あり。善見律毘婆沙には法句 Dhamma-pada 喩 Apadāna 嗢陀那 Udāna 伊諦佛多伽 Itivuttaka 尼波多 Sutta-nipāta 毘摩那 Vimāna-vatthu 卑多 Peta-vatthu 涕羅伽陀 Thera-gāthā 涕利伽陀 Therī-gāthā 本生 Jātaka 尼涕婆 Niddesa 波致參毘陀 Paṭisambhidā 佛種姓經 Buddhavaṃsa 若用藏 Cariya-piṭaka の十四とし、現存巴利佛典の屈陀迦部は之に Khuddaka-pāṭha を加へて十五小部とせり。

クツナイ　窟內　〔地名〕摩揭陀國の迦蘭陀竹園の西南五六里を行て南山の北に大石窟あり、如來の滅後迦葉此に三藏を結集し、之と同時に石窟を去る二十餘里の處に於て自餘の大衆五藏を結集せしより窟內窟外の稱起る。【西域記九、宗輪論述記】

窟內上座部　〔流派〕迦葉は僧中第一の上座なれば此師の窟內にて結集せるを上座部と名く、此に對して窟外の結集は人數の多に就て大衆部と名く。【宗輪述記】に「界內即有二迦葉波一。此云二飲光一。時爲二上座一。乃至界內既以二迦葉一爲二上座部一。界外無二別標首一。但總官シテ二大衆一。」

クツマラ　屈摩羅　〔雜名〕又、屈滿囉。蓮華の未だ開かさるもの。僧叡の【法華經後序】に「諸華之中。蓮華最勝。華而未レ敷。名二屈摩羅一。敷而將レ落。名二迦摩羅一。處レ中盛時。名二分陀利一。」との說明は Utpala, Kamala, Puṇḍarīka に相當すれども屈摩羅の原語は明かならず。或は Kuvala か。

クツマンラガフシヤウ　屈滿囉合掌　〔術語〕又、屈摩羅。十二合掌の第三。【大日經疏十三】に「以二十指頭一相合。指又齊等。然掌內空令二稍穹隆一。名二屈摩囉合掌一。此云二如未開蓮一也。」「クツマラ」を見よ。

クツロタ　屈露多　〔地名〕北印度古王國の名。闍爛陀羅國の東北地方なり【西域記四】に多く大乘を學ぶと云ふ。Kullūta

クヅ　庫頭　〔職位〕コヂウと讀む。

クヅギヤウジヤ　供頭行者　〔職位〕クヂウアンジヤと讀む。「キウヂウアンジヤ」を見よ。

クテイ　倶胝　〔名數〕數の名。「クチ」を見よ。〔図〕

〔人名〕僧の名。唐の婺州金華山の倶胝和尙、金華山寺に住する時、常に倶胝佛母陀羅尼を誦せし故に人呼で倶胝和尙と曰ふ。【無門關首書】グテイと讀む。

倶胝一指 〔公案〕【碧巖十九則】に「倶胝指頭禪」【從容錄八十四則】に「倶胝一指」【無門關三則】に「倶胝竪指」【五燈會元四】に「杭州天龍和尙の法嗣婺州金華山の倶胝和尙、初め菴に住する時、尼あり實際と名く、來て笠子を戴き、錫を執て師を遶ると三匝して曰く、道ひ得ば即ち笠子を下さん、是の如く三問す。師皆對無し、尼便ち去る、師曰く、日勢稍晩る、何ぞ且く住せざる。尼曰く道ひ得ば即ち住せん。師又對なし。尼去て後、師歎じて曰く、我れ丈夫の形に處ると雖而も丈夫の氣なし、如かず庵を棄てて諸方に往き知識に參尋し去らんには。其夜山神告て曰く、此を離る須らず、將に肉身の菩薩あり來て和尙の爲に說法せんと。旬を逾て果して天龍和尙庵に到る。師即ち迎へ禮して具に前事を陳ぶ。龍一指を竪てて之に示す。師當下に大悟す、此より凡そ學者の參問するとあれば師唯一指を擧で別の提唱なし。一童子あり、每に人に事を問はれて亦た指を竪つ。人師に謂て曰く、和尙の童子亦た佛法を會す、凡そ問ふとあれば皆和尙の如くに指を竪つと。師一日潛に刀子を袖にして童に問て曰く、聞く汝佛法を會すと、是なりや否や。童曰く是。師曰く、如何是佛。童指頭を竪起す。師刀を以て其指を斷つ。童叫喚して走り出づ、師童子を召す、童首を回す。師曰く、如何是佛。童手を擧て指頭を見ず、豁然として大悟す。師將に入寂せんとす衆に謂て曰く、吾天龍一指の禪を得、一生用て盡きずと、言訖て示滅す。」

クテイ 供遞 〔雜語〕キウテイと讀む。

クテツ 九轍 〔名數〕秦の道融始て羅什譯の法華經を講じて、開て九轍となす、九轍の文傳らず。【法華玄論一】に「及₂羅什至₁長安₁。翻₂新法華₁竟。道融講レ之。開爲₂九轍₁。時人呼爲₂九轍法師₁。九轍之文。今所レ未レ見。講₂新法華₁。始₂乎融₁也。」

クテツ 九徹 〔術語〕又不動九徹とも云ふ。不動明王の利劍の周圍に火焰九個あり九徹を表すと云ふ。覺源抄卷下に「今此の九徹とは、三界九地の惑障盡滅し、十地滿足の佛と成ることを顯はす。亦我等衆生の九識の法門に曇り無き故に九徹と云ふ。又八葉九尊を一心の蓮臺に顯はす故に九徹と云ふ。總じて不動の身を以て即ち行者の身と知るを三昧耶と云ひ。或は九徹と云ふ。委細之を尋習すべし。最秘なり」と。

九徹印明 〔印明〕不動明王を中央とし、兩部大日を兩側士とし、三尊帳を建立するもの。無所不至印を三尊帳と觀じ、阿唅鑁の明を三誦す。

クテン 供天 〔雜語〕又、天供（てんぐ）と云。梵天帝釋功德歡喜等の諸天を供養するなり。

クテン 鼓天 〔天名〕鼓を擊つ天人。胎藏界曼陀羅第十二外金剛院の一衆。

（鼓天の圖）

クデウ 九帖 〔名數〕唐の善導大師の著述に係る觀經玄義分一卷、觀經序分義一卷、觀經定善義一卷、觀經散善義一卷（已上を四帖の疏と云）淨土法事讚二卷、觀念法門一卷、往生禮讚一卷、般舟讚一卷、之を九帖の書と云。又五部九卷とも云。（四帖の疏は共に觀經一部の疏に屬す）⦿（平家）「九帖の御書」

クデウ 九條 〔衣服〕三種袈裟の一。袈裟は細長く切りたるものを橫に縫ひ合せたるものにて其切れの條數に由て種類を分つなり。五條あるを下衣とし、七條あるを中衣とし、九條已上二十五條に至るを上衣（即僧伽梨）とし、之を大衣と云。即ち九條は大衣の最下なり。五條は平常不斷に之を着し、七條は寺內の衆中に在て禮誦齋講を爲すに着し、九條已上は外出の時及ひ其他嚴儀の時之を着す。「ケサ」を見よ。

九條衣 〔衣服〕九條の袈裟を云。袈裟は即ち比丘の正衣。⦿（著聞集、釋敎）「慈覺大師の九條の袈裟衣を着して」

九條錫杖 〔雜名〕「シヤクヂヤウ」を見よ。

クデン 口傳 〔雜語〕口づから傳ふると。【法顯傳】に「法顯本求₂戒律₁。而北天竺諸國。皆師師口傳。無₂本可₁レ寫。」

クデンセウ 口傳鈔 〔書名〕三卷。元弘元年の報恩講に本願寺覺如が如信より口傳せられたる親鸞の言行を物語りて、乘專をして筆記せしめたるもの。淨土宗西山鎭西の異流に對して眞宗が法然の眞意を傳ふるを顯はす。

クトウ 供燈 〔儀式〕燈明を佛像塔廟に奉施するなり。

クドク 苦毒 〔術語〕身を苦しめ毒するもの。【法華經方便品】に「以₂諸欲因緣₁。墜₃墮三惡道₁。輪₃回六趣中₁。備受₂諸苦毒₁。」

クドク 功德 〔術語〕功は福利の功能、此の功能は

善行の德なれば功德と云。又、德は得なり、功を修めて得る所あるを功德と云。【大乘義章九】に「言二功德一功謂功能。善有二資潤福利之功一。故名爲レ功。此功是其善行家德。名爲二功德一。」【天台仁王經疏上】に「施レ物名レ功。歸レ己曰レ德。」【勝鬘經寶窟上本】に「惡盡言レ功。善滿曰レ德。又德者得也。修レ功所レ得。故名二功德一也。」

功德藏 〔術語〕功德の寶藏。【無量壽經下】に「具二足功德藏一。妙智無二等倫一。」【新譯仁王經下】に「滿二功德藏一。住二如來位一。」

功德聚 〔術語〕功德の聚塊。佛の德稱。【涅槃經三十二】に「右膝着レ地。以レ偈讚レ佛。如來無量功德聚。我今不レ能二廣宣說一。」【浴佛功德經】に「我今灌二沐諸如來一。淨智莊嚴功德聚。」【讚阿彌陀佛偈】に「斯等寶林功德聚。一心合掌頭面禮。」【大日經疏五】に「制底。翻爲二福聚一。謂諸佛一切功德聚在二其中一。是故世人爲レ求レ福故。悉皆供養恭敬。」図塔の德名。【性靈集九】に「塔名二功德聚一。幢號二與願印一。功德聚則毘盧遮那萬德之所二集成一。與願印則寶生地藏之三昧身。」【大日經遍明鈔十】に「自宗翻二率都婆一爲二功德聚一。」

功德田 〔雜語〕三福田の一。三寶を云。三寶は無上の功德を具するもの、而して其より衆生の功德を生じ、或は衆生之を供養すれば無量の福報を生すれば田と云。【無量義經】に「布二善種子一。徧二功德田一。普令三一切發二菩提芽一。」【倶舍論十五】に「功德田者。謂佛法僧。或勝補特伽羅。謂得二勝果勝定一。」【倶舍頌疏十八】に「佛及羅漢。名爲二德田一。謂具二諸勝德一。及亦能生二一切有情勝功德一故。」【三藏法數十一】に「功德福田。謂若能恭二敬供三養佛法僧三寶一。非三但成二就無量功德一。亦能獲二其福報一。是名二功德福田一。」

功德天 〔天名〕新譯、吉祥天。舊譯、功德天。「キチジヤウテン」を見よ。

功德天品 〔經名〕【金光明經二】に出づ。功德天女、自ら己を供養念誦するものに福を與ふるを說く。

功德天女與黑闇女倶行 〔雜語〕「キチジヤウテン」を見よ。

功德衣 〔衣服〕梵語、迦絺那。譯、功德衣。安居を修了せし人の受くる袈裟にて、之を受くる人は五德を有すれば功德衣と云。「カチナ」を見よ。【四分律四十三】に「安居竟。有二四事應一レ作。何等爲レ四。應二自恣一。應レ解レ界。應レ結レ界。應レ受二功德衣一。」

功德品 〔經名〕法華經に分別功德品、隨喜功德品、法師功德品の三あり。

功德海 〔譬喩〕功德の深廣なるを海に譬ふ。【八十華嚴經七】に「智慧甚深功德海。普現二十方無量國一。」【發眞鈔下末】に「佛智深廣。不レ可レ測故。如二世海一也。」

功德池 〔地名〕八功德の水を湛ふる池。極樂にあり。【無量壽經上】に「內外左右。有二諸浴池一。或十由旬。或二十三十。乃至百千由旬。縱橫深淺。各皆一等。八功德水。湛然盈滿。」⊙(近松、稚物語)「立往生に立つ波は、功德池の血より流れ來る。」

功德水 〔雜名〕八功德の水。項を見よ。

功德安居 〔行事〕法隆寺の安居講に二種あり、一を官安居と名けて聖武天皇の本願になり、一は功德安居と名けて聖德太子の本願に成る。【三代實錄四】

功德主 〔雜名〕檀越の人を云。【象器箋】

功德使 〔職位〕唐朝に天下の僧尼を管領する官を置きて功德使と云。【僧史略中】に「會要云。大曆十四年。勅二內外功德使一。並宜二停置一。若然者代宗朝早置二功德使一。」

功德料 〔雜語〕三寶に寄附する財物を云。【元亨釋書廿三】に「納二功德料二百戶于東寺一。」

功德施論 〔書名〕金剛般若破取着不壞假名論の異名。

功德莊嚴王經 〔經名〕一切法功德莊嚴王經の略稱。

功德叢林 〔雜名〕禪法に名け。又、禪院に名く。【宋高僧傳十二慶諸傳】に「南方謂二之叢林一者。翻二禪那一爲二功德叢林一也」。

功德遊 〔行事〕即ち法樂なり。法事の後に詩歌の朗詠などして遊ぶなり。⊙(著聞集)に「堀河內府入道大納言の時ぐどく遊ありけり、念佛禮讚などはてて朗詠ありけるに」

クドクホフシン 功德法身 〔術語〕五種法身の一。「ホフシン」を見よ。

クドクリウ 功德流 〔流派〕台密十三流の一。快雅を流祖とす。快雅は三昧流良祐の傍系たる忠尋、慧淵、慧尋の後也。

クドン 瞿曇 Gautama 〔雜名〕舊稱、瞿曇、倶譚。具譚など。新稱、喬答摩。釋種の姓、古來佛の姓に瞿曇、甘蔗、日種、釋迦、舍夷の五種を稱し、異同を論ずるに諸說あり。【十二遊經】に瞿曇と舍夷の二名の因緣を擧て、梵志瞿曇の弟子を瞿曇と云ふ、世人小瞿曇と稱す。賊の爲に殺さる。(甘蔗園又は甘蔗果園にて)師知て屍を以て泥に和し兩團とし、咒十月、一男一女と成る。瞿曇を姓とし又舍夷と名くと【佛本行集經】には淨飯六代の祖射殺せられ、血塊より二莖の甘蔗を生じ、次で一男一女を生ず。姓を甘蔗とし別稱を日種とし四子北

に移りて釋迦姓を唱ふ、その別稱を舍夷と云ふ。佛は甘蔗王 Ikṣvāku の末にして瞿曇は姓。日種 Sūrya vaṁśa 中の釋迦族 Śākya なればかく稱するなり。舍夷は Śākī（釋迦の女性名詞）なるべし。又瞿曇の意味に付て天台は純淑【文句一下】。慧苑は最勝とし。慈恩は日炙種泥土種とし（二十唯識述記下同上）【法華玄賛九】に「若毀レ之曰二泥土種牛糞種一。」と之れ Gautama を Gomati と誤りたる名なるべし。⦿（近松誕生會）「くどん沙彌には妻子もなし。」（太平記二四）「祇陀太子爲二瞿曇沙門一」

瞿曇彌 〔雜名〕 Gautamī 瞿曇姓の女子を呼ぶの稱。「ケウドンミ」を見よ。

瞿曇仙 〔人名〕 過去世の大仙の名。甘蔗王此仙に依て生出せしと上に十二遊經を引く如し。

クドンソウギヤ　瞿曇僧伽 〔人名〕 比丘の名。瞿曇僧伽提婆の略。

クドンソウギヤダイバ　瞿曇僧伽提婆 〔人名〕 Gautama Saṅghadeva 瞿曇は姓。僧伽提婆は名。譯、衆天。罽賓國の人、慧遠竺佛念等と共に諸論を譯す。【歷代三寶記七、梁僧傳一、開元錄三】

クドンハンニヤルシ　瞿曇般若流支 〔人名〕 Gautama-prajñā-ruci 瞿曇は姓。般若流支は名。譯、智希。中印度の婆羅門なり。元魏の孝明帝熙平元年洛陽に至り、諸經論を譯す。【續高僧傳一（菩提流支傳附）開元釋敎錄六】

クドンホフチ　瞿曇法智 〔人名〕 Gautama Dharmajñāna 瞿曇は姓。法智は名。梵名、達磨闍那。元魏の般若流支の長子、父子相承けて傳譯を習ふ。【續高僧傳二（闍那崛多傳附）開元釋敎錄七】

クドンミ　瞿曇彌 〔雜名〕 Gautamī 又、俱曇彌に作る。舊稱、瞿曇彌。憍曇彌。新稱、瞿答彌。憍答彌。共に瞿曇姓を女聲に呼ぶの稱にして、經中佛の姨母の別號とす。姨母本名は摩訶波闍婆提、姓を以て之を呼ぶ時、之を瞿曇彌と云。【法華經勸持品】に佛、姨母を呼で喬曇彌と稱せり。「ケウドンミ」を見よ。

瞿曇彌經 〔經名〕 阿難の請に由て八法を制して瞿曇彌の出家を許すとを說く。中阿含經二十八に攝む。【昃帙五】之れ比丘尼八法なり律中皆之を載す。

瞿曇彌記果經 〔經名〕 佛說瞿曇彌記果經。一卷。宋の慧簡譯。即ち中阿含の瞿曇彌經。【昃帙八】

クドンルシ　瞿曇留支 瞿曇般若流支の略。

クナ　求那 〔術語〕 Guṇa 原質の意より原質は必ず活動を有すとして作者の意となり、遂に德の意となる。勝論師六句義の中の第二。譯、依。地水火風等の實體に依止する色聲香味等の德を云。而して求那の數に不同あり。【百論疏上中】に「求那此云二依諦一。有二二十一法一。謂一異合離數量好醜八也。次有二苦樂憎愛愚智勤惰一。亦八也。次有二五塵一。即色聲香味觸也。」【十句義論】に「二十四德。名二德句義一。何者名爲二二十四德一。一色二味。乃至二十三非法。二十四聲。如レ是爲二二十四德一。」【楞伽經二】に「外道亦說下有二常作者一。離二於求那一周遍不上レ滅。」又、數論に喜憂闇の三德の談あり、三求那と云ふ。

クナウ　九惱 〔名數〕 又、九難とも、九橫とも九罪報とも云。佛が現生に受けし九種の災難を云。【智度論九】に「一者梵志女孫陀利謗。五百阿羅漢亦被レ謗。二者旃遮婆羅門女。繫二木盂一。作レ腹謗レ佛。三者提婆達。推レ山壓レ佛。傷二足大指一。四者迸木刺レ脚。五者毘樓璃王興レ兵殺二諸釋子一。佛時頭痛。六者受二阿耆達多婆羅門請一而食二馬麥一。七者冷風動故脊痛。八者六年苦行。九者入二婆羅門聚落一。乞食不レ得。空鉢而還。又復有下冬至前後八夜寒風破レ竹索二三衣一禦上レ寒。又復患レ熱。阿難在レ後扇レ佛。如レ是等世界小事。佛皆受レ之。」【興起行經】に十惱を擧げて一一之を釋し、乞食不得を省て奢彌跋謗と骨節飾の二事を加ふ。【法苑珠林七十三、大部補註八】に興起行經の說を詳にす。

クナウ　苦惱 〔術語〕 生死海の法は總て我を苦しめ惱ますもの、一として安穩の自性なし。【無量壽經下】に「貪恚愚痴苦惱之患。」

クナゴン　拘那含 〔佛名〕 又、俱那含に作る。拘那含牟尼の略。過去七佛中の第五佛の名。

クナゴンムニ　拘那含牟尼 〔佛名〕 Kanakamuni 又、拘那牟尼。新稱、迦諾迦牟尼。譯、金寂。過去七佛中の第五佛。人壽四萬歲の時に出生す。【演密鈔八】に「梵語迦諾迦牟尼。此云二金色一。即是七佛中第五俱那含牟尼如來。俱那含不正也。」「カナカムニ」を見よ。

クナセリタ　寠拏折里多 〔寺名〕 Guṇacarita 譯、德行寺。摩揭陀國に在て大覺寺に近し。【慧琳音義八十一】

クナバツダラ　求那跋陀羅 〔人名〕 Guṇabhadra 比丘の名。譯、功德賢。中天竺の人。齊の建元の初京師に至り、百喩經等を譯す。【梁僧傳三】

クナバツマ　求那跋摩 〔人名〕 Guṇavarman 比丘の名。譯、功德鎧。罽賓國の王種なり。年二十出家受戒、深く三藏に達す。年三十、國王薨じ繼紹なし。衆還俗して位を嗣がんことを請ふ。跋摩聽かず、乃ち師を辭し、衆に違し、林棲谷飮、山野に孤行し跡を人

世に遁る。後、師子國に至て眞乘を弘め、宋の文帝元嘉八年建業に達す。經律を譯すと十數部、文帝深く敬賞を加ふ。【梁僧傳三、神僧傳三】

クナハラバ　瞿拏鉢剌婆　[人名]　Guṇaprabha　又、瞿拏鉢賴婆に作る。印度論師の名。譯、德光。【西域記四】に「昔瞿拏鉢剌婆論師 唐に德光と云 此に於て辯眞等の論凡そ百餘部を作る。論師少にして英傑、長じて弘敏博物强識、碩學多聞。もと大乘を習て未だ玄奥を窮めず、毘婆沙論を覽るに因て業を退て小乘を學ぶ。數十部の論を作て大乘の綱紀を破し小乘の執着を成す。又俗書數十餘部を製して先進所作の典論を非斥す。覃く佛經を思て十數決せず、研精久しと雖、疑情未だ除かず。時に提婆犀那羅漢あり、覩史多天に往來す。德光慈氏に見て疑を決し益を請はんとを願ふ。提婆犀那神通力を以て接して天宮に上る。既に慈氏を見て長揖して禮せず。提婆犀那謂て曰く、慈氏菩薩次で佛位を紹ぐ。何ぞ乃ち自ら高して敢て敬を致さざるや、方に業を受けんとす、如何ぞ屈せざる。德光對て曰く、尊者此言誠に指誨たり、然も我は具戒の苾芻出家の弟子なり、慈氏菩薩は天の福樂を受て出家の侶にあらず。而して禮を作さしめんと欲す、恐は宜き所にあらず。菩薩其の我慢の心固より法器にあらざるを知り、往來三返するも疑を決すると能はず。」

クナビチ　求那毘地　[人名]　Guṇaviddhi　比丘の名。譯、德進。安進。中印度の人、齊武永明年中來る、大小乘二十萬言を誦す。【歷代三寶記十一、梁僧傳三、開元錄六】

クナマテイ　窶拏末底　[人名]　Guṇamati　又、求那摩帝。瞿那末底。窶拏摩提に作る。印度論師の名。譯、德慧。安慧の師にして十大論師の一。【西域記八】に數論外道摩沓婆を降伏するとを記す。【唯識述記一本】に「梵云二窶拏末底一。唐言二德慧一。安慧之師。業冠二前英一。道光時彥。」

求那摩帝隨相論　[書名]　隨相論の異名。

クナムニ　拘那牟尼　[佛名]　佛の名。「クナゴンムニ」に見よ。

クナラ　拘那羅　[動物]　Kuṇāla　又、鳩那羅。狗拏羅。鳥の名。譯、好眼鳥。【玄應音義五】に「鳩夷羅。或言二鳩那羅一。此譯云二好眼鳥一也。」図譯、惡人。不好人。【玄應音義四】

鳩那羅太子　[人名]　阿育王の子、眼愛すべく鳩那羅鳥に似たるを以て名く。【阿育王經四】に「阿育王。命二諸大臣一而語レ之言。汝等嘗見二此兒眼一不。諸臣答言。臣於二人中一。實所レ未レ見。於二雪山一有レ鳥。名二鳩那羅一。此鳥之眼。與甚相似。乃至 即以二鳥名一而以名レ兒。」然に【西域記三】に「狗浪拏」【阿育王息壞目因緣經】に「法益」に作る。太子は正后の生む所、容貌甚だ美。正后既に沒して繼室憍淫、私に太子に逼る。太子泣て罪を謝す。繼母之を恨み、阿育王を說て太子を出して呾叉始羅國を鎭せしむ。繼母後に王命を矯て太子を責め、其の兩目を抉て之を野に放たしむ。太子既に明を失ひ流離して父の都城に至り、夜箜篌を鼓して悲吟す。王其の聲を聞て太子たるを疑ひ、盲人を引見して之を問ふ。太子悲泣し告ぐるに實を以てす。王其の繼室の所爲なるを知り、之に嚴刑を加へ、太子を導きて、菩提樹伽藍の瞿沙阿羅漢の下に詣り、其の法力を請ひ盲を醫す。【阿育王經四、阿育王息壞目因緣經、西域記三、經律異相三十三】

クナラダ　拘那羅陀　[人名]　Guṇarata　又、拘那羅他に作る。眞諦三藏の別名。譯、親依。家依。【起信論義記上】に「譯經紀云。沙（波の誤）羅末陀 Paramārtha 此云二眞諦一。亦云二拘那羅陀一。此曰二親依一。西印度優禪尼國人。」【續高僧傳一】に「拘那羅陀。陳言二親依一。或云二波羅末陀一。譯云二眞諦一。並梵文名字也。」【二十唯識述記上】に「梁末陳初。有二拘那羅陀一。此云二家依一。親依亦得。即眞諦三藏也。」「シンタイ」を見よ。親依と譯せるより見れば或は Kulamātha か。

クナン　九難　[名數]　佛に九種の横難あり「クナウ」を見よ。

クニ　矩抳　[物名]　譯、澡鑵。「クンチ」を見よ。

クニフ　九入　[雜名]　人の身上に於て眼耳鼻各二、及び口大便小便の九孔あり、內より流漏すれば九漏と云ひ、外より通入すれば九入と云。又九瘡九孔と云ふ。【行事鈔中之二】

クニン　口忍　[術語]　身口意三忍の一。たとひ人より打罵を被るも、忍んで惡聲を發せざるを云。【三藏法數十二】

クノ　懼曩　[雜語]　Guṇa　「クナ」に等し。譯、功德。【華嚴疏鈔八】に「懼曩此云二功德一。」【梵語雜名】に「麌嚢」

クノウ　功能　[雜語]　能く結果を生ずるに名く。【唯識演秘二本】に「能生二果法一。名爲二功能一。乃至 功能即是種子異名。」

クハ　瞿波　[人名]　又、瞿夷。悉達太子第一夫人の名。「クイ」を見よ。

クハウベン　九方便　[名數]　法會に勸る法式の名。一に作禮方便、二に出罪方便、三に諦依方便、四に施身方便、五に發願方便、六に隨喜方便、七に勸請方便、八に奉請方便、九に廻向方便なり。一一に偈頌ありて節を付て之を諷詠す。【魚山集略】図秘法修行の前に行ふ式なり。㊀虔誠恭敬。空閑精舍中にて

十方諸佛の現前に在るを思惟し、虔誠恭敬に勝莊嚴を布散し、眞言を誦して禮拜す。㈡懺悔。過去世乃び現生に於て三毒の煩惱積聚し增長せり、今十方諸佛の前に於て心を披て懺悔し敢て復た過らずと懺悔して眞言を稱ふ、所悔の罪一時に消滅すと。㈢歸作。十方三世一切の諸佛に歸依の念をなすこと。㈣自供養。自らを十方三世諸佛に供養せむ事を念ず。㈤發菩提心。自心を觀じて寶月の空淨凝滿なる如しと。又無始の妄執に纒繞せらるる我、今此の所害を覺すと觀ず、是の故に淨菩提心を觀察するなり。㈥隨喜功德。諸菩薩最勝の福業我れ今至心に悉く皆隨喜すと念ず。㈦勸請德雲。我れ今一切如來諸大菩薩を勸請す、普く十方に於て大法雲を興し大法雨を降す。救世大悲願くは我が請に隨て我れ此の中に所願速に成就せむと念ず。㈧請佛住世。我が凡夫の爲に世間に住し、我等一切衆生を繞益し願くは如來我を捨てざれと念ず。㈨回向菩薩。我所修の一切衆善三起の功德方便を以て諸の衆生の福を利益し、並に同じく廣大の菩提に回向すと。これ密宗九方便の大要なり。【要略冒誦經】

九方便十波羅蜜菩薩　〔名數〕　前九方便の一一に檀波羅蜜菩薩。戒波羅蜜菩薩。忍辱波羅蜜菩薩。精進波羅蜜菩薩。禪波羅蜜菩薩。般若波羅蜜菩薩。方便波羅蜜菩薩。願波羅蜜菩薩。力波羅蜜菩薩。を配し十の智波羅蜜菩薩は隨喜已下四方便に通ず【寛林次第】此の十波羅蜜菩薩は胎藏界の虛空藏院に在り。

クハラ　瞿波羅　〔異類〕　Gopāla　又、鳩波羅に作る。夜叉の名。譯、守地。【孔雀王經下】に「瞿波羅。梁言二守地一。大夜叉名也。」図長者の子の名。【慧苑音義下】に「瞿波羅。案西方訓レ字。瞿有二九義一。此中但取二地白義一。波羅此云二守護一也。謂守二護心地一。守二護白法一也。」「經。【玄應音義二十五】

クハラカ　瞿波洛迦　〔雜名〕　Gopālaka　譯、牧牛

クハリカ　瞿波理迦　〔人名〕　Gopālī　舊稱、俱迦梨。人の名。譯、牛主。【慧琳音義十八】「クカリ」を見よ。

クハリシキノアミダ　紅頗黎色阿彌陀　〔圖像〕　紅頗梨色を帶べる阿彌陀佛の尊像なり。三摩耶は八葉蓮華の上に五鈷杵を橫へ、杵の上に獨鈷杵を竪て、上に紅蓮あり、其の上に阿彌陀佛結跏趺座し、頭上には、金剛五佛の寶冠を戴き、左右の兩手は定印に住し、佛身及び衣等悉く紅頗梨の色を帶びて威容端嚴なり。蓋し五大の色を五方に配するに、赤色は西方に當るを以て、彌陀の本土たる西方の色を本佛の身色光明となしたるなり。【無量壽如來修觀行供養儀軌】に「想壇中有二紇哩字一。放二大光一。明如二紅頗黎色一。徧照二十方世界一。其中有情遇二斯光一者。無レ有レ不レ得二罪障消滅一。」とあるは本說なり。【守護國界主陀羅尼經二】に「觀想成已漸觀二徧身皆紅蓮華色一。此身即成二阿彌陀如來一。此觀成已即從二頂上一放二紅蓮華色光一。亦以二無數百千億光一而爲二眷屬一。一一光中皆有二無量紅蓮華色菩薩一而現。各以二此印一入二深三昧一。光照西方恒沙世界。彼中衆生遇二斯光一者。皆入二三昧一。」《第廿二圖參照》

クハンシカ　鳩半支迦　〔異類〕　夜叉の名。【大藥叉女歡喜母成就法】に「鳩半支迦大藥叉將。古云二散支一者訛也。」「サンシ」を見よ。

クハンダ　鳩槃茶　〔異類〕　Kumbhāṇḍa　又、弓槃茶。究槃茶。恭畔茶。拘槃茶。俱槃茶。吉槃茶。拘辦茶。鳩滿拏。鬼の名。人の精氣を噉ふ鬼。譯、甕形鬼。冬瓜鬼。南方增長天王の領鬼。【探玄記二】に「鳩槃茶。依二正法華經一。名二厭眉鬼一。噉二人精鬼一等。亦名二冬瓜鬼一。王名二毘樓勒一。此云二增長王一。是南方天王。領二二部鬼一。一名二鳩槃茶一。二名二薜荔多一。從二所領一爲レ名。」【慧苑音義上】に「鳩槃茶。此云二陰囊一。亦曰二形印一。謂此之類陰囊。狀如二冬瓜一。行時擎置二肩上一。坐時即便據レ之。由二斯弊狀一。特二異諸類一。故從レ之爲レ名。舊云二冬瓜一者。以二其事猥一而不レ顯故。使二人謬解一耳。」【玄應音義二十一】に「究槃茶。或作二恭畔茶一。又作二弓槃茶一。皆一也。此云二甕形一。頗似二冬瓜一也。」【圓覺經】に「爾時有二大力鬼王一。名二吉槃茶一。與二十萬鬼王一。即從座起。頂二禮佛足一。」【梵語雜名】に「鳩滿拏」⦿(近松、振袖)「鳩槃茶夜叉神」

鳩槃茶之圖

クバ　瞿婆　〔人名〕　「クイ」を見よ。

クバク　苦縛　〔術語〕　苦患の繫縛。【法華經方便品】に「我令レ脫二苦縛一」

クバクイチダツ　九縛一脫　〔名數〕　【摩訶止觀一上】に內外に涉て十道の發心を明かす。一に火途道、二に血途道、三に刀途道、四に阿修羅道、五に人道、六に天道、七に魔羅道、八に尼犍道、九に色無色

道、十に二乘道。此の中前九を縛とし後一を脱とす。縛脱異なれ共、同く是れ邪非の發心なり。「九種是ハ生死。如ニ蠶自縛ニ。後一是ハ涅槃。如ニ鼉獨跳ニ。雖レ得ニ自脱ニ。未レ具ニ佛法ニ。倶非故雙簡ニナルニス。」又「以ニ明了ニ四諦ニ故非ニ九縛ニ。起ニ四弘誓ニ故非ニ一脱ニ。」

クバクバラモン　倶縛婆羅門　［人名］又、救婆倶婆羅門に作る。本朝内外の典に隨求陀羅尼經の功徳を擧ぐる中に屢此名を引く【本朝文粹十三 江匡衡供養率都婆願文】に「功能出ニ於般若ニヨリ。饒益傳ニ於倶縛ニヨリ。」【風雅集下】に歌題として「隨求陀羅尼經の倶縛婆羅門」艮忠の【觀經玄義分記二】に「倶縛婆羅門。入ニ阿鼻獄ニ。後只由ニ隨求陀羅尼力ニノ。不レ圖脱レ苦。風僅傳ニテ文字ニ。而觸ニルニ其屍ニ。猶光照ニシテ阿鼻ニ。速免ニ劇苦ニ。」無住の【雜談集十】に「隨求陀羅尼經に、昔救婆倶婆羅門と云ひしは、一生惡業をのみ造て、都て善根不レ作惡人也。死して大地獄に墮ちたりけるが、光明俄に彼の婆羅門を照し、其光餘の罪人に及び皆天に生じける。炎王帝釋梵天等此の故を知らず、仍て佛に問ひ奉る。佛答云、隨求陀羅尼一字風に吹かれて彼が遺骨に懸りたる故也と。」さて隨求經に二譯あり。一は不空の譯、二卷、普偏光明焔鬘清淨熾盛如意寶印心無能勝大明王大隨求陀羅尼經と云ひ、一は寶思惟の譯、一卷、佛説隨求即得大自在陀羅尼神呪經と云ふ。此二經を檢するに倶縛婆羅門の名なし。但一の優婆塞婆羅門ありて他の惡比丘の爲に隨求陀羅尼を書して彼の頸に繫て其病苦を救ひ、且つ惡比丘の死屍陀羅尼をかくるを以て死後地獄に於て猛火を滅して三十三天に生じて先身隨求天子と名る事を説く。世に僞作の隨求陀羅經あり之を訛傳して倶縛婆羅門の事を記せり。

クバツエンクガキダラニキヤウ　救拔燄口餓鬼陀羅尼經　［經名］佛説救拔燄口餓鬼陀羅尼經、一卷、唐の不空譯。阿難燄口餓鬼に逢ひ怖れて佛に白す、佛爲に陀羅尼を説て燄口を救授す、施餓鬼の法此より始る。【閙帙十四】(984)

クヒン　劬嬪　［人名］劬嬪陀の略。大臣の名。

クヒンダ　劬嬪陀　［人名］Kapphina* 釋迦菩薩因位の時、劬嬪陀大臣と爲て閻浮提の地を等分に七割して諍なからしめし事あり。是れ菩薩が般若波羅蜜多を成滿せし相なりと云。【智度論四】に「問曰。般若波羅蜜。云何滿。答曰。菩薩大心思惟分別。如ニ拘嬪陀婆羅門大臣ニ。分ニ閻浮提大地ニ作ニ七分ニ。若干大城小城聚落村民盡作ニ七分ニ。般若波羅蜜如レ是。」【觀音玄記下】に「劬嬪大臣ノ。分ニ閻浮提ニ七分。城邑山川均故息レキカニ諍。是般若滿相ナリ。」

クビソウナ　瞿毘霜那　［地名］Govisana 中印度秣底補羅國の東南に在りし國。【西域記四】

クビニ　窮鼻尼　［天名］天女の名。譯、極端正。【增一阿含經四十七】

クビダラ　倶毘陀羅　［植物］Kovidār 又、拘鞞陀羅に作る。樹の名。【嘉祥法華疏十一】に「拘鞞陀羅。此云ニ大遊戲地地破ニ也。」【慧琳音義二十五】に「倶毘陀羅樹花。此云ニ破他ニ。」案に他は地の寫誤【翻梵語】に「婆利耶多羅者遊戲ナリ。拘毘陀羅者地破。」立世經及び起世經には以て波利質多羅樹の別名とす。【法華經法師功德品】に「亦聞ニ天上諸天之ノ香。波利質多羅拘鞞陀羅樹香ニ。」

クビヤ　瞿毗耶　［人名］Gopā の轉。悉達太子の夫人耶須陀羅の稱。「クイ」を見よ。

クビヤウ　九病　［名數］人壽八萬歲の上代に於て旣に九病あり。一に寒病、二に熱病、三に餓病、四に渴病、五に大便病、六に小便病、七に欲病、八に饕餮病、九に老病。【長阿含經六、三藏法數三十四】

クビラ　倶毘羅　［天名］Kumbīra（鳩鞞羅。倶尾羅。）金毘羅（倶吠羅）に作る。譯蛟。【玄應音義五】に「蛟龍。梵云ニ宮毘羅ニ。有鱗曰ニ蛟龍ニ。」【西域記七】に「有レ人慢心濯ニ此池ニ者。金毘羅獸多爲ニ之害ニ。若深恭敬。汲用無懼。」

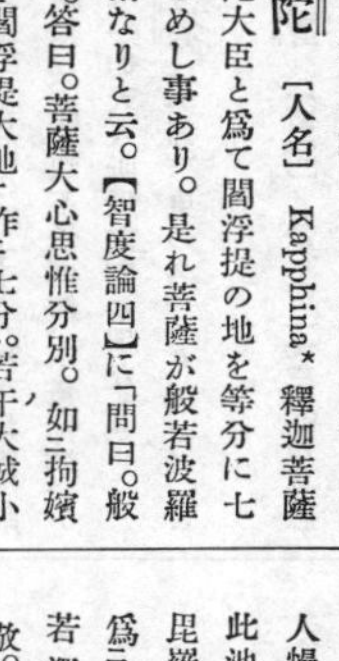

(倶毘羅の圖)

図［天名］Kubera 北方毘沙門天王の別名。【阿育王經六】に「復語ニ鳩鞞羅ニ 翻不好身 言。汝於ニ北方ニ。當レ護ニ佛法ニ。」【毘沙門天王經】に「若見ニ毘沙門倶尾羅ニ財施。獲ニ得大智慧ニ。」図比丘の名。【本行集經七十】に「長老宮毘羅。隋言ニ蛟龍ニ」

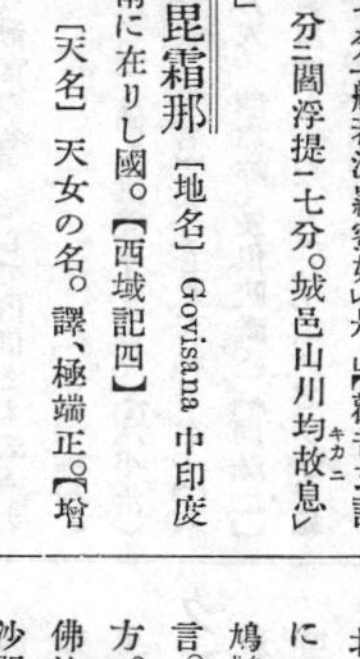

(倶毘羅妃の圖)

宮毘羅大將　［天名］藥師如來十二神將の一。宋譯【藥師經】に「金毘羅大將」善珠の【藥師經鈔下】に宮毘羅大將。宋譯本云ニ金毘羅ニクト。宮金不同傳ニ梵本ニ輕重爲レ異。」宋本今傳はらず ⊙（大鏡二）「いはゆる宮毗羅大將と、うちあげたるを、われをくびるとよむなりけりと」

クビラン　倶毘藍　［地名］釋迦生處の城の名。「カビラ」を見よ。⊙（公事根源、四月）「釋迦如來、倶毘羅城にて生れ給ひけるとき。」

クビルハシヤ　倶毘留波叉　［天名］又、毗留博びるは

叉、四天王の中、西方天王の名。譯、雜語。醜眼。廣目。【玄應音義七】に「倶毗留波叉。或言二毘留博叉一。訛也。具言二鼻溜波阿叉一。舊曰二雜語一。一義也。正言二醜眼一。西方天王名也。」「ビルハシヤ」を見よ。音義の設毘沙門と廣目とを混じたる如し

クフウ 工夫 〔雜語〕禪語に參禪を云ふ。【碧巖錄方語錄】に「工夫は工巧士夫の義にてもと職人の細工をする手間を云なり。故にテマと譯す、又ヒマと譯す、されば則此も第三十四則頌評 我豈有レ工下夫爲二俗人一拭上レ涕。かやうに見るべし。又四十七則着語に費二許多工夫一作二什麼一みな此意なり。公案提撕を工夫と云へるも學人の手間仕事なるが故なり、爾るに思惟のことのみを工夫と云ふと思へるは、所に依ては穩當ならず。」

クフケン 倶不遣 〔術語〕因明三十三過の中、異喩に屬する過の名。聲論師が薩婆多師に對して「聲は常なるべし宗、質礙なきが故に因、極微の如し同喩、虛空の如し異喩」と云ふ如き、薩婆多師は虛空を常なり無質礙なりと云ふ故に、所立の常の宗をも遣らず、能立の質礙なきが故の因をも遣らざれば倶不遣と云。【因明入正理論】に「倶不遣者。對二彼有論一。說レ如二虛空一。」【因明大疏下末】に「即聲論師。對二薩婆多等一。立二聲常一異喩如レ空。」【瑞源記七、三十三過本作法下】

クフゴククジヤウ 倶不極成 〔術語〕因明三十三過の中、宗に屬する過の名。宗の能別不極成と所別不極成との二を兼ねたる過なり。【因明入正理論、同大疏中本、瑞源記四、三十三過本作法】

クフジヤウ 倶不成 〔術語〕因明三十三過の中同喩に屬する過の名。聲論師が勝論師に對して「聲は常なるべし宗、質礙なきが故に因、瓶の如し同喩」と云ふ如き、瓶は常にあらず、又質礙なき法にあらざれば、常の宗をも、質礙なきが故の因をも、共に成立せしめざれば倶不成と云。【因明大疏三下、瑞源記七、三十三過本作法下】

クブ 九部 〔名數〕十二部經の中に方廣と授記と無問自說の三部を去りしもの。是れ小乘敎の九部なり。又大乘敎の九部あり。十二部中因緣と譬喩と論義の三部を除く。然も常に九部と云へば多く小乘敎を指す。「クキヤウ」を見よ。【法華經方便品】に「我九部法。隨二順衆生一說。入ル二大乘一爲レ本。以レ故說二是經一。」【梁僧傳三求那跋摩】に「洞明二九部一。博曉二四含一。」【往生要集下末】に「九部不了敎」等は皆小乘敎を云。

クブ 供奉 〔職位〕內供奉の略稱。大內の道場に供奉する役を勤むる僧官の名。略して內供ないぐとも云。「ナイクブ」を見よ。

クブツ 供佛 〔雜語〕佛を供養すると。⦿(平治)「供佛施僧」

クベイラ 倶吠羅 〔天名〕Kuvera 天神の名。【大日經一】に「日天月天。龍尊等。及倶吠濫。」【同疏二】に「倶吠羅」案に宮毘羅と一なるべし。「クビラ」を見よ。梵名 Kubera は舊き形、Kuvera は新しき形なり。

クベン 九辯 〔名數〕菩薩の有する九種の辯說。無差辯、無盡辯、相續辯、不斷辯、不怯弱辯、不驚怖辯、不共餘辯、無邊際辯、一切天人所愛重辯の稱なり。

クベンダ 拘辨荼 〔異類〕鬼の名。「クハンダ」を見よ。

クホフチ 苦法智 〔術語〕八智の一。三界の見惑を斷ずる時、欲界の苦諦を觀じて其斷じ已りたる解脫道の智を云ふ。【倶舍頌疏二十三】に「緣二苦法一故。名二苦法智一。」【大藏法數】に「因レ觀二欲界苦諦一。而斷二見惑一之智明發スル也。」

苦法智忍 〔術語〕八忍の一。欲界の苦諦を觀じて正しく其見惑を斷ずる無間道の智を云。忍とは信なり。理を信じて疑はざる智にして、是れ苦法智を得る因なれば苦法智忍と名く。智は果、忍は因なり。【倶舍慧暉鈔下末】に「忍ハ謂レ信。光無始來ヨリ。於二苦諦一執二我我所等一。今得二無漏智一。知三苦諦無二我我所一。信三唯有二苦理一名レ忍。」

クホフ 狗法 〔譬喩〕末世の比丘の怨嫉猜忌なるを狗に喩へたるもの。【大寶積經八十八】に「當來末世後五百歲。自稱二菩薩一而行二狗法一。彌勒。譬如レ有レ狗。前至二他家一見二後狗來一。心生二瞋嫉一啀喍吠レ之。內心起レ想謂二是我家一。乃至既起二此想一便生二貪著一。前至二他家一見二後比丘一。瞋目視レ之心生二嫉恚一。而起二鬪諍一互相誹謗言。某甲比丘有二如レ是過一。某甲比丘有二如レ是過一。乃至爲衣食故。讚二歎如來智慧功德一。令三餘衆生生二於信仰一。內自犯戒。惡欲惡行。」とあるこれなり。

クホン 苦本 〔術語〕貪欲は是れ苦の根本。【法華經方便品】に「諸苦所レ因。貪欲爲レ本。」【龍樹傳】に「是時始知三欲爲二苦本一。」

クホン 九品 〔名數〕上中下に各上中下の三を分ちて九品とし、九品の淨土、九品の思惑、九品の潤生などあり。⦿(唐物語)「唯心を一にして、三界を厭ひて九品淨土を指すを願ふべし。」

九品の淨土 〔名數〕無量壽經に三輩生とあるを觀無量壽經に九品に分つ。即ち彌陀の淨土に往生するに其の行業の優劣に依て九等の階級を立つ。一に上品上生、二に上品中生、三に上品下生、四に中品上生、五に中品中生、六に中品下生、七に下品上生、八に下品中生、九に下品下生。この各の機に相應する淨土を九品の淨土、九品の淨刹、九品の安養、九品の蓮臺など云。曇鸞の【略論】に「無量壽

經ノ中。唯有三輩上中下。無量壽觀經ノ中一品分爲ニトニテ三。三三而九。合爲九品。」⦿(太平記三二)「再會は必ず九品淨土の臺にあるべしと」(同一八)「速に九のの淨刹に到れと祈らせ給ふ」

九品の行業〔名數〕彌陀の淨土へ往生する爲の九種の修行。觀經十六觀の中、下の三觀に之を說く。⦿(盛衰記一七)「九品の行業不退なり」

九品の覺王〔佛名〕阿彌陀佛を云。是れ九品淨土の敎主。⦿(著聞集、釋敎)汝九品敎主を見奉らんと思はば百駄の蓮華をまうくべし」

九品往生〔術語〕行業の差別に由て、彌陀の淨土に九品の往生を得るを云、但し九品の往生屢屢蓮花の中に生るなり、⦿(新拾遺)よしあしの人をわかじと蓮花九品までさきかはるなり」(平家三)「九品わうじやううたがひなし」

九品安養の化生〔雜語〕安養は極樂の異名。化生とは極樂の往生に胎生と化生と二種ありて、九品の往生人は盡く蓮花の中に化生し、邊地疑城極樂の中にあり に生ずる者は宮殿の中に胎生するなり。「タイグ」を見よ。

九品の念佛〔雜語〕念佛の調子を換へて九通りに唱ふる事。⦿(徒然草)に「宿河原といふ所にてぼろぼろ多く聚て九品の念佛を申しけるに」(同諸抄大成十)に「舊抄には九品の淨土に生れん爲の念佛なるべしといへども、予が案ずるには只念佛といはで九品の念佛といへる事は、いかさま子細あるべし。法照禪師の五會の念佛といふも、五會法事讃を見侍れば平上去入を分ちて五度の調子をかへて稱名するとなり。今の世の淨土宗の念佛に緩急のはかせを申も其ながれとかや。されば此九品念佛も、彼ぼろの宗門にて、九品往生の階級にかたどりて、九度調子をちがへて念佛する事にては有まじくや。」

日本九品淨土〔名數〕【壒囊鈔十七】に「上品上生高野山、上品中生天王寺、上品下生賀峰山、攝州にあり中品上生師子岩屋、河内にあり中品中生金峰山、中品下生大安寺、下品上生熊野山、下品中生東寺、下品下生東大寺、鎭西須古檢校親通が許へ自二大唐一奉レ渡一切經の上に所レ記如レ右、依レ之普く流布すと云云。」⦿(十訓抄)「上品上生の山のただずまひ」

九品往生阿彌陀三摩地集陀羅尼經〔經名〕一卷。唐の不空譯。九品往生の差別を說き且つ陀羅尼を敎ふ。【餘帙三】

九品往生阿彌陀經〔經名〕上經の略稱。

九品往生經〔經名〕上に同じ。

九品往生傳〔書名〕九品の往生人を假設して傳記を載せしものにて、實錄にはあらざるべし。⦿(續後撰)に「前大僧正慈鎭四天王寺に九品往生を繪にかきて、その心を人人によませ侍りける」

九品寺〔寺名〕洛北に在り。淨土宗法然の弟子覺明房長西の創する所。九品の彌陀を安置すれば九品寺と云。久しからずして廢亡す。

九品寺派〔流派〕長西年十九にして出家し法然房源空に就き、淨土の敎を學び、源空寂後諸方に遊て止觀並に禪法を習ひ、遂に此に於て淨土の一流を立つ。其弟子澄空理圓等英哲甚だ多し。九品寺派と稱す。其の立義に云く「念佛諸行は彌陀の本願なり、故に獨り念佛に限らず、所修業の行に隨て九品の行者倶に淨土に往生するを得。」【淨土源流章】淨土四流の一。今は廢す。

クホンイチブンテンフリヤウ **倶品一分轉不定**〔術語〕因明にては不定をふりやうと讀みて不成に簡別する慣ひ、是れ三十三過の中因に屬する過、六不定の一、因の義が同喩中の一分にも異喩中の一分にも存在するを云。聲論師が勝論師に對して「聲は常なるべし宗無質礙の故に因虛空の如し、極微の如し、同喩瓶の如し、苦樂の感情の如し異喩」此の時、無質礙といへる因の義が同喩の一分の虛空にはあれども、其の一分の極微にはなし。又異喩の一分の苦樂の感念等にはあれども、其の一分の瓶にはなし。依て一分轉と云。此中異喩の一分たる苦樂の感念等に因の義の存在するを以て宗をして不定ならしむ。「フリヤウ」を見よ。【因明入正理論、因明大疏中末、瑞源記五、三十三過本作法中】

クホンノダイエ **九品大衣**〔衣服〕僧伽梨に三位九品あり。十三條より奇數條を數へて二十五條に至る。下僧伽梨は二長一短、中僧伽梨は三長一短。上僧伽梨は四長一短なり。【薩婆多毘尼毘婆沙四】

クホンノワク **九品惑**〔名數〕又九品煩惱に作る。即ち貪、瞋、慢、無明の四種の修惑を麤細に就きて上中下等の九品に分類す。此の惑を斷ずるを九無間道と云ふ「クムケンダウ」を見よ。

クボン **九梵**〔名數〕第四禪天の九天を云。【仁王經上】に「九梵三淨」【同天台疏上】に「言二九梵一者。謂二第四禪九天一。一無雲。二福生。三廣果。四無想。五無煩。六無熱。七善現。八善見。九色究竟也。」「を見よ。

クマ **瞿摩**〔雜名〕譯、牛糞。【演密鈔一】「クマイ」

クマ **鳩摩**〔術語〕究摩羅浮多 Kumāra-bhūta の訛略。譯、童眞。童相。八地已上の菩薩を稱す。【玄應音義三】に「鳩摩。正言二究摩羅浮多一。究摩羅者。八歲已

上。乃至未娶者之總名也。舊名二童子一。浮多者。舊譯云レ眞。言二童眞地一也。或云レ實。亦是一義。今當レ爲レ相。言二童相一也。經順二俗名一。以レ童標二八地已上菩薩一也。或云二法王子一者。別號也。」

クマイ　瞿摩夷　[物名] Gomatī 譯、牛糞。密教修法の時、壇を造る際に之を塗る。又護摩の供物の一種として爐中に投ずることあり。蓋し印度にては吠陀以來牛を神聖視せし結果、其糞を淸淨なるものとし、祭壇に之を塗りて淸淨ならしむるの風習密敎に入りて、造壇法に牛糞を塗るに至りしなり。【大日經疏四】に「次用二瞿摩夷瞿摸怛羅一和合塗レ之。若淺略釋者。此是牛糞及液。爲レ順二彼方俗一。以爲二淸淨一故。」【千手千眼觀世音菩薩治病合藥經註】に「瞿摩夷。烏牛屎是也。」日照譯の【准胝陀羅尼經】に「瞿摩夷。唐云二牛糞一。」【演密鈔一】に「瞿摩牛也。阿夷糞也。」

クマイ　供米　[物名] 佛又は僧に供ふる米を云。

供米袋　[物名] 供米を入るる袋を云。⦿(盛衰記)「供米袋一つつ副へられ」

供米田　[雜名] 供米の爲の田地。⦿(盛衰記)「五百町の供米田」

供米所　[雜名] 供米田に同じ。⦿(盛衰記)「供米所を寄進せられ」

クマウ　苦網　[譬喩] 苦の人に纒綿するを網に譬ふ。【最勝王經六】に「汝能破二裂一切衆生貪窮苦網一。令レ得二富樂一。」

クマダイ　瞿摩帝　[物名] Gomatī クマイに同じ。

瞿摩帝河　[地名]【正法念經六十七】に「有レ河名二瞿摩帝一。廣半由旬。長三百由旬。入二於大海一。瞿摩帝名レ牛也。以レ多二饒牛一故。名二牛河一。」

瞿摩帝伽藍　[堂塔]【法顯傳】に「僧伽藍名二瞿摩帝一。」

クマノゴンゲン　熊野權現　[堂塔]「ユヤゴンゲンを見よ」。

クマノビクニ　熊野比丘尼　[雜名] 熊野權現に參籠し、歸途地獄の繪卷物等を携へて繪解をなし、不産女を慰め、牛王の護符を配りし比丘尼。萬治の頃より眉を置き薄化粧して黑き帽子を被り歌比丘尼と稱せらる。「ウタビクニ」を見よ。

クマンナ　鳩滿拏　[異類] 鬼の名。「クハンダ」を見よ。

クマラ　拘摩羅　[雜語] Kumāra 又、矩麼羅。鳩摩羅に作る。譯、童子。【西域記十】

拘摩羅天　[天名] Kumāraka-deva 鳩摩羅伽天。初禪天の梵王にして、其の顏童子の如くなるが故に名く。常に鷄を擎げ鈴を持て赤幡を捉りて孔雀に乘る。【智度論二】に「鳩摩羅天。秦言二童子一。是天レ鷄持レ擎鈴。捉レ幡騎二孔雀一。」【中論疏一末】に「鳩摩羅伽天。此言二童子天一。以三其是初禪梵王顏如二童子一故。以爲レ名。亦那羅延天。那羅延此云二生本一。以二其是衆生之本一故也。」【慧琳音義二十五】に「拘摩羅天。此云二童子天一。」【秘藏記末】に「鳩摩羅天。六面童子形。黃色持レ鈴。乘二孔雀鳥一。」

(拘摩羅天の圖)

クマラ　鳩摩羅尊者　[人名]「クマラタ」を見よ。

クマラ　苦末羅　[植物] 木の名。【慧苑音義上】に「苦末羅。西域近二海岸邊一樹名。此翻爲二黃雜色一。金翅鳥若來。即居二其上一也。」

クマラエン　鳩摩羅炎　[人名] Kumārāyana 又クモラエンと讀む。天竺の人、家世世國に相たり。炎相位を嗣がずして出家し、東葱嶺を度て龜茲國に至る。國王之を敬慕し迎請して國師となす。王妹耆婆 Jīvā あり。年始て二十、甚聰明なり、炎に逼て之に妻し一子を擧ぐ。即ち鳩摩羅什なり。【梁傳二鳩摩羅什傳】⦿(寶物集)「鳩摩羅炎は龜茲國の王女に緣を結び」

鳩摩羅炎負檀像傳震旦　[故事] 初め優塡王栴檀を以て佛像を刻し拘睒彌國に安置す。鳩摩羅炎像を負て此方に來らんと欲し、路に四國を經。諸國愛護して國を出るを許さず。本に依て圖寫し、其本を留めしむ、龜茲國に至て王之を抑留し妹を以て之に妻し羅什を生む。齎して姚秦に至らしむ、後に南宋の孝武秦を破て此像を迎請し、江左に還て龍光寺に止む。世に龍光の瑞像と號す。【賫持記下三之二】

クマラカ　鳩摩羅伽　[雜語] Kumāraka 又、鳩摩羅。譯、童子

鳩摩羅伽天　[天名] 譯、童子天。「クマラ」を見よ。

鳩摩羅伽地　[術語] Kumāra-bhūta 又、鳩摩羅浮地。鳩摩羅浮多地。譯、童子地。童眞地。童相地など。通じては菩薩地の總稱、別しては初地或は八地已上の菩薩を稱す。【瓔珞本業經上】に「鳩摩羅伽。秦言二逆流一。歡喜地。」是れ初地已上を指す。【智度論二十九】に「鳩摩羅伽地者。或有二菩薩一。從二初發心一斷二婬欲一。乃至阿耨多羅三藐三菩提。行二菩薩道一。是名二鳩摩羅伽地一。復次有二菩薩一。作レ願。世世童男出家行レ道。不レ受二世間愛欲一。是名爲二鳩摩羅伽地一。復次如三王子名二鳩摩羅伽一。佛爲二法王一。菩薩入二法正位一乃至十地一。故悉名二王子一。皆任レ爲レ佛。如三文殊師利十力四無所畏等悉具二佛事一。故住二鳩摩羅伽地一。廣

度二衆生一。復次又如下童子過二四歲一已上未上滿二二十一。名爲二鳩摩羅伽一。若菩薩初生二菩薩家一者。如二嬰兒一。得二無生法忍乃至十住地一。離二諸惡事一。名爲二鳩摩羅伽地一。」此は一切の菩薩地に通ずる稱なり。【玄應音義三】に「鳩摩羅伽。正言二究摩羅浮多一。」「クマ」を見よ。

クマラキ　俱摩羅軌　〔書名〕金剛童子の儀軌。佛說無量壽佛化身大慈迅俱摩羅金剛念誦瑜伽儀軌一卷あり、之を指す。

クマラカセフ　拘摩羅迦葉　〔人名〕Kumāra-Kāśyapa　比丘の名。拘摩羅は名。譯、童子。迦葉は姓、譯、飯光。常に童子迦葉と稱す。【增一阿含經三】に「能二雜種論一。暢二悅心識一。所謂拘摩羅迦葉比丘是。」

クマラギバ　鳩摩羅耆婆　〔人名〕Kumārajīva　又、鳩摩羅時婆。鳩摩羅什婆。羅什三藏の具名。譯、童壽。父の名童と母の名壽とを合取せしもの。【出三藏記十四羅什傳】に「什一名二鳩摩羅耆婆一。外國製レ名。多以二父母一爲レ本。什父鳩摩羅炎。母字耆婆。故兼取爲レ名云。」【百論疏一】に「鳩摩羅什者。父名鳩摩羅炎。母曰二耆婆一。耆婆曰レ壽。鳩摩羅炎云レ童。即童壽也。合二取父母兩稱一。爲二見一名一者。風俗異也。正言。父母兩稱並是美名。欲レ令二兒好一故合字レ之。」「クマラジフ」を見よ。

クマラジバ　鳩摩羅時婆　〔人名〕又、鳩摩羅耆婆。鳩摩羅什婆。同名三人あり。一は佛在世大醫の名。舊稱、耆婆。耆域。譯、活命童子。二は佛に活育の記別を受けし童子の名。【俱舍論五】に「佛所二記別一達弭羅。乃至鳩摩羅時婆。」【同光記五】に「鳩摩羅。此言二童子一。時婆此云二活命一。名二活命童子一。」三は即ち羅什三藏。譯、童壽。「クマラジフ」を見よ。

クマラジフ　鳩摩羅什　〔人名〕クモラジフと讀む。具には鳩摩羅什婆。鳩摩羅耆婆。譯、童壽「クマラギバ」を見よ　羅什の父は天竺の人、出家して龜玆國に至て國王の妹に婚して什を生む。頃くして其母出家して道果を得。什年七歲母に隨て出家し、西域に徧遊して群籍を總貫し、最も大乘に善し。時に龜玆に在り、秦主符堅、建元十九年呂光をして龜玆を伐たしめ、什を獲て還り。涼州に至り符堅の敗を聞き、因て自立す。其後、後秦の姚興涼を伐ちて之を降し、什始て長安に入る。興、國師の禮を以て之を禮し、仍て西明閣及び逍遙園に入れて衆經を譯出せしむ。宣譯凡そ三百八十餘卷、秦の弘始十一年長安に寂す。時に晉の煕寧五年なり。終に臨で曰く吾が所傳謬りなくんば焚身の後舌焦爛せずと。逍遙園に於て外國の法に依て火化す、薪滅し形碎て唯舌灰せず。【出三藏記十四、梁高僧傳二】

四聖十哲　〔雜名〕【稽古略二】に「師之弟子。曰二生肇融叡一。謂二之什門四聖一。加二曇影慧嚴慧觀僧䂮道常道標一。謂二之什門十哲一。」【佛祖通載八】に「資學三千。拔萃有レ八。道生僧肇道融僧叡道恒僧影慧觀慧嚴等。各有二著述一。如二別傳明一。」

羅什別室　〔故事〕【出三藏記十四羅什傳】に「性率達。不レ礪二小檢一。修行者頗非レ之。什自得於心。未二嘗介一レ心。乃至姚主嘗爲レ什曰。大師聰明超悟。天下無レ二。若一旦後世。何可レ使二法種無一レ嗣。遂以二妓女十人一。逼令レ受レ之。自レ爾已來。不レ住二僧房一。別立二廨舍一。供給豐盈。每レ至二講說一。常先自說。譬如二臭泥中生二蓮華一。但採二蓮華一。勿レ取二臭泥一也。」【佛祖通載八】に「什亦自謂。每レ講有二二小兒一。登二吾肩一。欲レ障也。自レ是不レ住二僧房一。別立二廨舍一。諸僧有二效レ之者一。什聚レ針盈レ鉢。謂曰。若相效能食レ之者。乃可レ畜レ室耳。舉已進レ針。如二常饍一。諸僧愧止。」

クマラセツマ　鳩摩羅設摩　〔人名〕Kumāraśarman　詩人の名。【玄應音義二十五】に「鳩摩羅設摩。此云二童寂一。多造二詩詠一者。」

クマラタ　鳩摩邏多　〔人名〕Kumāralabdha　又、矩摩邏多。拘摩羅羅多。拘摩羅邏多。鳩摩羅陀。鳩摩羅馱。譯。童受。童首。豪童。童子。論師の名。二人あり。一は經部の鳩摩邏多。阿輸迦の時に出づ。【西域記三呾叉始羅國下】に「昔經部拘摩羅邏多唐言童受論師。於レ此製二述諸論一。」【同十二朅盤陀國】に「無憂王命世。即二其宮中一。建二窣堵波一。其王於レ後遷二居宮東北隅一。以二其故宮一。爲二尊者童受論師一。建二僧伽藍一。臺閣高廣。佛像威嚴。尊者呾叉始羅國人也。幼而穎悟。早離二俗塵一。乃至其所製論。凡數十部。並盛宣行。莫レ不二翫習一。即經部本師也。」【唯識述記二本】に「佛去レ世後。一百年中。北天竺怛叉翅羅國。有二鳩摩邏多一。此言二童首一。造二九百論一。乃至經部以二此所說一爲レ宗。當時猶未有二經部一。經部四百年中。方出レ世故。」【俱舍論光記二】に「鳩磨邏多。此云二豪童一。是經部祖師。」一は佛滅後八百年の末に出世して付法藏第十九祖となり、且つ薩婆多部の學者にして。成實論師訶梨跋摩の師なり。【成實論僧叡序】に「成實論者。佛滅度後。八百九十年。罽賓小乘學者之匠。鳩摩羅陀上足弟子。訶梨跋摩之所造也。」【三論玄義】に「佛滅度後。九百年內。有二訶梨跋摩一。其人本是薩婆多部鳩摩羅陀弟子。」【付法傳六】に「僧伽耶舍。未二滅度一時。以レ法付二屬鳩摩羅馱一。乃至鳩摩羅馱。晉言二童子一。少有二美名一。」【佛祖通載五】に第十九祖鳩摩羅多者。大月氏國婆羅門之子也。」

クマラダ　鳩摩羅陀　〔人名〕鳩摩羅馱に作る。

論師の名。「クマラタ」を見よ。

クマララタ　拘摩羅邏多　〔人名〕論師の名。「クマラタ」を見よ。

クマン　九慢　〔名數〕九種の慢なり。己を恃みて高擧する煩惱に九種あり。一に我勝慢類、二に我等慢類、三に我劣慢類、四に有勝我慢類、五に有等我慢類、六に有劣我慢類、七に無勝我慢類、八に無等我慢類、九に無劣我慢類是なり。【阿毘達磨發智論二十】に「此見取見苦所レ斷。有二九慢類一。謂我勝。我等。我劣。有勝我。有等我。有劣我。無勝我。無等我。無劣我慢。有劣我者。是依見起二過慢一。無勝我者。是依見起レ慢。無等我者。是依見起二過慢一。無劣我者。是依見起二卑慢一。」

クミツ　俱密　〔術語〕眞如實相等の圓理を理密と云ひ、印契禁呪等の三密を事密と云ひ、而して法華は理密の秘密敎にして大日金剛等の諸經は事理俱密の秘密敎なり。されば密に於て完不の別あれども共に秘密敎なりと。是れ慈覺大師の判釋にして台密の諸師之を以て東密に衡抗す。慈覺の【蘇悉地經疏一】に「諸三乘敎是爲レ顯。乃至未レ說二事理俱密一故也。乃至世俗勝義。圓融不二。是爲二理密一。若三世如來身語意密。是爲二事密一。乃至如二華嚴維摩般若法華等諸大乘敎一。皆是密敎也。乃至彼華嚴等經。雖二俱爲レ密。而未レ盡二如來秘密之旨一。故與二今所立眞言敎一別。今所レ立毘盧遮那金剛頂等經。咸皆究二盡如來事理俱密之意一。是故爲レ別也。」證眞の【天台眞言二宗同異章】に此意を解して「敎有二二種一。一顯示敎。謂阿含深密等諸三乘敎也。二秘密敎。謂華嚴維摩般若法華涅槃等也。秘密敎亦有レ二。一唯理秘密敎。謂二華嚴等一。唯說二圓融一。不レ說二三密行一故。二事理俱密敎。謂二大日金剛頂等一。說二圓融不二一。亦說二三密行一故。」

クム　拘貿　〔植物〕Kumuda 舊稱。拘物頭。拘物陀。花の名。譯、地喜花。【玄應音義二十一】蓮の一種「クモッヅ」を見よ。

クムケンダウ　九無間道　〔名數〕三界を九地に分ち、一地の修惑を九品に分て之を斷ずるに各無間解脫の二道あり、正しく惑を斷ずる智を無間道と云ひ、旣に斷じ了て惑を解脫せし智を解脫道と云ふ。即ち一地の惑に九品あれば九無間九解脫あるなり。「クゲダツダウ」を見よ。新譯、無間道。舊譯、無碍道。間即ち碍の義、眞智理を觀じて惑の爲に間碍せられざるを云。

クムガク　九無學　〔名數〕九種羅漢なり。「ラカン」を見よ。

クムゲダウ　九無碍道　〔名數〕新譯、九無間道。舊譯、九無碍道。「クムケンダウ」を見よ。

クムダ　拘某陀　〔植物〕又、究牟陀に作る。花の名。「クモッヅ」を見よ。

クムヅ　拘牟頭　〔植物〕又、拘貿頭に作る。花の名。「クモッヅ」を見よ。

クムナ　拘牟那　〔植物〕「クモッヅ」を見よ。

クメデラ　久米寺　〔寺名〕大和國高市郡久米村に在り。靈禪山東塔院久米寺と云。聖德太子の弟久米皇子の御願なり。世に傳ふ、多寶塔あり、南天の鐵塔を摸せしもの。養老年中善無畏三藏來り、當寺に住すると二年、此塔を造り其の心柱の下に大日經を藏めて去る、後七十年空海靈夢に遭て此經を得と。【傳通緣起下、元亨釋書一】

クメンクワンオン　九面觀音　〔圖像〕九箇の頭面を有せる觀世音菩薩の形像を云ふ。【大佛頂首楞嚴經】に觀音の圓通を說きて、衆多の妙容を現じ、一首三首五首七首九首十一首。乃至八萬四千爍迦囉首を現ずとあり。十一面像は古來廣く崇ばれたれども、九面の像は今大和法隆寺に一軀を存するのみ。太子の作と云ふ。《第廿三圖參照》

クメンネンガキダラニシンジユキヤウ　救面然餓鬼陀羅尼神咒經　〔經名〕佛說救面然餓鬼陀羅尼神咒經、一卷、唐の實叉難陀譯。佛說救拔燄口餓鬼陀羅尼經と同本、但四佛の名號なし。【成帙八】(539)

クモク　瞿默　〔人名〕瞿曇に作る。瞿默目犍連の略。その項を見よ。田作人の名。

クモクシヤウ　孔目章　〔書名〕具名、華嚴孔目章。內題に華嚴經內章門雜孔目。四卷、智儼著。經內の名數法相を解して百四十一章あり。

クモクモクケンレン　瞿默目犍連　〔人名〕巴 Gopakamoggallāna 田作人の名。能く阿難と法相を問答す、【瞿默目犍連經】

瞿默目犍連經　〔經名〕佛涅槃の後阿難田作人瞿默の所に往く、彼れ比丘の佛と等しきものあるべきやを問ふ。阿難答ふるに此人あるとなきを以てし、且つ種種の法相を說く。中阿含經三十六に攝む。【昃帙五】

クモダ　拍母陀　〔植物〕花の名。「クモッヅ」を見よ。

クモダラ　瞿模怛羅　〔物名〕Gomūtra 譯、牛屎。【慧琳音義三十六】に「瞿摸怛囉。梵語。唐云二牛溺一。」【演密鈔一】に「瞿摩牛也。烏怛羅液也。」【梵語雜名】に「屎。梵語畝怛羅。」牛糞と共に清淨のものに用ふ。「クマイ」を見よ。

クモツ　供物　〔雜名〕三寶を供養する物品。

供物當投河　〔儀式〕【眞俗佛事編二】に「瞿醯經に依るに本尊に供養せる物、何にても悉く大河に流せよとあり。彼經下卷十九葉に出づ又餘の儀軌も如此」

行者不可食供物〔雜語〕【陀羅尼經三般若心經軌】に「其壇所レ用飲食餅菓。日別替換。更作二新者一。供養殘食。呪師及病人。皆不レ得レ喫。喫者呪力無レ驗。乃至其所餘殘食。將與二貧窮一者。最爲二第一一。」【蘇婆呼童子經中】に「勿丙喫下供養及祭三祀鬼神一之食上。或喫乙所二棄著一地食甲」案に一概にあらず、軌に依て許すもあり、但阿闍梨多く許さず。

クモツダ　拘物陀〔植物〕又、拘勿陀に作る。花の名。「クモッヅ」を見よ。

クモツヅ　拘物頭〔植物〕Kumuda 又、拘勿頭。俱勿頭。句文羅。拘物陀。拘母陀。拘牟頭。拘貿頭。拘某頭。拘牟那。屈摩羅。究牟陀。拘物度。拘勿投など。花の名。譯、地喜花。赤蓮花。白蓮花。青蓮花。黃色花など。又、蓮花の未だ敷かざるもの。【玄應音義三】に「句文羅。又此拘物陀。又作二拘牟頭一。或作二拘貿頭一。或作二拘物頭一。此譯云。拘者地。物陀者喜。名二地喜花一。」【慧琳音義三】に「拘某陀花。古作二拘勿頭一。正音拘牟那。此即赤蓮花。深朱色。」【法華玄義七】に「叡師序云。未レ敷名二屈摩羅一。將レ落名二迦摩羅一。處レ中盛時名二分陀利一。」【慧苑音義上】に「拘物頭花。其花莖有レ刺。色墊然故。以二其花莖稍短一。未二開敷一時。狀郁或赤白。亦或名二小白花一也。」【續高僧傳二】に「究牟陀。此云二黃色華一。」【大日經疏十五】に「俱物頭。有二赤及青二種一。」又、「俱物頭。是蓮花青色者。」【俱舍光記十一】に「拘物陀。此云二白蓮花一。」【可洪音義一】に「拘母陀。亦云二俱物頭一。亦云二俱牟陀一。此云二紅蓮花一也。」【四阿含暮鈔下】に「拘勿度。此云二白華一。」【名義集三】に「拘勿投。此云二黃蓮華一。」

クモツド　拘物度〔植物〕又、拘勿投に作る。花の名。「クモッヅ」を見よ。

クモン　公文〔職位〕諸山に在て俗事を司る法師の役名。【拾芥抄五】に「行事勾當公文謂二之所司一。」【行狀翼讃四十二】に「興福寺及高野山などに公文目代と稱す。多くは俗事を司る由、舊記に見えたり。三井寺には妻帶法師の、所屬の民家の雜事を預り聽く者に公文所と稱するあり。」

公文所〔雜名〕公文の役を勤る者の役所。

クモン　九門〔術語〕九有情居を云。【寄歸傳二】に「棄二九門之虛僞一。希二十地之圓堅一。」

クモンヂ　求聞持〔修法〕虛空藏菩薩を念じて記憶力を成就することを求むる法なり。聞持とは見聞せしことを憶持して忘れざるを云。其の修法は虛空藏菩薩を圓滿の月輪中に畫き、之を室內に安置し、種種の供物を具へ、虛空藏菩薩の心呪を誦すること一百萬徧に及べば悉地を得べし。又日月蝕の時に於て菩薩及び壇を露地の淨處に置き、種種の供物の外に蘇牛乳を煮たるものを一兩を取て銅器に盛り、之を壇上に置き、乳木を以て乳を攪しつつ目に月日を觀、兼て又蘇を看て徧數を限らず陀羅尼を誦すれば、日月の蝕退て未だ圓ならざる中に其蘇に上中下三品の相を現す、一に氣、二に煙、三に火、此中の一相を得れば法即ち成就せるにて、蘇は神藥となりぬ。之を服すれば一たび耳目を經しこと之を心に記して永く忘失することなく、諸餘の福利計なし。已上求聞持法に記す　又三光中明星は虛空藏菩薩の變化なれば屋上に一穴を穿ち、之を拜して神呪を誦する法あり。【元亨釋書一空海傳】に「初。海得二操師求聞持法一。乃躋二阿州大瀧之嶽一修供。時天晴朗。忽寶劔落二座前一。又往二土州室戶崎一誦修如レ上。至二五更一。明星飛入レ口已而得二聞持悉地一。」◉（太平記一八）「求聞地持の誤の法を七座まで行ふ」

求聞持法〔書名〕虛空藏菩薩能滿所願最勝心陀羅尼求聞持法の略名。一卷、唐の善無畏譯。昔大安寺の道慈律師入唐して其法を受け、還て善議に授け善議之を勤操に授け、勤操之を弘海に授く。【傳通緣起下】

クモンラ　句文羅〔植物〕「クモッヅ」を見よ。

クヤウ　供養〔術語〕三寶を資養する爲に香華燈明飲食資財等を奉る事。【文句二下】に「施二其依報一名二供養一。」【玄贊二】に「進二財行一以爲レ供。有レ所二攝資一爲レ養。」

二種供養〔名數〕諸佛を供養するに二種あり。一に出纏供養、一切諸佛の出障圓明の位に在る者を供養するなり。二に在纏供養、一切有情の纏垢の中に在るを供養するなり。即ち諸佛は出纏如來、衆生は在纏如來たるなり。図一に財供養、香華飲食等の財物を供養するを云。二に法供養、如說に修行して衆生を利益するを云。是れ三寶に取て第一の供養なり。【普賢行願品、三藏法數七】

三種供養〔名數〕一に利供養、香華飲食等を捧るを云。二に敬供養、讚嘆恭敬するを云。三に行供養、妙法を受持修行するを云。又、次第の如く財供養、法供養、觀行供養とも名く。【十地論三】

四事供養〔名數〕飲食、衣服、臥具、湯藥の四。

四供養〔名數〕金剛界の曼陀羅にて金剛嬉、金剛鬘、金剛歌、金剛舞の四菩薩を內の四供養。金剛香、金剛華、金剛鎖、金剛塗香の四菩薩を外の四供養とし。合て之を八供と稱す。【曼陀羅大鈔】

四種供養〔名數〕一に合掌、二に閼迦、三に眞言印契、四に運心。【蘇悉地經二】

五種供養〔名數〕一に塗香、二に華、三に燒香、

四に飲食、五に燈明なり。【行法肝要鈔中】

（內の四供養の圖）

六種供養【名數】一に閼伽、二に塗香、三に華、四に焚香又燒香と云ふ五に飲食、六に燈明なり。此六種は

（外の四供養の圖）

次第の如く布施、持戒、忍辱、精進、禪定、智慧の六度を表するなり、善無畏三藏所傳。【行法肝要鈔上】

十種供養【名數】一に華、二に香、三に瓔珞、四に抹香、五に塗香、六に燒香、七に繒蓋幢幡、八に衣服、九に妓樂、十に合掌なり。【法華經法師品】之を說く故に遂に法華經を十種供養經と稱す。其濫觴は支那には羅什三藏、日本には慈覺大師なりと云。◎（增鏡）「十種供養の御經二部」

供養法【術語】曼陀羅供、水天供、聖天供、御影供、又は御經供養、御堂供養など種種の供養を作す法式。其作法は蘇悉地經二供養品、瞿醯經中奉請供養品、不空羂索經十五最上神變解脫壇品等に出づ。

供養文【雜名】【觀佛三昧海經十念十方佛品】に記する香華を奉獻する時の發願文に依て作りしもの。法會の式に供養文として之を諷詠す。【魚山集略】

供養主【雜名】供養物を勸募するもの。化主に同じ。【象器箋七】

供養諸佛願【術語】無量壽經四十八願中、第二十三の願名。【經】に「設我得レ佛。國中菩薩。承二佛神力一。供二養諸佛一。一食之頃。不レ能三徧至二無數無量那由他諸佛國一者。不レ取二正覺一。」望西樓の【無量壽經鈔四】に供養諸佛願と題す。◎（續古今）「色色の花の匂を朝ごとに四方の佛に手向けつる哉」

供養如意願【術語】四十八願中、第二十四願を指す。供具如意願に同じ。◎（雪玉集）「かぎりなき三世の佛の心にもあくまで花を手向けぬる哉」

供養十二大威德天報恩品【經名】一卷、唐の不空譯。地天水天等の十二天の供養法を說きしもの。【餘帙二】

供養儀式【書名】一卷。著者不詳。大日經に依て供養の法式を記せしもの。【閏帙一】

クヤウヱ　供養會【術語】金剛界九會曼荼羅の一。諸尊が寶冠華鬘等を以て本師大日如來を供養する相を示す。四曼の中羯磨曼荼羅なり。五佛、四波羅蜜、十六大菩薩、八供四攝、賢劫十六尊、外金剛部二十天の七十三尊あり。「クヱマンダラ」を見よ。

クヤク　舊譯【術語】唐代已下の諸譯を新譯とし、其れより以前のものを舊譯とす。舊譯家の中には羅什眞諦を翹楚とし、新譯家の內には玄奘義淨を司南とす。【大部補註五】に「劉漢已來。謂二之舊譯一。李唐而下。謂二之新譯一。」法雲の見る所少く之に異なり。【名義集一】に「梁唐之新傳。乃殊二秦晉之舊譯一。」

クヤク　九厄【名數】「シチナン」を見よ。

クヤク　苦厄【術語】苦患災厄。三界の法皆然り。【般若心經】に「照二見五蘊皆空一。度二一切苦厄一。」

クヤニ　瞿耶尼【地名】又、倶耶尼に作る。西大洲の名。「クダニ」を見よ。

クヤラ　倶夜羅【物名】譯、隨鉢器。匙筋等を云。【所量輕重儀下】に「倶夜羅器。此方譯爲二隨盔器一。」

クユウ　功用【術語】身口意の動作を云。【八十華嚴經三十七】に「自然而行。不レ假二功用一。」【起信論淨影疏上】に「爲二功用一所レ得。故名二功德一。」

功用地　初地已上旣に眞如を證すれども猶加行の功を要すれば功用地と稱し、八地已上は加行を假らず自然に功德增進すれば無功用地と云。【唯識論九】に「八地以上。純無漏道。任運起故。三界煩惱。永不二現行一。」

クヨ　苦餘【術語】三餘の一。二乘の人旣に界內の生死を脫するも、猶界外の生死を餘すを云。【三藏法數十一】に「二乘之人。已出二三界分段生死一。尙有二變易生死之苦一。故名二苦餘一。」

クヨウ　功用【術語】クユウと讀む。

クヨク 拘翼 〔天名〕帝釋の名。【玄應音義三】に「拘翼。此言訛略也。姓憍尸迦。即釋提桓因及帝釋同一位名也。」【慧琳音義十二】に「拘翼。梵語也。天帝釋名也。」

クラ 倶攞 〔雜名〕Kūla 凡人の小塔を云ふ。【寄歸傳二】に「或有下收二其設利羅一爲二亡人一作上塔。名爲二倶攞一。形如二小塔一。上無二輪蓋一。」

クラ 求羅 〔動物〕迦羅求羅の略。虫の名。【止觀五上】に「如下猪揩二金山一。衆流入レ海。薪熾二於火一。風益中求羅上耳。」「カラクラ」を見よ。

クラ 鳩羅 〔佛名〕佛の名。「クルソン」を見よ。

クラカン 九羅漢 〔名數〕「ラカン」を見よ。

クラキヨリクラキニイル 從レ冥入レ冥 〔雜語〕【法華經化城喩品】に「衆生常苦惱。盲瞑無二導師一。不レ知二盡レ苦道一。不レ知レ求二解脫一。長夜增二惡趣一。減二損諸天衆一。從レ冥入二於冥一。永不レ聞二佛名一。」【無量壽經下】に「善人行レ善。從レ樂入レ樂。從レ明入レ明。惡人行レ惡。從レ苦入レ苦。從レ冥入レ冥。」◉(拾遺集)「冥きより冥き道にぞ入りぬべき遙に照せ山の端の月」

クラク 拘羅瞿 〔地名〕國の名。「クセンミ」を見よ。

クラダンダイ 鳩羅檀提 〔異類〕Kuladanta 又、究羅檀度。鬼王の名。譯、戰無敵。【金光明文句七】

クラダンヅ 究羅檀頭 〔人名〕巴 Kūṭadanta 婆羅門の名。

究羅檀頭經 〔經名〕佛此の婆羅門の爲に大祀法を說き出家の功德を示す。婆羅門即ち牛羊等を放ちて出家受戒す。長阿含十五に攝む。【昃帙九】

クラナ 拘浪拏 〔人名〕阿輸迦王の太子の名。【西域記三】に「是無憂王太子拘浪拏。爲二繼母一所レ誣。抉レ目之處。」案に餘處多く拘那羅に作り、以て鳥の名を太子に付けしとなす。されば拘浪拏は拘拏浪の寫誤なる歟。「クナラ」を見よ。Kuṇāla 「梵 Gulpha

クラハ 瞿拉坡 〔雜語〕譯、踝。【玄應音義二十一】

クラバ 矩拉婆 〔地名〕洲の名。譯、勝邊。【瑜伽倫記一下】梵 Kurava (名義大集一五四)

クラバテイ 倶攞鉢底 〔雜語〕Kulapati 譯、家主。【求法高僧傳上】に「若一人稱レ家。獨用二僧物一。處二斷綱務一。不レ白二大衆一者。名爲二倶攞鉢底一。譯爲二家主一。斯乃佛法之大疣。人神共所レ怨。雖二復於レ寺有一レ益。而獲レ罪彌深。智者必不レ爲也。」「コジ」を見よ。

クラホフシ 倉法師 〔職位〕倉を掌る法師の意。室町時代の幕府の職員にして倉庫の事を管理せしもの多く僧形なりしを以て此の稱あり。【貞丈雜記四】に「京都將軍の御代御倉を預る入道あり。正實坊、定泉坊と云ふ兩人也。是を御倉法師と云ふ。東山殿年中行事に見えたり」と。倉庫の奉行は籾井氏にして其の下に法師ありしが如く、【武家名目抄職名部】に「なべて、法師の庫倉を預り沙汰することは、中古よりのならひにて、武家草創以前の例なれば、室町家にもそれにならはれしなり。」と云ひ、又「常には御倉とのみもいへり乃至正實坊しばらく職務を止めらるることもあり。其の間は玉泉坊などいふ法師、代職を命ぜらるる習なり」と。

クラマデラ 鞍馬寺 〔寺名〕松尾山鞍馬寺、王城の北三里に在り。寺領二百二十六石。本尊毘沙門天。寺務、靑蓮院宮。天台宗。延曆年中藤原伊勢人修造。開基、恒眞和尙。【三才圖會七十二末】◉(曲、鞍馬)「是は鞍馬の御寺に仕へ申すものにて候。」

クララカラジヤ 鳩邏邏揭剌闍 〔動物〕Kulāla-rāja 譯、鵰鷲。【大威德陀羅尼經七】

クランタ 倶蘭吒 〔雜語〕譯、色。質礙の義。【名義集三】

倶蘭吒華 〔植物〕「クランダ」を見よ。

クランダ 拘蘭荼 〔植物〕又、倶蘭吒。譯、紅色華。【玄應音義一】

クランナンダ 拘蘭難陀 〔人名〕眞諦三藏の別名。「クナラダ」を見よ。

クリ 拘利 〔雜語〕Koṭi 又、倶利に作る。數の名、譯百萬。【慧琳音義十九】に「拘利梵語也。即諸經云二倶知一也。數法名。此當二百萬一。」

拘利太子 〔人名〕Kolita 斛飯王の長子。出家して五比丘の一。【中本起經上】に「摩南拘利」【五分律】に「摩訶男」【本行集經十一】に「摩訶那摩」【十二遊經】に「釋摩納」【文句一上】に「拘利太子」【同五上】に「摩訶男拘利」【涅槃經疏七】に「摩男拘利」【嘉祥法華義疏四】に「摩男拘利」【玄贊四】に「摩訶男拘利」「マナンクリ」を見よ。

倶利窟 〔地名〕【長阿含經十八】に「佛在二舍衛國祇樹給孤獨園倶利窟中一。」

クリ 庫裡 〔雜名〕寺院の住居(すまひ)の方を總じて云。

クリウ 驅龍 〔故事〕持戒の羅漢、戒力に依て毒龍を驅逐せし故事。【婆沙論四十四】に「昔此の迦濕彌羅國の中に一の毒龍あり、無怯懼(梵に阿利那と云)と名く、禀性暴惡、多く損害を爲す。彼を去る遠らず毘訶羅(寺と譯す)あり、數數彼の龍の嬈惱する所となる。寺に五百の大阿羅漢あり、共に議して定に入り彼龍を逐はんと欲し、其神力を盡せども遣ると能はず。阿羅漢あり外より來る。諸の舊住の僧爲に上事を說く。時に外來の者龍の住處に至り彈指して、語て言く、賢廻りて遠く去

れと。龍其の聲を聞て即ち遠く去る。諸の阿羅漢怪で問て言く、汝此龍を遣る、是れ何の定力ぞ。彼衆に答て曰く、我定に入らず亦通を起さず、但尸羅を護るが故に此力あり。我輕罪を護ると重禁を防ぐが如くする故に、惡龍をして驚怖して去らしむと。」【行事鈔上之一】に「如二驅龍事一。五百羅漢不レ能レ逐レ之。有二一羅漢一。但以二護戒力一故。即便驅出。」【性靈集九】に「護雁之愛弘深。驅龍之威益猛。」

クリカ　倶哩迦　〔異類〕又、古力迦。龍の名。「クリカラ」を見よ。

クリカラ　倶利伽羅　〔異類〕Kṛkāla 又、古力迦羅。倶哩迦。古力迦。倶哩劔。律迦。加梨加。迦羅迦など。龍の名。倶力迦羅は譯、作黑。迦羅は譯、黑。即ち黑色の龍。此龍が劔を纏ふ形を以て不動明王の三昧耶形とす。【倶利迦羅龍王經】に「時不動明王智火大劍。變二成倶利迦羅大龍一有二四支一。」【不動使者秘密法】に「於二壁上一。畫二一劔一。以二古力迦龍王一。繞二此劔上一。龍形如レ蛇。」【立印儀軌】に「以二倶哩迦龍一。纒二交於劔上一。」【底哩三昧耶經】に「畫二律迦大蛇一。纒二劔上一。劔圍繞畫二火燄一。」【大日經】に「倶利劔龍」【勝天般若經】に「加梨加龍」【玄應音義三】に「迦梨迦龍。又云二迦羅迦龍一。此譯云二黑龍一也。」淨嚴の「不動明王瑜伽要鈔」に「倶力迦羅。作黑之義也。」◉（太平記）「天井より倶利伽羅下り懸りて」《第廿四圖參照》

倶梨伽羅不動明王　〔明王〕劔に黑龍の圍繞せる像を本尊とせしもの。是れ不動明王の三昧耶形なれば其本體を標して不動明王と稱す。【倶利伽羅王經】に「倶利伽羅大龍。呑飲利劔。及以四足被レ繞。」◉（盛衰記四）「本地は倶理伽羅不動明王なり」

倶哩迦羅不動眞言　〔眞言〕【四十八使者儀軌】に出ず。

倶利伽羅大龍勝外道伏陀羅尼經　〔經名〕一卷。失譯人名。【餘帙二】

倶利伽羅山　〔地名〕加賀に在り。もと不動を祀る。

クリキ　功力　〔術語〕力を勵て善事を勸むると。【觀佛三昧經六】に「念佛功力。自然開悟。」【六妙法門】に「心慧開發。不レ加二功力一。」されば功力は我に在て、我が觀音を念ぜし功力に依て觀音の利益を得るなり。然に今の人は我を措て直に觀音の功力、不動の功力など云。此時の功力は利益と言ふ如し。

クリキゲダウ　口力外道　〔流派〕外道十一宗の一。太虛を口に譬へて萬物もと太虛より生ずとなすもの。【中論疏三本】に「口力外道。計下太虛能生二四大一。四大能生二藥草一。藥草能生中衆生上。此從レ無生也。」

クリケン　倶利劒　〔異類〕龍の名。「クリカラ」を見よ。

クリツケ　舊律家　〔雜名〕譯家に於て新舊の別ある如く、律家に於て亦新舊あり。律書に付て四分五分等は舊に屬し、有部律は新なり。然れ共古來多く律の註釋に就て新舊を云ふ如き風あり。唐の南山の行事鈔、宋の元照の資持記等を舊律家とし、唐の義淨の南海寄歸傳、懷素の開宗記、定賓の飾宗記等を新律宗とす。三衣に就て南山は釋門章服儀を著す。吾朝華嚴寺の鳳潭、衣服章儀篇を撰し、新律家の說を以て舊律家を商量す。光國比丘、俗服正檢を著して舊律の謬なきを述ぶ。鳳潭復劫撓訓を撰して正檢の難を答ふ。後に葛城の慈雲比丘、方服圖記を著して新律家を取る。【三餘隨筆下】

クリン　拘隣　〔人名〕又、拘輪、倶輪、倶隣、居倫、居隣に作る。五比丘の一。憍陳如の別稱。「コリン」を見よ。

クリン　口輪　〔術語〕三輪の一。佛所說の法、能く衆生の煩惱を摧破するを以て輪と云。又正敎輪と名く。輪は摧破の義と遍轉不斷の義。【金光明文句二、三藏法數八】

クリン　苦輪　〔術語〕生死の苦果輪轉して止まざれば輪と云。【勝天王般若經一】に「衆生長夜。流二轉六道一。苦輪不レ息。皆由二貪愛一。」【仁王經】に「十善菩薩發二大心一。長別二三界苦輪海一。」【同良賁疏四】に「苦輪海者。苦通二三界一。謂二三苦一也。依二苦樂捨一。立爲レ苦故。往返不レ息。廻轉如レ輪。昇沈出沒。深大如レ海。」

クリン　九輪　〔物名〕又、空輪と書す。塔の頂に秀でたる九重の金輪なり。九重あれば九輪と云ひ、空中にあれば空輪と云、共に俗稱なり。本名、相輪。輪相。金刹。金幢。露盤など。輪相の數、人に依て多小あり。【法苑珠林三十七】に「十二因緣經云。有二八人一得レ起レ塔。一如來。二菩薩。三緣覺。四羅漢。五阿那含。六斯陀含。七須陀洹。八輪王。若輪王已下起レ塔。安二露盤一。見レ之不レ得レ禮。以レ非二聖塔一故。初果二露盤。乃至如來安二八露盤一。八盤已上。並是佛塔。」◉（太平記二一）「九輪の地に響きて落つる聲は、金輪際の底まで聞えやすらんと」（太平記二六）「九輪の寶形一つ下して鑵子にぞ鑄させたりける」

クリン　句輪　〔術語〕一字の眞言に對して多字の眞言を句輪と稱す。【義釋十一】に「凡行者持誦時。當下觀二字輪一或爲中句輪上。所謂句輪者觀二本尊心一。心上有二圓明一而布二眞言之字一。輪轉相接。令二明了現前一。持誦時觀二此字一。猶如二白乳一。次第流注入二行者口一。或注二其頂一。相續不レ絕。遍二滿其身一。乃至遍二於支分一。其圓明中。字常明了。如二常流水一而無レ有レ盡。如レ是持誦疲極已。即但住二於寂心一。謂觀二種子字一也。」

クル 九流 〔雜名〕 又、九孔とも九入とも九瘡とも。兩眼兩耳兩鼻口大小便の九穴を云。「クニフ」を見よ。

クル 拘盧 〔地名〕 Uttarakuru 又、俱盧。拘樓。究留。拘留。究溜。句嚧に作る。鬱多羅究留の略。北大洲の名。「ウツタラクル」を見よ。

クル 拘屢 〔雜名〕 Krośa 又、句盧。拘屢舍の略。里程の名。「クルシヤ」を見よ。

クル 鵃鸖 〔動物〕 又、休留。梟鵄の類。晝間見ると能はざるもの。【莊子秋水篇】に「鵄鵂。夜撮レ蚤察二毫末一。晝出瞋目。而不レ見二丘山一。」 梵 Ulūka

鵂鶹仙人 〔人名〕 Ulūka 勝論派の鼻祖。始て六句義の法を說く。【止觀十上】に 「漚樓(僧佉)。此翻二休睺一。」【同輔行十之一】に「優樓(僧佉)。此云二休留仙一。其人書藏二山谷一。以造二經書一。夜則遊行。說法敎化。猶如二彼鳥一。故得二此名一。乃至 其人在二佛前八百年一出レ世。亦得二五通一。」「ウルカ」を見よ。

鵂鶹仙化石 〔傳說〕【止觀私記十】に「眞諦云。休留仙人。成劫末出。服二長生藥一。變爲レ石。形如二牛臥一。在二佛前八百年中一。石消融如レ灰。門人皆稱レ入二涅槃一。」

クルシヤ 俱盧舍 〔術語〕 Krośa 又、拘盧舍。拘婁舍。拘屢奢。句盧舍。拘樓賖に作る。里程の名。牛又は鼓の聲の聞き得る最大距離。五百弓又は五里。【玄應音義十八】に「拘婁。或作二句盧一。今或云二拘樓賖一。此云二五百弓一。應レ言二俱嚧舍一。謂大牛鳴音聲聞二五里一。八俱嚧舍爲二一踰繕那一。即四十里。」【俱舍光記十二】に「一弓有二六尺四寸一。五百弓爲二一俱盧舍一。計五百弓有二三千二百尺一。」【同十一】に「俱盧舍。此云二鳴喚一。」【行事鈔上之一】に「俱盧舍。明了論疏云。一鼓聲間。雜寶藏中。翻爲二五里一。相傳用レ之爲レ定。」【雜寶藏經一】に「拘屢奢。秦言二五里一。」【俱舍論十二】に「豎積二四肘一爲レ弓。積二五百弓一爲二一俱盧舍一。一俱盧舍。計是從レ村至二阿練若一中間道量。八俱盧舍爲二一踰繕那一。」

クルシヤ 拘流沙 〔地名〕 國の名。佛此に在て長阿含の大緣方便經を說く。【長阿含經十】に「一時佛在二拘流沙國劫摩沙住處一。」 Kuru

クルシヤナ 瞿嚧者那 〔飮食〕 Gorocanā 藥名。譯、牛黃。【最勝王經七】に「瞿盧折娜。」【陀羅尼集十】に「瞿嚧者那」

クルシンブツ 拘留秦佛 〔佛名〕 Krakucchanda 又、拘樓秦佛に作る。過去七佛中第四の佛名。「クルソン」を見よ。

クルセナ 瞿盧折娜 〔飮食〕 藥名。「クルシヤナ」を見よ。

クルソ 拘樓瘦 〔人名〕 巴 Kurusu 比丘の名。

拘樓瘦無諍經 〔經名〕 佛拘樓瘦比丘の爲に諍法無諍法を分別す。中阿含經四十三に攝む。【昃帙五】

クルソンブツ 拘留孫佛 〔佛名〕 Krakucchanda 又、俱留孫佛。鳩樓孫佛。拘留秦。迦羅鳩飡陀。迦羅鳩村馱。羯洛迦孫馱。羯羅迦寸地。羯句忖那など。譯、所應斷已斷。滅累。成就美妙など。過去七佛の第四佛に當り現在の賢劫一千佛の最首なり。賢劫の中に第九の減劫人壽六萬歲の時に出世せり。【慧苑音義上】に「迦羅鳩村馱。此云二所應斷已斷一。」【同下】に「拘留孫。具云二羯羅迦寸地一。此云二所應斷已斷一。謂惑障已斷也。」【慧琳音義二十六】に「鳩留秦佛。亦名二拘樓一。亦云二迦羅鳩村馱一。亦云二拘留孫一。並梵語訛略不切。正梵音羯句忖那。此云二滅累一也。」【同十八】に「羯洛迦孫馱。唐言二成就美妙一。是賢劫中最初佛也。」【同卷】に「羯洛迦孫馱。舊云二俱留孫一訛也。正云二羯句忖那一。」【可洪音義四上】に「鳩羅佛名也。此云二所應斷已斷一。」◉(盛衰記四)「地主權現と申すは、拘留孫佛の時、天竺の南海に一切衆生悉有二佛性一と唱ふる波立つて」

クルダツマ 瞿婁達磨 〔術語〕 Gurudharma 又、窶嚕達磨。譯、敬法。尊法。比丘尼の受持すべき八敬の法を云。【四分律法礪疏一本】に「瞿婁曰レ尊。達磨是法。謂八尊法。」【百一羯磨二細註】に「窶嚕達磨。是尊義。師義。所恭敬義。此字既含二多義一。爲レ此比來譯者。科隨二其一一。於レ理皆得也。」「ハチキヤウ」を見よ。

クルハダ 窶盧播陀 〔地名〕 山の名。譯、尊足。雞足山の別名。「クックツタハダ」を見よ。尊足は Gurupada なるべく鷄足は Kukkuṭapada なり。或は兩稱したるか。

クルキシヤウ 九類生 〔名數〕 一に胎生、二に卵生、三に濕生、四に化生。此四は三界受生の差別なり。天と地獄とは唯化生、鬼は胎化を兼ね、人畜は四を具す。五に有色、色界天を云。六に無色、無色界天を云。七に有想、無色界の中に無想天の一を除きて他の一切の天處を云。彼總て心想を有すればなり。八に無想、色界の第四禪に屬する無想天を云。此は五百大劫の間無心無想の果を感じ、外道の眞涅槃處と迷執する所なり。九に非有想非無想、無色界の第四處非想非非想天を云。此の天處は無想天の如く無心にあらず亦有想天の如く粗漫の心想あるにあらざる故、非想（粗想なし）非非想（細心あり）天と名くれば彼の二者の名に對して之を擧ぐ【金剛經】に「所レ有一切衆生之類。若卵生。若胎生。若濕生。若化生。若有色。若無色。若有想。若無想。若非有想若非無想。我皆令下入二無餘涅槃一而滅中度之上。」

クルキチ　苦類智　［術語］八智の一。色界無色界の苦諦を觀じて、苦諦に對する見惑を斷ずる智を云。此智は先に欲界の苦諦を觀じて起れる苦法智の流類なれば類の名を付す。【三藏法數三十一】に「觀二欲界苦諦一之後。復觀二上二界苦諦一。眞智明發。是欲界苦法智之流類。是名二苦類智一。」

苦類智忍　［術語］八忍の一。上二界の苦諦の理を信忍して將に苦類智を得んとする無間道の智を云。苦類智は果に屬して解脫道、苦類智忍は因に屬して無間道なり。「ルイチ」を見よ。

クルキニン　苦類忍　［術語］苦類智忍の略。「クルイ」を見よ。

クレイ　九例　［名數］聲明論の七轉九例なり。「シチテンクレイ」を見よ。

クレウ　供料　［雜語］供養の資料を云ふ。

クレウセウニシツビヤウキヤウ　救療小兒疾病經　［經名］囉嚩拏說救療小兒疾病經の略稱。

クレン　九蓮　［術語］九品の蓮臺。彌陀の淨土を云。「クホン」を見よ。【釋門正統八】に「修二三福業一。想二像九蓮一。」

クレンヂゴク　紅蓮地獄　［界名］八寒地獄の第七。梵に鉢特摩。Padma 譯、紅蓮。寒の爲に皮肉分裂して紅蓮華の如くなるを云。【瑜伽論四】に「紅蓮那落迦。與レ此差別。過二此青一已。色變二紅赤一。皮膚分裂。或十或多。故此那落迦。名曰二紅蓮一。」【俱舍光記十一】に「鉢特摩。此云二紅蓮華一。嚴寒逼切。身變折裂。如二紅蓮華一。」◉（盛衰記一八）「身は紅色となりて、紅蓮地獄の衆生の如し」

紅蓮大紅蓮　［界名］Mahāpadma 八寒地獄の第八を摩訶鉢特摩と稱し大紅蓮と云。【瑜伽論四】に「大紅蓮大那落迦。與レ此差別。謂彼身分。極大紅赤。皮膚分裂。或百或多。故此那落迦。名二大紅蓮一。」【俱舍論光記十一】に「摩訶鉢特摩。此云二大紅蓮華一。嚴寒逼切。身變折裂。如二大紅蓮華一。」【往生講式】に「或咽二焦熱大焦熱之炎一。或閉二紅蓮大紅蓮之冰一。」◉（太平記一七）「彼叫喚大叫喚の聲、耳に滿ちて、紅蓮大紅蓮の苦眼に遮る。」（曲、氷室）「紅蓮大紅蓮の氷を藏く斎生の神本」

クロ　九漏　［名數］兩眼兩耳兩鼻及び口大小便處の九穴なり、此九穴より常に身內の不淨を漏泄すれば九漏と云。【行事鈔中之一】に「九瘡九孔九入九漏九流」

クロウ　鼓樓　［堂塔］中世以後諸大寺に鐘樓と相對して講堂の左右に建てられ、鼓を懸け時を打つ處とす。現今は多く樓門の上、堂の隅に之を懸けたり。

クロケサ　黑袈裟　［衣服］黑色の袈裟。律の中に青黃赤白黑の五正色を禁じて似青、似黑、木蘭の三不正色を許す。似黑は即ち緇色にて黑泥の如き色を云。【釋門章服儀】に「問。上引二大乘一中。被二服染衣一。未レ知何色成二於如法一。答。如二經律中一。通云二壞色一。故文云。當下以二三種青黑木蘭一隨用レ一壞。成中如法色上。（壞とは正色を壞り濁らすを云）乃至上明青色。名同二五色一。如二論律中一。似而非レ正。木蘭一染。此方有レ之。赤多黑少。若二乾陀色一。」【行事鈔下之一】に「青謂銅青。黑謂雜泥等。木蘭謂諸果汁等。」

クロゴロモ　黑衣　［衣服］黑色の僧衣を云。

クロシヤ　俱盧舍　［術語］「クルシヤ」を見よ。

クロダツマ　窶嚕達磨　［術語］譯、敬法。八敬法を云。「クルダツマ」を見よ。

クロダニシヤウニン　黑谷上人　［人名］淨土宗の元祖法然房源空の稱。師生年十八歲にして叡山西塔の黑谷に隱居す。【勅修傳三】故に名とす。「ゲンクウ」見よ。

クロダニシヤウニンゴトウロク　黑谷上人語燈錄　［書名］十八卷。望西樓了惠が源空の遺書を集めたるもの。初十一卷は專ら漢語の遺文を集め、漢語燈錄と云ひ、後七卷は和文を輯めて和語燈錄と名けらる。

クロンジヤ　拘崙闍　［動物］Kruñca 又、拘嚧安遮に作る。帝釋鵲の一種又は青莊の一種とも云ふ。【大集經三、梵本阿彌陀經】に出づ。【大威德陀羅尼七】に轂祿鳥と云ふ。

クロン　舊論　［雜名］眞諦譯の俱舍論を舊俱舍又は舊論と云。性相學者の稱。

クワ　果　［術語］梵語、頗羅 Phala の譯、木の實の義。一切の有爲の法は前後相續するが故に、前因に對して後生の法を果と云ふ。擇滅無爲法なれども道力によりて證悟する故に果と名け、虛空と非擇滅とは果とすることなし。「インクワ」を見よ。

クワ　垢汙　［譬喩］心性の妄惑を身の垢に譬ふ。【無量壽經上】に「洗二濯垢汙一。顯明淸白。」【同經嘉祥疏】に「垢汙者執レ相之惑。皆沾二汙慧身一。」

クワ　口和　［雜語］異口同音を云。【行事鈔下之一】に「口和賞勞」

クワ　囮　［雜語］物の機に力を出す聲。【碧巖十則着語】に「囮」【字彙】に「囮胡臥切。進船聲。」【種電鈔】に「玉篇率二船聲。今就レ騎レ虎。出レ力伎勢也。」

クワイキ　回忌　［雜語］死者の爲に回り來る一定の忌日を云。三回忌七回忌など。

クワイサイ　回祭　［雜語］「ウイサイ」と讀む。

クワイザイ　回財 〔雜語〕「ウイザイ」と讀む。

クワイダウ　晦堂 〔人名〕宋の黃龍山晦堂の寶覺禪師、名は祖心、黃龍南禪師に嗣ぐ。哲宗の元符三年寂す。【稽古略四】

クワイチサイシヨ　火一切處 〔術語〕十一切處の一。火の一切處に周遍するを觀ずる禪定の名。

クワイトウドメン　灰頭土面 〔雜語〕修行悟道の後、衆生濟度の爲には能く塵中に投じて、自己の汚穢を顧みざるを云ふ。和光同塵、拖泥滯水と云ふ如し。【碧巖錄四十三則】の頌評に「曹洞下に、出世不出世あり、垂手不垂手あり、若し不出世ならば、目に雲霄を視ん、若し出世ならば便ち灰頭土面。目に雲霄を視るは、即ち是れ萬仭峰頭、灰頭土面は即ち是れ垂手邊の事なり。有る時は萬仭峰頭にして即ち是れ灰頭土面。」

クワイホウギヤウ　回峯行 〔修法〕醍醐寺及三井寺の修驗者の入峰行金峰山に入ることに對して、山門には回峰行あり。無動寺の相應和尙より起る。即ち無動寺を起點として一日に山中を一周し千日を滿ずるを以て終了とす。之を滿ずるものは勅を奉じて土足にて參內し、天顏に咫尺して玉體を加持し奉るを得るなり。【北嶺行門記】に「我山之設ㇾ業者三。曰顯敎。曰秘密乘。曰修驗行也。此三者如二鼎三足一。亦如二伊字天目一。一廢不可也。」

クワイレイ　回禮 〔雜語〕「ウイレイ」と讀む。

クワイン　火印 〔印相〕火を呼ぶ印契。密軌には火の形を三角とす、依て左右の兩指を結て三角の形をなす是れ火印なり【胎藏界念誦次第】

クワウ　九橫 〔名數〕橫死に九因あり、一に不應飯而飯、食す可らずして食するを云。二に不量食、食を節せざるを云。三に不習食、食に習はざるものを食するを云。四に不出食、食未だ消化せざるに食するを云。五に止熟、强て大小便を制止するを云。六に不持戒、戒行を持たずして遂に世法に觸るるを云。七に近惡知識、惡友に近づくを云。八に入里不時、時ならずして里井に入るを云。九に可避不避、惡疫狂犬等の避くべきを放過するを云。【九橫經】図九種の橫死あり、一に得病無醫、病を得て醫療を爲さざるを云。二に王法誅戮、非道を爲して國法に刑戮せらるるを云。三に非人奪精氣、荒樂に躭て身を愼まず、鬼怪隙に乘じて其の精氣を奪ふを云。四に火焚、火に焚燒せらるるを云。五に水溺、水に墜ちて溺水するを云。六に惡獸啖、山林等に於て惡獸の爲に啖食せらるるを云。七に墮崖、絕壁より墮ちて其命を喪ふを云。八に毒藥咒咀、毒藥に中てられ咒咀に罹りて死するを云。九に饑渴所困、饑渴に困められて死するを云。【藥師經】

佛の九橫 〔名數〕佛に九種の橫害あり「クナウ」を見よ。

九橫經 〔經名〕佛說九橫經、一卷、後漢の安世高譯。【宿帙七】(765)

クワウウン　光雲 〔譬喩〕佛光の一切に被るを垂天の雲に譬ふ。【贊阿彌陀佛偈】に「光雲無ㇾ㝵」

クワウエ　黃衣 〔衣服〕戒律の上には黃は五正色の一にして僧衣には不如法なり。【僧史略上】に「後周忌ㇾ聞二黑衣之讖一。悉屛二黑色一。着二黃色衣一。起二於周一也。」然に黃色是れ不如法なるを以て一轉して褐色となる是れ如法なり。【僧史略上】に「時有二青黃間色一。號爲二黃褐一。石蓮褐也。東京闕輔。尙二褐色衣一。」と是れ宋代の事なり。元に至て屢黃色を賜ふとあり。象器箋十七に之を證す明に及んでは喇嘛の新敎起り盡く黃衣を服す。

クワウエフ　黃葉 〔譬喩〕楊樹の黃葉を以て金となして小兒に與へて其の啼を止むる喩。佛、天上の樂果を說て人間の衆惡を止むるに譬ふ。【涅槃經二十】

クワウエン　光燄 〔譬喩〕火の燃ゆるを燄と云。佛の威神を光明の耀くに譬ふ。【贊阿彌陀佛偈】に「一蒙二光焰一罪垢除。」【無量壽經上】に「無量光燄。照耀無ㇾ極。」

光燄王佛 〔佛名〕阿彌陀佛の德名。【贊阿彌陀佛偈】に「佛光照耀最第一。故佛又號二光燄王一。三塗黑闇蒙ㇾ光啓。」【無量壽經上】に「燄王光佛」

クワウオンテン　光音天 〔界名〕新稱、極光淨天。舊稱、光音天。色界の第二禪の終天なり。此天音聲を絕ち、語らんと欲する時は口より淨光を發して言語の要をなす故に光音と名く。大火災にて色界の初禪天まで破壞する時は下界の衆生は盡く此天處に集合して世界の再び成るを待つ。後に成劫の初に至て此天より金色の雲を起して大洪雨を注ぎ、以て初禪天以下地獄に至るまでの世界を造り、世界の成了るを待て、此天衆の福薄きもの漸漸に下生して乃

（光音天衆の圖）

至地獄界まで盡く衆生を見るに至るなり。此は大火災に就て云若し大水災大風災の時は此天處をも破壞する故猶其上の天處に於て此事を爲す 胎藏界曼陀羅外金剛院の一衆として此の天の衆生を出す。【玄應音義三】に「阿波會二天。Ābhāsvara 此云二光音天一。亦言二極光淨天一。第禪第三天也。」【經律異相一】に「光音天。依品云二光曜天一。語言口出二淨光一無邊。」【名義集二】に「光音。口絕二言音一。光當二語故。」【佛祖統紀三十一】に「光音天無二覺觀語言一。以レ光當レ語。又此天語時口出二淨光一。」◎（正統記一）「光音天と云ふ天處」

光音天下生人間 【傳說】【增一阿含經三十三】に「劫初光音天。相謂我等欲レ至二閻浮提地一。即來二下地一食二地肥一故。失二神足一。皆共號哭。自相謂言。我等窮厄。不レ能三復還二天上一。」【經律異相一】に「天地更始。盪盪空虛。了無二所有一。亦無二日月一。地涌二甘泉一。味如二蘇蜜一。時光音諸天。或有二福盡來生一。或樂レ觀二新地一。性多輕躁。以レ指嘗レ之。如レ是再三。轉得二其味一。食レ之不レ已。漸生二麁肌一。失二天妙色神足光明一。」【文句下四】に「劫初光音天墮レ地。地使レ有レ欲。」【同記五上】に「光音等者。且寄二火後一。火災但壞二初禪一故也。故初成時。此天初下。即第二禪初天。」【同私記四末】に「光音第二禪初天者。應レ云二終天一。或從レ上數レ之耳。」

光音三天 【名數】第二禪に三天あり、一に少光、二に無量光、三に光音、或は三天を通じて光音と云。【經律異相一】に「二禪通名二光音一。」

クワウガウ 光毫 【術語】佛の眉間の白毫に光明あれば光毫と云。三十二相の一。【法華經序品】に「爾時佛放二眉間白毫相光一。照二東方萬八千世界一。靡レ不二周徧一。」【觀佛三昧經】に「時佛眉間。即放二白毫大人相光一。其光分爲二八萬四千支一。」

クワウガウ 光降 【雜語】尊者の來臨を云。【勅修淸規】に「伏望慈悲。特垂二光降一。」

クワウガクリフギ 廣學竪義 【行事】竪の音シュなれ共リフと讀み慣ふ。廣く學び義を立つといふ意にて單に竪義とも云。これ宗徒を策進する爲の討論會の名にして、學生に論題を與て之を講ぜしめ問者ありて之を難じ、精義者ありて之を判ず。(之を竪者と云)此時題を出す者を探題と云。延曆二十年十一月十四日より同廿三日に至る十日の間、傳敎大師の本願に依て叡山根本中堂に於て天台大師の爲に法華會を修し(之を霜月會と云)其の第五日に竪義を置くを始とす。其後嵯峨天皇弘仁十四年六月、傳敎大師の爲に法華會を置て之を六月會と稱し、仁明天皇承和十三年竪義を置くと霜月會の如くす。【釋家官班記下】又、光孝天皇仁和二年、民勢法師に依て興福寺の維摩會に竪義を置く。【初例抄下】

クワウキ 光記 【書名】唐の普光法佛の著、俱舍論記三十卷あり、性相學者は單に光記と稱す。

クワウキヤウ 皇慶 【人名】クワウケイと讀む。

クワウクワウ 光光 【雜語】盛なる貌。顯曜の貌【無量壽經上】に「威神光光」【同憬興疏】に「光光者即顯耀之狀也。」【望西樓鈔三】に「梵網疏(天台)云。光光者義也。」

クワウクワンセキヂク 黃卷赤軸 【物名】佛の經典を云。案に經典を寫すに黃紙を用るは蓋し唐代の黃勅に准じて、一は之を尊び、一は蟲害を防ぐ爲めなり。【維摩經垂裕記一】に「唐貞觀中。始用二黃紙一。寫二敕制一焉。至二高宗上元二年一詔曰。詔敕施行。既爲二永式一。比用二白紙一多有二蟲蠹一。今後尙書省。頒二行天下一。並宜レ用二黃紙一。」【華嚴演義章】に「言二黃卷赤軸一者。今大藏經卷是也。」【正宗記】に「敎外別傳。非レ謂二黃卷赤軸一。」道敎と法論の結果、各その經卷を燒きたる故事にとる說信ずべからず。

クワウグミヤウシフ 廣弘明集 【書名】三十卷。唐の道宣編。僧祐の弘明集に倣て諸師の論贊詩賦等を萃めたるもの。【露帙五、六】(1481)

クワウグワテン 廣果天 【界名】Vrhatphala 色界第四禪天の八天中第三天の名。第四禪天に於て凡夫の生れ得べき天處の最勝處、此より已上の五天(八天中)は五淨居天と稱して獨り聖者の生處とす。【俱舍頌疏八】に「於二色界中一。異生生中。此最殊勝故。名二廣果天一。」

クワウケイ 皇慶 【人名】叡山の沙門皇慶、書寫山性空の姪。東塔院の靜眞僧都に隨て密法を學ぶ。初め慈覺大師密法を長意に授け、意玄昭に授け、昭智淵に授け、淵明靜に授け、靜靜眞に授く。慶は即ち慈覺七世の嫡孫なり。嘗て鎭西に遊び景雲阿闍梨に遇ひて東密の秘奧を皆受す。萬壽年中、丹波の池上に庵を結て閑居す、依て池上阿闍梨と稱す。後に僧官を賜て法興院の十禪師となる。夢を感じて本山に歸り、永承四年七月二十六日、東塔院に寂す。壽七十三。門弟、長宴院尊安慶の三傑三派を分ち、台密の隆盛此時を最とす。【本朝僧傳四十九】

クワウケウ 廣敎 【術語】律宗の語。佛成道以後十二年間は唯諸惡莫作等の敎を說て弟子の行法を制せしを略敎とし、十二年已後弟子の中に非法漸く多く、爲に廣く戒律を說て一一持犯を示したるを廣敎と云。【南山戒疏一上】に「言二廣敎一者。由二略名含一未レ曉二前相一。雖レ造二諸非一。不レ謂二有犯一。故須下廣張二綱目一。收中攝罪聚上。鈍根之流聞便得レ解。因二廣說一故。名

爲二廣敎一。」

クワウケウ　光曉　〔術語〕曉は明なり。光曉は光明と云ふ如し。佛、智慧の光明を放ちて一切衆生の昏闇を破する、猶曉天の日輪の如きを云ふ。【贊阿彌陀佛偈】に「有量諸相蒙二光曉一。」

クワウケウ　黃敎　〔流派〕喇嘛敎の一派、十四世紀の頃宗喀巴 Tsongkhapa が紅敎の腐敗を慨して別に開始せしもの。衣冠等皆黃色を用ふ。西藏、蒙古、伊犂に行はる。

クワウケン　光顯　〔雜語〕光り耀くこと。【止觀五下】に「法不二自顯一。弘レ之在レ人。人能行レ行。法門光顯。使二無生敎縱橫無礙觸處皆通一。」

クワウケンヂヤウヰキヤウ　廣顯定意經　〔經名〕弘道廣顯三昧經の異名。

クワウゲン　光顏　〔雜語〕佛の顏に光あれば光顏と云。【無量壽經上】に「光顏巍巍如二明淨鏡一。」

クワウコンゲ　黃昏偈　〔雜語〕六時偈の一。【法華懺法】に「白衆等聽說。黃昏無常偈。此日已過。命即衰減。如二少水魚一。斯有二何樂一。諸衆等。當勤精進。如レ救二頭燃一。但念二苦空一。無常勤愼。莫二放逸一。」

クワウゴウンロン　廣五蘊論　〔書名〕大乘廣五蘊論の略名。

クワウゴフ　曠劫　〔術語〕曠は久なり懸なり、劫は梵語刧波の略、長時期を云。極めて過去に長きを曠劫と云ひ、未來に長きを永劫と云。【止觀五下】に「彌生曠劫。不レ覩二界內一隅一。況復界外邊表。」【觀經玄義分】に「我等愚痴身。曠劫來流轉。」◉(曲、鐘引)「我曠劫のむかしより、末法の今に至る迄」

クワウゴンジヤウ　廣嚴城　〔地名〕梵語、毘舍離。Vaiśālī 譯、廣嚴。中印度に在り佛此に在て藥師經維摩經等を說く。【藥師本願經】に「一時。薄伽梵。遊二化諸國一。至二廣嚴城一。住二樂音樹下一。」【同古迹】に「言二廣嚴一者。梵云二毘舍離一。或云二毘耶離一。」【行宗記二上】に「廣嚴城者。廣謂二土境之大一。嚴即風物之美。昔波羅柰國王夫人。生二一肉團一。羞愧不レ已。封二之金函一棄二於江內一。有二一道人一。見而取レ之。後生二一兒一女一。有二大人相一。乃立爲レ王。子孫漸多。三展二其國一。故曰二廣嚴一。」

クワウサイシユジヤウシンジユ　廣濟衆生神咒　〔經名〕七佛八菩薩所說大陀羅尼神咒經の異名。

クワウサン　廣參　〔儀式〕大衆一同に參するを云。【象器箋十一】

クワウサンキヤウ　光讚經　〔經名〕光讚般若波羅蜜經の略稱。

クワウサンハンニヤ　光讚般若　〔經名〕光讚般若波羅蜜經の略稱。

クワウサンハンニヤハラミツキヤウ　光讚般若波羅蜜經　〔經名〕十卷、晉の竺法護譯。佛舌根より光を放て三千世界を照し、光中蓮華を生じ、華上に諸佛出現して此般若を稱讚する故に光讚般若と云。大般若經第二會の別譯なり。【月帙五】(4)

クワウサンマヤロン　光三摩耶論　〔書名〕顯宗論の異名。衆賢の著。光は光顯の義、三摩耶は梵語、義類の義、即ち自宗の義類を光顯する意。【婆藪槃豆法師傳】に「光三摩耶論。有二一萬偈一。止述二毘婆沙義一。三摩耶。譯爲二義類一。」梵 Samayapradipikā（宗顯の義）

クワウザ　光座　〔雜名〕又、光趺、佛の後光と臺座。【陀羅尼集經十一】に「功德天像。身長一肘一尺三寸五分。除二其光座一。」

クワウザウ　光像　〔雜名〕光明赫爍たる佛像なり。【寄歸傳四】に「大竿可レ爲二贍部光像處懸幡之竿一」は贍部は閻浮檀金なり。

クワウシ　九橫死　〔名數〕「クワウ」を見よ。

クワウシヤクシキセンニン　黃赤色仙人　〔人名〕數論の鼻祖迦毘羅 Kapila の譯名。【唯識述記一末】に「有二外道一名二劫比羅一。古云二迦毘羅一訛也。此云二黃赤一。鬢髮面色。並黃赤故。今西方貴婆羅門種。皆黃赤色也。時世號爲二黃赤色仙人一。」

クワウシヤクボダイシンロン　廣釋菩提心論　〔書名〕四卷、宋の施護譯。諸經を引て大悲を本となすを明し、及び聞思修の三慧を明す。【成帙十四】(1301)

クワウシヨウ　光勝　〔人名〕六波羅蜜寺の開基、名は光勝、空也と號す。「クウヤ」を見よ。

クワウシヨキ　廣疏記　〔書名〕荊溪湛然の著、維摩疏記六卷を同著維摩略疏十卷に對して廣疏記と云。【諸宗章疏錄一】

クワウシン　廣神　〔神名〕具名、廣大神王。此神王に二種あり、一を鳩那耶神王と稱し、金剛山に住して一向に吉祥神主を出生す。二を遮毘佉羅神王と稱し、大海の中に住して種種の吉祥神主と過患神主とを出生す。依て之を衆生所具の一心に譬ふ。鳩那耶神王は心眞如門なり、遮毘佉羅神王は心生滅門なり。【釋摩訶衍論】

クワウジユ　光聚　〔雜名〕南方の摩尼部を稱す。【瑜祇經】に「此人如二金剛一。諸惡不レ能レ壞。此身如二光聚一。能破二三界冥一。」

クワウジユブツテウ　光聚佛頂　〔術語〕五佛頂の一。「ブツテウソン」を見よ。

クワウジン　荒神　〔神名〕暴惡を治罰する爲に荒

亂忿怒の相を現ずれば荒神と名け、三寶を擁護すれば三寶荒神と云。役行者の感得する所と傳ふるのみ、正典の經軌なし。比來俗間に種種の災難は荒神並に眷屬九萬八千の祟なりとて家每に之を祭れり。【眞俗佛事編一】に「大和國城上郡鷲峯山竹林寺の記に曰く。人王四十一代持統天皇の御宇、役行者金峰山に於て念誦し給ひければ、艮の方に當りて赤雲一道天に通ると竪幢の如し。小角彼の地に至り此を見れば一の神人あり、首に寶冠を戴き六臂具足す、右の第一手に獨鈷、第二に蓮華、第三に寶塔、左の第一に鈴、第二に寶珠、第三に羯碧なり。徐に小角に告げて言く、我は是れ三寶衛護の神にして世に呼んで荒神と曰ふ者なり。乃至役小角其地に祠を搆て護摩を修し、此神に供す。今に至て柴燈護摩と云ふ是なり。其爐壇今に之あり。笠置の山伏一代每に峰に入て之を勤む。」【谷響集九】に「荒神供次第法一帖あり、賴瑜の跋あり、弘安九年傳授と。又彼の法の尾に小野僧正成尊撰集と。未審し如何。答ふ、舊記を案ずるに昔役優婆塞葛城峰に宴坐して東北方の山を望むに紫雲靉靆たるあり、往て謁見して神と語論す。神自ら言く、惡人を治罰するとあり、故に麁亂荒神と稱す。又三寶を衛護す、故に三寶荒神と號す。九萬八千の夜叉眷屬ありと。按ずるに彼の次第法は成尊の作にあらず、何を以か之を知る。昔予法務寛濟僧正に問ふ。答て曰く醍醐流には此法有るとなしと、故に知る後人名を假て之を記するなり。又按ずるに瑜公の眞俗雜記十三に荒神の事を載す。云く、憲深僧正に問ふ、答て曰く陰陽家には彼神を祭る法ありと云ふ、報恩院流には荒神供の法なし。又餘流には彼法を行するもの有りと聞けど信用せずと。」されば其もと東密の所傳にあらず、必ず台密に依るか。【元亨釋書十五 開成傳】に「寶龜三年二月夢。八面八臂鬼。長丈餘。率二百千眷屬一。各取二經紙一。投二散山谷一。夢覺テ知二魔障一。欲レ慰二供之一。而不レ委二軌則一。忽二鳥飛來。落二二札一。祭文儀軌也。成依レ軌供祭焉。又無レ事矣。世傳二其軌一。所レ謂荒神供也。」

(荒神の圖)

荒神供【修法】三寶荒神を供養する法會。◉(東鑑六)に「若宮法眼。參住シテ修二荒神供一。」

荒神爲竈神【傳說】【眞俗佛事編一】に「古來の口說に荒神は最も不淨を忌む。然に火は其體清淨にして而も不淨を除ふものなれば、家に在ては竈を棲居とす。依て俗に荒神を竈神とす。」これ我國の俗間に火產靈神と稱する荒暴の火と奧津比古神奧津比賣神とを合せ祀れるが荒神と混じたるなりと云。

荒神罰除秘法【修法】先づ無所不至印を作し左右の頭指を開く。次に本の無所不至印を四句の文に當つ、

本體眞如住二空理一(右頭指開)　寂靜安樂無爲者(左頭指開)
境智慈悲利レ生故(二大指並開)　運動去來名荒神(其儘八葉)

次に九字、四を竪にし五を横にす。【心舟七刀印田七】に「左手を虛に舉て仰し、右掌を以て之を覆ふ、之れ隱形の秘印なり。次に九字回向。

刀兵不能害　水火不焚漂(二句瑜祇經文)
得壽百歳　得見百秋
安穩富貴自在(二句六字明王經文)

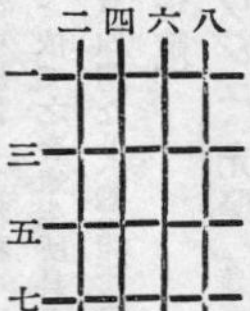

四竪五橫

七難即滅

七福即生

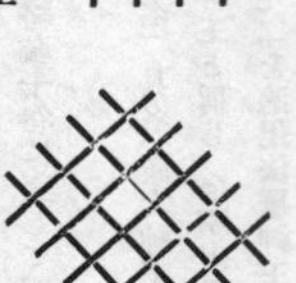

荒神六印【印相】一に左右不動の刀印を作し、左を仰ぎ右を伏せて拳面相ひ合す。二に同印右を仰ぎ左を伏せて面合す。三に大指を以て小指頭指の甲を捻じ、無名中指を舒べ、右を仰ぎ左を伏せて面合す。四に同印右を仰ぎ左を伏せて面合す。五に大指を以て中指頭指の甲を押へ、小無名指を舒べて面合す。六に同印右を仰ぎ左を伏せて面合す。

眞言は唵劍婆耶莎訶なり。【七刀印田七】

クワウズキ　光瑞【雜名】佛將に妙法を說かんとして種種の祥瑞を現ず、其中多く光を放ちて衆機を照すの瑞あり、之を光瑞と云。【法華經序品】に「我見二燈明佛本光瑞一如レ此。」【無量壽如來會】に「世尊。我見二如來光瑞希有一。」

クワウセウ　廣照【人名】滁州琅耶山の廣照禪師、

名は慧覺。法を汾陽の昭禪師に得て緣に滁州に應ず、明州の雪竇山の顯禪師と同時に唱道して時に二甘露門と謂ふ。【稽古四】「「クワンオン」を見よ。

クワウセオン 光世音 [菩薩] 觀世音の別稱。

クワウセンルフ 廣宣流布 [雜語] 歌題。【法華經藥王品】に「是故宿王華。以二此藥王菩薩本事品一囑二累於汝一。我滅度後。後五百歲中。廣二宣流布閻浮提一。無レ令二斷絕一。」◉(玉葉)「法の花ちらぬ宿こそなかりけれ鷲の高根の山おろしの風」

クワウゼツ 廣說 [雜語] 四種廣說に同じ「シシユボクイク」を見よ。

クワウタク 光宅 [人名] 梁の楊都光宅寺の法雲、法華に善し、世に光宅と稱し、法華の疏を光宅疏と云ふ。【唐僧傳五】

光宅四乘 [名數] 光宅法師法華經譬喩品の意に依て四乘敎を立つ、一に羊車、聲聞乘を云ふ。二に鹿車、緣覺乘を云ふ。三に牛車、小乘の菩薩を云ふ。四に大白牛車、大乘の菩薩を云ふ。是れ三乘敎の外に別に純大の一乘敎あるを發明せしものにて天台華嚴諸大乘の基礎を開きしもの。【華嚴大疏一、三藏法數十五】

光宅寺 [寺名] 梁の武帝天監三年四月八日、帝道俗を率ゐ重雲殿に登り、披露懺悔して親ら願文を製し、本第に於て光宅寺を立て金銅佛の大像を鑄て奉祀す。【稽古略二】又、長安光宅坊に光宅寺あり。唐儀鳳二年立つ。武后二年七寶台を置く。【長安志】

クワウダイ 光臺 [雜名] 光明より成れる金臺。【觀無量壽經】に「爾時。世尊放二眉間光一。其光金色。偏照二十方無量世界一。還住二佛頂一。化爲二金臺一。如二須彌山一。十方法佛淨妙國土。皆於レ中現。」【淨土和讚】に「光臺現國」

クワウダイ 廣大 [術語] 德の大なるを賞美するの稱。

廣大智慧觀 [術語] 觀世音菩薩の五觀智の一。中道實相の理を觀ずる智を云ふ【法華經普門品】に「眞觀淸淨觀。廣大智慧觀。悲觀及慈觀。常願常瞻仰。」◉(高野奉納)「月も日も出入る影はあるものを心の通ふ道ぞきはなき」

廣大發願頌 [書名] 一卷。龍樹菩薩造。宋の施護等譯。【藏帙九】(1376)

廣大儀軌 [書名] 大毘盧舍那經廣大儀軌の略名。

廣大寶樓閣善住秘密陀羅尼經 [經名] 三卷。唐の菩提流志譯。寶樓閣經三譯の一。廣大寶樓閣善住は陀羅尼の名。其の緣起及び功德を說き其の修法を示す。【成帙五】(535)

廣大蓮花莊嚴曼拏羅滅一切罪陀羅尼經 [經名] 一卷、宋の施護譯。佛鹿野苑の中に在るとき、梵壽國の王、偶一寺に至る。寺僧佛頂の華鬘を以て之を迎ふ。王受けて頭上に戴く。忽然として頭痛み、醫療する能はず。其妹勸めて佛に見えしむ。佛三たび觀自在菩薩を請して救濟の咒幷に畫像念誦の儀軌を說かしむ。【成帙十】(843)

クワウダイチ 廣大智 [術語] 佛の智慧廣大にして識量すべからざるを以て佛智を廣大智と云ふ。【大日經三】に「奇哉眞言行。能具二廣大智一。」と【同義釋八】に「此の廣大梵音毘富攞 Vipula と云ふ。眞言の聲普く一切法界に徧して虛空と等くして至らざる所なきを以て、常に知るべし佛心も亦爾り、故に廣大智と云ふ。」

十種廣大智 [名數] ㊀知一切衆生心行智。㊁知一切衆生業報智。㊂知一切佛法智。㊃知一切佛法深密理趣智。㊄知一切陀羅尼門智。㊅知一切文字辯才智。㊆知一切衆生語言音聲辭辯善巧智。㊇於一切世界中普現其身智。㊈於一切衆會中普現影像智。㊉於一切受生處中具一切智。【唐華嚴經四十九】

クワウダイヱ 廣大會 [術語] 阿彌陀佛のこと。廣大の集會をなす德を具すれば此の名あり。十方衆生往生して極樂に集り、其の法會の盛大なる全く彌陀の德なるが故なり。

クワウチ 廣智 [人名] 宋の延慶寺の尙賢、號を廣智と賜はる。四明尊者法智に依て敎觀を學び、性宗の旨を悟る。仁宗の天聖六年、法智に繼で延慶寺に主となり、道化大に行はる。雪竇山の顯禪師山を出で來訪し賀禮を申ぶ、人傳て以て盛事とす。靈芝の淨覺と性具の旨を論じて四明の說を輔け、學者之に賴る【佛祖統紀十二】

クワウチ 宏智 [人名] 正覺の謚、ワンシと讀む。「ワンシ」を見よ。

クワウチヤウゼツ 廣長舌 [術語] 三十二相の一。舌廣くして長く、柔軟にして紅薄、能く面を覆て髮際に至る。【智度論八】に「問曰。如二佛世尊一大德尊重。何以故。出二廣長舌一。似二如輕相一。答曰。舌相如レ是。語必眞實。如昔佛出二廣長舌一。覆二面上一至二髮際一。語二婆羅門一言。汝見二經書一。頗有二如レ此舌一人而作二妄語一不。婆羅門言。若人舌能覆レ鼻無二虛妄一。何況至二髮際一。我心信レ佛。必不二妄語一。」【法華經神力品】に「現二大神力一。出二廣長舌一。上至二梵世一。」【阿彌陀經】に「恒河沙

數諸佛各於其國出廣長舌相徧覆三千大千世界。說誠實言。」

クワウチヤウリンサウ 廣長輪相 [術語] 大日如來將に眞言を說かんとして法界に周徧する廣長舌を出して其の言の誠實なるを證すを如來廣長輪相と云ふ。[大日經二]に「如來有如來出世廣長輪相。」

クワウヂヤウ 光定 [人名] 延曆寺の光定、伊豫の人。大同の初、叡山に上て傳敎に依る。五年正月宮中齋會に詔を奉じて得度す。台嶺の宮度定より始る。弘仁三年四月東大寺の戒壇に上て大戒を受く。初め叡山の大乘戒壇、南都之を拒む。傳敎寂後建つるとを得しは定の力多きに居る。嘉祥四年詔を奉じて四王院を建つ。天安二年寂。壽八十。[元亨釋書三]定、戒壇院の別當を務めければ別當大師と稱す、著す所一心戒文、詳に戒壇院設立の始末を說く。

クワウトウロク 廣燈錄 [書名] 禪宗廣燈錄、三十卷。宋の仁宗天聖年中、駙馬都尉李遵勗撰。帝序を製して之に賜ふ。[稽古略四]

クワウヅ 光統 [人名] 北齊鄴城の大覺寺の慧光律師、地論の宗匠なり、鄴に入て國統の官に任ずれば呼んで光統と云ふ。[唐僧傳二十一] 魏朝の勸那三藏及び菩提流支洛陽に於て各十地論一本を出す。光統律師自ら梵本を解し、二人の三藏をして魏主宣武帝に對して和會して一本十二卷を合成せしむ。[探玄記一]

クワウテイ 光帝 [人名] 後唐の莊宗、年號の同光を取て光帝と云ふ。[祖庭事苑一]に「同光帝即五代莊宗。同光即莊宗時年號也。」

光帝幞頭 [公案] 同光帝、興化の存奬禪師に謂て曰く「寡人收得中原一寶。只是無人酬價。」化曰く「借陛下寶看。」帝兩手を以て幞頭脚を引く。化曰く「君王之寶。誰敢酬價。」[從容錄六]

クワウトウダイシ 黃頭大士 [佛名] 佛、迦毘羅城に生る。迦毘羅は黃色の義。此處はもと黃頭仙人の住處なるに依て迦毘羅の名を得しもの、依て昔の黃頭に擬して佛を黃頭と云ふ。[名義集三]に「迦毘羅。此云黃色。上古有仙。曰黃頭。依此修道。」[祖英集上]に「黃頭碧眼知未知」

クワウドシヨシユジヤウ 廣度諸衆生 [雜語] 歌題。[法華經序品]に文殊菩薩が彌勒の未來成佛を記して「具六波羅蜜。今見釋師子。其後當作佛。號名曰彌勒。廣度諸衆生。其數無有量。」⦿(新古今)「渡すべき數もかぎらぬ橋ばしらいかにたてける誓なるらん」

クワウナフ 黃衲 [衣服] 青黃の間色衣なり。[僧史略上]に「今江表多服黑色赤色衣。時有青黃間色。號爲黃褐。乃至今天下皆謂黃衲爲觀音衲也。」

クワウノキ 光記 [書名] 「クワウホウ」を見よ。

クワウバン 光伴 [雜語] 貴人に相伴するとと。これ己の光榮なれば光伴と云ふ。[勅修淸規告香]に「請茶各僉名。請首座光伴。」

クワウバク 廣博 [雜語] 容るる所多く、收むる所周きを云ふ。

廣博身如來 [佛名] 大日如來の異名。佛身廣大にして法界の事物を完具すればなり。[焰口餓鬼經]に「由稱廣博身如來名號加持故。能令諸鬼咽喉寬大。所施之食。恣意充飽。」[秘藏記本]に「廣博身如來。中央毘盧遮那佛也。」

廣博嚴淨經 [經名] 廣博嚴淨不退轉輪經の「略名。」

廣博嚴淨不退轉輪經 [經名] 四卷、劉宋の智嚴寶雲と共に譯す。文殊師利神通力を以て舍利弗と同じく十方世界に到て佛を供養し、一切の菩薩を集めて祇園に還り不退の法輪を轉ぜんことを請ふ。佛依て羅漢五逆を成就し、五欲を滿足し、正見を遠離する等の密語を說く。衆會驚き疑ふ、文殊之を釋す。其他菩薩の密語、佛の解釋、菩薩の讚偈等あり。法華部の攝。[盈帙三](158)

クワウバン 黃幡 [物名] 黃紙を以て幡を作り、之を死者の塚塔に懸くれば大に功德ありと云ふ。[釋門正統四]に「釋氏類苑云。或薦亡黃幡者。灌頂經云。若四輩男女若命終時。若已命過。於其亡日。造作黃幡。懸著剎上。離八難苦。得生十方諸佛淨土。諸經要集問曰。何故經中爲亡人造作黃幡。掛於塚塔上者。答曰。雖未見經釋。可以義求。此五大色中。黃色居中。用表忠誠。盡心修福。爲引中陰。不入惡趣。莫生邊國。」

クワウヒヤクロンホン 廣百論本 [書名] 一卷、聖天菩薩造。唐の玄奘譯、皆五言の偈頌。我見等の一切法を破す。[暑帙二](1189)

廣百論釋論 [書名] 十卷。護法菩薩造。唐の玄奘譯。是れ廣百論本を釋せしもの。成唯識の我法二執を破すると相表裏す。[往帙十](1198)

クワウフ 光趺 [雜名] 光は俗に後光。趺は臺座。又光座と云ふ。

クワウホウ 光寶 [人名] 唐の大慈恩寺の普光及び大慈恩寺の法寶、二師共に玄奘の高足にして各俱舍論を釋して蘭菊の美を爭へり。[宋僧傳四法寶傳]に「時光寶二師。若什門融叡焉。」

光寶二記 [書名] 光師は先に俱舍論記三十卷を作り、法寶師後に俱舍論疏三十卷を著し、各

見る所を異にす。倶舍を探る學者光寶二記と稱して必ず玩味す。

クワウボサツシンゴン　光菩薩眞言　〔眞言〕光明眞言を稱す。【心舟七刀印田七】

クワウミヤウ　光明　〔術語〕自ら瑩くを光と云ひ、物を照すを明と云ふ。二用あり一は闇を破り、二は法を現はす。佛の光明は智慧の相なり。【探玄記三】に「光明亦二義。一是照レ闇義。二是現レ法義。」【往生論經下】に「佛光明。是智慧相也。」

光明藏　〔雜語〕光明の府庫。【思益經一】に「如來身者。即是無量光明之藏。」【千手陀羅尼經】に「當レ知其人即是光明藏。一切如來光明所レ照故。」

二種光明　〔名數〕一に色光、二に智光。【智度論四十七】に「光明有二二種一。一者色光。二者智慧光。」案に智慧光又心光と云。図一に魔光、人心をして躁動し恍惚たらしむるもの。二に佛光、人心をして澄渟清淨ならしむるもの。【寶王論】図一に常光、始終一樣にして凡聖共に覩るを云。二に現起光。機に隨て隱顯不定なるを云。【彌陀經元照疏】に「佛光有レ二。一者常光。二者現起光。」

三種光明　〔名數〕一に外光明、日月火珠等の光明能く暗を除くもの。二に法光明、妙法の能く愚痴の暗を除くもの。三に身光明、諸佛菩薩及び諸天等の身に光明ありて能く暗を除くもの。【瑜伽論十一、三藏法數十三】

光明遍照　〔術語〕【觀無量壽經】に「無量壽佛。有二八萬四千相一。一一相各有二八萬四千隨形好一。一一好復有二八萬四千光明一。一一光明。遍照二十方世界念レ佛衆生一。攝取不レ捨。」此の中光明已下の十六字を斷取して光明四句の文と云。⦿（著聞集）「光明四句の文をとなへて」（續千載）「月影のいたらぬ里はなけれどもながむる人の心にぞすむ」

光明無量願　〔術語〕阿彌陀佛の四十八願中第十二の願名。【無量壽經上】に「設我得レ佛。光明有二能限量一。下至レ不レ照二百千億那由他諸佛國一者。不レ取二正覺一。」⦿（雪玉集）「いかならんやみも殘らじ朝日子のやふしもわかず照す光は」

光明作佛事　〔雜語〕此土に聲を以て法を説く如く他方土に光明を以て法を詮すあり。【維摩經香積佛品】に「或有二佛土一。以二佛光明一而作二佛事一。」【天台疏】に「光明作二佛事一者。放二光明一觸レ身。具詮二諸法一。隨レ觸得レ解。」

光明王佛　〔佛名〕最も上方に在る世界の佛名。【觀無量壽經】に「七寶國土。一時動搖。從二下方金光佛刹一。乃至二上方光明王佛刹一。」【八十華嚴經六】に「此華藏世界海上方。次有二世界海一。名二摩尼寶照耀莊嚴一。彼世界種中有二國土一。名二無相妙光明一。佛號二無礙功德光明王一。」⦿（榮花）「上光明王佛の國土、下金剛輪を限りてきこゆらん」

光明土　〔界名〕無量光明土の略。西方極樂國の德名。【平等覺經】に「速疾超便可レ到二安樂國之世界一。至二無量光明土一。供二養無數佛一。」【敎行信證文類五】に「佛者則是不可思議光如來。土者亦是無量光明土也。」

光明心殿　〔術語〕金剛界の大日如來の住處。胎藏界は理門なるを以て其の住處を廣大金剛法界宮と云ひ、大日經 金剛界は智門なるを以て不壞金剛光明心殿と云ふ金剛頂經其の依處は共に色究竟天に在り。【二教論下】に「光明心者。歎二心覺德一。殿者。明三身心互爲二能住所住一。」

光明山　〔地名〕觀音の住處、補多羅山 Potalaka の別名。【六十華嚴經五十一】に善財童子の南詢を記して「漸漸遊行。至二光明山一。登二彼山上一。周徧推求。見三觀世音住二山西阿一。」【探玄記十九】に「光明山者。彼山樹華。常有二光明一。表二大悲光明普門示現一。此山在二南印度南邊一。天竺本名二逋多羅山一。此無二正翻一。以レ義譯レ之。名二小樹蔓莊嚴山一。」

光明峯杵　〔物名〕金剛杵は大日の智慧の幖幟なれば光明と云ひ、其頭尖出すれば峰と云。【金剛頂瑜祇經】に「五智光明峰杵」

光明眞言　〔眞言〕陀羅尼の名。此陀羅尼を誦すれば佛の光明を得て諸の罪報を除けば光明眞言と云。不空羂索毘盧遮那佛大灌頂光眞言經に出づ。唵阿謨伽尾盧左曩摩訶母捺羅摩抳鉢納摩入嚩攞鉢囉韈哆野吽。【經】に「身壞命終。墮二諸惡道一。以二此眞言一。加二持土砂一。一百八遍。尸陀林中。散二亡者死骸上一。乃至神通威力。加二持沙土一之力。應レ時即得二光明及レ身。除二諸罪報一。捨二所苦身一。往二於西方安樂國土一。」又息災法に之を用ふ。明とは眞言の異名なり、煩惱を闇とし眞言を明とす。明闇相違する故に以て我及び病者魔鬼等を慰せば闇を除き病を癒す。【光明眞言儀軌】に「若摩訶迦羅神作二病惱一者。亦能治遣。」摩訶迦羅は大黑なり此眞言は光明なり、相違の法なる故に能く之を除遣す。⦿（著聞集、釋敎）「光明眞言並五字陀羅尼左布字觀ありけり。」

光明眞言秘印　〔印明〕金剛合掌して二中指

立合し、二頭指二中指の背に置き、二大指二中指の中節に付す。而て二大指の間開くヿ一麥許りなり。【印田七】

光明眞言本尊 〔修法〕 或は大日、或は阿彌陀なり。又一流の最極秘傳は日天子を本尊と爲す、日輪は光藏界大日の示現除暗遍明の自體なる故也。

光明眞言一明七印口決 〔書名〕 栂尾上人所傳の秘法なりと。㈠智拳印。㈡外縛五股印。㈢與願施無畏印。を法報應三身の印明とし㈣寶生如來印。㈤無量壽如來印。㈥智拳印。㈦八葉蓮華印。を以て解す。【心舟七刀印田一】に載す。第四以下の印最も之を秘すべし、三毒を除滅するは是れ滅罪生善の根本なるが故にと。

光明壇 〔物名〕 護摩の火爐なり。【大日經二】に「如二其自肘量一。陷作二光明壇一。」

光明供 〔修法〕 光明眞言を念誦する法會の名。傳供の式を行へば供と云。彌陀供、地藏法などと共に追薦回向の時に之を修す。【密門雜抄】

光明三昧 〔修法〕 法會の名。光明眞言法に顯密の二作法あり、密行の法を光明三昧と云ひ、顯行の法を光明眞言講と云。【講勤修要集】

光明眞言講 〔修法〕 法會の名。顯行に屬する光明供を云。

光明懺 〔修法〕 金光明經に依て行ふ懺悔法の名。宋の智禮の金光明最勝懺儀一卷、同遵式の金光明懺法補助儀一卷ありて具に其儀を明す。

光明念誦 〔術語〕 五種念誦の一。行者口より光明を出だすと念想して佛名又は眞言を唱ふるを云。【秘藏記末】に「光明念誦者。念三想口出二光明一。持誦而已。其出レ聲不レ出。常作二是念一耳。」

光明寺 〔寺名〕 唐の善導念佛して口より光明を放てるを聞き、高宗皇帝善導の死後に光明の寺額を賜ふ。【新修往生傳中】

光明大師 〔人名〕 善導の死後、光明の寺額を賜はりしより、師を尊で光明大師光明和尚など云。

光明童子經 〔經名〕 光明童子因緣經の略名。

光明童子因緣經 〔經名〕 佛說光明童子因緣經、四卷、宋の施護譯。王舍城の善賢長者の息、光明童子、佛の證言に依て火中に在て死せず、遂に成長して出家證果するを說く。【宿帙六】(939)

光明經 〔經名〕 金光明經の略稱。

光明玄 〔書名〕 金光明玄義の略名。智者大師說。

光明文句 〔書名〕 金光明經文句の略名。智者大師說。

光明疏 〔書名〕 光明大師善導の觀經の疏四卷を云。

クワウミヤウブジ 光明峯寺 〔寺名〕 舊跡は東福の東、偃月橋の奥、毘沙門谷に在り。相國道家の別墅、相國薨後寺と爲す。本尊毘沙門。【山城名勝志十六】に「諸門跡次第云。東山毘沙門谷之光明峰寺者。光明峰寺入道前攝政建立。後鹿苑院相國御祈願所。光明峰寺(在毘沙門谷)峰殿御終焉之地。十三重桃花蘂葉云。納二御遺骨一。而應仁之亂。寺家拂レ地燒失。」

クワウミヤウミヤウガウノインエン 光明名號因緣 〔術語〕 阿彌陀佛が光明と名號との緣と因とを以て衆生を救ひ取り給ふヿ。衆生が彌陀の報土に往生するヿを得るは名號の因を與へらるるによる。その名號の因を得るは名のはからひによる。名號は能生の因にして父の如く、光明は所生の緣にして母の如く、光明と名號とは衆生が淨土に往生する他力因緣なり。光明と名號とは外緣なり、又信心は衆生の心の內に發する涅槃の眞因にして光明名號は如來が外よりはからひて信心を起さしめ給ふ因緣なりとなす。

クワウメンラウシ 黃面老子 〔佛名〕 釋迦のヿ。如來は金色身なれば黃面と云。【無門關】に「黃面瞿曇。傍若無人。」又「黃面老子。誑二謔閭閻一。」

クワウモウドウジ 光網童子 〔菩薩〕 惹哩寧鉢囉婆俱摩羅 Jālinīprabhākumāra 文殊院の一尊なり。【大日經一】に「光網童子身。執二持衆寶網一。種種妙瓔珞。住二寶蓮華座一。而觀二佛長子一。」【同疏五】に「文殊北邊當レ畫二光網童子菩薩一。身眞金色。執二持寶網一。以二種種瓔珞一莊嚴。坐二寶蓮華中一。文殊持二無相之妙慧一。而光網持二萬德莊嚴一。如二智度論所說一。以レ壚調二和諸食一。倍二增其味一。而不レ可二空噉一。故行人失二般若方便一。單修二空慧一。則墮二斷滅中一。純修二福德一。則墮二有所得中一。所三以觀二佛長子一者意在レ此也。」

(光網童子の圖)

光網童子印明 〔印相〕 左手を以て拳に作し、て頭指を申べ稍第三節を屈して鉤の形の如くし、大指を立てて之を押すなり。是れ鉤印なり。眞言に曰く。歸命係係俱摩囉摩耶揭多。

光網菩薩の種子 〔種子〕 〔梵字〕髯又は〔梵字〕惹、不可得の義。此光網生不可得なるを以ての故に常寂光と名く。此の光非色非心にして種種不思議の色を具す、一一皆法界に徧して大空に同じ【義釋七】。

クワウモクテン 廣目天 〔界名〕四天王天の一「ビルバシャ」を見よ。⦿(太平記一六)「多聞、持國、増長、廣目の四天」

クワウモクニヨ 光目女 〔菩薩〕地藏菩薩、久遠の昔曾て女子たり、光目と云ふ。時に其母の亡日に一の羅漢を供養して、母の惡趣に墮在するを知り、大誓願を發して言く、我今より一切衆生を救拔し、一切盡く成佛して後に我方に正覺を成ぜんと、此大誓願に依て母の罪報を救拔するを得て而して菩薩今に成佛せざるなり。【地藏本願經上】⦿(撰集抄)「地藏菩薩の御事は昔し廣目女と申し侍りし時」(光目女の誤)

クワウモンルイ 廣文類 〔書名〕顯淨土敎行證文類の別名。淨土文類聚鈔を略文類と云に對す。共に親鸞の作。

クワウヤウウモクゼン 黃楊木禪 〔術語〕俗に黃楊は至て長じ難く、若し閏年に遇へば却て縮むと云。借て鈍漢の參禪を呵す。【大慧普說二】に「這漢參二黃楊木禪一倒縮了也。」【本草綱目三十六】に「黃楊木其性難レ長。俗說歲長一寸。遇レ閏則退。今試レ之但閏年不レ長耳。」

クワウユウ 光融 〔雜語〕法を耀かし弘むると。【無量壽經上】に「光二融佛法一。宣二流正化一。」

クワウリウジ 廣隆寺 葛野郡太秦に在り、初の名は蜂岡寺、後に今の名に改む。眞言宗に屬す。推古天皇十一年、秦河勝、聖德太子の命を奉じて之を建つ。本尊、藥師如來。【三才圖會】に「昔向日明神の前に一木あり、一樵夫あり此木を以て藥師像を造て、社殿に入る。知りぬ、向日明神の造る所、靈驗多し。延暦十二年彼像を大原寺に安ず。仁明帝勅して又願德寺に安ず。淸和帝不豫の時、廣隆寺の道昌僧都に勅して之を祈らしむ、願德寺の藥師を當寺に迎て之を祈り、病立ろに癒ゆ。」然るに【扶桑略紀】に「推古帝十一年百濟國より金銅の救世觀音の像を獻ず。聖德太子曰く、誰か此像を得て恭拜せん。時に秦河勝進んで曰く、之を拜せん。便ち佛像を受け、因て以て蜂岡寺を造る。同二十四年新羅國より金銅の彌勒の像を獻ず、高二尺、亦蜂岡寺に置く。此像時時光を放つ。」されば藥師を當寺の本尊とせしは道昌僧都已後の事なり。此寺に每歲九月十二日夜戌の刻に牛祭と稱して摩多羅祭る神事あり。⦿(濱松中納言物語)「廣隆寺にまゐるとて。」

クワウリン 光輪 〔雜名〕輪は圓滿の義。又佛の光明は衆生の煩惱を碾摧する用あれば譬へて輪と云。【贊阿彌陀佛偈】に「解脫光輪無二限齊一。」

クワウロ 黃壚 〔雜名〕土にて壇を築き其上に酒器を載するを壚と云ひ。黃とは黃泉のこと。故に人の死せしとを黃壚を距つといふ。

クワウロクドギヤウ 廣六度行 〔術語〕廣施、廣戒、廣忍、廣精進、廣一心、廣智慧の稱。

クワウロヲンキヤウ 黃蘆園經 〔經名〕佛、黃蘆園に在り、時に百二十歲の老梵志來りて佛が一切を敬せざるを責む。佛其の理由及び五欲に於て不味不怖なるを說く。中阿含經四十に攝む。

クワウヱリキ 廣慧力 〔術語〕如來の深廣なる智慧の力、即ち廣く衆生を攝化し給ふ光明の力なり。

クワウヱン 皇圓 〔人名〕叡山の皇圓、參河の權守重兼の長男。叡山に上て杉生の皇覺阿闍梨を師として顯密を學び、名三塔に響く。功德院に住して開講し、吉水の源空時に業を受く。圓謂く諸趣の中に蛇趣長命なり。我蛇身となりて彌勒の出世を待つべしと、遠州笠原の莊櫻池に身を投じて那伽定に入る。圓史才あり、扶桑略記三十卷を著す。【本朝高僧傳六十六】

クワウン 火絣 〔術語〕瑜祇經護摩品の諸尊の眞言に各阿擬你(あぎに) Agni と云、火と譯す、絣は光菩薩の種子なり。【諸儀軌訣影二】

クワウン 火吽 〔行事〕火は護摩法、吽は種子。一「種の護摩法を云。

火絣供養儀軌 〔書名〕一卷。失譯人名。【餘帙一】

火吽軌別錄 〔書名〕一卷。失譯人名。【餘帙一】

クワエンイン 火焰印 〔印明〕不動尊十四印の一。「フダウソン」を見よ。

クワエンリンシイン 火焰輪止印 〔印明〕不動尊十四印の一。「フダウソン」を見よ。

クワエンサンマイ 火燄三昧 〔修法〕又、火光三昧。火生三昧など。佛曾て毒龍を伏する爲に此三昧に入て身より猛火を出せり。【釋氏要覽中】に「長阿含云。佛在二摩竭國毘陀山中一。入二火燄三昧一。」又、諸の羅漢入滅する時は多く此三昧に入て身を灰燼す。

クワカイ 火界 〔術語〕火の自體を云。界は持の義。火は火の自性を持して他物に混ぜざれば界と名く。【倶舍論一】に「地水火風。能持二自相一。」又「火界煖性。」「青龍軌等に出づ。

火界呪 〔眞言〕不動尊の陀羅尼の名。立印軌、

火界眞言 〔眞言〕火界呪のと。

クワカイ 果海 〔譬喩〕佛果の功德廣大なるを海に譬ふ。【華嚴疏四】に「因該二果海一。果徹二因源一。」

クワカイシヨウニフ 果界證入 〔術語〕佛果に證入すること。

クワカイダイシ 過海大師 〔人名〕招提寺鑑「眞和尙の別號。

クワカイエンゲン　果界圓現　〔術語〕佛果の上に一切諸法ことごとく圓滿に顯現するを云ふ。

クワカウ　火坑　〔譬喩〕五欲の畏るべきを譬へて云。【雜阿含經四十三】に「多聞聖弟子。見二五欲一如二火坑一。」【中阿含經五十四】に「欲如二火坑一。我說三欲如二毒蛇一。」図 惡趣の怖るべきを譬て云。【觀經定善義】に「三惡火阬。臨臨欲レ入。」

火坑變成池　〔雜語〕【法華經普門品】に「假使興二害意一。推三落大火坑一。念二彼觀音力一。火坑變成レ池。」⊙（新拾遺）「なき人の別をししの音にたつる思ひよ池の水とだになれ」「一箋」コカヒと讀む。

クワカク　火客　〔職位〕禪院の飯たきを云。【象器箋】

クワガウ　果號　〔佛名〕正覺を成せし後の佛名。是れ因位に功德を積みし結果の名號なれば果と云。【彌陀經元照疏】に「萬行圓修最勝獨推二於果號一。」

クワク　火狗　〔動物〕火を吐きて罪人を迫害する地獄の狗。【楞嚴經八】に「火蛇火狗」

クワクトウヂゴク　鑊湯地獄　〔異名〕鑊湯に煮らるる地獄の意【觀佛三昧海經五】に此の地獄に十八鑊あり。一一の鑊、從廣四十由旬にして、七重の鐵網あり、中に沸鐵を滿つ。五百の羅刹、大石炭を鼓して其の銅鑊を燒き、石火焰焰として滅すべからず。鑊沸上湧して星の如く、化して火輪と成り、還つて鑊中に入る。佛の禁戒を毀り、殺生噉肉し、山野を燒きて衆生を傷害し、及び衆生を焚殺せし者、命終身心熱し又冷えて冰の如し。大溫水を得て浴せんと欲す、鑊中に生ずるに及び、其身忽ち消爛して唯だ餘骨のみ在りと。【正法念經七、經律異相五十】に出づ。

クワクネンダイゴ　廓然大悟　〔術語〕朗に眞理を悟ること。【觀無量壽經】に「廓然大悟。得二無生忍一。」

クワクネンムシヨウ　廓然無聖　〔公案〕廓然として聖諦なきの意。【景德傳燈錄第三菩提達磨】の條に「帝又問ふ如何か是れ聖諦第一義。師曰く、廓然無聖。」此の一句は古來禪の樞機にして、難透難解の極則と稱せらる。【碧巖錄第一則、從容錄第二則】

クワクリン　鶴林　〔地名〕釋尊沙羅雙樹の間に入滅せし時、樹華一時に開き林の色白變して鶴の群居する如くなりたれば鶴林と云。【涅槃經一】に「爾時。拘尸那城娑羅樹林。其林變レ白。猶如二白鶴一。」【止觀一上】に「始鹿苑。中鷲嶺。後鶴林。」【同七上】に「鶴林施化既足。於二榮枯中間一而入二涅槃一。」⊙（著聞集釋敎）「鶴林に烟つきて」

クワクロク　鶴勒　〔人名〕鶴勒那の略。西天第二十三祖の名。⊙（江納言八講願文本朝文粹）「鷲子無雙之智。鶴勒有一之才。」次項を見よ。

クワクロクナ　鶴勒那　〔人名〕西天の付法藏第二十三祖の名。勒那は梵語、鶴は漢言。尊者出世の後群鶴の隨逐を感ずる故に名く。梵 Haklena なれば此解は正からず。月支國の人、年二十二出家して摩拏羅尊者に遇ひて法眼を得、中印度に至りて行化す。師子尊者を得て法を付して寂す。【付法藏傳、傳灯錄二、佛祖統紀五】

クワクワ　果果　〔術語〕涅槃を云。菩提は修行の結果なれば之を果と云ひ、其の菩提に依て涅槃を證すれば涅槃を果果と云。【涅槃經二十七】に「佛性者。有レ因有二因因一。有レ果有二果果一。有レ因者即十二因緣。因因者即是智慧。有レ果者即是阿耨多羅三藐三菩提。果果者即是無上大般涅槃。」【四敎儀十】に「常住佛果。具三足一切佛法一。名二菩提果一。四德涅槃。名爲二果果一。」

クワクワウ　火光　〔雜名〕火燄光を放つ。

火光定　〔術語〕火を出す禪定。【西域記三】に阿難の入滅を記して、「即昇二虛空一。入二火光定一。身出二煙燄一。而入二寂滅一。」

火光三昧　〔術語〕火光定に同じ。【本行集經四十】に「如來爾時。亦入二如レ是火光三昧一。身出二大火一。」

火光尊　〔術語〕護摩を修する時勸請する火天を云。【大日經二】に「思三惟火光尊一」

クワクヲン　鶴苑　〔雜名〕鶴林と言ふ如し。僧園に名く。【不應拜俗等事序】に「希二風崛岫一啓二鶴苑於神畿一。仰二化連河一構二蜂臺於勝壤一。」

クワクワクバ　矐矐婆　〔界名〕Hahava 又、嚯嚯婆、阿波波に作る。八寒地獄の第三の名。【俱舍寶記十二】に「矐矐婆者。是寒轉增故。舌不レ得レ動。但得レ作二矐矐聲一。」【舊俱舍八】に「阿波波」

クワクワンフノケサ　火浣布袈裟　〔衣服〕火鼠の毛を紡織して製し、火に燒けず、垢あれば火に投じて浣ひ得。【法苑珠林三十五】に魏の明帝の時西國より獻じたりと云。【三才圖會二十七】にも載す。又石絨にて織れる布をも火浣布と云ふ。

クワケツトウ　火血刀　〔雜名〕地獄を火途と云ひ、畜生を血途と云ひ、餓鬼を刀途と云。即ち三惡道の異名。【止觀輔行一之三】に「四解脫經。以二三途一名二火血刀一也。途道也。」「サンヅ」を見よ。⊙（盛衰記）「火血刀の苦果」

クワゲ　過夏　〔雜名〕安居九十日を經過すること。【碧巖錄】に「且在二這裏一過夏。」

クワゲイ　華鯨　〔物名〕梵鐘の異名。華は其莊飾を云ひ、鯨は其聲に譬ふ。

クワゲン　過患　〔雜語〕過咎と災患。

クワゲン 過現　〔雜語〕過去と現在。

過現因果經　〔經名〕過去現在因果經の略名。

クワコ 過去　〔術語〕三世の一。有爲の事物の作用を終て滅したる位を云。⦿（太平記三五）「皆是過去の因果なり。」

過去塵點劫　〔術語〕過去の久遠を示さんとして、法華經に五百塵點劫三千塵點劫などの、塵點の譬を說く。「ヂンデン」を見よ。

過去莊嚴劫　〔術語〕劫に大中小の三あり、現在の大劫を賢劫と云ひ、過去の大劫を莊嚴劫と云ひ、未來の大劫を星宿劫と云ふ。

過去七佛　〔名數〕第一毘婆尸佛 Vipaśyin 第二尸棄佛 Śikhin 第三毘舍浮佛 Viśvabhū 第四拘留孫佛 Krakucchanda 第五拘那含牟尼佛 Kanakamuni 第六迦葉佛 Kāśyapa 第七釋迦牟尼佛 Śākyamuni なり。此の中初の三佛は過去の莊嚴劫の末に出で、拘留孫佛より以下は現在の賢劫に出でしなり。【法苑珠林八、佛祖統紀三十】

過去聖靈　〔雜名〕總て死者の靈魂を云。聖靈とは既に坌塵の身を棄てて獨り神聖の靈識のみ存するを云。

過去帳　〔物名〕死者の名を記する冊子を云。雅名には靈簿。靈會簿。著鬼簿など。【考信錄四】

過去佛分衛經　〔經名〕過去世佛分衛經の略名。

過去世佛分衛經　〔經名〕佛說過去世佛分衛經、一卷、西晉の竺法護譯。分衛は乞食の梵語 Piṇḍapātika なり、過去世に佛あり、弟子と倶に乞食す。一婦あり其儀容を見て發心し所生の子を出家せしめて授記を得るを說く。【宙帙六】（469）

過去因果經　〔經名〕過去現在因果經の略名。⦿（曲、春榮）「人間界に生るれば八つの苦しみ離れず、過去因果經をおもん見よ」

過去現在因果經　〔經名〕四卷、宋の求那跋陀羅譯。佛過去の普光佛の所に於て授記を得てより、生生菩薩の道を行ひ、乃至今生に於ての八相成道を說き、一一往因を示す。中に仙人と冥諦及び非想天を論破する事あり。太子瑞應本起經、異出菩薩本起經は之と同本。【辰帙十】（666）

過去莊嚴劫千佛名經　〔經名〕三千佛名經の第一卷。千佛の名を列ぬ。失譯人名。首に宋の畺良耶舍譯の三劫三千佛緣起を附して五十三佛の名號を擧ぐ。【黃帙三】（405）

クワコミヤウミヤウ 過去冥冥　〔術語〕生の由來を知らざるを云。【秘藏寶鑰上】に「生レ我父母不レ知二生之由來一。受レ生我身亦不レ悟二死之所去一。顧二過去一冥冥不レ見二其首一。臨二未來一漠漠不レ尋二其尾一。」

クワゴ 果後　〔術語〕佛果を得たる後。【文句記九下】に「昔於二諸教一。雖下見二不同一。而生中於疑上。乃不レ知二是果後方便一。」

クワゴク 果極　〔術語〕如來果上の功德を極むるを云。【玄義六上】に「果地圓極。非二復因位一。」【行宗記一下之二】に「眞以二如來行果極圓一。窮三盡衆生重輕業性一。」

クワゴノハウベン 果後方便　〔術語〕證得の佛が衆生濟度の爲更に方便して衆生身等を現じて修行するを云ふ。

クワサイ 火災　〔雜名〕劫末に起る大の三災の第一。【俱舍論十二】に「唯器世間空曠而住。中略 於レ中漸有二七日輪一現。諸海乾渴。衆山洞然。洲渚三輪。並從二焚燎一。風吹二猛燄一。燒二上天宮乃至梵宮一。無レ遺二灰燼一。」之を壞劫の終とす。

クワサウ 火葬　〔儀式〕天竺四葬の一。梵語、茶毘。又は闍維。Jhāpita 譯、焚燒。火を以て燒くを云。經中にある全身舍利は埋葬にて、身分舍利は火葬の結果なり、佛は火葬を取る。【後分涅槃經下】に「爾時如來。以二大悲力一。從二心胸中一。火踊二棺外一。漸漸茶毘。經二于七日一。焚二妙香樓一。爾乃方盡。」妙香樓は金棺を安置せし處

本朝火葬始　〔故事〕文武天皇四年、道昭和尙の弟子、師の遺命を奉じて栗原に火葬す、是れ我國火葬あるの始。【續日本紀一】其後太寶三年持統天皇を飛鳥岡に火化し奉る、是れ天子火葬の始。【續日本紀三】

クワサウ 果相　〔術語〕阿賴耶識三相の一。即ち有情總報の果體たる第八阿賴耶識の眞異熟を云ふ。【成唯識論二】に「此是能引二諸界趣生一。善不善業異熟果故。說名二異熟一。離レ此命根衆同分等恒時相續勝異熟果。不可得故。此即顯三示初能變識所有果相一。此識果相雖二多住多種一。異熟寬不共。故偏說レ之。」蓋し第八識は過去の善不善業の異熟の果體なることを顯はし、同時に小乘薩婆多部等に於て、命根及び衆同分等を以て異熟の身體となすも、此等は間斷ありて恒時相續せざるが故に、眞異熟と名くべからざるを示したるなり。

クワザン 禾山　〔人名〕吉州禾山の無殷禪師、七歲雪峰に從て出家し、受具の後、九峰の虔禪師に謁して法を嗣ぐ。後禾山に住して學法濟濟。宋の太祖建隆元年寂す。法性と謚す。【會元六】

禾山解打鼓　〔故事〕禾山、僧の問に四問四答、但解打鼓の三字を以てす。文子の如くに讀めば

「鼓を打つことを解す」なり。禾山一日、僧肇の寶藏論の語を引き垂示して曰く「習學謂二之聞一。絶學謂二之鄰一。（眞に近きを云）過二此二一者。是爲二眞過一。」と僧出でて問ふ、如何なるか是れ眞過。山云く「解打鼓」又問ふ、如何なるか是れ眞諦。山云く「解打鼓」又問ふ、即心即佛は即ち問はず、如何なるか是れ非心非佛。山云く「解打鼓」又問ふ、向上の人來る時如何んか接せん。山云く「解打鼓」之を禾山の四打鼓と云。【碧巖四十四則、會元六】

クワシ　掛子　〔衣服〕「クワス」を見よ。

クワシ　罣㥯　〔物名〕椅子の背後を遮る板屏なり、依て罣㥯椅子と云。【象器箋十九】

クワシホフ　火祠法　〔修法〕外典淨行圍陀Atharaveda論中に火祠の法あり、大乘眞言門に亦火法あり。然る所以は一類を攝伏せんが爲に、佛の圍陀を以て之を攝伏するなりと。【大日經疏十九、同義釋十四】經疏には火法四十四種と說けども其の列ぬる所は二十七のみ。「クワシン」を見よ。

クワシヤ　火車　〔雜名〕罪人を載せて地獄に運ぶ車。車より火を發するもの。【智度論十四】に提婆達多の佛を傷けんとして生ながら地獄に入るを記して「復以二惡毒一。著二指爪中一。欲下因レ禮レ佛以中中傷佛上。欲レ去未レ到。於二王舍城中一。地自然破裂。火車來迎。生入二地獄一。」【觀佛三昧經五】に「佛告二阿難一。若有二衆生一。殺レ父害レ母。罵二辱六親一。作二是罪一者。命終之時。銅狗張レ口。化二十八車一。狀如二金車一。寶蓋在レ上。一切火燄。化爲二玉女一。罪人遙見。心生二歡喜一。我欲レ往レ中。我欲レ往レ中。風刀解時。寒急失レ聲。寧得二好火一。在二車上一坐。然レ火自爆。作二是念一已。即便命終。揮攉之間。已坐二金車一。顧二瞻玉女一。皆捉二鐵斧一。斬二截其身一。身下火起。如二旋火輪一。」◉（太平記二〇）「火車に罪人一人をのせて」

クワシヤ　火舍　〔物名〕香爐の一種。金屬にて製し、二重の輪層ありて蓋を付く。

クワシヤウ　和尙　〔術語〕天台宗にはクワシヤウと讀み、法相宗律宗にはワジヤウと讀み、禪宗にはオシヤウと讀む。又律家には上の字を用ゐ餘は皆尙の字を書く。譯、力生。親敎師。近誦など。「ワジヤウ」を見よ。

クワシヤウサンマイ　火生三昧　〔修法〕不動尊の三昧にて身より火燄を出だすもの。【底哩三昧耶經上】に「不動亦自身遍出二火燄光一。即是本尊。自住二火生三昧一。」図「此眞言行人。亦於二諸尊一。若欲レ作二降伏一。即須下自身作二無動尊一。住中於火輪中上。亦名二火生三昧一也。」【義釋七】に「囉𑖨字門は是れ毘盧遮那の大忿怒の火なり、能く一切の世界を燒て灰燼餘りなからしむ。今不動尊は此の火中より生ず、猶軍荼利尊の執金剛の火の中より生ずるが如し。」天神の權化が、護摩の灰中より化生することありとするは、印度の古代よりの傳說に見ゆ。

クワシヤウチヤウジヤ　火生長者　〔人名〕樹提伽長者の別稱。「ジユダイカ」を見よ。

クワシヤク　掛錫　〔雜語〕錫杖を懸くる義。僧の止住するを云。掛搭に同じ。【祖庭事苑八】に「西域比丘。行必持レ錫。有二二十五威儀一。凡至二室中一。不レ得レ著レ地。必掛二於壁牙上一。今僧所二止住一處。故云二掛錫一。」

クワシユ　火珠　〔物名〕塔上の寶珠なり。

クワシユコジ　火種居士　〔流派〕事火婆羅門の通稱。佛弟子、薩遮尼犍子を指して火種居士と呼ぶ。【雜阿含經五】

クワシヨウ　果證　〔術語〕因位の修行に依て得たる果地の證悟。【慈恩寺傳序】に「示レ之以二因修一。明レ之以二果證一。」

クワシヨウ　華鐘　〔物名〕梵鐘の異名。

クワシヨク　果卓　〔物名〕果糍を置く卓几。俗に呼て膳となすもの。大德寺には之を和卓と稱す。【象器箋二十】

クワシン　果脣　〔雜名〕佛の脣頻婆果の如く赤好なるを云。【法華經妙莊嚴王品】に「脣色赤好。如二頻婆果一。」【廣弘明集十三】に「果脣華目」

クワシン　掛眞　〔雜語〕眞は眞儀、尊宿の肖像。肖像を掛くるを掛眞と云。【象器箋十四】

クワシン　火神　〔神名〕又、火天。火尊と云。火を司る神。【大日經世出世護摩品】に毘陀經の火神四十四種と、內法の火神十二種を擧ぐ。其毘陀の四十四種は大梵王を始とし、其名と用法とを示して其の形像を說かず、內法の十二神は之を說けり。故に【大日經疏二十】に毘陀の火神に對して「若論二其世間火天一。作二梵王形一。」とのみ云へり。

十二火神　〔名數〕內法の十二は大日經に說く所、疏二十に委く之を解せり。一に大因陀羅、二に行滿、三に摩嚕多（まろた）。四に盧醯多（ろけた）。五に沒嘌拏（もりな）。六に忿怒、七に闍吒羅（じやたら）。八に吃灑耶（きしやや）。九に意生。十に羯攞微（からみ）。十一（梵本缺名）十二に謨賀那（もかな）なり。內法の護摩には此中に就き所用に隨て勸請し、本尊の形爐中に在りと觀ずるなり。

クワジキ　火食　〔修法〕護摩を云。供物を火に投じ諸尊に供養する是れ護摩法なればなり。

クワジキケ　火食灰　〔雜名〕護摩の灰なり。

クワジヤ 火蛇 〔雜名〕火を吐きて罪人を迫害する地獄の蛇。【楞嚴經八】に「火蛇火狗」

クワジヤウ 果上 〔術語〕修行の間を因位と云ひ、修行の功に依て證りを得たる位を果地と云ふ。此の果地は因位の上なれば又果上と云ふなり。

果上の法門 〔術語〕大悲の加持力に依て因位の人も聞くことを得べきも、其實は唯佛與佛の法門にして菩薩已下の當分にあらざる甚深の敎法を云ふ。【法華經方便品】に「唯佛與レ佛。乃能究二盡諸法實相一。」【大日經疏一】に「如レ是智印。唯佛與レ佛乃能持レ之。」

クワジヤウ 火淨 〔術語〕五種淨食の一。一切瓜果等の物、先づ火を以て燒煮して熟せしめ、後に方に食するを火淨食と云ふ。【有部毘奈耶雜事三十六、三藏法數二十四】

クワジヤウフクネン 火盛不久燃 〔雜語〕歌題。【罪業應法經偈】に「水流不二常滿一。火盛不二久然一。日出須臾沒。月滿已復缺。」⦿（千載）「煙だにしばしたなびけ鳥部山立別れにしかたみとも見ん」

クワジヤウミヤウガウ 果上名號 〔雜名〕因位の願行に相應して證得果上の如來となりし時、その功德を以て成就したる名號を云ふ。

クワジユ 火聚 〔術語〕猛火の聚積。罪業に依て地獄に於て感ずる所。【正法念經十一】に「彼不善業。作而復集。勢力堅鞕。所レ得果報。有二大火聚一。(中略)彼人所作惡業勢力。急擲二其身一。墮二彼火聚一。」図 人身の厭ふべく怖るべきを火聚に譬ふ。【涅槃經四】に「自觀二己身一。猶如二火聚一。是名二自正一。」図 瞋恚を譬ふ。【涅槃經十五】に「此心難レ得二調伏一。如二大火聚一。其明久住。電光之明。不レ得二暫停一。瞋如二火聚一。慈如二電明一。」

火聚佛頂 〔佛名〕釋迦如來の變身五佛頂尊の一。「ブッチヤウ」を見よ。

クワス 掛子 〔衣服〕禪僧の懸くる袈裟の名。掛絡に同じ。【傳燈錄慧日章】に「不レ披二袈裟一。不レ受二具戒一。唯以二雜彩一爲二掛子一。」

クワスヰ 果遂 〔術語〕希望を果して遂ぐること。

果遂願 〔術語〕阿彌陀佛四十八願中第二十の願名。【無量壽經上】に「設我得レ佛。十方衆生。聞二我名號一。係二念我國一。植二諸德本一。至心廻向。欲レ生二我國一。不二果遂一者。不レ取二正覺一。」

クワセツ 跨節 〔術語〕天台の名目。諸經の當意に就て敎意を判ずるを當分と云ひ、法華經の意より餘經の意を定むるを跨節と云。例へば阿含經は生死の苦を離れて涅槃に入らしむる爲に說くと云ふは當分の意なり。大乘の佛果を得せしめん爲の階級に、方便として之を說く、其本意は佛果に在りと判ずるは跨節の解釋なり。依て當分を以て法華の相待妙を成じ、跨節を以て法華の絕待妙を成ず。當分は方便の施設、跨節は佛の本意なり。【玄義一下】に「當分者。如二三藏佛一。趣二種種機一。說二種種敎一。(中略)跨節者。何處別有二四敎主一。各各身。各各口。各各說一。」【同釋籤三】に「若依二施權一。即當分義。若據二佛意一。即跨節義。」又、「當分通二於一代一。於レ今便成二相待一。跨節唯在二今經一。佛意非レ適レ今也。」又、「當分乃成二今經相待義邊一。跨節乃成二今經開權義邊一。」

クワタ 掛搭 〔雜語〕又、挂搭に作る。【正韻】に「掛與レ挂同。」懸なり。搭は附なり挂なり。禪僧の止住するを掛搭と云。衣鉢袋を僧堂の鉤に懸くるなり。依て住持が行脚人の依住を許すを掛搭を許すと云。掛錫など同じ。【象器箋九】「クワシヤク」を見よ。

クワタウ 火湯 〔界名〕地獄の一處。【千手經】に「我若向二火湯一。火湯自消滅。」

クワタク 火宅 〔譬喩〕三界の生死を火宅に譬ふ。【法華經譬喩品】に「三界無レ安。猶如二火宅一。衆苦充滿。甚可二怖畏一。常有二生老病死憂患一。如レ是等火。熾然不レ息。」⦿（曲、東北）「我も火宅を出でにけるかな」

火宅喩 〔譬喩〕法華七喩の一。【法華經譬喩品】に「大長者あり、其年衰邁せり、財富無量にして多く田宅及び諸の僮僕あり。其家廣大にして唯一門あり。(中略)忽然として火起り、宅を焚燒す。長者の諸子若は十二十、或は三十に至り、此宅中に在り。(中略)火宅の內に於て嬉戲に樂着して覺らず知らず驚かず怖れず。火來て身を逼め苦痛已切なるも心に厭ひ患へず、出づることを求る意なし。(中略)爾の時長者即ち是の念をなす、是の舍已に大火の爲に燒かる、我れ及び諸子若し時に出でずんば必ず燒く所となるらん、今當に方便を設けて諸子等をして斯の害を免かることを得せしめんと。父、諸子の先心に各好む所あり、種種の珍玩奇異の物には情必ず樂着することを知り、而して之に告て言く、汝等が玩好する所は希有にして得難し、汝若し取らずんば後に必ず憂悔せん、此の如きの種種の羊車鹿車牛車今門外に在り以て遊戲すべし、汝等此火宅に於て宜く速に出でて來るべし、汝が欲する所に隨つて皆當に汝に與ふべしと。爾の時諸子父の說く所の珍玩の物を聞き、其願に適ふが故に心各勇銳し、互に相推排し、競て共に馳せ走り、爭て火宅を出づ。(中略)爾の時長者各諸子に等一の大車を賜ふ、其車高廣にして衆寶を以て莊校せり。(中略)駕するに白牛を以てす、膚色充潔形體殊好なり。(中略)是の時諸子、各大車に乘

して未曾有を得。本の望む所にあらず。(中略)舍利弗、如來亦復是の如し、則ち一切世間の父たり。(中略)但智慧の方便を以て三界の火宅に於て衆生を拔濟し、爲に三乘の聲聞、辟支佛、佛乘を説く、(中略)若し衆生あり、內に智性ありて佛世尊に從て法を聞て信受し、慇懃に精進して速に三界を出でんと欲し自ら涅槃を求む、是を聲聞乘と名く。彼の諸子の羊車を求むるが爲に火宅を出づるが如し。若し衆生ありて佛世尊に從て法を聞て信受し、慇懃に精進して自然の慧を求め獨り善寂なるを樂で深く諸法の因緣を知る、是を辟支佛乘と名く、彼の諸子の鹿車を求るが爲に火宅を出づるが如し。若し衆生ありて佛世尊に從て法を聞て信受し、(中略)天人を利益し一切を度脱す、之を大乘と名く。菩薩此乘を求る故に名て摩訶薩と爲す。彼の諸子の牛車を求るが爲に火宅を出づるが如し。」

火宅僧 〔雜名〕 僧にして妻あるものを斥けて云。【輟耕錄六】に「唐鄭態番禺雜記二。廣中僧有二室家一者。謂二之火宅僧一。」

クワタタン 掛搭單 〔雜名〕 掛單に同じ「タ」を見よ。

クワダイ 火大 〔術語〕 四大種の一。溫熱を以て性とし、調熟を以て用となすもの。一切の物質に周遍すれば大と云。「クワカイ」を見よ。

クワダウ 過堂 〔雜語〕 僧堂に上て食を喫するを云。【象器箋九】

クワダラニキヤウ 火陀羅尼經 〔經名〕 聖無能勝金剛火陀羅尼經の略名。

クワダン 火壇 〔物名〕 又、爐壇、護摩壇など。護摩を修する火爐を云。【大疏八】に「此灌頂壇。又在火壇之北。」「ゴマ」を見よ。

クワダン 果斷 〔術語〕 感業を斷ずるを子斷と云ひ、苦果を離るるを果斷と云。有餘涅槃の阿羅漢は子縛を斷じて未だ果縛を斷ぜざるなり。【涅槃經二十九】に「解脱二種。一者子斷。二者果斷。」

クワチ 果地 〔術語〕 因位の修行に依て或る悟りの結果を得たる位を云。三乘各果地を異にし、聲聞乘の中又四果の別あり。【楞嚴經四】に「因地發心與二果地覺一。爲レ同爲レ異。」【玄義六上】に「果地圓極。非二復因位一。」

クワチ 囮地 〔雜語〕 【玉篇】に「戸臥切。音和。牽レ船聲。」【諸錄俗語解】に「唐音オウ重き物を引くゆゑ思はずオウと聲が出るなり。」の役名。カヂウと讀む。

クワチウ 鍋頭 〔職位〕 鍋釜類を司るもの。禪林

クワチウセツイン 果中說因 〔術語〕 「インチウセツクワ」を見よ。

クワチヤウ 火帳 〔物名〕 コチヤウと讀む。飯頭か人口を計りて日日炊ぐ飯米を記す帳なり。【象器箋十九】

クワチヤウサン 火頂山 〔地名〕 台州天台山の別峰。【大部補注二】に「大師住寺之北。別峰。號曰二華頂一。登眺不レ見二群山一。暄涼永異二餘處一。大師於レ此降二伏天魔一也。」

クワヂヤウ 火定 〔術語〕 身より火を出す禪定。「クワシヤウサンマイ」を見よ。

クワツク 活句 〔術語〕 禪宗の語に死句活句あり。靈空の【即身念佛談義本或問餘說】に「死句活句は句によるにあらず引用する處にありと心得る人あり。成程用ひ樣に依て死句が活句ともなるあり。譬ば毒と藥とは本と定りたるものなれども、良醫の用ひ樣に依て大毒が藥となり、瀉藥が補藥となるが如し。但し死句活句はもと定りたる者なり。死句活句と云ふは昔先師の被仰候は意路不レ通無二義味一句を活句と云ひ、有二義味一通二意路一句を死句と云ふと。林間錄上に洞山初禪師云。語中有レ語名爲二死句一。語中無レ語名爲二活句一と。山房夜話下に云。或問。諸方說法無義路。與人尋討乃活語也。子所說者皆實法擊レ人。無二乃死語一乎。余曰。爾擬下於二諸方活語中一活上。而不下肯向二死語中一死上。其亦後矣。爾若肯向二死語中一死去。久レ之死中自活。將レ見不レ勝二其活一。橘の皇后の歌に、ここにたく火の煙か唐の山のあなたに雲とたつと。合點のゆかぬ道理のなき事なり。依て之を云ふ」と見えたり【和語雜錄五】に「喫茶去の三字を茶頭の處に懸けたるは禪語と云こと合點なるべけれども、此に懸けては茶を飲で行けと云ふ事にて、常の俗語なり。若し此三字を御堂か佛殿などに懸けたるは禪語なり」と。

クワツジンケン 活人劍 〔雜語〕 劍は智に譬へたるものにて、眞性を復活せしむる機用を云ふ。【景德傳燈錄十六巖頭全豁】の條に「石霜に殺人劍ありと雖も、且つ活人劍なし。」クワツニンケンと讀む。

クワツソ 活祖 〔雜語〕 祖師たるの慧命を存するもの。【臨濟錄】に「儞心心不レ異。名二之活祖一。」

クワツドウシ 活童子 〔人名〕 醫王耆婆の譯名。【善見律十七】に「耆婆者外國音。漢言二活童子一。何以名二之活童子一。時無畏王子。晨朝乘レ車。欲二往見レ王。路見二小兒一。問二傍人一言。此兒爲レ死爲レ活。傍人答言。活。是故言二活童子一。」「ギバ」を見よ。

クワツニシ 活兒子 〔植物〕 菩提樹なり。【諸儀軌訣影七】

クワツミヤウヰンミヤウ 活命印明 〔術語〕 延命招魂法の印明なり。「エンメイ」を見よ。

クワツミヤウドウジ 活命童子 〔人名〕梵名、時婆。Jīva 又は時縛迦。Jīvaka 活命と譯す。二人あり。一に大醫にして能く人の命を活すもの。一は佛より必ず活命すとの記別を受けしもの。【倶舍光記五】に「時縛迦。此云二活命一。善療二衆病一。能活レ命故。曰云二耆婆一。云二耆域一訛也。」是れ初めの童子なり。【同次文】に「鳩摩羅。此言二童子一。時婆。此云二活命一。名二活命童子一。」是れ後の童子なり。

クワツモンジユ 活文殊 〔雜語〕文殊の本分を具ふるもの。【臨濟錄】に「傋目前用處始終不レ異。處處不レ疑。此箇是活文殊。」

クワツルジヤウ 割縷淨 〔雜名〕比丘の三衣は必ず青黑木蘭の三壞色を以て之を染めざるべからず。然るに其衣料極めて細輭にして染色に堪へず。且つ外に三衣の用ふるものなければ、片端の縷を割て之を使用するを許す。之を割縷淨と云。淨とは淨肉、説淨などの淨と同く、罪なきを云。【行事鈔中之三】

クワヅ 鍋頭 〔職位〕クワチウと讀む。

クワヅ 果頭 〔術語〕因を修して果を得、果は因の上に在れば果頭と云。果上に同じ。【四敎儀集註下】に「修レ因克レ果。果在二於上一。故曰二果頭一。」

果頭佛 〔術語〕天台宗の語。四敎各果上の佛を云。【四敎儀】に「鈍則但見二偏空一。不レ見二不空一。止成二當敎果頭佛一。」

果頭無人 〔術語〕天台宗の語。彼宗四敎を立て、四敎各、敎行證人の四を有す。然るに藏通の二敎は因中には敎行證人の四あれども、果に至れば唯敎の一のみにして行證人の三なし。何となれば彼等が果は灰身滅智にして證を得し實人なければばなり（人なければ行も證もなし）唯行證人ありと云ふ敎あるのみ。別敎も亦然り、初地已上の果位に到れば敎のみありて後の三なし。何となれば彼別敎の初地の位は即ち圓敎の初住の位にして、此時既に圓敎の人となれるなり。されば彼が初地より已上は別敎の行證人ありと云ふ一の敎あるのみにして其所詮たる行も證も人もなく、全く圓敎の行證人なり。依て前三敎を果頭無人と云。唯圓敎のみ因果共に敎行證人の四を具するなり。【止觀三下】に「前兩觀。因中有二敎行證人一。果上但有二其敎一無二行證人一。何以故。因中之人。灰身入寂。沈レ空盡滅。不三後成二於果頭之佛一。直是方便之説。故有二其敎一無二行證人一。別敎因中。有二敎行證人一。若就レ果者。但有二其敎一。無二行證人一。何以故。若破二無明一登二初地一時。即是圓家初住位。非二復別家初地位一也。初地尙爾。何況後地後果。故知因人不レ到二於果一。故云二果頭無人一。」

クワヅ 火頭 〔職位〕禪院の飯たき。クワヂウ又はコヂウと讀。「サマ」を見よ。

火頭金剛 〔明王〕烏芻瑟摩。譯、火頭。「ウズ

クワヅ 火途 〔界名〕三途の一。地獄道の別名。

クワテイ 花亭 〔雜名〕佛出日に佛の降生像を安置する爲に、小亭を造り、紅白の衆花を以て交へ覆ひて瓦の樣をなし、寶蓋垂幡亦皆花を累ねて巧に之を成せしもの。【象器箋十九】

クワテン 火㮇 〔物名〕小木を以て火箸となす物。

火㮇譬 〔譬喩〕一切の菩薩盡く無邊の衆生を度し盡さんとの誓願を發しながら、衆生未だ盡きざるに菩薩既に成佛するを、薪を盡さんとする木の火㮇が、薪の未だ盡きざる中に既に盡くるに譬ふ。【淨土論註】に「巧方便者。謂菩薩願。以二己智慧火一。燒二一切衆生煩惱草木一。若有三一衆生不二成佛一。我不レ作佛。而衆生未二盡成佛一。菩薩已自成佛。譬如下火㮇欲下摘二一切草木一燒令中使盡上。草木未レ盡。火㮇已盡。以後二其身一而身先上故。名二巧方便一。」

クワテン 火天 〔天名〕胎藏界曼陀羅の第十二外金剛院の一衆。大日如來事火梵志を引攝せん爲に火神の形を示現せしもの。其形梵天王に同じ。【大日經一】に「行者於二東南隅一。而作二火仙像一。住二於熾焰中一。三點灰爲レ標。身色皆深赤。心置二三角印一。而在二圓焰中一。持二珠及澡瓶一。」【大日經疏五】に「東南隅布二列諸火天衆一。住二火焰中一。額及兩臂。各有二三灰畫一。即婆羅門用二三指一取レ灰自塗レ身象也。一切深赤色。當レ心有二三角印一。在二焰火圓中一。左手持二數珠一。右手持二澡瓶一。此是普門之一身。爲レ引二攝火祠韋陀梵志一。方便開二示佛圍陀法一。故示二此大慧火壇一。淨修二梵行一之幖幟也。」此は二臂なり。【青龍軌下】に「行者於二東隅一。而作二火仙像一。住二於熾焰中一。三點レ灰爲レ標。身色皆深赤。心置二三角一。慧珠定澡瓶。掌仰定持レ杖。右手無畏。青羊以爲レ座。」【瑜伽護摩儀軌】に「火天四臂。右手持レ珠。左手仙杖。第二手執二軍持一。」此二軌の文は四臂にて數珠と澡瓶と大日經疏に比して左右を異にす。然に【同軌次文】に「東南方火天。乘二青羊一。赤肉色。遍身火燄。右二手。一持二青竹一。一持二軍持一。左二手。一揚レ掌。一持二念珠一。」此に依れば大日經疏と同じ。（曲、輪藏）「火天たちまち天降り」

（火天の圖）

火天妃 〔天名〕【秘藏記下】に「火天妃。白肉色。在二盛火炎中一。持二三角火輪一。」

(火天妃の圖)

火天眞言 【眞言】阿誐那曳、火の義なり此の中最初の अ 阿字を以て種子とす。一切諸法本不生を以ての故に、即ち金剛の智體に歸す。誐は是れ行の義、諸法本不生を以ての故に萬行を具足するも所行なし、故に無師自覺と名く。即ち大空に同じく一切處に遍す、故に那字の大空と同體なり。又諸法は無行なる故に三界に於て不動不出にして薩婆若地に到る、故に乘及び乘者なし、是れ末句の(曳)字義なり。又曳字に三昧の聲を加ふる所以は、意此の乘、定慧均等なるを明かすなり。諸佛菩薩の道を行ずる時皆是の如き慧火を以て一切の心垢を焚燒して正法の光明を燃す。是の故に如實に之を說けば卽ち眞言となり、若し請召の時は伊係伊係の字を增し、若し發遣の時は迦車迦車の字を增す【大日經義釋四】

火天撥遣印 〔印相〕多說あり曰く忍度を撥す。忍度は火指右の中指なり、是れ火天を撥遣する意なり。或は水指無名指を撥す。水を以て火を撥する意なり。栂尾口决亦是の如し。此の印最も本軌の說に合す。文に云く。以二禪度一大指撥二戒度一右手無名即成二撥遣一と。之れ水指を以て撥遣を作す故に大指を以て水指を撥するなり。常の彈指の如し。大疏十六に請召火天印を釋して云く「當レ側伸二右手一。其風指頭指第三節稍屈。又屈二空指上節一向レ掌。直而屈是請召。若先屈而還展是撥遣也。」と請召既に風を鈎屈す、撥遣の時尤も風を撥すべきなり。【護摩事鈔下】

クワトウ 裹頭 〔雜名〕裹頭者。裹頭衆などの略。袈裟にて頭を裹みたる法師。⦿(盛衰記二十四)に「戒壇院と申は本願皐帝榮叡普照等に勅して大唐に遣されしかば、則ち揚州龍興寺の鑒眞和尙に謁して申さく、昔我大日本國に上宮太子と申す人御座しき、吾薨去の後二百年を過て必ず當國に律儀廣まるべしと示し給ひき。今其時代に當れり。願くは日域に東流し給へと請せしに、和尙承諾して渡海せんと宣ふに、門徒の僧諫制して曰く、海上漫漫として風波茫茫たり、生身を全くして法を此にして弘め給へと申しければ。和尙弟子に語て曰く、身命を輕くして佛法を重くするは如來遺弟の法なり。日本は佛法有緣の國なれば行て戒律を弘むべしとありけるを、門弟等留めかねて袈裟にて頭を裹み、顏を隱して和尙の渡海を留めけり、裹頭の大衆と云は是より始まれり。」

クワトク 果德 〔術語〕果上の功德。涅槃に常樂我淨の四德あり、果德と云。

果德天 〔天名〕胎藏界第十二金剛院の一衆。

クワトクセイクン 火德星君 〔神名〕コテシンキンと讀む。禪林の佛殿に南方火德星君と云へる牌を掛て每月四日十八日に諷經す。火德星君は炎帝神農氏の靈にして火神として之を祀り以て火災を禳ふなり。【象器箋四】

クワトケン 果盜見 〔術語〕十三煩惱の一。「ボンナフ」を見よ。

クワド 過度 〔術語〕自ら生死を出で、又人をして生死を出でしむるを云。【無量壽經上】に「過二度生死一。靡レ不二解脫一。」異譯の【大阿彌陀經】に「過度人道經」

クワニン 果人 〔術語〕果上の人。三種あり、一は佛、二は辟支佛、三は阿羅漢。【二敎論上】に「如レ是絕離。並約二因位一談。非レ謂二果人一也。」

クワノウヘン 果能變 〔術語〕唯識論の語。八識は種子より現行せしものにて種子に對すれば是れ果なり。其の果たる八識が現行する時には、必ず識の自體分より見相二分を變現するを果能變と云。八識種子に亦能變の義ありて彼を因能變と云ふに對す。【唯識論二】に「果能變。謂前二種習氣力故。有二八識生一。現二種種相一。」【述記二末】に「卽前二因所レ生現果。謂有レ緣法能變現者。名二果能變一。乃至此果能變。卽自證分能變現二生見相分果一。」

クワハツ 掛鉢 〔雜語〕粥飯し了て鉢を鈎に掛くるなり。依て禪僧の他に止住するを。又掛搭、掛錫など云。【象器箋九】

クワハン 火版 〔物名〕コハンと讀む。庫司の竈上に掛け、飯熟するに及で飯頭之を打つと三下すれば、火頭火を滅す、依て火版と名く。而して此音を聞て大衆坐禪を止めて寮に歸るなり。【象器箋十八】

クワバク 果縛 〔術語〕生死の苦果が我を縛して解脫せしめざるを果縛と云ひ、此苦果を招く業因が我を縛するを子縛と云。卽ち因果の二縛なり。【觀音義疏上】に「惡業卽招二果縛一。」【法華玄論二】に「三界內外一切果縛。」【四敎儀】に「子縛已斷。果縛猶在。名二有餘涅槃一。」

果縛斷 涅槃に入りて生死の苦果の斷ずるを云。【玄義三上】に「若不レ然レ火。是則無レ烟。是名二子縛一。無レ子則無レ果。滅レ智灰レ身。離二二十五有一。是

名二果縛斷一。」

クワバン　火伴　〔職位〕コバと讀む。竈火を司るもの。世に火番に作るは謬る。【象器箋七】

クワヒヤウ　華表　〔堂塔〕列仙傳に所謂華表はもと印度の傳來なるべし。【毘奈耶雜事三十七】に「佛告二阿難一。此拘尸那城。古昔有二聖王都城一。城門四寶合成。門門皆有二大華表柱一。亦以レ寶成。」現に佛陀伽耶の塔の正面に圓形の華表一柱あり、高さ丈餘、種種の彫刻あり。之より先余大阪の天王寺に參し其の南面の正中に高さ三尺許の石柱を見る。說者曰く、是れ聖德太子が家相術の神秘より建てられし者と、或は然らん。而して後に伽耶の華表を觀るに及で其淵源を知る。

クワヒン　華瓶　〔物名〕クワヒンとケビヤウと同物異形、同字異音なり。蓋しケビヤウは密家の稱、クワヒンは禪家より來る。

クワフノウセウ　火不能燒　〔雜語〕【法華經藥王品】に「所得福德。無量無邊。火不レ能レ燒。水不レ能レ漂。」是れ法華を受持する功德を云へるもの。⊙（盛衰記）「火不能燒の驗」

クワブンフカセツ　果分不可說　〔術語〕華嚴宗の語。如來の果地の分際は法性の妙理にして言說の限りにあらざるを云。「インブンカセツ」を見よ。

クワベン　火辨　〔人名〕印度法相宗十大論師の一。在家の菩薩にして世親の唯識頌の釋を造る。世親同時の人。【唯識述記一本】に「梵云二質呾羅婆拏一。Citrabhāna唐言二火辨一。亦世親同時也。尤善二文辭一。深閑二注述一。形雖レ隱レ俗。而道高二眞侶一。」

クワホウ　果報　〔術語〕新に異熟と云ひ、舊に果報と云。果報とは吾人今日の境界は過去世の業因善きわざ悪しきわざを云ふに對する結果なれば果といひ、又其業因に應じ報いし者なれば報といふ。されば果といふも報といふも、體は一にて、一切の衆生が生より死に至るまでの間に、自己の感受する吉凶の事を總括して果報といふなり。但し果報の二字を分別すれば【法華方便品】に十如是を明す中に、因緣果報の四あり、因に對して果といひ、緣に對して報といふが定まりなり。正しく果を生ずべき物を因といひ、其因を助けて果を取らしむる者を緣といふ。譬へば米麥の種は因なり。農夫の力又は雨露の潤ひ等は緣なり。されば當年の米麥の成熟せし時に、昨年の米麥に對して言へば是れ果にて昨年の農夫雨露に對して言へば報也。その如く吾等にはもと夫夫三界の果を生ずべき種を具ふ。之を因といふ。然るに惡業をなせば地獄界の因を助けて地獄の果を感ぜしめ、善業をなせば人間天上界の因を助けて人間天上界の果を招かしむ。即ち善惡の業を三界の果に對すれば因に非ずして緣なり。依て此緣に望めて三界の果に更に報の名を與ふるなり。但し此は因緣果報を分けて詳に義理を論ぜしまでにて、果報の物體は二者異なるにあらず。さて果報の狀體には苦樂好醜等の差別あれど其性質としては善性にもあらず、惡性にもあらず、無記性善とも記すべからず惡とも記すべかならざるものなり。【法華經方便品】に「如是因。如是緣。如是果。如是報。」【無量壽經上】に「行業果報。」

果報土　〔界名〕天台四土の一。實報無障礙土の別名。中道を證悟したる圓別二敎の菩薩が感得せる勝妙の果報なり。「シド」を見よ。

クワホフ　火法　〔修法〕護摩法を稱す。【火吽供養儀軌】に「火法有四種。」

クワボクキヤウ　過木橋　〔公案〕神山僧密と洞山良介とが獨木橋を過ぐる時、拈提せし故事に寄せて、一事一物に固執依倚せず、有無二見待對に墮つべからざるを示せるもの。【頌古聯珠通集第二十四】に「神山、洞山と獨木橋を過ぐ。洞先づ過ぎ了り、木橋を拈起して曰はく、過ぎ來れと。師、价闍黎と。洞乃ち木橋を放下す。」と云へるこれなり。

クワボン　華梵　〔雜語〕華は支那、梵は印度。多く言語文字に就て云。【唯識述記序】に「商二推華梵一。徵二詮輕重一。」

クワボンヂゴク　火焚地獄　〔界名〕焦熱地獄の異名。此地獄に墮せる罪人は火の爲に焚燒せらるるが故に此名あるなり。⊙（曲、歌占）「炎の火煩（焚）地獄は、からべに火焰をいただけば」

クワマン　果滿　〔術語〕果上の功德の圓滿すると。【心地觀經一】に「因圓果滿成二正覺一。」【元亨釋書封職志】に「華藏世界其封富矣。果滿妙覺其職貴矣。」

クワマン　過慢　〔術語〕七慢の一。等しきものに於て我勝れりと謂ひ、勝れたるものに於て我等しと謂ふ慢心を云。

クワマンダラ　火曼荼羅　〔雜名〕護摩の火壇。

クワミ　過未　〔術語〕過去と未來。

過未無體　〔術語〕小乘の中に薩婆多部の如きは三世實有と立てて、過去の法も、未來の法も、現在の法と同じく實有なりと云。【宗輪論】に其宗を述べて「有者皆二所攝一。一名二色一。過去未來體亦實有。」然るに大乘の諸家は論なく、小乘中にも大衆部等及び成實宗は過未の法は實有の體にあらずと云。【宗輪論】に大衆部等の宗を叙して「過去未來非二實有體一。」【同述記】に「現有二體用一。可レ名二實有一。去來體用無故。並非二實有一。曾有當有。名二去來一故。」

【成實論二世無品】に委く過未無體の理を辨ず。

クワミヤウ　果名　〔術語〕萬行を積みし結果の名號。一切諸佛の名號を云。【西方要决】に「諸佛願行。成二此果名一。但能念レ號。具包二衆德一。故成二大善一。」

クワモ　禍母　〔傳說〕昔一國あり五穀豐熟し人民安寧なり。王群臣に問ふ、我天下に禍ありと聞く、知らず是れ何の類ぞ。答へて曰く臣亦見ず。王便ち一臣に敕して鄰國に於て之を求めしむ。禍母神化して人となり一物を賣る、狀猪の如し。臣問ふ是れ何と名く。答て曰く禍母。臣乃ち價千萬を以て之を買ふ。問て曰くこれ何を食する、答て曰く針一升を食すと。既に買ひ得て還りて王に進む。王敕して畜養せしむ。人民に課するに針を以てし一國を擾亂す。臣遂に王に白して殺さんとを請ふ。王之を許す。將に之を殺さんとして斫刺するに傷害すると能はず、薪を積んで之を燒く。禍母の身赤きと火の如く、躍り走て城に入り、城邑盡く燒盡す。これ女色を買ふの禍に譬るふなり。【舊雜譬喩經、諸經要集九、法苑珠林四十六、釋氏要覽中】

クワモン　果門　〔術語〕如來果上の法門を云。⊙（海道記）「金剎極證の果門」（正統紀）「如來果上の法門にして諸敎に超えたる極秘密」

クワモン　華文　〔雜語〕光華ある文章。【廣文類信卷序】に「一心華文」【同化土卷】に「希有最勝華文」

クワモン　科文　〔術語〕經論を釋するに其文句の段落を分科すると。是れ秦の道安より始まる。一經の大意を知るに缺くべからず。【文句一】に「古講師但敷二弘義理一不レ分二章段一。若純用二此意一。後生殆不レ知二起盡一。又佛說二貫散一。集者隨レ義立レ品。乃至天親作レ論以二七功德一分二序品一。五示現分二方便品一。其餘品各。昔河西憑。江東瑤。取二此意一節二目經文一。末代尤煩。光宅轉細。乃至曇鸞云。細科烟颺雜塵飛。蓋若過若不及也。」

クワヤクラン　火藥欄　〔公案〕牡丹芍藥等の百花爛熳たる花壇を清淨法身に喩へたるもの。「ウンモン」の項を見よ。

クワユヰシキ　果唯識　〔術語〕五種唯識の一。唯識の理を思惟觀察し、之に由りて得たる果智を云ふ。「ユヰシキ」を見よ。

クワヨ　果餘　〔術語〕三餘の一。苦餘の別名。「ヨ」を見よ。

クワラ　火羅　〔地名〕賓物集の說に、火羅は一行阿闍梨の流されたる國にて、此國に至る途中にて梵天より敎へられたる星宿法が即ち梵天火羅九曜（書名、藏經餘帙四）なりと云へど、唐代の紀傳に之を記するを見ず。案に火羅は梵天の名ならんか。⊙（太平記二）「一行阿闍梨の火羅國に流されし」火羅は梵 Horā にして時の義。又生時の星宿に依りて運命を卜する術、即ち陶宮術（Horoscope）をも指す。

クワラ　掛絡　〔衣服〕又、掛落、掛羅に作る。小き袈裟の名。もと支那の禪僧より起る。今は日本の淨土宗にも用ふ。掛絡とは掛けて身に絡ふ義。單に掛子とも絡子とも云。兩肩を通して胸間に懸る小き方形の物。【釋氏要覽上】に「絡子或呼二掛子一。蓋此先輩僧創レ之。後僧效レ之。又亡二衣名一。見二掛絡在レ身。故因レ之稱也。今南方禪僧。一切作務皆服。以二相不如法諸律無レ名。幾爲二講流一非レ之。」【象器箋十七】に「昧者。字作二掛羅一。謂以二羅紗一造。又作二掛落一。謂掛而落二胸前一。皆杜說也。」

クワリン　火輪　〔術語〕旋火輪の異名。火を回轉して輪の形を作すもの。是れ輪の形を見るも輪の實體なし。以て有爲法の念念相續して種種の形あるを見るも其實體なきに譬ふ。【楞伽經二】に「譬如下火輪非レ輪。愚夫輪想。非中有智者上。」

クワリンイン　火輪印　〔印相〕兩拳を側合し各其の頭指を竪てて、其の頭を著け三角形を作すなり。【印圖集】

クワレイ　火鈴　〔物名〕火を警むる鈴。【瑩山清規】に「二更二點後。振二火鈴一。呼二照顧火燭一遶レ寺。」

クワロ　火爐　〔物名〕又火鑪に作る。護摩壇なり。【大疏八】に「凡火鑪應レ當二中胎一」「ゴマダン」を見よ。

クワワウ　火王　〔譬喩〕火の猛を譬へて王と云。【無量壽經下】に「猶如二火王一。燒二滅一切煩惱薪一故。」

クワヰ　果位　〔術語〕因位に對して云ふ。佛果の位を云ふ。

クワヰン　火院　〔術語〕又、火界とも、金剛炎とも云。十八道の一。火印を結びつつ身を右に旋らすと三帀、以て身を中心として一大火院を圍繞すと觀想すると。【十八道見聞抄】

クワン　關　〔公案〕「ウンモン」の項を見よ。

クワン　觀　〔術語〕妄惑を觀察するを云ひ又眞理を觀達すると。即ち智の別名なり。梵の Vipaśyanā（毘婆舍那）又 Vidarśanā なり。【觀經淨影疏】に「觀者。繫念思察。說以爲レ觀。」【大乘義章二】に「麁思名レ覺。細思名レ觀。」【淨名經三觀玄義上】に「觀以二觀穿一爲レ義。亦是觀達爲レ能。觀穿者即是觀二穿見思恒沙無明之惑一。故名二觀穿一也。觀達者達二三諦之理一。」【遊心法界記】に「言レ觀者觀智。是法離二諸情計一故名爲レ觀也。」【止觀五】に「法界洞朗。咸皆大明。名レ之爲レ觀。」

クワンイチサイホフクウ　觀一切法空　〔雜語〕【法華經安樂行品】に「菩薩摩訶薩。觀二一切法一。

空。如實相。不二轉倒一。不レ動。不レ退。不レ轉。如二虛空一。無二所有性一。」是れ一切法の眞如實相のさまを說けるなり。

クワンイン 桓因 〔天名〕釋提桓因の略。帝釋天のこと。「シヤクダイクワンイン」を見よ。

クワンイン 寬印 〔人名〕叡山の寬印、丹後の人。慈慧源信の二師に從つて深く敎觀を究む。詔して內供奉に侍せしむ。正曆中に宋人朱仁聰來て越前敦賀に寓す。信、印を攜て往て之を見る。朱壁間の畫像を指して曰く、此は是れ婆珊婆演帝守夜神なり、二師此神を知るや。信、華嚴經の善財童子の讚嘆の偈を憶て、筆を援て像の側に書して曰く、見女淸淨身。相好超世間。印を顧て曰く子次句を呈せよと。印即ち書して曰く、如文殊師利。亦如寶山王。朱大に感嘆して曰く、大藏の經函は二師の膓胃なりと。印、後に丹州に歸て寂す。年月を知らず。【本朝高僧傳十】

クワンエイジ 寬永寺 〔寺名〕【三才圖會】に「東叡山寬永寺。號二圓頓院一。在二上野一。寺領一萬石。台德院殿建立。開山慈眼大師。梵閣。元三大師堂。法華堂。常行堂。一切經堂。淸水寺。（本尊千手觀音 慧心僧都作）法親王大准后御門跡。比叡山日光山兼帶。房舍三十六箇寺。」明治戊辰の役兵燹に罹り始んど烏有に歸し、本堂を舊大慈院の跡に移す。

クワンエン 勸緣 〔雜語〕有緣の人を勸めて淨財を寄附せしむると。

クワンオン 觀音 〔菩薩〕舊に光世音、觀世音と云ひ觀音と稱す、新に觀世自在、觀自在と云。梵音 Avalokiteśvara とす（アバルキテイシユバラ參照）觀世音とは、世人彼の菩薩の名を稱する音を觀じて救を垂るる故に觀世音と云ひ、觀世自在とは、世界を觀じて拔苦與樂するに自在なるを云。觀音に六觀音、七觀音乃至三十三觀音あり、但常に觀音と云は六觀音中の聖觀音を指す。【法華普門品】の觀音【觀無量壽經】の觀音是なり。之を觀音の總體とす。是れ西方彌陀の四菩薩の最初法菩薩と同體なり。顯敎には阿彌陀の弟子となし、密敎には之を阿彌陀の化身となし、以て大勢至菩薩と共に阿彌陀佛の左右（觀音は左 勢至は右）に在て其の敎化を贊く。故に彌陀の二脇士と稱す。梵號禮懺に依れば、阿彌陀佛の本名觀自在王なれば、其の本師の名に依て自ら觀自在王と稱すること、猶今の釋迦牟尼の久遠本師釋迦牟尼に依て其の稱を得し如きなりと。安然の【菩提心義十】に「此佛亦名二無量壽佛一。乃至彼佛壽命無量。光明無量。眷屬無量。一切皆無量。故以立二謚號一。而本名曰二觀自在王如來一。眼如二四大海一。遍觀二法界衆生一。隨二其機緣一。拔苦與樂。故爲レ名也。」と。密敎三輪身に依れば阿彌陀は自性輪身、觀音は正法輪身、馬頭明王は敎令輪身なり。（仁王經儀軌意）二輪身に依れば阿彌陀觀音共に自性輪身、馬頭明王は敎令輪身なり（秘藏記）「五大明王」を見よ。【大日經一】に「北方大精進。觀自在者。光色如皓月。商佉軍那色。微笑坐二白蓮一。髻現無量壽。」（【同疏五】參照）⊙（平家一〇）「觀音勢至無數のしやうじうけ佛、菩薩百ぢう、千重圍ねらし」《第廿五圖參照》

（觀音の圖）

觀音本地 〔術語〕觀音の本地は既に正覺を開き正法明佛と云へる如來たり。衆生濟度の爲に今は菩薩の身を現じ、又未來に於て成佛の相を現ずるとあるのみ。伽梵達摩譯の【千手千眼大悲心陀羅尼經】に「觀世音菩薩。不可思議威神之力。已於二過去無量劫中一。已作レ佛竟。號二正法明如來一。大悲願力。安二樂衆生一故。現作二菩薩一。」【法華嘉祥疏十二】に「觀音三昧經云。觀音在二我前一成佛。名二正法明如來一。我爲二苦行弟子一。」此中の我とは釋迦如來なり。然るに【悲華經三】に西方極樂に於て阿彌陀涅槃の後に觀音成佛して遍出一切光明功德山如來と名くと云ひ、又【觀音授記經】に阿彌陀佛滅度の後、補處して普光功德山王如來と號すと云ふは、何れも方便示現なり。

觀音淨土 〔界名〕補陀落山 Potalaka と云ひ、印度の南海岸にあり。【千手經】に「一時。釋迦牟尼佛。在二補陀落山觀世音宮殿寶莊嚴道場中一。」【十一面觀自在菩薩儀軌經上】に「一時。薄伽梵。住二補陀洛山大聖觀自在宮殿中一。」【八十華嚴經六十八】に「於二此南方一有レ山。名二補怛洛迦一。彼有二菩薩一。名二觀自在一。」【西域記十（秣羅矩吒國 南印度境）】に「秣剌耶山東。有二布呾洛迦山一。山徑危嶮。巖谷敧傾。山頂有レ池。其水澄鏡。流二出大河一。周流遶レ山二十市。入二南海一。池側有二石天宮一。觀自在菩薩。往來遊舍。」

觀音妙智力 〔雜語〕【法華經普門品】に「衆生被二困厄一。無量苦逼レ身。觀音妙智力。能救二世間

苦。」⊙（高野奉納）「そのきはもあらじとぞ思ふ大悲者の人をはごくむ深き心は」

觀音無畏　〔雜名〕觀音に施無畏者の別號あれば約略して觀音無畏と云。【法華經普門品】に「是觀世音菩薩摩訶薩。於二怖畏急難之中一能施二無畏一。是故此娑婆世界。皆號レ之爲二施無畏者一。」⊙（盛衰記）「觀音無畏の利益」

觀音觀　〔術語〕觀經十六觀の一。極樂の觀音菩薩の身相を觀念するなり。【觀經】に「見二無量壽佛一了了分明已。次當レ觀二觀世音菩薩一。此菩薩身長八十萬億那由陀由旬。身紫金色。頂有二肉髻一。乃至其餘身相。衆好具足。如レ佛無レ異。唯頂上肉髻。及無見頂相。不レ及二世尊一。」

觀音頂戴彌陀　〔圖像〕【觀無量壽經】に觀音の相を述べて「毘楞伽摩尼寶。以爲二天冠一。其天冠中。有二一立化佛一。高二十五由旬。」【大日經一】に「北方大精進觀自在者。光色如二皓月一。商佉軍那花。微笑坐二白蓮一。髻現二無量壽一。」【龍樹十二禮】に「觀音頂戴冠中住。種種妙相寶莊嚴。能伏二外道魔憍慢一。故我頂二禮彌陀尊一。」【般舟讚】に「天冠化佛高千里。念レ報二慈恩一常頂戴。」【往生禮讚】に「西方阿彌陀佛。觀音頂戴冠中住。」⊙（童子教）「觀音爲二師教一。寶冠戴二彌陀一。」

觀音應現爲日天子　〔雜語〕【文句二下】に「寶光是寶意日天子。觀世音應作。」【嘉祥法華疏二】に「有經云。觀世音名二寶意一。作二日天子一。大勢至名二寶吉祥一。作二月天子一。虛空藏名二寶光一。作二星天子一也。」【玄贊二】之に同じ。【安樂集下】に「須彌四域經云。阿彌陀佛。遣二二菩薩一。一名二寶應聲一。二名二寶吉祥一。即伏犧女媧。是此二菩薩。共相籌議。向二第七梵天上一。取二其七寶一。來至二此界一。造二日月星晨二十八宿一。以照二天下一。」【證眞私記一】に「十一面經疏云。天地本起經云。阿彌陀佛。遣二應聲吉祥二菩薩一爲二日月一。應聲是觀音。吉祥是勢至。」

觀音頂上十一面　〔圖像〕【千光眼秘法經】に「頂有二十一面一。當前三面爲二菩薩相一。右邊三面白牙出レ上相。左邊三面忿怒相。當後一面暴笑相。頂上一面如來相。」「ジフイチメンクワンオン」を見よ。

觀音曼荼羅八大菩薩　〔圖像〕一に金剛觀自在菩薩、二に與願觀自在菩薩、三に數珠觀自在菩薩、四に鉤召觀自在菩薩、五に除障觀自在菩薩、亦云施無畏六に寶劍觀自在菩薩、七に寶印觀自在菩薩、八に不退轉金輪觀自在菩薩。【千光眼觀自在菩薩秘密法經】

觀音院三十七尊　〔雜語〕胎藏界曼陀羅の第三院を觀音院と云ひ、中に三十七尊あり。

觀自在大菩薩三昧耶　〔術語〕大日如來の西方金剛法菩薩を出生する三昧耶なり。【金剛頂經】

觀音三昧耶形　〔術語〕八葉の蓮華なり。【大日經疏十一】に「蓮華者。以レ金作。八葉蓮華等。此中持誦。若成即同二觀音一也。」

觀音印　〔印相〕【大日經四】に「以二定慧手一合。散三舒五輪一。猶如二鈴鐸一。以二虛空地輪一和合相持作二蓮華形一。是觀自在印。」

觀自在六字大明咒　〔眞言〕【大乘莊嚴寶王經四】に「是時觀自在菩薩摩訶薩。與二蓮華上如來應正等覺一。說二是六字大明陀羅尼一曰。[illegible]（歸命）[illegible]（寶）[illegible]（蓮華）[illegible]（三身三降）。此の中[illegible]は金剛部、[illegible]は寶部、[illegible]は蓮華部、[illegible]は羯磨部、此の四部の全體即ち佛部なり。

觀世音母　〔菩薩〕多羅菩薩を稱す【陀羅尼經二】

觀音供　〔行事〕觀音を祭供する法會。每月十八日に仁壽殿に於て之を修す。弘法大師の奏聞に依て承和元年より始む。後中絕、經範僧都之を奏して淸涼殿に於て復興す。二間供と云。【壒囊鈔十二】に「二間供とは仁壽殿の觀音供の事也。是も大師奏聞に依て、承和元年より始也。東寺の長者之を勤む。每月十八日阿闍梨參內して、仁壽殿に於て觀音供を勤むる、是內侍所に就て御神體を觀ずる秘傳侍るとかや。但近き比は淸涼殿にて有る也。其故は白河院御宇、承曆四年二月に大內失火ありてより、仁壽殿の觀音供絕たりけるに、寬治六年經範僧都法事斷絕不レ可レ然由を奏す。乃至永長元年正月より觀音供を淸涼殿に置かる。乃至彼の所に二間ある故にフタマと云と。或說には主上の御座の間にて御身近く彼レ修故に二間の觀音供と云と、帝の御座を一の間とする心なり、二をばつぎと讀て、次の字の心に用る也。」【日中行事】に「十八日には觀音供あり、後七日のあざり其のとし一年はつとむ。本尊につきてならひあり、十一面、正觀音、如意輪の間なり。延久には如意輪べちに行はる。是は山法師もつとむ。」⊙（公事根源、正月）「仁壽殿觀音供」

觀音經　〔經名〕法華經卷第八觀世音菩薩普門品第二十五の一品を別行して觀音經と稱す。【法華傳記一】に「唯有二什公普門品一。於二西海一而別行。所以者何。曇摩羅懺。此云二法豐一。中印人。婆羅門種。亦稱二伊波勒菩薩一。弘化爲レ志。遊二化葱嶺一。來二至河西一。河西王沮渠蒙。歸二命正法一。兼有二疾患一。以語二菩薩一。卽云。觀世音此土有レ緣。乃令二誦念一。病苦卽除。

因レ是別傳二一品。流二通部外一也。」河西の沮渠蒙遜は姚秦の朝と並び立ちし王なれば、本經の譯出(姚秦の弘始八年羅什の翻譯)より幾くもなくして別行されしものなり。⦿(著聞集、釋敎)「各各同心に觀音經を三十三卷よみ奉るべし。」

觀音品 〔經名〕觀世音菩薩普門品の略稱。⦿(讚岐典侍日記)「觀音品讀みてきかせよ」(榮花、鳥の舞)「六觀音のおまへのかたのはしらには、觀音品の偈のこころをみなかかせ給へり。」

觀音聽明咒 〔經名〕【象器箋十五】に「陀羅尼咒經に觀世音說咒藥服得一聞持陀羅尼、又觀音聞持不忘陀羅尼あり、又續觀音感應集に觀音智慧咒あり、所謂聽明咒は是れ乎。

觀音懺法 〔行事〕觀音に向ての懺悔法なり。もと梁の武帝より始まる、今の法式は宋の遵式の治定する所。【懺法小序】に「梁武帝。修二此法一。救三后妃死爲二巨蟒一。乃至太宋咸平年中。天台遵式。治二定請觀音經消伏毒害懺儀一。今所レ流二布天下一者是也。其文者。或用二經疏止觀等全文本意一。或取二其意一。而略二其言辭一。或文意共自作。以終レ卷也。」⦿(曲、朝長)「觀音懺法讀みたてまつり」

觀音講 〔行事〕觀音の德を講讚する法會の名。正觀音講、千手講など各其式を異にす。⦿(盛衰記四二)「是は月並の觀音講にて候が」

觀音授記經 〔經名〕觀世音菩薩授記經の略。

觀音勢至授記經 〔經名〕觀世音菩薩授記經の異名。

觀音玄 〔書名〕觀音玄義の略稱。

觀音玄義 〔書名〕二卷。天台說、灌頂記。觀音經の玄義なり。【調帙五】(1555)

觀音義疏 〔書名〕二卷。說者記者上に同じ。觀音經の文句を解せしもの。【調帙五】(1557)

觀音衲 〔衣服〕【僧史略上】に「昔唐末豫章有二觀音禪師一。見二南方禪客多搭二白衲一。常以二瓶器一。盛二染色一。勸令レ染レ之。今天下皆謂二黃衲一爲二觀音衲一也。」白衣は戒律に嚴制するを以なり。

觀音籤 〔物名〕觀音の前にて竹籤を引き以て吉凶をトするもの。もと支那より起る。【釋門正統三】に「又有二菩薩一百籤。及越之圓通一百三十籤一。以決二群迷吉凶禍福一。禱レ之誠者。纖毫不レ差。敘二其事一者。謂二是菩薩化身所一レ撰。理或然也。」此說に依るに一百籤と一百三十籤の兩種ありて、一百籤は天竺寺の觀音院より起り、一百三十籤は越の圓通寺より起ると云、【和漢三才圖會七十】に「今處處所レ用百籤。元三大師之作也。藏二百本竹籤於二筒中一。每籤有二自レ一至レ百之數目一。別有二五言四句詩百首一。各合二籤數目一。以斷二吉凶得失一。其應驗如二鏡映一レ影。俗稱二之鬮一。」「クジ」を見よ。

觀音鬮 〔物名〕觀音籤の俗語。【戲遊笑覽】に「觀音くじと名て、江戶王子村わたりの小兒、草の葉稻の藁などをもて結びてするとあり。」

觀音びらき 〔雜名〕觀音の厨子の樣に左右に開く戶を云。

觀音寺 〔寺名〕筑前三笠郡三笠にあり。開基鑑眞和尙。天平十八年六月供養。導師玄昉僧正。戒壇あり、西國一圓皆此に受戒す。日本三戒壇の一。

クワンカイ　勸誡 〔術語〕善を敎ふるを勸と云ひ惡を制するを誡と云。如來の敎法には必ず此兩門を具ふ。一代敎を大判すれば經藏は勸門なり、律藏は誡門なり、乃至諸惡莫作は誡門なり、衆善奉行は勸門なり。【文句五下】に「依二三昧斷德一則有二神通一。依二智慧智德一則有二說法一。智斷之力能成二法身一。此之智斷還從二勸誡兩門一入。勸則爲二人悉檀一。誡即對治悉檀。此二悉檀爲二第一義悉檀一而作二方便一。如來初欲丁勸門擬二宜衆生一。令丙衆善奉行成乙就十力無畏一切種智甲。而衆生不レ堪。次欲丁以二誡門一擬宜令丙諸惡莫レ作證乙大涅槃甲。而衆生不レ堪。無レ機息レ化。故知念レ用二大乘一秖是勸誡兩悉檀神通智斷耳。」

クワンカイワウジユ　勸誡王頌 〔書名〕龍樹菩薩勸誡王頌の略名。

クワンカウ　還香 〔術語〕ワンカウと讀む。人の來て我に燒香禮拜するものあれば、我亦彼が爲に拜香拜禮するを云。又、答香と云。【象器箋九】

クワンカウシジイホツセイキヤウ　觀耕之時已發誓竟 〔故事〕世尊幼時閻浮樹下にありて農夫の耕懇を見、人生の勞苦と有情相害の相を觀ず。成菩提の大願は已にこのとき發芽せるものなりと云ふ。歌題。【止觀一之下】に「如三釋迦之見二耕墾一。似三彌勒之觀二毀臺一。即其義也。」【輔行一之四】に「瑞應云。悉達太子。厭二惡五欲一。遊二四城門一。乃至夜半踰レ城。至二王田樹下一。乃至於レ是坐二於樹下一。見二耕者出レ蟲鳥隨啄呑一。感二傷衆生魚鱗相咀求レ出其難一。據二彼經文一。觀レ耕之時。已發レ誓竟。因レ觀レ耕故。感二傷衆生一。亦是因レ境發レ誓之流例也。」⦿(法門百首)「はぐくまんと思ふ心は春の田を反すに鳥のあさるみしより」

クワンガク　勸學 〔職位〕眞宗本願寺派にて一宗の學頭を稱して云ふ。

クワンガクコウ　勸學講 〔行事〕勸學會の類なるべし。慈鎭和尙之を創む。⦿(續後撰集)に「前大僧正慈鎭天台座主になりて勸學講といふ事をおこなひ

侍りける。」

クワンガクヱ　勸學會　〔行事〕天台の僧侶二十名、翰林學生二十名、合せて四十名、叡山西坂本に於て三九兩月の十五日に一日法華經を講じ、後に經中の一句を以て題となして詩を作り歌を詠じ、之を勸學會と稱す。村上天皇天德四年より始る。慶保胤、高積善の序に委し。【本朝文粹十】【朗詠注】に「眞林寺月輪院にして行ふ也。天台の大衆法華を誦す、紀傳の儒も詩聯句を成す。康保年中に大内記保胤、狂言綺語の罪をほろぼさんとて、文道先達の學徒をすすめて、三月九月の十五日毎に行ひ始められ侍り云云。勸學院は三條の北今の雀の森その跡なり。」

クワンキウ　貫休　〔人名〕後梁の成都府東禪院の貫休。書畵及び詩を以て稱せらる。嘗て衆安橋の强氏藥肆の請を受て羅漢の像を畵く。云く一尊を畵く毎に必ず祈て夢に應眞の貌を得ると、方に成て常體と同じからず。吳越王錢氏之を崇重し、禪月大師の號を賜ふ。梁の乾化二年寂、壽八十一。【宋僧傳三十】

クワンギ　歡喜　〔術語〕梵語　波牟提陀。Pramuditā 順情の境に接して身心喜悅するを。【法華經譬喩品】に「歡喜踊躍。」

歡喜を以て食とす　〔雜語〕正統記の語。四食の中の樂食は此歡喜なり。身の心を榮養するものを總じて食と稱す、歡喜の情は人の身心を榮養するを强ければ之を樂食となす。「シジキ」を見よ。

歡喜信受　〔雜語〕歌題。【阿彌陀經】に「舍利弗。及諸比丘。一切世間天人阿修羅等。聞二佛所說一。歡喜信受。作レ禮而去。」⦿（新後撰）「うれしさをさながら袖につつむ哉あふぐみ空の月を宿して」

クワンギ　歡喜　〔人名〕尊者の名。釋迦の弟子、阿難陀。Ānanda 譯、歡喜。慶喜。【寄歸傳一】に「薛舍初辭。魔王惑二歡喜之志一。熙連後唱。無滅顯二亡疑之理一。」

クワンギクワウ　歡喜光　〔術語〕十二光の一。「アミダ」を見よ。

クワンギクワウブツ　歡喜光佛　〔佛名〕十二光佛の一。阿彌陀佛の異名。【無量壽經上】⦿（散木集）「むかへとる彌陀の光の嬉しきは名に顯れぬいひたらねども」「アミダ」を見よ。

クワンギグワン　歡喜丸　〔飲食〕又、歡喜團。餅菓子の名。梵語、摩呼茶迦。【涅槃經三十九】に「酥麪蜜薑胡椒蓽茇蒲萄胡桃石榴桜子。如レ是和合。名二歡喜丸一。」【大日經疏七】に「歡喜丸。應下以レ蘇煑二諸餅一。糅以二衆味及三種辛藥等一。令中種種莊嚴上。」【智度論十七】に「佛告二諸比丘一。此耶輸多羅。非下但今世以二歡喜丸一惑上我。乃往過去世時。亦以二歡喜丸一惑レ我。」【谷響集三】に「歡喜名。相二應於歡喜天一。故修供必用。梵語摩呼茶迦。Mahotikā* 隋言二歡喜丸一。見二於法苑一。」

クワンギゴク　歡喜國　〔界名〕又、妙喜國。東方阿閦如來の淨土の名。【法華經化城喩品】に「東方有二二佛一。一名二阿閦一。在二歡喜國一。」【維摩經見阿閦佛品】に「有レ國名二妙喜一。佛號二無動一。」【六時讚】に「虛空界をとび過ぎて歡喜國をさして行かん」

クワンギサンマイ　歡喜三昧　〔術語〕諸法に於て歡喜を生ずる禪定。【智度論四十七】に「歡喜三昧者。得二此三昧一者。於レ法生二歡喜樂一。」

クワンギザウマニホウシヤクブツ　歡喜藏摩尼寶積佛　〔佛名〕文殊菩薩の本地。【文句二上】に「悲華云。寶藏佛言。汝作二功德一。其深甚深。願レ取二妙土一。今故號レ汝名二文殊師利一。在二北方歡喜世界一作佛。號二歡喜藏摩尼寶積佛一。今猶現在。聞レ名滅二四重罪一。爲二菩薩一影二響釋迦一耳。」

クワンギセンボフ　歡喜懺法　〔修法〕結願の日、其の無爲成滿を歡ぶ意味を以て行ふ懺法を云ふ。【法然上人行狀畵圖第九】に「亥尅に御殿に著、押小路、本道場にして懺法をおこなはる。これを歡喜懺法と號す。」と云へる其の例なり。

クワンギダン　歡喜團　〔物名〕歡喜丸に同じ。歡喜天に供ふるもの。歡喜天の手に持つもの。

クワンギヂ　歡喜地　〔術語〕十地の第一地。菩薩一大阿僧祇劫の修行を經て、初て斷惑證理の一分を爲し大に歡喜する位なり。此より十地の間に二大阿僧祇劫を經て成佛するなり。【新譯仁王經下】に「初證二平等性一。而生二諸佛家一。由初得二覺悟一。名爲二歡喜地一。」【觀經天台疏】に「歡喜地者。初證レ聖處。多生二歡喜一也。」

クワンギテン　歡喜天　〔天名〕又、大聖歡喜天。大聖天。聖天と云。夫婦二身相抱の象頭人身の形を本尊とす。男天は大自在天の長子にして世界に暴害を爲す大荒神なり。女天は觀音の化現にして彼に抱着して其の歡心を得、以て彼が暴を鎭むるもの。依て歡喜天と稱す。梵名誐那鉢底。Gaṇapati 其形に就て毘那夜迦。Vināyaka 象鼻天と云。善無畏譯の【大聖歡喜供養法】に「大聖自在天。烏摩女爲レ婦。所レ生有二三千子一。其左千五百。毘那夜迦王爲二第一一。行二諸惡事一。右千五百。扇那夜迦 持善天爲二第一一。修二一切善利一。此扇那夜迦王。則觀音之化身也。爲レ調二和彼毘那夜迦惡行一。同生二一類一。成二兄弟夫婦一。示二現相抱同體之形一。其本因緣。具在二大明咒賊經一。」【毘那夜迦含光軌】に「今說毘那夜迦有二多種一。或似二人天一。或似二婆羅門一。」

或現二男女端正之貌一。即分二四部一。攝レ衆多類。如レ是種種。作二諸障礙一。唯大聖天歡喜王。是權現之身。如二上所レ說。爲下欲レ誘二進諸作レ障者一令上レ入二正見一故。所以不レ似二餘毘那夜迦一。而現二象頭一。此是示レ喩故。謂如二象王一雖レ有二瞋恚强力一。能隨二養育者及調御師一也。誐那鉢底。亦復如レ是。雖レ現二障身一。能隨二歸依人乃至歸佛者一。是故此天現二象頭一也。毘那夜迦。亦名二毘那怛迦一。此云二象鼻一也。其形如レ人。但鼻極長。即愛二香塵一故也。唯今大聖天。其頭眼耳鼻舌諸相。皆似レ象。能隨二行者一也。此天者。即誐那鉢底。此云二歡喜一。」【使咒法經】に「爾時毘那羅曩伽。將レ領二九千八百諸大鬼王一。乃至向二於世尊一。俱發レ聲言。我以二自在神通一故。號二毘那羅畢伽一。亦名二毘那夜迦一。亦名二毘微那曩伽一。亦曰二摩訶毘那夜迦一。如レ是四天下。稱皆不レ同。」

歡喜天の圖(一)

形像 [圖像] 多樣あり。一は雙身抱合の像。【大聖歡喜形像品儀軌】に「夫婦二天。令二相抱立一。其長七寸。或五寸作レ之。二天俱象頭人身。但男天面繫二女天右肩一。而令レ視二女天背一。亦女天面繫二男天右肩一。而令レ視二男天背一。足踵皆俱露現。手足柔軟。猶如二壯肥端正女人一。男天頭無二華鬘一。肩係二赤色袈裟一。女天頭有二華鬘一。而不レ著二袈裟一。手足有二瓔珞環一。亦用二其兩足一蹈二男天足端一。此二天俱白肉色。著二赤色裙一。各以二二手一互抱二腰上一。其右手覆二左手背一。二天右手中指端令レ至二左手中指中節背上一。」【含光儀軌】に「二天身相抱正立。雙象頭人身。其左天著二天華冠一。鼻牙短。其目亦細。著二赤袈裟福田相衣一。身赤白色。右天面目不レ慈。鼻長目廣。不レ著二天冠及福田衣一。身赤黃色。唯以二黑色衣一而纏二其頸肩一。此天以レ面相二著前女天面一。作二愛着相一。乃至又像二形如レ形、相抱正立。唯以二男天面一繫二女天之右肩一。而視二女天背一。亦以二女天面一繫二男天之右肩一。而視二男天背一也。目細牙短爲二婦天一。其二天並不レ著二法衣天冠一。而現二本毘那夜迦身一。」二は單身二臂の像【秘藏記末】に「歡喜天。左手蘿蔔。右手持レ團。」【金剛界曼陀羅大鈔一】に「歡喜天。象頭人身。左手蘿蔔。右手持レ團。蘿蔔大根也。」三は單身四臂の像。【形像品儀軌】に「復有二四臂像一。其形象頭人身。具二足四臂一。所レ謂右第一手執二鉞斧一。第二手把二歡喜團盤一。左第一手把レ牙(或執杵)第二手執二寶棒一。」四は單身六臂の像。【含光儀軌】に「象頭人身。左牙出。右牙折。面少向レ左。其鼻向レ外癴。身色赤黃。有二六臂一。左上手把レ刀。(金剛智言把鉞)次手把二菓盤一。(金剛智言歡喜團)下手把レ輪。右上手把レ棒。次手把レ索。下手把レ牙。」

歡喜天の圖(二)

修法供物 [修法]【毘那夜迦法】に「當下取二一升精細麻油一以二淨銅器一盛上レ之。用二上咒文一呪レ油一百八遍。即煖二其油一。然後將レ像放二著油中一。安二置壇內一。用二淨銅匙銅杓等一斟レ油。灌二其二像頂身一。一百八遍。乃至正灌レ油之時。數數發願。復用二蘇蜜一和レ麨團。及蘿蔔根。並酒一盞。及歡喜團。時新華菓等。如レ是等日別取二新者一供養。」

經軌 [雜名] 大聖天歡喜雙身毘那夜伽法、一卷不空譯。使咒法經、一卷、菩提留支譯。【閏帙十四】大聖歡喜雙身大自在天毘那夜迦王歸依念誦供養法一卷、善無畏譯。大聖歡喜雙身毘那夜迦天形像品儀軌一卷、憬瑟撰。毘那夜迦誐那鉢底瑜迦悉地品秘要、一卷、含光記。【餘帙四】佛說金色迦那鉢底陀羅尼經、一卷、金剛智譯、【餘帙一】

クワンギニチ 歡喜日 [雜名] 佛の歡喜し給ふ日。即ち七月十五日安居の竟りたる日を云ふ。後世凡て十五日を歡喜日と云ふに至る。

クワンギモ 歡喜母 [天名] 訶梨帝母の譯名。「カリテイ」を見よ。

歡喜母愛子成就法 [經名] 大藥叉歡喜母並愛子成就法の略名。(1392)

クワンギヤウ 灌經 [經名] 灌洗佛形像經の略。

クワンギヤウ 觀經 [經名] 佛說觀無量壽經の略名。⊙(著聞集釋敎)「これ觀經一部の誠文」

觀經化前序 [術語] 唐の善導、觀經の序分を科するに他師と意を異にし、如是我聞の一句(通常六成就の中の信成就と聞成就の二)を以て證信序となし、一時佛より而爲上首までの數句(通常六成就の中の後の四成就)を化前序となす。是れ未だ觀經の敎化に入らざる前の序釋にして、通じて釋迦一代の化相を述べし者と云ふ意なり。何となれば本經の正說は王宮に降臨して後に起り靈鷲山上の事にあらざれば、此序は本經の正說と切實の關係を有せざればなり。依て之を化前序と科し觀經以前の諸經を此序中に攝在せしむる也。

クワンギヤウ　觀行　〔術語〕心に理を觀じて理の如く身に之を行ふとなり。又觀心の行法なり。

觀行即　〔術語〕天台六即位の一。圓頓の敎を禀けて敎の如く正しく修行する位を云。此位に於て五品の行を修して通相五十位の中の十信位に當る。「ロクソク」を見よ。

觀行五品位　〔名數〕上に示す觀行即の位に於て五品の功德を成就すれば觀行五品の位と云。五品とは法華分別功德品に說く所、一に隨喜品、二に讀誦品、三に說法品、四に兼行六度、五に正行六度なり。天台大師は此位に居ると云。【四敎儀】に「依レ敎修行。爲二觀行即一。五品位。」⦿（盛衰記八）「恭くも觀行五品の位に御心をかけ」

クワンギヤウギキ　觀行儀軌　〔經名〕一字頂輪王瑜伽經の異名。

クワンギヤウマンダラ　觀經曼陀羅　〔圖像〕極樂世界の曼陀羅に二樣あり。一は當麻寺の中將尼の織る所、當麻曼陀羅と名く。一は俊乘房重源の善導の所圖を將來せしもの、之を觀經曼陀羅と名く。【圓光行狀翼讚三十】に「觀經の曼陀羅は善導所圖の變相三百堵と云ふの轉寫にして即ち是れ重源の將來とぞ。今洛東知恩院の重寶たり。」

クワンギヱ　歡喜會　〔行事〕盂蘭盆會の異名。當日自恣僧を供養する功德に由て目連の母餓鬼の苦を免れて歡喜する意に取りて名く。

クワンギヲン　歡喜園　〔界名〕又、歡喜苑。又、歡樂園。喜林苑と云。忉利天の帝釋の四園の一。喜見城の外面北方に在り。諸天此に入れば自ら歡喜の情を起せば歡喜を名とす。【智度論八】に「三十三天王歡樂園中。諸天入者。心皆柔軟。歡樂和悅。麁心不レ生。若阿修羅起レ兵來時。都無二鬪心一。是時釋提婆那民天王將二諸天衆一。入二麁澁園中一。（亦四園の名の一）以下此園中樹木華實。氣不二和悅一麁澁惡上故。諸天人衆。鬪心即生。」【起世經六】に「歡喜園」【俱舍論十一】に「喜林苑」⦿（榮花本の雫）「歡喜苑のうちに遊化するにおとらず」梵 Nandana

クワンクウ　觀空　〔術語〕諸法の空相を觀照すると。【仁王經 一】に觀空品あり。【天台仁王經疏中】に「言二觀空一者。謂下無相妙慧照二無相境一。內外並寂。緣觀共空上。」

觀空品　〔經名〕舊譯仁王經第二品の名。此品廣く諸法皆空の理を說く、中に十八空の法門あり。⦿（續千載）「きかぬ間はむなしき空の時鳥けふはまことの初音なりけり」

クワンソウ　寬空　〔人名〕仁和寺の寬空。宇多法皇に從つて密灌を受け、康保元年僧正となる。天祿三年寂。年八十九。【元亨釋書十】

クワンクン　鐶釧　〔物名〕鐶は指の飾、釧は臂の飾。是れ西國の俗風。菩薩の像之に形る。【涅槃經四十】に「在二額上一者名レ之爲レ鬘。在二頸下一者名レ之爲レ纓。在二臂上一者名レ之爲レ釧。在二指上一者名レ之爲レ環。」

クワンケ　勸化　〔術語〕人を勸めて三寶に淨財を寄附せしむるを云。図 人を勸めて邪を轉じ正に入らしむると。【增一阿含經三】に「寬仁博識。善能勸化。」【俱舍論十二】に「勸化令レ修二十善業道一。」【天台戒疏上】に「勸ヨ化人一受レ戒功德。勝レ造二八萬四千寶塔一。」

勸化帳　〔物名〕淨財を募集する帳簿。

須達勸化　〔故事〕須達長者祇園精舍を建立するとき、唯己の貨財を以て之を辨ずるを得と雖、衆人をして福を植ゑしめん爲に自ら象に乘りて人を勸化せり。【百縁經六】

クワンケン　觀賢　〔人名〕醍醐寺の觀賢、聖寶の弟子なり。延喜十九年醍醐寺の座主に任ず、此職賢より始る。同二十一年敕を奉じて弘法の定室に入り新衣を進む。延長三年僧正となり、此歲寂す。【元亨釋書十】

クワンゲ　貫花　〔譬喩〕經の散文を譬て散花と云ひ、其の偈頌を貫花と云。【文句一上】に「佛赴レ緣作二散花貫花兩說一。」【嘉祥法華義疏三】に「龍樹十住毘婆沙云。一者隨二國法不同一。如下震旦有二序銘之文一。天竺有中散華貫華之說上也。」

クワンゲ　觀解　〔術語〕眞理を觀念し解了すると。【大乘義章十二】に「始習二觀解一。能伏二煩惱一。」【唐僧傳 道傑傳】に「兩夕專想。觀解大明。」図 天台四釋の中の觀心釋を云。

クワンゲンコウ　管絃講　〔行事〕佛前に於て管絃を奏する講社なり。印度に於ても此の風ありしが如く、【長阿含經第十】に帝釋天の執樂神般遮翼が摩揭陀帝釋窟に至りて琉璃琴を彈ぜしことを叙す。中世盛に行はれし如く、源平盛衰記三十二に福原の名殘に相國を弔ひ、平家物語に經政が竹生嶋に琵琶を彈じたる、又十訓抄十に「すべて糸竹の妙なる聲、治世にかなひ、佛事をなすといへり」と云ひ、又「かかれば、音樂をば、仙家人中にもこれをもてあそび、佛土天上にも、これをさきとすと見えたり。これら管絃の德をしるす」と云へる皆この事を記せるなり。

クワンゲンサウジヤウギ　管絃相成義　〔書名〕二卷、具名を秘密因緣管絃相成義と云ふ。一法界門を管に喩へ、多法界門を絃に喩へ、二者混融相成

して、本來不二なる旨を述べたるもの。根來法住撰。

クワンコクウザウボサツキヤウ　觀虛空藏菩薩經　〔經名〕一卷、宋の曇摩密多譯。人の罪を治せんと欲する者は先づ毘尼を決定し虛空藏菩薩を觀想すべきを說く。【玄帙八】(70)

クワンサ　觀作　〔術語〕曼荼羅に畫作と觀作との二種あり、觀作は內心觀想の所作なれば之を內壇又は心壇と云ひ、畫作は外壇と云。【義釋十二】に「若行者。或內或外。敷二列彼本尊等曼荼羅座位一」の內敷列是なり。作觀の法は種子の字門を觀じて三摩耶形と成し、三摩耶形を本尊とするなり。【大日經二】「次應下轉二明字門一而以觀中作本尊形上」

クワンサウ　觀想　〔術語〕心に想ひ浮べると。【觀無量壽經】に「名レ見二無量壽佛極樂世界一。是爲二普觀想一」【安像三昧儀軌經】に「一心觀二想如來一切圓滿之相一。」

十六觀想　〔術語〕觀無量壽經に說く所、淨土の境界より往生人のさままで十六種に分けて觀想せしむるもの。

觀想念佛　〔術語〕四種念佛の一。阿彌陀佛の眞身を心裡に觀念すると。觀經の觀佛は之に當る。【普賢行觀記、三藏法數十七】

觀想曼拏羅淨諸惡趣經　〔經名〕大乘觀想曼拏羅淨諸惡趣經の略名。

觀想佛母般若菩薩經　〔經名〕觀想佛母般若波羅蜜多菩薩經の略名。

觀想佛母般若波羅蜜多菩薩經　〔經名〕佛說觀想佛母般若波羅蜜多菩薩經、一卷、宋の天息災譯。般若菩薩の咒と觀門とを說きしもの。【成帙十二】(828)

觀想曼拏羅淨諸要趣經　〔經名〕具名、佛說大乘觀想曼拏羅淨諸惡趣經、二卷、趙宋の法賢譯。理觀の儀を備に說く。【成帙十二】(1049)

クワンサツ　觀察　〔術語〕觀想。觀念など同じ。

觀察門　〔術語〕五念門の一。極樂淨土の莊嚴の相を觀想する法門なり。【淨土論、三藏法數二十三】

觀察法忍　〔術語〕二忍の一。諸法の體性の不生不滅を觀察して安然忍可して心を動かさざると。【地持經五、三藏法數五】

觀察諸方行經　〔經名〕四卷、隋の闍那崛多譯、喜王菩薩の爲に諸の法行を觀察する三摩地を說きしもの。【宇帙八】(424)

クワンサンセツ　關三刹　〔名數〕關東に於ける曹洞宗三箇の大僧錄所を云ふ。又關東三ケ寺、天下大僧錄關東三刹とも稱す。下總國府臺總寧寺。下總富田大中寺。武藏越生龍穩寺是なり。

クワンザイサツタ　觀在薩埵　〔菩薩〕觀自在菩提薩埵の略。菩提薩埵は菩薩の具名。即ち觀音菩薩なり。【心經秘鍵】に「觀在薩埵。則擧二諸乘之行人一。」

クワンザウ　觀象　〔譬喩〕盲人象を摸するも畢竟實を得ず、具眼之を觀れば一瞥了然、之を象を觀るの目と云。「モザウ」を見よ。【涅槃經疏梁武序】に「導二求珠之心一。開二觀象之目一。」

クワンザウネンブツ　觀像念佛　〔術語〕四種念佛の一。阿彌陀佛の化身の形像を心に觀念すると。【普賢行觀記、三藏法數十七】

クワンザツギゼン　觀察義禪　〔術語〕人法の無我、諸法の無性なるとを觀じ、その他の義理を見ること漸進するを云ふ。

クワンザン　關山　〔人名〕京都妙心寺の第一世慧玄、關山と號す。大德寺の大燈國師に從て雲門大師の關字を授けられて透徹す。依て師より關山の號を授けらる。花園上皇離宮を捨てて妙心寺を創し、關山に住持を命ず。授翁を得て法を付し、延文五年寂、壽八十四、佛心覺照國師と敕諡す。【本朝高僧傳二十九】

關山賊機　〔雜語〕【本朝僧傳慧玄傳】に「骨拈二趙州柏樹子話一示二學者一曰。柏樹子話。有二賊之機一。衆無二契者一」【同贊】に「柏樹子話者。標二的宗門一。鐵橛子。鐵蒺梨。難二爲下一レ口。乃至關山國師。別具二天眼一。下二正拈提一。比二于雪峰言二臨濟大有二白拈賊之手段一。峻又上一。精練三十霜。得二一箇授翁一。」

關山罵僧　〔雜語〕【同傳】に「關山僧の來るを見れば便ち罵る、僧曰く某甲生死事大の爲に特に來て參見す。和尙甚に因てか怒罵す。玄曰く「我が這裏無二生死一」と便ち打て趁ひ出だす。

クワンザン　桓算　〔人名〕叡山の僧にて內供奉に任ぜられ、桓算供奉と稱す。大鏡には桓算に作り、寶物集、十訓抄には寬算に作る。此僧恨む事ありて靈鬼となり朝家を惱し奉りしと云ふ。但し桓算の傳紀なければ之を詳悉する由なけれども、其恨の事は醍醐帝の朝にありしと見え、(大鏡醍醐帝紀下題)に「桓算事」とあり(寶物集五)に「寬算と申しし法師すら淸貫民部卿希世辨參內して炎魔王宮にて政を恨て延喜の帝召て給へと云靡なん侍りつると奏しければ俄に延長と云年號には替るなんとこそは申て侍るめれ。」【大鏡三條院紀】に「まことには桓算供奉の御物怪にあらはれて申しけるは、御首にのり居て左右の羽をうちおほひ申したるに、うちはぶき動かすをりに、少し御覽ずるなりとこそいひ侍りけれ。」

クワンシ 觀支 〔術語〕法を觀ずる部分。【止觀五上】に「禪有二觀支一。因生二邪慧一。逸二觀於法一。僻起二諸倒一。」【同十上】に「如レ是見慧從二何處一出。由三禪中有二觀支一。」

クワンシツ 灌室 〔雜名〕秘密の壇場を設けて灌頂の聖式を行ふ所を云。流義に依て其室を異にす。

山門五箇灌室 〔名數〕一に正覺院。二に行光房。三に總持房。四に雞足院。此四箇院は共に穴太(あなふ)流なり。五に法曼院。所謂法曼流なり。【合宗學則上】

クワンシヤウ 喚鐘 〔物名〕鐘の小きもの。又、半鐘とも飯鐘とも云。【考信錄一】

クワンシヤウ 勸章 〔書名〕蓮如上人御文(おふみ)の別名。謂く道俗を勸化する文章なり。

クワンシユ 貫主 〔職位〕又貫主、管主に作る。一職一派の頭領を云ふ。僧職の上首の意に用ひたるは慈慧大僧正傳に「久しく台嶺の貫首に居り、深く法藏を唯心に貯ふ」と云へる、天台座主を指す。其の他本山、諸大寺の住持を稱すること今も行はる。

クワンシユン 桓舜 〔人名〕叡山の慶圓座主に從て學び、貞圓日助遍救と共に四傑と稱せらる。最勝會の講師となり、大僧都に叙し、法性寺の座主に任じ、天王寺を領す。天喜五年寂、壽八十。【本朝高僧傳五十】

クワンシヨエンエンロン 觀所緣緣論 〔書名〕一卷、陳那菩薩造、唐の玄奘譯、因明三支の法を以て、心外の所緣緣は有にあらず、心内の所緣緣は無にあらざるを說明せしもの。【來帙十】(1173)

觀所緣緣論釋 〔書名〕一卷、護法菩薩造、唐の義淨譯、觀所緣緣論中の外執を破する與奪の意を釋せしもの。【往帙十】(1174)

クワンシンジ 觀心寺 〔寺名〕河内國錦部(にしこり)郡に在り。檜尾山と號す。寺領二十五石。開基は役行者、造營は弘法大師。本堂の本尊は如意輪觀音。後村上天皇の陵あり。【和漢三才圖會七十五】

クワンシンジヤウブツギキ 觀身成佛儀軌 〔經名〕妙吉祥平等瑜伽秘密觀身成佛儀軌の略。

クワンジ 官寺 〔雜名〕勅願寺のこと。天武天皇八年四月諸寺の封食を撿校して官寺を定む。是れ本朝官寺の始。【元亨釋書二十一】

クワンジザイ 觀自在 〔術語〕法藏の【心經略疏】に「於二事理無礙之境一。觀達自在。故立二此名一。又機往救。自在無闕。故以爲レ名。前釋就レ智。後釋就レ悲。」「クワンオン」を見よ。

觀自在菩薩如意輪瑜伽 〔書名〕一卷、唐不空譯、閟藏知津に觀自在菩薩如意輪瑜伽念誦法と云。先づ偈頌あり、次に種種の印呪を說き、終に如意輪の根本と心と隨心との三印呪を說く。【閏帙十】(1402)

觀自在菩薩如意輪誦課法 〔書名〕一卷、宋の仁岳撰、法式觀想禮讃等を記せしもの。【成帙十四】(1521)

觀自在菩薩如意心陀羅尼呪經 〔經名〕一卷、唐の義淨譯。即ち如意輪陀羅尼經の序品第一の別譯。此中の咒は流通十小咒中の第一首なり。【成帙十】

觀自在菩薩母陀羅尼經 〔經名〕一卷、宋の法賢譯。佛、廣嚴城に在り、普賢菩薩此咒を說く。【成帙十】(323)

觀自在菩薩化身蘘麌哩曳童女消伏毒害陀羅經 〔經名〕一卷、唐の不空譯。蘘麌哩 Nakuli 童女自ら神呪を說く。【閏帙十四】

觀自在菩薩說普賢陀羅尼經 〔雜名〕一卷、唐の不空譯。佛、靈鷲山にあり、觀音菩薩、一の根本咒と一の結界咒と一の奉請咒を說く。【閏帙十】(980)

觀自在菩薩心眞言一印念誦法 〔書名〕一卷、唐の不空譯、一印を以て種種の法作を成辨する念誦法なり。【餘帙一】

觀自在菩薩大悲智印周遍法界利益衆生薰眞如法 〔書名〕一卷、唐の不空譯。二種の香印を說く。圖あり。【餘帙一】「カウイン」を見よ。

觀自在妙香印法 〔書名〕上經の異名。

觀自在菩薩怛嚩多利隨心陀羅尼經 〔經名〕一卷、唐の智通譯。佛、極樂世界に住し、觀世音菩薩此陀羅尼を說き、及び四十八の印法と諸病を療する壇法を說く。【餘帙五】

觀自在菩薩隨心經 〔經名〕上經の別本。

觀自在如意輪菩薩瑜伽法要 〔書名〕一卷。唐の金剛智譯。不空譯の如意輪瑜伽と同じ。【成帙十三】(538)

觀自在菩薩如意輪念誦儀軌 〔書名〕如意輪菩薩念誦法の別名。

觀自在多羅瑜伽念誦法 〔書名〕金剛頂經多羅菩薩念誦法の異名。

クワンジザイワウニヨライ 觀自在王如來 〔佛名〕密教に於ては之を以て阿彌陀佛の本名とす。阿彌陀を以て其の德稱とす。「クワンオン」を見よ。

クワンジヤウ 勸請 〔術語〕「今時は諸尊を奉請するを勸請と云、是れ謬なり。經軌に奉請の事を勸請

と云ひたるを見ず。勸請と云ふは轉法輪請佛住世等の事なり。」【諸軌儀記影七】而して其の所謂密敎の勸請に二種あり、一は法會の初に梵天夜叉等を勸請して魔障を拂ふもの。二は正しく所祈禱の尊を勸請するなり。而て其の勸請に四方を四種に分けて各其の修法の方角に隨ひて其の方面の善衆を勸請するなり。【最勝王經三】に「勸請諸佛轉大法輪。」【十住毘婆沙論五】に「我今頭面禮勸請令久住。」【廣弘明集三十四淨經子】に「勸請者。慇懃之至意也。」

勸請の起請文 〔雜語〕 誓文の中に佛神を勸請して吾言の僞なきを證明するを起請文と云。叡山の慈慧大師より始る。「キシヤウモン」を見よ。

クワンシユ 貫首 〔職位〕 一貫籍の上首。依て僧には一山の長を云。山の座主、寺の長吏など。貫主に作るは非。【孔安國孝經序】に「貫首弟子。顏回。閔子騫。冉伯牛。仲弓。」【後漢書逸讓傳】に「若以レ年齒一爲レ嫌則顏回不レ得レ貫二德行之首一。」【職原鈔下】に「聽レ昇二殿一翟。倂以レ頭爲二貫首一。」⦿(太平記)「山門寺門の貫首、宗を改めて衣鉢をもち」

クワンジユ 卷數 〔雜名〕 祈禱又は追薦の爲に陀羅尼を誦じ經文を讀むとき、其の讀みし陀羅尼經文の名及び其遍數を書きたる目錄を云。

クワンジユ 觀樹 〔雜名〕 釋尊成道し已て金剛座を起ち、菩提樹を觀るを云。【法華經方便品】に「我始坐二道場一。觀樹亦經行。」【文句五上】に「感二樹恩一故觀察。念二地德一故經行。」【嘉祥義疏四】に「有人言。此是隨二從世法一。即世界悉檀也。世人思惟凡有二二種一。一觀レ物思惟。二經行思惟。今隨二從世法一。亦作二此二一也。」【玄贊四】に「觀樹喜二自道圓一。經行思二惟利物一。又觀樹心凝二妙理一。經行想レ化二群生一。」

クワンジユジ 勸修寺 〔寺名〕 城州南山科に在り。寺領千石。醍醐天皇の御願。開山濟高大僧正。僧正聖寶の弟子後に親王寺となり、南都東大寺を兼帶す。延喜四年九月二十一日敕して定額寺となし、同十年八月濟高大僧都を當寺の長吏に任ず。【三才圖會七十二】

勸修寺入 〔行事〕 每年八月朔日より四日まで三條右大臣定方の忌日に於て法華八講を修し、第四日には朝廷の式を此に移して行ふ爲め、氏の長者を始として多くの上達部車を列ぬ。都の内は勸修寺入とて見物の人山を成す。【勸修寺緣起】

クワンジン 勸進 〔術語〕 人に善根功德を勸誘策進すると。【觀無量壽經】に「讚二嘆行者一。勸二進其心一。」【法華經信解品】に「初不二勸進說一レ有二實利一。」後には單に三寶に寄附を勸むるとに用ふ。⦿(宇治拾遺一二)「堂つくらん料に、勸進しあつめたるものを。」

勸進上人 〔雜名〕 堂舍建立の爲に寄附を請ふ僧を云。東大寺の再建者重源に此稱あり。「文覺」

勸進僧 〔雜名〕 上に同じ。⦿(盛衰記)「勸進僧」

勸進帳 〔雜名〕 勸進の趣意を書き、寄附を記する帳簿。⦿(曲、安宅)「勸進帳を遊ばされ候へ」

勸進相撲 〔雜名〕 勸進の金を集むる爲の相撲。

勸進學道經 〔經名〕 進學經の異名。

クワンジン 勸觀 〔術語〕 心性如何を觀察するを觀心と云。心は萬法の主、一事として心に漏るるものなければ、心を觀察するは即ち一切を觀察するなり、依て凡そ事を究め理を觀ずるを盡く稱して觀心と云。之に對して釋迦一代の敎法を商量するを敎相と云。此二は大乘の諸宗何れも具備せざるなく、法相宗の三時の判は敎相にして五重唯識は觀心なり、乃至天台の五時八敎は敎相にして一心三觀は觀心なり。【十界二門】に「勸心乃是敎行樞機。」【同指要鈔上】に「一代敎門皆以二觀心一爲レ要。」【敎觀綱宗上】に「佛祖之要。敎觀而已矣。觀非レ敎不レ正。敎非レ觀不レ傳。有レ敎無レ觀則罔。有レ觀無レ敎則殆。」台宗に觀心の法に就て三種あり。「觀法」を見よ。⦿(新古今)「やみはれて心の空にすむ月は西の山邊や近くなるらん」(正統記四)「唯勸心を傳へて宗義を明らむること絕えけるにや。」

觀心如月輪若在輕霧中 〔雜語〕 歌題。不空譯の【金剛頂大敎王經上】に行者空中に於て諸佛の敎を蒙て自心を觀ずる相を說て「行者聞二驚覺一。空中普禮已。唯願諸如來。示二我所行處一。諸佛同告言。汝應レ觀二自心一。既聞二是說一已。如レ敎觀二自心一。久住諦觀察。不レ見二自心相一。復想レ禮二佛足一。白言最勝尊。我不レ見二自心一。此心爲二何相一。諸佛咸告言。心相難二測量一。授二與心眞言一。即誦二徹心明一。觀レ心如二月輪一。若レ在二輕霧中一。如レ理諦觀察。」【同鈔六】に細註出づ。秘藏記に之を引き若在を猶在に作る ⦿(新古今)「我心猶はれやらぬ秋霧にほのかに見ゆる有明の月」

勸心無心法不住法 〔雜語〕 歌題。【普賢觀經】に「觀レ心無レ心。法不レ住二法中一。諸法解脫。滅諦寂靜。如レ是想者。名二大懺悔一。」⦿(新千載)「尋ね來し月の行方やこれならんきのふの夢の浮雲の空」

觀心論 〔書名〕 一卷、天台述。三十六問を發して切に勸心を勸む。【陽帙九】

觀心論疏 〔書名〕 五卷、隋の灌頂著。觀心論を解せしもの。【陽帙九】(1575)

クワンジンクワクムセウ 觀心覺夢抄 〔書名〕 三卷。良遍の作とも云ひ中觀の撰とも云ふ。唯識宗の敎相義理を略述したるもの十三章。法相の論

釋に依りて唯識の教義を宜明し、之に依りて自心を觀じ、生死の迷夢を覺悟し、菩提の大果を證得せしむるに勉む。初學に便なる故古來愛翫せらる。

クワンジンビクニ　勸進比丘尼　[雜名]「ウタビクニ」を見よ。

クワンジンホンゾンセウ　觀心本尊抄　[書名]一卷、日蓮撰。具名を如來滅後五五百歲始觀心本尊鈔と云ふ。妙法蓮華經の五字を以て、末代に適應せる教法と歸結す。日蓮宗に於る最も重要なる書なり。　「し見ると。」

クワンセウ　觀照　[術語]智慧を以て事理を照らし見ること。

觀照般若　[術語]三種般若の一。實相の理を觀照する智慧にして即ち般若の身體なり。般若智慧と譯す【法藏心經疏】に「觀照般若。照レ事照レ理故。」【雜論】に「觀照能觀妙慧。」

クワンセン　灌洗　[行事]佛像を洗浴すること。【寄歸傳四】に「灌二洗聖儀一。實爲二通濟一。」「ヨクザウ」參照。

灌洗佛形像經　[經名]佛說灌洗佛形像經、一卷、西晉の法炬譯。【宙帙八】(292)

クワンゼオン　觀世音　[菩薩]「クワンオン」を見よ。⊙(太平記一六)「南方より光明赫奕たる觀世音菩薩一尊飛び來りましまして。」

觀世音經　[經名]即ち觀音經のこと。

觀世音菩薩普門品　[經名]法華經第二十五品の名。觀世音菩薩が法界に周遍する門を開きて衆生を濟度するさまを說きしもの、河西王沮渠蒙遜の代に此一品を別行せしめ觀音經と稱す。「名。

觀世音受記經　[經名]過去世佛分衛經の異

觀世音菩薩授記經　[經名]又、觀世音菩薩得大勢至菩薩授記經と云。一卷、宋の曇無竭譯。佛、鹿苑に在り、華德藏菩薩の爲に如幻三昧を說き已て、光を放て安樂世界を照す、此に觀音勢至の二大士來り、佛其の過去發心の因を說き、並に補處成佛の記を授く。【地帙十二】(395)

觀世音菩薩得大勢至菩薩授記經　[經名]觀世音菩薩授記經の異名。

觀世音菩薩秘密藏神咒經　[經名]觀世音菩薩秘密藏如意輪陀羅尼神咒經の異名。

觀世音菩薩秘密藏如意輪陀羅尼神咒經　[經名]一卷、唐の實叉難陀譯。如意輪陀羅尼經と同本稍略。【成帙十】(321)

觀世音菩薩如意摩尼陀羅尼經　[經名]一卷、唐の寶思惟譯。如意輪陀羅尼經と同本稍略。【成帙十】(323)

觀世音寺　[寺名]清水寺を云。⊙(源氏)「清水のみてらの觀世音寺」

クワンゼジザイ　觀世自在　[菩薩]【大日經疏五】に「觀世自在者。即是蓮華部主。謂如來究竟觀二察十緣生句一。得レ成二此普眼蓮華一。故名二觀自在一。」「クワンオン」を見よ。

クワンゼン　觀禪　[術語]觀心し坐禪すること。但し觀心は即ち坐禪なり。【往生要集上末】に「勸心觀禪。苦而得レ道。」「ハチハイシヤ」を見よ。

クワンソウ　官僧　[職位]官より度牒を得て公に出家するもの私度にあらざるを云。【續日本紀三十五桓武紀】に「治部省奏曰。大寶元年以降。僧尼雖レ有二本籍一。未レ知二存亡一。是以諸國名帳。無レ由二計會一。望請重仰二所由一。令レ陳二任所在不之狀一。然則官僧已明。私度自止。於レ是下二知諸國一。令レ取二治部處分一。」又、僧正僧都等の官に任ぜられたるものを官僧と云。此二は共に官は私に對するの稱なり。然るに叡山第十八代の座主慈慧大師の世に於て、官服を着する勅許を得て壞色の僧衣を一變せしより、官僧の名は律僧に對するの稱となり、袍、裳、素絹等の官服又は錦襴の袈裟を着する者を官僧と云ひ、戒律の法衣を着する者を律僧と云。

クワンタウ　勸湯　[雜語]ケンタウと讀む。又、揖湯と云。湯を勸むるなり。【象器箋十】

クワンタツ　觀達　[術語]智慧の用。理を觀て其の源底に達するを云。【大乘義章十二】に「於レ法觀達。故稱爲レ慧。」【天台戒疏上】に「觀二達無始無明源底一」

クワンダイ　棺臺　[物名]柩棺を載する臺。

棺臺四門　[雜名]胎藏界曼陀羅の四門に形どりて棺外に四門を作り東南西北の次第に發心、修行、菩提、涅槃の名を附す。是れ佛道の始終を示したるもの。葬場の四門亦同じ。

クワンダウ　觀道　[術語]觀法の道。【止觀大意】に「內順二觀道一。外扶二教門一。」

クワンチ　觀智　[術語]法を觀見する正智なり。【遊心法界記】に「觀者觀智。」「カウ」を見よ。

クワンチウシシヤウ　關中四聖　[名數]「シシ

クワンチヤ　勸茶　[雜語]ケンサと讀む。茶を勸ること。禪林の語。【象器箋十】

クワンチヤウ　管長　[職位]神佛二道の一宗一派を管轄する主長にして內務大臣の許可を經て就職し、末寺住職の任免、教師等級の進退、寺院所屬の寶物什器の類の保存等、監督官廳に對して總て責任を負ふ。就職に撰擧、交代、世襲等あり。共に勅任待遇を受くるものとす。

クワンチヤウ　寬朝　[人名]遍照寺の寬朝。敦實親王の第二子、宇多法皇の孫。寬空阿闍梨に從て密法を禀く。遍照寺に居て一流を立て、世に廣澤派と稱

す。寛和二年大僧正となり、長德四年寂す。朝兼て聲明に善し、密徒之を傳ふ。【元亨釋書四】

クワンチヤウ　貫頂　〔職位〕貫首に同じ。⦿（太平記）「一山の貫頂」

クワンチヤウサンマイ　觀頂三昧　〔術語〕百八三昧の一。【智度論四十七】に「觀頂三昧者。入二此三昧中一。能遍見二諸三昧一。如下住二山頂一悉見中衆物上。」

クワンヂホン　勸持品　〔經名〕法華經卷第五、第十三品の名。品の前半は諸の菩薩比丘等が佛命を奉じて法華を受持し、弘通することを說き、品の後半は佛が更に諸菩薩に受持弘通を勸むることを說きしものなれば勸持品と云。即ち前半は持にして後半は勸持なり。

クワンヂヤウ　灌頂　〔術語〕梵語 Abhiṣecanī 天竺の國王即位の時に四大海の水を以て頂に灌ぎ祝意を表す。密教には此世法に傚て其の人加行成就して阿闍梨の位を嗣ぐ時壇を設けて灌頂の式を行ふ。顯教には等覺の菩薩色界の魔醯首羅天に於て十方の諸佛より灌頂を受て成佛する事を說けども、學人に於て之を實行するの法則を說くものなし、【大日經疏八】に「如二西方世人一。受二灌頂法一時。取二四大海水及境內一切河水一。具置二寶藥穀等一。作二境內地圖一。令三此童子踞二師子座一。以二種種珍寶一莊嚴。所レ統眷屬。隨二其大小一。列次陪奉。韋陀梵志師。坐二於象寶一。以臨二其後一。持二此寶水一。以注二象牙一。令レ墮二其頂上一。而後唱令。以告二衆人一。又歎二說古先哲王治人濟代之法一。如レ是隨順行者。當下得二壽命長遠一。本枝繁盛。克紹中轉輪之業上。若不レ作二如レ是事一者。則當下自退二其位一殞レ身絕上嗣。如レ是一一。而教二誨之一。今此法王子灌頂。則不レ如レ是。陳二列密嚴佛土法界大圖一。坐二於妙法蓮華自在神通師子之座一。以三本性淸淨智慧慈悲水具含二萬德一。而灌二其心一。爾時諸菩薩衆。下至二八部衆生一。莫レ不三歡喜讚喜而生二敬仰一。時阿闍梨。以二法王遺訓一。而教二訓之一。從レ此以後。當レ得下生二如來家一定紹中佛位上。若不レ如レ是對明一。則不レ知二正法尊法一也。」【同十五】に「譬如二世間刹利之種一。謂欲下紹二其繼嗣一令中王種不上レ斷故。爲二其嫡子一。而作二灌頂一。取二四大海水一。以二四寶瓶一盛レ之。種種嚴飾。又嚴二飾子身一。衆物咸備。又飾二大象一。於二象背上一持レ瓶。令三太子坐二於壇中一。所レ統畢集。於二象牙上一。水令レ流二注太子之頂一。灌二此水一已。本聲三唱。汝等當レ知。太子已受レ位竟。自レ今以後。所有敎勅。皆當二奉行一。今如來法王。亦復如レ是。爲レ令二佛種不上レ斷故。以二甘露法水一。而灌二佛子之頂一。令二佛種永不上レ斷故。爲レ順二世法一故。有二此方便印持之法一。從レ此以後。一切聖衆。咸所二敬仰一。亦知此人畢竟不レ退二於無上菩提一。定紹二法王之位一。諸有所作。眞言身印。瑜伽等業。皆不二敢違越一也。」これ行人の初位に就て釋す。【秘藏記末】に「灌頂義。灌者諸佛大悲。灌頂者上之義。菩薩初地乃至二等覺一。究竟遷二佛果一時。諸佛以二大悲水一灌レ頂。即自行圓滿。得レ證二佛果一。是頂義也。」此は後位に就て釋す。【表制集一】に「灌謂灌持。明二諸佛護念一。頂謂頭頂表二大行尊高一。」【秘藏記鈔七】に「以水灌頂是五種中甘露灌頂也。自餘四種無二灑水義一。雖レ無二灑水一名二灌頂一。其故灌者大悲護念義。頂者佛果最頂義。諸佛護念令レ至二佛頂住一。皆名二灌頂一也。」⦿（增鏡、內野雪）「觀音寺にて灌頂し給ひて」

二種灌頂　〔名數〕一に傳教灌頂、如法に行を積みたる人に對して秘法を傳受し阿闍梨の職位を紹がしむる灌頂を云。又、傳法灌頂とも受職灌頂とも稱す。二に結緣灌頂、唯佛緣を結ばしむる爲に一般の人を灌頂壇に引入し、花を投ぜしめて其尊の印眞言を授くるに止まり、敢て秘法の授受なきを云。【演密鈔四】に「灌頂之言。有二二種別一。一傳敎灌頂。二結緣灌頂。結緣者。准二下疏明一。若人因レ遇二道場一。便云二法緣難レ値。乞三兼爲二濟者一。爲作二灌頂一。得二灌頂一已。於二一切眞言門本尊法中一。求二受眞法印法。隨レ分修行。故名二結緣一。二傳敎灌頂。從二初發心一。求二阿闍梨一。爲レ欲レ紹二阿闍梨位一故。師許可已。爲造二立漫茶羅一。具二足儀軌一。而與二灌頂一。得二灌頂一已。堪レ紹二師位一。故名レ得二傳敎灌頂一。名二阿闍梨一也。」

三種灌頂　〔名數〕一に摩頂灌頂、諸佛行者の頂を摩して成佛の記を授くるを云。二に授記灌頂、諸佛言說を以て成佛の記を與ふるを云。三に放光灌頂、諸佛光を放て其人に利益を被らしむるを云。【秘藏記末】図一に成就眞言灌頂。受明灌頂なり。二に滅罪求福灌頂。息災灌頂なり。三に來生求果灌頂。增益灌頂なり。【瞿醯經上】図一に結緣灌頂。二に傳法灌頂。三に自證灌頂。

四種灌頂　〔名數〕一に除難灌頂。降伏灌頂なり。二に成就灌頂。受明灌頂なり。三に增益己身灌頂。四に得阿闍梨位灌頂。傳法灌頂なり。【瞿醯經下】図一に庭儀灌頂。二に堂上灌頂。三に無職衆灌頂。古き名目には無作法灌頂と云。四に平座灌頂。

五種灌頂　〔名數〕一に阿闍梨灌頂。即ち傳法灌頂なり、之に三部の別あり。二に受明灌頂。又成就灌頂と云。三に息災灌頂。又滅罪灌頂と云。四に增益灌頂。又求果灌頂と云。五に降伏灌頂。又除難灌頂と云。【入壇鈔二】図一に光明灌頂。光明を以て行者の身を加被するなり。二に甘露灌頂。

香水を頂に灌ぐなり。三に種子灌頂。種子を觀じて身心に布くなり。四に智印灌頂。印契を以て五處に加持するなり。五に句義灌頂、眞言の義を觀じて之を心胸に布き能く之を悟解するなり。【金剛頂義釋】図五種の三昧耶を五種灌頂と云ふ。巳上諸種の中、三種中の事業灌頂一と、四種灌頂の四と、五種灌頂中第一種の中の甘露灌頂一と、其の第二種の中の學法灌頂巳下の三とは正く瀉水灌頂にて、餘は皆或は師の護念を受け或は佛智を傳ふるに就て灌頂と云ふ。⦿（太平記一八）「八王子は千手觀音の垂跡以二無垢三昧力一。濟二奈落迦重苦一。灌頂大法王子なり」

授職灌頂 〔修法〕 密教の授職灌頂は上に說く二種灌頂中の傳教灌頂なり。顯教は等覺の菩薩に於て之を說く。【七卷楞伽經二】に「得二此智一已。知レ無二境界一。了二諸地相一。即入二初地一。心生二歡喜一。次第漸進。乃至善慧。及以法雲。諸有所作。皆悉已辨。住二此地一已。有二大寶蓮華王一。衆寶莊嚴。於二其華上一。有二寶宮殿一。狀如二蓮華一。菩薩往修二幻性法門一。之所二成就一。而坐二其上一。同行佛子。前後圍繞。一切佛刹。所有如來。皆舒二其手一。如二轉輪王子灌頂之法一而灌二其頂一。超二佛子地一獲二自證法一。成下就如來自在法身上。」【六十華嚴經二十七】に「爾時。諸佛及大菩薩。知下某世界某甲菩薩摩訶薩行二如レ是道一成中就受職上。即時十方無邊菩薩乃至住二九地一者。皆來圍繞。乃至於二金剛莊嚴胸一出二一大光明一。名二破魔賊一。無量百千萬光。以爲二眷屬一。照二十方世界一。乃至照二一切世界一已。集二在虛空一。示二大神通莊嚴之事一。入二是菩薩頂一。眷屬光明。入二眷屬蓮華上諸菩薩頂一。乃至十方一切諸佛光明。入二是菩薩頂一時。名爲レ得レ職。名爲レ入二諸佛界一。具二佛十力一。墮三在佛數一。佛子。譬如下轉輪聖王太子成二就王相一。轉輪聖王令三子在二白象寶閻浮檀金座一。取二四大海水一。上張二羅幔一。種種莊嚴。幢幡妓樂。執二金鍾香水一。灌二子頂上一。即名爲二灌頂大王一。具足轉二十善道一故。名二轉輪聖王一。菩薩摩訶薩。亦復如レ是。受職時。諸佛以二智水一。灌二此菩薩頂一。名二灌頂法王一。」

灌頂護摩 〔修法〕 灌頂中に修する息災護摩を云ふ。初夜に金剛界の灌頂を了はり、胎藏界に移らんとする中間に、大阿闍梨、自ら護摩壇に登り、金剛界大日を本尊とし受者を阿闍梨の左側に座せしめ、西面して之を修するを法とす。或は阿闍梨自ら之をなさず親教師をして之をなさしむることあり。四座又は二座三座に之を修するあり。其の修法は火天壇に火天を請じ、部主壇には理智冥合の寶生如來を觀じ、本尊壇には金剛界大日を觀じ、諸尊壇には五佛を觀じて兩部の諸尊を攝じ、世天壇には、金剛界外金剛部の二十天を觀じ、各壇に於て護摩を修し以て受者の息災を祈る。

灌頂壇授弟子道具 〔雜名〕 灌頂前に楊枝、金剛線の二種あり。灌頂後に金錍、明鏡、寶輪、法螺の四種あり【大疏八、演奧鈔三十】

灌頂壇曼荼羅 〔修法〕 弟子灌頂を受けて後自身を以て中臺大日と成し、十二尊を勸請して之を圍繞せしめ、以て護摩を修して自の新佛を供養するなり。【大疏八】

灌頂幡 〔物名〕 幡に灌頂の功德を具すれば灌頂と名け、又幡を高く懸けて其端人の頂に觸るるさま灌頂に類すれば灌頂の名を附す。續命神幡、命過幡など種種あり。【秘藏記末】に「世人皆以レ幡號二灌頂一。是以二幡功德一。先爲二輪王一。後終成レ佛。以致二佛果一。名爲二灌頂一。是故知以レ果名レ因也。」【塩囊鈔十五】に「佛法の幡を菩薩形の幡と名く、定慧の手あり、四波羅蜜の足あり、三身の坪あり、三角の智形あり、是を堂中に係くるに靡くに隨て人皆佛道に入る功德あり。されば大國の法に高く幡の足を懸け人の頭の上にさはる程にして、其下を通るものは幡頭に當れば其の人の罪障を滅する得益あるなり、之を灌頂と云ふなり、旗頭に當る故に頂に灌ぐといふ名あるなり。」《第廿六圖參照》

御即位灌頂 〔修法〕 鎭護國家十箇秘法の一。【天台史略下】に「天皇御即位灌頂は、畏くも弘仁の朝に大師傳教嵯峨天皇に授け奉る所の秘法にして、歷朝御即位御祈毎に座主之を修すと云。今其一二を擧ぐれば、先奉授五種印、五眼各別也次奉授智拳印、次奉授十善戒、次四要器、方便安樂壽量普門次奉授帝王印明等云云。上代には本寺開祖傳教大師は嵯峨天皇に、慈覺大師は清和天皇に授け奉るとは、後土御門天皇御宇文明六年七月七日に前天台座主大僧正公承が無品堯胤法親王に授けたる鎭護國家秘密十條に見えたり。」

ながれ灌頂 〔行事〕 幡を流の中に建つるを流れ灌頂と云。其法は卒都婆を流水の上に建てて幡を之に懸け、塔幡共に光明眞言及び諸陀羅尼或は彌陀の名號を書す。水この幡に觸れて滄海に至れば海水と共に竭きず、水中群品永劫此福に浴し、一として灌頂の功德を被らざるなし。【續谷響集】【眞俗佛事編五】に「此法經軌に出づるにあらず、吾朝の古德經軌の旨に依て設けたるなり」と

灌頂加行 〔修法〕 灌頂の法式を行ふ前に、準

備として、豫修する修行を云ふ。⦿(增鏡、浦千鳥)「御灌頂の御けぎやうとぞ聞ゆる」

灌頂御所 【堂塔】宮中に、灌頂道場とて、陛下玉體の安穩を祈禱し、または、時時の秘密行法を修すべき眞言道場を云ふ。

灌頂經 【經名】佛說灌頂經、十二卷、東晉の帛尸梨蜜多譯。三歸五戒經より生死得度經に至る十二部の經を集めたるもの。十二經の一一に佛說灌頂の四字あれば灌頂經と名く。其の功德に就て云ひしもの、灑水灌頂の義にあらず。【成帙六】

灌頂王喩經 【經名】佛說灌頂王喩經、一卷、宋の施護譯。三種の灌頂王に喩て三種の比丘を說く。【宿帙八】(950)

クワンヂヤウ 灌頂 天台の章安大師。名は灌頂、字は法雲、章安の人。天台の法嗣。玄義文句止觀の三大部、師の筆に成る。唐の貞觀六年八月七日國淸寺に終る。壽七十二。【續高僧傳十九】

灌頂國師 【人名】唐の金剛智三藏、至る所必ず結壇灌頂をなす。寂後灌頂國師と諡せらる。【釋門正統紀八】

クワンヂヤウサンマヤ 灌頂三摩耶 【術語】三昧耶は要誓の義。灌頂を行ふとき堅固の要誓を發すべし、之を三昧耶と云。依て作法に就て灌頂と稱し、受者の心に就て三昧耶と云、其體は一なり。而して大日經秘密曼陀羅品に三種の灌頂と五種の三昧耶を說き、三種の灌頂は作法の差別を示し、五種の三昧耶は灌頂の淺深を辨ず。【大日經疏十五】

クワンヂヤウダン 灌頂壇 【物名】戒に戒壇ある如く密に灌頂壇あり。又密壇と名く。灌頂の聖式を行ふ壇場にして、梵に曼陀羅と云。壇とは唯土を築くの謂にあらず、其法に隨て諸尊を布列し以て圓滿の都會を作すを云。依て曼陀羅を輪圓具足とも譯す。此法支那に在ては金剛智より始り、吾朝には傳敎を以て始とす。【宋高僧傳一金剛智傳】に「開元已未歲。達二千廣府一。勅迎就二慈恩寺一。尋移二薦福寺一。所住之刹。必建二大曼拏羅灌頂道場一。度二於四衆一。」【元亨釋書一傳敎傳】に「九月一日。延曆二十四年勅於二淸瀧峰高雄道場一。起二都會大壇一。撰二諸寺智行兼備者一。受二灌頂三摩耶一。乃至是本朝密灌之始也。」

クワンヂヤウヂユ 灌頂住 【術語】十住の一。十住の位の最頂なれば名く。「ヤウ」を見よ。

クワンヂヤウバン 灌頂幡 【物名】「クワンヂ

クワンヂヤウブ 灌頂部 【術語】密敎の經典を云。灌頂の式を行て其奧義を傳授すればなり。【稽古略三】に「於二灌頂部一。誦二出一品一。名二楞嚴經一。」

クワンテイ 關帝 【神名】關雲長嘗て玉泉山に於て靈を現じ、戒を天台の智者に受け、佛祖統紀六智者傳禪を神秀禪師に問ひし三國英雄志傳十三と云を以て、和漢の僧伽藍に護伽藍神として之を祭る。「ガラン」の項を見よ。

クワンテン 勸轉 【術語】三轉法輪の一。苦集滅道の法に於て次第の如く知斷證修を勸むると。【三藏法數九】

クワントウサンリウ 關東三流 【名數】淨土宗鎭西派六流のうち、關東に本寺を有する白旗、藤田、名越の稱。

クワントウシセツ 關東四刹 【名數】黃檗の鐵牛が創建せし關東の四寺を云ふ。駿河加島の瑞林寺、相模入生田の長泰寺、武藏洲崎の興福寺、陸奧仙臺の大念寺これなり。

クワントウジフハチダンリン 關東十八檀林 【名數】關東に於ける淨土宗十八箇の講談所を云ふ。即ち相模鎌倉光明寺、江戶小石川傳通院、江戶芝增上寺、江戶下谷幡隨院、江戶深川靈巖寺、武藏鴻巢勝願寺、常陸瓜連常福寺、下總飯沼弘經寺、上總生實大巖寺、武藏川越連馨寺、下總結城弘經寺、下總小金東漸寺、武藏岩槻淨國寺、武藏瀧山大善寺、常陸江戶崎大念寺、上野新田大光寺、上野館林善導寺、江戶本所靈山寺これなり。德川家康彌陀の十八願に擬し松平十八公の盛運を祈らしむる意によりて建立せられたりと云へども、天和以後に至りて初めて確立せしものの如し。中に就き、光明、傳通、常福、大光、弘經の五寺を紫衣檀林と云ひ、幡隨以下の十二寺を香衣檀林と稱するは、其の寺格衣體による名にして、特に光明傳通の二寺は知增兩上の候補地なるを以て、二枚紫衣地と稱す。各寺朱印を給せられ、多數の學徒を養成して、所謂九部宗學を研究し、宗戒兩脈を授くる特典を有し、德川時代に於ける同宗の學處として繁榮を極めたり。

クワントウロクラウソウ 關東六老僧 【名數】親鸞聖人門下の耆宿六人を云ふ。明光坊は相模三崎野比村四方寺最寶寺に作るを創め、陵源房了源坊に作るは相模高麗寺村善福寺を、玄海坊源海坊に作るは三河高橋庄力石村如意寺を、源誓坊は甲斐等等力村萬福寺を、專海房は三河長瀨村願照寺を、了海房は武藏麻布善福寺を創む。一說に源海專海を除きて、常陸下妻光明寺明空坊、下總結城稱名寺の信證房を加ふ。

クワンナ 渙那 【地名】國の名。「ウテン」を見よ。

クワンナン 官難 【術語】橫に王法の害を受くると。九橫の一。【藥師經】に「橫被二王法之所一誅戮一。」【灌頂經十二】に「橫遭二縣官一。」

クワンネン　觀念 [術語] 眞理又は佛體を觀察思念すると。⦿(太平記一一)「更に觀念定坐の勤を忘れたるに似たり。」(曲、葛城天狗)「我が觀念の眼の前には」

觀念法門 [書名] 一卷、唐の善導の著。卷首の題に觀經阿彌陀佛相海三昧功德法門一卷と云ひ、卷尾の題に觀念阿彌陀佛相海三昧功德法門經一卷と云。觀佛三昧念佛三昧の法門を明かせしもの。五部九卷の一。

クワンネンネンブツ　觀念念佛 [術語] 口稱念佛に對す。阿彌陀佛を觀察憶念するを云ふ。一枚起請文に「もろこし我がてうに、もろもろの智者達のさたし申さるる觀念の念にも非ず、」と云へる是なり。古來念佛の語に就いて其の解釋兩樣あり、一は、念は觀念の義にして、佛を觀察憶念するを云ふとし、一は念は稱念の義にして佛の名號を唱ふるを云ふと爲せり。この觀念を全然觀の義に解し觀念念佛を觀佛と混同するものもあれども觀念は觀察して所緣の境を照了する意と、憶念して所緣の境に於て持して忘れざるを義とす。故に觀念中には觀と念とを具有すと見るを當然とす。

クワンヒクヲン　觀彼久遠 [雜語] 歌題。【法華經化城喩品】に「譬如下三千大千世界所有地種。假使有レ人磨以爲レ墨。過二於東方千國土一。乃下二一點一。大如二微塵一。又過二千國土一。復下二一點一。如レ是展轉盡中地種上。於二汝意一云何。是諸國土。若算師。若算師弟子。能得二邊際一。知二其數一不。不也世尊。諸比丘。是人所レ經國土。若點不レ點。盡抹爲レ塵。一塵一劫。彼佛滅度以來。復過二是數一。無量無邊。百千萬億。阿僧祇劫。我以二如來知見力一故。觀二彼久遠一。猶如二今日一。」⦿(拾玉)「する墨のいふばかりなき古もけふかきつくる心地こそすれ」

クワンフゲンギヤウ　觀普賢經 [經名] 佛說觀普賢菩薩行法經の略名。一卷、劉宋の曇摩蜜多譯。普賢菩薩を觀念して六根の罪を懺悔する法を說く。是れ法華經の普賢勸發品と相表裏を爲す。故に之を法華の結經と定め、且つ天台は法華の懺法を修するに全く此經を宗とす。【盈帙四】(394)⦿(盛衰記三)「觀普賢經一卷」

クワンフゲンクワンギヤウ　觀普賢觀經 [經名] 觀普賢經の別名。

クワンフシギキヤウ　觀不思議境 [術語] 十乘觀法の第一。一念の心に就て不思議の理を觀ずるを云。境とは理の別名。理の智に對するを境と云。不思議とは即空即假即中なり、此法三にして一、一にして三、三一互融して前ならず後ならず、之を指して不思議と云。此不思議の理を一念の妄心に就て觀ずるなり。要するに一念の妄心即ち三千三諦の妙理なりと照すのみ。【四教儀】に「觀不思議境。謂觀二一念心一。具足無レ減二三千性相百界千如一。即二此之境一即空即假即中。更不二前後一。廣大圓滿。橫竪自在。」

兩重能所 [術語] 天台山外の異義に眞性を以て觀境と立て、陰妄の念を以て所觀と爲すを許さず。四明尊者十義書に之を通破し、且つ指要鈔兩重の能所を立てて、陰妄正く所觀の境たるを明かす。先づ觀とは三千を觀ずる能觀の智なり、猶槌の如し。不思議境とは三千の妙諦即ち所觀なり、猶砧の如し。此の觀智と妙境とを相望して一重の能所を立つ。而して陰妄の一念は猶淳朴の如し、何となれば陰妄の一念是れ三千の妙境なり(即ち不思議境)と觀解すればなり。(即ち觀)故に此二を陰妄の心に望ますれば共に能觀となりて更に一重の能所あり。要するに能觀の智慧の槌と所觀の妙境の砧とを以て現前陰妄の心の淳朴を鍛ひ、以て三千三諦の妙體ならしむるなり。【指要鈔上】に「今更自立二一譬一雙明二兩重能所一。如レ器二諸淳朴一。豈單用レ槌而無レ砧耶。故知槌砧自分二能所一。若望二淳朴一皆屬レ所也。智者以レ喩得レ解。」

クワンブツ　觀佛 [術語] 佛體を觀想すると。觀無量壽經、觀佛經など詳に之を說く。

觀佛三昧 [術語] 一心に佛の相好形色を觀想すると。此三昧成就すれば佛の來現を見る。

觀佛眞言 [眞言] 二卷。【敎王經上】に「於二虛空一觀レ佛。徧滿如二胡麻一。則誦二徧照明一。歷然見二諸佛一。觀佛眞言曰。(ケン　虛空又金界大日種子)(バザラ　金剛)(ダツ　界)」

觀佛經 [經名] 佛說觀佛三昧海經の略名。

觀佛三昧經 [經名] 上に同じ。

觀佛三昧海經 [經名] 佛說觀佛三昧海經、十卷、東晉の佛陀跋陀羅譯。佛の相好及び其の功德を觀ずるとを敎へしもの。海とは三昧の功德深廣なるに譬ふ。【黃帙五】(208)

クワンブツ　灌佛 [行事] 又、浴佛と云。佛像を灌浴して之を拂拭すれば其功德廣大なると經に之を說き、西天の法每に之を作すと云。【寄歸傳四】に「但西國諸寺。灌二沐尊儀一。每於二禺中一(正午を云)之時。授事(執事のと)便鳴二健稚一。寺庭張二施寶蓋一。殿側羅二列香瓶一。取二金銀銅石之像一。置以二銅金木石盤一。內令二諸妓女奏二其音樂一。塗以二磨香一。灌以二香水一。以二淨白氎一而揩二拭之一。然後安二置殿中一。布二諸華綵一。此乃寺衆之儀。令二羯磨陀那(授事と譯す)作レ之矣。然於二房房之內一。自浴二尊儀一。日日皆爲二要

心一無レ闕。乃至二於銅像一。無レ問二小大一。須二細灰甎末一。揩拭光明。淸水灌レ之。澄華若レ鏡。大者月半月。盡合レ衆共爲。小者隨二己所一レ能。每須二洗沐一。斯則所レ費雖レ少。而福利尤多。其浴像之水。擧以二兩指一。瀝レ自二頂上一。斯謂二吉祥之水一。冀三求勝利一。乃至曾見二有處一。四月八日。或道或俗。持二像路邊一。灌洗隨レ宜。不レ知二揩拭一。風飄日曝。未レ稱二其儀一矣。」之に依れば西天の俗灌佛は平常の事なるが、佛說摩訶刹頭經に依れば殊に四月八日佛生日の灌佛、般泥洹後灌臘經に依れば四月八日の佛生日と七月十五日の夏滿日の灌佛を說く。而て和漢兩宗一般に行はるるは佛生日の灌佛にして、禪宗には臘八の灌佛とて十二月八日の佛成道にも灌佛式を行ふなり。臘八の浴佛は譬喩經に依る。「ラウハチ」を見よ。【秘藏記本】に密教の沐像法を說て「卽觀下以二此本來自性淸淨水一浴二諸佛無垢身一。及洗中自他衆生界百六十心上卽浴。」般泥洹後灌臘經、佛說灌洗佛形像經、摩訶刹頭經、佛說俗像功德經、浴佛功德經、新集浴像儀軌の經軌あり。

灌佛香湯 〔物名〕【浴像功德經】に「應下以二牛頭栴檀、紫檀、多摩羅香、甘松、芎藭、白檀、鬱金、龍腦、沈香、麝香、丁香、如レ是等妙香一。隨二所レ得者一以爲二湯水一。置中淨器中上。」然るに禪宗の一法には七種の香を用ふ。【象器箋十三】に「舊說曰。浴佛香湯方。沈香一兩白檀一兩甘松半兩丁子半兩熏陸半兩芎藭半兩鬱金壹錢三分 此七種盛二淨布囊一投二鐺內一。」

灌佛齋 〔行事〕劉宋の孝武帝大明六年（日本の雄略帝六年に當る）四月八日、內殿に於て灌佛齋を設く。【佛祖統紀三十六】

灌佛會 〔行事〕又、佛生會と云。四月八日に之を行ふ。⦿（公事根源）に「御殿の母屋の御簾を垂れて、日の御座を撤して、其跡に山かたを立てたる、一佛の生れ給ふけしきを作り、絲にて瀧を落し、色色の作物あり。北の方に机を立てて、鉢五に五色の水を入れらる。公卿參集りて、殿上にさぶらふ。女房の布施とも、色色に結びたる花につけて、風鈴などあるを、衣箱のふたに入て、臺盤所より出さるれば、藏人とりて、殿上の臺盤の上におく。上達部、わが布施の舟づつみを持て、御殿のなげしの上なる白木の机に置て、次第に座に付く。御料の御布施はかみをおかる。不參の人の布施藏人おく。御導師の僧まう上りて、佛前の作法終りて、鉢の水を一に汲み合せて、先御導師御灌佛す。公卿次第に進みて笏をさし、膝行してひさごを執りて、水を汲みて灌佛して、後禮佛す。導師布施給ひて退く。此佛生會は推古天皇より始る。釋迦如來の倶毘藍城にて生れ給ひける時、天龍下て水を灌ぎて、釋尊にあびせ奉し事を申すなり。」【續日本後紀九（仁明年承和七年四月の紀）】に「癸丑。請二律師傳灯大法師靜安於淸涼殿一。始行二灌佛之事一。」（公事根源と異なる）《第廿七圖參照》

灌佛經 〔經名〕佛說灌洗佛形像經の略名。

灌佛偈 〔雜名〕【敕修淸規佛降誕】に「維那宣疏畢擧二唱浴佛偈一云。我今灌二沐諸如來一。淨智莊嚴功德衆。五濁衆生令レ離レ垢。同證二如來淨法身一。」偈は浴像功德經に出づ。然るに【瑩山淸規浴佛偈】に「稽首大聖薄伽梵。天上天下兩足尊。我等今以二功德水一。灌二浴如來淨法身一。」未だ何の典に出づるを考へず、洞宗の諸刹皆此偈を唱ふ。

クワンブツヰシユウ　觀佛爲宗 〔術語〕觀無量壽經は觀佛三昧を以て經宗となすを以て云ふ。無量壽經の念佛爲宗とするに對す。

クワンヘンゲシヨシフ　觀遍計所執 〔術語〕歌題。【法苑義林章一末】に「略有二五重一。一遣虛存實識。觀下遍計所執唯虛妄起都無中體用上。應二正遣レ空。情有理無故。觀二依他圓成諸法體實二智境界一。應二正存レ有。理有情無故。」此は法相宗に萬法唯識の理を觀ずるに、麁より細に及ぼして五重の觀を立る中の第一重遣虛存實の唯識觀なり。遣虛存實とは三性の中遍計所執性は體性空無として之を撥遣し、依他起性と圓成實性とは虛無にあらずと觀じて之を存留するを云。遍計所執性とは一に凡夫の迷情に止まり、其體性なきと恰も繩を見て蛇と思ふも、蛇は但妄想にして蛇の實體なきが如し。依他起性とは因緣に依て起る假の事物にして、此因緣所生の法はたとひ實有ならざるも決して空無ならざるは尙繩の假相あるが如し。次に圓成實性とは眞性の體性にして、此性萬有に周遍して實有なるは尙繩に於る麻の如し。依て遍計は空無、依他は假有、圓成は實有と云。此三性を分別するが第一重の唯識觀なり。⦿（新千載）「尋ぬればそこともみえずははきぎのありとばかりに迷ひける哉」

クワンホツ　勸發 〔術語〕人に勸めて佛道の心を發さしむること。

勸發品 〔經名〕普賢菩薩勸發品の略。法華經第八卷、第二十八品の名。普賢菩薩が東方より來て種種の勝事を以て持經の人の心を奬勵し發起することを說く。

勸發諸王要偈 〔書名〕一卷、龍樹撰、劉宋の僧伽跋摩譯。龍樹菩薩爲禪陀迦王說法要偈及び龍樹菩薩勸誡王頌と同本、種種の勸誡を說く。【藏帙八】(1440)「の內。

クワンボクリ　棺木裏 〔雜語〕死屍を收むる箱

棺木裏瞠眼 〔譬喩〕 着語。瞠眼は目を開いて物を見詰ること。棺内の死人が再生して目を開く意にて、死中活を得るを喩へて云。【種電鈔一本】に「方語。死中得レ活。此謂三心識喪盡了即有二大活處一。此謂二之觸髏無識之活境界一也。」一說に鉢漢を罵る語、活きて眼は瞠若たるも、其照用なきは死人も同樣なれば棺中の瞠眼と云。生きた死人と云ふ如し。

クワンボフ 觀法 〔術語〕 心に眞理を觀念する法なり。觀心に同じ。【止觀】に「觀法雖レ正。著レ心同レ邪。」【止觀大意】に「慧文但列二內觀視聽一而已。洎二乎南嶽天台一。復因二法華三昧一。發二陀羅尼一。開二拓義門一。觀法周備。」◉（增鏡、北野の雪）「御觀法などあるには人の參ることもたやすくなし」

六觀法 〔名數〕 本業經上に出づ。一、住觀。別敎の菩薩十住位中に於て一切法性皆空の空觀を修習する。二、行觀。別敎の菩薩十行位の中に於て一切法無不具足の假觀を修習する。三、向觀。別敎の菩薩十回向位中に於て一切法非空非假即中道の觀を修習する。四、地觀。別敎の菩薩十地位中に於て中觀を修習し住持して動せざる。五、無相觀。別敎の菩薩等覺位中に於て中觀を修習し惑染の性相本空と了知する。六、一切種智。別敎妙覺の果佛中道の觀を成じ、一切道種の差別を知る觀を名く。

三種觀法 〔名數〕 天台所立觀心の法規に三種あり。一に託事觀、又、曆事觀と名く、事相の一一を心に入れて實理に觀じ成ずるなり、王舍城を心王になして觀じ、萬二千の聲聞を十二入に各千如を具して萬二千と觀ずる如し、【文句一】に「一一句入レ心成レ觀。故云二觀與レ經合一。」【輔行二二】に「槃特掃箒。支佛華飛。並是託事具理之明文也。」四釋の中の觀心釋是なり。二に附法觀、佛所說の四諦十二因緣等の法門を心に入れて實理に觀ずるなり、是れ亦前の如く別に能觀の智と所觀の境とを限定するとなし。【釋籤一】に「觀心者。隨レ聞二一句一攝レ事成レ理。不レ待二觀境一方名二修觀一。」三に約行觀、又從行觀とも直達觀とも名く、一念の心を所觀の境と定め心性のままに即空即假即中と觀ずるなり。之に就て十乘を立つ、是れ前二に異なりて觀行を專にするものなれば從行とも約行とも名く。此三種を三大部に配すれば文句は託事觀なり、玄義は附法觀なり、止觀は約行觀なり。【止觀義例下】は「夫三觀義唯三種。一者從レ行。唯於二萬境一觀二於一心一。萬境雖レ殊妙觀理等。如レ觀二陰等一即其意也。二約二法相一。如下約二四諦五行之文一入二一念心一以爲中圓觀上。三託二事相一。如三王舍耆闍名從レ事立。借レ事爲レ觀以導二執情一。」

クワンミロクゲシヤウキヤウ 觀彌勒下生經 〔經名〕 佛說彌勒下生經の別名。二部あり。一は羅什譯、一卷。【閏帙九】一は竺法護譯、一卷。【黃帙五】(205)

クワンミロクジヤウシヤウキヤウ 觀彌勒上生經 〔經名〕 佛說觀彌勒菩薩上生兜率天經の略名。「ミロク」を見よ。

クワンムリヤウジユキヤウ 觀無量壽經 〔經名〕 佛說觀無量壽佛經の略名、一卷、宋の畺良耶舍譯。韋提希夫人の請に應じて頻婆沙羅王の宮中に臨み、十六觀に分けて阿彌陀佛の身相及び淨土の相を觀想することを說きしもの。【地帙十二】(198)

觀無量壽經王宮會 〔術語〕 歌題。一經二會あり。一は王宮會、釋尊の正しく王宮に於て十六觀を說きしもの。二は耆闍會、阿難が王宮に於て之を聞き後に耆闍崛山（靈鷲山と譯す）に還りて之を複演せしもの。依て今の經文は王宮會に止まり、耆闍會は最末に其事あるを記せるのみ。◉（續千載）「春やときみ山櫻にさき立ちてみやこの花はまづぞひらけし」

觀無量壽經得益分 〔術語〕 歌題。唐の善導觀經疏に一經を五段に科して第一序分、第二正宗分、第三得益分、第四王宮流通分、第五耆闍分と云。得益分とは十六觀の正宗說を終りし後に、韋提希夫人及び五百侍女が西方の淨土及彌陀三尊を見ることを得て、韋提希は無生法忍の悟を得、五百の侍女は各無上菩提心を發したる利益を說きし一段を云。◉（新後拾）「隔こし世世の浮雲けふ消えて昔まだ見ぬ月を見る哉」

クワンモン 觀門 〔術語〕 敎觀二門の一。又、六妙門の一、觀法を云。觀法は法門の一にして道に入るの門戶なれば門と名く。【止觀大意】に「敎觀門戶。」

クワンモン 勸門 〔術語〕 觀誡二門の一。善行を勸むる敎なり。【百論疏上中】に「佛法大宗唯誡與レ勸。惡止明二諸惡莫作一。謂誡門也。善行則衆善奉行。明二勸門一也。」◉（盛衰記九）「生死斷絕の觀門」

クワンヤクワウヤクジヤウニボサツキヤウ 觀藥王藥上二菩薩經 〔經名〕 一卷、宋の畺良耶舍譯。佛、青蓮華池精舍に在り、眼光を放て二菩薩の頂を照して十方の佛事を現ず、二菩薩各咒を說て瓔珞を佛に獻ず。佛、二菩薩に成佛の記を授け、次に其の觀法を說き、五十三佛の名を說き、終りに阿難の爲に二菩薩往昔の因緣を說く。【閏帙十】(305)

クワンラフ　灌臘　〔行事〕灌は即ち浴佛、臘は夏滿の日なり、毎年夏滿の日に灌佛の式を行ふを灌臘と云ふ。

クワンラフキヤウ　灌臘經　〔經名〕般泥洹後灌臘經の略名。灌は四月八日の灌佛を云ひ、臘は七月十五日の盂蘭盆を云ふ（此日は比丘安居の終りの日なれば臘と云ふ）阿難の問に依て佛の滅後此兩日に於て齋會を設くべきを説きしもの。一卷、西晋の竺法護譯。【辰帙十】（125）

クワンリキ　觀力　〔術語〕觀法の力。【止觀大意】に「如上諸境。並須觀力。而調伏之。」

クワンリヤウノミヤ　管領宮　〔雜名〕輪王寺宮第一世、一品守澄法親王、後光明天皇承應三年山門、日光、東叡の三山を兼薫し、天台一宗を管領せしより管領宮と稱す。親王は後水尾天皇の第三の皇子にして青蓮院尊純親王の弟子なり。【天台史略下】

クワンレイス　關捩子　〔物名〕ねぢ。物の緊要なる處を喩て云。【傳燈九黃檗章】に「如四祖下牛頭大師。横説竪説。未知向上關捩子。」【碧巖第一則評唱】に「撥轉關捩子。出自己見解。」

クワンレン　貫錬　〔雜語〕貫通し練習すると。【無量壽經上】に「博綜道術。慣練辟籍。」

クワンレンクンジユ　觀練薫修　〔術語〕三種禪中の第二出世間禪の四種なり、一に觀禪、九想八背捨、八勝處、十一切處なり。此四通じて法相を觀ずれば觀禪と名く。二に練禪、四禪四空滅盡定の九次第定なり。上の觀禪に於て色無色の八定を得ると雖もこれに入るには則ち垢滓の間離するあり、今純熟せしめんと欲して初淺より後深に至り次第して入り、中間垢滓の間雜あることなく、不次第をして次第ならしむる故に次第と名く。亦た是れ無漏有漏を練りて諸の間穢を除く故に練禪と名く。三に薫禪、獅子奮迅三昧なり。前の九次第定に於て次第無間に入るを得るも逆次無間に出ると能はず、今は次第無間に入り、亦た能く無間に出づ、以て能く麁間味禪法愛の念を除く、猶獅子の能く進み能く却きて諸の塵土を奮ふが如し。行者此法に入出して能く遍く諸禪を薫じて悉く通利轉變自在ならしむること皮を薫じて熟せしめ隨意に物を作るが如し。故に薫禪と名く。四に修禪、超越三昧なり。是れ更に前の九次第定を修得して精妙ならしめ以て近遠（初禪より三禪に入る如き近なり又初禪より滅盡定に入る如き遠なり）超入、近遠超出、近遠超住自在を得る故に修禪と名く。是の功德最も深き故に又頂禪と名く。復た次に八背捨を以て四念處を觀ずるを觀禪と名け、九次第定を以て四念處を練るを練禪と名け奮迅三昧を以て四念處を薫習するを薫禪と名け、超越三昧を以て四念處を修するを修禪と名く。【法華玄籤講述四上】に「私記四本。云觀練薫修。名出何處。檢今謂義出大品。名始南岳。此是一字相傳禪法。不必求名出處可也。淨名疏四云。觀練薫修四出大品。此南岳所出。」

クワンレンサウソウウキヤウ　棺歛葬送經　〔經名〕佛滅度後棺歛葬送經の略名。一卷、失譯人名。佛、阿難の爲に滅後棺歛葬送の式及び佛鉢の往至する所を説く。【辰帙十】（1330）

クワンロク　觀勒　〔人名〕百濟國の人、三論を研究し、旁ら外學に通ず。推古帝十年冬十月選を受て來朝、元興寺に居る。三十二年僧正僧都を置くに及び、勒を僧正に任ず、是れ本朝僧綱の初なり。【本朝高僧傳一】

クワンヱ　觀慧　〔術語〕眞理を觀ずる智慧。【華嚴疏三十六】に「觀即是慧」

クヰン　九院　〔名數〕比叡山の堂宇傳敎の點置する所九院あり。【九院佛閣抄】に「一止觀院。（號延暦寺。又號大寺。）二定心院。（又號根本中堂。）三總持院。（立延暦寺戒壇。弘仁十三年壬寅。或記云。東大寺戒壇立後。經六十九年。）四四王院。五戒壇院。六八部院。（在法華三昧堂上西尾。）七山王院。（妙見堂也）八西塔院。（本尊千手觀音。今號千手堂。）九淨土院。（在惣持院西方。）已上九箇院寺内也。先大師所點置也。」◉（太平記一七）「九院の佛閣へ、各大庄二三箇づつ寄附せらる」

クヱ　九會　〔術語〕九番の法會。華嚴經の九會説。金剛界の九會曼陀羅など。

クヱイチイン　九會一印　〔術語〕金剛界九會曼陀羅の中に一印會と云ふあり、九會の諸尊を盡く大日如來の一智拳印に納むる法門なり。依て他の八會は大日の德を開きたるもの、一印會は之を合せたるもの、即ち開合の二門なり。【東寺塔供養記】に「九會一印之同旨也。能所共表內證之眞理。」

クヱイチシヨ　俱會一處　〔術語〕同じ信心の人は共に極樂に往生して一處に會するを云。【阿彌陀經】に「衆生聞者。應當發願願生彼國。所以者何。得與如是諸上善人俱會一處。」

クヱセツ　九會説　〔雜語〕佛、華嚴經を説くに、舊譯の六十卷經に依れば七處八會にして、新譯の八十卷經に依れば七處九會なり。「ケゴン」を見よ。

クヱマンダ　九會曼荼　〔術語〕九會曼荼羅の略。

クヱマンダラ　九會曼陀羅　〔術語〕是れ金剛界の現圖曼荼羅なり。東方を正面とし、第一會を中央に置き東面より右に旋りて八會を置く、合て九會なり。九會の名稱三樣の不同あり。第一に現圖曼陀羅。

西（上）　北（右）　南（左）　東（下）

第五 四印會 十三尊	第六 一印會 大日獨一法身	第七 理趣會 十七尊
第四 大供養會 七十三尊	第一 成身會 一千六十一尊	第八 降三世羯磨會 七十七尊
第三 三昧耶會 七十三尊	第二 羯磨會 七十三尊	第九 降三世三昧耶會 七十三尊

第二に小野流

西（上）　東（下）

第五 四印會	第六 一印會	第七 理趣會
第四 大供養會	第一 羯磨會	第八 降三世羯磨會
第三 微細會	第二 三昧耶會	第九 降三世三昧耶會

第三に秘藏記

第七 普賢會 又理趣會
第八 降三世羯磨會
第九 降三世三昧耶會

西（上）　東（下）

第五 五智會 又四印會	第六 一印會
第四 大供養會	第一 根本會 又成身會
第三 微細會	第二 三昧耶會

三種名を異にすれども實體は一なり。第一會は大日如來が五相を以て現に等正覺を成じ、成佛の後に金剛三摩地より三十七尊乃至外部の諸衆を現出し衆生を攝化する様を說きしものなれば成身會と名け、曼陀羅の根本なれば根本會と名け、其の諸尊の活動する作業に就て又羯磨會と名く。是れ四曼中の大曼なり。第二會は成身會の諸尊其の本誓を示す、塔杵寳珠等の三昧耶身なれば三昧耶と名け、其の作業に取て羯磨會と名く。是れ四曼中の三昧耶曼なり。第三會は諸尊各各五智等の微細の德を標せしものなれば微細會と名け、諸尊深く禪定に入れば三昧耶と名く。四曼中の法曼なり。第四會は諸尊各各寳冠華鬘等を以て大日尊を供養する作業を述べしものなれば、大供養會と名く。四曼中の羯磨曼なり。已上次第の如く大三法羯の四曼とす。第五會は前の四會は四曼を分離して別會に各一曼を置きしを、今は四曼不離を示さむ爲に四曼を一會に合集せしものなれば、四印會と名け、又是れ大日の五智なれば五智會と名く。第六會は大日如來の獨一法界を示す爲に更に前の四曼を合して大日の獨一智拳印を示せしものなれば一印會と云。已上六會は麁より細に至る次第なり。而して是れ大日如來の自性輪身なり。又自證門なり。是れ四曼中の法三曼なり。第七會は金剛薩埵を中臺として（第五會までは大日を中臺とし第六會は大日一尊也）欲觸愛慢の四煩惱を轉じて欲觸愛慢の四菩薩となす如き深密の理趣を示したるものなれば理趣會と名く。又金剛薩埵と普賢菩薩と同體なれば普賢會と名く。是れ前六會の大日如來此會に來りて金剛薩埵の相を現じて正法を說きしものなれば、之を大日如來の化他の正法輪身（菩薩の稱）と爲す。是れ四曼中法曼なり。第八會は大日如來が强剛難化の衆生を拆伏せん爲に金剛薩埵より更に降三世明王の忿怒身を現ぜしものなれば降三世羯磨會と名く。是れ四曼中大曼なり。第九會は同じく降三世明王の三昧耶形を列ねたるものなれば、降三世三昧耶會と名く。是四曼中三曼なり。此の二會は大日の化他の教令輪身（明王の稱）なり。要するに九會の曼荼羅は大日如來の三輪身なり。以上九會の次第は從果向因にて、大日の自證門より降伏門に出づる相なり。之に對して從因至果の次第あり、凡夫より佛果に上る相にて此時は降三世三昧耶を第一とし中央の成身を第九とするなり。【十八會指歸、秘藏記本、金剛界曼陀羅大鈔、秘藏記鈔二、眞言修行鈔三、眞言廣名目六】「コンゴウカイマンダラ」「ジョウシンエ」參照⦿（曲、安宅）「九會曼荼羅の柿の篠懸」

九會曼陀羅由來〔雜語〕九會曼陀羅は本經別會別品の說を合集せしもの、本經に於て九會次第して說く所あるに非ず。抑も金剛頂經は惣じて十萬頌十八會あり。（支那に全本の譯なし。不空は金剛大教王經三卷を譯して初會の四品中初の一品を出し、趙宋の施護は大教王經三十卷を譯して初會の四品を出す。不空譯の十八會指歸一卷によりて十八會の綱領を知るのみ）初會中に於て四品あり、

一に金剛界品、二に降三世品、三に徧調伏品、四に一切義成就品なり。其の初品に六曼陀羅を說き、第二品に十曼陀羅を說き、第三品第四品亦各六曼陀羅を說く。此の中今の九會曼陀羅は彼の初品の六曼陀羅を取て初の六會とし、第七の一會は異說あれども一義に依れば十八會中の第六會の曼陀羅なりと。次に第八の降三世羯磨會と第九の降三世三昧耶會とは十八會中初會の第二品の十曼陀羅中の第一第二の曼陀羅なり。是の如く本經十八會の中の處處の曼陀羅を拔萃し、麁細前六自證前六化他後三自性輪前六正法輪後二の次第を取て今の九會を組織せしなり。

九會曼陀羅創起〔傳說〕九會の次第は本經になしとせば、誰か之を圖示せしや。或は云ふ龍猛菩薩南天鐵塔を開きし時空中に九會の尊住を現ず。或は云ふ金剛智三藏龍智に從て之を受く。或は云ふ不空之を爲す。或は云ふ善無畏胎曼と共に之を空中に感得すと。遂に一定の說なし。【金剛界曼陀羅大鈔一、秘藏記鈔二】

九會尊數略頌〔術語〕成身千六十一尊。三微供各七十三。四十三一理十七。降降七十七三尊。分別九會諸尊位。佛體一千三十六。菩薩二百九十七。忿怒四尊執金四。外金剛部百二十。總千四百六十一。是名金剛現圖尊。圓融相即一法界。

クヲン　久遠〔術語〕久しき以前を云。【法華經壽量品】に「我成佛以來。甚大久遠。」

クヲンゴフ　久遠劫〔術語〕久しき以前の時。劫とは梵語劫波 Kalpa の異名長時を指す言葉。【法華經方便品】に「從二久遠劫一來。讚二示涅槃法一。」「コフ」の項參照。⦿（曲、現在七面）「釋尊久遠劫の其昔」

クヲンジツジヤウ　久遠實成〔術語〕久遠の昔に眞實正覺を成就せる佛體を云。

久遠實成の釋迦佛〔術語〕悉達太子に生れて菩提樹下に成道せし釋迦佛は是れ垂迹の化身にして、釋迦の本體にあらず。其の本體は久遠の昔眞實に覺體を成就すと云。此の釋迦の本體を顯したるが法華經の壽量品にて、之より以前は之を秘し置きしなり。【法華經壽量品】に「我實成佛已來。無量無邊。百千萬億。那由他劫。」

久遠實成の阿彌陀佛〔術語〕五濁の娑婆に出でし釋迦が久遠實成の古佛ならば、阿彌陀佛も久遠實成の古佛たると論なし。其の十劫の昔に成佛せしと云ふは五濁の群生を攝取する本願の爲なりと云ふが淨土門一宗の所立なり。【淨土和讚】に「久遠實成阿彌陀佛。」

クン　裙〔衣服〕舊稱、泥洹僧。涅槃僧。新稱、泥縛些那。泥伐散那。Nivāsana 譯裙。比丘の腰部に穿つもの。十三資具の一。【西域記二】に「泥縛些那。唐言レ裙。舊曰二涅槃僧一訛也。既無二帶襻一。其將レ服也。集レ衣爲レ襵。束帶以レ條。襵則諸部各異。」【百一羯磨】に「泥伐散那。唐言レ裙。」【寄歸傳二】に「四部之殊。以二着裙一表レ異。一切有部則兩邊向レ外雙襵。大衆部則右裙蹙在二左邊一。向レ內挿レ之。不レ令二其墮一。西方婦女着裙。與二大衆部一無レ別。上座正量制亦同レ之。但以二向レ外直翻傍挿一爲レ異。腰條之製。亦復不レ同。」比丘尼の裙は梵に、倶蘇洛迦。譯、篅衣。兩端を縫て圓形にせしもの。「クソラカ」を見よ。

クンザウ　紅糟〔飮食〕禪宗にて十二月八日を佛成道日として此日に食する粥を紅糟と云。牧牛女が佛に牛乳を奉りしを模すとぞ。或は温糟と爲すは非なり。【象器箋十六】に「紅糟即五味粥也。臘八啜レ之。下學集云。紅調粥正月十五日所レ食赤豆粥也。然則紅是赤豆色。下學糟作レ調訛矣。余又謂。果品五穀雜和作レ粥。米白色爲レ之變。故言レ紅。數味相合。故言レ糟而已。」

クンシフケウ　捃拾敎〔術語〕法華に於て既に一乘を開顯し、後に更に涅槃經を說て一乘を開顯し、以て法華の攝益に漏れし者を捃拾す。依て法華を大收とし、涅槃を捃收とす。

クンシフ　薰修〔術語〕薰は薰習なり香を衣に熏ずるに譬ふ。修は修行。德を身に薰じ行を修すると。【觀無量壽經】に「戒香薰修」【八十華嚴經二十五】に「恒普薰二修一切善法一。」

クンジフ　薰習〔術語〕身口に現はるる善惡の行法又は意に現はるる善惡の思想が、起るに隨て其の氣分を眞如或は阿賴耶識に留むると香の衣に於る如きを云。其の身口意に現はれたるを現行法と云ひ、眞如或は阿賴耶識に氣分の留まりたるを種子或は習氣と云ふ。依て現行法が眞如又は阿賴耶識に其の種子或は習氣を留むる作用を薰習と云ふ。【起信論】に「薰習義者。如下世間衣服實無二於香一。若人以レ香而薰習故則有中香氣上。」【唯識述記一之本】に「薰者擊發義。習者數數義。由二數數薰發一有二此種一故。」

三種薰習〔名數〕一に名言薰習。名は名字、言は言說なり。名字言說の識を分別す、即ち是れ第六の意識第七識第八種子の識に傳送薰習して能く染分の相を成就するに由る故に名く。二に色識薰習。色は眼根に對する諸色なり。此の諸色に因て眼識を引生するを名けて色識とす。此に於て分別、即ち是れ第六の意識亦た第七識第八種子の識に傳送薰習して、能く染分の相を成就する故に名

く。三に煩惱薰習。貪瞋邪見等の煩惱なり。此の煩惱は乃ち是第六意識の所起なり、亦第七識の第八種子の識に傳送薰習して能く染分の相を成就するに由て名く。

四種薰習〔名數〕「シクンジフ」を見よ。

クンス　裙子〔衣服〕單に裙と云ふに同じ。子は助字。「クン」を見よ。

クンス　鐼子〔物名〕鉢中の小鉢を云ふ。【名義集七】に「鍵鎡。母論譯爲二淺鐵鉢一。經音疏云。鉢中之小鉢。今呼爲二鐼子一。」【象器箋二十】に「應量器內。累二三箇小鉢一。自レ大至レ小。總名二鐼子一。世尊成道。受二四天王四鉢一。重作二一鉢一。外有二四脣一。今鐼子三與二應器一重爲二四脣一。蓋本二世尊故事一。」

クンタギ　捃多蟻〔雜名〕蟻の卵。又、折脚蟻。【瑜伽論八】に「乃至極下捃多蟻」【同略纂三】に「捃多蟻者。此有二二義一。一蟻卵。二折脚蟻。故存二梵音一。」

クンダ　君茶〔物名〕Kuṇḍa 又、軍茶。譯、火爐。即ち護摩壇なり。【慧琳音義三十六】に「君茶。唐云二地火爐一。即護摩壇也。」【同四十二】に「軍茶。唐云二火爐一也。其爐形狀。而有二多種一。方圓三角。金剛杵。蓮花等形。所用各別。」㊁ 明王の名。【千手陀羅尼經】に「君茶。鴦俱尸。」【報乳記三】に「君茶者。軍茶利也。」即ち甘露軍茶利明王なり。「カロン」を見よ。

クンダ　君陀〔植物〕Kunda 花の名。【大日經疏十二】に「君陀花。是西方花也。鮮白無比也。」

クンチ　君遲〔物名〕Kuṇḍikā 又、君持。軍持。捃稚迦。捃穉迦。譯、瓶。水瓶なり。比丘十八物の一。【西域記十】に「捃穉迦。即澡瓶也。舊曰二軍持一訛也。」【玄應音義九】に「軍持。正言二捃稚迦一。此譯云レ瓶也。謂雙口澡鑵也。論文作二鍕鋳一。字無二所出一。」【同十四】に「經中或作二軍遲一。」【慧琳音義八十二】に「君稚迦。僧所二受用一。君持。銅瓶是也。」【陀羅尼集三】に「君遲、唐云二胡瓶一。」【寄歸傳一】に「凡水分二淨觸一。淨者咸用二瓦瓷一。觸者任レ兼二銅鐵一。淨擬二非時飲用一。觸乃便利所用。淨則淨手方持。必須レ安二着淨處一。觸乃觸手隨執。可下於二觸處一置上之。唯斯淨瓶。及新淨器所レ盛之水。非時合レ飲。餘器盛者。名爲二時水一。中前受飲即是無レ愆。若於二午後一飲便有レ過。」（次下の文に作瓶法を說く。）

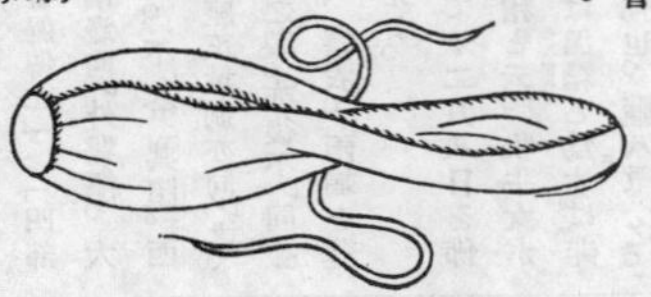
（君遲と瓶帒の圖）

クンチカ　捃穉迦〔物名〕又、捃稚迦、君稚迦に作る。譯。澡瓶。「クンチ」を見よ。

クンヂ　君持〔物名〕譯。澡瓶。「クンチ」を見よ。

クンロクカウ　薰陸香〔物名〕梵名、君杜嚕。Kunduruka 桃の膠の如くにて香氣あるもの。【西域記十一】に「薰陸香樹。樹葉若二棠梨一也。」【演密鈔六】に「薰陸者。出二於西方一。即樹膠。夏天日炙。鎔滴二沙中一。在レ地有レ香。謂二之薰陸一。」土耳古語 Ghyünluk

グウエ　共依〔術語〕二識以上の爲に共通の所依となるものを云ふ。五識の四依の中、同境を除きて餘の分別依、染淨依、根本依の三と、第六識に二依ある中、染淨依を除きたる根本依是れなり。此の中阿賴耶識は根本依にして、六識の爲に共依となる。【百法問答抄一】

グウエキ　藕益〔人名〕明末の高僧智旭、藕益と號し、靈峰に住す。「チキョク」を見よ。

グウク　藕孔〔雜名〕阿修羅、天帝と戰て敗北し、四兵盡く一藕孔の中に入る。【雜阿含經十六】

グウケウ　共敎〔術語〕共通して說く敎の意。共敎大乘、三乘共敎、共般若とも名づく「グウハンニャ」を見よ。

グウコウ　偶講〔行事〕維摩會法華會などに講者問者の對配を偶講と云。

グウゴ　共許〔術語〕自他共に許して同意すると。論場の用語。【因明大疏上本】に「宗依必須二共許一。共許名爲二至極成就一。」

グウゴフ　共業〔術語〕二業の一。各人共同して善惡の業を作り、隨て各人共同の苦樂の果を感ずるもの。山河等の依報是なり。

グウサウ　共相〔術語〕諸法に自共の二相あり、自體に局る相を自相と云ひ、他に通ずる相を共相と云ふ。例へば五蘊の中五蘊各の事は是れ自相なり。空無我等の理、生住異滅等の相の如き是れ共相なり。乃至青色に於て多の事體あり、其の一一の事體は之れ自相なり。華の青、果の青、乃至金の青、衣の青の如き自他に共通する青是れ共相なり。故に自相共相は重重相望して無盡、遂に自相の實體なきなり。【唯識述記二末】に「如二五蘊中一。以二五蘊事一爲二自相一。空無我等理爲二共相一。乃至如是展轉至二不可說一爲二自相一。可說極微等爲二共相一。故以レ理推無二自相體一。且說二不可說法體一名二自相一。可說爲二共相一。以レ理而論。共既非レ共。自亦非レ自。」

グウサウワク　共相惑〔術語〕又略して共惑とも云ふ。自相惑に對す。即ち諸法に共通する苦、空、

無常、無我等の相を緣じて之に迷ひ、苦を樂なり、空を有なり、無常を常なり、無我を我なりと執する煩惱を云ふ。【俱舍論二十】に「二者共相。謂二見疑癡一。」と云ひ次に「所餘一切見疑無明去來未レ斷。遍縛二三世一。由二此三種是共相惑一。一切有情俱遍縛故。若現在世正緣レ境時。隨二其所應一能繫二此事一。」

グウシ　藕絲　〔譬喩〕見道にて斷ずべき迷理の惑は其性猛利にして却て斷じ易ければ之を石をわるに譬へ、修道にて斷ずべき迷事の惑は其性鈍弱にして反て斷じ難ければ之を藕絲に譬ふ。古德の頌に「見道如二破石一。修道如二藕絲一。」【朝野群載二仁王會咒願文】に「長斷二藕絲一。共昇二蓮臺一。」

グウシヤウ　共生　〔術語〕物の出生を論ずるに、自性より生ずるにあらず、他性より生ずるに自他二性より生ずと立つるもの。

グウシヤウウジウン　窮生死蘊　生死の窮極たる金剛喩定に至るまで相續隨轉する根本蘊にして、六識以上の細の意識を云ふ。【攝大乘論本卷上】に「化地部中。亦以二異門密意一。說レ此名二窮生死蘊一。」と云ふ是なり。小乘中に於ては通じて唯だ六識を說くと雖も、而も、六識は、時に斷絕して起らざることあり、故に別に恒轉不斷の一種の識を許する者あるに至れり。即ち大衆部の根本識、說假部の有分識、及び此の窮生死蘊等是れなり。唯識大乘にては之を異門密意を以て阿賴耶識を說くものなりとせり。

グウシユウ　共宗　〔術語〕諸宗に共通する宗旨。念佛宗の如きもの。

グウシユウ　寓宗　〔術語〕他の宗に寄寓する宗旨。俱舍宗の法相宗に寓し、成實宗の三論宗に寓する如きもの。【元亨釋書二十七】に「有二淨土一焉。有二成實一焉。有二俱舍一焉。斯三爲二寓宗一。譬二國之附庸一焉。而各皆有レ宗矣。七家之者。挾而糅用。」（此は俱舍等を諸宗の寓宗とする意。）

グウシユウジ　共種子　〔術語〕共相種子と云ふ。不共種子に對す。自他共變の境を生ずる識變の種子を云ふ。此の種子より生ぜる境に自他共に受用し得るものと然らざるものとの別あり。

グウジ　窮子　〔譬喩〕法華經七喩の一。三界生死の衆生を功德の法財なき窮子に譬ふ。【法華經信解品】に「譬若有レ人。年既幼稚。捨レ父逃逝。久住二他國一。或十二十。至二五十歲一。年既長大。加復窮困。馳二騁四方一。以求二衣食一。漸漸遊行。遇向二本國一。其父先來。求レ子不レ得。中止二一城一。其家大富。乃至商估賈客。亦甚衆多。時貧窮子。遊二諸聚落一。經二歷國邑一。遂到二其父所レ止之城一。乃至爾時。窮子傭賃展轉。遇到二父舍一。住二立門側一。遙見二其父一。踞二師子床一。寶几承レ足。乃至威德特尊。窮子見三父有二大力勢一。即懷二恐怖一。悔レ來二至此一。乃至疾走而去。時富長者。於二師子座一。見レ子便識。心大歡喜。乃至即遣二傍人一。急追將還。爾時使者疾走往捉。窮子驚愕。稱レ怨大喚。我不二相犯一。何爲見レ捉。使者執レ之逾急。强牽將還。于レ時窮子自念。無レ罪而被二囚執一。此必定死。轉更惶怖。悶絕躃レ地。父遙見レ之。而語レ使言。不レ須二此人一。勿二强將來一。以二冷水一灑レ面。令レ得二醒悟一。乃至使者語レ之。我今放レ汝。隨レ意所レ趣。窮子歡喜。得二未曾有一。從レ地而起。往二至貧里一。以求二衣食一。爾時長者。欲レ誘二引其子一。而設二方便一。密遣下二人形色憔悴無二威德一者上。汝可三詣レ彼徐語二窮子一。此有二作處一。倍與二汝直一。窮子若許。將來使レ作。若言レ欲二何所作一。便可レ語レ之。雇レ汝除レ糞。我等二人亦共レ汝作。時二使人。即求二窮子一。既已得レ之。具陳二上事一。爾時窮子。先取二其價一。尋與除レ糞。其父見レ子愍而怪レ之。乃至即脫二瓔珞細軟上服嚴飾之具一。更著二麤弊垢膩之衣一。塵坌レ身。右手執二持除糞之器一。狀レ有レ所レ畏。語二諸作人一。汝等勤作。勿レ得二懈息一。以二方便一故。得レ近二其子一。後復告言。咄男子。汝常此作。勿二復餘去一。當レ加二汝價一。乃至汝常作時。無レ有二欺怠瞋恨怨言一。都不レ見下汝有二此諸惡一如中餘作人上。自レ今以後。如二所生子一。即時長者。更與作レ字。名レ之爲レ兒。爾時窮子。雖レ欣二此遇一。猶レ故自謂二客作賤人一。由二是之故一。於二二十年一。常令レ除レ糞。過レ之已後。心相體信。出入無レ難。然其所レ止。猶レ在二本處一。世尊。爾時長者有疾。自知二將レ死不レ久。語二窮子一言。我今多有二金銀珍寶一。倉庫盈溢。其中多少。所レ應二取與一。汝悉知レ之。爾時窮子。即受二教勅一。領二知衆物金銀珍寶及諸庫倉一。而無下希二取一餐一之意上。然其所止。故在二本處一。下劣之心。亦不レ能レ捨。復經二少時一。父知下子意漸已通泰成二就大志一。自鄙中先心上。臨二欲レ終時一。而命二其子一。竝會二親族國王大臣剎利居士一。皆悉已集。即自宣言。諸君當レ知。此是我子。我之所生。於二某城中一。捨レ我逃走。跉跰辛苦。五十餘年。某本字某。我名某甲。乃至今我所有一切財物。皆是子有。先所二出內一。是子所レ知。世尊。是時窮子。聞二父此言一。即大歡喜。得二未曾有一。而作二是念一。我本無二心有レ所二希求一。今此寶藏。自然而至。」此譬喩は須菩提等の四大聲聞が今日始めて大乘を說與せる佛意を領得し、己等を窮子に、佛を長者に喩へて大悲攝化のさまを述べしなり。【楞嚴經一】に「譬如三窮子捨レ父逃逝。」【長水疏一下】に「絕無二功德法財以養二法身慧命一。故云二窮子一。」◉（榮花、玉の臺）「かの信解品の窮子のやうなる」

グウジフヂ　共十地　〔名數〕聲聞緣覺菩薩の三乘を一に込めて作れる十地なれば共十地と云。大品

般若經の所說、天台は之を以て通教の位次と爲す。一に乾慧地、三乘の人、初め外凡の位に居る時、未だ眞空の理水を得ず、觀慧乾涸する位。二に性地、三乘の人、內凡の位に進て眞空法性の理に於て頗る解悟の心ある時。三に八人地、人は忍なり、三乘の人、三界の見惑を斷ぜんが爲に預流向に於て八忍智を起す位。四に見地、三乘の人四諦眞空の理を見て三界の見惑を斷じ已りし位、聲聞乘には之を預流果と云。五に薄地、三乘の人、欲界上六品の修惑を斷じて欲惑の稍薄らぎたる位、即ち聲聞乘の一來果。六に離欲地、三乘の人、欲界下三品の修惑を斷じて畢竟欲惑を離れたる位、即ち聲聞乘の不還果。七に已辨地、三乘の人盡く上二界の修惑を斷じ盡し更に斷ずべきなく所作已に辨成せし位、即ち聲聞乘の阿羅漢果にして彼乘此に止る。八に辟支佛地、是れ緣覺乘極果、觀智銳利にして啻に煩惱の體を斷ずるのみならず、更に進んで其の習氣の一分をも侵害する位。九に菩薩地、三祇の間福を修し慧を硏き、將に一切種智を得んとして煩惱の習氣を斷じ、僅に少灰を餘す如き位。十に佛地、大功德の力智慧を資利し一念相應の慧を得て眞諦を觀ると究竟し煩惱も習氣も亦復究竟す。劫火木を燒て復た餘灰なき如き位。【大乘義章十四、四教儀集注下】

グウセン　寓錢　〔物名〕紙にて錢の形を作り、錢の意を寓せしもの。即ち紙錢なり。「シセン」を見よ。

グウチウ　禺中　〔術語〕巳の時。即ち今の午前十時。【說文】に「日在レ巳曰二禺中一」天台は華嚴經の日出三照の文を取て五時教に配するに第四の般若時を以て禺中時の教と定む。

グウチウノグウ　共中共　〔術語〕「グウホフ」を見よ。

グウチウノフグウ　共中不共　〔術語〕「グウホフ」を見よ。

グウハンニヤ　共般若　〔術語〕般若經の中に淺深の二說ありて聲聞と初心の菩薩とに共通して其の淺義を說く、之を共般若と云ひ、單に上位の菩薩に對して其の深義を說くを之を不共般若と云。天台の四教より之を言へば共般若は通教にして不共般若は別圓二教なり。【智度論百】に「如三先說二般若一有二二種一。一者共二聲聞一說。二者但爲二十方住十地大菩薩一說。」

グウフグウ　共不共　共法と不共法と共通と特別との二門を云。共般若、不共般若。共業、不共業など。

グウフリヤウ　共不定　〔術語〕因明三十三過の一。因の十四過の第五。六不定の一。即ち因に宗同品並に宗異品に全分關係を有する法を用うる過失を云ふ。【因明入正理論】に「共とは聲は常なるべし、所量性なるが故に、と云ふが如き、常無常品に皆共に此の因あり、是の故に不定なり。瓶等の如く所量性なるが故に聲は無常なりとせんや、空等の如く所量性なるが故に、聲は是れ其れ常なりとせんや」と云へるこれなり。即ち共に所量性なる因は同宗品及び異宗品に共に全分關係を有するが故に、此の因を以ては宗の常無常を決することあたはざるなり。

グウヘン　共變　〔術語〕有情の同業を以て同一の境を變現するもの。山河等の如し。【唯識論二】に「諸業同者此共變故」「シヘン」を見よ。

グウホウ　共報　〔術語〕國土等自他共に受用すべき果報を云。是れ共業の所感。【論經下】に「衆生爲二別報之體一。國土爲二共報之用一。」

グウホウ　共法　〔術語〕又共功德とも云ふ。不共法に對す。佛の具せる功德中餘の聖者及び異生に共ずるものを云ふ。【倶舍論二十七】に「世尊復有二無量功德一。與二餘聖者及異生一共。謂無諍願智無礙解通靜慮無色等持無量解脫勝處徧處等。隨二其所應一。謂前三門唯共二餘聖一通靜慮等亦共二異生一。」と

グカイ　具戒　〔術語〕比丘、比丘尼の具足戒を云。比丘は二百五十戒。比丘尼は五百戒を具足圓滿の戒とす。【行事鈔上之三】に「欲下紹二隆佛種一爲中世福田上者。謂受二具戒一。」「グソクカイ」を見よ。

グカイヂ　具戒地　〔術語〕十地中第二地を云ふ。第二地には三聚戒具足するが故に名く。

グカイハウベン　具戒方便　〔術語〕具足戒の中より、五戒八戒などを抽出して、機根に應じて遵守せしめ次第誘導して、具足戒を持つ前方便とするを云。

グキヤウ　弘經　〔術語〕經典を弘通すると。

弘經三軌　〔術語〕【法華經法師品】に弘經の法を說て「藥王若有二善男子善女人一。如來滅後。欲下爲二四衆一說中是法華經上者。云何應レ說。是善男子善女人。入二如來室一。著二如來衣一。坐二如來座一。爾乃應下爲二四衆一廣說中此經上。如來室者。一切衆生中大慈悲心是。如來衣者。柔和忍辱心是。如來座者。一切法空是。」之を文句に弘經の三軌と科す、三種の法規なり。

グキヤウダイシ　弘經大士　〔雜名〕佛經に論釋を造りて之を弘めし龍樹天親などの諸菩薩を云。【正信偈に「弘經大士宗師等」⦿（盛衰記）「龍樹菩薩は弘經の大士なり」

ググワン　弘願　〔術語〕弘大なる誓願。一切衆生を救はんと願ふを云。阿彌陀佛の四十八願の如きもの。【觀經玄義分】に「安樂能人。顯二別意弘願一。乃至言二

弘願二者。如二大經說一。」

弘願一乘 〔術語〕一切衆生が成佛する眞實の法は、ただ阿彌陀佛の成就し給へる弘願念佛の一道のみなること。

弘願眞宗 〔術語〕念佛成佛の法。定散二善に對して弘願と云ひ、八萬四千の假門に對して眞宗といふ。彌陀の十八願に誓ひ給へる大乘眞實の法なり。

グケウ　弘敎 〔術語〕佛の敎法を弘通すること。【正法華經三】に「逮レ聞二弘敎一。心懷二踊躍一。」【續僧傳智脫】に「歡二傳燈之弘敎一。」

グケウダイリユウゲ　遇敎待龍花 〔雜語〕歌題。釋迦の遺敎に遇ひ、未來は彌勒の成道して龍花會の說法あらんを待つを云。⊙（山家集）「朝日まつほどは闇にてまとはまし有明の月の影なかりせば」

グケツ　弘決 〔書名〕具名、止觀輔行傳弘決。四十卷。荊溪湛然著。天台の摩訶止觀の註。

グサンジフニサウ　具三十二相 〔術語〕歌題。阿彌陀佛四十八願中第二十一の願を指す。【無量壽經上】に「設我得レ佛。國中人天。不三悉成二滿三十二大人相一者。不レ取二正覺一。」⊙（雪玉集）「佛にはかはらぬ姿えふの身はあやしかりけるちぎりならずや」

グシクワンヂヤウ　具支灌頂 〔術語〕大日經三灌頂の一。所應の支分を具足して灑水の灌頂を受くるを云。此の名受明灌頂と傳法灌頂との二に通ず。【演密鈔四】に「入二此曼茶羅一。要レ具二多緣一。即是須レ得レ具二多支分一。謂治レ地擇レ時定レ日築レ壇畫像結界等。然後引入。」【大疏演奧鈔十】に「具支灌頂者。心覺阿遮梨鈔云。具支灌頂者是事業灌頂也。先令二弟子一七日以來誠心禮悔之類。及令レ辨二諸供物香華一之類。緣壇所二灌頂一之衆事。一一令二具作一。以レ之名二具支灌頂一也。問。言二具支一。受明灌頂歟。傳法灌頂歟。答。若於二受明一若於二傳法一。具二足支分一。所レ修灌頂。名曰二具支一也。」

具支灌頂十支 〔名數〕【大日經具緣眞言品】に初に具緣を明かし後に眞言を明す。具緣中に於て衆多の支分あり總略して十となす。一に阿闍梨支分、二に擇地支分、三に擇時支分、四に造壇支分、五に護持弟子支分、六に圖尊支分、七に三昧支分、八に眞言支分、九に供養支分、十に灌頂支分なり。安然の具支灌頂の釋に據れば、治地支分中に擇地擇時治地の三段に開て十二支となす【演奧鈔二】

グシクワンヂヤウキ　具支灌頂記 〔書名〕十卷、第七卷缺、五大院安然著。

グシニンタイホフ　求子姙胎法 〔修法〕衆生をして三寶に歸依せしめむ爲の方便として求に應じて行ふと云ふ。子女を求願する者に子女を與ふる祈禱なり。

佛眼　藥師　觀音
東方
金輪　釋迦　文殊
訶梨帝母　行者、

右の如き壇を設け、若し大法の儀法に依らば佛眼金輪を本尊とし、或は藥師釋迦を本尊とす。然るに常には文殊觀音を本尊として修すべきが如し、或は訶梨帝母法最要なりと、或は有功の本尊悉地成就を指すか。

グシヤ　求車 〔譬喩〕法華經火宅の喩の中に、宅內の諸子が宅外に出でて長者に車を求むるを云。生死を厭て佛道を願求するに譬ふるなり。「クワタク」を見よ。⊙（本朝文粹十慈恩院初會序）に「不レ改二朝天之門一。便作二求車之所一。」

グシヤウ　求生 〔術語〕中有にあるもの次に生るべき處を求めつつあるが故に名く。已生に對す。

グシユ　求珠 〔譬喩〕法華經五百授記品に說ける衣裏の珠を求ること。衣珠は以て自己の佛性に譬ふなり。「エシユ」を見よ。【廣弘明集二十】に「導求二珠之心一。開二觀象之目一。」

グシヨ　供所 〔雜名〕供物を置く所。

グシヨカイギヤウ　具諸戒行 〔雜語〕歌題。【觀無量壽經】に上品上生の往生を說て「復有二三種衆生一。當レ得二往生一。何等爲レ三。一者慈心不殺。具二諸戒行一。」⊙（散木）「津の國のなにはのこともたもてればあしからぬ身とならましものを」「クイラ」を見よ。

グシラ　具史羅 〔動物〕又、瞿史羅。好聲鳥の名。

具史羅長者 〔人名〕此人の好聲此鳥に似たれば以て字とす。長僅に三尺。初果に上る。【中本起經下】

グジヤク　求寂 〔術語〕舊稱、沙彌。新稱、室羅末尼羅。Śrāmaṇera 譯、求寂。涅槃の圓寂を志求する義。十戒を受くるもの。【寄歸傳三】に「於二本師前一。阿遮利耶。授二十學處一。或時闇誦。或可レ讀レ文。既受レ戒已。名二室羅末尼羅一。譯爲二求寂一。言レ欲三求二趣涅槃圓寂之處一。舊云二沙彌一者。言略而音訛。翻爲二息慈一。意准而無レ據也。」

グジユ　具壽 〔術語〕比丘の通稱。師より弟子を呼ぶの稱。長老より少年を呼ぶに用ふ。世間の壽命及び法身の慧命を具有する義。舊譯には慧命と云ひ、單に法身の慧命に就て云。【法華玄贊六】に「慧命者。應レ云二具壽一。世俗之徒。皆愛二身恒之壽一。聖者之輩。並寶二智慧之命一。欲願雙成。故云二具壽一。單言二慧命一。義便闕也。」（欲願雙成とは在俗身壽を愛するは欲なり、聖人慧命を寶とするは願なり。）【有部毘奈耶雜事十九】

に「佛言。年少苾蒭。亦復不レ應下於二耆宿處一喚二名字氏族一或云中具壽上。然有二二種呼召之事一。或云二大德一。或云二具壽一。年少苾蒭。應下喚二老者一爲中大德上。老喚二少年一爲二具壽一。若不レ爾者。得二越法罪一」梵 Āyuṣmān

グセラ　具折囉　〔雜語〕譯、所行。【華嚴疏鈔十四】

グセン　弘宣　〔術語〕教法を弘通し宣流すると。【無量壽經上】「處二兜率天一。弘二宣正法一」

グゼイ　弘誓　〔術語〕具に弘誓願と云、佛菩薩の弘大の誓を云。【無量壽經上】に「發二斯弘誓一。建二此願一已。一向專志莊二嚴妙土一」【同下】に「以二弘誓功德一。而自莊嚴」【法華經普門品】に「弘誓深如レ海。」と【文句十下】に釋して「弘廣也。誓約也。廣制二要心一。故言二弘誓一」【輔行一之三】に「僧那西音此云二弘誓一」【法界次第下之上】に「廣普之緣。謂レ之爲レ弘。自制二其心一。名レ之曰レ誓。志求二滿足一。故云レ願也」

四弘誓　〔名數〕一切の菩薩通じて四種の弘誓を發す。一に衆生無邊誓願度、二に煩惱無盡誓願斷、三に法門無量誓願學、四に佛道無上誓願成。【止觀大意】

弘誓願　〔術語〕弘大の誓約と志願となり。上に解す。【正信偈】に「聞二信如來弘誓願一。佛言二廣大勝解者一」

弘誓相　〔雜名〕弘大の誓願の相狀にして、佛菩薩の一切衆生を濟度せんと誓ひたまへる意志の相貌にあらはれたるを云ふ。⊙（榮花、玉の臺）「弘誓相は面にあり」

弘誓鎧　〔譬喩〕弘誓の心堅きと鐵の如し。此心を以て生死の陣頭に奮進すべし。依て之を鎧に譬ふ。【無量壽經上】に「爲二衆生一故。被二弘誓鎧一。積二累德本一。度二脫一切一」

弘誓船　〔譬喩〕弘大の誓願は一切衆生を彼岸に渡さん爲なれば之を船に譬ふ。【往生要集中本】に「無量清淨覺經云。阿彌陀佛。與二觀世音大勢至一。乘二大願船一。泛二生死海一。就二此娑婆世界一。呼二喚衆生一。令レ乘二大願船一。送二着西方一」（此文、淸淨覺經に無し、迦才淨土論下に此文あり、又龍舒淨土文二に淨土傳を引いて此文を擧ぐ）⊙（近松、女護嶋）「俊寬が乘るは弘誓の船、うき世の船に望なし。」

弘誓海　〔譬喩〕弘誓の深廣なるを海に譬ふ。【法華經普門品】に「弘誓深如レ海」

弘誓深如海　〔雜語〕歌題。【法華普門品】に「汝聽觀音行。善應二諸方所一。弘誓深如レ海。歷劫不思議。侍二多千億佛一。發二大淸淨願一」深如海は行の深廣を嘆じ。歷劫不思議は時の長久を嘆ず。⊙（愚草）「歷劫の弘誓の海にふねわたせ生死の波は冬あらくとも」

弘誓破戒設除大精　〔雜語〕⊙（平治物語）に唐僧の信西に答へし語。信西の問詞と共に解すべからず。

グゼイノガウエン　弘誓强緣　〔術語〕阿彌陀佛の廣大なる誓願の力は、衆生が信を得て淨土に往生するとの强き增上緣となるを云ふ。

グゼニヨシン　愚是女身　〔雜語〕⊙（新勅撰）に「藥王品愚是女身」盡是女身の誤。

グソウ　愚僧　〔雜語〕愚昧の出家を斥指して云。【資持記上一之三】に「不學愚僧。傳爲二口實一」【通鑑唐紀七】に「愚僧矯詐。皆云レ由レ佛。」本朝に於ては自稱の語とす。【末法燈明記】に「爰愚僧等」

グソク　具足　〔雜語〕香物の具備滿足すると。【金剛經】に「如來具二足五眼一」【無量壽經上】に「具二足五劫思惟一」【法華經】に「此大良藥。色香美味皆悉具足。」

グソクカイ　具足戒　〔術語〕比丘、比丘尼の當に受くべき戒にて別解脫戒中の至極なり。比丘は二百五十戒、比丘尼は五百戒（實は三百四十八戒なり）なり。比丘の二百五十戒は四波羅夷、十三僧殘、二不定、三十捨墮、九十波逸提、四提舍尼、百衆學、七滅諍なり。比丘尼の三百四十八戒は八波羅夷、二十七僧殘、三十捨墮、一百七十八波逸提、八提舍尼、百衆學、七滅諍なり。（七滅諍は四分律に無し、依て三百四十一戒と立る師もあり、南山は之を立てて三百四十八となし、律文は但略せるのみと會通す。）戒の總數に諸律相違あるは後世の作爲と見るべきも、要は佛陀制戒の意を嚴守し、比丘の面目保持に專心せしものにして、今四分、五分、南傳を對比せば、波逸提以下の細目に於て左の如き相違あり。

	四分	五分	南傳
波逸提	九〇	九一	六〇
提舍尼	四	四	四
衆學	一〇〇	二〇	七五
滅諍	七	七	七

これを見るも、戒の數目が大數を指すを知るべきなり。今具足と名くる所以は已上の戒數に依るに非ず。戒數は只其の緊要なる者を標榜せるのみにて、之に由て一切の境界に於て罪を離れしむる意なれば具足戒と云。故に若し數の上より具足を云はば無量と言はざるを得ず。具足の戒數に依らざるは藥師經智度論等に比丘尼戒を五百と云ふにても知ることなり。【行事鈔中之一】に「問。律中僧列二二百五十戒一。戒本具レ之。尼則五百。此言虛實。答。兩列二定數一。約指爲レ言。故諸部通言。不二必依一レ數。論二其戒體一。唯一無作。約レ境明レ相。乃量塵沙。且指二二百五十一。以爲二持犯蹊徑一耳。律中尼有二三百四十八戒一。可レ得三指レ此而爲二所防一。今准二智論一云。尼受戒法。略則五百。廣說八萬。」

僧則略有二百五十。廣亦同尼律儀。」【八宗綱要】に「受具戒時。並得如此無量無邊等戒。量等虛空。境遍法界。莫不圓足。故名具足戒。」戒の種數に就ては「ヒシジユ」を見よ。⊙（盛衰記四〇）「具足戒の時、又改めて空海と號す」

グソクショサウグワン　具足諸相願〔術語〕阿彌陀佛四十八願中第二十一の三十二相を具する願を指す。「グサンジフニソウ」を見よ。

グソクトクボングワン　具足德本願〔術語〕阿彌陀佛の四十八願中第四十四の願を指す。【無量壽經上】に「設我得佛。他方國土。諸菩薩衆。聞我名字。歡喜踊躍。修菩薩行。具足德本。若不爾者。不取正覺。」【望西樓無量壽經鈔四】に「義寂云。聞名令得具足德本願。靜照云具足德本願。」⊙（雪玉集）「つひにその及ばずながら勸めこし道も誠の道と成ぬる」

グダウ　愚堂〔人名〕庸山景庸の法嗣、濃州大仙寺の東寔。字は愚堂。寛永五年敕を奉じて妙心寺を董す。後水尾上皇便殿に召對して禪要を宣問す。萬治二年妙心寺關山國師の三百年忌辰の導首となり、寛文元年華山寺に寂す。壽八十三。嗣法の弟子紫衣の者八人、本山の第一座を分つ者六人。妙心寺に四流あり、東陽の一派微微振はず、是に至りて再び盛なり。謚を大圓寶鑑國師と賜はる。【本朝高僧傳四十四】【無盡灯論上】に「禪門二十四。大半失其傳。關山老愚堂。兒孫今尙在。」

グダン　具譚〔人名〕瞿曇に同じ。釋迦の名。「クドン」を見よ。

グチ　愚痴〔術語〕三毒の一。梵に慕何 Moha 譯、痴。心性闇昧にして事理に通達する智明なきを云。無明に同じ。【瑜伽論八十六】に「痴異名者。亦名無智。亦名無見。亦名非現觀。亦名惛昧。亦名愚痴。亦名無明。亦名黑闇。」【法界次第上之上】に「迷惑之性。立之爲痴。若迷一切事理。無明不了。迷惑妄取。起諸邪行。即是痴毒。亦名無明。」【大乘義章五本】に「闇惑名痴。」【華嚴大疏鈔二十】に「迷於四諦。皆曰愚痴。」

愚痴齋〔人名〕洞山良介、命終の時に臨み僧齋を設て愚痴齋と名く。弟子の戀情を誡むる爲なり【傳燈傳十五良介傳】に「唐咸通十年三月。命剃髮披衣。令擊鐘。儼然坐化。時大衆號慟移晷。師忽開目而起曰。夫出家之人。心不附物。是眞修行。勞生息死。於悲何有。乃召主事僧。令辨愚痴齋一中。蓋責其戀情也。衆猶戀慕不已。延至七日。食具方備。師亦隨齋。畢曰。僧家勿大率臨行之際喧動如斯。至八日。浴訖端坐長往。」

グチコン　具知根〔術語〕三無漏根の一。無學道の無漏智を云。【俱舍論二】に「在無學道。知已已知。故名爲知。有此知者。名爲具知。或習此知已成性者。名爲具知。」

グチユウハ　愚中派〔流派〕禪宗二十四流の一。藝州佛通寺の開山、愚中の一派。佛通門徒ともいふ。

グヅウ　弘通〔雜語〕教法を弘むると。【梁僧傳寶雲傳】に「晉宋之際。弘通法藏。」

グトク　愚禿〔雜語〕見眞大師親鸞の自稱。愚は自の謙辭、禿は流罪の時自ら名けし姓。即ち愚昧なる禿頭者の意。【六要鈔一】に「今言愚者。是卑謙詞。禿稱爲姓。第六卷奥流通文云。眞宗興隆大祖源空法師。並門徒數輩。不考罪科。猥坐死罪。或改僧儀。賜姓名。處遠流。予其一也。爾者。已非僧非俗。是故以禿爲姓。」【涅槃經三】に「若有比丘。離於守護。獨處空閑塚間樹下。當說是人爲眞比丘。若有隨逐守護行者。當知是輩是禿居士。」

グトクヒタンジユツクワイワサン　愚禿悲歎述懷和讃〔書名〕親鸞作。聖人當時の佛教界の墮落廢頽を悲歎せる十六首の和讃。

グドウ　愚童〔譬喩〕因果の道理を知らず生死に惑溺する凡夫を喩へて云。【大日經一】に「無始生死愚童凡夫。執着我名我有。分別無量我分。」【大日經疏一】に「薩埵略有三種。一者愚童薩埵。謂六道凡夫。不知實諦因果。心行邪道。修習苦因。戀着三界。堅執不捨。故以爲名。」

愚童持齋心〔術語〕眞言宗に立つる十住心の第二。凡夫ながら世間因果の道理を信じ、持齋の善なるを知つて之を行ふを云。持齋とは不過中食の法、（正午を過て食を爲さず）之を善道となすは印度古來の風俗にして此方に所謂仁義の道に異ならず。依て之を人乘の住心となす。【大日經一】に「愚童凡夫類。猶如羝羊。或時有一法想生。所謂持齋。彼思惟此少分。發起歡喜。數數修習。秘密主。是初種子善業發生。復以此爲因。於六齋日。施與父母男女親戚。是第二芽種。復以此施。授與非親戚者。是第三疱種。復以此施。與器量高德者。是第四葉種。復以此施。歡喜授與伎樂人等。及獻尊宿。是第五敷華。復以此施。發親愛心而供養之。是第六成果。」【秘藏寶鑰上】に「愚童持齋心。由外因緣。忽思節食。施心崩心。如穀遇緣。」【俱舍光記十四】に「西方國俗。斷食名齋。」

グドン　愚鈍〔雜語〕心愚に根性鈍きもの。【行事鈔中之四】に「若論事懺。屬彼愚鈍。」【文類】に「凡小易修眞敎。愚鈍易往捷徑。」

愚鈍物〔雜語〕吐羅難陀比丘尼、迦葉尊者を

罵つて愚鈍物と云ふ。【毘奈耶雜事三十一】に「吐羅難陀苾芻尼。從レ外而來。欲レ入二住處一。遇河水泛溢。見三迦攝波在二板橋上一。吐羅難陀。作二是念一。此愚鈍物。今可レ治レ之。速往二橋邊一。用レ力蹋レ板。時迦攝波。遂即落レ河。衣服並濕。鉢沈二水底一。錫杖隨レ流。迦攝波曰。姊妹汝無二過犯一。乃是具壽阿難陀。作二斯過疾一。强請二世尊一。度二如レ斯類惡行之女一。」

グハ　瞿波　〔人名〕「ケウドンミ」を見よ。

グバク　具縛　〔術語〕煩惱、人を縛して生死の牢獄に繫げば之を縛と名け、具さに煩惱を有するものを具縛と云。即ち一切の凡夫なり。【瓔珞經下】に「具縛凡夫。未レ識二三寶一。」【俱舍論四】に「又具縛者。下中上品煩惱現起。」【止觀五上】に「凡夫具縛。稱二病導師一。」【注十疑】に「縛謂三煩惱能纏二縛人一。凡夫具有。故名二具縛凡夫一。」

グフ　愚夫　〔雜語〕梵に婆羅。Bāla 愚夫と譯す。愚痴の凡夫を云ふ。【新譯仁王經中】に「愚夫垢識。染二着虛妄一。」【唯識樞要上本】に「梵云二婆羅一。此云二愚夫一。本錯云二縛羅一。乃言二毛道一。」

グフシヨギヤウゼン　愚夫所行禪　〔術語〕四種禪の一。二乘の人及び外道が無我の性、無常、不淨の相などを觀ずるとをいふ。

グプタ　笈多　〔人名〕「テウニチワウ」を見よ。

グフトクク　求不得苦　〔術語〕八苦の一。物を求めて得ると能はざる苦を云ふ。【涅槃經十二】に「何等名爲二求不得苦一。求不得苦。復有二二種一。一者所二悕望一處。求不レ能レ得。二者多役二功力一。不レ得二果報一。如レ是則名二求不得苦一。」

グブ　供奉　〔職位〕「クブ」を見よ。

グブツホンゴフキヤウ　求佛本業經　〔經名〕諸菩薩求佛本業經の略名。

グホフ　求法　〔雜語〕正法を志求するとと。

求法高僧傳　〔書名〕具名、大唐西域求法高僧傳。二卷、唐の義淨、室利佛逝國（今のマラユ國）に在りて撰す。西域に法を求めし高僧五十六人の傳記。

グホフ　愚法　〔術語〕小乘二類の一。聲聞緣覺の二種の小乘に於て、單に自法を迷執して大乘の法空の妙理に愚なるものを愚法小乘と云ふ。一旦小果を取るも、大乘の理を解して遂に廻心向大するを不愚法小乘と云ふ。【大乘義章十七末】に「小中有二二種人一。一愚法人。執レ小迷レ大。名二愚法人一。知レ小解レ大。名二不愚法人一。」【冠註五敎章上之三】に「一小乘敎。二大乘始敎。三終敎。四頓敎。五圓敎。初一即愚法二乘。後一即別敎一乘。」【義苑】に「具云二愚法小乘一。謂愚二於法空一故。此是大乘貶斥爲レ名故。」

グホフ　弘法　〔術語〕正法を弘むるとと。【無量壽經上】に「弘宣二正法一。」【佛祖統紀八】に「弘法傳通」

グボン　弘範　〔術語〕大に世間の軌範となるとと。【楞嚴經一】に「嚴二淨毘尼一。弘二範三界一。」

グミヤウシフ　弘明集　〔書名〕十四卷、梁の僧祐撰。漢已來諸師の論文記事を集めしもの。【露帙四】

グミヤウテウ　共命鳥　〔動物〕Jīvajīva 又、命命鳥。生生鳥。梵に耆婆耆婆。兩首一身にして、果報は同じく、心識は別なり。「ギバ」を見よ。

グミヤウボサツ　求名菩薩　〔菩薩〕彌勒菩薩の過世の時の名。【法華經序品】

グモンヂ　求聞持　〔修法〕「クモンヂ」を見よ。

グヤ　供屋　〔雜名〕供所に同じ。供物を置く處。

グヨクキヤウ　求欲經　〔經名〕佛說求欲經、一卷、西晉の法炬譯。中阿含中穢經の別譯。【昃帙八】

(569)

グロ　窮露　〔雜名〕貧窮にして恃怙の覆育なきもの。露は露出の義。【楞嚴經一】に「惟願如來哀二愍窮露一。」

グワキコンキ　瓦器金器　〔譬喩〕聲聞の戒を瓦器に譬へ、菩薩の戒を金器に譬ふ。【淸淨毘尼方廣經】に「如レ破二瓦器一。不レ可二修補一。是聲聞毘尼。如二金銀器破一。還可二修治一。是菩薩毘尼。」

グワギヤウジヤ　臥行者　〔人名〕越の泰澄に二人の侍者あり、一を臥行者と云ひ、二を定行者と云。【神社考六】に「泰澄棲二越知峰一。大寶二年。小沙彌自二能登嶋一來。澄以爲二給使一。雖二晝夜風雨一能苦勤焉。常臥二雪中一名爲二臥行者一。」フセリノギヨジヤと讀む。

グワク　愚惑　〔雜語〕心愚にして理に迷ふとと。【無量壽經下】に「愚惑所レ覆。不レ能二深思熟計一。」

グワクワンジ　瓦官寺　〔寺名〕金陵に在り、晋の哀帝の創立。【佛祖統紀五十三】天台の智者此に住すると前後八載。

グワグ　臥具　〔地名〕臥時の資具。床榻被褥など。【智度論三十】に「臥具者。牀榻被褥幃帳枕等。」図三衣の袈裟を四分律に臥具と名け、十誦律に敷具と名く。其形の似たるより名けしなり。【薩婆多論五】に敷具者。衣名也。」【行事鈔中之二】に「言二臥具一者。是三衣也。即三衣總名二臥具一。猶如二此方被之相一。故取二通號一。」【同下之一】に「此袈裟色。從レ色得レ名。乃至若據二此土所翻一。通名爲二臥具一。」

グワザウ　畫像　〔圖像〕佛菩薩等の像形を畵きしもの、密敎には之を曼陀羅と云。【大唐內典錄一】に「秦景使還二於月支國一。得二優塡王栴檀像一。師二第四畫像様一。來至二雒陽一。帝勅圖レ之。於二西陽城門及顯節陵上一

供養。自レ爾素丹流二演于今一。」

グワシ　瓦師　〔本生〕釋迦先世に瓦師となりて大光明と名く。【智度論三】に「釋迦文佛。先世作二瓦師一。名二大光明一。爾時有レ佛。名二釋迦文一。弟子名二舍利弗、目伽連、阿難一。佛與二弟子一。俱到二瓦師舍一一宿。爾時瓦師。布二施草坐燈明石蜜漿三事一。供二養佛及比丘僧一。便發レ願言。我於二當來老病死惱五惡之世一作レ佛如二今佛一。名二釋迦文一。我弟子名字。亦如二今佛弟子一。」

グワシヤク　畫石　〔譬喩〕常に在るものを石に畫くに譬ふ。【涅槃經十五】に「譬如三畫レ石其文常存。畫レ水速滅。勢不二久住一。瞋如レ畫レ石。諸善根本。如二彼畫一レ水。」

グワスヰ　畫水　〔譬喩〕物の果なきを譬ふ。【涅槃經一】に「是身念念不住猶如二電光瀑水幻炎一。亦如二畫水一。隨畫隨合。」

グワツアイサンマイ　月愛三昧　〔術語〕月光愛すべく以て人の熱惱を除く如く、佛此三昧に入れば淨光を放て衆生の貪瞋の熱惱を除けば月愛と名く。【涅槃經二十】に「譬如下盛夏之時。一切衆生常思二月光一。月光既照。鬱熱即除上。月愛三昧。亦復如レ是。能令三衆生除二貪惱熱一。」

グワツエウ　月曜　〔天名〕七曜の一。胎藏界の外金剛院の一衆。【秘藏記末】に「月曜肉色。持二半月形一。上有二兎形一。」

グワツエンソン　月黶尊　〔明王〕降三世明王の別名。【大日經疏五】に「次復於二執金剛下一。置二忿怒持明一。降二伏三世一切大作障者一。號二月黶尊一。面有二三目一。四牙出現。如二夏水雨時雲色一。作二大笑之形一。以二金剛寶一爲二瓔珞一。此是持二金剛一者。以二無量門大勢威猛一攝二護衆生一三昧也。」【演奧鈔十三】に「帖決第十六云。月黶尊者。降三世也。」此尊半月輪中現二黑色忿怒一也。故似二月黶一。故云レ爾也。【秘藏記末】に「月黶忿怒菩薩。黑肉色。極大忿怒之形。有二四手一。左右二手結レ印。左一手取二一股跋折羅一。右一手鉾鑭。」グワツテンソンと讀む。Krodhacandratiloka

グワツオンヂウセンコセンルヰシ　月隱重山擧扇類之　〔雜語〕歌題。【止觀一之上】に言教を籍て實理を顯はすとを喩へて「如下月隱二重山一擧レ扇類上レ之。風息二太虛一動レ樹訓レ之。」【輔行一之二】に「眞常性月。隱二煩惱山一。煩惱非レ一。故名爲レ重。圓音教風。息レ化歸レ寂。佛の入滅を云 寂理無レ礙。猶如二太虛一。四依弘教。四依とは四類の菩薩 如二動レ樹擧一レ扇。故假二三文一。示二眞常理一。三文とは天台の次第と不定と圓頓との三種の止觀 理不レ可レ示。大悲力薫。使二因レ文比知知一レ風識二月一。」⊙（法門百首）「あさゆふにてならす夏の扇にも心の月を思ひ出でなん」

グワツカイ　月蓋　〔人名〕毘舍離國の長者の名。嘗て維摩の方丈に入りて不二の法門を聽き、西方の三尊を請して國内の惡疫を救ふ。禪宗の山門閣上に於て觀音の右邊に長者の像を安置するは三尊を請せし事緣に依る。【維摩經香積佛品】に「於レ是長者主月蓋。從二八萬四千人一。來入二維摩詰舍一。」【注八】に「什曰。彼國無レ王。唯五百居士。共治二國政一。今言レ主者。衆所二推也。」【請觀世音菩薩消伏毒害陀羅尼咒經】に「時毘舍離大城之中。有二一長者一。名曰二月蓋一。與二其同類五百長者一。俱詣二佛所一。到二佛所一已。頭面作禮。却住二一面一。白レ佛言。世尊此國人民。遇二大惡病一。良醫耆婆。盡二其道術一。所レ不レ能レ救。唯願世尊。慈二愍一切一。救二濟病苦一。令レ得レ無レ患。爾時世尊。告二長者一言。去レ此不レ遠正主二西方一。有二佛世尊一。名二無量壽一。彼有二菩薩一。名二觀世音及大勢至一。恒以二大悲一。憐二愍一切一。救二濟苦厄一。汝今應下當五體投レ地。向レ彼作レ禮。燒レ香散レ華。繫レ念數レ息。令二心不上レ散。經二十念頃一。爲二衆生一故。當レ請二彼佛及二菩薩一。說二此語一時。於二佛光中一。得レ見二西方無量壽佛並二菩薩一。如來神力。佛及菩薩。俱到二此國一。往二毘舍離一。住二城門閫一。乃至爾時毘舍離人。即具二楊枝淨水一。授二與觀世音菩薩一。大悲觀世音。憐二愍救二護一切衆生一故。而說レ咒曰。乃至毘舍離人。平復如レ本。」

月蓋長者鑄三尊師　〔傳說〕【壒囊鈔十七】に善光寺の緣起を引いて長者佛像を鑄造せし事及び三國傳來の事蹟を詳述すれども、經論の證據あるにあらず、前の經文に因みし緣起者の長舌ならんのみ。⊙（盛衰記九）「天竺の月蓋長者鑄奉りし彌陀三尊。」

グワツキ　月忌　〔行事〕每月一度の忌日。年忌に對す。即ち每月故人の死亡せし日に行ふ法要を云ふ。

グワツクワウタイシ　月光太子　〔本生〕釋尊過去世に國王の子となり、月光太子と稱す。一日遊行して癩人が病を治せん爲に其の血髓を請ふに遇ひ、骨を破り髓を出して病人に塗り、血を以て之に飮ましむ。【智度論十二、經律異相三十一】

グワツクワウドウシ　月光童子　〔人名〕又、月光兒。其父德護、摩揭陀國王舍城の長者にして佛を信ぜず、六師の言を聽て火坑を作て佛を害せんとせしを、其子月光童子之を諫止すれども聽かず、後に佛の到るに及で火坑變じて涼池となるを見て心大に悔責し、佛に歸して須陀洹果を得。佛、月光童子に成佛の記を與へ、且つ佛滅後支那國の王と作て三寶を興隆すべきを說く。【德護長者經下】に「又此童子。我涅槃後。於二未來世一。護二持我法一。乃至於二當來世佛法末

時一。於ニ閻浮提支那國內一。作ニ大國王一。名曰ニ大行一。能令下支那國內一切衆生信ニ於佛法一種中諸善根上。時大行王。以ニ大信心大威德力一。供ニ養我鉢一。於ニ爾數年一。我鉢當レ至ニ沙勒國一。從レ爾次第至ニ支那國一。」（歷代三寶紀十二に又此經を引く）【佛說申日經】に「佛告ニ阿難一。我般涅槃。千歲已後。經法且欲ニ斷絕一。月光童子。當下出ニ於秦國一作中聖君上。受ニ我經法一。興ニ隆道化一。秦土及諸邊國。鄯善烏萇。歸茲疏勒大宛于塡。及諸羌虜夷狄。皆當三奉レ佛尊レ法普作ニ比丘一。」此の童子、月燈三昧經の對告衆となり。其の異譯月明菩薩經には月明童男と稱す。【寶雨經一】に「爾時東方有ニ一天子一。名曰ニ月光一。乘ニ五色雲一。來ニ詣佛所一。右遶三匝。頂ニ禮佛足一。退坐ニ一面一。佛告レ天曰。汝光明甚爲ニ希有一。乃至由下汝曾種ニ無量善根一因緣上。今得ニ如レ是光明照曜一。天子。以ニ是緣一故。我涅槃後。最後時分。第四五百年中。法欲レ滅時。汝於ニ此贍部洲東北方摩訶支那國一。位居ニ阿鞞跋致一。實是菩薩故。現ニ女身一爲ニ自在主一。經ニ於多歲一。正法治化。養ニ育衆生一。猶如ニ赤子一。令レ修ニ十善一。能於ニ我法廣大一住持。建ニ立塔寺一。又以ニ衣服飮食臥具湯藥一。供ニ養沙門一。於ニ一切時一。常修ニ梵行一。名曰ニ月淨光一。」

月光童子經 〔經名〕佛說月光童子經、一卷、西晉の竺法護譯。佛說德護長者經と同本異譯、稍略。其他、申日兒本經、佛說申日經同本異譯【宙帙六】(230)

グワツクワウボサツ 月光菩薩 〔菩薩〕藥師如來二脇士の一。【藥師經】に「於ニ其國中一。有ニ二菩薩摩訶薩一。一名ニ日光遍照一。二名ニ月光遍照一。是無量無數菩薩之上首。」⊙（榮花、鳥の舞）「日光月光みなたち給へる御すがた」図胎藏界第七文殊院の一衆。【秘藏記末】に「月光菩薩。黃色左手持ニ青蓮華一。上有ニ半月形一。」図釋尊因位の時に大國の王と作て頭を婆羅門に施せし時の名。又、月光王と云。【佛說月光菩薩經、賢愚經六月光王頭施緣品、經律異相二十五】

（月光菩薩の圖）

月光菩薩經 〔經名〕佛說月光菩薩經。一卷、趙宋の法賢譯。月光施頭の緣事を說く。【宿帙八】

グワツクワウマニ 月光摩尼 〔物名〕寶珠の名。摩尼の光、月の如きもの。【無量壽經上】に「以ニ月光摩尼持海輪寶衆寶之王一。而莊ニ嚴之一。」【千手經】に「月精摩尼」

グワツクワウワウ 月光王 〔本生〕釋尊過去世に頭を婆羅門に施せし時の名。又月光菩薩と云。「グワツクワウボサツ」を見よ。

グワツグ 月宮 〔界名〕月天子の宮殿。即ち月の世界。【起世經十】に「月天子宮。縱廣正等。四十九由旬。四面周圍。七重垣牆。乃至七寶所成。乃至月天宮殿。純以ニ天銀天青瑠璃一。而相間錯。乃至彼月天子最勝宮殿。爲ニ五種風一。攝持而行。何等爲レ五。一持。二住。三順。四攝。五行。以ニ此五風一。所ニ攝持一故。月天宮殿。依レ空而行。乃至於ニ此月天大宮殿中一。有ニ一大輦一。青瑠璃成。其輦舉高十六由旬。廣八由旬。月天子與ニ諸天女一。在ニ此輦中一。以ニ天種種五欲功德一。和合受レ樂。觀娛悅豫。隨レ意而行。諸比丘。彼月天子。如ニ天年月一。壽五百歲。子孫相承。皆於レ彼治。」【立世阿毘曇論五日月行品】に「從ニ剡浮提地一。高四萬由旬。是處日月行。半ニシテ須彌山一。等シ由乾陀山一。是日月宮殿。團圓如レ鼓。是月宮者。厚五十由旬。廣五十由旬。周廻一百五十由旬。是月宮殿。瑠璃所レ成。白銀所レ覆。水大分多。下際水分。復爲ニ最多一。其下際光。亦爲ニ最勝一。乃至是宮殿。說名ニ栴檀一。是月天子。於ニ其中一住。」

グワツザウキヤウ 月藏經 〔經名〕大方等大集月藏經の略名。十卷、高齊の那連提耶舍譯。大集經六十卷中、第四十六より五十六に至る月藏分十一卷是なり。月藏は菩薩の名。月藏菩薩西方より來て方等の妙理を說けるもの【玄帙四】(67)

グワツシ 月支 〔地名〕又、月氏に作る。國の名。印度の西に在り。【史記大宛列傳】に「月氏在ニ大宛西一可ニ二三千里一。其南則大夏。西則安息。北則康居也。」【漢書西域傳上】に「大月氏國。治ニ監氏城一。去ニ長安一萬一千六里。」（大宛去長安萬二千五百五十里。月氏在天竺北可七千里。）【玄應音義四】に「月支國。薄佉羅國應レ是也。在ニ雪山之西北一也。或云ニ月氏一。」【雜寶藏經七】に「月氏國有レ王。名ニ栴檀罽尼吒一。聞ニ罽賓國尊者阿羅漢字祇夜多有ニ大稱名一。思ニ欲相見一。即自躬駕。與ニ諸臣一從。往ニ造彼國一。」原語 Kusana.

グワツシヤウ 月精 〔物名〕又月精摩尼とも云ふ。千手觀音四十手中、右の一手に持せるものにして、其の手を月精手とも云ふ。【千手千眼觀世音菩薩大悲心陀羅尼】に「若爲ニ患熱毒病一求ニ清涼一者。當於ニ月精摩尼手一。眞言。唵引蘇悉地揭哩二合薩嚩二合賀。」

グワツジヤウニヨ 月上女 〔人名〕維摩詰の女。生れて幾くならずして八歲の大の如く、容姿端正なり。城內の人爭ひ來て婚を求て止まず。月上女即ち告げて曰く我れ自ら其人を選ぶべしと。日を期して城內の士人を會す、其の時月上女衆中に於て虛空に

上り偈を說いて衆人に聽かしむ。大衆聞き已て各淫心を止めて女の下に頭面す。爾より月上女佛所に詣りて舍利佛と深義を對揚す。【月上女經】

月上女經　〔經名〕佛說月上女經。二卷。隋の闍那崛多譯。【黃帙八】(441)

グワツタン　月單　〔雜語〕禪院の主計官一月に一度收支を結するを月單と云。【象器箋十六】（「ゲッタン」と讀む）

グワツダン　月壇　〔雜語〕凡そ殿堂壁外の露壇をいふ。蓋し月光を受くる義なり。【象器箋一】

グワツテン　月天　〔天名〕梵名、戰捺羅、旃陀羅、戰達羅 Candra 又、蘇摩 Soma 蘇摩提婆 Somadeva 印度 Indu 創夜神 Niśākara 星宿王 Nakṣatranātha シヴの頭飾 Śiva-śekhara 蓮華王 Kumuda-pati 白馬主 Śvetavājin 大白光神 Śitān 冷光神 Śītamarīci 鹿形神 Mṛgāṅka 野兎形神 Śaśa 等の異名あり。又月天子とも云ふ。

グワツテンシ　月天子　〔天名〕月宮の天子なり。其の名を寶吉祥と云ひ、勢至菩薩の化現なりと云ふ。胎藏界曼陀羅には外金剛部院の一衆として之を列ぬ。起世經十及び立世阿毘曇論日月行品に月宮の事を說く。【大日經疏五】に「西門之南。與二日天一相對。應レ置二月天一。乘二白鵝車一。」【秘藏記末】に「月天子。白肉色。杖上有二半月形一。乘二三鵝一。」【文句二下】に「寶吉祥月天子。大勢至應作。」【嘉祥法華疏二】に「有經云。大勢至名二寶吉祥一。作二月天子一。」⦿（曲、羽衣）「南無歸命月天子本地大勢至」

月天妃　〔天名〕【秘藏記末】に「月天妃。白肉色。「持二青蓮華一。」

グワツトウサンマイ　月燈三昧　〔術語〕佛、月光童子を對告として、一切諸法體性平等無戲論三昧の法門を說けるを、童子の名に因みて月燈三昧と稱す。即ち月燈三昧經の所說。

月燈三昧經　〔經名〕二譯あり。一は高齊の那連提耶舍譯、十卷。一は佛說月燈三昧經。一卷、劉宋の先公譯。前經の一分。【玄帙十】(191)

グワツバシユナ　月婆首那　〔人名〕比丘の名。【續高僧傳一】に「中天竺優禪尼國王子。月婆首那。陳に云二高空一。」僧伽吒經等を譯す。梵 Upaśūna

グワツマンイブケツ　月滿已復缺　〔譬喩〕世相の無常にして轉變流離、止住することなきに譬ふ。【佛說罪業應報敎化地獄經】に「水流不二常滿一。火盛不二久然一。日出須臾沒。月滿已復缺。尊榮豪貴者。無常復過レ是。」⦿（法門百首）「常ならぬ此世にすめば望月の心ほそくもなりまさる哉」

グワツミ　月眉　〔雜名〕佛の眉相初月の如きを云。

グワツミヤウボサツ　月明菩薩　〔菩薩〕又、月明童子。月明童男。月光童子と異稱同人。

月明菩薩經　〔經名〕佛說月明童子經。一卷、吳の支謙譯。此經は月燈三昧經の一分。佛、月明童男即ち月光童子に對し法財二施を說き、及び過去の智止太子が身肉を以て比丘の病を療することを說く、月燈經には之を智意女に作る。【宙帙六】(513)

グワツメンブツ　月面佛　〔佛名〕此佛の壽命僅に一日一夜。【華嚴疏鈔十二】に「如二月面佛壽一。一日夜故。佛名經第六云。乃至月面佛壽一日夜。日面佛壽一千八百歲。梵面佛壽二十三千歲。」【彌陀經略記】に「或有二佛短衆生長一。如二東方月面如來一。彼佛壽命。一日一夜。」【碧巖第三則】に「馬大師。不安。院主問。近日尊候如何。大師云。日面佛。月面佛。」（ガチメンブツと讀む）

グワツユキヤウ　月喩經　〔經名〕佛說月喩經。一卷、趙宋の施護譯。皎月圓滿に比して比丘の戒行を誡む。【宿帙八】(948)

グワツリン　月輪　〔術語〕グワチリンと讀む。大陰を云。【俱舍論十一】に「日月徑量。幾踰繕那。日五十一。月唯五十。乃至月輪下面頗胝迦寶水珠所レ成。能冷能照。」「グワツグ」を見よ。

グワツリンクワン　月輪觀　〔術語〕胎藏界には自心の八葉の佛身を開かんが爲に、干栗駄耶即ち肉團心の八分を以て八葉の蓮華と觀じ、金剛界には一は滿月圓明の體菩提心と相類する故に、一は自心の十六菩薩を開かんが爲に、亦肉團心を以て十六分の月輪と觀ずるなり。月の十六分とは晦夕は日月相並ぶの際にして、日光の爲に奪はれて月光全く隱るるも、若し日月に於て一分相過ぐるの後は必ず月光少しく現ず。此小分を以て後の月の十五分の明に合せて十六分と成す。此の十六分即ち金剛界の十六大菩薩般若經所說の十六空を表すなり。故に【菩提心論】に「何故以二月輪一爲レ喩。滿月圓明體則與二菩提心一相類。凡月輪有二一十六分一。喩下瑜伽中金剛薩埵至二金剛拳一有中十六大菩薩上。乃至摩訶般若經中。內空至二無性自性空一亦有二十六義一。一切有情於二心質一中有二一分淨性一。衆行皆備。其體極微妙皎然明白。乃至輪二廻六趣一亦不二變易一。如二月十六分之一一。凡月其一分明相若當二合宿際一。但爲二日光一奪二其明性一。所以不レ現。後起月初日日漸加。至二十五日一圓滿無礙。」【守護國界經九】に「善男子諦聽。當二爲レ汝說一。汝今宜應當下於二鼻端一想二月輪一。於二月輪中一作中唵字觀上。乃至唵字即是毘盧遮那之眞身也。」【法花軌】に「如三秋月光明澄靜仰在二心中一。」【無量壽軌】に「猶如三淨月仰在二心中一」【五字陀羅尼頌】に「右旋布二心月一。（五字を布くと）如下以二水精珠一存中於明鏡上上。」【秘藏記本】に「念誦分限了。即結二定印一。觀二五

字。是月輪觀。又實相觀。謂阿卑羅吽欠。先月輪安二心上一。輪上布二五字一。乃至唯一向觀二月輪周遍一。良久以後。月輪周二遍法界一。俄須下忘二身與一月輪上。專住中無分別智上。然後爲レ利二衆生一。住二大悲門一出觀。卷二縮月輪一。收二斂自心一。【辨惑指南一】に「字を觀ずるとを言はば、先づ我身の心の中に、徑一肘量の圓明の月輪を觀じ、其中に八葉白色の開敷蓮花を觀じ、其蓮臺の中に金色の𑖀字ありと觀念ずるなり。（若は蓮華の上に月輪を觀じ其中に阿字を觀ず）かくの如く念念相續して餘念を交へざるときは、妄想日に退き、無明漸くに盡きて、本覺の心佛自然に顯るるなり。」【心地觀經八】に「凡夫所觀菩提心相。猶如二清淨圓滿月輪一。於二胸臆上一明朗而住。乃至端身正念結二前如來金剛縛印一。冥目觀二察胸中明月一。作二是思惟一。滿月輪五十由旬。無垢淨明。內外澄徹。最極清涼。月即是心。心即是月。塵翳無染。妄想不レ生。」【證道歌】に「心鏡明鑑無礙。廓然瑩徹周沙界。萬象森羅影現中。一顆圓光非內外。」⦿（後拾）「月の輪に心をかけし夕よりよろづのことを夢と見るかな」

グワツリンサンマイ 月輪三昧 [術語] 月輪觀なり。【佛祖統紀三十五】に「十三祖龍樹於二南天竺一以二法藏一付二迦那提婆一。入二月輪三昧一蟬蛻而去。」

グワハツ 瓦鉢 [物名] 土製の食器。佛之を弟子に許す。【行事鈔下之二】に「律云。大要有レ二。泥及鐵也。」【釋氏要覽中】に「佛住二孫婆白土村一。爾時孫婆天神白レ佛。過去佛皆受二用此處瓦鉢一。佛乃聽二比丘受一瓦鉢一。」

グワビヤウ 畵瓶 [譬喩] 人身を糞穢を盛りたる畵瓶に譬ふ。【菩薩處胎經一】に「如二畵瓶盛一レ糞。」【釋門歸敬儀】に「或比二行廁畵瓶一。或擬二危城杯器一。」【道眞記中】に「次喩出二大丈夫論一。彼云。畵瓶滿二糞穢一。外飾若汝愶。此身臭穢滿。云何汝不レ厭。」（語法偈頌なり、今丈夫論を撿するに此文無し）

グワホフ 臥法 [雜語] 比丘眠臥の法。右脇にして臥し、足を累ね、法衣にて身を覆ひ、正しきを想へといふ。【摩得勒伽論六】に「初夜過四疊二鬱多羅僧一敷。卷二疊僧伽梨一爲レ枕。右脇臥。脚脚相累。不レ得レ散二手脚一。不レ得レ散二亂心一。不レ得レ散二亂衣一。作二明相正念起想思惟一然後眠。至二後夜一疾疾起。經行坐除二去睡蓋一。」【釋氏要覽下】に「寶雲經云。欲レ臥。身向二右邊一累レ足。以二法衣一覆レ身。正念正知。起二明了想一。但爲レ長二養諸根大種一故。瑜伽論問云。何緣右脇而臥。答。與二師子王法一相似。」

グワン 願 [術語] 梵に尼底。Praṇidhāna 願と譯す。滿足を志求すると。【法界次第下之上】に「自制二其心一。名レ之曰レ誓。志二求滿足一。故云二願也一。」【法寶上末】に「於二出世道一悕求爲レ願。亦是期心爲レ願。」【止觀七下】に「發願者誓也。如許二人物一。若不レ分レ劵。物則不レ定。施二衆生善一。若不レ要レ心或恐二退悔一。加レ之以レ誓。又無二誓願一如二牛無レ御。不レ知レ所レ趣。願來持レ行。將レ至二所在一。乃至二乘生盡。故不レ須レ願。菩薩生生化レ物。須二總願別願一。四弘是總願。法華華嚴所說一一善行陀羅尼。別有二別願一。」

總願 [術語] 顯敎に四弘誓を立て、密敎に五大願を立つ。「シグゼイ」を見よ。

別願 [術語] 藥師の十二願。（藥師を見よ）千手觀音の六願又十願（千手觀音を見よ）普賢の十願（普賢を見よ）彌陀の廿四願又は四十八願、釋迦の五百願の如し。

グワンイシクドク 願以此功德 [術語] 廻向文なり。二種あり。一は【法華經化城喩品】にある梵天王の願文にて「願以二此功德一。普及二於一切一。我等與二衆生一。皆共成二佛道一。」一は【觀經玄義分】に在て善導の願文にて「願以二此功德一。平等施二一切一。同發二菩提心一。往二生安樂國一。」此の二文共に自身所修の功德を他の衆生に廻施して、共に佛果を成ぜんとを願ふものなれば、之を廻向文と名け、後來一法會の終に唱ふるとなれり。但し淨土門の人は善導の廻向文を用ひ、其他の諸宗は法華の廻向文を用ふるを常とす。

グワンカイ 願海 [譬喩] 菩薩の願事深廣なるを海に譬ふ。【八十華嚴經六】に「顯二示一切大願海一。」【萬善同歸集六】に「超二三有之苦津一。入二普賢之願海一。」【往生要集上本】に「聞二一實道一。入二普賢之願海一。」

グワンコウ 丸香 [物名] 種種の香を和して丸となしたるもの。建立曼荼羅儀軌に丁香、白檀、沈香、熏陸、龍腦香、荳蔻、白芥子、蘇合香を蘇蜜を以和して丸とすと。護摩を修するとき燒きて供養するもの。煩惱に譬へ瞋に配す。

グワンガオミライチヤウジユドシユジヤウ 願我於未來長壽度衆生 [雜語] 歌題。【法華經分別功德品】に「其有二諸菩薩一。無量劫行レ道。聞二我說二壽命一。是則能信受。如レ是諸人等。頂二受此經典一。願下我於二未來一長壽度中衆生上。如下今日世尊諸釋中之王道場師子吼說法無上レ所レ畏。」是れ壽量品に於て既に釋尊自身の無量壽を開顯せし後の勸發なり。⦿（續古今）「行末もながらの橋の朽ちずしてつもる世もなく人を渡さん」

グワンガリンヨクミヤウジユジ 願我臨欲命終時 [雜語] 【四十華嚴經四十】に「願我臨レ欲二命終時一。盡除二一切諸障礙一。面見二彼佛阿彌陀一。即得レ往二生安樂剎一。現前成二就此大願一。一切圓滿盡無レ餘。利二樂一切衆生界一。彼佛衆生咸清淨。我時於二勝蓮華一生。親覩二如來無量光一。現前授二我菩提記一。」是れ普賢

菩薩既に善財童子の爲に如來の勝功德を稱歎し已て、自ら十大願王を說き、最後は偈頌を宣說して一切を導て極樂世界に歸せしむる偈中の一節なり。即ち已れ極樂に往生して此十願王を成就せんと願ふなり。而て普賢の十大願王は一切諸菩薩の願なれば、西方往生は即ち一切菩薩志願なり。◎(金葉)「命をも罪をも露に喩へけり消えばともにや消えんとすらん」

グワンギヤウ　願行　[術語]　誓願と修行と。此二相待つて事を成す、一を缺けば不可なり。【大智度論七】に「莊二嚴佛國一事大。獨行功德。不レ能レ成。故要二須願力一。譬如下牛力雖二能挽一レ車。要二須御者一。能有中所至上。」【讃阿彌陀佛偈】に「一切菩薩增二願行一」【玄義五上】に「念念開二發一切法界一。願行事理。自然和融。」

グワンギヤウグソク　願行具足　[術語]　願と行とを具足する意。善導の【觀經疏一】に。「如二經中說一。但有二其行一。行即孤。亦無レ所レ至。但有二其願一。願即虛。亦無レ所レ至。要須二願行相扶所爲皆剋一。乃至今此觀經中十聲稱佛。即有二十願十行一具足。云何具足。言二南無一者。即是歸命。亦是發願廻向之義。言二阿彌陀佛一者。即是其行。以二斯義一故。必得二往生一。」と云へり。鎭西派に於ては、三心は念佛諸行に通じ、共に報土往生を得と立て、願とは總じて三心、別しては回向發願心を指し、行とは念佛及び諸行に通ず、願生彼國の願と念佛諸行の行を具足すれば報土往生を得、南無阿彌陀佛の行體に願行具足の義あるが故に、假ひ別に廻向を用ひざるも往生の因となる義ありと說き、眞宗にては南無阿彌陀佛の法體に願行具足するが故に、行者が信の一念に、他力の回向によりて此の名號を得る時、機に於ても亦願行具足の義ありと立つと雖も、而も自ら三心を發し、念佛を稱して以て往生を期するには非ずと云へり。

グワンゲウ　元曉　[人名]　新羅國黃龍寺の元曉。湘法師に從て入唐し、處處に遊往し、華嚴唯識は最も其の達する所。後に還て化を海東に振ふ。著す所、起信論疏、彌陀經疏等盛に世に行はる。世其人を以て海東師と稱し、疏を海東疏と云。【宋僧傳四】

グワンゲ　願偈　[術語]　願生偈の略名。天親菩薩の作。淨生に生ぜんことを願ひし偈文なり。【淨土論】に「我依二修多羅眞實功德相一。說二願偈總持一。與二佛敎一相應。」

グワンゲウ　願巧　[雜語]　巧みなる本願なり。語を轉じて願巧と云ふは巧善を轉じて善巧と云如し。

グワンゴウジ　元興寺　[寺名]　南都七大寺の一。推古天皇四年に聖德太子守屋を討て飛鳥地に此寺を草創し、初は法興寺と云。【日本紀】四門に閣を打ち、南は元興寺、北は法滿寺、東は飛鳥寺、西は法興寺と云。【玉林鈔】

グワンサシンシ　願作心師　[術語]　【涅槃經二十八】に「願レ作二心師一。不レ師二於心一。」

グワンサドシヤウ　願作度生　[術語]　願作佛心と度衆生心との稱。「次項」を見よ。

グワンサブツシン　願作佛心　[術語]　作佛せんと願ふ心なり。【往生論註下】に「案二王舍城所說無量壽經一。三輩生中。雖三行有二優劣一。莫レ不三皆發二無上菩提之心一。此無上菩提心。即是願作佛心。願作佛心。即是度衆生心。度衆生心。即攝二取衆生一。生二有佛國土一心。」案に菩提心は上求下化の心なり。願作佛心は是れ上求菩提の心、度衆生心は是れ下化衆生の心。

グワンザン　元三　[人名]　叡山十八代の座主良源を俗に元三大師と稱す。蓋し師は永觀三年の正月三日を以て寂せしより、橫川に於て每年元三に准勅會の法事を修し、元三會と稱せしに由て遂に師の稱號となりしもの。

元三會　[行事]　正月三日慈慧大師の法會。橫川の楞嚴院に於て修する准勅會。【天台史略下】

グワンシヤウキミヤウ　願生歸命　[術語]　眞宗の異安心の一種。善導散善義の二河白道喩下に出づる願往生の文字を解して、歸命即ち信心といふは淨土に往生せんと願求することとなすものをいふ。寶曆寬政の頃、本願派七代能化功存。八代能化智洞の主張せるによりて有名なり。

グワンシヤウゲ　願生偈　[書名]　無量壽經優婆提舍願生偈の略稱。又、往生論と云。

グワンシユ　願主　[雜語]　塔像を起立し、經典を書寫するなど、總て佛道に關する善根を發起する人を云。此人この善根を以て成佛又は往生を願へば願主と名く、又は本願とも云。【無量壽經下】に「起二立塔像一。飯二食沙門一。懸レ繒然レ燈。散レ華燒レ香。以レ此廻向。願レ生二彼國一。」

グワンシヨイチネン　元初一念　[術語]　元品無明のこと。「グワンボンムミヤウ」を見よ。

グワンシヨドウボフシヤ　願諸同法者　[雜語]　【保元物語】に「願諸同法者。臨終正念佛。見彌陀來迎。往生安樂國。」本邦古德の頌ならんと、其人を檢せず。文の意は、願はくば諸の我と佛道を同じくする者は、命終の時に臨て心を正しくして念佛し、其の功力に依て彌陀如來の來迎を見て安樂國に往生せん、と云ふなり。

グワンシン　願心　[術語]　佛が衆生を救はんと

願ふ心。衆生が成佛せんと願ふ心。之を總ぶるは四弘誓願の心なり。

グワンジキ　願食　〔術語〕五食の一。聖者願力を以て身を資持し、萬行を修すれば稱して食と云。【三藏法數二十四】に「願食。謂修二聖道一之人。以レ願持レ身。不レ捨二萬行一。長二養一切善根一。如三世之食資二益身根一。是爲二願食一。」

グワンジヤウジユノモン　願成就文　〔術語〕法藏菩薩、四十八願を建てし中、第十八願を以て王本願とし、其の十八願の成就を說ける文を願成就文と云ふ。無量壽經下卷の初にあり。四十八願は上卷　其の文に「諸有衆生。聞二其名號一。信心歡喜。乃至一念。至心廻向。願レ生二彼國一。即得二往生一。住二不退轉一。唯除三五逆誹二謗正法一。」

グワンジヤウズヰブツガク　願常隨佛學　〔雜語〕歌題。【碧玉集】に「願常隨レ佛學。折レ骨爲レ筆。刺レ血爲レ墨。」と云ふ題にて「深く思ふ心をみつるちかひ哉身をも惜しまぬ墨筆のあと」此題の出所未だ詳ならず。或は【梵網經下】に「若佛子。常應下一心受二持讀誦大乘經律一。剝レ皮爲レ紙。刺レ血爲レ墨。以レ髓爲レ水。折レ骨爲レ筆。書中寫佛戒上。」とあるに依て題者自ら句を成す歟。

グワンジヤウブツダウ　願成佛道　〔雜語〕歌題。【梵網經下】に「願聞二是法一者。疾得レ成二佛道一。」⦿(詞花)「よそになど佛の道を尋ぬらん我心こそしるべなりけれ」

グワンセウ　元照　〔人名〕杭州靈芝寺の元照、字は湛然、初め東藏の慧鑑律師に依て專ら毘尼を學ぶ。後神悟禪師に從て天台の敎觀を講ず。復廣慈の才法佛に從て菩薩戒を受け、博く南山の律宗を究む。而して意を淨業に篤くす。每に曰く、生れて律範を弘め死して安養に歸せん、平生の得る所唯二法門のみと。靈芝に住すると三十年、宋の徽宗政和六年九月一日寂。壽六十九。大智と諡す。唐の太宗貞觀中に終南山澄照大律師道宣戒疏羯磨疏事鈔を作て四分律を弘む。流通四百載に逾へ、釋義六十家に近し。中大寺の昭慶律師允堪、會正記を作り獨り理を盡せりと爲す。最後に靈芝元照法華を以て圓意を開顯し、資持記を作る、會正記と途を殊にし、四分一宗是より兩派を分つ。【往生傳、佛祖統紀二十九、稽古略四】

グワンセン　願船　〔譬喩〕彌陀の本願は衆生を彼岸に渡するを以て船に譬ふ。【迦才淨土論下】に「阿彌陀佛與二觀世音大勢至一。乘二大願船一。浮二生死海一。就二此娑婆世界一。呼二喚衆生一。令レ上二大願船一。」【龍舒淨土文二】に淨土傳云として此文を引く。【往生要集中本】に淸淨覺經云として此文を引けども經に其文なし。【敎行證文類二】に「乘二大悲願船一。浮二光明廣海一。至德風靜。衆禍波轉。」

グワンソ　元祖　〔雜語〕一宗を開きし元初の祖師を云。此名諸宗の開祖に通ずれども、殊に多くは淨土宗の開祖源空を指稱す。【理惑論】に「佛乃道德之元祖。」【輔行一之一】に「以二此因果一。共爲二諸師所承元祖一。」

グワンチ　願智　〔術語〕如來共德の一。共德は不共德に別つ語　願の如く生じ來る妙智を云。【俱舍論二十七】に「以レ願爲レ先。引二妙智一起。如レ願而了。故名二願智一。」

グワンド　願土　〔界名〕阿彌陀佛の本願に依て成就せる國土。即ち極樂淨土を云。【往生禮讚】に「觀二彼彌陀極樂界一。廣大寬平衆寶成。四十八願莊嚴起。超二諸佛刹一最爲レ精。」【高僧和讚】に「願力成就の報土」

グワンニン　願人　〔雜名〕神佛に願を立る人。

願人坊　〔雜名〕願人坊主の略。

願人坊主　〔雜名〕神佛に祈願ありとて坊主の姿を作し乞食を業とせるもの。舊時にありき。

グワンハラミツ　願波羅蜜　〔術語〕十波羅蜜の第八。菩薩、上求菩提下化衆生の誓願を以て到彼岸の大行となすもの。【三藏法數三十八】

願波羅蜜十德　〔名數〕一に盡く一切衆生を成就す。二に盡く一切世界を莊嚴す。三に盡く一切の諸佛を供養す。四に盡く無障礙の法に通達す。五に盡く徧法界の行を修行す。六に身恒に住して未來劫を盡す。七に智盡く一切の心念を知る。八に盡く流轉還滅を覺悟す。九に盡く一切の國土を示現す。十に盡く如來の智慧を證得す。【唐華嚴經十八】

グワンブツ　願佛　〔術語〕十種佛の一。八相成道の化身佛を云。是れ因願に酬報せる佛なれば願佛と名く。【八十華嚴經五十三、三藏法數三十六】

グワンボンムミヤウ　元品無明　〔術語〕又、根本無明とも無始無明とも云ふ。中道實相の理に迷ふものを無明と名け、其の無明に淺深麁細の別あれば、天台の別敎は之を十二品に分け、圓敎は四十二品に分つ、其中最も微細深遠なる元本の品類を元品と云。是れ一切衆生の迷ひの元初根本なれば根本無明と云ひ、此の無明眞如の無始と共に無始なれば無始無明と名く。されば此の元品無明が無始生死の根元なり。之を斷じ了りて一念は成佛の位なり。【七帖見聞二末】に「一切衆生皆本覺の如來にして、法性眞如の體なり。然に一念の無明が起り始めて、法性の月を隱くして迷の凡夫とはなるなり。法性は月の如く、無

明は雲の如し、雲は法性覺月の明を明ならしめざる故に名くるなり。抑も此の無明微細にして品數辨じ難し。一往大分して四十二品となす。然れども其の品數無量無邊なり。圓敎には四十二品と分別せり。其の中に元品の無明とは、本覺眞如の內證を迷ひ始めし一念の無明なり。故に元品と云ひ、又無始の無明と云ふ。之を等覺の後心に妙覺智現前して斷ずるなり。最後品の無明と云へるは此の心なり。等覺智斷か妙覺智斷かが一の算なり。（算とは問題のこと）案に、元品と云ひ根本と云ふ有始の言にして、七帖見聞の釋亦た有始の意を成す、然るに之を無始と名くるは如何。「ムシムミヤウ」を見よ。

元品能治 〔雜語〕 元品無明を退治するは等覺智歟妙覺智歟。【七帖見聞七】に「唐土に於て開善莊嚴の諍なり。開善法師は妙覺智斷と言て、勝鬘經の無明住地其力最大。佛菩提智之所二能斷一。の文を引けり。莊嚴師は等覺智斷と言て、大經の有所斷名二有上士一。無所斷名二無上士一。の文を引けり。日本に於ては、多分妙覺智斷と云、但し寶地坊は等覺智斷と云ふ。」

グワンモホウガトウ 願母放我等 〔雜語〕 歌題。【法華經妙莊嚴王品】に妙莊嚴王の二子淨藏、淨眼、其の父を道に入れん爲に、共に其母淨德夫人に詣り出家を乞ふ。偈頌に、「願母放二我等一。出家作二沙門一。諸佛甚難レ値。我等隨レ佛學。」⦿（拾玉）「たらちねを導かんとてたらちめに乞ひしいとまの末ぞ嬉しき」

グワンモン 願文 〔術語〕 法事を爲す時に施主の願意を述べたる表白文を云。【本朝文粹菅家文草】などに作例多し。

グワンリキ 願力 〔術語〕 誓願の力。【智度論七】に「莊二嚴佛界一事大。獨行功德。不レ能レ成。故要レ須二願力一。」⦿（盛衰記一五）「彌陀願力の舟に心をかけて」

グワンリキシンジン 願力信心 〔術語〕 如來の本願力によりて與へられたる信心。又、如來の本願力によりて救はるとの信心。名號信心に對す。

グワンリキジネン 願力自然 〔術語〕 衆生が往生すること行者の思惟分別によるにあらず、阿彌陀佛の本願力にはからはれて自然に即ち往生を得と云ふと。

グワンリキヱカウ 願力廻向 〔術語〕 眞宗にていふ所。また他力廻向ともいふ。彌陀の本願力を以て、因位の萬行、果地の萬德を名號のうちに收めて、これを衆生に與へ給ふを云ふ。行も信も、因も果も、往相も還相も、皆これ如來淸淨の願心より衆生に廻施し給ひし南無阿彌陀佛也、とする意。

グワンリン 願輪 〔術語〕 菩薩の誓願堅固にして、一切の敵を摧破すると、輪王の輪寶の如くなれば輪と云ひ、又菩薩の身は終始自己の誓願に轉ぜらるるものなれば願を輪と云。

グワンヱ 願慧 〔術語〕 誓願と智慧。【無量壽經上】に「願慧悉成滿。得爲二三界雄一。」

グンウ 群有 〔術語〕 三有、九有、二十五有など。衆生の果報を有と名く。【業疏一上】に「唯此僧寶。下濟二群有一。」【濟緣記一上】に「下濟二群有一。六道福田故。言二群有一者。正報即四生。依報則三界。開爲二九有二十五有一。」

グンキ 群機 〔術語〕 諸の機類。【最勝王經十】に「八種微妙。應二群機一。」【歸敬儀上】に「統二群機大小一。」

グンギロン 群疑論 〔書名〕 釋淨土群疑論の略稱。宋僧傳に決疑論と云。七卷、唐の千福寺懷感撰。其の註解は探要記十四卷、鈔二十卷あり。

グンケンカクズヰシヨアン 群賢各隨所安 〔雜語〕 歌題。【輔行一之一】に「初思謂二智者一曰。吾久羨二南岳一。恨法無レ所レ附。汝可二傳燈設化一。莫レ作二最後斷二佛種一人一也。汝於二陳國一有レ緣。宜二往利益一。既奉二嚴訓一乃共二法器等二十七人一。同至二陳都一。乃至停二瓦官一八年。講二大智度一。說二次第禪門一。蒙二語默之益一者。略難二稱紀一。爾後徒衆轉多。得レ法轉少。妨二我自行一。化道可レ知。群賢各隨二所安一。吾欲レ從二吾志一也。吾聞天台地。記稱レ有二仙宮一。若息レ心。玆展二生平之志一。」⦿（法門百首）「ひとりなほ佛の道を尋ねみんおのおのかへれ法の庭人」

グレンゲ 紅蓮華 〔植物〕 梵名、優鉢羅 Utpala の譯、赤色の蓮華を云ふ。千手觀音四十手中其の左に持せるものにして其の手を紅蓮手と云ふ【千手千眼觀世音菩薩大悲心陀羅尼】に「若爲下求レ生二諸天宮一者上。當於二紅蓮華手一。眞言。唵引商揭𠼝二合薩嚩二合賀。」

グンゴヒキヤウ 群牛譬經 〔經名〕 佛說群牛譬經、一卷、西晋法炬譯。群牛を以て好比丘に譬へ、驢を以て惡比丘に譬ふ。【宿帙八】（764）

グンシユ 葷酒 〔飮食〕 葷と酒。葷は植物の辛くして臭きもの、以て一切の肉類を攝む。

グンシン 葷辛 〔飮食〕 葷は蔬菜の臭きもの。辛は其のからきもの。佛之を禁ず。【名義集三】に「葷而非レ辛阿魏是也。辛而非レ葷薑芥是也。是葷復是辛五辛也。」【梵網經下】に「若佛子。不レ得二五辛一。」【西域記二】に「蔬菜則有二薑芥瓜瓠葷陀菜等一。葱蒜雖レ少。噉食亦希。家有二食者一。驅令レ出レ郭。」【寄歸傳一】に「五天之人。不レ食二諸虀及生菜之屬一。由レ此人無二腹痛之患一。」

グンジヤウ 群生 〔術語〕多くの衆生。【維摩經佛國品】に「法王法力超二群生。」【無量壽經上】に「求二清白之法。以惠二利群生。」【法華經方便品】に「又諸大聖主。知二一切世間天人群生類深心之所欲。」

群生海 〔譬喩〕【教行證文類二】に「乘二一切智船。浮二諸群生海。」

グンダ 軍荼 〔物名〕軍荼利の略。

グンダリ 軍荼利 〔物名〕Kuṇḍali 又、軍遲。譯瓶。「グンチ」を見よ。

軍荼利明王 〔明王〕五大明王の一。具名は阿密哩多軍荼利。譯、甘露瓶。「カンロ」を見よ。

（軍荼利明王の圖）

軍荼利夜叉 〔明王〕明王は總て暴惡の忿怒相なれば夜叉と云。夜叉は暴惡の義。⊙（太平記一二）「軍荼利夜叉の法をぞ行はれける。」（曲、道成寺）「南方に軍荼利夜叉明王」（盛衰記二七）「心譽阿闍梨は軍陀利の法なるべし」

軍荼梨金剛曼荼羅 〔圖像〕若し軍荼利法を受持せんと欲せば先づ其の像を畫くべし。徧身青色、兩眼俱に赤し、髮を攬て髻を成し、其の頭髮の色黑赤交雜し、三昧の火焱の如く、眼を張て大怒す、上齒を皆露はして下脣を齩み、大瞋面を作す。二の赤蛇有り、兩頭相交り、垂れて胸前に在り、頭仰いて上に向ふ。其の兩蛇の尾各像の耳を穿ち尾頭垂下して肩上に至る。其の二蛇の色黃俟蛇の如く、赤黑間錯す。其の像に八臂手有り、右の最上の手に跋折羅を把り、屈臂して上に向ふ。下の第二手に長戟柱を把り屈臂して上に向け、其の戟の上下に各三叉有り、皆鋒刄有り一頭は上に向け、一頭は地下に柱す。第三臂は左の第三臂を壓し、兩臂相交へて胸上に在り。右手の中に兩箇の赤蛇を把り、其の蛇相交りて各像の面に向ふ。左手亦た一頭の赤蛇を把る。兩手各跋折羅印を作し、兩手の大指は各小指の甲を捻し、餘指皆申べ、即ち左手を以て右腕の前を壓し、次に右手を以て左腕の前を壓す、即ち是れ身印なり。下の第四臂は仰ぎ垂れて下に向け、右胯に著くると勿く、五指皆申べて施無畏手なり。左の上手中に金輪形を把り、臂を屈して上に向く、輪に八角有り轂輞成具す。下の第一手の中指以下の三指は各屈して掌に向け、大指は中指の上節の側を捻し、頭指は直竪し上に向け之を申べ、其の臂肘を屈して手臂左に向ふ。下の第四手は橫に左胯を覆うて指頭を右に向く。八手の腕中に皆金釧を著け、紫色地の散華錦の天衣を以て髆頂背に絡ひ、其の天衣の頭をして左右に分け、各垂れて下に向ふ。緋表紅裏の帶を以てし用て其の腰を繫ぎ、虎皮と錦と其の兩胯を輓し、其の兩脚脛に各赤蛇有りて其の脚脛を絞る。其の兩蛇の色は赤黑間錯す。仍其の像をして七寶蓮華の上に立たしめ、其の右脚の指また右邊に向ひ、其の左脚の指また左邊に向ふ。其の像の左邊の踝子以下に一の鬼王を畫く。身は人の形軀に似て、貌麤大なり、白象の頭を作し、膝を屈して跪坐し、頭を擧げて上に向け、像の顏を瞻仰す。其の鬼右の手に蘿蔔根を把り、臂を屈して上に向け、左臂は平屈し、手を展し掌を仰ぎ歡喜團を把る。其の手の兩腕に皆金釧を著け、其の鬼の頸下に金瓔珞を著け、綠帶を以て其の腰上に繫ぎ、朝霞錦を以て其の兩胯を鞔す。【陀羅尼集經八】

軍荼利明王經軌 〔經名〕軍荼利儀軌、陀羅尼集經第九金剛阿密哩多軍荼利菩薩自在神力咒印品。

軍荼利儀軌 〔經名〕甘露軍荼利菩薩供養念誦成就儀軌の略名。

グンヂ 軍持 〔物名〕Kuṇḍi 又、軍鉾、君持、運提、君遲、鍕鉾、捃稚迦、君稚迦 Kuṇḍikā に作る。千手觀音の四十手中軍持手に持てる瓶の義なり【大悲心陀羅尼】に「若し諸梵天上に生ぜんことを求むる者の爲には、當に軍持手に於てすべし。眞言唵引嚩日囉二合勢佉囉嚕吒𤚥」と云ふ。「クンヂ」を見よ。

グンナ 軍那 〔植物〕Kunda 花の名。【大日經疏五】に「如軍那華。其華出二西方。亦甚鮮白。」

グンマウ 群萠 〔術語〕群生と云ふ如し。萠とは草木の始めて芽を發し未だ冥昧なる貌。依て衆生の盲昧に譬ふ。【法華經化城喩品】に「普智天人尊。哀三愍群萠類。」【無量壽經上】に「光三闡道敎一欲レ拯二群萠。」

グンメイ 群迷 〔術語〕多くの迷ひの衆生。【觀經玄義分】に「群迷性隔。樂欲不レ同。」【大日經疏二】に「十方三世諸佛唯有二此一門。誘三進群迷一出二於火宅。」

グンルヰ 群類 〔術語〕群は衆生なり、有情の種類數多なるを云。【法華經方便品】に「天人群生類」【圓覺大疏上之二】に「大士親愛。展轉流布。則郡類普霑。」

け

ケ化 〔術語〕 教化と熟し、人を教へて惡を轉化して善と爲すを云ふ。【法華經方便品】に「從レ佛受レ化」又「化二一切衆生一皆令レ入二佛道一」【華嚴經疏五】に「化謂二教化一」 図〔術語〕 通力を以て種種の相を變現するを云。此能變化の心に十四種あり、所變化の相に八種あり。【大品經一】に「解二了諸法如レ幻乃至如一レ化。」【大乘義章十五】に「無而忽起。名レ之爲レ化。」

化一切衆生 〔雜語〕【法華經方便品】に「如二我昔所願一今者已滿足。化二一切衆生一皆令レ入二佛道一」釋迦の本懷滿足を述べし偈文なり。【海道記】に引く。

ケ悔 〔術語〕 所造の罪を惡み悔ゆると。【成唯識論七】に「悔謂惡作。」【止觀七下】に「悔名レ改レ往修レ來。」【大乘義章二】に「追返名レ悔」

ケ計 〔術語〕 計度と熟し、妄念を以て邪に道理を推し度ること。【倶舍論十九】に「計二我我所一」

ケ假 〔術語〕 假とは借の義、諸法各實體なし、他を借りて有るが故に假と名く。諸蘊を借りて衆生あり、棟梁を借りて家屋あるが如し。故に假とは虛妄不實の義なり。

二假 〔名數〕 一に無體隨情假、凡夫の我法を執する如き、我も法ももと實體なし、但自己の妄情に隨つて我法の名を立つるもの。二に有體施設假、五蘊の法は無ならず、彼五蘊和合の上に於て假に我法の名を設くるもの。初は凡夫の迷情に就き、後は聖者の悟情に就く。【述記一本】

三假 〔名數〕 凡情の實我實法の執を破せん爲、般若經に三種の假を明かす、三波羅攝提 Prajñapti とも三攝提とも、三假施設とも云ふ。【智度論四十一】に「經曰。菩薩摩訶薩行二般若波羅蜜一名假設。受假施設。法假施設。如レ是應當學。」一に法假。法とは色心等各自の法なり、此法自性本來虛假不實なるを法假と名く。諸法因緣生にして實性なきが故に是れ自性假なり。二に受假。受とは總法が別法を含受して一體を成すを云ふ。四大を含受して草木を成じ、五蘊を攬て衆生を成ずるが如し。即ち別を攬て總をなすを受假と名く。是れ積聚假なり。三に名假。一切諸法の名なり。名は法により想に依り假に施設するものなれば名假と名く。此三假觀入破遣の次第に依らば先づ名假を破し、次に受假を破し、後に法假を破して法の實相に到るなり。法の實相とは即ち諸空なり。【舊譯仁王經觀空品】に「世諦故三假故。名レ見二衆生一」【同天台疏】に「三假者。謂法假。受假。名假也。」 図【成實論假名相品】に三假を說く。一に因成假。一切の有爲法は必ず因緣を以て生ずるを因成假と名く、即ち前の法假なり。二に相續假。有爲法の前後相續して存在するを相續假と名く、蘊體相續して人の一期を成す如し。三に相待假。短に待ちて長あり、苦に待ちて樂ある如きを相待假と名く。

四假 〔名數〕 成實論中又四假を明す。一に因生假。一切の有爲法因より生じて皆無性なるを因生假と名く、六因四緣に諸法を生ずる如し。是れ前の三假中の法假なり。二に緣成假、五蘊を攬つて人を成し四境を捉へ家を成ずる如し。是れ前の三假中の受假なり。三に相待假、長短等相待して立つ如し。四に相續假、一念の色聲は身語業を成さず、色聲相續して方に身語業を成ずる如し。【大乘義章一、倶舍光記三十】

ケ華 〔雜名〕 華を佛菩薩に奉り、又は散じて供養す。密教にては修法の時、最も肝要なるものの一とせり。【大日經二具緣品】に「眞言を持する行者、諸聖尊に供養するには、當に悅意華の潔白黃朱色なるを奉るべし」と云ひ【同疏七】には各各諸尊の性類及び曼荼羅の方位等に隨つて奉獻する華を分別すべきを說く。【蘇悉地羯羅經供養花品】にも出づ。

ケ繫 〔術語〕 繫縛の意なり。「ケバク」を見よ。

ケイ磬 〔物名〕 梵語、犍推。鐘或は磬と譯す。犍推と磬とは質も形も異なれども、共用法同じきを以て配譯せしのみ。磬はもと支那の樂器にて石を以て本とし、金は假用なり。【眞俗佛事編三】に「佛前法用の時、先づ磬を鳴すことは、もと諸尊を驚覺する爲なり。」「カンチ」を見よ。

ケイインブ 鷄胤部 〔流派〕 Gokulika (Kaukkuti-ka) 小乘二十部の一。灰山住部、窟居部、高拘梨訶部とも云ふ。佛滅後二百年の頃、大衆部の中より分出せしもの。過未無體論を主張し、且つ論を主とし經律を機類に應ずる方便なりとして輕視す。【宗輪論述記】に「憍矩胝部。此婆羅門姓也。此云二雞胤一上古有レ仙。貪欲所レ逼。遂染二一雞一後所レ生族。因名二雞胤一婆羅門中仙人種姓。乃至此部唯弘二對法一不レ弘二經律一是佛世尊方便教故。」

ケイウ 化誘 〔術語〕 衆生を敎化し引導すると。【八十華嚴經二】に「種種教門常化誘。」

ケイキ 鷄貴 〔地名〕 高麗國の別名。【寄歸傳一】に「雞貴者。西方名二高麗國一爲二倶倶吒醫說羅一 Kukku-

tesvara 倶倶吒是雞。翳設羅是貴。西方傳云テ。彼國敬レ雞。神而所レ尊。故戴ニ翎羽一而表レ飾矣。」

ケイクカイ　鷄狗戒　〔術語〕天竺の外道に雞戒狗戒を奉ずるものあり。雞戒は終日片足にて立つこと。狗戒は人の糞を噉ふこと。「クギヤウ」を見よ。

ケイケイ　荊溪　〔人名〕支那天台の第九祖湛然、晋陵荊溪の人なれば荊溪大師と號す。【佛祖統紀七】に「九祖荊溪尊者湛然。姓戚氏。世居ニ晉陵荊溪一。時人尊ニ其道一。因以爲レ號。」⦿（太平記二）に「一實圓頓の花の匂を荊溪の風に薰じ」

ケイゴウ　璟興　〔人名〕新羅の人。法相宗。無量壽經連義述文贊三卷あり、世に行はる。

ケイサク　警策　〔雜名〕禪堂にて僧衆坐禪の時惰氣睡魔を警醒する策鞭を云ふ。洞宗にては「キヤウサク」を云ふ。長さ四尺二寸、上幅少しく廣く二寸弱あり。睡れると睡らざるとを問はず打つ、受者は合掌低頭して之を謝す。

ケイサラ　鷄薩羅　〔物名〕寶の名。【慧苑音義下】に「師子身毛旋文。呼爲ニ雞薩羅一。西域有レ寶。旋文恰如ニ師子毛旋形一。從レ其爲レ名耳也。」梵 Keśara

ケイサン　慶讃　〔儀式〕又慶懺に作り、落慶と同義なり。事の落成を慶賀稱讃するを云ふ。今入佛供養等の儀を稱して慶讃式又は落慶式と云ふも亦其の意なり。

ケイサンシヤウセツユ　啓散聖節由　〔雜名〕萬壽聖節又は、天長節に奉賀の由を啓白する祝辭。

ケイザン　瑩山　〔人名〕「エイザン」を見よ。エイサンと讀むは誤なり。

ケイシヤウ　啓請　〔儀式〕凡そ諷經の前に佛菩薩を奉請すること。【象器箋十三】

ケイシヤバラチカラカ　鷄舍鉢喇底掲喇呵　〔衣服〕Keśapratigrahaṇaṁ 譯、剃髮衣。披着して髮を剃るもの。十三資具衣の一。【百一羯磨十】

ケイシユ　髻珠　〔譬喩〕髻中の珠なり。法華七喩の一。大功あるものには王が髻中の明珠を解いて與ふるを、已に分段生死を出で、進んで變易生死を離る機の爲に法華を說くに喩ふ。【法華經安樂行品第五】「ケシユ」を見よ。

ケイシユ　稽首　〔術語〕梵語、伴談 Vandana 或は伴題。Vandi 譯、稽首。頭を下げて地に至るなり。【義林章四本】に「若云ニ伴談ハ一。或云ニ伴題ハ一。此云ニ稽首一。訛名ニ和南一。」【行宗記一上】に「頭至レ地爲ニ稽首一。」

稽首天人所恭敬　〔雜語〕【龍樹十二禮】に「稽首天人所ニ恭敬一。阿彌陀仙兩足尊。在ニ彼微妙安樂國一。無量佛子衆圍繞セラル。」四句の偈文なり。⦿（榮花）に引く。

ケイジヤクジ　雞雀寺　〔寺名〕摩揭陀國波吒釐子城に在り、阿育王の建つる所。【雜阿含經二十五】阿育王施半阿摩勒果因緣經】に「雞雀寺」【阿育王傳三】に「雞頭末寺」【阿育王經五】に「雞寺」【西域記八】に「雞園」皆同一處なり。⦿（正統記三）「阿育王のあがめし雞雀寺」「ケイヲン」を見よ。

ケイゼツカウ　雞舌香　〔物名〕【名義集三】に「異物志曰ニ。是草萎可レ合レ香。箋ニ外國胡人說。衆香共是一木。華爲ニ雞舌香一。」

ケイソクセン　雞足山　〔地名〕梵 Kukkuṭapada 迦葉尊者入定の山、摩揭陀國に在り。又、狼跡山と云。【西域記九】に「莫訶河東入ニ大林一。野行百餘里。至ニ屈屈吒播陀山一。乃唐言ニ雞足一。亦謂ニ窶盧播陀山一。Gurupada 唐言ニ尊足一。其後尊者大迦葉波。居レ中寂滅。不ニ敢指言一。故云ニ尊足一。」【毘奈耶雜事四十】に「舊云ニ雞足一。由ニ尊者在レ中。後人喚爲ニ尊足一。又嶺有ニ佛跡一。然雞足尊足。梵音相濫也。」「クックツタハダ」を見よ。

雞足守衣　〔傳說〕迦葉尊者雞足山に入定して如來附屬の金襴衣を奉持し、以て彌勒の出世を待つこと。「キンランエ」を見よ。⦿（續本朝文粹十四）「雞足金縷之衣」（榮花、疑）「鷄足山」

ケイソクドウ　雞足洞　〔地名〕雞足山の洞。⦿（平家、物語一〇）「彼の摩訶迦せうの鷄足のほらにこもつて」

ケイチウ　繼忠　〔人名〕宋の四明尊者知禮の法孫。法を四明の弟子廣智の尙賢に得。弟子二人あり、一を從義と曰ふ、三大部補註の著者。一を處元と曰ふ、義例隨釋の著者。【稽古略四】

ケイチユウ　契冲　〔人名〕字は空心。年十一、業を河州今里妙法寺の手定に受く。十三剃髮して高野山に登り、東寶院の快賢に依て密法を傳受す。寬文二年檀越の請に應じて大坂生玉の曼陀羅院に住す。幾くもなく之を捨てて諸國を雲遊し、又高野に登りて菩薩戒を圓通寺の快圓律師に受く。後、泉州久井の里及び攝州池田川の側に閑居して和漢の書を涉獵す。延寶五年河州延命寺の覺彥律師に就て重ねて灌頂を受く。秘軌二百餘卷を寫して之を和州生駒山に藏む。八年先師手定沒するに及んで妙法寺に還りて席を繼ぎ、寺側に一室を構へて母を養ふ。萬業集代匠記二十卷、總釋二卷を造りて水府西山公に呈す。母逝くの後妙法寺を退き、高津の圓珠庵に退て自修す。元祿十四年正月二十五日寂す。壽六十二。【續日本高僧傳四】

ケイツサイシユジヤウ　化一切衆生　【雜語】

「ケ」を見よ。

ケイヅマ　雞頭摩　[寺名]　又、雞頭末。「ケイヲン」を見よ。

ケイト　計覩　[雜名]　Ketu　又、計部。雞兜。雞都。九曜の一。譯、旗星。即ち彗星なり。【大日經疏四】に「計都正翻爲レ旗。旗星謂ニ彗星一也。」

ケイト　醯都　[術語]　Hetu　譯、因。即ち因縁の因。【大日經疏十】

ケイトクデントウロク　景德傳燈錄　[書名]　三十卷。宋の眞宗景德年中、沙門道原編。諸祖の機緣を集めしもの。【雲帙五六】(1524)

ケイトハラテイヤ　醯都鉢羅底也　[術語]　Hetupratyaya　譯、因緣。醯都は因、鉢羅底也は緣なり。【大日經疏十】

ケイトヒダ　醯都費陀　[術語]　Hetuvidyā　譯、因明。【因明大疏一】に「醯都爲レ因。費陀云レ明。」

ケイトマテイ　計都末底　[地名]　Ketumati　山の名。譯、幢慧。【慧苑音義上】に「計都此云レ幢也。末底慧也。」

ケイドク　雞毒　[地名]　天竺のこと。賢豆（けんづ）、身毒（しんどく）など云に同じ。【眞宗敎典志序】に「上自ニ雞毒大夏一。迄ニ我日域一。」

ケイナシキブツ　罽那尸棄佛　[佛名]　釋迦の修行中初僧祇の滿位に出づる佛名。【智度論四】に「從ニ過去釋迦文佛一到ニ罽那尸棄一爲ニ初阿僧祇一。」【舊俱舍十三】に「剌那尸棄」【新婆沙一百七十七、新俱舍十八】に「寶髻」【優婆塞戒經一】に「寶頂」【菩薩本行經】に「螺髻」【玄應音義九】に「罽那居例切。秦言ニ寶積一。經本或作ニ剌那一。力達切。」梵　Ratnaśikhin

ケイニタワウ　罽膩吒王　[人名]　罽尼吒王、【付法藏傳五】に「月支國の王、旃檀罽昵吒王　Canda-kanita（天子カニシュカの意）と名く、中天竺を伐ち九億金の贖償として、馬鳴菩薩と、佛鉢と、一の慈心雞とを獲て還る。後に王安息國と戰ひて九億の人を殺す。王心に悔いて其の罪報を恐る。馬鳴王の爲に淸淨の法を說いて其重罪をして漸く微薄ならしむ。王尙四方を征伐して止まず。群臣之を憾み王を弑す。」【行事鈔上一】に「罽膩吒王」【寶物集二】に「罽尼吒王」

罽膩吒王爲千頭魚　[傳說]　王多殺の罪を以て馬鳴の說法を聞くも猶大海の中に生じて千頭魚となり、劍輪身を廻りて頭を斫り、隨つて斫れば隨つて生じ、須臾も止まず。時に羅漢あり、維那となり揵稚を鳴らす、王其聲を聞けば苦痛止息す。依て羅漢に請うて長く揵稚を打たしむ。【付法藏傳五、行事鈔上一、經律異相】

ケイニヨウイ　罽饒夷　[地名]　又、羯若鞠闍　Kanyākubja とも云ふ。所謂曲女城なり。今のカナウジ　Kanauj　なり。大古は王城を拘蘇磨補羅　Kusumapura　と呼びしも梵授王の時に仙人の怒に觸れ、其の惡呪によりて九十九人の婇女一時に腰曲せしを以て此の名ありと。續高僧傳には鞬拏究撥闍に作り、耳出城と翻す。玄奘渡天の時は、吠奢種の曷利沙伐彈那　Harṣavardhana　王此地に君臨す。有名なる戒日王なり。

ケイヒン　罽賓　[地名]　北印度の國名。新稱、迦濕彌羅。「カシフミラ」を見よ。⦿（盛衰記三）「彼罽賓國秋池潺湲流。」

罽賓王臂墮　[傳說]　付法藏第二十三祖師子尊者、罽賓國に遊化す。時に彼國王彌薩幅と名く。大に邪見を起し、佛敎を破壞し、利劍を以て師子尊者を斬る。頭中血なく唯乳を流出す。師資の付法此に絕す。時に王の臂墮ち七日にして亡す。【付法藏傳六、佛祖統紀五】

罽賓國龍地　[傳說]　【西城記三】に、國內に阿羅婆樓龍王　Aravada*　あり。大雨を降らし、禾稻を流す。阿育王の時大德末田地の爲に敎化を受くを說く。「佛菩薩に告げ白すと。」

ケイビヤク　啓白　[雜語]　表白に同じ。事の趣を啓白日　[雜語]　初て啓白を爲す日。即ち法會の初日。開白とも云。

ケイブツクヤウキヤウ　詣佛供養經　[經名]　頻婆沙羅王諸佛供養經の略稱。

ケイホウ　圭峰　[人名]　終南山の別峰にして、唐の華嚴宗第五祖宗密禪師、此に住しければ、師を圭峰と喚ぶ。【宋僧傳六】に「唐圭峰草堂寺宗密。姓何氏。果州西充人。乃至會昌元年正月六日坐滅。其月二十二日奉ニ全身于圭峰一。」

ケイホウ　鷄峯　[地名]　雞足山のこと。

ケイメイニチ　景命日　[雜名]　天子即位の日。禪林の法規に每月此日祝讚諷經あり。【象器箋十三】

ケイラジヤウ　醯羅城　[地名]　Hidda　北印度那揭羅曷國に在りし都府の名。一に佛頭骨城とも云ふ。佛の頂骨ありしを以て有名なり。

ケイラセン　醯羅山　[地名]　Hila　北印度烏仗那國にある山の名。是れ釋尊が過去世に菩薩たりし時、半偈を聞かんがために捨身し給ひし處なりと【西域記三】

ケイラタ　罽羅多　[地名]　Kirāta　北方の山夷の義にして雪山の西北部に棲息せし種族を云ふ。前漢の初北印度に侵入して罽賓を征服せる塞種族を指せるが如く【西域記】の「訖利多」は此の種族と同一歟。

ケイラタマ　雞羅多摩　[物名]　香の名。【慧苑音

義上】に「雞羅。具云二雞薩羅一。此云二花葉一也。多摩。具云二多摩羅一。此云二天花一也。謂此香天上花蘂所レ作。」

ケイランシフエウシフ　溪嵐拾葉集　〔書名〕百卷餘、花園帝文保年中、黒谷慈眼房光宗集。密法に關する山家の口傳記錄を集めしもの。

ケイリキラ　髻利吉羅　〔菩薩〕計利枳攞、計里計羅。金剛手菩薩の名。譯、觸。男女相觸着する義。【般若經義述】に「髻利吉羅。於二中國之言一名レ觸。以下不レ捨二衆生一必令中解脫上故。欲レ明二觸性即菩提一故。所以住二抱持相一。而現二其觸淨倶幻平等智身一。」【慧琳音義三十九】に「計利枳攞。金剛部大使者名也。」【五祕密軌】に「金剛計里計羅者。是虛空藏菩薩三摩地。與二無邊衆生安樂一。所求世出世間希願皆令二滿足一。」梵 Ke-likila

ケイレイ　雞嶺　〔地名〕迦葉の入定せる雞足山のこと。依て復た迦葉に名く。【興禪護國論序】に「鷲峰廻レ面雞嶺笑レ顏。」

ケイロク　鷄婁鼓　〔物名〕又、奚樓子、雞婁子に作る。鼓の一種にして其形甕の如く、胴は鼓面より大なり。首より腋下に懸けて之を擊つ。當麻曼荼羅中、舞場會左邊の童子の頸に繫くる是れなり。【當麻曼荼羅搜玄疏七、佛像圖彙五】

ケイロケツ　繫驢橛　〔譬喩〕路傍に在て驢馬を繫ぐ木杭。言ふ心は、貴重の物にあらず、保重すべきにあらず。しかもその爲に繫縛せらるるに譬ふ。【碧巖第一則着語】に「是甚繫驢橛」「ケロケツ」と讀む。

ケイワクセイ　熒惑星　〔雜名〕梵名阿誐羅迦那乞叉怛摩、Aṁgāraka-nakṣatra 又、熒惑天、火熒惑星、火曜星、罰星、四利星と稱し或は虛漢とも云ふ。金剛界三昧耶會外金剛部二十天の一、南方五尊の五位なり。形像は肉色女形にして左手は拳にして膝に安じ、右手は火精を持して胸に當て、荷葉座に坐す。梵天火羅九曜に出せるものは神形なり。

ケイヲン　鷄園　〔地名〕Kukkuṭārāma 梵名、屈屈吒阿濫摩の譯。摩揭陀國波吒釐子城の側に在て無憂王即ち阿育王の建立する處。【西域記八】に「故城東南。有二屈屈吒阿濫摩唐言鷄園僧伽藍一。無憂王之所レ建焉。無憂王初信二佛法一也。式遵崇建。修二殖善種一召二集千僧凡聖兩衆一。四事供養。什物周給。」或は鷄頭摩寺。鷄頭末寺。鷄雀寺。鷄寺など云ふ。

ケウ　希有　〔雜語〕事の甚だ少きこと。類のなきこと。【無量壽經上】に「顏貌端正。超世希有。」【法華經序品】に「是不思議。現二希有事一。」【嘉祥法華疏三】に「曠世所レ無。故言二希有一。」

ケウ　假有　〔術語〕因緣生の法を云。因緣所生の法は鏡花水月の如く其實性なし。實性なきも虛無の法にあらず、依て龜毛兎角の無法に對し、眞如法性の實有に比して之を假有と名く。

ケウ　敎　〔術語〕Āgama 梵語、阿含。譯、敎。聖人の言、下に被るもの。心に在るを法と云ひ、法の言に發するを敎と云。【玄義一上】に「敎者。聖人被レ下之言也。」【止觀一上】に「敎是上聖被レ下之言」

ケウ　憍　自己の盛事を恃みて心の傲り高ぶること。【唯識論六】に「云何爲レ憍。於二自盛事一。深生二染着一。醉傲爲レ性。」

ケウイチ　敎一　〔術語〕法華四一の一。法華經に說く所の敎法は十方佛土中唯有一乘法の敎法にして、二乘三乘にあらず、唯成佛の一道を說く敎なるを以て、敎一と云。「シイチ」を見よ。

ケウエ　敎衣　〔衣服〕禪僧と律僧とを除き、他の天台法相などの着する法衣を敎衣と云。此の三者の服制殊に異なれば以て名く。

ケウオ　敎於　〔術語〕三論宗の所談、二諦三於の一。「サンオ」を見よ。

ケウカイ　敎誡　〔雜語〕敎へ誡むること。【無量壽經下】に「佛語敎誡」

ケウカイジダウ　敎誡示導　〔術語〕三種示導の一。菩薩苦の衆生を愍み、慈悲喜捨の心を發して法を說いて敎誡し、以て之を示導するを云。【大般若經四百六十九、三藏法數十一】

ケウカイジンペン　敎誡神變　〔術語〕三種神變の一。如來諸の衆生を敎誡するに妙用變化測るべからざるもの。【寶積經八十六、三藏法數八】

ケウカイリン　敎誡輪　〔術語〕三輪の一。他を敎誡する佛の口業を云。即ち口輪に同じ。【義林章六末三輪章】に「摧伏鎭過二利之用。名レ之爲レ輪。」又「敎謂二敎示一。令二彼善生一。誡謂二誡盟一。令二其罪滅一。」「サンリン」を見よ。

ケウカウ　憍坑　〔術語〕憍慢の深抗。【智度論十八】に「勝者墮二憍坑一。負者墜二憂獄一。」

ケウキ　敎起　〔術語〕敎法の起る緣由を云。經の初に必ず此を叙する一段あり、序分と名く。

ケウキヤウ　敎鏡　〔譬喩〕敎經を明鏡に喩ふ。【觀經疏序分義】に「經敎喩レ之如レ鏡。數讀數尋。開二發智慧一。」【戒疏一上】に「以レ行觀レ說。如二人照一レ鏡。鏡即敎也。」

ケウギ　敎義　〔術語〕敎法の義理。【五敎章上】に「海印三昧一乘敎義」【慈恩傳九】に「少來頗得レ專二精敎義一。」

ケウギヤウ　敎行　〔術語〕敎法と修行と。敎法に隨って修行を爲す。【元照彌陀經疏】に「大覺世尊一代

名教。大小雖レ殊不レ出ニ教理行果一。因レ教顯レ理。依レ理起レ行。由レ行剋レ果。」【往生要集序】に「往生極樂之教行濁世末代之目足也。」【十不二門】に「觀心乃是教行樞機」

ケウギヤウシヨウ　教行證　〔術語〕教法と修行と證果。如來の教法に依つて修行を起し、修行の功に依つて聖果を證悟す。教理行果の四法と開合の異のみ。一切の佛法盡く此の三に攝在す。【十地論】に「第二大願。有ニ三種一。一切諸佛法輪皆悉受持者。謂教法。乃至攝ニ受一切佛菩薩一者。所謂證法。乃至一切諸佛所ニ教化一法皆悉守護者。謂修行法。」【義林六本三寶章】に「具ニ教行證三一名爲ニ正法一。但有ニ教行一名爲ニ像法一。有レ餘無レ餘名爲ニ末法一。」【法華玄義五下】に「乘有ニ三種一。謂教行證。」【同釋籤】に「五品乘レ教至ニ六根一。六根乘レ行至ニ初住一。初住乘レ證至ニ妙覺一。」

ケウギヤウシヨウモンルイ　教行證文類　〔書名〕顯淨土眞實教行證文類の略稱。六卷、見眞大師著。淨土眞宗の教行證を明せる佛祖の法文を類集せしもの。

ケウギヤウシンシヨウ　教行信證　〔書名〕教行證文類の外題。是れ眞宗所立四法の名。教行證三法の外に信の一法を立てて、信心を最要とする眞宗獨意の法門を示したるもの。もとより行信の二は不二の法なれば、三法と四法とは但開合の相異に止まれ共、名の上より之を言へば教行證の名は諸宗に通じ、教行信證の名は眞宗特異の稱號なり。【教行信證大意】に「當流聖人の一義には教行信證と云ふ一段の名目を立てて、一宗の規摸として此宗をば開かれたる所なり。」教とは無量壽經を指し、行とは南無阿彌陀佛、信とは南無阿彌陀佛を信ずる信心、證とは極樂に往生して涅槃の證果を得るなり。彼書六卷あり、初の四卷は次第の如く教行信證の四法を明かす。依て外題に教行信證の四字を置く。

ケウク　曉鼓　〔雜名〕曉方に打つ太鼓。昏鼓に對す。

ケウクテイ　憍矩胝　〔流派〕譯、雞胤。小乘二十部の一。「ケイインブ」を見よ。

ケウクワツ　交割　〔雜語〕新舊の人相共に交涉して公私の什物を分割處理するを云。【象器箋十二】

ケウクワン　叫喚　〔界名〕地獄の名。梵語樓獦 Raurava の譯、或は啼哭號叫と云ふ。八熱地獄の第四。受苦の人、痛苦に堪へず號泣叫喚すれば名く。「ハチネツヂゴク」を見よ。

叫喚大叫喚　〔界名〕八熱地獄の第四を叫喚地獄と云ひ、第五を大叫喚地獄と云。

ケウクワン　教觀　〔術語〕教相と觀心。教相とは釋迦一代の教法を自己の宗義より分別判斷するを云ひ、觀心とは自宗に立る眞理を觀念するを云。天台宗の如きは五時八教を以て教相とし、一心三觀を以て觀心とす、乃至眞言宗の如きは顯密二教十住心を以て教相門とし、阿字不生を以て觀心とす。此二門は諸宗に通ずれども、天台一家の發揮諸宗に冠たり。【止觀大意】に「略述ニ教觀門戶大概一。今家教門。以ニ龍樹一爲ニ始祖一。慧文但列ニ內觀視聽ニ而已。洎ニ乎南岳天台一。復用ニ法華三昧一。發ニ陀羅尼一。開ニ拓義門一。觀法周偏。」（義門は即教門）【教觀綱宗】に「佛祖之要教觀而已矣。觀非レ教不レ正。教非レ觀不レ傳。有レ教無レ觀則罔。有レ觀無レ教則殆。」【玄義十下】に「今釋ニ此三教一。各作ニ二解一。一約ニ教門一解。二約ニ觀門一解。教門爲ニ信行人一。又成ニ聞義一。觀門爲ニ法行人一。又成ニ慧義一。聞慧具足。如ニ人有レ目。日光明照見ニ種種色一。」

ケウクワンカウシユウ　教觀綱宗　〔書名〕一卷、明の智旭著。台家教觀の大綱を述べしもの。

ケウクワンヂゴク　叫喚地獄　〔界名〕「ケウクワン」に同じ「ハチネツヂゴク」を見よ。⦿（曲、大原御幸）「聲は叫喚の罪人もかくや淺ましや」

ケウクワンニモン　教觀二門　〔術語〕教門と觀門となり。「ケウクワン」を見よ。

ケウケ　教化　〔術語〕又、勸化。人を教へて惡を善に化すること。【法華經方便品】に「諸佛如來。但教ニ化菩薩一。」図〔雜語〕人に施物を乞ふを、教化とも勸化とも云。俗に乞食を叫化子と云、教叫同音、化とわめくなり。

ケウケイ　教系　〔術語〕教法を師資相傳せる系統を云ふ。

ケウケヂ　教化地　〔術語〕己れ成佛し了つて人を教化すべき利他の位地を云。【往生論】に「出第五門者。以ニ大慈悲一。觀ニ察一切苦惱衆生一。示ニ應化身一。廻ニ入生死園煩惱林中一。遊ニ神通一。至ニ教化地一。以ニ本願力廻向一故。」【同論註下】に「修行成就已。當レ至ニ教化地一。教化地。即是菩薩自娛樂地。」

ケウケヂゴクキヤウ　教化地獄經　〔經名〕罪業應報教化地獄經の異名。

ケウケヂノヤク　教化地益　〔術語〕五功德門の第五園林遊戲地門のことなり、神通を現じて教化の地に遊至し、生死煩惱の園林より、苦惱の衆生を救ひ得る還相迴向の果德なり。

ケウゲ　教外　〔術語〕佛教に教內教外の二途あり。佛陀が言句を以て傳へ授けしを教內の法と云ひ、言句を離れ直に佛心を以て他の心に印せしを教外の法と云。禪宗者の說に諸宗の中、禪宗の一は教外の法にして他の諸宗は皆教內の法なりと。【說法明眼論】に

「南天祖師。分二佛法一爲レ二。謂敎內敎外是也。即如來正法望レ口爲レ敎。望レ心名レ禪。」

敎外別傳 〔術語〕禪宗向上の作略、文字を施設せず、言句を安立せず、直に佛祖の心印を傳ふるを云。即是れ敎內の眞傳なり。達磨の【悟性論】に「直指二人心一。見レ性成佛。敎外別傳。不レ立二文字一。」【無門關】に「世尊云。吾有二正法眼藏。涅槃妙心。實相無相。微妙法門。不立文字。敎外別傳。」【和語雜錄七】に「問ふ、藕益の宗論四一に敎外別傳即敎門眞傳と云へり、此意如何。答ふ、敎外別傳と云いふは敎の外のとにてはなし。即ち敎內の眞の傳を敎外と云ふとなり。文字を施設し言句を安立するは敎內の假りの傳なり。文字を立てず言句を設施せず、直に人の心を指し示すが敎內の眞の傳と云ふ意なり。例へば法華玄義十下に我以二五章一略譚二玄義一。非三能申二文外之妙一。特是麤述二所懷一。と云ふは、文の外とは云へども法華經の文の外のとにあらず。若し一向法華の外のとならば文外之妙とは云ふべからず。是れ則ち五章の玄義、名相を立て言句を施すは法華文內の妙なり。名相言句に落ちざるは法華文外の妙、所謂眞傳なり。」⦿(曲、放下僧)「我等が宗體と申すは敎外別傳にして云ふも云はれず說くも說かれず」

ケウゲベツデン 敎外別傳 〔書名〕書の名。十六卷。明の黎眉等編。【續藏】「緣由を云。」

ケウコウ 敎興 〔術語〕敎起に同じ。佛敎の興るを云。

ケウゴ 敎語 〔術語〕佛の衆生を敎ふる語言。【無量壽經下】に「敎語開導。信レ之者少。」

ケウサウ 敎相 〔術語〕敎觀二門の一。敎義を分別するを云。天台の五時八敎、法相の三時敎乃至眞言の顯密二敎十住心の如きもの。【玄義一上】に「敎者聖人被レ下之言也。相者。分二別同異一也。」「敎觀」を見よ。⦿(徒然草、四二段)「行雅僧都とて、敎相の人の師する僧ありけり」

ケウサウサンイ 敎相三意 〔術語〕法華の說敎が他の諸經に異なれる三意あり。一に根性融不融相、は法華說法の時のみ衆生の根性が一味にして差別なけれども、それ以前に於ては衆生に二乘三乘の差別あること。二に化道始終不始終相は、釋尊が化道を思ひたちしより始めて、其の願意滿足したる終までを說きたるは法華經に限ること。三に師弟遠近不遠近相は、師なる釋尊とその弟子とが、單に一時的の關係にあらずして實に久遠の古よりの師弟なることの三なり。

ケウサウハンジヤク 敎相判釋 〔術語〕「ケウハン」を見よ。

ケウサウモン 敎相門 〔術語〕觀心門に對す。敎觀の「敎」に同じ「ケウクワン」を見よ。

ケウサラ 憍薩羅 〔地名〕Kosala 又、拘薩羅、國の名。十六大國の一にして摩伽陀國の北、迦毘羅衛城の西、今のオードゥ Oude 地方。波斯匿王の領せし地。【慧琳音義十】に「憍薩羅國。唐云二無闘戰一。龍猛所化之處也。」【同二十六】に「憍摩羅國。亦云二拘薩羅一。比云二工巧國一也。」【西域記十】に「憍薩羅國。中印度境。周六千餘里。山領周レ境林藪連接。國大都城。周四十餘里。土地膏腴。乃至王剎帝種也。崇二敬佛法一。仁慈深遠。伽藍百餘所。僧徒減二萬人一。並皆習二學大乘法敎一。」

ケウシ 憍尸 〔衣服〕衣の名。「ケウシヤヤ」を見よ。

ケウシカ 憍尸迦 〔天名〕Kauśika 又、憍支迦。帝釋の姓。【雜阿含經四十】に「比丘復白レ佛言。世尊何因何緣。釋提桓因復名二憍尸迦一。佛告二比丘一。彼釋提桓因。本爲レ人時。爲二憍尸族姓一。以二是因緣一故。彼釋提桓因。復名二憍尸迦一。」【智度論五十六】に「昔摩訶陀國中。有二婆羅門一。名摩訶。姓憍尸迦。有二福德大智慧一。知友三十三人。共修二福德一。命終皆生二須彌山頂第二天上一。摩伽婆羅門爲二天主一。三十二人爲二輔臣一。以二三十三人一故。名爲二三十三天一。喚二其本姓一。故言二憍尸迦一。」【法華玄贊二】に「過去字憍尸伽。此云二璽兒一。名阿摩揭陀。此云二無害毒一。即摩揭陀國。過去帝釋修レ因之處。用爲二國名一。」

ケウシヤウミ 巨賞彌 〔地名〕Kauśāmbī 巴 Kosambī 國の名。「クセンミ」を見よ。

ケウシヤク 敎跡 〔術語〕敎法の蹤跡。【資持記上一之二】に「聖人出現。爲レ物垂レ範。謂二之敎跡一。」【續高僧傳一】に「五時敎跡。迄レ今流行。」【報恩經一】に「如來敎跡。隨レ宜三藏九部。」【玄義十下】に「達摩多羅。釋二敎跡義一云。敎者謂佛被レ下之言。跡謂蹤跡。亦應跡化跡。言三聖人布レ敎各有二歸從一。」

ケウシヤクギ 敎跡義 〔術語〕敎相を判釋すると。【大乘義章一】に「衆經敎跡義」【大乘玄論五】に「敎跡義」とあり。

ケウシヤヤ 憍奢耶 〔衣服〕Kauśeya 又、憍舍耶。憍尸。高世耶。絹衣の名。野蠶の繭より取りたる絲にて作りたる衣。【西域記二】に「憍奢耶者。野蠶絲也。」【玄應音義一】に「憍奢耶。此譯云二蟲衣一。謂以二野蠶絲線一作レ衣也。應レ云二俱舍一。此云レ藏。謂蠶藏二在繭中一。此即野蠶也。」【慧琳音義二十五】に「憍奢耶。五分律云。野蠶所レ作綿。撚織爲レ衣。」【行事鈔中之二】に

「憍奢耶者。絲中微者。蠶口初出名ㇾ㲀。」【七佛經】に「憍尸衣」「カウセヤ」を參照せよ。

ケウシユ　敎主　〔術語〕開敎の本主。【文句記一上】に「諸敎中各有₂五人記₁ㇾ經。乃至皆以ㇾ佛爲₂敎主₁也。」【行願品疏鈔三】に「十佛齊融。爲₂斯敎主₁。」⊙(住吉物語)「南無西方、極樂敎主、阿彌陀如來」

ケウシユ　交衆　〔雜語〕衆徒の付き合ひ。

ケウシヨウ　敎證　〔術語〕敎文上の證據。理證と云に對す。又〔術語〕眞宗所立、敎行信證の中略。【敎行信證文類二】に「眞宗敎證興₂片州₁」

ケウシヨウクゴン　敎證俱權　〔術語〕天台にて藏敎と通敎とは敎道も證道も共に方便にして眞實ならず、二敎は界內の機精に隨ひし權敎にして、其の證果も單なる空理なりとして、二敎に名けたる名也。

ケウシヨウクジツ　敎證俱實　〔術語〕天台にて圓敎に名けて云ふ。圓敎は敎道も證道も共に眞實なりとなり。

ケウシン　敎信　〔人名〕もと興福寺の沙彌、唯識因明の祕奧を極む。世を厭ひて跡を晦まし、播州賀古郡西野口に草庵を結びて、本尊を安ぜす、聖敎を持せず、不僧不俗の形にして常に專ら念佛す。此の如きと三十年、貞觀八年八月十五日往生を遂ぐ。【進行集】敎信往生の時、無言上人勝如(或は證如)の庵を叩いて之を告ぐ。【慶保胤日本往生記勝如傳、三善爲康後拾遺往生傳上、元亨釋書九證如傳】

ケウジ　敎寺　〔雜名〕禪寺律院に對するの稱。眞言天台などを敎宗の寺と云。

ケウジギ　敎時義　〔書名〕具名、眞言敎時義、四卷、五大院安然著。今の刊行本は敎時問答と題す。一佛一時一敎の義を立てしもの。

ケウジザウロン　敎時諍論　〔書名〕二卷、五大院安然著。今前半一卷の刊行有りて敎時諍と題す。

ケウジモンダウ　敎時問答　〔書名〕敎時義の別名。

ケウジユゼンチシキ　敎授善知識　〔術語〕三善知識の一。「ゼンチシキ」を見よ。

ケウジリヤクジユ　敎時畧頌　〔書名〕惠心僧都の著。天台五時八敎の大意を頌せしもの。古代の學者皆之を以て入門の課本とす。【天台學則上】

ケウジユ　敎授　〔語術〕法を敎へ道を授くること。【宋譯楞伽經一】に「宣₂傳聖言₁名ㇾ之爲ㇾ敎。訓₂誨於義₁名ㇾ之爲ㇾ授。」【輔行四之三】に「現₂方便₁而敎授。」

ケウジユアジヤリ　敎授阿闍梨　〔術語〕五種阿闍梨の一。弟子に威儀作法等を敎授する比丘の稱。又、敎授師と云。受戒の時三師の一として必ず其人を定めざるべからず。受戒の儀式中受者が敎授阿闍梨を請する作法あり。【行事鈔上之三】「アジヤリ」を參照せよ。

ケウジユシ　敎授師　〔術語〕敎授阿闍梨に同じ。

ケウジユワジヤウ　敎授和上　〔人名〕唐の淸涼國師の朝より賜はりし稱號【佛祖統紀五十一】に「德宗賜₂澄觀淸涼法師敎授和上₁」

ケウジヨウホフス　敎乘法數　〔書名〕四十卷。明の圓瀞集。【露帙三】(1636)

ケウセンネイ　皎宣寧　〔人名〕梁の高僧傳の著者、慧皎。續高僧傳の著者、唐の道宣。宋高僧傳の著者、宋の贊寧の三人なり。

ケウセンミ　憍睒彌　〔地名〕憍賞彌に同じ、國の名。「クセンミ」を見よ。

ケウゼブツゴ　敎是佛語　〔雜語〕敎法は是れ佛の語なりとなり。禪に對して云ふ。【禪源都序上之一】に「經是佛語。禪是佛意。諸佛心口。必不₂相違₁。」⊙(續古今)に「敎是佛語、禪是佛心、還有₂淺深₁否と問て侍りける人の返事に「忍びつつ幾度かける玉章も思ふほどにはいはれざりけり」「ふが如し。

ケウゼン　敎禪　〔術語〕敎と禪となり。敎觀と云

ケウタイ　敎體　〔術語〕釋迦一代敎法の體性。此に就いて聲を以て體とするや、名句を以て體とするや將た心を以て體とするや、眞如を以て體とするや、其他に敎體とすべきもの有りや、無きや、諸師の意見各異なり。慈恩は【義林章一本、唯識述記一本】に四重の敎體を出し。賢首は【起信論義記上】に四門の敎體を出し。淸凉は【華嚴經疏二】に十種の敎體を出す。

十種敎體　〔名數〕一に音聲語言體。言音語業を敎體となすなり、故に佛の言辭論說を敎體となす。二に名句文義體。事に依つて名を立て、名の衆合に依つて句を爲し、衆義を合して文を成す、身は即ち聚集の義。此三長短高下次第して行布し、敎法を詮顯する體となる。三に通取四法體。通じて聲名句文の四法を取て敎體となす。四に通攝所詮體。通じて經文と所詮の義理とを攝して敎體となす。五に諸法顯義體。世間一切の諸法能く義理を顯はすものを敎體となす。六に攝提唯心體。前の五種の一切諸法唯心所顯なるを以ての故に、一心を敎體となす。七に會緣入實體。前の六門緣起差別の敎法を會して同じく眞如一實の體に入る。是れ上の攝相歸性の義。八に理事無礙體。眞如は是れ理、敎法は是れ事、此二の無碍なるを敎體となす。九に事事無碍體。一切法の文義圓融無碍なるを敎體となす。十に海印炳現體。海印三昧を敎體となすなり。

【華嚴大疏二】

ケウタイ　敎諦　〔術語〕三論宗の目。佛所説の眞俗二諦を云ふ。「オタイ」を見よ。

ケウタフマ　喬答摩　〔人名〕舊稱、瞿曇。新稱喬答摩。佛の姓。「クドン」を見よ。

ケウタフミ　喬答彌　〔人名〕舊稱、憍曇彌。新稱喬答彌。喬答摩の女聲。即ち喬答摩姓の女を呼んで喬答彌と云。女姓の比丘を比丘尼と言ふ如し。「ケウドンミ」を見よ。

ケウダイ　敎待　〔人名〕園城寺の敎待。蓋し應化の人なり。寺に住すると百餘歳、智證大師の來るを待ちて寺を付して逝く。年百六十二。【元亨釋書十五】

ケウダウ　敎道　〔術語〕地論に二道を説く。一に敎道、如來の敎法に依つて方便修行するを云。二に證道、妄惑を斷じて眞實の理を證悟するを云。「ニダウ」を見よ。

ケウダウ　敎導　〔術語〕敎へ導くと。【涅槃經二】に「敎ニ導我等一。令レ離ニ四倒一。」【智度論三十五】に「敎導修ニ善業一。」

ケウチヨク　敎勅　〔術語〕師父の戒勅。【涅槃經二】「今當ニ眞實敎ニ勅汝等一。」【輔行一之一】に「受ニ佛敎勅一。口誦ニ法言一。」【參同契】に「嚴父下レ令。敎勅子孫。」

ケウチンナ　憍陳那　〔人名〕Kauṇḍinya 巴 Koṇḍañña 舊稱。憍陳如。亦拘隣。尊者の姓。譯、火器。了本際と云ふ。【玄應音義二十四】に「憍陳那。舊云ニ憍陳如一。訛也。此云ニ火器一。是姓也。阿若是名。亦云ニ初智一。以下最初悟ニ無生一而得レ智由中本願上也。」五比丘の筆頭人。初め釋尊の出家求道するや、淨飯王の命により供奉共に苦行す。後釋尊苦行の成道に効なきを觀破して之を棄つるや、彼は此を以て釋尊を破戒墮落せりとなし、他の四比丘と共に去り、後波羅捺國鹿野園に於て釋尊の敎化を受けて弟子となる。即ち佛最初の弟子なり。

ケウチンニヨ　憍陳如　〔人名〕前項に同じ。

ケウテイカ　喬底迦　〔人名〕羅漢の名。【倶舍光記二十五】に「喬底迦。是牧牛種人。眞諦云。喬底伽。此云ニ瓦器一。本是外道。恒執ニ瓦器一自隨。仍レ本爲レ名。」

ケウデン　敎典　〔術語〕宗敎上の典籍。經典なり。

ケウトカラ　憍都褐羅　〔菩薩〕菩薩の名。【大日經疏十三】に「憍都褐羅。譯謂ニ除疑一也。或除垢也。常斷ニ一切衆生疑惑一。故以爲レ名也。」梵 Kautūhara

ケウトンキゼン　敎頓機漸　〔術語〕親鸞の所謂眞門念佛にいふ。敎へられたる佛名は他力速證の法なれども、稱名する者が誤りて自力漸入の心を以て行ずるなり。故に敎頓機漸と云ふ。

ケウドンミ　憍曇彌　〔人名〕Gautamī 巴 Gotamī 新稱、喬苔彌。舊稱、憍曇彌。倶曇彌。瞿曇姓の女聲。佛の姨母摩訶波闍波提の稱。【嘉祥法華疏九】に「憍曇是姓。翻爲ニ泥土一。彌者女也。」【慧琳音義二十五】に「彌者是女聲。爲ニ是佛姨母一。故以ニ女聲一呼レ之也。」【法華玄贊九】に「梵云ニ喬答摩一。此云ニ日炙種一。亦云ニ甘蔗種一。男聲中呼レ佛。是釋迦姓之本望也。今云ニ喬答彌一。於ニ女聲中一。呼ニ日炙甘蔗種一。是佛母故以ニ彌聲一呼。訛云ニ憍曇彌一。」【文句二上】に「波闍波提。此翻ニ大愛道一。亦云ニ憍曇彌一。此翻ニ衆主一。」

憍曇彌育佛　〔故事〕佛の母佛を生みて後七日にして命終す、姨母代つて養ふ。【因果經一】に「太子既生。始滿ニ七日一。其母命終。乃至爾時姨母摩訶波闍波提。乳ニ養太子一。如レ母無レ異。」【佛本行集經十一姨母養育品】に「時淨飯王。見ニ其摩耶國大夫人命終一之後。即便喚ニ召諸釋種親年德長者一。皆令ニ雲集一。而告レ之言。汝等眷屬。並是國親。今是童子。嬰孩失レ母。乳哺之寄。將付ニ囑誰一。乃至淨飯王。即將ニ太子一。付ニ囑姨母摩訶波闍波提一。以ニ是太子親姨母一故。而告レ之言。善來夫人。如レ是童子。應ニ當養育一。善須ニ護持一。應下令ニ增長一依レ時澡浴上。」【大愛道般泥洹經】に「阿難言。我自念。摩訶卑耶和題倶曇彌。於レ佛有ニ阜恩一。佛母壽終時。摩訶卑耶和題倶曇彌。乳ニ養長ニ大佛一。」◉（增鏡、三神山）「けうとむみの釋迦佛養ひ奉りけむ心地して」

憍曇彌比丘尼始　〔故事〕「クドンミ」の下に瞿曇彌經を引くを見よ。

憍曇彌授記　〔故事〕【法華經勸持品】に於て未來に成佛して一切衆生喜見如來と號すとの記別を受く。「ガコウシキ」を見よ。

ケウドンミキヤウ　敎曇彌經　〔經名〕曇彌尊者の不法を敎誡せしもの。中阿含經三十に攝む。

ケウナイ　敎內　〔術語〕禪宗の以心傳心の宗を敎外と云ひ、自餘の佛の聲敎に依る宗を敎內と云。「ケウゲ」を見よ。

ケウニン　希有人　〔術語〕念佛の行者を讚嘆する語。即ち難信の法を希に信じたるが故に此の名あり。亦涅槃經德王品に六種の希有人ありと説く。即ち、「善男子、世に二人あり、甚だ希有となす、優曇華の如し。一に惡法を行ぜず、二に罪ありて能く悔ゆ、是の如き人は甚だ希有となす。復た二人あり、一に恩を作し、二に恩を念ふ。復た二人あり、一に新法を諮受し、二に故を溫ねて忘れず。復た二人あり、一に新を作り、二に故を修す。復た二人あり、一に法を聞かんことを樂み、二に樂んで法を説く。復た二人

あり、一に善く聞難し、二善く答ふ。善く問難すとは汝が身(德王菩薩)是なり、善く答ふとは謂く如來なり。」

ケウニンシン　敎人信　〔術語〕自信の對。自己の信念を未信の人に披攄し敎へて共に信ぜしむるを云ふ。

ケウノマキ　敎卷　〔書名〕敎行信證六卷中の第一卷にして「顯淨土眞實敎文類」と題す。大無量壽經が淨土眞實の敎なることを明せしもの。

ケウハン　敎判　〔術語〕敎相判釋の略。天台の五時八敎、法相の三時敎、華嚴の五敎など、釋迦一代の敎義を判決するを云。所謂敎觀二門中の敎相門なり。「ゴジケウ」「サンジケウ」を見よ。

ケウブシヤウ　敎部省　〔雜名〕宗敎に關する事務を管理し、敎導職の官名を授けたる官廳、明治五年に設置せられ、同十年一月廢止せらる。事務は內務の管する所となり、今又文部省に移る。

ケウホフ　敎法　〔術語〕四法の一。佛所說の大小の三藏十二部敎なり。【釋籤一】に「弘ニ宣敎法一。」

ケウボン　憍梵　〔人名〕憍梵波提の略。比丘の名。

ケウボンハダイ　憍梵波提　〔人名〕Gavāṁpati 又、憍梵鉢提。迦梵波提。笈房鉢底。比丘の名。譯、牛呞。牛王。牛相など。解律第一。【法華文句二上】に「憍梵波提。此翻ニ牛呞一。無量壽稱ニ牛王一。增一云ニ牛跡一。昔五百世。曾爲ニ牛王一。牛若ニ食後恒事ニ虛哨一。餘報未レ夷。時人稱爲ニ牛呞一。」【法華玄贊一】に「梵云ニ笈房鉢底一。此云ニ牛相一。憍梵波提。訛也。過去因下摘ニ一莖禾一數顆墜地。五百生中作レ牛償レ他。今雖ニ人身一。尙作ニ牛蹄牛呞之相一。因號爲ニ牛相比丘一。」

憍梵波提常在天上　〔傳說〕過去世に雁たりし時、雁王を供養せし功德に依つて、今生に羅漢となりし後、常に天上にあり。【文句二上】に「昔五百雁。一雁常得ニ花果一。供ニ於雁王一。佛一夏受ニ阿耆達王請一。五百比丘皆食ニ馬麥一。而憍梵波提。獨在ニ天上一尸利沙園一。受ニ天王供養一。增一云。樂レ在ニ天上一。不レ樂ニ人間一者。牛跡比丘第一。」

憍梵波提入水定涅槃　〔傳說〕【智度論二】に「佛旣に入滅す。摩訶迦葉三藏を結集せんと欲し、議して言く、誰れか能く毘尼の法藏を結集する者ぞ。長老阿泥盧豆の言く、舍利弗に好弟子あり、憍梵波提と名く。能く毘尼の法藏を知れり、今天上の尼利沙樹園の中に在りて住す、使を遣して請來せよ。迦葉便ち下座の比丘を遣して憍梵波提を召さしむ。比丘天上に至りて迦葉の意を傳ふ。憍梵波提、比丘に語りて言く、我を召すは佛日滅度するが爲めか。比丘言く、實に言ふ所の如し、大師佛已に滅度せり。憍梵波提言く、佛の滅度大に疾し、世間の眼滅す。能く佛を逐うて法輪を轉ぜんとならば我和上舍利弗を將ゐよ、今何の所に在るや。答へて曰く、先に入涅槃せり。憍梵波提言く、大師法將各自別離せり、當に奈何すべきや。摩訶目犍連今何の處に在りや。比丘言く、是れ亦滅度せり。憍梵波提言く、佛法散ぜんと欲し、大人過ぎ去る、衆生憐むべし。乃至我れ離欲の大師を失ふ、是の尸利沙樹園の中に於て住するも亦何の爲ぞ。我が和上大師皆已に滅度せり、我今復閻浮提に下ると能はず、此に住して入涅槃せん。是の言を說き已つて禪定の中に入り、踊つて虛空に在り。身より光明を放ち、又水火を出し、手を以て日月を摩し、種種の神變を現じ、自身より火を出して身を燒き、身中より水を出だして四道に流下せしめ、大迦葉の所に至る。水中に聲あり、此の偈を說いて言く、憍梵波提稽首禮。妙衆第一大德僧。聞ニ佛滅度一我隨去。如ニ大象去象子去一。」此偈を水說偈と名く。⊙(榮花、疑)「かの釋尊の御入滅の心地して、大師入滅我隨滅と憍梵波提がいひて、水になりて流れけん心地する人多かり」又「憍梵波提は水偈を唱へて水と流れ」一本四偈とあるは誤。

ケウマウ　敎網　〔譬喩〕衆生を魚に譬へ、佛の敎を網に譬ふ。【華嚴經】に「張ニ佛敎網一。亘ニ法界海一。漉ニ人天魚一。置ニ涅槃岸一。」

ケウマン　憍慢　〔術語〕煩惱の名。五上分結の一。自ら高ぶりて物を淩ぐ心。【大乘義章五末】に「自擧淩レ物。稱曰ニ憍慢一。」【俱舍論四】に「慢對レ他心擧。憍由レ染ニ自法一。心高無レ所レ顧。」【大集經二十】に「摧ニ憍慢山一。拔ニ生死樹一。」

ケウミヤウ　敎命　〔術語〕敎誡命令。【長阿含經十五】に「侍者卽承ニ敎命一。往語ニ諸人一。」【大日經義釋二】に「隨レ聞ニ善友等如法敎命一。便卽不レ生ニ疑惑一。」

ケウモン　敎門　〔術語〕敎法は以て道に入るの門戶なれば門と云。又敎法萬差各門戶を異にすれば門と云。【法華經譬喩品】に「以ニ佛敎門一。出ニ三界苦一。」【四敎儀一】に「衆生機緣不レ一。是以敎門不レ同。」又「於ニ無言理一。赴レ緣起レ敎。以レ敎爲レ門。是以稟レ敎之徒。因レ門契レ理。」【止觀大意】に「今家敎門。以ニ龍樹一爲ニ始祖一。」

ケウヤウ　孝養　〔雜語〕子たるの道を以て二親を敬愛し供養すると。又、死して後に追薦供養を作すを孝養と云。是れ子たるの道なればなり。【觀無量壽經】に「孝ニ養父母一。奉ニ事師長一。」【梵網經下】に「孝順。至道之法。孝名爲レ戒。」【四十二章經】に「凡人事ニ天地

鬼神。不レ如レ孝二其親一。二親最神也。」

ケウヤク　敎益　〔術語〕敎法の利益、敎法より受くる功德利益なり。

ケウラバ　憍拉婆　〔界名〕八中洲の一。譯、有勝邊。【俱舍光記十一】梵 Kaurava

ケウリ　敎理　〔術語〕法の道理なり。世尊の説法に於て、實行的の訓誡と同時に四諦十二因緣八正道等の組織の敎あり、是れ敎理に屬すべきものなり。後論藏の形式に於て一層明白に敎理の面目を作製し來りたるなり。

ケウリギヤウクワ　敎理行果　〔術語〕自力聖道門に於ける修證得果の次第にして、敎とは佛陀の言敎、理は敎中に說かれたる法の道理、行はその道理に順ひて修行すること、果はその修行の因によりて得たる證果をいふ。

ケウリヤウ　橋梁　〔譬喩〕卑下して人の凌辱を忍ぶを橋梁に譬ふ。【註維摩經七】に「示レ行二憍慢一。而於二衆生一。猶如二橋梁一。」【注】に「什曰。言其謙下。爲レ物所二凌踐一。忍受無レ慢。猶如二橋梁一也。」

ケウリヤウ　敎令　〔術語〕大日の衆生を利益すべしとの敎勅なり。【金剛頂經一】に一切如來不空作二敎令一。又時普賢大菩提薩埵身。從二世尊心一下。一切如來前。依二月輪一而住。復請二敎令一。」「ケウリヤウリンシン」を見よ。

ケウリヤウ　校量　〔術語〕又、較量、校較通ずれども校を以て本となす。【廣韻】に「較。又古孝切。音敎。與レ校通。比較也。」物の多少を比べ量るを校量と云。

校量歎　〔術語〕何何の功德を讚嘆せんとするに、先づ假に一の大なる功德を擧げて其分量を知らしめ、而して後に之を以て他の功德の更に大なるを況知せしむるを云。天台嘉祥は之を格量歎と云ひ、慈恩は校量歎と云。法華經隨喜功德品の所明は其一例なり。

校量功德經　〔經名〕希有校量功德經の略稱。

校量數珠功德經　〔經名〕二あり一は曼殊室利咒藏中校量數珠功德經(296)の略稱。一は佛說校量數珠功德經(295)一卷、唐の寶思惟譯。【成帙十三】此二は同本にて數珠の體質を較量して菩提子を以て至極とせしもの。

較量一切佛刹功德經　〔經名〕佛說較量一切佛刹功德經、一卷、宋の法賢譯。諸佛國土の時分の長短を較量せしもの。【天帙十】(881)

較量壽命經　〔經名〕佛說較量壽命經。一卷。宋の天息災譯。娑婆世界の一切の壽命の長短を校量せしもの。【宿帙六】(807)

ケウリヤウリン　敎令輪　〔術語〕大日如來の敎令堅固にして諸の怨敵を破摧すると轉輪王の輪寶の如くなれば敎令輪と云。【理趣釋下】に「毘盧遮那佛轉二法輪一。輪有二四種一。所謂金剛輪。寶輪。法輪。羯磨輪。其四輪皆攝三在二輪中一。所レ謂正法輪。敎令輪。」

ケウリヤウリンシン　敎令輪身　〔術語〕敎令輪を行ふ身なり。諸の明王忿怒の相を現ずるもの。凡そ一一の佛に三種の輪身あり、本地の佛體を自性輪身と云ひ、菩薩の身を現ずるを、正法輪身と云ひ、明王忿怒の相を現ずるを敎令輪身と云ふ。例せば大日如來を自性輪身とし、般若菩薩を正法輪身とし、不動明王を敎令輪身とす。又、金剛薩埵は正法輪身、降三世明王は敎令輪身なり。【秘藏記鈔二】に「大日是本地自性佛體。故爲二自性輪身一也。乃至大日垂レ迹現二菩薩身一。以二正法一化レ人。故以二理趣會曼荼羅一爲二正法輪身一也。乃至大自在天王等强剛難化衆生。不レ拘二正法化導一。故金剛薩埵。更住シテ二忿怒威儀一。降二大自在天一云二降三世尊一也。然則在二佛位一名二自性輪身一。在二菩薩位一名二正法輪身一。在二明王位一名二敎令輪身一。一一佛皆有二此三身一。」【胎藏界曼陀羅大鈔三】に「問忿怒形名二敎令輪身一意如何。答。五尊義云。敎者敎通之義也。令者嚴動義也。輪者轉惑摧破義也。摧二破一切衆生煩惱一令レ入二如來體性一故。」而して此三輪身に通別の二種あり。若し別門に依れば五佛各自に一種の正法輪身と一種の敎令輪身とを有するなり。五大明王を見よ 若し通門に依れば五佛各五種の正法輪身と五種の敎令輪身を具するなり。此の秘藏記の如きは、是れ金剛界九會曼茶羅會の意にて、通門に依て、金剛薩埵降三世を大日の正法輪敎令輪となせしなり。亦此の五如來、五菩薩、五明王は次第の如く三密なり。如來は身密、菩薩は語密、明王は意密なり。

ケウロ　交露　〔物名〕珠を交錯して幔を造り、其形垂露の如きもの。【無量壽經上】に「以二眞珠明月摩尼衆寶一。以爲二交露一。覆二蓋其上一。」【望西樓鈔五】に「交露者幔也。字林云。幔幕絃絃。似二垂露一。」

ケウロ　交蘆　〔譬喩〕又、束蘆。三幹の蘆を交叉して立つるもの。以て互に因果となる法に譬ふ。【楞嚴經五】に「由レ塵發レ根。因レ根有レ相。相見無性。同二於交蘆一。」

ケウワウキヤウ　敎王經　〔經名〕三部あり。一は金剛頂一切如來眞實攝大乘現證大敎王經、三卷、唐の不空譯。【閏帙二】(1020)　一は金剛頂一切如來眞實攝大乘現證大敎王經、二卷、唐の不空譯。【閏帙二】一は佛說一切如來眞實攝大乘現證三昧大敎王經、三十卷、趙宋の施護譯。【成帙一、二】(1017)此の中常に

教王經と云ふは三卷の不空譯を指す。

ケエ　家依　［人名］梁朝眞諦三藏の別名。

ケエイ　華翳　［術語］華は空中の花。翳は物を明に視ると能はざる目。翳目に依て空華を見、空華は必ず翳目に由る。【圓覺經】に「譬如二幻翳一。妄見二空華一。乃至妙覺圓照。離二於華翳一。」

ケエン　化緣　［術語］敎化の因緣。佛菩薩の此世に來るは敎化の因緣あるに由る、若し此因緣盡くれば即ち去る。【寄歸傳一】に「化緣斯盡。能事畢レ功。」

ケエン　繫緣　［術語］緣をかくと讀みて、廣く法界の事物に思を懸くるを云。一念の語に對す、一念は思を一に止むるを云。

繫緣法界一念法界　［雜語］歌題。【止觀一上】に「圓頓者初緣二實相一。造レ境即中無レ不二眞實一。繫二緣法界一。一二念法界一。一色一香無レ非二中道一。」繫緣は觀の德、寂に即して常に照すを云ひ、一念は止の德、照に即して常に寂なるを云ふ。寂は即ち空諦、照は即ち假諦、寂照不二は即ち中諦、以て一色一香の微も中道實相ならざるなきに達するなり。◉（法門百首）「人しれず心一つをかけぬればむなしき空にみつ思哉」

ケカイフワウ　華開敷王　［菩薩］「カイフケワウ」を見よ。

ケカイレンゲン　華開蓮現　［譬喩］台宗所談、蓮華三喩の一。華を以て權法に譬へ、蓮を以て實法に譬ふ。華開けば蓮の現はるる如く、權法を開けば實法必ず現る。以て法華の迹門に於て三乘の權法を開いて一乘の實法を顯はすに譬ふ。本門の法華に於て迹を以て本を顯はすも之に同じ。之を開權顯實（迹門）開迹顯本（本門）と云。【玄義七下】に「華開故蓮現。而須レ華養レ蓮。譬三權中有レ實而不レ能レ知。今開レ權顯レ實。意須二於權一。」又「華開蓮現。譬二開迹顯本一。」

ケカウ　華香　［物名］華と香。佛を供養するもの。「カウケ」を見よ。

ケガ　假我　［術語］五蘊の假に和合するもの。外道凡夫は之を妄執して實我となし、悟道の聖者は因緣生の假我なりと達す。假我は因緣生にて兎角龜毛の都無に同じからず。若し此の假我をも撥無すれば即ち惡取空の邪見なり。經中諸賢聖の自ら我と稱する者は皆假我に就て言ふのみ。即ち如是我聞、又我此土安穩。我說即是空の如き皆人法に從ひ假に立てたる我なり。

ケガ　朅伽　［物名］又、竭伽。譯、劍。或は大慧刀と名く。【慧琳音義三十六】「カツガ」を見よ。梵Khaḍga

ケガ　灰河　［譬喩］河中火あり物を灰燼す。以て煩惱に譬ふ。【雜阿含經四十三】に「佛告二諸比丘一。譬如二灰河一。南岸極熱。多二諸利刺一。在二於闇處一。衆多罪人。在二於河中一。隨レ流漂沒。乃至灰者謂三惡不善覺。河者謂三愛。欲覺恚覺害覺。云何爲レ三。欲愛色愛無色愛。」

ケガイ　華蓋　［物名］花を以て飾れる傘蓋。【法華玄贊二】に「西域暑熱。人多持レ蓋。以レ花飾レ之。名爲二華蓋一。」

ケガチゴク　灰河地獄　［界名］十六遊增地獄の一。

ケガジツウシユウ　計我實有宗　［流派］外道十六宗の一。獸主等を云ふ。是等外道の主張する所は我、有情、命者、生者ありとなす。又此の我は感覺の起る時認識せらると云ふより此の名を得たり。

ケガフ　假合　［術語］衆緣の假に和合すると。和合は必ず離散あり、是れ一時の和合にして永久にあらざれば假と云。

假合之身　人の身は是れ衆緣の假和合物たるを云。【大乘同性經】に「衆緣和合。名曰二衆生一。」【原人論】に「此身但是衆緣假和合相。元無二我人一。」

ケキ　希奇　［術語］希有奇特なると。【寶積經三十五】に「世尊成二就一切世間甚希有法一。」【義林章一本】に「雖二是希奇一。然是有レ上。是未二了義一。」【文句記十上】に「安能信二斯希奇一。」

ケキヤウ　化境　［術語］敎化すべき境土。十方國土皆是れ如來の化境なり。二種佛境の一。【華嚴經疏五、三藏法數四】

ケギ　化儀　［術語］化導の儀式。釋尊一代の間衆生を敎化せし儀式方法を謂ふ。天台、一代敎を判ずるに化儀と化法との二門を分ち、各四敎を立つ。「ハチケウ」を見よ。

化儀四敎　［術語］天台宗にて、釋尊一代の敎說を形式上より分ちて四種とせり。即ち、頓敎、漸敎、秘密敎、不定敎なり。

ケギヤウ　加行　［術語］正位に入る準備として一段の力を加へて修行すると。加行道。加行位。四加行。四度加行など。舊譯には方便（七方便）と云ふも、佛果の善巧方便に混濫する恐あるを以て、新譯には加行と云。【唯識述記九末】に「舊言二方便道一。今言二加行一。顯下與二佛果善巧一差別上。」

加行得　［術語］加行に由りて證得せること。修得と云ふに同じ。生得に對す。

四加行　［名數］唯識五位の中の第二の加行位に煖、頂、忍、世第一法の四種の差別ある故に四加行と云。「ケギヤウヰ」を見よ。

加行大士　［術語］大乘加行位の菩薩を云。【春日權現驗記】に「世親は加行の大士」

四度加行　［術語］密家に於て十八道と金剛

界と胎藏界と護摩との四法を傳授する四度の修行を云。「シドケギヤウ」を見よ。

加行結願 ［術語］密法傳授の加行終了するを云。

ケギヤウ 化行 ［術語］又化制と云ふ。道俗の人に通じて、汎く因果の道理邪正の差別を知らしむる教法を化教と云ひ、特に佛弟子の守るべき戒行を明にするを行教と云ひ、制教と云ふ。律宗の人は此二教を以て一代教を判ず。【行事鈔上一】に「顯理之教。乃有二多途一。而可下以レ情求大分爲上レ二。一謂化教。此則通二道俗一。但汎明二因果一識二達邪正一。乃至二謂行教。唯局二內衆一。定二其取捨一。立二其綱維一。顯二於持犯一。決二於疑滯一。」【同資持記上一之二】に「一代時教。總歸二化行一。開二其信解一。用捨任レ緣。故名二化教一。制二其修奉一違反有レ過。名爲二行教一。」【戒疏一上】に「今以二化行二教一。用分二諸藏一。何名二化教一。如三阿含等中開演化導令レ識二邪正因果業性界繫諸法一。言無レ所レ壅。義通二道俗一。意在二靜倒一。離著爲レ先。教本化レ人令レ開二慧解一。本非三對レ過而立二斯教一。言二行教一者。起必由レ過。隨レ過制約。言唯持犯。事通二止作一。故教所設非レ爲二靜倒一。但隨レ行科。戒律一宗。局二斯教一矣。」【大乘義章一】に「化教所說。名二修多羅一。行教所說。名曰二毘尼一。汎說二事理因果是非一是化教也。辨二彰行儀一是行教也。」

ケギヤウダウ 加行道 ［術語］四道の第一。「シダウ」を見よ。

ケギヤウニケウ 化行二教 ［術語］化教と行教となり「ケギヤウ」を見よ。

ケギヤウヰ 加行位 ［術語］唯識宗五位の第二。十廻向の終に於て四尋思四如實の願を修して、煗、頂、忍、世第一法の四善根を得る位なり。見道に入て正しく眞理に通達する方便加行の分際なれば加行位と名く。即ち四道の中の加行道なり。【唯識論九】に「加行位。謂レ修二大乘順決擇分一。」又「煗頂忍世第一法四。總名二順決擇分一。順二趣眞實決擇分一故。近二見道一故立二加行名一。非三前資糧無二加行義一。」「シジンシクワン」を見よ。

ケク 家狗 ［譬喩］煩惱の身に隨逐して去り難きを家に畜ふ狗に譬ふ。【涅槃經十五】に「如下家犬不レ畏二於人一。山林野鹿見レ人怖走上。瞋恚難レ去如二守レ家狗一。慈心易レ失如二彼野鹿一。」【往生要集中末】に「野鹿難レ繫。家狗自馴。」

ケク 化功 ［術語］人を敎化せし功德。

化功歸己 ［術語］天台所立觀行五品位の中、第三說法品の位に於て、行者說法して人を敎化すれば、其功德己に歸して內心の觀解益、明かなるを云ふ。【文句記六上】に「實病既瘥。權疾亦痊。豈一代化功全任二實行一。」【止觀七下】に「更加二說法一。轉二其內解一導二利前人一。以二曠濟一故。化功歸レ己。心更一轉倍勝二於前一。名二第三品一。」【玄義五上】に「行者內觀轉强。外資又著。圓解在レ懷。誓願熏動。更加二說法一如レ實演布。說法開導前人得道全因緣。化功歸レ己。十心則三倍轉明。是名二第三品位一。」

ケクウデン 化宮殿 ［圖像］千手觀音四十手中左の一手に把れる持物なり。手を化宮殿手、宮殿手、寶殿手とも稱す。【千手千眼觀世音菩薩大悲心陀羅尼】に「若爲下生生世世。常在二佛宮殿中一。不中處胎藏中上受レ身者。當レ於二化宮殿手一。眞言。唵。微薩囉微薩囉吽泮吒。」

ケクワ 悔過 ［術語］三寶に向つて罪過を懺悔すると。【日本書紀二十九】に「勅遣三百官人等於二川原寺一爲二燃燈供養一。仍大齋之悔過也。」阿彌陀悔過。釋迦悔過。吉祥悔過など種種あり。

阿彌陀悔過 ［儀式］阿彌陀佛に向つて罪過を懺悔する法。法相宗の昌海之を創む。【淨土源流章】に「法相昌海。欣二樂安養一。撰二西方念佛集一卷並阿彌陀悔過一。」

釋迦悔過 ［儀式］釋迦如來に向つて罪過を懺悔する法。【濫觴抄下】に「天長九年。大安寺釋迦悔過。」

吉祥悔過 ［儀式］「キチジヤウ」を見よ。

ケクワウニヨライ 華光如來 ［佛名］舍利弗、未來に成佛して華光如來と云ふ。【法華經譬喩品】に「舍利弗。汝於二未來世一。過二無量無邊不可思議劫一。供二養若干千萬億佛一。奉二持正法一。具二足菩薩所行之道一。當レ得二作佛一。號曰二華光如來、應供、正遍知、明行足、善逝、世間解、無上士、調御丈夫、天人師、佛世尊一。」

ケクワウシユツブツ 華光出佛 ［雜語］極樂の華の中より多くの光出でて、其光の中より多く佛出でて說法すると、無量壽經に見ゆ。

ケクワキヤウ 悔過經 ［經名］佛說舍利弗悔過經の略稱、他に佛說文殊悔過經一卷あり。

ケクワン 假觀 ［術語］天台三觀の一。一念の心に三千の諸法を具すと觀ずるを云。「クワンサン」を見よ。

ケグセ 希求施 ［術語］生天を希ひ求めて布施をなすこと、八種施の一なり。

ケケ 家家 ［術語］十八有學の一。一來向中にて極果を證する聖者なり。此に二種あり、一は三生家家、欲惑三品を斷じて既に四生を滅し、餘の六品即ち三生を餘ますもの。欲惑九品にて七生を潤す「潤生」を見よ 二は二生家家、

欲惑四品を斷じて既に五生を滅し、餘の五品即ち二生を餘すもの。此聖者三生又は二生、家より家に轉生して極果を證し涅槃に入れば家家と稱す。而して三生二生の一生は人の一生と共に之を少生又は半生と云ふ。天の一生と合せたる所謂一大生なり。而して此に平等家家と不等家家との二種ありて（婆沙正理は二種を說き倶舍は平等の一種を說く）平等家家とは天三人三、天二人二、又は人三天三、人二天二なり。不等家家とは天三人二、天二人一、又は人三天二、人二天一なり。依て天家と、人家との二種を分かつ。天家家とは平等家家の天三人三又は天二人二にして天處に得道し、又天處に還て極果を證するものと、得道と涅槃との處に依て名を得不等家家の天三人二又は天二人一にして、人處に得道し天に於て極果を證するを云ふ。但涅槃の處によりて名を得人家家とは平等家家の人三天三又は人二天二にして人處に得道して人處に極果を證し、不等家家は人三天二又は人二天一にして、天處に得道して人處に極果を證するを云ふ。

平等家家
- 三生
  - 天三人三 → 天家家
  - 人三天三 → 人家家
- 二生
  - 天二人二 → 天家家
  - 人二天二 → 人家家

不等家家
- 三生
  - 天三人二 → 天家家
  - 人三天二 → 人家家
- 二生
  - 天二人一 → 天家家
  - 人二天一 → 人家家

今此中不等家家中の第一種、天三人二の三生家家の天家に就いて、其の生處得果の相を示さば、先づ人中にて見道を得已て三品の惑を斷ず。此より命終して天の一處に生ず、又天より死して人間に來生して人の一生をすぎ、又人より死して天處に生じ天の一生を受く。前の一生を合せて天の二生とす。復た天より人間に來生し人の一生を受く前の一生を合せて人の二生とす。又人より死して天に上生し更に一生を受く、前の二生を合せて天の三生とす。此の第三生に於て一切の餘惑を斷じ盡して阿羅漢果を證するなり。故に三生の天家家は天三人二なり、惣じて最初得道の生を除く、三生の天家家既に然り、餘の二生の天家の天二人一、三生の人家家の人三天二、二生の人家家の人二天一及び平等家家の四種之に準じて知るべし。此中平等家家は受生を厭はざる人なる故に三生は人天具さに三生、二生は人天具さに二生なり。不等家家は受生を厭ふ人なる故に三生は人天の中、一方にて三生滿ずれば三生の分は濟む故に、一方の生は略して受けざるなり。二生も是に例して知るべし。【婆沙四十二、倶舍光記二十四。四敎儀】

ケケウ　化敎　〔術語〕化行二敎、又化制二敎の一。「ケギヤウ」「ケセイニケウ」を見よ。

ケケシヤウジヤ　家家聖者　〔術語〕「ケケ」に「同じ。

ケゲ　罣礙　〔術語〕前後左右上下に障せられて進退途なきを云ふ。罣は四面の障礙なり。【般若心經】に「依二般若波羅蜜多一故。心無二罣礙一。心無二罣礙一故。無レ有二恐怖一」

ケゲ　花偈　〔雜名〕經の散文を譬へて散花と云ひ、其の偈頌を貫花と云ふより又花偈と云。「クワンゲ」を見よ。又、達磨の傳法偈を云。【祖庭事苑三】に「花偈。初祖達磨傳法。一花五葉之偈。」「イチケ」を見よ。

ケゲン　化源　〔術語〕敎化の本源。【戒疏序】に「導二達化源一。通二明理性一。」【行宗記一上】に「化源者。即如來設化之本。」

ケゲン　悕玄　〔術語〕玄理を希望するを云ふ。

ケゲン　化現　〔術語〕佛菩薩が衆生を濟度する爲に種種の形を變作示現するを云ふ。【無量壽經上】に「化二現其身一。猶如二電光一。」【唯識論十】に「神力難思。故能化現。」◉（盛衰記一）「醫王善逝の化現乎」

ケコ　花筥　〔物名〕又、花籠、金屬を以て竹を編み淺き籠の如く造りたるもの。其形皿に似たれば花皿とも云ふ。之に種種の彩れる紙製の蓮の瓣又は樒の葉を盛て行道しつつ散らすなり、之を散華と云ふ。

ケゴン　華嚴　〔流派〕もと經名にて、この經文を所依とする宗派又は其法門に名く。◉（正統記四）「華嚴三論は東大寺に弘めらる」

華嚴五敎　〔術語〕華嚴宗には小、始、終、頓、圓の五敎を立てて一代敎を判釋す。「ゴケウ」を見よ。

華嚴三聖　〔術語〕毘盧舍那佛を中尊とし、普賢文殊の二菩薩を左右の脇士とす。

華嚴の朝　〔雜語〕佛成道して最初に華嚴經を說き、最後に涅槃經を說きしより、華嚴の朝。涅槃の夕など云。「ゴジ」を見よ。

ケゴンイチジヨウ　華嚴一乘　〔術語〕一切衆生唯一道に乘じて盡く成佛するを一乘と云。法華經に此旨を法華一乘と云ひ、華嚴經に此理を說くを華嚴一乘と云。華嚴宗の意に依れば佛の一乘を說くに種種あり。楞伽勝鬘の如きは絕想一乘、法華涅槃の如きは同敎一乘、華嚴經は別敎一乘なりと。【五敎章】

華嚴一乘敎義分齊章　〔書名〕又、華嚴一乘敎分記、華嚴敎分記、一乘敎分記、五敎分記、五敎章と云。三卷、又は四卷。唐の法藏撰。一乘の義並に五敎の分際を說く。【陽帙二】（1591）

ケゴンエンギセウ　華嚴演義鈔　〔書名〕淸涼、

八十華嚴經の疏二十卷を作り、更に演義鈔四十卷を作て自ら疏を釋す。

ケゴンオンギ　華嚴音義　〔書名〕 新譯大方廣佛華嚴經音義の略名。二卷、唐の慧苑著。慧苑音義とも云。【爲帙十】(1606)

ケゴンキヤウ　華嚴經　〔經名〕 大方廣佛華嚴經の略名。大方廣は所證の法、佛は能證の人、大方廣の理を證得せる佛なり、華嚴の二字は此佛を喩へしもの。因位の萬行は華の如し、此華を以て果地を莊嚴すれば華嚴と云。又、佛の果地の萬德は華の如し、此華を以て法身を莊嚴すれば華嚴と云。【華嚴略策】に「大方廣者。所證法也。佛華嚴者能證人也。大以體性包含。方廣乃業用周遍。佛謂ニ果圓覺滿一。華喩ニ萬行披敷一。嚴乃飾レ法成レ人。經乃貫穿常法。」【四教儀集註上】に「因行如レ華。莊ニ嚴果德一。」これ華を因行に譬ふるなり。【探玄記一】に「佛非ニ下乘一。法超ニ因位一。果德難レ彰。寄レ喩方顯。謂萬德究竟。環麗猶レ華。互相交飾。顯レ性爲レ嚴。」此は華を果德に譬へたり。【大日經疏】に「華有ニ二種一。一者萬行華。二者萬德行。」⦿(榮花、玉の臺)「華嚴經の偈に云く」

華嚴經說時　〔雜語〕 華嚴經の說時に就ては天台宗と華嚴宗と說を異にす。天台宗は華嚴經一部八會を前後二分に別ち、前分七會は佛成道後三七日間の說法にて、第八會の後分は其後の說法とし、華嚴宗は成道後第二七日の說法にて八會を一時に說きしものと云。法相宗は第二七日の說法とする時の說法とするは天台宗に同じ。【探玄記三】に「一乘本敎。要レ在ニ初時第二七日一。更無ニ異說一。仍攝ニ前後各無量劫一。念念無間一一念中亦各攝ニ彼前後際劫一。亦如ニ帝網重重無盡九世十世之所轉一也。」天台法相の說は「ケゴンジ」を見よ。

華嚴經三譯　〔雜語〕 華嚴經に三譯あり。一は六十卷、東晉の佛馱跋陀羅譯、六十華嚴とも晉經とも舊經とも云。(87) 智儼五卷の疏を造り搜玄記と名け、賢首探玄記二十卷を造る。二は八十卷、唐の實叉難陀譯、八十華嚴とも唐經とも新經とも云。(88) 慧苑刊定記十六卷を造り、清涼、疏二十卷、演義鈔四十卷を作る。三は四十卷、唐の般若譯、四十華嚴と云。(89) 清涼十卷の疏を造る。此中前の二經は具略の相違にして終始略同じく、後の一經は但前二經の入法界品の一品を詳說せしものなり。【天帙一乃至九】

三本華嚴經　〔傳說〕 此經文殊菩薩阿難と共に結集し已て龍神收て龍宮に入る。後に龍樹菩薩龍宮に入て之を見るに上中下三本あり。下本は十萬偈、三十八品あり、中本は四十九萬八千八百偈、一千二百品あり、上本は十三千大千世界微塵數偈、一四天下微塵數本あり。此うち龍樹は下本の十萬偈を受持して閻浮提に流傳せしなり。即ち支那に譯せし三本は各この下本十萬偈の抄略なり。晉譯は三萬六千偈、唐譯は四萬五千偈のみ、依て之を略本經と稱す。此三本の事は眞諦三藏、西域の傳紀に據て說く。【賢首華嚴傳記一、探玄記一】

華嚴經十類　〔名數〕 二說あり、一に賢首所說の十類は一に恒本、不可說の微塵數の身、微塵數の剎土に現じて、未來際を盡して念念に常說普說未だ曾て休止せざるもの。是れ結集すべきにあらず、此事本經不思議品に出づ。二に大本、海雲比丘の受持する普眼經の如きもの。須彌山聚の筆四大海水の墨を以て一品の修多羅を書くも尙窮盡すべからず、是の如きの品其數塵沙に過ぐ、此亦貝葉の記すべき所にあらず、此事本經入法界品に出づ。三に上本。四に中本。五に下本。此三は所謂三本の華嚴にて西域記傳の說に據る(上に擧ぐ)。六に略本、是れ六十華嚴經の梵本にて三萬六千偈あり、彼の下本十萬偈を要略せしもの。七に論釋、龍樹所造の大不思議論、世親所造の十地論など本經を解釋せしもの。八に翻譯、即ち六十華嚴經にて略本三萬六千偈を譯せしもの。九に支流、兜沙經、菩薩本業經など、大經より支出して流行するもの。十に感應、念持の功に依て經に感應あるもの。是れ其人に依ると雖も今は功を推して經に屬す。【華嚴探玄記一】二は清涼所說の十類。一は略本經、二に下本經、三に中本經、四に上本經、此四賢首に同じ。五に普眼經、是れ賢首の大本に同じ。六に同說經、無量塵沙の諸佛常恒に同一の法を說くもの。七に異說經、萬差の機類に對して萬差の法を說くもの。此二は賢首の恒本を別開せしなり。八に主伴經、諸佛互に主伴と爲て同一の法を說くもの。此土の佛、主として十住を說けば、他土の諸佛各之に伴て十住を說く如し。九に眷屬經。華嚴經の方便に種種の餘經を說くもの。十に圓滿經、前の諸本を圓融して一切を包含せしもの。【華嚴經疏三】

華嚴經七處八會　〔術語〕 六十華嚴經は一部三十四品あり。人中の三處と天上の四處と合て七處に說き、普光法堂に會を重ねて總じて八會あり。

第一會―世間淨眼品以下　二品　菩提道場
第二會―如來名號品以下　六品　普光法堂
第三會―昇須彌頂品以下　六品　忉利天　人間三處

第四會—昇夜摩天宮自在品以下　四品　夜摩天
第五會—昇兜率天宮寶殿品以下　二品　兜率天
第六會—十地品以下　十一品　他化天　天上四處
第七會—離世間品　一品　普光法堂
第八會—入法界品　一品　重閣講堂即ち逝多林

華嚴經七處九會　〔術語〕八十華嚴經は一部三十九品ありて、七處九會に說く。六十華嚴經の第六他化天會十一品を此經には他化天と普光明殿との二處に分つを以て九會となる。

第一會—世主妙嚴品以下　六品　菩提道場
第二會—如來名號品以下　六品　普光明殿
第三會—昇忉利天宮品以下　六品　忉利天　人三
第四會—昇夜摩天宮品以下　四品　夜摩天　天四
第五會—昇兜率天宮品以下　三品　兜率天　同前
第六會—十地品　一品　他化天
第七會—十定品以下　十一品　普光明殿
第八會—離世間品　一品　普光明殿
第九會—入法界品　一品　重閣講堂即ち逝多林

【華嚴經略策、三藏法數三十四、凝然華嚴宗要義】

華嚴經五周因果　〔術語〕法華經の三周說法に對して華嚴經に五周因果あり。一に所信因果、第一會の二品に六十經に就て云ふ舍那の果德と及び其佛の過去の因人普莊嚴童子の因行を明かす。是れ舍那佛の因果を明かしたる者なれば所信因果と云。佛の因果は行者の所信なるを以てなり。二に差別因果、第二會の名號品より第六會の小相光明品に至る間に二十八品あり、此中初の二十五品は十信十住十行十回向十地の差別の因を明かし、次の三品は三德の差別の果を明かす。依て之を差別因果と云。三に平等因果、第六會の殘り普賢行品性起品の二品なり。普賢行品は上の十信等の五十位を圓融せし平等の因を說き、性起品は上の三品の差別の果を會して一法界の性起に歸せしむ。依て因も果も平等なれば平等因果と云。四に成行因果、第七會離世間品の說なり。此一品初に信住行向地の五行を明かし、後に八相成道を說く。此因行を以て此果行を成ずれば成行因果と云。五に證入因果、第八會の入法界品なり。此一品本末二會あり、本會に於て佛自在の證入の果を現ずるとを明かし末會に於て善財童子が法界に證入する因を明かす。依て證入の因果と云。華嚴一經は因果の說を五周せるのみ。【探玄記一】

四種華嚴經　〔名數〕天台には華嚴經を差別して四種となす。一に前分華嚴、又初頓華嚴とも寂場華嚴とも三七日華嚴とも云ふ。成道後三七日の說法にて、八會の中には前の七會を云。二に後分華嚴、三七日以後の說法にて、第八會の入法界品を云。此會の中には舍利弗等の聲聞座にあるを以て三七日の說法にあらざるを知る。三に時長華嚴、三七日の後、佛將た未來際を盡くし、其機に對して華嚴の法を說くもの。其中佛一代中の時長華嚴は阿難之を結集して彼の三七日所說の前分華嚴の後に付す。即ち後分華嚴これなり、されば後分と時長とは其體一にして會に就いて前分と後分とを分ち、時に就いて三七日と時長とを分ちて其稱を異にせしのみ。四に法界華嚴、此は經帙に依らず、一代敎の中に法界の理を說きし者の通稱なり。【四敎儀集註上、增暉記一、七帖見聞二本、半字談一】

華嚴五爲　〔術語〕華嚴經の說法の五種の目的なり。一に正爲、まさしく不思議乘の菩薩の爲。二に兼爲、かねて一切衆生結緣の爲。三に引爲、權敎の菩薩を誘引せん爲。四に權爲、諸菩薩二乘の身に權現して法筵に列し、實の二乘に廻心を知らしむる爲。五に遠爲、外道凡夫はこの敎を聞きて謗ることあらむも後には遂にそれ等をして信受せしめん爲。

華嚴金獅子章　〔書名〕一卷、賢首の著。唐の則天武后の問に答ふるため、庭前の金獅子を借りて喩となし、華嚴の敎觀を顯はしたるもの。初に法界緣起を明し、次に色空をとき、五敎を論じ、最後に涅槃を說く。

華嚴經探玄記　〔書名〕二十卷、賢首撰。華嚴經の註釋にして、第一卷に敎起の所由、藏部の所攝、立敎差別、敎所被の機、能詮の敎體、所詮の宗趣、具釋題目、部類傳釋、文義の分齊、隨文解釋の十門を開きて玄義を說き、二卷以下は本經の文を逐ひて解釋せり。

ケゴンケンダン　**華嚴懸談**　〔書名〕又、華嚴玄談。清凉の華嚴大疏中の懸談を演義鈔に合して別行せしもの、藏經目錄には「大方廣佛華嚴經疏演義三十卷」【律帙一二】(1639)

華嚴懸談會玄記　〔書名〕四十卷。元、普瑞著。

ケゴンゲンダン　**華嚴玄談**　〔書名〕華嚴懸談に同じ。「湛然著。

ケゴンコツモク　**華嚴骨目**　〔書名〕一卷。荊溪の略。

ケゴンサンマイ　**華嚴三昧**　〔術語〕佛華嚴三昧の略。一眞法界無盡緣起を以て理趣とす。此の理趣に達して萬行を修し佛果を莊嚴するを華嚴と云ひ、一心に之を修するを三昧と云ふ。是れ華嚴大經及び梵網經の所說なり。【無量壽經上】に「得二佛華嚴三昧一。

宣ニ暢一切經典一。」【六十華嚴經三十七】に「普賢菩薩。正受三昧。其三昧名ニ佛華嚴一。」【瓔珞經】に「我先於ニ第三禪中一。集ニ八禪衆一。說ニ一生補處菩薩入佛華嚴三昧定百千億偈一。」【探玄記十七】に「一釋名者。以ニ因行華一嚴ニ成果相一。令ニ顯著一故。二體性者。法界行門心海爲レ體。以ニ等持ニ廣大無限量一故。三明ニ業用一者有レ二。一依レ此顯ニ說華嚴法一。故無量壽經歎ニ菩薩德一中。言下得ニ佛華嚴三昧一宣中說諸佛經典上。二依レ此顯ニ示華嚴行一。故上云ニ施戒忍辱精進禪方便智慧諸功德。一切自在難思議華嚴三昧勢力故一。」【淨影無量壽經疏】に「如ニ華嚴說一。彼一三昧統ニ攝法界一。一切皆飾ニ法身一。故云ニ華嚴一。」

ケゴンシキ　華嚴旨歸　〔書名〕一卷、法藏著。十門分別あり。【陽帙二】(1595)

ケゴンシユウ　華嚴宗　〔流派〕八宗の一。華嚴經を所依として開きし宗なれば華嚴宗と云。支那には唐の杜順を以て始祖とし、至相を經て賢首に至り、集めて之を大成す。依て賢首宗とも云。賢首より清涼、清涼より宗密、以上を大唐の五祖となす。宋の淨源、總じて七祖を立て、大唐の五祖に天竺の馬鳴龍樹を加ふ。吾朝には天平八年唐の道璿律師來朝して華嚴宗の章疏を齎らす。之よりさき新羅の審祥大唐に往き、賢首に從ひて華嚴を學び、來朝して大安寺に住す。良辨僧正之を東大寺の羂索堂に請じて初て華嚴を講ぜしめ、與に共に興隆す。時に天平十二年なり。依て東大寺を本宗の本山とす。良辨僧正、華嚴を弘めんが爲に東大寺を立て、毘盧舍那佛を勸進す。聖武帝殊に此宗を崇め給ひ、此寺八宗を兼ぬと雖、華嚴宗を以て其の本宗と爲さしむ。昔東大寺南大門の額を大華嚴寺と云ひ、大佛殿二階の額を恒說華嚴院と云。【華嚴宗要義、傳通緣起中、八宗綱要下】

ケゴンジ　華嚴時　〔術語〕天台の判教五時の一。佛成道して最初に三七日の間華嚴經を說きし間を云。彼宗に所謂前分華嚴にして（「けごん」の下四種華嚴を見よ）七處八會の中前七會を云。然るに此華嚴經の說時に就いて異說多し。先づ華嚴宗には【探玄記二】に「是知此經定是第二七日說」と決し、【華嚴疏鈔一上】に三解を擧ぐる中其第二解に「九會皆在ニ二七日後一」と云ひ、法相宗は【同學鈔一之一】に「宗家意。第二七日說ニ前七會一。鹿苑以後說ニ第八會一。」と決す。此等は【十地經論一】に經文を擧て「如レ是我聞。一時婆伽婆。成道未レ久。第二七日。在ニ他化自在天中自在天王宮摩尼寶殿一。與ニ大菩薩一俱。」世親之を釋して「何故不ニ初七日說一。思惟行因緣行故。」と云ふに依る。淨影も之に據つて【大乘義章二】に「若依ニ大乘一。第二七日。宣ニ說華嚴修多羅一也。」と云へり。而して天台一家は成道日より已後三七日間の說と定む。是れ【法華經方便品】に「我始坐ニ道場一。觀レ樹亦經行。於ニ三七日一。思ニ惟如レ是事一。」と云を取り、此思惟時を以て正しく華嚴の說時となせばなり。言ふ心は如來成道して其座を立たず直に大乘の菩薩に對して三七日の間華嚴の大法を說きしを、彼の小機は觀樹經行にして思惟をなせし者と感見せりとなり。【玄義十下】に華嚴頓說の證文として方便品の三七思惟の文を引き了て「我始坐道場。即是明レ頓也。乃至寂滅道場。始成ニ正覺一。爲ニ諸菩薩一。頓說ニ大乘一。如ニ日初出前照ニ高山一。此明ニ最初釋迦頓說一也。」【同釋籤】に「約ニ大機一即寂場之時。約ニ小機一即成已思惟未レ說之時。」（寂場之時とは寂滅道場にて華嚴を說く時を云）【文句記】に「小見ニ三七停留一。大都終始無レ改。」さて【華嚴疏鈔一上】に三解を擧る中の第一解は全く台宗の義に準ず。「初七說ニ前五會一。第二七日說ニ十地等一。第九一會乃至ニ後時一。以ニ祇園身子皆後時一故。」（此は唐經の七處九會に依る、故に第九會と云、晉經ならば第八會なり）要するに華嚴宗は第二七日の說と決して其長短を定めず、又前分後分を分たず。法相宗は第二七日の說を取て而も前分と後分とを分ち、天台宗は初成道より三七日と定めて而も前分後分を分け、其後分を三七日已後涅槃に至る長時の說となすなり。（之を時長華嚴と云）

ケゴンジ　華嚴寺　〔寺名〕美濃國谷汲に在り。本尊十一面觀音。延喜年中創立。開基豐然。【元亨釋書十四】に傳あり。

ケゴンソンジヤ　華嚴尊者　〔人名〕嵩山神秀禪師の法嗣普寂、洛陽の華嚴禪苑に居る。世人華嚴尊者と稱す、大安寺の道璿唐に在りし時、此師に就いて北宗の禪を受く。【元亨釋書道璿傳】

ケゴンダイシヨ　華嚴大疏　〔書名〕本名、大方廣佛華嚴經疏、六十卷、唐の澄觀著。【歲帙一乃至四】(1589)

ケゴンダイシヨセウ　華嚴大疏鈔　〔書名〕大方廣佛華嚴經隨疏演義鈔の略名。九十卷。澄觀自ら大疏を釋せしもの。【歲帙五乃至十】(1590)

ケゴンヂウ　華嚴頭　〔職位〕禪苑の役名。華嚴經を書寫供養する爲、檀施を勸化する頭首。【象器箋八】

ケゴンデン　華嚴傳　〔書名〕五卷、賢首著。

ケゴンハチヱシヤウ　華嚴八會章　〔書名〕華嚴綱目の別名。

ケゴンホフカイ　華嚴法界　〔術語〕大乘究竟の理を法華經には實相と名け、（方便品に唯佛與佛乃能究盡諸法實相）華嚴經には法界と名く（第八會を入法界品と名く）。法界とは體に就くの名、實相とは義に就くの稱、其の實一なり。華嚴一經は此法界を體とし、一部始終此法界の理を明かすに外なら

ざれば華嚴法界と云。法界に四種あり。「ホフカイ」を見よ。

華嚴法界義海 〔書名〕一卷、賢首著。「海百門と云。又、義

華嚴法界義鏡 〔書名〕二卷、東大寺凝然著。又、華嚴宗要と名く。

華嚴法界傳通錄 〔書名〕二卷、凝然著。

ケゴンホフカイクワン 華嚴法界觀 〔書名〕本名、修大方廣佛華嚴法界觀門、一卷、唐の杜順著。眞空觀、理事無礙觀、周徧含容觀の三に分けて、華嚴法界の觀門を說きしもの。清凉の釋、華嚴法界玄鏡二卷。圭峰の釋、註法界觀門一卷あり。

ケゴンホフカイゲンキヤウ 華嚴法界玄鏡 〔書名〕二卷、唐の清凉澄觀著。杜順の華嚴法界觀を釋せしもの。【陽帙三】(1598)

ケゴンボサツ 華嚴菩薩 〔人名〕梵僧、清凉國師澄觀を稱して華嚴菩薩と云。【稽古略三】

ケゴンモンダフ 華嚴問答 〔書名〕又、五十要問答と云。二卷、唐の智儼著。「の吉藏著。

ケゴンユウイ 華嚴遊意 〔書名〕一卷。三論宗

ケゴンリヤクサク 華嚴略策 〔書名〕一卷。華嚴宗の清凉著。

ケゴンワウ 華嚴王 〔菩薩〕來迎二十五菩薩の一。念佛の行者が命終に臨む時、阿彌陀佛と共に來りて之を迎ふる菩薩の名。形像は善悅慈愛、相好端嚴にして天衣を纒ひ、天冠、瓔珞を以て莊嚴し、手に鉦を持して之を鳴らす。種子[illegible]

ケゴンヱ 華嚴會 〔行事〕華嚴經を講讚する法會。每年三月十四日に東大寺に之を行ふ。【古事談三】に「此寺に三月十四日有二大會一號二華嚴會一。佛前立二講座一講師登て講二華嚴經一。但法會中間。講師自二高座一下て自二後戸一逐電云云。此事古老傳云。昔建二立此寺一之時有二賣レ鯖之翁一。天皇召二留之一爲二大會講師一。所レ持之鯖。置二經机之上一。魚變爲二八十花嚴經一。魚數八十隻云云。翁登二高座一。講說之間。梵語を囀りけり。法會中間乍二高座上一化失了。忽成二樹枝葉一。是白身木也云云。彼講師于レ今法會の中に逐電也。」⊙(宇治拾遺)に「東大寺華嚴會の事」記載之と同じ。

ケサ 袈裟 〔衣服〕具名、迦沙曳 *Kaṣāya* 譯、不正、壞、濁、染など。又、加沙野の語に同じ。譯、赤色。比丘の法衣大中小三枚あり、青黃赤白黑の五正色を避けて他の雜色を用ふれば、色に從つて袈裟と云ひ、其形長方形なれば、形に從つて敷具臥具など云ひ、其相小片に割截して綴合し、田畔の如くなれば、相に從つて割截衣又は田相衣と云。其他、道服、法衣、忍辱鎧、解脫幢相など種種の德名あり。大中小三枚の別名は其小なるを安陀會、又五條と云ひ、其中なるを鬱多羅僧、又七條と云ひ、其大なるを僧伽梨、又九條、大衣など云。天竺には此三枚の袈裟より外に衣と云ふはなきなり。支那日本は寒國なるが故に裏に衣を着し、表に掛くる事となれるなり。但し天竺にては五條の上に七條或は大衣を重ね又は五條七條の上に大衣を重ねて着すれども此方にては必ず別別に着するは裏に衣あればなり。其色は三如法色ある中、通常天竺にては乾陀と云ひ、支那にては木蘭色と云ひ、日本にては香染と云ふを用ふ。赤に黑みを帶びたるもの。【玄應音義十五】に「袈裟。上舉佉切。下所加切。韻集音加沙。字本從レ毛。作二毠毟二形一。葛洪後作二字苑一。始改從レ衣。案外國通稱二袈裟一。此云二不正色一也。諸草木中。若皮若葉若花等。不レ成二五味一。難二以爲レ食者。則名二迦沙一。天竺比丘多用二此色一。或言二緇衣一者。當二是初譯之時一。見二其色濁一因以名也。又案二如幻三昧經一云。晉言二無垢衣一。又義云二離塵服一。或云二消瘦衣一。或稱二蓮花服一。或言二間色衣一。皆從レ義立レ名耳。眞諦三藏云。袈裟此云二赤血色衣一。言外國雖レ有二五部不同一。並皆赤色。言二青黑木蘭一者。但點レ之異耳。」【行事鈔下一】に「增一云。如來所着衣。名曰二袈裟一。所食者。名爲二法食一。此袈裟衣者。從レ色得レ名。下文染作二袈裟色一。味有二袈裟味一。若據二此土所翻一。通名爲二臥具一。四分云。聽二以レ刀截成一。沙門衣不下爲二怨賊一劫上。應下作二安陀會僂レ體著。鬱多羅僧。僧伽梨。入二聚落一着上。而此三名。諸部無二正翻一。今以レ義譯。慧上菩薩經。五條名二中著衣一。七條名二上衣一。大衣名二衆聚時衣一。若就二條數一。便云二十九十七乃至九條七條五條等一。律中無二五七九名一。但云二安陀會乃至僧伽梨一。人名二五七九條一也。」【寄歸傳一】に「袈裟乃是梵言。即是乾陀之色。元來不レ干二東語一。何勞二下底置レ衣。若依二律文典語一。三衣並名二支伐羅一也。」【同二】に「一僧伽胝。二嗢呾囉僧伽。三安呾婆娑。此之三衣。皆名二支伐羅一。北方諸國。多名二法衣一爲二袈裟一。乃是赤色義。非二律文典語一。」又「凡出家衣服。皆可三染作二乾陀一。或爲二地黃黃屑一。或復荊蘗黃等。此皆可下以二赤土赤石研汁一和上レ之。量二色淺深一。要而省レ事。」【慧苑音義上】に「袈裟。具正云二迦邏沙曳一。此云二染色衣一。西域俗人。皆着二白色衣一也。」

如法袈裟色三種 〔雜語〕一は似黑、二に似青、三に似赤。似黑は即ち緇色にて黑泥の色を云ひ、似青は銅青を云ひ、似赤は果實の染色にて天竺に乾陀色と云ひ、支那に木蘭色と云ひ、日本に香染と云ふもの 香染は丁子香を以て染む。【百一羯磨九】に「凡作二臥

具二三衣一の事應下作二兩重一染令上レ壞レ色。或青。極好深青。律文不許。隨時汙色。事在開聽。或泥。廣律解レ泥謂。是赤土赤石。或即是泥。然而不許純烏泥皂。斯乃外道之衣。或乾陀色。梵云袈裟野。譯爲赤色」【行事鈔下一】に「四分云。若青若黑若木蘭。一一色中隨レ意壞。善見云。善來比丘。瓦鉢貫二左肩一青色。袈裟赤色鮮明。準二此木蘭色一。」又「青謂二銅青一。黑謂二雜注等一。木蘭謂二諸果汁等一。余在二蜀都一親見二木蘭樹皮一。赤黑色鮮明。可二以爲一レ染。微有二香氣一。亦有二用作一レ香者一。」【資持記下一之一】に「銅青謂青褐。如二舊銅色一。雜泥謂以二果汁一浸二於鐵器一。遂成二黑色一。河底緇泥。亦可レ染レ黑。」【釋門章服儀】に「上明二青色一。名同二五色一。如二論律中一。似而非レ正。木蘭一染。此方有レ之。赤多黑少。若二乾陀色一。」

袈裟十二名

〔名數〕【釋氏要覽上】に「大集經云。袈裟名二離染服一。賢愚經云。出世服。如幻三昧經云。無垢衣又名二忍辱鎧一。又名二蓮華衣一。謂不下爲二欲泥一染上故。又名二幢相一。謂不二爲レ邪所一レ傾故。又名二田相衣一。謂不下爲二見者一生上レ惡故。又名二痟瘦衣一。謂着二此衣一煩惱痟瘦故。又名二離染服、去穢衣一。又名二振起一。」又【六物圖】に「一に袈裟、二に道服、佛道を修する者の衣なり。三に出世服、世俗を出離する者の衣なり。四に法衣、如法の衣なり。五に離塵服、六塵を遠離する者の衣なり。六に痟瘦服、煩惱を損消するの德あり。七に蓮華服、染着を離るること蓮華の如し。八に間色服、不正の間色にして五正色を避くるなり。九に慈悲服、慈悲を行ずるものの服なり。十に福田衣、袈裟の條相世の田疇に等しく、且つ其の德世の福田となりて供養を受くればなり。十一に臥具、四分律に出ず其の相被褥に似ればなり。十二に敷具十誦律に出ず臥具と言ふ如し。」

袈裟着法

〔雜語〕【山家一乘戒儀編】に「寄歸傳に云く、衣を取て三摺となし、其肩頭の疊む處に其方帖を安じ、以て衣の䘿を安ず、長け兩指ばかり結て同心を作り、外に牽き出し、十字交繫して便ち兩䘿を成す。其胸前の疊む處の緣邊に紐を安じ、紐を以て䘿に內れ、衣の右の角を以て寬く左の肩に搭けて之を背後に垂ると。今山門諸大師の肖像を拜瞻するに皆此儀に同じ。山門全く則を淨師の說に資るを見るべし。然れば中古海內の僧儀袈裟の着法甚だ古法を失す、蓋し其濫觴宋朝の靈芝律師に起れる乎。彼れ六物圖を著して感通傳の「以二衣角一遶二于左角一。」と云ふを引いて、遶を謬つて達となし、遂に衣の右角に鉤を施し、僅に胸前に達して紐と合せ結ぶ、爰に於てか左の肩に搭け及び左の臂に遶らすの正儀全く失せたり。大日經義釋に如來の鉢印を明して云く、左手衣の兩角を持す、其法袈裟の手に近き尖角と及び肩に搭るの角を取て肘に繞らし廻して手中に入れ、二角雙耳の如くならしむるなり、仍て二手を相重ねて鉢を承くるの形の如くす。即ち如來に同じく恒沙の諸佛の幖幟を持するの儀なりと。」又、反抄とて、聚落に出入し又は私に事務を營むときは袈裟を裏反へしに被るを許す。【寄歸傳二】。又【正法眼藏袈裟功德】に「塔袈裟法。偏祖右肩、これ常途の法なり。通兩肩塔の法あり。如來および耆年老宿の儀なり。兩肩を通すといふとも、胸臆をあらはすときあり。胸臆をおほときあり。通兩肩搭は、六十條衣以上の大袈裟のときなり。搭袈裟のとき、兩端ともに左臂肩にかさねかくるなり。前頭は左端のうへにかけて、臂外にたれたり。大袈裟のとき、前頭を左肩より通して、背後にいだしたれたり。久參咨問すべし。」このほか種種の著袈裟の法あり。

袈裟五德

〔名數〕【悲華經八】に釋迦如來、昔寶藏佛の前に於て、已れ成佛の時袈裟に五德あらんことを誓ふ。一に或は犯重邪見の四衆も一念敬心を以て袈裟を尊重せば必ず三乘に於て受記せん。二に天龍人鬼若し袈裟の少分を恭敬せば即ち三乘の不退を得ん。三に若し鬼神諸人袈裟の少分乃至四寸を得ば飲食充食せん。四に衆生共に違反せんに袈裟を念せば便ち悲心を生ぜん。五に若し兵陣に在て此少分を持して恭敬尊重せば常に他に勝つことを得ん。【行事鈔下一、釋氏要覽上】

袈裟十利

〔名數〕【心地觀經五】に十利を列ね、一に身を覆ひ羞恥を離れて慚愧を具す。二に寒熱蚊蟲を離る。三に沙門の相を示し、見る者歡喜し邪心を離る。四に是れ人天寶幢の相、梵天の福を生ず。五に之を着する時寶塔の想を生じ諸罪を滅す。六に壞色、貪欲を生せず。七に袈裟は是れ佛の淨衣、永く煩惱を斷じて良田を作る。八に罪を消して十善を生ず。九に良田の如し、能く菩提の芽を增長す。十に甲冑の如し、煩惱の毒箭害すると能はず。是の故に三世の諸佛共に服す。

龍得一縷、牛角一觴

〔故事〕袈裟の功德を述べたる故事「リウ」「ウシ」を見よ。

衲袈裟

〔衣服〕種種の古布片を集めて作りたるもの。俗に遠山袈裟と云ふは其の一種。布片を山の形にして綴りたるより名く。

遠山袈裟

〔衣服〕衲袈裟の一種。

種子袈裟

〔衣服〕輪袈裟の一種。「シュジゲサ」を見よ。

輪袈裟〔衣服〕輪の形に作れる袈裟。「ワゲサ」を見よ。　「見よ。

五條袈裟〔衣服〕梵名、安陀會。「ナイエ」を

袈裟變白〔雜語〕【摩耶經下】に「千三百歲已。袈裟變白不レ受二染色一。」末世法滅の相として沙門の袈裟在家の白衣と同ずるを云。

ケサ　化作〔術語〕佛菩薩の神力を以て種種の身、又は種種の事物を變化し造作すると。【法華經妙音品】に「於レ是妙音菩薩。不レ起二於座一。身不二動搖一。而入二三昧一。以二三昧力一。於二耆闍崛山一。去二法座一不レ遠。化二作八萬四千衆寶蓮華一。」

ケサ　化茶〔飮食〕化緣乞食して得たる茶。

ケサウ　化相〔術語〕佛陀の衆生を敎化する相狀。

化相三寶〔術語〕小乘の三寶を云ふ。佛は丈六の化身、法は四諦十二因緣、僧は羅漢及緣覺。先づ此三寶を以て衆生を敎化すれば化相の三寶と云ふ。「三寶」を見よ。

ケサコロモ　袈裟衣〔衣服〕袈裟ところも。天竺の本制は三種の袈裟即ち衣なれども、支那日本に來りては袈裟の外に衣と稱する一種の僧服を生ずるに至る。「コロモ」を見よ。

ケサダイジヤウクワク　化作大城郭〔雜語〕歌題。【法華經化城喩品】に化城の喩を說く中の偈頌に「導師作二是念一。此輩甚可レ愍。如何欲二退還一而失二大珍寶一。尋時思二方便一。當レ設二神通力一。化二作大城郭一。莊二嚴諸舍宅一。」「ケジヤウユホン」を見よ。

ケサブクロ　袈裟袋〔物名〕袈裟を容るる袋にして、禪僧等が他行の時三衣及び常用の經卷、度牒、數珠、引磬、戒刀等の諸具を盛れ、頸に懸けて胸に垂る袋なり。近代は一閑張の被蓋の箱を、袱子にて裹みて胸に懸け、袈裟文庫と云ふ。

ケサミ　袈裟味〔飮食〕五正色の雜色を袈裟色と云ふに比して、六味の雜味を袈裟味と云。【大疏六】に「如レ云二袈裟味一者。即是染作二袈裟色一也。」【行事鈔下一之二】に「染作二袈裟色一。味有二袈裟味一。」【同資持記】に「袈裟味者。此示レ非二正食名一。」【戒疏下一之一】に「如三六味中有二袈裟味一。可二是食一也。」

ケザ　花座〔物名〕蓮華を以て成れる臺座。佛菩薩之に坐す。【智度論八】に「問曰。諸床可レ坐。何必蓮華。答曰。床爲二世界一白衣坐法。又以二蓮華軟淨一欲レ現二神力一。能坐二其上一令レ不レ壞故。又以下莊二嚴妙法一座上故。又以二諸華皆不レ無如二此華香淨大者一。人中蓮華大不レ過レ尺。漫陀耆尼池及阿那婆達多池中蓮華。大如二車蓋一。天上寶蓮華復大二於此一。是則可レ容二結跏趺坐一。佛所レ坐華復勝二於此一。百千萬倍。又如二此蓮一。華臺嚴淨。香妙可レ坐。」次の文に梵天王が寶蓮華に坐する故事を說く

ケザウカイ　華藏界〔界名〕蓮華藏世界の略。「レンゲザウセカイ」を見よ。⊙（盛衰記二四）「玉殿十一間の寶樓閣は華藏界」

ケザウセカイ　華藏世界〔界名〕釋迦如來の眞身毘盧舍那佛の淨土の名。最下を風輪とし、風輪の上に香水海あり、香水海の中に大蓮華を生じ、此蓮華の中に微塵數の世界を包藏すれば、蓮華藏世界、略して華藏世界と云ふ。凡そ報身佛の淨土には十八圓滿を具ふ、其中の依持圓滿即ち蓮華藏世界なり。【唐華嚴經八】に「爾時普賢菩薩告二大衆一言。諸佛子。此華藏莊嚴世界海是毘盧遮那如來。往昔於二世界海微塵數劫一修二菩薩行一時。一一劫中親二近世界海微塵數佛一。一一佛所淨二修世界海微塵數大願一。之所二嚴淨一。」已下、八、九、十、三卷に涉つて之を明かし、華藏世界品と云ふ。此の蓮華藏世界建立の大略は上下二十重、周圍十一周より成り、中心を以て毘盧舍那佛の所居とす。【佛祖統紀三十一】に「上極二寶焰一。下徹二風輪一。此華嚴所レ明一世界種。竪高則且約二二十重一。周圍則略得二十一數一。復由二此數一隨レ方各十。則總レ之爲二百十一一。如下天帝珠網分布而住上。」【梁譯世親攝論十五】に「世間世界。地輪依二水輪一。水輪依二風輪一。淨土爲レ依二何法一。論曰。無量功德聚所二莊嚴一大蓮花王。爲二依止一。釋曰以二大蓮花王一。譬二大乘所顯法界眞如一。蓮華雖レ在二泥水之中一。不レ爲二泥水所一レ汙。譬下法界眞如雖レ在二世間一不上レ爲二世間法所一レ汙。乃至復次如來願力所感寶蓮華。於二諸華中一最大最勝。故名レ王。無量色相等功德聚所二莊嚴一。能爲二淨土一作二依止一。」【探玄記三】に此文を引き已て、「華藏之名。因レ此立也。乃至藏是含攝義。出生義。具德義。此中通論有二二義一。一由三此土內含二攝一切人法等諸法門一故。二含二攝一切諸餘剎一故。」【淸涼疏八】に「蓮華含レ子之處。目レ之曰レ藏。今剎種及剎。爲三大蓮華之所二含藏一。故云二蓮華藏一。」但し蓮華藏世界は諸佛の報土に通ずる名なり。即ち華嚴經所說は釋迦佛の華藏なり。觀經所說の極樂は阿彌陀佛の華藏なり。大日經所說の胎藏界、密嚴經所說の密嚴國は大日如來の華藏なり。」⊙（野守鏡下）「あしたは華藏世界の花を尋ね」

梵網經蓮華藏世界〔界名〕千葉の一大蓮華あり、中臺に盧舍那佛あり、千葉を各一世界とし盧遮那佛化して千釋迦となり、千世界による。復一葉世界に就て、百億の須彌山、百億の四天下即ち三千大千世界百億の南閻浮提あり。千釋迦各百億の釋迦と化して百億の菩提樹下に坐す。【梵網經上】（第廿八圖參照）

華藏世界の成佛 〔術語〕丈六の釋迦摩揭陀國の菩提樹下に成佛せる時小機の感見する所は之を化身佛と云ふ。大機の見る所は報身の毘盧舍那佛、十八圓滿の蓮華藏世界に正覺を成ずるなり。但し菩提樹下と蓮華藏世界と異處あるにあらず、穢土に即して淨土なり。【探玄記二】に「或云。此界唯是娑婆。此約二三乘一說。或云。即是華嚴。約二別教一乘一辨。」

華藏八葉 〔術語〕胎藏界の曼陀羅、第一中臺八葉院を云。是れ八葉の蓮華藏世界にして九佛其上に現ず。是れ即ち吾人心蓮の標示なり。【秘藏記鈔六】に「一切衆生干栗多心。法爾有二八瓣形一。是八葉心蓮花也。是名二花藏世界一。」⦿(本朝續文粹十四)「華藏八葉之風。以二西方一爲レ勝。」

華藏と極樂 〔雜語〕華藏世界はもと釋迦の果報に就いて說きしものなれども、其實諸佛に通じて彌陀の極樂も華藏世界なり。【探玄記三】に「三世諸佛。嚴二華藏界一。皆與レ此同。」【秘藏記本】に「華藏界義。華者理也。理遍二法界一。藏二諸法於二其中一。故曰二華藏一。是華藏世界者。最上妙樂在二其中一。故曰二極樂一。當レ知極樂與二華藏一。雖二名異一而非二異所一。」【秘藏記鈔六】に「天親淨土論。極樂國土名二華藏世界一。是其證也。以二蓮華一成國土故云二華藏一。受二最上妙樂一故曰二極樂一。是一處異名也。」【世親淨土論】に「入第三門者。以四一心專念作三願生レ彼修二奢摩他寂靜三昧行一故。得レ入二蓮華藏世界一。」

華藏と密嚴 〔雜語〕釋迦に華藏世界と云ひ、彌陀に極樂世界を云ひ、大日に密嚴世界と云ふ。三名異なれ共其實は一處なり。「ミツゴン」を見よ。

三處蓮華藏世界 〔名數〕密敎に依れば三處の華藏世界を立つ。其の故は大日經に三重の佛身を立つ、一は加持身、二は本地身、三は行者の身なり。今此三身に約して義を成せば、加持身は他受用報身是れ阿彌陀佛なり、其の住處を華藏世界と名く。是より西方十萬億の淨土を過ぎて其の處あり。青龍軌に彌陀を蓮華藏と名く。是れ五部中の蓮華部報身の土なり。本地身とは大日如來也、此佛の住處を華藏世界と名く。高廣無邊にして相對を超へ、中邊を絕す、西方十萬億と定むべからず。是れ五部中の佛部自性法身の住處なり。大日經所說の胎藏、華嚴經所說の華藏世界是なり。行者身とは我等が自身なり。一切衆生の干栗多心、法爾として八葉の形あり。是れ八葉の心蓮華なり。之を華藏世界と名く。大師の釋に安樂都史本來胸中と、即ち此意なり。【秘藏記鈔六】

ケザウカイヱ　華藏界會 〔術語〕華藏世界の法會。釋迦の眞身毘盧舍那佛、十八圓滿の蓮華藏世界に於てせる常恒の法會を云。華嚴經一部の所說なり。

ケザウキンリフ　華藏院流 〔流派〕廣澤六流の一。野澤十二流の一。東密三十六流の一。聖惠法親王を流祖とす。華藏院に住せしを以て名とす。

ケザクワン　華座觀 〔術語〕觀經所說十六觀の一。阿彌陀佛の華座の相を觀想するを云。【觀無量壽經】に「佛告二韋提希一。欲レ觀二彼佛一者。當レ起二想念一。於二七寶地上一作二蓮華想一。令三其蓮華一一葉作二百寶色一。乃至華葉小者。縱廣三百五十由旬。如レ是蓮華有二八萬四千葉一。乃至釋迦毘楞伽寶。以爲二其臺一。」

ケザサウ　華座想 〔術語〕華座觀に同じ。此觀法は眼識所對の境にあらず、唯心上に想像するものなれば華座想と云。【經】に觀を說き了て「是爲二華座想一。名二第七觀一。」

ケシ　芥子 〔譬喩〕芥子を針鋒に投じて中り難きを以て佛の出世の難に譬ふ。【涅槃經二】に「芥子投二針鋒一。佛出難二於此一。」 図 〔物名〕芥子は「カラシ」なり、其性堅く辛き者なれば密敎には、之を降伏の相應物となし、之に眞言を加持して爐に投じ、以て降伏の用に供す。【眞言修行鈔五】に「實賢僧正護摩師傳抄云。取二芥子一投二炉中一。十方十度也。護摩略觀抄云。道範芥子堅辛性。有二降伏用一。依添二眞言加持一作二降魔結界一也。投二十方一破二十方魔軍一也。又龍猛菩薩呪二白芥子一打三開鐵塔扉一。入二法界塔中一。受二金剛薩埵灌頂一。今行者芥子加持。又打三開十方法界塔婆一。請二諸佛聖衆證明聽許一之觀可レ作レ之。」⦿(源氏)「御袖なども芥子の香に」 図 〔譬喩〕刧量に譬ふ。「ケシコフ」を見よ。

ケシ　華齒 〔異類〕法華十羅刹女の一。

ケシキ　希祀鬼 〔異類〕九鬼の一。死後子孫の追薦祭祀を希望する鬼類。

ケシキ　假色 〔術語〕無表色の異名。色法の中に無表色あり、受戒に由つて生ずる所。舊譯に無作色又は無敎色と云。是れ色法に屬すれども、香味の如く形質あらざれば、かの實色に對して假色と名く。

ケシキ　華色 〔人名〕比丘尼。又、蓮華色尼、溫盋羅苾芻尼、鬱波羅比丘尼と云。佛忉利天より降る時、此比丘尼、輪王に化して最初に佛を拜す。【智度論十一】に「如下佛在二忉利天一夏安居受歲已。下中閻浮提上乃至衆人欲三求先見レ佛禮敬一。有二華色比丘尼一。欲レ除二女名之惡一。便化爲二轉輪王一。衆人見避レ坐。到二佛所一已。還二復本身一。最初禮レ佛。」【分別功德論】に「蓮華色尼最前見レ我。」【毘奈耶雜事】に「溫盋羅苾芻尼。身化爲二輪王一。乃至大衆開レ路。令二彼近前一。」

華色爲提婆所害 〔故事〕華色比丘尼あり、提婆の不法を呵して彼に害せらる。蓋し最初に佛を見し華色と同人なり。何となれば佛を見る爲に輪王に化する如きは、其活發のさま提婆を呵する勢と其行爲相似ればなり。【智度論十四】に「提婆達多。便生二惡心一。推レ山壓レ佛。金剛力士以二金剛杵一而遙擲レ之。碎石迸來。傷二佛足一。華色比丘尼呵レ之。復以レ拳打レ尼。尼即時眼出而死。」【涅槃經十九】に「如來有弟提婆達多。破二壞衆僧一。出二佛身血一。害二蓮華比丘尼一。作二三逆罪一。」【摩訶摩耶經下】に「時鬱波羅比丘尼。從二王宮一出。而於二門外一。見二提婆達多一。即呵レ之言。汝令二釋種不レ得二熾盛一。於二佛法中一作二大留礙一。時提婆達多。聞二此語一已。極大忿怒。即以二手拳一而打二其頭一。彼比丘尼。尋便命終。」此他更に二人の蓮華色女と一人の蓮華女あり。「レンゲシキニヨ」「レンゲニヨ」を見よ。

ケシキ 化色 〔術語〕佛菩薩の神力を以て種種に變作せる形體を云ふ。

ケシキシン 化色身 〔術語〕二種色身の一。佛の化身を云。【三藏法數四】

ケシコフ 芥子劫 〔術語〕芥子を以て劫量を喩ふるを芥子劫と云ひ、磐石を以て劫量を喩ふるを磐石劫と云。「コフ」を見よ。

ケシジヤウ 華氏城 〔地名〕婆吒梨那、波吒釐子。Pāṭaliputra 摩揭陀國の故城なり。もと拘蘇摩補羅城と名く。唐に香花宮城 Kusmapura と名く。王宮花多きを以てなり。後に波吒釐子城と改む、現今のパトナ。佛滅後無憂王(阿育王)都を此に遷す。【西域記八】に「昔者人壽無量歲時。號二拘蘇摩補羅城一。唐言二香花宮城一。王宮花多故以名焉。逮二乎人壽數千載一更改二波吒釐子城一。」【付法藏傳五】に「華氏城」【阿育王經一】に「此兒者。我入涅槃百年後。當下生二波吒利弗多城一名中阿育上。」【阿育王傳一】に「此小兒者。當下作二轉輪聖王四分之一一。於二花氏城一作二正法王一。號中阿恕伽上。Aśoka」

ケシチシキヤウ 化七子經 〔經名〕阿那邠化七子經の略名。

ケシチヤウダイキヤウヂンコフ 假使頂戴經塵劫 〔雜語〕「假使頂戴經二塵劫一。身爲二床座一徧二三千一。若不三傳レ法利二衆生一。畢竟無二能報レ恩者一。」四句一偈なり。【清涼大疏】に此文を引いて佛の十恩を釋する結文とし、【演義鈔十四】に「月藏分先一偈具足經文」とあれども、月藏經を檢するに此文を見ず。

ケシヤ 灰沙 〔譬喩〕聲聞緣覺の悟を斥けて云ふ。かの二乘の人、悟を得れば、灰身滅智と稱して、色身を火化し、心識を都滅して空寂の涅槃に終歸す。灰沙とは五蘊を火化するを云。⊙(盛衰記)に「灰沙の二乘」

ケシヤウ 化生 〔術語〕四生の一。依托する所なく忽然として生ずるもの。諸天、諸地獄、及び劫初の人の如き是なり。【倶舍論八】に「有情類。生無二所托一。是名二化生一。如二那落迦天中有等一。具レ根無レ缺。支分頓生。無而欻有。故名爲レ化。」【大乘義章八本】に「言二化生一者。如二諸天等一。無レ所二依托一。無而忽起。名曰二化生一。若無二依托一。云何得レ生。如二地論釋一。依レ業故生。」⊙(水鏡下)「無量劫の中に三界に化生して、方便をめぐらして、衆生をみちびく」

佛菩薩の化生 〔術語〕佛菩薩が衆生を濟ふ爲に神力を以て種種に變作するもの。即ち化身、權者、權化、權現など。

法身の化生 〔術語〕佛の敎化を受けて新に佛家に生じたる身を云。【法華經譬喩品】に「今日乃知。眞是佛子。從二佛口一生。從レ法化生。得二佛法分一。」

極樂の化生 〔術語〕極樂の往生人に胎生と化生との二種あり。佛智を疑つて種種の善業を修する人は、邊地の宮殿に生じて、五百歲の間三寶を見聞すると能はず。これを胎生と名く。佛智を信ずる人は、九品の行業に隨つて各蓮華の中に化生して、身相光明頓に具足す。之を化生と名く。【無量壽經下】に「若有二衆生一。明信二佛智乃至勝智一。作二諸功德一。信心廻向。此諸衆生。於二七寶華中一。自然化生。跏趺而坐。須臾之頃。身相光明。智慧功德。如二諸菩薩一。具足成就。」

ケシヤク 化迹 〔術語〕敎迹に同じ。佛の衆生を敎化せし遺跡。【行事鈔中一】に「餘經汎明二化迹一。通顯二因果一。」【資持記中一之二】に「化迹謂往昔因緣。」

ケシヤク 芥石 〔譬喩〕芥子劫と磐石劫の喩。【秘藏寶鑰下】に「芥石竭磷。虛空可レ量。」

ケシヤク 掛錫 〔雜語〕「クワシヤク」を見よ。

ケシヤクキヤウ 華積經 〔經名〕佛說華積樓閣陀羅尼經。及び華積陀羅尼神呪經の略稱。

ケシヤクコフ 華積劫 〔雜名〕【智度論四十】に經文を牒して「是諸人於二未來世一。過二六十八億劫一。當二作佛一。劫名二華積一。佛皆號二覺華一。」

ケシヤクセカイ 華積世界 〔世名〕佛國の名。【智度論十】に「彼世界常有二淨華一。乃至阿彌陀佛世界。不レ如二華積世界一。」

ケシヤクダラニシンジユキヤウ 華積陀羅尼神呪經 〔經名〕一卷、吳の支謙譯。華積樓閣陀羅尼經と同本異譯。佛の功德と佛を供養する功德を分別し、且つ華積陀羅尼を說く。【成帙七】(339)

ケシヤクロウカクダラニキヤウ 華積樓

闍陀羅尼經 [經名] 佛說華積樓閣陀羅尼經、一卷、超宋の施護譯。上經と同本新譯。【成帙七】(857)

ケシヤハタ 醯遮波多 [異數] 夜叉の名。譯、雪山主。【孔雀王咒經下】

ケシユ 化主 [術語] 敎化の主。佛を云。【天台梵網會疏上】に「一標二化主一。大聖世尊。」【觀經玄義分】に「娑婆化主。因二其請一故。即廣開二淨土之要門一。」⊙(太平記一一)「十禪師の宮は無佛世界の化主 図 [雜名] 信徒に勸化して布施を爲さしめ、以て三寶に供ふるを云。街坊化主とも單に街坊とも化主とも云。「カイバウケシユ」を見よ。

ケシユ 華手 [術語] 蓮華合掌を稱す。【大疏十五】に「華手發生。謂作レ印。作レ印已即運心供養也。」

ケシユ 繫珠 [譬喩] 己が衣裏に珠を繫くるを知らず、貧窮して衣食を求むる喩を云。「エシユ」を見よ。【大日經疏四】に「繫珠毒鼓之緣。豈當レ已乎。」

ケシユ 髻珠 [譬喩] 法華七喩の一。【法華經安樂行品】に「文殊師利。譬如强力轉輪聖王。欲下以二威勢一降中伏諸國上。而諸小王不レ順二其命一。時轉輪王。起二種種兵一。而往討伐。王見二兵衆戰有レ功者一。即大歡喜。隨レ功賞與。或與二田宅聚落城邑一。乃至奴婢人民。唯髻中明珠。不二以與レ之。所以者何。猶王頂上有二此一珠一。若以與レ之。王諸眷屬。必大驚怪。文殊師利。如來亦復如レ是。以二禪定智慧力一。得二法國土一。王二於三界一。而諸魔王。不二肯順伏一。如來賢聖諸將。與レ之共戰。其有レ功者。心亦歡喜。於二四衆中一。爲說二諸經一。令二其心悅一。賜以二禪定解脫無漏根力諸法之財一。又復賜二與涅槃之城一。言レ得二滅度一。引二導其心一。令二皆歡喜一。而不三爲說二是法華經一。文殊師利。如乙轉輪王見下諸兵衆有二大功一者上。心甚歡喜。以下此難信之珠。久在二髻中一。不中妄與上レ人。而今與甲レ之。乃至此法華經。是諸如來第一之說。於二諸說中一。最爲二甚深一。末後賜與。如下彼强力之王。久護二明珠一。今乃與上レ之。文殊師利。此法華經。諸佛如來秘密之藏。於二諸經中一。最在二其上一。長夜守護。不二妄宣說一。始於二今日一。乃與二汝等一而敷二演之一。」【涅槃經三】に「譬如下國王髻中明珠付二典藏臣一。藏臣得已。頂戴恭敬。增加守護上。我亦如レ是。頂戴恭敬增加守護如來所說方等深義。何以故。令三我廣得二深智慧一故。」【性靈集一】に「調御髻珠秘二靈臺一。」【方等陀羅尼集經四】に「譬如三國王髻中明珠。愛レ之甚重。若臨終時授二與所愛之子一。我今爲二諸法王一。此經即如二髻中明珠一。汝如二我子一。今以二此大方等陀羅尼經一授二與於汝一。譬如下此王以二髻明珠一授中與其子上。」

ケシユキヤウ 髻珠經 [經名] 大乘金剛髻珠菩薩修行分經の略名。

ケシユキヤウ 華首經 [經名] 華手經の異名。

ケシユキヤウ 華手經 [經名] 佛說華手經、十卷、秦の羅什譯。三十五品あり、華德藏王法子の請問に因つて大法を開演す。經中他方來の菩薩華を以て佛事を作すを說けば華手と題す。【宇帙五】(425)

ケシユラ 厥修羅 [衣服] 「クソラカ」を見よ。

ケシヨ 化疏 [雜名] 勸化帳のはしがき。又、化は火化の意にて、火に燒いて神に告ぐる書き物。支那の俗に紙錢紙馬など其例なり。神人道を異にし、此に化すれば彼に享くと云。

ケシン 化心 [術語] 化身の心。實の識慮なきもの。【佛地論六】に「化心等依二實心一現。但實心上相分。似レ有二緣慮等用一。如二鏡中火一。」

ケシン 化身 [術語] 佛三身の一。又、應化身、變化身。衆生の爲に種種の形に變化せる佛身を云。廣狹の二門あり、廣門の化身は二乘凡夫に對して示現する種種の佛身、及び六道異類の身を惣じて化身と云。【佛地論七】に「變化身者。爲レ欲レ利二益安三樂衆生一。示二現種種變化事一故。」【成唯識論十】に「變化身。謂諸如來由二成事智一變二現無量隨類化身一。居二淨穢土一。爲二未登地諸菩薩衆二乘異生一。稱二彼機宜一。現レ通說レ法。令三各獲二得諸利樂事一。」【法華論下】に「一者示二現應化佛菩提一。隨二所應見一而爲示現。如丁經皆謂丙如來出二釋氏宮一。去二伽耶城一不レ遠坐二於道場一。成乙阿耨多羅三藐三菩提甲故。」狹門の化身は上述の化身(亦應化身と云)を應身と化身との二に分ち、佛形を現ずるを應身とし、他の異形を現ずるを化身とす。【合部金光明經一】に「一者化身。二者應身。三者法身。乃至自在力故。隨二衆生心一。隨二衆生行一。乃至現二種種身一。是名二化身一。乃至是身得レ現レ具二足三十二相八十種好項背圓光一。是名二應身一。」【大乘義章十八】に「爲レ化二衆生一。示二現佛形一。名爲二應身一。示二現種種六道之形一。說爲二化身一。」「サンシン」を見よ。⊙(著聞集釋敎)「その影をうかがふは化身の相なり」

化身八相 [術語] 化身佛には降生より涅槃に至るまでに八種の相あり。八相成道と云。「ハチサウ」を見よ。

ケシンメツチ 灰身滅智 [術語] 二乘の人が三界の煩惱を斷じたる後、火光三昧に入つて身を燒き心を滅して空寂無爲の涅槃界に歸入するを云。是れ二乘の最終の目的なり。【輔行三之一】に「灰レ身故無レ身。滅レ智故無レ智。獨一解說。故云二孤調一。」【四敎儀】に「若灰身滅智名二無餘涅槃一。又名二孤調解脫一。」

ケジ 假時 [術語] 時の梵語に二あり、一に迦羅。二に三摩耶。迦羅を實時。三摩耶を假時と譯す。「カラ」「サンマヤ」を見よ。

ケジツ 假實 [術語] 假と實となり。【順正理論三十二】に「然許極微略有二種。一實二假。其相云何。實謂極成色等自相。於和集位現量所得。假由分析。比量所知。謂聚色中。以慧漸析。至最極位。然後於中辨色聲等極微差別。此析所至。名假極微。」と云ひ【成唯識論八】に「依他起性有實有假。聚集相續分位性故。說爲假有。心心所色從緣生。故說爲實有。若無實法假法亦無。假依實因而施設故。」

ケジヤウ 芥城 [譬喩] 劫量を譬へしもの。【智度論三十八】に「方百由旬の城あり、中に芥子を滿つ、長壽の人ありて百歳に一たび來て一の芥子を持ち去る。芥子却て盡るも劫未だ盡きず。」「コフ」を見よ。【大周新翻三藏聖教序】に「所冀芥城數極。鳥事猶傳。拂石年窮。樹經無泯。」

ケジヤウ 化城 [譬喩] 法華七喩の一。小乘の涅槃を喩ふ。「ケジヤウユホン」を見よ。【戒疏一上】に「鈍者引以世報。權示化城。利者以慧資成。便至寶所。」

ケジヤウユホン 化城喩品 [經名] 法華經第三の終に於て化城の喩を說きし品の名。化城とは一時化作せる城郭なり。喩の意は、一切衆生成佛の所を寶所とし、此寶所に到らんとするに、道途悠遠險惡なれば、行人疲倦して退却せんことを恐れ、途中に一の城郭を變作して之を止息せしめ、此處に精力を養ひて遂に寶所に到らしむる如く、佛は一切衆生をして大乘の至極佛果に到らしめんと欲すれども、衆生怯弱の力、之に堪へざるを以て、先づ小乘の涅槃を說き、一旦此涅槃を得て姑く止息せしめ、其より更に心を發して眞實の寶所に進趣せしむ。されば小乘の涅槃は一時止息の爲に說く佛の方便なりと云。文に「譬如五百由旬。險難惡道。曠絕無人。怖畏之處。若有多衆。欲過此道至珍寶處。有一導師。聰慧明達。善知險道通塞之相。將導衆人。欲過此難。所將人衆。中路懈退。白導師言。我等疲極。而復怖畏。不能復進。前路猶遠。今欲退還。導師多諸方便。乃至於險道中。過三百由旬。化作一城。乃至是時疲極之衆。心大歡喜。歎未曾有。乃至爾時導師。知此人衆既得止息無疲倦。即滅化城。語衆人言。汝等去來。寶處在近。向者大城。我所化作。爲止息耳。」⊙(續古)「いそぎ立てここはかりねの草枕なほおくふかしみよしのの里」

ケジユキヤウ 華聚經 [經名] 佛說華聚陀羅尼呪經の略名。

ケジユダラニジユキヤウ 華聚陀羅尼呪經 [經名] 佛說華聚陀羅尼呪經、一卷、失譯人名。華積陀羅尼神呪經。佛說華積樓閣陀羅尼經と同本。【成帙七八】(1239)

ケスヰ 華水 [術語] 閼伽の水を云。華はその清淨の義に取る。【眞言修行鈔一】に「道範云。寅一點水花開故。取彼淸淨華水用供養法。故云華水供。終南山道宣云。後夜水未生虫。故云無垢水。」

ケスヰグ 華水供 [術語] 閼伽を佛に供るを云。

ケセイニケウ 化制二敎 律宗の一家に一代敎を判して化敎制敎の二となす。經論の二藏汎く因果の理を說いて、道俗を化するを化敎と云ひ、戒律の一藏比丘の戒法を說いて、獨り內衆を制するを制敎と云。又化行と云ふ「ケギヤウ」を見よ。

ケセンヂユウブ 灰山住部 [流派] 小乘二十部の一。【部執異論】に「灰山住部」【異部宗輪論】に「雞胤部」【宗輪論述記】に「眞諦法師云灰山住部。此言非也。本音及義。皆無此說。此從律主姓以立部名。」【三論玄義】に「灰山住部。此依住處爲目。此山有石。堪爲灰。此部住彼山中修道故。以爲名。」

ケゼン 化前 [術語] 台家に法華經以前を指して爾前と云ひ、淨家には觀無量壽經以前を化前と云。善導の【觀經疏】の化前序の語に依て立つ。

化前方便 [術語] 觀經以前の所說、聖道門の敎を云。

ケゼンジヨ 化前序 [術語] 唐の善導の觀經疏に經の通序六成就の中後の四成就を取つて化前序と科す。「クワンギヤウ」を見よ。

ケソク 花束 [物名] 又、花飾。小さき餠を嵩みて佛に供ふるもの。【考信錄一】に「糍粑の小團を供するを華束と稱す。實語記に、祥月の時は過夜、日中、華束も打敷もありといへるにもこれならん。香立は華葉を表し、供物は蓮臺を表して、華束と名けたるか。」花飾の文字は其義花束に同じ。

ケソク 笥足 [物名] 總て供物を盛る臺を云。必ず足付なれば笥足と書す。又、華束に通じて直に供物をも云ふべし。

ケソク 華足 [物名] 机臺などの足を花形に造るもの。佛前に經などを載す。「即ち供華のこと。」

ケソクダイ 華束臺 [物名] 華束を載する臺。

ケソラカ 厥蘇洛迦 [衣服] 譯、圖衣。比丘尼の裙の名。「クソラカ」を見よ。

ケゾク 化屬 [術語] 佛菩薩には初より定りて敎化すべき眷屬あり、之を化屬と云。

ケゾクケチエン 化俗結緣 [術語] 化俗とは世間の人を敎化するなり。此を緣として佛法に入らしむるを云ふ。⊙(太平記一六)「化俗結緣の春の花、薰せずといふ袖もなし」

ケタ　化他　〔術語〕他を敎化すること。「ジギヤウケタ」を見よ。

ケタイ　華胎　〔術語〕疑心少功德の人は、極樂に往生するも、五百歲の間蓮華の胎內に包まれて、三寶を見聞すること能はず。幼兒が母胎にありて世間を見聞せざるに喩ふる也。

ケタイ　假諦　〔術語〕「サンタイ」を見よ。

ケタイ　花蹄　〔動物〕醍醐味を出だす雪山の牛を美稱して云。⦿（本朝文粹十）に「論二其法味一則知レ出レ於二雪山之花蹄一。」

ケタク　計度　〔術語〕意識の作用を以て種種に事物を思量し分別するを云。

計度分別　〔術語〕三分別の一。散心の意識と相應する智慧の作用なり。【俱舍論一】に「意識相應散慧。名爲二計度分別一。」

ケタジユ　化他壽　〔術語〕濟度すべき衆生に限りなきを以て、諸佛の大悲もまた永遠に盡きずと云ふこと。即ち衆生を化益せんための壽命なり。

ケタン　化炭　〔雜語〕炭を勸化すること。

ケダイ　華臺　〔物名〕蓮華の臺座。はちすのうてな、佛菩薩の臺座。【觀無量壽經】に「自見二己身一。坐二蓮華臺一。」【法華讃上】に「專心念佛坐二華臺一。」【大日經疏十五】に「如下世人以二蓮華一爲二吉祥淸淨一。能悅中可衆心上。今秘藏中。亦以二大悲胎藏妙法蓮華一爲二最秘密吉祥一。一切加持法門力之身。坐二此華臺一也。」

ケダイ　懈怠　〔術語〕惡を斷じ善を修する事に於て力を盡さざること。唯識百法には隨煩惱二十の一。俱舍七十五法には六大煩惱の一。【唯識論六】に「懈怠於二善惡品修斷事中一懶惰爲レ性。能障二精進一增レ染爲レ業。謂懈怠者滋二長染一。故於二諸染事一而策勵。亦名二懈怠一。」【俱舍論四】に「怠謂懈怠。心不二勇悍一。是前所說勤所對治。」【菩薩本行經上】に「夫懈怠者衆行之累。居家懈怠者則衣食不レ供。產業不レ擧。出家懈怠則不レ能レ出二離生死之苦一。」

懈怠賊　〔術語〕懈怠は道心を賊するを以て云ふ。【智度論十五】に「一切諸賊中。無レ過二懈怠賊一。」

懈怠耕者經　〔經名〕佛說懈怠耕者經、一卷、宋の惠簡譯。佛耕者に對して懈怠の過を說く。彼れ聞いて過を悔い、不退轉を得。【宙帙八】（768）

ケダイボサツ　華臺菩薩　〔菩薩〕山王七社の中、二宮小比叡明神を華臺菩薩と號す。僧形にて正一位、本地は藥師如來なり。是れ天地開闢して始めて天降り給ふ國常立尊なれば、地主明神と稱す。【溪嵐拾葉集二】

ケダウ　化道　〔術語〕人を敎化する道。敎道に同じ。【淨土論註】に「言二十地階次一者。是釋迦如來於二閻浮提一一應化道耳。」【止觀五下】に「聖師有二慧眼力一識二法藥一。有二法眼力一識二於病障一。有二化道力一癒レ病授レ藥。令レ得二服行一。」

ケダウ　化導　〔術語〕人を敎化し示導すること。【大日經疏四】に「隨二種種應一レ度衆生一。三輪化導。」【演密鈔五】に「化謂敎化。導謂示導。」

三輪化導　〔名數〕一に神變輪、二に記心輪、三に敎誡輪。神變は佛の身業を以て種種の神變奇瑞を現はすこと。記心は佛の意業を以て衆生の心を知ること。敎誡とは佛の口業を以て衆生を敎訓すること。【瑜伽論二十五】には三神變と云ひ。【俱舍論二十七】には三示導と云。「サンリン」を見よ。

ケダウリキ　化導力　〔術語〕三力の一。「リキ」を見よ。

ケダン　灰斷　〔術語〕小乘の羅漢、或は火定に入り、或は荼毘に由て色身を灰滅するを云。所謂灰身滅智なり。【別行玄記二】に「小乘灰斷。身智俱亡。」【文句記五上】に「不レ受レ化則機息應謝。灰斷入滅。義當二俱焚一。」

ケダン　化壇　〔堂塔〕涅槃堂の異名。此處亡骸を焚化すれば名く。【象器箋一】

ケチエン　結緣　〔術語〕佛法に緣を結ぶこと。未來得度の緣を創むること。【止觀六上】に「和光同塵結緣之始。」【文句二下】に「現世雖レ不二見佛聞法一。無二四悉檀益一。但作二未來得度因緣一。此名二結緣衆一。」【文句記二下】に「結謂結構。立レ機之始。緣即緣助。能成二其終一。則成下未來修レ得三德一之先萠上也。」【往生要集下末】に「當レ知生レ謗亦是結緣。我若得レ道願引二攝彼一。彼若得レ道願引二攝我一。」

大通結緣　〔術語〕過去三千塵點劫の昔、大通智勝佛ありて法華經を說く。爾の時十六の王子ありて佛の入定後八萬四千劫の間法華經を覆講せり。今日釋迦の出世に逢ひて法華經を聞く一切の聲聞衆は、その時既に王子の說法を聞きて發心し、未來得度の緣を結びし者なりと云。是れ法華三周の說法中因緣周の說法なり。【法華經化城喩品】

ケチエンキヤウ　結緣經　〔雜名〕各結緣の爲に相寄て經文を書寫すること。諸經に通ずれども多くは法華に就て云、是れ大通結緣の義に取るなり。⦿（著聞集）に「使廳の結緣經は長保元年三月十日に始めて行ひて其後年ごとに行はれけるが、絕えて久しくなりにけるを、建久年中別當兼光卿、式の如く行ひけり。」

結緣經供養　〔行事〕結緣經を供養する法會。

【類聚雜例】に「長元九年六月二十九日。奉二爲先帝一。可レ供二養結緣經一之由。」

ケチエンクワンヂヤウ 結緣灌頂 〔術語〕 一般に俗人を灌頂壇に入れて、花を諸尊に投げて結緣せしむるを云ふ。花を投じて當りし尊像を以て我に宿緣ある尊體として之を念ぜしむ。結緣の名此に基く。依て投華三摩耶とも名く。【溪嵐拾葉集十五】是れ二種灌頂の一。「クワンヂヤウ」を見よ。⦿(增鏡、北野の雪)「關白殿も光明峯寺にて、結緣灌頂とりおこなはる」

東寺結緣灌頂 〔行事〕 四灌頂の一。【濫觴抄下】に「仁明二年十一月十六日。依二東寺內一。宣二眞言宗傳法職位一。並修二結緣灌頂一。」【拾芥抄五】に「十月十三日爲二式日一。自二永久三年十月七日一被レ仰二下之一。」⦿(榮花)に「東寺の灌頂に參らせ給ひて、道俗加持の香水を以て法身の御頂に灑がると思しめす」

觀音院結緣灌頂 〔行事〕 四灌頂の一。東寺內に在り。【拾芥抄五】に「保延五年月日。被レ副二加之一。以二兩度灌頂一可レ爲二一人役一之由宣下。」

尊勝寺結緣灌頂 〔行事〕 四灌頂の一。【拾芥抄五】に「長治元年三月二十四日。被三始置二結緣灌頂一。以二仁和寺覺行法親王一爲二大阿闍梨一。」

最勝寺結緣灌頂 四灌頂の一。【拾芥抄五】に「保安三年十二月十五日。以二當年尊勝寺灌頂阿闍梨一勤レ之。自今以後。付二尊勝寺灌頂阿闍梨一。各可二兩界一。」已上之を四灌頂とす。「を見よ。

ケチエンクゲヱ 結緣供華會 〔行事〕「クゲ」

ケチエンシユ 結緣衆 〔術語〕 四衆の一。宿因淺きに由つて現益を得ると能はざれども、未來得道の因緣の爲に如來の法座に到りて見佛聞法するもの。「シシユ」を見よ。

ケチエンハチコウ 結緣八講 〔行事〕「ハチコウ」を見よ。

ケチエンフギン 結緣諷經 〔雜名〕「フギン」

ケチグワン 結願 〔雜語〕 法會の末日を云。

結願作法 〔修法〕 密宗には結緣の作法に補闕啓白と云を行ふ。文に「自二開闕之始一至二于結願之今一。致二隨分精誠一雖二勤修一。具縛凡夫分段依身故。行法之間難レ制二餘念一。然者經二三業一亘二六根一。所犯有二誤事一。仍誦二秘密神咒一唱二諸尊名號一。懺二所犯一充二補闕一。」次に眞言佛名を唱へ畢つて、又云く、「依下念二秘密眞言一唱中諸寶號上。成二如法如說功德一了。」【考信錄四】

ケチミヤク 血脈 〔術語〕 諸宗各列祖傳來の奧旨あり。之を傳受せし證として列祖相承の名を記し、之を印信として弟子に與ふる書付なり。禪宗に所謂衣鉢を傳へ、世間に所謂何何の許可を受くるの類なり。傳敎大師の親撰にて內證佛法血脈譜といふ物一卷あり、本朝の血脈之を濫觴とす。又之を印信とも云ひ、後には印信と血脈とを分けて僧には印信と云ひ俗には血脈と云。而して各宗各何の謂れもなく俗人一般に之を附與する事となり、死後には之を棺內に入るるを例とす。淨土宗には血脈の授與なけれども、信徒には法名を書して之に與へ、死後之を棺に入ると恰も他宗の血脈に相似たり。【起信註疏一】に「血脈相承。一向蹋レ前起レ後。」【釋氏往來】に「傳二代代之血脈一。授二嫡嫡之印璽一。」⦿(盛衰記五)「相承聊爾ならず血脈法機を守る」「ケチミヤク」を見よ。

ケチミヤクサウジヨウ 血脈相承 〔術語〕

ケヂブ 化地部 〔流派〕 Mahīśāsaka 小乘二十部の一。佛滅後三百年に於て說一切有部より別立せしもの。此部の主はもと國王にて土地を領有せし人なれば化地部と云。【宗輪論述記】に「此部之主。本是國王。王所二統領一國界地也。化二地上人庶一故言二化地一。捨レ國出レ家弘二宣佛法一。從レ本爲レ名名二化地部一。眞諦法師云二正地部一。本是王師。匡二正本境一。捨而弘レ法故言二正地一。亦稍相近。文殊問經言二大不可棄一（これ部主の名なり、非也。）」【玄應音義二十三】に「化地部。第三百年中從二一切有部一出也。梵言二磨醯奢娑迦一。亦名二彌喜捨一。娑迦此云レ地。亦敎地。或言二正地一。人名也。舊名二彌沙塞一訛也。」當部は上座部系統なれども、其所說頗る大衆部に近し。即ち現在有體、過未無體と稱へ、見道に於ては空無我の行相を以て一時に現觀することを主張し、亦中有あることとなしと否定し、五識に雜染の力あることを許し、九無爲說を立て、預流果には退あるも羅漢果には退なしと立つ。所謂法無去來宗なり。

ケヂヤク 計着 〔術語〕 妄想を以て堅く計度して動かざると。【楞伽經三】に「如緣二言說義一計着。墮二建立及誹謗見一。」

ケヂヤク 繫着 〔術語〕 心を事物に繫けて局執すること、執着に同じ。【涅槃經十七】に「繫着者爲二魔縛一。若不レ着者則脫二魔縛一。」

繫着內衣裏 〔雜語〕 歌題。【法華經五百弟子授記品】に衣珠の喩を說く中の頌語に「譬如二貧窮人一。往至二親友家一。其家甚大富。是設二諸肴膳一。以二無價寶珠一。繫二着內衣裏一。默與而捨去。」「エシユ」を見よ。⦿(拾玉)「今はわれ思ひ返してから衣かけけるうらの玉を見る哉」

ケツ 結 〔術語〕 結集の義。繫縛の義。煩惱の異名。

煩惱因となりて生死を結集すれば結と云ひ、又衆生を繫縛して解脱せしめざれば結と云。即ち生死の因たるもの。【大乘義章五本】に「結集生死目之爲結。結縛生死亦名爲結。」【同五末】に「煩惱闇惑。結縛行人。故名爲結。又能縛心。亦名爲結。亦能結集一切生死故。」【三藏法數二十四】に「結即繫縛之義。謂衆生因煩惱妄惑造諸惡業。而爲衆苦繫縛。流轉三界不能出離。故云結也。」

三結 〔名數〕一に見結、我見なり。二に戒取結、邪戒を行ふなり。三に疑結、正理を疑ふなり。見惑の中に此三の過最も重きが故に此三結を以て見惑の總稱となし、此三結を斷ずるを預流果とす。【涅槃經三十六】に「迦葉菩薩白佛言。如佛先説。須陀洹人所斷煩惱。猶如縱廣四十里水。其餘在者如一毛渧。此中如何説斷三結名須陀洹。一者我見。二者非因見因。三者疑網。乃至佛言。善男子。須陀洹人雖復能斷無量煩惱。此三重故。亦攝一切須陀洹人所斷結故。」【輔行五之四】に「論云。此三種結是三三昧近對治法。身見是空近對治法。戒取是無願近對治法。疑是無相近對治法。復次三結生惑增上。身見生六十二。戒取生一切苦行。疑於過去一切處生猶豫。是故經中但説三結。」【宗輪論述記】に「結與煩惱一體異名。結是繫縛義。煩惱擾亂義。」【文句一上】に「結即二十五有生因也。」【玄贊一】に「煩惱爲生死因。名爲有結。三有之結乃至生死之因能和合苦。能結故名結。」

五結 〔名數〕一に貪結、生死の法に貪着する煩惱。二に恚結、違情の事に忿怒する煩惱。三に慢結、己を恃んで他を淩ぐ煩惱。四に嫉結、他の盛榮を妬む煩惱。五に慳結、財物を慳惜する煩惱。【阿毘達磨集論四、三藏法數二十四】

五下分結 〔術語〕三界の中、欲界の結惑を下分結と云。五結を立つ。一に貪結、貪欲の煩惱。二に瞋結、瞋恚の煩惱。三に身見結、我見の煩惱。四に戒取見、非理無道の邪戒を取執する煩惱。五に疑結、諦理を狐疑する煩惱。此五惑は欲界に於て起すもの、且つ之が爲に欲界を超脱すると能はざれば下分結と名く。倶舍論には順下分と云。【倶舍論二十一、大乘義章五末、四教儀集註中、三藏法數二十四】

五上分結 〔術語〕五下分結に對して五上分結を立つ。色界無色界に於て之を起し、且つ之が爲に色界無色界を離るることを得ざらしむれば上分結と名く。倶舍論には順上分と云。一に色愛結、色界の五妙欲に貪着する煩惱。二に無色愛結、無色界の禪定の境界に貪着する煩惱。三に掉結、二界の衆生の心念掉動して禪定を退失する煩惱。四に慢結、二界の衆生自を恃み他を淩ぐ憍慢の煩惱。五に無明結、二界の衆生痴闇の煩惱。【同上】

九結 〔名數〕如上の結門を總合して九結を立つ。一に愛結、貪愛なり。二に恚結、瞋恚なり。三に慢結、憍慢なり。四に痴結、事理を了解せざる無明なり。五に疑結、三寶を疑惑するなり。六に見結、身見邊見邪見の三なり。七に取結、見取見、戒禁取見の二種の取着なり。八に慳結、己が身命財寶を慳惜するなり。九に嫉結、他の榮富を嫉妬するなり。

ケツイン 結印

〔術語〕印契を結ぶこと。密家にては極めて其法を重んじ、之を結ぶには必ず師に就いて親受せしめ、他をして見しめざらしむ。【一字奇特佛頂經上】に「於寂靜處。應結契印。親承稟而受。若異此結者。諸魅及毗那夜迦而作障難。死隨地獄。不灌頂者。不發菩提心者。彼人前不應結此等印。」【七倶胝佛母准提大明陀羅尼經】に「即以塗香摩手而結手契。結契時以衣覆手。勿令人見。」「インケイ」參照。

ケツカ 結河

〔譬喩〕結は繫縛の義、煩惱の異名。結惑人を溺らせば河に譬ふ。【大集經三十二】に「衆生闇行沒結河。」

ケツカ 結跏

〔雜語〕「ケッカフザ」を見よ。

ケツカイ 血海

〔譬喩〕地獄等の惡趣を譬へて云。【毘奈耶雜事三十七】に「令我今者枯竭血海。超越骨山。閉惡趣門。開涅槃路。」

ケツカイ 結戒

〔術語〕戒律を結成して護持すると。【智度論二十二】に「衆僧大海中。結戒爲畔際。」

ケツカイ 結界

〔術語〕伽藍を建て、或は戒壇を作るに、一種の作法を行ひて其區域境界を定むるを云ふ。即ち其作法によりて限定せられたる地を結界地と云ふ。⊙〔太平記一八〕「此の山を吾に與へよ、結界の地となし、佛法を弘めん」

二種結界 〔術語〕一に自然界。大は閻浮一洲、小は一洲一島の如く、自然に結界の區域を限るものを云。二に作法界。羯磨の法を作して大小の攝僧界攝衣界乃至戒場等を限定する者を云。而て自然の中に最初の結界の一法を作すを得るのみにて餘の羯磨法は之を作すを得ず、必ず作法界の中に於て之を行ふなり。【行事鈔上之一】

三種結界 〔名數〕一に攝僧界、二に攝衣界、三に攝食界なり。攝僧界中に又三種あり。一は大界、一伽藍地の外界を小極限となし、廣きは十里乃至

百里に至るなり。佛此の大界を結ばしむるは、凡そ說戒等の僧事を爲すに、一聚の僧をして盡く和集せしめ、一人の乖隔するものなからしめん爲なり。凡そ僧事の法は一界の中に一人たりとも和集せざるものあれば其事成就せざるなり。されば若し結界の法なきときは閻浮提界の僧衆盡く和集せざれば僧事を擧ぐるとを得ざるの理なり。是れ不可能の事なり。是を以て佛陀の方便隨處に僧界を結搆せしめ、同一界內の僧をして和集の實を擧げて以て僧事を作すとを得しむ。是れ攝僧大界を結する所以なり。【資持記上二之一】に「僧界者攝レ人以同レ處。令レ無二別衆罪一。」二に戒場、僧中數四人を要し乃至二十人を要する法事あり、爲に僧をして疲極せしむるを恐れて佛之を結するを聽す。戒場極て小なるは二十一人を容るべし。三に小界、是れ亦難事によりて法事を廢せんことを恐れて之を結するを聽すなり、其の界は臨時僧の坐起に隨て大小之に隨ふなり。世に結界地と云ふは此中の第一大界なり。第二攝衣界。比丘をして三衣を離れしめざらんが爲の結界なり、此攝衣界內に於ては假令三衣と離れて宿を經るも離宿罪を免るゝなり。【資持記上二之一】に「衣界者攝レ衣屬レ人。令レ無二離宿罪一。」第三に攝食界。食物の貯藏所を結界して比丘の住處と隔離し、比丘をして宿食の罪なからしむるもの。【資持記】に「食界者攝レ食以障レ僧。令レ無二宿煮罪一。」

結界五相 [雜語] 大界の形相に五種あり。一に方相、二に圓相、三に鼓形相、四に半月相、五に三角相。各天然の山水又は木石等を以て其界標となすなり。【善見論十七、三藏法數二十四】

女人結界 [術語] 結界はもと僧事を作す爲に設けしものにて、女性の入るを禁ずる爲にあらず。されば高野山などの結界地に女人の入るを禁ぜしは一種の隨方毘尼なり。（律文になき條列を地方の宜に應じて設くるを隨方毘尼と云ふ。）

密敎結界法 [修法] 密敎には一修法每に之を結び之を解くなり。結界は遮惡持善の義なり、迷悟善惡の界畔を分け、惡類を退けて善者を住せしむる法なり、其法に五種あり。一に地結、二に四方結、三に虛空網、四に火院、五に大三昧耶なり。第一地結とは、又金剛橛と名く、大地に橛を立つ、其の橛は金剛橛なり、其の橛の根或は金輪際或は水輪際等に到るの說あり。是れ十八道の第六なり。第二四方結とは、又金剛墻と名く、是れ四方の墻なく、三胡墻を以て墻となすなり。是れ十八道の第七なり。第三虛空網とは、金剛網を以て虛空に張る網の端金剛墻の上に垂れ下るなり。是れ十八道の第十四なり。第四火院とは火炎を以て彼の空網の上に旋遶するなり。是れ天魔波旬の障難を除く爲めなり。是れ十八道の第十五なり。第五大三昧耶とは、前の火院の外の總結界なり。此印明を用ふる所以は、蘇悉地儀軌に「假令側二近轉輪王佛頂及餘相違諸眞言者一。不レ能二解壞一亦不二損減一。」と即ち金輪佛頂等の威力に依て之を斷壞する難を除く爲に之を作すなり。故に時處儀軌に「修二行諸尊一者。五百由旬內尊皆不二降赴一。以三輪王威德斷二壞諸法一故。」と、金剛墻火炎等は此難を避け難し、故に更に大三昧耶の印明を用ふるなり。此の大三昧耶は十八道及び如意輪軌に之を載せざるも、石山、延命院の次第に之を說き、軍荼利軌に於て之を說く、依て之を加ふるなり。軌に云く、復た大三昧耶印を結ぶ。十度（左右十指）內に相叉して拳となし、忍願（左右中指）を並竪し、進力（左右風指）を屈して鉤の如くし、禪智（左右大指）を以て進力の側に附す。（是れ門縛三股印也）右に印を旋らすと三帀、密言を誦すると三徧。密言を誦して曰く。唵（歸命）賞（シャ）羯囉嚧（キャレー）（輪）。摩訶（大）三摩琰（サマエン）（平等）。娑嚩訶（成就）是れ前の火院の外に尙三股を以て重ねて大界を成ずるなり【秘藏記本、同鈔六、十八道鈔上】

ケツカイインミヤウ 結界印明 [印相]【一字頂輪王念誦儀軌】に「次に計里枳里印を結す。左の大指を以て左の小指の甲上を壓し、餘の三指の頭拆開し、直竪して三股杵の形の如くし、右に旋轉すること三帀すれば結界を成ず。眞言に曰く。唵。枳里枳里。嚩日羅。吽。」

ケツカウ 結講 [雜語] 講會の結末、即ち講會の最終日をいふ。⦿（著聞集、一〇）「知足院御結講ありけれども、申しゆるさざりけり」

ケツカフザ 結跏趺坐 [術語] 佛陀の坐法なり。跏趺を左右の䏶上に結加して坐するを云。（跏字の足を添ふは所謂蛇足なり）左右の足背を交結して左右の䏶上に置くを全跏坐と云、即ち結跏趺坐なり。左右の一足を左右の一䏶に置くを半跏坐と名く。全跏坐に吉祥降魔の二あり、先づ右足を以て左の股を押へ、次に左足を以て右の股を押し、手も亦左を上にするを降魔坐と云ひ、之に反するを吉祥坐と云。釋尊菩提樹下に正覺を成ずる時の身は吉祥坐にして、手は降魔印をなす。【慧琳音義八】に「結跏趺坐。畧有二二種一。一曰吉祥。二曰降魔。凡坐皆先以二右趾一押二左股一。後以二左趾一押二右股一。此即左押レ右。手亦左在レ上。名曰二降魔坐一。諸禪宗多傳二此坐一。依二持明藏敎瑜伽法門一即傳二

吉祥一為レ上。降魔坐有レ時而用。其吉祥坐。先以二左趾一押二右股一。後以二右趾一押二左股一。令三二足掌仰二於二股之上一。手亦右押レ左。安二仰跏趺之上一。名為二吉祥坐一。如來昔在二菩提樹下一。成二正覺一時。身安二吉祥之坐一。手作二降魔之印一。故如來常安二此坐一。轉二妙法輪一。」【輔行二之二】に「結跏者先レ左後レ右與二兩髀一齊。」【玄贊二】に「坐有二二相一。一降伏坐。以レ左押レ右。二吉祥坐。以レ右押レ左。今將レ說レ法。作二吉祥坐一。加者重也。即交二重足一坐。有レ為レ跏者。不レ知二所從一。」密家の一義に上の吉祥坐を以て蓮華坐と名け、半跏坐を以て吉祥坐となす。【大日經不思議疏下】に「結跏坐者。凡坐法。聖善之寺三藏和上邊面受。左足先著二右髀上一。右足次著二左髀上一。名為二蓮華坐一。單足著二左髀上一。名為二吉祥坐一也。別二此坐一者。非二聖坐一也。若欲レ求二菩提一。學二佛坐一為レ得。」【同次文】に「住二蓮華坐一者結跏坐。是所レ謂先左脚著二右髀上一。後右脚著二左髀上一也。吉祥坐者。右脚著二左髀上一。亦言二半跏坐一也。」即ち不思議疏の蓮華坐は慧琳の所謂吉祥坐にて、不思議疏の所謂吉祥坐は即ち半跏坐なり。⦿（盛衰記一九）「繩床に上りて結跏趺坐して大日の印相を結んで」

結跏趺坐因由 〔雜語〕【智度論七】に「諸坐法中結跏趺坐最安穩不二疲極一。此是坐禪人坐法。乃至此是禪坐。取二道法一坐。魔王見レ之。其心憂怖。乃至見二畫跏趺坐一。魔王亦愁怖。何況入道人。安坐不二傾動一。」【嘉祥法華義疏二】に「結跏趺坐。是諸佛常坐之法。作二此坐一者。身端而心正也。」【行事鈔下之三】に「薩婆多云。加趺坐者。將レ正レ心故。」【秘藏記鈔四】に「結跏趺坐。其形方形也。方形主二不動轉德一。故入道時殊用二此坐法一也。」

ケツキヤウ　結經 〔術語〕開經に對す、本經を說ける後、之れが結撮として演ぶる經を云ふ。法華の結經は觀普賢經なり。

ケツギゴフシヤウキヤウ　決疑業障經 〔經名〕妙法決疑業障經の異名。

ケツギセウ　決疑鈔 〔書名〕選擇決疑鈔の畧。

ケツギムシヨヰ　決疑無所畏 〔術語〕菩薩四無所畏の一。菩薩說法するにあたりて、聽者より如何なる難問を受くるも、自由自在に解決することを得るが故に、心中聊かも畏怖する所なきを云ふ。

ケツク　結句 〔雜語〕俗語、ツマリ、却つて等の意。

ケツクワ　闕過 〔術語〕支過に對す。因明作法中或は言を陳べず、又陳言するも義闕くる所ある過失なり。

ケツゲ　結解 〔術語〕縛脫と言ふ如し。煩惱に縛せられて自在ならざるを結と云ひ、理を悟て結縛を脫するを解と云。【楞嚴經五】に「結縛同二所因一。聖凡無二二路一。」

ケツゲ　結夏 〔術語〕夏安居を行ふこと、結は結成の意なり。【資持記上四之一】に「立心止住。名為レ結耳。」「アンゴ」を見よ。

ケツゴ　結護 〔術語〕眞言の行者が印契を結び眞言を誦して所修の法を守護するを云ひ、又護身結界して惡魔を辟除するを云ふ。【念誦結護法普通諸部】に「凡欲二念誦一。先須護身結界澄想。」【蘇悉地羯羅經供養品】に「若作二諸法一。遂乃忘レ作二護持法一。則令二使魔興一。欲レ除レ魔故。速應レ誦二持當部明王眞言一。將レ護二自身一。一切魔障不レ得二其便一。如レ上備作二護身結界及餘法一已然後攝心安祥念誦。」と又【要略念誦經】に七種の秘密結護法を說き、不動威怒法を以て一切處に通用するを敎ふ。

ケツゴウ　結業 〔術語〕惑を結と云ひ、惑に由て起す善惡の所作を業と云。【寶積經百二十二】に「百千萬劫。久習二結業一。以二一實觀一。即皆消滅。」【行事鈔上四】に「結業自纒。永流二苦海一。」

ケツサイ　潔齋 〔術語〕婬事を止め、酒肉を斷つを云。僧家は此が常にて、俗家は如法經をなし或は熊野に詣づる時など、惣て神事佛事の嚴儀を作すには、之を以て前加行とす。【漢語燈三如法經次第】に「前方便七箇日沐浴潔齋。淨衣等如レ常。」

ケツザ　結座 〔術語〕禪師上堂の說法に、其終にて古則を拈提し、或は偈語を舉げて一會を結するを云。【象器箋十一】

ケツシ　結使 〔術語〕結も使も共に煩惱の異名。心身を繫縛し、苦果を結成すれば結と云ひ、衆生に隨逐し、又は衆生を驅使すれば使と云。結に九種あり、使に十使あり。【淨心誡觀發眞鈔上本】に「結使。成論云。猶如三乳母常隨二小兒一。能繫二縛生死一故名為レ結。常隨二生死一故名為レ使。即九結十使。」【大乘義章五本】に「隨逐繫縛稱レ之為レ使。結二集生死一目レ之為レ結。結二縛衆生一亦名為レ結。」

ケツシケンド　結使犍度 〔術語〕八犍度の一。八犍度論の中、煩惱を分別せし篇章の名。

ケツシユ　結衆 〔術語〕多人相倚つて一群の衆を結成して業事を共にするもの。【凝然六道講式】に「人此共業之結衆。」

ケツシユラ　厥修羅 〔衣服〕「クソラカ」を見よ。

ケツシヨ　血書 〔雜語〕血を以て經文を書くと。【梵網經下】に「若佛子。常應四一心。受三持讀誦大乘經律一。剝レ皮為レ紙。刺レ血為レ墨。以レ髓為レ水。折レ骨為レ筆。書二寫佛戒一。乃至常以二七寶無價香花一。一切雜寶為二

箱嚢。盛二經律卷一。」【智度論十六】に「如二愛法梵志一。十二歳過二閻浮提一。求レ知二聖法一。乃至婆羅門言。若實愛セバレ法。當下以二汝皮一爲レ紙。以二身骨一爲レ筆。以レ血書上レ之。當二以與一レ汝。即如二其言一破レ骨剝レ皮。以レ血書レ偈。」

ケツジフ　結集　〔術語〕Saṅgīti　佛滅後の諸弟子相會し、異見邪說を防止する爲に、佛陀の說法を誦し、各自の所聞を確實にすること。大小乘經典の結集につき經論の所傳不同なり。以下順次大別して記さん。第一小乘經の結集。第二大乘經の結集。第三秘密經の結集なり。第一小乘經の結集に四期あり。第一王舍城の結集、第二毘舍離城の結集、第三波吒利弗城の結集、第四迦濕彌羅城の結集なり。

小乘	王舍城（窟內／窟外）	佛滅年
	毘舍離城	一百年
	波吒利弗城	二百年
	迦濕彌羅城	四百年／五百年
大乘	鐵圍山或は耆闍堀山	
秘密	年處を言はず	

王舍城結集　〔故事〕佛滅の年、五百の大阿羅漢等、摩揭陀國王舍城外、畢波羅窟 Pippala 又は七葉窟 Saptapārṇi に相會して安居せり。此の時阿難は經藏を、阿那律は律藏を誦し、世尊の遺法に違見の生ぜざるを期せり。これ即ち第一結集にして、又五百結集とも云ふ。此の結集に關して後世種種の傳說附加せられ或は窟內と窟外との二派ありとし、上座大衆の異見ありしとするあり。遂にはその附加傳說の根據なきより推して、この結集の事實をも否定する學者を生ずるに至れ共、內容の如何は兎も角、結集の史實は疑の餘地を存せず。

王舍城結集窟內窟外不分　〔故事〕小乘の經典第一期の結集に窟內窟外の二部を分つと分たざるとあり。先づ不分の說は【阿育王傳四】に「迦葉五百羅漢と共に畢波羅窟に至り、先づ阿難をして修多羅藏を結集せしめ、次に優波離をして毘尼藏を結集せしめ、後に迦葉自ら摩得勒伽藏を結集す。」取意【十誦律六十】に「大迦葉五百の比丘と共に王舍城外の精舍に安居して、先づ優婆離をして毘尼藏を結集せしめ、次に阿難をして修妬路藏と阿毘曇藏とを結集せしむ。」取意【四分律五十四】に「初め大迦葉五百の大比丘と王舍城に至り、優波離先づ毘尼藏を結集す。次に阿難、修多羅藏と阿毘曇藏とを結集す。既に三藏を結集せし後に長老富羅那五百の比丘を率て來り、迦葉更に此比丘等に對して上の如く三藏を結集す。」取意【智度論二】に「大迦葉三藏を結藏せんと欲して王舍城闍崛山の中に至り阿闍世王に告ぐ、我等に食を賜て日日に送付せよ、今我等經藏を結集せん爲め他行を作さず三月此に安居せんと。初の十五日說戒の時に大衆を集め、迦葉禪定に入り天眼を以て之を觀るに、一千人の中、獨り阿難一人未だ餘垢を盡さず。迦葉禪定より起て阿難の手を率て衆中より出して言く、今清淨の衆中經藏を結集せんと欲す、汝餘垢未だ盡きず、此に住すべからずと阿難深く慚耻悔責し、其の夜の中に餘垢を盡して阿羅漢となり、直に入て千數に加はる。是に於て阿難をして先づ修妬路法藏を結集せしめ、次に優波利をして毘尼藏を結集せしめ、後に復た阿難をして阿毘曇藏を結集せしむ。」取意【毘尼母經三】に「大迦葉先づ王舍城耆闍堀山竹林精舍中に於て五百の比丘を集め、阿難をして第一に毘尼藏、第二に修妬路藏、第三に阿毘曇藏の三藏を結集せしめ、後に富蘭那比丘五百人と共に來て之に加はる。」取意已上共に三藏の結集を記して比丘の數と結集者に小異あり。【僧祇律三十二】に「一千人の大比丘と共に王舍城の刹帝山窟に至り、牀褥を敷置して世尊の坐を莊嚴し、世尊座の左面に舍利弗の座を敷き、其右面に目犍連の座を敷き、次に大迦葉の座を敷き、此の如く次第して五百の座を敷き、四月の供養を辨じて法藏を結集する爲に悉く外緣を斷つ。爾の時一千人の中に五百を撰取し、阿難をして先づ四阿含及雜藏を結集せしめ、次に優波離をして毘尼藏を結集せしむ。」取意【五分律三十】に「大迦葉五百の比丘と王舍城に至り、優波離をして先づ毘尼藏を結集せしめ、次に阿難をして修多羅藏を結集せしむ。」取意【善律見一】に「阿闍世王結集者の爲に先底槃那波羅山邊禪室の門邊に於て講座を造り、大迦葉五百の比丘を得て此に來り、先づ優波離をして毘尼藏を結集せしめ、次に阿難をして法藏を結集せしむ。」取意已上僧祇律と善見律は共に第三阿毘達磨藏の結集を言はず。【増一阿含經序品】に「大迦葉、八萬四千衆を集めて阿難をして第一契經藏第二律藏第三阿毘曇藏第四雜藏此中方等大乘ありを結集せしめ、彌勒菩薩座に在て善哉と稱す。」取意【撰集三藏傳】に「摩竭陀僧伽尸城北に於て迦葉八萬の聖者を聚め、阿難をして四藏を結集せしむ、一に經藏、二に律藏、三に法藏、四に雜藏。」取意已上増一阿含經と撰集三藏傳とは同說にして大衆部の義なり。故に自ら窟外と言はざれども

窟外の結集なるは論なしと云。義林章二本に撰集三藏時を大衆部の義と決し、唯識同學鈔三之五に今の增一阿含經を大衆部の經なりと決す。

王舍城結集窟內窟外區分 〔故事〕 結集に窟內窟外の二部を分つは上座部家の所傳也。【文殊問經下】に「佛告二文殊師利一。初二部者。一摩訶僧祇。此言大衆。老少同會。共集律部也。二體毘履。此言老宿。淳老宿人同會。共出律部也。」【法藏經】に「五百羅漢王舍城に集る。迦葉問て云く、先づ何藏をか結集せん。即ち共に和して云く、先づ毘尼藏を結せん、毘尼藏は佛法の壽命なりと。乃ち憂婆離をして一夏の中に八十度誦せしむ。次に阿難をして五阿含經を誦せしめ、次に阿毘曇を誦せしむ。時に一萬の羅漢あり後に來る。婆修婆斯を上首とす。共に界外に住して各三藏を誦す。敎時諍に引く【眞諦部執論疏二】に「王舍城の七葉巖に於て夏四月十五日、大迦葉五百羅漢を集め、先づ阿難をして五阿含を頌せしめて經藏と爲し、次に富婁那をして阿毘曇を誦せしめて對法藏と名け、次に優波離をして毘奈耶を誦せしめて名けて律藏となす。時に無量の比丘有て來て法を聽かんと欲す。迦葉許さずして界外に住せしむ。各自法の如く三藏を誦出す。婆師婆比丘を上首とす。其數多し、故に時に皆多衆と號す。界內の衆は迦葉上首たり。世尊自ら迦葉を指して上座と爲し、佛滅の後も弟子の依となるが故に號して上座とす。其年十二月阿闍世王死し、迦葉亦た狼跡山に入り大衆便ち散ず。」取意【西域記九】に「王舍城の北門を出でて行くと一里餘、迦蘭陀竹園に至る。竹園より西南に行くと五六里、南山の陰に大石室あり。阿闍世王結集者の爲に此に堂宇を建つ。大迦葉法藏を結集せんと欲して蘇迷盧山に登て大犍稚を繫て聖者を集め、一千人を得て此に結集を始む。時に安居の初の十五日なり。阿難素怛纜藏を結集し、優波釐毘奈耶藏を結集し、迦葉自ら阿毘達磨藏を結集す。雨安居の間三月にして盡く三藏を結集し訖る。大迦葉は僧中一切の上坐なるを以て之を上坐部の結集と云。其より西北二十餘里を隔てて大衆部結集の處あり。諸の學無學數百千人、大迦葉結集の衆に預らざるもの、此に來て法藏を結集す。素呾纜藏、毘奈耶藏、阿毘達磨藏、雜集藏、禁咒藏を別集して五藏となす。凡聖同く會すれば大衆部と云。」取意【宗輪論述記】に「佛初入滅。七葉巖中二部結集。乃至皆由下未生怨王爲二大檀越一種種供養上。恐二界內界外人多。難レ可二和合一。所以兩處弘宣。」【慈恩寺傳三】に記する所之に同じ。但し窟內結集の結文に「經二雨三月一安居中一集二三藏一訖。書二之貝葉一方遍流通。」とす。

毘舍離城結集 〔故事〕 是れ小乘の三藏中毘那耶藏の結集なり。佛滅後壹百年、毘舍離國に於て十個の非法起る。長老耶舍(陀)比丘、毘舍離城波利迦園に於て七百の聖衆を召集して十箇の非法を斷じ、律藏を洗滌せしを云。【四分律五十四、十誦律六十、五分律三十、僧祇律三十三、毘尼母經四、善見律一、西域記七】の諸書記す所同じ。【西域記七】に「吠舍釐城の東南十四五里に大窣堵波あり、是れ七百賢聖の重て結集する處。佛涅槃後百十年、吠舍釐城に諸の苾芻あり、佛法を遠離し戒行を謬行す。時に長老耶舍(陀)七百の賢聖を吠舍釐城に召集し、毘奈耶に依て謬法を制止し、聖敎を宣明す。」取意【善見律一】に「世尊涅槃已一百歲時。毘舍離跋闍子比丘。毘舍離中十非法起。乃至長老耶斯那比丘發二起此事一。於二跋闍子比丘衆中一。長老離婆多問二薩婆迦一。薩婆迦比丘答。律藏中斷二十非法一。及消二滅淨法一。乃至於二毘舍離婆利迦園中一衆已聚集。如三迦葉初集二法藏一無レ異。一切佛法中垢洗除已。」世に七百結集又は第二結集と云ふ。爭論の原因たる十非事は「ジフジノヒホフ」を見よ。

波吒利弗城結集 〔故事〕 阿育王 Dharmāśoka 即位拾七年、即佛滅二百三十五年、目犍連帝須を上座とし、一千の比丘を會し、波吒利弗城に於て法藏を誦出す。帝須は更に自ら論事 Kathāvatthuppakaraṇa 一千章を作りて異議邪說を駁擊したり。蓋し此結集開會の動機は、阿育王佛法を篤信せし結果、外道の徒、衣食に窮せし爲、佛敎比丘の形をなして佛徒中に混じ、大に佛敎敎義を混濁せしを以て、正邪を陶汰せんが爲に開かれしなり。【善見律二】に「阿育王。四年中殺二諸兄弟一。唯置二同母弟一人一。過二四年一已。然後阿育王。自拜爲レ王。從二此佛涅槃一已二百一十八年。後阿育王即統二領閻浮利地一。乃至王白二諸大德一。願大德布薩說戒。王遣レ人防二衛衆僧一。王還入レ城。王去之後。衆僧即集。衆六萬比丘。於二集衆中一。目犍連子帝須爲二上座一。能破二外道邪見徒衆一。衆中撰下擇知二三藏一得二三達智一者一千比丘上。如二昔第一迦葉集一レ衆。亦如三第二須那拘集レ衆出二毘尼藏一無レ異。一切佛法中清淨無垢。第三集法藏。九月日竟。大地六種震動。所以一比丘說。名爲二第三集一也。」然るに此の結集の記事あるは南傳のみにして北傳になきを以て、之を虛構の作說なりとして排するもの多し。然れども此れ獨斷の甚しきものなり、北方所傳にも全然之れなしと云ふことを得ず、眞諦の【部執論疏、三論玄義冠註】に髣髴ながら其痕跡あり。其他【三論玄義】

の摩揭陀の優婆塞は【宗輪論述記一】の好雲王と同人なることは、兩書の記事の合致によりて明なり。而して好雲王と阿育王の同人なることも、共に其原語が Devānaṃpiya なるによりて知るべし。故に北傳になしとは斷ずべからず。案ずるに此の結集は分派後錫蘭上座部の間に起りし事件なれば、他の部派はこの事を知らず、亦知るも風馬牛視せし爲、錫蘭上座部に關係ある書のみにありて、他になき所以ならん乎。何れにするも其歴史的事實なるとは毫末も疑ふの餘地なし。第三結集と稱す。

迦濕彌羅城結集 【故事】小乘の經典第四期の結集にして説一切有部の傳ふる所。兩説あり。一は佛滅後四百年、五百の羅漢と五百の菩薩を集め、迦旃延羅漢を上座とし、馬鳴菩薩を筆者として阿毘達磨の毘婆沙一百萬偈を造ると。一は佛滅後四百年、健陀羅國迦膩色迦王の時に當て、五百の羅漢を集め、世友菩薩を上首として鄔波第鑠論十萬頌を造て經藏を釋し、毘那耶及び阿毘達磨の毘婆沙論各十萬頌を造りて律藏及び論藏を釋す。總じて三十萬頌なり。(其中漢譯せしは阿毘達磨の毘婆沙論のみ二百巻あり) 而して其會所は兩説共に迦濕彌羅城即ち罽賓城なり。【婆藪槃豆法師傳】に「佛滅度後五百年中。有二阿羅漢一。名二迦旃延子一。母姓迦旃延。從レ母爲レ名。先於二薩婆多部一出家。本是天竺人。後往二罽賓國一。罽賓在二天竺之西北一。與二五百阿羅漢及五百菩薩一。共撰二集薩婆多部阿毘達磨一。製爲二八迦蘭陀一。乃至馬鳴菩薩。是舍衞國婆枳多土人。通二八分毘伽羅論及四波陀六論一。解二十八部一。三藏文宗學府。先儀所歸。迦旃延子遣レ人往二舍衞國一。請二馬鳴一爲レ製二文句一。馬鳴至二罽賓一。乃至義意若定。馬鳴隨即著レ文。經二十二年一造二毘婆沙一方竟。凡百萬偈。迦旃延子。即刻レ石立レ制云。今去學二此法一人。不レ得レ出二罽賓國一。乃至恐三餘部及大乘汚二壞此正法一。以レ立二制事一白レ王。王亦同二此意一。罽賓國四周有レ山如レ城。唯有二一門一出入。諸聖人以二願力一攝二諸夜叉神一令レ守レ門。若欲レ學二此法一者。能來二罽賓一則不二遮礙一。」【西域記三】に「健馱邏國迦膩色迦王、如來涅槃後四百年を以て出づ。王夙に佛法を崇信し日に一僧を請して法を説かしむ。人人説を異にす。王脇尊者を召して之を問ふ。尊者云く、如來世を去て歳月逾なり。各部執を異にして所説矛盾すと。王之を聞きて感傷し、迦濕彌羅國に於て伽藍を建立して之に施與し、部執に隨つて具に三藏を釋せしむ。脇尊者五百の比丘を召集し、世友菩薩を上首として三藏を釋する各十萬頌。合せて三十萬頌九百六十萬言あり。迦膩色迦王遂に赤銅を以て鍱となし、論文を鏤寫し、石函に緘封し、窣堵波を立てて之を其中に藏め、藥叉神に命じて其國を周衞し、異學をして此論を持ち出さしめざらしむ。」(取意) 數説あり。

大乘結集 【傳説】菩薩處胎經に佛滅後七日大迦葉五百の阿羅漢を招集し、彼をして十方佛世界の諸の阿羅漢を閻浮提娑羅雙樹の間に詣らしめ、八億四千の阿羅漢衆を得。阿難をして先づ菩薩藏、聲聞藏、戒律藏の三部を分類し、其の菩薩藏に於て八藏を結集せしむと云ふ。【菩薩處胎經出經品】に「爾時佛取二滅度一已。經二七日七夜一。時大迦葉告二五百阿羅漢一。打二揵椎一集レ衆。乃至集二諸羅漢一得二八億八千衆一。來集到二忍界一。聽二受法言一。乃至使三阿難昇二七寶高座一。迦葉告二阿難一言。佛所説法一言一字。汝愼勿レ使レ有二缺漏一。菩薩藏者集二着一處。聲聞藏者亦集二着一處。乃至最初出經。胎化藏爲二第一一。中陰藏第二。摩訶衍方等第三。戒律藏第四。十住菩薩藏第五。雜藏第六。金剛藏第七。佛藏第八。是爲二釋迦文佛經法具足一矣。」次に智度論に依れば文殊彌勒等の大菩薩阿難を將て鐵圍山に於て大乘の三藏を結集して菩薩藏とせりと云ふ。或は言ふ、小乘三藏處耆闍崛山(智度論の説)に於て之を結集すと【智度論百】に「有人言。如二摩訶迦葉一。將二諸比丘一。在二耆闍崛山中一。集二三藏一。佛滅度後。文殊尸利。彌勒諸大菩薩。亦將二阿難一集二是摩訶衍一。」

秘密結集 【傳説】【大日經疏覺華鈔二】に「三傳あり、寺門の傳には金胎兩部の大經盡く阿難の結集なり。山門の傳には金剛手菩薩を正とし、阿難を伴とす。東寺の傳には兩部雜部共に金剛手菩薩の受持結集なり、山門東寺の義は六波羅蜜經の金剛手陀羅尼門を受持すと云に據る。」【六波蜜經一】に「慈氏云何名爲二第三法寶一。所レ謂過去無量殑伽沙等諸佛世尊所説正法。我今亦當レ作二如レ是説一。所レ謂八萬四千諸妙法蘊。乃至攝爲二五分一。一素呾纜。二毘奈耶。三阿毘達磨。四般若波羅蜜多。五陀羅尼門。此五種藏教二化有情一。隨レ所レ應レ度而爲説レ之。乃至復次慈氏。我滅度後。令三阿難陀受二持所説素呾纜藏一。其鄔波離受二持所説毘奈耶藏一。迦多衍那受二持所説阿毘達磨一。曼殊室利菩薩受二持所説大乘般若波羅蜜多一。其金剛手菩薩受二持所説甚深微妙諸總持門一。」【義林章二本、法苑珠林十二、教時諍、三論玄義撿幽抄五】東密に於ても杲寶師の如きは此の守護經所説の五藏を以て一切の陀羅尼藏を收攝すとなして宗祖の説を會通せり。【二教論杲寶鈔

十上】

結集三人　〔雜語〕阿難、優波離、迦葉の三人。阿育王傳。西域記の說に就て云ふ。

結集法　〔雜語〕衆多の比丘を聚て戒律の法に依て一の會を組織し、會中に一人を撰んで高座に登らしめ、之に問を發して、その答を聞き、更に會衆に問ひ、一人の異議なきときは如法の佛說と定む、之を結集法と云ふ。

ケツセイ　結制　〔術語〕一夏九旬安居の制度を結ぶを云ふ。即ち安居の行を爲すこと。

ケツセン　結線　〔術語〕密敎にて調伏の法たる六字經法を修するとき、怨敵又は惡病を結縛する爲に行ふ咒術。

ケツゾク　結賊　〔術語〕結は繫縛の義、煩惱の異名。煩惱知慧を害すれば賊に譬ふ。【金光明經一】に「六入村落。結賊所レ止。」【同文句記五】に「能害二慧命一故云二結賊一。」

ケツタン　結嘆　〔術語〕經釋の科文に用ふる語。上「意を結びて讃嘆すること。

ケツチウ　結冑　〔修法〕密敎にて速疾に悉地を成就し、諸魔を辟除せんが爲に、金剛甲冑の印を結ぶ【金剛頂蓮華部心念誦儀軌】に「次於二諸有情一、當下興二大悲心一。無盡生死中。恒被中大誓甲上。爲二淨佛國土一。降二伏諸天魔一。成二最正覺一故。被二如來甲冑一。二羽金剛拳。當レ心舒二進力二度一相縈遶。心背次兩膝。臍腰至二兩肩一。喉頂額又項、各各三旋遶。徐徐前下垂。先從二擅慧一散。即能護二一切一。天魔不レ能レ壞」とあるこれなり。【金剛界念誦私記】結冑の條に細說す。

ケツチヤク　決擇　〔術語〕疑を決斷し理を分別すると。智の作用なり。【倶舍論廿三】に「決謂二決斷一。擇謂二簡擇一。決斷簡擇謂二諸聖道一。以二諸聖道能斷レ疑故。及分二別四諦相一故。」

決擇分　〔術語〕見道に於て發する無漏の眞智を云。無漏の眞智は見、修、無學の三道に通ず、見道は其一分なるが故に決擇分と云。【倶舍論二十三】に「分謂二分段一。唯見道一分。決擇之分故。得二決擇名一。」【頌疏二十三】に「見道名二決擇分一。是決擇中一分故也。」

ケツヂヤウ　決定　〔術語〕事の定りて動くとなきを云。【無量壽經上】に「決定必成二無上正覺一。」【勝鬘經寶窟上末】に「決定謂信也。」

決定信　〔術語〕決定の信心。疑念を雜へざる信心。【金剛經】に「生二決定信一。」【往生論註下】に「念不二相續一故。不レ得二決定信一。」　「し思想。

決定思　〔術語〕三思の一。事を作すに決定せ

決定住　〔術語〕六種住の一。菩薩八地より已上、眞實の行を得し不還不退の位。【三藏法數二十六】

決定聲聞　〔術語〕五種聲聞の一。久しく小乘を習ひて一たびは必ず羅漢果を證する聲聞を云。【三藏法數二十二】

ケツヂヤウギキヤウ　決定義經　〔經名〕佛說決定義經、一卷、宋の法賢譯。五蘊、五取蘊、十八界、十二處、乃至三十七品等の諸法を說く。【宿帙七】(928)

ケツヂヤウゴフ　決定業　〔術語〕不定業に對す。略して定業と云ふ。「ヂヤウゴフ」を見よ。

ケツヂヤウザウロン　決定藏論　〔書名〕三卷。陳の眞諦譯。瑜伽論決擇分中の五識身相應地と意地との異譯。【來帙六】(1235)

ケツヂヤウシヤウ　決定性　〔術語〕「サンシヤ　「ウ」を見よ。

ケツヂヤウソウヂキヤウ　決定總持經　〔經名〕佛說決定總持經、一卷、西晉の竺法護譯。佛說謗佛經と同本。謗佛の罪を滅する陀羅尼を說く。【宙帙八】(242)

ケツヂヤウワウジヤウシフ　決定往生集　〔書名〕二卷、三論宗珍海撰。稱讃淨土經、觀無量壽經及び起信論等に、必定即生等と說ける文を引き、已に決定と云ふが故に猶豫を要せず、即生と云ふが故に別時意に非ずと云ひ、道理は衆生に出離の分あり、諸佛に引召の功あれば、凡愚も願へば徃生を得、等と說く。文中淨影の無量壽經疏を引て其の說を祖述す。

ケツヅ　血途　〔術語〕三途の一。畜生道の異名。【輔行一之三】に「從二相食邊一故云二血途一。」

血途道　〔界名〕畜生の道。【止觀一上】に「若其心念念。欲レ多二眷屬一。如二海呑レ流。如二火焚レ薪。起二中品十惡一。如二調達誘レ衆者。此發二畜生心一。行二血途道一。」「サンヅ」を見よ。

ケツト　碣斗　〔譬喩〕又竭斗、傑斗に作る。竭石の斗出せるを猜黠狡猾の輩の倨傲鬪爭するに喩ふ。

ケツトクシヤウシヤ　決得生者　〔雜語〕歌題。⦿（續門葉和歌集）に「決得生者乃至增上緣。」決は凡夫の誤。【觀經玄義分】に「一切善惡凡夫得レ生者。莫レ不下皆乘二阿彌陀佛大願業力一爲中增上緣上也。」⦿「人をわかぬ誓の船のわたすとき皆のりつれていざや出でなん」

ケツバク　結縛　〔術語〕煩惱の異名。心身を繫縛して解脫出離せしめざる義。【維摩經佛國品】に「稽二首能斷二衆結縛一。」【無量壽經下】に「煩惱結縛。無レ有二解已一。」

ケツビヤウ　結病　〔譬喩〕結は煩惱の異名。煩惱を身の病に譬ふ。【智度論二十二】に「倩是我斷二諸結

病《ノ》中《ノ》一因緣《ナリ》。」

ケツボンキヤウ　血盆經　[經名]又、女人血盆經。【地藏本願經】に飲血地獄を說けるを以て、支那の人、目連正敎血盆經と云ふを作り、本朝古代の禪僧亦之を擬作して、女人血盆經と名け、曹洞宗の授戒會などに之を女人に授與す。【孝感冥祥錄上注】享保十九鹿谷寶洲注に「世に杜撰の女人血盆經あり。誰人の妄造せるにや、文義俚賤にして用ふるに足らず。又唐の建陽の書林范氏が板本にて、大乘法寶諸品經咒と名くる二策の書あり。其末卷に目連正敎血盆經と名くる少紙の經を載す。即ち世流布の本に比すれば文義稍雅に近しと雖、是亦僞造の經なり。もとより大藏の經錄にも載せず。然ども異朝にも久しく行はると見えたり。乃至諸經日誦といへる唐の書にも亦此經を載す。又地藏本願經に說き給へる飲血地獄是なり」と。現行の血盆經は應永の頃下總國我孫子町正泉寺の和尙の感得せし由、彼寺の緣起に見ゆ。

ケツレイバタ　頡麗伐多　[人名]羅漢の名。舊稱、離波多。梨波多Revataなど。【玄應音義二十二】に「頡麗伐多。賢結切。此言二遇時一。又云二室星一。則北方宿也。祠レ之得レ子。仍以名レ焉。坐禪第一者是也。舊言二梨波多一。或云二黎婆多一。皆訛也。」

ケツレウ　決了　[術語]義理を決定し明了ならしむること。【法華經法師品】に「決二了聲聞法一」【資持記序】に「決二了權乘一。同歸二實道一。」

ケツレウニヨゲンサンマイキヤウ　決了如幻三昧經　[經名]濡首菩薩無上淸淨分衞經の異名。

ケツロ　結漏　[術語]結も漏も共に煩惱の異名。煩惱、心身を繫縛すれば結と云ひ、煩惱、眼耳等の六根より日夜に漏泄すれば漏と云ふ。「ボンナウ」を見よ。【撰集三藏傳】に「阿難爾時。坐二一樹《ノ》下一。滅二結漏一盡。」

ケツロ　缺漏　[術語]戒は堤防の如し、以て比丘の過を防ぐ。依て戒を守らざるを缺と云ひ、戒を守らざるに因て過失を外に漏すを漏と云ふ。【法華經方便品】に「於レ戒有二缺漏一。」

ケテン　化轉　[術語]人を敎へて惡を善に轉ぜしむること。【四敎儀一】に「說能《ク》詮レ理。化二轉物《ノ》心一故言レ敎也。化轉有二三義一。一轉レ惡爲レ善。二轉レ迷成レ解。三轉レ凡成レ聖。」

ケテン　華天　[雜語]華嚴宗と天台宗。

ケトウル　假等流　[術語]三等流果の一。「トウルクワ」を見よ。

ケド　化土　[術語]三土の一。凡夫二乘を度する爲に化作する國土。即ち變化身の住土なり。此中に淨土と穢土の別あり。娑婆の如きは穢土の化土、兜率の如きは淨土の化土なり。化土とは所住の佛身より付けし名なり。例へば、此娑婆世界は衆生より言へば、衆生の自業より招きたる衆生の穢土なり、然るに佛二乘凡夫を度せんが爲に、化身を以て此土に出づるときは、自ら神通力を以て穢土に似たる土を變現して之に住するなり。故に衆生より言へば衆生の果報に屬する穢土なれども、佛より言へば佛の變現せる穢土の化土なり。衆生の穢土と佛の化土と互に融和して一相を現ずると數多の燈光相和する如し　天台所立の四土の中には凡聖居土、方便有餘土の二なり、又應土と云。【唯識論十】に「變化身依《ハ》二變化土一。謂《ク》成事智大慈悲力由《テ》二昔所一レ修利他無漏淨穢佛土《ノ》因緣成熟《スルニ》。隨《テ》二未登地有情所《ノ》宜一化《ニ》爲二佛土一。或淨或穢。或小或大《ニシテ》。前後改轉《ス》。佛變化身依レ之而住。能依身量亦無二定限一。」【述記十末】に「化土雖二復說一レ法。神通增《スカニ》故立二變化《ノ》名一。法樂《ノ》義劣。」化土は佛の自受用土の如く、法樂を受用する地に非ず、神變通化を以て衆生を度する地なるを云　⊙(十訓抄、三)「衆生化度の方便によりて」

彌陀之化土　[術語]彌陀の報土化土を定むるに諸宗の異義あり。天台宗は西方の淨土を化土と決し、法相宗は報土と化土との二義を立て、淨土門一家に於ても報化二土を料簡するに多義あれども、且らく親鸞の一義に據れば、彌陀に於て報土化土の二あり。先づ淨土の本體は彌陀の眞身の住する報土と定め、其の報土の上に於て九品の別を立て、或は其の邊域に於て懈慢界を設くる如き、是れ大悲攝化の化土なりと云。【敎行證文類化土卷】に「謹顯二化身土一者。佛者如二無量壽佛觀經說一。眞身《ノ》觀佛是也。土者觀經《ノ》淨土是也。復如二菩薩處胎經等說一。即懈慢界是也。亦如二大無量壽經《ノ》說一。即疑城胎宮是也。」

ケド　化度　[術語]衆生を敎化し濟度すること。

ケドウ　華幢　[物名]華を以て飾れる旗柱。【觀無量壽經】に「於二臺兩邊《ノ》一各有二百億華幢無量《ノ》樂器一。」

ケニ　介爾　[術語]極て微弱の心を形容して云。【止觀五上】に「此《ノ》三千在二一念心一。若無《シンハ》レ心而已《ム》。介爾《ニ》有《レハ》心即具二三千一。」【輔行五之三】に「言二介爾一者。謂二刹那《ノ》心一。無間相續《シテ》未二曾斷絕一。纔《ニ》一刹那《ニシテ》三千具足。又介爾者。介者弱也。詩云。介爾景福。謂二細念一也。但異《ナレハ》二無心一三千具足。」

介爾陰妄一念　[術語]天台宗の觀法に所觀の境となるもの。「オンマウ」を見よ。

ケニ　化尼　[雜語]佛菩薩自ら變化して尼となりしもの。又、佛菩薩の通力を以て比丘尼の形を化作せしもの。⊙(著聞集)に「又、化人の女忽に來りて化尼に糸すでに調へりやと云ふ」

ケニヨ 化女 [雜語] 佛菩薩自ら形を化して女となりしもの。又佛菩薩の通力を以て女人の相を化作せしもの。

ケニン 化人 [雜語] 神佛自ら權に形を變へて人となりしもの。又、神佛の通力を以て人の形を化作せしもの。

化人說 [術語] 五人說經の一。佛菩薩羅漢等種種の形を示現して法を說くもの。觀音の三十三身を示現して法を說く如き是なり。【三藏法數二十】

ケニン 灰人 [雜名] 女人難婚の者、一の灰人を作り加持すること一百八徧、彼の女人をして每日此の灰人を拜すること七徧せしむれば其の婚即ち萬に一を失はざるべし。【歡喜母成就法】

ケネン 繫念 [術語] 念を一處に繫けて他を思はざると。【寶積經四十七】に「晝夜常繫念。勿レ思ニ於欲境一。」【觀無量壽經】に「汝及衆生。應下專レ心繫ニ念一處一想中於西方上。」

繫念無量劫 [雜語] 「一念五百生。繫念無量劫」唯一念の妄惑能く五百生の果を感ず、若し繫着の念を生ずれば無量劫の久しき受報の因となるを云。未だ出所を撿せず。⊙(盛衰記)に「後の世には繫念無量劫とかやの罪をも免れ給へかしと」

ケネン 係念 [術語] 繫念に同じ。【玄應音義三】に「古文繫纚二形。今作レ係同。古帝反。說文。係結束。亦連綴不レ絕也。」

係念定生願 [術語] 阿彌陀佛四十八願中第二十願を指す。【無量壽經上】に「設我得レ佛。十方衆生聞ニ我名號一。係ニ念我國一。植ニ諸德本一。至心廻向。欲レ生ニ我國一。不ニ果遂一者。不レ取ニ正覺一。」御廟の【九品往生義】に「聞名係念修善定生願」と科し、望西樓之に依て【大經鈔】に「係念定生願」と科す。⊙(雪玉集)「かけて念ふ心にちかし彼國はへだてあるべき境ならねば」

ケハウ 華方 [術語] 南方の異名なり。是れ胎藏界の五佛中、南方の佛を開敷華王如來又は沙羅樹王華如來と稱すればなり。

ケバウズ 毛坊主 [雜名] 【本朝俗談志】に飛州の山中に毛坊主といふあり、農業木樵りて常の百姓並なり。遙の山奧にて出家などはなき所にて、人死したる時此毛坊主を賴み吊ふなり。此家は代代あり。常の百姓より一階おとり、緣組などはせぬ事なり。本尊は多く大津繪の十三佛なり。」

ケバク 繫縛 煩惱が身心に纏綿して自由ならざるを以て煩惱に名く。「ケ」「バク」を見よ。

ケビヤウ 華瓶 [物名] 「クワヒン」を見よ。

ケフザン 夾山 [地名] 澧州に在り、夾山カッサンと讀む。善會之を開く。

夾山善會禪師 [人名] 船子誠禪師の弟子。唐の咸通十一年夾山を卜して院宇を成し海衆を接す。中和元年十一月此に寂す。壽七十七。傳明大師と諡す。【傳燈錄十五】

ケフシヤニヨシシサウ 頰車如師子相 [術語] 三十二相の一。兩頰隆滿して師子王の如き相。

ケフジ 脇士 [術語] 又、脇侍、挾侍に作る。佛の兩脇に立つ菩薩を云ふ。士は大士にて菩薩の譯名。常に佛に隨侍して佛を贊けて衆生を化する大士なり。觀音勢至は阿彌陀佛の脇士(觀經)。日光月光は藥師佛の脇士(藥師經)。文殊普賢は釋迦佛の脇士(華嚴經)。若し小乘によらば大迦葉阿難を以て脇士とす。⊙(盛衰記二九)「白山御體者彌陀脇士觀世音也」

ケフジ 脇侍 [術語] 脇士に同じ。侍は侍者なり。

ケフジ 挾侍 [術語] 脇士に同じ。左右の侍者、佛を挾む義。【日本書紀二十一】に「挾侍菩薩」

ケフソンジヤ 脇尊者 [人名] 梵に波栗濕縛Pārśva又、波奢。付法傳中第十祖。小乘有部衆の人にして迦膩色迦王に勸めて婆娑結集即ち第四結集をなせし人。其脇と稱する所以は【西域記二】に「波栗濕縛。唐言レ脇。初尊者之爲ニ梵志師一也。年垂ニ八十一捨レ家染レ衣。城中少年便誚レ之曰。愚夫朽老。一何淺智。夫出家者。有ニ二業一焉。一則習レ定。二乃誦レ經。而今衰耄無レ所ニ進取一。濫ニ跡淸流一徒知ニ飽食一。時脇尊者。聞ニ諸譏議一。因謝ニ時人一而自誓曰。我若不レ通ニ三藏理一。不下斷ニ三界欲一。得ニ六神通一具中八解脫上。終不ニ以レ脇而至ニ於席一。乃至綿ニ歷三歲一。學通ニ三藏一。斷ニ三界欲一。得ニ三明智一。時人敬仰。因號ニ脇尊者一。」【玄應音義二十五】に「脇尊者。付法藏中波奢比丘常坐者也。」【付法藏傳五】に「彼脇比丘。由ニ昔業一故。在ニ母胎中一六十餘年。旣生之後。鬚髮皓白。厭ニ惡五欲一。不レ樂レ居レ家。往就ニ尊者佛陀密多一。稽首禮足。求レ在ニ道次一。乃至勤修苦行精進勇猛。未ニ曾以レ脇至レ地而臥一。時人即號爲ニ脇比丘一。」

ケフビク 脇比丘 [人名] 脇尊者に同じ。

ケフルシヤ 醯補盧沙 [術語] 八轉聲の第八。譯、呼聲。「フルシヤ」を見よ。He purṣa

ケブツ 化佛 [術語] 佛菩薩等の神通力を以て化作せる佛形を云。【觀無量壽經】に「無量壽佛身。如ニ百千萬億夜摩天閻浮檀金色一。乃至彼佛圓光。如ニ百億三千大千世界一。於ニ圓光中一。有ニ百萬億那由陀恒河沙化佛一。」是れ佛の變現せる化佛なり。【法華經普門品】に「若有ニ國土衆生一。應下以ニ佛身一得度上者。觀世音菩薩。即現ニ佛身一而爲說レ法。」【觀無量壽經】に「當レ觀ニ觀世

音菩薩一。此菩薩身長八十萬億那由他由旬。乃至其圓光中有二五百化佛一。如二釋迦牟尼佛一。一一化佛有二五百化菩薩一。」是れ菩薩の變現せる化佛なり。

ケホウ 華報 〔譬喩〕 華は喩なり。又假の義なり。人の果實を獲ん爲に樹を植うる如き、正しく其の果實を得ると共に兼て華を得べし。華は即ち華報なり。此の如く衆生善惡の業因を植ゑ、正しく其業因に報ひたる結果を果報又は實報正報と稱し、其實報正報に附隨して得る假果を華報と名く。例へは不殺の因、遠く涅槃の果を感ずる之を實報とし、之が爲に長壽を得る如き是れ華報なり。【智度論十一】に「如二人求レ蔭故種レ樹。求レ華或求レ菓故種レ樹。布施求報亦復如レ是。今世後世樂如レ求レ蔭。聲聞辟支佛道如レ華。成佛如レ果。」【往生要集上末】に「應レ知念佛修善爲二業因一。往生極樂爲二華報一。證二大菩提一爲二果報一。利益衆生爲二本懷一。」【百法問答抄七首書】に十王華報を釋して「菩薩爲レ利二有情一權受二天報一。故云二華報一也。」

ケホウ 十王華報 〔術語〕 十王とは六欲四禪の王なり、初地の菩薩は四天王となり、乃至第十地の菩薩は第四禪天の王となりて有情を化益す。此の十王の果報を十地の菩薩に對して華報と云。【百法問答抄七】

ケホウ 髻寶 〔譬喩〕 國王髻中の寶珠を云。「ケシユ」を見よ。【慈恩寺傳序】に「解二其髻寶一示以二衣珠一。」【義楚六帖七】に「衣珠已現。髻寶仍傳。」

ケホフ 希法 〔術語〕 十二部經の一。希奇不思議の事を說く經典。【正理論四十四】に「言二希法一者。謂於二此中一唯說二希奇一。出二世間法一。由レ此能正顯二三乘希有一故。」梵名、阿浮達磨。「アブダツマ」を見よ。

ケホフ 化法 〔術語〕 化導の法門。天台一家、釋迦の一代教を判ずるに化儀化法に各四教を立つ。「シケウ」を見よ。

ケホフ 假法 〔術語〕 實法に對す。因緣の和合によりて存在する假のものなり。「ケ」を見よ。

ケホフノシケウ 化法四教 〔術語〕 天台の教判藏通別圓を云ふ。教化の內容より分ちたる故化法の名あり。「シケウ」「ケウハン」を見よ。

ケボサツ 化菩薩 〔術語〕 佛菩薩の神通力を以て變化せし菩薩身なり。【觀無量壽經】に「華上皆有二化佛菩薩一迎二接此人一」

ケボン 華梵 〔雜語〕 中華と梵土。【唯識述記一】に「商二搉華梵一。徵二詮輕重一。」

ケマイ 化米 〔雜語〕 人を勸化して施米を募ること。

ケマウテン 戲忘天 〔界名〕 又、戲忘念天。欲界六天の中間に在り。かの天衆戲笑して正念を忘失するに依て、彼の天處を退沒すれば戲忘念天と名く。【唯識演秘四末】に「按二瑜伽一云。謂有二欲界諸天一名二遊戲忘念一。彼諸天衆。或時耽二着種種戲樂一。久相續住。由二久位一故。忘二失正念一。由二失念一故。從二彼天一沒。」

ケマウネンテン 戲忘念天 〔界名〕 戲忘天に同じ。前項を見よ。

ケマバタ 醯摩嚩多 〔異類〕 又、醯摩跋陀。鬼神の名。譯、舍主。雪山に住す。毘沙門天王の夜叉八大將の一。【金光明經】に「復有二大神一。奢羅密帝。醯摩跋陀。」【同文句七】に「醯摩跋陀。翻爲二舍主一。」【大日經疏五】に「次於二北門一。當レ置二毘沙門天王一。於二其左右一。置二夜叉八大將一。乃至五名二醯摩嚩多一。即是住二雪山一者。」梵 Haimavata

ケマン 華鬘 〔物名〕 印度の風俗男女共に花を多く結び貫きて、首或は身を飾るもの、倶蘇摩摩羅 Kusumamālā と云、以て佛前を莊嚴するの具となす。和名、冠りがた。【大日經曼茶羅品】に「持二眞言一行者。供二養諸聖尊一。當レ奉二悅意華潔白黃朱色鉢頭摩青蓮龍華奔那伽計薩羅一。乃至是等鮮妙華吉祥衆所レ樂。採聚以爲レ鬘。」【玄應音義一】に「梵言二倶蘇摩一。此譯云レ華。摩羅此譯云レ鬘。按西國結鬘師。多用二蘇摩那華一。行列結レ之。以爲二條貫一。無レ問二男女貴賤一。皆此莊二嚴或首或身一。以爲二飾好一。」【西域記二】に「首冠二華鬘一。身佩二瓔珞一。」【蘇悉地經三】に「若欲レ成二就華鬘法一者。取二闍底華一作レ鬘。」然るに佛前を莊嚴する華鬘には種種の寶を以て其形を刻むものあり。【守護國界經】に「以二種種寶一。用作二華鬘一。而爲二莊嚴一。」【陀羅尼集經六】に「若月無レ花。刻レ花安レ之。」支那日本の風土、適當の花を得難きを以て專ら金屬を以て刻める華鬘を用ふ。

ケマンガイ 懈慢界 〔界名〕 懈慢國に同じ。

ケマンゴク 懈慢國 〔界名〕 閻浮提の西方十二億那由陀、極樂國に至る中途に在り、此國に生ずるもの其の國土の快樂に染着して懈怠憍慢の心を起し、更に進んで極樂に生ぜざれば懈慢國と云。佛智不思議を疑ひて、自力の善根を雜修して極樂に生ぜんと願ふ者之に生る。【菩薩處胎經二】に「西方去二此閻浮提一十二億那由陀。有二懈慢界一。國土快樂。作二倡伎樂一。衣被服飾。香花莊嚴。七寶轉園床。乃至前後發意衆生。欲レ生二阿彌陀佛國一者。皆深染二着懈慢國土一。不レ能三前進生二阿彌陀佛國一。億千萬衆。時有二一人一。能生二阿彌陀佛國一。何以故。皆由三懈慢執心不二牢固一。」【往生拾因】に「又非三唯有二胎生邊地一。亦於二道中一。且有二化城一。謂二懈慢國一。莊嚴微妙。國土安樂。令下雜修者先生二彼土一。遂生中極樂上。乃至設三邊地於二極樂一。爲レ引二疑惑之輩一。假三化城於二懈慢一。以接二雜修之者一。」

懈慢界と邊地 〔雜語〕【無量壽經下】に極樂の邊地に七寶の宮殿あり、疑心の人ここに生ずるを說く。疑城又は胎宮と稱す。此邊地と懈慢國と一異の論あり。【和讃首書】に「震旦智首。本朝珍海。並云レ同也。大唐感師。本朝永觀。同云レ異也。遠近既異。豈云レ同耶。」【望西樓無量壽經鈔七】に「問。邊地懈慢。爲レ同爲レ異。荅。異也。彼懈慢國。去ニ閻浮提一十二億那由陀。邊地即在ニ極樂中一故。」眞宗の法門には同一の義を取る。

ケマンヘンチ　懈慢邊地 〔界名〕眞宗には懈慢界と邊地とを同一視する故に懈慢邊地と熟す。懈慢界は菩薩處胎經の所說、邊地は無量壽經の所說。假令別とするも共に極樂の附庸たり。前項を見よ。

ケミヤウ　假名 〔術語〕二釋あり、一は名に就て釋す。諸法もと名なし、人爲を以て假に名を付くるのみ。故に一切の名は虛假不實にして實體に契はざると、貧賤の人に富貴の名を與ふる如きを假名と云。【大義章一】に「諸法無レ名。假與ニ施名一。故曰ニ假名一。如ニ貧人假稱ニ富貴一。」【起信論】に「一切言說假名無レ實。」二に法に就て釋す。諸法は因緣和合に成り、眞實の體なければ、以て自ら差別すべからず、名を假て僅に差別の諸法あり、名を離れては差別の諸法なし、故に諸法を指して假名となす。【注維摩經】に「什曰。緣會無レ實。但假ニ空名一耳。」【大乘義章一】に「諸法假レ名而有。故曰ニ假名一。是義云何。廢レ名論レ法。法如ニ幻化一。非レ有非レ無。亦非ニ非有一。亦非ニ非無一。無三一定相可ニ以自別一。以レ名呼レ法。法隨レ名轉。方有ニ種種一。諸法差別假レ名故有。是故諸法說爲ニ假名一。」【法華經方便品】に「但以ニ假名字一引ニ導於衆生一。」

ケミヤウウ　假名有 〔術語〕三有の一。色香味觸の四事の因緣和合するを、假に名けて酪となすが如し。是れ酪は其實色香味觸にして、酪の自體なけれども、假名の故に酪あれば假名有と名く。色香味觸の一一に就くも亦然り。【智度論十二、三藏法數十三】

ケミヤウシユウ　假名宗 〔術語〕大衍所立四宗の第二。「宗」を見よ。

ケミヤウジサウ　計名字相 〔術語〕起信論所明六麤の一。妄執に依て諸法の上に虛假の名字を立て、種種に計度分別するを云。「ロクソ」を見よ。

ケミヤウセケン　假名世間 〔界名〕又、衆生世間とも名く。三世間の一。世間法の中に於て一切の有情を假名世間と云。有情は是れ五蘊の上に假に設けし名字にして、有情の實體なければなり。即ち十界の有情是なり。【止觀五上】に「衆生世間。既是假名無體。分別攬ニ實法一假施設耳。」「サンセケン」を見よ。

ケミヤウボサツ　假名菩薩 〔術語〕十信の菩薩を云。十住已去を實行の菩薩となすなり。【瓔珞經下】に「佛子從ニ不識始凡夫地一。値ニ佛菩薩敎法一。中起ニ一念信一。便發ニ菩提心一。是人爾時住前。名ニ信想菩薩一。亦名ニ假名菩薩一。亦名ニ名字菩薩一。」

ケモク　華目 〔譬喩〕目の淨らかなるを青蓮華に譬ふ。【維摩經佛國品】に「目淨修廣如ニ青蓮一。」【肇註】に「天竺有ニ青蓮華一。其葉修而廣。青白分明有ニ大人目相一。故以爲レ喩也。」【廣弘明集十三】に「白毫紺睫之輝。果唇華目之麗。」

ケモクワウ　快目王 〔人名〕【賢愚經六】に「過去久遠無量無邊不可思議阿僧祇劫。此閻浮提有ニ一大城一。名ニ富迦羅跋一。時有ニ國王一。名ニ須提羅一。此言ニ快目一。所ヨ以名レ之爲ニ快目一者。其目明淨。淸妙無比。徹ニ視牆壁一四十里。以レ是故立ニ字號一曰ニ快目一。」梵 Sudhīra

快目王施眼 〔傳說〕快目王仁慈を以て世を治め、布施を行じて佛道を修す。敵國の王之を聞き盲目の婆羅門をして來つて王に眼を乞はしむ。王喜んで兩眼を剜て掌中に著け、誓を立てて曰く、我れ此眼を以て布施に用ゐ、誓つて佛道を求む、若し審に當に佛道を成ぜば此婆羅門我が此眼を得て即ち當に用ひて視るべしと。此誓を作し已て眼を以て婆羅門眼篋の中に安ずるに、尋ち用ひて視ることを得。時に天帝來り王に問ふて曰く、汝今眼を剜り苦痛是の如し、悔恨瞋恚ありや不や。王言く悔ゐず。依て誓つて曰く、我れ眼を剜て施す、悔恨の意なし、用ひて佛道を求む、會す當に成ずるを得べし、審に虛からずんば我が兩眼をして平復故の如くならしめん。王誓ひ訖つて兩眼平完し、明淨徹視前に倍勝す。【賢愚經六快目王眼施緣品】

ケモン　假門 〔術語〕方便の法門。假益を與ふる法門。阿彌陀佛四十八願中の第十九願に念佛の外の諸行諸善を修して、往生極樂を欲する者には、臨終に其人を來迎するを誓ひしを云。淨土眞宗所立。【敎行信證文類六本】に「久出ニ萬行諸善之假門一。永離ニ雙林樹下之往生一。」

ケヤクラン　花藥欄 〔術語〕芍藥牡丹等の花卉を植ゑ、竹木を以て其四周を圍めるもの。【碧巖三十九則】に「僧問ニ雲門一如何是淸淨法身。門云。花藥欄。」「ウンモン」を參照。「カヤクラン」と讀む。

ケラク　快樂 〔雜語〕心に快く身に樂しきと。【無量壽經上】に「彼佛國土。淸淨安穩。微妙快樂。」

ケラクテン　化樂天 〔界名〕Nirmanaratayа 六欲

天の第五。梵に須涅蜜陀【智度論九】に「化自樂天」【仁王經上】に「化樂天」【倶舍論十一】に「樂變化天」【智度論九】に「化自樂者。自化二五塵一而自娛樂故。言二化自樂一」【仁王經上】に「若菩薩住二十億佛國中一作二化樂天王一修二千億法門一」

ケラクフタイラク　快樂不退樂　〔術語〕往生要集所説十樂の第五。極樂に往生すれば始終淨妙の快樂を得て退失するとなき樂を説く。

ケラクムタイラク　快樂無退樂　〔術語〕【往生要集上本】に淨土の十樂を明して其標數に「第五快樂無退樂」其解釋に「第五快樂不退樂。」

ケラクレンジヤウ　華落蓮成　〔譬喩〕天台、妙法蓮華經の蓮華に、三種の喩意を含むと云ふ中の第三意なり。凡そ蓮の華瓣落つれば蓮實成る。以て三乘の方便廢すれば一乘の眞實成立し（迹門の喩）垂迹の權身を廢すれば本地の實身成立するに喩ふるなり。【玄義七下】に「三華落蓮成。即喩下廢二三顯一乃至三華落蓮成。譬二廢迹顯本一」

ケリ　醯哩　〔神名〕女神の名。【最勝王經大辯才天女品】に「醯哩言二詞妙辯才一」梵 Heraya*又Hari*

ケリ　化理　〔術語〕事物變化の理。【楞嚴經十】に「化理不レ住。運運密移。」

ケリキラ　計里枳黎　〔菩薩〕「ケイリキラ」を見よ。

ケリヤウノセイグワン　假令之誓願　〔術語〕眞實の誓願に對して方便の誓願に名く。眞宗にて彌陀の誓願を眞假に解し、第十九第二十の誓願を方便とし、第十八願のみを眞實の誓願とす。

ケリヤウヒヤクセンゴフ　假令百千劫　〔雜語〕【有部毘奈耶雜事十二】に「假令百千劫。所作業不レ亡。因緣會遇時。果報還自受。」

ケリン　華輪　〔物名〕衆多の華聚りて輪形を爲すもの。【新譯仁王經下】に「是諸大衆。持二十千金蓮華一。散二釋迦牟尼佛一。合成二華輪一。蓋二諸大衆一」

ケリンヲン　華林園　〔地名〕彌勒の成道して後説法する僧園の名。龍華樹あるを以て華林園と名く。彌勒佛此園の龍華樹の下に於て成道し、且つ三會の説法を以て悉く應度の衆生を度し已る。【羅什譯彌勒下生經】に「爾時於二華林園一。其園縱橫一百由旬。大衆滿レ中。初會説法。九十六億人得二阿羅漢一。第二大會説法。九十四億人得二阿羅漢一。第三大會説法。九十二億人得二阿羅漢一」

ケリンヲンヱ　華林園會　〔術語〕華林園の三會の説法を云、即ち龍華三會なり。前項を見よ。

ケロケツ　繫驢橛　〔譬喩〕「ケイロケツ」を見よ。

ケロン　戲論　〔術語〕非理の言論。無義の言論。又理非理を問はず、總じて一切の言論を斥けて云。俗に滑稽、冗談など云ふに同じ。【大日經疏十九】に「戲論者。如下世戲人以二散亂心一動二作種種身口一。但悅二前人一而無中實義上。今妄見者所レ作者亦同二於此一。故名二戲論一也。」【大乘玄論二】に「戲論是借レ譬之名。乃至於レ道無レ所二剋獲一。如二小兒戲論爲一耳。」【嘉祥法華義疏二】に「無記心中往二復言論一名爲二戲論一。中論云。戲論有二二種一。一者愛論。二者見論。」【最勝王經一】に「實際之性。無レ有二戲論一惟獨如來證二實際法一。戲論永斷。名爲二涅槃一」【法華經信解品】に「今日世尊令三我等思惟蠲二除諸法戲論之糞一」

ケワウセカイ　華王世界　〔界名〕毘盧舍那佛の所住蓮華藏世界なり。【文句九上】に「華王世界」【大部補註九】に「梵網經云。於二寂滅道場一。坐二金剛華光王座一。淨名疏云。攝大乘説二華王世界一。舊攝論云二大蓮華王淸淨世界一。新攝論云二大寶華王淸淨佛土一」◉（盛衰記）に「烏瑟忽ちに華王の本土に歸し」

ケワガフ　假和合　〔術語〕因緣によりて假りに和合すること。事物の存在は實有に非ず、また假和合なりとす。

ケヰン　華院　〔術語〕華葉の院の意。蓮華を畫ける曼荼羅中、中臺を圍繞せる華葉の各一層を云ふ。【金剛峰樓閣一切瑜伽瑜祇經吉祥大成就品】に「於レ中應レ畫二三層八葉蓮華一。中畫二我身一。當於二我前一。一蓮華葉上。畫二一切佛頂輪王一。手持二八輻金剛寶輪一。於レ此次右旋。布二七曜使者一。次第二華院。當レ頂二輪王前一。畫二金剛薩埵一。次右旋畫二八大菩薩。各執二本幖幟一。次第三華院。右旋各畫二八大金剛明王一」と云へる是れなり。

ケン　見　〔術語〕梵名捺喇捨曩 Darśana 審に思慮し推求して事理を決擇するを云ふ。正邪に通ず。【止觀五下】に「一切凡夫未レ階二聖道一。介爾起レ計。悉皆是見。」【倶舍論二】に「審慮爲レ先決擇名レ見。」【大乘義章五本】に「推求説レ之爲レ見。」【止觀十上】に「作二決定解一。名レ之爲レ見。」

二見　〔名數〕一に有見、有に偏する邪見。二に無見、無に偏する邪見。又一に斷見、身心の斷滅を執する見、無見に屬す。二に常見、身心の常住を執する見、有見に屬す。【法華經方便品】に「入二邪見稠林、若有若無等一。」【智度論七】に「見有二二種一。一者常。二者斷。常見者見二五衆（五蘊を云）常一心忍樂。斷見者見二五衆滅一心忍樂。一切衆生多墮二此二見中一。復有二二種見一。有見無見。」

四見　〔名數〕一異常非常等の義に就いて總て四句あり、一切の妄計必ず其一に墮す。名けて四見と

云。【智度論七】に「復四種の見あり、世間常と世間無常と世間亦常亦無常と世間亦非常亦非無常となり。我及び世間の有邊無邊も亦た是の如し。」又【華嚴經疏三】に外道の所見四見を出でず。一に計一。數論師、因中有果を計す、因果不異の故に計一と名く。二に計異。勝論師、因中無果を計す、因果不同の故に計異と名く。三に計亦一亦異。勒裟婆論師因中有果を計し亦た因中無果を計す、有無雙計する故に亦一亦異と名く。四に計非一非異。尼犍子、因果亦是一に非ず亦是異に非ずと計す、故に非一非異と名く。図凡夫の常樂我淨の四顚倒を四見と稱す。

五見［名數］一に身見、二に邊見、三に邪見、四に見取見、五に戒禁取見。「ゴケン」を見よ。

七見［名數］一に邪見、二に我見、三に常見、四に斷見、五に戒盜見、六に果盜見。七に疑見。「シチケン」を見よ。

十見［名數］一に身見、二に邊執見、三に邪見、四に見取見、五に戒禁取見、六に貪見、七に恚見、八に慢見、九に無明見、十に疑見。【瑜伽論八、三藏法數四十三】

六十二見［名數］「ロクジフニケン」を見よ。

ケン　慳

［術語］梵名、母履衍 Matsarya 又、路婆 Lobha 倶舍小煩惱地法十の一。唯識隨煩惱二十の一。財と法とに於て深く躭着して惠捨すると能はざる心。【唯識論六】に「耽着財法。不能惠捨。秘悋爲性。能障不慳鄙嗇爲業。」【倶舍論二十一】に「慳。謂財法巧施相違令心悋着。」【大乘義章二】に「悋惜財法稱慳。」【同五末】に「堅着不捨。目之爲慳。」【梵語雜名】に「慳。梵名母履衍。又路婆。」

ケン　犍

［術語］男勢を截ると。五種不男の一。或は劇に作。【玄應音義十四】に「犍又作捷劇二形。同居言切。字書犍害也。通俗文以刀去陰曰犍。」

ケン　賢

［術語］眞を證するを聖と云ひ、聖に隣るを賢と云。【玄義四下】に「隣聖曰賢」

三賢［名數］小乘の五停心觀、別相念住、總相念住の位を三賢と云。【七十五法名目】又大乘の十住十行十回向の位を三賢と云。【大藏法數十】

七賢［名數］一に五停心、二に別相念住、三に總相念住、四に煗法、五に頂法、六に忍法、七に世第一法。即ち三賢と四善根後の四とを通じて七賢と云。【玄義四下】

ケン　欠

［術語］𑖏𑖽 欠 等空の佉 𑖏 字と空點との合成なり。【大日經第三悉地出現品】に「佉字及び空點は、尊勝にして虛空なり。」と此の二字の合成を大空の義とす。虛空は無形無色無音にして、而も普く形と色と音とを包容して餘す所なし。大空不可得の義とす。

ケンアイ　見愛

［術語］我見邪見等一切迷理の惑を見と云ひ、貪欲瞋恚等一切迷事の惑を愛と云。即ち見は一切の見惑、愛は一切の修惑見又思惑と云なり。迷事の惑中愛着を以て苦の本となせば愛を標して餘を該ねし也。【法界次第上之上】に「若論煩惱根本。不出見愛。邪心觀理。名之爲見。若於假實之理情迷而倒想邪求。隨見偏理妄執爲實。通名爲見。見煩惱者謂五利使。貪染之心。名之爲愛。若於假實之事情迷隨心。所對一切事境染着纏綿。通名爲愛。愛煩惱者謂五鈍使。」【歸敬儀通眞記上本】に「見謂見惑八十八使。見所斷故。愛謂修惑。八十一品。修所斷故。」

ケンアカカウズヰイン　献閼伽香水印

［印相］十八契印の一。兩手にて閼伽器を捧くると。【十八契印軌】

ケンイ　顯意

［人名］淨土宗西山派の第三祖、竹林寺の顯意。字は道教。十一歲剃髮、深草の隆信に從て淨土教を學び、年三十を逾て嵯峨の釋迦院に住し、後竹林寺に移る。楷定記三十六卷を製して善導の觀經疏を釋し、以て西山義を弘む。嘉元二年寂。壽六十七。【本朝高僧傳十六】

ケンイキヤウ　堅意經

［經名］佛說堅意經、一卷、後漢の安世高譯。人の謗を受くるも心を動かすべからず、且つ一心に經を聽くべきを誨ゆ。【宿帙八】(731)

ケンイン　劒印

［印相］二種あり、一に不動明王の印。劒の鞘中に在る形。【圖印集一】右手を劒に擬し、左手を鞘に擬せしもの。二に大日如來の劒印。【大日如來劒印】に「二手當心合掌。屈二頭指中節横相跓。以二大母指並押二頭指上節。如劒形。」◉（著聞集、釋教）「右の手に劒印をなす」

ケンインイン　牽引因

［術語］十因の一。「イン」を見よ。

ケンエオウ　懸衣翁

［異類］地獄に至る途中、三途の川の邊にて、罪人の衣を樹の枝に懸けて罪の輕重を量る翁の名。【十王經】に「官前有大樹。名衣領樹。影住二鬼。一名奪衣婆。二名懸衣翁。乃至婆鬼脫衣。翁鬼懸枝。顯罪低昂。送後王廳。」但し和製僞經

ケンオウ　顯應

［術語］冥機顯應と顯機冥應等の四あり。「メウキ」を見よ。

ケンエン　見緣

［術語］見分の緣影、即ち相分なり。【楞嚴經二】に「見與見緣幷所想相。如虛空華本無所有。」「シブン」を見よ。

ケンカ　顯加　〔術語〕二加の一。佛、華嚴會上に於て神力を菩薩に加被して法を説かしむるに、冥顯の二加あり。佛の身業を以て菩薩の頂を摩し、口業を以て説法を勸め、意業を以て智を與ふるを顯加と云ひ、但意業を以て智を與ふるのみを冥加と云。身口二業の加被は顯然として見るべければ顯加とし、意業の加被は冥然として見るべからざれば冥加とす。（顯加の中に意業を以て智を與ふるは是れ冥加なるも身口二業に從へて共に顯加と稱す）【華嚴經疏一】に「加有二二種一。一者顯加。具二於三業一。二者冥加。但與レ智令レ説。」

ケンカイロン　顯戒論　〔書名〕三卷、傳教大師最澄著。台宗所傳の圓頓戒の旨を説明せしもの。【霜帙六】

顯戒論緣起　〔書名〕二部あり。一は傳敎の「著、二卷。一は慈覺の著、一卷。

ケンカウ　懸香　〔雜語〕香を袋に入れて室内に懸くること。【釋氏要覽中】に「四分云。比丘房内臭。佛許レ用二香泥一。泥レ之猶臭。佛言。應二四角懸一レ香。」「カケカウ」を見よ。

ケンカウ　兼好　〔人名〕卜部兼顯の子、後宇多院に仕へて左兵衛佐に任ず。帝崩御の時出家して洛陽東山吉田に閑居し、俗名を改めず兼好と呼ぶ。文才あり和歌を善くす。當時頓阿淨辯慶運と共に和歌の四天王と稱せらる。著す所の徒然草盛に世に行はる。出生及び終焉の年代詳に知るべからず。【本朝遯史、扶桑隱逸傳】

ケンカラ　甄迦羅　〔雜名〕Kaṅkara 數量の名。【法華經藥王品】に「甄迦羅。頻婆羅。Bimbara 阿閦婆 Akṣobhya 等偈。」【倶舍論十二】に五十二數を列る中の第十六に「矜羯羅」（こんから）【玄應音義六】に「甄迦羅。或云二恒迦羅一。此當二千萬億一。」【法華玄贊十】に「甄迦羅等者。倶舍論第十二卷。説レ數六十。妄失二餘八一。以レ十漸積至二第十六一名二衿羯羅一。第十九名二大頻跋羅一。第二十名二阿菊婆一。第二十一名二大阿菊婆一。此總三種。即是十六十八二十數也。」

ケンカラニヨ　甄迦羅女　〔天名〕樂神の名。八部衆の一。【智度論十七】に甄陀羅女とあるを、【輔行四之三】に誤りて甄迦羅女に作る。緊那羅。緊陀羅。眞陀羅など梵語の訛轉。「キンナラ」を見よ。

ケンガシンシヤ　見我身者　〔雜語〕【勝軍王不動明王四十八使者秘密成就儀軌】に「見二我身一者。發二菩提心一。聞二我名一者。斷レ惡修レ善。聽二我説一者。得二大智慧一。知二我心一者。即身成佛。」を誤りて⦿（榮花）に「見我身の發心菩提も、斷惡修善などもおろかならず」「り。「カンオウメウ」を見よ。

ケンキ　顯機　〔術語〕顯機顯應、顯機冥應等の四あり。「カンオウメウ」を見よ。

ケンキ　懸記　〔術語〕懸は懸曠、懸遠と熟して「ハルカ」と訓す。遙に未來の事を記するを懸記と云。即ち豫言なり。楞伽經に龍樹の出世を豫言し、摩耶經に馬鳴の降生を豫言する如し。【六祖壇經】に「跋陀羅之懸記」【西域記】に「昔釋迦佛懸記。當下有二國王一於二此勝地一建中窣堵波上。」【文句七上】に「懸記。如二化城品未來弟子一也。」

ケンキヤウ　顯經　〔術語〕顯敎の經典なり。眞言宗を除き自餘一切大小乘諸宗所依の經典を云ふ。【二敎論上】に「顯敎契經。部有二百億一。」「ケンケウ」を見よ。

ケンキヤウミヤウゴン　顯境名言　〔術語〕表義名言の對。七識の心心所が境を識別すること。恰も名句文の義を詮はすが如くなるを以て、心心所を指して顯境名言と云ふなり。

ケンキヤク　間隔　〔術語〕無始の間隔、一念の間隔など云ふ。眞言宗の用語。根本無明の異名なり。法界平等の理に達せずして差別を執する妄念を云ふ。此の差別の妄念より貪瞋等の煩惱を起し、諸の惡業を造て生死に輪廻す。一切生死の根本は一念の間隔に在りとす。此妄情は凡夫の自性にして無始より相續すれば無始の間隔と云。菩提心論に此名あり、起信論には之を根本無明と云。【菩提心論】に「或爲二無始間隔一。未レ能レ證二於如來一切智智一故。」【辨惑指南二】に「一念の間隔あれば頓て自他を差別する念あり。殺生偸盗邪婬妄語等の惡業は皆自ら愛し他を踈にするより起るが故に、皆是無始の間隔の作す所なり。」

ケンキヤクザ　懸脚坐　〔術語〕鬼神を降伏する法。【阿吒薄倶元帥儀軌下】に「懸脚坐。以二左右二手一急作レ拳。捺二左右二眼上一。急以二上脣一齧二下脣一。裂レ眶看。是阿吒婆拘降伏大魔鬼神印。」

ケンギウ　見牛　〔譬喩〕十牛の一。

ケンギヤウ　見行　〔術語〕見愛二行の一。「ニギヤウ」を見よ。

ケンギヤウ　顯形　〔術語〕顯色形色の二。「ケンジキ」を見よ。

ケンギヤウロクドホン　兼行六度品　〔術語〕觀行五品の第四。正觀を修する傍、兼て布施等の六度を行ずる位。「ゴホン」を見よ。

ケンク　懸皷　〔術語〕日想觀を修する時、正坐西向して日の沒せんとして、狀皷を懸くるが如きを觀ず。【觀無量壽經】に「一切衆生自レ非二生盲一。皆見二日沒一。當下起二想念一正坐西向。諦觀二於日欲レ沒之處一。令二心堅住一。專レ想不レ移。見中日欲レ沒狀如上レ懸レ皷。既見レ日已閉レ目開レ目皆令二明了一。」

ケンクワウ　遣蝗　〔修法〕田園の害蟲を驅除する祈禱を云ふ。

ケンクワウ　懸曠　〔雜語〕佛道の幽遠なるを云。懸はハルカと訓す。【法華經提婆品】に「佛道懸曠。經二

無量劫ニ勤苦積レ行。具修ニ諸度一然後乃成。」

ケンクワウモン　犍黃門　〔術語〕五種不男の一。「ケンフナン」を見よ。

ケンクワハ　顯過破　〔術語〕因明にて論者の立論に對し、敵者が別に論法を組み立つることなく、論者の論法に過誤あるを指摘して、結論の非なるを辯ずるを云ふ。

ケンクワン　遣喚　〔術語〕發遣と招喚となり。釋尊は娑婆世界より彌陀の願船に乘じて極樂に往けと告示し、阿彌陀佛は極樂より直ちに來れと呼び給ふを云ふ。

ケングインエンキヤウ　賢愚因緣經　〔經名〕三卷、元魏の慧覺等譯。賢聖凡愚の種種の因緣事蹟を集めたるもの。【宿帙九】(1322)⦿(太平記二四)「朝參の餘暇に、賢愚因緣經を開き見候ひしに」

ケングキヤウ　賢愚經　〔經名〕賢愚因緣經の畧。

ケンケ　顯家　〔術語〕顯教の宗家。眞言宗以外の諸宗を云。【雜談集十】に「宗鏡錄は禪門顯家の法門に似たれども心みな密意にかなへり。」

ケンケイ　賢憬　〔人名〕和州室生山の開基。唯識を興福寺の宣教に禀け、學內外に通ず。天平勝寶七年、鑑眞和尙に就て比丘大戒を東大寺の戒壇に受く、是れ本朝登壇受戒の始めなり。天平寶字二年、大藏經五千四十八卷を寫して招提寺に置く。憬七帝の崇奉を承けて大僧都に歷任し、寶生山を開く。延曆十二年、桓武帝遷都を議す、憬天文地理に精しく、敕を奉じて鴻基を晝策す、今の平安城是なり。是の歲十一月寂、壽八十九。【本朝高僧傳六十六】

ケンケウ　顯敎　〔術語〕眞言宗に一切の佛敎を判じて顯敎密敎の二となす。釋尊所說の大小乘の契經を總て顯敎とし、大日所說の金胎兩部を同じく密敎とす。「ケンミツ」を見よ。

ケンケウ　祆敎　〔流派〕具名、大秦末尼火祆敎。畧して末尼敎又は祆敎と云。波斯國の火敎なり。「タイシンジ」を見よ。

ケンケザインゴン　獻華座印言　〔印相〕【立印軌】に「復次獻華座。名ニ金剛蓮華一。定慧芙蓉合。水無名火中俱散開。猶如ニ蓮華葉一。二風頭屈附ニ火初節之側一住。奉ニ諸佛菩薩一。」

ケンケツ　見結　〔術語〕九結の一。邪見の煩惱を云。「ケツ」を見よ。

ケンケツ　慳結　〔術語〕九結の一。慳吝の煩惱を云。「ケツ」を見よ。

ケンケツビヤウ　間穴餠　〔飮食〕餠に穴を穿ち種種の美味を盛りしもの。【大日經疏七】に「間穴餠有ニ二種一。或剖爲ニ孔穴一。或狀如ニ亂絲一重重間穴。加以ニ衆味一也。」

ケンケンド　見犍度　〔術語〕八犍度の一。八犍度論の中に諸種の邪見を說きし篇章の目。犍度は梵語。聚、蘊など譯す。

ケンゲウ　檢校　〔職位〕高野、熊野、日光などに於て一山を統領する職名。【職原鈔參考五首註】に古記を引て「高野一山之主曰ニ檢校一。山門一山之主曰ニ座主一。東寺曰ニ之長者一。」後に鍼醫盲人の長に賜ふ官名となる。【行事鈔上之四】に「準レ律恐ニ不レ集者一更相檢校。」

ケンコウテン　賢鉤天　〔天名〕胎藏界曼茶羅外金剛部北方第六天。二十八宿中の壁宿、七曜中の貪狼星、五行中の火に當る。賢は善、鉤は鉤召、福德を招き集むるの意なり。種子は𑖀字。寂靜の義、或は𑖀字に作る、有の義なり。此天因位に在りては萬法實有の見に著し、慾望熾盛にして豺狼の貪るが如くなれば、因位の本性に約して𑖀字を種子とす。然るに胎藏大日の加持に由り、曼茶羅會中に攝取せられて、乃ち阿字本不生の理に體達し、萬法實有の見破して欲念頓に消滅し、身心寂靜なるが故に、果位の身に約して、𑖀字を種子と爲すなり。

ケンコゾンジツシキ　遣虛存實識　五重唯識の一。「ユキシキ」を見よ。

ケンゴ　揀語　〔術語〕古則公案を簡擇し評論する言語なり。【五位顯訣】の中に「逐位揀曰」「別時揀曰」「別揀曰」「揀曰」など是なり。

ケンゴ　堅固　〔術語〕樹の根株の拔くこと能はざるが如きを堅と云ひ、他物によりて原態を變ぜざるを固と云ふ。心念の不變不動なるを云ふ。【法華經】に「妙光敎化今堅固」【高僧和讃】に「金剛堅固の信心」

五堅固　〔名數〕「ゴゴヒヤクネン」を見よ。

ケンゴ　賢護　〔人名〕Bhadrapāla　梵名、颰陀、跋陀和、跋陀婆羅、跋陀羅波梨と云ふ。或は賢護長者、賢護菩薩、賢護大士と云ふ。在家の菩薩なり。【玄應音義五】に「案ニ移識經ニ云。颰陀羅波梨。此譯云ニ賢護一。亦云ニ賢守一。隣レ聖曰レ賢。固レ道稱レ守。幻士經云。颰陀。此言ニ仁賢一。是王舍城在家菩薩也。」【大寶積經百九卷賢護長者會第三十九】に「有ニ一最大豆富商主長者之子一。名ニ颰陀羅波梨一。隋言乃至賢護一爾時世尊告ニ阿難ニ言。長老阿難。汝欲レ聞ニ此颰陀羅波梨長者家中所有衆樂事一乎。乃至具足說ニ其受ニ於快樂果報一。雖ニ復忉利帝釋天王一猶不レ能レ及。況復人間。乃至是長者子。凡有ニ六萬最大商主一恒隨ニ彼後一。乃至其颰陀羅波梨家內恒常鋪ニ設六萬上妙六合牀榻一。雜色被褥以覆ニ其上一。乃至復有ニ六萬婇女一。端正殊絕身體柔軟細滑。乃至又其長者欲レ食之時。則有ニ六萬雜種羹臛飯食微妙香美一。猶如ニ天厨一

無レ有レ異也。」【佛説大乘菩薩藏正法經】に「賢護長者品」あり。又【大方等大集賢護經一】に「王舍大城有ニ優婆塞一。名曰ニ賢護一。爲ニ衆上首一。」⦿(榮花、音樂)「賢護長者の家にあることも稀なる飯食どもなり」

颰陀婆羅度三婬女 〔傳說〕 毗耶離國に婬女あり、菴羅婆利と名く。舍婆提に婬女あり、須曼那と名く。王舍城に婬女あり、優鉢羅槃那と名く。三人各各人の三女の端正無比を讃するを聞て晝夜專念し心著して捨てず。便ち夢中に於て夢に與に事に從ふ。覺め竟て心念ずらく、彼女も來らず、我も亦往かず、而も婬事辨ずるを得と。是に因て悟れり、一切の法皆是の如くなり耶と。是に於て颰陀婆羅菩薩の所に詣り是の事を問ふ。菩薩答へて言く、諸法實に爾り、皆念に從て生ずと。是の如く種種に此三人の爲に方便して巧に其法の空を說く。是の時三人即ち阿毘跋致を得。【智度論七】

浴室安賢護菩薩像 〔雜語〕 禪院の浴室に跋陀婆羅の像を安ずるは、水因を以て圓通を證せし故事に據る。【楞嚴經五】に「跋羅婆羅。並同伴十六開士。即從レ座起。頂ニ禮佛足一而白レ佛言。我等先於ニ威音王佛一聞レ法出家。於ニ浴僧時一隨レ例入レ室。忽悟ニ水因一。既不レ洗レ塵亦不レ洗レ體。中間安然得ニ無所得一。宿習無レ忘。乃至今時從レ佛出家。令レ得ニ無學一。」【僧堂清規】に「九日。浴主、浴室に鳴鐘集衆。賢護大士に諷經。心經消災等にて回向。」

ケンゴイ 堅固意 〔菩薩〕 梵名。地利祖地也舍夜、Dṛsadhṛsaya 又堅固深心とも云ふ。胎藏界地藏院九尊の一。即ちその第八尊なり。密號は超越金剛。種子は[illegible]字。戲論を滅却する意にして、內證堅固を表す。三摩耶形は蓮華上の羯磨なり。尊形は肉色にして右手に開敷蓮華を持し、華中羯磨金剛あり。赤蓮華に座す。

ケンゴキヤウ 堅固經 〔經名〕 堅固長者子、弟子に敕して神足を現ぜしめんとを三たび佛に乞ふ。佛言く、我弟子に但空閑處に於て靜默道を思ひ、德を覆ひ、過を露はすとを敎ふと。長阿含經十六に攝む。

ケンゴキヤウ 賢護經 〔經名〕 大方等大集經賢護分の略稱。

ケンゴサンマイ 堅固三昧 〔術語〕 百八三昧の一。金剛三昧の異名。【智度論四十七】に「有人言。金剛三昧。是堅不壞故。」

ケンゴチヤウジヤ 堅固長者 〔菩薩〕 五十參善知識の第四十六。

ケンゴヂシン 堅固地神 〔神名〕 【金光明經】に「堅牢地神」【三藏法數四十六】に「堅固地神」「ケンラウ」の項を見よ。

ケンゴニヨ 堅固女 〔人名〕 佛祇園に在りて、女人應に諸過を離れて大心を發すべきを說く。堅固優婆夷即ち佛前に於て大菩提心を發す。舍利弗之と問答し、佛之に道記を授く。【堅固女經】

ケンゴニヨキヤウ 堅固女經 〔經名〕 佛說。堅固女經、一卷、隋の那連提黎耶舍譯。堅固女發心の事を說く。【宙帙七】(525)

ケンゴフ 賢劫 〔術語〕 過去の住劫を莊嚴劫と名け、未來の住劫を星宿劫と名け、現在の住劫を賢劫と名く。現在の住劫二十增減中には千佛の出世あれば、之を稱讚して賢劫と云ひ、亦善劫と名く。【大悲經三】に「阿難。何故名爲ニ賢劫一。阿難。此三千大千世界。劫欲レ成時。盡爲ニ一水一。時淨居天。以ニ天眼一觀ニ見此世界一唯一大水。見レ有ニ千枚諸妙蓮華一。一一蓮華各有ニ千葉一。金色金光大明普照。香氣芬熏甚可ニ愛樂一。彼淨居天因見レ此已。心生ニ歡喜一踊躍無量。而讚歎言。奇哉奇哉。希有希有。如レ此劫中當下有ニ千佛一出中興於世上。以ニ是因緣一遂名ニ此劫一號レ之爲レ賢。」【悲華經五】に「此佛世界當レ名ニ娑婆一。乃至時有ニ大劫一名曰ニ善賢一。何因緣故劫名ニ善賢一。是大劫中有ニ千世尊一。成ニ就大悲一出ニ現於世一。」【行宗記四下】に「慈恩劫章云。即此住劫稱ニ賢劫一。此界成後有ニ千佛出世一。既多ニ賢聖一故名ニ賢劫一。」梵 Bhadrakalpa

賢劫の千佛 〔術語〕 過現未の三住劫に各一千佛の出世あり。賢劫の千佛に就て、【佛祖統紀三十】に、諸經論を勘考して、記する所に依れば、住劫に二十增減ある中、(劫を見よ)初の八增減の中は佛の出世なし。第九の減劫に於て初て佛あり、拘留孫佛と名く。是れ千佛の第一なり。次に拘那含牟尼佛、次に迦葉佛、次は即ち今の釋迦牟尼佛なり。それより第十增減の減劫に於て彌勒の出世あり、次に第十增減の減劫中に師子佛等の九百九十四佛あり、次に第二增減の增劫に於て樓至佛出世し、合計一千佛なり。

千佛出興異說 〔雜語〕 或は一轉輪王の千子とし、或は千手觀音の化出とし、或は千佛各別の出生とし、經論の所說種種あり。【寶積經九】に「過去に佛あり、無量勳寶飾淨王如來と曰ふ。其の時、轉輪聖王あり、淸淨大城に住す。勇郡王と名く。王に千子あり、第一は淨意と名け、第千子を意無量と名く。後に又二子を生む。一を法意と名け、二を法念と名く。父王及び千子共に如來の所に詣りて無上道心を發す。千子賢劫に於て次第に正覺を成ず。其の第一子淨意は即ち拘留孫佛是なり。乃至弟千子

意無量は樓至佛是なり。而して後の二弟法意は言く、諸兄成佛せば我當に金剛力士となりて佛法を護衛せん。法念は言く、我は當に梵王となりて佛の轉法輪を請すべしと。」【賢劫經八】に「過去久遠の世に無量精進如來あり。時に國王あり、德華と名く。王千子あり佛の所說を聞きて發心修行、遂に皆最正覺を成ず。是れ今の賢劫中出興の千佛なり。」【千佛因緣經】に「過去大寶劫の時に寶燈焰王如來あり。其の像法中に一大王あり、光德と名く。王の學堂に千子あり、年各十五、諸比丘の三寶を稱讃するを聞き、比丘に隨いて像前に詣り、各無上道心を發し、遂に最正覺を成ず。今の拘留秦佛乃至最後の樓至佛是なり。」【千手千眼觀世音菩薩姥陀羅尼身經】に「我亦曾て過去毘婆尸佛を見るに、この千手千眼の大降魔身を現ず。世尊我今亦この千手千眼の大降魔身を現ず。千臂の中に於て各一轉輪王を現出して、賢劫の千代轉輪聖王となし、千手千眼中に於て各一佛を現出し、賢劫の千佛に同ず。故に菩薩の降魔身の中には此身を最となす。」【千眼千臂觀世音菩薩陀羅尼經上】に「過去毘婆尸佛。降魔の身を化現し、千眼より各一佛を出して賢劫の千佛となし、千臂亦各一輪王を化出して千代の轉王となす。」【藥王經】に「釋迦牟尼佛大衆に告げて曰く。我曾て往昔無數劫の時、妙光佛末法の中に於て是の五十三師の名を聞き、信心歡喜し復た他をして聞持せしむ。他人復た展轉して相敎へ、三千人に至る。其の千人は華光佛を首とし、毘沙浮佛を終とす。過去の莊嚴劫に於て成道せる千佛是なり。其の千人は拘留孫佛を首とし、樓至佛を終とす。現在の賢劫中に於て成道せる千佛是なり。其の千人は日光佛を首とし、須彌相佛を終とす。未來の星宿劫に於て當に成佛すべし。」其の千佛の名は現在賢劫千佛經及び賢劫經第六卷千佛名品に出で、又第七卷千佛興立品には一一に其の父母弟子國城佛壽等を說き、第八卷千佛發意品には一一に其の發心の因緣を說く。此千佛を胎藏界曼荼羅に總略して十六尊とす。

ケンゴフキヤウ　賢劫經　〔經名〕又颰陀劫三昧經と名け、賢劫定意經と譯す。八卷又は十卷、西晉の竺法護譯。初に諸の三昧、諸の度無極、佛の神通功德の事を說き、末に賢刧千佛の事を說く。【黃帙四】(403)

ケンゴフジフロクソン　賢劫十六尊　〔經名〕一卷、失譯人名。賢劫千佛中の上首十六尊の秘印密呪を說く。【餘帙四】

ケンゴフジフロクボサツ　賢劫十六菩薩　〔名數〕賢劫十六尊を云。「ケンゴフ」を見よ。

ケンゴフセンブツミヤウキヤウ　賢劫千佛名經　〔經名〕現在賢刧千佛名經の略稱。

ケンゴボサツ　堅固菩薩　地藏院の一尊なり。

ケンゴリン　堅固林　〔植物〕娑羅樹の譯。此樹冬夏凋まず以て堅固と意譯す。【晉譯泥洹經一】に「堅固林中雙樹間」【涼譯涅槃經一】に「娑羅雙樹間」【涅槃經會疏一】に「娑羅雙樹。此云二堅固一。四方八株。」【玄應音義二】「娑羅。泥洹經作二堅固林一。」【名義集三】に「娑羅。此云二堅固一。北遠云。冬夏不レ改。故名二堅固一。」「シヤラ」を見よ。

ケンゴン　簡言　〔術語〕又、簡別語と云ふ。因明に於て論法上の過失を豫防せんが爲に、宗又は因喩の上に冠する制限の語。

ケンサ　勸茶　〔雜語〕喫茶を勸むると。禪苑に食後特爲の人に向て勸茶の禮あり。【象器箋十】(「カンサ」と讀む)

ケンサウ　見相　〔術語〕起信論三細相の一。亦轉相と名く。第一の業相一轉して能見の相を成せしもの。阿賴耶識の見分に當る。【起信論】に「二者能見相。以レ依レ動故能見。不レ動則無レ見。」【同義記】に「第二能見相。即是轉相。依二前業相一轉成二能見一。」

ケンサウ　驗相　〔雜語〕靈驗の相貌。

ケンサウシヨウシヤウシキ　遣相證性識　〔術語〕五重唯識の一。「ユヰシキ」を見よ。

図四分の中の見分相分の二。

ケンサク　羂索　〔物名〕鳥獸を取る具。わななり。以て佛菩薩の衆生を攝取する象徵とす。不空羂索觀音の羂索、及び不動尊の持する羂索是なり。【梵語雜名】に「羂索。梵語播捨。」【大日經疏五】に不動の羂索を釋して、「羂索是菩提心中四攝方便。以レ此執二繫不降伏者一。以二利慧刄一斷二其業壽無窮之命一令レ得二大空生一。」【演密鈔五】に「羂索是菩提心中等者。四攝是法。羂索是喩。諸佛菩薩。以二四攝法一。攝二取衆生一。無二空過者一。世間羂索。索二取諸獸一。少レ有レ所レ失。故以爲レ喩。」

図〔譬喩〕凡夫の心、我見に縛せらるるを喩ふ。【大日經一】に「云何羂索心。謂一切處住二於我縛一爲性。」

ケンサククワンオン　羂索觀音　〔菩薩〕不空羂索觀音の略稱。

ケンサクテン　間錯天　〔天名〕胎藏界曼茶羅外金剛部南方十七位の天の名。二十八宿中の翼宿。種子[illegible]字。此の天因位に在りては小男女に禍を下し、或は死に至らしむ。胎藏大日の加持に由り、曼茶羅會中に攝取せられて、曼茶羅外護の一尊となる。

ケンザ　驗者　〔雜名〕「ケンジヤ」を見よ。

ケンザ 堅座 〔雜語〕脚を並べて蹶坐し、膂を地に著けざるなり。【攝眞實經一】

ケンザン 建盞 〔物名〕支那の建安の造る所の茶盞を此方に學びて製せるもの、皆建盞と名く。【象器箋二十】に「宋蔡襄茶錄云。茶色白。宜ニ黑盞一。建安所レ造者紺黑。紋如ニ兎毫一。其杯微厚。熁レ之久熱難レ冷。最爲ニ要用一。」

ケンシ 鍵鎡 〔物名〕又、犍茨、健支。譯、淺鐵鉢。鐵鉢の入れ子の淺きもの。別名鐼子(くんす)。應量器の中に三箇の小鉢を累ね、大より小に至る。總じて鐼子と名け、其第二を大鍵鎡と云ひ、其第三を小鍵鎡と云ふ。【尼鈔】に「鍵鎡者謂小盌也。」【出要律儀】に「鍵鎡者。爲ニ助食器一。秦言ニ淺鐵鉢一也。」【釋氏要覽中】に「鉢器大小數。十誦律云。鉢半鉢大鍵鎡(鍵音虔。鎡音咨。經音疏云。鉢之中之小鉢。助鉢用故。)小鍵鎡。僧祇同。四分律云。鍵鎡入ニ小鉢一。小鉢入ニ次鉢一。次鉢入ニ大鉢一。(此律言小鉢。即十誦大鍵鎡也。次鉢即半鉢也。准諸律。四事可見也。今呼爲鐼子。鐼音訓。切韻云。鐵類器也。非故)【名義集】に「鍵鎡音虔咨。母論譯爲ニ淺鐵鉢一。或作ニ鍵茨建鎡一。並梵音輕重。」

ケンシ 賢士 〔術語〕在家の菩薩を稱す。【思益經一】に「跋陀婆羅等十六賢士。」「ジ」を見よ。

ケンシ 肩次 〔雜語〕下肩なり。下座を云。「ケン

ケンシ 蜆子 〔人名〕唐の洞山价禪師の法嗣、京兆府の蜆子和尙。何許の人なるを知らず。心を洞山に印してより、俗に閩川に混じ、道具を畜へず、律儀に循はず、冬夏唯一衲を被る。逐日江岸に沿ひて鰕蜆を探掇して以て其腹に充て、莫には即ち東山の白馬廟の紙錢の中に宿す。居民目して蜆子和尙と爲す。華嚴の靜禪師之と往來唱歌す。後終る所を知らず。【五燈會元十三】

ケンシヤ 見者 〔術語〕十六神我の一。神我は是れ見者なりと確執するを云。【大乘義章六】に「計ニ有我人用レ眼見レ色。故名ニ見者一。」

ケンシヤウ 見障 〔術語〕四障の一。諸の邪見を起して菩提心を障害するもの。【海意菩薩所問淨印法門經、三藏法數十八】

ケンシヤウ 見性 〔術語〕禪家の常語。自心の佛性を徹見すると。達磨の【悟性論】に「直指人心。見性成佛。教外別傳。不立文字。」⦿(野守鏡下)「禪宗の見性成佛、皆理によりて、速疾の義をたつれども」【永平道元法語】に「見性と云ふは佛性なり。萬法の實想也。衆生の心性是れなり。此性は有情非情に渡り、凡夫賢聖に普くして、都て住する所なし。故に無住の性とは、有情にありても有情に住せず、惡にありても惡に住せず、色にありても色に住せず、形にありても形に住せず、一切に住せず、故に無住の性と云ふなり。又此の性は色に非ず、有に非ず、無に非ず、住に非ず、明に非ず、無明に非ず、煩惱に非ず、菩提に非ず、全く實性なし。是を覺るを見性と名くる也。衆生は此の性に迷ふが故に、六道に輪廻す。諸佛は此性を覺るが故に、六道の苦を受け給はず」と。

ケンシヤウ 見正 〔人名〕見正比丘、後世なきを疑ふ。佛爲に見正經を說く。【見正經】

ケンシヤウキヤウ 見正經 〔經名〕佛說見正經、一卷、東晉の竺曇無蘭譯。佛、見正比丘に對して種種の喩を說き、其斷常二見を除く。【宿帙八】(716)

ケンシヤウキヤウ 顯性敎 〔術語〕具名、一乘顯性敎。圭峯所立五教の一。「ゴケウ」を見よ。

ケンシヤウジヤウブツ 見性成佛 〔術語〕「ケンシヤウ」を見よ。

ケンシヤウロク 顯正錄 〔書名〕四卷、山外五家の隨一、孤山の智圓著。荊溪の金錍論を釋す。

ケンシヤウロン 甄正論 〔書名〕三卷、唐の玄嶷著。廣く靈寶等の經天尊等の名の僞を破す。【露帙八】(1499)

ケンシヤク 見跡 〔術語〕跡は道なり。見道と言ふに同じ。図〔譬喩〕十牛の一。

ケンシヤクワンギ 見者歡喜 〔譬唯〕【藥師瑠璃光七佛本願功德經下】に「或有ニ女人一。臨ニ當レ產時一。受ニ於極苦一。若能至心。稱名禮讚。恭ニ敬供ニ養七佛如來一。衆苦皆除。所生之子。顏貌端正。見者歡喜。利根聰明。少病安樂。無下有ニ非人一奪中其精氣上。」⦿(增鏡)に「けむしやくわむきとうちあげたるほど」

ケンシユ 獻珠 〔故事〕【法華經提婆品】に龍女寶珠を佛に上つて、圓果を證するを表す。「爾時龍女有ニ一寶珠一。價直三千大千世界。持以上レ佛。佛即受レ之。龍女謂ニ智積菩薩、尊者舍利弗一言。我獻ニ寶珠一。世尊納受。是事疾不。答曰。甚疾。女言。以ニ汝神力一觀ニ我成佛復速ニ於此一。」

獻珠偈 〔雜名〕【同品】に於て、龍女の頌せし深達罪福相等の三行半の偈をさす。龍女前に此偈を頌し、後に寶珠を獻ず。珠は偈の意を顯はしたるものと云ふ。【玄義私記六】に「指ニ三行半偈一名ニ獻珠偈一。珠表ニ得記一。偈明ニ成菩提事一。珠顯ニ偈意一故也。」

ケンシユ 賢首 〔術語〕比丘の尊稱。賢者、尊者など言ふに同じ。義淨譯新律の中に多く此稱を用ふ。図 賢首菩薩、賢首大師あり。「ゲンジユ」を見よ。

ケンシユウ 顯宗 〔術語〕顯教の宗旨。眞言宗を除きし餘の諸宗を云ふ。⦿(太平記二)「顯宗の碩德なりしかば」

ケンシユウロン 顯宗論 〔書名〕 阿毘達磨藏顯宗論の略稱。四十卷、薩婆多部の衆賢造、唐の玄弉譯。諸法實有の宗義を顯揚す。天親傳に光三摩耶論と稱す。梵 Samaya pradīpikā

ケンシユクカ 甄叔迦 〔物名〕 Kiṃśuka 又、堅叔迦、緊祝迦。寶石の名。譯、赤寶。【玄應音義六】に「甄叔迦寶。譯云二赤色寶一。按二西域傳一云。有二堅叔迦樹一。其花赤色。形大如レ手。此寶色似二此花一。因以名焉。」慈恩の【上生經疏下】に「甄叔迦寶。狀如二延珪一。似二赤瑠璃一。」【慧琳音義十六】に「緊祝迦」 図〔植物〕 樹の名。【慧琳音義十一】に「甄叔迦。西國花樹名也。此方無二此樹一。大唐西域記云。印度多有二甄叔迦樹一。其花赤色。形如二人手一。一說云。亦名二阿叔迦一。(Aśoka) 亦名二無憂樹一。其花亦赤色。此說正也。」

ケンシユゲ 献珠偈 〔雜名〕 「ケンシユ」を見よ。

ケンシユモン 驗主問 〔術語〕 汾陽の十八問の一。弟子より問を發して師宗の深淺を驗するこ。又、探拔問と云ふ。【碧巖第九則評唱】

ケンシヨ 見處 〔術語〕 有漏法の異名。有漏の諸法は身見、邊見、邪見、見取見、戒禁取見の五見を生起する住處なるが故に、見處と名く。「ゴケン」參照。

ケンシヨウウバイ 賢勝優婆夷 〔人名〕 五十參善知識の第四十五。

ケンシヨウホフカイザ 堅勝法界座 〔雜名〕 胎藏大日の法座なり。【金剛頂義訣】に「名二妙顯山一舊云妙高山名二堅勝法界座種一」【菩提心義九】に「若大日宗以二堅勝法界座一爲二大日座一。」

ケンシヨシヤウゲジ 見諸障外事 〔雜語〕 歌題。【普賢經】に「時三大士阿難迦葉彌勒也異口同音。而白レ佛言。世尊。如來滅後。云何衆生起二菩薩心一。修二行大乘方等經典一。正二念思惟一實境界一。乃至云何復當レ不レ斷二煩惱一。不レ離シテ二五欲一。得下淨二諸根一滅中除諸罪上。父母所生淸淨常眼不レ斷二五欲一。而能得レ見二諸障外事一。」父母所生の肉眼に眼根淸淨の德六根淸淨の一を得て、諸の障壁外の事をも見るを得るを云ふ。◉(新後撰)「春の夜の霞や空に晴ぬらんおぼろげならぬ月のさやけさ」

ケンシヨジ 建初寺 〔寺名〕 康僧會、吳に至り、舍利を感じて吳王孫權を化す。權爲に塔を建つ、始めて佛寺あるを以て建初寺と號し、其地を佛陀里と名く。【高僧傳一康僧會】

ケンシヨダン 見所斷 〔術語〕 三所斷の一。見道に於て斷ずる所の八十八使の見惑を云ふ。

ケンシヨブツドグワン 見諸佛土願 〔術語〕 四十八願の第四十。諸人をして淨土の莊嚴を見しめんとの願。【無量壽經上】に「設我得レ佛。國中菩薩。隨レ意欲レ見二十方無量嚴淨佛土一。應レ時如レ願於二寶樹中一皆悉照見。猶如三明鏡覩二其面像一。若不レ爾者不レ取二正覺一。」【望西樓大經鈔】に「見諸佛土願」と稱す。◉(雪玉集)「わしのみねその世の法の砌をも思ふ心に遠しともなし」

ケンシン 獻身 〔術語〕 身を佛に獻ずるこ。【金剛頂經瑜伽修習毗盧遮那三摩地法】に、行者身を以て阿閦等の四佛に獻ずるこを說きて、「爲レ欲レ承二事諸如來一。捨レ身奉二獻阿閦佛一。全身委レ地以レ心禮。金剛合掌舒二頂上一。乃至由二此獻身方便一故。便能示二現種種身一。」

ケンシン 慳心 〔術語〕 六蔽心の一。慳貪の惑、心を蔽覆して布施を行せざらしむるを云ふ。【智度論三十三、三藏法數二十七】

ケンシン 顯眞 〔人名〕 延曆寺の座主顯眞。美作守藤原顯能の子。顯敎を座主明雲に學び、密灌を法印相實に禀く。歲四十を過ぎて洛北の大原に隱居し、吉水の源空を大原の勝林院に招じて專念の旨を問ひ、同志十二人と不斷念佛を修す。文治六年座主に任じ、權僧正を拜す。延久三年寂、壽六十三。【本朝高僧傳十二】

ケンシン 見眞 〔術語〕 空慧を以て眞諦の理を徹見するを云ふ。【無量壽經下】に「慧眼見レ眞能度二彼岸一。」 図〔人名〕 明治九年十一月、眞宗の開祖親鸞に見眞大師の勅諡を賜はる。

ケンシンシヤウイキヤウ 堅心正意經 〔經名〕 堅意經の異名。

ケンシントク 遣信得 〔術語〕 十種得戒緣の一。受戒せんとする尼が、容姿端麗にして、精舍に至る路に於て難に遇ふ恐れある時、佛爲に使を遣して具足戒を授けしめ給ふ如きを云ふ。

ケンジ 祆寺 〔雜名〕 末尼祆敎の寺なり。「ダイシンジ」を見よ。

ケンジ 顯示 〔術語〕 顯は顯露、示は曉示。一切衆生の本性具に因果理事等の法あり。佛、言敎を以て之を顯示す。【無量壽經下】に「今佛慈悲。顯二示大道一。耳目開明。長得二度脫一。」

ケンジ 見思 〔術語〕 見惑思惑なり。又、見愛、見修、四住、染汚無智、枝末無明、通惑、界內惑とも云ふ。共に三界の煩惱を概括せる通稱なり。見惑とは諸種の妄見なり。邪に道理を分別計度して起す我見邊見等の妄惑を云ふ。思惑とは貪瞋痴等の迷情なり、世間の事物を思慮して起す妄惑を云ふ。依つて所迷の上より見惑を理惑と稱し、思惑を事惑と稱す。何となれば、見惑は無常無我等の眞諦の道理に迷ひて起す常見我見等の邪想にして、思惑は色聲等の世間の事物に迷ひて起す貪欲瞋恚等の妄情なればなり。但し迷理迷事を以て見思二惑を分つは小乘俱舍の法相

に依る。若し大乘唯識の法相に依らば、分別俱生の二起を以て之を分ち、分別起の煩惱所知の二障を見惑とし、俱生起の煩惱所智の二障を修惑となす。さて見と稱するに二義あり。一は眞理を照見する時斷ぜらるる惑なれば見惑と云ひ、二は見は推度の義にて、此惑は何れも推度を以て性とすれば見惑と云ふ。又、思に二義あり。一は一旦眞理を見て見惑を斷ぜし上に、更に眞理を思惟修習して此惑を斷ずれば思惑と云ひ、二は世間誣妄の事物を思惟して起す惑なれば思惑と云ふ。さて此二惑は正しく三界の生死を受くる因にして、此二惑を斷じて初めて三界の生死を免るるなり。而して之を斷ずるに次第ありて、先づ見惑を斷じ、次に思惑を斷ず。見惑は其性猛利なれば、見斷如破石と唱へ、諦理を見る時一時に之を斷じ盡し、思惑は其性鈍昧なる故に、思斷如藕絲と稱し、數數諦理を思惟して漸漸に之を斷ずるなり。見惑を斷ずる位を見道と云ひ、思惑を斷ずる位を修道と云ひ、二惑を斷じ了りし位を無學道と云ふ。天台は一切の妄惑を三種に結歸す。一に見思、二に塵沙(ぢんじや)、三に無明なり。見思は涅槃の障、塵沙は菩提の障、無明は中道實相の障なりとす。【四教儀】に「集諦者即見思惑。又云二見修一。又云二四住一。又云二染汚無知一。又云二取相惑一。又云二枝末無明一。又云二通惑一。又云二界內惑一。雖二名不一レ同但見思耳。」【同集註上】「見思煩惱。分別曰レ見。貪愛曰レ思。」

見惑品數 〔雜語〕小乘俱舍は八十八を立て、大乘唯識は百十二を立つ。八十八とは一切の煩惱中に於て貪、瞋、痴、慢、疑、身見、邊見、邪見、見取見、禁戒取見の十惑を本惑と名け、餘を悉く隨惑と名く。此中小乘は貪瞋痴慢の四は見修二斷に通じ、疑と五見は唯見斷なり。此見斷の十惑を所迷の諦理に就て差別して八十八使となすなり。又大乘は貪、瞋、痴、慢と身見、邊見の六は見修二斷に通じ、餘の四は唯見所斷なり。即ち苦集滅道の四諦は所迷の眞理にて、其眞理に迷ひて起すに欲界に於て三十二、色界に於て二十八、無色界に於て二十八、三界を通じて八十八なり。欲界の三十二とは先づ苦諦の理に迷ひて十惑を起す。一に身見、五蘊假和合の苦果を以て常一の我見なりと迷執すること。二に邊見、此の我體は死後も常住なり、又は死後は斷絕するなりと、各一邊を執すること。三に邪見、此現在の身の過去の業因に對する果報たるの道理を撥無すること。四に見取見、前の三見を正見なりと迷執すること。五に戒禁取見、現在苦身に種種の邪戒苦行を作して、此身を以て人天の樂處に生ずる因と迷執すること。六に貪、前の五見を可とする者を愛すること。七に瞋、前の五見を非とする者を瞋ること。八に痴、五見の理非を知らざること。九に慢、五見を是なりとして慢心を生ずること。十に疑、苦諦の理を疑ふこと。以上十惑の中五見と疑とは直に諦理を所迷とすれば、之を親迷の惑と云ひ、他の貪瞋痴慢の四は其五見を所迷とすれば、之を疏迷の惑とす。此親疏の十惑は何れも欲界に於ける苦諦の眞理に迷ふより起る煩惱なれば、見道に入て欲界の苦諦を觀ずる時一時に斷ぜらる。次に集諦の理に迷ひて七惑を起す。前の十惑の中、身邊戒の三見を除く。集諦は業因なり、業因を以て我體を迷執するものなければ身見なし、身見なければ邊見なし。戒禁取見は人天の業因にあらざる者ものを人天の業因なりと謬るものなれば、集諦の理に迷ひて起す道理あれども、實際外道が種種の戒禁を修する時は、之を吾身上に現はして自ら其苦行の身を以て人天の生因なりと迷執する故、之を苦諦に攝めて集諦に入れず。其七惑の第一邪見は惑の生死の因たる道理を撥無すること。第二見取見は其邪見を正見なりと迷執すること。第三疑は集諦の理を疑ふこと。他の貪瞋痴慢の三は前の三惑を所迷として起すこと前の苦諦下の如し。次に滅諦の理に迷ひて起すに七惑あること集諦下の如し。滅諦は涅槃なり。涅槃なしと撥無するは邪見なり。此邪見を正見となすは見取見なり。涅槃を疑て決定の信なきは疑なり。此三見を緣にして起すは貪瞋痴慢の四なり。次に道諦の理に迷ひて起すに八惑あり。前の七惑に戒禁取の一を加ふ。一類の外道ありて無想定を修して涅槃に入る正道なりと謬るなど是れ道諦の理に迷ふより起る非道計道の戒禁取見なり。餘の七惑は集諦に例して知るべし。已上總じて欲界の三十二惑なり。

欲界
- 苦諦下—十惑—(身、邊、邪、取、戒、貪、瞋、痴、慢、疑、)
- 集諦下—七惑—(邪、取、貪、瞋、痴、慢、疑、)
- 滅諦下—七惑—(邪、取、貪、瞋、痴、慢、疑、)
- 道諦下—八惑—(邪、取、戒、貪、瞋、痴、慢、疑、)

さて色界と無色界とに各二十八あるは、四諦下の惑に各瞋の一を除く故なり。上二界は定地にて欲界の如き散地にあらざれば瞋恚の如き麁動なる煩惱を起さざるなり。

色界
無色界
- 苦諦下——九惑
- 集諦下——六惑
- 滅諦下——六惑
- 道諦下——七惑

巳上三界に於て四諦下の諦を通計して八十八なり。見道十五心の間に之を斷ずれば八十八使の見惑と云ふ。【俱舍論十九、止觀五下、大乘義章六、同十六、四敎儀集註中、七十五法】次に大乘の百十二とは欲界の四諦下に各貪、瞋、癡、慢、疑、身、邊、邪、取、戒の十惑あり、合せて四十なり。色界無色界の各の四諦下に各瞋を除きて（上界には總て瞋毒なし）九惑あれば、合せて八九、七十二なり。即ち欲界の四十を合せて百十二なり。【唯識述記九末】に「見所斷欲界四十。上界各三十六。」

思惑品數　〔雜語〕　小乘には十、大乘には十六なり。小乘の十とは、欲界に貪瞋癡慢の四あり、上二界に各貪癡慢の三あり、合せて十なり。次に大乘の十六とは欲界に貪、瞋、癡、慢、身、見、邊見の六惑あり。上二界に各瞋を除きて餘の五惑あれば、合せて十惑。欲界の六惑と合せて十六惑なり。【唯識論九】に「煩惱障者。謂執遍計所執實我。薩迦耶見而爲上首。百二十八根本煩惱。及彼等流諸隨煩惱。此皆擾惱有情身心。能障涅槃。名煩惱障。」故に見思を合すれば小乘は九十八なり。之を九十八隨眠と云ひ、大乘は百二十八なり。之を百二十八根本煩惱と云ふ。

八十一品思惑　〔名數〕　上に言ふ如く、見惑は之を頓斷し、思惑は之を漸斷す。之を漸斷するに聲聞乘は鈍根なる故、十惑を九地の九品に分けて分斷するなり。九地とは欲界五趣地を一となし、之に色界の四禪地と無色界の四空處を加へて九地なり。九品とは此各地の思惑を、上上品、上中品、上下品、乃至下上品、下中品、下下品の九品とす。故に八十一品なり。既に見惑を斷ぜし聖者を預流果となし、更に進で初地の一品乃至五品を斷ずるを一來向となし、六品を斷じ巳るを一來果とす。下三品の欲惑の爲に尙人天に一往來すべければなり。次に方に下三品の惑を斷ずるを不還向となし、既に斷じ巳るを不還果と云ふ。再び欲界に還生せざればなり。次に漸く上二界八地の七十二品を斷ずるを阿羅漢向となし、正に斷じ終るを阿羅漢果となす。阿羅漢は不生と譯す、既に八十一品の思惑を斷じ盡せば、再び三界に受生せざればなり。【俱舍論十二】「ケントク」を見よ。

ケンジ　見至　〔術語〕　又、見到。或は見得と名づく。

ケンジ　鍵鎡　〔物名〕　又犍茨、建鎡とも書く。淺き鐵鉢を云ふ。「ケンシ」を見よ。

ケンジ　肩次　〔雜語〕　又肩下、下肩とも名づく。即ち肩を接して下位に著くを云ふ。【百丈淸規五】に「副參瓚向前接聯參頭肩次。伺住持至。」

ケンジイン　顯示因　〔術語〕　六種因の一。一念の妄情生ずれば、必ず所作の善惡の業相ありて、燈の物を照して顯然見るべきが如きを云ふ。【入楞伽經二、三藏法數二十六】

ケンジキ　顯色　〔術語〕　二色の一。靑、黃、赤、白、雲、煙、塵、霧、影、光、明、闇 の十二顯然として見るべきもの。此中靑黃赤白の四を本色となし、餘の八色を此四色の差別とす。【俱舍論一】に「言色二者。一顯二形。顯色有四。靑黃赤白。餘顯是此四差別。」

ケンジキ　間色　〔術語〕　靑等の五正色に對して、緑等の五種の中間色あり。又、五間色の外に靑、黑、木蘭の三種の壞色あり。赤間色と稱す。之を袈裟の常色となす。五正五間は袈裟となすべからず。

ケンジキ　顯識　〔術語〕　顯識論二種識の一。阿梨耶識の異名。阿梨耶識は一切善惡の種子を含藏して、能く一切の境界を顯現すれば顯識と名く。【顯識論、三藏法數五】

ケンジキトン　顯色貪　〔術語〕　四種貪の一。顯色を見て起す貪欲なり。例へば、女人の膚を見て起す貪の如きなり。「ケンジキ」を見よ。

ケンジキフク　間色服　〔衣服〕　袈裟の異名。袈裟には定まれる三種の壞色あり。是れ一種の間色なれば間色服と名く。かの五間色を云ふにあらず。一に靑の間色、二に黑の間色、三に木蘭の間色なり。【六物圖】に「或名間色服。三色成故。」「ケサ」を見よ。

ケンジキキヤウ　顯識經　〔經名〕　大乘顯識經の畧名。二卷、唐の地婆訶羅譯。大寶積經第三十九、賢護長者會の異譯。【地帙十二】(53)

ケンジキロン　顯識論　〔書名〕　一卷、梁の眞諦譯。三界は但顯識、即ち阿梨耶識と、分別識、即ち意識との二種識のみあるを說く。【來帙十】(1217)

ケンジツシン　堅實心　〔術語〕　梵語、汗栗䭾。Hṛdaya 譯、堅實心。眞如の實體を云ふ。即ち起信論の一心なり。【三藏法數十八】に「堅實心者。堅固眞實。乃衆生本有之性。諸佛所證之理。即第一義心也。」四心の一。「キリダヤ」を見よ。

ケンジツシユウ　顯實宗　〔術語〕　淨影所立。四宗の第四。

ケンジツシンガフシヤウ　堅實心合掌　〔術語〕　十二合掌の第一。【大日經疏十三】に「第一合掌。令當中心堅相著十指頭稍相離。少許開之。此名寧居拏合掌。此名堅實心合掌也。」

ケンジヤ　賢者　〔術語〕　善道を修して未だ斷惑證理せざるもの。三賢十聖、七賢七聖の賢の如し。又通じて上位に名く。【增一阿含經二十九】に「賢者舍

利弗。賢者大目乾連」など。

ケンジヤ 驗者 〔術語〕「ゲンザ」と讀む。修驗道の行者なり。山伏とも云ふ。加持祈禱の法を行びて奇特の靈驗を現はし得る人なり。通じては天台眞言の僧にて、秘密の法を修する人に名くれども、別しては修驗道の山伏を云ふ。

ケンジヤウ 賢聖 〔術語〕外典に聖賢と云ふを、内典には賢聖と云ふ。南殿の賢聖障子と云ふも内典に據りし目なり。賢とは善に和する義、聖とは正に會する義なり。善に和し、惡を離るるも、未だ無漏智を發して理を證し惑を斷ぜず、凡夫の位に在るものを賢と云ひ、既に無漏智を發して理を證し惑を斷じ、次に凡夫の性を捨てしものを聖と云ふ。即ち見道前の七方便の位を賢と名け、見道以上を聖と名く。【大乘義章十七本】に「和レ善曰レ賢。會レ正名レ聖。正謂レ理也。理無二偏邪一。故說爲レ正。證レ理捨レ凡。說爲レ聖矣。乃至就レ位分別。見前已前調心離惡。名レ之爲レ賢。見諦已上會レ正名レ聖。故仁王中。地前並名爲二三賢一。地上菩薩說爲二十聖一。」【四敎儀二】に「言レ賢者。隣レ聖曰レ賢。乃至賢者名二直善一也。」【嘉祥仁王經疏三】に「會レ眞名レ聖。」【俱舍光記廿二】に「賢謂賢和。聖謂聖正。」大乘の中、仁王經に三賢十聖の目あり、瓔珞本業經に四十二賢聖の稱あり。小乘の中、薩婆多宗は七賢七聖を立て、成實宗は二十七賢聖を立つ。但し賢に通別の二門あり。別門に據れば賢は下位に居れども、通門に據れば見諦以上に通ず。經に賢者舍利弗賢者須菩提等と說き、福田經所說の二十賢聖の如し。【俱舍論二十二】に「分別賢聖品」【成實論一】に「分別賢聖品」【大乘義章十七本】に「賢聖義」【義林章五本】に「二十七賢聖章」各所說あり。

三賢十聖 〔名數〕大乘の所立。【仁王經上】に「三賢十聖。忍中行。唯佛一人能盡レ源。」又、「三賢十聖住二果報一。唯佛一人居二淨土一。」十住、十行、十回向の三位を三賢とし、初地以上、乃至第十地の菩薩を十聖とす。初地に至りて初めて理に會すれば聖の名を得。【俱舍論寶疏二十二】に「依二仁王經一。地前爲レ賢。地上名レ聖。經云二三賢十聖一故。」

七賢七聖 〔名數〕薩婆多宗の所立。五停心、別相念住、總相念住、煖法、頂法、忍法、世第一法の七方便位を七賢とし、信行、法行（初果）信解、見得、（第二果第三果）身證、（第四向）慧解脫、俱解脫、（第四果）の人を七聖とす。

二十七賢聖 〔名數〕成實論、中阿含福田經の所說なり。俱舍家亦兼て之を言ふ。二十七賢聖とは十八有學（有學を見よ）と九無學（羅漢を見よ）。【成實論賢聖品】に「如レ是九種名二無學人一。先十八學人。是無學是二十七人。名爲二一切世間福田一。」【四敎儀三】に「賢人有レ二。聖有二二十五一。合有二二十七賢聖一。具出二成論一。」又「二十七賢聖者。十八有學及九無學。」

四十二賢聖 〔名數〕三賢十聖に等覺妙覺の二聖を加へしもの。【菩薩瓔珞本業經上】に「爲二菩薩一者。乃至必諦受二學四十二賢聖名門決定多義一。」本經は梵漢の名を擧ぐ。「四十二地」を見よ。

ケンジヤウ 乾城 〔雜名〕乾闥婆城の略。別名、鬼城。蜃氣樓のこと。乾闥婆は印度樂人の異名、樂人巧に樓閣を幻作す。依て空中所現の蜃樓を乾闥婆城と名く。【慈恩寺傳九】に「乾城水沫無三以譬二其不堅一。」「ケンダツバジヤウ」を見よ。

ケンジヤウ 見諍 〔術語〕異見を確執して諍論すること。【玄義二下】に「各執二一文一。自起二見諍一。」

ケンジヤウコウアン 見成公案 〔術語〕見は現なり。「ゲンジヤウコウアン」を見よ。

ケンジヤウド、ケウギヤウシヨウ、モンルヰ 顯淨土敎行證文類 〔書名〕顯淨土眞實敎行證文類の略名。

ケンジヤウド、シンジツ、ケウギヤウシヨウ、モンルヰ 顯淨土眞實敎行證文類 〔書名〕六卷。敎、行、信、證、眞佛土、化身土の六科を建立して、廣く淨土眞宗の敎相を明かし、每科各一卷、但信卷と化身土卷と並に兩卷に分つが故に、總じて八卷となる。元仁元年甲申、親鸞聖人五十二歲の時撰す。後世略して敎行證、敎行信證、淨土文類、敎行證文類、顯淨土敎行證文類、廣文類御本書、又は御本典と稱す。

ケンジヤウミヤウジホン 賢聖名字品 〔經名〕【菩薩瓔珞本業經】の品名。

ケンジヤゴフクトクキヤウ 賢者五福德經 〔經名〕高麗藏には佛說賢者五福德經に作る。一卷、西晉の白法祖譯。賢者の說法に五種の福德を得るを說く。【宿帙八】(752)

ケンジユ 見修 〔術語〕見惑と修惑なり。見道所斷の理惑を見惑と云ひ、修道所斷の事惑を修惑と云ふ。見惑の故に四諦の眞理に達せず、種種の邪見を起し、修惑の故に善惡の業を作て三界に流轉す。此見修二惑を斷じ盡して眞理を證し、三界を出離す。舊譯家は見思見愛と云ひ、新譯家は見修と云ふ。【四敎儀】に「見思惑。又云二見修一。」【同集註中】に「見修。見惑見道所斷。思惑修道所斷。約二能斷位一名二所斷惑一也。」「ケンジ」を見よ。

ケンジユ 見取 〔術語〕四取の一。身見邊見等の非理の見に取著するを云ふ。【三藏法數十八】に「邪見

分別名レ之爲レ見。所謂身見邊見等。因レ見取著。故曰二見取一。」図見取見の略。五見の一。

ケンジユ　賢首　〔菩薩〕【華嚴經賢首品】に賢首菩薩あり。図（人名）【佛說賢首經】に併沙國王の妃人賢首夫人あり。又、華嚴宗の第三祖、唐の法藏、則天武后より賢首の號を賜はる。「ゲンジユ」と呼ぶ。

ケンジユキヤウ　賢首經　〔經名〕佛說賢首經、一卷、乞伏秦の聖賢譯。併沙國王の夫人、颰陀師利（此に賢首と云ふ）十方の佛菩薩土の名を聞かんとを願ふ。佛爲に之を說く。次に女身を離るる法を問ふ。佛答ふるに十事を以てす。【宙帙七】（510）梵 Bhadraśrī,*-śirī*(Śiras の不規則女姓）

ケンジユケン　見取見　〔術語〕五見の一。諸の邪見及び自身を確執して最勝となし、一切鬪諍の本となるもの。一切劣を以て勝となすもの。【唯識論六】に「見取。謂於二諸見及所依蘊一。執爲二最勝能得二清淨一。一切鬪諍所依爲レ業。」【俱舍論十九】に「於レ劣爲レ勝。名爲二見取一。有漏爲レ劣。聖所斷故。執レ劣爲レ勝。總名二見取一。理實應レ立二見等取名一。略二去等言一但名二見取一。」【法界次第上之上】に「於二非眞勝法中一謬見二涅槃一。生レ心而取。故曰二見取一。」梵 Dṛṣṭiparāmarśa

ケンジユシ　見取使　〔術語〕十使、又は五利使の一。四取の中の見取、又は五見の中の見取見を取つて十使の中の見取使となす。使は煩惱の異名、心身を驅役する義。

ケンジユヂゴク　劍樹地獄　〔界名〕十六小地獄の一。【長阿含第十九地獄品】に「久受レ苦已乃出二豺狼地獄一。慞惶馳走。求二自救護一。宿罪所レ牽不レ覺。忽至二劍樹地獄一。劍樹地獄。縱橫五百由旬。罪人入二彼劍樹林中一。有二大暴風一。起吹二劍樹葉一。墮二其身上一。著レ手手絕。著レ足足絕。身體頭面無レ不二傷壞一。」◉（曲、歌占）「劍樹地獄の苦は、手に劍の樹をよづれば百節零落す」

ケンセイシシ　堅誓師子　〔本生〕釋尊因位の時、金毛の堅誓師子となり、袈裟の德を念ふが故に獵師の爲に身を捨つると。【報恩經七、賢愚經十三堅誓師子品】に出づ。【報恩經七】に「昔一師子あり、堅誓と曰ふ。身毛金色大威力あり、山澤に遊行す。一の辟支佛の威儀淸淨を見て來りて親近し、常に誦經を聞く。時に大獵師あり、師子の身毛金色なるを見て其皮を剝で國王に奉らんと欲す。乃ち奇計を案じ、頭を剃り、袈裟を被、山中に入て一樹の上に坐す。堅誓師子之を見て眞の比丘と謂ひ、喜び來りて其足を舐む。獵師便ち毒箭を以て之を射る。師子既に毒箭を被て哮吼して搏撮せんと欲し、忽ちこの念を作す。此は是れ沙門、壞色衣を被る。是れ三世の佛、賢聖の幖幟なり。吾愼んで惡心を起すべからずと。即ち偈を說て曰く、願自喪二身命一。終不下起二惡心一。向中於壞色服上。願自喪二身命一。終不下起二惡心一。向中於出家人上。と偈を說き已て命終す。佛言く、其の時の師子は吾身、獵師は今の提婆達多是なり。」

ケンゼン　賢善　〔術語〕賢にして善を行ふもの。【涅槃經四相品】に「外現二賢善一。內懷二貪嫉一。」【觀經疏散善義】に「不レ得下外現二賢善精進之相一。內懷中虛假上。」

ケンゾク　眷屬　〔術語〕【梵語雜名】に「眷屬。梵語跛儞嚩羅」釋迦大日各內大の二眷屬あり。釋迦の二眷屬は【智度論卅三】に「如二釋迦文佛一。未二出家一時。車匿給使。優陀耶戲笑。瞿毗耶耶輸陀等。諸婇女爲二內眷屬一。出家六年苦行時。五人給侍。得レ道時。彌喜羅陀。須那刹多羅。阿難。密跡力士等。是名二內眷屬一。大眷屬者。舍利弗。目揵連。乃至及彌勒文殊師利。颰陀婆羅諸阿毗跋致一生補處菩薩等。」大日の二眷屬は【大日經疏一】に「般若釋論（智度論）二生身佛成道時。阿難密迹力士等。是爲二內眷屬一。舍利弗目連等諸聖人。及彌勒文殊諸阿毘跋致。一處補處菩薩等。是名二大眷屬一。今謂佛加持身亦復如レ是。諸執金剛各持二如來密印一名二內眷屬一。諸大菩薩大悲方便普門。攝二受無量衆生一。補二佐法王一行二如來事一名二大眷屬一。」之を胎藏界曼荼羅に取れば、第一重の上方遍智院を法身の德とし、右方觀音院を解脫の德とし、左方金剛手院を般若の德とし、之を大日伊字三點の內眷屬とす。又第二重の上方文殊院、右方地藏院、左方除蓋障院、下方虛空藏院の諸菩薩を大眷屬となす。【大日經疏六】◉（榮花、疑）「三十六部の善神、恒河沙眷屬ともにまもるものなり」梵 Parivāra*

ケンゾクチヤウジユグワン　眷屬長壽願　〔術語〕阿彌陀佛四十八願の第十五。【無量壽經上】に「設我得レ佛。國中人天。壽命無二限量一。除二其本願修短自在一。若不レ爾者。不レ取二正覺一。」【望西樓大經鈔】に眷屬長壽願と題す。◉（雪玉集）「長閑にて身に從へる影までも永き春日にゆらぐ玉の緖」

ケンゾクハンニヤ　眷屬般若　〔術語〕五種般若の一。無相の眞智を觀照般若とす、是れ般若の自性なり。此般若を助發し、又此般若より流出する戒定慧等の諸法を、總て眷屬般若と云ふ。【金剛經纂要刊定記二、三藏法數二十】

ケンゾクメウ　眷屬妙　〔術語〕天台所立、法華迹門十妙の第九。如來の法を受くるもの、如來の化を助くるもの、總て之を如來の眷屬とす。之を分別するに五種あり。一は理性眷屬、衆生と佛と本來一

如にして理性平等自然相關す。是れ結緣に關せず、結緣せざれども皆是れ子なり。二は業生眷屬、往昔聞法の善業に由りて今佛世に生じて受道得度するもの。大通佛の所にて結緣し、爾來今日に至りて受化せる衆生是なり。三に願生眷屬、嘗て此佛の出世に生ぜんとの誓願を起し、此宿願に由りて今或は親となり、或は怨となりて見佛聞法するもの。四に神通眷屬、先世既に佛に値ひて眞を發し諦を見れども、生猶未だ盡きず、或は上界に在り或は他方に在るものにして、今佛の出世を聞きて通力を以て此界に來生し、或は親となり或は怨となり、以て佛の行化を輔け、自ら餘殘の惑を斷つもの。五に應生眷屬、既に無明の惑を斷じて法身の本を得たるものにして、能く應を起して生死に入り、衆生を導引して佛道に向はしむるもの。麻耶は是れ千佛の母、羅睺羅は是れ千佛の子、諸の聲聞悉く內秘外現たる如き、皆是れ法身の菩薩緣に應じてここに生ぜしものなれば應生と云ふ。【玄義六下】に「譬如下父母遺體。攬レ此成レ身得上レ爲二天性一。性親愛故名レ眷。更相臣順故名レ屬。行者亦然。受レ戒之時說二此戒法一授二於前人一。前人聽聞即得レ發レ戒。師弟所二由生一也。禪亦如レ是。授二安心法一如レ教修行即得レ發レ定。是爲二我師一我是弟子。慧亦如レ是。說二諸法門一轉シテ入二人心一。由レ法成レ親。親故則信。信故則順。是名二眷屬一也。」

ケンタイ 見諦 〔術語〕眞理を證悟するなり。聲聞の預流果已上菩薩の初地以上の聖者なり。

ケンタイアジャリ 見諦阿闍梨 〔術語〕三昧を發得して秘密灌頂を得たる阿闍梨を云ふ。即ち入地已上なり。大師の如き是なり、已下は未見諦の法則阿闍梨なり。

ケンタイトク 見諦得 〔術語〕十種得戒緣の一。憍陳如等五比丘の如く、四諦の理を聞きて見道に入り、迷悟因果の道理に體して自然に具足戒を得たるものを云ふ。

ケンタウ 勸湯 〔雜語〕湯を勸むること。禪林食後に「勸湯の禮あり。

ケンタフ 犍沓 〔天名〕犍沓和の略。

ケンタフバ 乾沓婆 〔天名〕次項に同じ。

ケンタフワ 乾沓和 〔天名〕又、犍沓和、健沓惒。八部衆の一。樂神の名。「ケンダツバ」を見よ。

ケンタンタイタイ 兼但對帶 〔術語〕天台の名目。五時の中、前の四時の說相を云ふ。第一の華嚴時には圓敎に別敎を兼ねて說けば兼と云ひ、第二の阿含時には但藏敎を說けば但と云ひ、第三の方等時には藏通別圓の四敎を彼此對望して說けば對と云ひ、第四の般若時には圓敎に藏通別の三を挾對して說けば帶と云ふ。【玄義一上】に「當レ知華嚴兼。三藏但。方等對。般若帶。此經無二復兼但對帶一。專是正直無上之道。故稱爲二妙法一也。」二百題の論目に「兼但對帶」二百題一

ケンダ 健陀 〔雜語〕又、乾陀、乾馱、健達、譯、赤色、黃色など、即ち袈裟の色。【百一羯磨九】に「乾陀色。梵云二袈裟野一。Kaṣāya 譯爲二赤色一。」【章服儀】に「木蘭一染此方有レ之。赤多黑少。若二乾陀色一。」【寄歸傳一】に「袈裟乃是蕃言。即是乾陀之色。」(Kanthā,* 或 Kantaka* ㈡ 〔物名〕譯、香。Gandha 【大日經疏九】に「健杜是香。」【大日經第二息障品】に「健陀」【名義集三】に「乾陀羅耶。正言二健達一。此云レ香。」【玄應音義三】に「健達。此譯云レ香也。」【俱舍光記八】に「健達名レ香。」㈢ 〔植物〕香樹の名。【寶樓閣經中註】に「乾陀羅樹香。安息香也。」【業疏四上】に「赤即木蘭所レ染。微涉二黑色一。即世南海乾陀樹皮頗相類也。」【元照應法記】に「乾陀樹。業疏云二南海有一レ之。疑是木蘭梵語耳。」㈣ 〔異類〕鬼の名。【法華經陀羅尼品】に「犍陀揵陀羅。黃色鬼。」【嘉祥法華義疏十二】に「建陀。此云二赤色鬼一。」【慧琳音義二十六】に「建陀。具足云二私健陀一。Skandha (Skanda) 此云レ蔭也。朗法師云。是偏唇鬼也。」㈤ 〔天名〕健達婆の略名。八部衆の一。【般舟經中】に「鬼神乾陀共擁護。」【往生要集指麾鈔十九】に「乾陀者具云二健達縛一。又云二乾闥婆一。國音不同也。」「ケンダツバ」を見よ。㈥ 〔地名〕國の名。犍陀羅國の略名。「ケンダラ」を見よ。

ケンダ 乾陀 〔地名〕Yugaṁdhara 山の名。瑜乾駄羅の略。譯、雙持。【慧苑音義上】に「乾陀山。具云二瑜乾駄羅一。言二瑜乾一者。此云レ雙也。駄羅ハ持也。」

ケンダ 蹇陀 〔物名〕Khaṇḍa 砂糖の名。【大日經七】に「此砂糖名爲二蹇茶一。狀如二益州所出者一而色甚鮮白。觸レ之便碎。」

ケンダ 甄陀 〔天名〕又、緊那羅。緊捺洛。八部衆の一。譯、人非人。「キンナラ」を見よ。

ケンダ 犍陀 〔術語〕Skandha 巴 Khandha 又、塞陀、犍度。譯、聚篇章に名く。「ケンド」を見よ。

ケンダアンラ 犍陀菴羅 〔植物〕樹の名。【翻梵語九】に「犍陀菴羅樹。譯曰二香菓一。見二善見第三一。」

ケンダイ 見大 〔術語〕七大の一。色性法界に周徧する如く、見性亦法界に徧滿するを見大と名く。見聞覺知の中、初めに就いて獨り見大を立つ。【楞嚴經三、三藏法數三十】

ケンダイビラキ 見臺開 〔儀式〕僧侶が始めて衆のために講義をなすを云ふ。學位昇進の紀念として見臺開の式を行ふ。

ケンダウ 見道 〔術語〕三道の一。初めて無漏智を

生じて眞諦の理を照見する位なり。道は道路の義、學人進取の道路なり。三賢四善根の加行を積みて、世第一法の無間に生ずる無漏の眞智なり。又大乘の菩薩は初僧祇の終に四善根の加行を終へて、分別起の煩惱所智の二障を頓斷するを見道と云ふ。而して其の時の無漏智に於て、小乘倶舍宗には、八忍、八智の十六心あり。一に苦法智忍、欲界の苦諦下の見惑を斷ずる智なり。二に苦法智、苦惑を斷じ已て正しく理を證する智なり。三に集法智忍、欲界の集諦下の見惑を斷ずる智なり。四に集法智、集惑を斷じ已て正しく理を證する智なり。五に滅法智忍、欲界の滅諦下の見惑を斷ずる智なり。六に滅法智、滅惑を斷じ已て正しく理を證する智なり。七に道法智忍、欲界の道諦下の見惑を斷ずる智なり。八に道法智、道惑を斷じ已て正しく理を證する智なり。九に苦類智忍、上二界の苦諦下の見惑を斷ずる智なり。十に苦類智、苦惑を斷じ已て正しく理を證する智なり。十一に集類智忍、上二界の集諦下の見惑を斷ずる智なり。十二に集類智、集惑を斷じ已て正しく理を證する智なり。十三に滅類智忍、上二界の滅諦下の見惑を斷ずる智なり。十四に滅類智、滅惑を斷じ已て正しく理を證する智なり。十五に道類智忍、上二界の道諦下の見惑を斷ずる智なり。十六に道類智、道惑を斷じ已て正しく理を證する智なり。（忍は忍許の義にて、眞理を信忍して惑を起さゞる位なれば、之を斷道となし、智は決定の義にて、惑を離れ已て正しく理を決定する位なれば、之を證道となす。欲界を法と云ふは是れ現前所見の法なればなり、上二界を欲と言ふは是れ欲界に比類する法なればなり。）此十六心の中、前の十五心を見道となし、最後の道類智の一心を修道に攝むるなり。又小乘の成實宗は四諦の行相を別觀せず、唯空觀を以て無量刹那相續して三界の見惑を斷じ、之を無相行と名け、見道となすなり。若し大乘法相宗に依らば斷證の眞見道を一心と立て、此の十六心を眞見道已後の相見道となすなり。【倶舍論二十三】に「見道者。苦法智忍爲レ初。道類智忍爲レ後。其中總有二十五刹那一。皆見道所攝。未レ見二見諦一故。至二第十六道類智一時。無二一諦理未一レ見。今見如レ習二曾見一。故修道攝。」【大乘義章十七本】に「入聖之初。於二四眞諦一推求明白名爲二見道一。乃至若依二成實一。入二無相位一名爲二見道一。故彼論言。信法二人。入二見諦道一。名二無相行一。世第一後須陀果前。空觀無間名二無相行一。若依二毘曇一。苦忍已去十五心頃。名爲二見道一。乃至十六中前十五心。是須陀向。判爲二見道一。末後一心是須陀果。見道不レ收。」又「依二成實宗一見道之中有二無量心一。故彼文言。以二無量心一斷二諸煩惱一。中非レ八非レ九。言レ非二八一者。說下見道中有二無量心一相續斷上レ惑。破三阿毘曇定說二八忍一。言レ非二九一者。說三修道中有二無量心一。破下阿毘曇於二一一地一定中九無礙。即九解脫上。彼宗觀レ有。有局別見易レ明故。故成實說二無量心一。彼宗敎レ空。空無二分限一。見難分故。」何（已上小乘）【唯識論九】に「加行無間。此智生時體會二眞如一名二通達位一。初見レ理故亦名二見道一。」【唯識述記十本】に「見道者。唯在二初地初入地心一。」

一心眞見道〔術語〕唯識論所明の菩薩乘の見道に、眞見道相見道の二あり。世第一法の後念に無漏の根本智を生じ、分別起の二障を斷ずる位を無見道とし、次の一念に所顯の眞理を證する位を解脫道とし、此二道を眞見道と稱す。次に後得智を生じ、所證の眞理を分別思想するを相見道と云ふ。此に三心相見道、十六相見道の二あり。而て眞見道は無間解脫の二道ありて、多刹那に渉たれども、別の所作にあらず。其相等しきが故に一心と名く。【唯識論九】に「眞見道。謂所說無分別智。實證二二空所顯眞理一。實斷二二障分別隨眠一。雖二多刹那事方究竟一。而相等故總說二一心一。」

三心相見道〔術語〕相見道の中に二種あり、一を三心相見道とし、二を十六心相見道とす。三心見道は、一に生空を觀じて粗大なる煩惱障を斷ずる智を起すなり。二に法空智を觀じて所知障を斷ずる智を起すなり。三に二空を合觀して微細なる二障を合觀する智を起すなり。此の三相は實の斷證にあらず、但假相を以て重ねて彼の眞見道の實の斷證に法とる故に相見道と云ふ。【唯識論九、百法問答抄六】

十六心相見道〔術語〕三心相見道の後に又十六心相見道あり、此に亦二種あり。一は法智と類智とを上下二界に配して十六心を成すと前の小乘の如し。二は上下二界を分たず、法智と類智とを所觀の理と能觀の智とに配して十六心を成すなり。即ち、一に苦法智忍は三界の苦諦を緣じて正しく善惡を斷ずる無間道の智なり。二に苦法智は善惡を斷じ已て眞如を證する解脫道の智なり。三に苦類智忍は前の二智を各別に內證する無間道の智なり。四に苦類智は苦法智忍を審定し印可する解脫道の智なり。集滅道の三、例して然り。故に之を所取（是理）能取（是智）の十六心とも、總作の十六心とも云ふ。是れ菩薩に局る觀相なり。已上三心十六心共に眞見道の根本智の後に生ずる後得智上の分別思想なり。【百法問答抄六】

ケンダウシヤクギ　見道釋義〔術語〕三論宗、四種釋義の一。「シシヤク」を見よ。

ケンダウシヨダン　見道所斷〔術語〕三斷の一、見道によりて斷ぜらるる法を云ふ。「ゲンダウ」を見よ。

ケンダウチヤウジユグワン　見道場樹願　［術語］阿彌陀佛四十八願中、第二十八。【無量壽經上】に「設我得レ佛。國中菩薩乃至少功德者。不レ能レ知二見其道場樹無量光色。高四百萬里者。不レ取二正覺一。」【望西樓大經鈔四】に「見道場樹願」と題す。⊙（雪玉集）「思はずや村雨過す時の間も嬉しかりしを今日の木のもと」

ケンダカ　建佗歌　［動物］Kanthaka 悉達太子王宮出走のとき乘りし馬。【因果經】に「犍陟」【六度集經】に「犍德」【修行本起經】に「騫特」【玄應音義十九】に「犍陟。六度集作二犍德一。正言二建佗歌一。此譯云レ納也。」此馬帝釋の化身なりと。【六度集經八、經律異相七】。俗にコンデイと云ひ、金泥など書す。「コンデイゴマ」を見よ。

ケンダカ　犍陀訶　［地名］「ケンダラ」を見よ。

ケンダカダイ　乾陀訶提　［菩薩］Gandhahastin 又、乾陀訶提、乾陀呵晝。菩薩の名。譯、香象。【可洪音義六】に「乾陀訶提。下合レ作レ堤。音低。此云二香象一。」【玄應音義三】に「乾陀呵晝菩薩。新道行作二香象菩薩一是也。」

ケンダカチウ　乾陀呵晝　［菩薩］又、犍陀呵晝。「ケンダカダイ」を見よ。

ケンダクチ　健陀俱知　［堂塔］Gandhakuṭī 又、健陀俱胝。譯、香室堂。世尊の居室より轉じて寺廟の異名となる。【毘奈耶雜事二十六】に「西方名二佛所住堂一爲二健陀俱知一。健陀是香。俱知是堂。此是香室香臺香殿之義。」

ケンダコクシノケサ　健陀穀子袈裟　［衣服］弘法の【請來錄】に阿闍梨付屬の物を擧ぐる中「健陀穀子袈裟一領。」健陀は又乾陀香樹の名。穀子は果實を云ふ。即ち健陀樹の果實を以て染めし袈裟なり。其色は赤又は多赤少黑にして、是れ袈裟の本色なり。又健陀は香の梵名なるを以て香染と云ふ。「ケンダ」「カウゾメ」を見よ。穀或は殼に作る。枳殼（Kantaka）の意ならん。

ケンダコクワウキヤウ　健陀國王經　［經名］一卷、後漢の安世高譯。犍陀國王、牛の語に感じて佛を信ず。佛因つて往因を說く。【宿帙七】（695）

ケンダダツタ　蹇陀達多　［人名］比丘の名。【慧琳音義十四】に「蹇陀達多。是提婆達多眷屬等五百比丘名也。」梵 Skanda-dattā

ケンダダラドハ　乾陀達羅度波　［印相］譯、香水法印。【陀羅尼集經五注】

ケンダツ　乾闥　［物名］又、健達、譯、香。「ケンダ」を見よ。図［天名］乾闥婆の略。譯、香陰。樂神の名。八部衆の一。「ケンダツバ」を見よ。

ケンダツジヤウ　乾達城　［雜名］乾達婆城の略。譯、尋香城。樂人幻作の化城のこと。又、蜃氣樓。

ケンダツバ　乾闥婆　［天名］Gandharva 又、犍達婆、犍達縛、健闥婆、乾沓和、乾沓婆、彥達縛、犍陀羅など。譯、香神、嗅香、香陰、尋香。行樂人の稱。又八部衆の一。樂神の名。酒肉を食はず、唯香を求めて陰身を資け、又其陰身より香を出だせば、香神乃至尋香行と云ひ、緊那羅と共に帝釋に奉侍して伎樂を奏するを司る。緊那羅は法樂、乾闥婆は修樂。【注維摩經一】に「什曰。乾闥婆。天樂神也。處二地十寶山中一。天欲レ作レ樂時。此神體上有レ相出。然後上レ天也。」【天台淨名疏二】に「乾闥婆。此云二香陰一。此亦陵レ空之神。不レ噉二酒肉一唯香資レ陰。」【文句二下】に「乾闥婆。此云二嗅香一。以レ香爲レ食。亦云二香陰一。其身出レ香。此是天帝俗樂之神也。」【嘉祥法華義疏二】に「犍撻婆。此云二香陰一。以二其清虛食レ香。又身唯恒出レ香。故名二香陰一。」【玄應音義三】に「犍沓和。又云二犍陀羅一。或作二乾沓婆一。或云二犍達婆一。或云二乾闥婆一。舊名也。今正言二犍達縛一。皆國音之不同也。此云二齅香一。亦云二樂神一。一云二食香一。舊云二香神一。亦近也。經中亦作二香音神一也。」図［雜名］西域の俗俳優を乾闥婆と云ふ。彼等生業を事とせず、只飲食の氣を尋ねて樂を作して乞求する故に名く。【二十唯識述記上】に「西域呼二俳優一亦云二尋香一。此等不レ事二王侯一。不レ作二生業一。唯尋二諸家飲食等香氣一。便往二其門一作二諸伎樂一。而求二飲食一。」【玄贊二】に「梵云二健闥縛一。此云二尋香行一。即作レ樂神。乾闥婆訛也。西域由レ此呼二散樂一爲二健闥縛一。專尋二香氣一作レ樂乞求故。」図［術語］中有の稱。此に死して彼に生ずる中間の身を云ふ。彼れ亦香を以て食となす。【二十唯識述記上】に「梵云二健達縛一。此云二尋香一。謂中有能尋二當生處香一即往生。亦名二健達縛一。」【俱舍論光記八】に「健達名レ香。縛名レ食。即中有名。」

ケンダツバジヤウ　乾闥婆城　［雜名］又、犍闥婆城、健闥縛城、巘達嚩城。譯、尋香城、蜃氣樓。樂人を乾闥婆と名け、彼の樂人巧に樓閣を幻作して人に觀しむるを、之を乾闥婆城と稱す。而て彼の空中に現ずる蜃氣樓のさま之に類すれば亦稱して乾闥婆城と云。以て物の幻有實無に譬ふ。【智度論六】に「犍闥婆者。日初出時。見二城門樓櫓宮殿行人出入一。日轉高轉滅。此城但可二眼見一而無レ有レ實。是名二犍闥婆城一。」【二十唯識述記上】に「舊論云二乾闥婆城一訛也。梵云二健達縛一。西域呼二俳優一亦云二尋香一。此等能作二幻術一。此幻ヲ作城一於レ中遊戲。名二尋香城一。幻惑シテ似レ有無二實城用一。或呼二陽焰化城一名二健達縛城一。諸商估等入二諸山

海。多見二陽焔化一爲二城室一。於レ中聞レ有二作樂等聲一。西域呼二作樂者一既名二尋香一。故說二此化城一名二尋香城一。」【輔行一之三】に「乾城俗云二蜃氣。蜃大蛤也。朝起二海洲一。遠視似レ有二樓櫓人物一。而無二其實一。故十喩讃云。世法空曠。如二彼鬼城一。」【慧苑音義下】に「乾闥婆城。此云二尋香城一也。謂十寶山間。有二音樂神一。名二乾闥婆一。忉利諸天意須二音樂一。此神身有二異相一。即知二天意一往レ彼娛樂。因二此事一故。西域名二樂人一爲二乾闥婆一。彼樂人多幻二作城郭一。須臾如レ故。因即謂二龍蜃所現城郭一。亦爲二乾闥婆城一。」【慈恩寺傳九】に「乾城水沫無三以譬二其不堅一。」⦿（太平記三九）「蜃氣爰に乾闥婆城を吐き出せるかと怪まる」

ケンダツバワウ　乾闥婆王　〔天名〕【法華經序品】に「有二四乾闥婆王一。樂乾闥婆王。樂音乾闥婆王。美乾闥婆王。美音乾闥婆王。各與二若干百千眷屬一俱。」【智度論十】に「揵闥婆王名二童籠磨。秦言樹一」（Druma）

乾闥婆王彈琴　〔雜語〕　樂神乾闥婆の奏樂。【智度論十】に「屯崙摩甄陀羅王。Drumakinnara-rājā 揵闥婆王。至二佛所一彈レ琴讃レ佛。三千世界皆爲二震動一。乃至摩訶迦葉不レ安二其座一。」

ケンダバナ　乾陀婆那　〔地名〕　國の名。「ケンダラ」を見よ。

ケンダヘウカ　健拏驃訶　〔經名〕　Gaṇḍa-vyūha　天曆中、增春の【華嚴一乘義私記】に「梵云二健拏驃訶一。華言二健拏一。嚴言二驃訶一。」（名義大集六五）に寶嚴樹經、大乘密嚴經、【黃帙八】（444）とす

ケンダボク　蹇拏僕　〔人名〕　Kaṇabhuj 勝論の祖、食米齋山人の梵名。カナダに同じ。「ウルカ」を見よ。

ケンダマカエン　揵陀摩訶衍　〔地名〕　Gandha-mahāyāna* 山の名。【翻梵語九】に「健陀譯曰レ香。摩訶衍者大乘。」

ケンダマダマラ　健陀摩陀摩羅　〔地名〕　山の名。【翻梵語九】に「健陀摩陀摩羅。譯曰二香花一。」梵 Gandhamādanamāla　即ち香醉山なり。

ケンダラ　乾陀羅　〔地名〕　Gandhāra　又、健馱邏、揵陀囉、乾陀、乾陀衛、乾陀越。譯、持地、香行、香遍、香淨、香潔など。國の名。【西域記二】に「健馱邏國。」【慧苑音義下】に「乾陀羅國。此云二持地國一。謂昔此國多有二道果聖賢一。住二持其境一。不下爲二他國一侵害上也。又云。乾陀是香。羅謂陀羅。此云レ遍也。言遍二此國內一多生二香氣之花一。故名二香遍國一。其國在二中印度北。北印度南。二界中間一也。」【玄應音義三】に「乾陀越國。應云二乾陀婆那一。此譯云二香林一。明度經云二香淨國一。同一也。」次下に「香淨。梵言二乾陀越一。或作レ健。案二阿闍世王女經一。云二乾陀一。云二香潔一。一云二香風國一也。」【阿闍世王女經】に「揵陀訶刹土。漢言二香潔國一。」印度カシュミールの西北、パンヂャップの北に在りし國の名。古く大乘の行はれたる形跡あり、加ふるに古來印度と希臘との交通の衝にあたり西曆紀元前後の製作にかかる精好を極めたる佛像の發見せらるるものあり。美術、建築學上最も有名なり。図〔植物〕樹の名。略名、乾陀。【寶樓閣經中】に「若以二乾陀囉樹香一和二白芥子油一伏二一切龍一。」【註】に「乾陀囉樹香。安息香也。」「ケンダ」を見よ。図〔地名〕山の名。【四阿含暮抄下】に「揵陀羅。此云二持天地山一。」図〔雜名〕色の名。【名義集三】に「乾陀羅。或劫賓那。此云二黃色一。」「ケンダ」を見よ。

ケンダラジユカウ　乾陀囉樹香　〔物名〕　乾陀囉樹より製したる香料。即ち安息香也。【寶樓閣經中注】に「乾陀囉樹香。安息香也。」梵 Gandhāra* Gandhala* 安息香は通常 Guggula と呼ぶ。

ケンダラヤ　乾陀羅耶　〔界名〕　佛國の名。譯、香積。【玄應音義三】梵 Gandhālaya

ケンダリ　健馱梨　〔眞言〕　咒の名。之を持すれば能く空中に騰飛するを得。是れ健馱羅國の女巫より出でし咒なれば　女聲に從へて健馱利と云。【俱舍論廿七】に「有二咒術一名二健馱梨一。持レ此便能騰レ空自在。」【同光記二十七】に「眞諦云。有二女天一名二健馱梨一。翻爲二持地一。此咒是健馱梨所レ說。從二能說女天一爲レ名故。稱二健馱梨一。」【玄應音義二十三】に「健馱梨。持咒女名也。從レ國爲レ名。此女聲呼レ之。男聲猶二健馱羅國一也。」【大法炬陀羅尼經十三】に「揵陀利。隋言二奪香一。」梵 Gandhārī

ケンダロ　揵陀樓　〔植物〕　樹の名。【翻梵語九】に「揵陀樓。譯曰二持地一。見二四分第九一。」梵 Gandhālu*

ケンダヱ　乾陀衛　〔地名〕　「ケンダラ」を見よ。

ケンダヲツ　乾陀越　〔地名〕　國の名。同上。

ケンダン　懸談　〔術語〕　經論を講ずるに、先づ文前に於て一部の要義綱領を論ずるを懸談と云ふ。天台の法華玄義、淸涼の華嚴玄談の如き是なり。【盂蘭盆疏記下】に「未レ入二經文一。義章先說。故曰二懸談一。懸即先也。」

ケンチ　揵地　〔物名〕　又、揵稚、共にカンチと讀む。「カンチ」を見よ。

ケンチ　堅智　〔術語〕　金剛拳の異名なり。【金剛頂義訣】に「金剛拳者佛堅智相也。」

ケンチ　見地　〔術語〕　三乘共十地の第四位。聲聞乘の預流果に當る。四諦の理を見て三界の見惑を斷じ、初て聖果を得たるもの。即ち第十六心の道類智なり。【大乘義章十四、四教儀集註下】

ケンチウブ　賢胄部　〔流派〕　Bhadrayānika 小乘

二十部の一。佛滅後三百年、犢子部より流出す。部主の名を賢と曰ふ。賢を祖とすれば賢胄部と稱す。其說く所犢子部に同じ。【宗輪論述記】に「賢胄者。賢者部主之名。胄者苗裔之義。是賢阿羅漢之苗裔。故言ニ賢胄一。從ニ所レ襲部主一爲レ名也。」

ケンチシン 見智身 〔印相〕 智法身を見るの意。金剛界の修法に結ぶ印契の一。【金剛頂蓮華部心念誦儀軌】に「次結ニ見智身一。印契如ニ前相一。見ニ彼智薩埵一。應丙觀下於ニ自身一。鉤召引入縛上。令乙喜作成就甲。眞言曰。嚩曰囉ニ合薩怛嚩ニ合涅哩ニ合捨也ニ合。」と云へる是なり。印契前相の如しとは現智身を指すなり。

ケンチヤウ 見丁 〔職位〕 御修法の時に花香乳木を取り出す僧侶の役名。

ケンチヨク 犍陟 〔動物〕 悉達太子の乘馬の名、ケンダカと讀む。「ケンダカ」を見よ。

ケンヂヨク 見濁 〔術語〕 五濁の一。末世に至り衆生の邪見盛に起りて、世を濁亂するを云ふ。有見無見乃至六十二見等なり。【法華經方便品】に「入ニ邪見稠林。若有若無等一。依ニ止此諸見一。具ニ足六十二一。」【文句四下】に「見濁者。無人謂ニ有人一。有道謂ニ無道一。十六知見六十二等。猶如ニ羅網一。又似ニ稠林一。纒縛屈曲不レ能ン得レ出。是見濁相。」【法華玄贊四】に「若於ニ今世一法壞法沒。像法漸起。邪法轉生。是名ニ見濁一。此以ニ五見一而爲ニ體性一。多近ニ外道一惡見數生。」

ケンツイ 犍椎 〔物名〕 又、犍槌、乾槌。【集韻】に「椎。傳追切。音追。通作レ槌。」今は梵語にてカチンと讀む。「カンチ」を見よ。

ケンテイ 犍坻 【人名】 祇洹精舍の奴の字。譯、續。續生の義。もと波斯匿王の兄の子にて、容色美なり。王の夫人私かに之を呼び、己に從はしめんと欲す。犍坻聽かず。夫人大に之を怒り王に譏す。王大に怒つて節節に體軀を解き、塚間に棄つ。命未だ絕えざる頃に佛其邊に到り、光明身を照し、平復故の如し。佛爲に法を說き、即ち第三果を得。言く、我身已に破れ、佛我命を續ぐ。我れ當に此形壽を盡して佛及び比尼僧に布施すべしと、即ち祇洹に來りて終身奴と爲る。【智度論八】これ續生の名の因緣なり。Ghantin*

ケンテン 顯典 〔術語〕 顯教の經典。【元亨釋書四】に「密壇濕典。充棟汗牛。」

ケンテンダウ 見顚倒 〔術語〕 三顚倒の一。眼識が外境を見て、虛幻を顚倒して實有と爲し、以て種種の迷惑を生ずると。【宗鏡錄四十二】

ケント 健杜 〔物名〕 又、健陀、健達。譯、香。【大日經疏九】に「健杜是香」「ケンダ」を見よ。

ケントク 犍德 〔雜名〕 又、蹇特、悉達太子の乘馬の名。「ケンタカ」を見よ。

ケントク 驗德 〔術語〕 眞言師、山伏などの修行を積んで、種種の靈驗奇特を作し得ると。⦿(盛衰記)に「樣樣の驗德を顯はさせ給ひける」

ケントク 驗得 〔雜語〕 ⦿(十訓抄)に「驗得の方に不思議多かり」驗德の誤なるべし。下の文に行德とあり。

ケントク 見得 〔術語〕 七聖の一。舊譯に見得。新譯に見至。辟聞乘の人、修道の位に入りて利根なるもの。利根にして自ら法を見て理を得るが故に見得と云ひ、因の見より果の見に至るを得れば見至と云ふ。【四教儀集註中】 「次項」を見よ。

ケントク 顯得 〔術語〕 眞言所立三種成佛の一。

ケントクノジヤウブツ 顯得成佛 密教にて三密の行業相應して、修行圓滿に具足し、心中內證の無量の功德を自ら開顯して、意に依正無礙十界平等の佛身を證得するを云ふ。【眞言名目】に「加持の內證唯獨自明了、餘人所不見の故に、自身の萬德を開示して佛相を出現し、地地昇進して十一地所顯圓極する是也」とあり。三種即身成佛の一、「ソクシンジヤウブツ」の項參照。

ケンド 犍度 〔術語〕 Skandha, 巴 Khandha 又、乾度。譯、聚、蘊、積、藏、結、節。論律中の篇章の名。【南山戒疏一下】に「受法戒法。各別聚處。名爲ニ犍度一。」【法礪四分律疏七本】に「西音犍度。此方稱レ聚。諸法之中當ニ分說一故稱爲レ聚。而存ニ梵音一總爲ニ犍度一。」【飾宗記七本】に「西音犍度者。梵音塞犍陀。或云ニ塞犍圖一。此翻爲レ蘊。蘊即聚也。」【玄應音義四】に「犍度。此言訛也。正音娑犍圖。此云レ聚也。」【資持記上一之一】に「梵語犍度。此云ニ法聚一。即篇品之名。」【演密鈔五】に「犍度云レ藏」図【婆藪槃豆法師傳】に「八伽蘭陀。Grantha 即間云ニ八犍度一。伽蘭他。譯爲レ結。亦曰レ節。謂義類各相結屬。故云レ結。又攝レ義令レ不レ散。故云レ結。義類各有ニ分限一。故云レ節。」

八犍度 〔名數〕 一に雜犍度、四善根、四聖果、有餘涅槃、無餘涅槃等の法を雜說するが故に名く。二に結使犍度、結使とは煩惱の異名なり。三結、五蓋、五上分結、五下分結等、乃至百八煩惱を說くが故に名く。三に智犍度、智は智慧なり。二智、三慧、四智、八智、十智等を說くが故に名く。四に行犍度、身口意三業の所行、三業道、乃至十善、十惡の業行を說くが故に名く。五に大犍度、地水火風の四大の能造所造の法を說くが故に名く。六に根犍度、眼等の五根、六根、乃至二十二根等を說くが故に名く。七に定犍度、四禪、八定等の禪定

を說くが故に名く。八に見犍度、斷定の二見、乃至六十二見等を說くが故に名く。【八犍度論】

二十犍度　〔名數〕一に受戒犍度、受戒の法を說くが故に名く。二に說戒犍度、每月說戒懺悔するの法を說くが故に名く。三に安居犍度、每年五月（舊律）六月（新律）より安居する法を說くが故に名く。四に自恣犍度、夏安居の竟日に比丘の隨意に他の犯罪を擧げて之を懺悔せしむる法を說くが故に名く。五に皮革犍度、比丘の皮革を着せるに就て其の法非法を說くが故に名く。六に衣犍度、比丘の三衣の法を說くが故に名く。七に藥犍度、四藥の法を說くが故に名く。八に迦絺那衣犍度、安居の竟りし後一月の間信者より受くる迦絺那衣の事を說くが故に名く。九に拘睒彌犍度、拘睒彌國に於て發りし僧中の爭事を說くが故に名く。十に瞻波犍度、瞻波國に於て起りし僧中の爭事を記するが故に名く。十一に呵責犍度、惡比丘を呵責する法を說くが故に名く。十二に人犍度、比丘罪を犯して覆藏せざる時、其の人に對して懺悔せしめて之を洗淨する法を說くが故に名く。十三に覆藏犍度、比丘罪を犯して之を覆藏する者を治する法を說くが故に名く。十四に遮犍度、比丘說戒の時に不如法の比丘を遮して、之を列するを聽さざる法を說くが故に名く。十五に破僧犍度、破法輪僧破羯磨僧の事を說くが故に名く。十六に滅諍犍度、七種の諍論を滅する法を說くが故に名く。十七に比丘尼犍度、比丘尼特殊の法を說くが故に名く。十八に法犍度、比丘の坐作語默に就き如法の威儀を說くが故に名く。十九に房舍犍度、比丘の住する房舍の法を說くが故に名く。二十に雜犍度、已上十九犍度の外の種種の雜法を說くが故に名く。【四分律三十一乃至五十四】

ケンド　賢豆　〔地名〕「インド」を見よ。

ケンドク　見毒　〔術語〕邪見身を害すれば毒箭と云。【菩薩藏經】に「我觀二一切世間衆生一。於二無量劫一。具造二諸過失一。爲二十種毒箭所レ中。何謂レ十。一愛毒箭。乃至八見毒箭。」【智度論一】に、佛、長爪梵志を詰りて「汝已飮二邪見毒一。今出二此毒氣一言二一切法不受一。是見毒汝受不。」

ケンドハラテイシヤタンナ　建豆鉢喇底車憚娜　〔衣服〕Kaṇḍūpraticchadana　譯、遮瘡疥衣。十三資具衣の一。【有部百一羯磨十】

ケンドン　顯頓　〔術語〕三教の漸教を開いて一乘の頓教を顯はすと。

ケンドン　慳貪　〔術語〕物を惜みて人に與へず、貪り求めて飽き足らざる心。【法華經方便品】に「若以二小乘一化乃至於二一人一我則墮二慳貪一。」【中阿含經三十一】に「我見二世間人一。有レ財痴不レ施。得レ財復更求。慳貪積二聚物一。」【文句四下】に「慳貪墮二此趣一。此趣多二饑渴一故名二餓鬼一。」

ケンナン　健南　〔雜名〕又、鍵南、蹇南、健男、羯南。譯、堅厚、堅固、凝厚。胎內五位の一。人の胎內に於て第四七日に至て肉團の堅厚となりしもの。【玄應音義二十二】に「鍵南。舊云二伽訶那一。此云二堅厚一。至二第四七日一。肉團方堅實。」【倶舍光記九】に「健南。此云二堅肉一。」【大佛頂經七】に「羯南」梵 Ghana

ケンニダ　蹇尼陀　〔人名〕勝論の祖、食米齋山人の梵名。「ウルカ」を見よ。

ケンニニヨライ　見二如來　〔雜語〕歌題。【法華經見寶塔品】に多寶如來と釋迦如來と共に多寶塔中に坐するを述べて、「爾時見下二如來在二七寶塔中一師子座上一結跏趺座上」◉（拾玉）「いづれか日いづれか月とながむれば鷲の高根の御空なりけり」

ケンニン　賢人　〔術語〕三賢十聖、七賢七聖など。總て聲聞乘の預流果以前、菩薩乘の初地以前の觀行者を賢人と稱す。成宗論の二十七賢聖の中には、前の二を賢人とし、後の二十五を聖者とす。【玄義八】に「賢名二賢能一。亦名二賢善一。善故有德。能故有レ智。智德具足。故稱二賢人一。」「ケンジヤウ」を見よ。

ケンニンジ　建仁寺　〔寺名〕京都四條の南、大和大路の東にあり。建仁三年源賴家建立。東山建仁禪寺と稱す。開山千光國師榮西。本朝禪苑の最初。臨濟宗五山の第三。敕して台密禪の三宗を置く。榮西即ち眞言止觀の二院を寺に搆ふ。【元亨釋書二】

建仁寺流　〔流派〕榮西禪師曾て伯耆國大山の開基基好より各流の密法を傳へ、又横川南樂房顯意より川流の密法を受けて、二流を兼學し、後に建仁寺を創して之を傳授しければ建仁寺流と云。又、禪師を葉上房の僧正と曰ひければ葉上流と云ひ、曾て東谷佛頂尾觀泉房に住しければ佛頂流とも云。【自在金剛集】

建仁寺垣　〔物名〕竹垣の名。中の門の南より、竹垣を以て塀の代りとす。是より竹垣を建仁寺と云。【都名所圖會二】

建仁寺陀羅尼鐘　〔行事〕此鐘每夜子時より九十聲撞き、晨朝に十八聲、合せて百八なり。昔は陀羅尼を誦しつつ撞きしゆへ陀羅尼鐘と云。【都名所圖會二】

ケンネンムリヤウコフ　懸念無量劫　〔雜語〕【見聞集二】に引用。「繫念無量劫」の誤。「ケネン」を

見よ。

ケンハ 劒波 〔天名〕地動神。日天の眷屬なり。【演奥鈔十四】に「注大佛頂云。劒波婆耶。地動難 若依二此記一即是地動神歟。」

ケンハラ 頷鉢羅 〔衣服〕Kambala 羊毛を織りしもの。【西域記二】に「頷鉢羅衣。織二細羊毛一也。」

ケンバク 見縛 〔術語〕三界の見惑。非理の執見人を縛して自在を得ざらしむれば縛と云ふ。二縛又は四縛の一。【行事鈔下四】に「大寶積經云。出家有二二種縛一。一見縛。二利養縛。」【無量壽經淨影疏】に「縛謂四縛。乃至三界諸見名爲二見縛一。」

ケンヒネンドウ 蜎飛蠕動 〔雜名〕蜎飛は飛びあるく虫のこと。蠕動は蛆蟲なり。【過度人道經】に「諸天人民蜎飛蠕動之類。」【龍舒淨土文二】に「蜎飛謂微細飛蟲也。蠕動謂微細蛆蟲也。若レ此者佛尙化度。況於レ人乎。」

ケンビヤウ 賢瓶 〔物名〕賢は善の義なり。又、善瓶、德瓶、吉祥瓶、如意瓶、有德瓶と名く。若し人神天に祈りて此瓶を感得するときは、所求のもの意の如く瓶より出づと云ふ。【大日經疏八】に「有部毘尼中說。大迦葉。舍利弗。目犍連。須菩提四大弟子。猶如二賢瓶一。若人淨心供養竟。希ニ求世間現報一。無レ不レ如レ願。」「カメ」「トクビヤウ」を見よ。

ケンビヤウグ 賢瓶宮 〔天名〕Kumbha 又、Bhadra-kumbha 寶瓶。十二宿の一。胎藏界の外金剛部院の一衆。寶瓶を以て三昧耶形とす。

（賢瓶宮の圖）

ケンフケン 閑不閑 〔術語〕閑は佛道修行の暇ある境界を云ひ、不閑は八難等ありて暇なきを云ふ。

ケンフナン 犍不男 〔術語〕五種不男の一。刀を以て男根を截去せしもの。【四分律三十五】に「犍者。生已都截去作二黃門一。」【行事鈔上三】に「犍作者。」（犍して黃門となりし者）【法華文句記九上】に「五不男者。乃至剠謂截等。」（剠に作るは誤）【唐韻】に「剠。居言切。音犍。剮也。」犍剠通用。梵 Āpatpaṇḍaka* Runapaṇbaka*

ケンブツ 見佛 〔術語〕報應の佛身を見るを云ふ。凡夫二乘の分別 の識を以て見る 所を應身となし、菩薩の無分 別の心を以て見る所を報身とす。宿緣なきものは應身をも見ると能 はざるなり。【起信論】に「凡夫二乘心所レ見者。名爲二應身一。乃至諸菩薩從二初發意一。乃至菩薩究竟地心所レ見者。名爲二報身一。」【智度論九】に「舍衛城中九億家。三億家眼見レ佛。三億家耳聞レ有レ佛而眼不レ見。三億家不レ聞不レ見。」【觀佛三昧經三】に「若生二垢惡不善心一者。若有下毀二犯佛禁戒一者上。見二像純黑猶如一炭人一。釋子衆中五百釋子見二佛色身猶如二炭人一。比丘衆中有二一千人一。見二佛色身如二赤土人一。優婆塞衆中有二十六人一見二佛色身如二黑象脚一。優婆夷衆中二十四人見二佛色身猶如二聚墨一。如レ是四衆各各異レ見。」⊙（曲東北）「見佛聞法のかづかづ」

ケンブツモンボフラク 見佛聞法樂 〔術語〕往生要集所說十樂の一。極樂に往生すれば常に阿彌陀佛を見て深妙の法を聞くを云ふ。【往生要集上末】に「法華云。是諸衆生。以二惡業因緣一。過二阿僧祇劫一不レ聞二三寶名一。而彼國衆生。常見二彌陀佛一恒聞二深妙法一。」

ケンブン 見分 〔術語〕八識四分の一。「シブン」を見よ。

ケンブンクン 見分薰 〔術語〕二種薰習の一。「ニシュクンジフ」を見よ。

ケンポウ 乾峯 〔人名〕越州の乾峯和尙。洞山良价の法嗣。【會元十三、傳燈十七】

乾峯一劃 〔公案〕「僧問ふ、十方薄伽梵一路涅槃門と。未審路頭甚麼の處にか在る。峯柱杖を拈起して劃一劃して云く這裏に在り。」【會元十三、無門關、從容錄六十一則】

ケンホフ 堅法 〔術語〕三種の堅法。身と命と財となり。道を修する者は無極の身と、無窮の命と、無盡の財とを得。之を堅法と名く。【維摩經菩薩品】に「當下觀二五欲無常一。以求二善本一。於二身命財一。而修中堅法上。」【註】に「肇曰。堅法三堅法。身命財寶也。若忘二身命一棄二財寶一去二封累一而修レ道者。必獲二無極之身無窮之命無盡之財一也。此三天地焚而不レ燒。劫數盡而不レ盡。故名二堅法一。」

六堅法 〔名數〕本業經に出づ。㈠信堅。別敎の菩薩十住位に於て空觀を修習し、一切の法は皆眞諦なりと知りよく毀壞すること なき。㈡法堅。別敎の菩薩十行位に於て假觀を修習し一切法は皆俗諦なりと知りて毀壞するなき。㈢修堅。別敎の菩薩十回向位に於て中觀を修習し、一切法は皆中諦と了知して毀壞するなき。㈣德堅。別敎の菩薩十地位に於て中觀を修するによりて、一分の無明を破し、一分の三德を顯し毀壞するなき。㈤頂堅。別敎等覺の菩薩十地の頂に居し、惑を破し德を顯はして毀壞するなき。㈥覺堅。別敎妙覺の果佛一切の法は皆中道なりと覺了して毀壞するなきを云ふ。

ケンホフ 見法 〔術語〕眞言の行者が所願成就の相に對し、無染無著淸淨眞實の心に住し、實相を諦觀し、善く其の實義に通ずるを云ふ。【大日經悉地出現品】に「爾時金剛手白レ佛言。世尊唯願復說二此正等覺

句悉地成就句。諸見二此法一善男子善女人等。心得二歡喜一。受二安樂住一。不レ害二法界一。」【同疏十一】に之を釋して「此れ即ち是れ此の中に隨って修學する者。若し成就を得ば、見法と名づくるなり。」

ケンホフノシチホウ　慳法七報　〔名數〕法を說くに慳悋にして人に施さざりし人が、後世に受くる七種の惡報なり。即ち、生盲報、愚癡報、生惡衆報、胎夭報、物恐報、善人遠離報、無惡不作報。

ケンポン　顯本　〔術語〕【法華經壽量品】に於て釋迦如來の久遠の本地を顯はすと。「カイケン」を見よ。

十重顯本　〔術語〕【玄義九下】に用玄義を說く中に、本迹二門に各十義を明かす。其中の本門の十義を十重顯本と名く。一に破迹顯本、二に廢迹顯本、三に開迹顯本、四に會迹顯本、五に住本顯本、六に住迹顯本、七に住非迹本顯本、八に覆迹顯本、九に住迹用本、十に住本用迹。淨嚴の【法華經秘要鈔五】に略釋あり。

ケンボル　見暴流　〔術語〕四暴流の一。「ボル」を見よ。「ジ」を見よ。

ケンボンナウ　見煩惱　〔術語〕見惑なり。「ケン」

ケンマウ　見網　〔術語〕種種の邪見身を纏縛して免脫せしめざれば羅網に譬ふ。【文句四下】に「十六知見。六十二等。猶如二羅網一。又似二稠林一。纏縛屈曲。不レ能レ得レ出。」【華嚴經三十七】に「我慢溉灌。見網增長。」【宗鏡錄十八】に「客塵自遮。見網自隔。」

ケンマウバロン　肩亡婆論　〔書名〕外道十八大經中八論の一。【百論疏上之下】に「肩亡婆論。簡二擇諸法是非一。」梵 Kaitabha* 巴 Ketubha* 亡字或は土なるべし。

ケンマシヤテイ　劍摩舍帝　〔異類〕鬼神の名。譯、伏衆根。【金光明文句六】「法。【孔雀王咒經上】

ケンマハマ　犍摩波摩　〔異類〕夜叉の名。譯、守

ケンミツ　顯密　〔術語〕眞言宗の所判。一切の佛教を顯密の二教に分ち、自宗を密教とし他宗を盡く顯教とす。顯教とは衆生の機を計りし報身化身の說法にして、斷惑證理修因證果の法門を顯了に明かせしもの。是れ隨他意の教法なれば其理由顯然として知るべきが故に顯教と云。密教とは法身佛が自受法樂の爲に、自性の眷屬と共に三密の法門を談話せしもの。此三密の法門は唯佛與佛內證の境界にして、等覺の菩薩も窮知すべからざれば密教と云。密とは秘奧幽妙の義。秘して示さざるを云ふにあらず。即ち大小乘の三藏十二部經に說ける四諦十二因緣六度萬行の法門是れ顯教にして、釋迦を其教主とし、大日經金剛頂經等に說ける金台兩部の法門、陀羅尼印契念誦灌頂の儀軌是れ密教にして、大日を其教主とす。凡そ眞言宗に二種の教判あり、一は顯密二教、二は十住心なり。顯密は橫に一代教を判せしもの、十住心は竪に諸宗を判せしもの。顯密の意は【金剛頂經】に在り、空海之に據て二教論を作り、十住心の義は【大日經十住心品】にあり、空海之に據て【十住心論】を作る。【二教論上】に「夫佛有二三身一。教則二種。應化開說名曰二顯教一。言顯略逗レ機。法佛談話謂二之密教一。言秘奧實說。」又「自性受用佛。自受法樂故與二自眷屬一各說二三密門一。謂二之密教一。此三密門者。所謂如來內證智境界也。等覺十地不レ能レ入レ室。何況二乘凡夫誰得レ昇レ堂。」又「問。顯密二教其別如何。答。他受用應化身隨機之說。謂二之顯一也。自受用法性佛說二內證智境一。是名レ秘也。」【淨土指歸上】に「諸佛法藏有レ顯有レ密。顯謂十二部經三藏聖教。密謂壇場作法誦二持秘密一決二取神効一。」【宋僧傳三】に「夫教者不倫有二三疇類一。一顯教者諸乘經律論也。二密教者瑜伽灌頂五部護摩三密曼拏羅法也。三心教者直指人心見性成佛禪法也。」覺鑁の【顯密不同頌】眞言諸秘釋第十 淨嚴の【顯密不同頌諺註】辨惑指南第三 に委しく二教の不同を辨ず。⦿（正統記四）「顯密幷びて紹隆す」

顯密三重配立　〔術語〕一に世間出世間。守護經に我是凡夫未レ知二求處一。唯願慈悲爲レ我說レ之と、守護經を撿するに此文を見ず。顯教究竟の如來已に自ら凡夫と稱す、故に顯教の諸宗皆是れ世間たり、密教獨り出世間となす。二に大小二乘。謂く不空三藏の五秘密經表制集等の意、諸の顯教を以て小乘聲聞の道果に攝屬し、眞言密教を菩薩大士の灌頂法門と爲す。三に三乘一乘、善無畏三藏の大日經疏の意、顯教を通達三乘とし、眞言を唯一佛乘とす。【二教論果寶鈔二】愚案に是れ東密流の一宗言なり、台密の如きは決して之を許さず。

顯密兼學　〔術語〕顯密二教の學を兼修することにして、即ち一代の佛法を學修するを云ふ。⦿（盛衰記一）「當座主は顯密兼學の法燈」

顯密の學士　〔雜語〕顯密の學者と云ふに同じ。⦿（增鏡、山の紅葉）「やごとなき顯密の學士どもを召しけり」

顯密戒の三學　〔名數〕顯教、即ち法華華嚴等と、眞言密教と、是に戒律の宗とを加へて、顯密戒の三學と云ふ。⦿（太平記一八）「則ち顯密戒の三學淵底に玉を拾ひ」

ケンミヤウ　顯明　〔術語〕惡の垢染なきと。【無量壽經上】に「洗二濯垢汙一。顯明淸白。」

ケンミヤウ　賢明　〔術語〕賢聖、明哲。【無量壽經下】に「賢明長者。尊貴豪富。」

ケンムヘンブツドクドクキヤウ 顯無邊佛土功德經 〔經名〕一卷、唐の玄弉譯。【華嚴經壽量品】中如來自說の一段。【天帙十】(95)

ケンモン 見聞 〔雜語〕 目に佛を見、耳に法を聞くを云ふ。【法華經序品】に「見聞若レ斯。」

ケンモンカクチ 見聞覺知 〔術語〕 眼識の用を見、耳識の用を聞、鼻舌身三識の用を覺、意識の用を知又は識と云ふ。【智度論四十】に「問曰。何以故三識所和合爲レ一。三識所知別爲レ三。答曰。是三識助クルニ道法一多シ是故別說。餘三識不レ爾是故合說。是三識但知ニ世間事一是故合爲レ一。餘三亦知ニ世間一亦知ニ出世間一是故別說。」

ケンモンギ 見聞疑 〔術語〕 戒學の名目。三根と稱す。現に見しと、現に聞きしと、見聞せざれども斯くあらんかと心に疑ひしと。【行事鈔上之二】に「四分ニ云。若有レ人擧レ罪者。不レ得三輙信ニ擧罪ノ人ノ語一。便喚ニ所告之人一對レ僧訓セヨ答。先問ニ見聞ヘ疑ノ三根一。」

ケンモンシヤウ 見聞生 〔術語〕 華嚴三生成佛の第一。「サンシヤウ」を見よ。

ケンモンジヤウブツ 見聞成佛 〔術語〕 華嚴宗所立、三生成佛各生成佛の一。「サンシヤウ」を見よ。

ケンヤウシヤウケウロン 顯揚聖敎論 〔書名〕二十卷、無著造、唐の玄弉譯。法相宗十一論の一。瑜伽論の樞要を取りしもの。【來帙七】(1177)

ケンヤウダイカイロン 顯揚大戒論 〔書名〕八卷、慈覺圓仁著。傳敎の顯戒論の意を顯揚せしもの。菅公之が序を作る。

ケンヤウロン 顯揚論 〔書名〕顯揚聖敎論の略。

ケンヤク 顯益 〔術語〕 現に佛菩薩の利益を得ること。【玄義七下】に「此土他土弘經論ニ其功德一。觀レ文但明ニ冥利一不レ說ニ顯益一。」「よ。

ケンヤク 見軛 〔術語〕 四軛の一。「シヤク」を見よ。

ケンライクワ 驗來果 〔術語〕 死相によりて未來の果を驗知すること。瑜伽論に出づ。

ケンラウ 堅牢 〔天名〕 堅牢地神、堅牢地祇、堅牢地天。大地神女の名なり。地の堅牢と神の不壞とに解す。資財珍寶伏藏、及び神通長年妙藥を求め、並に衆病を療し、怨敵を降伏し、諸異論を制せんとするとき、淨室に於て道場を安置し、身を洗浴し、鮮潔の衣を著け、草座の上に踞し、舍利尊像ある前又は舍利制底ある所にて、焼香散花飯食供養し、白月八日布灑星合する時請召す。【金光明最勝王經八堅牢地神品】密教には胎藏大日の隨類應現の身となし、其の后と共に胎藏界曼荼羅外金剛部に列す。形像は肉色女形にして左手に鉢を持し、鉢中鮮花を盛る。其の后の形像は右手は掬して心に當て、左手は亦掬して股に當つ。種子[梵字]。【最勝王經八】に「此大地神女。名曰ニ堅牢一。」【大日經疏四】に「地神是女天。女是三摩地義。即是大日世尊護ニ持一切衆生心地ニ三昧也。」【嘉祥金光明疏】に「神能持レ地使ニ令不ヒ壞。因レ地受レ稱。」【金光明經二】に「堅牢地神品」【諸天傳下】に「堅牢地神傳」【地藏本願經下】に「地神護法品」

(堅牢地神の圖)

(堅牢神后の圖)

地神護法 〔術語〕【金光明經堅牢地神品】に「この經典の流布する所に隨つて是の地分の中師子座を敷き、說法者をして宣說せしめ、我れ當に中に於て常に宿衛を作し、其身を隱蔽して法座の下に於て其足を頂戴すべし。而して此大地衆味增長し、藥草衣菓悉く具足し、衆生食し已つて壽命を增長せん。」【地藏本願經地神護法品】に「佛堅牢地神に告ぐ、汝大神力諸神及ぶとなし。閻浮の土地悉く汝が護を蒙り、乃至草木穀米地に從つて有り、皆汝が力に由る。若未來世中地藏本願經に依つて修行する者は汝が神力を以て之を擁護し、一切の災害及び不如意の事をして耳に聞かしむると勿れ。」

地神證明 〔傳說〕【觀佛三昧經】に「王あり佛に問ふ、汝の功德誰れか證明を爲す。佛即ち無畏手を垂れて地を指す。一切大地六種震動し、堅牢地神涌出して唱へて言く、我れ是れ證明す。」【大日經疏四】に「釋迦牟尼佛の如き、初め道場に坐する時魔王に謂て言く、汝先世に一の無盡施を作すに由るが故に今自在天主たるを得、我無數劫より以來是の如き大施を修すると勝て數ふべからず。云何ぞ我と優劣を較せんや。魔言く、我が作す所の福汝已に證を爲す、汝の福業誰か當に證明すべき。菩薩爾の時右手を申べて地を指して眞實の言を說く、我もと此地上に於て菩薩の道を行ふ。種種の難行

苦行地神證知すと。爾の時無量の地神地より涌出し、其半身を現して證明を作す。魔王の軍衆是に由て退散す。」【西域記八】亦同じ。

ケンラウチギ 堅牢地祇 〔天名〕〔堅牢地神のこと。地の神を祇と云。「ケンラウ」を見よ。

ケンラウヂシン 堅牢地神 〔天名〕 堅牢は地神女の名。「ケンラウ」を見よ。

ケンラウヂテン 堅牢地天 〔天名〕 堅牢地神のこと。印度には神を又天と名く。【嘉祥金光名疏】に「外國呼レ神亦名爲レ天」。「ケンラウ」を見よ。

堅牢地天儀軌 〔經名〕一卷、唐の善無畏譯。【餘帙一】

ケンリ 兼利 〔術語〕 自他を兼ね利すること。【無量壽經上】に「自利利人。人我兼利。」【止觀五上】に「自匠匠他。兼利具足。」

ケンリツダ 乾栗駄 〔術語〕 譯、堅實心。「キリダヤ」を見よ。

ケンリツダヤ 乾栗陀耶 〔術語〕 Hṛdaya 譯、堅實心。「キリダヤ」を見よ。

ケンリン 堅林 〔地名〕 梵名、沙羅。Sāla 譯、牢固。佛此林中に涅槃を取る。【慈恩寺傳序】に「提河韜レ潤。堅林晦レ影。」「ケンゴリン」を見よ。

ケンリンヂゴク 劍林地獄 〔界名〕 十六小地獄の一。【長阿含經地獄品】に「劍樹地獄」【智度論十六】に「劍林地獄」「ケンジュヂゴク」を見よ。

ケンリンホフ 劍輪法 〔修法〕 惡魔を降伏する爲に刀劍を使用する法。秘印秘呪を以て之を行ふ。【大元帥儀軌】に其法あり。

ケンレン 牽連 〔術語〕 十二緣起の異名。「ジフニエンギ」を見よ。

ケンレンゲザイン 献蓮華座印 〔印相〕 十八契印の一。兩手を中虛に合掌し、左右の無名指中指頭指を舒開し屈すると、微敷蓮華の形の如くす。

ケンル 見流 〔術語〕 成實論所說四流の二。見惑に由て三界に流轉して出づると能はざるを見流と云。

ケンロ 顯露 〔術語〕 あらはにして隱す所なきこと。【涅槃經五】に「如ニ秋滿月處レ空顯露。清淨無レ翳。人皆覩見。如來之言亦復如レ是。開發顯露清淨無レ翳。愚人不レ解謂ニ之秘密。」【玄義一上】に「法華是顯露。非ニ秘密。」

顯露秘密二教 〔名數〕 天台宗に言ふ所。眞言宗の顯密二教と同じからず。彼は教法に就て料せしもの、此は說法の儀式の上に於て言ふなり。即ち天台所立の化儀の四教の中に秘密教あり、之に對して他の化儀の三教、頓と漸と不定とを顯露教と云。如來の不思議力を以て隱密に其機類を教化し、自餘の人をして之を知らしめざるを秘密教とし、公開して自他一般に知らしむるを顯露教とす。例へば鹿苑時の說法に、聲聞の人は八萬の諸天無生法忍を得、阿若憍陳如一人初果を得るを見る如きは是れ顯露教にして、菩薩は其座に於て無數の人が聲聞道を得、乃至無數の人が一生補處を得るを見る如きは秘密教なり。此二教の意はもと龍樹に據る。【智度論六十五】に「諸佛事有ニ二種。一者密二者現。」

ケンロン 見論 〔術語〕 二種戲論の一。我見邊見など、諸種の執見上の戲論を云。戲論とは義なく利なき言論なり。「アイロン」を見よ。

ケンワク 見惑 〔術語〕 ケンナクと讀む。「ケンジ」を見よ。

ケンワウサイ 見王齋 〔儀式〕 死後三日に設くる僧齋の名。亡人此日に閻羅王を見ると云ふより起る。【釋氏要覽下】に「北人亡至ニ三日一必齋レ僧。謂ニ之見王齋。」

ケンヰ 蹇帷 〔故事〕 馬鳴菩薩鬼辯婆羅門を降伏せし故事。【西域記八】に「摩揭陀國波吒釐子城に一の婆羅門あり、鬼を祠りて福を求め、高論劇談す。人來りて激難すれば帷を垂れて酬對し、終に面談せず。辯を鬼に資るが故なり。馬鳴菩薩之を聞きて王に奏して對論を乞ひ來りて婆羅門を難ず。婆羅門帷中に在りて、默然口を塞ぐ。馬鳴叱して曰く、何ぞ難を釋せざる、事ふる所の鬼魅宜しく速に辭を授くべしと。疾く其帷を蹇みて其怪を見る。婆羅門惶遽して曰く、止めよ止めよ。」

ケンヱ 堅慧 〔人名〕 菩薩の名。梵名、沙囉末底。Sthiramati 佛滅後七百年に出でて寶性論、法界無差別論等を作り、大乘を顯揚す。【法界無差別論法藏疏】

ケンヱ 見慧 〔術語〕 諸見を發する智慧。【止觀十上】に「如レ是見慧從ニ何處一出。由ニ禪中有ニ觀支。」

ゲ 夏 〔術語〕 夏期三箇月間の安居の行を云ふ。「アンゴ」を見よ。

ゲ 偈 〔術語〕 Gāthā 譯、頌。字數を定めて四句を結びしもの。三言四言乃至多言を問はざれども、必ず四句を要す。頌とは美なる歌なり。伽陀は美辭を聯ね之を歌頌するものなれば頌と譯す。「カダ」を見よ。又、偈は漢語にて竭と訓ず。義を攝め盡す意。【天台仁王經疏中】に「偈者竭也。攝レ義盡。故名爲レ偈。」

二種偈 〔名數〕 偈に二種あり、一に通偈、二に別偈。別偈は四言五言六言七言等皆四句を以て之を成す。通偈とは即ち首盧偈なり、長行と偈とを問はず、但三十二字を偈と名くるもの。是れ竺人、經を數ふる法なり。【百論疏上】

五種偈 〔名數〕 一に短句、二字乃至五字を一

句となし四句を一偈となす。二に前句、六字或は七字を一句となし四句を一偈となす。三に中句、八字を一句となし四句を一偈となす。四に後句、九字乃至二十六字を一句となす。五に長句、二十六を字以上一句となすを云ふ。【枳橘易土集十二】

ゲアキ　夏解　〔術語〕夏安居の終日。七月十五日。

ゲアキヲサメ　夏解納　〔術語〕夏解は即ち夏の納めなれば俗言の慣ひ重言するもの。

ゲアンゴ　夏安居　〔術語〕一夏九旬の安居。【行事鈔上之四】に「由二夏中壞一レ行義多招レ譏復重一故。文云。自今已去聽ルス三月夏安居一。」「アンゴ」を見よ。⊙（盛衰記一六）「一夏安居の佛前もなければ、供花の薫も絶えけり」

ゲイオン　鯨音　〔譬喩〕梵鐘の聲を譬へて云ふ。【祖庭事苑】に「物類感志云。海岸有レ獸曰二蒲牢一。而性畏スルニ二鯨魚一。食二於海畔一鯨或躍レバ蒲牢即鳴。聲如レ鐘。今人多狀二蒲牢獸形一施二鐘上一。斲レ撞爲レ鯨而擊レ之。鯨本無レ聲。因二鯨躍一而蒲牢鳴。故曰二鯨音一。」

ゲイカ　猊下　〔雜語〕猊座下の意。猊は狻猊即ち獅子の屬なり。獅子座は佛菩薩等の坐すべき座牀なるを、後世轉じて一宗の碩德を尊稱するに用ひたるなり。今は各宗の管長の尊稱に用ひらる。

ゲイサ　猊座　〔物名〕師子座の異名。佛又は高貴の所坐に名く。「シシザ」を見よ。

ゲイチサイシユジヤウゴゴンザンマイ　解一切衆生語言三昧　〔術語〕【法華經妙音品】所說十六三昧の一。【嘉祥法華義疏十二】に「解一切語言三昧者。得レバ二此三昧一解シテ二衆生語一ノ而爲ニ說レ法。」

ゲイチサイシユジヤウゴゴンダラニ　解一切衆生語言陀羅尼　〔術語〕【法華經妙音品】に「解一切衆生語言三昧」【同藥王品】に「解一切衆生語言陀羅尼」陀羅尼とは總持不失の力用なり。體に就て三昧と云ひ、用に就て陀羅尼と云ふ。

ゲイハ　解意派　〔流派〕「カイイハ」を見よ。

ゲウアンシクワン　巧安止觀　〔術語〕善巧安心止觀の略。十乘觀の第三。

ゲウキヤウ　解憂經　〔經名〕佛說解憂經、一卷、宋の法天譯。一切無常なれば當に解脫を求むべきを說く。【宿帙七】（861）

ゲウセ　樂施　〔人名〕長者の名。舍衞國の長者須達、一に樂施と譯す。施與を好む義、給孤獨と云ふに同じ。「シユダツ」を見よ。

ゲウセツ　樂說　〔術語〕四無礙の第四、樂說無礙。菩薩樂んで法を說くと。又衆生の樂欲に隨つて法を說くと。【嘉祥法華義疏二】に「言二樂說一者。凡有二二義一。一者菩薩自得二勝法一。樂爲レ物說。譬如下父母得二於勝事一。樂欲テ與レ子。二者知二衆生欲樂一而爲說レ法。」【法界次第下之下】に「八萬四千法藏。隨二一切衆生根性所一レ樂聞レ法。而爲說レ之。」

ゲウゼツベンザイ　樂說辯才　〔術語〕第三地の菩薩は內智明かにして好んで衆生のために辯才を振ふを云ふ。【法華經序品】に「樂說辯才」

ゲウセツムゲベン　樂說無礙辯　〔術語〕四無礙辯の一。樂說無礙智に同じ。

ゲウゼツムゲチ　樂說無礙智　〔術語〕四無礙智の一。又、樂說無礙辯。心に就きて智と名け、口に就きて辯と名く。其體一なり。新譯家は辯才無礙解と云ふ。

ゲウチヱ　巧智慧　〔術語〕「ゲウメウチ」を見よ。

ゲウド　巧度　〔術語〕小乘の觀法を拙度と云ふに對して菩薩の觀法を巧度と云ふ。度は梵語波羅蜜、生死を渡る一切の行法に名く。

ゲウメウチ　巧妙智　〔術語〕一切智智を稱す。【大日經六】に「一切戲論息。能生二巧智慧一。」【義釋十二】に「巧妙智者。即是一切智智之別名也。」

ゲウホフ　樂法　〔術語〕妙法を樂求すると。【無量壽經下】に「愛法樂法。」

ゲウヨク　樂欲　〔術語〕樂とは願なり、好なり。樂欲は願求欲望なり。【最勝王經一】に「一切煩惱。以二樂欲一爲レ本。從二樂欲一生。諸佛世尊斷二樂欲一故。名爲二涅槃一。」【盂蘭盆經宗密疏】に「願者。心之樂欲也。」⊙（徒然草）「樂欲する所一には名なり」

ゲエン　外緣　〔術語〕外より力を與へて物の生起を助くる緣なり。內因に對す、四緣中の增上緣なり。【起信論】に「用重習者。即是衆生外緣力。如レ是外緣有二無量義一。略說二種。云何爲レ二。一者差別緣。二者平等緣。」

ゲカイ　下界　〔界名〕人界を天上界に較べていふ。

ゲカイ　解界　〔術語〕修法の爲に結びたる界場を解くを云。「ゲカイホフ」を見よ。

ゲカイ　外海　〔地名〕第七金山と鐵圍山の間に在る海を云。所謂四大洲は此處に在り。【俱舍論十一】に「第八名レ外。鹹水盈滿。乃至於二外海中一大洲有レ四。」

ゲカイホフ　解界法　〔術語〕眞言の修法に初めに結界の法を行ひ、（結界を見よ、）修法竟りて解界法を行ひ、次に本尊を撥遣する法を作するなり。【秘藏記鈔六】に「結界は法界を攝して一處に歸す、是れ一法界の表示なり。解界は一塵を開いて法界に會す、是れ多法界の表示なり。」前の結界の印明を一一に解くを解界と云ふ。結界の時は□一の眞言三遍之を誦す、解界の

時は一遍之を誦す。成ずるは難く、破するは易きが故なり。而して解界に投花の法あり。これ本尊を奉送する爲に投花するなり。之を投ずるは諸佛の本土に向つて投ずるなり。本土は法界宮なり。諸佛此の投花に乘じて各其の本土に還るなり。」投花を見よ。

ゲカン 下間 〔雜語〕凡そ堂に入りて己が身の左を下間とす。法堂方丈には西、僧堂には南、庫司には北、是れ下間なり。【象器箋二】

ゲガ 外我 〔術語〕身外の我。大自在天を以て宇宙唯一の大我と見る如きもの。【大日經疏七】に「設令不レ依二内我一必依二外我一。即於自在梵天等。」

ゲガキ 夏書 〔行事〕夏安居の時期に經文を書くこと。夏安居は佛法に於て樞要の修行時なり。

ゲガク 外學 〔術語〕外敎の典籍及び世間法を學ぶこと。【毘奈耶雜事六】に舍利弗が撥無後世の外道を降伏せしに因て、佛比丘の外論を學ぶことを聽す。「佛告二諸苾芻一。非三一切處有二舍利子一。其相似者亦不レ可レ求。是故我聽三者。苾芻學二盧迦耶等諸外俗論一。時諸苾芻聞二佛世尊許一。學二書論一遂無二簡別一。愚昧之類亦學二外書一。佛言不レ應下愚痴少慧不二分明一者。令レ學二外書一。自知三明慧多聞强識能摧二外道一者。方可二學習一。諸明慧者鎭學二外典一善品不レ修。佛言。不レ應三如レ是常習二外典一。佛言。當下作二三時一。毎於二兩時一讀二佛經一。一時習中外典上。苾芻遂於二年月一分作二三時一。佛言。不レ應三年月分作二三時一。可下於二一日一分爲中三分上。苾芻朝習二外典一暮讀二佛經一。佛言。那無定。不レ應三年月分作二三時一。人命迅速剎那無定。於二日初分及以中後一可レ讀二佛經一。待レ至二晩時一應レ披二外典一。苾芻即便暫時尋讀不レ誦二其文一。尋還廢忘。佛言。應レ誦。」【僧史略上】に「祇洹寺中有二四韋陀院一。外道以爲二宗極一。又有二書院一大千界内所レ有不同文書並集二其中一。佛俱許レ讀レ之。爲レ伏二外道一。而不レ許レ依二其見一也。」

ゲキイウヂン 隙遊塵 〔術語〕又、日光塵とも云ふ。梵 Vātāyanacchidrarajas 空中に飛散して僅かに肉眼に認め得る程の塵なり。極微の八十二萬三千五百四十三倍に當ると。「ゴクミ」參照。

ゲキヤウ 夏經 〔行事〕夏安居の中に書きし經典。又夏安居の中に經を誦すること。

ゲキヤウ 夏竟 〔術語〕夏安居の終る日。七月十五日舊律或は八月十五日新律。「アンゴ」を見よ。

ゲキヤウノジフブツ 解境十佛 〔術語〕華嚴宗にて、眞實の智解を以て法界を見るときは、萬有悉皆佛に非らざるなしと立て、之を十種に分ちたるもの。衆生身、國土身、業報身、聲聞身、辟支佛身、菩薩身、如來身、智身、法身、虛空身の稱。

ゲギ 外儀 〔術語〕行住坐臥の四威儀を云。【往生要集中本】に「外儀雖レ異。心念常念。」

ゲギヤウ 解行 〔術語〕知解と修行。理を解し事を行ずること。【天台戒疏上】に「於二出世道一解而勤行。」【勝鬘寶窟中本】に「由二解行成就一得レ入二初地一。故名二解行一。」【唐僧傳慧思傳】に「解行高明。根識淸淨。」

ゲギヤウサウオウ 解行相應 〔術語〕解と行とが相應するを云ふ。「ゲギヤウ」を見よ。

ゲギヤウシヤウ 解行生 〔術語〕華嚴所立、三生成佛の第二。「サンシヤウ」を見よ。

ゲギヤウヂ 解行地 〔術語〕解によりて行を修し、未だ眞如を證せざる地前三賢の菩薩の階位。

ゲギヤウホツシン 解行發心 〔術語〕起信論三發心の一。菩薩十行の行成就して十廻向の心を發するを云。【起信論義記下末】に「解行發心者。位在二十廻向一。兼取二十行一。十行位中能解二法空一順行二十度一。行成純熟。發二廻向心一入二十向位一。故云二解行發心一也。」

ゲク 偈句 〔術語〕偈の文句。【南山戒疏一上】に「彼葉一偈三十二字。唯此方言多少無レ準。或三四字。或五六七。節以二聲言一用爲二偈句一。」

ゲクウ 外空 〔術語〕十八空の一。身外の諸物悉く實體不可得なること。

ゲクウ 解空 〔術語〕諸法の空相を悟解すること。佛弟子の中に須菩提を以て解空第一とす。【註維摩經三】に「肇曰。須菩提。秦言二善吉一。弟子中解空第一也。」

ゲクジキ 下口食 〔飮食〕四種邪命食の一。比丘田園を種植し湯藥を和合するなどを以て衣食を求むるを云。仰口食の語に對す。【智度論三、三藏法數十九】

ゲクヤウ 外供養 〔術語〕外の四供又は單に外供とも云ふ。「ゲシク」を見よ。

ゲクワ 下火 〔雜語〕アコと讀む。

ゲケ 下化 〔術語〕下化衆生の略。

ゲケウ 外敎 〔術語〕佛法以外の敎。印度に在ては九十五種の外道、支那に在ては九流百家など。【佛祖統紀三十九】に「沙門道安作二二敎論一。以二儒道九流一爲二外敎一。釋氏爲二内敎一。」【二敎論】に「聚雖二一體一而形神兩異。散雖二質別一而心數不レ亡。故救レ形之敎、敎稱爲レ外。濟レ神之典、典號爲レ内。」又、心を治むる術を内敎と名け、身を修むる敎を外敎と名く。

ゲケシユジヤウ 下化衆生 〔術語〕菩薩四弘誓願を起し、上菩提を求ると共に、下衆生を濟ふこと。此上求下化の二を完具せるを大菩提心と名く。【往生要集上末】に「總言レ之願作佛心。亦名二上求菩提下化衆生心一。別謂レ之四弘誓願。」【九品義】に「菩提心者覺悟義也。乃至若略說者上求佛果下化衆生之心也。」【止

觀一上】に「上求二佛道一。下化二衆生一。」⦿(曲、山姥)「下化衆生を表して金輪際に及べり」

ゲケンロン 解拳論 〔書名〕一卷、陳那菩薩造。陳の眞諦譯。藤蛇の譬を以て三界無實の義を說く。唐の義淨譯して掌中論と名く、同本なり。解拳とは拳を解いて人に示す義。以て人の迷執を解くに譬ふ。【暑帙二】(255)

ゲゲ 解夏 〔術語〕七月十五日舊律又は八月十五日新律に夏安居の制を解くこと。又解制と云。此日に自恣法と云ふを行ふ。【佛說解夏經、佛說受新歲經、佛說新歲經】に其法を說く。【禪苑淸規解夏】に「七月十四日晚。念誦煎湯。來日昇堂。人事巡寮煎點。同二結夏之儀一。」

ゲゲキヤウ 解夏經 〔經名〕佛說解夏經、一卷、趙宋の法賢譯。【增一阿含二十四卷善聚品、佛說受新歲經】と同本。七月十五日の解夏の法を說く。【宿帙八】(923)

ゲゲサウ 解夏草 〔植物〕夏解の日に僧より檀越に贈るもの。蓋し此日に於て諸比丘生茆を取て如來成道時の吉祥草に擬し、此上に坐して解夏の法を行へば、此吉祥草を與へて福分を分つ意なり。【釋氏要覽下】に「今浙右僧。解夏日。以レ綵束レ茆以遺二檀越一。謂二之解夏草一。今詳。此草巳爲二五分法身座一。故名爲二吉祥草一也。」

ゲゲダウ 外外道 〔術語〕數論師勝論師など佛法外の外道を外外道と云。【止觀十上】に「邪人不同又爲レ三。一佛法外外道。二附佛法外道。三學佛法成外道。」【大日經疏二】に「此宗中說。有二兩種外道一。外外道。內外道。」

ゲコ 下炬 〔雜語〕又、下火、共にアコと讀む。火葬式最後に導師が炬を以て亡者を火葬する意を表するを云ふ。

ゲコウ 解講 〔雜語〕講義を止むること。講衆を解散すること。【廣弘明集十九】に「解講疏」と題するもの數首あり、解講の表白文なり。

ゲコモリ 夏籠 〔行事〕夏安居の時期に堂社へ參籠すること。

ゲコン 下根 〔術語〕根性の劣りたるもの。根機の弱きもの。【華嚴經十七】に「利根乃與中下根。」【涅槃經十四】に「極下根者。如來終不三爲轉二法輪一。」

ゲコンガウニジフテン 外金剛二十天 〔名數〕金剛界曼荼羅九會の中、第一根本成身會と、第二三昧會と、第三微細會と、第四大供養會と、第八降三世會と、第九降三世三昧會の六會の外部に布列する金剛衆なり。

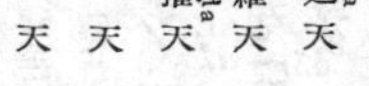

尊名	梵名	種子。	三形	羯磨身
那羅延天	Nārāyaṇa		八輻輪寶	赤色左手掌右手持輪
俱摩羅天	Kumāra		鐵三古鈴	三面童欲肉色左拳右鈹
金剛摧天	Varra-goḍa		白傘蓋	白色持白傘蓋
梵天	Brahmā		未敷紅蓮	肉色持開蓮
帝釋天	Śakra		鐵一古	肉色持獨股

已上五天從東北角至南

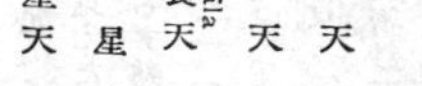

尊名	梵名	種子	三形	羯磨身
日天	Āditya		日輪	肉色持日輪形
月天	Candra		半月	肉色左拳右拳半月輪
金剛食天	Vajra-māla		五色華鬘	持華鬘又云華鬘毘那夜迦 Vināyaka
彗星	Musala		寶捧	白肉色左拳安腰右持寶棒
熒惑星天	Piṅgala		火焰	赤肉色持杖幡

已上五天從東南角至西

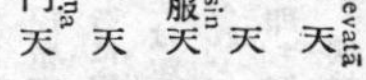

尊名	梵名	種子	三形	羯磨身
羅刹天	Rākṣasadevatā		寶杖	肉色本刀印形
風天	Vāyu		幢旛上珠散光	赤肉色持杖幡
金剛衣服天	Vajra-vāsin		黑色箭	白肉色弓箭又云毘那夜迦
火天	Agni		三角形	赤肉色左仙杖右火智印
毘沙門天	Vaiśravaṇa		棒末有寶	黃色左持塔右持棒

已上五天從西南角至北

尊名	梵名	種子	三形	羯磨身
金剛面天	Vajrāṅkuśa		鉤	赤黑色猪頭人身持鈹
焰摩羅天	Yama		人頭幢	肉色持人頭杖
調伏天	Vajra-jaya		鈹	白肉色持刀
毘那夜迦天	Vināyaka		團	象頭人身左蘿蔔右持團
水天	Nāgavajra		龍索	青色左拳右手持索

已上五天從西北至東 諸尊の種子は金剛界七集による三形羯磨は多少不同あり。

ゲコンガフブ 外金剛部 〔術語〕金剛界曼陀羅の外衆なり。二十天あり、四方を繞る。三十七尊の內衆に對して外と云。

ゲコンガフブエマンダラ 外金剛部會曼荼羅 〔術語〕【理趣釋下】に「中に摩醯首羅を畫き本形の如し、八種天を以て圍繞す。四門に四供養各本形を畫く。」

ゲコンガウブキン 外金剛部院 〔術語〕胎藏界曼陀羅十三院の第十三。最も外面に在て金剛部の諸尊を列ぬれば外金剛部院と名く。

ゲゴ 解悟 〔術語〕道理を會得すること。【法華經提婆品】に「無量衆生。聞レ法解悟。」【探玄記一】に「遂經二三載一。冥加悟解。」【圓覺大疏上之二】に「先悟後修爲二解悟一。先修後悟爲二證悟一。」【宗鏡錄三十六】に「若用レ悟而修即是解悟。若因レ修而悟即是證悟。」

ゲゴ　外護　〔術語〕二護の一。佛所制の戒法、吾が身口意の非を護るを內護とし、族親檀越、衣服飲食を供するを外護とす。【三藏法數七】

外護善知識　〔術語〕三善知識の一。我に衣食所須を給して安穩に道行を修せしむる善友を云。【止觀四下】に「夫外護者。不レ揀二黑白一。但營二理所須一。如二母養一レ兒。如二虎啣一レ子。調和得レ所。舊行レ道人乃能爲耳。是名二外護一。」

ゲゴ　下語　〔雜語〕アギョと讀む。

ゲゴ　偈語　〔術語〕偈頌體の語句。「ゲ」を見よ。

ゲゴコイン　外五鈷印　〔印相〕「ゴコイン」を見よ。兩手の小指を合せて一鈷を形り、左右の中指を合せて又一鈷を形り、左右の頭指を開きて各一鈷を形り、左右の拇指を合せて一鈷を形り、通じて五鈷を成す。而て左右の無名指を交叉して掌內に容るるを內五鈷印とし、手背に出だすを外五鈷印とす。【圖印集二】

ゲゴマ　外護摩　〔術語〕「ゴマ」を見よ。

ゲサイ　夏齋　〔行事〕禪院に結夏の日に齋會を設くるを云ふ。【象器箋十四】

ゲサイノミカユ　解齋御粥　〔行事〕【江次第】六月十二月十一日後曉十一月中の卯後曉　⊙（公事根源）に神今食の次のあした、げさいの御かゆまゐる。御座の大床子にて臺盤一脚をたてて供す。あかきかはらけにもる。和布の御汁をそへたり。三口食て御箸をたつ、云云。神今食はてて後、齋あるは中ごろの事にや、鮮齋の御粥などを供して八神齋あるべからずとなり。」

ゲサウ　外相　〔術語〕善惡美醜の身上に現はるるもの。又、身口の所作の外に現はるるもの。【毘尼義鈔上之二】に「內德既異。外相亦異。」⊙（沙石集六）に「堅誓師子の心ならば、內心の得失を見ず、ただ外相をあがむと見えたり」⊙（徒然草）「外相もしそむかば內證かならず熟す」

外相十二　〔名數〕三十六物の中、髮、毛、爪、齒、眵、淚、涎、唾、屎、溺、垢、汗を云。

ゲサン　偈讚　〔雜語〕偈句を以て他の德を讚嘆せしもの。【演密鈔五】に「以二金剛偈讚一稱二歎諸尊一。」

ゲザ　夏坐　〔術語〕又、坐夏。夏安居を作すと。【法顯傳】に「度レ隴至二乾歸國一夏坐。」

ゲザ　解座　〔雜語〕法座を解散すると。

ゲシイチネン　下至一念　〔術語〕少を擧げて多を攝むる詞。上は一期の念佛より、下は一念の信心に至るまでを云。【讚阿彌陀佛偈】に「若聞二阿彌佛號一。歡喜讚仰心歸依。下至二一念一得二大利一。」【觀經散善義】に「上盡二一形一。下至二一日一時一念一。」

ゲシグ　外四供　〔術語〕金剛界の三十七尊中、香、華、燈、塗の四菩薩にして、是れ中央の大日如來より阿閦等の四佛を供養するもの。

ゲシフ　外執　〔術語〕外道の邪なる執見。【俱舍論三十】に「應下捨二盲闇諸執惡見所爲一求中慧眼上。」

ゲシヤウギヤウ　下生經　〔經名〕彌勒下生經の異名。

ゲシヤク　解釋　〔術語〕難文を分解して義理を知らしむると。【智度論六十五】に「解釋者。如二囊中寶物繫レ口則人不レ知。若爲レ人解二經卷囊一解二釋義理一。」

ゲシユ　夏首　〔雜名〕夏安居の初日。【圓覺經】に「若經二夏首二三月安居。當レ爲二清淨菩薩止住一。」

ゲシユ　下衆　〔雜名〕沙彌、沙彌尼、學法女、出家男、出家女、優婆塞、優婆夷。之を梵網宗の下の七衆と云ひ、之に大僧大尼の二衆を加へて九衆を成す。常途に唯七衆を立つるに同じからず。【天台戒疏上】

ゲシユ　夏衆　〔雜名〕夏安居を爲す僧衆。

ゲシユ　下種　〔術語〕台宗所立種熟脫三時の第一時。久遠の昔に談を聞きて一乘の種子を下せしと。【文句一上】に「衆生久遠蒙二佛善巧一令レ種二佛道因緣一。」【六十華嚴經十明法品】に「下二佛種子於衆生田一。生二此覺芽一。是故能令二佛寶不一レ斷。」

ゲシン　解信　〔術語〕仰信の對。敎法の道理を學び智の道より信ずるを云ふ。

ゲジ　牙字　〔術語〕金剛牙菩薩の種子[梵字]字を稱す。[梵字]字に他を恐怖せしむる義あり。牙は亦他を食噉して恐怖の義を具すれば[梵字]字を名て牙字と爲すなり。【瑜祇經】に「金剛怖食噉牙字發二光明一。」

ゲジユ　偈頌　〔雜名〕梵語の偈陀、此に頌と譯す。梵漢雙擧して偈頌と云。吳音なり。梵の偈陀は此方の詩頌の如く、字數句數に規定ありて、三字乃至八字を以て一句とし、四句を以て一偈とす。

ゲジンミツキヤウ　解深密經　〔經名〕五卷、唐の玄奘譯。此は法相宗所依の本經にして、前後總別四譯あり。第一は劉宋の求那跋陀羅譯、一卷、相續解脫地波羅密了義經(154)と名け、又一卷、相續解脫如來所隨順處了義經(155)と名く。二者を唐譯に對するに地波羅蜜品第七と如來成所作事品第八との二品なり。二は元魏の菩提留支譯、五卷、深密解脫經(146)と名く。唐譯と對するに勝義諦相品第二の一品を分ちて四品に作る。第三は梁の眞諦譯、一卷、佛說解節經(156)と名く。四品あれども即ち唐譯の勝義諦相品一品なり。第四は唐譯即ち解深密經なり。【唯識演秘三末】に「此經梵本名曰二珊地涅暮折那一。Sandhinirmocana　涅暮

折那。此翻名レ解。珊地之聲含ニ於三義ト一諸物相續。二骨節相連。三深密之義。西方土俗呼ニ此三種一並名ニ珊地ト乃至前後譯人各取ニ一義一以立ニ經題ト皆不ニ相違一。然據ルニ經旨ニ解深密名理ハ爲レ勝矣。」一經八品ありて阿頼耶識深密を解説せしもの。【黄帙八】(247)【閲藏知津六】

ゲセツキヤウ　解節經　〔經名〕佛說解節經。一卷。梁の眞諦譯。解深密經中の勝義諦相品と同本。【黄帙八】(156)

ゲソウ　下僧　〔雜語〕叡山の役僧中最下級の稱。即ち下法師、中間法師なり。【驟驢嘶餘】に「下僧、下法師也。淨衣。肩絹。袴。幼名必有ニ異名ト。」

ゲタ　偈他　〔術語〕譯、頌。「カダ」を見よ。

ゲダイ　外題　〔術語〕經卷の表紙に記する經題。

外題六十四字　〔名數〕妙法蓮華經卷第一乃至妙法蓮華經卷第八と法華經八卷の外題の文字通計六十四字なり。

外題以字　〔雜語〕經の外題の頭に⛌の形を書す、是れ以字に似たれば以字と云。諸說あり「イジ」を見よ。

ゲダウ　外道　〔術語〕佛教外に道を立つるもの。邪法にして眞理の外なるもの。【資持記上一之一】に「言ニ外道一者。不レ受ニ佛化ト別行ニ邪法ト」【天台淨名疏一之本】に「法外妄解。斯稱ニ外道ト」【三論玄義上】に「至妙虛通目レ之爲レ道。心遊ニ道外一故名ニ外道ト」【圓覺經集註中】に「心行ニ理外ト故名ニ外道ト」【梵網經上】に「天魔外道。相視如ニ父母ト」【法華經譬喩品】に「未ニ曾念ニ外道典籍ト」【圓覺經】に「汝善男子。當ニ護ニ末世是修行者ト無ヵ令三惡魔及諸外道惱ニ身心ト」而して外道の種類一ならず、【百論】に「二天三仙」【四宗論】及【入大乘論】に「四外道」【維摩經、涅槃經】等に「六師」【唯識論】に「十三外道」【瑜伽論】に「十六外論師」【外道小乘涅槃論】に「二十種」【大日經】に「三十種」【涅槃經、僧祇律】等に「九十五種。」【華嚴經 知度論】等に「九十六種」をあぐ。以下項を追て詳說すべし。

二天三仙　〔名數〕一に韋紐天外道、韋紐天を萬物の生因となすもの。二に摩醯首羅天外道、摩醯首羅天を以て萬物の生因とするもの。三に迦毘羅仙外道、即ち數論師。四に優樓迦仙外道、即ち勝論師。五に勒沙婆仙外道、即ち尼犍子なり。九十六種の中に此五師を擧げて餘を略す。【百論上、百論疏上之中】

三外道　〔名數〕百論所說の三仙を云。【止觀十上】に此三外道を擧げて宗計を判ず。「一に迦毘羅外道は因中有果を計するもの。二に漚樓僧佉外道は因中無果を計するもの。三に勒沙婆外道は因中亦有果亦無果を計するもの。」

三種外道　〔名數〕天台の智者、外道に三種を立つ。一に佛法外外道、九十六種の外道の如き佛法外の外道なり。二に附佛法外道、小乘の犢子部及び大乘の方廣道人の如き、佛法に附託して邪計を立つるもの。三に學佛法成外道、佛の教門を謬解して邪計に陷るもの。【止觀十上】

外道四宗　又四見とも四執とも云ふ。一に迦毘羅は一を計し、二に優樓僧佉は異を計し、三に尼犍子は亦一亦異を計し、四に若提子は非一非異を計す。」【入大乘論上、破四宗論上】又、一に一を執するもの、數論等の如し。二に異を執するもの、勝論等の如し。三に亦一亦異を執するもの、尼犍子等の如し。四に非一非異を執するもの、阿時縛外道の如し。【唯識論一、同述記一末】

外道六師　〔名數〕一に富蘭那迦葉、Pūrana Kāśyapa 富蘭那は字、迦葉は姓。一切の法は斷滅性空にして、君臣父子忠孝の道なしと立つるもの。二に末伽梨拘賒梨子、Maskarī Gośālīputra 末伽梨は字、拘賒梨は其母の名。衆生の苦樂は因緣に由らず、自ら然るのみと計するもの。三に删闍夜毗羅胝子、Sañjaya Vairaṭīputra 删闍夜は字、毗羅胝は其母の名。道を求めざるも生死の劫數を經る間自ら苦際を盡すと、縷丸を高山に轉ずるに縷盡くれば自ら止むが如しと計するもの。四に阿耆多翅舍欽婆羅、Ajitakeśakambala 阿耆多翅舍は字、欽婆羅は麁衣なり。身に弊衣を著け、五熱身を炙り、苦行を以て道となすもの。五に迦羅鳩馱迦旃延、Kakuda Kātyāyana 迦羅鳩馱は字、迦旃延は姓。諸法は亦相あり亦相なしと計し、物に應じて見を起すもの。若し人問て有なりやと言へば、無と答へ、無なりやと言へば、有と答ふ。六に尼犍陀若提子、Nirgranta Jñātiputra 尼犍陀は出家の總名、若提は母の名、苦樂罪福盡く前世に由る、必ず當に償ふべし、今道を行ふも能く斷ずる所にあらずと計するもの。已上の六師は佛と世を同じくし自ら稱して一切智と稱せしもの。【維摩經弟子品、涅槃經十九、止觀十上】【有部毘奈耶雜事三十八】に「喬答摩。我曾遍觀ニ諸外道類ト各別立レ宗。所謂哺剌拏迦攝波子。末塞羯利瞿黎子。珊逝移毘剌知子。阿市多雞舍甘跋羅子。脚倶陀迦多演那子。昵揭爛陀愼若底子。此等諸師各述ニ異宗ト未レ知ニ誰是ト」図三種の六師外道を立つ。一に一切智六師外道、邪眞理を見、邪智を發して辯才無礙なるもの。二に神通六

師外道、世間の禪定を得て五神通を發するもの。三に韋陀六師外道、又文字外道と云ふ。博學多聞四韋陀十八大經に通じ世間の吉凶天文地理醫方卜相等知らざる所なきもの。【四教儀二】

六種苦行外道 【名數】一に自餓外道、飮食を節して饑餓を忍ぶもの。二に投淵外道、身を淵に投じて死するもの。三に赴火外道、常に五熱を以て身を炙るもの。四に自座外道、常に裸形にして寒暑に拘はらず露地に坐するもの。五 寂默外道、屍林塚間を以て住處とし常に寂默語らざるもの。六に牛狗外道、牛戒狗戒を持するもの。【涅槃經十六】

十三外道 【名數】一に劫比羅、即ち數論師なり。二に嗢露迦、即ち勝論師なり。三に大自在天、自在天を生因とするもの。四に大梵外道、梵天を生因とするもの。五に時外道、時を生因と計するもの。六に方外道、方を生因と計するもの。七に本際外道、過去の初めに本際あり、此より萬物を生ずと計するもの。八に自然外道、萬物は自然より生ずと計するもの。九に虛空外道、虛空を生因となすもの。十に我外道、常一の大我あり、これより萬物を生ずと計するもの。十一に聲顯論師、聲は緣に由て隱顯するも、本來常有なりと計するもの。十二に聲生論師、聲はもと無なり、因緣に依て生ず、生じ了れば常住なりと計するもの。十三に順世外道、唯地水火風の四大ありて一切の有情を生ず、死後は還つて四大に歸すと計するもの。【唯識論一、述記一末】

十六外論 【名數】一に因中有果論、是れ雨衆外道の如き、因は常恒にして具に果性ありと計するもの。雨衆外道は數論師の大弟子十八部の主なり。二に從緣顯了論、是れ數論外道の如き、又聲顯論師の如き、法は先より有り但緣に依て顯はると計するもの。三に去來實有論、是れ數論外道の如き、又時論外道の如き、又、小乘薩婆多部の如き、過去未來は實有なる事現在の如しと計するもの。四に計我論、是れ數論、勝論、尼犍子、獸主、赤衣、遍出、犢子の七外道の如き、實我を計するもの。五に計常論、是れ數論師等の如き、我及世間を常住なりと計するもの。六に宿作因論、是れ尼犍子外道の如き、現に受くる所の苦は宿作の因に由るとし、現の苦行に由りて宿惡を吐くと計するもの。七に計自在論、即ち自在天外道。八に害爲正法論、是れ濁世の諸婆羅門の如き、自ら肉を食はんが爲に生物を害して天に供ふるを正法となすもの。九に有邊生邊論、諸の外道禪定に入つて見る所、世界に邊際あり邊際なきを計するもの。十に不死矯亂論、外道あり、我は不死の淨天に事ふと稱し、其不死の理を問へば矯亂の答を爲すもの。十一に無因見論、諸法無因の邪見を執するもの。十二に斷見論、身死して後斷滅すと計するもの。十三に空見論、一切撥無の邪見外道なり。十四に妄計最勝論、諸の婆羅門の如き我は是れ最勝の種類なり、剎帝利等は是れ下劣の種類なり、我は梵王の口より生ず、餘は爾らずと計するもの。十五に妄計清淨論、或る種の外道の如き、恒河に入つて沐浴すれば諸惡を除きて清淨なりと計するもの、又狗戒牛戒を持し、糞或は草を食して清淨となすもの。十六に妄計吉祥論者、日月星辰を供養し、咒を誦し、火を燒き、以て吉祥を求むるもの。【瑜伽論六、七、瑜伽論記二、眞言廣名目一】

二十種外道 【名數】一に小乘外道、人の死を以て燈火の滅する如しと計するもの。二に方論師、方角を以て諸法の生因と計するもの。三に風仙論師、風を以て萬物の生因と計すもの。四に韋陀論師、韋陀經所說の梵天を以て萬物の生因と計するもの。五に伊賒那論師、伊賒那天を以て萬物の生因と計するもの。六に裸形外道、裸形を以て正行となすもの。七に毗世師、即ち勝論師なり。八に苦行論師、苦行を以て涅槃の正因となすもの。九に女人眷屬論師、摩醯首羅天先づ女人を作りて一切萬物を生ずと計するもの。十に行苦行論師、罪福功德總て盡くるを涅槃と計するもの。十一に淨眼論師、智を以て涅槃となす者。十二に摩陀羅論師、那羅延天を以て萬物の父と計するもの。十三に尼犍子外道、初め一男一女を生じ、此二和合して一切萬物を生ずと計するもの。即ち六師外道の一。十四に僧佉論、即ち數論師なり。十五に摩醯首羅論師、摩醯首羅天を以て萬物の生因と計するもの。十六に無因論師、萬物は無因にして然りと計するもの。十七に時論師、萬物は時より生ずと計するもの。十八に服水論師、萬物は水を以て本とすと計するもの。十九に口力論師、虛空の力を以て萬物を生ずと計するもの。二十に本生安荼論師、安荼より萬物を生ずと計するもの。【外道小乘涅槃論、三藏法數四十六】

三十種外道 【名數】一に時外道、時を以て生因となすもの。二に五大外道、地水火風空の五大を以て生因となすもの。三に相應外道、定を學ぶ者內心に相應する理を計して眞我となすもの。四に建立淨外道、一切法を建立して此に依つて修行

し、之を以て清淨とするもの。五に不建立無淨外道、上に反して、一法を建立せず所修の淨法なきもの。六に自在天外道、自在天を生因となすもの。七に流出外道、建立外道と相似たり、建立は心より一切法を生ずと云ひ、此は手より一切法を出すと云。八に尊貴外道、那羅延天を以て生因となすもの。九に自然外道、萬物は自然の法なりと計するもの。十に內我外道、身中別に我ありて此身を運轉すと計するもの。十一に人量外道、神我の量は或は大或は小、人身に等しと計するもの。十二に遍嚴外道、神我は能く諸法を造れども、世間に尊勝遍嚴の事あるは是れ我の所爲なりと計するもの。十三に壽者外道、一切の法、草木四大に至るまで皆壽命ありと計するもの。十五に識外道、識ありて一切處に遍く、地水火風にも識皆遍滿すと計するもの。十六に阿賴耶外道、阿賴耶識ありて此身を持し萬像を含藏すと計するもの。十七に知者外道 身中に知者ありて能く苦樂等の事を知ると計するもの。十八に見者外道、身中に見者あり、是れ眞我なりと計するもの。十九に能執外道、身中別に能執者ありて是れ眞我なりと計するもの。二十に所執外道、能執者は是れ識心なり、其所執の境界こそ眞我なれと計するもの。二十一に內知外道、身中に別に內知の者ありて是れ眞我なりと計するもの。二十二に外知外道、外知者ありて外塵の境界を知る是れ眞我なりと計するもの。二十三に社怛梵外道、社怛梵は古來翻名を勸へず、是れ知者外道の宗計と大同なりと云。二十四に摩奴闍外道、摩奴闍は人と翻す、人は人より生ずと計するもの。二十五に摩納婆外道、摩納婆とは勝我と譯す、我は身心の中に於て最も勝妙なりと計するもの。是れ毘紐天外道の部類なり。二十六に常定生外道、我は是れ常住なり破壞すべからず、自然に常生して更に生ずるとなしと計するもの。二十七に聲顯者外道、聲は緣を以て顯はるるもの、聲の體は本有常住なりと計するもの。二十八に聲生者外道、聲はもとなし、緣を以て生ず、生じ已れば常住なりと計するもの。二十九に非聲外道、聲體を撥無するもの。已上二十九種の外道に一の總我を加へて三十種の外道と稱す。【大日經疏十二、十住心廣名目一】

九十五種外道と九十六種外道　【名數】

經論の中に西域外道の總數を擧ぐるに九十五種と九十六種との二說あり。先づ九十五種の所處は【六十華嚴經十七】に「令下一切衆生得二如來幢一。摧中滅一切九十六種諸邪見幢上。」【央掘摩羅經四】に往昔佛慧比丘より種種の苦行外道を生ずるを擧げて、其結文に、「如レ是九十六種。皆因二是比丘種種形類一。起二諸妄想一。各自生レ見。」【增一阿含經二十】に「我能盡知下九十六種外道所二趣向一者上。如來之法所二趣向一者不レ能二分別一。」【智度論三】に「云何勝一切。九十六種外道論義能破故名レ勝。」【同三十二】に「世間諸法實相實山九十六種異道皆不レ能レ得。」【同三十六】に「九十六道不レ說二依レ意生一レ識。但以レ依レ神爲レ本。」【同四十八】に「與二九十六種邪行求一レ道相違。故名二正勸一。」【成實論十】に「以二戒取一故。九十六種。有二差別法一。」【婆沙論六十六】に「如レ是正見中。九十六種外道所レ無。」【釋摩訶衍論九】に「言二外道一者。九十六種諸大外道。九萬三千眷屬外道。」而て【薩婆多論五】に其數を解して、「六師者。一師十五種敎。授二弟子一。爲二敎各異一。弟子受行各成二異見一。如レ是一師出二十五種異見一。師則有レ法與二弟子一不レ同。師與二弟子一通爲二十六種一。如レ是六師有二九十六種一。」と。次に九十五種は【南本涅槃經十】に「世尊常說。一切外學九十五種皆趣二惡道一。聲聞弟子皆向二正路一。」【大集經五十五】に「剃二除鬚髮一。身著二袈裟一。名字比丘爲二無上寶一。比二餘九十五種異道一最尊第一。」【文殊師利般涅槃經】に「九十五種諸論議師無二能酬對一。」而て九十六種を解するに二說あり。一は薩婆多論の釋に依て九十六種悉く邪道となす。此說に依れば九十六種と九十五種との相違を和會すべからず。但異說と見るべし。是れ南山宗の義なり。【資持記上一之一】に先づ薩婆多論の說を擧げて次に「僧祇總有二九十六種出家人一。則佛道爲レ一。邪道九十五。末レ詳二合數一。兩出不同。」（一說己上）二は【九十六道經】に依り、九十六道は此邪合說にして、邪道は九十五なりと定め、九十六の邪道とあるは犢子部の如き附佛法の外道、或は定性の二乘を加ふるなりと會通するなり。是れ天台の釋なり。【文句記五之一】に「九十六道經云。唯有二一道一是正。餘者悉邪。有人引二多論一云。六師各有二十五弟子一。并二本師六一即九十六也。准二九十六道經一無二此說一也。彼論自是一途。豈可二六師必定各只十五弟子一。九十六中有レ邪有レ正。」【輔行三之三】に「九十五種者通學二諸道一。意且出レ邪。乃至故大論二十五云。九十六道中實者是佛。」（二十五は廿三の誤、實の字論文寶に作る）然るに九十六道經は眞僞未決にして今に傳はらず、又【智度論二十三】（輔行に大論二十五と云。）の文を見るに「人中寶者是佛。九十六種道法中寶者是佛法。一切衆中寶是僧。」是れ佛は人中の外なる如く、佛法亦九十六種の外と見るを穩當とす。（智度論前後の文に九十六種外道とあるは既に前に擧ぐ。）

外道十一宗 【名數】九十五種の外道、十一宗を以て之を統收す。一に數論師計冥諦生。數に從つて論を起せば名けて數論とし、又能生の數を論ずれば名けて數論と爲す。其數論を造り及び數論を學ぶ者を皆數論師と名く。計冥諦生とは百論に云く、冥より覺を生じ、乃ち神我に至つて共に二十五諦を成ずと。前の二十四諦は神我に從つて生ずるを以て神我を主と爲す。神我は常覺明了常住不壞にして諸法を攝受す。是の故に神我は是れ常一にして、萬物の因、涅槃の因なりと執す。二に衛世師計六句生。梵語衛世、華に無勝と言ふ。其人佛の前八百年に在て出世す。その師晝は聲色を避けて跡を山藪に匿し、夜は視聽を絶ちて方に乞食を行ふこと、鵂鶹鳥に似たるを以て時人鵂鶹仙人と名く。五通を獲るに及んで遂に論十萬偈を說き、菩提を證すと。六句生とは、一は實、謂く、諸法の體實にして德業の所依と爲る。二は德、即ち道德なり。三は業、即ち作用なり。四は大有、實と德と業と同じく一有なり。五は同異、地を地に望むるが如きは是同なり、水に望むれば即ち異なり、水火風等亦然り。六は和合、諸法の和合なり、鳥の空を飛ぶも忽ち樹枝に至り住して去らざるが如く、法も亦た是の如し。和合に由るが故に住することと有らしむるなり。三に塗灰計ニ自在天生萬物一。塗灰は即ち外道の名なり。此の外道は欲界第六の自在天能く萬物を生ずと計す。四に圍陀論師計三那羅延天生ニ四姓一。梵語圍陀、華に智論と言ひ、梵語那羅延、華に鈎鎖力士と言ふ。其の骨節鈎鎖して力有ればなり。那羅延天能く四姓を生ずとは口より婆羅門を生じ、兩臂より刹利を生じ、兩髀より毗舍を生じ、兩脚より首陀を生ず。五に安荼論師計ニ本際生一。梵語安荼、翻語なし。本際とは卽ち過去世の初際なり。此の外道、世間の最初に大水有り、時に大安荼有て出生す、形ち鷄卵の如し。後兩段と爲り、上は天と爲り下は地と爲る。中に一の梵天を生ず。復た能く一切有命無命の物を出生すと。故に梵天は是れ萬物を生ずるの主と計す。六に時散外道計ニ物從レ時生一。此の外道自ら草木等の物を見るに時有りて華を生じ、時有りて果を生じ、時有りて用を作す。或は舒び、或は卷き、枝條をして時に隨つて榮枯せしむ。時は微細にして見る可からずと雖も、此の華實等を以て則ち時有ることを知るなり。七に方論師計三方生レ人人生ニ天地一。方は即ち四方なり。此の外道は四方能く人を生じ、人能く天地を生じ、滅する後も還つて方に入ると計す。八に路伽耶計ニ色心法皆極微作一。梵語路伽耶、華に順世と言ふ。此の外道は色心等の法、皆四大の極微より能く塵色を生ず、是の極微は其體實有なり。世間の塵物は無常なるも極微の因は壞せずと計す。九に口力論師計下虛空爲ニ萬物一因上。此の外道、空より風を生じ、風より火を生じ、火より煖を生じ、煖は水を生じ、水は凍を生じ、堅地と作り、地五穀を生じ、五穀命を生ず。命終れば還た虛空に歸すと計す。十に宿作論師計ニ苦樂隨一レ業。此の外道は一切衆生苦樂の報を受くること皆宿世本業の所作に隨ふと計す。若し持戒精進して身心に苦を受くる有れば能く本業を壞す。本業既に盡くれば衆苦も亦た滅す、衆苦滅する故に即ち涅槃を得。是の故に宿世の所作を計して一切の因と爲すなり。十一に無因論師計ニ自然生一。此の外道は、一切の萬物因も無く緣も無く、皆自然に生じ皆自然に滅すと計す。【華嚴演義九】

外道髑髏を打て死の因緣並に生處を知る 【故事】【增一阿含經二十聲聞品】に「世尊鹿頭梵志を將て塚間に至り、髑髏を取りて之に與へて曰く、汝星宿に明に、能く死の因緣を知る。今我れ汝に問ふ、此は何人ぞ。男か女か。復何の病に由て命終を取り、死して何の處に至る。是の時梵志髑髏を取り、反覆觀察し、手を以て之を擊て曰く、是れ男子なり。是れ衆病集て百節酸痛し命終を取る。此人命終して三惡趣に墮す。佛曰く、汝が言ふ所の如し。更に髑髏を取りて之に與ふ。梵志之を打て一一之を答ふ。爾の時香山の南に優陀延比丘あり、無餘涅槃界に入る。世尊臂を申べて其髑髏を取り、梵志に與へて之を問ふ。梵志復手を以て之を擊ち、世尊に白して言く、我れ此髑髏を觀るに男に非ず女に非ず、亦生を見ず、亦斷を見ず、亦周旋往來するを見ず。然る所以は八方上下を觀るに都て音響なし。世尊告て曰く、止なん止なん、梵志汝竟に之を識らず。此髑髏は無終無始、亦生死なく、亦八方上下適くべき所なし。此は是れ阿羅漢の無餘涅槃界を取りし者なり。梵志即ち未曾有を歎じ、弟子となり、遂に阿羅漢果を證す。」【止觀七下】に「外道打ニ髑髏一作レ聲。聽知ニ生處一知ニ無量事一。」

ゲダウセウジヨウシシユウロン　外道小乘四宗論 【書名】具名、提婆菩薩破楞伽經中外道小乘四宗論、一卷、後魏の菩提流支譯。外道小乘の執する一異等の四見を破す。

ゲダウセウジヨウネハンロン　外道小乘

涅槃論 〔書名〕具名、提婆菩薩釋楞伽經中外道小乘涅槃論、一卷、後魏の菩提流支譯。外道小乘の執する二十種の涅槃を叙す。

ゲダウノシヤウゼン 外道相善 〔術語〕外道の修する觀行なり。これを相善と名くるに二種あり。一に相似の義にして、外道の修する六行觀は菩薩の觀法に似たる故に相善とす。二に相は有相の義、外道の善は人法二空の理を知らずして修する所なるが故に相善と云ふ。

ゲダウモンシヤウダイジヨウホフムガギキヤウ 外道問聖大乘法無我義經 〔經名〕一卷、宋の法天譯。外道の問に因て一切法如夢如幻の義を說く。【宙帙一】(818)

ゲダツ 解脱 〔術語〕梵に木底 Mukti 木叉 Mokṣa 譯、解脱。縛を離れて自在を得る義。惑業の繋縛を解き三界の苦果を脱すること。【注維摩經一】に「肇曰。縱任無礙。塵累不レ能レ拘。解脱也。」【唯識述記一本】に「解謂離レ縛。脱謂自在。」【華嚴大疏五】に「言二解脱一者、謂二作用自在一。」図涅槃の別稱。涅槃の體は一切の繋縛を離るればなり。【唯識述記一本】に「言二解脱一者。體即圓寂。由二煩惱障一縛二諸有情一恒處二生死一。證二圓寂一已能離二彼縛一。立二解脱名一。」【倶舍論十八】に「解脱涅槃。亦名二無上一。」【大乘義章二】に「涅槃果德。絕レ縛名レ脱。」【同十八】に「言二解脱一者。自體無レ累名爲二解脱一。又免二羈縛一亦曰二解脱一。」【梵語雜名】に「解脱。梵語木底。」図禪定の別稱。三解脱、八解脱、不思議解脱の如し。脱縛自在は禪定の德なり。【大乘義章十三】に「八解脱者。名爲二解脱一絕二下縛一故。」【注維摩經一】に「什曰。亦名二三昧一。亦名二神足一。或令二脩レ短改レ度或巨細相容一。變化隨意於レ法自在。故名二解脱一。」

図五分法身の一。

二解脱 〔名數〕一に有爲解脱、是れ阿羅漢の無漏の眞智を云ふ。二に無爲解脱、是れ涅槃なり。【倶舍論廿五】に「解脱體有二二種一。謂有爲無爲。有爲解脱謂無學勝解。無爲解脱謂一切惑滅。」図一は性淨解脱、衆生の本性清淨にして繋縛染汚の相なきを云。二に障盡解脱、衆生の本性清淨なるも、無始已來煩惱の惑に由りて本性を顯現するを得ず、今此の惑障を斷盡して解脱自在を得るを云ふ。【寶性論五】図一に慧解脱、阿羅漢にして未だ滅盡定を得ざるもの。是れ唯涅槃を證する智慧の障を解脱せしものなれば慧解脱と云ふ。二に倶解脱、阿羅漢にして滅盡定を得たるもの。是れ慧と共に定の障を解脱せしものなれば倶解脱と云ふ。【成實論分別賢聖品】に「因二滅盡定一故有二二人一。不レ得二此定一名二慧解脱一。得二此定一者名二倶解脱一。」【倶舍論二十五】に「倶由レ得二滅定一。餘名二慧解脱一。」図一に時解脱、鈍根の無學勝時を待ちて入定し、及び煩惱の縛を脱し得るもの。二に不時解脱、利根の無學時を撰ばずして入定し、及び煩惱の縛を脱し得るもの。【倶舍論二十五】図一に心解脱、心に貪愛を離るるもの。二に慧解脱、慧に無明を離るるもの。【大乘義章十八、倶舍寶疏二十五】

三解脱 〔名數〕又、三空とも、三三昧とも云ふ。具名、三解脱門。一に空解脱、二に無相解脱、三に無願解脱、三種の禪定なり。「サンゲダツモン」を見よ。

八解脱 〔名數〕舊に八背捨と云ふ。是れ三界染法の繋縛を棄捨する八種の禪定にして、八勝處、十一切處と一具の法門なり。「ハチハイシヤ」を見よ。

ゲダツ 解脱 〔人名〕城州笠置寺の貞慶、左少辨藤原貞憲の子。興福寺の覺憲に就きて法相を學び、居ること二十餘年、終に宮中の最勝講に預る。當時僧法の浮華を厭ひ、講終りて城州の笠置寺に隱る。時に年二十九。後に後鳥羽上皇の屈請を受く。承元二年海住山寺に移り、建曆三年此に寂す。壽五十九。解脱上人と謚せらる。法相宗の明匠なり。【本朝高僧傳十三】

ゲダツエ 解脱衣 〔衣服〕解服幢相衣の略。袈裟の別稱。

ゲダツカイ 解脱海 〔譬喩〕解脱の德の深廣なるを海に譬ふ。【華嚴經二】に「此智幢王解脱海。」

ゲダツカイ 解脱戒 〔術語〕別解脱戒の略。

ゲダツカイキヤウ 解脱戒經 〔經名〕一卷、元魏の瞿曇般若流支譯。迦葉毗部の別解脱戒の本條を列ねしもの。【寒帙十】(1108) 図一切戒經の通名。【智度論二】に「解脱戒經。即是大師。」

ゲダツカイホンキヤウ 解脱戒本經 〔經名〕解脱戒經の具名。

ゲダツクワン 解脱冠 〔譬喩〕解脱の貴を寶冠に譬ふ。【增一阿含經十四】に「天王來ヲ至此一。及諸魔眷屬。復以二方便一降。令レ著二解脱冠一。」

ゲダツケンゴ 解脱堅固 〔術名〕【大集經】所說、五堅固の第一。佛滅後第一の五百年の間、正法盛にして脱解を證するに於て堅固なるを云。

ゲダツサウ 解脱相 〔術語〕三相の一。

ゲダツザウ 解脱藏 〔術語〕一切の繋縛を離れたる人の身を云。【千手經】に「當レ知其人是解脱藏。天魔外道不レ能二稽留一故。」

ゲダツシヤウ 解脱障 〔術語〕倶舍論所說二障の一。「ニシヤウ」を見よ。

ゲダツシヤウジヤウホフデン　解脱清淨法殿　〔術語〕法身所居の大涅槃界を云。【圓覺經】に「依レ願修行。漸斷二諸障一。障盡願滿。便登二解脱淸淨法殿一。證二大圓覺妙莊嚴域一。」

ゲダツシン　解脱身　〔術語〕二佛身の一。佛身煩惱障を解脱すれば解脱身と名く。【唯識述記十末】に「言二法身一者。非二三身中之法身一也。佛得二二名一。離二煩惱一故。名二解脱身一。離二所知障一。具二無邊德一。名爲二法身一。」又、五分法身の一。

ゲダツジキ　解脱食　〔術語〕出世五食、又は九食の一。出家の行人は惑業の繫縛を解脱するに由て善根を增長し、慧命を資益すると、猶世間の食の諸根を資養するに均しければ解脱を食と稱す。

ゲダツジンコウ　解脱深坑　〔術語〕解脱に固執して自利利他の行を圓滿する能はざるを深坑に墮墜せるに喩へたるもの。【大集經十三不可說菩薩品】に「善男子。譬如三有レ人墜二墮深坑一。是人不レ能二自利利他一。聲聞緣覺亦復如レ是。墮二解脱坑一不レ能二自利及以利他一。」

ゲダツダウ　解脱道　〔術語〕四道の第三。図佛道の總名。出離解脱の道、解脱道論の解脱道の如し。

ゲダツダウロン　解脱道論　〔書名〕十二卷、優波底沙羅漢造、蕭梁の僧伽婆羅譯。十二品あり。出離解脱の要道を說きしもの。作者は巴利佛敎傳燈祖の一人なり。此書は巴利語より譯したるものにて、佛音の淨道論の先驅なり。體裁亦同じ。「五。

ゲダツチケン　解脱知見　〔術語〕五分法身の第

ゲダツチケンシン　解脱知見身　〔術語〕解脱知見は如來法身の一分なれば身と云。

ゲダツテン　解脱天　〔人名〕玄非三藏印度に在りし時、彼の土の小乘衆、三藏を稱して解脱天と云。【慈恩寺傳五】に「諸衆歡喜。爲二法師一競立二美名一。大乘衆號曰二摩訶耶那提婆一。此云二大乘天一。小乘衆號曰二木叉提婆一。此云二解脱天一。」

ゲダツドウエ　解脱幢衣　〔衣服〕解脱幢相衣の異名。袈裟は解脱を求むる人の服する所、而も邪の爲に傾動せられず、又條相佛塔の幢に似たれば名く。

ゲダツドウサウエ　解脱幢相衣　〔衣服〕袈裟【地藏十輪經四】に「被二殑伽沙佛解脱幢相衣一。於レ此起二惡心一定墮二無間獄一。」【釋氏要覽上】に「又名二幢相一。謂不三爲レ邪所二傾故。」【應法記】に「條相四圍有レ同二佛塔。故云二幢相一。」⊙（太平記二）「解脱同（幢）相の御衣を脱ぎ給ひて」（曲、夕顏）「解脱の衣の袖ながら今宵は何をつつまんと」

ゲダツノカゼ　解脱の風　〔譬喩〕世間の顚倒苦惱を炎熱に比し、解脱を凉風に譬ふ。【無量義經】に「請二佛轉法輪一。隨順能轉。微渧先墮以淹二欲塵一。開二涅槃門一扇二解脱風一。除二世熱惱一致二法淸涼一。」

ゲダツノミミ　解脱の耳　〔雜語〕耳を以て法を聞き遂に解脱を得。耳は解脱が爲の門なれば解脱の耳と云。【思益經二】に「眼是解脱門。耳鼻舌身意是解脱門。」此中此土の衆生は殊に耳根を以て解脱門とす。【楞嚴經五】に「佛出二娑婆界一。此方眞敎體淸淨在二音聞一。欲レ入二三摩提一實以二聞中一入。離レ苦得二解脱一。」【玄義六下】に「此土耳根利。故偏用二聲塵一。」

ゲダツフク　解脱服　〔衣服〕又、解脱幢衣、解脱幢相衣。袈裟の異名。袈裟は出離解脱を求むる人の服なるを云。【法苑珠林二十二】に「大哉解脱服。無相福田衣。披奉如二戒行一。廣度二諸衆生一。」

ゲダツブン　解脱分　〔術語〕順解脱分の略。⊙（盛衰記一）「朕は解脱分の善根を植ゑたり」

ゲダツミ　解脱味　〔術語〕出世法三味の一。涅槃の妙味を云。【勝鬘經】に「涅槃一味等味。謂解脱味。」【法華經藥草喩品】に「爲二大衆一說二甘露淨法一。其法一味解脱涅槃。」【勝鬘寶窟中末】に「出世法有二三種味一。一法味。二禪悅味。三解脱味。」

ゲダツモン　解脱門　〔術語〕空、無相、無願の三種の禪定を云。此三は涅槃の門戶なれば名く。【俱舍論廿八】に「於レ中無漏者名二三解脱門一。能爲二涅槃一爲二入門一故。」【大乘義章二】に「涅槃果德絕レ縛名レ脱。空無相等與レ脱爲レ門。名二解脱門一。」

ゲダツリツ　解脱律　〔經名〕解脱戒本經の略名。

ゲダツリン　解脱輪　〔術語〕金剛界の大日の五智より現出する五如來の住する月輪を云。「ゴゲダツリン」を見よ。

ゲチケン　解知見　〔術語〕解脱、解脱知見の二語を略せしもの。五分法身の第四を解脱とし、第五を解脱知見とす。解脱とは涅槃、解脱知見とは涅槃を證悟せしことを自覺する知慧なり。此二に戒定慧の三を合せて五分法身とす。【無量義經】に「戒定慧解知見生。三昧六通道品發。」「ゴブンホフシン」を見よ。

ゲチユウ　夏中　〔術語〕夏安居の間九十日を云。

ゲヂ　下地　〔術語〕三界を九地に分ち、境界の劣るを下地とし、優れたるを上地とす。又、菩薩に十地の位あり、高下を指して上地下地と云。

ゲヂソクシヤウ　下地麁苦障　〔術語〕外道が三界九地に於て下地を離れて上地に生ぜんとする時は、下地麁苦障、上地靜妙離と觀じて下地の煩惱を斷ず。之を六行觀と名く。下地は麁なり苦なり障なりと觀じて之を厭ひ、上地は靜なり妙なり離なりと觀

じて之を願ふ。「ロクギヤウクワン」を見よ。

ゲヂン　下塵　〔術語〕下界の塵境にて惡道のこと。【釋門歸敬儀】に「生身不三徙委二於下塵一。」【同通眞記上】に「下界惡道也。」

ゲヂン　外塵　〔術語〕塵とは六塵にて六根所對の事物。凡夫は此六塵を以て心外に在りと爲せば外塵と云。【六祖壇經】に「分二別一切法一。爲二外塵相一。」【釋門歸敬儀】に「大聖示レ教境是自心。下愚迷執塵爲二識外一。」

ゲヂン　外陣　〔術語〕佛殿内の坐處を二所に區劃し、佛に近きを内陣とし、遠きを外陣とす。又下陣と書す。

ゲツシコク　月氏國　〔地名〕「グワツシ」を見よ。

ゲテン　外典　〔術語〕佛敎外の典籍。外道の典籍。世間の典籍。【法華經譬喩品】に「未三曾念二外道典籍一。」【止觀輔行四之三】に「大論云。習二外典一者。如下以レ刀割レ泥。泥無レ所レ成而刀日損上。又云。讀二外典一者。如下視二日光一令中人眼暗上。」⦿（野守鏡上）「經論外典」

ゲテン　下轉　〔術語〕元初一念の無明、眞性に背いて生死を緣起するを云。即ち流轉なり。【釋摩訶衍論二】に「諸染法有レ力。諸淨法無レ力。背レ本下下轉。名爲二下轉門一。諸淨法有レ力。諸染法無レ力。向レ原上上轉。名爲二上轉門一。」

ゲトンヨク　外貪欲　〔術語〕他の男女等を見て起す貪欲を云。【止觀八上】に「外貪欲起ラハ以二不淨一助。内貪欲起ラハ以二背捨一助。」

ゲニン　下忍　〔術語〕四善根中の忍法位に上中下の三品あり、最初の位を下忍と云。具さに十六行相を修する位なり。「ニンボフ」を見よ。

ゲノオフミ　夏御文　〔書名〕四通あり。蓮如が明應七年の夏、特に眞宗の信心を說きたる文なる故この稱あり。

ゲハイクワン　下輩觀　〔術語〕三輩觀の一。【觀無量壽經】に十六觀を說く中、下の三觀は九品の往生人を觀じ、共の下三品を觀ずるを下輩觀と名け、第十六觀と爲す。「是名二下輩生想一。名二第十六觀一。」

ゲハチヂ　下八地　〔名數〕三界九地の中、第八無所有處地巳下を云。「クヂ」を見よ。

ゲバクイン　外縛印　〔印相〕四種拳の一。二手を交叉して拳を作り、十指をして外に出現せしむるもの。又、指在外拳と名く。【大日經疏十三、眞言修行鈔三】又、堅固縛、金剛縛、又は外縛拳とも云ひ、結使の縛を解かしむる意にして、十地圓滿の形を顯せるものなり。

ゲボサツ　牙菩薩　〔菩薩〕又、金剛藥叉と名く。不空成就釋迦四親近の第三、東方の菩薩なり。忿怒形にして牛三胡、牙の如きを三昧耶形とし密號の猛利金剛と云。【胎曼大鈔一、秘藏記鈔十】

ゲホフ　外法　〔術語〕佛法外の法。荼吉尼の法、阿尾捨の法など。⦿（盛衰記一）「實にや外法成就の者は子孫に傳へずと」

ゲボン　外凡　〔術語〕二凡の一。聲聞乘には五停心、別相念處、總相念處の修行位を外凡とし、四善根の位を内凡とす。又菩薩乘には十信の位を外凡とし、十住等三賢の位を内凡とす。【大乘義章十七末】に「言二外凡一者。善趣之人向レ外求レ理。未レ能三息レ相内緣二眞性一故名爲レ外。六道分段凡身未レ捨故名爲レ凡。」【四敎儀集註中】に「相似見理名レ内。未レ得二似解一名レ外。」

ゲボン　下品　〔術語〕彌陀の淨土に往生する人に九種類ある中、下の三種を下品とす。次下を見よ。

下品上生　〔術語〕觀無量壽經所說九品往生の一。經に、「下品上生者。或有二衆生一作二諸惡業一。雖レ不レ誹二謗方等經典一。如レ此愚人多造二衆惡一無レ有二慚愧一。命欲レ終時遇二善知識一。爲讚二大乘十二部經首題名字一。乃至智者復敎三合掌叉手稱二南無阿彌陀佛一。乃至隨二化佛後一生二寶池中一。」

下品中生　〔術語〕同上。【經】に、「下品中生者。或有二衆生一。毀二犯五戒八戒及具足戒一。如レ此愚人偸二僧祇物一。盜二現前僧物一。不淨說法無レ有二慚愧一。乃至遇下善知識以二大慈悲一爲說中阿彌陀佛十力威德上。乃至有二化佛菩薩一迎二接此人一。如二一念頃一即得二往生一。」

下品下生　〔術語〕同上。【經】に、「下品下生者。或有二衆生一。作二五逆十惡一具二諸不善一。如レ是愚人以二惡業一故。應下墮二惡道一經二歷多劫一受レ苦無上レ窮。乃至稱二佛名一故於二念念中一除二八十億劫生死之罪一。命終之時見下金蓮華猶如二日輪一住中其人前上。如二一念頃一即得レ往二生極樂世界一。」⦿（近松、青葉笛）「それ下品下生の往生は六道四生の苦患をやや遁るるばかりにて」

ゲマ　外魔　〔異類〕魔の外より來るもの。四魔中の天魔に屬し、天台は之を三種に分つ、一に槌惕鬼、二に時媚鬼、三に魔羅鬼。【止觀八下】

ゲマツ　夏末　〔術語〕夏安居の終。

ゲマン　夏滿　〔術語〕夏安居の滿じたる日。

ゲマンジヤウブツ　解滿成佛　〔術語〕四滿成佛の一。「シマンジヤウブツ」を見よ。

ゲムヰ　外無爲　〔術語〕外境に心を動かされざること。即ち眼に色を見ず、耳に聲を聞かず、鼻に香を嗅がず、口に味を取らず、身に細滑に觸せず、意に妄念せざるを云ふ。

ゲメンジボサツナイシンニヨヤシヤ 外面似菩薩內心如夜叉 〔雜語〕 本邦古德の偈語。或は華嚴經の文なりと云ひ、或は唯識論の文なりと云ひ、或は寶積經の文なりと云。共に暗推なり。康賴の⦿(寶物集)に華嚴經云として此文を擧げしを最古とす。又、似字を如又は女に作ることあり。女人が紅粉を粧ひて、內心に惡心を藏するを敎へし言なり。

ゲユウ 外用 〔術語〕 一の本體ありて其より外に「現はるる作用を云。

ゲラウ 夏臘 〔術語〕 又、夏﨟、法﨟。比丘の年歲を云。比丘は每歲九旬の安居をなし、その安居せし數によりて法齡を算し、法﨟幾歲と稱す、故に安居中と安居竟の日は世俗の舊臘と歲首との如し。これ夏臘の字を用ふる所以なり。此夏臘の多少を以て僧中の長幼を定む。【月燈三昧經六】に「當レ問二其夏臘一。」【僧史略下】に「經律中以二七月十六日是比丘五分法身生來之歲首一。則七月十五日是臘除也。比丘出レ俗。不下以二俗年一爲上レ計。乃數二夏臘一耳。經律又謂二十五日一爲二佛臘日一也。」【蔡邕獨斷】に「臘者歲之終也。」

ゲラウ 下臘 〔術語〕 又、下﨟、臘數の多きを上臘と云ひ、少きを下臘と云。

ゲリヤウ 解了 〔術語〕 道理を會得すると。【深密經二】に「於二我甚深密意言說一如實解了。」【南本涅槃經 十九】に「解三了實相空無二所有一。」

ゲレツジヨウ 下劣乘 〔術語〕 小乘を毀斥して云。【止觀五上】に「設厭レ世者。翫二下劣乘一攀二附枝葉一。狗狎作レ務。敬二獮猴一爲二帝釋一。宗二瓦礫一是明珠。此黑暗人豈可レ論レ道。」

ゲワク 解惑 〔術語〕 解と惑。解は智、惑は煩惱、相反の法。【止觀八上】に「若遮障重當レ修二助道一。既解惑相持。便應二索援一。」

ゲン 驗 〔術語〕 修驗者。修驗者の作す不思議のわざ。⦿(源語)に「驗がたの行ひ」(大鏡)に「驗くらべ」

ゲン 眼 〔雜名〕 梵語、斫芻。又斫氣芻。Caksu【義林章三本】に「梵云二斫芻一。斫者行義。芻者盡義。謂能於レ境行盡見二諸色一。故名二行盡一。翻爲レ眼者體用相當依二唐言一譯。」【華嚴大疏五】に「照矚爲レ眼。」

ゲン 幻 〔術語〕 空法十喩の一。幻術師が實體なきものをあるやうに變化して見するを云。【演密鈔四】に「幻者化也。無而忽有之謂也。先無二形質一假二因緣一有名爲二幻化一。又幻者詐也。或以二不實事一惑二人眼目一。故曰レ幻也。」【圓覺經略疏上二】に「幻者。謂世有二幻法一。依二草木等一幻二作人畜一。宛似二往來作之相一。須臾法謝還成二草木一。然諸經敎幻喩偏多。良以二五天此術頗衆見聞既審。法理易レ明。及レ傳二此方一翻爲レ難レ曉。」【聖財集下】に「如幻の法門尤辨知すべし。顯密の敎門に廣く此喩あり、中道の義理なり。幻を實と思ふは凡夫不明の情なり、幻を無なりと思ふは二乘の但空なり、又は斷見の凡夫の難なり。法界を全くして幻なり、幻を全くして法界なり、體用不二事理無礙なる是れ諸大乘の通相なり。智量禪師云く、建二立水月道場一。莊二嚴性世界一。羅二列幻化供具一。供二養影響如來一。修二習空華萬行一。願二生唯心淨土一。大作二界中佛事一。廣度二幻化含識一。」幻を觀ずるは迷執を破する爲なり。此に三重の深淺あり。

ゲンイチサイシキシンザンマイ 現一切色身三昧 〔術語〕 略稱、普現三昧。妙音觀音の如く自在に一切衆生の色身を示現する三昧の名。【法華經藥王品】に「是一切衆生喜見菩薩。樂二習苦行一乃至得二現一切色身三昧一。」

ゲンイン 現印 〔印相〕 不動尊十四印の一。「フダウソン」を見よ。

ゲンウ 幻有 〔術語〕 幻の事實なきに寄せて法の假有を顯はし。非有非不有の相に名けて諸法の所有なきを示す。

ゲンエン 幻焰 〔雜語〕 幻化と陽焰。【玄義一上】に「心如二幻焰一。但有二名字一。名レ之爲レ心。」

ゲンエンゲンギヤウ 減緣減行 〔術語〕 緣とは上界の四諦と上二界の四諦との八諦を指し、行とは欲界四諦下の十六行相と上二界四諦下の十六行相と合せて三十二行相を指す。聲聞乘の者四善根の初より忍法の上忍までは、此上下八諦の三十二行相を連環して普く觀じ來りしを、同く中忍の位よりは一行づつ之を減じて、遂に苦或は道等の一行相を留むるに至るを減行と云ひ、其四行相を減ずる每に自ら一諦を減ずれば之を減緣と云。これを減ずる所以は、汎く上下八諦の三十二行相を觀じ居りては、觀智浮漫にして猛利ならざれば、中忍より以後漸漸に其觀境を狹くして以て猛利なる觀智を養成し、遂に眞無漏智を發する箅引となすなり。上下八諦の三十二行相を、第一回には第一より第三十一まで觀じ、以て第三十二即ち上界道諦下の出の一行相を減じ去り、第二回には更に第一より第三十まで觀じ、以て第三十一即ち上界道諦下の行の一行相を減じ去る。此の如く一周する每に下より逆次に一行相を減じ、終に第一即ち欲界苦諦下の苦の一行相を減ずるに至る。即ち減じ去るは三十一行相なり。此三十一行相を減ずる中に第四周目每に一諦を減ずれば之を減緣と云ひ、他の三周に減ずる行相を減行と云。即ち減緣として七周、減行として二十四周、合せて三十一周に

三十一行を減じ去るなり。第四周目を減緣と云ふは、上下八諦は所緣の境にて三十二行相は其に對する能緣の觀解なれば、四行相を減ずるは即ち所緣の境一諦を減ずるなり。依て逆次に減じ去りて第四行相目に至る每に減行と言はず、殊に減緣即ち、減諦と云ふ名を附せしのみ。「ギヤウサウ」を見よ。

ゲンオウ　玄應　【人名】唐の京師の沙門、頗る字義に精しく、一切經音義を造る。但し詳なる紀傳なし【續高僧傳三十智果傳附】に僅に記して「京師沙門玄應者。亦以二字學之富一皂素所レ推。通造二經音一甚有二科據一矣。」

ゲンオウ　玄應　【術語】幽玄なる感應。冥應、冥加等云ふに同じ。⦿（盛衰記）に「玄應成就。素望圓滿。」

ゲンオウ　玄翁　【人名】伯州退休寺の沙門玄妙、字は玄翁。越後の人。峨山和尙に總持寺に參して心印を得、諸方に遊化す。初め伯州に至る。檀越退休寺を拶して第一世とす。文和三年野州に至り、泉溪禪院を五峯山に結んで安居七年、結城の府主安穩寺を創して之を請ず。四載を歷て會津に至り、應德寺を開く。俗に傳ふ、野州那須野に殺生石あり、玄應一日行いて石に對して汝元來頭石頭。性從レ何來。靈從レ何起。と言ひて、杖を以て石を打つと三下、それより石の祟止むと。應永三年正月寂。壽七十一。【本朝高僧傳三十六】

ゲンカウ　玄綱　【術語】幽玄なる法義の大綱を云。【行持鈔上之一】に「紐二既絕玄綱一。樹二已顚大表一。」

ゲンカウシヤクシヨ　元亨釋書　【書名】三十卷。虎關師練著。元亨二年朝に上る。本朝僧史の嚆矢。

ゲンカク　玄覺　【人名】唐の玄覺、字は明道。溫州永嘉の人。初め天台の止觀に精しく、常に禪觀を修す。後に曹溪に至つて一宿して旨に契ふ。一宿覺の名あり。永嘉に還り學者輻輳す。眞覺大師と號す。證道歌幷に永嘉集を著す。先天二年寂。無相大師と勅諡せらる。【宋僧傳八、傳燈錄五】

ゲンカンコジ　玄鑑居士　【人名】印度の人。護法菩薩の檀越にして常に之に給侍し、菩薩の沒後、其著唯識の釋論を護持して玄奘三藏に授く。【唯識樞要上本】

ゲンガク　玄學　【術語】玄妙の學問。佛學の通名。

ゲンキ　玄軌　【術語】玄妙の方規。【往生講式】に「長夜之明珠。淨土之玄軌。」

ゲンキクワウ　現起光　【術語】二光の一。常に佛身に備はる光明を常光と云ひ、時に緣に應じて大光を放つを現起光と云ふ。

ゲンキツジユ　元吉樹　【植物】菩提樹の異名。【輔行一之二】に「佛樹者。亦曰二元吉樹一。亦曰二道樹菩提樹等一。」

ゲンキホンリイチネンサンゼン　還歸本理一念三千　【雜語】【輔行五之三】に「但離二橫等四句一。還二歸本理一念三千一。」一念の心に三千の法を具すと云ふに就きて、三千の法果して心より生ずるや、緣より生ずるや、心緣の合より生ずるや、心を離れ緣を離れて生ずるや等の橫竪の四句あり。此四句共に非なり。此橫竪の四句を離れて本理の一念三千に歸入すべしとなり。⦿（千載）「古鄕に歸るはやすき理をしらでや世世に迷ひきにけん」

ゲンキヤウ　玄鏡　【書名】華嚴法界玄鏡の略稱。

ゲンギ　玄義　【術語】幽玄なる義理。深妙なる義理。天台、諸經を釋するに先づ文前に於て五重の深義を緖論し、玄義と題す。法華經玄義、金光明經玄義など。【法華玄義十下】に「我以二五章一略譚二玄義一。非三能中二文外之妙一。特是麤逃二所懷一。」【金光明玄義拾遺記上】に「玄謂二幽微難一レ見也。義謂三理趣深有二所以一也。其幽微義而有二五重一。至乃大師搜二抉如レ是五義一解二釋一題一。欲下令三學者豫知二經旨一然後尋レ文。使丙於二文文一成乙智行甲故。斯是道場特因レ靜發。稱二會佛旨一演二茲奧旨一。故不レ可下以二暗證者及尋文者一同日而語上也。幽微所以豈虛名哉。」

五重玄義　【名數】第一に釋名、名なければ法を顯はすと能はず、故に先づ經題を釋すべし。第二に辨體、名は體を呼ぶ、名に次で體を辨ずべし。體は一部の旨歸、衆義の中樞なり。第三に明宗、宗とは修行の宗旨なり。體に會するは必ず修行に由る。故に體に次で宗を明かすべし。第四に論用、體に會して自行已に圓かなれば、體より用を起して衆生を利益すべし。故に宗に就て一經の作用を論ず。第五に判敎、利益已に多ければ所說の敎義無盡なり。故に用に次で敎義の大小權實を判すべし。已上の五重を法華經に就て釋せば與咸の【法華撮要】に「此經乃以二法譬一爲レ名。實相爲レ體。一乘因果爲レ宗。斷疑生信爲レ用。無上醍醐爲二敎相一。」

ゲンギブン　玄義分　【書名】唐の善導、觀無量壽經の疏四卷を作り、經題の下に一經の深義を譚ぜしを玄義分と稱す。

ゲンギヤウ　現行　【術語】阿賴耶識に一切の法を生ずる功能あるを種子と云ひ、此種子より色心の法を生ずるを現行と云ひ、復所生の法を指して現行と云ふ。現行法の略なり。

種子生現行熏種子三法展轉因果同時　【雜語】「シユジ」を見よ。

ゲンギヤウホフ　現行法　〔術語〕阿賴耶識の種子より顯現行動せる一切の法を云ふ。

ゲンク　幻垢　〔術語〕有情の身心、實體なければ幻と云ひ、有漏不淨なれば垢と云ふ。【圓覺經】に「善男子當レ知身心皆爲ニ幻垢一。垢相永滅十方淸淨。」

ゲンクウ　源空　〔人名〕淨土宗の開祖。美作の人。十五歲の時叡山功德院の皇圓阿闍梨に就て剃髮して台學を受け、又黑谷の叡空に從つて密敎及び圓頓大戒を受く。年二十四普く自他宗の章疏に達す。其より南都に遊んで諸宗の大德を徧問して其奧義を叩き、後に善導の觀經疏を見るに及んで所習を捨てて專ら念佛を事とす。承安四年吉水に移て盛に專念の法、幷に圓頓大戒を說く。相國兼實深く其法に歸す。藤太皇后、空を上西門院に請じて七日戒を說かしむ。後白河法皇法華懺法を離宮に修し、空を以て導師とす。建永二年弟子の中に法を犯すものあり、空之に坐して讚州に適せられ。居ると五年。建曆元年赦されて京に還り、二年正月二十五日寂、壽八十。元祿十年德川綱吉朝に奏して圓光大師と敕諡せらる。【本朝高僧傳十三】⊙太平記二四)「沙門源空專修念佛敷演の時」

ゲンクヤウ　現供養　〔術語〕四種供養の中の運心供養に對して他の三供養を云ふ。「クヤウ」を見よ。⊙(著聞集)に「現供養の作法」

ゲンクラベ　驗比　〔雜語〕驗術を比ぶると。修驗者ども相集りて各秘法を現じて驗術の優劣を決するなり。然るに此事三昧耶に違するなり。【蘇悉地經二】に「亦不ニ與レ人互諍ニ驗力一。」【同疏】に「持眞言者。慈ニ愍一切一以爲ニ心本一。然彼此相嫌諍ニ其驗力一。豈以不レ越ニ三昧耶一耶。大悲心陀羅尼相貌如何大慈悲心是。平等心是。無爲心是。無染著心是。空觀心是。敬恭心是。卑下心是。無雜亂心是。無上菩提心是。」⊙(著聞集二)に「七月十五日安居の夜、驗くらべを行はれけるに、朗善和尙の弟子に、修入と云ふやんごとなき驗者につがひにけり。其頃は石に護法をば附けけり。第六のつがひにて先づ淨藏出でゐる。淨藏が云く、生年七歲より父母の懷を出で、山林を家として雲霧をしきものとす。日日に身を碎き、夜夜に心を費す。ねんごろに肝膽を碎て全く身命をしまず。是れ敢て名利の爲にせず、無上菩提の爲なり。若し我を知らば、縛の石わたすべしといふ。其時縛の石とび出で、おちあがると鞠の如し。玆に修入云く、縛の石甚だ物さわがし、はやくおちゐ給へと。辭に隨ひて則ち鎭まりぬ。大威德咒を見て、しばらく加持するにあへてはたらかず。淨藏又云く、衆命に由りて、かたじけなくも禪師につがひ奉る。禪師行業年ふかくして、觀念齡かたぶけり。其威德を見るに、旣に在世の摩訶迦葉に同じ、敢て驗を尊者に爭ひ奉るにあらず、ただ三寶の證明を顯さんがためなりと言ひて、常在靈鷲山の句を擧ぐ。其聲雲をひびかして、聞く人心肝をくだく。其時縛の石又動き躍りて、遂に中よりわれて兩人の前におちゐぬ。二人共に座を立ちて、互にをがみて入りにけり」⊙(大鏡)に「かかるほどに御驗もいみじうつかせ給ひて、中堂にのぼらせ給へる夜、驗くらべしけるを、試みむとおぼしめして」

ゲンクワン　玄關　〔術語〕玄旨に出入る關門。【碧巖八十八則垂示】に「當機敲點。擊ニ碎金鎖玄關一。」【普燈錄十七】に「玄關大啓。正眼流通。」

ゲンクワン　現觀　〔術語〕慧が現に諦理を觀ると。見道十六心の位に上下八諦の理を觀ずるを聖諦現觀と云ふ。これに二種ありて、小乘有部の如きは十六心見道なる故に漸現觀にして、大乘法相の如きは一心眞見道を立つる故に頓現觀なり。【唯識述記九末】に「現謂ニ現前一。明了現前觀ニ此現境一。故名ニ現觀一。」又「現觀者。慧現觀ニ諸法一。」

三現觀　〔名數〕俱舍論所說。一に見現觀。正しく諦を見る法に就て立つるもの、唯無漏の慧なり。是れ獨り諸諦の境に於て現見分明なれば現觀と名く。二に緣現觀。能緣の法に就て立つるもの、即ち此無漏の慧と及び此慧に相應する一聚の心心所を合せて現觀となす。三に事現觀。同一の事業を作す法に就て立つるもの、即ち此時の能緣の心心所幷に道共戒不相應法等、盡く同一の事業を作せば總じて現觀と名く。【俱舍論二十三】

六現觀　〔名數〕唯識論所立。一に思現觀、思が諸法を觀察して現觀の智を別生せしむる力强きが故に現觀の名を付す。二に信現觀、三寶に於ける決定の淨信が現觀の智を助けて退轉せざらしむる故に現觀の名を付す。三に戒現觀、無漏の道共戒は破戒の垢を除きて觀智をして增明ならしむれば亦現觀と名く。四に現觀智諦現觀、正しく現觀を爲す智諦を現觀と名くるものにて即ち見道修道に於て眞如の體（非安立諦と名く）を觀ずる無漏の智慧なり。五に現觀邊智諦現觀。正しく眞如の體を觀じたる後邊に更に眞如の相（安立諦と云ふ）を觀ずる見道修道の智諦を云。六に究竟現觀、究竟位即ち無學道の中の一切の諸智を云。此中後の三は現觀の自性にして、前の三は現觀俱起の法なれば俱舍論の事現觀に均し。【唯識論九】

ゲンクワンホフシ　玄關法師　〔人名〕秘藏寶鑰の中に問答を設け、問者を憂國公子と曰ひ、答者を玄關法師と云。

ゲングワツ　玄月　〔譬喩〕玄妙の眞理を月に譬ふ。【三論大義鈔一】に「擧二此秘指一以示二彼玄月一。」

ゲンケ　幻化　〔譬喩〕幻と化。即ち空法十喩の二。幻は幻人の所作。化は佛菩薩通力の變化。【智度論六】に「經云。解二了諸法一。如レ幻乃至如レ化。」◉(徒然草)「物みな幻化なり」　図〔術語〕幻即ち化。幻人の化作を云。【演密鈔四】に「幻者化也。無而忽有之謂也。」

ゲンケイ　玄景　〔人名〕隋の玄景、二十七にて出家し禪道を以て內外を融じ、講導に巧なり。大業二年六月寂。【續高僧傳十七玄景傳】に「每レ震二法鼓一動即千人屯赴。供施爲レ儔罕レ匹。所以景之房內黃紫緇衣上下之服各百餘副。一時一換爲レ生二物善一。」【名義集】に「衡岳終身一衲。玄景每曙更レ衣。共高僧也。」

ゲンケマウダイユガケウジフフンヌミヤウワウダイミヤウクワンサウギキキヤウ　幻化網大瑜伽敎十忿怒明王大明觀想儀軌經　〔經名〕一卷、趙宋の法賢譯。十忿怒明王の儀軌。【成帙三】(1061)

ゲンケンケ　眼見家　〔術語〕眼根眼識に就て【倶舍論二】に二家と述ぶ。一は眼根色境を觀照するを見と名け、之に依て眼識能く了別するを識と名く。見の用は即ち眼根にありと云。之を眼見家と名く。一は眼識眼根に依て生じ、識能く色境を見て是を色なりと了別す。即ち見は識の用なりと。之を識見家と名く。此中大衆部法救論師等は識見家なれども、有部宗の本義は眼見家なり。愚案に餘の耳根等の聞等も之に準じて解すべし。楞嚴經の七大中に根大を開きしは此の眼見家の義に據りしなり。

ゲンゲン　還源　〔術語〕迷を轉じて悟に入ると。【止觀五下】に「還レ源反レ本。法界倶寂。是名爲レ止」

ゲンゲンクワン　還源觀　〔書名〕修華嚴奧旨妄盡還源觀の略稱。一卷、唐の法藏著。華嚴家の觀法を說く。【陽帙三】(1593)

六種還源觀　〔名數〕還源觀に六觀を說く。一に攝境歸心眞空觀、二に從心現境妙有觀、三に心境秘密圓融觀、四に智身影現衆緣觀、五に多身入一境像觀、六に主伴互現帝網觀。

ゲンコフ　現劫　〔術語〕現在の劫。即ち賢劫。

ゲンコフ　減劫　〔術語〕住劫の中に於て、人壽無量歲より百年每に一歲を減じ、人壽十歲に至るを第一の減劫となし、其より百年每に一歲を增して、人壽八萬歲に至り、更に下りて十歲に至るを第二の減劫とす。此の如く一上一下して、第十九の減劫を終へ、更に增して人壽八萬歲に至るを第二十の增劫とし、住劫を終ふ。即ち第一は減數に止まり、第二十は增數に止まり、中間に十八回の增減あり。之を住劫の二十增減と云。此中第一より第十九の減壽の時期を減劫と名け、第二より第二十の增壽の時期を增劫と名く。【倶舍論十二】に「此洲人壽。經二無量時一至二住劫初一。壽方漸減。從二無量一減至二極十歲一。即名爲二初一住中劫一。此後十八皆有二增減一。謂從二十年一增至二八萬一。復從二八萬一減至二十年一。爾乃名爲二第二中劫一。次後十七例皆如レ是。後從二十歲一增極至二八萬歲一。名二二十劫一。一切劫增無レ過二八萬一。一切劫減唯極二十年一。十八劫中一增一減時量。方等二初減後增一。故二十劫時量皆等。」八萬は八萬四千歲の大數。◉(水鏡上)「第九の減劫に七佛のいで給ひしなり」

ゲンコン　玄根　〔術語〕玄妙の根性。【涅槃無名論】に「仰攀二玄根一俯提二弱喪一。」

ゲンコン　眼根　〔術語〕六根の一。眼識の生ずる所依となるもの。地水火風の四大種所造にして、其體質淸淨なり。是れ實の眼根にして肉眼を以て見るべからざるもの、之を勝義根と名く。彼の肉眼を以て見るべき眼球は之を扶塵根と稱し、彼の勝義根の所依となるもの。即ち盲人の如きは扶塵根あるも勝義根なき故に眼識を生ずる能はざるなり。【倶舍論一】に「眼謂內處四大所造淨色爲レ性。」【同頌疏一】に「眼等五根。體淸淨故如二珠寶光一。故名二淨色一。」

ゲンゴ　玄悟　〔術語〕玄妙の悟。【三論大義鈔一】に「玄悟之儔。忘レ指足レ月。」と。

ゲンサウ　幻相　〔術語〕幻の如きさま。實體なきもの。

ゲンサウ　現相　〔術語〕起信論所說三細の一。三細中第二の轉相より一切の境界の相を現じたるもの。論には境界相と云ひ、義記に現相と云。五識の中の現識。六染心の中の現色不相應染なり。【起信論】に「三者境界相。以レ依二能見一故。境界相妄現。」

ゲンサウ　還相　〔術語〕廻向二相の一。淨土より穢土に還り來て、一切衆生を濟度して佛道に向はしむると。【淨土論註下】に「廻向有二二種相一。一者往相。二者還相。乃至還相者。生二彼土一已。得二奢摩他毘婆舍那方便力成就一。廻二入生死稠林一。敎二化一切衆生一。共向二佛道一。」

ゲンサウヱカウ　還相回向　〔術語〕二種廻向の一。「ゲンサウ」を見よ。

ゲンサウヱカウグワン　還相廻向願　〔術語〕彌陀四十八願中第二十二願に名く。極樂に往生せる菩薩が衆生濟度のため他方國土に遊出することあるを說けばなり。

ゲンサン　玄贊　〔書名〕具名、法華經玄贊。慈恩の著。法華經を解す。

ゲンザ　驗者　〔雜語〕「ケンジヤ」を見よ。

ゲンザイ　現在　〔術語〕其事物の正しく作用を呈する位を云。現に存在する義なり。【俱舍論二十】に「有二作用一時。名爲二現在一。」

ゲンザイウタイクワミムタイ　現在有體過未無體　〔術語〕經量部の說にして、一切諸法は現在の時にのみ實在にして過去と未來とには非實在なりと云ふ。

ゲンザイケンゴフセンブツミヤウキヤウ　現在賢劫千佛名經　〔經名〕一卷、失譯。現在の賢劫に出世する千佛の名を列ぬ。【黃帙三】(406)

ゲンザイセ　現在世　〔術語〕三世の一。三世に二種ありて一は刹那の三世、二は果報の三世なり。刹那の三世に依れば、生相を以て未來世とし、滅相を以て過去世とし、住異二相を以て現在世とし。果報の三世に依れば、一期の生老病死を以て現在世とし、過ぎ去りし無數の生老病死を以て過去とし、當に來るべき無數の生老病死を以て未來世とす。

ゲンザイノゴクワ　現在五果　〔名數〕十二因緣の中、識、名色、六入、觸、受の五は無明と業との過去の因に依りて顯はれたる現在の果なるが故に名く。「ジフニエンギ」參照。

ゲンザイブツミヤウキヤウ　現在佛名經　〔經名〕稱揚諸佛功德經の異名。

ゲンザイホウキヤウ　現在報經　〔經名〕菩薩瓔珞經の異名。「寺大藏經目錄の異名。

ゲンザウモクロク　元藏目錄　〔書名〕大普寧

ゲンザウ　幻象　〔雜名〕幻化の象。【性靈集八】に「覺朝無二多虎一。悟日莫二幻象一。」

ゲンシ　玄旨　〔術語〕玄妙の旨趣。【維摩經弟子品】に「迦旃延不レ諭二玄旨一。」【義林章一本】に「語設將(タトヒ)レ融。玄旨猶隔。」【信心銘】に「不レ識二玄旨一。徒勞二念靜一。」

ゲンシ　槵子　〔植物〕木槵子なり。數珠玉に用ふ。【校量數珠經】に「槵子搯(クレバ)二一遍一。得二福千倍一。」【木槵子經】に「若欲レ滅二煩惱一障報者一。當レ貫二木槵子一百八一。常自隨。若行若坐若臥。恒常至心無二分散意一。稱二佛陀達磨僧伽名一。乃過二一木槵子一。」

ゲンシ　幻師　〔術語〕幻術を作す人。吾邦の俗に言ふ魔法使の如きもの。【楞伽經一】に「如下工幻師依二草木瓦石一作中種種幻(シ)上。起二一切衆生若干形色一。」【無量壽經上】に「譬如下幻師現(シテ)二衆異像一爲レ男爲上レ女。」「ゲン」を見よ。

ゲンシキ　眼識　〔術語〕六識の一。眼根を所依として生じ色境を了別するもの。能生の眼根に隨へて眼識の名を立つ。【三藏法數二十一】に「眼根由レ對二色塵一。即生二其識一。此識生時但能見レ色。是名二眼識一。」【唯識論五】に「眼識乃至意識。隨レ根立レ名。」

ゲンシキ　現識　〔術語〕楞伽所說三識の一。阿賴耶識の異名。一切諸法盡く阿賴耶識に依て顯現すれば現識と名く。【楞伽經一】に「譬如三明鏡持二諸色像一。現識處現(スルコト)亦復如レ是。」【唯識了義燈四本】に「現識者。楞伽經云。諸法皆於二本識上一現故。」図起信論所說五識の一。阿賴耶識の相分に名く。阿賴耶識の自體分より能見の心と所見の相を變現す。彼論は其自體分を以て業識と名け、其見分を以て轉識と名け、其相分を以て現識と名く。

ゲンシキフサウオウゼン　現色不相應染　〔術語〕起信論所說六染心の一。五識の中の現識、三細の中の現相なり。現識は一切の色像即ち境界の相を現ずるものなれば現色と名け、境界の相を生ずるも猶微細なる根本無明の分際にして、未だ心王と心所と相應して起るとなければ只心王(のみ)不相應染と名く。

ゲンシキミヤウダン　玄旨歸命壇　〔修法〕中古山門に行はれたる一の秘法にして、摩多羅神を祭り、鏡と燈を据へ、其壇前に於て佛祖の玄旨と學徒の歸命に關する公案とを與へ、學徒をして著語せしめ、以て最極秘密の傳法とせしもの。【空華叢談】に「山門中古其法大に亂れて玄旨歸命壇の灌頂と云ふ事を修行せり。其ありさまは禪宗の公案に似たるとを作り、是を學徒に著語して密密に印可し、最極秘密の傳法と思へり。其時の本尊は件の摩多羅神なり。途方もなき僻說共なり。近世妙立靈空の二公出でて件の妄說を破斥し、四明の正說に復せしめたり。具に靈空の作の闢邪編一卷あり。」【闢邪編序】に「闢邪者。闢二玄旨歸命壇之邪說一也。蓋本邦台敎中古大亂。惡見者私造二玄旨歸命壇灌頂一。以立二公案一密相授受。愈久愈熾廼至二今時一。無二擇法眼一者往往莫レ不二尊信而服膺一焉。甚至下於謂中法華止觀猶方便說未上レ明二斯元意一。今初傳二其說一後悟二其非一。豈可下惜二口業一而不上レ闢レ之乎。」編中其案目を擧げて一一に之を破す。

ゲンシツビヤウダラニキヤウ　眼疾病陀羅尼經　〔經名〕能淨一切眼疾病陀羅尼經の略名。

ゲンシバツダシンジユキヤウ　幻師颰陀神咒經　〔經名〕一卷、東晉の竺曇無蘭譯。幻師颰陀、比丘が毒蛇に咬まれ、鬼神に嬈だされ、賊に劫かさるるを救ふ爲に陀羅尼を說く。一名、佛說玄師所說神咒經。【成帙十二】(479)

ゲンシヤ　幻者　〔術語〕一切諸法は實體なきと幻

の如くなれば幻者と云。【圓覺經】に「諸菩薩先取ニ至靜一。以ニ靜慧心一照ニ諸幻者一。便於ニ是中一起ニ菩薩行一。」

ゲンシヤ　玄沙　【人名】唐の福州玄沙山の宗一禪師、名は師備。少年漁者に狎る。三十にして忽ち出家を慕ひ、芙蓉の訓禪師に投じて剃髪受具し、尋で雪峯の存禪師に就て玄旨を契悟す。閩主師禮を以て之に侍し、初め普應院に住し、後玄沙に遷る。學徒八百に餘る。梁の太祖開平二年寂、壽七十五。【會元七、傳燈錄十八】

玄沙聞燕子　【故事】【會元七玄沙章】に「師因ニ聞ニ燕子聲一乃曰。深談ニ實相一。善說ニ法要一。便下レ座。」

ゲンシヤウ　現生　【術語】現在の生。現世に同じ。其人の生き居る一期を指す。【理趣經】に「即於ニ現生一證ニ一切法平等金剛三摩地一。」

現生十種益　【名數】眞宗所立。【文類三末】に「獲ニ得金剛信心一者。横超ニ三塗八難道一。必獲ニ現生十種益一。」一に冥衆護持益、梵天、帝釋、四天王、龍神八部等が行者を護持すると。二に至德具足益、信の一念に名號の至德を發揮し、其功德を盡く我身に圓滿具足すること。【無量壽經下】に「其有レ得レ聞ニ彼佛名號一歡喜踊躍乃至一念。當レ知此人爲レ得ニ大利一。則是具ニ足無上功德一。」【淨土論】に「觀ニ佛本願力一。遇無ニ空過者一。能令ニ速滿ニ足功德大寶海一。」三に轉惡成善益、一念の信心を獲る時、既に至德を具足すれば三世の重惡を轉じて盡く菩提の善とならしむること。四に諸佛護念益、十方恒沙の諸佛行者を護念すること。【選擇集末】に「十方諸佛。護ニ念念佛行者一。」五に諸佛稱讃益、諸佛が行者を稱讃すること。【無量壽經下】に「聞レ法能不レ忘。見敬得大慶則我善親友。」【觀無量壽經】に「若念佛者。當レ知此人是人中芬陀利華。」【如來會下】に「廣大勝解者」など。六に心光照護益、佛の大慈悲心より念佛の行者を照觸する光明を心光と云ふ。念佛の行者は此の心光に照され護らるるなり。【觀念法門】に「彼佛心光常照ニ是人一攝護不レ捨。」七に心多歡喜益、念佛の行者は初歡喜地の菩薩の如くに未來成佛に間違なしと決定して心常に歡喜すること。八に知具報德益、念佛の行者は既に至德を具足し大利を獲得せしより、今は佛恩を報謝すべき身となると。九に常行大悲益、他力信心の行者は自信のままを人に勸めて自ら佛の大悲を行ずる身となること。【安樂集】に「大悲經云。云何名爲ニ大悲一。乃至若能展轉。相勸行ニ念佛一者。此等悉名下行ニ大悲一人上。」十に入正定聚益、成佛に定まる位を正定聚と云ふ。又、不退位と云。念佛の行者は信の一念に此位に入て未來は必ず成佛す。【淨土論註上】に「易行道者。謂但以ニ信佛因緣一願レ生ニ淨土一。乘ニ佛願力一便得レ往ニ生彼淸淨土一。佛力住持即入ニ大乘正定之聚一。」

ゲンシヤウ　還生　【術語】涅槃界より復活すること。實大乘の意に依れば、二乘の人一旦無餘涅槃界に入るも、餘業未だ盡きざれば若干の劫數を經て還つて心身を生じ來り、大乘の菩提心を發して成佛すと立つ。図一旦破戒して佛海の死屍となるもの、懺悔して正命を復するを還生と云。【止觀輔行】に「若違ニ三歸一而歸ニ邪師邪法邪衆一。破ニ五戒乃至二百五十戒中重罪一。即成ニ佛法死人一。因ニ懺戒一復。故云ニ還生一。」

ゲンシヤウシヤウヂヤウジユ　現生正定聚　【術語】現生十益の一。入正定聚益なり。次項を見よ。

ゲンシヤウフタイ　現生不退　【術語】眞宗所談。信心を確得するものは現生に於て正定聚と云へる不退の位に住して未來は必ず涅槃の證を開くを云ふ。現生十益の中に「入正定聚益」是なり。【無量壽經下】に「諸有衆生聞ニ其名號一信心歡喜。乃至一念。至心廻向。願レ生ニ彼國一。即得ニ往生一。住ニ不退轉一。」【十住毘婆沙論易行品】に「無量光明慧。身如ニ眞金山一。乃至人能念ニ是佛無量力功德一。即時入ニ必定一。」「ゲンシヤウ」の項參照。

ゲンシヤク　玄籍　【術語】玄妙の典籍。通じて佛經に名く。【注維摩經序】に「至韻無言。而玄籍彌布。」【行事鈔下四】に「創染ニ玄籍一。標レ心處レ遠。」【資持記下四之一】に「玄籍通目ニ佛敎一。」

ゲンシヤサンシユビヤウニン　玄沙三種病人　【公案】又玄沙接物利生とも云ふ。玄沙師備、盲聾瘂の三種病人の濟度に寄せて、五官機能の爲に塵裡に轉ぜらるることなく、別に眞の佛智見を開發すべき心眼の存するあるを示したるもの。【景德傳燈錄第十八玄沙傳】に「諸方の老宿盡く道ふ、接物利生と。且つ汝に問ふ、只だ盲聾瘂の三種病人の如きは、汝、作麼生か接せん。もし拈槌豎拂するも、他の眼且つ見ず、耳又聞かず、口復た瘂なり、若し接し得ずんば、佛法盡く靈驗なし」と、此れなり。

ゲンシユウ　玄宗　【術語】玄妙の宗旨。佛敎の通名。【注維摩經序】に「常恐玄宗墜ニ於譯人一。」【唯識樞要上本】に「文蘊ニ玄宗一。情愜ニ奧旨一。」

ゲンシユジユシン　現種種身　【雜語】歌題。【法華經妙音菩薩品】に妙音菩薩が三十四身を現じて衆生を濟度するを說いて、「妙音菩薩其身在レ此。而

是菩薩現二種種身一。處處爲二諸衆生一説二是經典一。」⦿(續千載)「身をかへてあまたに見えし姿こそ人をもらさぬ誓なりけれ」

ゲンシヨウ　現證　〔術語〕現に妙果を證すると。

ゲンシヨウサンマイダイケウワウキヤウ　現證三昧大敎王經　〔經名〕一切如來眞實攝大乘現證三昧敎王經の略稱。

ゲンシン　玄心　〔術語〕玄妙の心識。【注維摩經序】に「玄心獨悟。」

ゲンシン　幻身　〔術語〕人身無實なると幻の如きもの。【圓覺經】に「幻身滅故。幻心亦滅。」

ゲンシン　幻心　〔術語〕心識緣より生じて無實なると幻の如し。【圓覺經】に「幻心滅故。幻塵亦滅。」

ゲンシン　元心　〔術語〕絕待圓滿の一心。森羅萬象の元となれば元心と云。起信論の一心に同じ。【楞嚴經三】に「一切世間諸所有物皆即菩提妙明元心。心精徧圓含二裹十方一。」

ゲンシン　現身　〔術語〕現生の身。又、佛菩薩の「種種の身を化現すると。

ゲンシン　源信　〔人名〕俗姓は卜部氏、大和國葛城郡の人。橫川の慈慧僧正に從ひて出家し、大小內外の學に通達し、惠心院に居て台學を弘む。天祿年中榮名を避けて橫川に屏居し、專ら著述を事とす。一乘要決、往生要集、對倶舍鈔等、凡て七十餘部一百五十卷あり。時に惠心院の僧都と稱す。長保五年台宗の敎義二十七疑を提して宋の四明の知禮に問ふ。禮深く嘆賞し懇に答釋を贈る。寬仁元年六月十日寂、壽七十六。【本朝高僧傳十】⦿(榮花、衣の珠)「その日は源信阿闍梨講師にて說法せさせ給ひける。」

源信僧都の四十一個條の起請　〔書名〕源信僧都が自坊において、門弟の爲に設けたる四十一個條の禁制文なり。【拾芥抄】に出づ。⦿(十訓抄八)「この故にや源信僧都、四十一個條起請第十一段に、雖レ有二不レ叶レ心事一思忍全不レ起二嗔恚一とありければ」

ゲンジニンケンキヤウ　幻士仁賢經　〔經名〕一卷、西晉の竺法護譯。佛、大幻士の仁賢を度して如幻の法門及び菩薩の道法を說く。【地帙十一】(35)

ゲンジヤ　驗者　〔術語〕加持祈禱の法を行ひて不思議の靈驗を現はす者を云ふ。「ゲンザ」と音便に讀む。「ケンジヤ」を見よ。

ゲンジヤウ　現成　〔術語〕禪宗の語。物事の現に出來て居ると。自然の出來あがりにて造作按排を借らぬと。天台に當體即是など云ふに同じ。

現成底見　〔雜語〕現成的の見解。喫茶喫飯、今日の有りのままが悟の境界なり。別に修行と工夫を要するものにあらずと云ふ自然外道に類する僻見なり。【無盡燈論上】に「或生二法空見一。或生二一味平等見一。或生二現成底見一。或生二當體即是見一。」

ゲンジヤウ　玄奘　〔人名〕唐の大慈恩寺の玄奘三藏。少にして出家し深く心を性相の學に潛め、疑を攝論に起して遂に渡天の志を決す。唐の太宗貞觀三年の冬、私に原州を發して西蕃の諸國を經、貞觀七年中印度に至り、大乘の玄鑑居士に逢ひて瑜伽論を受け、王舍城に至り、那蘭陀寺に止つて戒賢論師より瑜伽唯識の宗旨を受け、留まると十年にして王舍城より歸り、貞觀十九年京師に至る。獲る所の梵本六百五十七部を朝に獻ず。太宗弘福寺に於て之を傳譯せしむ。高宗永徽三年朝に請ひ、慈恩寺に於て西域の法を以て大塔を建つ。顯慶四年高宗玉華宮を以て寺となして先帝に薦め、奘をして之に居らしむ。次年此に於て大般若經を譯す。麟德元年二月弟子普光に命じて譯する所の經論を抄錄せしむ、凡て七十五部一千三百三十五卷あり。其月五日寂、壽六十五。【續高僧傳卷四、大恩慈寺三藏法師傳、佛祖通載十二】

ゲンジヤウコウアン　現成公案　〔術語〕又、現を見に作る。現の義なり。造作按排を借らず、現に成就せる公案なるを云。此中褒貶の二意を含む。【傳燈錄十二睦州章】に「師見二僧來一云。見成公案放二汝三十棒一。」【碧巖第九則着語】に「見成公案」【方語解】に「見と現と同じ。現成とは現今成就の義にて、只今できあがつてあるを云ふなり。できあひの飯を見成飯と云ふ。今此着語の意は趙州東西南北の四門が取りも直さすできあひの公案なり。別に他の指示按排を借ることはいらずとなり。見成公案放二汝三十棒一も皆此義に同じ。」図　〔雜名〕永平正法眼藏中の卷目。審かに現成公案の要示を說く。

ゲンジヤノサホフ　驗者作法　〔修法〕病人を加持する作法なり。別して天台宗に之を用ふ。【秘鈔傳授記】

ゲンジユ　賢首　〔人名〕華嚴宗の第三祖。名は法藏、字は賢首。其祖は康居國の人、來りて長安に居る。藏年十六、四明山の阿育王塔に詣で一指を錬り、華嚴を學ばんとを誓ふ。嘗て玄奘三藏の譯場に預かるも見る所同からずして出づ。則天武后の朝に至つて譯場の首となり、實叉難陀、義淨、復禮等と共に新華嚴經等を出し、則天武后の爲に新華嚴經を講ず。聖曆二年詔を奉じて大經を佛授記寺に講じて天瑞を感ず。先天元年大薦福寺に終ふ。鴻臚卿を贈る。【宋高僧傳五、佛祖統紀二十九】

ゲンジユシユウ　賢首宗　〔流派〕華嚴宗を云。賢首に至りて此宗大成す。

ゲンジユツシンゴン　幻術眞言　〔術語〕能く幻化の事を作す秘咒なり。【大日經三】に「如ニ幻術一能現ニ種種園林人物一。」

ゲンスヰホフ　元帥法　〔修法〕大元明王の修法なり。「ダイゲンノホフ」を見よ。

ゲンズヰジヨ　現瑞序　〔術語〕法華經序品の中に雨華放光の六瑞を叙する一段を名く。

ゲンセン　玄籖　〔書名〕法華玄義釋籖の略稱。荊溪の著。

ゲンゼ　現世　〔術語〕現在の世。人の生命ある間。

現世安穩後生善處　〔術語〕妙法を聞信する人の功德を云ふ。【法華經藥草喩品】に「是諸衆生。聞ニ是法一已。現在安穩。後生ニ善處一。以レ道受レ樂。亦得レ聞レ法。」

ゲンゼイノリ　現世祈　〔術語〕現世の災難を除き幸福を得ん爲に神佛に祈禱すると。佛教の大體より言へば、佛の大悲方便門より、引攝結緣の爲に一應之を開せども、固より佛道の本意ならざるは無論なるが、殊に眞宗には現世の爲の祈禱は專修念佛者の所業にあらずとして固く之を誡む。【高僧和讃】に「佛號むねと修すれども、現世をいのる行者をば、これも雜修と名けてぞ、千中無一ときらはるる。」

ゲンゼリヤク　現世利益　〔術語〕現世に息災延命等の利益を得ると。眞宗の教義に故さらに現世の利益を祈るとは許さざれども、專修念佛の行者には念佛の德として自ら現世の利益を獲得すべしと云ふ。【觀念法門】に說く現生の利益五種增上緣の第二に「護念得長命增上緣。」【敎行信證三末】に說く現生の十種利益の第一に「冥衆護持益。」【淨土和讃】に「現世利益和讃。」何れも現世の利益を證明す。

ゲンゼン　現前　〔術語〕現在目の前に在ると。律中現前僧の語所所に散見し、現に眼前に居合はす僧を指す如し。図 ありのままに顯現すること。【普勸坐禪儀】に「身心自然脱落本來面目現前。」

ゲンゼンジユキ　現前授記　〔術語〕四種授記の一。菩薩の根性熟するを見て、現に一切大衆の現前に於て成佛の記を授くると。

ゲンゼンヂ　現前地　〔術語〕菩薩乘十地の第六地。眞如の淨性顯現する位。最勝の般若顯現する位。【楞嚴經八】に「無爲眞如。性淨明露。名ニ現前地一。」【唯識論九】に「現前地。住ニ緣起一智。引ニ無分別最勝般若一。令ニ現前一故。」

ゲンソ　玄疏　〔書名〕玄は天台の法華經玄義、疏は法華經文句、又妙玄妙疏と云。

ゲンゾク　還俗　〔術語〕僧道罪を犯して家に歸るを還俗と云ひ、自ら願ひて僧道を止むるを歸俗と云。【居家必携史學指南篇】に「還俗。謂道犯レ罪歸レ家者。歸俗。謂僧道無レ罪自願歸レ家也。」図 還俗歸俗一なり。【寶積經八十八】に「五百比丘曰。我等不レ能ニ精進一。恐不レ能レ消ニ信施一。請ヰ乞還俗一。文殊讃曰。若不レ能レ消ニ信施一。寧可ニ一日數百歸レ俗。不レ應三一日破戒受ニ人信施一也。」⊙（著聞集畵圖）「少年の時出家したりけるが、後に還俗したるもの也」

ゲンタウ　現當　〔術語〕現在と未來との二世。⊙（曲、千手）「現當の罪をはたすこと、前業よりなほはづかしくこそ候へ」

ゲンダイジンリキ　現大神力　〔雜語〕歌題【法華經神力品】に「爾時世尊。於ニ文殊師利乃至一切衆前一現ニ大神力一。」此下大神力の所作十種を說く。⊙（拾玉）「十までも神の力と聞く御法けふぞ佛のしるしなりける」

ゲンダウ　玄道　〔術語〕玄妙の道。佛道の通稱。

ゲンダウ　玄導　〔術語〕玄妙の化導。【唯識樞要上本】に「終期既漸。奄絕ニ玄導一。」よ。

ゲンダツバ　彥達縛　〔天名〕「ケンダツバ」を見よ。

ゲンダン　玄談　〔術語〕經論を講ずるに、先づ文前に於て一經の深義を分別するを玄談と云ふ、玄義に同じ。【華嚴玄談】の如し。「ゲンギ」を見よ。図總じて佛教の玄理を論じたるものに名く。【十玄談】の如し。図 玄は懸なり。懸に後の事を談ずると。【觀經序分義】に「玄談未レ標ニ得處一。」

ゲンチシンインミヤウ　現智身印明　〔印相〕蓮華部心軌に被甲拍掌の後に現智見智二身の印明を說く。文に云く、「次結ニ現智身一。二羽金剛縛。禪智入ニ於掌一。身前想ニ月輪一。於レ中觀ニ本尊一。諦觀ニ於相好一。徧入ニ金剛一已。大印如ニ儀則一。身前當三應結思ヰ惟大薩埵一。眞言曰。唵歸命。嚩日囉金剛。薩怛傅有情金剛。薩達種子。」

ゲンチミヤウカク　眼智明覺　〔術語〕見道中の智の別稱。苦法智忍を眼とし、苦法智を智とし、苦類智忍を明とし、苦類智を覺とす。【輔行五之四】

ゲンチユウ　玄忠　〔人名〕眞宗の第三祖、魏の曇鸞。晩年に汾州石壁の玄忠寺に住しければ玄忠大師と稱す。

ゲンヂヤクオホンニン　還著於本人　〔雜語〕【法華經普門品】に「咒詛諸毒藥所レ欲レ害レ身者。念ニ彼觀音力一。還ヰ著於本人一。」觀音を念ずる功德によりて害惡所害者に反及するを云ふ。印度の外道に鬼を用ゐて人を害する法あり、毘陀羅法と名く。其法前人邪なれば其法に隨ひて害を受け、前人若し正しければ所使の本人還つて害を受く。「ビダラ」を見よ。⊙（新千載）「白波も寄せくる方にかへるなり人を難波

のあしと思ふな」（曲、田村）「實にや咒詛、諸毒藥念彼、觀音の力をあはせてすなはち、還着於本人の、かたきは亡びにけり」

ゲンツウ　現通　〔術語〕通力を現はすと。【唯識論十】に「稱二彼機宜一。現レ通說レ法。」

ゲンツウケジツシユウ　現通假實宗　〔術語〕華嚴宗所立十宗の第四。小乘の假說部などを云ふ。彼は過未の法は體性なく、且つ法中に於て五蘊門の諸法は實の體用あれば實なりと立て、十二處十八界門の諸法は實の體用なければ假なりと立つ。何となれば蘊門に在りては色は色、心は心、各自に積集して有爲法を成せるものを列ねしものなれば、各獨立して體用を具ふれども、處門、界門に在つては根境識を分開して、其別なる法を假に和合せしめ、或は處門或は界門となしたるものなれば、かの二門に在つては何れも單獨に體用を成さざるなり。故に均しく色法に屬すれども色蘊の色なれば實の體用ある色を意味し、色處又は色界の色なれば但眼根所對の境にして、他の能對の法と假に和合すべきを意味する假法なり。（和合すべき法は必ず餘法。）【五教章上】

ゲンヅマンダラ　現圖曼陀羅　〔術語〕胎藏金剛の兩部曼茶羅、世に流布するもの。もと空中に現ぜし者なれば現圖と云ふ。或は現に圖示したるものなれば現圖と云ふ。金曼は金剛智、不空の所傳、胎曼は善無畏の所傳と云ひ、或は兩曼共に善無畏の所傳と云ふ。【曼陀羅大鈔一】に「此現圖曼陀羅者。善無畏三藏捨二國位一入二秘密教一。奉レ値二金剛智一受二兩部大法一。爲二北天竺堅陀羅陀國大王一授二兩部大法一。時大王云。正奉レ見二兩部曼陀羅一矣。時善無畏金粟王塔本請二聖加被一。時炳二現虛空一。曼陀羅是也。乃至或說云。北天竺暮嚕羅國有レ王名二金粟王一。歸二依善無畏三藏一建レ塔置二其寺一。時王云。授二我眞言一。三藏思。天竺大日經廣本十萬偈三百卷。無レ便レ授。此時三藏向レ天云。授二我末世相應法一。祈時經二七日一金字大悲胎藏曼陀羅現レ空。三藏圖二繪之一。今世流布曼陀羅是也。」【四十帖決】に「師曰。世流布胎藏曼陀羅謂二之現圖曼茶羅一。昔無畏三藏曰。經中大曼茶羅佛所レ秘也。顯露圖レ之恐違二佛旨一。若任レ意圖亦非也。仍別請給即佛空中現二此曼茶羅一。故云二現圖一。又佛隨レ宜現レ之。故亦曰二隨宜曼茶羅一。」又金曼の現圖に就きて諸說あり。「クエマンダラ」を見よ。

金剛界現圖曼陀羅　〔術語〕「クエマンダラ」を見よ。

胎藏界現圖曼陀羅　〔術語〕胎藏界は大日經に十院を說き、靑龍儀軌に十三院を說き、現圖に十二院を示す。

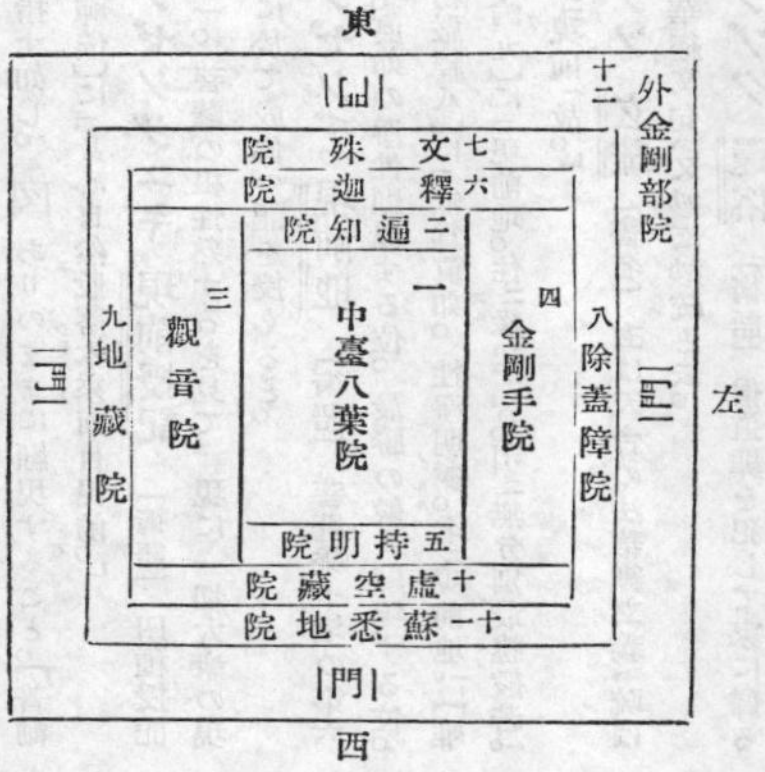

之に四大護院を加へて十三大院とす。四大護院は四門にあるべしと云。

三重圓壇と四重圓壇　〔雜語〕現圖曼陀羅と經疏所說と異れり。現圖に依れば上下四重、左右三重なれば、前後に約して四重と云ふに論なし。即ち中院を除き遍智院、金剛手院、觀音院、持明院の四を第一重とし次に釋迦、虛空藏の二院を第二重とし、次に文殊、除蓋除、地藏、蘇悉地の四院を第三重とし、此外に金剛部衆の四周を圍繞するを第四重とす。總じて左右は三重、上下は四重なり。依つて四重圓壇と稱す。然るに經疏に據るに三重四重の兩說あり。先づ三重の說は【疏六】に依れば左圖の如し。

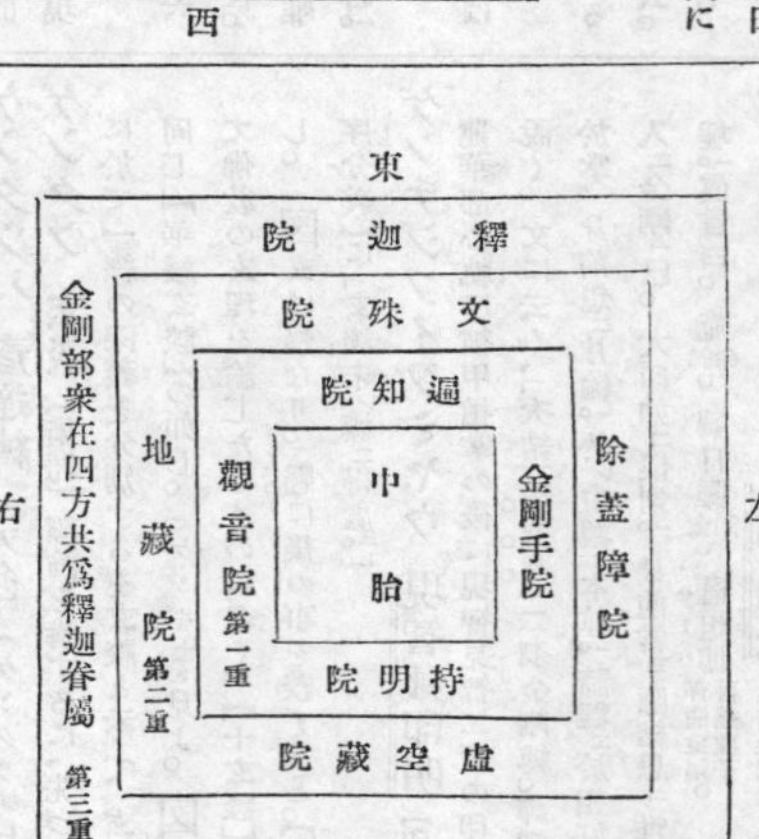

これまた、中胎を除き、遍智、金剛手、觀音、持明の四院を以て第一重となし、又第一院と云ふ。是れ三德秘藏の內眷屬なりと云ひ、又如來法身の智

德なりと云ふ。次に文殊、除蓋障、地藏、虛空藏の四院を以て第二重となし、又第二院と云ふ。是れ如來の大眷屬なりと云ひ、如來悲智の二德なりと云ふ。次に釋迦院中に一切の二乘八部を攝めて之を第三重となし、又第三院と云ふ。是れ一切衆生喜見隨類の應身等流身なりと云ひ、又如來外用の悲德なりと云ふ。是れ即ち三重圓壇なり。【大日經疏五】に「從大日如來臍已下光明。是此第三重位。自臍已上至咽所出光明。爲第二重位。自咽已上乃至於頂相之光。爲第一重位。其中胎藏即是毘盧遮那自心八葉華也。」又「此蓮華臺是實相自然智慧。蓮華葉是大悲方便也。正以此藏爲大悲胎藏漫茶羅之體。其餘三重是從此自證功德流出諸善知識入法界門耳。」【同六】に「三重漫茶羅所示種種類形。皆是如來一種法門身。是故悉名爲佛。」【同七】に「更作深秘密釋者。如三重漫茶羅中五位三昧皆是毘盧遮那秘密加持。其與相應者皆可一生成佛。何有淺深之殊。」已上三重の明文なり。然るに【疏一】は「畫作諸佛菩薩乃至二乘八部等四重法界圖壇。」と云ひ。【同十五】に「如前所說。以身四分作四重曼荼羅。」と云。其の相違は如何と云ふに、三重とは中院は是法界自性の體なれば之を除き、其より流出する上に就きて四重と立て、又四重は三重に中院を加へて能所合論する故なりと。而して中院を第一重と爲すは、【疏七】は「謂中胎藏毘盧遮那。第二院觀音金剛手云云」と云へり。是れ既に觀音金剛手三重中の第一重を以て第二院と爲せば、中胎八葉を以て第一重と爲すと知るべし。又【同二十】に「此八葉即是大悲藏第一重也」

經疏と現圖との相違 〔雜語〕 現圖は釋迦を第二院に置き、經軌は第三院に置く。是れ經軌は【大日經具緣品】に「次往第二院。東方初門中畫釋迦牟尼。」と云ふ現文に依る。然るに阿闍梨の說によれば、若し內より外に向ふ次第に依れば文殊院を第二重とし釋迦院外金剛部を合すを第三重と爲すべし。今釋迦院を第二と爲せしは是れ大智大悲次第を示すが故なり。故に此曼陀羅を作るとき先づ中胎並に第一重を作る。是れ大日內證の智德なるが故なり。次に第二重を越えて第三重の釋迦院を作る。是れ大日外用の悲德なるが故なり。即ち大智大悲不二の次第なり。次に還つて第二重の文殊院等を作る。是れ悲智を兼ね、二利を具するが故なり。されば經文の第二院とは法門の次第に依つて釋迦を第二番に作るが故に第二院と云ひ、文殊を第三番に作るが故に第三院と云ふ。是れ慢法の人を治せんが爲に特に密語を安ずるのみと。【大日經疏五】に「次往第二院畫釋迦牟尼。阿闍梨云。此中第二是隱密語耳。若從中向外當以釋迦牟尼眷屬爲第三院。今則以毘盧遮那法門眷屬爲第一。釋迦牟尼眷屬爲第二。諸菩薩在悲智之間。上求下化故爲第三。所以如此互文者。此是如來密藏。爲防諸慢法人不從師受者變亂經文。故須口傳相付也。」【同十二】に「前曼荼羅中。云第二院置釋迦。第三院文殊師利。此文互也。由下先定中胎竟直向第三院定之故云第二。非是第二則是第三重也。」又現圖の蘇悉地院を經軌に載せざるは、諸師之を虛空藏院に合する意なりと云ふ。

三部 〔術語〕 胎藏界の曼荼羅は之を分かちて、中臺八葉院、及び上下の諸院を佛部とし、右方の諸院を蓮華部とし、左方の諸院を金剛部とす。「タイザウカイ」を見よ。

諸尊の面位 〔雜語〕 凡そ金胎兩部の曼荼羅に於て、一曼荼羅の諸尊は皆大日に向つて坐す、例へば金剛界の五解脫輪の聖衆前右左後の異あるも、皆面を大日に向ふる如し。又攝眞實經の中に、其の毘盧遮那如來は中に在つて坐して面を東方に向け、東方の不動如來面を西方に向け、四大菩薩も亦然り。乃至南方の寶生如來は面を北方に向け、四大菩薩亦然りと說く。然るに現圖は諸尊總て行者に向つて坐す。是れ行者をして觀念せしむる爲の方便なり。【演奧鈔十三、演奧鈔十三】に「問ふ、右は智なるが故に金剛部となし左は理なるが故に蓮華部となすべし。今の相之に反するは如何。答ふ、北は水の故に蓮華部となし、南は火なるが故に金剛部となす。疏第四に云く、土は中胎藏を持し、水は右方の蓮華部の眷屬を持し、金は左方の金剛部の眷屬を持し、木は上方の如來の果德を持し、火は下方大力の諸明を持す。」又「問ふ、觀音の右に多羅を安し、左に毘倶胝を安ずるは如何。答ふ、觀音は定慧の二德あり、多羅は定德を主る故に右に置き、毘倶胝は慧德を主る故に左に置く。例へば大日の右に蓮華部尊を安じ、左に金剛部尊を安ずる如し。」

ゲンテイ 源底 〔術語〕 至極の處。根元の處。【華嚴經十四】に「得諸如來心之源底。」【天台戒疏上】に「觀達無始無明源底。」

ゲントク 玄德 〔術語〕 玄妙の功德。【行宗記一上】に「神用難思。故云玄德也。」

ゲンドウ 眼同 〔雜語〕 「カンヅン」と讀む。

ゲンニチワウ 幻日王 〔人名〕 梵語、婆羅阿迭

多。譯、幻日。摩揭陀國の王にして、佛法を信じ、破佛者北印度磔迦國の大族王と戰つて之を擒にす。

ゲンニフ　眼入　〔術語〕十二入の一。

ゲンニンロン　原人論　〔書名〕具名、華嚴原人論、一卷、唐の至峯宗密著。華嚴の宗意を以て人趣の生起を考窮せしもの。【陽帙三】(1594)

ゲンネンヤク　還年藥　〔飮食〕老人の少壯に還る藥。【智度論二十二】に「如ㇾ是者老相。還變成ニ少身一。如ㇾ服ニ還年藥一。」

ゲンノウ　玄能　〔人名〕俗に石をわる大金鎚をゲンノウと名くるは、那須野の殺生石を碎きし僧の名に依ると云ふ。されば玄翁と書すべし。「ゲンオウ」を見よ。

ゲンハツネハン　現般涅槃　〔雜語〕【大日經六三三昧耶品】に「復次秘密主。次於ニ一身ニ示ニ現三種一。所謂佛法僧。復次秘密主。從ㇾ此成立說ニ三種乘一。廣作ニ佛事ニ現ニ般涅槃ニ成ニ熟衆生一。」般涅槃は入滅と譯す。⦿(新後撰)「まよはじな入ぬと見ゆる月も猶おなじ空ゆく影と知りなば」

ゲンバウ　玄昉　〔人名〕姓は阿刀氏。龍門寺の義淵僧正に從つて唯識を學ぶ。靈龜二年勅を奉じて入唐し、撲陽の智周大師に從つて法相宗を禀け、在唐二十年にして歸る、時に天平七年なり。歸朝の後之を興福寺に弘む、學者北寺の傳と稱す。翌年紫袈裟を賜ひ、僧正に擢んで、內道場に侍せしむ。天平十七年筑紫の觀世音寺を造り、昉をして事を幹せしむ。明年六月、昉落慶の導師となり俄に沒す。敕して昉が傳來の經籍盡く興福寺の唐院に藏む。【元亨釋書十六】

ゲンピン　玄賓　〔人名〕河內の人。唯識を興福寺の宣教に稟く。世を厭ひて伯州の山に隱る。桓武帝病あり、山中に詔して之を召す。鉢囊を負ひて都に入り、上の疾愈ゆるや、辭して山に歸る。大同帝詔して輦下に返らしめしも、僧官の勅下ると聞いて潛に遁れて備中の湯川寺に往く。弘仁帝之を崇めて詔句絕えず。弘仁九年六月寂、壽八十餘。【本朝高僧傳四十六】長明の⦿(發心集一)に玄敏僧都として、大僧都を辭する時の歌を載す。

ゲンブン　限分　〔術語〕南山律宗の意、佛の制戒に深防と限分の二あり。もと制戒は業因を止めんが爲なり。業因は必ず三毒による。凡夫未だ心性を了すること能はざれば、卒かに以て制すると難し、故に身口二業に約して四重を制す。二業既に淸淨なれば心自ら沈靜にして能く過本を見るなり。故に四重を制して道體となす。是れ根本制なり。而して更に之に對して餘の種類を制して四重を防ぐを深防と名く。又過犯未だ窮極せざるに豫め重制を加へ、微を禁じて以て著を防ぐをも亦深防と名く。比丘尼が男の臂に觸るるを重犯に準ずる等の如し、此の二義は初は四重に通ずれば通義にして、後は四重各各に就て論ずれば別義なり。次に分限とは、意業を制するなり。善惡の本緣は我倒にあらざるなし。此の我倒に依つて業を結して生死に墮す。故に各其の限分に隨つて還つて其の心を制す。故に心念作。發心作。皆名ㇾ犯と云ふなり。然るに諸師ありて、此の義を立てず。戒は身口に約す、何の處にか心戒を明かすと。然れども身口は具なり、善惡を感ずるにあらず。思心に依つて業道を成ずるなり。但し見論の中に若制ニ心戒一者無ニ得ㇾ脫者一とは其の獨頭の心に就きて言ふなり。獨頭の心念忽ちに起つて非を緣ずるは名けて犯となさず。重ねて向きの念を緣じ思覺を得て而も制止せざるが故に之を重緣心と云ふ。犯を成ずと云ふなり。此に亦た通別の二あり。通は一切の邪念を制止するを云ひ、別とは比丘比丘尼の睡眠中に不淨を漏する如き比丘は僧殘罪を犯し、比丘尼は波逸提罪を犯すと云ふ如き是なり。【戒疏一下、二上、行事鈔上一之一】

ゲンホウ　現報　〔術語〕現在に善惡の業を作りて現身に善惡の果を受くるを云ふ。

ゲンホフ　幻法　〔術語〕幻師の法術。幻化の法門。

ゲンホフラクヂユウ　現法樂住　〔術語〕禪定七名中の一。禪定は一切の妄想を離れて法味の樂を受くるを現じ、安住して動かざれば名く。【了義燈五本】に「定有ニ七名一。乃至七云ニ現法樂住一。乃至現法樂住唯在ニ靜慮一。根本非ㇾ餘。淨不ㇾ通ㇾ散。」

ゲンミヤウ　元明　〔術語〕眞如の覺體は本來明照なれば元明と云。【楞嚴經六】に「元明照生ㇾ所。所立照性亡。」

ゲンミヤウ　元明　〔術語〕又、本明と云。本覺の自性淸淨心に名く。【楞嚴經一】に「元明能生ニ諸緣一。」

ゲンメウ　元妙　〔術語〕涅槃の覺體は本來不可思議なれば元妙と云。【楞嚴經六】に「覺海性澄圓。圓澄覺元妙。」

ゲンメツ　還滅　〔術語〕滅に還ること。滅とは涅槃なり。業を造り生死の果を受くるを流轉と云ふに對して、道を修し涅槃を證するを還滅と云ふ。【正理論九】に「生死止息。是還滅義。」【俱舍頌疏根品一】に「言ニ還滅一者。生死止息。名爲ニ還滅一。取ニ涅槃得一。爲ニ還滅體一。」

ゲンメツモン　還滅門　〔術語〕流轉門に對す。「ゲンメツ」を見よ。

ゲンモク 眼目 〔譬喩〕物の肝要を譬へて云。【圓覺經】に「是經十二部經清淨眼目。」【文句記十上】に「以二一乘妙行一爲二眼目一。」

ゲンモン 幻門 〔術語〕幻化の法門。【圓覺經】に「諸菩薩。以二寂靜慧一。復現二幻力種種變化一。度二諸衆生一。後斷二煩惱一。而入二寂滅一。」【釋籤四之一本科】に「能所俱空而治而度。俱如二幻化一故無二所得一。是故菩薩以二幻法門一破二彼幻惑一。以二幻大悲一利二幻含識一。自他功畢。於二幻涅槃一得二無所得一。」

ゲンモン 還門 〔術語〕六妙門の一。能觀の心の不可得なる理を返照するを云。【法界次第上之下】に「轉レ心返照名レ之爲レ還。行者雖レ修二觀照一。而眞明未レ發。即當二轉レ心反二照能觀之心一。若知二能觀之心虛妄無實一。即所觀執我之倒自亡。因レ是無漏方便自然而朗。故以レ還爲レ門。」

ゲンモン 玄門 〔術語〕玄妙の法門。總じて佛法に名く。【三論玄義】に「不二玄門。」【行事鈔上之一】に「凡厠二預玄門一者。克須二清禁無レ容二於非一。」【迦才淨土論上】に「淨土玄門。十方咸讚。」【資持記上一之三】に「佛法深妙。有レ信得レ入。故曰二玄門一。」

十玄門 〔術語〕又、十玄緣起と云ふ。華嚴宗所立。四種法界の中の事事無礙法界の相を示したるもの。此義に通ずれば以て華嚴大經の玄海に入るべし、故に玄門と云ふ。又此十門互に緣となりて他を起せば緣起と云ふ。至相大師、杜順の意を承けて十玄章に創說し、賢首これを【五敎章中卷】に敷演す。但次第異れり。

至相師次第（十玄章）	賢首師次第（五敎章中）
同時具足相應門	同時具足相應門
因陀羅網境界門	一多相容不同門
秘密隱顯俱成門	諸法相即自在門
微細相容安立門	因陀羅微細境界門
十世隔法具法門	微細相容安立門
諸藏純雜具德門	秘密隱顯俱成門
一多相容不同門	諸藏純雜具德門
諸法相即自在門	十世隔法異成門
唯心廻轉善成門	唯心廻轉善成門
託事顯法生解門	託事顯法生解門

然るに賢首は更に【探玄記一】に於て十玄を說くと稍之に異り、清涼全く之に依る。一に同時具足相應門。十方三世の一切諸法、緣起の然らしむる所、同一時に具足圓滿して彼此照應し顯現すると。緣起は諸法の自性にして、一法として緣起に漏るるものなし。故に一切諸法同一時同一處に一大緣起をなして存在するを具足相應と云ふ。【唐經妙嚴品】に「一切法門無盡海。同會二一法道場中一。」と。是れ事事無礙法界の總相にして、自餘の九門は此門の別義なり。二に廣狹自在無礙門。一法を以て一切法を緣起し、一法の力用際限なきを廣と名け、而も一法の分限を守つて本位を壞らざるを狹と名く。是を以て觀れば分即無分、無分即分なり。凡そ緣起の法は此の如く一法に分と無分との二義を具へて相妨げざるを廣狹自在無礙門と云ふ。三に一多相容不同門。上の廣狹無礙の義に依て一の勢分他の一切法に入り、他の一切法の勢分自の一に入る。此の如く一多互に相容るるも曾て一多の本位を失はざるを一多相容不同門と云ふ。是れ法の勢用に就て此彼の相入を說くなり。而して一多の二相存すれば不同と云ふ。【唐經盧舍那佛品】に「以二一國土一滿二十方一。十方入レ一亦無レ餘。世界本相亦不レ壞。無比功德故能爾。」四に諸法相即自在門。上の一多相容門に依りて一法の勢力一切法に入るときは、一法は即ち一切法中の一法となる。彼れ既に一切法中の物なれば已を廢して他に同じ、一法の體全く彼の一切法となる、即ち一切法の外更に一法の體なきなり。故に體より之を言へば能同の一法は虛體にして、所同の一切法は有體なり。之と同時に、一切法一法に入れば、彼亦已を廢して我に同じ、彼の一切法を全收して一法の體となる。即ち一法の體の外に一切法なく、能同の一切法は虛體にして、所同の一法のみ有體なり。此の如く一虛一實の故を以て一法一切法に即し、一切法一法に即するを相即と云。是れ體に就いて論ずるもの。上の相容門は一多を廢せず、但力用の交徹するを明かせば、二鏡の相ひ照らすに譬へ、此は彼此の二體虛實和融して一如なるを明かせば、水波の相ひ收むるに譬ふ。【晉經十住品】に「一即是多。多即是一。」五に隱密顯了俱成門（五敎章及淸涼玄談。に秘密隱顯俱成門）。既に上の義門に依つて一法一切法に即すれば一切法顯はれて一法隱れ、一切法一法に即すれば一法顯れて一切法隱る。此顯と隱との二相俱時に成就するを隱密顯了俱成門と云ふ。【晉經賢首品】に「或東方見レ入二正受一。或西方見二三昧起一。於二眼根中一入二正受一。於二色法中一三昧起。」六に微細相容安立門。上來第二門以下の義を以て、如何なる微細の中にも一切諸法を含容し、一齊に頭を揃へて顯現すると猶鏡中に萬像を映現する如きを云ふ。微細とは一毛一塵の中に其事あるを示す。【晉經毘盧舍那品】に「一毛孔中。無量佛剎。莊嚴清淨。曠然安立。」七に因陀羅網法界門（五敎章及び清涼玄談に。因陀羅網境界門に作る） 因

陀羅網とは帝釋天の宮殿に懸れる珠網なり、珠珠各各一切の珠影を現ず。是れ一重の各各影現なり。而して一珠の中に現ずる所の一切の珠影、亦諸珠の影像形體を現ず。是れ二重の各各影現なり。此の如く重重映現して無盡無窮なり。諸法一一の即入亦斯の如し。上の細微相容は一重の即入のみ、未だ重重無盡に即入するを明かさず。今は喩に寄せて此の義を明かすなり。これ有名なる因陀羅網の譬喩也。八に託事顯法生解門。上來所明、既に第七門に於て一切法重重無盡に縁起して塵塵法法盡く事事無礙法界なるを知る、されば一事一塵に就いて無礙法界の法門を顯はすを得べし。之を託事顯法生解門と云ふ。經に十種の寶玉、雲等を說くは、皆是れ深妙の法門なるが如し。金獅子の無礙を示し、帝網の重重を明かす如き亦然り。凡そ一切の寄顯表示の法門皆此に攝む。九に十世隔法異成門。上の八門は横に就て圓融無礙の相を示したるもの。而して此無礙獨り横に於て然るのみにあらず、竪に於て亦然り。故に此門あり。十世とは過現未三世に各、又過現未三世ありて九世となり、九世互に相入するが故に一の總世を爲す。總別合せて十世なり。この十世隔歷の法、同時に具足して顯現するを隔法異成と云ふ。異成とは別異の法が俱時に成就する義なり。【晋經初發心功德品】に「知二無量劫是一念一。知二一念即是無量劫一。」十に主伴圓明具德門。既に横竪の萬法一大縁起を成して、法法皆交徹するに由つて、一法を擧ぐるに從つて他は之に伴ふて速帶縁生す。即ち一法を擧げて主とすれば餘は悉く伴となりて此一法に赴き、更に他法を以て主とすれば餘法また伴となりて盡く其法に集まる。譬へば一佛主となりて說法すれば他の一切佛は之が伴となり、更に他佛を以て說法するも亦然るが如し。斯の如く縁起の法は互に主伴となるが約束なれば、何れの法が主となるも他は一切是に隨伴して、一法に一切の功德を圓滿するを圓明具德と云ふ。【探玄記一、華嚴玄談六】

玄門無礙十因 〔術語〕諸法何の故に事事無礙なる。一に唯心所現故、諸法の本原別種あるにあらず。唯一の如來藏心より縁起せる差別の法なれば彼此必ず和融すべき理あり。二に法無定性故、諸法は如來藏心の縁起法にして、もとより定まりたる自性なし。故に彼此和融すべき理あり。三に縁起相由故、縁起の法は單獨に體を保つを得ず、必ず相由つて僅に體を成すものなれば、隨つて和融すべき理あり。四に法性融通故、法性融通すれば性の如く事も亦融通すべき理あり。五に如幻夢故、諸法の虛假無實なる幻夢の如し、故に和融すべき理あり。六に如影像故、諸法の一心界に縁起して存在するさまは鏡中の影像の如きもの、故に和融すべき理あり。已上の六因は諸法自爾の德相に就き、已下は業用の無礙に就て因由を說く。七に因無限故、菩薩因中に於て無限の因を修するが故に、果に至て必ず無礙の業用を得べき理あり。八に佛證窮故、佛は眞性を證窮する故に性の如く業用亦無礙なり。九に深定用故、深妙の禪定力を以ての故に業用の無礙を得。十に神通解脫故、不思議の神通力は物の羈束を離れて自在なれば業用の無礙を得べし。【華嚴玄談六】

ゲンヤ 幻野 〔術語〕生死夢幻の境を云ふ。【吽字義】に「長迷二一如之理一。常醉二三毒之事一。荒二獵幻野一。」

ゲンヤク 現益 〔術語〕現世の利益。

ゲンユ 現喩 〔術語〕八種喩の一、現在の事物を以て譬となすもの。

ゲンラン 玄覽 〔術語〕深く理を見ると。【止觀一上】に「今人意鈍。玄覽則難。」【同輔行】に「以レ慧內照。故云二玄覽一。」

ゲンリキ 幻力 〔術語〕幻化の事を作す力。

ゲンリヤウ 現量 〔術語〕因明用の三量の一。又心識の三量の一。現實に量知すること。色等の諸法に向つて現實に其自相のままを量知し、毫も分別推求の念なきもの。五識の五境を縁ずると、意識の五識と共に五境を縁ずるものと、五同縁の意識と云五識と同時に起るものと、五倶の意識と云又定中にあるときの意識と、第八識の諸境を縁ずると、共に現量なり。是れ總じて心識上の現量を出せしなり。此中に因明用の現量は五識と五同縁、五倶の意識のみ。【因明入正理論】に「現量《ハ》謂無分別《ナリ》。乃至現現別《ニ》轉《ス》。故名二現量一。」【因明大疏上本】に「能縁行相。不レ動不レ搖。自唯照レ境。不レ籌不レ度。離二分別心一。照符《ヒ》二前境《ニ》一。明局《ル》二自體一。故名二現量一。」又【仝下末】に「五根各各明照二自境一。名レ之爲レ現。」

ゲンリヤウサウイ 現量相違 〔術語〕因明の宗法九過の一。若し宗を立てて、聲は所聞に非ざるべしと云ふ如き、聲の所聞の法なることは耳識と共に起る意識の五倶の意識なり現量に證知する所、然るに今聲は所聞にあらずと云へば此の現量の證知に相違するを以て現量相違と名く。【因明大疏中本】

ゲンル 玄流 〔術語〕玄は緇なり。緇衣を被る流派なり。僧徒を云ふ。【輔行序】に「津導二玄流一。」

ゲンロ 玄路 〔術語〕玄妙の道路。眞理を云ふ。【阿毘達磨心論慧遠序】に「於二三觀一則觀二玄路之可一レ遊。」

【不應拜俗等事五謝祐書】に「凝二心玄路一。投二迹法門一。」【玄中銘序】に「寄二鳥道一向二寥空一。以二玄路一而該括。」

ゲンワク 幻惑 〔術語〕惑體虚妄にして實なければ幻と云ふ。【釋籤四之一 本科】に「菩薩以二幻法門一破二彼幻術一。」 図幻術を以て人の心を惑はすこと。【觀無量壽經】に「幻惑呪術。」

こ

コ 擧 〔術語〕公案を擧起するを云ふ。但し此は公案を擧起して、記載する時に用ふる詞にて、座上に在て已が正しくその公案を唱ふる時は「記得す」と言ふなり。【碧巖種電鈔 一】に「擧者記者之語也。圜悟擧二起達磨公案一也。拈提之時。於二座上一自唱則言二記得一也。」

コアイ 擧哀 〔儀式〕禪林の葬式に、佛事畢つて後に大衆一同、哀哀哀と三度聲を擧ぐる式あり。擧哀佛事と云ふ。【象器箋十四】

コイチゼンシウ 擧一全收 〔術語〕一法を擧ぐれば、一切法を收むるを云ふ。【唐判五教章中】に「三性一際擧一全收。」和本は擧一を隨一に作る 【清涼華嚴玄談二】に「上十處共爲二緣起一。擧レ一全收。」

コイチヘイシヨ 擧一蔽諸 〔術語〕一を擧げて、一切を該ぬるを云ふ。【文句三下】に「但略擧レ一而蔽レ諸耳。」

コイチミヤウサン 擧一明三 〔術語〕一を擧げて之に示せば直に三を了解するなり。知解の鋭きを云ふ。【碧巖第一則垂示】に「擧一明三。目機銖兩。」

コイハウギヤウヰ 故意方行位 【術語】十地のうち、第三地より第七地までの間をいふ。此の位に在る菩薩は、故意に煩惱を起して衆生を濟度するが故に名く。

コウアイ 矜哀 〔術語〕矜は憐なり。衆生を憐愍「する意。

コウアン 公案 〔術語〕禪家に佛祖所化の機緣に應じて提起せし越格の言語、動作の垂示なり。後人之を稱して、公案と名け、又因緣とも稱す。公案とは、公府の案牘、即ち律令なり。至嚴にして犯すべからざるもの、以て法となすべく、以て是非を斷ずべし。從上佛祖の垂示は是れ宗門の正令、以て迷悟を判すること之に類す。故に彼に擬して公案と名く。所謂千七百則是なり。【碧巖九十八則評唱】に「古人。事不レ獲レ已對レ機垂示。後人喚作二公案因緣一。」【同種電鈔】に「至理絕レ言。唯對二迷機一故不レ獲レ已而假二言說一以顯レ道。後人將二彼垂示語一作二公案一也。」【山房夜話上】に「公案乃喩二公府之案牘一也。法之所レ在而王道之治亂實係焉。公者乃聖賢一二其轍一。天下同二其途一之至理也。案者乃記二聖賢爲レ理之正文也。凡有二天下一者未三嘗無二公府一。有二公府一者未三嘗無二案牘一。乃至夫佛祖機緣。目レ之曰二公案一亦爾。」【碧巖集三教老人序】に「祖教之書謂二之公案一者。唱二於唐一而盛二於宋一。其來尚矣。二字乃世間法中吏牘語。」【雲棲正訛集】に「公案者。公府之案牘也。所三以剖二斷是非一。而諸祖問答機緣。亦只爲レ剖二斷生死一。故以名レ之。」

一千七百則公案 〔名數〕五燈錄の中に於て、公案の數凡そ一千七百則あり。【山房夜話上】に「且如二禪宗門下一。自二二祖安心。山祖懺罪。南嶽磨磚。青原垂足一。至レ若二擘叉、輥毬、用棒、使喝、及一千七百則機緣一。莫レ不二皆八字打開兩手分付一。」【宗論三】に「若緣レ木求レ魚守レ株待レ兎。三藏十二部是拭二瘡疣一紙。千七百公案亦陳腐葛藤。」

コウエハ 紅衣派 〔流派〕喇嘛の舊敎を云ふ。「コウケウ」を見よ。

コウエン 講演 〔雜語〕講義、演說。

コウエン 講筵 〔雜語〕講義の席。

コウオロシガネ 講下鐘 〔雜語〕法華八講等の時、講師の座を下る合圖に打つ鐘を云ふ。

コウカ 後架 〔雜名〕ごかと讀む。僧堂の後に洗面の架あり、後架と名く。即ち大衆の洗面處なり。而して其側に厠あるを以て遂に後架の名を厠に混ず。【永平正法眼藏洗面章】に「雲堂洗面處者。在二後架裡一。後架在二照堂之西一。」【瑩山清規】に「往二後架一洗面。往二東司一屙屎。」【幻經庵清規】に「後架乃糞穢之聚。」

コウカセフ 江迦葉 〔人名〕三迦葉の一。梵語、那提迦葉。Nadī-kāśyapa 那提を江と譯す。【增一阿含經三】に「心意寂然。降二伏諸結一。所謂江迦葉比丘是。」

コウキギヤウキヤウ 興起行經 〔經名〕佛說興起行經、二卷、一名嚴成宿緣經。後漢の康孟詳譯。佛が一生中に受けし十難の因緣を說く。【辰帙十】(733)

コウキヤウ 講經 〔雜語〕經典を講說すると。

コウギヤウ 興行 〔雜語〕事を興し行ふを云ふ。經名に「佛說興起行經」あり。

コウキヨ 興渠 〔飮食〕Hiṅgu 又、興瞿、興舊、興宜。五辛の一。【玄應音義十八】に「興渠。此言訛也。應レ言二興舊興宜一。出二闍烏荼娑佗那國一。彼土人常所レ食者也。此方相傳以爲二芸薹一非也。此樹汁似二桃膠一。西國作レ食皆著レ之。今時阿魏藥是也。」【慧琳音義六十八】に「興瞿。梵語藥名。唐云二阿魏一也。」【宋僧傳二十九慧日傳】に「僧徒多迷二五辛中興渠一。興渠人多

說不レ同。或云二蘘薹胡荽一。或云二阿魏一。乃至五辛此土唯有レ四。一蒜二韮三葱四薤。闕二於興渠一。梵語稍訛。正云二形具一。餘國不レ見。廻至二于闐一方得レ見也。根麤如二細蔓菁根一而白。其臭如レ蒜。彼國人種取テレ根食也。于レ時冬天到レ彼不レ見二枝葉一。薹荽非二五辛一所食無レ罪。」

コウク　興瞿　〔飮食〕　五辛の一。「コウキヨ」を見よ。

コウケ　興化　〔人名〕　魏府興化山の存奬禪師。臨濟玄の法嗣。後唐の莊宗の師となる。滅後廣濟大師と敕諡す。【傳燈錄十二】

興化打中　〔公案〕　僧問ふ、四方八面來の時如何。師云く中間底を打たん。僧便ち禮拜す。師云く、山僧昨日箇の村齋に赴き、途中一陣の狂風暴雨に遇ふ。古廟裡に向つて避け得て過ぐ。【五燈會元十一興化章】

コウケイ　弘景　〔人名〕　南山律師親授の弟子。天台の章安大師に隨つて天台宗を學び、鑑眞和尙に具足戒を授く。唐の則天武后證聖元年、實叉難陀等と共に華嚴經を譯す。天后より中宗に至るまで凡そ三たび宮に入て戒師となる。【佛祖統紀十、傳通緣起下】

コウケウ　紅敎　〔流派〕　Shamār　喇嘛の舊敎の僧は紅色の衣冠を用ふるによりて、此の名あり。敎主は蓄妻して血脈相承をなす。西藏の南部に行はる。

コウケン　公驗　〔物名〕　僧尼の公驗。「クケン」を見よ。　「略名。

コウケンキヤウ　興顯經　〔經名〕　如來興顯經の略名。

コウケンニヨゲンキヤウ　興顯如幻經　〔經名〕　如來興顯經の異名。

コウサウ　紅糟　〔飮食〕　くんざうと讀む。「クンザウ」を見よ。

コウサクサレイ　鉤索鎖鈴　〔菩薩〕　金剛界の四攝菩薩なり。大日如來の攝取の大悲を表せしもの。鉤は衆生を召し、索は衆を縛し、鎖は衆生を結び、鈴は衆を歡ばしむ。

コウサン　講讃　〔術語〕　經文の意を講說し讃揚する。

コウザ　講座　〔雜名〕　講師の座席。

コウシ　講師　〔職位〕　法華會最勝會などに經義を講ずる役を勤むる人なり。講會每に其人を撰び、諸國には兼て一人を定め置く。【類聚三代格三】に「延曆十四年官符。自今已後。宜下改二國師一曰二講師一。每レ國置中一人上。」⦿（大鏡）「南京法師は三會講師しつれば已講と名けて、その次第をつくりて律師僧綱になる。」図眞宗大谷派の學頭の稱。

講師讀師の高座　〔物名〕　講師讀師の昇るべき高座にて、佛前の左右に在り。講師の座は佛より右に、讀師の座は佛より左に在りて相對す。讀師は經題を讀み上げ、講師は經義を講ず。

コウシキ　講式　〔術語〕　法會の法式表白を書きしもの。六道講式、往生講式、愛染講式、不動講式など。

コウシヤウ　興正　〔人名〕　西大寺の叡尊。戒律を中興し、伏見天皇正應三年寂。正安二年興正菩薩と諡す。「エイソン」を見よ。

コウシユ　講衆　〔術語〕　講義を聽聞する大衆。講社に集りたる人衆。

コウシユウ　講宗　〔術語〕　禪宗律宗の二を除き、他の諸宗を講宗と云。多く經義を講說すればなり。禪宗よりの指稱。

コウシン　講嚫　〔術語〕　講義の謝禮。嚫は梵語達嚫 Dakṣiṇā の略。布施と譯す。

コウジヤウ　興盛　〔雜語〕　事の盛に起るを云ふ。【大灌頂神呪經二】に「末世九百年中魔道興盛。」【法事讃下】に「正治二五濁時興盛一。」

コウセ　興世　〔術語〕　佛の世に出づるを云ふ。【行持鈔上之一】に「至人興世。」【資持記上一之一】に「佛身充滿。隨レ物現レ形。示レ生唱レ滅。挹二接群品一。今此且據二娑婆所見一。誕二育王宮一。厭レ世修行。降レ魔成佛。故云二興世一。」

コウセイ　江西　〔人名〕　又、馬祖と號す。六祖慧能に二大弟子あり、一を青原の行思と云ひ、二を南嶽の懷讓と云。青原の法嗣に湖南あり、南嶽の弟子に江西ありて、禪法の盛なると此二師に始まると云。江西名は道一。姓馬氏なるを以て馬祖と稱し、道を江西に振ふに由つて江西と號す。唐の開元中禪を衡岳の讓和尙に習ひて其心印を得。始め建陽の佛迹嶺より遷りて臨川に至り、次に南康の龔公山に至る。大曆中に名を鍾陵の開元寺に隷し、四方の學者雲集す。貞元四年寂。元和中大寂禪師と諡す。【傳燈錄六】

コウセウ　猴沼　〔地名〕　印度の獼猴池を云。【慈恩寺傳序】に「鷲山猴沼」「ミコウチ」を見よ。

コウセウホフ　鉤召法　〔修法〕　五種壇法の一。諸尊を召集する修法なり。【秘藏記末】に「鉤召用ニ羯摩部尊一。鉤菩薩ナリ。」【補陀落海會軌】に「鉤召法用ニ羯摩部尊一。是故有ニ鉤索鎖鈴等一。」【眞言修行鈔五】に「梵ニ補瑟徵迦。此云ニ鉤召一。」「ダンホフ」を見よ。

コウセツ　講說　〔術語〕　法義を講述し、演說すると。【維摩經佛國品】に「演レ法無レ畏猶ニ師子吼一。其所ニ講說一乃如ニ電震一。」

コウゼンゴコクロン　興禪護國論　〔書名〕　三卷、建仁寺榮西著。一論十門中の第二に鎭護國家門あり。興禪の本意ここに在るを示して題名とす。【霜帙八】

コウタウ 勾當 ［職位］ 寺務を司る役務の名。後には眞言宗に局つて用ひ、盲人亦此名を用ふ。【元亨釋書五永緣傳】に「後勾ニ當七大寺一。」【職原抄大全】に「勾當專當。在ニ眞言家一。今世天下盲目長曰ニ檢校一。其次曰ニ勾當一。是各別事也。昔無ニ其例一。自ニ公方家時一始レ之。」

コウダウ 講堂 ［堂塔］ 法を說き經を講ずる堂舍。【無量壽經下】に「無量壽佛。爲ニ諸聲聞菩薩大衆一班ニ定法一時。都悉集ニ會七寶講堂一。廣宣ニ道敎一演ニ暢妙法一。」【啓蒙隨錄二】に「南都北嶺等の古刹には、佛殿の外に講堂あり。禪宗にては法堂と云ふ。諸家の講堂には本尊を安ず、大法炬陀羅尼經云。說法處須下置ニ如來像一香華供養上。已故に講師多くは本尊に向ひ、禮盤に就て講說し、大衆左右に分坐して聽受す。禪宗の法堂は本尊を安せず、導師壇上の倚子に坐して說法す。大法炬陀羅尼經云。法師所處。即如來師子之座。此れ佛に代り奉りて說法するなり。」

コウダウカノハチソ 興道下八祖 ［名數］ 支那天台にて、道邃以下の八祖をいふ。即ち天台興道道邃、天台至行廣脩、國淸正定物外、國淸妙說元琇、國淸高論淸竦、螺溪淨光義寂、四明寶雲義通、四明法智智禮の八師なり。

コウチウ 鈎紐 ［物名］ 又、怐紐、鞁紐に作る。袈裟を懸けて兩片を結び合すもの。輪の形を爲すを怐と云ひ、條帛を垂るるを紐と云ふ。即ち袈裟の幅を三分して前後の處に怐と紐とを置くなり。然るに律に依て怐紐の前後を相反す。【毘奈耶雜事七】に「佛言。爲レ護レ衣。應レ安ニ紐怐一。可下於ニ肩上一安レ怐。胸前綴中紐。紐有ニ三種一。一如ニ蘡薁子一。二如ニ葵子一。三如ニ棠梨子一。應下於ニ緣後四指一安中怐。應下重ニ作帖一以レ錐穿レ穴。怐出ニ其內一繫作中雙怐上。其紐可下在ニ胸前緣邊一綴上レ之。疊レ衣三襵。是安ニ怐紐一處。」【律攝五】に「去レ緣四指肩隅置レ帖。於ニ此帖中一穿爲ニ小孔一。定ニ細條怐一。可ニ長兩指一。反自相繫。便成ニ二怐一。胸前緣邊應レ安ニ其紐一。」これ怐を背後に置き、紐を條前に置く制にして、義淨三藏は之に依る。【寄歸傳二】に「五肘之衣。疊作ニ三襵一。其肩頭疊處。去レ緣四五指許。安ニ其方帖一。可ニ方五指一。周刺ニ四邊一。當レ中以レ錐穿爲ニ小孔一。用安ニ衣怐一。乃至內ニ紐此中一。其怐前疊處緣邊安レ紐。亦如ニ衫紐一。」是れ義淨三藏印度當代の實見なり。然るに南山は十誦律によりて之に反す。【行事鈔下之一】に「十誦佛自敎下比丘施ニ鞁紐一法上。前去レ緣四指施レ鞁。後去レ緣八指施レ紐。應ニ如レ是作一。」【章服義】に「十誦云。去レ緣四指前施レ鉤。去レ緣八指後施レ紐。亘ニ以下用ニ右角一掩ニ覆左肩一。前鉤後紐收束便爲上。」【釋氏要覽】に「鉤紐僧祇云ニ紐緤一。集要云。前面爲レ鉤。背上爲レ紐。」又後世禪宗に於て鉤に代ふるに環を以てし、紐に代ふるに條を以てす。之を南山衣と稱す。【象器箋十七】に「今時禪林。例代レ鉤以レ環。代レ紐以レ條。乃至舊說曰。觀ニ唐王摩詰畫ニ像形一。其袈裟無ニ條環一。蓋唐時猶不レ用ニ條環一。條者五代時始有。環者宋朝始有。」【畫像須知】に「天竺衣とは鐶鈎を用ゐぬ袈裟なり。南山衣とは鐶鈎の付きたる袈裟なり。」

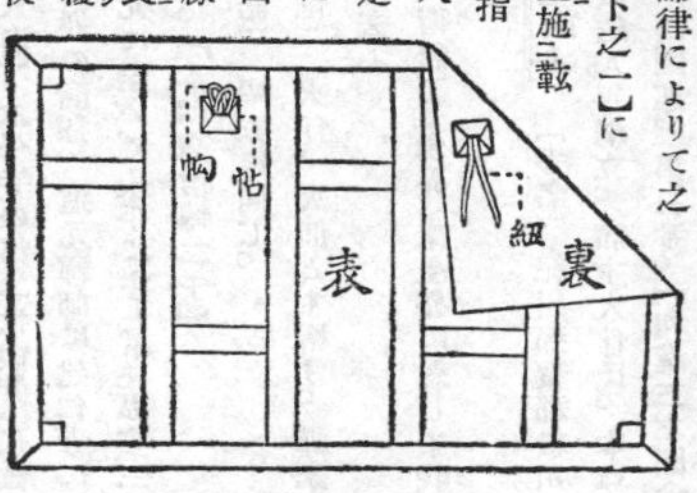

(新律家義淨相傳怐紐の圖)

コウニン 候人 ［職位］ 叡山にて門跡に召使はるる總衆を云。【驢驢嘶餘】

コウニン 弘忍 ［人名］ 唐の蘄州黃梅縣の人、四祖道信禪師に遇ふて心印を得、咸亨二年、法を六祖慧能に傳へ、後四年寂す。時に上元二年、壽七十四。塔を黃梅の東山に建て、代宗謚を大滿禪師と賜ふ。【宋僧傳八、傳燈錄三】

コウブクジ 興福寺 ［寺名］ 南都七大寺の一。初め齊明天皇三年、大職冠鎌足公城州山科の里に一宇を創立して山階寺と云ひ、後、元明天皇和銅三年、大職冠の子淡海公不比等、之を春日の地に移して興福寺と改名す。中金堂の本尊は丈六の釋迦にして、大職冠が入鹿を誅する時發願して刻む所なり。【元亨釋書資治表】中金堂は不比等の創立。東金堂は神龜元年聖武帝の御願。西金堂は天平六年光明皇后の御願。南圓堂は弘仁四年藤原冬嗣の發願。北圓堂は養老五年元正元明兩帝御願。大講堂は南家の祖武智麿の女と同二女、惠美押勝の發願。五重塔は天平二年光明皇后の御願。【元亨釋書】⊙（水鏡中）「今興福寺を山科寺と云事此因緣なるもの也」

コウブクジデン 興福寺傳 ［流派］ 法相宗四傳の一。又南寺傳に對して北寺傳とも云ふ。大寶三年智鳳、勅によりて入唐し、慈恩の孫弟子なる智周に就いて唯識を學び歸りて義淵に傳ふ。又第三傳とも云ふ。

コウブクジホツケヱ 興福寺法華會 ［行事］ 南都興福寺に於て修す。⊙（公事根源）に「九月十三日より、七ケ日の間南圓堂にして、妙法の大會をひらかしむ。これは十月六日、長岡の大臣、內麻呂の御

忌日によりてなり。父の御ために、始めて行はせ給へる事にや。六日に此會を行はる。」

コウブクジユヰマヱ　興福寺維摩會　〔行事〕　南都三大會の一。十月十日より、一七日の間維摩經を講ずる法會なり。⦿（太平記二四）「十日は興福寺の維摩會」

コウボサツ　鉤菩薩　〔菩薩〕　金剛界四攝菩薩の一。具名、金剛鉤菩薩。黑色にして左を拳にし、右に三股の鉤を取る。大日如來の大悲の鉤を以て一切衆生を召攝する德を示す。【聖位經】に「毘盧遮那佛於二內心一證三得請召金鉤三摩地智一。從二金剛鉤三摩地智一流三出金剛鉤光明一。遍照二十方世界一。請三召一切如來金剛道場一。及拔二一切衆生惡趣一。安レ於二無住涅槃之城一。乃至成下守二菩提心月一金剛鉤菩薩形上。住二東門月輪一。」

（鉤菩薩の圖）

コウボフ　弘法　〔人名〕　眞言宗の開祖、名は空海、弘法と謚せらる。「クウカイ」を見よ。

コウモンハ　興門派　〔流派〕　又勝劣派、富士派とも云ふ。日蓮宗の一派。日蓮の弟子日興を祖とするより名を得。所依とする所は、法華經本門中壽量品の一品と、湧出品及び分別品の兩半品とを以て、末法濁世下種下根の衆生が正依とすべきものなりとし、自餘の法品は小邪未覆の敎として捨てて用ひず。明治九年本門宗と改稱す。駿河富士郡大石寺を本山とす。

コウラウヤシヤ　曷良耶舍　〔人名〕　Kalayaśa　三藏の名。「キヤウリヤウヤシヤ」を見よ。

コウリン　鵠林　〔雜名〕　沙羅雙樹林を鶴林と云ふより、一轉して鵠林と云ふ。【四敎儀一】に「鹿野鵠林之文。」【三論玄義】に「始從二鹿苑一。終竟二鵠林一。」【正字通】に「鵠通作レ鶴。」

コウン　孤雲　〔人名〕　永平寺の第二世懷弉、孤雲と號す。九條相國爲通の裔孫。道元禪師に建仁寺に謁して遂に契悟し、元に嗣いで永平に主たり。弘安三年八月寂。壽八十三。【本朝高僧傳二十】

コエ　估衣　〔雜語〕　唱衣に同じ。

コカ　火客　〔職位〕　火伴、火佃とも稱す。禪家にて火を掌る役僧を云ふ。

コカイ　己界　〔術語〕　佛界、衆生界に對して我身を己界と云ふ。

コカハデラ　粉河寺　〔寺名〕　紀州那賀郡粉川に在り。光仁天皇寶龜元年創立。願主大伴氏。本尊は等身の千手觀音。西國巡禮第三番。【和漢三才圖會】⦿（曲、粉河寺）「是は紀州粉河寺の住僧にて候」

コキ　胡跪　〔雜語〕　胡人跪坐の法なり。此中、左跪互跪、長跪の三種あり。左跪とは右膝を地に着け、其の足指を地に竪て、右の股を空に置き、左膝を竪てて左足地を踏むもの。是れ戰戰として敬意を表する意なり。經中に所謂右膝着地なり。之を正儀とす。【歸敬儀】に「言二胡跪一者。胡人敬相。此方所レ無。存二其本緣一。故云レ胡也。」又「佛法順レ右。即以二右膝一拄レ地。右髆在レ空。右指拄レ地。又左膝上戴。左指拄レ地。使二三處翹翹曲レ身前就一。故得三心有二專至一。請悔方極。」【慧琳音義三十六】に「胡跪。右膝着レ地。竪二左膝一危坐。或云二互跪一也。」

コキ　國忌　〔雜語〕　先皇の忌日。⦿（公事根源正月）「正月四日は、村上天皇の母后の御國忌なり」

コキウ　虎丘　〔人名〕　宋の平江府虎丘山の紹隆。圜悟克勤に嗣ぎ、應庵を得て道を傳へ、紹興六年寂す。【五燈會元十九】

コキゲ　孤起偈　〔術語〕　十二部敎の中に伽陀と祇夜との二あり。同じく偈語の體なれど、祇夜は前に說ける經文を重ねて偈文に結びしものなれば之を重頌偈と云ひ、伽陀は然らず、單に結びし偈文なれば孤起偈と云ふ。【玄義一下】に「或孤起偈說二世界陰入等事一。是名二伽陀一。」

コキサイ　國忌齋　〔行事〕　先帝の忌日に設くる齋會なり。吾朝には持統天皇元年九月、天武天皇の爲に始て之を設け、明年二月詔を下して立てて永式となす。【元亨釋書資治表】

コキツザウ　胡吉藏　〔人名〕　三論宗の祖、隋の會稽の嘉祥寺の吉藏。其先は安息國の人にして中國の種にあらざれば、自ら稱して胡と云ふ。「キチザウ」を見よ。

コギ　虛僞　〔術語〕　虛妄にして眞實ならざるを云ふ。【楞伽經三】に「無垢虛僞妄想習氣。」【無量壽經下】に「虛僞諂曲之心。」

コギ　古義　〔流派〕　法相に南寺北寺の差あり。台宗に山門寺門の別あり。眞言宗に古義新義の派あり。興敎大師覺鑁、紀州根來寺傳法院に於て一宗を別立せしより、之を新義派と稱し、高野山を古義派と稱す。東寺御室等の古刹は皆之に屬す。

古義新義の爭點　〔雜語〕　眞言宗には敎相

門と事相門との二あり。事相門に於ては既に十二流の別あり。而して新古の二義はこの多端なる事相にあらずして敎相の別なり。其の要點は法身説法に就いて自證身説法(古義)加持身説法(新義)を立つるにあり。「ホフシン」參照。

コギクハ　小菊派　〔流派〕普化宗の一派。下野上川長福寺、同國鹿沼注泉寺、常陸下妻心月寺等これに屬す。禪宗の一派。虚無僧の一流なり。

コク　故苦　〔雜語〕古き苦。【智度論十九】に「新苦爲レ樂。故苦爲レ苦。如下初坐時樂。久則生上レ苦。初行立臥亦樂。久亦爲レ苦。」

コクアハ　國阿派　〔流派〕時宗の一派。國阿を祖とす。京都東山雙林寺を本山とす。

コクアン　黑闇　〔雜語〕智慧の光なきと。【南山戒疏二上】に「言二黑闇心一者。謂二痴心一也。」【止觀五上】に「此黑闇人。豈可レ論レ道。」【讃阿彌陀佛偈】に「三途黑闇蒙二光啓一。」

コクアンニヨ　黑闇女　〔天名〕【涅槃經十二】に「姉を功德天と云ひ人に福を授け、妹を黑闇女と云ひ、人に禍を授く。此二人常に同行して離れず。」功德天又吉祥女と云ひ、黑闇女又黑耳女と云ふ。「コクヤシン」「キチジヤウ」の項を見よ。

(黑闇女の圖)

コクイチ　國一　〔人名〕唐の徑山の道欽禪師。代宗より國一の號を賜はる。「キンザン」を見よ。

コクウ　虚空　〔術語〕虚と空とは無の別稱なり。虚にして形質なく、空にして碍礙なきが故に虚空と名く。此虚空に體あり相あり、體は平等周徧、相は他の物質に隨つて彼此別異なり。有部の宗義に依れば之を虚空と空界の色とに分ち、その體を以て虚空とし、その相を以て空界の色とす。此虚空を以て一の無爲法として三無爲の一に數へて法處の中に攝め、空界の色は眼所見の色法として色處の中に攝む。即ち有爲法なり。世人は此空界の色を以て虚空となす。故に世人の所謂虚空は妄法にして生滅を免がれず。【楞嚴經六】に「空生二大覺中一。如二海一漚發一。有漏微塵國。皆依レ空所レ生。」【同九】に「當レ知虚空生二汝心内一。猶如二片雲點二太清裏一。況諸世界在二虚空一耶。」【同十】に「乃至虚空皆因二妄想一之所二生起一。」【起信論】に「虚空相是其妄法。體無不實。以レ對レ色故有。是可見相。令二心生滅一。以二一切色法本來是心一實無二外色一。若無レ色則無二虚空之相一。」【大乘義章二】に「虚空有レ體有レ相。體則周徧。相則隨レ色。彼此別異。」此の體の虚空無爲に就いて有部は有法と立て、大乘は無法と立つ。「コクウムヰ」を見よ。

虚空無邊　〔術語〕虚空の邊際なきこと。【起信論】に「虚空無邊故世界無邊。世界無邊故衆生無邊。」

虚空有無　〔術語〕勝論は虚空を九實の一と立てて有となし、有部宗亦三無爲の一と立てて有となし、成實宗、大乘宗は共に無となす。「コクウムヰ」を見よ。

虚空喩　〔術語〕大乘空十喩法の一。【智度論六】に「如二虚空一者。但有レ名而無二實法一。虚空非二可見法一。遠視故眼光轉見二縹色一。諸法亦於レ是。空無二所有一。人遠二無漏實智慧一故棄二實相一。見二彼我男女屋舍城郭等種種雜物一心著。」此下虚空の有無に就いて問答を設け、虚空の實體なきに決す。

虚空四名　〔名數〕一に虚空、二に無所有、三に不動、四に無碍。【止觀三上】

虚空十義　〔名數〕一に無障礙義、諸の色法中に障礙なきが故に。二に周徧義、至らざる所なきが故に。三に平等義、簡擇なきが故に。四に廣大義、分際なきが故に。五に無相義、色相を絶つが故に。六に清淨義、塵累なきが故に。七に不動義、成壞なきが故に。八に有空義、有量を滅するが故に。有の空なるを。九に義空空、空著を離るるが故に。空の空なるを。十に無得義、執取すると能はざるが故に。【釋摩訶衍論三】

コクウカイ　虚空界　〔術語〕眼見する所の大空を云ふ。【中阿含經三十六】に「譬如三月無垢遊二於虚空界一。」【智度論一】に「虚空界無量諸佛土。」

コクウゲ　虚空華　〔譬喩〕眼を病む人空中に花の如きもの浮動するを見る。之を虚空華と名け、事物の實體なきに譬ふ。【楞伽經一】に「世間離二生滅一。猶如二虚空華一。」【楞嚴經二】に「見與二見緣並所想相一。如二虚空華本無二所有一。」空華に同じ。

コクウゲン　虚空眼　〔菩薩〕佛母尊の名。又佛眼と云。胎藏界に於て三部の母主を定むる時、金輪佛頂尊を以て佛部の部主とし、虚空眼尊を以て佛部の部母となす。【舊譯仁王經】に「觀空品」とあるを【新譯仁王經】に「觀如來品」とあり。是れ大空三昧を證するを佛となすが故に、虚空は即ち佛なり。此の虚空

眼尊は大空三昧を本體とし、佛部一切の功德を生ずる母の德を主るが故に佛母と稱するなり。【大日經疏五】に「次於二大勒勇北一至二於北維一。置二虛空眼一。即毘盧遮那佛母也。」【秘藏記末】に「佛部。金輪。佛頂爲レ主。虛空眼爲レ母。又云二佛眼一也。」【諸儀軌影八】に「胎の理門の大日が金剛界の智月に住する是れ佛眼即ち虛空眼なり。又金の智門の大日が胎藏界の理日に住する是れ金輪なり。」佛眼に三種あり。「ブッゲンソン」を見よ。

コクウクボサツ 虛空庫菩薩 〔菩薩〕 虛空を庫藏となし、衆生の願望に隨つて種種の珍寶を施與し、無量劫を經るも究盡すべからざる故に、虛空庫と名く。

コクウザウ 虛空藏 〔菩薩〕 梵名 Ākāśagarbha 又、Gaganagarbha 又、虛空孕と云。菩薩の名。空慧の庫藏猶虛空の如くなれば虛空藏と名け、一切の功德を包藏すると虛空の如くなれば虛空藏と名く。胎藏界曼荼羅虛空藏院の中尊なり。【大集經虛空藏品】に、此より東方大莊嚴世界の一寶莊嚴佛の所の菩薩とし、【虛空藏菩薩經】に、此より西方一切香集依世界の勝華敷藏如來の所の菩薩とす。金剛界の曼陀羅には賢劫十六尊の中に在り。胎藏界には第六の釋迦院と第十の虛空藏院とにあり。【注維摩一】に「什曰。虛空藏菩薩。實相慧藏如二虛空一也。」【千手經】に「當レ知其人虛空藏。常以二空慧一觀二衆生一故。」【大集經十四虛空藏品】に「何因緣故名二虛空藏一。佛告二速辯菩薩一。善男子。譬如下大富長者多二諸民衆一。無量庫藏財寶充滿。能行二布施一。心無二慳恪一。若行レ施時。貧窮往者。隨二意所須一。開二大寶藏一。悉能給與。彼諸衆生皆得レ適レ意。長者施已心喜無上レ悔。善男子。虛空藏菩薩亦復如レ是。乃至得二如來神足力一故。於二虛空中一。隨二衆生所須一。若法施若財施。盡能施與皆令二歡喜一。」【大日經一】に「次復於二龍方一當レ畫二虛空藏一。勒勇被二白服一。持レ刀生二焔光一。」【同疏五】に「次於二西方一畫二虛空藏菩薩一。被二鮮白衣一。左手持二蓮華一。華上有二大刀印一。刀印上徧生二焔光一。及諸眷屬皆坐二正蓮華上一。此菩薩持下如來等二虛空一慧上。所三以持二大刀一者。利慧之標幟也。被二服白衣一明二白淨無垢一。是其教門外飾也。譬如下虛空無レ所二分別一。亦無レ所二積集一。而世間萬像依レ之以生上。今此法門亦爾。於二畢竟空中一出二生不思議自在用一。無レ有二究盡一。如二大集虛空藏經中廣明一。故名二虛空藏一也。」此菩薩は南方寶生の四菩薩の最初寶菩薩と同胎なり。◉（太平記一八）「下八王子は虛空藏」

虛空藏形像 〔形像〕 先づ胎藏界釋迦院の虛空藏は【秘藏記末】に「左手に蓮華を持し、上に如意寶あり、右手に白拂を持す。」次に虛空藏院の虛空藏は【大日經疏五】に「鮮白の衣を被、左手に蓮華を持し、華上に大刀印あり、大刀印を持する所以は利慧の標幟なり。」【秘藏記末】に「肉色にして左手に開蓮華を持し、上に如意珠あり、左手に寶劍を持す。」【胎藏曼陀羅大鈔五】に「法輪寺の虛空藏は左に如意珠を持し、右に寶劍を持す。」高尾曼茶羅圖は秘藏記の如くにして、寶珠寶劍皆火焰あり、頭上に五佛の寶冠を著く。寶珠は理智悲の三を表して三瓣の寶珠なり。又【觀虛空藏菩薩經】に「虛空藏菩薩の頂上に如意珠あり。其如意珠紫金色をなす。若し如意珠を見れば即ち天冠を見る。此天冠中に五十三佛の像ありて現じ、如意珠の中に十方佛の佛像現ず。」（第廿九圖參照）

（胎藏界釋迦院虛空藏の圖）

（虛空藏院虛空藏の圖）

虛空藏求聞持法 〔修法〕 「クモンヂ」を見よ。◉（盛衰記四〇）「其後虛空藏求聞持の法を修せんとて勝地を求めけるに」

虛空藏と日月星 〔雜語〕 【宿曜儀軌】に「若人欲レ求二福智一。當レ歸二依此菩薩一。日月星皆虛空藏所變也。」

虛空藏と明星 〔雜語〕 一説に日月星を觀音、勢至、虛空藏の三菩薩に配し、明星を以て虛空藏の化身とす。故に虛空藏求聞持法を修するには明星に祈禱す。【虛空孕菩薩經】に「於二後夜一燒レ香。求二彼東方黃白大士一。名二阿樓那一。乃至東方黃白阿樓那。閻浮提顯現之時。彼虛空孕菩薩即隨レ後來。」【虛空藏菩薩經】に「後夜向二東方一燒香。請二明星一曰。明星明星。汝今初出照二閻浮提一。大悲護レ我可三爲レ我白二虛空藏菩薩一。」【虛空藏菩薩神咒經】に

「明星出時。從レ座而起。向ニ於明星ニ說ニ如レ是言ニ。南無阿嘍那。南無阿嘍那。願以ニ大悲ニ白ニ大悲虛空藏菩薩ニ。」【法華文句一上】に「明星天子。是虛空藏菩薩應作。」阿樓那は明星の梵音 Aruṇiなり。

五大虛空藏 〔名數〕 虛空藏菩薩の德を五方に分けしもの。【五大虛空藏菩薩速疾大神驗祕密式經】に「東方に福智虛空藏菩薩、白寶蓮華に坐し、五佛の寶冠を戴き、種種の瓔珞を以て身を嚴飾し、右手は施無畏、左手に寶蓮華を持し、華上に羯磨杵あり、形色黃なり。南方に能滿虛空藏菩薩、赤蓮華に坐し、頂に五佛の寶冠あり。莊嚴前の如く形色赤色、右手に寶劍を持し、左に青蓮華を執り華上に如意寶珠あり珠の周邊火焰あり。西方に施願虛空藏菩薩、紫蓮華に坐し、寶冠前の如く、莊嚴前の如し。合掌胸前に當て、形色紅波利なり。北方に無垢虛空藏菩薩、白蓮華に坐し、寶冠前の如く、莊嚴前の如し。左手は施無畏、右手に寶蓮華を持し、華上に月輪あり、形色水白なり。中央に解脫虛空藏菩薩、寶冠前の如く、莊嚴前の如し。黃白蓮華に坐し、右手は施無畏、左手に寶蓮華を持し、華上に獨鈷杵あり、色黃なり。」又【瑜祇經】に「行者應に五大金剛虛空藏を畫くべし。一圓明中に於て自の身量に等しくして之を畫く。一圓中に於て更に分ちて五となし、中圓に於て白色の虛空藏を畫く。左手に鈎を執り右手に寶を持す。前圓中に黃色の虛空藏を畫く。左に鈎を持し、右に寶金剛を執る。右圓中に青色の虛空藏を畫く。左に鈎を執り、右に三瓣寶を持し、大光明を放つ。後圓中に於て赤色の虛空藏を畫く。前の如く左に鈎を持し、右に大紅蓮華を持す。左圓中に黑紫色の虛空藏を畫く。前の如く左に鈎を持し、右に寶羯磨を持す。是を五大虛空藏富貴を求むる法と名く。若し此像を畫けば、青色或は金色の絹上に於て之を畫け。其の菩薩の衣服首冠瓔珞皆本色に依る。各半跏坐。此像を畫き了らば、壇前に對して無間に五字明一千萬遍を誦せよ、即ち富貴の成就を得ん。」東寺觀智院國寶に惠運の唐より請來せる瑜祇の五大虛空藏菩薩の木像あり。金剛虛空藏(師子に乘る)、《第卅圖參照》、摩尼虛空藏(象に乘る)、法界虛空藏(馬に乘る)、業用虛空藏(鳥に乘る)、《第卅一圖參照》、蓮花虛空藏(孔雀に乘る)是なり。

虛空藏菩薩經軌 〔經名〕 虛空藏菩薩經、一卷。虛空孕菩薩經、二卷。虛空藏菩薩神咒經、一卷。已上三部同本異譯。觀虛空藏菩薩經、一卷。大集經虛空藏品。已上方等部。大虛空藏菩薩念誦經、一卷。大集大虛空藏菩薩所問經、八卷。聖虛空藏菩薩陀羅尼經、一卷。虛空藏菩薩問七佛陀羅尼咒經、一卷。佛說虛空藏菩薩陀羅尼經、一卷。五大虛空藏菩薩速疾大神驗祕密式經、一卷。虛空藏菩薩能滿所願最勝心陀羅尼求聞持法、一卷。已上密部。

コクウザウキヤウ 虛空藏經 〔經名〕 虛空藏菩薩經の略名。

コクウザウクワンギヤウ 虛空藏觀經 〔經名〕 觀虛空藏菩薩經の異名。

コクウザウグモンヂホフ 虛空藏求聞持法 〔經名〕 虛空藏菩薩能滿所願最勝心陀羅尼求聞持法の略名。一卷。唐の善無畏譯。求聞持の修法を說く。【閏帙九】(501)

コクウザウコウ 虛空藏講 〔行事〕 虛空藏菩薩を講讚する法事の名。【講勸拾要集】

コクウザウネンジユホフ 虛空藏念誦法 〔經名〕 大虛空藏菩薩念誦法の略名。

コクウザウホフ 虛空藏法 〔修法〕 虛空藏の御修法。

コクウザウボサツキヤウ 虛空藏菩薩經 〔經名〕 一卷、姚秦の佛陀耶舍譯。虛空藏菩薩、西方の勝華敷藏佛の所より大神力を現じて來る。佛其の頂上の寶珠の因を說き、一切の罪を消し、一切の所求を滿たすことを說く。【玄帙八】(68)

コクウザウボサツシンジユキヤウ 虛空藏菩薩神咒經 〔經名〕 一卷、劉宋の曇摩蜜多譯。虛空藏菩薩經と同本異譯。【玄帙八】(691)

コクウザウボサツダラニキヤウ 虛空藏菩薩陀羅尼經 〔經名〕 佛說虛空藏菩薩陀羅尼經、宋の法賢譯。陀羅尼のみ經文なし。

コクウザウボサツモンシチブツダラニキヤウ 虛空藏菩薩問七佛陀羅尼經 〔經名〕 一卷、梁錄失譯。佛雞羅莎山頂に在り、一比丘惡病の爲に持せられ、一比丘惡鬼の爲に持せらる。虛空藏菩薩佛に哀求を請ふ、佛神力を現じ、七佛空中に於て各一咒を說く。【成帙八】(368)

コクウザウヰン 虛空藏院 〔術語〕 胎藏界曼陀羅十三大院中第十の名。二十八尊あれども虛空藏菩薩を以て中尊とす。

コクウシヨヂヤウ 虛空處定 〔術語〕 空處定の具名。四空處定の一。「クウシヨ」を見よ。

コクウシン 虛空身 〔術語〕 華嚴經所說、能三世間十身の一。虛空の如く無名無相無碍自在の身を云。即ち毘盧舍那如來の身相なり。【探玄記十四】

コクウシン　虚空神　〔神名〕梵語、舜若多 Śūnya-tā 譯、虚空神。空を主る神なり。

コクウチジ　虚空智字　〔術語〕金剛幢菩薩の種子**オ**怛嚩字を稱す。其の字體**ア**字は如の義にて、眞如諸相を離るると虚空の如くなれば虚空と云ふ。【瑜祇經疏三】に「虚空智**オ**禮如字。」

コクウテン　虚空天　〔界名〕五類天の一。欲界六天の中夜摩天以上の四天を云。是れ須彌山を離れて虚空の中に在ればなり。【秘藏記末】

コクウホフシン　虚空法身　〔術語〕五種法身の一。如來の法身、三際を融通し大千を包括して、一性圓明、諸染を遠離するを云ふ。彼の身外の虚空即ち法身なりと云ふに非ず。

コクウムヰ　虚空無爲　〔術語〕三無爲の一。有部宗の所立に二の虚空あり、一は有爲虚空、二に無爲虚空なり。凡そ色像なき所に現はるるものは是れ有爲虚空なり。本來常空なるは無爲虚空なり。有爲虚空は分限あり生滅ありて眼識の所見に屬す。依て之を空界の色と稱して五蘊の中の色蘊の所攝、六大の中の空大の所攝とす。是れ有爲無常なり。無爲虚空は無限無際眞空寂滅にして、一切の障礙を離れ、一切有礙の物體自在に其中に行動するとを得るもの。是れ意識の所緣に屬し、三無爲中の虚空無爲となす。世に虚空と言ふは即ち空界の色なり。有爲虚空なり。空界の色は其體性他法を障礙せざれども他法に障礙せらる、現に他の有形の物體に障礙せられて其體滅すればなり。依て有爲と名く。然るに實の虚空は能礙所礙共に離れて、有形の物體中にも周徧し、常恒不變なれば之を無爲法となし、無障礙を以て虚空の義を解す。【倶舍論一】に「虚空但以ニ無礙一爲レ性。由ニ無礙一故。色於レ中行。」【正理論一】に「虚空容ニ受色等有爲ト。」【倶舍光記一】に「空界色。雖レ非ニ能礙一。而是所礙。被ニ餘色礙一而開避故其體不レ生。世言ニ虚空一者。於ニ空界色一說ニ虚空聲ト。」又「空界復由ニ虚空一得レ有。」【大乘義章二】に「如ニ毘曇一。虚空有レ二。一者有爲。二者無爲。」図大乘六無爲の一。唯識論には六種無爲を立てて、彼の有部所立の虚空無爲を以て實有の法に非ずとし、佛の證得せる法性の上に六無爲の相ある中の一相となす。法性の體、諸の障礙を離るる故に之を虚空無爲と名く、別に萬物を容受する無爲の虚空あるにあらずと云。依て有部に依れば虚空の語は直に大虚空を指し、唯識に依れば一は喩の語にて、法性の無爲が大虚空に似たれば虚空と名け、一は法性即ち虚なり空なれば、虚空と名く。【唯識論二、同述記二末】

コクウヨウ　虚空孕　〔菩薩〕虚空藏の異譯。菩薩の名。「コクウザウ」を見よ。

コクウヨウキヤウ　虚空孕經　〔經名〕虚空孕菩薩經の異名。

コクウヨウボサツキヤウ　虚空孕菩薩經　〔經名〕一卷、隋の闍那崛多譯。虚空藏菩薩經の異譯。【玄帙八】(67)

コクウヱ　虚空會　〔術語〕【法華經見寶塔品】の末、「爾時大衆見ニ二如來。在ニ七寶塔中師子座一。結跏趺坐上。」より囑累品の中「多寶佛塔還可レ如レ故。」までは佛も大衆も悉く虚空の中に住在すれば虚空會と名け、之に前後の兩會靈山に在るを加へて兩處三會の說と云。

コクウウンカイミヤウモン　虚空雲海明門　〔術語〕初地の菩薩百法明門を得て、二地以上各地に十倍して第十地に至る。之を越へて第十一地の佛果に至れば、所得の明門敢て限量すべからざれば之を虚空と雲と海とに譬へて虚空雲海明門と稱す。【大疏七】に「至ニ十一地畔一。於ニ虚空雲海法明門中一。一一皆見ニ蓮華藏世界ト。」

コクエ　黒衣　〔衣服〕黒色の僧衣。平僧、又隱遁僧の着するもの。黒谷の僧一般に之を着す。支那にては禪僧多く之を被る。【釋氏要覽上】に「今禪僧多着ニ黒黪衣一。若深色者。可ニ是律中皀黒衣攝一。用ニ墨錠一與ニ雜泥一不レ遠故。若淡而青白者。可ニ是律中青衣攝一。以下用ニ銅青板綠一雜レ墨染上故。」是れ三種如法色の一。「クロゲサ」を見よ。

黒衣宰相　〔人名〕僧慧琳、支那南北朝の時、宋の文帝に幸せられ政治に與かる、依つてこの稱あり。【佛祖通載八】に「時有ニ僧慧琳者一。以ニ才學一得ニ幸于帝一。與決ニ政事一。時號ニ黒衣宰相ト。」【梁僧傳七道潤傳】に附傳あり。

黒衣二傑　〔雜名〕【佛祖統記三十六】に「齊武帝永明元年。勅ニ長干寺玄暢一。同ニ法獻一爲ニ僧主一。分ニ任江南北事一。時號ニ黒衣二傑ト。」

コクカウ　告香　〔儀式〕燒香に同じ。

コクキ　國忌　〔行事〕古代毎年先帝崩御の忌日に法會を營み、讀經せしめらる。持統天皇に初まり、大寶以後治部省の掌る所となる。コキと音便す。

コククワ　剋果　〔術語〕果を得ると。【無量壽經上】に「求レ道不レ止。會當ニ剋果一。」又「斯願若剋果。大千應ニ感動ト。」【文句三下】に「果由レ因剋。」【述文贊中】に「剋者遂也得也。」

コクグワツ　黒月　〔術語〕又、黒分 Kṛṣṇapakṣa と云。太陰曆の下半月を云。【西域記二】に「月虧至レ晦

謂二之黑分一。黑分或十四日十五日。月有二大小一故也。」【底哩三昧經】に「黑月八日於二寒林一乃至坐二其上一念誦。」

コクグワン 黑蚖 〔譬喩〕 劇毒の蛇。以て煩惱の毒に譬ふ。【略說戒經】に「煩惱毒蛇。睡在二汝心一。譬如二黑蚖一。當二速除一レ之。」

黑蚖懷珠 〔譬喩〕【智度論十】に過去の業因不同なるが故に現在の果均しからざるを示して、「一黑蚖あり慶尼を懷いて臥す、一羅漢あり食を乞ふて得ず。」蚖前世に破戒せしも猶福分あるを以て今蚖に墮するも尙寶珠を懷くを云。【止觀七下】に之を借て、解ありて行ずると能はざるに譬ふ。「雖レ聞不レ用。如二黑蚖懷一レ珠。何益二於長蛇一者乎。」

コクケ 刻花 〔雜名〕 造り花なり。「サ」を見よ。

コクゲサ 黑袈裟 〔衣服〕 黑色の袈裟。「クロケ

コクゴフ 黑業 〔術語〕 四業の一。闇黑不淨の苦果を感ずべき闇黑不淨の惡業を云。【婆羅門緣起經】に「造二黑業一者感二黑業報一。」【智度論九十四】に「黑業者。是不善業果報地獄等受二苦惱一處。是中衆生以二大苦惱悶極一故名爲レ黑。」【成實論八】に「若業二世所レ呵。今呵後呵。是人爲レ罪墮二在黑闇一無レ有二名聞一。故名爲レ黑。」【行宗記二上】に「言二黑黑一者。因黑果黑。故云二俱不淨一。不淨即黑之異名也。」

コクゴン 克勤 〔人名〕 佛果、圜悟、碧巖。名は克勤、字は無著。蜀の彭州の人。五祖山の法演に就いて奧旨を領し、崇寧年中鄉里に歸る。成都府の帥、請じて法を六祖寺に開かしめ、昭覺寺と改む。政和の初、事を謝して南遊し、張無盡に荆南に謁して華嚴の要旨を談ず。張公之を信禮し夾山の靈泉禪院に居らしむ。後安沙府の道林寺に移る。樞密鄧公奏して紫服幷に佛果の師號を賜ひ、詔して金陵の蔣山に住せしめ、又汴京の天寧萬壽寺を補せしむ。徽宗召見して褒寵甚だ渥し。高宗建炎の初、又金山に移る。適高宗揚州に幸し、詔して入對、號を圜悟と賜ふ。江西の雲居に遷り、久しくして成都の昭覺に歸り、紹興五年寂、壽七十三。眞覺禪師と諡す。初め靈泉禪院碧巖室に在るの時雪竇の頌古百則に垂示、著語、評唱を加へたるもの、即ち禪門第一の書として貴ばるる碧巖集なり。【五燈會元十九、續傳灯錄廿五、佛祖通載三十】

コクザウ 刻藏 〔雜語〕 大藏經を刊刻すると。

コクザウキヤク 黑象脚 〔雜語〕 一類の衆生は佛の色身を黑象脚の如しと見る。【觀佛三昧經三】に「優婆塞衆中有二二十六人一。見三佛色身如二黑象脚一。優婆夷衆中有二二十四人一。見三佛色身猶如二聚墨一。」

コクシ 黑齒 〔異類〕 法華經所說十羅刹女の一。十羅刹女共に持經者を擁護せんとを誓ふ。「ラセツニヨ」を見よ。

コクシ 哭市 〔故事〕 常啼菩薩般若を求めん爲に東行一大城にて涕泣す。【性靈集五】に「哭市之悲日新。歷城之歎彌篤。」【同七】に「訪二朋百城一勇銳之心彌勵。哭二慧一市一渴法之意常新。」「ジヤウテイ」參照。

コクシ 國師 〔職位〕 支那には北齊の文宣帝、高僧法常を國師とせしを初とす。僧史略中 我國には花園天皇正和元年、東福寺開山圓爾和尙に聖一國師の諡號を賜ふ。是れ國師諡號の始 元亨釋書辨圓傳。北朝光明天皇貞和二年天龍寺開山夢窓疎石和尙に正覺國師の號を賜ふ。是れ生前國師號の始 夢窓國師語錄。【僧史略中】に「西域之法。推二重其人一。內外攸レ同正邪俱有。昔尼犍子信二婆羅門法一。國王封爲二國師一。乃至磬教東漸。唯北齊有二高僧法常一。初演二毘尼一有レ聲二鄴下一。後講二涅槃一幷受二禪數一。齊王崇爲二國師一。國師之號自二常公一始也。」

コクシ 國師 〔人名〕 六祖慧能大師の法嗣、西京光宅寺の慧忠國師。既に心印を得てより南陽の白崖山黨子谷に居り、四十餘歲、山門を下らず。唐の肅宗其の道行を聞いて敕して京に入れ、師禮を以て之を待つ。依て國師と稱す。【傳灯錄五】

國師三喚 〔公案〕 國師三たび侍者を喚ぶ。侍者三たび應諾す。國師云く、將に謂へり吾汝に辜負すと、元來却つて是れ汝吾に辜負す。」【傳灯錄五、五燈會元二、無門關十七則】

國師水椀 〔公案〕 忠國師、紫璘供奉に問ふ、聞く供奉思益經を註すと、是なりや否や。奉云く是。師云く、凡そ經を註するに當つては須らく佛意を解して始て得べし。奉云く、若し意を會せずんば爭でか敢て經を註すと言はん。師侍者をして一椀の水を盛て七粒の米を水中に入れ、椀面に一隻の筋を安じ奉に送與せしめ、問て云く、是れ什麼の義ぞ。奉云く不會。師云く、老師が意すら尙會せず、更に甚の佛意を說かんと。」【禪林類聚八、碧巖四十八則評唱】

コクシキ 尅識 〔術語〕 尅は必なり、識は記なり。天神ありて必ず人の善惡を記識するを云ふ。【無量壽經下】に「自然尅識不レ得二相離一。」又「天神尅識。列二其名籍一。」

コクシツツウ 黑漆桶 〔譬喩〕 無明の堅厚なるを譬ふ。【碧巖第一則評唱】に五祖禪師の語を引いて「與レ他打二破漆桶一。」【種電鈔一】に「棱伽云。人曠劫無

明結習膠固。恰如貯漆之桶黑洞洞地不明也。」

コクシボンシキヤウ　黑氏梵志經　〔經名〕一卷、吳の支謙譯。梵志あり迦羅と名く。五通を具足して能く法を說く。閻羅王來つて法を聽き、梵志が七日の後當に死すべく、死して閻羅界に墮すべきを悲む。梵志懼れて佛を見て證果す。【宿帙七】(703)

コクシヤウ　尅聖　〔術語〕又、克證に作る。必ず聖果を獲ること。【歸敬儀】に「在凡不學何有尅聖之期。」

コクシヤウジ　國昌寺　〔寺名〕延曆寺の舊號。支那の天台山國清寺の同音を取つて國昌寺と名く。【一心戒文中】に「柏原天皇詔式部少輔從五位上和氣朝臣弘世。治部省公驗之文授於先師。彼文云。國昌寺僧最澄。」【顯戒緣起上僧統表文】に「國昌寺」【山家別傳】に「國昌寺」

コクシヤヂゴク　黑沙地獄　〔界名〕十六遊增地獄の一。熱風吹いて熱黑沙を揚げ、人の身を燋爛せしむ。

コクシユウ　尅終　〔術語〕尅は必なり期なり。因に由つて必ず果を得るを尅と云ひ、果は事の修極なれば終と云。【文句三下】に「果有尅終。」

コクシヨウ　尅證　〔術語〕又、克證に作る。必ず能く果を證得すること。【菩提心論】に「勤修本法。尅證其果。」尅又、克に作る。【華嚴經音義上】に「克證。爾雅曰。克能也。」

コクジキ　斛食　〔術語〕四角の木函に飯食を盛りて三界萬靈の牌前に供ふるもの。一斛の食を施す意。【佛說救拔餤口餓鬼陀羅尼經】に「爾時餓鬼白阿難言。汝於明日若能布施百千那由佗恒河沙數餓鬼并百千婆羅門仙等。以摩伽陀國所用之各斛施一斛飲食。并及爲我供養三寶。汝得增壽。令我離於餓鬼之苦得生天上。」

コクジツ　尅實　〔術語〕又、克實に作る。實義を得ること。實體を取ること。【宗圓記三】に「夫言體者。有隨名辯體。有克實論體。」

コクジヨウ　黑繩　〔界名〕八熱地獄の第二。【俱舍頌疏八】に「黑繩地獄。先以黑繩秤量支體。後方斬鋸。故名黑繩。」

コクセイジ　國淸寺　〔寺名〕支那天台山の中にあり。山中三寺あり、頂に在るを福林と云ひ、腰にあるを國淸と云ひ、麓に在るを修禪と云。【圖書編】國淸寺は秦王楊廣煬帝智者の遺志に由つて創する所、仁壽元年に成る。智者の沒後三年なり。大業元年秦王位に即き、國淸の題額を賜ふ。【佛祖統紀法運通塞志】

コクソウジヤウ　國僧正　〔職位〕僧官の名。【佛祖統紀五十一】に「秦主以僧䂮爲國僧正。法欽爲僧錄。」を云ふ。

コクヂウ　穀頭　〔職位〕禪家にて米穀を掌る役僧

コクテン　黑天　〔天等〕Mahākāla 即ち大黑天神。大自在天の眷屬にして本名、嚕捺羅。Rudra 暴惡と譯す。別名摩訶迦羅。大黑と譯す。【大日經疏二】に「黑天。梵音嚕捺羅。是自在天眷屬。」【同十】に「嚕捺羅。亦佛所化身。是摩醯首羅之化身也。」「ダイコクテン」「ロダラ」を見よ。

コクド　國土　〔術語〕一切有情の住處。淨土穢土「等の區別あり。

コクド　四種國土　〔名數〕天台所立。一に凡聖同居土、凡夫と聖者と共に同居する國土。此中淨穢の二あり。閻浮提の如きは凡聖同居の穢土にして、兜率の內宮、西方の極樂の如きは凡聖同居の淨土なり。二に方便有餘土。これ羅漢が死して後生ずる國土にして三界の外に在り。羅漢が死して無餘涅槃に入ると思ふは誤にて、實はこの方便有餘に土生するなり。小乘の方便を修して三界の煩惱を斷盡し、以て其土に生ず。然れども尙中道實相を障覆する無明の根本惑を餘せば方便有餘土と云。三に實報無障礙土、これ一分の無明を斷ぜし菩薩の生ずる處にして、眞實の道に報ひし無碍自在の國土なれば實報無障礙土と云。四に常寂光土、根本無明を全く斷ぜし佛の依處にして常住、寂滅、光明の佛土を云。【天台觀經疏】

コクドゴンジキグワン　國土嚴飾願　〔術語〕阿彌陀佛四十八願中第三十二願。國土の嚴飾を願ひしもの。【無量壽經上】に「設我得佛。自地已上至于虛空。宮殿樓觀。乃至嚴飾奇妙超諸人天。乃至若不如是。不取正覺。」

コクドシヤウジヤウグワン　國土淸淨願　〔術語〕阿彌陀佛四十八願中第三十一願。極樂國土の清淨を願ひしもの。【無量壽經上】に「設我得佛。國土淸淨皆悉照見十方一切無量無數不可思議諸佛世界。猶如明鏡覩其面像。若不爾者。不取正覺。」

コクドシン　國土身　〔術語〕華嚴經所說十身の一。毘盧舍那如來衆生の機に應じて草木國土を現ずれば、草木國土は即ち舍那の身なるを云。【探玄十四】

コクドセケン　國土世間　〔術語〕三世間の一。國土とは衆生所依の境界なり。既に能依の身あれば必ず所依の土あり、十界の所依各各差別す。之を國土世間と名く。【智度論四十七、三藏法數十三】

コクニ　黑耳　〔神名〕神女の名。吉祥女の妹にして常に人に損害を爲すもの。新稱、黑耳。舊稱、黑闇。【俱舍論光記五】に「黑耳吉祥姉妹二人。常相隨

逐。姉名二吉祥一。所至之處能爲二利益一。妹爲二黑耳一。由二耳黑一故以名焉。所至之處能爲二衰損一。舊云二功德天黑闇女一譯家誤矣。」「キチジヤウニヨ」を見よ。

コクハン　黑飰　［雜名］【正字通】に「飰同レ飯」天燭草の葉の汁を以て飯を染め青黑の色をなす。禪宗に四月八日に之を造りて佛に供ふ。もと仙家の服餌より來る。天燭一名楊桐と云ふを以て又桐飯と云。【敕修淸規月分須知】に「四月初八日佛誕。浴佛。庫司豫造二黑飰一。」【象器箋十六】に「潛確類書云。靑精一名南天燭。又曰二黑飯草一。以二其可レ染二黑飯一也。道家謂二之靑精飯一。」

コクビクキヤウ　黑比丘經　［經名］黑比丘闘諍を好むに因つて、佛爲に惡馬賢馬の喩を說いて之を誡む。中阿含經二十三に攝む。【昃帙五】

コクビヤク　黑白　［術語］善惡の異名。【俱舍論十六】に「諸不善業一向名レ黑。染汚性故。色界善業一向名レ白。不レ雜レ惡故。」即ち黑白二業なり。

コクビヤクフタツノツキ　黑白二つの月　［雜名］十五夜の滿月より、前十五日を白月と云ひ、後十五日を黑月と稱す。此一月兩分の名は、印度の曆法による。黑月白月、黑分白分と云ふ如し。⦿（太平記三三）「黑白二つの月の鼠が其草の根をかぶるなる」黑圍の月ありと云ふにあらず。太平記の語も月の鼠の接頭と見るべきなり。

コクフウ　黑風　［雜語］天海晦くして暴風吹くを黑風と云。【法華經普門品】に「入二於大海一。假令黑風。吹二其船舫一。」【羅什譯仁王經下】に「黑風赤風靑風天風地風火風水風。」【長阿含經二十一】に「有二大黑風一。暴起吹二海水一。」

コクブン　黑分　［術語］太陰曆の下半月を云。梵語、訖里史拏傳乞史。Kṛṣṇapakṣa【梵語雜名】「コクグワツ」を見よ。

コクブンジ　國分寺　［寺名］聖武天皇天平十三年に敕令を以て國每に一の官寺を置き、之を金光明四天王護國之寺と名けて、金光明最勝王經を講ぜしむ。【續日本紀】國分寺は俗稱なり。僧綱を此に住せしめ、以て一國の僧を檢校し、且つ法務を管理せしむ。之を講師と號す。東大寺は總國分寺なり。

コクブンニジ　國分尼寺　［寺名］聖武天皇天平十二年の官符に國分寺と共に國ごとに國分尼寺を置き、之を法華滅罪之寺と名けて、尼衆をして法華經を講讃せしむ。【續日本紀】奈良の法華寺は總國分尼寺。

コクホウ　國寶　［雜名］行解具備して人の師と爲るに堪ふるものを尊稱す。【止觀五上】に「自匠匠他兼利具足。人師國寶非レ此是誰。」

コクマンマン　黑漫漫　［譬喩］黑漆桶と云ふ如く人の不明を云。【碧巖四十四則着語】に「依レ舊黑漫漫。」

コクヤ　居休屋　［堂塔］淨土宗の寺院に在り。【啓蒙隨錄二】に「居休屋は佛殿に添ひたる小屋なり。居休とは衆僧休憩處の名なり。又佛供の飯食を設くる處なる故穀屋なりとも云。西京本山なるは皆供物を烹煮する所にして、殿司僧居休屋を兼たり。」

コクヤシン　黑夜神　［神名］Kālarātri　又、黑夜天、闇夜大、黑闇天。梵名、伽羅囉底嚟。閻摩王三后の一。中夜を司る神。【大日經疏十】に「次黑夜神眞言。此即閻羅侍后也。」【同十四】に「以二左手一握二地水指一入レ掌。火風相並而申レ之。其空指如二尋常一作レ拳也。此黑夜天印也。閻羅王后也。」【同十六】に「南方閻摩王當レ作二風壇一。乃至左邊畫二黑闇后一以レ幢爲レ印。」【同十七】に「當レ知即是黑夜天。即是閻羅。」【演密鈔九】に「梵語迦羅此譯云レ時。即三時等也。若准二普通眞言藏品中一。釋者。具足梵音云二迦羅囉底嚟一。迦羅云レ黑。囉底嚟云レ夜。即黑夜神也。又底哩名レ三。即夜三時也。」

コクヤジウ　黑耶柔　［術語］四吠陀のうち耶柔吠陀を二種に分ち、一を白耶柔とし、一を黑耶柔とす。

コクワウ　國王　［術語］前世に十善戒を持ちて今生に其果報を得しものとす。諸天の保護を得れば又天子と云。【仁王經敎化品】に「十善菩薩發二大心一。長別二三界苦輪海一。中下品善粟散王。上品十善鐵輪王。」【金光明王經三】に「因二集業一故生二於人中一。王二領國土一故稱二人王一。處二在胎中一諸天守護。或先守護然後入レ胎。雖下在二人中一生爲中人王上以二天護一故復稱二天子一。」

國王恩　［術語］四恩の一。「シオン」を見よ。

國王十種夢　［傳說］舍衞國王波斯匿夜十事を夢む。「ジフム」を見よ。

コクワウフリセンニジフムキヤウ　國王不梨先泥十夢經　［經名］佛說國王不梨先泥 Prasenajit 十夢經、一卷、東晉の竺曇無蘭譯。舍衞國王夢見十事經の異譯。【昃帙四】（632）

コクワン　虎關　［人名］「シレン」を見よ。

コケ　虛假　［術語］不實の義。實體なきを云。【輔行五之三】に「假者。只是不實爲レ義。」三假の一。「サンケ」を見よ。

コケイ　虎溪　［人名］宋の安國惠法師の弟子、名は了然、虎溪は其號。白蓮に居り、紹興辛酉寂す。號を知漏と賜ふ。宗圓記五卷、十不二門樞要二卷、虎溪集八卷を著す。【佛祖統紀十五】

コケザフドクゼン　虛假雜毒善　〔術語〕凡夫の修する善根は皆虛假不實にして我執煩惱の汚を雜へざるなしとの意。

ココツ　故骨　〔雜語〕

天人自愛撫故骨　〔傳說〕【舊、雜譬喩經下】に「昔人あり、死して後魂神還つて自ら其故骨を摩す。過人之に問ふ、汝已に死す、何爲ぞ復故骨を摩す。神言く、此は是れ我故身なり、身殺生せず、盜竊せず、乃至不瞋不痴、死後天上に生ずるとを得、所願自然に快樂無極なり。是の故に之を愛重すと。」

故骨如山　〔雜語〕生死流轉して一有情の故骨一劫の間に山をなすを云ふ。【雜阿含經三十四】に「世尊告二諸比丘一。有二一人一於二一劫中一生死輪轉。積二累白骨一不二腐壞一者如二毘富羅山一。」

ココノシナノカミ　九品上　〔雜語〕九品往生の中の上品上生を云。「クホン」を見よ。

ココバ　虎虎婆　〔界名〕Hāhadhara(Hahava)　八寒地獄の第五。【倶舍賓疏十一】に「虎虎婆者。寒聲故不レ得レ開レ口。作二虎虎聲一。」【舊倶舍】に「嘔睺睺。」【瑜伽論四】に「虎虎凡。」

ココロノオニ　心鬼　〔雜語〕心邪にして現生に惡業を作り、死して後自ら身を責むる惡鬼を感ずると。又、心の怖るべき惡鬼に均しきと。

ココロノカガミ　心鏡　〔譬喩〕心性の明淨なるを鏡に譬ふ。【神秀禪師偈】に「身是菩提樹。心如二明鏡臺一。時時勤拂拭。勿レ使レ惹二塵埃一。」【起信論】に「衆生心者。猶如二於鏡一。鏡若有レ垢色像不レ現。如レ是衆生心若有レ垢法身不レ現故。」

ココロノシ　心師　〔雜語〕【涅槃經二十八】に「願レ作二心師一。不レ師二於心一。身口意業不下與レ惡交上。」放逸を誡めたるなり。

ココロノタマ　心珠　〔譬喩〕衆生の心性は本來淸淨の佛性なれば之を明珠に譬ふ。

ココロノツキ　心月　〔譬喩〕心性の明淨なるを月に譬ふ。【菩提心論】に「照二見本心一。湛然淸淨。猶下如二滿月一。光遍二虛空一。無上レ所二分別一。」

ココロノチリ　心塵　〔雜語〕煩惱を云ふ。煩惱心性を汚がせば塵と名く。

ココロノホトケ　心佛　〔雜語〕自心の本性即ち佛體なるを云。自の眞心の外に佛體なし。【起信論義記下本】に「衆生眞心與二諸佛體一平等無二。」又「衆生眞心即諸佛體。更無二差別一。故華嚴經云。若人欲三求二知三世一切佛一。應二當如レ是觀一。心造二諸如來一。」又「衆生心佛。還自敎二化衆生一。」

ココヱンジヤウノダウ　箇箇圓常道　〔術語〕是華嚴天台に說く幽遠玄妙の敎にして、一箇一箇の事物、即ち山川草木は勿論、一塵一芥の微に至る迄、悉く皆、圓滿常住の道を具備して、眞理の全體をつくさざることなきを云ふ。圓は完全圓滿を意味し、常は常住不滅を意味す。佛法至極の道理なり。⊙（曲、東岸）「箇箇圓城（常）の道すぐに、今に絕えせぬ跡とかや」

ココンヤクキヤウヅキ　古今譯經圖紀　〔書名〕四卷、唐の翻經沙門靖邁撰。漢の明帝の時摩騰尊者より始まり、唐の太宗の時玄奘三藏に終り、各其所譯の經論を叙す。【結帙三】（1487）

コゴデウ　小五條　〔衣服〕五條袈裟の小なるもの。禪家の掛絡是なり。

コゴン　虛言　〔雜語〕實なき言語。【唯識論四】に「彼有二虛言一都無二實義一。」

コサンロン　古三論　〔流派〕古傳の三論宗なり。龜茲國の沙車王子より什に傳へ、姚秦の時、什、支那に來り道生、曇濟、道朗等傳承したる法統を云ふ。「サンロンシユウ」を參照せよ。

コザン　孤山　〔人名〕奉先源淸の弟子、釋の智圓。字は無外。自ら中庸子と號し、或は潛夫と名け、又病夫と云。奉先源淸に就いて天台三觀の旨を學び、西湖の孤山に居て學者を接す。著書頗る多し。宋の神宗乾興元年寂、壽四十七。崇寧三年諡を法慧大師と賜ふ。楞嚴經等の十經の疏を造り、十本疏主と號す。【佛祖統紀十】

コシ　故紙　〔譬喩〕ふる紙。不用物に譬ふ。【臨濟錄】に「三藏十二分敎。皆是拭二不淨一故紙。」

コシ　胡子　〔雜名〕達磨を指す。

胡子無鬚　〔公案〕【無門關第四則】に「或庵主曰。西天胡子因レ甚無レ鬚。」

コシゴフ　故思業　〔術語〕故意に作せし身語の業を故思業と云ひ、識らずして作せしを不故思業と云。苦樂の果を感ずるは故思業に限る。【瑜伽論九十】に「故思所造業者。謂先思量已。隨尋思已。隨伺察已。而有二所作一。」

コシゴロモ　腰衣　〔衣服〕「クンス」を見よ。

コシサウ　姑尸草　〔植物〕譯、吉祥草。姑尸は Kuśa の音なり。「キチジヤウサウ」を見よ。

コシフヲン　去此不遠　〔術語〕極樂淨土を西方十萬億土と稱ふと雖も、法味觀念の上より見れば、此の座を去ること遠からずと解するなり。【觀無量壽經】に「爾時世尊。告二韋提希一。汝今知不。阿彌陀佛去レ此不レ遠。汝當三繫念諦觀二彼國淨業成者一。」【天台觀經

疏】に「極樂國土去㆑此十萬億佛刹。一一刹恒沙世界。何言㆓不遠㆒。解云。以㆓佛力㆒故欲㆑見即見。又光中現㆑土顯㆓於佛頂㆒。一念能緣。言㆓不遠㆒也」【善導觀經疏二】に「言㆓不遠㆒者。有㆓其三義㆒。一明㆘分齊。不㆑遠㆑從㆑此超㆓過十萬億刹㆒。即是彌陀之國㆖。二明㆓道理雖㆑遙去時一念即到㆒。三明㆓韋提等及未來有緣衆生。注心觀念境相應行人自然常見㆒。」

コシヤウ　估唱　[雜語]　亡比丘の遺物を現前の比丘に分與するに、先づ其價を定むるを估衣と云ひ、次に大衆の前に於て競賣するを唱衣と云ふ。「シヤウエ」を見よ。もとは現前僧にて遺衣を點檢し、相當の羯磨（唱式）を行ひて分配せり。競賣のことの起りしは捉金銀の戒の破れたる後世なり。

コシユウ　虛宗　[術語]　虛無の宗旨。三論宗所立の眞空を云。【三論大義鈔一】に「以㆓無心之妙慧㆒而契㆓無相之虛宗㆒。」

コシユゾク　胡種族　[雜名]　佛種族なり。【祖延事苑一】に「稱㆓西竺㆒爲㆑胡。自㆓秦漢㆒沿襲而來。卒難㆓變革㆒。故有㆘名㆑佛爲㆓老胡㆒。經爲㆓胡經㆒。祖爲㆓碧眼胡㆒。裔㆓其後㆒爲㆗胡種㆖。」【碧巖第八則評唱】に「這般見解。謂㆔之滅㆓胡種族㆒。」

コシユテイヅ　擧手低頭　[雜語]【法華經方便品】に「或有㆑人禮拜。或復但合掌。乃至擧㆓一手㆒。或復小低頭。以㆑此供㆓養像㆒。漸見㆓無量佛㆒。自成㆓無上道㆒。」即ち敬禮の輕きものなり。

コシヨウ　己證　[術語]　又、自證。己が證悟する所。他人未だ之を談ぜず、吾れ獨り存するもの。【輔行六之一】に「自說㆓己證㆒。」【文句記五之一】に「大師自說㆓己證㆒也。稟㆓承南岳㆒證不㆑由㆑他。」

コシヨウキロン　據勝爲論　[術語]　通じて事實を論ずるを據實通論と云ひ、之に對して其中の多きもの勝れたるものに就いて論ずるを據勝爲論と云。色の名の如き、據實通論すれば五根五境無表色の十一法悉く色なり、然るに獨り眼根所對の境にのみ色の名を與ふるは據勝爲論なり。【天台戒疏一】に「三業之中。意業爲㆑主。身口居㆑次。據㆑勝爲㆑論。故言㆓心地㆒。」

コシン　己心　[術語]　自己の一心。

己心法門　[術語]　自己の心中に發明せる法門を云。【止觀一上】に「此之止觀。天台智者說㆓己心中所行法門㆒。」

コシンノミダ、ユヰシンノジヤウド　己身彌陀唯心淨土　[術語]　萬法唯一心なれば、生の外に佛もなく、淨土もなし、彌陀も己が身中の彌陀にして、淨土も我が心内の淨土なるを云ふ。【觀無量壽經】に「諸佛如來是法界身。入㆓一切衆生心想中㆒。是故汝等心想㆑佛時。是心即是三十二相八十隨形好。是心作佛是心是佛。」【天台觀經疏】に「諸佛法身與㆑己同體。現觀㆑佛時。心中現者名㆓心是佛㆒。」【維摩經佛國品】に「隨㆓其心淨㆒則佛土淨。」【起信論義記下本】に「衆生眞心即諸佛體。更無㆓差別㆒。故華嚴經云。若人欲㆔求知㆓三世一切佛㆒。應㆓當如㆑是觀㆒。心造㆓諸如來㆒。」【樂邦文類四】に圓辯法師の淨土唯心說、並に姑蘇禪師の唯心淨土文を載す。【雲棲彌陀經疏鈔一】に「心佛衆生一體。中流兩岸不㆑居。故謂㆓自性彌陀唯心淨土㆒。」是れ諸法唯心、萬法一如の理性より談ずる法門にして、古來聖道門の念佛は皆これなり。然るに善導所立の淨土門にはこれを取らず。西方に淨土を指し、心外に佛に仰ぐ。これを指方立相と云ふ。【觀經疏定善義】に「今此觀門等唯指㆑方立㆑相住㆑心而取㆑境。總不㆑明㆓無相離念㆒也。如來懸知㆓末代罪濁凡夫㆒。立㆑相住㆑心尙不㆑能㆑得。何況離㆑相而求㆑事者。如㆘似無㆓術通㆒人居㆑空立㆖舍也。」【龍舒淨土文一】に「世有㆘專㆓參禪㆒者㆖。云唯心淨土。豈復有㆓淨土㆒。自性阿彌。不㆔必更見㆓阿彌㆒。此言似㆑是而非也。」【萬善同歸集二】に「同唯心淨土周㆓遍十方㆒。何得㆘託㆓質蓮臺㆒寄㆗形安養㆖。而興㆓取捨之念㆒。豈達㆓無生之門㆒。欣厭情生何成㆓平等㆒。答。唯心佛土者。了㆑心方生。平等之門無㆓生之旨㆒。雖㆓即仰㆑教生㆑信。其奈㆓力量未㆑充觀淺心浮憶强習重㆒。須㆘生㆓佛國㆒以伏㆗勝緣㆖。」⊙（曲、實盛）「ここも己心の彌陀の國」（曲、柏崎）「己身の彌陀如來」

コシンガフシヤウ　虛心合掌　[術語]　十二合掌の一。十指の頭を合せて掌の中心を少しく相離れしむるもの。梵に三補吒梵（Saṃpuṭa）合掌と云。【大日經疏十三】

コシンクワウチユウ　ゴダウシユジヤウ　イツサイシキサウカイオチユウゲン　擧身光中五道衆生一切色相皆於中現　[雜語]　歌題。【觀無量壽經】に觀世音菩薩の身相を說きし文なり。菩薩全身の光の中に五道の衆生の一切の色身皆中に於て顯現すと。⊙（雪玉）「すむ月の光の中の身なりせば五の道の闇はまよはじ」

コシンチユウ　シヨギヤウノホフモン　己心中所行法門　[雜語]　自己心中に修得したる法門と云ふことにして、即ち、自己心中に實感實證したる法門なり。⊙（十訓抄三）「此之止觀天台智者說己心中所行法門と」

コジ　居士　[雜名]　梵語、迦羅越。Kulapati 財に居る士。家に居るの士。在家にて佛道を志ざすもの。【注維摩經一】に「什曰。外國白衣多財富樂者。名爲㆓居士㆒。」

肇曰。積レ財一億。入二居士里一。寶貨彌殖故。貪着彌深。」【天台觀音義疏】に「居士者。多積二賄貨一居業豐盈。以レ此爲レ名也。」【慧遠維摩經疏一】に「居士有レ二。一廣積二資財一。居レ財之士名爲二居士一。二在レ家修レ道。居家道士名爲二居士一。」【嘉祥法華義疏十二】に「居士有二二種一。一居レ舍之士。故名二居士一。二居二財一億一故名二居士一。」【法華玄贊十】に「守レ道自恬。寡欲蘊レ德。名爲二居士一。」【十誦律六】に「居士者。除二王王臣及婆羅門種一。餘在家白衣是名二居士一。」支那に於ては在家佛弟子の稱となる。盧居士、香山居士、東坡居士の如き是なり。然るに居士の稱もと漢典にあり。【禮記玉藻】に「居士錦帶。」【鄭康成註】に「居士道藝處士也。」六一居士の如きは佛を信ぜざるが故に此に據る。今は在家のものにして禪を修するものの稱となる。

女居士　〔術語〕婦人亦居士と稱す。禪錄に往「往あり。

コジ　擧似　〔雜語〕人に物を示めすと。【臨濟錄】に「樂普回擧テ二似師一。」

コジツツウロン　據實通論　〔術語〕「コショウエロン」を見よ。

コジマ　子嶋　〔人名〕興福寺仲算の弟子、眞興。唯識因明に精し。世に曰ふ唯識觀を成ずと。長保五年維摩會の講師となる。又敕して最勝會に赴かしむ。興の居る所子嶋と曰ふ。後人之を貴んで名を云はず、子嶋の先德と呼ぶ。【元亨釋書十一】

コジメ　昏鐘鳴　〔雜語〕昏鐘の鳴る時を云。禪林の語。

コジユキヤウ　枯樹經　〔經名〕佛說枯樹經、一卷。失譯。

コス　庫主　〔職位〕叡山にて下法師の佛供を調ふる者の役名。【塵嚢嘶餘】禪林に庫司。

コセンハ　古先派　〔流派〕禪宗二十四流の一。中峯の門徒なりとも云ふ。建長寺の古先印元の一派。

コゼン　枯禪　〔術語〕又、枯槁禪坐。萬事を放下するを云。【元亨釋書六】に「無關也枯禪。宮怪自沮。」

コソ　姑蘇　〔人名〕姑蘇開上人。傳記を詳にせず。【釋門正統三】に「袞陽啖レ蛤。姑蘇餌レ蝦。」

コソク　古則　〔術語〕古人示す所の語句を云。是れ參禪者の法則なれば則と名く。

コソクゲソク　カイゼダウヂヤウ　擧足下足皆是道場　〔雜語〕歌題。【維摩經菩薩品】に「菩薩若應二諸波羅蜜一。敎二化衆生一。諸有所作。擧足下足。當レ知下從二道場一來。住中於佛法上矣。」菩薩諸有の進止、佛法に非ざるなきを云。⦿（風雅）「古鄕と定むる方のなきときはいづくに行くも家路なりけり」

コソタ　胡蘇多　〔術語〕此に除一切鬱烝熱惱と云。式棄佛所說の呪の名。【七佛所說神呪經一】

コソンス　胡孫子　〔雜名〕猿の形胡人に似たるより、猿を胡孫子といふ。轉じて意馬心猿のことをも云ふ。

コゾウ　小僧　〔雜名〕少年の法師。

コダマ　小玉　〔雜語〕【和論語八】に道元禪師の語を擧げて「一切諸經は皆是小玉を呼ぶ手段なるとを知らず。」檀郞が小玉を呼ぶと云ふ艷詩句を聞きて碧巖圓悟得悟す。

コダウジン　胡道人　〔雜名〕印度の僧を云。【釋門正統四】に「漢武掘二昆明池一得二黑灰一。以問レ朔。朔曰。可レ問二西域胡道人一。」

コヂウ　庫頭　〔職位〕副寺の舊稱。寺內の出納を司るもの。【幻住淸規】に「古叢林無二副寺之名一。惟稱二庫頭一。掌二一切支收出內一。即知庫之職也。」

コヂゴク　孤地獄　〔界名〕「コドクヂゴク」を見よ。

コヂシシ　踞地獅子　〔術語〕臨濟四喝の一。【臨濟錄】に「有時一喝如二踞地金毛師子一。」【人天眼目】に「踞地師子者。發レ言吐レ氣。威勢振立。百獸恐悚。衆魔腦裂。」

コヂユウ　故住　〔雜語〕住持の遷化せしもの。

コツアゲ　骨揚　〔雜語〕火葬したる死者の遺骨を拾ひ採ること。

コツガイ　乞丐　〔雜名〕貧困にして物を人に乞ふもの。丐亦乞なり。【無量壽經下】に「乞丐孤獨。」

コツゲンバラモン　乞眼婆羅門　〔人名〕舍利弗乞眼婆羅門に遇ひて大乘を退失す。【智度論十二】に「舍利弗の如きは六十劫の中に於て菩薩の道を行じ、布施の河を渡らんと欲す。時に乞人あり、來つて其眼を乞ふ。舍利弗言く、眼は所住なけん、何を以て之を索むるや。若我身及び財物を須ゐば當に以て與ふべし。答て言く、汝が身及び財物を須ゐず、唯眼を得んと欲す。汝實に檀を行ぜば眼を與へよ。舍利弗一眼を出して之を與ふ。乞者眼を得、舍利弗の前に於て之を嗅ぎ、臭を嫌つて唾して地に棄て、又脚を以て蹈む。舍利弗思惟して言く、此の如き弊人等度し難きなり、眼實に用なくして强て之を索め、既に得て棄てて又脚を以て蹈む。何ぞ弊の甚しきや。此の如き輩度すべからざるなり。如かず自調して早く生死を脫せんにはと。是を思惟し已て菩薩の道を退し、小乘に廻向す。」

コツサクワン　骨鎖觀　〔術語〕骨想とも云ふ。九種不淨觀、即ち九想觀の第八。身肉既に散じ、但白骨の相連なるを觀じて貪着の心を治するなり。又、白骨觀と名く。「クサウ」を見よ。

コツサテン　骨鏁天　〔天名〕鏁、鎖に同じ。梵に商羯羅 Śaṅkara 骨鏁と譯す、自在天の化身なり。【因明大疏一】に「商羯羅者此云二骨鏁一。外道有レ言。成劫之始。大自在天人間化導。二十四相。匡利既畢自在歸レ天。事者顧戀遂立レ像。像二其苦行悴疲飢羸骨節相連彰狀如一レ鏁。故標二此像一名二骨鏁天一。」

コツシ　乞士　〔術語〕比丘三義の一。比丘は一切の生業を絶ち、食を人に乞ひて色身を養くれば乞士と云。【智度論三】に「比丘名二乞士一。清淨活命故。名爲二乞士一。」

コツシン　骨身　〔雜名〕舍利の譯名。【名義集】に「舍利。新云二室利羅一。Śarīra 或設利羅。此云二骨身一。」

コツジキ　乞食　〔術語〕十二頭陀行の一。比丘自己の色身を養くる爲に食を人に乞ふこと。之を清淨の正命とす。若し自ら種種の生業を作して自活するを邪命と稱す。梵に分衞と云。【大乘義章十五】に「專行二乞食一。所爲有レ二。一者爲レ自。省レ事修レ道。二者爲レ他。福二利世人一。」【行事鈔下三】に「善見云。三乘聖人悉皆乞食。」又「善見云。分衞者乞食也。」【法集經】に「行二乞食一者。破二一切憍慢一。」【十二頭陀經】に「食有二三種一。一受請食。二衆僧食。三常乞食。若前二食起二諸漏一因緣。所以者何。受請食者。若得レ請便言下我有中福德好人上。若不レ請則嫌二恨彼一。或自鄙薄。是貪憂法則能遮レ道。若僧食者。當下隨二衆法一斷レ事擯レ人料中理僧事上。心則散亂妨二廢行道一。有二於レ是惱亂因緣一應レ受二乞食法一。」

乞食十利　〔名數〕一、所用の活命自に屬して他に屬せず。二、我に食を施す者をして三寶に住せしむ。三、我に食を施す者に悲心を生ず。四、佛の敎行に順ず。五、滿ち易く養ひ易し。六、憍慢を破る法を行ず。七、三十二相中の第一無見頂相を感ずる善根なり。（因中に卑下の法を行ずるに由る。）八、我が乞食を見て餘の善根を修する者我に效ふ。九、男女大小の諸の緣事あらず。十、次第乞食するが故に衆生の中に於て平等の心を生ず。【十住論十六、行事鈔下三】

乞食十爲　〔名數〕一、諸の有情を攝受せんが爲なり。二、次第乞食の爲なり。三、疲倦せざるが爲なり。四、足るを知るが爲なり。五、分布の爲なり。六、躭嗜せざるが爲なり。七、量を知るが爲なり。八、善品をして現前せしめん爲なり。九、善根をして圓滿せしめん爲なり。十、我執を離るるが爲なり。【寶雨經八】

乞食四分　〔名數〕一は同梵行者に奉り、二は窮乞に與へ、一は鬼神に與へ、一は自ら食す。【寶雲經六】

コツジキブクロ　乞食袋　〔物名〕嵯峨天皇の光定に賜ふ所。【文德實錄十】に「帝聞二光定在レ山資用絕乏一。則賜二乞食袋一。濟二山中之急一。」

コツセツボントウインエンキヤウ　骨節煩疼因緣經　〔經名〕佛の今生に骨節の疼を感受せし宿世の因緣を說く。興起行經上に攝む。【辰帙十】

(733)

コツセン　骨山　〔雜名〕骸骨積で山を成ずるもの。【毘奈耶雜事三十七】に「枯二竭血海一。超二越骨山一。」「コッ」の項を見よ。

コツタフ　骨塔　〔堂塔〕舍利塔なり。【止觀五下】に「金光明中。佛禮二骨塔一。」

コツニ　欻爾　〔雜語〕又、歘爾に作る。【唐韻】に「許物切」【玉篇】に「忽也」忽然と云ふに同じ。

コツニン　骨人　〔圖像〕枯骨を圖繪せしもの。以て坐禪者をして之を觀ぜしむ。即ち骨鎖觀の對象となして想を成すに便するものなり。【行事鈔下二】に「大論供二給坐禪一法。禪杖。禪鎭。骨人。」【資持記下二之三】に「骨人即今枯骨圖。假二彼色相一以助二禪法一。」【釋氏要覽下】に「智度論云。更與二骨人一令二坐禪者觀一レ之。即今畫作二枯骨幀子一是也。」

コツネンネンキミヤウキムミヤウ　忽然念起名爲無明　〔術語〕【起信論】に「以レ不レ達二一法界一故。心不二相應一。忽然念起。名爲二無明一。」眞如平等の理に達せざるを以て、忽然として差別の念動ずるを無明と爲す。此心微細にして心王の外に心所の相應して起るものなければ心不相應と云ひ、（心の主體を心王と云ひ心の別作用を心所と云ふ。）この無明は染法の元始にして、更に由來する所なければ忽然と云ふ。忽然とは元始たるを示すなり。依て之を根本無明と稱す。而て是れ既に元始根本なれば、此無明の前に更に法ありて之が始本となるものなし、即ち此無明は是れ最極の始にして更に始を有するとなければまた無始無明と稱す。即ち當體に就いて根本無明と云ひ、更に始法なきに就いて無始無明と云。天台に元品無明と云ふは初の義に依り、眞言に無始間隔と云ふは後の義に就く。

コツピツ　骨筆　〔雜名〕經を寫す爲に骨を折て筆となすもの。【宗鏡錄二十六】に「身座肉燈歸命供養。皮紙骨筆繕寫受持。」【梵網經下】に「剝レ皮爲レ紙。刺レ血爲レ墨。以レ髓爲レ水。折レ骨爲レ筆。書二寫佛戒一。」

コツボク　骨目　〔雜語〕肝要の義。【文句記三中】に「一經之骨目。」

コツボトケ　骨佛　〔雜名〕人の死して白骨となりしを云ふ。

コツリダヤ　紇利陀耶　〔術語〕キリダヤと讀む。

コツロセンナ　鶻路戰娜　〔飮食〕Kharacchada 香藥三十二味の一。譯、竹黃。【最勝王經慧沼疏五】に「竹黃者竹內所レ出。」

コツロダキヤ　骨魯怛佉　〔雜語〕譯、新驢屎。【千手千眼觀世音菩薩治病合藥經】

コツロマシヤ　骨魯末遮　〔雜語〕譯、白馬屎。【千手千眼觀世音菩薩治病合藥經】

コテウ　孤調　〔術語〕小乘の證果を云。他を調度せず、獨り己を調度して生死を解脫するなり。【止觀三上】に「若入二無餘一。但有二孤調解脫一。」【輔行三之一】に「灰レ身故無レ身。滅レ智故無レ智。獨一解脫故云二孤調一。」【四敎儀】に「若灰身滅智名二無餘涅槃一。又名二孤調解脫一。」

コテシンキン　火德星君　〔雜名〕支那の神農氏のこと。禪家にては佛殿にこの牌を祀り、每月四日十八日の兩日に讀經す。

コテツ　古轍　〔雜語〕古の軌轍。【寶鏡三昧歌】に「要レ合二古轍一。請觀二前古一。」

コトク　古德　〔雜語〕高德の僧の古人となりしもの。【義林章一本】に「古德說レ有二頓漸一。」【華嚴玄談三】に「斥三於古德經非二敵對一。」

コドクヂゴク　孤獨地獄　〔界名〕又、孤地獄。八寒八熱の地獄の如く定處あるにあらず、各人別業の感ずる所、或は虛空或は山野等に孤在する地獄を云。【俱舍頌疏十】に「如二上所レ論十六地獄一。一切有情業增上力感。餘孤地獄各別業招。或多或少。或二或一。所止差別多種。處處不定。或近二江河山邊曠野一。或在二地下空及餘處一。」

コドクヲン　孤獨園　〔地名〕給孤獨園の略。祇園精舍の在る處。給孤獨は須達多の譯名。此園須達長者の布施なれば給孤獨園と云。「ギフコドクヲン」を見よ。⦿（榮花、疑）「孤獨園の昔の庭には」

コナン　湖南　〔人名〕青原山行思の法嗣、石頭希遷。湖南に在て其道大に振ひ、以て江西の馬祖に對す。時に江西湖南と稱す。【無盡燈論上】に「江西與二湖南一。兒孫滿二天下一。」

コニ　故二　〔雜語〕Pūrva-dvitīya 故は舊、二は配。比丘の舊妻を云。【玄應音義十四】に「故二梵本云二褒羅那地耶一。譯云二舊第二一。雜心論云二衆具及第二一是也。」【四分律一】に「近在二屏處一犯二惡行一。與二故二一行二不淨一。」

コニキヤウ　虎耳經　〔經名〕舍頭諫太子二十八宿經の異名。

コノカフベ　兄部　〔職位〕日本の禪林にて力者の上首を云。【象器箋七】

コノコトワリ　此處　〔雜語〕處は猶理の如し。

コハク　琥珀　〔物名〕梵語、阿濕摩揭婆 Aśmagarbha 其色紅黃にして瑩光あり。七寶の一。

コハタリウ　小幡流　〔流派〕淨土宗鎭西派の一流。京都三流の一。流祖慈心（良空）山城の小幡に尊勝寺を創して淨土の法を弘めしより名とす。

コハンミケ　古帆未掛　〔公案〕僧あり、巖頭に問ふ、古帆未だ掛けざる時如何。頭云く、小魚大魚を呑む。云く、掛けて後如何。頭云く、後園の驢草を喫す。虛堂南浦に問て曰く、古帆未だ掛けざる時如何。浦云く、蟭螟眼裏の五須彌。堂云く、掛けて後如何。浦云く、黃河北に向つて流る。【會元七巖頭章、大應國師塔銘】

コフ　劫　〔術語〕梵語、劫簸 Kalpa の略。譯、分別時節。通常の年月日時を以て算し能はざる遠大の時節を分別する稱なり。故に又大時と譯す。【智度論三十八】に「劫簸。秦言二分別時節一。」又「時中最小者六十念中之一念。大時名レ劫。」【釋伽氏譜】に「劫波。此土譯レ之名二長時一也。」【慧苑音義上】に「劫梵言。具正云二羯臘波一。此翻爲二長時一。」劫に二種あり、一は器世間と名け、世界の成壞に就いて立つる數量なり。成劫壞劫增劫減劫等の名の如し。【祖庭事苑】に「日月歲數謂二之時一。成住壞空謂二之劫一。」二は歲數劫と名く。晝夜日月の數量を算するもの。【法華論】に「示二現五種劫一。一者夜。二者晝。三者月。四者時。五者年。」【智度論三十八】に「有人言。時節歲數名爲二小劫一。如二法華經中一舍利弗作佛時。正法住二十小劫。像法住二十小劫。」⦿（水鏡上）「劫のありさま」

四劫　〔名數〕二種あり。「シコフ」を見よ。

三大阿僧祇劫　〔術語〕「サンアソウギコフ」を見よ。

大中小劫　〔術語〕二種の大中小あり。一は一增（人壽十歲より百年に一を增して八萬四千歲に至るもの）又は一減（人壽八萬四千歲より百年に一を減じて人壽十歲に至るもの）を小劫とし、一增一減を合せて中劫とし、成住壞空の四期に各この一增一減の中劫二十を經るなり。而してこの成等の四を經る間、即ち八十中劫を大劫とす。是れ俱舍論の意。二は一增一減を合せて小劫とし、二十增減即ち二十小劫を中劫とし成等の四に各一の中劫を經るなり。而して八十增減即ち四中劫を大劫とす。是れ智度論の意。已上の二說大劫の量は同一なり。

磐石劫芥子劫　〔譬喩〕磐石芥子の喩を以て劫量を示したるもの。【智度論五】に「佛、譬喩を以て劫の義を說く。四十里の石山を長壽の人ありて百歲每に一たび來りて細軟の衣を以て拂拭し、此大石を盡すも、劫は未だ盡きざるなり。又四十里

の大城に芥子を滿たし、長壽の人ありて百歲に一たび來りて一の芥子を取り、芥子盡るも劫は尙盡きざるなり。」【同三十八】に「方百由旬の城あり芥子を滿つ。乃至方百由旬の石あり。云云」【菩薩瓔珞本業經下】に「譬へば一里二里乃至十里の石あり、天衣の重さ三銖を以て人中の日月歲數三年に一たび拂ひて此石を盡すを一小劫と名け、若くは一里二里乃至四十里の石を盡すを亦小劫と名く。又八十里の石あり、梵天の衣の重さ三銖を以て、梵天の日月歲數三年に一たび拂ひて此石を盡すを中劫と爲す。又八百里の石あり、淨居天の衣の重さ三銖を以て、淨居天の日月歲數三年に一たび拂ひて此石を盡すを一大阿僧祇劫となす。」

一里劫萬里劫 [雜名]【同經】に「劫數は所謂一里二里乃至十里の石盡くるを一里劫二里劫と名け、五十里の石盡くるを五十里劫と名け、百里の石盡くるを百里劫と名け、千里の石盡くるを千里劫と名け。萬里の石盡くるを萬里劫と名く。」

コフエン 劫焰 [雜語] 劫末の火焰。壞劫の末に於て大火災起りて世界を燒盡す。「クワサイ」を見よ。【甘露軍荼利儀軌】に「威光逾㆓劫焰㆒。」

コフカイ 劫海 [譬喩] 劫數の多きを大海の水量に譬ふ。【華嚴經二】に「佛於㆓無邊大劫海㆒。爲㆓衆生㆒故求㆓菩提㆒。」

コフクワ 劫火 [雜名] 壞劫の火災。三災の中の火災。【新譯仁王經下】に「劫火洞然。大千俱壞。」【俱舍論十二】に「於㆑是漸有㆓七日㆒現。諸海於涸。衆山洞山。洲渚三輪並從㆓焚燎㆒。風吹㆓猛焰㆒上燒㆓天宮㆒。乃至梵天無㆑遺㆓灰燼㆒。」「クワサイ」を見よ。

コフケ 劫灰 [雜名] 劫火の時の灰。【釋門正統四】に「漢武掘㆓昆明池㆒得㆓黑灰㆒。以問㆑朔。朔曰。可㆑問㆓西域胡道人㆒。摩騰且住。或以問㆑之。曰劫灰也。」

コフサイ 劫災 [術語] 成劫の後に壞劫あり、壞劫の末に火風水の三災ありて世界を蕩盡す。【大日經三】に「周遍生㆓圓光㆒。如㆓劫災猛焰㆒。」

コフシヤク 劫石 [譬喩] 佛、劫量の長きを示すに天衣を以て磐石を拂ふ喩を以てす。依て磐石劫と云。「コフ」を見よ。【釋門正統八】に「其爲㆑壽也。有㆓劫石㆒焉。有㆓河沙㆒焉。」【從容錄四】に「芥城劫石妙窮㆑初」

コフシヨ 劫初 [雜名] 成劫の初。此の世界の成り初めを云ふ。【觀無量壽經】に「劫初以來有㆓諸惡王㆒。」

劫初金鈴 [故事]【祖庭事苑五】に「寶積經に云く、善順菩薩、劫初の時の閻浮檀金の鈴子を拾ひ、舍衞國波斯匿王を以て國中第一の貧困者として之を與へ、偈を說いて曰く、若人多㆓貪求㆒。積㆑財無㆓厭足㆒。如㆑是狂亂者。名爲㆓最貧人㆒。」

コフジユ 劫樹 [植物] 劫波樹の略。【金剛頂經四】に「西方國王長者以㆓種種華香瓔珞㆒裝㆓掛樹上㆒。布㆓施一切㆒。此名㆓劫樹㆒。」「コフハジユ」を見よ。

コフジン 劫盡 [雜語] 世界の住劫盡くると。【維摩經佛道品】に「或現㆓劫盡燒㆒。天地皆洞然。」【智度論九】に「劫盡燒時。一切衆生自然皆得㆓禪定㆒。」

コフジンクワ 劫盡火 [雜名] 劫末に於て世界を燒き盡す火。【六十華嚴經二十三】に「若人堪㆓任聞㆒。雖㆑在㆓於大海及劫盡火中㆒。必得㆑聞㆓此經㆒。」

コフスヰ 劫水 [術語] 壞劫の時の大の三災中の水災を云。第二禪天以下は盡く水の爲に浸潤せられて破壞するなり。【無量壽經】に「譬如㆘劫水彌㆓滿世界㆒。其中萬物沈沒不㆑現。滉瀁浩汗唯見㆗大水㆖。」

コフセウ 劫燒 [術語] 壞劫の時の大火災を云。【法華經】に「假令劫燒擔㆓負乾草㆒入㆑中不㆑燒。」【闍曼德迦忿怒王儀軌】に「夏雨玄雲色。其狀如㆓劫燒㆒。」【維摩經佛道品】に「或現㆓劫盡燒㆒。天地皆洞然。」

コフヂヨク 劫濁 [術語] 五濁の一。時の濁亂を云。五濁の中に煩惱濁等の四濁の興る時を指す。【法華經方便品】に「劫濁亂時。衆生垢重。」⊙(增鏡、北野の雪)「劫濁とはいひがたし」「ゴヂヨク」參照。

コフノイシ 劫石 [譬喩]「コフシヤク」を見よ。

コフノイハホ 劫巖 [譬喩] 劫石に同じ。

コフハ 劫簸 [術語] 又劫波、劫跛に作る。Kalpa 譯、分別時節。長時。「コフ」を見よ。図 妄執の義。【大日經疏二】に「梵云㆓劫跛㆒有㆓二義㆒。一者時分。二者妄執。」

コフハジユ 劫波樹 [植物] 帝釋天の喜林園に在る樹の名。劫波は時の義。時に應じて一切所須の物を出す。【六波羅蜜經三】に「喜林園苑遊止無㆑期。波利質多及劫波樹白玉軟石更無㆓坐時㆒。」【金剛頂經四】に「如㆓諸劫樹㆒。能與㆓種種衣服嚴身資具㆒。」梵 Kalpataru

コフハハイ 劫波杯 [物名] Kapāla 劫波樹を以て造れる杯とするは誤なり。伊舍那天所持の杯にして、髑髏杯なり。【十二天供儀軌】に「伊舍那天。乘㆓黃豊牛㆒。左手持㆓劫波杯㆒盛㆑血。右手持㆓三戟鎗㆒。」

コフハイク 劫波育 [植物]「コフバイ」を見よ。

コフハコフハヤテイ 劫跛劫跛夜帝 [術語] Kalpa-kalpayati 譯、離分別、無分別。【大日經疏一】に「初云㆓離一切分別㆒者。梵云㆓劫跛㆒。次云㆓無分別㆒者。梵云㆓劫跛夜帝㆒。所㆓以重言㆒者。是分別之上更生㆓分別㆒義。」

コフハサ　劫波薩　〔植物〕「コフバイ」を見よ。

コフハシヤ　劫波娑　〔植物〕前項に同じ。

コフハツ　劫撥　〔人名〕仙人の名。【經律異相三十九】に仙人撥劫經を「撥劫」に作り。【輔行四之三】に「劫撥」に作る。「ハツコフ」を見よ。

コフハラ　劫波羅　〔植物〕樹の名。又劫波羅樹の華絮を以て織れる白氎の名。「コフバイ」を見よ。

コフハラ　劫波羅　〔雜語〕Kapāla 譯、髑髏。【諸儀軌訣影三】

コフハラテン　劫波羅天　〔界名〕譯、時分天。【楞嚴經一】に「取二劫波羅天所奉華中一。於二大衆前一。綰成二一結一。」「ジブンテン」を見よ。

コフバイ　劫貝　〔植物〕又、劫波育、劫波羅、劫波娑。劫貝娑。樹の名。(譯、時分樹)。又、白氎の名。即ち劫貝樹の絮を以て織りしもの。【玄應音義一】に「劫波育。或言二劫貝一訛也。正言二迦波羅一。南昌名レ氎。可二以爲レ布。罽賓以南大者成レ樹。以北形小。狀如二土葵一。有レ殼剖以出レ華。如二柳絮一。可二糸以爲レ布也。」【同十四】に「劫貝或言二劫波育一。或言二劫波羅一。正言二迦波羅一。此譯云二樹華名一也。可二以爲レ布。」【慧琳音義二十六】に「劫貝娑花。花同二柳絮一。可二以爲レ綿。詢二問梵僧一。白氎是也。」梵 Karpāsa

コフバタ　劫婆吒　〔雜名〕又、劫縛拏。錢の名。【飾宗記四本】に「北方覩貨羅國十箇銀錢名二劫婆吒一。即此方一兩。」【梵語雜名】に「貝錢。梵語。劫縛拏。」梵 Kaparda

コフバラジユ　劫婆羅樹　〔植物〕又、劫波樹。「コフバイ」を見よ。婆羅恐くは倒置。

コフヒ　劫比　〔人名〕劫比羅の略。

コフヒシヤヤ　劫比舍也　〔地名〕舊稱、罽賓。【梵語雜名】「ケイヒン」を見よ。

コフヒタ　劫比他　〔雜語〕譯を知らず。

劫比他果　〔植物〕Kapittha【西域記二】に「花艸果木雜種異名。所謂菴沒羅果。乃至劫比他果。」

劫比他國　〔地名〕Kapitha 中印度に在り、周回二千餘里、城西二十餘里に大伽藍あり。伽藍の大垣內に三寶階の遺趾あり、釋尊忉利天より下るとき帝釋の化作する所。【西域記四】舊名を僧佉尸 Saṅkāśya と云ふ。

コフヒツラ　劫畢羅　〔人名〕又、劫比羅。譯、黃赤。梵 Kapila「カビラ」を見よ。

劫畢羅夜叉　〔異類〕譯、黃色夜叉。東方四夜叉の一。【大孔雀咒王經中】

コフヒナ　劫比拏　〔人名〕又、劫庀那、劫譬那。Kapphina 譯、房宿。「コフヒンナ」を見よ。

劫比拏王　〔人名〕古代印度の王。【玄應音義二十三】に「劫比拏王。南憍薩羅國王名也。因緣廣如二經說一也。」經說は佛地經論を指す。

コフヒラ　劫比羅　〔人名〕舊稱、迦毘羅。新稱、劫比羅、劫畢羅。譯、黃赤。「カビラ」を見よ。

劫比羅仙　〔人名〕Kapila 舊稱、迦毘羅仙。譯、黃赤仙、黃頭仙。「カビラ」を見よ。

劫比羅天　〔天名〕又、金毘羅天、俱鞞羅天。【慧琳音義三十一】に「劫比羅、梵語云二矩吠羅一。舊云二俱韓羅一。天名也。」「クビラ」を見よ。劫比羅は Kapila 金毗羅は Kumbhīra 俱鞞羅は Kubera なり。時時これを混用す。

劫比羅國　〔地名〕劫比羅伐窣堵國の略名。

コフビラバソト　劫比羅伐窣堵　〔地名〕Kapilavastu 又、劫比羅伐窣都に作る。舊稱、迦毘羅衞。國の名。【慧琳音義六】に「劫比羅伐窣堵國。舊曰二迦毘羅衞國一。或曰二迦羅一。皆梵語訛略也。即是釋迦如來降生之地。淨飯王所治之境。」「カビラバソト」を見よ。

コフヒンナ　劫賓那　〔人名〕Kapphina 又、劫庀那、劫譬那、劫比拏。譯、房宿。憍薩羅國の人にして世尊の弟子。能く星宿をしること衆僧中第一なり。

劫賓那比丘　〔人名〕光宅【法華義疏一】に「劫賓那者。亦是外國語。此間翻言二坊宿一。正言此人在二僧坊中一宿。如來知二其根熟一。仍化爲二老比丘一。與同共宿。即於二爾夜一化令レ得レ道。故言二坊宿一也。又解言。此人是劫賓國人。從レ國受レ名。前解必然。後未二必爾一也。」【文句一上】に「父母禱二房星一感レ子。故用二房宿一以名二生身一也。」【玄贊一】に「劫賓那者。此云二房宿一。佛與開房宿。化作二老比丘一爲レ之說レ法。因而得レ道。故云二房宿一。或云二房星一。房星現時生。故云二房星一。」【慧琳音義五十六】に「劫庀拏。庀音匕。亦梵語阿羅漢名也。舊曰二劫賓那一。常修二教誡一。教二授諸聲聞衆一。」【華嚴不思議境界經】に「摩訶劫譬那」【同注】に「舊名二劫賓那一者。」房宿は Kaurpi にて、希臘のスコルピオースより轉ぜし語なり。上解はこれと混じたるか。

コフフダナ　劫布咀那　〔地名〕譯、曹國。【西域記一】胡、Kebudhana

コフマシヤ　劫摩沙　〔地名〕巴 Kammāsa 地名。【長阿含經十】に「佛在二拘流沙國劫摩沙住處一」

コフモノハヒトアイセズ　乞者人不愛　〔傳說〕【五分律】に「佛言く、過去世に恒水の邊に仙人ありて石窟に住す。爾の時龍王日に水より出でて仙人を圍繞し恭敬す。弟子等怖畏して羸瘦す。故に師の仙人の弟子に教へて領下の如意珠を乞はしむ。龍去

つて復た來らず。是に於て世尊古說の偈を引て言く、乞者人不レ愛。數則增ニ怨憎一。龍王聞ニ乞事一。一去不ニ復還一。」

コフフラ　劫布羅　[物名] Karpūra 譯、龍腦香。【千手千眼治病合藥經】に「劫布羅香者龍腦香是也。」

コブツ　古佛　[術語] 古の佛。過去世の佛。又、辟支佛の別稱。高僧の尊稱。【大日經二】に「當ニ廣說ニ灌頂一。古佛所ニ開示一。」【僧史略上】に「漢末魏初。傳譯漸盛。或翻レ佛爲ニ衆祐一。或翻ニ辟支ニ爲ニ古佛一。」【續佛祖統紀一蒙潤傳】に「天目中峯國師。嘗致レ書曰。法師能以ニ芬陀利香一。充ニ塞宇宙一。人謂ニ古佛復出一。信矣。」

コブツセツキシヤウジヂヤウヤ　故佛說爲生死長夜　[雜語] 歌題。【唯識論七】に「如下夢未レ覺不レ能ニ自知一。要中至ニ覺時一方能追覺上。覺時境色應レ知亦爾。未ニ眞覺一位不レ能ニ自知一。至ニ眞覺一時亦能追覺。未レ得ニ眞覺一恒處ニ夢中一。故佛說爲ニ生死長夜一。」⦿(法門百首)「秋の夜の明くる待つだにあるものをいかに過にし夢の中ぞも」

コベツタウ　小別當　[職位] 副別當職なり。

コボク　枯木　[雜名] 唐の石霜諸禪師の會下に禪坐して臥せざるものあり、天下之を枯木衆と云。【宋僧傳十二慶諸傳】に「如レ是二十年間。堂中老宿。長坐不レ臥。屹若ニ檻杌一。天下謂ニ之石霜枯木衆一是也。」【傳燈錄十五石霜章】に「師止ニ石霜山一二十年間。學衆有ニ長坐不臥屹若ニ株杌一。天下謂ニ之枯木衆一也。」【元亨釋書學修志】に「禪有ニ折床枯木一」

コボクシユ　枯木衆　[雜名] 「コボク」を見よ。

コボクダウ　枯木堂　[雜名] 枯木衆の居る堂。

コボクリウギン　枯木龍吟　[雜語] 俗に枯木に花さくと云ふ如し。死中に活を得る意。【碧巖二則頌評】に「僧問ニ香嚴一如何是道。嚴云枯木裏龍吟。僧云如何是道中人。嚴云髑髏裏眼睛。」

コマ　呼摩　[術語] Homa 護摩に同じ「ゴマ」を見よ。

コマ　巨磨　[雜語] Gomaya 譯、牛糞。【行事鈔下一】に「巨磨。此翻ニ牛屎一。」「クマイ」を見よ。

コマウ　虛妄　[術語] 實なきを虛と云ひ、眞に反するを妄と云ふ。【圓覺經】に「虛妄浮心多ニ諸巧見一。不レ能レ成ニ就圓覺方便一。」【法華經譬喩品】に「佛之所說。言不ニ虛妄一。」【涅槃經三十八】に「一切惡事虛妄爲レ本。」

コマウフンベツ　虛妄分別　[術語] 妄に事理を分別すること。【維摩經觀衆生品】に「問身孰爲レ本。答曰。欲貪爲レ本。又問欲貪孰爲レ本。答曰。虛妄分別爲レ本。」

コマウホフ　虛妄法　[術語] 色聲等五欲の法は其體虛假不實なれば虛妄と云。【法華經方便品】に「深着ニ虛妄法一。堅受不レ可レ捨。」

コマウリン　虛妄輪　[術語] 生死の輪廻を云。是れ虛妄の惑業に依て感ずる所、其體眞宗ならざれば虛妄と云。【讚阿彌陀佛偈】に「我從ニ無始一循ニ三界一。爲ニ虛妄輪一所ニ廻轉一。」

コマノソウジヤウ　駒僧正　[人名] 又、狛僧正に作る。園城寺の長吏大僧正道智、狛瀑に寓す。世人狛僧正と稱す。弘安年中龜山上皇離宮を東山に造て狛瀑に接す。僧正の神靈日夜祟を爲す。諸名德をして密法を修せしむるに怪尙止まず。東福寺の無關に詔するに及んで永く絕ゆ。今に龍山每月初三に僧正忌あり。【本朝高僧傳十四】

コム　虛無　[術語] 物の實體なきこと。無爲自然なること。老子は此虛無を以て道體となす。【三論玄義】に「伯陽之道道指ニ虛無一。牟尼之道道超ニ四句一。」

コムシン　虛無身　[術語] 佛身通融自在にして一切を離るること光影の如くなるを虛無身と云。【無量壽經上】に「類貌端正超世希有。容色微妙非レ天非レ人。皆受ニ自然虛無之身無極之體一。」【嘉祥疏】に「以ニ神通一無レ所レ不レ至故無極之體。色如ニ光影一故云ニ虛無之身一。」【述文贊中】に「虛無無極者。無障礙故。希有故」

コムソウ　虛無僧　[雜名] 又、虛無僧、薦僧と書す。普化宗の徒を云ふ。有髮にして刀を帶し、尺八を吹いて諸國を經廻す。京都妙安寺を以て其本寺とす。⦿(徒然草諸抄大成)に「越後駿河攝津國に薦僧多し。其流義に少しづつの違あり。一夏九旬の中に大勢あつまりて禪話を敎へけるとあり。京都大佛の南にある妙安寺は虛無僧の本寺にて、關西三十三箇國の薦僧の支配をするなり。達磨と普化和尙とを祖師として之を敬ふなり。」「フケシユウ」を見よ。

コメ　米　[雜語]

米梵語舍利　[雜語] Śāli【秘藏記上】に「天竺呼ニ米粒一爲ニ舍利一。佛舍利亦似ニ米粒一。是故曰ニ舍利一也。」【梵語雜名】に「稻。梵語舍理。」【舍利禮文鈔】に「慧恩上生經疏云。舍利者稻穀也。馱都者體也。佛體大小如ニ稻穀量一。故以爲レ名。」上解、梵語米Śāli と身 Śarīra とを混じたるなり。

米異名菩薩　[雜名] 和俗米を尊んで菩薩と云。【見聞集一】に「古佛舍利と變じて已に米となると說かれたり。故に人間は米を菩薩と云。」

コモソウ　虛無僧　[術語] 又薦僧、虛無僧の古語。薦は彼を擯したる俗字なり。「コムソウ」を見よ。

コモチヒジリ　子持聖　[譬喩] 聖にて子を持つもの。世にあるまじき譬にいふ語。

コモリソウ　籠僧　〔雜名〕忌中の間一室に籠りて經を讀む僧。【海人藻下】に「忌中三十五日已前籠僧他所へ出づべからず、又他所の人も內へ入るべからず、於二門前一令二對面一也。三十五日已後は自他出入無二子細一者也。」【後光嚴院御中陰御佛事記】に「御中陰之間爲二御籠僧一可レ令二參向一之由謹以奉レ了。」

コモリダウ　籠堂　〔堂塔〕通夜する爲に建てたる神社佛閣の側にある堂舍を云ふ。

コヤク　巨益　〔雜語〕大なる利益。【法華玄義五上】に「聞有二巨益一。意在二於此一。」

コヤスクワンオン　子安觀音　〔菩薩〕京都清水坂の南側にありて泰產寺と號す。一寸八分の觀音にして、光明皇后の孝謙天皇を泰產し玉ふときに感得し玉ふ所。今本尊の腹內にあり。安產を祈れば靈驗ありと云。【淨土論註上】に「住持者。如下黃鵠持二子安一千齡更起。魚母念持子一逕レ槃不上レ壞。」子安は人の名、此文意又は字義に據るに子を安泰にする義にて安產の事にあらず。

コライジツウシユウ　古來實有宗　〔流派〕外道十六宗の一。過去及び未來は實有にして假に非らずと云ふ。勝論、時計の二外道を云ふ。【義林章一】に「去來實有宗、謂。勝論外道及時計外道等。亦作二此計一。有二去來世一。猶如二現在一。實有非レ假。雖レ通二小乘一今取二外道一。」

コライセジキヤウ　古來世時經　〔經名〕佛說古來世時經、一卷、失譯。中阿含經中說本經の別譯。【昃帙八】(562)

コラクカ　孤落迦　〔物名〕漿の名。八種漿の一。其果の狀酸棗に似たり。【百一羯磨五】

コランザ　胡亂坐　〔雜語〕ウロンザと讀む。

コリ　己利　〔術語〕自己の利益【法華經序品】に「逮二得已利一。盡二諸有結一。」【文句一上】に「智斷功德。皆名二己利一。」

コリ　垢離　〔術語〕水垢離のこと。身を清水に浴して身の垢を離落するを云。俗に「垢離を搔く」と云。水垢離して垢を搔き落す意。

コリキチヤウジヤシヨモンダイジヨウキヤウ　巨力長者所問大乘經　〔經名〕佛說巨力長者所問大乘經。三卷、宋の智吉祥等譯。佛、巨力長者の爲に大乘の深法を說き、長者無生忍を得、出家を求め、佛爲に授記す。【宙帙六】(994)

コリトリ　垢離取　〔雜語〕垢離をなすこと。

コリン　居倫　〔人名〕又、居隣、拘輪、俱隣に作る。五比丘の第一。阿若憍陳如なり。【玄應音義四】に「居倫大哀經作二拘輪一。譯云二本際一。第一解レ法者也。普曜經云。俱隣者解二本際一也。阿若者言二已知一也。正言二解了一。拘隣亦姓也。」又「拘隣或作二居倫一。或作二拘輪一。皆梵言訛也。此云二本際一。則經中尊者了本際。尊者知本際。皆是也。此即憍陳如。」「アニヤケウチンニヨ」を見よ。梵 Ājñātakauṇḍinya

コリン　火鈴　〔物名〕火の用心を警告するために鳴らす鈴を云ふ。

コレイ　火鈴　〔物名〕「コリン」を見よ。

コレン　瑚璉　〔物名〕寶珠の名なり。【釋氏要覽中】に「隋虎丘惠聚法師。汝南周弘正常嘉歎也。」

コロ　孤露　〔術語〕孤は孤獨、父母なきを云ひ、露は露出、我を覆ふもののなきを云ふ。【法華經壽量品】に「自惟孤露。無二復恃怙一。」【涅槃經一】に「貧窮孤露。一旦遠二離無上世尊一。」

コロウ　皷樓　〔堂塔〕「クロウ」を見よ。

コロシヤナ　胡嚧遮那　〔雜語〕Gorocanā 譯、牛黃。【千手千眼大悲心陀羅尼經】

コロモ　衣　〔衣服〕梵語、支縛羅。Cīvara 又縛薩怛羅 Vastra【梵語雜名】和名コロモは僧俗の服に通ずる名なれども、後には僧服中身に着るものを衣と云ひ、肩に懸くるものを袈裟と云ひて之を分つ事となれり。

夢爭衣　〔傳說〕訖栗枳王十夢の第九。【俱舍光記九】に「王夢見下有二廣堅衣一。有二十八人一。各執二少分一。四面爭挽。衣不上レ破者。表下釋迦遺法。弟子分二佛正法一成二十八部一。雖レ有二異執一而眞法尙存。依レ之修道皆得中解脫上。」【俱舍頌疏一】に「大聖喩レ折二金杖一。況以レ爭レ衣。爭レ衣則衣終不レ破。斫レ金則金體無レ殊。」

衣に好食を與ふ　〔傳說〕【智度論十四】に「罽賓の三藏比丘の如き、阿蘭若法を行じて王寺に至り大會を設くるに遇ふ。守門の人其衣服の粗敝なるを見て門に遮りて進ましめず。是の如きこと數たび、便ち方便を作して好衣を假借して來る。門衆之を見て前むことを聽るす。既に會に坐す。種種の好食を得れば先づ以て衣に與ふ。衆人問ひて言く、何を以て爾るや。答へて曰く、我れ比數來るも每に入るを得ず、今衣を以ての故に此に在て坐することを得、種種の好食を受く。故に以て衣に與ふと。」

衣の珠　〔譬喩〕七喩の一。「エシユ」を見よ。

衣の裏の珠　〔譬喩〕上に同じ。

衣の裏に一乘の珠　〔譬喩〕上に同じ。

コワウゴ　虛誑語　〔術語〕十惡業の一。惡心を以て故らに他人を欺く言語なり。【俱舍論十六】に「於二所レ說義一異レ想發レ言。及所レ誑者解二所說義一。染心不レ誤

成ニ虛誑語一。若所誑者未レ解ニ言義一此言是何。是雜穢語。」

コヰン　小院‖　〔雜名〕小法師を云。⊙（榮花）「美しきこゐんの出できて」

コヱ　聲‖　〔術語〕五塵の一。四大種の所造にして色法に屬し、耳根所對の境なり。八種の別あり。

八種聲　〔名數〕人の口舌より發する聲の如く、有情の四大種より發するを有執受大種爲因と云ひ、木石等の聲の如く、非情の四大種より發するものを無執受大種爲因と云ふ。此二種の聲に各言語の聲と然らざるとあり、之を有情名非有情名と云ふ。即ち有執受の大種より發して言語の聲をなすは常の語聲$_{一}$是の如し、同じく有執受の大種より發して言語の聲をなさざるは拍手の聲$_{二}$是の如し、次に無執受の四大より發して言語の聲を爲すは佛陀の神通力を以て變作せる化人の言語$_{三}$是の如し、又同じく無執受の大種より發して言語ならざるは溪聲水音$_{四}$是の如し。已上の四種にまた各可意不可意即ち好惡の二聲を分ちて八種となすなり。

- 有執受大種爲因
  - 有情名
    - 可意聲――好語聲
    - 不可意聲――惡語聲
  - 非有情名
    - 可意聲――好拍手聲
    - 不可意聲――惡拍手聲
- 無執受大種爲因
  - 有情名
    - 可意聲――化人好語
    - 不可意聲――化人惡語
  - 非有情名
    - 可意聲――木石好聲
    - 不可意聲――木石惡聲【倶舍論一】

聲爲敎體　〔術語〕佛の敎法は聲を以て體となすと小乘有部の正義なり。【倶舍論一】に「諸說佛敎語爲レ體者。彼說法蘊皆色蘊攝。」【法華玄義八上】に舊解の經體三種を擧ぐる中第一に「如ニ佛在世一。金口演說。但有ニ聲音詮辯一。聽者得レ道。故以レ聲爲レ經。」【唯識述記本一】に四種の出體を論ずる中の第三に「能說能聽所レ有名等聲上屈曲。故假從レ實體即是聲。是即第三攝假隨實。對法論云。成所引聲謂諸聖說。」【起信論義記上】に敎體を出す四門の中第一の隨相門に四句あり、其第二句に、「或唯以ニ音聲ニ爲レ性。名句文等聲上屈曲。假定無レ體故。雜集論云。成所引聲謂諸聖說。」

聲爲佛事　〔雜語〕聲を以て法を演說し以て衆生を濟度すること。【天台維摩經疏二】に「菩薩觀ニ衆生眼等六根何根偏利一。若耳根偏利即聲爲ニ佛事一。」

尋聲救苦　〔雜語〕彌陀が念佛の衆生を攝取すること。【般舟讃】に「一切時中緣ニ法界一。攝ニ取六道一現ニ身中一。眼見耳聞心內レ事。尋レ聲救レ苦剎那間。」

コヱケンロンジ　聲顯論師‖　〔流派〕聲論師の一派。「コヱロンジ」を見よ。

コヱシヤウロンジ　聲生論師‖　〔流派〕聲論師の一派。「コヱロンジ」を見よ。

コヱブツジ　聲佛事‖　〔儀式〕經を誦し佛名を稱ふ音聲の佛事を云ふ。【天台維摩經疏二】に「若耳根偏利。即聲爲ニ佛事一。」

コヱロンジ　聲論師‖　〔流派〕唯識論によるに二種あり。一は波羅門師の計なり。四吠陀論を崇奉し、その論の聲は、諸法の實義を詮せし梵王の聲なれば是れ常住なり、他の聲は實義に契はざれば無常なりとするもの。一は聲論即ち毘伽羅論を學習する者の計なり。此中に聲顯論師と聲生論師の二派あり。聲の性は本來實有常住なるが、尋伺等の緣を待つて名句文として世に顯はるるなり。是れ聲顯論師なり。其名句文の音響は是れ無常なりと云ふ、是れ聲顯論師なり。亦本來實有の聲性あるにあらず、緣を待て始て生じ、生じ已れば常住不滅なりと云ふ。是れ聲生論師なり。已上二種の中因明に於て對論するは後の聲顯聲生の聲論師なり。【唯識述記一末】に「明論聲常。是波羅門等計。明ニ論者先云ニ韋陀論一。今云ニ吠陀論一。吠陀者明也。明ニ諸實事一故。彼計此論聲爲ニ能詮定量一表ニ詮諸法一。諸法揩量故是常住。所說是非皆決定故。餘非ニ揩量一故不ニ是常一。設有ニ少言稱ニ可於法一多不レ實故亦名ニ非常一。梵王誦者而本性有。」又「待レ緣顯者聲顯也。待レ緣發者聲生也。發是生義。聲皆是常。」

コヲン　孤園‖　〔地名〕給孤獨園の略。

コン　根‖　〔術語〕Indriya　能生の義。增上の義。草木の根の增上の力を有して能く幹枝を生ずる如し、依て眼の眼識に於ける、强力ありて能く眼識を生ずれば眼根と名け、信は他の善法を生ずる力あれば信根と名け、又人の性は善惡の作業を生ずる力あれば根性と名く。【倶舍論二】に「根者是何義。最勝自在光顯名レ根。由レ此總成ニ根增上義一。」【倶舍光記三】に「勝用增上。故名爲レ根。」【大乘義章四】に「能生名レ根。」

三根　〔名數〕又、三無漏根。見、修、無學三道の無漏智を云。一に未知當知根。見道に在ては無漏智が無始より以來未だ曾て知らざりし苦集滅道の四諦の境に向つて此より當に彼を知らんとして行動するものなれば、其無漏智を未知當知根と名く。見道に在ては苦法智忍より道類智忍に至る十五心のと、此十五心に於て上下二界の四諦の境を觀

ずる間は、何れも無漏智が未だ曾て知らざる境界を是れより當に知らんとして運轉し始むるなり。さて此未知當知根は無漏の慧根を主とすれども、同時相應の心心所法に就いて最も勝能あるものを相從せしめ、善根と、喜樂捨の三受根と、信等の五根と、都合九根を體とす。二に已知根。是れ修道の無漏智なり。修道に在ては上下の四諦に於て未だ曾て知らずと云ふものなく、何れも已に知り了れども、但修惑を斷ぜんが爲に數〻四諦の境を觀ずるに止まれば之を已知根と名く。その九根を體とすると、上の未知根に同じ。三に具知根。是れ無學の無漏智なり。即ち盡智無生智のこと。無學の聖者盡智或は無生智を起せば已れ已に四諦の理を知ると知る。此自知心を有するを具知と名く。此具知亦九根を合すると上の如し。已上新譯の名。舊譯には未知欲知根、知根、知已根と名く。【倶舍論二、智度論二十三】

五根　〔名數〕二種あり。一に眼等の五根。一に眼根、眼識を生ずるもの。二に耳根、耳識を生ずるもの。三に鼻根、鼻識を生ずるもの。四に舌根、舌識を生ずるもの、五に身根、身識を生ずるもの。【倶舍論一】に「五根者。所謂眼耳鼻舌身根。」二に信等の五根。一に信根、三寶四諦を信ずること。二に精進根、又勤根と名く、勇猛に善法を修すること。三に念根、正法を憶念すること。四に定根、心を一境に止めて散失せしめざること。五に慧根、眞理を思惟すること。此五法能く他の一切の善法を生ずる本となれば五根と名く。【智度論十九、法界次第中之下、大乘義章四】【倶舍論三】に「於二清淨法中一。信等五根有二增上用一。所以者何。由二此勢力一伏二諸煩惱一。引二聖道一故。」

六根　〔名數〕眼等の五根に意根を加ふ。大乘に據れば第七の末那識を意根と名け、小乘に據れば前念の意識を以て意根とす。此六法は能く六識を生じて各別に六境を緣ぜしむる勝用あれば立てて六根と爲す。【倶舍論三】に「頌曰。了二自境一增上ニ總立二於六根一。論曰。了二自境一者。謂六識身眼等五根。於下能了二別各別境一識上有二增上用一。第六意根於下能了二別一切境一識上有二增上用一。故眼等六各立爲レ根。」

二十二根　〔名數〕一に眼根、Caksurindriya 二に耳根、Śrotrendriya 三に鼻根、Ghrāṇendriya 四に舌根、Jihvendriya 五に身根、Kāyendriya 六に意根、Manendriya 已上の六根は上に說く眼等の六根なり。七に女根、Strīndriya 女子の身中色欲を起す處。八に男根、Puruṣendriya 男子の身中色欲を起す處。九に命根、Jīvitendriya 有情一期の壽命なり。十に苦根、Duḥkhendriya 十一に樂根、Sukhendriya 十二に憂根、Daurmanasyendriya 十三に喜根、Saumanasyendriya 十四に捨根、Upekṣendriya 已上の五は所謂五受なり。十五に信根、Śraddhendriya 十六に精進根、Vīryendriya 十七に念根、Smṛtīndriya 十八に定根、Samādhīndriya 十九に慧根、Prajñendriya 已上の五根は所謂信等の五根なり。二十に未知當知根、Anājñātamājñāsyāmīndriya 二十一に已知根、Ājñendriya 二十二に具知根、Ājñātāvīndriya 已上の三は所謂三無漏根なり。【倶舍論三、大乘義章四】

コンアン　今案　〔雜語〕自己の考。【法華文句三上】に「今案二彼經釋一。無量義者從二一法一生。」【職原鈔跋】に「只任二道理一不レ加二今案一。」

コンイフゾクニヨトウ　今以付囑汝等　〔雜語〕歌題。【法華經囑累品】に「爾時釋迦牟尼佛。從二法座一起。現二大神力一。以二右手一摩二無量菩薩摩訶薩頂一而作二是言一。我於二無量百千萬億阿僧祇劫一修二習是難得阿耨多羅三藐三菩提法一。今以付二囑汝等一。汝等應下當一心流二布此法一廣令中增益上。」⦿（新後拾）「忍べとて書をく浦のもしほ草ながらへてだにかたみともなれ」

コンウ　紺宇　〔雜名〕又、紺園、紺殿など。寺の異名。「コンヲン」を見よ。

コンエン　根緣　〔術語〕人の根性と境遇の緣務。【玄義分記三】に「根緣不同就レ戒授二五八十具等戒一。就レ定敎二於觀練薰修等定一。」

コンカイ　金界　〔術語〕金剛界の略。

コンカイクワウミヤウジ　金戒光明寺　〔寺名〕紫雲山金戒光明寺は京北岡崎に在り、淨土宗鎭西派四箇本寺の一。叡山西塔の黑谷を移して新黑谷と稱す。求道上人惠尋の開基。【山城名勝志十三】

コンカラ　矜羯羅　〔天名〕又金伽羅に作る。Kiṃkara 不動明王八大童子の第七にして、制吒迦と共に不動明王の左右に侍するもの。【不動使者陀羅尼秘密法】に「矜者問レ事也。羯邏者驅使也。乃至此神作二小童子形一有二兩種一。一名二矜羯邏一。恭敬小心者是。一名二制吒伽一。難二共語一惡性者是。」【聖無動尊一字出生八大童子秘要法品】に「法波羅蜜慈悲心行。所以出現使者名二矜羯羅一。此云二隨順一。業波羅蜜即方便心行。所以出生使者名二制多迦一。此云二息災一也。菩薩方便現二瞋形一故也。」⦿（曲、善界）「矜迦羅制多伽十二天」図　數の名。【倶舍論十二】に「十大鉢羅度多爲二矜羯羅一。十矜羯羅爲二大矜羯羅一。」「ケンカラ」を見よ。

矜羯羅根本印言〔印相〕印は不動刀印。明は唵地哩矜娑婆契なり。

形像〔圖像〕【同秘要品】に「矜羯羅。形如十五歳童。著蓮華冠。身白肉色。二手合掌。其二大指與頭指間横挿一股杵。天衣袈裟微妙嚴飾。制吒迦亦如童子。色如紅蓮。頭結五髻。左手嚩日羅。右手執金剛棒。瞋心惡性之者。故不着袈裟。以天衣纒頸肩。」

コンガ　金河〔地名〕拘尸那國跋提河の譯名。【西域記六】に「阿恃多伐底河。唐言無勝。此世共稱耳。舊云阿利羅跋提河。訛也。典言謂之尸頼拏伐底河。譯曰有金河。」梵 Hiraṇyavatī

コンガウ　金剛〔術語〕Vajra 梵に縛日羅。又日字を日に作り古來兩用す。日を正しとする如し。金中の精なるもの。又、世に言ふ金剛石なり。【梵網經古迹上】に「金中精牢名曰金剛。」【三藏法數五】に「金剛者。金中最剛。故云金剛。」【大藏法數四十一】に「梵語跋折羅。華言金剛。此寶出於金中。色如紫英。百錬不銷。至堅至利。可以切玉。世所希有。故名爲寶。」【南本涅槃經二十二】に「如金剛寶置之日中色則不定。金剛三昧亦復如是。」此に依れば金剛は透明體なると知るべし。【智度論五十九】に摩尼寶珠は帝釋所執の金剛の碎片なるを說いて「有人言。是帝釋所執金剛。用與阿修羅鬪時。碎落閻浮提。」以て其寶石なるを證すべし。【梵語雜名】に「金剛。梵語縛日羅。」図〔物名〕金剛を以て造れる杵を金剛と名く【大日經一】に「一切持金剛者皆悉集會。」即ち金剛杵の略名なり。【同疏一】に「梵云伐折羅陀羅。伐折羅即是金剛杵。陀羅是執持義。故曰譯云執金剛。今謂持金剛。」図〔天名〕金剛杵を持する力士を金剛と云。執金剛の略名なり。【行宗記二上】に「金剛者。即侍從力士。手持金剛杵。因以爲名。」図〔物名〕草履の名。【䟦䠣斯餘】に「裏なしの藺の金剛也」

山羊角碎金剛〔雜語〕【智度論三十一】に「不知破金剛因緣。故以爲牢固。若知著龜背上以山羊角打破則知不牢固。」

金剛二義〔名數〕【探玄記三】に「金剛亦二義。一是堅義。二利義。」

金剛三義〔名數〕【金剛頂經疏一】に「世間金剛有三種義。一不可破壞。二寶中之寶。三戰具中勝。」

コンガウアイボサツ　金剛愛菩薩〔菩薩〕Vajrarāga 金剛界曼陀羅の第一成身會中、東方月輪の五尊中阿閦如來の左方に位する菩薩。大悲愛染を司る。【秘藏記末】に「左金剛愛菩薩。肉色持箭。」【聖位經】に「毘盧遮那佛。於內心證得愛大悲箭三摩地智。自受用故。乃至成金剛愛菩薩形。住阿閦如來左邊月輪。」【出生義】に「於一切如來菩提無染淨體而生金剛愛。」【大教王經】に「金剛薩埵三摩地極堅牢故。聚爲一體生摩羅大菩薩身。住世尊毘盧遮那佛心說此嗢陀喃。奇哉自性淨。隨染欲自然。離欲清淨故。以染而調伏。」

(金剛愛菩薩の圖)

コンガウイチカイ　金剛一界〔術語〕金剛界を云。一界とは眞言の曼陀羅金剛界胎藏界の兩界に對しての稱なり。「コンガウカイ」を見よ。

コンガウイチジヨウジンジンケウ　金剛一乘甚深敎〔術語〕眞言の敎法を讃嘆して云。敎法堅固なれば金剛と云ひ、一切成佛の法なれば一乘と云ひ、秘密深奧なれば甚深と云。【金剛頂經瑜伽修習毘盧遮那三摩地法】に「演說如來三密門金剛一乘甚深敎。」

コンガウインジ　金剛因字〔術語〕金剛因菩薩の種子ठ滿字を稱す。【瑜祇經】

コンガウインボサツ　金剛因菩薩〔菩薩〕Vajrahetu 金剛界曼陀羅の第一成身會の中、西方月輪の五尊中無量壽如來の左方に位する菩薩。如來の轉法輪の因德を司る。【秘藏記末】に「左金剛因菩薩。肉色左手拳。右手持輪。」【聖位經】に「毘盧遮那佛。於內心證彼金剛因轉法輪三摩地智。自受用故。乃至成金剛因菩薩形。住觀自在王如來左邊月輪。」【出生義】に「就一切如來轉大法輪智而生金剛因。」

(金剛因菩薩の圖)

コンガウエテン　金剛衣天　〔天名〕Vajra-vâsin 金剛界曼荼羅外金剛部西方五天の一。一に抱弓箭毘那夜迦と云ふ。

（金剛衣天の圖）

コンガウエイボサツ　金剛鋭菩薩　〔菩薩〕Vajrakhyāti 胎藏界の金剛手院三十三尊の一。如來精進勇猛の德を主る。【秘藏記末】に「白肉色。左手持二蓮華一。臺有二三股跋折羅一。」鋭或は悅に作る非なり。梵名より推す時は鋭は説の誤字なるに似たり。

（金剛鋭菩薩の圖）

コンガウカイ　金剛界　〔術語〕Vajradhātu 大日如來の智德を開示したる部門なり。如來內證の智德は其體堅固にして一切の煩惱を摧破する勝用あれば譬へて金剛と云ふ。【大日經疏十二】に「金剛喩二如來秘密慧一也。金剛無レ有下法能破二壞之一者上。而破二壞萬物一。此智慧亦爾。」【秘藏記本】に「金剛界金剛者。佛內證智也。【同末】に「金剛不壞義。智也。」⦿（太平記一八）「聖眞子の鑑殿は金剛界の大日」

金剛界五部　〔名數〕金剛界は始覺上轉の法門にして在迷の九識を轉じて五種の果智を成ずれば五部に分類するなり。今解釋の便を追ひて列次せば、一は蓮華部。衆生の心中に本有の淨菩提心清淨の理ありて、六道生死の泥中に在りても不染不垢なると、蓮華の泥中より出生して不染不垢なる如し、故に蓮華部と名く。二に金剛部。衆生の自心の理の所に又本有の智あり、生死の泥中に在りて無數劫を經るも不朽不壞にして能く煩惱を破すると、金剛の久しく泥中に埋沒するも不朽不壞なる如し、故に金剛部と名く。三に佛部。この理智あるも凡位には未だ顯はれず、果位に入つて理智顯現し覺道圓滿す、故に佛部と名く。四に寶部。佛の萬德圓滿の中に福德無邊なるを寶部と名く。五に羯磨部。羯磨は作業と譯す、佛衆生の爲に悲愍を垂れて一切の事業を成辨するを羯磨部と名く。秘藏記本 此中初の二は在纏の因德、第三は理智具足し出纏の果位なり。而して是れ即ち胎藏界の三部なり、其の次第は佛蓮金 後の二は佛部の中に於て之を別開せしなり。佛は二利圓滿の稱なり、其の自證の邊を寶部と云ひ、其の化他の邊を羯磨部と云ふ。是の如く佛部の中に於て二部を開くはもと胎藏界曼荼羅の意なり。胎藏界曼荼羅の上中下の中の通りは總じて佛部なり、此の中に於て下方に虛空藏院在り、是れ寶部なり。上方に釋迦院あり、是れ羯磨部なり。されば胎金の三五は只開合の異のみ。秘藏記私鈔三 さて之を五方の五智五佛に配すれば左の如し。

中	法界體性智	大日	佛部
東	大圓鏡智	阿閦	金剛部
南	平等性智	寶生	寶部
西	妙觀察智	阿彌陀	蓮華部
北	成所作智	不空成就釋迦	羯磨部

五部部主、五部法王　〔雜語〕【諸部要目】に大日如來等の五佛を以て部主となす、秘藏記之に依る。安然の【瑜祇經疏】に之を部王と名け、五方の五大明王を以て部主となせり。主に二義あり、一は因主の義、二は執權の如し、管領の義あり。諸部要目の如きは初義に依り、安然の如きは後義に依る。

五部母　〔名數〕金剛界五部の部母なり。各當部の功德を生ずる德を主る尊なり、典藏主の如し。一に佛部、佛眼尊たり。佛眼尊を見よ。但し【秘藏記】には此部の部主は大日如來にして、是れ究竟の本源なれば更に部母なしと云ふ。【秘藏記鈔八】に之を會して能生の義に依て之を立てず、養育の義によりて之を立つと云ふ。二に金剛部、金剛波羅蜜菩薩なり。三に寶部、寶波羅密菩薩なり。四に蓮華部、法波羅蜜菩薩なり。五に羯磨部、羯磨波羅蜜菩薩なり。是れ則ち四波羅蜜なり。四佛を出生する義に據りて立つるなり。【諸部要目、秘藏記末】

五部蘇悉地法王　〔名數〕是れ台密所立蘇悉地の法王なり。

佛部	普賢
金剛部	金剛手
摩尼寶部	虛空藏
蓮華部	觀世音
羯磨部	金剛業

【瑜祇經疏】

五部忿怒　〔名數〕「コダイメウワウ」を見よ。

五部陀羅尼藏　〔名數〕一は佛部、即ち諸佛の咒、二に金剛部、即ち諸金剛神の咒、三は蓮華部、即ち諸菩薩の咒、四に寶部、即ち諸天の咒。五は羯磨部、即ち諸鬼神の咒なり。辯天經疏 以て諸尊の部屬を知るべし。

五部念珠　［名數］佛部は菩提子、金剛部は金剛子、寶部は寶珠、蓮華部は蓮子、羯磨部は雜寶。【略出經四、攝眞實經下】

五部色　［名數］佛部は白、金剛部は青、寶部は黃、蓮華部は赤、羯磨部は雜。【攝眞實經下】

五佛座　［名數］金剛界五佛の寶座なり。一に大日師子座。師子諸獸の王として、諸獸の中に於て遊行無畏なり。毘盧遮那も亦た是の如く、諸法の王なり。諸法の中に於て不變無碍なるが故に師子座に坐す。二に阿閦象座。義譯に云く、象の力用は諸獸の中に之に過ぐる者なし、金剛部の王共に其の上に據るは、堅力無碍を表するなりと。又兎馬象の三獸河を渡るに象王獨り底を極め、象馬車步四兵の中には象を以て第一とし、諸獸の中に其力最大にして物を摧破するに敢て敵する者なし。金剛部摧破の德用之に相應す。三に寶生馬座。義訣に云く、其の諸の世間に尊貴吉祥なる馬より先なるはなし。馬に慧用あり、世以て寶となす。寶生佛の灌頂法王之を以て座となす、灌頂に吉祥を具するを表するなりと。又輪王の七寶中に馬寶あり、地空を行くに速疾神通の德を具ふ。空は智にして陽德、地は理にして陰德なり。南方は理智具足の車轉なるが故に馬寶を以て座となす。又南方は修行の方なり、三密の修行速疾に所詣の處に達す。故に馬寶の速疾飛行是れ相應の幖幟なり。四に阿彌陀孔雀座。義訣に云く、其の諸の世間には孔雀界を以て瑞獸となす、此禽麗狀にして種種の色を具し、復た明慧もありて善く時宜に應ず。故に阿彌陀の轉法輪王之を以て座となすと。又阿彌陀經には極樂世界の孔雀鸚鵡等の諸鳥晝夜六時に和雅の音を出し、五根、五力、七菩提分、八聖道分等の種種の法門を演ぶと。是れ最も轉輪王に相應する幖幟なり。五に不空成就迦樓羅座。義訣に云く、此鳥の威力能く諸龍を降だし、諸龍所居の四大海の中に迦樓羅所向の方に向つて龍即ち降伏せらる。不空佛の羯磨王之を以て座となし、智用隨方の羯磨、一切人天の諸龍を攝引するに歸せざる者なく、諸佛菩薩隨攝し隨歸して違ふ者あるとなきを表するなりと。又迦樓羅鳥は一日に一の大龍五百の小龍を食ふと觀佛三昧經に說く如し。今此の佛も生死の大海に入つて人天の龍を取つて菩提の彼岸に到らしむる故に之を以て所坐となすなり。【秘藏記末、同鈔十】

金剛界の九會曼荼羅　［術語］金剛界の現圖曼荼羅には九會を安布せり、九會曼荼羅と稱す。「クヱマンダラ」を見よ。⊙（太平記二一）「重重に金剛九會の曼荼羅を安置せらる。」

金剛界の五百餘尊　［名數］【曼陀羅私抄上】に「總千四百六十一尊」然るに【步船鈔】に「金剛界には五百餘尊」【眞如觀】亦之に同じ。⊙（太平記）に「金剛界五百餘尊」是れ千四百六十一尊中に於て五百餘尊を標擧する一途あるなるべし。

コンガウカイギキ　金剛界儀軌　［經名］金剛頂蓮華部心念誦儀軌を指す。【閱帙二】(1436)

コンガウカイジヤウシンヱマンダラ　金剛界成身會曼茶羅　［術語］金剛界九會曼陀羅の中に第一成身會の曼陀羅を云ふ。「クヱマンダラ」を見よ。

コンガウカイダイマンダラ　金剛界大曼陀羅　［術語］金剛界所立の曼陀羅に九會あり、金剛界の大曼陀羅と云ふ。「クヱマンダラ」を見よ。（第三十二圖參照）

コンガウカウボサツ　金剛香菩薩　［菩薩］Vajradhūpa　金剛界曼陀羅の第一根本成身會三十七尊中、外四供養菩薩の第一位に居る。香を大日本尊に供養するとを司る。【秘藏記末】に「外四供養右下角金剛燒香。黑色持二香爐一。」【聖住經】に「毘盧遮那佛。於二內心一證二得金剛焚香雲供養三摩地一。自受用故從二金剛雲海三摩地智一流二出金剛焚香一。光明遍照二十方世界一。供二養一切如來一。及破二一切衆生旡穢煩惱一。獲二得遍悅無碍香一。還來收二一聚一。爲レ令三一切菩薩受二用三摩地智一故。成二金剛焚香侍女菩薩形一。住二東南角寶樓閣一。」

（金剛香菩薩の圖）

金剛香菩薩大明成就儀軌經　［經名］佛說金剛香菩薩大明成就儀軌經、三卷、宋の施護譯。佛、覩史多天に在るとき金剛手菩薩の請に依て說く。【成帙十一】(1058)

コンガウカウギキキヤウ　金剛香儀軌經　金剛香菩薩大明成就儀軌經の略稱。

コンガウカクダイワウ　金剛覺大王　［人名］宇多天皇出家して法名金剛覺と申す。（大鏡）

コンガウカボサツ　金剛歌菩薩　［菩薩］Vaj-

ragīti 金剛界三十七尊中、內四供養菩薩の第三。是れ中央大日如來が西方彌陀如來を供養せん爲に心中より流出せし歌詠三摩地の女菩薩也。【略出敎】に「由レ結二金剛歌詠契一故得二淸淨妙音一。」【聖位經】に「毘盧遮那佛。於二內心一證二得金剛歌詠淨妙法音三摩地智一。自受用故。乃至成二金剛歌詠天形菩薩一。住二毘盧遮那如來西北隅月輪一。」

（金剛歌菩薩の圖）

コンガウガツシヤウ　金剛合掌　〔印相〕十二合掌の第七。又、歸命合掌と云。梵語、鉢囉拏摩合掌。【大日經疏十三】に「令二十指頭相叉一。皆以二右手指一加二於左手指上一。如二金剛合掌一也。此云二歸命合掌一。梵音名二鉢囉拏摩合掌一。」經に合掌叉手と云ふ。梵Praṇāma

コンガウキ　金剛起　〔術語〕印明を以て法界の諸佛を驚覺するを金剛起と云。【肝要鈔上】

コンガウキイン　金剛起印　〔印相〕又、覺起印、驚覺一切如來印。入定の諸佛を驚覺して行者を護念せしむる契印なり。「カクキイン」を見よ。

コンガウキボサツ　金剛喜菩薩　〔術語〕Vajrasādhu 金剛界曼陀羅第一成身會中　方五月輪の五尊中、阿閦如來の後方に位する菩薩の名。歡喜の德を司る。【秘藏記末】に「金剛喜菩薩。肉色。二手當レ胸拳。」【聖位經】に「毘盧遮那佛於二內心一證二得金剛善哉自受用一故。乃至成二金剛善哉菩薩形一。住二阿閦如來後邊月輪一。」

（金剛喜菩薩の圖）

コンガウキケボサツ　金剛嬉戲菩薩　〔菩薩〕Vajralāsī 金剛界三十七尊中內四供養菩薩第一。是れ中央大日如來より東方阿閦如來を供養せん爲に心中より流出せし嬉戲三摩地の女菩薩なり。【聖位經】に「毘盧遮那佛於二內心一證二得金剛嬉戲法樂幖幟三摩地智一。自受用故。乃至成二金剛嬉戲天女菩薩形一住二毘盧遮那如來東南隅月輪一。」

（金剛嬉戲菩薩の圖）

コンガウキヤウ　金剛經　〔經名〕是れ大般若經第二處第九會五百四十七卷なり。具名金剛般若波羅蜜經。三譯同名。一は秦の羅什譯、一は元魏の菩提流支譯、一は陳の眞諦譯、各一卷。更に三譯あり、一に金剛能斷般若波羅蜜經、隋の達磨笈多譯、一卷。二に能斷金剛般若波羅蜜經、唐の義淨譯、一卷。三に同名一卷。即ち唐の玄奘譯大般若經第九會五百四十七卷の別行本。合せて六譯。【月帙九】般若の智用の堅利なるを喩へて金剛と云。此中世に流通して金剛經と云ふは羅什譯なり。

釋論　〔書名〕彌勒菩薩八十偈を造りて本經を釋したる外に釋論四あり。一に金剛般若論、二卷、無着菩薩造。二に金剛般若波羅蜜經論、三卷、天親菩薩造。この二論は共に彌勒の頌を釋す。三に金剛仙論、天親の弟子金剛仙造。天親の論を釋す。四に金剛般若波羅蜜經破取著不壞假名論、二卷、功德施菩薩造。直に經文を釋す。玄義私記五　此中金剛仙論藏經に入らず。又、初の二論共に義淨の新譯ありて、その書に據れば八十偈の本頌を無着菩薩の作となす。

疏記　〔書名〕金剛般若經疏、一卷、天台智者說。【呂帙七】金剛般若經疏、一卷、淨影著。【章疏錄二】金剛般若疏、四卷、吉藏著。【章疏錄一】金剛般若疏、二卷、慈恩著。

コンガウク　金剛口　〔雜語〕如來の口舌殊勝なると金剛の如し。【瓔珞本業經上】に「爾時釋迦牟尼佛。以二金剛口一告二敬首菩薩一言。」

コンガウク　金剛句　〔雜名〕佛を讚歎せる十頌の句なり。又、金剛句偈、金剛讚、金剛諷詠。【大日經七】に「又以二持金剛殊勝之諷詠一供二養佛菩薩一。當得二速成就一。即說二執金剛阿利沙偈一曰。無等無レ所レ動。平等堅固法。悲二愍流轉者一。攘二寂衆苦患一。乃至不レ染二一切趣一。三界無二所依一。云云」此讚十頌あり、金剛句等と名く。

コンガウクワウエンシフウウダラニキヤウ　金剛光焔止風雨陀羅尼經　〔經名〕一卷、唐の菩提流志譯。佛、摩伽陀國に在りて暴風

雨に逢ひ、風雨の害をなす惡龍を制伏するの壇法神咒を說き、終に大身蘖嚕茶王坐より起ちて復惡龍を伏する神咒を說く。金剛觜光焰睒電眞言と名く。蘖嚕茶は金翅鳥なれば金剛觜と云ふ。【閏帙八】(529)

コンガウクワウボサツ 金剛光菩薩 〔菩薩〕 Vajrateja 金剛界三十七尊中南方月輪の五尊の中寶生如來の右方前に住する菩薩の名。寶生如來の威光の德を司る。【秘藏記末】に「金剛光菩薩。肉色。左手拳。右手持㆓光日形㆒。」【聖位經】に「毘盧遮那如來於㆓內心㆒證㆓得金剛威光三摩地智㆒。自受用故。乃至成㆓金剛威光菩薩形㆒。住㆓寶生如來右邊月輪㆒。」【出生義】に「由㆓一切如來大威耀義㆒而生㆓金剛日㆒。」

(金剛光菩薩の圖)

コンガウクワン 金剛觀 〔術語〕 觀法成就して堅利なるを金剛に喩ふ。【止觀五上】に「此金剛觀割㆓煩惱陣㆒。此牢强足越㆓生死野㆒。」

(金剛軍荼利菩薩の圖)

コンガウクヱマンダラ 金剛九會曼陀羅 〔術語〕 金剛界所立の曼陀羅に九樣あり、九會曼陀羅と云ふ。「クヱマンダラ」を見よ。

コンガウグンダリ 金剛軍荼利 〔明王〕 胎藏界の三部に各軍荼利明王ありて、金剛部の軍荼利を金剛軍荼利と名く。金剛手院に在り。又、佛部の軍荼利を甘露軍荼利とも金剛軍荼利とも云ふ。蘇悉地院に在り。「カンロ」の項を見よ。梵 Vajra-Kuṇḍalī

コンガウケシユボサツシユギヤウブンキヤウ 金剛髻珠菩薩修行分經 〔經名〕 具名、大乘金剛髻珠菩薩修行分經、一卷、唐の菩提流志譯。佛、普思義菩薩の爲に金剛髻珠王の悉陀太子に化生して金剛如來心品三摩地を修行せしとを說き、及び外道苦行の惡報幷に三摩耶法を師受せずして自ら法咒を作す惡果を說く。【成帙二】(86)

コンガウケツ 金剛結 〔雜名〕 線の結び樣の名。【蘇悉地供養法下】に「其茅環者。稱㆓無名指量㆒。以㆑茅三纏作㆓金剛結㆒。」【大日經疏五】に「其金剛結法者。不㆑可㆓縷說㆒。當㆘從㆓阿闍梨㆒而面受㆖之。」

コンガウケツ 金剛橛 〔物名〕 獨貼、五貼などの金剛杵を云ふ。

コンガウケボサツ 金剛華菩薩 〔菩薩〕 Vajrapuṣpa 金剛界三十七尊中外四供養の第二に住する菩薩の名。女形にして大日本尊に花を奉るもの。【秘藏記末】に「金剛華菩薩。淺黃色。持㆓鮮華㆒。」【聖位經】に「毘盧遮那佛。於㆓內心㆒證㆓得金剛覺華雲海三摩地智㆒。自受用故。乃至成㆓金剛覺侍女菩薩形㆒。住㆓西南角金剛寶樓閣㆒。」

(金剛華菩薩の圖)

コンガウケツカ 金剛結跏 〔術語〕 半跏坐なり。【守護國經二】に「常以㆑自作㆓金剛結跏㆒。謂以㆓右脚㆒厭㆓左胜上㆒。端身正坐。」

コンガウケン 金剛拳 〔術語〕 四種拳の一。【大日經疏十三】に「作㆑拳法有㆓其四種㆒。第一如㆓常作拳法㆒。大指竪㆑之。次以㆓空指㆒在㆓於掌中㆒而拳㆑之。名㆓金剛拳㆒。」空指は拇指のこと。【演密鈔九】に「金剛拳。以㆓大指㆒入㆓掌中㆒作㆑拳。是也。」

コンガウケンイン 金剛拳印 〔印相〕 左右の手を以て拳を作して心上に置くもの。【大日經密印品】

コンガウケンボサツ 金剛拳菩薩 〔菩薩〕 Vajrasaṃdhi 金剛界曼陀羅三十七尊の中、北方の不空成就如來四親近の一。結合の德を持し一切の印契を成就するを標して拳の三摩耶形を持す。【秘藏記末】に「金剛拳菩薩。青色。二手作㆑拳。揚當㆑心。腕稍屈垂。」【略出經】に「由㆑結㆓金剛拳契㆒故。能得㆓一切諸契㆒。獲㆓得悉地㆒。」【聖位經】に「毘盧遮那佛。於㆓內心㆒證㆓得金剛拳威靈感應三摩智地㆒。自受用故。乃至成㆓金剛拳菩薩形㆒。住㆓不空成

(金剛拳菩薩の圖)

就如來後邊月輪。」図胎藏界の金剛手院三十三尊の一。【秘藏記末】に「白肉色。左手拳右手取二十字一股一。」

コンガウゲボサツ 金剛牙菩薩 [菩薩] 縛日羅夜叉、Vajrajakṣa 又金剛食と譯す。金剛界三十七尊中、北方不空成就如來の四親近菩薩の一。一切の怨敵を咬噉する德を幖して金剛藥叉三摩耶形に住し、大牙を出すもの。【秘藏記末】に「白色。二手作レ拳當レ臆。」【略出經】に「由レ結二金剛牙契一故。設是金剛尙能摧破。」【聖位經】に「毘盧遮那佛。於二內心一證二得金剛藥叉菩薩形一。住二不空成就如來左邊月輪一。乃成二金剛藥叉方便恐怖三摩地智一。自受用故。」【出生義】に「自二一切如來無畏調伏門一而生二金剛牙一。」図胎藏界の金剛手院三十三尊の一。【秘藏記】に「赤肉色。左手持二蓮華一上有レ牙。」【胎藏曼陀羅大鈔二】に「此尊金十六大菩薩中牙菩薩也。名二金剛食一。或云二金剛夜叉一。此以二定慧牙一食二生死海群機一。」

（金剛牙菩薩の圖）

コンガウゲン 金剛幻 [術語] 又、不思議幻。十生緣句の中の幻の如く、密敎に明かす如幻の法門を云。【大日經疏一】に「譬如二幻師一。以二咒術力一加二持藥草一。能示二現種種未曾有事一。五情所レ對悅二可衆心一。若捨二加持一然後隱沒。如來金剛之幻亦復如レ是。」「ゲン」の項を見よ。

コンガウコウニヨボサツ 金剛鈎女菩薩 [菩薩] 胎藏界金剛手院三十三尊の一。女形の菩薩にして三貼鈎を以て鈎召の德を幖す。密號召集金剛。【秘藏記末】に「白肉色。左手取二四貼鈷一。」

（金剛鈎女菩薩の圖）

コンガウコウホフ 金剛鈎法 [術語] 【陀羅尼集經八】に金剛央俱施法あり、金剛鈎の修法を明かす。央俱施、譯、鈎。次項を見よ。

コンガウコウボサツ 金剛鈎菩薩 [菩薩] Vajrāṅkuśa 金剛界三十七尊中四攝菩薩の一。東方に住す。鈎を以て一切衆生を鈎召するを幖す。鈎、梵語央俱施。【秘藏記末】に「金剛鈎菩薩。黑色。左手拳。右手取鈎。」【略出經】に「由レ結二金剛鈎契一故能爲二鈎召一。」「コウボサツ」を見よ。

（金剛鈎菩薩の圖）

コンガウゴ 金剛語 [術語] 金剛念誦に同じ。音聲を發せず唯だ心に默念するを云ふ。【守護國經三】図 [菩薩] 金曼の一尊。【秘藏記】に「肉色。持二如來舌一。」左拳は腰に置く。

（金剛語の圖）

コンガウゴゴン 金剛語言 [雜語] 聲を出さずして經文を默誦すると。【攝眞實經下】に「持二眞言一時。住レ心凝寂。口習二眞言一。唯自耳聞勿レ令二他解一。心中觀二想一一梵字一。了了分別。無レ令二錯謬一。持習之時不レ遲不レ速。是即名爲二金剛語言一。」

コンガウゴフボサツ 金剛業菩薩 [菩薩] Vajrakarma 金剛界三十七尊の中、北方不空成就如來の四親近菩薩の一。如來の事業の德を司る。梵語羯磨、業と譯す。【秘藏記末】に「肉色。二手合レ掌揚二頂上一。」【略出經】に「由レ結二金剛羯磨契一故。得レ爲二金剛堅固性一。」【聖位經】に「毘盧遮那佛。於二內心一證二得金剛業虛空庫藏

（金剛業菩薩の圖）

三摩地智ー。自受用故。乃至成ニ金剛業菩薩形ー。住ニ不空成就如來前月輪ー。」【出生義】に「自ニ一切如來善巧藝門ー而生ニ金剛業ー。」

コンガウゴボサツ　金剛護菩薩　[菩薩]　Vajraraksa 金剛界三十七尊中、北方不空成就如來の四親近菩薩の一。甲冑の身を護る如く大慈の鎧を以て身を持する徳を司るもの。【秘藏記末】に「青色。二手各舒ニ頭指ー。自餘指屈。揚當ニ腋側ー。」【略出經】に「由レ結ニ金剛護契ー故。得レ爲ニ金剛堅固性ー。」【聖位經】に「毘盧遮那佛。於ニ內心ー證ニ得金剛護大慈莊嚴三摩地智ー。自受用故。乃至成ニ金剛護菩薩形ー。住ニ不空成就如來右邊月輪ー。」【出生義】に「自ニ一切如來大慈鎧冑門ー而生ニ金剛護ー。」

(金剛護菩薩の圖)

(金剛摧天菩薩の圖)

コンガウサ　金剛鏁　[菩薩]　菩薩の名。「コンガウサボサツ」を見よ。

コンガウサイサイダラニ　金剛摧碎陀羅尼　[經名]　一卷、宋の慈賢譯。咒語のみ。【成帙十二】(1001)

コンガウサイテン　金剛摧天　[天名]　Vajravikīrṇa 金剛界外金剛部二十天の一。故に傘蓋を以て三摩耶形とす。【金剛界曼陀羅大鈔二】

コンガウサク　金剛索　[物名]　不動明王などの持する鐵索を云。図(菩薩)菩薩の名。次項を見よ。

コンガウサクボサツ　金剛索菩薩　[菩薩]　Vajrapāśa 金剛界三十七尊中四攝菩薩の一。大悲の索を以て衆生を牽引する徳を主る。成身曼陀羅の南門に住す。【秘藏記末】に「白黃色。右手取レ索。」【聖位經】に「毘盧遮那佛。於ニ內心ー證ニ得引入方便羂索三摩地智ー。自受用故。乃至得レ成ニ衛ニ護功德戶ー金剛索菩薩形上。住ニ南門月輪ー。」

(金剛索菩薩の圖)

コンガウサツタ　金剛薩埵　[菩薩]　Vajrasattva 又、金剛手と云ひ、秘密主と云ふ。又普賢と云ふ。是れ眞言宗八祖中の第二祖なり。大日如來を第一とし、此薩埵を第二とす。梵名、嚩日囉薩怛嚩摩訶薩怛嚩。譯名、執金剛、持金剛、金剛手、金剛手秘密王、金剛薩埵、金剛手菩薩摩訶薩、金剛手薩埵摩訶薩埵など云ふ。薩埵は有情の義、勇猛の義、總じて勇猛の大士を云ふ。此薩埵は普賢菩薩と同體異名。普賢が大日如來より灌頂を受けて、二手に五智の金剛杵を與へられしを以て金剛手と云ふ。但し金剛薩埵に通別の二名あり。通名は一切の執金剛神に名く。是れ皆東方の金剛薩埵の一德を開きしものなればなり。又何人も五相成就して一切如來より授職灌頂を受くる時は金剛薩埵と稱するなり。金剛頂經に一切義成就菩薩(即ち悉多太子)の授職灌頂を受くるとき、普賢大菩薩(即ち金剛薩埵)と稱する如き即ち是なり。又、顯教に在りても普賢菩薩は一切諸佛の長子の總名なること華嚴經に說く如し。即ち何人も十大願を成就する者は諸佛の長子にして普賢と稱するなり。【四十華嚴經四十頌】に「一切如來有ニ長子ー。彼名號曰ニ普賢ー。」さて別名は今言ふ所の金剛薩埵にして、金剛界東方月輪中の金剛薩埵是なり。大日經に金剛千手秘密主と云ふ。即ち大日內眷屬の薩埵にして本宗第二祖なり。是れ總即別名なり。是れ既に金剛の實智を得て金剛薩埵の稱を得れども、尙本名に依て普賢菩薩と稱するなり。之を金胎兩界に求むれば、金剛界の十六菩薩の金剛薩埵と、胎藏界の中臺八葉院中の普賢と、第一重金剛手院の中尊金剛薩埵との三尊は、同體異名にして、共に內眷屬なり。而して外に大日の大眷屬中に亦普賢菩薩あり。金剛界の賢劫十六尊中の第十六尊、胎藏界の第二重文殊院中の普賢との二尊は是れ顯教所說の普賢と同體同名にして、金剛の稱を得たる內眷屬の金剛薩埵とは異體異名なり。尙ほ同體異名に就いて、金剛薩埵の名は胎藏界に約して本有の菩提心を幖し、普賢菩薩の名は金剛界に約して始成の大圓鏡智を幖し、又菩提心所生の萬行を幖す

るなり。【理趣釋上】に「金剛手菩薩摩訶薩者。此菩薩者。此菩薩本是普賢。從二毘盧遮那佛一二手掌親受二五智金剛杵一。即與二灌頂一。名レ之爲二金剛手一。」【仁王經念誦儀軌上】に「此金剛手即普賢菩薩也。手持二金剛杵一者。表下起二正智一猶如中金剛上。能斷二我法微細障一故。」【聖無動尊大威怒王秘密陀羅尼經】に「此金剛手是法身大士。是故名二普賢一。即從二如來一得三持金剛杵一。其金剛杵五智所成。故名二金剛手一。」金剛智の【五秘藏訣】に「金剛薩埵者即是普賢大菩薩異名也。亦名二一切如來長子一。亦名二大阿闍梨一。」又、此薩埵は一切衆生の菩提心の本體にして其性の堅固なると金剛の如くなれば金剛と名け、一切衆生は此薩埵の加持力に由つて發心す。【理趣釋上】に「金剛手菩薩者。在二毘盧遮那前月輪中一。表二一切如來菩提心一。初發二菩提心一由二金剛薩埵加持一。」又、金剛藏王は此薩埵の別號なり。(金剛藏王を見よ。)其曼陀羅の所在は金剛界には根本成身會中十六菩薩の上首、即ち阿閦如來の四親近菩薩の第一。同じく理趣會に於て中臺の本尊に位し、胎藏界には金剛手院三十三尊の中尊なり。而して兩部に於て大日如來は兩會なれども金剛薩埵は一人なり、一人にて兩部を傳受す、是れ兩部不二を表するなり。⊙(曲、卒都婆小町)「それ卒都婆は金剛薩埵かりに出家して三摩耶形を行ひ給ふ」

釋迦と金剛薩埵 [雜語] 金剛薩埵、大日如來の果體を持して一面に降三世明王の教令輪身を示現すると共に釋迦八相の正法輪身を化現す。【十八會指歸】に「示三現釋迦牟尼佛一。降二於閻浮提一變化身八相成道。皆是普賢菩薩幻化。」

金剛薩埵形像 [圖像] 【理趣釋金剛薩埵初集會品】に「首戴二五佛寶冠一。熙怡微笑。左手作二金剛慢印一。右手抽二擲本初大金剛一。作二勇進勢一。本初者本來清淨法界也。左手作二金剛慢印一者。爲下降二伏左道左行有情一令上レ歸二順道一也。右手抽二擲五智金剛杵一作二勇進勢一者。令下自他甚深三摩地順二佛道一念念昇進獲中得普賢菩薩之地上。」拳を作して腰側に安ずるを金剛慢印と云ふ。【金剛頂蓮華部心念誦儀軌】に「左拳安二腰側一。右羽抽二擲杵一。」【秘藏記末】に之を擧げて胎藏界の金剛薩埵とす。【理趣釋毘盧遮那理趣會品】に「金剛薩埵菩薩。背二月輪一戴二五佛冠一。右手持二金剛杵一。左手持レ鈴。半跏而坐。」【五秘藏決】に「以二五佛一爲レ冠。背倚二月輪一。坐二白蓮華一。右手持二五智金剛杵一安二於心上一。左手執二般若波羅蜜金剛鈴一按二胯上一。其身白色也。乃至右持二金剛杵一安レ於二心上一者。此金剛薩埵主二一切如來金剛法印一。持二此杵一者能摧二十種煩惱一故。乃至左手持レ鈴者。表下以二般若波羅蜜清淨法音一驚中覺一切有情及二乘人上。乃至其身白色表二金剛潔白無染一。」

(金剛薩埵形像の圖)

四重金剛薩埵 [名數] 一は一切衆生、即ち金剛薩埵と名く。二は初修行の人、別して金剛薩埵と名く。三は阿閦佛の內眷屬、普賢金剛手と名く。四は大普賢、大日內眷屬の金剛薩埵なり。【吽字義顯玄記下】

金剛薩埵所住處 [雜名] 【蘇悉地經疏一】に「若明レ處者應レ指二普賢宮一。即須彌山頂。金剛手所住無レ非二普賢宮一故也。」

金剛薩埵說頻那夜迦天成就儀軌 [經名] 四卷、宋の法賢譯。頻那夜迦天を念じて種種の悉地を得る法を說く。頻那夜迦 Vināyaka は猪頭象頭の二使者歡喜天なり。【成帙十一】(1059)

コンガウサツタボサツ 金剛薩埵菩薩 [菩薩] 金剛菩薩のこと。菩薩は大士の通稱。

コンガウサツタボサツマカサツ 金剛薩埵菩薩摩訶薩 [菩薩] 金剛菩薩のこと。菩薩摩訶薩は大士の通稱。

コンガウサホウ 金剛鏁法 [修法] 金剛鏁菩薩の修法。【陀羅尼經八】に金剛商迦羅法あり、具に其法を明かす。商迦羅、譯、鏁。

コンガウサボサツ 金剛鏁菩薩 [菩薩] Vajra-śrinkhalā 金剛界三十七尊中、四攝菩薩の一。大悲の鏁を以て一切衆生の菩提心を繫留する德を幖す。成身會の西門に住す。【秘藏記末】に「肉色。左手拳。右手鏁。」【略出經】に「由レ結二金剛鉤鏁契一故能繫留止レ之。」

(金剛鏁菩薩の圖)

【聖位經】に「毘盧遮那佛。於内心證得堅固金剛鏁械三摩地智。自受用故。乃至成金剛鏁菩薩形守智慧戸。住西門月輪。」図 胎藏界の金剛手院三十三尊の一。【秘藏記末】に「白肉色。右持金剛鏁。二端着三股跋折羅。」

コンガウサンゴフキヤウ　金剛三業經　【經名】一切如來金剛三業最勝秘密大敎王經の略稱。

コンガウサンマイ　金剛三昧　【術語】金剛の能く一切に無碍なる如く、能く一切諸法に通達する三昧を金剛三昧と名く。【涅槃經二十四】に「菩薩摩訶薩。修大涅槃得金剛三昧。安住此中悉能破散一切諸法。」【智度論四十七】に「金剛三昧者。譬如金剛無物不陷。此三昧亦復如是。於諸法無不通達。令諸三昧各得其用。如硨磲碼碯瑠璃唯金剛能穿。」【楞嚴經六】に「是諸大衆得未曾有。一切普獲金剛三昧。」図 三乘の行人最後に一切の煩惱を斷じて各究竟の果を得る三昧を云ふ。又、如金剛三昧とも、金剛喩定とも、金剛定とも云ふ。【智度論四十七】に「如金剛三昧者。能破一切諸煩惱結使。無有遺餘。譬如釋提桓因手執金剛破阿修羅軍。即是學人末後心。從是心次第三種菩提。聲聞菩提。辟支佛菩提。佛無上菩薩。」【新譯仁王經上】に「十力妙智。雷震法音。近無等等金剛三昧。」【艮賁疏上二】に「金剛三昧者最後勝定。勝用堅固名金剛定。」

三種金剛三昧　【名數】【智度論四十七】に百八三昧を說く中に、三種の金剛三昧を說く。初に金剛三昧、諸法に通達する三昧を云。中に金剛輪三昧、輪とは攝持の義、他の諸三昧を攝持する三昧を云。後に如金剛三昧、金剛喩定なり。上に說く如し。

コンガウサンマイ　金剛三昧　【人名】本朝の僧、始めて印度に入れる人なり。段成式の【酉陽雜俎前集三】に「國初僧玄奘。往五印取經。西域敬之。成式見倭國僧金剛三昧。言嘗至中天。寺中多畫玄奘麟及匙筋。以綵雲乘之。蓋西域所無者。每至齋日輒膜拜焉。」【同續二】に、元和十三年金剛三昧蜀に遊びし記事あり。安然(悉曇藏の安然に非ず)の父法道印度に遊びしこと道範の離山秘記に見ゆ。或はこの人か。

コンガウサンマイキヤウ　金剛三昧經　【經名】二卷、失譯人名。佛靈山に於て金剛三昧に入つて一乘眞實の法を說く。法華部の攝。【盈帙四】(492) 図佛說金剛三昧本性清淨不壞不滅經の略稱。

コンガウサンマイホンシヤウシヤウジヤウフヱフメツキヤウ　金剛三昧本性清淨不壞不滅經　【經名】佛說金剛三昧本性清淨不壞不滅經、一卷、失譯。初に百三昧を修し、終に金剛三昧に入つて成佛するを說く。【宙帙二】(413)

コンガウザ　金剛座　【雜名】佛成等正覺の時の座處。摩竭陀國佛陀伽耶の菩提樹下に在り。上地面に達し下金輪に據ると云ふ。一大石の頂平圓板をなすもの。【俱舍論十一】に「唯此洲中有金剛座。上窮地際。下據金輪。一切菩薩將登正覺。皆坐此座上。起金剛喩定。以無餘依及餘處有堅固力能持此故。」【智度論三十四】に「地皆是衆生虛誑業因緣報故有。是故不能舉菩薩。欲成佛時實相智慧身。是時坐處變爲金剛。有人言。土在金輪上。金輪在金剛上。從金剛際出如蓮華臺。直上持菩薩坐處令不陷沒。以是故此道場坐處名爲金剛。」【西域記八】に「菩提樹垣正中有金剛座。昔賢劫初與大地俱起。據三千大千世界之中。下極金輪上侵地際。金剛所成。周百餘步。賢劫千佛座之而入金剛定。故曰金剛座焉。證聖道所。亦曰道場。乃至自入末劫正法浸微。沙土彌覆無復得見。佛涅槃後。諸國君王傳聞佛說金剛座量。遂以兩軀觀自在像南北標界。東面而坐。聞諸耆舊曰。此菩薩像身沒不見。佛法當盡。今南隅菩薩沒過胸臆矣。」梵 Vajra-āsana

コンガウザウ　金剛藏　【術語】處胎經所說八藏の一。等覺の菩薩金剛心の位に極微細の無明を斷じて佛果を證する法門を結集せしもの。【三藏法數三十一】に「金剛藏者。謂佛所說等覺菩薩修因感果法。以其破惑之智最爲堅利。能斷極後微細無明之惑。故名等覺菩薩。爲金剛心是也」。図【菩薩】「コンゴウザウボサツ」を見よ。

コンガウザウホフ　金剛藏法　【修法】金剛藏王菩薩の修法を明かすもの。【陀羅尼集經七】に說く所。金剛藏大威神力三昧法印呪品を指す。

コンガウザウボサツ　金剛藏菩薩　【菩薩】Vajragarbha 金剛界の賢劫十六尊中の一。【華嚴經】に金剛藏菩薩十地品を說く。此菩薩明王の忿怒身を現じ、或は金剛杵を持して惡魔を伏するを金剛藏王と云ふ。「コンガウザウ」を見よ。

(金剛藏菩薩の圖)

四種金剛藏菩薩　【名數】凡そ密敎に四種の

金剛藏あり、百八名讃には文殊を金剛藏と云ひ、理趣經には虛空藏を金剛藏と云ひ、又金剛薩埵を金剛藏と云ひ、陀羅尼集經八に金剛部の金剛藏あり。即ち同名異體四種なり、楞嚴經に說く金剛藏王菩薩は此中第四なりと云ふ。又吉野の金剛藏王も是ならんと云ふ。【諸儀軌訣影四】

コンガウザウリ　金剛草履　[物名]【圓光大師行狀翼贊三十四】に「金剛草履は世に傳ふ、安然和尙いたく貧しかりければ、草履造りて世のいとなみとし給ひけるを、人來りてそれは何かと問申せしに、金剛の性體と答へ給へり。さればこそ此時より草履をば金剛とは云へるとかや。」

コンガウザウワウ　金剛藏王　[菩薩]　常にコンガウザワウと呼ぶ。金剛藏は執金剛の總名なれば、金剛薩埵と異名同體にして、金剛藏王は即ち金剛薩埵の變化身なり。又釋迦は金剛薩埵の變化身なれば(金剛薩埵の部に釋す。)釋迦と金剛藏王とは其能變の體に於て同一と云ふを得。【陀羅尼集經七金剛藏威力三昧法印呪品】に金剛王の本體を說いて、「爾時會中有二一菩薩摩訶薩一。名二金剛藏一。在二大衆中一即從レ座起。五脚投レ地頂二禮佛足一白レ佛言。世尊我有二眷屬十四部衆一。一一眷屬各有二無量徒衆一相隨現二在會中一。爲レ我驅使。從レ昔已來會持二呪法一。深奧明了嚴秘清淨。是故而共執成二我法一。稱二我名一爲二摩訶跋折羅波尼羅闍一(大執金剛王と譯す)」次に畫像を示して、「一切金剛藏菩薩像。通身黃色。而以二左脚一徧加。斜垂二右脚一。似二欲下レ座而起形一。在二於百寶蓮華座上一。如レ令二斜レ身而面向レ右視一而坐。頭載二七寶莊嚴華冠一。身有二重光一。其像背倚二寶繡枕上一。其像左手屈レ臂覆二左髀上一。右手屈レ臂在二右膝上一。以二手大指頭指一相捻。而屈二中指及無名指一在二於掌中一。小指直竪。」【楞嚴經七】に「阿難當レ知。是呪常有二八萬四千那由陀恒河沙俱胝金剛藏王菩薩種族一。一一皆有二諸金剛衆一而爲二眷屬一晝夜隨侍。」胎藏界の虛空藏院二十八尊の中に一百八臂金剛藏王あり。以て一百八の煩惱を對治するを表す。

吉野山金剛藏王　[菩薩]　是れ役行者の感得する所。金剛薩埵の變化、即ち釋迦の忿怒身なり。(釋迦即ち金剛薩埵なると金剛薩埵の部に辨ず。)【塵點壒嚢鈔十三】に「役行者一千日大峰山に練行して金剛藏王を感得せり。其形忿怒身にして右の手には三鈷を握り、臂を怒らし、左手は五指開いて腹を押へ、三眼明かに怒つて魔障降伏の相を示し、兩脚舉げ垂れて天地經緯の相を顯はす。」

コンガウシ　金剛指　[雜名]　風指即ち人さし指なり。【略出經三】

コンガウシ　金剛子　[術語]　金剛の佛子なり。曼茶羅に入灌頂せし者の通稱なり。某金剛と言へる金剛名を受くればなり。

コンガウシ　金剛子　[物名]　金剛樹、一名天目樹の實。數珠に造る。不動尊などの金剛部の尊を念誦するに用ふ。【慧琳音義三十五】に「嗚嚕捺囉叉。Rudra-akṣa 西方樹木子。核文似二桃核一。大如二小櫻桃顆一。或如二小彈子一。有レ顆紫色。此名二金剛子一。堪レ作二數珠一。金剛部念誦人即用レ之。珠甚堅硬。」

コンガウシウニヨ　金剛醜女　[人名]　佛の在世の時、波斯匿王の夫人摩利一女を生む、波闍羅Vajraと字す、此に金剛と云ふ。極めて醜惡にして、肌體粗澁猶駝皮の如く、頭髮粗强馬尾の如し。嫁期に至つて王豪姓の貧士を求めて之に嫁し、女婿を舉げて大臣とす。女夫常に其妻を深宮に閉居せしめ、自ら其戶を開閉して出入して妻の面貌を見るを得ざらしむ。醜女深く自の罪を悔責し佛に向ひて至誠に懺悔す。佛忽ち前に現じて其身を照らし、醜女を化して殊顏となし、容色微妙天色の如くならしむ。【賢愚經二波斯匿王女金剛緣品、經律異相三十四】

コンガウシシヤ　金剛使者　[天名]　金剛童子に同じ。執金剛部の諸尊に奉使する童子。不動の八大童子の如きもの。

コンガウシヤウ　金剛床　[雜名]　金剛坐に同じ。【增一阿含經十四】に「今於二此樹下一。坐二於金剛牀一。以獲二一切智一。」

コンガウシヤウ　金剛墻　[修法]　密教の結界法五種の一。又四方結と云。第一に地界を結したる後、第二に其の地界の量に隨つて四方に金剛墻を周遍する作法なり。印契を以て之を行ふ。【無量壽儀軌】に「次結二金剛墻印一。(乃至)即成二金剛堅固之城一。」【行法肝要鈔上】に「隨二前地界量一四方周二遍金剛墻一。是交二立三古金剛一爲レ墻。又是結界也。」

コンガウシヤウジヤウフキヤウ　金剛清淨經　[經名]　金剛三昧本性清淨不壞不滅經の略名。

コンガウシヤウチキヤウ　金剛正智經　[經名]　【三寶感應錄下】に此經を引いて馬鳴龍樹二菩薩の本地を擧ぐ。此經藏中に無し。

コンガウシユ　金剛手　[菩薩]　手に金剛杖又は金剛杵を執るもの。執金剛又持金剛と云。總別の二名あり。總名は一切の金剛衆に通じ、別名は金剛薩埵をさす、即ち總即別名なり。【倶舍光記十一】に「手執二金剛杖一名二金剛手一。」【大日經疏一】に「執二金剛杵一常侍二衞佛一。故曰二金剛手一。」「コンガウサツタ」參照。

コンガウシユ　金剛衆　[術語]　金剛杵を持する神祇の衆類。即ち金剛神の眷屬。「コンガウサツタ」

を見よ。

コンガウシユボサツ　金剛手菩薩　〔菩薩〕　Vajrapāṇi　金剛薩埵なり。又普賢と名く。【大日經疏九】に「以レ見ニ如レ是金剛界一故名爲ニ金剛手一。以レ見ニ如レ是法界宮一故名爲ニ普賢一。」【新譯仁王經下】に「東方金剛手菩薩摩訶薩。手持ニ金剛杵一。放ニ青色光一。與ニ四俱胝菩薩一往護ニ其國一。」【同念誦儀軌上】に「手持ニ金剛杵一者。表下起ニ正智一猶如中金剛上。能斷ニ我法微細障一故。」「コンガウボサツ」を見よ。

金剛手菩薩降伏一切部多大敎王經　〔經名〕三卷、宋の法天譯。降伏成就の法を說く。部多、鬼と譯す。【成帙十二】

コンガウシユヰン　金剛手院　〔術語〕胎藏界曼陀羅十三大院中の第四院にして、中臺大日の左方（大日西面）即ち第一重の南方に在り。金剛部の諸尊三十三を列ぬ。其中主尊二十一、使者十二なり。又薩埵院を云ふ。金剛薩埵は金剛部の上首なればなり。【大日經一】に「復次華臺表大日之左方。能滿ニ一切願一持ニ金剛慧一者。」【疏五】に「次於ニ大日如來左方一安ニ置金剛部明王一。所謂執金剛能滿ニ一切願一者。」又「左方是如來大慧力用。能摧ニ破三障一故名ニ金剛部一也。」

コンガウシヨ　金剛杵　〔物名〕梵語、伐折羅。Vajra　これもと印度の兵器なり。密宗に之を假りて堅利の智以て煩惱を斷じ惡魔を伏するを幖す。其兩頭單獨なるを獨股、三枝に分かるるを三股、五枝に分かるるを五股、九枝に分かるるを九股と云ふ。金石或は木材を以て之を作り、大中小の三品あり。【大日經疏一】に「伐折羅即是金剛杵。」又「伐折羅如來金剛智印。」又「譬如下帝釋手持ニ金剛一破中修羅軍上。今此諸執金剛亦復如レ是。各從ニ一門一持ニ大空之戰具一能破ニ衆生無相之煩惱一。故以相況也。」【仁王經念誦儀軌上】に「手持ニ金剛杵一者。表下起ニ正智一猶如中金剛上。」【諸部要目】に「杵金、銀、銅、鐵、石、水精、佉陀羅木等。無量種各不レ同。杵五股三股一股。長十六指爲レ上。十二指爲レ中。八指以爲レ下。乃至一指節爲レ下。此經中說。不レ持ニ金剛杵一念誦無レ由レ得ニ成就一。金剛杵者菩提心義。能壞ニ斷常二邊一契ニ中道一。中有ニ十六菩薩位一。亦表ニ十六空爲ニ中道一。兩邊各有ニ五股一五佛五智義。亦表ニ十波羅蜜一。能摧ニ十種煩惱一。成ニ十種眞如一。便證ニ十地一。」⦿（太平記一八）「金剛の杵も碎き難くぞ見えたりける」《第卌參圖參照》

コンガウシン　金剛神　〔神名〕具名、執金剛神。又、金剛手、金剛力士など。金剛杵を執りて佛法を護る神祇。山門兩脇の力士など。【法華經普門品】に「應下以ニ執金剛神一得度上者。即現ニ執金剛神一而爲說レ法。」【行宗記二上】に「金剛者即侍從力士。手持ニ金剛杵一。因以爲レ名。」

山門兩脇金剛神　〔神名〕又、二王と云。「ニワウ」を見よ。

コンガウシン　金剛身　〔術語〕金剛不壞の身。佛身を云ふ。【涅槃經三金剛身品】に「如來身者。是常住身。不可壞身。金剛之身。」【同十】に「諸佛世尊。精勤修習。獲ニ金剛身一。」

コンガウシン　金剛心　〔術語〕菩薩の大心堅固にして破壞すべからざると金剛の如きを云ふ。【智度論四十五】に「一切結使煩惱所レ不レ能レ動。譬如四金剛山不三爲ニ風所二傾動一。諸惡衆生魔人來不ニ隨レ意行一。不レ信ニ受其語一。瞋罵謗毀打擊閉繫斫刺割截心不ニ變異一。乃至人來劚鑿毀壞諸蟲來齧無レ所ニ虧損一。是名ニ金剛心一。」【敎行信證三末】に「眞實心即是金剛心。」【同二】に「光明名號顯ニ因緣一。開ニ入本願大智海一。行者正受ニ金剛心一。」図菩薩の最後心、等覺の位を云ふ。觀心最も明利なればなり。【四敎儀四】に「即是邊際智滿入ニ重玄門一。若望ニ法雲一名レ之爲レ佛。望ニ妙覺一名ニ金剛心菩薩一。亦名ニ無垢地菩薩一。」【四敎儀】に「更斷ニ一品無明一入ニ等覺位一。亦名ニ金剛心一。亦名ニ一生補處一。」【四敎集解】に「所修觀智純一堅利。喩如ニ金剛一。名ニ金剛心一。」

コンガウシン　金剛針　〔雜名〕獨鈷の異名。

コンガウシンデン　金剛心殿　〔術語〕具名、不壞金剛光明心殿。金剛界大日如來の所住の名。【瑜祇經】に「一時。薄伽梵遍照金剛如來。以ニ五智所成四種法身一。於ニ本有金剛界壞、自在大三昧耶、自覺本初、大菩提心普賢滿月、不壞金剛光明心殿中一。與ニ自性所成眷屬金剛手等十六大菩薩、及四攝行、天女使、金剛內外八供養、金剛天女使一。」【顯密二敎論下】に之を略抄して「金剛界遍照如來。以ニ五智所成四種法身一。於ニ本有金剛界金剛心殿中一。與下自性所成眷屬、乃至微細法身秘密心地超ニ照十地一身語心金剛上。」【二敎論下自註】に「金剛不壞者。總歎ニ諸尊常住身一。光明心者歎ニ心之德一。總殿者明ニ三身心迺爲ニ能住所住一。」

コンガウシンボサツ　金剛針菩薩　【菩薩】　Vajrasūci　胎藏界第十虛空藏院二十八尊の一。手に獨鈷を執る。獨鈷の形針に似たれば金剛針と云。【大日經疏五】に「素支譯云ニ金剛針一。持ニ一股拔折羅一以爲ニ幖幟一。此跋折羅是一相一緣堅利之慧。用レ此貫ニ徹諸法一無レ所レ不レ通。故名ニ金剛針一

（金剛針菩薩の圖）

也。」

コンガウシンロン 金剛針論 [書名] 一卷、宋の法天譯。法稱菩薩婆羅門の四章陀論を破す。【藏帙四】(1303)

コンガウジキテン 金剛食天 [天名] 金剛界、外金剛部二十天の一。手に華鬘を持す。華鬘毘那耶伽と稱す。毘那耶伽は歡喜天の梵名なり。【胎藏界曼陀羅大鈔二】

(金剛食天の圖)

コンガウシヤウキ 金剛生起 [術語] 眞言行者が寢息する時は金剛三昧に入るを想ひ、起くる時は金剛三昧より起つを想ふべきなり。其の起時の眞言に曰く。唵拔折羅底悉吒。【金剛頂義訣】に「修ニ習瑜伽一者。常想自身常爲ニ普賢金剛身一。若寢息時想レ入ニ金剛三昧一。謂心寂靜如レ入ニ涅槃一。當ニ想下自身爲ニ五智印相一。而有ニ光焰一圍繞上。然後隨レ意寢息也。是名ニ身三昧相應一。若起時想下從ニ金剛三昧一起上故。此秘密義云ニ金剛生起一也。拔折羅者金剛三昧。相名レ底。悉吒者生起義。唵者諸佛法界頂。」

コンガウジヤウサツ 金剛淨刹 [術語] 伽藍の德稱。功德の堅利なるを金剛に譬へ、清淨の土なるを淨刹と云ふ。【行事鈔下三】に「入レ寺踐ニ金剛淨刹、法地一。」【同資持記下三之四】に「金剛。堅刹之寶。伽藍福業之地。故以喩焉。」

コンガウジヤウミ 金剛上味 [譬喩] 最勝の上味を金剛に譬ふ。

コンガウジヤウミキヤウ 金剛上味經 [經名] 金剛上味陀羅尼經の略名。

コンガウジヤウミダラニキヤウ 金剛上味陀羅尼經 [經名] 一卷、元魏の佛陀扇多譯。金剛場陀羅尼經と同本。【宙帙十】(373)

コンガウジユ 金剛樹 [植物] 金剛子の實を結ぶ樹。「コンガウシ」を見よ。

コンガウジユミヤウキヤウ 金剛壽命經 [經名] 二部あり。一は具名、佛說一切金剛壽命陀羅尼經。佛、殑伽河の側に在りて四天王に對して延壽の陀羅尼を說く。唐の金剛智譯。【閏帙九】一は本名、金剛壽命陀羅尼念誦法。報身佛色界の頂より須彌山に下りて一切如來の請に應じて延壽の陀羅尼を說く。唐の金剛智譯。【閏帙九】而して此經に於て更に二本あり。一を金剛壽命陀羅尼經法と云ひ。一を金剛壽命陀羅尼經と云ふ。前經に比して少しく具略あるのみ。【餘帙三】常に壽命經と稱するは前の一經を指す。

コンガウジユミヤウダラニ 金剛壽命陀羅尼 [眞言] 佛說一切如來金剛壽命陀羅尼經に說く神咒を指す。之を念誦すれば金剛の壽命を得。

コンガウジユミヤウダラニキヤウ 金剛壽命陀羅尼經 [經名] 「コンガウジユミヤウキヤウ」を見よ。

コンガウジユミヤウダラニキヤウホフ 金剛壽命陀羅尼經法 [經名] 「コンガウジユミヤウキヤウ」を見よ。

コンガウジユミヤウダラニネンジユホフ 金剛壽命陀羅尼念誦法 [經名] 「コンガウジユミヤウキヤウ」を見よ。

コンガウジユミヤウネンジユホフ 金剛壽命念誦法 [經名] 金剛壽命陀羅尼念誦法の略稱。

コンガウジヨウ 金剛乘 [術語] 眞言敎の異名。敎法の堅利なるを金剛に譬ふ。【瑜祇經】に「以ニ金剛自性、光明遍照、清淨不壞、種種業用、方便加持一救ニ度有情一。演ニ金剛乘一。唯一金剛斷ニ煩惱一。」【金剛頂經瑜伽修習毘盧遮那三摩地法】に「演ニ說如來三密門金剛一乘甚深敎一。」梵 Vajra-yāna 但し印度にては密敎中の陰陽和合派の敎義を指せども、根本に於ては決して然らざるものの如し。◎(盛衰記四十)「金剛乘敎二百餘卷」

コンガウズヰ 金剛水 [修法] 灌頂式の時受者の飮む香水の名。誓水と云ふ。【大日經疏五】に「又於ニ別器一調ニ和香水一。以ニ鬱金龍腦栴檀等種種妙香一。亦以ニ眞言一加持。授與令レ飮ニ少許一。此名ニ金剛水一。以ニ秘密一加持故。乃至地獄重障皆悉除滅。內外倶淨堪レ爲ニ法器一也。阿闍梨言。此即名爲ニ誓水一。亦順ニ世諦一猶如ニ盟誓之法一。令下於ニ一切衆聖前一呼ニ此香水一自誓中其心要令レ不レ退ニ大菩提願一也。」

(金剛笑菩薩の圖)

コンガウズヰシンホウ 金剛隨心法 [修法] 密敎修法の名。【陀羅尼集經七】

コンガウセウボサツ　金剛笑菩薩　〔菩薩〕Vajrahāsa 金剛界三十七尊中、南方寳生如來四親近菩薩の一。喜悦の三昧耶に住して笑顔を爲す。【略出經】に「由レ結二金剛微笑契一故。速得下與二諸佛一同笑上」【出生義】に「由二一切如來大歡樂義一而生二金剛笑一」

コンガウセツ　金剛刹　〔術語〕寺の異名。金剛淨刹とも云ふ。金剛は寺處の功德に譬へ、刹は梵語Kṣetra 土と譯す。【僧史略上】に「案二靈裕法師寺誥一。凡有二十名寺一。乃至七曰金剛刹。刹土堅固道人所居」

コンガウザン　金剛山　〔雜名〕又、金剛圍山。金剛輪山。世界を周繞する鐵圍山を云。【起世經二】に「諸餘大山及須彌山王之外。別有二一山一名二斫迦羅一。前代舊譯云鐵圍山高六百八十萬由旬。縱橫亦六百八十萬由旬。彌密牢固金剛所レ成。難レ可二破壞一」【無量壽經上】に「須彌山。及金剛鐵圍一切諸山。」【同下】に「金剛圍山。須彌山王。」図須彌山を指す。【註維摩經一】に「肇曰。須彌山。天帝釋所住。金剛山也。」【探玄記十九】に「住二金剛山頂一者。即是此光明山也。」光明山は須彌山の一名 図〔地名〕別處の山の名。【長阿含經十八】に「南州有二金剛山一。中有二修羅宮一。所治有二六千由旬一」【八十華嚴經四十五菩薩住處品】に「東北方有レ處名二清凉山一。乃至海中有レ處名二金剛山一。從レ昔以來諸菩薩衆於レ中止住。現有二菩薩一名曰二法起一。與二其眷屬諸菩薩衆千二百人一倶。常在二其中一而演二說法一」此清凉山は支那の五臺山にして金剛山は本邦河內の金剛山なりと云ふ。

コンガウセンロン　金剛仙論　〔書名〕後魏の菩提流支譯、十卷、天親菩薩の弟子金剛仙菩薩の著。天親の金剛般若論を釋す。藏外に之を行ふ。【玄義私記五本】に「諸師不レ用二此論一。慈恩云。非二眞聖敎一」

コンガウタイ　金剛體　〔術語〕金剛の如く堅固なる身體。佛身の功德に就いて云ふ。【維摩經方便品】に「如來身者金剛之體。諸惡已斷。衆善普會。」【註】に「什曰。如來身無レ可レ損若二金剛一也。」【新譯仁王經中】に「世尊導師金剛體。心行寂滅轉二法輪一。」【良賁疏中一】に「金剛體者堅固具足。體者身也。佛身堅因由如二金剛一。」

コンガウダイ　金剛臺　〔物名〕金剛より成れる臺座。【觀無量壽經】に「觀世音菩薩執二金剛臺一。與二大勢至菩薩一至二行者前一。」

コンガウチ　金剛智　〔術語〕智の堅利なる金剛の如きもの。佛智に名く。【仁王經上】に「金剛智釋迦牟尼佛。」

コンガウチサンゾウ　金剛智三藏　〔人名〕金剛智は名。梵名、跋曰羅菩提。Vajrabodhi 三藏は尊稱。南印度摩賴耶國の人。婆羅門姓なり。年甫めて十歲、那爛陀寺に於て寂靜智に依りて出家し、三十一歲南天竺に往き、龍智龍樹菩薩の弟子が年七百歲にして時に猶現在せし者に就いて七年承事供養し、一切の密敎を受學す。尋で師子國に遊び楞伽山に登る。支那の佛法盛なるを聞き唐の玄宗開元七年廣州に達し、翌年東都に至る。勅して慈恩寺に迎へ、尋で薦福寺に徒らしむ。住する所大曼荼羅壇を立てて四衆を度す。一行禪師不空三藏皆其の弟子なり。同二十年八月十五日洛湯の廣福寺に入寂、壽七十一、灌頂國師と諡せらる。師は眞言宗八祖の第五、東夏に於ては之を始祖とす。【貞元釋敎錄、宋高僧傳一】

コンガウチヤウ　金剛頂　〔術語〕金剛界の諸經諸會の通名なり。金剛界の法に十萬偈十八會あり、總じて金剛頂と名く。金剛は堅固利用の二義を有し、實相不思議の理體堅固にして常住なり、如來の智用銳利にして惑障を摧破するに譬へ、頂は最上尊勝の義にして、此法の諸大乘の中に於て最勝無上なると猶人身の頂に於ける如きに譬ふ。【金剛頂經慈覺疏一】に「言二金剛頂一者是十八會都名也。」又「言二金剛一者。是堅固利用二義。即喩名也。堅固以喩二實相不思議秘密理常存不レ壞也。利用以喩下如來智用摧二破惑障一顯中證極理上。」又「頂者。是最勝義。尊上義。謂此金剛敎於二諸大乘法中一最勝無過上故以レ頂名レ之。」【菩提心論初心鈔上】に「金剛頂金剛頂宗通名。謂敎王經等也。」

コンガウチヤウ　イチサイニヨライ　シンジツセフダイジヨウゲンシヨウダイケウワウキヤウ　金剛頂一切如來眞實攝大乘現證大敎王經　〔經名〕同名異譯二經あり。一は三卷、金剛界大曼荼羅廣大儀品の一品。此中一二三に分る是れ正しく金剛界の曼荼羅を說きし本經なり。常に金剛頂經と云ふは本經を指す。一は二卷四品。修習供養の方規を說く。これ儀軌なり。共に唐の不空譯。【閱帙二】然るに金剛頂の全本は十萬偈十八會あり。其第一會を一切如來眞實攝敎王と名け、四大品あり。一は金剛界と名け、二は降三世と名け、三は遍調伏と名け、四は一切義成就と名く。此中不空譯三卷の金剛頂經は初の一品に止まり、後に趙宋の施護、全く四大品を譯し、佛說一切如來眞實攝大乘現證三昧大敎王經と稱して三十卷あり。【成帙一】（1017）

コンガウチヤウ　ガウサンゼダイギキ　ホウワウケウチユウクワンジザイボサツシンシンゴンイツサイニヨライレンゲダイマンダラボン　金剛頂降三世大儀軌法王敎中觀自在菩薩心眞言一切如來蓮

華大曼荼羅品 〔經名〕一卷。唐の不空譯。梵本の金剛頂經第二大品降三世より觀音の曼荼羅を抄譯せしもの。【閏帙十】

コンガウチヤウキヤウ　金剛頂經 〔經名〕眞言敎三部經の一。是れ梵本十萬偈十八會の惣名なれば、現行流布の金剛界の諸經に通ずれども、殊に三本を主とす。一に不空譯三卷の敎王經。具名、金剛頂一切如來眞實攝大乘現證大敎王經。十八會の第一會に四品ある中、其第一品を譯せしもの。二に施護譯三十卷の敎王經。具名、佛說一切如來眞實攝大乘現證三昧敎王經。第一會の四品を盡く譯せしもの。三に金剛智譯四卷の略出經。具名、金剛頂瑜伽中略出念誦經。巳上三本共に金剛頂經と稱す。但し尋常指す所は第一本なり。⦿（野守鏡下）「しかあれば金剛頂經の疏にいはく」

註疏 〔書名〕金剛頂經開題二卷。金剛頂經略釋一卷。敎王經開題五卷。敎王經秘釋一卷。敎王經義記三卷已上弘法。金剛頂經開題勘註三卷道範。金剛頂經開題一卷果寶。金剛頂註疏七卷慈覺。

コンガウチヤウキヤウ　イチジチヤウリンワウ　ユガイツサイジシヨ　ネンジユジヤウブツギキ　金剛頂經一字頂輪王瑜伽一切時處念誦成佛儀軌 〔經名〕一卷。唐の不空譯。一字頂輪王の修法を說きしもの。【閏帙六】

コンガウチヤウキヤウギキ　金剛頂經儀軌 〔經名〕不空譯二卷の金剛頂一切如來眞實攝大乘現證大敎王經を指す。若し金剛界儀軌と言へば金剛頂蓮華部心念誦儀軌なり。

コンガウチヤウキヤウギケツ　金剛頂經義訣 〔書名〕一卷、唐の智藏の撰。智藏は不空三藏の諱なり。弘法の【御將來目錄】に「金剛頂瑜伽秘密心地法門義訣一卷」【八家秘錄】に周覺の將來本を擧げて「金剛頂經大瑜伽秘密心地法門義訣一卷」後に此本を二卷となし享保九年其上卷を刊行す。

コンガウチヤウキヤウ　クワンジザイワウニヨライシユギヤウホフ　金剛頂經觀自在王如來修行法 〔經名〕一卷、唐の不空譯。西方阿彌陀の修法を說く。【閏帙五】（1431）金剛智譯の金剛頂經瑜伽觀自在王如來修行經一卷之と同本。

コンガウチヤウキヤウシヤクジモボン　金剛頂經釋字母品 〔經名〕瑜伽金剛頂經釋字母品の略名。

コンガウチヤウキヤウタラボサツネンジユホフ　金剛頂經多羅菩薩念誦法 〔經名〕一卷、唐の不空譯。多羅觀音の修法を說く。【閏帙十二】

コンガウチヤウキヤウ　ビルシヤナイツピヤクハチソン　ホフシンカイイン　金剛頂經毘盧沙那一百八尊法身契印 〔經名〕一卷、唐の善無畏譯。金剛界一百八尊の密印を說く。【閏帙二】

コンガウチヤウキヤウ　ユガ　クワンジザイワウニヨライシユギヤウホフ　金剛頂經瑜伽觀自在王如來修行法 〔經名〕一卷、唐の金剛智譯。不空譯の金剛頂經觀自在王如來修行法と同本。【閏帙五】（1430）

コンガウチヤウキヤウ　ユガシフシユビルシヤナサマヂホフ　金剛頂經瑜伽修習毘盧遮那三摩地法 〔經名〕一卷、唐の金剛智譯。禮佛、五悔、修供、觀心等の法を說く。【閏帙二】（1427）

コンガウチヤウキヤウ　ユガモンジユシリボサツホフ　金剛頂經瑜伽文殊師利菩薩法 〔經名〕一卷、唐の不空譯。異名五字咒法。五字文殊の修法を說く。【閏帙十二】（1447）

コンガウチヤウギケツ　金剛頂義訣 〔書名〕一卷、金剛智三藏が六卷略出經の要註を說き、智藏これを筆す。【續藏壹輯三十七套二冊】

コンガウチヤウゴマギキ　金剛頂護摩儀軌 〔經名〕金剛頂瑜伽護摩儀軌の略名。

コンガウチヤウシユウ　金剛頂宗 〔術語〕密敎二宗の一。金剛頂經の所說金剛界の法を所依とす。「コンタイ」を見よ。

コンガウチヤウ　シヨウシヨユガキヤウチユウ　リヤクシユツ　ダイラクコンガウサツタ　ネンジユギキ　金剛頂勝初瑜伽經中略出大樂金剛薩埵念誦儀軌 〔經名〕一卷、唐の不空譯。金剛薩埵を念誦する法を說く。【閏帙九】大樂金剛は金剛薩埵の異名。

コンガウチヤウ　シヨウシヨユガ　フゲンボサツネンジユホフキヤウ　金剛頂勝初瑜伽普賢菩薩念誦法經 〔經名〕一卷、唐の不空譯。普賢菩薩を念誦する法を說く。【閏帙九】（1410）

コンガウチヤウ　テウシヨウサンガイキヤウセツ　モンジユシリボサツ　ヒミツシンシンゴン　金剛頂超勝三界經說文殊師利菩薩秘密心眞言 〔經名〕一卷、唐の不空譯。五字文殊の法を說く。【閏帙十二】（1446）

コンガウチヤウホツボダイシンロン　金

剛頂發菩提心論〔書名〕金剛頂瑜伽中發阿耨多羅三藐三菩提心論の略名。

コンガウチヤウマンジユシリボサツゴジシンダラニホン　金剛頂經曼殊室利菩薩五字心陀羅尼品〔經名〕一卷、唐の金剛智譯。五字文殊の修法を説く。【閏帙十三】(537)

コンガウチヤウユガ　金剛頂瑜伽〔術語〕金剛頂と瑜伽と。金剛頂は敎王經等の金剛界の經をさし、瑜伽は大日經等の胎藏界の經を指す。【菩提心論初心鈔上】に「金剛頂金剛頂宗通名。謂敎王經等也。此經題㆓金剛頂㆒故。瑜伽大日經宗通名也。謂大日經等也。此經疏中指㆓大日經㆒云㆓瑜伽宗㆒故。」図金剛頂即ち瑜伽なり。金剛頂經の中に瑜伽法を明かせば金剛頂瑜伽と云ふ。別部にあらず。不空譯三卷の敎王經末題に金剛頂瑜伽經と云。

コンガウチヤウユガガウサンゼジヤウジユゴクジンボフモン　金剛頂瑜伽降三世成就極深法門〔經名〕一卷、唐の不空譯。三世の害毒を摧く降三世明王の深法を説く。【閏帙十三】(1389)

コンガウチヤウユガキヤウ　金剛頂瑜伽經〔經名〕或は單に金剛頂經と云ふ。梵本十萬偈十八會の總名。

コンガウチヤウユガキヤウジフハチヱシキ　金剛頂瑜伽經十八會指歸〔經名〕一卷、唐の不空譯。梵本十萬偈十八會の大要を説く。常に十八會指歸と稱す。

コンガウチヤウユガキヤウモンジユシリボサツギキクヤウホフ　金剛頂瑜伽經文殊師利菩薩儀軌供養法〔經名〕一卷。唐の不空譯。文殊菩薩を念誦する法を説く。【閏帙十二】(1428)

コンガウチヤウユガコンガウサツタゴヒミツシユギヤウネンジユギキ　金剛頂瑜伽金剛薩埵五秘密修行念誦儀軌〔經名〕一卷、唐の不空譯。五秘密の法を説く。【閏帙九】(1411)

コンガウチヤウユガゴマギキ　金剛頂瑜伽護摩儀軌〔經名〕一卷、唐の不空譯。五類護摩の儀軌不同を説く。一に息災、二に增益、三に降伏、四に鈎召、五に敬愛。二本あり、一は明藏に載する所、師子國沙門釋智藏譯とあり。智藏は不空の原名。【閏帙五】(1443)一は空海等の將來、不空譯とあり。【餘帙三】明藏に載する所は文に爛脫ありて八天の形像なく、又彼此の文互に具畧あり。

コンガウチヤウユガサンジフシチソンシユツシヤウギ　金剛頂瑜伽三十七尊出生義〔經名〕一卷、唐の不空譯。金剛界根本成身會の三十七尊、大日如來より出生する次第を説く。單に出生義と云ふ。【閏帙二】

コンガウチヤウユガサンジフシチソンライ　金剛頂瑜伽三十七尊禮〔經名〕金剛頂經金剛界大道場毘盧遮那如來自受用身內證眷屬法身異名佛最上乘秘密三摩地禮懺文の異名。【閏帙十五】

コンガウチヤウユガシヤウキヤウダイヒワウクワンジザイネンジユギキ　金剛頂瑜伽靑頸大悲王觀自在念誦儀軌〔經名〕一卷、唐の金剛智譯。靑頸觀音の修法を説く。【餘帙三】

コンガウチヤウユガセンジユセンゲンクワンジザイボサツシユギヤウギキキヤウ　金剛頂瑜伽千手千眼觀自在菩薩修行儀軌經〔經名〕一卷、唐の不空譯。千手觀音の念誦法を説く。【閏帙十】(1183)

コンガウチヤウユガタケジザイテンリシユヱフゲンシユギヤウネンジユギキ　金剛頂瑜伽他化自在天理趣會普賢修行念誦儀軌〔經名〕一卷、唐の不空譯。普賢菩薩の念誦法を説く。【閏帙九】(1309)

コンガウチヤウユガチユウホツアノクタラサンミヤクサンボダイシンロン　金剛頂瑜伽中發阿耨多羅三藐三菩提心論〔書名〕一卷、龍樹菩薩作。唐の不空譯。常に畧して菩提心論と云。眞言宗十卷書の一。【閏帙一】(1319)

コンガウチヤウユガチユウリヤクシユツネンジユキヤウ　金剛頂瑜伽中略出念誦經〔經名〕四卷、唐の金剛智譯。金剛界九會曼陀羅中の成身會羯磨會三昧耶會供養會の四會を説く。常に畧して畧出經と云。【閏帙一】(534)

コンガウチヤウユガネンジユキヤウ　金剛頂瑜伽念珠經〔經名〕一卷、唐の不空譯。佛、金剛薩埵に敕して珠數の功德を説かしむ。【閏帙十五】

コンガウチヤウユガリシユハンニヤキヤウ　金剛頂瑜伽理趣般若經〔經名〕一卷、唐の金剛智譯。之を不空譯の理趣經に對して異譯の理趣經とす。【閏帙八】(1033)

コンガウチヤウユガリヤクジユツサンジフシチソンシンエウ　金剛頂瑜伽略述三十七尊心要〔經名〕一卷、唐の不空譯。金剛

界三十七尊の心要を說く。【閏帙二】

コンガウチヤウリシユキヤウ　金剛頂理趣經　[經名] 金剛頂瑜伽理趣般若經の畧名。一卷、金剛智譯。【閏帙八】(1033)

コンガウチヤウリヤクシユツネンジユキヤウ　金剛頂略出念誦經　[經名] 金剛頂瑜伽中畧出念誦經の畧名。

コンガウチヤウレンゲブシンネンジユギキ　金剛頂蓮華部心念誦儀軌　[經名] 一卷、唐の不空譯。是れ金剛頂經の儀軌にして、金剛界の儀軌と稱す。かの不空譯二卷の金剛頂一切如來眞實攝大乘現證大敎王經と異名同本。少しく字句の異あるのみ。【閏帙二】(1436)

コンガウヂヤウ　金剛定　[術語] 又、金剛喩定、金剛三昧。菩薩の最後位に最極微細の煩惱を斷ずる禪定の名。其智用の堅利なるを金剛に譬ふ。【新譯仁王經中】に「動相滅時名二金剛定一。」【同靑龍疏三】に「金剛定者。謂諸菩薩至二此位中一。所依勝定猶如二金剛一。悉能斷二微細障一。」

コンガウヂヤウ　金剛杖　[物名] 執金剛神の持つ金剛杵。又、山伏の持つ杖。【資持什物記金剛杖品】に「金剛杖は役優婆塞の三昧耶形、金胎不二の塔婆なり。上の劔頭は金剛の智、下の四角は胎藏の智、四面は常樂我常の四德を表し、方各一寸五分、都て六寸なるは自性の六大を表す。其長は行者の身量に依る。」【俱舍光記十一】に「手執二金剛杖一名二金剛手一。」

コンガウヂヤウキヤウ　金剛場經　[經名] 金剛場陀羅尼經の略名。

コンガウヂヤウシヤウゴンハンニヤハラミツタケウチウイチブン　金剛場莊嚴般若波羅蜜多敎中一分　[經名] 佛說金剛場莊嚴般若波羅蜜多敎中一分、一卷、宋の施護譯。大日如來、一切如來自性中に安住して四念處乃至十・八不共法等の諸法句を說く。【成帙三】(944)

コンガウヂヤウダラニキヤウ　金剛場陀羅尼經　[經名] 一卷、隋の闍那崛多譯。一切善惡の法盡く是れ陀羅尼なるを說く。【宙帙十】(1272)

コンガウヅカウボサツ　金剛塗香菩薩　[菩薩] Vajragandhi　金剛界外四供養菩薩の一。女天の菩薩形。塗香を以て中臺の尊に奉るもの。【秘藏記末】に「靑色。持二塗香器一。」【聖位經】に「毘盧遮那佛。於二內心一證三得金剛塗香雲海三摩地智一。自受用故。乃至成二金剛塗香侍女菩薩形一。住二東北角金剛寶樓閣一。」

(金剛塗香菩薩の圖)

コンガウカウボサツ　金剛香菩薩　[菩薩]「金剛塗香菩薩」の略名。

コンガウトウボサツ　金剛燈菩薩　[菩薩] Vajrāloka　金剛界外四供養菩薩の一。女天の菩薩形。燈明を以て中臺の尊に奉るもの。【秘藏記末】に「白色。持二燒爐一。」【聖位經】に「毘盧那佛遮。於二內心一證三得金明雲海三摩地智一。自受用故。乃至成二金剛燈明侍女菩薩形一。住二西北角金剛寶樓閣一。」

コンガウドウシ　金剛童子　[天名] Vajrakumāra　西方無量壽經佛の化身にして忿怒の童子形を現じ手に金剛杵を執れば金剛童子と云。

(金剛燈菩薩の圖)

形像　[圖像]【俱摩羅儀軌】に「次畫二本尊像一。長一尺五寸。而作二丁字一立。足踏二靑蓮華一。身作二黃雲色一。髮赤上繚亂。種種諸瓔珞。環釧以嚴レ身。用二虎皮一縵レ胯。左執二拔折羅一。右下施無畏。當レ作二極迅形一。」更に別畫法あり。【聖迦抳忿怒金剛童子儀軌經上】に「畫二菩薩身一。種種瓔珞以莊嚴。身如二火色一。徧身流三出火焰一。以二右手一持二金剛杵一。鋒舉向レ上。左手作二施願手一。脚爲二里茶一踏二磐石上一。」（里茶とは前の丁字形を言ふなるべし）《第卅四圖參照》

儀軌　[經名] 聖迦抳忿怒金剛童子菩薩成就儀軌三卷。【閏帙十四】佛說無量壽佛化身大怒迅俱摩羅金剛念誦瑜伽儀軌一卷。（略して俱摩羅儀軌と云ふ。）【餘帙一】

(金剛幢菩薩の圖)

コンガウドウボサツ　金剛幢菩薩　〔菩薩〕 Vajraketu　金剛界十六菩薩の一。南方寶生如來四親近の一。寶幢の三昧耶以て寶雨を注ぐを幖す。【秘藏記末】に「肉色。二手持二幡幢一。」【略出經】に「由レ結二金剛幢契一故。能注二雜寶雨一。」【聖位經】に「毘盧遮那佛。於二內心一證二得金剛寶幢三摩地智一。自受用故。乃至成二金剛幢菩薩形一。住二寶生如來左邊月輪一。」【出生義】に「由二一切如來大滿願義一而生二金剛幢一。」

コンガウドウジゴマ　金剛童子護摩　【修法】金剛童子を祈念する護摩の修法。

コンガウドウジホフ　金剛童子法　〔修法〕金剛童子の修法。二部の儀軌に說く。（儀軌の名、金剛童子の下に出づ。）【密門雜抄】に「北斗尊星王法並金剛童子法除災延命ノ御祈。此二法園城寺殊爲二深秘一。」

コンガウナラエンシン　金剛那羅延身　〔術語〕其の體の堅固なると金剛の如く、其の力の强きと那羅延神の如き身を云ふ。那羅延 Nārāyaṇa は勝力又は堅牢と翻す。天上力士の名。【無量壽經上】に「國中菩薩。不レ得二金剛那羅延身一者。不レ取二正覺一。」

コンガウネンジユ　金剛念誦　〔術語〕四種念誦の一。口を閉ぢて默誦すると。【略出經四】

コンガウノウダンキヤウ　金剛能斷經　〔經名〕金剛能斷般若波羅蜜經の略名。

コンガウノウダンハンニヤハラミツキヤウ　金剛能斷般若波羅蜜經　〔經名〕一卷、隋の達磨笈多譯。金剛經の異譯。【月帙九】(15)梵 Vajra-cchedikā「「コンガウ」を見よ。

コンガウハウ　金剛寶　〔物名〕所謂金剛石なり。

コンガウハウカイ　金剛寶戒　〔術語〕梵網經所說の大乘戒を云。又、一心金剛寶戒と云。

コンガウホウカイシヤウ　金剛寶戒章　〔書名〕【圓光大師行狀翼贊四十六】に「今世に金剛寶戒章と名づくるもの三卷あり。其上卷を金剛寶戒訓授章と云ひ、其下卷を金剛寶戒釋義章と云ふ。又一卷ありて金剛寶戒秘決章と名づく。是れ蓋し大師の門徒の中に異見を生ぜるもの僞つて書を著し、名を大師にかりて時の人を誑惑して、殊に宗門の秘奧大師の實義と稱するならん。此の如きの邪說改興在世既に發る。是を以て光師當時の邪僻を碎き、未來の迷沒を憐んで決を大師に取る。（行狀本文に出づ。）然れども其後尙固く執して棄てず流行彌盛なり。了惠上人拾遺語灯錄上卷末に僞書の妄に正義を亂るを恐れて別に一件擧二多僞書一諭二後學者一其中亦此三卷を載せたり。又長樂寺の鏡空上人の奧書に、此書は法本房行空之輩僞作して妄に上人の作と云ふ。全く不レ可レ用と。」

コンガウハウボサツ　金剛寶菩薩　〔菩薩〕 Vajraratna　金剛界十六菩薩の一。南方寶生如來の四親近の上首。是れ虛空藏菩薩と異名同體。功德の財寶を攝持するを幖して如意珠の三摩耶形を持す。其忿怒身を軍荼梨夜叉とす、即ち寶生如來の敎令輪身なり。【秘藏記末】に「肉色。左手與レ願。右手承レ寶。」【略出經】に「由レ結二金剛寶契一故。諸天人師爲レ其灌頂。」【金剛界曼陀羅鈔一】に「此尊是寶生尊第一脇士。虛空藏尊也。從二一尊一生二五大虛空藏一故。納二萬寶一。」【新譯仁王經下】に「南方金剛寶菩薩、摩訶薩。手持二金剛摩尼一。」【仁王經儀軌上】に「言二金剛寶一者。如二彼經云一虛空藏菩薩也。依二前法輪一現二勝妙身一。修二施等行一。三輪清淨。手持二金剛摩尼一者。梵云二摩尼一。此翻爲レ寶。體淨堅密猶如二金剛一。即是金剛如來意寶也。隨二諸有情所一レ求皆得。依二敎令輪一現作二威怒甘露軍吒梨金剛一。示二現八臂一。」

（金剛寶菩薩の圖）

コンガウハチエウノミネ　金剛八葉峯　〔雜名〕高野山のと。金剛峯寺の名に因みて云。金剛は金剛界を指し、八葉は胎藏界の中臺八葉院を指す。即ち金胎兩界を以て一峯に名けしもの。

コンガウハラミツ　金剛波羅蜜　〔菩薩〕金剛界四波羅蜜の一。金剛波羅蜜菩薩略稱。

コンガウハラミツタボサツ　金剛波羅蜜多菩薩　〔菩薩〕 Vajra-pāramitā　金剛界の三十七尊中大日如來の四親近菩薩の上首。是れ轉法輪菩薩と異名同體。金剛は金剛の寶輪、波羅蜜は到彼岸と譯す。手に金剛輪を持して不退の法輪を轉じ、以て衆生を彼岸に到らしむるを幖す。此菩薩の忿怒身を不動明王となす、即ち大日如來の敎令輪身なり。【秘藏記

（金剛波羅蜜多菩薩の圖）

末】に「黑青色。左手蓮華上有レ篋。右手阿閦如來印。」【聖位經】に「毘盧遮那佛。於ニ内心一證ニ得五峯金剛菩提心三摩地智一。自受用故。乃至成ニ金剛波羅蜜形一住ニ毘盧遮那如來前月輪一。」【略出經四】に「由レ結ニ阿閦佛觸地契一故。得ニ心不一レ動。」【新譯仁王經下】に「中方金剛波羅蜜多菩薩摩訶薩。手持ニ金剛輪一。」【同儀軌上】に「言ニ金剛波羅蜜多一者。此云ニ到彼岸一也。如ニ彼經云一轉法輪菩薩也。乃至手持ニ金剛輪一者。毘盧遮那始成ニ正覺一。請ニ輪法輪一以表示也。」乃至依ニ教令輪一現作ニ威光不動金剛一。摧ニ伏一切鬼魅惑亂一。」

コンガウハラミツボサツ　金剛波羅蜜菩薩　〔菩薩〕金剛波羅蜜多菩薩の略名。

コンガウハンニヤキヤウ　金剛般若經　〔經名〕具名、金剛般若波羅蜜經。略して金剛經、金剛般若經と云。「コンガウキヤウ」を見よ。

コンガウハンニヤハラミツキヤウ　金剛般若波羅蜜經　〔經名〕金剛經の具名。「コンガウキヤウ」を見よ。

コンガウハンニヤハラミツキヤウハシユヂヤクフヱケミヤウロン　金剛般若波羅蜜經破取著不壞假名論　〔書名〕二卷、功德施菩薩造、唐の地婆訶羅譯。直ちに經文を釋す。論名は本經所詮の義理に取る。【往帙六】(1192)

コンガウハンニヤハラミツキヤウロン　金剛般若波羅蜜經論　〔書名〕二部あり。一は二卷、無著菩薩造、隋の達磨崛多譯。一は三卷、天親菩薩造、元魏の菩提流支譯。共に本經を釋せる彌勒菩薩の偈頌を解せしもの。【往帙六】(1167)

コンガウハンニヤロン　金剛般若論　【書名】金剛般若波羅蜜經論の略名。

コンガウバン　金剛幡　〔物名〕竿頭に龍頭を置き、龍頭より旗を垂れしもの。【瑜祇經拾古鈔上】に「前幢旗者懸ニ于寶幢一之旗也。今幡者懸ニ于龍頭一之幡也。旗竿頭安ニ寶珠一云ニ幢旗一。幡竿頭置ニ龍頭一云ニ金剛幡一也。」

コンガウバン　金剛盤　〔物名〕鈴と三種の金剛杵を置く臺。金屬にて造る。【行法肝要鈔上】に「金剛盤肉團形也。三角心形也。」

(金剛盤)

コンガウヒミツゼンモンダラニジユキヤウ　金剛秘密善門陀羅尼呪經　〔經名〕一卷、失譯。佛說延壽妙門陀羅尼經の異譯先出。【成帙八】(1270)

コンガウフヱ　金剛不壞　〔術語〕金剛の如く堅固にして壞滅せざるを云ふ。金剛不壞の身。金剛不壞の勝地など。⊙(榮花、音樂)「院の内、金剛不壞の勝地と見えてめでたし」

コンガウフヱシン　金剛不壞身　〔術語〕佛身を云ふ。【涅槃經三】に「云何得ニ長壽金剛不壞身一。」【心地觀經上】に「不レ如代ニ父母及衆生一修ニ菩薩行一。當下得ニ金剛不壞之身一還ニ來三界一救中度父母上。」【寶積經五十二】に「如來身者。即是金剛之身。不壞之身。堅固之身。」【理趣釋】に「常以ニ大慈甲冑一而自莊嚴。獲下得如ニ金剛一不壞法身上。」⊙(曲、愛宕空也)「本來の面目妙法金剛不壞の正體に導き入れんと呪秘し給ひ」

コンガウブ　金剛部　〔術語〕胎藏界三部の一。又金剛五部の一。金剛杵を持して如來の智德を標幟する諸尊を云ふ。胎藏界曼陀羅十三大院の中に、中臺大日の左方に位する金剛手院、除蓋障院に在る諸尊なり。【大日經疏五】に「右方是如來大悲三昧。能滋ニ榮萬善一。故名ニ蓮華部一。左方是如來大慧力用。能摧ニ破三障一故名ニ金剛部一也。」【蘇悉地經一】に「諸佛形像即是佛部。諸菩薩形即蓮華部。諸世天像爲ニ金剛部一。」

コンガウブサンマヤ　金剛部三昧耶　〔印相〕十八契印の一。「ジフハチダウ」を見よ。

コンガウブシユ　金剛部主　〔術語〕三部五部に各部主あり。金剛部には阿閦如來又は金剛薩埵を部主とす。【諸部要目】に「金剛部阿閦佛以爲ニ部主一。」【攝大儀軌二】に「觀音蓮華部上首。金剛手菩薩金剛部上首。」

コンガウブジ　金剛峯寺　〔寺名〕高野山の寺號。瑜祇經の具題を「金剛峯樓閣一切瑜伽瑜祇經」と云ひ、又經中「各於ニ五智光明峯杵一出ニ現五億俱胝微細金剛一。」金剛峰の文字之に據る。【瑜祇經古鈔上】に「金剛峰者金剛界。峰者頂義。」又「金剛峰者五部杵即大日五智之總體也。」

コンガウブツシ　金剛佛子　〔術語〕密教の灌頂を受けしものの稱。灌頂すれば必ず某金剛と言へる金剛名を受く。【二教論】に「纔見ニ曼荼羅一則種ニ金剛界種子一。具受ニ灌頂受職金剛名號一。」【性靈集便蒙一】に「瑜伽宗登壇得ニ金剛號一。如ニ大廣三藏號ニ不空金剛一也。」

コンガウブボサツ　金剛舞菩薩　〔菩薩〕Vajra-nṛti 金剛界內四供養菩薩の第四。是れ中央大日如來より北方不空成就如來を供養せん爲に心中より流出

せし旋舞三摩地の女菩薩なり。【金剛頂儀軌】に「二拳生二舞儀一。旋轉掌二於頂一。」【聖位經】に「毘盧遮那佛。於二內心一證二得金剛法舞神通遊戲三摩地智一。自受用故。乃至成二金剛法舞天女形菩薩一。住二毘盧遮那東北隅月輪一。」

（金剛舞菩薩の圖）

コンガウブモ　金剛部母　〔術語〕三部五部に各部主を生ずる部母あり金剛部は忙莽雞（ままけ）Māmakī を以て部母とす。【大日經疏五】に「於二金剛部主之右一置二忙莽雞一所謂金剛部母。」【諸部要目】に「蓮華部白衣觀自在。以爲二部母一。金剛部忙莽雞菩薩。以爲二部母一。」

コンガウヘイ　金剛鉀　〔書名〕金鉀論の本名。

コンガウホウ　金剛峯　〔雜語〕「コンガウブジ」を見よ。

コンガウホウニチ　金剛峯日　〔術語〕七曜と二十八宿の配合に依りて生ずる吉日の名。例へば月の尾宿と合する時に於て恰も日曜日に當る如き之を金剛峰日と名け、一切の降伏法を修するに宜しとなす。【宿曜經下】に「太陽直日（日曜日を云ふ）月與レ尾合。大陰直日（月曜日を云ふ）月與レ心合。火曜直日、月與レ壁合。水曜直日、月與レ昴合。木曜直日、月與レ井合。金曜直日、月與レ張合。土曜直日、月與レ亢合。已上名二金剛峰日一。宜下作二一切降伏一誦二日天子咒一。及作二護摩一。並諸猛利事上。」

コンガウホウロウカク　イチサイユガユギキヤウ　金剛峯樓閣一切瑜伽瑜祇經　〔經名〕瑜祇經の具名。一卷、唐の金剛智譯。胎藏界の蘇悉地經の如く、此經は金剛界の蘇悉地法を說きしもの。【閏帙二】(1039)

コンガウホフカイグ　金剛法界宮　〔術語〕胎藏界大日如來の依住の宮殿。【大日經一】に「薄伽梵。住二如來加持廣大金剛法界宮一。」深秘釋に依れば、金剛は如來の實相智を云ひ、法界は實相の智體を云ひ、大日法身の實相の智體に住するを宮と云ふ。若し淺略釋に依れば色界の頂、摩醯首羅天の自在天宮を指す。【大日經疏一】に「金剛喩二實相智一。乃至法界者廣大金剛智體也。乃至心王所レ都故曰レ宮也。此宮是古佛成二菩提一處。所謂摩醯首羅天宮。」

コンガウホフボサツ　金剛法菩薩　〔菩薩〕Vajradharma 金剛界十六菩薩の一。西方無量壽如來四親近の上首。手に蓮華を持して淸淨の妙法を標す。【秘藏記末】に「肉色。持二一蓮華一。」【略出經】に「由レ結二金剛華契一故能見二金剛法一。」【聖位經】に「毘盧遮那佛。於二內心一證二得金剛法淸淨無染三摩地智一。自受用故。乃至成二金剛法菩薩形一。住二觀自在如來前月輪一。」

（金剛法菩薩の圖）

コンガウボダイサンザウ　金剛菩提三藏　〔人名〕金剛智三藏のこと。

コンガウマンイン　金剛慢印　〔印相〕大慢の相を標する印契。拳を作して腰側に置く形。【理趣釋上】に金剛薩埵の像を記して、左手作二金剛慢印一。右手抽二擲本初大金剛一。」

コンガウマンボサツ　金剛鬘菩薩　〔菩薩〕Vajramālin 金剛界內四供養菩薩の第一。是れ中央大日如來より南方寶生如來を供養せん爲に心中より流出せし華鬘三摩地の女菩薩なり。【略出經】に「由レ結二金剛鬘契一故。得二美妙容色一。」【聖位經】に「毘盧遮那佛於二內心一證二得金剛華鬘菩提分法三摩地智一。自受用故。乃至成二金剛華鬘天女形菩薩一。住二毘盧遮那佛西南隅月輪一。」

（金剛鬘菩薩の圖）

コンガウミツキヤウ　金剛密經　〔術語〕金部の密經を云。敎王經、理趣經など。

コンガウミツジヤク　金剛密迹　〔術語〕又、密迹金剛、密迹力士、金剛力士、金剛手、執金剛など。總て金剛杵を執り大威勢を現じて佛法を擁護する天神の通稱。大日如來は此金剛衆を內眷屬とし、普賢文珠等の諸菩薩を大眷屬とすると、猶釋迦が舍利弗等の聲聞衆を內眷屬とし、他の諸菩薩を大眷屬となす如し。密迹とは常に佛に侍して佛の秘密の事

迹を憶持する義。又、佛の三密を知り迹を垂れて神となる義。大日經に金剛手秘密主と云ふ。【楞嚴經七】に「一一光明。皆遍示二現十恒河沙金剛密迹一。擎レ山持レ杵偏二虚空界一。」【金光明經鬼神品】に「金剛密迹大鬼神王。及其眷屬五百徒黨。一切皆是大菩薩等。亦悉擁下護聽二是經一者上。」「ミツジヤク」を見よ。

山門兩脇金剛密迹 〔天名〕二王と云。「ニワウ」を見よ。

コンガウミヤウガウ 金剛名號 〔術語〕密門に入りて登壇灌頂すれば何金剛と言へる金剛乘の名號を受く。弘法の遍照金剛。慈覺の大勇金剛など。【秘藏記鈔五】に「諸教は皆假人實法と談ずる故に、隨他門には報化二身人體を現ずるも、法身自證の境界に於ては色相を癈し言語を絶す。今宗啻に法の本旨を談ずるのみにあらず、人も亦本有なり。故に支部の諸尊に於て各金剛號を立つ。(台宗に所謂倶體倶用の三身是なり。)大日の金剛號は兩部各別の時は金剛界は無障金剛、胎藏界は遍照金剛、通行に依れば兩部共に遍照金剛なり。」

コンガウミヤウワウボサツ 金剛明王菩薩 〔菩薩〕胎藏界蘇悉地院八尊の一。密號、持明金剛。

(金剛明王菩薩の圖)

コンガウメツヂヤウ 金剛滅定 〔術語〕金剛喩定、金剛三昧に同じ。菩薩最後の禪定堅利なると金剛の如く能く微細の煩惱を伏滅するもの。【仁王經上】に「四辨四攝。金剛滅定。一切功德皆成就。」【天台疏上】に「金剛滅定者。十地上忍定。如二金剛一碎二煩惱山一。自不二傾動一。亦名二首楞嚴定一。」

コンガウメンテン 金剛面天 〔天名〕金剛界、外金剛部二十天の一。猪頭人身、劔を持す。人の出胎より盛年に至るまで生長するは此尊の德に由ると云ふ。【胎藏曼陀羅鈔二】

(金剛面天の圖)

コンガウモン 金剛門 〔術語〕胎藏界の壇門なり。「シモン」を見よ。

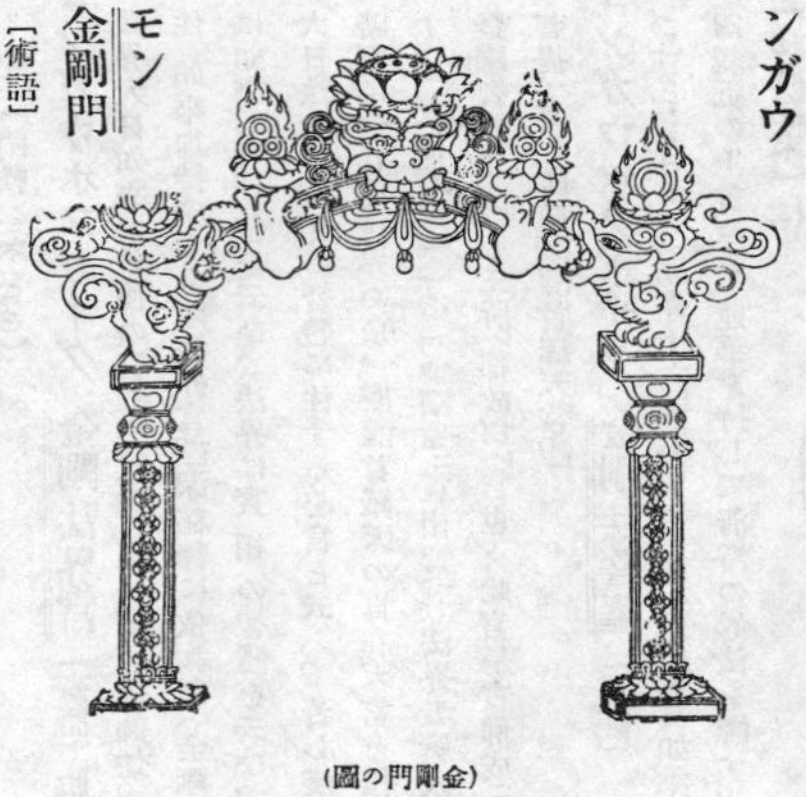
(金剛門の圖)

コンガウヤクシヤ 金剛藥叉 〔明王〕金剛夜叉の舊稱。

コンガウヤクシヤ、シンヌワウ、ソクサイダイヰジンケンネンジユ、ギキ 金剛藥叉瞋怒王息災大威神驗念誦儀軌 〔經名〕一卷、唐の金剛智譯。金剛藥叉の念誦法を説く。【餘帙二】

コンガウヤシヤ 金剛夜叉 〔明王〕Vajrayakṣa 新稱、金剛藥叉。五大明王の一。北方に住し、三面六臂又は一面四臂の忿怒尊。是れ金剛界五智如來の中、北方の不空成就如來の忿怒身にして、菩薩に就いて言へば或は金剛藥叉菩薩(仁王經)或は牙菩薩(補陀落海軌)の敎令輪身なり。而して不空成就如來と釋迦如來と一體異名の義あれば、此尊を又釋迦如來の化現とも云ふ。密號、護法金剛。鈴を三昧耶形とす。【金剛藥叉瞋怒王息災大威神驗念誦儀軌】に「金剛手虛空庫菩薩摩訶薩、釋迦牟尼佛に白して言く、往昔無量倶胝の大劫に法を求むるが爲の故に器世間に流轉し、多く波旬王等ありて我をして多く佛法を退かしむ。唯願くば薄伽梵、權身を示現して大威神驗の眞言を説くを聽せ。佛言く、何の權身を現ぜんと欲するや。答て曰く、願くは大聖藥叉金剛の形を現ぜん。過去佛、既に現じ、現在佛當に今現じ、未來佛當に現ずべし。我今過去にあらず、現在にあらず、未來に在らず、我が自心三昧の忿怒を現じて佛法を守護し、有情を愍念せん。佛言く、善哉、大聖佛法を護持し有情を愍念せんと欲す、仁者善く權を現じ、大靈驗の眞言を説くべし。我れ仁者を加持護念し、倶に共に眞言を説き、持者を持護せん。即時に未だ座を起たず、三面六臂の大威忿怒を現じて毒形を爲し、七寶の瓔珞を以て身を莊り、其身長大無量、遍身火焔燃ゆ、劫焔の烟威猛きが如し、四方を顧視すると獸王象の勇猛なる如し。」【新譯仁王經下】に「北方金剛藥叉菩薩摩訶薩。手持二金剛鈴一。放二瑠璃色光一。」【同儀軌上】に「梵曰二藥

叉一。此云二威德一。又翻爲レ盡。能盡二諸怨一故。乃至手持二金剛鈴一者。鈴音振擊覺三悟有情一。表下以二般若一聲中群迷上故。依二敎令輪一現二作威怒淨身金剛一。示三現四臂一摧三伏一切可畏藥叉一。」⦿（榮花、玉の臺）「金剛夜叉は釋迦佛と聞き奉るに」

尊形 〔形像〕【瑜祇經大金剛焰口降伏一切魔怨品】に「我今更說二秘金剛藥叉形一。六臂持二衆器一。弓箭劍輪印。印は鈴なり是れ此尊の三昧耶形及薩埵羯磨。五眼布忿怒。三首馬王髻。」【圖像鈔八】に「東寺五大尊中。金剛藥叉形依二此文一也。但左足申踏二花上一。左足少屈之體也。」【同鈔】に「智證大師請來五菩薩五忿怒中。北方忿怒尊。一面四臂如二陀羅尼集經烏瑟沙摩明王一。乃至今案依二仁王經儀軌文一上に引く無二其失一。」【秘藏記末】に「金剛藥叉不空成就佛忿怒。自性輪即牙菩薩。是寂靜身。」【補陀落海會軌】に「金剛藥叉不空成就佛忿怒。自性輪即可。可は牙の誤り、下に菩薩の二字を脫す。是寂靜身。忿怒の形を云又穢跡金剛爲二不空成就佛忿怒一。自性輪金剛業也。穢跡即烏芻澁摩菩薩也。」

（金剛夜叉の圖）

儀軌 〔經名〕大金剛焰口降伏一切魔怨品。即瑜祇經第十二品【閱帙二】金剛藥叉瞋怒王息災大威神驗念誦儀軌一卷。【餘帙二】

コンガウユガケウ　金剛瑜伽敎　〔術語〕金剛界を指す、金剛頂經なり。瑜伽は胎藏界を指す、大日經なり。金胎兩部の秘密敎を總括するの稱。「コンガウチヤウユガ」に同じ。

コンガウユガヒミツケウシユ　金剛瑜伽秘密敎主　〔術語〕金剛界と胎藏界との兩部の秘密敎を說ける大日如來を云。⦿（盛衰記一六）「南無歸命頂禮、金剛瑜伽秘密敎主」

コンガウユサンマイ　金剛喩三昧　〔術語〕眞言には五相の修行を以て金剛喩三昧と稱するなり。【金剛界儀軌】に「空中諸如來。彈指而聲覺。告言善男子。汝之所證處。是一道淸淨。金剛喩三昧。及薩婆若智。尙未レ能二證知一。勿二以レ是爲一レ足。應下滿二足普賢一方成中最正覺上。」

コンガウユヂヤウ　金剛喩定　〔術語〕其の體堅固其用銳利にして以て一切の煩惱を斷じ得るを禪定金剛喩定と云ふ。麟の一角に喩ふべき覺悟を麒喩獨覺と言ふ如し。是れ梵の語法のまま譯せしもの。金剛定、金剛三昧、金剛心など云ふ皆同じ。是れ三乘の行心最後心の禪定にして、此禪定に由つて最極微細の煩惱を斷盡して各其極果を得。聲聞乘に在りては之を阿羅漢向の最終となし、菩薩乘に在りては之を等覺の位とす。【俱舍論卄四】に「金剛喩定者。阿羅漢向中斷二有頂惑一第九無間道。亦說名爲二金剛喩定一。一切隨眠皆能破故。」【唯識論十】に「由三三大劫阿僧企耶修二集無邊難行勝行一。金剛喩定現在前時。永斷二本來一切麁重一。頓證二佛果圓滿轉依一。窮二未來際一利樂無盡。」図佛智の稱。【勝鬘經】に「金剛喩者第一義智。」【同寶窟下本】に「佛智是常。不レ爲二生滅所一レ壞。類二同金剛堅固不一レ爲二物壞一。故云二金剛喩一。」

コンガウリキ　金剛力　〔譬喩〕强き力を喩へて云。金剛力士の力と云ふ意。

コンガウリキシ　金剛力士　〔天名〕金剛神、執金剛、持金剛、金剛夜叉、密迹金剛など皆同じ。金剛杵を執りて佛法を護持する天神を云ふ。【楞伽經四】に「金剛力士。常隨侍衛。」寺門の兩脇に立つ二王即ち是なり。【大寶積經密迹金剛力士品】に其宿世の事歷發願を記す。「ニワウ」を見よ。

コンガウリボサツ　金剛利菩薩　〔菩薩〕Vajratīkṣṇa 金剛界十六菩薩の一。西方無量壽如來四親近の一。如來の智德を主りて一切の苦を斷ずるを標し、劍を三昧耶形とす。【秘藏記末】に「金色。左手華上有レ函。右手持二利劍一。由レ結二金剛藏劍一故。彼能斷二一切苦一。」【聖位經】に「毘盧遮那佛。於二內心一證三得金剛劍般若波羅蜜三摩地智一。自受用故。乃至成二金剛劍菩薩形一。住二觀自在王如來右邊月輪一。」【出生義】に「就下一切如來永斷二習氣一智上。而生二金剛利一。」此菩薩は文殊菩薩と異名同體。其敎令輪身を六足の大威德明王とす、即ち無量壽如來の忿怒身なり。【新譯仁王經下】に「西方金剛利菩薩摩訶薩。手持二金剛劍一。放二金色光一。」【同儀軌上】に「言二金剛利一者。如二彼經云一。文殊師利菩薩也。乃至手持二金剛劍一者。示三其所作能斷二自他俱生障一故。依二敎令輪一六頭六手

（金剛利菩薩の圖）

現作ニ威怒六足金剛ー。手臂頭各六。坐ニ水牛上ー。摧ニ伏一切諸惡毒龍ー。」

コンガウリン　金剛輪　〔術語〕金剛の法輪。密教を云ふ。密教を金剛乘と云へばなり。図〔雜名〕地層の最底の金輪を金剛輪と云ふ。【俱舍論十一】に「安ニ立器世間ー。風輪最居レ下。其量廣無數。厚十六洛叉。次上水輪。深十億二萬。下八洛叉水。餘凝結爲レ金。乃至於ニ金輪上ー有ニ九大山ー。妙高山王處レ中而住。」金輪際とは此金剛輪の極際を云ふ。是れ地際の金剛輪の地面に現成道の金剛座を云ふ。是れ地際の金剛輪の地面に現出せしものなればなり。「コンガウザ」を見よ。

コンガウリンインミヤウ　金剛輪印明　〔印相〕諸尊を安置する金剛の輪壇即ち曼荼羅を結する印明なり。大小の二種あり。

大金剛輪印明　〔印相〕虛空を加持して遍一切の大曼荼羅界を結來する印と明となり、即ち行者の身心を護する結界の輪壇を成すなり。

小金剛輪印明　〔印相〕正しく輪壇を結する印と明となり。此印明を以て壇場成就す。【行法肝要抄上】に「小金剛輪正輪壇。大金剛輪行者護ニ身心ー結界輪壇也。」

コンガウリンサンマイ　金剛輪三昧　〔術語〕三種金剛三昧の一。「コンガウサンマイ」を見よ。

コンガウレイ　金剛鈴　〔物名〕法器の一。諸尊を驚覺し、有情を警悟する爲に之を振ふ。其體の堅固を稱して金剛と云ひ、其柄の五鈷の形をなすを五鈷鈴と云ふ。《第卅五圖參照》

コンガウレイボサツ　金剛鈴菩薩　〔菩薩〕Vajragh-anta 金剛界三十七尊中四攝菩薩の一。手に鈴を執りて大日如來の迷の有情を警醒する德を標し又歡喜を標す。【秘藏記末】に「青色。取レ鈴。」【聖位經】に「毘盧遮那佛。於ニ內心ー證ニ得般若波羅蜜金剛鈴三摩地智ー。自受用故。乃至成ニ金剛鈴菩薩形ー。守ニ精進戶ー。住ニ北門月輪ー。」【畧出經】に「由レ結ニ金剛鈴契ー故能生ニ歡喜ー。」

(金剛鈴菩薩の圖)

コンガウワウ　金剛王　〔雜語〕金剛の中の最勝なるものを金剛王と云ふ。牛中の最勝なるを牛王と言ふが如し。【楞嚴經四】に「淸淨圓滿體性堅凝。如ニ金剛王常住不壞ー。」

コンガウワウネンジユギキ　金剛王念誦儀軌　〔經名〕金剛王菩薩秘密念誦儀軌の畧名。

コンガウワウハウカク　金剛王寶覺　〔術語〕如來正覺の德稱。【楞嚴經五】に「自心取ニ自心ー。非幻成ニ幻法ー。不レ取無ニ非幻ー。非幻尙不レ生。幻法云何生。是名ニ妙蓮華金剛寶覺ー。」【同長水疏五上】に「無明堅牢最爲レ難レ壞。一念能破金剛定力。此定尊上更無ニ能過ー。於レ法自在。是可ニ寶重ー。如ニ摩尼珠隨レ意生育ー。無上覺里名ニ王寶覺ー。」

コンガウワウハウケン　金剛王寶劍　〔譬喩〕臨濟四喝の一。臨濟ある時の一喝は以て一切の情解葛藤を切斷する利劍なるを云ふ。【臨濟錄】に「師問レ僧。有時一喝如ニ金剛王寶劍ー。有時一喝如ニ踞地金毛獅子ー。有時一喝如ニ探竿影草ー。有時一喝不レ作ニ一喝用ー。汝作麼生會。僧擬議。師便喝。」【人天眼目】に「金剛王寶劍者。一刀揮ニ斷一切情解ー。」

コンガウワウボサツ　金剛王菩薩　〔菩薩〕金剛界十六菩薩の一。東方阿閦如來四親近の一。具名、金剛鈎王。如來の四攝の德を標し、鈎の三昧耶形を持す。【秘藏記末】に「白色。二手叉拳。」【畧出經】に「由レ結ニ金剛鈎契ー故。能速鈎ニ引一切如來ー。」【聖位經】に「毘盧遮那佛。於ニ內心ー證ニ得金剛鈎四攝三摩地智ー。自受用故。乃至成ニ金剛王菩薩形ー。住ニ阿閦如來右邊月輪ー。」【出生義】に「於ニ一切如來菩提四攝體ー。而生ニ金剛王ー。」【瑜祇經疏】に「王有ニ統化自在德ー故云ニ鈎召ー。」【攝眞實經】に「諸佛菩薩以レ鈎引來鈎。是名爲ニ金剛王ー。」

(金剛王菩薩の圖)

コンガウワウボサツヒミツネンジユギキ　金剛王菩薩秘密念誦儀軌　〔經名〕一卷、唐の不空譯。金剛菩薩の念誦法を說く。

コンガウヰサン　金剛圍山　〔雜名〕鐵圍山なり。鐵性堅固なれば金剛と云。【無量壽經下】に「金剛圍山。須彌山王。大小諸山。」

コンガウヱ　金剛慧　〔術語〕實相の理に達して諸相を破する智を云ふ。【維摩經不二品】に「達ニ罪性

則與レ福無レ異。以二金剛慧一決二了此相一。」【同註】に「肇曰。金剛慧實相慧也。什曰。金剛置レ地下至二地際一然後乃止。實相慧要盡二法性一然後乃止也。」【同慧遠疏】に「破相之智。名二金剛慧一。」

コンキ　根機　〔術語〕人の性を木に譬へて根と云ひ、根の發動する處を機と云ふ。修行の興廢教法の進止は一に此根機の如何に由るとす。【最勝王經七】に「隨二彼根機一令二習定一」【寄歸傳二】に「巧應二根機一。善誘二人天一。」⦿（正統記四）「人の根機」

コンキ　根器　〔譬喩〕人の性を木に譬へて根と云ひ、根能く物に堪ふるを器と云ふ。【大日經疏九】に「畧說レ法有二四種一。謂三乘及秘密乘。雖レ不レ應二悋惜一。然應下觀二衆生一量二其根器一而後與上レ之。」

コンキ　金龜　〔術語〕密教の道場觀には水輪の上に波羅𑖪字を觀じて金龜となし、此金龜法界に周遍して背に大蓮華を生じ、其上に八峯の須彌山ありと觀ずるなり。而して此金龜は佛性なり。何となれば是の佛性能く生死涅槃に遊ぶと龜の能く水陸に遊ぶ如し、故に佛性と爲す。【秘藏記本】

コンク　金口　〔雜名〕如來の口舌。如來の身相は黃金色なれば其口舌を金口と云ひ、又如來の口舌は金剛の如く堅固不壞なれば金口と云ふ。【止觀一上】に「諸師皆金口所レ記。」【輔行一之一】に「金口者此是如來黃金色身口業所レ記。」【瓔珞本業經上】に「爾時釋迦牟尼佛。以二金剛口一告二敬首菩薩一言。」

コンク　昏鼓　〔物名〕夕刻に打つ鼓。【敕修淸規法器章】に「鼓早晩平擊二三通一。」一通は一百二十撾、三通合して三百六十撾、以て一歲の日數を表す。

コンク　金鼓　〔故事〕夢に金鼓あり、懺悔の偈頌を說く。【金光明經懺悔品】に「爾時信相菩薩。即於二其夜一夢見二金鼓一。其狀殊大。其明普照。喩如二日光一。復於二光中一得レ見下十方無量無邊諸佛世尊。衆寶樹下坐二瑠璃座一。與二無量百千眷屬一圍繞而爲說上レ法。見下有二一人一。似二婆羅門一。以レ枹擊レ鼓出二大音聲一。其聲演中說懺悔偈頌上。」本朝佛閣神社の前に懸くる鰐口を金鼓と云ふ。

コンク　金軀　金色の軀。佛身を云ふ。【宗輪論述記】に「化畢緣終。金軀以レ是匿レ影。」

コンクワウ　金光　〔雜名〕金色の光。【觀無量壽經】に「瑠璃色中出二金色光一。」又「如意寶珠。湧二出金色微妙光明一。」又「觀世音菩薩像。坐二左華座一。亦放二金光一。」

コンクワウサイシヨウ　金光最勝　〔經名〕金光明最勝王經を云ふ。

コンクワウドウジ　金光童子　〔人名〕迦毘羅城釋種の中に、一童子あり、金光王と名く。色相端嚴光明晃曜せり。佛の出家成道を聞きて佛所に詣る。佛其往昔の因緣を說き、童子淨信を生じて出家す。【金光王童子經】

コンクワウブツセツ　金光佛刹　〔界名〕最下底の佛土の名。【觀無量壽經】に「從二下方金光佛刹一乃至二上方光明王佛刹一。」

コンクワウミヤウキヤウ　金光明經　〔經名〕三譯あり、一は北涼の曇無讖譯四卷あり、金光明經と題す。一は隋の寶貴等前譯を取り、其欠品を補譯合入して八卷あり、合部金光明經と題す。一は唐の義淨譯十卷あり、金光明最勝王經と題し、三譯中最も後に在りて文義周足す。但金光明經は天台の智者、玄義及び文句を說くに由つて擧世流通す。【黃帙九】（127. 126. 130）一經十八品あり。序品第一と壽量品第二の前半とは序分、壽量品第二の後半より空品第五の終に至る三品半は正宗分、四天王品第六より自餘の十三品は盡く流通分にて、經の利益を示したるもの。此經の流布し受持せらるる處は、四天王を初として一切の天神地祇共國を護り、其人を益し、國に災厄なく人に豐樂あるとを反覆證明せしもの。故に聖武天皇は此經に依つて國分寺を置き、金光明四天王護國之寺と稱して此經を讀誦講讚せしめ、傳教大師は此經に法華仁王の二經を加へて之を鎭護國家の三部經として嵯峨天皇弘仁二年叡山の法華堂に於て長く之を講讀せしむ。

金光明三字　〔術語〕梵に修跋拏、Suvarṇa 此に金、尊貴の義にて法身の德に名く。梵に婆頗婆、Prabhāsa 此に光、照了の義にて般若の德に名く。梵に鬱多摩 Uttama 此に明、利益の義にて解脫の德に名く。依つて此三字は如來の法身般若解脫の三德の當體に名け、以て一經所詮の本體を示したるもの。此義は天台智者の發揮、古師は皆世間の金と光明とを假りて法性の甚深を比況せし譬喩の題號となす。【光明玄義、四敎儀集半字談一】⦿（著聞集、釋敎）「又金光明經をも別當の沙汰にてそへられけり」

註疏　〔經名〕金光明經玄義二卷、智者說。同文句六卷、智者說。金光明經玄義拾遺記六卷、知禮著。同文句記十二卷、知禮著已上台宗。【呂帙二、三】金光明義疏一卷、慧遠著。金光明經疏、一卷、吉藏著。金光明經註釋五卷、傳敎著。

コンクワウミヤウク　金光明鼓　〔故事〕金光明經に單に金鼓と云ひ最勝王經に金光明鼓と云ふ。「金光明鼓出二妙聲一。徧至二三千大千世界一。能滅二三途極塗罪。及以人中諸苦厄一。」「コンク」を見よ。

コンクワウミヤウサイシヨウジヱ　金光明最勝時會　〔行事〕金光明最勝王經の法會を行ふ最勝の時を云ふ。宮中正月の御齋會、並に南都の東大寺を始めとして諸國の國分寺に於て之を修す。

コンクワウミヤウサイシヨウセンギ　金光明最勝懺儀　〔書名〕一卷、宋の知禮集。金光明懺法の修法儀式を明かす。【調帙十】(1516)　図

請觀世音菩薩消伏毒害陀羅尼三昧儀の異名。

コンクワウミヤウサイシヨウワウキヤウ　金光明最勝王經　〔經名〕十卷、唐の義淨譯。金光明三譯中最も後に出でて最も具備せるもの。常に略して最勝王經と云。【黃帙九】(126)

コンクワウミヤウサンマイセン　金光明三昧懺　〔修法〕金光明經所說の懺悔法を云ふ。單に金光明懺と云ふに同じ。一心に其法を修すれば三昧の名を付す。【稽古略四】に「天台講宗知禮遵式。同修二護國金光明三昧懺一。」

コンクワウミヤウシテンワウゴコクノテラ　金光明四天王護國之寺　〔寺名〕【元亨釋書二十二】に「聖武天皇天平十三年の詔に、國分寺をして金光明四天王護國之寺と號し、僧二十人を置きて金光明最勝王經を講讚せしむ。」【金光明最勝王經四天王護國品】に「爾時四天王即從レ座起。偏袒右肩。右膝着地。合掌恭敬。白レ佛言。世尊。此金光明最勝王經。於二未來世一。若有二國土城邑聚落山林曠野一。隨二所レ至處一流布之時。若彼國王於二此經典一。至心聽受稱嘆供養。乃至以二是因緣一。我護二彼王及諸人衆一。皆令下安穩遠二離憂苦一。增中益壽命上。威德具足。」

コンクワウミヤウセン　金光明懺　〔修法〕金光明經の敎に依て懺悔法を修すると。図〔書名〕金光明經の懺悔法を記せる書の名。宋の遵式著、金光明懺法補助儀、一卷あり、金光明識と名く。又明の智旭著、金光明識、一卷あり。各其修法を說く。

コンクワウミヤウセンポフ　金光明懺法　〔修法〕或は單に金光明懺と云。金光明經所說の懺悔法を指し、又は其を記したる法文を指す。

コンクワウミヤウセンポフホジヨギ　金光明懺法補助儀　〔書名〕一卷、宋の遵式著。金光明懺法の修法を記す。【調帙十】(1512)

コンクワウミヤウニヨ　金光明女　〔人名〕金天童子の妻。「コンテンドウジ」を見よ。

コンクワウミヤウヱ　金光明會　〔行事〕三會の一。又、御齋會と云ふ。正月八日より七箇日の間金光明最勝王經を講讚すれば金光明會と名く。

コンクワウドウジキヤウ　金光王童子經　〔經名〕佛說金光王童子經、一卷、宋の法賢譯。金光童子過去の因緣を說く。【昃帙十】

コングウセン　昏寓錢　〔雜名〕「ロクダウゼン」に同じ。

コンケ　今家　〔雜語〕自己の宗派を云ふ。【止觀大意】に「今家敎門。以二龍樹一爲二始祖一。」

コンケ　金華　〔雜名〕金波羅華の略。金色の蓮華を云ふ。

コンケツ　根闕　〔雜語〕眼根などの具足せざるもの。聾盲瘖瘂の類。【淨土論】に「大乘善根界。等無二譏嫌名一。女人及根闕。二乘種不レ生。」

コンゲン　金顏　〔雜名〕金色の顏。如來の光顏なり。【金光明經一】に「其齒鮮白。猶如二珂雪一。顯二發金顏一。分齊分明。」

コンコツ　金骨　〔雜名〕金剛の身骨。佛舍利を云ふ。【仁宗皇帝佛舍利贊】に「惟有二我師金骨在一。曾練二百練一色長新。」

コンサウ　建爪　〔流派〕外道の種類。大日經所說三十種外道の中に、建立淨外道と不建立無淨外道との二あり、之を建と云ひ、爪は長爪梵志にて、外道の名。【大日經疏二】に「建立淨。不建立無淨等。種種宗計。皆不二相應一。乃至長爪梵尼諸大論師等。」

コンサツ　金薩　〔雜語〕金剛薩埵の略。

コンザイビク　金財比丘　〔人名〕「コンセンビク」を見よ。

コンザウ　金藏　〔譬喩〕眞金の庫藏。以て衆生の佛性に譬ふ。【涅槃經七】「ハウザウ」を見よ。

コンザウウン　金藏雲　〔雜名〕初めて世界の成ずるとき金色の雲光音天より起り、大空に遍布して雨を降らす。色によりて金藏雲と云ふ。【原人論自註頌】に「光音金藏雲。布及二三千界一。雨如二車軸一下。」【佛祖統紀三十】に「賢劫初成時。光音天。空中布二金色雲一。注二大洪雨一。猶如二車軸一。」

コンザウキヤウ　金藏經　〔經名〕【大部補註五】に「金藏經者。昔宇文邕殘二酷釋氏一時。有二論師一。采二集衆經要義一。流二布于世一。號爲二金藏一。」義疏六帖の中に往往之を引く。今傳はらず。

コンシ　金脂　〔雜名〕Śaśin 月の別名。【大威德陀羅尼經六】に「月名二金脂一。隋言レ兎。」(金恐らくは舍の誤。即ち月を梵語にシヤシンと云ふ。懷兎と義譯す。)

コンシ　金姿　〔雜語〕金色の姿。佛身を云ふ。

コンシ　金師　〔雜名〕鍛冶を業とするもの。【涅槃經二十六】に「我昔住二於波羅奈國一時。舍利弗敎二二弟子一。一觀二白骨一。二二數息一。經二歷多年一各不レ得レ定。乃至喚二舍利弗一而呵二責之一。汝不二善敎一。云何乃爲二是二弟

子一顚倒説レ法。汝二弟子其性各異。一主浣衣。一是金師。金師之子應レ敎二數息一。浣衣之人應レ敎二骨觀一。以二汝錯敎一。令三是二人生二於惡邪一。」

コンシキ　根識　〔術語〕阿賴耶識十八名の一。【了義燈四本】に「十六名二根識一者。大衆部立テテ爲二根本識一。」

コンシキ　昏識　〔術語〕昏昧の心識。凡夫の無知を云ふ。【萬善同歸集五】に「驚二昏識一之迅雷。」

コンシシシヤウ　金師子章　〔書名〕具名、華嚴金師子章、一卷、華嚴宗の法藏唐の則天武后に對して庭前の金師子を借りて喩となし、十門を以て華嚴の敎觀を顯はせるもの。

註疏　〔書名〕金師子章雲問類解一卷、晉水淨源著。【陽帙三】注金師子章一卷、宋の承遷著。金師子章光顯鈔二卷、栂尾明惠著。

コンシシザ　金師子座　〔雜名〕黃金の師子座。【高僧傳二羅什傳】に「龜茲王爲造二金師子座一。以二大秦錦褥一鋪レ之。令二什昇而說一レ法。」

コンシヤカ　金沙河　〔雜名〕拘耶尼洲に在り。梵名、婆婆耶。【涅槃經十】に「於二是三千大千世界一。有レ洲名二拘耶尼一。其洲有レ河端直不レ曲。名二婆婆耶一。猶如二直繩一。入二於西海一。」【玄義五上】に「金沙大河。直入二西海一。」【玄義私記五末】に「經云二婆婆耶一。大論云二金沙河一。」

コンシヤウ　建聲　〔雜名〕外道の種類。大日經所說三十種外道の中、第四に建立淨外道、第五に不建立無淨外道あり、之を指して建と云ふ。又第二十七に聲顯外道、第二十八に聲生外道、第二十九に非聲外道あり、之を指して聲と云ふ。【秘藏寶鑰中】に「爪犢遙望不レ近。建聲何得二窺窬一。」

コンシヤウ　金精　〔術語〕如來の髮毛紺靑色を一處に金精に造る。【大集經六】に「不下以二惡事一加中衆生上。故得二髮色金精相一。」【往生要集指麾鈔十二】に「金精相者。猶レ言二紺靑相一。紺靑ハ畫彩之具。從二銅金一生。」

コンシヤク　金錫　〔物名〕錫杖なり。

コンシヤリンサンマイ　金沙輪三昧　〔術語〕五輪三昧の一。金沙は眞實無著の義。禪定を修し、見思二惑を斷じ、無漏智を起し、無染無著なればまさに一切の煩惱を斷盡して、道果をうる故に名く。

コンシヨウ　紺睫　〔術語〕佛の眉毛紺瑠璃の色をなすを云ふ。【大般若三百八十一】に「世尊眼睫猶若二牛王一。紺靑齊整。不二相雜亂一。」【廣弘明集十三】に「白毫紺睫。」

コンシヨウ　昏鐘　〔儀式〕初更一點の後に、大鐘を百八下するを云ふ。之を三遍に分つと曉鐘の如し。

コンシヨウギヤウジヤ　金鐘行者　〔人名〕良辨僧正の別號。【古事談三】に「古老傳云。天皇御二座奈良京平城宮一之時。東山麓。大櫟木下に、良辨僧正童行者にて草庵を結びて、土にて造りたる執金剛神の像を安置して、其本尊の足に付レ綱て、每二禮拜一引動かして、聖朝安穩增長福壽と唱へけり。其聲かすかに天皇の御耳に聞えけり。遣二勅使一被レ尋之處。勅使尋至先問二其名一。金鐘行者と云ふ。此所是殊勝之靈驗之窟也。立二伽藍一興二隆佛法一と思ふに、私力難レ及。其德令レ當二帝王一給云云。勅使歸參奏二此由一。天皇聞二食此事一後大伽藍を建立せんと思召立ちけり。」【壒囊鈔十八】に此緣を擧げて金鷲童子に造る。蓋し金鐘行者は金鐘寺の名に因み、金鷲童子は僧正幼時の事に因む。【元亨釋書良辨傳】に「二歲時母桑焉。置二於樹陰一。忽大鷲落捉レ兒而去。母悲望趁レ鷲而往。不レ歸レ家。初南京義淵。詣二春日神祠一。見二鷲鳥于野一將二小兒一也。鷲見レ人而避。淵收而歸。」

コンシヨウメイ　昏鐘鳴　〔雜語〕コジメと讀む。昏鐘の鳴る時を云ふ。

コンシン　金身　〔雜名〕黃金色の身。佛身を云ふ。【法華經安樂品】に「諸佛身金色。百福相莊嚴。」

コンシンキヤウ　金身經　〔經名〕金身陀羅尼經の略名。

コンシンキヤウ　根身經　〔術語〕阿賴耶識三種境の一。眼等の五根身を阿賴耶識の相分となすを云。

コンシン　金針　〔菩薩〕金剛針の略。曼陀羅中の菩薩の名。「コンガウシンボサツ」を見よ。

コンシンソウサ　金針雙鎖　〔雜名〕曼陀羅の中の金剛針と金剛鏁との二菩薩を云ふ。鎖鏁と同じ。【元亨釋書宗志】に「印明並持シテ寶車兩輪馳逐。理事俱ニシテ密金針雙鎖往來。」雙鎖の雙は上の兩輪の輪に對せしのみ。大日經中此二菩薩を以て一對とす。【大日經疏五】に「次於二部母右一置二大力金剛針一。乃至是一相一緣堅利之慧。用レ之貫二徹諸法一無レ所レ不レ通。故名二金剛針一也。乃至次於二執金剛左一置二金剛商竭羅一。譯云二金剛鏁一。其印持二連鏁一兩頭皆作二拔折羅形一。乃至以二此智印一攝二持一切强剛難化衆生一。使レ不レ退二於無上菩提一。故以爲レ名也。」

コンシンダラニキヤウ　金身陀羅尼經　〔經名〕佛說金身陀羅尼經、一卷、趙宋の施護譯。佛、衆生の爲に一の陀羅尼を說く、之を念誦すれば能く金剛身の利益を得。【成帙八】（941）

コンジ　金翅　〔動物〕鳥の名。「カルラ」を見よ。

コンジキ　金色　〔雜語〕黃金の色。

コンジキカセフ　金色迦葉　〔人名〕三迦葉の中の摩訶迦葉を云ふ。是れ付法藏の第一祖、彼の身

に金色の光あれば飲光と名け、金色迦葉金色頭陀など云ふ。

コンジキカナバテイダラニキヤウ 金色迦那鉢底陀羅尼經 〔經名〕佛說金色迦那鉢底(Gaṇapati)陀羅尼經。一卷、唐の金剛智譯。大聖歡喜天の修法を說く。【餘帙一】

コンジキシン 金色身 〔雜名〕金色の身相。【無量壽經上】に「設我得レ佛。國中人天不二悉眞金色一者。不レ取二正覺一。」

コンジキセカイ 金色世界 〔界名〕文殊菩薩の淨土の名。【宋僧傳法照傳】に「法照遇二老人一曰。汝先發願於二金色界一禮二覲大聖一。」【朝野群載十六(戒牒)】に「奉レ請二金色世界文殊師利菩薩一。爲二羯磨阿闍梨一。」

コンジキソンジヤ 金色尊者 〔人名〕摩訶迦葉の別稱。又、金色迦葉、金色頭陀など

コンジキヅダ 金色頭陀 〔人名〕摩訶迦葉の別稱。彼れ身相金色にして頭陀行第一なれば名く。

コンジキドウジインエンキヤウ 金色童子因緣經 〔經名〕十二卷、趙宋の惟淨譯。佛の滅後に大商主の子あり。身に金色の光あり、金色童子と名く。阿難之を敎化する因緣を說く。【宿帙七】

コンジキニヨ 金色女 〔人名〕波羅奈國王の夫人一女を生む、身黃金色、頭髮紺靑、時に年十六、父母爲に婿を求めんと欲す。女言く、我が爲に婿を求めば身相我と同じき者を得んと。國中に之を索むれども得ず。佛時に舍衞國に在り、舍衞國の賈人波羅奈に至り、國中其人あるを言ふ。王聞きて喜び、賈人をして書を作りて其人を迎へしむ。賈人即ち書を作りて佛に與へ、此女の端正無比を說き、佛の爲に之を娶らんと欲する意を言ふ。佛時に祇洹に在りて諸比丘數千人の爲に法を說く。書を持する人直ちに佛所に至り書を呈す。佛豫め書の說く所を知り、取りて之を裂き、書を作りて金色女に報じ、無常生死の苦を說く。女書を得て思惟し、即ち五神通を得て直ちに佛所に至り禮敬す。【經律異相三十四】

コンジキワウ 金色王 〔本生〕佛、昔金色王となり、十二年大旱に遇ひ、僅に一食を存して辟支佛を供養す。天即ち飮食衆寶を雨らし、以て閻浮提を濟ふ。【佛說金色王經】

コンジキワウキヤウ 金色王經 〔經名〕佛說金色王經、一卷、元魏の瞿曇般若流支譯。金色王の事を說く。菩薩本行集經第二品と同じ。【宙帙五】(390)

コンジキヤウ 金字經 〔雜語〕金泥を以て書きし經文。

コンジテウ 金翅鳥 〔動物〕又、妙翅鳥。梵語。迦樓羅、蘗嚕拏、羯路茶 Garuḍa など。八部衆の一。翅翮金色なれば金翅鳥と名く。兩翅の廣さ三百六萬里、須彌山の下層に住し、常に龍を取って食となす。「カルラ」を見よ。

龍子免金翅鳥難 〔傳說〕「リウ」を見よ。

コンジテウワウ 金翅鳥王 〔譬喩〕金翅鳥中の最も勝れたるもの。以て佛に譬ふ。【舊華嚴經三十六】に「佛子。譬如二金翅鳥王一。飛二行虛空一。以二清淨眼一觀二察大海龍王宮殿一。奮二勇猛力一。以二左右力一搏二開海水一。悉令二兩闢一。知下龍男女有二命盡一者上而撮二取之一。如來應供養應等正覺金翅鳥王亦復如レ是。安二住無礙虛空之中一。以二清淨眼一觀二察法界諸宮殿中一切衆生一。若有二善根已成熟者一。奮二勇猛大力止觀兩翅一搏二開生死大愛海水一。隨二其所應一出二生死海一。除二滅一切妄想顚倒一。安二立如來無礙之行一。」【智度論二十七】に「譬如下金翅鳥王普觀二諸龍命應レ盡者一。以レ翅搏レ海令二水兩闢一。取而食上レ之。佛亦如レ是。以二佛眼一觀二十方世界五道衆生一。乃至除二三障礙一而爲說レ法。」「カルラ」を見よ。

コンジヤウ 今生 〔術語〕現在の身を云。

コンジヤウ 昏城 〔譬喩〕昏昧の城域。凡夫の棲み處を云ふ。【寄歸傳一】に「引二四生於火宅一。拔二三有於昏城一。」

コンジヤウ 根性 〔術語〕氣力の本を根と云ひ、善惡の習慣を性と云ふ。【輔行二之四】に「能生爲レ根。數習爲レ性。」

コンジヤウ 根淨 〔術語〕六根清淨の功德を云ふ。法華經法師功德品に說く所。圓敎の相似即の位に於て此功德を得。「ロクコンシヤウジヤウ」を見よ。

コンジヤウ 紺靑 〔雜語〕青に赤を含みたる色。佛の毛髮の色。又紺瑠璃と云ふ。【大般若三百八十一】に「世尊首髮脩長。紺靑稠密不レ白。」又「世尊眼睫猶如二牛王一。紺靑齊整不二相雜亂一。」【玄應音義三】に「紺古闇反。青赤色也。釋名云。紺含也。謂青而含二赤色一也。」

コンジヤウキ 紺靑鬼 〔異類〕紺青色の鬼。柿本の紀僧正、紺青鬼となりて染殿公を惱せしと云ふ。◉(盛衰記四八)に「文德天皇の染殿后は淸和帝の御母儀、太政大臣忠仁公の御娘なり。柿本の紀僧正御修法の次に奉レ懸レ思。紺青鬼と變じて御身に近付きたりけん、同じ道と云ひながら怖しくぞ覺ゆる」【元亨釋書相應和尙傳】に寬平五年相應和尙眞濟の靈を伏することを記す。

コンジヤウゲチリキ 根上下智力 〔術語〕十力の一。衆生の根機性情の上下不同、及び得果の大小等を明瞭に知る佛の智力を云ふ。

コンジワウ 金翅王 〔異類〕金翅鳥王の略。

コンジン 魂神 〔術語〕心識の異名。小乘に六識を立て、大乘に八識を立つ。此六識八識を肉體に對して魂神と云ふ。俗に所謂靈魂なり。【無量壽經下】に「壽命或長或短。魂神精識。自然趣レ之。」

コンスヰ 金水 〔譬喩〕金剛界には智を水に譬ふれば、智を金水と云ふ。【三昧耶戒序】に「觀二心佛於金水一。」

コンセツ 金刹 〔雜名〕塔の別名。又金を以て造れる刹竿、即ち塔上の九輪。刹は梵語、掣多羅、差多羅、紇差怛羅などの訛略。土田、國などを本義とす。佛刹、梵刹など是なり。然るに西國の風、高處に竿を立てて其頭に佛骨を置くあり、其義土田に同じければ竿又は塔を指して刹と名く、今の金刹是なり、但し本名は刺瑟胝なり。【玄應音義一】に「刹又作レ擦。音察。梵言二差多羅一。此譯云二土田一。經中或言レ國或云レ土者。同二其義一也。或作二刹土一者存二二音一也。即刹帝利名二守田主一者亦是也。浮圖名レ刹者訛也。應レ言二刺瑟胝一。刺音力割切。此譯云レ竿。人以レ柱代レ之。名爲二刹柱一以下安二佛骨一義同中土田上故名レ刹也。以三彼西國塔竿頭安二舍利一故也。」【慧苑音義上】に「刹。具正云二紇差怛多一。此曰二土田一也。」【法華經授記品】に「起二七寶塔一。高表二金刹一。」金刹は元來の意は佛の國土を指したる如し。中頃寺塔を尊びて佛國に比し、此の名を得、その刹を高標するより九輪の名となりたるなり。

コンセン 金仙 〔雜名〕佛の別號。「キンセン」を「見よ。

コンセン 金山 〔譬喩〕佛身を喩ふ。【法華經序品】に「身色如二金山一。端嚴甚深妙。」【心地觀經一】に「破有法王甚奇特。光明照曜如二金山一。」

七金山 〔名數〕須彌山を周りて七重の金山あり。【倶舍論十一】に「蘇迷盧 Sumeru 居中。次踰健達羅山。Yugaṁdhara 伊沙多羅山。Īṣādhara 竭地洛迦山。Khadiraka 蘇達梨舍那。Sudarśana 頞濕縛羯拏。Aśvakarṇa 毘那怛迦山。Vinataka 尼民達羅山 Nemiṁdhara 乃至前七金所レ成。」【頌疏十一】に「踰健達多。此云二持雙一。山頂有二二雙跡一。山能持故。伊沙馱羅山。此云二持軸山一。峯上聳猶如二車軸一。竭地洛迦山。西國樹名。此國南方亦有二此樹一。名二擔木一。山上寶樹其形似レ彼。故以名レ焉。蘇達梨舍那。此云二善見一。見者稱レ善。頞濕縛羯拏。此云二馬耳一。山形似レ彼也。毗那怛迦山。此云二象鼻一。山形似レ彼。尼民達羅山。此是魚名。其魚觜尖。山形似レ彼。」

コンセンビク 金錢比丘 〔人名〕過去九十一劫毘婆尸佛出世の時、一貧人あり、薪を賣りて兩錢を得以て佛に供養す。是に由つて九十一劫の間恒に兩錢を手にして生れ、隨つて取れば隨つて在り、更に窮盡なし。釋迦出世の時舍衛國城中の長者の子に生れ、長じて出家し羅漢道を得。金財比丘とも金錢比丘とも云ふ。【賢愚經金財因緣品】

コンセンワウ 金山王 〔譬喩〕金山の中の勝妙なるもの。以て如來に譬ふ。【往生要集上本】に「遙以瞻二望彌陀如來一如二金山王一。」

コンソ 金鼠 〔故事〕「キンソ」を見よ。

コンゾク 昏俗 〔雜語〕盲昧の凡俗。【行事鈔下三】に「昏俗多レ務。慧觀難レ修。」【同資持記下三之三】に「塵網所レ縈。故云二昏俗一。」

コンゾクニヨライ 金粟如來 〔佛名〕「キンゾク」を見よ。

コンゾクワウトウ 金粟王塔 〔堂塔〕「キンゾク」を見よ。

コンタイ 金胎 〔術語〕眞言教成佛の作法に金剛界胎藏界の二途あり、金胎兩部と稱す。金剛界とは大日如來の智德を顯はしたる曼陀羅にて、煩惱を摧破する猛利の智慧猶金剛の如しとて金剛界と云ひ、金剛頂經の所說なり。胎藏界とは大日如來の理德を顯はしたる曼陀羅にして、理の諸法を攝持すると腹中に子を胎藏する如しとて胎藏界と云ひ、大日經の所說なり。即ち金胎兩部は大日如來の理智の二德を幟せる一雙の大法門なり。之を事理因果に配すれば、金剛界は事なり、果なり、胎藏界は理なり、因なり。東密は金胎と次第す、是れ事理の次第なり。台密は胎金と次第す、是れ因果の次第なり。◉（曲、金札）「其神詫は數數に、左も右も神力の、惡魔を射拂ひ清めを爲すも、金胎兩部の形なり。」

兩部兩宗 〔術語〕兩部を相望して事理因果の一雙門を論ずるは密教總體の上より判ぜしもの。もと此の兩部は一密教の兩宗にして、各自法門を具備して彼此相待つを要せず。金剛界に五相成身あれば胎藏界に五輪成身あり。依つて金剛界を金剛頂宗、胎藏界を大日宗、瑜伽宗など稱して彼此を分つ。【漢語燈錄十】に「眞言宗。此有二二宗一。一者大日宗。二者金剛頂宗。大日宗立二三部一。攝二諸尊一。金剛頂宗立二五部一攝二諸尊一。」

コンタイ 金蹄 〔動物〕悉達太子の乘馬犍陟を云ふ。梵語犍陟の當字。「コンデイ」を見よ。

コンダウ 金堂 〔堂塔〕叡山にては中堂、禪宗にては佛殿、其他には金堂と云ふ。俗に本堂と云ふもの。一寺の本尊を安置する處。堂内を金色にすれば金堂と云ふ。具さには金色堂と云ふ。【和名鈔十三】に「梁元帝入二佛日殿一。禮拜詩云。玳瑁金堂柱。檀欒紺

篠叢。」

コンチ 金地 〔雜名〕又、金田。佛寺の別稱。須達長者金を布いて祇園を買ふ故事に由る。【釋氏要覽上】に「金地或云二金田一。即舍衛國給孤長者側三布黃金一買二祇太子園一。建二精舍一請レ之居レ之。」

コンチ 金智 〔人名〕金剛智三藏の略稱。【二教論上】に「玄宗代宗之時。金智廣智之日。」

コンチコク 金地國 〔地名〕原名をSuvarṇabhūmi と云ふ。西洋紀元前三世紀、阿育王華子城にて第三結集を行ひし後、傳道師を各地に派遣せし時、鬱多羅 Uttara 須那迦 Sonaka の二人の佛教を傳へし地にして、有名なる國なり。【大部補註四】に「賢愚經說。舍衛國南有レ國。名爲二金地一。」

金地國夫人殉死 〔傳說〕【智度論十一】に「舍利弗才明見レ貴。目揵連豪爽取レ重。此二人者才智相比德行互同。乃至後俱厭レ世出家學レ道。作二梵志弟子一精三求道門一。久而無レ徵。以問レ師。師名二刪闍耶一。自二我求一レ道彌三歷年歲一。不レ知爲二道果無一耶。我非二其人一耶。乃至他日其師寢レ疾。舍利弗在二頭邊一立。大目連在二足邊一立。喘喘然其命將レ終。乃愍爾而笑。二人同心俱問二笑意一。師答レ之言。世俗無眼爲二恩愛所一レ侵。我見下金地國王死其大夫人自投二火積一求中同一處上。而此二人行報各異。生處殊絕。是時二人筆三受師意一欲三以驗二其虛實一。後有二金地商人一遠來二摩伽陀國一。二人以レ疏驗レ之果如二師語一。乃憮然歎曰。我等非二其人一耶。爲二是師隱一レ我耶。」

コンチウサブツ 蜫蟲作佛 〔術語〕圓頓一乘の意に依れば昆蟲も尙作佛すと立つるを云ふ。【智度論九十三】に「復次佛心中一切衆生皆必定。微細蜫蟲雖レ未レ有二善心一過二爾所劫一發心。後當二作佛一。乃至如二法華中說一必定。餘經說有レ退有二不退一。」

コンチヤウ 紺頂 〔雜名〕又、紺髮。佛頂上の毛髮。紺青の色を爲すを云ふ。【大般若三百八十一】に「世尊首髮脩長。紺青稠密不レ白。」

コンチヤウゴフ 金頂業 〔術語〕金剛頂業の略。叡山五業の一。金剛頂經を學習する行業。

コンチユウ 金籌 〔物名〕金篦。金錍。金算に同じ。金にて作れる箸。以て眼膜を決開するもの。【大日經二】に「次應下執二金篦一在二於彼前一住上。慰喩令三歡喜一說二如レ是伽陀一。佛子。佛爲レ汝決三除無智膜一。猶如三世醫王善開二於金籌一。」【同疏九】に「西方治眼法。以レ金爲レ箸。兩頭圓滑中細。猶如二杵形一。可二長四五寸許一。用時以二兩頭一塗レ藥。各用二一頭一內二一眼中一塗レ之。涅槃金篦亦此類也。」【涅槃經八】に「良醫即以二金錍一決二其眼膜一。」【玄應音義二】に「錍賓彌切。金中精鋼爲レ錍。決二其眼膜一也。經文多作レ椑假借耳。」【字典】に「鈚。集韻駢迷切。取レ鍜竹器。又集韻。頻脂切。又集韻。或作レ篦。亦作レ箄。」

コンチンホウシ 金鎭法師 〔人名〕泰澄大師の別稱。【續古事談五】

コンヂヤウ 金場 〔雜名〕金剛場の略。即ち金剛座にて如來正覺の處。【秘藏寶鑰上】に「幾郵到二本床一。如來明說レ此。十種入二金場一。」

コンヂヤウ 金杖 〔故事〕佛、金杖と裂裳とを以て小乘十八部の分派を懸記す。【寄歸傳一】に「裂裳金杖之喩。乃表レ證レ滅。」【俱舍頌疏一】に「大聖喩レ折二金杖一。況以レ爭レ衣。」【同註】に「頻毘娑羅王。夢見下一氎裂爲二十八片一金杖斬爲中十八段上。怖而問レ佛。佛言。我滅度後。一百餘年。有二阿輸迦王一。威加二贍部一。時諸苾芻敎分二十八一。趣二解脫門一其致一也。此即先兆。王勿レ見レ憂耳。」【四分戒本疏序】に「昔夢氎之告徵 機分二利鈍一之本。喩金顯レ道敎無二離合一之宗。」【戒疏行宗記一上】に「夢氎者。下引二大集一。有二一長者一。夢二氎一段後分爲レ五。佛告二長者一。我滅度後有二諸弟子一。分二五部一等。」（戒疏の本文をさす大集經を撿するに見えず。）【四分律四十三】に「五百優婆塞。俱詣二世尊所一。頭面禮足却二坐一面一。白レ佛言。拘睒彌比丘鬪諍誹謗共相罵詈。互求二長短一口如二刀劍一。從二拘睒彌一來至二舍衛國一。我等當二云何一。佛言應レ聽二二部一。語如レ上。若有二擅越布施一。應三分作二二分一。此亦僧彼亦僧。居士如下破二金杖一爲中二分上。二俱是金。」【四分戒疏行宗記一上】に因緣經云と標して金杖の文を載すると寄歸傳に同じ、但因緣經なる者未だ詳ならず。

コンヂン 根塵 〔術語〕根は眼等の六根。眼等所對の色等の六境を塵と云ふ。【止觀一下】に「根塵相對一念心起。」

コンヂン 惛沈 〔術語〕心をして盲昧沈鬱ならしむる煩惱。八纏の一。【唯識論六】に「云何惛沈。令三心於レ境無二堪任一爲レ性。能障二輕安毘鉢舍那一爲レ業。」

コンヂン 金塵 〔雜語〕黃金の塵片にして自由に體中を通行し得る程のもの。微の七倍極微の四十九倍なりと。

コンテツニサ 金鐵二鎖 〔譬喩〕金鎖鐵鎖勝劣あるも縛せらるるは一なり。以て內着外着其邪一なるに譬ふ。【止觀十上】に「外道見通二韋陀一。乃至圓門三念處三解脫。名數是同。所起見罪繫縛無レ異。如二金鐵二鎖一。」【同輔行十之二】に「大論二十五云。譬在二囹圄一桎梏所レ拘。雖二復蒙一レ赦更繫二金鎖一。人爲レ愛繫如レ在二囹圄一。雖レ得二出家一更著二禁戒一如レ繫二金鎖一。今借二譬此內外生一レ著。在獄鐵鎖如二外計一。逢赦金鎖如二內計一。金鐵雖レ殊被縛義等。佛法雖レ勝見繫無レ差。」

コンテフ　金牒　〔譬喩〕「キンテフ」を見よ。

コンテンドウジ　金天童子　〔人名〕舍衛國の長者一子を生む、身體金色、字して金天と云ふ。此兒福德生るる日家中一井水を出し、井中復種種の珍寶を出す。兒長大にして容貌無比才藝博く通ず。時に闍波國の長者一女を生む。金光明女と名く。身體金色端正比なし。生るる日亦自然の井水ありて種種の珍寶を出す。二長者相謀りて夫妻となす。時に金天の家供を設けて佛を請ず。佛來りて法を說いて其心を開解す。金天夫妻及び父母共に信解して道果を得。佛祇洹に還つて其往昔の因緣を說く。【賢愚經金天品、法苑珠林五十六】

コンデイゴマ　金泥駒　〔動物〕又、金蹄駒。犍陟駒に作る。悉達太子出家の時所乘の馬の名。もと梵語の犍陟（けんだか） Kanthaka をコンデイと訛り、遂に金泥、金蹄の當字を辨めしもの。⦿（平家）に「車匿舍人がこんでいごまを賜りて」【錄外御書十】に「悉達太子檀特山に入り給ひしには金泥駒帝釋の化身。」「ケンタカ」を見よ。　「前項に同じ。

コンデイメ　犍陟馬　〔動物〕又、金泥馬に作る。

コンデン　金田　〔雜名〕金地に同じ。寺の別稱。「コンチ」を見よ。

コンデン　紺殿　〔雜名〕寺の別稱。紺宇、紺園など同じ。紺瑠璃の色に取る。「コンヲン」を見よ。

コントクムロムジヤウダイクワ　今得無漏無上大果　〔雜語〕歌題。【法華經信解品】に「法王法中久修二梵行一。今得二無漏無上大果一。」⦿（新後撰）「尋ねつる雲より高き山越えて又うへもなき花を見る哉」

コンドウ　金幢　〔物名〕金寶の幢。幢は幢竿（はたざを）なり。【演密鈔五】に「釋名曰。幢者童也。其貌童童然。即軍中獨出之謂也。」【觀無量壽經】に「有二金剛七寶金幢一。擎二瑠璃地一。」図塔上の九輪を金幢と云。

コンドウ　金銅　〔雜名〕俗に言ふ「からかね」

コンニチナイチシンゼブツシ　今日乃知眞是佛子　〔雜語〕歌題。【法華經譬喩品】に舍利弗が方便品の說法を聞きて一乘の旨を領し、己が大乘の佛子たる本分を知りて之を喜ぶ相を述べて、「今從レ佛聞二所レ未レ聞未曾有法一。斷二諸疑悔一。身意泰然。快得二安穩一。今日乃知眞是佛子。從二佛口一生從レ法化生得二佛法分一。」⦿（新千載）「今ぞ聞く鹿啼くのべに霧はれてもとこし道も隔なしとは」

コンニン　金人　〔雜名〕佛のこと。「キンジン」に同じ。

コンハイ　根敗　〔雜語〕眼等五根の敗壞して用をなさざること。【維摩經佛道品】に「譬如下根敗之士其於二五欲一不上レ能中復利上。如レ是聞諸斷レ結者。於二佛法中一無レ所二復益一。」【同慧遠疏】に「眼等名レ根。根壞名レ敗。根壞之人名二根敗士一。於二色聲等一不レ能二照矚一。」

コンパイヱシユ　根敗壞種　〔術語〕聲聞緣覺の二乘衆は、成佛すべき根機壞れて、佛果を證すべき因種を有せずとす。維摩經に、維摩が二乘を根敗壞種と叱したるに起る。根敗二乘、敗種二乘とも云ふ。

コンパク　魂魄　〔術語〕心身の異名。魂は心識、靈用ありて形なきもの。魄は形體ありて心識の依處となるもの。【禮記郊特性】に「魂氣歸二于天一。形魄歸二于地一。」【註】に「魂者神也。陽也。氣也。魄者精也。陰也。形也。」【諸經要集十九】に「魂是靈。魄是屍。」図肝を主るを魂とし、肺を主るを魄とす。【楞嚴經九】に「以二此心一內外精研。其時魂魄意思精神除二執受身一。」【長水疏八上】に「主レ肝曰レ魂。主レ肺曰レ魄。主レ脾爲レ意。主レ腎爲レ志。主レ心爲二精神一。」【布薩式】に「肝藏ハ魂。肺藏ハ魄。心藏ハ神。腎藏ハ精。脾藏ハ志ナリ。五藏悉傷レハ則五神去矣。」

コンハツ　紺髮　〔雜名〕又、紺頂。佛陀の毛髮紺瑠璃の色を爲すを云ふ。「コンチヤウ」を見よ。【續高僧傳一】に「陽門飾二毫眉之像一。夜臺圖二紺髮之形一。」

コンパラケ　金波羅華　〔植物〕金色の波羅華、波羅華は梵語 Utpala 優鉢羅華の畧、蓮華の一種。

コンハラミツ　金波羅蜜　〔菩薩〕金剛波羅蜜の略。金剛界曼陀羅中の菩薩の名。

コンバイ　金唄　〔雜語〕金口と言ふ如し。唄は梵音の頌聲なり。【止觀五下】に「密覆二金唄一。莫レ令二盜具一。」

コンバウ　紺坊　〔雜名〕寺の別釋。紺園、紺宇、紺殿など同じ。「コンヲン」を見よ。【大周新翻三藏聖敎序】に「可レ謂二緇俗之綱維。紺坊之龍象一。」

コンバラ　金波羅　〔神名〕金毘羅の異音。【雜阿含經四十八】に「佛住二王舍城金婆羅山金婆羅鬼神住處石寶中一。」

コンピラ　金毘羅　〔神名〕新稱宮毘羅。譯、蛟龍。鰐魚なるべし。「クビラ」を見よ。

コンピラシン　金毘羅神　〔神名〕【雜阿含經四十八】に「金婆羅鬼神」【金光明經三】に「金毘羅」【大寶積經三十六】に「金毘羅天」又「金毘羅童子世羅。」（世羅は名）【宋譯藥師經】に十二神將を明かす中「金毘羅大將」【唐譯藥師經】に「宮毘羅大將」【千手陀羅尼經】に「金毘羅陀」【阿育王經六】に北方毘沙門天の別名として「鳩鞞羅」とするは別なり。Kubera【光明文句】に「金毘羅。翻爲二威如王一。」是れ義譯のみ。【雜阿含經四十八】に「佛王舍城の金婆羅山金婆羅鬼神の室中に在りて、金槍を以て足を刺し、身の苦痛を起せ

しも、佛捨念に住して心を動かさず。時に八人の金婆羅天子ありて各偈を以て佛を讃す。」【寶積經金毘羅天授記品】に「佛、王舍城の途に在るとき、王舍城の護神金毘羅王ありて、六萬八千の藥叉衆を領して佛を供養し、佛爲に未來成道の記を受く。」【金毘羅童子經】に「釋迦如來忉利天に在りて外道惡魔の障難を除く爲に化して千頭千臂の金毘羅童子となる。」梵 Kumbhīra

經軌 〔經名〕寶積經三十六卷菩薩藏會第十二之二金毘羅天受記品第二【地帙二】佛說金毘羅童子威德經一卷、不空譯。【餘帙二】

コンピラダ 金毘羅陀 〔神名〕鬼神將の名。「コンピラシン」を見よ。梵 Kumbhīra*

コンピラダイシヤウ 金毘羅大將 〔神名〕十二神將の一。「コンピラシン」を見よ。

コンピラドウジ 金毘羅童子 〔雜名〕二あり。一は寶類の神王、大寶積經の所說。一は釋迦の化現、千頭千臂の童子、金毘羅童子威德經の所說。」「コンピラシン」を見よ。

コンピラドウジヰトクキヤウ 金毘羅童子威德經 〔經名〕佛說金毘羅童子威德經、一卷、唐の不空譯。釋迦化現の千頭千臂の金毘羅童子の念誦法を說く。【餘帙二】

コンピラビク 金毘羅比丘 〔人名〕【中阿含四十八牛角沙羅林經第四】に「尊者金毘羅」【增一阿含經三】に「獨處靜坐專意念レ道。所謂金毘羅比丘是也。」梵 Kamphilla*(Kapphina)

コンピラマツリ 金毘羅祭 〔行事〕十月十日なり、金毘羅社は讚州那珂郡にあり。祭神一座、或は三輪大明神、或は素盞烏尊。當山の形象の頭に似たり、故に象頭山と號す。開其詳ならず。一說に傳教大師入唐歸朝の日金毘羅神を勸請すと。麓より磴(いしざか)十八町、悉く石階嶮岨なり。又祟德院の廟を以て世に金毘羅大權現と稱す、合せ祭るゆゑか。

コンブ 金步 〔雜語〕譯、頂。天竺の姓氏。【續高僧傳二】に「金步此云レ頂也。謂如二孔雀之頂一。彼國以爲二貴姓一。」梵 Kambu

コンブ 紺蒲 〔地名〕「カンボ」を見よ。

コンペイ 金錍 〔物名〕錍は金中の精鋼。或は椑篦に作るは假借なり。金錍又金鑄と云ふ。「コンチウ」を見よ。

コンペイロン 金錍論 〔書名〕本名、金剛錍。一卷、荊溪湛然著。非情草木悉く成佛の義を明かす。【陽帙十】(1583)

註疏 〔書名〕金錍論私記一卷、明曠著。金剛錍顯性錄三卷、孤山著。注金錍論一卷、傳敎著。金錍論逆流批三卷、鳳潭著。金剛錍科解一卷、慧證著。

コンボンイン 根本印 〔術語〕諸尊に各根本の印と明とあり。【秘藏記私鈔六】に「諸尊各有二根本印明一。秘經說二愛染王法一。誦二大根本明一云云不動亦有二根本印明一。三摩地儀軌云。即結二根本印一誦二本明一七遍。云云是說二大日根本印明一也。如レ此一一尊各有二本印本明一。」

コンボンエ 根本依 〔術語〕諸識四種依の一。「シキ」を見よ。

コンボンゴフダウ 根本業道 〔術語〕一の業を成ずるに就き、加行、根本、後起の三を畫す。その業の正しく成辨したる時の表業と無表業とを根本業道と名づく。殺生に就て例せば、殺し了りたる刹那の所作と、所作によりて身中に薰發したる無表業とを根本業道と云ひ、無表業がその後隨轉して止まざるは後起に屬す。

コンボンサツパタブリツセフ 根本薩婆多部律攝 〔書名〕十四卷、尊者勝友集、唐の義淨譯。薩婆多部の戒律藏を集めしもの。【寒帙六】(1127)

コンボンシキ 根本識 〔術語〕阿賴耶識十八名の一。【唯識述記三末】に「小乘名二根本識一。」【了義燈四本】に「十六名二根識一者。大衆部立爲二根本識一。」

コンボンシン 根本心 〔術語〕三心の一。第八識は萬法生起の根本なるが故に名づく。

コンボンジユ 根本呪 〔眞言〕觀音の大慈呪。

コンボンセツイチサイウブ 根本說一切有部 〔流派〕Sarvāstivāda 梵名、薩婆多部。譯名、說一切有部。是れ佛滅後三百年の初に於て上座部の中に一部を立てしもの。爾後犢子部等の諸部此より分出しければ、其等の末部に對して根本と云ふ。

コンボンセツイチサイウブカイキヤウ 根本說一切有部戒經 〔書名〕一卷、唐の義淨譯。薩婆多部の戒本なり。二百五十戒の戒相を說いて說戒の時に之を誦するものを戒本と云ふ。【寒帙五】(1110)

コンボンセツイチサイウブニダナ 根本說一切有部尼陀那 〔書名〕根本說一切有部尼陀那目得迦の略稱。

コンボンセツイチサイウブニダナモクトクカ 根本說一切有部尼陀那目得迦 〔書名〕十卷、唐の義淨譯。尼陀那は十二部中の因緣經、前五卷に之を說く。目得迦は十二部敎中の本事經、後五卷に之を說く。是れ律に關せし緣起本生なり。【寒帙五】(1134)梵 Mūlasarvāstivādanidānavṛttaka

コンボンセツイチサイウブヒヤクイチコ

ンマ　根本說一切有部百一羯磨【書名】十卷、唐の義淨譯。受戒說戒懺悔等の諸種に關する一一の羯磨法を掲げしもの。其の事數多なれば百と云ひ、其事に就いて一一の羯磨別なれば一と云ふ。【寒帙五】(1131)梵 Ekaśata-Karman

コンボンセツイチサイウブビツシユシフガクリヤクホフ　根本說一切有部苾芻習學略法【書名】一卷、元の拔合思巴集。【寒帙六】

コンボンセツイチサイウブビツシユニカイキヤウ　根本說一切有部苾芻尼戒經【書名】一卷、唐の義淨譯。薩婆多部の比丘尼の戒本なり。比丘尼の布薩（ふさつ）に之を誦す。【寒帙五】(1149)

ゴンボンセツイチサイウブビツシユニビナヤ　根本說一切有部苾芻尼毘那耶【書名】二十卷、唐の義淨譯。薩婆多部の比丘尼の根本大律藏なり。【張帙十】(1122)梵 Bhikṣuṇī-vinaya

コンボンセツイチサイウブビナヤ　根本說一切有部毘奈耶【書名】五十卷、唐の義淨譯。薩婆多部の比丘の根本大律藏。【張帙八、九】(1118)梵 Mūla-sarvāstivāda-vinaya

コンボンセツイチサイウブビナヤアンゴジ　根本說一切有部毘奈耶安居事【書名】一卷、唐の義淨譯。安居の事を明かす。【寒帙四】

コンボンセツイチサイウブビナヤカチナエジ　根本說一切有部毘奈耶羯耻那衣事【書名】一卷、唐の義譯。功德衣の事を明かす。【寒帙四】

コンボンセツイチサイウブビナヤザツジ　根本說一切有部毘奈耶雜事【書名】四十卷、唐の義淨譯。受戒安居の大事を書き其他些細の雜事を說きしもの。【寒帙一、二】(1121)

コンボンセツイチサイウブビナヤザツジセフジユ　根本說一切有部毘奈耶雜事攝頌【書名】一卷、唐の義淨譯。毘奈耶雜事を攝略せし偈頌。【寒帙五】(1141)

コンボンセツイチサイウブビナヤシユツケジ　根本說一切有部毘奈耶出家事【書名】一卷、唐の義淨譯。特に受戒の事を明かす。【寒帙四】

コンボンセツイチサイウブビナヤジユ　根本說一切有部毘奈耶頌【書名】四卷、尊者毘舍佉造。唐の義淨譯。有部毘奈耶を攝略せし偈頌。【寒帙六】

コンボンセツイチサイウブビナヤズヰイジ　根本說一切有部毘奈耶隨意事【書名】一卷、唐の義淨譯。特に自恣の事を明かす。【寒帙四】

コンボンセツイチサイウブビナヤニダナモクトクカセフジユ　根本說一切有部毘奈耶尼陀那目得迦攝頌【書名】一卷、唐の義淨譯。十卷の尼陀那目得迦中の本頌を別行せしもの。【寒帙五】(1140)

コンボンセツイチサイウブビナヤハソウジ　根本說一切有部毘奈耶破僧事【書名】二卷、唐の義淨譯。特に提婆の破僧の事を明かす。【寒帙三】(1123)

コンボンセツイチサイウブビナヤヒカクジ　根本說一切有部毘奈耶皮革事【書名】二卷、唐の義淨譯。特に皮革の事を說く。【寒帙四】

コンボンセツイチサイウブビナヤヤクジ　根本說一切有部毘奈耶藥事【書名】十八卷、唐の義淨譯。特に食物の事を明かす。律に一切の食物を藥とす。【寒帙四】

コンボンゼン　根本禪【術語】又、根本定。下地の煩惱を伏して得る所の上地の禪定を近分（ごんぶん）と云ひ、下地の煩惱を斷じて得る所の上地の禪定を根本と云ふ。即ち定地に色界無色界の八地あれば八根本禪八近分禪あり。

コンボンダイシ　根本大師【人名】傳敎の別稱。台徒の稱。【武峰論話】に「傳敎大師は山家の大師、開山大師など稱す。本の字、家の字濁りて讀むべし。」

コンボンダイラクキヤウ　根本大樂經【經名】最上根本大樂金剛不空三昧大敎王經の略名。

コンボンチ　根本智【術語】又、如理智。無分別智。正智。眞智など。根本智の名は後得智に對す。正しく眞理に冥符して能緣所緣の差別なき一念の眞智を云ふ。此智は一切の法樂を生じ、一切の功德大悲を出だす根本なれば根本智と云ふ。【唯識論十】に「根本無分別智。親（ハカナフテ）證二空所顯眞理。無境相故。能斷隨眠。」【三藏法數五】に「根本智亦名無分別智。謂此智不依於心不緣外境。了一切境皆即眞如。境智無異。如人閉目外無分別。由此無分別智能生種種分別。是名根本智。」

コンボンチウダウ　根本中堂【堂塔】叡山の本堂の名。是れ叡山に於て根本中心の堂なり。傳敎大師三字を建てて、中を一乘止觀院と云ひ、北を文殊堂と云ひ、南を一切經藏と云ふ。一乘止觀院は其中央にあるを以て中堂と名く。【元亨釋書三圓珍傳】◉（水鏡下）「今年傳敎大師、比叡山に根本中堂を建て給ひき」

コンボンホフリン　根本法輪　【術語】三論宗所立三法輪の一。華嚴經の說法を云ふ。【法華遊意上】に「根本法輪者。謂佛初成道。華嚴之會純爲二菩薩一。開二一因一果法門一。謂根本之敎也。」

コンボンボンノウ　根本煩惱　【術語】又、本惑、本煩惱。大乘百法の中に貪、瞋、痴、慢、疑、惡見の六大煩惱を云ふ。而して惡見以外を五鈍使と云ふ。惡見の一を開けば身、邊、邪、取、戒の五見あり、これを五利使と云ふ。合せて十となる、之を十隨眠又は十使と云ふ。共に根本煩惱とし、他を隨煩惱とす。又五住地の中には第五の無明住地を根本煩惱とし、他の四住地を枝末とす。

大日經根本煩惱　【術語】貪瞋痴慢疑の五使を指して五根本煩惱とす。

コンボンムシジネンチ　根本無師自然智　【術語】阿字本不生の本覺智を稱す。【義釋十二】に「今此阿字亦如レ是。從二此根本無師自然之智一。一切智業從レ此而生。」

コンボンムミヤウ　根本無明　【術語】無始無明の異名。「ムシムミヤウ」を見よ。【傳通記糅鈔六】に「問。根本無明其相如何。答。我等心性天然迷悟二。其迷本名二根本無明一。悟本名二本覺一。此二無始本有法自性天然理。難レ及二思慮一。不レ出二言舌一處也。」

コンボンワク　根本惑　【術語】枝末惑に對す、貪、瞋、痴、慢、疑、惡見の六種あり。又五利使、五鈍使の十とす。「コンボンボンノウ」に同じ。

コンボンヱ　根本會　【術語】金剛界九會曼陀羅の中央の會を、根本會とも、成身會とも、羯磨會とも云ふ。【秘藏記私鈔二】

コンマ　羯磨　【術語】Karma 譯、作業。授戒懺悔等の業事を作す一種の宣告式を云ふ。此宣告文に由りて其事成就すればなり。【行事鈔上一】に「明了論疏翻爲レ業也。所作是業亦翻爲二所作一。百論云レ事也。若約レ義求翻爲二辨事一。」【玄應音義十四】に「羯磨此譯云二作法辨事一。優婆離問經作二劍暮一。此梵言之訛也。」【慧苑音義上】に「羯磨此云二辨事一。謂諸法事由レ玆成辨也。」此の羯磨に於て必ず四法を具すべし、一に法。正しく擧行する作法なり、之を秉法と名く。二に事。或は犯罪の事、或は懺悔の事等、羯磨を行ふ所の事實なり。三に人。羯磨を行ふに就いて定まれる人數なり。四に界。羯磨を行ふ處の結界なり。【行事鈔上一】又其の秉法に三種あり。一に心念法、二は對首法、三は衆僧法なり。心念法とは事至て微小の時、或は界中に人なきときは、衆僧及び對首なきも、獨り心を發し境を念じて明了に之を口言すれば其の事成辨するなり。之を獨秉と云ふ。此の心念法に就いて又三あり。一に但心念法。唯だ自說を得、界中たとひ人あるも是に對するを要せず、輕微の突吉羅罪を懺する如し。二に對首心念法。もと是れ對首の法なり、界に人なきに由つて佛、心念を開るす、說淨、受藥等の事なり。三に衆法心念。もと是れ衆僧法なり。但だ界內に人なきが故に獨秉の心念を開るす。二に對首法。對首とは一人已上三人の比丘に對して說くなり。此に二あり。一に但對首法、當分の對首法なれば界中多僧あるも之を用ふるを要せず、一人乃至三人に對首すれば事足れるなり。受三衣等の事是なり。二に衆法對首、衆僧法なるべきを界中無人なるに由つて對を開すること前の心念に同じ。三に衆僧法、必ず四人以上にして羯磨を秉る、是れ僧の所秉なれば衆僧法と云ひ、之を僧秉とも云ふ。（慈恩は三人以上を衆とし南山は四人以上を衆となす。）此に、三あり。一に單白、或は白一、Ñaptikarma 巴 Ñatti（これ唱言なり、白一とするは不可なり。これ實は羯磨の形式にあらず、この唱言と決定の二を合して羯磨は成就す。）或は事、或は常の所行、或は嚴制を一說して僧に告ぐるに事便ち成ずるなり。二に白二。Ñapti-dvitīyaṁ Karmavācā 巴 Ñatti-duttiyā Kamma-vācā 參涉するに由つて宜しく通和すべし。故に先づ表白を爲し、事を擧げて告げ知らしめ、後に一羯磨を擧げて可不を量處するなり。白及び羯磨に通じて白二と云ふ。三に白四。Ñapti-caturthaṁ Karma-vācā 巴 Ñatti-catutthā Kamma-vācā 受戒懺重等の事に於ては先づ一白を以て事を告げ知らしめ、後に三回羯磨を擧げて可不を量處するなり。一白三羯磨なれば合して白四と云ふ。【行事鈔上一】上述の行事鈔の說によれば、心に念じたるのみにても羯磨を成ずる如くなれ共、律文に敎へられたる羯磨はかく簡單自由のものにあらず。事事必ず一定の形式を規定せられたるものにして、前述中衆僧法の一のみが眞の羯磨なり。羯磨は一定の形式と共に一定の人衆を要す。即ち

二十人、出罪羯磨の最少限衆。

十　人、授具足戒の最少限衆。

五　人、自恣と邊地授具足戒との最少限衆。

四　人、上記の他の一切の羯磨をなす時。

この人衆は比丘尼、式叉摩那、沙彌、沙彌尼、又は罪を得つつあるもの、俗人等を以て人數に加ふべからず。必ず清淨同見の和合僧たらざるべからざるなり。比丘尼の羯磨には必ず比丘の同數の者の列坐を要する故、上數の倍となるなり。羯磨に就いて最も重大なる要件は非法（一定の形式を具せざること）ならざること、及び不和合（同一結界內の僧の意見に一致を缺くこと）ならざることにあるなり。

二種羯磨〔名數〕一に治罪羯磨、比丘犯罪あれば大衆作法して其の罪を治定するを云ふ。二に成善羯磨、比丘犯戒の罪あれば衆に對して發露するを許容し、其の罪滅するを得て善根を成就するを云ふ。【四分律儀六聚法篇】図一に永擯羯磨、佛在世の時若し比丘罪を犯して自ら過を見ず、其の性剛强にして永く改悔なければ、即ち法を作して衆に白し、隨つて即ち擯黜し、此の一身を盡して復た再び僧事を同じくせざるを云ふ。二に調伏羯磨、比丘法を犯して未だ曾て懺悔せざれば、凡そ飲食坐起言語一切の僧事、皆衆と共にするを得ず、以て調停攝伏し自ら能く過を知り、改悔し僧懺を求め更に復た罪を犯さしめざるを云ふ。【毘尼母論二】

コンマアジヤリ　羯磨阿闍梨〔術語〕Karma-ācārya 授戒三師の一。授戒の時羯磨文を讀む人。受者其人を請じて之を定む。【行事鈔上三】に羯磨阿闍梨を請ずる文に「今請二大德一爲二羯磨阿闍梨一。願大德爲レ我作二羯磨阿闍梨一。我依二大德一故得レ受二具足戒一。」

コンマカイシ　羯磨戒師〔術語〕羯磨阿闍梨に同じ。是れ授戒の時の師なれば戒師と云。

コンマシ　羯磨師〔術語〕羯磨阿闍梨に同じ。

コンマシヨ　羯磨疏　四分律刪補隨機羯磨疏の畧名、四卷、南山律三大部の一。

コンマソウ　羯磨僧〔術語〕四人已上の比丘、同一結界の内に居て羯磨の作法を行ふもの。【大乘義章七】に「羯磨僧出家之中具戒比丘四人已上不レ簡二凡聖一在二一界内一。於二彼百一羯磨之法一同遵不レ乖名二羯磨僧一。」

コンマモンシヤク　羯磨文釋〔書名〕菩薩戒羯磨文釋の畧名。

コンモン　根門〔雜語〕眼等の六根は種種の煩惱を漏出し、種種の妄塵を入るる門戶なれば根門と云ふ。【雜阿含經十一】に「善關二閉根門一。正念攝レ心位。」

コンエウドウジキヤウ　金耀童子經〔經名〕佛說金耀童子經、一卷、趙宋の天息災譯。婆羅門の一子、身に光明あり、少くして淨信あり、後佛に從つて出家し、佛其因緣を說く。【宙帙七】(789)

コンヨウ　金容〔雜名〕金色の容貌。佛身を云。【心地觀經一】に「希有金容如二滿月一。」【慈恩寺傳五】に「耳承二妙說一。目擊二金容一。」

コンリウタ　金龍陀〔佛名〕舍利弗の本地佛の名。【法華文句本會十三】に「身子久成佛號二金龍陀一。迹即二釋迦一。爲二右面智慧弟子一。」

コンリウシヤムシヤ　根利有遮無遮〔術語〕根性銳利にして煩惱の爲に遮られざるもの。佛在世の舍利弗の如し。根性銳利にして煩惱の爲に遮らるるもの、佛在世の闍王央崛の如し。【止觀二下】

コンリキ　根力〔術語〕五根と五力。【法華經譬喩品】に「無漏根力覺道」

コンリキカクドウ　根力覺道〔術語〕五根と五力と七覺支と八正道。

コンリキカクブン　根力覺分〔術語〕根力覺道に同じ。分は八正道分。【思益經一】に「無漏根力覺分」

コンリフ　建立〔雜語〕法門を設くること。又塔像を築くこと。【法華經方便品】に「若人爲レ佛故。建二立佛形像一。」

コンリフキ　建立軌〔書名〕建立曼荼羅護摩儀「軌の畧稱。【餘帙二】

コンリフケ　建立假〔術語〕又、施設假と云ふ。別敎の從空入假の假觀を云ふ。是れ初に空觀を以て諸法を蕩破し、更に大悲施化の爲に假を建立すれば建立假と名け、以て初の從假入空の虛妄假に簡別す。【光明玄義記下一】に「假在二空後一即建立假。」【釋籤一之一】に「以二藏通菩薩一爲二建立謗一。」

コンリフダイシ　建立大師〔人名〕無動寺相應和尙の別稱。

コンリフホウ　建立謗〔術語〕藏通の菩薩但空に住して大悲施化の爲に假觀を修するを云ふ。「コンリフケ」を見よ。

コンリフマンダラゴマギキ　建立曼荼羅護摩儀軌〔書名〕一卷、唐の法全集。護摩壇を建立する作法を說く。【餘帙一】

コンリウマンダラギフケンチヤクヂホフ　建立曼茶羅及揀擇地法〔書名〕一卷、唐の慧琳集。立壇及び擇地の法を說く。【閏帙十五】

コンリン　金輪〔雜名〕世界の最底を風輪と云ひ、虛空に依止す、風輪の厚十六億由旬なり。此風輪堅固なること金剛の如し。風輪の上に水輪あり、深さ八億由旬なり。水輪の上に金輪あり、厚さ三億二萬由旬なり。徑十二億三千四百五十由旬あり。輪形の金剛より成れば金輪と云ふ。此の金輪の上に九山八海あり、之を地輪とす。水面より金輪に至る深さ八萬由旬と言へば以て地輪の厚さ知るべし。【俱舍論十】図轉輪聖王の感得する七寶の一。此輪寶に金銀銅鐵の四種の差等ありて以て金輪王乃至鐵輪王の優劣を生ず。【俱舍論十二】に「謂鐵輪王王二一洲界一。銅輪王レ二。銀輪王レ三。若金輪王王二四洲界一。契經就レ勝但說二金輪一。故契經言。若王生在二刹帝種一紹二灑頂位一。

於二十五日一受二齋戒一時。沐ヨ浴首身一受二勝齋戒一。舛二高臺殿一臣僚補翼。東方忽有二金輪寶一現。其輪千輻具ヨ足轂輞衆相一。圓淨如二巧匠成一。舒二淨光明一來ヨ應王所一。此王定二是金轉輪王一。餘轉輪王應レ知亦爾。」図金輪聖王の畧。帝王を尊びて云ふ。

コンリンザイ　金輪際　[術語]　水面より八萬由旬の下に厚さ三億二萬由旬の金輪あり。此金輪の在る所を金輪際と云ふ。「コンリン」を見よ。⊙（曲、山姥）「下化衆生を表して金輪際に及べり」

コンリンジヤウテイ　金輪聖帝　[雜名]　又、金輪王、金輪聖王など。金輪寶を有する聖帝。【三論玄義】に「悉達處レ宮方紹二金輪聖帝一。能仁出レ俗遂爲二三界法王一。」「コンリン」を見よ。

コンリンジヤウワウ　金輪聖王　[雜名]　金輪聖帝に同じ。

コンリンドウ　金輪幢　[物名]　金輪聖王の幢旗。

コンリンホウ　金輪寶　[物名]　轉輪王の感得する七寶の一。「コンリン」を見よ。

コンリンワウ　金輪王　[雜名]　四種轉輪王の一。「コンリン」を見よ。

コンリンワウブツチヤウエウリヤクネンジユホフ　金輪王佛頂要略念誦法　[書名]　一卷、唐の不空譯。金輪佛頂（キンリンブツチヤウ）の修法を説く。

コンル　金流　[地名]　連河の別名。【無量壽經上】に「示レ有二塵垢一沐ヨ浴金流一。」【同述文贊上】に「金流即尼連河。」

コンルゲサ　金縷袈裟　[衣服]　「キンランエ」を「見よ。」

コンルリ　紺瑠璃　[雜語]　紺青に同じ。紺は青に赤を含み、瑠璃は青色なり。佛の毛髮又は佛國などの色。【觀佛經一】に「至二於成道一以レ髮示二父王一。即以レ手伸二其髮一。從二尼拘樓陀精舍一至二父王宮一。如二紺瑠璃一達レ域七匝。」【心地觀經一】に「爾時世尊坐二寶蓮華師子座上一。其師子座色紺瑠璃」【觀無量壽經】に極樂の地相心を説いて見二瑠璃地内外映徹一。上有二金剛七寶金幢一擎二瑠璃地一。」【法華經譬喩品】に華光以來の淨土の相を説いて「其土平正。淸淨嚴飾。安隱豐樂。天人熾盛。瑠璃爲レ地。」

コンレン　金蓮　[術語]　金剛部と蓮華部。胎藏界三部の中の二部。【秘藏寶鑰下】に「海滴金蓮亦我身。」【性靈集七】に「金蓮性我孕二本覺日一。」図金色の蓮華。

コンレンゲ　金蓮華　[雜名]　金色の蓮華。【觀無量壽經】に「行者命欲レ終時。阿彌陀佛與二諸眷屬一持二金蓮華一。化ヨ作五百化佛一。來迎二此人一。」

コンロク　昆勒　[書名]　又、蜫勒に作る。論藏の名。小乘四門の一。譯、篋藏。尊者迦旃延の作。亦有亦空の理を明かすもの。【智度論二】に「摩訶迦旃延。佛在時解二佛語一作二昆勒一。昆勒秦言二篋藏一也。乃至レ今行二於南天竺一。」【同十八】に「智者入二三種法門一。觀二一切佛語一。皆是實法不二相違背一。何等是三門。一者蜫勒門。二者阿毘曇門。三者空門。問曰。云何名二蜫勒一。乃至答曰。蜫勒有二三百二十萬言一。佛在世時大迦旃延之所造。佛滅度後人壽轉減。憶識力少不レ能二廣誦一。諸得道人撰爲二三十八萬四千言一。若人入二蜫勒門一論議則無窮。」図昆は毘の誤、毘勒と言ふべし。【三論玄義十】に「蜫勒論」又「鞞勒論」【天台淨名疏七】に「毗勒門」【可洪音義十】に「蜫勒。上音毘正作レ𧏖也。梵言二毗勒一。秦言二篋藏一也。」梵 Piṭaka

コンロンコク　崑崙國　[地名]　本名、掘倫。交廣の人呼んで崑崙とす。黑色人の住む國の名。今の「ジヤワ」「スマタラ」など。【寄歸傳一】に「良爲二掘倫一。初至二交廣一遂使三總喚二崑崙國一焉。唯此崑崙。頭捲躰黑。」【谷響集一】に萬書萃錦を引いて「西南夷有二崑崙層期國一。距二應天府一馬行三年。在二西南海島一。其國有二野人一身如二黑漆一。國中人布レ食誘捉。賣ヨ與番商一爲レ奴。」【梵語雜名】に「崑崙儞波多羅」梵 Dvīpatala 巴 Dīpatala

コンロンシ　崑崙子　[雜語]　又、崑崙奴。崑崙國の黑人を云ふ。晉の道安色黑かりければ人呼んで崑崙子又は漆道人と云ふ。和語に「クロンバウ」。【高僧傳五道安】に「澄講安每覆述。衆未二之愜一。咸言。須待二後次一當レ難ヨ殺崑崙子一。即安後更覆講。疑難蜂起。安挫レ銳解レ紛。行有二餘力一。時人語曰。漆道人驚二四隣一。」

コンロンセン　崑崙山　[地名]　内典に所謂香山なりと云ふ。香山は具名、香醉山。雪山の北に在つて此山の南に無熱池あり、以て四大河の源を爲すと云ふ。」【南山戒疏一上】に「俗云二崑崙一者。經謂二香山一也。」「カウスヰセン」を見よ。

コンロンハク　崑崙舶　[雜名]　崑崙國の船。

コンヱン　今圓　[術語]　第五時法華經所説の圓敎を今圓と云ひ、以前の大乘經に説きし圓敎を昔圓と云ふ。台宗の語。

コンヲン　紺園　[雜名]　寺の別稱。紺瑠璃は佛の毛髮又は佛國土の色相なれば云ふ。【祖庭事苑四】に「紺園即紺宇也。釋名曰。紺含也。謂青而含レ赤色也。内教多稱二紺目紺髮一取二此義一也。」

ゴアク　五惡　[術語]　殺生、偸盗、邪淫、妄語、飲酒。即ち五戒に反するもの。

ゴアクケン　五惡見　[名數]　一に身見、常一の我體ありと見る。二に邊見、死後に於て我體斷滅すと見、又は常在すと見る。三に邪見、因果の道理なし

と見る。四に見取見、已上の諸見を取つて究竟至極の眞理なりと見る。五に戒禁取見、非理の戒禁を取て生天受樂の因と見るもの。即ち十使中の五利使。

ゴアクシユ　五惡趣　〔術語〕又、五趣、五道など。地獄、餓鬼、畜生、人、天の五種の境界。此中天趣より阿修羅を別開すれば六趣となる。彌陀の淨土に對して悉く之を惡趣とす。地獄鬼畜の三は純惡の趣く所なれば惡趣と名け、人天は善惡雜業の趣く所なれば亦惡趣と名づく。【無量壽經下】に「必得三超絕去往二生安養國一。橫截二五惡趣一。」【同淨影疏下】に「三途人天是其五趣。於レ此分利下三惡道名爲二惡趣一。人天二道名爲二善趣一。今此約三對彌陀淨刹一。娑婆五道齊名二惡趣一。娑婆人天雜惡所レ向亦名二惡趣一。」

ゴアクダン　五惡段　〔術語〕無量壽經下に五惡を明かす一章の名。

ゴアゴフマ　五阿笈摩　〔名數〕又、五阿含。南方佛敎にては北方所傳の四阿含經の外に小乘雜部の經典たる小阿含即ち屈陀迦阿含經を加へて五阿含と云ふ。【善見律毘婆沙一】に「法師曰。有二五阿含一。何謂爲レ五。一者長阿含。二者中阿含。三者僧育多阿含。四鴦掘多羅阿含。五者屈陀伽阿含。」【大阿羅漢難提蜜多羅後說法住記】に「素怛纜藏有二五阿笈摩一。謂長阿笈摩。中阿笈摩。增一阿笈摩。相應阿笈摩。雜類阿笈摩。」梵 Āgama

ゴアゴン　五阿含　〔名數〕「ゴアゴフマ」を見よ。

ゴアンゴ　後安居　〔術語〕南山舊律には五月十六日已後の三月を云ひ、義淨新律には六月十六日已後の三月を云ふ。「アンゴ」を見よ。

ゴイ　五意　〔名數〕一に業識、二に轉識、三に現識、四に智識、五に相續識。此五識は細より麁に至り、次第に依止して生ずれば意と稱す。意は能生と依止との義。【起信論】

ゴイチイチジヨウ　後一一乘　〔術語〕華嚴宗にて五敎のうち最後の圓敎を一乘敎となすこと「ゴケウ」を見よ。

ゴイチダイキキガキ　御一代聞書　〔書名〕蓮如上人御一代記聞書の略。

ゴイン　五印　〔雜語〕五印度の略。

ゴイン　五因　〔名數〕四大種を能造の因とし、諸の色法を所造の果と爲すに就いて五因あり。一に生因、四大種所生する色を生ずるを生因と名づく。二に依因、造色生じ已りて大種に隨逐すると弟子の師に依る如きを依因と名く。三に立因、四大種所造の色を任持すると壁の畫を持するが如きを生因と名く。四に持因、所造の色をして相續して斷絕せしめざるを持因と名く。五に養因、四大種所造の色を增長するを養因と名く。此の五因は六因の中には能作因の攝、四緣の中には因緣の攝なり。【俱舍論七】図一に生因。即ち惑業なり、衆生惑業に依つて此身を生ずるを生因と名く。二に和合因、善法善心と和合し不善法不善心と和合し、無記法無記心と和合するを和合因と名く。三に住因、一切衆生我痴我見我慢我愛の四大煩惱に依て住するを得る家屋の柱に依つて住するを得る如きを住因と名く。四に增長因、衆生衣服飮食等に依つて其の身を長養するを長養因と名く。五に遠因、父母の精血に依て其の身を生じ國王に依憑して盜賊の難を免かれ咒力に依つて傷害を脫する如きを遠因と名く。【涅槃經二十一】

ゴインド　五印度　〔雜名〕又、五天竺。印度を東西南北中の五處に區劃して云。【西域記二】に「五印度之境。周九萬餘里。」

ゴウ　後有　〔術語〕未來の果報。後世の心身。【勝鬘經】に「阿羅漢辟支佛所斷煩惱。更不レ能レ受二後有一。」【智度論一】に「後有愛種永已盡。」図生死の身の最後を後有と云。最後身と言ふに同じ。後有の菩薩、最後身の菩薩など云。悉達太子の身の如き是なり。

ゴウカラ　恒迦羅　〔雜語〕Kaṅkara　數の名。【本行集經十二】に「恒迦羅。隋言二數千萬億一。」【俱舍頌疏世間品五】に「十大鉢羅庾多爲二矜羯羅一。」

ゴウガ　殑伽　〔地名〕又、强伽、弶伽、恒伽、恒架、Gaṅgā 譯、天堂來、其原高處神堂より來るを以てなり。印度の東北を流るる大河の名。印度三大河の一、源を雪山（ヒマーラヤ）の南部に發し、大小無數の支流を合して東南に奔流すること五百里、ブラマプートラ河と共に印度洋に流入す。其流域一帶の地は所謂恒河の平原にして、四境殊に開潤、交通八達するのみならず、地味極めて豐饒なりしかば、古來印度に起りし幾多の君主皆其の都城を此の川流に定め、數千年來印度文明の中心となり、佛敎は勿論、其の他の宗敎も哲學も亦此の流域に起れり。從つて印度人の此の河を見ること極めて神聖視し、遂には河名を以て直ちに神名になすに至れり。【西域記一】に「殑伽河。舊曰二恒河一。又曰二恒伽一。訛也。」【玄應音義八】に「强伽。舊名二恒河一是也。亦名二殑伽一。從二阿耨大池東面象口一流出。入二東海一。其砂細與レ水同流也。」これ經中に恒河沙數諸佛の譬喩を語る所以なり。【同二十四】に「殑伽河。諸經論中或作二恒河一。或言二恒伽河一。亦云二恒迦河一。或作二强伽河一。皆訛也。此河從二無熱惱池東面象口一而出。流三入東海一。舊譯云二天堂來一。以下彼外書云丙本

入二摩醯首羅天頂一從二耳中一出流在乙地上甲。以三天化身在二雪山頂一故作二是說一。見下從二高處一而來上故云二天堂來一也。」【俱舍光記五】に「殑耆是河神名。若女聲中呼名二殑耆一。若男聲中呼名二殑伽一。舊曰二恒河一訛也。」【可洪音義一】に「恒伽。大般若經作二殑伽天女一是也。」これその河水が神聖にして、この水に浴するものは一切の罪の汚を去るを得との思想を生ぜし所以なり。【藥師本願經】に「殑伽」を見よ。

ゴウガ　恒河　〔地名〕恒伽河の略。

ゴウガカ　恒伽河　恒伽河の略名。前項に同じ。

ゴウガガシヤ　殑伽河沙　〔譬喩〕「ゴウガシヤ」を見よ。

ゴウガシヤ　恒河沙　〔譬喩〕Gaṅgā-nadī-vālukā 略稱、恒沙。恒河の砂の數にて物の多きに譬ふ。【智度論七】に「問曰。如二閻浮提中一。種種大河亦有下過二恒河一者上。何故常言二恒河沙等一。答曰。恒河沙多。餘河不レ爾。復次是恒河是佛生處。遊行處。弟子現見故以爲レ喩。復次諸人經書皆以二恒河一爲二福德吉河一。若入レ中洗者諸罪垢惡皆悉除盡。以三人敬二事此河一皆共識知。故以二恒河沙一爲レ喩。復次餘河名字屢轉。此恒河世世不レ轉。以レ是故以二恒河沙一爲レ喩不レ取二餘河一。」

三恒河沙　〔術語〕【涅槃經六】に衆生が大乘敎典を信解するには凞連河沙と八恒河沙の諸佛の所に於て法を聞きし功德によることを說く。道綽の【安樂集上】に此中初の凞連河沙及び三恒河沙の發心を明かす。「如二涅槃經云一。佛告二迦葉菩薩一。若有下衆生於二凞連半恒河沙等諸佛所一發中菩提心上。然後乃能於二惡世中一聞二是大乘經典一不レ生二誹謗一。若有下於二一恒河沙等佛所發中菩提心上。然後乃能於二惡世中一聞レ經不レ起二誹謗一。深生二愛樂一。若有下於二二恒河沙等佛所一發中菩提心上。然後乃能於二惡世中一不レ謗二是法一。正解信樂受持讀誦。若有下於三三恒河沙等佛所一發中菩提心上。然後乃能於二惡世中一不レ謗二是法一。書二寫經卷一雖二爲レ人說一未レ解二深義一。」見眞の【正像末和讚】に「三恒河沙の諸佛の出世のみもとにありしとき、大菩提心おこせども自力かなはで流轉せり。」

八恒河沙　〔術語〕【涅槃經六】に大乘經を信解する人の宿福の深廣を明かすに、凞連河沙及び八恒河沙の諸佛の所に於て發心修行せしに由るを說く。之を九河供佛又は九河發心と云。

ゴウガシヤ　殑伽沙　〔地名〕舊稱、恒河沙。新稱、殑伽沙。

ゴウガシン　殑伽神　〔神名〕又、恒伽天、印度恒河の河伯なり。「ガウガ」を見よ。【祖庭事苑七】に「主河之名是女。非レ鼻聞レ香。未レ見二其緣一。」

ゴウガシンニヨ　殑伽神女　〔神名〕同上。

ゴウガダイバ　恒伽提婆　〔人名〕Gaṅgādevī 女人の名。譯、河天。父母恒河の神に禱りて得たる子なれば名く。般若の會坐に佛の授記を受く、大般若二十卷、小品般若七卷、智度論七十五に出づ。【智度論七十五】に「問曰。何以名爲二恒伽提婆一。答曰。一切皆有二名字一爲レ識故。何足レ求レ義。有人言。是女人父母俱二養恒伽神一得二此女一。故言二恒伽提婆一。恒伽是河名。提婆名レ天。」

ゴウガダツ　恒伽達　〔人名〕Gaṅgādatta 比丘の名。譯、河授。父母恒伽神に祈りて得たる子なれば名く。王舍城の大富長者の子、父母に請ひて出家し、道果を得。【賢愚經恒伽達緣品】

ゴウガニヨ　殑河女　〔故事〕子を愛念して共に殑河に沒し、死して梵天に生る。【心地觀經三】に「昔有二女人一抱二其子一。渡二於恒河水瀑流一。以二汎水一故力難レ前。與レ子俱沒無二能捨一。爲二是慈念善根力一。命終上生二於梵天一。長受二梵天三昧樂一。得下遇二如來一受中佛記上。」【性靈集八】に「殑河女人因レ愛レ子而生二天上一。坐海丈夫發二慈悲一以成二大覺一。」

ゴウガユキヤウ　恒河喩經　〔經名〕佛說恒水經の異名。

ゴウギ　殑耆　〔神名〕殑伽河の女神の名。「ゴウガシン」を見よ。

ゴウギヤウフグムミヤウ　恒行不具無明　〔術語〕五種無明の一。「ムミヤウ」を見よ。

ゴウギラ　殑耆羅　〔人名〕比丘の名。【俱舍寶疏五】に「殑耆是河神名。羅名二攝受一。父母憐レ子與レ字。立二名殑耆攝受一。女聲呼名レ者。男聲呼爲レ伽。」梵 Gaṅgila＊

ゴウケウテン　恒憍天　〔界名〕天の名。【大部補註五】に「恒憍。亦言二常放逸天一。」梵 Gaṅgā＊

ゴウコ　江湖　〔雜語〕江西湖南の義にて昔時禪風の盛なりし處。由つて、汎く禪徒を指して江湖と云ふ。【傳燈錄石頭章】に「江西主二大寂一。湖南主二石頭一。往來幢幢並湊二二大士之門一。」然るに【象器箋五】に「忠曰。江湖二水名也。文選註今言二江湖一者。江外湖邊本是隱淪士所處。如丁蓮社高賢傳周續之曰下心馳二魏闕一者以二江湖一爲中桎梏上。駱賓王序曰下廊廟與二江湖一齊上致。范希文記曰丙既而動二星象一歸乙江湖甲是也。故禪士之散二處名山大刹之外江上湖邊一此爲二江湖人一。或不三出世爲二名山大刹住持一者。聚會在二一處一亦爲二江湖衆一也。然相傳以二江西馬祖湖南石頭往來幢幢一爲レ解。此說浸二染學家肺腸一可二浣濯一之難矣。此方禪林江湖疏題レ名

曰二平沙某遠浦某等一。亦足三粗知二其字義一。」案に此說得たり。【莊子大宗師】に「泉涸魚相與處二於陸一。相呴以レ濕。相濡以レ沫。不レ如レ相二忘於江湖一。」

ゴウコシフ　江湖集　〔書名〕具名、江湖風月集。二卷。趙宋の景定咸淳より元の至治延祐に至る間の諸方尊宿の偈頌を集めしもの、集者を松坡と云ふ。

ゴウコシヨ　江湖疏　〔雜語〕或る寺に新住の入る時、名山大刹の外なる一般小寺の人の新來者に對する賀表を云ふ。

ゴウコレウ　江湖寮　〔堂塔〕禪院に於て汎く江湖の禪僧を入るる處。

ゴウコヱ　江湖會　〔行事〕禪宗に於ける夏安居の別名。江湖の人多く集つて安居の法會を爲す義。

ゴウシウヤハタマツリ　江州八幡祭　〔行事〕四月中の卯日に行ふ。【神社啓蒙】に、法華が峯八幡宮は近江國蒲生郡八幡村にあり、祭る所の神石淸水に同じ。【社說】に、一條院の御宇、勸請長德二年放生會を行はる。【寺說】に、慶長年中關白秀次公この法花が峰に城廓を構ふる時上の宮をうつし下の宮に合せ祭る。其後御當家御陣所となる。其時今の杉山に移さる。別當願成就寺。往古聖德太子開基の寺院江州に四十八ケ所あり。其四十八の終りに此寺を建て給ふ故に願成就寺の名あり。神社の傍にあるを普門院といふ。成就寺兼帶なり。古は坊舍五十五ケ寺ありしが織田信長の兵火にかかり悉く滅亡す。氏子すべて十三ケ村、外に新鄕とて舟木上田林の二ケ村を加ふ。例祭四月中の卯、夜宮に踊あり。上の宮祭兩日、下の宮祭兩日、其中間一日を御旅祭といふ。花表と樓門との間に於て凡そ十二三圍の炬火を立つ。高さ六七間ばかり七度半の使を合圖に炬火に火を點じ、村村の祭太鼓にも一二圍の炬火を點じ、三社の兒三人を拜殿に座せしめ、この兒をいさめの太鼓とて拜殿の邊にて拍子踊あり。

ゴウシヤ　恒娑　〔動物〕Haṁsa 又、亘娑に作る。譯、鵝、雁。【大威德陀羅尼經六】に「恒娑。隋言レ鵝。」【探玄記二十】に「恒娑者。此云二鵝毛一。以レ此爲レ衣水澆不レ着。」【西域記九】に「亘娑。唐言レ雁。」

ゴウシヤカ　恒娑迦　〔動物〕Haṁsaka 譯、鳩。【大威德陀羅尼經六】（恐くは非なり鵝又は雁なり）

ゴウジヤ　恒沙　〔譬喩〕恒河沙の略。「恒河沙」を見よ。図台宗所立三惑中の塵沙の惑を又恒沙と云ふ。【淨名經三觀玄義上】に「見思恒沙無明之惑。」

ゴウジヤウカイ　恒常戒　〔術語〕六種戒の一。「カイ」を見よ。

ゴウジヤヂヤウ　恒沙定　〔術語〕恒河沙ほどの數多き禪定を云ふ。地藏菩薩が每日晨朝に入りて衆機を觀ずる禪定なり。【玄弉記十輪經一】に「此善男子。於二一一日一。每二晨朝時一爲レ欲レ成二熟諸有情一故。入二殑伽河沙等諸定一。」【往生要集上末】に「地藏菩薩。每日晨朝入二恒沙定一。周二遍法界一拔二苦衆生一。」

ゴウジユンシユジヤウ　恒順衆生　〔術語〕普賢菩薩十大願の第九。【華嚴經普賢行願品】に「言二恒順衆生一者。謂盡法界虛空界十方刹海所有衆生種種差別。所謂卵生胎生濕生化生乃至有想無想。非有想非無想。如レ是等類我皆於レ彼隨順而轉。種種承事。種種供養。如レ敬二父母一。如レ奉二師長一。及阿羅漢乃至如來等無レ有レ異。於二諸病苦一爲作二良醫一。於二失道者一示二其正路一。於二闇夜中一爲作二光明一。於二貧窮者一令レ得二伏藏一。」

ゴウスヰ　恒水　〔地名〕恒河を云ふ。【法顯傳】に「城接二恒水一有二二僧伽藍一。」

ゴウスヰキヤウ　恒水經　〔經名〕佛說恒水經、一卷、西晋法炬譯。中阿含瞻波經と同本。【昃帙八】

ゴウダカラビ　號蹤迦羅毘　〔動物〕譯、堅誓。師子の名。【賢愚經十三】

ゴウトクモンヒブツミヤウガウ　其有得聞彼佛名號　〔雜語〕歌題。【無量壽經下】に「佛告二彌勒一。其有レ得レ聞二彼佛名號一。歡喜踊躍乃至一念。當レ知此人爲レ得二大利一。則是具二足無上功德一。」（新千載）「一たびも其名を聞きて賴むこそ上なき道のしるべなりけれ」

ゴウボサツ　後有菩薩　〔術語〕又、最後身と云ふ。生死の身の最後なり。生死の身を受くる最後の菩薩を後有菩薩と云ふ。悉達太子の如き是なり。

ゴウン　五蘊　〔術語〕梵語の塞犍陀 Skandha を舊には陰と譯し、又衆と譯し、新には蘊と譯す。陰は積集の義。衆は衆多和聚の義にて蘊の義と同じ。是れ數多積集する有爲法の自性を顯はす。有爲法の用を作すに純一の法なく、或は同類、或は異類、必ず數多の小分相集りて其用を作せば、概して之を陰、又は蘊と云ひ、（陰は蔭覆の義なりと云ふ舊譯の一義あり。オンを見よ。）之を大別して五法となす。一に色蘊、五根五境等の有形の物質を總該す。二に受蘊、境に對して事物を受け込む心の作用なり。三に想蘊、境に對して事物を想像する心の作用なり。四に行蘊、其他境に對して瞋り貪る等の善惡に關する一切の心の作用なり。五に識蘊、境に對して事物を了別識知する心の本體なり。之を一有情に徵すれば色蘊の一は即ち身にして、他の四蘊は即ち心なり。心の中に、受想行の三は心性上各一種特別の作用なれば之を心所有法、即ち心王の所有の法と名け、（略して心所と云ふ。）識の一は心の自性なれば之を心王と名

く。即ち五蘊は身心の二法にて色界欲界の如き身ある有情は五蘊より成り、無色界の如き身なき有情は四蘊色蘊を除く。より成るなり。【毘婆尸佛經上】に「五蘊幻身。四相遷變。」【増一阿含經二十七】に「色如二聚沫一。受如二浮泡一。想如二野馬一。行如二芭蕉一。識爲二幻法一。」⊙（曲、生田敦盛）「五蘊もとより是れみな空」（太平記二）「五蘊假成レ形、四大今歸レ空」（近松、七墓廻）「五蘊離散して栴檀の烟に伴ふ」

ゴウンカイクウキヤウ　五蘊皆空經　〔經名〕一卷、唐の義淨譯。初めて五比丘の爲に苦空無常の義を説く。亦雜阿含經第二卷に出づ。【辰帙六】

ゴウンセケン　五蘊世間　〔術語〕三世間の一。舊譯に五陰世間、五衆世間。十界の五蘊各各に差別するを云ふ。

ゴウンタク　五蘊宅　〔譬喩〕五蘊の假りに和合して人の心身を成すを家宅に譬ふ。【最勝王經四】に「了二五蘊宅悉皆空一。求下證二菩提一眞實處上。」

ゴウンロン　五蘊論　〔書名〕具名、大乘五蘊論。世親菩薩造、唐の玄奘譯、一卷。大乘所説の五蘊を明かして有爲法九十四法を攝め、及び十二處十八界を明かして百法を攝む。【來帙九】（1176）

ゴウンマ　五蘊魔　〔譬喩〕四魔の一。舊譯に五衆魔。五陰魔。有情各色受想行識の五蘊ありて種種の障害を受くるもの。

ゴエ　五衣　〔名數〕比丘に三衣を持せしむると共に比丘尼に五衣を持せしむ。五衣とは三衣の外に祇支と覆肩とを加ふ。【行事鈔資持記中二之二】に「五衣者。附明二尼制一。祇支覆肩皆入レ制故。」

ゴエイ　御影　〔雜語〕佛菩薩聖者等の畫像木像などの敬稱。

ゴエイ　五翳　〔名數〕一に煙、二は雲、三に塵、四に霧、五に阿修羅の手、此五は能く日月の光を障るもの。【止觀五】に「重沓五翳。埃二靄曜靈一。」

ゴエウ　五葉　【傳灯錄達磨章】に達磨傳法の偈を擧げて「吾本來二茲土一。傳レ法救二迷情一。一華開二五葉一。結果自然成。」是れ禪家五家を分つ讖語なりと云ふ。⊙（太平記）「五葉爲二叢林一」

ゴエン　五緣　〔名數〕二十五方便中の五。持戒清淨、衣食具足、閑居靜處、止諸緣務、近善知識なり。

ゴオン　晤恩　〔人名〕宋の慈光院の晤恩。高論尊者清竦の旁出にして山外宗の祖なり。初め志因に就いて三觀の旨を學び、道名大に播く。雍熙三年入寂、壽七十五。【稽古略四】に「初め、天台宗、唐の德宗建中三年荆溪尊者の滅後より五傳して清竦に至り、竦に二弟子あり。義寂と曰ひ、志因と曰ふ。寂は敎觀の正脈を以て義通に傳へ、通四明の知禮下竺の遵式に傳へて源源授受す。志因は晤恩に傳ふ、恩の名、僧史に著し。恩洪敏と源淸とに傳へ、淸は孤山の智圓と梵天の慶昭とに傳へ、昭は繼齊と咸潤とに傳へ、境觀解行各其説を師とす。四明の知禮辭して之を闢き、衡嶽の家世之を斥して山外宗と爲す。」【宋僧傳七、佛祖統記十】に傳あり。

ゴオン　吳音　〔雜語〕又、對馬音と云ふ。【谷響集二】に「佛經創めて我邦に入りし時、吳國の比丘尼某、海を跨えて對馬國に到る。尼佛經に精し。我邦人初めて尼に從つて習讀す。尼は吳人なる故に吳音を傳授す。吳音を對馬音と名くるは此に由る。吳は荆蠻の地なる故に音韻の錯ると甚し。」【菩提心集註下】に「吳音を對馬音と云ふ事、政事要略幷に維摩會緣起に云く、大織冠鎌足執政の時、百濟の禪尼法明對馬に來りて吳音にて維摩經を誦す。因つて吳音を對馬讀といふ。是れ吳音の起源なり。法明尼は吳國の人なり、釋書十八に傳あり。」釋書には百濟國人とあり。又「唐にても佛經には吳音を用ゐるありと見えたり。宋僧傳廿四大光傳に吳音にて經を誦して帝甚其事を異とすとあり。」【考信錄一】に諸書を引く。

ゴオン　五陰　〔術語〕新譯に蘊。舊譯に陰。淨影の説は【大乘義章八本】に「積集名レ陰。陰二積多法一故。」是れ新譯蘊の義と同じ。天台は【止觀五上】に「陰者陰二蓋善法一。此就レ因得レ名。又陰是積集。生死重沓。此就レ果得レ名。」是れ陰に蔭覆と陰積との二義ありと云ふ。「ウン」を見よ。色、受、想、行、識の五法の名義は新舊同じ「ゴウン」を見よ。

ゴオンジヤウク　五陰盛苦　〔術語〕八苦の一。又、五盛陰苦と云ふ。盛を解するに二義あり。一は苦に就いて説く。人各五陰を具へて衆苦熾盛なれば盛と云ひ、又五陰の器に衆苦を盛れば盛と云ふ。【中論疏七】に「有二斯五陰一。衆苦熾盛ナレハ名二五盛陰苦一。又此五陰。盛二貯衆苦一。名二五盛陰苦一。」次の一義は五陰の作用熾盛なれば五陰盛又は五盛陰と名く。舊譯の經に常に五陰を呼んで五盛陰と言ふは此意なり。【増一阿含經十七】に「世尊告二諸比丘一曰。彼云何爲レ擔。謂五盛陰是。」されば五陰盛苦とは單に五陰苦と言ふ如し。

ゴオンセケン　五陰世間　〔術語〕五蘊世間に同じ。

ゴオンヒユキヤウ　五陰譬喩經　〔經名〕一卷、後漢の安世高譯。五陰に對して次第の如く沫泡𦦨蕉幻の五喩を説く。亦雜阿含經第十卷に出づ。【辰帙六】（653）

ゴオンマ　五陰魔　〔譬喩〕四魔の一。五蘊魔に同じ。

ゴオンユキヤウ　五陰喩經　〔經名〕五陰譬喩經の略名。

ゴカイ　五戒　〔術語〕殺生、偸盜、邪淫、妄語、飮酒の制戒。「カイ」を見よ。

ゴカイ　牛戒　〔術語〕戒禁取見の一種。天竺の外道に牛の行をなして以て生天の因と執するあり。【百論疏上中】に「持二牛戒一者。如二倶舍論說一。合レ眼低レ頭食レ草以爲二牛法一。彼見二牛死得レ生二天上一。即尋二此牛一得レ生レ天。是故相與持レ於二牛戒一。成論云。持二牛戒一。八萬劫來猶受二牛身一。不レ達三爾前有二於天因一。謂二牛死若成則墮二牛中一。如其不レ成則入二地獄一。然外道苦行世人信レ之。」【智度論二十二】に「外道戒者。牛戒。鹿戒。狗戒。羅刹鬼戒。啞戒。聾戒。」

ゴカイサウ　五階僧　〔名數〕齊衡二年の制定に、一に試業、二に複、三に維摩立義、四に夏講、五に仕講。之を五階とし、此五階を經たるものを諸國の講師に叙す。【類聚三代格三】

ゴカイサウキヤウ　五戒相經　〔經名〕優婆塞五戒相經の略名。

ゴカイサン　御開山　〔雜名〕眞宗の稱。親鸞聖人を指す。開山は諸宗の開祖又は諸寺の開基を指す總名なれども、特に眞宗に於て多く用ふるより、遂に總即別名となる。

ゴカイシン　護戒神　〔神名〕佛の制戒を守する善神なり。三歸を受くる者は三十六部の善神ありて之を護り、又五戒を受くる者は五戒の一一に各五神合せて二十五神ありて五戒を持つ者を護る。【灌頂經一】に「是故我說二是言一。令三清信士女勸受二歸戒一。歸有二三十六鬼神之王一。隨逐護助。戒有二二十五神一。營三護左右門戶之上一。辟三除凶惡一。」

ゴカウ　五向　〔術語〕密宗の五悔なり。終の回向の名に約して五向と云ふ。【諸儀軌訣影三】

ゴカウ　五香　〔名數〕一に檀香、二に沈香、三に丁香、四に鬱金香、五に龍腦香。【建立曼荼羅擇地法、觀智儀軌】

ゴカウ　五更　〔雜語〕顏氏家訓に依るに、支那漏刻の法、漢魏以來、昏より曉に至る一夜を五刻に分けて或は之を甲夜乙夜丙夜丁夜戊夜と曰ひ、或は一鼓二鼓三鼓四鼓五鼓と曰ひ、或は一更二更三更四更五更と曰ふ。更は歷なり、經なり。五時を經歷すれば五更と云ふ。而してさらに此五更の各更を五點分す。然るに謝肇制の說に據るに、初更には第一點第二點を打たず、第三點よりして發し、此に於て夜行の人を禁ず。五更は則ち第三點に至つて止む、此に於て行人を放つ。故に總て二十一點なり。然るに日本の更點は五更の四五を去るは彼に同じ、初更に至つて但第二點を去る故に二十二點なり。【象器箋十八】

ゴカク　五覺　〔名數〕一に本覺、本有常住の覺體を云ふ。二に始覺、修行の功に依りて本覺の體の顯はるるを云ふ。三に相似覺、菩薩十信の位に於て類似の始覺を得るを云ふ。四に隨分覺、菩薩十住十行十廻向の位に於て分分に眞正の始覺を得るを云ふ。五に究竟覺、妙覺の位に於て究竟至極の始覺を成じ遂に本覺と一致するを云ふ。【起信論、三藏法數二十】

ゴカク　牛角　〔譬喩〕牛の角。以て物の並立に譬ふ。【止觀輔行一之二】に「牛角表レ雙。」

ゴカクイチソク　牛角一觸　〔傳說〕牛の角一たび袈裟に觸れて天に生ず。【文句記三中】に「瓔珞經二云。若天龍八部鬪諍スルニ。念二此袈裟一生二慈悲心一。乃至龍得二一縷一牛角一觸。」「ウシ」を見よ。

ゴカクゴン　御格勤　〔職位〕叡山にて御膳を調度する役の名。【毉驢嘶餘】

ゴカクシヤラリン　牛角娑羅林　〔地名〕沙羅雙樹林の別稱。四方に雙樹並立するを牛角に譬ふ。又拘尸那城を角城と譯す、沙羅林此地に在るを以て牛角と云ふ。【輔行一之一】に「以二牛角一表レ雙。以二沙羅一名レ樹。沙羅西音。此云二堅固一堅固之名稱二樹德一也。故知牛角表レ雙。義兼二三角一。此即最後說二涅槃一處。」

ゴカクシヤラリンキヤウ　牛角娑羅林經　〔經名〕中阿含經四十八に攝む。舍利弗、阿難と共に此林を發起する法を說き、佛之を讚す。

ゴガ　護鵝　〔故事〕比丘あり、鵝鳥の寳珠を呑むを知れども鵝鳥の殺されんとを恐れ、自ら其罪を負ふて鵝を救ふを念ずること。「ガシユ」を見よ。

ゴガイ　五蓋　〔名數〕蓋は即ち蓋覆の義。五法ありて能く心性を蓋覆して善法を生ぜざらしむ。一に貪欲蓋、五欲の境に執着し以て心性を蓋ふもの。二に瞋恚蓋、違情の境に於て忿怒を懷き以て心性を蓋ふもの。三に睡眠蓋、心昏く身重くして其用を爲さず、以て心性を蓋ふもの。四に掉悔蓋、心の躁動するを掉と云ひ、所作の事に於て心に憂惱するを悔と云ひ、以て心性を蓋ふもの。五に疑法、法に於て猶豫して決斷なく、以て心性を蓋ふもの。【法界次第上之上】に「通名レ蓋者。蓋以二覆蓋一爲レ義。能覆三蓋行者清淨心善一。不レ得二開發一。故名爲レ蓋。」【智度論十七、大乘義章五本、三藏法數二十四】

ゴガクシヨ　五學處　〔術語〕五戒の別名。一切有部百一羯磨二】

ゴガランジン　護伽藍神　〔神名〕「ガラン」の項を見よ。

ゴガン　護雁　〔本生〕阿闍世王過去に大王たると

き、群雁の雁王を慕ふ心に感じて遂に慈心を發して誓て復た雁を捕らず。【報恩經四】「ガン」の項を見よ。【性靈集九】に「護雁之愛弘深。驅龍之威益猛。」

ゴキ 互跪 [雜語] 左右の兩膝を互に地に着けて地に跪くを云ふ。是れ梵土通俗の敬相なり。依つて又胡跪と名く。此の中佛法は左跪即ち右膝着地を以て通相となし、行事久しき時は互跪を開るすなり。【歸敬儀】に「言二互跪一者。左右兩膝交互跪レ地。此謂有レ所二啓請悔過授受一之儀也。佛法順レ右。」又「經中以二行事經久苦弊集一レ身。左右兩膝交互而跪。」【五】

ゴキヤ 倶嚧野 [雜名] 諸天の名。【慧琳音義卅】

ゴキヤウ 五境 [名數] 色聲香味觸の五法は是れ眼等の五根の所緣の境界なれば五境と云ふ。

ゴキヤウノレンゲ 五莖蓮華 [本生] 「ネントウブツ」を見よ。

ゴギビヤウドウ 五義平等 [術語] 心王と心所と相對するに彼此平等の義五種あれば相應法と名く。「サウオウボフ」を見よ。

ゴギブンツウ 五義分通 [名數] 南山の四分律宗に言ふ所。四分律は其本位は小乘なれども、餘の薩婆多律等と異なり、一分大乘に通ずる所あり。其義を本律に求むるに凡そ五處あり、此五處の義を以て分通大乘を知るを五義分通と云ふ。一に沓婆厭無學、【四分律三】に十三僧殘の無根謗戒を明かす中に、阿羅漢あり沓婆摩羅子と名く。靜處に在つて思惟するに、此身は無常生滅にして堅固ならず、我今如何なる方便を以て牢固の法を求むべき、今我力を以て僧に供養せんと。即ち僧の爲に力役を作せり。是れ無常生滅の三乘の身を厭ひて菩薩の法を求め、心を大乘に廻して利他の行を修するなり。二に施生成佛道、これ【四分僧戒本】に回向文あり、其語に「我今說二戒經一所レ說諸功德。施二一切衆生一。皆共成二佛道一。」とあり。皆共成佛豈に是れ小乘ならんや。三に相召爲佛子、これ【四分律一】に序あり、序中「如レ是諸佛子」「佛子亦如レ是」などの語あり。蓋し梵網經所說の大乘戒の中には僧衆を呼んで佛子と稱すれども、小乘戒の中には比丘と稱するを例とす。然るに今佛子の稱を以て呼召するは其意大乘の佛道に在ればなり。四に捨財用非重、これ捨墮罪を懺悔する時、先づ僧衆に向つて其所犯の財體(即ち贓物の如きもの。)を捨出して後に懺悔の法を行ひ、僧衆は一旦其財物を沒收し、懺悔を竣へし後に更に之を本人に還へし與ふるを法とす。然るに本宗には之を本人に還し與へずして僧中に之を用ふるも突吉羅の輕罪を結するのみにして偸盜の重罪を成さずとす、是れ懺悔を爲す人既に捨出の心誠なれば彼の財物は彼れの所有にあらざればなり。是れ意業を主とする大乘の義なり。五に塵境非根境、色聲等の塵境は眼識等の識知する所にして眼根等の曉了する所にあらざるを云ふ。【四分律十一】に小妄語戒を釋する中に「眼識能見。耳識能聞。鼻舌身識能觸。意識能知。」とあり。此に就いて小乘有部の宗義に根見識見の爭ありて、根見を以て正義とす。今眼識能見等と云は、識見の義にして即ち大乘の意なり。上來五義を以て分通大乘の證とす。【業疏三下、濟緣記三下、資持記上三之一】

ゴギヤウ 五行 [名數] 一に布施行、二に持戒行、三に忍辱行、四に精進行、五に止觀行。是れ六度の中に於て定慧の二度を合して止觀の一と爲せしもの。【起信論】 図 一に聖行、菩薩戒定慧の三業を修するヿ。二に梵行、梵は清淨の義、淨心を以て慈悲を運らし、衆生の爲に拔苦與樂するヿ。三に天行、天は四天の中の第一義天にて即ち天然の理を云ふ。菩薩天然の理に由つて妙行を成ず是れ天行なり。四に嬰兒行、嬰行は人天小乘に譬ふるなり。菩薩慈悲の心を以て人天小乘の小善の行を示現するヿ。五に病行、菩薩大慈悲を以し一切衆生に和し、煩惱あるに同じ、病苦あるに同ずるヿ。【涅槃經十一】 図 木火土金水の五行。之を五方等に配するヿ。「ゴダイ」を見よ。

ゴギヤク 五逆 [術語] 又、五無間業。罪惡の極みて理に逆ふヿ甚しければ逆と云ひ、是れ無間地獄の苦果を感ずる惡業なれば無間業と云ふ。之に三乘通相の五逆、大乘別途の五逆、同類の五逆、提婆の五逆など種種あり。

三乘通相五逆 [名數] 三乘に通じて立つる所の五逆。又小乘の五逆とも云ふ。常に五逆と言ふは是なり。一に父を殺し、二に母を殺し、三に阿羅漢を殺し、四に佛身より血を出し、五に和合僧を破る。(罪の輕重の次第に由る。)和合僧を破るとは數多の僧衆和合して法事を行ひ、佛道を修するを、手段を以て之を離間し闘亂せしめて法事を廢せしむ。五逆の中に此罪最も重し。【阿闍世王問五逆經】に「有二五逆罪一。若族姓子族姓女。爲二此五不救罪一者。必入二地獄一不レ疑。云何爲レ五。謂殺レ父。殺レ母。害二阿羅漢一。鬪二亂衆僧一。起二惡意於如來所一。」【倶舍論十七】に「言二無間業一者謂二五無間業一。其五者何。一者害レ母。二者害レ父。三者害二阿羅漢一。四者破二和合僧一。五者惡心出二佛身血一。」【華嚴孔目章三】に「五逆。謂害レ父。害レ母。害二阿羅漢一。破レ僧。出二佛身血一。初二背二恩養一。次三壞二福田一。故名爲レ逆。」【最勝王經淄州疏】に「五逆。一者故思殺レ父。二者故思

殺レ母。三者故思殺二羅漢一。四者倒見破二和合僧一。五者惡心出二佛身血一。以下背二恩田一違中福田上故。故名レ之爲レ逆。執二此逆一者。身壞命終必定墮二無間地獄一。一大劫中受二無間苦一。名二無間業一。」

大乘別途五逆 【大薩遮尼犍子所說經四】に「有二五種罪一名爲二根本一。何等爲レ五。一者破二壞塔寺一焚二燒經像一。或取二佛物法僧物一。若敎ニ人作一見テ作助喜。是名二第一根本重罪一。若謗二聲聞辟支佛法及大乘法一。毀呰留難隱蔽覆藏。是名二第二根本重罪一。若有二沙門一信心出家。剃二除鬚髮一身著二染衣一。或有二持戒一或不レ持レ戒。繫二閉牢獄一枷鎖打縛。策役驅使責二諸發調一。或脫二袈裟一逼令二還俗一。或斷二其命一。是爲二第三根本重罪一。於二五逆中一若作二一業一。是爲二第四根本重罪一。謗二無一切善惡業報一。長夜常行二十不善業一。不レ畏二後世一。自作敎二人堅住不一レ捨。是爲二第五根本重罪一。」小乘の五逆は此中の第四の一逆に當る。

同類五逆 〔名數〕一に母と無學の比丘尼とを犯す、是れ殺母罪の同類。二に入定中の菩薩を殺す、是れ殺父罪の同類。三に有學の聖者を殺す、是れ殺羅漢罪の同類。羅漢は無學の聖者なり。四に僧衆の和合を成す緣を奪ひて和合の事をして成就せしめず、是れ破僧罪の同類。五に佛の窣堵波を破る、是れ出佛身血の同類。【俱舍論十八】に「同類者何。頌曰。汙二母無學尼一。殺二住定菩薩一。及有學聖者一。奪二僧和合緣一。破二壞窣堵波一。是無間同類。」

提婆五逆 〔故事〕【法華文句八下】に「五百人の比丘を誘拐して和合僧を破り一是大石を擲ちて佛身より血を出し二是阿闍世王を敎へて醉象を放ちて佛を踐ましめ三是拳を以て華色比丘尼を殺し四是毒を手の十爪に置き佛足を禮するに由つて佛を傷けんと欲す五是。」是れ五種各別の五逆にあらず、同類を重ねて五の數を成ず、即ち佛身より血を出だすと阿闍世王を敎へしと毒を爪中に置きしとは同一の逆罪にして之を別種の五逆に配すれば但三逆罪なり。【同次文】に「若作二三逆一。敎王毒爪並ハ害ニ佛耳。」

五逆輕重 〔雜語〕【大乘義章七】に「殺父は最輕く、殺母は次に重く、殺阿羅漢は次に重く、出佛身血は次に重く、破和合僧は最重し。故に成實に云く、破僧最も重し、何の故に是の如くなる、三寶を離るるが故に。乃至聖に入るべき者聖に入るを得ず、坐禪學問讀誦禮拜是の如き等の事一切得ず、所以に最重し。」

ゴギヤクキヤウ 五逆經 〔經名〕阿闍世王問五逆經の略名。

ゴギヤクザイ 五逆罪 〔術語〕五逆の罪惡。「ゴギヤク」を見よ。

ゴク 五苦 〔名數〕一に生老病死苦、八苦の中には之を開いて四苦とす。二に愛別離苦、所愛の者と離別する苦。三に怨憎會苦、常に憎惡する者と會合する苦。四に求不得苦、求むる所を得ざる苦。五に五陰盛苦、五陰は一身の總體なり、五陰の身の爲に熾盛の諸苦を受くると。已上の五苦は八苦の開合の不同のみ。【折玄記、三藏法數二十四】 図一に生苦、二に老苦、三に病苦、四に死苦、五に犯罪枷鎖苦、【五苦章句章、三藏法數二十二】 図地獄等の五道の苦。【觀經妙宗鈔一】に「五苦者。此方五道俱不レ免レ苦。天道縱樂還墮二惡趣一故。」「よ。

ゴク 五供 〔雜名〕五種の供物なり「クヤウ」を見よ。

ゴクアク 極惡 〔雜語〕四重罪及び五逆罪を犯せしもの。【涅槃經九】に「犯二四重禁及五無間一名二極重惡一。譬如下斷二截多羅樹頭一更不中復生上。」【往生要集下】に「觀經云。極重惡人。無二他方便一。唯稱二彌陀一。得レ生二極樂一。」

ゴクイシキ 五俱意識 〔術語〕五識と共に起る意識を云ふ。四種意識の一。「イシキ」を見よ。

ゴクウシヨ 御供所 〔雜名〕又、オグショと讀む。神佛の供物を調度する所。

ゴクカウオン 極好音 〔雜語〕如來八音の一。【三藏法數】に「一切諸天二乘菩薩。雖三各有二好音一未レ足レ爲レ極。唯佛音聲聞者無レ厭。得レ入二妙道一。好中之最故名二極好音一。」

ゴクカク 極覺 〔術語〕妙覺を云ふ。【文句八】に「仍二前位次一寄二談極覺一耳。」

ゴクキ 極喜 〔術語〕菩薩十地の初地を極喜と云ふ。「ゴクキヂ」を見よ。

ゴクキヂ 極喜地 〔術語〕又、歡喜地。菩薩の修道位十の中の第一地。菩薩既に第一阿僧祇劫の行を竣へ、無始已來初めて眞無漏を發して一分二空所顯の理に達し、分別起の煩惱を斷じ、以て凡夫の性を離れて法身の菩薩と成るを得、極めて歡喜を生ずる位なる故に極喜地又は歡喜地と云ふ。【唯識論九】に「極喜地。初獲二聖性一。具證二二空一。能益二自他一。生二大喜一故。」

ゴクキヤウシキ 極迥色 〔雜語〕法處所攝五種色の一。一切の有形物質を除きて外に空漠たる明闇を見る、是を空界の色と名く。虛空とは別なり。此色至遠なれば迥色と名け、此至遠の空界色を分拆して極微に至るを極迥色と云ふ。此極迥色は眼識の所對にあらず、但意識の所緣なれば十二處の中には色處に攝めずして法處に攝むるなり。【義林章五末法處色章】

ゴククワ 極果 〔術語〕至極の證果。佛の正覺を

云ふ。是れ因位修行の結果なり。【光明文句七】に「菩提極果積行方尅。」【大乘義章八】に「無漏極果。所謂盡智及無生智。」【法華文句四上】に「妙因斯滿。極果頓圓。」

ゴククワウジヤウテン 極光淨天 [界名] 舊譯、光音天。新譯、極光淨天。色界第二禪天の最上天なり。大火災を以て世界の壞滅せし後の成劫の初には此天より天人次第に下生して大梵天又は人等となる。【倶舍頌疏八】に「第二靜慮有三天者。一少光天。於二禪內光明最少故。名少光天。二無量光天。光明轉增量難限故。名無量光天。三極光淨天。光明勝前徧照自地故。名極光淨。」⦿(水鏡上)「今十九劫には極光淨といふ天よりひとりの天人生れて大梵となる」「クワウオンテン」を見よ。

ゴクゲダウ 牛狗外道 [流派] 六種苦行外道の一。牛戒或は狗戒を持する外道の類を云ふ。【涅槃經十六】

ゴクシチウ 極七有 [術語] 極七返に同じ。

ゴクシチヘン 極七返 [術語] 又、極七有、極七生。預流の聖者にして修惑を斷ぜざるものは、欲界の人と天とに七返往來して生を受くる中に、必ず聖道成就して羅漢果を證する故、之を極七返と云ふ。亦七往來の中に人中に七度の中有、七度の生有、天中に七度の中有、七度の生有。合せて二十八生あれども、七の數同じきが故に略して極七生と云ふ。七處善、七葉樹と云ふ如し。但し二十八生と云ふは最初得道の身を除くなり、何となれば若し人趣に於て預流果を得る者は天上に七生するに、七の中有と生有あり、又人中に七生するに七中有、七生有あり、其最後の人中の生有に於て涅槃に入るなり。又天趣に於て預流果を得し者は人に下生するに七中有、七生有あり。天に上生するに七中有、七生有あり、其の最後の天上に於て涅槃に入るなり。故に知る、最初の得道の身を除く。若し之を取らば二十九生となるなり。問ふ何が故ぞ七生に限りて第八生なきや。答ふ、是れ身の相續するとこの七生に限りて所有の聖道成就するが故なり。聖道の力、法爾として然るなり、猶七步蛇、第四日瘧の如し。而して此極七生は預流果の最も鈍根なる者を言ふにて其利根なるものは一生にして直ちに阿羅漢果を證するあり。【倶舍論二十三】に「頌曰。未斷修斷失。住果極七返。論曰。諸住果者。於一切地修所斷失。都未斷時。名爲預流生極七返。七返言顯七往返生。是人天中各七生義。極言爲顯受生最多。非諸預流皆住七返故。乃至彼從此後別於人中極多結七中有生有。天中亦然總廿八。皆七等故說極七生。如七處善。及七葉樹。乃至若於人趣得預流果。彼還人趣得般涅槃。於天趣得還於天趣。何緣彼無受第八有。相續齊此必成熟故。聖道種類法應如是。如七步蛇第四日瘧。」【十住論】に「初果聖者。睡眠懶惰不至二十九有。」

ゴクシヤウ 極唱 [雜語] 究竟の言說。【金錍論】に「雙林最後極唱究竟之談。」【秘藏寶鑰下】に「眞如受薰之極唱。」

ゴクシヤウ 極聖 [雜語] 聖中の極。佛を云ふ。【金錍論】に「阿鼻依正全處極聖之自心。毘盧身土不逾下凡之一念。」【盂蘭盆經疏新記上】に「佛爲極聖。」

ゴクシヤウクキヤウ 五苦章句經 [經名] 佛說五苦章句經、一卷、東晉の曇無蘭譯。五道の苦乃至五天使者等を說く。【宿帙八】(730)

ゴクシヤウヰ 極聖位 [術語] 六種性位の一。究竟の妙覺の位を云ふ。

ゴクシヨウ 極證 [雜語] 至極の悟。⦿(海道記)「金剎極證の果門」

ゴクジフサイ 極十歲 [術語] 減劫には人壽漸く減じて其極十歲に至り、此時小の三災現ずと云ふ。【倶舍論十二】に「此洲人壽量漸減。乃至極十。小三災現。」

ゴクジヤウ 極成 [術語] 因明學の語。自も他も共に許して異論なき言義を云ふ。【因明大疏一】に「至極成就。故名極成。」

ゴクジヤウ 極靜 [雜語] 至極の靜慮。禪定を云ふ。【圓覺經】に「諸菩薩唯取極靜。由靜力故永斷煩惱。」

ゴクセツ 極說 [雜語] 至極の說法。【敎行信證一】に「一乘究竟之極說。」

ゴクソツ 獄卒 [術語] 地獄の內に在つて種種可畏の形を現じ、種種の苦具を以て罪人を殘害するもの。俗におにと云ふ是なり。然るに是れ實の有情にあらず、罪人の業力に由つて有情の如く見ゆるなり【倶舍論十一】に「諸地獄卒是有情不。有說非情。如何動作。有情業力。如成劫風。若爾云何通彼大德法善現說。如彼頌言。心常懷忿毒。好集諸惡業。見他苦欣悅。死作琰魔卒。琰魔王使諸邏刹娑。擲諸有情置地獄者。名琰魔卒。是實有情。非地獄中害有情者。故地獄卒非實有情。」

ゴクソン 極尊 [雜語] 至極の尊者。佛を云ふ。【歸敬義】に「宇宙之極尊」

ゴクチ 極致 [雜語] 至極の宗旨。【淨土論註上】に「上衍之極致」【盂蘭盆經疏新記下】に「道敎之極致」

ゴクチ 極地 [雜語] 至極の位地。佛を云ふ。【行

事鈔下四】に「佛爲ニ極地之人」

ゴクヂウアクニンムタホウベン　極重惡人無他方便　〔術語〕是れ阿彌陀佛の念佛の法門の一切の教に卓絶せることを說けるものにして、一代八萬の法門ありと雖、よく時機に相應せる法あることなきを以て、他に救濟の方便あることなし。然るに唯彌陀念佛の法門のあるありて、佛願を信じて稱名念佛するものは極樂に往生するを得るなり。【往生要集下本】に「觀經云。極重惡人。無ニ他方便一。唯稱ニ彌陀一得レ生ニ極樂一。」是れ惠心僧都が觀無量壽經の意を成せる語なり。【觀無量壽經】に「如レ此愚人。以ニ惡業一故。應下墮ニ惡道一經ニ歷多劫一。受レ苦無レ窮。乃至 稱ニ佛名一故。於ニ念念中一除ニ八十億劫生死之罪一。命終之時見下金蓮華猶如ニ日輪一住中其人前上。如ニ一念頃一即得レ往ニ生極樂世界一。」◉（曲、大原御幸）「極重惡人無他方便、唯稱彌陀得生極樂」

ゴクドクモン　五功德門　〔術語〕淨土論に云ふ。彌陀の淨土に往生するを得て成就する五種の功德なり。五念門に配して立てたるなり。眞宗にては五種中初二門を現生正定聚の益と云ふ。【淨土論】に「一者近門。二者大會衆門。三者宅門。四者屋門。五者園林遊戲地門。此五種門。初四種門成就入功德。第五門成ニ就出功德一。入第一門者。以下禮ニ拜阿彌陀佛一爲中生ニ彼國一故上得レ生ニ安樂世界一。是名ニ入第一門一。入第二門者。以下讃ニ歎阿彌陀佛一隨ニ順名義一。稱ニ如來名一。依ニ如來光明智相一修行上故。得レ入ニ大會衆數一。是名ニ入第二門一。入第三門者。以下一心專念作ニ願生レ彼修ニ奢摩他寂靜三昧行一故。得レ入ニ蓮華藏世界一。是名ニ入第三門一。入第四門者。以下專ニ念觀ニ察彼妙莊嚴一修中毗婆舍那上故。得下到ニ彼所一受中用種種法味樂上。是名ニ入第四門一。出第五門者。以ニ大慈悲一觀ニ察一切苦惱衆生一。示ニ應化身一。廻ニ入生死園煩惱林中一。遊ニ戲神通一至ニ敎化地一。以ニ本願力廻向一故。是名ニ第五門一。菩薩入ニ四種門一自利行成就。應レ知。菩薩出ニ第五門一廻向利益他行成就。」

ゴクナンシヨウチ　極難勝地　〔術語〕菩薩の十地の第五。又、難勝地。難は困難の義、勝は前地に勝るを云ふ。【唯識論九】に「極難勝地。眞俗兩智行相互違。合ニ令相應一。極難勝故。」【本業經釋義品】に「佛子順レ忍修レ道。三界無明疑見一切無ニ皆不レ空。八辯功德入ニ五明論一。無レ不ニ通達一。故名ニ難勝地一。」

ゴクニヨジヤウ　曲女城　〔地名〕【西域記五】に「羯若鞠若國、人長壽の時、其舊の王城を拘蘇磨補羅と號し、王を梵授と號す。福智兼ね備はり威瞻部に震ふ。千子を具足す。復百女あり、儀貌妍雅。時に仙人あり、殑伽河の邊に居て棲神定に入る。數萬歲を經て形枯木の如し。遊禽棲集し尼拘律果を仙人の肩に遺す。芽を生じて大木となる。多く年所を經て定より起ち、其樹を去らんと欲すれども鳥巢を覆さんことを恐れて敢てせず。時人其德を美して大樹仙人と號す。仙人偶目を河濱に寓して王女の嬉戲するを見、欲界の愛起つて染着の心生ず。自ら王所に詣つて女を請ふ。王已むを得ず之を諾し仙を還へし、諸女に歷問するに一も娉に應ずるものなし。王仙人の威を恐れて憂愁措く能はず。時に諸王女の中最も幼なるもの自ら之に當て王の患を解かんことを請ふ。王喜んで送つて仙廬に至らしむ。仙人見て悅ばず、乃ち王に謂て曰く、吾老叟を輕んじて此不研を配すと。王曰く、諸女を歷問するに肯て命に從ふものなし、惟此幼女給使に充らんことを願ふと。仙人怒を懷き、便ち惡咒して曰く、九十九女一時に腰曲り形毀弊して畢世婚なしと。王往いて驗せしむるに果して背傴る。是より後曲女城と名く。」梵 Kānyakubja

ゴクネツヂゴク　極熱地獄　〔界名〕八大地獄の第七。【倶舍論八】に「大極地獄」【同頌疏】に「極熱地獄」◉（曲、求塚）「炎熱極熱無間の底に、足上頭下と落つる間は」

ゴクノイシキ　五倶意識　〔術語〕前五識の何れかに伴ひて起る所の識即ち第六意識を云ふ。

ゴクバク　獄縛　〔雜語〕三界の牢獄に縛せらるると。【馬鳴傳】に「三界獄縛無ニ一可レ樂。」

ゴクフキヤウ　五恐怖經　〔經名〕佛說五恐怖世經の略稱。

ゴクフセキヤウ　五恐怖世經　〔經名〕佛說五恐怖世經、一卷、劉宋の沮渠京聲譯。末世戒律に遵はずして五種の恐るべき事あるを說く。【寒帙十】(766)

ゴクミ　極微　〔術語〕有部宗の意に依るに極微に三位あり。一は極微の微、二は色聚の微、三は微塵なり。一に極微の微とは、色聲香味觸の五境と、眼耳鼻舌身の五根との、十色の最極微分なり。是れ實色の極少にして更に分つべからざれば、光記には之を極微の微と名け、次の色聚の微に對して之を實の極微と云ひ、舊譯に隣虛と云ふ。然るに此極微は色の體用あるに非ず、隨つて現量の所得に非ず、唯慧を以て漸く分析して究竟に至りしもの、唯是れ慧眼の所行にして眼見の現量得にあらざれば正理論には之を假の極微と稱す。二に色聚の微とは、前の色等の極微が聚合して一の物質を成ぜし上の最極微分なり。凡そ前の色聲等の十色は實色なるも、單獨に生ずるものにあらず、生ずる時は必ず彼此相依つて倶生する者な

り、是れ諸微の和聚體なれば光記には之を假色とせり。而して是れ亦色の體用なく、眼見所得の現量體にあらざれば正理論には假の極微となす。（但し此假實は一應の對論のみ、有部宗實義によれば所成の微色亦實體なり、下に引く了義燈の文にて知るべし。）【倶舍論四】に「色聚極細立微聚名。爲顯更細於此者。乃至八事俱生隨一不滅。」【同光記】に「微聚是假。假聚依實。實有多少不同。是即約假聚明有實數也。」又「應知微有二種。一色聚微。即極少八事俱生不可滅也。二極微。微即色極少更不可分也。」と云ふ。以て知るべし。さて【倶舍論十二】に「分析諸色至一極微故。一極微爲色極少。」とあるは此位の極微なり、第一位の實の極微にあらず。混同すべからず。三に微塵とは、眼見上の最極微なり。前の色聚の極微が上下四方の六方と中心と七微集聚せしを、梵には阿菟又は阿拏と云ひ、倶舍論には單に微と譯し、餘處には多く極微と云ふ。即ち八事俱生の色聚の極微を七倍せしが一阿菟、即ち一微の量にして、是れ眼見上の最極點なり。其の眼見とは人の肉眼にあらず、天眼と輪王眼と今生に佛果を得べき菩薩（悉達太子の如し）の眼とのみが見るを得るもの。正理論には之を實の極微と稱す。此微を更に七倍して金塵と名け、七金塵を水塵と名け、七水塵を兎毛塵と名く。金塵とは金中に於て往來して障へざるもの。水塵とは水中の空隙を往來するもの。兎毛塵とは兎毛の端に等しきもの。以て極微の量を想像すべし。【倶舍論十一】に「七極微爲一微量。積微至七爲一金塵。積七金塵爲水塵量。水塵積至七爲一兎毛塵。」【同光記】に「七極微爲一微量。微顯細聚。梵云阿菟。Anu此名微。眼見色中最細也。應知但爲天眼輪王眼後有菩薩眼所見。」【義林章五本】に「有體用中最極小者所謂阿拏。說此名極微。」されば一極微にて二十の事體和融とて滿足の色體をなせども、未だ五識の境にあらず、七極微積聚して一阿拏色を成すに至つて始めて五識の境となる。（天人等のもの。）即ち一阿拏色は百四十の事體を具す。【唯識了義燈二本】に「有宗云。以七極微成一拏色。然不涉入。各各相去。一微能所俱實。（能とは極微、所とは阿拏）即從拏色始五識得。若一一微唯意識得。非五識境。」

極微の分不分 〔雜語〕 三位の極微中第二位の色聚の微に於て大小乘異論す。小乘は分析の極を極微とし、極微に至れば上下左右の方角を分つべき部分なし、（これを極微無方分と云ふ）故に更に分析すべからず。若し果して之を分析せんには、意識の觀慧を以て一極微の中に能造の四大あり、所造の色香等あるを分別するのみ、然れども此の如く分析されたる色香等の二十は、但想像なれば實の極微にあらず。何となれは此二十は事實分離すべきものに非ざればなりと云ふ。次に大乘は元來實體の極微を立てず。極微は觀慧を以て麁色を分析したる意識の想像なれば、其實無限に分析するを得るなり。然れども或る程度に於て之を止めざれば虛空と相似て物質の想を爲すと能はざれば、色想を爲し得る限に於て極微の名を立て之を分析の極と定むるなりと云ふ。【正理論三十二】に「極微。略有二種。一實二假。其相云何。實謂極成色等自相。於和集位現量所得。假由分析比量所知。謂聚色中以慧漸析至最極位。然後於中辨色聲等極微差別。此析所至名假極微。」【唯識論二】に「諸瑜伽師以假想慧於麁色相漸次除析至不可析。假說極微。此極微猶有方分而不可析。若更析之便似空現不名爲色。故說極微是色邊際。」

極微の假實 〔雜語〕 勝論師は極微は圓常にして更に生滅なく、空劫の時も離散して空中に浮遊すと云ふ。小乘の經部成實は現在は實有として過未は無なりと云ふ。小乘の有部宗は極微は三世に實有にして常恒不變なり、只衆生の業力の有無に依つて作用の生滅あり、衆生の業緣未だ熟せず、微體の未だ作用を起さざる位を未來の極微となし、正しく作用を起して根境を集成し從つて現在の極微となし、作用なり已りて再び體のままなるを過去の極微となす。極微は體法恒有なるも其の作用に於て生滅無常なり。故に勝論の常經に異なれりと云ふ。されば未和合の第一位の極微の微も實法なれば所和合の第二位の色聚の微も實體なり、又七微聚集せる阿菟色も實法なり。但し事實に之を現見する上に就いて論ずれば、第三七微和聚の位に於て初めて一物體を實成し現見するを得べければ之を實の極微と云ふべく第一第二の微は事實の上に於て此の如く分離せらるるにあらず。但智慧を以て之を分析する比量の分齊なれば之を假の極微と云ふ。（上に引く正理論にて知るべし。）さて大乘は一切の物質は其の量の大小に隨つて念念刻刻阿賴耶識の種子より變現するもの、微より積んで大に至るの法なし。されば極微とは我見を破せん爲め析空觀を成す時、假想を以て物質を分析するに止まり、實體の極微は決してあるとなしと云ふ。【唯識論二】に「識變時隨量大小頓現一相。非別變作衆多極微合成一物。」

ゴクムジシヤウシン　極無自性心 〔術語〕 眞言宗十住心の第九。華嚴經所說の圓融法界の理を云ふ。眞如に自性なきが故に緣起して萬法となる。所

起の萬法亦眞如の性の如く自性なきが故に萬法互に相即相融す。即ち華嚴法界の理は無自性の理を究極せしものなれば極無自性と云ふ。【大日經疏三】に「如レ說ニ極無自性心十緣句生一。即攝ニ華嚴般若種種不思議境界一。皆入ニ其中一。」【秘藏寶鑰下】に「善無畏三藏說。此極無自性心。一句悉攝ニ華嚴教一盡。所以者何。華嚴大意。原レ始要レ終。明下眞如法界。不レ守ニ自性一隨レ緣之義上。杜順和上依ニ此法門一造ニ五教華嚴三昧法界觀等一。弟子智儼相續。智儼弟子法藏法師。又廣ニ五教一作ニ指歸綱目及疏一。即是華嚴宗之法門一一義章。」

ゴクメウ　極妙　〔雜語〕善美の至極。玄理の至極。【大般若理趣分】に「極妙樂清淨句義是菩薩句義。」【觀無量壽經】に「見ニ彼國土極妙樂事一心歡喜。」【碧巖第一則評】に「聖諦第一義是教家極妙窮玄處。」

ゴクラク　極樂　〔界名〕Sukhāvatī　佛土の名。阿彌陀佛の國土。又、安養、安樂、無量清淨土、無量光明土、無量壽佛土、蓮華藏世界、密嚴國、清泰國など。梵名、須摩提。譯、妙樂。諸事具足圓滿し、樂のみありて苦あることなし。【阿彌陀經】に「從レ是西方過ニ十萬億佛土一。有ニ世界一。名曰ニ極樂一。其土有レ佛號ニ阿彌陀一。今現在說レ法。乃至其國衆生無レ有ニ衆苦一。但受ニ諸樂一。故名ニ極樂一。」【無量壽經上】に「法藏菩薩今已成佛現在ニ西方一。去レ此十萬億刹。其佛世界名曰ニ安樂一。」【般舟三昧經行品】に「去ニ此間一千億佛刹。其國名ニ須摩提一。」【平等覺經一】に「無量清淨佛。作レ佛已來凡十小劫。所居國名ニ須摩提一。正在ニ西方一。去ニ是閻浮利地界一千億萬須彌山佛國。」【稱讚淨土經】に「於ニ是西方一去ニ此世界一過ニ百千俱胝那庾多佛土一。有ニ佛世界一名曰ニ極樂一。其中世尊名ニ無量壽及無量光一。」【悲華經三】に「大王。汝見ニ西方一。過ニ百千萬億佛土一有ニ世界一名ニ尊善無垢一。彼界有レ佛名ニ尊音王一。乃至如レ是諸佛悉滅度已。復過ニ一阿僧祇劫等阿僧祇劫一。入ニ第二恒河沙等阿僧祇劫一。是時世界轉名ニ安樂一。汝於ニ是時一當レ得ニ作佛一。號ニ無量壽一。」【鼓音聲經】に「西方安樂世界。今現有レ佛號ニ阿彌陀一。乃至其國號曰ニ清泰一。聖王所レ住。」【觀音授記經】に「西方過レ此億百千刹。有ニ世界一名ニ安樂一。其國有レ佛號ニ阿彌陀一。」【秘藏記上】に「華藏世界者最上妙樂在ニ其中一。故曰ニ極樂一。當レ知極樂與ニ華藏一。雖ニ名異一而非ニ異所一。」【天台彌陀經義記】に「彼有ニ三名一。極樂對レ苦。安養從レ用。無量壽逐レ人爲レ國。」⊙(平家物語一二)「あの波のそこにこそ極樂淨土と申してめでたき都の候ふ」

遠くて近きもの極樂　〔雜語〕【觀無量壽經】に「阿彌陀佛。去レ此不レ遠。」【請觀音經】に「去レ此不レ遠。正立ニ西方一。有ニ佛世尊一。名ニ無量壽一。」【觀經善導疏】に「道里雖レ遙。去時一念即到。」是れ【同經末文】に「隨ニ順佛後一如ニ彈指頃一。往ニ生彼國一。」といふに由る。

極樂淨土の曼陀羅　〔圖像〕極樂のさまを畵けるもの。世に當麻曼陀羅、觀經曼陀羅など云ふ是なり。

淨土十疑　〔名數〕天台智者大師淨土往生に就いて十疑を出し、之を通釋し往生を勸誘せり。一に釋下求レ生ニ淨土一無ニ大慈悲心一疑上。二に釋下求レ生乖ニ無生理一疑上。三に釋下偏求レ生ニ一生一疑上。四に釋下偏念ニ一佛一疑上。五に釋下具レ縛得レ生疑上。六に釋下即得ニ不退一疑上。七に釋下不レ求ニ內院一疑上。八に釋下十念得レ生疑上。九に釋下女人根缺不レ生疑上。十に釋下作ニ何行業一得レ生疑上。」【淨土十疑論】

淨土三十益　〔名數〕【廬山蓮宗寶鑑九】に天台智者淨土群疑論云ふとして淨土の三十益を列ぬ。一に往生佛土益。二に得大法樂益。三に親近諸佛益。四に遊歷十方供佛益。五に親聞佛說益。六に福慧資糧速得ニ圓滿一益。七に速證菩提益。八に諸天人等同集一會益。九に無退轉益。十に無量行願增進益。十一に鸚鵡舍利演ニ輪法音一益。十二に風樹樂響益。十三に摩尼水游演ニ苦空一益。十四に諸樂奏ニ妙音一益。十五に四十八願益。十六に眞金色身益。十七に形無ニ醜陋一益。十八に具ニ足六通一益。十九に常住ニ定聚一益。二十に無ニ諸不善一益。廿一壽命長遠益。廿二に衣食自然益。廿三に唯受諸樂益。廿四に三十二相益。廿五に實無ニ女人一益。二十六に無有小乘益。廿七に離ニ於八難一益。廿八に得ニ三法忍一益。廿九に身常有レ光益。三十に得ニ那羅延身力一益。

極樂世界　〔術語〕界は界別の義、故に極樂の淨土にして、穢土にあらざる限界を明かにせるものなり。⊙(野守鏡下)「いはゆる法道和尙は、即身に極樂世界にゆきて」

極樂久住菩薩　〔菩薩〕次前より極樂に住する菩薩を新に往生せる新來の菩薩に對して極樂久住菩薩に云ふ。⊙(十訓抄五)「我是極樂久住菩薩、化緣已盡還ニ生極樂一。」

極樂の東門　〔雜名〕極樂は西方にありて、吾人の住する人界は東方にあれば、其娑婆人界に對する極樂の門は、東にあるを以て此名あり。⊙(盛衰記三)「立ニ四天王寺一過者悉知ニ極樂東門一」

ゴクラクカイヱ　極樂海會　〔術語〕極樂の聖衆相依つて法會を爲す。其廣大なる海の如きもの。⊙(盛衰記)「極樂界會の月の界」海の誤。

ゴククマンダラ　極樂曼陀羅　〔圖像〕極樂の莊嚴を圖記せる曼陀羅なり、淨土曼陀羅とも云ふ。

ゴクラクロクジサン　極樂六時讚　〔書名〕惠心僧都の作。晝夜を六時に分ち、各時に於て極樂の風物を想像して作りし和讚なり。【淨業和讚上】

ゴクリ　極理　〔雜語〕至極の道理。【文句記三之二】に「若言二序正俱常一。從二極理一說。」

ゴクリヤクシキ　極畧色　〔術語〕法處攝色五種の一。物質を分析して細微に至りしもの。即ち極微なり。小乘有部宗は之を實物と立てて眼識所緣の色處に攝むれども、大乘唯識宗には之を假想上の分析として之を意識所緣の法處の中に入る。【義林章五末】に「極略色。極者至也。窮也。邊也。略有二二義一。一者總義。總二略衆色一析至二極微一。名二極略色一。二者小義。析二諸根境一至二極小處一。名二極略色一。故稱二極略一不レ名二極微一。」

ゴクリン　五俱倫　〔雜名〕佛の最初に度せし五人の比丘を云ふ。此五人過去世以來俱に同倫を爲せば俱倫と云ふ。【谷音集四】案に五俱倫或は五拘隣に作る、拘隣は五比丘の第一阿若憍陳如の別譯なり、されば俱倫、俱隣は共に梵語にて五比丘の中に拘隣を首とすれば五俱倫と略稱するなり。【無量義經】に「我起二樹王一詣二波羅捺鹿野園中一。爲二阿若拘隣等五人一。轉二四諦法輪一。」【應法記】に「鹿園在二波羅奈國一。佛始成道於レ中度二五俱隣一開化之初。」【法苑珠林十一】に「菩薩於二此鹿林一。在二五拘隣比丘所一。」

ゴクワ　五過　〔名數〕五種の過失。種種あり。

破戒五過　〔名數〕一に自ら身を害ふ、二に智者の爲に呵せらる、三に惡名流布す、四に臨終後悔す、五に死して惡道に墮す。【四分律五十九、三藏法數二十三】

依語五過　〔名數〕正敎に對して正解を得ざれば五過を生ず。一に正信せず、二に勇猛を退く、三に人を誑かす、四に法を謗る、五に聖法を輕んず。【成實論、歸敬儀通眞記中】

ゴクワ　牸貨　〔地名〕四大洲の中、西大洲の名。「サイゴクワ」を見よ。

ゴクワ　五果　〔雜語〕種種あり。

異熟等五果　〔名數〕性相門に因果の相を分別するに因を六種に分ち、果を五種に別つ。一に異熟果、惡業を以て來世三惡の苦果を招き、善業を以て來世人天の樂果を招くと。苦樂の果性は共に無記にして業因の善と惡との性に異なるを異熟果と云ふ。六因中の異熟因より來る。二に等流果、前の善心に依つて轉た後の善心を生じ、前の惡心に依つて益、後の惡業を生じ、前の無記に依つて後の無記を生じて果性因性に等しくして流來するもの。六因中の同類因と遍行因とより來る。三に士用果、農夫の米麥に於る如く、行力の道果に於る如く、總て造作の力用に依つて得るもの。六因中の俱有因と相應因より來る。四に增上果、一の有爲法を餘の一切の有爲法に望めて增上果とす、餘の一切法は或は之に力を與へ、或は力を與へざるも之を障害せず、この與力と不障との增上の力を以て此果を生ぜしむればなり。是れ前の士用果に似たれども、彼は有力の因體に對するに局り、此は有力無力の一切法に通じて所得の果とす。六因中の能作因より來る。五に離繫果、涅槃の道力に依つて證せらるるもの。涅槃は一切の繫縛を離るれば離繫と云ふ。此法常住にして六因より生ずる者にあらず、唯道力を以て證顯す、依つて果の名を與ふるも六因の因體に對するに非ず。【顯揚論十八、俱舍論六】

現在五果　〔術語〕十二因緣を三世に配するに就いて云ふ。一に識、胎內受生の一念。二に名色、心を名と云ひ、身を色と云ふ。胎內に於て漸く心身の成長する位。三に六處、六根具足して將に胎內を出でんとする位。四に觸、既に胎內を出でて外境に觸るる位。五に受、苦樂を分別する位。即ち十二因緣中の第三より第七に至るもの。無明と行との二を以て過去の因とし、此五を以て現在の果とし、次の愛取有の三を以て現在の因とし、次の生、老死の二を以て未來の果とす。

食物五果　〔名數〕律に五果を擧ぐ。一に核果、棗杏桃李の如きもの。二に膚果、瓜梨の如きもの。三に殼果、胡桃石榴の如きもの。四に檜果、松柏子の如きもの。五に角果、大豆小豆菱の如きもの。麤糠皮を檜と云。【名義集三、盂蘭盆經疏新記下】

ゴクワウ　後光　〔雜名〕又背光。佛の背後に在る圓光。木佛、畫像に就いて云ふ。

ゴクワソウレイ　牛過窓櫺　〔公案〕五祖演、佛眼遠に示して曰く、譬へば水牯牛の窓櫺を過ぐる如し、頭角四蹄、都て過ぎ了る。甚麼に因てか尾巴過るを得ざる。【續傳燈錄五祖章、宗門葛藤集上】

ゴクワノヱシン　五果廻心　〔術語〕小乘五果の聖者が廻心して大乘に轉ずる年限に各差異ありとす。涅槃經に、須陀洹果の聖者は涅槃を得て八萬劫、斯陀含果は六萬劫、阿那含果は四萬劫、阿羅漢果は二萬劫、辟支佛は十千劫を經て大乘の佛果を證すと。

ゴクワン　五觀　〔名數〕一に眞觀。眞諦の理を觀

じて見思の惑を斷ずる空觀を云ふ。二に清淨觀。既に見思の糞穢を除きし清淨の身に於て、塵沙の惑を斷ずる假觀を云ふ。三に廣大智慧觀。無明の惑を斷じて廣大の智慧を得る中觀を云ふ。四に悲觀。上の三觀を以て衆生を觀じ、以て衆生の苦を拔くを云ふ。五に慈觀。上の三觀を以て衆生を觀じて衆生に樂を與ふるを云ふ。【法華經普門品】に「眞觀清淨觀。廣大智慧觀。悲觀及慈觀。常願常瞻仰。」

ゴクワン　五觀　〔術語〕食時の五觀。五眼の觀照。華嚴宗五教の觀法。

食時五觀　〔名數〕【行事鈔下二】に「今故約二食時一立レ觀以開二心道一。略作二五門一。明了論如レ此分レ之。初計二功多少一量二他來處一。二自忖二己身德行一。三防レ心離レ過。四正事二良藥一。五爲レ成二業道一。」【資持記下二之三】に「境雖レ有レ五總束爲レ三。初即觀レ食。二是觀レ身。三並觀レ心。從レ疎至レ親觀法次第。」

ゴクワン　五官　〔術語〕生老病死の四と現在の王官。【灌頂經一】に「破二是歸戒一名爲二再犯一。若三犯者爲二五官所一レ得レ便」。【玄應音義四】に「五官。謂生老病死及現在縣官。亦名二五天使者一。」

ゴクワンシヨ　五卷疏　〔書名〕大日經住心品の疏を他宗には口の疏と云ひ、高野には五卷疏と云ふ。【補忌記】

ゴクワンノヒ　五卷日　〔雜名〕法華經の五卷の日。最勝經の五卷の日。

法華經五卷日　〔雜名〕四日八講の法華講に八卷の法華經を一座に一卷づつ朝夕の二座に講ずれば、第三日目の朝座は五卷日に當る。又五日十講の法華講ならば、初日の朝座に無量義經を講ずるを以て第三日即ち中日の夕座に當る。之を五卷の日と云ふ。さて法華經の五卷目は提婆達多品が初にて、此品には提婆達多の大逆及び畜類の龍女が成佛せし事を記せる最も有難き經文なるのみならず、此品の中に釋迦が過去世に國王たりし時、阿私陀仙人に千載の間水を汲み薪を採りて給仕し、以て法華經を聞きしを記せば、此五卷目を最も大切の日となし、其阿私陀仙人に給仕せし故事に擬して水桶を荷ひ薪を負ひ薪とりの歌を歌ひて行道の式を爲す。「タキギノギヤウダウ」を見よ。

最勝講五卷日　〔雜名〕金光明最勝王經十卷あり。之を五日に講じて法華講に效ひて其五卷目に當る日に行道の式を爲す。⊙(榮花初花)「五月五日こそ、五卷の日にあたりければ」

ゴクワンワウ　五官王　〔異類〕十王經所説十王の第四。罪人の罪の輕重を秤るを司る。【十王經】に「五官業秤。向レ空懸。左右雙童業簿全。輕重豈由二情所一レ願。低昂自任二昔因緣一。」

ゴクヰ　極位　〔雜語〕證悟を極めし位。佛果を云ふ。【探玄記一】に「唯是極位大菩薩境。」【文句三之一】に「若極位者則一切下位而皆不レ知也。」

ゴクン　五葷　〔名數〕又、五辛。【名義集三】に「蒼顉薤。葷辛菜也。凡物辛臭者皆曰レ葷。」「ゴシン」を見よ。

ゴグソク　五具足　〔物名〕花瓶一雙、蠟燭立一雙、香爐との五個の佛具。

ゴグワツ　五月　〔雜語〕梵語、室羅縛拏。Śrāvaṇa【梵語雜名】

五月の御精進　〔行事〕三齋月とて正五九の三月に精進して惡事を愼むなり。「サンサイグワツ」を見よ。

ゴグワツノクゲ　五月の供花　〔行事〕毎年、五月、九月の兩度六條長講堂において修せらるる供華會といへる法事なり。⊙(增鏡、老の波)「例の五月の供花やがてうち續きければ」

ゴグワンジ　御願寺　〔雜名〕天皇皇后王子などの本願にて建立せられし寺。殊に勅願に依るを勅願寺勅願所など云ふ。天武帝の藥師寺に於る聖武帝の東大寺に於る如し。

ゴケ　五悔　〔術語〕天台眞言の所立聊か相違あり。

天台五悔　〔術語〕天台大師法華三昧を修する者の爲に彌勒問經占察經普賢觀經等の意に依つて五種の懺悔法を說いて晝夜六時に之を修せしむ。六時五悔と名く。一に懺悔、已往の罪を發露して將來を誡むるなり。二に勸請、十方の如來を請じて法輪を轉ぜんとを勸むるなり。三に隨喜、自他一切の善根を隨喜讃嘆するなり。四に廻向、一切所修の善根を衆生に向け、又佛道に向くるなり。五に發願、四弘誓を發して前の四行を導くなり。此中正しく懺悔の名は初の一に止まれども、他の四法通じて罪を悔ひ惡を滅する爲なれば亦悔法と名く。【止觀七下】に「唯法華懺別約二六時五悔一。重作二方便一。」【輔行七之四】に「雖レ有二勸請等四不同一。莫レ非レ悔レ罪。故名二五悔一。」【修懺要旨】に「所三以悉稱二悔者。蓋皆能滅レ罪故也。勸請則滅下波旬請二佛入滅一之罪上。隨喜則滅下嫉二他修善一之罪上。廻向則滅下倒求二三界一之罪上。發願則滅二修行退志之過一。」【三昧行法】に「採二法華普賢觀及諸大乘經意一撰二此法門一。」

眞言五悔　〔術語〕眞言宗は普賢の十大願を略して五悔となす。

十大願		五悔
一 禮敬諸佛		
二 稱讚如來	一、歸命	
三 廣修供養		
四 懺悔業障	二、懺悔	
五 隨喜功德	三、隨喜	
六 請轉法輪		
七 請佛住世	四、勸請	
八 常隨佛學		
九 恒順衆生	五、回向	
十 普皆回向		

又、勸請を除き發願を加へて五悔となす。【行法肝要鈔上】

ゴケ　五繫　〔術語〕死人死蛇等の五屍を以て天魔波旬に繫けて離れしめざること。又、天魔の兩手兩足及び頸の五處を繫縛すること。【涅槃經六】に「應レ作二是言一。波旬汝今不レ應レ作二如レ是像一。若故作者當下以二五繫一繫中縛於汝上。魔聞二是言一已便當二還去一。」【大部補註五】に「章安釋云。繫有二二種一。一者五屍繫。二者繫二五處一。五屍繫者如三不淨觀治二於愛魔一。五處如三理治二於見魔一故也。五屍者。死人死蛇死狗等是也。五處者。首楞嚴三昧經云。兩手兩足及頸。名二五處繫縛一也。」

ゴケ　五家　〔流派〕支那に於ける禪宗分派の概稱。初祖達磨より五傳して五祖弘忍に至り、忍の下に北宗神秀と南宗慧能との二を分ち、北宗は北地に行はれて後世分派なく、南宗は南地に行はれて五家七家の別あり。五家とは一に溈仰宗、二に臨濟宗、三に曹洞宗、四に雲門宗、五に法眼宗なり。七家とは之に黄龍と揚岐とを加ふ。五宗分派の次第は左表の如し。

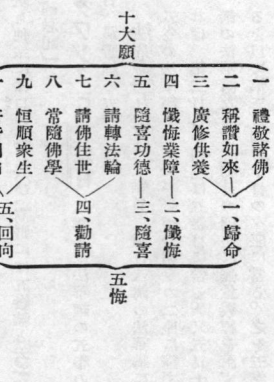

南宗慧能
- 南岳懷讓―馬祖道一―百丈懷海
  - 溈山靈祐―仰山慧寂‖第一 溈仰宗
  - 黄蘗希運―臨濟義玄‖第二（臨濟宗）
- 青原行思―石頭希遷
  - 藥山惟儼―雲岩曇晟―洞山良价
  - 天皇道悟―龍潭崇信―德山宣鑑―雪峰義存
    - 雲門文偃‖第四 雲門宗
    - 玄沙師備―羅漢桂琛―清涼文益‖第五 法眼宗

臨濟義玄―興化存奬―南院慧顒―風穴延沼―首山省念―汾陽善昭―石霜楚圓
- 黄龍慧南‖黄龍派
- 楊岐方會‖楊岐派【佛祖宗派綱要】

図眞宗の重なる本寺、本派本願寺、大谷派本願寺、佛光寺、錦織寺、專修寺の稱。「ゴハ」を見よ。

ゴケイ　五髻　〔術語〕金剛界の五智を表して兒文殊、又は矜羯羅童子などの頭上に五髻を爲す。五髻は前後左右中。

ゴケイクワン　五髻冠　〔物名〕五髻の形を作せる寶冠。【聖無動尊陀羅尼經】に「是大菩薩戴二五髻冠一顯二五種智一。」

ゴケイモンジユ　五髻文殊　〔菩薩〕「モンジユ」を見よ。

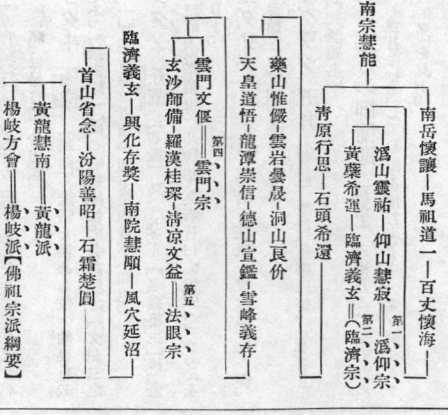

ゴケウ　五教　〔術語〕華嚴宗の教判なり。二種あり、一は杜順に始まり賢首に成る。是れ唯出世間の一教に就いて判定す。一に小乘教、二に大乘始教、三に大乘終教、四に頓教、五に圓教なり。【五教章冠註上一】に「至相智儼大師。親承二于杜順和尙一。顯二揚宗旨一。弘二傳一乘一。搜玄、十玄、孔目、問答、章疏非レ一。約二就五教一廣立二淸範一。乃至賢首親二于智儼一造二此五教一。」【同上三】に「聖教萬差要唯有レ五。一小乘教。二大乘始教。三終教。四頓教。五圓教。」小乘教は四部の阿含經、發智、婆娑論等に於て灰身滅智の涅槃法を說くもの。大乘始教は大乘の初門にて相始教空始教の二あり。深密經、唯識論等、五性を分別し、依他の萬法を建立するものを相始教とし、般若經、三論等、諸法皆空を說き、無所得平等を顯すを空始教とす。此二教共に一切衆生悉有佛性の義を開示せざれば貶して始教とす。大乘終教は楞伽經起信論等に於て眞如緣起の理を說いて一切皆成佛を唱ふるもの。頓教は一類の頓機に對して言句に依らず位次を設けず、頓に理性を徹見するを教ふるもの。是れ既に言句を絕すれば別部の經なしとす。楞伽經四に鏡像頓現の譬あり、寶積經論一に頓教修多羅の名あるを以て之を立つ。而して維摩の默を以て不二を顯はし、達磨の心を以て心に印する如き、此旨を得たるものとす。圓教は華嚴經法華經等に於て、圓融具德の一乘を明かすもの。而して此に別教一乘同教一乘の二を分ち、華嚴經は直に圓融不思議の法門を開示して遠く彼の三乘教に別異すれば別教一乘と名け、法華經は二乘を開會する爲に其說相三乘教に同ずれば同教一乘と名く。圓教の名は八十華嚴經に圓滿修多羅と云ふにもとづく。【華嚴玄談五】に「教類有レ五。即賢首所立。廣有二別章一。大同二天台一。但加二頓教一。」又「不レ同二前漸次位修行一。不レ同二於彼圓融具德一。故立名レ頓。頓詮二此理一故名二頓教一。天台所二以不一レ立者以三四教中皆有二一絕言一故。今乃開者頓顯二絕言一爲二一類離レ念機一故。即順二禪宗一。」此五教を開きて十宗となす。「シユウ」を見よ。二は同宗圭峰所立なり。これ世間出世間の二教を統

収す。一に人天敎、提謂經等の五戒を持して人間に生れ、十善を行じて天上に生ずるを敎へしもの。二に小乘敎、前の如し。三に大乘法相敎、前の始敎中の相始敎なり。四に大乘破相敎、前の始經中の空始敎なり。五に一乘顯性敎、前の終頓圓の三敎なり。【原人論】前の法相破相の二敎は辟緣菩の三乘を別立する故に、大乘は今は一佛乘なる故に一乘と云ふ。

波頗蜜多羅三藏五敎 【名數】一に四諦敎、阿含經なり。二に無相敎、般若經なり。三に觀行敎、華嚴經なり。四に安樂敎、涅槃經なり、謂く常樂を說く。五に守護經、大集經なり、謂く正法を守護するを說く。【華嚴玄談四】

ゴケウシクワン　五敎止觀 【書名】一卷、支那華嚴宗の初祖杜順の著。五敎に約して止觀を明かす。【五敎章冠經上一】に「杜順禪師乃文殊師利菩薩之化身。乃至弘以二華嚴一訓以二一乘一。遂造二法界觀一卷五敎止觀一卷一。是華嚴根本之章。圓宗最初之觀。彼五敎止觀者即約二五敎一各別二止觀一。故五敎之名正始二彼觀一。」

ゴケウシヤウ　五敎章 【書名】三卷、唐の法藏著。自宗所立の五敎の敎義を述ぶ。本書題名一ならず。【五敎章冠註上一】に「一に和本の上中兩卷には華嚴一乘敎記と題して七字の題なり。二には和本の下卷には華嚴經中一乘五敎分齊義と題して十一字なり。三には唐本には三卷俱に華嚴一乘敎義分齊章と云ふ。四には宋の淨源の序には華嚴一乘敎分記と云ひ、和本の初題と同じ。五に新羅崔致遠の著賢首傳の中には華嚴五敎章と云ひ、中に於て宋朝の四大家は共に唐本を用ふ。然るに賢首の新羅の義湘を送りて海東師に寄する書に一乘敎分記と云ひ、又自著の華嚴傳の中に華嚴敎分記三卷と云ふを以て見れば和本の初題を以て章主の正題と見るべし。」取意

和唐兩本 【書名】此書日本に傳來せしは聖武天皇天平年中新羅の審祥、慈訓法師と共に入唐し、親しく賢首に謁して華嚴の奧旨を稟け、日本に來朝せし時持來せり、之を和本の五敎章と云ふ。これ草案の本なり。其後高倉院治承年中、栂尾の明慧上人、華嚴經に於て未渡の章疏を求めし時、更に彼地より來りたるものを宋朝傳來の本なれば宋本と云ひ、或は唐本と云ふ。是れ賢首再治の本なり。然るに宋本亦訛謬多く宋の淨源三尖を舉ぐ。【五敎章冠註上一】

註疏 【書名】再治の唐本に就いて道亭の義苑疏十卷、觀復の折薪記五卷、師會の復古記三卷、希迪の集成記五卷、以上宋朝の四大家と云ふ。未治の和本に依つて東大寺の壽靈は指事記三卷、今は開きて六卷となす、凝然は通路記五十卷、凝然の弟子審乘は問答鈔十五卷、本女は纂釋三十卷を撰す。【五敎章冠註上一】

ゴケウジフシユウ　五敎十宗 【術語】華嚴宗に佛一代の敎法を其敎義の分際より五敎に分ち、其五敎に就いて更に所立の宗旨を分別して十宗となす。五敎の判は初祖杜順より來り、十宗の分別は第三祖賢首に成る。「ゴケウ」「ジフシユウ」を見よ。

ゴケウネハンキヤウ　後敎涅槃經 【經名】涅槃經は佛一代の中に最後の敎法なれば後敎の二字を冠す。

ゴケウノブツシン　五敎佛身 【術語】華嚴宗にて佛說法のとき五敎の異によりて各別に顯現せる佛身をいふ。丈六金身、千百億化身、丈六即眞佛、丈六即法身、具足十身の稱。

ゴケシチシユウ　五家七宗 【名數】禪宗分派の概稱。「ゴケ」を見よ。⦿(神皇正統記四)「五家七宗」

ゴケシヨグ　五家所共 【術語】世の財物は王と賊と火と水と惡子の五家の共有物にして、獨用すると能はざるを云ふ。【智度論十一】に「富貴雖レ樂。一切無常。五家所レ共。令二人心散輕躁不定一。」【同十三】に「勤苦求レ財。五家所レ共。若王。若賊。若火。若水。若不レ愛子用。乃至藏埋亦失。」【大疏八】に「我今捨二世間所愛之財。五家所レ共。多二諸過患一。用貿二無上法寶正法之財一。」

ゴケツ　五結 【名數】衆生を繫縛して三界に流轉せしむる妄惑を結と云ふ。五種あり。一に貪結、二に恚結、三に慢結、四に嫉結、五に慳結なり。【阿毘達磨集論四】「ケツ」を見よ。

ゴケツガクシ　五結樂子 【天名】帝釋天に侍する樂神の名。佛前に來つて瑠璃の琴を彈じ佛德を頌す。【中阿含經三十三】

ゴケン　五慳 【名數】五種の慳吝あり。一に住處慳、我れ獨り此處に住す餘人を容れずと。二に家慳、我れ獨り此家に入る、餘人を容れずと。三に施慳、我れ獨り此布施を受く、餘人をして受けしめずと。四に餘讚慳、我れ獨り此稱讚を受く、餘人をして受けしめずと。五に法慳、我れ獨り此經の深義を知る、餘人をして知らしめずと。【成實論十二】

ゴケン　五見 【名數】一に身見、即ち我見我所見なり、吾身は五蘊和合の假者なるとを知らずして實に我身ありと計度し(我見)、又我が身邊の諸物は一定の所有主なきを知らずして實に我が所有物なりと計度する(我所見)、此我見と我所見との二を合して身見とす。

常には我所見を略して單に我見と云ふ。二に邊見、一旦我身ありと我見を起したる後に、其我は或は死後に斷絶する者と計度し、或は死後も常住不滅なりと計度するもの。是れ必ず身見の後邊に起す妄見なれば邊見と名け(唯識)、斷或は常の一邊に偏る故に邊見と名く(倶舍)と云ふとの二義あり。三に邪見、因果の道理を撥無するもの。世には結果を招くべき原因もなく、原因より生じたる結果もなし、故に惡も恐るるに足らず善も好むに足らずと思ふ謬見にて、此謬見は邪の最も邪なるものなれば之に局りて邪の名を付す。四に見取見、劣りたる知見を始とし、其他種種の劣事を取りて此ぞ最勝殊妙なりと思ふもの。上の見の字は身見邊見等の見を指せど、其他種種の事物をも含む。五に戒禁取見、上の見取見より遂に非理非過の戒禁を始として其他種種の行法を取つて之を生天の因或は涅槃の道と爲すもの。此中二種あり、牛戒或は雞戒などを持して以て生天の因となすを非因計因の戒禁取見と云ひ、塗灰斷食等種種の苦行を修して涅槃の道となすを非道計道の戒禁取見と云ふ。已上の五見は惡慧の一分にして見道に於て一時に之を斷ずるもの。舊譯家は之を五利使と稱す。【唯識論六、倶舍論十九】

ゴケンゴ　十見　[名數]　初前の五見は上に同じ、六に貪見、七に恚見、八に慢見、九に無明見、十に疑見なり。是れ十大惑を總じて見惑を立てし一種の法門なり。【瑜伽論八】

ゴケンゴ　五堅固　[術語]「ゴゴヒヤクネン」を見よ。

ゴケンジキ　五間色　[雜語]　青等の五正色に對して緋等の五間色あり。「ゴシキ」を見よ。

ゴゲ　五礙　[術語]　五障の異名。【智度論二】に「女人有二五礙一。不レ得レ作二轉輪王。釋天王。魔天王。梵天王。佛一。」【同五十六】に「女人有二五礙一。不レ得レ作二釋提桓因。梵王。魔王。轉輪聖王。佛一。」

ゴゲダツリン　五解脱輪　[術語]　金剛界の五智如來の住する五大月輪を云ふ。五大月輪は是れ清淨の菩提心なれば煩惱を解脱する故に名く。又五趣輪廻の纒縛を解脱して圓明無碍の月輪と成るが故に名く。図五輪塔婆の異名。「ゴリンタフバ」を見よ。

ゴゲブンケツ　五下分結　[術語]　有情を欲界に繫縛する五種の煩惱を云ふ。「ケツ」を見よ。

五下分結經　[經名]　中阿含經五十六に攝む。

ゴゲン　五眼　[名數]　一に肉眼、肉身所有の眼。二に天眼、色界の天人所有の眼、人中禪定を修して之を得べし、遠近內外晝夜を問はず能く見るとを得。三に慧眼、二乘の人眞空無相の理を照見する智慧を云ふ。四に法眼、菩薩衆生を度する爲に一切の法門を照見する智慧を云ふ。五に佛眼、佛陀の身中前の四眼を具備するもの。【智度論三十三、大乘義章二十本】此の五眼中慧眼は空諦一切智なり、法眼は假諦進種智なり、佛眼は中諦一切種智なり。

十眼　[名數]　一に肉眼、一切の色を見るが故に。二に天眼、一切衆生の心を見るが故に。三に慧眼、一切衆生の諸の根境界を見るが故に。四に法眼、一切法の實相を見るが故に。五に佛眼、如來の十力を見るが故に。六に智眼、諸法を見るが故に。七に光明眼、佛の光明を見るが故に。八に出生死眼、涅槃を見るが故に。九に無碍眼、所見無碍なるが故に。十に一切智眼、又普眼と云ふ。普門の法界を見るが故に。【華嚴經離世間品】是れ前の五眼中法眼より智眼を開出し、佛眼より光明眼、無碍眼、一切智眼を開出して十眼と成せしなり。【七帖見聞七】

ゴコ　五股　[物名]　又、五鈷、五古、五胋に作る。具名、五股杵、五股金剛杵。股は枝の義にて獨頭なる杵を獨股と云ひ、五頭に分るるを五股と云ふ。股通じて胋に作る。而して杵は金なるを以て鈷に作る、借字なり。餘は略字又は當字。凡そ金剛杵は西土の戰具なり、以て煩惱を退治する金剛の智を表す。其中五股は金剛界の五部を表し、兩頭を合して十枝なるは十波羅蜜を表すと云ふ。【諸部要目】に「金剛杵者菩提心義。能壞二斷二邊一契二中道一。中有二十六大菩薩位一亦表二十六空一爲二中道一。兩邊各有二五股一。五佛智義。亦表二十波羅蜜一。能摧二十種煩惱一。成二十種眞如一。便證二十地一。」【五重結護】に「五鈷杵顯二五智一也。中直者此正義無二方便一。邊曲者是權義而帶二方便一故也。權必歸レ實故曲也。上下同者佛界衆生界同具二五智一。故上下同也。」【谷響集二】に「本作レ股。股者枝義。有二五枝一杵名二五股杵一。有二三枝一者名二三股杵一。杵西國兵器。如下有二三枝一戟云中三戟上。股通作レ胡。作レ鈷者與レ胋音同。蓋以二金剛杵一故從レ金作レ鈷。只取二音同一耳。」

ゴコイン　五股印　[印相]　五智と五佛を表する印にして、五大印、五智印、五峰印、金剛慧印、大羯磨印、大率都婆印等の稱あり。廣澤流の如きは最極の秘印とす。五股印中內外の二種あり、即ち內縛五股印、外縛五股印なり。その極秘とせられたるだけに眞言宗事相の上に種種の異說と、玄談、口傳とを生じたるなり。經軌中の本據は【瑜祇經序品】に「常持二此讚王一。結二大羯磨印一。以二一字心明一。三十七圓滿。若作二漫荼羅一。及畫二瑜伽像一。結二窣覩波印一。誦明如二四處一。普賢

三昧耶。屈二進力一指二頭一如レ鈎。檀慧指二小一禪智指二大一合。是名二彼大印一。次誦二一字明一。結二羯磨印一。時時不二間斷一。三十七圓滿。」とあるものにして、これ上述の異名を生じたる所以なり。

ゴコク 五穀 〔名數〕一に稻穀、二に大麥、三に小麥、四に菉豆、五に白芥子。【法華軌】一に稻穀、二に大麥、三に小麥、四に菉豆、五に胡麻。【建立軌、一髻尊陀羅尼經】

ゴコクキヤウ 護國經 〔經名〕佛説護國經、一卷、趙宋の法賢譯。護國長者の子出家得道して俱盧大王の爲に法を説く。佛説賴吒和羅經 Rāṣṭra-pāla-sūtra と同本。【昃帙八】 図法華經仁王經 金光明經 を護國經の三部と稱す。

ゴコクシユ 護國珠 〔譬喩〕仁王經を護國の寶珠に譬ふ。【仁王經受持品】に「得般若波羅蜜是諸佛菩薩一切衆生心識之神本也。乃至亦名二如意珠一。亦名二護國珠一。」

ゴコクシワウ 護國四王 〔天名〕又、護世四王。持國、增長、廣目、多聞の四天王なり、此四天須彌山の四方の半腹に居て常に四天下を護持すれば護世又は護國と名く。【法華經】に「護世四天王」

ゴコクホン 護國品 〔經名〕【最勝王經六】に四天王護國品あり【金光明經二】に四天王品と云ふ。又【仁王經下】に護國品あり。各其經の流布する所は四天王其國を守護するを説く。

ゴココンガウ 五股金剛 〔物名〕「ゴコ」を見よ。

ゴコシヨ 五股杵 〔物名〕「ゴコ」を見よ。

ゴコフシユヰ 五劫思惟 〔術語〕彌陀如來が四十八願を建立する前に五劫の間之を思惟せしとを云ふ。【無量壽經上】に「時彼比丘。聞二佛所説嚴淨國土一。皆悉覩見超二發無上殊勝之願一。其心寂靜。志無レ所レ著。一切世間無二能及者一。具二足五劫一思中惟攝下取莊二嚴佛國一清淨之行上。」⊙(盛衰記三九)「憑ても憑むべき五劫思惟の本願」

ゴコレイ 五鈷鈴 〔物名〕鈴の取手五鈷の形を爲すもの。密教の修法に諸尊を驚覺する爲に之を振る。

ゴコン 五根 〔術語〕「コン」を見よ。⊙(榮花、玉の臺)「池の浪も五根五力七菩提分八聖道をのぶときこえ」

ゴコン 五渾 〔雜語〕五濁の異名。【七佛神呪經一】

ゴコンボン 五根本 〔名數〕六大煩惱の中に見の一を除き餘の貪瞋痴慢疑の五大煩惱を云ふ。【大日經疏二】に「由レ有二無明一故生二五根本煩惱心一。謂貪瞋痴慢疑。」

ゴゴ 五居 〔界名〕五淨居天を云ふ。【性靈集七】に「五居足疲秣。十慮心滅休遊。」

ゴゴ 後五 〔雜語〕後五百歲の略。

ゴゴ 牛醐 〔雜名〕牛より取る醍醐味。【秘藏寶鑰上】に「驢乳牛醐。不レ可レ不レ察。」

ゴゴイシキ 五後意識 〔術語〕四種意識の一。「イシキ」を見よ。

ゴゴトクチ 五後得智 〔名數〕菩薩の行滿足して後に起す化他の智慧なり。一に通達智、見んと欲する境界を自在に知ることを得る智。二に隨念智、觀心中に於て諸法の相を了知せるを憶念して、出觀の後も忘れざるを得る智。三に安立智、了知せる諸の境界に於て能く正教を立て他人をして修行せしむるを得る智。四に和合智、得了せる智慧によりて先に緣ずる一切諸法和合の境界を觀察して、一切煩惱を轉じて菩提となす智。五に如意智、自己の欲する一切の事を自在になすことを得る智なり。

ゴゴノボサツ 五五菩薩 〔名數〕「ニジフゴボサツ」を見よ。

ゴゴヒヤクサイ 後五百歲 〔術語〕大集經に説く五種の五百年中、第五の五百年、鬪諍堅固の時を云ふ。「ゴゴヒヤクネン」を見よ。【法華經藥王品】に「若如來滅後五百歲中若有二女人一聞二是經典一。」【同勸發品】に「後五百歲濁惡世中。」⊙(曲、道明寺)「それ佛の昔、神の今、後五の時代に至る迄」図佛滅度より五百歲の後を云ふ。【中論一】に「佛滅度後。後五百歲像法中。人根轉鈍。深著二諸法一。」【中論疏一末】に「後五百歲者此是五百歲後耳。智度論釋二信毀品一云。佛滅度後五百歲後。有二五百部一則其證也。像法中者初五百爲二正法一。後五百歲即屬二像法一。」

ゴゴヒヤクネン 後五百年 〔術語〕後五百歲「に同じ。

ゴゴヒヤクネン 五五百年 〔術語〕佛滅後の五期の五百年なり。一期ごとに各一つの堅固を説き、以て法の興廢を示す。一に解脱堅固、佛滅後第一の五百年間を云ふ、正法盛にして解脱を得る者多ければなり。二に禪定堅固、第二の五百年間を云ふ、解脱を得るもの無けれども禪定するもの多ければなり。三に多聞堅固、第三の五百年を云ふ實行漸く衰へ唯多聞を尙べばなり。四に塔寺堅固、第四の五百年間を云ふ、此時唯塔寺の建立のみ盛なればなり。五に鬪諍堅固、第五の五百年間を云ふ、三學を廢して唯鬪諍を事とし、邪見を增長する時なればなり。各堅固に行はるれば堅固と云ふ。【大集月藏經十】に「於二我滅後五百年中一。諸比丘等猶於二我法一解脱堅固。次五百年我之正法禪定三昧得レ住二堅固一。次五百年讀誦多聞得レ住二堅固一。次五百年於二我法中一多造二塔寺一得レ

住ニ堅固一。次五百年於ニ我法中一鬪諍言頌白法隱沒損減堅固。」

ゴゴフ　語業　〔術語〕三業の一。言語の作業。善あり惡あり、妄言綺語等は惡語業、愛語實語等は善語業。

ゴゴン　五禁　〔術語〕五戒を云ふ。【寄歸傳一】に「若泛爲ニ俗侶一但略言ニ其五禁一。局提ニ法衆一遂廣彰ニ於七篇一。」

ゴサイ　後際　〔雜語〕後邊、後方など同じ。【勝鬘經】に「生死後ノ際」

ゴサイカウ　御齋講　〔行事〕御齋會に同じ。

ゴサイヱ　御齋會　〔行事〕三會の一、又金光明經會と云ふ。正月八月より十四日まで大極殿に僧に齋食を供養し金光明最勝王經を講ぜしむる法會なり。⦿（公事根源）に「御齋會、是は大極殿にて八日より十四日迄、七ケ日の間最勝王經を講ぜられて、朝家を祈り侍るなり。此經とりわけ國家を護持する功能あるによりて、あらたまの年の始にはまづ講ぜらるるにや。天平元年十月に大極殿にて講ぜらる。又天武天皇九年五月に始めて金光明經を宮中並に諸司にて講ぜらる。是なんどをも始とは可申歟。桓武の御宇、延曆二十一年正月より、かやうに年年の事には成ぬるなるべし。」僧に齋食を施せば齋會と云ふ。本經二譯あり、舊譯を金光明經と云ひ四卷あり。新譯を金光明最勝王經と云ひ十卷あり、略して最勝王經と云ふ。

御齋會の內論義　〔行事〕御齋會の結願の日に行はるる論義なり。又、番論義と云ふ。大內に於ての論義なれば內論義と名け、問者講者の番役を定め、論義せしむれば番論義と云ふ。一番に二題づつ、五番十題なり。⦿（公事根源）に「十四日御齋會の結願なり。內論義は御殿にて行はる。御物忌の時は南殿にてあり。問者講師などありて御前にて論義すれば內論義とは申也。」【濫觴抄下】に「內論義。嵯峨四年癸丑。弘仁四年正月御齋會始有レ之。」【弘法大師正傳三】に「行狀記云。御齋會結願之次召ニ講師聽衆等一於ニ禁中一被レ行ニ番論義一。」

ゴサイバン　五綵幡　〔物名〕五色を以て綵りせし旗。【行事鈔下四】に「其堂中置ニ一立像一金薄塗レ之。面向ニ西方一。其像右手擧。左手中繫ニ一綵幡一。脚垂曳レ地。當下安ニ病者一在ニ像之後一。左手執ニ幡脚一作中從レ佛往ニ淨刹一之意上。」

ゴサウ　五相　〔雜語〕天人の死せんとするとき身上に五衰の相を現ず。「ゴスヰ」を見よ。図通達心等の五相を成就して金剛界の大日如來を現得す。「ゴサウジヤウシン」を見よ。

ゴサウ　五葬　〔名數〕土葬、火葬、水葬、野葬、林葬を云ふ。「サウホフ」を見よ。

ゴサウシヤクギ　五相釋義　〔術語〕三論宗四種釋義の一。「シシユシヤクギ」を見よ。

ゴサウジヤウシン　五相成身　〔術語〕一に通達菩提心、二に修菩提心、三に成金剛心、四に證金剛身、五に佛身圓滿。此五相の觀を成じて金剛界の佛身を顯得すると。【金剛頂大敎王經一】に一切義成就菩薩（悉多太子のこと）諸佛の警覺開示を蒙りて五相を修證する軌則を説く。【十八會指歸】に「毗盧遮那佛受用身。以ニ五相一現ニ成等正覺一。五相者。所謂通達本心。修菩提心。成金剛心。證金剛身。佛身圓滿。此則五智通達。」【菩提心論】に「一是通達心。二是菩提心。三金剛心。四金剛身。五是證ニ得無上菩提一獲ニ金剛堅固身一也。然此五相具備方成ニ本尊身一也。」初に通達菩提心とは、初心の行者、阿闍梨の開示を蒙りて、始めて吾が質多心（第六識の緣慮心）を圓明の月輪と觀ずる位なり。其の徑僅か一肘量なり。月輪の圓明は本有の菩提心の自性清淨を標するなり。是れ始めて性德の菩提心に通入すれば、通達菩提心と名く。行者此觀に依つて、漸く無明妄想の念を拂ふなり。【金剛界儀軌】に通達菩提心を説く文に「諸佛同音言。汝當レ觀ニ自心一。久住シテニ諦觀察スルモ不レ見ニ自心相一。禮ニ佛足一白言。最勝尊我不レ見ニ自心一。此心爲ニ何相一。諸佛咸告言。心相難シトニ測量一。授ニ與心眞言一。即誦シテニ徹心明一觀セヨ下心如ニ月輪一。若中在ニ輕霧中一。如レ是諦觀察セヨ。」二に修菩提心とは、更に菩提心の月輪を觀ずる位なり。是れ性德の菩提心に於て、修法の菩提心を發すれば、修菩提心と名く。之に廣斂の二觀あり。廣とは、漸く月輪を廣めて、無邊に周遍せしむるなり、斂とは漸く之を斂めてもとの一肘量となす。是の如く數數廣斂するなり。三に成金剛心とは此の菩提心を加持して能く堅固なると猶金剛の如くならしめんと欲して心月輪に於て五股金剛を觀ずる位なり。四に證金剛心とは、其の觀全く成就して自身三昧耶身となる位なり。五に佛心圓滿とは、自己の五股金剛の三昧耶身變じて大日如來となり、其の眷屬圍繞して其の中央に坐する位なり。是を五相成身と云ふとは、五相の觀成じぬれば即ち佛身を成就すと云ふ義なり。【菩提心論初心鈔下、辨惑指南三】此の五相成身觀を爲すには阿彌陀の妙觀察智定を用ふるなり。三摩地儀軌に云く、行者金剛定に入らんと欲せば先づ妙觀察智定に住せよ。定慧二羽仰いで相ひ叉し、進禪力智各相柱ふ、此妙觀印を以て三摩地を修すれば即ち如來の不動智を得。檜尾口決に何が故ぞ是の定を妙觀察智の定と爲すや。答ふ、諸法の性相及び自相共相を觀じて法を說き疑を斷ず

るは妙觀察智の妙用なり。今諸法の如幻等を觀じ、自心界の理を觀ずる故に妙觀察智と爲すと。且つ無識心三昧五相成身共に彌陀の定印を用ふる故に之を妙觀察智となすなり。【秘藏記末、同鈔十】又、五大院の說に依れば、守護國經には菩提心所說の第五の一相成身を說き、心地觀經は第一、第二、第三の三相成身を說き、攝眞實經は十相成身を說く。初の五相は菩提心論の五相の如く、後の五相は論の第五相より之を開出するなり。【菩提心義七】又智證大師は八相成身を立つ、論の第二相より廣歛の二觀を別開して三相となし、又第五相より諸佛の加持を別開して二相となし、これに論の第一、第三、第四を加へて八相となす。【智證疑問】◉(曲、大會)「五相成身の峯を開きしより以來」

ゴサゴフコン　五作業根　〔名數〕數論外道二十五諦の第七位。五種の作業を生ずる根なり。一に語具、語の具にて即ち口舌等。二に手、三に足、四に小便處、即ち生殖器。五に大便處。」【唯識述記一末】に「五作業根者。一語具。二手。三足。四小便處。五大便處。此中語具謂語所レ須口舌等是。此中手足即分ニ皮根少分一爲レ之。前取ニ總皮一（五知根の中の皮根を云）今取レ支故。又此男女大遺根等有ニ別作用一。故別立也。」

ゴサン　牛山　〔雜名〕牛頭山の略。【元亨釋書二】に「因レ攀ニ牛山之潢枝一得レ受ニ龍峯之正派一。」

ゴサン　五山　〔名數〕「ゴサンジフセツ」を見よ。

ゴサンイチジヨウ　後三一乘　〔術語〕華嚴宗に於て五敎のうち後の終敎、頓敎、圓敎の三敎を一乘敎となす。

ゴサンジフセツ　五山十刹　〔雜名〕五山の名は天竺に起り、支那南宋の時に之を創め、日本に於ては北條氏の時先づ鎌倉の五山起り、次で北朝の時京都の五山成る。十刹は五山と共に支那に創し吾朝亦之に效ふ。五山十刹共に臨濟に屬す。

天竺五山　〔名數〕【智度論三】に「問曰。佛何以多住ニ王舍城一。答曰。以ニ坐禪精舍多一故。餘處無レ有。如ニ竹園。鞞婆羅跋怒。Vaibhāra-vana 薩多般那求呵。Saptaparṇaguhā 因陀羅勢羅求呵。Indraśailaguhā 薩簸恕魂直迦鉢婆羅。Sarpiṣkuṇḍika-pāvara* 耆闍崛。Gṛdhrakūṭa 五山中有ニ五精舍一。竹園 Veṇuvana 在ニ平地一。」

支那五山　〔名數〕一に徑山興聖萬壽寺、杭州臨安府にあり。二に阿育王山鄮峯廣利寺、明州慶元府に在り。三に太白山天童景德寺、明州慶元府に在り。四に北山景德靈隱寺、杭州臨安府にあり。五に南山淨慈報恩光孝寺、杭州臨府武林縣にあり。これ宋南渡の後に定まる所。後の元の文宗の時、金陵の天界大龍翔集慶寺を建てて獨り五山の冠とし、明朝之に依る。【象器箋一】

鎌倉五山　〔名數〕一に巨福山建長興國寺、開山は蘭溪道隆大覺禪師と號す。二に瑞鹿山圓覺興聖寺、開山は子元祖元、佛光禪師と號す。三に龜谷山金剛壽福寺、開山は明菴榮西、千光祖師と號す。四に金峯山淨智寺、開山は大休正念、佛源禪師と號す。五に稻荷山淨妙寺、開山は退耕行勇。平元帥の時に此五山を定む。【象器箋一】

京都五山　〔名數〕一に靈龜山天龍資聖寺、開山は夢窻疎石、大圓國師と號す。二に萬年山相國承天寺、夢窻を勸請して開山とし、春屋妙葩第二世たり、普明國師と號す。三に東山建仁寺、開山は明菴榮西、千光祖師と號す。四に慧日山東福寺、開山は圓爾辨圓、聖一國師と號す。五に京師山萬壽寺、兩開山なり、十地の覺空上人、及び東山の湛照。後小松帝至德三年五山の列を定め、且つ瑞龍山太平興國南禪寺を以て五山の上に冠し、總錄司に任ず。支那の天界大龍翔集慶寺の五山に冠たるに準ずるなり。【象器箋一、山城名勝志】

支那十刹　〔名數〕一に中天竺山天寧萬壽永祚寺、杭明臨安府にあり。二に道場山護聖萬壽寺、湖州烏程縣にあり。三に蔣山太平興國寺、建康上元府にあり。四は萬壽山報恩光孝寺、蘇州平江府に在り。五に雪竇山資聖寺、明州慶元府にあり。六に江心山龍翔寺、溫州永嘉縣にあり。七に雪峯山崇聖寺、福州侯宮縣にあり。八に雲黃山寶林寺、婺州金華縣にあり。九に虎丘山雲巖寺、蘇州平江府に在り。十に天台山國淸敎忠寺、台州天台縣に在り。【象器箋一】

日本十刹　〔名數〕曆應中年に定むる所。一に相摸淨智寺、二に相摸禪興寺、三に筑前聖福寺、四に山城萬壽寺。五に相摸東勝寺、六に相摸萬壽寺、七に上野長樂寺、八に山城眞如寺、九に山城安國寺、十に豐後萬壽寺。又康曆年中重て議定する所。一に山城等持寺、二に山城臨川寺、三に筑前聖福寺、四に山城眞如寺、五に山城安國寺、六に豐後興聖萬壽寺、七に駿河興國淸見寺、八に美濃定林寺、九に山城大福田寶幢寺、十に羽州崇禪寺、爾後歷代沿革悉く記するを得ず。【象器箋一】

ゴサンジヤウダウ　五參上堂　〔儀式〕每月五日、十日、二十日、二十五日の四日に上堂するを云ふ。此の外旦望の兩日は別に祝聖上堂あれば、之を通じて恰も五日每に一たび參ずる理なれば五參と云

ふ。一月に五度參ずと云ふにあらず。【象器箋十一】

ゴサンニチ　五參日　〔雜名〕每月五日、十日、廿日、二十五日の四日を云ふ。前項を見よ。

ゴサンハチニ　五三八二　〔術語〕法相宗の所立。相名等の五法、遍計所執性等の三性、眼等の八識。我空法空の二無我を云ふ。【楞伽經一】に「於二五法、自性、識、二種無我一究竟通達。」

ゴサンマイ　五三昧　〔雜名〕葬場を俗に三昧と云ふ。もと葬場には法華三昧堂を立てて死者の爲に香華を供へしに依る。京都の野外に葬場五處あり、五三昧と云ふ。【雍州志一】に「五三昧場。所謂千本。最勝。河原。中山。鳥邊野延命寺是也。延命寺在二鳥邊山一今絕。」図二十五三昧の略。葬場に於て二十五三昧を修すれば五三昧と云ふ。三昧場五處の義にあらず。◉（撰集抄一）に「京般若野五三昧に土葬にし奉る」

ゴザウ　五藏　【術語】佛滅の年の安居に於て大衆部の衆、窟外に於て法藏を結集して五藏となす。「ザウ」「ケツジウ」を見よ。

ゴザウサマヂクワン　五藏三摩地觀　〔術語〕是れ三種秘密儀軌の所說、吾が五藏を五大即ち五如來と觀じて即身成佛する三摩地なり。【儀軌】に「阿字地大は金剛部肝を主る、鑁字水大は蓮華部肺を主る、覽字火大は寶部心を主る、唅字風大は羯磨部胃を主る、欠字空大は虛空部虛空は佛の異名脾を主る。乃至阿字は東方阿閦如來。鑁字は西方阿彌陀如來、覽字は東方寶生如來、唅字は北方不空成就如來、欠字は上方毘盧遮那大日如來。」是の如く五臟即ち五大にして五大即ち五智如來なれば此の五藏三摩地に依つて即身成佛を得るなり。依つて又之を五輪五輪は五大の德名三摩地とも五物觀とも云ふ。賢くも高野大師は嘗て清涼殿に於て諸宗の碩德と對論の座に於て即身成佛の現證を示さん爲に、此五藏三摩地に入つて現に五智の寶冠を戴ける金剛界の智法身となり、五色の光明を放ちて一座の上下緇素をして感動隨喜せしめられしなり。【釋書空海傳】に「弘仁帝。勅於二宮中一會二諸宗諸師一各唱レ所レ習。海立二即身成佛之義一。諸家折レ之。海辯論精審。上語レ海曰。義雖二玄極一朕思レ見レ證。即入二五藏三摩地觀一。忽於二頂上一涌二五佛寶冠一。放二五色光明一。威容赫如也。上離二御榻一禮拜。群臣起拜。」然るに野山名靈集には阿字不生觀に作る兩觀其體一なり。

ゴシ　五滓　〔雜語〕五濁に同じ。【行事鈔資持記上一之三】に「五滓。沮史反。濁也。」

ゴシ　五指　〔譬喩〕一拳五指の喩。【知度論九十九】に「如二五指和合名爲一レ拳。」

ゴシ　五師　〔雜名〕五種の法師。【毘奈耶雜事十二】に「經師律師論師法師禪師。不下以二同類一令上レ聚二一處一。」図付法の五師。二類あり、一に異世の五師。二に同世の五師。

異世五師　〔雜名〕【阿育王傳】に佛滅後の傳化の師、五人を揭ぐ。一に摩訶迦葉、二に阿難、三に摩田提、四に商那和斯、五に優婆毱多なり。此中に摩田提と商那和斯とは、同じく阿難に稟けて、同世の師なり、故に付法藏傳二十三人の次第相承の中には之を加へざれども、梁の僧祐、薩婆多部記五卷を撰し出三藏記十二に出づ。有部の資師相傳を揭ぐる中に此五師を次第し、嘉祥、南山、之に依りて異世の五師を立つ。嘉祥の【三論玄義】に「薩婆多部傳有二異世五師一。有二同世五師一。異世五師者一迦葉。二阿難。三末田地。四舍那婆斯。五優婆掘多。此五人持二佛法藏一各得二二十餘年一。更相付屬名二異世一也。」南山の【戒疏一上】に亦阿育王傳の五師を揭ぐる中に「三師末田提。四師商那和修。並是阿難親承資奉。阿難將レ滅以レ法付二二人一。田提道洽二罽賓一。和修化在二中國一。是則同時分レ地而王也。」【舍利弗問經】に「我尋涅槃。大伽葉等當下共分別爲二比丘比丘尼一作中大依止上。如レ我不レ異。伽葉傳付二阿難一。阿難復付二末田地一。末田地復付二舍那婆私一。舍那婆私傳付二優波笈多一。」【止觀一上】に「付法藏人。始二迦葉一終二師子一二十三人。末田地與二商那一同時。取レ之則二十四人。」図【善見律二】に、傳戒の五師を出す。即ち第三結集の時の正系派の傳統なり。曰く「第一優波離。Upali 第二馱寫拘。Dāsaka 第三須那拘。Sonaka 第四悉伽婆。Siggava 第五目犍連子帝須。Moggaliputta Tissa 此五師於二閻浮利地一。以二律藏一次第相付。不レ令二斷絕一。即至二第三結集一。」

同世五師　有部宗の相傳に佛滅後百年に異世の第五師優婆毱多の下に五人の弟子あり、之を同世五師と稱す。【三論玄義】に「同世五師者。一曇無德。二摩訶僧祇。三彌沙塞。四迦葉維。五犢子部。」然るに【大集經二十三】には一に曇摩毱多。二に薩婆若帝婆。三に迦葉毘部。四に彌沙塞部。五に波蹉富羅とせり。是等は唯一種の相傳のみ、確たる證佐あるにあらず。この同世の五師は律部の分派にして、上に出すは師名にあらず、分派の名なり。【善見律二】に傳統を述べて「目揵連子帝須臨二涅槃一。付二弟子摩哂陀一。摩哂陀是阿育王兒也。持二律至二師子國一。摩哂陀臨二涅槃一。付二弟子阿栗吒一。從爾已來。更相傳授至二今日一。我今說二往昔師名一。從二閻浮利地一持二律藏一至二師子國一。第一名二摩哂陀一。第二

名二一地臾一。第三名二鬱帝臾一。第四名二參婆樓一。第五名二拔陀沙一云云」とす。これ巴利律文の Mahinda Itthiya Sambala Bhaddanāma なり。この五師と上出の五派とは恐くは一致すべきものにあらざるが如く、この傳統中律文の次下に曇無德の名のみ見出すを得るのみ。

ゴシキ　五識　〔名數〕眼耳鼻舌身の五根に依つて生じ、以て色聲香味觸の五境を緣ずる心識。一に眼識、二に耳識、三に鼻識、四に舌識、五に身識なり。これ六識の中の前の五識なれば常に前五識と稱す。三界中の欲界の有情は六識あり、色界の初禪天は鼻舌の二識なく、二禪天以上は五識なく、唯意識の一なり。「シキ」を見よ。

ゴシキ　五色　〔雜語〕青黃赤白黑を五色とも五正色とも五大色とも云ふ。又緋、紅、紫、綠、磂黃を五間色と云ふ。【行事鈔資持記下一之一】に「言二上色一者總二五方正間一。青黃赤白黑五方正色也。緋紅紫綠磂黃五方間色也。」各色を方位に配すれば左の如し。

五正色	青色—東方—綠色	五間色
	白色—西方—緋色	
	赤色—南方—紅色	
	黑色—北方—紫色	
	黃色—中央—磂黃	

五方色　〔術語〕密教に二說あり。一は東方は青。西方は白。南方は赤。北方は黑。中央は黃。是れ世法に準ずるなり。（不空三藏傳）二は東方は黃。南方は赤。西方は白。北方は黑。中央は青。（善無畏傳）

五字色　〔術語〕𑖀は黃。𑖪は白。𑖨は赤。𑖮は黑。𑖏は青。即ち五大の色なり。五輪九字秘釋

五佛色　〔雜語〕「ゴチニヨライ」を見よ。

護摩法五種色　〔術語〕「ゴマ」を見よ。

五根色　〔術語〕信根は白。白は是れ百六十心の垢を越ゆる義なり、之を信の色となす、故に最初なり。精進根は赤。赤は大勤勇の義なり、之を精進の色となす故に第二なり。念は黃。一念理に相應する時、定慧均等黃色は黑白均等の色なり。にして七覺開發す、之を念の色となす、故に第三なり。定根は青。青は大空三昧の義なり、之を定の色となす、故に第四なり。慧根は黑。即ち是れ如來究竟の色なり、之を慧の色となす、故に第五なり。又信根は白。最初なり。精進根は黃。黃は金剛金剛は地にして其色黃なり。の沮壞すべからざる如し、即ち是れ進の義なり、故に第二なり。念根は赤。心障淨く除きて光明顯照す、即ち是れ念の義なり、故に第三なり。餘の二は上に辨ずる如し。【大日經疏六】

五轉色　〔術語〕菩提は黃、是れ金剛性なり。修行は赤、赤は是れ火の義なり。即ち文殊の義に同じ。萬行は妙慧を以て道となす、慧を離れて作すあるを得ず。成菩提は白、即ち是れ圓明究極の義、又是れ水の義なり。我が昔の願の如く、今既に滿足し、一切衆生を化して皆佛道に入らしむ、是の事の爲の故に大悲を起すが故なり。大悲水色共に白、上の如し。涅槃は黑、垂迹極まりて本に返る、濟生有緣の緣盡くれば如來方便の火息むが故に涅槃なり。佛は已に涅槃の山に隱る、故に色黑きなり。方便究竟は青、方便究竟位の中心は空なり、一切の色を具す、即ち是れが加持世界の曼荼羅普門の會なり、畢竟清淨にして有せざる所なき故に青なり。【大日經疏二十】

五色列次　〔名數〕一に白赤黃青黑。大日經一三。略出經三。瞿醯經中。大疏六。不空羂索經九所說五色界道。大疏四所明五佛色同。五所出五色線。二に白青黃赤黑。攝眞實經下。大集軌所示五佛色。但至黑色彼經作雜　又軌云綠。三に白黃赤青黑。大疏六所說受染色。又十六所明五寶色。陀羅尼集經七所明五色界道。四に青黃赤白黑。蘇悉地經三所說五色線。大疏十五九所明文字色。五に白赤青黃黑。集經一所出五色界道。六に白黃青赤黑。瑜祇經所出五大虛空色。七に白黃赤黑青。大日經一所說併綠色。八に黃赤白黑青。大疏二十所說五轉色。【瑜伽學習捷圖】

五色光　〔雜名〕【觀無量壽經】に「爾時世尊即微笑。有二五色光一從二佛口一出。」

五色縷　〔雜名〕【藥師經】に「此十二藥叉大將。一一各有二七千藥叉一以爲二眷屬一。同時擧レ聲白レ佛言。乃至或有二疾藥一求二度脫一者。亦應下讀二誦此經一以二五色縷一結中我名字上。得レ如レ願已。然後解結。」

五色水　〔雜名〕【高僧傳】に「四月八日浴レ佛。以二都梁香一爲二青色水一。以二鬱金香一爲二赤色水一。以二丘際香一爲二白色水一。附子香爲二黃色水一。安息香爲二黑色水一。以灌二佛頂一。」⦿（公事根源灌佛式）に「鉢五に五色の水入れらる」

五色鹿　〔雜名〕⦿（宇治拾遺）に「五色鹿の事」九色鹿の誤。「シカ」を見よ。

ゴシキコン　五色根　〔術語〕眼等の五根を云ふ。是れ色蘊中の五根なればなり。以て信等の五根に揀別す。

ゴシキセン　五色線　〔物名〕婆羅門の臂に繫くる所。佛、比丘の病緣を除く外之を繫くるを禁ず。【毘奈耶雜事一】に「六衆乞食。見下諸婆羅門以二妙香華一莊二嚴形體一。將二五色線一繫中之於臂上。乃至便於二他日一以二五色線一纏二於臂上一。入レ城乞食。諸婆羅門等見生二輕賤一。乃至佛作二是念一。若諸苾芻以二五色線一繫レ臂有二斯過失一。由レ是苾芻不レ應下以二五色線一繫上レ臂。若有レ繫者得二越法罪一。佛既不レ許レ繫二臂線一。時有二苾芻一身

嬰二患苦一。詣二醫人所一。問言。賢首我身有レ疾。幸爲二處方一。答言。聖者取二五色線一呪レ之繫レ臂必得二除愈一。報曰。世尊不レ聽。彼言仁之大師慈悲爲レ本。病緣開許理所レ不レ疑。時諸苾芻白レ佛。佛言我今聽二諸苾芻一。爲二病因緣一醫人敎者。線繫無レ犯。」

ゴシシ 五師子 〔雜語〕如來の五指より五師子を出だす。【涅槃經十六】に「如下提婆達多敎二阿闍世一願上レ害二如來一。是時我入二王舍大城一次第乞食。阿闍世王即放二護財狂醉之象一欲レ令レ害二我及諸弟子一。乃至我於二爾時一爲レ欲レ降二伏護財象一故。即入二慈定一舒レ手示レ之。即於二五指一出二五師子一。是象見已。其心怖畏尋即失レ糞。舉身投レ地敬二禮我足一。」又【報恩經四】

五師子如意 〔物名〕醍醐寺聖寶僧正の所持。聖寶東大寺の東南院を創して此に置き、爾後興福寺維摩會の講師は必ず之を持するを例とす。【元亨釋書聖寶傳】に「寶有二所持如意一。背刻二五師子一面雕二三鈷杵一。表二顯密並學一也。寶沒歷世傳授在二東大寺東南院一。興福寺維摩講師必執二此如意一應二演唱一。兩寺有レ事東大寺不レ出二如意一。若無二如意一措二講會一。至レ是朝廷宣二東大寺一出二如意一行二法事一。其秘重如レ此。」師子は文殊菩薩の所乘、五師子は五髻文殊にして以て顯敎を標す。《第三十六圖參照》

ゴシチニチノアジヤリ 後七日阿闍梨 〔職位〕眞言院に於て後七日の御修法を勤むる阿闍梨にて東寺の長者の役務なり。⊙（徒然草）「後七日の阿闍梨」

ゴシチニチノミシホ 後七日御修法 〔行事〕每年正月八日より十四日まで七日の間、大内の眞言院に於て眞言法の祈禱を行ふと。是れ同日より開かるる大極殿の御齋會と顯密相對するなり。弘法大師の奏請する所。【壒嚢鈔十二】に、後七日と云ふは、元日より白馬に至るまで神事多きに依つて、七日までは出家參內せざる間、八日より始まる御修法なれば後七日と云ふ。大唐の內道場に擬して大師奏し給ふ。淳和天皇天長六年より禁中に內道場を搆へて修法ありしかど、絕えて後七日の儀にあらず。後、仁明天皇承和元年、大師に勅して大内の中務省に於て始めて後七日の秘法を修し給ふ。其後表を奉りて永代の規式を定めらるるに依つて勘解由司廳を改めて眞言修法院を立てらる。今の眞言院は其舊跡なり。大師則ち承和元年正月に行ひ給ひしより以來、長者を以て阿闍梨とし、定額を從僧とするなり。是れ東寺は密宗の本寺なるが故なり。八日に開白して十四日の結願に至つて大師請來の衲衣を著、曩祖付屬の五鈷を持して、御殿に參入して玉體に近づきて、二器の香水を加持して一人諸臣に灌ぎ奉るなりと。」⊙（公事根源）「今年金剛界なれば明年は胎藏界、年年にかはるがはる修せらる。後七日の御修法とは此事なり。」（盛衰記一〇）「後七日の御修法、大元の法灌頂等興行せらるべしと」

ゴシツサンナン 五失三難 〔術語〕道安法師、譯經に就いて立つる所。「ヤクキヤウヰン」を見よ。

ゴシネンジユホフ 五支念誦法 〔名數〕一に三昧耶印明、二に不動尊印明、三に如來鈎印明、四に善通印明、五に金剛甲冑印明なり。【大日經、略攝念隨行法】「ワタク」を見よ。

ゴシヤ 牛車 〔譬喩〕法華經所說三車中の一。「ク

ゴシヤウ 五姓 〔雜語〕釋迦族の五姓なり。「クドン」を見よ。

ゴシヤウ 五生 〔名數〕菩薩の受生に五種あり。一に息苦生、亦除災生と名く、大魚等となりて飢世に苦を救ひ、海中に苦を救ふ等の如し。二に隨類生、一切衆生の類に隨つて生じ、以て彼等を度するなり。三に勝生。亦大勢生と名く、形色族姓富貴等なり。四に增上生、初地より十地に至り諸王と作るなり。五に最後生、最後身の菩薩身なり。【瑜伽論四】

ゴシヤウ 五障 〔術語〕女人の身に具する五種の障礙なり。又五礙と云ふ。【法華經提婆品】に「又女人身。猶有二五障一。一者不レ得レ作二梵天王一。二者帝釋。三者魔王。四者轉輪聖王。五者佛身。」【中阿含經二十八、智度論九】⊙（新葉）「わたつみのあしまの浪を分け來ても五の障なきぞ喜しき」（新勅）「愬に十のいましめうけつれば五の障あらじとぞ思ふ」（榮花、玉の臺）「金剛の身なれば五障おもくもなし」（平家二）「五障の女人跡絕えて」図〔名數〕修道の五障あり。一に煩惱障、根本の煩惱淨心を障蓋し、道機を妨害して佛法に入らしめず。二に業障、過去の重罪乃至誹謗正法なり。先業の障未だ除かざるを以て種種に難ありて佛法に入るを得ず。三に生障、若し無難の生處を得れば必ず道を悟るべし、然るに先業に乘じて無暇の身を受け、趣生障を爲して佛法に入るを得ず。四に法障、已に無障の處に生れ、又悟道の機あれども、先世の障法等の緣を以ての故に善友に逢はず、正法を聽くを得ず。五に所知障、已に智識に逢ふて正法を聽くを得るも、種種の因緣ありて兩不和合にして般若を修するを妨ぐ。【大日經疏】

五障三從 〔術語〕五障と三從となり。五障は上出の如し。【勝鬘經寶窟】に「五礙三監」【智度論】に「一切女身無レ所二繫屬一則受二惡名一。女人之體幼則從二父母一。少則從レ夫。老則從レ子。」⊙（盛衰記四

八)「五障三從の身を持ちながら」

ゴシヤウ　五性　〔名數〕法相宗に立つる所。一切衆生の機類を五性に分けて成佛不成佛を定む。一に定性聲聞、必ず阿羅漢果を開くべき無漏の種子を有するもの。二に定性緣覺、必ず辟支佛果を開くべき無漏の種子を有するもの。三に定性菩薩、必ず佛果を開くべき無漏の種子を有するもの。四に不定性、二種三種の無漏の種子を有するもの。此中に四種あり、一に菩薩聲聞不定、佛果と羅漢果との二種子を有するもの。二に菩薩緣覺不定、佛果と辟支佛との二種子を有するもの。三に聲聞緣覺不定、羅漢果と辟支佛との二種子を有するもの。四に聲聞緣覺菩薩不定、羅漢果と辟子佛と佛果との三種子を有するもの。五に無性、三乘の無漏の種子なく、但人天果を開くべき有漏の種子を有するもの。此の如く五性各別なる故に之を三無二有と云ひ、以て法華經の三草二木に配す。「サンサウニボク」を見よ。三無とは定性聲聞と定性緣覺と無性との三は佛種子なくして畢竟成佛することなきを云ひ、二有とは定性菩薩と不定性の一分とは佛種子を有するを以て必ず成佛すべきを云ふ。此五性各別の法門は一宗の眼目として華嚴天台の一乘家に對抗する所、玄奘慈恩最も力をこれに盡す。【宋僧傳四基傳】に「奘曰。五性宗法。唯汝流通。他人則否。」【唯識樞要上本、義林章一末諸乘章、法華玄贊一、同學鈔一之二】◎(太平記二四)「仲算は五性各別の理を立て」

圓覺經五性差別〔名數〕經中一切衆生の理事の二障を斷ずる淺深遲速に依つて五性を差別す。一に凡夫性、凡夫散善の人、未だ一毫の惑を斷ぜざる人。二に二乘性、聲聞緣覺の二乘、ただ事障見思二惑を除きて未だ理障塵砂無明を斷ぜざる人。三に菩薩性、漸く二障を斷じて大圓覺を證する人。是れ圭峯の說、文に頓漸の二性を說けるなり。四に不定性、頓覺の人に就いて言ふ。是れ鳳潭の說、五に外道性、外道の邪說を信じて未だ佛の正道を知らざる人也。此五性何れも成佛するを得と立つる故法相所立の五性と天淵なり。【圓覺經】に「一切衆生由三本貪欲發一揮無明一。顯出五性差別不レ等。」

ゴシヤウ　後生　〔雜語〕未來の生涯。死して後更に生るる所。【無量壽經下】に「後生二無量壽佛國一。」【法華經藥草喩品】に「後生二善處一。」

ゴシヤウカクベツ　五性各別　〔術語〕法相宗の所立。「ゴシヤウ」を見よ。

ゴシヤウキ　御正忌　〔雜語〕儒敎の小祥大祥など云ふ忌より借りて、諸宗共に一周忌三年忌など云ひ、其死亡の日に當るを忌日と云ふ。眞宗には十一月廿八日は祖師の忌日なるを以て、同月廿一日より廿八日に至る七日の法會を勤め、之を御正忌と名く。本願寺派は太陽歷に算して一月十六日とす。

ゴシヤウギヤウ　五正行　〔術語〕淨土門に立つる所。極樂に往生する正行五種あり。雜行に對して正行と云ふ。一に讀誦正行、專ら淨土の三部經を讀誦すること。二に觀察正行、專ら淨土の相を觀想すること。三に禮拜正行、專ら彌陀を禮拜すること。四に稱名正行、專ら彌陀の名を稱ふること。五に讚嘆供養正行、專ら彌陀を讚嘆し供養すること。【觀經散善義】に「行有二二種一。一者正行。二者雜行。言二正行一者。專依二往生經一行レ行者是名二正行一。何者是也。一心專讀二誦此觀無量壽經無量壽經等一。乃至一心專讚嘆供養。是名爲レ正。」

ゴシヤウギラヒ　後生嫌　〔雜語〕俗語。後生の菩提を願ふことを忌み嫌ふこと又は人。

ゴシヤウシユウ　五性宗　〔流派〕法相宗のこと。五性各別を立つる故なり。「ホフサウシユウ」を見よ。

ゴシヤウジキ　五正食　〔名數〕「ハンジヤホゼ　ンニ」を見よ。

ゴシヤウジキ　五正色　〔雜名〕青等の五方の正色を云ふ。「ゴシキ」を見よ。

ゴシヤウジヤ　五精舍　〔名數〕「シヤウジヤ」を見よ。

ゴシヤウニチ　御正日　〔雜語〕又、忌日、命日など。正しく死亡日に當る日を云ふ。

ゴシヤウネガイ　後生願　〔雜語〕俗語。後の世に善處に生れ、極樂に生るるを願ふこと。

ゴシヤウボダイ　後生菩提　〔雜語〕後の世に極樂に生るること、菩提の果を得ること。

ゴシヤク　牛跡　〔雜語〕牛の行きし跡。佛を牛王と稱し、佛の敎法を牛跡と云ふ。【維摩經弟子品】に「無下以二大海一內中於牛跡上」

ゴシヤクビク　牛跡比丘　〔人名〕佛弟子憍梵波提の譯名。【法華文句二上】に「憍梵波提。此翻二牛呞一。無量壽稱二牛王一。增一云二牛跡一。昔五百世曾爲二牛王一。牛若食後恒事二虛哨一。餘報未レ夾。嗟嗟常嚼。時人稱爲二牛呞一。」【增一阿含三】に「樂居二天上一不レ處二人中一。所謂牛跡比丘是也。」【寶物集三】に「羅漢盡二諸漏一。留二牛跡名稱一。」梵 Gavāmpati*

ゴシヤヂゴク　五叉地獄　〔界名〕五頭の鐵叉を以て罪人を分磔する地獄。【慧琳音義五十三】に「經言二五叉一者地獄名也。以二此鐵叉一分二磔罪人身形一。名爲二五叉地獄一。」

ゴシユ　五衆　〔名數〕五蘊の舊譯、舊譯に五陰、五衆と云ふ。衆は和集の義。【法華經譬喩品】に「分別說二諸法生滅之五衆一。」【法華嘉疏五】に「以二五法和

集義稱二五衆一。又一一陰法各衆多故云レ衆也。雜心云。積聚是陰義。」図出家の五衆。一に比丘、具戒を受けし男子。二に比丘尼、具足戒を受けし女子。三に式叉摩那、學法女と譯す、將に具足戒を受けんとして六法を學ぶ女子。四に沙彌、出家して十戒を受けし男子。五に沙彌尼、出家して十戒を受けし女子。【三藏法數二十二】

ゴシユ　五趣　【名數】又、五惡趣。五道など。一に地獄、二に餓鬼、三に畜生、四に人、五に天。【文句十二】に「從レ一至レ一。故名爲レ趣。」【無量壽經】に「開二示五趣一。度二未レ度者一。」

ゴシユ　五手　【名數】一に思惟手、稍小指無名指の頭を屈して掌に向け餘の三指散じて三奇狀の如くし、稍頭を側け、手を屈して裏に向け、頭指(人指)を以て頰を指すなり。二に善手、施無畏なり、皆左手を用ふ。右も亦得るなり。善は妙好の義なり。三に笑手、思惟手を廻して心前に當て、三指をして上に向はしむるなり。四に華手、頭拇の二指を以て花を捻じて三指を申ぶ。其の三指は或は掌を仰げて之を舒ばすも皆得るなり。五に虛空手、右手を側け指を散じて空中に置くなり。【大日經十六】

ゴシユアクビヤウ　五種惡病　【名數】佛の在世に毘耶離城に五種の惡病流行せり。一に眼より血を出す、二に耳より膿を出す、三に鼻より血を流す、四に舌噤して聲なし、五に所食の物變じて麤澁となる。【請觀音經、輔行二之二】

ゴシユアジヤリ　五種阿闍梨　【名數】「アジヤリ」を見よ。

ゴシユアナゴン　五種阿那含　【名數】五種不還に同じ。「フゲン」を見よ。

ゴシユイチジヨウ　五種一乘　【名數】別教一乘、同教一乘、絕想一乘、佛性平等一乘、密意一乘の稱。【五教章】

ゴシユイン　五種印　【印相】肉眼等五眼各別の印を云ふ。御即位灌頂に奉る印明の一。【天台史略下】

ゴシユインエンギ　御手印緣起　【故事】聖德太子四天王寺を創せられて自ら其緣起を記されしもの。二十五處の御手形を印しあれば御手印緣起と云ひ、其創立の願意を述べられしものなれば本願緣起とも云ふ。【夾註菩提心集中】に「天王寺法律記寶物目錄に云ふ。本願緣起太子御自筆御手の形廿五處にあり、故に御手印緣起ともいふ。同御寫は後醍醐天皇御宸筆。同く玉手の跡二十五所あり。」

ゴシユウ　五宗　【名數】大乘の五宗。一に天台宗、二に華嚴宗、三に法相宗、四に三論宗。五に律宗なり。【元亨釋書最澄傳】に「二十有五年(延曆)奏加二新天台法華宗一。時大乘四家。華嚴、法相、三論、律也。及レ此並爲二五宗一。」図禪宗の五家を云ふ。五宗錄の如し。

ゴシユウン　五取蘊　【術語】有漏の五蘊を云ふ。取とは取着の義。小乘有部には總じて煩惱の異名とし大乘唯識には貪愛の別名とす。貪愛の煩惱事物に取着すれば取と名け、五蘊は煩惱を因として生ずれば取蘊と云ひ、(第一義)五蘊常に煩惱に從屬すれば取蘊と云ひ、(第二義)五蘊能く煩惱を生ずれば取蘊と云ふ。(第三義)【俱舍論一】に「有漏名二取蘊一。乃至煩惱名レ取。蘊從レ取生故名二取蘊一。如二草糠火一。或蘊屬レ取故名二取蘊一。如二帝王臣一。或蘊生レ取故名二取蘊一。如二花果樹一。」【同光記一本】に「煩惱名レ取。能執取故。」【唯識述記一末】に「薩婆多中一切煩惱皆名爲レ取。蘊依レ取生。或能生レ取。故名二取蘊一。今者大乘如二對法說一。欲貪名レ取。唯貪爲レ體。」

ゴシユキヤウヂウジ　五種輕重事　【書名】律書の名。目連問戒律中五種輕重事の異名。

ゴシユギヤウ　五種行　【名數】法華經所說の五種法師の行。「ゴシユホウシ」を見よ。図觀經散善義所說の五種の正行。「ゴシヤウギヤウ」を見よ。

ゴシユクヤウ　五種供養　【名數】「クヤウ」を見よ。

ゴシユクワ　五種果　【名數】異熟等の五果。「クワ」を見よ。

ゴシユケツカイ　五種結界　【名數】結界の地形に五相あり。「ケツカイ」の項、結界五相を見よ。

ゴシユゴンゼツ　五種言說　【名數】一に相言說、色等の諸相に執着して生ずる言說を云ふ。二に夢言說、夢中所現の境界に依つて生ずる言語を云ふ。三に妄執言說、もと聞く所、作す所を念ふに依つて生ずる言說を云ふ。四に無始言說、無始以來戲論に執着せし種子の薰習に依つて生ずる言說を云ふ。五に如義言說、義に如ふて生じ、詮旨殊ならざる言說を云ふ。此中前の四言說は虛妄說の故に眞を談ずる能はず、後の一言說は實說なる故に眞理を談ずるを得。馬鳴菩薩は前四に據るが故に眞如を指して離言說相と言ふなり。【釋摩訶衍論二】

ゴシユサンキ　五種三歸　【名數】三歸戒に五種あり。「サンキ」を見よ。

ゴシユサンジヨウ　五種三乘　【名數】始別終同三乘(小乘)、始終俱別三乘(始教)、始終俱同三乘(終教)、始終俱離三乘(頓教)、始終俱同三乘(圓教)の稱なり。

ゴシユサンタイ　五種三諦　【術語】空假中の三諦に五種あるを云ふ。別接通、圓接通、別教、圓接別、圓教の各に三諦ありとするなり。

ゴシユサンマイ　五種三昧　【名數】大日所說

の五位三昧なり。「ゴキサンマイ」を見よ。

ゴシユサンマイダウ 五種三昧道 [名數] 眞言門の五種三昧なり。【教時問答二】に詳出。

ゴシユサンマヤ 五種三昧耶 [名數] 「サンマヤ」を見よ。

ゴシユサンラン 五種散亂 [名數] 衆生の心が五種に散亂すること。一に自然散亂。五識自らの性を守らず、外境に隨逐して念念に變ずるヿ。二に外散亂、意根馳動し、外塵に隨逐して種種の分別を起すヿ。三に内散亂。心に高下を生じ、念念遷流して不定なるヿ。四に麤重散亂、我我所等の麤重の法を計して解脱を得ざるヿ。五に思惟散亂、大乘を棄捨し小乘を憶念して寂靜を得ざるヿなり。

ゴシユザウ 五種藏 [名數] 【佛性論二】に眞性に五藏の義あり。一に如來藏、自性は是れ藏の義、一切諸法、如來の自性を出でざるが故に。二に正法藏、因は是れ藏の義、一切聖人四念處等の正法皆此性を取つて境と爲すが故に。三に法身藏、至得は是れ藏の義、一切聖人此佛性を信樂するが故に聖人をして法身の果德を得しむるが故に。四に出世藏、眞實は是れ藏の義、此佛性は世間法一切の過失を離れて眞實不壞なるが故に。五に自性清淨藏、秘密は是れ藏の義、若し一切法此佛性に隨順すれば則ち名けて内となす、是れ正にして邪に非ず、即ち清淨と爲す。若し諸法此理に違逆すれば則ち名けて外となす、是れ邪にして正に非ず、名けて染濁となすが故に。図【勝鬘經】に五藏を列ぬ。一に如來藏、二に法界藏、三に法身藏、四に出世間上上藏、五に自性清淨藏なり。此中に所謂法界藏は論の正法藏なり。法界は正法を生ずる因なれば法界藏とも正法藏とも名く。故に【佛性論】中今の勝鬘經を引いて「故勝鬘經言。世尊佛性者。是如來藏。是正法藏。是法身藏。是出世藏。是自性清淨藏。由説此五藏義故。如意功德而得顯現。」已上五藏の義、梁の攝論釋に説き、華嚴演義鈔十三に引く。而して法界の五義と其相同じ「ホフカイ」を見よ。

ゴシユザフギヤウ 五種雜行 [名數] 唐の善導、淨土の行に就いて正行、雜行を分ち、各五種を立つ。即ち五正行(ゴシヤウギヤウ參照)にあらざるもの。「ニギヤウ」を見よ。

ゴシユザフゴチ 五趣雜居地 [界名] 三界九地の一。即ち欲界五趣地なり。「クヂ」を見よ。

ゴシユシキホフ 五種色法 [名數] 對法論に法處の中に五種の色法ありと説くもの。「ホフシヨセフシキ」を見よ。「よ。

ゴシユシツヂ 五種悉地 [名數] 「シツヂ」を見よ。

ゴシユシヤウ 五種性 [名數] 六種性の中に妙覺性を除きしもの。種は因の義なるを以て因位を明かす中には果位を除く。「ロクシユシヤウ」を見よ。

ゴシユシヤウギヤウ 五種正行 [名數] 「ゴシヤウギヤウ」を見よ。

ゴシユシヤウジキ 五種正食 [名數] 「ハンジヤボゼンニ」を見よ。

ゴシユシヤウジリン 五趣生死輪 [圖像] 寺院の門頰に畫くもの。五趣に輪廻する生死のさまを畫く。【有部毘奈耶三十四】に「佛在王舍城羯蘭鐸迦池竹園中。乃至當爾之時四衆雲集。來聽法要。人衆喧譁。世尊知而故問具壽阿難陀曰。何故大目乾連處四衆雲集。時阿難陀白佛言。世尊。具壽大目乾連遊行五趣見諸苦惱。於四衆中具説其事。由此諸人爲聽法故皆來集會。爾時世尊告阿難陀。非一切時處常有大目乾連。如是之輩頗亦難得。是故我今勅諸苾芻。於寺門屋下畫生死輪。時諸苾芻不知畫法。世尊告曰。應隨大小圓作輪形。處中安轂。次安五輻表五趣之相。當轂之下畫捺洛迦。於其二邊畫傍生餓鬼。次於其上可畫人天。於人趣中當作四洲。東毘提訶。南贍部洲。西瞿陀尼。北拘盧洲。於其轂處作圓白色。中畫佛像。於佛像前應畫三種形。初作鴿形表多貪染。次作蛇形表多瞋恚。後作猪形表多愚癡。於其輞處應作溉灌輪像。多安水罐畫作有情生死之像。生者於罐中出頭。死者於罐中出足。於五趣處各像其形。周圍復畫十二緣生生死之相。所謂無明緣行乃至老死。無明支應作羅剎形。行支應作瓦輪像。識支應作獼猴像。名色支應作乘船人像。六處支應作六根像。觸支應作男女相摩觸像。受支應作男女受苦樂像。愛支應作女人抱男女像。取支應作丈夫持瓶取水像。有支應作大梵天像。生支應作女人誕孕像。老支應作男女衰老像。病支應作男女帶病像。死支應作輿死人像。憂應作男女憂慼像。悲應作男女啼哭像。苦應作男女受苦之像。惱應作男女挽難調駱駝像。於其輪上應作無常大鬼蓬髮張口長舒兩臂抱生死輪。於鬼頭兩畔書二伽他曰。汝當求出離。於佛教勤修。降伏生死軍。如象摧草舍。於此法律中。常修不放逸。能竭煩惱海。當盡苦邊際。次於無常鬼上應作白圓壇。以表涅槃圓淨之像。」【有部毘奈耶雜事十七】に「給孤長者施園之後作如是念。若不彩畫便不端嚴。佛若許者我欲莊飾。即往白佛。乃至佛言。長者於門兩頰應作執杖藥叉。次傍一面作

大神通變。又於二一面一書三作五趣生死之輪。」（第卅七、卅八圖參照）

ゴシユシヤウモン　五種聲聞　〔名數〕「シヤウモン」を見よ。

ゴシユジヤウジキ　五種淨食　〔名數〕諸の食物五事に依て淸淨となり以て比丘の食に適す、之を淨食と云ふ。淨とは離過の義、淨命、淨肉の如し。一に火淨、食物の燒煮すべきものは法の如く之を燒煮し、熟して方に之を食ふを云ふ。二に刀淨、果物の刀を以て其皮核を去るべきものは法の如く之を去つて方に食ふを云ふ。三に爪淨、果物の爪を以て其皮殼を去るべきものは法の如く之を去つて方に食ふを云ふ。四に蔫乾淨、果物の蔫乾して生氣を失ひ、更に種となるに堪ゑざるもの方に取つて食ふを云ふ。五に鳥啄淨、鳥の啄みし殘損を取つて食ふを云ふ。已上の五種、火乃至鳥啄に依て淨食となれば火淨食、乃至鳥啄淨食と云ふ。【毘奈耶雜事三十六】四分律に十種の淨法あり、初の五種上に同じ。一に火淨、二に刀淨、三に猗淨即ち爪淨、四に鳥啄破淨、五に不中種淨即ち蔫乾淨、【行事鈔下二】「を見よ。

ゴシユジヤウニク　五種淨肉　〔名數〕「ジキ」ミヤウ」を見よ。

ゴシユジヤミヤウ　五種邪命　〔名數〕「ゴジヤミヤウ」を見よ。

ゴシユゼン　五種禪　〔名數〕四念處を所觀とし、觀練薰修の四を能觀とし、能所合せて五種なり。「ゼン」を見よ。

ゴシユゼンゴンホツサウ　五種善根發相　〔名數〕一に息道善根發相。數息觀成りて定に入る時、自心安悅して善根を發すると。二に不淨觀善根發相。定中に不淨觀を起し、愛著する所を捨て善根を發すると。三に慈心善根發相。定中に於て慈悲心を起し、深定に入り淸淨の善根を起すと。四に因緣觀善根發相。定中において正見を起し、斷常の邪見を離れ、法喜を得て善根を起すと。五に念佛善根發相。定中に於て諸佛の功德相好等を念じ淸淨の善根を發すると の稱なり。【坐禪法要】

ゴシユダラニ　五種陀羅尼　〔名數〕「ダラニ」「を見よ。

ゴシユダンポフ　五種壇法　〔名數〕五種悉地とも云ふ。「ダンポフ」を見よ。

ゴシユツウ　五種通　〔名數〕五種の通力。身口意の三業通用無礙變化自在なるを通力と云ふ。一に道通、中道實相の理を證悟するに依つて得る所、菩薩の通力無碍の如きもの。二に神通、神は心神なり、心を凝し定を修して得る所、羅漢の通力自在の如きもの。三に依通、藥餌符呪等に依憑して得る所、神仙の靈變自在の如きもの。四に報通、亦業通と名く、果報として自ら得る所、諸天の變化、神龍の隱變の如きもの。五に妖通、妖怪の然らしむる所、老狸古木の精奇變を爲す如きもの。【宗鏡錄十五】

ゴシユツアミダブツキヤウ　後出阿彌陀佛經　〔經名〕後出阿彌陀佛偈の異名。

ゴシユツアミダブツゲ　後出阿彌陀佛偈　〔經名〕後漢失譯、十四偈あり。往生淨土の勝妙を讚す。【地帙十二】（202）

ゴシユツウギヤウ　五種通經　〔術語〕受持、讀、誦、解說、書寫の五法を以て經典を弘通すると。法華經所說五種法師の行これなり。【文句八上】に「五種通レ經。皆得レ稱レ師。」「ゴシユホフシ」を見よ。

ゴシユナゴン　五種那含　〔名數〕又、五種不還。五種般と云ふ。那含は阿那含の略、不還と譯す。般は般涅槃の略、入涅槃の義なり。「フゲン」を見よ。

ゴシユネンジユ　五種念誦　〔名數〕「ネンジユ」を見よ。

ゴシユノフエ　五種衲衣　〔名數〕不用の布にて縫ひ綴りたる五種の僧衣。有施主衣、無施主衣、往還衣、死人衣、糞掃衣なり。

ゴシユハツ　五種般　〔名數〕又、五種不還、五種那含と云ふ。「フゲン」を見よ。

ゴシユハンニヤ　五種般若　〔名數〕「ハンニヤ」「を見よ。

ゴシユヒリヤウ　五種比量　〔名數〕五種の推理法なり。一に相比量は見たる所のすがたによりて他を推理するなり。【顯揚聖教論十二】に「隨二其所有相貌相屬一。或由二現在及先所見一推三度境界一。如下以レ見レ幢故比知レ有レ車。以レ見レ烟故比知上レ有レ火。」二に體比量は甲の體性より乙を推し、一部の體より全部を推理する如きなり。【同上】に「由三現見二彼自體性一故。比類三彼物不二現見一體。或現見二一分自體一比類二餘分一。如下以二現在一比類中去來上。」三に業比量は業作によりて業作するものを推理すると。【同上】に「以二作用一比二業所依一。如下至乃見二跡歩寛長一比知二是象一。身曳レ地行比知中是蛇上。」四に法比量は一部のことより他の眞理を推理すること。「於二一切相屬一著レ法。以レ一比レ餘。如下屬二無常一比知上有レ苦。以レ屬レ苦故。比二空無我一。以レ屬レ生故比レ有二老法一。云云」五に因果比量は因を見て果を推理し、果を見て因を推度するなり。【同上】に「因果相比。如下見二物行一比レ有レ所レ至。見レ有レ所レ至比中先有上レ行。云云」

ゴシユフオウセ　五種不應施　〔名數〕人に施與すべからさるもの五種あり。一に非理を以ての財物、二に酒及毒藥、三に罝羅機網、四に刀杖弓箭、五に音樂女色。【法苑珠林八十一】

ゴシユフカシギ 五種不可思議 [名數] 「フカシギ」を見よ。

ゴシユフゲン 五種不還 [名數] 又、五種那含五種般(はつ)と云ふ。「フゲン」を見よ。

ゴシユフジヤウ 五種不淨 [名數] 「フジヤウクワン」を見よ。

ゴシユフズヰ 五種不隨 [名數] 三類境の中の性類に五種不隨の義あり。一に性不隨、二に種不隨、三に界繫不隨、四に三科不隨、五に異熟不隨。「シヤウキヤウ」を見よ。

ゴシユフタイ 五種不退 [名數] 一に信等の五不退。二に淨土の五不退。「フタイ」を見よ。

ゴシユフナン 五種不男 [名數] 完全の男性を成さざるもの五人あり。新舊兩解あり、先づ舊譯家の解は、一に生不男、生來男根の發育せざるもの。二に犍不男、刀を以て男根を去りしもの。閹竪の如し。【玄應音義十四】に「犍又作二撥劇二形一。同居言切。字書犍害也。通俗文以レ刀去レ陰曰レ犍。」三に妬不男。他の婬を見るに因つて方に妬心ありて根の勃發するもの。四に變不男。根能く變現し、男に遇へば女根起り、女に遇へば男根起るもの。五に半不男。半月男根の用をなし、半月なさざるもの。

梵名(名義集二)	名義大集(二七)	譯名(文句八下)	解釋(行事鈔上三)
扇搋(せんた)	Ṣaṇḍha	生	生黃門
留拏(るな)	Ruṇa(rugṇa)paṇḍaka	劇	犍作者
伊梨沙掌拏(いりしやしやうな)	Īrṣyāpaṇḍaka	妬	因見他婬起
半擇迦(はんちやか)	Paṇḍaka	變	忽然變作
博叉	Pakṣapaṇḍaka	半	半月能男

表中半擇迦は上解によれば Ubhayavyañjaka (二根者)の如し。【四分律三十五】に「佛言。黃門於二我法中一無レ所二增益一。不レ得下與二出家一受中具足戒上。若已出家受二具足戒一應二滅擯一。是中黃門者。生黃門。犍黃門。妬黃門。變黃門。半黃門。」次に新譯家又二解あり、其一は無根を扇搋とし、有根にして不具なるを半擇迦とし、前の扇搋に本性と損壞との二を分ち、後の半擇迦に嫉妬、半月、灌灑の三を分ち、以て五種となす。

- 扇搋 Ṣaṇḍha
  - 本性扇搋 Jātipaṇḍaka—即ち生不男
  - 損壞扇搋 Āpatpaṇḍaka*—即ち犍不男
- 半擇迦 Paṇḍaka
  - 嫉妬 Īrṣyāpaṇḍaka—即ち妬不男
  - 半月 Pakṣapaṇḍaka—即ち半不男
  - 灌灑 Āsaktaprādurbhāvīpaṇḍaka* 舊解になし。

灌灑とは澡浴等の灌灑の時男勢方に起るを云ふ。其二に五種の不男通じて半擇迦と名け、扇搋は唯無根に限る。故に【對法論八】に「半擇迦有二五種一。謂生便半擇迦。嫉妬半擇迦。半月半擇迦。灌灑半擇迦。除去半擇迦。」慈恩之に據りて【法華玄贊九】に「五種不男者。謂生便。除去。嫉妬。半月。灌灑。」

- 半擇迦
  - 生便—本性扇搋 } 扇搋
  - 除去—損壞扇搋 } 扇搋
  - 嫉妬
  - 半月
  - 灌灑

生便とは生れながらにして便ち根なきもの。【俱舍光記三】

ゴシユフニヨ 五種不女 [名數] 五種不男に對して五種不女あり。一に螺、二に筋、三に鼓、四に角、五に脉。【大藏法數三十二】

ゴシユフホン 五種不翻 [名數] 唐の玄奘五種不翻の規を立つ。一に秘密の故に翻せず、陀羅尼の如きもの。二に多義を含むが故に翻せず、薄伽梵の語に六義を具する如きもの。三に此方に無きが故に翻せず、閻浮樹の如きもの。四に古例に順ふが故に翻せず、阿耨菩提の如きもの。是れ翻すべからざるにあらず、摩騰以來常に梵音を存すればなり。五に善を生ぜん爲の故に翻せず、般若の如きもの。般若と云へば之を聞くもの信念を生じ、譯して智慧と云へば輕淺の意を生ずればなり。【名義集序】

ゴシユブツシヤウ 五種佛性 [名數] 「ブツシヤウ」を見よ。

ゴシユホフシ 五種法師 [名數] 法華經法師品の所說。一に受持法師、憶持して忘れざるもの。二に讀經法師、正心端坐して目に經を覩、口に句讀を宣ぶるもの。三に誦經法師、習讀既に熟して文に對せず自然に誦を爲すもの。四に解說法師、文句を解說して人に授くるもの。五に書寫法師、書寫して廣く世に流布するもの。【經】に「若復有レ人受二持讀三誦解四說書五寫妙法華經乃至一偈一。於二此經卷一敬視如レ佛。種種供二養華香乃至合掌一恭敬。藥王當レ知是諸人等已曾供二養十萬億佛一。於二諸佛所一成二就大願一愍二衆生一故生二此人間一。」【文句八上】に「此品五種法師。一受持。二讀。三誦。四解說。五書寫。法者規則也。師訓レ匠也。法雖レ可レ規體不二自弘一。通レ之在レ人。五種通レ經皆得レ稱レ師。」◉(盛衰記八)「法花修行の道場に五種法師の燈を挑げて」

ゴシユホフシン 五種法身 [名數] 小乘所立の五分法身と更に大乘所立の三類の五種あり。「ゴブンホフシン」「ホフシン」を見よ。

ゴシユボダイ 五種菩提 [名數] 「ボダイ」を見よ。

ゴシユマ 五種魔 [名數] 新譯に五蘊魔。舊譯に五陰魔或は五衆魔。

ゴシユムミヤウ　五種無明　〔名數〕「ムミヤウ」を見よ。

ゴシユモンナン　五種問難　〔名數〕問をなすに就いて五種の原因あるを云ふ。不解故問、疑惑故問、試驗故問、輕觸故問、利樂有情故問なり。【瑜伽釋論】

ゴシユラク　五種樂　〔名數〕「ラク」を見よ。

ゴシユユヰシキ　五種唯識　〔名數〕法相宗の慈恩、義林章一末唯識章の中に五種六門を以て一切諸經論の唯識を該攝す。一に境唯識、阿毘達磨經に一處四見の喩を說く如く、境に就いて唯識の義を明かすもの。二に教唯識、華嚴深密等の諸經中唯識の義を說くもの。三に理唯識、經論の中に唯識の道理を成就するもの。四に行唯識、經論の中に唯識の觀法を明かすもの。五に果唯識、經論の中に佛果の妙境界を明かすもの。此中に教唯識は總體の能詮にして他の四唯識は所詮の別義なり。【唯識章】に「然總偏詳二諸教所レ說一切唯識一不レ過二五種一。乃至此中所說五種唯識總攝二一切唯識一皆盡。」

ゴシヨエド　五所依土　〔名數〕一に法性土は如來清淨法身所依の土なり。眞如を體とす、然るに此の身と土と差別なく不變不遷離相寂滅なり。二に實報土は如來の圓滿報身の所依の土なり。無漏の五蘊を體と爲す。往昔功德を修し無礙の莊嚴を成就し、境智融泯して實に稱ひて報を感じたる土なり。三に色相土とは如來微塵相海身の所依の土なり。自行の後得智を體とし、萬德成就し衆寶莊嚴する故に名く。四に他受用土とは如來他受用身の所依の土なり。利他の後得の智を體となし、所宜の變現に由り大悲力を以て大小勝劣種種の淨土を現じだるなり。五に變化土は變化身の所依の土なり。利他成事智を以て體とし、利他の行を修せる故衆生の心に隨つて淨穢種種の國土を變現せるなり。

ゴシヨカジ　五處加持　〔術語〕指印又は杵鈴を以て身體の五處に當つるを。【行法肝要抄上】に「五處加持有二二義一。

一義			二義
大日	法界智	額	彌陀
寶生	平等智	右肩	寶生
不空	成事智	左肩	不空
阿閦	大圓智	心	阿閦
無量壽	妙觀大察智	喉	大日

大日三世常住故以レ喉表レ之。人喉壽也。大日彌陀一佛義可レ思レ之。彌陀能成無量壽。大日所成無量壽也。」

ゴシヨクヤウ　五處供養　〔名數〕父、母、親教師、軌範師、病人の五、常に供養すべきなりと云ふ。

ゴシヨシンゴン　五處眞言　〔眞言〕五處を加持する入佛三昧耶眞言を稱す。【青龍軌上】

ゴシヨドウジキヤウ　護諸童子經　〔經名〕佛說護諸童子陀羅尼經の略名。

ゴシヨドウジダラニキヤウ　護諸童子陀羅尼經　〔經名〕佛說護諸童子陀羅尼經、一卷、元魏の菩提留支譯。大梵天王鬼神の名及び咒を說きて童子を護る。佛亦爲に一咒を說く。【餘帙五】(484)

ゴシリヤクネンジユエウギヤウホフ　五支略念誦要行法　〔書名〕大日經略攝念誦隨行法の異名。

ゴシン　五身　〔名數〕佛の五種法身なり。「ホフシン」を見よ。

ゴシン　五辛　又、五葷。五つの辛味ある蔬菜。【和漢三才圖會九十九】に「練形家、小蒜、大蒜、韮、芸薹、胡荽。道家、韮、薤、蒜、芸薹、胡荽。佛家、大蒜、小蒜、興渠、慈葱、茖葱。」【梵網經下】に「若佛子不レ得レ食二五辛一。大蒜、茖葱。慈葱。蘭葱。興渠。是五種一切食中不レ得レ食。若故食犯二輕垢罪一。」【楞嚴經八】に「諸衆生求二三摩提一。當レ斷二世間五種辛菜一。此五種辛。熟食發レ婬生啖增レ恚。如レ是世界食レ辛之人。縱能宣二說十二部經一。十方天仙嫌二其臭穢一咸皆遠離。」【天台戒疏下】に「舊云。五辛謂　蒜、葱、興渠、韮、薤。此文止二蘭葱一足以爲レ五。兼名苑分二別五辛一。大蒜、是葫葰。茖是薤。慈葱是葱。蘭葱是小蒜。興渠是葱葰也。」興渠は梵語辛膠の名。「コウク」を見よ。⦿(野守鏡下)「酒肉五辛等を食せしことを例にひきて」

ゴシン　五心　〔術語〕外境を覺知する時、順次に起る五つの心。即ち卒爾心、尋求心、決定心、染淨心、等流心の稱なり。

ゴシン　護身　〔術語〕密教加持の法を以て身を護持するを。護身加持、護身まいらすなど。加持の力にて金剛の甲冑を被るに等しければ被甲護身と云ふ。無量壽軌及び十八道軌に護身法の印明あり。

ゴシンクワネン　其身火燃　〔雜語〕歌題。【法華經藥王品】に過王菩薩法華經を供養する爲に自ら身を燒くを記して「其身火燃。千二百歲。過レ是巳後。其身乃盡。」⦿(新拾遺)「消えぬべき法の末にはなりぬとも身をともしても聞べかりける」

ゴシンケツカイジフハチダウ　護身結界十八道　〔雜名〕十八道の中の護身法と結界法。

ゴシンサンマヤ　護身三昧耶　〔術語〕十八道の一。被甲護身法の印と明となり。「ジフハチダウ」を見よ。

ゴシンペン　五神變　〔名數〕五神通に同じ。

ゴシンムニノメウデン　後秦無二妙典　〔雜

語】法華經を云ふ。後秦の朝に羅什三藏之を譯す。

ゴジ　五時〔術語〕五時敎を云ふ。

ゴジキ　五食〔名數〕出世の善根を長養する法食五種あり。一に念食、聖道を修する人常に正念を持して一切の善根を長養するもの。二に法喜食、聖道を修する人、妙法を愛樂して心に喜悦を生じ、以て慧命を長養するもの。三に禪悦食、聖道を修する人禪定を得るに依つて心身喜悦を生じ、以て慧命を長養するもの。四に願食、聖道を修する人、誓願を以て身を持し、以て一切の善根を長養するもの。五に解脱食、聖道を修する人、惑業の繫縛を解脱し、法に於て自在を得、以て一切の菩薩善根を長養するもの。【華嚴經疏十九】

ゴジクワン　五字觀〔術語〕「ゴリンクワン」を「見よ。

ゴジケウ　五時敎〔術語〕釋迦一代の説法の次第を五時に區別するもの。天台涅槃等の所立、種種の不同あり。

天台宗五時敎〔術語〕天台宗は佛一代の説法を五時に分別す。第一華嚴時。佛成道の後、三七日中に華嚴經を説く間。是れ經題に依つて名を與ふ。第二鹿苑時。華嚴經を説きし後十二年中に鹿野苑等に於て小乘の阿含經を説く間。是れ處に就いて名を與ふ。第三方等時。阿含を終へて後八年、維摩勝鬘等の諸大乘經を説き、廣く方の義藏通別圓の四敎を談じて均しく等の義衆機に被らしむる間。是れ所説の法に就いて名を與ふ。第四般若時。方等經を終へて後二十二年、諸部の般若經を説く間。是れ經題に依つて名を付す。第五法華涅槃時。般若二十二年の後、八年に法華經を説き、一日一夜に涅槃經を説く間。是れ亦經題に依つて名を付す。荊溪の【四敎儀備釋】に「阿含十二方等八。二十二年般若談。法華涅槃共八年。華嚴最初三七日。」との五時は經典の部帙に就いて分けしもの。而して更に化儀の四敎と化法の四敎を立てて此五時中の説法儀式と所説の敎の義を分別す。是れ台家所立の五時八敎なり。「ハチケウ」を見よ。⦿（曲、大會）「五時と云つば、華嚴、阿含、方等、般若、法華」

涅槃宗五時敎〔術語〕【三論玄義】に「昔涅槃初度二江左一。宋道場等沙門慧觀。仍製二經序一。略判二佛敎一。凡有二二科一。一者頓敎。即華嚴之流。但爲二菩薩一具足顯レ理。二者始從二鹿苑一終竟二鵠林一。自レ淺至レ深謂二之漸敎一。於二漸敎內一開爲二五時一。」一に三乘別敎、阿含經等に於て四諦、十二因緣、六度を別説して聲聞緣覺菩薩の三機に投ずるもの。二に三乘通敎、專ら般若經を説いて通じて三乘を化するもの。三に抑揚敎、維摩思益の諸經を説いて菩薩を讚揚し聲聞を挫折するもの。四に同歸敎、法華經を説いて彼の三乘を一極に歸せしむるもの。五に常住敎、涅槃經を説いて佛果の常住を明かすもの。又此五敎を次第の如く有相、無相、抑揚、會三歸一、圓常と名く。

劉虬所立五時敎〔術語〕晉の武都山の隱士劉虬、初に頓漸二敎を分ち華嚴經を以て頓敎とし、餘を漸敎とし、漸敎の中に五時を分つ。是れ唐土判敎の嚆矢なり。一に最初に提謂經を説いて五戒十善の人天敎を開く。二は成道後十二年の中に阿含經等を説いて三乘差別の敎門を開く。三に佛成道の後三十年中に般若經維摩經等を説いて三乘同觀の空理を説く。四に佛成道四十年の後八年の中に於て法華經を説いて一乘を辨明す。五に佛滅度に臨んで一日一夜の中に涅槃經を説いて悉有佛性佛性常住の理を明かす、是れ最後究竟の説なり。淨影之を痛破す。【大乘義章一】

ゴジコウ　五時講〔儀式〕五部の大乘經を輪次に講説する法會。【本朝高僧傳十二】

ゴジゴンシンクワン　五字嚴身觀〔術語〕阿等の五字を以て身を加持するを云ふ。「ゴリンクワン」を見よ。金剛界には五相身を明かし、胎藏界には五字嚴身を明かす。即身成佛の深極唯此觀に在り。【秘藏記鈔三】

ゴジシンゴン　五字眞言〔術語〕五大の種子阿毘羅吽欠の五字を云ふ。又、五字文殊の陀羅尼を云ふ。

ゴジジユ　五字咒〔術語〕五字文殊の陀羅尼。阿囉跛者娜の五字。【金剛頂經曼殊室利菩薩五字心陀羅尼品、五字陀羅尼頌】

ゴジシヤ　五侍者〔名數〕一に侍香、二に侍狀、三に侍吝、四に侍藥、五に侍衣。【象器箋六】

ゴジジユホン　五字咒品〔經名〕金剛頂經瑜伽文殊師利菩薩法一品の異名。

ゴジダラニジユ　五字陀羅尼頌〔經名〕一卷、唐の不空譯。五字眞言の秘法を略頌す。「見よ。

ゴジノマウゴ　五事妄語〔雜語〕「ダイテン」を

ゴジハチケウ　五時八敎〔術語〕天台宗の所立。五時を以て釋迦一代の説法の次第を定め、八敎を以て其説法の儀式化儀の四敎と敎法の淺深化法の四敎を分別せしもの。【天台四敎儀】に「天台智者大師。以二五時八敎一判二釋東流一代聖敎一。罄無レ不レ盡。」「ゴジケウ」及び「ハチケウ」を見よ。

ゴジビバシヤロン　五事毘婆沙論〔書名〕二卷、唐の玄奘譯。尊者法救の作。世友尊者の五事

論を釋す。五事とは色、心、心所、不相應、無爲の五法なり。【藏帙一】(1281)

ゴジフアク 五十惡 〔名數〕【金剛三昧經】に「一念心相故皆名二心王一。淨中心動五陰具生。五陰生中具二五十惡一。」五十惡とは識陰に八あり、即ち是れ八識なり、愛想の二陰識に隨つて各八あり。行陰に九あり、八はこれ想と相應し、一はこれ想と相應せず、所謂不相應法なり。色陰は十七あり、十七とは受想行識の能通の四と五根と五塵と法處所攝色の律儀色と不律儀色と自在所生色との三となり。

ゴジフイチヰ 五十一位 〔術語〕仁王般若經の所說、五十二位の中にて等覺の位を第十地に攝めたるもの。「ゴジフニヰ」を見よ。

ゴジフエンシンキヤウ 五十緣身經 〔經名〕菩薩行五十緣身經の略名。

ゴジフオン 五十音 〔雜語〕本朝所用の五十音は印度の悉曇の根本十四音より來ると云ふ。

ゴジフケウケキヤウ 五十校計經 〔經名〕明度五十校計經の略名。

ゴジフコウ 五十講 〔行事〕五十日間法華經を「講說する法會。

ゴジフサンサン 五十三參 〔雜語〕華嚴經入法界品にて善財童子次第に南遊して五十三人の知識に參見するヿ。「ゴジフサンチシキ」を見よ。

ゴジフサンソン 五十三尊 〔名數〕金剛界の五十三尊。金剛界の三十七尊に賢劫の十六菩薩を加へたるもの。【秘藏記本】

ゴジフサンチシキ 五十三智識 〔名數〕華嚴經入法界品の末會に於て、善財童子が先づ福城の東莊嚴幢娑羅林の中に於て文殊の說法を聞き、其指導に依りて其より次第に南行して諸の知識に値ひて說法を聞く。其の知識の數舊華嚴に四十四人を列ね、初の文殊を合せて四十五人なれども、新華嚴には後の知識九人を加へて五十四人を列ね、初の文殊を加ふれば總じて五十五人なり。此中今は南詢の知識を擧ぐる故に初の文殊を除き、又第五十番の知識の德生童子と、五十一番の有德童女とは同一會上の問答なるを以て之を德生童子の一人に攝め、有德童女を省き以て五十三人となる。所謂五十三知識なり。德雲比丘 Meghaśrī 一、舊に功德雲、海雲比丘 Sāgaramegha 又、伊舍那 Īśāna 二、善住比丘 Supratiṣṭhita 三、彌伽長者 Megha 四、解脫長者 Mukta 五、海幢比丘 Sāgaradhvaja 六、休舍優婆夷 Āśā 七、毘目瞿沙仙人 Bhīṣmottaranirghoṣa 八、舊に毘目多羅、勝熱婆羅門 Jayoṣmāyata 九、舊に方便命、慈行童女 Maitrāyaṇī 十、舊に彌多羅尼、善見比丘 Sudarśana 十一、舊に善現、自在主童子 Indriyeśvara 十二、舊に釋天主、具足優婆夷 Prabhūtā 十三、舊に自在、明智居士 Vidvān 十四、舊に甘露頂、法寶髻長者 Ratnacūḍa-dharmaśreṣṭhin 十五、舊に法寶周羅、普眼長者Samantanetra 十六、舊に普眼妙香、無厭足王 Anala 十七、舊に滿足、大光王 Mahāprabha 十八、不動優婆夷 Acala* 十九、徧行外道 Sarvagāmin 二十、舊に隨順一切衆生、鬻香長者 Utpalabhūtigāndhika 二十一、舊に青蓮華香、婆施羅船師 Vairocana 二十二、舊に自在、無上勝長者 Jayottama 二十三、師子頻申比丘尼 Siṁhavikrīḍitā 二十四、舊に獅子奮迅、婆須蜜女 Vasumitrā 二十五、鞞瑟氏羅居士 Veṣṭhila 二十六、舊に安住、觀自在菩薩 Avalokiteśvara 二十七、舊に觀世音、正趣菩薩 Ananyagāmin 二十八、大天神 Mahādeva 二十九、安住地神 Sthāvarā 三十、婆珊婆演底 Vasantī(Vasantavayantī) 三十一、舊に婆娑婆陀、普德淨光夜神 Samantagambhīraśrīvimalaprabhā 三十二、舊に甚深妙德離垢無明、喜目觀察衆生夜神 Pramuditanayanajagadvirocanā 三十三、普救妙德夜神 Samantasattvatrāṇojaḥśrī 三十四、舊に妙德救護衆生、寂靜音海夜神 Praśāntarūtasāgaravatī 三十五、守護一切衆生夜神 Sarvanagararakṣāsaṁbhavatejaḥśrī 三十六、舊に妙德守護諸城、開敷樹花夜神 Sarvavṛkṣapraphullanasukhasaṁvāsā 三十七、大願精進夜神 Sarvajagadrakṣāpraṇidhānavīryaprabhā 三十八、舊に願勇光明守護衆生、妙德圓滿夜神 Sutejomaṇḍalaratiśrī 三十九、瞿婆釋種女 Gopā 四十、舊に瞿夷、摩耶佛母 Māyā 四十一、天主光天女 Surendrābha 四十二、遍友童子師 Viśvāmitra 四十三、衆藝童子 Śilpābhijña 四十四、賢勝優婆夷 Bhadrottamā 四十五、堅固解脫長者 Muktāsāra 四十六、妙月長者 Sucandra 四十七、無勝軍長者 Ajitasena 四十八、寂靜婆羅門 Śivarāgra 四十九、舊に尸毘最勝、德生童子 Śrīsaṁbhava 五十、彌勒菩薩 Maitreya 五十一、文殊菩薩 Mañjuśrī 五十二、普賢菩薩 Samantabhadra 五十三、已上五十三人に初の文殊と德生童子の對論者たる有德童女を加ふれば五十五人となり、此五十五人の知識の下に在りて修行の功を積むに各、自分と(共位當分の修行)勝進分と(上位に進む爲の修行)の二あれば合して一百一十となる。故に經文には、「一百一十知識」と云ふ。【探玄記二十】に「此是總二括前後知識一。有二五十四位一。分二德生童子及有德童女一。即爲二五十五人一。各有二自分勝進分一。故有二百一十一也。」

ゴジフサンブツ 五十三佛 〔名數〕【觀藥王藥上二菩薩經】に「藥上菩薩淨妙色身。即爲二行者一稱三說過去五十三佛二。乃至若復有レ人能稱二是五十三佛名一者。生生之處常得レ値二遇十方諸佛一。若復有レ人能至心

敬ニ禮五十三佛一者。除ニ滅四重五逆及謗ニ方等一。皆悉清淨。以ニ是諸佛本誓願一故。於ニ念念中一即得レ除ニ滅如上諸罪一。」普光一、普明二、普靜三、多摩羅跋栴檀香四、栴檀光五、摩尼幢六、觀喜藏摩尼寶積七、一切世間精進八、摩尼幢燈光九、慧炬照十、海德光明十一、金剛牢強普散金光十二、大強精進勇猛十三、大悲光十四、慈力王十五、慈藏十六、栴檀窟莊嚴勝十七、賢善首十八、善意十九、廣莊嚴王二十、金華光二十一、寶蓋照空自在王二十二、虛空寶華光二十三、瑠璃莊嚴王二十四、普現色身光二十五、不動智光二十六、降伏諸魔王二十七、大光明二十八、智慧勝二十九、彌勒仙光三十、世靜光三十一、善寂月音妙尊智王三十二、龍種上智尊王三十三、日月光三十四、日月珠光三十五、慧幡勝王三十六、獅子吼自在力王三十七、妙音勝三十八、常光幢三十九、觀世燈四十、慧威燈王四十一、法勝王四十二、須彌光四十三、須曼那花光四十四、優曇鉢羅華殊勝王四十五、大慧力王四十六、阿閦毘歡喜光四十七、無量音聲王四十八、一方四十九、金海光山五十、海慧自在通王五十一、大通光五十二、光切法常滿王五十三。

ゴジフシユムヂヤクムバクゲダツエカウ　五十種無著無縛解脫回向　[名數]　金剛幢菩薩十回向中第九、無著無縛回向の菩薩、其の所修の善根を以て五十種の回向を爲すこと。【八十華嚴三十二】に出づ。

ゴジフシヰ　五十四位　[名數]「ゴジウニヰ」を「見よ。

ゴジフジユキヤウ　五十頌經　[經名]　五十頌聖般若波羅蜜經の略名。

ゴジフジユシヤウハンニヤハラミツキヤウ　五十頌聖般若波羅蜜經　[經名]　一卷、趙宋の施護譯。五十偈あり、般若波羅蜜經は三乘法に於て何れも攝受すべきを說く。

ゴジフセウコフ　五十小劫　[雜語]　五十小劫の長時も佛の神力を以て半日の如しと謂はしむ。【法華經涌出品】に「是諸菩薩摩訶薩。從レ地涌出。以ニ諸菩薩種種讚法一。而讚ニ於佛一。如レ是之間經ニ五十小劫一。是時釋迦牟尼佛默然而坐。及諸四衆亦皆默然。五十小劫。佛神力故。令ニ諸大衆謂レ如ニ半日一。」

ゴジフテン　五十轉　[術語]　五十展轉の略。

ゴジフテンデン　五十展轉　[術語]【法華經隨喜功德品】に「如來の滅後に若し比丘等ありて、此經を聞きて隨喜し已り、法會より出で、餘處に至り、若くは父母、若くは善友の爲に、力に隨て演說せん、是の諸の人等聞き已つて隨喜し、復た行いて餘人に轉敎し、聞き已つて復た隨喜して轉敎す。是の如く展轉して第五十に至る。其第五十の善男善女の隨喜の功德を我今之を說かん。大施主あり、八十年を滿てて一世界の人に種種娛樂の具を布施し、八十年の後將に死せんとするを知り、八十年間施與せし衆生を集め、佛法を敎訓して一時に羅漢果を得しむ。其の得る所の功德、是の第五十人の法華經の一偈を聞いて隨喜する功德に如かざると百分千分百千萬億分して其一に及ばず。是の如く第五十人の展轉して法華經を聞いて隨喜する功德尙無量無邊阿僧祇なり。何ぞ況んや最初に會中に於て聞いて隨喜するものをや。其福復た勝ると無量無邊阿僧祇にして比ぶることを得べからず。」略抄　⊙(平家六)「五重展轉の隨喜の功德は、八十箇年の布施にも勝れり」

ゴジフニシユ　五十二衆　[名數]　涅槃會上五十二類の衆生なり。佛將に雙林樹下に入滅せんとして光を放つを見、四方より來集せし中に數多異類の衆生あり。經文には五十二の數字なけれども、章安の涅槃經疏に經文を科して五十二衆を數へしなり。無量諸大比丘一、六十億比丘尼二、十地菩薩比丘尼三、一恒沙菩薩四、二恒沙優婆塞五、三恒沙優婆夷六、四恒沙諸離車七、五恒沙大臣長者八、六恒沙毘沙離王及夫人後宮眷屬閻浮提內諸王九、七恒沙諸王夫人十、八恒沙諸天女十一、九恒沙諸龍王十二、十恒沙諸鬼神王十三、二十恒沙金翅鳥王十四、三十恒沙乾闥婆王十五、四十恒沙緊那羅王十六、五十恒沙摩睺羅伽王十七、六十恒沙阿修羅王十八、七十恒沙陀那婆王十九、八十恒沙羅刹王二十、九十恒沙樹林神王二十一、千恒沙持咒王二十二、億恒沙貪色鬼魅二十三、百億恒沙天諸采女二十四、千億恒沙地諸鬼王二十五、十萬億恒沙諸天子二十六、十萬億恒沙四方風神二十七、十萬億恒沙主雲雷神二十八、二十恒沙大香象王二十九、二十恒沙獅子獸王三十、二十恒沙諸飛鳥王三十一、二十恒沙水牛牛羊三十二、二十恒沙四天下中諸神仙人三十三、閻浮提中一切蜂王三十四、閻浮提中一切比丘比丘尼三十五、無量世界中間人天衆三十六、閻浮提所有山神三十七、四大海神及諸河神三十八、四天王三十九、釋提桓因及三十三天四十、夜摩天四十一、覩率天四十二、樂變化天四十三、第六天四十四、大梵天王及梵衆四十五、阿修羅四十六、欲界天魔波旬四十七、大自在天四十八、東方佛世界無邊身菩薩四十九、南方佛世界無邊身菩薩五十、西方佛世界無邊身菩薩五十一、北方佛世界無邊身菩薩五十二。【涅槃經會疏一、續谷響集十】⊙(曲、鵺)「賴むべしや、五十二類も我同性の」

ゴジフニシユノクモツ　五十二種供物　[雜語]　涅槃會には五十二衆に因みて五十二種の供物を捧ぐ。⊙(著聞集)に「湛空上人嵯峨の二尊院にて涅槃會を行はれける時、人人五十二種の供物を供へけるに」

ゴジフニキ　五十二位　〔術語〕菩薩乘の階位を明かすに諸經論の所說種種不同なり。大日經には十住に依つて十位を明かし、又同經に十地の十位を明かし、勝天王般若經には十地の十位を明かし、金光明經には十地妙覺の十一位を明かし、唯識論には十住十行十廻向十地妙覺の四十一位を明かし、智度論には之に等覺を加へて四十二位を明かし、（四十二字門是なり）仁王般若經には十信十行十廻向十地妙覺の五十一位を明かし、華嚴經、菩薩瓔珞經等には等覺を加へて五十二位を明かす。（華嚴經賢首品梵行品等に十信を明かし、又新經の十忍品入法界品に如幻十種の知識あり是れ等覺なり。然るに天台四念處に華嚴初無十信後無等覺と云ふ。是れ一は彼の經十信を說く、之を賢聖の行位と爲せし意により、一は台師新經を見ざるに依るのみ。豈に經中五十二位を說かずとせんや。）弘法の秘藏記には十信十住十行十廻向十地と、之に十廻向の終の煗頂忍世第一の四善根を加へて五十四位を明かし。首楞嚴經には之に等覺妙覺を加へて五十六位を明かす。已上の諸位に就いて凡聖を分別すれば、大日經の十位は初の三位は凡位、後の七位は賢聖なり。智度論の十位は初の二位は凡位後の八位は賢聖位なり。勝天王金光明經の十位十一位は皆聖位なり。唯識論の四十一位は十住十行十廻向の三十は賢位、十地、妙覺は聖位なり。是れ天台の別教、華嚴終教の乘位なり。若し二宗圓教の乘位に依れば悉く聖位なり。知度論の四十二位は之に准じて知るべし。華嚴等の五十二位は初の十信は凡位にして賢聖位に入らず。住行向の三位は別教終教に在つては賢位にして、圓教に在つては聖位なり。十地等妙の十二は別教終教に在つては聖位なり。又圓教に於て聖位なり、後の五十四位、五十六位は之に准じて知るべし。之を要するに賢聖の位次は四十二位なり。故に【了義燈】に「仁王、華嚴、瓔珞、優婆塞戒經等皆說二四十二位賢聖一。不レ言二五十二位一。」此中法相宗は四十一位を用ゐ華嚴の始教は五十二位を用ゐ、其の終圓二教は四十二位を用ゐ、天台の別圓二教は五十二位を用ゐるなり。今台宗に依つて之を示さば、五十二位、分ちて七科となす。又凡聖の二に分ち、凡と聖と又各二に分つ。

第一	十信	外凡	凡
第二	十住	内凡又三賢	凡
第三	十行	内凡又三賢	凡
第四	十回向	内凡又三賢	凡
第五	十地	因	聖
第六	等覺	因	聖
第七	妙覺	果	聖

【天台四教儀】に「華嚴明二十住十行十廻向一爲レ賢。十地爲レ聖。妙覺爲レ佛（即ち四十一位）。瓔珞明二五十二位一。金光明但明二十地佛果一。勝天王明二十地一。涅槃明二五行一。如レ是諸經增減不同者。界外菩薩隨レ機利益。豈得二定說一。然位次周足莫レ過二瓔珞一。故今依レ彼略明二菩薩歷位斷證之相一。」

ゴジフハチカイ　五十八戒　〔名數〕梵網經所說の十重と四十八輕戒とを合稱せしもの。

ゴジフホフ　五十法　〔名數〕大品般若に四念處等の三十七品次に三三昧、四禪、四無量心、四無色定、八背捨、八勝處、九次第定、十一切處の八種の法を說く。合せて五十なり。此中四禪四無量心は色界に屬する禪定にして、他は皆無色界に屬する禪定なり。【智度論二十一】に「問て曰く、何を以ての故に三十七品に次で、後に八種の法を說くや。答て曰く、三十七品は是れ涅槃に趣く道なり、此道を行き已れば涅槃城に到るを得。涅槃城に三門あり、所謂空無相無作三昧なり。已に道を說く、次に當に到處の門を說くべし。四禪等は是れ其の門を開く妙法なり。復た次に三十七品は是れ上妙の法なり。欲界の心は散亂にして之を修するに難し。故に上界の禪定に依つて先づ其を調柔するなり。問ふ、四禪の外に餘法を別說するや。答ふ、衆生の機根意業種種なり、其の機相意業に從ふが故に別說するなり。若し欲界の散亂を厭ふ者の爲には四禪を說き、若し大福德を得んと欲する者の爲には四無量心を說き、色を厭患すること牢獄に在るが如き者の爲には四無色定を說き、所緣を觀ずるに於て自在を得ざる者の爲には八勝處を說き、若し遮道ありて道達するを得ざる者の爲には八背捨を說き、心調柔ならず禪定に於て次第入出自在を得ざる者の爲には九次第定を說き、一切の所緣遍く照らす能はざる者の爲には十一地處を說く。

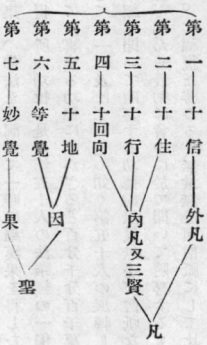

ゴジフロクオクシチセンマンザイ　五十六億七千萬歲　〔名數〕釋迦佛入滅より彌勒佛出世までの年數なり。【菩薩處胎經二】に「彌勒當レ知。汝復受レ記。五十六億七千萬歲於二此樹王下一成二無上等正覺一。我以二右脇一生。汝彌勒從レ頂生。如レ我壽百歲。彌勒壽八萬四千歲。我國土土。汝國土金。我國土苦。汝國土樂。」◉（太平記、一八）「慈尊の出世五十六億七千萬歲の曉を待ち給ふ」　「を見よ。

ゴジフロクイ　五十六位　〔名數〕「ゴジフニキ」

ゴジミヤウワウ　五字明王　〔雜名〕五大虛空藏菩薩の五字眞言なり。具には成就富貴金剛虛空藏鈎召五字明王と云ふ。[梵字]（バン）、[梵字]（ウン）、[梵字]（タラク）、[梵字]（キリク）、[梵字]（アク）の五字なり。【瑜祇經金剛吉祥大成就品】

ゴジモン　五字門　〔名數〕一に我覺二本不生一。即ち[梵字]阿字門なり。二に出二過言說道一。即ち[梵字]嚩字門

なり。三に諸過得二解脫一。即ち[梵字]囉字門なり。四に遠二離於因緣一。即ち[梵字]結字門なり。「ゴダイ」を見よ。[梵字]訶字門也。五に知三空等二虛空一。即ち[梵字]

ゴジモンジユ　五字文殊　〔術語〕阿囉跛者娜の五字を以て陀羅尼とする文殊尊なり。⊙（著聞集釋敎）「又五字文殊咒を誦せしむ」

ゴジモンジユジユ　五字文殊咒　〔眞言〕又五字咒、五字陀羅尼など。「アラバンシヤナ」の五字。

ゴジヤウ　五淨　〔名數〕黃牛の尿と糞と乳と酪と酥となり。【蘇悉地經儀軌下】に「牛五淨者。謂黃牛尿及糞未レ墮レ地者、乳酪酥。」

ゴジヤウ　五情　〔術語〕眼耳等の五根なり。根能く情識を有すれば情と云ふ、有財釋なり。【智度論十七】に「入道慚愧人。持レ鉢福二衆生一。云何縱二塵欲一。沈二沒於五情一。」【同四十】に「眼等五情名爲二內身一。色等五塵名爲二外身一。」【法華經妙音菩薩品】に「攝二五情一不」「ロクジヤウ」參照。

ゴジヤウ　五淨　〔術語〕色界第四禪の五淨居天を云ふ。【安樂集上】に「寄二華五淨一。風日不レ萎。」

ゴジヤウオンク　五盛陰苦　〔術語〕八苦の一。人の一身は色受等の五陰より成り、其五陰の勢用熾盛なれば盛陰と云ひ、盛陰一切に受くる苦を五陰盛苦と云ふ。即ち心身の總苦なり。又五陰盛と云ふ。「ゴオンジヤウク」を見よ。

ゴジヤウキヤウ　護淨經　〔經名〕佛說護淨經、一卷、失譯。大池の中に蟲あるを見て不淨食を食ふの報を說き、幷に護淨の法を示す。【宿帙八】(754)

ゴジヤウジキ　五淨食　〔名數〕「ゴシユジヤウジキ」を見よ。

ゴジヤウゴテン　五淨居天　〔名數〕色界の第四禪に不還果を證せる聖者の生ずべき處五地あり。一に無煩天、一切の熱惱なき處。二に無熱天、一切の煩雜なき處。三に善現天、能く勝法の現はるる處。四に善見天、能く勝法を見る處。五に色究竟天、色天に於て最勝の處。【俱舍頌疏世品一】に「此五名二淨居天一。唯聖人居。無二異生雜一。故名二淨居一。」

ゴジヤウゴテンシンゴン　淨居天眞言　〔眞言〕歸命語上略　摩孥囉摩達摩三婆嚩費婆嚩迦他那。三。三。莎訶。第一句摩孥囉摩は意悅の義、種種樂を受くるが故に意悅ぶなり。第二句達摩三婆縛は法生の義、此れ佛の化生する所世天の垢に關するにあらず、法より生ずるなり。第三句、費婆嚩は隨有の義、第四句迦他那は說の義、上句に通じて隨有所說と云ふ、彼の法に隨つて生じ以て之の法を解し、衆生の爲に法を說くなり。第五第六の三三は共に其の種子なり、阿は諦宣の義、契と不契と皆離れて、實體空に同じ、極めて空ならしむるが故に字を重ぬるなり。【大日經疏十】

ゴジヤウダウ　五上堂　〔儀式〕五參上堂に同じ。

ゴジヤウブンケツ　五上分結　〔術語〕色界無色界の生死を感ずべき五種の煩惱。「ケツ」を見よ。

ゴジヤミヤウ　五邪命　〔名數〕比丘不如法の事を營みて生活をなすを邪命と云ふ。五種あり。一に詐現異相、世俗の人に於て詐つて奇特の相を現じ以て利養を求むること。二に自說功能、自ら己が功德を說いて利養を求むること。三に占相吉凶、占卜を學んで人の吉凶を說き以て利養を求むること。四に高聲現威、大言壯語して威勢を現じ以て利養を求むること。五に說所得利以動人心、彼に於て利を得れば此に之を稱說し、此に於て利を得れば彼に之を稱說し、以て利養を求むること。【智度論十九】

ゴジユ　五受　〔名數〕心識が所對の境を領納する作用を受と云ふ。差別して五種あり。一に憂受、意識の領納にして遺情の境に對し分別して憂惱すること。二に喜受、意識の領納にして順境の境に對し分別して喜悅すること。三に苦受、眼等の五識の領納にして違情の境に對して無分別に苦痛を感ずること。四に樂受、眼等の五識の領納にして順情の境に對して無分別に快樂を感ずること。五に捨受、六識に通ずる領納にして不違不順の境に對して苦もなく樂もなきもの。【唯識論五、百法問答鈔一】

ゴジユン　五句　〔術語〕五は漢語にて梵語般遮の譯。句は梵語にて神通のと、即ち五神通なり。【玄應音義三】に「五句。或言二般遮旬一即五神通也。案二阿闍世王女阿術達經一云。悉得二五旬一是也。大品經等云二五神通一同一也。」

ゴジヨウ　五乘　〔名數〕人を乘せて各其の果地に到らしむる敎法を乘と名く。一乘乃至五乘の別あり。其の中五乘に六種あり。一は一に人乘、五戒の行法に乘じて人間に生るるもの。二に天乘、十善の行法に乘じて天上に生るるもの。三に聲聞乘、四諦の行法に乘じて阿羅漢果に到るもの。四に緣覺乘、十二因緣の行法に乘じて辟支佛果に到るもの。五に菩薩乘、六度の行法に乘じて佛果に上るもの。【行事鈔資持記上一之一】に「五乘者。人、天、聲聞、辟支、及佛。能乘人也。五戒、十善、諦、緣、六度。所乘法也。」【文句七之一】に「五乘者。五戒乘出二三途苦一。十善乘出二人道八苦一。聲聞乘出二三界無常苦一。緣覺乘出二從他聞法苦一。菩薩乘出下內無二利智一外無二相好一苦上。」此は通途の五乘なり。二は一に菩薩乘、二に緣覺乘、三に聲聞乘、四に種種性乘、諸乘を合說するもの。五に人天乘な

り。【大乘莊嚴功德經中、楞伽經八】三は一に人乘、二に天乘、欲界の六天なり。三に聲聞乘、四に緣乘、五に菩薩乘なり。四は一に小乘の佛乘、二は小乘の緣覺乘、即ち愚法緣覺なり。三に小乘の聲聞乘、即ち愚法の聲聞なり。四に梵乘、色界の諸天なり。五に天乘、欲界の諸天なり。【五敎章上二】五は嚴宗別途の五乘なり。一に小乘、愚法の聲緣二乘なり（二乘は愚法不愚法の二類あり、「二乘」を見よ）二に聲聞乘、三に緣覺乘、此二は不愚法の二乘なり。四に菩薩乘、五に一乘。台宗の佛乘に同じ。【五敎章上二】六は台宗別途の五乘なり。一に人乘、二に天乘、三に二乘、聲緣の二なり。四に菩薩乘、五に佛乘なり。問ふ此中菩薩乘と佛乘に於て如何が差別するや。答ふ之に就いて一乘家と三乘家と見解を異にし、法相三論の三乘家は菩薩と佛とは但因果の別なれば菩薩乘即ち佛乘なりと云ひ、華嚴天台の一乘家は佛と菩薩は各因果ありて權の因果を菩薩乘とし、實の因果を佛乘とす。即ち華嚴の終敎天台の別敎の因果は是れ菩薩乘にして、華天兩家の圓敎の因果は是れ佛乘なり。密敎には五大を以て通途の五乘に配し、五乘共に毘盧遮那法身中の自體なりとして、五乘成佛を立つるなり、一に人乘、是れ地大なり、人は皆地に住する故なり。二に天乘、是れ水大なり、水は鑁を種子とす、鑁字は離言說の義、定地の天は離言說の故なり。又天は自在の義、水は方圓の器に從つて自在に轉ずるを以ての故に其義相應す。三に聲聞乘、是れ火大なり。聲聞は心より火を發して灰身滅智するが故なり。又火大の種子は囉なり、囉は語菩薩の種子なり、聲聞は言敎に依つて得度する故に之に配す。四に緣覺乘、是れ風大なり。風大の種子は訶なり、是れ因緣の義なり、緣覺は十二因緣を觀ずる故に其義相應す、又風緣を以て飛花落葉するの觀を開悟す、故に之に配す。五に菩薩乘、是れ空大なり。菩薩は二空を以て觀となすが故なり。【秘藏記末、同鈔十】

ゴジヨウサイニフ　五乘齊入　［術語］彌陀の願力に託乘して人間、天上、聲聞、緣覺菩薩、佛の五乘が齊しく眞實報土に入るを得と云ふこと。

ゴジンヅウ　五神通　［名數］又、五通、五神變など。不思議を神と云ひ、自在を通と云ふ。不思議自在の用に五種あり。一に天眼通、色界の四大にて造れる清淨の眼根を得て色界及び欲界の六道の中の諸物、若は近、若は遠、若は麁、若は細、一として照さざるとなきもの。二に天耳通、色界の四大にて造れる清淨の耳根にて、能く一切の聲を聞くを得るもの。三に他心通、能く一切他人の心を知るとを得るもの。四に宿命通、能く自心の宿世の事を知るを得るもの。五に如意通、又神境通、神足通とも云ふ。飛行自在石壁礙なく、又石を化して金となし、火を變じて水となす等の奇變を行ふを得るもの。【智度論五】

ゴスヰ　五衰　［術語］天人の死せんとする時は五種の衰相を現ず。經論の所說一ならず。【涅槃經十九】に「釋提桓因。命將欲レ終。有ニ五相一現。一者衣裳垢膩。二者頭上花萎。三者身體臭穢。四者腋下汗出。五者不レ樂ニ本座一。」【佛本行集經五】に「爾時護明菩薩大士。天壽滿已。自然而有ニ五衰相一現。何等爲レ五。一者頭上花萎。二者腋下汗出。三者衣裳垢膩。四者身失ニ威光一。五者不レ樂ニ本座一。」【俱舍論十】に大小の五相を說く。「然諸天子。將ニ命終一時。先有ニ五種小衰相一現。一者衣服嚴具出ニ非愛聲一。二者自身光明忽然昧劣。三者於ニ沐浴位一水滴著レ水。四者本性囂馳今レ滯ニ一境一。五者眼本凝寂今ニ數瞬動一。此五相現非ニ定當レ死。復有ニ五種大衰相一現。一者衣染ニ埃塵一。二者花鬘萎悴。三者兩腋汗出。四者臭氣入レ身。五者不レ樂ニ本座一。此五相現必定當レ死。」《第卅九圖參照》◉（太平記一七）「五衰退沒の今の悲に」

五衰滅色の秋　［譬喩］天人の末期を、萬目肅篠たる淋しき秋に譬へしなり。◉（曲、俊寬）「今はいつしか引きかへて、五衰滅色の秋なれや」

ゴスヰニチ　御衰日　［雜語］天人の五衰相に因みて帝王の崩御日を云ふ。

ゴセ　後世　［雜語］吾身の死後を云ふ。【無量壽經下】に「壽終後世尤深尤劇。」

後世の修因　［雜語］後世善所に往生せんが爲めに修する善因を云ふ。◉（十訓抄一〇）「大旨後世の修因なりといへども」

ゴセ　護世　［天名］四天王と云ふ。「ゴセシテンワウ」を見よ。

ゴセイ　五誓　［術語］宗密所立の五大願の異名。

ゴセウ　五燒　［譬喩］殺、盜、婬、妄、酒の五惡を造るものは、生きては王法の逼害に遭ひ、死して惡道に入るを名けて五痛となし、苦痛身を切ると火の燒く如くなれば喩へて五燒と云ふ。【無量壽經下】に「我今於ニ此世間一作佛。處ニ於五惡五痛五燒之中一爲ニ最劇苦一。敎ニ化群生一令レ捨ニ五惡一。令レ去ニ五痛一令レ離ニ五燒一。」又「是爲ニ五大惡五痛五燒一。勤苦如レ是。譬如ニ大火焚ニ燒人身一。」

ゴセウブ　五小部　［名數］一に觀經疏、觀無量壽經の疏、二に光明玄、金光明經の玄義。三に光明疏、金光明經の文句。四に觀音玄、又別行玄と云ふ、請觀世音經の玄義。五に觀音疏、又別行疏と云ふ。請觀世音經の文句。已上共に天台智者の作。彼の三大部に對して五小部と云ふ。共に四明尊者の記あり。

ゴセシテンワウ　護世四天王　〔天名〕又、護國四王。四天王、須彌山の半腹に居りて各其一天下を護れば護世と云ふ。【維摩經方便品】に「護世四天王也。諸惡鬼神殘二食衆生一。護世四王護レ之不レ令レ害也。肇曰。護世四王。各治二一方一。護二其所部一。使三説惡鬼神不レ得二侵害一也。」【法華經方便品】に「諸天帝釋。護世四天王。」

ゴセシワウ　護世四王　〔天名〕前項を見よ。

ゴセシヤ　後世者　〔雜名〕道心の風情ありて後世菩提に志し、世に貪着せざるもの。

ゴセシヤ　護世者　〔天名〕四天王は世界を守護する神なれば總じて護世者と云ふ。【法華經陀羅尼品】は「毘沙門天王護世者」護世四天王に同じ。

ゴセツハチ　五綴鉢　〔物名〕五處缺損を補綴したる鐵鉢にて、戒律の制に五綴を過ぐれば之を用ゐるを許さず、又五綴に至らざれば更新するを許さず。【四分律九】に「若比丘鉢破減二五綴一不レ漏更求二新鉢一尼薩耆波逸提。若滿二五綴一不レ漏更求二新鉢一者突吉羅。」

ゴセツ　五説　〔雜語〕佛等の五人の説法を云ふ。「ゴニンセツキヤウ」を見よ。

ゴセツ　後説　〔術語〕因明の語に、宗支（宗因喩の三支の隨一）の中に「聲は」を先陣と云ひ「無常なるべし」を後説と云ふ。即ち先陣は物の自性、後説は其差別の義なり。

ゴセツ　悟刹　〔雜名〕悟を開きし人の住する國土。刹は梵語、國土の義。【圓覺經】に「若能歸二悟刹一先去二貪瞋痴一。」

ゴセフロン　五攝論　〔名數〕無着菩薩一切大乘の要義を攝集して論を作り、攝大乘論と名く。天親無性の二菩薩名釋論を作りて其義を通じ、梁の眞諦唐の玄弉各之を翻譯す、故に五名あり。一に無着攝論、後魏の佛陀扇多譯二卷、攝大乘論（1184）と云ひ、陳の眞諦譯三卷、亦攝大乘論（1183）と云ひ、唐の玄弉譯三卷、攝大乘論本(1247)と云ふ。二に天親攝論、又世親攝論と名く。天親菩薩、無着の本論を通釋せしもの。陳の眞諦譯十五卷、攝大乘論釋(1183)と云ひ、【往帙八】隋の笈多譯十卷、攝大乘論釋論（1171）と云ひ、【往帙九】唐の玄弉譯十卷、攝大乘論數と云ふ。【往帙七】三に無性攝論、無性菩薩、無着の本論を通釋せしもの。唐の玄弉譯十卷、攝大乘論釋(1171）と云ふ。【往帙九】四に梁攝論、前の眞諦譯の無着攝論三卷と天親攝論十五卷を稱す。五に唐攝論、前の玄弉譯の無着攝論三卷と天親攝論無性攝論各十卷を稱す。【三藏法數二十】

ゴセヰトクテンヰン　護世威德天院　〔術語〕胎藏三重曼荼羅の第三曼荼羅の總稱なり。

ゴセン　五專　〔名數〕眞宗にて、五種正行の中一種を修して、其功德にて淨土に往生せんとする要門自力の專修に名く。即ち專禮、專讀、專觀、專名、專讃嘆なり。

ゴセンゴヒヤクブツミヤウシンジユキヤウ　五千五百佛名神咒經　〔經名〕佛説五千五百佛名咒除障滅罪經の略名。

ゴセンゴヒヤクブツミヤウシンジユ、ジヨシヤウメツザイキヤウ　五千五百佛名神咒除障滅罪經　〔經名〕八卷、隋の闍那崛多譯。四千七百二十五佛の名を列ね幷に神咒を載す。【黃帙二】（405）

ゴセンジヤウマン　五千上慢　〔雜語〕增上慢の心を懷ける五千人の比丘あり、釋迦が將に法華經を説かんとせしとき、彼等は我れ既に妙果を得たり何ぞ法華を聞くを要せんとて座を立ちて去る。【法華經方便品】に「説二此語一時。會中有二比丘比丘尼優婆塞優婆夷五千人等一。即從レ座起。禮レ佛而退。此輩罪根深重。及增上慢。未レ得謂レ得。未レ證謂レ證。有二如レ是失一。是以不レ住。世尊默然而不二制止一。」

ゴセンダイキ　五千大鬼　〔雜語〕五千の大鬼は破戒者を叱咤す。【梵網經下】に「故起レ心毀二犯聖戒一者。不レ得レ受二一切檀越供養一。亦不レ得二國王地上行一。不レ得レ飲二國王水一。五千大鬼常遮二其前一。鬼言二大賊一。」

ゴセンダイラ　五闡提羅　〔雜語〕又、五扇提羅に作る。五人の沙門死して地獄に墮ち、後人間に生れて闡提羅となる。「センダラ」を參照せよ。

ゴセンボフ　御懺法　〔行事〕天台宗の法華懺法を禁中に修する嚴儀の法會なり。滅罪生善後生菩提の爲め佛事に之を修す。「センボフコウ」を見よ。

ゴセンボフコウヱ　御懺法講會　〔行事〕御懺法の講會。

ゴゼン　五善　〔名數〕五戒なり「ゼンアク」を是よ。

ゴゼン　五箭　〔譬喩〕五欲の身を害するに譬ふ。【俱舍論一】に「趣三求諸欲一人。常起二於希望一。諸欲若不レ遂。惱壞如二箭中一。」

ゴゼンゾウ　五前僧　〔職位〕御籠僧に同じ。四十九日の間法事を勤むる僧。【名目抄】

ゴソ　五祖　〔雜名〕禪宗東土の第五祖弘忍禪師。図淨土門には曇鸞、導綽、善導、法照、少康の五人を合せて五祖と稱す。何れも支那に在つて念佛を勸めし人。図宋の蘄州五祖山の法演禪師を五祖と云ふ。【續傳灯錄二十】

ゴソヱン　五祖演　〔人名〕唐の蘄州の五祖山法演

禪師、錦州の鄧氏に生れ、白雲の端和尙を嗣ぐ。端は楊岐の會に嗣ぎ、會は慈明の圓に嗣ぎ、臨濟下の九世なり。演の法を嗣ぐ者佛果の勤、佛鑑の懃、佛眼の遠、世に呼んで三佛と曰ふ。宋の徽宗崇寧三年寂。【續傳燈錄二十、稽古史略四】

ゴソクイチカク　牛觸一角　〔故事〕牛袈裟の一角に觸れて死し天上に生るると。「ウシ」を見よ。

ゴソンガフギヤウホフ　五尊合行法　〔修法〕五大明王の修法を一人にて勤むる法なり。

ゴソクホフモン　五則法門　〔行事〕曹洞宗にて四月の十六日又は十月十六日より五日間修する法問論議を云ふ。

ゴソンシチケツ　五存七欠　〔術語〕支那に於て淨土門所依の佛說無量壽經に十二代の譯あり。第一譯、無量壽經、二卷、後漢の安淸高譯。既に亡す。第二譯、佛說無量淸淨平等覺經四卷、或は二卷、後漢の支婁迦讖譯。【地帙八】第三譯、佛說阿彌陀經、二卷、內題に佛說諸佛阿彌陀三耶三佛薩樓佛檀過度人道經と云ひ、坊本の表題に大阿彌陀經と云ふ。【地帙八】第四譯佛說無量壽經、二卷(271)曹魏の康僧鎧譯。【地帙八】第五譯、無量淸淨平等覺經、二卷、曹魏の帛延譯。既に亡す。第六譯、無量壽經、二卷、西晋の竺曇摩羅譯。既に亡す。第七譯無量壽至眞等正覺經、一卷、東晋の竺法力譯。既に亡す。第八譯新無量壽經、二卷、劉宋の佛陀跋多羅譯。既に亡す。第九譯、新無量壽經、二卷、劉宋の寶雲譯。既に亡す。第十譯、新無量壽經、二卷、劉宋の曇摩蜜多譯、既に亡す。第十一譯、無量壽如來會、二卷、或は三卷、唐の菩提流支の譯。大寶積經第五會、即ち彼經十七十八の兩卷。【地帙一】第十二譯、佛說大乘無量壽莊嚴經、三卷、趙宋の法賢譯。【地帙八】此中第二、第三、第四、第十一、第十二の五譯存して餘は皆亡す。五譯の中に正本として讀誦講敷するものは僧鎧譯の無量壽經なり。【眞宗教典志二】

ゴゾクシヤウ　御俗姓　〔書名〕眞空慧燈大師の作。祖忌に就いての垂示。御正忌廿七日の逮夜に之を讀む。

ゴゾクニヨライ　五族如來　〔佛名〕金剛界の五智如來を云ふ。【安像三昧儀軌經】

ゴタイ　五體　〔名數〕又五輪に作る。一に右膝、二に左膝、三に右手、四に左手、五に頭首。【資持記下三之二】に「五處皆圓故名二五輪一。四支及首名爲二五體一。輪則別指二五處一。體則通目二一身一。」

五體投地　〔雜語〕又、五輪投地。五處を地に投ずるを敬禮の最上とす。【行事鈔下之三】に「地持當二五輪至レ地作レ禮。阿含云。二肘二膝頂名レ輪也。亦云二五體投地一。先正立已合掌。右手褰レ衣。屈二二膝一已。次屈二兩手一以レ手承レ足。然後頂禮。起頂頭次肘次膝以爲二次第一。」

ゴタウヰン　後唐院　〔堂塔〕園城寺の中に一院を設け、智證大師將來の經籍寶物を藏め、叡山の慈覺大師の唐院に對して後唐院と稱す。依つて智證大師を復た後唐院と云ふ。

ゴタンマウ　五旦望　〔雜語〕五參日と朔日と十五日を云ふ。皆上堂あり。【象器箋三】

ゴダイ　五大　〔術語〕地水火風の四大と空大の五なり。空は無礙を性とし、不障を用とす。勝論は九實の中に之を攝め、數論は二十五諦中の第五位に五大あり、佛教は六大、七大中の前五大即ち是なり。非情は五大にて成り、有情は之に識大を加ふるなり。【唯識述記一末】に數論の「五大有說。我慢生二五大五唯十法一。五大者。謂地水火風空。別有二一物一名レ之爲レ空。非下空無爲二色界空一等上。五唯者謂。聲觸色味香。有說。慢。但生二五唯一。五唯生二五大一。」と說く。佛教中倶舍宗は空を一種の顯色と立て、之を色境中に收め。密教は空に靑色團形ありとして胎藏界の大日法身の體とす。成實宗及び諸大乘は共に之を空無の法とす。

密教五大　〔術語〕密教に胎、金の兩界あり、其の胎藏界には色等の五大を以て大日如來の理法身とす。密教は攝持を理の義となして事物を總じて理と稱するなり。而して此五に一切の功德を圓滿すれば五輪と名く。其の種子は阿尾羅吽欠又は阿縛羅訶佉なり。即ち是れ五方五佛の種子なり。而して此五大を五方の五佛に配するに、善無畏は尊勝軌に地水火風空、次第の如く東西南北中に配し、不空は宿曜經に之を空風火水地と逆次に次第して東西南北中に配す。是れ善無畏は始覺上轉の修生金剛界の中因の義により、不空は世間の五行の木火土金水を東南中西北、靑赤黃白黑に配するを取り即事而眞の意且つ本覺下轉の本有胎藏界の十因の義に依るなり。ゴテンを見よ

不空の義

東	(キャ)	空靑	二阿閦	二修行	二大圓鏡智
西	(ハ)	風白	四彌陀	四涅槃	四妙觀察智
南	(ラ)	火赤	三寶生	三菩提	三平等性智
北	(バ)	水黑	五不空	五方便	五成所作智
中	(ア)	地黃	一大日	一發心	一法界體性智

善無畏の義

東 𑖀(ア) 地黄 一阿閦 一發心 一大圓鏡智
西 𑖪𑖰(ビ) 水白 三彌陀 三菩提 三妙觀察智
南 𑖨(ラ) 火赤 二寶生 二修行 二平等性智
北 𑖮𑖳𑖽(フン) 風黑 四不空 四涅槃 四成所作智
中 𑖏𑖽(カン) 空青 五大日 五方便 五法界體性智

不空は中因の義なれば地大を以て中央大日とし、之を發心の位とす。これ本有の菩提心堅固不動にして諸法本源の體性たること、猶大地の堅固不動且つ萬物の中心にして其の體性本源なる如くなればなり。法界體性智の諸法の本源たる亦然り。大日如來の法界の體性たる亦然り。而して黃色は不變色なれば是れ亦菩提心の不變に相應す。次に空大を以て東方阿閦とし、之を發心の位とす。これ本有の菩提心により、歸本の菩提心を發して萬行を修し、行行圓具して缺滅なきこと、猶彼の虛空の一切萬物を含容する如くなればなり。其の大圓鏡智の萬象を含容する亦然り。其の東方なるは、東方は萬物の始なれば萬行の起首と相應し、其の青色なるは、青色は五色を含容すれば依て之を一切色と云ふ萬行を含容するに相應す。次に風火を以て西方阿彌陀となし、之を涅槃の位となす、これ阿彌陀は一に無量壽と譯し、無量壽は涅槃の德なり、而して其の無量壽は風大の德なると、猶世人の壽の風息に賴る如くなれば也。其の妙觀察智の說法の斷疑生信の功用は風大の能殺能成の二德にあるに相應す。其の西方にあるは、涅槃は萬物の終歸なれば東方の萬物の起首に對し之を西位となす也。而して其の白色は無量光又慈水の白淨に相應す。次に火大を以て南方寶生となし、之を成菩提の位となす。これ萬行成熟して菩提の花を開くと、猶火熱の草木に於けるが如くなればなり。故に寶生佛を胎藏界には開敷華王如來と稱し、又其の平等性智の說法の差別を亡すと、猶火の能く物を燒盡する如し。其の南方に配し赤色なること云はずして知るべし。次に水大を北方不空成就釋迦となし、之を方便究竟の位となす。これ利他の方便にして、利他の妙業を成就するに其の能く衆生の機に應じ、能く迷妄を除くこと猶水の方圓の器に隨ひ、且つ能く塵垢を洗ふが如くなればなり。又其の成所作智の妙業を成ずる義亦然り。其の北方にあるは印度の俗に北方を以て勝方となせば、究竟位を勝位に相應し、黑色は是れ染色の至極なれば究竟位の至極に相應す。さて善無畏は東因の義に依つて地大を東方阿閦となし、之を發心の位となす。これ修生の菩提心を因として大悲の萬行を生ずること、猶地の萬物を生ずる根本なる如くなればなり。且つ其の菩提心の堅固不動なること地の如くなればなり。故に阿閦の記不動なり。又其の大圓鏡智の一切諸法を任持すると地の能く萬物を任持するに相應す。其の東方なるは是れ修生の起首なればなり。而し其の黃は菩提心の不變に相應す。次に水大を以て西方彌陀となし、之を成菩提の位となす。これ菩提心の自性清淨又無量光の究竟圓明なると、猶水の圓明なる如くなればなり。又其の妙觀察智の說法斷疑の德、水の能く塵垢を洗ふが如し。其の西方は行證の終極に相應し、白色は無量光に相應す。次に火大を以て南方寶生となし、之を修行の位とす。これ萬行を修成すると、猶火熱の能く物を成熟する如くなればなり。又其の平等性智の一切の妄差別を滅して平等一如ならしむると亦然り。此義は上の不空の義と同じ。只果に約すると因に轉ずるとの相違のみ。次に風大を以て北方不空成就となし、之を入涅槃の位となす。これ涅槃の萬物を寂滅すると、風火の能く萬物を破壞する如くなればなり三災の中風災尤も強く第三禪を破す。又成所作智の所作已に辦じて涅槃に入る亦然り。其の北方は涅槃の高位に相應し、黑色は涅槃の幽然深妙なるに相應し、又佛日涅槃の山に隱れて十方闇黑なるに相應す。次に空大を以て中央大日となし、之を方便究竟の位となす。これ四德を圓成して自利利他一切の功德を含容すること、猶虛空の一切萬象を含容する如くなればなり。又其の法界體性智の法界に周遍して廣大無邊なること亦た然り。其の中位は法界に周遍するに相應し、青色は一切を含容するに相應す。

五大字義

〔術語〕【大日經二入眞言品偈】に「我覺二本不生一。出二過語言道一。諸道得二解脫一。遠二離於因緣一。知レ空等二虛空一。」此の五句は次第の如く五大の深義を說きしものなり。先ず本不生とは𑖀字、地大の義にて、本不生不可得の意。吾が心は青、黃、赤、白、方、圓、長、短、過去、現在、未來等にあらず、之を推求するに此の心既に不可得なり、是れ諸法本不生の義なり、二に出過語言道とは𑖪字、水大の義にて一切諸法言說不可得の意なり。其の故は諸法既に本有なれば生とも言ふべからず、滅とも云ふべからず、一とも云ふべからず、異とも云ふべからず、乃至斷とも云ふべからず、常とも云ふべからず、八違戲論を離れ、四句百非の言論を絕つ、是れ諸法言說不可得の實義にて其の戲論の言說を出離するは水の能く物を洗濯す

る德なり。三に遠離於因緣とは𑖨字、火大の義にて一切諸法塵垢不可得の意なり、其の故は諸法の體性は六大にして其の體本より妙淨なり、何の塵垢あらん、但之を不淨とするは迷情のみ、之を諸法塵垢不可得の實義とす。其の能く塵垢を焚燒するは火大の德なり。四に諸道得解脫とは𑖮字、風大の義なり。一切諸法因業不可得の意なり、其の故は諸法既に不生なれば諸法は本來實有にして今始て生ずることなし、故に因業あることなし、是れ諸法因業不可得の實義にして、風大の能く物を破壞する德なり。五に知空等虛空とは𑖏字、空大の義にて一切諸法等虛空不可得の意なり。其の故は亦諸法本來不生不滅なれば其の空なること虛空に等しきなり。是れ一物を存せざる空大の德なり。然るに五字の觀を明かすに遮情表德の二義あり、上に解する如く其不可得を觀ずる所は其の遮情なり。是れ方便なり。若し表德の實義によらば此の不可得の心に於て圓明にして一點の塵翳なく、又諸法萬德を圓融具足すと觀ずるなり。餘は之に准じて知るべし。【秘藏記末】に「於二五字觀一觀二不可得一。其意如何。是遺迷之義。非二至極義一。觀二圓明一是至極義。」十緣生觀亦然り。

五大色〔術語〕地大は黃色。是れ增味の義なり。衆色に黃色を加ふれば其の色必ず光を增す。諸色に遍して違背せず、其の性を失せず、是れ即ち色法の中の義なり。衆色に遍するも黃色違せざるが故に本の自體を失はず、堅固不壞の性を示す。彼の𑖀字の諸意に遍して自體を失はざるが如し。是の故は黃色を金剛不壞の地大の色となす、本不生及び安住不動黃色と相應する法爾の道理なり。次に水大は白色。白色は諸垢を遠離し、隨染不違の義なり。是れ亦水大の垢穢を離れ戲論を絕する色相なり。圓形の不住一處なると白色の隨染不違なると顯色形色異なるも理致同一なり。次に火大は赤色。赤色は熾然猛利の義なり。今此の猛利は諸色の垢穢する意あり。五色の中に熾盛の色にして眼を遮る情なり。即ち是れ色法の熾盛なるは赤色より甚しきはなし。次に風大は黑色。黑色は隱覆の義なり。喩へば水の動かざる時は能く其像を現じ、動轉する時は影像隱沒する如し。因緣生の故に諸法本性の形色隱覆して隨緣不定なり。互に能成を爲し一相增明なれば餘相隱沒す。皆是れ風大黑色の義なり。之に依つて黑色と因緣生の法理及び半圓形と相應して更に別法にあらず。次に空大は青色。青色とは衆色具足の義なり。五色の中に相違せるは黑白の二色なり。今黑白齊等に和合すれば即ち青色となる、是の故に青色は黑白の中間にありて反つて黑白を兼ねたり。然るに此の青色光輝を帶べるは是れ黃色なり、赤青色分明なるは是れ赤色なり。仍つて五色の中に衆色を具足するは青色なり。故に衆物を含容する空大の色となす。

五大形〔術語〕地大は方。一切形の中に四方均等の貌は安住不動の勢力あり。故に諸法を維持し止住せしむれば之を方形とす。次に水大は圓。圓形は輪圓具足不住一性の形なり。即ち水は一切法の中に形體不定にして而も器に隨つて種種の形をなすものなり、故に其の形相を圓とす。次に火大は三角。三角は熾盛猛利の形なり、其の故は劍戟等、猛利に能く一切の事物を破壞し切斷するは皆三角形なり、故に猛利の勢を有する火大の形とす。次に風大は半月形。半月形は大力の形なり。其の故は半月形は一方は平坦安住の形、一方は圓形不住の形、此の二相和合して此の形を成す。是れ自體成立して能く諸法を成作する義なり。若し但平坦ならば動轉の用を欠く、若し但圓形ならば安住の體なし、然るに平圓具足して此の形を成すが故に能く自性を守りて作業を成す。即ち是れ風大の大力ありて能く諸法を壞し亦た能く諸法を成ずる形なり。故に其の形を半月とす。次に空大は團形。團形は萬德具足の形なり。其の故は團形は方圓不二の形なり、今三角形互に其の頭を向けて四箇合すれば方となり、半月を二箇合すれば圓となる故に此の團形に五形を含具す、故に一切の事物を含具せる空大の形となす。【十住心廣名目六】

ゴダイクワン　五大觀〔術語〕五輪觀なり。【守護國經二】に「想二其身一成二迦樓羅一。作二五大觀一。一者觀レ地作二白色觀一。二者觀レ水作二綠色觀一。三者觀レ火作二黃赤色觀一。四者觀レ風作二黑色觀一。五者觀レ空作二青色觀一。」

ゴダイクワンモン　五大觀門〔術語〕地等の「五大を觀ずる法門なり。

ゴダイグワン　五大願〔名數〕密宗所立、尊勝軌に出づ。是れ佛地の五位に於て五願を發するなり。一に衆生無邊誓願度、一切の衆生を度せんと願ふなり。是れ東方の阿閦如來內證の菩提心を願求するなり。二に福智無邊誓願集、無邊の功德を集成せんと願ふなり。是れ南方寶生如來の內證の福德を願求するものにして福智圓滿の位なればなり。三に法門無邊誓願學。顯密大小の敎法を學ばんと願ふなり。是れ西方阿彌陀如來の淸淨の轉法輪智を願求するなり。四に如來無邊誓願事、是れ供養諸佛利樂衆生の二事を成

ぜんと願ふなり、是れ北方の不空成就佛の内證大精進智を願求するなり。五に無上菩提誓願成、究竟の果德を成就せんと願ふなり。是れ中央大日如來の法界體性智を願求するなり。【佛頂尊勝陀羅尼念誦儀軌】に「若於二本敎尊勝陀羅尼經一。每於二白月十五日一。除二滅業一增福延命。要期誦二一千徧一。證二出世三摩地一得二不妄陀羅尼一。乃至若欲二持誦一至二道場一先雙膝著レ地。禮二毘盧遮那佛及八大菩薩一。發露懺悔發二五大願一。一衆生無邊誓願度。二福智無邊誓願集。三法門無邊誓願學。四如來無邊誓願事。五無上菩提誓願成。」

ゴダイコクウザウ　五大虛空藏　〔術語〕虛空藏菩薩の德を五方に配して建立せしもの。「コクウザウ」を見よ。⊙（太平記一）「五大虛空藏六觀音」

ゴダイコクウザウホフ　五大虛空藏法　〔修法〕五大虛空藏菩薩の御修法。天變地妖の御祈に用ふ。【密門雜抄】

ゴダイコクウザウボサツ　ソクシツダイシンケン　ヒミツシキキヤウ　五大虛空藏菩薩速疾大神驗秘密式經　〔經名〕一卷、唐の金剛智譯。五大虛空藏の修法の儀軌を說く。【餘帙三】

ゴダイサン　五臺山　〔地名〕【賢首華嚴傳一】に「案ずるに此經華嚴經菩薩住處品に云く、東北有二菩薩住處一。名二清涼山一。現有二菩薩一。名二文殊師利一。與二萬菩薩一常住說レ法と。故に今此山下に清涼府あり、山の南面の小峯に清涼寺あり、一に五臺山と名く、五山最高くして其上並に森林を生ぜず、事積土に同じきを以ての故に之を臺と謂ふなり。山の周廻四百餘里、東は恒岳に連り、中臺の上に大なる華池あり、湛然清徹にして間徵感あり。又精屋石塔あり。北臺の上に鐵浮圖二つ並に舍利及び文殊の形像あり。乃至昔北齊の日大に玄門を敞かにして此山中に於て伽藍二百餘所を置けり。又恒定等の八州の稅を割いて以て山衆衣藥の資に供す。乃至山京を去ると一千六百里、代州の界なり。地邊境に居て特に甚だ寒烈なり、故に四月已前七月已後は堅氷積雪晧晧として彌布す。盛夏の日に非ざるよりは登踐に由なし。」⊙（曲、國栖）「又五臺山青龍山とて」

ゴダイシキ　五大色　〔術語〕青等の五種の正色を云ふ。「ゴシキ」を見よ。

ゴダイシシヤ　五大使者　〔名數〕又、五天使者。一に生、二に老、三に病、四に死、五に王法牢獄。閻王罪人を責めて曰く、我れ世間に此五使者を現じて汝を誡む、汝何ぞ之を見ざると。【佛說閻羅王五天使者經】

ゴダイシシヤキヤウ　五大使者經　〔經名〕佛說閻羅王五天使者經の異名。

ゴダイシヨ　五大疏　〔名數〕台密の目。一に大日經義釋、十四卷、唐の善無畏三藏說、一行記。二に金剛頂經疏、七卷、慈覺大師著。三に蘇悉地經疏、七卷、慈覺大師著。四に菩提場一字經疏、五卷、智證大師著。五に瑜祇經行法記、一名瑜祇經疏、一卷、安然著。

ゴダイセ　五大施　〔術語〕能く五戒を持するを五大施とす。【佛說五大施經】

ゴダイセキヤウ　五大施經　〔經名〕一卷、趙宋の施護譯。五戒は五種の大施なるを說く。【宿帙八】（1007）

ゴダイソン　五大尊　〔名數〕又五大明王。不動、降三世、軍荼利大威德、金剛夜叉の五尊。「ゴダイミヤウワウ」を見よ。「ゴダイヰン」を見よ。圖胎藏界持明院の五尊を云ふ。⊙（榮花、玉の飾）「御修法は五大尊」

ゴダイソンジヤ　五大尊者　〔雜名〕五大院の安然。

ゴダイダウ　五大堂　〔堂塔〕五大尊を安置したる堂。⊙（榮花、音樂）「左の方は五大堂の南の庇につきゐ」

ゴダイミヤウワウ　五大明王　〔明王〕新譯【仁王經奉持品】に、佛、未來世に三寶を受持する處は、五方の菩薩をして其國を護らしむるを說く。而して【同經儀軌上】に不空三藏所持の梵本金剛頂瑜伽經を引きて彼の經の五菩薩を本經の五菩薩に配し、而して此菩薩の一一に正法輪と敎令輪の二身ありて、正法輪には菩薩の眞實身を現じ、敎令輪には明王の忿怒身を現ずるを說く。之に五佛の自性輪身を加へて三輪身となす。此の三輪身は儀軌の意なり。又蓮華三昧經の意によれば此の三身次第の如く五佛の身口意の三業なり。然るに秘藏記には五菩薩を以て五佛と共に自性輪身となす、是れ衆生を度するは菩薩の自性なるが故なり。其中敎令輪身、即ち五大明王なり。

自性輪身	正法輪身	教令輪身
大日	轉法輪菩薩	不動金剛
阿閦	普賢菩薩	降三世金剛
寶生	虚空藏菩薩	軍荼利金剛
彌陀	文殊菩薩	六足尊金剛
不空	摧伏一切魔怨菩薩	淨身金剛

（梵本瑜伽經、仁王經儀軌所引）

自性輪身	自性輪身	教令輪身
大日	般若菩薩	不動尊
阿閦	金剛薩埵菩薩	降三世明王
寶生	金剛藏王	軍荼利明王
彌陀	文殊菩薩	六足尊
不空	金剛牙菩薩	金剛藥叉

（秘藏記）

自性輪身	正法輪身	教令輪身
大日	轉法輪菩薩	不動金剛
阿閦	普賢菩薩	降三世金剛
寶生	虚空藏菩薩	軍荼利金剛
彌陀	文殊師利菩薩	焔曼德迦金剛
不空	虚空庫菩薩	金剛藥叉

（菩提心五本義）

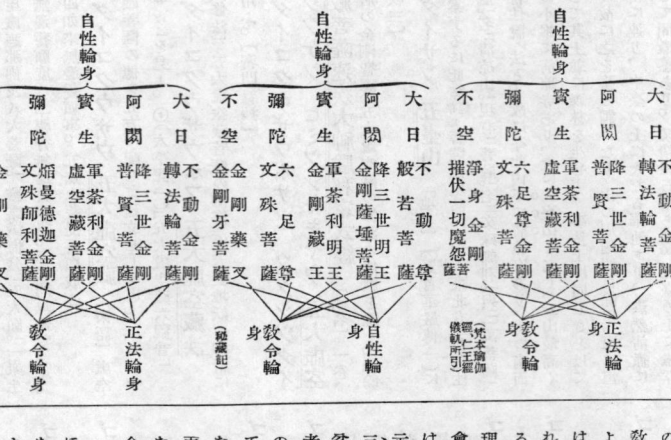

自性輪身とは佛の自性に住する法身なれば自性輪と云ひ、正法輪身とは菩薩正法を以て人を度する眞實身に住ずれば正法輪と云ひ、教令輪身とは佛の教令を受けて忿怒形を化現し、淫剛の衆生を摧伏する身なれば教令輪身と云ふ。而して教令輪身の本地に就いて二説あり、一は仁王經儀軌等の說に依れば、各其の正法輪身の菩薩を本地となす。即ち菩薩が本佛の教令を受けて忿怒を現ずるなり。大日經疏等の說によれば、直ちに自性輪身の佛を本地となす。秘藏記は後說に依るなり。但し此配屬は一往なり、實を尅すれば五佛各五種の正法輪身、五種の教令輪身を現ずるなり。故に九會曼荼羅に於て大日の自性輪身より理趣會に於て金剛薩埵の正法輪身を現じ、又降三世會に於て降三世明王の教令輪身を現ぜり。不動金剛は、中央大日如來の教令を受けて、二臂の忿怒形を示現し、一切の鬼魅の惑亂を降伏する明王なり。降三世金剛は東方阿閦如來の教令を受け、四頭八臂の忿怒形を示現して、正法を侵害する大自在天の魔衆者を降伏する明王なり。軍荼利金剛は南方寶生如來の教令を受けて八臂の忿怒形を示現し、疾疫を行ひて人を惱害する一切阿修羅衆諸鬼神を摧伏する明王なり。六足金剛は西方無量壽佛の教令を受け、惡風雨を興して有情を害する一切の毒龍を降伏する明王なり。淨身金剛は四臂を現じ北方不空成就如來の教令を受けて四臂の忿怒形を示現し、人の精氣を奪ふ一切の藥叉を降伏する明王なり。【八大童子秘要法】に「金剛手曰く、一切意相不同なり、或は順、或は逆なり。是の故に如來慈悲の身を現じ隨つて利益を作す。解して曰く、諸佛の大悲は衆生を愍むが故に、即ち順者に於ては順を以て應じ、若し逆者に於ては逆を以て制するなり。一佛忿怒三昧に住する時、十方の諸佛同じく共に忿怒三昧に入る、毘盧遮那無相の中に於て明王を示現する時、諸佛菩薩更に忿怒の身を現ぜざらんや。故に四方の如來教令の身を現じて衆魔を降伏す。然るに本誓各不同なり、且つ常に行者に隨逐せず。或は降三世菩薩は、天魔或は三世の貪瞋痴を降伏し、或は軍荼利は毘那耶迦の常隨魔及び人魔を降伏し、或は焔摩德迦は龍魔及び諸の怨敵を降伏し、或は金剛夜叉は衆魔及び無智の者を調伏す。不動明王は、恒に行者に隨つて、若くは天、若くは毘那夜迦、若くは鬼等の作す所の障礙一時に消滅す。」

五大尊一壇法

〔修法〕若し五大尊を以て同じく一壇に安ぜんと欲せば當に仁王儀軌に準じて之を修すべし。彼の文に云ふが如く、壇の中心に十二輻輪を畫し、東邊に五股金剛杵を畫き、南邊に金剛寶を畫き、西邊に金剛劍を畫き、北邊に金剛牙を畫く。此の上の五事は即ち是れ五方の菩薩の手中に執る所の秘密の契なり。東南の隅には三股金剛杵を畫き、西南の隅には寶冠を畫き、西北の隅には篋篌を畫き、東北の隅には羯磨金剛杵を畫き、四角の上に當つて四の賢瓶を置く、金銀銅瓷等新瓦も亦た得。一升を受く可き已下の瓶に水を滿盛し、枝條の華を挿し、四色繒の各各長さ四尺なる青、黄、赤、綠、なるを次第の如く四瓶の頂に繫けよ。次に第三重の東門に金剛鉤を畫き、南門に金剛索を畫き、西門に金剛鎖を畫き、北門に金剛鈴を畫き、東南の角に香爐を畫き、西南の角に荷葉を畫き、中に於て雜華を畫き西北の角に燈を畫き、東北の角に塗香器を畫き、畫く所の杵等皆光焔有り、三重壇外の一重の界道あり。云云」

五大尊總印明

〔印相〕印は外縛五股印なり、中は不動、大指は降三世、左頭指は軍荼梨、小指は大威德、右頭指は金剛藥叉なり。此の印は五劍なり、中指劍形を作し、二頭指眞立するなり、中尊の劍より四方の劍を出し、四大明王を成す、是れ

深秘の釋なり。明は吽吽吽吽吽なり【心舟七刀印田五】

五大尊根本印 〔印明〕 腕を交へて外縛の五股印を作すなり。或は左の腕の上に右の腕を置き、手の脊を合せて中指を交へ、大指小指無名指各寄せ付けて之を立つ、是れ即ち蓮華部の五股印なり。或は傳に曰く、五大尊は共に劍印を通用す。又云く、外五股印を用ひて慈救呪を誦する時、中壇の阿闍梨中指を劍印に作して之を誦する也。【印田五】

五大尊配置 〔修法〕 一に不動中軍茶梨東金剛藥叉北降三世軍茶梨の東大威德金剛藥叉の西是れ横川惠心院の五大尊南向の立て樣なり。二に不動中降三世東軍茶梨西金剛藥叉降三世の東大威德軍茶梨の西是れ小野殿御建立の南向の立て樣なり。自餘所所の立樣多くあり【印田五】

ゴダイリキボサツ 五大力菩薩 〔菩薩〕 金剛吼、龍王吼、無畏十力吼、雷電吼、無量力吼を云ふ。【舊譯仁王經受持品】に「若未來世。有二諸國王一。護三持三寶一者。我使三五大力菩薩往護二其國一。一金剛吼菩薩。手持二千寶相輪一。往護二彼國一。二龍王吼菩薩。手持二金輪燈一。往護二彼國一。三無畏十力吼菩薩。手持二金剛杵一。往護二彼國一。四雷電吼菩薩。手持二千寶羅網一。往護二彼國一。五無量力吼菩薩。手持二五千劍輪一。往護二彼國一。」【新譯仁王經奉持品】に「若未來世。有二諸國王一。建三立正法一護二三寶一者。我令三五方菩薩摩訶薩衆往護二其國一。東方金剛手菩薩摩訶薩。手持二金剛杵一。放二青色光一。與二四倶胝菩薩一往護二其國一。南方金剛寶菩薩摩訶薩。手持二金剛摩尼一。放二白色光一。與二四倶胝菩薩一往護二其國一。西方金剛利菩薩摩訶薩。手持二金剛劍一。放二金色光一。與二四倶胝菩薩一往護二其國一。北方金剛藥叉菩薩摩訶薩。手持二金剛鈴一。放二瑠璃色光一。與二四倶胝藥叉一往護二其國一。中方金剛波羅蜜多菩薩摩訶薩。手持二金剛輪一。放二五色光一。與二四倶胝菩薩一往護二其國一。」已上の五菩薩は五佛の正法輪身なり。其の敎令輪身を五大明王とす。現今の俗間には除盜難の利益ありとしてこれを祭る。即ち家の四隅に五大力菩薩と書ける紙札を糊する等なり。大力の字より得たる俗信か。⦿(榮花、玉の臺)「五大力菩薩をかけ奉りて、仁王經を講じ奉る」「ゴダイミヤウワウ」《第四十圖十力吼、第四十一圖無量力吼參照》

ゴダイロン 五大論 〔名數〕 無着所造の五部の大乘論。「ゴブダイロン」を見よ。

ゴダイヰン 五大院 〔術語〕 胎藏界曼陀羅十三大院の第五、持明院の別名。此處に五大忿怒を安置すればなり。中尊は般若菩薩、中尊の左邊は降三世、次に不動、中尊の右邊は大威德、次に勝三世なり。是れ常の五大明王と異なれり。かの中に軍茶利と金剛藥叉を除きて般若菩薩と勝三世を加ふ。是れかの五大明王は金剛界五部の忿怒尊なり、此五尊は胎藏界にて、胎藏界には寶部なきが故に軍茶利を除き、羯磨部なきが故に金剛夜叉を除き、他の三尊を以て胎藏界の三部を成じ、之に中尊の般若菩薩を三部の總體として加へ、勝三世を降三世の別尊として加へ以て五忿怒を成ぜしなり。【秘藏記私鈔一】

ゴダイヰン 五大院 〔雜名〕 叡山阿覺大師安然の院號。「アンネン」を見よ。

ゴダウ 五道 〔名數〕 有情の往來する所なれば道と云ふ。五處あり。一に地獄道、二に餓鬼道、三に畜生道、四に人道、五に天道。五趣に同じ。

五道六道 〔名數〕 五道六道は開合の不同にて、五道に阿修羅道を加へて六道とす。【智度論三十】に「問曰。經說レ有二五道一。云何言二六道一。答曰。佛去久遠。經法流傳五百年後。多有二別異一。部部不レ同。或言二五道一或言二六道一。若說レ五者於二佛經一廻レ文說レ五。若說レ六者於二佛經一廻レ文說レ六。又摩訶衍中法華經說レ有二六趣衆生一。觀二諸義意一應レ有二六道一。」而して阿修羅道を五道内に攝むるに就いて二義あり。一は唯天趣に攝め、一は天趣鬼趣の二に攝む。【唯識樞要下本】新譯家は多く五趣を用ふ。

五道冥官 〔雜名〕【十王經】に「六道冥官」五道六道は開合の不同にて冥官は十王の眷屬なり。⦿(鴉鷺合戰九)「五道の冥官」

ゴダウ 悟道 〔術語〕 眞實の知見を開き、菩提の道を證悟すると。

ゴダウシヤウグン 五道將軍 〔雜名〕 十王の眷屬なり。【焰魔供次第】に「可三別供二焰羅王五道將軍一。即得下削二死籍一付中生籍上。」

ゴダウジユシヤウキヤウ 五道受生經 〔經名〕 法苑珠林八十六に引けど、今藏經中になし。

ゴダウシユソ 後堂首座 〔職位〕 禪林の僧堂を區分して前堂後堂となし、其後堂を分管するもの。

ゴダウテンリンキヤウ 五道轉輪經 〔經名〕 罪福報應經の異名。

ゴダウハンヂウ 後堂板頭 〔雜名〕 僧堂內後堂首座の坐席を云ふ。

ゴダン 牛檀 〔植物〕 牛頭栴檀の略。

ゴダンノホフ 五壇法 〔修法〕 五壇の御修法。五大明王を祈禱する修法なり。中壇は大聖不動明王、東壇は降三世明王、南壇は軍茶利明王、北壇は金剛

藥叉明王、西壇は大威德明王。阿闍梨五人を要す。⊙（增鏡、內野の雪）「六日より七佛藥師五壇の御修法などはじまる」（盛衰記一〇）「院の御所には五壇法」

ゴチ　五智　〔名數〕顯敎には八識を轉じて四智を成就し、以て究竟の報身如來と立て、密敎は之に第九識所轉の法界體性智の一を加へて五智となし、以て金剛界の智法身の大日如來とす。一に法界體性智、是れ奄摩羅識を轉じて得る所。法界とは差別の義、諸法差別して其の數塵沙に過ぐるを法界とす。法界體性は即ち六大なり。大日此の六大法界の三昧に住するを法界體性智と名け、方便究竟の德を主る。二に大圓鏡智、是れ阿賴耶識を轉じて得る所。法界の萬象を顯現すること大圓鏡の如き智なり。三に平等性智、これ末那識を轉じて得る所、諸法平等の作用を成す智なり。四に妙觀察智、是れ意識を轉じて得る所。好妙に諸法を分別して衆機を觀察し、法を說いて疑を斷つ智なり。五に成所作智、是れ眼等の五識を轉じて得る所。自利利他の妙業を成就する智なり。此の五智は一身所具の智德なれども、衆生を引攝せん爲に本體より四方の四智四佛を出生するなり。此の時法界體性智は本位に住して中央の大日如來となり。大圓鏡智に由つて東方の阿閦如來を成じ、發菩提心の德を主る。平等性智に由つて南方の寶生如來を成じ、修行の德を主る。妙觀察智に由つて西方の阿彌陀如來を成じ、成菩提の德を主る。成所作智に由つて北方の不空成就如來を成じ、入涅槃の德を主る。而してこの五智に由つて體相二大を成ず。何となれば法界體性智の大日は六大なれば是れ體大なり、四方の四佛は其の所出の別德なれば四曼の相大となるなり。即ち大圓鏡智の阿閦は大曼荼羅身なり。平等性智の寶生は三昧耶（平等と譯す）曼荼羅身なり。妙觀察智の彌陀は法曼荼羅身なり。成所作智の不空成就は羯磨（作業と譯す）曼荼羅身なり。而して理智不二なれば此の五智五佛は即ち胎藏界の地水火風空の五大なり。其の配當に二樣あり。「コダイ」を見よ。此に通別の二門あり、今は別門に依るなり、若し通門によれば五智直ちに五智をなして五如來直ちに五如來をなす。【敎觀大綱】に「慈覺云。眞言天台立二五智一者。法界體性智緣二中道遮照境一。」

五智所生三身　〔術語〕蓮華三昧經によれば五智に依つて三身を生ず。一に法界體性智の身業は毘盧遮那佛、口業は普賢菩薩、意業は不動金剛なり。二に大圓鏡智の身業は阿閦佛、口業は文殊師利菩薩、意業は降三世金剛なり。三に平等性智の身業は寶生佛、口業は虛空藏菩薩、意業は軍荼利金剛なり。四に妙觀察智の身業は阿彌陀佛、口業は觀自在菩薩、意業は六足金剛なり。五に成所作智の身業は釋迦文佛又は不空成就佛、口業は金剛業菩薩、意業は摩訶藥叉金剛なり。此の三即ち次第の如く自性正法敎令の三輪身なり。【瑜祇經】に「金剛界遍照如來以二五智所成四種法身一於二本有金剛界乃至光明心殿中一云云」【十住心廣名目六】に「以上五智。一切佛具レ之。然而約二別相一云レ之者。如レ次大日阿閦寶生彌陀不空五佛也。自家不二實義可レ思レ之。」【秘藏記本、辨惑指南三】

智譬水　〔譬喩〕胎藏界の理を蓮華に譬へ、金剛界の智を月又は水に譬ふ。水に譬ふるは金剛界智法身の種子、水大即ち鑁（バン）字なればなり、而して水に五德あり、恰も五智に相當す。【秘藏記本】に「水を以て五智に譬ふるは、水性の清淨にして一切の色相顯現するを大圓鏡智に譬へ、一切の萬像影現して無高無下にして平等なるを平等性智に譬へ、水中に一切の色相差別して明了に顯現するを妙觀察智に譬へ、一切の情、非情の類、水に依つて滋長するを成所作智に譬へ、其の水適せざる所なきを法界體性智に譬ふ。⊙（盛衰記八）「惠果、法全の流水五智五瓶に潔なり」

ゴチイン　五智印　〔名數〕一に吽、金剛智印。二に怛落、寶智印三昧。三に紇利、法輪智印。四に惡、羯磨智印。五に鑁、一切如來法界智印。【金剛頂義訣】

ゴチコン　五知根　〔名數〕數論所立二十五諦の第六位。眼耳鼻舌皮なり。佛敎の五根に當る。【唯識述記一末】

ゴチシンゴン　五智眞言　〔眞言〕即ち五佛の種子、鑁（バン）大日、吽（ウン）阿閦、怛落（タラク）寶生、紇利（キリク）彌陀、惡（アク）不空なり。

ゴチニヨライ　五智如來　〔名數〕金剛界の五智所成の五如來なり。一に大日如來、法界體性智の所成。二に阿閦如來、大圓鏡智の所成。三に寶生如來、平等性智の所成。四に無量壽如來、妙觀察智の所成。五に不空成就如來、成所作智の所成。「ゴチ」を見よ。【菩提心論】に「東方阿閦佛因レ成二大圓鏡智一。亦名二金剛智一也。南方寶生佛由レ成二平等性智一。亦名二灌頂智一也。西方阿彌陀佛由レ成二妙觀察智一。亦名二蓮華智一。亦名二轉法輪智一也。北方不空成就佛由レ成二成所作智一。亦名二羯磨智一也。中方毘盧遮那佛由レ成二法界智一。」⊙（曲、調伏會我）「五智の如來に五體を投げ」

五佛生五菩薩五金剛五忿怒　〔雜語〕五

佛各菩薩、金剛、忿怒を出現す。此の三次第の如く法身、般若、解脱の三德、又境智行の三軌なり。

大日―――轉法輪菩薩・遍照金剛・不動明王
阿閦―――虚空藏菩薩・如意金剛・軍荼利明王
寶生如來―――普賢菩薩・薩埵金剛・孫婆明王
阿彌陀如來―――觀世音菩薩・法金剛・馬頭明王
不空如來―――彌勒菩薩・業金剛・金剛夜叉

【菩提心義九】

五如來色 〔名數〕 總じて四種あり。一は【大疏四】白壇曼荼羅の五佛に、中央大日如來は閻浮檀紫摩金色、寶幢如來は白色朝日の如く、餘の華開敷佛、無量壽佛、鼓音佛の三如來は共に眞金色なり。二は【同六】に毘盧遮那は白、是れ淨法界の色にして一切諸法の本源なる故に最初となす。寶幢如來は赤、既に菩提心を發して明道の中に於て魔怨を降伏し、蓋障を滅除する故に第二なり。沙羅樹王如來開敷華王如來は黃、正覺を成ずる時、萬華開敷して皆金剛金剛は地なり其色赤し實際に到るを以ての故に第三なり。無量壽如來は青、既に金剛實際に到れば即ち加持方便を以て普く大悲曼荼羅を現ずること、猶虛空虛空の色は青の具さに萬像を含む如くなるが故に第四なり。鼓音如來釋迦は黑、普門の迹を垂るる所以は皆本を顯はさんが爲なり、本とは即ち是れ如來自證の地、大涅槃に住するなり、若し加持神力を捨つる時は則ち一切衆生の心量其の境界に非らず、是の故に其の色幽玄にして最も後に居るなり。三は【同二十】に明かす五轉色によれば五佛次第の如く黃赤白黑青なり。ゴシキを見よ【菩提心義六】に第二と第三とを會して曰く、此の中の初の義は染色の次第にして、是れ初心觀者の次第なり、後の義は果地の佛德の次第にして青に諸色を具する義を取りて青を大日の色となすなりと。四に【慈氏軌】等に明かす、五色界道の義によれば白黃赤黑青の次第なり、而して亦た五大色と相應ず。是れ亦た觀行者の次第に依るなり。【慈氏軌下】に「第三院最外白黃赤黑青之五道圖レ之。表二五智之義一」【尊勝軌下】に「第三院外院畫二五道一。白黃赤黑青。此表二五佛頂五智之義一」

（五智寶冠の圖）

ゴチノホウクワン 五智寶冠 〔物名〕 又、五佛寶冠。金剛界の大日如來の頭上に冠するもの。五峯ありて五智五佛を幖す。山伏の頭巾は之に像る。⊙（曲、安宅）「頭巾といつば五智の寶冠なり。」挿畫は灌頂道具の寶冠を示す。

ゴチヤウ 五頂 〔雜名〕 頂上の髮を五髻に結ぶもの。西域の童子形。【唯識述記一末】に「般遮尸棄。Pañcaśikhin 此言二五頂一。頂髮五旋。頭有二五角一。」図五體の佛頂尊を云ふ。「ブッチヤウ」を見よ。「儀軌訣影七」

ゴチヤウサン 五頂山 〔地名〕 五臺山なり。【諸

ゴチヤウセンノホフ 牛頂山法 〔修法〕 牛頭山法融禪師の禪法を云ふ。或は頂は頭の寫誤。【元亨釋書最澄傳】に「於二唐興縣一逢二沙門翛然一得二達磨一派牛頂山法一。」「ゴヅセン」を見よ。

ゴチヤウリンワウ 五頂輪王 〔術語〕 又、五佛頂。五體の佛頂輪王なり。「ブッチヤウ」を見よ。

ゴチユウシユジヤウジツゼゴシ 其中衆生實是吾子 〔雜語〕 歌題。【法華經譬喩品】に「今此三界皆是我有。其中衆生實是吾子。」

ゴチヱモンナンゲナンニフ 其智慧門難解難入 〔雜語〕 歌題。【法華經方便品】に「爾時世尊。從二三昧一安詳而起。告二舍利弗一。諸佛智慧甚深無量。其智慧門難解難入。一切聲聞辟支佛所レ不レ能レ知。」【同科註】に「諸佛智慧者即實智。智慧門即權智也。」

ゴヂ　五持　〔名數〕五種の總持。密宗所立。一に聞持、耳に一字の聲を聞き具に五乘の敎法顯密の差別を悟りて漏さず失はざること。二に法持、法に於て總持して漏さざること。三に義持、諸法の義に於て總持して失はざること。四は根持、六根の緣境に於て總持して餘念なきこと。五に藏持、如來藏の理を總持して漏失せざること。【辨惑指南三】

ゴヂ　五持　〔術語〕五種陀羅尼なり。「ダラニ」を見よ。

ゴヂウゲンギ　五重玄義　〔術語〕又、五重玄談。天台智者凡そ諸經を釋するに五重の玄義を立つ。「ゲンギ」を見よ。

ゴヂウサウデン　五重相傳　〔雜語〕又、五重血脈。淨土宗に極秘として相傳する所。第一重隨自意門相傳、第二重授手印相傳、第三重領解鈔相傳、第四重決答相傳、第五重十念相傳。一重の終ごとに列祖相承の名を掲げ、次に固く其の義を守つて決持すべき旨を記し、年號月日、授法の師の署名、在判、弟子の名を書して與ふるなり。而して一般在家に之を授けしに其弊のありしにや、元和元年乙卯七月公府より知恩院へ下せし制法三十五條の第四條に「對二在家之人一不レ可レ令レ相二傳五重血脈一事」第二十六條に「一向無智之道心者等。對二道俗一授二十念。一勸二男女一與二血脈一。誠以法賊也。自今已後堅可二停止一事。」【考信錄三】

ゴヂウノクモ　五重雲　〔譬喩〕女人の五障を雲に譬へて云ふ。「ゴシヤウ」を見よ。

ゴヂウノタフ　五重塔　〔堂塔〕梵語、窣塔婆。略して塔又は塔婆と云ふ。佛德を高顯するもの。佛舍利を安置するもの。三重五重乃至十三重等の不同あり。「タフ」を見よ。

ゴヂウノタフバ　五重塔婆　〔堂塔〕五重塔に同じ。又五輪塔に同じ。

ゴヂウユヰシキ　五重唯識　〔術語〕法相宗の所立。萬法唯識の理を觀ずるに、淺より深に至る五重あり。「ユヰシキ」を見よ。⊙（曲、野守）「五重唯識の秋の風」

ゴヂソウ　護持僧　〔職位〕又、御持僧に作る。或は胎中に在す頃より、或は御幼年の時より、祈禱を奉りて玉體を護持する僧を護持僧と云ひ、上に對すれば御持僧とも書す。護持僧記に依るに、桓武天皇の朝に初めて之を置かる。其後天台宗延曆寺、眞言宗東寺より大德を撰んで之に任ず。天台は延曆十六年最澄始めて之に任じ、眞言は弘仁元年空海始めて之に任ず。【元亨釋書二十六】に「國家皇子。或自二胎孕一或潛藩。咸以二沙門神異者一祝レ祚。及二龍飛一受二大賞一。號曰二御持僧一。」【禁秘抄上】に「御持僧事。於二僧侶一無雙精撰也。古不レ過二三人一。次第加增及二六七人一。近代先二俗姓一後二智行一之間。美麗若僧事二行粧一着二美服一濟濟。尤爲二朝家一無レ由。只戒行相應凡卑僧爲二君第一一歟。」⊙（大鏡一）「その時の護持僧には、智證大師におはします」

ゴヂヤウシネン　五停四念　〔術語〕五停心觀と四念處なり。【法華玄義三】は「五停四念者。有レ定故言レ停。有レ慧故言レ觀。觀能翻レ邪。定能制レ亂。」

ゴヂヤウシンクワン　五停心觀　〔術語〕小乘三賢の第一、五種の觀法を修して五種の過失を停心するなり。之を聲聞乘入道の初とす。二種あり。一種は一に不淨觀、境界の不淨なる相を觀じて貪欲を停止する法。貪着の心多き人之を修す。二に慈悲觀、一切の有情に向つて可憐なる相を觀じ瞋恚を停止する法。瞋恚多き人之を修す。三に因緣觀、十二因緣、三世相續の理を觀じ愚痴を停止する法。愚痴多き人之を修す。四に界分別觀、諸法に向つて、六界又は十八界を分別し、我見を停止する法。我見多き人之を修す。五に數息觀、呼吸數を計り以て散亂心を停止する法。散心多き人之を修す。又一種は第四の界分別觀は第三の因緣觀と相似るを以て之を省き觀佛を加ふ、佛の相好を觀ずれば一切の煩惱を治するが故なり、業障多き人之を修す。淨影は【大乘義章十二】に正しく第一種を明かし、傍ら第二種を示して「問曰。有レ人諸患等分何以爲レ治。依レ如二觀佛三昧經中一觀佛三昧能爲二對治一。成實法中十六特勝能爲二對治一。毘曇法中義亦同レ此。以二佛相好非二三毒境界一故爾。」と云ふ。天台は四敎儀、四念處には第四觀を界方便と名けて第一種を擧げ、玄義、止觀には即ち念佛觀として第二種を擧ぐ。次第並に名字の不同を圖示せば

第　一　種

第　二　種

ゴヂヤウシンクワンヰ　五停心觀位　〔術語〕

七賢位の第一。五停心の觀法を修する位。

ゴヂユウ 五住 [名數] 五住地の略。

ゴヂユウヂ 五住地 [名數] 根本の煩惱能く枝末の煩惱を生ずれば住地と名く、住地の煩惱に五種あり。一に見一處住地、身見等の三界の見惑。見道に入る時一處に斷ずれば見一處と云ふ。二に欲愛住地、欲界の煩惱中、見と無明とを除きしもの。其中愛着の咎重きが故に愛の名を表す。三に色愛住地、色界の煩惱中、見と無明とを除きしもの。其中愛着の咎最も重きが故に獨り愛の名を表す。四に有愛住地、無色界の煩惱中、見と無明を除きしもの。其中愛着の咎最も重きが故に愛の名を表す。有愛とは有は生死の義、無色界の愛は生死の果報に愛着する最終なれば有愛と名く。五に無明住地、三界一切の無明なり、無明とは痴闇の心體、慧明なきもの、是れ一切煩惱の根本なれば別して一住を立つ。

- 枝末
  - 見惑—三界—見一處住地
  - 思惑
    - 欲界—欲愛住地
    - 色界—色愛住地
    - 無色界—有愛住地
- 根本—三界—無明住地

【大乘義章五本】に「本爲末依名之爲住。本能生末稱之爲地。」【勝鬘經寶窟中末】に「能生爲地。令所生成立名住。」

ゴヂヨク 五濁 [名數] 又、五滓、五渾など。住劫中の人壽二萬劫已後に於て渾濁不淨の法五種あり。一に劫濁、二萬歲已後に至つて見等の四濁起る時を云ふ。二に見濁、身見邊見等の見惑なり、劫濁時の衆生盛に之を起す。三に煩惱濁、貪瞋痴等の一切修惑の煩惱、劫濁時の衆生盛に之を起す。四に衆生濁、劫濁時の衆生は見濁、煩惱濁の結果として人間の果報漸く衰へ、心鈍く體弱く、苦多く福少きを云ふ。五に命濁、これ亦前の二濁の結果として壽命漸く縮少し、乃至十歲に至るを云ふ。此の中劫濁を以て總とし、他の四濁を以て別とす。劫濁の中に四濁あり、四濁を以ての故に劫濁なり。又四濁の中に見濁、煩惱濁の二を以て濁の自體とし、此の二衆生濁と命濁の二を成すなり。【文句四下】に「劫濁無別體。劫是長時。剎那是短時。但約四濁立此假名。」衆生濁亦無別體。攬見慢果報上立此假名。」煩惱濁指五鈍使爲體。見濁指五利使爲體。命濁指連持色心爲體。」【同文句記】は「准悲華經。八萬至二萬亦不有濁。至二萬歲爲五濁始。」【行事鈔資持記上一之三】に「言五濁者。一劫濁。劫濁無別體。但四濁聚於此時。悲華云。從滅劫人壽二萬歲時爲劫濁。二見濁。五利使。三煩惱濁。五鈍使。四衆生濁。亦無別體。攬前利鈍果報立此假名。五命濁。連持色心。摧年促壽。」【法華經方便品】に「諸佛出於五濁惡世。所謂劫濁。煩惱濁。衆生濁。見濁。命濁。」【阿彌陀經】に「能於娑婆國土。五濁惡世劫濁見濁煩惱濁衆生濁命濁中。得阿耨多羅三藐三菩提。」⦿（曲、田村）「三十三身の秋の月、五濁の水に影きよし」（太平記二四）「我滅盡期、五濁惡世、魔作沙門」

ゴヂヨクゾウヂ 五濁增時 [術語] 五濁は住劫中、人壽二萬歲の時より始まり、初は其濁輕微なりしも、漸時時代の變化するに從ひて、其度を高め、末法澆季の今時にありては、愈、益、增長したれば、之を五濁增時と云ふなり。

ゴヂン 五塵 [術語] 色聲香味觸の五境なり。此五能く眞性を染汚すれば塵と名く。【止觀四上】に「死事弗奢。那得不怖。怖心起時如履湯火。五塵六欲不暇貪染。」⦿（十訓抄三）「實相無漏の大海に、五塵六欲の風は吹かねども」

ゴツウ 五痛 [雜語] 五惡に由て感ぜし五種の苦果。「ゴセウ」を見よ。

ゴツウ 五通 [術語] 天眼等の五種の神通力。「ジンヅウ」を見よ。

ゴツウセン 五通仙 [雜語] 五神通を得たる仙人を云ふ。天竺の外道にて有漏の禪定を修して五通を得るもの多し。獨り三乘の證果を極めしものは五通の上に漏盡通(煩惱を斷盡する)を得て六通を具ふなり。【維摩經不思議品】に「或現離婬欲。爲五通仙人。」

ゴツウボサツ 五通菩薩 [菩薩] 天竺の鷄頭摩寺に五通菩薩あり、安樂世界に往きて彌陀の形像を勸請し來りて天竺に流布す。是れ彼土阿彌陀佛畫像の始なり。【釋門正統四】に感應傳を引く。

ゴヅ 牛頭 [異類] 地獄の鬼卒に牛頭の形を爲すもあり、馬頭の形を爲すもあり。【楞嚴經八】に「亡者神識見大鐵城。火蛇火狗。虎狼獅子。牛頭獄卒。馬頭羅剎。手執鎗矟。驅入城門。」【五句辛經】に「獄卒名阿傍。牛頭人手。兩脚牛蹄。力壯排山。」【智度論十六】に「見合會大地獄中。惡羅剎獄卒作種種形。牛馬猪羊鵰鷲鶉鳥。作此種種諸鳥獸頭而來。呑嚙齩齧罪人。」⦿（太平記三三）「牛頭馬頭阿放羅剎共」

ゴヅカウ 牛頭香 [植物] 牛頭栴檀なり。

ゴヅセン 牛頭山 [地名] 江南潤洲に在り。法融禪師此に禪居し、四祖道信禪師に攝せられて牛頭の一派を開く。【稽古史略三】

牛頭山法 [流派] 四祖の旁出、法融禪師の一派を云ふ。傳教大師始めて此禪法を本邦に傳ふ。

ゴヅセンダン　牛頭栴檀　〔植物〕栴檀は香樹の名、牛頭山より出せば牛頭栴檀と云ふ。【名義集三】に「正法會經ニ云。此洲有レ山名曰ニ高山一。高山之峯多有ニ牛頭栴檀一。以下此山峯狀如ニ牛頭一於ニ此峯中一生中栴檀樹上故名ニ牛頭一。華嚴ニ云。摩羅耶山出ニ栴檀香一名曰ニ牛頭一。若以塗レ身設入ニ火坑一火不レ能レ燒。大論ニ云。除ニ摩梨山一無レ出ニ栴檀香一。」【智度論十八】に「除ニ摩黎山一一切無レ出ニ栴檀木一。」【西域記十】に「國南海濱有ニ秣剌耶山一。崇崖峻嶺洞谷深澗。其中則有ニ白檀樹栴檀儞婆樹一。樹類ニ白檀一不レ可ニ以別一。唯於ニ盛夏一登レ高遠瞻。其有ニ大蛇縈者一。於レ是知レ之。猶其木性涼冷故蛇盤也。旣見已射レ箭爲レ記。冬蟄之後方乃採伐。」⦿（太平記二四）「恰も牛頭栴檀の薰の如し」梵 Gośīrṣaka-candana

ゴヅセンノホフ　牛頭山法　〔流派〕牛頭山法融禪師の一派を云ふ。「ゴヅセン」を見よ。

ゴヅテンワウ　牛頭天王　〔天名〕祇園精舍の守護神、京都祇園に祀る。藥師如來の化身と稱し素盞嗚尊に垂跡し給ふと云ふ。⦿（藤河記）「牛頭天王にてましますとかや」

ゴテン　五轉　〔術語〕密敎の說に凡そ因より果に至つて得る所の功德、五位あり、五位次第に轉生する故に五轉と名く。第一は發心、初めて菩提心を發して佛果を求むる心なり。第二は修行、三密の行を修して佛道に趣向するなり。第三は菩提、行因に由つて果德を證するなり。第四は涅槃、果德旣に滿ちて涅槃に入るなり。第五は方便究竟、上の四德を圓滿して利他の方便究竟するなり。此の五轉即ち五智五佛なり。五輪の五字とは𑖀𑖁・𑖀𑖽𑖀𑖾𑖁𑖾なり、今之を略解せば、此の中に長阿點は行を表し、闇點は大空を表し、惡點涅槃を表し、烏點は三昧を表するなり。依て𑖀阿字は單に本有の菩提心なり。𑖁阿長字は𑖀に行を合するなり、是れ本有の菩提心に始成の行を併せて始成の菩提行となるなり。𑖀𑖽闇字は𑖀に大空點を合するなり、是れ菩提心、一切の相を離れて成菩提となるなり。𑖀𑖾惡字は𑖀に涅槃點を加ふるなり、是れ菩提心に一切の障除を併せて涅槃となるなり。𑖁𑖾惡長字は𑖀に涅槃點と三昧點を加ふるなり、是れ菩提心に究竟の涅槃と大悲化他の三昧とを併せて方便究竟となるなり。【悉曇藏五】而して之を五方の五智五佛に配當するに、大日經疏に中因東因の二種ありて、中因の次第によれば、中東南西北と次第し、中央大日の位を發心とし、之を𑖀字に配し、北方、鼓音（不空釋迦）の位を方便究竟として𑖁𑖾字に配す。又東因の次第によれば、東南西北中と次第し、東方寶積の位を發心として之を𑖀字に配し、中央大日の位を方便究竟として𑖁𑖾字に配す。

中因

中	𑖀	發心	大日
東	𑖁	修行	寶積（阿閦）
南	𑖀𑖽	菩提	開敷華（寶生）
西	𑖀𑖾	涅槃	無量壽
北	𑖁𑖾	方便究竟	鼓音（不空釋迦）

東因

東	𑖀	發心	寶幢
南	𑖁	修行	開敷華
西	𑖀𑖽	菩提	無量壽
北	𑖀𑖾	涅槃	鼓音
中	𑖁𑖾	方便究竟	大日

【大日經疏十四】に「又此阿有ニ五種一阿、阿長、暗、惡、惡長、乃至前者壇法中心是大日如來即同ニ此中阿字一。乃至今從ニ阿字一而更生ニ四字一。即是大悲胎藏之葉也。乃至其噁長字一字是方便輪。輪至是生義。如下從ニ阿字一字一即轉中生四字上。謂阿是菩提心。阿長是行。暗是成菩提。噁是大寂涅槃。噁長是方便。」此の文は中因の義なり。【同二十】に「初阿字在ニ東方一。如ニ梵音阿字一。即有ニ動首之義一。如レ順ニ世間法諸法中東方爲レ上故。喩ニ菩提心最是萬行之初一也。其名曰ニ寶幢佛一。乃至次入ニ中惡長字一。是方便也。此是毘盧遮那佛本地之身。華臺之體。」是東因の文なり。さて是の如く五轉に中因と東因の別あるは、中因は本覺上轉の次第に依り、東因は始覺上轉の次第によればなり。即ち中因の菩提心とは一切衆生本より法爾の菩提に安住して未だ曾て生死に流轉せず、極大頓機ありて、此の說を聞き一步を動ぜず、直ちに本地の體性に逮得し、此の時修行證入方便究竟の四轉の加德一時に具足成就す。而して衆生の爲に自證俱時の功德を開きて更に後の四轉を開く也。是れ胎藏界の意なり。次に東因の菩提心は一切衆生法爾の佛位に安住するも、無明煩惱に覆障せられて久しく生死流轉の凡夫と成る。然るに今聖敎の淨則、知識の妙緣に遇ひて、更に歸本の心を發して修行昇進する次第なり。是れ金剛界の意なり。（秘藏記鈔五）又初に行者の肉團心を以て曼荼羅となし、上に八葉の蓮臺を觀じ、中に阿字を安じて大日の種子とす。若し此の門に約すれば第一の阿字を大日の種子とす。若し佛地に依れば五智圓滿す、是れ方便究竟なり。大圓鏡智は阿閦佛を成ず、是れ菩提心なり。故に第五の阿字を大日の種子とし、第一の阿字を以て阿閦の種子とす。（菩提心義十而して此の五大を五佛に配するに就いて亦中因東因の二義あり「ゴタイ」を見よ。）是の如く諸尊の種子に五轉ありて五德を成ずるなり。金剛界の大日の如き𑖪は是れ發心、𑖪𑖯は是れ修行、𑖪𑖽は是れ菩提、𑖪𑖾は是れ涅槃、𑖪𑖯𑖾は是れ方便也。又文殊の種子の如き、𑖦は是れ發心、𑖦𑖯は是れ修行、𑖦𑖽は是れ成菩提、𑖦𑖾は是れ涅槃、は𑖦𑖯𑖾是れ方便なり。又觀音の種子の如き、𑖭は是れ發心、𑖭𑖯は是れ修行、𑖭𑖽は是れ菩提、𑖭𑖾は是れ涅槃、𑖭𑖯𑖾は是れ方便な

り。他皆之に準ず。問ふ、種子に各五轉ありて五德成ず、他の印形の二、亦然るや。答ふ、字の五轉の如く印形亦た然り。且く大日の印、若くは形に約せば、阿閦の印形は是れ大日の菩提心なり、寶生の印形は是れ大日の菩薩行なり、彌陀の印形は是れ大日の證菩提なり、不空成就の印形は是れ大日の入涅槃也、大日の印形は是れ大日の起方便なり。若し蓮華部の尊を中台とし、乃至文殊、釋迦、閻王を中台とするに亦た是の如し。【菩提心義六】

五轉と四重圓壇 【術語】五轉を胎藏界の四重圓壇に配すれば左の如し。之に從果向因と從因至果の二種あり【菩提心義六】

從果向因		從因至果
中台	發心	世天等
八葉	修行	三重
二重	菩提	二重
三重	涅槃	八葉
世天等	方便	中台

問ふ、從果向因の時は阿字を以て中央大日の種子とすれば胎藏界曼荼羅は從果向因なり、故に阿字を以て種子とすべし、何ぞ諸家の曼荼羅鈔に第五の惡長字を以て中央大日の種子となすや。答ふ、胎藏界を從果向因と云ふは金剛界の從因至果に對すればなり、然るに金胎の兩部固より不二なれば金剛界にも從果向因の化他あるべく、又胎藏界にも從因至果の自利あるべし。故に疏に於て此の兩義を說くなり。されば大日如來は今從果向因の化他門に出でて究竟方便智を以て四重曼荼羅を現じ、一切衆生をして中台大日如來の位に引入せしむる故に其の種子を方便究竟の惡長字となすなり。【演奧鈔八】に「持誦第二云。私云孔爲二大日一是從因向果種子。孔爲二大日一是從本垂迹種子。今灌頂像是垂迹形故孔爲レ定。」

五轉色 【雜語】「ゴシキ」の條下を見よ。

ゴテン 五天 【地名】五天竺の略。

ゴテンシキヤウ 五天使經 【經名】閻王五使者經の異名

ゴテンシシヤ 五天使者 【雜名】生、老、病、死、王法牢獄の五。「テンシ」を見よ。

ゴテンヂク 五天竺 【地名】東西南北中の五方の天竺。天竺を此五處に分つ。【西域記二】に「五印度之境。周九萬四里。三垂大海。北背二雪山一。北廣南狹。形如二半月一。」五方の配分今と異なれり。

ゴデウ 五條 【衣服】五條袈裟なり。

ゴデウゲサ 五條袈裟 【衣服】三衣の一。袈裟は數條の切(きれ)を縫綴して長方形の幅物に作したるものにて、安陀會は橫に五條あれば五條袈裟と名く。其全體の大さは、若し四分宗に依らば長さ四肘即ち七尺二寸、廣さ二肘即ち三尺六寸。【行事鈔資持記下一之一】

下衣 【衣服】五條袈裟の別名。最も下に著するが故に名く。

院內道行雜作衣 【衣服】同上。寺中の房室に居り、道路を行く時、或は諸の雜務を作す時に服する者なれば名く。

中著衣 【衣服】安陀會の譯、內衣と云ふに同じ。

ゴデンセウ 御傳鈔 【書名】二卷。本願寺第三世覺如著。宗祖見眞大師の事歷を記す。

ゴトウ 五刀 【譬喩】人あり王に逼られて曠野を走るに、五人の旃陀羅あり、刀を持して其人を逐ふ。五刀を人の五陰に譬ふ。【涅槃經二十三、雜阿含經四十三】

ゴトウ 語等 【術語】四等の一。諸佛の言音同等無二不增不減なると。【楞伽經三】

ゴトウゴントウ 五燈嚴統 【書名】二十五卷、費隱通容と百癡願公共集。

ゴトウロク 語燈錄 【書名】具名、黑谷上人語燈錄、十卷、淨土宗鎭西派了慧、源空上人著述の諸章を編集せしもの。

ゴトウロク 五燈錄 【名數】一に景德傳燈錄。二に廣燈錄、三に續燈錄、四に聯燈錄、五に普燈錄なり、【禪宗正脉序】に「已而六傳至二曹溪一而支分派別。洋溢汎濫。徧滿二天下一。不レ有二文字紀一錄事緣一又何以知二其投鍼玄趣激電迅機一。開二示妙明之眞性一哉。此吳僧道原傳燈錄之所レ有レ作。乃至後斯輶者曰二廣燈續燈聯燈普燈一。雖二各詳略不一レ同亦無レ非レ所三以明二此一大事一也。宋時有二僧濟者一。患二五燈之浩瀚一。作二五燈會元一以惠二來學一。甚盛心也。」

ゴトウヱゲン 五燈會元 【書名】二十卷、宋の僧濟集。五燈錄を撮要せしもの。

ゴトク 五德 【名數】種種の五德あり。

自恣五德 【名數】安居竟日に自恣擧罪の式を行ふに、僧衆に撰ばれて自恣擧罪の任を爲すものの必ず二種の五德を具すべし。一に不愛、二に不恚、三に不怖、四に不痴、五に自恣と不自恣とを知る。之を自恣の五德と名く。又、一に時を知る、二に眞實、三に利益、四に柔軟、五に慈心、之を擧罪の五德と名く。【行事鈔上四】に「四分律取下具二五法一者上。謂不二愛恚怖痴一。知二自恣不自恣一。此名二自恣五德一。律文又差下知レ時不レ以二非時一。如レ實不レ以二虛妄一。利益不レ以二損減一。柔輭不レ以二麤穬一。慈心不上レ以二瞋恚一。此謂二擧罪五德一。」

瞻病五德 【名數】人の病を看護するに就いて五種の德を行ふ。一に病人の可食不可食を知ると、

二に病人の大小便利唾吐を惡賊せざると、三に慈悲心ありて衣食の爲にせざると、四に能く湯藥等を經理すると、五に能く病人の爲に法を說くと。【四分律四十一】

戒師五德　〔名數〕一に持戒、二に十臘、三に律藏を解す、四に禪思に通ず、五に慧藏窮玄。【天台戒疏上】

ゴトクチ　後得智　〔術語〕正しく眞如に冥符する智は無分別の念を離るれば、之を無分別智又は根本智と云ひ、後に一切差別の相を分別する智を分別智又は後得智と云ふ。是れ根本智の後に得る智なればなり。又俗智、如量智など云ふ。佛陀の大悲を起して衆生を救ふも此後得智なり。【眞諦譯攝大乘論釋十二】に「根本智依二非心非非心一。後得智則依二止心一故。二智於レ境有レ異。根本智不レ取レ境以二境智無一レ異故。後得智取レ境以二境智有一レ異故。根本智不レ緣レ境如レ閉レ目。後得智緣レ境如レ開レ目。」【同四】に「如來本識永離二一切解脫障及智障一。此識或名二無分別智一。或名二分別後智一。若於二衆生一起二利益事一分名二俗智一。若緣二一切無ヲ性起一分名二眞如智一。此二合名二應身一。」

ゴドウエンイシキ　五同緣意識　〔術語〕四種意識の一、第六意識が眼等の五識と共に色等の五境を緣ずること。五同緣の意識と云ふ。是れ必ず現量なり。

ゴドウジホフ　護童子法　〔修法〕大梵天王佛所に詣りて曰く、世に十五鬼神あり、諸の童子に對して種種の惱害を作す。我れ其の鬼神の形相及び童子惱害の相、及び之を驅除する法を說かんと。神鬼の形相と被惱の相狀を記す。

一	彌酬迦神	Misika Mahisaka	牛形	小兒眼睛廻轉
二	彌迦王神	Mṛgarāja	師子形	小兒數數嘔吐
三	騫陀鬼神	Skanda	鳩摩羅天形	小兒兩肩搖動
四	阿波悉摩羅神	Apasmāra*	野狐形	小兒口中沫出
五	牟致迦神	Muṣṭika*	獼猴形	小兒把拳不展
六	摩致迦神	Māṭṛkā	羅刹女形	小兒自嚙其舌
七	閻彌迦神	Jāmikā	馬形	小兒喜啼喜笑
八	伽彌尼神	Kāminī	蟻女形	小兒樂著女人
九	梨婆坻神	Revatī	狗形	小兒種種離細
十	富多那神	Pūtanā	犢形	小兒眼中驚怖
十一	曼多難提神	Maṭṛnandī	猫形	小兒喜啼喜笑
十二	舍究尼神	Śakni	鳥形	小兒不肯飲乳
十三	犍吒婆尼尼神	Kaṇṭhapāṇinī	雉形	小兒咽喉聲塞
十四	目佉曼茶神	Mukhamaṇḍikā	獯狐	小兒氣熱病痢
十五	藍婆神	Lambā	蛇形	小兒數數噎噦

其の調治の法は大鬼神王あり、旃檀乾闥婆と名く、諸鬼神に於て最上首なり、當に五色の線を以て此の陀羅尼を誦する一徧一結、一百八結を作し、並に其の所害の鬼神の名を書し人をして此の書と線を齎らしめて彼の徒に言はしむ、今疾く走れ、速なること風の如くせよと。神王其の眷屬と共に十五神の所在に從て彼の五色線を以て其の鬼神を縛して衆生を害すること勿らしむ。依つて種種の美味飲食香華燈明及び乳粥を以て神王を供養す。梵王復た言く、若し女人ありて男女を生まず、或は胎中に在て失壞墮落し、或は生じ已つて命を奪はば、此の諸女等子息を求めて保命長壽たらんと欲せば、當に繫念して善法を修行し、月の八日十五日に於て八戒を受持し、淸淨に洗浴して新淨衣を着け、十方の佛を禮し、中夜に至つて小芥子を運んで已が頂上に置き、我が所說の陀羅尼を誦すれば此の女人をして意の如く所生の男子安穩苦なく、其の形壽を盡くして中夭なからしめん。若し鬼神ありて我が呪に順はずんば我れ當に其の頭を七分して阿梨樹枝の如くならしめんと。依つて呪を說く、世尊又一呪を說て童子の難を除く。【護諸童子陀羅尼經】

ゴドンシ　五鈍使　〔術語〕本惑十使の中に貪瞋痴慢疑の五使を云ふ。貪瞋痴の四使は何れも世間の事物に迷執して起す惑にて、其の性分鈍きものなれば鈍使と云ひ、疑使の一は四諦の眞理に就いて起す惑なれども、もと猶豫不決を自性とすれば其性分銳きものにあらざれば、貪等の四使に類從して鈍使となす。

ゴナゴンテン　五那含天　〔界名〕五淨居天に同じ。色界の第四禪天に在り。阿那含即ち不還果の聖者の生處なればなり。「ゴジャウゴテン」を見よ。

ゴナフエ　五納衣　〔衣服〕納衣は種種の衣片を綴納して作るものなれば、其中自ら五色を具ふる故五納衣と云ふ。釋氏要覽法衣篇に五種の納衣と解するは不可。【行事鈔二衣總別篇】に「若作二五納衣一者。得二上色碎段者一。裁作二五納一亦得。」【同資持記】に「五納即五色碎段重納ヲシテ爲レ衣。雖二是正間一非二純色一故。」

ゴナン　御難　〔雜語〕日蓮、北條時宗の旨に忤ひ將に龍口に刑せられんとして免る。其徒之を龍口の御難と云ふ。

ゴナンノモチ　御難餅　〔雜名〕文永八年九月十二日、日蓮相州鎌倉龍の口に於て厄難あり。白刃の下僅に一命を全うす。今日宗門の徒餥（ほこ）を作りて像前に供す。これを御難の餅と云ふ。

ゴニチジフザ　五日十座　〔行事〕法華講と稱して無量義經一卷、法華經八卷、普賢觀經一卷、合せ

て十巻を朝夕の二座を五日に講ずるもの。

ゴニチハチコウ　五日八講　〔行事〕五日に法華經八巻を講ずること。即ち初日の夕座より始まり、五日の朝座に終る。又、開結二經を合せて十講なるも法華經八巻を講ずるが主なれば八講と云ふ。

ゴニフ　悟入　〔術語〕實相の理を悟り、實相の理に入ること。【法華經方便品】に「欲レ令三衆生悟二佛知見一故出二現於世一。欲レ令三衆生入二佛知見道一故出二現於世一。」図〔人名〕迦濕彌羅國有部宗の羅漢、衆賢論師の師。梵名、塞建地羅。【倶舍光記一】

ゴニフモン　五入門　〔名數〕一に入菩提心門東、二に入功德門南、三に入智慧門西、四に入方便門北、五に入中胎門中。【溪嵐拾葉集十二】

ゴニン　五忍　〔術語〕仁王經所說菩薩の位。「ニン」を見よ。

ゴニン　悟忍　〔術語〕韋提希夫人阿彌陀佛を現見するに依り、廓然大悟して無生の忍を得。これを悟忍と云ふ。又喜忍とも信忍とも名く。十信の位の忍なり。【觀經定善義】に「阿彌陀佛國清淨光明忽現二眼前一。何勝二踊躍一。因二茲喜一故即得二無生之忍一。亦名二喜忍一。亦名二悟忍一。亦名二信忍一。乃至是多是十信中忍。非二解行已上忍一也。」

ゴニンセツキヤウ　五人說經　〔名數〕佛教の經典を說くに五種の人あり。一に佛說、常の如し。二に弟子說、聲聞菩薩法を說き、佛之を認可せるもの。三に仙人說、五通の仙人佛に從ひて道に入り、法を說きて人を化するもの。四に諸天說、帝釋の善法堂に在つて常に般若を說く如きもの。五に化人說、上の四種の人、本を隱し化を現じて法を說くもの、觀佛三昧海經六に羅睺羅化して轉輪聖王となり須達の家の毘佉離を度するが如し。【智度論二】

ゴネツ　五熱　〔雜語〕外道の苦行。五體を火に熱すること。

ゴネン　護念　〔術語〕保護し憶念すること。【無量壽經上】に「無量諸佛咸共護念。」【嘉祥法華義疏九】に「令二外惡不一レ侵爲レ護。內善得レ生爲レ念。」

ゴネン　後念　〔術語〕刻刻に移り行く間に於て先の瞬間を前念といひ、次の瞬間を後念と云ふ。又初一念に決定したることが其後永く相續する間に名く。

ゴネンキヤウ　護念經　〔經名〕佛說阿彌陀經の異名。此經を信ずる者は一切の諸佛に護念せらるるが故に名く。【阿彌陀經】に「若有二善男子善女人一。聞二是諸佛所說名及經名一者。是諸善男子善女人。皆爲二一切諸佛一共所二護念一。皆得レ不レ退二轉於阿耨多羅三藐三菩提一。」

ゴネンジヨ　五念處　〔術語〕阿修羅王佛の四念處を說くに對して五念處を說くと云ふ。「アシュラ」の項を見よ。

ゴネンゾウジヤウエン　護念增上緣　〔術語〕善導の【觀念法門】に、念佛の行者五種の增上緣を得るを明す中に、第二を護念得長命增上緣と云ふ。現生に佛に護念せられて長壽を得る强力の因緣なり。

ゴネンモン　五念門　〔名數〕淨土論所說、阿彌陀佛を念ずる五種の門。一に禮拜門、身業を以て阿彌陀佛の形像に向つて禮拜すること。二に讚嘆門、口業を以て阿彌陀佛の名を稱ふること。三に作願門、一心に彼の國土に生ぜんと願ふこと。四に觀察門、智慧を以て土の十七の功德、佛の八種の功德、菩薩の四種の功德を觀察すること。五に廻向門、已が功德を一切衆生に廻施し、彼此共に成佛せんと願ふこと。門とは入出の義、初の四門は安樂淨土に入るの門、後の一門は利他敎化に出づるの門なれば通じて門と名く。【淨土論】に「若善男子善女人。修二五念門一行成就。畢竟得下生二安樂國土一見中彼阿彌陀佛上。何等五念門。一者禮拜門。二者讚嘆門。三者作願門。四者觀察門。五者廻向門。」

ゴハ　五派　〔名數〕眞宗の五派。一に本願寺派。二に大谷派、本願寺第十一世顯如の長子敎如開基。三に佛光寺派、親鸞の弟子眞佛開基。四に高田派、本寺を專修寺と云ふ。親鸞開基弟子眞佛に付す。五に木邊派、江州錦織寺を本山とす、もと天台宗なりしを親鸞再興して四條天皇より天神護法錦織之寺の勅額を賜はる。

ゴハウゴチ　五方五智　〔術語〕密敎にて五方五佛に五智五大を配當せるを云ふ。「ゴダイ」の條下「密敎五大」を見よ。

ゴハウベン　五方便　〔名數〕五五の方便即ち二十五方便を略して五方便と云ふ。天台所說、四敎の觀法を修する前方便の加行なり。図天台大師念佛門に就いて五重の方便を明かす。一は稱名念佛三昧門、二に觀相滅罪三昧門、三に攝境唯心三昧門、四に心境倶離三昧門、五に性起圓通三昧門。【五方便念佛門、傳通記糅鈔二十二】

ゴハチシキ　五八識　〔術語〕眼等の五識と、第八阿賴耶識と。此二種識は倶に現量にして、我法の二執なきもの。佛果に至る時は同時に五識は成所作智となり八識は大圓鏡智となる。

ゴハラミツ　五波羅蜜　〔術語〕六波羅蜜の中に般若波羅蜜を除くもの。般若は主にして他の五は從、他の波羅蜜なるを得るは般若の功德なり。【法華經分別功德品】に「善男子善女人。爲二阿耨多羅三藐三菩提一故。於二八十萬億那由陀劫一行二五波羅蜜一。檀波羅蜜。

尸羅波羅蜜。羼提波羅蜜。毗梨耶波羅蜜。禪波羅蜜。除二般若波羅蜜一。」【智度論二十八】に「復次餘諸波羅蜜。不レ得二般若波羅蜜一不レ得二波羅蜜名字一。亦如二群盲無レ導不一レ能レ有レ所レ至。般若波羅蜜亦復如レ是。導二五波羅蜜一令レ至二薩婆若一。」⦿(平家六)「一念信偈の功徳は、五波羅蜜の行にも越え」

ゴハウテン 護方天 [天等]「ハウゲ」を見よ。

ゴハチソン 五八尊 [術語] 千手觀音は即ち千體の觀音なり。之を二十五有に配して一有に四十手即ち四十體の觀音あり、之を五八尊と稱す。【千光眼觀自在菩薩秘密法經】

ゴバイ 後唄 [雜名] 梵唄に三節あり、前に擧ぐるを梵唄と云ひ、中に擧ぐるを中唄と云ひ、終に擧ぐるを後唄と云ふ。

ゴバク 五縛 [名數]「バク」を見よ。

ゴバツトウゾク 五拔刀賊 [譬喩]「ゴトウ」を見よ。

ゴヒ 牛皮 [譬喩] 牛皮を被て日に向へば彌堅く、龍鬚を繫けて水に入れば益痛む。牛皮龍鬚貴しと雖還つて身を害す。以て人天有漏の福の法身の慧命を傷ふに譬ふ。【止觀五】に「設使欲レ捨二三途一欣二五戒十善一。相心修レ福。如二市易轉換一。翻更益レ罪。似下魚入二笱口一蛾趣中燈中上。狂計邪黠逾速逾遠。渴更飲レ鹹。龍鬚縛レ身入レ水轉痛。牛皮繫レ體向レ日彌堅。盲入二棘林一溺墮二洄澓一。」【同輔行】に「有相之福如二龍鬚牛皮一。戒定慧三如レ身如レ體。有相心修如レ縛如レ繫。受二人天果一如レ入如レ向。却墮二三途一如二彌堅轉痛一。故大論云。夫利養者如二龍鬚繩縛レ身入一レ水。初損二戒皮一。次損二定肉一。後損二慧骨一。」

ゴヒ 五秘 [名數] 五秘密の略。

ゴヒツワジヤウ 五筆和尚 [人名] 弘法大師の異名。⦿(水鏡)に唐土に在て五筆を以て書きし事を記して「唐土にても御殿のかべの二間侍るなるに、義之と云ひし手かきの物を書きたりけるが、年久しくなりてくづれにければ、又改められて後、大師に書き給へと唐土の御門申し給ひければ、五つの筆を御口左右の御足手にとりて、壁に飛びつきて一度に五くだりになむ書き給ひける」(正統記、著聞集)

ゴヒミツ 五秘密 [名數] 金剛界所立の秘法。金剛薩埵中欲東觸南愛西慢北の五金剛菩薩を云ふ。一に金剛薩埵とは一切衆生本有自性の六大を云ふ。六大の體性堅固不變なれば金剛と云ひ、薩埵は有情と譯す。之を中央に安ずるは六大は諸法の根本體性なればなり。二に慾金剛とは凡夫始めて阿闍梨に遇ひ、六大平等生佛不二の理を開示せられて菩提心を發する位なり。慾とは金剛頂蓮華部心儀軌に、菩提大欲と說き、理趣經に大欲最愛成就と說きて、菩提心は自ら大菩提を取り、法界の大衆生を度し盡さんとする大貪欲心なれば慾と名く。三に觸金剛とは巳に菩提心を發して三界に入り、一切衆生に觸れて大悲の萬行を修する位なり。能化は緣、所化は因、因緣和合して濟度を成ず。是れ觸の義なり。四に愛金剛とは自ら佛果を成就して專ら衆生を憐愛する位なり。五に慢金剛とは涅槃に住して大我自在なる位なり。此慾觸愛慢の四字は悉く煩惱の名なれども、佛德を表するが故に悉く秘密の名字を付すれば此五尊を五秘密と名く。【理趣經開題】に「欲觸愛慢之體還表二果德一。」【五秘密儀軌、理趣經、辨惑指南三】(第四十二圖參照)

ゴヒミツギキ 五秘密儀軌 [經名] 金剛頂瑜伽金剛薩埵五秘密修行念誦儀軌の略名。

ゴヒヤクイブ 五百異部 [流派] 小乘の異計五百部あり。⦿「ゴヒヤクブ」を見よ。

ゴヒヤクガン 五百雁 [故事] 五百の雁、法を聞て天上に生る。又、五百の雁あり、五百の羅漢となる。「ガン」を見よ。

ゴヒヤクコカク 五百估客 [故事] 五百の估客あり、海に入つて寶を求め、摩竭魚に逢ふ、中に一人の優婆塞あり、佛を念じて危難を免かる。【智度論七、經律異相四十三】

ゴヒヤクシヤウ 五百生 [雜語] 又、五百世。時の長きを云ふ一の套語。五百本生經(齊永明年中摩訶乘譯、今無)より起る。

五百生怨 [雜語]【法苑珠林三十五】に「畜生中云何知レ有二宿命一。答如二婆娑論中云一。昔有二一女一。置レ兒在レ地。緣二行他所一。時有二一狼一將二其兒一去。其母見巳趁レ之語曰。汝狼何以將二吾兒一去。狼即答曰。汝是我怨。曾於二五百生中一常食二我兒一。我今殺二汝兒一。此乃怨讐相報。何以生レ瞋。」

五百生野狐 [傳說] 一轉語を誤りて五百生野狐身に墮す。「ヒヤクヂヤウヤコ」を見よ。

ゴヒヤクセ 五百世 [雜語] 五百生に同じ。

五百世無手 [雜語]【梵網經下】に「若佛子故レ飮レ酒而生二酒過失一無量。若自身手過二酒器一與レ人飮レ酒者。五百世無レ手。何況自飮。」

五百世怨家 [雜語]【經律異相四十六】に「出鈔毘曇婆娑經云。嘗聞有二一女人一爲二餓鬼一所レ持。即以二呪術一而問レ鬼言。何以惱二他女人一。鬼答言。此女人是我怨家。五百世中常殺レ我。我亦五百世中斷二其命一。若彼能捨二怨心一我亦捨。」

ゴヒヤクセウジヨウ 五百小乘 [流派] 小乘五百部に分る。「ゴヒヤクブ」を見よ。

ゴヒヤクセンニン 五百仙人 [傳說] 優塡王

色染を以ての故に五百の仙人の手足を截る。【智度論十七、輔行四之三】五百の仙人山中に在り、甄陀羅女雪山の池中に浴す、其の歌聲を聞て禪定を失ふ。【智度論十七、輔行四之三】五百の仙人空中に飛行する時、緊陀羅女が歌聲を聞きて心狂醉し、神足を失ひて一時に地に墮つ。【智度論十七】

ゴヒヤクダイグワン　五百大願　〔本生〕釋迦如來往昔寶海梵志たるとき寶藏佛の所にて五百の誓願を起す。【悲華經七】に「爾時寶海梵志。在二寶藏佛所一諸天大衆人非人前。尋得レ成二就大悲之心廣大無量一。作二五百誓願一已。」經文漫說五百を分別し難し。

ゴヒヤクヂンデンゴフ　五百塵點劫　〔術語〕法華經壽量品に釋迦の久遠成佛を明かす劫量なり。「善男子。我實成佛已來。無量無邊百千萬億那由佗劫。譬如二五百千萬億那由佗阿僧祇三千大千世界一。假使有レ人抹爲二微塵一。過二於東方五百千萬億那由佗阿僧祇國一乃下二一點一。如レ是東行盡二此微塵一。至是諸世界若著二微塵一及不レ著者。盡以爲レ塵、一塵一劫。我成佛已來復過二於此一百千萬億那由佗阿僧祇劫。」

ゴヒヤクデシジセツホンギキヤウ　五百弟子自說本起經　〔經名〕一卷、西晉の竺法護譯。五百の弟子各本因を說く。【宿帙六】(729)

ゴヒヤクデシジユキボン　五百弟子授記品　〔經名〕法華經卷四第八品の名。此品は下根の弟子に成佛の記別を授くるを說きしもの。記別を受くる弟子は總じて千二百人あり、之を二段に分けて初に先づ富樓那一人に授記し、後に總じて餘人に授記す。されば人數の上より云へば千二百弟子授記品といふ筈なれど、其千二百人の中に五百人は何れも同一の名號を有せる如來となり、又五百人一同に立ちて領解を述ぶるなどの特殊の事あるを以て、殊に五百を揭げて品名とせしなり。

ゴヒヤクデシボン　五百弟子品　〔經名〕前項「に同じ。

ゴヒヤクニンジユキ　五百人授記　〔故事〕法華經五百弟子授記品に於て陳如等の五百人に成佛の記を授くると。

ゴヒヤクノチリ　五百之塵　〔雜語〕五百塵點劫を云ふ。「ン」を見よ。

ゴヒヤクネン　五百年　〔術語〕「ゴゴヒヤクネン」を見よ。

ゴヒヤクブ　五百部　〔雜名〕佛滅後五百年に於て小乘の異部雜出して五百部を爲す。【智度論六十三】に「是聲聞人著二聲聞法佛法一。過二五百歲一後。各各分別有二五百部一。從レ是以來以レ求二諸法決定相一故。自執二其法一不レ知下佛爲二解脫一故說中法。而堅著二語言一。故聞レ說二般若諸法畢竟空一如二刀傷一レ心。」【行宗記一上之一】に「五百部者。有レ言無レ相。教雖レ不レ叙。起必從レ緣。」又「五百部。智論但有二通數一。不レ出二人法名義一。」

ゴヒヤクヘンプク　五百蝙蝠　〔本生〕大毘婆娑論を結集せし五百の羅漢は前身五百の蝙蝠なりき。【西域記三】に「南海之濱有二一枯樹一。五百蝙蝠於レ中穴居。有二諸商侶一止二此樹下一。時屬二風寒一人皆飢凍。聚二積樵蘇一蘊二火其下一。煙焰漸盛枯樹遂燃。時商侶中有二一賈客一。夜分已後誦二阿毘達磨藏一。彼諸蝙蝠雖レ爲二火困一愛二樂法音一忍而不レ去。於レ此命終隨レ業受レ生。俱得二人身一捨レ家修學。乘レ聞二法聲一。聰明利智。普證二聖果一爲二世福田一。近迦膩色迦王與二脇尊者一招二集五百賢聖一。於二迦溼彌羅國一作二毘婆沙論一。斯並枯樹之中五百蝙蝠也。」

ゴヒヤクミコウ　五百獼猴　〔傳說〕五百の獼猴水中の月を捉らんとして盡く沒死す。「ミコウ」參照。

ゴヒヤクモン　五百問　〔經名〕佛說目連問戒律中五百輕重事の異名。

ゴヒヤクモンジ　五百問事　〔經名〕前項に同じ。

ゴヒヤクユジユン　五百由旬　〔雜語〕法華經に五百由旬の險難を越えて寶所あるを說く。【化城喩品】に「譬如下五百由旬險難惡道。曠絕無レ人怖畏之處。若有二多衆一欲下過二此道一至中珍寶處上。」天台は凡聖同居土は三界の果報なれば之を三百由旬とし、方便有餘土を四百由旬とし、實報無障礙土を五百由旬とし、之を超えて寶所あり、即ち究竟の常寂光土なりと云ふ。嘉祥は三界を以て三百とし、二乘を以て二百とし、三界と二乘を超えたる處、即ち大乘の寶所眞の涅槃なりと云ふ。慈恩は分段生死に惑業苦の三あるを三百とし、變易生死に惑苦の二あるを二百とし、此二生死を超えて則ち涅槃に至ると云ふ。

ゴヒン　五篇　〔術語〕律學の慣ひに五篇七聚と讀む。「ヒンジユ」を見よ。「見よ。

ゴヒヤクラカン　五百羅漢　〔雜名〕「ラカン」を

ゴビク　五比丘　〔雜名〕佛が最初に度せし五人の比丘。共に佛の姻戚なり。一に憍陳如、二に頞鞞、三に跋提、四に十力迦葉、五に摩男俱利。是れ【文句四之三】の說にして諸經論諸家の義皆同じ。然るに一に陳如（又拘隣）二に頞鞞（又濕鞞阿說示馬勝）三に拔提（又摩訶男）四に十力迦葉、五に俱利太子と列ね、又【玄義釋籤六之二】に一は頞鞞、二は跋提、三は俱利、四は釋摩男、五は十力迦葉と列ぬ。是れ摩男と俱利を別人とし一は摩男を跋提の異名とし（文句）、一は摩男を陳如の異名とし、陳如の名を除きて釋摩男の名を第四に加ふ、皆誤なり。摩男とは摩訶那摩の略、大名の義、拘利太子の尊稱なり。是れ釋氏なれば釋摩男とも云ふ、別人ならず。

Ājñāta Kauṇḍinya（巴Koṇḍañña）憍陳如 譯火器
- 本行集經 憍陳如
- 賢劫經 居倫
- 普曜經 倶隣
- 大哀經 倶輪
- 中本起經 拘隣
- 毘耶婆問經 増一阿若居隣
- （玄義釋籤 釋摩男）
- 最勝王經 阿若憍陳如

Aśvajit（巴Assaji）頞鞞 譯調馬、馬勝、馬師、馬星
- 中本起經 頞陛
- 四分律三十三 阿濕鞞
- 文句一之二 阿說示
- 本行集經 阿奢踰時
- 最勝王經 阿說恃多阿鞞

Bhadrika 拔提 譯小賢
- 中本起經 跋提
- 四分律 婆提
- 本行集經 跋提梨迦
- 最勝王經 婆帝利迦
- （法華文句 摩訶男）

Daśabala Kāśyapa 十力迦葉 譯起氣
- 中本起經 十力迦葉
- 四分律 婆敷
- 五分律 婆頞
- 本行集經 婆沙波
- 最勝王經 波濕波（Bāṣpa）

Mahānāma Kulika 摩男拘利 譯大名
- 法華義疏 摩男拘利
- 玄贊 摩訶男倶利
- 中本起經 摩南拘利
- 五分律 摩訶男
- 四分律 摩訶摩男
- 十二遊經 摩訶納
- 本行集經最勝王經 摩訶那摩
- 善見律 釋摩男

【本行集經三十四】に偈あり「小賢、起氣、憍陳如。摩訶那摩、及調馬。彼等初證知ㇾ見此如來甘露鼓法門。」

母親 ｛陳如、頞鞞｝ 本行集經、五分律、中本起經、

父親
- 跋提 ｛白飯王 長子 智度論／甘露王 ｛長子 本行集經／次子 五分律｝｝
- 十力 ｛白飯王 次子 智度論／甘露王 ｛長子 五分律／次子 本行集經｝｝
- 摩男 ｛甘露王 長子 智度論／斛飯王 長子 本行集經 五分律｝

ゴビヤウ 五瓶 【物名】 密敎の儀軌に五寶五穀五藥及香水を五瓶に滿て、之に寶花を挿して佛に奉る。【大日經疏八】に「次說二吉祥瓶法一。當レ用二金銀等寶一。乃至無者應下以二瓷或淨瓦一爲上レ之。極令二圓滿端正一又不二洩漏一。如二毘尼中方便一。灌二漉淨水一盛二滿其中一。內二五寶五穀五藥一。乃至又取下如二前所一レ說諸塗香末上和レ水。兼置二龍腦牛黃一。於二瓶口一插以二寶華一。或隨二方土所一レ有名花一。取二其花果條葉茂好圓具者一使二間錯垂布一。令二極端嚴一。以二彩繒一纏レ頭幷繫二華鬘一塗以二衆香一。乃至中胎藏當レ安二五瓶一。最中大日瓶安二在華臺一。餘置二外華葉中一。」【一字奇特佛頂經曼荼羅儀軌品】に「應レ取二新瓶底不レ黑者一。令レ應レ量。取二阿摩羅此曰梨樹梢葉一插二其中一。又取二倶緣果一此土無一安二瓶口上一。瓶中置二諸寶及諸種子一。幷香水令レ滿。以二細繒帛一繫二其頂一。安二於壇四角及中央一。」

五瓶智水 【雜語】 五瓶は金剛界の五部にて、其香水は五智如來の智慧を表せしもの。⦿（平家二）「かめ井の水を五びやうの智水と定め」

五瓶灌頂 【修法】 五瓶の水を以て灌頂するは五智如來の智慧を行者の頭上に注ぐなり。

ゴフ 業 【術語】 梵語羯磨。Karma 身口意の善惡無記の所作なり。其の善性惡性は必ず苦樂の果を感ずれば之を業因と云ひ、其の過去に在るを宿業と云ひ、現在なるを現業と云ふ。【倶舍光記十三】に「造作名レ業。」業は造作の義なり、之に二種あり、一は身の取捨屈伸等の造作を身業と名け、音聲の屈曲の造作を語業と名くる如き、是れ身の造作、語の造作を直ちに指して業となすなり。二は第六意識と相應して起る心所中の思の心所なり、思の心所は造作を以て性とすれば之を以て業性となすなり。即ち身を動作する思を身業となし、語を動起する思を語業となし、意を作動する思を意業となす。此の義に依つて倶舍論には十業道に就いて業業道と業道とを區別せり。謂く、殺等の七支は身語二業なれば業にして又業の道なり。業とは身語の二業自體是れ業なるを云ひ、業の道とは思の心所の遊履する處なるを云ふ。又貪瞋等の三は唯業の道なり、彼れ自體業に非ずして唯だ思の心所の遊履する所なればなり。大乘の敎に依れば意に亦業の義あり、此に依れば貪等の意業も亦業にして業の道なり。此二種業の中、小乘倶舍は第一種を以て實業と立てて正しく果を感ずる異熟因とし、大乘唯識は第一種を假業とし、第二種の正しく身語を發動する現行の思の心所を以て當果を招く實業となすなり。

表業無表業 【術語】 身語意の三業に就きて小乘倶舍の說は身語二業に局りて、表業無表業表色無表色と云ふありとし、大乘法相の義は、三業共に表業無表業ありとす。表とは、表示の義、身の表業とは、他の見るべき身の動作なり、取捨屈伸等なり。語の表業とは、他の聞くべき言語なり、名句文なり。意の表業とは貪瞋等の念を起すなり。意業は他人に表示せざれども猶心內に於て自ら表示するが故に表業と名くるなり。次に三業の無表とは身表業と共に身中に他に表示すべからざる一種の業體を生ずるなり。之を身無表業と云ふ。又語表業と共に身中に一種の業體を生ずるを語無表業と云ひ、又意表業と共に一種の業體を生ずるを意無表業と云ふ。この中小乘は意表業を立てざれば隨つて意無表業を立てず、大乘は意表業を立て且つ三業共に思の心所を體とすれば、意表も身語二表の如く亦意無表あるなり。さて小乘は表業無表業共に四大所生の實の色性なりとして之を表色無表色と云ひ、大乘は表業は現行の思の心所を體とし、無表業は思の

心所の種子を體とすれば其の實業性は心法なれども、現行の思は色法の身表業語表業を起し、色法の身表語表の過非を防ぐ用あれば、所發所防に約して假に名けて表色無表色と云ふなり。蓋し小乘は思の心所の造作せし身表業語表業は善性惡性無記性の實法なりと立つれば、直ちに所發の身語二業を以て業體とし、其の中善惡の業體を以て苦樂の果を感ずとす、されば業體は即ち色法なり。無表業は色處の中の表色（色處に顯色形色表色の三あり取捨屈伸等を表色とす）にして語表業は聲處に屬する聲の屈曲なれば共に是れ無記法にして當果を招くこと能はず、故に立てて業體とせず。業體は正しく能發の思の心所なりと定め、但所發所防の色に就きて假に色の名を付するなり。即ち業體は正しく心法なり。若し成實宗によれば之を非色非心法と立つるなり。問ふ、小乘には身語二表業を立て、大乘には身語意三表業を立つ、此の二表業三表業悉く無表業ありや。答ふ、表業に律儀、非律儀、非律儀非不律儀の三種あり。律儀業とは五戒八戒等を受くる時の表業なり。非律儀業とは正しく殺生等の惡戒を作す表業なり。非律儀非不律儀業とは善戒にもあらず惡戒にもあらず、此の餘の善惡の所作なり。此中に小乘俱舍は三種共に無表を生ずと云ひ、大乘唯識家には定判なく、一は俱舍に同じく、一は律儀非律儀の表業は必ず無表を生ずれども非律儀非不律儀即ち處中の表業は善惡の心共に微弱なれば無表を發することなしと云ふ。是れ難陀論師の義なり。慈恩は二說の中に是非を判ずる顯文なれば取捨情に任すと云へり。但し俱舍論の處中の表業は律儀非律儀外の善惡なりと云ふも、如何なる微少の善惡業も皆無表を生ずと云ふにあらず。善は律儀に類似し惡は非律儀に類似せる規則立ちたる中品の善惡業に依りて無表なりと云ふなり。不規則の汎爾の善惡にあらざるなり。（此事無表色の部に辨ず。）依つて善惡を上中下の三品に分ち、上品の善は律儀の表業と共に律儀の無表業あり、上品の惡は非律儀の表業と共に非律儀の無表業あり、中品の善惡は亦非律儀非不律儀の表業と共に非律儀非不律儀の無表を發す。但下品の善惡は善惡の表業のみありて無表を生ずることなきなり。例へば十日乃至一月と誓つて偕に布施する如き處中の善業にして此には無表を發し、只一時布施する如きは汎爾の善業にして無表を發することなし。【俱舍論業品、義林章三末】

無表色二功能 【名數】表色即ち表業の善性惡性は唯大業道を成じて未來異熟果を感ずる異熟因たるの一功能あるのみ。無表色即ち無表業の功能は、一は業道を成し、二は別に防非止惡の功能ありて、此功能は未だ捨戒せざる以來は念念に其の功能倍增するなり。故に若し捨戒する時は其の念念に倍增する防非止惡の功能を失するも、異熟を感ずる業道の功能は失せざるなり。

二業 【名數】一に引業、六趣に於て各總別の二報あり、假へば人趣の如き、彼此各六根を具して彼此共同の果報を受くる如き是れ總報なり。人人に於て壽夭醜美强弱貧富を異にする如きは是れ別報なり。其總報を引發する業を引業と名く。二に滿業、其別報を成滿する業を滿業と名く。【俱舍論十七】図定不の二業。一に定業、苦樂の二報を受くるに定まれるもの、此中に順現業の三種あり。二に不定業。果報を受くるに定まらざるもの。【瑜伽論九、法華玄贊十】図黑白の二業。一に黑業、穢惡不淨の苦果を感ずべきもの。二に白業、淨妙淸白の樂果を感ずべきもの。【智度論九十四、玄義二上】

三業 【名數】一に身業、身に作すこと。二に口業、口に說くこと。三に意業、意に思ふこと。此の三業に就きて大乘唯識には假實の二を分別し、身語二業に假實の二種あり、意業には唯實の一種なり、身業の假法とは取捨屈伸等の身形の表色にして色處の中に攝す。語業の假法とは音聲の屈曲にして聲處に攝す。小乘は之を實の業體と立つるなり。次に身語意三業の實法とは意識相應の思の心所なり。思に三種あり、一に審慮思、將に身語を發せんとして先づ審慮する思なり。二に決定思、決定の心を起して將に作さんと欲する思なり。三に動發勝思、正しく身語を發して善惡の事を動作する思なり。此中第三の現行の動發勝思の善不善の思を取りて身語二業の體とし、第一第二の二思を取りて意業の體とす。【義林章三末】図一に福業、顯界の善業にて樂果を招くべきもの。二に非福業、欲界の惡業にて苦果を招くべきもの。三に不動業、色界無色界に屬する禪定の意業を云ふ。欲界に屬する身口意の三業は其果報に於て他の緣力に由つて時に移動することあり、人趣の果を受くべきものも他の惡緣に引かれて鬼趣の果を感ずる如し。然るに上二界の禪定を修するものは、其禪定の差別に依つて受くべき上界地地の果報は決して變動することなければ、禪定を總じて不動業と名く。【俱舍論十五】図一に善業、道理に順へる作業。二に惡業、道理に違へる作業。三に無記業、其作業中庸にして佛記して善とも惡とも爲さざるもの。又苦果を受くと

も樂果を受くとも記すると能はざるもの。【大乘義章七】図一に漏業、分段生死の果報を感ずるもの、凡夫の所作。二に無漏業、方便有餘土の果報を感ずるもの、二乘の所作。三に非漏非無漏業、實報土の果報を感ずるもの、菩薩の所作。【止觀三之上】図一に順現受業、倶舍に順現法受業と云ふ。此生に業を作り此生に果報を受くるもの。二に順生受業、倶舍に順次生受業と云ふ。此生に業を作り、次生に果を受くるもの。三に順後受業、倶舍に順業次受業と云ふ。此生に業を作り二生已後に果を受くるもの。【雜集論八、大乘義章七】図一に曲業、諂に依つて生ずる身口意の三業を云ふ。二に穢業、瞋に依つて生ずる三業を云ふ。三に濁業、貪に依つて生ずる三業を云ふ。【倶舍論十五】図一に順樂受業、欲界より色界の第三禪天に至るまでの所有の善業を順樂受業と名く。能く樂受を感ずればなり。二に順苦業、欲界の一切不善業なり。三に順不苦不樂受業、第三禪天より已上有頂に至るまでの一切の善業なり。唯意識の捨受を感ずるなり。【倶舍論十五】

四業　[名數]　上の順現等の三業に不定受業の一を加へしもの。【唯識論七、倶舍論十五、百法問答抄三】図黑白等の四業。一に黑黑業、惡業にして苦果を感ずるもの、因果共に壘穢なれば黑黑と云ふ。二に白白業、善業にして樂果を感ずるもの、因果共に淨白なれば白白と名く、三に黑白業、善惡交參するもの。四に不黑不白業、黑白の相を離るるもの、即ち無漏業なり。【涅槃經三十七、大乘義章七】

六業　[名數]　五趣の業と不定業なり。一に地獄業、十惡業の上品なるもの。二に畜生業、十惡業の中品なるもの。三に餓鬼業、十惡業の下品なるもの。四に人業、散善の下なるもの。五に天業、散善の上なるは欲界の六天を感じ、八禪定業は色無色界の八天處を感ず。六に不定業、微善下惡、受業の定まらざるもの。【成實論六業品、大乘義章七】

十業　[名數]　十惡業と十善業の二種。「ゼンアク」を見よ

ゴフ　護符　[雜語]　俗に、守り札。眞言種子等を書ける秘符にして、これを持すれば常に神佛に加持護念せられ、一切の疾病危難等を遁れ、長壽增智の利益を蒙むると信ぜらるるもの。密教には種種の符を說く。【三種悉地軌】に「五部眞言是一切如來無比甘露之珍漿。醍醐佛性之妙藥。一字入二於五臟一萬病不レ生。況修二日觀月觀一。」【穢迹金剛禁百變法門經】に神變の符四十二を說き「穢迹金剛說二此符一已。大衆同聲讃シテ言。善哉大力士。汝能說二是大妙之法一。爾時金剛白二諸大衆一。當レ知我於二此法流行之處一。我等大天當レ護二此行法之人一。」「ゴブシンゴン」を見よ。

ゴフイン　業因　[術語]　善業樂果の因となり、惡業苦果の因となるもの。【成實論業因品】に「業是受レ身因緣。」又「萬物從二業因一生。」【般舟讃】に「門門不同八萬四。爲レ滅二無明果業因一。」

ゴフウ　業有　七有の一。又行有と名く。業の體用亡ぜざるを有と云ふ。

ゴフエウ　業影　[譬喩]　業の身に從ふを影に譬ふ。【智度論六】に「處處常隨逐。業影不二相離一。」【成實論業因品】に「因形有レ影。形滅則影滅。」

ゴフエン　業緣　[術語]　善業樂果を招く因緣となり、惡業苦果を招く因緣となるもの。一切の有情は盡く業緣より生ず。【維摩經方便品】に「是身如レ影從二業緣一生。」【新譯仁王經下】に「諸界趣生隨二業緣一生。如レ影如レ響一切皆空。」【法華經序品】に「生死所レ趣善惡業緣。」【唯識論八】に「能招二後有一諸業爲レ緣。」

ゴフカン　業感　[術語]　善惡の業因を以て苦樂の果を感ずると。【秘藏寶鑰中】に「夫災禍之興。略有二三種一。一時運。二天罰。三業感。」

ゴフカンエンギ　業感緣起　[術語]　緣起論の一種、世界の自他一切の萬象は吾人が業因に依りて感生したるものなりといふ理を說く。「エンギ」參照。

ゴフキヤウ　業鏡　[雜名]　衆生の善惡の業を寫し取る冥界の鏡。【楞嚴經八】に「有下惡友業鏡火珠披二露宿業一對中驗諸事上。」【淨心誡觀上】に「今唯使下汝淨二除業鏡客塵瞳等一。見中汝身中少分佛性上。」【資持記下三之四】に「正五九月。冥界業鏡輪照二南洲一。若有二善惡一鏡中悉現。」僞造の十王經に所謂淨玻璃鏡是なり。

ゴフギ　業義　[術語]　論場の語。法華講などの時、問者より講師に對して初め問ふ所を業義と云ひ、次に問ふ所を副義と云ふ。【武峯論話】

ゴフギヤウ　業行　[術語]　業は即ち行、別義にあらず、種種雜多なれば二字を重ぬ。【往生要集中本】に「諸餘業行。不レ令二雜起一。」

ゴフク　業苦　[術語]　善惡の作業苦樂の果を感ずるものを業と云ひ、業に依つて得たる苦樂の果を通じて苦と云ふ。【華嚴經毘盧遮那品】に「願佛光照レ我。滅二生死業苦一。」【淨心誡觀上】に「解義不レ救二業苦一。汝宜レ依レ誡如レ說修行。」

ゴフク　業垢　[譬喩]　惡業不淨にして苦果を感ずれば塵垢に譬ふ。【讃阿彌陀佛偈】に「淸淨光明無レ有レ對。故佛又號二無對光一。遇二斯光一者業垢除。」

ゴフクトクキヤウ　五福德經　〔經名〕賢者五福德經の略名。

ゴフクワ　業果　〔術語〕業は、善業の人天の樂果を感じ、惡業の三惡趣の苦業を感ずるもの、果は其業の感ずる所、人天鬼畜等の果報なり。【新譯仁王經中】に「三有業果。一切皆空。」【楞嚴經四】に「唯殺盜婬三爲二根本一。以二是因緣一業果相續。」【義林章二】に「斷見衆生。不レ信二後世善惡業果一。」⊙（太平記三五）「業果法然の理とはいひながら、餘に心憂くぞ覺えける」

ゴフクワ　業火　〔譬喩〕惡業身を害するを火に譬へ、又は地獄の罪人を燒く火に名く。後者は前世の惡業によりて感ずる所なればなり。【楞嚴經八】に「以二業火一乾枯。」⊙（太平記一五）「業火盛に燃えて、修羅の鬪諍四方に聞ゆ」

ゴフケ　業繫　〔譬喩〕業は猶し繩の如く、衆生の身を縛して三界の牢獄に繫げば繫と云ふ。【起信論】に「凡夫業繫苦」

ゴフケクサウ　業繫苦相　〔術語〕起信論所說六麁相の一。業より感じたる生死の苦果を云ふ。惡業によりて苦果の業報の繫縛を受けて自在ならざれば繫と云ふ。【起信論】に「六者業繫苦相。以三依レ業受レ報不二自在一故。」「異名。」

ゴフケツ　業結　〔術語〕惡業と煩惱。結は煩惱の異名。

ゴフケン　業羂　〔譬喩〕善惡の業、人を縛して生死に繫げば之を羂索に譬ふ。【正法念經十三】に「業羂所二繫縛一。」

ゴフゲンクワ　五不還果　〔名數〕又、五種那含。全超等の五種なり。「フゲン」を見よ。

ゴフゲンテン　五不還天　〔名數〕「ゴジヤウゴテン」に同じ。

ゴフサウ　業相　〔術語〕起信論所說三細相の一。根本無明に依りて眞心の初めて動作せしもの、阿賴耶識の自體分に當る。【起信論】に「無明業相。以レ依二不覺一故。心動說名爲レ業。」【同義記中末】に「業有二二義一。一動作義。二爲レ因義。」

ゴフザイシヱ、ニヨタウヰセンゼツ　其不在此會汝當爲宣說　〔雜語〕歌題【法華經五百弟子授記品】に、千二百人の下根の聲聞に記別を授け、其中此會に在らざるものには迦葉をして之を傳達せしむとの語。「迦葉汝已知二五百自在者一。餘聲聞衆亦當二復如一レ是。其不レ在二此會一汝當二爲宣說一。」⊙（拾玉集）「法の花ちれどもうせぬ物なれば今日見ぬ人に猶も傳へよ」

ゴフシキ　業識　〔術語〕有情流轉の根本識なり。根本無明に依りて、一如の眞心初めて動作の念を生ぜしもの。【起信論】に「一者名爲二業識一。謂無明力不覺心動故。」然るに論中二樣に用ふ。一は他の轉識現識等に對し、一は分別事識即ち意識に對す。依て初は阿賴耶識中の自體分に當り、後は阿賴耶識全體に當る。

ゴフシギ　五不思議　〔名數〕「フカシギ」を見よ。

ゴフシヤウ　業性　〔術語〕又、業體と云ふ。業の自體なり。【華嚴經二】に「業性廣大無二窮盡一。」「ゴフタイ」を見よ。

ゴフシヤウ　業障　〔術語〕惡業の障礙。惡業正道を妨ぐるもの。【涅槃經十一】に「業障者。五無間罪重惡之病。」【俱舍論十七】に「一者害レ母。二者害レ父。三者害二阿羅漢一。四者破二和合僧一。五者惡心出二佛身血一。如レ是五種名爲二業障一。」【華嚴經世主妙嚴品】に「若有二衆生一一見レ佛。必使レ淨二除諸業障一。」⊙（曲、蟬丸）「此世にて過去の業障を果たし」

ゴフシヤウジキ　五不正食　〔名數〕比丘の食ふべからざるもの五種。枝、葉、花、果、細末磨食。

ゴフシユ　業種　〔雜語〕善惡の業の苦樂の果を生ずべきもの。猶世間の種子の如し。【楞嚴經一】に「業種自然。如二惡叉聚一。」【止觀四上】に「業種雖レ久。不二敗亡一。」

ゴフシユウジ　業種子　〔雜語〕二種種子の一。「シユウジ」を見よ。

ゴフシヨ　業疏　〔書名〕四分律刪補隨機羯磨疏の異名。南山の作、三大部の一。

ゴフジキ　業食　〔雜語〕四食の一。業を以て身を資持するもの。地獄の有情食物なく生活する如し。

ゴフジジヤウベン　業事成辨　〔術語〕業因の成就すると。【淨土論註上】に「言二十念一者。明二業事成辨一耳。」【智度論十二】に「復次於二事成辨一名二彼岸一。」「用語に平生業成。

ゴフジヤウ　業成　〔術語〕業事成辨の略。眞宗の

ゴフジヤウジユロン　業成就論　〔書名〕一卷、天親菩薩造。元魏の毘目智仙譯。大乘成業論と同本。

ゴフジユ　業壽　宿世の業因に依りて定まれる壽命。【秘藏寶鑰上】に「業壽之風」

ゴフジユ　業受　〔雜語〕受は壽なり、先業に依りて感ぜし壽命なり。【諸儀軌訣影七】

ゴフジヨウ　業繩　〔譬喩〕業の繫縛を繩に譬ふ。【止觀七上】に「業繩未レ斷。去已復還。」

ゴフスヰ　劫水　〔術語〕大三災の一。壞劫の時に起る大水災。地下水輪より水湧沸し、大雨また車軸の如く、二禪天以下みなこの水災のために滅さる。

ゴフゾク　業賊　〔譬喩〕惡業の身を害するを賊に譬ふ。【性靈集八】に「業賊日集」「を見よ。

ゴフタイ　五不退　〔名數〕五種の不退。「フタイ」

ゴフタイ　業體　〔術語〕又、業性と云ふ。正しく苦樂の異熟を招く異熟因なり。小乘には表色無表色の色法を以て業體とし。大乘には思の心所の現行及び種子を以て業體となし、所行の思の心所の上に表色の名を假立し、種子の上に無表色の名を假立す。成實論には之を非色非心の法となす。「ゴフ」を見よ。

ゴフダウ　業道　〔術語〕三道の一。善惡の所作、人をして六趣に向はしむれば道と名く。【勝鬘經寶窟上末】に「造作稱レ業。通レ人向二於三途一。名レ之爲レ道。」【智度論九十二】に「小者不レ名二業道一。以三其能趣二惡處一故爲レ道。」業は思の心所を體とし、十善十惡は共に業即ち思の遊履する所なれば道と名く。即ち業の道なり。【俱舍論十七】に「業之道故。立二業道名一。」図人の善惡の作業を監視する天神地祇を業道神、略して業道と云ふ。【觀念法門】に淨土三智經を引きて「向二天曹地府一切業道一數數首レ過」

業道如秤重者先牽　〔雜語〕此語鸞師より出づ。【淨土論註下】に「業道經言。業道如レ秤。重者先牽。」諸目錄に業道經と云ふを見ず。「見よ。

十業道　〔名數〕善惡の二種あり「ゼンアク」を

ゴフダウミヤウギ　業道冥祇　〔術語〕業道は各自業因に依りて成りし諸種の鬼類なり、冥祇は幽冥の神祇なり。【一髻尊陀羅尼經】に「啓二白一切諸佛般若菩薩金剛諸天等及與一切業道冥祇一。」【諸儀軌訣影五】に「此業道冥祇に啓白せよと云ふ、是れ表白神分を讀む證據なり。問ふ、神分を讀むと何の代より始まるや。師答て曰く、大師の御遺告に其の樣の事見へたり。日本は神國なる故に神分を用ゐるなり、其の中神分は心經を讀みて法樂をする事故、表白と少しく異なれり、神分を用ゐると尤なり。」

ゴフヂン　業塵　〔雜語〕惡業身を汚がせば塵と云ふ。

ゴフツウ　業通　〔術語〕又、報通。五種通力の一。中有の身及び鬼神の如く宿業に依りて自然に得る通力を云ふ。【俱舍論九】に「一切通中業通最疾。凌レ空自在。是謂二通義一。通由レ業得名爲二業通一。此通勢用速故名レ疾。中有具レ得最疾業通一。上至二世尊一無二能遮抑一。以二業勢力最强盛一故。」

ゴベツキヤウ　五別境　〔術語〕五位百法中の欲、勝解、念、定、慧の五心所のことにて、各別の對境を緣じて起るが故に別境と名く。

ゴフテン　業天　〔術語〕善惡の業必ず苦樂の果を引くと天道の自然の如くなれば業天と云ふ。故に儒に所謂天道は佛の業道なり。【無量壽經下】に「天道自然」【望西樓註】に「憬興云。天者業也。惡業之道故。瑜伽亦云二業天一。蓋同レ此矣。瑜伽論云。業天所レ惱。難レ無二作者一。而業果自屬。難レ得レ逃。」

ゴフデン　業田　〔譬喩〕業能く苦樂の果を生ずれば田に譬ふ。【華嚴經三十八】に「業田愛潤無明覆。」

ゴフナフ　業惱　〔術語〕惡業と煩惱。【秘藏寶鑰中】に「業惱株杌。」

ゴフハウシン　業報身　〔術語〕解境十佛の一。惡業によりて現はれたる女身そのままの佛身を云ふ。

ゴフノハカリ　業秤　〔雜名〕「ゴフビヤウ」を見よ。

ゴフバク　業縛　〔雜語〕業の繫縛。【義林章一末】に「三界業縛彼猶有故。」【輔行一之一】に「敎三汝解二業縛一。」

ゴフビヤウ　業秤　〔雜名〕地獄の冥官の下に在りて罪業の輕重を量る秤なり。【十王經】に「業匠搆巧。懸二七秤一。量二身口七罪一。爲レ糺二輕重一。」又「五官業秤向レ空懸。左右雙童業簿全。」

ゴフビヤウ　業病　〔雜語〕前世の惡業に依りて感じたる病にて必ず免かるべからざるもの。⦿（平家三）「豈先世の業病を治せんや」

ゴフフ　業風　〔譬喩〕惡業所感の猛風、劫末大風災の時及び地獄などに吹く風。又、善惡の業能く人を轉じて三界に輪廻せしむれば譬へて風と云ふ。【正法念經十】に「一切風中。業風第一。」【十卷楞伽經九】に「業風長二四大一如二諸果成熟一。」【唯識論四】に「阿賴耶識業風所レ漂。遍依二諸根一恒相續轉。」【大乘義章七】に「業力如レ風。善業風故吹二諸衆生一好處受レ樂。惡業風故吹二諸衆生一惡處受レ苦。」【般舟讚】に「業愛痴繩縛レ人送。隨二業風吹一落二苦中一。」⦿（方丈記）「地獄の業風」

ゴフホウ　業報　〔術語〕善惡の業因に應じたる苦樂の果報。又業因と果報。【寶積經九十六】に「閻羅常告二彼罪人一。無レ有二少罪我能加一。汝自作レ罪今日來。業報自招無二代者一。」【南本涅槃經六】に「是薄福人受二業報一故。」【法華經序品】に「善惡業緣。受報好醜。」【宗鏡錄二十六】に「命是一期之業報。」⦿（太平記三一）「業報を恐るべし」

ゴフホウシヤベツキヤウ　業報差別經　〔經名〕具名、佛爲首迦長者說業報差別經、一卷、隋の瞿曇法智譯。首迦長者の爲に、一切衆生業に繫屬し、業に依止し、自業に隨って轉ずるを說き、廣く一切の業に各十種あるを說く。【宿帙六】（739）

ゴフホウシン　業報身　〔術語〕華嚴宗の所談、十身の一。菩薩衆生濟度の爲に衆生の如く業因所感の身を現ずるもの。「ジフシン」を見よ。

ゴフホウリヤクキヤウ　業報略經　[經名]　分別業報略經の略名。

ゴフボ　業簿　[雜名]　衆生の善惡の業を記す冥官の帳簿。

ゴフマ　業魔　[雜語]　十魔の一。一切惡業の善道を障害するもの。

ゴフマウ　業網　[譬喩]　善惡の業因人を羅して生死に沈沒せしむれば網に譬ふ。【歸敬儀】に「業網所レ拘。報增ニ鬼錄。」

ゴフヤク　業厄　[雜語]　前世の惡業に由りて感じたる災厄。

ゴフヨ　業餘　[術語]　三餘の一。二乘の人三界の分段生死を受くべき有漏業を離るるも、尙界外の變易生死を受くる無漏業を餘すもの。

ゴフリキ　業力　[術語]　善業には樂果を生ずる力用あり。惡業には惡果を生ずる力用あり。【有部毘奈耶四十六】に「不思議業力雖レ遠相牽。果報成熟時。求レ避終難レ脫。」⊙（正統記一）「業力に際限ありて」

ゴフリン　業輪　[譬喩]　善惡の業能く人を載せて六趣に輪轉せしむれば車輪に譬ふ。

ゴフルヰ　業累　[雜語]　業の繫累。惡業の身を障害するもの。

ゴフヰ　五怖畏　[名數]　初學の菩薩に五怖畏あり。一に不活畏、布施を行ずるもの己が活を過ごす能はざるを恐れて所有を盡す能はざること。二に惡名畏、己が惡名を恐れて和光同塵の行を爲す能はざること。三に死畏、廣大の心を發せども死を恐れて身命を捨つる能はざること。四に惡道畏、ひたすら己が惡道に墮つるを恐れて不善法を對治すること。五に大衆威德畏、衆多の人又は威德の人を恐れて其等の前に於て獅子吼する能はざること。

ゴフン　牛糞　[雜名]　梵語、瞿磨夷、瞿磨、Gomaya 印度の風俗に牛糞を以て最も清淨なる者とし、物を淨むるに必ず之を用ふ。密敎の儀軌に亦た之に傚ひて牛糞を以て壇に塗り汚穢を去るを法とす。【大日經疏四】に牧牛場の跡に曼陀羅を造るを示して「牛欄者西方聚落。牧牛共在ニ一處一。去レ村或十里五里。既積ニ多時一。牛屎尿遍地重積。梵俗以爲レ淨。」又壇を造るの法を說きて「如レ是次第除ニ諸過一已。細治ニ所レ掘之土一稍稍塡レ之。潤以ニ牛液一築令ニ堅固一。平正猶如ニ手掌一。次用ニ瞿摩夷瞿模怛囉一 Gomūtra 和合塗レ之。若淺略釋者。此是牛糞及液爲レ順ニ彼方俗以爲ニ清淨一故。」【準胝陀羅尼經】に「瞿摩夷。唐云ニ牛糞一。」【演密鈔一】に「瞿摩牛也。阿夷糞也。」【毘尼討要上】に「何故經律用ニ牛糞一爲レ淨耶。答。耶舍傳云。西國外書云。梵天婆羅門牛等。此三種於レ生ニ育人物一世以爲レ重。佛亦隨レ俗貴レ之爲レ淨。故用ニ牛糞一也。」然るに【楞嚴經七】に「佛告ニ阿難一。若末世人願レ立ニ道場一。先取ニ雪山大力白牛食ニ其山中地膩香草一。此牛唯飮ニ雪山清水一。其糞微。」又、Gomayi

ゴフンシユ　牛糞種　[雜名]　瞿曇姓の別名、釋迦姓を瞿曇姓となし、瞿曇の元祖甘蔗園の牛糞中より生ぜしを以て牛糞種と名く。【俱舍光記二十七】

ゴフンヌ　五忿怒　[明王]　五大明王を云ふ。【秘藏記末】に「以ニ五忿怒一充ニ五智一。」

不動尊。毗盧遮那佛之忿怒、自性輪金剛般若菩薩。
降三世。阿閦佛之忿怒、自性輪金剛薩埵。
軍荼利。寶生佛之忿怒、自性輪金剛藏王菩薩。
六足尊。即大威德無量壽佛之忿怒、自性論文殊菩薩。
金剛藥叉。不空成就佛之忿怒、自性輪牙菩薩。

ゴブ　五部　[名數]　即ち小乘五部なり。佛滅後百年、付法藏第五世、優婆毱多の下に五人の弟子あり、戒律の上に各異見を抱き、一大律藏初めて五派に分る。一に曇無德部、二に薩婆多部、三に彌沙塞部、四に迦葉遺部、五に婆麤富羅部。「ゴブリツ」を見よ。

金剛界五部　[名數]　「コンガウカイ」を見よ。

五部惑　[術語]　「ゴブガフダン」を見よ。

ゴブカイヱ　五部海會　[術語]　金剛界の五部の諸尊悉く來會して法事を爲すを云ふ。

ゴブガフダン　五部合斷　[術語]　五部とは四諦の理に迷ふ四部の見惑と、世上の事相に迷ふ一部の修惑なり。三界九地に於て各此五部を有するなり。薩婆多部の義に依れば佛と獨覺とは先の凡夫地に於て有漏智の六行觀を以て下八地の見修の五部を合斷するなり。（有漏智を以ては第九地の惑を斷ずる能はず六行觀を見よ。）而して此を合斷する法は八地の五部を上上品乃至下下品の九品に分け、先づ上上品より始めて下下品に終る。而して一品毎に正しく斷ずる位を無見道と云ひ、既に斷じ了りし位を解脫道と云ふ。一斷惑毎に必ず此の二道を要するなり。故に總じて九無間九解脫の十八心なり。六行觀の有漏智を以て五部即ち見修二惑を斷ずるを許すは唯小乘の有部宗のみ。大乘は有漏智を以て迷理の見惑を斷ずるを許さず。

ゴブククワン　五部九卷　[名數]　淨土門の祖、唐の善導の著、五部九卷あり。一に觀經疏四卷、二に淨土法事讚二卷、三に觀念法門一卷、四に往生禮讚一卷、五に般舟讚一卷。

ゴブクワンヂヤウ　五部灌頂　金剛界の灌頂を云ふ。⊙（盛衰記四〇）「五部灌頂誓水を灑ぎ」

ゴブケウシユ　五部敎主　[名數]　金剛界の五部の五智如來を云ふ。「コンガウカイ」を見よ。

ゴブゼンキヤウ　五部禪經　[名數]　一に禪法要

解經、二卷、羅什譯。【暑帙六】(1342)二に達磨多羅禪經、二卷、佛陀跋陀羅譯。【藏帙八】(1341)三に坐禪三昧法門經、二卷、僧伽羅刹造、羅什譯。【暑帙六】(135)四に五門禪經要用法、一卷、佛陀蜜多造、曇摩蜜多譯。【暑帙六】(1382)五に禪要經、一卷、失譯人名。【暑帙六】(1360)

ゴブソウヂ　五部總持　〔名數〕金剛界五部の陀羅尼を云ふ。陀羅尼、譯、總持。

ゴブソンホフ　五部尊法　〔名數〕又、五種壇法。五種の修法を云ふ。一に息災法、二に增益法、三に降伏法、四に愛敬法、五に鈎召法。【補陀落會軌】「ダンホフ」を見よ。

ゴブダイシヨ　五部大疏　〔名數〕「ゴダイシヨ」を見よ。

ゴブダイジヨウキヤウ　五部大乘經　〔名數〕大乘經中五部を撰定せしは天台大師なり。一に華嚴經、二に大集經、三に大品般若經、四に法華經、五に涅槃經。【法華玄義】に「究竟大乘。無レ過二華嚴大集大品法華涅槃一。」◉(增鏡)「五部の大乘經」

ゴブダイロン　五部大論　〔名數〕無著菩薩、彌勒菩薩の旨を承けて五部の大論を著す。一に瑜伽師地論、百卷、唐の玄奘譯。【來帙一乃至五】(1170)二に分別瑜伽論、未翻。三に大乘莊嚴經論、十三卷、唐の波羅頗蜜多羅譯。【暑帙四】(1190)四に辨中邊論頌、一卷、唐の玄奘譯。五に金剛般若論、二卷、秦の羅什譯。【瑜伽倫記一上】に「慧氏菩薩隨二無着機一。恒於二夜分一從二知足天一降二於禪堂一爲說二五論之頌一。一瑜伽論。二分別觀所名分別瑜伽論。三大莊嚴論。四辨中邊論。五金剛般若。」

ゴブツ　五佛　〔名數〕胎藏界の五佛あり。中臺八葉院　又金剛界の五佛あり。「ゴチニヨライ」を見よ。

ゴブツ　後佛　〔佛名〕後來出世の佛彌勒佛を云ふ。◉(曲、卒都婆小町)「後佛いまだ世に出でず」

ゴブツクワンヂヤウインミヤウ　五佛灌頂印明　〔眞言〕五佛行者に灌頂を授くる印言なり。【蓮華部心軌】に「既次加二持身一。次應レ授二灌頂五如來印契一。各如三三昧耶三昧耶の印を云ふ徧照灌二於頂一。不動佛於レ額。寶生尊頂右。無量壽頂後。不空成就佛應レ在二頂之左一。」

ゴブツコンマイン　五佛羯磨印　〔名數〕一に大日、智拳印なり。二に阿閦佛、觸地印なり。右手垂れて地に觸るなり。三に寶生佛、施願印なり。右手掌を仰ぐなり。四に阿彌陀佛、三摩地印なり。右の五指を舒べて左の掌上に安ずるなり。五に不空成就佛。羯磨印なり。【瑜祇經】

ゴブツゴシン　五佛五身　〔名數〕一に常住三世淨妙法身、是れ大日なり、二に金剛堅固自性身、是れ阿閦なり。三に福德莊嚴聖身、是れ寶生なり。四に受用智慧身、是れ阿彌陀なり。五に作變化身、是れ釋迦牟尼なり。【金剛界禮懺】

ゴブツクワンヂヤウ　五佛灌頂　〔行事〕五瓶の香水を佛の智に象り行者の頭上に灌ぐ、其の義は金胎の兩部に通ず。之に受職結緣の二あり。

ゴブツシ　五佛子　〔名數〕佛の最初に度せし五比丘を云ふ。一に憍陳如、二に頞鞞、三に跋提、四に十力迦葉、五に摩男拘利。【法華玄義六下】「ゴビク」を見よ。図預流果の人、一來果の人、不還果の人、阿羅漢果の人、辟支佛の人。【大藏法數三十一】

ゴブツチヤウソン　五佛頂尊　〔名數〕又、五頂輪王。釋迦如來の頂上より現出せる五體の如來なり。「ブツチヤウソン」を見よ。「字佛頂輪王經の異名。

ゴブツチヤウキヤウ　五佛頂經　〔經名〕一字佛頂輪王經の異名。

ゴブツチヤウサンマイダラニキヤウ　五佛頂三昧陀羅尼經　〔經名〕四卷、唐の菩提流志譯、五佛頂尊の陀羅尼を說く。【成帙四】

ゴブツホングワンリキ　其佛本願力　〔雜語〕「其佛本願力。聞レ名欲二往生一。皆悉到二彼國一。自致二不退轉一。」無量壽經下卷の偈文。淨土一門の肝腑。

ゴブツヱ　五佛會　〔行事〕勸修寺にて五智如來を供養する法會の名。【勸修寺緣起】

ゴブヒキヤウ　五部秘經　〔名數〕五部に台東二密の別あり。東密は、大日經、金剛頂經、蘇悉地經、瑜祇經の四部に、要略念誦經を加へて五部とし、台密は上の四部に菩提場經を加へて五部とす。台密の五部に各疏あり五部大疏と云ふ。

ゴブヒザウ　五部秘藏　〔術語〕金剛界五部の秘密の法門を云ふ。「コンガウカイ」を見よ。

ゴブホフ　五部法　〔術語〕前項に同じ

ゴブリツ　五部律　〔名數〕佛滅後百年の時、付法藏第五祖優婆毱多の下に五人の弟子ありて同時に律藏に於て五部の派別を生ぜしもの。一に曇無德部、Dharmagupta 又曇摩毱多と云ふ。是れ部主の名、法正、法護、法鏡、法密など譯す。律本此土に四分律と云ふ。二に薩婆多部、Sarvāstivāda 或は薩婆諦婆と云ひ、一切有と譯す。宗計に從つて名を取る。律本を十誦律と云ふ。三に彌沙塞部、Mahīśāsaka 不着有無觀と譯す。行に從つて名く。律本を五分律と云ふ。四に迦葉遺部、Kāśyapīya 此に重空觀と云ふ。空も亦空なりと觀ずると。行に就いて名く。但戒本のみ傳譯す解脫戒經と云ふ。其戒相は五分律に同じ。五に婆麁富羅部、Vātsīputrīya 又婆蹉富羅と云ふ、犢子と譯す、部主の名に就く。又宗計に從つ

て着有行と云ふ、實我ありと執すればなり。律本未だ傳はらず。【大集經二十、行事鈔資持記上一之二、戒疏一上、義林章三末】

ゴブン　五分　〔雜語〕無着菩薩の著論五部あり、十支論に對して五分と云ふ。「ゴブダイロン」を見よ。

図　五分法身。「ゴブンホフシン」を見よ。

ゴブンカイホン　五分戒本　〔書名〕彌沙塞五分戒本の略名。彌沙塞部五分律の戒經なり。

ゴブンカウ　五分香　〔名數〕五分法身を香に譬へしもの。一に戒香、二に定香、三に慧香、四に解脫香、五に解脫知見香。

ゴブンジフシ　五分十支　〔術語〕法相宗所依の論。無着所造の五大論と世親所造の十支論。

ゴブンネハン　後分涅槃　〔術語〕大般涅槃經後分の異名。

ゴブンホフシン　五分法身　〔術語〕五種の功德法を以て佛身を成ずれば五分法身と云ふ。小乘には之を以て三身中の法身とす。一に戒、如來の身口意の三業一切の過非を離るる戒法身を云ふ。二に定、如來の眞心寂靜にして一切の妄念を離るるを定法身と云ふ。三に慧、如來の眞智圓明にして法性を觀達するを慧法身と云ふ。即ち根本智なり。四に解脫、如來の心身一切の繫縛を解脫するを解脫法身と云ふ。即ち涅槃の德なり。五に解脫知見、己が實に解脫せしを知るを解脫知見法身と云ふ。即ち後得智なり。此五次第あり、戒に由つて定を生じ、定に由て慧を生じ、慧に由つて解脫を得、解脫に由つて解脫知見あり。初の三は因に就いて名を受け、後の二は果に就いて名を付するも、總じて是佛の功德なり。此五法を以て佛身を成ずれば五分法身と云ふ。【大乘義章二十本】に「此五種分別爲レ分。法是其軌則之義。此之五種成レ身之軌。故名爲レ法。身者是體。此五佛體。故名爲レ身。」【行宗記一上】に「五分法身者。戒定慧從レ因受レ名。解脫解脫知見從レ果受レ號。由レ慧斷レ惑。斷レ惑惑無之處名二解脫一。出レ纏破レ障。反照觀心名二解脫知見一。」【濟緣記三下】に「五法成レ身。故名爲レ分。」

密敎の五分法身　〔術語〕戒とは生佛不二六無碍の三昧耶戒なり。定とは生佛不二の心に安住する大決定心なり。慧とは六大無碍の理を明了に覺る智慧なり。解脫とは若し此理を明かに悟れば隔執の縛忽ちに解脫する位なり。解脫知見とは自ら隔執の縛なしと云ふことを明かに知見するなり。【辨惑指南三標注】

ゴブンリツ　五分律　〔書名〕彌沙塞部和醯五分律の略名。五部律中彌沙塞部の律本なり。

ゴヘウゴフ　語表業　〔術語〕無表業と云ふに對して身表業語表業あり。人の言語は一種の意思を人に表示する作業なれば語表業と云ふ。【俱舍論十三】に「語表業體謂即言聲。」【唯識述記二本】に「語謂語言。此能表二了所レ欲レ說義一。故名爲二語表一。」

ゴヘン　五篇　〔名數〕ゴヒンと讀む。「ヒンジユ」を見よ。

ゴヘン　五邊　〔名數〕一に是有、二に是無、三に亦有亦無、四に非有非無、五に非非有非非無なり。此の中初の四句は所緣の境に就き、後の一は能緣の觀に就く。依つて五邊を建立す。【二敎論上】に「亦出二四句一。亦離二五邊一。」【釋摩訶衍論】に「清淨本覺性德圓滿。本智具足。亦出二四句一。亦離二五邊一。」【通玄鈔】に「第一執レ有是增益謗。第二執レ無是損減謗。第三執二亦有亦無一是相違謗。第四執二非有非無一是愚痴謗。第五執二非非有非非無一是戲論謗。皆是著邊之法。不下與二中道實智一相應上故。」

ゴベツシヨ　五別所　〔名數〕江州に於て常在寺、水願寺、尾藏寺、微妙寺、近松寺を園城寺の五別所とす。【三才圖會七十一】

ゴホウ　後報　〔術語〕此世に善惡の業を造りて二生以後に其果報を得るを云ふ。

ゴホウ　五寶　一切の寶を代表する五種の寶を云ふ。寶は最尊無上の意を表したるものなれば灌頂の時、二十種として五瓶中に入るるにも、特に其主なるものとして取扱はる。其種類は經中一定せず。【蘇悉地經三】に「五寶。謂。金、銀、眞珠、螺貝、赤珠。」【瞿醯經中】に「其五寶者。謂。瑚、頗、金、銀、商佉。」【陀羅尼集經四】に「其五寶者。一金。二銀。三眞珠。四珊瑚。五琥珀。」【建立曼荼羅擇地法】に「五寶者。所レ謂金。銀。眞珠。瑟瑟。頗梨。」

ゴホフ　五法　〔雜語〕五法に種種あり。

相名五法　〔名數〕三性五法と熟して共に諸法の自性を分別するもの、楞伽經の所說にして瑜伽唯識の諸大論に之を詳釋す。一に相、森羅萬像の有爲法各因緣より生じて各種の相狀を呈するもの。二に名、是れ亦因緣に依つて彼の相を呼ぶ一一の名を生ずるもの。即ち相は所詮にて名は能詮なり。此二は凡夫有漏の心より變現する所變の境なり。三に分別、舊譯に妄想と云ふ、是れ所變の二相を分別する能變の心なり。已上の三は有漏心の能變所變なり。四に正智、無漏心の一切の妄想を離れたるもの。已上の四は共に有爲法にして有漏無漏の別なり。五に如如、前の正智に由つて證得する眞如なり、如理智に由つて證得する眞如なれば如如と云ふ。是れ無爲法なり。此五法を以て有爲

無爲等の一切諸法を該收して一事を餘ますとなし。【楞伽經一、唯識論八】

事理五法 〔名數〕一切事理の諸法は五種に過ぎず。小乘倶舍には之を心外の實法と立て、大乘唯識には盡く唯一の識體上に成れるもの。一に心法、是れ識の自相なり、唯識には眼等の八種の心王あり、倶舍には唯一の心王あり。二に心所法、是れ上の八識と相應して起るもの。唯識には五十一あり、倶舍には四十六あり。三に色法、是れ上の心法と心所法との所變なり、唯識倶舍共に十一種あり。四に不相應法、是れ上の三法の或る部分の位に假に設けしもの、唯識には二十四あり。倶舍には十四あり。五に無爲法、上の四法の實性なり。唯識には六種、倶舍には三種あり。此中上の四法は事にして第五の無爲は理なり。以て此五法一切の事理を盡し唯識に外ならざるを知る。【唯識論七】に「識自相故。識相應故。二所變故。三分位故。四實性故。如レ是諸法皆不レ離レ識。總立二識名一。」

理智五法 〔名數〕一に眞如、二に大圓鏡智、三に平等性智、四に妙觀察智、五に成所作智なり。【唯識論十】に「此法身。五法爲レ性」

提婆五法 〔名數〕提婆達多妄に五法を說きて釋迦の和合僧を破る。【正理論四十三】に「言二邪道一者。提婆達多妄。說二五事一爲二出離道一。一者不レ應レ受二用乳等一。二者斷レ肉。三者斷レ鹽。四者應レ被二不截衣服一。五者應レ居二聚落邊寺一。」【婆沙論一百十六】に「云何五法。一者盡壽著二糞掃衣一。二者盡壽常乞食。三者盡壽唯一坐食。四者盡壽常居二逈露一。五者盡壽不レ食二一切魚肉血味鹽蘇乳等一。」婆沙の五法正理と同じからず、律には多く婆沙の五法を引く。

ゴホフ 護法 〔人名〕Dharmapāla 菩薩の名。佛滅後一千年に南印度達羅毘茶國の建志補羅城に出生し、大臣の長子なり。梵名を達磨波羅と云ふ。【西域記十】瑜伽唯識の旨を極めて淸辨菩薩と有空の義を爭ひ、世親菩薩の唯識論三十頌の解釋を造りて其正宗を弘め、法を戒賢論師に傳へ、年三十二にして摩竭陀國の大菩提寺に寂す。臨終の日、空中に聲あり、曰く、此は是れ賢劫千佛の一佛なりと。【唯識述記一本】⊙(太平記二四)「護法菩薩は法相宗の元祖にて」

ゴホフ 護法 〔術語〕自己所得の善法を護持すること。又佛の正法を擁護すること。【倶舍論二十五】に「護法者。謂於二所得善一自防護。」【無量壽經上】に「嚴護二法城一。」図護法善神の使者にて、法力ある人に使はるるもの。傳敎大師に使役されし者を乙護法と云ひ(保元物語)書寫山の性空上人に給使せしも乙護法なり。(太平記十一)乙は乙若など云ふ如く、好少の義を取りて護法に名けしもの。其他何經の護法、誰人の護法など云ふは、皆其任を護持し其人を守護する鬼神の使者を云ふなり。⊙(十訓抄七)「林懷が護法となりて、腹をたたきて雜穢をかり出すと見る」

ゴホフアラカン 護法阿羅漢 〔術語〕六種阿羅漢の一。自己所證の法に於て心に愛樂を生じて常に護持するもの。然らざれは所得の阿羅漢果を退失するの恐あり。

ゴホフザウ 五法藏 〔名數〕小乘の犢子部の所立、一に過去法藏、二に未來法藏、三に現在法藏、四に無爲法藏、五に不可說法藏。彼れ非即非離蘊の我を立てて之を不可說法藏に攝む。【五敎章上之三】

ゴホフシン 五法身 〔名數〕小乘所立の五分法身と大乘所立の三種の五種法身あり。「ゴブンホフシン」を見よ。

ゴホフシン 護法心 〔術語〕菩薩十信位の第七。能く一切の佛法を保護任持する心。

ゴホフシン 護法神 〔術語〕四天王、堅牢地祇など、佛法を護持する神。各佛前に於て護法の誓を爲すと諸大乘經に瀰淪す。

ゴホフジリユヰシキ 五法事理唯識 〔術語〕心心所等の事理の五法盡く唯識なるを云ふ。然る所以は心は識の自相なるが故なり、乃至無爲は識の實性なるが故なり。「ゴホフ」を見よ。

ゴホフゼンジン 護法善神 〔術語〕佛法に力を添ふる神。四天王帝釋など。⊙(曲、谷行)「又は山神護法善神」

ゴホフテンドウ 護法天童 〔術語〕護法善神の使者にて佛法を護持するものを護法と云ふ。法力ある人に使はるる中に天童の形を爲して來るものを云ふ。天童は天人の童形なり。⊙(十訓抄一)「信を發し給へるによりて、護法天童下り給ひ」

ゴホフロク 護法錄 〔書名〕十卷、明の宋濂著、朱宏集。【續藏】

ゴホフロン 護法論 〔書名〕一卷、宋の無盡居士張商英著。廣く歐陽修の謗佛を破す。【露帙八】(1502)

ゴホン 五品 〔名數〕【法華經分別功德品】に如來滅後の弟子に就きて五品の功德を說けり。此五品の功德を得る位を圓敎の八位には第一の五品弟子位とし、同圓敎の六即位には觀行即の位とす。天台大師は現に此位に登れりと云ふ。一に隨喜品、實相の法を聞きて信解隨喜すると。經に「若聞二是經一而不二毀訾一。起二隨喜心一。當レ知已爲二深心解相一。」二に讀誦品、更に法華を讀誦して觀解を助くると。經に「何況讀二誦

受二持之一者」三に說法品、自の內解を說きて他人を導利すること。經に「如來滅後若有下受持讀誦爲二他人一說上。」四に兼行六度品、六度を兼修して觀心を助くること。經に「況復有レ人。能持二是經一。兼行二布施持戒忍辱精進一心智慧一。」五に正行六度品、正しく六度を行じて自行化他事理具足して觀行轉た勝ること。經に「復能淸淨持レ戒。乃至利根智慧。能答二問難一。」【四教儀註下、三藏法數二十】

ゴホン 悟本 〔人名〕曹洞宗の初祖洞山良价禪師の謚號。【曹洞二師錄】

ゴホンジヨ 御本書 〔書名〕見眞大師の撰、敎行信證文類六卷、其の徒之を御本書と云ふ。

ゴホンデシヰ 五品弟子位 〔術語〕天台所立、圓敎八位の第一。觀行即五品の行を修する位なり、是れ外凡なれば弟子と云ふ。「ゴホン」を見よ。

ゴボサツ 語菩薩 〔雜名〕維摩を西方の語菩薩と云ふ。無語即語なればなり。【諸儀軌訣影十】

ゴボダイ 五菩提 〔名數〕一に發心菩提、阿耨多羅三藐三菩提の爲に發心すること。二に伏心菩提、煩惱を制伏して諸の波羅蜜を行ふこと。三に明心菩提、諸法を觀察して般若波羅蜜を行ふこと、四に出到菩提、般若波羅蜜の中に方便力を得るが故に無生法忍を得て三界を出で一切智に到ること。五に無上菩提、道場に坐して煩惱の餘習を斷じ阿耨多羅三藐三菩提を得ること。【智度論五十三】

ゴボン 語梵 〔術語〕如來三密の中の語密及び梵輪なり。梵輪は法輪の異名。梵は淸淨の義。

ゴマ 五魔 〔名數〕「マ」を見よ。

ゴマ 護摩 〔術語〕Homa 又、護魔、呼麽に作る。譯、燒。もと事火婆羅門火を燒いて天を祀る。彼れ火を以て天の口となし、饗物を火に燒けば天之を食して福を人に與ふと謂ふ。我が密敎に其の法を取り火爐を設け乳木を燒き、智慧の火を以て煩惱の薪を燒き、眞理の性火を以て魔害を盡すの幖幟とす。【大日經護摩品】に婆羅門の四十四種の火法を說き、後に佛法の火法十二種を說く。【大日疏八】に「護摩是如來慧火。能燒二棄因緣所生災橫一。」又「煩惱爲レ薪。智慧爲レ火。以二是因緣一。成二涅槃飯一。令二諸弟子悉皆甘嗜一。」【同十五】に「護摩是燒義也。由二護摩一能燒三除諸業一。」【慧琳音義四十一】に「護摩梵語。唐云二火祭祀法一。爲レ饗二祭賢聖一之物火中焚燎。如レ祭二四郊五岳等一。」【希麟音義一】に「護魔二字或作二呼麽一。梵語也。唐云二火祭一。案二瑜伽護魔經一。有二四種爐一。謂半月形。滿月形。方與二八角一。應二四種法一。謂鈎召。降伏。息災。敬愛等。加持雖レ異皆以二三白食及三雜花果等一於二爐中一焚燎。用祭二賢聖一。如二此方燔柴之祭一。」

護摩法由來 【大日經疏十九】に「外典淨行圍陀論中。有二火祀法一。然大乘眞言門亦有二火法一。所二以然一者。爲レ攝二伏一類一故。以言二韋陀事一而攝二伏之一。然其義趣猶如二天地不一レ可二相並一。乃至佛所三以作二此說一者。欲下伏二諸外道一分二別邪正一令中彼知上有二眞護摩一故。以下諸淨行等於二所宗韋陀典一自謂二秘密一而生中慢心上。今佛自說二韋陀原本一。而於二其中一更顯二正理眞護摩法一。此佛韋陀。當レ知最爲二第一秘密之藏一。彼聞已生二希有心一。即生二信解一也。我昔未レ成二正覺一無レ所二曉知一。略說二如上四十四種火法一。廣則無量。如二韋陀典中具明一。今成二正覺一復說二眞慧之火十二種法一。所謂能成二大事一除二盡一切垢障之暗一而成二大事一。不レ同二往昔邪道非法之行一也。」【百論疏中上】に「外道謂二火是天口一。故就二朝暝二時一再供二養火一。問外道何故謂二火爲二天口一耶。答。俱舍論云。有レ天從二火中一出。語言。諸天口中有二光明一。謂言是火。故云二天口一。乃至外道謂二火是天口一。正燒二蘇等十八種物一令三香氣上達二諸天一。天得レ食レ之令二人獲一レ福。將欲レ燒時前道二人咒一然後燒。」

內護摩外護摩 〔術語〕佛法の護摩に二種あり、擇地作壇して世火を以て供物乳木を燒くを外護摩とし、自身を壇とし、如來の智火を以て煩惱の薪を燒くを內護摩とす。之を出世護摩、世諦護摩、事護摩、理護摩とも云ふ。而て世諦の事護摩を作すにも理性の內觀を添ふべきは勿論なり。【大日經秘密曼陀羅品】に「護摩有二二種一。所謂內及外。」【大日經疏十五】に「阿闍梨即作二內護摩一。若淺行人即作二外法一。而究竟爲二內法因一。」【瑜祇經疏中】に「或直用レ內能得二成就一。若直用レ外。不レ得二成就一。故作二外法一必作二內法一。」【大日經疏八】に「若眞言行者。但作二世諦護摩一不レ解二此中密意一。則與二韋陀火祀一不二相濫一耶。故譯者兼二智之名一。庶令二淺深二釋義用兼擧一。」

四種護摩 〔名數〕一に息災法、梵名扇底迦 Śāntika 惡難を息むる爲のもの。二に增益法、梵名布瑟致迦 Puṣṭika 福利を增す爲のもの。三に鈎召法、梵名縛始迦羅拏 Vaśīkaraṇa 善類を召集する爲のもの。四に降伏法、梵名阿毘遮嚕迦 Abhicāraka 惡黨を折伏する爲のもの。【尊勝軌護摩品】に「護摩雖レ有二多種一今略說二四種一盡攝二一切護摩之法一。所謂除災圓爐。增益方爐。攝召半月。降伏三角。」

五種護摩 〔名數〕上の四種の中鈎召法より敬愛法、梵名、迦多耶を開いて五種となし、以て金剛界の五部に配す。諸佛菩薩の愛護を請ふ爲のもの。【瑜祇經疏上】に「金剛頂瑜伽護摩儀軌。有二五

種法。息災、増益、降伏、鉤召、敬愛。」【秘藏記末】に「以二五種法一相ニ充五種一。一息災用ニ佛部尊一。二増益用ニ寶部尊一。三降伏用ニ金剛部尊一。四敬愛用ニ蓮華部尊一。五鉤召用ニ羯磨部尊一。」

六種護摩

［名數］上の五種増益法の中より延命法を開いて六種とす。壽命の延長を祈る爲のもの。【瑜祇經疏上】に「亦爲ニ六種一。増益壇中更加ニ延命一。」

五部護摩

［修法］護摩法總じて六種あるうち、延命の一法を増益の中に入れて五種となし、以て五部に配す。諸經軌の說不同なり。

瑜伽經內護摩品

息災法　五佛、四波羅蜜及び金剛部の金剛薩埵「及び愛喜の二菩薩。

増益法　寶生部の寶光幢笑の四菩薩。

降伏法　蓮華部の法利因語の四菩薩。

敬愛法　羯磨部の業護牙拳の四菩薩。

鉤召法　鉤索鎖鈴の四攝天女。

又內外の八供は一切法に通じ用ふ。此二は五部に屬するなり。

瑜伽經內作業灌頂悉地品		攝眞實經護摩品	
息災法	佛部。	寂靜法即息災法	大日白色。
降伏法	金剛部。	調伏法	阿閦青色。
増益法	摩尼部即寶生部。	求財法	寶生金色。
敬愛法	蓮華部。	敬愛法	彌陀紅色。
鉤召法	羯磨部。	増益法	不空五色。

秘藏記末

息災法　佛部の尊、佛母。

増益法　寶部の尊、願滿者寶菩薩、求智慧者光菩薩、求官位者幢菩薩、求愛護者笑菩薩。

降伏法　金剛部の尊、降三世等忿怒尊。

敬愛法　蓮華部の尊、觀音。

鉤召法　羯磨部の尊、鉤菩薩。

是れ三十七尊各所成の悉地あるも、亦通じて皆一切法を成ずるが故に是の如く通別互に說くなり。今秘藏記の說を略解せば、先づ息災段に佛母を本尊とす。佛母とは佛眼尊なり。兩部共に佛眼を以て佛部の母となす。佛部の尊多き中殊に此尊を擧ぐるは佛眼に破諸宿恨の功能あり、一切の災難多くは惡星の所爲なる故に此尊に歸して其の災厄を除くなり。次に増益段に各所求の事に隨つて四菩薩を本尊とす。福德を求むるは寶菩薩を本尊とす。寶菩薩は虛空藏にして寶珠を以て三昧耶形と爲すが故に求福の者之に歸す。次に智慧を求むるは光菩薩を本尊とす。慧光愚闇を照すが故に其の義相應す。次に官位を求むるは幢菩薩を本尊とす。高幢に寶珠を安ずる是れ幢なり、官位は秀出其の義相應すればなり。次に愛念を求むるは笑菩薩を本尊とす。歡喜微笑は愛念の至極なるが故に其の義相應すればなり。次に降伏段に忿怒尊とは、瑜伽の軌の意に依るに降伏の法は降三世を本尊とし、四忿怒を以て眷屬とす。四忿怒とは薩王愛喜の四菩薩なり。是れ即ち東方の五尊、各忿怒の三摩地に住する故に忿怒尊と云ふ。降伏の法は他人を摧破するを功能と爲すが故に此の敎令輪の忿怒尊殊に相應すればなり。次に敬愛段に觀音とは、西方四菩薩中の初の法菩薩なり。敬愛の法は蓮華を以て幖幟とす。阿彌陀は蓮華部の主なるも、觀音正しく手に蓮華を持し、敬愛の表示を爲すが故に殊に此尊を擧ぐるなり、次に鉤召段に鉤菩薩を以て本尊とす、此に二義あり。一は瑜伽の軌の意を按ずるに鉤召の法は阿閦を本尊となし、薩王愛喜を眷屬となす。其の故は王菩薩は鉤を以て三昧耶形と爲すが故に、義を以て鉤菩薩と名くるなり、一は四攝中の鉤菩薩なり、瑜祇經に鉤索鎖鈴四盡成ニ鉤召事一と。四攝は利他の相なり、北方の釋迦亦化他の極に居す、仍て四攝菩薩を以て北方に屬し、其の中の鉤菩薩を以て本尊とするなり。此中初義に就きて、北方羯磨部の鉤召法を以て東方金剛部の尊を出すは云何との疑難あり、會して曰く、經軌の中往往東北二部相通の義あり、今は通の義に依て之を出すと。【秘藏記鈔九】愚案に、相通の義に依れば五部互に通ずるなり、故に二十五部乃至無量部ありと云ふ、豈に獨東北のみならんや。

五法互具

［術語］息災等の五法互に五法を具す、今息災の一法に就きて之を辯ぜば、之に內心外法の二種あり、先づ內心の法に就かば息災法を行じて貪瞋等の諸煩惱を除くは是れ息災なり。此息災に依りて煩惱の闇を除き、定慧等の功德增長するは是れ増益なり。此の諸の功德增長するに因りて無明等を摧破するは是れ調伏なり。是の調伏に依りて違隔せる煩惱と菩提と相和して煩惱即菩提となり、又諸佛菩薩の愛護を受くるは是れ敬愛なり。違隔なきに依て諸の善友集生し、又智慧の鏡照明らかなるに由て萬法現集するは是れ鉤召なり。四に外法に就きて言はば、國家の爲に法を修するとき、國家の諸災を除くは是れ息災なり。諸の福德増すは是れ増益なり。諸の災殃なきは是れ調伏なり。又之に依て戰亂諍鬪等の事なきは是れ敬愛なり。諸善集生するは是れ鉤召なり。他の四

法之に準じて知るべし。【秘藏記末同鈔九】

五種法加句 〔術語〕 上の五法に於て其の眞言の上下に加ふる語に其の法に隨て各定まりあるなり、而て諸軌の說不同なり。

	尊勝軌上	大日經疏七	烏蒭澁摩軌
増益	初後娜	初後納摩	初唵後裟婆訶
息災	初後娑嚩訶	初唵後莎訶	初唵後娑婆訶
降伏	初後許泮吒	初後吽發	初唵後吽發吒
攝召	初後訶利計急	初唵後許發	初唵後娑婆訶敬愛

	瑜伽軌	秘藏記末
息災	初唵後娑婆訶	初唵後娑婆訶
増益	初唵後娑婆訶	初吽後那莫
降伏	初吽後發吒	初吽後發吒
鈎召	初吽後弱	初吽後弱
敬愛	初吽後弱	初吽後弱

上表中、尊勝軌、大日經疏は敬愛法を召攝法中に攝め烏蒭澁摩軌はこれに反す。

已上五說の中秘藏記の說に就きて釋せば、先づ息災法に於て眞言の初に唵字を安ずるは歸命の義、行者本尊に歸して彼此不二の義なり、一切の災難は貪瞋痴の煩惱に依る、煩惱の根は無始の間隔無始無明なり。若し生佛不二自他一息如の理に達すれば諸災即時に息むが故に唵字を以て息災相應の字となす。後の娑婆訶は寂靜の義、寂靜は息災の義なり。諸事無爲にして災難なき時は一切寂靜なるが故なり。次に増益法の眞言の初に吽字を安ずるは寳悉地陀羅尼經に[梵字]字を以て寳珠の種子とし、寳珠は増益の三昧耶形なるが故に最初に安ず。那莫は歸命の義、寳珠の在る所萬人朝宗す、是れ歸命の義なり。次に降伏法の眞言の初に吽字を安ずるは吽は其の音牛の吼ゆる如し、是れ降伏の聲なり。又吽は風火の種子なり、風には摧破の能あるが故に降伏の加句となす。後に發吒を安ずるは發吒は破壞の義、又能く調伏と相應す。次に鈎召法、敬愛法、此の二法の眞言の初に吽字を安ずるは吽は因緣の義、因緣は必ず果を招くが故に鈎召なり。又鈎と和合して果を成ずるが故に敬愛なり、又吽は風大の種子、風大は半月形にして一方を戀ふが故に是れ鈎召敬愛の義なり、弱は來の義、體文の[梵字]字は生の字なり。生は即ち來なり、涅槃點●●を加ふるは[梵字]生即無生來即無來の義なり。無來の來是れ眞言の來なり。來は是れ鈎召の義又敬愛の義なり。【秘藏記鈔九】

四種爐形 〔名數〕 護摩を修する時、その種類によりて爐形を異にす。四種とは六種護摩の中延命鈎召の二法を増益法の中に攝す。一に息災法は圓。圓形は水輪の形なり、水に息災の功能あり。一は不淨を洗淨す、是息災の義なり。二は鑁(バン)字を種子とし鑁字は離言說の義、若し言を離るれば寂靜を成ず、寂靜は息災の義なり。三は能く火を滅す、世間衆生の熱惱せること火の如し、毘盧遮那の智水彼の火を滅す、是れ息災の義なり。二に増益は方。之に二由あり、一は方形は金の形なり、金は世界衆寳中最勝とす、増益は寳部の法なる故金の形を以て壇の相を表するなり。二には方形は地大の形なり、地は萬物を生長する故に以て増益の表相となすなり。三に敬愛は蓮華。蓮華は諸人共に之を愛するが故に以て表相と爲すなり、又蓮華は泥中に在りて泥に染せず是れ迷悟不二垢淨一如を顯はす。敬愛法は彼此相愛し、永く怨親を離れ惡に著せず、染淨に驚かず、生死に動かずして涅槃に至り、煩惱に在りて菩提を成ず。蓮壇に於て此法を修する誠に所以あり。四に降伏法は三角。怨は赤色なるべし、仍つて火吽軌に云く、大日經疏等以二赤色一爲二降伏色一と、當時靑或は黑色を用ふ。秘藏記尊勝軌不空等是なり。三角壇を用ゐるは三角は是れ物を摧破する形なり。降伏は惡人を摧破するが故に以て表相と爲す。又云く、三角は火輪の形なり、降伏の法は南方に向て之を行ふ、南方は火の方なるが故なり、故に火の形を用ふ。【護摩供事鈔上】

四種色 〔名數〕 一に息災は白、白は水の色なり。二に増益は黃、黃は金又は地の形なり。此二は上の形に準じて知るべし。三に敬愛は赤、世人赤色を愛樂す、故に之を用ふ。四に降伏は黑、降伏に黑色を用ゐる所以は黑色は風大の色、風は大力の義なり。水火風の三災の時も風災力强きが故に能く第三禪を壞し、如來成道の時も風指を以て惡魔を降伏す。降伏の法惡人を摧破する故に、之を相應の色となす、或は又火は風に依て力用を増すが故に火の方に向つて行ずる法に此色を用ゐるなり。【秘藏記鈔三】

四五種方向 〔名數〕 一に息災は北方、花藏院護摩要集上都作(寄延僧)に、息災北に向ふ說を擧げて云く、北方は冬を主り草木枯槁す、以て除災を表す。若し五行に對すれば北を以て水の方となす、息災の壇は水の形なる故に北方に向ふなり。北方を寂靜の方となす故に寂災の法北方に向ふなりと。北方冬を主る。世人秋は收め冬は藏して更に所作なし、故に寂靜と云ふ歟。二に増益は東、護摩要集上に云く、東方は春を主り草木生長す、以て増益を表す。又日月東に出でて草木生長するが故に以て増

益を表す。五行に對すれば東を以て木となす、木の茂盛するを以て增益を表す。三に降伏は南、護摩要集上に云く、南方は夏を司り、陽氣熾盛にして熱炎物を燒くを以て降伏を表す。若し五行に對すれば南を以て火となす、降伏壇の形火三角なる故に南方に向ふ。四に敬愛は西、護摩要集上に云く、秋は草木實を結び花を開き、世人之を愛すれば以て敬愛を表す。金光明經疏に云く、秋時萬物結レ實。人計爲レ常爲レ樂。計して常樂と爲す、敬愛を表すべし。若し五行に對すれば西を以て金となす、金は世の所愛たり、故に敬愛を表す。私に云く西方は蓮華部の方なり、天竺には蓮華を以て玲となし人之を愛す、故に敬愛の方となす。【秘藏記鈔二】

四種起首時 〔名數〕一は息災は初夜、之に二由あり、一は火吽軌に「初夜名㆓入定時㆒。終日作業入レ夜息故。與㆓息災法㆒相應。息災法亦名㆓寂靜法㆒故也。疏第四云。初夜分如㆓自證之地㆒。住㆓大涅槃㆒」と、息災法の至極は大般涅槃を護得す、故に相應の時と爲す。二は初夜は加護の時なり。瞿醯上に「又於㆓日沒之時㆒諸天集會。觀㆓視作方之處㆒。加㆓威彼人㆒。是故於レ夜作㆓曼荼羅㆒」と此意なり。二に增益は日出、之に三由あり。一は增益は東方に向つて之を修す、東方は日出なるが故なり。二は日出でて萬物力用を增長す、增益法又增長法と名くる故なり。三は諸天加被の時なる故なり、一字佛頂經に「是日出時。吉祥諸天下㆓遊此界㆒。歡喜集時樂レ成㆘世間求豐饒法㆖」と、三に敬愛法は後夜。後夜は寅の刻なり。此時分は陰陽和合の故に相應の時となす。常に四夜八晝と云ふ。四夜は戌亥子丑、八晝は寅より酉に至る。則ち寅は陰の終陽の始なり、故に陰陽和合と云ふ。四に降伏法は日中又は夜半、日中は日光熾盛にして萬物枯旱の時なり、最も調伏損害の法に相應す、夜半は黑闇增盛にて威光失沒の時なり、是れ亦調伏損滅の義に相應す。日中は午の時、夜半は子の時なり、火吽軌に「降伏赤色者日中起故。」

四種行日 〔雜語〕二說あり、一は【仁王經儀軌】に「若息災法從㆓月一日㆒至㆓八日㆒。若求㆓增益㆒從㆓月九日㆒至㆓十五日㆒。若求㆓敬愛㆒從㆓十六日㆒至㆓二十二日㆒。若調伏者從㆓二十三日㆒至㆓月盡日㆒。」と。二は【諸部要目】に「一日分爲㆓四時㆒。月生一日至㆓八日㆒應レ作㆓息災㆒。從㆓九日㆒至㆓十五日㆒應レ作㆓增益㆒。從㆓十六日㆒至㆓二十三日㆒應レ作㆓降伏㆒。從㆓二十四日㆒至㆓月盡日㆒應レ作㆓敬愛法㆒。」と。息災は災を除き德を生ずる法なり、月生の一日より暗に背き明に向ふ故に息災相應の日となす。增益は福智圓滿の法なり、十五日に至りて月輪滿ずるが故に以て增益相應の日となす。降伏は損滅を能となす、黑月には損滅和合の二德あり、十六日より月輪漸く減ず。仁王儀軌は損滅至極の義を取る故に調伏。月の盡日に至り、要目は月の盡日には月合宿するが故に敬愛相應の日となす。【秘藏記鈔二】

五種護摩色 〔名數〕寂災法（息災法）は白。白は是れ寂災の色、如來部の義なり故に最初なり。增益法は黃。黃は是れ增益の色、蓮華部の義なり、故に第二なり。降伏法は赤。赤は是れ降伏の色、金剛部の義なり、故に第三なり。求財法は青、青は是れ所事を成辨し亦隨類の形を出生す、故に第四なり。（青色は五色を含む。）攝召法（鈎召法）は黑。黑は是れ攝召の義、即ち諸の奉教者忿怒等の所爲衆務なり、故に第五なり。

五種護摩木 〔名數〕息災は甘木、降伏は苦木、增益は果木、敬愛は花木、鈎召は刺木。

二十種護摩法 〔名數〕扇底迦に四法、布瑟致迦に九法、阿毘遮羅迦に七法あり。之を二十種護摩法と名く。此中に更に廣くすれば一百一十種の火法あり、秘して譯せず。【金剛頂經義訣】

ゴマウサウ 五妄想 〔名數〕五蘊をいふ。一に堅固妄想は即ち色陰なり。衆生の體は想に因て生じ、心は想に因て起り、命は想に因て傳へ、諸想交固して色身を成ず。故に現色身を名けて堅固妄想と云ふなり。二に虛明妄想は即ち受陰也。衆生欲想して高きに登れば足先づ酸澁し、好惡の二相損益現馳す。是れ即ち受陰體なく故に虛明と云ふ。三に融通妄想は即ち想陰なり。衆生の念慮は虛情、色身は實なり、虛實倫（トモ）ならずと雖も能く相ひ使ふは想に由て融すればなり。心に虛想を生じ形は實物を取る。心形異なれども用能く相應するは想に由て之を通ずるなり。故に融通と名く。四に幽隱妄想は即ち行陰なり。衆生一期の色身生化の理、幼より衰に至つて暫も停息することなく、運運に密に移る。體遷れども覺ることなし故に幽隱と名く。五に顚倒妄想（又微細精想とも云）は即ち識陰なり。衆生の識精の湛は眞の湛然に非ず、急流の水望めば恬靜に似て其の實は急流細にして見るべからず。湛了の内の罔象虛無なれば顚倒と以ふ。【楞嚴經】

ゴマギ 護摩木 〔物名〕護摩を修する時爐中に焚くもの。段木と乳木との二樣を要す。段木とは松などの乾れたる木を段段に切りたるもの、乳木とは桑などの生木にて濕氣あるもの。先づ段木を爐内に積み、其上に乳木を置き、以て火力を强からしむ。其木

材の種類及び寸法削り樣は增益等四種の壇法に依りて各異なれり。【護摩供事鈔中】

ゴマシユ　護摩衆　〔雜語〕護摩の修法を爲すもの。

ゴマダウ　護摩堂　〔堂塔〕增益等の法に應じて各其の所尊を安置して護摩の修法を爲す處。

ゴマダン　護摩壇　〔物名〕護摩を修する爐を据へるもの。大壇水壇木壇の三種あり。實際地を掘りて牛糞を塗り、式の如く大作法を行ひしを大壇と云ひ、堀地等の事を作さず、但灑水を以て其地を淨め、急速に之を作りしを水檀と云ひ、當今行はるる如く木を以て壇を作り、爐を其中に据へしを木壇と云ふ。

ゴマハチセンノクンジユ　護摩八千薫修　〔修法〕不動護摩を修するに乳木八千枚を燒くと云。【立印軌】に「作二護摩事業一。應下以二苦練木一兩頭榏(ヒクシ)レ酥燒上。八千枚爲レ限。」

ゴミ　五味　〔譬喩〕佛、涅槃經に於て乳等の五味を說き、醍醐味を以て涅槃經に比す。天台大師これに因て如來所說の一代聖敎の次第に當て、一は以て五時敎の次第に生ずるに譬へ、一は以て機の次第に淳熟するに譬ふ。之を約敎相生約機濃淡と云ふ。一に乳味、初て牛より出づるもの。佛を牛に譬へ、佛初て華嚴經を說くは牛の乳に於る如し、此時二乘の機未だ熟せず、至つて淡泊なると復た生乳の如し。二に酪味、生乳より取りしもの。以て佛華嚴の後に阿含經を說くと、阿含經を聞く小乘の機に譬ふ。三に生酥味、更に酪より製せしもの。以て阿含の後に方等經を說くと、小機熟して大乘通敎の機となるに譬ふ。五に熟酥味、更に生酥を精製せしもの。以て方等經の後に般若經を說くと、通敎の機熟して大乘別敎の機となるに譬ふ。五に醍醐味、更に熟酥を煎熟せしもの。以て般若經の後に法華涅槃の二經を說くと、別敎の機熟して大乘圓敎の機となるに譬ふ。【涅槃經十四】に「善男子。譬如下從レ牛出レ乳、乳出レ酪、從レ酪、出二生酥一。從二生酥一出二熟酥一。從二熟酥一出二醍醐一。醍醐最上。若有レ服者衆病皆除。所有諸藥悉入中其中上。善男子。佛亦如レ是。從レ佛出二生十二部經一。從二十二部經一出二修多羅一。從二修多羅一出二方等經一。從二方等經一出二般若波羅蜜一。從二般若波羅蜜一出二大涅槃一。猶如二醍醐一。」而て此の五味の喩に人法の二種あり、人とは涅槃經十に佛言く善男子、聲聞は乳の如く、緣覺は酪の如く、菩薩の人は生熟酥の如く、諸佛世尊は猶醍醐の如し。法とは同經十四に華嚴阿含方等般若涅槃に配すること上に引く如し。又六波羅蜜經に之を經律論般若總持の五藏に配す。梵語次第の如く、Kṣīraṁ Dadhi Navanītam Gholaṁ Sarpirmaṇḍa

ゴミガユ　五味粥　〔飮食〕禪家に十二月八日を佛成道の日と定め、其日に雜穀衆味を集めて粥を造り、五味粥と云ふ。【象器箋十六】

図酸、苦、甘、辛、鹹の五。

ゴミツ　語密　〔術語〕如來三密の一。佛の言語神變「不思議なるもの。」

ゴミヤウ　五明　〔名數〕西域內外の學者必ず學習すべき處五明あり、五明處と云ふ。一に聲明、Śabdavidyā 言語文字のとを明かすもの。聲明の項を見よ。二に工巧明、Śilpakarmasthānavidyā 一切工藝技術算曆等のとを明かすもの。三に醫方明、Cikitsāvidyā 醫術のとを明かすもの。四に因明、Hetuvidyā 正邪を考定し眞僞を詮考する理法を明かすもの。所謂論理學なり。五に內明、Adhyātmavidyā 自家の宗旨を明かすもの。前の四明は自他に同じ、內明の一は自他各學を異にし、婆羅門は四吠陀論を內明とし、佛敎は三藏十二部敎を內明とす。明とは闡明の義、各其理を開闡し證明すれば明と云ひ、又明とは智の異名、各其學に依りて其智を得れば明と云ふ。【西域記二】に「七歲之後。漸授二五明大論一。一曰聲明。釋詁訓字。詮目疏別。二曰工巧明。伎術機關。陰陽曆數。三曰醫方明。禁咒閑(フセキ)レ邪。藥石針艾。四曰因明。考二定正邪一。研二覈眞僞一。五曰內明。究二暢五乘因果妙理一。其婆羅門學二四吠陀論一。」【菩薩地持經三】に「明處者有二五種一。一者內明處。二者因明處。三者聲明處。四者醫方明處。五者工業明處。此五種明處菩薩悉求。」

ゴミヤウ　護命　〔人名〕元興寺の護命、法相を宗とす。延曆二十四年最勝王經を大極殿に講じ、六月大法師位に任ず。大同三年山階寺に於て維摩經を講ず。六年少僧都に任じ、明年大僧都に轉ず。十四年詔を承けて硏心章を作り法相宗を推擧す。天長四年僧正に任じ、承和元年九月十一日元興寺の小塔院に終ふ、壽八十五。【本朝高僧傳五】

ゴミヤウシンジユキヤウ　護命神咒經　〔經名〕護命法門神咒經の略名。

ゴミヤウハウシヤウギキホフ　護命放生儀軌法　〔經名〕一卷、唐の義淨作。放生の儀則を說く。【寒帙六】(1508)

ゴミヤウホフモンシンジユキヤウ　護命法門神咒經　〔經名〕一卷、唐の菩提流志譯。佛說延命妙門陀羅尼經と同本先譯。【餘帙五】(371)

ゴミヤウダイジ　護命大士　〔雜名〕釋迦如來覩史多天に生じて護明大士と號す。【正宗記一】

ゴミヤウリン　五明輪　〔術語〕五明論を稱す。【慈氏軌】に「五明輪悉無レ不レ通。」

ゴム　五夢　〔傳說〕如來涅槃の夜に於て阿闍世王五種の惡夢を感ず。一に月落て日地より出づる、二に

星宿雲雨繽紛として隕る、三に煙氣地より出づる、四に七彗星天上に現るる、五に天上に大火聚あり、遍く空を覆ひ地に墜つるを見る。【後分涅槃經下】【倶舍頌疏界品二】に「五夢不祥。雙林現レ滅。」

ゴムキヤウ　五夢經　［經名］【法苑珠林十】に引く、大藏經中に載せず。

ゴムケン　五無間　［名數］八大地獄の第八阿鼻地獄を五無間と云ふ。五種の無間あればなり。一に趣果無間、此獄を感ずる罪業は順現業又は順生業にして、造業と受果との間に於て決して他の生を隔つることなきを云ふ。二に受苦無間、苦を受くるに間隔なきこと。三に時無間、時に間斷なきこと。四に命無間、壽命常に相續して間斷なきこと。五に形無間、地獄の廣さ八萬由旬あり、身形亦八萬由旬ありて些の空處なきこと。大部補註八及び十二に、或引成論と標して此五無間の義を列ぬ。然るに成實論を檢するに唯初の一義ありて後の四義なし。後の四義は大乘義章七に無間業に四義を擧ぐる中（無間業の下に引く）後の三義より取りしなり。但し彼は時無間と命無間との二を合せて一の壽命とし、此は開きて二となせるなり。後人これを察せず和附して皆成論の說となす。翻譯名義集、四敎儀集註、增輝記等皆然り。【地藏菩薩本願經上】に「五事業感故稱二無間一。」一に受苦無間、二に身形無間、此二は上に同じ。三に罪器無間、種種の罪器充滿して間隔なきなり、四に衆類無間、種種の衆生同一に之を受けて間隔なきなり、五に時無間、なり、上に同じ。

ゴムケンゴフ　五無間業　［名數］無間地獄の苦果を感ずる五種の惡業、即ち五逆罪なり。「ゴギヤク」を見よ。

「五無間業に同じ。

ゴムケンザイ　五無間罪　［名數］五無間の罪業。

ゴムヘウゴフ　語無表語　［術語］言語として或る作業を口に發動せしむる時、同時に他日果報を招感する原因を自己の身內に薰發す。この薰發せられたるものは無形無象にして他に表示すべきものなし故に語無表と云ふ。「ゴフ」を見よ。

ゴムホンフクキヤウ　五無反復經　［經名］佛說五無反復經、一卷、劉宋の沮渠京聲譯。王舍城の梵志舍衛國に來り、途に耕者の子死して其父母及び奴僕等五人の者愁哭せざるを見、大逆にして反復なき人となし、無反復とは己に反するなく放逸なるを云ふ。佛理を說きて梵志の心を開く。【宿帙七】(742)

ゴムリヤウ　五無量　［名數］一に身、二に心、三に智、四に虛空、五に衆生なり。【大日經六】相傳に此五無量を五佛に配す。身は寶生佛、心は阿閦佛、智は無量壽佛、虛空は大日如來、衆生は不空成就佛なり。【辨惑指南一標註】

ゴメウ　五妙　［術語］色聲香味觸の五境の淨妙なるもの。極樂の境界に就て云ふ。【觀無量壽經】に「彼國土極妙樂事。」【往生要集上末】に極樂の十樂を明かす中に「第四五妙境界樂。」図五妙欲の略。

五妙音樂　［雜語］宮商角徵羽の五音、其妙を極むるを云ふ。【往生要集上本】に「五妙音樂。頓絕二聽聞一。」

ゴメウキヤウガイラク　五妙境界樂　［術語］往生要集所說十樂の第四。極樂の色聲等の五種の境界妙樂を極むるを云ふ。

ゴメウヨク　五妙欲　［術語］有漏の色聲香味觸の五境、その自性苦不淨なれども、凡夫の欲心を以て妙樂なりと感ずるもの。

ゴモウヂン　牛毛塵　［雜語］羊毛塵を七倍せしもの。牛毛の先に住する微塵なり。【倶舍論十二】梵Gorajas

ゴモシキヤウ　五母子經　［經名］佛說五母子經、一卷、吳の支謙譯。八歲の沙彌、阿羅漢に從ひて道を學び、遂に五通を得、宿命を以て自己を生みし前五生の母何れも吾子の早世を悲んで空しく憂愁し居るを說く。【宿帙七】(638)

ゴモツ　五沒　［術語］五種退沒の相、天人の下界に退沒する時五衰の相を現ずること。「ゴスヰ」參照。

ゴモンジフダイ　五問十題　［雜語］論義に五問十題の稱あり。問者五人に講師一なり。問者一人に各業副あるを以て十題となる。初に問ふ題を業義と云ひ、次に問ふ題を副義と云ふ。【武峰論語】

ゴモンゼン　五門禪　［術語］小乘七方便中の五停心觀を云ふ。五門禪經要用法一卷あり。

ゴモンゼン　五門禪　［術語］維摩經弟子品中迦旃延章に說く、無常苦空、無我寂滅の五義是なり。維摩之を諸法畢竟不生不滅是無常義と一一に雙非せし、其の雙比の義を取りて圓敎の五門禪となすなり。【釋籤四之一】に「言二五門禪一者如二淨名迦旃延章五門一是也。取二結成雙非一以顯二中道一爲二圓五門一。」

ゴモンゼンキヤウエウヨウホフ　五門禪經要用法　［書名］一卷、佛陀蜜多羅撰。宋の曇摩蜜多譯。數息等の五種の觀門を說く。【暑帙六】(1382)

ゴヤ　後夜　［儀式］夜明け方の勤を云ふ。寺中本式の勤は晝三度夜三度にて、晝の三度は晨朝、日中、黃昏、夜の三度は初夜、半夜、後夜なり。然るに大抵半夜と後夜を略し或は晨朝を早めて後夜の勤とす。依て夜明けの勤を後夜とも晨朝とも云ひ、或は後夜晨朝と重ね云ふもあり。

後夜懺法　［行事］天台宗には朝懺法夕例時とて明方の勤には法華懺法を修し、夕方には例時作法を勤むるが定なり。

ゴヤウゲン　牛羊眼　［譬喩］牛羊の眼、以て見

るとの劣れるに譬ふ。【智度論八十二】に「肉眼所レ見與ニ牛羊一無レ異。」【止觀一下】に「如ニ牛羊眼不ヒ解ニ方隅一。」【玄義二上】に「不レ可下以ニ牛羊眼一觀中視衆生上。不レ可下以ニ凡夫心一評中量衆生上。」

牛羊心眼 〔譬喩〕 牛羊眼に同じ。【金光明玄義上】に「不レ解ニ此意一如ニ牛羊心眼一。不レ足レ論レ道也。」

ゴヤク 五藥 〔飲食〕 一切の藥を代表せる五種の藥種なり。藥の効用は病を除くよりして消災の義を表す。灌頂の時二十種物の一として五瓶中に入る。【慧琳音義三十六】に「五藥。依ニ金剛頂經瑜伽一說ニ五藥梵名一。婆賀拶囉一。婆賀禰縛二。建吒迦哩三。儗哩羯囉拏四、勿哩荅賀定五。並西國藥。此國無。即以ニ此土所レ出靈藥一替レ之。伏苓一。朱砂二。雄黃三。人參四。赤箭五。各取ニ少許一共入ニ一瓶子中一埋レ之也。」四種の壇法に依て各五藥を異にす。

ゴユヰ 五唯 〔名數〕 Pañca Tanmātrāṇi 具に五唯量と云ふ。數論師所立二十五諦中の第四位。我慢より生ずるもの。聲、觸、色、味、香、即ち佛敎の五境なり。此五は物質の根本にて唯此を以て五大五根等を生ずれば唯量と云ふ。【唯識述記一末】に「五唯者謂聲觸色味香。乃至量者定義。唯定用レ此成ニ大根等一。」

ゴヨク 五欲 〔名數〕 色聲香味觸の五境、即ち眼等の五根に對するもの。是れ人の欲心を起すものなれば欲と名く。是れ眞理を汚すものなれば塵と名く。【止觀四】に「五塵非レ欲。而其中有レ味能生ニ行人貪欲之心一。故言ニ五欲一。」【智度論十七】に「哀哉衆生。常爲ニ五欲一所レ惱。而求レ之不レ已。此五欲者得レ之轉劇如ニ火炙ヒ疥。五欲無レ益如ニ狗齩ヒ炬。五欲增レ爭如ニ烏競ヒ肉。五欲燒レ人如ニ逆風執ヒ炬。五欲害レ人如レ踐ニ惡蛇一。五欲無レ實如ニ夢所得一。五欲不レ久如ニ假借須臾一。世人愚惑貪ニ著五欲一至レ死不レ捨。爲レ之後世受ニ無量苦一。」図一に財欲、二に色欲、三に飲食欲、四に名欲、五に睡眠欲。【華嚴大疏鈔二十七、三藏法數二十四】

ゴラク 五樂 〔雜語〕 五欲の快樂なり。【群疑論探要記七】に「五情快樂名爲ニ五樂一。謂凡愚人貪ニ染シテ五境一深生ニ樂着一。」

ゴリキ 五力 〔雜語〕 五種の魔力なり、五塵を云ふ。【止觀輔行八】に「增一云。魔有ニ五力一。所謂五塵ナリ。佛聖弟子一力能拒。謂不放逸。」

ゴリキ 五力 〔名數〕 三十七道品の一。信、精進、勤念、定、慧の五根増長して五障を治する勢力を有するもの。一に信力、信根增長して諸の邪信を破するもの。二に精進力、精進根增長して能く身の懈怠を破するもの。三に念力、念根增長して能く諸の邪念を破するもの。四に定力、定根增長して能く諸の亂想を破するもの。五に慧力、慧根增長して能く三界の諸惑を破するもの。【法界次第中之下】【智度論十九】に「五根增長不下爲ニ煩惱一所上レ壞。是名爲レ力。」又「天魔外道不レ能ニ阻壞一。是名爲レ力。」梵語(名義大集四一)に出づ 図一に定力一切禪定の力。二に通力、一切神通の力、是れ定力の結果なり。三に借識力、色界の二禪天以上は總て眼等の五識なければ、若し必用あらば通力を以て自由に初禪天の五識を起すを得るもの。之を借識力と云ふ。四に大願力、佛菩薩の大誓願力。五に法威德力、佛法の威德力。此五種の力は不可思議にして現比二量の境界にあらざれば、唯識論の中に一切諸法の性相を決するも、獨り此五力を判ぜざるなり。【宗鏡錄四十八】に「有ニ五力一唯識不レ判。一定力。二通力。三借識力。四に大願力。五に法威德力。」又、一切の通力の中に中有の業通の力最も强くして此五力も之を遮止すると能はざれば之を五力不可到と云ふ。【三藏法數二十五】

十三力 〔名數〕 一に因力、宿世の善根力なり。二に緣力、善智識の敎誨力なり、此因緣和合して能く行を起すなり。三に意力、理の如く作意する力なり、四に願力、菩提を求むる力なり。五に方便力、法に依て巧に修する力なり。六に常力、常に法に依て修する力なり。七に善力、正修の善根力なり。八に定力、止を修して成就せし力なり。九に慧力、觀を修して成就せし力なり。十に多聞力、多く正法を聞信する力なり。十一に持戒忍辱精進禪定力、五度を成就せし力なり。十二に正念正觀諸通明力、正念正觀六通三明を成就せし力なり。十三に如法調伏諸衆生力、如法に剛强の衆生を調伏する力なり。西方淨土の菩薩は、此十三力を具足して自ら利し他を利するなり。【無量壽經下、同淨影疏】

ゴリキミヤウワウ 五力明王 〔明王〕 不動等の五大明王なり。此五大明王は五大力菩薩の變身なれば五力明王と云ふ。「ゴダイリキボサツ」を見よ。

ゴリシ 五利使 〔術語〕 十使の中の前五、身見、等の五見なり。此五見は四諦の理性に迷ひ起す惑性の銳きものなれば利使と名く。即ち見修二惑の中の見惑にて、見道に於て一時に斷ずるもの。「ゴケン」を見よ。　「ツ」を見よ。

ゴリツ 五律 〔名數〕 五部の律藏なり。「ゴブリ」

ゴリフヰ 五離怖畏 〔雜語〕 五つの畏るべきことを離るるなり。貪火燒かず、瞋毒あたらず、惑刀傷けず、流も漂はさず、諸覺觀の煙も薰害する能はざること。

ゴリン 五輪 〔術語〕五體の異名。兩臂兩膝及び頭の五處、共圓なれば五輪と云ふ。此五輪を地に著けて禮するを禮の至極とす。「ゴタイ」を見よ。図世界の成立を五輪とす。倶舍等の説に依れば最下を虛空輪とし、其上を風輪とし、其上を水輪とし、其上を金剛輪（即ち金剛際にして地輪なり。）とし、此上に九山八海を載す。即ち五大の中に火大の一を除きて四輪所成と爲す。輪とは此四層各周圓の形を爲せばなり。図密敎の通稱に地水火風空の五大を五輪とす。此五大、法性の德を具足圓滿すれば輪と云ひ、世界を以て此の五輪所成とす。【大日經疏十四】に「一切世界皆是五輪之所二依持一。世界成時。先從二空中一而起レ風。風上起レ火。火上起レ水。水上起レ地。即是曼荼羅安立次第。」「ゴダイ」を見よ。図金剛界の五解脱輪を云ふ。図佛の五指を云ふ。【楞嚴經一】に「我實觀二五輪指端一。」

ゴリンキヤウガイ 語輪境界 〔術語〕佛の陀羅尼身の境界を稱す。是れ百光遍照眞言𑖀字の所成なり。【大日經六】に「佛言。秘密主。觀下我語輪境界ノ廣長。遍至ニシテ二無量世界一。清淨門上。」【義釋十三】に「汝可レ觀二我語輪一。謂三即觀二佛陀羅尼身字輪境界一也。」

ゴリンクワン 五輪觀 〔術語〕地水火風空を五輪と名け、其の種子は𑖀𑖪𑖨𑖮𑖏の五字なり。其の形は方、圓、三角、半月、團形、其の色は黄白赤黑青なり。各圓滿に衆德を具する故に輪と名く。五輪即ち五智なれば之を觀じて其の觀成就すれば自身即ち五智如來となるなり。又修法の時に吾身を金剛輪に成す爲に此五字を以て身中の五處に配して吾身を加持するを五字嚴身觀と云ふ。其の法は之を次第の如く自身の腰下、臍輪、心上、額、頂上、の五處に觀ずるなり。【大日經疏十四】に「凡阿闍梨欲下建二立大悲胎藏一建中立弟子上時。當下先住二於瑜伽一而觀中自身上。從レ臍以下當レ作二金剛輪一。其色黃而堅。從レ臍以上至レ心當レ作二水輪一。其色白。次從レ心以上至レ咽當レ作二火輪一。其色赤。次從レ咽以上至レ頂當レ作二風輪一。其色黑。最上虛空作二一點一。具二種種色一。在二頂十字縫上一置也。是此輪形正與二身分一相稱也。此五位者即是前所レ說五字。方中置二阿字一。圓中置二嚩字一。三角中置二囉字一。半月中置二唅字一。點中置二欠字一。」【大日經義釋八】に「凡行者欲レ修レ觀時。先當下住二瑜伽座一以二阿嚩囉賀佉五字一加中持自體上。」【大日經義釋十一】に五輪成身の圖を出す。

（五輪成身の圖）

図地水火風空の五大に於て自在を得る禪定の名。【黑谷語燈錄】に「大安寺有二勝行上人者一。修二五輪觀一。成就之人。居常每日入二環堵中一數刻而出。一日出遲。徒弟鑿レ壁偸眼。不レ見二上人一。唯見二牀上水之澄淸一。試以投レ石有レ聲。弟子怪レ之。上人出定之後自覺二胸間有レ物楚痛難レ忍。召二其徒一曰。汝等見二定相一有二何事一乎。徒報以レ實。上人曰。汝待二我更入レ定爲取レ之去。上人翌日入レ定。徒復窺見二牀上有二火光一熖熾然。乃探レ石取去。上人起レ定無二後痛苦一。」

ゴリンサマヂ 五輪三摩地 〔術語〕地等の五輪を觀ずる三摩地なり。尊勝軌に二種を明かす。一は正報觀、一は器界觀なり。正報觀は𑖏𑖮𑖨𑖪𑖀の次第にて。𑖏は頂上。𑖮は眉上、𑖨は心上、𑖪は臍上、𑖀は腰下なり。依報觀は之に反し最下は𑖏、次上は𑖮、次上は𑖨、次上は𑖪、次上は𑖀なり。

ゴリンジ 五輪字 〔術語〕𑖀等の五字なり。【大疏八】に「次二五輪字一持レ身」「ゴリンクワン」を見よ。

ゴリンサイ 五輪際 〔術語〕最下の虛空輪を云ふ。【瓔珞本業經上】に「下至二五輪際一。」

ゴリンジヤウシン 五輪成身 〔術語〕五輪觀を以て吾身を大日如來に成すと。「ゴリンクワン」を見よ。⊙（盛衰記）「五輪成身の寶冠」

ゴリンソトバ 五輪率都婆 〔堂塔〕單に五輪とも云ふ。密敎所立の率都婆なり。顯敎の率都婆は佛德を高顯し或は佛舍利を安置する爲に立つるもの。密敎は然らず、之を大日如來の三昧耶形として墳墓の上に建つるなり。其形五輪成身に同じ「ゴリンクワン」を見よ。

ゴリンタフバ 五輪塔婆 〔堂塔〕前項に同じ。

ゴリンロクダイ 五輪六大 〔名數〕五輪は五大の異名。五大に識大を加て六大とす。

ゴルヰセツポフ 五類說法 〔名數〕華嚴一經の中に五類の說法あり。一に佛說、本經中阿僧祇品隨好品の如き佛の親宣なり。二に菩薩說、本經中十住十行十廻向等の品の如き、諸大菩薩の說なり。三に聲聞說、本經中法界品の初の如き、聲聞の人佛の加被を以て法を說く。四に衆生說、梵天の讚偈等なり。五に器界說、菩提樹等能く法音を演ぶ。【華嚴經疏一】

ゴルヰテン 五類天 〔名數〕一に上界天、色界及び無色界の諸天。二に虛空天、欲界の六天中夜摩天以上の四天を云ふ。是れ虛空に居るもの。三に地

居天、欲界六天の中、四王天、忉利天の二、是れ須彌山に住するもの。五に遊虛空天、日月星宿を云ふ。五に地下天、龍、阿修羅及び閻魔王等、凡そ光明を放ち自在の力あるものを名けて天となす。【十八會指歸、秘藏記下】其他【諸部要目】と【三十卷敎王經十】に各一說あり。

ゴルヰシヤウ　五類聲　〔名數〕悉曇の體文三十三字の中、滿口聲の八字を除き、餘の二十五字を五類聲と云ふ。一に𑖎迦等の五字は牙聲、二に𑖓遮等の五字は齒聲、三に𑖘吒等の五字は舌聲、四に𑖝多等の五字は喉聲、五に𑖢波等の五字は脣聲なり。此の中各最后の一字を以て涅槃點とするなり。【大疏七】に「於二迦遮吒多波五類聲中一復各有二五字一。其一至二第四一四字皆慧門。第五字是證門。梵書以二此五字一皆同二圓點一。」

ゴレウヱ　御靈會　〔修法〕神靈の祟を畏れ之を慰むる爲に設くる法會。淸和天皇貞觀五年五月二十日、神泉苑に御靈會を修し、崇道天皇乃至文室宮田麿の六靈を祭る。【三代實錄七】図八月に八所の御靈のまつりあり。【世諺回答】祇園の六月十四日の御靈會は圓融院天錄元年六月十四日より始る。【諸神根元抄】

ゴロ　語露　〔雜語〕詞の道すぢ。【臨濟錄】に「學人拈二出箇機權語路一。向二善知識口角頭一。」

ゴロク　語錄　〔雜語〕禪祖の語要は華藻を事とせず、俗談平話に之を宣ぶ、侍者小師隨つて筆錄するものを語錄と名く。【象器箋十五】

ゴロニニユ　牛驢二乳　〔譬喩〕似て非なるものに譬ふ。【智度論十八】に「譬如二牛乳驢乳其色雖レ同。牛乳杯則成レ蘊。驢乳杯則成レ糞。佛法語及外道語。不殺不盜。慈愍衆生。攝心離欲。觀空雖レ同。然外道語初雖レ似レ妙窮盡所レ歸則爲二虛誑一。一切外道皆著二我見一。」

ゴロン　五論　〔名數〕無着菩薩の彌勒菩薩に聞きて著せる五部の大乘論。「ゴブダイロン」を見よ。

ゴロンジフシ　五論十支　〔名數〕無着菩薩の五部の本論及び世親菩薩の十部の末論。共に法相瑜伽の理を顯す。「ゴブンジフシ」を見よ。

ゴワウ　牛王　〔雜語〕牛中に勝るもの。【勝鬘經】に「如二牛王一。形色無比勝二一切牛一。」以て佛菩薩に譬ふ。【涅槃經十八】に佛を嘆じて「人中象王。人中牛王。人中龍王。」【無量壽經下】に菩薩の德を嘆じて「猶如二牛王一。無二能勝一故。」【大毘婆沙一百七十七】に、釋迦菩薩底沙佛を讃する偈に「丈夫牛王大沙門。尋二地山林一遍無レ等。」図牛王寶印を略して云ふ。

ゴワウウリ　牛王賣　〔雜名〕熊野を始めとし諸「寺諸社の牛王寶印を賣ると。

ゴワウキヤウ　五王經　〔經名〕佛說五王經、一卷、失譯。佛五人の王に對して世間の八苦を說き、五王同じく出家す。【宿帙七】(775)

ゴワウソンジヤ　牛王尊者　〔人名〕佛弟子憍梵波提の譯名。【無量壽經上】に「尊者牛王」餘經に牛呞、牛跡、牛相など譯す。「ケウボンハダイ」を見よ。

ゴワウホウイン　牛王寶印　〔雜名〕諸寺諸社より出す符印の名。牛王寶印或は牛王寶命など書す。もと熊野より始まり諸寺諸社之に効ふ。熊野の寶印には文字なく但群鴉の圖あり。他所の寶印には本尊の種子或は陀羅尼を書す。邦俗之を以て除厄の守札となす。是れ種子陀羅尼の功能を取るもの。經軌の明說敢て疑ふべきなし。獨り根本熊野の寶印は往古より或は誓紙に用ゐ、或は之を燒きて共に呑み以て盟約の證誠とす。其濫觴を詳にせざれども、案ずるに當處本宮の本地阿彌陀如來の證誠殿と云ふに因みて作せしにはあらざる歟。十方の諸佛が彌陀の本願を證誠せし事阿彌陀經に說かれしより證誠殿の名は起れるなり。牛王寶印の名に就いては、牛王は佛の異名なると【涅槃經十八】に證あり。寶印とは重寶の符印にて、佛の物し給ふ重寶の符印と云ふ義なるべし。

ゴワク　五惑　〔名數〕「ゴドンシ」に同じ。【谷響集一、修驗故事便覽三】

ゴヰ　五畏　〔名數〕「ゴフヰ」を見よ。【寄歸傳二】に「捨二五畏之危道一。遵二八正之平衢一。」

ゴヰ　五位　〔名數〕種種の五位あり。

諸法五位　〔名數〕佛家、諸法を建立するに先づ三門あり。一に小乘倶舍宗は七十五法を立て、小乘成實宗は八十四法を立て、大乘法相宗は百法を立つ。總じて之を五位に收束す。一に色法、物質の形あるもの。又、物質を因として生ずるもの。二に心法、事物を了識するもの。三に心所法、心法に隨附して起るもの。是れ心法所有の法なれば心所法と名く。四に不相應法、心法に附隨せざるもの。五に無爲法、常住にして因緣より生ぜざるもの。成實宗の八十四法は其一一の記する明文なければ之を措き、倶舍は物心兩實の宗なれば、色、心、心所、不相應、無爲、と次第して此中に七十五法を攝め、法相は唯心無物の宗なれば、心、心所、色、不相應、無爲、と次第して此中に百法を收む。左圖の如し。

大乘五位

大乘五位	心法	八
	心所法	五十一
	色法	十一
	不相應法	二十四
	無爲法	六
		百法

小乗五位

色法	十一
心法	一
心所法	四十六
不相應法	十四
無爲法	三

七十五法

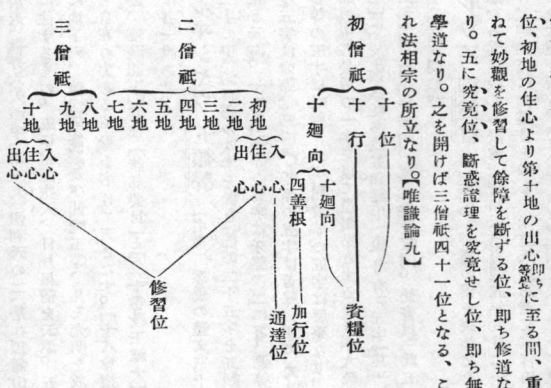

唯識修道五位　［名數］萬法唯識の理を觀修するに五位を立つ。一に資糧位、地前の住行向の三十心に於て、佛道の資糧を貯ふる位。二に加行位、三十心の終に於て、將に見道に人らんとして、煖、頂、忍、世第一法、の四善根の方便加行を爲す位。三に通達位、初地の人心（地地に各入住出の三心あり）に於て、二空無我の理に通達する位、即ち見道なり。四に修習位、初地の住心より第十地の出心（即ち等覺）に至る間、重ねて妙觀を修習して餘障を斷ずる位、即ち修道なり。五に究竟位、斷惑證理を究竟せし位、即ち無學道なり。之を開けば三僧祇四十一位となる、これ法相宗の所立なり。【唯識論九】

初僧祇｛十住・十行・十迴向｝
- 十住・十行・十迴向（十迴向）——資糧位
- 十迴向（四善根）——加行位
- 初地入心——通達位

二僧祇｛初地・二地・三地・四地・五地・六地・七地｝
三僧祇｛八地・九地・十地｝
- 初地（入住出心）の住心より十地（入住出心）の出心まで——修習位

佛位——究竟位

円果合せて四十一位あり。之に十住の前に十信位を開けば五十一位となり、第十地の終に等覺を開けば五十二位となる。法相宗は四十一位を用ひ、天台宗は五十二位を用ふ。開合の不同のみ。

胎內五位　［名數］人の胎内に在て生育する次第を五位に分つ。一に羯羅藍位、Kalalaṁ 和合或は雜穢、或は凝滑膜と譯す、父母の赤白の二諦初て和合して一團の凝滑を成せし位。二に頞部曇位、Arbudaṁ 皰と譯す、二七日を經て漸く增長して瘡疱の形を爲す位。三に閉尸位、Peśī 血肉と譯す、三七日を經て漸く血肉を爲す位。四に健南位、Ghana 堅肉、凝厚、肉團と譯す、四七日を經て漸く肉の堅まる位。五に鉢羅奢佉位、Praśākha 支節、形位、五支と譯す、五七日を經て漸く六根の具はる位。是に於て出生するなり。【俱舍論九、同光記九】

曹洞五位　［名數］洞山良价禪師廣く上中下の三根を接する爲に五位を開く。其法は易の卦爻を借り來つて先づ陰陽の爻を左の如く相對す。

⚊　正也、體也、君也、空也、眞也、理也、黑也。

⚋　偏也、用也、臣也、色也、俗也、事也、白也。

先づ離の卦を取り之を回互疊變して五位となす。先づ疊變の次第を云はば、離の卦は☲此の如し、第一に之を重ぬれば䷝重離卦となり、第二に重離卦の中の二爻を取て上下に加ふれば、䷼中孚卦となり、第三に中孚卦の中の二爻を取て上下に加ふれば䷛大過卦となる。更に其中の二爻を取て上下に加ふれば初の重離卦に還へれば、初の三變に止む。之を【寶鏡三昧】に「疊而爲ㇾ三」と云ふ。次に單離を取り其の中爻を下に回せば䷸巽卦となり、中爻を上に回せば䷹兌卦となる。依て初後の五卦となる。之を【寶鏡三昧】に「變盡成ㇾ五」と云ふ。さて此五卦を以て證修の淺深を判ぜしを功勳の五位と名け、理事の交涉を示せしを君臣の五位と名く。功勳の五位は洞山の本意、君臣の五位は曹山の發明。又卦爻の形よりして黑白の五位を圖す。是亦洞山の發明。

䷸ 巽卦	◓	君位	正中偏
䷹ 兌卦	◒	臣位	偏中正
䷛ 大過卦	⊙	君視臣	正中來
䷼ 中孚卦	○	臣向君	偏中至
䷝ 重離卦	●	君臣合	兼中到

第一に正中偏、正とは體なり、空なり、理なり、偏とは用なり、色なり、事なり、正中の偏は正位の體處に偏用の事相を具ふる位なり。是れ能具は體にして所具は用なれば、能具の體を以て君の位と定む。是れ君臣五位の君位なり。而して學者始て體具の用、理中の事を認めて有爲の修行を爲す位を功勳五位の第一位として、大乘の階位に配すれば地前三賢の位に當る。第二に偏中正、是れ偏位の用正位の體を具ふる位なり。依て能具の用を以て臣の位と定む、即ち君臣五位の臣位なり。之を修行の上に論ぜば正に事具の理用中の體を認めて諸法皆空眞如平等の理に達する位にして、即ち大乘の見道なり。第三に正中來、是れ有爲の諸法理の如く隨緣して性の如く緣起するもの。即ち君の臣を視る位なり。學者此に於て理の如く事を修し性の如く行を作す、是れ法身菩薩の初地より七地に至る有功用の修道に當るもの。第四に偏中至、（一本兼中至に作る 林間錄之を大謬となす。）是れ事用全く體に契ひ、無爲に歸する

もの、即ち臣の君に向ふ位なり。學者此に於て終日修して修念を離れ、終夜用ゐて功用を見ず、即ち八地より十地に至る無功用の修道位なり。第五に兼中到、是れ體用兼到り事理並び行はるる所、即ち君臣合體の位にして最上至極の佛果なり。已上法に就いて事理の回互を論ずるを君臣の五位とし。修行の上に就いて淺深を判ずるを功勳の五位とす。【五燈會元曹山章】に「僧問二五位君臣旨訣一。師曰。正位即空界本來無物。偏位即色界有二萬象形一。正中偏者背レ理就レ事。偏中正者舍レ事入レ理。兼帶者冥二應衆緣一不レ墮二諸有一。非レ染非レ淨非レ正非レ偏。故曰二虛玄大道無著眞宗一。從上先德推二此一位一最妙最玄。當二詳審辨明一。君爲二正位一臣爲二偏位一。臣向レ君是偏中正。君視レ臣是正中偏。君臣道合是兼帶語。」兼帶とは兼中到の一位を云。白隱の【五家要語】に「卻怪大圓鏡智光黑如レ漆。此道二正中偏一位。於レ此入二偏中正一位一修二寶鏡三昧一多時。果證二得平等性智一初入二理事無礙法界境致一。行者以レ此不レ爲レ足。親入二正中來一位一依二兼中至眞修一。獲二得妙觀察智成所作智等四智一。最後到二兼中到一位一折合還歸二炭裏一坐。」【七帖見聞一末】に「功勳五位者明二參學功位至二於非功位一也。君臣五位者明二有爲無爲一也。」黑白の五相【五燈會元】に第四偏中至を○純白に作り、第五兼中到を●純黑に造るは非なり。(是れ偏中至を兼中至となす誤より來る。)洞山の作に【五位顯訣、五位逐位頌、功勳五位頌】曹山の作に【解釋洞山五位顯訣、五位旨訣、黑白五相偈】あり。

ゴキクンシン　五位君臣　[雜語]　曹洞宗の開祖洞山禪師の設くる所。眞理を正位と立て事物を偏位と立て、其の偏正の二位の交互を作り、以て學者の修證を質す。曹山洞山に嗣ぎて之を君(正位)臣(偏位)の二位に譬へて其理を闡明せしもの。是れ洞宗の秘要なり。「ゴキ」の部を見よ。

ゴキケンケツ　五位顯訣　[書名]　洞山の作。五位の要訣を顯はす。曹山の解釋あり。【曹洞二師錄】

ゴキサンマイ　五位三昧　[名數]　又、五種三昧と云ふ。一に世間三昧、有漏の四禪八定なり。二に聲聞三昧、四諦の法なり。三に緣覺三昧、十二因緣の法なり。四に菩薩三昧、六度萬行の法なり。五に佛三昧、一佛乘の法なり。五種三昧即ち五乘なり、是れ胎藏界三重曼荼羅の總體にして如來秘密加持の法門なり。故に各其の法を修して理と相應すれば皆悉く佛地に到るを得るなり、【大日經疏七】に「若更作二深秘密釋一者。如二三重曼荼羅中五位三昧一。皆是毘盧遮那秘密加持。其與二相應一者皆同一生成佛。何有二淺深之殊一。」

ゴキシュバン　五爲主伴　[術語]　蓮華藏世界の大小釋迦互に主伴となり、金胎兩界の諸尊互に主伴となる、是れ華嚴所說十六緣起門の主伴具足相應門の意なり、「シャカ」を見よ。

ゴキムシン　五位無心　[名數]　一に無想天無心、外道色界四禪天の無想天に生れて五百大劫の間無心の果報を受くる位なり。二に無想定無心、是れ外道無想天に生ぜん爲に修する無相定の位なり。三に滅界定無心、是れ俱解脫の阿羅漢、涅槃の妙寂を欣樂して入る所の無心定の位なり。七日を最極とす。四に極睡眠無心、極睡眠に於て一時六識修行せざる位なり。五に極悶絕無心、是れ打傷病苦等に逼められて一時氣絕失心する位なり、此無心は一期相續する身上に於て論ぜし者なれば死生の位の二無心を言はず、且つ末那、阿賴耶、の二識は恒時相續して斷絕無心の時なければ之を言はず、但六識に於て論ずるのみ。【百法問答鈔三】

ゴヱネンブツ　五會念佛　[儀式]　唐の法照法師の創する所。【無量壽經上】に「淸風時發。出二五音聲一。微妙宮商自然相和。」の文に由りて念佛の調音を五番に分つ。第一會、平聲緩念。第二會、平上聲緩念。第三會非緩非急念。第四會、漸急念。第五會、四字轉急念(四字は阿彌陀佛なり、他は皆六字名號なり。)一會每に數百徧を重ね、五會を一周するを要す。【五會法事讚】

ゴヱホウシ　五會法師　[人名]　唐の法照、善導の後身にして五會念佛を創しければ五會法師と稱す。唐の代宗大曆七年寂す。【佛祖統紀二十六】

ゴヱホウジサン　五會法事讚　[書名]　具名、淨土五會念佛略法事儀讚、一卷、唐の法照著。五會念佛の作法を說き、讚文を揭ぐ。

ゴン　權　[術語]　實に對する語。方便の異名。暫く之を用ゐて終に廢するもの。

ゴンア　言阿　[術語]　悉曇の最初阿を言ふなり。又、總じて梵語を云ふ。一切の梵字は皆阿點を有すればなり。【續日本紀八】に「未レ漱二澄什之言阿一。智徧二二諦一。」

ゴンエ　言依　[術語]　有爲法は皆能詮の名と所詮の義とに攝せらる。而して一切有爲法の名も義もともに言語音聲に依るものなるが故に有爲法を指して言依と云ふ。不可稱不可說の無爲法に對す。「見よ。

ゴンエン　近緣　[術語]　三緣の一、「サンエン」を

ゴンカイ　欣界　[界名]　欣求すべき境土。賢聖の住處など。【十不二門序】に「光塵忽變。欣界尤賒。」

ゴンカイ　禁戒　[術語]　佛の制定せる法律にて非

を禁じ惡を戒めしもの。三藏中の律藏專ら之を明かす。五戒八戒沙彌戒具足戒等の別あり。「略名。」

ゴンカイキヤウ　禁戒經　［經名］迦葉禁戒經の略名。

ゴンカイシユクエンキヤウ　嚴誡宿緣經　［經名］興起行經の異名。

ゴンキ　權機　［術語］實機の對、佛、法を說くに當りて、正しく其の法を聽受すべき對機の現はれざる時は、其の正所被の機根にあらざる人に對して說法す、此の對告衆は權假の機根なる故に權機と云ふ。

ゴンギヤウ　言行　［術語］口業を言と云ひ、身業を行と云ふ。【無量壽經下】に「言行忠信。表裏相應。」

ゴンギヤウ　勤行　［行事］勸めて善法を行ふと。六波羅蜜の中の精進波羅蜜なり。【法界次第下之上】に「毘梨耶。秦言二精進一。欲レ樂勤二行善法一不二自放逸一。謂二之精進一。」図僧家時を定めて佛前に讀經禮拜するを勤行と稱す。勤行の時を定むるに總じて一切時、六時、四時、三時、二時等の別あり。一切時とは行住坐臥を擇ばず、是れ菩薩の精進波羅蜜なり。六時とは晝三夜三なり、晨朝日中黃昏を晝三とし、初夜中夜後夜を夜三とす。【智度論七】に「菩薩夜三晝三。六時禮請。」又「菩薩法晝三時夜三時。常行二三昧一。」【同二十六】に「佛以二佛眼一一日一夜各三時。觀二一切衆生誰可レ度者一。」【同九十二】に「佛常晝三時夜三時。以二佛眼一遍觀二衆生一。誰可レ種二善根一。」されば六時の勤行は略中の本法なり。次に四時とは晨朝日中黃昏夜半なり。三時は晝の三時なり。二時は晨昏の二なり。四時より已下は今現に之を行ふ。

ゴンク　勤苦　［雜語］勤め苦むと。【無量壽經下】に「愛念相隨。勤苦若レ此。」

ゴンク　言句　［雜語］言語と文句。

ゴンクワン　權關　［譬喩］權に設けし關門、佛の假に設けし方便の諸教に譬ふ。【二教論上】に「壅二權關一以稅駕。」

ゴング　勤求　［雜語］勸めて善法を求むると。【法華經序品】に「經二行林中一。勤二求佛道一。」

勤求於大法　［雜語］歌題。【法華經提婆品】に、昔國王が法華經を聞く爲に千載の間阿私仙に給仕せしを說きて「情存二妙法一故。身心無二懈倦一。普爲二諸衆生一。勤二求於大法一。」

ゴング　欣求　［雜語］善法を願ひ求むると。

欣求淨土　［術語］西方の極樂を願ひ求むると。【往生要集】一部に十大門を明かす中に「第一厭離穢土。第二欣求淨土。」「エンリエド」を見よ。

ゴンケ　權化　［術語］佛菩薩の通力を以て種種の身、種種の物を權に化現すると。【法華經化城喩品】に「權化二作此城一。」【義林章七末】に「權示二化形一。」【教行信證文類序】に「權化仁齊救二濟苦惱群萠一。」コンゲと濁りて讀まば權現のこととなる。

ゴンケウ　言教　［術語］如來の言語を以て垂示せる教法を云ふ。【法華經方便品】に「種種譬喩。廣演二言教一。」【末法燈明記】に「於二末法中一但有二言教一而無二行證一。」

ゴンケウ　權教　［術語］華嚴天台等の一乘家の所判に、法相三論の三乘教を以て權教とし、自宗の一乘教を以て實教となす。又天台所立の四教に就きて之を判ずれば、藏通別の三教を以て權教とし、圓教を以て實教とす。⦿(太平記二七)「究二權教實教之奧旨一。」

ゴンゲウ　權巧　［雜語］如來の權謀巧に時機に叶ふと。【雲芝彌陀經疏上】に「權巧赴レ機。行法非レ一。」

ゴンゲン　權現　［術語］權化に同じ。本地より權に垂迹の化身を現ずると。【最勝王經七】に「世尊金剛體。權現二於化身一。」本邦兩部一實の神道興り、諸神を以て佛菩薩の化現と立てしより、權現の名遂に諸神の通號となる。

ゴンコン　勤根　［術語］精進根に同じ。

ゴンゴ　嚴護　［雜語］嚴に法を護ると。【無量壽經上】に「嚴護二法城一。」

ゴンゴダウダン、シンギヤウシヨメツ　言語道斷心行處滅　［術語］又、心行處滅言語道斷と云ふ。究竟の眞理は言語の道斷ちて、言說すべからず。心念の處滅して思念すべからざるを云ふ。心行とは心念の異名なり、心は刹那に遷流すれば心行と云ふ。【瓔珞經下】に「一切言語道斷心行處滅。」【維摩經阿閦佛品】に「一切言語道斷。」【止觀五上】に「言語道斷。心行處滅。故名二不可思議境一。」【仁王經中】に「心行處滅。言語道斷。同二眞際一。等二法性一。」俗「同斷」に作るは誤なり。

ゴンサク　勤策　［術語］沙彌のこと。比丘たらんとの希望を抱き、勸めて策勵するが故に名づく。

ゴンシキ　言色　［雜語］言語と顏色。【無量壽經下】に「言色常和莫二相違戾一。」

ゴンシヤク　權迹　［術語］久遠實成の本地より現はれたる權化垂迹の身を云ふ。八相成道の釋迦如來是なり。實に對して權と云ひ、本に對して迹と云ふ。【玄義十上】に「拂レ之以二權迹一。顯レ之以二實本一。」

ゴンシユツクワン　忻出觀　［術語］六行觀の第六。初禪の心の欲染を離れて自由なると、初禪の身の五通を得て自由なるとを觀じて囚出果出を共に忻ぶなり。【大藏法數三十四】に「既厭二欲界煩惱蓋障一。即忻下初禪心得中出離上。是爲二囚出一。復厭三欲界之身質礙

不レ得二自在一。即忻二初禪獲得五通之身自在無礙一。是爲二果出一。得レ出勝レ障皆須二忻喜一也。」禪波羅蜜次第法門

ゴンシヨウクワン 忻勝觀 〔術語〕六行觀の第四。初禪上勝の禪定の樂と初禪禪味の樂とを觀じ、因勝果勝を忻ぶと。【大藏法數三十四】に「既厭二欲界下劣食欲之苦一。即忻二初禪上勝禪定之樂一。是爲二因勝一。復厭二欲界饑渴等苦一。即忻二初禪味之樂一。是爲二果勝一。得レ樂勝レ苦皆須二忻喜一也。」禪波羅蜜次第法門

ゴンシワウ 嚴熾王 〔人名〕嚴熾王、大菩遮尼乾子の釋尊を讚嘆し深法を說くを聞きて解を生ず。【大薩遮尼乾子所說經】

ゴンシンシンゴン 嚴身眞言 〔術語〕如來頂相、如來甲、如來圓光、如來舌相の四種の眞言を稱す。阿闍梨事業を作すの法は必ず佛身に同ず、是の故に如來頂等の眞言を以て自身を加持すれば、即ち忽ちに佛の莊嚴に同ずるなり。如來會三十二箇の眞言の中に此の四眞言はその嚴身の功德殊勝なるを以ての故に特に之を出すなり。【大疏九】に「次下有二四眞言一。亦是曼荼羅阿闍梨莊嚴之相。」

ゴンジ 近事 〔術語〕三寶に近づきて承事すると。梵語の優婆塞、近事男と譯し、優婆夷、近事女と譯す。

ゴンジキ 嚴飾 〔雜語〕莊嚴に同じ。かざると。【法華經序品】に「嚴二飾國界一。」

ゴンジツ 權實 〔術語〕一時機宜に適する法を權と名け、究竟不變なる法を實と名く。【止觀三下】に「權謂權謀。暫用還廢。實謂實錄。究竟旨歸。」權實の判は諸法に涉り、諸宗に通ずれども、殊に天台は本經方便品の方便の名の下に、權實の四句、十雙の權實、三種の權實を立てて精微を極む。其中諸法の事理と如來の智と所說の敎法とに就きて權實を定むるを最も樞要とす。⊙（正統記四）「顯密權實」

事理權實 〔術語〕一切差別の事相を悉く權法とし、常住不變の眞理を以て實法とす。即ち諸法の二字は權法を顯し實相の二字は實法を示す。是れ十雙權實の第一雙にして權實の根本標準なり。

權實二智 〔名數〕諸法既に權實の二法あり、其の權法の差別に達するを如來の權智とし、實相の一理に達することを如來の實智とす。開三顯一の如來の善巧は權智の妙用なれば、本經方便品に二智を讚嘆する中、殊に重きを權智に置くなり。【玄義三上】に「前來二十種智。不レ出二權實二智一。如二經如來方便智見波羅蜜皆悉具足一。即總二束前來諸權智一也。如來知見廣大深遠即是總二束前來實智一也。」【同三下】に「對二二諦境一明レ智者。權實二智也。」【同二上】に「佛法不レ出二權實一。是法甚深難レ見難レ可レ了。一切衆生類無二能知レ佛者一。即實智妙也。及佛諸餘法亦無二能測者一。即佛權智妙也。」

權實二敎 〔名數〕如來の權智を以て初に三乘の敎を開くを權敎とし、後に一乘の理を示すを實敎とす。此の如き開會の妙用は悉く權智の然らしむる所なり。四敎に就きて之を判ずれば、藏通別の三敎は權敎にして圓敎の一は實敎なり。若し華嚴の五敎に就きて判ずれば頓敎已下は皆權敎とし、法相三論の如きは天台の通敎華嚴の始敎の分に止れば之を權敎權大乘と貶し、我を以て實敎實大乘と稱す。【玄義一下】に「大悲順レ物。不レ與レ世諍一。是故明二諸權實不同一。」【文句一上】に「若應レ機設レ敎。敎有二權實淺深不同一。」【止觀三下】に「一明二大小一。二明二半滿一。三明二偏圓一。四明二漸頓一。五明二權實一。」⊙（曲、善界）「夫れ天台の佛法は權實二敎に分ち」

ゴンジツフニモン 權實不二門 〔術語〕十不二門の一。三乘の權敎即ち一乘の實敎たる不二の理を明かす。【十不二門指要鈔下】

ゴンジナン 近事男 〔術語〕舊稱、優婆塞。新稱、鄔波索迦 Upāsaka 譯、近事男。在家にして五戒を受けし男子の稱。三寶に近づきて如來に奉事する義。【西域記九】に「鄔婆索迦。唐言二近事男一。舊曰二伊蒲塞一。又曰二優婆塞一。皆訛也。」

ゴンジニヨ 近事女 〔術語〕舊稱、優波夷。新稱、鄔波斯迦 Upāsikā 譯、近事女。在家にして五戒を受けし女子の稱。三寶に近づきて如來に奉事する義。【西域記九】に「鄔波斯迦。唐言二近事女一。舊曰二優婆斯一。又曰二優婆夷一。皆訛也。」

ゴンジヤ 權者 〔術語〕佛菩薩の通力を以て現はれし、假の身を云ふ。又、化者、權化、大權など云ふ。【止觀十下】に「佛日初出。權者引レ實。聞レ法即悟。」ゴンザと音便に讀むを例とす。

ゴンジヤウ 嚴淨 〔雜語〕國土の莊嚴清淨なると。【法華經序品】に「示二諸佛土衆寶嚴淨一。」

嚴淨國土皆悉覩見 〔雜語〕歌題。【無量壽經上】に法藏比丘が世自在王佛の下に、二百一十億の佛國土を見て大誓願を發すを記して「時彼比丘。聞二佛所說嚴淨國土一。皆悉覩見。超二發無上殊勝之願一。」

ゴンジヤウブツドキヤウ 嚴淨佛土經 〔經名〕文殊師利佛土嚴淨經の異名。

ゴンジヨウジツクワ 權乘實果 〔術言〕眞言の十住心中、前九住心を權乘と名け、第十住心を實果といふ。唯識、三論、華嚴、天台等は權乘の法にして、佛も皆因位の權佛なりとし、眞實の佛果は第十住心の法身密佛のみなりと云ふ。

ゴンジリツギ　近事律儀　〔術語〕優婆塞、優婆夷の受持すべき五戒を云ふ。

ゴンセウソウヅ　權少僧都　〔職位〕僧官の名。僧正、僧都、律師を僧綱三官と稱し、僧都を權少僧都、少僧都、權大僧都、大僧都、の四階に分つ。弘法大師の弟子道雄最始に此に任ず。【初例抄上】

ゴンセン　言詮　〔術語〕言語は義理を詮はすものなるを云ふ。

ゴンセン　言筌　〔術語〕言語は義理を顯はすの具なると、筌の魚を捕ふる具の如くなれば譬へて筌と云ふ。

ゴンセンノチユウダウ　言詮中道　〔術語〕中道の理もとより言說を離れたるものなれども、之を說かんとする時は言語を用ひざるべからず。言語に云ひ顯はされたる中道は之を言詮中道として、離言中道より區別す。

ゴンゼツ　言說　〔術語〕五種說法の一。言音を以て法を說くを云ふ。

ゴンゼツホフシン　言說法身　〔術語〕二種法身の一。「ホフシン」を見よ。

ゴンソウイベツ　言總意別　〔術語〕眞宗は御開山と云ひ、日蓮宗は御祖師と云ふ如き、其言は他の開山祖師にも通ずる總名なれども、其意は別して自宗の開山祖師を指す如し。

ゴンソウジヤウ　權僧正　〔職位〕僧官の名。僧正、僧都、律師を僧綱三官と稱し、僧正を權僧正、僧正、大僧正の三階に分つ。貞觀七年壹演始めて之に任ず。【初例抄上】

ゴンソク　勤息　〔術語〕梵語沙門の譯名。衆善を勤行し諸惡を止息する義。「シヤモン」を見よ。

ゴンタン　言端　〔術語〕空の一言を以て不空非不空を示す如きを云ふ。總て圓教の言詮は是れなり。「サンタイ」を見よ。

ゴンダイジヤウ　權大乘　〔術語〕大乘の中に權實の二を分ち、一切皆成佛を立つる宗を實大乘とし、然らざるを權大乘とす。即ち華嚴天台等は實大乘にて法相三論は權大乘なり。但し此判は華天自己の所說にして法相三論の首肯する所にあらず。

ゴンダイソウヅ　權大僧都　〔職位〕僧官の名。僧正、僧都、律師の三官を僧綱と云ひ、僧都を權少僧都、少僧都、權大僧都、大僧都の四階に分つ。仁壽三年、東寺の一長者眞濟始めて之に任ず。【初例抄上】

ゴンダン　言斷　〔雜語〕言語道斷の畧。【二教論上】に「言斷心滅。」

ゴンチ　權智　〔術語〕諸法の實相に達するを如來の實智とし、諸の差別に達するを如來の權智とす。實智は體なり、權智は用なり。如來成佛の本體は實智に在り、一代教化の妙用は權智に存す。「ゴンジツ」の項を見よ。密教に胎藏曼荼羅の心蓮華臺を實智とし、八葉の開敷を權智とす。【大日經二】に「諸佛甚希有。權智不思議。」【同疏六】に「權智不思議者。具存二梵本一者。應レ云二智方便不思議一。乃至智謂心蓮華臺具足。權謂華葉開敷。二種具不思議。故云二希有一也。」

權智實智の一心三觀　〔術語〕如來所證の一心三觀を實智の一心三觀と云ひ、如來所說の一心三觀を權智の一心三觀と云ふ。即ち本迹二門を以て之に配すれば迹門の法華は權智の一心三觀に當り、本門の法華は實智の一心三觀に當る。⊙（太平記）「本迹二門に權智實智の一心三觀を演べらる」

ゴンヂユウ　近住　〔術語〕在家の男女にして八戒を受けしもの。三寶に親近して宿住する義。

ゴンヂユウナン　近住男　〔術語〕在家にして八戒を受けし男子。

ゴンヂユウニヨ　近住女　〔術語〕在家にして八「戒を受けし女子。

ゴンヂユウリツギ　近住律儀　〔術語〕在家の男女の受くる八戒を云ふ。【俱舍論十四】に「若受レ離二八所レ應二遠離一。安二立第二近住律儀一。」

ゴンヂン　言陳　〔術語〕因明學の語。宗因喩の言に陳ぶる所を言陳と云ひ、別に意中許す所あるを意許と云ふ。因明四相違の中の法差別相違因と有法差別相違因とは、立者が言陳の外に別に意許を有すれば其意許に就て相違因の過失を付するなり。【宋高僧傳藥山傳】に、李翺が復性書を許して「其文則隱而不レ援二釋教一。其理則彰而乃顯二自心一。弗レ事二言陳一唯萌二意許一。」

ゴンテイ　言蹄　〔譬喩〕蹄は罠なり。罠は兎を網する具。以て言語の義理を詮はすに譬ふ。蹄に作るは誤。【唯識述記序】「息二詮辨於言蹄之外一。」【起信論義記上】に「絶二言象於筌蹄一。」

ゴンドウ　近童　〔術語〕近は近事男にて、梵名優婆塞の譯名。童は行童にて佛典を學ぶ俗沙彌なり。【性靈集九】に「緇林鬱茂。近童駢羅。」

ゴンハウベン　權方便　〔術語〕佛菩薩の一時衆生を濟度する權謀を權と云ひ、其方法能く便宜に適すれば方便と云ふ。【無量壽經上】に「遊二步十方一。行二權方便一。」【最勝王經一】に「或時見レ有二般涅槃一者。是權方便。」【淨影大經疏】に「隨二物所一レ宜。種種異現名二權方便一。」

ゴンハラミツ　近波羅蜜　〔術語〕大波羅蜜に近き波羅蜜の意なり。菩薩が初地より第七に至る間は、漏無漏間雜位にありて、煩惱のために故意に修行

して任運無功用に修行せらるるにあらず。此の六波羅蜜を近波羅蜜と云ふ。

ゴンヒ　權悲 〔雜語〕佛の權智より起す大悲を云ふ。【秘藏寶鑰上】に「後得權智。」

ゴンビン　言便 〔雜語〕言論上の便宜。【倶舍論二十六】に「然說二見言一乘二言便一故。」

ゴンブツテウ　嚴佛調 〔人名〕後漢の沙門。優婆塞安玄と共に法鏡經等を譯す。【開元錄一】に「沙門嚴佛調。亦云二浮調一。」佛調の二字、或は梵語。

ゴンブンヂヤウ　近分定 〔術語〕下地の修惑を伏壓して得る所の上地の禪定のこと。色界初禪より無色界第四天まで八の近分定あり。

ゴンホフム　權法務 〔職位〕一宗の事務を總管する役を法務と云ひ、正權の二あり。東寺の權法務は僧正聖寶、南寺は大威儀師延壽、北京は僧正増命を最初とす。【初例抄上】

ゴンボウ　權謀 〔雜語〕方便の異名。便宜に應じて假に事物を施設すると。【文句記二下】に「應レ物施設故名爲レ權。順レ宜制立故名爲レ謀。有權之謀故云二權謀一。」【輔行三之四】に「謀謂謀度。此是不謀而謀。故曰二權謀一。」

ゴンマン　禁滿 〔物名〕淵器の名。【玄應音義十四】に「禁滿。淵器名也。尋二檢文字一所レ無。未レ詳二何出一。此應二外國語一耳。」

ゴンミ　言味 〔雜語〕言語と意味。【止觀一上】に「言味相符。」

ゴンメウクワン　忻妙觀 〔術語〕六行觀の第五、初禪の禪定の不動にして上妙なると、初禪の身の形あれども鏡中の像の如く自在なるを觀じ、妙因妙果を忻ぶこと。【大藏法數三十四】「既厭二欲界貪欲五塵之樂心亂馳動爲レ麤。即忻二初禪定之樂心定不動一。是爲二果妙一。復厭二欲界臭穢之身一爲レ麤。即忻下受得初禪之身如二鏡中像一雖レ有二形色一無レ有中質礙上。是爲二果妙一。得レ妙勝レ麤皆須二忻喜一也」

ゴンモエン　禁母緣 〔術語〕善導の【觀經序分義】に一經の序分を證信序發起序の二に分ち、發起序の中に於て更に七科を分けて、阿闍世王が其母韋提希夫人を幽閉する一段を第三科禁母緣と云ふ。

ゴンモン　權門 〔術語〕方便門のこと。

ゴンユウザ　健勇坐 〔雜名〕結跏趺坐を稱す。【白傘蓋大佛頂念誦要法】

ゴンリ　權理 〔術語〕一方に偏したる理なり。「假の理。」

ゴンリツシ　權律師 〔職位〕僧官の名。僧正、僧都、律師を僧綱の三官とし、律師を權律師、律師、大律師の三階に分つ。天長三年、歳榮始めて權律師に任ず。【初例抄上】

ゴンリンワウ　銀輪王 〔雜名〕四輪王の一。天より銀輪寶を感得して三天下に王たるもの。「リンワウ」を見よ。

ゴンワウボン　嚴王品 〔經名〕妙莊嚴王本事品の略名。法華經第八卷に出づ。妙莊嚴王の夫人淨德、其二子淨藏淨眼をして父王を勸めしめて佛所に詣で、法華經を聽聞せしめたる往古の事歷を記す。

ゴンヱン　近圓 〔術語〕具足戒の異名。圓とは涅槃の稱。具足戒は涅槃に近づくの法なるを云ふ。【寄歸傳三】に「既受レ戒已。名二即婆三鉢那一。」【自註】に「鄔婆是近。三鉢那是圓。謂涅槃也。今受二大戒一即是親二近涅槃一。舊云二具足一者言二其汎意一。」

さ

サ　左 〔術語〕 Ca 又、接、者。悉曇五十字門の一。一切法離遷變の義なりといひ、四聖諦 Catur-āryasatya の聲なりと云ふ。【金剛頂經】に「左字門一切法離一切遷變故。」【文殊問經】に「稱二左字一時。是聖諦聲。」

サ　嗟 〔術語〕 Cha 又、攃、車。悉曇五十字門の一。一切法影不可得の義なりといひ、不覆欲の聲なりといふ、Chāyā（影）の語より得たる義か。【金剛頂經】に「磋字門一切法影像不可得故。」【文殊問經】に「稱二磋字一時。不覆欲聲。」

サ　捨 〔術語〕 Sa 又、沒、奢。悉曇五十字門の一。一切法本性寂の義、信勤念定慧の聲と云ふ。Śānta（寂）及び Śraddhā（信）より釋したるか。【大日經】に「捨字門一切法本性寂故。」【文殊問經】に「稱二捨字一時。是出信勸念定慧聲。」

サ　灑 〔術語〕 Ṣa 悉曇五十字門の一。一切法法性鈍の義といひ、制伏六處得六神通智の聲なりといふ。蓋し、後義は Ṣaṣ（六）より釋したるか。【文殊問經】に「稱二灑字一時。是制伏六處得六通智聲。」

サ　娑 〔術語〕 Sa 又薩。悉曇五十字門の一。一切法一切諦不可得の義、現證一切智の聲なりと云ふ。Satya（諦）及び Sarvajñāna（一切智）より釋したるか。【金剛頂經】に「娑上字門一切法一切諦不可得故。」【文殊問經】に「稱二娑上字一時。是現證一切智聲。」

サ　剎 〔術語〕 kṣa 又、乞叉、乞灑。悉曇五十字門の一。一切法盡不可得の義。一切文字究竟無言說の聲なりと云ふ。Kṣaya（盡）及び Akṣara（語、音、文字）の語より釋したるか。【金剛頂經】に「乞叉合二字門一切法盡不可得故。」【文殊問經】に「稱二乞灑合二字一時。是一切文字究竟無言聲。」

サアン　樝庵 〔人名〕台州赤城崇善寺の法師、名

は有嚴、櫨木の下に退庵して櫨庵と號す。薪を拾ひ水を汲んで自ら炊ぎ、安養を以て期とす。宋の建中靖國元年寂、壽八十一。大部借備撿四卷、箋雄四卷、助覽四卷、或對四卷を著す。【釋門正統八】

サイ 齋 〔術語〕梵語烏脯沙陀 Upōsatha 又は Posadha（巴）の譯なり。清淨の義、罪を懺する謂なり。釋家「離二非時食一名爲齋體。」【倶舍論十四】と。又、【釋氏要覽上】に「起世因本經云。烏脯沙陀。隋言二增長一。謂受二持齋法一增二長善根一故。佛敎以レ過レ中不レ食名レ齋。」の如きはその變化せる後世の意味なり。敢て過中不食を云ふに非ず。「フサツ」を見よ。（婆羅門敎にては Upavasatha と云ふなり。）

サイ 蔡 〔雜名〕日晷を量ると。【三德指歸】に「那爛陀僧吉祥月云。西域立レ表量レ影。影梵云レ蔡。此云影。朝蔡倒レ西去。便以二脚足一前後歩レ之。數レ足歩レ影也。」

サイ 作意 〔術語〕心所の名。一切の心に相應して起るもの。心を驚覺して所緣の境に趣かしむる作用を具ふ。【倶舍論四】に「作意。謂能令二心驚覺一。」【成唯識論三】に「作意。謂能驚レ心爲性。於所緣境引レ心爲レ業。」

サイアン 西庵 〔雜名〕西堂に同じ。

サイエウセウ 最要鈔 〔書名〕一卷、庚永二年四月廿六日、本願寺覺如が病中道源に與へたる法語にして、從覺之を筆記せしもの。第十八願の要義を說く。

サイエン 齊筵 〔術語〕齋食を設けて三寶を供養する法會。【性靈集八】に「龥設二齋筵一供二養三寶一。」

サイエンキ 濟緣記 〔書名〕四分律隨機羯磨濟緣記、八卷、宋の元照著。南山の業疏を釋せしもの。

サイカ 濟家 〔流派〕臨濟宗を云ふ。

サイカ 濟下 〔雜語〕臨濟の門下を云ふ。

サイカイ 齋戒 〔術語〕心の不淨を淸むるを齋と云ひ、身の過非を禁ずるを戒と云ふ。【大乘義章十二】に「防禁故名爲レ戒。潔淸故名爲レ齋。」【周易韓康伯注】に「洗レ心曰レ齋。防レ患曰レ戒。」

八齋戒 〔名數〕又、八關齋戒。八支齋法など。一に不殺、二に不盜、三に不婬、四に不妄語、五に不飮酒、六に身を塗飾香鬘せず、七に自ら歌舞し又歌舞を觀聽せず、八に高廣の牀座に眠坐せず、九に不過中食なり。此中前八は戒にして齋にあらず、第九は正しく齋戒なり。即ち八種の戒と一種の齋戒とを合せて八齋戒と名く、是れ成實論智度論の意なり。若し倶舍論の意は第六の塗飾香鬘と第七と歌舞觀聽とを合せて一戒となし、以て前七を七戒とし第八を齋戒とし、合せて八齋戒と云ふ。【倶舍論十四】に「何等名爲二八所應離一。一殺生二不レ與取。三非梵行。四虛誑語。五飮二諸酒一。六塗飾香鬘。舞歌觀聽。七眠二坐嚴麗牀座一。八食二非時食一。」又「離非時食是齋亦齋支。所餘七支是齋支非齋。如二正見是道亦道支。餘七支是道支非レ道。」

サイガ 西河 〔人名〕唐の道綽禪師の別號。師は並州汶水の人。諸傳を檢するに西河の號なし。更に考ふべし。

サイキヤウ 齋經 〔經名〕佛說齋經、一卷、吳の支謙譯。中阿含經持齋經なり。持齋の功德を說く。【尺帙八】

サイキヤウザス 西京座主 〔人名〕延曆寺の「座主㫁眞の別號。

サイギヤウ 西行 〔術語〕西方の淨土に往生する行業。【續高僧傳二十道綽傳】に「西行廣流。斯其人矣。」

サイギヤウ 西行 〔人名〕佐藤兵衞憲淸、奥州の人、出でて鳥羽上皇に仕ふ。和歌を能くし每に制に應ず。保延三年出家して西行と號す。文治二年賴朝に鎌倉に謁して和歌幷に弓馬の事を談ず。歸るに臨で銀猫を賜ふ、拜して之を受け門を出でて兒童に與へて去る。建久九年二月十五日寂す。天下に周遊して感懷を記し、著、撰集抄九卷あり、悽愴人を動かす。和歌集あり、山家集と云ふ。⦿（增鏡、おどろの下）「近き頃は西行法師ぞ北面のものにて」

サイク 齋鼓 〔物名〕齋時を報ずる鼓。

サイクダニ 西瞿陀尼 〔雜名〕Apara-godāniya 又、西瞿耶尼、西瞿伽尼。西大洲の名。瞿陀尼を牛貨と譯す。其俗牛を以て貨幣とする故に名く。須彌山の西方に在り。【玄應音義二十三】に「西瞿陀尼。或云二倶耶尼一。或作二瞿伽尼一。瞿此云レ牛。陀尼此云二取與一。以三彼多牛用二市易一。如三此間用二錢帛等一也。」

サイクヤニ 西瞿耶尼 〔界名〕西瞿陀尼に同じ。

サイクワキフスヰ 採菓汲水 〔術語〕深山に入り、道行を修學する相を形容する語。法華經提婆品中に釋尊の過去の難行を述ぶるの一句なり。⦿（曲、東方朔）「採菓吸水年を經て終に成道し給ひて、大聖世尊となり給ふ」

サイグワツ 齋月 〔術語〕正五九の三箇月は齋食の法を持して惡事を愼むべき月なれば三長齋月と稱す。「サンチヤウサイグワツ」を見よ。

サイケ 西化 〔術語〕西方の化益。【觀經玄義分】に「大悲隱二於西化一驚入二火宅之門一。」

サイケ 蔡華 〔故事〕蓮華の異名。蔡は靈龜の名蔡地より出づ。千歲の靈龜蓮華の上に遊ぶと云ふ故事に取つて蓮華を蔡華と名く。【論語公治長篇註】に「蔡國君守龜」【史記龜策傳】に「龜千歲乃遊二蓮華之上一。」

【觀經散善義】に「言二分陀利一者。名二人中好華一。亦名二希有華一。亦名二人中上上華一。亦名二人中妙好華一。此華相傳名二蔡華一。」

サイケ　濟家　〔流派〕臨濟家の略稱。

サイケウリヤウ　齊敎領　〔術語〕略して齊領と云ふ。「ニリヤウ」を見よ。

サイケチニチユウ　採華置日中　〔雜語〕歌題【往生禮讃】に、初夜等の四時の偈を擧ぐる中、日中偈に「人生不二精進一喩若二樹無一レ根。採レ華置二日中一能得二幾時鮮一。人命亦如レ是無常須臾間。」

サイケジユケツキヤウ　採華授決經　〔經名〕採華違王上佛授決號妙華經の略名。

サイケヰワウジヤウブツジユケツガウメウケキヤウ　採華違王上佛授決號妙花經　〔經名〕一卷、東晉の竺曇無蘭譯。阿闍世王受決經中の採華人受決の一事を說く。【宙帙七】(273)

サイケン　西乾　〔地名〕印度の異名。西は西方、乾は身毒、賢豆の借字。或は云ふ、乾は梵語にあらず、乾は天なり。西乾は西天と云ふ如しと。【祖庭事苑二】に「西乾即天竺國。五印土。或云二西天西乾一。皆譯師義立」

サイゲン　災患　〔術語〕禪定を修する上に八種の災患あり。「ハチサイゲン」を見よ。

サイコウ　齋講　〔行事〕正月後七日の大極殿の御齋會を云ふ。齋供を設け最勝王經を講ず。

サイコクサンジフサンクワンオン　西國三十三觀音　〔名數〕「サンジフサンショクワンオン」を見よ。

サイコクジユンレイ　西國巡禮　〔雜名〕關西の諸國に在る三十三所の觀音を巡拜すること及び者。花山法皇の創め給ひし所と云ふ。

サイコクフダシヨ　西國札所　〔雜名〕三十三所の觀音なり。巡禮の人各其名札を納むれば俗に札所と云ふ。

サイコツヨク　細滑欲　〔術語〕六欲の一。身體の輭細滑澤に貪着すると。「の

サイコンダウ　西金堂　〔堂塔〕興福寺三金堂の一、西方に在る金堂。本尊釋迦牟尼佛。天平六年光明皇后の御願。

サイゴ　最後　〔雜語〕人の死時を云ふ。最後の念佛など。⊙（太平記二一）「さても最後の一念に依りて、三界に生を引くと」

サイゴク　最極　〔術語〕因位の極。等覺の位。【文句四】に「隣圓際極。唯一生在。」【同記】に「言二隣圓一者。圓謂圓滿。近二於滿位一隣二妙覺一也。言二際極一者顯二隣圓一耳。」

サイゴケシウ　西牛貨洲　〔雜名〕西瞿陀尼の譯名。須彌山の西方に在る大洲の名。其俗牛を以て市易すれば名く。【倶舍論十一】に「西牛貨洲。圓如二滿月一。經二千五百。周圓七千半。」【倶舍頌疏世間品一】に「西牛貨洲。以レ牛爲二貨易一故名二牛貨洲一。」

サイゴシン　最後身　〔術語〕生死界中の最後の身を云ふ。阿羅漢又は等覺の菩薩の身なり。【法華方便品】に「得二阿羅漢一最後身。」【勝鬘經寶窟中末】に「最後身菩薩。菩薩之人。於二最後生一未二成佛一前名二最後一。」

サイゴノジフネン　最後十念　〔術語〕命終の時に臨み、念佛を十遍すること。觀無量壽經に愚人臨終に十念すれば念念中八十億劫生死の罪を除き、極樂に生ると云ふによる。

サイゴボンムミヤウ　最後品無明　〔術語〕最極微細の無明なり。生起の次第に就て、無始無明、根本無明、元品無明など云ひ、伏斷の次第に就て最後品無明と云ふ。【七帖見聞七】に「約二流轉初一無始無明云也。又元初一念無明云也。是即法性都忽然念起。名爲二無明一。迷始一念無明也。又還滅門時斷惑終故最後品無明云也。又終品無明釋。」

サイサイブツチヤウ　摧碎佛頂　〔菩薩〕佛頂尊の一。「ブッチヤウソン」を見よ。

サイザウス　西藏主　〔職位〕大禪林には大藏經を二分して東西に置き、之を司るものに東藏主、西藏主の二人あり。藏主又は知藏と云ふ。

サイシキ　細色　〔術語〕男女の好妙の容色を云ふ。【無量壽經下】に「眄二睞細色一。邪態外逸。」

サイシタ　際史吒　〔雜名〕際史吒、譯、三月。【梵語雜名】梵 Jyaistha

サイシチ　齋七　〔行事〕人の死後七七日の齋會を云ふ。「ルヰシチサイ」を見よ。

齋七幡子　〔儀式〕七七日の齋會に當って紙を以て幡子を作り、主僧を以て之を火化せしむ。亡靈幡子の好相を見て好身を得るを期す。【釋氏要覽下】に「北俗亡累七齋日皆令下主齋僧剪二紙幡子一首一隨レ紙化上レ之。按正法念處經有二一十七種中有一。謂死時若生天者即見二中有一如二白氈垂下一。其人識神見巳。擧レ手攬レ之便受二天人中有一。故今七七日是中有死生之日。以二白紙幡子勝幢之相一示レ之。」

サイシチンボウギフワウヰ　妻子珍寶及王位　〔雜語〕これ等は皆人の執着愛樂する所なれども死者はこれを持行くあたはざるものなり。【大集經十六】に「妻子珍寶及王位。臨二命終時一無二隨者一。唯戒及施不放逸。今世後世爲二伴侶一。」⊙（榮花、花の山）「妻子珍寶及王位といふ事を」「の語。

サイシヤウ　再請　〔雜語〕サイシンと讀む。禪林

サイシヤウガク　最正覺　〔術語〕最上至極の正覺。佛を云。正覺とは眞理に契ふ智慧を指す。【無量壽經上】に「得二微妙法一成二最正覺一。」【探玄記二】に「正覺者能覺之妙智。以下菩薩亦有二隨分正覺一然位未レ極不レ得レ稱レ最。今就二至極一名二最正覺一。」【華嚴大疏一】に「開悟稱レ覺。雜倒爲レ正。至極爲レ最。」

サイシヤウゼン　再請禪　〔雜語〕サイシンゼンを見よ。禪林の語。

サイシユ　齋主　〔術語〕齋食の施主。【楞嚴經一】に「求二最後檀越一以爲二齋主一。」

サイシユクシ　採菽氏　〔人名〕佛弟子目乾連の譯名。【慧琳音義六】に「採菽氏。古譯梵語云二大目乾連一。訛略不レ正。正梵語云二摩訶沒特伽羅一。唐云二大採菽氏一。俗云二菉豆子一。古仙人號也。目乾連是此仙種。亦名二俱利迦一。Kulika＊或名二拘隸多一。或云二俱律陀一。皆一人之號。」梵Mahā Maudgalyāyana

サイシヨウ　齋鐘　〔雜名〕齋時を報ずる大鐘なり。三十六下なり。【僧堂淸規五】

サイシヨウ　最勝　〔術語〕最も勝ると。【無量壽經上】に「今日世英。住二最勝道一。」【淨影疏】に「無上菩提。是最勝道。」

サイシヨウキヨウ　最勝經　〔經名〕金光明最勝王經の略名。又、地婆訶羅譯佛頂最勝陀羅尼經の略名。

サイシヨウコウ　最勝講　〔行事〕五月の中に吉日を撰んで五日の間淸涼殿にて最勝王經を講ずる法會。一條院の寬弘年中より始まる。⦿（公事根源）に「まづかねて日次を定めらる。四箇の大寺東大興福延暦園城の僧の中に稽古の聞こえあるを撰びて定む。證義、講師、聽衆などあり。最勝王經を淸涼殿にて講ぜらるる也。この事一條院御宇寬弘の頃よりはじまる。或は長保四年より始まるとも申すなり。後朱雀院の御時にや、生身の四天王道場に現ぜさせ給ひけるより、必ず四天王の座をしかれ侍るなり。五日の間の儀式日每に同じ。結願の日行香のろくあるべし。」図鳥羽天皇永久元年七月廿四日、白河法皇鳥羽院に於て最勝講を創め給ひ、建永元年巳後番論義あり。仙洞最勝講、院の最勝講など云ふ。【釋家官班記下】に「仙洞最勝講。永久元年七月二十四日始行レ之。建永元年巳後有二番論議一。」【初例抄下】に「院最勝講。元久三年三月十九日被二始行一レ之。第三日有二番論議十番一也。或年九番或年七番有レ之。又或年無レ番。此由具記錄在レ別。此御講宰相可二奉行一事也。」年紀上と異也

最勝の御八講　〔行事〕最勝經は十卷なれば必ず五日十講なれども、法華八講の名に擬へて八講と云ふ。⦿（榮花、晩待）「五月最勝の御八講に」（太平記二四）「二日は最勝寺の八講」

最勝講五卷の日　〔雜名〕十卷の經を朝夕の二座に一卷づつ講ずれば、五卷の日は即ち中日に當る。これも法華八講に擬へて五卷の日を肝要とす。⦿（增鏡、內野の雪）「廿八日はうちの最勝講五卷の日にて」

サイシヨウコウダウ　最勝講堂　〔堂塔〕帝釋天の講堂の名。【增一阿含經十】

サイシヨウシ　最勝子　〔人名〕Jinaputra　瑜伽師地論釋を造りし菩薩の名。【西域記十一】に「鉢伐多國。周五千餘里。乃至城側有二大伽藍一。僧徒百餘人。並學二大乘敎一。即是昔愼那弗呾羅唐言最勝子論師於此製二瑜伽師地釋論一。」

サイシヨウシンニヨ　最勝眞如　〔術語〕十眞如の一。十地中第二離垢地に於て證する眞如。この地、極淨の尸羅を持するが故に、證に於ても無邊の功德を具し、一切法に於て最も勝れたるが故に名とす。

サイシヤウニン　最勝人　〔雜語〕念佛の行者を稱讃せる言。

サイシユク　齋粥　〔飮食〕齋は午食。粥は朝餐。【釋門正統三】に「齋粥而不レ愆レ期。」又「粥則見二手掌文一。齋則過レ午不レ食。」曉光漸く現じて掌中の文を見るを得るに至るを粥時となすなり。

サイシヨウジフコウ　最勝十講　〔行事〕最勝王經十卷を五日十座に講ずると。

サイシヨウジヨウ　最勝乘　〔術語〕大乘の尊稱。【八十華嚴經五十二】に「過二二乘一名爲二大乘。第一義乘。勝乘。最勝乘。上乘。無上乘。利益一切衆生乘一。」

サイシヨウソン　最勝尊　〔術語〕尊中の至極。佛を稱す。【無量壽經上】に「願我功慧力。等二此最勝尊一。」

サイシヨウダン　最勝壇　〔術語〕秘密壇の內心曼荼羅を稱す。【大日經五】に「此最勝壇故。應レ與二三昧耶一。」【義釋十二】に「從二諸佛大悲海一而生二金剛智一。從二金剛智一出二生一切佛會一也。於二一切曼荼羅中一此最爲レ上。無二與比一也。」

サイセツ　西刹　〔界名〕刹は梵語、Kṣetra 土の義。西方の國土、即ち、阿彌陀佛の極樂淨土を云ふ。⦿（鴉鷺合戰九）「西刹は今の生處移雲に遊びて樂を極む」

サイシヨウダラニキヤウ　最勝陀羅尼經　〔經名〕佛頂最勝陀羅尼經の略名。

サイシヨウトウワウシンジユキヤウ　最勝燈王神咒經　〔經名〕東方最勝燈王如來助護持世間神咒經の略名。

サイシヤウハツコウ　最勝八講　［行事］最勝王經十卷を講ずる法會なれば實は十講なれども、法華八講の名に擬して八講と稱す。

サイシヨウブツチヤウ　最勝佛頂　［菩薩］金輪佛頂の一。胎藏界釋迦院の五佛頂尊の一。「ブツチヤウソン」を見よ。

（最勝佛頂の圖）

サイシヨウブツチヤウイン　最勝佛頂印　［印相］輪寶印なり。【大日經密印品】

サイシヨウブツチヤウダラニキヤウ　最勝佛頂陀羅尼經　［經名］一卷、宋の法天譯。陀羅尼八十句ありて前後に文なし。【成帙十二】(796)

サイシヨウブツチヤウダラニジヤウジヨゴフシヤウキヤウ　最勝佛頂陀羅尼淨除業障經　［經名］一卷、唐の地婆訶羅譯。尊勝陀羅尼經の異譯。【閏帙六】(351)

サイシヨウワウキヤウ　最勝王經　［經名］具名、金光明最勝王經、十卷、唐の義淨譯。此經三本あり、第一譯を金光明經と云ひ四卷あり。第二譯を合部金光明經と云ひ、八卷あり。第三譯は即ち此金光明最勝王經なり。一部三十一品あり。是れ護國三部經の一。經の第六に四天王護國品ありて、四天王が國家を鎭護する誓を說く。

最勝王經疏　［書名］六卷、淄州慧沼著。［同八卷、海東元曉著。

最勝王經開題　［書名］二卷、空海著。

最勝王經略釋　［書名］一卷、空海著。

最勝王經文句　［書名］十卷、山王院智證著。

サイシヨウヱ　最勝會　［行事］淳和天皇、天長七年より始まる、毎年三月七日より七箇日藥師寺に於て最勝王經を講ずる法會なり。⦿（公事根源）（大鏡七）「三月七日よりはじめて十三日まで藥師寺にて最勝會七日」

圓宗寺最勝會　［行事］白河天皇永保二年二月十九日圓宗寺に最勝會を修し、同寺の法華會と法勝寺の大乘會とを合せて三會と稱す。【元亨釋書二十五】「サイシヨウコウ」を見よ。

サイシヨハウドウガクキヤウ　濟諸方等學經　［經名］一卷、西晉の竺法護譯。大乘方廣總持經の異譯。【盈帙九】(252)

サイシン　齋嚫　［雜名］齋は齋食、嚫は施物なり。

サイシン　再請　［雜語］禪林の語。再び食を鉢盂に受くると。俗再進に作るは非。【象器箋十六】

サイシンシヤリ　碎身舍利　［術語］多寶塔中に現ずる多寶佛の如く、全體を存するを全身舍利と云ひ、釋迦佛の舍利の如く碎身せしを舍利と云ひ、諸法從緣の四句の偈を法身舍利と云ふ。「シヤリ」を見よ。

サイシンゼン　再請禪　［術語］定式の坐禪は定鐘の鳴るに及んで止む。此後に再び坐禪するを再請禪と云ふ。【象器箋九】

サイシンギフクワソ　採薪及菓蓏　［雜語］歌題。【法華經提婆品】に、大王が法華經を聞かん爲に千歲の間阿私仙に給使せしを說きて、「即便隨二仙人一供二給於所一レ須。採薪及菓蓏。隨レ時恭敬與シテ。」

サイジ　齋時　［術語］齋食を喫する時なり。明相現じてより正午に至る間を云ふ。【僧祇律】に「午時日影過二一髮一瞬一即是非時。」

サイジ　西寺　［寺名］【拾芥抄】に「西大宮東二町。九條坊門南。前少僧都慶俊。」【歷代編年集成】に「延曆十五年。以二大納言藤原伊勢人一爲二造寺長官一。建二立東西兩寺一。以爲二東西兩京鎭護一。」【山城名勝志】に「今舊跡東寺の西三町許にあり。金堂の跡僅に田間に殘る。今松尾祭の日、神供を備ふる所なり。土人云ふ、今梅小路村に大日堂あり。此像は西寺の金堂の本佛。」

サイジキ　齋食　［術語］午時を過ぎて食はず、午前中の食を云ふ。齋は食體に就きて云ふにあらず、食時に就きて云ふなり。是れ比丘戒沙彌戒を持するの論なく、在家の八齋戒を持するものの食法なり、故に僧家の食及び法會の施食を總じて齋と名く。但し俗に精進とて肉類を禁ずるは是れ大乘戒の別意にして齋の本義に關するにあらず。

サイジヤウ　西淨　［雜名］セイチンと讀む。禪林「の語。

サイジヤウイキヤウ　最上意經　［經名］最上意陀羅尼經の略名。

サイジヤウイダラニキヤウ　最上意陀羅尼經　［經名］一卷。宋の施護譯。最上意は陀羅尼の德を稱せしもの。【成帙十】(831)

サイジヤウジヨウ　最上乘　［術語］至極の教法を云ふ。諸宗各其宗義に名く。【法華經授記品】に「諸菩薩智慧堅固。了二達三界一。求二最上乘一。」【二教論上】に「爲レ欲レ成二就乘二最上乘一者上故。名爲二大乘一。」

サイジヤウコンポンダイラクコンガウフクウザンマイダイケウワウキヤウ　最上根本大樂金剛不空三昧大教王經　［經名］七卷、宋の法賢譯。大樂金剛は金剛薩埵の異名。二十五品あり。儀軌及び實理を說く。【成帙二】(1037)

サイジヤウダイシツヂ　最上大悉地　［術

語】佛果を稱す。【廻向頌】に「我等所修諸功德。廻ニ向最上大悉地。」

サイジヤウダイジヤウコンガウダイケウホウワウキヤウ 最上大乘金剛大敎寶王經 【經名】二卷、宋の法天譯。佛廣嚴城に在て金剛手菩薩に勅して弟子の八事及び二諦等を說かしむ。【成帙十二】(869)

サイジヤウヒミツナダテンキヤウ 最上秘密那拏天經 【經名】三卷、宋の法賢譯。那拏天の修法儀軌を說く。【成帙十二】(1038)

サイジヤリン 摧邪輪 【書名】三卷、栂尾明慧著。法然の選擇を駁す。

サイセキ 齋席 【雜名】齋供を設くる法席。

サイセツ 西刹 【界名】西方の佛刹。極樂を云ふ。

サイセン 犀扇 【雜名】犀牛を畫ける扇子。公案に鹽官犀牛扇子あり。「エンクワン」を見よ。「參錢。

サイセン 賽錢 【雜名】神佛に奉る錢。俗に散錢。

サイソウ 齋僧 【雜語】齋食を僧に施すと。正月後七日の大極殿の御齋會即ち是なり。「語。

サイタイ 齋退 【雜語】サイツイと讀む。禪林の

サイタフ 西塔 【堂塔】叡山三塔の一。【山門秘訣】に「一山有ニ三塔一。所レ謂東塔號ニ本院一。西塔號ニ寶幢川號橫院一。三楞嚴院一。」⊙(榮花、本の雫)「山の西塔」

サイダイジ 西大寺 【寺名】南都七大寺の一。東大寺に對して西大寺と云ふ。孝謙天皇の勅願にて釋常騰を開基とす。【元亨釋書】貞觀二年燒失し、後三百七十八年を經て嘉禎二年興正菩薩中興開基せり。境內に愛染堂あり。元寇の時興正菩薩勅を奉じて男山の八幡宮に仁王經七晝夜七壇の護摩を修せしに、此明王の持せし矢飛で賊を退治せしと云ふ。【大和名所圖會】⊙(水鏡下)「今年西大寺をつくり給ひて」

サイダイジハサンケ 西大寺派三家 【名數】山城槇尾平等院始祖明忍和泉神鳳寺始祖賢俊河內野中寺始祖慈忍なり。

サイダウ 齋堂 【堂塔】齋堂は即ち食堂、食堂は即ち僧堂なり。今日本の黃檗山僧堂の外に齋堂を設くるは古時の制に非ず。【象器箋二】

サイダウ 西堂 【雜語】セイドウと讀む。禪林の稱。當寺の前住を東堂と稱し、他山の前住を西堂と號す。東は主位なれば當寺の舊主東寺に居り、西は賓位なれば他山の退隱の人此寺に來れば西堂に處らしむるなり。【象器箋五】

サイチヤウ 最澄 【人名】叡山の傳敎大師、名は最澄。姓は三津氏、江州滋賀郡の人。年十二、行表に從つて出家し、延曆四年叡山に登つて草舍を縛し、法華金光明等の諸大乘經を讀む、時に年十九。同七年に山頂に一宇を創し一乘止觀院と曰ふ。是れ平安遷都七年以前なり。同二十三年秋七月、空海は葛野麿と第一船に就き、最澄は菅淸公と後船に就きて入唐す。時に空海年三十一、最澄年三十八なり在唐一年ならずして台密禪の三宗を傳へ、明年五月還りて長崎に着し、入京上表して將來の經疏を上る。勅して傳寫弘通せしむ。此年九月一日勅を奉じて高雄寺に於て始めて密灌を行ふ。同二十五年奏して新天台法華宗を大乘の四宗華嚴、法相、三論、律、に加へて五宗となす。又朝に奏して五宗に各二人、成實俱舍に各一人の度者を許さる。弘仁十年圓宗の戒壇を叡山に建てんとを請ふや、南都の護命等之を阻む。澄顯戒論三卷を作りて表進し、且つ顯戒緣起を作りて彼の迷執を破す。同十三年傳燈大法師位を賜ふ。夏六月四日中道院に於て寂す、壽五十六。同十一日初七日の忌辰を薦むる爲、勅して爾後每年春三月桓武天皇の國忌に、度者二人法華經に依て得度受戒を許さる。即ち圓頓戒壇の免許なり。十四年二月寺額を賜はりて延曆と云ふ。貞觀八年傳敎大師と敕謚す。【元亨釋書一】

サイヂ 齋持 【術語】持齋と言ふ如し。修道の爲に不過中食の法を受持するなり。⊙(著聞集)に「齋持の粮米白米七升なり」

サイヂウ 菜頭 【職位】禪林の語。典庫の配下に在りて菜蔬を管領する役務。【象器箋七】

サイヂウ 柴頭 【職位】禪林の語。飯頭の配下に在りて柴薪を管する役務。【象器箋七】

サイヂヤウ 齋場 【雜名】齋供を爲す場所。

サイツイ 齋退 【雜語】禪林の語。又、齋罷と云ふ。午齋の後なり。

サイテン 西天 【地名】天竺は支那の西方に在れば西天と云ふ。【佛祖統記五十三】に「西天求レ法。東上譯レ經。」⊙(太平記二四)「西天に護法淸辨とて二人の菩薩ましましき。」

西天二十八祖 【術語】天台は天竺に於て二十四祖の付法を定め、禪家は二十八祖の傳燈を立つ。「ニジフハチソ」を見よ。

西天四七 【術語】印度に於ける禪宗付法の祖師、即ち摩訶迦葉より菩提達磨に至るまでの二十八代を言ふ。東土二三と連結して呼ぶ。「語。

サイトウ 菜頭 【職位】サイヂウと讀む。禪林の

サイトウ 柴頭 【職位】サイヂウと讀む。禪林の

稱。

サイトウ 柴燈 【物名】神前に燎く篝火を云ふ。又齋燈と書す、柴薪を焚けば柴と書し、齋戒して神に

供すれば齋と書す。【天台史略上】に「寛平二年相應和尚日吉社に卒都婆一基を造立し、法華經一部を納め、幷に內護摩を修し、柴燈を庭上に燎く。是れ柴燈護摩の濫觴なり。」⊙(著聞集)に「熊野に盲目の者齋燈をたきて眼の明ならんことを祈るありけり」

サイトウ 齋燈 [物名] 柴燈に同じ。

サイド 濟度 [術語] 衆生の生死海に沈み居るを濟ひて彼岸に渡すこと。度は渡なり。【法華經方便品】に「終不下以二小乘一濟中度衆生上。」

濟度方便 [術語] 方便は方法便宜の義。所謂手段にして、佛が衆生を救濟したまふ手段なり。⊙(芳野拾遺)「佛は迷へる衆生を導かんが爲にこそ此の土には濟度方便の事にこそあれ」

サイニカ 西儞迦 [人名] Sainika 譯、有軍。外道の名。舊稱、先尼。【玄應音義二十三】

サイニチ 賽日 [雜語] 又閻魔詣、閻魔參と云ふ。閻魔に參詣する日にて、俗間に正月十六日及び七月十六日に行ふ。此の日地獄の釜も蓋を去りて火を休み、亡者も苦痛を忘ると傳ふるを以て、商家の僕婢等の遊樂の日となる。

サイニチ 齋日 [雜語] 祖先の忌日などに齋供を「爲す日。又は六齋日のこと。

サイノカハラ 賽の河原 [雜語] 冥途の三途の川の邊にして、小兒が苦を受くる所。小兒石を積みて塔を造らんとすれば大鬼來りて之を崩し去る、是に於て地藏菩薩來りて之を救ふと云ふ。未だ本說を詳にせず。又西院の河原、齋院の河原に造る。【考信錄四】案ずるに賽は兒童が石を積て佛に賽する意なるべし。【法華經方便品】に「乃至童子戲。聚レ砂爲二佛塔一。如レ是諸人等。皆已成二佛道一。」「こと。シサウ」を見よ。

サイノシサウ 細四相 [術語] 生、住、異、滅の

サイハ 齋罷 [雜語] 又、齋退。午齋の終りし後を云ふ。「サイツイ」に同じ。

サイハウエウケツ 西方要決 [書名] 一卷、唐の慈恩著。西方の極樂に往生する要決を明す。

サイハウシ 西方師 [雜語] 西方の師の意にして多く迦濕彌羅以西、犍陀羅國地方の人師を云ふ。

サイハウジフジノソン 西方十字尊 [術語] 阿彌陀佛を云ふ。阿彌陀佛の名號に六字九字十字の三種ありて、歸命盡十方無㝵光如來と云ふを十字の名號とす。此中歸命の二字は衆生の信心なれども之を所歸の佛名とするは淨土門の妙義なり。

サイハウジフマンオク 西方十萬億 [術語] 彌陀の極樂國土は此より西方十萬億の佛土を過ぎて在り。【阿彌陀經】に「從レ是西方過二十萬億佛土一有二世界一名曰二極樂一。」⊙(盛衰記九)「是より西方十萬億土を過ぎて佛御座す」

サイホウジヤウド 西方淨土 [界名] 念佛の言は諸佛に通ずるも諸大乘中念佛の言は獨り西方の阿彌陀佛に限る。其の故は念佛を以て一切衆生を佛國に往生せしむる誓願を建てしは、法界の諸佛中獨り阿彌陀一佛なればなり。大日如來は九品往生阿彌陀三摩地集陀羅尼經に於て九字の眞言を說き、九品往生を勸む。釋迦佛諸大乘經中に十方無量の佛を說くも佛を讃し念佛往生を勸むる所は獨り彌陀佛なり。故に釋籤に諸經所讃多在彌陀と釋せり。藥師が十二大願を立つるも我を念ずる者は八大菩薩をして其人を西方極樂に引導せしむとありて、我國に往生せしむとは願はず。華嚴經入法界品に十方諸佛の長子たる普賢菩薩が善財童子の爲に一切菩薩の總願たる十大願王を說き、更に大經總結の頌文を說き、中に「願我臨欲命終時、面見彼佛阿彌陀等」と說き、其土に於て此十大願を成就し一切衆生を度せむと願ず。普賢は顯密共に發菩提心の德を主るとなし、其の願行を以て三世十方の諸佛菩薩の標準大本とす。故に已來の佛は此の願の如く已に西方淨土に往生して菩提を證し、未來の菩薩は此より西方極樂に往生して菩提を證す。西方彌陀は五智中妙觀察智又は轉法輪智を主り、一切衆生の機を觀察して妙法を轉ず。故に天台は止觀に彌陀は法門の主なりと云ひ、大日疏には大日如來が西方蓮華部の阿彌陀三摩地に入りて大日經具緣品を說きしを釋す、所謂大悲生の嘉會壇曼荼羅なり(嘉會壇を見よ)。又、密教に三品悉地を立てて天宮を下界悉地とし、十方淨土を中品悉地とし、密嚴國土を上品悉地とす。弘法の秘藏記に西方極樂即ち密嚴國土なりと釋し、又大師は念佛法語を著はし、覺鑁は五字九輪秘釋を著はして、殊に西方往生を勸めしなり。されば權實顯密其の道を異にするも歸する所は西方に往生して大菩提を證するに在り。而して四十八願中、曾て西方淨土の言なく、彌陀は其身周遍法界なり、其土亦周遍法界なり。故に觀經に如來身是法界身と說き、淨土論には究竟如虛空大無邊際と釋せり。故に本願には十方衆生とありて東方衆と云はず、豈淨土の所在を東西南北を以て指定するを得ん。西方と云ふは釋迦如來の方便なり。東方日出處を以て萬物の發生とし、西方日沒處を以て萬物の終歸となせば、佛世情に準じて殊に西方を指定して衆生涅槃の大歸處を敎へしなり。

サイハウジヤクジヤウムヰラク 西方寂靜無爲樂 [術語] 【觀經定善義】に淨土を讃して「西方寂靜無爲樂。畢竟逍遙離二有無一。大悲熏レ心遊二

法界一。分身利シテレ物等無レ殊。」

サイハウドウゴド　西方同居土　〔界名〕彌陀の極樂淨土を云ふ。台宗の稱。天台に四土を立て、第一を凡聖同居土と稱す。凡夫と佛菩薩の聖者と同住する義なり。之に二種あり、一は同居土の穢土、娑婆世界の如し、一は同居土の淨土、兜率天の彌勒の淨土、西方の彌陀の淨土の如しと云ふ。

サイハウレンゲブ　西方蓮華部　〔術語〕金剛界の五部を五方に配すれば西方は蓮華部にして妙觀察智の無量壽如來なり。

サイハン　齋板　〔物名〕庫司に大板あり、齋時に之を鳴打するもの。【象器箋十八】

サイホフ　齋法　〔術語〕正午を過ぎて食はざるの法。「サイ」を見よ。又淸肅に威儀を整ふる法。【楞嚴經一】に「嚴ニ整威儀一肅ニ恭齋法一。」

サイマツゴシン　最末後身　〔術語〕最後身に同じ。「サイゴシン」を見よ。

サイマンダラ　西曼陀羅　〔術語〕又、果曼陀羅。金剛界の曼陀羅を云ふ。金胎を對比すれば胎藏界は菩提心の理性を明かせしものなれば因に屬して東方に配し、金剛界は成佛の事相を明かせしものなれば果に屬して西方に配す。

サイミヤウ　西明　〔人名〕唐の南山大師西明寺に住しければ西明と號す。又、法相宗の異轍圓測法師西明寺に住しげれば西明と云ふ。

サイミヤウ　最明　〔術語〕最も明なるもの。【四十二章經】に「何者最明。心垢滅盡。淨無二瑕穢一。是爲二最明一。」

サイミヤウジ　西明寺　〔寺名〕唐の高宗の代に長安に之を立つ。【佛祖統紀五十三】に「唐高宗勅建二西明寺一。大殿十三所。」【稽古略三】に「戊午顯慶三年。六月十二日。帝創二西明寺一成。十三日帝出二繡像長幡一。送レ寺安奉。乃至七月詔迎二玄奘法師一。入居二西明寺一。」【元亨釋書二十八】に「所謂印度祇園精舍以二兜率內院一爲レ準。唐西明寺以二祇園一爲レ準。今大安寺摸二西明寺一。」⦿（大鏡）「唐土の西明寺」

サイムヒキヤウ　最無比經　〔經名〕佛說最無比經、一卷、唐の玄奘譯。佛阿難の爲に三歸五戒乃至具足戒の功德を較量す。【宙帙八】(263)

サイラウヂゴク　豺狼地獄　〔界名〕十六遊增地獄の一。豺狼來りて罪人を噉む。

サイリヤウ　齊領　〔術語〕台宗の語。【法華經信解品】に於て迦葉等の四大聲聞が佛の一代五時の說法を領解するに、正しく吾身の上に受けし教義の分齊に限つて領解するを齊領と云ひ、更に進んで佛の本意を探りて領解するを探領と云ふ。齊領具には齊教領と云ひ、齊を限と訓ず。當分の教義に齊りて領解する義なり。

サイレンゲワウキヤウ　採蓮華王經　〔經名〕「採華違王上佛授決號妙華經」の異名。

サイワウ　再往　〔雜語〕又、二往。再び事物を論究すると。【止觀七】に「一往然。二往不レ然。」【法華論記二】に「一往三藏名ヲ爲ケテ二小乘一。再往ハ三教名ヲ爲テ二小乘一。」

サイヰキ　西域　〔地名〕總じては支那以西の諸國を指し、別しては印度を指す。

サイヰキキ　西域記　〔書名〕具名、大唐西域記。又、西域傳と云ふ。十二卷。總持寺沙門辯機撰。唐の玄奘西域諸國に遊びし紀行。【致帙七】(1503)

サイヰキグホフカウソウデン　西域求法高僧傳　〔書名〕具名、大唐西域求法高僧傳、二卷、唐の義淨撰。總じて五十六人あり。外に四人あり。【致帙七】(1491)

サイヰキデン　西域傳　〔書名〕西域記の異名。【釋迦方誌下】に「貞觀十九年。安二達京師一。奉レ詔譯レ經。乃著二西域傳一十二卷一。」別に隋朝の彥琮の撰述に係る西域傳あり。【行宗記一上】に「西域傳隋朝彥琮撰。」

サイヱ　齋會　〔行事〕僧を會して齋食を施せば齋會と名く。【日本書紀敏達紀】に「十三年春二月。乃至馬子猶依二佛法一崇二敬三尼一。乃以二三尼一付二氷田直與二達等一令レ供二衣食一。經二營佛殿於宅東方一。安二置彌勒石像一。屈二請三尼一大會設レ齋。」是れ本朝齋會の始なり。又【佛祖統紀三十七】に「陳文帝天嘉四年。帝於二太極殿一設二無遮大會一。」又「後主至德二年。詔二虎丘智聚法師一赴二太極殿一講二金光明經一。」此に倣ひて吾朝神護景雲二年より每年正月後七日より七日の間大極殿に於て僧を齋し、金光明最勝王經を講ぜしめて御齋會と名く。

サイヲンジ　西園寺　〔寺名〕【拾芥抄】に「衣笠岡ノ長、太政大臣公經家號二北山殿一。」【百練抄】に「元仁元年十二月二日。前太政大臣供二養北山堂一。號西園寺 北白河院臨幸。右府已下諸卿群參。仁和寺宮爲二導師一。」【山城名勝志七】に「土人云。西園寺地今鹿園寺也。西園寺殿第ハ大北山村北。鹿園寺東。築地跡在二于今一。」

サウ　瘡　〔雜語〕男根女根は人身九瘡門の一なれば瘡と云ふ。「クサウ」を見よ。⦿（太平記）「溫室に入て瘡を立てられ」是れ男根なり。

サウ　想　〔術語〕心性作用の一。事物の相を心上に浮べ以て言語を起す因となるもの。一切の心に相應して起る。【俱舍論四】に「想謂於レ境取二差別相一。」【唯識論三】に「想。謂於レ境取レ像爲レ性。施二設種種名言一。」

爲レ業。謂要安二立境分齊相一。方能隨起二種種名言一。」

サウ 相 〔術語〕梵語、攞乞尖拏。Lakṣaṇa【梵語雜名】事物の相狀外に表はれて心に想像せらるるもの。【大乘義章三本】に「諸法體狀。謂レ之爲レ相。」【唯識述記一本】に「相謂相狀。」【法華嘉祥疏三】に「表彰名レ相。」

四相 〔名數〕有爲法の事體を表彰するもの四あり。一に生相、事物を起すなり。二に住相、事物を安んずるなり。三に異相、事物を衰へしむるなり。四に滅相、事物を壞るなり。此四相を帶ぶるものを有爲法とし、之を帶びざるものを無爲法とす。【俱舍論五】に「頌曰。相。謂諸有爲生住異滅性。論曰。由二此四種是有爲相一法若有レ此應二是有爲一。與レ此相違是無爲法。此於二諸法一能起名レ生。能安名レ住。能衰名レ異。能壞名レ滅。」小乘有部は所相の法に離るれば能相の別體ありと立て、成實及び大乘は此四相は唯有爲法の變異する差別にして所相と能相との別體あるにあらずと立つ。依て有部の四相は實法にして成實及び大乘の四相は假法なり。

六相 〔名數〕【華嚴經十地品】の所說、此に依つて法界緣起事事無礙の義を發揮す。華嚴宗の至相大に之を發揮す。一に總相、二に別相、三に同相、四に異相、五に成相、六に壞相。一切緣起の法には必ず此六相を具す。六相を具せずんば緣起を爲す能はず。此六相は體相用の三に就きて平等差別の二義を論ぜしもの。初の二相は體の上の平等差別にして、總相とは平等の體、別相とは差別の體を示す。平等の體とは一體に多體を具するを云ひ、差別の體とは多體各別なるを云ふ。例へば一舍と云ふ如き、一の舍宅の中に多の緣瓦等を具し、緣瓦等の多體を以て總じて一舍を造る、是れ平等の體にして即ち總相なり、而して一舍の中に緣瓦等の多體各別なるは即ち差別の體にして是れ別相なり。又同異の二相は相の上の平等差別にして、緣瓦等の形相各別なれども、同じく一舍を造るの相あるを同相と云ひ、諸相各別なるを異相と云ふ。又成壞の二相は用の上の平等差別にして、緣瓦等各異なる作用を以て一舍を合成するを成相と云ひ、彼等各一一の作用を具するを壞相とす。此六相互に融和して不離一味なるを六相圓融と云ふ。是れ一切緣起法の自性然るなり。

三十二相 〔名數〕佛又は轉輪聖王の內德を身相に表彰するもの三十二あり。「サンジフニサウ」を見よ。

サウアイ 草鞋 〔物名〕サウカイと讀む。

サウアイ 想愛 〔術語〕情想と愛欲。諸事情想に順ずれば愛欲を生ず、此二を以て受生の本因とす。【楞嚴經】に「想愛同結。愛不レ能レ離。則諸世間父母子孫相生不レ斷。」

サウアン 草庵 〔雜名〕草を以て造れる庵。【法華經信解品】に「猶處二門外一。止二宿草庵一。」【往生要集上本】に「當レ知草庵瞑レ目之間。便是蓮臺結レ跏之程。」

サウウン 雙運 〔術語〕並行と言ふ如し。【唯識述記三末】に「剎那剎那。眞俗雙運。」

サウウン 想蘊 〔術語〕五蘊の一。人に事物を想像する善惡邪正の種種の情想あり、之を聚めて想蘊と名く。【俱舍論一】に「想蘊謂能取レ像爲レ體。即能執二取青黃長短男女怨親苦樂等相一。」

サウオウ 相應 〔術語〕相かなふこと、即ち契合の義。【淨土論註上】に「相應者。譬如二函蓋相稱一也。」【演密鈔七】に「相應字。汎指二契合義一。」然るに梵語二あり、一は欲吃多、Yukta 事物の契合を云ふ。心心所の相應の如し。二は瑜伽 Yoga 又は瑜祇、理と契合するを云ふ。瑜伽論瑜伽宗の名及び三密相應境智相應の如し。(但し欲吃多、瑜伽共に梵語根 Yuj の變化なり)【起信論】に「以二離念境界唯證相應一故。」【華嚴論】に「一念相應一念佛。一日相應一日佛。」

三種相應 〔名數〕瑜伽論の意に依れば三種の相應を以て悉く一切法を攝む。一に境、二に行、三に果、此三悉く相應の義ありて諸法を盡す。【玄應音義二十三】に「瑜伽此云二相應一。謂一切乘境行果等。所レ有諸法皆名二相應一。境謂一切所緣境。此境與レ心相應故名二境相應一。行謂一切行。此行與レ理相應故名二行相應一。果謂三乘聖果。此果位中諸功德法。更相符順故名二果相應一。」

サウオウアゴフマ 相應阿笈摩 〔經名〕四阿含の一、雜阿含なり。舊に雜阿含と云ひ、新に相應阿笈摩と云ふ。經と伽他と相應する義。【毘那耶雜事三十九】に「若經與二伽他一相應者。此即名爲二相應阿含摩一。舊云二雜者取一レ義。」

サウオウイン 相應因 〔術語〕六因の一。心王と心所と互に相應し、心王を以て因として心所を起し、心所を以て因として心王を起せば、彼此相應して相應因と名く。其の相應の義は心王と心所に平等の義五種あればなり。五義平等と云ふ。【俱舍論六】に「由二五平等共相應義一立二相應因一。」又「唯心心所。是相應因。」

サウオウサウカキヤウ 相應相可經 〔經名〕佛說相應相可經、一卷、西晉の法炬譯。善惡の人各類を以て相聚るを說く。單卷の雜阿含經中に出づ。【辰帙六】(653)

サウオウシユウ 相應宗 〔流派〕梵語、瑜伽、

Yoga 相應と譯す。眞言宗の異名。彼宗は三密相應の旨を本とすれば瑜伽宗又は相應宗と云ふ。

サウオウシン　相應心　〔術語〕妄心煩惱諸惑と相應するもの。【唯識論三】

サウオウダン　相應斷　〔術語〕四斷の一。有漏八識及び五遍行心所等は、その性染汚に非ざれども、煩惱と相應する爲に染汚の性となる。故にその相應の惑を斷ずる時は自ら心心所も亦染汚の繫を離るるも也。之を相應斷と云ふ。

サウオウゼン　相應善　〔術語〕「ゼンアク」を見よ。

サウオウバク　相應縛　〔術語〕二縛の一。心がこれと相應して起る煩惱の爲に繫縛せらるるを云ふ。

サウオウフゼン　相應不善　〔術語〕「ゼンアク」を見よ。

サウオウボフ　相應法　〔術語〕心心所の異名。同時に起る一聚の心心所に五平等の義あれば相應法と名く。一に所依平等、心王眼根に依れば心所も亦眼根に依るを云ふ。二に所緣平等、心王青境を緣ずれは心所も亦青境を緣ずるを云ふ。三に行相平等、心王青色を了解すれば心所亦青色を了解するを云ふ。四に時平等、心王此時に起れば心所亦此時に起るを云ふ。五に事平等、心王其體一箇なれば心所の體亦各一箇なるを云ふ。【倶舍論四】に「心心所五義平等故說二相應一。所依。所緣。行相。時。事。皆平等故。」

サウオウムミヤウ　相應無明　〔術語〕起信論の意に依れば、業轉現の三細を不相應無明とし、智相等の六麁を相應無明とす。三細は未だ心王心所の差別あらず、六麁に至りて初めて心王と心所との差別を生ずればなり。【起信論】に「言二相應一者。謂心念法異。依二染淨差別一。而知相緣相同故。不相應義者。謂即レ心不覺。常無二別異一。」若し瑜伽唯識の意に依れば意識に無明にして他の根本煩惱（貪瞋癡慢疑五惡見の十を根本煩惱とす。）と相應して起るを相應無明と云ひ、根本煩惱の中に獨り無明のみ起るを、獨頭無明又は獨行無明、不共無明と云ふ。無明に發業潤生の二大用あるは此無明に依る。【唯識述記五末、百法問答鈔一】

サウオサイハウ　想於西方　〔雜語〕歌題。西方彌陀の極樂淨土を觀念思惟すること。【觀無量壽經】に「佛告二韋提希一。汝及衆生。應下當專レ心繫二念一處一想中於西方上。」

サウカイ　草鞋　〔物名〕僧の法會に着する靴に二種あり、一を鼻高と云ひ、二を草鞋と云ふ。又捽鞋と書す。鼻高は漆塗りにて草鞋は錦張なり。

サウカウ　糟糠　〔譬喩〕糟は酒を取りし後のかす。糠は米を取りし後のぬか。以て憍慢の比丘及び粗惡の法に譬ふ。【法華經方便品】に「衆中之糟糠。」【大法鼓經上】に「此諸比丘。清淨純一。眞實强力。離二諸糟糠一。」

サウカウ　裝香　〔雜語〕香を器に盛ること。

サウカタ　騷揭多　〔術語〕正音、修伽陀。Sugata 即ち佛十號中の善逝の梵語。【玄應音義二十三】

サウカン　相看　〔雜語〕賓主の會見。禪林の語。【敕修清規月分須知】に「九月重陽日。住持上堂。許二方來相看一。」ショウケンと讀む。

サウガ　草賀　〔雜語〕草草に賀すると。草は略なり。禪林に住持入院の時知事上首等先づ略して賀するを草賀と云ひ、住持既に開堂下座の後に一山の大衆更に賀を展ぶるを展賀と云ふ。【象器箋十】

サウガウ　相好　〔術語〕Lakṣana　Vyañjana　佛の身體に就て微妙の相狀了別すべきを相と云ひ、更に細相の受樂すべきを好と云ふ。相は大相、好は更に大相を莊嚴する小相なり。丈六の化身に就かば相に三十二あり、好に八十あり。報身に於ては八萬四千乃至無量の相と好とあり。【觀無量壽經】に「心想レ佛時。是心即是三十二相八十隨形好。」又「無量壽佛有二八萬四千相一。一一相各有二八萬四千隨形好一。」【法界次第下】に「相好乃同是色法。皆爲二莊嚴一顯二發佛身一。但相總而好別。相若無レ好則不二圓滿一。輪王釋梵亦有レ相。以レ無レ好故相不二微妙一。故次レ相而辨レ好也。」【輔行六】に「相大莊二嚴身一。好小莊二嚴身一。若說レ大者則說レ小。」【智度論二十九】に「若須二八十隨形好一何不二皆名爲一レ相而別爲レ好。答曰。相大嚴レ身。若說レ大則已攝レ小。復次相麁而好細。衆生見レ佛則具レ相。好則難レ見故。又相者餘人共得。好者或共或不共。以レ是故相好別說。」【大乘義章二十末】に「福狀外彰。名レ之爲レ相。又表二內德一亦名爲レ相。姿媚可レ愛悏二悅人情一。說レ之爲レ好。」⦿（曲、加茂）「相好莊嚴まのあたりに」

三品相好　〔名數〕一に上品相好。華嚴の教主微塵數の相好なり。二に中品相好。觀經所說の彌陀の八萬四千の相好の如きなり。三に下品相好。法華金光明經等の教主の如き三十二相八十種好の相好なり。【觀經妙宗鈔下】

サウギヨキウ　雙魚宮　〔天名〕十二宮の一。胎藏界、外金剛部院の一衆。二魚を以て三昧耶形となす。【胎曼大鈔六】

サウクウ　相空　〔術語〕諸法に性相の二あり、性の空無なるを性空と云ひ、相の空無なるを相空と云ふ。小乘教の所明は性空の分、般若經等の所說は相空の分なり。

サウクウクワン　相空觀　〔術語〕南山所立三觀

の一。既に諸法の性の空無を觀じたる上、更に諸法の相の空無を觀ず。即ち大乘の初門なり。【行事鈔中四】

サウクウケウ 相空敎 〔術語〕 南山の所立三敎の一。大乘の淺敎なり。「サンケウ」を見よ。

サウクワン 想觀 〔術語〕 事物を心に想ひ浮べて觀ること。事理二觀の事觀なり。觀無量壽經所說の十六觀は此の事觀なり。【經】に「是爲二日想一名曰二初觀一」乃至「是名三下輩生想一名二第十六觀一」

サウクワン 草環 〔物名〕 又、茅環、指釧。茅草を以て造れる指環。密敎修法の時之を用ふ。【蘇悉地經一】に「又作法時。當下用二茅草一而作二指釧一著中於右手無名指上上。應下當部三字半心眞言或經二百遍一或千遍後安中指上上。若供養之時。持誦之時。護摩之時。應レ著二草釧一。以レ著二此草環一故罪障除滅。手得二清淨一。所作皆成。」【蘇悉地供養法下】に「其茅環者。稱二無名指量一。以レ茅三纒作二金剛結一。」

サウクワンギヤウ 雙卷經 〔經名〕 佛說無量壽經の異名。二卷ある故に名く。【觀經玄義分楷定記三】に「大經者無量壽經ナリ。三經之中此經廣故對二餘二經一名二大經一也。天台此經名二大本一。阿彌陀經名二小本一。嘉祥名二雙卷一。淨影道綽與二今家一同。大本と名く。龍興名二兩卷經一。」

サウクワンギヤウ 雙觀經 〔經名〕 佛說無量壽經の異名。本經は淨土の觀行を明かす經なれば觀經と名け、兩卷あれば雙と云ひ、以て單卷の佛說觀無量壽經に揀別す。【往生十因】に初に雙觀經と云ひ、後に雙卷經と云ふ。

サウケイ 曹溪 〔人名〕 六祖慧能の別號。【大明一統志七十九】に「韶州府曹溪在二府城東南三十里一。源出二狗耳嶺一西流合二湞水一。」【皇輿考八】に「韶州府曹溪ハ府城東南ナリ。梁時有二天竺國僧一。自レ西來汎レ舶。曹溪ノ口聞二異香一曰。上流必有二勝地一。尋レ之遂開レ山。立レ石乃云。百七十年後當レ遇二無上法師在レ此演ヒ法。今六祖南華寺是也。」

サウケイ 糟雞 〔飮食〕 雞肉を糟に藏せしもの。日本の禪林に蒻蒻を裂きて淡醬油に浸して煎たるものを糟雞と名け、點心に用ふ。【象器第十七】

サウケビク 草繫比丘 〔人名〕 佛の在世に比丘あり、賊の爲に生草を以て繫がる。比丘其生草を壞せんことを恐れて縛を解かず、自ら餓死を待つ。【一切有部目得迦六】に「佛在二室羅伐城一。時諸苾芻在二跋蹉國一。遊二行人間一爲レ賊所レ執。賊相告曰。仁等今可レ伴ニ曰。何勞レ殺レ此。應下以二連レ根茅草一可二急縛ヒ之令中其饑渴自餓而死上。時彼群賊即以二茅草一縛二諸苾芻一棄レ之而去。時跋蹉國王名二烏陀延一。爲レ獵所レ出。遇到二其所一。告二從臣一曰。此是鹿熊耶。走レ騎觀察。乃見二苾芻一。問言。仁是何類。苾芻答曰。是出家者。於二何類中一。是釋迦子。何爲住レ此。答。我被二賊縛一。以二何物一縛。曰生草。王曰何不二拔立一。報曰。世尊爲レ我制二其學處一。若復苾芻壞二生草木一得二波逸提一。王即下レ乘。自手解放。各施二三衣一。」【賢愚經四、莊嚴論三】に亦之を引く。【梵網經下】に「若佛子。護二持禁戒一。行住坐臥日夜六時。讀二誦是戒一。猶如二金剛一。如下帶二持浮囊一欲上レ渡二大海一。如二草繫比丘一。」【涅槃經二十六】に「寧捨二身命一不レ毀二禁戒一如二草繫比丘一。」

サウケンダウ 相見道 〔術語〕 眞見道の對。眞見道の後に、後得有分別の智慧を起して、前に無分別智を以て證したる眞理に對し再び分別して眞如の相分を變じ、眞見道に擬して之を觀念する位を云ふ。

サウコクジ 相國寺 〔寺名〕 シヤウコクジと呼ぶ。

サウゴン 莊嚴 〔術語〕 「シヤウゴン」を見よ。

サウサウ 草創 〔雜語〕 堂塔寺舍等を初めて建立すること。

サウサウクゼツシユウ 相想俱絕宗 〔術語〕 賢首所立十宗の一。相は所緣の境、想は能緣の心、心境に絕離して頓に理性を顯はす宗旨を云ふ。即ち五敎中頓敎の所宗是なり。【五敎章上】に「相想俱絕宗。如下頓敎中絕言之敎。顯二絕言之理一等上。如二淨名嘿理等一。」

サウサン 早參 〔雜語〕 又朝參。早朝の參禪を云ふ。【祖庭事苑】に「禪門詰旦升レ堂謂二之早參一。」

サウザ 草座 〔物名〕 導師の敷く坐具の名。紺と白の組糸左右へ垂る。是れ如來成道の時に吉祥草を受けて金剛座に敷きし故事に依る。【無量壽經上】に「哀受テ二施草一。敷二佛樹下一。跏趺而坐。」

サウザン 曹山 〔人名〕 曹洞宗、洞山良价禪師の法嗣本寂禪師の別號。住處に由て稱す。【大明一統志撫州府】に「曹山在二宜與縣北三十里一。舊名二荷玉山一。山巔曰二羅漢峯一。昔本寂禪師因下禮二曹溪六祖一回ヒ此遂易二名曹山一。」

サウシキ 葬式 〔儀式〕 佛家の葬式はもと後分涅槃經淨飯王泥洹經等の所說、及び毘奈耶雜事に說く亡僧の葬法に依る。葬法を見よ。後世に至り諸宗各殊なれども禪宗の典例最も詳密なり。今其大要を記せば、僧死すれば先づ浴亡とて亡者を浴せしめ、次に衣を著せて寢室に据えて入龕の佛事を行ひ、其第二夜の晚に通夜誦經す。次に入龕より第三日に寢室に於て先づ移龕の佛事を行ひて之を法堂に移す。次に法堂に移し了て後に鎖龕の佛事を行ひて龕の蓋を鎖す。

是に於て擧哀の式あり、奠茶湯の佛事あり。次に起龕の佛事を行ひて法堂より龕を起して山門首に至り、ここに轉龕とて龕を轉じて裏に向はしめ、香華茶湯を供へて轉龕の佛事を爲し鈸を鳴らして葬處に至る。旣に葬處に至れば先づ燒香奠茶し、秉炬又は下火と名けて導師たるもの炬に擬せる小木を取つて下火の佛事を爲し、次に荼毘に付す。荼毘の後に收骨とて白骨を拾ひ、安骨とて之を寢室に迎へて佛事を行ふ。次に起骨の佛事を行ひて骨を擧げて塔所に至り、塔所に於て入塔の佛事を行ひて骨を墓に入る。是れ其大要なり。【象器箋十四】在家に對する法亦諸宗一準せずと雖、亡者の鬚髮を剃り法名を與ふるは一般の式なれば、蓋し亡僧の格を以て之を行ふなり。律書所出に就いては「サウホフ」を見よ。

サウシケウ　相始敎　［術語］大乘始敎中廣く諸法の性相を說き、しかも一切皆成佛をいはざる唯識論の如き敎をいふ。空始敎の對。

サウシヤウ　爪章　［書名］長梵志の所說。「集六」に「爪章髮論」【性靈集六】に「爪章髮論」

サウシヤウ　槽廠　［雜名］馬小屋。【六祖壇經】に「五祖云。這獦獠根性大利。汝更勿ㇾ言。著二槽廠一去。慧能退至二後院一。有二一行者一。差二慧能一破ㇾ柴踏ㇾ碓。」

サウシユウ　相宗　［流派］法相宗の略。

サウシン　喪䞋　［物名］葬式の施物。

サウシンビシヤモン　雙身毘沙門　［天名］台密所傳四種毘沙門の一。毘沙門天と吉祥天との男女合體の尊形なり。毘沙門天の三昧耶形には獨鈷を持し、吉祥天の三昧耶形には輪寶を持す。傳敎大師の相承は抱き合ひの形にて、慈覺大師の相承は背合はせなり。二尊各長き四牙を出して合せて八牙ある故に八牙王と云ふ。其修法油を以て像を浴するなど聖天の法に同じ。此法は台密の深秘にて東密の聖天法に對して立つるなり。雙身毘沙門の儀軌は唐土に譯されたるものなし。傳敎大師入唐し、口決を以て相承し、歸朝の後も然りしを、法性房の時に至つて初めて之を記錄して吽迦陀耶雙身毘沙門天王瑜伽念誦儀軌と名け十三卷あり。外に口決一卷あり、合せて四卷、略して雙身儀軌と云ふ。【雙身毘沙門雜篇略評】《第四十三圖參照》

サウシンビナヤカホフ　雙身毘那耶伽法　［經名］大聖大歡喜雙身毘那耶伽法の略名。聖天の法を記す。《雙身の像は第四十四圖參照》

サウシンホフ　雙身法　［修法］二種あり。一は毘那夜迦雙身法即ち聖天の雙身なり。二は毘沙門雙身法、即ち毘沙門天の雙身なり。聖天の雙身法は東台二密に通ずれども毘沙門天の雙身法は台密の特傳なり。

サウジ　精進　［雜語］シヤウジン　の便音。

サウジ　相似　［術語］相似覺。相似即。相似位など。菩薩の階位に名く。

サウジカク　相似覺　［術語］起信論所說四覺の第二。菩薩十住十行十廻向の三十位に於て、眞覺に類せる智慧を發して諸の煩惱を制伏する位に名く。

サウジソク　相似即　［術語］天台所立六即の第四。五十二位の中の十信にして、六根淸淨の德を得る位なり。圓敎には之を內凡とす。此智有漏なれども無明を斷ずべき眞無漏智に似るが故に相似と云ひ、初後の位不二なれば即と云ふ。

サウジソクブツ　相似即佛　［術語］天台所立六即佛の一。凡聖一如の理に依りて相似の人即ち佛なるを云ふ。

サウジヤウ　爪淨　［術語］五種淨食の一。一切瓜果等の物は先づ爪甲を以て其皮殼を去り、然る後食ふを云ふ、然らざれば不淨食なり。

サウジヤウ　爪上　［譬喩］人身を受くるとの希なるを爪上の土に譬ふ。「サウド」を見よ。

サウジヤウノツチ　爪上土　［譬喩］同上。

サウジユ　雙樹　［雜名］娑羅雙樹の略。佛入滅の處。【寄歸傳一】に「跡滅二兩河一。人天掩ㇾ望。影淪二雙樹一。龍鬼摧ㇾ心。」

サウジユメツムヰ　想受滅無爲　［術語］六無爲の一。「ムヰ」を見よ。

サウジユリンゲワウジヤウ　雙樹林下往生　［術語］法事讚所說の極樂淨土三種往生の一。極樂の化土に往生すること。雙樹林は釋迦化身の涅槃なれば極樂の化土を明かすに之を借りしもの。【六要鈔八】

サウジヨウ　相承　［術語］師弟道を授受すること。【大灌頂神咒經二】に「師師相承受二此經典一。」【順正理論二十二】に「上代師資相承。」

サウジヨウケチミヤク　相承血脈　［術語］血脈相承の轉語。諸宗法脈を相承すること世の父母の血肉を承けて子孫相承するに喩へて云ふ。

サウソ　草疏　［雜名］「サウシヨ」とも云ふ。禪林所用の疏は多く四六體なるを、時に散文なるあり。草疏と云ふ。【象器箋十五】

サウソウ　葬送　［雜語］亡人を葬處に送ること。【佛滅度後棺斂葬送經】に「吾滅度後。當下有二梵志一理ㇾ家盡ㇾ禮葬送上。」

サウソク　相即　［術語］波即ち水、水即ち波と云ふ如く、彼此互に已を廢して他に同ずるを云ふ。色即是空空即是色と云ふ、是れ相即なり。兩鏡相照すが如

きは相入にして相即にあらず。

サウゾク 相續 〔術語〕因果次第して斷絕せざること。有爲法に一の常住なるなし、世人因果の連續を認めて常住となすのみ。【俱舍論四】に「何名二相續一。謂二因果ノ性一。」

サウゾクケ 相續假 〔術語〕成實論所說三假の一。一切の有爲法は悉く因果の相續に由つて假に有る如く見ゆるまでにて其實體なきを云ふ。

サウゾクサウ 相續相 〔術語〕起信論所說六麁相の第二。違順の二境を分別するに由つて苦樂の念起り、相續して絕えざるもの。

サウゾクシキ 相續識 〔術語〕起信論所說五識の一。即ち六塵の中の相續相なり。彼は無明に就て差別し、此は識體に就て論ずるのみ。

サウゾクジヤウ 相續常 〔術語〕佛地論所說三種常の一。假令中間の隔あるも前後の相續を以て常の義を定むるもの、間斷なく生起するを不斷常と云ひ、時に間斷するも更に生起して前後連續するを相續常と云ふ。

サウゾクゲダツキヤウ 相續解脫經 〔經名〕相續解脫地波羅蜜了義經の略名。又、相續解脫如來所作隨順處了義經の略名。

サウゾクシフヂキ 相續執持位 〔術語〕阿賴耶識の三位の一。

サウゾクシン 相續心 〔術語〕安樂集所立三心の一。餘念を間雜せずただ彌陀一佛を憶念する心の間斷なく相續すること。

サウゾクムジヤウ 相續無常 〔術語〕二無常の一。「ニムジヤウ」を見よ。

サウタイ 相對 〔術語〕相違の二門を對立すること。

サウタフ 爪塔 〔堂塔〕給孤獨長者佛の爪髮を供養する爲に塔を立つ、是れ起塔の始と稱す。【十誦五十六】異說あり。今これを確むるを得ず。

サウタン 草單 〔物名〕安居の戒臘簿。

サウダ 臊陀 〔動物〕Śuka 或は叔迦婆嚧。Śuka-śakuni 譯、鸚鵡。【名義集二】陀の字疑はし。

サウダイ 相大 〔術語〕起信論所說三大の一。相は德相なり。眞如の體に無量無邊の性德を具するを云ふ。【起信論】に「相大。謂如來藏。具二足無量性ノ功德一故。」又「復次眞如自體相者。一切凡夫。聲聞緣覺。菩薩諸佛。無レ有二增減一。非二前際生一。非二後際滅一。畢竟シテ常恒ナリ。是れ體大。從レ本以來。自性滿二足一切功德一。所謂自體有二大智慧光明ノ義一故。徧照法界ノ義故。眞實識知ノ義故。自性清淨心ノ義故。常樂我淨ノ義故。清涼不變自在ノ義故。」

サウダイ 相待 〔術語〕自他相ひ待藉して存立すること。三線相待つて三角を爲し、若し一線を缺かば能はざるが如し。一切の有爲法自他互に待つと亦然り。色境は眼根を待つて色境たり、眼根は色境を待つて眼根たり、短は長を待つて短なり、長は短を待つて長たり。【新譯仁王經中】に「諸法相待。所謂色界眼界眼識界。乃至法界意界意識界。」【註維摩經弟子品】に「肇曰。諸法相待生。猶二長短比而形一也。」

サウダイウ 相待有 〔術語〕三種有の一。短を待つて長あり、長を待つて短あり、東を待つて西あり、西を待つて東ある如きを云ふ。【智度論十二】

サウダイケ 相待假 〔術語〕相待の法には自體なし、例へば長は短を待つて長なれば長の自性なし、短は長を待つて短なれば短の自體なし、長短共に實の體性なけれども相待つて假に存するを相待假と云ふ。成實論所說三假の一。此に二種あり、眼識の眼根を待つ如きを觀待假と云ひ、長の短を待つ如きを形待假と云ふ。【新譯仁王經中】に此二を分別して觀待假を單に相待と云ひ、形待假を不定相待と名く。

サウダイメウ 相待妙 〔術語〕法華二妙の一。圓敎の外に藏通別の三敎を存し、三敎の麁を以て圓敎の妙を顯はすを相待妙と名け、三敎を泯して圓敎に歸し、妙の外に麁の形待すべきなきを絕待妙と名く。即ち法華已前に說ける圓敎は相待の妙法にして法華に說ける圓敎は絕待の妙法なり。

サウダウ 草堂 〔寺名〕羅什三藏譯場の名。【釋氏要覽上】に「草堂。始因二羅什法師一得レ名。姚興ノ世。鳩摩羅什。於二大寺中一搆二一堂一以レ草舍ニ蓋。於レ中譯レ經。因レ此名レ之也。」

サウダウ 草堂 〔人名〕宋の處元の號。義例隨釋六卷を作りて從義の纂要を破斥す。【佛祖統紀十四】

サウダウジ 草堂寺 〔堂塔〕姚興長安寺に於て四箇大寺を建て、第一の大寺を草堂寺と名く。即ち羅什の譯場草堂の在る處。久しくして廢す。唐の照宗重ねて之を建つ。【佛祖統紀五十三】に「照宗。敕シテ羅什譯經處。重建二草堂寺一。」

サウチ 相智 〔術語〕世間の事相を緣ずる俗智を云ふ。小乘に在りては佛に於て相智は皆有漏智なりと云ふ。大乘は純無漏なり。

サウチ 掃地 〔雜語〕地を掃ふに五德あり。【毘奈耶雜事】に「世尊在二逝多林一。見二地不淨一。欲レ令下彼樂レ福衆生ヲシテ於二勝田ノ中一植中淨業上故。即自執レ篲欲レ掃二林中一。時舍利子。大目犍連。大迦葉波。阿難陀等諸大聲聞。見二是事一已。悉皆執レ篲共掃二園林一。時佛世尊及聖弟子掃除已。入二食堂中一就レ座而坐。佛告二諸苾芻一。凡掃レ地者有二五勝利一。云何爲レ五。一者自心清淨。

二者令二他心淨一。三者諸天歡喜。四者植二端正業一。五者命終之後當レ生二天上一。」

サウヂゴク　想地獄　〔界名〕等活地獄の異名。罪人苦に逼られて已に死せりと想ふも、冷風吹き來りて更に活起す。【倶舍論】に「等活地獄」【顯宗論】に「想地獄。」

サウヅカ　葬頭河　〔雜名〕【十王經】の妄說に出づ。「葬頭河曲。於二初江邊一。官聽相連承二所渡一。前大河即是葬頭。見レ渡亡人名二奈何津一。所レ渡有レ三。一山水瀨。二江深淵。三有橋渡。」俗にショウヅガハと云ふ。

サウヅカノウバ　葬頭河婆　〔異類〕十王經の妄說に葬頭河の邊に奪衣婆ありて亡人の衣を褫ぐと云ふ。「官前有二大樹一名二衣領樹一。影住二二鬼一。一名二奪衣婆一。二名二懸衣翁一。婆鬼脱レ衣。翁鬼懸レ枝。」

サウテイリ　早帝梨　〔異類〕譯、鬼。【舊婆沙論七】

サウテンダウ　想顚倒　〔術語〕三顚倒の一。凡夫六塵の境に對して思想顚倒し、種種の煩惱を生ずるもの。【宗鏡錄四十二】

サウデン　相傳　〔術語〕師弟道を傳ふると。【註維摩經一】に「聖聖相傳。其道不レ改矣。」【十地義記一本】に「昔來相傳。」

サウトウ　曹洞　〔雜名〕曹洞宗の第一祖洞山、第二祖、曹山。

サウトウシユウ　曹洞宗　〔流派〕禪宗五家の一。出所に二說あり。一は曹溪六祖慧能及び六世の孫洞山の名より取るとし、二は第二祖曹山、第一祖洞山の名に取るとなす。後者の初二を轉ぜしは語便に依るとす。【祖庭事苑七】に「曹山即洞山之嗣子。今不レ言二洞曹一言二曹洞一者。亦猶下慧遠即慧持之的兄但言二持遠一而不上レ言二遠持一。蓋由二語便一而無レ他。叢林或指レ曹爲二曹溪一。蓋不レ知二世裔來歷之遠近一。妄自牽合。」とあれども、前者を以て眞に近しとなす。

サウトウシユウゴハ　曹洞宗五派　〔名數〕曹洞宗總持寺の二世峨山紹碩の五弟子より分れたる派なり。普藏院初祖太源宗眞、妙高菴初祖通幻寂靈、洞川菴初祖無端祖環、傳法菴初祖太徹宗令、如意菴初祖實峰良秀の五なり。もと交代して總持寺の輪番となる。この五人を峨山門下の五哲と云ふ。

サウトク　爪犢　〔雜語〕長爪梵志と犢子部。【秘藏寶鑰中】に「爪犢遙望。」

サウド　爪土　〔譬喩〕爪甲の上の土、以て人身を受くるとの稀なるに譬ふ。【雜阿含經十六】に「如二甲上土一。如レ是衆生入道者亦復如レ是。如二大地土一如レ是非人亦復如レ是。」【涅槃經三十三】に「爾時世尊取二地少土一置二之爪上一。告二迦葉一言。是土多耶。十方世界土多耶。迦葉菩薩白レ佛言。世尊。爪上土者不レ比二十方所有土一也。善男子。有レ人捨レ身還得二人身一。捨二三惡身一。得レ受二人身一。諸根完具。生二於中國一。具二足正信一。能修二習道一。修二習道一已。能得二解脱一。得二解脱一已。能入二涅槃一。如二爪上土一。捨二人身一已得二三惡身一。乃至不下得二解脱一常樂中涅槃上。如二十方界所有地土一。」

サウニフ　相入　〔術語〕彼此の事物互に融入して乖隔せざると數多の燈光相和する如きを云ふ。差別の諸法に就きて圓融無礙の義を論ずるに相即と相入との二門に由る。「サウソク」を見よ。

サウネン　想念　〔術語〕思想念慮。【觀無量壽經】に「當下起二想念一正坐西向諦觀中於日上。」【無量壽經下】に「想念貪計。」

サウハン　草飯　〔飮食〕麁飯なり。【敕修淸規】に「方丈備二草飯一」【史記陳丞相世家】に「更以二惡草具一進二梵使一」【註】に「草粗也」

サウバク　相縛　〔術語〕六塵の境相に縛せられて心の自在ならざると。【唯識論五】に「言二相縛一。謂於二境相一不レ能レ了達如二幻事一等上。由レ斯見分相分所レ拘不レ得二自在一。故名二相縛一。」

サウバン　相伴　〔雜語〕シヤウバンと讀む。禪林の語。

サウヒ　雙非　〔術語〕四句分別の時、第四句に於て第一をも非し第二句をも非するを云ふ。又雙亡と名く。「シクフンベツ」を見よ。

サウビラ　騷毘羅　〔物名〕Parisrāvaṇa* 譯、漉水囊。【慧琳音義八】水中の細蟲を殺すを避くるために僧は漉水囊を蓄ふ。

サウブ　相符　〔雜語〕相符極成の略。

サウブゴクジヤウ　相符極成　〔術語〕自他共に同意して異論なきと。因明卅三過の中に宗に相符極成の過あり。因明に於て宗を立つるは他の許さざる義を立て、因喩の力を以て他をして許さしめんとするに在り。故に宗とすべきものは一許自一不許他たらざるべからず。若し初より自他共許の宗を出すには是れ徒に言を費すのみ、故に過とす。【因明入正理論】に「相符極成者。如レ說二聲是所聞一。」【因明大疏】に「對レ敵申レ宗。本諍二同異一。依二宗兩順一。枉費二成功一。」

サウブ　相部　〔人名〕唐の相州、日光寺の釋法礪の號。冀州を冀部と云ふ如き、州を部と稱するは僧傳の語例なり。

サウブリツ　相部律　〔流派〕四分律三派の一。相部の法礪。南山の道宣、東塔の壞素に對して一派を立て相部律と云ふ。

サウブン　相分　〔術語〕心法四分の一。心體變じて所緣の境相となるもの。心理學に所謂一切の容觀を攝む。

サウホウ　葬法　〔儀式〕印度の葬法三種四種あり。

三種は一に火葬二に水葬三に野葬なり。四種は一に火葬二に水葬三に土葬四に林葬なり。【西域記二】に「送終殯葬。其儀有レ三。一日火葬。積レ薪焚燎。二日水葬。沈レ流漂散。三日野葬。棄レ林飤レ獸。」【毘奈耶雜事十八】に「佛言。苾芻身死。應レ爲二供養一。苾芻不レ知云何供養。佛言。應二可焚燒一。乃至欲二燒殯一時無二柴可一レ得。佛言。可レ棄二河中一。若無レ河者穿レ地埋レ之。夏中地濕多有二蟲蟻一。佛言。於二叢薄深處一令二其北首右脇而臥一以二草稕一支レ頭。若草若葉覆二其身上一。」【行事鈔瞻病送終篇】に「中國有二四葬一。水葬投二之江流一。火葬焚レ之以レ火。土葬埋二之岸傍一。林葬棄二之中野一。爲二鵰虎所一レ食。律中多明二火林二葬一。亦有二瘞者一。五分云。屍䕩レ之。若火燒在二石上一。不レ得二草上安一。」漢地亦四瘞の說あり。【列子】に「晏平仲曰。既死豈在レ我哉。焚レ之亦可。沈レ之亦可。瘞レ之亦可。露レ之亦可。」

對出家送喪 【儀式】僧中に死者あれば一山の僧衆之を送りて四葬の一に附し、誦經呪願せしむ。【毘奈耶雜事十八】に「送喪苾芻。可レ令下能者誦二三啓無常經一并說二伽陀一爲レ其呪願上。事了歸レ寺。便不二洗浴一隨レ處而散。俗人見譏。咸言。釋子極不二淨潔一。身近二死屍一身不二洗浴一。佛言。不レ應レ爾。可レ洗レ身。彼即俱洗。佛言。若觸レ屍者連レ衣俱洗。其不レ觸著但洗二手足一。彼還二寺中一不レ禮二制底一。佛言。應レ禮二制底一。」【寄歸傳二】に「然依二佛教一。苾芻亡者。觀知二決死一。當日舁向二燒處一。尋即以レ火焚レ之。當二燒之時一親友咸萃。在二一邊一坐。或結レ草爲レ坐。或聚レ土作レ臺。或置二甎石一以充二坐物一。令三一能者誦二無常經一。半紙一紙勿レ令二疲久一。然後各念二無常一。還二歸住處一。寺外池內連レ衣並浴。其無レ池處就レ井洗レ身。乃至然後歸レ房。地以二牛糞一淨塗。餘事並如レ故。【西域記二】に「諸有二送死一以爲二不潔一。咸於二郭外一浴而後入。」律宗は此の法規によりて、死屍を不淨なりとして佛殿に置くを許さず。

對在家送喪 【儀式】比丘は其父母を除く外は在家の人を喪送するを許さず、但し無常を施し道念を助くる爲なれば此限にあらず。【善見律十一】に「若檀越作二是言一。今某國王某檀越喪今葬。請二比丘一送レ喪。不レ得レ去。若比丘自念言。我往看二彼葬一觀二無常一。因レ此故我得二諸道果一。如レ此去無レ罪。」父母の喪を送るべきは佛の父の棺を擔きしに則る、報恩の爲なり。然るに檀越來りて死者の爲に誦經呪願を請ふに依て葬所に至るべきは比丘化方の一端固より其所なり。即ち出家衆の葬法の如く在家者の葬處に於て無常經を誦し死者の爲に呪願し生者の爲に法雨を灑くべし。【梵網經下】に「父母兄弟和上阿闍梨亡滅之日。及三七日。乃至七七日。亦應下讀二誦講三說大乘經律一齋會求上レ福。」

佛爲父擔棺 【傳說】佛、父王の棺を擔ぐ。【淨飯王般涅槃經】に「爾時世尊念二當來世人民凶暴不一レ報二父母育養之恩一。爲二是不孝之者一。爲二是當來衆生之等一設二禮法一故。如來躬身自欲レ擔二父王之棺一。即時三千大千世界六種震動。乃至爾時世尊威光益顯如二萬日並一。如來躬身手執二香爐一在二喪前一行。」又姨母大愛道の葬牀を舁ぐ。【增一阿含經五十】に「爾時告二阿難陀羅云一。汝等擧二大愛道身一。我當二躬自供養一。乃至爾時釋提桓因。毘沙門天王前白レ佛言。唯願世尊。勿二自勞一レ神。我等自當二供養一。舍利弗告二諸天一。止止天王。如來自當レ知レ時。此是如來所レ應二修行一。非二是天龍鬼神所一レ及也。所三以然一者。父母生レ子多有レ所レ益。長養恩重。乳哺懷抱。要當レ報レ恩不レ得レ不レ報レ恩。乃至是時世尊躬自擧二牀一脚一。難陀擧二一脚一。羅云擧二一脚一。阿難擧二一脚一。飛在二虛空一至二彼冢間一。」

サウムシヤウ 相無性 【術語】三無性の一。遍計所執に就て空理を論ずるもの。妄心所計の實我實法の相を遍計所執性と名く、此遍計所執性は體性都無なると龜毛兎角の如くなるを相無性と云ふ。相とは凡夫の妄心にて認むる實我實法の境相なり。【唯識論九】に「依二此初遍計所執一立二相無性一。此體相畢竟非レ有。如二空華一故。」

サウメイサンゼンノソコ 滄溟三千底 【譬喩】滄溟とは青海原のこと。三千丈の海は則識了し得ざるものあれば、名けて至深不計のものを云ふ。

サウモク 雙木 【雜語】雙樹に同じ。娑羅雙樹を云ふ。【正宗記】に「趍二拘尸那城一。既至二雙木之間一。」

サウモク 草木 【譬喩】敎法の雨潤を受くる一切の衆生に譬ふ。「サンサウニモク」を見よ。

サウモクコクドシツカイジヤウブツ 草木國土悉皆成佛 【雜語】「イチブツ」を見よ。⊙(曲、杜若)「すはや今こそ草木國土、悉皆成佛の御法を得てこそ失せにけれ」

サウモクジヤウブツ 草木成佛 【術語】天台眞言の兩宗草木成佛の義を立つ。天台には【台宗二百題七】に草木成佛の論目あり。法華經の諸法實相、涅槃經の佛性體遍の敎文に依り、一色一香無非中道の道理によりて成立す。圓實の意は、中道佛性法界に偏するが故に有情無情を隔てず、無情已に佛性あり豈に成佛の理なからむやと。然るに華嚴の如きは眞如隨緣して有情の邊にあるを佛性となし、無情の邊に在るを法性となす。是の如く佛性法性を差別するが

故に非情成佛の義を成ぜざるなり。故に荊溪金錍論の中に於て詳細に之を破して「木石無心語。生レ乎ニ小乘一」と極論せり。是れ依正不二色心一如の理を知らず、凡情の迷見に依るが故に敢て木石無心を執ずればなり。故に荊溪本經の諸法實相の文を釋して、實相必諸法。諸法必十如。十如必十界。十界必身土と云へり。身土既に實相なり、何ぞ成佛せざらんや。又四明の言に「欲レ顯ニ眞修一須レ依ニ理性一。理非ニ古今一。不レ簡ニ古今一。一成一切成。故說ニ無情成佛一也」と。又眞言宗の意に依れば大日經の所說六大周遍の理に依て之を立つるなり。【大日經持明禁戒品】に「我即同ニ心位一。一切處自在普遍ニ種種有情及非情一。阿字第一命。嚩字名爲レ水。囉字名爲レ火。吽字名ニ忿怒一(風)。佉字同ニ虛空一。」と此中初句我即同心位は識大を說き、後の五句は五大を說く、中間の一切處自在等の三句は六大の自在無礙を說く。即ち六大は大日の體性にして有情非情に周遍す、故に一切の草木瓦礫悉く如來の三昧耶身なり。而して有情既に此の六大の周遍によりて往生し、非情亦此の六大周遍す、豈に成佛せざらむや。故に六大周遍の文に據つて草木成佛の義を成立するなり。【秘藏記鈔七】⦿(太平記二四)「僧正は草木成佛の義を宣べ給ふ」

サウモクソウウリンズイブンジユジユン　草木叢林隨分受潤　[雜語]　【法華經藥草喩品】に、一切衆生を三草二木に、一佛乘を一味の雨に譬へ、三草二木各分に隨つて敎法の利益を受くるを說きて「其雲所レ出一味之水。草木叢林隨レ分受レ潤。」

サウモン　桑門　[術語]　又は喪門、沙門に同じ、共に舊譯の稱、勤行勤息と譯す。⦿(方丈記)「桑門蓮胤」(太平記二七)「橋の勸進の桑門の世捨人が興行する處なり」「シャモン」を見よ。

サウモン　瘡門　[術語]　通じては人身九孔の總名、別しては男女の二根を指す。「クサウ」を見よ。

サウユヰシキ　相唯識　[術語]　唯識の相狀を明かす唯識の意にして性唯識、位唯識に對す。實性たる理體に依立せる依他起性の萬法のことを明かす部門なり。

サウリウクツ　蒼龍窟　[雜語]　蒼龍玉を藏して蟠る處。之を得ん爲に喪身失命を顧みざるは大丈夫の膽。【碧巖第三則雪竇頌】に「二十年來曾辛苦。爲レ君幾下ニ蒼龍窟一。」

サウリカン　早裏漢　[雜語]　山野浮浪の徒。良民の害を爲すもの。【碧巖十六則】に「鏡清草裏漢。」

サウリソクリ　早離速離　[傳說]　兄弟二人の名。早く父母に離るるを以て名く。【淨土本緣經】に「無數劫の昔に國あり、摩濕波吒と名く。梵志あり長那と云ふ、妻あり摩耶斯羅と云ふ。二人の子あり、兄を早離と云ひ弟を速離と云ふ。兄七歲弟五歲の時母の摩耶斯羅病死し、父後妻を娶る。時に飢年に遇ひ父海に入りて食を求む、繼母家に在て二人の子を害せんと欲し、二子を欺きて之を率ゐ海岸の絕島に棄てて還る。二子孤島に在て晝夜悲哭し、遂に發願して言く、願くは我れ常に此島に在て菩薩の行を修し十方の人を利せんと、此の如く一百の願を發して命終す。父海より來りて子を求むるに得ず、之を隣人に問ひて孤島に棄てらるるを知り、往いて之を見るに唯白骨を見るのみ。乃ち啼哭して願を發す、我れ諸の惡衆を度して速に佛道を成ぜん、又願くは我れ常に娑婆世界に住して說法敎化せんと。此時の父の長那は即ち今の釋迦如來なり、母の摩耶斯羅は西方の阿彌陀の如來なり、兄の早離は觀音菩薩なり、弟の速離は大勢至菩薩なり、海岸の絕島は今の補陀洛山なり。」往生要集指麾鈔九の二十二丁以下に引く。此經一卷、經目に載せず、蓋し僞撰なり。

サウリン　相輪　[術語]　又、輪相。塔上の九輪なり。相は表相なり、表相高く出づれば相と云ふ。又相は視なり、人仰ひで之を視れば相と云ふ。【行事鈔資持記下四之一】に「相輪者。圓輪聳出。以爲レ表レ相故也。」【名義集七】に「言ニ輪相一者。僧祇云。佛造ニ迦葉ノ佛塔一。上施ニ盤蓋一。長表ニ輪相一。經中多云ニ相輪一。以ニ人仰望而瞻視一也。」

サウリン　雙林　[雜名]　娑羅雙樹の林なり。

サウリンジユ　雙林樹　[雜名]　娑羅雙樹なり。

サウリンタウ　相輪樘　[堂塔]　相輪塔に作るは俗稱。傳敎大師相輪樘銘文に樘に造る。樘は柱なり。塔を作らずして只塔上の九輪に形りて幢柱を立てしもの。弘仁十一年傳敎大師之を叡山の西塔に建つ。高さ四丈五尺。五大院の【菩提心義一】に寶幢樘と云ふ。梵名計都 Ketu 幢とも相とも譯し、幢と相と同義なればなり。【無垢淨光大陀羅尼經】に「今爲レ汝說ニ相輪樘中陀羅尼法一。」【菩提心義十】に「金光明云ニ南方寶相一。新譯經云ニ寶幢一。幢相同是鷄都ナリ。例如下舊云ニ信相一新云中妙幢上。」(第四十五圖參照)

サウリンタフ　相輪塔　[堂塔]　相輪樘の俗稱。相輪樘は一種の塔婆なればなり。

サウル　雙流　[術語]　化道と觀心との二事並び行はるると。【四敎儀】に「道觀雙流。」【三論大義鈔一】に「德備ニ三忍一。道貫ニ雙流一。」

サウレイ　葬禮　[儀式]　葬送の禮式。「サウシキ」を見よ。

サウレン　葬殮　[儀式]　又葬斂に作る。葬式を云

ふ。殮は衣服を屍に覆ふより斂のヲサムることに通ずるなり。

サウロン　諍論　〔術語〕我見を張りて互に諍ふこと。【寶積經九十二偈】に「戯論諍論處。多起二諸煩惱一。智者應二遠離一。當レ去二百由旬一。」ジヤウロンと讀む。

サウキイン　相違因　〔術語〕十因の一。法の將に生ぜんとするを障碍して生ぜざらしむるもの。

サウキジヤク　相違釋　〔術語〕六合釋の一。二語連續するを別體として釋すること。例へば論語と云ふ如き、論は師弟の議論なり、語は聖賢の法語なりと解する如きもの。

サウキケツヂヤウ　相違決定　〔術語〕因明學には決定をケツリヤウと讀む。六不定の一。三十三過の中、因に屬する過失なり。立者先に三支を具して一宗を立つる時、敵者之に對して亦三支を具して立者の宗に正反するものを立つるを得る時は、立敵兩立して決定の智を生ずると能はざれば、立敵の因を共に決定相違と名けて不定因の一となす。不定因とは宗法をして決定せしむると能はざる因を云ひ、相違決定とは立敵の因各決定して、相違の宗を成立するを云ふ。立敵各決定して相違の宗を成ずるが故に即ち不定因たるなり。【因明入正理論】に「相違決定者。如下立二宗言二聲是無常一。所作性故。譬如中瓶等上。有レ立二聲常一。所聞性故。譬如二聲性一。此二皆是猶豫因故。俱名二不定一。」

サウヱン　雙圓　〔術語〕圓圓海なり。圓の又圓、圓滿の至極を云ふ。【釋摩訶衍論】に「大本華嚴經中作二如レ是説一。其圓圓海德諸佛勝。其一切佛不レ能レ成二圓圓海一。劣故。」【性靈集六】に「雙圓大我」【覺鑁愛染講式】に「雙圓性海含二理智一。」

サクカ　索訶　〔界名〕現住世界の名。三千大千世界の通名。舊稱。娑婆。譯、堪忍。「シヤバ」を見よ。

サカイ　作戒　〔術語〕表色の異名。受戒の時、身口に發表する作業を作戒と云ひ、其時身内に領納する業體を無作戒と云ふ。俱舍論に表色無表色。涅槃經に作戒無作戒。薩婆多論に無敎身口敎と名く。【行事鈔中一】

サカツ　沙喝　〔職位〕喝食を掌る沙彌なり。

サカン　左間　〔雜語〕凡そ堂外に向て左邊を左間とす、即ち上間なり。坐位左を尊ぶは支那中古以來の制なり。

サガノダイネンブツ　嵯峨大念佛　〔行事〕嵯峨清涼寺において每年三月五日より十五日迄十日間行ふ大念佛會をいふ。後宇多院弘安二年圓覺上人之を始む。

サガリウ　嵯峨流　〔流派〕淨土宗西山の一流。道觀證慧、後嵯峨帝の勅語を蒙りて法門を說き、帝の本願によりて小倉山の麓に淨金院を建立し開山となる。

サガン　鎖龕　〔儀式〕又、蓋棺。棺を寢室より法堂に移して僧を請して佛事を爲し、佛事の畢るを待て鎖を以て棺の蓋を鎖づる式を云ふ。【象器箋十四】⦿（太平記三三）「鎖龕は天龍寺の龍山和尚」

サキツ　些吉　〔天名〕具名、些吉利多耶尼。火天の名、【玄應音義一】

サク　索　〔物名〕不動の金剛索、觀音の羂索など。不動の索は惡人を束縛するの標示。觀音の索は善類を網羅するの標示。

サク　茶鼓　〔物名〕祖忌に茶湯を獻ずる時又茶禮湯禮に之を鳴らす鼓。【象器箋十八】

サクケ　作家　〔術語〕禪宗大機用あるものの稱。【碧巖二則評唱】に「趙州是作家。」【碧巖二十六則着語】に「作家宗師。」

サクゴ　索語　〔雜語〕又、索話。學人上堂して、疑ありて決せざれば、衆を出でて請問すること。然るに今は上堂の垂語を索語と云ふ。甚だ古意を失ふ。【象器箋十一】「こと。」

サクシユ　策修　〔雜語〕心を策進して善法を行ふ

サクシユシユ　數取趣　〔術語〕梵語、補特伽羅。Pudgala 有情流轉して數數に諸趣を取るもの。舊に人と譯す。【玄應音義一】に「補特伽羅。此云二數取趣一也。言數數往二來諸趣一也。」

サクタ　索哆　〔術語〕Sattva 薩埵に同じ。堅忍不拔の丈夫を云ふ。【大日經疏一】に「菩提薩埵。具據二正義一。當レ云二菩提索多一。此索多者。是忍樂修行堅持不レ捨義也。」「よ。

サクヂヤウ　錫杖　〔物名〕「シヤクヂヤウ」を見よ。

サクボサツ　索菩薩　〔菩薩〕金剛界四攝菩薩の一。「コンガウサク」を見よ。

サクヨク　索欲　〔術語〕戒律の語。一山の大衆會合するとき、事故ありて缺席せんと欲するを欲法と云ひ、此欲意を豫め出席の比丘に傳ふるを與欲と云ひ、與欲を受くるを受欲と云ひ、會合の席に於て開會の初に主事より欲を受けしものありや否やを問ふを索欲と云ふ。此の時受欲の人は某誰は我に欲を與へたりと答ふなり。

索欲問和　〔儀式〕既に索欲して一人の破和合僧なきを知り、今作さんとする羯磨の事に就きて一同和するや否やを問ふを問和と云ふ。此索欲と問和の二法は一切の羯磨に於て必ず其初に於て行ふものとす。【行事鈔上三】

サクラヱ　櫻會　〔行事〕又淸瀧會ともいふ、醍醐

寺にて毎年二月法會を營みて後、觀櫻の興宴を催す。保延年中より鎌倉時代の末葉まで行はれ、往往上皇法皇の臨幸あり盛大を極む。

サクワ　索話　〔雜語〕索語に同じ。

サグワンモン　作願門　〔術語〕五念門の第三。自利利他の大誓願を發して如實に修行し以て極樂に生れんことを求むること。

サケ　酒　〔物名〕梵語、蘇羅。Surā 僧俗の戒に通じて酒を嚴禁す。五戒の第五。十戒の第五、具足戒中九十單墮の第五十一。菩薩四十八輕戒の第二。【智度論】に三十五過を列ね、【四分律】に十失を擧ぐ。【俱舍論十四】に「契經說。諸有ニ苾芻稱レ我爲レ師不レ應レ飲レ酒。乃至極少如ニ茅端所沾酒量一亦不レ應レ飲。」【四分律十六】に「佛告ニ阿難一。自今以後。以レ我爲レ師者。乃至不レ得下以ニ草木頭一內ニ著酒中一而入上レ口。」【梵網經下】に「若佛子。故飲レ酒而生酒過失無量。若自身手過ニ酒器一與レ人飲レ酒者。五百世無レ手。何況自飲。」【大愛道比丘尼經】に「夫酒爲ニ毒藥一。酒爲ニ毒水一。酒爲ニ毒氣一。衆失之源。衆惡之本。」持律者は酒を以て性罪となし、對法師は酒を以て遮罪となす。俱舍論十四に問答あり。

酒有三類　〔名數〕一に、窣羅 Surā 食を以て製するもの。二に、迷麗耶、餘物を以て製するもの。三に、末陀、Madya 前二種の未熟已壞にして人を醉はしむるもの。【俱舍論十四】に「醞レ食成レ酒名爲ニ窣羅一。醞ニ餘物一所レ成名ニ迷麗耶酒一。即前二酒未熟已壞不レ能レ名レ酒。不レ名ニ末陀一。若令レ醉時名ニ末陀酒一。」図三酒あり、一に穀酒、二に果酒、三に藥草酒。【智度論十三】に。果酒者。葡萄酒。阿梨吒樹果如レ是等種種名爲ニ果酒一。藥草酒者。種種藥草合ニ和米麪耳蔗汁中一能變成レ酒。」

酒十過　〔名數〕「オンジユ」を見よ。

爲病聽酒　〔雜語〕【分別功德論】に「祇園に比丘あり、病んで六年を經。優婆離往いて所須を問ふ。答ふ、唯酒を思ふ。優婆離曰く、我が佛に問ふを待てと。園に至つて佛に問ふ、比丘あり酒を藥と爲さんと思ふ。可なるや否や。佛言く、我の所制の法は病苦の者を除く。優婆離復た往いて酒を索めて飲ましむ。病尋いで平復す。重ねて爲に法を說いて羅漢果を得しむ。」【毘尼母論】に「病者聽ニ甕上嗅一レ之。若差不レ聽レ嗅。」然るに持律者は酒を性罪となすを以て病者にも聽さざるなり。【俱舍論十四】

サケイ　左溪　〔人名〕名は玄朗、左溪と號す。台宗の第八祖にて荊溪の師。【佛祖統紀七】

サコ　作擧　〔術語〕戒律の語。自恣の日に僧衆有德の人を差して比丘の犯罪を擧げしむ。其人乃ち罪を擧げて僧に告るを作擧と云ふ。擧罪を作すなり。【行事鈔資持記上一之五】に「作擧。謂僧中德人。擧レ罪告レ僧。」

サゴフ　作業　〔術語〕身口意の三業を作爲すること。

ササゲモノ　捧物　〔雜名〕三寶に供養する物。

サザウインエンキヤウ　作像因緣經　〔經名〕佛說作佛形像經の異名。

サシコ　差子　〔衣服〕指貫の下を括らざるもの。素絹の下に差貫を穿き、直綴の下に差子を用ふるを法とす。【啓蒙隨錄】

サシヌキ　差貫　〔衣服〕官服に倣ひて僧衣に用ふ。素絹の下に用ふるもの。

サシヤ　作者　〔術語〕十六神我の一。外道に神我を立つるもの我を以て作者となす、我ありて能く手足等を用て衆事を作せばなり。【大乘義章六】

サシヤウ　作聲　〔儀式〕ソシンと讀む。禪林の語。

サジモン　作持門　〔術語〕作持戒に順ひて積極的に衆善を行ずること。

サジヤラサ　薩闍羅娑　〔物名〕Sarjarasa 又、薩折羅娑。譯、白膠香。【名義集七】

サゼン　作善　〔術語〕善根を作すこと。供佛施僧立像寫經など【無量壽經下】「作レ善得レ善。爲レ道得レ道。」⊙(徒然草)「願文に作善おほく書きのせたる」

サタウ　茶湯　〔飲食〕チヤタウと讀む。禪林の制に忌日には靈前に獻茶獻湯の禮あるより俗に忌日の齋食を茶湯と云ふ。

茶湯會　〔行事〕茶湯を以て筵を開くこと。俗に茶會を「茶の湯」と云ふ。【松源岳禪師錄】に茶湯會の頌あり。

サタン　差單　〔物名〕差し紙。某甲を差して何何の事を命ずる一枚の書き物。

サダウ　茶堂　〔堂塔〕禪林の中、法堂の後、寢堂の前に在つて住持禮を行ふ處即ち方丈なり。【象器箋二】

サヂウ　茶頭　〔職位〕又チヤヂウとも稱す。禪林の語。諸寮に在て茶を司どるもの。行者の役。

サヂカイ　作持戒　〔術語〕戒を二種に區分して作持戒と止持戒とす。前者は積極的に或る行爲を行ふべきを命じ、後者は禁止を命ずるものなり。即ち不殺不偸等の戒を止持と云ひ、說戒安居の善事を作すを作持戒とす。又止持門作持門とも稱し、諸惡莫作は止持門にして、衆善奉行は作持門なりと。但し此の別戒本中の一一の項目を分類せるものにあらず、戒本と犍度とを區別したるなり。

サツガヤケン　薩迦耶見　〔術語〕Sat-kāya-darśana 又薩迦耶達利瑟致とも云ふ。譯有身見。五見中の身見のこと。五蘊が假に和合せる體を執著して、

眞實の我ありと思ひ、我我所の見を起すを云ふ。「ゴンケン」を見よ。

サツタ 薩埵 〔術語〕「サットヴ」に同じ。

サツタキリ 薩多琦梨 〔異類〕鬼王の名。譯、大力天。【金光明文句七】

サツタタハンタラ 薩怛多般怛羅 〔眞言〕陀羅尼の名。譯、白傘蓋。如來藏性清淨無染にして一切有情を覆ふに喩ふ。【名義集上】

サツタニシフバラ 薩他泥濕伐羅 〔地名〕Sadaniśvara 國の名、中印度にあり。【西域記四】

サツタハンナクカ 薩多般那求訶 〔堂塔〕Saptaparṇaguhā 王舍城五精舍の一。【法華文句一】に「薩多般那求訶。此云二七葉穴一。」【翻梵語九】に「薩多般那求呵。應レ云二薩多般羅那一。譯曰二七葉一。求呵譯曰レ穴。又云二薩多般那舊呵山一。譯曰。薩多者七。般那者葉。舊呵者窟。」

サツタバ 薩咀嚩 〔術語〕又、薩多婆、「サットヴ」の轉。

サツタヤ 薩跢也 〔術語〕Sattya 又、薩底也。譯、諦。眞實の義。【大日經疏七】に「梵云二薩跢也一。此翻爲レ諦。諦謂如二諸法眞相一。而知不レ倒不レ謬。」【同九】に「薩底也。是諦。」

サツタワウジ 薩埵王子 〔本生〕過去世に一國王あり大車と名く。三子あり、太子を摩訶波羅と云ひ、次子を摩訶提婆と云ひ、幼子を摩訶薩埵と云ふ。三子山林に遊んで一虎七子を產んで纔に七日を經、諸子圍繞して饑渴に逼るを見、各、悲愴の念を生じて去る。既にして摩訶薩埵大悲心を生じ無上菩提の爲に此穢身を捨てんと欲し、先づ二兄をして去らしめ、獨り林中に入りて餓虎の處に至り、衣服を脫して竹上に置き、身を委ねて臥す。虎薩埵の慈威力に畏れて敢て食はず。薩埵之を見て高きに上り、身を地に投ず。時に小神手を以て王子を捧げ曾て傷損なし。薩埵乃ち乾竹を以て頸を刺し、血を出して漸く虎に近く。爾の時大地六種に震動し天華亂墜す。餓虎薩埵の頭より血の流るるを見て、即ち血を舐め肉を食ひ盡くす。王子は即ち今の釋迦牟尼是なり。此功德に依て十一劫を超越す。【最勝王經捨身品、賢愚經摩訶薩埵以身施虎緣品】

サツタラジヤタフマ 薩埵刺闍答摩 Sattva Rajas Tamas 〔術語〕數論二十五諦中自性諦の三德。薩埵は勇健の義。刺闍は塵坌の義。答摩は闇鈍の義。自性に此三德を具するを以て一切萬物を生じ、所生の萬物をして千差萬別ならしむ。喜憂闇の三德を云ふ。「サントク」を見よ。

サツダツマフンダリ 薩達磨芬陀利 〔經名〕Saddharma puṇḍarīka 譯、妙法蓮華。法華經の題名。芬陀利は具名、芬茶利迦。白蓮華の名。

サツダツマフンダリカ 薩達磨芬茶利迦 〔經名〕又、薩達磨芬茶利迦。譯、妙法蓮華。薩は妙、達磨は法。芬茶利迦は白蓮華の名。

サツダツマフンダリシユタラ 薩達磨芬陀利修多羅 〔經名〕是れ四譯の稱。新譯家の稱は薩達摩奔茶利迦素怛纜。法薩は正法華經と譯し、羅什は妙法蓮華經と譯す。【法華玄贊一】に「梵云二薩達摩奔茶利迦素怛纜一。薩者正妙之義。故法護云二正法華一。羅什云二妙法蓮華一。達摩法也。奔茶利迦者白蓮華也。西域呼二白蓮華一爲二奔茶利迦一。素怛纜者經義。」

サツダツマホンダリカソタラン 薩達摩奔茶利迦素怛纜 〔經名〕前項を見よ。

サツダハリン 薩陀波崙 〔菩薩〕又、薩陀波倫。菩薩の名。譯、常啼。般若を求むるが爲に七日七夜啼哭す、依て名く。「ジヤウテイ」を見よ。

サツダラマ 薩達喇摩 〔術語〕Saddharma 譯、正法。三時中、第一時。佛滅後五百年を云ふ。「サンジ」を見よ。

サツチユラ 薩偸羅 〔術語〕「チユランジヤ」を見よ。

サツテイヤ 薩底也 〔術語〕「サツタヤ」を見よ。

サツトヴ 〔術語〕Sattva 情又は有情、衆生（起世經）と譯す、生命あるものの稱。薩多婆、薩埵、薩和薩、薩婆薩埵、薩怛嚩、索埵、に作る。【玄應音義二十三】に「釋二有情一云。梵言二薩埵一。薩此云レ有。埵此云レ情。故云二有情一。言二衆生一者。案二梵本一僕呼膳那此云二衆生一。語各別也。」【俱舍寶記一】に「衆生者。即情異名。梵名二薩埵一。此云二有情一。梵名二社伽（上聲）一此名二衆生一。即與二有情一體一名異。云云」「シユジヤウ」を見よ。図 菩提薩埵の略。「ボサツ」を見よ。⦿（曲、田村）「これ觀音薩埵の御再誕」

サツドンフンダリ 薩曇分陀利 〔經名〕薩達磨芬陀利に同じ。譯、妙法蓮華。【慧琳音義二十八】に「薩曇分陀利。梵語訛略也。正梵語云二薩達摩奔拏里迦一。唐言二妙法白蓮華一。姚秦羅什譯爲二妙法蓮華經一。略二去白字一也。」梵 Saddharmapuṇḍarīka

サツバカラタシツタ 薩婆曷刺他悉陀 〔人名〕Sarvārthasiddha 又薩婆悉達多、薩縛頞他悉陀、薩婆頞他悉地悉達太子の具名。譯、一切義成就、一切事成。【西域記七】に「薩婆曷刺他悉陀。唐言二一切義成一。舊曰二悉達多一訛略也。」【有部毘奈耶雜事二十】に「一切事成。梵云二薩婆頞他悉陀一。此是菩薩最初立レ字。」【慧苑音義】に「悉達者。具云二薩縛頞他悉地一。」

サツバキレイシヤ 薩婆吃隷奢 〔雜名〕譯、

一切煩惱。【大日經疏十】梵 Sarva-kleśa

サツバサツタ　薩婆薩埵　〔雜語〕譯、一切衆生。【大日經疏十】Sarvasattva

サツバシツタ　薩婆悉多　〔雜語〕又、薩婆悉馱、譯。一切成就。又、釋迦太子の幼の略稱。次項に同。

サツバシツタタ　薩婆悉達多　〔人名〕「サッバカラタシッダ」を見よ。梵 Sarvasiddhārtha

サツバシンニヤダイバ　薩婆愼若提婆　〔人名〕Sarvajñānadeva 譯、一切智天。高僧の名。【求法高僧傳上】

サツバニヤ　薩婆若　〔雜語〕Sarvajña 又、薩云若、薩雲若、薩云然、薩婆若、薩伐若、薩婆若囊、薩婆若那、薩婆若多、薩嚩吉孃、薩栰若、薩芸然、等に作る。譯一切智。【放光般若十一】に「又云二薩云然一。此云二一切智一。」【慧琳音義七】「薩婆若訖也。正音薩嚩吉孃合二。唐言二一切智一。即般若波羅蜜之異名也。又云薩栰若心。梵語不正也。」【圓覺大疏鈔一】に「薩婆若。此云二一切種智一。即諸佛究竟圓滿果位之智也。種謂種類。即無二法不一レ通之義也。謂世出世間種種品類無レ不二了知一故。云二一切種智一。故華嚴如來名號品中。列二佛種種名一。於レ中云。亦名二一切義成一。一切義成者。即翻二梵語悉達多一。爲二此言一也。謂於二一切義理一悉皆通達成就。即是一切種智也。」

サツラケ　薩羅計　〔飮食〕Sarkī* 最勝王經三十二香味の一。譯、叱脂。

サツラコク　薩羅國　〔地名〕又、薩盧國。譯、杉國。【翻梵語九】梵 Sālve-śalva

サツラコクキヤウ　薩羅國經　〔經名〕佛說薩羅國經、一卷、失譯人名。佛祇園より彼國に往き王及び國人を化す。【宙帙六】(417)

サツラサバテイ　薩羅薩伐底　〔天名〕Sarasvatī 譯、妙音樂天、辯才天。【大日經疏五】「ダイベンザイテン」を見よ。

サツラバシヤ　薩羅縛奢　〔雜名〕譯、要願。事を求むる願心なり。【演密鈔五】に「要之願梵語薩羅縛奢。Sarvāśā 與之願梵語嚩嚧。Vara 要者心之所レ祈也。與者隨二他願一能滿故。」

サツリサハ　薩利殺跛　〔植物〕Sarṣapa 譯、芥子。【最勝王經七】

サハリ　胡銅器　〔物名〕鈔羅の轉か。音の訛とも胡語又は新羅語とも云ふ。深き丸盆の如き銅器。元來容器として作られたるを佛家にて磬の代用として讀經のとき打ち鳴らす。現今朝鮮にてサバルと稱すと。

サバ　生飯　〔飮食〕「サンバン」を見よ。

サバカ　娑婆訶　〔術語〕「ソワカ」を見よ。

サバカキ　生盤　〔飮食〕「サンバン」を見よ。

サフタン　插單　〔雜語〕禪林の語。初めて禪林に入り己が單位を僧堂衆僧の間に挿入すると。【敕修淸規新戒參堂】に「歸堂挿單。隨レ衆禪誦。」

サフハカ　馺皤訶　〔術語〕Svāhā「ソワカ」を見よ。

サフハカ　馺縛訶　〔術語〕「ソワカ」を見よ。

サブツ　作佛　〔術語〕成佛すると。菩薩の行を卒えしもの、妄惑を斷じ眞覺を開くの謂。【法華經譬喩品】に「具三足菩薩所行之道一。當レ得二作佛一。」

サブツギヤウザウキヤウ　作佛形像經　〔經名〕一卷、失譯人名。優塡王佛の形像を造るを叙し、造像の功德を說く。造立形像福報經の異譯。【宙帙七】(289)

サホフ　作法　〔術語〕梵語、羯磨(こんま)。巴 Kamma 梵 Karma 譯、作法。身口に於て奉業を作爲すると。◉(著聞集、釋敎)「現供養の作法をもて行法ありけり」

サホフカイ　作法界　〔術語〕攝僧攝衣等の地界に、作法界自然界の二あり。天然の地形に依て界境を爲すを自然界と云ひ、羯磨(こんま)の作法を行ひて地界を結成するを作法界と云ふ。即ち結界なり。【行事鈔上二】

サホフセン　作法懺　〔術語〕三種懺悔(さんげ)の一。身に禮拜し、口に稱唱し、意に思惟して三業の所作一一に法度に依て懺悔するを云ふ。【四教儀集經下】

サホフトク　作法得　〔術語〕三師七證を請じ、羯(こん)磨(ま)の作法を行ひて戒を得ると。以て善來得、自誓得、定共得、道共得、等の新作法得に區別す。

サホフノサンゲ　作法懺悔　〔術語〕三種悔法の一。「サンゲ」を見よ。

サボン　作犯　〔術語〕止作兩持に對して止作兩犯あり。殺生偸盜などの惡事を作して所受の戒を犯すを作犯と云ひ、布薩安居等の善事を作さざるを止犯と云ふ。【行事鈔中四】は「犯由レ作成。故曰二作犯一。此對レ作二惡法一爲レ宗。」

サボン　作梵　〔儀式〕法事の初に梵唄を作して場内の喧閙を止息するを云ふ。

サボンジヤリ　作梵闍梨　〔術語〕沙彌得度の時梵唄を作す阿闍梨なり。禪家の得度式に之を設く。

サマシヤウ　作麼生　〔雜語〕禪錄の語。ソモサンと讀む。

サマヂ　三摩地　〔術語〕Samādhi 舊稱、三昧、三摩提、三摩帝、三摩底。新稱、三摩地、三昧地。定又は等持、一境性と譯す。心念定止する故に定と云ひ、掉擧を離るるが故に等と云ひ、心散亂せざるが故に持と云ふ。サマヂは台密の呼稱、東密にサンマヂと云ふ。「サンマイ」を見よ。

三三摩地　〔術語〕所對の境を觀察する麁想を

尋と云ひ、舊に之を覺と云ふ。又其細想を伺と云ひ舊に觀と云ふ。色界無色界に屬する諸定を此尋伺の有無に依て三種に分つ。一に有尋有伺三摩地、定心に尋伺共に有るもの。初禪天の根本定及び其未至定（初禪の加行定を云）是なり。二に無尋有伺三摩地、定心に唯伺あるもの。初禪と二禪天との間に在る中間定（大梵天の果報）是なり。三に無尋無伺三摩地、定心至妙にして尋伺共に無きもの。二禪天より以上非想處に至る七根本定及び七近分定是なり。【倶舍論二十八】㊁空、無相、無願の三解脫門を云ふ。「サンマイ」を見よ。

サマヂイン　三摩地印　〔印相〕即ち定印なり。三部の定印別なり。「ヂヤウイン」を見よ。

サマヂキ　三摩地軌　〔經名〕金剛頂經瑜伽修習毘盧遮那三摩地法の異名。【閣帙二】

サマヂネンジユ　三摩地念誦　〔術語〕五種念佛の一。【秘藏記末】に「三摩地念誦者。都不ㇾ動ㇾ舌。於ㇾ心念誦。」

サマヂホフ　三摩地法　〔術語〕密敎の法を總稱す。此宗の本意三密平等の三摩地を修すればなり。菩提心論に三種の菩提心を明かして密敎の菩提心を三摩地菩提心と云ふ。

サマヂボダイシン　三摩地菩提心　〔術語〕密敎三種菩提心の第三「ボダイシン」を見よ。

サマツ　茶末　〔飲食〕禪林の語。茶の細末なるもの、所謂末茶なり。【象器箋十七】「ヤウ」を見よ。

サマヤギヤウ　三昧耶形　〔術語〕「サンマヤギ

サムサ　作無作　〔術語〕戒律の語。新譯には表無表と云ひ、舊譯には作無作と云ふ。作は身口に造作する義。表は身口に表彰する義。成實論には敎無敎と云ふ。身口の作業を人に敎示する義。

サムライホフシ　侍法師　〔雜名〕僧形の侍。昔諸山に在り。坊官と御承仕との中位に居り、國名を以て名とし、妻帶す。敍位ありて任官なし。【驟驢嘶餘】

サユウ　作用　〔術語〕南都の慣に用の字を常にユウと讀む。作用とは有爲法の生滅なり。

サヨウ　作用　〔術語〕南都の慣にサユウと讀む。

サライ　作禮　〔術語〕敬禮を作すと。【佛說阿彌陀經】に「一切世間。天人阿修羅等。聞㆓佛所說㆒歡喜信受。作ㇾ禮而去。」

サラケ　娑羅華　〔植物〕「シヤラケ」を見よ。

サラサウジユ　娑羅雙樹　〔雜名〕「シヤラサウ「よ。ジユ」を見よ。

サラスヷティー　〔天名〕「ダイベンザイテン」を見よ。

サラリン　娑羅林　〔地名〕「シヤラリン」を見よ。

サリ　舍利　〔術語〕「シヤリ」を見よ。

サヸタル　〔天名〕Savitar 吠陀神話中に存する太陽神。育成すと云ふ語源より出でたる名なり。又は天上の運動者の義なりともいふ。此神は金色にして、眼、手、舌、凡て金より成り、常に金甲を着し、白褐色の光輝ある馬の引ける金車に乘じて、諸處を馳せて生物に生氣を與へ、又惡行を惡み、惡鬼羅刹を逐ふ。

サン　散　〔術語〕梵語、尾鉢羅枳刺曩 Viprakīrṇa 散善、散地、散心、など熟して、定に對する語。心の散亂して一境に止住せざるを云ふ。

サン　參　〔術語〕凡そ禪門に人を集めて坐禪說法念誦を爲すを參と云ふ。參は交參の義、衆類の參會を云ふ。故に詰旦に升堂するを早參と云ひ、日暮に念誦するを晩參と云ひ、非時に說法するを小參と云ふ。凡そ垂語の尾に多く參の語を用ふ。言外の妙旨に參ぜよの意なり。【象器箋】に「參趨承也。胥謁。」

サン　讃　〔術語〕梵語、戍怛羅 Stotra 偈頌を以て佛德を讃嘆するもの。梵語なるを梵讃と云ひ、漢語なるを漢讃と云ひ、和語なるを和讃と云ふ。

サン　懺　〔術語〕梵語、懺摩 Kṣamayati の略。悔過の義。懺悔の時はサンゲと讀み、懺法の時はセンボフと讀む。「サンゲ」を見よ。

サンアイ　三愛　〔名數〕人命終の時に於て三種の貪愛を起す。一に境界愛、二に自體愛、三に當生愛。「アイ」を見よ。

サンアク　三惡　〔名數〕三惡道の略。⊙（曲、知章）「三惡の罪は消えぬべし」

サンアクカク　三惡覺　〔名數〕一に欲覺、貪欲の知覺。二に瞋覺、瞋恚の知覺。三は害覺、他を侵害する知覺、瞋覺の增長せしもの。一切の凡夫必ず此三惡覺を具す。【無量壽經上】

サンアクシユ　三惡趣　〔名數〕「サンアクダウ」を見よ。

サンアクダウ　三惡道　〔名數〕惡業に依て往來すべき處三所あり、三惡道と名く。一に地獄道、上品の十惡業を成せしもの之に趣く。二に餓鬼道、中品の十惡業を成ぜしもの之に趣く。三に畜生道、下品の十惡業を成ぜしもの之に趣く。【法華經方便品】に「以㆓諸欲因緣㆒墜㆓墮三惡道㆒。」【無量壽經上】に「人天壽終之後。復更㆓三惡道㆒。」サンマクダウと讀む。⊙（盛衰記九）「後生必墮三惡道と見えたり。」

サンアソウギコフ　三阿僧祇劫　〔術語〕菩薩成佛の年時なり。阿僧祇劫 Asaiṅkhyeyakalpa は無數長時と譯す。菩薩の階位に五十位あり、之を三期の無數の長時に區別す。即ち十信十住十行十廻向の四十位を第一阿僧祇劫とし、十地の中、初地より第七地

までを第二阿僧祇劫とし、八地より十地までを第三阿僧祇劫とす。第十地を卒ゆれば即ち佛果なり。【起信論】に「而實菩薩種性根等。發心則等。所證亦等。此有二超過之法一。以三一切菩薩皆經二三阿僧祇劫一故。」劫に大中小の三ある中に、此劫は大劫なれば三大阿僧祇劫と云ふ。此三大劫の中に釋迦佛は數萬の佛に値遇せりと。「コフ」參照。

サンアミダブツゲ　讃阿彌陀佛偈　〔書名〕一卷、北魏の曇鸞作。阿彌陀佛を讃嘆する偈頌。

サンアミダブツゲワサン　讃阿彌陀佛偈和讃　〔書名〕親鸞、曇鸞の讃阿彌陀佛偈によりて四十八首の和讃を作る。淨土和讃中にあり。

サンアンゴ　三安居　〔術語〕「アンゴ」を見よ。

サンイ　三醫　〔名數〕一に上醫、聲を聽く。二に中醫、色を相す。三に下醫、脉を診す。【止觀八之二】

サンイチモンダウ　三一問答　〔術語〕淨土往生の義につき、天親は一心歸命と云ふに對し、經中至心信樂欲生とあるを三個の心なりとして、二者の開合に付きて敎行信證信卷に說く問答を云ふ。

サンイン　三印　〔術語〕法印なり。【法華玄義八】に「釋論云。諸小乘經。若有二無常無我涅槃三印一。印レ之則是佛說。修レ之得レ道。無二三法印一即是魔說。」「サンボフイン」を見よ。

サンイン　三因　〔術語〕俱舍論の六因に對して成實論は三因を立つ。一に生因、法の生ずる時能く因となるもの。善惡の業の苦樂の報の因となる如し。即ち六因中の異熟因なり。二に習因、貪欲を習ひて益貪欲を長ずるが如し。即ち六因中の同類因なり。三に依因、六根六境を所依として六識を生ずる如し。即ち六因中の俱用相應遍行の三因なり。而して六因中の能作因は即ち四緣中の增上緣なれば成實論は之を立てず。【釋籤十之一、補註十四】

三因四緣　〔名數〕成實論は三因四緣を以て心心所法を生ずと爲す。三因とは前の如し。四緣は「エン」を見よ。

サンインサンクワ　三因三果　〔名種〕三種の因と三種の果なり。一に異熟因異熟果は今世に作せる善惡の因が來世に果を生ずるを云ふ。二に福因福果は布施持戒忍辱を因となし現在及び未來世に自在の果を得るを云ふ。三に智因智果は一切の智慧を修習して因となせば三乘及び佛果を證するを得と云ふ。【瑜伽師地論】

サンインブツシヤウ　三因佛性　〔名數〕涅槃經の所說。一に正因佛性、一切の邪非を離れたる中正の眞如なり。これに依て法身の果德を成就すれば正因佛性と名く。二に了因佛性、眞如の理を照了する智慧なり。これに依て般若の果德を成就すれば了因佛性と名く。三に緣因佛性、了因を緣助して正因を開發せしむる一切の善根功德なり。これに依て解脫の德を成就すれば緣因佛性と名く。【金光明玄義】に「云何三佛性。佛名爲レ覺。性名二不改一。不改即是非常非無常。如二土內金藏一。天魔外道不レ能レ壞。名二正因佛性一。了因佛性者。覺智非常非無常。智與レ理相應。如三人能知二金藏一。此智不レ可二破壞一。名二了因佛性一。緣因佛性者。一切非常非無常功德善根資二助覺智一開二顯正性一。如下耘二除草穢一掘中出金藏上。名二緣因佛性一。」【同記上】に「正謂二中正一。了謂二照了一。緣謂二助緣一。緣資レ了。了顯レ正。正起二勝緣一。亦是正發二於了一。了導二於緣一。緣嚴二於正一。正起二勝緣一。相由既然非二橫義一也。一心頓具非二縱義一也。此妙因能尅二妙果一。俱名レ因者其義在レ茲。」

と。この三佛性は又空假中の三諦とす。即ち因は空諦、緣因は假諦、正因は中諦なり。【輔行二】に「三千即空性了因也。三千即假性緣因也。三千即中性正因也。」

サンウ　三有　〔術語〕三界の生死。サンヌと音便に讀む。「ウ」を見よ。

サンウタイ　三有對　〔名數〕對は礙の義にして障礙する義あるものを有對と云ふ。一に障礙有對、手を礙へ、石石を礙ふる如き、互に礙へつ礙へらるるもの。二に境界有對、六根六識及び諸の心所が五境及び法境の一分の境界のために拘束せられて、取境の作用に自在を得ざること。三に所緣有對、六識及び法境の一分のために拘束せられて緣慮する作用に自在を得ざること。

サンウヰサウ　三有爲相　〔名數〕「ウヰ」を見よ。

サンウヰホフ　三有爲法　〔名數〕「ウヰ」を見よ。

サンウン　三蘊　〔名數〕化地部に於て萬法を三種に別つ。一に一念蘊は刹那に生滅する法。二に一期蘊は人間一生の間、即ち死に至るまで相續する法。三に窮生死蘊は生死を窮めて金剛喩定に至るまで相續する法。

サンエ　三衣　〔名數〕佛制に衣と稱するは袈裟のこととなり。後世袈裟と衣とを別にし、三衣を袈裟と稱し、直綴を、ころもと稱し、種種の僧衣ありて別名を附す。三衣は一に僧伽梨、Saṅghāṭī 衆聚時衣と譯す。大衆集會して授戒說戒等の嚴議を爲す時に着するもの。二に鬱多羅僧、Uttarāsaṅga 上衣と譯す。安陀會の上に着するもの。三に安陀會、Antarvāsaka 中着衣と譯す。體に襯して着するもの。三衣は何れも方形にして、數多の小片を縫綴せしものなれば、其條數に隨つて三衣を分ち、五條を安陀會とし、七條を

鬱多羅僧とし、九條已上を僧伽梨とし、殊に僧伽梨を大衣と稱す。サンネと讀むべし。「ケサ」を見よ。

單三衣 [術語] 唯此一具の三衣を有し更に餘衣を蓄へざるを單三衣と稱して十二頭陀行の一とす。【大乘義章十五】に「言二三衣一者。謂五條衣七條衣大衣。上行之流唯受二此三一不レ蓄二餘衣一。」

サンエウ 纂要 [書名] 六卷、宋の智神從義著。荊溪の止觀義例を釋して異計を立つ。所謂山外宗なり。

サンエウ 三要 [名數] 臨濟、宗乘を演唱するに必ず一句の中に三玄を具し、一玄の中に三要を具す。「サンゲン」を見よ。

サンエバコ 三衣函 [物名] 三衣袋を容るる箱なり、又居箱と云ふ。三昧耶戒を受くる時、從僧二人を具し、一人をして香爐箱を持たしめ、一人をして三衣箱を持たしめ、之を左右に伴ふ。【幸聞記一】

サンエン 三猿 [圖像] 庚申のこと、靑面金剛の使者、三猿各各耳目口を塞ぐ。老子の三尸經、孔子家語の三緘の故事を取りて好事家の作りしもの。

サンエン 三緣 [名數] 淨土門所立、念佛に三緣の功力あるを說く。一に親緣、衆生行を起して口に常に佛名を稱すれば、佛即ち之を聞き、身常に佛を禮敬すれば佛即ち之を見、心常に佛を念ずれば佛即ち之を知り、衆生の三業と佛の三業と相ひ捨離せざるを云ふ。二に近緣、衆生佛を見んとを願へば佛即ち念に應じて現じて目前に至るを云ふ。三に增上緣、衆生佛を稱念すれば念念に多劫の罪を除き、命終の時佛聖衆と共に來迎するに諸邪業繫能く导ぐるなきを云ふ。【觀經定善義】

サンエン 三衍 [名數] 衍は梵語衍那 Yāna の略、乘と譯す。三衍は聲聞緣覺菩薩の三乘なり。

サンエンジ 三緣慈 [名數] 「ジヒ」を見よ。

サンエンヒ 三緣悲 [名數] 「ジヒ」を見よ。

サンオ 三於 [名數] 於は所依の義。三論の嘉祥三種の所依に依て三種の二諦を立つ。一に本於二諦、佛出世に先だちて空有二諦の理あり、是れ佛の二諦の根本の二諦なれば本於の二諦と云ふ。二に敎於二諦、佛の言敎に依て二諦を說く、即ち佛の言敎は二諦の所依なれば敎於の二諦と云ふ、一代佛敎是なり。三に末於二諦、佛の滅後に敎於に迷ひて有と執し空と執するは末於の二諦なり。【三論大義鈔一】

サンオウクヤウ 三應供養 [名數] 世に三種の供養すべきものあり、一に如來所應供養、自利利他圓滿して世の最尊たるもの。二に阿羅漢所應供養、既に生死の因を盡して世の福田たるもの。三に轉輪聖王所應供養、正法を以て天下を治め、四海の父母たるもの。【增一阿含經十二】

サンオクケ 三億家 [雜語] 舍衞城の三億の家は佛の出世を見聞せず。【智度論九】に「在二人天中佛出世時一其人不レ見。如レ說下舍衞城九億家三億家眼見レ佛。三億家耳聞レ有レ佛。三億家不レ聞不レ見。佛在二舍衞二十五年。而此衆生不聞不見。何況遠者。」【止觀四】に「振丹一國不覺不知。舍衞三億不聞不見。齊樂諸天及生二難處一。不二來聽受一。」

サンカ 參暇 [雜語] 暫時暇を請ひて寺を出でしもの十五日以內に再び還り來るを參暇と云ふ。後世新に某寺に依住するを參暇と云ふは本義を失ふ。【象器箋九】

サンカイ 三契 [儀式] 伽陀を三くさり唱ふるとと。【行事鈔下三】に「圍繞三帀。唄讚三契。」【資持記下三之四】に「三契。契猶遍也。」【大藏法數十六】に「婆沙二億耳尊者以二三契聲一頌二所解法一。佛言二善哉一。音義云。契者一節一科。」

サンカイ 三戒 [名數] 一に在家戒、八戒なり。二に出家戒、十戒具足戒なり。三に道俗共戒、五戒なり。【釋氏要覽上】

サンカイ 三階 [人名] 隋より唐の初に於て三階法と稱するもの行はる、三階禪師信行の創する所。隋の眞寂寺の信行姓は正氏、魏郡の人なり、其母佛に祈つて生む。四歲にして出家し、八歲にして經論に轉涉し、後相州の法藏寺に於て具足戒を受け、持戒嚴峻四遠の英達皆門に造る、隋の開皇の初、眞寂寺に住し對根起行、三階集錄等四十餘卷を撰す。智行兼備はりて時に四依の菩薩と稱し、其化大に行はる。十四年寂、壽五十四。【續高僧傳十四】

サンカイキヤウ 三契經 [儀式] 調子を三段に分けて經を諷詠するを云ふ。【高僧傳】に「帛法橋作二三契經一。聲徹二里許一。」

サンカイケウ 三階敎 [流派] 「サンカイブツホフ」を見よ。「の略名。

サンカイキヤウ 三戒經 [經名] 大方廣三戒經

サンカイギヤウジヤ 三階行者 [術語] 三階佛法を奉ずるもの。

サンカイクウシ 山海空市 [雜語] 【止觀七】に「若覺二無常一過二於暴水猛風掣電一。山海空市無二逃避處一。」【輔行】に「法句經二に云く、昔梵志兄弟四人あり、各神通を得たり。後七日にして一時に皆死するを知り、共に之を議す。我等四人五通の力あり、天地を翻覆し、日月を捫摸す。寧ろ死を避けざらんや。一人は云く、吾は大海に入り、下は地に至らず、上は

水を出でじ。一人は云く、吾は須彌の腹に入り還つて其山を合せん。一人は云く、吾は空中に轉擧せん。一人は云く、吾は大市の中に入らんと。皆云く、是の如き處に避けば無常の殺鬼豈我處を知らんやと。議し了つて王に謁して其意を述べて去る。七日を過ぎて市監王に奏して曰く、一梵志あり卒に市中に死すと。王云く、一人已に死す、餘の三豈に免れんや。」【法句譬喩經二】に此因緣を擧ぐ「セッキ」を見よ。

サンカイクキフ　三階九級　【雜語】奈良朝以後に制せられたる僧官。僧正、僧都、律師の三階。大僧正、僧正、權僧正の三と、大、權大、少、權少の四僧都と律師權律師の二にて九級とす。「ソウクワン」を見よ。

サンカイゴキフ　三階五級　【雜語】奈良朝以前に制せられたる僧官。大僧正、僧正。大、少僧都、及び律師の五級なり。「ソウクワン」を見よ。

サンカイソウ　三階僧　【雜語】齊衡二年の定に、一に試業、二に複、三に維摩立義、これを三階となし、此三階を經たるものを諸國の讀師となす。【類聚三代格三】

サンカイダン　三戒壇　【名數】鑒眞和尙來朝後天平勝寶年間聖武天皇の勅によりて築きたる日本の三戒壇なり。奈良東大寺。下野藥師寺。大宰府觀世音寺の稱。「カイダン」參照。

サンカイノゴギ　三階五疑　【雜語】【西方要決】に、三階行者の淨土念佛門に對する五疑を通ぜり。五疑とは、一に娑婆を厭ひて淨土を欣ぶは凡夫取捨の迷情なり、豈淨土に生ずるとを得んや。二に業道は秤の如し、善惡必ず酬ふ、云何ぞ一生惡を造りて其果を得ず、直ちに淨土に生ずるを得るや。三に末世凡夫の曲情を治するには、宜しく普行普解を宗とすべし、別に彌陀を念ずるは益凡情の偏執を助長す。豈に輪廻を免るることを得んや。四に三乘の聖衆化を垂れて娑婆に應現す、但此處に於て罪を懺除すべし。今此處を厭ひて西に向ふは豈大慈と怨を結ぶなからんや。五に彌陀の淨土は上代上行の人の修する所、末代凡愚の及ぶ所にあらず。今は當に地藏菩薩を禮懺して機敎相應の益を受くべし。上機上法を尊ぶ豈に功を成すとを得んや。要決主一一に之を通ず。

サンカイブツホフ　三階佛法　【流派】信行禪師、敎乘に於て二階を立て、根機に就いて三階を立つ。敎乘の二階とは一乘敎と三乘敎なり。【五敎章上】に「後代信行禪師依二此宗一立二二敎一。謂一乘三乘。三乘者即別解別行及三乘差別。並先習二小乘一後趣二大乘一是也。一乘者謂普解普行。唯是一乘。亦華嚴法門及直進等是也。」次に根機の三階とは、最上利根一乘の機を第一階とし、利根にして正見を有する三乘の機を第二階とし、利根なるは若くは空見に住し若くは有見に住して諸佛を化せず諸法も废せざるもの、又鈍根なるは無慚無愧にして五逆十惡を造るもの、を第三階とす。而して佛滅後一千年已前は第一階第二階の機類なれども、一千年の後は第三階の機類のみなりと立て、第一階第二階の衆生は正見を成就して愛憎なきが故に一乘三乘各別法を學べば生死を解脫し菩提を獲得するも、第三階の機は我見邊見を成就するが故に偏に一乘を學び偏に三乘を學び若くは偏に彌陀を念じ偏に法華を念ずれば、此を愛し彼を憎み、彼を非し此を是し、爲に誹謗罪を成じて深坑に墮ちて出離の期なけん。故に佛は普眞普正の佛法を開きて第三階の人を化す。病藥相當して治道違ふとなし。法に大小を分たず、人に凡聖を辨ぜず、普く信じ普く歸するを名けて普法と爲す。若し斯の如く愛憎に墮せず能く毀謗を離るれば菩提涅槃近きに在りと。三階佛法の大要此の如し。著書三十五部四十四卷あり。【群疑論探要記六】說中自ら至理の存するあるも、之が爲に念佛讀經等は所謂別法にして今日之を修するは我見を增長する墮獄の業因なりと云ふに至り、恰も日蓮宗一部の偏執に類似し其弊に堪えざるものあれば、當時すでに其傳播を禁じ其撰集を毀てり。【歷代三寶記】に「費長房錄中初列二信行撰述一。而後同二十年判斷不レ聽二流行一。」【開元釋敎錄十八】に「開皇二十年有レ勅。禁斷不レ聽二傳行一。而其徒旣衆蔓莚彌廣。旣以二信行一爲二敎主一別行二異法一。似三同天授立二邪三寶一。乃至開元十三年乙丑歲六月三日勅二諸寺三階院一並令二除去一。」

サンカイヰン　三階院　【名數】三階法を奉ずる「諸院。

サンカウ　三講　【名數】一に最勝講。長保四年五月七日壬寅始て之を行ふ。二に法勝寺の御八講。天承元年始て行はる、白川院の御國忌、七月七日。三に仙洞の最勝講。永久元年七月廿四日始て之を行ふ。建永元年に後番論議あり。此中最勝講と御八講の聽聞衆を聽衆と稱し、仙洞の最勝衆を論正と號す。【釋家官班記下】

サンカウ　三綱　【職位】各寺に設くる三人の役務にて、支那にては上座、寺主、維那、或は上座、維那、典座と云ひ、吾朝にては上座、寺主、都維那と云ふ。僧は綱の如く、有德の人を以て綱維として之を提督すれば綱と云ひ、園城寺には綱維と云ふ。西天の諸寺は唯上座の一綱あるのみ。【求法高僧傳上】に「寺內但

以二最老上座一而爲二尊主一。不レ論二其德一。諸有門鑰每レ宵封印。將付二上座一。更無三別置二寺主維那一。但造寺之人爲二寺主一。梵云二毘訶羅莎弭一。Vihārasvāmin 若作二香直一典三掌寺門一及和レ僧白レ事者名二毘訶羅波羅一。Vihārapāla 譯爲二護寺一。若鳴二犍椎一及監レ食者名爲二羯磨陀那一。Karmadāna 譯爲二授事一。言二維那一者訛也。」支那の上代唯寺主を置きて一寺を知らしむるのみ。秦魏已後初て上座の勅補ありて寺主維那の上に置く、此より三綱の稱起る。【僧史略中】に「寺之設也。三綱立焉。若二網罟之巨綱提レ之則正一故曰也。梵語摩摩帝。悉替那。Sthavira 羯磨陀那。華言言二寺主上座悅衆一。」又「道宣勅爲二西明寺上座一。列二寺主維那上一。」【名義集】に「隋智琳。潤州刺史李海遊。命レ琳爲二斷事綱維一。爾護寺立二三綱一。上座維那典座也。」吾朝は桓武天皇延曆十四年梵釋寺に於て三綱を置くを始とす。【元亨釋書廿三】に「莊二嚴伽藍一名曰二梵釋寺一。今置二禪師十員一。三綱在二其中一。」一に上座、梵語に悉替那、寺衆を領し一切の事皆上座に申す。二に寺主、梵に摩摩帝。又は毘訶羅莎弭、寺事を司る。三に都維那。禪宗律宗には維那と云ふ。梵名、羯磨陀那、授事知事悅衆など譯す、犍稚を鳴し施物を分與すると等を司るもの、都は總の義、維は綱維の維、那は梵語羯磨陀那の終の一字なり。【壒嚢鈔十五】

サンカウシヤウ　三荒章　〔經名〕　蘗明尊處五經の第四經の稱なり。「シヤウミヤウ」を見よ。

サンカク　三覺　〔名數〕　一に自覺、二に覺他、三に覺行窮滿、阿羅漢は自覺の一を具し、菩薩は自覺、覺他の二を具し、佛は三覺を具す。図〔名數〕　一に本覺、一切衆生本來固有の自性淸淨心なり。二に始覺、本覺の內薰と敎法の外薰に依て妄心漸く本覺に契ふ知覺を起すもの。三に究竟覺、始覺極りて本覺に一致するもの。【起信論】

サンカクノダン　三角壇　〔修法〕　眞言行者、護摩を修するとき、其修法の目的如何によりて、或は圓壇、或は方壇、或は蓮華壇、或は三角壇、或は金剛壇を用ふ。即ち、胎藏の三種、金剛の五種是なり。而して、三角壇を用ゐる所以は、阿毘遮嚕迦法、即ち降伏の目的を以て修する法なればなり。⦿(太平記一二)「三角の壇を構へ、本尊を北向に立てて軍荼利夜叉の法をぞ行なはれける」

サンカセフ　三迦葉　〔名數〕　「カセフ」を見よ。

サンカン　三甜　〔飮食〕　一に酪、二に蜜、三に酥。【大敎王經金翅鳥王品】

サンカン　三監　〔術語〕　三從の異名。【勝鬘經寶窟上本】に「女人穢陋。兼以二五礙三監一。」

サンガイ　三界　〔術語〕　凡夫の生死往來する世界を三に分つ。一に欲界、婬欲と食欲との二欲を有する有情の住所なり。上は六欲天より中は人界の四大洲、下は無間地獄に至るまでを欲界と云ふ。二に色界、色は質礙の義にて有形の物質を云ふ。此界は欲界の上に在て婬食の二欲を離れたる有情の住所にて、身體と云ひ宮殿と云ひ、物質的の物は總て殊妙精好なれば色界と名く。此色界を禪定の淺深麁妙に由て四級を分かちて、四禪天と稱し、新に靜慮と云ふ。此中或は十六天を立て或は十七天を立て或は十八天を立つ。「シゼンテン」を見よ。三に無色界、此界には色即ち物質的の者は一も之なく、身體もなければ、宮殿國土もなく、唯心識を以て深妙なる禪定に住するものなれば之を無色界と云ふ。これ既に無物質の世界なれば方所を何れと定むべきにあらず、但果報の勝れたる義に就きて色界の上にありと云ふ。之に四天あり、四無色又は四空處と云ふ。「シクウショ」を見よ。【俱舍論世間品、三界義】三界を圖表すれば左の如し。

欲界 Kāmadhātu
- 地居 Bhauma
- 虛空居* Āntarikṣavāsin
- 四天王天 Cāturmahārājakāyika
  - 持國天 Dhṛtarāṣṭra（東）
  - 增長天 Virūḍhaka（南）
  - 廣目天 Virūpākṣa（西）
  - 多聞天 Vaiśrāmaṇa(Dhanada)（北）
- 忉利天 Trāyastriṃśa
- 須夜摩天 Yāma
- 兜率天 Tuṣita
- 化樂天 Nirmāṇarati
- 他化自在天 Paranirmitavaśavartin

色界 Rūpadhātu
- 初禪天
  - 梵(衆)天 Brahmakāyika
  - 梵衆天 Brahmapāriṣadya
  - 梵輔天 Brahmapurohita
  - 大梵天 Mahābrahmā
- 二禪天
  - 少光天 Parittābha
  - 無量光天 Apramāṇābha
  - 光音天 Ābhāsvara
- 三禪天
  - 少淨天 Parittaśubha
  - 無量淨天 Apramāṇaśubha
  - 徧淨天 Śubhakṛtsna
- 四禪天
  - 無雲天 Anabhraka
  - 福生天 Puṇyaprasava
  - 廣果天 Bṛhatphala
  - 無煩天 Avṛha
  - 無熱天 Atapa

Brahmaloka

淨 — 善現天 Sudṛśa
梵 — 善見天 Sudarśana
地 — 色究竟天 Akaniṣṭha
和音天 Aghaniṣṭha
大自在天 Mahāmaheśvara

無色界 Arūpadhātu
空無邊處 Ākāśānantyāyatana
識無邊處 Vijñānānantyāyatana
無所有處 Ākiñcanyāyatana
非想非非想處 Naivasaṃjñānāsaṃjñāyatana
四空天 Caturūpabrahma loka

サンガイギ　三界義　〔書名〕一卷、惠心著、果報の差別世界の成壞等を明かす。

サンガイクウゲ　三界空花　〔譬喩〕三界の實なきを空華に譬ふ。【楞嚴經六】に「三界若空花。」

サンガイクヂ　三界九地　〔術語〕三界を區分して九地となす。「クヂ」を見よ。

サンガイイチシン　三界一心　〔術語〕「サンガイユイイッシン」を見よ。

サンガイクワタク　三界火宅　〔譬喩〕三界を火宅に譬ふ。「クワタク」を見よ。

サンガイゲン　三界眼　〔術語〕佛の德稱。佛は三界の人の眼となりて生死の險難を避けしむるもの。【佛般泥洹經下】に「佛爲大明。三界中眼。」

サンガイザウ　三界藏　〔術語〕三界に一切衆生の煩惱業果を包含すれば藏とす。【仁王經上】に「一切衆生煩惱不出三界藏。」

サンガイシヤウ　三界牀　〔譬喩〕三界の苦處を病牀に譬ふ。【智度論七十一】に「從三界牀起。我當作佛。」

サンガイソン　三界尊　〔術語〕佛の德稱。佛は三界中の尊なり。【維摩經佛國品】に「我今稽首三界尊。」

サンガイニジフゴウ　三界二十五有　〔術語〕三界を區別し二十五處となす。「ニジフゴウ」を見よ。

サンガイノクリン　三界苦輪　〔術語〕三界の迷苦界は罪惡ある衆生の生死輪廻すべき境界なればこの名あり。⊙(太平記四〇)「尊儀、速に三界の苦輪を出で」

サンガイノジフ　三界慈父　〔雜語〕佛を云ふ。即ち佛は敎を垂れて、この三界に迷へる衆を善所に導くを以てなり。⊙(太平記一八)「旣に是三界慈父、我等が本師なり」

サンガイハチク　三界八苦　〔術語〕迷界に於ける八苦、即ち生老病死の四苦と、愛別離苦、怨憎會苦、求不得苦、五陰盛苦の四苦なり。「ク」を見よ。⊙(太平記三九)「三界八苦の別に逢ひて」

サンガイバンレイ　三界萬靈　〔術語〕三界中一切の有情。所修の功德を廻向するときの語。

サンガイバンレイハイ　三界萬靈牌　〔物名〕牌に云く、「三界萬靈十方至聖六親眷屬七世父母。」盂蘭盆會などに之を立つ。萬靈を先にし至靈を後にせしは深義ありて然り、倒語に非ず。【象器箋十六】

サンガイムアンユウニヨクワタク　三界無安猶如火宅　〔雜語〕【法華經譬喩品】に「三界無安。猶如火宅。衆苦充滿。甚可怖畏。常有生老病死憂患。如是等火。燃然不息。」⊙(曲、歌占)「三界無安猶如火宅」

サンガイムジヤウ　三界無常　〔雜語〕歌題。【止觀一】に「三界無常。一篋偏苦。」

サンガイユイイツシン　三界唯一心　〔術語〕古來華嚴經の偈として「三界唯一心。心外無別法。心佛及衆生。是三無差別。」と云ひ習へども此經中この成語あるにあらず。【八十華嚴經三十七卷十地品】に「三界所有唯是一心。」【六十華嚴經十卷夜摩天宮菩薩說偈品】に「心如工畫師。畫種種五陰。一切世界中無法而不造。如心佛亦然。如佛衆生然。心佛及衆生。是三無差別。」此の二所の文を取りて一經の主意を頌せしもの。誰の創造なるを知らず。惠心の【自行略記】に「夫三界唯一心。心外無別法。心佛及衆生。是三無差別。」是れ其の初にや。⊙(曲、放下僧)「皆是れ三界唯心の、ことわりなりと思しめし」(曲、柏崎)「三界一心なり。心外無別法」

サンガイロクダウ　三界六道　〔術語〕三界の中に六道あり。「ロクダウ」を見よ。

サンガイオウ　三界雄　〔術語〕佛の德稱。佛は三界中の大雄にして一切の魔障を伏す。【無量壽經上】に「願慧悉成滿。得爲三界雄。」

サンガウ　山毫　〔譬喩〕筆の多きを山に譬ふ。【華嚴經】に「假令有人。以大海量墨須彌聚筆書寫於此普眼法門一品中一門乃至一義中一句不得少分。何況能盡。」【叶字義】に「地墨四身。山毫三密。」

サンガク　三學　〔術語〕佛者の通じて學ぶべきもの三あり。一に戒學、戒は禁戒なり、能く身口意所作の惡業を防禁するもの。二に定學、定は禪定なり、能く慮を靜め心を澄ましむるもの。三に慧學、慧は智慧なり、眞理を觀達して妄惑を斷ずるもの。戒學は律藏の詮する所、定學は經藏の詮する所、慧學は論藏の詮する所。戒に依て定を資け、定に依て慧を發し、慧に依て證理斷惡す。因位の修學、此三に過ぐるなく、果上は則ち無學なり。【名義集三學篇】に「道安法

師云。世尊立レ教。法有レ三焉。一者戒律。二者禪定。三者智慧。斯之三者至道之由戸泥洹之關要。戒乃斷二三惡一之干將也。禪乃絕二分散一之利器也。慧乃濟二藥病一之妙醫也。今謂。防レ非止レ惡曰レ戒。息レ慮靜レ緣曰レ定。破レ惑證レ眞曰レ慧。」

サンガクトウ　三學頭　[職位] 叡山の三塔に各一人の學頭あり。學匠の頭首。

サンガノシヨ　三箇疏　[術語] 慈恩の唯識論樞要、惠沼の唯識了義燈、智周の唯識論演秘の三書を稱す。

サンキ　三軌　[術語] 天台所立迹門十妙中の三法妙、即ち三軌なり。三法以て軌範とすべければ三軌と名く。一に眞性軌、虛僞ならざるを眞と云ひ、改らざるを性と云ふ。即ち眞如實相の本體を指す。二に觀照軌、眞性を觀達する智慧を指す。三に資成軌、觀照の智を資助して眞性を開發せしむる萬行を指す。是れ次第の如く境智行の三たり。而して此三軌不一不異不縱不橫なると、伊字の三點、首羅の三目の如きを三法妙と名け、この三軌を以て一切の三法を類通するを三軌の法門と名く。【玄義五下】に「言二三法一者即三軌也。軌名二軌範一。還是三法可二軌範一耳。乃至三軌者。一眞性軌。二觀照軌。三資成軌。名雖レ有レ三。祇是一大乘法也。」又「赴レ緣名異。得レ意義同。粗通二十條一。餘者可レ領。三道。三識。三佛性。三般若。三菩提。三大乘。三身。三涅槃。三寶。三德。諸三法無量。正用レ十者。擧二其大要一明二始終一耳。」

三軌弘經　[術語] 【法華經法師品】に佛藥王菩薩に對して三軌の弘經を示す、是れ末世に妙經を弘通する三種の法則にして復眞性等の三軌の法門なれば三軌の弘經と名く。一に慈悲室、弘經の人は先づ大慈悲の心に住すべきを云ふ。二に忍辱衣、弘經の人は忍辱の衣を被て一切衆生の惡障を堪任すべきを云ふ。三に法空座、弘經の人は第一義空の理に安住すべきを云ふ。即ち大慈を以て一切衆生を安樂せしむるは資成軌なり。柔和にして嗔を伏するは觀照軌なり。第一義空の座に坐するは是れ眞性軌なり。「グキヤウ」を見よ

サンキ　三鬼　「キ」を見よ。

サンキ　散忌　[雜語] 開山忌。達磨忌などの法會の滿散。即ち結願の日。

サンキ　三歸　[術語] 又、三歸依、三歸戒。一に歸依佛、佛寶に歸依して師となすと。二に歸依法、法寶に歸依して藥となすと。三に歸依僧、僧寶に歸依して友となすと。此三歸を師より受くるを三歸戒と云ふ。三歸戒に二稱あり、一に翻邪三歸、二に重受三歸、從來の邪信を翻して初に佛道に入りて三歸を受くるを翻邪三歸と云ひ、其より五戒八戒等を受くる每に先づ三歸を受くるを重受三歸と云ふ。【觀無量壽經】受二持三歸一。具二足衆戒一。」【釋氏要覽上】に「五分律云。佛於二鹿苑一度二五俱鄰一。人間已有二六羅漢一。故次爲二耶舍父母一最先授二三歸依一也。」而して之を受くる意は、顯敎には一は自の信心を表する爲め、一は三寶の加被を乞ふ爲なり。若し密敎の意に約すれば自の信心を表すると共に三寶に歸入依合し、我と三寶と入我我入を乞ふが爲なり。【三昧耶戒儀資乘記】⊙(榮花、疑)「三歸五戒を受くる人さへ」

三歸受法　[儀式] 三歸は在家入道の戒法にして師より之を受くべし。之を受くる法は先づ從前の邪非を懺悔し、淳淨の信を起して一心に合掌し、師一歸を口授するに隨つて己亦一歸を唱ふ。此の如くして三歸を三周するを三歸を受くと云ふ。【釋氏要覽上】に「阿含經云。於下受二三歸戒一前上先須二懺悔一。然後受二三歸一。」⊙(盛衰記三九)「初には三歸戒を授け」

五種三歸　[名數] 翻邪三歸を一とし、重受三歸に四あり、一に五戒の三歸、二に八戒の三歸、三に十戒の三歸、四に具足戒の三歸。諸種の戒を受くる時必ず先づ三歸を受く。通じて五種とす。【釋氏要覽上】に「毘尼母云。有二五種三歸一。一翻邪。二五戒。三八戒。四十戒。五具足戒。」

三十六部神王護三歸人　[雜語] 【佛說灌頂經一】に「佛語二梵志一。是爲二三十六部神王一。此諸善神凡有二萬億恒河沙鬼神一以爲二眷屬一。陰相番代以護下善男子女人等受二三歸一者上。」「サンジフロクブシン」を見よ。

サンキ　三季　[雜語] 印度の曆法は一年を春夏冬の三季に別つ。一年の三時季なり。

サンキ　三機　[術語] 正定聚、邪定聚、不定聚の三機を云ふ。「ナンケノサンキ」を見よ。

サンキエ　三歸依　[術語] 三歸に同じ。

サンキゴカイ　三歸五戒　[術語] 在家の男女初に三歸を受けて次に五戒を受く、之を優婆塞優婆夷と名く。

サンキゴカイクドクキヤウ　三歸五戒功德經　[經名] 佛說三歸五戒慈心厭離功德經の異名。

サンキゴカイジシンエンリクドクキヤウ　三歸五戒慈心厭離功德經　[經名] 一卷、失譯人名。即ち中阿含須達多經の少分。【昃帙八】(605)

サンキヤウ　散經　[儀式] 大藏或は某經を轉じ果てて滿散の佛事を爲すを云ふ。滿散とは凡そ會を立

て法事を行ひ、こと畢つて散場に臨んで諷誦すると。

サンキヤウ　三境　〔術語〕阿賴耶識所緣の三境なり。「サンルヰキヤウ」を見よ。

サンキヤウ　三經　〔名數〕種種あり。「サンブキヤウ」を見よ。

サンキヤウ　三敬　〔雜語〕諷誦文一通の中に始中終三所に敬の字を置く、始に「敬白諷誦之事」次に「仍所修如レ件敬白」後に「于時某年某月日弟子等敬白」之を三敬と云ふ。【敕修傳三十九】に「いささか三敬の諷誦を修す」【諸法會儀則上】に「諷誦文三敬及年號。本山高聲讀レ之。仁和醍醐安流微音讀レ之。」本山は高野を指す。

サンキヤウツウシンロン　三經通申論　〔書名〕淨土の三經を通じて申べたる論の意。天親の往生淨土論のこと。

サンキラシヤウ　三棄羅章　〔書名〕聲明學處五經の第四經の稱なり。「シヤウミヤウ」を見よ。

サンキン　山斤　〔譬喩〕須彌山の斤兩を量ると。以て佛の壽命の量り難きを反况す。【金光明經壽量品】に「諸須彌山可レ知二斤兩一。無レ有三能量二釋尊壽命一。」【金光明玄義】に「山斤海滴寧得レ盡二其邊崖一。」【釋門正統四】に「說二釋尊壽命一。雖二山斤海滴地塵空界一亦不レ可レ比。」

サンキン　散經　法會の修了する時に讀經するこ「と。「サンキヤウ」に同じ。

サンギ　三疑　〔術語〕疑を以ての故に諸法の中に定心を得ず、定心なきが故に佛法に於て獲る所なし。疑に三種あり、一に自を疑ひ、二に師を疑ひ、三に法を疑ふ。【禪波羅蜜門三】

サンギ　三祇　〔雜語〕三阿僧祇劫の略。菩薩修行の年時。

サンギ　參椅　〔物名〕參は交なり、脚木交叉して折疊すべき椅子。或は云く、學者參問の時師家此椅子に坐するが故に參椅と名く。【象器箋十九】

サンギイツシン　三僞一眞　〔術語〕三乘の方便と一乘の眞實。【文句記四】

サンギクワン　三義觀　〔術語〕次第に蘊處界の義を觀ずると。別相念處了りて總相念處の前加行に之と七處善とを修するなり。婆沙論百八十三に之を說くも俱舍論には略して說かず。【俱舍光記二十三】

サンギザンマイ　散疑三昧　〔術語〕一切の疑結を離るる定心なり。【智度論四十七】

サンギヒヤクコフ　三祇百劫　〔術語〕菩薩は三阿僧祇劫の間六度の行を修し、更に百劫の間三十二相を感ずる福業を修して成佛す。【俱舍論十八】に「於二三無數劫一各供二養七萬五六七千佛一。」又「餘百劫方修二各百福莊嚴。」【止觀三】に「三阿僧祇修二六度行一。使二功德身肥一。百劫種二相好一獲二五神通一。」【釋籤四】に「三藏菩薩明レ位爲レ三。初三祇位。次百劫。三佛果位。」

サンギヒヤクダイコフ　三祇百大劫　〔術語〕「サンギヒヤクコフ」を見よ。

サンギヤウ　三行　〔名數〕一に福行、十善等の福を行じて天上人間の果を感ずるもの。二に罪行、又、非福行、十惡等の罪を行じて三惡道の苦を感ずるもの。三に不動業、又、無動行、有漏の禪定を修して色界無色界の果を感ずるもの。是れ禪定不動の行なれば不動と云ひ、又果を感ずると不動にして福行罪行の如く時に異變する如きにあらざれば不動と云ふ。【智度論八十八】

サンギヤウ　三形　〔術語〕三昧耶形の略稱。

サンギヤウイチロン　三經一論　〔名數〕淨土門所依の經論。一に佛說無量壽經二卷、二に佛說觀無量壽經一卷、佛說阿彌陀經一卷、天親の淨土論一卷。【撰擇集上】に「正明二往生淨土一之敎者。謂三經一論是也。」

サンギヤウシユヂヤウ　山形柱杖　〔物名〕修飾なき自然木の杖なり。

サンギヤク　三逆　〔術語〕提婆達多三逆罪を造りて生きながら無間地獄に墜つ。一に和合僧を破り五百の弟子を得たり。これ五逆罪の破和合僧なり。二に僧還りて和合しければ惡心を起して大石を擲ち、佛足より血を出す。これ五逆中の出佛身血なり。三に華色比丘尼之を見て彼を呵しければ拳を以て尼を殺す。これ五逆中の殺阿羅漢なり。彼れ更に毒を爪中に入れ、佛を禮するとき佛を中傷せんと欲して未だ到らざるに地自然に破裂して火車來迎し、地獄に入る。【智度論十七】にこの他提婆は阿闍世王を敎へて醉象を放ちて佛を害せんと欲せしとあり。前の三逆と毒を爪中に置きしとを加へて五逆罪とも稱す。但し後の二は共に害佛の罪なれば之を出佛身血の一科に攝めて三逆となすなり。【法華文句八】に前の五逆を擧げて、次の文に「若作二三逆一。敎レ王毒爪。並害二佛攝一。」◉（盛衰記二四）「提婆達多佛を妬みて血を出し、佛法修行の和合僧を破し、證果の尼を殺して三逆を犯し」

サンク　三垢　〔術語〕三毒の異名。貪瞋痴なり。【無量壽經下】に「消二除三垢冥一。廣濟二衆厄難一。」【淨影疏下】に「小乘法。化敎斷二三毒一名レ除二三垢一。」

サンク　三句　〔術語〕雲門の三句、一に截斷衆流。二に函蓋乾坤。三に隨波逐浪。【祖庭事苑一】に「立二此三句一。自二德山圓明大師一始也。今皆謂二雲門三句一者蓋參尋之不レ審也。然德山即雲門之嗣。有二此三

句ニ爾。」「ウンモン」を見よ。

大日經三句 〔名數〕【大日經一】に「佛言。菩提心爲レ因。大悲爲レ根。方便爲ニ究竟一。」大日經一部は此三句を以て大宗となす。【同疏一】に「以ニ此三句義中一悉攝ニ一切佛法一。乃至佛已開ニ示淨菩提心一。略明ニ三句大宗一竟。即統ニ論一部始終一。乃至當レ知十方三世一切如來。種種因緣隨宜演說法。無レ非レ爲ニ此三句法門一。究竟同歸。本無ニ異轍一。」此の三句金剛薩埵の種子[悉曇字]吽の一字に攝するなり。其の故は字體の[悉曇字]字は因の義なれば菩提爲因の句に當り、[悉曇字]字の三昧點は行なれば大悲爲根の句に當り、[悉曇字]麼字の大空點は究竟の果なれば方便究竟の句に當る故なり。【吽字義】に「雖ニ千經萬論一亦不レ出ニ此三句一字一。其一字中所レ開因行果等準レ前思レ之。」

サンク　三苦 〔名數〕一に苦苦、苦事の成るに由て苦惱を生ずるもの。二に壞苦、樂事の去るに由て苦惱を生ずるもの。三に行苦、行は遷流の義、一切の法の遷流無常に由て苦惱を生ずるもの。欲界には三苦あり、色界には壞苦行苦の二。無色界には行苦の一あり。【無量壽經上】に「以ニ諸法藥一救ニ療三苦一。」【法華經信解品】に「以ニ三苦一故於ニ生死中一。受ニ諸熱惱一。」

サンクウ　三空 〔名數〕空、無相、無願、の三解脫を云ふ。此三共に空理を明せば三空と云ふ。「サンザンマイ」を見よ。図〔名數〕布施行に受者施者布施物の三相の空なるを云ふ。【少室六門二種入】に「行レ檀捨施。心無ニ怖惜一。達ニ解三空一不倚不著。」

サンクウクワンモン　三空觀門 〔術語〕三解脫門の異名。【舊譯仁王經上】に「三空觀門。四諦十二因緣」と。「サンザンマイ」を見よ。

サンクウサマヂ　三空三摩地 〔術語〕同上。

サンクウフクウ　三空不空 〔術語〕小乘の法門は三解脫門の空理を知りて第一義空の不空の理を知らざるを三空不空と云ふ。【往生論註下】は「盡ニ彼生一者。上失ニ無爲能爲之身一。下酾ニ三空不空之痼一。」

サンクウモン　三空門 〔術語〕三解脫門の異名。【安樂集下】に「晏安暫時則坐ニ三空門一。遊則入ニ八正之路一。」と。「サンザンマイ」を見よ。

サンクノギヤウイン　三九行因 〔術語〕觀無量壽經所說の三業九品の行業を云ふ。

サンクヤウ　三供養 〔名數〕「クヤウ」を見よ。

サンクワ　三火 〔譬喩〕三毒の火。貪瞋痴なり。【寶積經九十六】に「我見ニ諸衆生一。三火所ニ熱惱一。」【歸敬儀中】に「有ニ將レ崩レ朽宅一。三火恒然。」「還果なり。

サンクワ　三果 〔術語〕小乘四果中の第三果、不還果なり。

サンクワ　三科 〔術語〕五蘊十二處十八界の三門、舊譯に五陰十二入十八界と云ふ。三門共に凡夫實我の執を破せん爲に施設せしもの。凡夫の迷執に偏頗あり、心に迷ふと偏に重き者の爲には、色を合して一と爲し心を開きて四となして五蘊を立つ、色蘊の一は色なり、後の受想行識は心の差別なり。次に色に迷ふと偏に重き者の爲には、色を開きて十と爲し心を合して二となして十二處を立つ、初の五根五境の十處は色なり、後の意根法境の二處は心なり。次に色心共に迷ふ者の爲には、色を開きて十と爲し心を開きて八となし、以て十八界を立つ、五根五境の十界は色なり、意根と法境と六識との八界は心なり。此次第即ち上中下の三根なり。【毘婆沙論七、法界次第上之上】密敎には之を胎藏界佛蓮金の三部に配す。即ち心法に迷ふ者の爲には五蘊を說きて金剛部の智を表し、色法に迷ふ者の爲には十二處を說きて蓮華部の理を表し、（密敎には色法理に屬す。）色心に雙迷する者の爲には十八界を說く、是れ蓮金不二の佛部を表するなり。【秘藏記鈔九】

サンクワ　三過 〔術語〕身口意の過なり。

サンクワウ　三光 〔名數〕色界の第二禪に少光天、無量光天、光音天の三天あり、三光と名く。【舊譯仁王經上】に「九梵三淨。三光三梵。」図日月星の三を云ふ。次項を見よ。

サンクワウテン　三光天 〔術語〕日月星なり。一に日天子、法華經に寶光天子と名く、有經に觀音を寶意と名け日天子と作ると云ふもの是なり。二に月天子、法華經に名月天子と名け、有經に大勢至菩薩を寶吉祥と名け月天子と作ると云ふもの是なり。三に明星天子、法華經に普光天子と名け、有經に虛空藏菩薩を寶光と名け星天子と作ると云ふもの是なり。【法華經序品】に「名月天子。普光天子。寶光天子。」【法華文句二】に「或云。是三光天子耳。名月是寶吉祥、月天子。大勢至應作。普光是明星天子。虛空藏應作。寶意是寶意日天子。觀世音應作。」【同嘉祥疏二】に「復有經云。觀世音名ニ寶意一。作ニ日天子一。大勢至名ニ寶吉祥一作ニ月天子一。虛空藏名ニ寶光一作ニ星天子一。」而て三光の本地を明かせし經本確定すべからず。證眞の【私記】に天地本起經を引き、道綽の【安樂集】永觀の【經生十因】に須彌四域經を引きて觀音勢至の日月を應作せしを明せども此の二經共に僞經なり。天台既に或云と云ひ、嘉祥亦有經と云へば、後生疑を存して可なり。但明星の本地は虛空藏菩薩神咒經、七佛存菩薩神咒經に明據あり。「コクウザウ」を見よ。

三光天子形像 〔圖像〕 三光の像を畫くに明星を菩薩形にして中央に置き、日月を天人形にして左右に置く。【學海餘滴四】に「佛工家に在て三光の像を造るに、大明星は菩薩の形となし日月二天は天人の形に作る。若し三光倶に其本に依らば即ち菩薩の形なるべし。若し迹に約すれば並に天人の形なるべし。今一は是れ本に從ひ、二は是れ迹に就く、本迹互に顯はすなり。若日月星辰の階位に約せば即ち日月の後に明星を列ぬべし。今は則ち明星は其本地に依る故に中央に安じ、日月は迹に就く故に左右に列ぬ。況んや復た妙經に名月天子普光天子寶光天子と次第し、大明星其中間に在るをや。」愚案ずるに明星には日に先ちて世間の闇を破る本誓あり【大集經二十三虛空目分淨目品】に「往昔發レ願。此閻浮提夜五分過。餘一分在。當下在ニ日前ニ十千由旬上。先當下破ニ壞閻浮提闇ニ而作中明相上。」

サンクワモンカンラウビヤウシ 三過門間老病死 〔雜語〕【參考太平記】に「東坡詩云。三過レ門間老病死。一彈指頃去來今。詩註云。佛爲ニ太子ニ遊ニ諸城門ニ見ニ生老病死ニ遂出家。」

サンクワレンキヤウ 三科揀境 〔術語〕 天台にて觀心の境として五陰、十二入、十八界の三科中、入と界とを捨てて五陰をとり。五陰中、色、受、想行の前四を簡びて第五識をとり。識中見行、發得の二種能招報の心を捨てて正しく外境に對し分別する所の心を取りて外觀の境とするとを云ふ。

サンクワン 三關 〔雜語〕 三處の玄關。法門に就て言ふ。

楞嚴三關 〔故事〕【佛祖統紀十慈雲傳】に「慈雲法師導式居ニ天竺ニ日。有ニ貴官ニ註ニ楞嚴ニ求ニ師印可ニ。師烹ニ烈燄ニ謂レ之曰。閤下留ニ心佛法ニ誠爲ニ希有ニ。今先申ニ三問ニ。若答レ之契レ理當レ爲ニ流通ニ。若其不レ合當レ付ニ此火ニ。官許レ之。師曰。眞精妙元性淨明心。不レ知如何註釋。三四四三宛轉十二。流變三疊一十百千。爲ニ是何義ニ。二十五聖所レ證圓通既云ニ實無ニ優劣ニ。文殊何獨得レ取ニ觀音ニ。其人罔レ措。師即擧付ニ火中ニ。於レ是楞嚴三關自レ玆而出。」

黃龍三關 〔名數〕「ワウリウ」を見よ。

兜率三關 〔名數〕「トソツ」を見よ。

サング 散供 〔物名〕 散末、散華、散錢など、放散して供養するもの。

サングガイリン 三具磑輪 〔譬喩〕 磑輪三具なり。磑輪はヒキウスなり、馬を之に繫ぎて調御す、以て放心を調御するに譬ふ。善導觀經疏を製して後に三具の磑輪を夢む、是れ本經所說の三心を以て其心を調御すべきを表示す。【大莊嚴論】に「訓馬之法。道立ニ磑輪ニ以繫レ馬也。行者調レ心亦爾。」【安樂集下】に「心若散亂時。如ニ調レ馬用ニ磑。」【觀經疏跋】に「當夜即見ニ三具磑輪道邊獨轉ニ。」

サングワイシユウ 山外宗 〔流派〕 支那天台山に於て四明の流を紹げるを山家宗と稱し、晤恩の流義を山外宗と云ふ。「ゴオン」を見よ。

サングワツダウ 三月堂 〔堂塔〕 笠置寺に正月堂二月堂三月堂あり、毎年春三月各堂に於て護摩を修す。【都名所圖會】又、南都東大寺の中に法華堂あり、俗に三月堂と稱す。【大和名所圖會】

サングワツヱ 三月會 〔行事〕 日光山に於て毎年三月法華般若を講じ、三月會と稱す。神護景雲元年より始まる。【日光山三月會緣起】

サングワン 三觀 〔名數〕 諸家三觀を說く、天台の三觀を最も普通とす。一に空觀、諸法の空諦を觀ずるなり。二に假觀、諸法の假諦を觀ずるなり。三に中觀、此れに二あり。諸法は亦た空にもあらず亦た假にもあらざれば即ち是れ中なりと觀ずるを雙非の中觀と云ひ、諸法は亦た空なり亦た假なれば即ち是れ中なりと觀ずるを雙照の觀と云ふ。又性德の理に就きて三諦と云ひ、修德の智に就きて三觀と云ひ、之を吾人凡常の一心を所觀の境として觀ずれば一心三觀と云ふ。而して三諦三觀に於て別圓二教相違あり。「サンタイ」參照。⦿（盛衰記三）「今世拂ニ友氣於三觀之窓ニ」

華嚴宗の三觀 〔術語〕 初祖杜順華嚴經に依て立つ。法界三觀と云ふ。法界は所觀の境、三觀は能觀の心なり。一に眞空觀、法界の事相を窮盡するに一も自爾の別性あるなく皆平等の空性に歸す。空を以て性となすなり。空とは頑無の空に非ず、眞如の理性超然として諸相を離るれば名けて空となす。吾人所見の森羅萬象は悉く妄情の偏計なり、猶空華の實性は虛空なるが如しと觀じ、口に妄情所見の事相を泯亡して眞空の妙體を顯はすを眞空觀と名く。眞空は即ち四法界中の理法界なり。二に理事無礙觀、今の實空を顯はし情所見の事相を泯して眞如の空性を顯はしぬ。然れ共此眞如、凝然無爲の頑體にあらず、不變隨緣の二義を具し、不變の故には常往無作なれども、隨緣の故には一切諸法を變造す。されば吾人見る所の萬象は皆眞如の隨緣にして、隨緣の萬象即ち眞如なり。猶水即波にして波即水なるが如し。所謂色即是空空即是色是れなり。是の如く、眞如より萬法を性

起し萬法の一一眞如を性とするを觀ずるを事理無礙觀と名く。これ四法界中事理無礙法界なり。三に周遍含容觀、既に法界一一の事相眞如の隨緣性起なるを知る。而して其の起るや眞如の性を分取するにあらず、性は一味平等なれば分取すべからず、一微一塵も悉く眞如の全體を完具せるなり。故に理を完具せる一一の事相は其理性の法界融通する如く、一一の事相亦た遍く一切法界を含容して重重無盡なり。之を周遍法界性と名く。これ四法界中の事事無礙法界にして隨緣觀の至極なり【華嚴法界觀】

南山三觀 〔名數〕四分律宗南山所立。一に性空觀、阿含經所說小乘の觀法なり。諸法は因緣生にして性空無我なりと觀ずるなり。これ因緣生の相の實有を許して性の空無を觀ずれば性空觀と云ふなり。二に相空觀、般若經所說大乘の初門なり。諸法の相空なりと觀ずるなり。實の相ありと見るは尙ほ凡夫の妄見にして、實に其の相なきこと空華を指して實有とする如しと。これ更に進んで諸法の相を空無すれば相空觀と云ふ。三に唯識觀。華嚴法華等の所說。大乘至極の觀法なり。一切萬法は各自が識の所變なり、故に萬法は心識の影像のみ、歸する所唯一の心識のみと觀ずるなり。これ前の性空相空の如く空の一邊に止らず、心外の諸法は性も相も空なれども、心內の萬法は性相共に空にあらずと觀る。【行事鈔四】に「然理大要不レ出二三種一。一者諸法性空無我。此理照心名爲二小乘一。二者諸法本相是空。唯情妄見。此理照用屬二小菩薩一。三者諸法外塵本無。實唯有レ識。此理深妙。建意緣知。是大菩薩佛果證行。」

慈恩三觀 〔術語〕一に有觀、依他圓成の二性は有なりと觀ずるを云ふ。二に空觀、遍計の一性は空なりと觀ずるを云ふ。三に中觀、諸法は遍計性の故に有にあらず、依他圓成の故に空にあらず、卽ち非有非空の中道なりと觀ずるを云ふ。然るにこの中道につきて二あり。對望中道とは、上に云ふ如く三性對望して非有非空の中道を立つるを云ひ、一法中道とは三性の一一に非有非空の中道の義あるを云ふ。先づ遍計性は情有理無の法なれば情有の故には空に非ず、理無の故には有に非ず、卽ち非有非空の中道なり。次に依他圓成の二性は情無理有なり、妄情所執の依圓は其の體性有に非ず、迷情を離れたる聖智の境には體性宛然として空に非らず、故に亦非有非空の中道なり。【義林章一本、觀心覺夢鈔】

サングワンセウ 三卷鈔 〔書名〕南山道宣の著、拾毘尼鈔の異名。一部三卷あれば行事鈔を六卷鈔と云ふに對して三卷鈔と云ふ。

サングワンノヂユウシヨ 三卷重書 〔書名〕淨土宗鎭西派に於て、初重往生記一卷、二重授手印一卷、三重領解一卷を云ふ。了譽以來秘重として版刻を許さず。

サンケ 三家 〔名數〕淨土宗法然門下の三家。鎭西流、西山流、淨土宗の三なり。

サンケ 三假 〔名數〕梵音、波羅攝提 Prajñapti 譯、假施設。假とは虛妄不實の義。實我實法の執を破せん爲に三種の假を說く。「ケ」を見よ。

サンケイ 參詣 〔雜語〕禮拜の爲に神佛の前に至ること。

サンケイキヤウ 三啓經 〔經名〕佛說無常經の異名。一卷、唐の義淨譯。馬鳴菩薩經前と經後に於て三寶の德を讚嘆し、廻向發願を論じ、意を述べ、及び經意の無常を宣明する偈頌を添へて一部三段を開けば三啓經と名く。佛制して此經を以て葬亡の時に諷詠せしむ。又印度の僧徒は日暮に塔を禮して之を諷詠すと云ふ。【寄歸傳四】に「所レ誦之經多誦二三啓一。乃是尊者馬鳴之所二集置一。初可二十頌許一取二經意一讚二嘆三尊一。次述二正經一。是佛親說。讀誦既了更陳二十餘頌一論二廻向發願一。節段三開故云二三啓一。」【毘奈耶雜事四】に「然有二二事一作二吟詠聲一。一謂讚二大師德一。二謂誦二三啓經一。餘皆不レ合。」【同十八】に「送喪苾芻。可レ令下能者誦二三啓無常經一幷說二伽陀一爲レ其呪願上。」

サンケイムジヤウキヤウ 三啓無常經 〔經名〕佛說無常經の異名。又、三啓經と略稱す。

サンケウ 三敎 〔名數〕諸家一代敎を判ずるに三敎を以てす。

南中三敎 〔名數〕齊朝より已後江南の諸師左の三敎を立てて一代所說の法を判ず。一に漸敎、初轉法輪より涅槃に至るまで小より大に至るもの。二に頓敎、佛成道の初に諸菩薩の爲に華嚴經を說くもの。三に不定敎、勝鬘經及び金光明經の如き頓漸の攝にあらずして別に佛性常住を明かすもの。【華嚴經玄談四】

光統三敎 〔名數〕後魏の光統の所立。一に漸敎、未熟の者の爲に先づ無常を說き後に常を說き、先づ空を說き後に不空を說く。是の如く次第するもの。二に頓敎、已熟の者の爲に一の法門に於て頓に常無常空を說くもの。三に圓敎、上達者の爲に究竟の果海圓極自在の法門を說く、卽ち華嚴經是なり。【五敎章上、華嚴玄談四】

三時敎 〔名數〕 二種あり、一は空宗智光論師の所立。遠くは文殊龍樹に受け、近くは青目淸辯に禀く。一に第一時敎、小乘の爲に心境俱有を說くもの。阿含經是なり。二に第二時敎、大乘の下根の爲に法相大乘の境空心有を說くもの。深密經等是なり。三に第三時敎、大乘の上根の爲に無相大乘の心境俱空を說くもの。般若經是なり。此三次第は智光論師の般若燈論釋の中に大乘妙智經を引て之を證す。【華嚴玄談四】二は有宗戒賢論師の所立。遠くは彌勒無著に受け、近くは護法難陀に踵ぐ。是れ玄弉慈恩の所宗なり。

南山三敎 〔名數〕 一に性空敎、小乘敎の諸法の性分を分析して唯其の自性の空無を觀じ、尙因緣生の假相を許すもの。二に相空敎、大乘淺敎の諸法の自性は本未如幻即空なりと觀じて其の假相をも許さざるもの。三に唯識圓敎、大乘深敎の萬法唯識の圓理を見るもの。【行事鈔中四】

天台三敎 〔名數〕 一に頓敎、二に漸敎、三に不定敎、是れ化儀の四敎の中に秘密敎一を除きしもの、之を大綱の三敎と稱す。此三敎は法華已前の諸經を攝するのみ。【法華玄義十】に「大綱三種。一頓二漸三不定。此三名同レ舊義異也。」図一に漸敎、二に頓敎、三に圓敎。圓敎は即ち法華經なり。此三敎は一代を攝す。智證の【唐決】に「經云唯此一事實。餘二則非レ眞。疏七餘二者指二頓漸一。又淨名經廣疏云。圓頓漸三敎也。」図一に三藏敎、二に通敎、三に別敎。是れ化法の四敎の中に圓敎の一を除きしもの、之を權門の三敎と云ふ。【法華經科註一下】に「執二所入之一理一。疑二三敎之能門。」寂然の【法門百首】に「三敎權門の發心」

內外三敎 〔名數〕 一に儒敎、二に道敎、三に佛敎。是れ支那の三敎なり。図一に神敎、二に儒敎、三に佛敎。是れ本朝の三敎なり。

サンケウシキ 三敎旨歸 〔書名〕 三卷、空海著。龜毛先生、虛亡隱士、假名乞兒の三人の假定的人物をして儒道佛の旨趣を說かしめ佛道に入る所以を暗示す。サンゴウシキと讀む。

サンケクワン 三假觀 〔名數〕 一に法假虛實觀、色陰の法これなり。二に受假虛實觀、受想行識の四陰これなり。三に名假虛實觀、法受の二これなり。この三自實に體なく他に依て方に有れば共に假と稱す。虛實觀とは一虛一實相形して稱を得ず、三者共に虛なるを、凡夫は實と謂ひ智者は之を虛として、實即虛なれば虛實と名づく。是れ通敎の意なり。若し別敎の意に依れば、三假の中各三觀あり、法即虛なるは是れ空觀なり、假即實にして一色一香般若にあらざるなきは是れ假觀なり、觀の一字は是れ中觀なり。空假は是れ方便道なるを以ての故に觀の名を立てず、中道に入るを以て方に獨り觀と稱す。受及び名此に準じて解すべし。【仁王經合疏上】

サンケシセツ 三假施設 〔名數〕 又、三攝提。一に受假施設、二に法假施設、三に名假施設。大品經所說の三假なり。圓成假等の三假に殊別せん爲に三假施設と云ふ。「ケ」を見よ。

サンケツ 三結 〔名數〕 預流果を得る人の斷ずる所の三種の煩惱。「ケツ」を見よ。

サンケニソク 三家二即 〔術語〕 台宗所立習氣の差別なり「ジュキ」を見よ。

サンケフ 三篋 〔術語〕 三藏に同じ。梵語比多迦。Piṭaka 藏或は篋と譯す。經律論の三、或は聲緣菩の三。【大唐三藏聖敎序】に「八藏三篋之文」【可洪音義一】に「三篋。篋藏也。謂菩薩藏獨覺藏聲聞藏爲二三篋一。」

サンケフコクワン 三假浮虛觀 〔名數〕 成實論の所宗、因成等の三假法の浮虛空無なるを觀ずると。「ケ」を見よ。「ンゲ」を見よ。

サンケホフ 三悔法 〔名數〕 三種の懺悔法。「サンケン」を見よ。

サンケン 蠶繭 〔譬喩〕 蠶の繭を爲して自ら縛するを衆生自ら煩惱の繩を以て體を繫ぐに譬ふ。【三啓經】に「循二環三界內一猶如二汲井輪一。亦如二蠶作レ繭。吐レ絲還自纒一。」【涅槃經二十七】に「如二蠶作レ繭內在自死一。一切衆生亦復如レ是。不レ見二佛性一故自造二結業一流二轉生死一。」

サンケン 三堅 〔名數〕 身命財の三種の堅法。「ケンホフ」を見よ。

サンケン 三慳 〔名數〕 貪、瞋、邪見の三。【可洪音義二】に「慳丘乾反。意有二三業一也。謂貪瞋邪見也。」【廣韻】に「慳悋俗字。」

サンケン 三賢 〔名數〕 大乘の十住十行十回向の菩薩を云ふ。【仁王護國經疏】に「十住十行十回向ノ諸位菩薩。皆稱レ賢者。此就二別敎一而論。蓋諸位ノ菩薩但斷二見思ノ惑一盡ヲ尙有二無明ノ惑在一。未レ入二聖位一故名レ賢。」と

サンケンジフシヤウ 三賢十聖 〔名數〕 十住十行十廻向を三賢とし、初地乃至十地を十聖とす。賢は似解を發して惑を伏する位。聖は眞智を發して惑を斷ずる位。此にて菩薩乘の因位を該收す。【仁王經上】に「三賢十聖忍中行。唯佛一人能盡レ原。」

サンケンジフヂ 三賢十地 〔名數〕 三賢十聖に同じ。「ケンジフシヤウ」を見よ。

サンケンヰ 三賢位 〔名數〕 三賢の階位。「サン

サンゲ 散華 ［雜語］經句の偈頌を貫華と稱し、其散文を散華と云ふ。「クワンゲ」を見よ。【文句一】に「佛赴レ緣作二散華貫花兩說一。」図［儀式］佛に供養する爲に花を散布すると。【無量壽經下】に「懸レ繒燃レ燈。散レ華燒レ香。以レ此廻向願レ生二彼國一。」図 顯密法要の式に散華の儀あり、顯の方には四箇法要の一、密の法要には二箇法要の一。梵唄の後に之を行ふ、樒の葉を華筥に入れて伽陀を詠じて之を散ずるなり。之に次第散華と行道散華の二ありて、各其座に立ちて行道せず、但頭人より次第に伽陀を詠じて花を散ずるを次第散華と云ひ、行道しつつを作すを行道散華と云ふ。其伽陀に種種ありて、願我在道場。香花供養佛の次に、天人此界多聞室。逝宮天處十方無。丈夫牛王大沙門。尋地山林遍無レ等。を釋迦散華と云ひ、稽首天人所二恭敬一。阿彌陀仙兩足尊。在二彼微妙安樂國一。無量佛子衆圍繞。を彌陀散華と云ひ、藥師瑠璃光如來。大慈大悲照二光明一。良與二法藥一救二衆生一。故我稽二首瑠璃光一。を藥師散華と云ひ、難壞大力忿怒身。善哉善哉魔尼王。降伏魔鬼難伏者。是故我今稽首禮。を毘沙門散華と云ひ、歸命毘盧舍那佛。身口意業遍二虛空一。演二說如來三密門。金剛一乘甚深教一。を大日散華と云ふ。【說法明眼論鈔上、諸法會儀則上、二中歷三】

サンゲ 懺悔 ［術語］【止觀七】に「懺名レ陳二露先惡一。悔名二改レ往修レ來。」然るに懺は梵語懺摩 Kṣama-yati の略にて漢語にあらざれば、台宗の子弟もこれを取らず、四明の【金光明經文句記三】に「懺悔二字。乃雙二擧二音一。梵語懺摩。華言二悔過一。」悔過の譯本義に叶はず、懺摩は他に忍恕を請ふ義なり。又、己が犯罪を發露するは梵語提舍那矣 Deśayati 又 Deśanā-karaṇīyā 說罪と譯すべしと云ふ。【玄應音義十四】に「懺悔。此言訛略也。書無二懺字一。正言二叉摩一。此云レ忍。謂容二恕我罪一也。」【南山戒疏一下】に「懺悔。悔是此土之言。截是西方略語。如二梵本言一懺摩也。截字非二蒼雅所一レ陳。近俗相傳故耳。」【寄歸傳二】に「舊云二懺悔一非レ關二說罪一。何者懺摩乃是西音。自當二忍義一。悔乃東夏之字。追悔爲レ目。懺之與レ忍逈不二相干一。乃至恐レ懷二後滯一就レ他致レ謝即說二懺摩之言一。必若自己陳レ罪乃云二提舍那矣一。」【有部毘奈耶十五註】に「言二懺摩一者。此方正譯二當乞容恕一。容忍收謝義也。若觸二誤前人一欲レ乞二歡喜一者皆云二懺摩一。無レ問二大小一咸同二此說一。若悔レ罪者本云二阿鉢底提舍那一。Āpattideśanā 阿鉢底是罪。提舍那是說。應レ言二說罪一。云二懺悔一者懺是西音。悔是東語。不レ當レ請レ恕。復非二說罪一。誠無二由致一。」【慧苑音義下】に「懺悔謂懺摩此云二請忍一。謂請二前人忍二受我悔罪一。」

懺悔功德 ［術語］懺悔罪は天台所立五悔の一にして、已造の罪を洗除する唯一の要法なり。【心地觀經一】に「若覆レ罪者罪即增長。發露懺悔罪即消除。」【業報差別經】に「若人造二重罪一。作已深自責懺悔更不レ造。能拔二根本罪一。」【四分律毘尼增一法】に「佛告二比丘一言。汝自懺悔。於二我法中一能至誠如法懺悔者。便得二增長一。汝懺悔應レ生二厭離心一。汝比丘至誠如法懺悔我爲受レ之。」

三種悔法 ［名數］一に作法懺、佛前に向ひ過罪を披陳し、身口の所作一に法度に依るもの。爲に犯戒の罪を滅す。二に取相懺、定心に於て懺悔の想を運ばし、佛來りて頂を摩する如き瑞相を感ずるを以て期となすもの。爲に煩惱の性罪を滅す。三に無生懺、正心端坐して無生の理を觀ずるもの。爲に障中道の無明を滅す。【觀普賢經】に「若欲二懺悔一者。端坐念二實相一。衆罪如二霜露一。慧日能消除。」【四教儀集註下】

事理二懺 ［名數］上の三懺の中に作法と取相との二を事懺とし、無生の一を理懺とす。【涅槃經十七】に、闍王の懺悔の相を明かすに、耆婆の敎うる所は事懺にして、如來の說く所は理懺なり。【止觀二】に「理事不レ出二三種懺法一。理謂無生妙懺。事謂取相作法。」

三品懺悔 ［術語］【往生禮讚】に「懺悔有二三品一。上中下。上品懺悔者。身毛孔中血流。眼中血出者名二上品懺悔一。中品懺悔者。偏身熱行從二毛孔一出。眼中血流者名二中品懺悔一。下品懺悔者。偏身徹熱。眼中淚出者名二下品懺悔一。」

サンゲ 山家 ［流派］四明天台の流義に名く。山外に對する稱にして天台の正系とす。図 比叡の傳敎を山家大師と稱す。

サンゲカイ 山家戒 「を稱す。【一心戒文下】

サンゲゴフシヤウ 懺悔業障 ［雜語］歌題。［術語］傳敎所傳の圓頓戒

【觀普賢經】に「一切業障海。皆從二妄想一生。若欲二懺悔一者。端坐念二實相一。衆罪如二霜露一。慧日能消除。」

サンゲシ 散花師 ［雜名］七僧の一。四箇法要の時、散花の儀を發頭するもの。

サンゲシユウ 山外宗 ［流派］山家宗に簡びて山外宗と呼ぶ。「ゴオン」を見よ。

サンゲダツモン 三解脫門 又三三昧と云ふ、單重の二種あり。「サンサンマイ」を見よ。

サンゲノゴホフ 懺悔五法 ［儀式］比丘が罪を懺悔する時行ふ五種の方式。袈裟を著け右肩を袒ぐ。右膝を地に著け。合掌し。大比丘の足を禮す。

犯せし罪の名を說く。

サンゲホン　懺悔品　〔經名〕【金光明經一】に「懺悔品」【金光明最勝王經二】に「夢見金鼓懺悔品。」妙幢菩薩、金鼓の大音聲を出して懺悔の偈頌を說くを夢み、次の日に之を佛前に述ぶ。

サンゲモン　懺悔文　〔雜語〕【普賢行願品】に「我昔所レ造諸惡業。皆由二無始貪瞋痴一。從二身語意一之所レ生。一切我今皆懺悔。」と、この文を懺悔文と云ふ。

サンコ　三擧　〔術語〕戒律中の罪名。一に罪を犯して他人之を忠告するに、自ら罪を認めずと言ふ人。二に肯て懺悔せざる人。三に婬欲は道を障げずと說く人。此三種の人は白四羯磨の法を行ひて其罪を擧げて衆外に棄つべきものなれば三擧と云ふ。【行事鈔上一】

サンコ　三鈷　〔物名〕又三古、三胡、鈷古胡は皆借字、股を本字とし股杵を具名とす。もと印度の武器、杵頭三枝に分るるを三股杵と云ふ。胎藏界の三部を表す。又、三智三觀等總じて三軌の法門を表す。【溪嵐拾葉集十八】「ゴコ」を見よ。◉（太平記二六）「右の手に三鈷を握りて」

三鈷柄の劍　〔物名〕柄を三鈷に作りたる劍を云ふ。◉（太平記二五）「三鈷柄の劍なんどのなりにて」

サンコイン　三鈷印　〔印相〕左右の中指を立て、合せて一鈷を作り、左右の人指指を開いて兩鈷と作し、以て三鈷に形る。【眞言修行鈔二】に「大師雜問答曰。三古印。即三佛三昧耶佛。」

サンコクド　三國土　〔術語〕四敎四土のうち寂光土を除きての稱。「シド」を見よ。

サンコフ　三劫　〔術語〕三阿僧祇劫。三無數劫。菩薩修行の年時。図眞言所立三妄執の異名。劫に時分と妄執との二義あり、今は妄執の義を取る。凡そ妄惑に百六十心あり、之を三重に分つ。一に麁妄執、實我を執するもの。二に細妄執、實法を執するもの、三に極細妄執、障中道の無明なり。【眞言廣名目六】図過現未三世の劫。過去を莊嚴劫と名け、現在を賢劫と名け、未來を星宿劫と名く。【佛祖統紀三十】

サンコフサンゼンブツ　三劫三千佛　〔雜名〕三劫の一一に一千佛ありて出世す。「サンゼサンゼンブツ」を見よ。

サンコフサンゼンブツミヤウキヤウ　三劫三千佛名經　〔經名〕三卷、失譯人名。先に五十三佛を擧げ、次に三劫各千佛を擧ぐ。過去莊嚴劫千佛名經一卷、現在賢劫千佛名經一卷、未來星宿劫千佛名經一卷の合本經なり。藏經目錄には別名を揭ぐ。【黃帙三】（205.206.207）

サンコン　三根　〔術語〕貪瞋痴の三毒を云ふ。此三能く惡業を生ずれば根と名く。【大乘義章五本】図上中下の三根。衆生の善根の强弱に就く。図三無漏根を云ふ。

サンコン　三魂　〔雜名〕人に三個の靈魂ありと云ふ。【大藏法數十三】に「三魂亦云二三精一。道書云。身中三精。一台光。二爽靈。三幽精。」杜撰の【十王經】に「三種魂義。一名二胎光業魂神識一。二名二幽精轉魂神識一。三名二相靈現魂神識一。於二阿賴耶識一開爲二三魂一。」

サンコン　三金　〔術語〕三密の異名。其の性常住堅固なれば三金剛と云ふ。密敎には六大即ち三密なり、地水火の三は身密、空風の二大は語密、識大は意密なり。覺鑁の【顯密不同頌】に「顯理無二六境一。密照二之三金一。」図金銀銅の三を云ふ。

サンコンガウクワン　三金剛觀　〔術語〕身口意の三處に吽字を置き、吽字變じて五胡金剛杵と成ると觀ずる觀法なり、【行法肝要鈔上】行法の初に之を修して吾が身口意の罪障を滅し、金剛不壞の身と成らしむること猶五字嚴身觀の如し。

サンコンザゼンセツ　三根坐禪說　〔書名〕瑩山の著。坐禪用心記の後に附す。

サンコンマ　三羯磨　〔術語〕一白三羯磨なり。白四羯磨に同じ。「コンマ」を見よ。

サンゴ　三語　〔術語〕如來の三語。一に隨自意語、佛自意に隨つて自所證の實法を說くと。二に隨他意語、衆生の機に隨順して方便の法を說くと。三に隨自他意語、佛衆生の爲に法を說き、半は自證の意に隨ひ、半は他機の意に隨ふと。【華嚴大疏鈔六】

サンゴ　珊瑚　〔物名〕七寶の一。【名義集三】に「珊瑚。梵語鉢攞娑福羅。Pravāḍa　應法師云。初一年青色。次年黃色。三年蟲食敗也。大論云。珊瑚出二海中二石樹。」梵語福羅の字疑はし。

サンゴ　參後　〔雜語〕晩參或は放參の後。

サンゴ　三五　〔術語〕三性と五法。唯識の法相。【續日本紀】に「三五術。」

サンゴウガシヤ　三恒河沙　〔術語〕「ゴウシヤ」を見よ。

サンゴウシキ　三敎指歸　〔書名〕「サンケウシキ」を見よ。

サンゴクシシ　三國四師　〔術語〕日蓮宗の外相承に於て、印度、龍樹。支那、天台。日本、傳敎、日蓮。と三國に亘り四師の相承を立つるを云ふ。

サンゴクセウ　三極少　〔雜語〕三種の極めて少なるもの。一極微を物質の極少とし、一字を名の極少

とし、一刹那を時の極少とす。【俱舍論十二】に「極微ト字ト刹那トハ色ト名ト時トノ極少。」

サンゴクデンライ　三國傳來　〔雜語〕先づ印度に於て流傳し、次に支那或は朝鮮に來りて再傳し、後に本朝に來りて三傳せしもの。佛像に就て云ふ。

三國傳來三如來　〔雜名〕一に信濃善光寺の阿彌陀如來。二に京都因幡堂の藥師如來。三に嵯峨棲霞寺の釋迦如來。【壒嚢鈔十七】

サンゴクブツポフデンヅウエンギ　三國佛法傳通緣起　〔書名〕三卷、東大寺の凝然著。印度支那日本の三國を分けて佛法傳通の梗概を敍す。

サンゴクロンジ　三國論師　〔人名〕【釋氏要覽下】に「齋僧粲號也。三國謂二齊陳周一。」

サンゴフ　散業　〔術語〕定散二業の一。散心にて營む善業なり。【往生要集下末】に、念佛に定、散、有相、無相の四業を分別せり。

サンゴフ　三業　〔名數〕身口意三處の所作。身の作す所、口の語る所、意の思ふ所。他に種種三業あり、「ゴフ」を見よ。⊙（太平記二〇）「三業を靜めて此經を讀誦候ふべし」

サンゴフクヤウ　三業供養　〔名數〕一に身業供養、身至誠に敬禮すること。二に口業供養、口至誠に功德を讚嘆すること。三に意業供養、意至誠に相好を想念すること。【法華文句二】

サンゴフサウオウ　三業相應　〔術語〕身口意の三一致して乖角せざること。身に禮拜を爲すも意に敬重の念なき如きは三業相應にあらず。【往生要集上末】に「禮拜門者。是即三業相應之身業也。」⊙（平家二）「三業相應の志をぬきんでて」

サンゴフシヰギ　三業四威儀　〔術語〕四威儀とは行、住、坐、臥の儀表なるを以て、三業四威儀とは一切の所作を總標せる語なり。⊙（平家一〇）「三業四威儀において、心念くしやうをわすれ給はずば」

サンゴフフニモン　三業不二門　〔術語〕十不二門の一。如來の果後に化を垂る三業は恒に彼此相應して平等一味なるを云。密敎に所謂三平等なり。

サンサイ　三際　〔術語〕三世と云ふ如し。【頌疏九】に「一前際即是過去。二後際即是未來。三中際謂現在世。」【靑龍仁王疏三】に「所レ言際者是際畔義。謂有爲法墮二三世一故。無爲實相無二前後中一。故云二無際一。」「サンゼ」を見よ。

サンサイ　三災　〔術語〕劫末に起る三種の災害にて小大の二あり。

小三災　〔術語〕一住劫の中に二十增減劫あり、其減劫の終ごとに起るを小の三災と云ふ。一に刀兵災、時の人非法を爲し、瞋毒轉た盛に、相見れば即ち猛利の害心を起し、手に隨つて執る所皆利刀となり互に相殘害す。二に疾疫災、時の人前の如き諸の過失を具するが故に、非人毒を吐きて疾疫流行し、遇へば便ち命終す。三に飢饉災、時の人前の如き諸の過失を具するが故に、天龍怒つて雨を降らさず、世間久しく饑饉に遭ひて多分命終す。【俱舍論十二】に「從三諸有情起二虛誑語一。諸惡業道後後轉增故。此洲人壽量漸減。乃至テ極二十一小三災現。此小三災中劫末起。三災者一刀兵二疾疫三饑饉。乃至刀兵災起極唯七日。疾疫災起ハ七月七日。饑饉ハ七年七月七日。度レ之便止。」

大三災　〔術語〕住劫を過ぐれば壞劫に入り、壞劫に二十增減劫あり。初の十九增減劫に有情世間を壞し、最後の一增減劫に器世間を壞す。此器世間を壞するに火災水災風災の三あり。之を大の三災と云ふ。此三災は同時に起るにあらず、各自輪次に起りて世界を壞するなり。第一火災、七箇の日輪同時に出でて此世界を焚燒し、下は無間地獄より上は色界の初禪天に至るもの。第二水災、下は無間地獄より上は色界の第二禪天に至るまで水に浸爛せらるるもの。第三風災、下は無間地獄より上は色界の第三禪天に至るまで一切の物質風の爲に飄散せらるるもの。其次第は先づ火災七度ありて後に一度の水災あり、更に七度の火災ありて復た一度の水災あり、此の如く七火每に一水ありて七度の水災の後に更に七度の火災を經て一の風災あり、されば三災を一周するには八七の火災と一七の水災と一の風災あれば、總じて六十四度の大災即ち六十四大劫を經る也。一大劫の中に成住壞空の四劫ありて壞劫の終に一度の大災ある也。【俱舍論十二】に「初火災興由二七日現一。次水災起由二雨霖淫一。後風災生由二風相擊一。此三災力壞二器世間一。乃至極微亦無二餘在一。乃至第二靜慮爲二火災頂一。此下爲レ火所二焚燒一故。第三靜慮爲二水災頂一。此下爲レ水所二浸爛一故。第四靜慮爲二風災頂一。此下爲レ風所二飄散一故。乃至先無間起二七火災一。其次宜應二一水災起一。此後無間後七火災還有二一水一。如レ是乃至滿チテ二七水災一。復七火災後風災起。如レ是總有二八七火災一七水災一風災起一。」

サンサイ　三細　〔名數〕起信論所說。根本無明の相狀を分別せしもの。枝末無明の六麁に對して三細と云ふ。一に無明業相、業は動作の義、一法界の理に達せず、眞心の初て動作せしもの。二に能見相、既に動作するに由つて能見の相あり。三に境界相、能見の相あれば必ず所見の相あり。此三相の中に動作は體

に就き、能見所見は用に就く。體用不離にして一時に三相を具す。此の相用至つて微細なれば三細と稱するなり。【起信論義記中末】

サンサイグワツ　三齋月　〔雜名〕正五九の三月なり。「サンチヤウサイグワツ」を見よ。

サンサイサウ　三細相　〔術語〕「サンサイ」を見よ。

サンサイジ　三際時　〔數名〕印度の三季即ち春夏冬を、熱際時、雨際時、寒際時に配したる稱。

サンサイロクソ　三細六麁　〔術語〕起信論の所明。三細は根本無明の相、六麁は枝末無明の相なり。「サンサイ」と「ロクソ」とを見よ。

サンサウ　三相　〔名數〕一に解脱相、生死の相なきを云。二に離相、涅槃の相なきを云。三に滅相、生死涅槃の無相なる、其の無相も亦無なるを云。即ち非有非無の中道なり。【法華經藥草喩品】に「如來說法一相一味。所レ謂解脱相離相滅相。」【文句七上】に「解脱相者無二生死相一。離相者無二涅槃相一。滅相者無相亦無相。」又、三有爲相を云ふ。「ウヰ」を見よ。

サンサウ　三帀　〔儀式〕所尊を恭敬する爲に右に遶りて三帀するは仰望の至誠を表するなり。「ウネウ」を見よ。

サンサウ　三草　〔譬喩〕「サンサウニモク」を見よ。

サンサウ　三想　〔名數〕一に欲想、貪欲の思想を起すなり。二に瞋想、瞋恚の思想を起すなり。三に害想、人を害する思想を起すなり。【無量壽經上】「不レ生二欲覺瞋覺害覺一。不レ起二欲想瞋想害想一。」【淨影疏】に「未レ對二境界一。預起二邪思一。名レ之爲レ覺。對レ緣生レ心。說爲二三想一。」図一に怨想、人ありて害を我に加へ、及び我が父母兄弟を害する者に亦た親愛の想を生ずるを云ふ。二に親想、父母兄弟及び親戚朋友に於て皆親愛の想を生ずるものを云ふ。三に中人想。非怨非親の人に於て親愛の想を生ずるを云ふ。【智度論七十二】

サンサウゾク　三相續　〔名數〕一に世界相續、衆生の有業に由つて國土世界安立すること。二に衆生相續、五蘊法の和合して衆生存立すること。三に業界相續、善惡の業因に依つて苦樂の果報成立すること、【楞嚴經四】

サンサウニモク　三草二木　〔譬喩〕【法華經藥草喩品】の所說。以て五乘の機類に譬ふ。「一切衆生聞二我法一者。隨二力所レ受住二於諸地一。或處二人天轉輪聖王釋梵諸王一是小藥草。知二無漏法一能得二涅槃一。起二六神通一及得二三明一。獨處二山林一常行二禪定一。得二緣覺證一是中藥草。求三世尊處我當二作佛一行二精進定一是上藥草。又諸佛子專二心佛道一常行二慈悲一。自知二作佛一決定無レ疑是名二小樹一。安三住神通一轉二不退輪一度二無量億百千衆生一。如レ是菩薩名爲二大樹一。」之を通途の五乘（五乘に通別の二あり。）に配すれば左の如し。

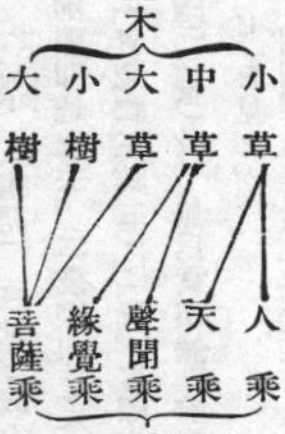

然るに菩薩乘中の大草二木に就きて諸宗各其字義に依り解釋を異にす。先づ天台は之を次第の如く藏通別三教の菩薩に配して圓教の菩薩を攝めず、されば三草二木即ち五乘は但方便乘の機の差別を示せしものと定む。【法華文句七】次に嘉祥は大草二木を次第の如く三僧祇の菩薩に配す。初地以前の菩薩を大草とし、七地までを小樹とし、八地已上を大樹とす。【法華義疏】次に慈恩は大草と二木を總別となし、大草は人天二乘に對して總じて菩薩を大草と名け、二木は更に大草を分別して地前を小樹とし、地上を大樹とせしものとす。【法華玄贊七】又慈恩は之を五性各別の三無二有に配して三草を無性と定性聲聞と定性緣覺との三とに配し、二木を不定性菩薩と定性との二とす。【法華玄贊】

サンサク　三索　〔雜語〕法華火宅の譬に諸子門外に出でて羊鹿牛の三車を索ること。「クワタクユ」を見よ。

サンサマヂ　三三摩地　〔術語〕「サンサンマイ」を見よ。

サンサン　三懺　〔術語〕三種の懺悔法あり。「サンゲ」を見よ。

サンサンマイ　三三昧　〔術語〕是れ舊稱なり。新に三三摩地と云ひ、三定、三等持と譯す。能修の行に就きし名なり。【仁王經】に三空と云ふ。これ所觀の理に就きし名なり。【十地論】に三治と云ふ。これ所斷の障に就きし名なり。此の三昧に有漏無漏二種あり。有漏定を三三昧と云ひ、無漏定を三解說門と云ふ。解脱とは涅槃なり、無漏は能く涅槃に入るの門となればなり。猶有漏を八背捨と云ひ、無漏を八解脱と云ふ如し。三三昧の義、一に空三昧、苦諦の空、無我、の二行相と相應する三昧なり。諸法は因緣生にして我なく我所有なしと觀ずるなり。此我我所の二を空ずれば空三昧と名く。二に無相三昧、是れ滅諦の、滅、靜、妙、離、の四行相と相應する三昧なり。涅槃は色聲香味觸の五法、男女の二相、及び三有爲相（住相を除く）の十相を離るれば無相と名け、無相を緣とすれば無相三昧と名く。三に無願三昧、舊に無作三昧

と云ひ、又無起三昧と云ふ。是れ苦諦の、苦、無常、の二行相、集諦の、因、集、生、緣、の四行相と相應する三昧なり、苦諦の苦、無常の二及び集諦は厭惡すべきが故に、又道諦の、道、如、行、出、の四相行は船筏の如し必ず捨つべきが故に、總じて之を願樂せざれば之を緣とするを無願三昧と云ふ。又諸法に於て願樂する所なければ造作する所なし、故に無と云ひ、無起と名く。但苦諦の空無我の二行相は涅槃の相と相ひ似るが故に厭捨すべきに非らず、故に無願三昧中に之を取らざるなり。【法華經信解品】に「世尊往昔說法既久。我時在座身體疲懈。但念空無相無作。」【無量壽經上】に「超越聲聞緣覺之地。得空無相無願三昧。」【同下】「住空無相無願之法。無作無起觀法如化。」【智度論十九】に「於三界中智慧不著。一切三界轉爲空無相無作、解脫門。」【同二十】「涅槃城有三門。所謂空無相無作。乃至行此法得解脫。到無餘涅槃。以是故名解脫門。」【俱舍論二十八】に「空謂非我。無相謂滅四。無願謂餘十。諸行相相應。此通淨無漏無漏三脫門。」【大乘義章二】に「言無願者。經中或復名爲無作。亦名無起。乃至此三經論名解脫門。亦名三治。亦名三空義。或復說爲三三昧門。三脫三昧經論同說。三治一門如地論說。言三空者如仁王經。言三脫者就果名也。三障對治故名三治。言三空者就理彰名。三三昧者就行名也。」

重三三昧 〔術語〕又重空三昧と稱す。是れ初の空空三昧の一を擧げて他を攝するなり。若し各別に之を稱すれば重空、重無相、重無願なり。一に空空三昧、羅漢先づ無漏智を以て諸法の空無我を觀ずるを空三昧と名け、更に有漏智を以て前の空智を觀じて空相をなし、之を厭捨するを空空三昧と名く。二に無相無相三昧、先づ無漏智を以て涅槃の滅靜妙離を觀ずるを無相三昧と名け、更に有漏智を以て此智を盡滅せる非擇滅無爲の靜相を觀じて前の無相を厭捨するを無相無相三昧と名く。三に無願無願三昧、如上の苦集道三諦の苦無常等の相を觀じ、更に之を厭捨するを云ふ。故に總じて是れ有漏なり。【俱舍論十八】に「重緣無學取空非常相。後緣無相定。非擇滅爲靜。」【大乘義章二】に「何故修此重空三昧。成實論言如人以杖燒尸。死屍既盡杖亦須燒。智亦如是。前用斷結。結患既亡智亦須捨。故須修之。」

密敎三三昧門 〔術語〕眞言行者は行法の初中後に此觀を爲す。此の三三昧は吽字の三摩地なり、吽字に三解脫の德を備ふるなり。【大日經疏九】に「此眞言以最後吽字爲體。具足三密解脫門。謂上有囊字空點是大空義。即是空解脫門。本體是訶字離因緣故。即是解脫門。下有鄔字三昧點。以本不生故即是無作解脫門。如是三門。一切諸障所不能入。」【秘藏記本】に「心月輪の觀に於て淨菩提心を觀じ、煩惱の心垢を除きて明了に心の實相を見る。此の時我物の想を生じ我見の執を起すべし、故に此の執を除かんが爲に即ち空觀を作すべし。我が今觀見する所の月輪は空なりと。而して此が爲に却つて空執に墮するを除かんが爲に更に無相觀を作すべく、更に又、今我れ斯の心所得の淨菩提心を觀ずるに已に造作の法を離れて本來宛然として之れ有り、本より我物なるに依て今更に求めて得べき者にあらずと。是の如く願求の念を亡するを無願と云ふ。」と、此の中初の二釋は遮情の釋、後の一は表德釋なり。然も初二亦表德の義なきにあらず、空とは一切諸法無碍涉入の義なり、無相とは萬德輪圓無盡にして一の別相なき義なり。今は行者の執情を遮せむが爲の觀法なれば初二を以て執情を遮し、迷情遮し了つて方に性德を顯はす次第に依るなり。【同鈔四】に「先づ行法の初に於て之を作し、次に行法の最中將に字輪觀に入らんとする時且つ此觀を作し、次に行法已て復た此觀を作すなり。大師御作一字頂輪王次第、五重結護の如し。」

サンサンマイモン　三三昧門 〔術語〕三解脫門の異名。前項を見よ。

サンサンマヂ　三三摩地 〔術語〕サンサマヂと讀む。「サンサンマイ」を見よ。

サンザウ　三藏 〔術語〕Tripiṭaka 經律論の三なり。此三各文義を包藏すれば三藏と名く。經は定學を說き、律は戒學を說き、論は慧學を說く。依て三藏に通じ三學に達するものを三藏と稱し、殊に眞諦玄奘の如き翻譯師の稱號とす。其一一の梵名は、一に素呾纜藏、Sūtrapiṭaka 舊修多羅藏綖と譯す、聖人の言說能く諸法を貫穿すると綖の花鬘を貫く如くなれば喩へて綖と云ふ。然るに經は常なり法なりと訓して聖人の言に名け、且つ經の緯を持する恰も綖の義を具するを以て譯家綖に易ふるに經を以てす。二に毘奈耶藏、Vinayapiṭaka 舊に毘尼藏、滅と譯す。三業の過非を滅する義。別名優婆羅叉、律と譯す、毘奈耶の敎は能く律を詮はす故に別名を律と云ふ。三に阿毘達磨藏、Abhidharmapiṭaka 舊に阿毘曇藏、新に對法と譯す、眞理を對觀する勝智に名く。舊は無比法と譯す、亦勝智を稱して無比と云ふ。此藏涅槃を

對觀する無比の勝智を生ずれば阿毘達磨と名く。別名優婆提舍、論と譯す、諸法を論ずる義。此藏の所詮諸法の性相を論じて勝智を生ずれば別名を論と云ふ。さて三藏に三種あり。一に小乘の三藏。二に大乘の三藏。三に大小の三藏。

小乘三藏　〔術語〕四部の阿含經等を經藏とし、四分五分十誦律等を律藏とし、六足發智論等を論藏とす。此三藏は根本皆佛說にして佛入滅の時に部帙を分けて結集せしもの。佛所の大乘は義理の分際遙に小乘に異なれば別處に之を結集して單に摩訶衍藏 Mahāyānapiṭaka と名け、以て小乘の三藏に對す。是れ智度論の意なり。【智度論百】に「如摩訶迦葉於耆闍崛山中集三藏。佛滅度後文殊師利彌勒諸大菩薩。亦將阿難集是摩訶衍。乃至三藏是聲聞法。摩訶衍是大乘法。」【法華經安樂行品】に「貪着小乘三藏學者。」天台は之に據つて四教の中に小乘教を呼んで三藏教となす。然るに小乘宗の中に經量部の如きは佛說の論藏を許さず、論藏は滅後の弟子の說く所を云ふ。故に世親も【俱舍論】の初に有部宗の義を叙するに「離擇法定無餘能滅諸惑勝方便。由惑世間漂有海。因此傳佛說對法。」これ經量部の意に依りて論藏の佛說は己が所信にあらざるを示して傳の字を置きしもの。依て衆賢は【正理論】の初に痛く之を駁せり。今案ずるに小乘の三藏を結集して三藏を以て小乘の別名とせしは佛滅後に在ると論なしと雖、佛在世に於て其教法中既に三藏の別ありて存在せしは證文一ならず、【智度論百】に「佛在世時無有三藏名。但有持修多羅比丘持毘尼比丘持摩多羅迦 Mātṛka 比丘。」（摩多羅迦は論藏の異名なり）【毘奈耶雜事十四】に「緣在室羅伐羅城。時有苾芻名毛血。乃至見佛說法於三藏經說地獄苦。」【同十八】に「三藏經中有疑處除我更無能答者。」【同三十四】に「賊言。聖者仁是三藏。持經律論耶。苾芻亦同前答。乃至佛言汝等苾芻善閑經律論。」此等皆佛在世の事なり、之を以て佛在世既に三藏の名も實もありしを知る。

大乘三藏　〔術語〕智度論の意に依れば三藏は小乘の特稱にして大乘は一修多羅藏なれども攝大乘論の意に依れば大乘中亦三藏ありて、華嚴經等を經藏とし、梵網經等を律藏とし、阿毘達磨經等を論藏とす。（阿毘達磨經は此土に譯せず唯識論の中に往往之を引く。）然れども是れ一修多羅藏の分類なれば之を總部の三藏と名け、小乘の三藏の部別の三藏と稱す。【玄弉譯世親攝論釋一】に「此中三藏者。一素怛纜藏。二毘奈耶藏。三阿毘達磨藏。如是三藏下乘上乘有差別故則成二藏。一聲聞藏。二菩薩藏。」

密教三藏　〔術語〕【元亨釋書廿三】に「以東寺爲密場。置五十比丘習密三藏。三藏何。大毘盧遮那金剛頂經等二百卷密修多羅也。蘇婆呼經根本部等一百七十卷密毘奈耶也。菩提心、訶摩衍等十一卷密阿毘曇也。」

大小三藏　〔術語〕大小乘を合論して三藏を立つ。一に聲聞藏、二に緣覺藏、三に菩薩藏なり。【阿闍世王經下、嘉祥法華義疏十】又、一に聲聞藏、三に菩薩藏、三に佛藏なり。【釋氏要覽中】

サンザウガクシヤ　三藏學者　〔術語〕小乘の學人を指す。

サンザウケウ　三藏教　〔術語〕天台所立四教の一。一切の小乘教を指す。佛入滅の年大迦葉等經律論の三藏を結集して小乘一切の教理を該收せしものなれば小乘を呼びて三藏教と云ふ。大乘亦三藏の別なきにあらざれども、小乘の三藏の如く部帙整然として分るる者あるにあらず、依て之を一摩訶衍藏とし、彼の小乘を三藏として二者を對峙す。もと智度論の意なり。

サンザウホフシ　三藏法師　〔術語〕通じて法師の美稱なれども殊に唐の玄弉三藏を指す。

サンザウホフス　三藏法數　〔書名〕具名、大明三藏法數、五十卷、明の一如等撰。【露帙一】(1621)

サンザフゼン　三雜染　〔術語〕眞性を雜亂し染汚するもの三あり。一に煩惱雜染、貪瞋我見等の煩惱を起して眞性を雜染するもの。二に業雜染、煩惱に由て種種の惡業を造り、以て眞性を雜染するもの。三に生雜染、惡業に由て生老病死の苦を感じて眞性を雜染するもの。【顯揚聖教論一】

サンザン　三山　〔名數〕紀州熊野の三所權現を云ふ。

サンザンボン　三三品　〔術語〕淨土論に說く女人、根缺、二乘の三の體と名とを言ふ。

サンシ　三使　〔名數〕生病死の三を三天使と云ふ。

サンシ　三始　〔名數〕大同元年十一月二十三日傳教始めて止觀院に於て數百人に圓頓戒を授く。同く二年二月一日傳教始めて法華經七卷の長講を開く。同く三年三月八日傳教始めて金光明經四卷の長講を開く。之を比叡の三始とす。【元亨釋書二】

サンシ　散支　〔天名〕又、散脂。具名、散脂迦、散脂修摩。新稱、僧愼爾耶、半只迦、半支迦。密神と譯す。Pañcika* 或は歡喜母即ち鬼子母神の子とし、或は鬼子母神の夫とす。北方毘沙門天王の八大將の一、其所管に二十八部衆ありて世間を巡行し、善惡を賞罰

す。【金光明經三】に「散支鬼神品」【最勝王經八】に「僧愼爾耶藥叉大將品」此品の中に於て能く此經を信受する者を守護せんことを誓へり。【訶哩帝母經】に「時有二大藥叉女一。名二歡喜一。容貌端嚴有二五千眷屬一。常住二支那國一護二持世界一。是沙多大藥叉將之女。嫂二半支迦大藥叉將一（昔云散脂者訛）生二五百子一。」【諸天傳乾】に、陀羅尼集經を引きて「鬼子母有二三男一。長名二唯奢文一。次名二散脂大將一。小名二摩尼跋陀一。」【大日經疏五】に「置二毘沙門天王一。於二其左右一置二夜叉八大將一。乃至三名二半只迦一舊曰二散支一。」【天台光明疏三】に「具存二梵音一應レ言二散脂修摩一。此翻爲レ密。密有二四義一。謂名密行密智密理密。蓋北方天王大將。餘三方各有。東方名二樂欲一。南方名二檀帝一。西方名二善現一。各有二五百眷屬一。管二領二十八部一。」【嘉祥光明疏】に「外國言二散脂修摩一。此云二密神一。迹在二鬼王一本是十地。」

サンシ　三止　〔名數〕台家三觀に對して三止を立つ。一に體眞止、諸法は因緣より生ず、因緣假和合の法は性空なりと體りて一切の攀緣妄想を止息するもの。空理を證するを體眞と云ふ、空は即ち眞なり。二に方便隨緣止、又繫緣守境止と名く。菩薩、空は空に非ずと知り、諸法幻化の理に停止して藥病を分別して衆生を化益するもの。空は空に非ずと知るを方便と云ひ、藥病を分別し緣に隨ひ境を歷るを隨緣と言ひ、假諦の理に安住して動かざるを止と云ふ。即ち是れ假觀に對する止なり。三に息二邊分別止、又制心止と名く。第一止は眞に偏し、第二止は俗に偏し、倶に中道に會せず、今眞に眞に非ずと知れば空邊寂靜し、俗は俗に非ずと知れば有邊寂然たり。即ち眞俗の二邊を息めて中諦に止まるもの。是れ中觀に對する止なり。已上の三止前後次第するを別教の三止とし、三即一、一即三、三相即するを圓教の三止とす。【止觀三】「此三止名。雖レ未レ見二經論一映二望三觀一。隨レ義立レ名。」図止の三義を三止と云ふ。一に止息の義。二に停止の義。三に不止の止の義。「シ」を見よ。図法華經方便品に佛の三止舍利弗の三請あり。「サンシサンシヤウ」を見よ。

サンシ　三支　〔名數〕因明の宗と因と喩とを三支と云ふ。宗とは所立の義なり、因とは宗を成ずる理由なり、喩とは宗を助成する譬喩なり。喩に同異の二あり、宗因二義の存する喩法を同喩とし、宗因二義の無なる喩法を異喩とす。「聲は無常なるべし、所作性の故に、瓶等の如し（同喩）、虛空等の如し（異喩）。」此の如く此三支を以て比量の作法を立つるを立量と云ふ。

サンシ　三師　〔術語〕授戒の式に三師七證の人數を要す。「サンシシチシヨウ」を見よ。

サンシ　三子　〔譬喩〕第一子は父母に孝順し且つ智慧ありて能く世間の事を知る、第二子は父母に孝順せず而も利根にして能く世間の事を知る、第三子は父母に孝順せず、鈍根にして世間の事を知らず。父母三子を敎うるに第一子を先にし、次に第二子第三子に及ぶ。第一子を菩薩に譬へ、第二子を聲聞に譬へ、第三子を闡提に譬ふ。佛此三類を敎うる次第亦彼の三子に於ける如し。【涅槃經三十三】

サンシウ　三周　〔術語〕佛、法華經を說くに其の迹門に於ては聲聞人を度するに正說、領解、述成、授記の四段を分てり、之を一周となす。而して其の聲聞人に上中下の三根有るを以て前後三周せり。之を三周說法と云ふ。一に法說周、舍利弗一人の上根に當てて直ちに妙法の實理を說き一乘に悟入せしむるもの、方便品と譬喩品に渉れり。二に譬喩周、大迦葉等四人の中根に當てて三車の譬喩を說きて一乘に悟入せしむるもの、譬喩品、信解品、藥草喩品、授記品の四品に渉れり。三に因緣周、其他一切聲聞人の下根に當てて過去大通智勝佛の時よりの因緣を說きて一乘に悟入せしむるもの、化城喩品、五百授記品、人記品是なり。此三段次第の如く上中下根を度すると周足して迹門法華の正宗分此に畢るなり。【法華玄義十】に「如二法華三周說法一斷二奠聲聞一咸歸二一實一。」

三周聲聞　〔術語〕三周の說法に度せられたる上中下根の聲聞を云ふ。

サンシカ　散脂迦　〔天名〕夜叉大將の名。「サンシ」を見よ。

サンシキ　三識　〔術語〕心識の眞妄に就て三識の不同を立つ。一に眞識は自性淸淨心なり。第八阿賴耶識は眞に通じ妄に通ず。妄は染、眞は淨なり。其の淨分を云ふなり。二に現識は變現の意なり。第八識が一切善惡の種子を含藏して根身世界を變現すと云ふ。故に名く。三に分別識は、六塵等の種種の諸境に於て分別を起すなり。第七末那識第六意識を傳送するに由つてよく分別を起す故に名く。【楞伽經】図末那識、阿賴耶識、菴摩羅識の稱。【翻譯名義集】

サンシキ　三色　〔名數〕三種の色法、五根、五境、無表色。

サンシサンシヤウ　三止三請　〔故事〕法華經方便品の初に於て、先づ如來の二智を讚嘆し、諸法實相は甚深微妙なるを以て之を說くを止めんと言ひ、舍利弗は衆に代りて之を說かんことを請ふ。此の如く佛と舍利弗交互して各三たび止め三たび請ふとありて、佛遂に第三請を容れて廣く妙法を說く。

之を三止三請と云ふ。

サンシシチシヨウ　三師七證　〔術語〕比丘の具足戒を受くるには三師七證を要す。三師とは一に戒和尚、正しく戒を授くるもの。二に羯磨師、表白及び羯磨の文を讀むもの。三に教授師、受者に威儀作法を教うるもの。七證とは七人の證明師なり。七人より多きを厭はず。依て十人の大比丘を要するなり、若し邊地に在ては三師二證を開す。【行事鈔上三】東大寺に於ては此三師を律宗の三職と稱す。

サンシチニチシユヰ　三七日思惟　〔故事〕佛成道して後三七日の間觀樹經行して、如何にして妙法を說き衆生を度せんかと思惟せり。【法華經方便品】に「我始坐二道場一。觀樹亦經行。於二三七日中一思二惟如レ是事一。我所レ得智慧微妙最第一。衆生諸根鈍著レ樂痴所レ盲。如レ斯之等類云何而可レ度。」

サンシヒリヤウ　三支比量　〔術語〕因明法なり。宗因喩の三分を以て比量を立つること。比量は因喩の二を以て宗の義を比べ知ること。

サンシヤ　三車　〔譬喩〕羊車鹿車牛車なり。次第の如く聲聞乘、緣覺乘、大乘に譬ふ。法華經譬喩品の所說。「クワタク」を見よ。　図法華宗の慈恩常に三車を從へければ三車和尚と稱すと云ふ。【宋高僧傳四窺基傳】に「奘師始因二陌上一見二其眉秀目朗措疎略一。曰將家之種不レ謬也哉。脫或因緣相扣度爲二弟子一。則我法有レ寄矣。乃至遂造二北門將軍一微諷二之出家一。父曰。伊類麤悍那勝二教詔一。奘曰。此之器度非二將軍一不レ生。雖二然諾一基亦强拒。激勉再三拜以從レ命。奮然抗レ聲曰。聽二我三事一方誓出家。不レ斷二情欲葷血一過レ中食也。奘先以レ欲勾牽後令レ入二佛智一。佯而肯焉。行駕累二載前之所欲一。故關輔語曰。三車和尚。」即貞觀二十二年也。一基自序云。九歲丁レ艱漸疏二浮俗一。若然者三車之說乃厚誣也。」

サンシヤ　算沙　〔術語〕善財童子、南行して名聞國に至り、自在主善知識の所に於て算沙の法門を習ふ。自在主の言く、我先に文殊師利に於て書算字印等の法門を習學し、工巧神通に入りて一切の法門を知る。常に十千の童子と河渚の上に在て沙を聚めて戲を爲す、此法門に依て世間の書算界處等の法乃至菩薩の算法を知ることを得。【六十華嚴經】

サンシヤウ　三生　〔術語〕諸宗三生成佛の義を立つるもの數家あり。

聲聞乘三生　〔術語〕阿羅漢を得るに極速なるは三生を經。第一生に順解脫分の善を植ゑ、第二生に順決擇分を植ゑ、第三生に見道に入り乃至阿羅漢果を得。之より速なるはなし。【俱舍論廿三】に「極速三生方得二解脫一。謂初生起二順解脫分一。第二生起二順決擇分一。第三生入レ聖乃至得二解脫一。譬如下種苗成結レ實三位不上レ同。身入二法性一成就解脫三位亦爾。」

天台三生　〔術語〕台家種熟脫の三段に約して佛道成就の相を示す。初めて菩提心の種子を種ゑらるるを種とし、修行漸く熟するを熟とし、修行成りて果德の顯るるを脫とす。此三段を或は久遠と中間と今世との三に配す。或は一生一念の中に此三を立つ。されば三生とは但三位の別を示すのみ。「シユジユクダツ」を見よ。

華嚴三生　〔術語〕華嚴宗に又三生成佛を立つ。一に見聞生、宿世に盧舍那佛を見、普賢の法門を聞きて金剛不壞の佛種子を成就する位、是れ宿善に屬す。二に解行生、今生に圓解を開き、圓行を修し、十信より十地等覺の妙行を具足する位。三に證入生、當來の世に於て佛果に證入する位。さて此三生を過現未の三世に配するは下根に約する義にして、即ち隔世の三生なり。若し上根の機に對するときは三生は法門の分位を示したる語にして一生一念の中にも三生ありと立つるなり。善財童子を或は來世成佛と云ひ、或は一生成佛と云ふは此二義を示したるなり。【探玄記十八】に「依二圓教宗一有二其三位一。一見聞位。即是善財次前生身。乃至成二是解行位一。頓修二如レ是五位行法一。如三善財此生所レ成至二普賢位一者是也。三證入位。即因位究修潜同二果海一。善財來生是也。」「サンシヤウジヤウブツ」を見よ。

サンシヤウ　三聖　〔名數〕三種の聖道。台家に藏別圓の三教の聖道を云ふ。【法華玄義一】に「橫破二凡夫四執一。竪破二三聖之證得一。」この他三位の聖人、種種あり。

華嚴三聖　〔名數〕一に毘盧舍那佛、理智を完備す。二に文殊菩薩、智門を主りて佛の左位に位す。三に普賢菩薩、理門を主りて佛の右位に位す。右を智とし左を理とすべきに之を轉ぜしは理智の涉入を示す、胎藏界曼陀羅の意是なり。

彌陀三聖　〔名數〕一に阿彌陀佛、悲智の二德を全備す。二に觀世音菩薩、悲門を主りて佛の左位に位す。三に勢至菩薩、智門を主りて佛の右位に位す。即ち彌陀の三尊なり。

震旦三聖　〔名數〕老子孔子顏回なり。【止觀五】に「元古混沌未レ宜二出世一。邊表根性不レ感二佛興一。我遣二三聖一化二彼眞丹一。禮義先開大小乘經然後可レ信。眞丹既然。十方亦爾。」【同輔行】に「淸淨法行經云。月光菩薩彼稱二顏回一。光淨菩薩彼稱二仲尼一。

迦葉菩薩彼稱二老子一。天竺指二此震旦一爲レ彼。准二諸目錄一皆推二此經一以爲二疑僞一。文義既正或是失譯。」

比叡三聖 〔名數〕釋迦、彌陀、藥師なり。山王七社の中に大宮の本地は釋迦如來、二宮の本地は藥師如來、聖眞子の本地は彌陀如來なり。而して大宮と聖眞子は同築垣の內にあれば之を兩所三聖と云ふ。【日吉山王知新記上】

三敎三聖 〔名數〕釋迦老子孔子なり。世に三聖酢吸圖、三敎聖人圖、吸酢三敎圖など稱するものあり、無稽の甚だしきものなり。

サンシヤウ 三請 〔故事〕迹門の法華は舍利弗の三請に由て之を說き、本門の法華は彌勒の三請に由て之を說く。【方便品】に「世尊告二舍利弗一。汝已慇懃三請豈得レ不レ說。」【壽量品】に「是時菩薩彌勒爲レ首。分掌白レ佛言。世尊惟願說レ之。我等當レ信二受佛語一。如レ是三白已。爾時世尊知二諸菩薩三請不一レ止而告レ之言。汝等諦聽。」

サンシヤウ 三障 〔名數〕正道を障へ善心を害するもの三あり、一に煩惱障、貪欲瞋恚愚痴等の惑。二に業障、五逆十惡の業。三に報障、地獄餓鬼畜生等の苦報。【涅槃經十一】図一に皮煩惱障、三界中の思惑なり。貪瞋等の惑、外の六應に對して起る。皮の身外に在る如し。二に肉煩惱障、三界中の見惑なり。斷見常見等皆內心の分別に屬するもの。肉の皮內に在る如し。三に心煩惱障、根本無明なり。此無明の惑眞心に迷ふに由て妄起すれば心煩惱障と名く。【孔目章】図三重障あり、一に我慢重障、二に嫉妬重障、三に貪欲重障なり。【瑜伽大敎王經五】

サンシヤウ 三性 〔名數〕善惡無記の三。偏依圓の三。

善惡無記三性 〔名數〕一に善性、現世來世に於て自他の爲に順益を爲すもの。信等の善心及び善心所起の一切の善根是なり。二に惡性、現世來世に於て自他の爲に違損を爲すもの。貪等の惡心及び惡心所起の一切の惡業是なり。三に無記性、善にも非ず惡にも非ず、中容の法にして、順益とも違損とも記別すべからざるもの。此中に有覆無記と無覆無記との二あり。妄惑の勢用微弱にして自他を違損するの力なしと雖、其體妄惑なるが故に聖道を蔭覆するもの、又此惑障と倶なるもの、之を有覆無記と云ふ。末那識等是なり。其體妄惑にあらず、又妄惑と倶なる法にあらずして、其自性微弱、曾て自他を損益するとなきもの之を無覆無記と云ふ。阿賴耶識及び內根外器等是なり。【唯識論五、百法問答抄三】

偏依圓三性 〔術語〕一に偏計所執性、凡夫の妄執より實物と認めらるるもの。凡夫の妄情は遍く一切法を計度すれば遍計と云ひ、此遍計の妄情に迷執せらるるものを所執性と云ふ。例へば繩を誤りて蛇と思ふ如き、蛇の實體あるにあらず、但妄情に蛇なりと迷執せられたるに止まれば之を偏計所執性と名く、吾人內外に於て實我を認め實法を執するも此の如し。有爲の萬法は因緣假和合の法にして、一の實我なく一の實法なきを、但妄情より計度して我なり法なりと迷執するもの、依て實我實法を指して偏計所執性と云ふ。是れ但妄情に由て存し妄情を離れて有ると能はざるもの。二に依他起性、因緣に依て生ずる一切萬法是なり。他とは因緣を指す、阿賴耶識の種子を第一の因とし、其他種種の助緣を籍りて生ずるもの、是れ妄情を離れて自ら存するなり。例へば繩の麻等の因緣より生ぜしものの如し。三に圓成實性、圓滿に成就せる眞實の性なり。法性とも眞如とも云ふ。是れ一切有爲法體性なり、恰も繩の實性麻なるが如し。これに二義ありて、此法性隨緣して依他起性となると云ふを實大乘の義とし、此法性を所依として依他起性成立すと云ふを權大乘の義とす。さて此三性中遍計所執性は妄有、依他起性は假有、圓成實性は實有なり。又遍計所執性は實無、依他起性は似有、圓成實性は眞有なり。此三性は別事の上にも在り一事の上にも具す。龜毛兎角又は過未の法を實と認むるを遍計所執性とし、百法の中初の九十四法を依他起性とし、後の六無爲を圓成實性と差別する如きは是れ別事の上の三性なり。又一の花を擧ぐるに實の花なりと妄情を以て迷執せらるる花の相は是れ遍計所執性なり、因緣より生じて假に花の相を現ずるは是れ依他起性なり、花の實體は圓成實性なり。此の如く分別すれば諸法各各一事の上に三性を具す。【唯識論八、百法問答抄四】

サンシヤウキ 三精氣 〔術語〕地と衆生と法との精氣を以て魔障を伏するもの。【大集經五十二月藏分諸魔得敬信品】に「護二持養二育佛之正法一。熾二然三寶種一久住二於世間一。令二地精氣衆生精氣法精氣皆悉增長一。」

サンシヤウゴン 三莊嚴 〔術語〕國土を莊嚴する三種。一に事莊嚴は色聲香味等の事物を云ひ、二に法莊嚴は種種勝妙の法音を云ひ、三に人莊嚴は菩薩聲聞等の衆生を稱す。

サンシヤウジヤウ 三淸淨 〔術語〕又、三牟尼と名く。「ムニ」を見よ。

サンシヤウジヤウブツ　三生成佛　〔術語〕華嚴宗の所立。成佛に二義あり一は此三を過現未の三世に配し、過去生にて見佛聞法して佛種子を植ゑ、今生に於て十信乃至十地の解行を全ふし、來世の生に於て果海に證入す、即ち三生を以て成佛すれば三生成佛と云ふ。是れ通途の義なり。二は見聞等の三生各自其一生に成佛するを云ふ。本經【隨好品】に、地獄天子前生に華嚴大經の正法を見聞して之を毀謗せし故に今は地獄に處すと雖、佛光の照す所、前の見聞力に由りて即ち地獄の苦を脫し、兜率天に生じ、此一生に於て十地の解行を成就し成佛を得。是れ見聞の一生成佛なり。又本經【入法界品】に善財童子福城の東に於て始めて文殊を見、其より南詢して最後に普賢菩薩を見、一切の解行此一生に圓滿成就するを得。是れ解行の一生成佛なり。又本經【入法界品】に、舍利弗等逝多林に於て六千の比丘をして文殊師利を觀察せしむ。文殊彼等が爲に大法を說き、彼等をして法界に證入せしむ。是れ證入の一生成佛なり。【華嚴大疏鈔三】「サンシヤウ」參照。⦿（野守鏡下）「花嚴の三生成佛」

サンシヤウタイモウノチユウダウ　三性對望中道　〔術語〕萬有に遍計所執性、依他起性、圓成實性の三面あり。空假實に配す。故に萬有は非有非空なり、有空を離れたる中道なりと結論せざるべからず。是の如く三性を對望して萬有の中道を說くを云ふ。

サンシヤウニシ　三聖二師　〔名數〕台徒の稱。傳敎、慈覺、智證、を三聖とし、安然、慈慧、を二師とす。【台宗學則上】

サンシヤウフンベツ　三性分別　〔術語〕事物の性質に就て、善惡無記の三性を分別すること。

サンシヤウロクジフコフ　三生六十劫　〔術語〕聲聞乘の修行時なり。極速は三生にて極果を得、極遲は六十劫にて極果を得。【倶舍二十三】に「極速三生方得解脫。」【倶舍光記二十三】に「此據聲聞。極疾三生修加行。極遲六十劫修加行。」

サンシヤケ　三車家　〔術語〕三乘家の異名。「シシヤケ」を見よ。

サンシヤミ　三沙彌　〔名數〕沙彌に三種あり。「シヤミ」を見よ。

サンシヤラ　散拓羅　〔術語〕Saṁsāra 譯、移轉。「輪廻。」

サンシユ　三銖　〔雜語〕天人の衣は輕妙にて其重さ僅に三銖。【瓔珞本業經下】に「梵天衣重三銖。」「テンエ」を見よ。

サンシユ　讚衆　〔雜語〕法事の式に讚偈を唱ふるもの。其頭首を讚頭と云ひ餘人を讚衆と云ふ。四智讚、吉祥讚など種種の讚文あり。

サンシユ　三修　〔名數〕勝劣の三種あり、一に無常修、聲聞の人法身常住の德を知らず、但一切有爲法の無常を觀ずるもの。二に非樂修、聲聞の人諸法の中に自ら涅槃寂滅の樂あるを知らず、但諸法の苦を觀ずるもの。三に無我修、聲聞の人自在無礙の眞我あるを知らず、但五蘊の空を觀ずるもの。之を聲聞人の劣の三修と名く。又、一に常修、菩薩法身の體、常住不滅なるを知りて聲聞の無常の執を破するもの。二に樂修、菩薩諸法の中に自ら涅槃寂滅の樂あるを知て聲聞人の苦執を破するもの。三に我修、菩薩無我法中自ら眞我の自在あるを知りて聲聞人の無我執を破するもの。之を菩薩の勝の三修と名く。【涅槃經二】

サンシユ　三株　〔名數〕株は株杌、貪瞋痴の三毒を云ふ。三毒深く入て拔けざると株杌の如し。【雜集論七】に「株杌有三。謂貪瞋痴。乃至堅固難拔猶株杌故。」【寄歸傳二】に「絕三株之害種。偃四瀑之洪流。」

サンシユウ　三種有　〔名數〕名あり實あるを有と云ふ。有に三種あり。一に相待有、待は對待の義。長に對して短あり、短に對して長あり、境に對して心あり、心に對して境ある如きもの。二に假名有、假は虛假不實の義。四大の和合を假に瓶と名け、五蘊の和合を假に人と名くる如き、假名ありて實體なきもの。三に法有、色心の諸法因緣より生ずるもの。是れ自性なしと雖、兎龜角毛の如く名ありて實なきものにあらざれば法有と名く。【智度論十二】

サンシユエンジ　三種緣慈　〔名數〕「サンエンジ」を見よ。

サンシユカウ　三種香　〔名數〕一に根香、樹の根より採りたるもの。二に枝香、樹の枝より採りたるもの。三に華香、樹の華より採りたるもの。【戒德香經】に「阿難白佛。世有三種香。一曰根香。二曰枝香。三曰華香。」

サンシユキドク　三種奇特　〔名數〕「キドク」を見よ。

サンシユクワウミヤウ　三種光明　〔名數〕光明に就て三種の別を立つ。【大藏法數十二】に「一謂日月星光。及火珠燈炬等光。皆能破除昏暗。是名外光明。二謂隨其所聞之法觀察修習。皆依法則因此明心見性破除愚痴之暗。顯發本覺妙明。是名法光明。三謂諸佛菩薩二乘及諸天等身皆有光。亦能破暗。是名身光明。」

サンシユクワンヂヤウ　三種灌頂　〔名數〕「クワンヂヤウ」を見よ。

サンシユクワンボフ　三種觀法　〔名數〕「クワンボフ」を見よ。

サンシユクンジフ　三種薰習　[名數]「クンジフ」を見よ。

サンシユケウサウ　三種敎相　[術語]　南三の諸家通用する所の頓漸不定の三敎を云ふ。【玄義十】に「出二異解一者爲二十意一。所謂南三北七。南地通用二三種敎相一。一頓二漸三不定。」

サンシユケンワク　三種見惑　[名數]　一に俱生見惑。生れながらにして自然に有する見惑。二に推理見惑。一一の事件に遇ふにあたりて推理して生ずる見惑。三に發得見惑。學問などをなして得る堅固の見惑。

サンシユコンマホフ　三種羯磨法　[名數]「コンマ」を見よ。

サンシユサイ　三種作意　[名數]　大地法の中の作意の心所を三種に別つ。一に自相作意は法の自相を觀ずる智慧と相應して起る作意の心所なり。二に共相作意は法の共相を觀ずる智慧と相應して起る作意の心所。三に勝解作意は假想觀に相應して起る作意の心所なり。不淨に見えざる物境に對して不淨觀を修する時の作意の如きなり。

サンシユサウ　三種相　[名數]　因明に三種相を列す。一に標相は煙を見て火と知る如き。二に形相は長短方圓等の形狀。三に體相は體質なり。火は熱を以て體質となす如きを云ふ。図智度論所說。一に假名相は、世間一切の事物及衆生は、衆緣和合によりて種種の名字ありと雖も、皆自性無く虛假不實なり。衆生迷ふが故に此の假名に於て執取の相を起す、故に假名と名く。二に法相は、五蘊十二入十八界等の諸法、肉眼を以て觀る故に則ち有と見、慧眼を以て觀る故に則ち無と見る。衆生迷ふが故に此等の法に執取の相を起す故に法相と名く。三に無相相は、上の二相を離れて但だ無相有り、衆生迷ふが故に無相の中に執取相を起す、故に無相相と名く。

サンシユサングワン　三種三觀　[名數]　三諦の理を觀ずる觀心に三種の別ありて、次第と圓融の義あり。一に別相三觀は別途に三諦を觀ずるなり。二に通相三觀は一觀の中に三諦を圓解するなり。三に一心三觀は一念の心に於て三諦を觀ずるなり。【宗鏡錄三十五】に「一別相三觀者。歷別觀二三諦一。若從レ假入レ空但得レ觀二眞一。尙不レ得レ觀二俗一。豈得レ觀二中道一也。若從レ空入レ假。但得レ觀レ俗。尙未レ得レ觀二中道一。若入二中道正觀一方得二雙照二諦一。二通相三觀者。則異二於此一。從レ假入レ空。非三但知二俗假是空一。眞諦中道亦通二是空一也。若從レ空入レ假。非三但知二俗假是假一。眞空中道亦通二是假一。乃至但以二一觀一當レ名。解心無レ不レ通也。三一心三觀者。知三一念心不可得、不可說。而能圓二觀三諦一也。乃至在レ境爲二一諦而三諦一。在レ心爲二一觀而三觀一。在レ果爲二一智而三智一。乃至觀二一念心一爲二所緣境一。返二觀此心一。從二何處一來。去至二何所一。畢竟無レ有レ淨。若二虛空一名二空觀一。觀境歷歷分明名二假觀一。雖二歷歷分明一而性常自空而境觀歷然名二中觀一。即レ一而三。即レ三而一。」

サンシユシキ　三種色　[名數]「シキ」を見よ。

サンシユシクワン　三種止觀　[名數]　漸次、不定、圓頓なり。「シクワン」を見よ。

サンシユシツヂキ　三種悉地軌　[名數]　佛頂尊勝心破地獄轉業障出三界秘密三身佛果三種悉地眞言儀軌の略名。【餘帙三】

サンシユシネンジヨ　三種四念處　[名數]「シネンジヨ」を見よ。

サンシユシヤウ　三種生　[名數]　潙仰宗の靈祐、楞嚴經に依り三種生を揭げて學者を提撕す。一に想生、塵境に對して妄想する能思の心なり。二に相生、識情の所思一切境界の相なり。三に流注生、識塵和合して念念に相續する一切の煩惱なり。吾等無始以來此三を以て清淨の鏡智を汚す。【人天眼目四】に「師一日謂二仰山一曰。吾以二鏡智一爲二宗要一。出二三種生一。所謂想生相生流注生。楞嚴經曰。想相爲レ塵。識情爲レ垢。二俱遠離則汝法眼應レ時清明。云何不レ成二無上知覺一。已上經文。想生即能思之心雜亂。相生即所思之境歷然。微細流注俱爲二塵垢一。若能淨盡方得二自由一。」（經文の當意は想相の二字は六境を示し、識情の二字は六識と六根となり。）

サンシユシヤウゴン　三種莊嚴　[名數]　天親の淨土論に極樂の三種の莊嚴を說く。佛莊嚴、菩薩莊嚴、國土莊嚴なり。

サンシユシヤウジヤウ　三種清淨　[名數]【智度論】に般若を修する菩薩の三種の清淨をいふ。一に心清淨。染心、瞋心、憍慢心、慳貪心、邪見心を生ぜざるを云ふ。二に身清淨。心清淨なるが故に再び後身をうけず、常に化生を得るを云ふ。三に相清淨。心身既に皆清淨なるときは則ち能く相好を具足し其の身を莊嚴する故に名く。

サンシユシヤリ　三種舍利　[術語]　佛舍利の三種なり。骨を白舍利。髮を黑舍利。肉を赤舍利と云ふ。「シヤリ」參照。

サンシユシワク　三種思惑　[名數]　一に俱生思惑。形と與に生ずるなり。即ち胎に托するに父母に愛惡の心生ずるが如きなり。二に依見思惑。見惑に伴ひて生ずる惑。即外道が見に依りて瞋を起す如きなり。三に界繫思惑。三界九地の思惑なり。背上使と名づく。事障又は正三毒とも名づく。

サンシユシン　三種身　[名數] 密教所説の諸尊の三身。「サンヒミツシン」を見よ。

サンシユシン　三種身　[名數] 身とは聚集の義、名句文に於て二以上聚集するを身と名く。一に名身、二名以上集まりたるもの。二に句身、二句以上集まりたるもの。三に文身、二字以上集まりたるもの。【大乘五蘊論】

サンシユシンク　三種心苦　[名數] 貪、瞋、痴、の三毒煩惱を云ふ。

サンシユシンク　三種身苦　[名數] 老、病、死、の三苦を云ふ。

サンシユジンペン　三種神變　[名數]「ジンペン」を見よ。

サンシユジダウ　三種示導　[名數] 菩薩地獄の苦を見て之を救ふに三種の示導あり。一に神變示導、神通の力を現じて苦を救ふもの、是れ身業に屬す。二に記説示導、念念に記憶し忘れずして法を説き、以て苦を救ふもの、是れ意業に屬す。三に教誡示導、慈悲の心を起し教誡説法して苦を救ふもの、是れ口業に屬す。【般若經四百六十九】

サンシユジヒ　三種慈悲　[名數] 衆生緣、法緣、無緣の三なり。「ジヒ」を見よ。

サンシユジヤウ　三種常　[名數] 一に本性常、法身佛の本性常住にして生なく滅なきもの。二に不斷常、報身佛の常に生起して間斷なきもの。三に相續常、化身佛の沒し已りて復化現し竟に斷絶せざるもの。【佛地經論七】

サンシユジヤウゴフ　三種淨業　[名數] 又、三福と名く。一に父母に孝養し、師長に奉事し、慈心にして生を殺さず、十善業を修すること。二に諸の戒行を具すること。三に菩提心を發し、深く因果を信じて大乘經を讀誦すること。【觀無量壽經】

サンシユジヤウブツ　三種成佛　[名數]「ソクシンジヤウブツ」を見よ。

サンシユスヰミン　三種睡眠　[名數] 睡眠の起るに三種の因あり。食、時節、心これなり。

サンシユセケン　三種世間　[名數]「サンセケン」を見よ。

サンシユセンダイ　三種闡提　[名數] 一に闡底迦、又斷善根闡提と云ふ。生死を樂欲して善根を焚燒するを云ふ。二に阿闡提迦、又大悲闡提と云ふ。菩薩の大悲衆生を度盡して方に覺果を證するを云ふ。三に阿顚底迦、又無性闡提と云ふ。畢竟涅槃の性なきを云ふ。

サンシユゼン　三種禪　[名數]「ゼン」を見よ。

サンシユゼンゴン　三種善根　[術語] 布施、慈悲、智慧の稱なり。

サンシユソクシンジヤウブツ　三種即身成佛　[名數]「ソクシンジヤウブツ」を見よ。

サンシユタイクツ　三種退屈　[名數]「サンタイクツ」を見よ。

サンシユダイシ　三種大師　[名數] 如來、阿羅漢、有學聖者の三者は衆生の師範たるべき故大師と云ふ。【本事經】

サンシユダイチ　三種大智　[名數] 無師智、自然智、無礙智の稱。

サンシユダン　三種斷　[名數] 法を斷じて再び起らざるやうになす三種。一に自性斷。智慧起る時、煩惱暗障す、自性斷ずべき故に性斷と名く。二に不生斷。法空を得る時、三塗惡道の苦果永く更に生ぜざらしむ。故に不生斷と名く。三に緣縛斷。但だ心中の惑を斷ずれば則ち外塵の境に於て貪瞋を起さず、境に於て緣ずと雖も染著を生せず、故に緣縛斷と名く。【宗鏡錄七十六】図 一に見所斷。聲聞初果の人は斷惑見理を名けて見道となす。三界八十八使の見惑を斷ずるに因て見所斷と云ふ。二に修行斷。聲聞の第二果第三果は修眞斷惑を修道と名く。三界の十隨眠の惑を斷ずるに因て修所斷と名く。三に非所斷。聲聞第四果の者は三界の煩惱皆已に斷じ竟りて無漏果を得、更に斷すべき惑なし故に非所斷と云ふ。【阿毘達磨品類足論三】

サンシユセンボフ　三種懺法　[名數] 懺悔の三種の方法。無生の懺悔、取相の懺悔、作法の懺悔の稱。

サンシユチ　三種智　[名數] 凡夫、外道と三乘及び諸佛菩薩の三種人の智を云ふ。世間智と、出世間智、出世間上上智これなり。【楞伽經三】に「一切外道凡夫計著有無。一切二乘隨自共相希望計著。諸佛菩薩觀所有法。見不生滅。離有無品。人法無我緣自得生。」

サンシユチヤウラウ　三種長老　[名數] 一に耆年長老、法臘高き耆宿の僧。二に法長老、法に通達し智德圓滿なる僧。三に作長老、假りに自ら長老と號する僧。

サンシユヂゴク　三種地獄　[名數] 熱地獄、寒地獄、孤獨地獄の稱。

サンシユヂヤウ　三種定　[名數]「サンマイ」を見よ。

サンシユテン　三種天　[名數]「テン」を見よ。

サンシユトク　三種得　[名數] 不相應行法の得を三種に別つ。法前得、法後得、法倶得の稱。

サンシユニンギヤウ　三種忍行　[名數] 身口意の三處に忍辱を行ずること。【諸經要集中】

サンシユネンジヨ　三種念處　[名數] 一に性

念處、無生の空理を緣じて煩惱を斷ずること。慧解脫是れなり。二に共念處、性念處により三明六通を具得すること。即ち具解脫是れなり。三に緣念處、三藏經十二部經により悟達すること。即ち大羅漢是れなり。

サンシユノサンゼ　三種三世　〔名數〕法相にて過現未の三世について三種の別ありと。即ち道理、神通、唯識の三世なり。

サンシユハラミツ　三種波羅蜜　〔名數〕六度に三種あること。一に世間波羅蜜、凡夫が神通生天の爲に修するもの。二に出世間波羅蜜、二乘が自ら涅槃に入る自利の爲に修するもの。三に出世間上上波羅蜜、菩薩の利他の爲に修するもの。【楞伽經】

サンシユビキ　三首引　〔儀式〕眞宗にて勤行の時正信偈の次に念佛に移り和讃三首を誦するを云ふ。六首引の略式なり。

サンシユホツシン　三種發心　〔名數〕起信論所說。一に信成就發心、初住より第十住の位に於て信心の成就せし人の發菩提心を云ふ。二に解行發心、十行乃至十廻向の位に於て理を解し道を行ずる人の發菩提心を云ふ。三に證發心、初地より第十地の位に於て法性を證する人の發菩提心を云ふ。

サンシユホフサウ　三種法相　〔名數〕三性に同じ。「サンシヤウ」を見よ。

サンシユホフシン　三種法身　〔名數〕「ホフシン」を見よ。

サンシユホフリン　三種法輪　〔名數〕「リンケウ」を見よ。

サンシユボダイシン　三種菩提心　〔名數〕「サン菩提心論所說。「ボタイシン」を見よ。

サンシユヤシヤ　三種夜叉　〔名數〕在地の夜叉、虛空の夜叉、天の夜叉の稱。

サンシユヨク　三種欲　〔名數〕飮食欲、睡眠欲婬欲の稱。

サンシユラカン　三種羅漢　〔名數〕「ラカン」を見よ。

サンシユラク　三種樂　〔名數〕三樂なり。「ラク」を見よ。

サンシユリボダイシヤウ　三種離菩提障　〔名數〕菩提の障を離るる三種の法門。即ち遠離我心、遠離無安衆生心、遠離自供養心なり。遠離我心とは、智慧門によりて自の樂を求めず、自身に貪著する我が心を遠離すること。遠離無安衆生心とは、慈悲門によりて一切衆生の苦を拔き、衆生を安んずるとなき心を遠離すること。遠離自供養心とは、方便門によりて一切衆生を憐愍し、自身を供養恭敬する心を遠離すること。淨土論所說。

サンシユリンシン　三種輪身　〔名數〕密敎の所說なり。「ケウリヤウリンシン」を見よ。

サンシユヱカウ　三種廻向　〔名數〕三心具足の廻向心を云ふ。【觀無量壽經】に「願レ生二彼國一者發二三種心一即便往生。何等爲レ三。一者至誠心。二者深心。三者廻向發願心。」⊙（盛衰記）に「三種廻向の信力」

サンシユヱンユウ　三種圓融　〔名數〕華嚴宗所明。一に事理圓融、事は波の如く、理は水の如し、波と水との相即なり。二に事事圓融、波と波との相即なり。三に理理圓融、水と水との相即なり。【法界觀門、七帖見聞一本】

サンシユンヅ　三酸圖　〔圖像〕僧二俗士と共に一甕を圍んで指を染めて之を嘗むる像あり、是れ宋の佛印禪師東坡山谷の兩士と共に桃華醋を嘗むる處、趙子昂之を圖す。世人謬り傳へて釋迦孔老三敎圖など稱するは誣罔の甚しきもの。【學海餘滴九】に「東坡先生遺蹟圖曰。金山寺住持佛印乃端卿ナリ。出家有二三才學一。守二戒行一。同黃門黃魯直與二先生一友善。一日遇謁二佛印一曰。吾得二桃華醋一。甚美。取而共嚐。皆皺二其眉一。稱爲二三酸一。至大二年五月五日趙子昂畫并書」（第四十六圖參照）

サンシヨアランニヤ　三處阿蘭若　〔名數〕三種の空閑處なり。【慧苑音義上】に「有二三類一。一名ハ達摩阿蘭若。即此所ニ明者也。謂說二諸法本來湛寂一。無二起作義一。因テ名二其處一。爲二法阿蘭若處一。此中處者。即菩提場中是也。二名ハ摩登伽阿蘭若。謂塚間處。要ズ去二村落一一俱盧舍。大牛吼聲所レ不レ及處者也。三名ハ檀陀伽阿蘭若。謂沙磧之處也。磧音遷歷反。」

サンシヨウ　三從　〔名數〕女子の父母に從ひ夫に從ひ子に從ふ事。此事儒典にも出づれば漢音を以て讀む。又三監三事隔と云ふ。【四十華嚴經二十八】に「處女居レ家從二父母一。笄年嫡事スレバ又從レ夫。夫亡從レ子護二嫌疑一。」【賢愚經三、智度論九十九】亦同じ。【超日明三昧經下】に「女有二三事隔五事礙一。何謂レ三。少制二父母一。出嫁制レ夫不レ得二自由一。長大難レ子。是謂レ三。」【法句譬喩經二】に「我等稟レ形生爲二女人一。從レ少至レ老爲二三事所一レ監不レ得二自由一。」依て【勝鬘經寶窟上本】に五礙三監と云ふ。

サンシヨク　三職　〔職位〕戒和上、羯磨師（こんまし）、敎授師、之を東寺律宗の三職と稱す。

サンシヨゴンゲン　三所權現　〔名數〕本宮、新宮、那智を熊野三所權現と云ふ。⊙（太平記五）「南無歸命頂禮三所權現滿山護法」（盛衰記四）「三所垂迹之玄應失レ憲歟」

サンシヨダン　三所斷　〔名數〕「サンダン」を見よ。

サンシヨデンシン　三處傳心　〔名數〕禪宗に

云ふ、世尊三處に迦葉に心を傳ふと。一は靈山の拈花微笑。一は多子塔に半座を分つ。一は雙林樹下に棺中より足を出す。【禪宗象鑑】に「世尊三處傳ㇾ心者爲二禪旨一。一代所ㇾ說者爲二敎門一。故曰。禪是佛心。敎是佛語。」と、然るに拈花微笑の事を說くと云ふ大梵天經は其の出處分明ならず、多子塔前半座を分ち雙樹下に足を出だす事は諸經に其の事あるも、五燈會元に記する如く「吾以二正法眼藏一密付二於汝一」とは曾て之れなし。但し是の如きは禪家公案因緣に於て常底の事、其の意を取れば可なり。

サンシヨニフホフカイ　三處入法界　[名數]　法界とは華嚴經所證の理、法華に實相と言ふ如し。聲聞の根性に上中下の別ありて、法華の入理に三周の別ある如く、菩薩の根性に上中下の別あれば、華嚴の入理に亦三處の別あり。一に十住初心入法界、是れ上根の菩薩初住に於て法界の理を證するもの。二に廻向終心入法界、是れ中根の菩薩十廻向の滿位に於て法界の理を證するもの。三に初地入法界、是れ下根の菩薩初地の位に至りて法界の理を證するもの。【華嚴大疏七】

サンシヨモクシヤ　三處木叉　[術語]　木叉は戒なり。身口意の三處の戒なり。

サンシン　散心　[術語]　散亂の心。放逸の心。【止觀五】に「夫散心者惡中之惑。如二無鉤醉象一踏二壞華池一。穴鼻駱駝翻二倒負馱一。疾二於掣電一。毒逾二蛇舌一。」

サンシン　參請　[雜語]　禪林の語。參學請益。

サンシン　三心　[名數]　一に至誠心、眞實に淨土を願ふ心。二に深心、深く淨土を願ふ心。三に廻向發願心、所修の功德を廻向して淨土に往生せんと願求する心。此三心を具する者は必ず往生を得。【觀無量壽經】に「一者至誠心。二者深心。三者廻向發願心。具二三心一者。必生二彼國一。」図 一に根本心、第八阿賴耶識の心王一切善惡の種子を含藏して染淨の諸法を生ずるもの。二に依本心、第七末那識根本識に依て一切染法の本となるもの。三に起事心、眼等の六識外境に執着して種種の業を起すもの。【宗鏡錄八十九】図 無量壽經第十八願中所說の至心、信樂、欲生我國の三を三心と云ふ。【文類信卷】に「本願三心之願」又「爲二愚惡衆生一阿彌陀如來已發二三心願一。」然るに此三心は一信心の分開なれば又三信と稱す。図 道綽禪師、淨土論註の意に依て三心を立つ。一に淳心、信心の深厚なると。二に一心、信心の純一なると、三に相續心、信心の相續して餘念の雜らざると。【安樂集上】に「若能相續則是一心。但能一心即是淳心。具二此三心一若不ㇾ生者無ㇾ有二是處一。」親鸞は文類行卷に之を三信と云へり。図 一歡喜地等十地の一一を三位に分ちて之を三心と云ふ。一に入心、初て其地に入りたる時分。二に住心、其地に住する時分。三に出心、將に其地を出でて後地に入らんとする時分。

サンシン　三信　[術語]　眞宗に無量壽經第十八願に說く所の至心、信樂、欲生我國の三心を云ふ。此三心俱に疑蓋無雜の一信心なれば三信と稱す。【文類信卷】に「明知至心即是眞實誠種之心故疑蓋無ㇾ雜也。信樂即是眞實成滿之心乃至疑蓋無ㇾ雜也。欲生即是願樂覺知之心乃至疑蓋無ㇾ雜也。」図 安樂集所說の淳心一心相續心の三を三信と云ふ。「サンプサンシン」を見よ。

サンシン　三身　[術語]　佛の三身なり。佛身に於て經論の所說或は二身乃至十身、開合多途なれども三身を以て通途となし、諸身の不同三身を出でざるなり。

法報應三身　[術語]　台家所立の三身なり。法報應の名は法華論に取る。是れ眞を開き應を合せたる三身なり。眞を開くとは法と自受用と報との二、應を合すとは應中に他受用と報との勝應を合すればなり。一に法身、中道の理體なり、本有の三千なり。二に報身、因行の功德に報ふて顯はれたる佛の實智なり。これを二分して自ら內證の法樂を受くる身を自受用報身と名け、初地已上の菩薩に對して應現する報身を他受用報身と名く。此は次の應中の勝應身と同體異名なり。三に應身、又應化身と云ふ。理智不二の妙體より衆生化度の爲に種種に應現する身なり。これを亦二分して初地の菩薩に對して應現するを勝應身と名く。即ち上の他受用報身なり。地前の凡夫及び二乘に應現するを劣應身と名く。釋迦如來の丈六身是なり。此の三身中法身如來を毘盧舍那と名け、遍一切處と譯す。報身如來を盧舍那と名け、淨滿と譯し、又光明遍照と譯す。應身如來を釋迦文と名け、度沃燋と譯す。此三名は且らく佛身に就きて分別せしものなれば、應化身を單に釋迦文度沃燋とすれども、汎く應化身を分別すれば此中に固より諸趣隨類の身を攝盡するなり。若し此三身を彼宗所立の四土に配すれば、法身は寂光土に處し、報身は實報土に處し、勝應身は方便土に處し、劣應身は同居土に處す。【法華論】に「一者示二現應佛菩提一故。隨二所應見一而爲二示現一。二者示二現報佛菩提一。十地行滿足得二常涅槃證一故。三者示二現法佛菩提一。謂如來藏性常涅槃常恒淸涼不變等義。」【天台光明玄】に「法報應是爲ㇾ三。三種法聚故名ㇾ身。所ㇾ謂理法聚名二法身一。智法聚名二報身一。功德法聚名二應身一。」【止觀六】に

「就レ境爲二法身一。就レ智爲二報身一。起レ用爲二應身一。」【文句九】に「法身如來名二毘盧舍那一此翻二遍一切處一。報身如來名二盧舍那一此翻二淨滿一。應身如來名二釋迦文一此翻二度沃燋一。」【輔行一之一】に「從レ體。三身相即無二暫離時一。既許二法身遍一切處一報應未三嘗離二於法身一。況法身處二身常在。故知三身遍二於諸法一。何獨法身乎。」図密敎に法報應の三身を立つ。弘法の【三昧耶戒儀】に「歸三依無上三身諸佛一。」【同賚秉記】に「密敎の兩部曼荼羅に約すれば各橫竪の三身あり。其の胎藏は中胎は是れ法身、第一重の內眷屬第二重の大眷屬と合して是れ報身、第三重は是れ應身なり。此は是れ竪なり。上の諸身各三身を具す、是れ橫なり。其の金剛は禮懺文等に依るに五佛の中に於て中東合して是れ法身、南西合して是れ報身、北方是れ應身なり、此は竪なり、橫の義は前の如し。」

自性受用變化三身 〔術語〕 法相宗所立の三身なり。佛地論、唯識論の名に取る。是れ又眞如に開き應に合せたる三身なり。一に自性身、即ち上の法身なり。二に受用身、これに二あり、唯佛與佛の境界にて、他の菩薩の見聞する能はず佛自ら法樂を受用する佛身を自受用身と名く。是れ大圓鏡智の所變なり。又初地已上の菩薩をして感見せしめ、彼をして法樂を受用せしむる佛身を他受用身と名く。是れ平等性智の所現なり。これ上の勝應身なり。三に變化身、初地已前の菩薩、二乘凡夫及び諸趣の衆生に對して種種の身を變化して感見せしむるもの、即ち上の劣應身なり。是れ成所作智の所現なり。【佛地論三】に「佛具二三種身一。一自性。二者受用。三者變化。」【唯識論十】に「一自性身。謂諸如來眞淨法界。受用變化平等所依。離レ相寂然。絕二諸戲論一。具二無邊際眞淨功德一。是一切法平等實性。即此自性亦名二法身一。大功德法所依止故。二受用身。此有二二種一。一自受用。謂諸如來三無數劫修二集無量福慧資糧一所レ起無量眞實功德及極圓淨常遍色身。相續湛然。盡二未來際一恒常自受二用廣大法樂一。二他受用。謂諸如來由二平等智一示現微妙淨功德身。居二純淨土一爲下住二十地一諸菩薩衆上現二大神通一。轉二正法輪一決二衆疑網一。令三彼受二用大乘法樂一。合二此二身一名二受用身一。三變化身。謂諸如來由二成所作智一變現無量隨類化身。居二淨穢土一爲二未登地諸菩薩二乘異生一稱二彼機宜一現レ通說レ法。令三各獲二得諸利樂事一。」上の三身と相對すれば左の如し。

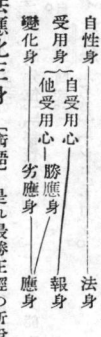

自性身		法身
受用身	自受用心	報身
	他受用心 ― 勝應身	應身
變化身	劣應身	應身

法應化三身 〔術語〕 是れ最勝王經の所說なり。眞を合せ應を開きたる三身なり。應を開くとは應身の中に應と化とを別つ、即ち

法身	自性身
	自受用身
應身	他受用身
化身	變化身

となる。【最勝王經分別三身品】に「一切如來有二三種身一。一者化身。二者應身。三者法身。如レ是三身具足攝二受阿耨多羅三藐三菩提一。」と

法報化三身 〔術語〕 大小乘通用の名目なり。小乘には戒定慧解脫解脫知見の五品の功德を法身とし、王宮所生の相好の形を報身とし、獼猴鹿等に化するを化身とす。若し大乘に就かば即ち天台の法報應又法相宗の自性受用變化の三身なり。

三種身 〔名數〕 台宗諸佛に三身を立つ。一に色身、三十二相乃至微塵數の相好身にして、是れ解脫の德なり。二に法門身、三德四無量五分六度七覺八聖乃至八萬四千の法門の功德の精聚せし身にして、是れ般若の德なり。三に實相身、所謂實相眞如にして三身中の法身の德なり。【止觀二之三】に「別相者身有二三種一。一者色身。二者法門身。三者實相身。若息レ化論レ歸。色身歸二解脫一。法門身歸二般若一。實相身歸二法身一。」図密敎には四種曼陀羅中の法曼荼羅即ち法門身なり。又曼荼羅の諸尊悉く大日如來の功德法より流出せしものなれば法門身とす。色身、實相身は上に準ず。

サンシンゴフ　三身業 〔名數〕 十業道の中に身業の三種。一に淫業、二に盜業、三に殺業。

サンシンサウケンダウ　三心相見道 〔術語〕 眞見道の後に、更に後得智を發し、三心を以て二空の理を觀ずる位を云ふ。

サンシンサンドク　三身三德 〔名數〕 三身は法報應。三德は法般解。二者配對すれば法身は即ち法身の德。報身は般若の德。應身は解脫の德なり。

サンシンジツ　三眞實 〔術語〕 觀音の圓通に三眞實ありと說く。「エンツウダイジ」を見よ。

サンシンジヤウジネンブツ　散心常時念佛 〔術語〕 散亂心を持ちたるまま、期限をも定めず、行住座臥に佛名を稱へて、淨土の往生を願ふを云ふ。

サンシンズホフケ　散心誦法華 〔術語〕 散亂心のままにて法華經を讀誦するを云ふ。文は不入禪三昧の句を以てつづく◉（宇治拾遺四）「浪中に散心

誦法華不入禪三昧と末の句をば誦する聲あり。」

サンシンソクイチブツ　三身即一佛　〔術語〕一佛身に三身の功德性能を具ふるを云ふ。「サンシン」の項中、法報應三身下、輔行の引文參照。⊙（榮花、玉のうてな）「所觀の衆相はすなはちこれ三身即一の身也。」

サンシンニヨライ　三身如來　〔術語〕法身如來、報身如來、應身如來なり。「サンシン」を見よ。⊙（盛衰記、四五）「人の曾には三身の如來とて佛御はします」

サンシンブツシヤウ　三身佛性　〔名數〕佛性に三あり、一に正因佛性、是れ法身如來の因。二に了因佛性、是れ報身如來の因。三に緣因佛性、是れ應身如來の因。「サンインブツシヤウ」を見よ。⊙（盛衰記一七）「三身佛性具しながら隔つる心のうたてさよ」

サンシンホフシ　散心法師　〔術語〕漫に分別を逞しくする人を斥して云ふ。【止觀十】に「散心法師。雖ㇾ分二別諸使一。亦不三自知二空見過患一。」

サンシンボンサン　三身梵讚　〔書名〕一卷、宋の法賢譯。總て梵語なり。【藏帙九】(1072)

サンジ　三時　〔名數〕晨朝、日中、黃昏なり。三時の念佛。三時の花など。⊙（平家灌頂）「三時に六根をきよめて」

図　〔名數〕正像末の三時。佛の滅後正法の行はるる時を正法とし、正法の後似法の行はるる時を像法とし、像法の法の漸く滅する時を末法とす。此三時の年限に經說不同なり。「シヤウザウマツ」を見よ。

サンジ　三字　〔術語〕阿彌陀の三字なり。之を三字の名號と云ふ。無量壽と譯す。

サンジ　三自　〔名數〕八正道を自調自淨自度の三に分つ。是れ二乘自利の三學なり。

八正道	三自	三學
正語・正業・正命	自調	持戒
正念・正定	自淨	修禪
正見・正思惟・正精進	自度	智慧

【智度論六十一】

サンジ　三自　〔術語〕具に三自一心摩訶衍法と云ふ。自體自相自用の三大を具する一心。即ち起信論所說の一心、華嚴宗所明の一眞法界なり。【釋摩衍論五】に「三自一心摩訶衍法一不ㇾ能ㇾ一假二能入一。心不ㇾ能ㇾ心假二能人心一。乃至如ㇾ是勝處爲二明無明一。如ㇾ是勝處無明邊域非二明分位一。」【秘寳鑰上】に「十地不ㇾ能二窺窬一。三自不ㇾ得二齒接一。」

サンジ　三慈　〔名數〕「ジヒ」を見よ。

サンジイツシン　三自一心　〔術語〕「サンジ」を見よ。

サンジウ　三獸　〔譬喩〕兎馬象なり。三獸河を渡るに兎の足は水上に在り以て聲聞の悟道最も淺きに譬へ、馬の足は水中に在り以て緣覺の悟道稍深きに譬へ、象の足は水底に到り以て菩薩の悟道最も深きに譬ふ。見思の煩惱に正體と習氣とあり、聲聞は但正體を斷じ、緣覺は兼て習氣を侵害し、菩薩は正習倶に盡す。法性の空理或は生死を河水に譬へ、三乘を三獸に譬ふ。三乘の人同一の法性を證し、同一生死の流を渡るも、其淺深に從ひて此の如きの差を生ずるを云ふ。天台は之を以て四敎の中の通敎の敎理とす。【涅槃經二十三】に「譬如有ㇾ河第一香象不ㇾ能ㇾ得ㇾ底。則名爲ㇾ大。聲聞緣覺至二十住菩薩一不ㇾ見二佛性一。名爲二涅槃一。非二大涅槃一。若能了了見二於佛性一則得三名爲二大涅槃一也。是大涅槃唯象王能盡二其底一。大象王者謂二諸佛一也。」【同二十七】に「二乘之人雖ㇾ觀二因緣一猶亦不ㇾ得三名爲二佛性一。乃至又未ㇾ能ㇾ渡二十二因緣河一猶如二兎馬一。何以故。不ㇾ見二佛性一故。」【優婆塞戒經一】に「如二恒河水三獸倶渡一。兎馬香象。兎不ㇾ至ㇾ底浮ㇾ水而過。馬或至ㇾ底或不ㇾ至ㇾ底。象則盡ㇾ底。恒河水者即是十二因緣河也。聲聞渡時猶如二彼兎一。緣覺渡時猶如二彼馬一。如來渡時猶如二香象一。是故如來得二名爲ㇾ佛。聲聞緣覺雖ㇾ斷二煩惱一不ㇾ斷二習氣一。如來能拔二一切煩惱習氣根原一故名爲ㇾ佛。」【止觀六】に「涅槃名爲二三獸度ㇾ河。通敎觀意。」【同輔行】に「三人如ㇾ獸。眞如二水底一。」

サンジカイ　三事戒　〔名數〕身口意の三事の戒なり。

サンジケウ　三時敎　〔名數〕法相宗所立の有空中の三時敎なり。之に年月の三時敎と義類の三時敎との二あり。年月の三時敎とは一に第一時敎、佛成道して最初に外道凡夫の實我の執を破せんが爲に四大五蘊等の諸法の實有なるを說きて人我の空無なるを明かせり。四阿含等の小乘經是なり。二に第二時敎、佛復た小乘衆の實法の執を破せんが爲に一切諸法皆空の理を說く。諸部の般若經是なり。三に第三時敎、佛更に菩薩の空執と小乘の有執とを併せ破せんが爲に、心內の法は空にあらず心外の法は有にあらずと說きて非空非有の中道を明かせり。深密法華等の諸經是なり。前二時敎を以て佛說の方便とし、第三時敎を以て佛說の眞實とす。此の如く年月の次第を追ひて三時の敎法を分別するを年月三時敎と云ふ。【唯識述記一本】次に義類三時敎とは、上の如く年月の

次第に偏する時は、阿含經の前に說きし中道敎の華嚴經又は法華經の後に說きし有敎の遺敎經の如きは三時敎に漏るる恐あるを以て、ここに義類の三時敎を立てて、說時の前後に拘はらず、一切の有を詮する敎を第一時敎とし、空を詮する敎を第二時敎とし、中を詮する敎を第三時敎とす。【了義燈一本】

サンジゴフ　三時業　〔名數〕一に順現受業、現生に業を作りて現生に果を受くるもの。二に順次受業、現生に業を作りて次生に果を受くるもの。三に順後受業、現生に業を作りて二生已後に果を受くるもの。

サンジザゼン　三時坐禪　〔雜語〕早晨の坐禪(粥後)巳晡時の坐禪(中時)黃昏の坐禪(成時)なり。【象器箋九】

サンジシヤウ　三時性　〔名數〕徧依圓の三性を云ふ。「サンシヤウ」を見よ。

サンジゼン　三字禪　〔術語〕【碧巖六則頌評唱】に「雲門尋常愛說(シテ)二三字禪一。顧鑑咦。又說二一字禪一。」顧は顧慮。鑑は鑑察。咦は人を呼ぶ聲。

サンジナフ　三事衲　〔衣服〕又、三事衣。五條七條九條の三衣を云ふ。禪林の語。

サンジニモン　山寺二門　〔名數〕日本天台に於ける山門寺門の稱。傳敎大師より義眞慈覺叡山の座主たりしが、義眞の弟子圓珍入唐して歸りて園城寺の別當となり、その末流と好からず。天元四年圓珍の門下餘慶が法性寺の座主たらむとするや山門の反對を起し、全く分立するに至り、叡山を山門とし三井寺を寺門と稱す。

サンジネンブツ　三時念佛　〔儀式〕晨朝、日中、初夜の三時の勤行念佛。

サンジノケウハン　三時敎判　〔術語〕法相宗の有空中三時の敎判なり。「ケウハン」を見よ。

サンジノハナ　三時花　〔物名〕三時の勤行に佛に奉る花。

三時の花の宮　〔雜名〕春、夏、秋の三時、各其絕景の所を撰びて、造營せられたる、釋尊出家以前居住の宮殿なり。⊙(榮花、玉の臺)「三時の花の宮づかひをつかうまつる」

サンジフカウ　三十講　〔行事〕法華經二十八品と、開經の無量義經一卷と、結經の普賢觀經一卷と、合せて三十とし、之を三十日に講ずるを云ふ。⊙(榮花、疑)に「年ごとの五月には、やがてついたちよりつもごりまで、無量義經より始めて普賢經に至るまで、法華經二十八品を一日に一品をあてさせ給ひて論義をせさせ給ふ」【釋家官班記下】に「東塔三十講於二常行堂一勤レ之。」【濫觴抄下】に「法成寺三十講。後一條治安三年七月十日始修。」又「法勝寺三十講。鳥羽天永三年六月五日始行レ之。」

サンジフガウノゲ　三十行偈　〔雜名〕「ゴンゲ」に同じ。

サンジフギン　三時諷經　〔儀式〕禪家にて粥の前又は後。齋の前又は後、放散時に讀經すると。

サンジフゴブツ　三十五佛　〔名數〕佛說決定毘尼經に五無間業を犯すものは三十五佛の邊に於て至心に懺悔すべしと說きて名を列ぬ。一釋迦牟尼佛、二金剛不壞佛、三寶光佛、四龍尊王佛、五精進軍佛、六精進喜佛、七寶火佛、八寶月光佛、九現無愚佛、十寶月佛、十一無垢佛、十二離垢佛、十三勇施佛、十四清淨佛、十五清淨施佛。十六娑留那佛、十七水天佛、十八堅德佛、十九栴檀功德佛、二十無量掬光佛、廿一光德佛、廿二無憂德佛、廿三那羅延佛、廿四功德華佛、廿五蓮華光遊戲神通佛、廿六財功德佛、廿七德念佛、廿八善名稱功德佛、廿九紅炎幢王佛、三十善遊步功德佛、卅一鬪戰勝佛、卅二善遊步佛、卅三周帀莊嚴功德佛、卅四寶華遊步佛、寶蓮華善住娑羅樹王佛。不空譯の【三十五佛名禮懺文】に亦た之を列ぬ、但譯語に新舊の別あり。

サンジフゴブツミヤウライサンモン　三十五佛名禮懺文　〔經名〕一卷、唐の不空譯。【閱帙十五】(975)

サンジフサンクワンオン　三十三觀音　〔名數〕三十三體異形の觀音。「サンジフサンシン」を見よ。

サンジフサングワ　三十三過　〔名數〕因明論理上、宗因喩の三支によりて立量する時、種種の配列次第によりて、過誤を生ず。陳那は廿九過を數へ、天主(商羯羅主)は更に四過を加へて所謂三十三過とせり。即ち宗に九過、因に十四過、喩に十過なり。

- (甲)宗九過
  - 現量相違、比量相違、自敎相違、世間相違、自語相違、能別不極成、所別不極成、俱不極成、相符極成、
- (乙)因十四
  - 四不成
    - 兩俱不成、隨一不成、猶豫不成、所依不成、
  - 六不定
    - 共不定、不共不定、同品一分轉異品徧轉不定、異品一分轉同品徧轉不定、俱品一分轉不定、相違決定、
  - 四相違
    - 法自相相違、法差別相違、有法自相相違、有法差別相違、
- (丙)喩十過
  - 似同喩
    - 能立法不成、所立法不成、俱不成、無合、倒合、
  - 似異喩
    - 所立法不遣、能立法不遣、俱不遣、不離、倒離、

(甲)**宗の九過**。一に現量相違、現證の事實に相違する宗を立つるを云ふ。例へば聲は所聞にあらざるべしと云ふが如きは、因喩を述べざるも已に誤謬なること明なり。二、比量相違、萬人の比知し得べき事柄に相違する宗を立つるを云ふ。例へば瓶等は是れ常住なりと立つるが如し。三、自敎相違、自己の屬する敎派の意見を述べんとする時に當りて却て是れに相違する宗を立つるなり。例へば勝論派の人が聲を以て常住なりと主張するが如し。四、世間相違、常識に反對する宗を立つるを云ふ。例へば印度に一類の行者あり、人の頂骨を以て其の裝飾となす、人の之を難ずるあれば立量して曰く、人の頂骨は淸淨なるべし宗 衆生の分なるが故に因 猶ほ螺貝の如し喩と、是は一見無過の立量の如きも、人間の頂骨は淸淨なるべしとて立てたる宗義は常識に反するが故に過誤と定む。五、自語相違 自己の言語に矛盾ある宗を云ふ。例へば我が母は石女なるべしと云ふが如し。次下の四過は天主の附加したる所にして理論門にはなく入正理論にのみ說ける所なり。六、能別不極成、宗の后陳として立敵共許せざる語を用ふるを云ふ。例へば佛子が數論師に對して聲は壞滅すべしと立つるが如し。數論師は萬有の發展 Parimāna 還歸 Pralaya を信じて壞滅を許るさざるが故に宗の能別即ち后陳は極成せざるが故に過失とす。七、所別不極成、宗の前陳の極成せざる過失なり。例へば數論師が佛敎徒に對して我 Puruṣa は有なるべしと立つる時、佛敎にては我の存在を許さざるを以て所別不極成となり、宗體成立せざるが如し。八、俱不極成、勝論師が佛敎徒に對して我を以て和合因緣なるべしと立つる時、我も和合因緣も佛敎徒には通ぜざる語なるを以て前陳后陳共に不極成にして過誤なりとす。九、相符極成、宗體は極成すべからざるを規則とするに反し、萬人共通の事件を立する時は其の功なきを以て過失となす、例へば聲は所聞性なるべしと立するが如し。(乙)**因の十四過**の因を大別して不成 Asiddha 不定 Aniścita, Anaikāntika 相違 Viruddha の三類となす。不成因とは因は立敵共に遍是宗法性の條件を具備すべき規定を犯すを不成の過失と名く。不成因四過あり。一、兩俱不成、聲は無常なるべしの宗に眼所見性(可見的)なるが故に因と述ぶるとせんに、其の因は立敵兩者の見地より遍是宗法性の條件に協はず、何んとなれば何人も聲を以て見るべきものとなさざればなり。故に兩俱不成の過失となす。二、隨一不成、一方は遍是宗法性の條件を具備すと認むるも他方にては認めざる因なり。三、猶豫不成、因は果して有法の必然的屬性なりや否や疑はしく、未だ確定せざるにあたりて已に確定したるが如くに取扱ふを云ふ。例へば遙かに雲霧の如きを見、霧なりや煙なりやを確めずして卒然として彼處に火あるべし宗 煙あるが故に因と立量するが如し。四、所依不成、宗に所別不極成の過失ある時の因は其基礎なきを以て遍是宗法性の條件を具へず。例へば虛空の實有を認めざるものに對して、虛空は實有なるべし宗 德の所依なるが故に因と立量する時、已に一方にては虛空の存在を認めず、いかんぞ德の所依たるとを認めん。之を所依不成と名く。次に不定因及び相違因は三相中後の二相に關する誤謬なり。一、共不定、九句因の第一同品有異品有の場合なり。因が同異品の全部に關係するが故に共と名く。二、不共不定、九句因の第五同品非有異品非有の場合なり。因は同喩異喩と全く無關係なるが故に不共と云ふ。三、同品一分轉、同分異全とも云ふ。第七の同品有非有異品有の場合。四、異品一分轉、同品遍轉異分同全と云ふ。第三の同品有異品有非有の場合。五、俱品一分轉、俱分轉と云ふ。第九同品有非有異品有非有の場合。六、相違決定、立敵の兩者は同一事件を異れる立場より觀察して立量し、兩者各各三相を具して何れとも決しかぬるを相違決定と云ふ。問題の一方に決定せざる點に於て過失となす。次に相違因。九句因中四六を相違因となす。此因は立證せんとする宗義と矛盾するものを成立するに適するが故に其名を得たり、四六は其性質異るものにあらざれば九句因の表面よりするときは相違因は只一あるべき筈なれども、陳那は之に關して緻密の考察を下し、意內に抱懷して表面に顯れざる誤謬に迄立入りて計算し、之を四となせり。一、法自相相違因、是れ宗の法の表面的意義と矛盾する因にして九句因中四六の表面的場合なり。二、法差別相違因、宗法の裏面的意義と矛盾する因を云ふ。眼等は必ず他の爲に用ゐらるべし宗 積聚性なるが故に因 臥具等の如し同喩とする如し。三、有法自相相違因、后陳即ち法との關係上より生ずるものにして有法に關係すべきものにあらざれども、譎詐的論法にありては通例の如く所證の對象を宗法にあるが如く飾り、却て有法に主要點を置くことあり、特に物の存不存を立つる場合に於て然り、有法自相相違因、及び有法差別相違因は此際に於ける誤謬なり。有法の表面的意義と矛盾する因を云ふ。例へば有性は實にあらず德にあらず業にあらざるべし宗 一實を有するが故に因 猶ほ同異性の如し 喩。四、有法差別相違因、陳那はこの例として別の立量

を出さず、前の例によりて説明せり。**(丙)喩の十過**。喩の誤謬に十あり、其中五は同喩に屬し他の五は異喩に屬す。似同喩の五は、一、能立法不成、因同品の條件を缺ける過失なり。例へば聲は常住なるべし、無質礙の故に(無對觸)尙ほ極微の如し、同喩と立量する時、極微は常住てふ宗同品の條件を具すれども其性有對觸なれば因同品の條件を缺き「無質の故に」てふ因と一致せず。故に之を能立法不成と名く。二、所立法不成。宗同品の條件を缺ける喩なり。前の宗因に於て覺(智等)の如しと云ふ喩を出す時は、覺は無質礙なるを以て因同品の條件に協へども其性無常なるを以て宗同品を缺き聲の常住と云ふに相應せず。故に之を所立法不成と名く。三、倶不成、兩條件を缺ける喩なり。前の宗因に於て瓶の如しと云ふ時、瓶に常住及び無質礙の性質共になきが故に全く喩たる質格なし。四、無合、喩體を缺ける過失なり。五、倒合、諸の所作なるものは彼れ無常なりと言ふべきを反對に諸の無常なるものは所作性なりと配合するは倒合なり。能遍より所遍に進まんとする過失なり。次に似異喩の五、異喩の過失は全く同喩の過失に倂行し相應して同じく五あり。一、所立法不遣、宗異品の條件を缺ける喩、倒へば聲は常住なるべし、無質礙の故にの異喩として、諸の無常なるものは彼れ質礙と見よ、尙極微の如しと云はんに、極微は質碍性なるを以て同異品の條件を具備すれども其性常住なるを以て宗異品の條件を缺く、故に之を所立法不遣と云ふ。二、能立法不遣、上の宗因に於て異喩として業の如しと云ふ時は、業は無質碍なるを以て同異品の條件を缺く、故に之を能立不遣と稱す。三、倶不遣、上の宗同異品の兩條件を缺くは、この過失なり。上の宗因に於て異喩として虛空の如しと云ふが如き其例なり。何んとなれば虛空は無質碍にして且つ常住なればなり。四、不離、離作法を施さざる過失なり。同喩の無合に例して知るべし。五、倒離、宗を先きにし、因を後にして配合すべきを反對にする過失。上來述べたる三十三過中宗の五相違を除いては大體宗因喩の構成法と照應する過失にして頗る科學的の分類の面目を具す。

サンジフサンゲンダウ 三十三間堂

【堂塔】二所あり、一は得長壽院の三十三間堂なり。【拾芥抄】に「鳥羽殿三十三間。十一面千一體。」【帝王編年紀】に「長承元年三月十三日。太上天皇御願。得長壽院三十三間御堂一千一體觀音十一面像供養。」⦿(盛衰記一)に「忠盛朝臣備前守なりし時、鳥羽院御願得長壽院とて、鳳城の在、鴨河の東に、三十三間の御堂を造り進じ、一千一體の觀音を据へ奉る。乃至彼寺の異名は平應寺と申なり」と。是れ鳥羽上皇の御願に依て成り、三十三間は觀音の三十三身に因み、十一面觀音を安置するより十一面堂と云ふ。一千一體中の一體は中臺の本尊て一千體は千手千眼に因みて左右に据へしもの。第二は後白河法皇の御願にて更に鴨東に於て蓮華王院を建て、千手觀音一千一體を据へらる。堂の長さ六十六間あれども二間每に柱を立てたれば俗に三十三間堂と云ふ。【捨芥抄】に「蓮華王院。後白河院御願。千手一體。號新千體。」【帝王編年記】に「長寬二年十二月十七日。上皇御願。蓮華王院供養。」と。一說に曰く、鳥羽院の得長壽院を後白河法皇再造し給ひて蓮華王院と爲すと。今の三十三間堂は即ち蓮華王院なり。

サンジフサンシヨ クワンオン 三十三所觀音

【名數】俗に西國三十三番札所と云ひ、之を巡拜するを西國巡禮と云ふ。

一　番	紀州那智山	如意輪觀音
二　番	紀州三井寺	十一面觀音
三　番	紀州粉川寺	千手觀音
四　番	泉州槇尾寺	千手觀音
五　番	河州藤井寺	千手觀音
六　番	和州壺坂寺	千手觀音
七　番	和州岡寺	如意輪觀音
八　番	和州長谷寺	十一面觀音
九　番	奈良南圓堂	不空羂索觀音
十　番	山城御室	千手觀音
十一番	山城上醍醐	准胝觀音
十二番	江州岩間寺	千手觀音
十三番	江州石山寺	如意輪觀音
十四番	大津三井寺	如意輪觀音
十五番	洛外今熊	千手觀音
十六番	東山淸水寺	千手觀音
十七番	東山六波羅寺	十一面觀音
十八番	洛陽六角堂	如意輪觀音
十九番	洛陽角堂	千手觀音
二十番	山城良峯	千手觀音
廿一番	丹州穴太	聖觀音
廿二番	攝州總持寺	千手觀音
廿三番	攝州勝尾	千手觀音
廿四番	攝州仲山寺	十一面觀音
廿五番	播州淸水寺	千手觀音
廿六番	播州法華寺	千手觀音
廿七番	播州書寫山	如意輪觀音
廿八番	丹州成相寺	千手觀音

廿九番　丹州松尾寺　馬頭觀音
三十番　江州竹生島　千手觀音
卅一番　江州長命寺　聖觀音
卅二番　江州觀音寺　千手觀音
卅三番　美濃谷汲(たにぐみ)　十一面觀音

千手十七、如意輪六、十一面五、聖觀音二、馬頭一、准胝一、不空羂索一あり。此三十三番は花山法皇の御撰定と云ひ、幷に御詠歌なるものも法皇の御詠なりと云ふと雖其實は如何にや。

サンジフサンシン　三十三身　【名數】【法華經普門品】に說く所、觀音の普現色身三昧より示現する三十三種の變化身なり。一に佛身、二に辟支佛身、三に聲聞身、四に梵王身、五に帝釋身、六に自在天身、七に大自在天身、八に天大將軍身、九に毘沙門身、十に小王身、十一に長者身、十二に居士身、十三に宰官身、十四に婆羅門身、十五に比丘身、十六に比丘尼身、十七に優婆塞身、十八に優婆夷身、十九に長者婦女身、二十に居士婦女身、廿一に宰官婦女身、廿二に婆羅門婦女身、廿三に童男身、廿四に童女身、廿五に天身、廿六に龍身、廿七に夜叉身、廿八に乾闥婆身、廿九に阿修羅身、三十に迦樓羅身、卅一に緊那羅身、卅二に摩睺羅伽身、卅三に執金剛神身。又、【楞嚴經六】に觀音自ら往昔觀音如來より如幻聞薰聞修金剛三昧を授かりて三十二身を現ぜしを說く、大同小異なり。「サンジフニオウ」を見よ。⊙(曲、田村)「三十三身の秋の月」

三十三身十九說法　【名數】【法華經普門品】に觀音が種種の身を現じて法を說くを記す。其中に化現の身は三十三ありて、說法の二字十九番あり。

三十三尊觀音　【名數】【二中歷三】に「頌曰。不空羂索、不空勾。夜輪多羅、忿怒勾。阿魯利迦、如意輪。圓滿意願、大隨求。利樂金剛、滅惡趣。一髻羅刹、多羅女。蓮華發生、披葉衣。千手千眼、十一面。大吉祥明、水吉祥。大吉祥變、大勢至。大明白身、毘俱胝。大吉大明、及豐財。馬頭、白身、白處尊。又加二六大一三十三。」(六大は台宗所立の六觀音を云。)

三十三觀音　【名數】普門品に說く三十三身を圖畫するにつきて具數したるものの如く、典據不明なり曰く。楊柳觀音、龍頭觀音、持經觀音、圓光觀音、遊戲觀音、白衣觀音、蓮臥觀音、瀧見觀音、施藥觀音、魚籃觀音、德王觀音、水月觀音、一葉觀音、靑頸觀音、威德觀音、延命觀音、衆寶觀音、岩戶觀音、能靜觀音、阿耨觀音、阿麽提觀音、葉衣觀音、瑠璃觀音、多羅尊觀音、蛤蜊觀音、六時觀音、普慈觀音、馬郞婦觀音、合掌觀音、一如觀音、不二觀音、持蓮觀音、灑水觀音、これなり。就中瀧見、岩戶の如き日本にて呼び初めし形跡明白なり。

サンジフサンテン　三十三天　【界名】梵語、忉利天 Trayastriṃśa 譯、三十三天。欲界の第二天にて須彌山の頂上に在り。中央を帝釋天として四方に各八天あれば合せて三十三天なり。【佛地經論五】に「三十三天。謂此山頂四面各有二八大天王一。帝釋居中。故有二此數一。」【智度論九】に「須彌山高八萬四千由旬。上有二三十三天城一。」【勝鬘經寶窟下末】に「此言二三十三天一者。中國音言二悉怛梨余悉衛陸一。此中唯取二怛梨二字一爲二忉利天一也。怛梨忉利彼國音不同耳。」⊙(曲、舍利)「三十三天よちのぼりて」

サンジフシチソン　三十七尊　【名數】金剛界曼陀羅の主腦なり。第一根本成身會に一千六十一尊ある中に、五佛と、中央大日に屬する四波羅蜜菩薩と、他の四佛に屬する各各の四親近即ち十六大菩薩と、內の四供養、外の四供養、の八供と、及び四攝菩薩となり。此中十六大菩薩は慧德にして、四波八供四攝は定德なり。即ち此數自ら三十七菩提分法の數に應ず。「クエマンダラ」參照。因に密敎に於て諸尊の廢立の數法門に依て重重あり、一尊八尊九尊十尊五十三尊七十三、乃至十佛刹微塵數尊。⊙(盛衰記八)「八葉肉壇(團の誤)の胷の間には三十七尊の光圓を耀かし」

三十七尊四大輪　【名數】金剛頂十八會の第一敎王會に四大輪あり。一は金剛界輪、三十七尊皆金剛界の印を持す。二は降三世敎令輪、三十七尊皆降三世の印を持す。三は遍調伏法輪、三十七尊皆觀世音の印を持す。四は一切義成就輪、三十七尊皆虛空藏の印を持す。【瑜祇經疏二】

サンジフシチソンシユツシヤウギ　三十七尊出生義　【書名】金剛頂瑜伽三十七尊出生義の略名。

サンジフシチソンシンエウ　三十七尊心要　【書名】金剛頂瑜伽略述三十七尊心要の略名。

サンジフシチソンヂユウシンジヤウ　三十七尊住心城　【雜語】「歸二命本覺心法身一。常住妙法心蓮臺。本來具足三身佛。三十七尊住二心城一。普門塵數諸三昧。遠二離因果一法然具。無邊德海本圓滿。還我頂二禮心諸佛一。」智證の【講演法華義】には頌曰と云ひ、【異本即身義】には無障礙曰と云ひ、五大院の【敎時義】に蓮華經と云ひ、慧心の【眞如觀】には初に無障礙と云ひ、後に蓮華三昧經と云ふ。無障礙經と蓮華三昧經とは異名同本にて、智證大師の將來として台家

に秘藏する所、藏經に載せず。但し坊刻の蓮華三昧經一卷あり、其中に此文なし。

サンジフシチソンライ　三十七尊禮　【書名】金剛頂瑜伽三十七尊禮の略名。

サンジフシチソンライサンモン　三十七尊禮懺文　【書名】金剛頂經金剛界大道場毘盧遮那如來自受用身內證智眷屬法身異名佛最上乘秘密三摩地禮懺文の異名。

サンジフシチダウボン　三十七道品　【名數】又三十七品、三十七分法、三十七菩提分法、など云ふ。道は能通の義、涅槃に到る道路の資糧三十七種あり。四念處、四正勤、四如意足、五根、五力、七覺支、八正道なり。【維摩經佛國品】に「三十七道品。是菩薩淨土。」【自誓三昧經】に「善權隨時。三十七品具足佛事。」【法界次第中之下】に「道者能通義。品者品類也。」

サンジフシチブンポフ　三十七分法　【名數】三十七菩提分品の略稱。

サンジフシチボダイブンポフ　三十七菩提分法　【名數】三十七道品の異名。四念處等の三十七法は菩提を成就する行法の支分品類なれば菩提分法と名く。

サンジフシヤウ　三十生　【名數】十地に入住出の三ありて功德を出生すれば三十生と云ふ。【仁王經上】に「十地皆成就。三十生功德皆成就。」始生功德。住生功德。終生功德。

サンジフシヤダ　三十捨墮　【名數】尼薩耆波逸提なり。「ニサツギハイツタイ」を見よ。

サンジフニオウ　三十二應　【術語】觀音の普現色身三昧より三十二身を應現すると。【楞嚴經六】に「我身成二三十二應一入二諸國土一。」法華經所說の三十三身と大同小異。一に佛身、二に獨覺身、三に緣覺身、四に聲聞身、五に梵王身、六に帝釋身、七に自在天身、八に大自在天身、九に天大將軍身、十に四天王身、十一に四天王太子身、十二に人王身、十三に長者身、十四に居士身、十五に宰官身、十六に婆羅門身、十七に比丘身、十八に比丘尼身、十九に優婆塞身、二十に優婆夷身、廿一に女主國夫人命家大家身、廿二に童男身、廿三に童女身、廿四に天身、廿五に龍身、廿六に藥叉身、廿七に乾闥婆身、廿八に阿修羅身、廿九に緊那羅身、三十に摩睺羅迦身、三十一に人身、三十二に非人身。

サンジフニサウ　三十二相　【名數】具名、三十二大人相と云ふ。此三十二相は佛に限らず總ての大人の相なり。此相を具するものは家に在りては輪王となり、家を出づれば無上覺を開くと云ふ。是れ天竺國人相說なり。【智度論八十八】に「隨二此間閻浮提中天竺國人所レ好則爲現二三十二相一。天竺國中人于レ今故治二肩髆一。令二厚大頭上皆有一レ結爲レ好。如二人相中說一。五處長爲レ好。眼耳鼻舌臂指髀手足相。若輪若蓮華若貝若日月。是故佛手足有二千輻輪纖長指一。鼻高好。舌廣長而薄。如レ是等皆勝二於先所一レ貴。故起二恭敬心一。」佛此相を感ずるは百劫の間一一の相に百種の福を積むに由る。【法界次第下之下】に「此三十二通云レ相者。相名レ有二所表一。發攬而可レ別名レ之爲レ相。如來應化之體現二此三十二相一。以表二法身衆德圓極一。使三見者受敬有二勝德一。可レ崇二人天中尊衆聖之王一。故現二三十二相一也。」【三藏法數四十八】に一に足安平相、足裏に凹處なきもの。二に千輻輪相、足下に輪形あるもの。三に手指纖長相、手指の細長きもの。四に手足柔軟相、手足の柔かなるもの。五に手足縵網相、手足共其の指と指の間に縵網の織緯ありて交互連絡すると鵝鴨の如きもの。六に足跟滿足相、跟は足の踵なり、踵の圓滿して凹處なきもの。七に足趺高好相、趺は足背なり、足背高起して圓滿なるもの。八に腨如鹿王相、腨は股肉なり、佛の股肉纖圓なると鹿王の如きもの。九に手過膝相、手長くして膝を過ぐるもの。十に馬陰藏相、佛の男根體內に密藏すると馬陰の如きもの。十一に身縱廣相、頭足の高と兩手を張りし長と齊しきもの。十二に毛孔生青色相、一一の毛孔より青色の一毛を生じて雜亂せざるもの。十三に身毛上靡相、身毛の頭右施し上に向ひて偃伏するもの。十四に身金色相、身體の色黃金の如きもの。十五に常光一丈相、身より光明を放つと四面各一丈なるもの。十六に皮膚細滑相、皮膚の軟滑なるもの。十七に七處平滿相、七處は兩足下兩掌兩肩幷に頂中なり、此七處皆平滿にて缺陷なきもの。十八に兩腋滿相、腋下充滿するもの。十九に身如獅子相、身體平正威儀嚴肅獅子王の如きもの。二十に身端直相、身形端正にして傴曲せざるもの。二十一に肩圓滿相、兩肩圓滿にして豐腴なるもの。二十二に四十齒相、四十齒を具足するもの。二十三に齒白齊密相、四十齒皆白淨にして堅密なるもの。二十四に四牙白淨相、四牙最も白くして大なるもの。二十五に頰車如獅子相、兩頰隆滿獅子の頰の如きもの。二十六に咽中津液得上味相、佛の咽喉中に常に津液ありて凡そ食する物之が爲に上味を得るもの。二十七に廣長舌相、舌廣くして長く柔軟にして細薄、之を展ぶれば面を覆ひて髮際に至るもの。二十八に梵音深遠相、梵は清淨の義なり、佛の音聲は清淨にして遠く聞ゆるもの。二十九に眼色如紺青相、眼睛の色紺青の如きもの。三十に眼睫如牛王相、眼

毛の殊勝なると牛王の如きもの。三十一に眉間白毫相、兩眉の間に白毫あり右旋して常に光を放つもの。三十二に頂成肉髻相、梵に鳥瑟膩、肉髻と譯す、頂上に肉あり、隆起して髻の形を爲すもの。亦無見頂相と名く、一切の有情皆見ると能はざるが故なり。」此三十二相は【法界次界】に依り、法界次第は【智度論八十八】に依る。其他【智度論四、涅槃經二十八、中阿含三十二相經】大同小異なり。【無量義經】に「一に毫相月の如く旋る。二に淨眼明鏡の如し。三に唇、四に額廣し。五に獅子の臆。六に掌に合縵あり。七に指直くして纖し。八に馬陰藏。九に頂に日光あり。十に上下に眴く。十一に舌赤好にして丹菓の如し。十二に鼻脩し。十三に手足柔軟なり。十四に內外に握る。十五に皮膚細軟なり。十六に細筋。十七に旋髮紺青なり。十八に眉睫紺にして展ぶ。十九に白齒。二十に面門開く。二十一に千輻輪を具す。二十二に臂脩し。二十三に毛右に旋る。二十四に鏁骨。二十五に頂に肉髻あり。二十六に方口頰。二十七に四十齒。二十八に胸に萬字を表す。二十九に腋、三十に肘長し。三十一に踝膝露現す。三十二に鹿腨腸。」【優婆夷淨行出門經修學品】にも出づ。諸本大體に同じ。梵名は(名義大集)に列すれ共漢文の經と交交參差あり。⦿(狹衣、四)「さるは三十二さうもいとよくそなはり給ひて」「ハチジフシュカウ」を見よ。

サンジフニサウキヤウ 三十二相經 【經名】
中阿含經十一に攝む。【昃帙五】

サンジフニサウグワン 三十二相願 【術語】
阿彌陀佛四十八願中の第二十一。【無量壽經上】に「設我得レ佛。國中人天不三悉成二滿三十二大人相一者。不レ取二正覺一。」

サンジフニダイニンサウ 三十二大人相
【名數】「サンジフニソウ」を見よ。

サンジフニチヒブツ 三十日祕佛 【名數】
毎月一日より三十日に至るまでの其日の緣日佛を云ふ。「エンニチ」を見よ。

サンジフバンジン 三十番神 【術語】
淳和天皇天長年中慈覺大師橫川に如法堂を創して法華經を納む。其後、後三條天皇延久五年楞嚴院の長吏良正國內の名ある神社三十體を勸請して日番に如法堂を守護せしめしもの。【叡岳要記下】に「延久五年。勸二請日本國三十神一爲二如法堂守護神一。楞嚴院長吏阿闍梨良正。一日熱田大明神、二日諏訪大明神、三日廣田大明神、四日氣比大明神、五日氣多大明神、六日鹿島大明神、七日北野天神、八日江文大明神、九日貴船大明神、十日天照皇太神、十一日八幡大明神、十二日加茂大明神、十三日松尾大明神、十四日大原大明神、十五日春日大明神、十六日平野大明神、十七日大比叡山王、十八日小比叡山王、十九日聖眞子山王、二十日客人權現、廿一日八王子山王、廿二日稻荷大明神、廿三日住吉大明神、廿四日祇園大明神、廿五日赤山大明神、廿六日健部大明神、廿七日三上大明神、廿八日兵主大明神、廿九日苗鹿大明神、三十日吉備大明神。」【梵漢對映集下】⦿(平治一)「加レ之三十番神の守護し給ふ根本の杉の洞」(曲、鐵輪)「みてぐらに三十番神ましまして」

サンジフブツ 三十佛 【術語】
三十日秘佛を云ふ。

サンジフボウ 三十棒 【物名】
禪家の宗匠學人を警醒する語にして俗刑の笞杖に擬するもの。但し褒貶の二意を含む、處に依て解すべし。【禪林類集棒喝】に「德山示レ衆云。道道。道得也三十棒。道不レ得也三十棒。」又「睦州見二僧來一云。見成公案放二汝三十棒一。」【碧嚴第一則着語】に「好レ與二三十棒一。」

サンジフロクキン 三十六禽 【術語】
子丑等の十二時に鼠牛等の十二獸ありて、此一一の獸に二の屬獸あれば正屬合せて三十六禽獸あり、各其時に隨つて來りて座禪の行者を惱ます。「ジフニジウ」を見よ。⦿(盛衰記一二)「十二神將をも進退し、三十六禽をも相從ひけり」

サンジフロクシン 三十六神 【名數】
次項を見よ。

サンジフロクブシン 三十六部神 【名數】
【灌頂三歸五戒帶佩護身咒經(佛說灌頂經神咒經一)】に、三歸を受くるものは三十六部の神王あり無量の眷屬を將て其人を守護するを說く。一に彌栗頭不羅婆、譯、善光、疾病を主る。二に彌栗頭婆呵婆、譯、善明、頭痛を主る。三に彌栗頭婆邏婆、譯、善力、寒熱を主る。四に彌栗頭抗陀羅、譯、善月、腹滿を主る。五に彌栗頭陀利奢、譯、善見、癰腫を主る。六に彌栗頭阿婁呵、譯、善供、癲狂を主る。七に彌栗頭伽婆帝、譯、善捨、愚痴を主る。八に彌栗頭悉抵哆、譯、善寂、瞋恚を主る。九に彌栗頭菩提薩、譯、善覺、婬慾を主る。十に彌栗頭提婆羅、譯、善天、邪鬼を主る。十一に彌栗頭呵婆帝、譯、善住、傷亡を主る。十二に彌栗頭不若羅、譯、善福、塚墓を主る。十三に彌栗頭苾闍伽、譯、善術、四方を主る。十四に彌栗頭迦隷婆、譯、善帝、怨家を主る。十五に彌栗頭羅闍遮、譯、善主、偸盜を主る。十六に彌栗頭須乾陀、譯、善香、債主を主る。十七に彌栗頭檀那波、譯、善施、劫賊を主る。十八に彌栗頭支多那、譯、善意、疫毒を主る。十九に彌栗頭羅婆那、譯、善吉、五溫を主る。二十に彌栗頭鉢婆馱、譯、善山、

蜚戸を主る。廿一に彌栗頭三摩提、譯、善調、注連を主る。廿二に彌栗頭戾締馱、譯、善備、往復を主る。廿三に彌栗頭波利陀、譯、善敬、相引を主る。廿四に彌栗頭波利那、譯、善淨、惡黨を主る。廿五に彌栗頭度伽地、譯、善品、蠱毒を主る。廿六に彌栗頭毘梨馱、譯、善結、恐怖を主る。廿七に彌栗頭支陀那、譯、善壽、厄難を主る。廿八に彌栗頭伽林摩、譯、善逝、產乳を主る。廿九に彌栗頭阿留伽、譯、善願、縣官を主る。三十に彌栗頭闍利馱、譯、善固、口舌を主る。卅一に彌栗頭阿伽馱、譯、善照、憂惱を主る。卅二に彌栗頭阿訶婆、譯、善生、不安を主る。卅三に彌栗頭婆和邏、譯、善思、百怪を主る。卅四に彌栗頭波利那、譯、善藏、嫉妬を主る。卅五に彌栗頭固陀那、譯、善音、呪咀を主る。卅六に彌栗頭韋陀羅、譯、善妙、厭禱を主る。【經】に「佛語二梵志一。是爲二三十六部神王一。此諸善神凡有二萬億恒沙鬼神一以爲二眷屬一。陰レ相番代以護下男子女人等輩受二三歸一者上。當下書二神王名字一帶在中身上上。行來出入無レ所レ畏也。」【行事鈔資持記下三之四】に「准二大灌頂經一。一歸十二天神。總三十六神。」⦿（榮花、疑）「三十六部の善神」

サンジフロクモツ　三十六物　[名數] 人の身に三十六の不淨物あり。【涅槃經二十四】に「凡夫身三十六物不淨充滿」之を三類に分つ。一に外相の十二、髮、毛、爪、齒、眵、淚、涎、唾、屎、溺、垢、汗。二に身器の十二、皮、膚、血、肉、筋、脈、骨、髓、肪、膏、腦、膜。三に內含の十二、肝、膽、腸、胃、脾、腎、心、肺、生藏、熟藏、赤痰、白痰。【大疏演義鈔三十】

サンジフロン　三十論　[書名] 唯識三十論頌の「異名。

サンジヤウ　三淨　[名數] 色界の第三禪天に少淨無量淨遍淨の三天あるを云ふ。【新譯仁王經上】に「九梵三淨」

サンジヤウトウ　三淨頭　[雜名] 僧堂の床前の一尺を三淨頭と爲す。一に鉢を展べ、二に袈裟を安じ、三に頭の向ふ所なればなり。【象器箋一上】

サンジヤウニク　三淨肉　[名數]「ジキ」を見よ。

サンジヤク　三寂　[雜名] 阿波守藤原爲忠の子、兄弟三人共に世を遁れて寂念寂然寂超と云ひ、大原山に住す。世に大原の三寂と稱す。三人共に和歌を善くす、寂念は俗名爲業、大鏡三卷を著す。寂然は俗名賴業、百法門和歌を撰す。【扶桑隱逸傳中】

サンジヤクバウ　三尺坊　[神名] 遠江國秋葉山の僧にて天狗となり、大靈驗ありと稱して其山の鎭守とす。

サンジヤヤ　刪闍夜　[人名] 又刪闍耶、外道の「名。刪闍夜毘羅胝子の略。

サンジヤヤビラテイシ　刪闍夜毘羅胝子　[人名] Sañjayin Vairadiputra (Sañjaya Vairatiptra) 刪闍耶毘羅胝子。新稱、刪逝移毘剌知子。六師外道の一。刪闍夜は字にて等勝と譯し、毘羅胝は母の名なり、母に因て名くれば子と云ふ。【注維摩三】に「什曰。刪闍夜字也。毘羅胝母名也。其人起レ見。謂要久逕二生死一彌二歷劫數一然後自盡二苦際一也。肇曰。其人謂道不レ須レ求。逕二生死劫數一苦盡自得。如下轉二縷丸於高山一縷盡自止上。何假レ求耶。」【同天台疏】に「人言。八萬劫滿。自然得レ道。」【慧琳音義二十六】に「珊闍耶。此云二等勝一。毘羅胝母名。此是不須修外道也。」

サンジユ　三受　[名數] 受は外境を領納するなり。境に順、違、俱非の三あれば、受に苦、樂、捨の三あり。一に苦受、違情の境を領納して苦惱の感を起すもの。二に樂受、順情の境を領納して適恒の感を起すもの。三に不苦不樂受、又捨受と名く、不適不順の境を領納して苦樂の感共に捨離するもの。【俱舍論一】に「受蘊。謂三領二納隨觸一。即樂及苦。不苦不樂。」

サンジユ　三咒　[名數] 一に大咒、根本の咒なり。二に中咒、大咒を總略せしもの。三に心咒、中咒を總略せしもの。【眞言修行鈔二】

サンジユ　三聚　[名數] 一切衆生を三聚に該收す。一に正定聚、必ず證悟するに定まるもの。二に邪定聚、畢竟證悟することなきもの。三に不定聚、二者の中間に在て緣あれば證悟し、緣なければ證悟せざるもの。此三聚の義は大小乘に通じ、小乘は【俱舍論十】に「正邪不定聚聖造二無間一餘。」預流向已上の聖者を正定聚とし、五無間業を造る者を邪定聚とし、此二者の中間に在りて七方便の行を修する者を不定聚とす。大乘の三聚は多義あり、【智度論八十四】に「能破二顚倒一者名二正定一。必不レ能レ破二顚倒一者是邪定。得二因緣一能破不レ得則不レ能レ破是名二不定一。」是れ通相に三聚を說きて未だ其位を判せず。【起信論】の所說に依れば、十信已前の凡夫因果を信ぜざるを邪定とし、十住已上を正定とし、十信の人を不定性とす。之を實大乘の義とす。而して權大乘の相宗は智度論の說意に則りて、位に依て之を制せず、彼宗所立の五性に依て之を立つ。即ち無種性の人を邪定とし、不定種性の人を不定性とし、菩薩定性の人を正定とす。又、【釋摩訶衍論】の一說に依れば、十聖を正定聚とし、三賢を不定聚とし、自餘の凡夫を邪定聚とす。是れ亦權大乘の意なり。圭峰の【起信筆削記三】に「權教以二無種性人一爲レ邪。以二菩薩一爲レ正。以二不定性人一爲二不定一。終教以二一切異性一爲レ邪。三賢爲レ正。十信爲二不定一。」【探玄記三】に「若依二地論一。見道已上。方名二正道一。」

サンジユカイ　三聚戒　〔術語〕三聚淨戒の略、「カイ」を見よ。

サンジユサンゲキヤウ　三聚懺悔經　〔經名〕具名、大乘三聚懺悔經、一卷、隋の闍那崛多譯。菩薩藏經の異譯。隨喜勸請廻向の三聚の懺悔法を說く。【列帙二】(1090)

サンジユキヤウ　三聚經　〔經名〕佛、比丘の爲に惡趣に至る法、善趣に至る法、涅槃に至る法の三法聚を說くと一より增して十に至る。長阿含經十に攝む。【昃帙九】

サンジユケウ　三聚敎　〔術語〕三聚戒の敎。

サンジユゴフ　三受業　〔名數〕苦樂捨の三受に順ずる異熟果を招く業。順樂受業、順苦受業、順不苦不樂受業の稱。

サンジユジヤウカイ　三聚淨戒　〔術語〕「カイ」を見よ。

サンジユツ　三術　〔名數〕禪を修して魔障を拂ふに內外の三術あり。內の三術とは煩惱等の內心より發する魔障に對す、即ち空假中の觀法なり。外の三術とは名利等の外より來る魔障に對す、一に一切の名利を受けず著せず。二に吾が德を縮め玼を露す。三に一擧里他方に住す。【輔行七】に「言二三術一者。如二上文自列一。一莫受莫著。二縮德露疵。三一擧萬里。內三術者。謂二空假中一。」

サンジユモンカイ　三受門戒　〔術語〕三聚淨戒を云ふ。【瓔珞本業經下】に「今爲二諸菩薩一結二一切戒根本一。所謂三受門攝二善法戒一。」「カイ」を見よ。

サンジユヱンカイ　三聚圓戒　〔術語〕三聚戒の一一に三聚戒を具して圓融無礙なるを云ふ。殺生戒に就て云へば、殺生の惡を離るるは是れ攝律儀なり、爲に慈悲を心を長ずるは攝善法なり、爲に衆生を保護するは攝衆生なり。【八宗綱要上】に「此三聚亦圓融行故。三聚互攝。諸戒融通。如二不殺生一即具二三聚一。乃至一切諸戒皆爾。隨レ持二一戒一具二三聚一。」「カイ」の項を參照せよ。

サンジヨ　懺除　〔術語〕懺悔して罪を除くと。【普賢觀經】に「若欲二懺悔一者。端坐念二實相一。衆罪如二霜露一。慧圓能消除。」

サンジヨウ　三乘　〔術語〕人を乘せて各其の果地に到らしむる敎法を乘と名く。一乘乃至五乘の別あり、其の中三乘に四種あり。**一**は大乘の三乘なり。一に聲聞乘、又小乘と云ふ。速きは三生、遲きは六十劫間空法を修し、終に現世に於て如來の聲敎を聞きて四諦の理を悟り、以て阿羅漢を證するもの。二に緣覺乘、又中乘、辟支佛乘と云ふ。速きは四生、遲きは百劫の間空法を修し、其最後の生に於て如來の聲敎に依らず飛花落葉の外緣に感じて自ら十二因緣の理を覺り、以て辟支佛果を證するもの。三に大乘、又菩薩乘と云ふ。三無數劫の間六度の行を修し、更に百劫の間三十二相の福因を植ゑ、以て無上菩提を證するもの。或は之を羊鹿牛の三車に譬へ、或は之を象馬兎の三獸に比ぶ。是れ大乘の三乘なる故に不愚法の二乘を攝せず（二乘に愚法と不愚法との二あり。「ニジヨウ」を見よ。）【法華經譬喩品】に「若有二衆生一。內有二智性一。從二佛世尊一聞レ法信受。慇懃精進。欲三速出二三界一。自求二涅槃一。是名二聲聞乘一。乃至若有二衆生一。從二佛世尊一聞レ法信受。慇懃精進。求二自然慧一。獨樂二善寂一。深知二諸法因緣一。是名二辟支佛乘一。乃至若有二衆生一。從二佛世尊一。聞レ法信受。勤修精進。求二一切智。佛智自然智。無師智。如來知見。力無所畏一。愍二念安三樂無量衆生一。利二益天人一。度二脫一切一。是名二大乘一。」**二**は小乘の聲緣菩三乘なり。又小中大とも稱す。皆共に灰身滅智す、故に此中の聲緣は即ち愚法なり。【四敎儀集註上】に「三乘。乘以二運載一爲レ義。聲聞以二四諦一爲レ乘。緣覺以二十二因緣一爲レ乘。菩薩以二六度一爲レ乘。運三出三界一歸二於涅槃一。」【五敎章上二】に「大乘中乘小乘爲二三乘一。乃至如二小論中一自有二聲聞緣覺法及佛法一。」**三**には大小合論の聲緣菩の三乘なり。又小中大と云ふ。此中の菩薩乘には一乘を攝し、聲緣二乘には愚法不愚法の二類を攝す。【五敎章上二】に「融二一乘一同二大乘一合二愚法一同二小乘一唯三也。」**四**には一に一乘。華嚴法華の如く一切皆成佛を明かすもの。二に三乘法、深密般若の如く三乘の得道を別立するもの。三に小乘、四阿含等の所明に執して、一切大乘の敎理を信ぜざるもの。【五敎章上】是れ大小合論の三乘の中の菩薩乘より一乘を開き、其の二乘より愚法の一類を別開せしなり。**密敎**には第一類の三乘を法佛內證の三密と爲す。聲聞は聲敎に依つて悟道すれば之を語密に配し、緣覺は只心に十二因緣を觀じて悟道すれば之を意密に配し、菩薩は大悲利他の故に身を娑婆界に捨てて廣く六度萬行を修行すれば之を身密に配す。菩薩の行三業に通ずるも身業に於て最も重きが故に且く身密となし、三業の中に身は意口を兼ね、三乘の中に菩薩の行廣く三業を兼ぬるが故に、總德に寄せて之を身密に配す。さて法華經には三乘を方便となし、一佛乘を眞實となし、三乘を會して一乘に歸するなり。然るに密敎の見には三乘即ち法佛內證の三密なれば三乘の行を動かさずして直ちに秘密佛乘の體となすなり。故に【大日經疏三】に、經の通達三乘の文を釋して「眞言門乘二三密印一至二佛三平等地一。名爲二通達三乘一。」【秘藏記鈔七】

サンジヤウカウ　三綱　〔職位〕諸寺の三綱

を三井寺には三綱と云ふ。

サンジヨウグガクジフチ　三乘共學十地　〔術語〕乾慧地等の十地を云ふ。是れ般若經の說にして聲緣菩の三乘共同して道を修する行位を示したるものなればなり。

サンジヨウケ　三乘家　〔流派〕法相宗を首として三乘の別在を主張する宗家を云ふ。

サンジヤウケウ　三乘敎　〔術語〕深密經唯識論などの三乘の別立を明す敎法を云ふ。

サンジヤウシンジツイチジヤウハウベン　三乘眞實一乘方便　〔術語〕三乘家は深密經に依つて三乘を眞實とし、法華所說の一乘を以てただ不定性の一類を誘引する方便なりと立て、一乘家は法華經に依て深密經所說の三乘を機根を調熟する爲の方便なりと立つ。【五敎章上、法華玄贊四、守護國界章下】

サンジヤウムロノシユジ　三乘無漏種子　〔術語〕聲聞、緣覺、菩薩、の三乘の本有無漏の種子をいふ。相宗にてはこの種子を具すると具せざるとに依つて五姓各別と立つ。

サンジヨロクエン　三序六緣　〔名數〕善導が觀無量壽經の序分義に於て經の序分を科するに三序六緣を立つ。三序は、證信、化前、發起なり。その發起序に六緣あり。禁父、禁母、厭苦、欣淨、散善顯行、定善示觀、これなり。

サンジレンマ　三事練磨　〔術語〕菩薩が資糧位に於て三種退屈を生じたる時三事を以て練磨するなり。「サンタイクツ」を見よ。

サンスゼン　劄子禪　〔術語〕劄子は鋤なり、空解の邪禪を劄子の物を鋤き取るに譬ふ。夢窓の【夢中問答中】に「一切の義理をも用ゐず、地位の階差をも立てず、佛法世法の蹤跡を胸の中に止めざるを宗旨と思へるものあり。古人は之を劄子禪と名けたり。こすきと云ふ物は一切の物をすき棄つるを功能とする故、一切の所解を拂ひ捨つるを宗旨と思へるにたとへたり。」

サンスモクケンレンキヤウ　算數目犍連經　〔經名〕算數目犍連は梵志の名。此の梵志法を喩となして佛法中の次第を問ひ、佛之に答ふ。中阿含二十五に攝む。【昃帙五】巴 Gaṇakamoggallāna

サンスヰ　三衰　〔名數〕三毒の異名。

サンスヰ　三水　〔名數〕一に時水。明相現より午時に至る間隨意に飲用するを得る水なり。二に非時水。午を過ぎて後飲用し得る淨水なり。三に觸用水。時を論ぜず用ふるを得る洗淨用の水なり。【受用三水要行法】

サンスヰナフ　山水衲　〔衣服〕宋代の禪僧の服するもの。糞掃衣を誤りて之を作す、本朝遠山形と稱する袈裟亦これに類す。【行事鈔資持記下三之一】に「然此糞衣。並是世人所レ棄破碎布帛。收拾鬪綴以爲二法衣一。欲レ令三節儉少欲省二レ事一衲之外更無二餘物一。今時禪衆多作二衲衫一而非二法服一。裁二剪繒綵一刺二綴花紋一號二山水衲一。價直數千。更乃各鬪二新奇一。全乖二節儉一。乃至有識之流幸宜二極誡一。」

サンセ　山世　〔雜名〕比丘の住處、山中と聚落。【行事鈔上一之一】に「山謂蘭若。即上根也。世謂聚落。」

サンセ　三施　〔術語〕一に財施、持戒の人他人の財物を犯さず、又己が財を以て他に施與すること。二に法施、能く人の爲に法を說きて開悟得道せしむること。三に無畏施、一切衆生皆死を畏る、持戒の人は殺害の心なく衆生をして畏るるとなからしむること。【智度論十一】図一に物施、即ち財施なり。二に供養恭敬施、信心清淨にして恭敬禮拜する等なり。三に法施、即ち法を開演するなり。【智度論十二】図一に飲食施、飲食を以て人に施すこと、是れ下品の施なり。二に珍寶施、珍寶を以て人に施すこと、是れ中品の施なり。三に身命施、身命を以て人に施すこと、是れ上品の施なり。【華嚴大疏鈔二】

サンセイイビラチシ　删逝移毘剌知子　【人名】舊稱、删闍夜毘羅胝子。六師外道の一。【毘奈耶雜事三十八】「サンジヤヤビラテイシ」を見よ。

サンセイゲ　三誓偈　〔雜名〕【無量壽經上】に法藏比丘四十八願を說き訖りて更に偈を說きて三重の誓願を立つ、之を三誓偈又は重誓偈と云ふ。「我建超世願。乃至當雨玲妙華。」是なり。【六要鈔二本】に「六八願上重テ有二此誓一是故此偈云二重誓偈一。乃至義寂云。望二三種果一。一望二滿願果一。二望二大施果一。三望二名聞果一。依二此三誓一此偈又名云二三誓偈一。」又、淨家の一流に之を四誓偈と稱す、蓋し三誓偈以下の偈語を總じて一誓となす。

サンセウ　三照　〔譬喩〕台家が華嚴經に依つて立つる所、彼宗所立の五時敎を喩顯するもの。一に高山、日出でて先づ高山を照す、以て佛成道して最初に華嚴經を說きて頓大の菩薩を化するに譬ふ。二に幽谷、日光次に幽谷を照す、以て鹿苑に於て小乘經を說きて聲聞緣覺を化するに譬ふ。三に平地、日光次に平地を照す、以て方等經乃至涅槃經を說きて一般に大乘漸入の機を化するに譬ふ。而して平地を照す日光を食時、禺中、正中、の三に分けて之を方等般若の三時に配當して涅槃經所說の五味の喩と同一

ならしむ。但彼は五時相生の次第明了なるも五時教一體の義は未だ顯然たらざれば此日光の喩を以て如來の教法同一味の義を闡明す。然るに本經の文を見るに譬に四照ありて法を合するに五あり。【六十華嚴經三十五寶王如來性起品】に「譬如下日出先照二一切諸大山王一。次照二一切大山一。次照二金剛寶山一。然後普照中一切大地上。日光不レ作二是念一。我當下先照二諸大山王一次第乃至普照中大地上。但彼山地有二高下一故照有二先後一。如來如レ是。成二就無量無邊法界智慧日輪一常放二無量無遍智慧光明一。先照二普賢菩薩等諸大山王一。次照二緣覺一。次照二聲聞一。次照二決定善根衆生一隨レ應受レ化。然後悉照二一切衆生乃至邪定一。爲下作二未來饒益一因緣上。然如來智慧日光不レ作二是念一。我當三先照二菩薩乃至邪定一。但放二大智光一普照二一切一。佛子譬如下日月出二現世間一乃至深山幽谷無上レ不二普照一。如來智慧日月亦復如レ是。」さて台家を以て此文を解するに、法華の信解品に密遣二人とあるは聲聞緣覺の二人にて二乘を同一の機に見たり。されば此經文も緣覺と聲聞を分ちて二照とすれども、其意は同一に照す分際なり。依つて之を三照と定め、經文照す所に重きを置かざるは喩に四照ありて法に五事あるにて知るべし、依て所照の分際を考ふべし。後下の結文に依て三照の名を立てしなり。即ち深山と幽谷と無不普照は高山幽谷平地の三なり。此文を【八十華嚴經】に「大山幽谷普照無レ私。」と言へるに見れば其意益明なり。【止觀一】に「華嚴曰。譬如下日出光照二高山一次照二幽谷一次照中平地上。平地不定也。幽谷漸也。高山頓也。」【釋籤一】に「別行義疏記云。彼經豫叙二一代始終一。故立レ譬云。猶如下日出先照二高山一次照二幽谷一次照中平地上。今家以レ義開二平地一爲レ三。對二於涅槃五味一。」【四敎儀集註上、同半字談一】

四照	五法	三照	五味
諸大山王	菩薩	高山	乳味
一切大山	緣覺	幽谷	酪味
金剛寶山	聲聞		
普照大地	決定善根	平地	食時—生酥
	一切衆生		禺中—熟酥
			正中—醍醐

サンセケン 三世間 〔名數〕過現未に遷流するを世と云ひ、彼此間隔するを間と云ふ。有爲法の別名なり。一切の有爲法を三種に分類す。一に五陰世間、又、五衆世間、五陰とは色受想行識の五法なり、十界の五陰各各差別するを五陰世間と名く。二に衆生世間、又、假名世間、五陰和合の上に假に衆生と名けたるもの、上は佛界より下は地獄まで各各差別するを云ふ。三に國土世間、又、器世間、衆生所依の境界十界各各に差別するもの、是れ五陰中、色陰の上に假立するもの。要するに第一は實法にして第二第三は假法、假法の中に正報の內身と依報の外器とを分けしなり。【智度論四十七、止觀五】図一に器世間、即ち國土世間にて釋迦如來所化の境を擧ぐ。二に衆生世間。釋迦如來所化の機類を擧ぐ。三に智正覺世間、如來大智慧を具して世間出世間の法を覺了するもの、是れ釋迦如來一切衆生を敎化する爲の種種差別の智身なり。此三世間は如來敎化の上に於て立つ。【華嚴大疏三】

サンセツ 三節 〔名數〕十二因緣の過現未の三世に渉るを三節と云ふ。無明、行の二は過去。識乃至有の八は現在。生、老死の二は未來。【舊俱舍論七】に「如レ是緣生法。十二分三節。前後際二二。於レ中八。」

サンセフダイ 三攝提 〔名數〕攝提具さには波羅攝提、Prajñapti 假施設と譯す。大品般若經三假品の所說、受假施設、法假施設、名假施設の三を云ふ。「ケ」を見よ。　「ゲ」を見よ。

サンセン 三懺 〔名數〕三種の悔法なり。「サン

サンセン 散錢 〔雜名〕俗に參錢と書す。又賽錢と云ふ。韓退之の【佛骨表】に「百十爲レ群解レ衣散レ錢。自レ朝至レ暮轉相倣効。」內典に散錢の字を見ず、蓋し散華に形どりて錢を散らすなり。

サンセンニテン 三仙二天 〔名數〕三仙とは一に迦毘羅仙、數論の祖なり。二に鵂鶹仙、勝論の祖なり。三に勒沙婆仙、尼犍子の祖なり。二天とは一に大自在天。二に毘紐天。【大部輔注一】に「一伽毘羅。此云二黃頭一。頭如二金色一。二優樓僧佉。此云二鵂鶹仙一。三勒沙婆。此云二苦行一。此即三仙也。一摩醯首羅。此云二大自在天一。二毘紐。亦云二韋紐一。亦云二韋糅一。此云二徧勝一。亦云二徧淨一。及云二徧悶一。此即二天也。」

サンゼ 三世 〔術語〕又三際と云ふ。過去現在未來の三なり。世は遷流の義。有爲の事物は一剎那の間も止らず、生じ了れば直ちに滅するなり。依つて來生を未來世とし、生じ了るを現在世とし、滅し了るを過去世とす。即ち事物の遷流する上に於て三種の世を假立するもの、事物を離れて別に世の實體なし。又三世に時に就くと法に就くとの二種ありて、若し時の經過する三世なれば、過去を前とし未來を後とし過現未と次第す。十二緣起の次第是なり。若し法の生起する三世なれば、未來を前とし過去を後とす。未現過の次第なり。事物の生起が未だ生ぜざるが(未)已に生じて(現)後に滅する(過)次第なればなり。猶未至を前路と名け已往を後路と名くるが如し。生住異滅の四相是なり。【寶積經九十四】に「三世。所謂過

去未來現在。云何過去世。若法生已滅是名二過去世一。云何未來世。若法未レ生未レ起是名二未來世一。云何現在世。若法生已未レ滅是名二現在世一。」

三種三世 【名數】唯識宗にて云ふ。過現未の三世に就て三種の別あり。一に道理三世。又種子曾當の因果とも云ふ。現在の法の上に道理を以て假立したる三世のこと。即ち、現在の法は過去の因の酬ひなれば現在の法の因を假りに過去とし、現在の法は未來必す果を引くべき義ある故に果を假に未來と名く。即ち現在一刹那の法に三世を立つるなり。二に神通三世。過未は實體あるに非ざれども、宿命智により過去を觀じ、生死智によりて未來を觀じ、他心智によりて現在の境を觀ず。實の三世に非ず、心識所變の現在刹那の相分なり。三に唯識三世。過未の法實體あるにあらず、妄情によりて過未の事物心中に顯現す、故に妄情は三世あれ共實は現在法の相分にして唯識所變なりと云ふ。神通三世は悟心に就き唯識三世は迷情につく。

十種三世 【名數】一、過去世說過去世、二、過去世說未來世、三、過去世說現在世、四、未來世說過去世、五、未來世說現在世、六、未來世說無盡、(未來に未來を說くも未來無盡なるを云ふ)七、現在世說過去世、八、現在世說未來世、九、現在世說平等、十、現在說三世即一念、【華嚴經五十三】

三世假實 【雜語】大乘は勿論小乘に於て大衆部化地部經部の如きは、現在の法のみ實體ありて過去未來の法は實體なし、故に過去未來と云ふは已有當有の假名なりと立つ。小乘の薩婆多部は三世實有法體恒有と立てて、三世の法は歷然として實有なり若し無法ならば過去未來に對して過去なり未來なりと云ふ思想の起るべき理なしと云ふ。されば云何して三世の別を立つと云ふに、之を解するに四論あり。一に類の不同、是れ法救尊者の說。有爲の諸法が未來より現世に來るときは未來の類を捨てて現在の類を得、現在より過去に遷るときは現在の類を捨てて過去の類を得。三世の類は異なれども法體は實有なり。喩へば金器を破して餘物となすに長短方圓の形は異なれども金體は異なきが如し。二に相の不同、是れ妙音尊者の說。三世に各別の相ありて、有爲の諸法が未來に在るときは正しく未來の法と合する故に未來と名くれども、過去現在の相を離るるに非ず、現在に來るときは正しく現在と合する故に現在の法と名くれども、過去未來の相を離るるに非ず、過去に入るときは正しく過去の相と合する故に過去の相と名くれども、未來現在の相を離るるにあらず。其正しく合する世相の不同に依て三世の異あれども法體は實有なり。喩へば三人の妻妾を持する者の正しく其一人づつに染する如し。三に位の不同、是れ世友尊者の說。未來を未作用の位とし、現在を正作用の位とし、過去を已作用の位とす。有爲の諸法が三世を遷流するに未作用の位に在れば未來と名け、正作用の位にあれば現在と名け、已作用の位にあれば過去と名く。三位の不同に依て三世の別あれども、法體は實有なり、喩へば一の算木を一の位に置けば一と名け、十の位に置けば十と名け、百の位に置けば百と名くる如し。名と作用とは異なれども體は一なり。四に待の不同、是れ覺天尊者の說。待とは待望の義にて彼此を望め合すと前を後に望めて過去とし、後を前に望めて未來とし、中を前後に望めて現在とす。待望の不同に依つて三世の別あれども法體は實有なり。譬へば一の女を母に對すれば娘となり娘に對すれば母となり夫に對すれば婦となる如し。已上の四師を婆沙の四評家と稱す。此四說の中婆沙倶舍共に第三說の作用に就て立つる義を取りて最善とす。【婆沙論七十七、倶舍論二十、頌疏二】

サンゼサイシヨウシンミヤウワウキヤウ

三世最勝心明王經 【經名】金剛恐怖集會方廣儀軌觀自在菩薩三世最勝心明王經の略名。

サンゼサンゼンブツ

三世三千佛 【術語】過去世莊嚴劫の一千佛、現在世賢劫の一千佛、未來星宿劫の一千佛、合せて三千佛なり。此中賢劫即現在劫の千佛出世の時代に就て經論の所論、出沒隱顯一定せず。【佛祖統記三十】に諸經論の勘考を記せり。【藥王經】に三劫の千佛各首尾の佛名を擧げ、【三千佛名經】に具さに其名を列ね、【賢愚經】に賢劫の千佛の名を出す。但し明藏の佛名經は賢劫千佛の首尾の佛名同じきも、麗藏の佛名經は藥王經と首尾のみ前二經に同じく他の二劫は同じからず。【秘藏記末】には、本來無量無數の差別智身の功德莊嚴藏を過去千佛とし、最初普賢行を起すを賢劫千佛とし、又身に無量無數の如來ありて如法修行の故に煩惱の雲散じ本有の如來出現する未來千佛なりと說く。賢劫の千佛に就ては「ケンゴフ」參照。

サンゼシヨブツ

三世諸佛 【術語】三世に出現する諸佛。【法華經方便品】に「三世諸佛說法之儀式。」【觀無量壽經】に「三世諸佛淨業正因。」⊙(榮花、疑)「三世の諸佛だちよろこび給はんに」

サンゼシン　三世心　〔術語〕心は刹那に生滅するもの、未來心は未だ成らざれば不可得なり、過去心は既に滅すれば不可得なり、現在心は暫も停らざれば不可得なり。之を三世心不可得と云ふ。般若維摩の諸經深く此旨を明す。「サンゼフカトク」を見よ。

サンゼジツウホフタイゴウウ　三世實有法體恒有　〔術語〕小乘敎中一切有部宗の所立。三世實有は時間的に諸法の體性の實在するを云ひ、法體恒有は空間的に諸法の體性の實有なるを云ふ。見る所の事物の生滅は是れ體の上の作用のみ、自體に於て生滅あるにあらず、故に法體は恒有なりと云ふ。三世實有に就ては「サンゼ」を見よ。

サンゼジフパウノブツダ　三世十方佛陀　〔雜語〕時間空間に亘りてましますす無量無數の佛陀を云ふ。◉（平家、三）「三世十方の佛陀」

サンゼジヤウブツ　三世成佛　〔術語〕三生成佛に同じ。

サンゼチ　三世智　〔術語〕如來十智の一。三世を「通達する佛智なり。

サンゼノカクモ　三世覺母　〔菩薩〕文殊菩薩の異名。智慧を出生すとの意より覺母と云ふ。蓋し、文殊菩薩は、毘盧舍那の大智を司りて、三世諸佛成道の母たるが故なり。【心地觀經】に「三世覺母吉祥。」【聖無動尊大威怒王秘密陀羅尼經】に「妙吉祥菩薩是三世覺母。故名二文殊師利一。」◉（盛衰記二四）「三世の覺母は行基菩薩として東垂に現じ」

サンゼフカトク　三世不可得　〔術語〕三世の諸法一も實體を得べからざるを云ふ。【維摩經弟子品】に「若過去生過去生已滅。若未來生未來生未レ至。若現在生現在生無住。」【金剛經】に「過去心不可得。現在心不可得。未來心不可得。」◉（曲、苅萱）「一度切りたる恩愛の絆、三世不可得のうちに、誰やの者か子となつて來り候ふべき」

サンゼフサウダイ　三世不相待　〔雜語〕歌題。三世の法新新に生滅して更に相待たざるを云ふ。【維摩經弟子品】に「一切法生滅不レ住。如レ幻如レ電。諸法不二相待一。乃至一念不レ住。」

サンゼムシヤウゲチカイ　三世無障礙智戒　〔術語〕此戒能く三世無障礙の智を成就すれば三世無障礙智戒と名く。又三昧耶戒と名け、自性本源戒と名け、三平等戒と名け、菩提心戒と名け、無爲戒と名け、眞法戒と名く。入壇の前に初心行者に受けしむる三世無障礙戒は即ち十善戒なり。【大日經一】に「應レ授二彼三世無障礙智戒一。」【同疏五】に「菩薩所三以發心攝二受方便學處一。皆爲レ成二就如來清淨智慧一。」【大疏演奥鈔十一】に「方便學處者。下方便學處品所説十善戒也。依レ攝二受此戒一成二就三世無障智一。故云三皆爲成二就如來清淨智慧一也。」【同十三】に「三世無障礙戒者戒體也。四重、十重、十善戒等戒相也。戒體通二二機一戒相有二通局一。通者十善戒。局者四重禁等也。」

サンゼムヒリキシンゴンク　三世無比力眞言句　〔雜名〕如來の十方三世に於て無量の福德を積集し一切の事業に於て破壞すべからざる無比力より生ぜし眞言句を稱す。【大日經二】に「如二巧色摩尼一。能滿二一切願一。積二聚無量福德一。住二不可害行一。三世無比力眞言句。」【同疏九】に「常徧二十方三世一。以二無量門一植二種種德本一。無二窮已時一。住二不可害行一。即是於二一切事業中一皆悉不レ可二留難一不レ可二破壞一之義。故名二三世無比力眞言句一。」

サンゼレウダツ　三世了達　〔術語〕諸佛の智慧は、過去、現在、未來の三世を達觀して、了了分明なるが故に三世了達と云ふ。「三世了達の智慧」と云ふも其意同じ。【法華經科註】に「如來三達無碍。觀二破久遠一如レ今」◉（太平記、一七）「三世了達の智も淺くなりぬといへども」（曲、松尾）「三世了達の智惠を以て、現當二世までの道を照らし給へり」

サンゼン　參前　〔雜語〕禪林の語。晩參の前を云ふ。【象器箋三】

サンゼン　參禪　〔術語〕禪道を參學すると。參は師下に參至し禪道に參入する義。【證道歌】に「尋レ師訪レ道爲二參禪一。」【禪苑授戒章】に「參禪問道。戒律爲レ先。」

サンゼン　三禪　〔界名〕色界の第三禪天なり。此天を定生喜樂地と名けて深妙の禪定より身心の快樂を生ず。三界九地の中に此地を以て樂受の限とし、此より已上の天處に在りては唯捨受あるのみ。故に此地の樂受は三界中最第一にて、聖敎中多く之を引きて比となす。【悲華經二】に「身心快樂。無レ有二疲極一。譬如三比丘入二第三禪一。」【涅槃經二十一】に「有二佛世界一名曰二不動一。若有二衆生一聞二其華香一身心安樂。譬如三比丘入二第三禪一。」

サンゼン　散善　〔術語〕散亂の心にて勤むる善根なり。定善に對す。觀無量壽經所説十六觀の如き、前の十三觀は定善にて、後の三觀は散善なり。【觀經玄義分】に「要門者即此觀經定散二門是也。定即息レ慮凝レ心。散即廢レ惡修レ善。」【菩提心論】に「又乘二散善門中一經二無數劫一。」図密敎より判じて一切の顯敎を散善門とし、密敎を三摩地門とす。三摩地は定の梵名、密敎は初心より生佛不二の觀行を修すればなり。【辨惑指南三】

サンゼン　三善　〔名數〕初善、中善、後善なり。佛の說法初中後の三時共に善味なるを云ふ。七善中の

時節善なり。【法華經序品】に「演二説正法一。初善中善後善。」

サンゼン　三善　〔名數〕三善根なり。

サンゼン　三千　〔術語〕三千諸法。一念三千。三千世界。三千威儀など。

サンゼン　三漸　〔術語〕五時のうち漸教の三教なり。即ち鹿苑、方等、般若、これなり。

サンゼンガイ　三千界　〔術語〕三千大千世界の略稱。⦿（水鏡、上）「三千界の地獄へしばしうつしやるなり」

サンゼンギ　散善義　〔書名〕善導四帖疏の一。觀經十六觀中、後の三觀の散善門を釋せしもの。

サンゼンゴン　三善根　〔名數〕三毒に對して三善根を立つ。一に無貪、二に無瞋、三に無痴。此三共に無量の善法を生ずる根本なれば善根と名く。【集異門足論三】図施、慈、慧の三。即ち次第の如く、貪瞋痴の三に反す。【新譯仁王經中】に「治二貪瞋痴三不善根一。起二施慈慧三種善根一。」

サンゼンシユ　三善趣　〔名數〕三惡趣に對して修羅、人、天、の三趣を云ふ。「ンサンゼン」を見よ。

サンゼンシヨホフ　三千諸法　〔術語〕「イチネンサンゼン」を見よ。

サンゼンジツサウ　三千實相　〔術語〕三千は台宗にて一切諸法を該收する語、三千實相とは諸法實相と言ふ如し。「ショホフジッサウ」を見よ。

サンゼンジヤウギヤウ　三千淨行　〔術語〕一念三千の妙觀を修する淨行なり、天台宗を云ふ。⦿（盛衰記）「共歸二依三千淨行一。」

サンゼンセカイ　三千世界　〔術語〕三千大千世界の略稱。⦿（十訓抄）に「三千世界眼前盡」（萬葉集）に「三千世界誰能逃二黑闇之搜來一」（著聞集、文學）「三千世界眼前盡と案じ侍て」

サンゼンダイセンセカイ　三千大千世界　〔術語〕須彌山を中心として七山八海を交互に繞らし、更に鐵圍山を以て外郭となし、之を一小世界と稱し、此一小世界を一千合せたるを小千世界とし、此小千世界を一千合せたるを中千世界とし、此中千世界を一千合せたるを大千世界とす。即ち大千世界の數量は一〇〇〇〇〇〇〇〇〇なり。大千世界の上に三千とあるは、此大千世界は小千と中千と大千との三種の千より成立せしを示したるなり。內容は即ち一大千世界なり。此一大千世界を以て一佛の化境となす。且つ此三千大千世界の廣さ恰も第四禪天と同じくして成も壞も必ず同時なり。【智度論七、佛地論六】

サンゼンダイセンセカイザウ　三千大千世界藏　〔術語〕勝鬘經の語。【勝鬘經寶窟中本】に「隔別故稱爲レ界。三千苞二含人物一。目レ之爲レ藏也。」

サンゼンダウ　三善道　〔名數〕三惡道に對して三善道を立つ。善業に由て赴く所を善道と名く。一に天道、上品の善に由て赴く所。二に人道、中品の善に由て赴く所。三に阿修羅道、下品の善に由て赴く所。【智度論三十】に「善有二上中下一故有二三善道一。」【同九十六】に「善業亦有二上中下一。上者天。中者人。下者阿修羅等。」

サンゼンチシキ　三善知識　〔名數〕善を以て衆人に知らるる者を善知識と云ひ、三種あり。一に教授善知識、我を教授するもの、即ち我師なり。二に同行善知識、我と觀行を同じくして互に策勵するもの、即ち我友なり。三に外護善知識、我に修道の資を給するもの、即ちわが檀越なり。【止觀四】

サンゼンヂンデンゴフ　三千塵點劫　〔術語〕法華經化城喩品に大通智勝佛の出世の久遠なるを明す劫量なり。「乃往過去。無量無邊。不可思議。阿僧祇劫。爾時有レ佛。名二大通知勝如來一。乃至彼佛滅度已來。甚大久遠。譬如下三千大千世界所有地種假令有レ人磨以爲レ墨。過二東方千國土一乃下二一點一。大如二微塵一。又過二千國土一復下二一點一。如レ是展轉盡二地種墨上。於二汝等意一云何。是諸國土。若算師若算師弟子能得二邊際一知二其數一不。乃至是人所レ經國土若點不點盡抹爲レ塵。一塵一劫。彼佛滅度已來復過二是數一。無量無邊百千萬億阿僧祇劫。」⦿（盛衰記八）「彼は三千塵點子を失ひて父かなしみ」

サンゼンネンイチゲン　三千年一現　〔雜語〕優曇華を云ふ。【法華經方便品】に「如レ是妙法諸佛如來。時乃說レ之。如二優曇鉢華時一現一耳。」【文句四】に「優曇華。此言二靈瑞一。三千年一現。現則金輪王出。」

サンゼンノクワンチヤウ　三千の貫頂　〔雜語〕三千衆徒の上座首席の意。比叡山延曆寺の座主を云ふ。⦿（太平記三〇）「三千の貫頂の名を捨てて」

サンゼンブツ　三千佛　〔術語〕「サンゼサンゼンブツ」を見よ。

サンゼンブツミヤウキヤウ　三千佛名經　〔經名〕具名、三劫三千佛名經。經錄には過去莊嚴劫千佛名經一卷、現在賢劫千佛名經一卷、未來星宿劫千佛名經一卷、各別なるを、元藏は之を合せて一部となし、題して三劫三千佛名經と云ふ。本朝の麋藏亦之に倣ふ。【壒囊鈔十四】に「仁明天皇の御宇承和十三年に佛名を禁中に始められしより以降、畿外に至るまで佛名を修するに十六卷の佛名經を用ふ。此本經錄になし。此中載する所佛菩薩賢聖等の名一萬三千餘なり。然るを玄鑒內供上奏して十六卷の佛名を略して、延喜十八年に三千佛名經を改修せしめしより以來、之を以

て常式とす。然れども導師は作法を改めず、初後に於て必ず萬三千佛と唱ふるを故實と爲すと云ふ。」

サンゼンラク　三禪樂　〔術語〕三禪天の快樂。「サンゼン」を見よ。

サンゼンヰギ　三千威儀　〔術語〕比丘の威儀作法を細別せしもの。【大部輔注十一】に「三千威儀。約ニ二百五十戒一各有ニ四威儀一。行住坐臥合爲ニ一千一。循ニ三世一轉爲ニ三千威儀一。」案ずるに是れ鑿説に過ぎず、三千とは唯多きを云ふのみ。藏中大比丘三千威儀二卷あり、一千百八十二事を明す。【楞嚴經】に「三千威儀。八萬微細。性業遮業。」【六祖壇經】に「三千威儀。八萬細行。」図經の名。大比丘三千威儀の略名。

サンソ　生疎　〔雜語〕禪林の語。生は未熟の義。疎は疎荒の義。居動の麁野なるを云。【象器箋十五】

サンソウ　山僧　〔雜語〕山野の僧、一般に通ず。山門の僧、叡山の僧に局る。⦿（著聞集、神祇）「山僧闕白殿の門前へ參りてうれへ申しけり」

サンソウギ　三僧祇　〔術語〕三阿僧祇劫の略。三無數長時と譯す。菩薩修行の年時。「サンアソウギコフ」を見よ。

三僧祇百大劫　〔術語〕菩薩は他を度する爲に三阿僧祇劫の修行を爲し、更に自己成佛の身に三十二相を感ぜんが爲に百大劫の間の無量の福德を植うるなり。

サンソクイチ　三即一　〔術語〕三乘敎即一乘敎の意。「の語。

サンゾウ　山僧　〔雜語〕僧侶の自稱代名詞、謙遜の語。

サンゾン　三尊　〔名數〕佛法僧の三寶に名く、是れ尊重すべきもの。【四十二章經】に「三尊者佛法僧也。」【出曜經十五】に「如ニ契經所一レ說。告ニ諸比丘一。今當ニ爲レ汝說ニ三第一之尊一。一者佛爲ニ第一之尊一。二者法爲ニ第一之尊一。三者僧爲ニ第一之尊一。」【無常經】に「稽首總敬三寶尊」図西方の尊三尊、阿彌陀、觀音、勢至。藥師の三尊、藥師、日光、月光。釋迦の三聖、釋迦、文殊、普賢。

サンゾンライガウ　三尊來迎　〔術語〕念佛の行者が、將に命終せんとする時、阿彌陀如來、觀音、勢至と共に、其行者の臨終現前の願に應じて、其所に出現して、行者を極樂淨土に迎へたまふを云ふ⦿（秋の夜長物語）「御堂を建立して本尊に三尊來がうの儀をおこなふ」

サンゾンブツ　三尊佛　〔圖像〕西方の三尊、彌陀、觀音、勢至なり。此觀音、勢至は菩薩なれども彌陀佛に從へて共に佛と稱す。

サンタ　三多　〔名數〕多く善友に近づき、多く法音を聞き、多く不淨觀を修すると。又多く佛を供養し、多く善友に事へ、多く法要を問ふと。或は天台の三觀に名くる等種種の三多あり。【輔行序】に「三多之妙運遽階。」【四念處一】に「三多倍際」【助覽】に「或云。三止三觀所レ蘊法多。或云三種止觀所レ蘊法多。故曰ニ三多一。」【四敎集解中】に「言ニ三多一者長阿含九卷上經十云。三多成就。一近ニ善友一。二聞ニ法音一。三惡露觀。大般若云。多供ニ養佛一。多事ニ善友一。於ニ多佛所一請ニ問法要一。妙經亦云。有福供佛求法等三。序品曰、若人有福、曾供養佛志求勝法、爲說緣覺。或以ニ福田時節種子一名爲ニ三多一。是則三多大小皆有。然三多義解者鮮矣。余今所レ示其必然耶。」

サンタイ　參退　〔雜語〕禪林の語。サンツイとも讀む。其項參照。

サンタイクツ　三退屈　〔名數〕菩薩五位の中に第一資糧位の間は三種の退屈あり。一に菩提廣大屈、無上菩提は廣大深遠なりと聞きて退屈の心を生ずると。二に萬行難修屈、布施の萬行は甚だ修し難しと聞きて退屈の心を生ずると。三に轉依難證屈、二轉依の妙果は證し難しと聞きて退屈の心を生ずると。此三退屈を對治するを三練磨と云ふ。【唯識論九】第一は他の既に大菩提を證する者を引きて自心を練磨し、第二は己が意樂を省みて自心を練磨し、第三は他の麁善を引て己が妙因に比べて自心を練磨す。

サンタウ　三倒　〔名數〕三顚倒の略。【釋門歸敬儀中】に「三倒常行。革レ凡何日。」

サンタカタエンナ　散他迦多衍那　〔人名〕Sāṅta-kātyāyana　又、珊陀迦旃延。比丘の名。【玄應音義二十二】に「迦多姓也。衍那子也。散他標ニ別其類一也。舊經論作ニ訓大迦旃延一。或作ニ珊陀迦旃延一皆訛。」

サンタニカ　散多尼迦　〔植物〕Sāṅtanika*　花の名。【慧琳音義二十五】に「散多尼迦。此云ニ寂靜華一也。」

サンタウ　三塔　〔名數〕叡山の東塔、西塔、橫川、を三塔とす。傳敎存生の日に海內に六塔を建てて六千部の法華經を安置せんと欲し、上野下野豐前筑前山城近江の六國の地を點定す、其中近江の分は東塔にて山城の分は西塔なり。共に大師の滅後に成り、山上中樞の地を占む。而して橫川は慈覺大師の創建にて前の二處に對峙すれば、彼二塔に類從して三塔と稱へ、以て一山を該攝する名とせしもの。三塔を院號に呼べば東塔は止觀院又は本院、西塔は寶幢院、橫川は楞嚴院なり。【叡岳要記】⦿（太平記二四）「頓て三塔會合して、大講堂の大庭にて僉議しける」

三塔巡禮　〔雜語〕三塔の諸佛閣を順拜すると。三塔巡禮記一卷あり。⦿（徒然草）「三塔巡禮の

事侍りしに」

サンダイ　三諦　〔名數〕　天台所立の諦理。空諦、假諦、中諦なり。昔北齊の慧文禪師自ら記して曰く、我河淮に獨歩せり、誰をか呼んで師とせん、若し經を得ば佛を師とし、若し論を得ば菩薩を師とせんと。乃ち大經藏に入り、香を燒き花を散じて手を後にして之を執るに、龍樹菩薩所造の中觀論を得たり。論を開きて之を讀み、觀四諦品に至りて「因緣所生法。我說二即是空一。亦爲二是假名一。亦是中道義。」といふ偈に會し恍然として三諦の妙旨を悟り、以て南岳の慧思に授け、慧思は之を天台の智顗に授くと云ふ。故に一家の觀門に於ては此一偈二十字を以て究竟の勸文となすなり。釋籤に「中論偈意。一實不思議。遍申二諸經一。」と云ふ。諸經とは諸大乘なり。通敎に依らば因緣所生法、我說即是空とは因緣に依て生ずるものの自性空なるを云ふ。諸法自性あれば因緣に依て生ずるを待たずして自ら有るべければなり。次に亦爲是假名とは、諸法既に自性なきが故に因緣に依て生ずるを云ふ。是れ實性有なるに非らず、因緣に依て假に有の相を呈するもの、之を假と云ふ。次に亦是中道義とは、然らば諸法は空の故には假有にあらず、假の故には實空にあらず、又空諦の故には實空にして、假蹄の故には假有なり。是の如く非假有非實空、亦實空亦假有なれば即是れ中なり。圓敎の義に依らば三千の諸法彼此圓融して別なきを空諦と云ふ。別敎の如く眞如に歸せしめて空なるに非ず、三千の諸法本來に眞如に具するを假諦と云ふ。別敎の如く無明の緣を待ちて始めて假相を生ずるにあらず。又此二を具するを中諦とす。別敎の如く空假の外に中あるにあらず。故に三千の法は假諦のみならず、空にも中にもあるなり、又中は中諦のみならず假にも空にもあるなり。是れ一空一切空、一假一切假、一中一切中に依て然るなり。性具の三千は本有なるも事造の三千は迷悟の緣に依て成ると云はば、亦是れ賴緣假にあらずやと云ふに、假令迷悟の緣に賴るも別敎の如く之に依て本來一味の性を起すと云ふにあらず、本來性具の三千が事造と現はるるまでなり。故に假生と云ふべからず。而して此三諦の圓融は觀者を待ちて初めて圓融するにあらず、諸法天然として法爾自然に圓融し居るなり、三觀を修するは但其の性德に達せんが爲のみ。故に【始終心要】に「夫三諦者天然之性德也。中諦者統二一切法一。眞諦者泯二一切法一。俗諦者立二一切法一。心性不レ動假立二中名一。亡泯三千一假立二空稱一。雖レ亡而存レ假立二假號一。」と。斯く三諦は本來圓融する故に經中畢竟空と云ふも是れ空を以て言端と爲すのみ、固より假中を全ふせる空なり、如來藏中道と云ふも亦空中、空假を全ふせるなり、故に【止觀一之三】に「若爾云下何復言遊二心法界一如中虛空上。又言二明者即畢竟空一。此擧レ空爲二言端一空即不空亦非空非不空。又言一微塵中有二大千經卷一。心中見二一切佛法一。如二地種一如二香丸一者。此擧レ有爲二言端一。有即不有亦即非有非不有。又言二一色一香無非中道一。此擧二中道一爲二言端一。即レ中而邊。即非邊非不邊。具足無減。勿三守レ語害レ圓誣二聖意一。」又「並是畢竟空。並是如來藏。並是中道。」と。【法華文句八】に「妙有不レ可二破壞一。故名二實相一。諸佛能見故名二眞善妙色一。不レ雜二餘物一名二畢竟空一。無二無別名レ如。是了不故名二佛性一。含二備諸法一故名二如來藏一。寂滅靈智故名二中實理心一。遮二雜諸邊一故名二中道一。無上無上名二第一義諦一。」と。竹庵禪師は中論の句を頌して、「中論因緣所生法。一句道盡無剩語。我說即是空假中。朱簾暮捲西山雨。」と。

圓敎二種三諦　〔名數〕　一に名隨德用三諦。空假中の三諦に於て各一の功能あり。空諦には破情の用、假諦には立法の用、中諦には絕待の功能あり。二に體一互用三諦。三諦はもと圓融して一相一味なり、其の界畔を見るべき法にあらず。即ち三諦各三能を具へたるを云ふ。

三種三諦　〔名數〕　不思議の三諦は無決定性の故に之を說く可らずと雖、もし機緣の爲に之を說かば三意を出でず。一に隨情說、之れ大悲方便して或は有門に約し或は空門に約して明す。此の三諦は圓敎十行已前に在るなり。二に隨情智說、即ち隨自他意語なり。これ情に就きて有空の二を說き、智に就きて中の一を說く。此の三諦は圓敎十信位に當る。三に隨智說、即ち隨自意語なり、是れ初住已去はただ中のみ視聽を絕するにあらず、眞假亦然り。三諦玄微にしてただ智の照す所、示すべからず、思ふべからず、聞く者驚怪す。唯佛與佛乃能窮盡、言語道斷心行處滅なり。凡情を以て圖想すべからずと說くなり。【止觀三之三】

三諦止觀の月　〔名數〕　三諦の妙理圓かにして、明靜なるを月に寄せて、三諦止觀の月と云ふなり。⦿(太平記十七)「三諦止觀の月を弄び」

サンダイ　三大　〔名數〕　起信論に衆生心を以て大乘の法體となし、之を大乘と名くる義理に三種の大の義と二種の乘の義ありとす。一に體大、衆生心の體性、眞如平等にして生なく滅なく增なく減なく畢竟常恆なるもの。二に相大、衆生心の自性に大智大悲常樂我淨等の一切の功德を具足するもの。三に用大、衆生心の體性に一切の功德を具足し、內は源

底に潛んで妄心に薫じ、外は報化二身を現じて衆生を敎化し、この內外の二用に依りて人をして初には世間の善を修して世間の善果を得しめ、後には出世の善因を修して出世の妙果を生ぜしむるもの。即ち第一は眞如の體性、第二は眞如の德相、第三は眞如の作用なり。大とは周遍法界の義なり。【起信論】に「一者體大。謂一切法眞如平等不ニ增減一故。二者相大。謂如來藏具ニ足無量性功德一故。三者用大。能生ニ一切世間出世間善因果一故。」密敎には地等の六大を體とし、大等の四種曼荼羅を相とし、身等の三密を用とす。

體宗用三大 〔名數〕 天台經題を釋するに名體宗用敎の五重を立て、智證の大日經心目に體宗用の三重を立て、弘法の秘藏記に亦體宗用の三重を立つ。此體宗用は即ち體相用の三大なり。弘法は曼荼羅を以て體とし、三三昧を以て宗とし、方便を以て用とす。曼荼羅を以て體と爲すとは即ち六大なり、三種悉地儀軌に五輪を皆曼荼羅と號するに依る。三三昧とは心佛生、自語意等の三平等なり、方便とは始曼上轉本曼下轉の妙業なり。【秘藏記鈔九】

サンダイ 讃題 〔雜名〕 說法の時冐頭に經論の一二句を引きて講讃の題目となすもの。

サンダイ 算題 〔物名〕 算の題と云ふ。台家論場の目。竹の細長き篦に論義の問題を書せしもの。【武峯論話】に「算の題と云ふは、算木に認めて之ある故なり。唐土にては竹を用ひ、是を籤と云ふ。荊溪大師の釋籤は義之より出づ。」

サンダイ 生臺 〔物名〕 禪林の語。生飯(さんはん)を載せて禽獸に施す臺なり。人の稀なる處に置く。【象器箋二十】

サンダイアソウギコフ 三大阿僧祇劫 〔術語〕 「サンアソウギコフ」を見よ。

サンダイゴブ 三大五部 〔名數〕 南山律師の著書、行事鈔三巻、戒疏四巻、業疏四巻を三大部とし、之に拾毘尼義鈔三巻、比丘尼鈔三巻を加へて五大部と稱す。【元亨釋書叡尊傳】に「四律五論三大五部無レ不ニ研究一。」

サンダイゴセウブ 三大五小部 〔名數〕 天台智者の說、玄義、文句、止觀を三大部と云ひ、荊溪悉く之が疏記を作り。觀經疏、光明玄、光明疏、觀音玄、觀音疏を五小部と云ひ、四明皆之が疏記を作る。

サンダイサウソク 三諦相即 〔術語〕 天台圓敎の空假中三諦の圓融不二なるを云ふ。以て別敎の三諦の隔歷するに簡別す。【輔行一】に「即者爾雅云。合也。若據ニ此釋一仍似ニ二物相合名ヲ即。其理猶疎。今以レ義求體不二故名爲レ即。即レ三而一。與ニ合義一異。」

サンダイブ 三大部 〔名數〕 玄義十巻、文句十巻、止觀十巻、これを天台の三大部と云ふ。【三大部補註序】に「所レ謂玄義釋レ題止談ニ化意一。文句解レ經但事レ消レ文。至ニ於止觀一方談ニ行法一。故敎在ニ玄文一。行在ニ止觀一。意令ニ行解相濟成ニ我自心一。是故三部相須缺レ一不可。」図律の三大部あり。「サンダイゴブ」を見よ。

サンダイブツ 三大佛 〔名數〕 大和東大寺の大佛、河內太平寺の大佛、近江闗寺の大佛の稱。

サンダイラン 刪提嵐 〔界名〕 久遠の過去に在りし世界の名。時の輪王を無淨念と名け、王に千子あり。大臣寶海梵志の一子出家して成佛し、寶藏と云ふ。寶海梵志、王及び千子を勸めて菩提心を發して寶藏佛を供養禮拜せしめ、已れ先づ成佛の記を得、次に王及び千子皆成佛の記を得。寶海梵志は今の釋迦如來なり、無諍念王は彌陀如來なり、千子は觀音菩薩勢至菩薩阿閦如來等なり【悲華經二、法華文句記二】【寶物集七】に「彌陀は珊提嵐國の昔、無上念王と申しし時、法界梵志の勸によりて空王佛を拜して正覺を成じ、今西方の敎主と顯れ給ふ」無上念王は無諍念王の誤、法界梵志は寶海梵志の誤、空王佛を拜すとは觀佛三昧經の彌陀の故事を混ぜしなり。梵Saṇḍilya*

サンダイヱ 三大會 〔名數〕 三大勅會とも云ふ。南都三大會は興福寺の維摩會、藥師寺の最勝會、大極殿の御齋會の稱。北京の三大會は又天台三會とも稱し、圓宗寺の法華會と、最勝會と、法勝寺の大乘會となり。

サンダイヱンユウ 三諦圓融 〔術語〕 空假中三諦を同時に觀じて、圓融の眞理に到達するなり。

サンダウ 參堂 〔雜語〕 禪林の語。新戒の沙彌初めて僧堂に參入すると。【象器箋九】

サンダウ 三道 〔名數〕 又、輪廻三道とも、三輪とも云ふ。一に煩惱道、又、惑道、無明貪欲瞋恚等の煩惱妄惑なり。二に業道、煩惱に依て發する善惡の所作なり。三に苦道、善惡の業を因として獲たる生死の苦果なり。道とは能通の義、此三互に相通じて煩惱より業に通じ、業より苦に通じ、苦より更に煩惱に通ずれば三道と云ひ、此の如く輪轉すれば三輪と云ふ。【光明玄義上】に「道名ニ能通一。此三更互相通。從ニ煩惱一通レ業。從レ業通レ苦。從レ苦復通ニ煩惱一。故名ニ三道一。」

行位三道 〔名數〕 一に見道、無始已來初めて眞無漏智を發して諦理を觀じ、以て一切の見惑を

斷ずる位。聲聞乘に在ては世第一法の後の預流向、菩薩乘に在ては初地の入心なり。二に修道、更に諦理を觀じて一切の修惑を斷ずる位。聲聞乘の預流一來不還の三果、菩薩乘の初地住心已後乃至第十地なり。三に無學道、證理斷惑究竟して更に法として學ぶべきとなき位。聲聞乘の阿羅漢果、菩薩乘の佛果なり。此三共に涅槃に通ずる道なれば道と名く。図十業道の中の貪、瞋、邪見の三を云ふ。【大乘義章五本】

サンダウシンゴン　三道眞言　〔眞言〕【大日經秘密曼荼羅品】の所說。行者の三業を淨治する眞言なり。吽嚂嚕、身道眞言。訶囉鶴、語道眞言。嚂嚕、意道眞言。【大疏十四】に「此三道眞言。即攝二如來身語意平等法門一。然此三眞言。若着二莎訶字一亦爾。若不レ著亦得。行者得レ意。時自著二方便一也。」

サンダツ　三達　〔名數〕羅漢に在て三明と云ふを佛に在て三達と云ふ。天眼、宿命、漏盡なり。天眼は未來の生死因果を知り、宿命は過去の生死因果を知り、漏盡は現在の煩惱を知りて之を斷盡す。之を知ると明らかなるを明と云ひ、之を知るを窮盡するを達と云ふ。【大乘義章二十本】に「知レ之究盡說二三達一。明ハ共二二乘一。達唯如來。」【大部補註八】に「三明居レ極。故云二三達一。」

サンダツモン　三脫門　〔名數〕空、無相、無願の三なり。【新譯仁王經中】に「位二三脫門一。空解脫門。無相解脫門。無願解脫門。此是菩薩摩訶薩從二初發心一至二一切智一諸行ノ根本ナリ。」図三三昧門を云ふ。但し通別の差あり、解脫門の名は無漏に局り、三昧門の名は有漏無漏に通ず。【同良賁疏中一】に「若三三昧門通二漏無漏一。言二解脫門一即無漏。」

サンダナ　散陀那　〔植物〕花の名。【慧琳音義二十六】に「散陀那花。亦云二線陀那一。此云二流花一也。」【探玄記二十】に「删陀那大藥王樹者。此云二續斷藥一。謂此藥樹能令三所レ傷骨肉等皆得二復續一故。」梵Sandānika*

サンダナキヤウ　散陀那經　〔經名〕散陀那、(巴)Sandhāna は居士の名。此居士尼俱陀 Nyagrodha 梵志の處に往く、梵志佛を毀る、佛其處に至て苦行の淨不淨を說きて梵志を伏す。長阿含經八に攝む。【晨帙九】

サンダラニ　三陀羅尼　〔名數〕法華經勸發品の所說三陀羅尼。陀羅尼とは智慧の總持力なり。天台は之を三諦に配して解す。一に旋陀羅尼、凡夫心の諸法に執着する有相を旋轉して空理に達する智力なり。故に是れ空諦なり。二に百千萬億旋陀羅尼、空を旋轉して假に出でて、百千萬億の法に通達する智力なり。故に是れ假諦なり。三に法音方便陀羅尼、更に一轉して中道に入るが故に法音說法に於て自在の方便を得る智力なり。故に是れ中諦なり。【文句十】に「陀羅尼旋ハ假入レ空也。百千旋者旋レ空出ルニ假也。方便者二爲二方便道一得レ入二中道第一義諦一也。」図一に聞持陀羅尼、此陀羅尼を得るものは一切所聞の法に於て憶持して忘るるなきなり。二に分別陀羅尼、此陀羅尼を得るものは一切諸法を分別して誤らざるなり。三に入音聲陀羅尼、此陀羅尼を得るものは一切衆生の毀譽の語言に於て心を動かすとなきなり。【智度論二十八】

サンダン　三檀　〔名數〕檀は梵語檀那 Dāna の略、布施と譯す。三檀は財施、法施、無畏施の三施なり。【智度論十四】に「檀有二三種一。一者財施。二者法施。三者無畏施。」此三檀を以て六度を攝す。【金剛般若論上】に「檀那有二三種一。一資生施者。謂檀那波羅蜜。二無畏施者。謂尸羅波羅蜜羼提波羅蜜。三法施者謂毘梨耶波羅蜜禪那波羅蜜般若波羅蜜。」【觀經玄義分】に「三檀等備。四攝齊收。」【稽古略三】に「仰山粥疏曰。義冠二三檀一。功標二十利一。」「サンセ」參照。

サンダン　三斷　〔名數〕一に見所斷。見道に於て斷ずるもの、小乘に八十八使の見惑是なり。二に修所斷、修道に於て斷ずるもの、八十一品の修惑及び色等の有漏法是なり。三に非所斷、一切の無漏法なり。【俱舍論二】若し大乘に就かば分別起の煩惱所知の二障是れ見所斷なり、俱生起の二障是れ修道所斷なり、非所斷は小乘に同じ。図〔名數〕一に自性斷、惑體及び惑と相應し俱有する法にして、無漏智の起るとき其自性を斷じて心身より遠離せしむるもの。二に緣縛斷、五根五境及び其他の無記法はその自性を斷ぜず、無漏智を生じて悉く內心の煩惱を斷じ、畢竟五根境等に染着するとなきに至るもの。即ち五根境を緣ずる繫縛を斷ずるなり。但し能緣の縛を斷じて所緣の體を斷ずるにあらず、無學の身も猶五根五境等を有すればなり。三に不生斷、一切生法の緣を缺きて畢竟生ぜざるもの。見惑を斷ぜし身の三惡道の苦果に於ける畢竟して不生なるが如し。自性斷緣縛斷に依て得る無爲法を擇滅無爲と云ひ、不生斷に依て得る無爲法を非擇滅無爲と云ふ。【宗鏡錄七十六】

サンダン　讚歎　〔雜語〕口業を以て其德を稱美すると。【文句二】に「發レ言稱美名二讚嘆一。」【行事鈔下三】に「美二其功德一爲レ讚。讚レ文不レ足。又稱二揚之一爲レ歎。」

サンダンクヤウザフギヤウ　讚歎供養雜行　〔術語〕諸佛菩薩諸天を讚嘆供養して往生の因

とするを云ふ。

サンダンクヤウシヤウギヤウ　讃歎供養正行　[術語]　一心に彌陀一佛を讃嘆供養するを云ふ。

サンダンモン　讃嘆門　[術語]　淨土論五念門の一。

サンチ　三智　[術語]　智度論の所說。一に一切智、聲聞緣覺の智なり。一切法の總相を知るもの、總相とは空相なり。二に道種智、菩薩の智なり。一切種差別の道法を知るもの。三に一切種智、佛智なり。佛智圓明にして總相別相化道斷惑一切種の法に通達するもの。天台は之を空假中三諦の觀智に配す。さて三智を人に就きて分別すれば上の如く各自別なれども、法の勝劣に就きて之を分別すれば上は下を兼ぬるを以て、一切種智の中に餘の二智を容るると猶五眼中佛眼に餘の四眼を容るるが如し。【智度論二十七】に「一切智是聲聞辟支佛事。道智是菩薩事。一切種智是佛事。」【止觀三】に「佛智照レ空如二二乘所見一。名二一切智一。佛智照レ假如二菩薩所見一。名二道種智一。佛智照二空假中一皆見二實相一。名二一切種智一。故言三智一心中得。」【四教儀集註下】に「三智圓明。五眼洞照。」又、一に世間智。凡夫外道の智なり。一切法に於て種種に分別し、有無に執著して世間を出離する能はざるを名く。二に出世間智、聲聞緣覺の二乘の智なり。無漏智を發して偏眞の四諦を照し、能く世間を出離するを名く。三に出世間上上智、佛菩薩の智なり。一切諸法の實相を觀察し、能く妙覺を得、二乘の智に超出すれば名く。【楞伽經三】

サンチネモセナ　刪地涅摹折那　[經名]　Saṃdhinirmocana 解深密經の梵名。【唯識演秘三本】に「此經梵本名曰二珊地涅摹折那一。涅摹折那此翻名レ解。珊地之聲含二於三義一。一諸物相續。二骨節相連。三深密之義。西方土俗呼二此三種一並名二珊地一。乃至前後各取二一義一以立二經題一。皆不二相違一。然據二經旨一解深密名。理爲レ優矣。」此經四譯あり、魏譯は相續解脫經と名け、梁隋の二本は解節經、唐本は解深密經。

サンチヤウゲツ　三長月　[術語]　三長齋月の略。

サンチヤウサイグワツ　三長齋月　[術語]　又、三齋月。正五九の三月に朔より晦まで毎日不過中食の戒を持つを云ふ。長齋とは其月一月の間長く持齋を續くるを云ふ。【梵網經下】に「於二六齋日年三長齋月一。作二殺生劫盜破齋犯戒一者。犯二輕垢罪一也。」【法苑珠林八十八】に「提謂經云。諸天帝釋。太子使者。日月鬼神。地獄閻羅。百萬神衆等。其用二正月一日五月一日九月一日一。四布案行。帝王臣民。八夷飛鳥走獸鬼龍行之善惡。知下與二四天王一。月八日。十五日。盡三十日。所レ奏同。無レ不レ均二天下一。乃至除二罪名一。定二福祿一。故使レ持二此三長齋一。」【行事鈔資持記下三之四】に「正五九月。冥界業鏡。輪二照南洲一。若有二善惡一鏡中悉現。或云。天王巡二狩四天下一。此三月對二南洲一。又云。此三月惡鬼得レ勢之時。故令レ修レ時。」

サンヂ　三治　[術語]　三三昧門の異名。「サンサンマイ」を見よ。

サンヂ　散地　[術語]　色界無色界を定地と云ふに對して欲界を散地と云ふ。定地は生得の心禪定なる地なり、散地は生得の心散亂なる地なり。欲界にて禪定に入るを得るは行力に依て色界無色界の定心を修起せしにて、欲界當分の果報には定心あるとなし。故に欲界中の六欲天並に四大洲地獄等盡く散地と稱す。【輔行六】に「欲界六天、地、獄。洲異同是散地。故但爲レ一。」

サンヂウゲンシ　三重玄旨　[術語]　中古叡山に玄旨歸命壇の灌頂と云ふを創し、其徒之を極密の秘法として潜に授受せり。其法密宗の灌頂と禪家の公案とを折衷せしもの、最も眞言天台の正意にあらず、其中に止觀所說の敎行證の目を取りて一則の公案となすあり、之を三重玄旨と云。靈空の【闢邪篇敎行證辨】に「近古有二邪解者一。別作二妄說一。至レ今承襲。齒牙潜傳。其說謂。一念本無。謂二之敎一。無而忽有。謂二之行一。四病頓去。百非永絕。無二一字可一レ說。無二一法可一レ得。強名二之證一。大覺世尊以レ是傳二之迦葉一。迦葉以レ是傳二之阿難一。迺至二今日一。某以レ是傳二之某一。今初傳二是說一。自謂佛法的意莫レ過焉。後聞三吾和尙唱二圓宗正宗一。兼讀二一宗諸部一。始知二其妄謬一矣。」妙立和尙の三重私記一卷あり、大乘止觀頌註及び玄旨歸命壇頌と合本刊行す。「ゲンシキミヤウダン」參照。

サンヂウサンマイ　三重三昧　[名數]　三重等持に同じ。

サンヂウトウヂ　三重等持　[名數]　又三重解脫、三重三昧。「サンサンマイ」を見よ。

サンヂウトダン　三重都壇　[術語]　胎藏界の曼陀羅は大日を中胎とし、其外圍に三重の壇ありて諸尊を都收するを三重都壇と云ふ。「ゲンヅマンダラ」を見よ。

サンヂウホフカイ　三重法界　[名數]　華嚴宗所立三種の觀門なり。一に理法界、一切諸法盡く平等の眞如なりと觀ずるなり、界とは性の義なり。二に理事無礙法界、諸法即眞如、眞如即諸法なりと觀ずるなり。故に界に分と性との二義を具す、事は分の義、理は性の義。三に事事無礙法界、諸法既に性を具すれば諸法の一一復た性の如く融通して一切の事

事悉く相融相即すと觀ずるなり。界に性分の二義を具すると第二の如し。【華嚴法界玄鏡上】に「法界相要唯有レ三。然總具二四種一。一事法界。二理法界。三理事無礙法界。四事事無礙法界。今是後三。其事法界歷別難レ陳。」【註法界觀門】に「法界統唯一眞法界。總該二萬有一即是一心。然心融二萬有一成二四種法界一。一事法界。界是分義。一一差別有二分齊一故。二理法界。界是性義。無盡事法同一性故。三理事無礙法界。具二性分義一。性分無礙故。四事事無礙法界。一切分齊事法一一如レ性融通重重無礙故。乃至觀門有二三種一。除二事法界一也。事不二獨立一也。」

サンヂウマンダラ　三重曼陀羅　［術語］胎藏界の曼陀羅の中胎より三重を流出するを云ふ。「ゲンヅマンダラ」を見よ。

サンヂヤウ　散杖　［物名］密敎の修法に灑水器より水を取りて散ずるもの。もと生茅を束ねて作る、後世梅木を以て之に換ふ。【大日經疏二十】に「灑水謂閼伽水也。閼伽別有二方法一如二悉地中說一耳。然此灑水有二二法一。若以レ茅作二小束一置二閼伽碗中一而灑レ之。灑時順灑右旋灑也。若直用レ手灑亦得。」【眞言修行鈔二】に「敎舜口傳云。散杖漢朝始作レ之。天竺以レ茅灑レ水及以レ指灑レ之。殊用二梅枝一香木故也。」

サンヂヤウ　參狀　［物名］門狀の異名。

サンヂヤウジユ　三定聚　［名數］正定聚、邪定聚、不定聚なり。「サンジユ」を見よ。

サンツイ　參退　［雜語］禪林の語。參後に同じ。晚參或は放參の後。【象器箋三】

サンツウ　三通　［名數］「ツウケウ」を見よ。

サンツウリキ　三通力　［名數］三明なり。「サンダツ」を見よ。

サンヅ　三塗　［名數］四解脫經の說。塗は途の義。一に火途、地獄趣の猛火に燒かるる處。二に血途、畜生趣の互に相食む處。三に刀途、餓鬼趣の刀劍杖を以て逼迫せらるる處。【輔行一】に「四解脫經以二三途一名二火血刀一也。途道也。作二此塗一者悞。小獄通二寒熱一。大獄唯在レ熱。且從レ熱說故云二火途一。從二相噉邊一故云二血途一。從レ被二馳逼一爲レ名故名二刀途一。」（四解脫經は經目になし。）図直ちに地獄餓鬼畜生の三を云ふ。三惡趣、三惡道と言ふに同じ。【玄應音義四】に「三塗。又作二途廷二形一同達胡切。言二三塗一者。俗書春秋有二三塗危險之處一。借レ此爲レ名。塗猶レ道也。非レ謂二塗炭之義一。若依二梵本一則云二阿波那伽低一。此云二惡趣一。」◉（狹衣三之上）「釋迦佛も三途をも出で給ひにけれ」

三途八難　［名數］三途と八難。【淨心誡觀】に「四百四病以二根本一爲レ本。三途八難以二女人一爲レ本。」

サンヅノカハ　三途川　［雜名］又、わたり川、みつせ川など云ふ。共に俗稱。【金光明經一】に「是經能令二地獄餓鬼畜生諸河焦乾枯渴一。」とあり、是れ汎く三惡道を指して三途川と稱する正しき典據なり。然るに俗に言ふ所は、僞撰の【十王經】に「葬頭河曲。於二初江邊一官聽相連承二所渡一。前大河。即是葬頭。見レ渡亡人名二奈河津一。所レ渡有レ三。一山水瀨。二江深淵。三有橋渡。」◉（保元物語三）「死出の山、三途の河をば誰かはかいしやく申すべき」（曲、江口）「或は三途八難の惡趣に墮して」

サンテウハ　三鳥派　［流派］日蓮宗富士派の異流。三鳥院日秀を祖とするより起る。寬元中日秀唱へ出して一類刑に所せられ、後江戶本町生田五郎兵衞名を日便と云ひ、可晴、紹繼等の弟子あり。四谷傳馬町に庵を作りて遠流に處せられ、尋いで享保二年大阪に起り江戶に廣まる。徒縛せられ刑に處せらる。日蓮の書を僻說し日蓮と日便との像を本尊とす。

サンテイラ　珊底羅　［天名］藥師十二神將の一。

サンテン　三天　［術語］佛敎の三身の如く婆羅門亦三身を立つ。【中論疏】に「明二三天一者。是彼家三身。自在爲レ本如二內法身一。韋紐爲二應佛一。韋紐臍中化爲二梵天一如二化佛一也。」これ佛敎の三身と多少相違あり、この三天は即ち三神一體觀にして時代によりて三神に相違あり。

サンテン　三點　［術語］法身般若解脫の三德を伊字の三點に譬ふるもの。「イジ」を見よ。【性靈集七】に「三點凝レ心。四量滿レ懷。」【梁高僧傳八】に「始レ自二鹿苑一以二四諦一爲二言初一。終至二鵠林一以二三點一爲二圓極一。」図密敎に理智事の三を三點と稱す。【手鏡鈔上】に「法身是自性身。般若是自身。解脫是他受用身。是名二理智事三點一。即大日上三身也。亦名二名字印形三秘密身一也。」

サンテン　三轉　［名數］三轉法輪の略。小乘四諦の法を說くに示觀證の三轉あるを云ふ。「サンテンボフリン」を見よ。【慈恩寺傳序】に「八會之經謂レ之爲レ本。根其義也。三轉之法謂レ之爲レ末。枝其義也。」

三轉十二行相　［術語］「サンテンボフリン」を見よ。

サンテンシセン　三天四仙　［名數］「ニテンサンセン」を見よ。

サンテンゴ　三轉語　［名數］機轉の語三番。轉とは苑轉投合の義。

巴陵三轉語　［名數］【碧巖十三即評唱】に「巴陵深く他の雲門脚跟下の大事を得たり、乃至後に出世して雲門に法嗣し、先づ岳州の巴陵に住す。更に法嗣の書を作さず。只三轉語を將て雲門に上る。

如何是道、明眼人落レ井。如何是吹毛劍、珊瑚枝枝撑ニ著月一。如何是提婆宗、銀椀裏盛レ雪。雲門云く、他日老僧の忌辰に只此三轉語を擧せば恩を報ずると足る。自後果して忌辰の齋を作さず、雲門の囑に依て只此三轉語を擧す。」

趙州三轉語 〔名數〕【碧巖九十六則】に「趙州示レ衆三轉語。」【會元四趙州章】に「師上堂曰。金佛不レ渡レ爐。木佛不レ渡レ火。泥佛不レ渡レ水。」【碧巖評唱】に「泥佛若渡レ水則爛却了也。金佛若渡ニ爐中一則鎔却了也。木佛若渡レ火便燒却了也。」

サンテンシ　三天使 〔名數〕「テン」を見よ。「よ。

サンテンダウ　三顚倒 〔名數〕「テンダウ」を見よ。

サンテンドクモン　三轉讀文 〔術語〕天台大師が十如是を立つるに經中の文を三轉に讀みしこと。「ジフニヨゼ」を見よ。

サンテンボフリン　三轉法輪 〔名數〕佛、鹿野苑に於て聲聞乘の人に對して苦集滅道の四諦を說くに示勸證の三轉あり。一に示轉、此は是れ苦なり此は是れ集なり此は是れ滅なり此は是れ道なりと四諦の四相を示すと。二に勸轉、苦は當に知るべし集は當に斷ずべし滅は當に證すべし道は當に修すべしと諦の修行を勸むると。三に證轉、苦は我れ已に知り集は我れ已に斷ぜり滅は我れ已に證せり道は我れ已に修せりと佛自ら己を擧げて證となすと。此三轉に於て上根なるは第一の示轉を以て中根なるは第二の勸轉を以て、下根なるは第三の證轉を以て、各悟道す。又、此三轉を次第の如く見道修道無學道の三に配す。【法華經化城喩品】に「三轉十二行法輪。」【維摩經佛國品】に「三轉ニ法輪於大千一。其輪本來常淸淨。」【文句七】に「三轉者謂示勸證。」【倶舍論二十四】に「此苦聖諦。此應ニ徧知一。此已徧知。是名ニ三轉一。」

三轉法輪十二行 〔術語〕此に二種あり、一に數の十二、四諦の一一に示勸證の三轉ありて十二の教法となるもの。二に行の十二、三轉の一一に眼智明覺の四種の智を生ずるもの。眼智明覺とは見諦各別に論ずれば四十八行あり。若し之を四道の十六心の中四法智忍を眼とし、四類智忍を明とし、四法智を智とし、四類智を覺とす。是れ見道に就て解す。又眼は觀見の義、智は決斷の義、明は照了の義、覺は警察の義（已上二義は婆沙論）又眼は總體の智に名け、智明覺の三は次第の如く過現未を知るに名く。（慈恩の義）此後の一義は見修無學の三道に通じて解す。【婆沙論七十九】に「眼者謂法忍智。智者謂諸法智。明者謂類忍智。覺者謂諸類智。復次眼是觀見義。智是決斷義。明是照了義。覺是警察義。」【法華玄贊七】に「一一轉令ニ聞法者發ニ生無漏眞正慧眼一。隨ニ其次第一於ニ去來今苦諦之中一生ニ智明覺一。如レ是一轉總別四行。三轉ニ諦諦一皆有ニ十二行相一。三轉如レ次顯示令レ入ニ見修無學等三一。」此二種の十二の中に十二行法輪（法華經）十二行相（倶舍論）と言へば行の十二を以て解する本義とすべし。天台の文句は教行の二義を擧ぐれども倶舍論玄贊は單に行に就て解す。【佛說三轉法輪經】に「爾時世尊告ニ五苾芻一曰。汝等苾芻。此苦聖諦。於ニ所聞法一如レ理作意。能生ニ眼智明覺一。」

サンテンボフリンキヤウ　三轉法輪經 〔經名〕佛說三轉法輪經、一卷、唐の義淨譯。佛、鹿野苑に於て五比丘に對し四諦を三轉して眼智明覺を生ぜしむ。【辰帙六】（658）

サンデウシヤクヂヤウ　三條錫杖 〔雜名〕法會の時に行ふもの。「シヤクヂヤウ」を見よ。

サンデウテンカ　三條椽下 〔雜語〕僧堂の床は每人の座位橫に占むると三尺許り、其頭上の椽三條あり、依て禪床を指して三條椽下と云ふ。【碧巖二十五則評】に「儞諸人若見得與ニ蓮華峰庵主一同參。其或未レ然三條椽下七尺單前試去參詳看。」（サンヂヨーエンカと讀む）

サンデウリウ　三條流 〔流派〕淨土宗鎭西派の一流。祖道光が京都の三條に居りしを以て名とす。

サンデウワサン　三帖和讃 〔名數〕親鸞の、淨土和讃、高僧和讃、正像末和讃を云ふ。

サンデン　三田 〔譬喩〕菩薩、聲聞、闡提の三種に譬ふ。【涅槃經三十三】に「善男子如ニ三種田一。一者渠流便易。無ニ諸砂鹵瓦石棘刺一。種レ一得レ百。二者雖レ無ニ沙鹵瓦石棘刺一。渠流險難。收實減レ半。三者渠流險難。多ニ諸沙鹵瓦石棘刺一。種レ一得レ一。爲ニ藁草一故。善男子。農夫春月先種ニ何田一。世尊。先種ニ初田一。次第二田。後及ニ第三一。初喩ニ菩薩一。次喩ニ聲聞一。後喩ニ一闡提一。」

サント　山徒 〔雜名〕叡山の徒衆。

サントウ　三等 〔術語〕密教の所說。身語意の三平等一如なるを云ふ。凡そ眞言の行法は此三等を本主とするなり。【顯密不同頌】に「顯一心爲レ本。密宗ニ三等一。」「サンビヤウドウ」を見よ。図諸佛各修行と法身と度生との三事平等なると。【倶舍論二十七】に「由ニ三事一故諸佛皆等。一由ニ資糧等圓滿一故。二由ニ法身等成辦一故。三由ニ利他等究竟一故。」

サントウ　參頭 〔職位〕禪林の語。叢林の舊參にして能く禮樂を諳じ、四來の雲衲を指導する役なり。

サントウ　讚頭 〔職位〕法會の職務の名。讚衆の中の頭首にて讚の音頭を發するもの。

サントウヂ　三等持 〔名數〕倶舍論の所說。有

尋、有伺等の三と空等の三と サンサンマイを見よ。あり。

サントウネンジュ 山頭念誦 【儀式】葬場の讀經を云ふ。

サントウル 三等流 【名數】一に眞等流、善性惡性無記性を因となし、引く所の善惡無記同類の果因性と眞實同じきが故に眞等流と名く。二に假等流、前世殺生して他を短命ならしめたる故に、今世の自の短命を感ずる如き、相似の義ある故に等流と名くるを假等流と云ふ。三に分位等流、眼等の諸識各自類に隨ひて轉變す。眼識乃至身皆第八識の種子によりて生ず、色等に對するを等流果と名く、若し第六識第八識より生じて諸の分別を起す亦等流果と名く。而して識と塵と分位同じ、故に分位等流と名く。【宗鏡錄七十一】

サントク 三德 【名數】涅槃經所說の大涅槃所具の三德。一に法身德、佛の本體にて常住不滅の法性を身にするもの。二に般若德、般若は智慧と譯す、法相を實の如く覺了するもの。三に解脫德、一切の繫縛を遠離して大自在を得るもの。此三各常樂我淨の四德を有すれば三德と名く。而して此三德不一不異不縱不橫なると伊字の三點首羅の三目の如くなるを大涅槃の秘密藏と稱す。【涅槃經二】に「我今當レ令三一切衆生及以吾子四部之衆悉皆安二住秘密藏中一。我亦復當下安二住是中一入中於涅槃上。何等名爲二秘密之藏一。猶如二伊字三點一。若並則不レ成レ伊。縱亦不レ成。如二魔醯首羅面上三目一乃得レ成二伊三點一。若別亦不レ得レ成。我亦如レ是。解脫之法亦非二涅槃一。如來之身亦非二涅槃一。摩訶般若非二涅槃一。三法各異亦非二涅槃一。我今安二住如レ是三法一爲二衆生一故名レ入二涅槃一。如二世伊字一。」図諸佛自利利他の三德。一に智德、一切の無知を破して無上菩提を具するヿ。二に斷德、一切の煩惱を斷じて無上涅槃を具するヿ。此二は自利に屬す。三に恩德、大悲を具して一切衆生を救濟するヿ。是れ利他の德なり。倶舍論の歸敬頌に此三德を擧げて佛を讚す。図諸佛因果の三德。一に因圓德、三大劫の修行圓滿するヿ。二に果圓德、智斷等の諸總圓滿するヿ。三に恩圓德、一切衆生を度して解脫せしむるヿ。【倶舍論二十七】に「諸有智者。思二惟如來三種圓德一深生二愛敬一。其三者何。一因圓德。二果圓德。三恩圓德。」図數論所說自性諦の三德。一に薩埵、Sattva 勇健の德。二に刺闍、Rajas 塵坌の德。三に答摩、Tamas 闇鈍の德。通常喜憂闇と呼ぶ。自性此三德を有するに由つて種種善惡好醜の法を生ず。【唯識述記一本】に「問。自性云何能與二諸法一爲二生因一也。答。三德合故能生二諸諦一。」

サントクシキ 三德指歸 【書名】十卷、宋の孤山智圓著。章安の涅槃經疏を釋す。

サントシタ 珊兜史多 【界名】Saṁtusita 又、珊兜率陀、兜率陀、兜率、兜術。欲界の第三天の名。【玄應音義三】に「珊兜。先安切。即天主也。此云二正喜一。一云二正知足一。兜率此云二妙足一。」【智度論五十四】に「刪兜率陀。兜率天王名。秦言二妙足一。」【慧琳音義六】に「珊覩史多。上方欲界中天名也。古名二兜率陀一。或云二兜術一。皆訛略也。唐云二知足一。」「トソツ」を見よ。

サンド 三土 【名數】「サンブッド」を見よ。

サンドウカイ 參同契 【雜名】石頭和尙希遷の作。其結句に「謹白二參玄人一。光陰莫二虛度一。」

サンドウシチイ 三同七異 【名數】聲聞緣覺二乘の同異なり。「ニジヤウ」を見よ。

サンドク 三毒 【術語】又、三根。一に貪毒、引取の心を貪と名く。迷心を以て一切順情の境に對して引取して厭くなきもの。二に瞋毒、恚忿の心を瞋と名く。迷心を以て一切違情の境に對して忿怒を起すもの。三に痴毒、迷闇の心を痴と名く。心性闇鈍にして事理の法に迷ふもの、亦無明と名く。これに二種ありて痴毒獨り起るを獨頭無明と名け、貪毒と共に起るを相應無明と名く。貪毒等は必ず痴毒と相應して起るなり。【智度論三十一】に「有下利二益我一者上生二貪欲一。違二逆我一者而生二瞋恚一。此結使不二從レ智生一從二狂惑一生故是名爲レ痴。三毒爲二一切煩惱根本一。」【大乘義章五本】に「此三毒通攝二三界一切煩惱一。一切煩惱能害二衆生一。其猶二毒蛇一。亦如二毒龍一。是故喩レ龍名爲レ毒。」【止觀五】に「四大是身病。三毒是心病。」【同六】に「心起二三毒一即名二三毒一。」【智度論十九】に「一切三界無常。爲二三衰三毒火一所レ燒。」【涅槃經】に「毒中之毒無レ過二三毒一。」⊙（盛衰記一八）「而未レ顯二三毒四慢之大虛一。」

三毒尸利 【名數】【諸法無行經下】に、文殊師利、不動相の法門を說き已るとき、空中に萬の天子あり讚して言く、「世尊。文殊師利。名爲二無礙尸利一。文殊師利名爲二不二尸利一。」等と。文殊天子に語て言く、「止。止。諸天子。汝等勿二取レ相分別一。我不レ見二諸法是上是中是下一。乃至我是貪欲尸利。瞋恚尸利。愚痴尸利。是故我名二文殊師利一。」是れ天台所立の性惡の深義を說きしもの。

サンナ 散那 【菩薩】密迹金剛の梵語。【玄應音義一】に「密迹。梵言二散那一。譯云二密主一。密是名也。以レ知二佛之密功德一故也。主者夜叉主也。案二梵本一都無二迹義一。當下以レ示レ迹爲レ神故譯經者義立名上耳。」梵 Saṇḍa

サンナカ 刪那訶 【衣服】「ソウナ」を見よ。

サンナサンブツ 三那三佛 [雜語] Samyaksaṁbuddha 三耶三佛の誤。

サンナダ 柵捺陀 [衣服]「ソウナ」を見よ。

サンナナ 贊那曩 [物名] Candana 香の名。【玄應音義八】に「贊那曩古譯云二栴檀香一是也。出二外國海島中一。」

サンナン 三難 [名數] 三惡道の苦難。⊙（曲、卷絹）「三難耳絶えて」

サンニダナラテイ 三儞陀那囉梯 [術語] Saṁnidāna-* 八轉聲の中第七所依聲なり。【唯識樞要上本】

サンニチ 散日 [雜語] 又、滿散。法會の結願日を云ふ。

サンニチサイ 三日齋 [儀式] 人の死後三日に僧を請し齋食を設くると。【釋氏要覽下】に「北人亡至二三日一必齋レ僧。謂二之見王齋一。」（此齋に由て焰魔王に見へて罪を免るる義。）【眞俗佛事編四】に「死後三日に請レ僧設レ齋世俗しあけの法事と云ふ。」

サンニヤ 珊若 [雜語] Saṁjñā 數名。【俱舍論】に「十大跋藍爲二珊若一。」

サンニヤ 訕若 [流派] 十外道の一。【飾宗記七本】に「訕若。梵云二珊闍耶一。此云二圓勝一。此外道自云。我寂圓勝。」梵 Sañjaya

サンニヤバ 珊若婆 [雜名] 譯、廢風病。【玄應音義二十五】に「珊若婆病。此云二廢風病一。發不レ起者也。」

サンニヨライシボサツ 三如來四菩薩 [名數] 三如來は善光寺の彌陀如來、京都因幡堂の藥師如來、嵯峨棲霞寺の釋迦如來、共に天竺傳來の尊像とす。【壒囊鈔十七】四菩薩とは東大寺の建立に關する四聖の應化を指す、本願聖武帝は觀音菩薩、勸進良辨僧正は彌勒菩薩、供養導師婆羅門菩提僊那僧正は普賢菩薩、呪願師行基菩薩は文殊菩薩なり。【寶物集五、壒囊鈔十八、三國佛法傳通緣起中】⊙（曲、舍利）「三如來四菩薩も皆日域に地を占めて衆生を濟度し給ふ」 図山王權現七社に就きて三如來四菩薩と云ふ。【驢驢嘶餘】に「大宮（本地釋迦、號大比叡大明神）二宮（藥師、號小比叡大明神）聖眞子（阿彌陀）八王子（千手觀音）客人（白山權現十一面觀音）十禪師（地藏菩薩）三宮（普賢菩薩）右三如來四菩薩也。」【山王一段講式】に「所謂縮二七社功德於一段一。祈二三世悉地於一言一而已。夫山王權現者。三如來應作四菩薩化現也。大宮二宮聖眞子三聖ハ釋迦彌陀藥師三佛。乃至八王子、客人、十禪師三宮四社ハ千手、十一面、地藏、普賢四菩薩。」

サンニン 三忍 [名數] 種種の三忍あり「ニン」を見よ。

サンネツ 三熱 [名數] 龍種に三種の熱惱あり、又、三患と云ふ。【長阿含經十八】に「佛言。何故名爲二阿耨達一。其義云何。此閻浮提所レ有龍王盡有二三患一。一者諸龍皆被二熱風熱沙一著レ身燒二其皮肉一及燒二骨髓一以爲二苦惱一。唯阿耨達龍無レ有二此患一。二者擧閻浮提所レ有龍宮。惡風暴起吹二其宮內一失二寶飾衣一。龍身自現以爲二苦惱一。唯阿耨達龍王無二如レ是患一。三者擧閻浮提所レ有龍王各在二宮中一娛樂時。金翅大鳥入レ宮搏撮。或始生二方便一欲二取レ龍食一。諸龍怖懼常懷二熱惱一。唯阿耨達龍無二如レ是患一。若金翅鳥生レ念欲レ往即便命終。故名二阿耨達一。」【大樓炭經一】に「天下餘諸龍以二三熱一見レ燒。阿耨達龍王不下以二三熱一見上レ燒。」（三熱は即ち前經の三患。）⊙（曲、葛城）「そも神ならで三熱の、くるしみといふことあるべき」

サンネハン 三涅槃 [名數]「ネハン」を見よ。

サンネハンモン 三涅槃門 [名數] 三解脫門の異名。【智度論二十】に「涅槃城有二三門一。所謂空、無相、無作。」

サンネンキ 三年忌 [行事] 又、三周忌、三周闋など。死後三年の忌日なり。此日僧を請じ齋を設けて追福を祈る。

サンネンゴネン 三念五念 [雜語] 念佛三遍五遍なり。【法事讚下】に「種種法門皆解脫無レ過三念佛往二西方一。上盡二一形一至二十念三念五念一佛來迎。」

サンネンジヨ 三念處 [名數] 舊譯、三念處、新譯、三念住。「サンネンジユウ」を見よ。 図三種四念處の略稱。「シネンジヨ」を見よ。

サンネンジユ 散念誦 [術語] 散心の念誦なり。字輪を觀ずる定念誦に對して散念誦と云ふ。

サンネンヂユウ 三念住 [名數] 佛の大悲衆生を攝化するに常に三種の念に住す。第一念住、衆生佛を信ずるも佛喜心を生ぜず常に正念正智に安住すると。第二念住、衆生佛を信ぜざるも佛憂惱を生ぜずして常に正念正智に安住すると。第三念住、同時に一類は信じ一類は信ぜざるとあるも佛之を知りて歡喜と憂慼を生ぜず、常に正念正智に安住すると。【俱舍論二十七】 図三念處と云ふ。【法界次第下之下】

サンノウ 三能 [名數] 佛に三能三不能あり。「フノウ」を見よ。

サンノウヘン 三能變 [名數] 唯識論に萬法を識の諸變と說くに對して、八識を能變と稱し、之を三種に次第して說くなり。【唯識論一】に「此能變唯三。謂異熟思量及了別境識。」と一に初能變、八識中の第八識即ち阿賴耶識なり。是れ善惡業に依て無記の總報を感ぜし異熟識なればなり。七識は有覆無記にして異熟性にあらず、前六識は異熟性ありと雖も、是れ第九識より起りしものなれば異熟生と名けて異熟の識とは言ふを得ざるなり。【唯識論二】に「異熟習氣爲二增上緣一。感二第八識一酬二引業力一。恒相續故云二異熟名一。感二前六識一酬二滿業一者。從二異熟一起名二異

熟生二不レ名二異熟一。有二間斷一故。」二に第二能變、思量識と云ふ。八識中の第七識、即ち末那識なり。此識は常恒に第八識を思量して實我實法を計度すれば思量識と名く。【唯識述記一本】に「二謂思量識。即第七識。思謂思慮。量謂二量度一。思二量第八識一。度爲レ我故。又恒審思量餘識無故。餘之二識不レ名二思量一。」と。三に第三能變。了別境識と云ふ。眼等の六識なり。此六識は各麁顯の境を了別すれば了別境識と名く。【唯識述記一本】に「三了別境識。即餘六識。二十論說。心境識了名之差別。是諸識之通名也。了二別別境及麁顯境一唯前六故。對二比六塵一說二六識一故。然濫二第七一。應レ言下此六了二別麁境一名中了別境識上。以二了別相麁一簡二於七八一故。」

サンノムヘウ　散無表　【術語】善戒に依りて得る善の無表、及び惡事をなして得る惡の無表を云ふ。定の無表に對す。

サンパイ　三牌　【物名】禪林の佛殿本尊の前に排列する三枚の牌。元朝禪刹三牌式は、中、皇帝萬歲、左、皇后齊年（齊年は皇帝の萬歲に齊等なる義）右、太子千秋。建仁寺禪居菴大鑑禪師所建三牌は、中、今上皇帝聖壽無疆、左、南方火德火部聖衆、右、檀那本命福祿壽星。【象器箋十六】

サンパイ　三拜　【儀式】支那俗禮の再拜に形り、而も三業の敬意を示して三拜を爲す。西天に此法なしと云ふ。【釋氏要覽中】に「俗中兩拜者蓋法二陰陽一也。今釋氏以二三拜一者蓋表二三業歸敬一也。」【寄歸傳三】に「凡禮拜者。意在二敬レ上自卑之儀一也。欲レ致レ敬時及レ有二請白一。先整二法衣一搭二左肩上一。乃至足跟雙竪。脊頂平直。十指布レ地。方始叩レ頭。然其膝下迥無二衣物一。復還合掌復還叩レ地。慇懃致レ敬如レ是至レ三。必也尋常一禮便罷。中間更無二起義一。西國見レ爲二三拜一人皆怪レ之。」

サンパイ　三輩　【名數】無量壽經所說。彌陀の淨土に往生する人の行業の淺深に上中下の三類あり。一に上輩、家を捨て欲を棄てて沙門となり、菩提心を發して一向に無量壽佛を念ずるもの。二に中輩、身沙門となりて大に功德を修すると能はざれども、菩提心を發して一向に無量壽佛を念じ、塔像を起立し沙門に飯食せしむるなど、多少に善を修するもの。三に下輩、但菩提心を發して一向に無量壽佛を念じて乃至十念するもの。此三輩觀經所說の九品と同異の諸釋あり。曇鸞、淨影、嘉祥、法位、龍興、憬興、源淸の七師は之を同とし、天台、義寂、孤山、靈芝の四家は之を別とす。淨土一家は鸞師の說に從つて只開合の異と見るを本義とす。【無量壽經下】に「十方世界諸天人民。其有三至レ心願レ生二彼國一者。凡有二三輩一。其上輩者。捨レ家棄レ欲而作二沙門一。發二菩提心一。一向專念二無量壽佛一。修二諸功德一願レ生二彼國一。乃至其中輩者。雖レ不レ能下行作二沙門一大修中功德上。當下發二無上菩提之心一一向專念二無量壽佛一。多少修レ善。奉二持齋戒一。起二立塔像一。飯二食沙門一。懸レ繒燃レ燈。散レ華燒レ香。以レ此廻向願レ生二彼國一。乃至其下輩者。假令不レ能レ作二諸功德一。當下發二無上菩提之心一。一向專レ意乃至十念念二無量壽佛一。願上レ生二彼國一。」曇鸞の【略論】に「無量壽經中唯有二三輩上中下一。無量壽觀經中一品分爲二上中下一。三三而九。合爲二九品一。」

サンハウベン　三方便　【名數】密敎所說身口意の三密なり。【大日經疏一】に「一者身密門。二者語密門。三者心密門。行者以二此三方便一自淨二三業一。即爲三如來三密之所二加持一。乃至能於二此生一滿二足地波羅蜜一不下復經二歷劫數一。備修中諸對治行上。」又「然此毘盧遮那內證之德。從二一一智印一各現二執金剛神一。形色性類皆有二表象一。各隨二本緣性欲一引二攝衆生一。若諸行人慇懃修習。能令三三業同二於本尊一。從二此一門一得レ入二法門一。即是普入二一切法界門一也。」

サンハタ　三波多　【雜語】Samāpta 譯、成就已竟。護摩の時に用ゐる語なり。【諸儀軌訣影七】

サンハダイ　三波提　【人名】阿育王の孫法益の子の名。【釋迦譜十】

サンパチニチ　三八日　【雜語】禪刹に古は每旬の三八日を以て念誦し、一月に六日あり。今は上八中八下八を以て三八と爲し、一月に三日の念誦をなす。【象器箋三】

サンパラキヤタ　三鉢羅佉哆　【術語】Saṁprā-gata 善至、正至、時至など譯す。舊稱、僧跋。等施と譯す。大衆の食前に於て維那をして此語を唱へしめ、然して後大衆をして食せしむるなり。南山の舊律は之を以て施主が衆僧に對する平等の施意を表白する語となし、義淨の新律は此を以て食毒を消す秘密語なりとす。【行事鈔下三之三】に「梵摩難經夫欲レ施者。皆應二平心一。不レ同二大小一。佛令三阿難臨レ飯說二僧跋一。僧跋者衆僧飯皆平等。」【同資持記】に「僧跋謂令二食均一味一。與二前等供一不レ同。」等供は行食の均等に就き、僧跋は食味の均等に就く。而も總じて之を言へば等供も亦僧跋なり。【寄歸傳一】に「其行レ食法。先下二薑鹽一。薑乃一片兩片、大如二指大一。鹽則全七半七藉レ之以レ葉。其行レ鹽者。合掌長跪在二上座前一。口唱二三鉢羅佉哆一。譯爲二善至一。舊云二僧跋一者訛也。上座告白。平等行レ食。意道。供具善成食時復至。准二其字義一合レ當レ如レ是。然而佛與二大衆一受二他毒食一佛敎令レ唱二三鉢

羅佉哆一。然後方食所レ有毒藥皆變成二美味一。以レ此言レ之。乃是秘密言詞。未三必目二其善至一。東西兩音臨レ時任レ道。並汾之地唱二時至一者頗有二故實一。」【有部目得迦八】に「凡於二衆首一爲二上座一者。所レ有供養置三在衆前一。先令下一人執二持飲食一。或先行レ擅在二上座前一。曲レ身恭敬唱中三鉢羅佉哆上。未レ唱已來不レ得レ受レ食。當レ知此言有二大威力一。輙違受レ食得二惡作罪一。」【同注】に「三鉢羅佉哆。譯爲二正至一。或爲二時至一。或是密語神咒。能消レ毒故。昔云二僧跋一者訛也。佛教遣レ唱食前。今乃後稱二食遍一。非三直失二本意一。上座未レ免二其愆一。訛替多時。智者詳用。」

サンハラセウダイ　三波羅聶提　【名數】 Prajñapti 三假なり。「ケ」を見よ。

サンパン　生飯　【飮食】 又出飯と云ふ。サンバンは宋音にて、禪家の讀方。又「サバ」と呼ぶ。經家は呉音にてシヤウボンと讀む。律に出衆生食の語あり。食前に於て衆生の爲に少許の食を出して施與する持戒者の一法式なり。略して出飯とも生飯とも云ふ。其起因は一は曠野鬼の爲なり。【涅槃經十六】に、佛昔て曠野に遊ぶ、一鬼あり曠野と名く。血肉を食とし日に一人を殺す、佛の敎化を受けず。佛大力の鬼神となる。鬼怖れて伏す。佛本身に還りて爲に不殺生戒を受けしむ。而して以後佛弟子より飯食を受くるを命ずと。図一に鬼子母神の爲なりと【毘奈耶雜事三十一】に、佛鬼子母を化して「於二贍部洲一所レ有我聲聞弟子。毎於二食次一出二衆生食一。並於二行末一設二食一盤一。呼二汝字并諸兒子一。皆令三飽食永無二飢苦一。」と。【行事鈔赴請篇】に「明レ出二衆生食一。或在二食前一唱二等得一已出レ之。或在二食後一。經論無レ文。隨レ情安置。」「よ。

サンハンニヤ　三般若　【名數】「ハンニヤ」を見

サンバイ　讚唄　【雜語】 佛德を讚嘆する梵唄なり。【僧史略中】に「讚唄原始案二十誦律中一。倶胝耳作二三契聲一以讚レ佛。其人善レ唄易二了解一。」

サンバウ　參榜　【物名】 禪林の語、人に參見するときの名刺なり、又門狀と云ふ。

サンバク　三縛　【術語】 貪瞋痴の煩惱の繫縛を云ふ。【倶舍論二十一】に「縛有二三種一。一貪縛。二瞋縛。三痴縛。」【入阿毘達磨論上】に「契經中復說二三縛一。一貪縛。謂一切貪。如二受結相一說。二瞋縛。謂一切瞋。如二恚結相一說。三痴縛。謂一切痴。如二無明結相一說。」

サンバツゴフ　三罰業　【術語】 身口意の三惡業のこと。

サンバツチ　三跋致　【雜語】 Sampatti 又、三拔諦。「諦。譯、發趣。【玄應音義三】

サンバテイ　三拔諦　【雜語】 三跋致に同じ。

サンバラ　三跋羅　【術語】 Saṁvara 又、三婆羅、三嚩羅。禁戒、或は護と譯す。禁戒人を護りて三塗に墮せしめざるを云ふ。又戒體の無表色に名く。【玄應音義十四】に「梵言三三婆嚩。此譯云レ禁。戒者亦禁義也。」【有部百一羯磨一】に「律儀護。此言レ護者梵云二三跋羅一。譯爲二擁護一。由レ受二歸戒一護使レ不レ落二三塗一。舊云二律儀一乃當二義譯一。云是律法儀式。若但云レ護恐二學者未一レ詳。故兩倶存。明了論已譯爲レ護。即是戒體無表色也。」

サンバラダニケイ　三鉢羅陀儞雞　【術語】 Saṁpradāna ※八囀聲の中第四、所與聲なり。【唯識樞要上本】「を撒する器。【象器箋二十】

サンバン　生盤　【物名】 又、サバカキと云ふ。生飯

サンヒミツ　三秘密　【名數】 印契と眞言と觀想との三。即ち身口意の三密なり。

サンヒミツシン　三秘密身　【名數】 一に種子、二に印塔、五鈷寶珠等の三昧耶形。三に形像、刻鑄畫泥の佛像なり。次第の如く法報化の三身なり。是れ密教の三本尊なり。【大日經本尊三昧品】に「諸尊有二三種身一。所謂字印形像。」

サンビヤウ　三病　【名數】 一に貪病。不淨觀を修して治すべし。二に瞋病、慈悲觀を修して治すべし。三に痴病、因緣觀を修して治すべし。【涅槃經三十九】図一に謗大乘、二に五逆罪、三に一闡提、是れ無佛性なり。之を難治の三病と云ふ。【涅槃經十一】

サンビヤウドウ　三平等　【術語】 又、三三昧と名く。密教に身口意の三互に相攝入して不二一味なるを云ふ。是れ眞言行の宗要にして大日常恒の說法も此宗要を說くに外ならず。【大日經一】に「身語意平等句法門。」【同疏一】に「如レ此時中佛說二何法一。即是身語意三平等句法門。言二如來種種三業皆至二第一實際妙極之境一。身等二於語一。語等二於心一。猶如下大海遍二一切處一同中一鹹味上。故云二平等一也。」是れ佛の三密なり。【秘藏記末】に之を衆生に約して「三平等以二三密一攝二一切諸法一。一切色攝レ身。身即印契。見レ色也。一切聲攝レ口。語即眞言。聞レ聲也。一切理攝レ心。心即本尊。表二實相一。是三密平等。平等遍二一切處一。是故行者常可レ思。一切所見境皆遍一切處身。一切所聞音皆是陀羅尼。即是諸佛說法音。又吾口所レ出音皆是誨レ他之音。敎二誨前人一。此身語之下理攝二自心一。自心即實相。實相即本尊。本尊即自心。如レ是觀謂二三平等。」と。【秘藏記鈔二】に護摩の修法に約して「護摩大宗以二三平等觀一爲二至極一。三平等者自身爐壇本尊三種無二平等也。以二境總體觀二自身一。爐口即行者口也。以二種種燒具一獻二自口一供二養自身本有佛一燒二除無始業障垢一。又此自身爐壇即成二毘盧遮那如來一。從二

一一毛孔澍二甘露乳雨一利二法界衆生一也。」と。此れに三種の三平等あり、一に吾身は即ち印なり、吾語は眞言なり、吾心は本尊なり、此の三密彼此攝入して平等、平等にして法界に周遍する是れ自の三平等なり。二に已成未成の一切諸佛の三密平等なり。三に自の三業と佛の三密と入我我入して平等平等たる是なり。【秘藏記末】に「問秘密藏以レ何爲二體宗用一。答。以二曼荼羅一爲レ體。以二三三昧一爲レ宗。以二方便一爲レ用。乃至自三平等互相攝入。他三平等互相攝入。其三平等互相攝入。平等平等是即宗也。」而して三平等の法之に止らず。【大日經疏九】に「三等爲二三世等三因等三業道等即ち三密三乘等一。」【即身義】に「佛法僧是三。身語意又三。心佛及衆生三也。如レ是三法平等一也。」と、是れ亦一端のみ。佛部蓮華部金剛部の三部、法身般若解脫の三點も、空假中の三諦も、定智悲の三德も、法報應の三身も、種種の三法台宗の三軌に准じて知るべし。此の平等の觀念眞言行者に取て最要の法なれば眞言行に入らむとするものは、先づ此の觀念を受持せしむ、是れ即ち三昧耶戒なり。

サンビヤウドウカイ　三平等戒　［術語］密教の略戒、三昧耶戒の譯名なり。「サンマヤカイ」を見よ。【大疏演奥鈔十三】に「三業平等、是爲二此戒一。三業平等者一心本源也。亦名二自性本源戒一。若住二此處一衆惡永息。故立二戒稱一也。」

サンビヤウドウクワン　三平等觀　［術語］又、三三昧觀とも云ふ。三平等を觀念するなり。即ち入我我入觀なり。「サンビヤウドウ」を見よ。又、行者正念誦の初に入我我入の觀を作すを三平等觀と云ふ。

サンビヤウドウゴマダン　三平等護摩壇　［術語］自身と本尊と護摩壇と三位一體の護摩壇。

サンビヤウドウチ　三平等地　［術語］空、無相無願の三三摩地を譯して云ふ。

サンビヤウニン　三病人　［名數］謗大乘等の三治病を持する人。「サンビヤウ」を見よ。

サンビヤクゴジフカイ　三百五十戒　［術語］三百四十八戒に同じ。

サンビヤクシジフイチカイ　三百四十一戒　［術語］三百四十八戒に同じ。

サンビヤクシジフハチカイ　三百四十八戒　［術語］比丘尼の戒數なり。常に大數をあげて五百戒と云ふ。「カイ」を見よ。

サンビヤクジキ　三白食　［名數］牛乳、牛酪、白米なり、修法の行者之を食す。【十一面神咒經】に「行者唯應レ食二三白食一。乳酪飯。」【末法中一字心呪經】に「持法之人須レ喫二三白食一。所レ謂乳酪粳米。不レ得二破齋一。」【大寶樓閣善住秘密陀羅尼經】に「清淨洗浴。著二鮮淨衣一。喫二三白食一。所謂乳酪粇米。」【一切法功德莊嚴王經】に「惟喫二三種白食一。謂白飯乳酪。」【大雲輪請雨經】に「應レ食二三種白淨之食一。所レ謂牛乳酪及粇米。」

サンビヤクノホコ　三百矛　［雜名］三十棒と言ふ如し。數の多きを云ふ。【雜阿含經十四】に「彼王治レ罪。劖以二三百矛一。」【梵網經下】に「菩薩聞下外道惡人以二惡言一謗中佛戒上時。如二三百鉾刺一レ心。」【涅槃經十一】に「我寧以レ身受二三百鉾一。終不下敢以二毀レ戒之身一受中於信心檀越床臥具上。」

サンビヤクホフ　三百法　［術語］三白食の法を持するなり。【宋高僧傳二十三元慧傳】に「立レ志持二三白法一。」「サンビヤクジキ」を見よ。

サンビヤクユジユン　三百由旬　［雜語］【法華經化城喩品】に導師あり、衆を率て五百由旬の險難を越えて寶處に至らんとするに、衆疲倦して還らむを恐れ、方便して三百由旬の中途に一城を作し、暫く止息するを說く。三百由旬は三界を超えて小乘の涅槃あるに譬ふ。【文句七】に「三界果報處爲二三百一。」

サンビヤクロクジフヱ　三百六十會　［雜語］或は三百會と云ふ。但禪家の諸師佛一代中の說會の多きを云ふ套語なり。經論の典據あるにあらず。【碧巖十四則評唱】に「釋迦老子四十九年住世。三百六十會開二談頓漸權實一。謂二之一代時敎一。」【釋門正統】に「金口宣揚五十年正敎。阿難結集三百會之眞詮。」

サンビヤクヱ　三百會　［雜語］「サンビヤクロクジフヱ」を見よ。

サンプク　三福　［名數］三種の福業。一に世福、父母に孝養し、師長に奉事し、十善戒を持すること。二に戒福、三歸五戒乃至具足戒を持すること。三に行福、菩提心を發して佛道を行ずること。【觀無量壽經】に「欲レ生二彼國一者。當レ修二三福一。一者孝二養父母一。奉二事師長一。慈心不レ殺。修二十善業一。二者受二持三歸一。具二足衆戒一。不レ犯二威儀一。三者發二菩提心一。深信二因果一。讀二誦大乘一。勸二進行者一。」図【倶舍論十八】に一に施類福。布施を行ずるなり、以て大富の福果を感ずるなり。二に戒類福。性遮の二戒を持するなり、以て生天の福果を感ず。三に修類福。禪定を修するなり、以て解脫の福果を感ず。

三福九品　［名數］經の序分には三福と說き、正宗分の末に之を開きて九品となす。即ち十六觀中の下の三觀なり。【觀經玄義分】に「從二日觀一下至二十三觀一已來。名爲二定善一。三福九品名爲二散善一。」【同序分義】に「如來方便顯二開三福一。以應二散動根機一。」【撰擇集末】に「九品者。開二前三福一爲二九品

業。」

サンフクゴフ 三福業 〔名數〕一に施福業、布施のこと。二に平等福業。平業の慈悲愛護の心を起すこと。三に思惟福業。出世の要法を思惟すること。【増一阿含經十二三寶品】に出づ。

サンフクデン 三福田 〔名數〕「フクデン」を見よ。

サンフケンボフ 三不堅法 〔名數〕一に不身堅、父母所生の身、四大假合して成る、生滅無常、久しく存すべからず。二に命不堅、人受くる所の壽命長短齊しからずと雖も、同じく夢幻の體、倏忽無常久しく存すべからず。三に財不堅、一切世間の財物、體堅固にあらず、集散無常久しく存すべからず。【本事經七】

サンフクハチケウ 三覆八校 〔術語〕五戒經の說。三覆とは正五九月の各月の一日に、四天王の善神人中の善惡を天王に覆奏して是非を校格すること。八校とは歲の八王日なり、立春、春分、立夏、夏至、立秋、秋分、立冬、冬至なり。此日に復た覆奏して校格すること。嘉祥の【無量壽經疏】に「一切衆生皆有ニ二神一。一名ニ同生一二名ニ同名一。同生女在ニ右肩上一書ニ其作惡一。同名男在ニ左肩上一書ニ其作善一。四天善神一月六反錄ニ其名籍一奏ニ上大王一。地獄亦然。一月六齋。一歲三覆。一載八校。便レ不ニ差錯一。」（五戒經は僞經錄に載す。）

サンフゴ 三不護 〔名數〕【大乘義章十九】に「如來の三業は純淨にして過を離れ、防護を須ゐず。三不護と名く。諸の羅漢の三業は淨なりと雖、常に防護を須ゐて方に能く過を離る。如來は彼に異なる。故に三不護を立つ。」【法華經藥草喩品】に「知道者。開道者。說道者。」【文句七】に「知道謂意不護。開道謂身不護。說道謂口不護。」【同記】に「三不護者。常與レ智俱。」

サンプサンシン 三不三信 〔名數〕梁の曇鸞念佛者に就て三不三信を立つ。一に信心淳からず、二に信心一ならず、三に信心相續せず。之を三不と云ひ之に反するを三信と云ふ。【淨土論註下】に「一者信心不淳。若存若亡故。二者信心不一。無ニ決定一故。三者信心不相續。餘念間スル故。此三句展轉相成。以ニ信心不淳一故無ニ決定一。無決定故念不ニ相續一。亦可念不ニ相續一故不レ得ニ決定信一。不レ得ニ決定信一故心不レ淳。」と。西河道綽之を承けて更に三信を闡明す。【安樂集上】に「若能相續則是一心。但能一心即是淳心。具ニ此三心一。若不レ生者。無レ有ニ是處一。」【文類聚鈔行卷】に「三不三信誨慇懃。像末法滅同悲引。」

サンフシツ 三不失 〔名數〕佛の三不護、又三不失と名く。【觀音義疏下】に「此是聖人三業無謀而偏應ニ一切一。亦名ニ三不失一。三輪不思議化也。亦名ニ三不護一。」「サンフゴ」を見よ。

サンフジヤウ 三不成 〔名數〕晉の道安淨土論の所說。淨土と穢土との土體の本質に就きて一異を論ずるに三種不成の義を立つ。一に一質不成、維摩經佛國品に記する如く、佛の足指を以て地を按ずれば草木瓦礫の穢土忽ち變じて七寶莊嚴の淨土となる、これ穢心の見る所は遍界穢土にして、淨心の見る所は遍界淨土なり。此の如く淨心穢心の相違に依て淨穢の二相を盈虧するときは土體亦一ならざるを知る。是れ一質不成の義なり。二に異質不成、土體果して異とせんか、心に二ありて土に兩相を現ずるも、若し玄妙の性を搜れば、彼此の二相冥然として同じく一處に在て相ひ障礙せず。同時同處に現ずるものなるが故に二土異體と言ふべからず。是れ異質不成の義なり。三に無質不成、既に一體とも異體とも言ふべからざれば無體と言はんか、緣に依て集趣する處淨土穢土歷然なり。情有理無の兎角龜毛に同じからず、豈に絕無と言ふべけんや。是れ無體不成の義なり。されば一異有無を執すべからず、一にして亦異、有にして亦無、是れ法性の妙體なり。然るに此三不成を論ずるは性宗の義にして、相宗に在ては一處四見等の經說に由りて一質の義を成ずるなり。【安樂集上】に「淨土論云。一質不成。故淨穢有ニ盈虧一。異質不成。故搜レ玄則冥一。無質不成。故緣起則萬形。」（安師の淨土論今傳はらず。）

サンフジヤウニク 三不淨肉 〔名數〕三淨肉に反す。我が爲に殺すを見たるもの。我が爲に殺したるを聞きしもの。我が爲に殺したる疑念あるもの。持戒の比丘は此三種の肉を食ふべからず。「ジキ」を見よ。

サンフゼン 三不善 〔名數〕三不善根に同じ。

サンフゼンゴン 三不善根 〔名數〕貪瞋痴の三毒なり。【新譯仁王經中】に「治ニ貪瞋痴三不善根一。起ニ施慈慧三種善根一。」【智度論六】に「聞ニ三善一則喜。聞ニ三不善一則不歡喜。」

サンフタ 三補吒 〔印相〕譯、虛心合掌。十二合掌の一。【大日經疏十三】に「三補吒掌。先以レ手相遠。漸近令ニ相著一。掌內稍空者是也。」梵 Samputa.

サンフタイ 三不退 〔名數〕「フタイ」を見よ。

サンフニン 三夫人 〔雜語〕五夢經に依れば悉達太子三妃あり。第一夫人瞿夷、第二夫人耶輸、第三夫人鹿野と。【探玄記二十】には第三摩奴舍とす。【十二持經】は【五夢經】の說と同じ。而して共に三妃あるを以て三時殿を作ると云ふと雖も、之れ三時殿ありし故に三妃ありと誤傳せし如し。三時殿は三妃

の必要より起りたるにあらず、印度の氣候一年を春夏冬の三時とし四ケ月を以て一季とする習あればなり。「グイ」を見よ。

サンフノウ　三不能　〔名數〕唐の嵩嶽の元珪、佛に三能三不能を立つ。三能は一に一切の相を空じ萬法の智を成す、二に群生の性を知り億劫の事を窮む、三に無量の衆生を度す。三不能は一に定業を滅するヿ能はず、二に無緣を度するヿ能はず、三に衆生界を盡すヿ能はず。【傳燈錄四元珪傳】に「佛能空二一切相一成二萬法智一。而不レ能三即滅二定業一。佛能知二群有性一窮二億劫事一。而不レ能レ化二導無緣一。佛能度二無量有情一。而不レ能レ盡二衆生界一。是謂二三不能一也。」無盡居士の【護法論】に「嵩嶽珪禪師云。佛有二三能三不能一。」

サンフンベツ　三分別　〔術語〕一に自性分別、六識現在の六境に對して自性として自境を了別するもの。二に計度分別、意識の散慧不現前の事に於て計較量度するもの。三に隨念分別、若は散、若は定の意識、已經の六境に對して追念するもの。眼等の五識は唯一の自性分別ありて意識は三を具す。【俱舍論二】に「分別略有二三種一。一自性分別。二計度分別。三隨念分別。」

サンブ　三武　〔名數〕魏の太武、周の武帝、唐の武宗、共に佛法を破却す、三武の難と云ふ。【護法論】に「上世有二三武之君一。」

サンブ　三部　〔名數〕胎藏界の曼荼羅を佛蓮金の三部に分つ。「タイザウカイ」を見よ。図胎藏界と金剛界と蘇悉地法とを三部とす、三部の印信、三部の灌頂、三部の大法など。

三部主色　〔名數〕毘盧遮那は是れ佛部、即ち如來法界の身、一向白色なり。次に觀世音は、即ち是れ阿彌陀佛なり、其の身黃色なり。次に金剛藏金剛手は即釋迦牟尼佛なり、其の身赤黃色即ち、雜色なり。【義釋十二】

サンブインシン　三部印信　〔雜名〕胎藏界と金剛界と蘇悉地法との三部を許可せし證狀。

サンブカナセウ　三部假名鈔　〔名數〕淨土宗向阿著、歸命本願鈔、三卷。西要鈔、二卷。父子相合、二卷を云ふ。

サンブキヤウ　三部經　〔名數〕種種あり。

彌陀三部　〔名數〕又、淨土の三部と云ふ。一に佛說無量壽經二卷、二に佛說觀無量壽經一卷、三に佛說阿彌陀經一卷。⊙（增鏡、北野の雪）「淨土の三部經をもかかせ給へり」

大日三部　〔名數〕「サンブヒキヤウ」を見よ。

法華三部　〔名數〕一に佛說無量義經一卷、二に妙法蓮華經八卷、三に佛說觀普賢菩薩行法經一卷。

彌勒三部　〔名數〕一に佛說觀彌勒菩薩上生兜率天經一卷、二に佛說彌勒下生經一卷、三に佛說彌勒大成佛經一卷。

鎭護國家三部　〔名數〕一に法華經、二に仁王經、三に金光明經。「サンブチヤウゴウ」參照。

サンブクワンチヤウ　三部灌頂　〔修法〕台密の所傳に胎藏界と金剛界と胎金合部との三種の灌頂法あり。

サンブダイホフ　三部大法　〔名數〕胎藏界と金剛界と蘇悉地法との三部。此三部にて一切の秘法を盡す。⊙（著聞集、釋教）「三部の大法」

サンブチヤウゴウ　三部長講　〔行事〕傳敎の發願に依て鎭護國家の三部經を輪次に日日講讚し、長く未來を盡して之を修するものなれば長講と云ふ。【天台史略上】に「嵯峨天皇弘仁二年七月法華堂に於て法華、仁王、金光明三部の長講を始行す。」大師の【六條式】に「凡止觀業者。年年每日展二轉長二講法華、金光、仁王、守護諸大乘等護國衆經一。」

サンブツ　三佛　〔雜語〕太平の佛鑑禪師慧勤、龍門の佛眼禪師淸遠、天寧の佛果禪師克勤。此三師は楊岐派の第三祖、五祖山法演の法嗣にして、楊岐の三佛、又は演門の三傑と稱せらる。【釋門正統三】に「楊岐三佛最爲二競爽一。」【佛祖通載三十】に「演門二勤一遠、聲價籍甚。叢林謂二之三傑一。」

サンブツ　讚佛　〔術語〕佛德を讚嘆するヿ。

讚佛超九劫　〔雜語〕釋迦佛、昔彌勒と共に菩薩の行を修せしとき、弗沙佛の火定に入つて光明を放つを見釋迦即ち七日七夜一足を翹げて一偈を以て佛を讚せし爲に、彌勒に九劫を超えて成佛す。【智度論四本行略經一】

サンブツ　三佛　〔名數〕法佛報佛化佛なり。三佛「菩提など。

サンブツゲ　讚佛偈　〔雜名〕【無量壽經上】に法藏比丘の世自王如來を讚ぜし偈頌。

サンブツゴ　三佛語　〔名數〕佛の說法に隨自意等の三語あり。「ブツゴ」を見よ。

サンブツシ　三佛子　〔名數〕一切衆生皆佛子なるうちに、凡夫は外子。二乘は庶子。菩薩は眞子なりと云ふ。二乘を貶して所謂大乘家が付したる名なり。【華嚴疏】

サンブツシヤウ　三佛性　〔名數〕佛性は常住不變なれども他の修證の爲に三義を分つ。一に自性住佛性、一切衆生の本有にして、自性として常住なるもの。三惡の衆生は唯此一を具するのみ。二に引出佛

性、修行の功に依て本有の佛性漸く引出せらるるもの。三乘の行人之を具す。三に至得果佛性、修因滿足して本有の佛性了了顯發するもの。即ち諸佛の佛性なり。【華嚴孔目章二】

サンブツシン　三佛身　〔名數〕唯識論所明の三身なり。「サンシン」を見よ。

サンブツジヨウ　讚佛乘　〔術語〕佛乘を讚嘆して人を教化すること。【法華經方便品】に「我即自思惟。若但讚㆓佛乘㆒。衆生沒㆓在苦㆒。不㆑能㆑信㆓是法㆒。」

讚佛乘之因　〔雜語〕未來に成佛して、釋迦牟尼佛の如く法華の一佛乘を讚嘆し稱揚する結果を得べき爲の因なり。諸法實相の妙理より言へば今の狂言綺語も必ず轉法輪讚佛乘の因緣とならざるはなし。【白樂天詩集序】に「願以㆓今生世俗文字之業。狂言綺語之誤㆒。翻爲㆓當來世世讚佛乘之因。轉法輪之緣㆒。」⦿（曲、山姥）「浮世をめぐる一節も、狂言綺語の道すぐに、讚佛乘の因ぞかし」

讚佛轉法輪　〔雜語〕讚佛と轉法輪となり。轉法輪とは、成道して如來の教法を說くを云ふ。即ち讚は轉法輪の義となる。⦿（曲、東岸居士）「狂言綺語を以て、讚佛轉法輪の誠の道にも入るなれば」

サンブツダ　三佛陀　〔術語〕Saṁbuddha 譯、正覺者。

サンブツド　三佛土　〔名數〕唯識論所說の三佛身に對して三佛所居の國土を定む。一に法性土、自性身の土、即ち眞如の理なり。此の身土は體に差別なしと雖、相性異なるが故に能知の覺相を以て佛即ち身とし、所知の法性を以て土となす。二に受用土、即ち報身の受用する國土にして、大圓鏡智と相應する淨識より變現する所、未來際を盡して相續し無漏の色を以て體とす。此中自受用土と他受用土の二あり。自受用土は上の如し、他受用土は平等性智の大慈悲力に依て初地已上の菩薩に對して淨土を變ずるもの。亦無漏の五塵を以て體とす。三に變化土、即ち變化身所居の土なり。成所作智の大慈悲力に依て初地以下乃至一切の凡夫に應じて、或は淨土或は穢土を現ずるもの。【義林章七末】

サンブツボダイ　三佛菩提　〔術語〕法報化三身の佛果なり、菩提とは佛果に名く。【法華論】に「示㆓現三種佛菩提㆒。一者應化佛菩提。隨㆓所應見㆒而爲㆓示現㆒故。乃至二者報佛菩提。下地行滿足得㆓常涅槃證㆒故。乃至三者法佛菩提。謂如來藏性涅槃常恒清涼不變故。」【安樂集上】に「菩提有㆓三種㆒。一者法身菩提。二者報身菩提。三者化身菩提。」⦿（盛衰記八）「必ず三佛菩提の妙位に昇らんと」

サンブツリテイ　三佛栗底　〔術語〕Saṁvṛti 世俗諦の梵語、舊師は世俗諦と譯し、玄奘は隱顯諦と譯し、義淨は覆俗諦と譯す。隱顯とは眞理を隱して事相を顯はす義。【義林章二末】に「此諦理應㆑名㆓隱顯諦㆒。隱㆓覆空理㆒有相顯現。如下結㆓手巾㆒爲㆓兎等物㆒上。隱㆓本手巾㆒兎相顯現。此亦如㆑是。今隨㆓古名㆒名㆓世俗諦㆒。梵云㆓三佛栗底㆒故。以㆑義釋名㆓隱顯諦㆒。」

サンブトホフ　三部都法　〔修法〕胎藏界の佛蓮金三部の諸尊を都集せる壇法を云ふ。

サンブトヱ　三部都會　〔修法〕「サンブトホフ」に同じ。

サンブヒキヤウ　三部祕經　〔名數〕一に大日經、具名、大毘盧遮那神變加持經、七卷、善無畏譯。二に金剛頂經、具名、金剛頂一切如來眞實攝大乘現證大教王經、三卷、不空譯。三に蘇悉地經、具名、蘇悉地羯羅經、三卷、善無畏譯。大日經は胎藏界の法を明かし、金剛頂經は金剛界の法を明かし、蘇悉地經は蘇悉地法を明かす。蘇悉地は妙成就と譯し、所作を成就する胎金合行の法を明かして台密に於て殊に秘要とする所。⦿（盛衰記八）「今年の春三部の秘經を受けさせ給ひ」

サンブヒカフ　三部被甲　〔修法〕密教修法中の作法。修法の行者道場に入りて先づ印明を以て自身を加持し、內淨身を護りて外魔障を防ぐを被甲護身と云ふ。其法、明を呪し印を結んで初に中額、次に右額、後に左額に當つ。是れ次第の如く佛部蓮華部金剛部の三にて、此三部を以て自身を加持する意なれば三部被甲と云ふ。是れ金剛界の護身法なり。【行法肝要鈔上、眞言修行鈔二】

サンブンクワキヤウ　三分科經　〔名數〕晉の道安初めて諸經を科節して三分を立つ。後に親光の佛地論來るに及んで果して三分の說あり。是より諸經皆三分を科す。一に序分、本經を起す由序因緣なり。中に通序別序の二あり、諸經に通ずるを通序とし、本經に局るを別序とす。二に正宗分、正しく本經の所說なり。三に流通分、本經の利益を擧げて正說の流通を勸むるなり。【法華文句一】佛地論の三分は一に教起因緣分、二に聖所說分、三に依教奉行分。

サンブンケ　三分家　〔流派〕心識の三分說、即ち見分、相分、自性分を立つる流。陳那所立なり。四分家と共に唯識の正流とす。

サンヘウゴフ　三表業　〔術語〕「ゴフ」を見よ。

サンペン　三變　〔故事〕「サンペンドデン」を見よ。

サンペンドデン　三變土田　〔故事〕【法華經見寶塔品】に、釋迦如來の十方の分身佛、各一菩薩を將て多寶塔を供養せん爲に靈鷲山に來らんとすると

き、釋迦如來神力を以て三度に穢土を變じて淨土となせり。初は娑婆一世界を變じ、次に二百萬億那由他の國を變じ、後に更に二百萬億那由他の國を變じて淨土となす。依て三變土田と云ふ。

サンホウ　三報　〔名數〕一に現報、現在の業に依て現在に受けし果報。二に生報、此生の業に依て次生に受けたる果報。三に後報、業を作りし生より二生以上を隔てて後に受くる果報。

サンホウエ　三寶衣　〔名數〕三衣なり、僧寶の着衣なれば寶衣と稱す。【瓔珞本業經上】に「剃レ頭被二三寶衣一。」

サンホウカイ　三寶階　〔雜名〕佛、忉利天より降るとき帝釋の造る所、劫比他國に在り。【西域記四劫比他國】に「伽藍大垣內有二三寶階一。南北列東面下。是如來自二三十三天一降還也。昔如來起レ自二勝林一上昇二天宮一。居二善法堂一爲レ母說法。過二三月一已將欲二下降一。天帝釋乃縱二神力一建二立寶階一。中階黃金。左水精。右白銀。」

サンホウザウ　三寶藏　〔名數〕佛法僧の三なり、此三に一切の功德を藏すれば寶藏と云ふ。【新譯仁王經中】に「佛法衆海三寶藏。無量功德於レ中藏。」衆は僧なり。図經律論の三藏。図聲聞、緣覺、菩薩の三など。

サンホツシン　三發心　〔名數〕起信論所說の三種發心。「サンシユホツシン」を見よ。図菩提心論所說の三種菩提心。「サンシユボダイシン」を見よ。

サンホフ　三法　〔名數〕一に敎法。釋迦一代所說の十二分敎是なり。二に行法。敎に依て修行する四諦十二因緣六度等是なり。三に證法。行に依て果を證する菩提涅槃の二果是なり。此の三にて一切の佛法を該收するなり。【十地論三】に「第二大願有二三種一。一切諸佛所說法輪皆悉受持者。謂敎法、修多羅等。書寫供養讀誦受持爲レ他演說故。攝二持一切佛菩薩一者。所謂證法。證二三種佛菩薩法一。攝二受此證法一法他轉授故。一切諸佛所二敎他一法皆悉守護者。謂修行法。於二修行時一有二諸障難一攝護救濟故。」【義林章六本】に「具二敎行證三一名爲二正法一。但有二敎行一名爲二像法一。有レ敎無レ餘名爲二末法一。」と法然上人の撰擇集は此三法を以て淨土一敎を該收する意なり。然るに見眞大師は更に信の一法を加へて四法となし、殊に重きを此に置きたるなり。「シホフ」を見よ。

サンホフダウカイ　三法道界　〔名數〕本尊の身と眞言と印とを三法道と云ひ、此の三法の界畔を三法道界と云ふ。卽ち眞言行者此の三法の界內に於て修行し此の界畔を越ゆべからざるを云ふ。【大日經密印品】に「不レ越二三法道界一。圓二滿地波羅蜜一。」【義釋十】に「此明力故。能滿二諸地一。能令二修者得一レ現二三法一。謂成就有二三法一。謂二本尊之身眞言及印等一。此三法具卽得二成就一也。乃至不レ越二三法道界一者。此界是終大界之界。非二馱都一也。於二界道一當レ中而行。故名二不越一耳。」

サンホフムシヤ　三法無差　〔術語〕心と佛と衆生との三法の無差別を云ふ。

サンボ　贍讃　〔界名〕Jambu 此大地の總稱。「センブ」「エンブダイ」を見よ。

サンボウ　三寶　〔名數〕【觀無量壽經】に「恭二敬三寶一。奉二事師長一。」と一切の佛陀 Buddha は佛寶なり、佛陀の說ける敎法は法寶 Dharma なり。其の敎法に隨つて修業する者は僧寶 Saṅgha なり、佛は覺知の義、法は法軌の義、僧は和合の義也。【寶性論三】に寶と名くる所以を、「偈言。眞寶世希有。明淨及勢力。能莊二嚴世間一。最上不變等。」と六義を擧ぐ。【法華經方便品】に「思二惟是事一已卽趣二波羅奈一。諸法寂滅相不レ可二以レ言宣一以二方便力一故爲二五比丘一說。是名二轉法輪一。便有二涅槃音及以阿羅漢法僧差別名一。」と⦿（曲、自然居士）「三寶衆僧の御布施一裹」

四種三寶　〔名數〕三寶に四種あり、一に一體三寶、又同體三寶又は同相三寶とも云ふ。三寶一一の體に三寶の義あり、佛の體上に覺照の義あるは佛寶なり、軌則の義あるは法寶なり、違諍の過なきは僧寶なり、乃至僧に觀智あるは佛寶、軌則あるは法寶、和合するは僧寶なり。二に理體三寶、眞如の體の上に三寶を立つ。眞如の理體に覺性法相、無違諍過、とを見る。三に化相三寶、又別體三寶又は眞實三寶とも云ふ。大乘の三寶は諸佛の三身を佛寶とし、六度を法寶とし、十聖を僧寶とす。小乘の三寶は丈六の化身を佛寶とし、四諦十二因緣の法を法寶とし、四果緣覺を僧寶とす。四に住持三寶、佛の滅後世間に住するもの。木佛畫像は佛寶なり、三藏の文句は法寶なり、剃髮染衣は僧寶なり。此中初の二種は大乘に局り、後の二種は大小乘に通ず。【行事鈔資持記上一之一】に「三寶四種。一體理體就レ理而論。化相一種局據二佛世一。住持一位通二被三時一。」

六種三寶　〔名數〕一に同體三寶、卽ち一體三寶なり。二に別相三寶卽ち化相三寶なり。三に一乘三寶、究竟の法身を佛寶とし、一乘の法を法寶とし、一乘の菩薩衆を僧寶とす。勝鬘經、法華經等の意なり。四に三乘三寶、三乘者の爲に現ずる佛の三身を佛寶とし、三乘の法を法寶とし、三乘の衆を僧寶とす。勝鬘經、攝論等の意なり。五に眞實三寶、

三身は佛寶、一切無漏の敎理行果は法寶、見諦已上の三乘の聖衆は僧寶なり。六に住持三寶、四種三寶の中に同じ。【義林章六本】

外道三寶 〔雜經〕外道亦三寶を立つ。【百論疏上之中】に「廣明二三寶化レ世。此中凡列二十師一。一迦毘羅三寶行レ世。乃至迦毘羅謂佛寶。弟子謂僧寶。僧法住謂法寶。」

三寶加持 〔術語〕三寶の加護を蒙るを云ふ。「カヂ」參照。⦿（曲、船橋）「三寶加持の行ひに五道の罪も消えぬべき」

サンボウイン　三寶印 〔物名〕佛法僧寶の四箇の篆字を刻せしもの。道場疏に押す。

サンボウオン　三寶恩 〔術語〕四恩の一。

サンボウクワウジン　三寶荒神 〔天名〕「クワウジン」を見よ。

サンボウモツ　三寶物 〔術語〕佛像殿堂香花幡蓋等は佛物なり。經卷紙筆箱函巾帊等は法物なり。僧房田園等の常住僧、物衣鉢穀菜等の現前僧物は僧物なり。此三各所屬を異にし盜用と互用とを許さず。【行事鈔中之一盜戒】

サンボウヱ　三寶繪 〔物名〕佛法に緣ある繪をかきたるもの。

サンボタ　三暮多 〔天名〕風神の名。【慧琳音義十二】に「三暮多。風神名也。亦曰二風天一。異名耳也。」

サンボダイ　三菩提 〔術語〕Saṁbodhi 又、糝帽地。譯、正等覺。【希麟音義四】に「糝帽地。舊云二三菩提一。此云二正等覺一也。」「ボダイ」を見よ。

サンボフ　懺法 〔術語〕センボフと讀む。

サンボフイン　三法印 〔名數〕一切の小乘經は三法印を以て之を印して其佛說たるを證し、大乘經は一實相印を以て之を印して其大乘の了義敎たるを證す。一に諸行無常印、行とは遷流の義、有爲法を云ふ。一切の有爲法は念念に生滅して無常なりと說く、是れ諸行無常印なり。二に諸法無我印、行の名は有爲法に局り、法の名は無爲法に通ず。一切有爲無爲の諸法の中に我の實體あることなしと說く、是れ諸法無我印なり。三に涅槃寂靜印、涅槃の法は一切生死の苦を滅して無爲寂靜なりと說く、是れ涅槃寂靜印なり。【智度論二十二】に「佛法印有二三種一。一者一切有爲法念念生滅皆無常。二者一切法無我。三者寂滅涅槃。乃至摩訶衍中說二諸法不生不滅一相所レ謂無相一。」【玄義八】に「釋論云。諸小乘經。若有二無常無我涅槃三印一。即是佛說。修レ之得レ道。無二三法印一即魔說。大乘經但有二一法印一。謂諸法實相。名二了義經一。能得二大道一。若無二實相印一即是魔說。」

サンボフテンデン　イングワドウジ　三法展轉因果同時 〔術語〕相宗にて萬法の緣起を談ずるに、第八識の種子は衆緣の和合を待ちて現行す。之を種子生現行といふ。この種子と現行の因果は前後異時にあらずして全く同時なり。一方現行は現行せられたると同時に直ちに又種子を本識に薰ず。これ現行薰習種子なり。この現行薰習種子も亦因果全く同時なり。かく種子は緣に扶けられて同時に現行を生じ現行は又同時に種子を薰習する如く、三者展轉して因となり果となりゆくに名く。

サンボフニン　三法忍 〔名數〕「ニン」を見よ。

サンボフリン　三法輪 〔名數〕眞諦三藏及び三論宗嘉祥、法相宗玄奘の所立なり。一代敎を三法輪に判ず。

サンボフメウ　三法妙 〔術語〕法華玄義所說迹門十妙の一。「ジフメウ」を見よ。

サンボン　三梵 〔名數〕色界初禪天の中に梵衆梵輔大梵の三天あり、三梵と云ふ。【仁王經上】に「三光三梵。」「ウ」を見よ。

サンボンサウガウ　三品相好 〔名數〕「サウガウ」を見よ。

サンボンシツヂ　三品悉地 〔名數〕悉地、成就と譯す。三密の行業相應して妙果を成就するを云ふ。三品ありて各生處を異にす。一に上品悉地、密嚴國土に生ず。二に中品悉地、十方の淨土に生ず。三に下品悉地、諸天修羅宮等に生ず。【眞言廣名目六】⦿（太平記一八）「されども三品成就の中、何れを得たりとも覺えざりければ」

サンボンシヤミ　三品沙彌 〔名數〕一に下品沙彌、七歲より十三に至るもの。駈烏沙彌と名く。二に中品沙彌、十四歲より十九に至るもの。應法沙彌と名く。三に上品沙彌、二十已上のもの。名字沙彌と名く。

サンボンジヤウジユ　三品成就 〔名數〕三品悉地に同じ。

サンボンサンゲ　三品懺悔 〔名數〕「サンゲ」を見よ。

サンボンヂンジヤ　三品塵沙 〔名數〕塵沙の惑、上中下の三品あるを云ふ。

サンボンデシキヤウ　三品弟子經 〔經名〕一卷、吳の支謙譯。在家の弟子上中下の三品ありて功德罪業同じからざるを說く。【宙帙八】(466)

サンボンノチヤウホフ　三品聽法 〔名數〕法を聽聞するに上中下三品あり。上品は神を以て、中品は心を以て、下品は耳を以て聽くと。【法苑珠林】

サンマ　三魔 〔名數〕四魔の中に死魔を除き餘の三魔なり、等覺の菩薩此の三魔を除く。【瓔珞本業經

上】に「超ニ度三魔一。」「シマ」を見よ。

サンマ　三摩　〔故事〕【法華經囑累品】に、釋迦如來三たび諸菩薩の頂を摩して法華經の弘通を付囑す。「爾時釋迦牟尼佛。從ニ法座一起。現ニ大神力一。以ニ右手一摩ニ無量菩薩摩訶薩頂一。而作ニ是言一。我於ニ無量百千萬億阿僧祇劫一修ニ習是難得。阿耨多羅三藐三菩提法一。今以付ニ囑汝等一。汝等應下當一心流ニ布此法一廣令中增益上。如レ是三摩ニ諸菩薩摩訶薩頂一。而作ニ是言一。乃至廣宣ニ此法一令ニ一切衆生普得ニ聞知一。」図梵語三摩地の略。

サンマ　懺摩　〔術語〕Kṣamaya 譯、忍恕。人に忍恕を請ふ辭。【寄歸傳二】に「懺摩乃是西音。身當ニ忍義一。乃至口云ニ懺摩一。意是請レ恕。」然るに舊譯家は悔と翻す。【資持記中の三】に「梵云ニ懺摩一。此翻ニ悔往一。」「サンゲ」を見よ。図衣の名。【四分律開宗記三末】に「懺摩衣。Kṣauma 野麻作レ衣也。」【西域記二】に「寂摩衣。麻之類也。」

サンマイ　三昧　〔術語〕梵音 Samādhi 舊稱、三昧、三摩提、三摩帝。定、正受、調直定、正心行處、息慮凝心と譯す、心を一處に定めて動かざれば定と云ひ、正しく所觀の法を受くれば受と云ひ、心に暴を調へ、心の曲れるを直し、心の散れるを定むれば調直定と云ひ、心の行動を正して法に合せしむる依處なれば正心行處と云ひ、緣慮を息止し心念を凝結すれば息慮凝心と云ふ。【智度論五】に「善心一處住不レ動。是名ニ三昧一。」【同二十八】に「一切禪定。亦名レ定。亦名ニ三昧一。」【同二十】に「諸行和合。皆名ニ爲三昧一。」【同二十三】に「一切禪定攝レ心皆名爲ニ三摩提一。秦言ニ正心行處一。是心從ニ無始世界一來常曲不レ端。得ニ此正心行處一。心則端直。譬如下蛇行常曲入ニ竹筒中一則直上。」【止觀二】に「通稱ニ三昧一者調直定也。大論云。善心一處住不レ動。是名ニ三昧一。」【大乘義章十三】に「定者當體爲レ名。心住ニ一緣一離ニ於散動一故名爲レ定。言ニ三昧一者是外國語。此名ニ正定一。」【同二】に「以レ心合レ法。離ニ邪亂一。故曰ニ三昧一。」【同九】に「心體寂靜。離ニ於邪亂一。故曰ニ三昧一。」【同二十】「定者據ニ行便一息レ亂住レ緣目レ之爲レ定。就レ實而辨眞心體寂自性不動故名爲レ定。」と。新稱三摩地、定又は正受、等持、等念と譯し、又現法樂住と云ふ。定と正受とは其義前に同じ。平等に心を保持すれば等持と云ひ、諸佛諸菩薩有情界に入て平等に彼等を護念すれば等念と云ふ。是れ利他業に就ての釋なり。又定中法樂を現ずれば現法樂住と云ふ。正受の異名なり。【唯識論五】に「於ニ所觀境一令ニ心專注不レ散爲レ性。智依爲レ業。」【探玄記三】に「三昧此云ニ等持一。離ニ沈浮一故定慧等故名レ等也。心不レ散故住ニ一境一。故名レ持也。」【法華玄贊二】に「梵云ニ三摩地一。此云ニ等持一平等持レ心而至ニ於境一。即是定也 云ニ三昧一者訛也。」【玄應音義三】に「三昧。或言ニ三摩提一或云ニ三摩帝一皆訛也。正言ニ三摩地一。此譯云ニ等持一。等者正也。正持レ心也。持ニ謂持諸功德一也。或云ニ正定一。謂住ニ緣一境一離ニ諸邪亂一也。」【菩提心義一】に「梵云ニ三摩地一。唐云ニ等念一。入ニ有情界一平等攝受而護ニ念之一者。」⦿(增鏡、藤衣)「三まいつとめおこなふけしきたふとげにて」

五種三昧　〔名數〕一一の善知識の法門身の眞實相中に於て、心、緣に住し妄想戲論を生ぜず、是れ等持の義なり。阿字門に入りて一に法界を念ずる如き是れ毘盧遮那三昧なり。蓮華印に於て一心不亂なる是れ觀自在三昧なり。金剛慧印に於て一心不亂なる是れ秘密主三昧なり。乃至釋梵の諸尊各一法界門に於て自在を得、若し彼の解脫身に於て一緣不亂なるを淨天眼三昧と名く。若し大悲藏雲海中に於て一心不亂なるを普眼三昧と名け、亦た普現身三昧と名く。【大日經疏六】

サンマイアジヤリ　三昧阿闍梨　〔人名〕池上皇慶の孫弟子眞祐、北谷桂林房に住して常行堂の結衆たる故に世に三昧阿闍梨と稱し、其所傳を三昧流と呼ぶ。谷の三流の一なり。吾朝台宗の古德流祖の修せし三昧の法則を立てて追薦の法會に之を勸む。【圓光大師行狀翼讃四十三】に「或住山者云。此三昧者本出ニ涅槃經聖行品一。玄義第四止觀第二求ニ釋。本朝永祚年中、妙空上人依ニ惠心僧都勸請一。始修焉。時造ニ丈六彌陀一安ニ華臺院一。其後惠心修ニ于此堂一。又移修ニ于大原一。眞祐阿闍梨預ニ此會之衆一。稱ニ三昧阿闍梨一者即斯謂也。其軌則今時不レ傳。講式一卷流ニ于世一也。」

サンマイイン　「サンマイヰン」を見よ。

サンマイイン　三昧印　〔印相〕入定印なり。「ヂヤウイン」を見よ。

サンマイガミギヌ　三昧紙絹　〔雜語〕【三十二番職人歌合】に「薦僧の三昧紙絹肩にかけ、面桶腰につけ」不詳。

サンマイグダウクワウケンヂヤウイキヤウ　三昧弘道廣顯定意經　〔經名〕四卷。西晉の竺法護譯。佛、阿耨達龍王の爲に法を說き、其請に應じて半月龍宮に入る。【宇帙九】(437)

サンマイグワツリンサウ　三昧月輪相　〔術語〕月輪三昧の相なり。月輪三昧は即ち月輪觀なり。佛菩薩の背光は此月輪觀の成就せし幖幟なりと云ふ。「グワツリンクワン」を見よ。⦿(榮花、鳥の舞)「三昧月輪相現じ」

サンマイサウオウ　三昧相應　〔術語〕密敎にて道理と事實と適應せしむるを云ふ。【深密鈔四】に「三

味相應者。謂若本尊作ニ慈悲之容一。或身白色。應(ナラハ)レ供ニ白花一。名ニ三味相應一。若獻ニ黃赤一名ニ不相應一。香等類レ之。」

サンマイシヤウ　三昧聲　〔術語〕伊等の十二摩多なり。「シッタン」を見よ。

サンマイザス　三昧座主　〔人名〕叡山第十七代の座主喜慶の別號。嘗て常行堂の結衆たり。

サンマイサウ　三昧僧　〔術語〕法華堂に於て法華三昧の法を修し、常行堂に於て念佛三昧を修する僧徒。⦿（徒然草）「高倉院の法華堂の三昧僧」

サンマイダウ　三昧堂　〔堂塔〕傳敎大師叡山東塔に法華三昧院を立て法華の長講をここに行ふ。後に慈覺大師半行半坐三昧行の法華を傳へ、每四季の終期三七日の間此に之を行ふ。依て半行半坐三昧院堂と名け、略して三昧堂とも法華堂とも稱す。西塔には天長二年寂光大師之を建て、橫川には元慶九年藤僕射師輔之を建つ。後には墓所に之を建つること となり、遂に墓所を指して俗に三昧と云ふに至る。⦿（榮花、音樂）「三昧堂には普賢講おこなはせ給ふ」

サンマイチ　三昧地　〔術語〕Samādhi 三摩地に同じ。「サンマイ」を見よ。

サンマイノヒ　三昧の火　〔雜名〕法華三昧院即ち法華堂の長夜燈の火なり。元慶九年藤僕射師輔楞嚴院に於て法華三昧堂を營み、衆を集めて火燧を擊ちて誓ひて曰く、若し三昧の力に由て家族を光榮せば擊つ所の火三に過ぎずと。便ち之を擊つに手に應じて火星迸り出で再に至らず。僕射便ち手づから此火を以て長明燈に點ず、今に絕へず。此字を以て叚源の法華に屬す。爾來藤葉益昌なり。【元亨釋書四叚源傳】⦿（榮花、疑）「三昧のともしびをけさずかかげつゞべくば」「佛の一。

サンマイブツ　三昧佛　〔術語〕華嚴經所說十種佛の一。

サンマイマ　三昧魔　〔異類〕十魔の一。

サンマイモン　三昧門　〔術語〕種種の三昧差別すれば門と云ふ。菩薩所得の三昧は佛所具の無量の三昧に入る門戶なれば門と云ふ。【智度論二十八】⦿放（曲、下僧）「出でては三昧の門に遊ぶ」

サンマイヤ　三昧耶　〔術語〕Samaya　サンマヤと讀む。「を見よ。

サンマイヤヱ　三昧耶會　〔術語〕「サンマヤヱ」

サンマイリウ　三昧流　〔流派〕台密の中、谷の三流の一。谷の阿闍梨皇慶の弟子を井の安慶と云ひ、安慶の弟子桂林房叚祐、常行堂の結衆を勸めしを以て三昧阿闍梨と稱し、其一流を三昧流と云ふ。【自在金剛集】

サンマイレウ　三昧料　〔雜語〕法華堂常行堂の「三昧僧の供料。

サンマウ　三妄　〔術語〕三妄執の略。

サンマウジフ　三妄執　〔術語〕密家の所立。六大惑の中に見惑を除き、餘の貪瞋痴慢疑の五大惑を倍倍五度して百六十心を得るなり。

サンマエイ　三摩曳　〔術語〕Samaya 三昧耶に同じ。【大日經疏十三】

サンマカ　三摩竭　〔人名〕Sumagadhā 舍衛國給孤獨長者の女、難國に嫁して其國王及び人民を化す。【佛說三摩竭經】

サンマキタ　三摩呬多　〔術語〕Samāhita 禪定「の一種。譯、等引。

サンマゴンリ　三摩近離　〔行事〕譯、和集。道俗相集りて佛事の供養をなすを云ふ。西國に安居の竟る日道俗雲集して大法樂を爲すを三摩近離と名く。【寄歸傳二】

サンマシヤ　三摩娑　〔術語〕敂(きん)三摩娑(ましや) Sat-samāsa の略。譯、六合釋。【唯識述記序】に「三摩娑釋依(ニハ)士立(ニ)レ名。」「ロクリカフシヤク」を見よ。

サンマタ　三末多　〔人名〕Sammata 劫初の王名。【俱舍光記十二】に「三末多。此云ニ共許一。衆人共許爲ニ好人一也。」

サンマダイ　三摩提　〔術語〕「サマヂ」を見よ。

サンマチ　三摩地　〔術語〕サマヂと讀む。

サンマダケンナ　三摩諾健那　〔天名〕神の名。譯、大露形。【俱舍光記二十七】

サンマヂ　三摩地　〔術語〕「サンマイ」「サマヂ」を見よ。「サマヂ」を見よ。

サンマテイ　三摩底　〔術語〕又、三摩帝、三摩𪗱。

サンマナンダラ　三摩難咀囉　〔術語〕Samanantara 譯、等無間緣。四緣の一。【誰識述記四末】に「三是等義。摩是無義。難咀囉是間義。」

サンマニヤ　三摩若　〔術語〕勝論所明六句義の第四句義。舊に總相と譯し、新に有と譯す。【百論疏上之中】に「四者三摩若諦。此云ニ總相諦一。謂總ニ萬法一爲ニ一大有一等。」

サンマハタン　三磨鉢躭　〔雜語〕數の名。【俱舍論十二】に「十大印達羅爲ニ三磨鉢躭一。」梵 Samāpta*

サンマハダイ　三摩跋提　〔術語〕「サンマヂ」及次項をを見よ。

サンマハチ　三摩鉢底　〔術語〕Samāpatti 禪定の一種。又、三摩鉢提、三摩拔提。三摩跋提。「サンマハンナ」を見よ。

サンマハンナ　三摩半那　〔術語〕定の別名。【玄應音義二十一】に「欲レ入レ定時。名ニ三摩鉢底一。正在ニ定中一名ニ三摩半那一。」梵 Samāpanna

サンマバツダイ　三摩拔提　〔術語〕「サンマ

ハチ」に同じ。

サンマバヤ　三摩婆夜　〔術語〕勝論所明六義句の第六。舊に無障礙と譯し、新に利合と譯す。【百論疏上之中】に「六三二摩婆夜諦一。此云二無障礙諦一。如三一色色香遍有而不二相障一。」梵 Samavāya

サンマヒダ　三摩皮陀　〔術語〕Sāma-veda 四吠陀の一。新稱、縒摩吠陀。【百論疏上之下】に「三二三摩皮陀一。明二欲塵法一。謂一切婚嫁欲樂之事。」

サンマヤ　三昧耶　〔術語〕Samaya 三昧耶に多義あり、時（一時佛在）會（大會經）宗（顯宗論）平等、誓願、驚覺、除垢障なり。【秘藏記】に「佛衆生の身中の本來自性の理佛と等しく差別なしと知り給ふ、而も衆生は己が本有本始兩覺佛と等しきを知らず、恒に六塵の煩惱に覆蔽せられて顯出する能はず、是の故に佛悲願を發し我れ衆生を拔濟して我が如くして斯の誓願を垂る。若し衆生歸依することあれば法界定に住する自受法樂の如來驚覺して、敢て本願に違越せず。行者の所に影向し眞言印契を以て加持護念し給ふ。譬へば國王の自ら法令を造て敢て違犯せず他をして之を行ぜしむるが如し。衆生佛の加持力を蒙りて六塵の游泥を突破し、自心の覺理を出現すること、春雷の響に賴て蟄虫の地を出るが如し。佛と等しうして差別なしと知るは是れ平等の義なり、我の如くして異なるなからしむるは是れ誓願の義なり、如來驚覺し給ふは是れ驚覺の義なり、衆生佛の加持力を蒙りて益を得るは是れ除垢障の義なり。佛部の如きは餘部も亦た同じ。一佛の如きは諸佛も亦同じ。」と。

サンマヤヱ　三昧耶會　〔術語〕金剛界九會曼荼羅の第二會を云ふ。此會には三十七尊、賢劫十六尊、外金剛部の三十天計して七十三尊あり、皆其の三昧耶形を畫く。大日は塔、寶生は五股杵、金剛歌は箜篌の如し。【杲寶抄】に「三昧耶曼荼羅は其の體を云へば諸尊手に執持する所の器杖印契なり。世間國王の法令を立てて押手を印し了れば、萬人之を違越せず、王自ら之を毀破せず。今亦是の如し、諸尊の本誓を正しく印文に顯して五股刀蓮等を成じ、手中に之を持すれば、天魔破旬も敢て之を違越する能はず。若し衆生彼の三昧耶形を見て其本願を信じ、法の如く修行すれば、若は智者は福、所願に隨つて必ず之を與ふる秘密三昧なり。」

サンマヤカイ　三昧耶戒　〔術語〕傳法灌頂を授くる以前に授くる作法にして、三昧耶は不違越の義、故に戒に通ずと。初に上座、次に驚覺鈴作法、歸命、運心懺悔、歸依、發心遮難、請師、羯磨及び楊枝打、塗香、花鬘、燒香燈明、齒木、金剛線、金剛水是なり。【諸儀軌訣影一】に「密教の修行は先づ三摩耶戒が初門なり。今は四度の加行を修し終りて傳法灌頂をする時、初めて三摩耶戒を受くるは末世なり。何となれば所謂三摩耶戒とは三種の菩提心を戒とするなり。根本三摩地の心に住して三平等の心にならねば行法成就せざればなり。只我は凡夫、佛は佛と思ひて修すれば成就する筈なし。」

サンマヤカイ　三昧耶界　〔術語〕三昧耶の法門を云ふ。密教の總稱。

サンマヤカイダン　三昧耶戒壇　〔術語〕三昧耶戒を授くる式を行ふ道場なり。⊙（太平記一五）「園城寺の三摩耶戒壇造立の勅許をぞ申し賜りける」

サンマヤギヤウ　三昧耶形　〔術語〕佛菩薩の内證の本誓を標幟するもの。不動明王の刀劍、觀音菩薩の蓮華、及び諸尊の印相等。是れ四種曼陀羅の一なり。

サンマヤクワンヂヤウ　三摩耶灌頂　〔修法〕三昧耶戒と灌頂法、三昧耶戒を受けて後に學法或は傳法の灌頂を受く。

サンマヤシン　三昧耶身　〔術語〕三昧耶形に同じ。但し佛身に從へて身と云ふ。法報應の三身を密教には次第の如く種子、三昧耶、尊形の三身とす。塔婆、寶、珠、蓮華、五鈷等は大日の三昧耶身にして、顯教の報身に當る。通門に依れば一切の事物は盡く大日の三昧耶身なれども、姑らく別門に依らば塔婆を以て大日の三昧耶身とし、乃至蓮華を以て彌陀の三昧耶身となす等 各別箇の標幟あり。【雜談集九】に「密教の意、佛に三身あり。種子、三昧耶、尊形なり。次第の如く法報應の三身なり。」

サンマヤダウ　三摩耶道　〔術語〕密教の法を總稱す。三摩耶は平等の義、密教は三密平等の音を明かすを本とすればなり。【大日經疏一】に「如レ此時中佛說二何法一。即是身語意三平等句法門。」

サンマヤチ　三昧耶智　〔術語〕密數に於て佛智の稱なり、此に總別の二あり、一は總じて五佛の智に名く。而して之を解するに金剛智は平等の義を以て平等性智と譯し、不空譯理趣經の三昧耶智を金剛智譯理趣經には平等性智とせり。又不空は本誓の義を取りて誓智と譯せり。謂く此智は顯教の如く自得自證を許さず、必ず灌頂佛に就きて受けざるべからず。是れ佛の本誓なり。不空譯の【理趣經】に「薄伽梵。成二就特勝一切如來金剛加持三昧耶智一。已得二一切如來灌頂寶冠一爲二三界主一。」と。金剛智の【理趣經】は「薄伽梵。妙善成二就如來金剛住持平等性智種種希有殊勝功德一。已能善獲二一切如來無上法王灌頂寶冠一過二三界一。」不空の【理趣釋上】に「三昧耶智者誓也。亦曼荼羅

也。勿レ令下將來最上勝者不二從レ師受一而專レ意自受上者也。是故得知下修二最上乘一必須レ師受二三昧耶一然後可中修行上也。」と。二は別に五智中の第三平等性智に名くるなり。【金剛頂經 一】に「一切如來平等智三昧耶。」

サンマヤマンダラ　三昧耶曼茶羅　〔術語〕 Samayamaṇḍala 四種曼陀羅の一。塔婆、寶珠、五鈷、刀劍等の形、及び印契を以て諸尊の內德を標幟するもの。三昧耶は平等の義、內德外相平等の義なり。本誓の義にも釋し、其尊の本誓を表はすなり。【秘藏記本】に「三昧耶曼茶羅。尊等所レ執持一器杖印契。平等義。」

サンマヲツ　三摩越　〔術語〕 Samāpatti 第四禪「定を稱す。【玄應音義三】

サンマンタ　三曼多　〔雜語〕 Samanta 三滿多又三曼陀。譯、等、普、遍。

サンマンタバツダラ　三滿多跋捺囉　〔菩薩〕又三曼陀颰陀羅、三曼跋陀。Samantabhadra 譯普賢。菩薩の名。【仁王經儀軌】に「三滿多者。此云レ普。亦云レ偏。亦云レ等也。跋捺囉。此云レ賢也。」【慧琳音義二十八】に「三曼陀颰陀。唐云二普賢一是也。」【智度論九】に「偏吉」【法華經八】に「普賢」【探玄記二】に「德周二法界一曰レ普。至順調善曰レ賢。智論名二偏吉一也。」【阿差末菩薩經 一】に「三曼颰陀。晉云二普賢一。」

サンマンダケンダ　三曼陀犍陀　〔雜語〕又、三萬陀犍提。Samantagandha 譯普熏。【道神足經四】に「彼世界有レ樹。三曼陀犍陀。晉云二其香普熏一。」【稱讚諸佛功德經中】に「三萬陀犍提如來。晉言二圍繞香熏一。」

サンマンダバツタ　三曼陀颰陀　〔菩薩〕「サンマンダバツダラ」を見よ。

サンマンダバツダラ　三曼陀颰陀羅　〔菩薩〕「サンマンタバツダラ」を見よ。

サンマンニセンノトコ　三萬二千の床　〔故事〕【維摩經不思議品】に、維摩居士神通力を現じて須彌相世界の師子座三萬二千を其の丈室に入る。

サンマンバツダ　三曼颰陀　〔菩薩〕「サンマンタバツダラ」を見よ。

サンミ　三味　〔名數〕一に出家味、二に讀誦味、三に坐禪味。【涅槃經十二】

サンミシヤ　三彌叉　〔書名〕外論の名。譯觀察、闍提首那の造る所、廣く二十五諦を釋す。【飾宗記七末】に「依二涅槃經第三十九一。名二闍提首那一。彼造二三彌叉論一。此云二觀察一。廣辨二二十五諦一。」と【涅槃經三十九】に、「闍提首那、佛と二十五諦を論じて遂に屈伏し、剃髮して弟子となると。梵 Samīkṣa

サンミダイ　三彌提　〔人名〕尊者の名。【中阿含經四十三】梵 Sammiti*

サンミツ　三密　〔術語〕身密、語密、意密、なり。今之を如來自證の三密と、衆生修行の三密とに分ちて辨ぜんに、如來三密に於ては身語意の三業は本來平等にして、身は語に等しく、語は意に等しく、共に遍法界なるを、法佛平等の三密と云ふ。されば一切の形色は身密にして、一切の音聲は語密、一切の理は意密なり。而して之を密と云ふは秘して人に隱すの謂に非らず、此等の義は法佛自證の境にして凡人の分にあらざる故に密と云ひ、又吾等一切平等に本來之を具すれども惑染を以て之を隱秘すれば密と云ふなり。顯教には密迹力士經に佛の三密の不可思議を說けども、未だ一一の三業の所作盡く法性の至理を顯はさず。又、凡夫も印言觀想を爲せば即ち如來の三密に同じて無盡の德用を備へ、又三密の加持力に依て自他同じく罪障を滅し、災疫を攘ひ、病患を除く等の無量の不思議あるとを說かず。密教には能く其眞實の相を說けり。【辨惑指南四】修行三密。吾等旣に法佛の三密を具すれども感染の爲に之を證得すること能はず、故に佛の大悲心を以て衆生をして生佛平等の三密を行ぜしむ。身に印契を結ぶは是れ身密にして、口に眞言を誦するは語密、意に其の種子を觀じ或は其の三昧耶形を觀じ或は其の本尊を觀ず、是れ意密なり。此の三密を行ずれば如來の三密に加持せられて衆生の三業と如來の三密と入我我入して無二無別とする、之を三密相應と云ふ。三密相應に依て一切の悉地を成就するなり。【菩提心論】に「凡修二習瑜伽觀行一人。當須下具修二三密行一證中悟五相成身義上也。所レ言三密者。一身密者。如下結二契印一召中請聖衆上是也。二語密者。如丁密誦二眞言一令丙文句了了分明無乙謬誤甲也。三意密者。如下住二瑜伽相應白淨月滿一觀中菩提心上也。」と【大日經疏 一】に「入二眞言門一略有二三事一。一者身密門。二者語密門。三者心密門。乃至行者以二此三方便一自淨二三業一。即爲二如來三密之所一加持一。乃至能於二此生一滿三足地波羅蜜二不三復經二歷劫數一。備修二諸對治行一。」又「然毘盧遮那內證之德。以二加持一故從二一一智印一各現二執金剛神一。形色性類皆有二表象一。各隨二本緣性欲一引二攝衆生一。若諸行人慇懃修習能令三三業同二於本尊一。從二此一門一。得レ入二法界一。」と。然るに是れ劣機に對する方便なり。至極とするにあらず。無相の三密を以て至極とするなり。【大日經供養法】に「甚深無相法劣慧所不レ堪。爲レ應二彼等一故兼說二有相法一。」【要略念誦經】に「相無相甚深。少智所レ不レ能レ入。依二無相一說レ相。攝二彼二種人一。」◉（太平記 一）「是も瑜伽三密の間には」

三密配屬　【雜語】天台は軌を以て一切の三法

を統收し、眞言は胎藏界の三部又は三衆を以て一切の三法を攝屬す。今三密に三法を記せば一に佛部は身密なり、佛は身體なるが故に身に配す。蓮華部は語密なり、蓮華部の主は阿彌陀なり、阿彌陀は說法斷疑の德を主るが故に語を以て蓮華部に配す。金剛部は意密なり、金剛部は智慧なり、意は心法了知の故意を以て金剛部に配す。二は法身は語密なり、語は文字言語なり、是を法文身と名く、故に之を法身に配す。般若は意密に配す。解脫は身密なり、解脫は理智具足の果德なるが故に身密に配す。三に佛寶は身密なり、是れ上の三部の佛部の如し、法寶は語密なり、語は說法の故に法寶に配す、僧寶は意密なり、意は心法なり、心法は無碍一味なるが故に僧寶に配す、僧は和合と翻すればなり。【秘軌鈔六】

三密觀 〔術語〕吾が三業と本尊の三密と入我我入するを觀ずるなり。【秘藏記末】

三密加持 〔術語〕佛の三密を以て衆生の三業を加持するなり。

三密六大 〔雜語〕地水火は身密、風空は語「密、識は意密なり。

三密四曼 〔術語〕大曼と羯磨は身密、法曼は語密、三曼は意密なり。【觀名目六】

三密持念の印明 〔雜語〕持念は即ち意密、印は身密、明は陀羅尼にして語密なり。

サンミツサウオウ　三密相應 〔術語〕衆生身語意の三密が法身佛の三密と相應融和して隔歷なく、父母所生の肉身がそのまま佛身となるを云ふ。

サンミツユウダイ　三密用大 〔術語〕三密は衆生三業のはたらきなる故用大と云ふ。

サンミツユガ　三密瑜伽 〔術語〕總じて眞言の行法に名く。眞言の行法は三密の瑜伽を得んが爲なり、瑜伽は相應の義、身に印を結ぶと口に咒を唱ふると意に理を觀ずると、此三事相應し又衆生の三業と佛の三密と入我我入して彼此平等なるを瑜伽と云ふ。此の瑜伽に依て所求の事を成就す。三密瑜伽の行法、三密瑜伽の道場、三密瑜伽の寶瓶など。⊙(盛衰記二五)「三密行法の御薫習も積れり」(太平記一八)「一度三密瑜伽の道場に入りしより、永く四曼不離の行業に懈らず」(盛衰記二四)「三密五智の瓶水を受く」

サンミテイ　三彌底 〔流派〕具名三蜜栗底尼迦耶 Sammatīya-nikāya 小乘十八部中 正量部の梵名、又三眉底輿部、彌底部、彌離底部とも。又量弟子とも云ふ。

サンミテイブロン　三彌底部論 〔書名〕三卷、失譯人名、我と見とを破し中有の無ならざるを明す。【藏帙四】(1272)

サンミヤウ　三明 〔名數〕佛に在ては三達と云ひ、羅漢に在ては三明と云ふ。智の法を知ること顯了なれば明と名け、又智明と云ひ、智證明と云ふ。智の境を證して顯了分明なるとなり。一に宿命明、自身他身の宿世の生死の相を知る、二に天眼明、自身他身の未來世の生死の相を知る、三に漏盡明、現在の苦相を知りて一切の煩惱を斷ずる智なり。漏は煩惱。又、次第の如く宿住智證明、死生智證明、漏盡智證明と名く。されば三明は六通の中の宿命天眼漏盡の三通なり。【智度論二】に「宿命天眼漏盡。名爲ニ三明一。問曰。神通明有ニ何等異一。答曰。直知ニ過去宿命事一是名レ通。知ニ過因緣行業一是名レ明。直知ニ死レ此生ヒ彼是名レ通。知ニ行因緣際會一不レ失是名レ明。直盡ニ結使一不レ知ニ更生不ヒ生是名レ通。若知三漏盡更不ニ復生一是名レ明。」【俱舍論二十七】に「言ニ三明一者。一宿住智證明。二死生智證明。三漏盡智證明。乃至名レ明者如レ次對ニ三際愚一故。謂宿住智通治ニ前際愚一。死生智通治ニ後際愚一。漏盡智通治ニ中際愚一。」【婆沙論七十七】に「六通の中に餘の三何ぞ明と謂はざるや。答ふ、身如意は神境通を云ふ。但工巧のみ、天耳通は但聲を聞くのみ、他心は但他人の心を知るのみ、故に此三を明と立てず。餘の三を明と爲す所以は天眼は未來の苦を知り、宿命は過去の苦を知り、倶に能く生死を厭離す。又漏盡は能く正觀を爲して煩惱を斷ずるが故なり。

サンミヤウキヤウ　三明經 〔經名〕婆羅門あり三部の異典に通達して梵天に生ずるを求む、三明婆羅門と稱す。佛三明婆羅門の二弟子の爲に三明所說の梵道の虛妄を破し、眞實の梵道を說く。長阿含十六に攝む。【昃帙九】巴 Tevijjā

サンミヤウギヤウ　三妙行 〔名數〕又、三牟尼と名く。「ムニ」を見よ。

サンミヤウロクツウ　三明六通 〔術語〕三明と六通。阿羅漢所具の德なり。【觀無量壽經】に「聞ニ衆音聲讚ニ嘆四諦一。應レ時即得ニ阿羅漢道一三明六通具ニ八解脫一。」⊙(榮花、玉の臺)「六通三明そなへたり」

サンミヤクサンブツダ　三藐三佛陀 〔術語〕Samyak-saṁbuddha 又、三耶三佛、三耶三佛檀。佛十號の第三。舊譯、正徧知、等正覺など。新譯、正等覺。外道の邪覺に對して羅漢を正覺と云ひ、羅漢の偏覺に對して菩薩を等覺と云ひ、菩薩の分覺に對して佛を正等覺と云ふ。案に菩提は法に就き、佛陀は人に就く名なれば三藐三菩提は正徧知、正等覺等と云ふべし。三藐三佛陀は正徧知者、正等覺者等と言ふ

べし。【智度論二】に「何名二三藐三佛陀一。三藐名レ正。三名レ遍。佛名レ知。是言二正遍知一切法一。」【法華玄贊二】に「舊云二正徧知一。即正覺等覺正等覺。如レ次簡二外道小乘菩薩三種一。」

サンミヤクサンボダイ　三藐三菩提　〔術語〕 Samyaksaṁbodhi 舊譯、正徧知、正徧知道、正眞道など。新譯、正等覺、正等正覺。是れ佛所得の法に名くるなり。「アノクタラサンミヤクサンボダイ」を見よ。

サンミヤクサンボヂ　三貌糝帽地　〔術語〕 三藐三菩提に同じ。

サンミリテイニカヤ　三密栗底尼迦耶　〔流派〕 Saṁmitīya-nikāya 小乘十八部中の正量部の梵名。【寄歸傳一】に「阿離野三蜜栗底尼迦耶。唐云二聖正量部一。」阿離野 Ārya は聖、三密栗底は正量、尼迦耶は部なり。

サンムゲ　三無礙　〔名數〕「ムゲ」を見よ。

サンムシヤ　三無差　〔名數〕「サンムシヤベツ」を見よ。

サンムシヤウ　三無性　〔名數〕 楞伽經唯識論等の所明。偏等三性の有法に對して、相等三無性の空義を説く。一に相無性、一切衆生妄心を以て因緣生の事物に向つて我あり法ありと計度する我法の相を遍計所執性と名く。此偏計所執性の法は繩を認めて蛇の相を浮ぶる如く、其相實有にあらざれば之を相無性と名く。二に生無性、一切諸法は本來妄心に關せず自ら因緣相ひ和して生ずるもの、之を依他起性と云ふ。此依他起性の法は因緣生にして、因緣生に實性なきは恰も繩の因緣生に繩の實體なき如くなれば之を生無性と名く。三に勝義無性、眞如は圓なり常なり、一切有爲法の實性なれば圓成實性と云ふ。此圓成實性の一切有無の諸相を離るるを勝義無性と名く。勝義とは圓成實性に名く。圓成實性は絶待の法なれば何等の相を帶びざると廠中に蛇と繩との相なきが如し。即ち空眞如なり。又相無性、無自然性、法無性と名く。【唯識論九】に「依二此三性一立二彼三無性一。乃至稱三無性。謂即相生勝我無性。」

サンムシヤウロン　三無性論　〔書名〕 二卷、陳の眞諦譯。三無性の義を説く。【成帙十】(1219)

サンムシヤベツ　三無差別　〔名數〕 一に心無差別、一念の心體凡聖不二、十界十如是の法を具し諸佛衆生の性と差別あるとなし。二に佛無差別、十方の諸佛十界十如是の法を了悟して正覺を成ず。即ち是れ本心の所具を悟り衆生の所迷を悟る。迷悟因果殊なれども其體差別あるとなし。三に衆生無差別、九界の衆生各十界十如是の法を具して諸佛の所悟と本心の所具を其體差別あることなし。【華嚴經】に「心佛及衆生。是三無二差別一。」

サンムジンシヤウゴンザウ　三無盡莊嚴藏　〔術語〕 如來の身口意の三密各無量無邊にして邊際なきが故に三無盡莊嚴藏と稱す。【大疏一】に「所謂莊嚴者。從二一一平等身一。普現二一切威儀一。如是威儀無レ非二密印一。從二一一平等語音一普現二一切音聲一。如レ是音聲。無レ非二眞言一。從二一一平等心一普現二一切本尊一。如レ是本尊。無レ非二三昧一。然此一一三業差別之相。皆無邊際不レ可二度量一。故名二無盡莊嚴藏一也。」

サンムダイヤ　三牟提耶　〔雜語〕 Samudaya 譯、集。四諦の中の集諦。【賢愚經十二】

サンムニ　三牟尼　〔名數〕「ムニ」を見よ。「見よ。

サンムヘウゴフ　三無表業　〔術語〕「ゴフ」を

サンムロガク　三無漏學　〔名數〕 戒定慧の三學、凡夫の身に在るは有漏にして聖者の身に在るは無漏なり。【楞嚴經六】に「攝レ心爲レ戒。因レ戒生レ定。因レ定發レ慧。是則名爲二三無漏學一。」

サンムロコン　三無漏根　〔術語〕 二十二根中の最後の三根。意根、樂根、善根、捨根、及び信、勤、念、定、慧の九根を見修無學の三道に依りて三根を立つ。一に未知當知根、此九根の見道に在るもの。見道に在ては未だ曾て知らざりし所の四諦の理を當に知らんとして行動するものなれば未知當知と云ふ。二に已知根、彼の九根の修道に在るもの。修道に在ては已に四諦の理を知り了れども更に餘の煩惱を斷ぜん爲に彼の四諦の境に於て數數了知するものなれば已知と名く。三に具知根、彼の九根の無學道に在るもの。無學道に在ては已れ既に四諦の理を知了せりと知る、其知を具有すれば具知と名く。此三根は唯無漏なり。舊に未知欲知根、知根、知已根と云ふ。【俱舍論三】に「意樂喜捨信等五根。如レ是九根在二三道一如レ次建二立三無漏根一。謂在二見道一依二意等九一立二未知當知根一。若在二修道一即依二此九一立二已知根一。在二無學道一亦依二此九一立二具知根一。」【智度論二十三】に「未知欲知根乃至知根乃至知已根。」

サンムヰ　三無爲　〔名數〕「ムヰ」を見よ。

サンメ　三馬　〔譬喩〕 菩薩、聲聞、一闡提の三に譬ふ。【涅槃經三十三】に「大王有二三種馬一。一者調壯大力。不調齒壯大力。三者不調羸老無力。王若乘者當二先乘一レ誰。乃至調壯大力喩二菩薩僧一。其第二者喩二聲聞僧一。其第三者喩二一闡提一。」

サンメイ　三迷　〔雜語〕 Sama 譯、等。平等の義。【大日經疏九】

サンメウ　三妙　［術語］三法妙の略。

サンモク　三目　［譬喩］自在天の面上の三目、以て法身、般若、解脱の三德の不縱不横不一に譬ふ。

サンモクダウ　三默堂　［雜名］浴室、僧堂、西淨圓處の三處語笑を許さず、之を總じて三默堂と云ふ。【象器箋一】

サンモダラ　三慕達羅　［雜語］Samudra 譯、海。【華嚴疏鈔七】又、三母捺羅。娑誐羅。Sāgara【梵語雜名】「なり。

サンモン　參問　［雜語］師下に參至して道を問ふ

サンモン　山門　［術語］山は城市に對するの言、凡そ寺院は山林にあるべきものなれば寺院の門を指して山門と云ひ、又寺院全體をさして山門と云ふ。吾朝の台宗叡山と三井寺に於て慈覺智證の門派を分つより叡山を山門と云ひ、三井寺を寺門と云ふ。此の時の門は門派の義なり。

サンモン　三門　［堂塔］山門の制、闕に形りて三門を開く故に亦た三門と稱す。又只一門あるも三門と呼ぶ、蓋し空、無相、無作の三解脱門を標幟する稱なりと云ふ。【釋氏要覽上】に「凡寺院有下開二三門一者上。只有二一門一亦呼爲二三門一者何也。佛地論云。大宮殿三解脱門爲二所入處一。大宮殿喩二法空涅槃一也。三解脱門謂二空無相無作一。今寺院是持戒修道求レ至二涅槃一人居レ之。故由二三門一入也。」【傳燈錄睦州章】に「一日有二天使一問。三門倶開從二那門一而入。師呼二尙書一。天使應諾。師云。從二信門一入。」と、三門閣上に必ず十六羅漢の像を安置し、中に寶冠の釋迦を安じ、月蓋長者善財童子を以て挾侍とす。釋迦或は觀音とするあり。又五百羅漢を安置するあり。

サンモンシヨ　山門疏　［書名］一山の衆徒、住持を勸請する文疏なり。

サンモンゼキ　三門跡　［名數］大原圓融院、梶井、粟田口青蓮院、大佛妙法院を以て山門の三門跡とし、圓滿院、聖護院、實相院を以て寺門の三門跡とす。【考信錄五】

サンモンダダツタ　三文陀達多　［人名］六群比丘の一。譯語なし。

サンモント　三門徒　［流派］越前に大野の如道と云ふあり、本願寺三代の宗主覺如の在國中其敎を受けし門徒なるが、覺如上洛の後、秘事法門と云ふ邪義を立て横越の道性、鯖屋今は鯖江と云ふの如覺、中野の坊主、其旨を傳へて三門徒おがまずの衆と號せり。三門法は即ち如道と道性と如覺との三人の門流にて、如道の門流は大町專修寺中野專照寺なり、道性の門流は横越證誠寺清水頭毫攝寺、もと覺如の弟子乘專と云ふ人開基にて丹波國に在り、後京都出雲路に移り後に越前淸水頭村に移りて此邪義に入る。如覺の門流は鯖江誠照寺なり。此中大町專修寺は元龜天正の亂に退廢し、今は四箇寺を存し、三門徒四箇本山と云ふ。近年に至り此四箇派號を公稱して各眞宗十派の一となる。中野專照寺を三門徒派と稱し、横越證誠寺を山元派と稱し、清水頭毫攝寺を出雲路派と稱し、鯖江誠照寺を誠照寺派と稱し、各數十の末寺を有す。【反古裏、考信錄三】

サンモントハ　三門徒派　［流派］「サンモント」の一。「サンニヤ」を見よ。

サンモンナ　栅門那　［物名］又、訕若。十外道の「サンニヤ」を見よ。

サンモンノサンダイジシヤ　三門三大侍者　［職位］禪家の燒香侍者。書狀侍者。請客侍者の三侍者を云ふ。

サンモンハチリウ　山門八流　［名數］慧心四流と檀那四流の稱。

サンヤサンブツ　三耶三佛　［術語］又、三藐三佛陀、三耶三佛檀。梵音 Samyaksaṁbuddha の具略のみ。譯、正偏知。正偏覺。等正覺など。如來十號の一。【放光般若經一】に「咀薩阿竭阿羅訶三耶三佛。」【支謙譯阿彌陀經】に「南無阿彌陀三耶三佛檀。」【玄應音義三】に「三耶三佛。大品經作二三藐三菩陀一。此云二正偏知一也。」

サンヤサンボ　三耶三菩　［術語］Samyaksaṁbodhi 三藐三菩提に同じ。【阿闍世王經】に「阿耨多羅三耶三菩心」

サンヨ　三餘　［名數］聲聞緣覺の人無餘涅槃に入ると云ふと雖、猶三事の餘殘あれば眞の無餘にあらず。一に煩惱餘、三界の内の見惑思惑を斷ずれども猶界外の無明惑を餘す。二に業餘、三界の内の有漏業を盡すと雖、猶界外の無漏業を餘す。三に果餘、三界の内の分段生死の苦果を出づるも、猶界外の變易生死の苦果を餘す。【佛性論三、起信論義記上本】

サンライ　三禮　［儀式］身口意の三を表して三たび禮拜す、敬禮の至。「サンハイ」を見よ。

サンライ　讚禮　［儀式］賢聖を讚嘆し禮拜するを。

サンラク　三樂　［名數］一に天樂、十善業を修せしもの天上に生れて種種殊妙の樂を受く。二に禪樂、修行の人諸の禪定に入りて寂靜の樂を受く。三に涅槃樂、諸惑を斷じて涅槃を證すれば生滅苦樂共になし、是れ究竟樂なり。【寶積經一百一】

サンラクシヤ　三落叉　［雜語］Lakṣa 密敎に陀羅尼を念誦する數を說きて三落叉と云ふ。落叉はもと數名にて十萬を落叉とす。十萬を以て一億となし三落叉を三億と譯す、是れ一往淺略の釋なり。其深秘の釋に依れば落叉は相の義なり見の義なり、三落叉とは字と印と本尊との三平等の實相を見る義なり。

又身口意の三業に於て各瑞相を見る義なり。又時分の義、晨午昏の三時或は寒熱雨の三分を三落叉と云ふ。【大日經疏十七】に「落叉者。若淺略說是十萬遍。今此不レ爾。落叉是見也。若見レ實之時此眞言行即得ニ終竟一。不レ然無レ有ニ中息之義一。非レ如ニ世持誦者剋ニ爾所一。乃至亦是成就義也。行者心住ニ三昧一得レ見ニ本尊一。寂ニ止正定一。假使妙高山王崩壞震動尙不レ能レ間ニ動其心一。乃至又落叉是堘義。如ニ射中レ齊也。如ニ首楞嚴文殊經習射義一。若住ニ諦理一任運相應。是落叉義也。」【大日經疏二十】に「三落叉是數。數是世間也。出世間。落叉是見ニ三相一。謂字印本尊。」又「落叉梵音。是相義亦是見義也。」【演密鈔十】に「又落叉是時分。即晨午昏等時。寒熱雨等分名ニ三落叉一。又落叉是現相。即煖煙光三種相現也。又落叉是增益等。謂煖相現即作ニ息災一。煙相現即作ニ降伏一。光相現即作ニ增益一。」

サンラン　散亂　〔術語〕凡夫の心六塵の境に流蕩して一剎那も止住せざるもの。【唯識論六】に「云何散亂。於ニ諸所緣一令ニ心流蕩一爲レ性。能障ニ正定一惡慧所依爲レ業。謂散亂者發ニ惡慧一故。」【智度論十七】に「亂心輕飄甚ニ於鴻毛一。馳散不レ停駛過ニ疾風一。不レ可ニ制止一。劇ニ於獼猴一。暫現轉滅甚ニ於掣電一。如レ是不レ可ニ禁止一。若欲レ制レ之非レ禪不レ定。」

サンリウノシンゴン　三流の眞言　〔名數〕東密の一流と台密の中に慈覺と智證の二流あり。合せて本朝眞言の三流とす。⊙（神皐正統記四）「三流の眞言何れと云ふべきならねども、眞言を以て諸宗の第一とする事もむねと東寺によれり。」

サンリキ　三力　〔名數〕【大日經悉地出現品】に「以ニ我功德力如來加持力及與法界力一周ニ遍衆生界一。」と。此の偈中に三力を說くを以て三力偈と稱す。一に我功德力、即ち自身の修行、是れ自緣なり。二に如來加持力、即ち如來の加持、是れ他緣なり。三に法界力、自心所具の佛性、是れ內因なり。此內外自他の因緣和合して業事を成辨す。【大日經疏十一】に「以ニ我功德力一故。以ニ如來加持力一故。以ニ法界平等力一故。以ニ此三緣合一故則能成ニ就不思議業一也。」図一に慧眼力、法藥に明らかなり。二に法眼力、病障を知るなり。三に化導力、病に應じて藥を授け服行するを得しむるなり。【止觀五】図一に佛威力、二に三昧力、三に行者本願功德力。【敎行錄一】

サンリキゲ　三力偈　〔雜名〕三力を說きし偈頌「サンリキ」を見よ。

サンリサイ　鑽籬菜　〔雜語〕叢林の隱語。雞を云ふ。【東波志林】に「僧謂レ酒爲ニ般若湯一。魚爲ニ水梭花一。鷄爲ニ鑽籬菜一。」

サンリツギ　三律儀　〔名數〕律儀不律儀の作法に由て身內に律儀不律儀の本體を生ず、之を無表色と云ふ。此の無表色に三種の別あり。一に律儀、善戒を持して善の無表色を發するもの、即ち上品の善なり。二に不律儀、惡戒を持して惡の無表色を發するもの、即ち上品の惡なり。三に非律儀非不律儀、此中に中善中惡の二の無表色を攝む。若し中品の善を行ひて善の無表色を發するは律儀の如く極善にあらざれば之を非律儀と云ひ、若し中品の惡を行ひて惡の無表色を發するは不律儀の如く極惡にあらざれば之を非不律儀と云ふ。即ち上の二は極善極惡を別開し、第三は中善中惡を合聚す。下善下惡は無表色を發せざれば此中に攝せざるなり。【俱舍論十四】に「無表三律儀不律儀非二。」図律儀の一を別開して三律儀とす。一に別解脫律儀、五戒八戒等の戒法を受けて身內の善の無表色を發するもの。別解脫とは戒法の異名にて、戒法は別別に身口の惡を除くものなれば別解脫と云ふ。二に靜慮律儀、禪定に入れば身中自ら防非止惡の無表色を發するもの。靜慮は禪定の異名なり。又、定共戒と名く。三に無漏律儀、聖者無漏智を發すれば身中に自ら防非止惡の無漏の無表色を發するもの。又道共戒と名く。【俱舍論十四】に「律儀別解脫靜慮道生。」

サンリヤウ　三量　〔術語〕三量に二種あり。一は因明の三量なり。現、比、聖敎、の三なり。「リヤウ」を見よ。二は心心所の所緣の境を量知するに就て三量の不同を立つ。一に現量、鏡の物體に對する如く能緣の心些の分別計度を爲さず、現在の境のままに量知するもの。耳識の聲に對する、眼識の色に向ふ如き是なり。二に比量、不現顯の境に於て比知分別して量知するもの。煙を見て火あるを知る如し。三に非量、現在の境と非現在の境に於て逆亂の心を以て錯りて分別し不實の事を取るもの。即ち似現量似比量を以て非量となす。八識の所知に就て之を分たば第八識と眼等の五識は唯現量、第七識は唯非量、第六識は三量に通ず。【百法問答抄二】

サンリヤウ　三兩　〔本生〕釋迦如來自ら往因を說く、我れ往昔日日に身肉三兩を割きて病家に賣り、金錢五枚を得て古の釋迦佛に奉り、以て涅槃經を聞く。【涅槃經二十二】

サンリン　山隣　〔寺名〕大德寺妙心寺の別稱。是れ五山の隣境に在れば五山より名けしもの。【象器箋一】

サンリン　三輪　〔術語〕佛の身口意三業なり。佛は

三業を以て衆生の惑業を碾摧すれば三輪と云ひ、下地の測る所にあらざれば三密と云ふ。図一に神通輪、又、神變輪と云ふ。佛の身業より種種の神變を現じて衆生をして正信を起さしむるもの。二に記心輪、佛の意業を以て他の心行の差別を分別するもの、記心は他の心を識別するなり。三に教誡輪、又正教輪と云ふ。佛の口業を以て彼を教誡して修行せしむるもの。此三次第の如く身意口の作用にて、先づ神通を以て導き、次に記心を以て機を鑑み、次に教誡を以て正道を行ぜしむ。化導の次第應に然るべきなり。【雜集論一】に「神通記説教誡變現等無量調伏方便。導二引所化有情一令二心界清淨一。」【光明文句記一】に「身業現レ化名二神通輪一。口業説レ法名二正教輪一。意業鑑レ機名二記心輪一。三皆摧二碾衆生惑業一。故名レ輪。」【義林章三輪章】に「爲レ示下現身意語三如二其次第一三業化上。故不レ增不レ減。」図一に神足輪、上の神通輪に同じ。二に説法輪、上の教誡輪に同じ。三に憶念輪、衆生をして佛の教法を憶念して邪を去り正を行ぜしむるもの。此憶念の名は衆生の機の方に就きしものなれども、之を憶念せしむるは亦佛の意輪に本づけば、此三次第の如く佛の身口意の三輪に歸す。此三輪は律藏の所説にして、南山は之を以て戒定慧の三學を判じ、定慧の法門を以て神足説法二輪の所屬とし、戒學を以て憶念輪の所屬とす。戒學は内德に對して事の善惡邪正を憶持思惟して正道を樹立せしむるものなれば、これ佛の三輪中憶念輪より發する法門なりと云ふ。【四分律受戒犍度】に「至二象頭山中一以二三事一教化。一者神足。乃至二者憶念教化。乃至三者説法教化。」(此次第は身意語にて經宗所説と同じ。)【戒疏行宗記一上】に「問經宗所レ論。身輪現レ通口輪説レ法意輪鑑レ機。上二句同レ今。後輪異者。答。彼取二佛意授レ法無レ差。今約二機心奉持不レ忘。此據二律中三事教化一。所出不レ同。未レ須二融會一。」又「據レ律但名二三事一。以三能摧二業惑一故名爲レ輪。」図三輪相の略。「サンリンサウ」を見よ。図風輪水輪金輪の三。「サンリンセカイ」を見よ。図惑業苦の三を云ふ。惑に依て業を作り、業に依て苦を感じ、更に苦に依て惑を起し業を作る。此三輪轉じて止まざれば輪と稱す。図無常不淨苦の三を云ふ。此三堅固にして容易に破摧すべからざると鐵輪の如くなれば輪と云ふ。【彌陀經通贊】に「此經起由爲レ破二三輪一故。三種輪者。一爲レ破二無常輪一。二爲レ破二不淨輪一。三爲レ破二苦輪一。」図三輪教を云ふ、【興禪護國論序】に「三輪八藏之文。四樹五乘之旨。」と「サンリンケウ」を見よ。

サンリンケウ　三輪教　[名數] 眞諦三藏金光明經に依て三輪教を立つ。一に轉法輪。佛成道後七年中に於て小乘四諦の法輪を轉じて空を説く。二に照法輪。七年の後諸部の般若を説き空を明かす、空を以て有を照すが故に照法輪と名く。三に持法輪。三十年の後解深密經等を説く、雙して空有を説き轉照の二輪を持する故に持法輪と名く。【華嚴玄談四】図三論の嘉祥法華經信解品に依て三種法輪を立つ。一に根本法輪、華嚴經なり、純ら菩薩の爲に一因一果の法門を開く。二に枝末法輪、小乘の諸經乃至方等般若の諸大乘經なり。鈍根の流一因一果を聞くに堪えざるが故に一佛乘に於て分別して三となす。三に攝末歸本法輪、法華經なり、かの三乘を會して一佛乘に歸せしむるなり。【法華遊意上】図玄弉三藏、深密經瑜伽論等の意に依て三法輪を立つ。一に轉法輪。初時の小乘經の有教なり。二に照法輪。第二時の般若經の空教なり。三に持法輪。第三時の解深密經等の中道教なり。(三輪の所立眞諦と大同小異、其の釋名同じ。)是れ即ち法相宗の三時教なり。【五教章上、華嚴玄談四】

サンリンサウ　三輪相　[名數] 布施に就いて施者と受者と施物を三輪と云ふ。此三輪の相を意中に存するを有相の三輪と稱して眞の檀波羅蜜の行にあらず。此三輪を滅して無心に住して行ずる施を三輪清淨の檀波羅蜜となす。【金剛經】に「菩薩於レ法應下無二所住一行中於布施上。」【能斷金剛經論上】に「攝伏在二三輪一。於二相心一除遣。乃至此顯下所捨之物及所施衆並施者於二此三處一除中著想心上。」【心地觀經七】に「三輪清淨是檀那。以二此修因一德圓滿。」

サンリンシヤウジヤウゲ　三輪清淨偈　[雜語]【心地觀經一】に「能施所施及施物。於二三世中一無所得。我等安二住最勝心一供二養一切十方佛一。」此一偈無相の三輪を説けば三輪清淨偈と云ひ、布施の時之を誦すれば布施偈と云ふ。前項參照。

サンリンシン　三輪身　[術語] 大日如來の三種の輪身なり。「ケウリヤウリンシン」を見よ。

サンリンセカイ　三輪世界　[界名] 此世界の最下を風輪とし、風輪の上に水輪あり、水輪の上に金輪あり、金輪の上に九山八海を安置して一世界を成ずれば、此世界を三輪世界と稱して蓮華藏世界などに簡別す。

サンリンタイクウ　三輪體空　[術語]「サンリンサウ」を見よ。

サンルヰキヤウ　三類境　[名數] 境とは八識所變の相分を云ふ。此相分に三類あり。一は性境、性は實體の義にて實の種子より生じて實性あり、自ら實性を維持して能緣の心に隨はず、能緣の心は唯彼の自性のままに現量を以て量知するに過ぎざるもの、之を性境不隨心と云ふ。第八識と眼識等の五識の

全部の相分と及び第六識の一部の相分是なり。二に獨影境、第六意識が龜毛兎角の相を浮ぶる如き、其の相は實體の種子より生ぜし實法にあらず、唯能緣の見分が顚倒の計度より假相を發現せしもの。此假相は既に能生の種子なく、亦所託の本質なく、獨り影像のみ起れば獨影境と云ひ、此の境は其種子及び善惡の性等能緣の見分に隨ふものなれば獨影唯隨見と云ふ。三に帶質境、第七識が第八識の見分を緣じ或は散心に於ける獨影の意識が五塵の境を緣ずる如き、其の自識の相分は第八識の見分と云ひ五塵と云ひ確たる所託の本質性質ありて彼の龜毛兎角の如く本質なきものにあらず、されば彼の獨影境に對して之を帶質境と云ふ。而して彼所託の本質は何れも實體ある性境なれども、所起の相分は所託の本質のままならず、必ずや能緣の妄情即ち自己の身分。に支配されて非我の物體に我相を現ずる如く、實の本質と非實の妄情とに依て現じたる一種の似て非なる相分なれば、此の相分は何れの一方にも屬せしむるを得ず。見分の妄情と性境の本質との二者に兩質せしむべき性質のものなれば之を帶質通情本と云ふ。帶質境は妄情と本質とに通ずとなり。頌に曰く、性境不レ隨レ心。獨影唯隨レ見。帶質通二情本一。性種等隨レ應。」【唯識樞要上末】

サンレンマ 三練磨 〔名數〕「サンタイクツ」を見よ。

サンロ 三漏 〔名數〕 漏は煩惱の異名、三界一切の煩惱を三種に統收す。一に欲漏、欲界、一切の煩惱の中無明を除きしもの。二に有漏、有とは苦果の異名、色界無色界を總稱す、是れ色界無色界一切の煩惱中無明の一を除きしもの。三に無明漏、三界一切の無明を云ふ。【涅槃經二十二】

サンロウ 參籠 〔行事〕 神社佛閣等に日數を定めて通夜勤行し祈願すること。⦿(太平記六)「一七日參籠の御志あるよしぞ仰つけらるれば」

サンロクイタン 三六異端 〔雜語〕 小乘十八部の異計を云ふ。

サンロクク 三六九 〔雜語〕 邦俗首途(カドデ)の時三六九の數を諱む、是れ密法に三六九人同じく灌頂壇に入るを制するに依るなり。【大日經疏四】に「一曼荼羅中不レ得三同時爲二三人六人九人灌頂一。蓋如來密意。阿闍梨不レ釋二所由一。」

サンロクフグ 三六不共 〔名數〕 佛の十八不共法を云ふ。【瓔珞本業經上】に「三六不共。一切功德。」「フグホフ」を見よ。

サンロクドクホフ 三六獨法 〔術語〕 佛の獨り具ふる十八不共法(ふぐほふ)を云ふ。此十八の功德は二乘の人に共通せざれば不共法とも獨法とも云ふ。【寄歸傳】に「獲二十八獨法一號二天人師一。」

サンロン 三論 〔書名〕 三論宗所依の論藏なり。一に中論、大乘中實の理を申明すれば中論と名く。龍樹の所造五百偈實は四百四十六偈二十七品あり。前の二十五品は大乘の迷執を破して大乘の實理を申べ、後の二品は小乘の迷執を破して小乘の實義を申ぶ。婆羅門靑目之が釋を作る。秦の羅什之を刪補して譯し刪補は釋に於て可。四卷あり。二に十二門論、偈頌論釋共に龍樹の所造、所明の法門十二あれば十二門論と名け、十二門盡く大乘の迷執を破して大乘の實理を申ぶ。羅什譯して一卷あり。三に百論、龍樹の弟子提婆菩薩の所造、もと二十品、一品各五偈あり、此偈は句數偈にて結頌偈にあらず但論文の文字を數へて三十二字を一偈となす。依て偈數に從ひて百論と名く。大小乘を鄙蔽する外道の執を破して大小の兩正を申ぶ。天親菩薩之が釋を造る。羅什後の十品は不要として之を省き但前の十品を譯す、各品の中に修妬路と細注するは提婆の偈句なり、其偈句に各品增減あるは天親の釋するとき又羅什の譯するとき添削せしもの。二卷あり。【僧叡中論序】に「百論治レ外以閑レ邪。斯文祛レ内流レ滯。大智釋論之淵博。十二門觀之精詣。」

サンロンゲンギ 三論玄義 〔書名〕 一卷、嘉祥の著。三論の開題なり。

サンロンシユウ 三論宗 〔流派〕 中論等の三論に依て宗を立つる故に三論と名く。祖師の血脈を言はば文殊菩薩を以て高祖とし、馬鳴を次祖とし、龍樹を三祖とす。龍樹二弟子あり二流に分る、一は龍樹、提婆、龍智、淸辨、智光、師子光と傳へ、一は龍樹、羅睺羅多、沙車王子、羅什と傳ふ。羅什支那に來りて盡く三論を譯し、此土の高祖なり。八人の高弟あり、其中道生より曇濟、道朗、僧詮、法朗、吉藏と次第す。吉藏は即ち嘉祥なり。隋朝に於て盛に此宗義を江南に張る。其宗義一乘家の反應を受けて稍昔時に異なる所あり、嘉祥已前を古三論又は北地の三論と稱し、嘉祥已後を新三論又は南地の三論と云ひ、諸祖の中殊に嘉祥を太祖と定む。高麗の慧灌嘉祥より之を承けて推古帝卅三年本朝に來り、初め元興寺に住し後に河內の井上(ゐかみ)寺を創して三論宗を弘む。是れ本朝宗旨の嚆矢なり。諸宗各天竺の相承を言ふも殊に天竺に於て汎く弘通せしを見るは三論法相の二宗なるが如し。【寄歸傳一】に「所レ云大乘無(ニシテ)レ過二二種一。一則中觀。二乃瑜伽。中觀則俗有眞空體虛如レ幻。瑜伽則外無(ニシテ)内有事皆唯識。」是れ三論法相の二宗なり。⦿(神皇正統記四)「三論は東晉の同時後秦と云ふ國に羅什三藏と云ふ一師來りてこの宗を開きて世に傳へたり」

サンロンシユウサンデン　三論宗三傳　［名數］三論宗が日本に傳來したる三系なり。一に高麗の僧慧灌の傳にして推古帝三十三年渡日、吉藏の門下、元興寺流と云ふ。二に慧灌の弟子智藏が入唐して傳へしもの。三に智藏の弟子道慈が大寶元年入唐して吉藏の法孫元康に就きて學び傳へしもの。大安寺流と云ふ。

サンワ　三和　［名數］根境識の三事和合するを云ふ。之に依て觸の心所を生ず。［唯識論三］に「根境識互相隨順故名二三和一。觸依レ彼生。」

サンワウ　山王　［雜名］もと叡山には大山咋神鎭座ましまして此山の神なりし、傳教歸朝の後感ずる所ありて大和國三諸山に鎭座し給ふ大三輪神（大物主神）を當山に勸請して山王と云へる神號を奉り、一宗の守護神となす。依て一山二社を生じ、大三輪神を釋迦の垂迹として大宮、大比叡神、大嶽山王など稱し、本來の大山咋神を藥師如來の垂迹として小比叡宮、二宮、地主權現、波母山王など稱せり。當時山王と云ふは此二社に局り、此二社に對して神位を賜はり度僧を置かれし事など三代實錄に見ゆ。其後五社を加へて山王七社と稱し、尙後に至つて中の七社下の七社を添へて都合二十一社となし、總じて山王の名を附す。［山王知新記上］大宮は本地釋迦、二宮は藥師、聖眞子は彌陀、八王子は千手觀音、客人は十一面觀音、十禪師は地藏、三宮は普賢、右三如來四菩薩なり。二宮は西塔より之を知り、聖眞子は横川より之を知り、自餘の五社は西塔より之を知る。［驪驢嘶餘］◎（太平記二七）「山王權現の怒り含ませ給ふに依りて」

山王七社　［名數］上の七社を云ふ。一に大宮、二に二宮、三に聖眞子、四に八王子、五に客人權現、六に十禪師、七に三宮。

山王二十一社　［名數］上の七社に中の七社と下の七社を加ふ。中の七社は一に大行事、二に牛御子、三に新行事、四に下八王子、五に早尾、六に王子宮、七に聖女。下の七社は一に小禪師、二に大竈殿、三に二宮竈殿、四に山末、五に岩瀧、六に金釵宮、七に氣比。

サンワウヰン　山王院　［人名］智證大師圓珍の別號。［元亨釋書圓珍傳］に「珍叡山房有二山王明神座一。或日。山王受レ戒時座。此故人呼二珍房一曰二山王院一。」

サンワク　三惑　［名數］或は惑と云ひ、或は煩惱と云ひ、或は漏と云ひ、或は垢と云ひ、或は結と云ふ。共に同體異名なり。天台一家は一切の妄惑を三類に統收す。一に見思惑、身見邊見等の如き邪に道理を分別して起すを見惑と云ひ、貪欲瞋恚等の如き世間の事物を倒想して起すを思惑と云ふ。此見思二惑を離るれば三界を離れ、聲聞緣覺は之を以て涅槃とし、菩薩は更に進んで後の二惑を斷ず。此の如く見思は三乘の人通じて斷ずれば通惑と名け、後の二惑を別惑と名く。二に塵沙惑、化道障と稱して菩薩が人を敎化するに就ての障なり。菩薩が人を敎化するには塵沙の如き無量無數の法門に通ぜざるべからず、然るに心性闇昧にして此の塵沙無數の法門に達し自在に敎化を爲すと能はざるを塵沙の惑と云ふ。即ち惑體に塵沙の數ありと云ふにあらず、惑體は唯劣慧の一なれども不知の法門の多きに就て塵沙と名けしなり。故に菩薩は此劣慧を斷じ道種智と云ふを得ん爲に長劫の間無量の法門を學習せざるべからず。三に無明惑、又、障中道の惑と稱し、中道實相の理を障蔽する惑にて前の思惑の中の痴惑に異なれり。彼は空理を障蔽する惑にて枝末無明なり、此は根本の理體に迷ふ惑にて根本無明なり。此無明を十二品斷ずれば別敎の佛となり、四十二品斷ずれば圓敎の佛となる、藏通二敎の佛は其名をも知らず。

三惑同異斷　［雜語］三惑は同時に斷ずべきや異時に斷ずるやに就きて別圓の二敎異なる。別敎は隔歷の三諦次第の三觀なれば三惑異斷なると論なし。先づ十住の初位發心住に於て空觀を以て三界の見惑を斷じ、第七の不退住に至て復た空觀を以て三界の思惑を斷じ、次の三住は假觀を以て界內の塵沙を斷じ、傍ら界外の塵沙を伏し、次の十行に於て復た假觀を以て界外の塵沙を斷じ、次の十廻向に於て中觀を習ふて無明を伏し、次に十地等妙の十二位に於て正しく中觀を以て十二品の無明を斷ずるなり。要するに別敎は三觀各別に修習して三時に次第の如く三惑を斷ずるなり。然るに圓敎に於ては同斷異斷の二義あり。若し同時に斷ずと云はば諸文並に初信に見を斷じ、七信に思を斷じ、八信に塵沙を斷じ、初住以上に無明を斷ずと云ふ。若し前後に斷ずと云はば、三惑相即し三觀圓修す、故に同斷なるべし。故に諸文の中に同時斷と云ふ。而して古來の學者は多く同時斷と云ふなり。何となれば三諦既に相即すれば能障の惑體亦た相即同體なるべし、同體の惑豈に異時斷ならむや。但同體の惑に麁細の分ありて麁を見思となし中を塵沙となし細を無明となせば、之を斷ずるに智の淺深に依て情執を亡するに自ら麁細の次第を生ずるなり。其相は鐵を冶するに麁垢先づ落つるが如し、惑體に於て別種あるに非らず。三惑同體の事は［二百類七］三惑同斷の事は［同三］に在り。

サンヱ　三慧　〔名數〕一に聞慧、經教を見聞するに依て生ぜし智慧。二に思慧、理を思惟するに依て生ぜし智慧。三に修慧、禪定を修するに依て生ぜし智慧を云ふ。前の二慧は散智にして但修慧を發する緣となり、修慧は定智にして正しく斷惑證理の用あり。【成實論二十】

三慧經　〔經名〕一卷、失譯。經論中の種種の「因緣法義を集む。」【藏帙八】(1345)

サンヱ　三會　〔術語〕サンネと讀む。三度の法會。

彌勒三會　〔雜語〕當來彌勒菩薩が成佛の曉には、華林園中の龍華樹の下にて三度の法會を開き、一切衆生を度すれば之を龍華三會と云ふ。三會の曉と云ふ是なり。羅什譯の【彌勒大成佛經】に「說二此偈一已。出家學道。坐二於金剛莊嚴道場龍華菩提樹下一。乃至於二此日初夜一降二四種魔一。成二阿耨多羅三藐三菩提一。乃至爾時釋提桓因。護世天王。無數天子。於二華林園一頭面禮足。合掌勸三請轉二於法輪一。時彌勒佛默然受レ請。乃至說二是語一時九十六億人不レ受二諸法一。漏盡意解得二阿羅漢一。三明六通具二八解脫一。三十六萬天子二十萬天女發二阿耨多羅三藐三菩提心一。乃至時閻浮提城邑聚落小王長者及諸四性。皆悉來三集龍華樹下華林園中一。爾時重說二四諦十二因緣一。九十四億人得二阿羅漢一。乃至第三大會。九十二億人得二阿羅漢一。三十四億天龍八部發二三菩提心一。」【嘉祥法華義疏八】に「彌勒有二三會一者。度二釋迦餘殘三根衆生一也。於二釋迦佛一持二五戒一人初會得レ道。受二三歸一人次會道レ道。一稱二南無佛一人三會得レ道。」◉（太平記一五）「早三會の曉になりぬやらん」（曲、刈萱）「慈尊三會の曉に、生れん事ぞ賴もしき」（曲、高野物狂）「大師の待ち給ふは、慈尊三會の曉」

南京三會　〔行事〕二種あり一に遂業の三會、一に興福寺の維摩會、慶雲二年淡海公之を行ふ。會場不定、和銅六年移して興福寺に修す。天平寶字二年當會を以て大織冠の忌日に充つ。二に興福寺の法華會、弘治八年閑院左大臣冬嗣公先考長岡大臣內麿の爲に興福寺に之を修す。三に藥師寺の最勝會、天長六年藥師寺に於て始めて之を修す。此三會の竪義の業を遂ぐれば竪者となるを以て遂業の三會と云ふ。二に南京遂講の三會、一に維摩會前の如し、二に御齋會、又金光明會と云ふ。神護景雲二年宮中に於て始めて之を修す。每年正月八日なり。但し延否不定なり。弘仁四年正月始めて內論義あり。是れ遂業の時の最勝講にて金光明最勝王經を講ずるなり。三に法華會、前の如し、此の三會の講師を遂ぐれば已講又は遂講と稱して僧綱に任ぜらるれば遂講の三會と云ふ。已上の遂業遂講は初は但南京東大興福の兩寺を以て勸めしも、延曆已後は北京天台連連之を勸む、【釋家官班記下、三代實錄二】

北京の三會　〔行事〕一に圓宗寺の法華會、延久四年十月二十五日始めて之を修す。二に法勝寺の大乘會、承曆二年十月六日之を始む。三に圓宗寺の最勝會、永保二年二月十九日之を始む。延曆園城の兩寺隔年之を勸む。南京の三會に異なるは遂講の上に僧綱に任ずるにあらず、先づ僧綱に任じて遂講せしむ。

ザ　惹　〔術語〕ज Ja 又、社、闍。悉曇五十字門の一。一切法生不可得の義と云ひ、超老死の聲なりと云ふ。Jāti（生）Jāra（老）より釋したるか。【金剛頂經】に「惹字門一切法生不可得故。」【文殊問經】に「稱二惹字一時。是超老死聲。」

ザ　嵯　〔術語〕झ Jha 又、酇、社。悉曇五十字門の一。一切法戰敵不可得の義と云ひ、制伏惡語言の聲なりといふ。【金剛頂經】に「酇上字門一切法戰敵不可得故。」【文殊問經】に「稱二酇才舸反字一時。是制伏惡語言聲。」

ザ　座　〔物名〕梵語、阿薩曩 Āsana 諸佛は蓮華を以て座とす。【智度論八】に「劫盡きて燒くる時一切皆空なり。衆生福德因緣力の故に十方より風來り、相對し相觸れて能く大水を持す。水上に一千頭の人二千の手足あるあり、名けて韋紐と爲す。是の人臍の中より千葉金色の妙法蓮華を出だす、其光大に明なると萬日の倶に照すが如し。華の中に人あり結跏趺坐す。此人復無量の光明あり、名けて梵天王と曰ふ。此梵天王の心より八子を生ず。八子天地人民を生ず。是の梵天王諸の婬瞋に於て已に盡きて餘なし。是を以ての故に言く、若し人ありて禪淨行を修し、婬欲を斷除すれば名けて梵道を行ずと爲すと。佛の轉法輪を或は法輪と名け、或は梵輪と名く。是の梵天王蓮華の上に坐す。是の故に諸佛生法に隨ふが故に寶華上に結跏趺坐して六波羅蜜を說く。」又、師子を以て座となす。「シシザ」を見よ。

ザイアク　罪惡　〔術語〕身口意の三業に涉り總て「理に背くもの。」

ザイオゲンシヨ　在於閑處　〔雜語〕題歟。【法華經安樂行品】に「在二於閑處一修二攝其心一。安住不レ動如二須彌山一。」

ザイギヤウ　罪行　〔術語〕三行の一。五逆十惡等「の所行。」

ザイク　罪垢　〔譬喩〕罪惡の身を汚すを垢に譬ふ。【涅槃經一】に「衆生遇二斯光一者。罪垢煩惱一切消除。」

ザイクヤウ　財供養　〔術語〕三供養の一。世間の財寶を以て諸佛菩薩に供養すると。

ザイケ　在家　〔雜語〕出家に對するの稱。家に在

て妻子父母を有するもの。

在家二戒 [名數] 一に五戒、二に八戒。佛、在家にして佛道を信ずる者の爲に此二戒を制す。五戒は盡形壽の戒なるが故に但邪婬を禁じ、八戒は一日一夜の戒なるが故に總て婬を禁ず。

在家沙彌 [術語] 沙彌は十戒を持するを法とすれば、婬を斷じ生計を絕ちて全く出家の分なれども、本朝の俗に但髮を剃るのみにて家に妻子を有するものを入道或は在家沙彌と云ふ。然れども入道の稱正しからず「ニフダウ」を見よ。

在家菩薩 [術語] 維摩居士の如く全く梵儀を存せずして佛道を修するもの。但五戒八戒或は十善戒を受く。【優婆塞戒經三】に「菩薩有二二種一。一者在家。二者出家。」

ザイケカイ 在家戒 [術語] 小乘には五戒八戒、大乘には十善戒。是れ在家の戒法なり。

ザイケン 財慳 [術語] 二慳の一。財施に吝なると。

ザイコン 罪根 [術語] 罪惡を植うると深くして拔くべからざるもの。又、罪惡の根本、無明を云ふ。

ザイゴフ 罪業 [術語] 罪惡の所作。罪惡の所作の未來の苦果を感ずる因となるもの。【法華經化城喩品】に「罪業因緣故。失二樂及樂想一。」

ザイゴフオウボウギヤウ 罪業應報經 [經名] 佛說罪業應報敎化地獄經の略名。一卷、後漢の安世高譯。信相菩薩二十種の惡報の罪因を問ふ、佛一一に答ふ。【宙帙八】(706)

ザイザイシヨシヨ 在在處處 [雜語] 處處方方なり。【涅槃經九】に「在在處處。示現有レ生猶如二彼月一。」

ザイシキ 財色 [術語] 財寶と女色。【無量壽經上】に「棄レ國捐レ王。絕二去財色一。」【四十二章經】に「財色施レ人。人之不レ捨。譬如二刀刄有レ蜜。」【淨心誡觀法上】に「一切苦因果財色爲レ本。」

ザイシヤウ 罪障 [術語] 罪惡が善果を得る障となり、又は妙法を聞くに障となるもの。【隨求陀羅尼經】に「此比丘承二此咒力一。罪障消滅。即得レ生二於三十三天一。」【法事讃】に「閻羅司命。滅二除罪障一。注二記善名一。」

ザイシヤウ 罪性 [術語] 罪業の本性。罪業の本性は空にして不可得なり。【止觀 四】に「觀二罪性空一者。了二達貪欲瞋恚之心一皆是寂靜門。」

ザイシユボサツ 財首菩薩 [菩薩] 財首菩薩自ら往因を說く、無量世の過去に佛あり、釋迦牟尼と名く。佛の滅後に一の王子あり、金幢と名く。邪見にして正法を信ぜず。知識比丘あり、定自在と名く。我を敎へて塔に入りて佛像を拜し、且つ南無佛と稱せしむ。是の因緣に依て我れ九百萬億那由陀の佛に値ひて甚深の念佛三昧を得。以來無數劫惡道に墮せず。今日遂に甚深の首楞嚴三昧を得と。【觀佛三昧經九、安樂集上、往生要集下本】

ザイセ 財施 [術語] 三施の一。衣服飮食田宅珍寶等を以て他に施與すると。

ザイセ 在世 [雜語] 佛の存生中を云ふ。【行事鈔上之一】に「自二大師在レ世偏弘二斯典一。」【同資持記上一之一】に「賢劫中第九減劫。人壽百歲。出世之時也。三十成道。說二三乘法一。度レ人無量。八十唱レ滅。今指二五十年中行化之時一。故云二在世一。」

ザイセンリンチユウシユシフゼンボフ 在山林中修習善法 [雜語] 歌題。【法華經安樂行品】に、法華の行者四安樂行を成就せし者の得益の中に、五種の瑞夢を感ずと說く。其中の第四に「又見下自身在二山林中一。修二習善法一。證二諸實相一。深入二禪定一。見中十方佛上。」

ザイゾク 在俗 [雜語] 世俗の中に沒在するもの。正道を修すると能はざる人を云ふ。

ザイテン 在纏 [術語] 纏は纏縛の義。煩惱にまとはれて迷界にあることなり。

ザイフク 罪福 [術語] 五逆十惡等を罪とし、五戒十善等を福とす、罪には苦報あり、福には樂果あり。【無量壽經下】に「信二罪福一修二習善本一。願レ生二其國一。」【百論疏上之上】に「罪以二摧折一爲レ義。造二不善業一感二彼三塗一。得二於苦報一摧二折行人一。目レ之爲レ罪。福是富饒爲レ義。起二於善業一招二人天樂果一。故稱爲レ福。」【俱舍光記十五】に「罪福二門非二皆齊等一。」

罪福無主 [術語] 諸法實相の上よりは罪福共に定實の主なく、平等空寂なるを云ふ。【觀普賢經】に「我心自空。罪福無主。一切法如レ是。」【維摩經不二品】に「罪福爲レ二。若達二罪性一與レ福無レ異。」【法華經提婆品】に「深達二罪福相一。遍照二於十方一。」

罪福應法經 [經名] 一卷、宋の求那跋陀羅譯。【宿帙六】(741)

ザイフクボ 罪福簿 [物名] 陰府に人の罪福善惡を記す帳簿ありと云ふ。俗に金札鐵札など云ふも是なり。法苑珠林九十六には功德簿、罪福簿など云ひ、焰魔帳と云ふ。

ザイホウ 罪報 [術語] 罪の報ひ。罪業に依て感ずる苦果を云ふ。【無量壽經下】に「罪報自然無レ從二捨離一。」

ザイヨク 財欲 [術語] 五欲の一。財寶を貪ると。

ザウ 藏 [術語] 蘊積の義、包含の義。經典能く文

義を包含蘊積すれば藏と名く。【善見律毘婆沙一】に「藏者器也。何謂爲レ器。器者能聚二集衆義一也。」【大乘義章一】に「包含蘊積名レ藏。」【釋摩訶衍論一】に「持二其行法一。隨レ意不レ失所以立レ名曰レ藏焉。」【玄應音義五】に「梵本名レ篋。以レ藏更レ之也。」

一藏　〔名數〕一切の敎法唯一藏に攝む、法界法輪藏是なり。【釋摩訶衍論一】に「唯立二一藏一總二攝諸法一。謂法界法輪藏。」

二藏　〔名數〕小乘の經量部二藏を立つ。一に經藏、二に律藏。論藏は但諸經中に於て慧を詮する處、及び弟子の經を釋する疏なり。是れ藏の所攝にあらず【順正理論一】図【摩訶僧祇律三十二】に佛滅後五百の聖者の結集を叙するに唯經律の二藏を擧げて論藏の結集なし。図大乘亦二藏を立つ。一に三藏、經律論を別部に結集したる小乘の法藏を云ふ。二に摩訶衍藏、大乘の敎理行果を說きしもの。此二即ち聲聞藏菩薩藏にして、三論の嘉祥は之を以て彼の宗の敎相判釋となす。【智度論百】に「雖三俱求二一解脫門一而有二自利利人之異一。故有二大小衆差別一。爲二是二種人一故佛口所說以二文子語言一分爲二二種一。三藏是聲聞法。摩訶衍是大乘法。」【釋摩訶衍論一】に「立二三藏一總二攝諸法一。謂聲聞藏及菩薩藏。」【瑜伽論廿五、對法論十一、顯揚論六、攝論一】に廣く明す。

三藏　〔名數〕大小乘各經律論の三を云ふ「サンザウ」を見よ。

四藏　〔名數〕小乘の大衆部四藏を立つ。雜藏を加ふるなり。雜藏は諸大乘經なり。【增一阿含經序品】に「契經一藏。律二藏。阿毘曇經爲二三藏一。方等大乘義玄邃。及諸契經爲二雜藏一。」【智度論四十九】に「四藏者。所レ謂阿含。阿毘曇。毘尼。雜藏。」【分別功德論一】に「阿難所レ撰今四藏是也。」【智度論十一】に「以二四種法藏一敎レ人。一修妬路藏。二毘尼藏。三阿毘曇藏。四雜藏。是爲二法施一。」小乘の犢子部亦四藏を立つ、經律論の三藏に明咒藏を加ふ。明咒は陀羅尼なり。【義林章諸藏章】

五藏　〔名數〕佛滅後窟外大衆部の結集に五藏を出だす。【西域記九】に「於レ是凡聖咸會。賢智畢萃。復集二素呾纜藏。毘奈耶藏。阿毘達磨藏。雜集藏。禁咒藏一。別爲二五藏一。而此結集凡聖同會。因而謂二之大衆部一。」又【分別功德論一】に五藏を說く。一に契經藏、二に毘尼藏、三に阿毘曇藏、四に雜藏、五に菩薩藏。此中前の四藏は佛滅後阿難の結集となし、菩薩藏は佛在世の時存在すと云ふ。「諸方等正經皆是菩薩藏中事。先佛在時已名二大士藏一。阿難所撰即今四藏是也。合而言レ之爲二五藏一也。」又「所謂雜藏者。非二一人說一。或佛所說。或弟子說。或諸天讚誦。或說二宿緣三阿僧祇菩薩所生一。文義非レ一多二於三藏一故曰二雜藏一也。」又、小乘の法藏部亦五藏を立つ。一に經藏、二に律藏、三に論藏、四に明咒藏、五に菩薩藏。【宗輪論述記】又、密敎に五藏を立つ。大集部所立の五藏に似たり。【六波羅蜜經一】に「一素呾纜。二毘奈耶。三阿毘達磨。四般若波羅蜜多。五陀羅尼門。此五種藏敎二化有情一。隨レ所レ應レ度而爲說レ之。乃至此五法藏譬如二乳、酪、生酥、熟酥、及妙醍醐一。乃至我滅度後。令下阿難陀受二持所說素呾纜藏一。鄔波離受二持所說毘奈耶藏一。迦多衍那受二持所說阿毘達磨藏一。曼殊師利菩薩受二持所說大乘般若波羅蜜多一。其金剛生菩薩受中持所說甚深微妙諸總持門上。」

八藏　〔名數〕一に胎化藏、二に中陰藏、三に摩訶衍方等藏、四に戒律藏、五に十住菩薩藏、六に雜藏、七に金剛藏、八に佛藏。【菩薩處胎經七】図大衆部に八藏を立つ。聲聞藏と菩薩藏とに各四藏を立つればなり。四藏とは經律論の三藏及び雜藏なり。【義林章二本】に「大衆部又說二八藏一。菩薩聲聞各有レ四故。」

ザウ　象

〔動物〕梵語、迦耶。Gaja【名義集】誐惹。【梵語雜名】普賢菩薩の所乘、大聖歡喜天の神體なり。

象養盲父母

〔傳說〕【雜寶藏經二】に「昔迦尸國の王比提醯國王と戰ひ敗れ更に象を以て戰はむとし一大白香象を山中に得。象曰く山に盲父母あり、養ふものなしと。王至孝に感じて去らしむ。後父母死し白象再び王に來り戰諍の非を告ぐ。王言を聽きて象を比提醯國に遣して和を講ぜしむ。

ザウウン　像運

〔術語〕像法の時運。佛の滅後五百年を正法とし、正法の後一千年を像法とす、像は似なり。【西域記十二】に「黃圖流二鷲山之化一。赤縣演二龍宮之敎一。像運之興。斯爲レ盛矣。」【行事鈔上之二】に「擧二彼微言一重光二像運一。」【高僧傳三】に「三藏法門有レ緣必覩。自二像運東漸一在レ玆爲レ盛。」

ザウエキキヤウ　象腋經

〔經名〕佛說象腋經、一卷、劉宋の曇摩蜜多譯。此深經に於て解を生ずるものは大象の如き力あるを稱して名く。【宙帙八】(193)

ザウカイ　藏海

〔譬喩〕第八識の大海なり、所生の七識の波浪に對して海と云ふ。【吽字義】に「藏海常住。七波推轉。」

ザウカイ　藏海

〔譬喩〕如來藏を海に譬ふ。【秘藏寶鑰下】に「藏海息二七轉之波一。蘊落斷二六賊之害一。」

ザウカセフ　象迦葉

〔人名〕比丘の名。【增一阿含經二】に「觀二了諸法一都無レ所レ著。所レ謂象迦葉比

丘是也。」

ザウガ　象駕　〔譬喩〕佛敎の東漸に譬ふ。象の經を馱して來るを云ふ。【華嚴玄談】に「上句明ミ主出ニ西天一。故云ニ鷲巖西峙一。後句即化法東被。故云ニ象駕東驅一。」【演義鈔】に「鷲巖西峙。象駕東驅。言ニ象駕一者略有ニ二義一。一千年後像法之時佛敎方被故。二者象馱レ經故。初雖ニ白馬來儀一本用レ象故。」

ザウキ　像季　〔術語〕像法の末季。佛滅後五百年を正法とし、正法の後一千年を像法とす。似法の行はるる時なり。【輔行序】に「況時淹ニ像季一。學鮮レ知レ機。」【註】に「季者。或指ニ像法末一。或直指ニ末法一。」【西方要決後序】に「生居ニ像季一去レ聖斯遙。」

ザウキヤウ　像經　〔雜語〕佛像と經典。【順權方便經下】に「所在土地。逮ミ得聽ミ服如レ是像經一。」

ザウキヤウ　藏經　〔術語〕三藏の經典、支那に翻譯されしもの。又、震旦諸師の撰述にして許されて藏經に入るも多し。開元釋經錄に五千四十八卷を列ぬ。大藏定數の始なり。爾來宋韓元明の間官私の刻板二十餘副に及ぶも總て存せず、吾朝に於て僅に四本を有するのみ。一は高麗本、六千四百六十七卷、此本最も古し。二に宋本、五千七百十四卷、三に元本、五千三百九十七卷。三本共に折本にて芝增上寺の什寶なり。寛元年中天海僧正は南宋藏によりて六百六十五帙を翻刻す。四に明本六千七百七十一卷、明の萬曆年間密藏禪師が當時の北藏（當時明に南北二藏ありき。）に依て初めて綴ぢ本に刻せしもの、吾朝黃檗山に之を翻刻して今に傳ふ。而て支那には淸朝に至て更に明本を重刻し且つ續藏九十函、又續藏三十函を刊行す、京都西六條法光寺に藏せらる。明治十八年弘敎書院にて麗藏を根據とし、天海本、元藏、鐵眼本を校合して縮刷藏經四十帙千九百十六部を出版し、明治三十八年藏經書院鐵眼本により卍字藏經千六百六十八部、及び引續き續藏經千七百五十七部を刊行せり。

ザウクワン　像觀　〔術語〕「ザウサウクワン」に同じ。

ザウケ　像化　〔術語〕像法の敎化。佛敎の支那に來りしは佛滅後五百年の正法時を經たる後なれば、總て當時の佛法の稱とす。又儒を名敎と云ふに對して佛を像敎と云ふ、佛像を拜すればなり。【西域記序】に「慧日淪レ影像化之跡東歸。」【倶舍頌疏一】に「圓暉多幸。遭ニ玆像化一。」【元亨釋書二】に「紹ミ際像化一。闡ミ揚玄風一。」

ザウケウ　藏敎　〔術語〕三藏敎の略。天台四敎の一。

ザウケウ　像敎　〔術語〕像化に同じ。図佛像と經敎。【唯識述記序】に「漢日通レ暉像敎宣而遐被。」

ザウケウノシチカイ　藏敎七階　〔名數〕藏敎の菩薩の修行の階級に七階あるを云ふ。一に四諦の境を觀じて四弘誓願を起し。二に三阿僧祇劫に六度の行を修して本願滿足を得。三祇修六度と云ふ。三に百劫中に諸の相好を種ゑ百の福德を用ゐて一の相好を成じ。三十二相に至るまで具足して身莊嚴を得。百劫種相好と云ふ。四に世尊が因位にありし時數多の善根修行し給ひし如く六度相滿し。五に補處の菩薩として兜率より降生し。六に生老病死の苦を厭ひて出家し、入山修道す。降神出家なり。七に菩提樹下魔軍を降服し安坐不動して佛道を成ず。菩提樹下成道なり。

ザウゲケ　象牙華　〔譬喩〕諺に言ふ、象は雷を聞くに依て牙上花を生ずと。【涅槃經八】に「譬如下虛空震雷起レ雲一切象牙上皆生レ花。若無ニ雷震一則花不レ生亦無中名字上。衆生佛性亦復如レ是。常爲ニ一切煩惱一所レ覆不レ可レ得レ見。是故我說。衆生無我。若得レ聞ニ是大般涅槃微妙經典一則見ニ佛性一。如ニ象牙華一。」

ザウサウクワン　像想觀　〔術語〕觀經所說十六觀の中第八の彌陀佛の形像を觀ずる觀法なり。「想ニ彼佛一者。先當レ想レ像。閉レ目開レ目見下一寶像如ニ閻浮檀金色一。坐中彼華上上。乃至是爲ニ像想一名ニ第八觀一。」

ザウサクマ　造作魔　〔異類〕土功を好み、戰鬪を好むなど、總て無事平穩を害するものを云ふ。

ザウザウ　造像　〔雜語〕佛像を造ると。佛、三十三天に上りて夏中三月閻浮に在らざりし時、拘翼國の優塡王佛を景慕して栴檀を以て五尺の佛像を造り、舍術國の波斯匿王之を聞きて紫磨金を以て五尺の佛像を鑄て之を供養す。時に閻浮提の內始めて二像あり。【增一阿含經二十八】又、優塡王金像を造る。【觀佛三昧經六】波斯匿王栴檀像を造る。【外國圖記】諸經中造像の功德を說けるもの。大乘造像功德經、佛說作佛形像經、佛說造立形像福報經造塔功德經、佛說造塔延命功德經。上說の造像の元始は歷史的事實としては信ずべからず。羅漢の像を作り、又は佛塔の裝飾として諸種の像を刻せるとは佛時代にてもありしならむも崇拜の對象としての佛像を製作せしは阿育王後カニシカ王時代に始まるものの如し。

ザウザウクドクキヤウ　造像功德經　〔經名〕具名、大乘造像功德經。二卷、唐の提雲般若譯。佛、忉利天上に在り、優塡王初めて佛像を造る。佛天より下る。王功德を問ふ、佛深く之を讚す。彌勒因て業障を滅する事を問ふ。佛一一細答す。【宙帙七】(288)

ザウシ　像始　〔術語〕像法の始。【讚阿彌陀偈】に「本師龍樹摩訶薩。誕ニ形像始一理ニ頽綱一。」

ザウシ　藏司 〔職位〕ザウスと呼ぶ。

ザウシキ　藏識 〔術語〕八識の中第八阿頼耶識なり。阿頼耶を藏と譯す、一切の種子を含藏する識なり。性宗に依らば眞妄和合の識なり。【圓覺經】に「我相堅固執持潛ニ伏藏識一。遊ニ履諸根一曾不ニ間斷一。」【六波羅蜜多經十】に「藏識爲ニ所依一。隨レ緣現ニ衆像一。如ニ人目有レ翳妄見ニ空中華一。」【業疏濟緣記三下】に「梵云ニ阿梨耶一。或云ニ阿頼耶一。此云ニ含藏識一。謂レ含ニ藏一切善惡因果染淨種子一。」

ザウシヤクユキヤウ　象迹喩經 〔經名〕四聖諦を一切の足迹中象迹の第一なるに喩へて說く。中阿含經七に攝む。【昃帙五】更に一卷あり、異學卑盧象迹王の喩を說きて佛を讃す。佛更に具足して之を說き無漏を證するを極大象迹とす。同三十六に攝む。

ザウシヤリ　象舍利 〔人名〕佛弟子に象舍利と云ふあり。法服を還捨して白衣の行を習ひ、兩女人の肩上に憑る、後に佛所に詣で復沙門となり、尋で座上に於て阿羅漢を得。【增一阿含經四十五】

ザウシユ　藏主 〔職位〕ザウスと呼ぶ。

ザウシユ　象主 〔雜語〕四主の一。印度の異名。「シシユ」を見よ。「王の四子中第三子。」

ザウシユ　象衆 〔人名〕梵音 Hastigaṇa 釋種甘蔗

ザウシヨテン　造書天 〔天名〕梵名婆羅賀摩天、Brahman 始めて悉曇を造りし人を稱す。【慧琳音義二十六】に「造書天。梵云ニ婆羅賀摩天一。即造ニ悉曇章十二音字母一者是也。」

ザウジ　藏慈 〔雜語〕智藏と道慈。共に三論の名匠。智藏は吳國の人、嘉祥に就て三論を學び、歸りて法隆寺に居る。【元亨釋書一】道慈は智藏の弟子、又入唐して三論の旨を究む。【元亨釋書二】

ザウジケンゴ　造寺堅固 〔術語〕五箇の五百年中、第四の五百年に末法の初にして、行證なき時なれども、善緣を結ばんとして盛んに寺塔を立するもの多き時代なるを云ふ。

ザウス　藏主 〔職位〕經藏を司るもの。大禪苑には大藏經二副に分けて東西に置く、依て東藏主西藏主あり。

ザウス　藏司 〔職位〕藏主寮なり、若し人を呼ぶ「なれば藏主と書す。

ザウソン　象尊 〔雜名〕印度の國王皆象を尊べば象尊國と云ふ。【寄歸傳一】に「雞貴象尊之國。」【自註】に「言ニ象尊一者。西國君王以レ象爲レ最。五天並悉同然。」

ザウタフエンミヤウクドクキヤウ　造塔延命功德經 〔經名〕一卷、唐の般若譯。波斯匿王却後七日壽盡くるを知り、佛に詣でて延命の法を請ふ。佛爲に造塔供養を勸め其儀軌法則を說く。【閏帙十五】

ザウタフクドクキヤウ　造塔功德經 〔經名〕一卷、唐の地婆訶羅譯。佛忉利天に在て觀音菩薩の爲に「諸法因緣生。我說ニ是因緣一。因緣盡故滅。我作ニ如是說一。」の一偈を分別し、之を書寫して塔內に安置することを說く。【宙帙七】(523)

ザウヂン　藏塵 〔術語〕佛の劣應身の三十二相を勝應身の尊特の相に對して云ふ。塵垢を含藏する義なり。【法華經信解品】に「卽脫ニ瓔珞細軟上服嚴飾之具一。更著ニ塵弊垢膩之衣一。」「の第一第二。

ザウツウ　藏通 〔術語〕三藏敎と通敎。天台四敎

ザウツウベツテン　藏通別圓 〔術語〕天台所立化法の四敎。南都にてはベチエンと讀む。「シケウ」を見よ。

ザウヅシヤウヅシヤキヤウ　象頭精舍經 〔經名〕一卷、隋の毘尼多流支譯。佛、伽耶山に在り、文殊師利、佛に菩提の義を問ひ、後に諸天子に向つて大乘法を說く。文殊師利問菩提經、伽耶山頂經、大乘伽耶山頂經と同本異譯。【宙帙二】(240)

ザウヅセン　象頭山 〔地名〕梵名、伽耶。Gayā 竭夷と云ふ。訛略なり、具に羯闍尸利沙 Gaya(ja)śīrsa と云ふ。象頭と譯す。二處あり、一は靈鷲山の北三四里にありて同一界內なり、提婆此に於て破僧罪を行ふ。二は尼連禪河の傍に在て、佛三迦葉を度せし所なり。【俱舍光記十八】に「羯闍尸利沙山。此云ニ象頭山一。山頂如ニ象頭一故以名焉。在ニ鷲峰山北可ニ三五里一。同一界內。天授住レ彼而破レ僧故。舊云ニ伽耶山一者訛也。以下羯闍之與ニ伽耶一音相近上故謬傳爾。然西方別有ニ伽耶山一。去ニ鷲峰山一二百五十餘里。非ニ同一界一非ニ破僧處一。」【法華文句一】に「伽耶。亦羯夷。亦象。」【十二遊經】に「四年象頭山上爲ニ龍鬼神一說レ法。」魏の菩提留支譯の伽耶山頂經を隋の毘尼多流支は象頭精舍經と譯す。

ザウデン　藏殿 〔堂塔〕經藏の異名。藏經を置く樓殿なり。【釋門正統三】に「諸方梵刹立ニ藏殿一。」

ザウビ　象鼻 〔雜語〕衣の一角を下垂するを譏りて云ふ。【毘奈耶十】に「著ニ泥洹僧一不レ得レ如ニ象鼻一。如ニ象鼻一者不應戒行。」【註】に「其一角當レ前下垂。」凡そ袈裟を着するの法、袈裟の右の上角を左肩の上に搭けて後に垂るるなり。然るに之を肘上に置き又は胸前に垂るるときは之を象鼻の相として不如法となす。【毘奈耶十】に「云レ得下垂ニ三衣前角一着上。着者不應戒行。」【註】に「不レ抄ニ着肩上一。垂ニ之臂上肘前一。」【行事鈔下之一】に「以下垂ニ臂上一名中象鼻上也」【寄歸傳二】に「以ニ衣右角一寬搭ニ左肩一。垂ニ之背後一。勿レ安ニ肘上一。」又

「袈裟角垂。正當二象鼻一。梵僧縦至皆亦雷同。良爲二絹滑墮一レ肩。遂令二正則訛替一。後唐三藏來傳二搭レ肩法一。然而古德嫌者尚多。黨レ舊之迷在處皆有。」

ザウホウ 象寶 【動物】轉輪聖王七寶の一。乘駕の爲に象の最勝なるを感得す。

ザウホウ 藏寶 【雜語】修驗道に本山山伏と當山山伏の二派あり。本山は三井の智證を本として天台宗なり、當山は醍醐の聖寶を本として眞言宗なり。本山派は淨藏貴所の藏の字を取て何藏院と云ひ、當山派は聖寶の寶の字を取て何寶院と云ふ。【修驗檀問愚答集四】

ザウボフ 像法 【術語】正像末三時の一。像は似なり、佛滅後五百年の後一千年の間に行はるる正法に似たる佛法を云ふ。【嘉祥法華義疏四】に「大論二佛法一凡有二四時一。一佛在世時。二佛雖レ去レ世法儀未レ改。謂正法時。三佛去レ世久道化訛替。謂像法時。四轉復微末。謂末法時。」【三藏法數】に「正猶レ證也。像似也。」【順權方便經下】に「我之身侍二須菩提一已來十二年。未三曾得二聞レ如レ是像法衆祐地說一。」正像末三時の年數に經論の異說多し。「シヨウザウマツ」を見よ。

像法轉時 【雜語】轉は起と言ふ如し、佛滅後五百年を過ぎて像法の起る時を云ふ。【藥師經】に「令二諸聞者業障消除一。爲レ欲レ利二樂像法轉時諸有情一故。」

ザウボフケツギキヤウ 像法決疑經 【經名】一卷。大周刊定衆經目錄に之を僞經目錄の中に列ぬ。然るに天台は之を涅槃經の結經として往往引用す。【法華文句九下】に「像法決疑經結二成涅槃一。」【釋籤十】に「彼像法決疑結二涅槃一。」寛永十七年刻の坊本一卷あり。

ザウマツ 像末 【術語】「ザウボフ」及び「シヨウザウマツ」を見よ。

ザウユ 象喩 【譬喩】【涅槃經六】に象を佛性に喩へ、盲人を無明の衆生に譬へて衆盲象の肢體を摸して種種の解を爲すを說く。「象喩二佛性一。盲喩二一切無明衆生一。」【廣弘明集二十】に「手擎二四鉢一始二乎鹿野之教一。身臥二雙林一終二於象喩之說一。」

ザウリ 藏理 【術語】如來藏の實理。【止觀十】に「實相即如來藏。無量客塵覆二此藏理一。修二恒沙法門一顯二清淨性一。」

ザウリフギヤウザウキヤウ 造立形像經 【經名】造立形像福報經の略名。

ザウリフギヤウザウフクホウキヤウ 造立形像福報經 【經名】一卷、失譯、佛說作佛形像經と同本異譯。佛拘羅瞿國に在て優愼王の爲に說く。【宙帙七】(290)

ザウロ 象爐 【物名】白象の形に爐を作り、之に香を燒きて道場の入口に置き、行者之を跨いで內に入る。身を薰じて淸淨ならしむる意なり。象を用ゐるは象身に香氣あるを以てなり。【註維摩經一】に「什曰。青香象也。身出二香風一。菩薩身香風亦如レ是。」

ザウロク 藏六 【譬喩】龜、六處を藏して野干の難を免る。比丘六根を藏して魔害を免るるに譬ふ。「カメ」を見よ。

ザウワウ 象王 【雜語】象中の王。佛に譬ふ。【涅槃經二十三】に「是大涅槃唯大象王能盡二其底一。大象王謂二諸佛一也。」又、菩薩に譬ふ。【無量壽經下】に「猶如二象王一。善調伏故。」

ザウワウゴンゲン 藏王權現 【菩薩】ザワウゴンゲンと呼ぶ。

ザカイヂヤウブ 坐海丈夫 【傳說】【經律異相九】に「坐レ海以救二估客一」一章あり。昔菩薩五百の商人と海に入りて寶を採り、大飄風に遇ふ。菩薩曰く、我れ衆生の爲に身を捨てん、海神の惡む所は死屍なりと、即ち刀を引きて自ら害す。海神之を惡んで舟を漂はして岸に上ぼす。天帝釋菩薩の弘慈を覩て天の神藥を以て口に灌ぐ。菩薩忽ち蘇りて起坐し、衆と相勞す、殺身濟估人經及び度無極集に出づ。

ザクワウ 座光 【雜名】又、光座。臺座と後光となり。【陀羅尼集經十二】に「功德天像身長一肘一尺三寸五分。除二其光座一。」

ザグ 坐具 【物名】舊稱、尼師檀。新稱、尼師但那 Niṣīdana 譯、隨坐衣、坐臥具、坐具。【四分律十九】に「三緣の爲に之を制す。一に身を護る爲め、二に衣を護る爲め、三に衆人の牀席臥具を護る爲め。」然るに何時の頃にか坐具を禮拜の具とし、禮拜せんとする時先づ坐具を敷き其上に就て之を作す、是れ甚だ不法なり。南山義淨共に之を痛斥す。【釋門歸敬儀下】に「坐具之目。本是坐時之具。所以禮拜之中無二文敷者一也。乃至今見下梵僧來二至佛前一禮者上。必先褰レ裙以レ膝拄レ地。合掌長跪。口讚二於佛一然後頂禮。此乃遺風猶在。可二準用一レ之。無二坐具一明矣。」【寄歸傳三】に「禮拜敷二其坐具一。五天所レ不レ見レ行。乃至其所レ須者。但擬二眠臥之

坐具

長サ佛の二搩手

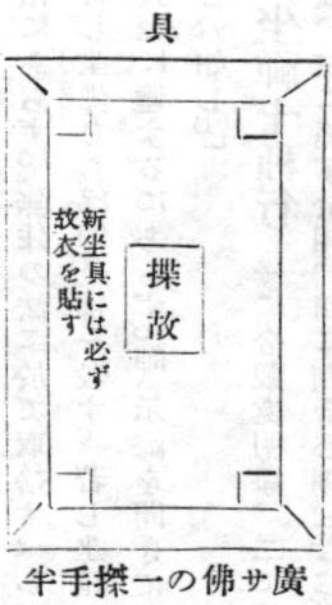

廣サ佛の一搩手半

時一護二他氈席一。若用二他物一新故並須二安替一。如二其巳物一故則不レ須。勿レ令四汚三染毀三損信施一。非レ爲二禮拜一。南海諸僧。人用二一布巾長三五尺一。疊若二食巾一。禮拜用替二膝頭一。行時搭三在肩上一。西國苾芻來見。咸皆莞爾而笑也。」【行事鈔下一】に「佛の一搩手は周尺二尺。」

ザゲ　坐夏　〔術語〕安居の異名。夏安居に坐するなり。【西域記二】に「印度僧徒。依二佛聖敎一。坐二雨安居一。前代譯經者。或云二坐夏一。或云二坐臘一。」「アンゴ」を見よ。

ザゲユ　坐夏由　〔雜名〕行脚の僧、某寺に在て夏を過ごす者には、本寺より由文を給す。【象器箋十六】

ザゲン　座元　〔雜名〕禪林の稱。首座の異名。僧堂座位の元首なり。

ザサマサヌヒホフ　座不冷秘法　〔修法〕又、溫座の護摩と云ふ。續けさまに護摩法を修すると。「アイゼンワウ」を見よ。

ザサン　坐參　〔雜語〕每晩必ず住持に參して開示を求むるを晩參と云ひ、其の晩參已前に大衆僧堂に集りて坐禪して心を澄ましめ、以て晩參を待つを坐參と云ふ。坐は禪坐、參は晩參にて、參前に坐禪すと云ふ意。【象器箋九】

ザシユ　座主　〔職位〕ザスと呼ぶ。

ザシヨウ　坐證　〔雜語〕坐禪なり。【佛祖統紀七】に「滅默無言坐證。」

ザス　座主　〔職位〕大衆一座の主なり、上座首座と言ふ如し。禪家に住持と云ひ、敎家に座主と云ふ。大衆一座の主として一山を統理するもの。天台山修禪寺座主道邃の如し。又禪家より一般に敎家をさして座主と名く。共に私稱なり。【釋氏要覽上】に「摭言曰。有司謂二之座主一。今釋氏取二學解優贍頴拔者一名二座主一。謂一座之主。古高僧呼二講者一爲二高座一。或是高座之主。」吾朝支那の天台山の座主に擬し、且つ之を公職として義眞を以て山門の座主となす。【元亨釋書二】に「天長元年詔任二延曆寺座主一。座主之職始二于眞一。」山門に座主と云ひ、寺門に長吏と云ひ、野山に檢校と云ひ、南都に別當と云ふ。共に一山の貫首なり。然るに後には他宗へも座主號を賜はるとあり。【續日本後記二十】に「嘉祥三年二月。以二三論宗少僧都實敏。法相宗大法師明詮。天台宗大法師光定。總持門大法師圓鏡等一爲二座主一。」【元亨釋書聖寶傳】に「寬平二年爲二貞觀寺座主一。」

ザゼン　坐禪　〔術語〕坐して禪を修すると。禪は梵語禪那 Dhyāna の略、思惟、靜慮と譯す。息慮凝心以て心性を究明する術なり。達磨來りて此道初めて支那に盛に、天台出でて此法、方に敎と相應するを見る。而て之を唯一の法とし規矩の最も備はるは禪宗に過るなし。【增一阿含經十二】に「坐禪思惟。莫レ有二懈怠一。」【大阿彌陀經上】に「念レ經者。思レ道者。坐禪者。經行者。」天台の四種三昧中、常坐三昧は即ち坐禪なり。【止觀二】に「居二一靜室或空閑地一。離二諸喧鬧一安二一繩床一傍無二餘座一。九十日爲二一期一。結跏正坐。項春端直。不動不搖。不委不倚以坐。自誓脇不レ拄レ床。況復屍臥遊戲住立。」

坐禪方法　〔雜語〕坐禪の方法用心を記するもの。【大比丘三千威儀】天台の【次第禪門】永平の【普勸坐禪儀】瑩山の【坐禪用心記】及び【三根坐禪說】

汝爲學坐禪爲學坐佛　〔公案〕【會元三南岳章】に「南岳讓、馬祖に示して曰く、汝坐禪を學ぶとを爲すか坐佛を學ぶとを爲すか、若し坐禪を學ばば禪は坐臥にあらず、若し坐佛を學ばば佛は定相にあらず。無住の法に於て取捨すべからず。汝若し坐佛ならば即是佛を殺す。若し坐相を取らば其理に達するにあらず。師、示誨を聞きて醍醐を飲むが如し。」

坐禪十種行　一に令觀處明淨、二に偏起觀諸根、三に曉了於相、四に制令心調、五に析伏懈怠、六に心無味著、七に心歡喜、八に心定成捨、九に近學定人、十に樂著安定。【解脫道論四】

ザゼンサンマイキヤウ　坐禪三昧經　〔經名〕坐禪三昧法門經の略名。

ザゼンサンマイホフモンキヤウ　坐禪三昧法門經　〔經名〕二卷、僧伽羅刹造、秦の羅什譯。婬欲瞋恚等を治する法を明す。【暑帙六】(1350)

ザゼンダウ　坐禪堂　〔堂塔〕僧堂の異名。

ザゼンハイ　坐禪牌　〔物名〕坐禪を報ずる懸札。

ザゼンハン　坐禪板　〔物名〕座禪時を報ずる板なり。「ギヨク」を見よ。

ザゼンホフヨウ　坐禪法要　〔書名〕修習止觀坐禪法要の略名。

ザゼンヨウジンキ　坐禪用心記　〔書名〕一卷。曹洞宗瑩山の著。坐禪の規範要旨を微細に記述せし曹洞宗勘要の書。

ザタウ　座湯　〔儀式〕禪林の衆僧座を爲して湯を薦むるを座湯と名く。大小あり。庫司四節に闔山の大衆を請ずる如きを大座湯と云ひ、夏末に於て殊に夏中執役の人の爲に設くる如きを小座湯と云ふ。【象器箋十七】

ザダウ　坐堂　〔雜名〕禪林の稱、僧堂を云ふ。

ザダン　坐斷　〔術語〕斷の字主眼なり、坐は平坐

の義なるも輕く見る、【碧巖六則評唱】に「坐斷千差」【同三十二則垂示】に「十方坐斷。千眼頓斷。」【碧巖四則着語】に「不レ妨坐ニ斷天下人舌頭一。」

ザトウ　座頭　〔物名〕禪林の稱。小屛風の高さ三尺ばかり、戸口の左右の座首に立つ。又隔板と名く。【象器箋十九】

ザハイ　坐牌　〔物名〕僧堂に於て各自の名を記して其の席次に張るもの。

ザバウ　座忘　〔術語〕禪坐して自家現前の世界を「忘失すること。

ザフアゴンキヤウ　雜阿含經　〔經名〕四阿含經或は五阿含經の一。餘の阿含經に攝せざるを雜集せしもの。宋の求那跋陀羅譯、五十卷、【辰帙二―四】(544)他に別譯雜阿含經十六卷、失譯【辰帙五】(546)雜阿含經一卷。失譯【辰帙六】(547)共に大部中より撮要別譯せしもの。梵 Saṁyuktāgama

ザフアビドンキヤウ　雜阿毘曇經　〔書名〕雜阿毘曇心論の異名。

ザフアビドンシンロン　雜阿毘曇心論　〔書名〕雜とは雜糅の義にて、本論に解釋を雜糅せしを云ふ。即ち法勝の阿毘曇心論の釋なり。法救尊者造、十一卷、劉宋の僧伽跋摩譯。【冬帙十一】(1287)

ザフアビドンビバシヤ　雜阿毘曇毘婆沙　〔書名〕雜阿毘曇心論の異名。

ザフエン　雜緣　〔術語〕外より來りて吾が正念を雜亂するもの。何事も正念の妨げとなるもの。【往生禮讃】に「若能如レ上念念相續畢命爲レ期者。十即十生百即百生。何以故。無ニ外雜緣一。得ニ正念一故。」

ザフギヤウ　雜行　〔術語〕唐の善導淨土の行業に就て五種の正行と五種の雜行を判ず。「ニギヤウ」を見よ。

ザフクワンサウ　雜觀想　〔術語〕「ザフサウクワン」を見よ。

ザフケ　雜華　〔雜語〕「ザフケキヤウ」を見よ。

ザフケウン　雜華雲　〔物名〕種種の妙華を雜へて雲を形りしもの。【觀無量壽經】に「或作ニ眞珠網一。或作ニ雜華雲一。」

ザフケキヤウ　雜華經　〔經名〕華嚴經の異名。萬行を華に譬へ、萬行を以て佛果を莊嚴するを華嚴と云ひ、百行交雜するを雜華と云ふ。其意一なり。【華嚴玄談九】に「今經受レ稱多種不レ同。乃至其二從レ譬受レ名。如ニ涅槃及觀佛三昧經一名ニ此經一爲ニ雜華經一。以ニ萬行一交雜。緣起集成故。」【觀佛三昧經本行品】に「佛實相好我初成ニ道摩伽陀國寂滅道場一。爲ニ普賢賢首等諸大菩薩一。於ニ雜華經中一已廣分別。」

ザフケンド　雜犍度　〔術語〕「ハチケンド」を見よ。図二十犍度の一。四分律五十一卷以下三卷修道の資具についての規定を說く章を云ふ。

ザフゴフ　雜業　〔術語〕娑婆世界の如く一界の中に鬼畜人天胎卵濕化等種種雜多の苦果を感ずる業因を云ふ。是れ一人に就かば雜業にあらざれども、同一界に受生する各人に就て云ふ。【淨土論註一】に「雜生世界乃至苦樂萬品。以ニ雜業一故。」

ザフゴン　雜含　〔經名〕雜阿含經の略稱。

ザフサイエ　雜碎衣　〔衣服〕三衣の中大衣の異名。割截の條數最も多ければなり。【六物圖】に「梵云ニ僧伽梨一。此云ニ雜碎衣一條相多故。」この解恐らくは不可なり、破碎せる雜布を拾集して作れる衣の意なるべし。即ち糞掃衣なり。

ザフサウクワン　雜想觀　〔術語〕觀經所說十六觀中の第十三觀、阿彌陀佛と觀音勢至二菩薩との三尊の種種に變現する雜相を觀ずる觀法なり。【天台觀經疏】に「普雜何異而爲レ二耶。普觀作ニ自身往想一。稱ニ彼境界二一具觀。雜觀明ニ佛菩薩神力自在一。轉變非レ恒大小不定。或隨レ物現故名爲レ雜。」

ザフザウ　雜藏　〔術語〕佛滅後經典の結集に二藏三藏四藏五藏等の別ありて、經量部は經律二藏、薩婆多部は三藏、大衆部は四藏或は五藏の結集を云ふ。四藏は三藏と雜藏なり。此中一切菩薩の敎行を攝むと。【增一阿含經序品】に「方等大乘總玄邃。及諸契經爲ニ雜藏一。」【分別功德論一】に「雜藏者。非ニ一人說一。或佛所說。或弟子說。或諸天頌。或說宿緣三阿僧祇菩薩所生。文義非レ一。多ニ於三藏一故曰ニ雜藏一。」【集藏傳】に「雜藏之法。讃ニ菩薩生一。此中諸義多ニ於三藏一。都合ニ諸法一結在ニ一處一。」而して此の雜藏を大乘敎なりとし【智度論四十九】に「四藏所レ謂阿含。阿毘曇。毘尼。雜藏。摩訶般若波羅蜜等諸摩訶衍經。皆名爲レ法。」とある摩訶衍經をも雜藏と解して【分別功德論一】に「諸方等正經皆是菩薩藏中事。先佛在時已名ニ大士藏一。阿難所レ撰即今四藏是也合而言レ之爲ニ五藏一。」とあるとを合し、雜藏に二ありとして後の大乘家五藏を主張するあり。

ザフザウキヤウ　雜藏經　〔經名〕一卷、晋の法顯譯。餓鬼と目連との問答を記す。【宿帙六】(676)

ザウシヤウセカイ　雜生世界　〔術語〕娑婆世界の如く獄鬼畜人天の五趣雜居する世界を云ふ。【淨土論註下】に「雜生世界。若胎。若卵。若濕。若化。眷屬若干苦樂一品。以ニ雜業一故。」

ザフシユ　雜修　〔術語〕ザッシュと讀む。異類の行業を雜へ修すること。【倶舍論二十四】に有漏定と無漏定と相雜へて修するを雜修定と名く。「如レ是有

漏ノ中間刹那前後ノ剎那無漏雜故名二雜修定一。」又唐の善導往生淨土の行に五種の正行と五種の雜行とを分別し、正行中第四の念佛を正業とし、他を助業とし、念佛の一行に他の助業又は雜行を雜糅するを雜業と名け、雜業を修するを雜修と云ふ。【往生禮讃】に「若欲三捨レ專修二雜業一者。百時希得二一二。千時希得二三五。」又「使二專意作一者十即十生。修レ雜不二至心一者千中無レ一。」と。然るに見眞大師は更に雜行雜修の二を甄別し、念佛に雜行を兼ぬるを雜行とし、念佛に前三後一の助業を兼ぬるを雜修とす。是れ眞宗の特色なり。【淨土文類化土卷】に「雜行雜修。其言一而其意惟異。」又「諸善兼行故曰二雜行一。助正兼行故曰二雜修一。」

ザフシユジヤウリヨ　雜修靜慮　〔術語〕有漏無漏の禪定を雜修するなり、雜修するは無漏の力を以て有漏の定力を資せんが爲なり。五淨居天は純聖の依處にして、第四禪の有漏定のみにては其の果を感ずるを得ず、必ず無漏定の薫力を以て有漏定を資助するを要すればなり。【倶舍論二十四】に「先雜三修第四一成由二一念雜一。爲三受生現樂及遮二煩惱退一。」

ザフシンロン　雜心論　〔書名〕雜阿毘曇心論の略。

ザフジフロン　雜集論　〔書名〕大乘阿毘達磨雜集論の異名。

ザフゼン　雜善　〔術語〕他力の念佛に對して、自力の諸善を雜善といふ。

ザフゼン　雜染　〔術語〕一切有漏法の總名。善惡無記の三性を該ぬ。唯染と言へば煩惱にて惡性に局れども、雜染と言へば善にも無記にも通ず。有漏の善無記は煩惱の惡性と雜糅すればなり。【唯識論述記二末】に「諸有漏法皆名二雜染一。非二唯染法一。梵云二僧吉隸爍一。此名二雜染一。若不レ言レ僧即唯染也。」【淨土文類聚鈔】

卷】に「雜染堪忍群萠。」三雜染　惑業苦の三を云ふ。【顯揚聖敎論一】

ザフチユウカイ　雜住界　〔術語〕「ゴシユザフゴド」に同じ。

ザウドク　雜毒　〔術語〕苦性又は煩惱を譬へて毒とし、毒を混雜せる法を雜毒と云ふ。【正法念經五十六】に「諸有雖レ名レ樂猶如二雜毒蜜一。」

ザフドクノゼン　雜毒善　〔術語〕三毒を雜え、煩惱に汚されたる善根修行。自力の修善の如きを云ふ。【觀經散善義】に「惡性難レ侵。事同二蛇蝎一。雖レ起二三業一名爲二雜毒之善一。」

ザフヒユキヤウ　雜譬喩經　〔經名〕四部あり。一は舊雜譬喩經二卷、西土賢聖集、吳の康僧會譯。二は雜譬喩經、一名衆經撰雜譬喩經一卷、比丘道略集、秦の羅什譯。三は雜譬喩經二卷、失譯。四は雜譬喩經一卷、後漢の支婁迦讖譯。【暑帙七】五は譬喩經十卷、藏經に入らず、坊刊あり。

ザフホウザウキヤウ　雜寶藏經　〔經名〕十卷、元魏の吉迦夜譯。王子肉を以て、父母を濟ふ等百二十一條の因緣を擧げて人に作福と持戒を勸む。【宿帙十】(1329)

ザフホウシヤウミヤウロン　雜寶聲明論　〔經名〕護法菩薩の造、二萬五千頌あり。西方の學者を以て聲明論の至極とす。【唯識樞要上本】

ザフムゴクキヤウ　雜無極經　〔經名〕六度集經の異名。

ザフリンヲン　雜林苑　〔雜名〕帝釋四苑の一。

ザラフ　座臘　〔術語〕「ホフラフ」に同じ。

ザワウゴンゲン　藏王權現　〔菩薩〕「コンガウザワウ」を見よ。

ザン　慚　〔術語〕大善地法の一。又十一善心所の一。心所の名。自己に反省して自己の罪過をはづる精神作用なり。

ザンカ　暫暇　〔雜語〕「キタン」に同じ。

ザンクワ　殘果　〔雜語〕死後に殘存する果體。「死屍のこと。」

ザンゲモン　懺悔文　〔書名〕「サンゲモン」を見よ。

し

シ　使　〔術語〕煩惱の異名なり。喩に就て煩惱に名く。世の公使罪人に隨逐して之を繫縛する如く、煩惱亦行人に隨逐して三界に繫縛し出離せしめず、故に使と名く。又使は駈役の義、煩惱能く人を駈役すれば使と名く。【大乘義章六】に「使者如二地論說一。隨逐繫縛義名レ之爲レ使。蓋乃就レ喩以名二煩惱一。如下世ノ公使隨三逐罪人一得中便繫チ縛上。煩惱亦然。久隨二行人一繫三縛三有一不レ令二出離一。故名爲レ使。毗曇成實亦同二此說一。故雜心云。使之隨逐如二空行ノ影一。成實說ニ言。使之隨逐如二母之隨一レ子。此等皆隨逐之義也。有人釋言。驅役名レ使。於レ義無爽。但非二經論ノ名義一。」【法界次第上之上】に「使以二驅役一爲レ義。能驅三役行者心神一流三轉三界一。」

十使　〔名數〕一に貪欲、二に瞋恚、三に無明、又愚痴と云ふ。四に慢、五に疑、六に身見、又我見と云ふ。七に邊見、八に邪見、九に見取見、十に戒取見。一切諸使の中に此十を根本とすれば標出して十使となす、又十煩惱とも十惑とも十隨眠とも云ふ。台宗は此中初の五を五鈍使と稱し後の五を五利使と云ふ。惑性の利鈍に依りて之を分けしなり。

又見思を以て分別するに就て小乘俱舍の義に依れば、初の四使は見思二惑に通じ、疑以下の六使は唯見惑なり。又大乘唯識の義に依れば、四使と身邊二見の六使は見修に通じ、疑と邪取戒三見の四使は唯見惑なり。【大乘義章六、法界次第上之上】

十六使 〔名數〕 大乘唯識の見惑の數なり。

九十八使 〔名數〕 小乘俱舍の見思二惑の總數なり。

百十二使 〔名數〕 大乘唯識の見惑の分類なり。

百二十八使 〔名數〕 大乘俱舍の見思二惑の總數なり。

シ 思 〔術語〕 心所法の名、俱舍七十五法中十大地法の一。唯識百法中五遍行の一。梵語指底 Cint 心をして造作せしむる作用に名く。【俱舍論四】に「思謂能令三心有二造作一。」【唯識論三】に「思謂令二心造作一爲レ性。於二善品等一役レ心爲レ業。」【大乘義章二】に「思願造作名レ思。」【梵語雜名】に「思。指底。」

三思 〔名數〕 凡そ身語二業を發動するに三思あり。一に審慮思、將に身語を發せんとして先づ審慮する思なり。二に決定思、決定心を起して將に發動せんとする思なり。三に動發勝思、正しく身語を發して善惡の事を動作する最勝の思なり。此中前の二思を以て意業とし、第三動發勝思を以て身語二業とす。【義林章三末】

シ 止 〔術語〕 定名七種の一。即禪定の異名なり。梵語奢摩他 Samatha 又、三摩地 Samādhi 動心を靜息するなり。又心を一處に定止するなり。常に觀に對す。止に依て妄を拂ひ、觀に依て眞理を證するなり。【佛地論一】に「止謂三摩地。」【起信論】に「止者謂止二一切境界相一隨二順奢摩他觀一義。」【同義記下末】に「奢摩他。此翻云レ止。但今就二方便一存二此方語一。約二正止一存二梵言一故也。」【往生論註上】に「譯二奢摩他一曰レ止。止者止二心一處一不レ作レ惡也。」

修止三 〔名數〕 止を修するに三あり、一に繫緣守境止、心を鼻端臍間等の處に繫いで心をして散ぜざらしむるを云ふ。猿の鎖を著くるが如し。二に制心止、心の所起に隨ひて便ち之を利して馳散せざらしむるを云ふ。三に體眞止、若し人心の所念に隨て一切法悉く因緣より生じ自性あるとなきを知れば則ち心諸法を取らず、心諸法を取らざれば妄念自ら止む。是れ眞を體して妄念を止息すれば體眞止と名く。【小止觀】

シ 師 〔術語〕 梵語、烏波憚也 Upādhyāya 教ふるに道を以てする者の通稱なり。律中得戒師と受業師との二を分つ。【釋氏要覽上】に「師有二二種一。一親教師。即是依レ之出家。二依止師。即是依レ之稟二受三學一。」【梵語雜名】に「師烏波憚也。」

シ 死 〔術語〕 梵語、母陀。Mṛta 又末剌諵。Maraṇa 壽煖識の三法捨離するを死と名く。【梵語雜名】に「死。母陀。」【俱舍論五】に「壽煖及與レ識。三法捨レ身時。所捨身僵仆。如三木無二思覺一。」【名義集】に「末剌諵。此云レ死。」【釋氏要覽】に「雜阿含經云。壽煖識三法捨離名レ死。」

シ 伺 〔術語〕 心所法の名。梵語、毘遮羅 Vicāra 舊に觀と譯し、新に伺と云ふ。細心に事理を伺察するなり。俱舍七十五法中、八不定法の一、唯識百法中、四不定法の一。是れ色界初禪の大梵天巳下の心に相應する心所なり。二禪巳上には總じて此心所なし。伺察の念は寂靜の禪心と相應し難きが故なり。【唯識論七】に「觀謂伺察。令二心忽遽一。於二意言境一。細輕爲レ性。」

シ 尸 〔雜語〕 尸羅の略。

シアイキ 四愛起 〔名數〕 四愛生に同じ。【增一阿含經二十一】に「世尊告二諸比丘一。有二四愛起之法一。」「シアイシヤウ」を見よ。

シアイシヤウ 四愛生 〔名數〕 一に衣服愛、二に飮食愛、三に臥具愛、四に有無有愛。有に於て愛を生じ無有に於ても愛を生ずるなり。【俱舍論二十二】

シアガフマ 四阿笈摩 〔名數〕 四阿含の新稱。

シアク 四惡 〔名數〕 四惡趣の略。

シアクシユ 四惡趣 〔名數〕 地獄、餓鬼、畜生、修羅なり。又、四惡道と云ふ。⦿（近松、歌念佛）「地獄、餓鬼、畜生、修羅、此四惡趣の苦患を解脫し」

シアクダウ 四惡道 〔名數〕 四惡趣に同じ。

シアクビク 四惡比丘 〔名數〕 【佛藏經往古品】に「過去大莊嚴如來滅度の後百歲に諸弟子分れて五部となる。一を普事、二を苦岸、三を薩和多、四を將去、五を跋難陀と名く。普事比丘は佛所說の眞實空義無所得法を知るを以て多く人を度して共に涅槃に入り、餘の四比丘は第一義無所得畢竟空の法を捨てて外道尼乾子の論に貪樂するを以て命終して阿鼻地獄に墮し、無數劫を經て人中に生れ、一切明王佛に値ひて出家し、十萬億歲勤修精進すると頭燃を救ふが如くすれども道果を得ず、何を以ての故に、佛深法を說くも是の人信ぜずして破壞し違逆すれば破法の因緣、法として當に爾るべきなり。」又【觀佛三昧海經九】に「昔四比丘あり、律を犯し恥となさず、怙む所なし。忽ち空中の聲を聞く、曰く、汝の所犯救ふもの無しと謂へども然らざるなり、空王如來復た涅槃すと雖形像尙在り、汝塔に入りて一たび寶像の眉間の白毫を觀るべし。比丘之に隨つて泣涙して言して曰

く、佛像尙爾り、況や佛の眞言をや。身を擧げて地に投ずると大山の崩るるが如し。今四方に皆正覺を成ず、東方の阿閦佛、南方の寶相佛、西方の無量壽佛、北方の微妙聲佛、是れ四の破戒比丘なり。」

シアクモン　止惡門　〔術語〕止持門に同じ。

シアゴン　四阿含　〔術語〕增一、中、長、雜の四部の阿含經なり、一切小乘經の部別なり。「アゴン」を見よ。

シアゴンボセウカイ　四阿含暮抄解　〔經名〕二卷、婆素跋陀阿羅漢撰、符秦の鳩摩羅佛提譯。四阿含經の抄解なり。文甚だ讀み難し。【藏帙四】(1381)

シアジヤリ　四阿闍梨　〔名數〕密法傳授の阿闍梨に四種あり。「アジヤリ」を見よ。

シアンラク　四安樂　〔名數〕「シアンラクギヤウ」を見よ。

シアンラクギヤウ　四安樂行　〔名數〕法華經安樂行品に說ける四種の安樂行なり、安らかに法華を行ずる法なり。**一**に身安樂行。謂く、身當に十種の事を遠離すべし。一に豪勢を遠離す、二に神人邪法、三に凶險嬉戲、四に旃陀羅、五に二乘衆、六に欲想、七に五種不男の人、八に危害の處、九に譏嫌の事、十に年少の弟子沙彌小兒を畜養するを遠離す。身既に此十事を遠離すれば常に好く坐禪して其心を修攝するを得る故に身安樂行と名く。**二**に口安樂行。謂く當に四種の語を遠離すべし。一に樂みて人及び經典の過を說かず、二に他を輕慢せず、三に他を讃せず、亦他を毀せず、四に悲恨の心を生ぜず。口能く是の如くなれば安樂に其心を修攝するを得れば安樂行と名く。**三**に意安樂行。意に四種の過を遠離すべし。一に嫉諂、二に輕罵、三に大行を以て小行の人を訶罵するなり、四に爭競なり。意に此四種を遠離すれば常に好く安樂に其心を修養するを得るを以て意安樂行と名く。**四**に誓願安樂行。此の法華經に於て不聞不知不覺の衆生に向つて慈悲心を起すべし、我れ阿耨菩提を得んときに神通力智慧力を以て之を引て是の法中に入らしめんと、此の誓願を發して常に好く自行を修攝するを誓願安樂行と名く。

シイ　四意　〔名數〕四意趣の略。「シイシユ」を見よ。

シイ　四夷　〔名數〕四波羅夷の略。

シイカイ　四夷戒　〔名數〕四波羅夷の戒法なり。

シイゴフ　思已業　〔術語〕心中に於ける分別思惟の思業が行爲言語となりて現はれたるを云ふ。

シイザイ　四夷罪　〔術語〕四波羅夷の罪過なり。

シイシユ　四意趣　〔名數〕佛の說法に四意四秘あり、以て一切の所說を解決すべし。別に言外の意趣ありと說くもの四意趣と名く。此四意趣に依て一切の佛意を決すべしと云ふ。【玄弉譯攝論釋五】「復た四意趣四種秘密あり、一切の佛言應に隨つて決了すべし。四意趣とは一に平等意趣、我れ昔曾て彼時に於て毘婆尸佛と名くと說く如き、昔時の毘婆尸佛即ち今の釋迦佛に非ざれども、諸佛所證の法平等なるに依て我は即ち彼、彼即ち我れなりと說く。之を平等意趣と名く。二に別時意趣、多寶如來の名を稱すれば便ち等正覺を決定すべし、阿彌陀の名を稱すれば便ち極樂に往生すべしと說く如き、是れ懈意者を勸めん爲に別時の利益に就て之を說く、今直ちに之を得と言ふにあらず。猶一錢に依て百錢を得ると說く如し。是れ別時に就て說けば別時意趣と名く。三に別義意趣、言說と意義と不同あるなり。幾許の恒河沙の佛に奉事して大乘法を解了すと說く如き、もと大乘法の義理を解了する如きは難事にあらず、凡夫も能く思惟すれば之を能くす、敢て恒沙の佛に遭ふを要せず。大乘の實理を證得するは容易の事にあらず、地上の菩薩にして初て之を能くす、因て今恒沙の諸佛に事へて大乘法を解了すと言ふは其言相は只大乘の教義を解するに似たれども、其意思は大乘の實理を證得するに在り。是の如く言說と意義と別なるを別義意趣と名く。四に補特伽羅意樂意趣、補特伽羅、衆生又は有情と譯す。衆生の樂意に隨ひて種種に法を說くなり。先に一衆生に對して布施を讃嘆し、其人已に布施を樂欲するを見て更に布施を毀呰す。持戒等亦た是の如し。是れ一法に於て毀讃相違するは初め其の人の慳悋の心を除かんが爲に布施を讃するなり、後は更に無漏の勝法を勸めんが爲に之を毀るなり。是れ皆衆生の意樂に隨ふ說なれば衆生意樂意趣と名く。【佛陀扇多譯攝大乘論上】に「四種意趣。一者法同意趣。二者時節意趣。三者義中間意趣。四者順衆生心意趣。」【眞諦譯攝大乘論釋六】に「復以有二四意一。一平等意。二別時意。三別義意。四衆生樂欲意。」

シイダン　四意斷　〔名數〕「シシヤウゴン」を見よ。

シイチ　四一　〔術語〕台家の釋に依るに法華經の方便品中五佛の一乘を開顯するに教行人理の四に就て各唯一無二の旨を明かせり、依て之を四一の開顯と云ふ。一に教とは能詮の經典なり、能詮の經典唯一佛乘を說くを教一と云ふ。經に「如來但以二一佛乘一故。爲二衆生一說レ法。無レ有二餘乘若二若三一。」是れ其の證なり。二に行とは其の教に依て修する行法なり。其の行法唯菩薩の大行なるを行一と云ふ。經に「諸有ル所作ハ常爲ナリ二一事一。唯以二佛知見一示二悟衆生一。」是れ其

の證なり。三に入とは其の佛知見を開かん爲に行法を修する人なり、其の人唯菩薩なるを入一と云ふ。經に「諸佛如來但敎二化菩薩一」是れ其の證なり。四に理とは行に依て開かれし佛知見の所證なり。其の所證唯諸法實相の一理なれば理一と云ふ。經に「諸佛世尊欲下令三衆生開二佛知見一使上レ得二淸淨一故出二現於世一」是れ其の證なり。【法華文句四】

シイラ 翅夷羅 〔衣服〕鳥毛にて作れる衣なり。【四分律同宗記三末】に「翅夷羅衣。鳥毛作衣也。」

シイン 齒印 〔雜名〕印度の法に齒を以て證書に印するあり、吾邦の拇印の如し。【雜阿含經二十五】に「時王以二此語一盡書二紙上一。而封緘之。以二齒印一印レ之。」【法華玄贊八】に「如二王齒印一。非二餘人物一。」

シイン 指印 〔雜名〕即ち拇印の如き歟。【行事鈔中上】に「諸書指印遣使」【同資持記】に「言二指印一者。舊云。手畫印レ紙。以表二其意一。或云。西人指上貫レ印持以爲レ信。」

シイン 私印 〔雜名〕二印の一。比丘私用の印なり。【毘奈耶雜事一】に「若私印者。刻作二骨鎖形一。或作二髑髏形一。欲レ令三見時生二厭離一故。」

シイン 四印 〔名數〕四智印なり、金剛界五智如來の中に大日如來の法界體性智を除き、餘の阿閦如來の大圓鏡智、寶生如來の平等性智、無量壽如來の妙觀察智、不空成就如來の成所作智の四智を云ふ。

シインヱ 四印會 〔術語〕金剛界九會の一。阿閦、寶生、無量壽、不空成就の四佛の四智を以て一切諸尊を攝收する曼陀羅なり。「クヱマンダラ」を見よ。

シウ 四有 〔名數〕生有、本有、死有、中有の四なり。「ウ」を見よ。

シウ 死有 〔術語〕四有の一。本有の後中有の前、壽命方に盡くる時の色心を云ふ。「ウ」を見よ。

シウ 師雨 〔術語〕師は法師なり、雨は雨安居、即ち夏臘なり。謂く某師の夏臘若干なり。【玄應音義二十五】に「師雨。謂雨安居也。言師若干夏臘也。」即ち師の法臘と云ふこと。

シウインカンクワ 酬因感果 〔術語〕因行に酬報して果報を感得すること。「イングワ」を見よ。

シウガン 鷲巖 〔雜名〕靈鷲山なり。【華嚴玄談一】に「鷲巖西峙。象駕東馳。」

シウキ 周忌 〔雜名〕一周忌なり。先亡者の忌日より一周年に當る日を云ふ。

シウキサイ 周忌齋 〔行事〕一周忌の法會なり、僧に齋食を供すれば齋と名く。

シウクキ 臭口鬼 〔異類〕九種鬼の一。「ガキ」を見よ。

シウクワン 周闋 〔雜語〕一周忌なり。闋は闋節の義、是れ死亡日より一周年に當る闋節なり。

シウクワン 收管 〔職位〕禪林の職名。收納の管領なり。【象器箋十二】

シウコツ 收骨 〔雜語〕茶毘の後、化骨を收拾するなり。【敕修淸規亡僧入塔】に「茶毘後執事人。鄕曲法眷。同收レ骨。以レ綿裹。袱包函貯。封定迎二歸延壽堂一。」

シウコンガウ 周金剛 〔人名〕唐の德山鑒禪師姓は周氏、出家して常に金剛般若經を講ず。時に之を周金剛と曰ふ。【傳灯錄十五德山章】

シウコンガウワウ 周金剛王 〔天名〕周金剛更に周金剛王とも云ふ。

シウサン 收生 〔雜語〕生飯を收むるなり。

シウシ 鷲子 〔人名〕又、鶖鷺子に作る。舍利弗の譯名なり。鷲子に作るは非なり。「舍利弗」「シウロシ」を見よ。

シウシヨ 洲渚 〔譬喩〕涅槃に譬ふるなり。【祖庭事苑三】に「大般若云。善現白レ佛。云何菩薩爲二世間一作二洲渚一故。發二趣無上正等菩提一。佛言。譬如二巨海大小河中一。高顯可レ居周廻水斷。說爲二洲渚一。如レ是善現。色前後際斷。乃至諸佛正等菩提前後際斷。由二此前後際斷一一切法斷。此一切法前後際斷。即是寂滅。即是微妙。即是如實。」

シウシヤウ 周祥 〔雜語〕一周忌なり。佛の一周忌は即ち儒の小祥忌なれば祥と云ふ。

シウシンダコフ 就身打劫 〔雜語〕衣服をはぎとるなり、盜賊の家財を取るを打家劫舍と云ふ。劫はおしとりにするなり。【諸錄俗語解】

シウセウ 收鈔 〔雜語〕收納する所の錢財なり。【象器箋二十】

シウダイ 鷲臺 〔地名〕靈鷲山なり。「シウホウ」を見よ。

シウダンナ 四優檀那 〔名數〕Mudrā*地持論所說。一切行無常、一切行苦。諸法無我、涅槃寂滅の四句を云ふ。優檀那此に印と譯す、此法相決定して不變不易なれば印と名く。【大乘義章二】に「優檀那者中國印。此名爲レ印。」或は Udāna (頌)と混じたるものか。

シウトウセン 鷲頭山 〔地名〕王舍城の耆闍崛山なり、又、靈鷲山と云ひ、鷲峯山と云ふ。【慧琳音義十一】に「鷲頭山名也。在二王舍城側一。亦名二鷲峯山一。亦名二靈鷲山一。梵云二耆闍崛山一。並一山也。」

シウナン 終南 〔人名〕華嚴宗の初祖杜順、寂後靈を終南山に現はす、後人稱して終南と曰ふ。【佛祖統紀二十九】

シウノウ 秀能 〔雜名〕北宗の祖神秀と南宗の祖慧能となり。

シウヘンガンヨウクワン　周遍含容觀　〔術語〕華嚴宗法界三觀の一。「サングワン」を見よ。

シウヘンホフカイ　周遍法界　〔術語〕法の所在を法界と名け、法無盡なれば法界亦無邊なり。法身の功德無邊の法界に及ぶを周邊法界と云ふ。

シウホウ　鷲峰　〔地名〕靈鷲山の異名。又鷲頭山、鷲臺とも云ふ。【玄應音義二十一】に「鷲峯。梵言二姞栗陀羅矩吒Gṛdhrakūṭa山一。此云二鷲峯一。或鷲臺。言此山既栖二鷲鳥一。又類二高臺一也。舊言二耆闍崛山一者訛略也。」

シウモクテンワウ　醜目天王　〔天名〕廣目天王なり。

シウモウキ　臭毛鬼　〔異類〕十類鬼の一。

シウロ　鶖鷺　〔人名〕鶖鷺子に同じ。

シウロシ　鶖鷺子　〔人名〕又鶖露子。秋露子に作る。舍利弗の譯名なり。【玄應音義四】に「梵言二舍利弗一。舊文言二舍利子一或言二奢利富多羅。Śāriputra 譯此言二鴝鵒子一。從レ母爲レ名。母眼似二鴝鵒一。或如二秋露鳥眼一。因以名焉。舊云二身子一者謬也。身者奢梨 Śarīra 與二此奢利一聲有二長短一。故有二斯誤一。或言二優波提舍一Upatiṣya 者。從レ父名也。」【同二十一】に「鶖鷺。鶖大鳥也。其羽鮮白。鷺白鳥也。即白鷺也。」【可洪音義二】に「秋露子。亦作二鶖鷺一。鳥名也。梵言二舍利弗一。亦云二奢利弗多羅一。此云二鴝鵒子一也。舍利此云二鸜鵒一。弗此云レ子。此是時人見三其母眼似二鸜鵒一故詺云二舍利子一也。本名優波提舍。」「シャリホツ」を見よ。

シウロビク　醜陋比丘　〔人名〕鈴聲比丘其形甚だ醜陋なり、醜陋比丘と稱す。「バイビク」を見よ。

シウヰサウ　四有爲相　〔名數〕生住異滅の四なり。「ウヰ」を見よ。

シウン　四運　〔名數〕具に四運心と云ふ。凡そ人の起念に就て四位あり。一に未念、例へば人の松を念ふに、未だ松と云ふ念は起らざるも後に必ず起るべき位を未念と云ふ。二に欲念、將に松と云ふ念起らんとする位なり。三に正念、正しく松と云ふ念の起れる位なり。四に念已、既に松と云ふ念の滅し已りし位なり。此四位を四運と名くるは未念、欲念、正念、念已と念念相續して運び行くが故なり。此四運心の一に就て四句を推撿し、一切の起念を泯亡する觀法あり、之を四性推撿とも四性觀とも云ふ。【止觀二之三】「シウン」を見よ。

シウンシン　四運心　〔名數〕略して四運と云ふ。

シエ　四依　〔名數〕四種あり一に行の四依、二に法の四依、三に人の四依、四に說の四依なり。

行四依　〔名數〕行人所依の四法なり。一に糞掃衣、二に常乞食、三に樹下坐、四に腐爛藥。此四種の法は入道の緣、上根利器の依止する所なれば行の四依と名く。又之を四聖種と名く。此法能く聖道を生じ聖が爲に種となるが故に聖種と曰ふ。【四分律四十八、大乘義章十一、行事鈔資持記上一ノ二】

法四依　〔名數〕一に依法不依人。人は情有の假者なり。法は法性自爾の軌模なり。法に依て道に入るべし、人何ぞ實行に關せん。其人假令凡夫外道なるも說く所法に契はば以て信受奉行すべし。たとひ佛身の相好を現ずるも說く所法に契はざれば捨てて依るべからず、況んや餘人をや。二に依了義經不依不了義經、三藏中了義經あり不了義經あり、明かに中道實相の義を明かすを了義經とし、然らざるを不了義經となす。群生は情識の淺深利鈍の不同なるに依て大臣をして別說せしむ。故に入道の人先づ之を曉らしむべし、壅とし て通ぜざるなく疑あれば皆決せん、三に依義不依語。語は言說、但是れ筌蹄を張るなり、若し言語に依らば徒に疑惑諍訟を增さんのみ。義は中道第一義なり、言語の及ぶ所にあらず。學人宜しく筌蹄を去りて實義を思惟すべし。四に依智不依識。識は妄想の心六塵に對して起り耽迷して覺らず、牛羊と何ぞ異らむ、識を恣にせば妄惑を增長せんのみ。智は本心照明の德。以て法性に契合すべし。學人宜しく妄識を定止して眞智を策發すべし。【智度論九、釋門歸敬儀中】

人四依　〔名數〕涅槃經六に如來の使者となりて末世の弘經をなし、人天の依止となる者四人を舉ぐ、之を人の四依と云ふ。一は具煩惱性の人、即ち三賢四善根。二は須陀洹、即ち預流果。斯陀含、即ち一來果。の人、三は阿那含即ち不還果。の人、四は阿羅漢の人。是れ內證は大乘の菩薩なれども、外に聲聞の相を現じて法を傳へ人を化するなり、而して其の內證の涅槃に就て之を大乘の位次に配するに諸說不同なり。先づ天親の【涅槃論】に初地を初依とし六七地を二依とし、八九地を三依とし、第十地を四依とす。天台は【法華玄義五】に地前を通じて初依とし、初地より五地を二依とし、六七地を三依とし、八九十地を四依とす。是れ別敎に依る。又五品六根を初依とし、十住を二依とし、十行十廻向を三依とし、十地等覺を四依とす。是れ圓敎に依る。又慈恩は【彌勒上生經疏上】に地前を初依とし、初地より六地に至るを二依とし、七八九地を三依とし、第十地を四依とす。異說多し。

說四依　〔名數〕佛說法の四依なり、四種の密意に依て法を說く、眞諦の攝論には之を四依と云ひ、玄奘の攝論には之を四秘密と云ふ。「シヒミツ」

を見よ。

シエ 紫衣 [衣服] 紫色の袈裟或は上衣なり。是れ佛制の色にあらず、僧の紫衣を賜ふと支那には唐の法朗等を以て始めとし、本朝には建仁寺の榮西、永平寺の道元を以て始めとす。杜預左傳を註して「紫衣君服」即ち君の服色を以て之を寵するなり。【僧史略下】に「按㆓唐書㆒。則天朝有㆓僧法朗等㆒。重㆓譯大雲經㆒。陳㆓符命㆒言。則天是彌勒下生。爲㆓閻浮提主㆒。唐氏合㆑微。故由㆑之革㆑命稱㆑周。法朗薛懷義九人並封㆓縣公㆒。賜㆑物有㆑差。皆賜㆓紫袈裟金龜袋㆒。其大雲經頒㆓於天下寺㆒。各藏㆓一本㆒。令㆓高座講說㆒。賜㆑紫自㆑此始也。」【資持記】に「今時沙門多尙㆓紫服㆒。按㆓唐紀㆒。則天朝薛懷義辭㆓宮庭㆒。則天寵用令㆑參㆓朝義㆒。以㆓僧衣色異㆒因令㆘服㆓紫袈裟㆒帶㆗金象袋㆖。後僞㆓撰大雲經㆒。結㆓十僧㆒作㆑疏進上。復賜㆓十僧紫衣龜袋㆒。由㆓此弊源一洩㆒于㆑今不㆑返。」【六物圖】に「輕紗紫染。體色俱非。佛判㆓俗服㆒。全乖㆓道相㆒。何善之有。」【延寶傳燈錄榮西章】に「建仁二年金吾大將軍賴家源公。施㆓地於洛東㆒。營㆓大禪刹㆒。先㆑是平侍郎奏賜㆓紫衣㆒。」【道元和尙行狀】に「後嵯峨帝聽㆓師道譽㆒。賜㆓紫方袍㆒。號㆓佛法上人禪師㆒。力辭不㆑許。作㆑偈奉㆑謝曰。永平雖㆓山淺㆒。敕命重重重。却被㆓猿鶴笑㆒。紫衣一老翁。」【和漢三才圖會二十八】に「聖武天皇靈龜二年。僧玄昉入唐學問。唐天子尊㆑昉准㆓三品㆒。令㆑著㆓紫袈裟㆒。自㆑是本朝亦施㆓紫袈裟㆒著㆑之。」

シエ 紙衣 [衣服] 紙製の衣なり。【五燈會元臨濟下】に紙衣和尙あり。曹山錄に紙衣道者あり。【北齊書元宗紀】に「回紇入㆓東京㆒。肆掠蕩盡。士民皆衣㆑紙。」

シエ 柹衣 [衣服] 山伏の衣なり、其赤色を取て「カキ」と云ふ。入峯修行の時に之を服す。【資道十物記】に「我等衆生。宿㆓母胎內㆒。住㆓于血中㆒經㆓五位㆒出現。初趣㆓佛法修行㆒。將㆘報㆓父母恩重㆒利㆗益衆生㆖。故表㆓血相㆒。染㆓造赤色㆒繫㆓此體上㆒。以稱㆓柹衣㆒。」

シエ 緇衣 [衣服] 紫にして淺黑、正黑にあらず。若し黑は五方の正色にして之を服するは非法なり。【僧史略上】に「幷部幽州。則尙㆓黑色㆒。若服㆓黑色㆒最爲㆓非法㆒也。何耶。黑是上染大色五方正色也。問緇衣者何狀貌。答。紫而淺黑。非㆓正色㆒也。」

シエイ 四翳 [名數] 一に雲、二に風塵、三に烟、四に阿修倫。即ち日月蝕なり、貪瞋痴慢の煩惱に譬ふ。

シエイ 子璿 [人名] 宋の秀州長水の子、璿長水と號す。初め本州の洪敏法師に從て楞嚴經を學び、後瑯琊山の覺禪師に參見して悟る所あり。後長水に住す、衆幾んど一千、賢首の宗旨を以て楞嚴經起信論義記等を釋す。唐の圭峯より宋代に至て華嚴を唱導せしものは師一人のみ。【稽古史略四】

シエウ 紙葉 [雜名] 佛の在世既に紙葉あり經典を書寫するを許す。【毘奈耶雜事二十五】に「若於㆓經典㆒不㆑能㆓記憶㆒。當㆓云何持㆒。佛言。應㆘寫㆓紙葉㆒讀誦受持㆖。」

シエウボン 四要品 [名數] 法華經二十八品中第一方便品、第二安樂行品、第三壽量品、第四普門品。是れ法華一部の主要なれば四要品と稱す。何となれば此四即ち敎行體用の四なり。方便品は十方佛土の中に唯一乘の敎法のみあるとを開顯すれば是れ敎なり、安樂行品は法華の行者が修する所の一心三觀の行法を示せば是れ行なり、壽量品は久遠本覺の佛身を顯はせば是れ體なり、普門品は佛陀自在の應化を示せば是れ用なり。即ち一乘の敎法に依て一心三觀の行法を修し、此行法に依て本覺の佛身を證得し、此佛身の本體より種種の應化を示現するなり。【法華文句記一】に「方便安樂。壽量普門。並是本迹之根元。此經樞鍵。」又此四品は次第の如く發心修行菩提涅槃の四點なり。【雜談集七】

シエハチシヤウ 四依八正 [術語] 行の四依と八正道なり。糞掃衣等の行の四依を緣とし、正見等の八正道を因として證果を得るなり。【南山戒疏三下】に「行法依。即四依八正是也。」「シエ」を見よ。

シエン 資緣 [雜語] 衣食住は佛道修行を資する外緣なれば資緣と云ふ。

シエン 思緣 [雜語] 思惟緣念するなり。【金光明經上】に「入㆓大寂空三昧㆒。思緣放㆓大光明㆒。」

シエン 四緣 [名數] 舊譯には因緣、次第緣、緣緣、增上緣と名け、新譯には因緣、等無間緣、所緣緣、增上緣と名く。一に因緣、親しく自體を辨じ自果を生ずるを因と爲し、因を以て緣となすが故に因緣と名く。小乘俱舍には俱有因、同類因、相應因、遍行因、異熟因の五因を以て因體とし、成實には生因（異熟因）依因（心色）相習因（同類因）の三因を以て因體とし、大乘唯識は第八識種子が一切現行法を生ずる如き（種子生現行）種子を以て因とし、又一切現行法が第八識に種子を薰ずる如き（現行薰種子）現行法を以て因とし、又第八識中に在て前念の種子が後念の種子を生ずる如き（種子生種子）前念の種子を以て因とす、此三因正に因體なり。此緣は一切の有爲法に在り。二に等無間緣、此は心心所の上に於て立つる緣にして、前念に滅する心法が逃避し（是れ一用）開導し（是れ一用）て後念の心法を引起す作用を指して等無間緣と云ふ。猶野中の獨木橋を渡るに前人逃避開導して後人を渡すが如し。等とは等同の義にして前念後念其の心心所の數には多少增減あるも、心心所の體に於

ては各一箇にして更に二箇并起するとなく、即ち前後平等なるを云ふ。無間とは前後二心の間他の間隔する物體なく、たとひ幾時を經るも前念の心直に後念の心の爲に生緣となれば無間と云ふ。此緣但心法に限り餘の色法又は非色非心の法に通ぜず。三に所緣緣、此は心法が所緣の境に對して起る上に立つる緣にして、心法獨り起らず、必ず所知の境に攀緣して起ると猶羸弱の人の杖に依て起つが如くなるを云ふ。是れ所知の境は心の爲に攀緣せらるれば所緣と名け、此所緣は所起の心法の爲に緣となれば所緣緣と云ふ。此緣一切法に在り、一切法皆心が所緣となればなり。四に增上緣、與力不障の二義あり、他の生法に於て力を與ふるを有力增上緣と爲し、他の生法に於て障碍せざるを無力增上緣とす。凡そ前の三緣も亦此の二義を有すれども、彼等は特殊の義に依て別緣を立つるが故に、今は彼の三緣を除きて餘の一切法の疎く助くる緣を該括して皆增上緣と爲すなり。故に此緣亦一切法に在り。さて此四緣を以て所生の法を分別するに心法は四緣に由て生じ、無想定滅盡定の二無心定は所緣緣を除きて他の三緣に依て生じ、(彼れ無心なれば所緣緣なし。)一切の色法は因緣增上の二緣に由て生ず。諸法中更に一緣に由て生ずる者なし。【智度論三十二、唯識論七、大乘義章三、百法問答抄三】

シエン 四衍 【名數】衍は梵語 Yāna の轉訛、乘なり。聲聞、緣覺、菩薩、佛の四乘なり。

シエン 死緣 【雜語】人をして死に至らしむる現在の助緣なり。死因は過去の業因なり。死緣無量なり。【歸元直指上】に詳記す。

シオン 四恩 【名數】心地觀經に、一に父母恩、二に衆生恩、三に國王恩、四に三寶恩。【釋氏要覽中】に、一に父母恩、二に師長恩、三に國王恩、四に施主恩。⊙(平家二)「まづ世に四恩候ふ。天地の恩、國王の恩、父母の恩、衆生の恩これなり。」

シカ 四河 【名數】贍部洲の中地、阿那婆答多 Anavatapta 池(舊に阿耨達池と云ふ。)より出づる四大河なり。一に殑伽河、Gaṅgā 舊に恒河又は恒伽河と云ふ。池の東面より出で一帀して東南海に入る。二に信度河、Sindhu 舊に辛頭河と云ふ。池の南面より出で一帀して西南海に入る。三に縛芻河、Vakṣu 舊に縛叉河と云ふ。池の西面より出で一帀して西北海に入る。四に徙多河、Sītā 舊譯に私陀河と云ふ。池の北面より出で一帀して東北海に入る。徙多河の流れ即ち支那の河源なりと。【西域記一】

シカ 鹿 【動物】梵語、疑咪 Mṛga 又は捨麼攞。佛鹿苑に於て初めて四諦の法輪を轉ず、依て鹿を以て轉法輪の三昧耶形とす。【毘奈耶雜事】に「佛言。凡印有二種一。一是大衆。二是私物。若大衆印可レ刻二轉法輪像一。兩邊安レ鹿。伏跪而住。其下應レ書二元本造寺施主名字一。」【本朝高僧傳慶祚傳】に「鹿是菩薩轉法輪之三摩耶。」【梵語雜名】に「鹿。疑咪。又、捨麼攞。Sambara.*」

逐鹿 【雜語】【虛堂錄一】に「逐レ鹿者不レ見レ山。攫レ金者不レ見レ人。」

九色鹿 【傳說】【九色鹿經】に「昔一人あり、水の爲に漂溺せられ、或は出で或は沒す。時に鹿あり角白くして雪の如く、其毛九色なり。河に入る人の命を救て存するを得たり。後に王此鹿を索む、知る者は重賞せんと。其人鹿を示す。將に鹿を殺さんとす。時に其人癩を著く。王問て其の故を知り鹿を殺さず。其人乃ち發心す。」⊙(宇治拾遺)に「五色鹿の事」九色鹿の誤。今昔物語にも出づ。

シカ 知客 【職位】禪林の接待役なり。

シカイ 死海 【譬喩】生死無邊なり、喩へて海と云ふ。【寶積經九十六】に「如三駛河流一終歸二死海一。」【止觀一】に「橫二截死海一超二度有流一。」【無常經】に「如三其壽命盡。須臾不二暫停一。還三漂死海中一。隨レ緣受二衆苦一。」

シカイ 四界 【名數】地水火風の四大なり。【增一阿含經二十】界とは性の義、此四各自性を持して改めざれば界と名く。【俱舍論界品頌】に「大種謂四界。即地水火風。」

シカイ 四海 【雜名】佛敎には須彌山を圍繞せる四方の外海を以て四海と爲す。

シカイ 四戒 【名數】一に解脫戒、戒師より如法の作法を以て戒を受け、身中に戒體を發得して身口の惡業を解脫するもの、此に就て沙彌比丘等の差を生ず。二に定共戒、色界四禪の定に入れば身は自ら戒體を生じて防非止惡の功能を生ずるもの。三に道共戒、見道以上に於て無漏道を證得すれば無漏道と共に防非止惡の戒體を生ずるもの。四に斷戒、貪瞋痴等を斷じて道果を成ずるを斷戒と名く。【華嚴孔目章】

シカイジヤウダウ 四階成道 【名數】又四階成佛と云ふ。小乘佛の成道に四階あり。一は三阿僧祇劫の萬行、二は百大劫の相好業、三は最後身に下八地の惑を斷じ、四は道場に坐して三十四心に非想の惑を斷じて成佛す。【大乘義章】に「大智度中迦旃延子曰。略有二四階一。一者三祇。二者百劫。三者後身斷二下八地一。四者三十四心斷二非想惑一。毘曇同レ之、成實少異。」【金光明玄義記上三】に「婆沙翻レ數。此論廣說二四階成佛一。」【四敎儀集註中】に「三祇百劫名二四階成道一。」

シカイジヤウブツ 四階成佛 【名數】四階成道に同じ。

シカイセウヂ　四界攝持　〔術語〕地水火風の四大一切の諸法を攝持するを云ふ。【大日經疏十一】に「四界攝持謂地水火風界。雖レ現ニ此身内外依正ー然此是心王。安住同ニ於虛空ー。虛空常不レ動而含ニ容一切ー也。」

シカイリヤウシヤウヰン　四海領掌印　〔印相〕御即位灌頂の時天皇に奉授する秘印の一。【天台史略下】

シカイロンジユ　四海論主　〔人名〕隋の高僧敬脫の嘉稱なり。【釋氏要覽下】

シカウ　四向　〔名數〕一に須陀洹向、舊に入流又は逆流と譯し、新には譯名を以て預流向と云ふ。見道十五心の間三界の見惑を斷ずる位なり。是れ須陀洹果に向ふ因位なれば向と云ふ。二に斯陀含向、一來と譯す。因て新は譯名に就きて一來向と云ふ。欲界九品の修惑中前六品を斷ずる位なり。向の義同前。三に阿那含向、舊に不來と譯し、新は不還向と云ふ。欲界九品の修惑中後三品を斷ずる位なり。向の義同前。四に阿羅漢向、不生と譯す。新舊共に梵名に就きて阿羅漢向と云ふ。色界無色界の一切の修惑を斷ずる位なり。「シクワ」參照。

シカウ　嗣香　〔術語〕先師に對して已が法嗣たるを得たりし恩を謝せん爲の辯香なり。【元亨釋書普門傳】に「嗣香報ニ聖一ー。」

シカウ　枝香　〔雜名〕三種香の一。

シカカクゲン　四箇格言　〔名數〕日蓮の格言なり。「念佛無間、禪天魔、眞言亡國、律國賊」と。案ずるに念佛は極樂の業なりと言へば、之を翻じて無間地獄の因なりと云ひ。禪は頻りに「悟」即ち佛を言へば、之を翻じて天魔なりと云ひ。眞言は鎭護國家の秘法なりと言へば、之に翻じて亡國の邪法とし。律は住持の僧寶なりと言へば、之に翻じて國賊なりと言ふ、皆時弊を痛斥せし毒鼓なり。

シカカイダン　四箇戒壇　〔名數〕第一南都の東大寺、第二下野の藥師寺、第三筑紫の觀音寺、已上三戒壇と稱し瑜伽禀承の大乘戒壇なり。第四江州延曆寺なり。此れ梵網爲主の大乘戒壇なり。⊙（正統記四）「傳敎始めて圓頓戒壇を立つべきよし奏せられしを、南京の諸宗表をあげて爭ひ申ししかど、終に戒壇の建立を許されて本朝四箇所の戒壇とする」「カイダン」の項參照。

シカク　始覺　〔術語〕一切衆生の本性たる自性清淨心は本來照明の德を具すれば之を本覺と名け、此の本覺の內薰と師敎の外緣とに由て始めて厭求の心を起し、本覺に順じて漸漸に覺悟の智を生ずるを始覺と云ふ。即ち本成の四德常樂我淨を本覺と云ひ、始成の四德を始覺と云ふ。【起信論】に「始覺義者。依ニ本覺ー故。而有ニ不覺ー。依ニ不覺ー故說レ有ニ始覺ー。」

シカク　四覺　〔名數〕一に本覺、一切衆生の自性清淨心、本來妄念を離れて照明の德あり、本覺と名く。二に相似覺、既に見思の惑を覺知して之を斷じ、類似の覺悟を得る是れ始覺の初めなり、尙無明の細惑を餘して未だ眞覺を得ざれば相似覺と名く、眞覺に類似するを云ふ。是れ別敎の三賢位圓敎の十信位なり。三に隨分覺、分分に無明を斷じて分分に眞覺を得る是れ別敎の十地、圓敎の十住已上なり。四に究竟覺、既に根本無明を斷じ盡して究竟の眞覺を得る、即ち如來地なり。【起信論】

シカコク　斯訶國　〔界名〕下品の穢土なり。【迦才淨土論上】

シカサンマイキヤウ　私呵三昧經　〔經名〕私呵昧經の異名。

シカダイジ　四箇大寺　〔名數〕南都の東大寺、南都興福寺、江州の延曆寺、江州園城寺。【尺素往來】⊙（太平記一五）「此寺四箇の大寺の其一つとして」

シカダイジヨウ　四箇大乘　〔名數〕華嚴、天台、眞言、禪の四箇を云ふ。皆共に實大乘にして最も行はるるを以て稱す。図法相、三論、天台、華嚴を云ふ。「シケ」の條下を見よ。⊙（正統記四）「この三宗に天台を加へて四家の大乘と云ふ」

シカダイブツ　私呵提佛　〔佛名〕私呵摩提佛の略稱。

シカダイホウ　四箇大法　〔名數〕一に安鎭法、二に熾盛光法、三に七佛藥師法、四に普賢延命法。叡山に之を四箇大法と稱す。【溪嵐拾葉集二十四】

シカデンボウ　四箇傳法　〔名數〕叡山の傳法なり。一に達磨所傳の一心戒、二に天台所傳の法華宗、三に天台所傳の梵網宗、四に三聖傳敎慈覺智證所傳の台密なり。【台宗學則下】に「大師は右の四宗を以て直ちに圓家の法孫に傳へしめて此四箇の血脈を列ね、法の一脈一家所承略シテ如レ上。將來法孫依レ例加ヘヨレ名。遮示ハニ法有ヒ在也と遺訓せり。是を以て慶長元和の頃までは其の學業は取るべき人なければども、四箇傳法の名目宗徒皆實とせり」と。

シカニフカイ　四河入海　〔雜語〕「シヤクシ」を見よ。

シカフ　紫甲　〔雜名〕袈裟の中の甲、紫地なり。緣の色は不定なり、衲袈裟よりも略儀なり。

シカハツカウ　四箇八講　〔行事〕四箇日の法華八講なり。

シカホフエウ　四箇法要　〔儀式〕一に梵唄、先づ法會の初に如來妙色身の偈を諷詠して佛德を讚嘆し、且つ外緣を靜止するなり。二に散華、梵唄の次に願我在道場等の偈を唱へて花を散じ佛に供養す。

三に梵音、散華の次に十方所有勝妙華等の偈を唱へて淨音を佛に供養す。四に錫杖、梵音の次に手執錫杖の偈を唱へて錫杖を振るなり。此四事法會中の肝要なれば法要と云ひ、又法用と云ふ。

シカマダイブツ 私訶摩提佛 〔佛名〕 斯琴王の奉事せし佛。「シキンワウ」を見よ。

シカラヲツ 尸迦羅越 〔人名〕 王舍城の長者の子善生と譯す、須闍陀 Sujāta に同じ。

シカラヲツロクハウライキヤウ 尸迦羅越六方禮經 〔經名〕 巴Sigālo-vāda-sutta 一卷、後漢の安世高譯。長阿含善生經の別譯。【昃帙十】(555)

シカン 死漢 〔雜語〕 禪家に鬼窟裏の人を罵りて死漢と云ふ。【碧巖六十一則頌古著語】「義二十四】

シガラ 悉伽羅 〔動物〕 Sṛgāla 譯、野干。【玄應音

シガン 此岸 〔術語〕 涅槃を彼岸と云ふに對して生死を此岸と云ふ。【維摩經菩薩行品】に「不ニ此岸一不ニ彼岸一。不ニ中流一而化ニ衆生一。」【註】に「生曰此岸者生死也。彼岸者涅槃也。中流者結使也。」

シキ 識 〔術語〕 梵語、婆哩惹儞、Parijñāna 心の異名。了別の義なり、心境に對して了別するを識と名く。【唯識論一】に「識謂了別。」【同五】に「識以レ了レ境爲ニ自性一。」【大乘義章三】に「識者乃是神知之別名也。」【止觀二】に「對レ境覺智異ニ乎木石一名爲レ心。次レ心籌量名爲レ意。了了別知名爲レ識。」【同四】に「識是一期心主。」【往生禮讃】に「識揚神飛觀テ難ニ成就一也。」

一識 〔名數〕 小乘の成實宗及び經部は、衆生は唯一識を有するのみ、一識六根に依て六境を緣ずるなりと立つ。而して之を説明するに經中所説の六窓一猿の喩を以てす。是れ亦た一理あり。密教亦た一識を立つ。中臺の大日尊の法界體性智是なり。

二識 〔名數〕 起信論の法門なり。一に阿梨耶識 Ālaya-vijñāna 無沒と譯す。如來藏無明と和合して阿梨耶識となり、一切諸法の種子を藏して沒失せず、且つ常に自識所現の境、即ち種子五根器界を了別するが故に無沒識と名く。二に分別事識、又、意識 Mano-vijñāna と名く。阿梨耶識に依て生じ、色聲等の六境を分別する眼耳等の六識なり。唯識所説の八識を以て之を見れば阿梨耶識は第八阿賴耶に當り、分別事識は前六識に當り、第七末那識は略して之を説かず。

三識 〔名數〕 楞伽經の所説なり、一に眞識、如來藏なり、又自性淸淨心なり。生滅の相を離れたる眞心なり。起信論には之を心とも如來藏とも名く。性宗唯識には此識を立てず。二に現識、又藏識と名く、眞心無明と和合して染淨の法を生ずる識體なり。起信論に所謂阿梨耶識の業轉現三細なり、唯識論に所謂阿賴耶識なり。但し彼は眞妄和合の義を立てず。三に分別事識、轉識と名く。現識を緣として生ずる眼等の六識なり。起信も亦分別事識と名く。【楞伽經一】に「畧説有ニ三種識一。廣説有ニ八相一。何等爲レ三。謂眞識、現識、分別事識。」

五識 〔名數〕 起信論所説にして。一に業識、根本無明の惑に依て初めて本心の動きしもの。業は動作の義なり。二に轉識、業識一轉して能見の作用を生ぜしもの。三に現識、能見の作用に伴て所見の妄境界を現ぜしもの。巳上三識は唯識論の阿賴耶識の自體分、見分、相分の三に當る。四に知識、自心所現の境界に向て種種の邪分別を生ずるもの。五に相續識、邪分別によりて愛境に樂覺を生じ、不愛境に苦覺を生じ、苦樂の念相續して絕えざるもの、且つ之に依て惑を起し業を潤して生死をして相續せしむるもの。巳上二識は意識の作用に屬す。【起信論義記末】又眼耳鼻舌身によりて生ずる色聲香味觸。「ゴシキ」を見よ。

六識 〔名數〕 眼識、耳識、鼻識、舌識、身識、意識なり。六根が次第の如く色聲香味觸法の六境に對して見聞嗅味覺知の了別の作用を生ずるものを云ふ。大小乘通説の法門にして大乘所説の八識中第一より第六に位すれば常に前六識と稱す。此六識に就て欲界に在ては六識皆有り、色界の初禪天に在ては眼耳身意の四識ありて鼻舌の二識なし、又第二禪天以上無色界の有頂に至るまで唯意識ありて眼耳身の三識なし、是れ識相應にして禪定と相應せざればなり。【百法問答抄】又此の六識に就て體一體別の論あり。小乘の倶舍と大乘法相とは體別を取り、小乘成實は體一を取る、「一識」參照。

八識 〔名數〕 眼耳鼻舌身意の六識と末那識 Manas と第八識なり。末那は意なり、意は思量の義、無始巳來間斷なく第八識を了別して我痴我見我慢我愛を思量するが故に意識と名く。此識は識體意なる故意識と名け、前の第六識は此の意を所依とするが故に意識と名く。依て二識を別たん爲に梵名を存するなり。是れ一切衆生妄惑の根本なり。第八識は阿賴耶識なり、藏と譯す、一切諸法の種子を含藏すればなり。是れ有漏無漏一切有爲法の根本なり。恒に種子五根器界の三境を了識するが故に識と名く。舊に阿梨耶と云ふ、無沒と譯す。無沒は不失の義、藏と同意なり。(賢首)、又生死に在れども失沒せざれば無沒と名く。(淨影)、

図性宗は【楞伽經】に、眞識現識分別事識を開きて八識とす。図【大乘義章三末】に八識を列ぬ。前の六識は常の如し。第七を阿陀那識 Ādāna* とす、無解と譯す、體是れ無明痴闇なればなり。是れ唯識の第七識に當る。第八を阿梨耶識とす、楞伽經の眞識と唯識の阿賴耶識とを合して一識の名とす。

性相八識相異 【術語】是れ如來藏即ち眞如を識體と爲すと否とに在り。相宗の八識は唯有爲法の上に於て之を立て、性宗は無爲の眞如を識中に入るるなり。之に就きて【大乘義章】に問て曰く、前の六識は了別する所あれば識と名くべし、後の阿陀那阿梨耶の二識は云何か識と名くと。答ふ、了別に三あり、一に事相の了別、前六識なり。二に妄相の了別、阿陀那識なり。三に眞實自體の了別、阿梨耶識是なり。

九識 【名數】是れ性宗所立。八識の外に無爲の眞如識あるを證す。初め無着菩薩攝大乘論を造る、支那に至て二譯不同なり。梁朝の眞諦は乃ち九識を立つ。前六識は常の如く、第七識を阿陀那識と名け、第八識を阿梨耶識と名け、第九を菴摩羅 Amala 識と名く、無垢識又は清淨識と譯す、即ち眞如なり、眞心なり、楞伽經の眞識なりと。是れ華天性宗九識家の立義なり。然るに唐の玄弉攝論を譯して八識のみを立て、九識を以て八識の異名なりとす。謂く、第八識に染淨の二分あり、其の染分の有爲有漏を取りて阿賴耶識と名け、淨分の無爲無漏即ち四智を取りて菴摩羅識と名く。故に唯識論亦阿賴耶識の異名に無垢識の稱あるも別に立てて九識とせず。是れ畢竟眞如識を許さざる相宗の立義なり。

十識 【名數】密教釋摩訶衍論によりて立つる所、前の八識は唯識所立と異ならず、第九識の一切一心識とは又多一識と云ふ。是れ眞如隨緣して有情非情となり、此の一一の有情非情各一心を有すれば一切又は多と云ひ、而して同一眞性なれば一心と云ふ。台宗の四教に配すれば別教に當るなり。第十の一一一心識とは又一切一心識と云ふ。是れ隨緣せる一切の有情非情を通じて唯一心なれば一心と云ひ、眞如の體唯一なれば一心と云ふ。即ち圓教に當る。例へば一切一心識は顯教の一切諸佛の佛法同じきが故に名けて一佛と爲す如く、一切一心識は密教の法界中大日一佛なり、佛體一なるが故に名けて一佛となすが如し。【菩提心義八】【釋摩訶衍論二】に「心是有レ十。云何爲レ十。一者眼識心。二者耳識心乃至九者多一識心。十者一一識心。如レ是十中初九種心不レ緣二眞理一。後一種心得下緣二眞理一爲中境界上。今據二前九一作二如レ是說一離二心緣相一。」

十一識 【名數】一、身識。眼等の五根。二、身者識。染汚識なり。三、受者識。意根なり。四、應受識。色等の六塵。五、正受識。眼等の六識。六、世識。生死相續して斷絕せざる識なり。七、數識。一乃至阿僧祇數の識。八、處識。器世界。九、言說識。見聞覺知に依ての一切の言說なり。十、自他差別識。自身他身の依止の差別なり。十一、善惡兩道差別識。生死多種の差別なり。是れ有情識の一切法に周偏するを明かして且らく十一識を分けしなり。【眞諦譯世親攝論釋五】

無量識 【術語】眞言宗は釋論によりて一往十識を立つるも、其の實無量の心識を立つるなり。其の故は眞言は心即智、智即佛と立つれば、佛に無量あるを以て心識亦無量なり。依て本宗には胎藏界曼荼羅の諸尊に就て一識と八識と九識と十識と無量識との五釋を立つ。一識とは中台大日尊一種の心王なり、以て一切の心數を攝む、是れ小乘成實の所立に同じ。八識とは八葉尊の八種の心王なり、以て一切の心數を攝む。是れ性相二宗八識家の所立に同じ。九識とは中臺八葉九尊の九種の心王あり、以て一切の心數を攝む。是れ大乘華天の所立に同じ。十識とは初の九尊を除きて其の餘の十佛剎微塵數の一切の心王を攝めて一識となし、之を一切一心識と名け、即釋論の一一識心。之に初の九識を加へて十識となして一切の心數を攝む。無量識とは上の一切一心識を開けば即ち無量識なり、以て一切の心數を攝むるなり。【秘藏記末】顯教亦た此の義を存し、【法華經一】に「諸佛智慧甚深無量」とあるを【文句九】に「境既無量無邊常住不滅智亦如レ是。」と解す。是れ既に經中智智無邊の義を明かし、釋家亦た理理無邊智智無邊の義を述ぶ。又【華嚴經三十六】に「此菩薩摩訶薩知二心意識一。非二即如來一。知二如來智無量一故心亦無量。」と說き、【五教章下】に十心を說きて以て無盡を顯はす。是れ亦經釋同じく無量無盡と曰ふ。又淨影の【大乘義章三】に「隨レ義別分識乃是無量。今據二一門一且論二八識一。」と是の如きの諸說亦た智智無邊の義にあらずやと云ふに、顯教は一心無量の法を知に約して無量心を成じ、密教は本來無量心ありて各自に無量の法を知るなり。又華嚴法華に此等の言あるは佛密義を挿むが故なり。【吽字義探宗記下】

九識尊 【名數】八葉院の九尊を九識に配す。高尾口決　檜尾口決

眼識	觀音	普賢
耳識	彌勒	文殊
鼻識	文殊	觀音
舌識	普賢	彌勒
身識	阿閦	鼓音（釋迦）
意識	寶生	彌陀
末那識	彌陀	華開敷（寶生）
阿賴耶識	不空成就（釋迦）	寶幢（阿閦）
菴摩羅識	大日	大日

シキ 色‖ [術語] 變壞の義、變礙の義、質礙の義なり。變壞は轉變破壞なり、變礙は變壞質礙なり、質礙は形質ありて互に障碍するなり。是れ五根五境等の極微より成れる物の總名なり。又色とは示現の義なり、諸の色法中獨り五境中の色塵を取りて色と名くるは、彼れは質礙の義と示現の義との兩義ありて、色の義勝ぐるればなり。【倶舍論一】に「由二變壞一故。乃至變礙故名爲レ色。」【同八】「或示現義。」と【大乘義章二】「質礙名レ色。」

二種色 [名數] 一に內色、眼耳鼻舌身の五根なり、是れ內身に屬すれば內色と名く。二に外色、色聲香味觸の五境なり、是れ外境に屬すれば外色と名く。【宗鏡錄七十五】図一に顯色、青黃赤白の四なり、二に形色、長短方圓高下正不正の八なり。（大乘は此外に表色を加ふ。）【倶舍論下】

三種色 [名數] 一に可見有對色、對は對礙の義にして色法の自性、對礙の自性を具して眼見すべきもの、青黃等の色塵是なり。二に不可見有對色、對礙の自性を具して眼見すべからざるもの、聲等の四塵、眼等の五根是なり。三に不可見無對色、其自性に對礙なく亦眼見すべからざるもの、無表色是なり。對礙の自性なきに之を色に攝むるは、對礙ある四大より生ずる法なればなり。【阿毘曇論一】図一に顯色、青黃赤白等の色相顯然分明なるもの。二に形色、長短方圓等の形相の見るべきもの。三に表色、取捨屈伸等の表相の見るべきもの。此三色は可見有對色の一に就て分別せしもの。（倶舍には此表色を主とす。）【五蘊論】

十一色 [名數] 五根五境無表色なり。（倶舍論。）十一色悉く實法なり。又五根五境法所攝色なり。（唯識論。）法處所攝色の中の第五自在所攝色に假あり實あり。他四は悉く假なり。

十四色 [名數] 是れ成實の所立なり。五根五境及び地水火風の四大なり。倶舍との異點は倶舍は四大を能造の實色として之を觸境に攝めて、他所造の根境と共に實色となし、成實は色香味觸の四を能造の實色と立て、此四塵に依て地水火風の四大を成じ、聲塵の一と（四大相ひ觸れて聲をなす。）眼等の五根は此の四大より成ず、故に四大五根及び聲塵の十法は共に假色なりと云ふ。假實合せて十四なり。

シキ 四棄‖ [名數] 比丘の四波羅夷罪を四棄を云ふ。此罪を犯せば永く佛法の邊外に棄てらるればなり。「ハライ」を見よ。【楞嚴經七】に「比丘比丘尼四棄八棄。」

シキ 四記‖ [名數] 智度論には四答と云ひ、佛地論倶舍論には四記と云ふ。人あり問を發するに答ふるに四種あるなり。【倶舍論十九】に「一に一向記、若し一切有情皆當に死すべきや否やと問ふあらば、應に一向に記すべし、一切有情皆定て當に死すべしと。二に分別記、若し一切死する者は皆當に生ずべきや否やと問ふあらば、應に分別して記すべし、煩惱ある者は當に生ずべし、餘は然らずと。三に反詰記、若し人は勝とせんか、劣とせんかと問ふあらば、應に反詰して記すべし、何の所に比すとせんと。若し天に比すと言はば應に人劣れりと記すべし、若し三途に比すと言はば人勝れりと記すべし。四に捨置記、若し五蘊と有情と一とやせん異とやせんと問ふあらば、應に捨置記なるべし。有情實なきが故に一異の性成せず、石女兒の白黑等の性の如し。如何か捨置して而も記の名を立つるや。彼の問を記して此れ記す應らずと云ふを以ての故に記と名く。」【智度論二十六】に「佛有二四種答一。一者定答。二者分別義答。三者反問答。四者置答。」【佛地論六】に「言二四記一者。一一向記。二分別記。三反問記。四默置記。」図四定記の略。外道の世界及我の常無常等の十四の難問に就て、佛、常乃至非常非無常等の四句の定記を爲さざるなり、若し爲せば道理に背けばなり。【倶舍論三十】に「四定記皆不レ應レ理。」

シキ 四機‖ [名數] 機は機器なり、又機緣なり、善根の發すべきを機と名く。一に人天機、謂く、諸惡莫作衆善奉行、是れ人天機なり。二に二乘機、謂く、生死を厭惡し涅槃を欣求す、是二乘機なり。三に菩薩機、謂く人を先にし、己を後にし、慈悲仁愛、是れ菩薩機なり。四に佛機、一切諸法に於て中道實相を觀じ以て頓に諸惑を斷じて生死を出づ、是れ佛機なり。【法華文句十下】

シキ 尸棄‖ [佛名] Śikhin又、式、式棄、式詰。大論に罽那尸棄に作り、舊倶舍十三に刺那尸棄Ratnaśikhinに作り、新倶舍十八に寶髻に作り、增一阿含經四十四に式詰に作り、優婆塞戒經には寶頂に作り、本行經には螺髻に作る。二佛あり。一は釋迦佛の初阿僧

祇劫の滿に値遇する佛なり。【大論四】に「釋迦文佛從二過去釋迦文佛一到二罽那尸棄一。爲二初僧祇一。」二は過去七佛中の第二佛なり。【同九】に「賢劫之前第三十一劫有二三佛一。一名尸棄。秦言火。乃至賢劫中有二四佛一。乃至四名二釋迦牟尼一。」と【華嚴疏鈔十六上】に「尸棄亦云二尸棄那一。此云二持髻一。」【梵網述記上】に「尸棄亦名レ式。此云レ勝。亦名二最上一。」【增一阿含經四十四】に「式詰。」図大梵天王の名。頂髻又は火と譯す。火光定に入りて欲惑を斷ずればなり。又此天は劫末大火災の頂上なればなり。【智度論一】に「三千大千世界主。梵天王名二式棄一。」【法華文句二】に「尸棄者此翻爲二頂髻一。又外國喚レ天爲二樹提尸棄一。此王本修二火光定一。破二欲界惑一。從レ德立レ名。然經標二梵王一。復擧二尸棄一。似二兩人一。依二釋論一正以二尸棄一爲レ王。今經擧レ位顯レ名。恐目二一人一耳。」【法華玄贊二】に「尸棄者火災頂。即初禪主。火災之災頂故。」

シキ　旨歸　〔術語〕　教意の趣く所を旨歸と云ふ。【法華玄義八上】に「體者一部之旨歸。衆義之都會也。」【同止觀二】に「旨歸者文旨所レ歸也。如二水流趣レ海。火災向レ空。」【輔行】に「旨者意也。歸者趣也。教意所レ趣名爲二指歸一。」

シキ　屍鬼　〔修法〕　咒法を以て死屍を起たしめ以て怨人を殺さしむ、毘陀羅法と云ふ。【藥師經】に「呪二起屍鬼一令レ斷二彼命一。」「キチシャ」を見よ。

シキアイヂユウヂワク　色愛住地惑　〔術語〕　五住地惑の一、色界一切の思惑なり、愛の一を擧げて他を兼攝す。

シキウ　色有　〔術語〕　三有の一。色界四禪天の果報を總稱す。果報の實在を有と名く。

シキウン　識蘊　〔術語〕　五蘊の一。倶舍成實には眼等の六識心王、唯識には八識心王なり。此等心王に種種差別あり、一所に集めて識蘊となす。

シキウン　色蘊　〔術語〕　五蘊の一。倶舍には五根五境無表色の十一なり、成實には五根五境四大の十四なり、唯識には五根五境法處所攝色の十一なり、此等色法に種種差別あり、一に集めて色蘊と稱す。

シキエン　色焰　〔譬喩〕　色の無實なると陽焰の如し、名けて焰と爲す。【性靈集八】に「色焰馳二六趣野一。」

シキカイ　色界　〔界名〕　三界の一、身體と云ひ、宮殿國土と云ひ、物質的の物、總じて殊妙精好なれば色界と云ひ、四禪十八天あり。「シゼンテン」「サンガイショテン」參照。⊙(曲、舍利)「欲界、色界、無色界」図十八界の一、青黃赤白等の眼根所對の色境自ら體を持して他法と差別すれば色界と名く。

シキカイ　識界　〔界名〕　十八界の一。六識心王又は八識心王自ら其の體を持して他と差別すれば識界と名く。

シキカイ　識海　〔譬喩〕　藏識の海なり。眞如を稱して如來藏識となし、眞如緣に隨て諸法を起すこと海の波濤の如くなれば識海と云ふ。【楞伽經一】に「譬如二巨海浪一。斯由二猛風一起。洪波鼓二冥壑一無レ有二斷絕時一。藏識海常住。境界風所レ動。種種諸識浪。騰躍而轉生。」

シキカイケ　色界繫　〔術語〕　法の色界に繫屬するものを云ふ。梵天の法は色界の所屬たる如し。【智度論十一】に「檀有二三種一。或欲界繫。或色界繫。或不繫。」

シキカイジフハチテン　色界十八天　〔名數〕　「サンガイショテン」を見よ。

シキカウ　四季講　〔行事〕　橫川の定心房の彌勒像前に於て每年四季に諸大乘經を講ず。四季講と稱す。【山門堂舍記】

シキカウチユウダウ　色香中道　〔術語〕　【止觀】に「一色一香無レ非二中道一。」一切諸法悉く中道實相なるを云ふ。

シキガイ　色害　〔雜語〕　色欲の害なり。【止觀四】に「如二禪門中所說一。色害最深。令二人狂醉一。生死根本良由レ此也。」

シキガイ　色蓋　〔雜名〕　五蓋の一。色聲等の色塵眞性を覆蓋すれば色蓋と名く。

シキキヤウ　色境　〔術語〕　五境の一。青黃赤白等の法、眼根所對の境界となるもの。

シキキヤウ　色經　〔雜名〕　紙薬の經典なり。是れ色塵に屬すれば色經と云ふ。【法華文句記一上】に「滅後色經。」

シキクウゲダウ　色空外道　〔流派〕　十種外道の一、無色界の色空を涅槃と計するなり。【行事鈔下四之二】に「色空外道。用レ色破二欲有一。以レ空破二色有一。謂二空至極一。」

シキクキヤウテン　色究竟天　〔界名〕　梵名、阿迦尼吒天、Akaniṣṭha 色界十八天の一。色界天の最頂なれば色究竟と名く。「サンガイショテン」を見よ。

シキクワウ　色光　〔雜語〕　諸佛の光明に色光智慧光の二種あり。「クワウミヤウ」を見よ。

シキグ　色具　〔術語〕　色心本より不二なれば、心に三千の諸法を具する如く、色亦三千の諸法を具す、所謂一色一香無非中道なり。之を色具と云ふ。台家至極の法門なり。

シキゲン　識幻　〔譬喩〕　識の不實なるを幻化に譬ふ。【性靈集八】に「識幻構二三有獄一。」【止觀一】に「行城識幻。」

シキゴ　識牛　〔譬喩〕身を車に譬へ、識を牛に比す。【智度論十九】に「如下車有二兩輪一。牛力牽故。能有中所至上。二世因緣以成二身車一。識牛所レ牽周旋往返。」

シキサウ　色相　〔雜語〕色身の相貌外に現れて見るべきを云ふ。【華嚴經一】に「無邊色相。圓滿光明。」

シキサウド　色相土　〔界名〕如來微塵相海身の所依の土なり。

シキザウ　識藏　〔術語〕如來藏無明と和合して阿梨耶識となり、一切萬法を生ずれば、如來藏を指して識藏と云ふ。【楞伽經四】に「如來之藏。是善不善之因。乃至爲二無始虛僞惡習所一レ薰故。爲二名識藏一。」

シキシ　識使　〔雜語〕色欲人を驅使すれば名けて使となす。【普賢觀經】に「色使所使。爲二恩愛奴一。」

シキシ　式師　法會に式文を讀む人を云ふ。講勸拾要集に式師の作法を記す。

シキシヤウ　識精　〔術語〕衆心の眞心識知精明なるを識精と云ふ。【圓覺經】に「汝今者識精元明能生二諸緣一。」

シキシヤウ　色聲　〔術語〕五塵中の色塵聲塵なり。

シキシヤ　職吉蹉　〔雜語〕譯、治療。【唯識述記六末】に「職吉蹉 Cikitsā 是治療義。毘職吉蹉 Vicikitsā 是疑義。」

シキシヤカラニ　式叉迦羅尼　〔術語〕譯、學、又は應學。學ぶべしとなり。突吉羅の異名なり。【大日經疏五】に「此中應學舊譯名爲二式叉迦羅尼一。」【大部補註二】に「式叉迦羅尼此名爲レ學。」【四分律四十一】に「尸叉罽羅尼」「突吉羅」を見よ。梵 Śikṣākaraṇī

シキシヤニ　式叉尼　〔術語〕式叉摩那尼の略。

シキシヤマナ　式叉摩那　〔術語〕又、式叉摩拏に作る。式叉摩那尼の略。

シキシヤマナニ　式叉摩那尼　〔術語〕出家五衆の一。舊譯學法女。新譯正學女。沙彌尼にして具足戒を受けんと欲する者、十八歲より二十歲に至る滿二年間別に六法を學ばしめ、胎の有無を驗し、且つ行の眞固を試むるなり。之を式叉摩那尼と云ふ。【俱舍光記十四】に「式叉摩那。唐云二正學一。正謂二正學二六法一。言二六法一者。謂不婬。不盜。不殺。不虛誑語。不飮諸酒。不非時食。」【行事鈔資持記上一之二】に「式叉摩那此云二學法女一。由二尼報弱一。就二小學中一別提二六行一爲二具方便一。二年則驗二胎有無一。六法則顯二行貞固一。十誦所謂練レ身練レ心即是義也。」梵 Śikṣamāṇā 「略。

シキシヤマニ　式叉摩尼　〔術語〕式叉摩那尼の略。

シキシヤロン　式叉論　〔書名〕皮陀經六論の一。「ロクロン」を見よ。

シキシユ　職衆　〔雜名〕法會の時に梵唄散華等の各職務を帶びて一座に參する僧衆を總稱す。又色衆に作る。色は色目の義なり。

シキシユ　識主　〔術語〕識心中の主なるもの即ち「第八識を云ふ。

シキシユ　色衆　〔術語〕五衆の一、新譯の五蘊、舊譯の五陰とも五衆とも云ふものなり。色衆は即ち色蘊なり。【智度論三十六】に「色衆者是可見法。」

シキシユクミヤウツウ　識宿命通　〔術語〕五通の一。宿世の生死を知る通力なり。

シキシヨ　色處　〔術語〕十二處の一、青黃赤白等の法、眼識を生ずる所依となるもの。

シキシヨヂヤウ　識處定　〔術語〕四空處定の一、無色界の第二識無邊の禪定なり。「シクウシヨ」を見よ。

シキシヨテン　識處天　〔界名〕無色界の第二色「無邊處天なり。

シキシン　色身　〔術語〕三種身の一、四大五塵等の色法より成れる身を色身と云ふ。【楞嚴經十】に「由二汝念慮一使二汝色身一。」

二種色身〔名數〕一に實色身、諸佛如來因中に無量の德を修し、果に至て無量の相好莊嚴を感ず、之を實色身と爲す。二に化色身、諸佛如來大悲願力に由て衆生の爲に種種の身形を變化す、之を化色身と名く。【佛地經論七】

シキシン　識神　〔雜語〕識は識心、心法なり、神は神魂なり。【無量壽經下】に「魂神精識。」【三論玄義】に「識神俱表。」

シキシン　識心　〔術語〕六識或は八識の心王なり。【楞嚴經一】に「一切世間十種衆生。同將二識心一居二在身內一。」

シキシン　色心　〔術語〕有形質礙の法にして知覺の用なきものを色と云ひ、之に反して形質の見るべきなきも能く知覺の用あるものを心と云ふ。諸法に在ては色心と云ひ、有情に在ては心身と云ふ。身は即ち色なり。【仁王經上】に「色心是衆生根本。」

シキシン　識身　〔術語〕身心と言ふ如し。

シキシンソクロン　識身足論　〔書名〕阿毘達磨識身足論の略名。

シキシンニクワウ　色心二光　〔術語〕佛の光明に色光心光の二あり。色光は一切衆生を照し、心光は仰信の者を照す。然れ共此の二もと差別あるに非ず、一體なるを云ふ。

シキシンフニモン　色心不二門　〔術語〕十不二門の一、色と心との不二を證する法門なり。

シキジキ　識食　〔雜語〕四食の一。地獄の衆生及び無色界の諸天等皆段食等の三食なく、只識を以て體を持すれば識食と名く。

シキジザイチ 色自在地 〔術語〕十地のうち第八位地の名。色性自在にして無礙なるが故に名く。

シキジツシヤウユヰシキ 識實性唯識 〔術語〕法相宗に於て心心所等の五法を唯識と觀ずるに就て、第五の無爲法即ち圓成實性なりと觀ず、之を識が實性の唯識なりと云ふなり。【唯識論七】に「識自相故。乃至四實性故。」⊙（新拾遺）に「よしあしの思をやめてさとり入る心のおくも心なりけり」

シキセンボウ 四季懺法 〔行事〕弘仁三年七月傳教大師法華懺法を創めて每年四季に之を行ふ。

シキソクゼクウ 色即是空 〔術語〕色とは總て有形の萬物を云ふ。此等萬物は因緣所生のものにして本來實有にあらず、故に其の儘空なり、之を色即是空と云ふ。即是とは事物當體のままを指す。是れ五蘊に就て有空即の理を說けるなり。【般若心經】に「色不ㇾ異ㇾ空。空不ㇾ異ㇾ色。色即是空。空即是色。受想行識。亦復如ㇾ是。」⊙（曲、山姥）「色即是空其ままに」梵 Rūpani śūnyatā

シキタイ 色諦 〔術語〕假諦の異名。台家空假中の三諦を【仁王經疏三】に空色心の三法とす。

シキチヤウ 色頂 〔雜語〕色界の頂上即ち色究竟天なり、摩醯首羅天宮此に在り。

シキヂユウ 識住 〔術語〕識の安住する所、識の愛着する所を識住と名く。四識住七識住の別あり。

四識住 〔名數〕一に色識住、二に受識住、三に想識住、四に行識住なり。即ち有漏の自身中の四蘊を以て體とす。此四蘊は是れ識が所依なり、是れ識が所著なり、彼の四蘊は識の所依となり所著となりて識をして起らしむるが故に識住と名く。【倶舍論八】

七識住 〔名數〕三界五趣に於て識を長養して識自ら住せんヿを樂ぶ所を差別して七識住を立つ。一に第一識住、色身を有する有情にして身も想も共に異なる處、即ち人趣の全及び一分の天なり。一分の天とは欲界の六天と色界初靜慮三天の劫初起の有情を除き餘時の有情なり。是れ有情各自の身形に小大勝劣あり、思想も亦た各異なれば、身想倶異と云ふ。二に第二識住、同じく色身を有する有情にして身異想一なる處、即ち色界初靜慮三天の梵天なり。身異とは大梵天王の身と梵衆の身と大小勝劣の差あればなり。想一とは、梵衆は想を起して、我等は皆大梵王の所生なりとなし、大梵王亦た想を起して此の諸の梵衆は皆我が所生なりとなし、其の思想同一なればなり。第三識住、同じく色身を有する有情にして身一想異なる處、即ち色界第二靜慮の三天なり。身一とは彼の天人の形貌皆同一なればなり。四に第四識住、同じく色身有情にして身一想一なる處、即ち色界第三靜慮の三天なり。身形同一なる故に身一と云ひ、唯樂受の想のみなれば想一と云ふ。五に第五識住、無色界の二無邊處天なり。六に第六識住、無色界の識無邊處天なり。七に第七識住、無色界の無所有處天なり。已上の三天處身形なく唯捨受想あるのみ。さて三界五趣の中に於て諸惡趣は重き苦受ありて能く識を損壞し、有情の心に來止するを樂まざれば立てて識住となさず。又色界の第四靜慮には無想天あり。又無色界の非想非非想天には滅盡定ありて能く識を滅して相續せしめざれば彼の二處をも立てて識住となさざるなり。【倶舍論八】又餘處は有情の心に來を樂び、若し此に至れば更に出でんと願はず。故に說て識住と名く。諸の惡趣に於ては二苦倶に無なり故に識住にあらず。又第四靜慮心は恒に出でんことを求む。謂く第四靜慮に無雲、福生、廣果の三及び無想天と五淨居天の九天あり、薩婆多は無想を廣果に收め、上座部は之を開く、其中初の三天は凡聖同居す。而して諸の凡夫は無想天に入らんことを求め、諸の聖者は五淨居天或は無色に入らんことを樂び、若し淨居天の聖者は圓寂を證せんと樂ふ。故に識住に處す。又非想天は心識昧劣なる故に識住にあらず。

シキヂン 色塵 六塵の一。青黃赤白等の顯色及び男女の形色等の情識を染汚するものを云ふ。

シキツウソク 識通塞 〔術語〕十乘觀法の一。觀智の通塞を識別して塞を去て通に就かしむるなり。「ジフジヤウクワン」を見よ。 「見よ。

シキトン 色貪 〔術語〕五上分結の一。「ケツ」を

シキナ 尸棄那 〔佛名〕「シキ」を見よ。

シキニフ 色入 〔術語〕十二入の一。新に色處と云ひ色入と云ふ。

シキハウ 色泡 〔譬喩〕色の不實なるヿ泡沫の如し。【止觀二】に「色泡受沫想熖行城識幻。」

シキバク 色縛 〔雜語〕貪等の三毒色法を縛し爲に色業をして自在ならざらしむ。色縛と名く。【仁王經中】に「滅㆓色縛諸煩惱㆒。」

シキビ 尸棄毘 〔神名〕樂神の名。【慧琳音義十二】に「尸棄毘。音樂天名也。部㆓屬東方持國天王㆒也。」

シキヘン 識變 〔術語〕一切萬法、唯だ識の所變なるを云ふ。法相獨特の法門なり。

シキヘンロクムヰ 識變六無爲 〔術語〕識變によりて心内に六無爲に似たる相分を現ずるを云ふ。「シキヘン」と「ロクムヰ」を見よ。

シキフイクウ 色不異空 〔術語〕「シキソクゼクウ」を見よ。

シキブツ 尸棄佛 〔佛名〕「シキ」を見よ。

シキホフ 四歸法 〔術語〕三寶と及び戒に歸して四不壞信を生ずるを四歸法と稱す。【瓔珞本業經下】に「佛子。次第爲レ受二四歸法一。歸レ佛歸レ法歸レ僧歸レ戒。得二四不壞信心一故。」

シキホフ 色法 〔術語〕心法の稱に對す。「シン」を「見よ。

シキマンダラ 敷曼茶羅 〔術語〕又、布曼茶羅。壁に懸くるを懸曼茶羅、地に敷くを敷曼茶羅と云ふ。結緣灌頂の時投華するには必ず敷曼茶羅なり。

シキミ 色味 〔雜語〕色は女色、味は愛味なり。【無量壽經上】に「處二宮中色味之間一。」

シキミ 色微 〔雜語〕青黃等の色塵の極微なり、又總じて色法の極微を云ふ。

シキミ 樒 〔植物〕密規に樒の葉を蓮華の代用となす。【眞俗佛事論二】に供物儀を引きて「樒の實はもと天竺より來れり、本邦へは鑑眞和尙の請來なり、其の形天竺無熱池の靑蓮華に似たり、故に之を取りて佛に供す。」

シキムシキテンケネハンゲダウ 色無色天計涅槃外道 〔流派〕十種外道の一。色界の第四禪に屬する無想定を涅槃と計し、又無色界の最頂非想非非想處を涅槃と計する外道なり。【行事鈔下四之二】に「以三二界有二無想定非想非非想定心沈沒處一。謂二之窮理一。」

シキムヘンシヨヂヤウ 色無邊處定 〔術語〕四空處定の一。略して識處定と云ふ。無色界の二天、識無邊處の禪定なり。「シクウシヨ」を見よ。

シキムヘンジヨテン 識無邊處天 〔界名〕四空處の一。無色界の第二天なり。「シクウシヨ」を見よ。

シキヤウ 四鏡 〔名數〕本覺の體相に四種の義あり。鏡亦四義あれば取て喩となす。一に如實空鏡。眞如の體もと空寂にして一切の妄相を離る、猶空鏡の一切外物の體を離るる如し。之を如實空鏡と名く、即ち空眞如なり。二に因薰習鏡。眞如の覺體に無量の性德を具して淨法の因となる、猶鏡體能く萬象を現ずるが如し、而して此の淨法の因能く內より衆生の妄心を薰ずれば因薰習鏡と名く、即ち不空眞如なり。三に法出離鏡。眞如の覺體。衆生の煩惱中に埋藏するを如來藏と名け、今煩惱の塵を出離して純一淨明なり、猶ほ淨鏡の磨治して垢を離るる如し。之を法出離鏡と名く、是れ眞如の體なり。四に緣薰習鏡。眞如の覺體出纏の時、物機に應じて無邊の妙用あり、或は身を現じ或は言を主れども、外より衆生の妄心を薰ず、即ち外緣の薰習を爲せば緣薰習鏡と名く、明鏡を高臺に於て之を受用する如し。是れ眞如の用なり。【起信論】

シキヨク 色欲 〔雜語〕五欲の一。靑黃赤白等の顯色又は男女の形色等に愛着する欲情なり。又男女の婬欲を色欲と云ふ。

シキラウ 識浪 〔譬喩〕心體の眞如を海に譬へ、諸識の緣動を波浪に譬ふ。【楞伽經一】に「水流處。藏識轉識浪生。」

シキン 試經 〔雜語〕讀經の試驗なり。禪林の語。

シキンワウ 斯芩王 〔人名〕支婁迦讖譯の【般舟三昧經勸助品】に「佛、颰陀和に告ぐ。久遠不可計阿僧祇劫に佛あり、私訶摩提と名く、大國あり颰陀和と名く。轉輪王維斯芩あり、往いて佛所に到る。佛爲に是の三昧念佛三昧を說く。王之を聞て歡喜し珍寶を持して佛上に散ず。時に私訶摩提佛般涅槃の後、維斯芩王壽終す。還て自ら其家に生れて天子となり、梵摩達と名く、爾の時比丘あり珍寶と名く、四部弟子の爲に是の三昧を說く。梵摩達之を聞きて歡喜し、珍寶を持して共上に散じ、發意して佛道を求め、千人と共に沙門となり是の三昧を求學す。師に承事すると八千歲、休懈せず。却後更に六萬八千佛を見、輙ち一佛所に於て是の三昧を聞きて自ら佛を得。坻羅惟逮佛世尊と名く、是の時千比丘從つて等正覺を得、皆坻羅鬱沈と名く。」

シギ 四儀 〔術語〕四威儀の略。

シギビヤウドウ 四義平等 〔名數〕心王と心所と相應する義に、時間平等、所依平等、所緣平等、體事平等の四義あるを云ふ。

シギヤウ 紫行 〔雜語〕シコウと讀む。紫甲の「俗字なり。

シギヤウ 四行 〔名數〕菩提、福德、智慧、羯磨の四行なり。【大日經疏五】に「正方四葉是如來四智。隅角四葉是如來四行。」

シギヤウサウ 四行相 〔名數〕苦諦を觀ずる苦、空、無常、無我の四種の行相なり。「ギヤウサウ」を見よ。

シギヤウニゼン 止行二善 〔術語〕止持と作持と云ふ如し。積極的に善根功德を行ずる勇猛精進の善と、消極的に作惡を避け犯罪より遠離するとを云ふ。

シギヤウニン 始行人 〔術語〕久行人に對す。新しく廻心懺悔して佛道を修する人を云ふ。

シク 四苦 〔名數〕一に生苦、果報始めて起るを生となす、生時苦あり生苦と名く。二に老苦、身體の衰

變を老と爲す、老時苦あり老苦とす。三に病苦、四大の增損を病と爲す、病時苦あり痛苦とす。四に死苦、五蘊の壞離を死となす、死時苦あり死苦とす。【大乘義章三本】

シク 死苦 〔雜語〕四苦の一。

シク 厠孔 〔譬喩〕極て汚穢なるに譬ふ。【臨濟錄】に「道流莫三將テ佛爲二究竟一。我見レ佛猶如二厠孔一。菩薩羅漢盡是枷鎖縛レ人底物。」

シク 死狗 〔譬喩〕以て穢身に譬ふ。【涅槃經一】に「是身可レ惡。猶如二死狗一。」

シク 死句 〔雜語〕「クワック」を見よ。

シク 死后 〔雜名〕閻摩后なり。

シク 四句 〔術語〕四句偈文、又四句分別、又四句推撿あり。四句の偈文とは諸行無常等の偈の如し。

四句分別 〔術語〕有空を以て諸法を分別するに、有にして空にあらずと云ふ、是れ第一句有門なり。之に反して空にして有にあらずと云ふ、是れ第二句、空門なり。之に反して亦た有なり亦た空なりと云ふ、是れ第三句、亦有亦空門なり。之に反して有にあらず、空にあらずと云ふ、是れ第四句、非有非空門なり。有無の法門此に盡きて更に第五句なし。餘の一異有無等の義に就て分別するも亦た是の如し。之を四句門、又は四句分別と云ふ。此中初の二句を兩單と云ひ、後の二句を俱是俱非とも雙照雙非とも云ふ。【三論玄義】に「若論二涅槃一。體絕二百非一。理超二四句一。」

四句推撿 〔術語〕自因他因共因無因の四句を以て有爲法を推撿し、以て諸法の不生不可得なるを證するなり。蓋し夢に化して蝴蝶と爲る如き、此夢中の蝶若し自より生ずとせば夢なきも蝶自ら生ずべし、若し他の夢より生ずとやせん、然らば夢常に蝶を生ずべし、若し蝶の自因と夢の他因と自他俱じて生ずとやせん、自他各自に生因なきもの何ぞ相合して、生ずるを得ん、若し自他なくして生ずとやせん、然らば虛空の如き自他に無し、常に蝴蝶を生ずべし。是の如く諸法を推すに不生不可得なり。【中論一】に「諸法不二自生一。亦不二從レ他生一。不レ共不二無因一。是故知二無生一。」

シクウ 四空 〔名數〕又四無色と云ふ。無色界の四空處なり。之れ禪定と禪定に依て得る所の正報となり、【菩薩本業瓔珞經上】に「上至二四空一。」「シクウショ」「シクウヂヤウ」を見よ。

シクウショ 四空處 〔名數〕又四無色と云ひ、無空界の四處なり。是れ四空處定を修して得る所の正報なり。梵名 Caturarūpa と云ふ。一に空無邊處、Ākāśānantāyatana 略して虛空處又は空處と云ふ。虛空無邊の定を修して生ずる天處なり。二に識無邊處、Vijñānānantāyatana 略して識處と云ふ。心識無邊の定を修して生ずる天處なり。三に無所有處、Ākiñcanyāyatana 心識無所有の定を修して生ずる天處なり。四に非想非非想處 Naivasaṃjñānāsaṃjñāyatana 又非有想非無想處と云ふ。此天處に生ずる人、定心深妙にして想念最も昧劣なり、麤想なければ非想と云ひ、細想なきに非らざれば非非想と云ふ。此四處は五蘊に於て色蘊なく、正報は唯受想行識四蘊の假和合にして色身なく、又依報の國土宮殿なければ無色界と云ひ空處と云ふ。依て國土を以て四處を分つべきにあらざれば、因行の禪定に由りて果を說き、以て四處の別を立つるなり。其中前の三は所修の因行に從て名を立て、第四處は當體に名を立つ。【俱舍論八、法界次第上】然るに部宗に依て不同あり。有部、經部、唯識は總て色法なし、之あるは皆變現なりとし、大衆部は細色ありて麤色なし、又涅槃經には細色ありと說く。

シクウヂヤウ 四空定 又四無色定と云ふ。（梵名四空處の各の名に Dhyāna を加ふ。）十二門禪中の四禪なり。一に空無邊處定、行人色籠を厭患すると牢の如く獄の如く、心之を出離せんと欲し色想を捨てて無邊の虛空を緣じ、心、空無邊と相應すれば空無邊定と名く。二に識無邊處定、行人更に前の外の空を厭ひ其の虛空を捨てて、內識を緣じ心識無邊の解を爲す、心識無邊と相應すれば識無邊處定と名く。三に無所有處定、行人更に其の識を厭ひて心識所有なしと觀ず、心無所有と相應すれば無所有處定と名く。四に非想非非想處定、前の識處は是れ有想なり、無所有處は是れ無想なり、此に至て前の有想を捨つれば非想と名け、前の無想を捨つれば非非想と名く。又麤想なければ非想と云ひ、細想なきにあらざれば非非想と云ふ。行者此に於て痴の如く酔の如く眠の如く暗の如く、愛樂すべきなし、泯然寂絕清淨無爲なり、之を非想非非想定と名く【法界次第上、俱舍頌疏世品一】而して是れ內法の修法なり、若し外道は六行觀を以て之を修得するなり。此の四定に四定を加へて八定と爲し、之に中間定と未至定（有部義）或は欲界定（成實義）との二を加へて十定とす。凡そ禪定に味定淨定無漏定の三種あり、（禪を見よ。）此の十種の禪定中に非想非非想定の心想微細なる故に無漏定なく味定淨定の二あり。未至中間の二定及び四禪の六定は見道の無漏定あり（有部）、欲界中間の二定及び四禪の六定は前と同じく見道の無漏あり（成實）、下三無色に修道無學道の無漏定ありとし、味淨の二定は十定に通ずること

二宗同じ。【倶舍論十八、輔行九之一】。

シクシフ　四句執　〔名數〕一に常句。外道過去の我即ち今の我なり、相續して斷ぜずと計し、之を執じて常と爲し、即ち常見に墮す、之を常句と名く。二に無常句。外道我は今世始めて生じて過去の因よりせずと計し、即ち執じて無常となす、即ち斷見に墮す、之を無常と名く。三に亦常亦無常句。外道上の二句皆過失あるを見て、便ち我は是れ常なり、身は是れ無常なりと計す、若し爾らば身を離るれば即ち我あるとなし、此亦た過を成ず、之を亦常亦無常と名く。四に非常非無常句。外道身は異あるが故に常にあらず、我は異なきが故に無常に非らずと計す、若し爾らば身を離れて亦我あるとなし、此亦過を成ず、之を非常非無常句と名く。【華嚴大疏十六】

シクジヤウダウ　四句成道　〔雜語〕阿羅漢成道の時、無生智に依て下の四句偈を誦す。諸漏已盡。梵行已立。所作已辨。不レ受二後有一。之を四句成道と云ふ。

シクウテン　四空天　〔名數〕「シクウショ」を見よ。

シクスヰケン　四句推檢　〔術語〕「シク」を見よ。

シクダウ　四衢道　〔譬喩〕苦集滅道の四諦の理に譬ふるなり、小乘の人四諦の理に依止すればなり。【法華經譬喩品】に「諸子等安穩得レ出。皆於二四衢道中一露地二而坐。無二復障礙一。」【法華文句五】に「衢道正譬二四諦一。四諦觀異名爲二四衢一。」

シクビク　死苦比丘　〔雜名〕生死苦比丘の略、脇尊者なり。【南山戒疏四下】に「生死苦比丘六十年。」（六十年母胎に在りしを云ふ。）【行宗記四下】に「生死苦比丘者即脇尊者。生時髮已白。」

シクフンベツ　四句分別　〔名數〕「シク」を見よ。

シクワ　死火　〔譬喩〕死を劫末の大火災に譬へて死火と云ふ。【涅槃經十二】に「如二火災起一。能燒二一切一。唯除二二禪一。力不レ至故。死火亦如レ是。能燒二一切一唯除三菩薩住二於大乘大般涅槃一。」

シクワ　四果　〔名數〕聲聞乘の聖果の差別なり、舊譯家は梵名を以て須陀洹果、Srotāpanna-phala巳 Sotāpanna phala 斯陀含果 Sakṛdāgāmi 阿那含果 Anāgāmi- 阿羅漢果 Arahat- と云ひ、新譯家は前三果は翻名を以て預流果、一來果、不還果、阿羅漢果と云ふ。一に須陀洹果、舊に入流又は逆流と譯す、入流預流は同一義にて、凡夫を去て初めて聖道の法流に入るを云ひ、逆流とは聖位に入て生死の暴流に逆ふを云ふ。即ち三界の見惑を斷じ盡せる位なり。二に斯陀含果、一來と云ふ。人欲界九地の思惑（新は修惑）中前の六品を斷じて尙後の三品を殘すなり、其の後三品の思惑の爲に欲界の人間と天界（六欲天）とに一度受生すべければ一來と云ふ、一來とは一度往來の義なり。三に阿那含果、舊に不來と譯し、新は不還と云ふ、欲惑後三品の殘餘を斷じ盡して再び欲界に還來せざる位なり、爾後生を受くれば必ず色界無色界なり。四に阿羅漢果、殺賊、應供、不生と譯す。上、非想處に至る一切の思惑を斷じ盡せる聲聞乘の極果なり、一切見思二惑を斷じ盡せば殺賊と云ひ、既に極果を得て人天の供養を受く應き身なれば應供と云ひ、一世の果報盡くれば永く涅槃に入て再び三界に生じ來らざれば不生と云ふ。

四果　〔名數〕一は黃藍花沙門、須陀洹の聖者なり。二に芬陀利花沙門、斯陀含果の聖者を云ふ。三に柔軟沙門、阿那含の聖者なり。四に柔軟中柔軟沙門、阿羅漢果なり。【增一阿含二十】

シクワ　子果　〔雜語〕子は種子なり、種子所生の果を子果と云ひ、果所生の種子を果子と云ふ。依て五蘊の果報は過去の煩惱所生の果なれば子果と云ひ、小乘の阿羅漢尙之を斷ぜず、無餘涅槃に入て永く之なきなり。又今生の煩惱に依て未來の報果あるを果子と云ふ。阿羅漢は來世の果報なき故に果子なきなり。如來の現報は小乘の子果ある如く、生報（後生の報）後報（後後の報）なきは猶小乘の果子なきが如し。【止觀六】に「大經得二無上報一者。有二現報一故名二無上報一。無二生後一故言佛二無レ報。大經亦云二子果果子一。以二現報一故即如二子果一。無二後報一故不レ名二果子一。」

シクワカウ　四果向　〔名數〕「シクワ」「シカウ」を見よ。

シクワン　止觀　〔術語〕梵、奢摩他、Samatha 毘鉢舍那 Vipaśyanā と云ふ。止觀、定慧、寂照、明靜と云ふ。止は停止の義、諦理に停止して動かざるなり、此れ能止に就て名を得。又止息の義、妄念を止息するなり、所觀に就て名を得。觀とは觀達の義、觀智通達して眞如に契會するなり、此れ能觀に就て名を得。又貫穿の義、智慧の利用煩惱を穿鑿して之を殄滅するなり。されば所修の方便に就て之を云へば止は空門眞如門に屬し、無爲の眞如を緣じて諸相を遠離するを云ひ、觀は有門、生滅門に屬し、有爲の事相を緣じて智解を發達するを云ふ。且つ所修の次第に就て言へば、止は前に在て先づ煩惱を伏し、觀は後に在て煩惱を斷じ正に眞如を證するなり。何となれば止にして妄念を伏するは鏡を磨くが如く、磨き已れば鏡體諸垢を離れて（是れ斷惑）能く萬像を現ずる（是れ證理）、是れ即ち觀なればなり。然れども眞正眞觀は必ず不二なり、法性の寂然是れ止にして、法性の常照是れ觀なればなり。されば眞觀は必ず寂然たれば

觀即止にして、眞止は必ず明淨なれば止即觀なり。【注維摩經】に「什曰始觀等係二心一處一名爲レ止。靜極則明。明即慧爲レ觀也。」【同五】に「肇曰。係二心於緣一謂二之止一。分別深達謂二之觀一。」【止觀三】に「息義者諸惡覺觀妄念思想寂然休息。乃至是就二所破一得レ名是止。息義停義者。緣二心諦理一繫念現前停止不レ動。乃至此就二能止一得レ名。即是停止義。觀穿義者。智慧利用穿二滅煩惱一。乃至此就二所破一得レ名。立二觀穿觀一也。觀達義者。觀智通達契二會眞如一。乃至是就二能觀一得レ名。立二觀達觀一。」【同一】に「法性寂然名レ止寂而常照名レ觀。」又「無明即明不二復流動一故名爲レ止。朗然大淨呼レ之爲レ觀。」【同二】に「觀如レ燈。止如二密室一。」【起信論】に「止謂止二一切境界相一。隨二順奢摩他觀一義故。觀謂分二別因緣生滅相一。隨二順毘鉢舍那觀一義故。」【同義記下末】に「奢摩他此翻云レ止。但就二方便一存二此方語一約正止。存二梵言一也。毘鉢舍那亦如レ是也。以三雙現前時正名二止觀一故。」【止觀輔行一】に「中道即法界。法界即止觀。止觀不二。境智冥一。」【小止觀】に「若夫泥洹之法。入乃多途。論二其急要一。不レ出二止觀二法一。所二以然一者。止乃伏結之初門。觀是斷結之正要。止則愛二養心識一之善資。觀則策二發神解一之妙術。止是禪定勝因。觀是智慧之由籍。若人成二就定慧二法一。斯乃自利利人法皆具足。」【止觀一】に「止觀明靜。前代未レ聞。」【同輔行】に「止體靜、觀體明也。」又「此之止觀。天台智者說二己心中所行法門一。」【大乘義章十】に「止者外國名二奢摩他一。此翻名レ止。守レ心住レ緣。離二於散動一故爲レ止。止レ心不亂。故復名レ定。觀者外國名二毘婆舍那一。此翻名レ觀。於レ法推求簡擇名レ觀。觀達稱レ慧。」⊙（盛衰記、五）「止觀十乘の梵風は、かんりよを和朝の外にはらひ」

三種止觀

天台大師南岳より三種の止觀を傳受す。一に漸次止觀、初に淺、後は深、彼の梯橙の如し、初に戒を持し、次に禪定を修し、後に漸く實相を修す。大師之に依て禪波羅蜜十卷を說く。二に不定止觀、前後更互すること金剛寶を日中に置き現像不定なる如し、別の階位なく、衆生の根に隨て淺を前にし深を後にするあり、深を前にし淺を後にするあり、淺深事理漸頓不定なるあり、大師之に依て六妙門一卷を說く。三に圓頓止觀、初後不二なり。通者の虛空に騰る如し、初より實相を緣じて行解共に頓なり、大師之に依て摩訶止觀十卷を說く。【止觀一】

止觀四本

〔名數〕一に圓頓止觀、大師荊州の玉泉寺に在て說き、章安記して十卷となす。二に漸次止觀、荊州の玉泉寺に在て說き、章安記して十卷となす。二に漸次止觀、瓦官寺に在て說き、弟子法愼記して三十卷あり、章安治定して十卷となす、今の禪波羅蜜是なり。三に不定止觀、即ち陳尙書、毛喜をして大師に請て出さしむ、一卷あり、今の六妙是なり。四に小止觀、大師俗兄陳鍼の爲に之を出す、今の修習止觀坐禪法要是なり。【小止觀元照序】

止觀十觀

〔名數〕一に陰界入、二に煩惱、三に病患、四に業相、五に魔事、六に禪定、七に諸見、八に增上慢、九に二乘、十に菩薩。此十は止觀所對の境なり。【止觀五】

止觀十法

〔名數〕十法ありて止觀を成ずるなり、又十乘觀法と名く。「ジフジヤウクワンボフ」を見よ。

シクワン 指環

〔物名〕又、指釧、草釧、草環、茅環と云ふ。密教の法は草を續けて環を作り、之を無名指に穿つ。【蘇悉地經一】に「作法時當下用二茅草一而作二指釧一著中於右手無名指上上。乃至以レ著二此草環一故罪障除滅。手得二淸淨一所作皆成。」又「其茅環者。稱二無名指量一。以レ茅三纏作二金剛結一。」

シクワンキヤウ 四卷經

〔經名〕曇無讖譯の金光明經は四卷あれば四卷經と稱す、金光明最勝王經は其の新譯にて十卷あり。

シクワンギヤウジヤ 止觀行者

〔雜名〕天台の止觀の法を修する行者なり。止觀の行法に四種あり四種三昧と云ふ。⊙（盛衰記八）「此は止觀行者四種三昧の大意を釋しける絕句とかや」

シクワンギレイ 止觀義例

〔書名〕二卷、唐の湛然述。七科を分ちて圓頓止觀を釋す。從義之が纂要を作り、處元之が隨釋を造る。

シクワンクワシヤウ 止觀和尙

〔人名〕唐の道邃の號なり。【諸宗章疏錄二】

シクワンケ 止觀家

〔術語〕古代叡山に戒家、止觀家の目ありて、梵網の戒律を學ぶを戒家と稱し、圓頓の定慧を學ぶを止觀家と稱し、若し遮那業に對すれば止觀業と云ふ。【天台學則上】

シクワンゲンモン 止觀玄文

〔書名〕摩訶止觀を云ふ。⊙（盛衰記八）「止觀玄文の窓の前には一乘圓融の玉を磨き」

シクワンシヤ 止觀捨

〔術語〕是れ修行中の差別なり。止觀の義は前の如し、捨は梵語に優畢叉 Upekṣa.【涅槃經三十一】に「憂畢叉者。名曰二平等一。亦名二不淨一。又名二不觀一。亦名二不行一。是名爲レ捨。」止觀共に捨てて平等に住するなり。即ち止觀不二の位なり。【大乘義章十】に「捨者外國名二優畢叉一。此翻名レ捨。行

止二平等一。捨二離偏習一。故名爲レ捨。」【止觀】に「止即是斷。斷通二解脫一。觀即是智。智通二般若一。止觀等者名爲二捨相一。捨相即是通二於法身一。」

シクワンシユウ　止觀宗　〔流派〕天台宗の異名、止觀行を本とすればなり。【文德實錄十】に「叡山最澄大法師。心持二慈悲一。傳二止觀宗一。」

シクワンタイイ　止觀大意　〔書名〕一卷、唐の湛然撰、諸經を解釋する十義及び五方便十乘觀の軌行を記す。【陽帙七】(1578)

シクワンブギヤウ　止觀輔行　〔書名〕止觀輔行傳弘決の略稱。

シクワンブギヤウデングケツ　止觀輔行傳弘決　〔書名〕もと十卷、開して四十卷とす。唐の湛然撰、天台の摩訶止觀を釋す。【陽帙五至乃七】(1539)

シクワンホフモン　止觀法門　〔書名〕具名、大乘止觀法門、四卷、陳の南岳慧思、其の心要を說く、五門を立つ、一に止觀依止、二に止觀境界、三に止觀體狀、四に止觀斷得、五に止觀作用、後更に禮佛止觀、食時止觀、大小便利止觀を示す。【陽帙四】(1542)

シクワンモンロンジユ　止觀門論頌　〔書名〕一卷、世親菩薩造、唐の義淨譯、七十七頌あり、不淨觀を修する法門を明かす。【藏帙四】(1225)

シクワンロン　止觀論　摩訶止觀の異名。

シクワンヰン　止觀院　〔堂塔〕具には一乘止觀院といふ。比叡山根本中堂の別稱。桓武天皇延曆七年、傳敎大師の創立せしもの。◎(太平記三四)「止觀院の外陣にして、一乘讀讃の竪義を執り行ふ」

シクンジフ　四熏習　〔名數〕眞妄互に熏習し爲に染淨の二法相續して斷ぜざるを明かすなり。一に無明熏習、衆生無始の無明あり、眞如に熏習す、熏習を以ての故に妄心を生ずるなり、妄心とは業識なり。二に妄心熏習、此妄心還て無明に熏じて不了の念を增さしむるを以て更に轉じて妄境界を現ぜしむ、妄境界とは轉識及び現識是なり。三に妄境界熏習、此の妄境界還て妄心を熏動して諸の浪を起し種種の業を造て身心の苦を受く、分別事識是れなり、已上三熏習の義に依て染法相續するなり。四に淨法熏習、此に二あり、一は眞如熏習、一は妄心熏習なり。眞如熏習とは衆生眞如の法を具するを以て能く無明に冥熏す、冥熏の因緣を以て妄心をして生死の苦を厭ひ涅槃を樂求せしむ、之を眞如熏習と名く。妄心熏習とは此の厭求の妄心還て眞如に熏習するを以て其の勢力を增し、種種の方便隨順の行を起して無明を滅す、無明滅するが故に心相皆盡き、涅槃を得て自然の淨業を成ず、此の熏習を以て淨法不斷なり、但染法は自性差別するを以て三種に分ち、淨法は體用一なるを以て一種を明かすのみ。【起信論】

シグ　四供　〔名數〕內供養の四菩薩と外供養の四菩薩と合せて八供養あり。「ハチグ」を見よ。

シグ　支具　〔雜語〕修法に要する支度道具なり。

シグ　四弘　〔術語〕四弘誓願なり。「シグゼイグワン」を見よ。

シグウシギヤウノサツタ　四隅四行薩埵　〔菩薩〕金剛界大日如來の四親近、金、寶、法、業の四波羅蜜菩薩を云ふ。

シグゼイ　四弘誓　〔術語〕四弘誓願の略。

シグゼイグワン　四弘誓願　〔術語〕梵語僧那誓願と譯す。諸佛に總願別願あり、四弘誓願を總願とし一切菩薩初發心の時必ず此願を發するなり。所願廣普なるを以て弘と云ひ、自ら其の心を制するを誓と云ひ、滿足を志求するを願と云ふ。四眞諦を緣じて此四願を發するなり。【止觀大意】に一に衆生無邊誓願度、是れ苦諦の衆生を緣じて無邊の衆生を度せんと願ふなり。二に煩惱無數誓願斷、是れ集諦を緣じて無盡の煩惱を斷ぜんと願ふなり。三に法門無盡誓願學、是れ道諦を緣じて無盡の法門を學せんと願ふなり。四に佛道無上誓願成、是れ滅諦を緣じて無盡の佛道を成願せんと願ふなり。【往生要集上末】に「一衆生無邊誓願度。二煩惱無數誓願斷。三法門無盡誓願知。四無上菩提誓願證。」【心地觀經七】に「一切菩薩復有二四願一成二就有情一住二持三寶一。大海劫終不二退轉一。云何爲レ四。一者誓度二一切衆生一。二者誓斷二一切煩惱一。三者誓學二一切法門一。四者誓證二一切佛果一。」

シグワツ　四月　〔雜語〕梵名頞沙茶。Āsada【西域記二】

シグワツ　指月　〔譬喩〕指を修多羅に譬へ、月を字相に譬ふ、「ユビ」を見よ。「なり。

シグワツハチニチ　四月八日　〔雜名〕佛生日なり。

シグワツハチニチクワンキヤウ　四月八日灌經　〔經名〕灌洗佛形像經の異名。

シグワン　四願　〔術語〕四弘誓願なり。「シグゼイグワン」を見よ。

シグワン　至願　〔雜語〕至誠の誓願なり。【無量壽經上】に「菩薩興二至願一。」

シグワンキヤウ　四願經　〔經名〕一卷、吳の支謙譯。佛、純陀に對して說く、凡夫四願あり、一に吾身長く壽康ならん、二に財產俸祿長く富饒ならん、三に妻子眷屬長く恩愛榮樂せん、四に放心恣意五樂等に婬せん。而して命終の時四願人の魂神に隨て去らず、空く之が囹告を爲す。【宿帙八】(699)

シケ　四花　〔名數〕法華六瑞中雨華瑞の四花なり。

一に曼陀羅華、二に摩訶曼陀羅華、小大の白蓮華。三に曼殊沙華、四に摩訶曼殊沙華。小大の赤蓮華。図 一に分陀利、白蓮華なり。二に優鉢羅、青蓮華なり。三に鉢特摩、紅蓮華なり。四に拘物投、黄蓮華なり。【名義集三】図 大般涅槃時の娑羅雙樹に形とりて棺の四方に一雙づつ白蓮華又は白造華を立つ、是を四花と云ふ。⦿（曲、大會）「空より四種の花ふりくだり」

シケ 四家 [名數]【地持論七】に四家を說く、一に般若家、二に諦家、三に捨煩惱家、四に苦淸家なり。諸章安之を台家の四敎に配して般若家を別敎とし、諦家を圓敎とし、捨煩惱家を通敎とし、苦淸家を三藏敎とす。【法華玄義十】

四家大乘四種言說 [名數] 釋摩訶衍論所說の五種中、前四を以て四家大乘に配し、第五如實言說を以て眞言となす。一に相言說は法相宗なり、彼は深密經の法相品に依て名を立つ、是れ即ち三科百法等の相を立てて三性に約して宗を明かす、今色等の諸相に就て言說を起す、尤も符合せり。二に夢言說は三論宗なり、彼の言意は三界は夢の如く、一切所有の所作皆夢中の所作なり、若し一念の夢、覺むれば即ち無生の法體なり、此の義に依て眞俗二諦を建立して一宗の義を成す、故に自ら夢言說の義に相當す。三に執着言說は天台宗なり、彼の宗は久遠壽量の旨を談じて本門の實義と爲す、謂く敎主釋尊の始めて伽耶に成佛すと見るは爾前の諸敎の意なり、實には成佛已來甚大久遠と說くは是れ一經の沖微なり、今執着言說を解して本所聞所作業と云ふ、尤も相ひ當るなり。四に無始言說は華嚴宗なり、彼の宗は專ら本有稱性の旨を談ず、故に彼の宗に云く修行亦竟成佛亦竟、一切衆生久來如レ此と、是れ自ら今の無始言說と云ふ義に叶ふなり。【二敎論果寶十上】

シケ 四悔 [名數] 五悔の中に第一の懺悔を除き餘の勸請等の四悔なり。法華懺法の式に前に六根段にて第一懺悔を修すれば後に四悔のみ修するなり。

シケ 思假 [術語] 思惑なり、思惑の體虛妄無實なれば思假と云ふ。【止觀六】に「思假者謂貪瞋痴慢。此名二鈍使一。亦名二正三毒一。」【同輔行】に「慢入レ痴攝。故但云レ三。」

シケ 四假 [名數]【三論玄義】に一切の諸法並に是れ假なれども其の要用凡そ四門あり。一に因緣假、空有二禪の如き、有自ら有ならず、空に由るが故に有るなり、空自ら空ならず、有に由るが故に空なり、是れ因緣假の義なり。二に隨緣假、三乘の根性に隨ひて三乘の敎門を說くが如し。三に對緣假、常を對治するに無常を說き、無常を對治するに常を說くが如し。四に就緣假、外人諸法實有と說き、諸佛菩薩彼の諸法に就て推求するに竟に不可得なり、之を就緣假と名く。此四假は總じて十二部經八萬の法藏を收む、四諦具に四假を用ふ。但智度論多く因緣假を用ひ（經を釋すればなり）中論十二門論は多く就緣を用ひ、（外計を破すればなり）百論は多く對緣假を用ふ。（常無常の二邊を破すればなり）図 成實論に四假を說く。「ケ」を見よ。

シケウ 四敎 [名敎] 四敎に種種あり。

天台四敎 [名數] 台家に化儀の四敎と化法の四敎あり、之を八敎と云ふ。「ハチケウ」を見よ。

龍樹四敎 [名數] 龍樹菩薩四門を以て經論を判釋す、之を龍樹の四敎と云ふ。一に有門、四阿含經等、一切の因果を說きて皆實有とするもの。二に空門、般若經等、眞空實相の理を說きて衆生の情執を蕩除するもの。三に亦有亦空門、深密經等の諸大乘經、性空相有を說くもの。四に非有非空門、中論等有空を雙破するもの。【華嚴經疏鈔六】

苑公四敎 [名數] 唐の賢首の弟子慧苑、寶性論に四種の衆生如來藏を識らずと云ふに因て四敎を立つ。一に迷眞異執敎、諸の凡夫外道、眞性に迷ひて廣く異計を起すもの。二に眞一分半敎、聲聞緣覺の二人眞如の隨緣不變の二義中に於て但隨緣の一分を得、名けて眞一と爲す、其の隨緣分中に於て唯性空所顯の理を說て法空を說かず、名けて半と爲す、合せて之を眞一分の半敎と云ふ。三に眞一作滿敎、初心の菩薩、但不變の一分を得て隨緣を得ず故に一分と名く、不變中に於て二空の理を雙顯す故に滿と爲す。四に眞具分滿敎、菩薩、隨緣不變の二義を了するを以て眞實の理を顯はし如來藏を識るもの、【華嚴玄談四】

曉公四敎 [名數] 海東の元曉、四敎を立つ、一に三乘別敎、四諦緣起經等の如き、聲聞緣覺菩薩三乘の共學する所、中に於て二乘は又法空を明かす菩薩と異なれば三乘別敎と云ふ。二に三乘通敎、般若深密經等の如き、聲緣菩三乘の共學する所、中に於て共に二空を說けば三乘通敎と云ふ。三に一乘分敎、梵網經等の如き、菩薩二乘と共學せず、名けて一乘となす、中に於て未の法の周徧圓融を顯はす、故に分敎と名く。四に一乘滿敎、華嚴經等の如き、具さに法界の理を明かすが故に一乘滿敎と名く。【華嚴玄談四】

光宅四敎 [名數] 梁の光宅寺の法雲法華經火宅喩の臨門の三車と四衢街の大白牛車にたとふ。

一に聲聞乘教、四諦の法を說くもの。二に緣覺乘教、十二因緣の法を說くもの。三に菩薩乘教、六度萬行の法を說くもの。四に一佛乘教、一切皆成佛の法を說くもの。此中前三を權教とし、後一を實教とす。【五教章上二、華嚴玄談四】

シケウ 示教 〔雜語〕 善惡を示して惡を去て善に就くを教ふるを云ふ。【華嚴經一】に「示二教衆生一遍二一切一。」

シケウ 師教 〔雜語〕 師の教なり。【受十善戒經】に「事實如レ是、當レ隨二師教一。」【俱舍論十四】に「如レ是方成下從二師教一受上。」

シケウ 至教 〔雜語〕 至實の教、至極の教なり。【唯識述記一末】に「言二至教一者至實教也。」

シケウギ 四教儀 〔書名〕 六卷、隋の智顗著。化儀化法の四教の義を明かす。【陽帙八】(1569)

シケウギ 四教儀 〔書名〕 天台四教儀の略名。

シケウギシフチユ 四教儀集註 〔書名〕 天台四教儀集註の異名。

シケウゴジ 四教五時 〔術語〕 天台所立の教相判釋なり。四教は化儀化法各四教あり、五時は兩種の四教を說く時なり。「ゴジ」と「ハチケウ」を見よ。⊙(平家二)「四教五時の春の花もにほはず」

シケウサングワン 四教三觀 〔術語〕 天台一家教觀の二門なり。四教は教門にして三觀は觀門なり、一家此二門を以て綱要とす。「ハチケウ」「サングワン」を見よ。⊙(秋の夜長物語)「內には玉泉のながれを酌んで四教三觀の月をすまし」

シケウサンミツ 四教三密 〔術語〕 身口意の三業を云ふ。是れ眞言密教の教ふる妙行なり。故に四教三密とは、顯(天台)密(眞言)二教を兼稱せるものなり。⊙(盛衰記五)「四教三密之紹隆其儀不レ耻。」

シケウシヤウグンワウキヤウ 示教勝軍王經 〔經名〕 如來示教勝軍王經の略名。

シケウチ 四教地 〔術語〕 藏通別圓の四教の住地なり。大日經具緣品に眞言門の菩薩一生に四教の地を超ゆるに約して三劫十地を度するを明かす。初に唯蘊無我を解し、(是れ法相宗即ち通教。)及び十二因緣を拔くを(是れ藏教)說く。次に違順の八心の業煩惱網を離れ一劫を超越する瑜祇行を說く、是れ藏通の菩薩地を度するなり、故に義釋に阿含成實及び三獸河を渡る喩を引く、是れ三乘同じく無言說の道を以て諸法實相を得るもの皆此の中に攝するなり。次に發無緣乘の心を說く、法に我性なく、蘊の阿賴耶を觀察して自性は十喩の如しと知る、自心の本不生を悟るは二劫を超越する瑜祇行なり、是れ別圓の菩薩地を度するなり。【菩提心義三】

シケウリキ 示教利喜 〔術語〕【智度論五十四】に示とは人の好醜善不善應行不應行を示す。生死を醜となし涅槃を好となす、三乘を分別し六波羅蜜を分別す、如是等を示と名く。教とは言く、汝惡を捨て善を行へと、是れ教なり。利とは未だ善法の味を得ざるが故に心則ち退沒す、爲に說法引導して言く、汝因時に於て果を求むる勿れ、汝今勤苦すと雖報出づる時大に利益を得んと、導くに利を以てすれば利と名く。喜とは其の所行に隨て之を讚嘆し、其心を喜ばしむ、若し布施を樂ぶ者には布施を讚嘆すれば則ち喜ぶ、故に喜と名く。諸佛菩薩此四事を以て說法を莊嚴するなり。【法華經化城喩品】に「示教利喜。令レ發二阿耨多羅三藐三菩提心一。」

シケウリヤウ 至教量 〔術語〕 因明用語、三量の一、又聖教量、正教量、聲量と云ふ。聖教の至言を以て邪正を量るなり。【俱舍光記五】に「至極之教故名二至教一。亦名二聖教量一。」「リヤウ」を見よ。

シケギヤウ 四加行 〔術語〕 大乘法相宗に於て煖等の四善根を五位中加行位とすれば四加行を以て四善根の異名とす。「ウ」を見よ。

シケダイジヤウ 四家大乘 〔名數〕「ダイジヨウ」を見よ。

シケヂ 始欠持 〔人名〕 惡太子の名。譯、頂髻。【俱舍光記十八】「シケツヂ」を見よ。

シケツ 四橛 〔物名〕 護摩壇の四方の小柱なり。【仁王道場念誦儀軌】に「於二壇四角一釘二佉陀羅木橛一。若無二此木一鐵橛紫檀木橛亦得。長十二指。入レ地四指。」【大日經疏六】に「橛首如二一股拔折羅形一。其下銛銳。」

シケツ 四結 〔名數〕 日月の四翳を以て四結に譬ふ。一に雲、欲結なり。二に風塵、瞋結なり。三に煙、痴結なり。四に阿須倫、利養なり。雲等の四翳日月をして大光明を放つを得ざらしむる如く欲等の四結人心を覆蔽して開解するを得ざらしむるなり。【增一阿含經二十】梵 Saṁyojana

シケツヂ 始欠持 〔人名〕 譯、頂髻。南印度國の太子の名、父を殺し阿羅漢を殺して二逆罪を犯す。【俱舍光記十八】

シケフジ 四夾侍 〔名數〕 釋迦如來の四夾侍なり。「シヤカ」を見よ。

シケホフ 四化法 〔術語〕 四無碍辯なり。是れ衆生を化度する爲の法なれば化法と名く。【瓔珞本業經上】

シケン 四見 〔名數〕 種種の四見あり。「ケン」を見よ。

シケンシ 廁簡子 〔物名〕「シカンス」と讀む。廁籌の異名。

シケンシン　四堅信　〔雜語〕佛法僧及び戒を信ずるなり、歸依已後具に根力ありて其の信堅固なれば堅信と云ふ。又四不壞信と名く。

シゲサ　紫袈裟　〔衣服〕「シエ」を見よ。

シゲン　四眼　〔雜語〕五眼中菩薩の所得に就て佛眼を除き四眼と云ふ。菩薩は未だ佛眼を得ざればなり。【仁王經上】に「四眼五通。」【同天台疏】に「四眼者數レ眼。菩薩行未レ圓。義當レ無二佛眼一也。」又、密敎中四眼を立つ。「シシュゲン」を見よ。

シゲン　師絃　〔譬喩〕師子の筋を以て樂絃となし之を奏すれば餘絃悉く絕つ、以て菩提心の餘の小功德を滅するに譬ふ。【華嚴經七十八】に「譬如下有レ人以二師子筋一而爲中樂絃上。其音旣奏。餘絃悉絕。菩薩摩訶薩亦復如レ是。以二如來師子波羅蜜身菩提心筋一爲二法樂絃一。其音旣奏。一切五欲及以二乘諸功德絃悉皆斷滅。」

シゲンジヤ　四蚖蛇　〔譬喩〕地水火風の四大に譬ふ。【雜阿含經四十三】に「四蚖蛇凶惡毒虐盛二一篋中一。乃至毒蛇者譬二四大地界水界火界風界一。地界若諍能令二身死一。及以近レ死。水火風諍亦復如レ是。」

シコ　師姑　〔雜名〕尼の禪稱。【象器箋五】

シコ　四股　〔物名〕四股の金剛杵。慈氏軌に出づ。

シコ　四枯　〔譬喩〕雙林樹の四枯なり。「シコシエイ」を見よ。

シコウ　支公　〔人名〕吳の沙門支謙なり。【嵯峨天皇詩】に「慧遠名仍駐。支公業已虛。」

シコクデントウダイシ　四國傳燈大師　〔人名〕慈覺大師の別號なり。【天台霞標二之四】に「古老舊記云。南天竺寶月。大唐八德。新羅義淨。本國傳敎大師者。俱慈覺大師傳法明師也。故慈覺大師號二四國傳燈大師一。」

シコシエイ　四枯四榮　〔譬喩〕佛拘尸那城 Kuśinagara 娑羅 Sāla 雙樹の間に於て入滅する時、東西南北各雙樹あり、每面の雙樹一榮一枯す、故に四枯四榮と云ふ、此に二重の意あり。一は凡夫二乘の八倒を表し、二は二乘菩薩の八正を表するなり。先づ凡夫二乘の八倒とは、凡夫は世間の苦空無常無我の法に於て常樂我淨の見を起す、是れ凡夫の四倒にして之を四榮に譬ふ、又二乘は涅槃の常樂我淨の法に向て苦空無常無我の見を起す、是れ二乘の四倒にして之を四枯に譬ふ。故に止觀に「八顚倒轉成二四枯四榮一。」と云ふ。次に二乘の世間の法に於て苦空無常無我の見を起すは是れ四正見なり、之を四枯に譬ふ。是れ凡夫の四倒を破す。菩薩の涅槃の法に向て常樂我淨の見を起すは是れ四正見なり、之を四榮に譬ふ、是れ二乘の四倒を破す。此の八正は佛の入處なり、故に【止觀九】に「亦是非枯(二乘の四枯にあらず)非榮(凡夫の四榮にあらず)中間入二涅槃一見二佛性一也。」と云ふ。【同七】に「如レ是念處。力用廣博。義兼二大小一。俱破二八倒一。雙顯二榮枯一。雙非二榮枯一。卽於二中間一入二般涅槃一。亦是坐二道場一。」【同輔行】に「言二枯榮一者。大經云。東方雙者喩二常無常一。南方雙者喩二樂無樂一。西方雙者喩二我無我一。北方雙者喩二淨不淨一。四方各雙故名二雙樹一。方而皆悉一枯一榮。榮喩二於常等一。枯喩二無常等一。如來於レ中入二般涅槃一。表二非枯非榮一。榮卽表レ假。枯卽表レ空。卽是於二其空假中間一而入二入滅一。表二四念處一也。四枯表二小乘一。四榮表二大乘四念處一也。」【七帖見聞三本】に「佛涅槃時四榮四枯中間秘密藏。」

シコフ　四劫　〔名數〕二種あり、第一は一に成劫、二十增減あり、初の一增減の間に初禪天より下地獄界まで次第に成立し、後の十九增減に光音天(新に極光淨天と云)より有情次第に降生して、無間地獄に一人の有情の生ずるを最後とす、卽ち器世間有情世間の成立する を成劫とす。二に住劫、二種の世間安穩に存住する時なり、其間亦二十劫を經。三に壞劫、亦二十增減の間なり、其中初の十九增減に初禪天より地獄に至る有情各其の業因に隨て或は二禪以上に出で或は他界に移りて一人を殘さざるに至るを有情世間壞とすと云ふ。其後一增減に大火災を發して初禪以下を蕩盡す。之を壞劫と云ふ。四に空劫、壞し了りて後に虛空無一物なり、之を空劫と云ふ、亦二十增減の間なり。依て四劫合せて八十增減なり。增減とは住劫に於て立てし數量にて、人壽八萬四千歲が百年每に一歲を減じて人壽十歲に至るを一減とし、十歲より百年每に一歲を增して八萬四千歲に至るを一增とす、此一增或は一減を一小劫卽ち二十增減を二十小劫とし、之を一成劫の量とす。他の三劫も其時量此と均しきなり。第二は一に壞劫、二に成劫、三に中劫、四に大劫なり。【俱舍論十二】梵 Kalpa

シコン　紫金　〔雜語〕「シマコン」を見よ。

シコンボンシヤウザイ　四根本性罪　〔名數〕比丘の四波羅夷罪 Pārājikā なり。【十輪經三】に「出家受二具足戒一。於二四根本性罪中一精勤守護。」

シコンボンヂウザイ　四根本重罪　〔名數〕四波羅夷と云ふ。顯密其の戒相を異にす。「ハライ」を見よ。

シゴ　示悟　〔雜語〕敎法を開示して之を覺悟せしむるなり。【法華經序品】に「唯以二佛智見一。開二悟衆生一。」

シゴ　死期　〔雜語〕命終の時期なり。【慈恩傳十】に「死期已至。勢非二賒遠一。」

シゴウ　四恒　〔雜語〕四恒河沙の略。

シゴフ　四業　【名數】「ゴフ」を見よ。　「り。

シゴン　四含　【名數】又、四鋡に作る、四阿含經なり。

シゴン　四禁　【術語】又四重禁と云ふ。四波羅夷罪なり。【涅槃經十一】に「性重戒者謂四禁也。」

シゴン　至言　【雜語】至理至極の言なり。【俱舍論三十】に「佛至言眞法性。」

シサイニチ　四齋日　【雜名】禪林に月且、月望、初八、二十三日を以て四齋日となし、諷經あり。【象器箋三】

シサウ　四相　【名數】生住異滅の四なり。四有爲と名く。「ウヰ」を見よ。

果報四相　【名數】生老病死なり。

藏識四相　【名數】起信論の法門なり。阿梨耶の心體もと生なく滅なし。無明あり、自の心體に迷ひて寂靜の性に違し、鼓動して念を起し生滅の四相あり。即ち心體をして生住異滅して細より麁に至らしむ。今此義に就て四相を明かす、既に靜を鼓して動ぜしむれば便ち前後麁細の異あり、依て彼の先際の最微を以て生相と名け、及び最後の最麁なるを滅相と名け、中間を取て住相異相とす。而して之を三細六麁に配するに、生相は三細中の業相の一なり。住相は三細中の轉相、現相、及び六麁中の智相、相續相の四相なり。異相は六麁中の執取相、計名字相の二相なり。滅相は六麁中の起業相の一なり。而して斷位には之を逆次して先づ滅相を斷ずるを十信とし、內凡の位とす。異相を斷ずるを十住十行十廻向とし、相似覺の位とす。住相を斷ずるを十地となし、隨分覺の位とす。生相を斷ずる一念を佛とし究竟覺とす。【起信論中本】

我人四相　【名數】一に我相、五蘊法中に於て實我あり我の所有ありと計するなり。二に人相、五蘊法中に於て我は人なり、餘道に異なれりと計するなり。三に衆生相、五蘊法中に於て我は五蘊に依り生ずと計するなり。四に壽相、五蘊法中に於て我は一期の壽命成就して住するに分限ありと計するなり。【金剛經】

智境四相　【名數】一に我相、衆生涅槃の理に於て心に所證あり、而して其の所證あるを之を取て心に執着して忘れず、之を認めて我となす、是を名けて我相と爲す。二に人相、前の我相に比すれば已に一歩を進め、復た證を認めて我と爲さざるも、尙ほ我れ悟るとの心を持す、是を名けて人相と爲す。三に衆生相、前の人相に比すれば已に一歩を進め、已に我人の相を超過すれども、尙ほ了證了悟の相を存す、是れを名けて衆生相と爲す。四に壽命相、前の衆生相に比すれば已に一歩を進め、已に證悟の心を超過するも、尙ほ能覺の智を存すること彼の命根の潛に內に續くが如し、是を壽命相と名く。【圓覺略疏下】

シサウ　四葬　【雜語】「サウホフ」を見よ。

シサウ　死相　【雜語】人の死相を驗して善惡の生處を知ると大小乘論の通說なり。【智度論】に「惡業人風大先去故身動。火大先去故身熱。善行人地大先去故身靜。水大先去故身冷。」【唯識論三】に「又將レ死時。由二善惡業一下上身分冷觸漸起。」【同述記四本】に「世親無性攝論皆云二善業從レ下冷、惡業從レ上冷一。由下生二勝處惡趣一別上故。瑜伽第一云。隨二下上冷一後至二於心一斯處初生最後捨故。」【俱舍論十】に「於二命終位一於何身分中識最後滅。頓命終者。意識身根欻然總滅。若漸死者。往二下人天一於二足臍心一如レ次識滅。謂隨二惡趣一說名二往下一。彼識最後於二足處一滅。若往二人趣一識滅二於臍一。若往生レ天。識滅二心處一。諸阿羅漢。說名二不生一。彼最後心亦心處滅。」【諸經要集十九】に瑜伽論に依て死相の六驗を立つ。「一に驗生人中、若し作善の人將に死せんとする時先づ足より冷へて臍に至り、臍の上猶溫にして後に氣盡くる者は即ち人中に生ず。二に驗生天上、若し作善の人頭頂皆溫にして而して後氣盡くる者は即ち天上に生ず。三に驗生餓鬼、若し頂より冷へて臍に至り、腰下猶溫にして而して後氣盡くる者は即ち餓鬼の中に生ず。四に驗生畜趣、若し頂より冷へて膝に至り、膝下猶溫にして而して後氣盡くる者は即ち畜趣の中に生ず。五に驗生地獄、若し頂より冷へて足に至り、足の底猶溫にして而して後氣盡くる者は即ち地獄の中に生ず。六に驗入涅槃、若し羅漢聖人涅槃に入るは或は心或は頂數日皆溫なる者是なり。」

シサウハチハイ　四雙八輩　【名數】小乘の四向四果の聖者なり、向果を一雙となし、四種の一雙即ち八輩なり。

シサウヰ　四相違　【術語】因明の三十三過に於て因の十四過中、立者の宗法をして相違反成せしむる四種の邪因なり。是れ因明に於て最も難解とする所なり。「サンジフサンクワ」を見よ。　「なり。

シザイチヤウ　資財帳　【物名】寺院の財産目錄

シザウ　四藏　【名數】「ザウ」を見よ。

シシ　始士　【術語】菩薩一に始士と譯す。始めて發心するの謂なり。【三德指歸二】に「菩提薩埵安師翻爲二開士始士一。」

シシ　厠紙　【物名】天竺皆籌を用ふ、支那の僧多く竺法に依る、又間ま紙を用ふる者あり。【象器箋二十】

シシ　四至　【雜語】四方の極なり。【續日本紀六】に

「以二四至別一爲二一院一置二僧一口一。」【庭訓二日注】に「四至東西南北界也。」【性靈集九】に高野四至啓白文あり。

シシ　死屍　【譬喩】以て犯罪の比丘に譬ふ。比丘四重罪を犯せば既に比丘の生命を斷つ、死屍に均しければばなり。【智度論二十二】に「衆僧大海中。結戒爲二畔際一。若有二破戒者一。修不レ在二僧衆一。譬如二大海水一。不下共二死屍一宿上。」【金光明文句三】に「此則佛海死屍。華園爛肉。此四重人。應三須懺悔滅二除業障一。」

シシ　師資　【雜語】【老子】に「善人不善人師。不善人善人資。」と、今取て師弟に配す、師は道を以て弟子を敎ふれば稱して師となし、弟子は師を資助すれば稱して資となす。【法華文句】に「師有二匠成之能一。學者具二資稟之德一。資則捨レ父從レ師。敬レ師如レ父。師之謙讓。處レ過如レ弟故。」

シシ　四師　【雜語】華嚴宗にて七祖宗密以後の子睿、淨源、義和、李通玄を云ふ。

シシ　師子　【動物】又、獅子に作る。梵語枲伽 Siṁha 又僧伽彼。獸中の王なり。經中佛の勇猛を以て之に譬ふ。【無量壽經上】に「人雄師子。神德無量。」【智度論】に「又如二師子四足獸中獨步無畏能伏一一切一。佛亦如レ是。於二九十六種外道中一一切降伏。故名二人師子一。」【梵語雜名】に「師子枲伽」【名義集二】に僧伽彼。此云二師子一。」【孔雀王呪經下】に「僧伽夜叉。僧伽梁言二師子一。」【大孔雀呪王經中】に「僧訶(師子)鄔波僧訶(小師子)。」図馬頭觀音を獅子無畏觀音と名く。

師子の諸傳說　【雜語】野狐師子を領して敵を攻め、師子先づ吼ゆるに及んで野狐象より墮ちて死す。【止觀輔行五】師子王獼猴の爲に身を捨てんと欲す。【大集經三、經律異相四十七】師子象を食ひて哽死し、木雀爲に援けて蘇息す。後恩を忘れて報せず、爲に一目を拔かる。【菩薩瓔珞經九、經律異相四十七】師子二子あり獵者の爲に殺され、同じく長者の家に生れて出家得道す。【十誦律一、經律異相四十七】師子井に墮ちて野干の爲に救はる。【十誦律一、經律異相四十七】師子虎と善友たり、野干兩舌して分身喪命す。【十誦律第二誦第三分、同四誦第九分、彌沙塞律六、野干兩舌經、經律異相四十七】

師子頻申比丘尼德相十一喩　【名數】善財童子南詢第二十四參師子頻申比丘尼の一切諸寶樹下の大師子座上に端坐するを見て其の德相を思惟し、十一喩を擧ぐ。【唐華嚴經六十七】

シシウ　淄州　【人名】淄州天雲寺の慧沼、玄弉慈恩に親承し唯識了義燈七卷を造りて唯識論及び慈恩の述記を釋し、慧日論、最勝王經疏等を著す。【宋僧傳四】

シシウ　四洲　【名數】須彌山の四方の鹹海に住する四大洲なり。一に南贍部洲、Jambudvīpa 舊に南閻浮提と云ふ。或は林に從て號を立て、或は菓を以て名を立つ。二に東勝神洲、梵に東毘提訶 Pūrva-videha と云ひ、舊に東弗婆提と云ふ。身形勝るるが故に勝身と名く。三に西牛貨洲、梵に西瞿陀尼と云ひ、舊に西瞿耶尼 Apara-godānīya と云ふ。牛を貿易するが故に牛貨と名く。四に北瞿盧洲、Uttara-kuru 舊に北鬱單越と云ひ、勝處と譯す。四洲の中に於て國土最も勝るるが故に勝處と名く。【西域記一、俱舍光記八】

シシウヂゴク　四洲地獄　【雜名】四洲に地獄を配するに、東勝神洲と西牛貨洲とには邊地獄ありて正地獄なく、南贍部洲には正邊兩地獄あり、北俱盧洲には兩地獄ともなきを云ふ。

シシガイ　師子鎧　【人名】成實論主訶梨跋摩 Hari-varman の譯名なり。

シシキヂユウ　四識住　【術語】「シキヂユウ」を見よ。

シシキン　師子筋　【物名】「シゲン」を見よ。

シシク　師子吼　【雜語】佛大衆の中に於て決定の說を爲して畏るるとなきを師子吼と云ふ。【涅槃經二十七】に「師子吼者名二決定說一。」【維摩經佛國品】に「演レ法無畏猶如二師子吼一。」【同註】に「肇日。師子吼無畏音也。凡所二言說一不レ畏二群邪異學一。喩二師子吼衆獸下一レ之。」【勝鬘寶窟中末】に「所レ言不レ怯名二師子吼一。」【臨濟錄】に「師子一吼、野干腦裂。」◎（太平記二四）「共に是師子吼の說にあらずと云ふ事なし」

師子吼十一事　【名數】破壞詐師子等。【涅槃經二十七】

シシクギヤウ　師子吼經　【經名】大方廣師子吼經の略名。

シシグワツブツホンジヤウキヤウ　師子月佛本生經　【經名】一卷、失譯。佛竹園に住す、須蜜比丘樹に緣りて上下し、八萬四千金色の獼猴と跳戲す、大衆譏嫌す。頻婆沙羅王佛に詣て之を問ふ。佛言く、比丘は即ち是れ師子月佛なり、彌勒の處を補すと、并に獼猴の性因を說き、菩薩の記を授く。【黄帙五】(414)

シシグワホフ　師子臥法　【雜語】比丘の臥法師子の如くならしむ。【中阿含經】に「世尊告二阿難一曰。汝臥當レ如二師子臥法一。尊者阿難白曰。世尊獸王師子臥法云何。世尊荅曰。阿難。獸王師子晝爲レ食行。行已入レ窟。若欲レ眠時。足足相累。展レ尾在レ後。右脇而臥。」

シシケフワウ　師子頰王　【人名】梵語 Siṁhahanu-

na 印度、迦毘羅城の主、淨飯王の父、即ち釋尊の祖父なり。⦿（近松、誕生會）「民主王より八萬餘代、師子頰王の御子、淨飯大王と申奉り」

シシコク　師子國　〔地名〕梵に僧伽羅 Siṁhala 國と云ふ。執師子國と譯し、略して師子國と云ふ。今の錫蘭島なり。「シフシシコク」を見よ。

師子國餓鬼　〔傳說〕「ガキ」を見よ。⦿（太平記三二）「我負ひ奉りて獅子國の王宮へ逃げ籠り」

シシザ　師子座　〔術語〕佛は人中の師子なれば、佛の所坐を總じて師子座と名く。帝王の座を龍座と言ふ如し。【智度論七】に「是號名二師子一。非二實師子一也。佛爲二人中師子一。佛所坐處或床或地皆名二師子座一。」如三今者國王坐處亦名二師子座一。」【探玄記三】に「總依二智度論一佛爲二人中師子一。佛所坐處。或牀或地皆名二師子座一。又坐二此座一說二無爲師子吼法一。是故亦名二師子座一。」又文殊菩薩は獅子に乘るを通例とす。その來る所は上述の意味によるなるべし。梵 Siṁhāsana ⦿（曲、石橋）「獅子の座にこそ直りけれ」

シシシヤウゴンワウボサツシヤウモンキヤウ　師子莊嚴王菩薩請問經　〔經名〕一卷、唐の那提譯。佛、莊嚴王菩薩の請問に依て方曼荼羅を作り、地藏菩薩等の八大菩薩を供養するを說く。【黃帙五】（462）

シシシンチユウノムシ　師子身中蟲　〔譬喩〕師子命終すれば、他の獸斎之を噉ふ者なし、但身中自ら蟲を生じて之を食ふ。以て佛の正法他より之を壞することを能はず、法中の惡比丘自ら之を壞毀するに譬ふ。【仁王經下】に「如三師子身中蟲自食二師子肉一。非二外道一也。」【蓮華面經上】に「阿難。譬如二師子命絕身死一。若空若地若水若陸。所有衆生不レ敢レ食彼師子身肉。唯師子身自生二諸蟲一。還自噉二食師子之肉一。阿難。我之佛法非二餘能壞一。是我法中諸惡比丘猶如二毒刺一。破二我三阿僧祇劫積行勤苦所レ集佛法一。」⦿（野守鏡下）「獅子の中の蟲の獅子をはむにたとへさせ給へり」

シシソンジヤ　師子尊者　〔人名〕付法藏傳最後の人なり。西天二十三祖となり、（或は末田地を加へて二十四祖とす。）罽賓國王の爲に殺さる。【付法藏傳六】

シシダンニクキヤウ　師子斷肉經　〔經名〕師子素馱婆王斷肉經の略名。

シシチウ　師子冑　〔人名〕成實論の造主訶梨跋摩 Harivarman なり。一に師子鎧と譯す。【唯識論二本】に「成實論師名二師子冑一。本於二數論法中一出家。因立二彼義一云。由二色聲香味四塵一以成二四大一。」

シシチホン　四七品　〔雜名〕法華經を云ふ。即ち法華經は八軸、二十八品より成れるを以てなり。⦿（曲、身延）「歸命妙法蓮華經一部八卷四七品」

シシツ　師質　〔人名〕舍衛國婆羅門の名、子なきを患ひて佛に詣で占相せしむ。佛相して子ありと言ふ、喜て佛を供養す。歸路一獼猴あり、阿難の鉢を乞ひて佛に蜜を供養す。獼猴死して婆羅門の家に生れ、摩頭羅世質と名く、後出家して得道す。【賢愚經十二】

シシツダン　四悉檀　〔名數〕佛の說法四悉檀を出でざるなり、悉檀 Siddhānta とは古師の一譯に成と云ふ。此四法を以て衆生の佛道を成就すれば悉檀と名く。南岳の解に悉は漢語普遍の義なり、檀は梵言檀那の略、施の義なり。佛此の四法を以て普く衆生に施すが故に悉檀と云ふと。天台は南岳に隨ふ。愚案に悉檀は新譯の悉曇に同じ、成就の義なり。一に世界悉檀、佛先づ凡情に順じて人我等の假名を用ひ、衆生の所樂に隨順して世界の法を說き、聞く者をして歡喜適悅せしむるを云ふ。二に各各爲人悉檀、佛、法を說くに衆生の機を鑑み機宜の大小、宿種の淺深に隨ひて各人所應の法を說き、彼をして正信を發起し善根を增長せしむるを云ふ。三に對治悉檀、貪欲多き者には慈心を敎へ、愚痴多き者には因緣觀を敎ふ、是の如く種種の法藥を施して衆生の惡病を除遣するを云ふ。四に第一義悉檀、佛衆生の機緣既に熟するを見て諸法實相を說き、彼をして眞證に入らしむるを云ふ。要するに佛始めて淺近の事理を說き、聞く者をして適悅せしむるは世界なり、衆生の善根を生ぜしむるは爲人なり、衆生の惡病を除遣するは對治なり、遂に聖道に悟入せしむるは第一義なり。【智度論一】に「有二四種悉檀一。一者世界悉檀。二者各各爲人悉檀。三者對治悉檀。四者第一義悉檀。四悉檀中總攝二一切十二部經八萬四千法藏一。皆是實相無二相違背一。」【法華玄義一】に「南岳師例二大涅槃一。胡漢兼稱。悉是此言。檀是胡語。悉之言遍。檀爲レ施。佛以二四法一遍施二衆生一。故言二悉檀一也。」【大乘義章二】に「言二悉檀一者是中國語。此方義翻其名不レ一。如二楞伽中子注釋一。或名爲レ宗。或名爲レ成。或云レ理也。」【玄應音義二】に「悉曇此云二成就一。論中悉檀者亦悉曇也。以レ隨二別儀一轉レ音名爲二悉檀一。」「シシヤク」下「天台四釋」を見よ。

シシニユ　師子乳　〔譬喩〕以て菩提心に譬ふ。【華嚴經七十八】に「譬如下有レ人以二牛羊等種種諸乳一假使積聚盈中於大海上。以二師子乳一一滴投レ中。悉皆變壞直過無レ礙。菩薩摩訶薩亦復如レ是。以二如來師子菩提心乳一。著二無量劫業煩惱乳大海中一。悉令二壞滅直過無一レ礙。」

シシバ　尸尸婆　〔地名〕「シダリン」を見よ。

シシヒンシンザンマイ　師子頻申三昧　〔術語〕師子奮迅三昧に同じ。【華嚴經六十】に「入二師子

頻申三昧。」舊經に師子奮迅三昧に作る。【華嚴疏鈔六十】に「頻申奮迅。俱是展㆓舒四體㆒通暢之狀。」「シシフンジンザンマイ」を見よ。

シシフ　四執　〔名數〕又、四邪とも四迷とも四術とも云ふ。種種の四執あり。

外道四執　〔名數〕是れ天竺外道九十六種の總括なり。一に邪因邪果、外道云く、大自在天能く萬物を生ず、萬物若し滅すれば還つて本天に歸す、若し天瞋れば四生皆苦しみ、若し天喜べば六道悉く樂むと。然るに天は物の因にあらず、物は天の果にあらず、蓋し是れ邪心の晝く所なれば邪因邪果と云ふ。二に無因有果、萬物は因なくして自然に有りと執するなり、例へば萬物は造化に依て有り、造化は因なしと云ふ如き、即ち造化は因なくして果あるなり。又自然外道と名く。因なきに就きて無因と云ひ、果あるに就きて自然と云ふ、其執是れなり。三に有因無果。斷見者流謂く、唯現在ありて實に後世なし、例せば草木の一期に盡くる如しと。四に無因無果、總て因果を撥無する邪見なり、苦樂の果を受くべき善惡の業因もなく、善惡の業因に對する苦樂の果もなきなり。【三論玄義】に「總論㆓西域九十六術㆒。別序㆓宗要㆒。則四執盛行。一計㆓邪因邪果㆒。二執㆓無因有果㆒。三立㆓有因無果㆒。四辨㆓無因無果㆒。」

內外道四執　〔名數〕又四宗と云ふ。三論に排斥する所の內外の四執なり。一に一切外道、二空に達せずして人法を存す。二に毘曇宗、即ち薩婆多は已に人無我を得れども、法の有性を執す。三に成實宗、具に二空を辨ずれども、空を明すこと猶不了なり。四に大執、大乘中の一切有所得の見なり。【三論玄義】に「但邪謬紛論難㆑可㆓備序㆒。三論所㆑斥略辨㆓四宗㆒。一摧㆓外道㆒。二折㆓毘曇㆒。三排㆓成實㆒。四呵㆓大執㆒。乃至問此之四執優降云何。答。外道不㆑達㆓二空㆒。横存㆓人法㆒。毘曇已得㆓無我㆒。而執㆓法有性㆒。跋摩具辨㆓二空㆒。而照猶未㆑盡。大乘乃言究竟。但封執成㆑迷。」又、一、異、亦一亦異、非一非異等の四句を固執するを云ふ。

シシフシユセツ　止止不須說　〔雜語〕佛、迹門法華に於て舍利弗の請を止むる語なり。【法華經方便品】に「止止不㆑須㆑說。我法妙難㆑思。諸增上慢者。聞必不㆓敬信㆒。」

シシフンジン　師子奮迅　〔譬喩〕師子奮起する時、身毛皆竪ち、其勢迅速勇猛なり。以て佛の威猛に譬ふ。【法華經涌出品】に「諸佛師子奮迅之力。」

シシフンジンザンマイ　師子奮迅三昧　〔術語〕師子奮迅する時諸根を開張し、身毛皆竪ち、威怒哮吼の相を現ずる如く、佛此の三昧に入れば大悲法界の身を奮ひ、大悲の根門を開き、應機の威を現じ、外道二乘の小獸をして懾伏せむれば師子奮迅三昧と名く。【探玄記十八】に「從㆑喩爲㆑名。謂如㆓師子奮迅之時㆒。諸根開張。身毛皆竪。現㆓其威怒哮吼之相㆒。令㆓餘獸類失㆑威竄伏㆒。令㆘師子兒增㆓其雄猛㆒身得㆗長大㆖。今佛亦爾。一奮㆓大悲法界之身㆒。二開㆓大悲之根門㆒。三竪㆓悲毛之先導㆒四現㆓應機之威㆒。吼㆓法界之法門㆒。令㆔二乘諸獸藏竄聾盲菩薩佛子增㆓長百千諸三昧海及陀羅尼海㆒。如㆑是相似故以爲㆑喩。」梵 Siṁhavikrīḍita-samādhi

シシフンジンボサツシヨモンキヤウ　師子奮迅菩薩所問經　〔經名〕一卷、失譯。華積樓閣陀羅尼經の舊譯なり。師子奮迅菩薩新譯に師子遊戲菩薩に作る。【成帙七】(338)

シシホフモン　師子法門　〔術語〕師子王に寄せて諸佛菩薩の功德を顯はすを師子法門と云ふ。涅槃經二十七に師子吼に就て十一事を擧げ、一一之を菩薩の法門に配し、智度論に師子王の形相威勢を述べて一一之を諸佛の功德に當て、寶雨經五に菩薩十種の善法を列ねて一一之を師子王に喩ふる如し。

シシヤ　四捨　〔名數〕一に財捨、財物を人に捨與するなり。二に法捨、法を人に捨與するなり。三に無畏捨、無畏を人に捨與するなり。四に煩惱捨、自ら煩惱を捨棄するなり。此四捨を檀波羅蜜となす。【智度論十一】に「四種捨名爲㆑檀。Dāna 所謂財捨。法捨。無畏捨。煩惱捨。」

シシヤ　四車　〔名數〕法華經譬喩品に說く羊鹿牛の三車と大白牛車の一となり。「シシヤケ」を見よ。

シシヤ　使者　〔術語〕不動使者金剛童子の如く僮僕の相を現じ如來の敎令を奉じて使役せらるる者。

シシヤウ　四聖　〔名數〕十界を凡聖に分つ時、聲聞緣覺菩薩佛の四界を四聖と稱し、餘を六凡と稱す。

図　羅什の門人道生、僧肇、道融、僧叡の四人を關中の四聖とも什門の四聖とも云ふ。【佛祖統紀三十六】に「羅什弟子有㆓生肇融叡㆒。時號㆓關中四聖㆒。」【釋氏稽古略二】に「師之弟子曰㆓生肇融叡㆒。謂㆓之什門四聖㆒。」

図　吾朝東大寺の創立に就て聖武天皇、良辨僧正、婆羅門僧正、行基菩薩を稱して四聖と號す。【壒嚢鈔十八】に「仍て此等をば四聖共成の地と申也。所謂本願皇帝は聖如意輪の化現、聖德太子の後身也、學創良辨僧正は當來の導師彌勒大士の應化、供養導師婆羅門僧正は普賢菩薩の降臨、法會の呪願行基菩薩は大聖文殊の化身也。」図禪林に阿彌陀佛、觀世音菩薩、

大勢至菩薩、大海衆菩薩を以て四聖とす。【敕修淸規尊宿遷化起龕】に「山門維那。向レ內合掌。中立擧シテ往生咒一。或四聖號。大衆齊念。」大海衆菩薩とは西方淨土の諸菩薩を擧ぐ。【象器箋十三】

シシヤウ 師匠 [譬喩] 師が弟子の三學を成ずると工匠の器を成ずる如くなれば譬へて匠と云ふ。【大寶積經百十二】に「無量禪定福德業成。善寂ニ調心一。以爲ニ師匠一。」【有部毘奈耶四十】に「汝等當レ覓ニ上好師匠一。」【演密鈔四】に「匠是工匠。如三世工匠能匠成ニ諸器一。阿闍梨法匠。能匠ニ成三乘三學法器一。」

シシヤウ 四唱 [名數] 法華地涌菩薩の上首、上行菩薩等の四人の唱導師なり。【法華經涌出品】に「是菩薩衆中。有ニ四導師一。一名ニ上行一。二名ニ無邊行一。三名ニ淨行一。四名ニ安立行一。是四菩薩。於ニ其衆中一最爲ニ上首唱導之師一。」【祕藏寶鑰下】に「娑界震裂。四唱一處。」

シシヤウ 四障 [名數] 四種の生死あり、以て如來法身の功德を障害するを四障と名く。【佛性論二】に「聲聞。緣覺。大力菩薩。住ニ無漏界一。有ニ四種怨障一。不レ得ニ如來法身四德一。」「シシユシヤウジ」を見よ。図一に惑障、貪欲瞋恚愚痴等の思惑なり、能く正道を障蔽す。二に業障、身口意所造の惡業なり、能く正道を障蔽す。三に報障、三惡趣の苦報なり、能く正道を障蔽す。四に見障、諸の邪見なり、能く正道を障蔽す。【海意菩薩所問淨印法門經】

シシヤウ 四姓 [名數] 一に婆羅門 Brāhmaṇa 淨行者なり、或は出家、或は在家、淨行を修し涅槃を求む。二に刹帝利 Kṣatriya 王種なり、奕世君臨して餘の三姓を統轄す。三に吠舍 Vaiśya 舊に毘舍と云ふ。商賈なり、有無を貿易するなり。四に戍陀羅 Śūdra 舊に首陀と云ふ。農民又は奴なり、身を勤めて稼穡するなり。四姓中婆羅門を以て最も尊貴となし、餘の三姓と同行せず。蓋し此四姓の別は韋陀論師より起る。韋陀論最も古代より盛に行はれしに由る。【譬喩經】に「諸外人計。梵王生ニ四姓一。王口生ニ婆羅門一。臂生ニ刹利一。脇生ニ毘舍一。足生ニ首陀一。」【提婆論】に「外道圍陀論說。從ニ那羅延天臍中一生ニ大蓮華一。從ニ蓮華一生ニ梵天祖公一。彼梵天作ニ一切命無命物一。從ニ梵天口中一生ニ婆羅門一。兩臂中生ニ刹利一。兩髀中生ニ毘舍一。從ニ兩脚跟一生ニ首陀一。」【寄歸傳四】に「五天之地。皆以ニ婆羅門一爲ニ貴勝一。凡有ニ坐席一。並不下與ニ餘三姓一同行上。」

シシヤウ 四生 [名數] 梵語 Caturyoni 一に胎生、Jarāyuja 常の人類の如し、母胎に在て體を形して後出生するもの。二に卵生、Aṇḍaja 鳥の如く卵殼に在て體を形して後出生するもの。三に濕生、Saṁsvedaja 蟲の如く濕に依て形を受くるもの。四に化生、Upapāduka 依託する所なく、唯業力に依て忽ち起るもの、諸天と地獄及び劫初の衆生皆是なり。之を五道に分別するに人趣と畜生趣とは各四種を具す。人の胎生は今の世人の如く、人の卵生は世羅と鄔波世羅と鶴卵より生じ、鹿母所生の三十二子と般遮羅王の五百子等の如し。人の濕生は曼馱多と遮盧と鄔波遮盧と鴿鬘と菴羅衛等の如し。人の化生とは唯劫初の人なり。畜生の胎卵濕は共に現見するを得、其の化生は龍と揭路茶 Garuḍa 鳥との如し。次に鬼趣は胎化の二種なり。胎生は餓鬼母の日夜所生の五子を食ふと云ふ如く、次に一切の地獄と天人と中有とは皆唯化生なり。【倶舍論八】⦿（太平記二三）「此邊は六道四生の間如何なる所に生れておはしますぞと問ひければ」図 四度の生死を云ふ。四生百劫の如し、緣覺乘にして極速の者は四生にて得道す。「シシヤウヒヤクコフ」を見よ。

シシヤウ 四生苦輪 [雜語] 一切の衆生、此四種の生によりて出生し、以て、迷界生死の苦をなめ、彼此に輪廻轉生するを云ふ。⦿（盛衰記一八）「重永廻ニ四生之苦輪ニ」

シシヤウ 資生 [雜語] 衣食住の具、以て人の生命を資助するもの。【法華經法師功德品】に「資生業等皆順ニ正法一。」【智度論十九】に「正命者。一切資生活命之具。悉正不レ邪。」

シシヤウギヤウ 四性行 [名數] 一に自性行、菩薩の自性本來賢良にして父母に孝順し沙門婆羅門を信敬して十善を具するもの。二に願性行、菩薩心を發して成道作佛せんと願ふもの。三に順性行、菩薩六波羅蜜に順じ修行するもの。四に轉性行、修行の功に因て凡を轉じて聖と成るもの。【佛本行集經一】

シシヤウギヤウ 四聖行 [名數] 一に糞掃衣、二に乞食、三に樹下坐、四に身心寂靜なり。又四良藥と云ひ、行の四依及び四聖種と大意同じ。【南山業疏三下】に「涅槃具顯ニ治本一。故彼文云。出家之人有ニ四種病一。由レ此不レ得ニ四沙門果一。爲レ有ニ衣欲一。乃至爲レ有ニ惡欲一。有ニ四良藥一能治ニ此病一。謂糞掃衣。乞食。樹下坐。身心寂靜。治レ有ニ惡欲一。故名ニ四聖行一。」「見よ。

シシヤウゴン 四聖言 [名數] 「シヤウゴン」を見よ。

シシヤウゴン 四正勤 [名數] 又、四意斷、四正斷、四正勝と云ふ。三十七科の道品中、四念處に次で修する所の行品なり。【法界次第中之下】に「一に已生の惡に對して除斷の爲に勤めて精進す。二に未生の惡に對して更に生ぜざらしめんが爲に勤めて精進す。三に未生の善に對して生ぜんが爲に勤めて精進す。四に已生の善に對して增長せしめん爲に勤め

て精進す」と。一心に精進して此四法を行ずる故に四正勤と名け、能く懈怠を斷ずるが故に四正斷と名け、正しく身語意を策勵する中に於て此れ最勝なるが故に四正勝と名け、意中決定して之を斷行すれば四意斷と名く。【智度論十九】に「破二邪法一正道中行ノ故名二正勤一。」又「四念處觀ノ時。若有二懈怠心一。五蓋等諸煩惱覆レ心。離二五種信等善根一時。不善法若已生爲レ斷故。未レ生爲レ生故。勤二精進一信等善根未レ生爲レ生故。已生爲二增長一故勤二精進一。」【倶舍論二十五】に「何故說レ勤名爲二正斷一。於二正修習一漸習位中此勤力能斷二懈怠一故。或名二正勝一。於下正持二策身語意一中上此最勝故。」【增一阿含經四意斷品】

シシヤウシユ　四聖種　「シヤウシユ」を見よ。

シシヤウタイ　四聖諦　[術語]　苦集滅道の四諦なり。聖者の見る所の諦理なれば聖諦と云ふ。又聖は正なり、正眞の諦理なれば聖諦と名く。【涅槃經十二】に「苦集滅道。是名二四聖諦一。」「シタイ」を見よ。

シシヤウダン　四正斷　[名數]　「シシヤウゴン」を見よ。図一に斷斷、所起の惡法に於て斷じて又斷ずれば斷斷と名く。二に律儀斷、戒律を堅持し威儀を愼守して惡をして起らざらしむるを律儀斷と名く。三に隨護斷、無漏の正道に於て隨順守護して之をして退沒せざらしめ、以て惡法をして起らざらしむるを隨護斷と名く。四に修斷、能く正道を修作し其をして生長せしめて諸惡を斷除するを修斷と名く。【雜阿含經三十一】梵 Samyakprahāṇa(MV.39)

シシヤウチシヨウミヤウ　死生智證明　[術語]　宿命通のことなり。三明の一。

シシヤウヒヤクコフ　四生百劫　[術語]　緣覺乘の人は極速は四生の加行にて道果を得極遲の者は百劫の加行にて道果を得るなり。【光記二十三】に「若據二獨覺一。極疾ハ四生修二加行一。極遲ハ百劫修二加行一。」【五教章下之二冠註】に「問四生百劫云何修行。答。景猷百行鈔九云。言二四生一者略有二兩斷一。一云。第一生修二聲聞資糧一。第二生修二聲聞加行一。第三生修二緣覺資糧一。第四生入二見道一得二無學果一。二云第一生種二解脫分善一。第二生修使二純熟一。第三生修二順決擇分一。第四生入二見道一乃至證二無學果一。言二百劫一者。謂發心已修二彼行因一。極遲不レ過二百劫一便得二彼果一。已上述曰。四生二義。初約二轉根一。後就二不轉一。」

シシヤキンバラ　翅舍欽婆羅　[人名]　Keśa-kambala 十外道の第五。髮衣と譯す、外道此衣を着るなり。【四分疏飾宗記七末】に「翅舍欽婆羅。此云二髮衣一也。此外道着二此衣一也。」

シシヤク　死籍　[物名]　死人の名を記する簿籍なり。【焰羅王供行法次第】に「正報盡付二死籍一。能乞レ王削二死籍一付二生籍一。到二疫病之家一。」

シシヤク　矢石　[譬喩]　矢石を射るも貫くこと能はず、以て二者の相容れざるに譬ふるなり。【止觀五之二】に「天親龍樹內鑑冷然。外適二時宜一各權所レ據。而人師偏解尊者苟執。遂興二矢石一各保二一邊一。大乖二聖道一也。」【同輔行】に「矢石者。如二箭矢射一レ石。義非二相入一。以二各計一故。不レ同二圓理一。如二彼矢石一。」

シシヤク　四釋　[名數]　諸家經論及び眞言の文句を釋するに重種不同なり。

三論四釋　[名數]　【二諦義中】に「一隨名釋。二就因緣釋。三顯道釋。四無方釋。」と云ひ。【三論玄義】に「總論二釋義一凡有二四種一。一依名釋義。二就理教釋義。三就互相釋義。四無方釋義。」と云ふ。（案るに三論玄義の第二第三倒置せり、何となれば一は淺深の次第に相違し、一は二諦義の文に違背すればなり。）【三論大義章一】に「一依名釋義。二因緣釋義。三顯道釋義。四無方釋義。」と云ひ、眞俗に就て之を說明せり。一、依名釋義、謂く、眞は眞實の義、俗は浮虛の義と解する如き。二、因緣釋義、眞は是れ俗の義、俗は是れ眞の義と解する如きなり。即ち眞獨り眞ならず、俗自ら俗ならず、眞の因緣を以て眞なり、俗の因緣を以て俗なり。依て其の因緣に就て其義を釋すればなり。【三論玄義】の互相釋義なり。三、顯道釋義、眞は不眞の義、俗は不俗の義と解する如き是なり。何となれば因緣釋義に於て眞既に俗を以て義とせば眞是れ不眞なり、俗亦然り、眞俗共に無相なりと釋成して執を拂ひ無相の眞理を顯はすなり。【三論玄義】の理教釋義なり。四、無方釋義、無方は不定の義、眞は一切法を以て義となし、俗亦一切法を以て義とすと解する是なり。顯道釋義に於て一切の相を拂ひ、法の無相を知る、無相の法能く一切を現ずる猶水の方圓の相を離るれども方圓の相を現ずるを得る如しと釋す。此の四義の次第を論ずれば一は自性、二は因緣を說て自性の病を動かし、三は執病を破して實相の無相を證し、四は無相の實相より無方の作用を起すなり。初は世俗に就き、二は漸深、三は用より體に入り、四は體より用を起す。此の釋義の典據として【涅槃經】に「苦者逼迫相。集者生長相。滅者寂滅相。道者能除相。」と云ふは依名釋、「說二世諦一令レ識二第一義一。說二第一義一令レ識二世諦一。」と云ふ如き是れ因緣釋、【華嚴經】に「一切有無法了二達非有無一。」と云ふは顯道釋、又「一中解二無量一。無量中解レ一。」と云ふは無方釋なり。

天台四釋　[名數]　天台智者法華經を釋するに

四釋を用ふ。一に因緣釋、四悉檀を因緣として四種の釋義を下すなり。四悉檀とは一に世界悉檀、二に各各爲人悉檀、三に對治悉檀、四に第一義悉檀なり。四悉檀の義はもと智度論に出で、龍樹菩薩が釋尊一代衆生を敎化せし手段方法を判ぜしものなり、今轉用して釋義の方規となせしなり。衆生の樂欲を惹くを第一悉檀とし、信を生ぜしむるを第二悉檀とし、惡執を破するを第三悉檀とし、實相に入らしむるを第四悉檀とす。さて第一に經の如是我聞の如是を解して「如是とは指事の詞なり、一經所說の事實を指して如是と云ふ」と解する如き、世間通途の釋義にして、聞く者をして解し易く、以て世人の樂欲を惹けば之を世界悉檀の因緣釋となす。二に「如是とは信順の辭なり」と解する如き、是れ阿難の信を擧げて人の信を勸むるものなれば爲人悉檀の因緣釋なり。三に「外道の經文は冠首に阿〔無義〕傴〔有義〕の二字を置けり、是の如きは他の諍論を惹起すべし、故に佛敎には之に對して如是の二字を置く」と釋する如き、是れ無諍を以て諍を破する意なれば對治悉檀の因緣釋なり。四に「如とは眞如なり、是とは眞如の百非を離るるなり」と解する如き是れ中道實相に入らしむる釋義なれば第一義の因緣釋と云ふ。是の如く四種の悉檀を因緣として四種の釋義を爲すを因緣釋と云ふ。二に約敎釋、天台は釋尊一代の敎義を分けて藏通別圓の四敎とせり、依て此の四敎の義に就て各各其法を釋するを約敎釋と云ふ。一心を釋して意識なりと言ふ如き、是れ三藏敎に約する釋なり。阿賴耶識なりと言ふ如き是れ通敎に約する釋なり。如來藏識なりと言ふ如き是れ別敎に約する釋なり。三千の諸法なりと言ふ如き是れ圓敎に約する釋なり。三に本迹釋、佛身に本地垂迹の二あり、伽耶山頭始成の釋迦は是れ垂迹の化佛にして、更に實の報身あり、久遠の昔に成道して今に實在す、是れ法華經壽量品に依て知らるるなり。依て此本地垂迹の二門に依て法義を解するを本迹釋と云ふ。舍利弗等の諸佛弟子を解して比丘の聲聞なりと云ふ如きは是れ迹に約する釋なり、もと是れ菩薩なりと云ふ如き是れ本に約する釋なり。四に觀心釋。前の三釋、微は微なり、密は密なれども、我に省みて得る所なければ徒に精を勞して砂を算するのみ、是に於て觀心の一釋を設け、王舍城を解して我が一心なりと云ふ如き是なり。何となれば衆生の心もと如來を藏す、されば佛王舍城に在りとは衆生の一心本來佛の所住なるを示すなりと。是れ所說の法義を我一心に寄せて實相の理を觀ずれば觀心釋と云ふ。【法華文句一】に「一因緣。二約敎。三本迹。四觀心。始從㆓如是㆒終㆓于而退㆒。皆以㆓四意㆒消㆑文。而今略書或三二一。貴在㆑得㆑意。不㆑煩㆓筆墨㆒。」

眞言四釋 〔名數〕一行の大日經疏に處處淺略釋と深秘釋を以て敎義を解し、又不可思議〔僧名〕の供養次第法疏の末に、阿字本不生の說者に就きて三重の秘釋を立てしに依り、二者を總合して四重の釋義を開く、是れ眞言一家の釋例なり。一に淺略釋、阿字は梵王の說なりと解する〔顯敎中に處處に之を說けり〕を云ふ。二に秘密釋、毘盧遮那佛阿字本不生を說くと解する如き。三に秘密中秘釋、阿字自ら本不生を說くと解する如き。四に秘秘中秘釋、本不生の理に自ら理智あり、自ら本不生を覺して之を說くと解する如し。今鐵鉢を以て釋せんに、其の鐵なるは堅牢なる爲なり、其の圓なるは格好を取るなり、と云ふは淺略釋なり。其の圓なるは菩提心の標相なり、其の鐵なるは心の堅固を表示するなりと言へば秘密釋なり。更に鐵は南天の鐵塔、圓は周遍法界と云へば秘密中の秘釋なり。更に鐵は金剛界を表し、圓は胎藏界の圓檀を表す、是れ金胎兩界の標幟なりと云へば秘秘中秘釋なり。【大日經供養法疏下】に「問阿誰(タレカ)向㆓本怯㆒呼造㆓本不生㆒耶。答。有㆓三種㆒。一秘密釋。二秘密中秘釋。三秘秘中秘釋。一秘密釋者。毘盧遮那佛說㆓本不生㆒故。二秘密中秘釋者。阿字自說㆓本不生㆒故。三秘秘中秘釋者。本不生ノ理自有㆓理智㆒。自覺㆓本不生㆒故。」と。安然の【菩提心義一】に「大日經義釋有㆓三種釋㆒。如㆑云㆘於㆓此經文㆒有㆓淺略釋㆒。有㆓深秘釋㆒。於㆓深秘中㆒亦有㆗淺深㆖。若供養疏ノ疏亦有㆓三種㆒。一深秘釋。乃至兩文相合即成㆓四種㆒。」

シシヤケ　四車家 〔術語〕又四乘家と云ふ。大乘に於て三乘家と一乘家の異義あり、三論法相の如きは三乘家にして、其の說に、佛の敎法は終始三乘に超へず、但法華已前は三乘を主說し、法華に於て權の二乘を廢して實の一菩薩乘に歸せしなり、されば權實雙存して三乘あるのみと、依て之を三乘家と云ふ。又華嚴天台の如きは、三乘中の菩薩乘は二乘と共に方便假說なり、法華に至りて更に一佛乘を說きて前の三乘を開會し圓融せるなりと、依て之を一乘家と云ふ。若し權實雙存すれば四乘家と云ふべし。之に就て法華經譬喩品の文を見るに、長者が宅內に於て諸子に與ふべしと云へるは羊鹿牛の三車にして、諸子が露地に出でて正しく長者より與へられたるは大白牛車の一なり。此文を解するに三乘家は謂く、一乘とは

三乘の中の菩薩乘と同體なり、三の中に二を廢して一を立つるのみ、三の外に別乘あるにあらず、されば宅內の三車と宅外の大白牛車と別物にあらず、三車中の牛車即ち大白牛車なりと、依て之を三車家と稱するなり。然るに一乘家は謂く、三乘中の菩薩乘は實因實果あるにあらず、但是れ假說なり、三乘を開會して眞實の一佛乘を說く、教理行果遙に彼と異なれり、されば羊鹿牛の三車の外に別に大白牛車の一車あり、權實合せて四車ありと、依て一乘家を呼ぶに四車家の稱起り、假に之に依て四乘敎を立つ。「シヂヤウ」を參照せよ。

シシヤホフ 使者法 [修法] 不動使者陀羅尼秘密法の略。

シシヤモン 四沙門 [名數]「シヤモン」を見よ。

シシユ 四衆 [名數] 一に發起衆、法華經の會座に舍利弗の三請して本經の說法を發起する如き、擊揚發動して如來をして所說あらしむるを發起衆と云ふ。二に當機衆、正しく當座の機衆なり、諸聲聞の如き正しく本經を聞きて證悟の益を得る者を云ふ。三に影向衆、文殊觀音の如き他方より來至して佛化を助け、法座を莊嚴する者を云ふ。四に結緣衆、薄福の衆生今は證悟の益なきも見佛聞法の因緣を結び、未來得道の因緣と作す者を云ふ。【法華文句二】 図僧伽の四衆あり一に比丘 Bhikṣu 二に比丘尼 Bhikṣuṇī 三に優婆塞 Upāsaka 四に優婆夷 Upāsikā【藥師經】に「若有㆓四衆苾芻、苾芻尼、鄔波索迦、鄔波斯迦㆒」【法華玄贊一】図 一に比丘、二に比丘尼、三に沙彌 Śrāmaṇera 四に沙彌尼 Śrāmaṇerikā 即ち出家の四衆なり。【光宅法華疏一】に「雖㆑有㆓天龍八部㆒莫㆑過㆓四類㆒。出家四衆也。」⦿(太平記八)「四衆の佛弟子驚き見て、是を留めんとし給ひけるに」図一に龍象衆、大天の流なり。二に邊鄙衆、大天が門徒なり。三に多聞衆、凡夫の學人聖者に隨順して多く法を聞くもの。四に大德衆、即ち四果の聖衆なり。【宗輪論述記】

シシユ 四主 [名數] 時に輪王なく瞻部の一洲四主に分つ。一に東人主、雪山より以東東海に至る、其の氣和暢、人に宜し、人主の國なり。二に南象主、雪山より以南東海に至る、暑濕象に宜し、象主の國なり。三に西寶主、雪山より以西南海に至る、其地海に臨で多く寶貝を出す、主寶の國なり。四に北馬主、其地寒勁、馬に宜し、馬主の國なり。【西域記一、釋迦方誌上】

シシユ 四趣 [名數] 地獄、餓鬼、畜生、阿修羅の四惡趣なり。⦿(平家三)「修羅の三惡四しゆは深山大海のほとりにありと」梵 Durgati

シシユ 四取 [名數] 一に欲取、色聲香味等五塵の境に於て貪欲取着するを云ふ。二に見取、五蘊の法に於て我見邊見等を妄計取着するを云ふ。三に戒取、外道の狗戒牛戒の如き非理の戒禁を取着修行するを云ふ。四に我語取、我語とは我見我慢等の我見より發する所說の法に名く、此の我見我慢に取着するを我語取と云ふ。【佛性論】【俱舍論】には百八の煩惱を攝して四取となす。一に欲取、欲界の鈍使なり、四諦修道五部に各貪瞋癡慢無明の五あり、合せて二十なり。四諦各一の疑あり前と合せて二十四なり。之に十纏を合せて三十四物なり、之を欲取と名く。二に見取、三界に各十二見あり、苦諦下に身等の五見、集滅二諦下に各邪見見取の二あり、前に合して九なり、道諦下に邪見、見取、戒禁取の三あり、即ち十二見なり。三界合せて三十六見なり。此中三界の二の戒禁取見、即ち苦諦下と道諦下の二。合せて六見を除き、餘の三十見を見取と名く。三に戒禁取、即ち前の六見なり、又惑取と名く。四に我語取、上二界の鈍使なり。色界の五部下に各貪慢無明の三あり、三五十五なり。四諦下に各一の疑あれば前に足して十九なり、無色界亦之に同じければ合せて三十六なり、之を我語取と名く。我語とは身我の語なり、上界の煩惱は外境に取らず。身我を緣じ、身我の語に就て煩惱を起すを云ふ。此四總じて取と名くるは此の煩惱能く內外の法を取執すればなり。【俱舍論二十】に「能取㆓所有㆒故立㆓取名㆒。」又「能爲㆑依執故名㆑取。」図 勝鬘經には四住地の惑を四取となす。【百論疏四末】に「勝鬘經以㆓四住地㆒爲㆓四取㆒。故云㆔有漏業爲㆑因。四取爲㆑緣。生㆓三界內㆒。」図婆沙論には四方に馳求するを四取と名く。【百論疏四末】に「四取者婆沙云。四方馳求名爲㆓四取㆒。」梵 Catur-prāmarśa

シシユ 示衆 [雜語] 衆人に訓示すること。【六祖壇經】に「佛示㆑衆云。善知識。我此法門以㆓定慧㆒爲㆑本。」諸錄の示衆此を最古とす。

シシユ 四修 [名數] 一に無餘修、福德と智慧との二種の資糧具さに修して遺すとなきを云ふ。二に長時修、三大阿僧祇劫を經て倦むことなきを云ふ。三に無間修、精勤勇猛にして刹那に修して廢するとなきを云ふ。四に尊重修、所學を恭敬し顧惜する所なく、修するに慢なきを云ふ。是れ如來の因圓德に就て言ふなり。【俱舍論二十七】図一に恭敬修、阿彌陀佛及び一切の聖衆を恭敬禮拜するを云ふ。二に無餘修、專ら彼佛の名を稱へ及び一切聖衆を專念專想して餘業を雜へざるを云ふ。三に無間修、心相續して餘業を以て來間せず、貪瞋煩惱を以て間隔せざる

を云ふ。四に長時修、前の三修の畢命を期となし、誓て中止せざるを云ふ。是れ念佛行者に就て言ふなり。【往生禮讃】図一に長時修、二に慇重修、三に無間修、四に無餘修。是れ往生禮讃と其の意同じ。【往生要集中本】

シシユ　師主　〔雜語〕　師は弟子の主とする所なれば師主と云ふ。【有部毘奈耶二十七】に「我之師主。」

シシユアクニン　四種惡人　〔名數〕　律家の所談に樂語他誤人、樂說邪見人、口輭心惡人、少作多說人の四種人は常に遠離すべきを云ふ。

シシユアゴン　四種阿含　〔名數〕「アゴン」を見よ。

シシユアジヤリ　四種阿闍梨　〔名數〕「アジャリ」を見よ。

シシユアナン　四種阿難　〔名數〕　天台四教に約して四種阿難を立つ。

シシユイチサイギ　四種一切義　〔名數〕　唯識宗に於て心所の分類に就て善惡無記の三性に通ずるを一切性と云ひ、有尋有伺地、無尋唯伺地、無尋無伺地に通ずるを一切地とし、無始以來の相續を一切時とし、一切の心所が倶時に生ずるを一切倶とする四種の一切義を云ふ。

シシユインエン　四種因緣　〔名數〕「ジフニインエン」を見よ。

シシユウ　四宗　〔名數〕　淨影所立の四宗あり。「シユウ」を見よ。又、因明の宗法に四種あり、四宗と云ふ。一に遍所許宗、眼は色を見ると言ふ如き、彼此の兩宗皆共に許すものを云ふ。二に先承稟宗、佛弟子佛弟子に向て諸法皆空を立て、鵂鶹弟子相對して實我ありと立つる如きを云ふ。三に傍憑義宗、聲は無常なりと立てて傍に憑る無我の義を顯はさんと欲する如きを云ふ。四に不顧論宗、前の三宗を除きて、立共の所樂に隨ひ欲する所を建立し、更に顧る所なきを云ふ。此の中に前三を立つべからず、何となれば第一宗は立已成なり、先より共に許す、何ぞ建立を須ゐん。第二は同宗の人相對し先承の義を立つ、亦是立已成なり。第三は言陳の諍ふ所に非らず、言陳の外の別義は立てて正論となすを得ず、たとひ之を許すも因に於て必ず差別相違の過を犯さん。唯第四の顧宗以て宗となすべし、是れ立者の意に樂ぶ所なればなり。【因明大疏上】図齊の大衍寺曇隱はその教判に於て四宗を立つ。一に薩婆多部、雪山部等を因緣宗(又立性宗)とし二に經量部、成實論等を假名宗(又破性宗)とし三に般若經を不眞宗(又破相宗)とし四に涅槃經、華嚴經を眞宗(又顯實宗)とす。

シシユウゲザンマイ　師子遊戲三昧　〔術語〕　八三昧の一。譬へば師子の鹿を搏て自在に戲樂する如く、佛亦此の三昧に入りて此地を廻轉し、六反震動せしむ、故に師子遊戲三昧と名く。又佛を人師子と名く、師子遊戲三昧は佛遊戲三昧なり、佛此三昧に入る時、此大地を六種に震動せしめ、一切の地獄惡道の衆生をして、皆解脫を蒙り、天上に生ずるを得しむ。【智度論八】

シシユウダイジヨウ　四宗大乘　〔名數〕　四家大乘に同じ。「ダイジヨウ」を見よ。

シシユカンロ　四種甘露　〔名數〕　四種の蘇陀 Suta 味なり。【法華玄贊六】に「若天得レ勝。便入二非天(阿修羅)宮中一。爲レ奪二其女一。起二此違論一。若非天得レ勝。即入二天宮一。爲レ求二四種蘇陀味一。故相戰諍。」と、此の蘇陀味即ち甘露なり。【註維摩經】に「生曰。天食爲二甘露味一也。食レ之長壽。遂號爲二不死食一。」甘露は通常 Amṛta と云ふ。即ち不死と譯す。これ天酒 Soma なり。【名義集】に「修陀。或云二須陀一。此天食也。」⊙(榮花本のしづく)「四種の甘露をなめ」

シシユガ　四種我　〔名數〕　一に凡夫妄計の我、二に外道の神我、三に三乘の假我、四に法身の大我なり。

シシユキヤウワク　四種狂惑　〔名數〕　人の發狂するに四種の別あり。貪狂は貪欲に驅られて狂し、藥狂は藥物の毒に中りて狂し、咒狂は咒詛調伏等にて狂し、本業緣狂は過去の業因によりて狂せるものなり。

シシユギヤウニン　四種行人　〔名數〕　十住十行十廻向十地なり。【吽字義】に「金剛已還四種行人。」

シシユクサウアン　止宿草庵　〔雜語〕【法華經譬喩品偈】に「長者有レ智。漸全二入出一。經二二十年一。執二作家事一。示二其金銀眞珠玻璃諸物出入一。皆使二令知一。猶處二門外一止二宿草庵一。自念二貧事一。我無二此物一。」と、是れ長者は智あるが故に方便を運らせるなり、此の草庵に止宿せるを般若時の轉教附財に譬へしなり。二十年は二乘法に依て斷惑證理するを標するなり。⊙(續拾遺集下)に「草の庵に年へしほどの心には露かからんと思ひかけきや」

シシユクワウゼツ　四種廣說　〔名數〕「シユボクイン」を見よ。

シシユクワンギヤウ　四種觀行　〔名數〕　懺悔をなす者が滅罪の方便として修する四種の觀行なり。一に觀因緣、この罪は無明に覆はれて正觀の力なく罪過と知らず、善友を遠離し魔行を隨逐し、蛾の火に赴きて自ら燒くが如し等と罪の因緣を觀ずるなり。二に觀果報、所有の諸惡不善の業の業、三世輪轉の苦果窮極なく、生死の大海に淪溺して冥然として涯なきこと石を抱いて淵に沈むが如く遂に出で難しと罪の果を觀ず。三に觀自身、自身の正因靈覺の性ありと雖も而も煩惱黑闇の爲に覆蔽せらる、諸法を了

解するの力なければ顯はすとを得ずと觀ずるなり。四に觀如來身、如來の身は衆德具足して湛然常住、復た方便して滅度に入り玉ふと雖も慈悲にして拔救衆生の心を暫くも捨てずと觀ずるなり。【慈悲水籤】

シシユケ　四種花　〔名數〕「シケ」を見よ。

シシユケウジユ　四種敎授　〔名數〕師匠が弟子を敎授するに四種の法あり。一に無倒敎授、顚倒せず法義を宣說して弟子をして受持讀誦修學せしむ。二に漸次敎授、機根に稱ひて法義を宣說し、先づ小を習はしめて後大に入らしむ。三に敎授、或は如來に從ひて或は佛の弟子に從ひて所聞せし正敎を其の敎の如く不增不減に他人に敎授すること。四に證敎授、自己の所證の法を他をして得證せしめんと欲せば方便して敎授す。【瑜伽師地論】

シシユゲン　四種眼　〔名數〕眞言法中四種眼あり。一に法眼、敬愛法なり。二に熾盛眼、鉤召法なり。三に忿怒眼、降伏法なり。四に慈眼、息災法なり。【諸部要目】

シシユコウイン　四種鉤印　〔術語〕慈悲喜捨の四攝法を以て一切衆生を鉤召するを云ふ。「シセウボサツ」を見よ。

シシユコフ　四種劫　〔名數〕「コフ」を見よ。

シシユコンボンザイ　四種根本罪　〔術語〕四波羅夷罪なり。【大日經學處品】に「四種根本罪。」

シシユサイ　四種作意　〔名數〕一に調練心作意、調練とは調停練習なり、厭惡すべき法に於て調停練習して心をして厭離せしむるを云ふ。二に濕潤心作意、濕潤とは濕長沃潤なり、觀尙すべき法に於て濕長沃潤して心をして忻樂せしむるを云ふ。三に生輕安作意、輕安とは身輕く心安きなり、可厭の法に於て心をして厭離せしめ、可欣の法に於て心をして欣樂せしめ、寂靜に安住して身心の輕安を生ずるを云ふ。四に淨智見作意、淨智とは即ち清淨の智慧なり、此の智慧を以て諸法の皆空を照了して即ち內心の寂靜を得、寂靜に由るが故に眞實の理を見るを云ふ。【瑜伽論三十一】

シシユサンマイ　四種三昧　〔名數〕「サンマイ」を見よ。

シシユサンマヤ　四種三昧耶　〔名數〕殺盜婬妄の四波羅夷なり、是れ諸佛不可越の戒法なれば三昧耶と名く。故に大日經具緣品に此の四波羅夷の偈を說きて三昧耶偈と名く。

シシユシ　四種子　〔名數〕人の死に就て宿業及び他の理由によりて四種を別つ。一壽盡財不盡死、二財盡壽不盡死、三壽盡財盡死、貧苦の爲に飢死凍死をなす。四壽不盡財不壽死、貧乏と壽命と壽命盡きて死するなり。諸種の橫死なり。【大藏法數】「一謂。如有人。由宿業故報壽既短。於現生中復不積善作福。但經營生理多求財物。其壽已盡積蓄尙多。是名壽盡財不盡死。二謂。如有人。不能經營生理。少有財物。壽雖未盡。積蓄素無。或因飢餓或由凍苦遂致於死。是名財盡壽不盡死。三謂。如有人。作短壽業。又不能經營財物。一旦壽盡其財亦盡。是名壽盡財盡死。四謂。如有人。廣作壽業。廣作財業。其財未盡。其壽共未盡。以餘因緣忽遭橫死。是名壽不盡財不盡死。」

シシユシタイ　四種四諦　〔名數〕「シタイ」を見よ。

シシユシツダン　四種悉檀　〔名數〕「シシツダン」を見よ。

シシユシシヤウ　四種死生　〔名數〕佛嘗て人の死して次に生を受くるに就て波斯匿王の問に對し四種の死生を說き給ふ。一從冥入冥、世人卑賤の家、旃陀羅の家及び餘の種種の下賤の家に生れ、貧窮にして活命し、形體顦顇して卑賤の業をなすを名けて冥とす。此の冥中に處して復た身口意に惡業を行ひて死して惡趣に墮つるを云ふ。二從冥入明、前述の冥の中に處して、身口意に善業を行じ、身壞し命終して人天に生ずるを云ふ。三從明入冥、富貴の家若しくは刹帝利婆羅門長者の家に生れ、身を受くる端正に、多財多智なるを明とす。此の明中に於て身口意に惡業を行ひ、命終の後惡趣に生じ無量の苦を受くるを云ふ。四從明入明、明中に於て身口意に善業を行じ福德を勤修して天上に生ずるを云ふ。【雜阿含經】に出づ。

シシユシツチ　四種悉地　〔名數〕「シシユダン」「ポフ」を見よ。

シシユシヤウギヤウ　四種性行　〔名數〕一に自性行、諸の菩薩本性以來賓艮質直、父母の敎に順じ、沙門及び婆羅門を信敬し、善く家內の親疏尊卑を知り、恭敬承事失なし、十善を具足して復た更に餘の善業を行ずるを云ふ。二に願性行。諸の菩薩是の如き願を發す、我れ何の時に於て當に作佛を得て號具足せんと、之を菩薩の願性行と云ふ。三に順性行、諸の菩薩六波羅蜜を隨順し修行するを云ふ。四に轉性行、釋尊の燃燈佛を供養し、此の因緣に由て經典を讀誦し、凡を轉じて聖を成す如きを云ふ。【佛本行集經一】

シシユシヤウジ　四種生死　〔名數〕「シヤウジ」を見よ。

シシユシヤウモン　四種聲聞　〔名數〕「シヤウモン」を見よ。

シシユシヤクギ　四種釋義　〔名數〕「シシヤク」

シシユシヤモン　四種沙門　〔名數〕「シヤモン」

を見よ。

シシユシン　四種心〔名數〕「シン」を見よ。

シシユシンジン　四種信心〔名數〕一に信根本、眞如の法は諸佛の師とする所、衆行の源なる故に根本と云ふ。眞如の法を信樂するなり。二に信佛、佛の大功德を信樂するなり。三に信法、法の大利益を信樂するなり。四に信僧、僧の大行を信樂するなり。【起信論】

シシユジキ　四種食〔名數〕「シジキ」を見よ。

シシユジザイ　四種自在〔名數〕「ジザイ」を見よ。

シシユジヤウ　四種諍〔名數〕「チメツジヤウ」を見よ。

シシユジヤウザ　四種上座〔名數〕四上座に同じ。「ジヤウザ」を見よ。

シシユジヤウジユホフ　四種成就法〔名數〕「シシユダンホフ」を見よ。

シシユジヤウヂユウ　四種常住〔名數〕「シシユソウモツ」を見よ。

シシユジヤウブツ　四種成佛〔名數〕一に信滿成佛、種性地の決定信に依て諸法の不生不滅に於て清淨不平にして願求すべきなし、是れを信滿成佛となす。二に解滿成佛、解行地に依て深く法性を解し、造なく作なく、生死の想を起さず、涅槃の想を起さず、心に所怖なく、亦所欣なし、是を解滿成佛と爲す。三に行滿成佛、究竟の菩薩地に依て能く一切の無明法障を除き、菩提の願行悉く皆具足す、是を行滿成佛と爲す。四に證滿成佛、淨心地に依て無分別の寂靜法智、及び不可思議勝妙の功德を得、之を證滿成佛となす。【占察經上】

シシユジヤジキ　四種邪食〔名數〕四種邪命に同じ。「ジヤミヤウ」を見よ。

シシユジユキ　四種授記〔名數〕「ジユキ」を見よ。

シシユセイ　四種制〔名數〕律宗の所談。碁博人、飲酒人、欺誑人、戒取見人には近くべからざるを云ふ。

シシユセニン　四種世人〔名數〕四種の死生によりて世人を四種に別つ。「シシユシシヤウ」を見よ。

シシユゼン　四種禪〔術語〕三種禪中の第二出世間禪なり。「シゼンヂヤウ」を見よ。

シシユゼン　四種善〔名數〕「ゼンアク」を見よ。

シシユソウ　四種僧〔名數〕「ソウ」を見よ。

シシユソウヂ　四種總持〔名數〕總持は陀羅尼の譯語、即ち陀羅尼なり。「ダラニ」を見よ。

シシユソウモツ　四種僧物〔名數〕又四種常住と云ふ。一に常住常住、衆僧の厨庫寺舍衆具華果樹林田園僕畜等なり。是れ永く一處に定住して、分判すべきものにあらざれば、常住物中の常住物なり。二に十方常住、日日僧に供する常食の如し。是れ前の常住常住を取て當日の常食に入れしもの、是れ十方僧に共屬する僧物なれば十方常住と云ふ。即ち十方僧の常住物なり。三に現前現前、各比丘所屬の私物なり。是れ現前僧の現前物なり。四に十方現前、亡僧の遺せる輕物の如し。是れ十方僧に分與して各比丘の現所屬となすべきものなれば十方現前と云ふ。【行事鈔中之二】

シシユタイヂ　四種對治〔名數〕「タイヂ」を見よ。

シシユタフ　四種答〔名數〕「シキ」を見よ。

シシユダウボン　四種道品〔名數〕台家三十七品の道品に就て四種を立つ。

シシユダウリ　四種道理〔名數〕【解深密經五】に說く。一に觀待道理、又、相待道理と云ふ。觀とは觀對、待とは待籍なり、長に對して長を籍りて短を成じ、短に對して短を籍りて長を得る如く、又苦を所對として樂を感じ、樂を所籍として苦を感ずる如き、總じて觀待道理と名く。十因中に觀待因ある是なり。二に作用道理、又、因果道理と云ふ。若くは因、若くは緣、能く果を成辨し、或は又生じて已て種種の業用を作すを作用道理と名く。三に證成道理、又成就道理と云ふ。現量比量聖敎量に依て證成せられたる眞正の理を證成道理と名く。四に法爾道理、又法然道理と云ふ。如來出世して法を說くも、若くは出世して法を說くことなきも、法性常爾にして不可思議なるを法爾道理と名く。問ふて何が故ぞ正思能く正見を起すと云ふ如き、是れ既に法爾にして更に思議すべからず、又何が故ぞ正見能く煩惱を斷じて涅槃を得するや、是れ既に法爾にして更に思議すべからず、諸法是の如きは總じて法爾の道理なり。【莊嚴經論十二】に「道理假建立有四種。一相待道理。二因果道理。三成就道理。四法然道理。」

シシユダンホフ　四種檀法〔名數〕一に息災法、自身又は他人の病難等、種種の惡事を消除せん爲の修法なり。二に增益法、自身又は他人の壽命福德智慧等を增益せん爲の修法なり。三に敬愛法、自身又は他人の爲に佛菩薩の愛護、又は君王衆人の慶愛を得ん爲の祈禱法なり。四に調伏法、自身又は他人の爲に怨敵惡人等を調伏せん爲の祈禱法なり。【秘藏記上】

シシユヂ　四種地〔名數〕一に勝解行地、地前三十心なり。二に普賢地、十地なり。三に大普賢地、等覺なり。四に普眼照地、佛果なり。【艮賁仁王經疏】

に三藏度持金剛項瑜伽經を引く。

シシユヂユウオン　四種重恩　〔名數〕「シオン」に同じ。又父恩、母恩、如來恩、說法師恩を云ふ。

シシユツゲ　四出偈　〔術語〕「本有今無。本無今有。三世有法。無レ有二是處一。」此偈涅槃經の九及び十五、廿五、廿六（南本經）の四處に說けば之を四出偈と名け、又柱偈、四柱文と曰ふ。【法華文句記六上】に「此一偈四處出レ之。古人名爲二涅槃四柱一。亦云二四出偈一。故知釋不レ當レ理。涅槃室傾。」【輔行五】に「又以二四出偈一消。言二四出一者。此偈四處出レ之。古人名爲二涅槃四柱一。」

シシユテン　四種天　〔名數〕「テン」を見よ。

シシユトン　四種貪　〔名數〕貪愛をその對境によりて四法に別つ。一顯色貪、他人の身分及び青黃赤色等の顯現の色に貪著を起すなり。二形色貪、長短矯媚等の形相の色に貪著を起すなり。三妙觸貪、自他の身分細輭光滑等の觸に貪著を起すなり。四承事貪、他人の趨承服事折旋俯仰等に貪著を起すなり。此の四皆相應婬貪心なり。退治の法としては四外不淨を觀ず。【瑜伽師地論二十六】に「若於二青瘀一或於二膿爛一或於二變壞一或於二膖脹一或於二食噉一。作意思惟於二顯色貪一令二心清淨一。若於二變赤一作意思惟。於二形色貪一令二心清淨一。若於二其骨一若於二其鎖一。若於二骨鎖一作意思惟。於二妙觸貪一令二心清淨一。若於二散壞一作意思惟。於二承事一令二心清淨一。如レ是四種名於二婬貪一令二心清淨一。」

シシユニン　四種人　〔名數〕四種死生の人を云ふ。「シシユシシヤウ」を見よ。図順流者、逆流者、中住者、得度者。順流者は生死の流に順ふなり、逆流者は五蓋を除滅して覺意を修し生死の流を截るを以て名く。図一、常沒人、涅槃の法を習修するあたはず生死の大海に常沒流轉するもの。二、暫出還沒人、世間に生れて五種の善根を堅固に持することあたはず、還て復た生死に流轉する者。三、出觀人、生死に沈みながら出離涅槃を求めんと欲して、その方向に思惟を定むる者。四、得度人、涅槃の法を具足修習して生死の流を截ち、彼岸に到るを得たるもの。【成實論二品（讚論）】に「若不レ能レ生下隨二順泥洹一信等功德上。是名二常沒一。或生二世間一。信等功德不レ能二堅固一。還復退失。是名二暫出還沒一。起下隨二順泥洹一信等功德上。分二別善惡一。是名二出觀一。具二足修三習隨四順泥洹信等功德一。是名二得度一。」（以上三出成實論二）図麤人、濁人、中間人、上人の稱。

シシユネウヤク　四種饒益　〔名數〕菩薩が衆生を化度饒益するに四種の方便あるを云ふ。一、相好を示現して觀る者をして菩提心を發さしむ。二、說法を示現して聞く者をして開悟して道に入らしむ。三、化事を示現して聞く者をして諸の法門を獲しむ。四、名十方に流れて聞く者をして念を繫くれば脫を得しむ。

シシユネハン　四種涅槃　〔名數〕「ネハン」を見よ。

シシユネンジユ　四種念誦　〔名數〕「ネンジユ」を見よ。

シシユネンブツ　四種念佛　〔名數〕「ネンブツ」を見よ。

シシユハウベン　四種方便　〔名數〕衆生所具の眞如の法は體性空淨なれども、無量の煩惱の垢染あり、若し人方便を以て種種に對治せざれば淨を得ることなし、其の方便に四種あり。一に行根本方便、諸法の無生を觀じて大智を起し、一切の妄見を離れて生死に住せず。諸法の因緣生滅を觀じて大悲を起し、衆生を攝化して涅槃に住せず、以て法性の無住に隨順するを行根本方便と名く。二に能止方便、慚愧悔過して能く一切の惡法を止めて增長せしめず、以て法性の諸過を離るるに隨順するを能止方便と名く。三に發起善根增長方便、勤めて三寶を供養禮拜し、諸佛を讚嘆隨喜して淨心を增長せしめ、三寶の加護に因て能く業障を消するを發起善根方便と名く。四に大願平等方便、廣大の誓願を發して盡未來際一切衆生を化度し皆究竟して涅槃に入らしむるを大願平等方便と名く。【起信論】

シシユヒミツ　四種秘密　〔名數〕如來の說法の秘密に四種あること。一、令入秘密、聲聞の人は空法に執著して一切の法皆空と云ふ。如來爲めに大乘の法を說きて、其の執空の具を破して勝解を生じ聖敎に入らしむるを云ふ。二、相秘密、如來一切の法皆自性なく、生なく滅なしと說きて、外道凡夫の有の相に執著するを破するを云ふ。三、對治秘密、如來隱密の敎を宜說し玉ふ、皆な是れ彼の衆生の過失に對して之を調治するなり。人病あれば病に應じて藥を與へて治療して安適を得しむる如きを云ふ。四、轉變秘密、轉變とは不善を轉じて善となす如きを云ふ。如來一切隱密の名言を說き給ふ、皆な衆生の散亂心を起す者に寂靜を生ぜしめ、顚倒の見を起す者に正見を生ぜしめ、煩惱を起す者に淸淨を生ぜしめんが爲なり。【阿毘達磨雜集論十二（來八）】に「有二四種秘密一。由二此秘密一故。於二方廣分中一切如來所有秘密一。應隨決了。何等爲レ四。謂令入秘密。相秘密。對治秘密。轉變秘密。如レ是四種。於二大乘中一略二攝如來一切所說秘密道理一。云云」

シシユビク　四種比丘　〔名數〕四種沙門に同じ。「シヤモン」を見よ。

シシユビヤウドウ　四種平等　〔名數〕相非相平等、因果平等、我無我平等、人與所修法平等なり。

【楞伽經】

シシユブツシン　四種佛心　〔名數〕法性身、自受用報身、他受用報身、變化身の四佛の心なり。【善光寺紀行】に「四種の御心も衆生の一念に發する所なれば、是ぞ速に西方同居土の境にて侍るならんかし。」

シシユブツド　四種佛土　〔名數〕「ブツド」を見よ。

シシユヘンヤク　四種變易　〔名數〕變易生死のうちに於て因果相移易して一分の因を修して一分の果を感ずる爲に、後の三を生ずるなり。一、變易生死、菩薩無漏の智力を以てその麤惑を斷じ感ずる所の殊勝の細の異熟果、因移り果易るを以て而も生死をなす故に名く。二、不思議身、菩薩、無漏の定力及び願力を以て身の示現する所の妙用測り難し、故に名く。三、意成身、聲聞緣覺菩薩、無漏の定力を以て十方世界に於て、その意願に隨て身を成ずるが故に名く。四、變化身、聲聞緣覺菩薩、無漏の定力を以て、十方世界に於てその身を變現するが故に名づく。【成唯識論八】

シシユホフカイ　四種法界　〔名數〕華嚴の四法界なり。「ホフカイ」を見よ。

シシユホフシン　四種法身　〔名數〕「ホフシン」を見よ。

シシユボクイン　四種墨印　〔名數〕又四種廣說、四大敎法と云ふ。【四分律四】に「四種廣說」あり。第一廣說。若し比丘是の語を作す、長老我某村某城に於て親しく佛に從て受持して忘れず、此は法、此は毘尼、此は佛の所敎なりと、若し彼れの說を聞かば應に嫌疑すべかず、亦應に呵すべからず、應に文句を審定し已て法律を尋ね、若し相違せば應に彼れに語て言ふべし、汝が所說は佛の所說にあらず、或は是れ長老佛語を審にせざるなり、復た誦すべからず、亦た餘人に敎ふること莫かれ、今當に棄捨すべしと、若し法に相應せば、應に彼に語て言ふべし、是れ佛の所說なり、應に能く誦習して諸の比丘等に敎ふべしと。第二廣說、彼れ僧中の上座の前に於て聞くと云ふ。第三廣說、彼れ知法衆多の比丘の所に於て聞くと云ふ。第四廣說、彼れ知法一比丘の所に於て聞くと云ふ時皆第一廣說に同じ。【十誦律】には之を四種墨印と云ふ。廣說とは能說の人に就き、墨印とは能證の敎に就て名くるなり。能證の敎を以て印定する是れ印の義なればなり。【十誦律】に「若言ニ我從レ佛聞乃至一比丘ニ聞一。未レ應ニ毀歎一。應下向ニ三藏聖敎一印定上。」と。【行事鈔上一之二】図契經、律、阿毘曇、戒の四法に約して四廣說と名く。【增一阿含經二十】に「今四大廣說之義。云何爲レ四。所謂契經、律、阿毘曇、戒。是謂爲レ四。」【長阿含經三】に「佛告ニ諸比丘一。當下與ニ汝等一說中四大敎法上。」

シシユマラ　失守摩羅　〔術語〕「シジウマラ」を見よ。「略。

シシユマンダ　四種曼茶　〔名數〕四種曼茶羅の

シシユマンダラ　四種曼茶羅　〔名數〕大、三、法、羯の四種なり。「マンダラ」を見よ。

シシユモンダフ　四種問答　〔名數〕又、四記、四答と云ふ。「シキ」を見よ。

シシユヤウラクシヤウゴン　四種瓔珞莊嚴　〔名數〕菩薩、戒等の四法を以て法身を莊嚴すると世の瓔珞身を莊嚴する如きなり。一に戒瓔珞莊嚴、戒律を以て法身を莊嚴するなり。二に三昧瓔珞莊嚴、禪定を以て法身を莊嚴するなり。三に智慧瓔珞莊嚴、智慧を以て法身を莊嚴するなり。四に陀羅尼瓔珞莊嚴、陀羅尼は總持の義、能く善法を總持して法身を莊嚴するなり。【大集經一】

シシユユ　四須臾　〔名數〕單時を四種に別つ。瞬時、彈指時、羅預、須臾なり。

シシユリンワウ　四種輪王　〔名數〕金銀銅鐵の四種の轉輪王なり。「テンリンワウ」を見よ。

シシユワウジヤウ　四種往生　〔名數〕安心決定鈔に之を說く。一に正念往生、阿彌陀經に心不顚倒即得往生と說く是なり。二に狂亂往生、此人一生の惡業を以て地獄の猛火一時に來り苦に逼られて狂亂する時に善知識に遇ひて一聲若は十聲の念佛にて極樂に往生す。觀經下下品の所說是なり。三に無記往生、此人既に平生に於て歸命の信心を發得したりければ、臨終の時過去の業因に依て心神衰弱して無記善ともつかず惡ともつかずとなり、念佛せざるも、前の念佛に乘じ、必ず往生を得るなり。【群疑論七】に之を說けり。四に意念往生、若し人臨終の時聲に出だして稱へずとも、意に彌陀佛を念じて往生を得るなり。【安樂集下】に「依ニ法鼓經ニ云。若人臨終之時。不レ能レ作レ念。但知ニ彼方有レ佛。作ニ往生意一。亦得ニ往生一。」元照彌陀經疏上、樂邦文類五、往生正信偈に此文を擧ぐるも、現流の經に此文なし。

シシヨ　四書　〔名數〕宋の雲外の【自度敎苑淸規】に「新學讀文於ニ四書中一。當下自ニ四敎儀一而始上。」四書とは天台の法界次第、四敎儀、戒疏、小止觀なり。【天台學則上】

シシヨ　四所　〔名數〕「シシヨサンシヤウ」を見よ。

シシヨウ　支證　〔術語〕支は支持の義、保證と言ふ如し、支證の字漢典に見及ばず、和書に多く有り。

シシヨウギタイ　四勝義諦　〔術語〕勝義諦は眞諦の異名なり、法相宗に眞俗二諦に就て各四重を

立つ。合せて八諦なり。「タイ」を見よ。

シシヨウシン　四勝身　［名數］華嚴宗の所說に、龍女、普莊嚴童子、善財童子、兜率天子の四人を四勝身成佛と名く。勝身とは彼の宗圓敎の行位に三種ある中に、第二の果報を約して位を明かすに三生成佛の義を立つ、三生の第二生を解行生と名く、正しく法界の理を證悟し圓行を窮滿する位なり。此位に於て界內分別の穢身を離れて界外の無染淸淨の金剛身を獲るを解行身と名く、是れ即ち勝身なり。此の解行の勝身を以て或は現生に、或は當生に、佛果を成ずるを勝身成佛と云ふ。其の實例を擧ぐるに此四人を擧ぐるなり。一に善財童子、華嚴經入法界品に說く所、彼れ次前の生に於て見聞を成じ、今生に於て五十三知識を遍參して善賢の行位を具足し、當生に於て極樂に證入す、是れ隔生の三生に次第の如く法門の三生を經るなり。(三生に就て隔生と法門との二種あり。)二に兜率天子、華嚴經隨相品に說く所、もと地獄に在り、釋迦菩薩の足下の光照を蒙て地獄を出で兜率天に生ず、依て兜率天子と稱す。此の天身の一生に於て諸地の功德を具足し、現身に成佛す、依て曾て經を聞きしより地獄の身を終るまでを見聞生とし、兜率の身を解行生とす。是れ隔生の二生に法門の三生を經るなり。三に龍女、法華經提婆品の所說、八歲の龍女なり、彼れ龍宮に在て文殊の法を聞き、龍身にして既に解行を成じ、靈鷲山に詣して、龍女の身のままに南方無垢世界に成佛す。是れ隔生の一生に法門の三生を經るなり。四は普莊嚴童子、華嚴經盧舍那佛品の說く所、大威光太子と名くる者是れなり、過去に王あり愛見善慧と名く、此普莊嚴は彼の第二の王子、是れ釋迦因位の時の名なり。彼れ信滿(十信の滿位)の一念に於て極樂を成ず、是れ一念に於て三生を經るなり。(五敎章下。)要するに善財童子は三生に三生の行を經、兜率天子は二生に三生の行を經、龍女は一生に三生の行を經、普莊嚴童子は一念に三生の行を經るなり。【十住心廣名目五】

シシヨウジヤウ　四證淨　［名數］「シヨウジヤウ」を見よ。

シシヨカイダン　四所戒壇　［名數］「カイダン」を見よ。

シシヨサンシヤウ　四所三聖　［名數］四所は法相宗の擁護神春日神社の四聖を云ひ、三聖は天台宗の擁護神山王の三聖を云ふ。春日神社は四座合祀にて、第一神殿武甕槌神、第二神殿經津主命、第三神殿天兒屋根命、第四神殿姬太神なり。【延喜式神名帳】に「春日祭神四座。」又、山王七社の中に、大宮權現は釋迦如來、二宮權現は藥師如來、聖眞子は阿彌陀如來なれば三聖と云ふ。此の四所と三聖の說は叡山と南都と相對するとき之を用ふ。【太平記十七、延曆寺牒】に「七千餘座鎭ニ賓祚一耀ニ威光一者。四所三聖之靈驗異レ他。」【同興福寺牒】に「天台之敎法七社之靈鑑。偏共ニ安危於朝廷一。法相之護持四所之冥應。蓋加ニ最負於國家一。」【同十八】に「四所の菩薩、化を助けて十方より來至し、三七(山王二十一社)の靈神光を並べて四邊に圍繞す。」〔又〕高野山にも四所明神あり。【大神宮參詣記】に「傳敎大師北嶺を開きて一乘を七社權現の威光に輝かし、弘法高祖の南山を占めて三密を四所明神の德風に弘む。」【野山名靈集五】に「四所明神、御寶殿乾の方に向ふ、南の第一は一の宮丹生明神、次は二の宮高野明神、三は氣比の明神、四は丹生の御息なり。」

シシヨジフロクヱ　四處十六會　［術語］大般若經の說會なり。「ダイハンニヤハラミツタキヤウ」を見よ。

シシヨミヤウジン　四所明神　［名數］「サンシヤウ」を見よ。

シシヨモンジン　四處問訊　［術語］僧堂の四板頭に燒香問訊するを四處問訊と云ふ。【象器箋十】

シシヨロクヱ　四處六會　［術語］四處十六會の略。大般若經の說會なり。「ダイハンニヤハラミタキヤウ」を見よ。

シシワウ　師子王　［譬喩］師子中の王なり。佛菩薩一切畏るるものなきに譬へて師子王と云ふ。【無量壽經下】に「如ニ師子王一無レ所レ畏故。」

シシン　至心　［術語］至誠の心なり、又至極の心なり、心源に徹到するなり。【無量壽經上】に「至心ニ信樂。欲レ生ニ我國一。」【金光明經上】に「至心念佛。」【同文句二】に「至心者徹ニ到心源一。盡ニ心實際一。故言ニ至心一。」【同文句記】に「至猶レ極也。」

シシン　至眞　［雜語］如來一切の虛僞を離るれば至眞と云ふ。【行事鈔下之二】に「南無如來無所著至眞等正覺。」

シシン　四身　［名數］三種あり。一は楞伽經の說なり。一に化佛、二に功德佛、三に智慧佛、四に如如佛なり。此中第一の化佛は即ち化身なり、第二の功德佛と第三の智慧佛とは報身なり、報身佛の功德多しと雖も要は智と德に在れば此を分けて二となせしなり、第四の如如佛は即ち法身なり。二は唯識論の說なり、一に自性身、二に他受用身、三に自受用身、四に變化身の四身を立つ。自性身は即ち法身、他受用自受用は即ち報身、變化身は即ち化身なり。【論十】三は台家の所立、一に法身、二に報身、三に應身、四に化身なり。應身と化身との別は八相成道の佛を應

身とし、一時化現の佛を化身とす。【七帖見聞二末】更に密教に四種法身あり「ホフシン」を見よ。

シシン　四眞　〔術語〕四眞諦なり。【四十二章經】に「四眞道行」とあり。「シャウタイ」を見よ。

シシン　四心　〔名數〕慈悲喜捨の四無量心なり。「シムリヤウ」を見よ。

シシン　四信　〔名數〕起信論の四種信心なり。「シュシンジン」を見よ。図法華所說の四信なり。「シシンゴホン」を見よ。

シシンゴギヤウ　四信五行　〔名數〕起信論の法相なり。四信は眞如と三寶を信ずる四種信心なり。五行は、一に施門、二に戒門、三に忍門、四に進門、五に止觀門なり。是れ六波羅蜜なり。禪定智慧の二波羅蜜を合して一の止觀門とせしは止觀合修雙運不二なるを以てなり。【起信論義記下末】

シシンゴホン　四信五品　〔名數〕台家の名目なり。佛法華の功德を明かすに、分別功德品に於て、在世の弟子に約して四信の功德と、滅後の弟子に約して五品の功德を明かせり。四信とは、一に一念信解、二に略解言趣、三に廣爲人說、四に信深觀成なり。五品とは、一に隨喜品、二に讀誦品、三に說法品、四に兼行六度品、五に正行六度品なり。(此五行品類差別すれば品と名く、篇章の名にあらず。)此の四信と五品は同體異名なり、但在世には未だ色塵の經卷なければ讀誦品の一を缺くと云ふ。【七帖見聞七】

シシンゴン　四親近　〔術語〕金剛界五佛中の四方に、佛の四方に隨從する四菩薩を四親近と云ふ。「ジフロクボサツ」を見よ。

シシンダイ　四眞諦　〔術語〕又四聖諦と云ふ。苦集滅道の四諦なり。其の理眞正なれば眞諦と云ひ、聖者の所見なれば聖諦と云ふ。【涅槃經十五】に「我昔與二汝等一不レ見二四眞諦一。是故又流二轉生死大苦海一。若能見二四諦一則得レ斷二生死一。」【智度論二】に「佛爲二五比丘一初開二甘露門一說二四眞諦法苦集滅道諦一。」「シシヤウタイ」を見よ。

シジ　四事　〔名數〕衣服、飮食、臥具、湯藥なり。或は房舍、衣服、飮食、湯藥なり。【法華經安樂行品】に「衣服臥具飮食醫藥。」【無量壽經下】に「常以二四事一供二養恭三敬一切諸佛一。」【盂蘭盆經疏上】に「年年僧自恣日四事供二養三尊一。」

シジウマラ　室獸摩羅　〔動物〕又失獸磨羅、失守磨羅、失收磨羅に作る。鰐魚の類。【善見論十七】に「失獸摩羅。」【玄應音義十七】に「失守摩羅者鰐魚也。」或言二失收磨羅一。此云二煞子魚一也。善見律譯云二鰐魚一也。」【唯識秘演二本】に「室獸摩羅。傍生類也。形如二壁蛒一。小者二丈。大者百尺。」梵 Śiśumāra

シジキ　四食　〔名數〕身命を長養し支持するものを食と名く、食に四種あり。【俱舍論十】に一に段食、舊に摶食と云ふ、鼻舌を以て分分段分に食するもの、香味觸の三塵を以て體となす。二に觸食、舊に樂食と云ふ、喜樂の事に觸れて身を長養するもの、戲劇を觀て終日食はざるも飢を感ぜざる如し。是れ觸の心所を以て體とす。三に思食、舊に念食と云ふ、第六意識の思所欲の境に於て希望の念を生じ、以て諸根を資助するもの。人飢渴するも飮食の處に至り飮食を得らるべきを思ひて身死せざるが如し、是れ第六意識の思を體とす。四に識食、小乘には六識、大乘には八識なり、八識中殊に第八阿賴耶識を體とす、此等の心識能く有情の身命を支持すれば食と名く。【增一阿含經四十一】に「一摶食。二樂食。三念食。四識食。」【唯識論四】に「食有二四種一。一者段食。二者觸食。三者意思食。四者識食。(乃至)此四能持二有情身命一令不二壞斷一故名レ食。」

シジキジ　四食時　〔名數〕一に天食時、淸旦の時即ち諸天の食時なり。二に法食時、午時なり、三世の諸佛午時を以て如法の食時となし、午を過ぐれば非時となす。三に畜生食時、日暮なり、是れ畜生所食の時なり。四に鬼神食時、昏夜なり、是れ鬼神所食の時なり。【法苑珠林四十二】

シジキヤウ　四事經　〔經名〕阿難四事經の略名。

シジクヤウ　四事供養　〔名數〕「シジ」を見よ。

シジシンキヤウ　四自侵經　一卷、西晉の竺法護譯。一に夙夜不學、二に老不止婬、三に得財不施、四に不受佛言。此四法身を害すれば四自侵と名く。【宿帙八】(746)

シジフイチヂ　四十一地　〔名數〕次項を見よ。

シジフイチヰ　四十一位　〔名數〕菩薩の階位、十住、十行、十廻向、十地、及び等覺なり。此四十位の修行の功德を以て佛果を莊嚴すれば四十一地の瓔珞など言ふ。「ゴジフニヰ」を見よ。

シジフカシギ　四事不可思議　〔名數〕「フカシギ」を見よ。

シジフクソウ　四十九僧　〔儀式〕藥師の法を修するに四十九燈に因みて四十九僧を請ずるあり。

シジフクタウ　四十九燈　〔儀式〕藥師の法なり。藥師の形像を造り各七燈を供すれば四十九燈なり。【藥師經】に「讀二誦此經四十九遍一。燃二四十九燈一。造二彼如來形像七軀一。一一像前各置二七燈一。一一燈量大如二車輪一。」

シジフクヂウニヨイデン　四十九重如意

殿　〔堂塔〕兜率天上如意寶珠所造の四十九重寶殿なり。如意珠の梵名摩尼、(Mani)即ち四十九重摩尼殿なり。

シジフクヂウマニデン　四十九重摩尼殿　〔堂塔〕四十九重の寶宮なり。【彌勒上生經】に兜率天上五百億の天子各額上より百億の摩尼寶珠を出して彌勒菩薩の爲に四十九層の寶殿を造ることを記して、「此摩尼珠廻ニ旋空中一。化爲ニ四十九重微妙寶宮一。一一欄楯。萬億梵摩尼寶所ニ共合成一。」と。【同慈恩疏】に「四十九重者持戒堅牢。宮遂重密。」とあり。⊙(著聞集釋敎)「四十九重摩尼殿」

シジフクニチ　四十九日　〔雜語〕七七日即ち中陰の日數なり。⊙(著聞集、哀傷)「四十九日の御導師に聖賢法印參りたりけるに」

シジフクノモチ　四十九餅　〔雜名〕邦人四十九日に四十九の餅を靈前に供すること古來の俗習なり、經軌の典據あるにあらず。

シジフクヰン　四十九院　〔堂塔〕「四十九重摩尼殿」に同じ。⊙(曲、刈萱)「院を四十九院に分つこと、都卒の內院を顯はし」

シジフシサウ　四十齒相　〔術語〕如來三十二相の一。

シジフデウケツ　四十帖決　〔書名〕十五卷、大原僧都長宴、池上の口說を記す。

シジフニシシヤ　四十二使者　〔名數〕【諸佛要目】に「怛利三昧耶經。同ニ毘盧遮那集會一。乃至此經中不動尊等四十二如來僮像使者。若修ニ眞言行一菩薩堅ニ持菩提心一。我等承事供養擁護。」

シジフニシヤウギヤウ　四十二章經　〔經名〕後漢の摩騰法蘭と共譯。小大乘に就て四十二章を撮集せしもの。是れ漢土出經の嚆矢なり。【藏帙五】(678)⊙(太平記二四)「四十二章經を渡す」

シジフニジクワンモン　四十二字觀門　〔經名〕具名、大方廣佛華嚴經入法界品四十二字觀門、一卷、唐の不空譯。具さに經文及び梵字四十二を出す。

シジフニジモン　四十二字門　〔術語〕華嚴般若の二經に說く、是れ字義を觀ずる一種の法門にして、悉曇の摩多體文と何等の關係あるに非ざるなり。但し智度論の說に依れば此四十二字を以て一切字の根本となし、之を除きて他に文字なしと言へば、是れ亦一流の悉曇にして、猶本邦の五十音字一切文字の根本字たる如き歟。華嚴經七十六入法界品に、善知衆藝童子が善財童子に告ぐるに、此四十二字を以てす、阿字を始とし、佗字を終りとす。又唐の不空此入法界品の四十二字門を新譯して四十二門觀と題するあり、阿字を始とし、茶字を終とす。大要前と異ならず。次に般若經四念處品に此の四十二字門を說く、亦阿字を始とし、茶字を終とす。一一の文字に就て所說の法門は大に異なれども、四十二字の字の晉と布列は全く華嚴と同じ。されば當時果して是の如き一流の悉曇行はれしにや。【智度論四十七】に「四十二字是一切字根本。因レ字有レ語。因レ語有レ名。因レ名有レ義。菩薩若聞レ字。因レ字乃至能了ニ其義一。初阿後茶。字有ニ四十一。乃至茶外更無レ字。若有者是四十二字枝派。」天台は此四十二字を圓敎の四十二位に配せり。

シジフニホンノムミヤウ　四十二品無明　〔名數〕天台の圓敎に於て斷ずる所の無明なり。十住、十行、十廻向、十地、等覺、妙覺の四十二位に於て各一品の無明を斷ずるなり。【四敎儀集註下】

シジフニヰ　四十二位　〔名數〕菩薩乘の行位なり。「ゴジフニヰ」を見よ。

シジフハチキヤウカイ　四十八輕戒　〔名數〕「カイ」を見よ。

シジフハチグワン　四十八願　〔名數〕阿彌陀如來因地に法藏比丘たりしとき、世自在王佛の所に在て建てし誓願なり。【無量壽經上】に之を說く。是れ二百一十億の諸佛の國土より選擇攝取せし大願なれば、選擇本願と云ふ。其の一一の願名諸師に依て不同なり。望西樓了慧の【無量壽經鈔】に依るに、第一無三惡趣願、第二不更惡趣願、第三悉皆金色願、第四無有好醜願、第五宿命智通願、第六天眼智通願、第七天耳智通願、第八他心智通願、第九神境智通願、第十速得漏盡願、第十一住正定聚願、第十二光明無量願、第十三壽命無量願、第十四聲聞無數願、第十五眷屬長壽願、第十六無諸不善願、第十七諸佛稱揚願、第十八念佛往生願、第十九來迎引接願、第二十係念定生願、第二十一三十二相願、第二十二必至補處願、第二十三供養諸佛願、第二十四供具如意願、第二十五說一切智願、第二十六那羅延身願、第二十七所須嚴淨願、第二十八見道場樹願、第二十九得辯才智願、第三十智辯無窮願、第三十一國土淸淨願、第三十二國土嚴飾願、第三十三觸光柔輭願、第三十四聞名得忍願、第三十五女人往生願、第三十六常修梵行願、第三十七人天致敬願、第三十八衣服隨念願、第三十九受樂無染願、第四十見諸佛土願、第四十一諸根具足願、第四十二住定供佛願、第四十三生尊貴家願、第四十四具足德本願、第四十五住定見佛願、第四十六隨意聞法願、第四十七得不退轉願、第四十八得三法忍願なり。⊙(太平記、一七)「多くとも四十八にはよも過ぎじ阿彌陀が峰にともすかがり火」(著聞集、釋敎)「中臺は四十八願莊嚴の地也」

シジフハチシシヤ　四十八使者　〔名數〕勝軍不動明王、持法の行者を守護せん爲に其の左右に各二十四人の諸鬼王の身を現ずるなり。【勝軍不動明王四十八使者秘密成願儀軌】に出づ。

シジフハタイノジフニクワウブツ　四十八體十二光佛　〔雜名〕阿彌陀佛に十二光佛の別號あり、又、其誓願に四十八願あるを以て、夫に因みて、四十八體の十二光佛といふなるべし。十二光佛とは、無量、無邊、無碍、炎王、淸淨、歡喜、智慧、不斷、難思、無稱、超日月光なり。⦿（盛衰記一一）「四方に四十八體の十二光佛御座しけり」

シジフハチダンノアミダゴマ　四十八壇阿彌陀護摩　〔修法〕阿彌陀佛の四十八願に因みて、四十八處の護摩壇を設けて彌陀法を修するなり。

シジフハチネン　四十八年　〔雜語〕【涅槃經一】に舊醫新醫に告て言く、汝我に給使すること四十八年せば則ち我が法を傳へんとすと。之に就て諸師の釋種種あり。智者に二義あり、一は云く、法華已前は猶是れ外道の弟子なり、故に四十八年と云ふ。一は四禪四空四無量心の世間の十二禪に各自行化他讃法讃者の四あれば四十八を成ずと。開善云く、四禪四空の八禪に各六行觀の六法あるが故に四十八なりと。章安云く、有空等の四見に各因成假等の三假あり、一假に各四句あり、故に三假合すれば四十八なりと。若し阿含經の說に依れば、外道は必ず先づ四十八年供給走使して而して後法を與ふ。今の文正しく舊醫の法に當たれり、新醫權に舊醫の法に同ずるを隨て走使すと名く。【輔行九之一】

シジフボンノムミヤウノコンボン　四十品無明根本　〔名數〕天台宗所說、即ち吾人を覆障して、中道實相の道理を證見するを得ざらしむる無明本惑に四十一品ありとなす。所謂十住、十行、十回向、十地、等覺の四十一位において斷破せらるるところのものなり。就中等覺位に於て所斷すべき無明を、元品の無明と稱し、一切無明の根本となす。⦿（鴉鷺合戰一一）「四十品の無明の根本を斷ず」

シジフヨネンミケンシンジツ　四十餘年未顯眞實　〔術語〕【無量義經】に「善男子、我先菩提道場樹下端坐六年。得レ成二阿耨多羅三藐三菩提一。以二佛眼一觀二一切諸法一不レ可二宣說一。所以者何。知二諸衆生性欲不同一。性欲不同種種說レ法。種種說レ法以二方便力一。四十餘年未レ顯二眞實一。是故衆生得道差別。不レ得三疾成二無上菩提一。」無量義經は法華の開經なり、法華以前未だ眞實を顯はさざるを云ふ。眞實とは二乘作佛是れ迹門法華如來久成是れ本門法華を說かざるを云ふ。爾前の所說方便假說なりと言ふにあらず、爾前所說の圓教と法華の圓教と圓體無殊なればなり。【法華玄義五】に「成道已來四十餘年未レ顯二眞實一。法華始顯二眞實一。相傳云。佛年七十二歲說二法華經一。」【止觀輔行六】に「遍尋二法華已前諸教一。實無下二乘作佛之文。及明二如來久成一之說上。故知並由レ帶二方便一故。」⦿（榮花、疑）「四十餘年に化度し給へるところの涌出品の菩薩はかりなし」

シジフリスヰ　四十里水　〔譬喩〕須陀洹人は四諦を觀じて一時に四諦下の見惑を斷ずるを四十里の水に譬ふるなり、即ち一諦下の惑是れ一十里の水なり、餘の修惑を一滴水に譬ふ。之れ修惑は漸漸に之を斷ずればなり。【涅槃經三十六】に「須陀洹人所斷煩惱猶如二縱橫四十里水一。其餘在者如二一毛諦一。」

シジフヰ　四十位　〔術語〕梵網經上に菩薩の階乘を四十位を說く、分けて四位となす。第一十發趣、大乘の行人十住に至りて初めて妙理を聞きて佛地に發趣すれば發趣と名く。一に捨心、二に戒心、三に忍心、四に進心、五に定心、六に慧心、七に願心、八に護心、九に喜心、十に頂心なり。此の十、前の八心は瓔珞所說十信中の八心、後の二心は同經所說十住心の初後の二心なり。五十二位を見よ。第二十長養、次に十行に入て善根を增修するが故に長養と名く。一に慈心、二に悲心、三に喜心、四に捨心、五に施心、六に好語心、七に益心、八に同心、九に定心、十に慧心なり。此の十は次第の如く四無量四攝法及び止觀の二なり。第三十金剛、次に十廻向の位に入りて堅く善根を修するが故に金剛と名く。一に信心、二に念心、三に廻向心、四に達心、法性に通達するを云ふ。五に直心、六に不退心、七に大乘心、八に無相心、九に慧心、十に不壞心なり。第四十地、地とは所依の義、菩薩の位に入て所依轉た勝るるが故に十地と名く。「ジフヂ」を見よ。

シジホフモン　四事法門　〔名數〕菩薩に四事の入法門あり、一に入禪思門、菩薩法を說かんとするに先づ禪定に入て衆生の根器を觀察するなり。二に入智慧門、菩薩法を說かんとするに、智慧を以て能く義理を照了し、聞く者をして法喜の心を生ぜしむるなり。三に入總持門、菩薩法を說かんとするに、諸の善法に於て持して忘れず、諸の惡法に於て持して生ぜざらしめ、此心を以て衆生の善を生じ、惡を遮するなり。四に入辯才門、菩薩法を說かんとするに、諸佛の法義に於て辯說無礙、一切衆生の心を開發し皆正道に入らしむるなり。【大寶積經十三】

シジヤ　四蛇　〔譬喩〕四大に譬ふるなり。【仁王經下】に「識神無レ形。假乘二四蛇一。無明保養以爲二樂車一。」【智度論十二】に「篋中有二四蛇一。王勅二罪人一令二看禮養

育。乃至四毒蛇者四大。」【最勝王經】に「地水火風共成レ身。隨二彼因緣一招二異果一。同在二一處一相違害。如三四毒蛇居二一篋一。於二此四種毒蛇中一。地水二蛇多沈下。風火二蛇性輕擧。由二此背違一衆病生。」

シジヤウ　四諍　〔名數〕七滅諍の法を以て滅する四種の諍論なり。【南山戒疏一上】に「以二七毘尼一用滅二四諍一。」「シチメッジヤウ」を見よ。「處なり。

シジヤウ　尸城　〔地名〕拘尸那城の略。佛入滅の

シジヤウ　至靜　〔雜語〕又、極靜と云ふ。禪定の力極まりて心を靜むるなり。【圓覺經】に「以二靜慧一故證二至靜性。」

シジヤウ　四上　〔雜語〕晨午昏及び夜半の四時に上堂持念するを云ふ。【一切時儀處軌】に「三謂ハ晨午昏。加二夜半一成レ四。」【性靈集二】に「四上持念。四魔請レ降。」

シジヤウクワウ　熾盛光　〔雜語〕熾盛光佛頂法「なり。又、熾盛光如來なり。

シジヤウクワウダイヰトクセウサイキチジヤウダラニ キヤウ　熾盛光大威德消災吉祥陀羅尼經　〔經名〕一卷、唐の不空譯。熾盛光の陀羅尼を說き及び其の功德を說く。【閏帙六】（1010）

シジヤウクワウダウヂヤウネンジユギ　熾盛光道場念誦儀　〔書名〕一卷、宋の遵式撰。熾盛光佛頂法の壇場及び念誦の法を記す【閏帙十四】

シジヤウクワウニヨライ　熾盛光如來　〔佛名〕佛頂尊の名なり。「シジヤウクワウブッチヤウホフ」を見よ。

シジヤウクワウブツチヤウホフ　熾盛光佛頂法　〔修法〕略して、熾盛光法と云ふ。山門四箇大法の一なり。慈覺大師嘉祥三年、除災致福は熾盛光佛頂法なるを奏して東塔に總持院を建立し、此法を修して鎭護國家の祈禱をなせり。熾盛光とは金輪佛頂尊の別名にして、佛身の毛孔より熾盛の光明を放てば熾盛光如來と名く。其の本體金輪佛頂なれば熾盛光佛頂如來と云ひ、其の修法を熾盛光佛頂法と云ふ。其の道場觀に「前地結上金剛墻內有二大海一。海中有二寶山一。山上有二寶師子座一。座上有二寶蓮華一。華上有二寶樓閣一。閣內有二無量莊嚴一周匝懸烈。閣內有二大曼荼羅一。乃至本尊位上有二ボロン字一。字變成二金輪一。輪變成二本尊一。毛孔飛レ光散。首冠五佛相。二手如二釋迦一。本尊放レ光照二諸尊座位。」百二十尊法 不空譯の熾盛光大威德消災吉祥陀羅尼經一卷【閏帙六】唐代失譯の大威德金輪佛頂熾盛光如來消除一切災難陀羅尼經一卷【閏帙六】。不空譯の【經】に「若有二國王及諸大臣所居之處及諸國界一。或五星所二陵逼一。乃至作二諸障難一者。於二清淨處一置二立道場一。念セハ二此陀羅尼一。一切災難皆悉消滅。」（第四十七圖 熾盛光佛頂曼荼羅參照）

シジヤウクワウホフ　熾盛光法　〔修法〕熾盛光佛頂法の略稱。「光佛頂法の略稱。

シジヤウシヤウガク　始成正覺　〔術語〕釋迦應身の菩提樹下に正覺を成ずるを云ふ。是れ垂跡の方便なり。法華の壽量品に至るまでは之を隱して明かさず、壽量品に於て始めて本地を顯はして報身久成を說けるなり、爾前の經に更に久成の說なし、故に圓頓の華嚴經に於て尙三たび始成正覺と言へり。

シジヤウシン　至誠心　〔術語〕觀經所說の一。眞實に往生を願ふ心なり。◉（野守鏡上）「至誠心を表し給ひける上は」

シジヤウヂヤウ　四淨定　〔名數〕四禪四無色の八地の定に就て味定、淨定、無漏定の三種のあり。「サンヂヤウ」を見よ。而して其の淨定に就て四種の別あり。一に順退分定、味定に隨順して將に本定を退せんとする時の位なり。二に順住分定、定の當分に住して不退不進なる位なり。三に順勝進分定、定力增進して上地の定に順ずる位なり。四に順決擇分定、決擇とは無漏智に名く、淨定の力愈增進して無漏智に順じ、無漏定を起す所依となる位なり。已上次第の如く煩惱と自地と上地と無漏とに順ずるなり。八地の淨定に此四分あり、但有頂地の淨定に順決擇分定を除く、彼の定は昧劣にして無漏定を生ずることなければなり。【俱舍論二十八】

シジヤウホフ　熾盛法　〔修法〕熾盛光佛頂法の「略稱。

シジヤウリヨ　四靜慮　〔名數〕二種あり。一は定靜慮、二は生靜慮なり。定靜慮とは四靜慮天に生ずる禪定なり、舊に四禪定と云ふ。四禪定を見よ。生靜慮とは其の天處なり。舊に四禪天と云ふ。禪は梵語禪那 Dhyāna の略、舊に思惟と譯し、新に靜慮と譯す、心慮を靜息する義なり。即ち禪定に心慮を靜息し得たる人の天處なれば靜慮と云ふ。其靜慮に四種の淺深あれば生處亦た四處の高下あり　是れ色界の四禪四靜慮なり、此四靜慮に又諸天の別あり。「シゼンテン」を見よ。「よ。

シジヤミヤウ　四邪命　〔名數〕「ジヤジキ」を見

シジユ　四樹　〔譬喩〕聲聞、緣覺、菩薩、佛の四乘なり。法華の三草二木の譬喩に取りて樹と云ふ。【興禪護國論序】に「三輪八藏之文。四樹五乘之旨。」

シジユゴフ　四受業　〔名數〕「ジフ」を見よ。

シジユシンエウ　始終心要　〔書名〕一卷、唐の荊溪述。三諦は天然の性德なり、衆生三諦に迷ひて三惑を生ず、三觀に依て三惑を破し、三惑を破して三智を成じ、三智に依て三德を證する心要の始終を明か

す。【陽帙十】

シジユホフキヤウ　使咒法經　［經名］一卷、唐の菩提留支譯、大聖歡喜天毘那夜迦の法を說く。

シジヨウ　四乘　［術語］梁の光宅、法華經譬喩品の羊鹿牛及び大白牛車の四車に依て四乘敎を立つ。「シシヤ」を見よ。

シジヨウケ　四乘家　［術語］「シシヤケ」に同じ。

シジンサウオウ　四神相應　［雜語］昔聖德太子蜂岡（今の太秦）に上り給ひて今の都を見めぐらして、是れ四神相應の地なり、百七十餘年ありて都を遷されて變はるまじき所なりと宣ひけりと（神皇正統記）四神とは東を蒼龍、西を白虎、南を朱雀、北を玄武と云ふ。是れ天の二十八宿を四分して七星づつを四方に配して其の星の象より起りし名なり。宿の在り處は時によりて東にも在り、又西にも遷る。然れども位置に拘はらず、角亢氐房心尾箕の七宿の並び樣龍の如し、之を東方とす。又斗牛女虛危室壁の七宿の並び樣、虎の如し、之を西の方とす。又奎樓胃昴畢觜參の七宿は短き尾の如し、之を南方とす。又井鬼柳星張翼軫の七宿蛇の龜を絡ふが如し、之を北方とす。而して之を四方の色に配して東は木にて青ければ青龍と云ひ、西は金にて白ければ白虎と云ひ、南は火にて赤ければ朱雀と云ひ、北は水にて黑ければ玄武と云ふ。（東涯制度通）若し密敎の深意に依れば是れ地（東北）水方（南）火方（西）風方の四大金剛神にて、中央を空大とし、大日如來の中臺とす。是れ金剛界の曼荼羅なり。

シジンシクワン　四尋思觀　［術語］小乘俱舍の四善根位には、十六行相觀を修し、成實宗には無常觀を修す。之に對して大乘の法相宗には此位に於て四尋思觀と四如實觀を修するなり。是れ彼宗五位の第二加行位なり。四尋思觀とは諸法に名、義、自性、差別の四種あり。名とは色受等の名なり、義とは名に依て詮はるる色受等の體なり、自性とは色受等各自の體性なり、差別とは體中の種類差別なり、人の色受天の色受等の如し。諸法此四種に過ぎず。行者此四法を觀じて、是れ自の內心の所變にして如幻虛假の法なり、是は假有實無なりと尋求思察するを四尋思觀と云ひ、此推求の觀を因として印可決定の智を生じ、如實に所取所緣の名等の四は是れ自心の所變にして假有實無なりと了知するのみならず、猶能取能緣の名等の四法も亦た假有實無なりと了知し印可するを四如實觀と云ふ。さて此四尋思四如實は所發の觀法なり。其の能發の禪定に就かば、一に明得定、二に明增定、三に印順定、四に無間定なり。而して煖、頂、忍、世第一法の四は其の所得の功德なり。【唯識九、百法問答鈔六】

シズヰ　四隨　佛の說法は衆生の樂欲に隨ひ、衆生の機宜に隨ひ、衆生の所迷を對治するに隨ひ、第一義に隨ふを云ふ。即ち次第の如く四悉檀なり。【摩訶止觀一之二】に「禪經曰。佛以二四隨一說レ法。隨樂、隨宜、隨治、隨義。」【四明敎行錄四】に「智論立二悉檀一被レ機。禪經用二四隨一益レ物。」

シセ　四施　［名數］筆施、墨施、經施、說法施を云ふ。【菩薩戒經】に出づ。

シセ　四世　［雜語］正像末の三時に釋尊在世の時を聖世として加へて四世と名く。

シセゾクタイ　四世俗諦　［名數］法相宗の所立四種の俗諦なり。眞諦に亦四種を立つ、合せて八諦なり。「タイ」を見よ。

シセツ　四說　［名數］又四種廣說とも四種墨印とも云ふ。「シシユボクイン」を見よ。

シセツ　四節　［名數］禪林に結夏、解夏、冬至、年朝、之を四節と云ふ。【義堂日工集】に「凡稱二四節一乃百丈叢林也。結解則天竺佛制。冬年則中華俗節。百丈以二隨方毘尼一。禮貴レ同レ俗。遂有二四大節之儀一。」

シセツ　施設　［術語］安立の義、建立の義、發起の義なり。【唯識述記三末】に「言二施設一者安立之異名。建立發起者亦名二施設一。」

シセツロン　施設論　［書名］三卷、趙宋の法護譯、世間出世間の諸法及び神通變化等の事を問答す。【秋帙四】(1317)

シセフ　四攝　［名數］四攝法、又は四攝菩薩なり。

シセフコンガウ　四攝金剛　［名數］四攝菩薩に同じ。

シセフシユ　四攝衆　［名數］四攝菩薩なり。

シセフジ　四攝事　［名數］四攝法なり。

シセフホフ　四攝法　［名數］一に布施攝。若し衆生財を樂めば財を布施し、若し法を樂めば法を布施し、是に因て親愛の心を生じ、我に依て道を受けしむるを云ふ。二に愛語攝。衆生の根性に隨つて善言慰喩す、是に因て親愛の心を生じ、我に依附して道を受けしむるを云ふ。三に利行攝。身口意の善行を起して衆生を利益し、これに由て親愛の心を生ぜしめ、道を受けしむるを云ふ。四に同事攝。法眼を以て衆生の根性を見、其の所樂に隨つて形を分けて示現し、其の所作を同じくして利益に霑はしめ、是によりて道を受けしむるを云ふ。【仁王經中】に「行二四攝法一。布施、愛語、利行、同事。」

シセフボサツ　四攝菩薩　［術語］金剛界三十七尊の中、四金剛菩薩なり。一に金剛鉤菩薩、二に金剛索菩薩、三に金剛鎖菩薩、四に金剛鈴菩薩なり。此　梵 Catuḥ-saṅgraha-vastu

の四攝菩薩は是れ化他の德なり、此三十七尊共に自行化他の二德あり、此三十七尊五輪塔婆の中の五解脫輪中に位するは無爲安樂の內證なり、此四攝菩薩三十七尊中の隨一にして同じく塔中に居る、是れ內證なり、然も月輪の外塔の四門に住するは是れ化他の德を表するなり、四攝四門に出でて衆生を利益するなり。四攝の門に出るも塔外には非ざるなり。其の化他の德を世法に譬へて鈎索鎖鈴と爲すなり。譬へば世間に魚を取るには初に鈎あるべし、是れ鈎菩薩なり。次に繩を以て引くべし、是れ索菩薩なり。次に繩を以て之を貫くべし、是れ鎖菩薩なり。魚を鎖し巳りて我が有となる故に歡喜の心あるべし、是れ鈴菩薩なり、鈴は歡喜を表示するなり。是の如く四攝は衆生を攝引する四德なり。衆生を法界宮に鈎して縛住し自ら歡喜し他をして歡喜せしむるなり。【曼荼羅秘鈔上】【秘藏記鈔三】に「凡そ四攝に二種の功能あり、一は衆生諸師を請じ、二は諸師衆生を引く。」【出生義】に「人天得レ之而集二解脫之衆一。聖賢用レ之而攝二迷倒之流一。則塔之四門之外探二其業用一住レ位者是也。由三四菩薩智之所二發起一焉。是諸聖人不レ得レ晏二然本所宮觀一。而疾甚レ覆レ掌。以應二群方之請一也。」

シセン 四山 ［譬喩］ 生老病死の四相に譬ふるなり、其の逃避する所なきこと四山合來する如し。【涅槃經二十七】に「有二四大山一。從二四方一來。欲レ害二人民一。四大山者。即生老病死也。」【止觀一】に「四山合來無二逃避處一。」図【別譯阿含經四】に老病死衰の四相に譬ふ。一に老山。人老邁するや形色枯悴し精神昏昧なり、老山能く一切壯年の盛色を壞す。二に病山、人の四大不調なり。病山能く一切の强健を壞す。三に死山、人の身盡き命終るなり、死山能く一切の壽命を壞す。四に衰耗山、人の富貴榮花衰耗するなり、衰耗山能く一切の榮花福貴を壞す。図【增一阿含經四意斷品】に老病死及び無常を四山に譬ふ。

シセン 支識 ［人名］ 月支の僧、支樓迦讖なり。【梁僧傳一】に「支樓迦讖。亦直云二支讖一。」

シセン 紙錢 ［物名］ 眞言宗に聖天を祭供するに專ら紙錢を用ふ。(續谷響集七) 又日本の禪林、祈禱及び盂蘭盆會等に紙を雕て錢形の如くし、數十相ひ連ねて繪馬、心經と與に之を堂柱に掛け、會畢れば銅鉢を設けて內に就て火を點じ之を焚化す。鬼神に供する所以なり。(象器箋二十)【釋門正統四】に「唐王璵傳云。玄宗時璵爲二祠祭使一。從レ漢以來葬者皆有二瘞錢一。後世俚俗稍以レ紙寓レ錢。爲二鬼事一。至レ是璵乃用レ之。則是喪祭之焚二紙錢一起二于漢世之瘞錢一也。其禱レ神而用二寓錢一則自二王璵一始耳。」

シセン 四仙 ［名數］ 「ニテンサンセン」を見よ。

シセン 四仙避死 ［傳說］ 「セツキ」を見よ。

シゼツ 四絕 ［雜語］ 有無等の四句を絕つを四絕と云ふ。【中論疏一】に「眞諦四絕。故名爲レ中。」【義楚六帖七】に「布二此十如一。冥二玆四絕一。」

シゼン 四禪 ［術語］ 貫練薰修の四種に分ちて四禪とす。「クワンレンクンジユ」を見よ。図四禪天、四禪定。図四禪中の第四禪天なり。【三代實錄】に「四禪不レ壞二於三災一。」「シゼンテン」を見よ。

シゼン 斷禪 ［術語］ 禪道の問答に於て互に其の意を得ざること。

シゼンゴン 四善根 ［名數］ 小乘俱舍成實には總相念住の後位、大乘法相宗には十廻向の滿位に於て生ずる四種善根なり。是れ小乘七方便中の後の四方便、大乘法相宗五位の中の第二加行位なり。是れ正しく見道の爲の修行なれば加行と名く。而して俱舍、成實、法相の三宗各其行相を異にす。梵 Kuśala-mūla

俱舍四善根 ［名數］ 一に煖法、總相念住の後念に生ずる善根を煖法と名く。下中上の三品あり、共に具さに苦集等四聖諦を觀じて苦空等の十六行相を修する位なり。煖とは聖火の前相なり、聖火とは見道の無漏智に譬ふ。其の聖火が將に生ぜんとする前相として聊か「あたたまり」を兆する位なり。此の位に入れば所得の煖法を退墮し、或は善を斷じ、無間の業を造りて惡道に墮するも、久しくして流轉することなく、必ず涅槃に到るなり。二に頂法、煖法上品の後念に生ずる善根を頂法と名く。亦下中上の三品あり、共に具さに四諦を觀じて十六行相を修するなり。頂とは山頂に譬ふ、山頂は進退の兩際に在る如く、此の頂位は進退の中間に在りて、或は進んで忍位に上る者あり、忍に上れば畢竟退墮することなく、愈進んで見道に入るなり、或は退て煖位に下り、或は無間の業を造りて地獄に墮するものあり、是の如く進退の中間に在れば山頂に譬へて頂法と名く、又頂は人の頂なり、人身中最高勝なる如く、此頂位は退位中最高處なればなり(忍法已上更に退法なし)。功德はたとひ退墮して煖位又は無間に墮するも、畢竟煖法の人の如く善根を斷ずることなし。三に忍法、頂の後念に生ずる善根を忍法と名く、亦三品あり、四聖諦を忍可し決定すること最も殊勝なる位なれば忍と名く。其の下忍は具さに四諦を觀じ十六行相を修すると前の如し、此位に至れば畢竟三惡趣に墮することなし。其の中忍は是より漸く所緣の諦を滅し、能緣の行相を滅し、其極欲界に屬する苦諦下の苦

の一行相を殘すに至る、之を減緣減行と云ふ。「ゲンエン」「ゲンギヤウ」を見よ。其の上忍の位は前に殘りし苦諦下の苦の一行相を觀ずるなり、故に上忍の位は僅に一刹那の間なり。此の忍位に至れば必ず忍法を退墮することなく又惡趣に墮することなきなり。四に世第一法、上忍の後念に生ずる善根を云ふ。是れ一刹那なれば下中上の三品なし、上忍と同じく苦諦の苦の一行相を觀ずるなり。世は有漏法に名け、有漏法中に於て此觀智に超ゆる者なく、之を以て最勝の法となせば世第一法と名く。此位亦た一刹那にして、此位の無間に必ず無漏智を生じて見道に入り、眞正に勝諦を證悟し、聖者となりて凡夫の生を離るるなり。【倶舍二十三】に「煖必至涅槃。頂終不斷善。忍不墮惡趣。第一入離生。」

成實四善根 〔名數〕成實宗は倶舍宗の如く四諦を別觀せず、直に無常觀を以て五蘊を觀察し、相似の涅槃智を生ず。其中四品を分ち、下を煖法と名け、中を頂法と名け、上を忍と名け、上上を世第一法と名く。【大乘義章十二】

法相四善根 〔名數〕法相大乘は眞唯識觀の前加行に明得定、明增定、印順定、無間定の四定に依て四尋思四如實の觀智を發するを次第の如く煖、頂、忍、世第一法の四善根とす、「シジンシクワン」を見よ。

三品四善根 〔名數〕聲聞、獨覺、佛、の三乘の善根なり。此中聲聞と部行獨覺との二は煖頂の二善根已生の位に轉じて無上正覺を得るなり。彼れ若し忍を得れば成佛の理なし、何となれば彼れ已に惡趣を超脫する故に利物化生の爲に惡趣に往くこと能はざればなり、而して煖頂忍の三は轉じて獨覺となるを得、彼に利生の化用を要せざればなり。次に麟角獨覺と佛とは煖等の四善に移轉の理なし、何となれば彼れ煖等の善根より乃至成菩提まで一座に成ずればなり。【倶舍二十三】「轉聲聞種性。二成佛三餘。麟角佛無轉。一坐成覺故。」

シゼンジ　思禪師 〔人名〕天台の第二祖、南岳の慧思禪師なり。

シゼンヂヤウ　四禪定 〔名數〕略して四禪と云ひ、新に四靜慮と云ふ。此の四禪定を修して色界の四禪天に生ずるなり。此の四禪は內道外道共に之を修し、因に在ては欲界の惑網を超へ、果に在ては色界に生じ、且つ諸の功德を生ずる依地根本となれば本禪と云ふ。**一**に初禪、初禪の前行に粗住、細住、欲界定、未到定あり。其正禪に八觸十功德を具す。先づ行者安坐し身端しく心を攝むれば氣息調和なり、此の心路を覺するに泯泯として澄淨なり、怗怗として安穩なり、其の心緣に在れども居然として馳散せざるもの之を麁住と名く。此の心より後怗怗たると前に勝されるを名けて細住と爲す。其の後一兩日或は兩月ありて豁爾として心地に一分の開明を作す、我身雲の如く、影の如く、爽爽として空淨なり、空淨なれども猶身心の相を見、未だ定內の功德あらず、之を欲界定と名く。成實には欲界定を立て、倶舍には未到定の中に攝む。是の心より後泯然として一轉し、欲界定中の身首衣服床鋪を見ず、猶虛空の如くなるを未到定と名く、成實には之を立てず倶舍には之を立てて未至定と名く。此の時性の障猶在りて未だ初禪に入らざるなり。此未到定に在ては身心豁虛として空寂なり、內は身を見ず、外に物を見るとなし、此の如く或は一日乃至一月一歲を經て定心壞せざれば、此定中に於て即ち自心の微微動搖するを覺し、或は微痒を感ず、即ち動痒輕重冷煖澁滑を發す、之を八觸と名く。是れ色界の四大の極微と欲界の四大の極微と轉換する爲め此の觸相を發するなり、是れ正しく初禪に入りたる相なり。此時十功德あり、又十眷屬とも云ふ。空、明、定、智、善心、柔輭、喜、樂、解脫、境界相應是なり。是れ八觸中の動觸に就く、餘の七觸の功德之に準ず。此八觸十功德は唯初禪に在て二禪已上になきなり、是れ初禪の特相なり。而して四禪總體に就かば十八支を以て分別するなり、十八支とは初禪に五支、二禪に四支、三禪に五支、四禪に四支なり。此等の功德法を以て禪を支持すれば支と名く。初禪五支は覺支新に尋支と云、觀支新伺支、喜支、新同名、樂支新同名、經部は眼耳身三識の樂受とし、有部は定中三識を許さず、唯意識のみなれば、之を輕安樂とし樂受とせず。一心支新定支。**二**に二禪、初禪の覺觀を呵棄して此禪を得るなり、初禪に於て已に色界四大轉換し了れば二禪已上八觸十功德なし。二禪の四支とは內淨支、倶舍には之を五根中の信根となす、深く勝實の功德を信受するなり、淨は信の相なれば淨と云ひ、心に屬すれば內と云ふ。喜支、樂支輕安樂なり、樂受にあらず。一心支新定支なり。**三**に三禪、第二禪の喜受を呵棄して三禪を得るなり、五支を具す、捨支、行捨にして捨受にあらず。念支三禪の樂極勝なれば染着せざる爲に正念を要す。慧支同上、樂支意識の樂受、一心支新に定支寂然在定なり。**四**に四禪、三禪の樂受を呵棄す。四支は不苦不樂支新に中受、又中の捨受なり。五受、捨支第三禪の樂受を捨て、憂悔せず。念支下地の過自己の功德を念じ長養す。一心支、猶如鏡、猶如淸水。なり。初禪の五支乃至四禪の四支に就て何れを行體となすと云ふに、倶舍の意に依り初禪の五支に付て云はば、此の時二十二の心數一時に發す、大地の十と大善地法の十と覺と觀となり。中に於て強き者を取て五支とす、五支皆定體なり、成論には五支前後相次で起ると明かし、四支を取て方便とし、一心支を實體とす。天台の止觀、法界次第の所明は大要成實に據るなり。【止觀九之一、法界次第上、倶舍

論二十八】【智度論十七】に「若能呵二五欲一。五蓋行二五法一。欲、精進、念、功慧、一心。行二此五一得二五支一。成二就初禪一。」「ゼン」を參照せよ。梵 Catur-dhyāna

シゼンテン　四禪天　〔界名〕　新に四靜慮天と云ふ、四種の禪定を修して生ずる所の色界の四天處なり。之を分別するに受と觀覺（新に尋伺）を以てす。一に初禪天、初禪已上は分段食を要せざれば鼻舌の二識なく、唯眼耳身意の四識に就く喜受ありて意識と相應し、樂受ありて三識と相應し、且つ覺觀の二あり。此地に於て薩婆多部は梵衆梵輔の二天を立て、經部と上座部は大梵天を加へて三天とす。薩婆多は之を梵輔天中に攝む。二に二禪天、二禪已上は眼耳身の三識もなく唯意識の一なり、依て喜捨の二受ありて意識と相應するのみ、眼等の五識なきが故に樂受なく、又意識の怡悅は麁大なるが故に是れ喜受にして樂受に非ざるなり。但し覺觀の二なし。此地に少光、無量光、極光淨光音の三天あり。三に三禪天、是れ亦意識のみなり。樂捨の二受ありて上と相應す。此地の意識怡悅の相至極淨妙なれば立てて樂受となす。此地に亦少淨、無量淨、徧淨の三天あり。四に四禪天、此亦意識のみなり、唯捨受ありて之と相應するのみ。此地に於て薩、經の二部は無雲、福生、廣果、無煩、無熱、善見、善現、色究竟の八天を立て、上座部は之に無想天を加へて九天とす、薩經二部は之を廣果中に攝む。故に薩婆多部は十六天、經部は十七天、上座部は十八天なり、古來十六七八薩經上と云ふ。大乘唯識は上座部の義に同じく十八天なり。天の梵稱「サンガイショテン」を見よ。二禪已上に眼等の三識なく、及び覺觀なしとせば、如何にして彼の天處の人見聞觸し且つ作業を起すや。彼の天處に眼等の識なしと雖、若し要あれば初禪の識を借起して之を使用するなり。山門房「櫻花四禪已上に咲くならば風災なくていつもながめむ」寺門房「櫻花四禪已上に咲くとても眼識なくていかにながめん。」山門房「櫻花四禪已上に咲くならば下地の眼識かりてながめむ」

シゼンハチヂヤウ　四禪八定　〔術語〕　四禪とは色界の四禪なり、八定とは色界の四禪と無色界の四無色定なり、欲界の散に對して總じて定と云ふ、之を重言するは詩書六經と言ふ如し。【止觀九】に「四禪八定。毘曇成實明二之委細一。」【同輔行】に「言二四禪八定一者。四在二八數一。重兼列者。若色無色相對則色禪爲レ禪。無色爲レ定。若總以二上界一望二於下欲一則上上二界俗名二定地一。下欲爲レ散。」

シゼンビク　四禪比丘　〔傳說〕　【智度論十七】に「佛弟子の中に一比丘あり、四禪を得増上慢を生じて、四道を得たりと謂ふ。初禪を得るとき是を須陀洹と謂ひ、第二禪の時是を斯陀含と謂ひ、第三禪の時是を阿那含と謂ひ、第四禪の時是を阿羅漢を得と謂ふ。是を恃んで復た求進せず、命盡きんと欲する時四禪の中陰の相來るを見、便ち邪見を生じて涅槃なし、佛我を欺くと謂ふ。此の惡見を生ずるが故に四禪の中陰を失して阿鼻泥梨の中陰の相を見、命終して便ち阿鼻地獄に生ず。諸の比丘佛に問ふ。某甲比丘、阿蘭若に命終す、何の處に生ずるや。佛言く、是の人阿鼻泥梨の中に生ず。諸の比丘皆大に驚怪す、此人坐禪持戒なり、何ぞ爾るや。佛言く、此人增上慢にして、四禪を得る時に四道を得と謂へり。故に命終の時に臨んで四禪の中陰の相を見て便ち邪見を生じ涅槃なしと謂へり。我は是れ阿羅漢なり、今還て復た生ず、佛我を虛詐すと。是の故に即時に阿鼻泥梨の中陰の相を見て阿鼻地獄の中に生ずるなり。」

シゼンワシ　死禪和子　〔雜語〕「シゼンナス」と讀む。禪和子の三字は禪僧を指稱する支那の俗語なり。長老を和尙と云ひ、小僧を和子と云ふ。死の一字は正見の想命なきを罵りし詞なり。【續日本高僧傳慧鶴】に「箇鬼窟裡死禪和子。」

シソ　緇素　〔雜語〕　緇は緇衣、支那の禪僧多く之を服し、素は白衣、印度の俗人多く之を服す。依て僧俗の別稱となす。⊙（太平記四〇）「聽聞の緇素隨喜せずといふものなし」

シソ　師祖　〔雜語〕師の師を師祖と稱す。【象器箋五】

シソウ　師僧　〔雜語〕　我が師と仰ぎし僧なり、檀越より之を言ふ。【明眼論】に「一度赴請之師僧以二其檀那一如レ親二子弟一。」【梵網經下】に「孝二順父母師僧三寶一。」

シソン　師孫　〔雜語〕　弟子の弟子を師孫と云ふ。【象器箋五】

シゾウジヤウ　四增盛　〔名數〕　增劫に至れば四種のもの增盛するを云ふ。一、壽量增盛して千歲より八萬歲に至る。二、有情增盛して萬人より無數量に至る。三、資具增盛して穀物果實等富饒なり。四、善品增盛して十善及び諸道品を修むるに至る。

シゾク　死賊　〔雜語〕　死以て人を賊害すれば名けて賊と云ふ。【坐禪三昧經上】に「今日營二此事一。明日造二彼事一。樂着不レ觀レ苦。不レ覺二死賊至一。」

シタ　徙多　〔地名〕　又、枲多、私多。河の名「シダ」を見よ。

シタ　指多　〔雜語〕　Citta　譯、心。「シツタ」を見よ。

シタイ　四諦　〔名數〕　又四聖諦とも四眞諦とも云ふ。聖者所見の眞理なればなり。梵語を Catvāri āryasatyāni　巴利語を Cattāri ariyasaccāni　一に苦諦、

Duḥkha-āryasatya 三界六趣の苦報なり。是れ迷の果なり。二に集諦 Samudaya—貪瞋等の煩惱、及び善惡の諸業なり。此二能く三界六趣の苦報を集起すれば集諦と名く。三に滅諦 Nirodha— 涅槃なり。涅槃は惑業を滅し生死の苦を離れて眞空寂滅なれば滅と名く。是れ悟の果なり。四に道諦 Mārga— 八正道なり、是れ能く涅槃に通ずれば道と名く。是れ悟の因なり。此中初二は流轉の因果なり、又世間因果と云ふ。後二は還滅の因果なり、又出世間の因果と云ふ。此四共に諦と云ふは其の眞理實至極なればなり。而して二者共に果を先にし因を後にせしは、果は見易く因は知り難し、故に先づ苦果を示して之を厭はしめ、然る後其の因を斷たしめ、又涅槃の妙果を擧げて之を樂ばしめ、然る後其の道を修せしめんと欲す、是れ最劣の小機を誘引する善巧なり。佛菩提樹下を起ち、鹿野苑に至り、五比丘の爲に始めて此法を說く。之を佛轉法輪の初めとす。之に依て道を修し滅を證するを聲聞人と稱するなり。【法華經譬喩品】に「昔於二波羅奈一。轉二四諦法輪一。」【四十二章經】に「於二鹿野苑中一。轉二四諦法輪一。度二憍陳如等五人一而證二道果一。」【涅槃經十二】に「苦集滅道、是名二四聖諦一。」【涅槃經十五】に「我昔與二汝等一不見二四眞諦一。是故久流二轉生死大苦海一。若能見二四諦一則得レ斷二生死一。」◉(曲、舍利)「わづかに四諦の曉の雲を引く空の」

四諦十六行相　〔名數〕四諦を觀ずるに一諦に各四種の行相あり、合して十六行相なり。「ジフロクギヤウサウ」を見よ。

四種四諦　〔名數〕四諦の法は初め小乘淺近の機に對せし法門なれども、其の理大小一切佛法に通ずるなり。依て天台は涅槃經聖行品の所說により て四種の四諦を安立し、以て藏通別圓の四敎に配當せり。一に生滅四諦、苦集道の三諦は因緣に依て實の生滅あり、滅諦は實の生法に對する實の滅法なりと見る、此の如く實生實滅の上に立てし四諦なれば生滅四諦と云ふ。是れ小乘敎即ち三藏敎の所說なり。二に無生四諦、苦集道の三諦は如幻即空にして實の生なく滅なし、滅諦は本來自空にして不生不滅なり、此く苦集道の因果當體即空なりと了して生滅を見ざれば無生の四諦と云ふ。通敎の所說是れなり。三に無量四諦、苦諦に於て界の內外に涉りて無量の相あり、乃至道諦に就て無盡の差別あり、是れ大菩薩の修學する所なり、之を無量の四諦と云ふ。是れ別敎の四諦なり。四に無作四諦、煩惱即菩提なれば集を斷じて道を修する造作なく、生死即涅槃なれば苦を滅して滅を證する造作を要せず、此の如く斷證の造作を離れたる四諦なれば之を無作の四諦と云ふ。是れ圓敎の四諦なり。【法華玄義三】に「四種四諦者。一生滅、二無生滅、三無量、四無作。其義出二涅槃聖行品一。」【同釋籤】に「其義出二涅槃聖行品一者。第十一第十二經廣明二聖諦一。今多依レ彼。然聖行中明二四諦義一。兼合二大小一。若解二生滅及以無量一。其文則顯。無生無作文稍隱略。」

四諦梵語　〔雜語〕【賢慧經十二】に「豆佉。三牟提耶。尼樓陀。末迦晋言苦。習滅道。」作る。宋元明三本倶に習字集に梵音本項に出す。毘婆沙論に毘陀語 Veda 及び彌離車語 Mleccha の四諦を出す。「シヤウゴ」參照。

シタイキヤウ　四諦經　〔經名〕一卷、後漢の安世高譯、四諦の法を說く、中阿含分別聖諦經の別譯なり。【昃帙八】(598)

シタイトウ　死對頭　〔雜語〕死ぬ程危急なる場合なり。【永覺續寱言】に「憤然如レ遇三着死對頭一。道須二滅レ此而後相食一。」

シタイロン　四諦論　〔書名〕四卷、婆藪跋摩造、陳の眞諦譯。四諦の義を分別す。【藏帙三】(1261)

シタウ　四倒　〔名數〕四種顚倒の妄見なり。之に二種あり。一は生死の無常無樂無我無淨に於て常樂我淨を執するを凡夫四倒となし、一は涅槃の常樂我淨に於て無常無樂無我無淨を執するを二乘の四倒とす。初を有爲の四倒と云ひ、後を無爲の四倒と云ふ。有爲の四倒を斷ずるを二乘とし、有無爲の八倒を斷ずるを菩薩とす。【大乘義章五末】

シタウズ　襪子　〔物名〕沓下にはく足袋なり。【庭訓往來精註鈔】

シタク　支度　〔雜語〕修法供養物等の支具を度り調ふる意なり。【陀羅尼集經十二】に莊嚴道場及供養具支料度法一品あり。

シタツ　四達　〔名數〕又、一名四實と云ふ。先陀婆 Saindhava の一語に於て鹽水器馬の四實を含むを云ふ。【涅槃經九】に「如來密語甚深難レ解。譬如三大王告二諸群臣先陀婆來一。先陀婆者。一名四實。一者鹽。二者器。三者水。四者馬。如レ是四法皆同二此名一。」【止觀二】に「大經云。鹽水器馬。一名四實。智臣善知。謂洗時奉レ水。食時奉レ鹽。飲時奉レ器。遊時奉レ馬。王皆但云二先陀婆來一。」を見よ。

シタバナ　尸多婆那　〔地名〕Sīta-vana「シダリン」

シタフ　四塔　〔名數〕【經律異相六】に天上人中各四塔あり。天上の四塔は忉利天の城東照明園中に佛の髮塔あり、城南麤澁園中に佛の爪塔あり、城西歡喜園中に佛の鉢塔あり、城北尊御園中に佛の牙塔あり。人中の四塔は迦毘羅衞國に生處塔あり、摩竭提

國に成道塔あり、波羅奈國に轉法輪塔あり、拘尸那國に般涅槃塔あり。【法顯傳】に「佛泥洹已來。四大塔處。相承不レ絕。四大塔者。佛生處。得道處。轉法輪處。般泥洹處。」

シタンス 屎擔子 〔雜語〕五尺の形骸に屎糞を滿て、人常に之を荷擔すれば、形骸を指して屎擔子と云ふ。子は物を指す稱なり。【臨濟錄】に「大德儞。擔二鉢囊屎擔子一傍家走求レ佛求レ法。」

シダ 尸陀 〔地名〕「シダリン」を見よ。

シダ 四墮 〔名數〕婬盜殺妄の四波羅夷罪なり。是れ佛法海を退墮して再び僧衆に入るを得ざる重罪なれば墮と云ふ。【多論二】に「白四羯磨竟。已得二具戒一。所三以說二四依四墮十三僧殘一者。但爲レ知故說。」【有部百一羯磨一】に「次說二四墮落法一。乃至苾芻於二此四法中一。隨二一一事一。若有レ犯者。隨二當レ犯時一便非二苾芻一。非二沙門一。非二釋迦子一。失二苾芻性一。此便墮落斷沒輪廻。」

シダ 私陀 〔地名〕又、悉陀、徙多、私多、枲多に作る。四大河の一。阿耨達地の北面より出でて東北海に入る。或は言ふ西面より出でて西海に入る。【西域記一】に「池北面頗胝師子口流ニ出徙多河一。舊曰私陀河訛也繞レ池一帀入二東北海一。或曰。流ニ潛地下一出二積石山一。即徙多河之流。爲二中國之河源一云。」【玄應音義二十四】に「徙多河。或言二私多一。或悉陀。亦言二私陀一。皆梵音差也。此云二冷河一。從二無熱惱池西面瑠璃馬口一而出。流ニ入西海一。即是此國大河之源。」梵 Sītā

シダイ 支提 〔術語〕Caitya 又、支帝、脂帝、支徵に作る。新に制多、制底、制底耶と云ふ。積聚の義なり。土石を積聚して之を成ぜばなり。又世尊無量の福德これに積集すればなり。義翻して靈廟と云ふ。或は言ふ舍利あるを塔婆と云ひ、舍利なきを制底と云ふ。或は言ふ總を塔と云ひ、別を制底と云ふ。或は制底と塔婆と其の義同じ、有無總別の差あるなしと。【寄歸傳三】に「大師世尊既涅槃後。人天共集以レ火焚レ之。衆聚二香柴一遂成二大積一。即名二此處一以爲二制底一。是積聚義。乃至又釋。一想世尊衆德俱聚二於此一。二乃積ニ甎土一而成レ之。詳傳二字義一如レ是。或名二窣覩波一義亦同レ此。舊總云レ塔。別道二支提一。斯皆訛矣。」【玄應音義三】に「支提。或言二脂帝一。或言二脂帝浮都一。此云二聚相一。謂集二寶及石等一高以爲レ相也。」【宗輪論述記】に「制多者即先云二支提一訛也。此云二靈廟一。」【法華義疏十一】に「依二僧祇律一。有二舍利一名二塔婆一。無二舍利一名二支提一。地持云莫レ問二有無一皆名二支提一。」【大日經疏五】に「制底。翻爲二福聚一。謂諸佛一切功德聚在二其中一。是故世人爲レ求レ福故。悉皆供養恭敬。」【同六】に「復次梵音制底與二質多一體同。此中秘密謂レ心爲二佛塔一也。」【阿育王經七】に「四支徵音知荷反處。成道處。轉法輪處。涅槃處。」

シダイ 思大 〔人名〕南岳尊者慧思、陳帝より大禪師の號を受くるを以て思大と云ひ、更に尊で思大禪師、或は思大和尙と云ふ。【佛祖統紀六】に「帝可レ之。令二隨レ師還レ山。將レ行餞以二殊禮一。稱爲二大禪師一。思大之名。蓋得二於此一。」

シダイ 四大 〔名數〕地水火風の四なり。俱舍論に依るに假實の二種あり、實の四を四界又は四大界と稱し、假の四を單に四大と云ふ。實の四大とは一に地大、堅を性とし、物を支持す。二に水大、濕を性とし、物を收攝す。三に火大、煖を性とし、物を調熟す。四に風大、動を性とし、物を生長す。此四以て一切の色法を造作すれば能造の四大と云ふ。其の四大の體は觸處所攝にして唯身根所得なり。身根の四大と諸色と觸れて堅濕煖動を覺知するなり。假の四大とは世間稱する所の地水火風なり、此四大は其實地水火風及び色聲香味觸の九法の假和合なれども、其中最も堅性の增盛なるを地と名け、乃至動性の最も增盛なるを風と名く。之を要するに、實の四大は能造にして、假の四大は所造に屬す。然るに成實論に依れば、實の四大なく唯假の四大のみ、色香味觸の四塵を以て一切色法の能造となし、四塵和合して方に四大を成ずと立つ。故に四大は唯假法なり。要するに一切有形有質の物四大の所造ならざるなく、俱舍四大の和合ならざるなし、成實依て稱して大と言ふなり。或は之を二種に分ち、正報の人身を內の四大と稱し、或は有識の四大と稱す、依報の諸色を外の四大と云ひ、或は無識の四大と云ふ。【圓覺經】に「妄認二四大一爲二自身相一。」又「恒作二此念一。我今此身四大和合。所謂髮毛爪齒皮肉筋骨髓腦垢色皆歸二於地一。唾涕膿血津液涎沫痰淚精氣大小便利皆歸二於水一。煖氣歸二於火一。動轉歸二於風一。四大各離今者妄身當レ在二何處一。」【瓔珞經二】に「四大有二二種一。一有識。二無識。」【最勝王經五】に「譬如二機關由レ業轉一。地水火風共成レ身。隨二彼因緣一招二異果一。同在二一處一相違害。如三四毒蛇居二一篋一。」⊙（太平記二）「五蘊假成レ形、四大今歸レ空。」梵 Mahābhūta

シダイイチゲ 四第一偈 〔雜名〕無病第一利。知足第一富。善友第一親。涅槃第一樂の偈を云ふ。【莊嚴論】に出づ。

シダイエン 次第緣 〔術語〕四緣の一、新に等無間緣と云ひ、舊に次第緣と云ふ。「シエン」を見よ。

シダイカイ 四大海 〔名數〕須彌山の四方に在る大海なり、須彌山は四大海の中央に在り、四大海の中に各一大洲ありて、四大海の外を鐵圍山にて圍繞す。⊙（曲、身延）「實にや恩愛愛執の淚は、四大

海より深し」「クセンハチカイ」參照。「同じ。

シダイカブ　支提加部　〔流派〕　セイタセンブに

シダイクワシヤウ　思大和尚　〔人名〕　南岳の慧思禪師なり。「シダイ」を見よ。

シダイグワンムシユ　四大元無主　〔雜語〕【禪林類集】に「肇法師遭二秦王難一。臨レ就レ刑說レ謁云。四大元無レ主。五陰本來空。將レ頭臨二白刄一。猶似レ斬二春風一。」「シダイ」を見よ。

シダイケウボフ　四大敎法　〔名數〕「ジシュボクイン」を見よ。

シダイコツジキ　次第乞食　〔術語〕　十二頭陀の一。

シダイゴ　四大護　〔名數〕　四方の護神なり。【大疏八】に「重結二周界一。以二四大護一各護二一方一。」【義釋七】に「當レ知二明王二奉敎四大護等 皆是此中折衝禦侮之用。」「シダイゴヰン」を見よ。

シダイゴヰン　四大護院　〔術語〕　胎藏曼荼羅十三大院の第十三院なり。曼荼羅の四門を守護する金剛神なり。南門を金剛無勝結護と名け、東門を無畏結護と名け、北門を壞諸怖結護と名け、西門を難降伏結護と名く。靑龍軌に具に之を記す。現圖曼荼羅には之を載せず。【胎曼大鈔六】

シダイサングワン　次第三觀　〔術語〕　台宗空假中の三觀に次第と圓融の二種あり。「サングワン」を見よ。

シダイシウ　四大洲　〔名數〕「シシウ」を見よ。⊙（神皇正統記 一）「この海中に四大洲あり」

シダイシ　四大師　〔職位〕　唐朝に四大師の稱號あり、勅に依て之に補す、倘ほ日本の大禪師の稱號の如し。【佛祖統紀三十九】に「詔二法華智威法師一。補二四大師朝散大夫一。」図〔名數〕傳敎大師最澄、弘法大師空海、慈覺大師圓仁、智證大師圓珍を平安朝の四大師と云ふ。図本朝の天台に傳敎、慈覺、智證、慈慧の四大德を四大師と稱す。皆大師號を勅謚せられ、宗の泰斗なればなり、唐朝の如く四大師の公稱に非ず。

シダイシヤウモン　四大聲聞　〔名數〕　須菩提、摩訶迦旃延、摩訶迦葉、摩訶目犍連なり。法華の會座に於て此四人を中根の機とし、此の四人、信解品に於て領解を得、授記品に於て當來作佛の記を受く。図彌勒下生經に迦葉、居鉢歎、賓頭盧、羅云を以て四大聲聞となす。「シダイデシ」を見よ。

シダイシユ　四大種　〔名數〕　地水火風の實の四大なり。此四、一切の色法に周遍すれば大と名け、一切の色法を生ずれば種と名く。「シダイ」を見よ。⊙（平家 一二）「四大しゆの中に、水火風雨は常に害をなせども」

シダイジ　四大寺　〔名數〕　奈良の東大寺、興福寺、比叡の延曆寺、三井の園城寺を云ふ。

シダイジヨウシユウ　四大乘宗　〔流派〕「シカダイジヨウ」を見よ。

シダイセンブ　支提山部　〔流派〕　Caityaśaila　小乘二十部の一。舊に支提山部と云ひ、新に制多山部と云ふ。

シダイゼンモン　次第禪門　〔書名〕　釋禪波羅蜜次第法門の異名。

シダイタフ　四大塔　〔名數〕「シタフ」を見よ。

シダイテンワウ　四大天王　〔名數〕　又、四天王とも四王天とも云ふ。【法華經序品】に「四大天王。」「シワウテン」を見よ。（これ四王天の大王なり、四王天は界名なり。）⊙（曲、正尊）「上は梵天帝釋四大天王。」

シダイデシ　四大弟子　〔名數〕　佛弟子の中に舍利弗、目連、須菩提、摩訶迦葉を以て四大弟子とす。【智度論】に舍利弗目連は佛の左右の弟子、須菩提は無諍定を修し行空第一、摩訶迦葉は十二頭陀を行じて頭陀第一なり。佛在世の時人ありて今世の果を求めんとする者あらば此四人を供養せば輙ち願の如くなるを得と云ふ。図迦葉、賓頭盧、羅云、君居盔歎の四人なり。法護譯の【彌勒下生經】に「爾時世尊。告二迦葉一曰。吾今年已衰耗。向二八十歲一。然今如來有二四大聲聞一。堪レ任二遊化一。智慧無盡。衆德具足。云何爲レ四。所謂大迦葉比丘。居鉢歎比丘。賓頭盧比丘。羅云比丘。汝等四大聲聞。要不二般涅槃一。須二吾法沒盡一。然後乃當二般涅槃一。」【法華文句記 一】に「四大弟子者。迦葉、賓頭盧、羅云、君居盔歎。」

シダイフチヤウ　四大不調　〔雜語〕　人身は地水火風の四大より成る、此四大の調和を缺くより四百四病を生ずと云ふ。【最勝王經五】に四大を四蛇に譬ふ。「シジャ」を見よ。

シダイブキヤウ　四大部經　〔名數〕　禪林に、華嚴、涅槃、寶積、般若の四經を以て四大部經となす。【勅修淸規祈禱】に「或看二藏經一。或四大部經。或三日五日七日。隨レ時而行。」【佛祖統紀四十八】に「憑楫問二道於果佛日一。頓悟二心旨一。南渡之後。所在經藏殘闕。楫以二奉資一造二大藏經一四十八所。小藏四大部者亦如二其數一。」【註】に「世以二華嚴涅槃寶積珠林一爲二四大部一。」案に珠林は般若の誤なり。【物初賸語十賚壽敎院經藏記】に「今所二匭藏一。特雜華般若寶積涅槃四大部與二夫珠林之文一而已。如二不足一何。」

シダイブシウ　四大部洲　〔名數〕「シシウ」を見よ。

シダイブツゴヰン　四大佛護院　〔名數〕「シダイゴヰン」に同じ。

シダイボサツ　四大菩薩　〔名數〕　彌勒、文殊、

觀音、普賢、之を法華の四大菩薩とす。又涌出品に說く上行等の四菩薩なり。「シダウシ」を見よ。

シダウ　四道　〔名數〕道とは涅槃の道路なり、此に乘じて涅槃の城に到れば道と名く。道異なるも四種を以て攝盡す。一に加行道、先づ三賢四善根の位に於て力を加へて三學を行ずる位なり。二に無間道、加行の功德成就して正智を發し、正しく煩惱を斷ずる位なり。惑の爲に間隔せられざれば無間道と云ふ。三に解脫道、無間道の後に生ずる一念の正智正しく眞理を證悟する位なり。既に惑を解脫せし正智なれば解脫道と名く。四に勝進道、解脫道の後に更に進んで定慧增長する位なり。此中菩薩乘の無學は果德究竟圓滿なれば勝進道なり、二乘の見修無學三道に皆此の四道を具す。【倶舍論二十五】

シダウ　示導　〔雜語〕「サンシュシダウ」を見よ。

シダウキヤウ　祠堂經　〔儀式〕佛寺に在て又は檀家の祠堂に於て或は單に位牌に對して其の忌日每に誦經するを祠堂經と云ふ。永代に之を修すれば永代經とも云ふ。

シダウギン　祠堂銀　〔物名〕檀越より祠堂經の爲に錢財を佛寺に納め、佛寺に之を常住として保存するを祠堂銀と云ふ。又長生錢とも無盡財とも云ふ。【釋氏要覽下】に「寺院長生錢。律云二無盡財一。蓋子母展轉無レ盡故。」

シダウシ　四導師　〔名數〕法華經涌出品に說く地より涌出せる諸大菩薩中の四上首なり。【經】に「是菩薩中有二四導師一。一名二上行一。二名二無邊行一。三名二淨行一。四名二安立行一。是四菩薩。於二其衆中一最爲二上首唱導之師一。」

シダゴン　斯陀含　〔術語〕スダコンと云ふ。「シカ」「ウ」「シクワ」を見よ。

シダラクホフ　四墮落法　〔名數〕「シダ」を見よ。

シダラニ　四陀羅尼　〔名數〕又四總持と云ふ。「ダラニ」を見よ。

シダリン　尸陀林　〔地名〕屍陀林。又、尸多婆那 Śīta-vana と云ふ。尸多は寒と譯し、婆那は林なり。死屍を棄つる處を寒林と云ふ。【玄應音義七】に「屍陀林。正音言二尸多婆那一。此名二寒林一。其林幽邃而寒。因以名也。在二王舍城側一。死人多送二其中一。今總指二棄屍之處一名二屍陀林一者。取レ彼名レ之也。」【同十八】に「尸陀林。」【有部毘奈耶雜事十四】に「深摩舍那。是棄二死屍一處。云二尸陀一者訛也。」【法顯傳】に「尸摩賒那」梵 Śmāśana これ Aśma-śāyana（石床）の轉。「見よ。

シダン　四斷　〔名數〕四種斷惑の法なり。「ダン」を見よ。

シダン　子斷　〔雜語〕煩惱は種子の如く、煩惱所生の苦報は果實の如し、依て煩惱を斷ずるを子斷と云ふ。【止觀輔行六】に「言二子斷一者。諸阿羅漢。已斷二煩惱一。諸結爛壞。」

シダン　師檀　〔雜語〕師僧と檀越なり。【說法明眼論】に「一日師檀、百劫結緣。」⦿（盛衰記二）「種種の瑞異に驚きて賢心と師檀の契を結びつつ」

シチ　四知　〔名數〕人が善惡の心を起したる時四者直にこれを知る。天知、地知、傍人知、自知の四なり。【罵意經】に出づ。

シチ　四智　〔名數〕佛果の四智あり、羅漢の四智あり、三乘を通ずる四智あり、菩薩唯識無境を觀ずる四智あり。「チ」を見よ。

シチイン　四智印　〔名數〕一切の印契一切の法要四智印を以て攝盡す、一に大智印、梵に摩河岐若勿他羅 Mahā-jñāna-mudrā と云ふ。五相成身の佛なり。二に三味耶印、梵に三味耶岐若勿他羅 Samaya-jñāna-mudrā と云ふ。諸尊所持の三昧耶形五鈷刀蓮華の類なり。又諸尊の手に結ぶ印契なり、又行者の手に結ぶ印契なり。三に法智印、梵に陀羅摩岐若勿他羅 Dharma-jñāna-mudrā と云ふ。本尊の種子なり。又法身の三摩地なり、又顯密一切の契經陀羅尼なり。四に羯摩智印、梵に羯羅摩岐若勿他羅 Karma-jñāna-mudrā と云ふ。諸尊の威儀作業なり。【諸部要目、秘藏記本】。又四種曼荼羅を云ふ。印は決定不改の義、智は決斷簡擇の義、四曼は佛の內德を表して決定して不改なり、又各其德を守りて決斷簡擇すれば智印と稱す。【辨惑指南四】【秘藏記鈔三】に「問ふ、四種曼茶羅四智印何の差別あるや。答ふ、尊者の料簡一に非ざるも、且く一義に依らば、只是れ建立の不同なり、輪圓具足の邊に約しては四曼と名け、決斷不改の邊に約しては四智印と云ふ。其の法體に於て四曼四智差別あることなし。」

シチウ　七有　〔名數〕「ウ」を見よ。

シチウ　厠籌　〔物名〕竺人小木竹片を以て糞を拭ふ、厠籌又は厠橛と名く。

シチウエフクゴフ　七有依福業　〔名數〕他苦に依て施を行じ以て福業を成ずるに七種あり、七有依福業と名く。一に客人に施すなり、二に行人に施すなり、三に病人に施すなり、四に侍病の人に施すなり、五に園林を諸寺等に施すなり、六に常食を衆僧に施すなり、七に寒風熱等の時に應じて隨時の飮食衣服等を施すなり。【倶舍論十八】

シチエウ　七曜　日月と火水木金土の五星なり。【宿曜經上】に「夫七曜日月五星也。其精上曜二于天一。其神下直二于人一。所下以司二善惡一而主中理吉凶上也。其行一日一易。七日一周。周而復始。」【同下】に胡國波斯

語天竺語の名を列ぬ。日曜太陽胡名蜜 Mihr 波斯曜森勿 Yek sumbad 天竺 阿儞底耶二合 Āditya 月曜大陰 胡名莫 Māh 波斯婁禍森勿 Douh sumbad 天竺蘇摩 Soma 火曜熒惑胡名雲漢 Vāhrām 波斯勢森勿 Seh sumbad 天竺盎哦囉迦 Aigāraka 水曜辰星 胡名咥 Tīr 波斯 掣森勿 Chehar sumbad 天竺 部陀 Budha 木曜歲星 胡名 鶻勿 Hur muzd 波斯 本森勿 Penj sumbad 天竺 勿哩訶娑跛底 Bṛhaspati 金曜太白胡名那歇 Nāhid 波斯 數森勿 Shesh sumbad 天竺 戍羯羅 Śukra、土曜鎭星 胡名 枳浣 Kevān 波斯翕森勿 Haft sumbad 天竺 賒乃以室折羅 Śanaiścara、

シチエウガン　七葉巖　[地名] 王舍城の側に在り、七葉樹巖窟の上に生ず、依て名く。第一五百結集の窟なり。【毘婆尸佛經下】に「王舍城七葉巖。」【長阿含經七】に「佛在二羅閱城毘訶羅山七葉樹窟一。」「ゴサン」の項參照。

シチエウグ　七曜供　[修法] 七曜を祭供する法なり。七曜攘災決一卷、七曜星辰別行法一卷あり。【餘帙四】

シチカイ　七海　[名數] 八海の中に鹹海を除く。【寄歸傳四】に「殊因類二七海一而無レ窮。」

シチカイキヤウ　七戒經　[經名] 七佛の略戒經なり。四分律戒本の後に附す。【戒本後偈】に「七佛爲二世尊一。滅二除諸結使一。說二此七戒經一。諸縛得二解脫一。」

シチカウソ　七高祖　[名數] 釋尊以後、親鸞聖人の立宗まで、彌陀他力の本願に歸依し、宣說して明かに西方淨土の往生を勸めたる高僧七人を云ふ。以て淨土眞宗の相承傳統とす。龍樹、天親、曇鸞、道綽、善導、源信、源空なり。

シチカウタウ　七香湯　[飮食] 本朝の禪林七香湯を用ふ。陳皮中茯苓中地骨皮中肉桂小當歸小枳殼小甘草小。【象器箋十七】

シチカク　七覺　[名數]「シチカクブン」を見よ。

シチカクシ　七覺支　[名數]「シチカクブン」を見よ。

シチカクブン　七覺分　[名數] 又、七菩提分、七覺支と云ひ、倶舍論に七等覺支と云ふ。七科道品中の第六なり。覺とは覺了覺察の義、聖道の生ぜざるは定慧の調はざるに由る、故に心の定慧に據るを明かに見分けて偏に一方にかたよらしめず、定慧均等ならしむる法なるが故に等覺と名け、覺法七種に分るれば、支或は分と云ふ。修道に於て思惑を斷ずる事此の七覺の力に依るなり、されば修行の次第に約すれば八正七覺と列ぬべきも、數の次第に約して七覺八正と列ぬるなり。一に擇法覺支、智慧を以て法の眞僞を簡擇するなり。二に精進覺支、勇猛の心を以て邪行を離れ眞法を行ずるなり。三に喜覺支、心に善法を得て歡喜を生ずるなり。四に輕安覺支、止觀及び法界次第に除覺分と名く、身心麁重を斷除して身心をして輕利安適ならしむるなり。五に念覺支、常に定慧を明記して忘れず、之をして均等ならしむるなり。六に定覺支、心を一境に住して散亂せしめざるなり。七に行捨覺支、諸の妄謬を捨て、一切の法を捨て、平心坦懷更に追憶せざるなり、是れ行蘊所攝の捨の心所なれば行捨と云ふ。此の七法に於て若し行者の心浮動する時は除捨定の三覺支を用ゐて之を攝むべく、若し心沈沒する時は擇法精進喜の三覺支を用ゐて之を起すべし。念覺支は常に定慧を念ずるなり、癈退すべからず。是の故に念覺を除き他の六覺は行人の要に隨て之を用ふる也。此の七事を以て無學果を證するを得るなり。【止觀七】に「心浮動時以二除覺一除二身口之麁一。以二捨覺一捨二觀智一。以二定心一入レ禪。若心沈時以二精進擇喜一起レ之。念通二緣兩處一。」【同輔行】に「定慧各三。隨レ用レ一得レ益便止。無レ假二遍修一。若全無レ益方趣二後品一。念能通持二定慧六分一。是故念品通二於兩處一。」梵 Saptabodhyaṅga

シチカサンヂウノオウシ　七箇三重奧旨　[術語] 七箇の奧旨は其の所傳を失し、今之を知る者なしと云ふ。三重の奧旨は玄旨歸命壇の三重の秘法なり。三重とは敎行證の三なり、玄旨歸命壇とは中古の台徒密家の灌頂壇と禪宗の公案とを折衷して之を創建し、竊に傳へて秘法と爲せしものなり、靈空和尙の闢邪編に章を分けて之を駁せり。「ゲンシキミヤウダン」を見よ。

シチカジ　七箇寺　[名數] 南都の七大寺なり。「シチダイジ」を見よ。

シチコンマ　七羯磨　[名數] 比丘を治罰する七種の作法なり。一に訶責、二に擯出、三に依止、四に不至白家、五に不見擧、六に不懺擧、七に惡見不捨擧なり。此中後の三を三擧と稱して僧外に擧棄するなり。【行事鈔上二】巴 Kammavācā

シチキヤウ　七經　[名數] 淨土の七經なり。

シチキヤウレンゲ　七莖蓮華　[本生]「ネントウブツ」を見よ。

シチキヤウサンラク　七境三樂　[名數] 七周行慈の法門なり。「シチシウギヤウジ」を見よ。

シチギヤク　七逆　[名數] 梵網經の所說、一に出佛身血、二に殺父、三に殺母、四に殺和尙、五に殺阿闍梨、六に破羯磨轉法輪僧、七に殺聖人。【梵網經下】【輔行二】に「言二五逆一者。謂殺父、殺母、殺阿羅漢、破僧、出血。乃至若大乘中加殺和尙。殺二阿闍梨一。以爲二七逆一。」

シチギヤクザイ　七逆罪　[名數] 前項に同じ。

シチク 七垢 【名數】一に欲垢、二に見垢、三に疑垢、四に慢垢、五に憍垢、六に隨眠垢、七に慳垢。隨眠とは煩惱の異名なり、煩惱人に隨逐して人の心性を昏昧せしむること猶睡眠の如くなれば隨眠と云ふ。此七法能く心道を垢染すれば總じて垢と名く。【瑜伽論十四】

シチクイワウ 七躯醫王 【佛名】七佛藥師なり。

シチクウ 七空 【名數】「クウ」を見よ。

シチクテイ 七倶胝 【菩薩】七倶胝佛母尊なり。

シチクテイブツモソン 七倶胝佛母尊 【菩薩】准提(じゅんてい)觀音の異名なり、胎藏界曼荼羅第二佛母院七尊中の一。倶胝は七億なり、釋迦如來給孤獨園に在て、准提三摩地に入り、過去七億佛所說の准提陀羅尼を說きしものなれば、過去佛の所說に約して七倶胝と云ひ、陀羅尼の主に約して准提と云ふ。是れ蓮華部の母にして(諸佛に部母と部主あり)蓮華部諸尊の功德を生ずる德を司れば佛母尊と名く。白黃色にして十八臂、遍身に白色輕羅錦の文あり。【七倶胝佛母所說准提陀羅尼經】に「愍二念未來薄福惡業衆生一故。即入二准提三摩地一。說二過去七倶胝佛所說陀羅尼一。」梵 Saptakoṭibuddha-mātṛ.

尊形 【圖像】【金剛智儀軌】に「其の像黃白色を作し種種其

(七倶胝佛母尊の圖)

身を莊嚴す。腰下に白衣を着け、衣上に花文あり、身に輕羅綽袖の天衣を著け、綬帶を以て腰に繫ぎ、朝霞身を絡ふ。其の手腕は白螺を以て釧となし、其臂上の釧七寶莊嚴し、一一の手上に指環を著く、都て十八臂。面に三目あり上二手は說法の相を作し、右第二手は施無畏、第三手は劍、第四手は數珠、第五手は微若布羅迦果(子滿果と云ふ)第六手は鉞斧、第七手は鉤、第八手は拔折羅、第九手は寶鬘なり。左第二手は如意寶幢、第三手は蓮華、第四手は澡罐、第五手は索、第六手は輪、第七手は螺、第八手は賢瓶、第九手は般若波羅蜜經夾なり。」

經軌 【經名】佛說七倶胝佛母准提大明陀羅尼經一卷、金剛智譯、金剛智儀軌と稱す。七倶胝佛母所說准提陀羅尼經一卷、不空譯、不空儀軌と稱す。(闕軼十。)佛說七倶胝佛母心大准提陀羅尼經、一卷、地婆訶羅譯。七佛倶胝佛母心大准提陀羅尼法、一卷、善無畏譯。七倶胝獨部法、一卷、善無畏譯。(餘軼三。)

シチクワダウホン 七科道品 【雜名】三十七の助道品七種に分つ、七科道品と云ふ。「サンジフシチダウボン」を見よ。

シチクワンオン 七觀音 【名數】「クワンオン」を見よ。

シチクワンジヤウ 七卷章 【書名】慈恩の法苑義林章七卷あれば七卷章と別稱す。

シチケ 七華 【譬喩】七覺支に譬ふるなり。【維摩經佛道品偈】に「無漏法林樹。覺意淨妙華。解脫智慧果。」【同註】に「生曰。七覺以二開悟一爲レ道。無染爲レ淨。華之法者也。」【同天台疏】に「覺意即七覺支。七覺支調二停生二眞智因華一。故智論云。無漏實覺此七能到。故以爲レ華。」図七種淨なり。【同偈】に「八解之浴池。定水湛然滿。布以二七淨華一。浴二此無垢人一。」【同什註】に「一に戒淨(心口所作淸淨)、二に心淨(斷煩惱心淸淨)、三に見淨(見法眞性不起妄想)四に度疑淨(斷疑見深眞)五に分別道淨(分別是道非道)六に行斷知見淨(知見所行善法與所斷惡法而淸淨分明)、七涅槃淨(證得涅槃遠離諸垢)」

シチケギヤウ 七加行 【名數】七方便の別名。

シチケハチレツ 七華八裂 【雜語】裂破して七となり八となること。

シチケン 七賢 【名數】又七方便位とも七加行位とも云ふ。小乘の見道以前の修行。

シチケン 七賢 【名數】又、七方便位とも七加行位とも云ふ。小乘の見道以前の修行位なり。總じて見道以前を賢位とし、見道以後を聖位とす。賢位中に七位あり、一に五停心觀、二に別相念住、三に總相念住なり、之を三賢位と稱す、四に煗法、五に頂法、六に忍法、七に世第一法なり、之を四善根と稱す。此中通別の二名あり、通じては共に七賢と稱し、共に加行位と稱す。別しては先の三を三賢と稱し、後の四を四善根又は四加行位と稱す。今は後の七聖位に望めて七位を總じて七賢位と云ふ。「シゼンゴン」を見よ。図大乘の七賢あり。【仁王經天台疏上】に「一初發二心人一。二有二相行人一。三無二相行人一。四方便行人。五習二種性人一。六性種性人。七道種性人。倶在二地前一調レ心順レ道。名爲二七賢一。」⦿(十訓抄八)「聖敎を訪ふも、七賢位の中に忍法位ともたて」

七賢七聖 【名數】是れ小乘倶舍宗所立の賢聖の數なり。七賢は前の如し、七聖とは倶舍論、四敎儀の目なり。華嚴孔目章には七士夫、七大夫、七聖人と云ふ。聖は正なり、正智を以て眞理を照見とする者に名く。見道以上の者是なり。其の聖者の位次を差別するに八聖あり、四向四果是なり。今其の聖者を利鈍の根性に由て差別するに七聖あ

るなり。一に隨信行、二に隨法行、三に信解、四に見至、五に身證、六に慧解脫、七に倶解脫。【倶舍論二十五】に「學無學位有二七聖一者。一切聖者皆此中攝。一隨信行。二隨法行。三信解。四見至。五身證。六慧解脫。七倶解脫。」【四敎儀三】に「七聖位者。一隨信行。二隨法行。三信解。四見得。五身證。六時解脫羅漢。七不時解脫羅漢。」【止觀三下】に「若析レ法入レ空有無二門所斷三道。如二毗曇所明七賢七聖四沙門果。成論所明二十七賢聖等差別位次一。」【大乘義章十七本】に「或分二十四一。如二毗曇說一。見諦道前說二七方便一。七賢見諦道中信行法行。修道位中有二信解脫及與見到一。通レ前十一。阿那含中得二滅定一者名爲二身證一。通レ前十二。無學位中說二慧解脫及倶解脫一。通レ前十四。」七聖

シチケンニギニムミヤウ　七見二疑二無明　〔名數〕十一遍行のこと。

シチコンセン　七金山　〔雜語〕須彌山を圍繞せる七重の金山なり。「クセンハチカイ」を見よ。⦿（神皇正統記一）「此山を廻りて七つの金山あり」

シチゴサン　七五三　〔雜名〕稱名の譜に七五三の別あり。【天台山不斷念佛發願表白】に「高和二七五三之唱一。」

シチサイシヨウ　七最勝　〔名數〕一切布施等の行悉く波羅蜜多と名くるを得ず、必ず最勝を具して方に波羅蜜多を成ずるなり。一に安住最勝、菩薩の種性に安住するなり。二に依止最勝、大菩提心に依止するなり。三に意果最勝、一切の有情を悲愍するなり。四に事業最勝、具に一切の事業を行ずるなり、一行に限らざるを云ふ。五に巧便最勝、無相智に住するなり、一切法の如幻を了達して執着を離るるなり。六に廻向最勝、無上菩提に廻向するなり。七に淸淨最勝、煩惱所知の二障の爲に間雜せられざるなり。【唯識論九】

シチサイナン　七災難　〔名數〕「シチナン」を見よ。

シチサン　四智讚　〔雜語〕阿閦佛の大圓鏡智、寶生佛の平等性智、彌陀佛の妙觀察智、不空成就の成所作智の四智を讚詠せしもの。其の梵語は時處軌に出で、其の漢語は略出經に出づ。

シチザイ　七財　〔名數〕「シチシヤウザイ」を見よ。

シチザコウニン　七座公人　〔名數〕叡山の役名なり。一に四至內、職をもたねば衆徒なり。二に維那、中方に同じく法會の時大僧の前達するなり。三に鑰取男、前唐院の鑰あづかりなり。四に出納、下法師、被物錄物取出又納也。五に庫主、下法師、佛供を調ふる者なり。六に政所、下法師中堂の御常供を調ふるなり。七に專當、下法師、若輩たりとも杖をつくなり、執當の輿前に行くなり。右は執當の補任なり。執當に隨ふなり。【驢嘶餘】

シチシ　七支　〔名數〕身三口四の惡業なり。身三とは殺生、偸盜、邪婬なり。口四とは妄言、綺語、惡口、兩舌なり。七惡支分すれば支と名く。十惡中の前七なり。

シチシ　七子　〔名數〕父母七子あり、病子に於て慈心最も深し。七子は人、天、二乘、藏通別三敎の菩薩に譬ふなり。【涅槃經二十】に「譬如三一人而有二七子一。是七子中一子遇レ病。父母之心非二不平等一。然於二病子一心則偏多。大王。如來亦爾。於二諸衆生一非レ不二平等一。然於二罪者一心則偏重。」【章安疏】に「或以二七方便根性一爲二七子一。謂人天二乘三乘菩薩。是七子中有下起レ過者上心則偏重。」

シチシ　七使　〔名數〕一に欲愛、欲界の貪欲なり。二に恚、瞋恚なり。三に有愛、色界無色界の貪欲なり。四に慢、慢煩惱なり。五に無明、痴惑なり。六に見、五邪見なり。七に疑、四諦の理を疑ふなり。【輔行六】

シチシウギヤウジ　七周行慈　〔術語〕五停心觀中第二を慈悲觀とす、是れ多瞋の衆生をして慈悲を修せしめて瞋毒を對治せしむるなり。而して之を行ずる境を七種に分け、三樂を以て之に與ふ。之を七周行慈と云ふ。周とは周遍なり、怨親に周遍平等なるなり、又周遍して之を行ずるなり。七境とは、一に上品の親、二に中品の親、三に下品の親、四に中人、寃親にあらず、五に下品の寃、六に中品の寃、七に上品の寃なり。三樂とは上樂中樂下樂なり。是の如く境を七種に分ち其の境に向て與樂の念を運ぶなり、其の中上親に向ひて上樂を與ふることは最も易ければ之を最初とす。

シチシウゲンエン　七周減緣　〔術語〕「ゲンエンギヤウ」を見よ。

シチシキ　七識　〔術語〕八識中の第七識なり、末那識と名く。「マナシキ」を見よ。

シチシキジフミヤウ　七識十名　〔名數〕第七識末那識に七識、轉識、妄相識、相續識、無明識、解識、行識、無畏識、現識、智障識の十名あること。

シチシキヂユウ　七識住　〔術語〕「シキジユウ」を見よ。

シチシゴフ　七支業　〔名數〕七支の作業なり。「シチシ」を見よ。

シチシチサイ　七七齋　〔術語〕人の命終の後未だ報を受けざる間是れ中有也、中有の壽命但七日に極つて死す、而して復た生ず、未だ生緣を得ざれば七

七日に至る、七七日には罪業審に定まりて方に其報を受く。此間親屬の亡者の爲に追福を修するとあらば劣を轉じて勝となさしむと云ふ。【古婆沙論五十三】に「尊者奢摩達多說曰。中有衆生壽七七日。尊者和須蜜曰。中有衆生壽命七日。所以者何。彼身羸弱故。」【瑜伽論一】に「此中有若未レ得二生緣一極二七日一住。若極二七日一未レ得二生緣一死而復生。極二七日一住。如レ是展轉未レ得二生緣一乃至七七日住。自レ此已後定得二生緣一。」【地藏菩薩本願經上】に「聖女又問。此水何緣而乃涌沸。多二諸罪人及以惡獸一。無毒答曰。此是閻浮提造惡衆新死之者。經二四十九日一後無下繼嗣爲作二功德一救中拔苦難上。生時又無二善因一。當據二本業一所レ感地獄。」

シチシチニチ　七七日　〔雜名〕人死して四十九日を云ふ。「チウイン」を見よ。

シチシチクワサイ　七七火災　〔雜名〕⊙(神皇正統記)に「七七の火災、七七の水災を經て大風災あり。」八七の火災一七の水災の誤なり。「サンサイ」を見よ。

シチシチノキ　七七忌　〔行事〕中陰四十九日を云ふ。即ち人死亡して、七日毎に齋を營み、佛事を修して追薦す、之を齋七と云ふ。この第七の追薦日を七七の忌と稱す。⊙(太平記二〇)「信を取りて七七の忌日に當るごとに、一日經を書き供養して、追孝の作善をぞ致しける」

シチシネンジユホフ　七支念誦法　〔修法〕大毘盧遮那成佛神變加持經略示七支念誦隨行法に出づ。極略の念誦法にて七道の印明にて事濟む樣にしたるものなり。【諸儀軌訣影二】

シチシネンジユズキギヤウホフ　七支念誦隨行法　〔書名〕大毘盧遮那成佛神變加持經略示七支念誦隨行法の略名。

シチシヤ　七社　〔名數〕山王七社なり。「サンワウ」を見よ。⊙(太平記八)「夫吾山者爲二七社應化之靈地一。」

シチシヤウ　七聲　〔術語〕蘇漫多聲の七轉聲なり。又七例句と云ふ。「シチテンクレイ」を見よ。

シチシヤウ　七聖　〔名數〕俱舍論に七賢七聖を說く。「シチケン」を見よ。「見よ。

シチシヤウ　七生　〔名數〕又七有と云ふ。「ウ」を

シチシヤウカク　七聲覺　〔名數〕七覺支なり。【涅槃經十二】に「有二七聖覺一故名二聖人一。」「シチカクシ」を見よ。

シチシヤウザイ　七聖財　〔名數〕見道以後の聖者を七種に分ちしもの。諸經の所說少異す。【寶積經四十二】に「云何聖財。謂信、(正法を信受するなり。)戒、(法律を持するなり。)聞、(能く正教を聞くなり。)慙、(自分に慙づるなり。)愧、(人に愧づるなり。)捨、(一切を捨離して染着なきなり。)慧、(智慧事理を照すなり。)如是等法。是謂二七聖財一。彼諸衆生不レ護此故名二極貧窮一。」【涅槃經十七】に「有二七聖財一。所謂信戒慚愧多聞智慧捨離。故名二聖人一。」【二卷法句經上】に「信財戒財慙愧亦財聞財施財慧爲二七財一。」【維摩經佛道品】に「富有二七財寶一。教授以滋息。」梵Saptadhana

シチシヤウ　七星　〔名數〕北斗の七星なり。「ホクト」を見よ。

シチシヤウニヨイリンヒミツエウキヤウ　七星如意輪祕密要經　〔經名〕一卷、唐の不空譯。般多羅道場を造り、中央に如意輪王菩薩を安置し、周圍に七星の像、及び訶利低母を安置して禳災を祈る法なり。【餘帙三】(第四十八圖七星如意輪曼荼羅參照)

シチシヤケ　七莎髻　〔雜名〕「シヤケ」を見よ。

シチシヤザイ　七遮罪　〔術語〕大乘の七逆なり。此七逆の一を犯せし者は之を遮りて菩薩戒を受けしめざれば遮罪と名く。【梵網經下】に「二師應二問言一。汝有二七遮罪一否。若現身有二七遮罪一者。師不レ應二與受一レ戒。」

シチシユ　七衆　〔名數〕一に比丘、Bhikṣu 二に比丘尼、Bhikṣuṇī 是れ男女の具足戒を受けしもの。三に式叉摩那、Śikṣamāṇā 沙彌尼の六法を學するもの、四に沙彌、Śrāmaṇera 五に沙彌尼、Śrāmaṇerikā 男女の小戒を受けしもの、六に優婆塞、Upāsaka 七に優婆夷、Upāsikā 男女の五戒を受けしもの。此中上の五衆は出家にして、下の二衆は在家なり。是れ諸經論通說の七衆なり。天台は戒疏の中に十誦律に依て九衆を建立し、第六を出家男とし、第七を出家女とす。是れは齋戒を受くる男女なり。第八第九は優婆塞優婆夷なり。此中式叉摩那已下を取りて「下の七衆」と稱す。「クシユ」參照。

シチシユ　七趣　〔名數〕一に地獄趣 Naraka-gati 二に餓鬼趣 Preta—三に畜生趣 Tiryagyoni—四に人趣 Manuṣya—五に神仙趣 Ṛṣi—六に天趣 Deva—七に阿修羅趣 Asura—なり。【楞嚴經九】に「如レ是地獄餓鬼畜生。人及神仙。天洎修羅。精二研七趣一。皆是昏沈。諸有爲相。妄想受レ生。妄想隨レ業。」

シチシユアラカン　七種阿羅漢　〔名數〕六種阿羅漢のうち不動阿羅漢を不動阿羅漢と不退阿羅漢とに別ちたる稱。

シチシユウ　七宗　〔名數〕律、法相、三論、華嚴、天台、眞言、禪の七宗なり。是れ八宗の中に俱舍成實の二を除きて禪宗の一を加へしもの。元亨釋書諸宗志に此七宗を擧ぐ。⊙(神皇正統記四)「凡本朝流布

の法、今は七宗なり」

シチシユエ　七種衣　〔名數〕一に毛。二に芻摩迦、此方に無し。三に奢搦迦、此方に無し。四に羯播死迦、白氈なり。五に獨孤洛迦、紵布なり。六に高詁薄迦、是れ上毛毯、此方に無し。七に阿般闌得迦、是れ北方の地名、其の處に此衣あるなり。又有が釋して云く、是れ絁絹の衣耳。【有部毘奈耶十八】

シチシユゴ　七種語　〔名數〕佛に七種の語あり。一に因語、現在の因中に未來の果を說くなり、此人殺を樂む、地獄の人なりと說く如し。二に果語、現在の果中に過去の因を說くなり。貧窮の衆生顏貌醜陋なるを見て、此人定めて破戒妬心瞋心の人なりと說く如し。三に因果語、一事に於て因を說き果を說くなり、現在の六入は過去の果にして又未來の因なりと說く如し。四に喩語、如來は師子王なりと說く如し。五に不應說語、波斯匿王の爲に四方山來と說き、鹿母優婆夷の爲に若し沙羅樹能く八戒を受くれば人天の樂を受くと說く如し。六に世流布語、世間流布の語に順じて我人瓶衣等の語を說く如し。七に如意語、一切衆生悉有佛性と說く如し。【涅槃經二十五】

シチシユザンゲシン　七種懺悔心　〔名數〕懺悔をなさんとする時に起すべき七種の心。一、生大慚愧心。我と釋迦如來と同じく凡夫なり。今尊は成道より以來已に劫數を經、我は生死に輪轉して未だ出期なしと慚愧す。二、恐怖心。我等凡夫身口意の業常に罪と相應す。是の因緣を以て命終の後應に地獄畜生餓鬼に墮し、無量の苦を受くべしと恐怖す。三、厭離心。我れ等生死のうちに虛假不實にして水上の泡の如く、速に起り速に滅す、往來流轉すること、なほ車輪の如し。此の身は衆苦の集る所、一切皆不淨なりと厭離す。四、發菩提心。如來の身を得んと欲するものは當に菩提心を發し衆生を救度すべし。身命財に悋惜する所なきなり。五、冤親平等心。一切衆生に於て冤なく親なく、慈悲を起し、彼我の相なく平等に救度すべき心を以て懺するなり。六、念報佛恩心。如來往昔無量劫中に於て我等が爲の故に諸の苦行を修す、此の如き恩德實に酬報し難し、須く此の世に於て勇猛精進して身命を惜まず廣く衆生を度し正覺に入るべしと念ず。七、觀罪性空。羅性本と空にして實體あるなし。ただ因緣顚倒に從つて生ず。知るべし罪の性は内外にあらず、中間にあらず、本來空なるを以て罪も亦あるなしと觀ずるなり。

シチシユシヤウ　七種聖　〔名數〕七聖に同じ。「「シチケン」を見よ。

シチシユシヤウジ　七種生死　〔名數〕「シヤウジ」を見よ。

シチシユジキ　七種食　〔雜語〕眼は眠を食となし、耳は聲を食とし、鼻は香を食とし、舌は味を食とし、身は細滑を食とし、意は法を食とし、涅槃は不放逸を食とす。

シチシユデキスキ　七衆溺水　〔名數〕第一人入水則溺。浮を習ばず、水に入れば則ち溺る、水は生死の河水なり、一闡提に譬ふ。第二人雖沒還出出已還沒。人天乘の將に進まんとして退く者に譬ふ。第三人沒已即出出更不沒。内凡の人に譬ふ、內凡とは煖頂忍世第一法の四善根なり、永く三惡に墮せず。第四人入已便沒沒已還出、出已即住徧觀四方。四果の人に譬ふ。第五人入已即沒沒已還出出已即住已觀方觀已即去。緣覺人に譬ふ。第六人入已即去法處則住。菩薩に譬ふ。第七人既到彼岸登上大山離諸寃賊受大悅樂。佛に譬ふ。【涅槃經三十二】図一に常沒。水に入つて則ち沒す、一闡提に譬ふ、常に惡道に墮するなり。二に暫出還沒人天、三に出巳則往內凡、四に出巳遍觀四方聲聞、四方は四諦なり。五に遍觀巳行緣覺、聲聞を越えて緣覺に行くなり。六に行巳復往菩薩、七に水陸俱行佛。【涅槃經三十六】

シチシユナゴン　七種那含　〔名數〕又七種不還、七種般と云ふ。「フゲンクワ」を見よ。

シチシユニタイ　七種二諦　〔術語〕天台にて眞俗二諦ありとす。藏通別圓の四敎の四種と、別接通、圓接通、圓接別との三となり。「ヰ」を見よ。

シチシユニン　七種人　〔名數〕「シチシユデキス」よ。

シチシユハツ　七種般　〔名數〕又七種不還、七種那含と云ふ。「フゲンクワ」を見よ。

シチシユフゲン　七種不還　〔名數〕又七種那含、七種般と云ふ。「フゲンクワ」を見よ。

シチシユフジヤウ　七種不淨　〔名數〕自他の身分に貪著を起し、正道を妨ぐる故に此の七種想をなして著心を破するなり。一、種子不淨、煩惱の業因なる內種も、父母の遺體なる外種も、共に不淨なること。二、受生不淨、父母交遘赤白和合の不淨。三、住處不淨、不淨の女體に十月胎處すること。四、食噉不淨、胎中母血を食ふことの不淨。五、初生不淨、十月滿足初生時の腥穢狼籍を云ふ。六、擧體不淨、薄皮の下、すべて穢物なること。七、究竟不淨、業盡き報終て塚間に捐棄せられ不淨流溢すること。

シチシユフセ　七種布施　〔名數〕「フセ」を見よ。

シチシユベン　七種辯　〔名數〕菩薩七種の辯を得。一に捷疾辯、一切の法に於て無礙なるが故に。二に利辯、人あり能く捷疾と雖も深く入ると能はず、

能く深く入るを以て利と名く。三に不盡辯、此利を以て諸法實相を辯說するに無邊無盡なり。四に不可斷辯、般若の中には諸の戲論なきが故に能く問難の離間するものなし、即ち不可斷辯と名く。五に隨應辯、法愛を斷ずるが故に衆生の所應に隨つて說くなり。六に義辯、涅槃に趣く利益の事を說くなり。七に一切世間最上辯。一切世間第一の事を說く、所謂大乘なり。【智度論五十五】

シチシユマン　七種慢　〔名數〕「マン」を見よ。

シチシユムジヤウ　七種無上　〔名數〕如來七種の無上あり。一に身無上、三十二相八十種好を具するなり。二に道無上、慈悲の道を以て一切の衆生を利するなり。三に見無上、正戒正見正命を以て其身を成就するなり。四に智無上、四無碍智を具するなり。五に神力無上、如來神通の力不可思議なり。六に斷障無上、惑業苦の三障を斷ずるなり。七に住無上、大寂滅定に住するなり。【菩薩地持經三】梵 Sapta-anuttarya

シチシユムジヤウ　七種無常　〔名數〕【楞伽經四】に「一切の外道に七種の無常あり、我が法に非ざるなり。一に作捨無常、四大の造色作し已て捨つるを無常と計するなり。二に處壞無常、處は形處即ち諸色の形狀なり、彼れ四大及び造色は畢竟不壞なりと計し、但形狀長短等の壞滅するを以て無常となす。三に即色無常、第二の外道は形處の變壞を見て無常となす、今は形色即ち無常なりと謂ふ。佛破して言く、是れ前の處無常なり。四に轉變無常、四大及び造色は常住なりとし、但色相の轉變するを以て無常となす、譬へば器具轉變するも金性變ぜざる如しと。五に性無常、彼れ計す無常の性あり、此性は不壞なるも能く一切法を壞して無常ならしむ、猶杖瓦石の諸物を壞して自體壞せざる如しと。六に性無性無常、四大の性皆自性なく、能造及び所造の相皆變壞す、是れ無常なりと。七に不生無常、一切の法本來不生なり、不生即ち無常なりと。佛破して言く、不生尙無なり何の生滅ありて無常と名けん、故に彼が無常成ぜず。」梵 Sapta-anitya

シチシユライブツ　七種禮佛　〔名數〕勒那三藏 Ratnamati が北方の俗禮佛に習はざるに對して七種禮佛を敎ふ。是非淺深を混ずれ共これ人心の我慢を敎へて正法に歸せしめんが爲なり。一に我慢禮、身に拜を設くと雖も、敬心なく外觀恭に似て內に我慢を懷くを云ふ。二に求名禮、修行の名譽を要せんが爲めに、詐りて威儀を現じ、常に禮拜を行じ、佛名を稱へて心は外境に馳求するを云ふ。三に身心禮、口に佛名を唱へ、心に相好を存し、身業に翹勤し、恭敬供養して異念あるなきを云ふ。四に智淨禮、慧心明利にして佛の境界に達し、內外淸淨にして虛通無礙なり。一佛を禮する時は即ち是れ一切の諸佛を禮す、諸佛の法身もと融通する故に、一拜の禮徧く法界に通ずる禮を云ふ。五に徧入法界禮、自己身心等の法本來法界を離れず、諸佛我が心を離れず。我が心諸佛を離れず、性相平等にしてもと增減なし。一佛を禮すれば諸佛に通ず、因陁羅網の譬の如く法界に編入する禮佛を名く。六に正觀修誠禮、攝心正念佛身に對すと雖も、自ら自身の佛に禮するなり。一切衆生に覺性あるによりて佛と平等なり。染緣に隨ふが爲に己性に迷ひ、妄に認めて惡となす、此の理を明かに知れば解脫を得。この實相を正觀する禮拜を名く。七に實相平等禮、前の正觀中にはなほ有禮有觀を存し自他兩異なり。今此の一禮自も無く他も無く、凡聖一如體用不二なり。この理にかなふ禮佛を云ふ。【法苑珠林二十】「有西國三藏厥號勒那。觀ニ此下凡ニ居在ニ邊鄙ニ不レ閑ニ禮儀ー。情同ニ猴馬ー。悲心內溢爲翻七種禮法。乃從レ麤至レ細。對麤爲レ邪。對細爲レ正。故階級有レ七。意存ニ後三ー也。」云云

シチシユリフダイ　七種立題　〔術語〕天台謂く、一切の經題人法譬の三に出でず、而して單複具足の不同ありて總じて七種ありと。

- 單三
  - 人――佛說阿彌陀經等
  - 法――涅槃經等
  - 譬――梵網經等
- 複三
  - 人法――文殊問般若經等
  - 法譬――妙法蓮華經等
  - 人譬――如來師子吼經等
- 具足一――人法譬――大方廣佛華嚴經等

シチシヨウ　七證　〔名數〕七證師なり。

シチシヨウシ　七證師　〔名數〕具足戒を受くる時の七人の證明師。「サンシシチシヨウ」を見よ。

シチシヨウジ　七勝事　〔雜語〕如來が他の衆生に勝れ給ふ七種なり。身勝、法住勝、智勝、具足勝、行處勝、不可思議勝、解脫勝を云ふ。

シチシヨクヱ　七處九會　〔術語〕八十卷の華嚴經は七處九會の說なり。「ケゴンギヤウ」を見よ。

シチシヨゼン　七處善　〔術語〕觀法の名なり。一に色は苦と觀じ、二に色は集と觀じ、三に色は滅と觀じ、四に色は道と觀じ、五に色は愛味と觀じ、六に色は過患と觀じ、七に色は出離と觀ず。前の四種は色の四諦を觀じ、色愛味の言は重て色の集を觀じ、色過患の言は重て色の苦を觀じ、色出離の言は重て

色の滅諦を觀ず。是の如く受想行識各七なれば三十五なり、七に過ぎざるが故に但七處善と言ふ。【婆沙論百八十三、倶舍光記二十三】

シチシヨハチヱ　七處八會　［術語］　シチシヨハッテと讀む。六十卷の華嚴經は七處八會の說なり。「ケゴンギヤウ」を見よ。

シチシヨヒヤウマンサウ　七處平滿相　［術語］　如來三十二相の一。兩足下、兩手、兩肩及び頂中の七處皆平滿端正なり。

シチシンカイ　七心界　［名數］　十八界のうち眼、耳、鼻、舌、身、意の六識に意根を加へて七とす。

シチシンニヨ　七眞如　［名數］　「シンニヨ」を見よ。

シチジズヰシン　七事隨身　［名數］　常に所持すべきもの。三衣、鉢、香合、拂子、尼師檀、紙被、浴具。【諸乘法數】

シチジダンメツシユウ　七事斷滅宗　［流派］　外道十六宗の一。人の死後には七事みな斷滅すと云ふ。「ダンケンゲダウ」を見よ。

シチジフゴホフ　七十五法　［術語］　小乘倶舍宗には一切法を七十五と立てて攝して五類となす。一に色法に十一、心法に一、心所有法に四十六、心不相應行法に十四、無爲法の三なり。第一に色法十一とは之を三種に分つ、一に五根、二に五境、三に無表色なり。五根とは、一に眼根、二に耳根、三に鼻根、四に舌根、五に身根なり、此五法能く識を發し境を取れば根と名く。五境とは、一に色境、二に聲境、三に香境、四に味境、五に觸境なり、此五法能く五根所對の境となれば境と名く。無表色とは身口に發動せし善惡の二業に依て身内に生ずる一種無

倶舍七十五法

《有爲法》

Asaṁskṛtadharmāḥ《無爲三》

Ākāśa	虛空無爲
Pratisaṁkhyānirodha	擇滅無爲
Apratisaṁkhyānirodha	非擇滅無爲

Cittaviprayuktasaṁskārāḥ《心不相應法十四》

Prāpti	得	Jāti	生
Aprāpti	非得	Sthiti	住
Sabhāgatā	同分	Jarā	異
Asaṁjñika	無想果	Anityatā	滅
Asaṁjñisamāpatti	無想定	Nāmakāya	名身
Nirodhasamāpatti	滅盡定	Padkāya	句身
Jīvita	命根	Vyaṁjanakāya	文身

Akuśalamahābhūmikāḥ《大不善地法二》

Ahrīkatā	無慚
Anapatrapā	無愧

Upakleśabhūmikāḥ《小煩惱地法十》

Krodha	忿
Mrakṣa	覆
Mātsarya	慳
Īrṣyā	嫉
Pradāśa	惱
Vihiṁsā	害
Upanāha	恨
Māyā	諂
Śāṭhya	誑
Mada	憍

Aniyatabhūmikāḥ《不定地法八》

Kaukṛtya	惡作
Middha	睡眠
Vitarka	尋
Vicāra	伺
Rāga	貪
Pratigha	瞋
Māna	慢
Vicikitsā	疑

形の色法にして、苦樂の果を感ずる業因なり。此中五根五境は質礙の用あれば色と名け、無表色は自體質礙の用なきも質礙を存する四大を因として生ずる者なれば亦た色と名く。第二に心法一とは根境相對する時根に依て生じ境を覺知する總作用なり。是れ所依の根に從へば六識なれども、其の心體是れ一なり、而して此法必ず他の心所法を領有する猶國王の臣民に於ける如くなれば心王と云ふ。第三に心所有法四十六とは又六位に分つ、一に遍大地法十、二に大善地法十、大煩惱地法六、四に大不善地法二、五に小煩惱地法十、六に不定地法六なり。此四十六法は皆心王に領有せられて心王と共に境界に對する別作用なれば心所有法と云ひ、常に略して心所法と云ふ。一に遍大地法十とは、一に受、苦樂捨の三境を領納する作用なり。二に想、事物を想像する作用なり。三に思、身口意の三業を造作する作用なり。四に觸、境界に觸對する作用なり。五に欲、希求の作用なり。六に慧、簡擇の作用なり。七に念、記憶の作用なり。八に作意、他の心心所を警覺する作用なり。九に勝解、事理を印決する作用なり。十に三摩地、定と譯す、心心所をして一境に注住せしむる作用なり。此十法は善不善無記の一切の心王に隨逐して起るが故に遍大地法と名け、略して大地法と云ふ。二に大善地法十とは、一に信、心心所をして澄淨ならしむる作用なり。二に不放逸、諸の善惡法に於て放逸せしめざる作用なり。三に輕安、身心をして輕妙安穩ならしむる作用なり。四に行捨、身心をして諸法に執着する念を捨離して平等に住せしむる作用なり、是れ行蘊所攝の捨なれば彼の受蘊所攝の捨受に簡別して行捨と云ふ。五に慚、所造の罪に於て自に耻づる作用なり。

Saṁskṛtadharma

Rūpāṇi《色法十一》 — Cittam《心法一》 — Cittasaṁprayuktasaṁskārāḥ《心所有法四十六》

Rūpāṇi《色法十一》	
Cakṣur indriya	眼根
Śrotra indriya	耳根
Ghrāṇa indriya	鼻根
Jihvā indriya	舌根
Kāya indriya	身根
Rūpa viṣaya	色境
Śabda viṣaya	聲境
Gandha viṣaya	香境
Rasa viṣaya	味境
Sparśa viṣaya	觸境
Avijñapti	無表色

Mahābhūmikāḥ (dharmāḥ)《遍大地法十》	
Vedanā	受
Saṁjñā	想
Cetanā	思
Sparśa	觸
Chaṁda	欲
Mati	慧
Smṛti	念
Manaskāra	作意
Adhimokṣa	勝解
Samādhi	三摩地

Kuśalamahābhūmikāḥ《大善地法十》	
Śraddhā	信
Vīrya	勤
Upekṣā	捨
Hrī	慚
Apatrapā	愧
Alobha	無貪
Adveṣa	無瞋
Ahiṁsā	不害
Praśrabdhi	輕安
Apramāda	不放逸

Kleśamahābhūmikāḥ《大煩惱地法六》	
Moha	無明
Pramāda	放逸
Kausīdya	懈怠
Aśrāddha	不信
Styāna	惛沈
Auddhatya	掉擧

六に愧。所造の罪に於て他に耻づる作用なり。七に無貪、順境に於て貪着なき作用なり。八に無瞋、逆境に於て瞋恚せざる作用なり。九に不害、他を損害せざる作用なり。十に勤、善法を修するに於て心をして勇悍ならしむる作用なり。此十法は一切の善心に相應して起るが故に大善地法と名く。三に大煩惱地法六とは、一に無明、愚痴を性とし上の慧に反する作用なり。二に放逸、上の不放逸に反して惡法に於て放逸なる作用なり。三に懈怠、上の勤に反して善法に於て勇悍ならざる作用なり。四に不信、上の行に反して心をして澄淨ならしめざる作用なり。五に惛沈、心をして潛重ならしむる作用なり。六に掉擧、心をして輕浮ならしむる作用なり。此六法は常に惡心及び有覆無記心と相應すれば大煩惱地法と名く。四に大不善地法二とは、一に無慚、上の慚に反し自に耻ぢざる作用なり、二に無愧、上の愧に反し他に耻ぢざる作用なり。此二法は一切の不善心と相應する者なれば大不善地法と名く。五に小煩惱地法十とは、一に忿、忿怒の相を起さしむる作用なり。二に覆、自の罪を隱藏する作用なり。三に慳、財施法施に於て慳悋ならしむる作用なり。四に嫉、他の盛事を妬忌する作用なり。五に惱、惡事を堅執して身心を惱ます作用なり。六に害、上の不害に反して他に打罵等を行ずる作用なり。七に恨、忿の境に於て怨を結んで捨てざる作用なり。八に諂、心心所をして邪曲不定ならしむる作用なり。九に誑、他を欺く作用なり。十に憍、自法に染着して心をして高貢せしむる作用なり。此十法は惡心及び有覆無記心に相應して起る者なれども、唯修道所斷にして見道所斷に通ぜず、又意識の無明と相應するのみにして他識に通ぜず、且つ此十法は各別に現行して必ずしも十法倶起にあらず、此三義を以ての故に小煩惱地法と名く。六に不定地法八とは、一に尋、事理を尋求する麁性の作用なり。二に伺、事理を伺案する細性の作用なり。三に睡眠、心心所をして闇昧ならしむる作用なり。四に惡作（あくさ）、惡作の事を思念して心をして追悔せしむる作用なり。五に貪、上の無貪に反して順境を貪愛する作用なり。六に瞋、上の無瞋に反して逆境を瞋恚する作用なり。七に慢、他に對して心をして高擧せしむる作用なり。八に疑、諦理に於て猶豫せしむる作用なり。此の八法は前の五地に入らざる特殊の法なれば不定地法と名く。第四に心不相應行法十四とは一に得、諸法をして身に獲得せしむる實法なり。二に非得、諸法をして身より離れしむる實法なり。三に同分、人趣は人趣の果報をして同一ならしめ、天趣は天趣の果報をして同等ならしむる如く、各其趣其地に隨つて同一の果報を得しむる實法なり。四に無想果、無想天の中に於て心心所を都滅せしむる實法なり、是れ一種外道の執ずる涅槃なり。五に無想定、外道の無想果を得んとして修得する所の無心定なり。六に滅盡定、不還或は阿羅漢の聖者が止息の爲に暫時入る所の無心定なり。七に命根、壽を維持する實法なり。八に生、法を生ぜしむる實法なり。九に住、法を住せしむる實法なり。十に異、法を衰異せしむる實法なり。十一に滅、法を壞滅せしむる實法なり。十二に名身、色聲等の名なり。十三に句身、諸法無常等の章句なり、十四に文身、名と句との所依たる文字なり、二箇已上を身と名く。此十四法は非色非心の法にして心と相應する法にあらざれば心不相應行法と名く。行とは有爲法の都名なり。又此十四は五蘊中行蘊の所攝なれは行と名く。第五に無爲三とは、一に擇滅無爲、正智の簡擇力に依て得たる寂滅法なり、即ち涅槃なり。此法煩惱を寂滅すれば滅と名く。二に非擇滅無爲、擇力に依るにあらず、但生緣を缺くに依て現はるる寂滅の法なり。三に虛空無爲、無礙を性となし、一切の礙法中に通行するを得るなり。此三法生住異滅の四相の爲作なければ無爲法と名く。

シチジフサンソン　七十三尊　【名數】金剛界曼荼羅の成身會に於て、五十三尊に外金剛部の二十天を加へて七十三尊となす。

シチジフシンジツロン　七十眞實論　【書名】天親菩薩數論の金七十論を破す、今傳はらず。【婆藪槃豆法師傳】に「外道身既成レ石。天親彌復憤懣。即造二七十眞實論一。破二外道僧佉論一。首尾瓦解。無二一句得レ立。」梵 Tattva-saptati*

シチジフニサイ　七十二歲　【雜名】如來法華を說くの歲なり。【法華玄義五】に「傳云。佛年七十二歲說二法華經一。」

シチジフニジ　七十二字　【雜語】【百論】に劫初に梵天王七十二字を得て來りて世間を化す、世間皆信ぜず、故に七十字を呑んで唯二字を留めて口の左右に著く。謂く阿と漚となり。故に外道書の初に皆此二字を安ず。言く、阿は無、漚は有。謂く、一切の諸法有無の義を出でず、故に經の初に安じて以て吉相を表す。

シチジフニヰギ　七十二威儀　【名數】沙彌の威儀數なり。【扶桑略記】に「沙彌十戒七十二威儀。」

シチジフブジユ　七士夫趣　【名數】七聖なり。

シチジモンジユ　七字文殊　〔菩薩〕「モンジユ」を見よ。

シチジヤウ　七情　〔名數〕　喜、怒、哀、樂、愛、惡、欲の稱。

シチジヤウケ　七淨華　〔譬喩〕「シチケ」を見よ。

シチジヤウヂユウクワ　七常住果　〔名數〕【楞伽經四】に七種の常住法を明かす。一に菩提、二に涅槃、三に眞如、四に佛性、五に菴摩羅識、六に空如來藏、七に大圓鏡智なり。此法修に在るを因と云ひ、證に在るを果と云ふ。

シチジユ　七聚　〔術語〕　戒律の七聚なり。「ゴヒン」「ヒンジユ」を見よ。

シチジユカイ　七聚戒　〔術語〕　前項に同じ。

シチジンシン　七深信　〔術語〕　善導の散善義に於て深心を深信の心なりとし、信相に二種ありとして七種を列ぬ。親鸞は七信と名く。機の深信、法の深心、以上二種深信、觀經の深信、彌陀經の深信、唯信佛語の深信、此經の深信、建立自心の深信なり。このうち此經の深信を除きて他に決定の字を冠するを以て六決定とも云ふ。此の分類に就て二種深信以外は亂雜なる列擧たる觀なきあたはず。

シチズヰメン　七隨眠　〔名數〕「ズヰメン」を見よ。メン、ミン兩用す。

シチセンハツピヤクモン　七千八百問　〔傳說〕　釋迦如來往昔比丘たりし時、大施會に趣く途中、大橋に至り、其の橋に就いて一智人に向ひ七千八百問を發し智者に呵せらる。

シチセンヤシヤ　七千夜叉　〔雜名〕　藥師十二神將の眷屬なり。【藥師經】に「此十二藥叉大將。一一各有二七千藥叉一以爲二眷屬一。」⊙(盛衰記五)「十二神將七千夜叉、東西滿山護法聖衆、山王七社兩所三聖、時刻をと廻さず召捕り給へと呪咀しける」

シチゼン　七善　〔名數〕　佛所說の大小乘の經典七善を具するが故に正法と曰ふ。【成實論三善品】に「佛自讚言。我所說法。初中後善。義善。語善。獨法。具足。淸淨調柔。隨順梵行。」論に之を解して、一に時善、一部初中後の三時の所說皆甚深なり。二に義善、佛法の義深き利益あり、今世後世及び出世の道利を得るなり。三に語善、方俗の語に隨つて能く正義を示すなり。四に獨法、但無餘の爲に之を說くなり。五に具足、佛の所說は一經一偈を以て諸法を具足圓滿し、餘經を待て成ぜざるなり。六に淸淨調柔。語淸淨なるが故に淸淨と云ひ、義淸淨なるが故に調柔と云ふ。七に梵行、梵は涅槃に名く。是の道能く涅槃に至るが故に梵行と名く。又【涅槃經名字功德品】に「佛告二迦葉一。此經名爲二大般涅槃一。上語亦善。中語亦善。下語亦善。義味深邃。其文亦善。純借具足。淸淨。梵行。金剛寶藏滿足無レ缺。」章安疏は之を解して、一に語善、二に義善、三に文善、四に獨一善、(純備具足)五に行善。(淸淨)六に慈善、(梵行)七に備具善。(金剛寶藏滿足無缺)とす。」又【法華經序品】に「演二說正法一。初善中善後善。其義深遠。其語巧妙。純一無雜。具足。淸白。梵行之相。」天台文句に之を解して、一に時節善、序正流通三時共に善きなり。二に義善、三に語善、四に獨一善、純一無雜と言ふ。五に圓滿善、具足と言ふ。六に調柔善、淸白と言ふ、淸白の善法に其性調柔なればなり。七に慈悲善、梵行即ち無緣の慈悲を具するなり。此七善の義は大小乘經に通ずれども、其法體は經に隨つて差別あり、小乘經は獨一を解して無餘涅槃となし、法華經は圓頓一乘法と解する如し。

シチゼンジシユ　七善士趣　〔術語〕　不還の聖者に生般中般上流般の三あり、此三般に各三種の別ありて九種不還と云ふ。「クシユフゲン」を見よ。此中上流般の三を別開せず總じて一の上流般として前の六種に合せ、立てて七善士趣と云ふ。之を別立せざる所以は、【婆沙論一百十五】に、中生の二種は各一生中の差別なれば行相知り難し、故に之を分ち、上流般は各多生を受くれば行を知り易し、故に分たずとあり。而して之を善士趣と名くる所以は、趣は是れ行の義なり、自餘の有學は善を行じ不善を行ずることあるも、唯此の七種の不還は善を行じて不善を行ずることなく、且つ上地に行往して還來することなければ殊に善士趣と名く。【俱舍論二十四頌】

シチソ　七祖　〔名數〕　華嚴宗七祖あり、淨土眞宗の七祖あり。

華嚴宗七祖　〔名數〕　第一馬鳴菩薩、第二龍樹菩薩、第三支那の元祖帝心尊者杜順、第四雲華尊者智儼、第五賢首大師法藏、第六淸涼大師澄觀、第七圭峰大師宗密なり。此の七祖宋の淨源勤を奉じて之を記す。【八宗綱要】

淨土眞宗七祖　〔名數〕　第一祖龍樹菩薩、第二祖天親菩薩、第三祖梁の曇鸞和尙、第四祖唐の道綽禪師、第五祖唐の善導大師、第六祖橫川の源信和尙、第七祖黑谷の源空上人なり。此七祖は眞宗の開祖見眞大師の自ら定めし所。【正信偈】

シチソウ　七僧　〔名數〕【英俊記】に「一に咒願師、二に導師、三に唄師、四に散花師、五に梵音師、六に錫杖師、七に堂達。」【拾芥鈔五】に「一に講師、二に讀師、三に咒願師、四に三禮師、五に唄師、六に散華師、七に堂達。」⊙(狹衣三の下)「七僧などもなべてならぬをぞせさせ給ひける」

シチソウサイ　七僧齋　〔術語〕西國の法に、錢財或は莊田を寺院に寄附して七僧を限りて常に齋食を供するあり、七僧齋と名く。【俱舍光記十八】に「有二檀越一。布二施錢財或莊田等一。白二衆僧一言。從レ今已去。日別爲レ我設二七僧齋一。」

シチソウホフヱ　七僧法會　〔行事〕呪願師等の七僧を請する大法會なり。

シチソシシ　七祖四師　〔名數〕華嚴宗の相承なり。「シチソ」と「シシ」を見よ。

シチソサウジヨウ　七祖相承　〔術語〕淨土眞宗の相承なり。「シチソ」を見よ。

シチソシヤウゲウ　七祖聖敎　〔書名〕三卷、淨土眞宗の七祖の撰述に係る論疏を集めて七祖聖敎と名く。

シチタラジユ　七多羅樹　〔植物〕多羅樹 Tāla は多羅葉の樹にて高木なり、依て物の高きを譬へて七多羅樹と云ふ。多羅樹を七倍せる高さなり。【法華經藥王品】に「坐二七寶之臺一。上二昇虛空一。高七多羅樹。」【智度論二】に「千阿羅漢。聞二是語一已。昇二虛空一高七多羅樹。」⊙（近松振袖始）「其高さ七多羅樹」

シチダイ　七大　〔術語〕【楞嚴經三】に地水火風空見識の七法に就て周遍法界の義を明かす、周遍法界は大の義なり、此七法は性眞圓融にして皆如來藏なれば、種種法法周遍せざるなく、含容せざるなし、之を大の實義となす。大小乘中四大五大六大を說くと雖も、是れ各自相を持して地大は水大に遍ずる能はず、水大は火大を容るる能はず、豈に實に大の義を成ぜん。此の義を顯はさんが爲に經中先に五陰、六入、十二入、十八界是を四科と云ふ。に就て幻空性眞の理を說き了りて、更に七大の義を說くなり。此中第六の見大とは眼根の見性一を擧げて他の耳根等の聞性等を例知せしむるものにて、即ち六根の性なり。故に疏釋者通じて之を根大と稱す。案に俱舍に根見識見の二說ありて毘曇宗に根見の義を成立す。今は有情世間に愚なる者の爲に殊に根見の說に依て能緣能了の眞性を開顯せし也。されば初の地水火風空の五大は六境、見大は六根、識大は六識、即ち十八界と開合の不同のみ。世尊十八界に就て凡夫所見の幻化の相を破し、圓融の眞性を顯はす、是れ七大の義なり。「ダイ」を見よ。

シチダイジ　七大寺　〔名數〕奈良の東大寺、興福寺、元興寺、大安寺、藥師寺、西大寺、法隆寺なり。【拾芥抄五】⊙（榮花、本のしづく）「七大寺」

シチダウガラン　七堂伽藍　〔雜名〕異說あり、定かならず。【尺素往來】に「七堂者。山門、佛殿、法堂、庫裏、僧堂、浴室、東司也。」此に依れば禪宗の寺院に就て起れる名稱なり。⊙（八犬傳九の三）「七堂伽藍を建立の、開山の祖師にならんより」

シチダラニ　七陀羅尼　〔名數〕七種の陀羅尼なり。尊勝陀羅尼、寶篋印陀羅尼、大悲陀羅尼、光明眞言陀羅尼、隨求陀羅尼、總陀羅尼、十甘露陀羅尼の稱。

シチダンエンマテンテング　七壇炎魔天供　〔修法〕七處の壇場を設けて閻魔王を供養する法會なり。

シチダンノミシホ　七壇御修法　〔修法〕七佛藥師の修法なり。「シチブヤクシホフ」を見よ。⊙（榮花、月の宴）「七壇の御修法」

シチチ　七知　〔名數〕涅槃會上に於て、大乘に住し、七善法を知ると、具足梵行と云ふ。一に知法、十二部經能詮の法を知るなり。二に知義、經中の一切文字語言所詮の義理を知ると。三に知時、寂靜、精進、捨定、供養佛師、布施忍辱般若等を修すべき時を知ると。四に知足、飲食、衣藥、行住坐臥に於て止足を知ると。五に知自、自己の戒、多聞、慧、正念、善行等を悉く明了に知ると。六に知衆、刹利、婆羅門、居士、沙門の衆を分別して應機の說法問答を悉知すると。七に知人尊卑、信者不信者の別を知り、又自度他度の尊卑を知ること。

シチチキヤウ　七知經　〔經名〕一卷、吳の支謙譯。法を知り義を知る等なり。中阿含善法經と同本。【昃帙八】（557）

シチチンマンバウ　七珍萬寶　〔雜名〕七珍とは、七つの珍重すべき寶をいふ。七寶と云ふに同じ。萬寶とは、凡ゆる財寶を云ふ。⊙（平家一）「七珍萬寶、一つとして缺けたることなし」

シチヂ　七治　〔術語〕七羯磨の治罰法を七治と云ふ。【行事鈔上二】に「此七治法。寔爲二良藥一。持二於正法一謫二罰惡人一。佛法再興福流二長世一。」「シチコンマ」を見よ。

シチヂウギヤウジユ　七重行樹　〔雜名〕極樂國土の寶樹なり、七重に行列すれば七重の行樹と云ふ。【阿彌陀經】に「極樂國土。七重欄楯、七重羅網。七重行樹。皆是七寶周市圍繞。」⊙（平家、灌頂の卷）「軒に並べる植木をば、七ぢうほうじゆとかたどり」

シチヂチングウノナン　七地沈空難　〔雜語〕十地のうち第七地遠行地に於ては深く無相觀に入るを以て、菩提の求むべきなく、衆生の度すべきなく、無相空寂の理に沈みて修行する能はず、沈空の難にあふを云ふ。菩薩は故意に菩提有情實有の執を起して八地不動地に入りて佛果を證するなり。

シチヂヤウフ　七丈夫　〔名數〕七聖なり。

シチヂン 七塵 【譬喩】色等の六境を六塵と稱す。塵法六に極まりて第七塵なし。依て無法を喩へて七塵と云ふ。『楞嚴經一』に「若無ㇾ有ㇾ體而合者。則十九界因二七塵一合。」

シチテンクレイ 七轉九例 【術語】七轉、又七聲とも七例とも云ふ。語尾の變化に依て體業等の差別を知るもの、之を蘇漫多聲 Sub-anta(名詞)と名く。九例とは又二九韻と名く、丁彥多聲 Tiṅ-anta(動詞)十八種の變化なり。「ソハンタ」「チゲンタ」を見よ。

シチテンジキ 七轉識 【語語】八識の中末那識已下の七識は第八識より轉生する識なれば第八識に對して七轉識と名く。

シチテンダイハチゴキイングワ 七轉第八互爲因果 【術語】種子生現行、現行薰種子の法相なり。「シュジ」を見よ。

シチデウ 七條 【衣服】七條の袈裟なり。

シチデウエ 七條衣 【衣服】七條の袈裟なり。

シチデウケサ 七條袈裟 【衣服】三衣の中の中衣なり。梵名鬱多羅僧 Uttarāsaṅga 上着衣と譯す。條數に約して七條と云ふ。「ウツタラソウ」を見よ。⊙(太平記三四)「懷より七條の袈裟を取り出して、泣て公賴に與ふ」

シチトウカクシ 七等覺支 【名數】「シチカク「シ」を見よ。

シチドウジフイチイ 七同十一異 【雜語】聲聞緣覺二乘の同異なり。「ニジョウ」を見よ。

シチドン 七曇 【術語】悉曇に同じ。「シツタン」を見よ。

シチナン 七難 【名數】『仁王經受持品』に、佛、十六大國王の爲めに說く、若し國土中七難あらば仁王經を講讀すべし、七難を滅して七福を生ぜんと。一に日月失度難、二に星宿失度難、三に災火難、四に雨水難、五に惡風難、六に亢陽難、七に惡賊難。『藥師經』に國に七難起らん時、國王大赦を發し、前所說の供養法に依て藥師如來を供養すべし、則ち國土安穩ならんと。一に人民疾疫難、二に他國侵逼難、三に自界叛逆難、四に星宿變怪難、五に日月薄蝕難、六に非時風雨難、七に過時風雨難。『法華經普門品』に觀音の威神力に由て衆生の諸難を滅するを說く。天台の『觀音義疏上』に七難を以て之を科す。一に火難、二に水難、三に羅刹難、四に王難、五に鬼難、六に枷鎖難、七に怨賊難。⊙(八犬傳、三の四)「七難八苦を出離して、頓生菩提の機圖にあはん」

シチニチヤク 七日藥 【飲食】四藥の一、七日間保持して受用する事を得る食物なり。「シャク」を見よ。

シチニチサダンホフ 七日作壇法 【修法】『大日經疏四』に「凡造二曼荼羅一。於二七日內一須ㇾ畢。」『陀羅尼集經十二』に「七日夜。法事總了。」

シチニヨキヤウ 七女經 【經名】吳の支謙譯。拘留國婆羅門の七女、貢高憍奢なり、佛之を呵し、往昔國王七女の因緣を說く。【宙帙八】(709)

シチノシンボン 四智心品 【術語】唯識宗にて菩提に四智相應の心品ありとす。「シチ」を見よ。

シチハウベン 七方便 【名數】小乘の七賢位なり、是れ見道の聖位に入る方便の行位なれば方便と云ふ。「シチケン」を見よ。図 天台には諸敎に涉りて二種の七方便を立つ。第一は人乘、天乘、聲聞乘、緣覺乘、藏敎の菩薩乘、通敎の菩薩乘。別敎の菩薩乘なり。此七方便は藥草喩品の三草二木の意に依て立てたるなり。『法華玄義六』に「章安云。或以二七方便根性一爲二七子一。謂人天二乘三敎菩薩。」第二は、藏敎の聲緣二人と、通敎の聲緣菩三人と、別敎の菩薩と、圓敎の菩薩となり。是れ見思二惑を斷ずる上に於て之を立つ。【七帖見聞】⊙(近松、誕生會)「三乘、五乘、七方便。」

シチハウベンニン 七方便人 【雜名】七方便の人なり。「シチハウベン」を見よ。

シチハチノギヤウ 七八行 【雜語】七覺支、八正道の行法なり。

シチヒヤクケンジヤウ 七百賢聖 【雜語】佛滅後百年、吠舍離城に於て第二の結集を爲せし賢聖なり。「ケツジフ」を見よ。

シチヒヤクケツジフ 七百結集 【故事】「ケツジフ」を見よ。

シチビニ 七毘尼 【術語】七滅諍なり。【南山戒疏一上】に「以二七毘尼一用殄二四諍一。」

シチブジヤ 七步蛇 【動物】毒蛇あり、人之に螫さるる時必ず七步にして死す、七步蛇と云ふ。【婆沙論四十六】に「爲二七步毒蛇一所ㇾ螫。大種力故能行二七步一。毒勢力故不ㇾ至二第八一。」

シチブツ 七佛 【名數】過去の諸佛無量なれども、七世の父母を廟祀する世諦に順じて、三世の諸佛順次に滅後の衆生の爲に過去の七佛を說くなり、是れ七佛を以て祖となさしむる意なり。是れ三世諸佛の通規なり。其の七佛の出世敎化の相は長阿含一の大本經及び增一阿含四十四の十不善品に說く。其他七佛父母姓字經、七佛經の別譯あり、七佛の名號少異あり、同一梵語の轉訛なり。【長阿含大本經】に「過去九十一劫。時世有ㇾ佛名二毘婆尸如來一。Vipaśyin 復次過去三十一劫有ㇾ佛名二尸棄如來一。Śikhin 復次卽彼三十一劫中有ㇾ佛名二毘舍婆如來一。Viśvabhū 復次此

賢劫中有レ佛名ニ拘樓孫一。Krakucchanda 又名ニ拘那含一。Kanakamuni 又名ニ迦葉一。Kāśyapa我亦今於ニ賢劫中一成ニ最正覺一。」【增一阿含十不善品】に「毘婆尸如來。式詰如來。毘舍羅婆如來。拘那含牟尼如來。迦葉如來。及び我なり。」【藥王經】に「毘婆尸佛、尸棄佛、毘舍浮佛、拘留孫佛、拘那含牟尼佛、迦葉佛、釋伽牟尼佛。」【七佛八菩薩神呪經一】に「維衞佛。式佛。隨棄佛。拘留秦佛。拘那含牟尼佛。迦葉佛。釋迦牟尼佛。」【大悲經三】に「阿難。我滅度後此賢劫中當下有ニ九百九十六佛一出中興於世上。拘留孫如來爲レ首。我爲ニ第四一。次後彌勒當レ補ニ我處一。乃至最後盧遮如來。如レ是次第汝應ニ當知一。」【四分律比丘戒本】に「毘婆尸如來、尸棄如來、毘葉羅如來、拘樓孫如來、拘那含牟尼如來、迦葉如來、釋迦牟尼如來。」【智度論九】に「賢劫之前九十一劫初有レ佛名ニ鞞婆尸一。秦言種種見 第三十一劫中有ニ二佛一。一名ニ尸棄一。秦言火 二名ニ鞞恕婆附一。秦言一切勝 是賢劫中有ニ四佛一。一名ニ迦羅鳩飡陀一。二名ニ迦那伽牟尼一。秦言金仙人也 三名ニ迦葉一。四名ニ釋迦牟尼一。」此中初の三佛は過去莊嚴劫の最後の三佛にして、次の四佛は現在賢劫の出世なり。法天譯の【七佛經】一卷、七佛敎化の本末を說く最も詳悉なり。【行宗記四下】に「欲レ順ニ世諦一以レ七爲レ祖。」

シチブツアジヤリ 七佛阿闍梨 〔職位〕七佛藥師の法を修する阿闍梨なり、或は七佛各壇の法にて七人の阿闍梨なり。「シチブツヤクシホフ」を見よ。

◉（增鏡あすか川）「七佛阿闍梨」「七佛の煙」など「シチブツヤクシ」を見よ。

Buddhavaṁsa xxi 図 藥師の七佛なり。「七佛の阿闍梨」

シチブツキヤウ 七佛經 〔經名〕一卷、趙宋の法天譯。過去七佛の敎化の相を記す。增一阿含不善品に比して稍詳なり。【昃帙十】(860)

シチブツクテイブツモシンダイジユンテイダラニホフ 七佛倶胝佛母心大准提陀羅尼法 〔經名〕一卷、唐の善無畏譯。七倶胝佛母尊の儀軌なり。【餘帙三】

シチブツサンバイカダ 七佛讃唄伽陀 〔經名〕一卷、趙宋の法天譯。過去七佛及び彌勒を讃し、並に廻向結讃あり、總じて梵語なり。【成帙十三】(1065)

シチブツシヨセツシンジユキヤウ 七佛所說神呪經 〔經名〕七佛八菩薩所說大陀羅尼神呪經の略名。

シチブツセツゲ 七佛說偈 〔雜語〕【景德傳燈錄一】に過去の七佛に於て各得法の偈を舉げたり、七佛の說偈と稱す。此七佛の說偈は何の經典に出づるかを知らず。是れ寶林傳の著者慧炬の揑造なり。【釋門正統四】に之を痛斥す。

シチブツツウカイゲ 七佛通戒偈 〔術語〕通戒又は略戒と云ふ。諸佛出世の初は弟子淸淨なるが故に別別に戒禁を制するを要せず、但一偈を以て禁戒となせば通戒又は略戒と云ふ。即ち七佛に於て各一の通戒あり。【增一阿含經四十四十不善品】に第一毘婆尸佛偈百歲の中に但一偈を說く。忍辱爲ニ第一一。佛說ニ無爲最一。不下以ニ剃ニ鬚髮一。害ニ他爲ニ沙門上。第二式詰佛偈八十年の中但一偈を說く。若眼見ニ非邪一。慧者護不レ著。棄ニ捐於衆惡一。在レ世爲ニ黠慧一。第三毘舍羅婆佛偈七十年中一偈半を說く。不レ害亦不レ非。奉ニ行於大戒一。於レ食知ニ止足一。牀座亦復然。執レ志爲ニ專一一。是則諸佛敎。第四拘樓孫佛偈六十年中二偈を說く。譬如ニ蜂採一レ華。其色甚香潔。以レ味惠ニ於他一。道士遊ニ聚落一。不レ誹ニ謗於人一。亦不レ觀ニ是非一。但自觀ニ身行一。諦觀ニ正不正一。第五拘那含牟尼佛偈三十年中一偈を說く。執レ志莫ニ輕戲一。當レ學ニ尊寂道一。賢者無ニ愁憂一。常滅ニ志所念一。第六伽葉佛偈二十年中但一偈を說く。一切惡莫レ作。當レ奉ニ行其善一。自淨ニ其志意一。是則諸佛敎。第七釋迦佛偈十二年中但一偈を說く。護ニ口意一法淨。身行亦淸淨。淨ニ此三行迹一。修ニ行他人道一。又【四分律戒本、五分律戒本】及【法句經】に散在す、多少の相違あれ共原偈文の同一は疑ふを得ず。【增一阿含經一】に「迦葉問言何等偈中出ニ生三十七品及諸法一。時尊者阿難便說ニ此偈一。諸惡莫作云云。」と、即七佛中迦葉佛の偈(法句經原本第十二章第百八十三偈)最も諸所に散見す。【法華玄義二】に「七佛通戒偈云。諸惡莫作云云。」

シチブツハチボサツ 七佛八菩薩 〔名數〕七佛は維衞佛、式佛、隨棄佛、拘留秦佛、拘那含牟尼佛、迦葉佛、釋迦牟尼佛。八菩薩は文殊師利菩薩、虛空藏菩薩、觀世音菩薩、救脫菩薩、跋陀和菩薩、大勢至菩薩、後大勢至菩薩及び堅勇菩薩なり。【七佛八菩薩神呪經一】

シチブツハチボサツシヨセツダイダラニシンジユキヤウ 七佛八菩薩所說大陀羅尼神呪經 〔經名〕四卷、晉代失譯。七佛八菩薩各神呪を說く。【成帙七】(447)

シチブツフモシヤウジキヤウ 七佛父母姓字經 〔經名〕一卷、失譯。增一阿含十不善品の別譯なり。【昃帙四】

シチブツミヤウガウクドクキヤウ 七佛名號功德經 〔經名〕受持七佛名號所生功德經の略名。

シチブツヤクシ 七佛藥師 〔名數〕【藥師瑠璃光七佛本願功德經上】に「一に東方此を去る四殑沙佛土、世界あり光勝と云ひ、佛を善稱名吉祥王如來

と曰ふ、八大願を發す。二に東方此を去る五殑沙佛土、世界あり妙寶と云ひ、佛を寶月智嚴光音自在王如來と曰ふ、八大願を發す。三に東方此を去る六殑沙佛土、世界あり圓滿香積と云ひ、佛を金色寶光妙行成就如來と曰ふ、四大願を發す。四に東方此を去る七殑沙佛土、世界あり無憂と云ひ、佛を無憂最勝吉祥如來と曰ふ、四大願を發す。五に東方此を去る八殑沙佛土、世界あり法幢と云ひ、佛を法海雷音如來と曰ふ、四大願を發す。六に東方此を去る九殑沙佛土、世界あり善住寶海と云ひ、佛を法海勝慧遊戲神通如來と曰ふ、四大願を發す。七に東方此を去る十殑沙佛土、世界あり淨瑠璃と云ひ、佛を藥師瑠璃光如來と曰ふ、十二大願を發す。」此中最後の藥師如來を主體とすれば七佛藥師とも藥師七佛とも稱す。又、一に東方離垢衆德莊嚴世界の輪遍照吉祥如來。二に東方妙覺衆德莊嚴世界の妙功德住吉祥如來。三に東方衆生主世界の一寶蓋王如來。四に東方自在力世界の善逝定迹如來。五に東方最勝寶世界の寶華吉祥如來。六に南方寂靜主世界の超無邊迹如來。七に南方最上香世界の妙香王如來なり。【七佛名號所生功德經】これ上の七佛の異稱又は異譯なり。⦿(榮花鳥のまひ)「丈六の七佛藥師」

シチブツヤクシキヤウ　七佛藥師經　〔經名〕藥師瑠璃光七佛本願功德經の異名。

シチブツヤクシゴダンノミズホフ　七佛藥師五壇御修法　〔修法〕七佛藥師法と五壇の御修法となり。五壇の御修法とは、五つの壇場を設けて、中壇に大聖不動明王、南方に軍荼利明王、北方に金剛夜叉明王、東方に降三世明王、西方に大威德明王を祀りて祈禱する御修法なり。⦿(增鏡、あすか川)「七佛藥師五壇の御修法」兩用(ミシホ、ミヅホフ)す。

シチブツヤクシホフ　七佛藥師法　〔修法〕叡山四箇大法の一。七佛一體と見て之を供養する法なり。【百二十尊法】に「次ニ道場觀。想ヘ地結上金剛墻之内有ニ寶樓閣一。閣中有ニ八葉蓮華一。蓮華臺上有ニ月輪一。輪中有ニ𑖮ア字一。反成ニ佛頂印一。印變成ニ藥師如來一。遍身放ニ無數光明一。七佛一體想可成之聖衆眷屬圍繞。」又、七佛各壇の法もあり。【尺素往來】に「故(コトサラ)七佛藥師法者。叡山傳敎之流。青蓮院。圓融院。妙法院等。可レ爲ニ天台座主ニ之門跡。」⦿(增鏡、村時雨)「七佛藥師の法」

シチブンゼントク　七分全得　〔雜語〕隨願往生經、地藏本願經などに、他の爲に追福を作せば、他は一分、自は七分全く得と說けり。「ツヰシユ」を見よ。

シチヘン　七篇　〔術語〕戒の七聚を又七篇を云ふ。【寄歸傳一】に「局ニ提法衆ニ遂廣彰ニ守七篇ニ。」「ヒンジユ」を見よ。

シチヘンシヤウ　七返生　〔雜語〕預流果の聖者を云ふ。「ゴクシチヘン」を見よ。

シチベン　七辯　〔名數〕「シチシユベン」を見よ。

シチホウ　七寶　〔名數〕諸經論の所說少異あり。【法華經授記品】に「金、銀、瑠璃、硨磲、碼碯、眞珠、玫瑰七寶合成。」【無量壽經上】に樹に就て七寶を說く。「金、銀、瑠璃、玻瓈、珊瑚、碼碯、硨磲。」【智度論十】に「有ニ七種寶一。金、銀、毗琉璃、頗梨、車渠、馬瑙、赤眞珠。此珠極貴非珊瑚也」【阿彌陀經】亦同じ。「亦以金 Suvarṇa 銀 Rūpya 瑠璃 Vaiḍūrya 玻瓈 Sphaṭika 硨磲 Musāragalva 赤珠 Rohita-mukta 碼碯 Aśmagarbha 而嚴飾之。」「(名義大集一八一)

輪王七寶　〔名數〕「テンリンワウ」を見よ。

シチホウキヤウ　七寶經　〔經名〕輪王七寶經の異名。

シチホウケ　七寶華　〔雜名〕七寶所成の華なり。【無量壽經下】に「得レ生ニ無量壽國一。於ニ七寶華中一自然化生。」

シチホウゴク　七寶獄　〔譬喩〕佛智を疑惑し、自力の善本を以て西方極樂の邊地懈慢界に胎生せし者は、五百歲の間三寶を見ず、法樂を得ること能はざれば、之を七寶所成の牢獄に繫がるるに譬ふるなり。【無量壽經下】に「譬如下轉輪聖王別有ニ七寶宮室一。種種莊嚴。張ニ設牀帳一。懸ニ諸繒綵一。若有ニ諸王子一。得ニ罪於王一。輒內ニ彼宮中一。繫以ニ金鏁一。供給飮食衣服牀褥華香妓樂如ニ轉輪王一。無レ所ニ乏少一。於レ意云何。此諸王子寧樂ニ彼處ニ不。」

シチホウジユリン　七寶樹林　〔雜名〕淨土の莊嚴中、七寶合成の園林を云ふ。

シチホフフカヒ　七法不可避　〔名數〕一に生不可避、善惡の業因に依て苦樂の生避くべからず。二に老不可避、生者老を避くべからず。三に病不可避、生者病を避くべからず。四に死不可避、生者死を避くべからず。五に罪不可避、罪業あれば惡道の苦果避くべからず。六に福不可避、善業あれば善道の樂果避くべからず。七に因緣不可避、如是の因、如是の緣に和して吉凶禍福貧富壽夭を生ず、是れ法爾の道理避くべからざるなり。【法苑珠林六十九】

シチボダイブン　七菩提分　〔名數〕「シチカクシ」を見よ。

シチボダイホウ　七菩提寶　〔雜語〕七菩提分は聖道の至極なれば稱して寶と云ふ。【大日經】

シチマタリ　七摩怛里　〔名數〕Mātṛ 閻羅王に

七姉妹あり、七母と稱し、梵に摩怛里と云ふ。【大日經疏五】に「七摩怛里。此譯云七母。皆女鬼也。」【大日經義釋七】に「凡有七姉妹也。一名左問拏。二名嬌吠哩。三名吠瑟拏微。四名嬌麼哩。五名印捺哩。六名勞捺哩。七名末羅呬弭。此七名皆是眞言。今云莽怛哩毗藥。則七母通名也。」

シチマン　七慢　〔名數〕「マン」を見よ。

シチミ　七微　〔術語〕一切有部宗の所説に依れば欲界の有形質中最も單簡なるものも、八事倶生、隨一不減と稱して、能造の地水火風の四大と、所造の色香味觸の四境と相ひ和融して一微體を成ず。此八事は更に分離するを得ず、是れ色聚の最極なれば之を微聚と名け、又極微と云ふ。此極微六方中、心と七微、聚集して始めて天眼等の所見となる。之を阿菟色、Aṇu 又は阿拏色、又は阿耨と云ひ、譯して微と云ふ。是れ至極微にあらざれば極の名を與へざるなり、但し是れ眼見すべき色の極少、又實に分析さるる色の細極なれば亦極微とも云ふなり。【大日經疏一】に「梵云阿耨。即是七微合成。於從緣生色最爲微小。」【唯識了義燈二本】に「有宗云。以七極微成一拏色。」【倶舍光記十二】に「七極微爲一微量。微顯細聚。梵云阿菟。此名微。眼見色中最微細也。」「ゴクミ」を見よ。

シチム　七夢　〔傳説〕阿難の七夢。「ユメ」を見よ。

シチムキヤウ　七夢經　〔經名〕阿難七夢經の略名。

シチムジヤウダウ　七無上道　〔名數〕七種無上に同じ。「シチシユムジヤウ」を見よ。

シチメツジヤウ　七滅諍　〔名數〕比丘の具足戒八篇の第八。比丘の諍論を滅する爲の戒律なり。比丘の諍に四事あり。一に言諍、此は法相の是非を言論するより起る諍なり。二に覓諍、比丘の犯せし罪を求覓するに就て起る諍なり。三に犯諍、比丘の犯せし罪の虛實輕重に緣て起る諍なり。四に事諍、他の行ひし羯磨の事に依て如法なりと云ひ不如法なりと云ふ諍なり。已上の四諍を滅するに七種の毘尼あり、此七種の毘尼を應用して之を滅すべし。一に現前毘尼、Sammukhavinaya 或は雙方を現前に對決せしめ、或は現前に三藏の敎法を引證して之を決し、或は現前に戒律の制條を引證して之を決するなり。二に憶念毘尼、Smṛtivinaya 餘人をして憶念陳述せしめ、其れに依て當人の犯不犯を決するなり。三に不痴毘尼、Amūḍhavinaya 比丘あり、時に癲狂病を發して衆罪を犯すあり、說戒の時に若し此人來る時、彼れ果して病時には過を造るも、差後には不造なるを證知すれば、彼に不痴羯磨を與へて說戒の僧數に加はるを得しむるなり。四に自言毘尼、Tatsvabhavaiṣiya 比丘の犯罪あるとき、威力を以て之を制せず、彼をして自ら其罪を吐露せしめて之を決するなり。五に多語毘尼、Pratijñākāraka 僧中の諍論長く息まざるときは或は顯露に或は秘密に、籌を行ひて是非を多數に因て決するなり。六に罪處所毘尼、Yadbhūyasikīya 比丘あり罪を犯す、而して彼れ妄語して重きを以て輕となし、本罪を自首せざるときは、衆僧白四の羯磨を以て彼れが本罪を治罰し、彼の本罪を伏首するを待て之を解くなり。七に草覆地毘尼、Tṛṇastāraka 若し彼此の二衆共に諍て止まざるときは、二衆を會し、其中より各一の上座を出し、各滅諍の言を陳べて其の諍を息むるなり。法藥は草の如く、諍論は泥の如し、今此の法藥を以て諍論を止むるは、草の泥地を覆ふ如くなれは草覆地と云ふ。【戒疏行宗記四下】「　」を見よ。

シチユ　七喩　〔名數〕法華經の七喩なり。「ヒユ」

シチユウゲ　四柱偈　〔術語〕「シシユツゲ」に同じ。

シチユウモン　四柱文　〔術語〕四柱偈に同じ。「シシユツゲ」を見よ。

シチヨウ　支徵　〔雜語〕「シダイ」を見よ。

シチラマチ　悉耻羅末底　〔人名〕Sthiramati 譯安慧、成唯識十大論師の一。【唯識述記一本】

シチル　七流　〔名數〕見思の二惑は衆生を漂流して流轉せしむ、華嚴孔目章に七流を說く。一に見諦所滅流、初果の人眞諦を見て欲界の見惑を斷ずると。二に修道所滅流、二果三果の人四諦の觀を修するによりて、欲界の見惑を斷ずると。三に遠離所滅流、第四果の人四諦の觀を修して見思の惑を斷盡して餘すなきと。四に數事所滅流、第四果の人五蘊十二入十八界等の數事の法を空寂なりと觀ずると。五に捨所滅事、第四果の人數事を空じて所空の法既に無なれば能空の心亦捨つ、能所兩亡して無憎無愛なれば一味平等なると。六に護所滅流、第四果の人見思の惑盡て無學を證し、己が所證に於て退失あらんことを恐れ、善く守護を加へ、見思の習氣をして更に再起せざらしむると。七に制伏所流、第四果の人見思の惑縛已に斷じ、色身の果縛は猶ほあり、故に見思の習氣を制伏して起らしめざると。

シチン　四鎭　〔雜名〕四天王、四天下を鎭護すれば四鎭と云ふ。【金光明經三】に「護世四鎭。」

シヂ　止持　〔術語〕二持の一、止は制止なり、持は持戒なり、身口の惡を制止して不殺不盜等を行ず、是れ止に依て持戒を成ずればなり。五篇七聚の戒法

是れなり。【行事鈔中四】に「戒體光潔。順ニ本所受一。稱レ之曰レ持。持由レ止成。號ニ止持戒一。」

シヂ　四持　[名數]　四總持なり。

シヂウ　四重　[名數]　四重禁なり、又四重罪と云ふ。

シヂウゴギヤク　四重五逆　[名數]　四重罪と五逆罪となり。

シヂウキン　四重禁　[名數]　又四重罪と云ふ。四波羅夷罪なり。「ハライ」を見よ。図密教には別に三昧耶戒の四重禁あり。一に正法を捨つ、二に菩提心を捨つ、三に勝法を慳恡す、四に衆生を惱害す。之を四波羅夷罪となす。

シヂウザイ　四重罪　[名數]　四重禁に同じ。

シヂウシヤウジユ　四重聖衆　[雜名]　胎藏界曼茶羅四重圓壇の諸尊なり。

シヂウシユツタイ　四重出體　[術語]　法相宗の所說なり。「シユツタイ」を見よ。

シヂウハチヂウ　四重八重　[名數]　比丘戒の四波羅夷罪と比丘尼戒の八波羅夷罪なり。「ハライ」を見よ。

シヂウヒシヤク　四重秘釋　[術語]　眞言一宗の四重の釋義なり。「シシヤク」を見よ。

シヂウマンダラ　四重曼茶羅　[術語]　第一中胎、八葉九尊なり。第二遍智院等、之を第一重又は第一院と云ふ。第三文殊院等、之を第二重又は第二院と云ふ。第四釋迦院、幷に二乘八部等、之を第三重、又は第三院と云ふ。已上中胎と三院を以て四重曼茶羅とも四重圓壇とも云ふ。是れ經疏の所說阿闍梨所傳の義にして、現圖曼茶羅の義にあらず。「ゲンヅマンダラ」を見よ。

シヂウエンダン　四重圓壇　[術語]　四重曼茶羅に同じ。

シヂカイ　止持戒　[術語]　五戒八戒等總て惡を制止する戒法を止持戒と云ふ。「シヂ」を見よ。

シヂキ　資持記　[書名]　宋の靈芝元照、南山の四分行事鈔を解釋せしもの。

シヂサボン　止持作犯　[術語]　殺盜の惡法に對しては、止は持戒にして、作は犯戒なるを云ふ。之に反して慈悲等の善法に對しては、止は犯戒にして、作は持戒なり。

シヂモン　止持門　[術語]　「シヂ」を見よ。

シヂヤウ　四定　[術語]　色界天の四禪定なり。【寄歸傳】に「敬修ニ四定一。善護ニ七篇一。」「ジゼンジヤウ」を見よ。

シヂヤウキ　四定記　[術語]　四句に就ての定答なり。「シキ」を見よ。

シヂユウ　四住　[名數]　見思の煩惱なり。「シヂユウヂ」を見よ。図四種の住處なり。一に天住、六欲の住處、即ち布施持戒善心の三事なり。二に梵住、色界無色界諸天の住處、即ち慈悲喜捨の四無量心なり。三に聖住、三乘聖者の住處、即ち空無相無作の三三昧なり。四に佛住、一切諸佛の住處、即ち首楞嚴等の無量の三昧なり。【智度論三】

シヂユウヂ　四住地　[名數]　常に略して四住と云ふ、三界見思の煩惱なり。一に見一切住地、三界の一切の見惑なり、二に欲愛住地、欲界の一切の思惑なり、思惑の中に貪愛を以つて重過とすれば重を擧げて他を攝す。（下の二愛の義之に準ず）三に色愛住地、色界の一切の思惑なり。四に有愛住地、無色界の一切の思惑なり。之に無明住地を加へて五住地と稱す、共に住地と言ふは此五法は一切の過恒沙の煩惱を生ずる根本依處なればなり。是れ勝鬘經の法門なり。【止觀輔行六】に「同ニ四住塵一。處處結レ緣。」【四教儀】に「見思惑。又云ニ見修一。又云ニ四住一。」

シヂン　四塵　[名數]　色香味觸の四なり。凡そ色法は地水火風の四大種を以て能造となし、之に依て五根五境の色を造る。即ち能造の四大と所造の十色と共に是れ實色なり。此の實色の中に於て色香味觸の四法を以て山河草木等の外器の法を造る、之を四塵所造と名く、單一色塵乃至觸の物體なきなり。（聲は有無不定なれば之を云はざるなり。）小乘有部宗には之を微聚の實法と立つれども、大乘の唯識には之を和合の假色と立つるなり。又衆生內身の根處も其の扶塵根は亦た四塵の所成なり。其の勝義根は觸境所攝の四大の所成なれども、色香味の和合するなければ、能造の四大と眼根、乃至能造の四大と身根のみなり。但し小乘有部宗の五根は九事俱生或は十事俱生なりとの義に依れば、勝義の五根も四塵所成となるなり。【百法問答鈔一】

シツウギヤウ　四通行　[名數]　「ツウギヤウ」を見よ。

シツウブツシヤウ　悉有佛性　[術語]　【涅槃經】に「一切衆生悉有佛性。」之を涅槃の師子吼說と云ふ。シツブツシヤウと讀む。

シツエザ　室衣座　[雜名]　法華の三軌弘經と云ふ。「サンキ」を見よ。

シツカイコンジキグワン　悉皆金色願　[術語]　阿彌陀佛四十八願中の第三。【無量壽經上】に「設我得レ佛。國中人天不ニ悉眞金色一者。不レ取ニ正覺一。」

シツカイジヤウブツ　悉皆成佛　[術語]　一切有情、凡て成佛すべしとの語なり。【大涅槃經】は專ら、此思想を闡明にするを目的となすものとす。【涅槃經】に「草木國土、悉皆成佛。」⊙（曲、知章）「草木國土有情非情も悉皆成佛の彼岸の海ぎはにうかびいで

たるありがたさよ」

シツグワツ　直月　〔術語〕「シッスイ」を見よ。

シツシツ　瑟瑟　〔物名〕五寳の一。不動明王の寳座之を以て造れば瑟瑟座と云ふ。【法華儀軌】に「五寳。金、銀、眞珠、瑟瑟、玻璃。」【訣影一】に「瑟瑟座、瑟瑟は玉の名なり、近代升形に造て瑟瑟と云ふは謬なり。」運敞は以て漢語となす。【谷響集一】に「瑟通作レ瑟。瑟碧珠也。依二說文一。珠玉英華相帶如二瑟絃一故云レ瑟。」

シツシヤ　室灑　〔術語〕Śiṣya 所敎、弟子の義なり。【求法高僧傳上】に「室灑譯爲二所敎一。舊云二弟子一非也。」

シツシヤウケシヤウ　濕生化生　〔術語〕四生のうちの二にして、水氣ある所より生物自から出生するを濕生と云ひ　化生は、父母の因緣を藉らずして、蓮華等より、自然に變化、出生するをいふ。⊙（近松、誕生會）「濕生化生はいざ知らず」

シツシヤク　瑟石　〔物名〕瑟瑟よりなれる大盤石、不動尊の寳石なり。【四十八使者儀軌】に「蓮華上有二樓閣一。其中有二瑟石一。瑟 石中有二慽字一。字變成二勝軍不動尊一。」

シツシユマラ　失守摩羅　〔動物〕「シジウマラ」を見よ。梵 Śiśumāra

シツシヨ　疾書　〔雜名〕經の頓寫を又疾書と云ふ。【大品般若經十五】に「若欲書二是般若波羅蜜一時應二當疾書一。」【象器箋七】

シツジ　執事　〔職位〕禪林の知事を又執事と云ふ。

シツスイ　直歳　〔術語〕禪林の目。直は當なり、一歳の幹事に當るが故に直歳と云ふ。【敕修淸規下一】に「直歳。職掌二一歳作務一。」【僧史略中】に「或立二直歳一。則直二一年一。或直レ月。直二半月一直レ日。皆悅レ衆也。」【釋氏要覽下】に「三千威儀經。具二十德一堪レ充二直歳一。」

シツゼン　斷禪　〔雜語〕問答挨拶之を斷禪と云ふ。斷は相なり。【餘冬序錄四十八】に「唐人詩中字音。有二以レ十讀如レ諶。相讀如レ斷。如下恰似二春風相欺得一如何不二相離一等句上。皆思必切。」【大慧書上】に「將二心意識一記二取遮杜撰說底一。却去勘レ人一句來一句去。謂二之斷禪一。」

シツタ　質多　〔術語〕Citta 又、質多耶、質帝と云ふ。此譯、心慮知の心なり。【止觀三】に「質多者天竺音。此方言レ心。即慮知之心也。」【唯識述記三末】に「梵云二質多一。此名レ心也。乃至是集起義。是心義。」【大日經疏十六】に「心名二質多一。質多者猶如二衆綵莊嚴精衆一名爲二質多一。」【祕藏記末】に「質多名二慮知一。有情等心也。乃至釋名。集起曰レ心。」【梵語雜名】に「心。指多。」【名義集六】に「質多耶。或名二質帝一。或名二彼茶一。此方翻レ心。」是れ五心の一。法相宗には心意識の三を別體と立て、以て此質多心を第八識の特名とし、他の諸宗には之を諸識の通名とす。「ココロ」を參照せよ。

シツタ　悉達　〔人名〕悉多太子の名。「シツタタ」を見よ。梵 Siddhārtha

シツタアタ　悉多頞他　〔人名〕太子の名。「シッタ」を見よ。

シツタウ　執當　〔職位〕山門の職名なり。三綱輪番に此職に任ず。山門の諸堂を司り、諸役者に補任を成すなり。【蹇驢嘶餘】に「三綱は寺家の衆多し、輪番に執當職に任ずるなり、山門の諸堂の司を知るなり、諸役者に補任を成すなり。」又「執當は根本淸僧なり、中古より以來妻帶の故に寒中三十三日曉垢離をとり、從二正月朔一至二十五日一修正。毎曉彼堂至二內陣一出任也、此外妻帶不レ入二內陣一。」【行狀翼讚三】に「或山僧云。執當猶如二知事一。亦名二寺家一。執二務山門俗事及法會威儀並回文等事一。今附二屬梶井宮一。」【見聞】に「貫主御拜堂の時、執當、座主の系圖と八舌鑰とを座主に渡し申す。」

シツタエイカアカラタ　質多翳迦阿羯羅多　〔術語〕Citta-ekāgratā 譯、心一境性。定の異名なり。【唯識了義燈五本】に「質多翳迦阿羯羅多。此云二心一境性一。質多云レ心。翳迦云レ一。阿羯羅云レ境。多云レ性。」

シツタカ　質多迦　〔流派〕部宗の名。【四分律開宗記一本】に「質多迦部此云二西山部一。」梵 Cetyaka

シツタタ　悉達多　〔人名〕Siddhārtha 又、悉達、悉多、悉陀、悉多頞他に作る。正音薩婆曷剌他悉陀 Sarvārthasiddha 一切義成と譯す。釋迦佛、淨飯王の太子たる時の名なり。【修行本起經上】に「悉達、漢言二財吉一。」【本行集經二十四】に「悉達隋言二成利一。太子名也。」【智度論二】に「父母名字悉達多。秦言二成利一。得道時知二一切諸法一。是名爲レ佛。」【西域記七】に「薩婆曷剌他悉陀。唐言二一切義成一。舊曰二悉達多一訛略也。」【慧苑音義下】に「悉達具云二薩縛頞他悉地一。地字應二平聲呼一。言二薩縛一者此云二一切一也。頞他事也。悉地成也。言其於二一切所應作事一皆已成就也。」【梵網述記上】に「悉達者梵音。具名悉多頞他。悉多此云レ成。是成就義。西方人言。誦經純熟名爲二悉多一。頞他此云レ辨。即是事究竟義。」⊙（曲、大原御幸）「悉達太子は、淨飯王の都を出で」

シツタタハンタラ　悉怛多般怛羅　〔術語〕譯、白傘蓋。大佛頂咒の名なり。【楞嚴經七】に「佛頂光聚悉怛多般怛羅祕密伽陀。」【同長水疏】に「悉怛多般怛羅。云二白傘蓋一。即指二藏心一。不下與二妄染一相應上

故云レ白。遍ニ覆一切法一故云レ蓋。」梵 Sitātapatra

シツタベイラ　悉他薜攞　〔術語〕Sthavira 譯、住位。戒を受けて後十歳を經、師を離れて獨住する位なり。【寄歸傳三】に「西方行法。受ニ近圓ニ已去。名ニ鐸曷羅一。譯爲小師滿ニ十夏一名ニ悉他薜攞。譯爲住位得下離ニ依止ニ而住上。又得レ爲ニ鄔婆馱耶。」

シツタベイラニカヤ　悉他陛攞尼迦耶　〔流派〕Sthaviranikāya 譯、上座部。【開宗記一】

シツタヤ　質多耶　〔術語〕「シッタ」を見よ。

シツタラ　質怛羅　〔雜名〕Citra 唧怛羅とも云ふ。錦繡なり。【大日經義釋七】に「西方謂ニ錦繡ニ爲ニ唧怛羅。」【梵語千字文】に「質怛羅。錦。」今 Chinz と稱す。更紗なり。

シツタラ　質多羅　〔雜語〕譯、雜色。【大日經疏九】又、星の名。【寶星陀羅尼經四】に「質多羅唐言角宿星ニ生者。男女陰上當レ有ニ黶子一。爲レ性純直。而多ニ愛欲一後ニ歌舞一。」図天神の名。胎藏界、外金剛部に在り。図藥の名。【善見論十七】に「質多羅是外國藥名。」図山の名。【梵語雜名九】に「質多羅山。譯曰ニ種種一。」梵 Citra

シツタラバナ　質咀羅婆拏　〔人名〕Citrabhāna 譯、火辨。世親同時の人、十大論師の一なり。【唯識述記一本】

シツタン　瑟𩿨　〔雜語〕曹洞宗の風に率都婆の上に一一に𩿨の文字を書く、何の字ぞと問へば烏八臼と云ふ字なりと答ふ、其の所以を問へば知らずと云ふ。意ふに自宗の率都婆に書く(シユツタン)の字なり、是れ大隨求經の陀羅尼の中に佐攞耶怒瑟𩿨の語あり、此文字が俱縛婆羅門の塚の上に飛び來りて彼が墮獄の苦を救ふと云へる故事に本けるなり。然るに此故事は僞作の隨求陀羅尼經儀軌に妄作せる虛說にして實事に非ず。【諸儀軌訣影三】案ずるに聖閻曼德迦威怒王念誦法の陀羅尼に薩縛訥瑟𩿨の語あり。

シツタン　悉曇　〔術語〕Siddham 又、悉談に作る。譯、成就。【玄應音義二】に「悉曇此云ニ成就一。」と、梵語はもと梵天の所製に係る故悉曇と名く。「シッタンシヤウ」を見よ。

シツタンゴジフジモン　悉曇五十字門　〔術語〕「シッタンシヤウ」を見よ。

シツタンザウ　悉曇藏　〔書名〕五大院安然の撰、八卷あれば八卷藏と稱す。梵 悉曇俱舍 Siddhakoṣa

シツタンシシヨ　悉曇四書　〔名數〕一に悉曇字記、二に悉曇十二例、三に法華梵釋、四に眞言句義鈔なり。【台宗學則上】

シツタンシジフニジモン　悉曇四十二字門　〔術語〕「シッタンシヤウ」を見よ。

シツタンシヤウ　悉曇章　〔術語〕梵字の元始及び其の生字を列次し、兒童最初の科本となす、之を悉曇章と名く。悉曇とは別して摩多母韻體文子韻の四十七言を指す。涅槃經に所謂半字は是なり。又總じては他の生字十八章を稱す。さて之を本として十八章の文字及び名句等を成就すれば悉曇と名け、又小學の標稱として嘉名を題するなり。【演密鈔六】に「梵語悉曇。此云ニ成就一。準ニ聲明中一即是男聲。八轉聲中屬ニ於業聲一。業謂造作。以レ此爲レ本而能成ニ辨諸章文字及名句等一故云ニ成就一。」【寄歸傳四】に「一則創學悉談章。亦名ニ悉地羅窣覩一。Siddhirastu 斯及小學標章之稱。但以ニ成就吉祥一爲レ目。本有ニ四十九字一。共相乘轉成ニ一十八章一。」【法華遊意上】に「依ニ天竺梵本一前皆無レ題。但云ニ悉曇一。此云ニ吉祥一。亦名ニ成就一。」【玄應音義二】に「案西域悉曇章。本是波羅賀磨天所作。自レ古迄レ今更無ニ異書一。但點畫之間微有ニ不同一耳。悉曇此云ニ成就一。論中悉檀者亦悉曇也。以レ隨ニ別義一轉レ音名爲ニ悉檀一。」

悉曇字數　〔雜語〕經論所說種種あり。【悉曇字記】に四十七字あり。摩多の十二音と體文の三十五聲なり。

摩多十二音

阿(ア)　阿長(アー)　伊(イ)　伊長(イー)　歐(オウ)　歐長(オウー)

藹(エイ)　藹(アイ)　奧(オ)　奧長(オウ)　暗(アン)　痾(アク)

體文三十五聲

迦(カ)　佉(カ)　伽(ガ)　伽(ガ)　哦(ガ)　五字牙聲

者(サ)　車(サ)　社(ザ)　社(ザ)　若(ナ)　五字齒聲

吒(タ)　他(タ)　茶(ダ)　茶(ダ)　拏(ナ)　五字舌聲

多(タ)　他(タ)　陀(ダ)　陀(ダ)　那(ナ)　五字喉聲

波(ハ)　頗(ハ)　婆(バ)　婆(バ)　磨(マ)　五字脣聲

也(ヤ)　囉(ラ)　羅(ラ)　縛(バ)　奢(サ)　沙(サ)

娑(サ)　訶(カ)　濫(ラン)　叉(サ)(乞灑(キシヤ))十字遍口聲

【西域記二】に「詳ニ其文字一。梵天所レ製。原始垂レ則。四十七言也。遇レ物合成隨レ事轉用。流ニ演枝派一其源深廣。」【大莊嚴經示書品】に四十六字を說けり。阿字を以て始とし差字を以て終とす。十二摩多と三十四體文となり。三十五字中遍口聲に屬する濫の一字を除きしのみ。然るに【金剛頂經字母品】に五十字を說けり、阿を始とし乞灑(きしや)を終とす、此は初に十六摩多を列ね後に三十四體文莊嚴經の如く濫字を除く。を列ぬ。十六摩多とは第六音の下に里、哩、呂、嚧、を列ね、後に曀愛等の六摩多を列ねしなり。依て

總じて五十字なり。又【文殊問經字母品に】五十字を説く、阿を初とし、乞灑を終とし、金剛頂經と全く同じく、但別摩多の文字を哩、哩、力、嚧、とせり。又【涅槃經文字品】に五十字を説く。初に十二摩多を列ね、次に三十四體文を列ね（除濫字。）迦を始とし茶を後とし、次に別摩多四（魯流盧樓）字あり。又【大日經具緣品】に四十二字を説く。初に摩多の阿字一字を説き、次に迦等の體文二十字を説き、次に野等の徧口聲の體文八字を説き、次に仰等の體文五字を説く。總じて四十二字あり。又【同字輪品】に五十字を説く。初に摩多の伊等十二字、後に仰等五字を説く、是れ音聲の次第に依らず義理の次第に依りしなり。又【華嚴經入法界品】に四十二字を説き、【般若經四念處品】にも四十二字を説き、（華嚴の字門と大に異る。）【大集經海慧菩薩品】に二十八字を説き、（阿より婆まで。）【寄歸傳】に四十九言とあり。字記の説によれば是れ金剛頂經等の如く第六音の下に別摩多四音を取り、而して最後𑖀𑖽暗、𑖀𑖾痾の二字を界畔字と稱して之を省くなり。依て十四音なりと。即ち摩多の十四に體文三十五を加ふ。

初中後三分 〔術語〕凡そ字輪を大別して三とす、初阿字（四十二字門）五阿字（五十字門）を以て第一分とし、次に迦乃至婆の二十字を第二分とし、次に也乃至訶の八字あり、是れ涅槃聲にして字傍の二點に同じ、之を第三分とす。已上皆男聲にて智慧字なり。次に伊等の八字（四十二字門）伊等の十二字（五十字門噜留盧の四字を加ふ）あり、即ち三昧を成就す、是れ女聲にして三昧の聲なり、即ち字上の點畫「●」に同じ。次に仰等の五字あり、是れ大空聲にして上頭の點に同じ。此五字は定慧に遍するなり。即ち也等の字を見れば是れ涅槃にして除の義なり、伊等の字を見れば即ち三昧を顯はす、若し仰等の字を見れば即ち大空の點なり、大空は一切の諸相を離る、即ち是れ成佛の義なり。【大日經疏十四】

根本十四音 〔雜語〕【佛本行集經十一】「梵天所説之書。」【註】に「今婆羅門書正十四音是。」と【涅槃經八】に「迦葉菩薩白レ佛言。世尊。云何如來說二字根本一。佛言善男子。說二初半字一以爲二根本一。乃至所レ言字者其義云何。善男子有二十四音一名爲二字義一。乃至此十四音名曰二字本一。」と而して次下の經文摩多及び體文の五十字に就て字義を詳説すれども、此十四の根本字は何なるやを指さず、依て諸師の異解多端なり。【悉曇藏二】に十類の異解を列ねたり。其中秀法師の解に「悉曇十二字合二長短二聲一爲二一音一合有二六音一。次從二迦以去有二二十五字一爲二一音一合有二五音一。足レ前合爲二十一一也。次從二耶已去九字。三字爲二一音一合有二三音一。足レ前合爲二十四音一也。不下取二魯流四字一爲上音。明下此四字直是利二前音一非中是音上也。」と又【悉曇三密鈔】の六説中、第六説信範の説も之れに同じ。

四種相承 〔名數〕一に梵王相承。又、南天相承と云ふ。劫初成の時摩醯首羅（又商羯羅天と云ふ、初禪の梵天なり）毘被劒と和合して一字を生む、婆藍摩 Brahma と名く。彼れ四面ありて四韋陀を説く。後面の所説を阿闥婆陀 Atharvaveda と云ふ、即ち聲明なり。後人更に六論を造りて四韋陀を釋す、其の一を毘伽羅論と名く、後面所説の阿闥婆陀を釋して聲明の法を辨ず。婆藍摩又造書天と云ふ。三兄弟あり、三行の書を造れり、梵王は左行の梵書を造り、伽妻仙人は右行の伽書を造り、最弟の蒼頡は下行の篆書を作れり。云ふ所の梵王所説とは根本四十七言なり。字記に南天相二承摩醯首羅文字一と云ふ是なり。二に龍宮相承、又中天相承と云ふ。釋尊滅後七百年の中に龍樹海に入りて大乘を探り得て傳ふる所なり。字記に中天兼以二龍宮文字一と云ふ是なり。三に釋迦相承、前に引く諸經の中、大日經金剛頂經を除きし外の經說是なり。四に大日相承、即ち大日經金剛頂經の所說、金剛薩埵の結集せしもの是なり。【悉曇藏一】

四重秘釋 〔術語〕此悉曇に就て密教に四重の秘釋を爲す。「シンゴン」を見よ。

五天音と漢土二音 〔雜語〕漢音吳音の二音を以て五天の音を評すれば、中天の音は多く漢音を用ひ少しく吳音を用ふ。南天の音は多く吳音を用ひ少しく漢音を用ふ。此の中善無畏、金剛智、不空、一行、慈恩、惠果、慈覺、智證、宗叡等は中天の音を用ひ。智廣、寶月、弘法、傳敎等は南天の音を用ふ。【悉曇藏一、悉曇三密鈔上】

シツタンジキ　悉曇字記 〔書名〕一卷、唐の智廣、南天竺般若菩提所傳の悉曇を記せしもの。【閱帙十五】

シツタンジフニイン　悉曇十二韻 〔術語〕四十七字中の十二摩多を云ふ。「シツタンシヤウ」を見よ。

シツタンジフニシヤウ　悉曇十二章 〔術語〕摩多の十二音を云ふ。【西域記二】に「開レ蒙誘進先遵二十二章一。七歲後。漸授二五明大論一。」

シツタンジフハチシヤウ　悉曇十八章 〔術語〕摩多體文の四十七言（又四十九言）を本として生ずる文字に十八章あり、悉曇字記に載す。【寄歸傳四】に「本有二四十九字一。共相乘轉成二一十八章一。總有二一萬餘

字。合三百餘頌。」

シツダン 悉擅 〔術語〕Siddhānta 悉談に作る。智度論四悉曇を說けり。悉曇は悉談、悉曇に同じく成就の義なり。然るに古師或は宗と譯し、或は理と譯し、又成と譯するあり。獨り南岳は悉を漢語とし、檀は梵語とし施の義とす。「シシツダン」を見よ。

シツチ 悉地 〔術語〕成就と譯す、但し成就に所成能成の別あり、世出世の法に通じて三密相應し、以て成就せる妙果を梵語を以て悉地と云ひ、其妙果を成就せん爲に三密をして相應せしむる因行を漢語を以て成就と云ふ。【大日經疏十二】に「悉地是眞言妙果。爲此果故而修因行故。此中成就者是作業成就。」【大日經供養法疏上】に「悉地者成就。亦云成菩提。」【大日經義釋五】に「當得成就一切悉地。」【弘法付法傳】に「世出世間悉地成就。」◉（盛衰記一三）「二世の悉地共に成就したる心地して」梵 Siddhi

五種悉地 〔名數〕息災、增益、敬愛、鉤召、降伏の五法なり。【辨惑指南四】

四種悉地 〔名數〕「シシユダンボフ」を見よ。

シツチ 質底 〔術語〕Citi 譯、積聚。【寄歸傳三】に「大師世尊既涅槃後。人天共集。以火焚之。衆聚香柴遂成大積。即名此處以爲質底。是積聚義。據從生理。遂有制底 Caitya 之名。」

シツチヂミヤウセン 悉地持明仙 〔人名〕呪術に依て外法の悉地を得たる仙人なり。【大日經疏六】に「悉地持明仙者。皆是專依呪術得悉地人。」

シツチボサツ 悉地菩薩 〔人名〕書寫山の性空上人は悉地を成就せる人なれば世に悉地菩薩と號す。【台宗學則上】

シツチラソト 悉地羅窣都 〔術語〕Siddhir astu 悉曇章の題名なり。Siddhir は成就の義、astu は「あれ」の義なり。【寄歸傳四】に「創尊悉談章。亦名悉地羅窣覩。斯乃小學標章之稱。但以成就吉祥爲目。」

シツヂキ 質直 〔術語〕質は正なり、正直の心、諂曲なきなり。佛道は衆生本有の天眞に悟達するにあるが故にこの意を示して質直是淨土と云ふ。【法華經壽量品】に「衆生既信伏。質直意柔軟。一心欲見佛。不自惜身命。時我及衆僧。俱出靈鷲山。」又「諸有修功德柔和質直者。則皆見我身在此而說法。」【維摩經佛道品】に「直心是菩薩淨土。菩薩成佛時。不諂衆生來生其國。」【註】に「直心者謂質直無諂。此心乃是萬行之本。」【同菩薩品】に「於六和敬起質直心。」

シツヂクワ 悉地果 〔術語〕證菩提の𑖀𑖽暗字を稱す。【義釋十三】に「住於最上一切法句而得成就故名暗字悉地之果也。」

シツヂグウ 悉地宮 〔術語〕眞言の妙果即ち悉地を成就せる國土宮殿なり。三品あり。【大日經疏三】に「此中言悉地宮有上中下。上謂密嚴佛國。出過三界非二乘所見聞。中謂十方淨嚴。下謂諸天修羅宮等。」

シツツウ 漆桶 〔譬喩〕無分別の眼闇黑なり、以て漆桶に譬ふ。無眼子を罵る詞なり。黑漆桶、漆桶不會など言ふが如し。

シツテイ 質帝 〔術語〕「シツタ」を見よ。

シツテイナ 悉替那 〔雜語〕譯、上座。【名義集一】「シツタベイラ」を見よ。

シツネン 失念 〔術語〕大乘百法中隨煩惱二十の一。心をして散亂せしめ所緣の境に於て明記する能はざらしむる心所なり。【唯識六】に「失念。於所緣境不能明記爲性。能障正念散亂所依爲業。」

シツラバツ 室羅筏 〔地名〕次項に同じ。

シツラバツシツチ 室羅筏悉底 〔地名〕「シヤエコク」に同じ。梵 Śrāvastī

シツリ 室利 〔術語〕「シリ」を見よ。

シツリラタ 室利羅多 〔人名〕又羅を邏に作る。Śrīlabha 譯、勝受。經部の論師。

シツリロン 蒺蔾論 〔雜語〕他に難問を發し、他をして語るを得ず、語らざるをも得ざらしむるを蒺蔾論と云ふ。【雜阿含經三十二】に外道其弟子を畩して佛に向て數度蒺𦿎論を發せしめ、弟子還つて佛說を聞きて信伏せしを記す。

シツリヲン 蒺蔾園 〔雜語〕寺中如法にして、三寶清淨なれば、之に供養する者無量の福果を得べし、之を艮福田と爲す。若し、寺中非法に聚會し、衆僧不如法なれば何の福利をも生ずるとなし。之を蒺蔾園と亦稱す。【行事鈔下三】に「經云。衆僧艮福田。亦是蒺蔾園。斯言實矣。」

シツロ 膝蘆 〔雜語〕釋迦菩薩、禪を修するとき、地の生草、菩薩の肉を穿ちて上生して肘に至ると云ふ。【觀佛三昧海經】【雪竇祖英集上】に「蘆芽穿膝。」【釋書重怡傳贊】に「頂巢膝蘆。」

シテイ 止啼 〔譬喩〕涅槃經に說く黃葉兒の啼を止むる喩なり。

シテイ 支帝 〔術語〕「シダイ」を見よ。

シテウソウデン 四朝僧傳 〔雜語〕唐國四朝の高僧傳なり。「クワウソウデン」を見よ。

シテン 四轉 〔術語〕眞言の法に阿字轉じて𑖀阿、𑖁阿長、𑖀𑖽暗、𑖀𑖾惡となし、次第の如く東南西北の四方に即して發心、修行、菩提、涅槃の四德を顯はせば之を四轉と云ふ。【大日經疏十四】に「若見阿

字當知菩提心義。若見長阿字當知修如來行。若見暗字當知成三菩提。若見惡字當知證大涅槃。」又「如阿字單是菩提心。若傍角加畫即是行。此是菩提心並行也。若上加點者即是菩提心並一大空離切相成菩提也。若阿字傍加二點即是菩提心並除一切障得涅槃也。」

シテン　視篆　〔術語〕篆は印なり、禪林の法住持の所に入る時は寺印を撿視する禮あれば入寺を視篆と云ふ。【象器箋九】に「舊說曰。中華寺院有其字印。如天童印以玲瓏巖主四字篆刻。凡住持退院時。小軸列書闔山大衆名軸尾使寺印。又別片紙打寺印不動其紙貼印仰之納干印籠。若少動印則所粘紙可破。是闕住之際禁盜掛搭之法也。住持封其印籠。託都寺令傳後住之人。都寺至新住持入寺日於室間度與之。」【敕修清規入院】に「知事捧呈寺印。新命看封。付知事開封。新命視篆」

シテンゲ　四天下　〔雜語〕四大洲なり。金輪聖王は四大洲を領す。【法華經序品】に「威德自在各領四天下。」

シテンジヤウゲ　四天上下　〔雜語〕上は即四王天、下は即ち四洲人なり。　「り。

シテンダイワウ　四天大王　〔天名〕四天王な

シテンダウ　四顚倒　〔名數〕「シタウ」を見よ。

シテンホフリン　示轉法輪　〔術語〕「サンテンボフリン」を見よ。

シテンワウ　四天王　〔天名〕帝釋の外將なり。須彌山の半腹に一山あり、由揵陀羅と名く。山に四頭あり、四王各之に居り、各一天下を護る、依て護世四天王と云ふ。其の所居を四王天と云ふ。是れ六欲天の第一にて天處の最初なり。四天王天　Caturmahārāja-kāyikās と稱し、東は持國天 Dhṛitarāṣṭra 南は增長天 Virūḍhaka 西は廣目天 Virūpākṣa 北は多聞天 Dhanada 又 Vaiśramaṇa と云ふ。⊙（著聞集釋敎）「四天王の像をきざみて作らしめて」（太平記一六）「多聞、持國、增長、廣目の四天」

シテンワウガウギヤウホフ　四天王合行法　〔修法〕四天王を本尊として災厄を攘ひ福德を請招する修法を云ふ。

シテンワウキヤウ　四天王經　〔經名〕一卷、宋の智嚴等譯。每月六齋日に四天王が七曜二十八宿を從へて四洲に下り、衆生の善惡を伺察して帝釋に報ずることを說く。【宿帙八】(722)

シテンワウジ　四天王寺　〔寺名〕「テンワウジ」を見よ。

シテンワウテン　四天王天　〔界名〕即ち四天「王の所居の天なり。

シデウノシヨ　四帖疏　〔雜名〕唐の善導大師の觀無量壽經の疏四卷あれば光明の四帖の疏と云ふ。又之を證定疏と云ふ。定を證得せし人の疏といふ意。善導三昧を發得して聖者の冥加を蒙りて經の科文を造ればなり。其の事疏尾に自說あり。【選擇集下】に「條錄觀經之文之刻。頗感靈瑞屢預聖化。既蒙聖冥加然作經科文。擧世而稱證定疏。人貴之如佛經法。」

シデノヤマ　死出山　〔譬喩〕【別譯阿含經四】に「老山能壞壯年盛色。病山能壞一切强健。死山能壞一切壽命。衰耗之山能壞一切榮華富貴。」と云へる中の死山なり。此に依れば死の險難を山に譬へたる迄にて、死山の實物なりといふにあらず、然るに十王經の僞撰世に出でしより實の山となれるなり。【十王經】に「閻魔王國境死天山南門。亡人重過兩莖相逼。破腠割骨折髓漏髓。死天重死。故言死天。」⊙（近松、女護島）「死出の山を手に手を取つてなどと思ひこうだる佛者共」

シデン　四田　〔名數〕四種の福田なり、「フクデン」を見よ。

シデン　緇田　〔雜語〕緇は緇衣なり、僧衣なり。緇田は僧園と言ふ如し。【釋書上表】に「緇田之稗梯。」

シタウ　死刀　〔譬喩〕死は人を殺せば以て刀に譬ふ。【無常經】に「死刀隨業下。」

シト　指兎　〔雜語〕兎は月なり、指兎は指月と言ふ如し。「ユビ」を見よ。

シト　緇徒　〔雜語〕緇衣の徒なり。「シエ」を見よ。

シトウ　四等　〔術語〕慈、(Maitrī)悲、(Karuṇā)喜、(Muditā)捨、(Upekṣā)　の四無量心なり。所緣の境に從へて無量と云ひ、能起の心に從へて等と云ふ。平等に此心を起せばなり。【增一阿含經序品】に「迦葉端思行四等。」【大乘義章十一末】に「經中名此以爲無量。亦云四等。緣於無量諸衆生起故名無量。等緣一切故復名等。」【大部補註六】に四等。慈悲喜捨名四無量。華嚴經中亦名四等。四等從心。無量從境。」【增一阿含經二十一】に「有四等心云何爲四慈悲喜護。」図一に字等、三世の諸佛等しく佛と稱するなり、二に語等、三世の諸佛等しく六十四種の梵音を以て演說するなり。三に法等、三世佛等しく三十七の菩堤分法を得るなり。四に身等、三世の諸佛等しく法報化の三身あるなり。此の四等を以て佛佛道同じきを顯はすなり。【楞伽經三】に佛告大慧。以四等故。如來應供等正覺。於大衆中唱如是言。我爾時作拘留孫、拘那含牟尼、迦葉佛。云何四等。謂字等。語等。法等。身等。是名四等。」図一に諸法等、諸法本來眞如平等なり。二に發心等、所依の理

性平等なれば能發の心亦平等なり。三に道等、發心平等なれば所行の道亦平等なり。四に慈悲等、所行の道平等なれば所等の道より垂る所の慈悲亦平等なり。【往生論註上】に「平等是諸法體性。以二諸法平等一故發心等。發心等故道等。道等故大慈悲等。」

シトウリハカタチヲマジヘ　四忉利交形
【雜語】【俱舍論十二】に六欲天の婬欲の相を頌して。「六受レ欲交抱。執レ手笑視婬。」此は第一の四王天と第二の忉利天は男女形を交へ、第三の夜摩天は相抱き、第四の兜率天は手を執り、第五の樂變化天は相ひ笑ひ、第六の他化自在天は相ひ視るを以て婬となすを云ふ。之を學生の歌に「四忉利は形を交へ夜摩はだき兜執り樂ゑみ他化はあひ見る」

シトク　四德
【名數】大乘の大般涅槃所具の德也。一に常德、涅槃の體は恒に不變にして生滅なし、之を名けて常と爲し、又隨緣化用常に絕えざる之を名けて常と爲す。二に樂德、涅槃の體寂滅にして永く安ずる之を名けて樂と爲し又運用自在にして所爲心に適ふ之を名けて樂と爲す。三に我德、我を解するに二種あり、一は體に就き自實を我と名く、【涅槃經哀嘆品】の中に「若法是實是眞是主是依。性不二變易一是名爲レ我。」と說く如し。二は用に就き自在なるを我と名く【涅槃經高貴德王品】に「有二大我一故名二大涅槃一。大自在故名爲二大我一。云何名爲二大自在一耶。有二八自在一則名爲レ我。」（八自在を見よ）と說く如し。四に淨德、涅槃の體一切の垢染を解脫するを名けて淨となし、又化に隨ひ緣に處して汚れざるを名けて淨と爲す。（大乘義章十八）【法華玄義四】に「破二二十五有煩惱一名レ淨。破二二十五有業一名レ我。不レ受二二十五有報一爲レ樂。無二二十五有生死一名レ常。常樂我淨名爲二佛性顯一。」此の常樂我淨を說くを涅槃經一部の所詮とす、故に涅槃經を談常敎と云ふ。⦿（盛衰記三）「伏惟四德雖レ跡」　「三佛性の一。」

シトクワブツシヤウ　至得果佛性
【術語】

シトクグソクノヤク　至德具足益
【術語】彌陀を信じ念佛するもの現世に於て無上の功德を具足するを云ふ、現世十種益の一。

シトクシヨ　四德處
【名數】若し善人に近けば則ち正法を聞き、正法を聞けば則ち四德處を具す。一に慧德處、正法を聞くに由て大智慧を生ずる故に慧德處と名く。二に實德處、是の智慧を以て眞諦の空理を見る故に實德處と名く。三に捨德處、眞空を見て煩惱を離るるが故に捨德處と名く。四に寂滅德處、空理を見て煩惱盡くるが故に心寂滅を得、故に寂滅德處と名く。【成實論二】

シトクハラミツ　四德波羅蜜
【術語】波羅蜜は到彼岸の義、事の究竟を顯はす、四德とは常樂我淨なり。如來の法身は四德の究竟處なるを四德波羅蜜と云ふ。【普賢觀經】に「釋迦牟尼名二毘盧遮那遍二一切處一。其佛住處名二常寂光一。常波羅蜜所二攝成一處。我波羅蜜所二安立一處。淨波羅蜜滅二有相一處。樂波羅蜜不レ住二身心相一處。」

シトクラクハウ　四德樂邦
【雜語】四法を具する安樂世界を云ふ。即ち涅槃の都なり。涅槃は常樂我淨の四大德を具有するが故に此名あり。⦿（太平記四〇）「速に三界の苦輪を出て、直に四德の樂邦に到り給ふらんと」

シド　四土
【名數】台家所立の四種佛土なり。一に凡聖同居土、人天の凡夫も聲聞緣覺等の聖者も共に同居する國土なり。此に淨穢の二種あり、娑婆世界の如き是れ同居の穢土なり、西方極樂の如き是れ同居の淨土なり。二に方便有餘土、見思の煩惱を斷じて三界の生死を出離せし人の生處なり。是れ小乘の方便道を修し見思の惑を斷ぜし人の生處なれば方便と名け、塵沙無明の惑未だ盡きざれば有餘と名く。又七方便人の所居なるが故に方便土と名く、七方便人とは藏敎の聲聞緣覺の二人と、（藏敎中に菩薩あれ共彼の菩薩は三十四心斷結成道にて菩薩の位には未だ斷惑せず隨て彼土に生ぜずと云ふ意あれば之を除くなり）通敎の聲緣菩の三人と、別敎の菩薩一人と、圓敎の菩薩一人との人種類なり。又此土を變易土と稱す、同居土の依身を變じて方便土の依身に易ふれば變易土と名け、又後に此の方便土の依身を變じて實報土の依身に易ふれば變易土と名く。さて此方便土に生ずる者五人あり。一に須陀洹、二に斯陀含、三に阿那含、四に阿羅漢、（前三果は思惑未だ盡きざれば方便土に生ずべからず故に悉く是れ阿羅漢なり、但本位に從て名を立て、一阿羅漢の上に四果の別を擧げしなりと云ふ）五に辟支佛なり。【文句六】に「五人斷二通惑一者同生二其土一皆爲二菩薩一。五人即之四果支佛。」と言ふ是れなり。此五人方便土に生じて次第の如く八、六、四、二萬、十千劫を經て菩提心を發すと涅槃經に說けり。又九人あり方便土に生ずと云ふ。藏敎の聲緣二人と通敎の聲緣菩の三人と、別敎の三人と、圓敎の一人なり。別敎の三人とは別敎の菩薩第六住に至れば見思の煩惱を斷ず、故に六住已上は方便土に生ず、是れ一なり、及び十行と十回向と之を三人とす。圓敎の一人とは圓敎は十信位の六根淨には見思の煩惱を斷ずる故に報命盡くれば方便土に生ずるなり。【觀經妙宗鈔上】に「九種行人合レ生二彼土一。」と曰ふ是れなり。三に實報無障礙土。方便土は空理を證せし人の果報土なり、此上に更に一分中道の理を證せし人の果報土あり、眞實の法を行じ、勝報を感得し、色心相妨げざれば實報無障礙土と名く。純ら菩薩の居にして

凡夫二乘あるとなし、別教の十地已上圓教の十住已上の菩薩是なり。四に常寂光土。常とは法身なり、寂とは解脱なり、一切の諸相永く寂するなり。光とは般若なり、諸相を照らす智慧なり。此三德不縱不横なるを秘密藏と名く、是れ諸佛如來の所依所居なれば常寂光土と名く。之に就て有相無相の二義あり、一は寂光土は唯理なり。【淨名經疏一】に「寂光土者。妙覺極智所照。如如法界之理。名レ之爲レ國。但大乘法性即是眞實智性。不レ同二二乘偏眞之理一。」【法華玄義七】に「寂光理通如レ鏡如レ器。諸土別異如レ像如レ假業力所レ隔感見不レ同。」是れ如理は如智の所依なれば土と名く、別に能依所依身土の別相あるにあらずと云ふ、是れ一義なり。二は圓教の極意に依れば三千の諸法宛然として本有なり、是れ眞佛眞土なり、常寂光の名之に依て立つ、豈に常寂光を無相唯理と言はん、是れ圓教の實義なり。【淨名經疏一、妙宗鈔上、七帖見聞二末】

シドウジサンマイキヤウ　四童子三昧經　【經名】三卷、隋の闍那崛多譯。方等般泥洹經の前六品の別譯なり。【盈帙九】(121)

シドギヤウユウ　四度行用　【書名】四度加行の次第を記したるものなり。又次第と名く。

シドケギヤウ　四度加行　【名數】四度加行とは密法の傳授を四番に分ち之を一と續きに皆傳ふる法なり、此事上古の正規にあらず、末法の略式なり。さて四度とは一に十八道、二に胎藏、三に金剛、四に護摩なり。此の次第に就て初は皆十八道なり、餘の三度に就て三派の次第同じからず。山門の諸流は胎、金、護摩と次第し、寺門の流は胎、護摩、金と次第し、東密には金、胎、護摩と次第して之を授與す。四度の加行を授與し了りて後に傳法灌頂の授與あるなり。其の日數は先づ十八道に就て其の十八道稟受の爲め前行一百日の間に十八道次第を寫得せしめ已りて後に受者次第の傳授を蒙り之を諳誦し、又印の結び方を敎へ之を諳練す、其間又一百日なり。其の最後の三七日を十八道の正行とす。餘の三度の傳授亦此の如し、凡そ二百日づつに合せて八百日なり。其より傳法灌頂の前行等又二百日なり、都合千日にて始終滿ずるなり。是れ四度加行の事創設當時諸流一般の通規なりき。然るに其の後阿闍梨の料簡にて日數を略し、諸流一般百九十九日の內に四度を滿ずるなり。十八道前行五十日、次に一七日十八道の正行、次に五十日金の前行、次に七日金の正行、次に三七日護摩の前行、次に七日護摩の正行、次に七日胎の正行、都て百九十九日を經るなり。更に減じて一度の行を三七日づつにて滿ずるもあり。

シドクジヤ　四毒蛇　【譬喩】地水火風の四大に譬ふ。【涅槃經二】に「自觀二己身一如二四毒蛇一。」【同二十三】に「有レ王以二四毒蛇一盛二之一篋一令二人瞻養一。」と【最勝王經五】に「如三四毒蛇居二一篋一。此四大蛇性各異。乃至地水二蛇多沈下。風火二蛇性輕擧。由二此乖異一衆病生。」

シドデンジュ　四度傳授　【雜語】四度加行の傳授なり。

シドニコンリ　此土耳根利　【術語】【法華玄義六】に「他土餘根皆利。隨二所用塵一起レ之令二他得一レ益。此土耳根利。故偏用二聲塵一。」他の佛土の衆生には或は眼根の利なるあり、佛之に對して色塵を起して益を得せしめ、或は鼻根の利なるあり、佛之に對して香塵を起して益に入らしむ、六塵說法是なり。今此娑婆界は耳根最も利なる故に佛偏に聲塵を起して法を說くとなり。之を音聲佛事を作すと云ふ。

シナ　支那　【地名】Cīna 又、脂那、至那、斯那、眞丹、振旦、震旦、眞那、振丹、脂難、旃丹に作る。竺人より漢國を指す稱なり。【玄應音義四】に「振旦或言二眞丹一。並非二正音一。應レ言二支那一。此云二漢國一也。又無二正翻一但神州之總名也。」【善見律二】に「摩訶勒棄多至二史那世界國一。」【注】に「是漢地也。」史は臾那(Yona)の臾を誤りたるものにて希臘人種(Ionian)を指す。漢地也の注は支那注釋者の誤なり。【西域記五】に「當此東北數百萬里。印度所謂摩訶至那國是也。」【同十八】に「或作二震旦脂那一。今作二支那一。」【慧苑音義下】に「此翻爲二思惟一。以下其國人多レ所二思慮一多上レ所二制作一故以爲レ名。即今漢國是也。」

シナイリキヤウ　四泥梨經　【經名】一卷。東晉の竺曇無蘭譯。提舍、瞿波離、諦婆達兜、末法梨の四人の墮する四大泥梨の相を說く。【昃帙四】(630)

シナダイバクタラ　支那提婆瞿怛羅　【雜名】Cīna-deva-gotra 譯、漢天種。【西域記十二】

シナニ　至那儞　【雜名】譯、漢持來。桃なり。【西域記四】梵 Cīnāni

シナホタラ　愼那弗怛羅　【人名】Jinaputra 論師の名。譯、最勝子。瑜伽師地論釋を作る。【西域記十一】

シナヤシヤ　嗜那耶舍　【人名】Jinayaśas 比丘の名。譯、勝名。【續高僧傳二】

シナラジヤホタラ　至那羅闍弗呾羅　【雜名】Cīna-rājaputra 譯、漢王子、梨なり。【西域記四】

シナン　指難　【地名】支那に同じ。

シナン　四難　【名數】一に値佛難、二に說法難、三に聞法難、四に信受難。【法華文句五】

シニヨイソク　四如意足　〔術語〕又、四神足と云ふ。三十七科の道品中四正勤に次で修する行品なり。四種の禪定なり。前の四念處中、實智慧を修し、四正勤中正精進を修し、精進智慧增多にして定力小弱なり、今四種の定を得て心を攝むるが故に定慧均等にして所願皆得るが故に如意足とも神足とも名く。如意とは意の如きを得るなり。六通の中の身如意通なり。又總じて六通なり、是れ定所生の果なり。足とは所依の義なり、身の足に依て立つ如し。六通等の如意は此の四種の定に依て起れば定を名足と爲す、又神とは靈妙の德に名く、此定能く靈妙の果德を生ずる所依なれば足と名く。【智度論十九】に「問曰。四念處四正勤中已有レ定。何以故不レ名二如意足一。答曰。彼雖レ有レ定智慧精進力多定力弱故。行者不レ得二如意願一。四種定者、欲爲レ主得レ定。精進爲レ主得レ定。心爲レ主得レ定。思惟爲レ主得レ定。」さて四如意足の稱目に異說多し、智度論及び法界次第には欲、精進、心、思惟、と列ね、輔行七には欲、精進、一心、思惟、と列ぬ、是れ同一なり。俱舍論には欲勤心觀と列ね、四教儀に欲念心慧と列ぬ。【俱舍光記二十五】に「此四は加行に依て名を立つ。一に欲神足、加行位に此定を起さんと欲す、欲の力に依るが故に定を引發して起す。二に勤神足、加行位に此定を勤修す、勤の力に依るが故に定を引發して起す。三に心神足、加行位に一心專住す、心の力に依るが故に定を引發して起す。四に觀神足、加行位に理を觀察す。觀の力に依るが故に定を引發して起す。加行位の中に多法あれども此四法資益すると勝ぐるれば此の四に從て名となす。」【俱舍論二十五】に「何緣於レ定立二神足一名。諸靈妙德所依止故。乃至神謂受二用種種神境一。分レ一爲レ多。乃至廣說。足謂欲等四三摩地。此中佛說二定果一名レ神。欲等所生等持名レ足。」

シニヨジツクワン　四如實觀　〔術語〕唯識宗四加行位の觀法なり。「シジンシクワン」を見よ。

シニン　至人　〔雜名〕釋迦如來の尊號なり。【資持記上一之一】に「釋迦如來。道成二積劫一德超二三聖一。化二於人道一示レ相同レ之。是以且就二人中一美爲二尊極一。故曰二至人一。」

シニン　四忍　〔名數〕「ニン」を見よ。

シニンエ　死人衣　〔衣服〕死人に被せたる衣なり。比丘の衣料の一。五種衲衣の一。

シニンクワンセ　四人觀世　〔雜語〕人人機根に依りて世間を觀るに等差あり。凡夫は三界を樂と觀じ、歡喜遊戲して覺知せず。二乘は三界を苦と觀じ、火宅の如く安きことなしとす。菩薩は三界を空と觀じ、緣想相を見る猶空花の如しとす。諸佛は三界を唯心と觀じ、世間の諸物皆な妙明の心なりとす。

シニンシユツゲンセケンキヤウ　四人出現世間經　〔經名〕一卷、劉宋の求那跋陀羅譯。波斯匿王の爲に先後醜妙の四人の不同を說く。增一阿含四意斷品に出づ。【昃帙四】(589)

シネンジユ　四念珠　〔名數〕念珠の四種なり。上品、最勝、中品、下品の四の數を、一千八十、百八、五十四、二十七とす。「ジユジユ」を見よ。

シネンジヨクワン　四念處觀　〔術語〕舊に四念處と云ひ、新に四念住と云ふ。小乘の行人五停心觀の後に四念處觀を修するなり。五停心に依て行人の亂心を止む是れ奢摩他なり、四念處に依て行人の觀慧を發す是れ毘婆舍那なり。一に身念處、身は不淨なりと觀ずるなり、身とは父母所生の肉身なり、身の内外汚穢充滿して些の淨處なし、故に身は不淨と觀ず。二に受念處、受は苦なりと觀ずるなり、受とは苦樂の感なり、樂は苦の因緣より生じ又苦樂を生ず、世間に實樂なし、故に受は苦なりと觀ず。三に心念處、心は無常なりと觀ずるなり、心とは眼等の心識なり、念念に生滅して更に常住する時なし、故に無常なりと觀ず。四に法念處、法は無我なりと觀ずるなり、法とは上の三を除きて餘の一切なり、法に自主自在の性なし、故に無我なりと觀ず、是れ苦の一諦に就て四念處を修するなり。吾人の苦諦の依身に此身受心法の四義あれば之に就て不淨苦無常無我を觀じ、次第の如く常樂我淨の四種の顚倒を破するなり。故に唯だ四ありて不增不減なり。此四念處は慧を體となす、慧の力能く身受心法の所觀の處を念ぜしむるが故に念處と名け、又慧の力能く念をして所觀の處に住せしむるが故に念住と名く。【俱舍論二十三】に「依二已修成一滿勝奢摩他一。爲二毘鉢舍那一修二四念住一。」【法華玄義三】に「念處是觀二苦諦上四智一。治二於四倒一。四倒不レ起由二此四觀一。」

別總二種念處　〔名數〕此四念處觀に二種あり、一を別相念處と云ひ、二を總相念處と云ふ。別相念處とは上の如く所觀の境を身受心法の四に分け、順を追ひて別別に之を觀ずるなり。但し第四の法念處に於て雜緣不雜緣の二ありて不雜緣法念處は唯法の一境を觀ずるなり、雜緣法念處は身等の四境に於て或は身受の二を合觀し、乃至は四境共に總觀するなり。何となれば法の名は汎くして前三に通ずればなり。さて總相念處とは雜緣法念處の後念に於て身受等の四を分たず、之を總合して諸の有爲法は無常なりと觀じ、諸の有漏法は苦なりと觀じ、一切の法は

空なり無我なりと觀ずるを總相念處と名く。別相と總相との相違は前境を分つと分たざるとに在り。又、能觀の行相は別相は不淨、苦、無常、無我の四なり。總相は無常、苦、空、無我の四なり。小乘七加行位の中に此の別相觀の位を第二の加行別相念處と名け、此の總相觀の位を第三の加行總相念處位と名け、之に第一の加行五停心觀を加へて三賢位と稱す。

シネンヂユウ　四念住　〔術語〕四念處に同じ。

シハ　四波　〔雜語〕四波羅蜜菩薩なり。

シハイ　四輩　〔雜語〕比丘、比丘尼、優婆塞、優婆夷の四衆なり。又、人、天、龍、鬼の四衆なり。【藥師經】に「四衆苾芻。苾芻尼。鄔波索迦。鄔波斯迦。」【盂蘭盆經】に「時目連比丘四輩弟子歡喜奉行。」【同圭峯疏】に「四輩者。僧尼士女。或云。人天龍鬼。」「シシュ」參照。

シハイキヤウ　四輩經　〔經名〕一卷、西晉の竺法護譯。四輩弟子の法非法を說く。【宙帙八】(467)

シハウ　四方　〔術語〕密敎には東南西北と次第し、東方を因陀羅方、南方を焰魔羅方、西方を嚩嚕拏方、北方を毘娑門方と名け、又東北を伊舍尼方、東南を護摩方、西南を涅哩底方、西北を嚩瘦方と名く。是れ皆護方神に因て名けたるなり。【大日經疏五】又、四大、四顯色、四佛、阿字の四轉等各此四方に配當す。「ゴダイ」を見よ。

シハウケツ　四方結　〔物名〕金剛墻の別名なり。眞言法の結界なり、三鈷の金剛を交立して四方に周遍すと觀想して修法の壇場を結界するなり。

シハウシブツ　四方四佛　〔名數〕東方香積世界、阿閦佛。南方歡喜世界、寶相佛。西方安樂世界、無量壽佛。北方蓮華莊嚴世界、微妙聲佛の稱。

シハウソウモツ　四方僧物　〔雜名〕十方の僧に屬する物件なり、寺中の飯米の如き是れなり。「ソウモツ」を見よ。

シハウタイシヤウ　四方大將　〔名數〕北方散脂大將。東方樂欲大將。南方檀帝大將、西方善現大將を云ふ。各五百の眷屬あり。廿八部の鬼神を卒ひて佛法を守護す。

シハウリフサウ　指方立相　〔術語〕指方とは西方を指定するを云ひ、立相とは彌陀の相好を建立するを云ふ。是れ觀經一部の說相なり。之に就て聖道門の諸家は之を以て一往劣機に對する方便說となし、其の究竟說は、心外無法なれば心外に淨土なし、實相無相なれば佛身無相なりと云ふ。然るに淨土門は本爲凡夫の宗なれば此の指方立相を以て宗の極致とし、已心の淨土、無相の理佛を取らざるなり。【觀經定善義】に「今此觀門等。唯指レ方立レ相住レ心而取レ境。總不レ明ニ無相離念一也。如來懸知末代罪濁凡夫立相住レ心尙不レ能レ得。何況離レ相而求レ事者如下似無ニ術通一人居レ空立上レ舍也。」

シハク　紫柏　〔人名〕明の紫柏大師、名は僧可、達觀と號す、燕京に於て大に法幢を建つ、後誣に罹て終る、紫柏老人集あり。

シハチサウ　四八相　〔雜語〕佛の三十二相なり。

シハツ　四鉢　〔故事〕佛成道の初め四天王來りて各一の石鉢を奉る、佛之を受けて重疊して一となして之を用ふ。「イシノハチ」を見よ。

シハライ　四波羅夷　〔名數〕「ハライ」を見よ。

シハラミツ　四波羅蜜　〔名數〕次項を見よ。

シハラミツボサツ　四波羅蜜菩薩　〔名數〕金剛界大日如來の四親近の女菩薩なり。是れ皆大日如來より流出して四方四佛の能生の母となるなり。一に金剛波羅蜜菩薩、黑青色にして左手の蓮華の上に函あり、右手に阿閦如來の印を結ぶ。金剛とは金剛堅固菩提心なり。此菩薩を東方阿閦如來の能生養育の母となす。二に寶波羅蜜菩薩、白黃色にして左手の蓮華の上に寶珠あり、右手に四角の金輪を持す、寶とは萬善所成の功德なり。此菩薩を南方寶生如來の能生養育の母となす。三に法波羅蜜菩薩、赤肉色にして無量壽の印を結び、蓮華の上に函あり。法とは智慧門說法の德なり。此菩薩を西方無量壽佛の能生養育の母となす。四に業波羅蜜菩薩、青色にして左手蓮華上に函あり、右手に羯磨杵を取る、業とは衆生の利益の事業なり、此の菩薩を北方釋迦如來の能生養育の母とす。【兩部曼荼羅鈔上】

シハンシ　尸半尸　〔修法〕尸咒、半尸咒なり。毘陀羅法を以て人を陰殺するに全尸を用ゐるを尸咒と云ひ、無頭の尸を用ゐるを半尸咒を云ふ。【瑜伽倫記十七】に「泰云。有レ人欲レ殺レ他。咒令ニ死身長一令レ殺ニ怨家一故名ニ尸咒一。無レ頭尸不レ作ニ言語一。令レ殺ニ他人一。故名ニ半尸一。測云。有レ人欲レ殺レ他。以レ咒咒レ鬼令ニ鬼殺レ他。令ニ尸殺ニ衆生一故名爲レ尸。或以ニ尸手足等一殺ニ有情一故名ニ半尸一。」「ビダラホフ」を見よ。

シバク　子縛　〔術語〕見思の煩惱を苦果に對して子と云ひ、煩惱を以て身を繫縛し自在を得ざらしむるを子縛と云ふ。以て果縛の言に對す。【四敎儀】に「子縛已斷果縛猶存。」

シバク　四縛　〔名數〕又四結とも云ふ。一に欲愛身縛、欲界の貪欲の身を縛するもの。二に瞋恚身縛、瞋恚の身を縛するもの。三に戒盜身縛、邪戒の身を縛するもの、戒盜又は取戒と名く。もと是れ戒に非

ず强て以て戒と名くれば戒盜と名け、又取て以て進行すれば戒取と名く。外道の邪戒なり。四に我見身縛、我見の身を縛するもの。【鞞婆沙論二】〔又〕一に欲縛、欲界の諸惑中無明と見惑を除きしもの。二に有縛。上二界の一切の惑中無明と見惑を除きしもの。三に無明縛、三界の無明なり。四に見縛、三界の惡見なり。【大經淨影疏】

シバババ 私婆婆 〔雜語〕【一輪盧迦論】に「私婆婆。或譯云ニ自體體ト。或譯爲ニ自性性ト。」梵、Svabhāva

シバラ 支伐羅 〔物名〕Cīvara 又、至縛羅。譯、衣。【寄歸傳二】に「袈裟乃是梵言。即是乾陀之色。元來不レ干ニ東語ト。何勞ニ下底置レ衣。若依ニ律文典語ト三衣並名支伐羅。」【飾宗記五末】に「支伐羅譯レ之爲レ衣。」【梵語雜名】に「衣至縛羅。」

シヒジヤウゲ 四非常偈 〔術語〕「シムジヤウ「ゲ」を見よ。

シヒミツ 四秘密 〔名數〕四意趣に同じ。「シイシユ」を見よ。

シヒヤウ 四兵 〔名數〕一に象兵、二に馬兵、三に車兵、四に步兵、之を輪王の四兵と云ふ。【長阿含經六】

シヒヤウカ 四評家 〔名數〕大毘婆沙論は五百の阿羅漢集りて發智論を評釋せしものなり。其中世友、妙音、法救、覺天の四論師を以て評家の正義となす。【華嚴玄談七】に「言ニ評家ト者。婆沙是諸阿羅漢同集。而有ニ四大阿羅漢ト。爲ニ評家正義ト。一世友、二妙音。三法救、四覺天。」

シヒヤクカイ 四百戒 〔名數〕藥師經に菩薩四百戒の目あり、其の戒相を說かず。

シヒヤクシビヤウ 四百四病 〔雜語〕病の全部を總括したる稱。【智度論六十五】に「四百四病者。

四大爲レ身常相侵害。一一大中百一爲起。冷爲有ニ二百ニ水風起故。熱病有ニ二百二ト地火起故。」

シヒンジユ 四賓主 〔名數〕臨濟曹洞の二家各四賓主を立て義不同なり。臨濟の賓主は師弟の別名なり。一に主中主、師家鼻孔あるもの。二に賓中主、學人鼻孔あるもの。三に主中賓、師家鼻孔なきもの。四に賓中賓、學人鼻孔なきもの。曹洞の賓主は體用の異名なり。一に主中賓、體中の用なり。二に賓中主、用中の體なり。三に賓中賓、用中の用、頭上に頭を安ずるなり。四に主中主、體中の體、物我雙亡し人法倶に泯するなり。【七帖見聞一末】

シビ 四微 〔雜語〕色微、香微、味微、觸微の四種の微、四大を形成すと云ふ。

シビ 尸毘 〔本生〕王の名。次項を見よ。

シビカ 尸毘迦 〔本生〕王の名、譯與、釋尊因位に尸毘迦王たりし時身を以て鴿に施せり是れ檀波羅蜜の滿相なり。【智度論三十五】に「爾の時毘首羯磨天、釋提桓因に白して言く、尸毘王の其行奇特にして世に希有なる所なり、諸の智人言く、是の人久しからざるに作佛を得べし、釋提桓因言く是の事辯じ難し、何を以て之を知る、魚子と菴羅樹華と發心菩薩との如き、是の三事、因の時多しと雖も果を成す甚だ少し、今當に之を試むべし、帝釋自ら化して鷹となり、毗首羯磨は化して鴿となり、鴿、王に投ず、王自ら身肉を割き、乃至身を擧て稱りに上り、以て鴿の命に代ふ、地爲に震動す。是の時釋提桓因心大に歡喜し、衆の天華を散ず、是の如き決定大心は成佛久しからず。」【四教儀】に「尸毘王、代レ鴿檀滿。」【西域記三】に「是如來昔修ニ菩薩行ト號ニ尸毘迦王ト。唐言與舊曰尸毘王訛 爲求佛果於レ此割身從レ鷹代レ鴿。」【慧琳音義二十六】に「尸毘王。古音亦云ニ濕鞞ト。此云ニ安穩ト也。」⊙(盛衰記二一)「尸毘大王としては鳩に代つて命をも捨てけり」梵、Sibi 又、Sibika

シビク 四比丘 〔名數〕「シアクビク」を見よ。

シビクキヤウ 師比丘經 〔經名〕佛滅後棺斂葬送經の異名。

シビヤウ 四病 〔名數〕一に作病、作は生心造作の謂なり。人ありて言く、我は本心に於て種種の行を作し圓覺を求めんと欲すと、之を作病と名く。彼の圓覺の性は作得にあらざればなり。二に任病、任は隨緣任性の謂なり。人ありて言く、我等今死を斷ぜず涅槃を求めず、彼の一切に任じて圓覺を求めんと欲すと、之を任病と名く。彼の圓覺は任有にあらざればなり。三に止病、止とは止妄即眞の謂なり、人ありて言く我れ今永く諸念を息む、寂念平等なり以て圓覺を求めんと欲すと、之を止病と名く。彼の圓覺は止得にあらざればなり。四に滅病、滅とは寂滅の謂なり。人ありて言く、我れ今永く一切の煩惱を滅し心身根塵永く寂す、以て圓覺を求めんと欲すと、之を滅病と名く。彼の圓覺の性は滅得にあらざればなり。【圓覺經】

シフ 執 〔術語〕事物を固執して離さざる妄情な「り。執念又は執心と云ふ。

シフ 習 〔術語〕煩惱の餘氣を習氣又は習と云ふ。

シフイチゴゴンブ 執一語言部 〔流派〕一說部の異名。

シフイモンロン 集異門論 〔書名〕阿毘達磨「集異門足論の略名。

シフインシフクワ 習因習果 〔術語〕新譯の同類因を舊譯に習因と云ひ、新譯の等流果を舊譯に習果と云ふ。智度論には之を習因習果と云へり。習は習續の義。前念の善を習續して後念の善を起し、乃至

前念の無記は習續して後念の無記を起す、前を習因とし、後を習果とす。一切の色心に通じ、善惡無記の三性に通ず。【止觀八】に「何名二習因習果一。答。阿毘曇人云。習因是自分因。習果是依果。又習名二習續一。自分種子相生。後念心起習二續於前一。前念爲レ因。後念爲レ果。此義通二三性一。」

シフウ　死風　〔譬喩〕　死を風災に譬ふるなり。【涅槃經十二】に「如二風災起一。能吹二一切一悉令二散滅一。唯除二四禪一。力不レ至故。善男子。死風亦爾。悉能吹二滅一切諸有一。唯除三菩薩住二於大乘大般涅槃一。」

シフウウキヤウ　止風雨經　〔經名〕　金剛光焔止風雨陀羅尼經の略名。

シフエウ　執曜　〔術語〕　九執七曜なり。梵、Graha

シフカウ　執綱　〔職位〕　一宗の僧の上位にありて僧務を取るもの。

シフカキヤウ　四不可輕　〔雜語〕【雜阿含經四十六】に佛、波斯匿王に對して四不可輕を說く。一に太子は小なりと雖、當に國王たるべし、是れ輕んずべからず。二に蛇子小なりと雖、毒能く人を殺す、又た輕んずべからず。三に小火微なりと雖、能く山野を燒く、又輕んずべからず。四に沙彌小なりと雖、聖を得て神通あり、最も輕んずべからず。【智度論二十二】に亦之を說く。

シフカシギ　四不可思議　〔術語〕　如來に四不可思議の事あり、小乘の能く知る所にあらず。一に世界不可思議、二に衆生不可思議、三に龍不可思議、四に佛土境界不可思議なり。【增一阿含經十八】

シフカセツ　四不可說　〔術語〕　【涅槃經二十一】に諸法の生と不生とに就いて六句の不可說を說けり。「不生生不可說。生生亦不可說。生不生亦不可說。不生不生亦不可說。生亦不可說。不生亦不可說。」以有因緣故可レ得レ說。」此中天台は四種の不可說を取つて自家所判の四教に配す。一に生生不可說、藏教は能生の因緣所生の諸法俱に實有と說くが故に生生と云ふ。二に生不生不可說、通教は能生所生の當體即空と說くが故に生不生と云ふ。三に不生生不可說、別教は眞如不生の理より、十界差別の事を生ずと說くが故に不生生と說く。四に不生不生不可說、圓教は眞如の理と十界の事と二なしと說くが故に不生不生と云ふ。此四俱に不可說と云ふは此の四教の理たゞ智を以て證すべし言說すべからず、其理もと說なきを以ての故なり。

シフカトク　四不可得　〔名數〕　一に常少不可得、二に無病不可得。三に長壽不可得、四に不死不可得なり。【四不可得經】

シフカトクキヤウ　四不可得經　〔經名〕一卷、西晉の竺法護譯。四梵志無常を避け免かるると能はず、佛因つて四不可得を說く。【宙帙八】(392)

シフキフ　四不寄附　〔雜語〕　財物を寄附すべからざる四種の人。老人は死期近く財物を得るによりて却つて執着を起す故に。遠處には急用あひがたき故に。惡人は財物を見て貪奪の心を生ぜんことを恐るるの故に。大力は勢力を恃みて貪奪の心を生ずるを恐るる故に。【優婆塞戒經】

シフギヤウ　執行　〔職位〕　寺中の役名。一寺中僧務の長なり。【廬嶽斷餘】に「東塔西塔は執行と云ふ也、橫川は別當と云ふ也、衆僧の一老任之役也、執行代に別當代に若き衆徒任レ之。」シギヤウとも讀む。

シフク　紫服　〔衣服〕「シエ」を見よ。

シフクシン　指腹親　〔雜語〕　腹中の子を指して結婚を約するを指腹の親と云ふ。【毘奈耶雜事三十一】に「今可三共作二指腹之親一。我等二人若生二男女一共爲二婚媾一。」

シフクワ　習果　〔術語〕「シフインシフクワ」を見よ。

シフケ　習氣　〔術語〕「ジフキ」を見よ。

シフケイン　執花印　〔印相〕　指指と拇指と相捻じて花を執る形の如くし、餘指申散して之れを竪つ。【大日經疏十六】に「執花印。空風相捻。如二執レ花形一。餘指申散而竪レ之。」　「の異名。

シフケキヤウ　集華經　〔經名〕　稱揚諸佛功德經

シフケン　執見　〔術語〕　己が心に執持して離さざる見解なり。種種の妄見に就て之を言ふ。【釋門歸敬儀中】に「無始妄習執見鏗然。」【顯密二教論上】に「文隨二執見一隱。義逐二機根一現。」

シフケン　四不見　〔名數〕　一に魚不見水、魚は水を以て居宅とし水中に游泳し障礙する所なし、故に魚は水を見ずと。二に人不見風、風は但聲響ありて聞くべく形相の見るべきなし、故に人は風を見ずと云ふ。三に迷不見性、靈明覺知の性人人本具す、但煩惱無明に障覆せられて了知せず、故に迷は性を見ずと云ふ。四に悟不見空、學人旣に靈知の性本來空寂なるを覺了して而して此の空性亦た不可得なり、故に悟は空を見ずと云ふ。【圓覺經鈔】

シフケン　士夫見　〔術語〕　八不正見の一。士夫の能力ありとする我慢執着の見。

シフゲ　集解　〔書名〕　天台四教儀集解の略名。

シフコンガウ　執金剛　〔術語〕　又、持金剛、金剛手と云ふ。胎藏界三部の中金剛部の諸衆は如來の智印を標して何れも手に金剛を執れば執金剛と云ふ。【大日經一】に「一切持金剛者皆悉集會。乃至其

金剛名曰ニ虛空無垢執金剛ノ乃至金剛手秘密主如レ是上首。」【同疏一】に「梵云ニ播尼ー即是手掌。掌持ニ金剛ー。與ニ手執ー義同。故經中二名互出也。乃至前明諸執金剛。一向是如來智印。」図又諸天諸佛を警護する夜叉神を執金剛と云ふ。「シフコンガウシン」を見よ。

シフコンガウシン 執金剛神 【天名】又、執金剛夜叉と云ひ、金剛手と云ひ、金剛力士と云ふ。手に金剛杖を執りて帝釋天の宮門を護る夜叉神なり。佛の出世に遇へば即ち閻浮提に降り、世尊を衛護し道場を防守す。【俱舍論十一】に「頌曰。妙高頂八萬三十三天居。四角有ニ四峯ー。金剛手所住。論曰。山頂四角各有ニ一峯ー。其高廣量各有ニ五百ー。有ニ藥叉神ー名ニ金剛手ー。於レ中止住守ニ護諸天ー。」【五分律一】に「諸佛常法有ニ五百金剛神ー侍ニ衛左右ー。」【智度論三十五】に「執金剛菩薩常執ニ金剛ー衛ニ護菩薩ー。」又、古來寺門の兩脇に於て金剛力士の像を安じ、世に二王と稱す。「ニワウ」を見よ。《第四十九圖參照》梵、Vajrapāṇi 又 Vajradhara「の一。

シフサウオウゼン 執相應染 【雜語】六染心の一。

シフザウ 執藏 【術語】阿賴耶識三藏の一。阿賴耶は藏の義一切法を含藏すればなり。而して此藏識常恒に第七末那識の爲に緣ぜられて我と執ぜらるるを以て執藏と名く。【唯識述記三本】に「我愛緣レ之爲ニ執藏義ー。」

シフザウデン 採藏傳 【書名】撰集三藏及雜藏傳の略名。

シフシシコク 執師子國 【地名】梵に僧伽羅 Siṃhala と云ひ、執師子と譯す。今の錫蘭島なり。僧伽羅は釋迦如來の因位に大商主たる時の名にして、始めて彼處に入つて國を立つ、因て其の名を取りて國號となす。【西域記十一】

シフシヤウ 濕生 【雜語】四生の一。蚊蛇の如く濕氣に依つて生ずるもの。常にシッシヤウと讀む。

シフシヤウ 執障 我執と煩惱障、又法執と所知障なり。

シフシヤウ 四不生 【名數】一に自不生、二に他不生、三に俱不生、四に無不生なり。之を四句推撿と云ふ。「シク」を見よ。「ロクソ」を見よ。

シフシユサウ 執取相 【術語】六麁相の一。

シフシユシヤウ 習種性 【術語】二種性又六種性の一。「シユシヤウ」を見よ。

シフシヨジヤウシユシヤウ 習所成種性 【術語】二種性の一。「シユシヤウ」を見よ。

シフシン 執心 【雜語】事物に因執して離れざる心なり。【廣百論釋】に「非ニ唯空ヒ有亦復空シテレ空遍遣ルニ執心ー。」【中論疏三末】に「方廣之流聞ニ無生ー。乃更增ニ其執心ー。」

シフジヤウ 執情 【雜語】執着の妄情なり。【五教章中】に「以ニ執情ー而驚怪。」

シフジヤウ 四不成 【名數】因明三十三過の中因に十四過あり、四不成六不定四相違なり。「サンジフサンカ」を見よ。

シフジユ 執受 【術語】衆生身内の五根五境を以て非執受の法とす、執受とは執は攝の義、持の義、受は領の義、覺の義なり、攝めて自體と爲し持して壞せざらしめ、又安危を共にし能く苦樂等の覺解を生ずるを執受と名く。【唯識述記二本】に「言ニ執受義ー者。執者。是攝義持義。受是領義覺義。攝爲ニ自體ー。持令テレ不レ壞。安危共同而領ニ受之ー能生ニ覺受ー。名爲ニ執受ー。」

シフタウ 執當 【職位】「シッタウ」を見よ。

シフチ 集智 【術語】十一智の一。集諦を證する無漏智なり。

シフヂ 執持 【雜語】固く執りて動かざるなり。【阿彌陀經】に「執ニ持名號ー。」

シフヂシキ 執持識 【術語】法相大乘の意に依るに阿賴耶識一に阿陀那識と名く、此に執持識と譯す。【了義燈四本】に「七名ニ執持識ー。謂阿陀那識。」梵 Ādāna

シフヂヤウボンシ 執杖梵志 【人名】手に持する所の杖人頭に似たり、此の梵志目連を擊殺す。【鼻奈耶二】に「執杖梵志。手所レ持杖似ニ人頭ー。」「マカモクケンレン」を見よ。

シフヂヤウヤシヤ 執杖藥叉 【異類】門脇の金剛力士、律に執杖藥叉と云ふ。「ニワウ」を見よ。

シフヂヤク 執着 【術語】事物に固着して離れざるなり。【大般若七十一】に「能如レ實知ニ一切法相ノ而不ニ執着ー故。復名ニ摩訶薩ー。」【菩提心論】に「凡夫執ニ着名聞利養資生之具ー務以安レ身。」【行事鈔下四】に「大德順ニ佛聖敎ー依レ敎而修。內破ニ我倒ー外遣ルニ執着ー。」

シフトクキヤウ 四不得經 【經名】四不可得經の略名。

シフメツ 習滅 【雜語】善を習ひ惡を滅するなり。【無量壽經下】に「善知ニ習滅音聲方便ー。」【同淨影疏下】に「習善之敎名ニ習音聲ー。滅惡之敎名ニ滅音聲ー。菩薩於レ此悉能善解故名ニ善知ー。於レ中巧知故曰ニ方便ー。」

シフヱ 集會 【雜語】僧俗法會の席に集り會するを云ふ。

シフヱシヨ 集會所 【雜名】法事の時に參列の衆僧が集る處なり。

シフヱシン 四不壞信 【術語】四不壞淨に同じ。

シフヱジヤウ 四不壞淨 【術語】三寶及び戒を信じて壞せざるなり。【天台仁王疏上】に「信ニ三

寶及戒二不レ壞。名二四不壞淨一也」

シフヱノカネ 集會鐘 〔雜名〕 法會の始まる時を報じて衆僧を集むる鐘なり。

シフンヂゴク 屎糞地獄 〔界名〕【考信錄二】に「雜阿含經曰。食二五辛一人。觸三穢三寶一。死墮二屎糞地獄一。出作二野狐豬狗一。若得二人身一其體腥臭。」

シブキヤウ 四部經 〔名數〕 慈恩大師、四部經を以て淨土の本經と爲す。無量壽經、觀無量壽經、阿彌陀經の外に鼓音聲陀羅尼經を加へて四部經と名く。【淨土源流章】

シブシユ 四部衆 〔名數〕 四衆又四部弟子とも云ふ。比丘、比丘尼、優婆塞、優婆夷なり。【法華經序品】に「時四部衆咸皆歡喜。」【仁王經下】に「一切國王四部弟子。」

シブソウ 四部僧 〔名數〕 四部衆に同じ。僧は衆の義、出家在家を問はず多人の集合を僧と云ふ。

シブソウシキキヤウ 四部僧始起經 〔經名〕 中本起經の略名。「少因緣一尚證二支佛一。」

シブツ 支佛 〔佛名〕 辟支佛なり。【止觀十】に「藉二

シブツ 四佛 〔名數〕 四方の四佛なり。【金光明經壽量品】に「於二蓮華上一有二四如來一。東方名二阿閦一。南方名二寶相一。西方名二無量壽一。北方名二微妙聲一。」【觀佛三昧海經本行品】に「東方阿閦。南方寶相。西方無量壽。北方微妙聲。」【大日經具緣品】に「東方號二寶幢一。南方大勤勇遍覺華開敷。北方不動佛。同疏曰不動非其本名本名當曰鼓音如來西方仁勝者是名二無量壽一。」【金剛頂經】に「不動如來。寶生如來。觀自在如來。不空成就如來。」

シブツコウ 四佛工 〔雜名〕 古來有名なる本朝の佛工。定朝、運慶、快慶、湛慶なり。

シブツチケン 四佛知見 〔名數〕 一に開佛知見、二に示佛知見、三に悟佛知見、四に入佛知見なり。法華經方便品に說く所、佛の出世し給ふ一大事因緣は一切衆生をして此佛知見を開示悟入せしめんが爲なり。之を開示悟入の四佛知見と云ふ。「カイジゴニフ」を見よ。

シブツヂ 支佛地 〔術語〕 通敎十地の一。辟支佛の地位なり。

シブツド 四佛土 〔名數〕「シド」を見よ。

シブテウ 祠部牒 〔物名〕 祠部より度牒を給すれば度牒を祠部牒と云ふ。【釋氏要覽上】に「祠部牒自二尙書省祠部司一出。故稱二祠部一。」【僧史略】に「唐會要曰。則天延載元年五月十五日勅二天下僧尼一隷二祠部一。」

シブデシ 四部弟子 〔名數〕 四部衆に同じ。

シブトウ 祠部筒 〔物名〕 竹筒を以て度牒を盛り、行脚の人身に隨ふなり。【象器箋十九】「よ。

シブリツ 四部律 〔名數〕「シリツゴロン」を見

シブン 四分 〔術語〕 法相宗に八識を立て、八識の心王、心所、體は各一なれども、所起の用を分別すれば四分ありと云ふ。一に相分。是れ心內所現の境なり、心は慮知の法なり、慮知の法は必ず所知の法あるべし、故に心生る時、心の自體自ら轉變して所慮所托の境を現ず、此を所慮所托の境分と名く。相とは相狀なり、心起るとき心の前に浮ぶ相貌なり。二に見分、見とは見照、能緣を義となす、其の所變の相分を緣ずる見照の作用なり、識の自體相分を變ずると共に能緣の用を起す、之を見分と名く。三に自證分、見分は相分を知ると雖見分自ら見分を知ると能はず、刀自ら刀を斬ると能はざるが如し、故に別に見分を知るの用あり、之を自證分と名く。是れ識の自體分なり、彼の見分とは他物にあらず、即ち此自體が外相分を緣ずる用なり、而して今自體自ら此の自用の見分を證知するが故に自證分と名く。四に證自證分。自證分自證の用誰か之を證知する、是に於て自證分より更に能緣の用を起して自證を證知せしむ、之を證自證分と名く。而して此の證自證分を知る者は誰ぞ、之を知るものは前の自證分なり、自證分は證の自體なれば外を緣ずる見分と內を緣ずる證自證分と此二分は共に是れを知るを得るなり。見分と證自證分とは是れ自證分が內外を緣ずる二用なり、體は必ず用を知るべければなり、兼て二分を緣ずるなり、故に第五分を要せず。譬へば店頭の貨物は相分の如く、番頭は見分の如く、主人は自證分の如く、證自證分は其の婦の如し。依て見分の相分を緣じて自證分を緣ずべからざると猶番頭の貨物を差排して主人の事を關知すること能はざる如く、自證分の外の見分と內の證自證分とを緣ずるを得ると主人の番頭と我が婦を管理するとを得るが如く、證自證分の自證分を緣ずること婦の夫の事を知るが如し。此の四分に就て古師多く三分を立てて證自證分を自證分に合す、護法菩薩の正義は四分を立つるなり。起信論に說く業轉現の三識は次第の如く自證分、見分、相分の三分に當るなり。さて一切諸法は一として相分中に影現せざるなし、但し諸識の相分に就て影現の相不同あり、之を開示すれば左の如し。

前五識——相分——五境
第六識——相分——一切法
第七識——相分——第八識の見分
第八識——相分——種子五根、器界、體性五境

シブン 四分 〔術語〕 華嚴、一經を大判して四分となす、一に信分、二に解分、三に行分、四に證分なり。【三藏法數十四】

シブンカイシユウキ　四分開宗記　〔書名〕十卷、東塔の懷素作。四分律藏を釋す。相部の法礪の舊疏に對して新疏と稱して盛に世に行はる。

シブンケ　四分家　〔流派〕識心の四分を立つる宗。唯識の正義なり。

シブンシユウ　四分宗　〔流派〕南山の四分律宗なり。「リツシユウ」を見よ。

シブンシヤウマンダラ　支分生曼荼羅　〔術語〕行者の身上に五佛の種子を布き、以て支分より諸尊を流出するを云ふ。

シブンソウカイホン　四分僧戒本　〔書名〕一卷。法護尊者四分律より戒相を列擧し、前後に偈文を附し、說戒の日に之を誦せしむ。或は戒經と稱し或は戒本と稱す。後秦の佛陀耶舍譯。唐の南山道宣之に註を加へて四分含註戒本と稱す。【列帙七】(1151)

シブンリツ　四分律　〔經名〕四律の一、六十卷。五部中、曇無德部の律藏なり。姚秦の佛陀耶舍、竺佛念と共に譯す。佛滅後百年に法正尊者（又法護尊者と云ふ梵名曇無德なり。）上座部の律藏中に於て己が見に契同する者を採集して文を成し、說の止む所に隨て一分となし、四度にして完結しければ四分律と稱す。即ち四分の名は義に依て判ぜし段章の名にあらず、四度に之を結集して之を四夾に分けしに依て四分と名けしなり。初分は二十卷、二分は十五卷、三分は十四卷、四分は十一卷なり。【戒本疏一上】に「佛滅百年。興二斯名教一。相傳云。於二上座部一搜二括博要一契二同己見一者集爲二一部一。四度傳レ文盡二所詮ノ相一。故云二四分一。此據二說ノ所一レ至。非二義判一也。故二十犍度離シテ分二三分一。可二義開一耶。」【資持記上一之二】に「以下法正尊者於二根本部中一隨二己所樂一采集成レ文。隨二說所一レ止即爲二一分一。凡經二四番一一部方成ニ。故號二四分一。非レ同二章疏約レ義判一レ文。」【寄歸傳一】に「云二十誦四分一者。多是取二其經夾一以爲二題目一。」【列帙三—六】(1117)

シブンリツシユウ　四分律宗　〔流派〕四分律を所依とし、曇無德を開祖とし、道宣に大成せられたる宗。單に律宗と云ふは此の宗なり「リツシユウ」を見よ。

シブンヰテン　四分位點　〔術語〕密教にて大日如來の德を標する爲、大日を中心とし、これを滿位とし四方に發心點、修行點、菩提點（又空點仰月點とも云ふ）、涅槃點を書し、分滿不二、生佛一如の理を表示する。𑖁𑖾又、窣塔婆の四方に五大を表して發心の𑖀𑖪𑖨𑖮𑖏、修行の𑖁𑖪𑖯𑖨𑖯𑖮𑖯𑖏𑖯空點の𑖀𑖽𑖪𑖽𑖨𑖽𑖮𑖽𑖏𑖽涅槃點の𑖀𑖾𑖪𑖾𑖨𑖾𑖮𑖾𑖏𑖾と書するは此義なりと。

ジサウジギ　字相字義　〔術語〕密教にて云ふ。阿字、伊字等に就きて文字の義理を知らず、字と義と各別なるを字相と云ひ、字と義と相應するを字義と云ふ。即ち𑖀字に就きて云ふに、𑖀字を作業の意となす如きは字義にして、𑖀字は作業不可得と諦觀し、宇宙の眞義に到達するを字義と云ふ。【吽字義】に「一切世間は是の如く字相を知りて未だ曾て字義を解せず。是の故に生死の人となす。如來は實の如く實義を知る所以に大覺と號す」と。これに四重の義あり。一重は字相は字の形狀にして、字義は字の意味なり。これを有文無義、有文有義とす。即ち𑖀字の形を知ると𑖀字を作業と知るとなり。二重は𑖀字を作業と固執するを字相とし、作業可得と詮するを字義とす。三重は、𑖀字作業不可得と詮するも能詮の體と所詮の理あるを字相とし、能詮所詮の一致不二を觀ずるを字義とす。四重は、能所一致するも、有相の分齊なるは字相にして、字義は萬法歷然として、聲字即實相の實義を顯す法爾無作の境界を指す。

シヘイ　厠篦　〔物名〕厠籌なり【僧祇律三十四】

シヘイ　四兵　〔雜語〕轉輪聖王の出遊する時隨從する四種の兵。象兵、馬兵、車兵、步兵の稱。

シヘン　四變　〔名數〕阿頼耶識は自の種子を因緣として根塵器界等の相を變現す、之に共業不共業の所感に依て共相不共相の二あり。共相とは多人同く感ずるを云ふ、山河等の如し。是れ人人の所變各別なれども同じく一處に在て相障礙せず、衆多の燈明共に一室に在て相ひ障礙せず、一一各別にして而も處所異なきが如し。故に多人共に自己所變の分を受用し以て唯識の義を成ず、他の變ずるを自能く用ゐるに非ず、若し然らば是れ心外の法を緣ずるなり、唯識の義を成ぜず。不共相とは唯自に變じて自に用ゐるもの、內の五根等の如し。之に就て瑜伽六十六に四種を分別す。一に共中共、山河等の如し、自界の一切の有情共に受用すべきもの。二に共中不共、己が田宅器物及び人等に依て一水を四見する如し。三に不共中不共、眼等の勝義根なり、唯自識變じて自身之を用ひ他の受用とならざればなり。四に不共中共、五根の扶塵根の如し、他人も亦之を緣じ之を受用すればなり。【唯識述記三本】

シベイダロン　四吠陀論　〔書名〕「キダ」を見よ。

シベン　四辯　〔術語〕「シムゲゲ」を見よ。⊙（鴉鷺合戰九）「四辯八音の如來に親みて覺を唱へん」

シホ　師保　〔雜語〕師、弟子を保持すれば師保と云ふ。【增一阿含經十四】に「我亦無二師保一。」【智度論一】に「我行無二師保一。志一無二等侶一。」

シホダチ　鹽斷　〔雜語〕神呪の法に鹽を喰はず。【五部律二十六】に「有二諸比丘一。誦レ呪時。不レ噉レ鹽。不レ眠二床上一。稱二言南無伽神婆一。生レ疑我將無下墮二異見一受中餘師法上耶。以レ是白レ佛。佛言神呪法爾。但莫レ墮二其見一。」【穰麌利童女經】に「修行者欲レ成二就此法一者。先斷二五辛一。亦不レ食レ鹽。不レ食レ油。斷レ語。於二一靜處一。三時澡浴。三時澡レ衣。結レ印誦二隨心眞言一滿二一萬徧一。則行法成就。」蓋し斷鹽は食欲を減ぜしむる意なり。

シホフ　嗣法　〔雜語〕弟子、師の法を嗣ぐなり、密家に傳法と云ひ、禪家に嗣法と云ふ。【象器箋十二】に「宗門之嗣法猶二諸侯之嗣國一也。」

嗣法拈香　〔行事〕開堂に師の爲に香を拈し得法の由る所を發露するは興化奬禪師を始とす。【象器箋九】　「を見よ。

シホフ　思法　〔人名〕六種羅漢の一。「アラカン」

シホフ　四法　〔名數〕法寶中に於て四種あり。一に敎法、三世諸佛の所說無明煩惱を破する聲名句文なり。二に理法、敎法所詮の義理なり、三に行法、理に依て行ずる戒定慧なり。四に果法、行滿じて得る所の有爲無爲の證果なり。【心地觀經二】に「於二法寶中一有二其四種一。一者敎法。二者理法。三者行法。四者果法。」図菩薩修行の四法なり、一に不捨菩提心、二に不捨善知識、三に不捨堪忍愛樂、四に不捨阿練若なり。【大乘記法經】図信解行證の四法あり、占察經に此の法に於て各成佛を說く。「シシュジャウブツ」を見よ。

淨土眞宗四法　〔名數〕一に敎法、淨土の大無量壽經なり。二に行法、第十七願成就の名號なり。三に信法、第十八願成就の信心なり。四に證法、第十一願成就の至滅度なり。此の四法を以て一宗を總該す、即ち一宗の本典を敎行信證と題する之が爲なり。而て之を前の四法に對すれば敎行證の三は名義共に同じく、理と信とは其の名異にして其の意同じきなり、何となれば聖道は本具の理性を以て成佛の眞因となし淨土眞實は阿彌陀廻施の信心を以て證悟の眞因となす、理と信と其の所依を異にし其の性相を別にするも菩提の正因なるは即ち一なり。然るに法然上人の選擇集は敎行證の三法を以つて淨土一敎を該收せられたり、是れ念佛爲本の宗意にて信を行に攝めて三法となし、念佛爲本の化儀に依れるなり。然るに見眞大師は更に一歩を進めて行中所具の信を開きて四法となし信心爲本の化儀を張られしなり、然れども信解本とより不離なれば開けば四法なるも合すれば三法なり、且つ所信能信に約して之を分別する時は信を行の中に攝めて敎行證の三法を所信となし、信を以つて行者歸命の心となすなり。本典の內題には敎行證文類となし、其の序に「敬二信眞宗敎行證一」とせられたる所以なり。

法華四法　〔名數〕【法華經普賢勸發品】に「如來の滅後に於て云何か能く此の法華經を得るや、佛普賢菩薩に告ぐ、若し善男子善女人四法を成就せば如來の滅後に於て、當に是の法華經を得べし、一者爲二諸佛一護念。二者植二諸德本一。三者入二正定聚一。四者發下救二一切衆生一之心上。」

シホフカイ　四法界　〔術語〕華嚴宗所立の四種の法界なり。「ホウカイ」を見よ。

シホフアラカン　思法阿羅漢　〔人名〕二十七賢聖の一。六種阿羅漢の一。證果の退轉するを恐れて自殺して無餘涅槃に入らんとする羅漢なり。

シホフカイクワン　四法界觀　〔術語〕四種の法界を觀見するなり。此中事法界の一は單獨に之を觀法とせざれども、他の三觀事法界を離れざれば相續して四法界觀と云ふ。

シホフイン　四法印　〔名數〕三法印に一切有爲法皆苦を說く苦法印を加へて四法印とす。

シホフキヤウ　四法經　〔經名〕三經あり、一は佛說大乘四法經、一卷、(266)唐の地婆訶羅譯。菩薩所修の四法を說く。二は佛說菩薩修行四法經、一卷、(267)同人譯。上經と義同文稍異。三は大乘四法經、一卷、(267)唐の實叉難陀譯、種種の四法を說く。【宙帙七】

シホフサングワン　四法三願　〔術語〕眞宗にて敎行信證の四法中行信證を十七、十八、十一の三願に配し、敎は行信證を詮すと說く。

シホフジヤウジユ　四法成就　〔術語〕眞言四種の悉地なり。「シシュダンホフ」を見よ。

シホフセ　四法施　〔雜語〕如來が衆生の邪見を起さしめざる爲に與へ給ひし四種の法施なり。萬物は皆無常に歸し、所有は悉く苦毒となり、諸法皆無我、有形は悉く空に至るとの四法なり。

シホフフヱ　四法不壞　〔術語〕正受心、金剛、佛舍利と光音天の宮殿の四法は壞滅することなしと云ふ。

シホフホンマツ　四法本末　〔名數〕【增一阿含經十八】に「今四法本末如來の所說あり、云何か四となす。一切諸行無常、是を初法本末如來の所說と謂ふ。一切諸行苦、是を第二法本末如來の所說と謂ふ。一切諸行無我、是を第三法本末如來の所說と謂ふ。涅

槃永寂、是を第四法本末如來の所說と謂ふ。」

シホンガクホフ　四品學法　〔書名〕一卷、劉宋の求那跋陀羅譯。說て曰く、一に戒行備具、二に多知經法、三に能化度人、之を眞學と號し、上品とす。二に純ら五戒を行ずるを承法と號し、中品とす。但四戒五戒中の前四を持するを依福學と號し、下品と爲す。一に身所護法、二に供養法、三に同學法を持するを散持と號し、外品となす。【藏帙四】(1417)

シホンサウ　四本相　〔名數〕生住異滅の四相を云ふ。

シホンシクワン　四本止觀　〔名數〕天台大師の著。止觀を說ける四書即ち、摩訶止觀、禪波羅蜜、六妙門、坐禪法要を云ふ。

シホンホフモンキヤウ　四品法門經　〔經名〕一卷、趙宋の法賢譯。經に說く、法に四品類あり。一に界法、六界十八界等なり。二に處法、十二處なり。三に緣起法、十二緣起なり。四に處非處法、道理非道理なり。此の四品類を了ずるを智人とし、了ぜざるを愚人とす。【宿帙七】(996)

シボ　四瀑　〔雜語〕四瀑流の略。【寄歸傳二】に「絕二三株之害種一。偃二四瀑之洪流一。」「ボル」を見よ。

シボサツ　四菩薩　〔名數〕胎藏界曼荼羅にて中台の大日如來を除きたる四方四菩薩を云ふ。図觀音、彌勒、普賢、文殊にして、此四菩薩娑婆の衆生に最も因緣深し。⦿(曲、舍利)「三如來、四菩薩も、皆日域に地をしめて衆生を濟度し給へり」

シボル　四瀑流　〔雜語〕「ボル」を見よ。

シボン　止犯　〔術語〕善法に於ては之を作すが持にて之を止めて作さざるが犯なり、止に依つて犯を成ずるを止犯と云ふ。

シボンギヤウ　四梵行　〔名數〕「ボンギヤウ」を「見よ。

シボンシ　四梵志　〔傳說〕四人の梵志あり、相謀て各死を山海空市の四處に避く、而して免かるるを得ず。「サンカイクウシ」を見よ。

シボンダウ　四梵堂　〔名數〕慈悲喜護餘經には捨に作るの四無量心を四梵堂と云ふ、此四法能く大梵の果報を感ずればなり。【增一阿含經二十一】に「有二四等心一。云何爲レ四。慈悲喜護。乃至當レ求二方便一成中此四梵堂上。」

シボンヂユウ　四梵住　〔名數〕慈悲喜捨の四無量心なり、是れ梵天の所住なればなり。前項を見よ。

シボンノウ　四煩惱　〔名數〕又四惑と云ふ。第七末那識に常恒に相應する四種の根本煩惱なり。一に我痴、無明なり、我の相に愚にして無我の理に迷ふなり。二に我見、我執なり、非我の法に於て妄計して我となすなり。三に我慢、倨傲なり、所執の我を恃んで心をして高擧ならしむるなり。四に我愛、我貪なり、所執の我に於て深く耽着を生ずるなり。【成唯識論四】

シボンフク　四梵福　〔名數〕「ボンフク」を見よ。

シマ　四摩　〔術語〕Sīma 又四摩室と云ふ。戒場即ち布薩界の梵語なり。別住と譯す。【法礪四分疏七末】に「明了論西音名爲二四摩室一。此方翻名稱爲二別住一。彼疏解云。此云二布薩界一或稱二戒境一者非二正翻名一。謂此住處與二餘住處一各不二相通一。於レ此作法不レ須レ取二餘住處一故云二別住一。別住不同有二十七種一。」【羯磨疏二上】に「明了論疏解云。本音四摩。此正翻云二別住一是也。諸本云二布薩界及戒場一者非二正本音一。所三以名二別住一者。謂此住作法與二餘住一不二相通一。」別住の譯當らず、シーマは界なり。即ち結界なり。上出の兩解が非正とするものが正翻なり。布薩の時比丘の參集すべき境界を指す。即ち同一結界(四摩)內に住する比丘等は必ずその界內の所定の地に參集せざるべからざる義務あるなり。これあまりに遠き地方より參集する勞苦と、同一住所處にありて不和合のことあるを防ぐために制せられたるなり。後世寺院の門前にある結界石はシーマの標柱なり。「ケツカイ」參照。

シマ　四魔　〔名數〕「マ」を見よ。⦿(曲、放下僧)「方便の矢を爪よつて、四魔の軍を破り給ふ」

シマ　死魔　〔異類〕四魔の一。人死して佛道の修行を害するを魔と稱す。⦿(曲、第六天)「陰魔死魔」

シマフ　四忘　〔名數〕一異等の四句を忘るるなり。【三論玄義】に「三假爲レ俗。四忘爲レ眞。會二彼四忘一故有二三乘賢聖一。」

シマウ　死亡　〔雜語〕人の命終なり。【梵網經下】に「父母兄弟死亡之日。應下請二法師一講中菩薩戒經上。福三資亡者一得レ見二諸佛一。」

シマウカウシヤウキヤウ　死亡更生經　〔經名〕弟子死復生經の異名。

シマウグワツ　四孟月　〔名數〕孟春正月孟夏四月孟秋七月孟冬十月なり。即ち四季の最初の月なり。

シマコン　紫磨金　〔物名〕又、紫磨黃金と云ふ。紫は紫色なり、磨は垢濁なきを云ふ。【涅槃論】に「閻浮檀金有二四種一。一青二黃三赤四紫磨。紫磨金具有二衆色一。」もと是れ漢名なり、【孔融聖人優劣論】に「金之精者名爲二紫磨一。猶二人之有一レ聖也。」【續博物志】に「華俗謂二上金一爲二紫磨金一。夷俗謂二上金一爲二揚邁金一。」⦿(著聞集、釋敎)「舌の跡紫磨金色となりぬ」

シマシツ　四摩室　〔術語〕「シマ」を見よ。

シマシヤナ　尸摩賒那　〔塊名〕譯、棄尸人墓。梵 Śmaśāna (Áśmaśāyana) 又尸陀 Śītavana 林とも

云ふ。【法顯傳】　「の一。

シマツホフリン　枝末法輪　〔術語〕　三轉法輪に對して名を得。起信論に衆生一法界の理に達せず忽然として妄念の微動するを根本無明と名け、此の根本無明に依つて起る業相、見相、境界相の三細を枝末無明と名く。又、五住地の中に第五の無明住地を根本無明と名け、前の四住地即ち見思の惑を枝末無明と名く。

シマツムミヤウ　枝末無明　〔術語〕　根本無明

シマツワク　枝末惑　〔術語〕　前項に同じ。

シマナイラカ　室摩拏伊落迦　〔術語〕　「シャミ」を見よ。シラマネーリカの訛。

シマナナ　室摩那拏　〔術語〕　「シャモン」を見よ。「シラマナの訛。

シマニンニク　紫磨忍辱　〔雜語〕　佛の紫磨金色の身に、忍辱柔軟の相あるを云ふ。忍辱とは、有情非情の爲に被むる痛惱を堪忍して、瞋恚忿怒を起さざるを云ふ。　「じ。

シマワウゴン　紫磨黃金　〔物名〕　紫磨金に同

シマン　四慢　〔名數〕　七慢中の四なり　⦿(平家)に「三毒四慢」　「クッマラ」を見よ。

シマン　指鬘　〔人名〕　央掘摩羅の譯名なり。「アウダラ」を見よ。

シマン　四曼　〔名數〕　是れ眞言所立三大中の相大なり。大、三、法、羯の四種の曼茶羅なり。此四相圓融相即事相は四曼相即とも四曼不離とも云ふ。「マン

四曼四身配屬　〔術語〕　即身義三義あり、一は法、大、羯、三、次第の如く自性、受用、變化、等流の四身に配す。二は大、三、法、羯、次第の如く四身なり。三は三、法、大、羯、次第の如く四身なり。今謂く此の義未だ盡さざるが故に非なり、四身の中に各四曼あり。十住斷結經に曰く、法性有㆑二、一事法性、二實法性と、金剛頂經に三十七尊に各十二神變あり、一一の神變に各種子の字、三昧耶形、如來の身、行願の事業あり、是れ二の受用身の四曼なり。守護國敎に釋迦月輪唵字を觀じて佛身の事業をなす、是れ變化身の四曼なり。大日經に三乘六道普門の身に各種子三昧耶身相事業あり、是れ等流身の四曼なり。

四曼攝二種世間　〔術語〕　即身義に云く、世間出世間内外の敎法を法曼茶羅に攝し、世間出世間の一切の人を大曼茶羅に攝し、世間出世間の所依の器界を三昧耶曼茶羅に攝し、世間出世間の一切の事業を羯磨曼茶羅に攝すと。今謂く此の義未だ融せざるが故に非なり、三種世間所有の六大五大五色等は是れ大曼なり、三種世間の顯色形色は是れ三昧耶曼なり、三種世間の文字言音は是れ法曼なり、三種世間の事業は是れ羯磨曼なり、一切凡夫の三種世間の四曼は是れ性得なり、一切聖人の三種世間の四曼は是れ修得なり。【菩提心義三】

シマンキヤウ　指鬘經　〔經名〕　央掘摩經の異名。

シマンクワ　子滿果　〔植物〕　或は石榴なりと云ふ。然るに金剛智譯の【准提陀羅尼經】に准提の正法を説いて「第五手把㆓微惹羅迦果㆒。(漢言子滿果此間無西國有)」金剛智の註に此間に無と云ふ。豈に石榴ならんや。不空譯の【同經】に「第五手掌㆓倶緣果㆒。」

シマンジヤウブツ　四滿成佛　〔名數〕　一に信滿成佛、十信の滿位に於て決定して諸法の不生不滅を信じ、淸淨平等にして願求すべきなきを信滿成佛と名く。二に解滿成佛、十住(舊に十解と云ふ。)の滿位に於て深く法性を解し、生死の想を起さず、涅槃の想を起さず、心所怖なく亦所欣なきを解滿成佛と名く。三に行滿成佛、十地の滿心に於て能く一切の無明諸惑を除き、菩提の願行悉く具足するを行滿成佛と名く。四に證滿成佛、妙覺の佛地に於て無分別寂靜法智及び不可思議の勝妙功德を得るを證滿成佛と名く。【占察經下】

シマンロクセンニチ　四萬六千日　〔雜語〕　佛、菩薩、又は神社等の緣日の一種にして、此の日に參詣したるものは四萬六千日參詣したると同じ功德ありと云ふ。多く觀音菩薩の緣日に云ふ。舊曆七月十日なり。

シミ　四味　〔名數〕　台宗所立五時敎の中、前の四敎を四味と云ふ。五時の中に醍醐味の法華を除くなり。

シミ　四微　〔名數〕　色香味觸の四種の極微なり。此四微を色法の元素となし四微に依て地水火風の四大を成じ、四大に依て五根を成ずと立つ。是れ成實論の宗義なり。【中論疏四末】に「成實論云。四微成㆓四大㆒。四大成㆓五根㆒。」【止觀五】に「鏡中能成四微尙不可得。況所成幻杜。」【同輔行】に「言㆓四微㆒者。色香味觸。」【觀心二百門】に「能生樹根旣具㆓四微㆒。所生枝條豈不㆑具㆓四微㆒耶。」【止觀五】に「法有者。即是色香味觸。四微和合故名㆓法有㆒。」【同輔行】に「四微者。色香味觸。」

シミゾウホフキヤウ　四未曾有法經　〔經名〕　一卷、西晋の竺法護譯。阿難四種の未曾有法を具するを説く。又增一阿含經八難品に出づ。【昃帙四】(624)

シミヤウ　四明　〔名數〕　鈎索鏁鈴の四攝菩薩の種子なり。【秘藏記本】に「眞言行者能作㆓此觀㆒。以㆓四明㆒引㆓入諸佛於己體㆒。四明謂鈎索鏁鈴。鈎召。索引入。鏁堅住。鈴歡喜。」

シミヤウ　四明　〔名數〕　四種の吠陀論なり。【演

密鈔二】に「韋陀此云ㇾ明。即是外道四明也。」【毘奈耶雑事十六】に「婆羅門子讀二四明論一。」【最勝王經七】に「大婆羅門四明法幻化呪等悉皆通。」

シム　四夢　[名數]「ユメ」を見よ。

シムゲゲ　四無礙解　[術語] 又、四無礙智と云ひ、四無礙辯と云ふ。是れ諸菩薩說法の智辯なれば意業に約して解と云ひ、智と云ひ、口業に約して辯と云ふ。一に法無礙、名句文能詮の敎法を法と名け、敎法に於て滯ることなきを法無礙と名く。二に義無礙、敎法所詮の義理を知りて滯ることなきを義無礙と名く。三に辭無礙、又詞無礙と云ふ。諸方の言辭に於て通達自在なるを辭無礙と名く。四に樂說無礙、又辯說無礙と云ふ。前の三種の智を以て衆生の爲に樂說自在なるを樂說無礙と名く。又正理に契ふ無滯の言說を起すを辯無礙と名く。無滯の言說は即ち辯なり。【智度論二十五】に「四無礙智者。義無礙智。法無礙智。辭無礙智。樂說無礙智。」【涅槃經十七】に「菩薩摩訶薩。能如ㇾ是知ㇾ得四無礙一。法無礙。義無礙。辭無礙。樂說無礙。」【仁王經下】に「得二無礙解一法義詞辯。演二說正法一。」【倶舍論二十七】に「無礙解總說有ㇾ四。一法無礙解。二義無礙解。三詞無礙解。四辯無礙解。」【法華玄贊二】に「四辯者。即四無礙解。」

シムゲチ　四無礙智　[術語] 四無礙解に同じ。

シムゲベン　四無礙辯　[術語] 四無礙解に同じ。

シムシキ　四無色　[術語] 又、四空處と云ふ。定と處との二あり。「シクウヂャウ」「シクウショ」を見よ。

シムショヰ　四無所畏　[名數] 四無畏に同じ。

シムショヰキャウ　四無所畏經　[經名] 一卷、趙宋の施護譯。四無畏及び八大衆中無畏を說く。【宿帙七】(874)

シムジャウゲ　四無常偈　[術語] 又、四非常偈と名く。【仁王經】に無常苦空無我の義を說ける偈文なり。八偈あり、分ちて四節と爲し、一節各二偈、次第の如く、無常苦空無我を說く。【法華文句記一】に「四非常偈者。只是四無常偈也」【私志記四】に「無常苦空無我各有二二偈一。如ㇾ文次第可ㇾ知。別論雖ㇾ四。通論皆爲二無常之義一。故云二四無常偈一也。」又、六度集經第四、賢愚因緣經十一に四非常偈を說くと仁王經の文と全く同じ。

シムリャウ　四無量　[術語] 四無量心に同じ。

シムリャウシン　四無量心　[術語] 又四等と云ひ、四梵行と云ふ。十二門禪中の四禪なり。一に慈無量心、能く樂を與ふる心なり。二に悲無量心、能く苦を拔く心なり。三に喜無量心、人の離苦得樂を見て慶悅の心を生ずるなり。四に捨無量心、如上の三心之を捨して心に存着せざるなり。又怨親平等にして怨を捨て親を捨つるなり。此四心普く無量の衆生を緣じ、無量の福を引けば無量心と名け、又平等に一切の衆生を利すれば等心と名け、此四心は四禪定に依て修する所、之を修すれば色界の梵天に生ずるを得れば四梵行と云ふ。【倶舍論二十九】に「無量有ㇾ四。一慈。Maitrī 二悲。Karuṇā 三喜。Muditā 四捨。Upekṣā 言二無量一者。無量有情爲二所緣一故。引二無量福一故。感二無量果一故。」【智度論二十】に「四無量心者。慈悲喜捨。」【仁王經下】に「修二四無量一。慈無量心。悲無量心。喜無量心。捨無量心。」梵 Catvāri-apramāṇāni

密敎四無量觀　[術語] 千手軌の所說。一に慈無量觀、是れ東方普賢菩薩の三摩地なり、普賢菩薩は即ち金剛薩埵なり、是れ東方四菩薩の最初なり。而て五智に在ては法界體性智、大圓鏡智二智の所攝なり、九識を八識に攝する時は第九識を第八識に攝し、五智を四智に攝する時は法界智を大圓鏡智に攝するなり。行者先づ慈無量定に住して慇淨の心を以て遍く六道四生の一切有情を觀ずるに皆六大四曼の如來を具へたり、此時行者大慈を起して曰く、今我が三密を修する功德を以ての故に、願くば一切有情をして普賢菩薩に等同ならしめんと、此の觀をなし已りて大慈三摩地の眞言を誦す。唵。摩訶味咀羅夜。娑頗羅。（唵の義常の如し、摩訶味怛羅夜は大慈の義、娑頗羅は普賢の義、）二に悲無量觀、是れ南方虛空藏菩薩の三摩地なり、虛空藏は南方四菩薩の最初寶菩薩なり、五智に在つては平等性智の所攝なり。行者悲無量定に住して悲愍の心を以て遍く六道四生の有情を觀ずるに、生死の苦海に沈沒して自心を悟らず、妄に分別を起して種種の煩惱を起す、是の故に眞如平等虛空の如く過恒沙の功德に達せず、故に願くば一切有情をして虛空藏菩薩に等同ならしめんと。是の如く觀じ已りて大悲三摩地の眞言を誦す。唵。摩訶迦嚕拏夜。娑頗羅。（摩訶迦嚕拏夜は大悲の義、餘は上に同じ。）三に喜無量觀、是れ西方觀自在菩薩の三摩地なり、觀自在は西方四菩薩の最初法菩薩なり、五智に在つては妙觀察智の所攝なり。行者大喜無量定に住して清淨の心を以て遍く六道四生の衆生を觀ずるに、本來清淨なること猶蓮華の客塵に染せずして自性清淨なるが如し、願くは我が三密を修する功德力を以て一切衆生をして觀自在菩薩に等同ならしめんと。（此中喜無量を以て清淨心と爲す所以は、若し衆生に於て嫉妬を生ずる者は其心濁穢す、若し嫉妬を離るれば其心清淨なる故なり。故に大乘義章に但爲利生心淸不濁名喜。）此の觀を作し已りて大喜三摩地の眞言を誦す。唵。秫馱。鉢羅謨。娜。娑頗羅。（秫馱は清淨の義、鉢羅謨は觀の義、娜

は喜の義、餘は上に同じ、四に捨無量觀、是れ北方虛空庫菩薩の三摩地なり、虛空庫菩薩は北方四菩薩の最初業菩薩なり、又五智に在つては成所作智の所攝なり。行者捨無量定に住して平等心（是れ捨なり。）を以て遍く六道四生の衆生を觀ずるに、皆我我所を離れ法に於て平等にして心もとより不生なり、願くば我が修する所の三密の功德を以て一切衆生をして虛空庫菩薩に等同ならしめんと。此觀を作し已りて捨無量三摩地の眞言を誦す。唵（オン）。摩護（マゴ）。閉乞灑（ヘコシヤ）。娑頗囉（サハラ）。（摩護は無量の義、閉乞灑は捨の義、）【秘藏記本、同鈔四】

シムヰ　四無爲　〔名數〕「ムヰ」を見よ。

シムヰ　四無畏　〔名數〕又、四無所畏と云ふ。化他の心怯れざるを無畏と名く。四無畏に佛と菩薩との二種あり。

佛四無畏　〔名數〕【智度論四十八】に佛の四無畏を明かす。【法界次第下】に智度論に依て之を釋す。一に一切智無所畏、世尊大衆の中に於て我は一切正智の人なりと師子吼して些の怖心なきを云ふ。二に漏盡無所畏、世尊大衆の中に於て我れ一切の煩惱を斷じ盡せりと師子吼して些の怖心なきを云ふ。三に說障道無所畏、世尊大衆の中に於て佛道を障害する法を師子吼して些の怖心なきを云ふ。四に說盡苦道無所畏、世尊大衆の中に於て盡苦の道を師子吼して些の怖心なきを云ふ。【俱舍論二十七】に「佛四無畏。如二經廣說一。一正等覺無畏。二漏永盡無畏。三說障法無畏。四說出道無畏。」

菩薩四無畏　〔名數〕【智度論五】に菩薩の四無畏を說く。【大乘義章十一】に之に依つて四無畏を釋す。一に總持不忘說法無畏。菩薩能く敎法を聞持し衆義を憶持して忘れざるを以つて、大衆の中に法を說いて畏れざるなり。二に盡知法藥及知衆生根欲性心說法無畏。藥に二種あり世間法出世間法なり、衆生の根欲性に種種あり、菩薩能く之を了知するが故に大衆の中に說法して畏れざるなり。三に善能問答說法無畏。一切の異見皆能く摧破し、一切の正法悉く能く成立す、無量の衆生一時に來つて難問するも菩薩悉く能く一時に酬對するが故に大衆の中に說法して畏れざるなり。四に能斷物疑說法無畏、衆生問難するに意に隨つて法如法に解說し、能く巧に衆生の疑を斷つ、之を能斷疑と名く。此能あるを以ての故に大衆の中に說法して畏れざるなり。

シメ　四馬　〔譬喩〕以て四等の比丘に譬ふ。【雜阿含經三十三】に「世に四種の良馬あり。一に第一良馬、其の鞭影を顧みて馳驅し、遲速左右御者の意に隨ふ。二に第二良馬、鞭杖其の毛尾に觸るるを以て御者の意を察し其の意に隨ふ。三に第三良馬、鞭杖小しく侵して御者の意に隨ふ。四に第四良馬、鐵錐身を刺し骨を傷け然して後に路に著き御者の叱に隨ふ。比丘是の如く四種あり。」

シメイザン　四明山　〔地名〕支那の浙江寧波に在り。【指要鈔詳解一】に「四明乃慶元府南面山名。有レ峯最高。四六在レ上。每二澄霽一望レ之如二戶牖一。相傳謂二之石窗一。謂四牖通二日月星辰之光一故云二四明一。」【大明一統志】に「浙江寧波四明山。在二府城西南一百五十里一。周廻八百里。跨二紹興台州之境一。二百八十峯。其巔五峯絕高。形如二芙蓉一。」図又本邦の叡山を四明山と稱す。⊙（太平記一七）「四明の嶺まで打ち擧りたらましかば」（同一二）「四明山の上」

シメイケ　四明家　〔流派〕四明尊者の流派を嗣ぐもの。山家と稱する即ち天台の正統なり。

シメイソンジヤ　四明尊者　〔人名〕宋の知禮法師四明山に居て天台の正義を弘めければ四明尊者と號す。

シメイリヤウヂウノウジヨ　四明兩重能所　〔術語〕四明尊者所立の兩重の能所なり。「クワンフシギキヤウ」を見よ。

シメンビルシヤナ　四面毘盧遮那　〔術語〕金剛界の智法身なり。【金剛頂義訣】に「四面毘盧遮那者。वं鑁字輪中法身如來。四面圓滿向二四方一作二三昧相一也。」

シモ　祇麽　〔雜語〕祇は只なり麽は恁麽の麽の如く助辭なり。【臨濟錄】に「大丈夫兒。莫二祇麽論レ主論レ賊。」聊爾の意なり。

シモク　齒木　〔物名〕齒を刷する小木なり。【寄歸傳一】に「齒木者梵撣哆家瑟詫。Danta-kāṣṭha 撣哆譯レ之爲レ齒。家瑟詫即是其木。長十二指。短不レ減二八指一。大如二小指一。一頭緩須二熟嚼一。」【大日經疏五】に「印度國人。凡請レ僧食。乃至世人相命。皆先遺二其齒木一。以二種種香華一嚴飾而授二與之一。當レ知明日請レ彼飯食也。」

シモツキヱ　霜月會　〔行事〕叡山の法華大會なり、十一月二十四日天台大師入滅の日に之を期して行へば霜月會と云ふ。又十一月會とも云ふ。

シモン　止門　〔術語〕六妙門の一。

シモン　死門　〔譬喩〕又、死關と云ふ。死は此世より他世への門關なればなり。善導の【往生正念文】に「死門事大。」【一心戒文中】に「入二死門一後。共相誓願爲レ向二彌勒一。」【華嚴經】に「譬如下旃陀羅牽レ牛入二屠

所。步步入ₗ中死門ₗ。無常亦如ₗ是。」

シモン　四問　【故事】佛將に入滅せんとす、時に阿泥樓豆阿難を安慰して曰く、如來滅度の時至る、汝我が語に依て四問を咨啓せよ。阿難教に從つて佛に問ひ、佛之に答ふ。一に問ふ、佛滅度の後惡性の車匿比丘云何か共住せん。佛答ふ、車匿比丘其の性鄙惡なり。我が滅度の後梵天法の如く治すべし、若し心調伏せば應に那陀迦旃延經を敎ふべし即ち得道すべし。二に問ふ、佛滅度の後我等何を以つて師とせん。佛答ふ、解脫戒經は是れ汝等が大師なり、戒經に說く身業口業應に量の如く行ずべし。三に問ふ、佛滅度の後我等何の法に依つて住せん。佛答ふ、若は現在、若は滅後應に四念處に依止して餘に依止せざれ。四に問ふ、一切經の初首に何等の語を安ずべき。佛答ふ、一切經の初に當に如是我聞一時佛、在某方某國土某處與ₗ某等大衆ₗ倶と安ずべし。」【後分涅槃經上、智度論二、集法藏經】

シモン　四門　【名數】一に有門、二に空門、三に亦有亦空門、四に非有非空門なり。門は能通の義此の四に依つて眞性實相の記に入るを得れば門と名く。

四敎四門　【術語】台家の四敎を四門に配するなり。【四敎儀四】に「四敎各四門を明かす、倶に道に入るを得と雖も然も敎に隨て義を立つるに必ず便を逐ふべし。若し三藏敎の四門は倶に道に入るを得と雖も而も諸經論に多く有門を用ふ。通敎の四門倶に道に入るを得と雖も而も諸經論に多く空門を用ふ。別敎の四門倶に道に入るを得と雖も而も諸經論に多く亦有亦空門を用ふ。圓敎の四門倶に道に入るを得と雖も而も諸經論に多く非有非空門を用ふ。」

藏敎四門　【術語】藏敎は倶に折空觀を修して偏眞の理を證するなり、此に四門あり。一に有門、有部宗舊に毘曇宗と云ふ是なり、三世實有法體恒有と立つるが故なり。二に空門、成實宗是なり、三假を立てて我法の二を空ずればなり。三に亦有亦空門、昆勒論是なり、實有と空理を雙照すればなり。四に非有非空門、那陀迦旃延經是なり、有空を雙非すればなり。昆勒論迦旃延經は此土に來らず、智度論に依つて之を知る。【止觀六、七帖見聞三本】

通敎四門　【術語】此敎は同じく如幻即空の旨を擧するも、四人の觀法四門不同なり。一に有門、又實門と云ふ、如幻即空なれば有即空にして空即有なり、今は此中の空に即する有を以て道に入るなり。二に空門、又不實門と云ふ、有に即する空を以つて道に入るなり。三に亦有亦空門、又亦實亦不實門と云ふ、空有を雙照して道に入るなり。四に非有非空門、又非實非不實門と云ふ、幻有不可得、幻空不可得と空有を雙遮して道に入るなり。【四敎儀三】に「通敎四門者。即是智度論明ₗ一切實。一切不實。一切亦實亦不實。一切非實非不實。佛於ₗ此四句ₗ廣說ₗ第一義悉檀ₗ。」

別敎四門　【術語】別敎は但中の理を緣じて位位の行業を修するなり、此に四門の不同あり。一に有門、虛妄の色盡きて別に妙色あり、名けて佛性となすと觀ずるなり。二に空門、如來藏も空なり、大涅槃も空なりと觀ずるなり。三に亦有亦空門、眞空妙有を雙觀するなり。四に非有非空門、但中法性の理は四句を離れ百非を絕し、言語道斷なりと觀ずるなり。【止觀六、七帖見聞六末】

圓敎四門　【術語】圓敎は萬法圓融する故に門門各立の義有るべからず、然も一法の上に於て四門入理の異なきにあらず。一に有門、見思の假を觀ずるに即ち是れ法界、一切の佛法を具足せり、是れ三諦相即の假なり。二に空門、一切の法を觀ずるに因に在らず緣に屬せず、我及び涅槃亦た皆空なり、是れ三諦相即の空なり。三に亦有亦空門、空假相即すれば亦有亦空なり、是れ空假相雙の中なり。四に非有非空門、見思即法性なれば見思有にあらず、法性即見思なれば法性空にあらず、是れ空假を雙非する中道なり。【止觀六】

シモン　四門　【術語】眞言曼陀羅の方位に東南西北を次第の如く發心修行菩提涅槃の四法に配す、依つて東門を發心門と云ひ乃至北門を涅槃門と云ふ。今葬場の四門の額に此四法を銘するは之より出づるなり。

四門	發心	東	[illegible]	開	春	溫
	修行	南	[illegible]	示	夏	熱
	菩提	西	[illegible]	悟	秋	冷
	涅槃	北	[illegible]	入	冬	寒

又四門は常樂我淨の四德、大圓鏡智等の四智なり。【世親攝論十五】に「蓮華有ₗ四德ₗ。一香二淨三柔軟四可愛。譬ₗ法界眞如總有ₗ四德ₗ。謂常樂我淨。於ₗ衆華中ₗ最大最勝故名爲ₗ王。」と常とは東方大圓鏡智なり又金剛智と名く、金剛は常住不壞なる故に此を蓮華の香に比す、香は遍至の德を主る、橫に十方に遍じ竪に三世に遍ず、是れ常住の義なり、外の四供の中に香を以て東方と爲すはこの意なり。樂とは南方平等性智なり、南方は寶部、寶珠より種種の財を雨らし人得て之を樂むが故に之を蓮華の可愛の德に比す。我と

は西方妙觀察智なり、阿彌陀を觀自在王如來と名く、我は自在の義なるが故に蓮華の柔軟の德に比す、淨とは北方成所作智なり、釋迦無住涅槃の理に乘じて五濁惡世の中に出づ、曾つて生死の妄法に染せざるが故に之を蓮華の淸淨の德に比す。【秘藏記鈔六】而して此四門に胎藏金剛の別ありて、胎藏界の壇門を金剛門と稱して頂間に金剛を畫き、金剛界の壇門を蓮華門と稱して蓮華を畫く、是れ金剛は智なれば理を以て能入とし、胎藏は理なれば智を以て能入とする幖幟なり。

シモン　緇門　［雜名］緇衣を服する僧徒の一門なり。

シモンイフクワン　四門遊觀　［故事］釋尊悉多太子なりし時、四門に遊觀し、生老病死の四苦を見て深く世を厭ふの心を生じ給ひしこと。【本行集經】

シヤ　捨　［術語］善の心所の一。內心平等にして執着なきを捨と名く。受蘊中の捨受に簡別して行捨と名く、行蘊所攝なればなり。【俱舍論四】に「心平等性。無警覺性。說名爲レ捨。」【大乘義章二】に「內心平等名レ之爲レ捨。」【同十二】に「亡レ懷稱レ捨。心無レ存レ著故曰二亡懷一。」

七種捨　［名數］【淨影維摩經義記三本】に「經中說レ捨。汎有二七種一。一心性平等亡レ懷稱レ捨。情無レ存レ著故曰二亡懷一。二於二衆生一捨二離一切怨親等碍一目レ之爲レ捨。三捨二一切貪瞋等過一名レ之爲レ捨。四見二生得上脫不二復憂念一放捨名レ捨。五證二空平等一離レ相名レ捨。六自捨二己樂一施二與他人一說レ之爲レ捨。七益二衆生一無レ所二希望一名レ之爲レ捨。」

シヤアク　遮惡　［術語］性惡に對す、飮酒の如き佛遮制に依て惡となるもの、自性の惡にあらず。「よ。

シヤイ　舍夷　［雜名］佛五姓の一。「クドン」を見

シヤインエン　謝因緣　［術語］禪宗に住持の誨示を因緣と云ふ。開示後之に對して大展三拜又は九拜するを謝因緣と云ふ。【象器箋十二】

シヤウ　生　［術語］梵語、惹多（ジヤタ）。Jāti 有爲法の現起するを生と名く。【俱舍光記五】に「於レ法能起二彼用一令レ入二現在境一名爲レ生。」

シヤウ　性　［術語］體の義、因の義、不改の義なり。【唯識述記一本】に「性者體也。」【探玄記十八】に「性是因義。」【大乘義章一】に「性釋有二四義一。一者種子因本之義。二體義名レ性。三不改名レ性。四性別爲レ性。」【智度論三十二】に「性名二自有一。不レ待二因緣一。」

シヤウ　障　［術語］煩惱の異名。煩惱能く聖道を障礙すれば障と名く。【大乘義章五本】に「能礙二聖道一說以爲レ障。」

二障　［名數］「ニシヤウ」を見よ。

三障　［名數］「サンシヤウ」を見よ。

四障　［名數］「シシヤウ」を見よ。

五障　［名數］「ゴシヤウ」を見よ。

十重障　［名數］「ジフヂウシヤウ」を見よ。

シヤウ　聖　［術語］正の義なり。正道を證するを聖と名く。【勝鬘寶窟下本】に「聖者正也。以レ理正レ物名爲レ聖。」【大乘義章十七末】に「初地以上息レ妄契レ眞會レ正名レ聖。」

シヤウアク　性惡　［術語］修惡に對して稱を立つ。關係に依て起る惡を修惡と云ひ、本來眞如の理性に具する惡を性惡と云ふ。性に善を具すると共に性に惡を具す、此性惡の義は天台一宗の極說、他宗未談の法門なり。天台は觀音玄義に之を發し、荊溪は止觀輔行五に此說を提出し、後四明に至て華嚴宗及び山外の異義に對して盛に此義を擴張す。眞如は純眞無妄にして惡を具せず、無明の妄緣に依て性に背きて惡を起すとは大乘諸家の通談なり、華嚴宗圓敎の極說亦然り。然るに台家は之を別敎の所談と貶して取らず、修惡の性即ち性惡なりとして性に善を具すると共に亦惡をも具すと云ふ。されば修善即ち性善なるは他宗猶之を言ふ、修惡即ち性惡なりとは獨り今宗の極談なり。性善の不斷なると共に性惡亦不斷なり。問ふ、性に善惡を具して共に不斷なれば闡提と佛と何の相違ある。答ふ闡提は修善を斷じ盡して但性善に住し、佛は修惡を斷じて但性惡あり。問ふ、闡提性善を斷ぜず爲に修善をして起らしむ、佛性惡を斷ぜず亦た修惡をして起らしむるや。答ふ闡提は性善に達せず、達せざるを以ての故に善に染縛せられ修善自ら生起して惡を對治す、佛は性惡に達する故に惡に於て自ら自在にして惡に染縛せられざれば修惡起るを得ず、故に佛は永く修惡なし。但自在なるを以ての故に衆生化度の爲に終日之を用ゐると猶名醫の毒藥二法に於る如きなり。故に迷悟の別は斷不斷にあらず、達不達にあるなり。【天台觀經疏】に「理者法界無礙。無染而染。即理性毒也。」【法華玄義五】に「破二無明理惡一說二內敎位一。」【觀音玄義上】に「問。緣了既有二性德善一。亦有二性德惡一不。答。具。問。闡提與レ佛斷二何等善惡一。答。闡提斷二修善一盡但性善在。佛斷二修惡一盡但性惡在。問。性德善惡何不レ可レ斷。答。性之善惡但是善惡之法門。性不レ可レ改。歷二三世一無二誰能壞一。復不レ可二斷壞一。譬如下魔雖レ燒レ經何能令二性善法門盡一。縱令佛燒二惡譜一亦不上レ能レ令二惡法門盡一。如二秦燒レ典坑上レ儒。豈能令二善惡斷盡一耶。問。闡提不レ斷二性善一還能令二修善起一。佛不レ斷二性惡一還令二修惡起一耶。答。闡提既不レ達二性善一。以二不達一故還爲二善所上レ染。修

善得レ起廣治二諸惡一。佛雖レ不レ斷二性惡一而能達二於惡一。以レ達レ惡故於レ惡自在。故不レ爲二惡所一レ染。修惡不レ得レ起。故佛永無二復惡一。以二自在一故廣用二諸惡法門一化二度衆生一。終日用レ之終日不レ染。不染故不レ起。那得下以二闡提一爲中例レ佛耶。若闡提能達二此善惡一則不三復名二一闡提一也。」【止觀輔行五】に「如來不レ斷二性惡一。闡提不レ斷二性善一。點二此一意一衆滯自消。」【觀音疏記一】に「修惡全體是性惡故。十二因緣及以五陰一一如レ空常住周遍。」【止觀義例上】に「性惡若斷。普現二色身一。從二何處一而立。吾朝華嚴の鳳潭深く台家性惡の說に服し、起信論幻虎錄に於て遂に以て自家に之を附會して曰く、華嚴の性起即ち性具の意なり、曩祖賢首の意固より此に在り、淸涼圭峯長水以下祖意に達せず性惡の深義を開闡すると能はず、爲に他をして今敎を別敎に過ぎずと斷ぜしむるに至ると。後に淨宗の普寂あり、是亦華嚴を學び四敎儀詮要上、起信論要訣下に於て如來藏純眞無妄の說を主張して鳳潭の說に反對せり、比叡の觀國僧正起信論裂網疏講義一及五に普寂の說を駁して餘力あり。「シヤウグ」參照。図 遮惡に對して邪を立つ。比丘の草木を伐り土地を墾する如き佛の遮止を以て惡事となりしを遮惡と云ひ、殺盜の如き本性惡事なるを性惡と云ふ。

シヤウアン　章安　［人名］章安は地の名。諱は灌頂。後學尊崇するが故に其の所生の處を指して之を呼ぶ。【垂裕記一】⊙（太平記二四）「天台章安妙樂自解佛乘の智を得て」

シヤウイ　正意　［術語］意に邪念なきなり。【無量壽經】に「正心正意齋戒淸淨。」「異名。

シヤウイキヤウ　正意經　［經名］阿含正行經の

シヤウイチ　聖一　［人名］聖一國師、諱は辨圓、東福寺の開基なり。

シヤウイチサイシブンイン　生一切支分印　［印相］灌頂の時弟子の身分を加持する印なり。【義釋十】に「次當レ作二生一切支分印一。而於二弟子頂上一灌レ之。凡灌頂時作二此印一。結已取レ瓶爲レ灌也。若不レ以二此印一者則法式不レ具也。」

シヤウイン　生因　［術語］正しく果を生ずる因種なり、草木の種が草木を因ずる如し。

シヤウイン　正因　［術語］緣因に對す。正しく法を生ずる因種を正因と云ふ。之を資助する力を緣因と云ふ。

シヤウイン　聖印　［術語］三法印實相印の如き聖道の法印なり。又、密家の印契を云ふ。

シヤウインエン　正因緣　［術語］正しき因緣なり。外道が邪因緣を說くに對して云ふ。「の略名。

シヤウインキヤウ　聖印經　［經名］聖法印經

シヤウインブツシヤウ　正因佛性　［術語］三因佛性の一。

シヤウウ　生有　［術語］四有の一。「ウ」を見よ。

シヤウウキヤウ　請雨經　［經名］大雲輪請雨經の略名。

シヤウウキヤウホフ　請雨經法　［修法］大雲輪請雨經の所說に依り諸大龍王を勸請して雨を祈る法なり。本朝には弘法大師始めて此法を行ふ。【濫觴鈔下】に「請雨經法。淳和元年甲辰二月。勅二空海和尙一。於二神泉苑一可レ修レ之者。守敏大德訴下申爲二上首一之由上。仍勅許。七日結願之朝洪水。但不レ及二山外一。次和尙修レ之。三箇日雨降。但二箇日延行。賞二少僧都一。不レ經二律師一。」⊙（太平記一二）「然れども、請雨經の法行はるることに、揭焉の靈驗猶絕えず」

シヤウエ　唱衣　［術語］比丘等の五衆死亡せし時は其の遺物を輕重の二に別ち、金銀田園房舍等の重物は之を常住物に歸し三衣百一衆具の如き輕物は之を現前の僧衆に分配するなり、此の分與に就て分與の均等を得ざる時は僧衆を集めて之を競賣し、其の價を等分に與ふるなり、此の競賣を唱衣と云ふ。先づ價を定めて幾許と唱呼すればなり。【釋氏要覽下】に「唱衣。律云。僧輕物差二一五法比丘一分二與現前僧一。爲二分不一レ均故。佛聽レ集レ衆。先以レ言白レ衆。和許可二賣共分一。目得迦云。佛言。初准レ衣時可レ處レ中。勿レ令二大貴大賤不一レ應。待二其價極一方與レ之。若不レ買者故增レ價。犯二惡作罪一。大毘婆沙論問。命過比丘衣鉢等云何得レ分。答。彼於二昔時一亦曾分二他如レ是財物一。今時命過。他還分レ之。增輝記云。佛制分レ衣。本意。爲レ令三在者見二其亡物一。分二與衆僧一作二是思念一。彼既如レ斯。我還若レ此。因レ其對治令レ息二貪求一故。今不レ能レ省二察此事一。翻於二唱賣之時一。爭二價上下一喧呼取レ笑。以爲二快樂一。愕之甚也。仁者宜レ忌レ之。」唱衣の上解不可なり。古意に反す。「コエ」參照。

シヤウエキヤウ　正依經　［經名］各宗派にて各依正とせる根本經典あり。淨土宗の三經の如き之なり。

シヤウエウモダラニキヤウ　聖曜母陀羅尼經　［經名］一卷、趙宋の法天譯。金剛手菩薩、呪を說て衆生を擁護し、佛爲に聖曜母陀羅尼を說く。【成帙七】（811）梵 Ārya-grahamātṛkā-dhāraṇī

シヤウエン　聲緣　［雜語］聲聞緣覺の二乘なり。

シヤウエン　聖緣　［術語］聖道の助緣なり。【止觀十】に「若前世。外有二鬼緣一鬼則加レ之。發二鬼禪

鬼見。外有二聖緣一聖人加レ之。發二正禪見一也。」

シヤウエンマントクカヰヌワウ　聖閻曼德迦威怒王　〔菩薩〕五大明王中の大威德明王なり。

シヤウオウ　聖應　〔術語〕佛陀の感應なり。【法華文句一】に「但觀二已心之廣高一仰二無窮之聖應一。」

シヤウカ　商迦　〔物名〕Śaṅkha 譯、白螺。【不空羂索陀羅尼經】

シヤウカ　井河　〔譬喩〕身の無常に譬ふる二喩なり。井は人曠野に於て醉象に逐はれ樹を攀ぢて井に入るなり。「ネズミ」を見よ。河は【涅槃經】に「譬如下河岸臨レ嶮大樹。若遇二暴風一必當中顚墜上。善男子。人亦如レ是。臨二老嶮岸一。死風忽至。勢不レ可レ住。」【釋門歸敬儀中】に「井河引喩逼二形器於刹那一。」

シヤウカイ　性海　〔譬喩〕眞如の理性は深廣なると海の如し、故に性海と云ふ。如來法身の境なり。【西域記序】に「廓二群疑於性海一。啓二妙覺於迷津一。」【往生禮讚】に「性海如來盡是師。」【五教章上】に「性海果分當二是不可說義一。」

シヤウカイ　性戒　〔術語〕二戒の一。殺盜の如き自性是れ戒にして佛制を待たざるを性戒と名く。

シヤウカウ　靑行　〔雜名〕「シヤウカフ」を見よ。

シヤウカウ　燒香　〔儀式〕是れ五種供養又六種供養の一なり、行法中五處の燒香あり。第一に初めて道場に入りて法會の聖衆を見て五體を地に投じ禮拜恭敬す、此時先づ香を燒く、大國の法貴人に謁するの最初に香を燒きて禮を爲す、是れ此意なり。第二に已が身を引入せん爲に先づ行者の身の上に月輪を觀じ、月輪の中に本尊の身を現ず、此の所現の諸佛身に供ふる爲に燒香す。第三に道場に布列する諸尊に供ふる爲に燒香す。第四に正しく念誦する時現に本尊に對して此法を爲すが故に彼の尊に供ふる爲に燒香す。第五に觀念了りて後に本尊を奉送する爲に燒香す。譬へば客人の歸らんと欲する時殊に賞翫の儀あるが如し。【秘藏記本、同鈔六】

シヤウカク　性覺　〔術語〕眞如の體他に由らず體自ら覺し體自ら明かなるが故に性覺と云ふ。【楞嚴經四】に「性覺妙明。」

シヤウカニフンヌギキキヤウ　聖迦抳忿怒儀軌經　〔經名〕具名、聖迦抳忿怒金剛童子菩薩成就儀軌經、三卷、唐の不空譯。大藏中二處に載す、一は餘帙三、一は閏帙十四。迦抳の翻名詳ならず。（1064）

シヤウカフ　靑甲　〔雜名〕袈裟の緣の色は不定にして甲地の靑色なるを云ふ。又靑行に作る。

シヤウカヤキリバネンジユギキ　聖賀野紇哩縛念誦儀軌　〔經名〕具名、聖賀野紇哩縛大威怒王立成大神驗供養念誦儀軌法品、二卷、唐の不空譯。馬頭明王の儀軌なり。【經帙三】

シヤウカラ　商羯羅　〔物名〕外道が祭祀に用ひたる骨鏁なり。又賞迦羅 Śaṅkara に作る。譯、鏁。【因明大疏一】に「商羯羅此云二骨鏁一。外道有言。成劫之始。大自在天人間化導。二十四相。自在歸レ天。事者傾戀遂立二其像一。像二其苦行悴疲飢羸骨節相連形相如一レ鏁故、標二此像一名二首鏁天一。」

シヤウカラコンガウ　商羯羅金剛　〔天名〕金剛力士の名。鏁と譯す。【大日經疏五】に「金剛商羯羅。譯云二金剛鏁一。」【千手經】に「力士賞迦羅。」

シヤウカラシユボサツ　商羯羅主菩薩　〔人名〕Śaṅkarasvāmin 梵名、商羯羅塞縛彌と云ふ。骨鏁主と譯す。骨鏁主は大自在天の異名なり、此菩薩の父母此天を主とし、祈りて生みし子なれば骨鏁主と名く。因明入正理論の作者なり。

シヤウカラソバミ　商羯羅塞縛彌　〔菩薩〕譯、骨鏁主。菩薩の名なり。【因明大疏一】に「商羯羅者此云二骨鏁一。塞縛彌者此云レ主。」前項を見よ。

シヤウカラテン　商羯羅天　〔天名〕大自在天の異名なり。鏁と譯す。【大日經疏三】に「商羯羅是摩醯首羅別名。」「シヤウカラ」を見よ。

シヤウカン　相看　〔雜語〕禪林の語。「シヤウケン」と讀む。相見に同じ。對面の義。

シヤウガ　性我　〔術語〕心性の大我なり。凡夫の妄我を去れば如來の性我に歸す。

シヤウガク　正覺　〔術語〕梵語三菩提、Sambodhi 此に正覺と譯す。如來の實智を正覺と名く、一切諸法を證語する眞正の覺智なり。故に成佛を正覺を成ずと云ふ。【法華玄贊二】に「三云レ正。菩提云レ覺。」⦿（曲、竹生島）「悲願をおこして正覺年ひさし」

シヤウガクケ　正覺華　〔術語〕極樂淨土の蓮華は彌陀如來の正覺に依て成ぜる華なれば正覺華と云ふ。【淨土論】に「如來淨華衆。正覺華化生。」

シヤウガクニヨ　正學女　〔術語〕「シキシヤマナニ」を見よ。

シヤウガクノイチネン　正覺一念　〔術語〕阿彌陀佛が十劫の昔に於て正覺を成じ給ひし時、十方衆生の往生は成就したるなり。衆生は之れを信受せずして流轉せる故に、一たび歸命の信を起したる時は、みなかの正覺の一念にかへるなりと說く。西山流所說。

シヤウガクロクホフカイ　正學六法戒

善得レ起廣治ニ諸惡一。佛雖レ不レ斷ニ性惡一而能達ニ於惡一。以レ達レ惡故於レ惡自在。故不レ爲ニ惡所一レ染。修惡不レ得レ起。故佛永無ニ復惡一。以ニ自在一故廣用ニ諸惡法門一化ニ度衆生一。終日用レ之終日不レ染。不染故不レ起。那得下以ニ闡提一爲上レ例レ佛耶。若闡提能達ニ此善惡一則不三復名ニ一闡提一也。」【止觀輔行五】に「如來不レ斷ニ性惡一。闡提不レ斷ニ性善一。點ニ此一意一衆滯自消。」【觀音疏記一】に「修惡全體是性惡故。十二因緣及以五陰一一如レ空常住周遍。」【止觀義例上】に「性惡若斷。普現ニ色身一。從ニ何處一而立。吾朝華嚴の鳳潭深く台家性惡の說に服し、起信論幻虎錄に於て遂に以て自家に之を附會して曰く、華嚴の性起即ち性具の意なり、曩祖賢首の意固より此に在り、淸涼圭峯長水以下祖意に達せず性惡の深義を開闡すると能はず、爲に他をして今教を別教に過ぎずと斷ぜしむるに至ると。後に淨宗の普寂あり、是亦華嚴を學び四教儀詮要上、起信論要訣下に於て如來藏純眞無妄の說を主張して鳳潭の說に反對せり、比叡の觀國僧正起信論裂網疏講義一及五に普寂の說を駁して餘力あり。「シヤウグ」參照。図 遮惡に對して邪を立つ。比丘の草木を伐り土地を墾する如き佛の遮止を以て惡事となりしを遮惡と云ひ、殺盜の如き本性惡事なるを性惡と云ふ。

シヤウアン 章安 〔人名〕 章安は地の名。諱は灌頂。後學尊崇するが故に其の所生の處を指して之を呼ぶ。【垂裕記一】⦿(太平記二四)「天台章安妙樂自解佛乘の智を得て」

シヤウイ 正意 〔術語〕 意に邪念なきなり。【無量壽經】に「正心正意齋戒淸淨。」 「異名。

シヤウイキヤウ 正意經 〔經名〕 阿含正行經の

シヤウイチ 聖一 〔人名〕 聖一國師、諱は辨圓、東福寺の開基なり。

シヤウイチサイシブンイン 生一切支分印 〔印相〕 灌頂の時弟子の身分を加持する印なり。【義釋十】に「次當レ作ニ生一切支分印一。而於ニ弟子頂上一灌レ之。凡灌頂時作ニ此印一。結已取レ瓶爲レ灌也。若不レ以ニ此印一者則法式不レ具也。」

シヤウイン 生因 〔術語〕 正しく果を生ずる因種なり、草木の種が草木を因ずる如し。

シヤウイン 正因 〔術語〕 緣因に對す。正しく法を生ずる因種を正因と云ふ。之を資助する力を緣因と云ふ。

シヤウイン 聖印 〔術語〕 三法印實相印の如き聖道の法印なり。又、密家の印契を云ふ。

シヤウインエン 正因緣 〔術語〕 正しき因緣なり。外道が邪因緣を說くに對して云ふ。「の略名。

シヤウインキヤウ 聖印經 〔經名〕 聖法印經

シヤウインブツシヤウ 正因佛性 〔術語〕 三因佛性の一。

シヤウウ 生有 〔術語〕 四有の一。「ウ」を見よ。

シヤウウキヤウ 請雨經 〔經名〕 大雲輪請雨經の略名。

シヤウウキヤウホフ 請雨經法 〔修法〕 大雲輪請雨經の所說に依り諸大龍王を勸請して雨を祈る法なり。本朝には弘法大師始めて此法を行ふ。【濫觴鈔下】に「請雨經法。淳和元年甲辰二月。勅ニ空海和尙一。於ニ神泉苑一可レ修レ之者。守敏大德訴下申爲ニ上首一之由上。仍勅許。七日結願之朝洪水。但不レ及ニ山外一。次和尙修レ之。三箇日雨降。但二箇日延行。賞ニ少僧都一。不レ經ニ律師一。」⦿(太平記一二)「然れども、請雨經の法行はるることに、揭焉の靈驗猶絕えず」

シヤウエ 唱衣 〔術語〕 比丘等の五衆死亡せし時は其の遺物を輕重の二に別ち、金銀田園房舍等の重物は之を常住物に歸し三衣百一衆具の如き輕物は之を現前の僧衆に分配するなり、此の分與に就て分與の均等を得ざる時は僧衆を集めて之を競賣し、其の價を等分に與ふるなり、此の競賣を唱衣と云ふ。先づ價を定めて幾許と唱呼すればなり。【釋氏要覽下】に「唱衣。律云。僧輕物差ニ一五法比丘一分ニ與現前僧一。爲ニ分不レ均故。佛聽集レ衆。先以レ言白レ衆。和許可ニ賣共分一。目得迦云。佛言。初准レ衣時可レ處レ中。勿レ令ニ大貴大賤不一レ應。待ニ其價極一方與レ之。若不レ買者故增價。犯ニ惡作罪一。大毘婆沙論問。命過比丘衣鉢等云何得レ分。答。彼於ニ昔時一亦會分ニ他如レ是財物一。今時命過。他還分レ之。增輝記云。佛制分レ衣。本意爲レ令三在者見ニ其亡物一。分與ニ衆僧一作ニ是思念一。彼既如レ斯。我還若レ此。因レ其對治令レ息ニ貪求一故。今不レ能レ省ニ察此事一。翻於ニ唱賣之時一。爭ニ價上下一喧呼取レ笑。以爲ニ快樂一。愕之甚也。仁者宜レ忌レ之。」唱衣の上解不可なり。古意に反す。「コエ」參照。

シヤウエキヤウ 正依經 〔經名〕 各宗派にて各依正とせる根本經典あり。淨土宗の三經の如き之なり。

シヤウエウモダラニキヤウ 聖曜母陀羅尼經 〔經名〕 一卷、趙宋の法天譯。金剛手菩薩、呪を說て衆生を擁護し、諸の惡星宿の爲に害せられざるを請ふ、佛爲に聖曜母陀羅尼を說く。【成帙七】(811)梵 Ārya-grahamātṛkā-dhāraṇī

シヤウエン 聲緣 〔雜語〕 聲聞緣覺の二乘なり。

シヤウエン 聖緣 〔術語〕 聖道の助緣なり。【止觀十】に「若前世。外有ニ鬼緣一鬼則加レ之。發ニ鬼禪

鬼見。外有二聖緣一聖人加レ之。發二正禪見一也。」

シヤウエンマントクカキヌワウ 聖閻曼德迦威怒王 [菩薩] 五大明王中の大威德明王なり。

シヤウオウ 聖應 [術語] 佛陀の感應なり。[法華文句二]に「但觀二己心之廣高一仰二無窮之聖應一。」

シヤウカ 商迦 [物名] Saṅkha 譯、白螺。[不空羂索陀羅尼經]

シヤウカ 井河 [譬喩] 身の無常に譬ふる二喩なり。井は人曠野に於て醉象に逐はれ樹を攀ぢて井に入るなり。「ネズミ」を見よ。河は[涅槃經]に「譬如下河岸臨レ嶮大樹。若遇二暴風一必當中顛墜上。善男子。人亦如レ是。臨二老嶮岸一。死風忽至。勢不レ可レ住。」[釋門歸敬儀中]に「井河引喩逼二形器於刹那一。」

シヤウカイ 性海 [譬喩] 眞如の理性は深廣なると海の如し、故に性海と云ふ。如來法身の境なり。[西域記序]に「廓二群疑於性海一。啓二妙覺於迷津一。」[往生禮讃]に「性海如來盡是師。」[五教章上]に「性海果分當二是不可說義一。」

シヤウカイ 性戒 [術語] 二戒の一。殺盗の如き自性是れ戒にして佛制を待たざるを性戒と名く。

シヤウカウ 青行 [雜名] 「シヤウカフ」を見よ。

シヤウカウ 燒香 [儀式] 是れ五種供養又六種供養の一なり、行法中五處の燒香あり。第一に初めて道場に入りて法會の聖衆を見て五體を地に投じ禮拜恭敬す、此時先づ香を燒く、大國の法貴人に謁するの最初に香を燒きて禮を爲す、是れ此意なり。第二に已が身を引入せん爲に先づ行者の身の上に月輪を觀じ、月輪の中に本尊の身を現ず、此の所現の佛身に供ふる爲に燒香す。第三に道場に布列する諸尊に供ふる爲に燒香す。第四に正しく念誦する時現に本尊に對して此法を爲すが故に彼の尊に供ふる爲に燒香す。第五に觀念了りて後に本尊を奉送する爲に燒香す。譬へば客人の歸らんと欲する時殊に賞翫の儀あるが如し。[秘藏記本、同鈔六]

シヤウカク 性覺 [術語] 眞如の體他に由らず體自ら覺し體自ら明かなるが故に性覺と云ふ。[楞嚴經四]に「性覺妙明。」

シヤウカニフンヌギキキヤウ 聖迦抳忿怒儀軌經 [經名] 具名、聖迦抳忿怒金剛童子菩薩成就儀軌經、三卷、唐の不空譯。大藏中二處に載す、一は餘帙三、一は閏帙十四。迦抳の翻名詳ならず。(1064)

シヤウカフ 青甲 [雜名] 袈裟の緣の色は不定にして甲地の青色なるを云ふ。又青行に作る。

シヤウカヤキリバネンジユギキ 聖賀野紇哩縛念誦儀軌 [經名] 具名、聖賀野紇哩縛大威怒王立成大神驗供養念誦儀軌法品、二卷、唐の不空譯。馬頭明王の儀軌なり。[經帙三]

シヤウカラ 商羯羅 [物名] 外道が祭祀に用ひたる骨鏁なり。又賞迦羅 Saṅkara に作る。譯、鏁。[因明大疏一]に「商羯羅此云二骨鏁一。外道有言。成劫之始。大自在天人間化導。二十四相。自在歸レ天。事者傾戀遂立二其像一。像二其苦行悴疲飢羸骨節相連形相如レ鏁故。標二此像一名二首鏁天一。」

シヤウカラコンガウ 商羯羅金剛 [天名] 金剛力士の名。鏁と譯す。[大日經疏五]に「金剛商羯羅。譯云二金剛鏁一。」[千手經]に「力士賞迦羅。」

シヤウカラシユボサツ 商羯羅主菩薩 [人名] Saṅkarasvāmin 梵名、商羯羅塞縛彌と云ふ。骨鏁主と譯す。骨鏁主は大自在天の異名なり、此菩薩の父母此天を主とし、祈りて生みし子なれば骨鏁主と名く。因明入正理論の作者なり。

シヤウカラソバミ 商羯羅塞縛彌 [菩薩] 譯、骨鏁主。菩薩の名なり。[因明大疏一]に「商羯羅者此云二骨鏁一。塞縛彌者此云レ主。」前項を見よ。

シヤウカラテン 商羯羅天 [天名] 大自在天の異名なり。鏁と譯す。[大日經疏三]に「商羯羅是摩醯首羅別名。」「シヤウカラ」を見よ。

シヤウカン 相看 [雜語] 禪林の語。「シヤウケン」と讀む。相見に同じ。對面の義。

シヤウガ 性我 [術語] 心性の大我なり。凡夫の妄我を去れば如來の性我に歸す。

シヤウガク 正覺 [術語] 梵語三菩提、Sambodhi 此に正覺と譯す。如來の實智を正覺と名く、一切諸法を證語する眞正の覺智なり。故に成佛を正覺を成ずと云ふ。[法華玄贊二]に「三云レ正。菩提云レ覺。」

⦿(曲、竹生島)「悲願をおこして正覺年ひさし」

シヤウガクケ 正覺華 [術語] 極樂淨土の蓮華は彌陀如來の正覺に依て成ぜる華なれば正覺華と云ふ。[淨土論]に「如來淨華衆。正覺華化生。」

シヤウガクニヨ 正學女 [術語] 「シキシヤマナニ」を見よ。

シヤウガクノイチネン 正覺一念 [術語] 阿彌陀佛が十劫の昔に於て正覺を成じ給ひし時、十方衆生の往生は成就したるなり。衆生は之れを信受せずして流轉せる故に、一たび歸命の信を起したる時は、みなかの正覺の一念にかへるなりと說く。西山流所說。

シヤウガクロクホフカイ 正學六法戒

【術語】正學女の受學すべき六種の戒法なり。「シキシャマナニ」を見よ。

シヤウキ　清規　【雜語】「シンギ」を見よ。

シヤウキ　生起　【術語】能生を生となし因に名く、所生を起となし果に名く。【法華玄義一】に「生起者。能生名レ生。所生名レ起。」

シヤウキ　正忌　【術語】正當の忌日と云ふ意なり。人の死亡せる日なり。本願寺には開山の正忌に修する七晝夜の報恩講を御正忌と云ふ。

シヤウキ　正機　【術語】正しく其の敎法に受くべき機根を正機と云ふ。淨土門に惡人正機、女人正機など言ふ如し。【法華玄義六】に「未來善惡爲二正機一也。」

シヤウキ　精氣　【雜語】人の精神氣力なり。【藥師經】に「無下有二非人一奪中其精氣上。」

シヤウキ　性起　【術語】緣起に對するの稱。緣起とは眞妄和合して起りたる諸法なり、故に染淨の差別あり。是れ因位の如來藏なり。性起とは唯眞如法性が自ら起りて諸法となるなり、故に唯淨法なり、是れ果海の法身なり。性起と性具と云何別なる。答ふ、性起は華嚴の極談にして性具は天台の圓談なり。華嚴宗には性具と言はざるなり、眞如法性の理が萬法と性起すとは談ずれども、彼の理性の內に諸法を具すとは云はざるなり。【指要鈔下】に「他宗極圓秖云二性起一不レ云二性具一。深可二思量一。又不レ談二性具百界一。但論二變造諸法一。何名二無作一耶。」

シヤウキイン　生起因　【術語】二因の一。現世の惡善の業因に依て未來の苦樂の果を起すを云ふ。

シヤウキチジヤウヂセダラニキヤウ　聖吉祥持世陀羅尼經　【經名】具名、大乘聖吉祥持世陀羅尼經、一卷、趙宋の法天譯。持世陀羅尼經の別譯。【成帙八】(78)

シヤウキヂユウ　生貴住　【術語】十住の一。「ジフヂユウ」を見よ。

シヤウキヤ　商佉　【動物】Śaṅkha 又、餉佉、傷佉、螣佉、儴佉、𧬪佉、霜佉、勝伽、商佉、商企羅、償起羅に作る。譯、蠃貝なり。【玄應音義二】に「儴佉。儴爾羊反。又霜傷二音。梵言二餉佉一。或言二霜佉一。此譯云レ貝也。亦云レ珂。異名也。」【同二十一】に「商佉舊言二霜佉一。或言二傷佉一。又作二餉佉一。又作二孃佉一。梵音輕重聲之訛轉也。此云レ貝。」【同十八】に「傷佉。經中或作二蠰佉一。正言二勝佉一。此譯云レ貝。」【慧琳音義十二】に「商佉此云二蠃貝一。」

シヤウキヤイン　商佉印　【印相】商佉を標する印契なり。【圖印集胎界十九】

シヤウキヤウ　生經　【經名】五卷、西晉の竺法護譯。佛及び弟子の種種本事本生を說く。【宿帙五】(669)

シヤウキヤウ　聲境　【術語】五境の一。

シヤウキヤウ　性境　【術語】三類境の一。

シヤウキヤウクワンオン　靑頸觀音　【菩薩】靑頸觀自在菩薩なり。

シヤウキヤウクワンジザイホフ　靑頸觀自在法　【修法】靑頸觀音を祈請する法なり。

軌經　靑頸觀自在菩薩心陀羅尼經、一卷。靑頸大悲王觀自在念誦儀軌、一卷。靑頸大悲心陀羅尼、一卷。【餘帙二】

シヤウキヤウクワンジザイボサツ　靑頸觀自在菩薩　【菩薩】Nīlakaṇṭhī 觀音菩薩の變現せる明王なり、梵に儞羅建他と云ふ。此觀音を念ずれば一切の怖畏厄難を離ると云ふ。セイケイとも讀む。

形像　【圖像】【靑頸觀自在菩薩心陀羅尼經】に「此靑頸觀自在菩薩畫像法。其三面。當二前正面一作二慈悲熈怡貌一。右邊作二師子面一。左邊作二猪面一。首戴二寶冠一。冠中有二化無量壽佛一。又有二四臂一。右第一臂執レ杖。第二臂執二把蓮華一。左第一執レ輪。左第二執レ螺。以二虎皮一爲レ裙。以二黑虎皮一於二左膊角一絡。被二黑蛇一以爲二神線一。於二八葉蓮華上一立。瓔珞臂釧。環珮光焔。莊二嚴其身一。其神像從二左膊角一絡下。」

（靑頸觀音の圖）

シヤウキヤウクワンジザイボサツシンダラニキヤウ　靑頸觀自在菩薩心陀羅尼經　【經名】一卷、唐の不空譯。【餘帙二】

シヤウキヤウダイヒシンダラニ　靑頸大悲心陀羅尼　【經名】具名。大慈大悲救苦觀世音自在王菩薩廣大圓滿無礙自在靑頸大悲心陀羅尼。一卷、唐の不空譯。【餘帙二】

シヤウキヤウダイヒワウクワンジザイネンジユギキ　靑頸大悲王觀自在念誦儀軌　【經名】具名、金剛頂瑜伽靑頸大悲王觀自在念誦儀軌、一卷、唐の金剛智譯。【餘帙二】

シヤウキヤクジシヤ　請客侍者　【職位】又シンカジシヤとも讀む。禪林の用語。住持の私客を接待する役僧をいふ。

シヤウキヤクトウ　請客頭　【職位】禪林客人の接待役なり。「シヤウカラ」を見よ。

シヤウキラ　償起羅　【物名】又、傷企羅に作る。

シヤウギ　聖儀　【術語】又尊儀と云ふ。佛像なり。【寄歸傳四】に「灌二沐尊儀一。」又「灌二洗聖儀一。實爲二通濟一。」

シヤウギシヤ　精義者　【雜名】探題の異名なり。【武峯論話】に「探題の名義は歌道に出る歟。其の人を指しては必ず題者と云ふべし。高座にては精義者と云ふべし。」

シヤウギヤウ　正行　【術語】眞正の行業なり、或は邪行に對し、或は雜行に對す。

五種正行　【名數】「ゴシヤウギヤウ」を見よ。

シヤウギヤウ　聖行　【術語】涅槃五行の一。聖は正なり。菩薩戒定慧所修の行なり。

シヤウギヤウキヤウ　正行經　【經名】阿含正經の略名。

シヤウギヤウサンマイ　生行三昧　【術語】百八三昧の一。

シヤウギヤウシンニヨ　正行眞如　【術語】「七眞如の一」。

シヤウギヤウロクドホン　正行六度品　【術語】觀行位五品の一。「ゴホン」を見よ。

シヤウク　生苦　【術語】四苦の一。出產の時に苦あり、生苦と名く。

シヤウクウ　生空　【術語】二空の一。又、我空とも、人空とも云ふ。衆生は五蘊假和合にして實體の衆生なきを生空と云ふ。

シヤウクウ　性空　【術語】十八空の一。「クウ」を見よ。

シヤウクギヤウキヤウ　正恭敬經　【經名】一卷、元魏の佛陀扇多譯。比丘の敬法敬師の儀則を說く。【列帙二】(274)

シヤウクウクワン　性空觀　【術語】南山三觀の一。小乘の觀法、因緣生の法其の性空なりと觀ずるなり。「サンクワン」を見よ。

シヤウクウケウ　性空敎　【術語】南山三敎の一。小乘敎なり。「サンケウ」を見よ。

シヤウクウサンマイ　生空三昧　【術語】生空の理を觀ずる禪定なり。【秘藏寶鑰中】に「生空三昧知二神我之幻陽一。」

シヤウクウホフウ　生空法有　【術語】我空法有に同じ。

シヤウクワ　聖果　【術語】菩提涅槃なり、是れ聖道に依て得る所なれば聖果と云ひ、此果眞正なれば聖果と云ふ。【楞嚴經一】に「雖レ得二多聞一不レ成二聖果一。」

シヤウクワ　掌果　【譬喩】掌中の菴摩羅果なり。物の見易きに譬ふ。【止觀一】に「如レ觀二掌果一無レ有二僻謬一。」

シヤウクワ　性火　【術語】事火に對するの稱。地水火風の四大種和合の火を事火と云ひ、火大の一種を性火と云ふ。性火は一切の色法に遍するなり。【因明大疏二】に「火有二二種一。一者性火。二者事火。」

シヤウクワサウジクワルキ　生過相似過類　【術語】十四過の一。立者に對し喩の證明なきを難ずる過失なり。

シヤウクワン　正觀　【術語】邪觀に對するの稱。觀と經と合すれば則ち正見と稱す、正觀なり。【觀無量壽經】に「作二是觀一者名爲二正觀一。」【同妙宗鈔中】に「觀與レ經合。則稱二正見一。名爲二正觀一。」図痴を離れて法を見るを正觀と云ふ。【無量壽經上】に「正念正觀。」【同淨影疏】に「離レ痴見レ法名爲二正觀一。」図　三論宗に多く正觀中觀の名を用ふ。八不を中觀と名け無得を正觀と名く。【三論玄義】に「以二無得正觀一爲レ宗。」

シヤウクワンオン　聖觀音　【菩薩】又、正觀音に作る。新に聖觀自在と云ふ。六觀音の一。六觀音中千手等の異相なき故に但聖觀音と稱す。常の觀音菩薩なり。「クワンオン」を見よ。⊙(盛衰記二九)「聖觀世音の化身なりと云ふて隱れぬ」

シヤウクワンオンカウ　正觀音講　【行事】聖觀音を講讃する法會なり。

シヤウクワンオンキヤウ　請觀音經　【經名】請觀音菩薩消伏毒害陀羅尼咒經の畧名。

シヤウクワンオンキヤウシヨ　請觀音經疏　【書名】一卷、隋の智者大師說、灌頂記。【呂帙七】(1562)

シヤウクワンオンホフ　請觀音法　【修法】請觀音經に依て觀音を祈禱する法なり、疫病の時に之を修す。【密門雜抄】

シヤウクワンジザイギキ　聖觀自在儀軌　【經名】聖觀自在菩薩心、眞言瑜伽觀行儀軌の畧名。

シヤウクワンジザイヒミツシンダラニキヤウ　聖觀自在秘密心陀羅尼經　【經名】聖觀自在菩薩不空王秘密心陀羅尼經の略名。

シヤウクワンジザイボサツ　聖觀自在菩薩　【菩薩】正觀自在菩薩に作る。舊に聖觀音と云ふ。六觀音の一。常に單に觀音と云ふ。「クワンオン」を見よ。

シヤウクワンジザイボサツイチヒヤクハチミヤウキヤウ　聖觀自在菩薩一百八名經　【經名】一卷、趙宋の天息災譯。【成帙八】(816)

シヤウクワンジザイボサツシンシンゴンユガクワンギヤウギキ　聖觀自在菩薩心眞言瑜伽觀行儀軌　【經名】一卷、唐の不空譯。聖觀音の本尊及び眞言、念誦法を說く。【閏帙十】(1415)

シヤウクワンジザイボサツフクウワウヒ

ミツシンダラニキヤウ　聖觀自在菩薩不空王秘密心陀羅尼經　〔經名〕一卷、趙宋の施護譯。不空羂索神變眞言經の第一品の別譯。【成帙十】(987)

シヤウクワンジザイボサツネンジユギキ　聖觀自在菩薩念誦儀軌　〔經名〕一切佛攝相應大教王經聖觀自在菩薩念誦儀軌の略名。

シヤウクワンゼオンボサツシヤウフクドクガイダラニキヤウ　請觀世音菩薩消伏毒害陀羅尼經　〔經名〕一卷、東晉の難提譯。佛、菴羅樹園に在り、月蓋長者、佛に毘舍離國の惡病を救療せんことを請ふ、佛爲に西方の一佛二菩薩の名を說く、即ち佛菩薩を見るを得、觀音菩薩爲に神呪を說く。智者大師請觀音經疏あり、並に行法を立つ。【成帙十】(326)

シヤウグ　星供　〔雜語〕本命星を供養するなり。

シヤウグ　聖供　〔雜語〕三寶の供養物なり。

シヤウグ　餉供　〔雜語〕佛前又は靈前に食膳を供するを云ふ。

シヤウグ　性具　〔術語〕又、體具とも理具とも云ふ。本覺の性に菩薩界以下九界の惡法及び佛界の善法總じて十界三千の善惡の諸法を具するを云ふ。天台始て之を發し、荊溪、四明、盛に之を詳述す。他宗には性に善を具するを云ふも性に惡を具するを說かず、台家獨り性に惡を具するを談ずるなり。依て天台は之を別圓の二教に分けて他宗の極說は未だ性具を盡さざるを以て總じて之を別教となす。【觀音玄義記二】に「九界望レ佛皆名爲レ惡。此等諸惡。性本具不。答。只具一字彌顯二今宗一。以下性具レ善他師亦知。具二惡縁了一（縁因了因に性善あると共に性惡を具すると觀音玄義上に詳說す）。他皆莫レ測」【佛心印記】に「是知今宗性具之功。功在二性惡一。」【和語雜錄八】に「性具の事を云ふに就きては四教の中の別教圓教の意を知り分けざるべからず。別教の意は性と云ふは清淨微妙にして法界に周徧せる體なり、それに大智慧光明等の妙功德を具足して九界已下の迷の法は曾て之なし。譬へば湛湛とたたへたる大海の一波も起らざる如き位なり、其の大海に風の緣來れば千波萬波種種の波起るなり、其の如く眞如の理性に九界の差別はなけれども、無明の風の緣に依て九界の波が分れ起るなり、因て風の緣が息めば本の湛湛たる大海にて、一波も起らずと談ずるなり。是れ華嚴宗禪宗等に沙汰する所にて、天台宗の四教の第三別教の意なり。圓教の意は前の別教に明かす所の眞如法性の一理に本來十界三千の諸法を具足して之ある故、迷の緣にては九界の妄法が起り顯はれ、悟の緣にては佛界の淸淨微妙の法が起り顯はるるなり。譬へて言へば、水に本來波の性相を具足したる故風の緣にて本來の波の性相が全く千波萬波と顯はれ起るなり、因て無明の風が息みても十界三千の法は歷歷として之ありと談ずるなり。此の道理ゆへ煩惱を斷じ生死を離るれども實には煩惱生死を斷じもせず離れもせぬなり、穢れたる煩惱生死が潔き煩惱生死となるばかりなり。此極理にて世間相常住の生佛二界不增不減と云ふ佛教の極談が能く顯はるるなり。」【妙宗鈔上】に「諸宗既不レ明二性具十界一則無二同斷同悟之義一」【同下】に「荊溪云。他宗不レ明二修性一若以二眞如一理一名レ性隨緣差別爲レ修則荊溪出時甚有二人說一也。故知他宗同極秪云二性起一不レ云二性具一深可二思量一。」是れ華嚴宗を指すなり、然るに賢首の【菩提心章】に「隨擧二一門一。亦具二一切一。隨擧二一義一亦具二一切一。隨擧二一句一亦具二一切一。然此具德門中。性具二善惡一。法性實德法爾如レ是。」是れ分明に性具の說なり。【蕉窓漫筆上】【教行錄三教門雜問答】に「問ふ、一切大乘經論皆一切衆生本性淸淨と談ず、台宗性具の十界を明かす、六既に是れ穢なり、如何か諸の經論に合するや。答ふ十法界六は穢四は淨なり、台宗既に性具を云ふ、即ち是れ性惡の法門、安くんぞ淸淨ならざるを得ん乎。此を明すに應に二義を具ふべし、一には情智に約して說き、二には迷悟に約して分つ、情智とは情を以て諸法を分別すれば皆邪なり、情を離れて諸法を分別すれば皆正となると云ふが如し。今の圓人應に佛眼種智を用ひ、一念の染情、體に十界を具して互融自在則ち一切の諸法悉く皆淸淨なりと了達すべし、荊溪の謂はゆる刹那を知れば染體悉く淨と云ふ者是なり。二に迷悟に約して分別すれば當さに知るべし迷ふときは則ち十界の淨穢倶に染なり、悟るときは則ち十界の淨穢倶に淨なりと、台宗に明す所の十界性惡の法門悉く皆淸淨とは正しく悟解の邊に約して說くなり。故に荊溪曰く、三千理に在ては同じく無明と名くと、豈に迷ふが故に三千倶に迷ふに非ざる也、三千改る無く無明即ち明、豈に悟るが故に三千倶に悟るに非ざらん乎。然るに此の二義猶是れ修門に對して說く、若し直に平等法界に約して之を言はば、則ち修に非ず性に非ず迷に非ず悟に非ず淨に非ず穢に非ず、一切衆生造作に勞せず本性靈明、十界を具足して諸垢を受けず。故に經に曰く、五道淸淨にして色を受けずと、此を學ぶ者有れば大道を成ず、豈に一切衆生法界本淨に非ず乎。」「シヤウアク」參照。

シヤウケ　正化　〔術語〕正道を以て衆生を化するなり。【無量壽經上】に「宣二流正化一。」

シヤウケン　正見　〔術語〕八正道の一。諸の邪倒を離れたる正觀なり。【華嚴經三十】に「正見牢固離二諸妄見一。」【勝鬘經】に「非二顚倒見一是名二正見一。」

シヤウケンロンジ　聲顯論師　〔流派〕コエケンロンジと呼ぶ。「コエロンジ」を見よ。

シヤウゲ　正解　〔術語〕正覺の略名なり。正しく法性を悟解するなり。【唯識論一】に「爲下於二二空一有二迷謬一者生中正解上故。」【同述記一本】に「言二正解一者。正覺異號。」

シヤウゲウ　聲敎　〔術語〕敎は聲に由つて說く故に聲敎と云ふ。佛に六塵說法あり、是れ聲塵說法なり。【上觀七】に「聲敎開合。化道可レ知。」【行宗記一上】に「敎由レ聲說故云二聲敎一。」「敎と云ふ。

シヤウゲウ　正敎　〔術語〕所說正理に契ふを正

シヤウゲウ　聖敎　〔術語〕聖は正なり、正理と合するを聖と名く。聖人の所說を聖敎と云ふ。【圓覺經】に「聞二此聖敎一隨順開悟。」【解深密經一】に「已善奉二行如來聖敎一。」【宗輪論述記】に「聖者正也。與二正理一合。目レ之爲レ聖。又契レ理通レ神名レ之爲レ正。此所說敎名爲二聖敎一。」

シヤウゲウタイ　障礙有對　〔術語〕三有對の一。「ウタイ」を見よ。

シヤウゲウリヤウ　聖敎量　〔術語〕又、正敎量に作り、又至敎量と云ふ。因明の用語、三量の一。「リヤウ」を見よ。

シヤウゲセン　障礙山　〔地名〕毘那怛迦山 Vinataka の譯、「ゲン」を見よ。

シヤウゲン　靑原　〔人名〕又淸原に作る。「セイゲン」を見よ。

シヤウゲンベイカ　靑原米價　〔雜語〕セイゲンベイカと讀む。廬陵米價に同じ。「ロリヨウノベイカ」を見よ。

シヤウコ　鉦鼓　〔物名〕佛敎の儀式に用ふる樂器。フセガネと鼓なり。⊙（近松、長生島臺）「羯鼓鉦鼓和琴の役」図 俗に「タタキガネ」と云ふ。鼓形の鉦にて之を叩きて念佛の調子を取る、一遍上人より始まるなり。【本朝僧傳智眞傳】に「有二釋一何一乃至一夕借レ眞詣二賀茂神一打レ鼓念佛。時雷鳴風烈山木動搖。急雨傾レ盆河水暴漲。二人逡巡憩二立殿門一。神託二社司一以二祠前所レ掛之鉦一俗曰鰐口折爲二兩片一。分二賜眞何一。從レ此二人崇二神之賜一遞持二鉦片一。考二擊念佛勸二誘邑里一。時人是謂二鉦鼓一也。」

シヤウコクウザウボサツ　聖虛空藏菩薩　〔菩薩〕「コクウゾウ」を見よ。

シヤウコクウザウボサツダラニキヤウ　聖虛空藏菩薩陀羅尼經　〔經名〕一卷、趙宋の法天譯。虛空藏菩薩問七佛陀羅尼經の別譯。【成帙八】（794）

シヤウコクジ　相國寺　〔寺名〕萬年山相國承天禪寺は京都今出川の北に在り、五山の第二にして開基は夢窓國師、後小松院明德三年、足利義滿公の建立なり。【都名所圖會一】

シヤウコン　精魂　〔雜名〕精氣魂魄なり。【碧巖第一則頌評】に「弄二精魂一瞠二眼睛一云廓然無聖。」

シヤウコンポンセツイチサイウブ　聖根本說一切有部　〔流派〕說一切有部に同じ。

シヤウゴ　聖語　〔術語〕Āryabhāṣa 又、聖言と云ふ。即ち梵語所謂サンスクリット婆羅門の經語にして中天竺の正音とす。【俱舍論十一】に「一切天衆皆作二聖語一。謂彼言詞同二中印度一。」【毘婆沙論七十九】に「世尊有レ時爲二四天王一。先以二聖語一說二四聖諦一。四天王中二能領解。二不二領解一。世尊憐二愍饒二益彼一故。以二南印度邊國俗語一舊婆沙に毘陀羅語に作る說二四聖諦一。謂醫泥。迷泥。蹋部達。嚛部。二天王中一能領解。一不二領解一。世尊憐二愍饒二益彼一故。復以二一種篾戾車語一舊婆沙に彌離車語に作る說二四聖諦一。謂摩奢。覩奢。僧攝。摩薩縛怛毘刺遲。時四天王皆以二領解一。」然に聖語を以て四諦を說きしは四天王に對する一時の隨說にして、佛の常語にあらず、佛は當時摩竭陀國の俗語を以て佛語と爲す、此語の經文今絕えてなし。南方アーリヤ語の方言の經文錫蘭島に傳はる、これ即ち今のパーリー語なり、依て暹羅國の佛徒はパーリーの佛語を指してマコと稱す。而して佛諸律の中に於て聖語を用ふるを呵責せり。【四分律五十二】に「時有二比丘一。字二勇猛一。婆羅門出家。往二世尊所一。白二世尊一言。大德。此諸比丘。衆姓出家。名字亦異。破二佛經義一。願世尊。聽下我等以二世間好言論一修中理佛經上。佛言。汝等痴人。此乃是毀損。以二外道言論一而欲レ雜二糅佛經一。佛言。聽下隨二國俗言音所一レ解。誦中習佛經上。」【五分律二十六】に「有二婆羅門兄弟二人一誦二闡陀 Chandas 鞞陀書一。後於二正法一出家。聞二諸比丘誦經不一レ正。譏呵言。諸大德久出家而不レ知二男女語一語多語。現在過去未來語。長短音輕重音一。乃作レ如レ此誦二讀佛經一。比丘聞羞恥。二比丘往至二佛所一。具以白レ佛。佛言。聽下隨二國音一讀誦上。但不レ得三違二失佛意一。不レ聽下以二佛語一作中外書語上。犯者偸蘭遮。」【十誦律三十八】に「佛在二舍衛國一。有二二婆羅門一。一名二瞿婆一。二名二夜婆一。於二佛法中一得レ信出家。本誦二外道四圍陀書一。出家已以二是音聲一誦二佛經一。時一人死一人獨在。所誦佛經忘不二通利一。更求レ伴不レ得。心愁不レ樂。是事白レ佛。佛言。從レ今以二外書音聲一誦二佛經一者突吉羅。」

シヤウゴ　正語　〔術語〕八正道の一。一切虛妄不實の語を遠離するなり。

シヤウゴクグワツ 正五九月 [雜語] 「サンチヤウサイグワツ」を見よ。

シヤウゴフ 正業 [術語] 八正道の一。身口意の三業清淨にして一切の邪妄を離るるなり。淨土眞宗には他力の念佛を往生の正業となす。【敎行信證行卷】に「稱名則是最勝眞妙正業。正業則是念佛。」

シヤウゴキン 聖護院 [寺名] 京都上岡崎の西に在り、開基は智證大師、中頃より三井の門主法親王住職し、修驗道を兼て山伏を管領す。凡そ山伏に天台眞言の二流あり、天台は當門主に屬す、是を本山と云ふ。【拾遺都名所圖會二】

シヤウゴン 正勤 [術語] 「シシヤウゴン」を見よ。

シヤウゴン 聖言 [名數] 聖は正なり、正直の言なり。四聖言、一に不見を不見と言ふ。二に不聞を不聞と言ふ。三に不覺を不覺と言ふ。四に不知を不知と言ふ。【阿毘達磨集異門足論十】

八聖言 [名數] 不見と不聞と不覺と不知との事の中に於て實見等と言ひ、或は所見と所聞と所覺と所知との事の中に於て不見等と言ふ、是の如きの八種を非聖言と名く。若し不見乃至不知に於て不見等と言ひ、或は所見乃至所知に於て實見等と言ふ、是の如きの八種を名けて聖言と爲す。【俱舍論十六】図 梵語を聖言又は聖語と云ふ。「シヤウゴ」を見よ。

シヤウゴン 莊嚴 [術語] 善美を以て國土を飾り或は功德を以て依身を飾るを莊嚴と云ふ。又惡事を以て身に積むを莊嚴と云ふ。【阿彌陀經】に「功德莊嚴。」【探玄記三】に「莊嚴有二二義一。一是具德義。二交飾義。」【觀無量壽經】に「以二諸惡業一而自莊嚴。」【輔行一之二】に「一心三諦爲二所莊嚴一。一心三觀爲二能莊嚴一。」

二種莊嚴 [名數] 「ニシユシヤウゴン」を見よ。

四種莊嚴 [名數] 一に戒瓔珞莊嚴、菩薩禁戒を持し以て身の諸惡を離るるを云ふ。二に三昧瓔珞莊嚴、菩薩禪定を修し以て諸の邪覺を離るるを云ふ。三に智慧瓔珞莊嚴、菩薩聖諦を覺知し以て諸の顚倒を離るるを云ふ。四に陀羅尼瓔珞莊嚴、菩薩善を持して失せしめず惡を持して生ぜしめざるを云ふ。此の四法法身を莊嚴すると世の瓔珞の身を莊嚴する如くなれば瓔珞莊嚴と名く。【大集經一】

二十九種莊嚴 [名數] 天親の淨土論に彌陀の淨土を觀察するに二十九種の莊嚴を明かせり。中に就て淨土の依報即ち器世間清淨に十七種、淨土の正報即ち衆生世間清淨に十二種あり。初に依報十七種とは一に清淨莊嚴、三界有漏の穢土に勝過して無漏清淨なり。二は量莊嚴、究竟して虛空の如く邊際なきなり。三に性莊嚴、正道の大慈悲無漏の善根に依て法性に隨順して生起せる淨土なり。四に形相莊嚴、淨土は清淨の光明滿足して明鏡日月輪の如きなり。五に種種事莊嚴、諸の珍寶を備へて妙莊嚴を具足せり。六に妙色莊嚴、無垢の光燄熾盛にして明淨世間を曜かすなり。七に觸莊嚴、淨土を莊嚴せる種種の珍寶柔軟にして之に觸るる者勝樂を生ずるなり。八に三種莊嚴、水上と地上と虛空との三處の莊嚴なり。九に雨莊嚴、寶衣寶華を雨らして無量の妙香普く薰ずるなり。十に光明莊嚴、佛慧明淨の日世の痴冥を除くなり。十一に妙聲莊嚴、淨土の妙聲深遠にして善く十方に聞ゆるなり。十二に主莊嚴、正覺の阿彌陀、法王として善く住持するなり。十三に眷屬莊嚴。諸の菩薩衆如來正覺の華より化生するなり。十四に受用莊嚴、大乘の法味、禪味、三昧味を受用するなり。十五に無諸難莊嚴、永く身心の苦惱を離れて受樂間斷なきなり。十六に大義門莊嚴、淨土は大乘善根界なり、一切平等清淨にして譏嫌の名言なく又女人と六根不具者と二乘と一の譏嫌すべき實體なし、衆生普く大乘の薩埵にして一味平等なるなり。大義門とは淨土は大乘の義利に通ずる門戶なるを云ふ。十七に一切所求滿足莊嚴、衆生の願樂する所一切能く滿足するなり。次に正報の十二は分ちて二種とし佛に八種、菩薩に四種あり。佛の八種とは一に座莊嚴、無量の大寶王微妙の淨華臺なり。二に身業莊嚴、相好の光一尋にして色像群生に超へたり。三に口業莊嚴、如來微妙の梵響十方に聞ゆるなり。四に心業莊嚴、地水火風空に同じくして分別なきなり。五に大衆莊嚴、彼の土の人天聖衆皆大乘の善根を成就し如來清淨の智海より生ずるなり。六に上首莊嚴、阿彌陀佛、淨土に於て上首たること須彌山王の如く勝妙にして超過する者なきなり。七に主莊嚴、阿彌陀佛、彼土の敎主にして天人丈夫の衆恭敬し瞻仰するなり。八に不虛作莊嚴、佛の本願力は虛設ならず、之に遇ふ者は空しく過ぐる者なし、必ず能く速に功德の大寶海を滿足せしむるなり。菩薩の四種莊嚴とは一に不動本處遍至十方供養化生莊嚴。二に一念一時遍至佛會利益群生莊嚴。三に一切世界讃嘆諸佛莊嚴。四に無三寶處示法莊嚴なり。此の二十九種は皆彌陀の願心より莊嚴せるなり。【淨土論】

シヤウゴンキヤウ 莊嚴經 [經名] 大乘無量

壽莊嚴經の略名。

シヤウゴンキヤウロン　莊嚴經論　〔書名〕「大乘莊嚴經論の略名。

シヤウゴンコフ　莊嚴劫　〔術語〕三世の三大劫中、過去の大劫を莊嚴劫と名く。大劫の中總じて成住壞空の八十增小劫あり、其の住劫の二十小劫の中に千佛ありて出世す、華光佛を首とし毘舍浮佛を末とす。千佛出世して劫を莊嚴する故に莊嚴劫と名く。【過去莊嚴劫千佛名經】

シヤウゴンコフセンブツミヤウキヤウ　莊嚴劫千佛名經　〔經名〕過去莊嚴劫千佛名經の略名。【黃帙三】(405)

シヤウゴンサンマイ　莊嚴三昧　〔術語〕莊嚴「王三昧の略稱。

シヤウゴンシヤウジヤウザウザンマイ　莊嚴清淨藏三昧　〔術語〕是れ大日如來の三世無礙力と如來の加持不思議力との二力の所依藏なり。【大日經三】に「爾時世尊復住二三世無碍力依如來加持不思議力依莊嚴清淨藏三昧一。」【義釋八】に「如三世間衆生種種身口意業皆依二於心一。毘盧遮那亦爾。一切三世無碍智力一切神變加持不思議力依二莊嚴清淨藏一也。」三世無碍力とは自證なり、如來加持力とは化他なり、莊嚴清淨三昧とは𑖀字門菩提心の體なり、內證と外用との一切の事業𑖀を所依として轉ずるを云ふなり。

シヤウゴンブツホフキヤウ　莊嚴佛法經　〔經名〕持心梵天所問經の異名。

シヤウゴンブツホフシヨギ　莊嚴佛法諸義　〔經名〕持心梵天所問經の異名。

シヤウゴンニフイチサイブツキヤウガイキヤウ　莊嚴入一切佛境界經　〔經名〕如來莊嚴智慧光明入一切佛境界經の略名。

シヤウゴンホウワウキヤウ　莊嚴寶王經　〔經名〕具名、佛說大乘莊嚴寶王經、四卷、趙宋の天息災譯。觀自在菩薩歷劫救苦の事を說き、又所住の種種の三昧の名を說き、又毛孔の希有の功德を說く。【成帙十】(782)

シヤウゴンボダイシンキヤウ　莊嚴菩提心經　〔經名〕一卷、秦の羅什譯。最勝王經淨地陀羅尼品の別譯。【黃帙十】(99)

シヤウゴンモン　莊嚴門　〔術語〕六度萬行持戒持齋などは佛法の外面を莊嚴する假裝にして眞の佛法にあらざるを云ふ。【臨濟錄】に「祇如下諸方說二六度萬行一以爲中佛法上。我道是莊嚴門佛事門。非二是佛法一。」

シヤウゴンロン　莊嚴論　〔書名〕二部あり、一は無著造、波羅頗迦羅蜜多羅譯の大乘莊嚴經論、十三卷。暑帙四(1190)一は馬鳴造、羅什譯の大莊嚴論、十五卷。暑帙四(1182)

シヤウゴンワウキヤウ　莊嚴王經　〔經名〕莊嚴王陀羅尼呪經の略名。

シヤウゴンワウサンマイ　莊嚴王三昧　〔術語〕法華妙音品所說十六三昧の一。

シヤウゴンワウダラニキヤウ　莊嚴王陀羅尼經　〔經名〕一卷、唐の義淨譯。佛、布怛落迦山に在て觀世音妙吉祥二大菩薩の爲に往昔所持の妙呪を說く、持者當に極樂國に生ずべし。【成帙八】(504)

シヤウサイ　清齋　〔術語〕清淨の持齋なり。午下より明旦に至るまで食せざるを齋と云ふ。俗に精進料理を清齋と云ふは誤なり。図【釋氏要覽下】に「今の民俗辰刻を以て一抔の水を飮み終日食せざるを清齋と云ふ。」に見れば斷食の一種と變じたる如し。「サイ」を見よ。

シヤウサイシヨウキヤウ　聖最勝經　〔經名〕「聖最勝陀羅尼經の略名。

シヤウサイシヨウダラニキヤウ　聖最勝陀羅尼經　〔經名〕一卷、趙宋の施護譯。最上意陀羅尼經と恐くは同本なり。【成帙十】(878)

シヤウサイジヤウトウミヤウニヨライダラニキヤウ　聖最上燈明如來陀羅尼經　〔經名〕一卷、趙宋の施護譯。東方最勝燈王如來助護持世間神呪經の異譯。

シヤウサウ　生相　〔術語〕四相の一。未起の有爲法を現在に生ぜしむる法なり。

シヤウサウ　性相　〔術語〕性とは法の自體なり、內に在て改易すべからざるなり。相とは相貌なり、外に現はれて分別すべきなり。有爲無爲相對すれば無爲法は性にして有爲法は相なり。而して有爲、無爲共に性相あり、自體を性と云ひ、識るべきを相と云ふ。【智度論三十二】に「性言二其體一。相言レ可レ識。」【法華經方便品】に「如是相。如是性。」【涅槃經二】に「汝今當レ觀二諸行性相一。」

シヤウサウ　祥草　〔植物〕吉祥草の略。如來成道の時に吉祥草を以て座となす。「ガク」を見よ。

シヤウサウガク　性相學　〔雜語〕「シヤウザウニシユウ」を見よ。

シヤウサウニシユウ　性相二宗　〔名數〕法性宗と法相宗なり、略して性宗相宗と云ふ。「ニシユウ」を見よ。

シヤウサツ　唱薩　〔雜語〕薩を唱ふるなり、薩は娑度 Sādhu の訛略、善哉の義なり。【玄應音義十六】に「唱薩此言訛也。正言二娑度一。此譯云二善哉一。」

シヤウサンゲ　正懺悔　〔修法〕懺法の式に七日の加行法あり、之を終へて正しく行事と作すを正懺

悔と云ふ。

シヤウザイ 性罪 〔術語〕二罪の一。殺盜等の諸惡佛制を待たずして自性是れ惡なり。かくの如く犯せば必ず罪報あるものを云ふ。

シヤウザイ 掌財 〔職位〕「フウス」に同じ。

シヤウザウ 正像 〔術語〕正法、像法なり。「シヤウザウマツ」を見よ。

シヤウザウ 生像 〔雜語〕又、生色可染と云ふ。梵語金銀の異名なり。生は生色にして金なり。金色は天生のままに不變なればなり。像は似色にして銀なり、金に類似する金屬なればなり。僧祇律善見律には之を生色似色と云ふ。又可染と云ふ。塗染すべきが故なり。即ち金銀の異名なり。【行事鈔下四】に「生像者。僧祇善見云㆓生色似色㆒。似即像也。生金像銀。」【同資持記】に「生色即金。天生黃故。似色即銀。可㆓塗染㆒故。」

シヤウザウガク 性相學 〔術語〕性とは諸法の自體なり、相とは其の相貌義理なり。又法相と名く。倶舍成實等は小乘の性相を明かし、瑜伽唯識等は大乘の性相を說く、依て此等の諸論を學習するを性相學とも法相學とも云ふ。【瑜伽釋】に「問㆓答決㆔擇諸法性相㆒。故名爲㆑論。」【婆沙論一】に「阿毘達磨性相所顯。」

シヤウザウマツ 正像末 〔術語〕凡そ一佛出世すれば其の佛を本として正法、像法、末法の三時を立つ。然るに諸經皆正像の二時を說き、大悲經獨り正像末三時を說く。又雜阿含、倶舍論の如きは唯正法の一時を說く。一に正法、正とは證なり、佛、世を去るといへども法儀未だ改らず、敎あり、行あり、正しく證果を得るもの有るを正法時となす。二に像法、像とは似なり、訛替なり、道化漸く訛替して眞正の法儀行儀行はれず、隨て證果の者なく、但敎あり行ありて像似の佛法行はるる時を像法時と云ふ。三に末法、末とは微なり、轉た微末にして但敎ありて行なく、證果なき時を末法時となす。【嘉祥法華義疏五】に「佛雖㆑去㆑世法儀未㆑改。謂㆓正法時㆒。佛去㆑世久。道化訛替。謂㆓像法時㆒。轉復微末。謂㆓末法時㆒。」【法華玄贊五】に「若佛正法。敎行證三皆具足有。若佛像法。唯有㆓敎行㆒無㆓證果者㆒。若佛末法。唯有㆓敎㆒在㆒行證並無。」【青龍仁王經疏下三】に「有㆑敎有㆑行有㆑得㆓果證㆒名爲㆓正法㆒。有㆑敎有㆑行而無㆓果證㆒名爲㆓像法㆒。唯有㆓其敎㆒無㆑行無㆑證名爲㆓末法㆒。」【三大部輔注七】に「正者證也。像者似也。末者微也。」又【倶舍論二十九】には敎證を以て正法の體とし、正法の世に住すると一千歳なるを明かす。敎法とは經律論の三藏なり、證法とは三乘の菩提分法なり、(前に言ふ證果と異なり。)若し人ありて其の敎法に於て誦持し及び正說する者あるを敎法世に住すと爲し、若し人ありて其の菩提分法を行ずる者あるを證法世に住すとなす。故に此三人の住世の時量に隨ひて應に正法の世に住する時量を知るべし。聖敎中總じて唯千歳住すと言へりと。(此下は有釋を擧げて證法は唯千年住す、敎法の住時は復此に過ぐと言ふ即ち像法なり。)【頌】に「佛正法有㆑二。謂敎證爲㆑體。有㆓持說行者㆒。此便住㆓世間㆒。」

三時年限 〔名數〕大悲經に末法萬年なりと說く。末法を說くと此經に局り、更に異說なし。正像の二時に就て諸經論の所說不同なり、總じて四種あり。一に正法千年像法千年、末法萬年の說、大悲經なり。又雜阿含經正法千歳と云ひ、善見律正像各千年と說く。二に正像各五百年の說大乘三聚懺悔經なり。三に正法千年像法五百年の說悲華經なり。四に正法五百年像法千年の說大集月藏經、賢劫經、摩耶經等なり。此中古來の諸德正法五百像法一千、末法萬年の說を依用す。【末法燈明記冠註】⊙(曲、現在七面)「さる程に滅後の弘經も正像末に次第して」

シヤウザウマツワサン 正像末和讃 〔書名〕親鸞八十六歳の作。康元二年靈夢に感じて起作し翌正嘉二年九月廿四日脫稿す。三時の遷轉より彌陀釋迦の慈悲を說く。

シヤウザフニギヤウ 正雜二行 〔術語〕淨土門の所立なり。「ニギヤウ」「ゴシヤウギヤウ」を見よ。

シヤウシ 正使 〔術語〕習氣に對するの稱。正しく現起する煩惱の正體を正使と云ひ、其の煩惱の餘習を習氣と云ふ。阿羅漢は正使を斷ずるも習氣を亡ずること能はざるなり。【觀經玄義分偈】に「正使盡未盡。習氣亡未亡。」【四敎儀】に「但斷㆓正使㆒不㆑能㆑侵㆑習。」

シヤウシ 正士 〔術語〕菩薩のこと。

シヤウシ 聖師 〔雜名〕二師の一。「ニシ」を見よ。

シヤウシ 生支 〔雜名〕梵名、Liṅga 鴦伽社哆。Aṅga-jāta* 男根なり。【有部百一羯磨六】に「生支。梵云㆓鴦伽社哆㆒。譯作㆓生支㆒。即是根也。」

シヤウシ 生師 〔人名〕竺道生なり、涅槃經を講じて即座に滅を取る。【梁高僧傳七】

シヤウシキ 性色 〔術語〕又、眞色と云ふ。如來藏中の妙色なり。性に即するの色なれば性色と云ふ。台家に所謂性具の色なり。【楞嚴經三】に「如來藏中。性色眞空。性空眞色。」

シヤウシキ 生色 〔雜名〕金の異名なり。「シヤウザウ」を見よ。

シヤウシキ 性識 〔術語〕衆生の根性心識なり。【歸敬儀中】に「群生性識深淺利鈍。」

シヤウシキ 精識 【術語】人の精靈心識なり。【無量壽經下】に「魂神精識自然趣レ之。」

シヤウシキカセン 正色可染 【雜語】「シヤウザウ」を見よ。

シヤウシシ 聖師子 【術語】佛の尊號なり。佛は聖中の王たると猶獅子の獸中の王たる如ければ名く。【法華經方便品】に「我聞二聖獅子深淨妙音一。」

シヤウシツ 精室 【雜名】修法の道場なり。又精練者の室宅なれば精室と云ふ。【三摩地法】に「建二立精室一布二輪壇一。」【准提儀軌】に「將レ像於二精室一秘密供養。」

シヤウシフ 正習 【術語】正使と習氣なり。「シヤウシ」を見よ。【四教儀】に「正習俱除。」

シヤウシヤ 性遮 【術語】性罪と遮罪なり。又性戒と遮戒なり。

シヤウシヤウ 聖性 【術語】唯識には聖性に造り、俱舍には正性に作る、其の意一なり。唯識には無漏智の種子を以て聖性の體とし、俱舍は煩惱を離るるを正性とす。【唯識述記九末】に「即依二無漏智分別智等俱行五蘊種子一爲二聖性體一。」【俱舍論十】に「何名二正性一。謂契經言。貪無餘斷。瞋無餘斷。痴無餘斷。一切煩惱皆無餘斷。是名二正性一。」

シヤウシヤウ 正性 【術語】前項に同じ。

シヤウシヤウ 生生 【雜語】流轉輪廻の極りなきを云ふ。【楞嚴經三】に「生死、死生。生生死死如二旋火輪一。未レ有二休息一。」

シヤウシヤウゴンキヤウ 聖莊嚴經 【雜名】「聖莊嚴陀羅尼經の略名。

シヤウシヤウゴンダラニキヤウ 聖莊嚴陀羅尼經 【經名】二卷、趙宋の施護譯。羅睺童子臥する時惡羅刹に嬈ださる、佛爲に呪を說きて之を護る。【成帙八】(854)

シヤウシヤウザンマイ 聖正三昧 【術語】三三昧の一。「サンサンマイ」を見よ。

シヤウシヤウジン 正精進 【術語】八正道の一。

シヤウシヤウヂヤウジユ 正性定聚 【術語】三聚の一。

シヤウシヤウネンジユ 聲生念誦 【術語】五種念誦の一。「ネンジユ」を見よ。

シヤウシヤウフカセツ 生生不可說 【術語】「四不可說の一。

シヤウシヤウリシヤウ 聖性離生 【術語】唯識には聖性に作り、俱舍には正性に作る、其の意一なり。無漏智を生じて煩惱を斷ずるを聖性と云ふ。聲聞緣覺の二乘は見道の位に入て一分の無漏智を生じ分別起の煩惱障を斷ず。菩薩は一分の無漏智を生じて煩惱所智の二障を斷じ、以て一分の聖生を得て永く異生凡夫の生を離るるを聖生離生と云ふ。【唯識論九】に「二乘見道現在前時。具斷二二種一名レ得二聖生一。菩薩見道現在前時唯斷二一種一名レ得二聖性一。」【俱舍論二十三】に「得二世第一法一雖レ住二異性生一而能趣二入正性離生一。」【四教儀六】に「聖以レ正爲レ義。捨二凡性一入二正性一。」

シヤウシヤウリシヤウ 正性離性 【術語】「聖性離生に同じ。

シヤウシヤウロンジ 聲生論師 【流派】コエシヤウロンジと呼ぶ。「コエロンジ」を見よ。

シヤウシヤク 掌石 【譬喩】海底に石あり掌と名く、一微塵の不平なし、經中にて國土平正の喩となす。【法華經五百弟子授記品】に「地平如レ掌。」【法華文句七】に「經直言二如掌一不レ言二手掌一。手掌不平則非二所引一。海底有レ石名レ掌。此石無レ有二一微塵不平一。當レ知類如二法掌一耳。」

シヤウシヤク 請折 【雜語】「シンシヤク」を見よ。

シヤウシヤラクイン 請車輅印 【印相】十八契印の一。「ジフハチダウ」を見よ。

シヤウシヤリ 尙闍梨 【本生】一螺髻仙人の名なり。【智度論十七】に「釋迦牟尼佛の如き、もと、螺髻仙人たり、尙闍梨と名く。常に第四禪定を修し、出入の息斷ちて一樹下に在て坐し、兀然として動かず。鳥あり如レ此を見て之を謂て木と爲し、即ち髻中に於て卵を生ず。是の菩薩禪より覺めて頂上に鳥の卵あるを知り、即ち自ら思惟すらく、若し我れ起動せば鳥母必ず復來らず、鳥母來らずんば鳥卵必ず壞せん。即ち還て禪に入る、鳥子飛び去るに至て乃ち起つ。」【觀音玄義下】に「尙闍梨是禪滿相。」

シヤウシユ 聖衆 【雜語】聲聞、緣覺、菩薩、佛の「聖者の人衆なり。

シヤウシユ 生趣 【術語】四生六趣なり。【歸敬儀上】に「由二昔背レ正從レ邪流二蕩生趣一。」

シヤウシユ 聖種 【術語】聖者の種性なり。入道して三學を修する者を云ふ。三寶中の僧寶なり。【行事鈔下二】に「三寶聖衆。」又衆聖を生ずる行法を聖種と名く。一、二、三、に衣服、飲食、臥具、に於て、得る所に隨て喜足し、四に惡を斷ずるを樂み善を修するを樂むを四聖種と名く。諸の弟子は俗の生具衣食住と俗の事業とを捨てて解脫を求むる爲に佛に歸して出家するを以て、法王世尊彼を愍んで彼の俗に效ひて助道の二事を安立するなり。一には生具、二には事業、即ち前の三は助道の生具にして後の一は助道の事業なり。若し能く前の生具に依て後の事業を作せば解脫久しからず此四法能く衆聖を生ずるが故に聖種と名く。【俱舍論二十二】

シヤウシユ 聖主 【術語】又、聖主師子と云ふ。佛の尊號なり、佛は諸聖中の上首なれば聖主と曰ふ。師子とは自在無畏の義に取る。【法華經序品】に「聖主師子演說經典」【嘉祥義疏三】に「中論云。聖有三種。一外道五通。二辟支羅漢。三法身菩薩。佛於三聖最大故稱聖主。」

シヤウシユウ 性宗 【術語】相性二宗の一、又空性二宗の一。「ニシユウ」を見よ。

シヤウシユク 星宿 【術語】又宿曜と稱し印度の天文法なり。このうち二十八宿 Nakṣatra 十二宮 Rāśi 七曜 Graha の別あり。人界天界の一切の事實は恒に相反影して吉凶の相は宿曜に現はれ、且つ星宿の運行によりて人界の個人の運命が豫定せらるるものと信じたるなり。之を星占の法と云ふ。陰陽師、兵家、及び密教の占卜者の間に傳播せられたるものなり。藏經中【宿命智陀羅尼經、宿命陀羅尼、文殊師利菩薩及諸仙所說吉凶時日善惡宿曜經、宿曜儀軌、七曜攘災決、七星如意輪祕要經、七曜星辰別行法】等の諸經あると共に民間流布の雜書擧げて數ふべからず。

(二十八宿の一 東方七宿の圖)

(二十八宿の一 西方七宿の圖)

二十八宿 【術語】これ日月の運行を區劃する爲に平常目に見る處の群星を以て標據とし天の分野となしたるものにして、その數二十八を擧げたる所以は白月一日より黑月の終に至るまでの分野を一日一宿に割したるものの如し。今左に宿

(二十八宿の一 南方七宿の圖)

の名目及びその支配を記せば、次頁別表の如し。

(二十八宿の一　北方七宿の圖)

【法苑珠林四〇】に大集經を引きて「布二置シ諸宿曜辰ヲ一擁二護シ國土ヲ一。養二育ス衆生ヲ一。」と云ふに見るも一一の星を以て神化したるを見るに足る。これ其吉凶を祈りたる所以なり。然ども元來の意味は太陰暦に屬する暦法より發足したる事明白なり。

		梵名	主	神	被主物
の七宿	昴	Kṛttikā	Agni	火神	水牛
	畢	Rohiṇī	Prajāpati	生主	一切衆生
	觜	Invakā (Mṛgaśirā.MV.)	Soma	月神	鞞提訶國
	參	Bāhū (Ārdrā.MV.)	Rudra	魯達羅(荒神)	剎利
南方の七宿	井	Punarvasū	Aditi	日神	金師
	鬼	Tiṣya (Puṣya.MV.)	Bṛhaspati	祈禱主	國王大臣
	柳	Āśleṣā	Sarpā	蛇神	雪山龍
	星	Maghā	Bhaga	薄伽神	巨富者
	張	Pūrve-(a.MV.)Phalgunī	Vaṣu*	婆藪神	盜賊
	翼	Uttare(a.MV.)Phalgunī	Āryamāpitā	阿利耶摩神	貴人
	軫	Hastā	Savitā	娑毗怛利神	須羅吒國
東方の七宿	角	Citrā	Tvaṣṭā*	瑟室利神	衆鳥
	亢	Niṣṭyā (Svātī.MV.)	Vāyu	風神	出家求道
	氐	Viśākhe(ā.MV.)	Indra-Agnī	因陀羅(阿)祇尼	水、衆生
	房	Anūrādhā	Mitra	密多羅神	行車求利
	心	Rohiṇī Jyeṣṭhaghnī (Jyeṣṭhā.MV.)	Indra	因陀羅(帝釋)	女人
	尾	Mūlabarhaṇī(Mūla.MV.)	Nirṛti	儞律神	洲渚衆
	箕	Pūrva Āṣāḍhā	Āpa	水神	陶師
北方の七宿	斗	Uttara Āṣāḍhā	ViśveDevāḥ	毗說神	澆部沙國
	牛	Abhijit	Brāhmā	梵天	剎利、安多鉢竭那國
	女	Śroṇā (ŚravaṇāMV.*)	Viṣṇu	毗紐神	鴦伽摩伽陀羅國
	虛	Śraviṣṭhā (Dhaniṣṭhā. MV)	Vasava	婆婆神	那遮羅國
	危	Śatabhiṣaka(āMV*)	Varuṇa	婆魯拏(水天)	著華冠
	室	Pūrve Proṣṭhapadā	Ahi Budhniya	阿醯多陀難神	乾陀羅國輪盧那國及龍蛇
	壁	Uttare Proṣṭhapadā	Nidrā(*)	尼陀羅神	乾闥婆善樂
西方	奎	Revatī	Pūṣā	甫涉神	行船人
	婁	Aśvayujau (Aśvinī.MV.)	Gandharva	乾闥婆	商人
	胃	Apabharaṇī (Bharaṇī.MV.)	Yama	焰摩	婆樓迦羅國

十二宮　【術語】これ又天文占星の法に供せられたるものにして、他國より印度へ傳承し來りたるものなりと云ふ。この名目と形像は胎藏界曼荼羅外金剛院にあり。曼荼羅の名と宿曜經の名と少異あれ共大同なり。即ち十二宮に於てもなほ二十宮八宿に於けるが如く各分掌の主事物ありて以て吉凶を判ずるものなり。即ち太陽分の六宮は次第の如く軍旅、宮房、庫藏、病患、將相、刑殺のことを掌り。大陰分の六宮は學事、吏職、廚膳、馬廐、戸鑰、獄訟の事を掌る。又例へば出行に關して、男女宮(雙女)、秤宮(天秤)、瓶宮(寶缾)、は東行大吉。弓宮(人馬)、獅子宮は西行大吉羊宮(白羊)は西行大凶。蟹宮(巨蟹)、女宮(室女)、蝎宮(天蝎)、魚宮(雙魚)は南行大吉。摩蝎宮は南行大凶。牛宮(金牛)は北行大凶なりと云ふ如し。(この十二宮を十二獸に配し、亦三十六禽に當つることあり「ジフニジフ」の項を見よ。)

白羊宮の圖

金牛宮の圖

女宮の圖

雙女宮の圖

弓宮の圖

秤宮の圖

蝎宮の圖

蟹宮の圖

磨羯宮の圖

獅子宮の圖

雙魚宮の圖

寶瓶宮の圖

	梵名	七曜配位		
白羊宮	Meṣa	熒惑位	(火)	太陰分
金牛宮	Vṛṣa	太白位	(金)	
雙女宮	Mithuna	辰星位	(水)	
蟹宮	Karkaṭaka	太陰位	(月)	
獅子宮	Siṁha	太陽位	(日)	太陽分
女宮	Kanyā	辰星位	(水)	
秤宮	Tulā	太白位	(金)	
蝎宮	Vṛścika	熒惑位	(火)	
弓宮	Dhanus	歲星位	(木)	
摩羯宮	Makara	鎭星位	(土)	
寶瓶宮	Kumbha	鎭星位	(土)	太陽分
雙魚宮	Mīna	歲星位	(木)	

七曜　〔術語〕「シチエウ」を見よ。

シヤウシユクゴフ　星宿劫　〔術語〕過現未三大劫中、未來大劫の名、此劫中千佛ありて出世し、日光佛を始とし須彌相佛を終とす。佛の出興天の星宿の如くなれば星宿劫と名く。【佛祖統紀三十】に「未來星宿劫。千佛出興如ニ天星宿一。」

シヤウシユクゴフセンブツミヤウキヤウ　星宿劫千佛名經　〔經名〕三千佛名經の下卷なり。「淨土十樂の一。「ラク」を見よ。

シヤウシユクヱラク　聖衆俱會樂　〔術語〕

シヤウシユシヤウ　聖種性　〔術語〕五種性、又六種性の一。「シユシヤウ」を見よ。

シヤウシユシヤウ　性種性　〔術語〕二種性、又五種性、六種性の一。「シユシヤウ」を見よ。

シヤウシユテンシシヨモンキヤウ　商主天子所問經　〔經名〕一卷、隋の闍那崛多譯。佛、靈山に在り、商主天子、文殊に說法を請ふ、文殊爲に一百十九智を說く。【宙帙二】(519)

シヤウシユライガウ　聖衆來迎　〔雜語〕念佛行者の命終の時、阿彌陀佛、極樂淨土の聖衆を遣はして、淨土に迎へ入れ給ふを云ふ。【安樂集】「命終之時。即得ﾚ現見ニ阿彌陀佛一與ニ諸聖衆一住ﾆ其人前ﾑ得ニ往生一也。」⦿(榮花、玉の臺)「これは聖衆來迎かと見ゆ」《口繪參照》

シヤウシユライガウグワン　聖衆來迎願　〔術語〕四十八願の第十九願、念佛行者の臨終の時に阿彌陀佛大衆と共に其の人の前に現じて引接せんとの願なり。智光は之を命終現前導生願と云ひ、慧心は臨終迎接願と云ひ、靜照は之を臨終現前願と云ひ、眞源は聖衆來迎願と云ひ、了慧は來迎引接願と云ふ。【無量壽經鈔三】

シヤウシユライガウラク　聖衆來迎樂　〔術語〕淨土十樂中の第一。「ラク」を見よ。

シヤウシユヰ　正思惟　〔術語〕八聖道の一。

シヤウシヨ　章疏　〔術語〕篇章を分て法門を論ぜしを章と云ふ。大乘義章、法苑義林章等の如し。經論の文句を通釋せしを疏と云ふ。図述記、義記など稱す。【寄歸傳四】に「經典章疏皆不ﾚ可ﾚ分。當ﾄ納ニ經藏一四方僧共讀ﾋ。」

シヤウシヨ　聲處　〔雜語〕十二處の一。聲に種種「あり。「コヱ」を見よ。

シヤウシヨタフ　生處塔　〔堂塔〕世尊の生處ルンビニにある塔なり。八塔の一。「タフ」を見よ。

シヤウシヨビ　正所被　〔術語〕教化を被むる正しき見あてなり。凡愚惡人の機類は彌陀の正所被なりと云ふ如し。

シヤウシン　聖心　〔術語〕佛心なり。【無量壽經下】に「聲聞或菩薩。莫ニ能究ニ聖心一。」

シヤウシン　正心　〔術語〕正直の心、諂曲を離るるなり。【無量壽經下】に「正心正意齋戒清淨。」

シヤウシン　正信　〔術語〕正とは邪に對す、正信とは正法を信ずるの心なり。【維摩經方便品】に「受ニ諸異道一不ﾚ毀ニ正信一。」【起信論】に「起ニ大乘正信一。」

シヤウシン　生津　〔雜語〕生死の河津なり。【寄歸傳一】に「依行則俱升ニ彼岸一。棄背則並溺ニ生津一。」

シヤウシン　精眞　〔雜語〕精明眞如の性なり。【楞嚴經十】に「唯一精眞。」

シヤウシン　性心　〔術語〕性に即する圓明の眞心なり。即ち自性清淨心なり。【楞嚴經一】に「性心失ﾚ眞。認ﾚ物爲ﾚ己。輪ニ廻是中一自取ニ流轉一。」

シヤウシンギヤウシヨ　正心行處　〔術語〕三昧の一譯なり。三昧は心行の邪曲を正しくする處なるを云ふ。

シヤウシンゲ　正信偈　〔書名〕宋の慈雲の天竺別集中に往生正信偈、彌陀經正信偈あり。見眞大師教行信證の行卷に正信念佛偈あり、同じく略文類に念佛正信偈あり。意同じく文少しく異なれり。其徒正信偈と稱し、尋常の佛事に誦する者は正信念佛偈なり。後者は單に文類と稱して前者に區別す。

シヤウシンジ　清信士　〔術語〕梵語、優婆塞。Upāsaka 信士、又は清信士と譯す。三歸五戒を受けて清淨の信心を得たる男子なり。

シヤウシンジ　聖眞子　〔神名〕山王七社の一。⦿(太平記一八)「聖眞子の寵殿は金剛界の大日」「じ。

シヤウシンナン　清信男　〔術語〕清信士に同じ。

シヤウシンニヨ　清信女　〔術語〕梵語、優婆夷。Upāsikā 信女又は清信女と譯す。三歸五戒を受けて清淨の信を具せる女子なり。

シヤウシンネンブツゲ　正信念佛偈　〔書名〕正信偈の具名。「シヤウシンゲ」を見よ。「六。

シヤウシンヂユウ　正心住　〔術語〕十住の第

シヤウジ　承仕　【職位】御承仕とも承仕法師とも云ふ。持佛堂を司る役なり。莊嚴を仕り佛具の取沙汰するなり、妻帶出家隨意なり、名乘なく、慶信慶光など云ふなり。幼時御童子なり。【驢嘶餘】

シヤウジ　正士　【術語】梵語、菩薩。一に正士と譯す。正道を求むる大士なり。【無量壽經上】に「十六正士。」【同下】に「十方來正士。」

シヤウジ　生死　【術語】一切衆生惑業の招く所、生じては死し、死しては生ずるなり。【楞嚴經三】に「生死死生。生生死死。如二旋火輪一。」【秘藏寶鑰上】に「生生生生暗二生始一。死死死死冥二死終一。」【僧伽吒經四】に「佛言。善男子。識滅名レ死。福德因緣識起名レ生。」【成實論七】に「現在世中初得二諸陰一名レ生。亦說。五陰退沒名レ生。」

二種生死　【名數】一に分斷生死、諸の有漏の善と不善との業が煩惱障の助緣に由て感ずる所の三界六道の果報なり。其の身果報に分分段段の差異あれば分段と云ふ。見思の惑を具する一切の凡夫是なり。二に不思議變易生死、諸の無漏の善業が所知障の助緣に依て感ずる所の界外の淨土の果報なり。見思の惑を斷じたる阿羅漢以上の聖者の生死なり。不思議とは業用の神妙不測に名け、變易とは色形の勝劣壽期の短長なきも但迷想漸く滅し證悟漸く增す、此迷悟の遷移するを目して變易と云ふ。已上台家の義。又聖者分段の身を改易して不可思議殊妙の好身を得れば變易と云ふ。已上法相の義。又、心神念念相傳りて前後變易すれば變易と名け又諸聖所得の法身は神化自在能く變じ能く易るが故に變易と名く。已上三論の義。唯識論に變易生死に就て三名を擧ぐ、一に不思議變易生死、二に意成身、三に變化身なり。此變易生死に就て、法相の義は智增の菩薩は初地以上に之を受け、悲增の菩薩は八地以上に之を受くと云ふ。台家は四土中の方便土を以て變易身の所居となし、藏通二敎の無學果及び別敎の第七住已上初地已下の菩薩並に圓敎の第七信初住已下の菩薩此生死を受くと云ふ。さて勝鬘經には此二を又有爲生死、無爲生死と名く。凡夫は有漏の諸業を起し、有爲の果を感ずる故に有爲と名け、聖人は有漏の諸業を起して有爲分段の報を受けざれば無爲と名く。【勝鬘經】に「有二二種死一。乃至謂分段死。不思議變易生死。」【行宗記一上】に「一曰分段三乘共亡。二曰變易唯佛永盡。」【唯識論八】に「三界麤異熟果。身命短長。隨二因緣力一有二定齊限一。故名二分段一。乃至殊勝細異熟果。由二悲願力一改二轉身命一。無二定齊限一。故名二變易一。乃至妙用難レ測名二不思議一。或名二意生身一。隨二意願一成就故。乃至亦名二變化身一。無漏定力轉令レ異レ本。如二變化一故。」

三種變易生死　【名數】一に微細の生滅念念に遷異す、前變後易を名けて變易となす、變易是れ死變易と名く、此は凡聖に通ず。二に無漏業所得の法身は神化無碍にして能く變じ能く易す、故に變易と名く、變易化死を變易と名く。此は大小に通ず。三に眞證の法身は隱顯自在能く變じ能く易す、故に變易と言ふ、變易死に非ず、但此法身未だ生死を出でず猶無常死法の爲に隨はれ、變易の身の上に其の生死あり、變易變と名く、此は唯大乘に在り。三義あるも勝鬘經に明かす所は第一を宗となす。【大乘義章八】

四種生死　【名數】【梁攝論十】に四種生死を明かす。一に方便生死、二に因緣生死、三に有有生死、四に無有生死なり。【同十四】に七種生死ありと說く、而して其の名を列ねず。但四種生死は七種中の前四なりと云ふと諸師異論なし、後三に於て諸師異釋す。「次條」を見よ。

七種生死　【名數】諸說不同なり。【梁攝論十四】に「如來報障淸淨由レ除二七種生死一。」而して【同十卷】に四種生死を明かす。謂く一に方便生死、菩薩利生の爲の生死なり、地前及び初三地に之を感ず、之を滅して四地に入る。二に因緣生死、八相示現の生死なり、四五六地に之を感ず、之を滅して七地に入る。三に有有生死、後有を有するなり、七八九地に之を感ず、之を滅して十地に入る。四に無有生死。十地の所感なり、之を滅して如來地に入る。七種の中に此四種を解して他の三種名釋共に無きなり。然るに顯識論には三界の分段生死を三種生死となし、前の四種生死に加へて七種生死となす。而して台家は別に攝論宗末師の釋に由て七種生死を解せり。【輔行七】に「一に分段生死、三界の果報なり。二に流來生死、迷眞の初なり。三に反出生死、背妄の初なり。四に方便生死、涅槃に入れる二乘なり。五に因緣生死、初地の變易なり。六に有後生死、十地の變易なり。七に無後生死、金剛心なり。」

十二品生死　【名數】一に無餘死、阿羅漢なり。二に度於死、阿那含の欲界の死を度するなり。三に有餘死、斯陀含の欲界の人天に往還するなり。四に學度死、須陀含の道諦を見るなり。五に無數死、八忍八智の人なり。六に歡喜死、學禪一心の人なり。念佛一心の人亦た是也。七に數數死、惡戒の人なり。八に悔死、凡夫なり。九に橫死、孤獨窮苦の人なり。十

に縛苦死、畜生なり。十一に燒爛死、地獄死なり。十二に飢渴死、餓鬼なり。【十二品生死經】

シヤウジウン 生死雲 〔譬喩〕 生死の盲昧を雲霧に譬ふ。【無量壽經下】に「慧日照二世間一。消二除生死雲一。」

シヤウジエン 生死淵 〔譬喩〕 生死は人を沈沒せしむるを以て深淵に譬ふ。【增一阿含經六】に「渡レ流成二無漏一。以渡二生死淵一。」

シヤウジカイ 生死海 〔譬喩〕 生死邊際なきこと大海の如し。【止觀一】に「動二法性山一入二生死海一。」

シヤウジガン 生死岸 〔譬喩〕 生死海の此岸なり。涅槃は生死海の彼岸なり。【增一阿含經三十九】に「梵志不二明曉一猶涉二生死岸一。」

シヤウジキ 正食 〔雜語〕 舊に蒲闍尼、正食と譯し、新に蒲善尼、噉食と譯す。五種あり。「ハンシヤホゼンニ」を見よ。

シヤウジキ 唱食 〔雜語〕 食時の呪願を唱食と云ふ。食の呪願を唱ふるの謂なり。【象器箋十三】

シヤウジキヤウ 正事經 〔經名〕 佛爲年少比丘說正事經の略名。

シヤウジゲタツ 生死解脫 〔術語〕 生死を出離して涅槃に入るなり。⊙（太平記一九）「悲哉未來無窮の生死出離何れの時ぞ」

シヤウジサイ 生死際 〔術語〕 涅槃際に對する稱。生死涅槃の二際無二無別なり。「ニサイ」を見よ。

シヤウジジダイ 生死事大 〔雜語〕 【六祖壇經】に「永嘉玄覺禪師曰。生死事大無常迅速。」

シヤウジソクネハン 生死即涅槃 〔術語〕 煩惱即菩提生死即涅槃是れ大乘の通談なり。然るに諸教に依て即の義を異にす。「ソク」及び「ボンノウソクボダイ」を見よ。【大集經九十】に「常行二生死即涅槃一。於二諸欲中一實無レ染。」⊙（秋夜長物語）「天上の五衰を開きて淨土を求むる時は、生死即涅槃となる」

シヤウジチシヨウミヤウ 生死智證明 〔術語〕 三明の一。

シヤウジヂヤウヤ 生死長夜 〔譬喩〕 生死は夢の如し、故に之を長夜に譬ふ。【唯識論七】に「未レ得二眞覺一常處二夢中一。故佛說爲二生死長夜一。」⊙（曲、隅田川）「生死長夜の月の影」（盛衰記二九）「痛ましい哉二空の滿月を備へながら生死長夜の迷情たることを」

シヤウジネハンユウニヨサクム 生死涅槃猶如昨夢 〔雜語〕 【圓覺經】に「始知衆生本來成佛。生死涅槃猶如二昨夢一。」妙樂大師の「眞如界內絕二生佛之假名一。」と言へる是なり。

シヤウジナイ 生死泥 〔譬喩〕 生死は衆生の沈溺する處、依て泥に譬ふ。【俱舍論一】に「生死泥者。由二彼生死是諸衆生沈溺處一故。難レ可レ出故。所以譬レ泥。」

シヤウジバク 生死縛 〔譬喩〕 羂網人を繫縛すれば縛と云ふ。【最勝王經二】に「一切衆生於二有悔一、生死羂網堅牢縛。」【敎行信證行卷】に「解二一切生死縛一。」

シヤウジヘンシキキヤウ 生死變識經 〔經名〕 見正經の異名。

シヤウジヤ 生死野 〔譬喩〕 生死廣漠なれば之を野に譬ふ。【止觀五】に「此牢堅足越二生死野一。」

シヤウジヤ 精舍 〔術語〕 寺院の異名なり。精行者の所居なるを精舍と云ふ、精妙の謂にあらず、此の名祇園精舍より來ると云ふ。【釋迦譜八】に「息心所レ棲故曰二精舍一。」【慧苑音義上】に「藝文類曰。精舍者。非下以二舍之精妙一名爲中精舍上。由二其精練行者之所居一故謂二之精舍一也。」【名義集七】に「靈祐寺誥曰。非二麁暴者所居一故云二精舍一。」

五精舍 〔名數〕 【智度論三】に「五山中有二五精舍一」「ゴサン」を見よ。図一に給孤獨園、舍衛國にあり。二に鷲嶺、摩揭陀國にあり。三に獼猴池、毗耶離國に在り、四に菴羅樹園、毘耶離國にあり、五に竹林精舍、又迦蘭陀竹園と名く、摩揭陀國王舍城の傍にあり。【三藏法數二十四】

西竺諸國精舍 〔名數〕 舍婆提國に二處あり、一は祇園精舍、二は摩伽羅母堂なり。波羅奈斯國に一處あり、鹿林中の精舍なり、梨師槃陀那と名く。毘耶離國に二處あり、一は摩訶槃、二は獼猴池岸精舍なり。鳩睒彌國に一處あり、劬師羅園と名く。【智度論三】

シヤウジヤ 聖者 〔術語〕 聖は正なり。無漏智を發して正理を證せし人を聖者と云ふ。三乘の見道以上なり。【華嚴經六十二】に「唯願聖者廣爲レ我說。」⊙（正統記一）「一は淨居天とて證果の聖者の住所なり」

シヤウジヤウ 清淨 〔術語〕 惡行の過失を離れ煩惱の垢染を離るるを清淨と云ふ。

三種清淨 〔術語〕 身語意の三業惡行を遠け、惑垢を離るるなり。【俱舍十六】に「諸身語意三種妙行。名二身語意三種清淨一。暫永遠二離一切惡行煩惱垢一故名爲二清淨一。」【探玄記四】に「三業無レ過云二清淨一。」

シヤウジヤウカクカイ 清淨覺海 〔譬喩〕 清淨の本覺深廣なるを海に譬ふ。【圓覺經】に「若於二所求一別生二憎愛一則不レ能レ入二清淨覺海一。」

シヤウジヤウカクサウ 清淨覺相 〔術語〕 本覺の眞相なり、正覺の體染汚を離るれば清淨と云

ふ。【圓覺經】に「一切如來本起因地。皆依レ圓ニ照清淨本覺相。永斷ニ無明。方成ニ佛道。」

シヤウジヤウギヤウジヤフニフネハン　清淨行者不入涅槃　【公案】【禪林題集】に「清淨行者不レ入ニ涅槃。破戒比丘不レ入ニ地獄。」是れ【文殊師利所說摩訶般若波羅蜜經】の「一切業緣皆住ニ實際。不來無去非因非果。何以故。法界無邊無前無後故。是故舍利弗。善見下犯重比丘不レ墮ニ地獄。清淨行者不上レ入ニ涅槃。」の文に依て本則を立てしなり。

シヤウジヤウクワウブツ　清淨光佛　【佛名】十二光佛の一。⊙(榮花、玉の臺)「南無清淨光佛」

シヤウジヤウクワウミヤウシン　清淨光明身　【術語】清淨の光明を具する佛身なり。【法華經法師品】に「若說レ法之人。獨在ニ空閑處。寂寞無ニ人聲。讀ニ誦此經典。我爾時爲現ニ清淨光明身。若忘ニ失章句。爲說令ニ通利。」我とは釋尊なり。

シヤウジヤウクワンゼオンボサツフゲンダラニキヤウ　清淨觀世音菩薩普賢陀羅尼經　【經名】一卷、唐の智通譯。觀自在菩薩說普賢陀羅尼經と同本。而して畫像入壇受持法あり。【成帙十】(494)

シヤウジヤウクン　清淨勳　【雜名】如來のこと。如來は清淨無垢の勳功を有すればなり。

シヤウジヤウゲダツ　性淨解脫　【術語】二解脫の一。「ゲダツ」を見よ。

シヤウジヤウゲウハウベン　清淨巧方便　【術語】六種巧方便の一。

シヤウジヤウゲダツサンマイ　清淨解脫三昧　【術語】所住の三昧無垢清淨にして一切の繫縛を離れて自在なるを清淨解脫三昧と名く。【無量壽經上】に「諸菩薩衆聞ニ我名字ニ皆悉逮ニ得清淨解脫三昧。」

シヤウジヤウゴフシヨ　清淨業處　【術語】淨妙の佛土は純善の業因を以て生ずる處なれば清淨業處と名く。【觀無量壽經】に「佛日敎ニ我觀ニ於清淨業處。」【同慧遠疏】に「淨妙佛土。純善所レ起。是故名爲ニ清淨業處。」

シヤウジヤウサウダイ　聖淨相對　【術語】聖道門と淨土門とを相對せしめて難易を論ずること。

シヤウジヤウザンマイ　清淨三昧　【術語】「法華十六三昧の一。

シヤウジヤウシキ　清淨識　【術語】第九菴摩羅識。Amalavijñāna 舊に清淨識と譯す。

シヤウジヤウシン　清淨身　【雜名】清淨の佛身なり。法華經に清淨光明身と云ふ。⊙(鴉鷺合戰一)「鷺鷺の汀に立てる色、豈に清淨身にあらずや」

シヤウジヤウシン　清淨心　【雜名】無疑の信心なり、又無垢の淨心なり。【中阿含經四十一】に「清淨心盡脫ニ婬怒痴。成ニ就於三明。」【勝鬘寶窟上本】に「清淨心。淨者信也。起ニ淨信之心。又不レ雜ニ煩惱心。名爲ニ淨心。」

シヤウジヤウシンニヨ　清淨眞如　【術語】「七眞如の一。

シヤウジヤウセ　清淨施　【術語】三輪相の一。「サンリンサウ」を見よ。

シヤウジヤウチ　清淨智　【術語】無漏智なり。【勝鬘寶窟上末】に「清淨智證ニ第一義。」

シヤウジヤウヂカイイン　清淨持戒印　【印相】是れ持戒清淨の印なり。常の佛部三昧耶印なり。觀自在菩薩怛縛多唎隨心陀羅尼經に出づ。【諸儀軌訣影七】

シヤウジヤウド　清淨土　【術語】淨業所感の淨土なり。

シヤウジヤウニケウ　聖淨二敎　【術語】聖道と淨土との二敎なり。唐の道綽一代敎の判釋なり。「ニモン」を見よ。

シヤウジヤウニン　清淨人　【雜名】佛の尊號なり。【易行品】に「諸佛無量劫。讚ニ揚其功德。猶尙不レ能レ盡。歸ニ命清淨人。」

シヤウジヤウネハン　清淨涅槃　【術語】二涅槃、三涅槃の一。「ネハン」を見よ。

シヤウジヤウビニハウクワウキヤウ　清淨毘尼方廣經　【經名】一卷、秦の羅什譯。文殊、寂調伏音天子と第一義諦を問答し、又聲聞菩薩の律行の不同及び種種の法門を問答す、因て菩薩五無間業に住して無上道を成ずるを明かす。【列帙二】(1101)

シヤウジヤウホフカイ　清淨法界　【術語】佛所證の眞體なり。【七佛經】に「佛有ニ清淨法界。證ニ眞覺智。無レ不ニ了知。」

シヤウジヤウホフゲン　清淨法眼　【術語】清淨の法眼なり、法眼は五眼の一。小乘の聲聞見道に於て四聖諦を觀見し、大乘の菩薩初地に於て二空の理を觀見する智なり。【無量壽經下】に「萬二千那由他人。得ニ清淨法眼。」

シヤウジヤウホンネン　清淨本然　【公案】【會元十四長水章】に「長水問ニ瑯耶覺和尙。如何是清淨本然云何忽生ニ山河大地。覺勵レ聲云。清淨本然云何忽生ニ山河大地。長水言下領悟。」是れ【楞嚴經四】に富樓那の問に「世尊若復世間一切根塵陰處界等皆如來藏　清淨本然云何忽生ニ山河大地諸有爲相。」

次第遷流修シテ而復始。」と言ふに依る。而して此の問意は圓覺經の金剛藏菩薩の「世尊若諸衆生本來成佛セバ何故復有ニ一切無明一。若諸無明衆生本有ナラバ何因緣故。如來復說ニ本來成佛一。」との問に同じきなり。之に就きて唐の復禮法師は偈を以て天下の學士に問ひ、諸師各答偈あり。

シヤウジヤウヲン 清淨園 〔雜語〕寺院十名「の一。」

シヤウジヤク 唱寂 〔雜語〕寂滅を唱ふるなり。佛の入涅槃を云ふ。【涅槃經一】に「二月十五日。以ニ佛神力一出ニ大音聲一。乃至大覺世尊將欲ニ涅槃一。一切衆生若有レ所レ疑。今悉可レ問。」

ジヤウジヤヒツスヰ 盛者必衰 〔術語〕盛なる者は必ず衰ふとなり。【仁王經四無常偈】に「盛者必衰。實者必虛。」【涅槃經二】に「夫盛必有レ衰。合會有ニ別離一。」

シヤウジヤヒツメツ 生者必滅 〔術語〕生の始あるものは、必ず終に死滅あり、相會せしものは、必ず離散することは必然の理なりと云ふ意。大涅槃經中の有名なる句なり。⊙（曲、熊野）「生者必滅の世のならひ、實にためしある粧」（平家一〇）「生者必滅會者定離は浮世の習にて候なり」

シヤウジユ 正受 〔術語〕梵語三昧 Samaya 一に正受と譯す。三は正なり昧は受なり。是れ禪定の異名なり。定心、邪亂を離るるを正と云ひ、無念無想にして法を納れて心に在るを受と云ふ。明鏡の無心に物を現ずる如きなり。【大乘義章十三】に「離ニ於邪亂一故說爲レ正。納レ法稱レ受。」【探玄記三】に「納レ法在レ心名爲ニ正受一。」【觀經玄義分】に「言ニ正受一者。想心都息。緣慮並亡。三昧相應。名爲ニ正受一。」【同序分義】に「因ニ前思想漸微微細覺想俱亡一。唯有ニ定心一與ニ前境一合。名爲ニ正受一。」

シヤウジユ 正聚 〔術語〕三聚の中の正定聚なり。「サンジユ」を見よ。

シヤウジユサンマイ 正受三昧 〔術語〕三昧一に正受と譯す。正受三昧は梵漢雙擧なり。

シヤウジユクソ 生熟酥 〔雜語〕五味中の生酥、熟酥なり。「ゴミ」を見よ。

シヤウジユウブン 正宗分 〔術語〕經論三分の一。「サンブンクワキヤウ」を見よ。

シヤウジヨザフサンギヤウ 正助雜三行 〔術語〕正行助行雜行の三行なり。正行は稱名なり。助行は讀誦、觀察、禮拜、讚歎供養の四稱なり。雜行は之の五に入らざる一切の諸善萬行を云ふ。

シヤウジリン 生死輪 〔譬喩〕三界六道の生死は人を載せて運轉する車輪なれば生死輪と名く。【智度論五】に「生死輪載レ人。諸煩惱ノ業。大力自在ニ轉。無ニ人能禁止一。」【止觀輔行】に「業相是能運。生死是所運。載ニ生死一之輪名ニ生死輪一。」【毘奈耶雜事三十四】に「於ニ寺門屋下一畫ニ生死輪一。」乃至「ゴシユシヤウジリン」を見よ。⊙（水鏡上）「生死は車の輪の如くにして、はじまりてはをはり終りてははじまり」

シヤウジル 生死流 〔譬喩〕生死能く人を漂沒せしむれば流と名く。【無量壽經下】に「設ヒ滿ニ世界一火。必過キテ要聞スレ法。要當下成ニ佛道一廣濟中生死流上。」⊙（宇治拾遺一）「生死に流轉するは、せんずる所煩惱にひかへられて、今にかくてうき世を出でやらぬにこそ」

シヤウジヲン 生死園 〔譬喩〕生死界は凡夫の好んで遊ぶ所、又菩薩の遊化する所、猶園觀の如し、故に園と名く。【往生論註下】に「示ニ應化身一廻ニ入生死園煩惱林中一遊ニ戲神通一。」【法華經譬喩品】に「常處ニ地獄一如レ遊ニ園觀一。」

シヤウジン 生身 〔術語〕諸佛菩薩に法身生身の二身あり、所證の理體を法身と云ひ、衆生濟度の爲に父母に托して胎生する肉身を生身と云ふ。又通力を以て一時化現する肉身をも生身と云ふ。生身の彌陀、生身の觀音、生身の普賢、生身の彌勒など云ふ是なり。⊙（增鏡、內野の雪）「生身もかくやといつくしう顯れされ給へり」（十訓抄二）「書寫性空上人、生身の普賢を見奉るべきよし、寤寐に祈請し給ひける」（太平記一五）「生身の彌勒を智證大師に附屬し給へり」和文にはサウジミと音便す。又二餘の一。菩薩の變易生死の身なり。【無量壽經下】に「生身煩惱ノ二餘俱盡。」「ニヨ」を見よ。図分段生死の身を生身と云ふ。生身得忍、父母所生身、即證大覺位など言ふ如し。

シヤウジン 精進 〔術語〕又、勤と云ふ。小乘七十五法中大善地法の一、大乘百法中善の心所の一なり。勇猛に善法を修し、惡法を斷ずる心の作用なり。【唯識論六】に「勤謂精進。於ニ善惡品修斷事中一勇悍ナリ爲レ性。對ニ治懈怠一滿スルヲ善爲レ業。」【輔行二】に「於レ法無染曰レ精。念念趣求曰レ進。」【慈恩上生經疏下】に「精謂精純無ニ惡雜一故。進謂昇進不ニ懈怠一故。」【華嚴大疏五】に「精進。練ニ心於法一名レ之爲レ精。精心務達目レ之爲レ進。」【維摩經佛國品】に「精進是菩薩淨土。」図俗に忌日に魚肉を食はざるを精進と云ふ、是又精進行の一事なればなり。和書サウジと讀む

二種精進 〔名數〕一に身精進、如法に財を致して布施に用ゐる等。二に心精進、慳貪等の惡心を斷じて入るを得しめざるなり。【智度論八十】

三種精進 〔名數〕一に被甲精進、菩薩大勢心

の甲を被り、種種難行を怖れざるなり。二に攝善精進、勸めて善法を修して倦まざるなり。三に利樂精進、勸めて衆生を化して倦まざるなり。【成唯識論九】

シヤウジン 精神 〔術語〕有情の心識なり。精微なれば精と云ひ、不測なれば神と云ふ。【無量壽經下】に「精神苦痛。」

シヤウジンカク 正盡覺 〔術語〕新譯の正等覺、舊に正盡覺と云ふ。等は所證の理に就き、盡は所斷の惑に就く。【中阿含經五十九】に「如來無所著正盡覺。」

シヤウジンガイ 精進鎧 〔譬喩〕鎧は甲なり、三種精進中の被甲精進なり。【法華經誦出品】に「汝等當下共一心被二精進鎧一爲中堅固意上。」

シヤウジンキウ 精進弓 〔譬喩〕智慧を箭に譬へ、精進を弓に比す。【智度論十】に「忍鎧心堅固。精進弓力强。智慧箭勁利。破二憍慢諸賊一。」

シヤウジング 生身供 〔儀式〕釋尊の舍利を供養する法會なり。舍利に生身法身の二種あり。【續現葉和歌集】に「比叡靈山院生身供。」横川の靈山院は惠信僧都の御建立なり、靈山の淨土を摸せらるる故に靈山會上の聽衆等悉く四壁に書かれたり。寶塔空に涌出し二佛並坐の所あり。而して朝供は粥、中供は齋、在世の儀式に違せざるなり。又夏は扇を奉じ、冬は火を奉ず、之を生身供と號するなり。先德の御意は唯だ佛に奉仕すること、在ますが如くし給ふなり。【溪嵐拾葉集二十】

シヤウジンゲダツ 障盡解脫 〔術語〕二解脫の一。

シヤウジンコン 精進根 〔術語〕五根の一。

シヤウジンシヤリ 生身舍利 〔術語〕二種舍利の一。「シヤリ」を見よ。

シヤウジンシン 精進信 〔術語〕十信の一。

シヤウジンニヨイソク 精進如意足 〔術語〕四如意足の一。「シニヨイソク」を見よ。

シヤウジンハラミツ 精進波羅蜜 〔術語〕又、勸波羅蜜と云ふ。六波羅蜜の一。

シヤウジンハラミツボサツ 精進波羅蜜菩薩 〔菩薩〕十波羅蜜菩薩の一。

シヤウジンビ 精進日 〔雜語〕和俗佛事の爲に魚肉を禁じ唯蔬菜を食するを精進と云ひ、忌日には必ず精進を爲せば精進日と云ふ。

シヤウジンムゲン 精進無減 〔術語〕二十二無減の一。「ムゲン」を見よ。

シヤウジンモノ 精進物 〔雜物〕蔬菜食の俗語なり。

シヤウジンリキ 精進力 〔術語〕五力の一。

シヤウズヰ 祥瑞 〔雜語〕吉祥の瑞相。善事の出現する時、その豫告又は讃嘆として現ずる不可思議相なり。六種震動、天雨妙華等これなり。「ズヰサウ」を見よ。

シヤウセツ 正說 〔雜語〕邪說に對し、又傍說に對す。

シヤウセン 聖仙 〔佛名〕佛の尊號なり、佛は是れ仙中の聖なればなり。七佛略戒に「是大仙人道」図聖は三乘の聖人、仙は世間五通の仙なり。

シヤウゼン 性善 〔術語〕修善又は事善の稱に對す。天台の所說、法性に具する善なり。性具の佛界是なり。「シヤウアク」を見よ。

シヤウゼンノイチク 聲前一句 〔雜語〕【碧巖第七則垂示】に「聲前一句千聖不傳。」言外の妙音を云ふ。

シヤウゼンチユウイテンシシヨモンキヤウ 聖善住意天子所問經 〔經名〕一卷、元魏の毘目智仙譯。大集經善住意天子會の異譯。【地帙十二】(48)

シヤウソウ 請僧 〔雜語〕法會に請待する僧衆なり。

シヤウソウ 聖僧 〔術語〕禪林僧堂の中央に安ずる所の像を聖僧と云ふ。然るに其像定らず、若し大乘寺には文殊を安じ、小乘寺には憍陳如或は賓頭盧を安じ、或は大迦葉を安じ、須菩提を安ず。則ち通用拘はらず、【象器箋三】図僧に供養を爲す時、別に座を設け尊者の影向に充つるあり、是れ賓頭盧尊者なり。「ビンヅル」を見よ。図斷惑證得せし聖人を聖僧と云ふ。

シヤウソ 生酥 〔雜名〕五味の一。

シヤウソウジシヤ 聖僧侍者 〔職位〕聖侍とも云ふ。禪宗にて僧堂に安置せる聖僧に給侍する役僧。

シヤウソキヤウ 生蘇經 〔術語〕台家所立、五時教の中、方等時の諸典なり。是れ五時相生の次第、生酥に當るなり。【法華玄義二】に「生酥經則三藏一妙。」

シヤウソクムシヤウ 生即無生 〔術語〕生即無生、無生即生と云ふ。是れ諸部般若の所說。三論宗の極意なり。俗諦に生と云ひ、眞諦に無生と云ふ。然るに俗諦の生に實生なく、是れ因緣の爲の假生なり、其の實無生なり。即ち無生に依る生なり。無生に依る生なる故に生即無生なり。又眞諦の無生は俗の假生に依て立つ、故に彼の俗諦の生の假生なると同じく眞諦の無生亦假無生なり、即ち生に依る無生なり。生に依る無生なる故に無生即生なり。されば俗諦に約せば生即無生なり、眞諦に約せば無生即生な

り。是れ三論宗二諦八不中道の意なり。淨土門の淨土の往生を此の意に依て通釋すると淨土論註の意なり。問者難じて曰く、生は三有の本、衆累の元なり、今穢土の生を棄てて淨土の生を願ふ、生何ぞ盡くべけんと。答て曰く、阿彌陀佛の本願は無生の生なり、是れ眞諦の無生なり、三有虛妄の生にあらず、俗諦の生にあらざるなり。生ずと謂ふは凡夫の情のみ、淨土は無生界なれば生ずれば即ち無生を得するなり、但し是れ眞諦中道の無生なれば生なしと云ふにあらず、無生の生あり、即ち無生即生なり。されば俗諦の生即無生の義に依りて穢土の生を棄て、眞諦の義に依て無生の生を證するなり、之を淨土往生の極說となす。【往生論註下】

シヤウソサツニン　生酥殺人　〔雜語〕　方等時に於て佛知見を開く者あるを云ふ。【法華玄義十】に「生酥中殺レ人者。有ニ諸菩薩一。於ニ方等大乘敎一得レ見ニ佛性一。住ニ大涅槃一。即其義也。」　「人に同じ。

シヤウソドクホツ　生酥毒發　〔術語〕　生酥殺

シヤウソン　聖尊　〔雜語〕　佛の尊號なり。【法華經化城喩品】に「諸佛救世之聖尊。」

シヤウソンキケグワン　生尊貴家願　〔術語〕　阿彌陀佛四十八願中の第四十三願。

シヤウタウ　正當　〔雜語〕　正しく忌日に當れる日を云ふ。⦿（榮花）「御正當には殿にて經佛など」

シヤウタイ　正體　〔雜語〕　神佛などの本體。

シヤウタイ　聖胎　〔術語〕　十住十行十廻向の三賢位を聖胎と云ふ。自種を因とし、善友を緣とし、正法を聞きて修習長養し、初地に至つて道を見て佛家に生ずればなり。【仁王經中】に「是爲ニ菩薩初長養心一。爲ニ聖胎一故。」【同良賁疏】に「於ニ三賢位一倶名ニ聖胎一。所謂胎者。自種爲レ因。善友爲レ緣。聞ニ淨法界等流正法一。修習長養。初地見ニ道。誕ニ佛家一矣。」

シヤウタイ　聖諦　〔術語〕　聖者の見る所の諦理なり。諦とは其の理の眞實不虛なるを云ふ。【倶舍論二十二】に「何義經中說爲ニ聖諦一。是聖者諦故得ニ聖名一。於ニ非聖者一此豈成レ妄。於ニ一切一是諦性無顚倒故。然唯聖者實見非レ餘。是故經中但名ニ聖諦一。非ニ非聖諦一。顚倒見故。如ニ有頌言一。聖者說ニ是樂一。非聖說爲レ苦。聖者說爲レ苦。非聖說ニ是樂一。」【勝鬘寶窟下本】に「聖諦者苦集滅道。審實不虛故名爲レ諦。聖謂諸佛。就レ聖辨レ諦故云ニ聖諦一。又能生ニ不顚倒實解一故名爲レ諦。又此能生ニ無漏聖解一目レ之爲レ聖。故云ニ聖諦一。」【碧巖第一則】に「如何是聖諦第一義。」

四聖諦　〔名數〕　「シシヤウタイ」を見よ。

シヤウタイゲンクワン　聖諦現觀　〔術語〕　見道にて現前に四諦の理を觀ずること。

シヤウタウインモノトキ　正當恁麽時　〔雜語〕　老婆燒庵則中の字なり。恁麽は俗語指す辭なり。「正に此の如き時」なり。

シヤウタラボサツ　聖多羅菩薩　〔菩薩〕　又多羅觀音と云ふ。「タラクワンオン」を見よ。

シヤウタラボサツイツピヤクハチミヤウダラニキヤウ　聖多羅菩薩一百八名陀羅尼經　〔經名〕　一卷、趙宋の法天譯。多羅菩薩一呪を說き、自在天一呪を說く。【成帙十】(813)

シヤウタラボサツキヤウ　聖多羅菩薩經　〔經名〕　一卷、趙宋の法賢譯。佛香醉山に在つて五髻乾闥婆王の爲に多羅菩薩の呪を說く、及び持者は極樂國に生ずるを得るを頌す。【成帙八】(906)

シヤウタラボサツボンサン　聖多羅菩薩梵讃　〔經名〕　一卷、趙宋の施護譯。梵語の讃頌なり。【成帙十三】(1079)

シヤウダ　淸墮　〔術語〕　小乘の阿羅漢は淸淨涅槃を誤解して遂に偏空に墮するを淸墮と云ふ。【祖英集】に「若不レ見。鷲峯勝集。百萬茫茫等閑過。懷衲之外皆淸墮。」

シヤウダイ　唱題　〔術語〕　經の題目を唱ふるなり。日蓮宗に南無妙法蓮華經と唱ふる是なり。

シヤウダイシユウ　唱題宗　〔流派〕　日蓮宗は唱題を專要とする宗旨なれば他より之を稱して唱題宗と云ふ。

シヤウダイニヨ　靑提女　〔本生〕　目蓮が過去世の母なり、圭峯の【盂蘭盆經疏】に「有經說。定光佛時。目蓮名ニ羅卜一。母字ニ靑提一。羅卜欲レ行囑ニ其母一曰。若有ニ客來一孃當レ具レ膳。去後客至。母乃不レ供。仍更詐爲ニ設食之筵一。兒歸問曰。昨日客來。若爲ニ備擬一。母曰。汝豈不レ見ニ設食處一耶。後レ爾以來五百生中慳慳相續。」此緣の所出未定故に有經と云ふ。

シヤウダイバ　聖提婆　〔人名〕　Āryadeva　百論等を造りし提婆菩薩なり、菩薩なれば尊んで聖と稱す。【唯識樞要上本】に「聖提婆等諸大論師。」

シヤウダウ　唱導　〔術語〕　法を宣唱して人を化導するを云ふ。佛世には舍利弗、富樓那を第一とす、梁高法傳十科中唱導の一科あり。【法華經涌出品】に「是四菩薩。於ニ其衆中一。最爲ニ上首唱導之師一。」【大部補注九】に「啓ニ發法門一名レ之爲レ唱。引ニ接物機一名レ之爲レ導。」【梁僧傳唱導論】に「唱導者蓋以宣ニ唱法理一開ニ導衆心一也。昔佛法初傳。於レ時齋集。止宣ニ唱佛名一依レ文致レ禮。至ニ中宵一疲極。事資ニ啓悟一乃別請ニ宿德一升レ座說レ法。或雜ニ序因緣一傍引ニ譬喩一。」【僧史

畧中】に「唱導者。始則西域《ノ》上座凡趣《クニ》レ請呪願《シテ》曰。二足常安。四足亦安。一切時中皆吉祥等《ト》。以悅二可檀越之心一也。舍利弗多二辯才一曾作二上座一。讚導頗佳。白衣大歡喜此爲二表白之推輪一也。」◉（盛衰記三）「此澄憲を唱導に請じたる施主段に」

シヤウダウ　正道　〔術語〕正眞の師道なり。三乘所行の道を稱す。【無量壽經下】に「唯樂二正道一無二餘《ノ》欣戚一」図八正道分なり。「ハチシヤウダウモン」を見よ。

シヤウダウ　聖道　〔術語〕聖者の道なり。三乘所行の道を總稱す。【嚴華經八】に「具轉二聖道妙法輪一。」【成實論一】に「聖道能破二一切結使一。」図八聖道支なり。八正道分に同じ。図「シヤウダウモン」を見よ。

シヤウダウ　正堂　〔堂塔〕禪林、方丈室を正堂と云ふ。【象器箋一】

シヤウダウエ　聖道衣　〔衣服〕紫衣、素絹、道服などを聖道衣と云ふ、是れ天台眞言等の聖道衆の人の着する所なればなり。以て律僧の律衣、念佛僧の黑衣に對す。又官僧衣と云ふ。三綱等の僧官を受けし人の着衣なればなり。叡山の聖道衣は慈慧大師より始まると云ふ。

シヤウダウシ　唱道師　〔職位〕說法を爲す人を云ふ。図法會の首座にして經文を唱へ始め衆僧を導き誘ふ役を云ふ。常に略して導師と稱す。

シヤウダウシユ　聖道衆　〔雜語〕法相、三論、天台、眞言等の官位に昇る僧徒を云ふ。聖道の名は聖淨二門の別より來る。

シヤウダウモン　聖道門　〔術語〕二門の一。淨土宗、淨土眞宗の淨土門を除き、他の法相天台宗の如く此土に於て凡より聖に至る道を說くを總じて聖道門と名く。「ニモン」を見よ。◉（盛衰記九）「聖道の修行なれば凡聖元より二なし」

シヤウダカバシヤ　商諸迦縛娑　〔人名〕Śāṇakavāsa 又、Śāṇavāsa 舊に商那和修、舍那和修、舍那波私と云ふ。阿難の弟子なり、商那、商諸迦は衣の名なり。世世、設諸迦衣を着するに依て名く、設諸迦衣此に麻衣と譯す。舊に胎衣と云ふは義翻なり。【西域記一】に、彼れ先身の中に於て設諸迦草を以て績成せる衣を以て解安居日に於て衆僧に施せり、此の福力を以て五百身の中陰生陰に於て常に此衣を服し、今世最後身を以て胎より倶出す、身漸く長じて衣亦隨て廣く、阿難之を度して出家するに及で其の衣變じて法服となり、具戒を受くるに及んで更に變じて九條の僧伽胝となる。將に寂滅を證せんとして邊際定て至り、智願力を發して此袈裟を留め、釋迦の遺法を盡くし、法盡の後方に變壞せんと【付法藏傳二】に「倚那和修。由二願力一故處二母胎一著二商那衣一。」【毘奈耶雜事四十】に「其子生時以二奢搦迦衣一裹レ身而出。因即名爲二奢搦迦一。」【開宗記一本】に「舊云二商那和修一。此曰二胎衣一此從レ義言。未レ詳二所以一。新曰二商諸伽縛娑一。此是草名。」

シヤウダイソウヂワウキヤウ　聖大總持王經　〔經名〕一卷、趙宋の施護譯。佛阿難の爲に四呪を說く。能く七生、十四生、二十一生及び倍倍生の事を知る。【成帙八】

シヤウチ　聖智　〔術語〕聖は正なり、如理智正しく眞諦を照らして虛妄の分別を離るるを聖智と名く。【維摩經肇序】に「聖智無知而萬品俱照。法身無象而殊形並應。」【往生論註下】に「法性無相故聖智《ハ》無知。」

シヤウチ　正智　〔術語〕聖智に同じ。正しく法の如何を了する智なり。【往生論註下】に「正者聖智也。如二法相一而知故稱爲二正智一。」【大乘義章三】に「言二正智一者。了二法緣起一無レ有二自性一。離二妄分別一契レ如照レ眞。名爲二正智一。」

シヤウチブ　正地部　〔流派〕化地部に同じ

シヤウチユウ　正中　〔雜語〕正午のこと。

シヤウチユウロン　掌中論　〔書名〕一卷、陳那菩薩造、(Diṅnāga.)唐の義淨譯。三界は唯假名ありて實に外境なきを論ず、蛇繩麻の譬を引く。【暑帙二】(1256)

シヤウチンロン　掌珍論　〔書名〕具名、大乘掌珍論、一卷、淸辯菩薩造、唐の玄奘譯。諸法無相の義を明かして護法の諸法有相を破す即ち破相宗の根本論なり。【暑帙五】(1237)

シヤウヂ　性地　〔術語〕通敎十地の一。「ジフヂ」を見よ。

シヤウヂウガイ　性重戒　〔術語〕二種戒の一。

シヤウヂキ　正直　〔雜語〕方正質直、邪曲の心を離るるなり。【往生論註下】に「正直曰レ方。乃至依二正直一故生下憐二愍一切衆生一心上。」図一乘成佛の法を正直と云ふ。「シヤウヂキシヤハウベン」を見よ。

シヤウヂキシヤハウベン　正直捨方便　〔術語〕【法華經方便品偈】に「於二諸菩薩中一正直《ニシテ》捨二方便一但說二無上道一。」台家釋す、正は傍に對し、直は曲に對す。通別二敎の偏に非ず、人天五乘の曲に非ざるを正直の一道と云ふ。即ち圓敎の一乘是れなり。【法華文句五】に「五乘是曲而非レ正。通別偏傍而非レ正。今皆捨二彼偏曲一但說二正直一道一也。」◉（曲、卷絹）「もとより正直捨方便の誓ひ、曇らぬ神心」

シヤウヂキヤウ　生地經　〔經名〕菩薩生地經

の畧名。

シヤウヂセダラニキヤウ　聖持世陀羅尼經　一卷、趙宋の施護譯。玄弉譯の持世陀羅尼經の別本なり。【成帙八】(809)

シヤウヂヤウ　正定　〔術語〕八正道の一。図正定聚の略。

シヤウヂヤウ　聲杖　〔物名〕錫杖の異名。【十誦律五十六】に「杖法者。佛在二寒園林中一住。多二諸腹行毒蟲一。噛二諸比丘一。佛言。應下作二有レ聲杖一驅中遣毒蟲上。是名二杖法一。」

シヤウヂヤウゴウ　正定業　〔術語〕彌陀の名號を稱ふること。第十八願に於て往生の正目として正しく誓ひ給ひし所なればなり。五念門中前三後一の助業に對して云ふ。【觀經散善義】に「一心專念彌陀名號。行住坐臥不レ問二時節久近一。念念不捨者。是名正定之業。順二彼佛願一故。」

シヤウヂヤウヂユ　正定聚　〔術語〕三聚の一。

シヤウヂユウイメツ　生住異滅　〔雜語〕有爲法の四相なり。「シサウ」を見よ。

シヤウヂン　聲塵　〔雜語〕五塵又六塵の一。「ヂン」を見よ。

シヤウヂントクダウ　聲塵得道　〔術語〕觀音の圓通なり。楞嚴經に於て佛二十五聖に對して各圓通門を問ふ、觀音最後に音聲を以て圓通するを答ふ。【經六】に「我今白二世尊一。佛出二娑婆界一。此方眞教體。清淨在二音聲一。欲レ取二三摩提一。實以聞中入。離レ苦得二解脫一。」是れ觀音自ら佛所說の聲塵の說法を聞て圓通得道せしを說きしなり、後に文殊諸聖の圓通を判じて之を以て圓通至極とせり。是れ佛の教體六塵に涉れども、娑婆世界の衆生の如き耳根の最も利なる衆生には佛は聲塵を以て教體とす、八萬の法藏是なり。故に觀音亦聲を以て圓通の至法とす。是れ最も娑婆世界の機根に適ふ所なれば文殊殊に之を讃稱す。◉(野守鏡下)「音律浮世の曲を傳へて、聲塵得道の業をなし待りしかども」(野守鏡下)「娑婆世界は聲塵得道の國なるが故に」

シヤウツキ　祥月　〔術語〕又、正月に作る。祥は禮記の小祥(一周忌)大祥(三周忌)より來る、依て宗密の盂蘭盆疏に祥月の文字あり、靈芝の新記に之を解して祥月即ち周年とあり、之に依れば、祥月は一周忌に限るなり。然るに和俗毎年の死亡月以て祥月と云ふに依れば、正月と云ふを是とすべし。【眞俗佛事編三】に「一說に正月と書けり、此意は忌日は毎月あれども、今は正當月と云ふ義なり」【忍辱雜記下】に「淨業附錄。諦忍比丘梵網要解。共云二正忌月一。」又命月とも云ふ。死日を命日と云ふに准ず。

シヤウヅ　生途　〔雜語〕生死の道途なり。【歸敬儀中】に「迷二想見一則生途日增。」

シヤウヅクワンオン　青頭觀音　〔菩薩〕三十三觀音の一。その像斷涯の上に坐して左手を岩に右手を膝に置く。

シヤウテツ　正徹　〔雜語〕異轍の稱に對す。眞正の軌轍なり。【法華文句記十】に「並是法華之正轍也。」

シヤウテン　聖典　〔術語〕三藏の總名なり。

シヤウテン　生天　〔雜名〕四種天の一。「テン」を見よ。

シヤウテンイン　生天因　〔雜語〕天界に生を受くべき因業を云ふ。【釋氏要覽】に業報差別經を引きて「具修二增上十善一得レ生二欲界散地天一。若修二有漏十善一。以レ定相應スレバ生二色界天一。若離二色修一。遠二離身口一。以レ定相應スレバ。生二無色界一。」又正法念經を引きて「因二持戒一不レ殺不レ盜不レ婬。由二此三善一得レ生レ天。」と。

シヤウテンボサツ　聖天菩薩　〔人名〕Āryadeva 廣百論本の作者なり。

シヤウテンボフリン　清轉法輪　〔術語〕十種行願の一。図釋尊成道の時の梵天勸請を云ふ。

シヤウデウ　生肇　〔人名〕竺道生と僧肇なり。

シヤウデウユウエイ　生肇融叡　〔人名〕竺道生、僧肇、道融、僧叡なり。之を關中の四聖と稱す。皆羅什の門下なり。

シヤウデン　聖天　〔天名〕大聖歡喜天の略稱。

シヤウデン　生田　〔譬喩〕禾穀が生じ收獲せられて輾轉たるを人生に譬へて生死の田地と云ふ三界流轉の地なり。【寄歸傳二】に「控二制セラル生田一。」

シヤウデンコウ　聖天講　〔行事〕大聖歡喜天の法會なり。

シヤウデング　聖天供　〔修法〕大聖歡喜天の供養法なり。

シヤウトウガク　正等覺　〔術語〕諸佛無上の正智を稱して正等覺と云ふ。覺とは諸法を覺知する智なり。其の智邪なきを正と云ひ、偏なきを等と云ふ。【七佛經】に「毘婆尸佛應正等覺。」

シヤウトウガクムシヨヰ　正等覺無所畏　〔術語〕四無所畏の一。

シヤウトウシヤウガク　正等正覺　〔術語〕三藐三菩提、新に正等正覺と譯す。【法華玄贊二】に「三云レ正。藐云レ等。又三云レ等。菩提云レ覺。」

シヤウトク　生得　〔術語〕修得又加行得の言に對す。生れながらにして得る所の法を云ふ。【仁王經下】に「衆生識初一念識異二木石一。生得レ善。生得レ惡。」【大乘義章三】に「生得善心。謂從二過去一修習所レ成。

信進念等相應善心。」

シヤウトク　性得　〔術語〕生得に同じ。學問經驗をまたずして本性の上に具備せるもの。

シヤウトク　性德　〔術語〕修德に對す。一切の萬物が各本性の上に善惡迷悟の性能を有するを云ふ。

シヤウトクワウ　聖德皇　〔人名〕聖德太子なり。

シヤウトクタイシ　聖德太子　〔人名〕用明天皇第二の皇子、諱は厩戸豐聰耳尊と云ふ。亦上宮太子、上宮王、法主王、聖德王等と稱す。御母は欽明天皇の皇女、穴穗部間人皇后、敏達天皇三年に誕生し給ふ。幼にして聰明叡智群を拔く。年僅に十四歲のとき、大臣蘇我馬子等と共に大連物部守屋討伐軍を起して、これを誅し、專ら佛敎興隆に力を盡し、給ふ。崇峻天皇弑せられ、推古天皇の位につき給ふや、皇太子となりて萬機を攝政し、能く一時に數人の訴訟を聞き、裁斷明快、神の如くなりきと云ふ。厚く佛敎を信奉し、庶民を救濟し、國家を治めんことを期し、推古天皇三年、高麗の僧慧慈、百濟の僧慧聰の相尋で來朝するや、禮を厚うして之を優遇し、佛敎弘通の任に當らしむ。親しく慧慈に就て佛典を學び深く諸經の義理に精通し、勅を奉じて躬ら法華經、維摩經、勝鬘經の講說を宮中に開筵し、群僚百官をして拜聽せしめしこと數回、また自ら筆を執りて、「法華」「勝鬘」「維摩」三經の注疏を製作し給へり。深く國政の發展、學術の振興に留意し給ひ、諸生をして、百濟僧、觀勤に就て曆、天文、地理等を學ばしむ。大德、少德、大義、少義等の冠位十二階を制定して諸臣に授け、以て諸臣の階級を一定して秩序を明かにし給へり。推古天皇十二年、憲法十七條を制定して天下に公布し給ふ。蓋し憲法制定の所以は政敎の主義を闡明し、上下の道德を扶持して百官庶民の向ふべき方針を明にするにあり。十七條中其根本とも見るべきは第二條にして、「篤敬二三寶一。三寶者則四生之終歸。萬國之極宗。何世何人非レ貴二是法一。人鮮二尤惡一能敎從レ之。其不レ歸二三寶一何以直レ枉。」と云ひて、專ら三寶を崇敬し、依據すべきを示せり。推古天皇十五年小野妹子を隋に遣はして法華經等を求めしむ。翌年九月更に妹子を大使として、太子自ら草する所の國書を齎して、隋に派遣し、同時に留學生、留學僧を送る、是れ我國より支那に留學生を送りし權輿なりとす。又天皇に奏して遊獵の儀を廢し、施藥療病等の諸院を起し、貧民の救恤に力を用ゐられ、なほ諸國に寺院を建立し、田園を諸寺に寄附し、自ら七寺を建立し給ふ。即ち四天王寺、法隆寺、中宮寺、橘寺、蜂丘寺、池後寺、葛城寺是なり。かくて佛敎を保護し、攝政の職にあること二十九年推古天皇三十年二月二十二日壽四十九を以て斑鳩の宮に薨じ給ふ。河內磯長に葬る。天下の萬民その訃を聞きて大に痛悼し、慟哭街衢に充滿せりと云ふ。母后大內を巡行し、厩司に到り給ふ時、生誕し給ひしを以て厩戸皇子となづけ、諡號を聖德と賜はりしより、聖德太子といふ。《第五拾圖參照》

シヤウトクヂヤウ　生得定　〔術語〕前世の善業の力に依りて自然に得る定地のこと。色界四禪天無色界四定の八定地なり。

シヤウトクホウサン　聖德奉讚　〔書名〕觀鸞作。聖德太子の恩德を讚歎したる十一首の和讚。

シヤウド　性土　〔術語〕法性土の略。

シヤウドク　聲獨　〔雜語〕聲聞と獨覺なり。

シヤウナ　商那　〔植物〕Sāna又、舍那、奢那に作る。新に設諸迦、奢搦迦に作る、艸の名なり。其の皮を以て衣となすべし。【阿毘曇經下】に「奢那衣者。奢那樹似レ麻取レ皮以爲レ衣。」【付法藏傳二】に「商那衣。」【西域記一】に「設諸迦艸衣。」【有部毘奈耶雜事四十】に「奢搦迦衣。」

シヤウナフ　青衲　〔衣服〕青色の僧衣なり。【僧史略上】に「彌沙塞部青色衣也。乃至後梁有二慧朗法師一常服二青衲一。」

シヤウナワシユ　商那和修　〔人名〕新に奢搦迦、商諸迦縛婆と曰ふ。阿羅漢の名、付法藏の第三祖なり。「シヤウダカバシヤ」を見よ。「箋三」

シヤウニチ　正日　〔雜語〕葬送の當日なり。【象器「ゴコン」を見よ。

シヤウニフ　聲入　〔術語〕十二入の一。五根の一。

シヤウニチダイヱ　生日大會　〔行事〕佛の誕生會なり。【有部目得迦五】に「長者白レ佛。菩薩生時。是何月日。佛告二長者一。薛舍佉月日月圓時。是我生日。我今欲レ作二生日大會一。佛言應レ作。」

シヤウニン　上人　〔術語〕上德ある人なり。【釋氏要覽上】に「增一經云。夫人處レ世。有レ過能自改者名二上人一。律缾沙王呼二佛弟子一爲二上人一。」【維摩經問疾品】に「文殊師利白レ佛。世尊彼上人者難レ爲二酬對一。」【思益經二】に「我等今來見二佛並網明上人一。」邦俗多く隱者の高德又は念佛者を上人と稱す。空也上人、法然上人等の如し。後世勅許に依て上人と號するは獨り淨土宗に局ると云ふ。但德號なり、官位にあらず。

シヤウニン　聖人　〔術語〕梵語、阿離野。Ārya聖者聖人と譯す。凡夫に對する稱、大小乘の見道以上、斷惑證理せし人を云ふ。【涅槃經十一】に「以二何等一故。名二佛菩薩一爲二聖人一耶。如レ是等人有二聖法一故。常

觀二諸法性空寂一故。以二是義一故名二聖人一。有二聖戒一故復名二聖人一。有二聖定慧一故。故名二聖人一。有二七聖財一所謂信、戒、慚、愧、多聞、智慧、捨、離。故名二聖人一。有二七聖覺一故。故名二聖人一。」【金剛經】に「一切聖人皆以二無爲法一而有二差別一。」【考信錄三】に「吉水大谷の二師を聖人と稱し、如信師已下を上人と稱すること通例なれども、必ずしも局るにあらず、祖傳等の中に元祖吾祖をも上人と稱せし例數多なり。」◉(十訓抄一)「聖人權者の名をあらはす振舞」「ニン」を見よ。

シヤウニン 生忍 〔術語〕二忍の一。衆生忍なり。

シヤウネン 正念 〔術語〕八聖道の一。邪分別を離れて法の實性を念ずるなり。【起信論】に「心若馳散。即當三攝來住二於正念一。」【慧遠觀經疏】に「捨レ相入レ實名爲二正念一。」

シヤウネンジユ 正念誦 〔術語〕五種念誦中の三摩地念誦なり。行者定心に住して眞言の字相を觀念するを云ふ。

シヤウネンジヨ 性念處 〔術語〕三種四念處の一。「シネンジヨ」を見よ。

シヤウネンワウジヤウ 正念往生 〔術語〕「種往生の一。

シヤウハウ 聖方 〔術語〕四梵語、阿離野提舍 Ārya-deśa 印度の尊稱なり。【寄歸傳三】に「阿離野譯爲レ聖。提舍譯爲レ方。即名二西國一爲二聖方一矣。以二其賢聖繼レ軌人皆共稱。或云二末睇一是中。提舍（Madhyadeśa）是國。百億之中心。斯其事也。」

シヤウハツネハン 生般涅槃 〔術語〕五種涅槃、又十八有學の一。「フゲン」を見よ。

シヤウハチセンジユハンニヤハラミツタイチピヤクハチミヤウシンジツヱンギダラニキヤウ 聖八千頌般若波羅蜜多一百八名眞實圓義陀羅尼經 〔經名〕一卷、趙宋の施護譯。般若の一百八名及び陀羅尼を說く。【成帙十二】(999)

シヤウハチマンダイボサツ 正八幡大菩薩 〔菩薩〕「ハチマンダイボサツ」を見よ。

シヤウバン 生盤 〔飮食〕「サンバン」を見よ。

シヤウビヤク 淸白 〔術語〕佛所顯の法なり。又總じて無漏の善法なり、共に煩惱の垢染を離るるが故に淸白と云ふ。【無量壽經上】に「淸白之法。具足圓滿。」【同慧遠疏】に「所顯之法出二離邪謗一名爲二淸白一。」【同嘉祥疏】に「是無漏明故云二淸白一。」又七善の一。

シヤウビンヅル 請賓頭盧 〔書名〕請賓頭盧法の異名。

シヤウビンヅルホウ 請賓頭盧法 〔書名〕一卷。劉宋の慧簡譯。【藏帙八】(1048)

シヤウフク 聖福 〔術語〕二福の一。梵福の稱に對す。三乘の聖果。

五種聖福 〔名數〕一に聖福、阿羅漢最後身に住して有餘涅槃を得る者、是れ小乘の聲聞なり。二に體聖福、通教の三乘人、同じく諸法即ち無生なりと體達して唯煩惱の正使を斷じて習氣を侵害すること能はざる者是なり。三に小薩埵福、自行化他の二利を具し無言說の道を以て煩惱を斷じ遂に無餘涅槃に入る者、是れ小乘の菩薩なり。四に大薩埵福、初發心より、次第に人を化し大涅槃に入る者、是れ大乘別教の菩薩なり。五に聞二法華經一初隨喜福、圓教の菩薩法華經を聞て隨信する者是なり。【法華文句十】

シヤウフクギ 章服義 〔書名〕釋門章服義の略稱、道宣の著。

シヤウフシヤウフカセツ 生不生不可說 〔術語〕四不可說の一。

シヤウフドウ 聖不動 〔菩薩〕不動明王なり、明王の德を稱して聖と云ふ。「フドウミヤウワウ」を見よ。

シヤウフナン 生不男 〔雜名〕五種不男の一。

シヤウブツ 生佛 〔雜語〕衆生と佛陀なり。

シヤウブツ 性佛 〔術語〕法性佛なり。三身中の法身なり。【顯密不同頌】に「顯法身默然。密性佛說レ法。」【辨惑指南三】に「性佛とは六大法性の佛と云ふ意なり。」密教には六大を以て法身となせばなり。

シヤウブツイチニヨ 生佛一如 〔術語〕又、生佛一體、生佛不二など云ふ、生とは迷の衆生、佛とは悟の佛陀、一如とは無差別の義なり。或は凡聖一如と云ひ、迷悟不二と云ふも同じ。即ち煩惱即菩提、生死即涅槃の意なり。【寶積經】に「衆生如即如來如。如來如即衆生如。衆生如來無二無別。」【不增不減經】に「衆生界即法身。法身即衆生界。此二法者義一名異。」【華嚴經】に「心佛及衆生是三無差別」と云ひ、【寶篋經】に「佛界衆生界。一界無二別界一。」と云ふ、即ち是れなり。是れ實大乘の通談なり。但し義を說くに左右あり。或は謂く法に性相あり、相を攝めて性に歸すれば生佛不二なりと、是れ相宗の意なり。【唯識述記一本】に「攝レ相歸レ性。皆如爲レ體。故經說言。一切亦如。至二於彌勒一亦如。」或は謂く、法は俗有眞空なり。生佛の異は俗諦上假名の差別のみ。眞諦の法性に就かば衆生性空なれば佛陀も性空なり。性空、平等なれば生佛不二なりと。是れ空宗の意なり。【觀經散善義】に「生死無爲亦空。凡聖明闇亦空。世間六道出世間三賢十聖等。若望二其體性一畢竟不二。」或は謂く、眞心一體なり、不

變隨緣の二義あり、隨緣の故に生佛の相あり、不變の故に生佛の性一味なりと。或は謂く、法界の體修性不二なり、衆生修惡の性、即ち佛界性惡の德なり。此の性惡圓明なる之を名けて佛となす、故に生佛不二なりと。是等皆性宗の意なり。【起信論義記】に「不レ變レ性而緣起染淨恒殊。不レ捨レ緣而即眞。凡聖致一。」【妙宗鈔上】に「良由下衆生性具染惡不レ可二變異一。其性圓明上名レ之爲レ佛。」已上總じて理性の上に就て不二を論ずるなり。若し華嚴の事事無礙法界、天台の十界互具、眞言の六大無礙の義に就かば直爾に事相の上に不二の義あるなり。⊙(鵯鵞合戰一一)「法身は生佛一如の理」

シヤウブツケミヤウ　生佛假名　〔術語〕衆生と云ひ佛陀と云ふは俗諦迷情の上の假名のみ、眞諦覺悟の上には衆生もなく佛陀もなく、眞如平等なるを云ふ。【始終心要】に「眞如界內絕二生佛之假名一。平等慧中無二自他之形相一。」

シヤウブツヂユウセ　請佛住世　〔術語〕十種行願の一。

シヤウブツフゾウフゲン　生佛不增不減　〔術語〕生佛一如なれば法界の衆生は成佛するも生界も減ぜず、佛界も增さざるなり。（生佛一如參照）或は言ふ、生佛二界共に無量無邊なり。生界無邊なる故に衆生成佛するも生界減ぜず、佛界無邊なる故に衆生佛界に入るも佛界增さずと。【起信論義記】に「況二衆生界一如二虛空界一。設如下一鳥飛二於虛空一從レ西向レ東經二百千歲一終不上得レ說二東近而西遠一。何以故。以二虛空無邊一故。」

シヤウブツモセウジハンニヤハラミツタキヤウ　聖佛母小字般若波羅蜜多經　〔經名〕一卷。趙宋の天息災譯。佛靈山に在り、觀自在菩薩の請に依て小字の般若眞言を說き、また勝妙般若眞言を說く。【成帙八】（797）

シヤウブツモハンニヤハラミツタキヤウ　聖佛母般若波羅蜜多經　〔經名〕一卷、趙宋の施護譯。般若波羅蜜多心經と同本にして序及び流通あり。般若の智諸佛を生ずれば聖佛母と稱す。【月帙九】（935）

シヤウブン　性分　〔術語〕諸法差別の自性なり。【止觀五】に「界名二界別一。亦名二性分一。」

シヤウヘン　生變　〔術語〕二變の一。轉とも云ふ。種子現行を生じ、現行種子を生ずる如く自果を生熟すること。

シヤウヘンガク　正偏覺　〔術語〕梵語三藐三佛陀 Samyak-saṁbuddha 正偏覺と譯す。佛十號の一なり。【名義集一】に「三藐三佛陀。什師言二正偏覺一也。言法無差故言レ正。智無レ不レ周故言レ偏。出二生死夢一故云レ覺。」

シヤウヘンチ　正偏智　〔術語〕梵語前項に同じ。一に正偏知と譯す。眞正に遍く一切法を知るを云ふ。【智度論二】に「云何名二三藐三佛陀一。三藐名レ正。三名レ遍。佛名レ知。是言二正遍知一切法一。」【涅槃經十八】に「云何正遍知。正名二不顚倒一遍知者於二四顚倒一無レ不二通達一。」【大乘義章二十】に「正遍知者明二其解圓明一。」又、梵語三藐三菩提、一に正遍知と譯す。【註維摩經一】に「肇曰三藐三菩提。秦言二正遍知一。其道眞正無二法不一レ知正遍知也。」

シヤウヘンチカイ　正偏知海　〔譬喩〕佛の正遍知深廣にして測量すべからず、故に海に譬ふ。【觀無量壽經】に「諸佛正遍知海從二心想一生。」【往生論註上】に「正遍知者。眞正如二法界一而知也。法界無相故諸佛無知也。以二無知一故無レ不レ知也。無知而知者是正遍知也。是知深廣不レ可二測量一故譬レ海也。」【觀經妙宗鈔上】に「三智融妙名二正偏知一。無量甚深故喩如レ海。」

シヤウヘンチブ　正遍知部　〔流派〕佛部の異名なり。【大日經疏六】に「正遍知部三昧門。」

シヤウベン　淸辨　〔人名〕梵名、婆毘吠伽 Bhavaviveka 淸辨と譯す、佛滅後一千一百年の頃、護法菩薩と同時の論師にして、龍樹中觀の宗旨を承けて大乘掌珍論を作り、以て護法の有宗を破して空宗を立つ。是れ印度に在て空有二宗諍論の嚆矢なり。【西域記十】に「論師雅量廣遠。外に僧佉（數論）の服を示し、內に龍猛（龍樹）の學を弘む、曾て護法菩薩の隆名を聞き談議を懷にして護法の所に詣る、護法辭して會せず、本土に還り靜に思て曰く、慈氏の成佛に非ずんば誰か我疑を決せんと、觀音菩薩の像前に於て隨心陀羅尼を誦し粒を絕ち水を飮むと三歲、菩薩妙身を現じ其の所意を聽き、敎へて馱那羯磔迦國城の南山巖執金剛神の所に至て至誠に執金剛陀羅尼を誦せしむ。論師往て誦す、三歲の後、神乃ち秘方を授けて曰く、此石窟內に阿素洛宮あり、如法に行ぜば石壁當に開くべし。即ち中に入て彌勒の出世を待つべし。論師曰く、幽居觀るなし、何んぞ佛の出興を知らん。神曰く、我れ當に報ずべし。師命を受けて專誦誦持し復た三歲を歷、芥子を以て石を擊つ、巖壁便ち洞開す、師之に入て石壁復た合す。」⊙（太平記二四）「淸辨菩薩は三論宗の初祖にて」

シヤウホウ　正報　〔術語〕二報の一。又、正果と云ふ。有情の自心なり。是れ過去の業因に依て感得せし果報の正體なれば正報と云ふ。

シヤウホウ　生報　〔術語〕三報、又は四報の一。

此生に善惡の業を作して來生に苦樂の果報を受くるを云ふ。

シヤウホウザウジン　聖寶藏神 〔天名〕無量の財寶を有して衆生を饒益すれば聖寶藏神と名く。【聖寶藏神儀軌經】

シヤウホウザウジンギキキヤウ　聖寶藏神儀軌經 〔經名〕二卷、趙宋の法天譯。聖寶藏神を祈禱する儀軌を說く。【成帙十三】(1045)

シヤウホウ　聖法 〔術語〕佛所說の法、正理にかなふを聖法と云ふ。

シヤウウホフ　請雨法 〔修法〕「アマゴヒ」を見よ。

シヤウホフインキヤウ　聖法印經 〔經名〕一卷、西晉の竺法護譯。佛三解脫門を說て聖法印とす。【辰帙六】(652)

シヤウホフケキヤウ　正法華經 〔經名〕十卷、西晉の竺法護譯。是れ法華譯本の初出なり。後出の羅什譯と大同、但藥草喩品中迦葉の問答及び生盲喩あり。五百弟子授記品の初に入海取寶喩あり、法師品を藥王如來品と名け、寶蓋王及び千子善蓋太子と法供養の事あり、又諸咒皆梵を翻じて漢となす、囑累品最後に在り。【盈帙二】(138)

シヤウホフム　正法務 〔職位〕宮中の法務を司る長官なり。【釋家官班記上】に「正法務。僧正眞雅。貞觀十四年三月十四日補。于時東寺一長者。東寺法務始也。自今已後。一長者必爲二正法務一。他寺僧爲二權法務一。」

シヤウボフ　生法 〔術語〕又、人法と云ひ、我法と云ふ。有情を生と云ひ、非情を法と云ふ。生法二空生法二忍など云ふ如し。

シヤウボフ　正法 〔術語〕眞正の道法なり。理に差ふとなきを正と云ふ。三寶中の法寶、教理行果の四を以て體とす。【無量壽經上】に「弘二宣正法一」

シヤウボフエ　正法依 〔術語〕佛の尊號なり、佛能く正法を以て衆生に說與すれば佛は正法の所依なり。【勝鬘經】に「佛爲二正法依一」【同寶窟中本】に「佛能以二正法一授二與衆生一爲二正法依一也。」

シヤウボフキヤウ　正法經 〔經名〕大迦葉問大寶積正法經、又大乘菩薩正法經の略名。

シヤウボフキヤウ　正法橋 〔譬喩〕正法能く生死海の人を渡せば橋に譬ふ。【大集經五十六】に「正法橋破壞。法足不二復行一。」

シヤウボフゲンザウ　正法眼藏 〔術語〕又清淨法眼と云ふ。禪家は之を以て教外別傳の心印となす。【釋氏稽古略一】に「佛在二靈鷲山中一。大梵天王以二金色波羅華一持以獻レ佛。世尊拈レ華示レ衆。人天百萬悉皆罔レ措。獨有二迦葉一破顏微笑。世尊曰。吾有二正法眼藏涅槃妙心一。分二付迦葉一。」今禪門の意を以て之を解すれば是れ正に佛心の德名なり、此心正法を徹見すれば正法眼と云ひ、深廣にして萬德含藏すれば藏と云ふ、法華經に所謂佛知見なり。涅槃妙心とは佛心の本體なり、體寂滅なれば涅槃と云ひ、思量分別すべからざれば妙と云ふ。法華に所謂妙法なり、但法華は客觀に就て妙法と云ひ、今は主觀に就て妙心と云ふ。一類頓悟の機に對し言句の假名を離れて直爾に此の佛心を會得せしむるを以心傳心と云ふ。然るに世尊迦葉に正法眼藏を付囑せしは涅槃經の誠說なれども拈華微笑のとは禪門後輩の蛇足なり、其說慧炬の寶林傳に基き、人天眼目、五燈會元已下之に雷同して其の宗を誇張する具となすのみ、隋唐の諸祖に此事を言ふ者なし。【傳燈錄一】に「說法住世四十九年。後告二弟子摩訶迦葉一。吾以二清淨法眼涅槃妙心實相無相微妙正法一將レ付二於汝一。並敕二阿難一副貳傳化無レ令二斷絕一。」又「佛告二諸大弟子一。迦葉來時可レ令レ宣二揚正法眼藏一。」明教の傳法正宗記の所載亦之に同じ。是れ正に【涅槃經二】に「爾時佛告二諸比丘一。我今所有無上正法悉以付二囑摩訶迦葉一。是迦葉者當下爲二汝等一作中大依止上。」と云ふ是なり。されば正法眼藏と云ひ清淨法眼と云ふ、共に總じて佛一代所說の無上の正法に名くるなり。況んや【大悲經敎品】に「如來法を諸聖に附囑するに正法眼の名を以てし、且つ滅後三藏の結集を指して結集法眼と云ふ。豈に所謂教外別傳の心印のみに局らんや」と云ふをや。「ネンゲミセウ」を見よ。⦿(鴉鷺合戰一)「時に世尊迦葉に告げて曰く、吾に正法眼藏涅槃の妙心あり。汝に附屬す。」

シヤウボフゲンザウ　正法眼藏 〔書名〕書の名。道元禪師の永平正法眼藏あり、明の徑山宋杲の正法眼藏あり。

シヤウボフコ　正法炬 〔譬喩〕正法能く生死の闇を照せば炬に譬ふ。【三論玄義】に「善巧說法。燃二正法炬一滅二邪見幢一。」

シヤウボフザン　正法山 〔雜名〕京都妙心寺の「山號なり。

シヤウボフジ　正法時 〔術語〕三時の一。「シヤウザウマツ」を見よ。

シヤウボフジユ　正法壽 〔術語〕正法の壽命なり、佛滅後一千年正法時の間を正法壽と云ふ。教行證の三を以て正法の體とす、此三世に住するを正法の壽命となす。【俱舍論二十八】に「既知如來正法壽漸次淪亡如レ至レ喉。」「シヤウザウマツ」を見よ。

シヤウボフニクウクワン　生法二空觀

〔術語〕生空觀と法空觀なり。大乘菩薩の觀道なり。人も空なり法も空なりと觀じ以て我執法執を斷じて我空眞如法空眞如を證するなり。小乘の行人は唯生空觀を修して法空觀を修せず、故に法執を斷ずると能はず。【百法問答鈔七】

シヤウボフニニン　生法二忍　〔術語〕衆生忍と無生法忍なり。「ニン」を見よ。

シヤウボフネンキヤウ　正法念經　「法念處經の略名。

シヤウボフネンシヨキヤウ　正法念處經　〔經名〕正〔經名〕七十卷、元魏の瞿曇般若流支譯。十善業道及び生死の過患、地獄等六道の業果を詳說し、最後に身念處の法を說く。【宿帙一乃至四】(697)

シヤウボフミヤウニヨライ　正法明如來　〔佛名〕觀世音菩薩過去已成の佛名なり。千手陀羅尼經等の說なり。

シヤウボフメウシン　正法妙心　〔術語〕正法眼藏涅槃妙心の略語なり。「シヤウボフゲンザウ」を見よ。

シヤウボフリツ　正法律　〔流派〕「シンゴンリッシユウ」に同じ。

シヤウボフリン　正法輪　〔術語〕如來所說の教法なり。「ホフリン」を見よ。

シヤウボフリンシン　正法輪身　〔術語〕三種輪身の一。「ケウリヤウリンシン」を見よ。

シヤウボン　聖凡　〔雜名〕聖者と凡夫、即ち迷悟の二なり。「結解同ニ所因一。聖凡無ニ二路一。」

シヤウマウ　聖網　〔譬喩〕聖人の教網なり。佛の教法を云ふ。衆生を羅致して正法につかしむればなり。【行事鈔上二】に「致レ使ニ聖網日就ニ衰弱一。」

シヤウマウ　生盲　〔雜名〕生れながらの盲人なり。【涅槃經】に「生盲人不レ識ニ乳色一。」【觀無量壽經】に「自レ非ニ生盲一。有レ目之徒皆見ニ日沒一。」

シヤウマカ　商莫迦　〔菩薩〕舊に睒摩に作る。菩薩の名。「センマ」を見よ。

シヤウミキ　精媚鬼　〔異類〕三種鬼の一。「キ」を見よ。

シヤウミヤウ　聲明　〔術語〕梵語攝拖苾馱 Śabda-vidyā 五明の一。【瑜伽論十五】に「當レ知此處略有ニ六相一。一法施設建立相。乃至云何法施設建立。謂名句文身及五德相應聲。一不鄙陋。二輕易。三雄朗。四相應。五義善。」【探玄記十二】に「聲論治ニ軟智一。以解ニ了文章聲字一。」【菩薩持記經三】に「聲論有ニ二種一。一者顯ニ示界色一。字界字緣なり二者顯ニ示巧便言辭一。」【西域記二】に「聲明。釋詁訓レ字。詮目流別。今此聲明唯論ニ音曲一。誦レ文有ニ高下一。唱レ偈有ニ屈曲一。乃至異ニ五明中聲明、相狀一。然亦精レ音似ニ彼聲明一。」

シヤウミヤウ　淸明　〔雜語〕淸淨の光明なり。【無量壽經下】に「日月淸明。」

シヤウミヤウ　精明　〔雜語〕精眞明白なり、心意の清潔を云ふ。【無量壽經下】に「精明求願。」

シヤウミヤウ　性命　〔術語〕有情の性と命なり。【圓覺經】に「諸世界一切種性。卵生胎生濕生化生。皆因ニ婬欲一而正ニ性命一。」

シヤウミヤウ　正命　〔術語〕八正道の一。

シヤウミヤウ　聖明　〔雜語〕凡常に非ざるを聖と云ひ、智德を稱して明と云ふ。【無量經上】に「智慧聖明不可思議。」

シヤウミヤウ　唱名　〔術語〕稱名に同じ。佛の名號を稱ふること。

シヤウミヤウケ　聲明家　〔術語〕本朝の聲明は顯密の二流に分れて其の學處は大原と千本なり、大原は顯家天台宗にして慈覺を鼻祖とし、覺、智證に傳へ、證、相應に傳へ、應、淨藏に傳へ、藏、慈慧に傳へ、慧、源信に傳へ、信、覺超に傳へ、超、懷空に傳へ、空、寛誓に傳へ、誓、眞忍に傳ふ。忍大原山に居て來迎院を建て、廣く支派を衆めて已に統べ此業を大成す。此れより大原の地、聲明梵唄の場となる。元亨釋書志三 千本は密家眞言宗にして洛北千本通りの頭を總じて千本と云ふ。此に上品蓮臺寺あり、開基は聖德太子なるも其の後寬空僧正此に住して眞言宗に改む。又、大報恩寺と云ふあり、千本釋迦堂と云ふ。求法上人義空の開基なり、亦眞言宗なり。又、引接寺と云ふあり、千本閻魔堂と云ふ。定覺律師の開基なり、亦眞言宗なり。もと宗祖空海朝に請ひて聲明の度人を置き、其の後廣澤の寬朝最も密唄に善し、釋書 千本の諸寺に於て此を相傳弘通するなり。

シヤウミヤウジキ　正命食　〔術語〕二食の一。

シヤウムシヤウ　生無性　〔術語〕三無性の一。

シヤウムノウシヨウコンガウクワダラニキヤウ　聖無能勝金剛火陀羅尼經　〔經名〕一卷、趙宋の法天譯。佛妙高山に在り、金剛手菩薩に敕して咒を說かしめ天龍夜叉等を安慰せしむ。【成帙七】(833)

シヤウムドウキヤウ　聖無動經　〔經名〕聖無動尊大威怒王秘密陀羅尼經の略名。俗に不動經と云ふ。「フドウキヤウ」を見よ。

シヤウムドウソン　聖無動尊　〔菩薩〕不動明王の別稱なり。「フドウミヤウワウ」を見よ。

シヤウムドウソンアンチンケコクトウホフ　聖無動尊安鎭家國等法　〔經名〕一卷、唐の金剛智譯。安鎭法を說く、宮庭には安鎭法と云ひ、民衆には安宅法と云ふ。【經帙四】

シヤウムドウソンイチジシユツシヤウハ

チダイドウジヒエウホフボン **聖無動尊一字出生八大童子秘要法品** 〔經名〕一卷、大興善寺翻經院述。八大童子儀軌と稱す。【餘帙二】

シヤウムドウソンダイヰヌワウネンジユ 聖無動尊大威怒王念誦 〔經名〕金剛手光明灌頂經最勝立印聖無動尊大威怒王念誦儀軌法品の略名。

シヤウムリヤウジユケツヂヤウクワウミヤウワウニヨライダラニキヤウ 聖無量壽決定光明王如來陀羅尼經 〔經名〕一卷、趙宋の法天譯。佛、妙吉祥菩薩に向て西方無量壽の陀羅尼を說く、能く壽命を增し大利益を得。【成帙八】(786)

シヤウメウキチジヤウシンジツミヤウキヤウ 聖妙吉祥眞實名經 〔經名〕一卷、元の智慧譯。前に文殊菩薩の發菩薩心の願文なり、中に五智勇識の眞實名を明かす、後に文殊の一百八名讚等あり。【成帙十三】(1032)

シヤウメツ 生滅 〔術語〕有爲の諸法、因緣の和合に依て未有の法の有なるを生と云ひ、因緣の離散に依て已有の法の無なるを滅と云ふ。生あるもの必ず滅あり、有爲法是なり、滅ある者必ずしも生あらず無爲法是れなり。但し中道の正見より之を言へば有爲法の生滅は假生假滅にして實生實滅にあらず。◉(曲、三井寺)「晨朝の響きは、生滅滅已」

シヤウメツクワン 生滅觀 〔術語〕有爲法の刹那に生滅する理を觀じて常見を破するなり。

シヤウメツコライ 生滅去來 〔術語〕法に生滅去來ありと見るは小の妄見なり、中道の正見に依れば生滅去來もと如來藏にして不生不滅不去不來なり、三論宗所明の八不中の前四なり。【楞嚴經二】に「生滅去來。本如來藏。」

シヤウメツコライイチイダンジヤウ 生滅去來一異斷常 〔術語〕三論宗所明の八迷なり。此の八迷を破して中道を得るなり。「ハチフチウダウ」を見よ。「諦の一。「シタイ」を見よ。

シヤウメツシタイ 生滅四諦 〔術語〕四種四諦の一。「シタイ」を見よ。

シヤウメツメツイ 生滅滅已 〔術語〕【涅槃經】に「諸行無常。是生滅法。生滅滅已。寂滅爲樂。」初の二句は生死法を說き、後の二句は涅槃法を說くなり。

シヤウメンコンガウ 青面金剛 〔天名〕藥叉神なり。大青面金剛咒法に其の壇法及び畫法、陀羅尼を說く。畫像の法、五藥叉を畫く。中は身色青し、一身四手、此即ち青面金剛藥叉なり、右邊の二藥叉は一は赤く一は黃なり、左邊の二藥叉は一は白く一は黑なり。像の兩脚の下に各一鬼を蹈む。各左右の兩邊に青衣の童子あり、髮髻兩角にして手に香爐を執る。陀羅尼あり、之を誦すると日別六時、每時各一百二十遍、誦三七日を滿つれば療病萬に一を失せず。【陀羅尼集經十】世俗之を庚申の本地となす甚しき誣妄なり。

シヤウモン 聲聞 〔術語〕梵語、舍羅婆迦 Śrāvaka 佛の小乘法中の弟子にして佛の聲敎を聞て四諦の理を悟り、見思の惑を斷じて涅槃に入るものなり。是れ佛道中の最下根なり。【勝鬘寶窟上末】に「聲聞者。下根從レ敎立レ名。聲者敎也。」◉(太平記三七)「六波羅蜜の行、二時に破れて破戒の聲聞とぞなりにける」

聲聞三釋 〔術語〕【大乘義章十七本】に聲聞の名義汎解に三あり。一は得道の因緣に就て釋す、如來所說の言敎を聞きて悟解する故に聲聞と曰ふ、【地持論】に「從レ他聞レ聲而通達故名二聲聞一。」二に所觀の法門に就て釋す、地持論に說く如し、我、衆生、人等は唯名ありて實なき故に之を目して聲と爲すと、此の聲(即ち我衆生等)を觀じて無我無衆生の義を開解するを聞と曰ふ。三に化他の佛說に就て釋す、佛所說の一乘の法旨を聲となす、衆生聞て悟解するを聞と名く。【法華經】に「以二佛道聲一令二一切聞一。」と云ふ是なり。(愚案に台家五種聲聞中の大乘聲聞是なり。)【大乘義章十七本、大經淨影疏上】

二種聲聞 〔名數〕一に愚法聲聞、二に不愚法聲聞。大乘義章の所說なり。「グホフ」を見よ。

三種聲聞 〔名數〕一に愚法聲聞、小乘敎の聲聞なり。二に稱實聲聞、大乘始敎の聲聞なり。三に假立聲聞、大乘終敎の聲聞なり。【五敎章】

四種聲聞 〔名數〕一に決定聲聞、久しく小乘を習ひ、今世に道熟して小敎を聞て果を證するなり。二に上慢聲聞、小法に於て未だ得ざるを得たりと謂ひ、未だ證せざるを證すと謂ふ、實に是れ凡夫なり。三に退大聲聞、もと是れ菩薩なり。功を積んで道を修する中間に生死を疲厭して大を退して小を樂び、佛の出世に値ひ小法を說くを聞て小果を得するなり。四に應化聲聞、菩薩內秘外現して聲聞の相を示すなり。【法華論、大乘義章十七本、法華文句一】此の四種は次第の如く藏、通、別、圓の四種の聲聞なり。【菩提心義一】

五種聲聞 〔名數〕上の四種聲聞に大乘聲聞の

一種を加へて五種とす。大乘聲聞とは又佛道聲聞なり。佛道の聲を以て一切をして聞かしむるを以て一切衆生悉く終に大涅槃の寶所に歸するなり。法華一乘の義に依て此の聲聞を立つるなり。【法華經】に「我等今者眞是聲聞。以二佛道聲一令二一切聞一。」と云ふ是れなり。聲聞三義中の第三義之に當る。【法華文句一】

シヤウモン 靑門 〔雜語〕 靑蓮院門跡なり。

シヤウモンエンガク 聲聞緣覺 〔術語〕 聲聞と緣覺との二乘なり。

シヤウモンカイ 聲聞界 〔界名〕 十界の第七。

シヤウモンザウ 聲聞藏 〔術語〕 二藏の一。「ザウ」を見よ。

シヤウモンシ 唱門師 〔雜名〕 民屋の門に立ちて金鼓を打ち、文を唱へて施を乞ふ者を云ふ。門に唱ふる意なり。妙幢の本誓を唱へ、阿彌陀經を誦するなり。其の頌文は一條の御宇に寛印供養の造れる所なりと云ふ。【壒嚢鈔十三】

シヤウモンシクワ 聲聞四果 〔術語〕「シクワ」を見よ。

シヤウモンシン 聲聞身 〔術野〕 融三世間十身の第四、「ブツシン」を見よ。

シヤウモンジヨウ 聲聞乘 〔術語〕 二乘又は三乘の一。「ジヨウ」を見よ。

シヤウモンセツ 聲聞說 〔術語〕 五人說經の一。

シヤウモンソウ 聲聞僧 〔術語〕 二種僧の一。「ソウ」を見よ。

シヤウモンボダイ 聲聞菩提 〔術語〕 三種菩提の一。「ボダイ」を見よ。

シヤウモンムシユグワン 聲聞無數願 〔術語〕 四十八願中の第十四願。

シヤウモンヰクシヤウ 聲聞畏苦障 〔雜語〕 聲聞の人が世間生死の苦を怖れて、眞空の涅槃を願求し、佛果を證するの障をなすこと。

シヤウヤウ 淸揚 〔雜語〕 妙聲淸淨にして音響遠く揚るなり。【無量壽經上】に「又其樂聲無レ非二法音一。淸揚哀亮。微妙和雅。」

シヤウユウベツロン 性用別論 〔術語〕 四重出體の第四。「シユツタイ」を見よ。

シヤウユヰシキ 性唯識 〔術語〕 生滅變化する下八識の相唯識に對し、常住無相の眞如を稱して云ふ。図 五重唯識の第五遣相證性識を云ふ。「ユヰシキ」參照。

シヤウヨク 聲欲 〔術語〕 五欲の一。「ヨク」を見よ。

シヤウヨク 性欲 〔術語〕 過去の習性を性と云ひ、現在の樂欲を欲と云ふ。【無量義經】に「知二諸衆生性欲不同一。性欲不同種種說レ法。」【法華經方便品】に「我以二智慧力一知二衆生性欲一。方便說二諸法一。」【大日經疏一】に「性欲者。欲名二信喜好樂一。如下孫陀羅難陀好二五欲一。提婆達多好二名聞一。乃至諸得道人亦各有中所好上。性名二積習一。習欲爲レ性。」

シヤウライ 請來 〔雜語〕 他國より經論佛像等を請ひ受けて自國に齎來するを云ふ。

シヤウライ 唱禮 〔術語〕 法會に表白終るの後唱禮師禮盤に登りて五悔五大願等の文を唱ふるを唱禮と云ふ。其の唱禮の初に唱ふる所奉請の佛名に金、胎、合の三種差別あり。胎藏界唱禮南無淸淨法身毘盧遮那佛、南無東方寶幢佛、南無西方無量壽佛、南無南方華開敷佛、南無北方天鼓雷音佛。（已下諸菩薩等省略）金剛界唱禮南無常住三世淨妙法身金剛界大悲毘盧遮那佛、南無金剛堅固自性身、南無福德莊嚴聚身阿閦佛、南無受用智慧身寶生佛、南無作變身阿彌陀佛、南無盡虛空遍法界釋迦牟尼佛。（已下諸尊省略）合部唱禮南無胎藏金剛界淸淨法身大悲毘盧遮那佛、南無東方寶幢阿閦佛、南無南方華開敷寶生佛、南無西方無量壽阿彌陀佛、南無北方天鼓雷音釋迦牟尼佛。（已下諸尊省略）法會に依つて所用を異にす例へば阿彌陀三昧の時は金剛界の彌陀唱禮を用ゐ、盂蘭盆三昧の時は胎藏界の彌陀唱禮を用ゐる如し。【講勸拾要】

シヤウライロク 請來錄 〔雜語〕 入唐僧の請來せし經論の目錄なり。傳敎、弘法、慈覺等各請來錄あり。以て官に上る。

シヤウラウビヤウシ 生老病死 〔術語〕 四苦なり。「ク」を見よ。

シヤウラウビヤウシク 生老病死苦 〔術語〕 五苦の一。「ク」を見よ。⦿（榮花、玉の臺）「命は無量なれば、つゐに生老病死の苦なし」

シヤウラン 請藍 〔術語〕 精舍伽藍なり。又精好の伽藍なり。佛寺を云ふ。

シヤウリキ 性力 〔術語〕 十力の一。

シヤウリモンロン 正理門論 〔書名〕 因明正理門論の略名。

シヤウリヤウ 聖靈 〔雜語〕 神聖なる精靈なり、總じて死者の神識を尊敬して言ふ。【說法明眼論】に「供二養佛像一廻二向聖靈一。」

シヤウリヤウ 精靈 〔雜語〕 神識なり。【業疏濟緣記四下】に「精靈即神識。」又邪鬼の上品なるを云ふ。【楞嚴經六】に「如レ不レ斷レ偸必墮二邪道一。上品精靈。中品妖魅。下品邪人諸魅所レ著。」

シヤウリヤウ 生靈 〔雜語〕 死靈の語に對す。即ち生者の神識なり。

シヤウリヤウ 聲量 〔術語〕 聖敎量の異名。「ヤウ」を見よ。

シヤウリヤウ 正令 〔術語〕 禪門敎外別傳本分「リ

の命令にして棒喝の外一法を立てざるを正令と云ふ。【碧巖序】に「提㆓撥正令㆒。」【同種電鈔】に「正令乃本分之令。棒喝並行不㆑立㆓一法㆒。此謂㆓正令㆒也。」

シヤウリヤウ　商量 〔雜語〕商賈の物を量度して中平を失はざるを云ふ。【祖庭事苑一】に「商量如㆘商賈之量度使㆑不㆑失㆓中平㆒。以各得㆗其意㆖。」図　學人參禪辨道して問答すること。

シヤウリヤウグワツ　清涼月 〔雜語〕佛を指して云ふ。【華嚴經離世間品】に「菩薩清涼月。遊㆓於畢竟空㆒。」

シヤウリヤウコクシ　清涼國師 〔人名〕【宋高僧傳五】「唐代州五臺山清涼寺澄觀傳」とあり。清涼は所住の寺號のみ、又國師の號を賜はる說なし。然るに【佛祖統紀二十九】に「初德宗誕節。召講㆓經內殿㆒。以㆓妙法㆒清㆓涼帝心㆒。遂賜㆓號清涼法師㆒。」【釋氏稽古略三】に「帝德欸謂㆓群臣㆒曰。朕之師。言雅而簡。辭典而富。能以㆓聖法㆒清㆓涼朕心㆒。仍以㆓清涼㆒爲㆓國師之號㆒。」

シヤウリヤウサイ　聖靈祭 〔行事〕邦俗七月十五日に飲食を供し燈籠を掛けて父母親屬の亡靈を祭るを聖靈祭と云ふ。即ち經說の盂蘭盆會なり。

シヤウリヤウサンマイ　清涼三昧 〔術語〕一切の憎愛の念を斷じて清涼ならしむる三昧なり。【大集經十四】に「有㆓三昧㆒。名曰㆓清涼㆒。能斷㆓離憎愛㆒故。」

シヤウリヤウザン　清涼山 〔地名〕唐の代州五臺山の別名なり。【華嚴經菩薩住處品】に「東北有㆑處。名㆓清涼山㆒。從㆑昔以來。諸菩薩衆。於㆑中止住。現有㆓菩薩㆒。名㆓文殊師利㆒。與㆓其眷屬諸菩薩衆一萬人㆒俱。常在㆓其中㆒而演㆓說法㆒。」【探玄記十五】に「清涼山。即是代州五臺山是也。於㆑中現有㆓古清涼寺㆒。以㆓冬夏積雪㆒故以爲㆑名。」

シヤウリヤウシフ　性靈集 〔書名〕具名、遍照發揮性靈集、十卷、高雄山の眞濟、其の師弘法の文章詩頌を纂集せしもの。遍照とは弘法の金剛號なり。發揮性靈とは釋氏家訓の「原㆓其所㆑積文章之體㆒。標㆓擧興發㆒。發㆓引性靈㆒。」と言ふに依る。性靈とは人の習性精靈なり。

シヤウリヤウジ　清涼寺 〔寺名〕唐の代州の五臺山の別峯に清涼寺あり、華嚴の澄觀之に住せり。吾朝嵯峨の釋迦堂の本名を五臺山清涼寺と云ふ。

シヤウリヤウセカイ　清涼世界 〔地名〕清涼山を云ふ。【筥根山緣起】に「清涼世界曼殊室利靈場。」

シヤウリヤウダナ　精靈棚 〔物名〕盂蘭盆に飲食を供ふる棚。

シヤウリヤウチ　清涼池 〔譬喩〕涅槃の無惱熱に譬ふ。【智度論二十二】に「人大熱悶得㆑入㆓清涼池中㆒。冷然清了無㆓復熱惱㆒。」【法華玄義二】に「三法爲㆑乘。乘㆓於是乘㆒入㆓清涼池㆒。」【同四】に「智目行足到㆓清涼池㆒。」

シヤウリヤウブ　正量部 〔流派〕Sammatīya 又 Sammitīya 小乘十八部の一。佛滅後三百年犢子部より四部を流出せし中の第三なり。是非を刊定するを量と名け、量に邪謬なきを正と名く、此部の所立刊定誤なし、目して正量と稱す。所立の法に從へて部名と爲すなり。【宗輪論述記】

シヤウリヤウヱ　正靈會 〔行事〕二月二十二日聖德太子の忌日に、天王寺に於て法事を行ひ聖靈會と名く、此日終日舞樂あり。

シヤウリヤク　床曆 〔物名〕ジヤウレキと讀む。床は僧堂の床なり。曆は其の床に著する僧籍を記するの帳なり。凡そ僧堂は戒臘の次第にて位を定む。【象器箋十六】

シヤウレウエン　正了緣 〔術語〕「サンインブツシヤウ」を見よ。

シヤウレン　青蓮 〔譬喩〕梵語、優鉢羅、Utpala 青色の蓮華なり。其の葉修くして廣し、青白分明にして大人の眼目の相あり、故に取て佛の眼に譬ふ。【法華妙音品】に「目如㆓廣大青蓮華葉㆒。」【維摩經佛國品】に「目淨修廣如㆓青蓮㆒。」【注】に「肇曰。天竺有㆓青蓮華㆒。其葉修而廣。青白分明。有㆓大人目相㆒。故以爲㆑喩也。」

シヤウレンゲ　青蓮華 〔譬喩〕「シヤウレン」を見よ。

シヤウレンゲゲン　青蓮華眼 〔譬喩〕【楞嚴經一】に「如來青蓮華眼。」「シヤウレン」を見よ。◎（榮花、玉の臺）「青蓮華の眼は四大海をたたへ」

シヤウレンゲニ　青蓮華尼 〔雜語〕梵に鬱盋羅華比丘尼と云ふ。常に貴人の婦女に向つて出家を讃せり。【智度論十三】

シヤウロ　精廬 〔雜語〕精舍なり。【玄應音義十六】に「精廬。廬舍也。即精舍是也。」

シヤウロクジゾウジユキヤウ　聖六字增壽經 〔經名〕聖六字增壽大明陀羅尼經の異名。

シヤウロクジゾウジユダイミヤウダラニキヤウ　聖六字增壽大明陀羅尼經 〔經名〕一卷、趙宋の施護譯。佛祇園に在り、阿難病あり、佛彼に詣て呪を說いて之を救ふ。是れ阿難の女難を救ひし六字呪と全く別なり。六字の稱、詳ならず。【成帙八】(876)

シヤウロクジタイミヤウワウキヤウ　聖六字大明王經 〔經名〕聖六字大明王陀羅尼經の略名。

シヤウロクジダイミヤウワウダラニキヤウ　聖六字大明王陀羅尼經　〔經名〕一巻、趙宋の施護譯。佛給孤獨園に在り、阿難の爲に二呪を說く。是れ但阿難を對揚として說きしのみ、別緣あるに非ず。

シヤウロン　正論　〔術語〕正は邪に對す、正法の論議なり。【無量壽經下】に「不レ欣二世語一樂在二正論一。」

シヤウロン　生論　〔術語〕外道一切の妄計の論を總稱す、彼れたとひ不生不滅の言あるも皆是れ妄情分別生死の因なれば生論と名く。【楞伽經四】に「滅二除彼生論一建二立不生義一。」

シヤウロン　聲論　〔術語〕又、聲明記論と云ふ。舊に毘伽羅論 Vyākaraṇa と云ふ、新に毘訶羯喇拏と云ひ（寄歸傳）、毘耶羯刺諵と云ふ（慈恩寺傳）。五明中の聲明の記論なり。五經四論等あり。「ビカラ」を見よ。

シヤウロンキヤウ　政論經　〔經名〕佛爲優塡王說王法政論經の略名。

シヤウロンジ　聲論師　〔流派〕「コヱロンジ」を「見よ。

シヤウワウシユジウ　性橫修縱　〔術語〕台家の所說に法報應の三如來、正了緣の三佛性、行智理の三法、法般解の三德等、圓教に在ては不縱不橫なり、別教に在ては縱橫差別せり、之を性修因果の二門に約して性橫修縱、因縱果橫と云ふ。性橫修縱とは三德に就て之を明かさば、此三齊しく性德にして般若解脫の二德更に智斷の修用を爲さず、三法自立して互に相ひ融せず、三帝王の鼎立する如くなれば之を橫となし、而して之を修成する時は更に緣因了因の功を起して相ひ資助する故に、先に法身、次に般若、後に解脫と次第顯發するなり。之を修橫となす。次に因縱果橫とは因に在て行ずるときは行智理の三次第して資發すれば之を因縱と云ふ。前の修縱の如し。果に至れば性德の三身一時に顯發すれば果橫と云ふ。前の性橫の如し。蓋し橫とは別異の義に名け、縱とは次第の義に名くるなり。【文句九】に「若但性德三如來是橫。修德三如來是縱。」【同記】に「別教雖レ有二性德之語一。三皆在レ性而不二互融一故成二別義一。若三在レ修前後而得。道理成レ縱。」【光明記一】に「行智理三。次第資發スルハ修時縱也。法報應三。果中齊顯スルハ時橫也。」此の如く別教に在ては橫に非ざれば縱なるに在ては不縱不橫なりとす。蓋し三德俱に性具なるは三德に於ける修性の關係を知らざればなり。圓教は、圓教の意は般若解脫は性にありながら修用の功ありとなす、何となれば九界の惑業は性惡の德にして惑業の性即ち般若解脫の性德なり、故に迷より言へば惑業なるも、解より云へば即ち緣了なり。以て知るべし、圓教の二德は性にあるも修用の功あるを。故に此三德本來性修の關係を有して、一性は帝王の如く、二修は二臣の如く、一性に二修を具すれば即ち不橫の義を成ずるなり。然るに別教は九界迷妄の惑業は性は理に離れざれども相は理と別なりと立て、三性共に此の惑業に覆はれて橫まに性に凝在して二德二修の用を爲さず、故に三德各別にして性橫の義を成ずるなり。又圓教は般若解脫即ち緣了の二修は修德なりと言ふも別教の如く理性の外に非らず、固より性に具する本有の德なれば是れ性に即するなり。此の如く二修一性に即すれば不縱の義を成ず。別教は惑業の外に別に了緣の德を修成すれば必ず前後する故に修縱の義を成ずるなり。【妙宗鈔二】に「三雖二性具一。緣了是修。二雖二是修一。非二適レ今有一。二若非レ性。三法則橫。二若非レ性。三法則縱。」

シヤウヰ　正位　〔術語〕小乘の涅槃なり。【維摩經問疾品】に「雖レ觀二諸法不生一。而不レ入二正位一。」【注】に「肇曰。正位取レ證之位也。」【同慧遠疏】に「聲聞見二證無爲涅槃一爲レ入二正位一。」

シヤウヰ　聖位　〔術語〕三乘聖果の位なり。【華嚴經二十六】に「願一切衆生。速入二聖位一。」

シヤウヰキヤウ　聖位經　〔經名〕略述聖位經の略名。

シヤウヱ　正慧　〔術語〕眞正の慧心なり。【智度論四】に「正慧入二母胎一。」

正定正慧　〔雜語〕神皇正統記に八聖道を敍して正定正慧とあるは正念、正定の誤なり。

シヤエツナ　遮閱那　〔術語〕梵音 Rājan 又、曷囉闍と云ふ。譯して王と云ふ。【光明玄義】

シヤカ　釋迦　〔佛名〕Śākya 釋迦牟尼、釋迦文の略。「シヤカムニ」を見よ。

シヤカ　沙訶　〔界名〕Sahā 又、娑訶、索訶に作る。世界の名。「シヤバ」を見よ。

シヤカ　娑呵　〔飲食〕Sahā 譯、駛流、藥名なり。【慧琳音義二十六】【涅槃經二十五】に「雪山之中有二上香藥一。名曰二娑呵一。有レ人見レ之。得レ壽無量。無レ有二病苦一。」

シヤカ　娑訶　〔術語〕Svāhā 又、莎訶、娑訶に作る。「ソワカ」を見よ。

シヤカイ　捨戒　〔術語〕戒を捨離すること。所得の戒を捨つるに五緣あり。

シヤカイ　謝戒　〔術語〕禪林に沙彌得度受戒の後、師の所に至つて拜謝する禮あり、謝戒と名く。【象器箋九】

シヤカイ　遮戒　〔術語〕二種戒の一。

シヤカイ　娑界　〔界名〕娑婆界なり。

シヤカイ 沙界 〔界名〕恒河沙の世界なり、恒河沙は多數の喩なり。

シヤカインダラ 釋迦因陀羅 〔天名〕舊に釋提桓因と云ふ。「シヤクダイクワンイン」を見よ。

シヤカキヤウ 釋迦經 〔術語〕江南の敏法師所立二敎の一。法華涅槃等の釋迦身所說の經典を云ふ。

シヤカクシ 捨覺支 〔術語〕七覺支の一。

シヤカサラ 娑賀揚囉 〔天名〕Sāhasraka* 五藥叉の一。

シヤカシフ 釋迦氏譜 〔書名〕一卷、唐の道宣撰。大意僧祐の釋迦譜と同じくして簡略なり。【致帙一】(1468)

シヤカタ 莎揭哆 〔術語〕梵音Svāgata又、莎伽陀、沙伽陀、沙竭陀、娑婆羯多。蘇揭多に作る。譯善來。【寄歸傳三】に「西方寺衆。多爲二制法一。凡見二新來一。無レ論二客舊及弟子門人舊人一。即須三迎前唱二莎揭哆一曰二善來一。」【法華吉祥疏九】に「莎竭陀翻爲二善來一。又云二沙伽陀一也。」【玄應音義六】に「娑婆揭多。此云二善來一也。」【飾宗記六本】に「蘇揭多。此云二善來一。即莎伽陀是也。」図比丘の名。

シヤカタホウ 釋迦多寶 〔佛名〕釋迦如來と多寶如來なり。多寶塔中並坐の二佛なり。釋迦を右とし、多寶を左とす。「タホウタフ」を見よ。

シヤカダウ 釋迦堂 〔堂塔〕叡山西塔の本堂なり。⊙(太平記二)「西塔の釋迦堂を皐居となさる」

シヤカダイクワンインダラ 釋迦提桓因陀羅 〔天名〕「シヤクダイクワンイン」を見よ。

シヤカダイバインダイ 釋迦提婆因提 〔天名〕「シヤクダイクワンイン」を見よ。

シヤカダイバインダラ 釋迦提婆因陀羅

〔天名〕「シヤクダイクワンイン」を見よ。

シヤカツ 沙喝 〔術語〕日本の禪林。剃庋して沙彌となり。喝食の服を著る者を沙喝と稱す。又沙彌喝食の略言なり。【象器箋八】

シヤカデイバ 娑賀禰縛 〔天名〕Sahadeva 五藥叉の一。

シヤカネンブツ 釋迦念佛 〔行事〕京北千本通りの北頭に上品蓮臺寺あり、其の西南に當つて大報恩寺あり、開基は求法上人義空なり、本尊釋迦牟尼佛を安置すれば世に千本釋迦堂と稱す。龜山院文永の頃より如輪上人、此に涅槃會を創す、即ち二月九日より十五日まで涅槃像を懸け、ふしを付けて遺敎經を讀み、終りに南無釋迦牟尼佛と釋迦の寶號を唱ふれば釋迦念佛と云ふ。又涅槃會と稱す。【徒然草諸抄大成十八、都名所圖會六】⊙(徒然草)「千本の釋迦念佛は文永の頃如輪上人是をはじめられけり」「シヤウミヤウケ」參照。

シヤカハウシ 釋迦方誌 〔書名〕二卷、唐の道宣撰。釋迦一代遊化の及ぶ所及び滅後敎法の興亡を記す。【致帙一】(1470)

シヤカハツイン 釋迦鉢印 〔印相〕釋迦如來の持鉢の相を表する印相なり、兩手を臍間に置くなり。【大日經密印品】に「住二瑜伽座一。持鉢相應。以二定慧手一倶在二臍間一是名二釋迦牟尼大鉢印一。」

シヤカバラ 娑迦婆羅 〔地名〕鐵圍山なり。「シヤカラ」を見よ。

シヤカビククドククキヤウ 沙曷比丘功德經 〔經名〕一卷、西晉の法炬譯。即ち莎伽陀比丘なり。彼れ須耶國の毒龍を降伏し、後、分衞して酒を飲み、醉ふて道に臥す。佛其の降龍の功德を讃し、且つ實醉に非ざるを說く。【宿帙七】(794)

シヤカビリヨウガ 釋迦毘楞伽 〔物名〕梵音Sakrābhilagna 寶珠の名、譯、能勝。此寶能く一切世間の寶に勝ぐればなり。【觀經妙宗鈔二】に「釋迦毘楞伽此云二能勝一。」

シヤカビリヨウガマニ 釋迦毘楞伽摩尼 〔物名〕寶珠の名。釋迦毘楞伽は能勝と譯し、摩尼は寶珠の總名、此に離垢と譯す。【觀經妙宗鈔二】に「摩尼正云二末尼一。此翻二離垢一。」

シヤカフ 釋迦譜 〔書名〕五卷、梁の僧祐撰。三藏中より釋迦一代の敎化の履歴を撰集す。【致帙一】(1468)

シヤカホフ 釋迦法 〔修法〕釋迦を供養する壇法なり。

シヤカマナ 沙迦懣囊 〔雜名〕「シヤモン」を見よ。

シヤカミダラ 釋迦彌多羅 〔人名〕獅子國の人、譯、能友。【華嚴持驗記】Sākyamitra。

シヤカムニ 釋迦牟尼 〔佛名〕Sākyamuni 印度迦毘羅城 Kapilavastu の主、淨飯王 Śuddhodana の子にして、母を摩耶 Māyā と稱す。名を悉多太子と呼ぶ。城東嵐毘尼園 Lumbinī に於て誕生し、生後七日にして母歿し、姨母波闍波提の養育をうけ、跋陀羅尼 Bhadrani の敎養を受く。幼にして既に人生の諸現象に對して思惟する處あり。或は閻浮樹下に耕農の苦を思ひ、或は諸獸相食むを見て人生の鬪爭を厭ふ。たまたま四門出遊の途上、生老病死の相を觀て世を遁れむとの志あり。宮妃耽夢の醜肉を羅帳の裏に殘し、骨肉の父子を捨て、月夜に乘じて侍者車匿を伴ひ、白馬犍陟に跨りて出家す。落飾して車匿を歸らしめたる悉多太子は跋伽婆 Bhārgava (巴Bhagavā) を尋ねて、苦行出離の道をきき、更に阿藍迦藍を摩

掲陀國王舍城北彌樓山 Meru に訪ふて僧佉派の法をきき、轉じて鬱陀羅仙 Udraka を歴問すれ共遂に所求の大法を得ず。去て優婁頻羅村の苦行林に入りて嚴苦六年。形容削瘦して酷烈を極む。この時釋迦は苦行は解脫涅槃の道に非らずとして斷然前日の行を改め尼連禪河に浴して身垢を去り、村女が捧ぐる乳糜を受け、除に正覺山の菩提樹下に坐し、思惟して曰く、等正覺を得ずんば此座を起たじと。思惟七七日四諦十二因緣の法を觀じここに覺者 Buddha 世尊 Lokajyestha となり、人天の師となる。時に歲三十五。爾來四十餘年四方に遊歷して群類を化導し、西歷紀元前四百八十七年拘尸城外沙羅雙樹の時ならぬ白花の香に包まれて大般涅槃を遂ぐ。(第五十一圖、第五十二圖、第五十三圖參照)

釋迦の氏姓 〔雜語〕 Śākyamuni 又釋迦文、釋迦文尼と云ふ。釋迦は姓なり。刹帝利種の一族にして本と瞿曇氏と稱し、後に分族して釋迦氏と稱す。總じて五名あり。「クドン」を見よ。釋迦は能と譯す。能とは能力なり。【法華玄賛】に「釋迦能姓。」【慧苑音義下】に「釋迦能也。種族望稱也。」【釋迦譜一】に「釋迦。釋レ義齊云レ能。瑞應本起亦云二釋迦一爲レ能。其解是同。」次に牟尼とは又文尼と云ふ。寂寂嘿又は仁、忍、滿、儒など譯す。身口意の三業諸過を離れて靜寂なる義なり、是れ内外の諸聖を尊稱する德行の號なり。【金七十論】に「牟尼依レ悲說。」とあるは迦毘羅仙人を指すなり。【法華玄賛】に「牟尼寂號也。今略云レ文。」【慧苑音義下】に「牟尼此云二寂默一。也德行之號。」【大日經疏十三】に牟尼是佛都號也。」(ムニを見よ。)【太子瑞應本起經上註】に「釋迦文天竺語。釋迦爲レ能。文爲レ儒。義名二能儒一。」【修行本起經上註】に「釋迦文。漢言二能仁一。」されば釋迦牟尼を能寂と翻するは正翻にして能儒、能仁、能滿などと譯するは義譯なり。

釋迦發心 〔本生〕【智度論四、倶舍論十八】に依れば三大阿僧祇劫の前に佛あり、釋迦牟尼と名く。此の佛に逢て發心し且つ其の佛の如く作佛せんと願ず、之を最初の發心とし、其の願の如く今釋迦牟尼となり、其の行化一に彼佛に同じと云ふ。【倶舍論十八】に「我世尊。昔菩薩位。最初逢二一佛一。號二釋迦牟尼一。遂對二其前一發二弘誓願一。願我當三作佛。一如二今世尊一。彼佛亦於二末劫一出世。滅後正法亦住千年。故今如來一一同レ彼。」【法華經化城喩品】に依れば過去久遠劫に佛あり、大通智勝如來と名く。其の佛未だ出家せざる時十六の王子あり、其の時皆出家して沙彌となり、法華を聽き、遂に皆成佛す、其の第十王子は今の釋迦如來なりと。但し經に「已曾供二養百千萬億諸佛一。淨二修梵行一。求二阿耨多羅三藐三菩薩一。」とあれば、此時初めて發心せしにあらず。図【悲華經二、三】に依れば往昔刪提嵐國無諍念王の時、寶海梵志あり、一子あり出家成道して寶藏如來となる。其時寶海梵志、王及び王の千子、其の他數多の弟子を勸めて發心せしめ王等之に隨て淸淨の佛國を願求す、其一千人の弟子と五人の侍者は濁惡世界を願求す。梵志最後に五百の大願を發して亦濁惡世界を願求す、是れ今の釋迦如來なり。是れ賢劫出世の化身佛の一化を記するのみ。【法華經壽量品】に依れば其の報身は過去久遠に成道すと說き、又【梵網經上】に依れば其の化身佛の娑婆に往來すること八千遍なりと說く。

釋迦三僧祇修行 〔本生〕【智度論四】に「菩薩一阿僧祇を過ぎて還て一より起る。初阿僧祇中の心は自ら我が當作佛不作佛を知らず、二阿僧祇中の心は能く我れ必ず作佛すべしと知るも口づから我れ當に作佛すべしと稱せず、三阿僧祇中の心は了了に自ら作佛を得るを知り口自ら言を發して畏難する所なく、我れ來世に於て當に作佛すべしと言ふ。釋迦文佛、過去の釋迦文佛より闍那尸棄佛に至るまでを初阿僧祇となす、この中にして菩薩永く女人の身を離る、闍那尸棄佛より然燈佛に至るを二阿僧祇とす、この中菩薩七莖の靑蓮華を然燈佛に供養し鹿皮衣を敷き、髮を布き泥を掩ふ、是の時然燈佛便ち記を授く、汝當に來世に作佛して釋迦牟尼と名くべしと。然燈佛より毘婆尸佛に至るを第三阿僧祇となす、若し三阿僧祇劫を過ぐれば是の時三十二相の業因緣を種う。」【倶舍論十八】に「最初發心の位に逢ふ所の佛を釋迦牟尼と名け、其の七萬五千佛を供養し、其の最後の佛を寶髻(即ち上の闍那尸棄)と名く之を第一祇劫滿とす。其より七萬六千佛を供養し其の最後の佛を然燈と名く、之を第二祇劫滿とす。其より七萬七千佛を供養し其の最後の佛を勝觀(即ち上の毘婆尸)と名く之を第三祇劫滿とす。」此外に小乘には三十二相を感ずる爲に百劫の修行を說く。「ヒヤクコウ」を見よ。図【優婆塞戒經一】

に依れば「往昔釋迦牟尼佛の所に於て初めて發心し、寳頂佛の所に於て第一阿僧祇劫を滿じ、然燈佛の所に於て第二阿僧祇劫を滿じ、（此には上に同じ。）迦葉佛の所に於て第三阿僧祇劫を滿ず、是れ大乘は三祇の外に別に百劫を立てず總じて之を第三祇劫に攝むればなり。

釋迦密敎成佛　〔本生〕一切義成就菩薩既に顯敎に依つて三無數劫の修行を經、色究竟天の金剛座に坐して無上菩提を證し、空觀に住して佛果圓滿の思を作す。然るに猶未だ自心の本性を見ず、之に依つて遍空の諸佛來集し、驚覺して禪定より之を起たしめ、五相の觀門を授けて五智圓滿の佛果を得しむ。【金剛頂經一】

釋迦出家成道の年時　〔故事〕二說あり。中阿含經五十六、增一阿含經三十七、有部律雜事三十八、大般涅槃經、本行集經等は二十九出家、六年苦行、三十五成道となす。然るに修行本起經、瑞應本起經、六度集經等は十九出家。三十成道となす。其の前說の歷史的確實なるは一般の承認する所なり。

釋迦夾侍　〔傳說〕文殊普賢の二菩薩を二夾侍とし、或は文殊普賢阿難迦葉を以て四夾侍とす。此の迦葉阿難の次第は﨟の上下に依つて左右と次第し（印度の俗法左を尙ぶ世情に依る。）普賢文殊の次第は密敎胎藏界曼荼羅の金剛部を左に置き、蓮華部を右に置く意に依る、通常の理智定慧の左右の配當と異なれり。

釋迦掩室　〔雜語〕【肇論下】に「釋迦掩二室於摩竭一。淨名杜二口於毘耶一。」

釋迦異名　〔雜語〕【華嚴經十二】に「文殊承二佛力一言。諸佛子。如來於二此娑婆世界諸四天下一。乃至或名二一切義成一。或名二圓滿月一。或名二師子吼一。或名二釋迦牟尼一。或名二第七仙一。或名二毘盧遮那一。或名二瞿曇氏一。或名二大沙門一。或名二導師一。如レ是等其數十千。令二諸衆生各各知見一。」

釋迦發遣　〔術語〕招喚に對す、釋迦が此の土より彌陀の淨土へ往生せよと勸說するを云ふ。【觀經玄義分】に「仰惟。釋迦此方發遣。彌陀即彼國來迎。彼喚此遣。豈容不レ去也。」

釋迦有師無師　〔雜語〕【止觀一之一】に「論曰。我行無二師保一。經云。受二莂定光一。」【同輔行】に「智度論第二云。我行無二師保一。志一無二等侶一。積二一行一得レ佛。自然增二其道一。增一第十五云。阿若等五人問レ師。佛師爲二是誰一。佛答曰。我亦無二師保一。亦復無二等侶一。獨等無二過者一。冷而無二復溫一。那先經佛無レ道成レ道。自悟二一切法一。法華云。佛智無師智。次受莂等者如二瑞應云一。」次下之を會して「然無師之與二記莂一約レ事雖レ異其理不二。在レ因必藉二師保一。果滿稱爲二獨悟一。」問ふ最初の一佛師ありや否や。答ふ師あることなし、唯眞如の妙薰に依つて自ら靈智を發するなり。「ムシムミヤウ」又「ブツ」を見よ。【敎行錄三答日本國師二十七問】に「曰ふ妙記の第一に、最初無敎佛を決釋して、云く、終りに一佛有り、初に在つて敎無し云云。疑者云く、義猶未だ了せず、若し無敎にして佛有りと許さば、無因の過に墮つ、若し敎を禀くと言はば、無窮の過に墮つ、願くは一撥を聞かん。答ふ、最初の一佛敎を禀くるの因無しと雖も、而も內薰自悟の因有り、記の中之を示すこと甚だ明かなり、何んぞ無因に墮つと言んや。」【敎行錄四泰禪師佛法十問】に問ふ、一切衆生は本性に迷ひ已る、何んが故ぞ忽然として能く開悟するや、若し善知識敎法の緣薰に因つて開悟を得と言はば、只最初の一佛の如き又何に從て人に法を得て信解開悟するや。答ふ、衆生悟を得る緣薰同じからず、或は無師自悟にして本自然智を承けて之を證するあり、良にもと靈明を具ふに由る、能く自ら理を推して解悟を得、故に祖師云く、空寂の體の上無師智自然に能く知る、既に自性を知りて便ち成佛するなり、一人成佛の後展轉法を說き迷の衆生を化す、衆生敎を禀けて修行す、是の故に次第成佛す、若し爾らば何んぞ最初の一佛從て開悟する無しと疑んや。

一切義成就菩薩成佛儀相　〔雜語〕一切義成就とは悉多太子の譯名なり。慈覺大師の金剛頂經疏に詳なり。是れ一切三世諸佛の成佛の儀相にして顯經には但し其の儀相を說かざるなり、故に菩提心論に於て諸敎中闕而不書と云ふ。然れども三賢十地の功滿ちて成佛する時は必ず此の儀相に依るなり。「り。

シヤカモン　釋迦文
〔佛名〕釋迦牟尼の訛略なり。

シヤカラ　爍羯囉
〔天名〕又、賒羯羅、釋揭羅、釋迦囉に作る。梵音 Śakra 帝釋天の名。帝釋の法を賒羯羅敎と云ふ。【寳積經一百二十】に「此是廣博（仙人の名）作二圍陀典一。奉二持習三修賒羯羅敎一。」【慧琳音義十六】に「賒羯羅。上音奢。梵語訛也。正梵音爍羯囉。天帝釋之異名也。」【同三十一】に「釋羯羅梵語。諸天名也。」【演密鈔二】に「釋者具足應レ云二釋迦囉主一也。即三十三天之主也。」又國の名。【慧琳音義五十一】に「鑠羯羅西國號名也。」

シヤカラ　爍迦羅
〔雜語〕又、斫迦羅。爍羯羅に作る。梵音 Cakra 譯、金剛、輪、精進。【楞嚴經三】に「爍迦羅。心無二動轉一。」【同長水疏】に「爍迦羅云二堅固不

壞一也。又翻爲レ輪。」【慧琳音義四十二】に「爍迦羅此名二精進一也。」【梵語雜名】に「輪。斫羯羅。」【碧巖九則頌古】に「爍迦羅眼絶二塵埃一。」

シヤカラ　爍迦羅　〔雜名〕又、灼羯羅、斫迦羅、斫迦婆羅。梵音 Cakravāḍa　遮迦山の名。譯、輪鐵圍、即ち鐵圍山なり。【起世經一】に「斫迦羅隋言二輪圍一。」【正法念經十六】に「斫迦婆羅山魏言二輪山一。」【慧苑音義上】に「斫迦羅山正云二扚羯羅一。此曰二輪圍山一。」【玄應音義二十三】に「柘迦羅此云二輪山一。舊言二鐵圍一。圍即輪義。本無二鐵名一。譯人義立耳。」

シヤカラ　娑竭羅　〔雜名〕又、娑伽羅。梵音 Sigara 海の名。譯、鹹海。

娑竭羅龍　〔異類〕又、娑伽羅龍に作る。所住の海に依て名を得るなり。或は言ふ國に依て名を立つ。【法華經序品】に「娑伽羅龍王。」【同提婆品】に「大海娑竭羅龍宮。」【光宅法華義疏一】に「娑伽羅者因レ國得レ名也。」◉（曲、白樂天）「嚴島の明神は、娑羯羅龍王の第三の姫宮にて」

シヤカラアイツタ　鑠迦羅阿逸多　〔人名〕Śakrāditya 國王の名。譯、帝日。佛の爲に寺を建てし王なり。【西域記九】

シヤカラインダラ　斫迦羅因陀羅　〔天名〕又、睒羯羅因陀羅に作る。帝釋の名。「シヤクダイクワンイン」を見よ。

シヤカラバ　斫迦羅婆　〔動物〕Cakravāka 又、斫迦羅婆迦に作る。譯、鴛鴦。【玄應音義二】に「斫迦羅婆。鴛鴦梵語。」

シヤカラバラチ　斫迦羅伐辢底　〔術語〕又、斫迦羅跋羅底、斫迦羅伐剌底に作る。梵音 Cakravartin 譯、轉輪。【陀羅尼集經一】に「斫迦囉跋囉底。唐言二輪轉一。」【玄應音義四】に「斫迦羅此言レ輪伐剌底此云レ轉。」次項を見よ。

シヤカラバラチカラジヤ　斫迦羅伐辢底曷羅闍　〔雜名〕又、遮伽羅伐過底遏羅闍、遮迦越羅、遮迦越 Cakravarti-rāja に作る。譯、轉輪王。【玄應音義三】に「遮迦羅伐辢底遏羅闍。此譯云二轉輪王一也。」【同三】に「遮迦越羅。正言二斫迦羅伐辢底遏羅闍一。此譯云二轉輪王一也。」【同四】に「遮迦羅越此譯云二轉輪聖王一。正言二斫迦羅一此言レ輪。伐剌底此云レ轉。名二轉輪王一順二此方言一。」

シヤカルダ　娑訶樓陀　〔界名〕Sahā-lokadhātu「シヤバ」を見よ。

シヤカワ　遮迦和　〔地名〕山の名。「シヤカラ」を見よ。

シヤカヰン　釋迦院　〔術語〕胎藏界曼陀羅の第「六院なり。

シヤカヲツ　釋迦越　〔雜名〕釋迦越羅の略。

シヤカヲツラ　遮迦越羅　〔雜名〕譯、轉輪聖王。「シヤカラバラチ」を見よ。

シヤガ　社伽　〔雜語〕譯、衆生。「サツタ」を見よ。

シヤガククワンヂヤウ　寫嶽灌頂　〔修法〕書寫山性空上人の一流なり。【台宗學則上】に「書寫山の性空上人は金剛菩薩より兩部大法を直受し給ひて、彼の山には葉上流の傳法の外、又一流の眞受の傳ありて寫嶽灌頂と云ふよしなり、是れを俗稱して袋灌頂と云ふ。深く之を秘藏して他寺へ出さざる故なりとぞ。」

シヤガバ　娑伽婆　〔書名〕書の名。六十四書の一。

シヤキ　且喜　〔雜語〕禪錄に多し。「且喜沒交涉。」の語あり、沒交涉とは言ふ所義と相干せずと前人の語を否定する語なり。且喜とは、【種電鈔一乾】に「一往隨順許レ之辭。」とあり。一往前人の語を隨喜して後に之を否定するなり。

シヤキチ　鑠訖底　〔物名〕鑠枳底。譯、戟。【希麟音義七】に「鑠訖底此云レ戟也。經中云二手操二鑠訖底一。即威怒王所持戟槊也。」【慧琳音義三十五】に「鑠訖底。印契名。唐云二槊印一也。」【同三十九】に「鑠枳底幡。如二槍刄下小幟幡一也。」梵 Śakti

シヤキヤウ　寫經　〔雜名〕經文を書寫して供養するを云ふ。◉（著聞集、神祇）「造塔寫經之大願」

シヤキラ　斫訖羅　〔術語〕Cakra 譯、輪。輪寶なり。【慧苑音義上】

シヤク　四藥　〔名數〕【行事鈔二】に「報命の支持は藥に過ぎたるはなし、之を分ちて四となす。一に時藥、日日新にして且より日中に至るまで之を服するを聽す、五種の蒲闍尼、Bhojanīya（正食と譯す）麨、飯、乾飯、魚、肉なり。又五種の佉闍尼、Khādanīya（不正食と譯す）枝、葉、華、果、細末磨食なり。此等は是れ比丘の常食なり。又外に時食と時漿の二あり、時食とは蔓菁根、葱根、藕根、蘿蔔根、治毒草根なり。時漿とは一切の果汁、米汁の雜漿等病に對して設く、是れ食、諸の果汁、粉汁、乳、酪、漿なり。二に非時時の外に服するを聽す。三に七日藥、病を療する爲に酥油、生酥、蜜、石蜜等、七日を限つて服するを聽す。四に盡壽藥、胡椒、呵梨勒等、命に任せて久しく服するを聽す。」又【有部百一羯磨五】に「一に時藥、謂く五種の珂但尼、譯して五嚼食となす。即ち根、莖、花、葉、菓、なり、咬嚼を義と爲す。五種の蒲膳尼、譯して五噉食となす。即ち麨、飯、麥、豆餅、肉、餅なり。含噉を義となす。舊に奢耶尼と云ふもの梵本を檢するに全く此名なし。二に更藥、招者漿等の八種漿なり。更藥とは晝日當に飮むべし、もし其れ夜に至

らば但初更にかぎる 律敎に夜を分けて三節となす、初の一分を名けて初更と曰ふ、斯を過ぎて須用すべからず、若し五更に准ぜば一更强三に當る、茲に非時と云ふは正譯に非らず。 三に七日藥、酥油糖蜜等なり。四に盡壽藥、根莖花果等の藥物となるもの及び五種の鹽なり。」

シヤク　四軛　〔名數〕四暴流に同じ、一に欲軛、二に有軛、三に見軛、四に無明軛なり。有情を和合して種種の苦を受けしむる故に軛と云ふ。【俱舍論二十】に「應レ知四軛與二四暴流一同。」又「和二合有情一故名爲レ軛。」

シヤク　錫　〔物名〕錫杖の略。

シヤク　釋　〔術語〕解なり。【唯識述記一本】に「釋者解釋開演之義。安レ敎立レ理名曰レ釋也。」二字以上の名句に六種の釋體あり、六合釋と云ふ。

シヤク　釋　〔雜語〕釋迦、又は設枳也(Śakya)の略稱。佛世尊の姓なり、佛法漢土に來りし始め、僧猶俗姓を稱し、或は竺を稱し、或は弟子多く師の姓を呼ぶ。支遁の如き本姓は關、支謙に學ぶ故に支と爲す、帛道猷は本姓馮、帛尸梨蜜多に學ぶ故に帛と爲す。避暑錄話下 晉の道安始めて云く、佛は釋迦を氏とす、今佛子たる者宜しく佛の氏に從ふべしと、即ち釋を姓とす。後阿含經渡來するに及んで經說果して然り、之に依て天下擧りて之に從ふ。【增一阿含經二十一】に「四大河入レ海亦無二本名字一。但名爲レ海。此亦如レ是。有二四姓一。云何爲レ四。刹利。婆羅門。長者。居士種。於二如來所一剃二除鬚髮一。著二三法衣一。出家學道。無二復本姓一。但言二沙門釋迦弟子一。乃至是故諸比丘。諸有四姓剃二除鬚髮一。以二信堅固一出家學道者。彼當下滅二本名字一自稱中釋迦弟子上。」【僧祇律二十八】亦た同じ。慧能大師の【上唐高宗辭疾表】に「韶州曹溪山釋迦慧能辭疾表。」

シヤクエン　赤鹽　〔雜語〕阿羅漢は染汚無智を斷じて涅槃の眞理を證すれども不染汚無智を斷ぜざれば世間の事相に通ずるを得ず、至て愚蒙なるあり、其例として赤鹽を知らずと云ふ。【俱舍光記一】に「諸境中或有二阿羅漢一不レ識二赤鹽一。出有二異生一是通二三藏一。是名二於レ境智テハ阿羅漢人不レ及レ愚異生」【止觀四】に「不レ識二五鹽一名二之睡蓋一。」

シヤクカウホンゲ　遮高本下　〔術語〕「ホンカウシヤクゲ」を見よ。⦿(太平記一六)「是則ち迹高本下の成道なり」

シヤクカウモンジン　借香問訊　〔雜語〕禪林の上香に、住持の香を供る者あり、即ち先づ住持に向て問訊す、之を借香問訊と爲す、燒香了りて復住持に向て問訊す、此を謝香問訊となす。【象器箋十】

シヤクキヤウ　釋經　〔書名〕大樂金剛不空眞實三昧耶般若波羅蜜多理趣釋二卷。略して理趣釋とも理趣釋經とも釋經とも云ふ。「の略名。

シヤクキヤウ　思益經　〔經名〕思益梵天所問經

シヤクギ　釋義　〔術語〕諸宗に於て經論眞言の文句を釋するに種種の釋體あり。「シシヤク」を見よ。

シヤクク　積功　〔雜語〕功德を積累するなり。【法華經提婆品】に「難行苦行。積功累德。」

シヤククワ　石火　〔譬喩〕物の迅速に譬ふ。【臨濟頌】に「石火莫レ及。電光罔レ通。」

シヤクグ　釋宮　〔堂塔〕釋迦氏の宮殿なり【法華經涌出品】に「如來爲二太子一時出二於釋宮一。」

シヤクケ　迹化　〔術語〕本化の稱に對す。法華經に本迹二門の敎化あり、後の十四品を本化と云ひ、前の十四品を迹化と云ふ。「ホンジヤクニモン」を見よ。

シヤクケ　釋家　〔術語〕經家論家の稱に對す。經論の文義を解釋する者を釋家と云ふ。支日の諸師は概して釋家なり。

シヤクケウ　釋敎　〔雜語〕釋迦の敎法なり。

シヤクゲダウセウジヨウネハンロン　釋外道小乘涅槃論　〔書名〕提婆菩薩造釋楞伽經中外道小乘涅槃論の略名。

シヤクゲン　赤眼　〔動物〕龜の異名なり。【虛堂淨慈後錄】に「赤眼撞二着大柴頭一。」

シヤクゲンキ　析玄記　〔書名〕【佛祖統紀二十二】に「法師敬雲。建業人。夙學二天台之道一。光化二年。於二永嘉寺一講レ經。依二俱舍論一述二小乘入道五位一。作二析玄記二卷一。」光化は唐の昭宗の年號なり。惜哉其の書傳はらず。

シヤクコフ　石劫　〔雜名〕磐石劫なり。「コフ」を「見よ。

シヤクコンガウキヤウカンヂヤウキ　釋金剛經刋定記　〔書名〕金剛經纂要刋定記の異名。

シヤクザウ　釋藏　〔雜名〕釋敎の三藏なり。

シヤクシ　釋氏　〔雜名〕釋は釋迦の略稱、佛世尊の氏姓なり。「シヤク」を見よ。⦿(太平記一)「釋氏の敎を受けさせ給ふ」(太平記三九)「釋氏の眞門に入らせ給ふとも」

シヤクシ　釋子　〔雜名〕釋迦佛の弟子なり。釋迦師の敎化に從ひて出生する故に釋子と名く。【大般若經四百五十三】に「非二沙門一。非二釋迦子一。」【楞嚴經六】に「奈何如來滅度之後。食二衆生肉一名爲二釋子一。」【維摩經慧遠疏】に「從二佛釋師敎化一出生。故名二釋子一。」梵 Śakyaputriya

シヤクシ　釋師　〔雜名〕佛は人天の師にして釋迦を始とすれば釋師と名く。

シヤクシ　釋翅　〔地名〕婆兜釋翅搜の略。迦毘羅城の別稱なり。【增一阿含經四十七】に「佛在二釋翅迦毘羅越尼拘留園中一。」「カビラバソツ」を見よ。

シヤクシキ　赤色　〔雜名〕梵語乾陀色、舊に袈裟

色と云ふ是なり。【有部百一羯磨九】に「或乾陀色梵云二袈裟野一。譯爲二赤色一。」梵音 Kaṣāya

シヤクシケイコリヤク　釋氏稽古略　【書名】四卷、明の覺岸寶洲撰、釋家の略史なり。

シヤクシシ　釋師子　【術語】釋尊の德號なり、佛三界に於て無畏自在なると獸中の師子王の如し、故に釋師子と稱す。【法華經序品】に「其六波羅蜜今見二釋師子一。」【大日經一】に「釋師子救世。」【大日經疏十六】「釋師子漫茶羅。即釋迦也。」

シヤクシソウ　釋翅搜　【地名】又、釋氏廋に作る。迦毘羅城の別名。「カビラバソツ」を見よ。梵 Śâkyesu (Loc.)

シヤクシバン　釋志磐　【人名】宋の四明の沙門志磐、佛祖統紀の著者なり。

シヤクシヤク　折石　【譬喩】又、破石と云ふ。波羅夷罪の四喩の一。破折せる石の再び合すべからざる如きを云ふ。【寄歸傳四】に「若道二何不一レ投火便招二折石之過一。」

シヤクシユ　釋種　【雜名】釋迦の種族なり、釋迦種は印度アリヤン族にして古來尊重せられしが如くその種類の滅亡に關する歷史及び傳說はその一班を示すものなり。後世轉じて佛弟子を云ふ。【宗輪論頌】に「具二大智覺慧一。釋種眞苾芻。」【同述記】に「釋種者標二是佛之種一。佛、剎帝利姓。即是釋迦。此翻爲レ能。古仙姓能。能導レ世故。能具二德能一故。」

シヤクシヨ　釋書　【書名】元亨釋書の略稱。

シヤクシン　石神　【神名】又幸神金精神(さいのかみこんしやうじん)と云ふ。和俗の稱なり。續高僧傳には天根と稱せり、神體は男根なり、是れ大自在天の神實(かみしろ)なり、現今印度敎シバ派の人之を祭る。邦人之を傳へて密に之を祈禱するなり。「テンコン」を見よ。(これあながちに印度より傳へたりとのみ云ふを得ず、諸地方に見る如き原始的生殖器崇拜の一種なるべし。上記シバより來りたるは大黑天の如く變形せるものか、歡喜天の如く思想化したる形に於て天部として佛敎中に存せる如し。)

シヤクシンジユ　赤眞珠　【物名】智度論所說七寶の一。「シチホウ」を見よ。

シヤクシンミヤウワウ　赤身明王　【明王】馬頭明王なり。【諸軌儀訣影二】「を見よ。

シヤクジユ　積聚　【術語】心の六義の一。「シン」を見よ。

シヤクジユシヤウエウシン　積聚精要心　【術語】四種心の一。「シン」を見よ。

シヤクセウタンヘン　析小彈偏　【術語】析は音セツなれども、折に通じてシヤクと讀む。意は折斷折破の意にて小乘を折破折斷するを析小と云ふ。【法華文句記四】に「析小彈偏。歎大褒圓。」

シヤクセン　釋籤　【書名】法華玄義釋籤の略名。荊溪の撰、天台の法華玄義を註釋せしものなり。釋籤とは門人疑義を籤に書して荊溪に問ふ。荊溪其籤中書する所の疑義を釋すとの意にて釋籤と名く。【荊溪自序】に「昔在二台嶺一隨二諸問者一籤下所レ錄。」籤は是れ問、釋は是れ答なり。故に釋籤と題するは猶問答と云ふが如し。【智度論三十三】に「論義經者答二諸問者一。釋二其所以一。」法華六瑞中四答問序あり。

シヤクセンダン　赤栴檀　【物名】栴檀中に赤白の二種あり(センダンを見よ)今は赤色なり。【法華經分別功德品】に「以二赤栴檀一作二諸宮殿一。」⊙(曲、百萬)「毘首羯磨がつくりし、赤栴檀の尊容」

シヤクゼンジ　積善寺　【寺名】【百錬抄】に「正曆元年五月十日。入道大政大臣以二二條京極第一爲二佛閣一。號二積善寺一。」

シヤクゼンハラミツシダイホフモン　釋禪波羅蜜次第法門　【書名】十卷、智者大師說、弟子法愼記、灌頂再治。天台三止觀中漸次止觀を說きしなり、畧して禪波羅蜜と云ふ。【陽帙】(1571)

シヤクソン　釋尊　【佛名】今の佛世尊は釋迦姓なれば釋尊と云ふ。

シヤクタイ　釋帝　【天名】三十三天の帝王は釋羅なれば釋帝と云ふ。常に帝釋天と稱さるる尊なり。「シヤクダイクワンイン」を見よ。

シヤクタイゼンケング　釋帝善見宮　【堂塔】帝釋天の宮殿を善見城と名く。「ゼンケンジヤウ」を見よ。

シヤクダイクワンイン　釋提桓因　【天名】又、釋迦提婆因提、釋迦因陀羅、釋迦羅因陀羅、賒羯羅因陀羅、釋迦提桓因陀羅、と云ひ、新に釋迦提婆因陀羅、釋迦提婆因達羅と云ふ。梵音シヤクラ、デーヴーナーム、インドラ Śakra devānām Indra なり。即、釋羅は名にして能と譯し、提婆は天と譯し、因陁羅は主又は帝と譯す、即ち能天主。須彌山の頂上に住して忉利天即ち三十三天の主なり。略して釋帝とも、帝釋とも稱す。舊音の釋提桓因は釋の一字釋羅を寫し、提桓の二字提婆を寫し、因の一字因陀羅を寫す。【智度論五十四】に「釋迦秦言レ能。提婆秦言レ天。因提秦言レ主。」【慧琳音義上】に「釋迦者能也。因陀羅主也。言其能爲二天主一。」【慧琳音義二十五】に「釋提桓因。具云二釋迦提婆因陀羅一。此云二能仁天主一。」【觀音經義疏下】に「帝釋是地居天主也。具云二釋迦提桓因陀羅一。釋迦言レ能。提桓只是提婆。提婆即是天。因陀羅名レ主。能作二天主一。」【法華玄贊二】に「梵云二釋迦提婆因

達羅。釋迦姓也。此翻爲レ能。提婆天也。因達羅帝也。正云二能天帝一。釋提桓因云二天帝釋一俱訛倒也。此在二妙高山頂一住。三十三天之帝王。過去字憍尸迦。此云二繭兒一。名二阿摩揭陀一。此云二無害毒一。即摩揭陀國過去帝釋修レ因之處。用爲二國名一。彼國古名二致甘露處一。」

帝釋の異名 〔雜名〕 一に帝釋桓因、もと人たる時、頓施を行じ、沙門婆羅門貧苦して路に乞ふに施すに飲食錢財を以てす、堪能なるを以て釋提桓因と名く。二に富蘭陀羅、もと人たる時、數施を行ずれば名く。三に摩伽婆、彼れ人たる時の本名なり。四に婆娑婆、彼れ人たる時數數婆誐私衣を布施供養すればなり。五に憍尸迦、彼れ人たる時の本姓なり。六に舍脂鉢低、彼の阿修羅女舍脂と名く、天帝釋の第一天后たればなり。七に千眼、もと人たる時聰明智慧たりし故なり。八に因陀利、彼の天帝釋三十三天に於て王たり主たればなり。【雜阿含經四十】

シヤクチ　析智 〔術語〕 小乘の諸法を分析して空性を觀ずる智なり。【法華玄義三】に「以二析智一觀二界內十二因緣事一。」

シヤクヂヤウ　錫杖 十八物の一。梵語、喫棄羅。Khakkhara 錫杖、聲杖、鳴杖と譯す。錫とは振る時錫の聲を作すに取る。又智杖、德杖の德名あり。顯密の二意あり、顯敎には乞食又驅蟲の爲なり。【錫杖經】に「佛告二比丘一。汝等當レ受二持錫杖一。所以者何。過去未來現在諸佛皆執故。又名二智杖一彰二顯聖智一故。亦名二德杖一。行二功德一本故。聖人之表幟。賢士之明記。道法之正幢。」【毘奈耶雜事三十四】に「苾芻乞レ食入二人家一。作レ聲警覺。拳打二門扇一。家人怪問。何故打二破我門一。默爾無レ答。佛言。不レ應レ打レ門。可レ作二錫杖一。苾芻不レ解。佛言。杖頭安レ環。圓如二盞口一。安二小環子一。搖動作レ聲而警覺。乃至不信家。久搖レ錫時。遂生二疲倦一。而彼家人竟無二出問一。佛言。不レ應二多時搖動一。可二二三度搖一。無二人問一時即須二行去一。」【十誦律五十六】に「杖法者。佛在二寒園林中一住。多二諸腹行毒蟲一。嚙二諸比丘一。佛言。應下作二有レ聲杖一驅中遣毒蟲上。是名二杖法一。」【四分律五十三】に「諸比丘道行。見二蛇蛆蜈蚣百足一。未レ離欲比丘見皆怖白レ佛。佛言。聽下投二錫杖一動上。」其の制法は錫杖經に依るに、迦葉佛は二股十二環、釋迦佛は四股十二環なり、四股十二環は四諦十二因緣を表し二股十二環は世諦第一諦の二諦と十二因緣を表するなり。然るに【寄歸傳四】に「言二錫杖一者。梵云二喫棄羅一則是鳴聲之義。古人譯爲レ錫者意取二錫作一レ聲。鳴杖錫杖任レ情稱。說二目驗一西方所レ持錫杖。頭上唯有二一股鐵捲一。可レ容二三二寸一。安二其鐏一管長四五指。其竿用レ木。麤細隨レ時。高與レ肩齊。下安二鐵纂一。可二二寸許一。其環或圓或偏。屈台二中間可レ容二大指一。或六或八。穿安二股上一。銅鐵任レ情。元斯制意。爲三乞食時防二其牛犬一。何用二辛苦擎奉勞一レ心。而復通身總鐵。頭安二四股一。重滯將持。非二常冷澁一。非二本制一也。」密敎には五大所成の法界塔婆として地藏觀音の三昧耶形となすなり。故に六環ありて六大を表し、上頭に五輪の捲形ありて寶塔を表するなり。【明眼論錫杖品】に「寶塔高妙譬如二須彌山王一。今此錫杖即是寶塔。功德高顯亦如二須彌一。」(第五十四圖參照)

九條錫杖 〔儀式〕 四箇法要の第四を錫杖と云ふ、錫杖の頌文を諷詠して錫を振るなり。其の頌文の作者詳ならず、初の四句は正しく華嚴經十四に出る「手執二錫杖一。當下願衆生。設二大施會一。示中如實道上。」の經文に依る。他の偈句は古德の作爲なり、九節ありて一節の終り每に錫を振れば九條錫杖と云ふ。

三條錫杖 〔儀式〕 九條錫杖中の前三條を勤むる略法用なり。⦿(榮花、音樂)「梵音錫杖」

解虎錫 〔故事〕 高齊の僧稠禪師、錫杖を以て兩虎の鬪を解く。【續高僧傳十六僧稠傳】に「後詣二懷州西王屋山一。修二習前法一。聞二兩虎交鬪咆響震一レ巖。乃以二錫杖一中解。各散而去。」又隋の曇詢禪師此事あり。【續高僧傳十六曇詢傳】に「又山行値二二虎相鬪一。累レ時不レ歇。詢乃執レ錫分レ之。以レ身爲レ翳。語云。同居二林藪一。計無二大乖一。幸各分レ路。虎低頭受レ命。便飲レ氣而散。」【證道歌】に「降龍鉢解虎錫。兩鈷金環鳴歷歷。」

シヤクヂヤウキヤウ　錫杖經 〔書名〕 得道梯隥錫杖經の畧名。【宿帙七】(691)

シヤクテン　釋典 〔雜語〕 釋敎の經典なり。

シヤクドウエフ　赤銅葉 〔物名〕 赤銅を貝葉の如く作りたるもの。文字を刻するに用ふ。

シヤクナウ　惜囊 〔雜語〕 比丘の受戒以後を云ふ。比丘の戒を護ると浮囊を護惜するが如しと云ふ故事に取る。「フナウ」を見よ。【性靈集二】に「惜囊之齒。」

シヤクニクダンジヤウ　赤肉團上 〔雜語〕 肉體の身上を云ふ。又人の肉團心を云ふ。臨濟義玄の語に「赤肉團上有二一無爲眞人一。」【傳燈錄十二義玄章】

シヤクニクチウダイ　赤肉中臺 〔術語〕 胎藏界曼荼羅の中臺八葉院を云ふ。赤肉とは衆生の肉團心即ち心臟なり。此の中臺八葉は三密の瑜伽成就して衆生の肉團心の開敷せし相なれば赤肉中臺と云

ふ。心蓮華と言ふに同じ。

シヤクニヨ　釋女　〔雜名〕　釋種の婦女なり。毘盧釋迦王、五百人の釋女を殺す。【西域記六】

シヤクニヨ　石女　〔雜語〕　女にして子なきもの。俗に「ウマズメ」と云ふ。又婬を爲し能はざるもの。【因明入正理論】に「自語相違者。如レ言二我母是其石女一。」【涅槃經二十五】に「譬石女本無二子相一。雖レ加二功力無量因緣一。子不レ可レ得。心亦如レ是。本無二貪相一。雖レ造二衆緣一貪無レ由レ生。」【資持記中二之一】に「石女者。根不レ通レ婬者。」【普燈錄五】に「石女舞成長壽曲。木人唱起大平歌。」

シヤクニヨニ　石女兒　〔譬喩〕　非有の譬なり、龜毛兎角と言ふ如し。石女は「ウマズメ」なればなり。【維摩經觀衆生品】に「如二空中鳥跡一。如二石女兒一。」

シヤクビヤクニタイ　赤白二渧　〔雜語〕　母の精を赤渧とし、父の精を白渧とし、二渧和合の處、心識其中に託するなり。【止觀七】に「赤白二渧和合。託二識其中一。以爲二體質一。」【承陽大師發菩提心】に「身體髮膚稟於父母。赤白二滴始終是空。」赤白二渧說は南北朝時代眞言宗立川流の宗義なり。「タチカハリウ」を見よ。

シヤクフウ　釋風　〔雜語〕　釋教の風規なり。

シヤクブクセフジユ　折伏攝受　〔術語〕　惡人を折伏し善人を攝受するなり、此の二門は佛道の大綱なり。【勝鬘經】に「我得レ力時。於二彼處一見二此衆生一。應二折伏一者而折二伏之一。應二攝受一者而攝二受之一。何以故。以二折伏攝受一故令二法久住一。」【止觀十】に「夫佛兩說。一攝二折。如二安樂行不レ稱二長短一。是攝義。大經執二持刀杖一乃至斬レ首。是折義。雖二與奪殊一レ途。俱令二利益一。」【勝鬘寶窟上末】に「剛強應レ伏。伏令レ離レ惡。柔軟應レ攝。攝令レ住レ善。故名二折伏攝受一也。」折伏は智慧門に配し、攝受は慈門に配す。⦿（太平記一(二)）「折伏者、現二大勢忿怒形一。」

シヤクブツ　迹佛　〔術語〕　迹門の佛を云ふ。

シヤクベツミヤウツウ　借別名通　〔術語〕　天台家四敎の判に依るに別敎の名を以て通敎の義を顯はすあり。是れ別を借て通に名くるなり。名別義通と言ふも同じ。法相宗に五十地を明かす如し。

シヤクホン　迹本　〔術名〕　法華の迹門本門なり。【法華玄義七】に「又以二此華一喩二佛法界迹本兩門一。」

シヤクボン　釋梵　〔天名〕　帝釋と梵天なり。【法華經藥草喩品】に「轉輪聖王。釋梵諸王。」【無量壽經上】に「釋梵奉持。天人歸仰。」【肇論下】に「須菩提唱二無說一以顯レ道。釋梵絕レ聽而雨レ花。」【大經慧遠疏】に「釋謂帝釋。梵謂梵王。」⦿（水鏡中）「釋梵威德をうかべおくり給ふなるべし」

シヤクボンゴセ　釋梵護世　〔天名〕　帝釋、梵王は世界の佛法を護持する天神なれば護世と云ふ。

シヤクボンテンシヨモンキヤウ　思益梵天所問經　〔經名〕　四卷、秦の羅什譯。思益は梵天の名なり、大乘の實義を說いて小乘の偏小を破す。【字帙一】(199)

シヤクマカエンロン　釋摩訶衍論　〔書名〕　十卷、龍樹菩薩造、筏提摩多譯。起信論を釋せしものなり。常に畧して釋論と云ふ。此に就いて眞僞の諍論あり、南都北嶺は多く僞論となし、空海獨り眞論と言ふ、淡海公の七難に三舟眞人の（淡海眞人元開）三箇の難合せて十難となす。又傳敎大師五箇の難あり。【七帖見聞一本】に其の十難を列擧す【徐帙九】

釋論三師疏　〔書名〕　慈行大師通圓の通玄鈔四卷、通法大師法悟の贊玄疏五卷、無際大師普觀の記六卷あり、釋論三師疏と稱す。初の通圓法悟の二師は其の序文に據るに共に大遼の第八主天祐皇帝（諡號孝文皇帝廟號道宗）の朝に在つて宋の仁宗の嘉祐七年に當る。第三普觀は宋人にして元照律師の後なること彼が師圭峯の盂蘭盆經疏の會古通今記に由つて知るなり、隨つて其年代を推すに前二師の後に在り。而して此三師共に華嚴宗を宗とし、彼に依つて釋論を解せしこと賢首義記の起信論に於けるが如し。

シヤクマカハンニヤハラミツキヤウカクイサンマイ　釋摩訶般若波羅蜜經覺意三昧　〔書名〕　一卷、智者大師說。覺位三昧の行法を說く。【陽帙八】(1564)

シヤクマナン　釋摩男　〔人名〕　五比丘の一。俱利太子なり。【大部補註十一】に「善見律云。釋摩男是佛叔父之子。如二大經中一。釋摩男執二諸瓦礫一皆悉爲レ寶。斯由二過去心力所一レ致。」

シヤクマナンホンシシキヤウ　釋摩男本四子經　〔經名〕　一卷、吳の支謙譯。中阿含苦陰經下の別譯なり。【昃帙八】(580)

シヤクマボン　釋魔梵　〔天名〕　之を天中の三大主とす。【智度論十】に「四天中有二三大主一。釋提婆那民二處（四王忉利）天主。魔王六欲天主。梵世界中梵天王爲レ主。」

シヤクミツ　石蜜　〔飮食〕　氷砂糖なり。【善見律十七】に「廣州土境有二黑石蜜一者。是甘蔗糖。堅强如レ石。是名二石蜜一。伽陀者此是蜜也。」【法華玄義七】に「言二石蜜一者。正法念經第三云。如二甘蔗汁一器中火煎。彼初離レ垢名二頗尼多一。次第二煎則漸微重名曰二巨呂一。更第三煎。其色則白。名曰二石蜜一。」

シヤクミツシヤウ　石蜜漿　〔飮食〕　石蜜を水に和せしもの。【智度論三】に「瓦師布₂施草座燈明石蜜漿三事₁供₂養佛及比丘僧₁」

シヤクミヤウ　釋名　〔術語〕　凡て諸經論を釋するに大意、釋名、入文解釋と三段に之を次第すると古來の通規なり。大意とは先づ一經の綱要を辨じ、釋名とは次に其の題目の名義を釋し、入文解釋とは文に入て一一文句を解するなり。法華講最勝講の如き亦此例に准ずるなり。

シヤクミヤウジザンマイ　釋名字三昧　〔術語〕　百八三昧の一。能く諸法の名字を釋する三昧なり。【智度論四十七】に「諸法雖レ空以₂名字₁辨₂諸法義₁令₂人得₁レ解。」なり。

シヤクモン　釋文　〔雜語〕　經論を解釋せし文句

シヤクモン　釋門　〔術語〕　釋敎の門戶なり。門とは通入の義、差別の義。有緣の衆生之に通入すれば門と云ひ、他敎に差別すれば門と云ふ。【俱舍論七】に「不レ越₂釋門因緣正理₁。」【章服儀】に「釋門常務無₂時不₁レ經。」【釋氏往來】に「釋門之棟梁。法衣之領袖。」

シヤクモン　迹門　〔雜名〕　本迹二門の一。

シヤクモンカイケン　迹門開顯　〔術語〕　開三顯一に同じ。「カイケン」を見よ。

シヤクモンシヤウトウ　釋門正統　〔書名〕　八卷。宋の嘉熙年中良渚の沙門宗鑑集。天台宗の記傳史なり。もと吳の鎧庵居士之を草し、竣へずして歿す。其の後鑑師舊史を增續し、遷の史法に准じて之を完成し、以て釋門の正統は台宗に在るを證述し、禪家の所謂傳灯相承の誣罔に對す。

シヤクモンシヤウフクギ　釋門章服儀　〔書名〕　一卷。唐の道宣著。舊律宗の比丘の章服此に依つて知るべし。元照の釋門章服儀應法記一卷あり。

シヤクモンフゾク　迹門付屬　〔術語〕　日蓮宗に本迹二門の付屬相承を立つ。「ホンモンフゾク」を見よ。

シヤクラ　皫俱羅　〔動物〕　翠鳥の名。【慧琳義音三十四】梵 Cakra

シヤクリヨ　釋侶　〔雜名〕　釋門の徒侶なり、佛弟子を云ふ。【行事鈔下三】に「沙門釋侶。三界之賓。」

シヤクリン　釋輪　〔物名〕　又、因陀羅輪と云ふ。是れ金剛輪即ち地輪なり。黃色方形なり。【瑜祇經疏三】に「天帝釋。一名₂因陀羅₁。此云レ帝亦云レ主也。居₂妙高山頂善法堂中₁。中有₂常住金剛界大曼茶羅三十七尊₁。此曼茶羅名爲₂釋輪₁。輪者方壇也。名爲₂大因陀羅₁。是地輪名也。」

シヤクルヰ　積累　〔雜語〕　功德善根を積聚するなり。【無量壽經下】に「精明求願積₂累善本₁。」

シヤクロン　釋論　〔雜語〕　顯敎には大智度論の略名とす、是れ大品般若經を釋せし書なればなり。又密敎には釋摩訶衍論の畧稱とす。図宗論に對して釋論の稱あり。「シユウロン」を見よ。

シヤクヱン　昔圓　〔術語〕　今圓の稱に對す。法華の純一獨妙圓敎を今圓とし、爾前の兼但對待の圓敎を昔圓とす。台敎の判に圓用は今昔別なれども圓體は今昔一なりとす。

シヤクヲウ　釋雄　〔雜名〕　釋尊の尊號なり、釋尊は世間第一の勇雄なれば世雄とも釋雄とも稱す。

シヤケ　曬廁　〔語雜〕　Sukha 譯、大安樂。【可洪音義七下】

シヤケ　莎髻　〔雜語〕　不動尊の頭髮なり。莎は草の名、莎草を以て髮を結べば莎髮と云ふ。是れ西土奴僕の風なり。不動尊は童子の給仕奴僕の形を爲せば髮を結ぶと奴僕の如くするなり。而して七覺支七佛七財等を表して七莎髻を造り、以て一子の慈悲を表するなり。末は之を一結して辮髮となして左に垂れ、以て一子の慈悲を表するなり。【底哩三昧經上】に「頭上七種髻表₂七菩提₁。左垂₂一髮₁向レ下者是垂₂慈悲₁之義。悲₂念下惡極苦惱衆生₁也。」【帖決二十四】に「不動尊七莎髻者。莎者倭ミクリト云。謂天竺奴婢法。以レ莎結レ髻。髮曲₂盤頂₁結レ之也。今明王作₂童子給仕奴僕形₁。結レ髮如₂奴僕₁也。爲レ表₂七覺₁七結也。七結取合。一結合如₂俗人髻₁。」

シヤケキヨク　捨家棄欲　〔術語〕　出家沙門の行法なり。即ち妻子眷屬の愛著を離れ、五欲の色味をすてて出家發心すること。【無量壽經下】に「其上聖者。捨レ家棄レ欲。而作₂沙門₁。」

シヤケボジ　鑠雞譲儞　〔佛名〕　釋迦牟尼なり。【陀羅尼集經二】

シヤケン　遮遣　〔術語〕　法を遮止し遣去して存立せしめざるなり。心外の法は空なりと遮遣する如し。

シヤケンド　遮犍度　〔書名〕　罪科ある比丘を僧中に居らしめず。擧罪をなすには五德を具備せざるべからず等と說く。【四分律四十八】

シヤコ　這箇　〔術語〕　又者箇に作る。物を指す辭なり。【正字通末中】に「者又此也。」

シヤコ　硨磲　〔物名〕　【慧苑音義】に「梵音正云₂牟婆羅揭婆₁。Musāragalva 牟婆羅此云レ勝。揭婆藏也。舊名₂車渠₁。所レ未レ詳也。」【本草綱目四十六】に「時珍曰。案韻會云。車渠海中大貝。背上壟文如₂車輪之渠₁。」されば後人字偏に石を加へしなり。

シヤコハン　鷓胡斑　〔雜語〕　好き香を鷓胡斑と云ふ。其の色斑にしてやまがらに似たり。「見よ。

シヤコフ　沙劫　〔術語〕　恒河沙の劫なり。「コフ」を

シヤサタラ　奢薩怛羅　〔術語〕Śāstra 又、舍薩怛羅、設娑怛羅に作る。譯、論。【義林章一本】に「梵云二奢薩怛羅一此翻爲レ論。總周二一部一立以二論名一。」【瑜伽論一上】に「梵云二舍薩怛羅一此云レ論。釋論云。問二答決二擇諸法性相一。故名爲レ論。」

シヤザイ　遮罪　〔術語〕性罪の稱に對す。飲酒伐木の如き佛の遮制に依て比丘法中にて罪となるもの、自性の罪にあらず。又梵網の大乘戒に七逆を七遮罪と稱して之を遮止して菩薩戒を受けざらしむ。「シチギヤク」を見よ。

シヤシ　舍脂　〔雜語〕Śacī 又、舍支、設施に作る。可愛の義、硏の義。慧苑慧琳共に月の別名なりとするは誤なり。月の梵名 Śaśin なり。舍脂は帝釋夫人の名なり。因りて帝釋を舍脂鉢低 Śacipati と名く。【雜阿含四十】に「彼釋提桓因名二舍詣鉢低一。佛告二比丘一。彼阿修羅女名曰二舍脂一。爲二天帝釋第一天后一。是故帝釋名二舍脂鉢低一。」【玄應音義二十五】に「設支舊言二舍脂一。此云二能縛一。謂女人若可レ愛。能生二男子染著一。通名二設支一。」【慧苑音義一】に「舍支正云二設施一。謂月之別名。帝釋夫人。取爲レ號也。」【華嚴經一】に「帝釋夫人阿修羅女名曰二舍支一。於二一音中一出二千種音一。」【慧琳音義二十六】に「舍支。月之別名。阿修羅王女。帝釋夫人。古云二淨量一。」

シヤシヤウ　遮性　〔術語〕遮戒と性戒なり。【資持記上一之一】に「遮性者。毘尼所制無レ出二遮性一。」「カイ」の項參照。

シヤシヤウキジヤウ　捨聖歸淨　〔術語〕聖道門を捨てて淨土門に歸するなり。

シヤシユ　叉手　〔雜語〕叉手はもと支那の古法にして所謂拱手なり。【洪武正韻】に「叉手相錯也。今俗呼二拱手一曰二叉手一。」然るに竺土の法の叉手の禮は、合掌して中指を交叉する者を單に叉手とも合掌叉手とも稱するなり。【方等般泥洹經上】に、阿難、空無菩薩を禮して「叉二十指一說二是偈一言。其雄根爲二寂定一。空無出二大光明一。我爲二勇猛叉手一爲二師子大吼一禮。乃至佛告二阿難一。汝用二是叉手功德一。我般泥洹後。六月中當二獨作佛一。天上天下人皆當二稽首向レ汝作禮一。」【觀無量壽經】に「合掌叉手稱二南無阿彌陀佛一。」此合掌に深意あり。「レンゲカツシヤウ」を見よ。

シヤシユ　斫芻　〔雜語〕又、斫乞芻。Cakṣus 眼の梵語なり。【義林章三本】に「眼者照了導義。名レ之爲レ眼。瑜伽第三云。屢觀衆色。觀而復捨。故名爲レ眼。梵云二斫芻一。斫者行義。芻者盡義。謂能於レ境行盡見行。盡見二諸色一。故名二行盡一。翻爲レ眼者。體用相當依二唐言一釋。」【梵語雜名】に「眼。斫乞芻。」

シヤシン　沙心　〔雜語〕恒河沙の心心數なり。【性靈集七】に「塵體以爲レ體。沙心以爲レ用。」

シヤシン　捨心　〔術語〕四無量心の一。一切を棄捨して著せざるなり。

シヤシン　捨身　〔術語〕或は報恩の爲めに臂を燒き身を燒き、或は布施の爲に肉を割き身を棄つるを捨身行と名く。梁僧傳に亡身篇あり。然るに大小乘其利を異にし、小乘は偏に之を以て破戒となす、小乘の律藏の如し。大乘は之を以て菩薩の持戒となす、梵網經、法華經等の如し。寄歸傳四に小律の意を叙し、萬善同歸集三に大律の意を述ぶ。◉（曲、石橋）「難行苦行捨身の行にて」

シヤシンボン　捨身品　〔經名〕【金光明經四】に捨身品あり、過去摩訶羅陀王の第三子摩訶薩埵餓虎の爲に身を捨つるを說く。

シヤジシヤ　赦儞娑　〔天名〕毘沙門天王の子の名なり。行者毘沙門經を誦持すれば、童子の形を現じて行者の志願を聞き、之を其の父王に告ぐと云ふ。【毘沙門天王經】「なり。」

シヤジフ　叉十　〔雜語〕合掌して十指を交叉する「ニモン」を見よ。

シヤジヤウ　遮情　〔術語〕遮情表德、二門の一。

シヤジヤウ　灑淨　〔術語〕眞言の修法に、龍、海水を灑ぐと念じて灑水器の香水を取て壇場に灑ぐ法あり、即ち鑁字の智水を以て一切衆生の心地に灑ぎ、淨菩提心の種子を生長せしむる意なり。【行法肝要鈔上】

シヤジユ　捨受　〔術語〕五受の一。

シヤスヰ　灑水　〔物名〕灑淨用の香水なり。「シヤジヤウ」を見よ。

シヤスヰイン　灑水印　〔印相〕灑水を標する「印相なり。」

シヤスヰキ　灑水器　〔物名〕灑水を容るる器物。

シヤスヰヂヤウ　灑水杖　〔物名〕「サンヂヤウ」を見よ。

シヤスヰクワンオン　灑水觀音　〔菩薩〕三十三觀音の一。右手に瓶を持ちて水をそそぐ相をなす。

シヤセイ　遮制　〔術語〕「シヤカイ」を見よ。

シヤセウ　寫照　〔雜語〕肖像を畫くを寫照と云ふ。照は鏡なり、鏡の照す所を見て、一に摸倣して其の面像を寫す故なり。【象器箋四】

シヤセウ　遮照　〔術語〕法を破して空に歸するを遮と云ひ、法を存して義を觀ずるを照と云ふ。破立空有の異名なり。【宗鏡錄八】に「破立一際。遮照同時。」

シヤセン　遮詮　〔術語〕表詮の稱に對す。「ニモン」を見よ。

シヤゼンリ　沙禪里　〔雜語〕譯、合十指。即ち叉「十なり。【梵語雜名】

シヤソウ　社僧　〔雜語〕神社に供奉する僧なり。一實神道の意に依るに山徒は社僧の分なりと云ふ。其の證は叡山に山門なく唯鳥居を立つるなりと。

シヤタカ　舍吒迦　〔衣服〕Śāṭaka 舊に舍勒と云ふ。又涅槃僧と云ふ。內衣と譯し裙と譯す。【所善輕重儀下】に「舍勒。四分云二涅槃僧一。此名二內衣一。即舍勒也。」【玄應音義十五】に「舍勒此翻爲レ衣。或云二內衣一也。」【梵語雜名】に「裙舍吒迦。」

シヤタカ　社得迦　〔經名〕Jātaka 譯、本生。十二部經の一。「ジフニブキヤウ」を見よ。

シヤタカ　遮吒迦　〔動物〕Caṭaka 鳥の名。【正法念經十六】に「遮吒迦鳥。此鳥唯會二天雨一。仰レ口承二天雨一而飮レ之。莫レ得レ食二餘水一。」

シヤタカマラ　社得迦摩羅　〔經名〕Jātakamālā 讃頌の名。譯、本生鬘。佛の前生に苦行せしことを貫集して讃頌となせしもの。【寄歸傳三】に「社得迦昔本生也。摩羅者即是貫焉。集三取菩薩昔生難行之事一貫二之一處一也。若譯可レ成二十餘軸一。」

シヤタキリ　娑多吉哩　〔天名〕Saptagiri* 夜叉八大將の一。

シヤタジユギヤウ　捨多壽行　〔術語〕阿羅漢二壽行の一。「ニジユギヤウ」を見よ。

シヤタダイバマヌシヤナ　舍多提婆魔㝹舍諵　〔術語〕Śāstā devamanuṣyāṇām 佛十號の一。譯天人師。【智度論二】に「舍多秦言二教師一。提婆言レ天。魔㝹舍諵言レ人。名二天人教師一。」

シヤテイ　車帝　〔雜名〕石窟の名。【法顯傳】に「山北陰中有二一石室一名二車帝一。佛泥洹後。五百阿羅漢結三集經一處。」梵 Saptaparṇaguhā

シヤテイ　舍帝　〔雜語〕又舍擿に作る。八中洲の一。譯、諂。【俱舍光記十一】に「舍帝此云レ諂。」【瑜伽倫記一下】に「舍擿此云二舍諂一。」梵 Śāṭhya は誑なり。

シヤタバカ　娑多婆訶　〔人名〕梵音 Sadvāhana* Śātavāhana* 國王の名。譯、引正。【西域記十】

シヤタウダイシヤ　拓鬪提奢　〔雜語〕「セウダイ」を見よ。

シヤタビシヤ　舍多毘沙　〔雜名〕星の名。譯、危宿。【寶生陀羅尼經四】梵 Śatabhiṣa

シヤタボン　社怛梵　〔流派〕Jatāvat 外道の名。【大日經疏一】に「社怛梵者。謂與二知者外道一。宗計大同。但部黨別異故。特出レ之耳。」

シヤータラクシタ　〔人名〕Śāta-Rakṣita ベンゴールの人。西藏王吃嘌雙提贊王 Khri Srong de Tsang の請に應じて入藏し密教を傳ふ。善海大師と云ふ。

シヤダ　捨墮　〔術語〕梵に尼薩耆波逸提と云ふ。八聚藏の一。「ヒンジユ」を見よ。梵音 Naiḥsargika prāyaścittika

シヤダイシユナ　闍提首那　〔人名〕涅槃經所說十仙の一。【慧琳音義二十六】に「闍提首那。此翻爲二願勇一。遠法師云。邪見外道。以執二涅槃是無常一也。」【了義燈二本】に「有云。涅槃經云。上古有レ仙。名二闍提首那一。彼仙造レ論。名二三彌叉一。此云二觀察一。廣明二二十五諦一。准レ此觀察即無智慧。與二數論名一同。數即智慧故。」梵 Jati-sena

シヤダカ　奢搦迦　〔物名〕舊に商那、Śāṇa と云ふ。麻の類、以て衣を作るべし。七種衣の一なり。図〔人名〕比丘の名。舊に商那和修 Śāṇavāsa と云ふ。【有部毘奈耶雜事四十】に「其子生時。以二奢搦迦衣一裹レ身而出因即名爲二奢搦迦一。即是麻類。此方先無。高共人等。堪二織爲レ布。舊云二商那和修一者訛。」

シヤダガ　闍陀伽　〔術語〕新に社得迦に作る。十二部經の一。譯、本生經。佛自身の過去經歷の事を說く。「ジフニブキヤウ」を見よ。

シヤダハラ　闍陀波羅　〔菩薩〕菩薩位の名。【仁王經】に「入二無相闍陀波羅位一。化二一切衆生一。」【同吉藏疏五】に「闍陀波羅此翻爲二度黑闇一。無二復黑闇一。亦名二無畏地一。三藏師翻爲二滿定一也。」

シヤダリンカケ　設陀隣迦醯　〔天名〕女神の名。【生經二】に「雪山南脇有二大女神一。名二設陀隣迦醯一。」【注】に「晋云二攝聲一。」

シヤダン　社壇　〔雜名〕神社の祭壇なり。

シヤダン　遮斷　〔術語〕永斷の稱に對す。一時煩惱を遮止して起らしめざるを遮斷と云ふ。

シヤチキ　捨置記　〔術語〕四記の一。

シヤチヤ　娑底也　〔術語〕梵 Satya 譯、諦。賢實の義なり。【演密鈔七】に「梵音娑底也。此方云レ諦。若言二娑囉一 Sāra 即詮二堅淨之義一。」

シヤチユウ　社中　〔雜語〕凡そ衆を結んで道學を講磨する者を社中と曰ふ。【象器箋五】

シヤヂク　車軸　〔譬喩〕雨滴の大を車軸に譬ふ。【池陽問】に「香如二須彌一。涙如二車軸一。」【俱舍論十二】に「起二大雲雨一。澍二風輪上一。滴如二車軸一。」

シヤツウカイダウ　藉通開導　〔術語〕台家の名目。通教を借て別圓の機を開導するなり。三通の中の第三種の機類なり。「ツウケウ」を見よ。

シヤデウ　寫氈　〔雜名〕白氈に寫せる佛の畫像なり。【祖庭事苑六】に「摩騰、竺法蘭、以二白氈畫釋迦像並四十二章經一載以二白馬一。云云」

シヤトウ　社頭　〔雜語〕神社の前なり。【辯天經】に「靈驗社頭。」

シヤトウリツジ　社頭立寺　〔雜語〕寺內に社を建つるを鎭守と云ひ、社頭に寺を立つるを神宮寺と云ふ。鎭守は支

那に始まり、神宮寺は本朝に成る。印度は本來神佛判然にして此等の事なし。蓋し密教盛なるより兩部曼荼羅の意に依て此の制あるなり。神宮寺の設ありし以來社僧佛式を以て神に供奉するに至る。

シヤヅカン 舍頭諫 〔人名〕Śārdūlakarṇa 太子の名。譯虎耳。即ち阿難の過去の名なり。【舍頭諫經】

シヤヅカンキヤウ 舍頭諫經 〔經名〕舍頭諫太子二十八宿經の略名。

シヤヅカンタイシニジフハチシユクキヤウ 舍頭諫太子二十八宿經 〔經名〕一卷、西晉の竺法護譯。即ち摩登迦經の異譯なり。二十八宿の吉凶を說く。【宿帙六】(646)

シヤトクシヨ 捨德處 〔術語〕四德處の一。

シヤトジサイジヤウダウ 謝都寺齋上堂（ツウスノサイヲシヤスルジヨードーと讀む） 〔行事〕四節の秉拂に都寺齋を辨じ、住持上堂して之を謝するを云ふ。【象器箋十一】

シヤトロ 設都嚧 〔雜語〕Śatru 又、設覩嚧、設咄嚕、捨覩嚧、爍覩嚧、娑訥嚕、窣覩喚に作る。譯、怨家。【希麟音義六】に「設咄嚧。或云㆓窣覩嚕㆒。皆梵語輕重。此云㆓寃家㆒。即於㆓一切善法㆒作㆓寃害㆒者。」【同七】に「捨覩嚧。或云㆓窣覩嚕㆒。亦云㆓設咄嚕㆒。皆梵語訛轉也。此云㆓寃家㆒也。」【梵語雜名】に「怨。娑訥嚕。」

シヤド 娑度 〔雜語〕Sādhu 譯、善。或は善哉。【有部百一羯磨一】に「娑度譯爲㆑善。」【寄歸傳一】に「辭別之時。口云㆓娑度㆒兼唱㆓阿奴莫陀㆒。」Anumodana 娑度即㆑事目㆓善哉㆒。阿奴謨陀。譯爲㆓隨喜㆒。」【善見律三】に「衆僧唱㆑薩。」【玄應音義十六】に「唱薩此言訛也。正言㆓娑度㆒。此譯云㆓善哉㆒。」

シヤドラ 遮努羅 〔天名〕神の名。譯、執持。【倶舍光記二十七】梵 Cānura

シヤナ 叉拏 〔雜語〕Kṣaṇa 刹那の新稱。【慧琳音義二十】に「叉拏古云㆓刹那㆒。」

シヤナ 遮那 〔術語〕又、舍那に作る。毘盧遮那の略。顯教には舍字を用ゐ、密教には遮字を用ふ。

シヤナ 舍那 〔物名〕又、奢那に作る。梵音 Śāṭaka 衣の名。「シヤウナ」を見よ。

シヤナクツタ 闍那崛多 〔人名〕梵音 Jñāna-gupta 比丘の名。譯、德志。【續高僧傳二】

シヤナケウシユ 遮那教主 〔術語〕毘盧遮那如來是れ眞言兩部の教主なり。⊙(曲、大會)「遮那教主の秘藏を受け」「の一。「リヤウゴフ」を見よ。

シヤナゴフ 遮那業 〔術語〕傳教大師所制兩業の一。「リヤウゴフ」を見よ。

シヤナゴフサウジヤウ 遮那業相承 〔雜語〕「シシユサウジヤウ」を見よ。

シヤナシクワン 遮那止觀 〔術語〕即ち兩業なり。「リヤウゴフ」を見よ。

シヤナシン 舍那身 〔術語〕毘盧舍那如來の身。

シヤナジユ 遮那咒 〔術語〕大日經所說の眞言。

シヤナソンドク 舍那尊特 〔術語〕盧舍那佛の尊特身なり。華嚴の教主是れなり。「ソンドク」を見よ。

シヤナダイカイ 舍那大戒 〔術語〕梵網經所說の大乘菩薩戒を云ふ。是れ盧舍那佛所說の戒法なればなり。

シヤナノクワトク 遮那果德 〔術語〕果德とは佛果德用の義、換言すれば、遮那佛所具の絕對德用なり。⊙(野守鏡、下)「大日如來不可得の因果を擣して、遮那の果德をあらはし」

シヤナノクワマン 遮那果滿 〔術語〕遮那佛の果海の衆德圓滿なるを云ふ。⊙(盛衰記、二四)「因圓合成して、中央中臺の遮那の果滿顯れ現じ給ふ」

シヤナバシユ 舍那婆修 〔人名〕又、舍那婆私に作る。比丘の名。「シヤウナワシユ」を見よ。

シヤナヤシヤ 闍那耶舍 〔人名〕Jñānayaśas 比丘の名。譯、藏稱。【續高僧傳二】

シヤナリカ 沙那利迦 〔流派〕Saṇṇagarika 小乘十八部の一。譯、密林山部。【開宗記一本】

シヤナヱンドン 遮那圓頓 〔術語〕華嚴經は毘盧遮那法身の所說にして圓融頓極の法なるより華嚴宗を指して云ふ。

シヤナン 遮難 〔術語〕十六遮、十三難なり。小乘律の法に具足戒を受くる人の器、非器を揀ぶに、此の十六遮と十三難とを以てするなり。遮は總べて自性の惡にあらず、但受具に適せざるにより之を遮止して戒を受けしめざれば遮と名け、難は自性惡にして畢竟受具の器にあらざれば之を難と名く。此の遮難のうちの一ある者は受具戒を得ざるなり。故に受戒の前に於て先づ教授師あり、受者に向つて此の遮難の有無を問ふなり。この遮難は後世に及ぶに從ひて數を增す如く、南傳の律書最も少なく四分律より有部律に至りては大にその數を增せり。次下の行事鈔は四分律による。

十三難 〔名數〕一に邊罪難、先に具足戒を受けて四波羅夷を犯せしもの、是れ佛法邊外なれば邊罪と云ふ。二に犯比丘尼、白衣の時に淨戒の比丘尼を犯せしもの。三に賊心受戒者、曾つて白衣又は沙彌の時に他の說戒羯磨を盜聽し詐りて比丘と稱せしもの。四に破内外道者、もと是れ外道來て佛法に投じ、受具し竟りて本道に還復し、今復た來りて戒を受けんとするもの、是れ彼此通壞して志性定りなし。五に黃門、五種不男なり。六に

殺父、七に殺母、八に殺阿羅漢、九に破僧、破法輪僧なり、若し破羯磨僧ならば難にあらず。十に出佛身血、十一に非人難、八部の鬼神、人形に變化せしもの。十二に畜生難、畜生變じて人となるもの。十三に二形難、男女の二根を具するもの。

十六遮 【名數】一に自の名を知ざるもの。二に和尙の名を知らざるもの。三に年二十に滿たざるもの。四に三衣を具せざるもの。五に鉢を具せざるもの。六に父聽さざるもの。七に母聽さざるもの。八に自ら負債あるもの。九に他の奴たるもの。十に官人たるもの。十一に男子ならざるもの。十二に癩病あるもの。十三に癰疽あるもの。十四に白癩あるもの。十五に乾痟あるもの。十六に顚狂あるもの。

十三難十遮 【名數】罪の輕重に依れば遮難と次第し、且つ遮罪を細別すれば十六種なれども正しく受者に向つて質問する時は十六遮の中に衣鉢を合して一とし、父母を合して一とし、五病を合して一とし、之に十遮に總合し、且つ初に十三難の重難を問ひ、後に十遮の輕難を問ふなり。【行事鈔上三】

シヤニシヤ 闍尼沙 夜叉の名。譯、勝結使。【長阿含經五】梵 Janesa*

シヤネンシヤウジヤウチ 捨念淸淨地 【界名】三界九地の第五、第四禪天なり。「クヂ」を見よ。

シヤノク 車匿 【人名】Chandaka 新に闡鐸迦(せんたか)に作る。譯、樂欲。佛出城の時の馭者なり。後ち出家して比丘となり、惡口の性改まらず、六群比丘の一となり、惡口車匿とも惡性車匿とも云ふ。佛涅槃に臨んで阿難に勅して默擯の法を以つて之を治せしめ、後遂に果を證す。【玄應音義二十三】に「闡鐸迦。人名也。此云二樂欲一。」【慧淋音義六十二】に「闡鐸迦。如來僕使之名。古曰二車匿一也。」【西域記六】に「闡鐸迦。舊言二車匿一。訛也。」【智度論二】に「佛涅槃後。惡口車匿。云何共住。佛告二阿難一。車匿比丘。我涅槃後如二梵天法一治。若心濡伏者。應レ敎二那陀迦旃延經一。即可二得道一。」

シヤハカ 沙波訶 【術語】「ソワカ」を見よ。

シヤハチチウ 四夜八晝 【雜語】一晝夜十二時なり。四夜とは戌亥子丑なり、八晝とは寅より酉に至るなり。依つて寅の刻を夜陰晝陽和合の時とす。【秘藏記鈔二】

シヤハラバ 車鉢羅婆 【天名】鬼神の名。譯、忍「得脫。【金光明文句七】

シヤバ 娑婆 【界名】Sahā 又、沙訶、娑訶樓陀に作る。新に索訶と云ふ。堪忍の義なり、因て忍土と譯す。此界の衆生十界に安忍して出離を肯ぜざる故に忍と名く。又諸の菩薩利樂を行ずる時、諸の苦惱を堪受する義なり。又此界の衆生貪瞋痴等の煩惱の過あり、衆生之を忍ぶ故に名く。雜惡、雜會と云ふ。三惡五趣雜會すればなり。此三千大千世界の總名なり。是れ一佛攝化の境土なり。【法華文句二】に「娑婆。此翻レ忍。其土衆生安二於十惡一。不レ肯二出離一。從レ人名レ土。故稱爲レ忍。悲華經云。云何名二娑婆一。是諸衆生忍二受三毒及諸煩惱一。故名二忍土一。亦名二雜會一。九道共居故。」【法華玄贊二】に「梵云二索訶一。此云二堪忍一。諸菩薩等行二利樂一時。多二諸怨嫉一。衆苦逼惱。堪二耐勞倦一而忍受故。因以爲レ名。娑婆者訛也。」【探玄記四】に「娑婆者此云二堪忍一。悲華經云。乃至是三千大千世界。號爲二娑婆世界一。此中衆生貪瞋痴等過。梵王忍レ之。故爲レ名也。」【西域記一】に「索訶世界三千大千國土。爲二一佛化攝一也。舊曰二娑婆一。又曰二沙訶一。皆訛。」【玄應音義三】に「沙訶。又云二娑訶樓陀一。或云二娑婆一。皆訛也。正言二索訶一。此云二能忍一。或云二堪忍一。一言二雜會世界一。」⦿(榮花、楚王の夢)「この娑婆世界は苦樂ともなる所とはしらせ給ふらんものを」

娑婆示現觀世音 【雜語】觀音が種種に應化の身を現じ、此の娑婆世界の衆生を度せむが爲方便すること。⦿(曲、誓願寺)「娑婆示現觀世音、三世利益同一」

シヤバカ 沙婆訶 【術語】又娑嚩訶、娑嚩賀に作る。Svāhā「ソワカ」を見よ。

シヤバソクジヤククワウ 娑婆即寂光 【術語】常寂光土は周遍法界の法體なれば三五の色質皆寂光一理の上に在て宛然たり、故に凡聖同居土の娑婆即ち常寂光土なり。經に常在靈鷲山と云ふ即ち證なり。【法華玄義七】に「寂光理通如レ鏡(スルコト)如レ器。諸土別異如レ像如レ飯。業力所レ隔。感見不レ同。」【法華文句記九】に「經云。我土不レ毀。常在二靈山一。豈離二伽耶一別求二常寂一。非三寂光外別有二娑婆一。」【輔行五】に「土雖二差別一。不レ異二寂光一。寂光雖レ寂不レ異二諸土一。」

シヤバダイ 舍婆提 【地名】Śrāvastī 國の名。「シヤエ」を見よ。

シヤバツ 捨筏 【譬喩】正法を筏に譬ふ。佛筏の捨つべきを敎ふ。正法尙捨つべし、況んや非法をや。【釋門歸敬儀中】に「經有二捨筏之喩一。」「バツユ」を見よ。

シヤババ 娑婆婆 【天名】帝釋の八異名の一。「シヤクダイクワンイン」を見よ。

シヤババシ 沙婆婆瑟 【行事】Ṣaḍ-varśa 法會の名。譯、六歲會。【十誦律五】に「沙婆婆瑟會」【注】に「六歲會也。」

シヤバラマリジ 闍嚩羅摩履儞 【雜語】Jvā-

lamālinī 譯、焰鬘。如來の光焰連環して斷ぜざると鬘の如きを云ふ。【演密鈔八】に「闍嚩羅此譯爲レ焰。摩履儞此譯爲レ鬘。謂如二身光之焰一。連環不レ斷。猶如二鬘形一。」

シヤバレイ 闍婆隷 【異類】 Jvāla 餓鬼の名。「譯、熾然。【正法念經十六】」

ジヤビ 闍毘 【雜語】「ダビ」を見よ。

シヤビカラ 娑毘迦羅 【人名】 又、劫毘羅 Kapila に作る。外道の名。即ち數論師なり。【楞嚴經一】に「娑毘羅迦。先梵天呪。」【同十】に「娑毘羅迦所歸冥諦。」【同長水疏】に「娑毘羅迦亦云二劫毘羅一。此云二金頭一。或云二黃髮一。」

ジヤビタ 闍鼻多 【雜語】「ダビ」を見よ。

シヤビヤウ 寫瓶 【術語】 法を傳へて遺漏なきを一瓶の水を他の一瓶に寫すに譬ふるなり。【涅槃經四十】に「如下寫二瓶水一置中之一瓶上。」⊙（正統記四）「弘法六人の中の寫瓶たり」

シヤヘイカクハウ 捨閉閣抛 【術語】 淨土の法然上人聖淨二門正雜二行を廢立する格言なり。【選擇集本】に「凡此集中立二聖道淨土二門一意者。爲レ令下捨二聖道一入中淨土門上也。」【同末】に「隨他之前暫雖レ開二定散門一。隨自之後還閉二定散門一。」又「夫速欲レ離二生死一。二種勝法中。且閣二聖道門一選入二淨土門一。欲レ入二淨土門一正雜二行中且抛二諸雜行一選應レ歸二正行一。」

シヤベツ 差別 【術語】 平等に對して云ふ。萬法の一如なる法性を指さずして個個の性類を數ふるなり。佛教には覺法の上よりは差別の見を捨離すれ共、全然差別の見を離れたる平等は惡平等の名に排せらる。菩薩の修行上に於て自利利他の差別相を越えて初めて圓滿なる平等に達するものとせり。

シヤベナ 嗟韈囊 【天名】 忉利天の一天子の名。翻名詳ならず。

シヤベナホフテンシジユサンキエギヤクメンアクダウキヤウ 嗟韈囊法天子受三歸依獲免惡道經 【經名】 一卷、趙宋の法天譯。天子當に死して猪身に墮すべし。帝釋敎ふるに三歸を以てし、乃ち兜率陀天に生ず。【宿帙七】(806)

シヤマ 娑磨 【書名】 Sāma 四圍陀の第三。「キダ」を見よ。

シヤマ 差摩 【人名】 Śamā 婆羅門婦の名。譯、安隱。【賢愚經差摩現報品】

差摩比丘 【人名】 病に因て法を說き、心解脫を得。【經律異相十七】

差摩蓮華 【人名】 比丘尼の名。神通第一なり。强暴の人、之を犯さんとするに遇ひ兩眼を脫して彼に示し免るるとを得。【經律異相二十三】

シヤマ 舍摩 【雜名】 Śama 菩提樹の異名。智首【四分律疏九】に「舍摩者菩提樹也。」【翻梵語九】に「舍摩譯曰二寂靜一。」

シヤマ 叉磨 【術語】 Kṣama 「サンゲ」を見よ。

シヤマ 遮魔 【異類】 魔子の名。過去久遠劫光明無垢光王如來出世の時、一の魔子あり、遮と名く、即ち今の持地菩薩是なり。金剛齊菩薩の敎化に依つて光王佛に歸して菩提心を發す。彼の金剛齊は今の奮迅菩薩是れなり。【奮迅王經上】

シヤマカキヤウ 差摩竭經 【經名】 Sumāgadhā-sūtra 菩薩生地經の異名。

シヤマジヤナ 舍磨奢那 【雜名】 又、奢摩奢那に作る。此に冢と譯す。【玄應音義六】に「舍磨奢那此云レ冢也。西域僧徒死者。或遺二諸禽獸一。收レ骨燒レ之。埋二於地下一。於レ上立レ表。累二甎石等一。頗似二窣覩波一。但形卑小耳。」梵 Śmaśāna

シヤマソバミ 差摩塞縛彌 【雜語】 Kṣemasvāmin 譯、田主。田は誤譯なるべし。

シヤマタ 奢摩他 【術語】 Śamatha 又、舍摩他、奢摩陀、舍摩陀に作る。禪定七名の一。止、寂靜、能滅等と譯す。心を攝して緣に住し、散亂を離るるなり。【大乘義章十三】に「奢摩他此翻名レ止。攝レ心住レ緣。目二之止一。」【慧琳音義十八】に「奢摩他。唐云レ止。」【慧苑音義上】に「奢摩他。此云二止息一。亦曰二寂靜一。謂正定離二沈掉一也。」【圓覺畧疏三】に「奢摩他此翻云レ止。定異名。寂靜義也。謂於二染淨等境一心不二妄緣一故。若准二涅槃經釋一。即名二能滅能調寂靜遠離及能淸等一。」【了義燈五本】に「奢摩他。此云レ心。」

シヤマダ 舍摩陀 【術語】 又、奢摩陀に作る。舍摩他に同じ。前項を見よ。

シヤマテイ 沙摩帝 【流派】 Sammatīya 小乘十八部の一。譯、正量部。【四分開宗記一本】

シヤマナ 遮摩那 【人名】 外道の名。「センシヤ」を見よ。梵 Śamana

シヤマバテイジユキキヤウ 差摩婆帝授記經 【經名】 一卷、元魏の菩提留支譯。佛、彌勒と共に城に入て乞食し、頻婆娑羅王の宮に至る、王の夫人差摩婆帝、Kṣemavatī 衣を以て座となし、佛を請じて坐せしむ、佛夫人の爲に法を說き道記を授く。【宙帙七】(461)

シヤマヤ 縒麼野 【雜語】 Samaya 【慧琳音義三十九】に「縒麼野。古云二三昧耶一。」

シヤマラ 娑麼囉 【雜語】 Smara 譯、憶念。【大日經疏十八】

シヤマラ 遮末邏 【地名】 Cāmara 又、遮摩羅に作る。瞻部大洲の邊の二中洲の一。【俱舍論十一】に「瞻部洲邊二中洲者。一遮末羅洲。二筏羅遮末羅

洲。」【同光記十一】に「遮末羅此云二猫牛一也。」【御遺告釋疑抄上】に「中洲者何州耶。答。護命僧正研心章云。大唐日本當二中州一。是八中州遮摩羅州。」⦿（正統記四）「南洲と東洲との中なる遮摩羅と云ふ洲なるべきにや」

シヤマリ　舍摩梨　〔植物〕　樹の名。【智度論十二】に「譬へば空地に樹あり舍摩梨と名く、枝葉廣大、衆鳥集り宿す。一の鴿後に來りて一枝の上に住す、其の枝即時に壓折す。澤神樹神に問ふ、大鳥鵰鷲皆能く住持す、何ぞ小鳥に至て便ち勝えざるや。答て云く、此鳥我が怨家の尼倶盧樹より來る、彼の樹葉を食ひ來て我上に棲む、必ず當に糞子を放て地に墮すべし、即ち惡樹復た生じて害を爲すと必ず大ならん、是の故に此一鴿に於て大に憂畏を懷く、寧ろ一枝を捨てて餘の大なる者を全くせん。菩薩亦た是の如し、諸の外道魔衆及び諸の結使惡業に於ては畏るる所なし、阿羅漢辟支佛に於て然らず、何を以ての故に、聲聞辟支佛は菩薩の邊に於て亦た彼の鴿の如し。大乘心を敗壞し永く佛業を滅すればなり。」　Śābarī*

シヤミ　奢彌　〔植物〕　Śami　賒彌、奢弭、木の名。譯、枸杞。【合部金光明經六】に「奢彌枸杞草。」【不空羂索陀羅尼經上】に「賒彌木此云二枸杞一。」

シヤミ　沙彌　〔術語〕　梵音　Śrāmaṇera　舊に息慈、息惡、行慈など譯す。惡を息め慈を行ずる義なり。新に室羅摩拏洛迦、室末那伊洛迦など云ふ。勤策男など譯す。大僧の爲に勤めて策勵せらるればなり、又室羅摩尼羅と云ふ。求寂と譯す、涅槃の圓寂を求欲すればなり。是れ男子の出家して十戒を受けしものの通稱なり。【行事鈔上一】に「沙彌是梵語。此云二息慈一。息二其世染一慈二濟群生一。」【嘉祥法華義疏八】に「沙彌此云二息惡行慈一。謂息レ惡行レ慈。」【倶舍光記十四】に「室羅摩拏洛伽。唐言二勤策一。謂爲二苾芻一勤加二策勵一。洛是男性。勤策律儀。舊云二沙彌一訛也。」【倶舍頌疏業品二】に「勤策律儀。爲三大僧之所二策勵一。舊云二沙彌一。」【飾宗記四】に「唐三藏云。室羅摩拏洛迦翻爲二勤策男一。勤謂苾芻。勤人所レ策故曰也。」【寄歸傳三】に「室羅末尼羅。譯爲二求寂一。言欲レ求レ趣二涅槃圓寂之處一。舊云二沙彌一者言略而音訛。翻爲二息慈一。意准而無レ據也。」【玄應音義二十三】に「梵言二室末拏伊洛迦一。此云二勞之小者一也。亦言二息慈一。謂息レ惡行レ慈。義譯也。舊言二沙彌一者訛略也。」又元來沙彌とは十戒を持つ出家の稱なるが、吾邦の俗稱に但剃髮して妻子を有する者の修行者を沙彌と云ふ【元亨釋書沙彌乘蓮傳】に「國俗剃髮。不レ全二梵儀一。有二妻子一者。在家稱二沙彌一。」

三品沙彌　〔名數〕　一に七歳より十三に至るを驅烏沙彌と名く。律に小兒出家す、阿難敢て度せず、佛言く若し能く食の上の烏を驅る者は度するを聽るすと。二に十四より十九に至るを應法沙彌と名く。正しく沙彌の位に合ふなり、五歳師に依つて調練純熟し進具に堪ふるが故なり。三に二十より七十に至るを名字沙彌と名く、もと是れ僧の位なり、緣未だ及ばざるが故に沙彌の名字を稱するなり。【行事鈔下四】

沙彌著香爲龍　〔傳說〕　阿羅漢あり常に龍宮に入て食し已て鉢を以て沙彌に授けて洗はしむ、鉢の中に殘食數粒あり、沙彌之を嗅くに大に香し、之を食ふに甚だ美なり。便ち方便を作し師の繩床の下に入て兩手を以て繩床の脚を捉へ、其師去る時繩床と共に龍宮に入る。龍言く、此未だ得道せず、何を以て將ゐ來るや。師言く覺せず。沙彌飯食を得、又龍女の身體端正にして香妙無比なるを見て心大に染著し、即ち惡願を作す。我れ當に福を作て此龍の宮殿を奪ふべし。龍言く、後此沙彌を將て來る莫れ。沙彌還り已て一心に布施持戒し專ら所願を求む、願くは早く龍と作らんと。是の時に寺を繞るに足下より水出づ、自ら知る必ず龍と作るを得んと。徑に師のもと入りし處の大師の邊に至り、袈裟を以て頭を覆ふて入て即ち死し、變じて大龍と作る。福德大なる故に即ち彼の龍を殺す、池を擧げて悉く赤し。」【智度論十七、西域記一】

沙彌愛酪爲蟲　〔傳說〕　一の沙彌の如き、心常に酪を愛す、諸の檀越僧に酪を餉す。時に沙彌殘分を得る每に心中に愛着し、樂み喜びて離れず、命終の後此の殘酪の瓶中に生ず。沙彌の師阿羅漢道を得、僧酪を分つ時語て言く、徐徐として此の愛酪沙彌を傷ふ莫れ。諸人言く是れ蟲なり、何を以て愛酪沙彌と言ふや。答て言く、此蟲はもと是れ我が沙彌なり、但殘酪を貪愛せしに坐する故に此の瓶中に生ず。」

シヤミカイ　沙彌戒　〔術語〕　倶舍には勤策律儀と云ふ。十戒なり。「カイ」を見よ。

シヤミカイキヤウ　沙彌戒經　〔經名〕　沙彌十戒儀則經の略名。

シヤミカツジキ　沙彌喝食　〔術語〕　「カツジキ」を見よ。

シヤミジフカイギソクキヤウ　沙彌十戒儀則經　〔經名〕　一卷。趙宋の施護譯。沙彌戒品の威儀を攝頌す。【寒帙十】(808)

シヤミニ　沙彌尼　〔術語〕　Śrāmaṇerikā　新に室羅摩拏理迦と云ふ。女性の沙彌なり。【倶舍光記十四】に「室羅摩拏理迦。唐言二勤策女一。譯名如レ前。理是女

麼。舊云ニ沙彌尼一訛也。」「シヤミ」參照。【飾宗記四】に「室羅摩拏理迦。翻爲ニ勤策女一。」

シヤミニカイキヤウ　沙彌尼戒經　〔經名〕一卷、失譯。【寒帙十】(1151)

シヤミラキヤウ　沙彌羅經　〔經名〕一卷、失譯。五母子經に同じ。【宿帙七】(639)

シヤミヰギ　沙彌威儀　〔經名〕一卷、劉宋の求那跋摩譯。七十威儀と同じ。【寒帙十】(1164)

シヤムリヤウシン　捨無量心　〔術語〕四無量心の一。

シヤモン　沙門　〔術語〕Śramaṇa 又、娑門、桑門、喪門、沙門那に作る。息、息心、靜志、淨志、乏道、貧道など譯す。新に室摩那拏、舍囉磨拏、室囉磨拏、沙迦懣囊に作る。功勞又は勤息と譯す。勞劬して佛道を修する義なり。又勤修して煩惱を息むる義なり。もと外道佛徒を論ぜず總じて出家者の都名なり。【注維摩經】に「肇曰。沙門出家之都名也。秦言義訓勤行。勤行趣ニ涅槃一也。什曰。佛法及外道。汎出家者皆名ニ沙門一。」【大經慧遠疏】に「沙門此翻爲レ息。息ニ諸惡一故。」【法華玄贊二】に「沙門息義。以レ得レ法故暫爾寧息。亦息レ惡也。正言ニ室羅磨拏一。或室摩那拏。此云ニ功勞一。謂修レ道有ニ多功勞一也。」【玄應音義六】に「沙門舊云ニ桑門一。或云ニ喪門一。皆訛略也。正言ニ室摩那拏一。或言ニ舍囉磨拏一。此言ニ功勞一。言修レ道有ニ多勞一也。又云ニ勤勞一。言至誠也。義亦言レ息。以レ得レ法故暫寧息也。舊譯言ニ息心一。或言ニ靜志一是也。」【慧苑音義上】に「沙門正言ニ沙迦懣囊一。此云ニ止息一。謂止ニ息一切諸不善法一。又曰ニ劬勞一。謂修ニ一切劬勞苦行一。又曰ニ聽聞一。謂多聞熏習是常業也。」【慧琳音義十八】に「沙門訛也。正音云ニ室囉末拏一。唐言ニ勤懇一也。」【同二十六】に「此云ニ勤勞一。內道外道之總名也。皆據ニ出家一爲レ言耳。古經爲ニ桑門一。或爲ニ娑門一。羅什法師以ニ言非レ便改爲ニ沙門一也。」【俱舍論二十四】に「諸無漏道是沙門性。懷ニ此道一者名曰ニ沙門一。以能勤勞息ニ煩惱一故。」【同光記】に「沙門此云ニ勤息一。」【羯磨疏三上】に「沙門舊翻桑門。音之亘也。涅槃云ニ沙門那一者是本音也。或言ニ乏道貧道一以譯レ之。皆謙虛自收不レ伐レ德也。今譯爲ニ息惡一者取ニ其意一也。元拔レ俗來ニ入非家一者。決誓斷レ惡息ニ本習一也。」【釋門歸敬儀上】に「沙門或云ニ桑門沙門那一者。並是天竺道士之佳號俗中之常目也。亦是彼國修ニ淨行一者。此云ニ淨志一以レ義目レ之。」【百論疏一】に「沙門者云ニ乏道一。亦云ニ息心一。乏道者以レ道斷ニ於貧乏一也。息心者。經云。息心達ニ本源一故云ニ沙門一也。」【四十二章經】に「佛言。辭レ親出家。識レ心達レ本。解ニ無爲法一。名曰ニ沙門一。」【增一阿含經四十七】に「沙門名ニ息心一。諸惡永已盡。梵志名ニ清淨一。除ニ去諸亂想一。」

沙門婆羅門相違　〔雜語〕【智度論十】に「智慧人有ニ二分一。沙門婆羅門。出家名ニ沙門一。在家名ニ婆羅門一。餘人心存ニ世樂一。是故不レ說。婆羅門多學智慧求レ福。出家人一切求レ道。」

四種沙門　〔名數〕一に勝道沙門、佛と獨覺と自ら能く覺するもの。二に示道沙門、舍利弗の如き法を說て道を示すもの。三に命道沙門、阿難の如き戒定慧を以て命となすもの。四に汚道沙門、犯重の比丘なり、律には摩訶羅と云ふ、謂く老比丘喜んで他物を盜むなり。(戒を犯して濫に他の信施を受くるを云ふ。)【俱舍論十五】図一に勝道沙門、佛に稟けて出家し能く煩惱を滅して勝道を證するもの。二に說道沙門、已に斷惑證理して能く正法を宣說し衆生をして佛道に入らしむるもの。三に壞道沙門、梵戒を壞し惡法を行ずるもの。四に活道沙門、能く煩惱を調伏し諸有の善法を勤修し、能く智慧の命根を生長せしむるもの。前の命道沙門なり。【瑜伽論二十九】

シヤモンクワ　沙門果　〔術語〕沙門の行を修せしものの得果なり。【俱舍論二十三】に「言ニ初果一者謂ニ預流果一。此於ニ一切沙門果中一必初得故。」

シヤモンダ　遮文茶　〔異類〕惡鬼の名。夜叉趣なり、即ち起尸鬼なり。【演密鈔五】に「遮文茶者此是夜叉趣攝。能以ニ呪術祕禱一害ニ於世人一。世人亦有下行ニ此法一者上。法華經云。若吉遮。若人吉遮。即是也。」【法華文句十】に「吉遮起尸鬼。若人若夜叉。俱有ニ此鬼一。」「キシキ」を見よ。梵 Chamaṇḍā.*

(遮文茶の圖)

シヤモンヅダキヤウ　沙門頭陀經　〔經名〕十二頭陀經の略名。

シヤモント　沙門都　〔職位〕沙門統の下役なり。【僧史略中】に「齊則以ニ法上一爲ニ昭玄統一。法順爲ニ沙門都一。然都者雖ニ總轄之名一而降レ統一等也。」

シヤモントウ　沙門統　〔職位〕天下の僧徒を統轄する僧官の名なり。【僧史略中】に「後魏皇始中趙郡沙門法果。戒行精至。開ニ演法籍一。太祖徵爲ニ沙門統一。言多鬼惬供施甚厚。」又、「詳究。魏文帝。勅ニ曇曜一爲ニ沙門都統一。乃自ニ曜公一始也。曜即帝禮爲レ師。號ニ昭玄沙門都統一。譯ニ淨土三昧經幷付法藏傳等一。是此師也。」師の傳。【續高僧傳一】に出づ。

シヤモンナ　沙門那　〔術語〕「シヤモン」を見よ。

シヤヤ　車也　〔雜語〕Chāya　譯、陰。陰陽の陰なり。【梵語雜名】

シヤヤ　闍夜　〔印相〕Jaya　闍耶、印の名。勝印又は得勝印と云ふ。【陀羅尼集經四】に「闍夜印。唐言二得勝印一。」又次下に「闍耶印。唐言二勝印一。」

シヤヤク　瀉藥　〔飮食〕下剤藥なり。【慧琳音義六十三】に「瀉藥。爲レ除二五臟腸胃積熱及宿食不消一故。以二藥湯一除二去其滓滯一。令二體氣通暢一。即如今之大黃朴消巴豆犀角等是也。」

シヤヤタシヤ　緒餘土苴　〔雜語〕【元亨釋書法藏贊】に「其泝二那智瀧一冲二喜見城一者。二子之緒餘土シヤ苴シヤ耶」緒餘土苴は莊子に「道之眞以治レ身。其緒餘以爲二國家一。其土苴以治二天下一。」【林希逸口義】に「緒餘土苴皆餘事耳。猶レ曰二塵垢粃糠一。」シヤヤタシヤとは當時の禪語ならん歟。

シヤヤチデイバタ　婆也地提嚩多　〔術語〕譯、本尊。【大日經疏二十】に「本尊者。梵音婆也地提嚩多。若但云二提嚩多一。直所尊之義也。」

シヤヤニ　奢耶尼　〔飮食〕Bhojaniya　食の名。「ハンチヤホゼンニ」を見よ。「見よ。

シヤラ　娑羅　〔植物〕Sāla　樹の名。「シヤラリン」を見よ。

シヤラ　捨羅　〔雜語〕譯、長被。「シヤロク」を見よ。

シヤラ　舍羅　〔動物〕Sāra　鳥の名。百舌鳥の雄なり。【玄應音義二十一】に「舍羅。百舌鳥雄鳥也。若言二舍利一Sārikā（maina）雌鳥也。」人語を能くす。

シヤラ　舍羅　〔術語〕Śalākā　譯、籌。舍羅はもと草の名、之を以て籌となし、今は多く竹木を以て之を作る。比丘の數を知らん爲に之を行ふなり。【行事鈔上四】に「四分舍羅此云レ籌也。五分乃至十誦行レ籌者。爲二檀越問レ僧不レ知レ數佛令レ行レ籌。」【業疏四上】に「舍羅草名。以爲レ籌計。用從レ事名。知二衆少多一欲レ趣二布薩會一也。」

シヤライ　娑羅洟　〔地名〕聚落の名。譯、調御城。【本集經三十三】梵 Sārathi*

シヤラカリンダイ　娑羅迦隣提　〔動物〕Sārasa Kāraṇḍa(Dual)* 二鳥の名。麗本の【涅槃經三】に「娑羅娑鳥迦隣提。」に作り、宋、元、明三本の【涅槃經三】に「娑羅迦隣提。」に作る。「シヤラリンダイ」を見よ。

シヤラギフタ　娑羅笈多　〔人名〕Śālagupta　僧の名。譯、貞固。【求法高僧傳下】

シヤラケ　娑羅華　〔雜名〕Śāla　娑羅樹の華葉なり。【釋氏要覽下】に「用二白紙一作二娑羅華八樹一以簇二繩床一表二雙林之相一。」

シヤラサウジユ　沙羅雙樹　〔地名〕佛の入滅せる所の林の名なり。沙羅樹の並木なれば雙樹と云ふ。【涅槃經一】に「佛在二拘尸那國力士生池阿利羅跋提河邊娑羅雙樹間一。」「シヤラリン」を見よ。⦿（曲、熊野）「地主權現の花の色、娑羅雙樹のことわりなり」

シヤラシ　娑羅支　〔植物〕樹の名。「センミ」を見よ。

シヤラシヤ　娑羅娑　〔動物〕鳥の名。【慧琳音義二十五】に「娑羅娑鳥。此云二共行一。亦云二白鶴一。」【大日經疏三】に「鴈非二正翻一。梵本云二娑羅娑鳥一。狀如二鴛鴦一而大。聲甚清雅。此方所レ無。故會シテ意言耳。」梵 Sarasa

シヤラジユ　娑羅樹　〔植物〕娑羅雙樹なり。

シヤラジユワウ　娑羅樹王　〔佛名〕佛の名。妙莊嚴王、未來成佛して娑羅樹王佛と作る。【法華經妙莊嚴王品】

シヤラソウガカニ　娑羅僧伽何尼　〔書名〕六十四書の一。「ロクジフシシヨ」を見よ。

シヤラダ　捨攞駄　〔術語〕Śraddhā　譯、深信。【大日經疏三】に「有二大信解一者。此信解梵音阿毘目底。謂明見二是理一。心無二疑慮一。如下鑿レ井已漸至レ泥雖レ未レ見レ水必知中在レ近。故名二信解一也。下云二深信一者。此信梵音捨攞駄。是依レ事依レ人之信。如レ聞二長者之言一。或出二常情之表一。但以三是人未二曾欺誑一故。即便諦受依行。亦名爲レ信。與二上文信二諸佛菩薩一義同。梵語本是兩名。唐音無三以甄別一故同名言レ信耳。」

シヤラダバツマ　設喇陀跋摩　〔人名〕Śradvarman　僧の名。譯、信胄。【求法高僧傳上】

シヤラナ　沙羅拏　〔人名〕又、沙羅那に作る。優塡王の子にして後出家得道すれば娑刺拏王とも沙羅那比丘とも云ふ。流轉と譯す。迦旃延通力を以て夢を現じ此人を度す。【宗鏡錄六十四】に「娑刺拏此云二流轉一。」「カセンエン」を見よ。梵 Sāraṇa

シヤラハニ　差羅波尼　〔衣服〕又、叉羅波膩に作る。衣の名。譯、灰水。【玄應音義十四】に「差羅波尼或作二叉羅波膩一。或云二識羅半尼一。此譯云二灰水一也。」Kṣarapāṇīya*

シヤラバシテイヤ　娑羅婆悉諦夜　〔地名〕Śrāvastī（Loc.）國の名。「シヤエ」を見よ。

シヤラボン　捨囉梵　〔物名〕譯、瓦椀。【大日經二】に「依二於嚩廋方一闍以二捨囉梵一。」【慧琳音義三十六】に「捨囉梵、唐云二瓦椀一也。於二西北隅風神王位一作法。止二風雨一。以二瓦椀一合レ之。」梵 Śarāva

シヤラマナ　舍囉磨拏　〔術語〕「シヤモン」に同じ。

シヤラミテイ　奢羅密帝　〔天名〕神王の名。譯、獨處快鬼。【金光明文句七】

シヤラリン　娑羅林　〔地名〕Śālavana　又娑羅林

に作る。娑羅は堅固の義、依りて堅固林と云ふ。慧苑師云く、高遠の義なり。佛拘尸那城の阿利羅跋提河の邊、娑羅樹の四方各二株雙生せる中間に於て入滅しければ、佛の入滅處を娑羅林とし娑羅樹間とも云ふ。又、牛角娑羅林と云ふ。牛角は雙樹を表す。或は言ふ、角は拘尸那城の別名なり。又、佛涅槃の時、雙樹悉く白に變ずると白鶴の如くなれば鶴樹と云ふ。【玄應音義二】に「沙羅。泥洹經作二堅固林一。」【西域記六】に「尸頼拏伐底河西岸不レ遠至二娑羅林一。其樹類レ槲而皮青白。葉甚光潤。四樹殊高。如來寂滅之所也。」【止觀一】に「中阿含云二牛角娑羅林一。恐是以レ城而名レ林也。拘尸那城云二角城一。其城三角故云レ角也。若爾只應レ云レ角。那云二牛角一。應是以二牛角一表レ雙。以二娑羅一名レ樹。娑羅西音。此云二堅固一。堅之名稱二樹德一也。故知牛角表レ雙。義兼二三角一。此即寂滅說二涅槃一處。」【涅槃經疏二】に「娑羅此云二堅固一。四方八株。悉高五丈。四榮四枯。下根相連。上枝相合。」【慧苑音義下】に「娑羅此云二高遠一。以三其林木森竦出二於餘林之上一也。舊翻云二堅固一者誤。由下娑曜之與二娑羅一聲勢相近上。若堅固即轉レ舌言レ之。若呼二高遠一直爾稱レ之耳。」【涅槃經一】に「爾時拘尸那城娑羅樹林變白猶如二白鶴一。」如來涅槃の後四樹枯れて四樹榮ゆ、以て大乘涅槃の常樂我淨萬代に繁榮するを表す。「シエイ」を見よ。◉（榮花、鶴の林）「娑羅林の涅槃」

シヤラリンダイ　沙羅隣提　〔動物〕 裟羅は娑羅婆の略。隣提は迦隣提の略。二鳥の名なり。二鳥共に鴛鴦の如く雙遊不離の鳥なれば以て菩薩の一行、一切行共行するに譬ふるなり。【涅槃經長壽品四】の迦葉菩薩の問偈に「云何共聖行。如二娑羅娑鳥迦隣提一。」佛、鳥喩品に於て迦隣提鳥と鴛鴦とを擧げて之を答へたり。是れ娑羅婆は即ち鴛鴦に類似する鳥なれば譯者殊に翻名を擧げしなり。然るに古師或は娑羅を解して娑羅雙樹と爲すあり誤の甚しきなり。「シヤラカリンダイ」を見よ。

シヤラワウ　娑羅王　〔佛名〕 Sālendrarāja 佛名なり。【慧苑音義上】に「娑羅此云二堅固一。亦曰二寂勝一也。」

シヤランルジユンシキ　捨濫留純識　〔術語〕 五重唯識の一。「ユヰシキクワン」を見よ。

シヤリ　者裡　〔雜語〕 【祖庭事苑二】に「這裡。這當レ作レ者。指レ事之辭也。這三蒼詁訓云。古文同二適字一。之石切。又舊韻誕彥二音。唯禪錄作二之也切一。皆沿襲所レ致。」

シヤリ　這裡　〔雜語〕 前項を見よ。

シヤリ　闍利　〔雜名〕 Jala*水の異名。【涅槃經十三】

シヤリ　舍利　〔術語〕 新に設利羅、室利羅と云ふ。佛の身骨なり。又總じて死屍に名く。是れ戒、定、慧の薰修に依て成ずる所なり。【金光明經捨身品】に「是舍利者即是無量六波羅蜜功德所重。」又「舍利是戒定慧所二薰修一。甚難レ可レ得最上福田。」【玄應音義六】に「舍利。正音設利羅。譯云二身骨一。舍利有二全身者一有二碎身者一。」【法華玄贊二】に「梵云二設利羅一。體也。舍利者訛也。」【俱舍光記八】に「馱都即佛身界也。亦名二室利羅一。唐言レ體。佛體也。舊云二舍利一訛也。」【資持記下四之一】に「舍利此翻二遺身一。即死屍也。」Śarīra ◉（正統記三）「八萬四千の塔を立て舍利を安置し」

二種舍利　〔名數〕 一に全身舍利、多寶佛の舍利の如し。二に碎身舍利、釋迦佛の舍利の如し。図一に生身舍利、戒定慧の薰修する所、如來の滅後全身或は碎身の身骨を留めて人天をして永く供養の福德を獲しむるもの。二は法身舍利、一切大小乘の經卷是なり。【智度論】に「經卷是法身舍利。」

舍利八斛四斗　〔故事〕 舍利の分量なり。【長阿含十二遊經】に「爾時香姓。以三一瓶受二一石許一。即分二舍利一均爲二八分一已。」【後分涅槃經下】に「造二八金壜八師子座一。各以二七寶一而爲二莊嚴一。其七寶壜各受二一斛一。」【佛母般泥洹經】に「我般泥洹後。二百歲時。阿育王從二八王一索二八斛四斗舍利一一日中作二八萬四千佛圖一。」【毘奈耶雜事三十九】に「如來舍利總有二一碩六斗一。分爲二八分一。七分在二瞻部洲一。其第四分阿羅摩處所レ得之者。在二龍宮一供養。」【傳燈錄一】に「爾時金棺從レ座而擧。高七多羅樹。往二反空中一化二火光三昧一。須臾灰生。得二舍利八斛四斗一。」【釋門正統三】に「按二菩薩處胎經一。云佛滅度後。乃有二舍利八斛四斗一。」

八國王分佛舍利　〔故事〕「カウシヤウ」を見よ。

米粒名舍利　〔雜語〕 【秘藏記上】に「天竺呼二米粒一爲二舍利一。佛舍利亦似二米粒一。是故曰二舍利一也。」【彌勒上生經疏下】に「舍利者稻穀也。馱都者體也。佛體大小如二稻穀量一故以爲レ名。」【慧苑音義下】に「舍利是稻穀也。」【梵語雜名】に「稻。舍理。」吾邦關左の俗、米を謂て舍利と呼ぶと云ふ。（コメを見よ。）

舍利代用　〔雜語〕 舍利既に米粒の名なれば米を以て舍利と爲すを得るは論なし。又【如意寶珠金輪咒王經】に「若無二舍利一以二金銀瑠璃水精馬腦玻璃衆寶等一造二作舍利一。乃至行者無レ力者。即至二大海邊一。拾二淸淨砂石一即爲二舍利一。亦用二藥草竹木根節一造二作舍利一。」

シヤリ　舍利　〔動物〕 Śāri 鳥の名。図舍利弗比丘の母を舍利と名く。「シヤリホツ」を見よ。

シヤリクヤウシキ　舍利供養式　〔書名〕 覺鑁

師の撰、密嚴諸秘釋第二に載す。

シヤリカウ　舍利講　〔行事〕「シヤリヱ」を見よ。

シヤリサン　舍利讃　〔術語〕舍利會の時の讃偈なり。

シヤリシ　舍利子　〔人名〕「シヤリホツ」を見よ。

シヤリシヤ　舍離沙　〔植物〕樹の名。「シリシヤ」を見よ。

シヤリタフ　舍利塔　〔堂塔〕Śarīra-stūpa 佛舍利を安置する寶塔なり。【金剛童子軌】に「此童子眞言對二舍利塔前一念誦。餘所不レ應二念誦一。作法不レ成故。」【寶樓閣經下】に「離二喧閙一密靜處建二立精室一。或舍利塔前。皆對二佛像一而向二東方一作二吉祥坐及結跏坐一。」《第五十五圖參照》

シヤリタラ　折利怛羅　〔地名〕Caritra 城の名。譯、發行。【西域記十】

シヤリニカ　差利尼迦　〔植物〕樹の名。譯、研枝。乳汁を出す樹なり。【本行集經三十二】に「彼樹林名二差利尼迦一。隋言二出乳汁林一。」【同四十一】に「有二一林一名二差梨尼迦一。隋言二研枝一。」梵 Kṣīriṇika「母なり。

シヤリニヨ　舍利女　〔人名〕Śārī 舍利弗比丘の

シヤリフタラ　奢利富多羅　〔人名〕奢利補怛羅に作る。Śāriputra「シヤリホツ」を見よ。

シヤリホウオンコウ　舍利報恩講　〔行事〕「シヤリヱ」を見よ。

シヤリホタラ　舍利弗多羅　〔人名〕奢利弗怛羅 Śāriputra「シヤリホツ」を見よ。

シヤリホツ　舍利弗　〔人名〕Śāriputra 又、舍利弗多、舍利弗羅、舍利子に作り、新に舍利弗多羅、舍利富多羅、舍利補怛羅と云ふ。舍利は母の名、弗又は弗多は弗多羅の略、子の義なり。舍利女の子なれば舍利弗、舍利子と云ふ。又父の名を優婆提舍と云ひ父に從へて優婆提舍（Upatiṣya）とも稱す。然るに母名の舍利に就て古來二釋あり。一は鳥の名と爲し、秋露、鶖鷺、鴝鵒、鸜鵒、鶖、百舌鳥と譯す。或は言ふ母の眼彼の鳥に似たり、或は言ふ母の才辯猶鶖鷺の如し、故に名くと。【法華玄贊一】に「梵云二舍利弗呾羅一。言二舍利一者訛也。舍利云レ鶖。即百舌鳥。亦曰二春鸜一。弗呾羅言レ子。以三母才辯喩如二鶖鳥一。此是彼子。以レ母顯レ之故云二鶖子一。復名二優婆提舍一以二能論議一故兼得二彼名一。」【嘉祥法華義疏一】に「從レ母立レ名。母以三眼似二舍利鳥眼一故名レ母名二舍利一。其母於二衆女人中一聰明第一。以三世人貴二重其母一故呼爲二舍利子一。古經名二鶖鷺子一。鶖鷺子猶取二鳥名一也。或言舍利鳥似二鶖鷺一也。父名二提舍一。逐レ父爲レ名。故名二優婆提舍一。優婆者逐也。提舍者星名也。」【玄應音義二十一】に「舍利子。梵言二奢利富多羅一。或言二舍利弗多羅一。此梵音轉耳。舍利母名。眼之青精名二舍利一。又母眼似二鸜鵒眼一。因以名焉。經中或言二鶖鷺子一者一義也。」【大明度經】に「秋露子。」【出三藏記一】に「舊經舍利子亦秋露子。新經舍利弗。」【俱舍寶疏一】に「舍利此云二百舌鳥一。子是唐言也。」二は舍利は身又は珠と譯す、母の身形好妙なる故に身に名け、又母の聰明眼球に在る故に珠と名くと。【法華文句一】に「舍利弗。具存應レ言二舍利弗羅一。此翻二身子一。又翻二舍利一爲レ珠。其母於二女人中一聰明。聰明相在二眼珠一。珠之所レ生。故是珠子。又翻レ身。此女好形身。身之所レ生故言二身子一。」然るに舍利を身と譯するは設利羅の訛言たる舍利と混同せしにて是れ訛なりと云ふ。【慧苑音義下】に「奢唎補怛羅。此云二鶖鷺子一。舊翻爲二身子一者謬也。梵本中呼レ身爲二設利羅一。故知懸別也。」【玄應音義四】に「奢利富多羅。此譯云二鴝鵒子一。從レ母爲レ名也。母眼似二鸜鵒一。或如二秋露鳥眼一。因以名焉。舊云二身子一者謬也。身者舍黎。與二此奢利一聲有二長短一。故有二斯謬一。或言二優婆提舍一者從レ父名レ子也。」舍利弗は目連と共に佛弟子中最も重用なる一人なり。その出家の因緣は、もと外道なりしが、師の死に逢ひ、茫茫然として道を求めむとして行く途上に馬勝比丘の安庠として歩むを見、比丘より「因緣所生法」の偈をきゝて出家せしなり。⊙（榮花）に「舍利弗は猶名に違はず瘠せ給へり」とあるは舍利を身骨の義と見たる戲言なり。⊙（太平記二四）「舍利弗は寂場樹下に禪座して」

舍利弗本地　〔本生〕【法華文句五】に「身子久成佛。號二金龍陀一。迹助二釋迦一爲二右面智慧弟子一。」【智度論四十】に「舍利弗是佛右面弟子。目犍連是佛左面弟子。」

智慧第一　〔故事〕【增一阿含經三】に「智慧無窮。決二了諸疑一。所謂舍利弗比丘是。」【智度論十一】に「一切衆生智。唯除二佛世尊一。欲レ比二舍利弗智慧及多聞一。於二十六分中一猶尙不レ及レ一。」

舍利弗瞋恚氣分　〔雜語〕【智度論二】に「舍利弗の如きは瞋恚の餘習あり。佛禪定より起ちて經行し羅睺羅佛に從ふ。佛羅睺羅に問ふ、何が故ぞ羸瘦する。羅睺羅偈を以て佛に答ふ、若人食レ油則得レ力。若食レ蘇者得二好色一。食二麻滓菜一無二色力一。大德世尊當二自知一。佛羅睺羅に問ふ、衆中に誰か上座たる。羅睺羅答ふ、和上舍利弗なり。佛言く、舍利弗は不淨食を食すと。爾の時舍利弗是の語を聞傳し即時に食を吐きて自ら誓言を作す、今日より復た人の請を受けずと。是の時波斯匿王と長者須達多等と舍利弗の所に來詣し舍利弗に告ぐ、佛無事を

以て人の請を受けしめず、大德舍利弗復た請を受けずんば我等白衣云何か當に大信清淨なるを得べき。舍利弗言く、我が大師佛言く、舍利弗不淨食を食すと、今、人の請を受るとを得ずと。是に於て波斯匿王等佛所に至り佛に白して言く、佛常に人の請を受けしめず、舍利弗復た請を受けずんば我等云何か心に大信を得ん、願くは佛舍利弗に勅して還た人の請を受けしめよ。佛言く、此の人心堅くして移轉すべからず。佛爾の時本生の因緣を引く。昔一の國王あり、毒蛇の爲に嚙まる。王時に死せんと欲す、諸の良醫を呼で毒蛇を治せしむ。時に諸醫多く言く還て蛇をして毒氣を嗽はしめば乃ち盡きん。是の時諸醫各呪術を說く。王を齧む所の蛇即ち王の所に來る、諸醫薪を積み火を燃し蛇に勅す、還て汝が毒を嗽へ、若し然らずんば當に此火に入るべし。毒蛇思惟すらく、我れ既に毒を吐く、云何か還て嗽はん、此れ寧ろ劇死せん、思惟し心を定めて即時に火に入る。爾の時の毒蛇は舍利弗是なり。世世に心堅くして動かすべからざるなり。」

舍利弗過去退大乘向小道 〔傳說〕「コツゲンバラモン」を見よ。

舍利弗目連捔現神力 〔傳說〕智慧第一の舍利弗の餘德神力第一の目連に勝つ。【增一阿含經二十七、智度論四十五、經律異相十四】

舍利弗授記 〔傳說〕聲聞中第一の智者なれば法華の法說段に於て第一に唯獨り圓乘を開悟し回心向大して未來成佛華光如來の記別を受く。【法華經譬喩品】

舍利弗風熱 〔傳說〕阿羅漢の聖者にして尙有漏の依身を捨てざれば風等の熱病を免かるると能はず。【光明文句】に「雖レ入二有涅槃一猶有二果身在一。身子風熱。畢陵伽眼病。」

舍利弗度二弟子說法顚倒 〔傳說〕【涅槃經二十六】に「佛言く我れ昔波羅捺國に住するとき舍利弗二弟子に敎ふ、一は白骨を觀ぜしめ、一は數息せしむ。多年を經歷して各定を得ず、是の因緣を以て即ち邪見を生ず。言く、涅槃無漏の法なし、設し其れ有らば我れ應に之を得べし。何を以ての故に、我れ能く所受の戒を持するが故にと。我れ爾の時舍利弗を喚で之を呵責す、汝善く敎へず是の二弟子の爲に顚倒して法を說く。汝二弟子各性異なれり、一は主浣衣、一は金師なり。金師の子には應に數息を敎へ、浣衣の人には應に骨觀を敎ふべし、汝錯て敎ふるを以て是の二人をして惡邪を生ぜしむ。我れ爾の時に於て是の二人の爲に法を說く、二人聞き已て阿羅漢果を得たり。」

舍利弗目連先佛入滅 〔傳說〕舍利弗目犍連の二大弟子共に佛の諸比丘に告げて却後三月當に涅槃に入るべしと言ふを聞て、眼に世尊の入滅を見るに忍びず、佛に告て已に滅を取る。而して目連は宿業の爲に執杖外道に打殺せらるるなり。【大方便報恩經五、賢愚因緣經五】に舍利弗の入滅を記し、且つ佛其の往昔の因緣を說く。【增一阿含經十八】に目連が執杖外道に毆折せられて將に涅槃に入らんとする事、及び舍利弗之を見て先づ涅槃を取るを說く。又、【月光菩薩經】に舍利弗目連の二人佛に告げて滅に入るを請ひ、佛之が爲に往昔の因緣を說く。而して上足の二人佛に告げて入滅するは三世諸佛の通規なりと云ふ。【增一阿含經十八】に「舍利弗言。又我躬從二如來一聞二此語一。諸過去當來今現在諸佛上足弟子先取二般涅槃一。然後佛取二般涅槃一。」【薩婆多論七】に「舍利弗目連以レ不レ忍レ見二佛泥洹一便先泥洹。以二其先泥洹一故。七萬阿羅漢同時泥洹。」

シャリホツアビドンロン 舍利弗阿毘曇論 〔書名〕三十卷、姚秦の曇摩崛多譯。舍利弗所立の對法藏なり。【秋帙二、三】(1268)

シャリホツケクワキヤウ 舍利弗悔過經 〔經名〕一卷、後漢の安世高譯。菩薩藏經と同本にして文甚だ略。【列帙二】(1106)

シャリホツダラニキヤウ 舍利弗陀羅尼經 〔經名〕一卷、蕭梁の僧伽婆羅譯。一向出生菩薩經と同本。【成帙九】(353)

シャリホツビドン 舍利弗毘曇 〔書名〕「舍利弗阿毘曇論の略名。

シャリホツモンキヤウ 舍利弗問經 〔經名〕一卷、失譯。戒律の事を問ふ。【寒帙十】(1152)

シャリホツマカモクレンユウシクキヤウ 舍利弗摩訶目連遊四衢經 〔經名〕一卷、後漢の唐孟詳譯。衆聲喧鬧、佛見るを許さず、諸天の請に因て佛之を召見す。增一阿含經馬王品に出づ。【昃帙四】(625)

シャリヤ 奢利耶 〔地名〕婆羅門聚落の名。【慧琳音義十二】に「奢利耶。婆羅門聚落名也。世尊於二此邑中一乞食。不レ得而空鉢還。」梵 Śālīya*

シャリヤ 遮梨夜 〔術語〕遮唎耶 Caryā 譯、諸行。諸の有爲法を云ふ。【智度論四十八】に「遮利夜。秦言レ行。」【大日經疏七】に「梵音遮唎耶。是諸行義。」

シャリラ 設利羅 〔術語〕捨哩囉に作る。Śarīra 舍利の新稱なり。「シャリ」を見よ。

シャリライモン 舍利禮文 〔書名〕撰者詳た

らず、密家に之を用ふ。沙門亮汰の鈔あり。

シヤリヱ　舍利會　〔行事〕 舍利講又は舍利報恩講と云ふ。佛舍利を供養する法會なり。

天台舍利會　〔行事〕 慈覺大師佛舍利を支那より傳來して貞觀二年より此の法會を創す。【濫觴抄下】に「天台舍利會。淸和三年庚辰（貞觀二年）四月四日。座主仁和尚始レ之。」⊙（榮花、疑）「比叡の舍利會」

仁和寺舍利會　〔行事〕【濫觴抄下】に「仁和寺舍利會。永治三年癸亥十月十四日始行レ之。永爲二恒例一。」【初例抄下】に「仁和寺舍利會。康治二年十月十四日仁和寺舍利會被レ始二行之一。爲二恒例一。」【本朝世紀久安三年十一月の下】に詳く舍利講の法式を記す。

シヤルウパシヤル　遮盧鄔波遮盧　〔人名〕 Cāru Upacāru 遮盧と鄔波遮盧の二人の名。此の二人共に劫初濕生の人なり。【倶舍光記八】に「遮盧唐言レ髀。鄔波遮盧。唐言二小髀一。於二我養王兩髀上一各生二一皰一。皰生二一子一。顏貌端正。從二所生處一爲レ名。以レ小標レ別。」

シヤルガ　舍樓伽　〔飮食〕 醬の名。【善見律十七】に「舍樓伽此是優鉢羅。拘物頭花根。舂取レ汁。澄使レ淸。是名二舍樓伽醬一。」梵 Śāluka

シヤレイシヤタンマキヤウ　舍黎娑擔摩經　〔經名〕 具名、大乘舍黎娑擔摩經、一卷、趙宋の施護譯。佛諸の苾芻に告ぐ、若し十二緣生に於て能く見了する之を見法見佛と名く。舍利弗以て慈氏菩薩に問ふ、菩薩細に十二因緣甚深の義を釋す。舍黎娑擔摩は稻蘊と譯す。別に稻蘊經あり、同本なり。【宙帙七、閏帙十五】(280. 281. 867. 963) Śālistambha

シヤロク　舍勒　〔術語〕 又、舍吒迦と云ふ。又涅槃僧と云ふ。內衣、裙と譯す。【玄應音義十五】に「舍勒此謂云レ衣。或言二內衣一也。」【所量輕重儀下】に「舍勒四分云二涅槃僧一。此名二內衣一。即舍勒也。」【資持記中二之三】に「舍勒梵語。舊記云。短裙之類。鼻奈耶云。泥洹僧也。」【梵語雜名】に「裙。舍吒迦。」

シヤワウ　闍王　〔人名〕 阿闍世王なり。

シヤヰ　遮遺　〔雜語〕「ダビ」を見よ。

シヤヱ　舍衞　〔地名〕 Śrāvastī もと城の名、以て國號とす。國の本名は憍薩羅國なり。南方の憍薩羅國に別たん爲に城名を以て國號となせしなり。新に室羅伐、室羅伐悉底と云ふ。聞者、聞物、豐德、好道など譯す。此城多く名聲の人を出だし、多く勝物を生ずればなり。又別名あり、舍婆提城、尸羅跋提、捨羅婆悉帝夜城と云ふ。（古仙の名に依て名くと云ふ說あれ共梵音の轉訛に他ならず。）【天台金剛般若疏】に「舍衞名二聞物國一。勝物多出二此境一。嘉名遠振二諸國一。故名二聞物一。又舍婆提者。昔有二二仙一。弟名二舍婆一。此云二幼小一。兄名二阿跋提一。此云二不可害一。合二此二人一以名レ城也。」【玄應音義三】に「舍衞國。或言二舍婆提城一。或言二捨羅婆悉帝夜城一。訛也。正言二室羅伐國一。此譯云二聞者城一。法鏡經云二聞物國一。善見律云。舍衞是人名。昔有レ人居二住此地一。往生有レ王見二此地好一故乞立爲レ國。以二此人名一號二舍衞國一。一名二名有國一。言有二聰明智慧一人。及諸國珍奇皆歸二此國一也。」【勝鬘寶窟上本】に「舍衞國。眞諦三藏云。彼國正音。應レ云二奢羅摩死底一。此言二好名聞國一。昔有二仙人一好二名聞一。在二此中一住。從二仙人一作レ名。故云二好名聞國一也。從來舊翻爲二聞物國一。此多出二好物一。遠聞二諸國一。故名二聞物國一。十二遊經云。無二物不レ有。勝二於餘處一也。」【彌勒上生經疏上】に「梵言二室羅伐悉底一。言二舍衞一者訛略也。此中印度境憍薩羅國之都城名。爲レ別二南憍薩羅國一故以二都城一爲二國之稱一。眞諦法師云。昔有二兄弟二人一。一名二舍婆一。二名二婆提一。故彼所翻金剛般若云レ在二舍婆提城一。兄弟二人於此習レ仙。獲而果遂。城因レ此號名二舍婆提一。今新翻云。應レ云二豐德城一。一具二財物一。二妙欲境。三饒多聞。四豐解脫。國豐二四德一故以名焉。」【梵語雜名】に「舍衞。室囉縛悉地。」

舍衞三億　〔傳說〕「サンヲク」を見よ。⊙（野守鏡上）「舍衞の三億の家は佛の出で給へることを猶知らざりき」

舍衞國女　〔傳說〕 蓮華女經に說ける蓮華女の故事なり。「レンゲニヨ」を見よ。⊙（榮花、本のしづく）「かの舍衞國の女人の我がかほよしとみけんにもおとらず」

シヤヱコクワウムケンジフジキヤウ　舍衞國王夢見十事經　〔經名〕 一卷、失譯、佛の涅槃に就て國王十事を夢みるなり。【昃帙四】(631)

シヤンカラアチヤリ　商羯羅阿闍梨　〔人名〕 Saṅkara-ācārya 有名なる印度敎の復興者。紀元約七百八十九年頃、南印度のマラバーに生る。クマーリラ Kumārila の跡を嗣ぎ一層婆羅門哲學の學風を盛にし、幾多の古哲學書に注釋を下し、自己の意見を以て、印度哲學の正敎なるを主張し、自ら四方に歷遊し、或は其弟子を全印度に派遣して漸次敎線を民間に張り、以て他敎特に佛敎を屈伏するを目的となし、遂に之を驅逐するに至りたり。彼は斯くの如く破邪顯正に一生を終り、三十二歲の時、雪山中のケーダールナート Kedārnāth に死す。彼が印度の四方に創設せし、四箇の大修道院はその死後、其高弟によりて統治せられ、其學風は彼の短き生涯中の偉業を源泉として、永く印度の思想界を

支配するに至れり。

シユ 衆 [術語] 梵語、僧伽。Saṅgha 衆と譯す。舊譯家は四人已上の和合を云ひ、新譯家は三人已上の和合を云ふ。【天台觀經疏】に「衆者。四人已上乃至百千無量。」【法華義疏二】に「四人已上。至二萬二千人一以還悉名爲レ衆。」【法華玄贊一】に「衆者僧也。理事二和得二衆名一也。三人已上得二僧名一故。」「ソウ」を見よ。

シユ 趣 [術語] 衆生の往く所の國土を趣と名く。【倶舍論八】に「趣謂所往。」【大乘義章八末】に「趣者蓋乃對レ因以名レ是也。因能向レ果。果爲二因趣一。故名爲レ趣。」【法華文句記】に「從レ一至レ一故名レ趣。」【梵語雜名】に「趣。迦也。」

シユ 取 [術語] 所對の境界を取著するを取と名く。愛の異名なり、又煩惱の總名なり。【唯識論八】に「取是著義。」【大乘義章五本】に「取三執境界一說名爲レ取。」【勝鬘寶窟中末】に「取者是其愛之別稱。愛心取著。故名爲レ取。」

シユ 數 [術語] 智の異名なり。【了義燈二本】に「數是智慧。」「リ」「ヒユ」を見よ。

シユ 四喩 [名數] 波羅夷の四喩、又佛壽の四喩あり。

シユアク 修惡 [術語] 天台の目。性惡の稱に對す。菩薩界已下の九界の造作せる惡を修惡と名け、其の惡の眞如の性德たるを性惡と名く。性は純眞無妄なり惡は性に違して起る者なりと言ふは華嚴宗已下の實談なり、天台の同敎獨り性に善惡を具す、修惡即性惡なりと云ふ。「シヤウアク」を見よ。

シユイキヤウ 首意經 [經名] 梵志女首意經の略。

シユイウ 衆祐 [術語] 新に世尊と云ふを舊に衆祐と云ふ。衆德助成、或は衆福助成の義なり。【玄應音義一】に「衆祐。祐助也。謂衆德相助成也。舊經多言二衆祐一者。福祐也。今多言二世尊一者。爲二世所一レ尊也。此蓋從レ義立レ名耳。」【同二十一】に「衆祐。于救切。世尊號也。謂有二衆德一自祐。祐猶レ助也。梵言二婆伽婆一。正言二薄迦梵一 Bhagavat 也。」【僧史略上】は「漢末魏初傳譯漸盛。或翻レ佛爲二衆祐一。」

シユイン 手印 [術語] 手指に結ぶ印なり。【陀羅尼集經二】に「誦レ呪有二身印等種種印法一。若作二手印一誦二諸呪法一。易レ得レ成レ驗。」

シユインカンクワ 修因感果 [術語] 善惡の因を修して苦樂の果を感ずるなり。【嘉祥大經疏】に「法藏修因感二淨土果一。」【靈芝小經疏上】に「今經即以二彌陀修因感果依正莊嚴不思議一爲二所詮理一。」⊙(十訓抄、一〇)「彼修因感果の無レ限政事の中にも、かやうの事に付て猶冥慮各別也」と 修因、シユウイン と長く讀む。

シユインケセツロン 取因假設論 [書名] 一卷、陳那菩薩造、唐の義淨譯。佛、衆生を化するに但假施設の事に依て法要を宣ぶるを論ず。【署帙二】(1228)

シユウ 宗 [術語] 尊なり、主なり、要なり。自己の尊崇し主張する要旨なり。【輔行一之二】に「宗者。尊也。主也。」【玄義一上】に「宗者要也。」此宗に二種あり、一は一宗を成して師資相承するもの、印度の小乘二十部及び成實宗の二十一宗、大乘の瑜伽中觀の二宗、支那の十三宗、日本の十四宗の如し。「シユウハ」を見よ。二は自家一已の見を以て諸教の宗旨を判ぜしもの。此に又二種あり、一は單に諸教の上に於て之を判定するもの、永明の三宗乃至賢首の十宗等の如し。一は之を已成の自他宗に於て判定するもの、弘法の十住心の如し。

二宗 [名數] 「ニシユウ」を見よ。

三宗 [名數] 是れ永明の所立、單に大乘に於て其の宗旨を判定す。一に法相、一切染淨の諸法無始時來各種子ありて阿賴耶識の中に在り、緣に遇て各自の種子より起て萬法條然たり。依て色心の諸法に於て種種の名相を建立するもの。深密、唯識等の所明是なり。二に破相、一切染淨の法は悉く因緣生なり、因緣生なるが故に自性なきこと夢の如く幻の如し、されば諸法唯是れ空、空も亦空なりとして有相空相共に破するもの。般若、中論等の所明是なり。三に法性、法性隨緣して萬法となること水の波を起すが如く、萬法即ち一味の法性なること波即ち水なるが如しと立つるもの。是の如く萬法即ち法性なれば法相宗の如く萬法有にも非ず、法性即ち萬法なれば破相宗の如く萬法空にもあらず。楞迦、起信等の所明是なり。此の三宗は次第の如く有空中にて、全く圭峯所立五教中の後三に同じ。「ゴケウ」を見よ。

四宗 [名數] 是れ大小乘を通じて其の宗旨を判ず、此に二種あり、一は北齊の大衍の所立、一は淨影の所立、名異義同なり。解釋の便に依て先づ淨影を逃す。一に立性宗、是れ小乘中の淺なり。諸法は各體性ありと說くもの。但し皆因緣より生ずと說けば外道の自然性を立つるに同じからず。發智、六足、倶舍等の諸論に說く所、薩婆多宗是なり。二に破性宗、是れ小乘の深なり。諸法は因緣生なれば虛假にして無性なりと說くもの。前宗の法の自性を立つるに同じからず。但し尙法の假相を許すなり。土木の城は因緣生なれば實性なきも假城なきにあらずとす。是れ因緣の相を觀じて自性を

破するなり、成實宗是れなり。三に破相宗、是れ大乘の淺なり。諸法は陽炎の如く、自性空なれば前宗の虛假の相も亦無なりと說く、譬へば人遠く陽炎を見て水と爲す如き、近く見れば自性なきのみならず、水相も亦無きが如し、是れ法の空性を觀じて相を破するなり。四に顯實宗、是れ大乘の深なり、諸法は妄の故にあり、妄想は體なし、起ること必ず眞に依る、眞とは如來藏なり、此眞性緣起して生死涅槃を成ず、眞の緣起なるが故に眞實ならざるものなしと立つるもの。此中前の二宗は經同論異なり、經同とは四阿含經なり、論別とは前に言ふ如し。後の二は經論共に同一なり。案に三論の嘉祥及び明の智旭亦大乘一味の見也。【大乘義章一】次に大衍の四宗は一に因緣宗、因緣は色心の實法を生ずと立つるもの即ち前の立法宗なり。二に假名宗、諸法は實性なく只假名あるのみと立つるもの、即ち前の破性宗なり。三に不眞宗、諸法は自性空なれば假相も空なると陽炎の自性もなく亦非相もなきが如しと立つるもの。是れ空理を盡すも未だ眞性を顯はさざれば不眞宗と名く。即ち前の破相宗なり。四に眞宗、眞如法性の隨緣して諸法を成ずるを說くもの。即ち前の顯實宗なり。【五教章上之二】

五宗 [名數] 是れ護身寺の自軌法師の所立。一に因緣宗、二に假名宗、三に不眞宗、此三前に同じ。四に眞宗、涅槃等の經に佛性眞如等を明かす是なり。五に法界宗、華嚴經に法界自在無礙の法門を明かす是なり。

六宗 [名數] 是れ耆闍寺の凛師の所立。一に因緣宗、二に假名宗、此二前に同じ。三に不眞宗、諸大乘經に諸法如幻化等と說くもの。四に眞宗、諸法眞空の理を說くもの。清涼云く第三第四は只法(第四)喩(第三)の別のみ。五に常宗、涅槃經に眞理に恒沙の功德常恒等の義ありと說くもの、前第四の眞宗に同じ。六に圓宗、華嚴經に法界自在の緣起德用圓滿するを說くもの、即ち前の法界宗なり。【五教章上二】

賢首十宗 [名數] 是れ華嚴宗所判の十宗なり。一に我法倶有宗、此は我法の二種ありと立つる宗なり、抑も佛法は無我を以て通理とす、而して佛教中に在て我ありと立つ、故に之を附佛法の外道と曰ふなり、倶舍論破我中嚴に此宗を破す。二に有法無我宗、此は法は即ち實有にして我は即ち空無なりと立つる宗なり。三に法無去來宗、此は現在の法は有れども過未の法は無なりと立つる宗なり。四に現通假實宗、此は現在の法に於て假有り實有りと立つる宗なり。五に俗妄眞實宗、此は世間の法は轉倒にして但だ假名あり、出世間の法は非倒にして眞實なりと立つる宗なり。六に諸法但名宗、此は若は世間法若は出世間法但だ假名ありて實體無しと立つる宗なり。已上六宗は總じて是れ小乘教なり。印度の小乘二十部あり此六宗に區別す、(即ち下表の如し。)七に一切皆空宗、此は諸法皆空と立つる宗にして空始教なり、而して相始教を擧げざるは後を擧げて初を略し、且つ後の眞德不空に對する爲めなり。八に眞德不空宗、此は如來藏に無量の德を具し、緣に隨つて生起する眞如不空の義を立つる宗にして即ち終教なり。九に相想倶絕宗、此は諸法の相を泯し心識の想を絕して直に眞性の本體を叩いて證入を談ずる宗にして即ち頓教なり。十に圓明具德宗、此は圓明の眞性に法界の萬德を具足して更こ一法の欠滅なき一眞法界の無盡無極なる義を談ずる宗にして即ち圓教なり。【五教章上】図本朝昔時流布の宗に十宗の稱あり。「シュウハ」を見よ。之に二說あり、一は一に大乘律宗、二に倶舍宗、三に成實宗、四に法相宗、五に三論宗、六に天台宗、七に華嚴宗、八に眞言宗、九に小乘律宗、十に淨土宗なり、是れ拾芥抄の意 二は前の十宗に於て大乘律師を除き禪宗を加へて十宗となす。是れ八宗綱要の意。

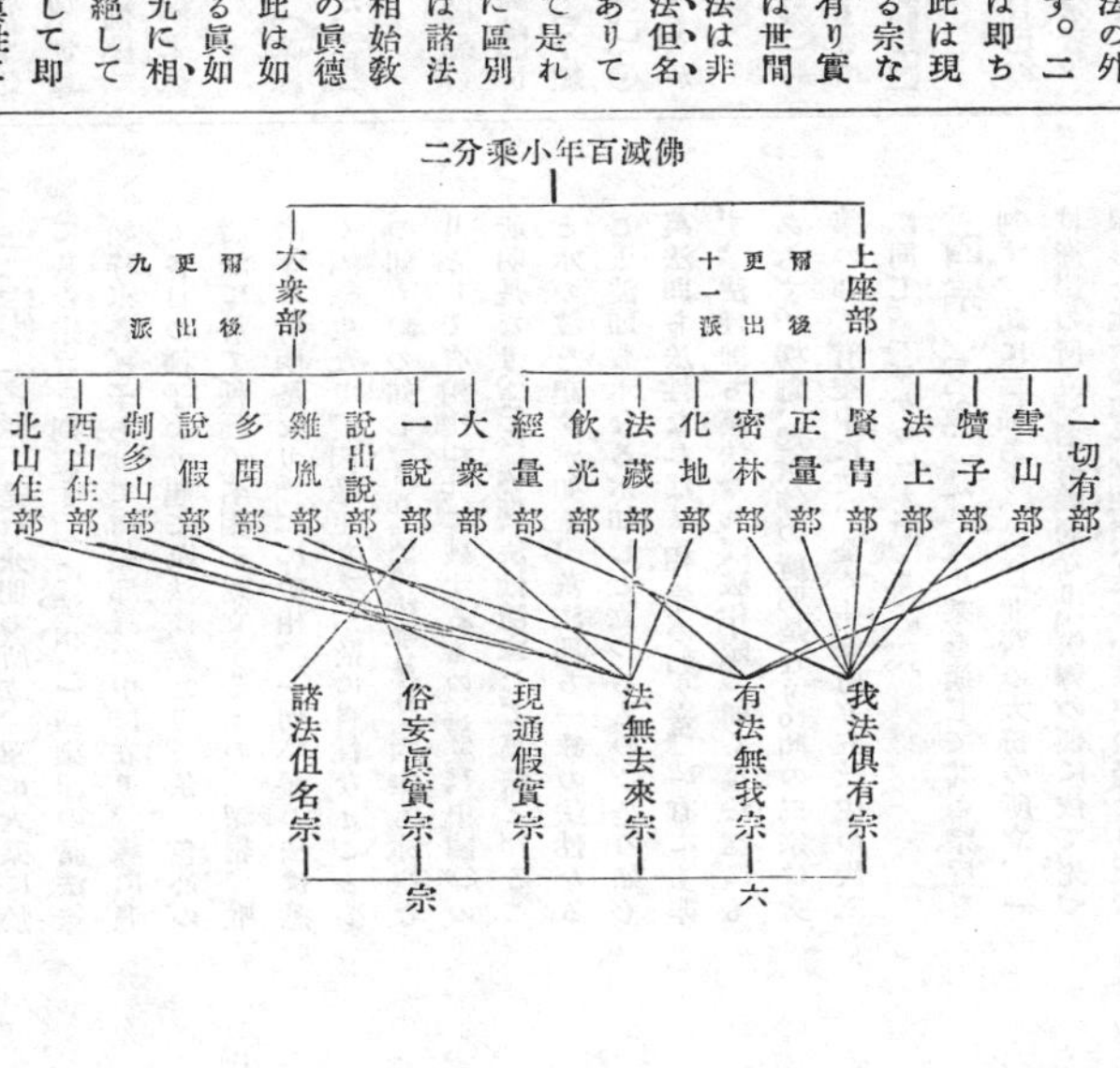

シユウインユ 宗因喩 [術語] 因明の三支なり。

「サンシ」を見よ。

シユウエ　宗依　〔術語〕因明の三支中宗法に宗依宗體の二あり、前陳の聲と之を有法と云ふ。後陳の無常之を能別と云ふの二を宗依と名け、此二言極成して相關連し、立敵に於て一許一不許なるを宗體と名く。此の二は宗體の所依なれば宗依と云ふなり。【因明大疏上】に「有法能別。但是宗依。而非二是宗一。」

シユウエウ　宗要　〔術語〕宗は主なり、宗即要なり、事物の主要なるを宗要と名く。【法華玄義一】に「如下提二綱維一無二目而不レ動牽二衣一角一無中縷而不上來。故言二宗要一。」高麗元曉の畧疏多く宗要と稱す。法華經宗要、無量義經宗要、楞伽經宗要など。

シユウガク　宗學　〔術語〕各宗自家の修學なり。

シユウキヤウロク　宗鏡錄　〔書名〕百卷、宋の慧日永明寺智覺禪師延壽集。

シユウギ　宗義　〔術語〕一宗の義理にして敎觀二門中の敎相門なり。【婆沙論百二十七】に「許則便違二對法宗義一。」【順正理論一】に「由二經有レ別宗義不レ同。」

シユウギ　宗儀　〔術語〕一宗の儀式なり。

シユウケ　宗家　〔雜名〕淨土眞宗に唐の善導を指して宗家と呼ぶ。是れ本宗祖家中の翹楚なればなり。

シユウゲン　宗元　〔術語〕宗旨の元由なり。【止觀一】に「行人若聞二付法藏一則識二宗元一。」

シユウゲン　宗源　〔術語〕宗旨の本源なり。【三論玄義】に「夫欲レ立レ理。先須レ序二宗源一。」

シユウゲン　宗眼　〔術語〕一宗の正法眼なり。【無盡燈論上】に「雪峯眞覺大師。絕世宗眼」【大藏一覽十】に宗眼品あり。

シユウコツ　宗骨　〔術語〕一宗の骨目なり。【止觀義例】に「所用義旨以二法華一爲二宗骨一。」

シユウゴク　宗極　〔術語〕所宗所說の至極なり。【肇論上】に「至虛無生者。蓋是般若玄鑒之妙趣。有物之宗極者也。」【維摩經序】に「濟二蒙惑一則以二慈悲一爲レ首。語二宗極一則以二不二一爲レ門。」

シユウシ　宗旨　〔術語〕諸經に說く主要の旨趣なり。【光宅法華疏一】に「諸經宗旨要略有レ三。」【行事鈔上之一】に「尋討者不レ識二宗旨一。」【證道歌】に「建二法幢一立二宗旨一。」又、所信所屬の宗派のこと。

シユウシ　宗師　〔術語〕宗は尊なり、正法を傳へて衆の爲に尊崇せらるるを宗師と稱す。又佛心宗を傳ふるの師を宗師と云ふ。【釋氏要覽上】に「宗師傳二佛心宗一之師。又云。宗者尊也。謂此人開二空法道一爲レ衆所レ尊故。」【碧巖六十三則評唱】に「宗師家看。他一動一靜。」図各宗其の祖を稱して宗師と稱す、眞宗の如きは唐の善導を宗師と云ふ。

シユウシヤウ　宗匠　〔術語〕宗師巧に法を說きて後昆を成すと工匠の材に於る如し、之を宗匠と名く。【貞元錄十八】に「宗匠成レ敎。軌二範賢明一。」【法華文句二】に「才藝兼通爲二彼宗匠一。」【梁傳慧亮】に「當時宗匠無二與競一焉。」

シユウジヨウ　宗乘　〔術語〕各宗所弘の宗義及び敎典を宗乘と云ふ。殊に禪門及び淨土門に就て自家を標稱する語とす。【碧巖第五十則垂示】に「權二衡佛祖一龜二鑑宗乘一。」

シユウセツグヅウ　宗說俱通　〔術語〕宗通、說通なり。禪門に自悟徹底を宗通と云ひ、說法自在を說通とす。宗說俱通を大宗師とす。【祖庭事苑七】に「淸凉云。宗通自修行。說通示二未悟一。」【楞伽經三】に「佛告二大慧一。一切聲聞緣覺菩薩有二二種通相一。謂宗通說通。」【同註】に「宗者道之本。說者敎之跡。」【證道歌】に「宗亦通說亦通。定慧圓明不レ滯レ空。」

シユウソ　宗祖　〔術語〕一宗一宗の開祖なり。

シユウタイ　宗體　〔術語〕宗義の實體を云ふ。又、因明の宗法に宗體宗依の別あり、「シユウエ」を見よ。

シユウチ　宗致　〔術語〕宗趣と言ふ如し、主義の至極する所を致と云ふ。【法華文句記四】に「此是法華之宗致實敎之源由。」【業疏二之上】に「標二擧宗致一。」

シユウヅ　宗途　〔術語〕一宗旨の他に別なる途轍なり。【圓覺略鈔七】に「宗途者宗旨別轍也。」

シユウト　宗徒　〔術語〕其宗其宗の門弟なり。

シユウハ　宗派　〔術語〕大聖出世して大小半滿の諸敎を說き一切の機緣を攝化す。滅後の賢聖各敎に依て宗を分ち、以て有緣を化益す。今滅後三國の諸宗を列擧せん。

天竺の宗派　〔雜語〕小乘二十部あり。【宗輪論】「セウヂヨウ」を見よ。又、大乘は中觀宗龍樹瑜伽宗彌勒の二宗あり。【寄歸傳】中觀宗は支那の三論宗、瑜伽宗は支那の法相宗なり。

支那の宗派　〔雜語〕十三宗あり。一に毘曇宗、二に成實宗、三に律宗、四に三論宗、五に涅槃宗、六に地論宗、七に淨土宗、八に禪宗、九に攝論宗、十に天台宗、十一に華嚴宗、十二に法相宗、十三に眞言宗。上來の所列は多く興起弘傳の次第に依て之を擧ぐ。【三國佛法傳通緣起上】

日本の宗派　〔雜語〕八宗とは、一に三論宗、二に法相宗、三に華嚴宗、四に俱舍宗、五に成實宗、六に律宗、七に天台宗、八に眞言宗。是れ又弘傳の次第に依る。【傳通緣起中】此中上の六宗を上古宗となし、又南都の六宗と云ひ、後の二宗を中古宗となし、又京都の二宗と曰ふ。又九宗とは、上の

八宗に禪宗を加ふるなり、之を八家九宗と稱す。又十宗とは。上の九宗に淨土宗を加ふるなり。是れ亦弘傳の次第なり。【傳通緣起下】又十二宗とは、十宗は前の如し、十一に淨土眞宗、第十二に日蓮宗なり。是れ亦弘傳の次第なり。現今にては法相華嚴天台眞言以下八宗のみなり。

シユウフウ　宗風　〔術語〕一宗の風儀を云ふ。特に禪宗に於て宗師家の宗乘擧揚の風儀を稱して宗風と云ふ。家風、禪風など云ふが如し。この場合には宗師家一人の風儀に就て云ふものにて「雲門の宗風、德山の宗風」など稱す。又、祖師の禪風の相承せられて其宗獨特の流儀となりたるを宗風と稱す。「臨濟の宗風、曹洞の宗風」と云ふ如し。

シユウホフ　宗法　〔術語〕因明の立量三支の第一支、二句より成る。又之れを宗體と云ひ、所立と云ふ。其の二句に五種の異名あり。一は前句を自性と云ひ、後句を差別と云ふ。二は前句を有法と云ひ、後句を法と云ふ。三は前句を所別と云ひ、後句を能別と云ふ。四は前句を前陳と云ひ、後句を後陳と云ふ。五は前句を宗依と云ひ、後句を亦宗依と云ふ。此の二共に宗體の所依なればなり。【因明大疏上】

シユウミツ　宗密　〔人名〕唐の華嚴の祖、圭峰大師の諱なり。【宋僧傳六】

シユウモン　宗門　〔術語〕もと諸宗の通稱なれども殊に禪宗自讃の稱とす、依つて餘宗を敎門と稱するなり。【譯文筌蹄四】に「宗門と云ふことは日本にては諸宗にていへども、元來禪家に自讃して釋迦の嫡流なりと云ふ詞なり。」【楞迦經一】に「佛語心爲レ宗無門爲二法門一。」と曰ふに依るなるべし。【祖庭事苑八】に「宗門謂三學者莫レ不レ宗二此門一。故謂二之宗門一。正宗記云。所謂吾宗門乃釋迦門一佛敎之大宗正趣。乃至乃知古者命二吾禪門一謂二之宗門一。而尊二敎迹之外一殊是也。」

シユウユウ　宗用　〔術語〕台家五重玄義中の宗と用なり。「ゲンギ」を見よ。

シユウレイ　宗令　〔術語〕宗門の命令、達示等を云ふ。

シユウロン　宗論　〔術語〕宗釋二論の一。一經に就て宗旨を總括し法義を建立するを宗論とし、一一に文義を解するを釋論とす。【淨土源流章】に「就二一類經一總二擧宗旨一建二立法義一名爲二宗論一。別解二文句一名爲二釋論一。」

シユウロン　宗論　〔書名〕靈峯藕益大師宗論の略名。

シユウン　取蘊　〔術語〕取とは煩惱の異名なり、煩惱より蘊を生じ、五蘊より煩惱を生ずれば取蘊と云ふ。「ゴシユウン」を見よ。

シユエンジ　衆緣慈　〔術語〕三緣慈の一。衆生緣の慈悲なり。「ジヒ」を見よ。

シユエン　須炎　〔界名〕Suyāma 天の名。「スヤマ」を見よ。

シユエンジン　數緣盡　〔術語〕新譯の擇滅を舊譯に數緣盡と云ふ。【智度論九十八】に「一切有爲法及虛空。非數緣盡。名爲二有上法一。數緣盡是無上法。」「ヒシユエンジン」を見よ。

シユエンヅ　須延頭　〔佛名〕又、須扇多に作る。佛の名。譯、甚淨。【玄應音義三】梵 Suyantu* 「見よ。

シユエンマ　須炎摩　〔界名〕天の名。「スヤマ」を見よ。

シユカウコクド　衆香國土　〔界名〕【維摩經香積佛品】に說ける香積如來の淨土なり。

シユカキナ　首訶旣那　〔界名〕Śubhakṛtsna 天の名、譯、遍淨。是れ色界第三禪中の第三天なり。【玄應音義三】

シユカク　種覺　〔術語〕種智と言ふに同じ。一切種の法に於て圓滿の覺悟なり。【法華文句七】に「求レ至二種覺一故言レ至二珍寶所一也。」【觀經疏】に「邊際智滿種覺頓圓。」【同妙宗鈔上】に「於二種種法一證二本圓覺一。」【觀音玄鈔上】に「旣成二種覺一。號二正法明一。」

シユカク　種覺　〔術語〕佛は一切種智を證して大覺圓滿なれば種覺と云ふ。

シユガク　修學　〔術語〕佛道を修習し研學するなり。【法華經藥草喩品】に「漸漸習學悉當二成佛一。」

シユガダ　修伽陀　〔術語〕Sugata 又、修伽度に作る。好去、好說、善逝と譯す。如來十號の一なり。生死を去て涅槃に歸すれば好去善逝と云ひ、好く法を說けば好說と云ふ。【智度論二】に「修伽陀。修秦言レ好。伽陀或言レ去或言レ說。是名二好去好說一。好去者。佛一切智爲二大車一八正道行入二涅槃一。是名二好去一。好說者。如二諸法實相一說。不レ著二法愛一說。」【玄應音義四】に「修伽陀或云二修伽度一。慧印三時經譯云二善逝一。此如來德之一號也。」

シユガド　修伽度　〔術語〕「シユガダ」を見よ。

シユガフヂゴク　衆合地獄　〔界名〕八大熱地獄の第三。「ヂゴク」を見よ。⦿(曲、戀重荷)「衆合地獄の重き苦」

シユキズヰ　衆喜瑞　〔術語〕法華六瑞中の心喜瑞なり。「ロクズヰ」を見よ。

シユキヤウセンザフヒユ　衆經撰雜譬喩　〔書名〕二卷、比丘道畧集。秦の羅什譯。【暑帙七】(1466)

シユキヤウモクロク　衆經目錄　〔書名〕一は隋の靜泰撰、五卷。【結帙二】(1608)

シユキヤウモクロク　衆經目錄　〔書名〕一は隋の法經等撰、七卷。【結帙一】(1609)

シユキヤラハキシ　戍迦羅博乞史　〔雜語〕Śukrapakṣa 譯、白分。白月なり。【梵語雜名】に「戍

伽羅白博乞史分。」

シユギヤウ 修行 【術語】四法の一。理の如く修習し作行するなり。身語意の三業に通ず。【法華經藥草喩品】に「漸漸修行皆得二道果一。」【無量壽經下】に「應二當信順如レ法修行一。」

シユギヤウキヤウ 修行經 【經名】修行道地經の畧名。

シユギヤウジヤ 修行者 【術語】【翼讚四十五】に「修行はもと行住坐臥と通じ、又身口意の三業と涉れども、日本の俗、昔より山林抖擻の身となりて托鉢遊行するを修行者と云ふなり。」【續日本記二十一】に「聖武天皇天平三年八月。詔曰。此年隨二逐行基法師一。乃至其過二父母夫喪一。期年已內修行勿レ論。」

シユギヤウダウウキヤウ 修行道經 【經名】達磨多羅禪經の異名。

シユギヤウダウチキヤウ 修行道地經 【經名】七卷、天竺沙門衆護撰、西晉の竺法護譯。三十品あり。五陰等の法相及び三乘の行法を明かす。論藏なり。【暑帙六】(1325)

シユギヤウヂユウ 修行住 【術語】菩薩位十住の第三。

シユギヤウホンギキヤウ 修行本起經 【經名】二卷、後漢の竺大力等譯、過去現在因果經と同本。【辰帙十】(664)

シユギヤウハウベンゼンキヤウ 修行方便禪經 【經名】達磨多羅禪經の異名。

シフ修行菩薩行諸經要集 — **シユギヤウボサツギヤウシヨキヤウエウ 修行菩薩行諸經要集** 【書名】大乘修行菩薩行諸經要集、三卷、唐の智嚴譯。諸經四十二部を集め、菩薩の行門六十六條を明かす。【藏帙五】(1380)

シユギヤウモン 修行門 【雜名】葬場の南門を云ふ。阿字四轉の深義より來る。「シテン」を見よ。

シユク 衆苦 【術語】諸の苦難なり。【智度論十二】に「人身無常。衆苦之藪。」

シユクイ 宿意 【術語】宿昔の意願、又は宿昔の怨意なり。

シユクイン 宿因 【術語】宿世に植ゑし業因なり。善惡に通ず。【華嚴經七十五】に「宿因無二失壞一。」【求法高僧傳下】に「宿因感會。今果現前。」

シユクエウ 宿曜 【術語】二十八宿と七曜なり。「シヤウシユク」を見よ。

シユクエウキヤウ 宿曜經 【經名】文殊師利菩薩及諸仙所說吉凶時日善惡宿曜經の畧名。

シユクエウギキ 宿曜儀軌 【書名】一卷、唐の一行撰。【餘帙二】

シユクエン 宿緣 【術語】宿昔の因緣なり。【華嚴經二十五】に「同行宿緣諸淸淨衆。於レ中止住。」【梁傳求那跋陀羅】に「不レ圖宿緣乃逢二此事一。」【敎行信證序】に「遇二獲信心一遠慶二宿緣一。」

シユクカ 叔迦 【動物】Śuka 又、啾迦婆に作る。鸚鵡。【玄應音義三】は「啾迦婆。鸚鵡梵言。」【大威德經七】に「叔迦。」翻譯同じ。

シユクカバ 啾迦婆 【動物】「シユクカ」を見よ。

シユクキ 宿忌 【術語】正忌の當日に對してその前日を宿忌と云ふ。

シユクギヤウホンギキヤウ 宿行本起經 【經名】修行本起經の異名。

シユクグワン 宿願 【術語】宿昔の本願なり。

シユクグワンリキ 宿願力 【術語】宿願の力用なり。【觀無量壽經】に「然彼如來宿願力故。有二憶想一者必得二成就一。」

シユクコン 宿根 【術語】宿世の根性なり。

シユクゴフ 宿業 【術語】宿世に作せし善惡の業因なり。【長阿含經一】に「宿世之所成。」【順正理論二十五】に「行緣識者。顯二示宿業一。」【資持記上三之一】に「宿業所レ追致レ使二此生虛喪一。」◉(太平記二)「前世の宿業にや依りけん」

シユクサ 宿作 【術語】宿昔の作業なり、單に宿作を以て一切の因となす、是れ宿作外道の執計なり。「シユクサゲダウ」を見よ。

シユクサイ 宿債 【術語】宿昔の負債なり、宿世に作りし惡業の未だ苦果を贖はざるを云ふ。【楞嚴經六】に「是人此始宿債。一時酬畢。」

シユクサゲダウ 宿作外道 【流派】外道十一宗の一。此の外道、一切衆生の苦樂の報を受くるは皆宿世本業の所作に由る、故に若し現世に持戒精進、身心の苦を受くれば能く本業を壞し、本業既に壞すれば衆苦滅するが故に涅槃を得と計す。是れ宿因現報を說くと佛法の正說に異ならざれども、一切宿作に歸して現在の功力果を感ずるを之を士用因士用果と云ふ。許さざるを以て之を邪執と爲すなり。【毘婆沙論百九十八】に「一切士夫補特伽羅。所有所受無レ不下皆以二宿作一爲上レ因。此非因計因戒禁取。見苦所斷。乃至問。此正法中。亦說二所受苦樂過去業爲一レ因而非二惡見一。彼外道亦作二是說一。何故名二惡見一耶。答。此正法中說。現所受有下以二過去業一爲レ因。有二是現在士用果者一。彼說三一切皆以二過去所作業一爲レ因。不レ說三現在有二士用果一。故名二惡見一。」【眞諦譯天親攝論釋二】に「論曰。或執二宿作一。釋曰。路柯耶胝柯說。世間一切因。唯有二宿作一。現在功力不レ能レ感レ果。故現在非レ因。如下世間二人同事二一主一俱有二功力一。一人被二禮遇一一則不上レ得。故知唯由二宿作一不レ圖二現在功力一。」【華嚴演義鈔八】に「瑜伽云。何因緣故彼外道作二如是見一。答。彼見二世間一。雖レ具二正

方便一而招二於苦一。雖レ具二邪方便一而致二於樂一。彼如レ是思。若由二現在士夫作用一爲二彼因一者彼當二顚倒一。由三彼所見非二顚倒一故。是故彼皆以二宿作一爲レ因。涅槃三十五廣破二此見一。」【玄弉譯世親釋二】に「宿作爲レ因者。謂彼不レ許レ有二士用因一。故成二邪執一。」

シユクシフ　宿執　〔術語〕宿世より心に執着して離れざる善惡の性質なり。

シユクシフ　宿習　〔術語〕宿世の習ひくせなり。善惡に通ず。【倶舍論十二】に「雖レ有二此理一由二彼宿習一。」【天台別傳】に「宿習開發。煥若二華敷一矣。」

シユクシフカイホツ　宿執開發　〔術語〕宿世に執り行ひし善根功德が今世に開發して善果を結ぶを云ふ。

シユクシヨ　宿煮　〔術語〕比丘の居處に於て食を煮るを宿煮と云ふ。律に之を禁ず。【資持記上二之一】に「食界者。攝レ食以レ僧。令レ無二宿煮罪一。」

シユクシユクマラ　叔叔摩羅　〔動物〕譯、虬。【大威德陀羅尼經七】梵 Śiśumāra 恒河の鰐魚なり。

シユクシンネンカウ　祝聖拈香　〔儀式〕皇帝の萬歲を祝して燒香すること。

シユクセ　宿世　〔術語〕前世の生死なり【法華經授記品】に「宿世因緣。吾今當レ說。」又、俗書に前世の業因と言ふべきを畧して單に宿世と云ふ。又是れ善惡に通ずれども多く善き方にいふが習ひなり。スクセと讀む。

シユクセインエンシウ　宿世因緣周　〔術語〕法華三周の一。下類の者に對して宿世の因緣を說きて證悟を誘ひ給ふ說法、即ち、化城喩品の說法なり。

シユクゼン　宿善　〔術語〕宿世に植ゑし善根なり。【往生要集下末】に「念二彼佛一者宿善內熟今開發耳。」

シユクゼンカイホツ　宿善開發　〔術語〕吾等凡夫宿善の開發に依て聞名の一念に信心護得すと云ふ。是れ淨土眞宗の定判なり。其の宿善と曰ふは【安樂集上】の意に依るに、涅槃經の若人過去已曾供養半恒河沙諸佛等の即ち三恒値佛の文語を引て宿善を明かし、宗祖親鸞は【唯信鈔文意】に其の三恒値佛の文を引て恒沙の善根を修せしめしに依て今大願業力にまふあふことを得たりと云ふ。【無量壽經下】に「若人無二善本一不レ得レ聞二斯經一。」【觀經定善義】に「過去已曾修二習此法一。今得二重聞一即生二歡喜一。」【敎行證文類序】に「遇獲二信心一遠慶二宿緣一。」然るに宿善なくして信心を獲得すと云ふ一說あり。【慕歸繪詞五】及び【敬重繪詞五】に唯善房と覺如上人と宿善有無の諍論を載す。唯善房は十方衆生と誓ひ給へば更に宿善の有無を沙汰せず、佛願に値へは必ず往生を得るなり、さてこそ不思議の大願にては侍れと宣ふ。覺如上人は經釋の證文を引て宿善開發の機こそ此の善知識に値ひて即ち信心歡喜する故に報土往生すれと成立す。往生淨土用心和語燈錄七に依れば吉水大師の意は唯善房の義に類せり。

シユクゼンワウジヤウ　宿善往生　〔術語〕念佛往生の目に對す。信心獲得は宿善の開發に由ると言ふを宿善往生と云ひ、宿善の有無に拘はらず十念に依て往生すと言ふを念佛往生と云ふ。「シユクゼンカイホツ」を見よ。

シユクソ　叔祖　〔雜語〕師翁の兄弟を叔祖と云ふ。「【象器箋五】

シユクヂキ　宿直　〔雜語〕月天は二十七日を以て二十七宿を經、天を一周す。其の遞次に宿處に直たるを宿直と云ひ、其の日を宿直日と云ふ。

シユクヂキ　宿植　〔術語〕宿世に善根を植うるなり。【法華經普門品】に「宿植二德本一衆人愛敬。」【法華玄義】に「宿植淳厚者。」　「を見よ。

シユクヂキニチ　宿直日　〔雜語〕「シユクジキ」

シユクヂユウズヰネンチリキ　宿住隨念智力　〔術語〕佛十力の一。過去の宿世を知る智力なり。

シユクヂユウズイネンチシヨウツウ　宿住隨念智證通　〔術語〕倶舍所說六通の一。宿昔の住世の意に隨て知る通力なり。

シユクヂユウチシヨウミヤウ宿住智證明　〔術語〕倶舍論所說三明の一。「サンミヤウ」を見よ。

シユクヂユウツウ　宿住通　〔術語〕宿住隨念智證通の略。六通の中の宿命通なり。　「の。

シユクトク　宿德　〔術語〕老宿にして道德あるもの。

シユクバウ　宿坊　〔雜名〕高野大峯等の參詣の時に寄宿する坊舍を云ふ。其より一轉して檀家より歸屬する僧寺を俗に宿坊と云ひ、又自己の僧坊を宿坊と云ふ。

シユクフク　宿福　〔術語〕宿世の福德善根なり。【法華經化城喩品】に「我等宿福慶。今得レ値二世尊一。」【同妙莊嚴王品】に「宿福深厚。生値二佛法一。」【無量壽經上】に「宿福所レ追故能致レ此。」

シユクホウ　宿報　〔術語〕宿世の業因に依て感じたる果報なり。

シユクミヤウ　宿命　〔術語〕宿世の生命なり。

シユクミヤウチ　宿命智　〔術語〕宿命を知る智なり。「命智陀羅尼經の略名。

シユクミヤウチキヤウ　宿命智經　〔經名〕宿命智陀羅尼經の略名。

シユクミヤウチダラニキヤウ　宿命智陀羅尼經　〔經名〕一卷、趙宋の法賢譯。此の陀羅尼を持する者は能く宿命智を得るなり。【成帙八】(889)

シユクミヤウチツウ　宿命智通　〔術語〕六通の中の宿命通なり、能く宿命の事を知れば智と云ひ、智力自在無碍なれば通と云ふ。

シユクミヤウチツウグワン　宿命智通願　〔術語〕四十八願の第五。往生の人天をして皆宿命智を得しめんとの誓願なり。

シユクミヤウツウ　宿命通　〔術語〕六神通の一。俱舍論には宿住隨念智證通と云ふ。宿世の生命行事を自在に知る通力なり。「ツウ」を見よ。⊙（太平記二）「宿命通を得て過現を見給ふ」

シユクミヤウミヤウ　宿命明　〔術語〕三明の一。「サンミヤウ」を見よ。

シユクミヤウリキ　宿命力　〔術語〕如來十力の一。

シユクヤ　宿夜　〔雜語〕即ち逮夜なり。明日茶毘の前夜なる故に宿夜と云ふ。【象器箋三】

シユクルナ　輸拘盧那　〔人名〕Śuklodana 譯、白飯王。尸休羅王の第二子淨飯王の弟なり。【本行集經五】

シユクリニ　叔釐尼　〔人名〕又、叔離尼、比丘尼の名。譯白淨、白淨衣を以て身を裹みて出生せしに依て名く。【法礪四分律疏一上】に「賢愚經叔釐尼者此云二白淨一。生便白氎裹レ身。故言二白淨一。」【賢愚經四】に「叔離。晉云レ白也。」梵 Sukrini

シユクワ　取果　〔術語〕「ヨクワ」を見よ。

シユクワウケサンマイ　宿王戲三昧　〔術語〕法華十六三昧の一。

シユクワンエ　主浣衣　〔人名〕舍利弗二弟子の一。衣服を洗濯するを職とするもの。「シヤリホツ」の項に出づ。

シユケ　首悔　〔術語〕自ら罪を陳して懺悔するなり。

シユケイ　手磬　〔物名〕手に捧げ桴を以て鳴らすもの、日本の禪林此を鈴と名く。【象器箋十八】

シユケツ　取結　〔術語〕取と結と共に煩惱の異名。煩惱能く生死を取れば取と云ひ、又能く所對の境を取執すれば取と云ふ。又煩惱能く衆生を結縛すれば結と名く。

シユケン　修堅　〔術語〕六堅法の一。

シユケンダイ　須犍提　〔界名〕地獄の名。譯、極香華。【四阿含暮抄下】【可洪音義二】に「須犍提此云二黑衣一。」梵 Sugandhi

シユゲン　衆賢　〔人名〕Saṅghabhadra 論師の名。有部宗悟入の弟子なり、曩に世親菩薩婆沙論を講じ、俱舍論を造て毘婆沙師の誤を匡す、衆賢論師俱舍論を通破し俱舍を破すると雹の草本を摧く意に取て俱舍雹論と名く。世親菩薩之を見て此論反て我宗を發明すと稱して名を順正理論と改む、八十卷あり、又顯宗論四十卷あり。正理は破執を主とし、顯宗は顯正を本とす。【西域記四】

シユゲン　修驗　〔術語〕山野に抖擻練行して靈驗を成ずる法を修すれば修驗と名け、其の法を修驗道と名け、其の人を修驗者と名く。役行者を祖とし、世に山伏と稱す。「ヤマブシ」を見よ。⊙（太平記三二）「修驗の行者加持すれども休まず」（盛衰記三）「三井の流れの修驗の人さこそ嬉しく思ひけめ」

シユゲンジヤ　修驗者　〔雜名〕「ヤマブシ」に同じ。

シユゲンダウ　修驗道　〔流派〕「ヤマブシ」を見よ。

シユコマカダイキヤウ　衆許摩訶帝經　〔經名〕十三卷、趙宋の法賢譯。佛、迦毘羅國に在り、釋衆、過去種族の事を聞かんと欲す、佛、目連に勅して之を說かしめ、次に摩耶の生緣乃至一代教化の事績を敍す。釋尊一生教化の記錄なり。經題の義詳ならず。【辰帙十】（859）

シユコンキ　種根器　〔術語〕阿賴耶識所緣の三境なり。「アラヤ」を見よ。

シユゴキヤウ　守護經　〔經名〕守護國界主陀羅尼經の略名。

シユゴコクカイキヤウ　守護國界經　〔經名〕「守護國界主陀羅尼經の略名。

シユゴコクカイシヤウ　守護國界章　〔書名〕「九卷、傳教撰。

シユゴコクカイシユダラニキヤウ　守護國界主陀羅尼經　〔經名〕十卷、唐の般若、牟尼室利共譯、十一品あり。陀羅尼功德儀軌品に、金剛手問ふ、諸佛等しく衆生を視る、云何ぞ但守護國主と言ふ。佛言く譬へば醫の嬰孩の病を治するに母をして藥を服せしむる如しと。智旭師云く、按に此經所談の法相義理、大集經第二陀羅尼自在王菩薩品と全く同じ、但次第稍異なる耳、文理兼暢、最も流通に宜し。【閏帙七】（998）

シユゴコクカロン　守護國家論　〔書名〕一卷、日蓮著、時の適非、敎の權實より論じ、法然の撰擇集は佛說の誹謗なりとし、これを信ずれば國家の滅亡を招く、速かに捨つべしと結ぶ。

シユゴダイセンコクドキヤウ　守護大千國土經　〔經名〕三卷、趙宋の施護譯。佛鷲峯山の南面大樹林中に在り、時に毘耶離國天變地妖ありて國土人民號哭す、佛、大梵天王及び諸天諸鬼神を集めて守護大千世界の秘法を說く。【成帙五】（984）

シユゴフニフノチ　守護不入地　〔雜名〕鎌倉幕府の時、寺社の領にして守護の支配を受けざる地は武士の權限の外にありて、罪人と雖も入りて逮捕

するを得ざりしなり。

シユサイ　修齋　〔術語〕齋會を執行するなり。僧を會して齋食を供するを齋會と云ふ。

シユサイ　主宰　〔術語〕體常一にして事物を主宰する作用あるを我の義となす。【唯識論一】に「我謂主宰。」

シユサウ　取相　〔術語〕事理の相を取執する妄惑なり。【四教儀集註中一】に「取相惑。三惑皆名二取相一。觀音玄義上云。見思取二生死相一。塵沙取二涅槃相一。無明取二二邊相一。」【智度論四十六】に「著心取相菩薩修二福德一如二草生火易レ可レ得レ滅。」

シユサウ　主喪　〔職位〕亡人に代て後事を指揮し總て喪事を主領するもの。

シユサウ　種草　〔術語〕佛性の人に在るは草木の種子ある如し、故に種草と云ふ。「コサンゲ」を見よ。

シユサウセン　取相懺　〔術語〕三種悔法の一。思惟懺悔の功德によりて一切の罪障忽ち消滅するを云ふ。【普賢觀經】に「一切業障海。皆從二妄想一生。若欲二懺悔一者。端坐念二實相一。衆罪如二霜露一。慧日能消除。」是れ二懺の中の理懺、三懺中の無生懺を說けるなり。⊙（曲、身延）「衆罪如霜露惠日の光に、消えて即身成佛たり」

シユザイニヨサウロ　衆罪如霜露　〔雜語〕

シユザウキヨク　修造局　〔雜名〕禪林、一山の作事を掌る處を云ふ。【象器箋七】

シユシ　取支　〔術語〕十二支の一。「異名なり。

シユシキ　種識　〔術語〕種子識の略稱。第八識の

シユシマ　修私摩　〔人名〕頻頭娑羅王長子の名。譯、善結。【坐禪三昧經上】梵 Susiman

シユシヤウ　守請　〔雜語〕猶內報と言ふ如し。【勅修淸規】に「粥罷行者守二請新人一至二寢堂一。」

シユシヤウ　修正　〔行事〕本朝各寺に於て正月の初に、或は三日或は五日或は七日法會を修して國家の安全を祈るを修正と云ふ。解脫上人の修正式一卷あり。⊙（太平記二四）「諸寺の修正」

シユシヤウ　衆聖　〔術語〕小乘は初果已上、大乘は初地已上の斷惑證理する諸聖人を云ふ。【唯識樞要上本】に「道超二群典一。譽光二衆聖一。」【行宗記上之一】に「衆聖非レ一。」

シユシヤウ　修性　〔術語〕始成を修と云ひ、本有を性と云ふ。修德、性德、修惡、性惡等なり。【和語雜錄八】に「修性は體用なり、性は體、修は用なり。又修性は眞俗二諦なり、修は俗諦、性は眞諦なり。又修性は不變隨緣二眞如なり、修は隨緣眞如、性は不變眞如なり。又修性は依他起性、圓成實性なり、修は依他起性、性は圓成實性なり。如此名はかはるも體は一なり。」「よ。

修性不二　〔術語〕十不二門の一。「フニ」を見

シユシヤウ　種性　〔術語〕種は種子にして發生の義あり、性は性分にして不改の義なり。

二種性　〔名數〕【地持經一】に一に性種性、性とは本性なり、無始より法爾に六處に殊勝なるを云ふ、而も未だ解脫分の善を種へざるなり。二に習種性、習とは習修なり、法界等流の敎法を聞て衆善を習修して成ずる種性なり。【唯識論九】に「大乘二種種姓。一本性住種姓。謂無始來依二附本識一。法爾所レ得無漏法因。二習所成種姓。謂聞二法界等流法一已。聞所成等熏習所レ成。」図【楞伽經二】に、一に聖種性、三乘聖者の涅槃を證する種なり。二に愚夫種性、愚痴凡夫の諸法に迷執する性なり。是れ種は即ち能生の種、性は即ち數習の性、理性の性に非らず。

五種性　〔名數〕瓔珞經所說の六種性の中に第六妙覺性の果性を除き、因位の種性を取て五種性となせしなり。一に習種性、十住の位なり、空觀を研習して見思の惑を破す。二に性種性、十行の位なり、空に住せずして能く衆生を敎化し、一切法性を分別す。三に道種性、十廻向の位なり、中道の妙觀を修するに因て一切の佛法に通達す。四に聖種性、十地なり、前の住行向を皆名けて賢と爲す、此は是れ十地の菩薩中道の妙觀に依て無明の一分を破して聖位に證入すれば聖種性と名く。五に等覺性、此位の菩薩、後の妙覺に望むれば猶一等あるも、前の諸位に勝るれば覺と稱し等覺性と名く。【傳敎註無量義經中】に「未顯眞實者。但說二隨他五性一。」

六種性　〔名數〕【瓔珞本業經上】に「一に習種性、十住なり前に同じ。二に性種性、十行なり、前に同じ。三に道種性、十廻向なり、前に同じ。四に聖種性、十地なり、前に同じ。五に等覺性、前に同じ。六に妙覺性、妙極り覺滿す。」此の中性は六位に通ずれども種は局て因に在り、故に前の四位を正しく種と名け、等覺は猶因に在れども前位に勝るる故に稱して覺となし種と言はざるなり。

シユシヤウ　修生　〔術語〕修行によりて得ること。自然法爾に得たるものに區別す。「シユシヨウ」に同じ。

シユシヤウテンキ　衆聖點記　〔術語〕善見律毘婆沙を持する資師の相傳なり。佛の入滅以來每歲安居竟に一點を記すれば衆聖點記と名く。【出三藏記

十一善見律毘婆沙記】に「仰惟。佛世尊泥洹巳來年載。至二七月十五日受歳竟一。於二衆前一謹下二一點一。年年如レ此。感慕心悲。不レ覺流レ涙。」【歴代三寶記十一】に「外國沙門僧伽跋陀羅。齊言二僧賢一。（善見律の譯者）師資相傳云。佛涅槃後。優婆離既結二集律藏一訖。即於下其年七月十五日受二自恣一竟上。以二香華一供二養律藏一。便下二一點一置二律藏前一。年年如レ是。優婆離欲二涅槃一持付二弟子陀寫倶一。陀寫倶欲二涅槃一付二弟子須倶一。（乃至）如レ是師師相付至二今三藏法師一。三藏法師將二律藏一至二廣州一。舶反還去。以二律藏一付二弟子僧伽跋陀羅一。羅以二永明六年一共二沙門僧猗一於二廣州竹林寺一譯二出此善見毘婆沙一。因共安居。以下永明七年庚午歳七月半夜受二自恣一竟上。如二前師法一。以二香華一供二養律藏一訖。即下二一點一。當二其年一計得二九百七十五點一。點是一年。趙伯林。梁大同元年。於二盧山一値二苦行律師弘度一得二此佛涅槃後衆聖點記一。年月訖二齊永明七年一。伯林語二弘度一曰。自二永明七年一以後云何不二復見一レ點。弘度答云。自レ此巳前皆是得道聖人手自下レ點。貧道凡夫止可二奉持頂戴一而巳。不二敢輙點一。伯林因二此舊點下一推至二梁大同九年癸亥歳一。合得二一千二十八年一。房（三藏記の著者）依二伯林所推一。從二大同九年一至二今開皇十七年丁巳歳一。合得二一千八十二年一。若然則是如來滅度始出二千年一。去レ聖倘邇。深可二慶歡一。」此の記に依れば本朝神武紀元後百七十六年、周敬王三十五年、西歴紀元前四百八十五年、是れ佛入滅の年なり。

シユシヤウヂユウ　種性住　〔術語〕六種住「の一。」

シユシヤウヱ　修正會　〔行事〕修正の法會なり。「シユシヤウ」を見よ。

シユシヤヲン　衆車苑　〔雜名〕又、衆車園、帝釋の善見城四園の一。「タイシヤク」「シオン」を見よ。⊙（盛衰記四八）「衆車園の遊」

シユシユ　主首　〔職位〕禪林、監寺の異稱なり。【象器箋七】

シユシユタアハンナ　須數多阿半那　〔術語〕Srota-āpanna「シユダオン」を見よ。

シユシヨウ　修證　〔術語〕行を修し理を證するなり。【像法決疑經】に「一切衆生本是佛。今亦修證還成レ佛。」【傳燈錄南岳章】に「修證即不レ無。染汚亦不レ得。」【禪源都序上】に「聞レ談二因果修證一便推二屬經論之家一。」

シユシヨウ　殊勝　〔術語〕事の超絶して世に希有なるを殊勝と云ふ。

シユシヨクドクグワン　修諸功德願　〔術語〕彌陀四十八願中第十九願「設我得レ佛。十方衆生。發二菩提心一。修二諸功德一。至心發レ願。欲レ生二我國一。臨二壽終時一。假令不下與二大衆圍繞一。現中其人前上者不レ取二正覺一。」と云ふこれなり。諸の功德を修する人を臨終の時來迎引導する願なる故に臨終現前の願、現前導生の願、來迎引接の願、至心發願の願とも云ふ。

シユシヨウチ　殊勝池　〔雜名〕帝釋の殊勝殿前に在る殊勝池なり。【倶舍論十一】に「天帝釋所レ都大城中有二殊勝殿一。種種妙寶。具足莊嚴。蔽二餘天宮一。故名二殊勝一。」【順正理論三十一】に「四苑各有二一如意池一。」【六波羅蜜經三】に「曼陀枳尼殊勝池水。沐浴無レ由。」

シユシヨウデン　殊勝殿　〔雜名〕帝釋の宮殿なり。「シユシヨウチ」を見よ。

シユシヨダン　修所斷　〔術語〕三所斷の一。「サンダン」を見よ。

シユシンテイ　須眞胝　〔天名〕Sucinti 譯、善思惟。【玄應音義三】

シユシンテンシキヤウ　須眞天子經　〔經名〕二巻、西晉の竺法護譯。須眞天子三十三問を發し佛一一に之に答ふ。須眞又三十二事を以て文殊に問ふ、文殊一一之に答ふ。乃至須眞と文殊と諸種の問答あり。【宙帙二】(393)

シユジ　種子　〔術語〕法相宗の所談、現行法に對する稱。阿頼耶識中に在て一切有漏無漏の有爲法を生ずる功能を指して種子と云ふ、猶草木の種子に於ける如ければなり。是れ有爲法の正因にして四緣中の因緣の實體なり。【唯識論二】に「何法名爲二種子一。謂本識中親生二自果一功能差別。」【唯識述記二本】に「種子即是諸法因緣。皆因相也。」シユウジと長く讀む。

二類種子　〔名數〕一に本有種子、第八識の處に無始法爾として一切有漏無漏の有爲法を生ずる功能あり、之れを本有種子と云ふ。二に新熏種子、種子より現行せる前七識より所應に隨て色心萬差の種種の習氣皆悉く第八識の中に落在して更に生果の功能を成ずるを新熏種子とも始起種子とも云ふ。【唯識論二】に「種子各有二二類一。一者本有。謂無始來。異熟識中法爾而有。生二蘊界處一功能差別。（乃至）此即名爲二本性住種一。二者始起。謂無始來。數數現行熏習而有。（乃至）此即名爲二習所成種一。」

種子生現行現行薰種子　〔術語〕色に在ては二緣和合し、心に在ては四緣和合する時、阿頼耶識所持の種子現行を生ず、是れ本有種子生果の功能なり。之れを種子生現行と云ふ。次に其の現行せる法は必らず所應に隨つて新たに種子を薰ずべし、其の薰じたる種子は即ち新薰種子なり。之れを現行薰種子と云ふ。應に知るべし、此時三法ありて二重の因果を成す。三法とは一に能生の種子、二に所生の現行、三に所薰の種子なり、二重の因果とは一に種子生現行二に現行薰種子なり。而して此三法は同時に二重の因果を成すなり。所生の

現行は現行のままに種子を薫ずればなり。之れを種子生現行現行薫種子。三法展轉因果同時と云ふ。而して之れを八識に就て論ずれば、第八識所持の種子因となり眼等の七轉識を生じ、之れと同時に七轉識の現行法因となりて第八識の種子を生ず、依て之れを七轉第八互爲因果と云ふ。本宗因果の談此に極まる。

シユジ 種子 [術語] 眞言の阿等の一字無量の義を生ずるを草木の種子に譬へて種子と名く。諸尊各種子ありて所具の衆德を標す。【仁王經軌】に「言二種子一者。引生義。攝持義。」【大日經疏六】に「作字漫茶羅者。經中有二種子字一。當二如レ法置一レ之。」【同十】に「以下說二種子字一。從二一字一能生レ多故名二種子一也。」【同十七】に「佛兩足尊說二阿字一爲二種子一。種子能生二多果一。一一復生二百千萬數一。及至展轉無量不可說也。」

兩界種子 [術語] 金胎兩曼の種子なり。【秘藏記鈔一】に「胎藏界以二眞言初字一爲二種子一。胎藏因曼荼羅故以二初因一爲二法體一意也。金剛界以二眞言終字一爲二種子一。金剛果曼荼羅故以二後果一爲二法體一意也。」

三部種子 [術語]【瑜祇經疏二】に「佛部以二阿𑖀一爲二種子一。成二率都婆一。蓮華部以二娑𑖭一爲二種子一。成二八葉蓮華一。金剛部以二嚩𑖪一爲二種子一。成二五股金剛一。」

シユジ 主事 [職位] 禪林にて、監寺、維那、典座、直歲の四職を主事の四員と云ふ。【釋氏要覽下】

シユジエ 種子衣 [衣服] 種子袈裟なり。

シユジキヤウ 種子境 [術語] 阿賴耶識三境の一。「アラヤ」を見よ。

シユジゲサ 種子袈裟 [衣服] 又、呪字袈裟に作る。【三餘隨筆下】に「種子袈裟、輪袈裟共に佛制にあらず、昔醍醐の聖寶、金峯山の險難を攀ぢ上りし時、袈裟草木にかかりて山路通行し難きが故に袈裟の緣を取て其の中へ三衣の種子を收めて三衣の代りに擔げしより始まる、是れ種子袈裟の本源なり。種子を收むれば種子袈裟と云ひ、其の相輪形なれば輪袈裟と云ふ。もと同一なり。故に高山の一派は本願寺の輪袈裟を種子袈裟と呼ぶあり。」【顯密威儀便覽上】京都淸和院僧正亮快存心の作。に「阿鑁吽の三梵字を中に縫ひ込む故に種子袈裟と稱す。」【白川燕談上】に「輪袈裟。三藏中不レ見二其說一。蓋惟。近世出二和僧胞襟一。非二法物一乎。或曰。嘗聞洛陽東寺觀智院杲寶法師。世有レ災則截二故袈裟一製二於片帶一密ニ書佛種子于其中一。即使下俗流繫二諸厭頭一以避中諸難上。此衣權與蓋斯師也。依レ玆又云二種子衣一。乃至持二袈裟段一禳レ災等緣出二悲華經十輪經僧祇律等一。雖レ爾並本所レ被二在家一。俗所謂守袋類也。而今時稱二袈裟一但僧着レ之。誤太也可レ笑。」然るに本願寺派には種子袈裟と輪袈裟を差別し種子を勝とし、輪袈裟を劣とす。

シユジシキ 種子識 [術語] 阿賴耶識の異名。一切有漏無漏の諸法を生ずればなり。

種子識六義 [名數] 一に剎那滅義。眼耳鼻舌身意等の諸種子は剎那に纔生し、生ずれば隨つて滅し、念念停らずして變異するを云ふ。二に果俱有義。果は識と根となり。識と根と同時に俱に起りて力用を成す。眼根の色境を照す時眼識即ち隨つて同じく緣ずるが如く、諸の實境に於て分明顯了なるを云ふ。三に恒隨轉義。識の起る時種子も亦隨つて轉ず、眼根境を照す時、種子隨つて相續して間隔あるなき如きを云ふ。四に性決定義。諸識各緣ずる所の善惡無記の三性間雜あることなし。眼識惡境を緣ずれば則ち惡法を成じて善法を成ずること能はず、善境を緣ずれば善法を成じて惡法を成ずること能はざるが如きを云ふ。五に待衆緣義。識は一因にして生ずるにあらず必らず衆緣を假りて成就す。眼識の種子の空明根境等の緣を得て顯發するを得る如きを云ふ。六に引自果義。諸識各自體果用を引く、是れ色心交互に成ずるにあらず、眼根照らす時眼識即ち所對の實境を緣ずるが如き、而かも聲香の別體を混ぜざる如きを云ふ。【成唯識論二】

シユジビク 守寺比丘 [雜名] 寺の番を司る比丘なり。【釋氏要覽下】に「善見律云。佛使二一比丘食時守一レ寺。即今一寺有二直日看堂一者是也。」

シユジフシクワンザゼンホフエウ 修習止觀坐禪法要 [書名] 一卷、天台智顗撰、一名、童蒙止觀。又小止觀と名く。【陽帙八】(1540)

シユジフハンニヤハラミツボサツクワンギヤウネンジユギキ 修習般若波羅蜜菩薩觀行念誦儀軌 [經名] 一卷、唐の不空譯。【閏帙九】

シユジフリキ 修習力 [術語] 二力の一。

シユジフヰ 修習位 [術語] 唯識修道五位の第四。「ゴヰ」を見よ。

シユジブン 修慈分 [經名] 大方廣佛華嚴經修慈分の略名。

シユジブンアビドンロン 衆事分阿毘曇論 [書名] 十二卷、尊者世友造、劉宋の求那跋陀羅譯。即ち阿毘達磨品類足論の同本異出。ただ七品あり。【冬帙十一】(1292)

シユジマンダラ 種子曼荼羅 [術語] 四曼中

の法曼荼羅のこと。《第五十六圖第五十七圖參照》

シユジヤウ　衆生　〔術語〕梵に薩埵 Sattva 僕呼善那と云ふ。新に有情と譯し、舊に衆生と譯す。衆生に多義あり、(一)は衆人共に生ずる義なり。【法華文句四】に「中阿含十二云。劫初光音天下生世間。無男女尊卑衆共生世。故言衆生。此據最初也。」(二)は衆多の法假に和合して生ずれば衆生と名く。【法鼓經】に「萬法和合施設名爲衆生。」【注維摩經二】に「生曰。衆生者衆事會而生。以名宰一之主也。」【大乘義章六】に「依於五陰和合而生。故名衆生。」【大經慧苑疏】に「衆法成生。亦名衆生。」【法華文句四】に「若攬衆陰而有假名衆生。此據一期受報也。」(三)は衆多の生死を經る故に衆生と名く。衆死と云はざるは生あれば必らず死あるも死あるもの必らず生なければなり。【般若燈論】に「有情者數數生。故名衆生。」【大乘義章七】に「多生相續。名曰衆生。」【法華文句四】に「若言處處受生故名衆生者。此據業力五道流轉也。」【俱舍光記一上】に「受衆多生死故名衆生。夫生必死。言生可以攝死。故言衆生。死不必生。如入涅槃。故不言衆死。」【唯識述記一本】に「梵云薩埵。此言有情。有情識故。乃至言衆生者不善理也。草木衆生。」

觀衆生三十相　〔名數〕維摩居士文殊菩薩の問に依て三十種の衆生觀を說く。一に幻師の所現の人を見るが如し、菩薩の衆生を觀ずると此の若しと爲す。二に智者の水中の月を見るが如し。三に鏡中にして其の面像を見るが如し。四に熱時の炎の如し。五に呼聲の響きの如し。六に空中の雲の如し。七に水聚沫の如し。八に水上の泡の如し。九に芭蕉の堅の如し。十に電の久しく住する如し。十一に第五の大の如し。十二に第六の陰の如し。十三に第七の情の如し。十四に十三の入の如し。十五に十九界の如し。十六に無色界の色の如し。十七に燋穀の芽の如し。十八に須陀洹の身見の如し。十九に阿那含の入胎の如し。二十に阿羅漢の三毒の如し。二十一に得忍菩薩の貪恚を以て禁を毀る如し。廿二に佛の煩惱の習の如し。廿三に盲者の色を見るが如し。廿四に滅盡定に入りて出入の息の如し。廿五に空中の鳥の跡の如し。廿六に石女の兒の如し。廿七に化人の煩惱の如し。廿八に夢の見る所已に寤るが如し。廿九に滅度の者の身を受くるが如し。三十に無煙の火の如し。

衆生本性　〔雜語〕衆生の本性は眞如法性なり、眞如法性に不變隨緣の二義あり、其の隨緣の故に衆生なり。されば衆生の本體即ち法身なり、故に經に法身五道に流轉するを衆生と名くと云ふ。【五教章中】に「經云。法身流轉五道名衆生。」【指事記】に「不增不減經云。此法身過於恒沙無邊煩惱所纏。從無始世來隨順世間。波浪漂流。往來生死名爲衆生。」【法華玄義六】に六種眷屬を明かす中に「理性の眷屬とは衆生の如と佛の如と一如にして二如なし。理性相に關せり、任運に是れ子なり、故に我れ是の如く衆聖中の尊なり、世尊の父なり、一切衆生皆吾が子なりと云ふ。此れは是れ理性結緣不結緣に關せず皆是れ佛子なり。」【教行錄四日本國師二十七問】に　四明云く、「佛は是れ生家の佛、生は是れ佛家の佛、故に云ふ衆生心中の諸佛念念に眞を證す、諸佛心內の衆生新新に業を作ると。故に經に云く、今此三界皆是我有。其中衆生悉是吾子。」【和語雜錄七】に「摩訶止觀に涅槃經の文に依てのたまへるは當知止觀諸佛之師。以法常故諸佛亦常。樂我淨等亦復如是と。輔行に理性四德即佛師也と雖有文共なり、面面の一心の體性が理性の四德なる故諸佛の師となれば面面の理體が佛の本なり。」

衆生無始無終　〔術語〕衆生の體既に法身なれば法身の無始無終なる如く衆生も亦無始無終なり。且つ衆生の無始なるは無明の無始なる故なり。「ムシムミヤウ」を見よ。

衆生愛樂十由　〔名數〕善財童子南詢第三十七參、開敷一切樹華夜神、童子に對して一切衆生受樂の十由を說く。一に如來の威德力の故に。二に如來の教に順ふが故に。三に如來の語を行ずるが故に。四に如來の行を學するが故に。五に如來所護の力を得るが故に。六に如來所印の道を修するが故に。七に如來所行の善を種うるが故に。八に如來所說の法に依るが故に。九に如來智慧日光の照らす所なるが故に。十に如來性淨業力の攝する所なるが故に。【唐華嚴經七十二】

シユジヤウイゲウイシユ　衆生意樂意趣　〔術語〕四種意趣の一。

シユジヤウエンジ　衆生緣慈　〔術語〕三慈の一。「ジヒ」を見よ。

シユジヤウオン　衆生恩　〔術語〕四恩の一。

シユジヤウカイ　衆生界　〔界名〕佛界の稱に對す。十界の中に佛界を除き他の九界を總稱して衆生界と云ふ。

シユジヤウカイジン　衆生界盡　〔雜語〕一切の衆生界を成佛せしむること。【華嚴經十地品】に「佛子。此大願以十盡句而得成就。所謂衆生界盡。世界盡。虛空界盡。法界盡。涅槃界盡。佛出現界盡。

如來智界盡。心所緣界盡。佛智所入境界盡。世間轉法轉智轉界盡。若衆生界盡我願乃盡。乃至若世間轉法轉智轉界盡我願乃盡。」

シユジヤウク　衆生垢　〔術語〕取我の心を衆生垢と名く。【維摩經弟子品】に「法無衆生。離衆生垢故。」【慧遠疏】に「取我之心名爲衆生垢。」

シユジヤウケン　衆生見　〔術語〕實の衆生ありと固執する妄見なり。我見の異名なり。

シユジヤウコン　衆生根　〔術語〕衆生の根性なり。【維摩經佛國品】に「善解法相知衆生根。」

シユジヤウサウ　衆生相　〔術語〕我人四相の一。「シサウ」を見よ。

シユジヤウサウ　衆生想　〔術語〕實の衆生ありと執する妄想なり。【維摩經問疾品】に「除我想及衆生想。」

シユジヤウサウゾク　衆生相續　〔術語〕三相續の一。

シユジヤウシユニンニク　衆生數忍辱　〔術語〕二種忍辱の一。

シユジヤウシン　衆生心　〔術語〕一切衆生所有の心なり。【起信論】に「摩訶衍者。總說有二種。云何爲二。一者法。二者義。所言法者。謂衆生心。」衆生心に眞妄の二あり、嚴家に依れば眞心を以て大乘の體とす、即ち如來藏心なり。【義記上】に「衆生心者出其法體。謂如來藏心。」台家に依れば妄心を以て大乘の法體とす、所謂介爾陰妄の心是なり。吾人が日夜に物思ふ識陰所攝のかりそめなる一念の心に三千の諸法を具す、これ大乘の法體なりと云ふ。若し相宗に依らば阿賴耶の一心なり。

シユジヤウセケン　衆生世間　〔界名〕三世間の一。

シユジヤウセツ　衆生說　〔術語〕五類說經の一。

シユジヤウヂヨク　衆生濁　〔術語〕五濁の一。「ゴヂヨク」を見よ。

シユジヤウニン　衆生忍　〔術語〕二忍の一。「ニン」を見よ。

シユジヤウフカシギ　衆生不可思議　〔術語〕四事不可思議の一。「フカシギ」を見よ。

シユジヤウホンガクノシンレン　衆生本覺心蓮　〔術語〕密教の所談。「シンレン」を見よ。

シユウジヤウムシヤベツ　衆生無差別　〔術語〕三無差別の一。「サンムシヤベツ」を見よ。

シユジヤウムヘンセイグワンド　衆生無邊誓願度　〔術語〕四弘誓願の一。「シグゼイグワン」を見よ。

シユジヤウヱカウ　衆生廻向　〔術語〕「ヱカウ」を見よ。

シユジヤク　趣寂　〔術語〕二乘人の寂滅の涅槃に趣向するを趣寂と云ふ。五性中の聲聞定性獨覺定性なり。【唯識述記八本】に「彼趣寂者。心樂趣寂。爲此心拘馳流無相。不趣無上正等菩提。」

シユジヤタ　須闍多　〔人名〕Sujātā　又須闍提に作る。善女の名。【本行集經二十四】に「有善女名須闍多。隋言善生。」【賢愚經二】に「須闍提品。」

シユジヤダイ　須闍提　〔人名〕前項を見よ。

シユジユカイチリキ　種種界智力　〔術語〕十力の一。種種の不同を悉知し給ふ佛の智力。

シユジユクダツ　種熟脫　〔術語〕天台の所說。法華法門の意に依て佛世尊の化導の始終を究むる三益の法相なり。一に種とは衆生最初に佛の善巧を蒙りて佛道の種を下すなり。二に熟とは中間に相ひ値て圓機の異方便を以て第一義を助顯せられて之れを成熟するなり。三に脫とは今日雨華動地法華の會座に如來の滅度を以て滅度するなり、而して三益三世に涉つて遠あり近あると其の人に由る。これ一佛の教化はその佛によりて完全せらるとの意なり。衆生は或は三世に亘り、或は一生に於て、その成菩提の種を下されたる佛によりて得道成佛すとなり。これ法華會座に於て成佛すべき者はこの一生にかぎりて聞法を得たるにあらず、過去世に於て釋迦佛の教化を受けたるなりと云ふ。釋迦佛を久遠實成と云ふに對して起りたる教義なるべし。【法華文句一】に「四示相者。且約三段示因緣相。衆生久遠蒙佛善巧令種佛道因緣。中間相値。更以異方便助顯第一義。而成熟之。今日雨華動地以如來滅度而滅度之。復次久遠爲種過去爲熟近世爲脫。地涌等是也。復次中間爲種。四味爲熟。王城爲脫。今之開示悟入者也。復次今世爲種。次世爲熟。後世爲脫。未來得度者是也。」【法華玄義二】に「無謀之權稱縁轉變。若遠。若近。若種若熟若脫。皆爲一桊故。」

シユジユシヨアクシユ　種種諸惡趣　〔雜語〕諸の苦處なり。【法華經普門品偈】に「種種諸惡趣。地獄鬼畜生。生老病死苦。以漸悉令滅。」⦿(新古今)「あふ事をいづくにてとか契るべき浮身のゆかん方をしらねば」

シユジユシヨウゲチリキ　種種勝解智力　〔術語〕十力の一。衆生の種種の欲樂、勝解を明瞭に知り給ふ智力。

シユジワク　種子惑　〔術語〕現行惑に對す。

シユセン　修懺　〔術語〕懺悔の行法を修すること。

シユセンエウシ　修懺要旨　〔書名〕一卷、宋の四明智禮撰。

シユセンタブツ　須扇多佛　〔佛名〕Suśānta 譯、甚淨。【玄應音義三】に「須扇頭佛。又云須扇多佛。」

晉言二甚淨一。」【智度論七】に「如二須扇多佛一。弟子本行未熟。便捨入二涅槃一。留二化佛一一劫以度二衆生一。」

シユゼン　修善　〔術語〕惡を斷じ善を行ずるなり。又、性善の稱に對す。本有の善を性善と云ひ、修成の善を修善と云ふ。修善即性善なるは實大乘の通談なり。「シヤウアク」を見よ。

シユゼンヂヤウ　修禪定　〔術語〕禪定を修行するなり。◉（平家）「大師修禪定の具足」修禪の道具なり。

シユゼンロクメウモン　修禪六妙門　〔術語〕六妙法門の異名、佛祖統紀には不定止觀と名く。

シユゼンヰン　修禪院　〔人名〕義眞和尚を修禪院の和上と云ふ。【武峯論話】

シユソ　首座　〔職位〕座中の首位に即くもの。【僧史略中】に「首座之名即上座也。居二席之端一處二僧之上一故曰也。尋唐世勅二辯章一。撿二校修寺一。宣宗賞二其功一署二三教首座一。乃至次復經論之學或置二首座一。三教首座則辯章爲レ始也。朱梁洎レ周。或除或立。今大宋有二講經講論首座一。乃僧錄之外則立耳。」是れ官許の稱目なり。

前堂首座　〔職位〕已下は禪門私立の稱目なり。僧堂の前版を前堂と云ふ。前堂の首座は諸首座の中の最上にして住持の次席なり、依て第一座、座元、禪頭、首衆など別稱す。僧堂坐禪號令の權首座に在て住持に在らず、首座之を禪頭と謂ふ。衆僧皆命を首座に聽くなり。【勅修淸規】に「前堂首座表二率叢林一人天眼目。分座說法開二鑿後昆一。坐禪領レ衆謹守二條章一。齋粥精粗勉二諭執事一。僧行失レ儀依レ規示レ罰。老病亡沒垂レ恤送レ終。凡衆之事皆得二擧行一。如二衣有レ領如二網有レ綱也。」

後堂首座　〔職位〕僧堂後版の首座なり。【勅修淸規】に「後堂首座。位居二後版一輔二贊宗風一。規則莊端爲二衆模範一。蓋以二衆多一故分二前後一。齋粥二時過堂及坐禪則後門出入。」

立僧首座　〔職位〕立僧とは衆僧を開導成立する義なり。定れる人なし、首座、頭首の外に別に西堂或は前堂及び諸の耆宿の中に於て有道博達の人を擇んで懇請して衆の爲に開法せしむるなり。或は大方の尊宿を請じて之に充つるあり、極めて重任とす。【象器箋六】

名德首座　〔職位〕名德首座は住職の稱にあらず、名擧德行ある者を擇んで名德首座となす。

却來首座　〔職位〕大方の尊宿と雖も若し住持能く禮を以て之を致せば亦此職に充つ。之を退位爲レ人と云ふ。退位爲人之を却來首座と云ふ。却來とは洞家の奉唱に正位に向ふを向去と爲し、正位より偏位に來たるを却來と爲す。【祖庭事苑八】に「首座即古之上座也。梵語悉替耶。此云二上座一。乃至古今立二此位一。皆取二其年德幹局者一充レ之。今禪門所謂首座者即其人也。必擇下其己事已辨衆所二服從一。德業兼備者上充レ之。」

シユソウ　衆僧　〔雜語〕三人以上和合の比丘を梵に僧伽と云ふ。譯して衆となす、衆僧は梵漢雙擧の目なり。

シユソククワン　數息觀　〔術語〕五停心觀の一。呼吸を數へて散念を止むる法なり。

シユタイ　須帶　〔界名〕Sudarśana 又、須𢅥、須躉に作る。善見天なり。

シユタラ　修多羅　〔術語〕Sūtra 又、修單羅、修妬路、修多闌、修單蘭多に作り、綖を以て正翻とす。謂く綖（線の字に同じ。）を以て花を貫穿し、以て散ぜざらしむる如く、言敎能く法義を貫穿して散失せしめざれば之を名けて綖と爲す。餘の經文を契經、經本など云ふは義譯也と。新には素怛纜、素呾纜、蘇多羅、蘇呾羅に作り、綖又は契經と譯す。綖の義前の如し。契經とは理に契ひ機に合へば契と云ひ、法相を貫穿し所化を攝持すること經の緯に於ける如くなれば經と云ふと。【法華玄義八】に「修多羅。或云二修妬路一。或云二修單蘭多一。彼方楚夏。此土翻譯不レ同。或言二無翻一。或言二有翻一。」而して此下に無翻に就て五義を含む故に翻すべからざるを示す、一に法本、亦出生と云ふ。二に微發、亦顯示と云ふ。三に涌泉、四に繩墨、五に結鬘なり。其の有翻に就て亦た五翻を擧ぐ。一に經、二に契、三に法本、四に綖、五に善語敎なり。此中經の翻を取る。【華嚴探玄記一】に「修多羅或云二修妬路一。或言二素怛羅一。此云二契經一。契有二二義一。謂契レ理合レ機故。經亦二義。謂貫二穿法相一故。攝二持所化一故。」【大乘義章一】に「修多羅者中國之言。此方釋者。翻譯非レ二。或名二經本一。或復翻爲二直說語言一。或名二契經一。或翻名レ綖。人家所二以翻爲二經本一。蓋依二仁王百論一故爾。如二仁王中一佛告二大王一。經本偈經乃至論義。一切皆如。以三彼經中名二修多羅一爲二經本一故。人即執レ此用爲二翻名一。又百論中名二其經本一爲二修妬路一。或云二經本一。人復執レ此定爲二翻名一。蓋乃隨レ義以名二經體一。非二正翻名一。本義有レ四。一理敎相對。敎爲二理本一故名爲レ本。二就二經中一經論相對。經爲二論本一故名爲レ本。乃至此等乃是隨レ義傍翻。非二正翻名一。人復所二以翻爲二直說一。依二成實論一故爲二此釋一。彼文說下言二修多羅一者直說語言上。人即執レ此以爲二翻名一。蓋乃是其辯釋之辭非二正翻名一。訶梨跋摩作レ論。解二釋十二部經一對二彼祇夜伽陀偈經一故指斥言二修多羅者直說語言一。如三似

說言二熱者是火一。豈是翻名。人復所三以翻名二契經一、、依二增一阿含序一故便作二此翻一。彼言契經是第一藏。毘尼第二。毘曇第三。明知契經是修多羅。又依二雜心業品之文一。彼文說言。斷律儀者如二契經品一。乃其所レ指是修多羅品。人即執レ此以爲二翻名一。斯乃隨レ義以名二其經一。非二是翻名一。以下其聖敎稱二當人情一契中合法相上從レ義立レ目。名レ之爲レ契。此既方言何用二私情一種種圖度。若正相翻名レ之爲レ綖。何以得レ知。今此且以二三門一釋レ之。一准二定方言一。二以レ義解。三以レ文證。准二方言一者。外國之人正名二世人縫レ衣之綖一爲二修多羅一。那得二異翻一。言二義解一者。諸法星羅。周散二法界一。所三以次第顯レ理在レ世不レ墜不レ失良以二聖敎貫穿一故爾。貫レ法之能如二綖貫一レ花故名爲レ綖。言二文證一者。如三律中如種種花散置二案上一風吹則落何以故無二綖貫一故。如レ是種種名種種性種種家出家令三佛法疾滅不二久住一何以故。不下以二經敎一攝中取法上故。故目二聖敎一以レ之爲レ綖。佛法如レ花。所被衆生三業如レ案。造二過非一如レ風。滅レ法如二花零落一。若無三言說記持二彼法一。法則隱滅。良以言敎記持在レ世。人雖レ造レ過法常不レ滅。以レ有二此能一。故說レ如レ綖。又雜心言二修多羅一者名曰二結鬘一。能貫二諸法一。貫法猶是綖之義也。」【玄應音義二十三】に「素怛纜此譯云レ綖。舊言二修多羅一或云二修妬路一。皆訛也。」【義林章三本】に「雜心論云。經有二五義一。謂出生。涌泉。顯示。繩墨。結鬘五義。今大乘解。梵言二素呾纜一。此名二契經一。」【大日經五】に「四種蘇多羅。謂白黃赤黑。」【同疏十五】に「綖者梵音名爲二蘇呾纜一。是連二持衆德一。令三其不二散故名レ綖。」(大日經に云ふは綖卽ち糸なり。經の意にあらず。)此の修多羅に總別の二稱あり。總修多羅とは三藏中の修多羅藏是なり十二部經を該攝す。別修多羅とは十二部經中の修多羅部經是なり、是れ總修多羅の中に於て各別義を以て十一を分開し、直ちに法相を說て餘の十一に收まらざる者に於て總名を取て別名となせしなり。◉(鴉鷺合戰一二)「修多羅の敎は月をさすとて之をきらひ」

シユタラ 修多羅 【物名】眞宗各派の七條袈裟に用ゐる組紐を修多羅と名く、是れ綖の義に取りしなり。梵 Sūtra 「經量部のことなり。」

シユタラロン 修多羅論 【流派】 Sautrāntika

シユタランハダイナ 修多闌波提那 【流派】小乘十八部の一。譯、經量部。【四分開宗記一】

シユタラワウキヤウ 修多羅王經 【經名】大方等修多羅王經の略名。

シユダ 首陀 【術語】 Śūdra 又、首陀羅に作り、新に戍陀羅、戍達羅、戍捺羅に作る。天竺四大姓の第四、農人奴隸なり。【玄應音義十八】に「首陀應レ云二戍達羅一。譯曰レ農。」【慧琳音義二】に「戍捺羅。古云二首陀羅一或云二首陀一。卽是農夫耕墾之儔也。」【西域記二】に「四曰二戍陀羅一。舊曰二首陀一訛也。農人也。」◉(曲、錦木)「奈落の底に入りぬれば、刹利も首陀も替はらざりけり」

シユダ 周陀 【人名】 Śuddhipanthaka 又 Kṣudrapanthaka 比丘の名。【嘉祥法華義疏九】に「周陀者翻爲二不樂一。又云二小路一。」【法華玄贊八】に「周陀此云二蛇奴一。」

シユダ 須陀 【飮食】 Sudhā 又、須陀、首陀、蘇陀に作る、天の甘露味なり。【玄應音義四】に「須陀食。或云二修陀一。此天食也。修陀此云レ白也。隨相論云。須陀此云レ善。陀是言二貞實一也。」「ソダ」を見よ。

シユダイ 首題 【術語】諸經の題目なり。【觀無量壽經】に「讃二大乘十二部經首題名字一。」

シユダイナ 須大拏 【人名】「シユダナ」を見よ。

シユダイミヤウジ 首題名字 【術語】首題に同じ。「一」。

シユダウシヨダン 修道所斷 【術語】三斷の一。

シユダジキ 須陀食 【飮食】「シユダ」を見よ。

シユダナ 須達拏 【本生】 Sudāna 又、須大拏、須提梨拏に作り、新に蘇達拏に作る。太子の名。善牙、善愛、好愛、善與、善施など譯す。佛の前身に布施行を行ずるの名なり。【智度論十二】に「須提梨拏太子。秦言二好愛一。以二其二子一施二婆羅門一。次以レ妻施。其心不レ轉。」【玄應音義五】に「須大拏或云二須達拏一。或云二蘇陀沙拏一。此云二善與一。亦云二善施一。」【西域記二】に「蘇達拏太子。唐言二善牙一。以二父王大象一施二婆羅門一。」太子須大拏經一卷あり、共に之を詳說す。「ソダナ」を見よ。

シユダイナ 須提那 【人名】聚落主の名。譯、求得。【南山戒疏二上】に「須提那者。多云。聚落主名也。此云二求得一。其子耶舍。此翻爲レ明。如二僧祇釋一。持レ信出家。」 Sudina

シユダウ 衆道 【術語】三乘の行法を云ふ。【無量壽經下】に「衆道之要。」

シユダウ 修道 【術語】行位三道の一。聲聞乘には一來向より阿羅漢向の究竟に至るまで三界の修惑を斷ずる位なり。又菩薩乘には十地の間俱生起の煩惱所知の二障を斷ずる位なり。既に見道に於て一旦眞諦を照見し、更に眞觀を修習すれば修道と云ふ。【四敎儀六】に「二三果去重慮緣レ眞名二修道一。」

シユダシヤバ 首陀娑婆 【界名】 Śuddhāvāsa 又、首陀婆に作る。五淨居天なり。【智度論五十四】に「首陀婆天。秦言二淨居天一。」【玄應音義十九】に「首

陀婆婆。或云二私陀婆婆一。私陀。首陀。此譯云レ淨。婆婆此云レ宮。亦言レ舍。或言レ處。即五淨居天是也。」

シユダシヤミ 須陀沙彌 〔界名〕須陀夷沙彌なり。「ソダテン」を見よ。

シユダシユマ 須陀須摩 〔人名〕又、須陀摩に作る。國王の名。普明と譯す。【智度論四】に「昔須陀須摩王あり、持戒精進常に實語に依る。晨朝に車に乘て園に入て遊戯せんとす。時に一の婆羅門あり來りて施を乞ふ。王曰く諾、我が出でて還るを待つべしと。園に入て遊戯す。時に兩翅の鬼王あり鹿足と曰ふ。空中より飛び來つて王を捉へ去り、所住の山に至り九十九の諸王の中に置く。須陀須摩王涕零ると雨の如し。鹿王問て言く、汝何を以て啼くと小兒の如くなる。王言く、我れ死を畏れず、信を波羅門に失するを畏ると。王其の所以を語る。鹿足王之を放ち還らしめ、必ず七日を過ぎて來り還れと。王國に還り婆羅門を布施し、太子を立てて王となし、七日を過ぎて鹿王の所に至らんとす。國民叩頭して王を留む。王偈を說て曰く、實語第一戒。實語昇レ天梯。實語爲二大人一。妄語入二地獄一。我今守二實語一。寧棄二身壽命一。心無レ有二悔恨一。是の如く思惟して鹿足王の所に至る。鹿王之を見て歎じて言く、汝は實語の人なりと。爾の時王實語を讃して妄語を呵す。鹿足之を聞き淨信を起し、王及び九十九王を放還す。」此の事仁王經に說く普明王が班足王に捉へられて七日の猶豫を請ひ、國に還つて仁王會を設くる因緣に酷似す。依て天台は智度論の須陀須摩王は即ち仁王經の普明王なりとなす。【止觀二】に「須陀摩王失レ國獲レ偈。」梵 Sudhāman*

シユダツ 須達 〔人名〕Sudatta 又、須達多に作る。善與、善給、善授、善溫など譯す、給孤獨長者の本名なり。【玄應音義三】に「須達多此云二善與一。故得二給孤獨名一也。」【慧苑音義下】に「須達多此云二善給一。施無二依怙一也。」【華嚴疏鈔六】に「須達多正言二賑濟無依一。義云二給孤獨一也。即長者之稱。」

須達起精舍 〔故事〕「ギヲンシヤウジヤ」を見よ。

須達布金買地 〔故事〕「ギヲンシヤウジヤ」「見よ。

シユダツキヤウ 須達經 〔經名〕一卷、蕭齊の求那毘地譯。

シユダツタ 須達多 〔人名〕「シユダツ」を見よ。

シユダツリシヤナ 須達梨舍那 〔界名〕Sudarśana 舊に須蔑、須睒、須帶、須滯、須禰に作る。天の名。譯、善見天。【玄應音義三】に「須帶天。案二中陰經一。作二須滯天一。或作二須禰天一。亦言二善見天一。定障漸微。見極明徹。故名二善觀一也。樓炭經作二須嚔天一。皆一也。應レ言二須達梨舍那一。此言二善觀天一。嚔音丁計切。禰音帝。」

シユダハンタカ 周陀半託迦 〔人名〕又、周荼半託迦。比丘の名。「シユリハンドク」を見よ。

シユダハンナ 須陀般那 〔術語〕「シユダオン」を見よ。

シユダバ 首陀婆 〔界名〕五淨天なり。「シユダ「シヤバ」を見よ。

シユダマ 須陀摩 〔人名〕普明王の梵名なり。「シユダシユマ」を見よ。

シユダヤ 須陀耶 〔人名〕沙彌の名。「ソダイ」を見よ。

シユダラ 首陀羅 〔雜名〕印度四姓の第四。「シ「ユダ」を見よ。

シユダリシヤナ 修陀里舍那 〔異類〕夜叉の名。譯、善見。【無量門破魔陀羅尼經】Sudarśana

シユダヲン 須陀洹 〔術語〕Srota-āpanna 具稱、須陀般那、窣路多阿半那、窣路陀阿鉢囊、舊に入流、至流、逆流、溝港など譯し、新に預流と譯す。聲聞四果の中初果の名なり。入流とは初めて聖道に入る義、逆流とは生死の流に違背するなり。三界の見惑を斷じて此果を得。【大乘義章十七本】に「順陀洹者是外國語。義釋有レ三。一當レ名正翻。名二修無漏一。如二涅槃說一。須名二無漏一。陀洹修習。以レ修二無漏一故名二須陀洹一。二隨レ義傍翻。名爲二逆流一。逆二生死流一。三途生死永不レ受故。三隨義傍翻亦名二觸債一。將拒二三途因一而不レ受レ果故曰二觸債一。」【智度論三十二】に「須陀名レ流。即是八聖道分。般那名レ入。入二是八聖道分流一入二涅槃一也。」【玄應音義二十三】に「窣路多阿半那此云二預流一。一切聖道說名レ流。能相續流向二涅槃一故。初果聖者創參二勝列一故名二預流一。預及也。參預也。須陀洹者訛也。或云二逆流一。或言二入流一。亦云二至流一。皆一也。」【慧苑音義上】に「須陀洹正云二窣路陀阿鉢囊一。言二窣路陀一者此云レ流也。阿鉢囊者此云レ入也。謂適斷二見惑一捨二異生性一。初獲二聖性一。入二聖行流一。故名二入流一。舊安二洹字一莫レ知二其所以一也。」【大明度經二】に「溝港。」【同行瑫音義】に「梵云二須陀洹一。此云二入流一。謂已入二聖流一。今云二溝港一。乃取二入流之義一也。」【玄應音義五】に「今言二溝港一者取二其流入處一也。」此の須陀洹に向果の二あり。須陀洹に趣向する見道十五心の間を須陀洹果向と云ひ、正に三界の見惑を斷じ了りし第十六心を須陀洹果と云ふ。

シユダヲンカウ 須陀洹向 〔術語〕四向の第一。方に三界の見惑を斷じて須陀洹果に向ふ因位なり。「シユダオン」を見よ。

シユダヲンクワ 須陀洹果 〔術語〕聲聞乘四果の第一。正しく三界の見惑を斷じ盡したる果位なり。「シユダヲン」を見よ。

シユダン　修斷　〔術語〕四正斷の一。

シユチ　種智　〔術語〕佛の一切種智なり。佛智一切種種の法を知るを一切種智と名く。【智度論二十七】に「一切種智是佛事。聲聞辟支佛。但有二總一切智一無レ有二一切種智一。」【輔行一】に「覺者大明也。曉也。直也。今亦如レ是。十號具足。種智圓明也。」シユウチと讀む。

種智還年　〔雜語〕【法華文句記九】に「父久先服二種智還年之藥一父老而若レ少。子亦久稟二常住不死之方一子少而若レ老。」是れ法華涌出品に於て釋迦如來が地涌の無量の大菩薩を指して我が弟子なりと言ひしを、彌勒疑ひて、父少くして子老たり、世を擧げて信ぜざる所と言へり。其の父少子老の意を譬に約して之れを解せし文なり。釋迦は既に久遠の昔に種智の靈藥を服せしを以て還年の功を奏して少く、今日垂迹の少相を現じ、地涌の菩薩も亦久しく常住不死の奇方を稟くれば老の如く見ゆとなり。

シユチアラバ　殊致阿羅婆　〔人名〕仙人の名。譯、光味。【大集經四十二】Jyotirasa「カ」を見よ。

シユチカ　殊底迦　〔人名〕長者の名。「シユチシ

シユチガ　殊徵伽　〔流派〕Judiiga 四種外道の一。「ゲダウ」を見よ。　「見よ。

シユチゲンネン　種智還年　〔雜語〕「シユチ」を見よ。

シユチシカ　殊底色迦　〔人名〕Jyotiska 又、聚底色迦、殊底迦、樹提伽、殊底穡迦に作る。長者の名。譯、星曆、有命、火生。【西域記九】に「殊底色迦長者。唐言二星曆一。舊曰二樹提伽一。訛也。」【有部目得迦七】に「聚底色迦。舊云二樹提伽一訛也。」【倶舍論光記五】に「佛遣レ人入レ火抱取二殊底穡迦一。此云二有命一。舊曰二樹提迦一訛也。彼之父母。其家巨富。年老無レ子。忽因二懷孕一問二諸外道一。咸言是女而不二長命一。及二其問レ佛一佛記。是男長年具レ德。外道無識。方便藥中。母喪斃レ軀。子安無レ損。佛遣二能治命一梵に時縛迦入レ火抱取。有命由二佛記力一故不レ死。能活命由二佛使一故不レ死。委説如レ經。」【可洪音義十上】に「樹提伽。此云二火生長者一。」

シユチハンタカ　周稚般他迦　〔人名〕「シユリハンドク」を見よ。

シユチヤウヅキン　首丁頭巾　〔物名〕頭巾の一種、剃髪せし者の頭巾なり。

シユヂヤウロン　手杖論　〔書名〕一卷、尊者釋迦稱造、唐の義淨譯。世の異執所生の有情ありと言ふを破す。【暑帙五】(1226)

シユヂヤク　取著　〔術語〕所對の法を取り貪著して離れざるなり。【涅槃經十七】に「取著名爲二凡夫一。一切凡夫取二於色一乃至著レ識。以レ著レ色故則生二貪心一。生二貪心一故爲二色繋縛一。乃至爲二識繋縛一。以二繋縛一故則不レ得レ免二生老病死憂悲大苦一切煩惱一。是故取著名爲二凡夫一。」

シユツアイワウ　出愛王　〔人名〕優塡王なり。【西域記五】に「鄔陀衍那王。唐言二出愛一。舊云二優塡王一訛也。」

シユツエウ　出要　〔術語〕生死を出離する要道なり。【地藏十輪經六】に「三乘要道四聖諦等相應正法。」【十地義記四本】に「出要者。謂果爲レ出。因爲二要道一。」【行事鈔上一】に「慕二存要道一。無レ染二於世一。」【止觀七】に「如レ救二頭燃一。以求二出要一。」

シユツエウギヤウ　出曜經　〔雜名〕二十卷、尊者法救造、姚秦の竺佛念譯。出曜とは十二部經中の第六部の名なり、舊に譬喩と名く。本經自ら第六の出曜經を説くを以て出曜經と題す。【出曜經四】に「六者出曜。謂從二無常一本經の第一品至二梵志一本經の最後品採二衆經要義一演説布現。以訓二將來一。故名二出曜一。」【藏帙五、六帙】(1321)

シユツエウロン　出曜論　〔書名〕出要經の異名。

シユツキヤウ　出鄕　〔雜語〕出隊に同し、住持の鄕里に出でて勸化するを云ふ。

シユツケ　出家　〔術語〕梵名、波吠儞野 Āranyaka 在家の生活を出離して沙門の淨行を修するなり。【維摩經弟子品】に「我聽二佛言一。父母不レ聽不レ得二出家一。」【同方便品】に「維摩詰言。然汝等便發二阿耨多羅三藐三菩提心一是即出家。」【釋氏要覽上】に「毘婆沙論云。家者是煩惱因緣。夫出家者爲レ滅二垢累一。故宜二遠離一也。」【梵語雜名】に「出家。波吠儞耶。」◎(盛衰記二四)「いまだ出家具戒の義そなはらず」

二種出家　〔名數〕一に身出家、小乘の比丘なり。二に心出家、大乘の菩薩居士是なり、維摩賢護等の如し。【釋書聖德太子傳】に「修多羅有二心出家身出家一。」

四類出家　〔名數〕一に身出家心不出家、身法侶に參して心猶顧戀す。二に身在家心出家、妻子を受用するも躭染を生ぜず。三に身心倶出家、諸の欲境に於て心顧戀なし。四に身心倶不出家、妻子を受用し深く躭染を生ず。【法蘊足論】

出家四願　〔故事〕釋迦如來初めて出家せんと欲して四願を發す。一に願濟衆生困厄、二に願除衆生惑障、三に願斷衆生邪見、四に願度衆生苦輪。【普曜經四】

シユツケアジヤリ　出家阿闍梨　〔術語〕五種阿闍梨の一。「アジヤリ」を見よ。

シユツケインエンキヤウ　出家因緣經　〔經

名〕出家緣經の異名。

シユツケエンキヤウ 出家緣經 〔經名〕一卷、後漢の安世高譯。難提優婆塞の爲に五戒を犯する罪及び、飮酒の三十五過を說く。【宿帙八】(686)

シユツケクドクキヤウ 出家功德經 〔經名〕一卷、失譯。佛、鞞羅羨那王子の音樂を聞き、彼の七日にして命終するを記す。阿難勸めて一日一夜出家せしむ、命終の後七返六欲天に生じ、當に辟支佛道を得べし。阿難因て放人出家の福と障人出家の罪を問ふ、佛具に之に答ふ。【宿帙七】(776)

シユツケジユゴンエンコンマギキ 出家授近圓羯磨儀軌 〔經名〕一卷、元の拔合思巴集。具足戒を受くる作法を記す。【寒帙六】(1137)

シユツケトクドデン 出家得度田 〔雜名〕出家得度する者はその口分田、住田、賜田等を官に反納すること、王朝の頃行はる。その田に名く。

シユツケニカイ 出家二戒 〔名數〕一に十戒、二に具足戒なり。此の二種戒共に不婬戒なれば出家戒と名く。「カイ」を見よ。

シユツケニフダウ 出家入道 〔術語〕恩愛の家を出で菩提の道に入るなり。【心地觀經四】に「發二菩提心一。捨二離父母一。出家入道。」【遺敎經】に「出家入道之人。爲二解脫一故。自降二其身一而行レ乞。」出家入道は本と同一人の事なり。然るに後世和俗に二者を別とし、寺に入つて僧となるを出家と云ひ、家に在て剃頭着衣する者を入道と云ふ。(入道は三位以上の者の稱)

シユツケノギヤウ 出假行 〔術語〕菩薩が固意に假觀を起して差別相を認め、衆生を化益すること。從空出假觀に同じ。

シユツケラク 出家樂 〔術語〕五種樂の一。「ラク」を見よ。

シユツケン 出見 〔術語〕此道必ず出離を得べしとの妄見なり。【歸敬儀中】に「還執二出見一猶承二愛種一。」

シユツゲン 出現 〔術語〕佛菩薩の實身より化身を現はして世に出すを云ふ。【法華經方便品】に「諸佛世尊。唯以二一大事因緣一故出二現於世一。」

シユツゴ 出期 〔術語〕生死の苦を出離する期限なり。【無量壽經下】に「數千億劫無レ有二出期一。痛不レ可レ言。」【行事鈔上三】に「行者破戒之人功德無量。遠有二出期一。不レ受レ戒者。隨二流苦海一永無二解脫一。」

シユツサンザウキシフ 出三藏記集 〔書名〕十五卷、梁の僧祐撰。經律論三藏の經目及び翻譯の同異序跋等を列記す。【結帙一】(1476)

シユツザウダイヒセンボフ 出像大悲懺法 〔經名〕千手千眼大悲咒行法の異名。

シユツシヤウ 出生 〔飮食〕出生飯なり。出生をスヰサンと讀み、略して生飯に作り、サンバン又はサバと呼ぶ。又出飯(すゐはん)と云ふ。「サンバン」を見よ。

シユツシヤウ 出聖 〔術語〕出世の聖道なり。【歸敬儀中】に「但出聖道。無始未レ經。」

シユツシヤウイチサイニヨライホフゲンヘンジヤウダイリキミヤウワウキヤウ 出生一切如來法眼遍照大力明王經 〔經名〕一卷、趙宋の法護譯。此の明王能く一切如來の法眼遍く法界を照らす大力を出生すれば名く。明王とは陀羅尼の德名なり。經中陀羅尼、及び壇法を說く。【成帙五】(1019)

シユツシヤウヱンミヤウヰ 出障圓明位 〔術語〕佛果のこと。煩惱障も所知障もなく、二障を離脫して知慧圓滿心鏡明朗なる故に名く。

シユツシヤウギ 出生義 〔經名〕金剛頂瑜伽三十七尊出生義の略名。【閏帙二】

シユツシヤウボダイシンキヤウ 出生菩提心經 〔經名〕一卷、隋の闍那崛多譯。發菩提心の功德、四攝法及び天行梵行聖行を說き、後に破魔衆會陀羅尼を說く。【宙帙二】(450)

シユツシヤウムヘンモンダラニキヤウ 出生無邊門陀羅尼經 〔經名〕同名二部。一は唐の智嚴譯、一卷。【成帙九】(360)一は唐の不空譯、一卷。佛說の二字を冠す。共に一向出生菩薩經と同本なり。【閏帙八】(956) 次項の經に同じ。

シユツシヤウムヘンモンダラニギキ 出生無邊門陀羅尼儀軌 〔經名〕一卷、唐の不空譯。【閏帙八】(956)

シユツシヤウムリヤウモンヂキヤウ 出生無量門持經 〔經名〕一卷、東晉の佛陀跋陀羅譯。一向出生菩薩經と同本。持經の持は陀羅尼の翻名なり。【成帙九】(359)

シユツシユツセイチジヨウホフ 出出世一乘法 〔術語〕唯佛一乘は二乘三乘の出世間に超出するを稱讚して云ふ。【五敎章上】に「四衢別授大白牛車者。此在二出世上一。故是出出世一乘法。」

シユツシユツセケン 出出世間 〔術語〕出世間を超出せる法なり。菩薩の十地を三分して三世間となす。【五敎章上】に「如二本業經仁王經及地論梁攝論等中一。以二初二三地一寄二在世間一。四地至二七地一寄二出世間一。八地已上寄二出出世間一。於二出世間中一。四地五地寄二聲聞法一。第六地寄二緣覺法一。七地寄二菩薩法一。八地

巳上寄二一乘法一。」

シユツジンクドクキヤウ　出深功德經　〔經名〕觀普賢菩薩行法經の異名。

シユツセ　出世　〔術語〕如來の世に出現するを云ふ。【金剛三昧經一】に「佛言。善男子。汝能問二出世之因一。欲下化二衆生一令上彼衆生獲乙得出世之深甲。是一大事不可思議。」【賢愚經八】に「如來出世實復奇特。令二一切衆生皆獲二利益一。」【心地觀經七】に「諸佛子等。應三當至心求二見一佛及一菩薩一。如レ是名爲二出世法要一。」【金剛三昧經一】に「令三彼衆生獲二得出世果一。」【智度論一】に「一人出世。多人蒙レ慶。」図智德兼備し所作已辨の後、隱退長養する人、一旦人天推轂して大小寺院に住せしむるを出世と云ふ。蓋し佛世尊の世に出現するに比するなり、故に世に出づと訓ずべし。吾朝叡山に出世と稱する階位あり、公卿にして院號を有するものの通稱なり。【驢鞍嘶餘】に「出世、院號、權大僧都、法院、官位共に極るなり。」図世間を超出して涅槃に入るを出世と云ふ。御持佛堂の法事を勤むるなり。堂上の息或は養子なり。」図世間を超出して涅槃に入るを出世と云ふ。尙ほ出家出塵などと言ふ如く、世間を超出して淨行を修するを出世と云ふ。世を出づと訓ずべし。

シユツセクワ　出世果　〔術語〕涅槃を云ふ。【金剛三昧經一】に「令三彼衆生獲二得出世果一。」

シユツセグワンイ　出世元意　〔書名〕覺如撰、法華が四十餘年未顯眞實と宣して他經を排するに對し、念佛の法門は法華說法中の事件（於王舍城）に關する說法なる故、同時同味の敎なりと辨じたるもの。

シユツセケン　出世間　〔術語〕世間の稱に對す。一切生死の法を世間とし、涅槃の法を出世間とす。即ち苦、集の二諦は世間なり、滅、道の二諦は出世間なり。【法華經譬喩品】に「開三示演二說出世間道一。」【起信論】に「用大。能生二一切世間出世間善因果一故。」【勝鬘經】に「世間出世間善法。」

シユツセケンゴゴンブ　出世間語言部　〔流派〕出世說部に同じ。

シユツセケンジヤウジヤウチ　出世間上上智　〔術語〕三智の一。

シユツセケンセツブ　出世間說部　〔流派〕出世說部に同じ。

シユツセケンダウ　出世間道　〔術語〕有爲の迷界を出離する道。菩提道に同じ。【毘婆沙論】に「轉二世間道一入二出世間道一。但樂レ敬レ佛。得二功德處一。得二六波羅蜜果報一。」

シユツセケンダン　出世間檀　〔術語〕二檀の一。有漏煩惱の心を以て布施するを云ふ。

シユツセケンチ　出世間智　〔術語〕三智の一。

シユツセゴジキ　出世五食　〔術語〕「ジキ」を見よ。

シユツセケンボフ　出世間法　〔術語〕出世間「道に同じ。

シユツセゴフ　出世業　〔術語〕世間を出離する淨業なり。

シユツセシヤ　出世舍　〔術語〕寺院十名の一。世俗を出離する人の住處なり。【僧史略上】「なり。

シユツセシヤ　出世者　〔術語〕俗に言ふ世捨人

シユツセシン　出世心　〔術語〕無漏心を云ふ。【唯識論二】に「亦薰二本有無漏種子一。令二漸增盛一。展轉乃至生二出世心一故。」

シユツセセツブ　出世說部　〔流派〕小乘十八部の一、說出世部の舊譯の名なり。【宗輪論述記】に「眞諦法師云二出世說一者隨二順梵言一。於レ此便倒。」

シユツセゼン　出世禪　〔術語〕三種禪の一。

シユツセチ　出世智　〔術語〕無漏の聖智なり。【清涼玄談五】に「世出世智依二如來藏一。」

シユツセノダイジ　出世大事　〔術語〕佛が世に出生する大因緣なり、惡業の凡夫常沒常流轉して出離の緣あることなきものが、佛の加被力によりて遂に成佛する大因緣なり、佛これを成就せん爲めに世に生れ給ひし爲に外ならずとすること。

シユツセバウクワン　出世坊官　〔職位〕出世と坊官の二階位なり。叡山に淸僧にして院號を有するを出世とし、妻帶にて門主に給仕し、坊號を有するを坊官とす。俗務の長なり。【驢鞍嘶餘】⊙（太平記二一）「出世坊官を面縛する程の事を聞かず」

シユツセブ　出世部　〔流派〕出世說部に同じ。

シユツセフク　出世服　〔衣服〕袈裟十二名の一。

シユツセホングワイ　出世本懷　〔術語〕釋迦如來娑婆世界に出興せる本意なり。之に就て聖道門の諸家は法華の開權顯實開迹顯本を以て出世の本懷とす。【經方便品】に「諸佛世尊。唯以二一大事因緣一故出二現於世一。」と說けばなり。又淨土門の諸師は無量壽經に念佛往生を出世の本懷とす。【經】に「如來以二無蓋大悲一矜二哀三界一。所三以出二興於世一光二闡道敎一。欲下拯二群萠一惠以中眞實之利上。無量億劫難レ値難レ見。猶二靈瑞華時時乃出一。」と說けばなり。問ふ、二者如何か會す、答ふ、六要鈔一及び玄義分傳通記五に敎の權實と機の利鈍に約して之を會す。佛所說の敎門に就て之を判ずれば、爾前の諸敎は悉く方便にして法華獨り眞實なり、是れ法華本懷の意なり。所度の機に就かば佛の大悲は最下の凡夫を濟ふに在り、故に淨土の敎門を以て本意とす、是れ念佛本懷なりと。愚

案に佛の敎門に二種あり、一は智慧門、二は慈悲門なり、一は上智を攝し、一は下愚を度す。法華の本懷智門に在り、念佛の本懷悲門に存す。

シユツソク 出息 〔術語〕出づる息なり。【止觀七】に「風氣依レ身名二出入息一。此息遷謝。出不レ保レ入。」【同輔行七】に「有二一比丘一言。出息不レ保二入息一。佛言。是名二精進一善修二無常一。」【往生要集上末】に「經言。出息不レ待二入息一。入息不レ待二出息一。」【同指麾鈔七】に「未レ檢二經文一。」

シユツタイ 出體 〔術語〕諸法の體を出すこと。

法相宗四重出體 〔術語〕護法、勝子、親光の法相家、凡そ諸法の體を出すに四重あり、これもと佛說の敎體を出す爲めに分別せしものなれども、其他如何なる法に就ても之を通用するを得るなり。一に攝假從實體、二に攝境從識體、三に攝相歸性體、四に體用別論體なり。是れ勝劣の次第なれども之を說明するには逆次して淺深の次第に依るべし。一に體用別論體。一切の事物、一往見る所に依れば事體も作用も各差別する故、其の差別のままに之を論じて體を出だすを體用別論體と云ふ。例へば一管の筆を擧げて筆は何を體とするかと問ふに、筆は毛なり竹なりと答ふる如き即ち體用別論なり。二に攝假從實體。然るに第一重の出體に就きて更に其の毛と竹とは何なりやとの疑あるべし、之を答ふるを第二重とす。攝假從實とは假法を攝めて實法に歸せしめ、其の實法に就きて體を出だすなり。例へば筆の體は四塵の法なりと稱する如し。是れ毛と云ひ竹と云ふも共に四塵の上に安立する假法なれば、其の假法を四塵の實體に歸せしめ、四塵を擧げて其の體となすなり。三に攝境從識體。又攝境從心と云ふ。然るに第二重の答に於て更に問ふべし、四塵の體何なりやと之を答ふるを第三重とす。攝境從識とは一切所緣の境を攝めて能緣の心識に歸せしめ、其の心識を擧げて事物の本所となすなり。何となれば萬法唯識なればなり。例へば四塵の體是れ識なりと言ふ如し。四に攝相歸性體。然るに第三重に於て更に心は是れ何體と疑ふべし、之れに答ふるは第四重とす。攝相歸性とは一切有爲の事相を攝めて唯一無爲の眞性に歸せしめ、其の眞性を擧げて實體となすなり。例へば識の實性は是れ眞如なりと言ふ如し。是れ眞如は一切有爲法の所依性なればなり。而して此時更に眞如は何を以て體とすやと問ふべからず、何となれば眞如は眞實の法なればなり。眞實の法には所依の法なし、若し更に所依の體あらば是れ假法にして實法にあらざればなり。故に第五重なし。【義林章一本、唯識述記一本】

華嚴宗四門出體 〔術語〕一に隨相門、前の體用別論體の如し。二に唯識門、前の攝境從識體の如し。三に歸性門、前の攝相歸性體に當る。但し彼は眞如緣に隨つて諸法と成るを許さざれば、たとひ事相を攝めて眞性に歸すと云ふも唯能依を以て所依に歸するのみ、其實有爲の事相其まま眞如なりと言ふを得ず、今は眞如緣起して諸法と成ると立つれば諸法其のままにして眞如の體なること波即水なる如し。四に無礙門、一切差別の事相は悉く無差別の眞性より緣起す、故に所起の萬法其の性の如く、圓融相即して事事無礙なり、一法一切法を體とし、一切法一法を體とす。之を無礙門と云ふ。【起信論義記上】

シユツタイ 出隊 〔雜語〕スヰタイとも讀む。禪門、住持の大衆の隊を卒ゐて出でて外に在つて財糧を勸化するを出隊と云ふ。【象器箋十二】

出隊上堂 〔儀式〕住持、出隊し歸て上堂するなり。

シユツタイカダイ 出隊迦提 〔行事〕迦提は安居の竟はる月の名なり。支那の僧衆、夏安居畢つて花を持し鐃を鳴して行道するを出隊迦提と云ふ。出隊とは衆隊を出す義なり【僧史略上】に「又此土夏安居畢。僧衆持レ花執レ扇吹レ貝鳴レ鐃。引而雙行。謂二之出隊迦提一。取迦提月名也」邏羅には此月國王鹵簿を整へて諸寺に詣で、衆庶群參す、之をカチンと云ふ。

シユツタイ 出胎 〔雜語〕降生に同じ。

シユツタウボダイ 出到菩提 〔術語〕五種菩提の一。「ボダイ」を見よ。

シユツダウ 出道 〔術語〕世間を出離して涅槃に入る道なり。【遺敎經】に「汝等比丘常當二一心勤求出道一。」

シユツヂヤウ 出定 〔術語〕禪定を出づるなり。【觀無量壽經】に「出定入定恒聞二妙法一。行者所レ聞出定之時。憶持不レ捨。」⊙(盛衰記一九)「今日は出定の日なりとて」

シユツヂン 出塵 〔術語〕煩惱の塵垢を出離するなり。【四十二章經】に「透二得此門一出塵羅漢。」

シユツヂン 出陣 〔雜語〕禪客、衆に出でて問話するを出陣と云ひ、終るを入陣と云ふ、蓋し法戰の義に取るなり。【楊岐會和尙錄】に「一日七人新到。作家戰將何不下出陣與二楊岐一相見上。」

シユツニユクワウキヤウ 出乳光經 〔經名〕乳光經の別名。

シユツニフハン 出入板 〔物名〕禪林、僧堂の

中、聖僧龕の左右を出入板と爲し、以て前後堂を分つ。前堂首座は前堂の大衆を領し、後堂首座は後堂の大衆を領す。【象器箋一】

シユツムリヤウモンヂキヤウ 出無量門持經 ［經名］阿難陀目佉尼呵離陀經の異名。

シユツリ 出離 ［術語］生死を出離し涅槃に證入するなり。【華嚴經五】に「調二伏衆生一令レ究二竟出離一。」【心地觀經四】に「深著二世樂一不レ樂二出離一。」【仁王經中】に「天人倶修二出離行一。能習二一切菩薩道一。」【佛地論五】に「言二出離一者即是涅槃。」⦿（鴉鷺合戰 一〇）「彼に居する輩は出離速に進む」シユッチと音便す。

シユツヱ 出慧 ［術語］生死を出離する妙慧なり。【佛地論二】に「得下能出二離生死一妙慧上故名二出慧一。」

シユテイ 須嚔 ［界名］天の名。「シユダツリシヤナ」を見よ。

シユツテンシンニヨ 出纏眞如 ［術語］在纏眞如の對。二眞如の一。「シンニヨ」を見よ。

シユツブツシンケツ 出佛身血 ［術語］五逆罪の一。

シユト 衆徒 ［術語］持戒の淸僧を總じて衆徒と稱す。【塵滴嘶餘】に「衆徒は淸僧也、權大僧都法印が極めなり、僧正は希なり。平民も德に依て任ずるなり、東寺には多きなり。」⦿（太平記一四）「三千の衆徒」

シユトク 種德 ［人名］婆羅門の名。長阿含經十五に種德經あり。巴 Sonadanda

シユトク 修得 ［術語］生得又は報得の稱に對す。修行の功にて得し所を修得と云ふ。

シユトクツウリキ 修得通力 ［術語］三通力の一。「ツウ」を見よ。

シユトダナ 首圖駄那 ［人名］Śuddhodana 舊に輸頭檀に作る。淨飯王の梵名なり。【玄應音義四】に「輸頭檀王。正言二首圖駄那王一。此譯曰二淨飯一。或言二白飯一非也。」「ユタラ」を見よ。

シユトロ 修妬路 ［術語］修多羅の異音なり。「シユドウブン」を見よ。

シユドウブン 衆同分 ［術語］有情をして同等類似の果報を得しむる因を衆同分と名く。【倶舍論十五】に「棄二捨衆同分一。」人の死を云ふ。「ドウブン」を見よ。

シユドクギヤウムミヤウ 主獨行無明 ［術語］五種無明の一。「ムミヤウ」を見よ。【苑音義下】

シユナ 輸那 ［地名］Śuna 國の名。譯、勇猛。【慧琳】

シユナ 周那 ［人名］Cunda 純陀の異名なり。【大部補注三】に「周那恐是純陀。梵音不同。」【玄義私記七】に「周那者。經云二王子周那一。雙卷泥洹名二華氏子淳陀一。大經云二工巧之子純陀一。六卷泥洹經云二長者淳陀一。」

シユナセツタ 須那刹多 ［人名］Sunakṣatra 比丘の名。譯、好星。【慧琳音義二十六】

シユニグワツホフ 修二月法 ［修法］宿曜經に依るに天竺の法は角月即ち建卯の月を以て歲首となす。建卯は即ち大唐の二月なり。依て天竺の年始を祝する意にて修二月の法を行ふと修正の法の如し。之を始めしは良辨僧正の弟子實忠にて、東大寺の羂索堂即ち二月堂にて之を行ひしなり。【釋書實忠傳】に「於二東大寺一建二羂索院一安レ之。忠每歲二月朔。對レ像修二兜率軌一者二七日。始二天平勝寶四年一至二大同四年一。五十八歲未二曾有一レ缺。俗號二修二月法一至レ今不レ絕。諸寺多則レ之。」

シユニン 數人 ［流派］薩婆多部即ち一切有部の異名なり。主として法數を論ずる故に數人と云ふ。【止觀五】に「數人說。五陰同時。識是心王。四陰是數。」【同輔行】に「數人即是薩婆多師。」

シユネタラ 須涅多羅 ［異類］Sunetra 又、蘇泥怛羅に作る。夜叉の名。譯、善眼。【孔雀王呪經下】

シユネミダ 須涅蜜陀 ［界名］Sunirmita 天の名。譯、化樂。【智度論五十四】

シユハウシン 主方神 ［天名］八方天神の如し。

シユハカラ 輸波迦羅 ［人名］Śubhākarasiṁha 又、輸婆迦羅に作る。善無畏三藏の梵名なり。【貞元錄十四】に「沙門輸波迦羅。具足梵音應レ云二戌婆揭羅僧訶一。唐音正翻云二淨師子一。以レ義譯レ之名二善無畏一。中印度摩訶陀國人也。」

シユハホツ 須波弗 ［人名］Suprabuddha 國王の名。譯、善覺。【釋迦譜二】

シユバカラ 輸婆迦羅 ［人名］三藏法師の名。「シユハカラ」を見よ。

シユバゴ 須婆睺 ［異類］Suvāc* 夜叉の名。譯、好聲。【慧琳音義二十六】梵音は Subāhu（好臂）なるが如し。

シユバダ 須跋陀 ［人名］須跋陀羅の略。

シユバダラ 須跋陀羅 ［人名］Subhadra 佛最後の聖弟子の名。「ソバダラ」を見よ。

シユバツ 須跋 ［人名］苦行外道の名。【慧琳音義二十六】に「須跋執二苦行一爲レ道也。」［明經玄義下］

シユバナ 修跋拏 ［雜語］Suvarṇa 譯、金。【金光明經玄義上】に「眞諦三藏云。修跋拏此言レ金。婆頗婆此言レ光。欝多摩此言レ明。因陀羅此言レ帝遮閱那此言レ王。修多羅此言レ

シユバナババウツタマインダラシヤエナシユタラ 修跋拏婆頗婆欝多摩因陀羅遮閱那修多羅 ［經名］Suvarṇaprabhāsottamendrarājasūtra 譯、金光明帝王經。【金光明玄義上】に「眞諦三藏云。修跋拏此言レ金。婆頗婆此言レ光。欝多摩此言レ明。因陀羅此言レ帝遮閱那此言レ王。修多羅此言レ

經。都云二金光明帝王經一。」

シユバングソク　主伴具足　〔術語〕華嚴宗の所談、法界緣起の法、此を主とすれば彼を伴とし、彼を主とすれば此を伴とす、此の如く主伴具足して攝德無盡なり。十玄門中の第十主伴圓明具德門是なり。

シユバンムジン　主伴無盡　〔術語〕萬有が各主となり伴となり相卽相入して重重無盡なるを云ふ。前項に同じ。

シユビ　麈尾　〔物名〕鹿の大なるを麈と云ひ、群鹿皆是に隨ふ、講者其の尾を取て拂子となし、以て彼の麈に象とり聽衆を指授するなり。比丘之れを持すれば墮罪を犯すなり。【行事鈔下二】に「五百問云。若僧中說法。高座上不レ病不レ得三憑レ几捉二麈尾一。犯レ墮。」【同資持記】に「麈謂鹿之大者。群鹿行時看二尾指處一卽隨二所往一。講者持レ拂指二授聽衆一。故以爲レ名。但不レ得二畜毛爲一レ之。故制二犯罪一。」

シユビヤウシツジヨ　衆病悉除　〔術語〕是れ藥師如來十二願中の第七願なり。玄奘譯【藥師經】第七願に「願我來世得二菩提一時。若諸有情。衆病逼切。無レ救無レ歸。無レ醫無レ藥。無レ親無レ家。貧窮多苦。我之名號。一經二其耳一。衆病悉除。身心安樂。家屬資具。悉皆豐足。乃至證二得無上菩提一。」

シユビラ　須毘羅　〔異類〕Suvīra 夜叉の名。譯、好勇。【慧琳音義二十六】

シユブダイ　須扶提　「「シユボダイ」を見よ。

シユブテイ　須浮帝　〔人名〕Subhūti 比丘の名。

シユブマ　須部摩　〔人名〕前項に同じ。

シユブマ　須部摩　〔異類〕Subhūma 夜叉の名。譯、善地。【孔雀經下】

シユホウクワンオン　衆寶觀音　〔菩薩〕三十三觀音の一。地上に坐し、右手を地につけ、左手を立てたる左膝におく。長者身を現ず。

シユホフ　衆法　〔術語〕三種羯磨法の一。四人已上の比丘相和して羯磨を作すを云ふ。又之を僧秉と云ふ。「コンマ」を見よ。

シユホフ　修法　〔術語〕密敎の祈禱法を行ふを修法と云ふ。常に之れを尊稱して御修法と云ふ。

シユホフアジヤリ　修法阿闍梨　〔術語〕加持祈禱を作す阿闍梨なり。⦿(枕草紙)「修法の阿闍梨」

シユホフニン　數法人　〔流派〕小乘の薩婆多部を指稱す。「シユニン」を見よ。

シユボダイ　須菩提　〔人名〕Subhūti 又、須浮帝、須扶提に作る。新に蘇補底、蘇部底に作る。善現、善吉、善業と譯し。又空生と稱す。十大弟子中、解空第一の人。佛此人をして般若の空理を說かしむ。【注維摩經三】に「什云。須菩提。秦言二善業一。肇曰。秦言二善吉一。」【西域記七】に「蘇補底。唐言二善現一。舊曰二須扶提一。或曰二須菩提一。譯曰二善吉一。皆訛也。」【法華文句二】に「須菩提。此翻二空生一。生時家中倉庫筐篋器皿皆空。問二占者一。占者言吉。因レ空而生。字曰二空生一。從二依報器皿端空一以名二空生一。依正俱吉。故言二善吉一也。」

解空第一　〔故事〕【增一阿含經三】に「恒樂二空定一。分二別空義一。所謂須菩提比丘是。」【止觀六】に「須菩提。空智偏明。能於二石室一見二佛法身一。故大品中被レ加說二般若一。」【肇論下】に「須菩提唱二無說一。以顯レ道。釋梵絕レ聽而雨レ花。」【同註】に「大品般若自二天主品一以來。須菩提依二幻化喩一。廣說二甚深般若無說無聽之理一。」

無諍第一　〔故事〕須菩提は弟子中に於て無諍「三昧を得ると最第一なり。

三須菩提　〔名數〕一に解空須菩提。前に明かす解空第一の須菩提なり。二に天須菩提。【增一阿含經一】に「喜著二好衣一。行本淸淨。所謂天須菩提比丘是。」三に惡性須菩提。【百緣經十】に「金翅鳥、一の小龍を捉る、龍命終して舍衞國の婆羅門の家に生れ、端正殊妙なり。因て字を立てて須菩提と名く。年漸く長大にして智慧聰明、唯甚だ惡性なり。凡そ眼に見る所人及び畜生を瞋罵す。父母親屬共に厭患す。遂に家を捨てて山に入る、乃ち鳥獸草木乃至風の吹くを見て亦た瞋恚を生ず。山神の勸に依て佛の相好を見て心に歡喜を懷て佛足を禮す。佛爲めに瞋恚の過患を說く。須菩提佛の說法を聞き罪咎を懺悔し豁然として須陀洹果を獲得す。精勤修習して遂に極果を證す。」

シユボダイボン　須菩提品　〔經名〕摩訶般若鈔經の異名。

シユマ　芻摩　〔衣服〕Kṣuma 又、須摩、芻摩迦、蘇摩、讖磨、衣の名。麻衣なり。【玄應音義二】に「芻摩正言二菆摩一。此譯云二摩衣一。舊云二草木一。案其麻形似二荆芥一。華青色。」【同十四】に「芻摩。或云二蘇摩一。或言二讖磨一。此云二麁布衣一。」【四分開宗記三本】に「芻麻衣者。」【有部毘奈耶】七種衣の中に「二者芻摩迦。紵麻作レ衣也。」

シユマ　須摩　〔界名〕須摩提の略。西方極樂の異稱なり。【淨土法門源流章】に「王舍城內啓二須摩之嘉會一。」「シユマダイ」に同じ。

シユマキヤウ　須摩經　〔經名〕須摩提菩薩經の略名。

シユマダイ　須摩提　〔界名〕Sumati 西方極樂の別名。譯、妙意、好意等。【般舟三昧經】に「念二西方阿彌陀一。今現在レ彼。隨二所聞一當レ念。去レ此十萬億佛剎。名二須摩提一。」【雲棲小經疏二】に「極樂者梵語須摩

提。此云㆓安樂㆒。亦云㆓安養㆒。亦云㆓淸泰㆒。亦云㆓妙意㆒。名雖㆓小殊㆒皆極樂義。」

シユマダイキヤウ 須摩提經 〔經名〕一卷、唐の菩提流支譯。大寶積經、妙慧童女會第三十の異譯なり。【地帙十二】

シユマダイチヤウジヤキヤウ 須摩提長者經 〔經名〕一卷、吳の支謙譯。王舍城中長者の子須摩提死す、父母痛苦して已まず、佛一切法無常を說て之れを開喩す。【宿帙七】(693)

シユマダイニヨ 修摩提女 〔人名〕Sumatī 又は須曼女に作る。【增一阿含須陀品第三十】に「阿那邠邸長者(須達長者)の女修摩提滿財長者の子に嫁し、其の家をして佛僧を供し同じく道を悟らしむ。」支謙譯の須摩提女經は此品の別譯なり。Sumatī と Sumāgatī とを混じたるあり、注意すべし。

シユマダイニヨキヤウ 須摩提女經 〔經名〕一卷、吳の支謙譯。增一阿含須陀品第三十の別譯なり。【昃帙四】(615)

シユマダイボサツ 須摩提菩薩 〔本生〕Sumati 又、須摩那に作る。智度論二十に妙意と譯す。五百の金錢を以て須羅那女の五莖の華を買ひ以て燃燈佛を供養し、釋迦文の記別を受けし菩薩の名なり。【智度論三十五】に「如㆓須摩提菩薩㆒。見㆓燃燈佛㆒。從㆓須羅婆女㆒買㆓五莖華㆒。不㆓肯與㆑之。即以㆓五百金錢㆒得㆓五莖華㆒。女猶不㆑與。而要㆑之而言。願我世世常爲㆓君妻㆒。當㆓以相與㆒。菩薩以㆑供㆓養佛㆒故即便許㆑之。」又一人の須摩提菩薩あり。【大寶積經妙會第三十】に說く童女菩薩是なり。「王舍城の長者の女、妙慧と名く。年始めて八歲、佛に詣て法を問ふ、佛爲に四十行を說く、女大願を發し動地雨花、衆金色に變ず。次に文殊の諸問を答へ文殊佛に向て之を讃す。佛因て其の發菩提心より三十劫を經るを說く。女又大誓願を發す、即ち轉じて三十歲の知法比丘の如し。」竺法護譯及び羅什譯の須摩提菩薩經、又菩提流志譯の須摩提經は共に此會の異譯なり。

シユマダイボサツキヤウ 須摩提菩薩經 〔經名〕二譯あり、一は西晉の竺法護譯、一卷。一は秦の羅什譯、一卷。共に大寶積經妙慧童女會第三十の異譯なり。【地帙十二】(39)(40)

シユマダイワウ 須摩提王 〔人名〕【四教儀集註中】に「如㆓須摩提王㆒。以㆑身就㆑死持㆓不妄戒㆒。是尸滿相。」須摩提王とは須陀摩王或は須陀須摩王の誤なり。【智度論四】に「須陀須摩王」と云ふ。【止觀七】に略して「須陀摩王」に作る。是れ普明王の梵名なり。【輔行一】「普明者。得名未㆑知此從㆓仁王經名㆒。大論名曰㆓須陀摩王㆒。方音不同耳。」「シユダシユマ」を見よ。

シユマダン 須摩檀 〔人名〕夫人の名。譯、華施。【賢愚經五】梵 Kusumadāna*

シユマナ 須摩那 〔植物〕Sumanā 又、修摩那、蘇摩那、須曼那に作る。花の名。【玄應音義三】に「須摩那花或云㆓蘇摩那華㆒。其色黃白、亦甚香。不㆑作㆓大樹㆒。纔高三四尺。四垂似㆑蓋者也。」【慧苑音義下】に「須摩那花。此云㆓悅意花㆒。其形色俱媚。令㆓見者心悅㆒。故名㆑之也。」【慧琳音義二十六】に「須摩那亦云㆓蘇摩那㆒。玄奘云㆓善稱意㆒。」【法華義疏十一】に「須摩那此云㆓好意花㆒。」【陀羅尼集經十二】に「須曼華此云㆓相思㆒。」

シユマナボサツ 須摩那菩薩 〔菩薩〕須摩提菩薩に同じ。【玄應音義五】に「須摩提。應㆑云㆓須摩那㆒。此譯云㆓好意㆒。或云㆓好智㆒。」梵 Sumati

シユマン 須曼 〔植物〕又、須曼那に作る。花の名。「シユマナ」を見よ。

シユマンニビク 須曼耳比丘 〔人名〕須曼は花の名、此比丘前生に須曼花を佛塔に供養せし因緣に依て耳上須曼花を生ずれば名く。【智度論二十九】に「如㆓須曼耳比丘㆒。先世見㆓鞞婆尸佛塔㆒。以㆓耳上須曼華㆒布施。以㆓是因緣㆒故九十一劫中。不㆑墜㆓惡道㆒受㆓天上人中樂㆒。末後三時須曼在㆑耳。香滿㆓一室㆒。故字曰㆓須曼耳㆒。後厭㆑世出家。得㆓阿羅漢道㆒。」

シユマンニヨ 須曼女 〔人名〕須摩提菩薩即ち妙慧童女なり。【元亨釋書二十七】に「庵羅須曼。處女之淸信者也。」「シユマダイボサツ」を見よ。

シユミ 須彌 〔雜名〕Sumeru 又、修迷樓、蘇彌樓、須彌樓、彌樓、須彌に作り、新に蘇迷盧、蘇迷嚧に作る。山の名。一小世界の中心なり。妙高、妙光、安明、善積、善高など譯す。凡そ器世界の最下を風輪とし、其上を水輪とし、其上を金輪即ち地輪となし、其の上に九山八海あり、即ち持雙、持軸、擔木、善見、馬耳、象鼻、持邊、須彌の八山八海と、鐵圍山なり、其の中心の山は即ち須彌山なり。水に入ること八萬由旬、水を出づると八萬由旬、其の頂上を帝釋天の所居とし、其半腹を四王天の所居とし、其の周圍に七香海七金山あり、其の第七金山の外に鹹海ありて其の外圍を鐵圍山と云ふ、依て九山八海と云ふ。贍部洲等の四大洲は此の鹹海の四方に在るなり。【注維摩經一】に「肇曰。須彌山。天帝釋所住金剛山也。秦言㆓妙高㆒。處㆓大海之中㆒。水上方高三百三十六萬里。」【勝鬘寶窟中本】に「須彌此言㆓妙高㆒。亦名㆓安明㆒。亦言㆓善積㆒。林公須彌留。此言㆓善高㆒。三百三十六萬里。」【西域記一】に「蘇迷盧山。唐言㆓妙高山㆒。舊曰㆓須彌㆒。又曰㆓須彌婁㆒。皆訛略也。四寶合成在㆓大海中㆒。」【慧琳音義一】に「或

云二須彌山、彌樓山一。皆梵音聲轉不正也。正云二蘇迷嚧一。唐云二妙高山一。四寶所成故曰レ妙。出二過衆山一曰レ高。或云二妙光山一。以二四色寶光明各異照一レ世故。名二妙光一也。」【玄應音義六】に「須彌山亦言二修迷樓山一。正言二蘇彌盧一。此譯言二妙光一。亦云二妙高山一也。」【俱舍論】に「妙高山王四寶爲レ體。謂如レ次四面北東南西。金、銀、吠瑠璃、頗胝迦寶。」⦿(曲、歌占)「須彌山を讀みたる歌にて候」(曲、揚貴妃)「須彌の四州さまざまに」《第五十八圖參照》

密敎道場觀 〔術語〕 密敎の世界觀なり。密敎の道場觀に於ける器世界觀は空輪、風輪、水輪、金輪の四は顯敎に同じく、其の金輪上大乳海の中に金龜あり法海に周遍す、其の背上に大蓮華を生じ、其の上に八峰の須彌山ありと立つるなり。而して下方の空輪を我心の空、風輪を法身、水輪を大悲、金輪金龜を佛性、須彌を法身、八海を八識、七金山を七覺支と觀ずるなり。而して法身は一切諸法の本源なれば須彌を座と爲すと曰ふ。【秘藏記本、同鈔四】是れ密經に大日如來須彌盧頂の金剛寶樓閣に於て說法すと說くに依る。【金剛頂經一】に「往二詣須彌盧頂金剛摩尼寶峯樓閣一。」【攝眞實經】に「時薄伽梵。住二妙高山頂。三十三天帝釋天宮中摩尼寢勝樓閣一。三世諸佛常說處。」是れ本有の法身の會座となす密意なり。

須彌四層級 〔名數〕 蘇迷盧山に四の層級あり、始め水際より第一層を盡すまで相ひ去ること十千踰繕那の量あり、是の如く乃至第三の層あり第四の層を盡すまで亦た十千の量あり、此の四層級は妙高山の傍より出でて圍繞して其の下半を盡す。最初の層級は出ると十六千なり、第二第三第四の層級は其の次第の如く八千と四千と二千となり。藥叉神あり、名けて堅手と爲す、初の層級に住せり。持鬘と名くるあり、第二級に住す。恒憍と名くるあり、第三級に住す。此の三は皆是れ四大天王の所部の大衆なり。第四の層級は四大天王及び其の諸の眷屬と共に居止する所なり、妙高山の四外の層級の四大王衆及び眷屬の居する如く、是の如く持雙持軸山等の七金山の上に亦た天の居するあり、是れ皆四大王の所部の封邑なり。是れ地に依つて住する四大王衆天と名く、欲天の中に於て此の天最も廣きなり。【俱舍論十一】尙此の四層級に就ては正法念經二十二乃至二十四に詳說す。

シユミザ 須彌座 〔物名〕 「シユミダン」に同じ。

シユミダン 須彌壇 〔物名〕 又、須彌座と云ふ。形須彌山に象り中細き臺座を云ふ。上に本尊を安置す。

シユミトウワウブツ 須彌燈王佛 〔菩薩〕 維摩詰、師子座を須彌燈王佛に借る。【維摩經不思議品】に「東方三十六恒沙の國を過ぎて世界あり、須彌相と名け、其の佛を須彌燈王と號す。彼の佛の身長八萬四千由旬、其の師子座の高さ八萬四千由旬、嚴飾第一なり。ここに於て長者維摩詰、神通力を現じ、即時に彼の佛三萬二千の師子座の高廣嚴淨なるを遣はして維摩詰の室に來入せしむ。」

シユミヤウキ 主命鬼 〔異類〕 人の壽命を主る鬼神なり。【地藏本願經】に「主命鬼遊二行世界一。」

シユミロ 須彌樓 〔雜名〕 山名。「シユミ」を見よ。

シユム 衆務 〔術語〕 律に四人已上相合して羯磨を作すを衆務と云ふ。【資持記上一之一】に「衆務。謂四人已上羯磨僧。」

シユメツムヰ 數滅無爲 〔術語〕 三無爲の一。新譯の擇滅無爲に同じ。數とは慧の心所法なり。智慧に依て惑障を斷じて證する寂滅の涅槃なれば數滅と云ふ。【大乘義章二】 「見よ。

シユメロ 修迷樓 〔雜名〕 山の名。「シユミ」を見よ。

シユモ 主喪 〔雜語〕 喪を主る人。

シユモン 數門 〔術語〕 數息門の略。即ち數息觀なり。【圓覺經】に「若諸衆生。修二禪那一。先取二數門一心中了二知生住異滅分齊頭數一。」「ゴヂヤウシンクワン」を見よ。

シユヤシン 主夜神 〔天名〕 「バサンバエンチ」を見よ。

シユヤマ 須夜摩 〔界名〕 又、須炎、須炎摩に作る。天の名。譯、妙善。妙時分。【智度論五十四】に「須夜摩。夜摩天王名也。秦言二妙善一。」【玄應音義三】「須炎或作二須夜摩天一。此云二妙善天一。又炎摩此云二時分一。須炎摩此言二善時分一。」【慧苑音義上】に「須夜摩。須善也。夜摩時也。言彼諸天光明赫奕晝夜不レ別。依レ看二花開合一以分二其時一。旣非二明闇之時一。故曰二善時一也。」「ヤマテン」を見よ。Suyāma

シユユ 須臾 〔雜語〕 【俱舍論十二】に「百二十刹那爲二怛刹那量一。臘縛此六十。此三十須臾。此三十晝夜。」又「三十臘縛爲二一牟呼栗多一。」【瑜伽倫記四】に「牟呼栗多。此云二須臾一。」【梵語雜名】に「須臾。乞沙拏。Kṣaṇa 刹那也。」暫時と云ふ如し。時の量なり。

シユヨ 取與 〔術語〕 取果與果なり。果の種となるを取果と云ひ、正しく彼に力を與へて果を生ずるを與果と云ふ。【俱舍論六】に「取果與果其義云何。能爲二彼種一故名二取果一。正與二彼力一故名二與果一。」

シユラ 首羅 〔異類〕 八夜叉の一。又、周羅髮なり。「シユラホツ」を見よ。梵 Cūlaka 又 Cūḍa

シユラ 周羅 〔物名〕 【玄應音義二】に「周羅此譯

云二小寶一也。」梵 Kṣudra* 巴 Culla*

シユラ　翅由邏　〔物名〕Keyūra 又、枳由羅、吉由羅に作る。譯、瓔珞。【可洪音義五下】に「翅由邏亦云二枳由擺一。亦云二吉由羅一。此譯云二瓔珞一。」

シユラ　修羅　〔異類〕阿修羅の略。常に帝釋天と戰鬪する鬼神なり。「アシユラ」を見よ。

シユラ　輸羅　〔地名〕國の名。「シユナ」を見よ。

シユライキヤウ　須賴經　〔經名〕二譯あり、一は曹魏の白延譯。一は前涼の支施倫譯。共に一卷。【地帙十一】(43)

シユライン　輸羅印　〔印相〕輸羅は勇猛の義。即ち戟なり。戟を形る印相なり。【演密鈔九】に「輸羅印者戟也。」梵 Śūla

シユラカイ　修羅界　〔界名〕阿修羅は十界中の「第七界なり。

シユラクツ　修羅窟　〔雜名〕阿修羅王の住する石窟なり。深山幽谷にあり、西域記處處に之を記す。清辯菩薩の如き大安達羅國の阿素洛宮に入りて彌勒の成佛を待つ。【西域記十】⊙(太平記二四)「青山の岩を擘き、修羅窟に入り給ひけり」

シユラグシツチ　修羅宮悉地　〔修法〕密教に阿修羅法の悉地を成じて彼の宮殿に生ずる法あり。【陀羅尼集經烏樞沙摩軌】に彼の呪法を說き了りて「修羅女及仙人女等。出迎二行者一。入レ內供養。常與二甘露一飮二行者一。齒髮皮膚並自脫去。更得二新生一。其人身形如二似金色一。特咒人得二一千年活一。力如二金剛一。」【同千轉陀羅尼軌】に咒法を說きて「其地開而作二孔穴一。呪佛得レ入。欲二住得一シテ見二彌勒佛一者。即任レ意住。」【西域記十】に詳細に清辯入宮の作法を記す。

シユラシヤ　修羅車　〔物名〕大石を引く大車を云ふと。【壒囊鈔】に「修羅車。石ひく物をシユラと云ふは何事ぞ、帝釋大石を動かす時修羅にあらずばあるべからず、仍て名くと云ふ。」大石と帝釋と音通ずればなり。愚案に修羅の名は修羅王の剛力を取る歟。

シユラシユ　修羅酒　〔雜語〕梵語、修羅、Surā 又 Sura 譯して酒と云ふ。阿修羅は即ち無酒なり。「アシユラ」を見よ。「なり。

シユラシユ　修羅趣　〔異類〕阿修羅は六趣の一を云ふ。

シユラセン　修羅扇　〔物名〕日の丸を書きし扇阿修羅王手を以て日を覆ふの故事に取る。

シユラタ　修羅多　〔人名〕比丘の名。譯、調柔【大威德陀羅尼經十八】

シユラダ　須羅陀　〔人名〕梵志女の名。譯、鮮潔「辨。【阿闍世王女經】

シユラダウ　修羅道　〔界名〕阿修羅は六道の一なり。常に鬪諍をことゝす。⊙(曲、朝長)「魂は善所におもむけども、魄は修羅道に殘つて」

シユラヂヤウ　修羅場　〔雜名〕阿修羅王が帝釋天と戰鬪する場なり。

シユラノイクサ　修羅軍　〔雜名〕阿修羅神が帝釋天と合戰する軍兵なり。

シユラノマウジフ　修羅妄執　〔術語〕修羅は性憍慢にして、執着の念强く、爲に種種敎化せらるも其心動かず、善語を聽くも證悟すること能はざるものを云ふ。⊙(曲、箙)「執心却來の修羅の妄執」

シユラハリカラ　朱羅波梨迦羅　〔衣服〕衣の名。譯、雜碎衣。【善見律十四】

シユラホツ　周羅髮　〔雜名〕周羅、又首羅に作る、小髻と譯す、小髻を周羅髮と云ふ。沙彌得道する時頂に五三の小髻を留めて和尙の前に至りて互跪す、和尙此の小髻を剃除するなり。【行事鈔下四】に「與二剃髮時一。當三頂留二五三周羅髮一。來二至和尙前一互跪。和尙問云。今爲レ汝去二頂髮一可。答言レ爾便爲除レ之。」【同資持記】に「周羅經音義云。此翻爲レ小。梵僧云二小髻一也。留二五三一者趣擧二其數一。留レ一亦得。准知落髮亦是和尙。恐二其煩久一。故令二闍梨爲除一。餘者但留二少許一和尙親落。」【起世因本經一】に「周羅。隋言レ髻也。外國人頂上結二少許長髮一爲レ髻。」【玄應音義十八】に「周羅此譯云レ小也。謂小髻也。」【探玄記八】に「周羅此云二頂髮一。」【釋氏要覽上】に「周羅髮即今親敎和尙最後爲レ剃二頂上髮一也。梵語周羅此云二小結一。」梵 Śūrya

シユリ　修利　〔異類〕夜叉の名。譯、日。【孔雀經下】

シユリ　朱利　〔植物〕草の名。譯、賊草。【智度論十二】に「如下有二一草一名二朱利一。秦言二賊一華亦不盜不劫實非レ賊而名爲中賊」梵 Cauri 「リハンドク」を見よ。

シユリハンダカ　周利槃特迦　〔人名〕「シユリハンド　周利般兎」〔人名〕次項を見よ。

シユリハンドク　周利槃特　〔人名〕Śuddhipanthaka 又 Kṣudrapanthaka 又周利槃陀伽、周利槃特迦、周梨槃陀迦に作る。繼道、小路と譯す。新に朱茶半託迦と云ひ、小路と翻す。兄弟二人あり、父母旅行し中路に至りて長子を生ず、槃特と稱す。後又路上に一子を生ず、周利槃特と名く。槃特は路の義周利槃特は小路の義なり。兄は聰明にして弟は愚なり。【慧琳音義二十六】に「周利槃特亦云二周利槃陀迦一。周利云レ小。槃陀迦此云レ路也。」【慈恩阿彌陀經疏上】に「周梨槃陀迦者。不思議經翻爲二繼道一乃至以下兄弟相繼於二路邊一生ナリ。兄名二路邊一。弟名二繼道一。即周梨槃陀伽。」【有部毘奈耶三十一】に「朱茶半託迦。朱茶是小。半託迦是路。舊云二周利槃特迦一者訛也。」【增一阿含經三】に「能化二形體一作二若干變一。所謂周利般兎是。」

朱利槃特誦一偈　〔故事〕「ハンタカ」を見

よ。⦿（方丈記）「たもつ所は僅に周梨般特が行にだにも及ばず」

シユリミタ　繡利密多　「功勳」【金光明經文句七】〔天名〕神王の名。譯、有九」「ソリヤ」を見よ。

シユリヤ　須梨耶　〔天名〕Sūrya 譯、日。【起世經九】「ソリヤ」を見よ。

シユリヤウ　酒兩　〔雜語〕酒味なり。【行事鈔下二】に「變成二苦酒一者不レ得レ飲。以二酒兩已成一故。」【同資持記】に「兩即味也。北人呼二酒味一爲レ兩。」

シユリヤウ　衆寮　〔雜語〕禪林、衆僧の依止する寮舍を云ふ。

シユリヨウガマ　首楞伽摩　〔術語〕Śūraṅgamaの新稱。

シユリヨウゴン　首楞嚴　〔術語〕Śūraṅgamaの首楞嚴の新稱。「ma 首楞嚴の新稱。」新に首楞伽摩と云ふ。健相、健行、一切事竟と譯す。佛所得の三昧の名なり。健相とは幢旗の堅固に譬へしなり。以つて佛德の堅固、諸魔の能く壞するなきに比す。一切事竟とは佛德の究竟を云ふ。【智度論四十七】に「首楞嚴三昧者。秦言二健相一分別知二諸三昧行相多少淺深一。如三大將知二諸兵力多少一。復次菩薩得二此三昧一。諸煩惱魔及魔人無二能壞者一。譬如下轉輪聖王主兵寶將所二住至一處無中能二壞伏一。」【涅槃經二十七】に「首楞嚴者名二一切事竟一。嚴者名レ堅。一切畢竟而得二堅固一。名二首楞嚴一。以レ是故言二首楞嚴定一。名爲二佛性一。」【玄應音義二十三】に「首楞伽摩此云二健行定一。亦言二健相一。舊云二首楞嚴一也。」【首楞嚴三昧經中】に「菩薩得二首楞嚴三昧一。能以二三千大千世界一入二芥子中一。令二諸山河日月星宿悉現一。如レ故而不二迫迮一。示二諸衆生一。首楞嚴三昧不可思議勢力如レ是。」

首楞嚴三昧五名　【名數】【涅槃經二十七】に「首楞嚴三昧者有二五種名一。一者首楞嚴三昧。二者般若波羅蜜。三者金剛三昧。四者師子吼三昧。五者佛性。隨二其所作處處一得レ名。」

シユリヨウゴンキヤウ　首楞嚴經　〔經名〕大佛頂如來蜜因修證了義諸菩薩萬行首楞嚴經の略名。首楞嚴とは三昧の名、萬行の總稱なり、十卷あり。經題の下に、「一名二中印度那爛陀大道場經一。於二灌頂部一錄出別行。」大唐神龍元年龍集乙巳五月已卯朔二十三日辛丑。中天竺沙門般刺蜜帝於二廣州制止道場一譯。菩薩戒弟子前正諫大夫同中書門下平章事淸河房融筆授。烏長國沙門彌伽釋迦譯レ語。」而して此經、麗宋元明の四大藏に載せず、依て眞僞の諍あり。然るに長水は智昇の【開元釋敎錄九】に「大佛頂如來密因修證了義諸菩薩萬行首楞嚴經十卷。右一部十卷今現在。沙門釋懷迪州人也。住二羅浮山南樓寺一。乃至後因レ遊二廣州一遇二一梵僧一。未得其名賫二梵經一夾一。請共譯レ之。勒成二十卷一。即大佛頂萬行首楞嚴經是也。」と云ふを引き、經の題目及び紙葉文句、今の房融が本と並に差異せずと稱して二經共に眞經なりと稱せり。【本朝僧傳戒明傳】に「戒明賓龜の末に入唐し、大佛頂經を齎來す、南都の僧徒大安寺に會して是れ僞經なりと決し、之を燒かんと欲す。明戒其の妄を辨じ遂に之を救ふ。」【涉典續貂四】に「面山立二四種論一。一經本翻度之異。二證譯前後之異。三譯本進內之異。四經本流布之異。面山概唾爲二僞經一而不レ取。證以二廣錄中高祖垂示一焉。」又、羅什譯の首楞嚴三昧經二卷あり、略して首楞嚴經と云ふ。⦿（徒然草）「殊に首楞嚴經を講じて那蘭陀寺と號す」

シユリヨウゴンサンマイ　首楞嚴三昧　〔術語〕Śūraṅgama-samādhi「シユリヨウゴン」を見よ。

シユリヨウゴンサンマイキヤウ　首楞嚴三昧經　〔經名〕三卷、秦の羅什譯。堅意菩薩、三昧の法を問ふ、佛、首楞嚴の名を唱へ廣く其字義を說き妙用を現す。【黃帙七】399）

シユリヨウゴンヂヤウ　首楞嚴定　〔術語〕首楞嚴三昧なり。

シユリヨウゴンヰン　首楞嚴院　〔寺名〕叡山橫川に在り。【山門秘決】に「楞嚴院。九條右丞相所二建立一也。中堂本尊十一面觀音也。」源信僧都之に居て往生要集を製す。

シユリヨウゴンヰンエウジフ　首楞嚴院要集　〔書名〕源信の往生要集なり。

シユリン　手輪　〔術語〕佛の手中の千輻輪なり。【行事鈔下三】に「有二香泥一作二手輪像一。」【同資持記】に「手輪者。舊云。佛手中千輻輪。」「名。

シユリンロン　手輪論　〔書名〕異部宗輪論の略

シユル　首盧　〔雜語〕Śloka 又、首盧迦、首盧柯、輪盧迦波、室路迦、室盧迦に作る。總じて經論の文字を算する名なり、三十二字を一首盧と名く。シユローカは韻文の名にして一句三十二語節なるものを云ふなり。散文の經を算するにもこの算法によりて三千頌、十萬頌等と云ふ。【玄應音義十七】に「首盧亦名二室路迦一。或言二輪盧迦波一。印度數レ經皆以二三十二字一爲二一輪盧迦一。或名二伽陀一。」【同二十五】に「或云二首盧迦一。或言二首盧柯一。約下凡夫作二世間詠一者上也。此則闍陀論中之一數也。」【瑜伽倫記五上】に「若八字生是處中句。此即四句三十二字名二室路迦一。經論文章多依二此數一無レ問二長行及偈頌一。但滿二三十二字一。舊名二首盧一。」

シユルカ　首盧迦　〔雜語〕前項を見よ。

シユルカハ　輸盧迦波　〔雜語〕「シユル」を見よ。

シユルシヨコクゴジフヨネン　周流諸國五十餘年　〔雜語〕歌題【法華經信解品偈】に「譬如二童子一。幼稚捨レ父逃逝。遠到二他土一。周二流諸國一五十

餘年。」是れ窮子が父の長者を捨てて他國に周流するを頌せし文なり。是れ過去に一乘を聞くと雖も觀解未だ深からず、惡緣に逢ふて大心を退墮するに譬ふるなり。五十餘年とは五道六道に迷ふを譬するなり。◎(詞花)「ああかかる身のはかなきは百年の半すぎてぞ思ひしらるる」

シユロ　手爐　〔物名〕「シウロ」俗に云ふ柄香爐なり。唐語に手爐と云ふ。【釋氏要覽中】に「法苑云。天人黃瓊說二迦葉佛香爐一。略云。前有二十六師子白象一。於二二獸頭上一別起二蓮華臺一以爲レ爐。後有二師子蹲居一。頂上有三九龍繞二承金華一。華內有二金臺寶子一盛レ香。佛說法時常執二此爐一。比二觀今世手爐之制一。小有レ倣レ法焉。」

シユロウ　鐘樓　〔堂塔〕大鐘を懸くる樓なり。鼓堂に對してあり。俗に鐘樓堂と云は重言なり。鐘聲を聞くは功德あり。「カネ」を見よ。

シユロン　數論　〔流派〕薩婆多部の諸論なり。彼の部宗は佛教の法數を論ずる根本なれば數論と云ふ。【大部補注十一】に「諸文或云二數人一。又云二數論一。即薩婆多論師也。涅槃疏云。數人宗薩婆多純明二無我一破二諸外道一。」又、迦毘羅仙所造の論を數論と稱す。「シユロンゲダウ」を見よ。

シユロンゲダウ　數論外道　〔流派〕又、數論師と云ふ。【唯識述記一末】に「劫初に外道あり劫比羅 Kapila と名く、古に迦毘羅と云ふは訛なり。此に黃赤と云ふ、鬢髮面色並に黃赤なるが故に。今西方に貴ぶ婆羅門種は皆黃赤の色なり。時に世號して黃赤色仙人と爲す、二十五諦を立てて生死涅槃を論ず。後に諸の門徒分れて十八部となる、其の上首を伐里沙と名く、此に雨と翻す。雨時に生ずる故に以て名となす。其の雨の徒黨を雨衆外道と名く、數論は此雨衆外道中の別人の作なり、今の金七十論是なり。梵に僧佉 Sāṅkhyā と云ふ、此に翻して數となす、即ち智慧の數なり。數は諸法を量る根本なれば名を立つ。數に從て起る論なれば名けて數論と爲し、又論能く數を生ずれば亦た數論と名く。其の數論を造り及び數論を學せる人を數論者と名く。謂く外道あり金耳國に入て鐵を以て腹を鍱し、頂に火盆を戴き、王の論鼓を擊て僧と論議を求め遂に僧をして墜負せしめ、遂に七十行の頌を作て數論の宗を申ぶ。王之を賞するに金を以てす、外道已が令譽を彰はさんと欲して金七十論と名く。彼の論の長行は天親菩薩の所造なり。然るに【天親傳】に依れば佛滅後九百年中頻闍訶婆娑外道の事となす、「此の外道僧佉論を制し阿輸闍國に入て正勤王の處に於て此の論議を爲し、遂に勝を制して王より三洛沙の黃金を賜はり、頻闍訶山の石窟中に入て石に化するを記す。天親後に此事を聞き即ち七十眞實論を造り外道所造の僧佉論を破す。首尾瓦解一句として立つを得るなし。王復た三洛沙の金を以て之を賞す。」【唯識述記四末】の再說稿之に同じ。「世親菩薩の時に東天竺に僧あり數論師の學徒と論議す、彼れ二十五諦を立てて大地等は常なるべしと說く、僧竟に答ふる能はず。王外道を信受す。外道王の爲めに七十行の頌を造て王に上り、王千金を賜て之れを顯揚せしむ。今の金七十論是なり。世親乃ち第一義諦論を造る、亦勝義七十論と名く。以て彼論に對して彼の外道を破す。」【百論疏上之中】に「僧佉此云二制數論一。明二一切法不一レ出二二十五諦一。故一切法攝三入二十五諦中一。名爲二制數論一。」

二十五諦　〔術語〕數論外道が宇宙萬有の開展する狀況順序を說明する根本原理なり。所謂二十五諦とは次表の如し。

- 神我 Puruṣa
- 自性 Prakṛti
  - 大 Mahat 又 Buddhi
    - 我慢 Ahaṃkāra
      - 五唯 Tanmātra(喜性)
      - 十根 Indriya(憂性)
        - 五知根 Buddhīndriya
        - 五作業根 Karmendriya
      - 心根 Manas
      - 五大 Mahābhūta(闇性)

五唯＝色 Rūpa 聲 Śabda 香 Gandha 味 Rasas 觸 Sparśa

五知根＝眼 Cakṣus 耳 Śrotra 鼻 Ghrāṇa 舌 Jihvā 身 Tvac.

五作業根＝口,手,足,男女,大遺

五大＝空 Ākāśa 風 Vāyu 火 Tejas 水 Āp 地 Pṛthivī.

即ち自性(物質的本體)は神我(精神的本體)の作用を受けて大を生じ、大より我慢を、我慢より五唯、五知根、五作業根、心根を、又五唯より五大を生ず。而して神我と自性との關係は恰も跛者と瞽者との如く、神我は智的作用あれども動く能はず、自性は活動作用あれども其の活動の源となる動機を生ずる能はず、即ち神我は自性に活動あらしむるもの、自性は活動動機を實現せしむるものにして、此の二相より中間の二十三諦を生ずと云ふなり。

夜摩尼夜摩　〔術語〕Yama-Niyama 此の學派の修行の方法を云ふ。【金七十論上】に「法者何爲相。夜摩尼夜摩。夜摩者有レ五。一無瞋恚。二恭敬

師尊。三內外清淨。四減損飮食。五不放逸。尼夜摩亦五。一不殺。二不盜。三實語。四梵行。五無諂曲。十種所ニ成就一。是故名爲レ法。」

出家行道具 〔雜語〕此の派に於て出家者の持つべき道具を擧ぐ。【金七十論下】に「取者一切出家行道具。具有ニ四種一。謂三杖。澡罐。袈裟。吉祥等。吉祥有レ五。一灰囊。二天目珠。三三縷纓レ身。四諸咒術章句。五以ニ一長草一安ニ頂髻上一。謂ニ吉祥草一。此五並是學道之具。能去ニ不淨一故曰ニ吉祥一。就ニ前三種一合八具也。」

シユワク　修惑　〔術語〕舊に思惑と云ひ、新に修惑と云ふ。修道に於て斷ずる貪瞋痴等の迷事の惑なり。其の惑は八十一品あり。「シワク」を見よ。

シユヱ　修慧　〔術語〕三慧の一。修習して成ずる正智を修慧と云ふ。定散の中には定に屬するなり。

シユヱ　衆會　〔術語〕諸衆の會合なり。【幻士仁賢經】に「於レ時目連在ニ衆會前一。」【法華經序品】に「天龍鬼神等衆會之心。」【梵語雜名】に「衆會。鉢剌沙地。」

シユヰ　四維　〔雜名〕東西南北の四方の中間を四維と云ふ。【無量壽經】に「照ニ東方恒沙佛刹南西北方一。四維上下。亦復如レ是。」

シユヰ　思惟　〔術語〕所對の境を思量して分別するなり。【無量壽經上】に「具ニ足五劫一。思惟攝ニ取莊嚴佛國淸淨之行一。」又、定心の無思無想に對して定前の一心の思想を思惟と云ふ。【觀無量壽經】に「敎ニ我思惟一。敎ニ我正受一。」【善導序分義】に「言ニ我思惟一者。即是定前方便。思ニ想憶ニ念彼國依正二報四種莊嚴一也。」

シユヰエウホフ　思惟要法　〔書名〕思惟略要法の略名。

シユヰキヤウ　思惟經　〔書名〕思惟略要法の異名。

シユヰクジキ　四維口食　〔術語〕四邪命の一。「ジヤミヤウ」を見よ。

シユヰシユ　思惟手　〔術語〕五手の一。如意輪觀音の如く右手を其の頰に當てて思惟の相を幖するを云ふ。【大日經疏十六】に「不思議具慧者。菩薩作ニ思惟手一。」【註】に「與ニ如意輪菩薩手一同。亦如ニ前淨居天印一也。」

シユヰニヨイソク　思惟如意足　〔術語〕四如意足の一。

シユヰリヤクエウホフ　思惟略要法　〔書名〕一卷、秦の羅什譯。先づ形疾は輕微なり、心病は深重なるを明かし、次に四無量觀法、白骨觀法、觀佛三昧法、法身觀法、十方諸觀法、觀無量壽佛法、諸法實相觀法、法華三昧觀法を明かす。【暑帙六】(1373)

シユヲツナダイバ　修越那提婆　〔人名〕Suvarṇadeva 兒の名。譯、金天【賢愚經五】

シユヲツナハバソ　修越那波婆蘇　〔人名〕Suvarṇaprabhāsā 女子の名。譯、金光明。【賢愚經五】

シユヲン　衆園　〔術語〕梵語、僧伽藍摩、Saṁghārāma 衆園と譯す、比丘衆の依止する園庭なり。即ち寺院を云ふ。

シユンニヤ　舜若　〔術語〕Śūnya 空の梵語なり。謂く虛空又は諸法の空無なり。又舜若多の略、空性と譯す。「シユンニヤタ」を見よ。

シユンニヤタ　舜若多　〔術語〕Śūnyatā 空性と譯す、二釋あり、一は虛空の實體を指して空性と名く。空即性の持業釋なり。【楞嚴經三】に「舜若多性可ニ銷亡一。爍迦羅心無ニ動轉一。」【長水疏】に「舜若多云レ空也。虛空之性不レ可ニ銷滅一。」二は諸法の空無を指して空と云ひ、空の性を空性と名く。空之性の依主釋なり、眞如の體を指す。生法の二空を門として中道の眞如を顯はす故に眞如を空性と云ふ。眞如の體是れ空と言ふにはあらず。【唯識述記一本】に「非ニ性是空一。說ニ爲ニ二空一。從ニ能顯一說。梵言ニ舜若一。可レ說ニ如空一。名ニ舜若多一。如是空性。即是二空所顯實性也。故言レ空者從ニ能顯一說。二空之性。名ニ二空性一。依士釋名。言ニ眞如空一未レ善レ理故。」

ショ　處　〔術語〕道理の義にして「コトハリ」と訓ず。

ショ　處　〔術語〕三科の一。梵に阿耶怛那 Āyatana と云ひ、舊に入と譯し、新に處と譯す。根と境とは心心所の作用を生ずる所の處なれば處と云ひ、根と境と相涉入すれば入と云ふ。六根六境の十二法あれば十二處又は十二入と云ふ。【俱舍論一】に「心心所生長門義是處義。訓ニ釋詞一者。謂能生ニ長心心所法一故名爲レ處。是能生ニ長彼作用一義。」【同光記一下】に「梵云ニ阿耶怛那一。唐云レ處。舊翻爲レ入。此亦不レ然。若言レ入梵本應レ云ニ鉢羅吠舍一。舊經亦有ニ翻爲レ處者一。如ニ空無處等及阿練若等一。並與レ今同。」「サンクワ」を見よ。

ショ　書　〔雜名〕梵語、補薩多迦。Pustaka【梵語雜名】離佉。Lekha【名義集五】

ショアクマクサ　諸惡莫作　〔術語〕諸惡莫レ作。諸善奉行。自淨ニ其意一。是諸佛敎。此一四句偈は一切佛敎を總括し、佛敎の廣海此の一偈に攝盡す。大小乘八萬の法藏は此一偈より流出するなり。【增一阿含一】に「時大迦葉問ニ阿難一曰。增一阿含乃能出ニ三十七道品之敎一。及諸法皆由レ此生。阿難報言。如是如是。增一阿含一偈之中。便出ニ三十七品及諸法一。迦葉問言。何等偈中出ニ生三十七品及諸法一。時尊者阿難便說ニ是偈一。諸惡莫作。諸善奉行。自淨其意。是諸佛敎。」【北本涅槃經十四】に「何等名爲ニ伽陀經一。除ニ修多羅及諸戒律一。其餘有レ說ニ四句之偈一。所謂諸惡莫作。諸善奉

行。自淨其意。是諸佛敎。」【智度論十八】に「隨相門者。如二佛說偈一。諸惡莫作。諸善奉行。自淨二其意一。是諸佛敎。」【法華玄義四之一】に「戒經云。諸惡莫作。諸善奉行。自淨其意。是諸佛敎。諸惡即七支過罪。輕重非違。五部律明二其相一。如レ是等戒所二防止一。諸善者善三業若散若靜。前後方便。支林功德。悉是淸昇。故稱爲善。自淨其意者。即是破二諸邪倒一。了二知世間出世間因果正助法門一。能消二除心垢一。淨二諸瑕穢一。豈過二於慧一。佛法曠海此三攝盡。」【釋氏要覽上】に「阿難云。諸惡莫作。衆善奉行。自淨其意。是諸佛敎。」世に之れを七佛通戒偈と云ふ。義は實に通誡なれども然かも七佛各各禁戒偈あり、此四句偈は第六佛迦葉如來の偈なり。【增一阿含經四十四】に「於二此賢劫中一有レ佛名二迦葉如來一。壽二萬歲。二十年中恒以二一偈一以爲二禁戒一。一切惡莫レ作。當レ奉二行其善一。自淨二其意一。是則諸佛敎。」⦿（著聞集、和歌）「また諸惡莫作、衆善奉行の文を銘にかかれたり」

シヨアゴダ　初阿後茶　〔術語〕大般若經所說の四十二の悉曇文字、阿を最首とし茶を最終とす。是れ大乘の十住十行十回向十地等覺妙覺の四十二位に配するなり。

シヨインシ　所引支　〔術語〕十二支中無明行の二能引支の爲めに引き起さるる識、名色、六處、觸、受の五支を云ふ。

シヨインシヤウクワ　所引生果　〔術語〕十二支中牽引生起の二因によりて引生せられたる生と老死となり。

シヨインシユクサシユウ　諸因宿作宗　〔流派〕外道十六宗の一。現世に受くる果報は過去の宿因による、故に現在に於て精進すれば舊業を滅して未來に惡果をうくるなしと云ふ。無慙外道とも云ふ。【義林章一】に「諸因宿作宗。謂離繫親子。亦云二無慙外道一。謂現所受苦皆宿作爲レ因。若現精進便吐二舊業一。由二不作因之所一レ害。故如レ是於レ後不二復有一レ漏。」

シヨウ　諸有　〔術語〕衆生の果報は因あり、果あれば之れを有と云ふ。三有、四有、七有、九有、二十五等の別あれば總じて諸有と云ふ。【法華經序品】に「盡二諸有結一心得二自在一。」【仁王經中】に「永無二分段一超二諸有一。」【大乘義章八】に「生死果報。是有不レ無。故名爲レ有。」

シヨウ　所有　〔術語〕身に生死の果報を有する所あるを云ふ。【無量壽經】に「亦無二所作一。亦無二所有一。」【慧遠疏】に「亦無所有。無二果可一レ有。」

シヨウ　證　〔術語〕無漏の正智が能く所緣の眞理に契合するを證と云ひ、サトルと訓ず。【勝鬘寶窟中末】に「緣起相應名レ之爲レ證。」【大乘義章一】に「已情契レ實名レ之爲レ證。」【同九】に「證者是知得之別名也。」【俱舍論二十五】に「如レ實覺二知四聖諦理一故名爲レ證。」

シヨウカイ　諸有海　〔術語〕三有乃至二十五有は凡夫の浮沈する生死海なれば諸有海と云ふ。【敎行信證信卷】に「廻二於諸有海一。」

シヨウ　支用　〔雜語〕支は分なり。錢物等を分けて用ゐるを云ふ。【象器箋十二】

シヨウイシヤウミヤウ　勝意生明　〔眞言〕摩醯首羅天の秘呪なり。摩醯首羅天の勝妙の意の如く利益の事を生ずる陀羅尼の名なり。【大日經三】に「摩醯首羅天有二勝意生明一。能作二三千大千世界衆生利益一。化二一切一受用。」

シヨウイ　勝意　〔人名〕比丘の名。【諸法無行經下】に喜根菩薩と並べ說く。「キコン」を見よ。

シヨウイン　勝因　〔術語〕殊勝の善因なり。【佛說無常經】に「勝因生二善道一。惡業墮二泥犂一。」

シヨウウ　勝友　〔雜語〕勝れたる友。釋迦如來念佛者を稱譽して觀音勢至の勝友なりと云ふ。【觀無量壽經】に「若念レ佛者。當レ知二此人是人中芬陀利華觀世音菩薩大勢至菩薩爲二其勝友一。」

シヨウオウジン　勝應身　〔術語〕又尊時身と名く。天台には法報應の三身を立て、其報身に自受用、他受用の二を分ち、其の他受用の報身を自受用に對して應身と名け、第三應身の劣に對して勝と名く。即ち勝應身は他受用の報身なり。【法華文句記九之一】に「故他受用亦得レ名レ報。亦得レ名レ應。若勝若劣俱名レ應故。」【止觀一之二】に見相發心とて四敎の人が佛の相好を見て菩提心を發すを說けり、此に依れば藏敎の人は劣應の相好を觀じ通敎の人は勝應の相好を觀じ、別敎の人は報佛の相好を觀じ、圓敎の人は法佛の相好を觀ず。是は三身中の應身に就て勝劣の二を分ちしものにして、前の報身中より勝應を分開せしに異なれり。蓋し此は一の丈六の佛身に對して觀想の淺深を四敎に配せしものにて、佛身の上より法報應の三身を分判すると其の義門を異にするなり。是れ天台一家の法義にして他の通途の三身門と和會すべからず。

シヨウカク　證覺　〔雜語〕佛道を證得し眞理を覺悟するなり。

シヨウガミヤウガウ　稱我名號　〔雜語〕【觀經玄義分】に「又無量壽經云。法藏比丘在二世饒王佛所一。行二菩薩行一時。發二四十八願一。一一願言。若我得レ佛。十方衆生。稱二我名號一願レ生二我國一。下至二十念一。若不レ生者。不レ取二正覺一。」【禮讚】に「又如二無量壽經云一。若我成佛。十方衆生稱二我名號一。下至二十聲一。若

不レ生者不レ取二正覺一。」

シヨウギ　勝義　〔術語〕世間或は世俗の語に對して勝義の語あり、世間世俗の義に勝れる深妙の理を云ふ。

シヨウギ　證義　〔職位〕證義者を見よ。

シヨウギクウ　勝義空　〔術語〕涅槃經所説十八空の一。勝義とは涅槃なり、涅槃の空性を云ふ。

シヨウギクウキヤウ　勝義空經　〔書名〕一卷、宋の施護譯。諸法に實生實滅なきを説き、且つ十二因緣生十二因緣識を説く。是れ大乘部に攝すべし。【宙帙七】

シヨウギコン　勝義根　〔術語〕扶塵根に對して勝義根あり。眼耳鼻舌身の五根の實體なり。之に依て發識取境の作用あるなり。四大種所成にして淸淨なること珠寶の如しと云ふ。【俱舍論一】「彼識所依五種淨色如二其次第一。應レ知即是眼等五根。如二世尊説一。苾芻當レ知。眼謂内處四大所成淨色爲レ性。如レ此廣説。」「ブヂンコン」を見よ。

シヨウギシヤ　證義者　〔職位〕又、精義者。法華會等の時に探題者が高座に昇りて竪義の問答の是非を判斷する役なり。中古以來題者之れを兼ぬ【釋家官班記下】に「康保四年五月九日。禪藝已講。探題宣下。則精義。是以前雖レ有二他人宣下一。無二精義一。」又「證義。其役有二公庭之御願一。公請之先途偏此事也。仍南北四箇寺之鞘。牙爭レ鋒朝儀殊淸選。可レ被レ盡二篇目一者也。」然るに【初例抄下】に「證義者初。長久四年十七日被二始行一有二證義二人一。僧正明尊法師大僧都敎圓。」⦿（公事根源五月）「證義、講師、聽衆などあり」

シヨウギシヨウギタイ　勝義勝義諦　〔術語〕八諦中四種勝義諦の第四。「タイ」を見よ。

シヨウギセゾクタイ　勝義世俗諦　〔術語〕八諦中四種世俗の第四。「タイ」を見よ。

シヨウギソウ　勝義僧　〔術語〕四種僧の第一。「ソウ」を見よ。

シヨウギタイ　勝義諦　〔術語〕法相宗所立の二諦の一。世俗諦に對して勝義諦と云ふ。即ち眞諦なり。「ニタイ」を見よ。

シヨウギホウ　勝義法　〔術語〕涅槃のこと。

シヨウギボダイシン　勝義菩提心　〔術語〕密敎三種菩提心の第二。「ボダイシン」を見よ。

シヨウギムシヤウ　勝義無性　〔術語〕三無性の第三。「サンムシヤウ」を見よ。

シヨウギヤウ　勝行　〔術語〕波羅蜜多の行法を云ふ。【唯識論九】に「十勝行者即是十種波羅蜜多。」

シヨウクワ　證果　〔術語〕小乘には佛果、緣覺果及び聲聞の四果、又は大乘には初地乃至等覺の十一地の菩薩の分果、佛の滿果を證得するを證果と云ふ。證果とは正しく無漏の正智に名くるなり。⦿（正統記一）「證果の聖者」

シヨウクワ　勝果　〔術語〕勝れたる證果なり。佛果を聲聞緣覺二乘の果及び十地菩薩の果に對して勝果と云ふ。何となれば二乘の果は圓滿にあらざるが故に是れ果にして勝にあらず。十地の法は未だ圓滿ならざれば是れ勝にして果にあらず、獨り佛果は究竟圓滿の妙果なれば勝果と云ふ。【唯識述記一本】

二勝果　〔名數〕佛の眞解脱涅槃大菩提の二果なり。【唯識論一】に「斷レ障爲レ得二二勝果一。由レ斷二續レ生煩惱障一故證二眞解脱一。由レ斷二礙レ解所知障一故得二大菩提一。」

シヨウクワ　士用果　〔術語〕相宗の學者ジユウクワと呼ぶ。五果の一。

シヨウクワウワウ　勝光王　〔人名〕波斯匿の王なり。玄奘は勝軍と譯し義淨は勝光と譯す。「ハシノクワウ」を見よ。

シヨウグンチザウ　勝軍地藏　〔菩薩〕勝軍不動に對して勝軍地藏あり。「チザウ」を見よ。

シヨウグンフドウミヤウワウ　勝軍不動明王　〔菩薩〕四十八使者を有する明王なり。「フドウミヤウワウ」を見よ。

シヨウグンワウ　勝軍王　〔人名〕勝光王に同じ。

シヨウグンワウシヨモンキヤウ　勝軍王所問經　〔經名〕一卷、宋の施護譯。沮渠京聲譯の諫王經、玄奘譯の如來示敎勝軍王經、義淨譯の佛爲勝光天子説王法經と大同小異。佛、波斯匿勝軍王 Prasenajit の爲に王法を説き、幷に十二因緣を説く。但四山の一喩後の三經は老病死衰の四に合し、此は邪行老病死の四に合して名けて四怖となす。【宙帙六】（249）

シヨウゲ　勝解　七十五法中十大地法の一。百法中五別境の一。所緣の境に於て決定印可して移轉すべからざるを云ふ。若し境を猶豫するに於ては勝解全く無し、故に大乘には之れを徧行法に攝めざるなり。【俱舍論四】に「勝解。謂能於レ境印可。」【唯識論五】に「云何勝解。於二決定境一印持爲レ性。不レ可二引轉一爲レ業。」

シヨウゲサイ　勝解作意　〔術語〕三種作意の一。

シヨウゴ　證悟　〔術語〕正智を以て眞理を證知し悟解するなり。【勝鬘寶窟中本】に「攝二受正法一證二悟於理一。」【禪源都序上】に「識字看經元不二證悟一。」

シヨウコン　勝金　〔物名〕閻浮檀金なり。

シヨウコンジキクワウミヤウトクニヨキヤウ　勝金色光明德女經　〔經名〕大莊嚴法門

經の異名。

シヨウゴフ　勝業　［術語］勝妙の行業なり。【俱舍論三十】に「偏悟二所知一成二勝業一。」

シヨウゴミヤウコソクトクゲダツ　稱其名故即得解脫　［雜語］【法華經普門品】に「若三千大千世界國土中。滿レ中怨賊。有二一商主一。將二諸商人一齎二持重寶一。經二過險路一。其中一人作二是唱一言。諸善男子。勿レ得二怖畏一。汝等應三當一心稱二觀世音菩薩名號一。是菩薩能以二無畏一施二於衆生一。汝等若稱レ名者。於二此怨賊一當レ得二解脫一。衆商人聞俱發レ聲。言二南無觀世音菩薩一。稱二其名一故即得二解脫一。」

シヨウサン　稱讚　［雜語］其の功德を稱揚し讚嘆するなり。【稱讚淨土經】に「稱二讚不可思議佛土功德一切諸佛攝受法門一。」

シヨウサンガミヤウ　稱讚我名　［術語］法藏比丘四十八願中第七願を云ふ。

シヨウサンケン　稱讚慳　［術語］五慳の一。「ゴケン」を見よ。

シヨウサンジヤウドキヤウ　稱讚淨土經　［經名］稱讚淨土攝受經の略名。

シヨウサンジヤウドセフジユキヤウ　稱讚淨土攝受經　［經名］一卷、唐の玄奘譯。阿彌陀經の新譯なり。但舊經と異なるは舊經は六方佛の勸信にて新經は十方佛の勸信なり。【地帙十二】(199)

⊙(曲、當麻)「稱讚淨土經、每日讀誦し給ひしが」

シヨウサンダイジヨウクドクキヤウ　稱讚大乘功德經　［經名］一卷、唐の玄奘譯。佛寶華殿に在り、德嚴華菩薩問ふ、何等か是れ新學菩薩の惡友にして遠離すべきや。佛言ふ、二乘を樂ぶ人に如くはなし、寧ろ地獄に墮つるも二乘の作意を起すべからずと。次に大乘を謗する罪を明かし、及び大乘の名義を釋す。【宙帙七】(276)

シヨウサンニヨライクドクシンジユキヤウ　稱讚如來功德神呪經　［經名］一卷、唐の義淨譯。十二佛名神呪較量功德除障滅罪經と同本にて文稍略。【成帙七】(236)

シヨウシ　勝士　［雜語］持戒者の尊稱。【釋氏要覽上】に「月燈三昧經云。能淨持レ戒名二勝士一。」

シヨウシ　勝子　［人名］唯識十大論師の第九。【唯識述記一本】に「梵云二眞那弗多羅一。言二勝子一。」

シヨウシヤ　勝者　［流派］勝論師を云ふ。【十句義論】に「勝者慧月。」

シヨウシジユ　勝子樹　［地名］舊に祇陀林、又祇洹、勝子樹と譯す。勝子は波斯匿王の子なり。生れし時敵と戰ひて勝つ、依つて勝と名く。勝氏所有の樹林なる故に勝子林と云ひ、又祇樹と云ふ。然るに勝の梵語を祇陀又は祇洹と爲すは誤なり。應に逝多と云ふべし依つて新に逝多林 Jetavana と云ふ。【玄應音義九】に「勝子樹。祇陀林。或云二祇洹一。並訛也。正言二逝多一。憍薩羅國波斯匿之子也。」

シヨウシユヰキヤウ　勝思惟經　［經名］勝思惟梵天所問經の略名。

シヨウシユヰボンテンシヨモンキヤウ　勝思惟梵天所問經　［經名］元魏の菩提流支譯。思益梵天所問經の異譯。

シヨウシユヰモンキヤウウロン　勝思惟問經論　［書名］勝思惟梵天所問經論の略名。

シヨウシユ　勝數　［流派］勝論數論の二論なり。【性靈集七】に「勝數典文尙溺二三有之水一。」

シヨウシユウ　勝宗　［流派］勝論宗なり。「シヨウシユウ」を見よ。

シヨウシユウジフクギロン　勝宗十句義論　［書名］一卷、勝者慧月造。玄奘譯。勝宗十句を立て一切法を盡くす、此論其の十句の義を明かす。【藏帙十】(1295)

シヨウシヨユガキヤウ　勝處瑜伽經　［經名］金剛頂勝處瑜伽普賢菩薩念誦法經の略名。【閏帙九】(1410)

シヨウシヨ　勝處　［術語］「ハチシヨウシヨ」「ハチハイシヤ」を見よ。

シヨウシン　勝心　［術語］殊勝の行を修する心を云ふ。【無量壽經】に「等心勝心深心。」【淨影疏】に「所行務上名爲二勝心一。」【高僧傳六】に「發二勝心於曠劫一。」

シヨウシン　勝身　［人名］摩揭陀國王舍城頻婆娑羅王の夫人韋提希なり。【有部毘奈耶雜事四十五】に「摩揭陀國王舍城王名曰二影勝夫人一曰二勝身一。」

シヨウシンシキ　證眞私記　［書名］寶地房證眞の著、法華三大部私記三十卷。

シヨウシンジヨ　證信序　［術語］又、發起序とも云ふ。經の初め、如是我聞、一時佛在、乃至云云と說ける序にして、衆生をして所聞の的確なる又誤なきを顯はして信を起さしむるものなる故に名く。

シヨウシンダウ　勝進道　［術語］四道の第四。「シダウ」を見よ。

シヨウジヤウ　證淨　［術語］證淨に四種あり。無漏智を以て實の如く四聖諦の理を覺知し以て正しく三寶及び戒を信ずるを云ふ。【俱舍論二十五】に「證淨有二四種一。謂佛法僧戒。乃至如レ實覺二知正聖諦理一故名爲レ證。正信二三寶及妙尸羅一皆名爲レ淨。離二不信垢破戒垢一故。由レ證二得淨一立二證淨一。」

シヨウジヤウシ　證誠師　［雜名］證義者を又證

誠師と云ふ。

シヨウジヤウダイボサツ　證誠大菩薩　〔菩薩〕熊野の證誠殿に安置する權現の名なり。其の證誠の名は本地の阿彌陀如來なるとを示したるなり。其の故は佛說阿彌陀經の中に六方の如來が各廣長舌を出して阿彌陀如來の功德を稱揚し證誠すればなり。◉（盛衰記九）「夫證誠大菩薩者、濟度苦海之敎主」

シヨウジヤウデン　證誠殿　〔堂塔〕熊野の本宮に在て證誠大菩薩を安置する殿なり。

シヨウジヨウ　勝乘　〔術語〕大乘の德名。【八十華嚴經五十二】「過二二乘一名二大乘第一乘勝乘最勝乘一」

シヨウセイシチデウ　鐘聲七條　〔公案〕「雲門曰。世界恁麼廣濶。因レ甚向二鐘聲裏一披二七條一」【會元十五、雲門章、無門關】

シヨウダイボダイ　證大菩提　〔術語〕大菩提を證得するなり。佛の正覺を大菩提と云ふ。

シヨウダウ　證道　〔術語〕敎證二道の一。中道眞實を證悟する道なり。「ニダウ」を見よ。

シヨウダウカ　證道歌　〔書名〕唐の永嘉大師玄覺著。

シヨウダウシヤモン　勝道沙門　〔雜名〕瑜伽論所說四種沙門の第一。「シヤモン」を見よ。

シヤウダウドウエン　證道同圓　〔術語〕台家の語。別敎の初地の菩薩は一品の無明を斷じて一分の中を證す。圓敎の初住亦然り、故に別敎初地の證住、圓敎の初住と其の斷證を同じくするを證道同圓と云ふ。

シヨウチ　證智　〔術語〕菩薩初地にして中道眞實の理を證悟する無漏の正智を云ふ。【仁王經下】に「證智自在。」【觀經玄義分】に「證智未證智。」

シヨウヂウ　鐘頭　〔職位〕禪寺に於て曉と昏と齋鐘と定鐘との四時の鳴鐘を司る職なり。鳴鐘は別に打鐘行者なるものあり。【僧堂淸規五】

シヨウヂヤクビシヤモン　勝敵毘沙門　〔天名〕勝軍不動勝軍地藏に對し勝敵毘沙門あり。毘沙門を戰神とする故なり。

シヨウテンワウキヤウ　勝天王經　〔經名〕勝天王般若波羅蜜多經の略名。

シヨウテンワウハンニヤハラミツタキヤウ　勝天王般若波羅蜜多經　〔經名〕七卷、陳の月婆首那譯、五部般若の一。大般若第六會の別譯。【月帙八】(9)

シヨウテンワウモンハンニヤキヤウ　勝天王問般若經　〔經名〕勝天王般若波羅蜜多經の異名。

シヨウトウ　鐘頭　〔職位〕「シヨウヂウ」を見よ。

シヨウトク　證得　〔術語〕正智を以て如實に眞理を證悟するを云ふ。【華嚴經十一】に「即時證二得十種法門一」【十卷楞伽經九】に「證二得歡喜地一」

シヨウトクシヨウギタイ　證得勝義諦　〔術語〕八諦中四種勝義諦の第三。「タイ」を見よ。

シヨウトクセゾクタイ　勝得世俗諦　〔術語〕八諦中四種世俗諦の第三。「タイ」を見よ。

シヨウトクホフシン　證得法身　〔術語〕二法身の一。「ホフシン」を見よ。

シヨウドウ　勝幢　〔物名〕勝戰の幢旗なり。【涅槃經二十六】に「能與二魔王波旬一戰。能摧二波旬所立勝幢一」「シヨウバン」參照。

シヨウドウヒインキヤウ　勝幢臂印經　〔經名〕勝幢臂印陀羅尼經の略名。

シヨウドウヒインダラニキヤウ　勝幢臂印陀羅尼經　〔經名〕一卷、唐の玄奘譯。大梵王及び觀世音の請に依て此咒を說く。持者は更に惡趣の生を受けず。【成帙八】(361)

シヨウニフ　證入　〔術語〕正智を以つて如實に眞理を證得するを云ふ。此に分滿あり、二乘の極果及び、初地以上乃至十地等覺は分にして妙覺は滿なり。

シヨウニフシヤウ　證入生　〔術語〕華嚴宗所立三生成佛第三。「サンシヤウ」を見よ。

シヨウニフジヤウブツ　證入成佛　〔術語〕華嚴宗所立、三生成佛各生成佛の一なり。「サンシヤウジヤウブツ」を見よ。

シヨウネン　稱念　〔術語〕稱名念佛なり。【往生要集上】に「專心稱念三昧有レ成。」

シヨウバン　勝幡　〔物名〕印度の風、敵と戰つて之を破れば則ち勝幡を立つ。道場魔を降せば亦勝幡を立つ、其の勝利を表するなり。【維摩經佛道品】に「勝幡建二道場一」【注】に「外國破レ敵則竪二幡幡一。道場降レ魔亦表二其勝相一也。」【法華經人記品】に「佛有二大威德一名二常立勝幡一」

シヨウバンエウラクダラニキヤウ　勝幡瓔珞陀羅尼經　〔經名〕一卷、宋の施護譯。佛喜樂山頂の天宮に在つて大梵王の請に因て咒を說て罪を拔く。【成帙八】(859)

シヨウフタイ　證不退　〔術語〕三不退、四不退、五不退中第三なり。「フタイ」を見よ。

シヨウブツ　稱佛　〔術語〕佛名を唱ふるなり。【歸元直指下】に稱佛の功德を說く。

シヨウブツチヤウ　勝佛頂　〔菩薩〕五佛頂の一。「ブツチヤウソン」を見よ。

シヨウホツシン　證發心　〔術語〕起信論所說三

種發心の第三。「サンシユホツシン」を見よ。

シヨウホフ　證法　〔術語〕倶舍論所説敎證二法の一。四諦十二因緣六度の聲聞緣覺佛の種種の差別の道法なり。【倶舍光記二十九】に「證法者。謂聲聞緣覺如來三乘菩提分法。」

シヨウホフカイ　稱法界　〔術語〕又稱性と云ふ。華嚴經の所説。法界の眞性に稱なふを云ふ。【華嚴傳記一】に「此乃圓滿法輪稱法界之談耳。」

シヨウホフギヤウ　稱行法　〔術語〕行入四種の一。法性の體に稱なふ行法なり。「ニニフ」を見よ。

シヨウボン　鐘梵　〔雜語〕鐘聲梵唄なり。【表制集】に「時中禮懺鐘梵遞虧。」【性靈集八】に「鐘梵斷而亦續。」

シヨウマンキヤウ　勝鬘經　〔經名〕勝鬘師子吼一乘大方便方廣經の略名。

シヨウマンシシクイチジヨウダイホフベンハウクワウキヤウ　勝鬘師子吼一乘大方便方廣經　〔經名〕一卷、劉宋の求那跋陀羅譯。即ち、大寶積經第四十八勝鬘夫人會の異譯なり。佛、給孤獨園に在り、波斯匿王末利夫人と共に書を其女阿踰闍國王妃勝鬘夫人に致して佛德を稱揚す。勝鬘書を得て歡喜し偈を説きて遙に佛の來現を請ふ。佛即ち身を現ず。勝鬘偈を説きて德を讃歎す。佛爲に授記す。勝鬘復た十弘誓願を發して天花天音を感ず。乃至大乘の了義を説きて廣く二乘の不了義を明かし（其の了義は唯一佛乘なり）佛是を讃印し光を放ち空に昇りて獨園に還り、阿難及び天帝釋に告げて名を結んで付屬す。【地帙十二】(59)上經の疏に吉藏の勝鬘寶窟六卷、太子義疏三卷あり。

シヨウマンジヤウブツ　證滿成佛　〔術語〕四滿成佛の一。

シヨウマンブニン　勝鬘夫人　〔人名〕舍衛國波斯匿王の女、母を末利と云ひ鬘と譯す、夫人の梵名尸利摩羅。Mālyaśrī 尸利を勝と譯し、摩羅を鬘と譯す。阿踰闍國に嫁して王妃となる。【勝鬘寶窟上本】に「勝鬘者。外國名二尸利摩羅一。尸利此翻爲レ勝。摩羅名レ鬘。」案に是れ女聲なれば摩羅は當に摩利と言ふべし、即ち母の末利と同じ。

シヨウミツゲダウ　勝密外道　〔人名〕室利毱多唐に勝密と譯す、曾つて火坑毒飮を設けて佛を害せんと欲して能はず、遂に咎を謝して歸依す。【西域記九】舊には之を德護と譯し、佛説德護長者經に説く德藏長者これなり。彼の經此事を詳説す。

シヨウミヤウ　證明　〔術語〕本誓の違越なきを證誠し明記する證言なり。【首楞嚴經三】に「伏請世尊爲二證明一。五濁惡世誓先入。如一衆生未二成佛一。終不三於レ此取二泥洹一。」

シヨウミヤウ　稱名　〔術語〕佛名を稱するなり。諸佛諸菩薩の名に通ずるも通途は阿彌陀佛の名を口唱するなり。【往生要集中本】に「問念佛三昧爲二唯心念一爲二亦口唱一。答如二止觀第二云一。或唱念俱運。或先念後唱。或先唱後念。唱念相繼無二休息一。聲聲念念唯在二阿彌陀佛一。又威禪師云。觀經言。是人苦逼不レ違レ念レ佛。善友敎令可レ稱二阿彌陀佛一。如レ是至心令二聲不レ絕。豈非下苦惱所レ逼念想難レ成令二聲不レ絕至心便得上。今此出レ聲學二念佛定一亦復如レ是。令二聲不レ絕遂得二三昧一見三佛聖衆皎二然目前一。故大集日藏分言。大念見二大佛一小念見二小佛一。大念者大聲稱レ佛也。小念者小聲稱レ佛也。斯即聖敎有二何惑一哉。現見即今諸修尊者唯須二勵レ聲念佛一。三昧易レ成。小聲稱レ佛遂多二馳散一。此乃尊者所レ知非二外人之曉一矣。」◉（徒然草）「まさしく稱名を追福に修して」

シヨウミヤウザウギヤウ　稱名雜行　〔術語〕五種雜行の一、專念に彌陀の名號を稱ふるに非ず、諸佛諸菩薩諸天神の名號を稱ふるを云ふ。

シヨウミヤウシヤウイン　稱名正因　〔術語〕天保の頃能登の長光寺の頓成の唱ふる所。口に念佛を唱ふる時衆生の往生は治定する故、信心と稱名とは同一不二なり。稱名は往生の正因たりと立つる眞宗異安心なり。

シヨウミヤウネンブツ　稱名念佛　〔術語〕「稱名即ち念佛なり。」

シヨウミヤウシヨブツクドクキヤウ　稱揚諸佛功德經　〔經名〕三卷、元魏の吉迦夜等譯。佛靈山に在て舍利弗及び彌勒迦葉の爲に東方五十三佛南方三十八佛、西方三佛、北方六佛、上方二十七佛の名號功德を説く。【黃帙四】(402)

シヨウヨウロク　從容錄　〔書名〕六卷、元の萬松老人行秀が天龍の覺和尙の頌古百則を提唱せしもの。從容とは老人の住せる燕京の報恩寺内の庵號なり。

シヨウリン　勝林　〔地名〕舊に祇洹、祇樹、祇陀林と云ふ。新に逝多林と云ひ逝多を勝と譯す。逝多太子の林なり。【西域記七】に「逝多林唐言二勝林一。舊曰二祇陀一訛也。」【中阿含經四十三】に「佛遊二舍衛國一。在二勝林給孤獨園一。」梵 Jetavana

シヨウルシンニヨ　勝流眞如　〔術語〕十眞如の一。「シンニヨ」を見よ。

シヨウレツハ　勝劣派　〔流派〕日蓮宗の一派。法華經中、本門と迹門に就きて勝劣を立つる派なり。一致派の對。

シヨウロバン　承露盤　【物名】塔上の重重の相輪なり。【寂照谷響集一】に「重重相輪名二承露盤一。故傳中高僧云。承露金盤一十一重。鋕鏁角張盤。及鏁上皆有二金鐸一。承露盤或略云二露盤一。」

シヨウロン　勝論　【流派】吠世史迦奢薩怛羅 Vaiśesika-śāstra 此に勝論と譯す。又勝宗と稱す。次項を見よ。

シヨウロンシユウ　勝論宗　【流派】又衛世師、Vaiśesika 勝論と譯す。通常聲論と區分して勝論をカツロンと云ひ、聲論をコヱロンと云ふ。印度六派哲學の一にして嘔露迦仙 Ulūka 一名迦那陀 Kaṇāda の始稱する所、宇宙萬有を空間的に分拆する唯物的多元論なり。六種に別つを六句義と云ふ。實 Dravya 本體なり。德 Guṇa 屬性なり。業 Karman 作用なり。同 Sāmānya 共通性。異 Viśeṣa 和合 Samavāya 物物間の固有性なり。右のうち第五の異に就て異、有能、無能、俱分の四に別ち、別に無說を立て合せて十句義とするは慧月の所立なり。數論よりやや後代に屬するか。【百論疏中】に「既在二僧佉後一出見二一宗一有レ過。是故立論名二衛世師一。」とせり。所論に就ひて【四宗論】に「迦那陀外道論師言。一切法異者。我與レ覺異。以說二異法一故。此是我。此是覺。如二白氎一。此是白。此是氎故。」

シヨウロンジ　勝論師　【雜名】尊みて勝論師と云ひ斥けて勝論外道と云ふ、勝論の十句義を宗とする徒なり。前項を見よ。

シヨウロンジフクギシヤウ　勝論十句義章　【書名】一卷、慧恩述。「ン」を見よ。

シヨウン　諸蘊　【術語】色受等の五蘊なり。「ゴウン」

シヨエフジヤウ　所依不成　【術語】因明四不成の第四。因の所依たる宗有法の成就せざるを云ふ。例へば經部の無空論者に對して勝論師が虚空は實有なるべし德の所依なるが故にと云ふ如し。【因明大疏五】

シヨエン　諸緣　【術語】色香等百般の世相、總て我が心識の攀緣する所の者を云ふ。大乘の實義に據れば諸緣は皆心識の所變なり。【首楞嚴經一】「汝今識精元明能生二諸緣一。緣所レ遺者。」

シヨエン　所緣　【術語】心識を稱して能緣と名け、之に對して心識の所對を所緣と云ふ。緣は攀緣の義なり。【俱舍光記二】に「緣謂攀緣。心心所法名二能緣一。境是所緣。有二彼所緣一故名二有所緣一。心心所法其性羸劣。執レ境方起。猶如二羸人非レ杖不一レ行。」

シヨエンエン　所緣緣　【術語】四緣の一。「シエン」を見よ。

シヨエンウタイ　所緣有對　【術語】三有對の一。「ウタイ」を見よ。

シヨエンダン　所緣斷　【術語】斷惑四因の一。

シヨエンバク　所緣縛　【術語】二縛の一。所緣の境に縛せらるること。「を見よ。

シヨカウ　初更　【雜語】又一更と云ふ。「ゴカウ」

シヨキフ　書笈　【物名】「オヒヅリ」に同じ。「來」

シヨキ　書記　【職位】禪林の書記役なり。【尺素往來】

シヨキヤウエウジフ　諸經要集　【書名】二十卷、唐の道世集。大藏中より其の要義を捨集す。【雨帙一、二】(1472)

シヨキヤウシヨサン　諸經所讚　【術語】是れ常座三昧の正向の方を明かせし止觀の文を釋せし輔行の語なり。【止觀二】に「隨二一佛方面一端坐兩向。」【同輔行】に「隨一佛方面等者。隨向之方必須二正西一。若障起ラハ念佛所向便故。住雖レ不二局令一レ向二西方一。障起ラハ既令專稱二一佛一。諸經所讚多在二彌陀一。故以二西方一而爲二一准一。」是れ念佛の言、諸佛に通ずるも獨り阿彌陀佛に局ぎる所以なり。

シヨキヤウノワウ　諸經之王　【雜語】【法華法師品】に「若聞下是深經決二了聲聞法一是諸經之王上。聞已諦思惟。當レ知此人等近二於佛智慧一。」

シヨギヤウ　諸行　【術語】行は遷流の義なり、因緣より生じて三世を遷流する有爲法を云ふなり。其の法數多なれば諸行と云ふ。【中論觀行品】に「諸行名二五蘊一。」【法華玄義十】に「諸行是因緣生法。」

シヨギヤウウヰキヤウ　諸行有爲經　【經名】一卷、宋の法天譯。佛給孤獨園に在て一切行の遷流乃至佛亦此身を捨つるを免れざるを說く。【宿帙八】(801)

シヨギヤウムジヤウ　諸行無常　【術語】萬物は常に變轉すとの意。【涅槃經十四】に「諸行無常。是生滅法。生滅滅已。寂滅爲樂。」之を諸行無常偈と名く。亦雪山偈と云ふ。此一偈は總佛法の大綱なれば各其の宗義に依つて所釋不同なり。今通途の一義を明かせば、諸の三世に遷流する有爲法を諸行と名く。諸行は無常にして是れ生滅の法なり、此生滅の法は苦なり。此半偈は流轉門なり。此生と滅とを滅し已て生なく滅なきを寂滅とす、寂滅は即ち涅槃是れ樂なり。爲樂とは涅槃樂を受くと言ふにあらず、有爲の苦に對して寂滅を樂と爲すのみ。此半偈は還滅門なり。弘法大師のいろは歌は此四句偈を詠みしなり。いろはにほへどちりぬるを(諸行無常)わがよたれぞつねならむ(是生滅法)うゐのおくやまけふこえて(生滅滅已)あさきゆめみじゑひもせず(寂滅爲樂)雪山童子は此中の後の半偈を聞く爲めに身を羅刹に捨てしなり。「セツサンダ

ウジ」を見よ。⦿(平家一)「祇園精舍の鐘の聲諸行無常の響あり」(曲、三井寺)「まづ初夜の鐘を撞く時は、諸行無常と響くなり。後夜の鐘を撞く時は、是生滅法と響くなり。晨朝の響きは生滅滅已、入相は寂滅爲樂と響きて」諸行無常 Aniccā vata saikhāra 是生滅法 Uppādavayadhammo 生滅々已 Uppajjitvā nirujjhanti 寂滅爲業 Tesaṁ rūpasamo sukho

シヨギヤウムジヤウイン　諸行無常印　〔術語〕三法印の一。

シヨク　四欲　〔名數〕一に情欲、欲界の衆生多く男女情愛の境に於て貪欲を起すを情欲と云ふ。二に色欲、欲界の衆生多く男女嬌美等の色に於て貪欲を起すを色欲と云ふ。三に食欲、欲界の衆生多く美味飯食に於て貪欲を起すを食欲と云ふ。四に婬欲、欲界の衆生多く男女の相互染着に於て貪欲を起すを婬欲と云ふ。【法苑珠林二】

シヨクキン　拭經　〔雜語〕綿を以つて經を拭ひ其の塵埃を去るなり。【象器箋九】

シヨクシユウキ　飾宗記　〔書名〕飾宗義記の「略名。

シヨクシユウギキ　飾宗義記　〔書名〕略して飾宗記と云ふ。十卷、唐の嵩山の定賓の作。相部の法礪の四分律疏十卷を釋す。

シヨクシヨイン　諸苦所因　〔術語〕【法華經譬喩品偈】に「諸苦所レ因貪欲爲レ本。若滅二貪欲一滅盡諸苦。」

シヨクミヤウ　贖命　〔術語〕佛末代の比丘惡見を起して法身の慧命を亡ふを以て、之れが爲に涅槃經を說き戒律を扶けて圓常の理を談じ、以て贖命の重寶となす、これを涅槃の贖命と云ふ。【涅槃經十四】に「人の七寶外に出して之を用ゐざる如き之を名けて藏となす、是の人此の寶を積む所以は未來の爲の故なり。所謂穀貴く賊來りて國を侵し、惡王に値遇し、用ゐて命を贖はんが爲に財得難き時乃ち當に出し用ふべし。諸佛の秘藏も亦復是の如し。未來世の爲なり。諸の惡比丘の不淨物を蓄へ、四衆の爲に說く、如來は畢竟して涅槃に入るも、是等の惡、世に出現する時此惡を滅せんが爲にこの經典を說く。」

シヨクミヤウネハン　贖命涅槃　〔術語〕常住涅槃の稱に對す。涅槃經二教中の扶律談賞教なり。前項を見よ。

シヨクワ　初果　〔術語〕聲聞乘四果中の第一預流果なり。【俱舍論二十三】に「言二初果一者。謂二預流果一。此於二一切沙門果中一必初得故。」「シクワ」を見よ。

シヨクワカウ　初果向　〔術語〕預流向なり。「シカウ」を見よ。

シヨクワンギヂ　初歡喜地　〔術語〕十地の第一位。「クワンギヂ」に同じ。

シヨクンシギ　所薰四義　〔名數〕七轉識によりて種子を薰習せらるる第八識には四義を具備と云ふ。一堅住性、前後始終憂喜變動することなく、一類にして不斷相續すること。二無記性、中容の性質を具し、無覆無記性にして、善と染汚とに對して共に相違背せざること。若し强勝なる善或は染汚の性質を有せば互に相違背して寬容すること能はざるが故なり。三可重性、他に依つて生起せられざる自在の勢力を有し他と融合する性質。四與能薰和合性。能薰の識體と同時同處にして和合一致すると。故に他身相望、異時相望して能薰所薰を論ずべからず。

シヨグボダイホツシン　所求菩薩發心　〔術語〕「サンシユホツシン」を見よ。

シヨグワンフコ　所願不虛　〔雜語〕諸種の願望皆滿足すとの意。【法華經普賢勸發品】に「普賢。若於二欲世一授持讀誦是經典一者。是人不三復貪著衣食臥具飲食資生之物一。所レ願不レ虛。亦於二現世一得二其福報一。」

シヨケ　所化　〔術語〕教化を施す者を化主又は能化といふに對して教化を受くる者を所化と云ふ。【維摩經佛國品】に「菩薩隨二所化衆生一而取二佛土一。」

シヨケウケツヂヤウミヤウギロン　諸教決定名義論　〔書名〕一卷、宋の施護譯。一切教中の諸の根本字の如實義を明かす。唵字最も上首となし及び吽字阿字等即ち三身。【成帙十四】

シヨケン　諸見　〔術語〕諸の邪見なり、總じて六十二見あり。【無量壽經】に「摑裂邪網一消滅諸見。」【維摩經弟子品】に「於二諸見一不レ動。」【註】に「肇曰。諸見者六十二諸妄見也。生曰。諸見者邪見也。」

シヨケンフケン　諸閑不閑　〔術語〕閑は安なり。人天趣の中に障難なき者を諸閑と云ひ、難處に墮せる者を不閑と云ふ。【無量壽經上】に「濟二諸劇難諸閑不閑一。」【義寂疏】に「人天趣中非二難處一者名爲二諸閑一。以レ容三能起二諸聖道一故。墮二難處一者名爲二不閑一。以レ無レ容レ起二諸聖道一故。」

シヨコン　諸根　〔術語〕信勤念定慧の五根其の他一切の善根なり。【無量壽經】に「諸根智慧。」【慧遠疏】に「信勤念等名爲二諸根一。若通論レ之一切善法悉名二諸根一。如二涅槃說一。」又、眼耳鼻舌身の五根なり。【無量壽經上】に「諸根悅豫。」【慧還疏】に「眼等五根同現二喜相一。」

シヨコウワウ　初江王　〔異類〕十王の第二。「ジフワウ」を見よ。

シヨコングソクグワン　諸根具足願　〔術語〕

彌陀四十八願の第四十一願なり。念佛の行者が佛の功德によりて諸根具足すべきを願ず。

シヨサ　所作　〔術語〕身口意の三業を能作となすに對して其の發動造作を所作と云ふ。【無量壽經上】に「亦無二所作一亦無二所有一。」【慧遠疏】に「亦無所作無二因可一レ作。亦無所有無二果可一レ有。」

シヨサウ　諸相　〔術語〕諸の差別せる形相事物なり。【維摩經弟子品】に「法常寂然滅二諸相一故。」

シヨサウジクワルヰ　所作相似過類　〔術語〕十四過の一。因が宗と同喩とに貫通すべきある事件の總該合說なるを知らずして、宗と同喩とを箇箇に見て因の不成立を攻擊する過を云ふ。「を見よ。

シヨザウ　所藏　〔術語〕阿賴耶三藏の一。「アラヤ」を見よ。

シヨザウジユンザフグトクモン　諸藏純雜具德門　〔術語〕十玄門の一。「ゲンモン」を見よ。

シヨシ　所司　〔職位〕寺務を執る役僧。【拾芥抄下】に「行事、勾當公文謂二之所司一。」【行狀翼讃四十二】に「興福寺及高野山などに公文目代と稱す。多くは俗事を司る由舊記に見えたり。」

シヨシキ　諸色　〔雜名〕種種の事物なり。【勅修淸規月令須知】に「歲終結二呈諸色簿書一。」

シヨシキサヂウ　諸色作頭　〔職位〕山門の匠人修造局に隷するもの。【象器箋七】

シヨシツキ　摭疾鬼　〔異類〕佛牙舍利を盜取せし羅刹なり。「ブツゲ」を見よ。

シヨシフ　諸執　〔術語〕七曜及び羅睺、計都の九執なり。【大日經疏四】に「諸執者。執有二九種一。即是日月火水木金土七曜。及與二羅睺計都一。都合爲二九執一。」

シヨシヤ　書寫　〔雜語〕五種法師の一。「ホフシ」を見よ。

シヨシヤサン　書寫山　〔地名〕播州に在り性空上人此に圓敎寺を創して住し、法華を讀誦して六根淨を得。世に書寫の上人と云ふ。

シヨシヤゼキヤウ　書寫是經　〔雜語〕寫經を勸發したる語。【法華經不輕品】に「得大勢。當レ知是法華經。大饒二益諸菩薩摩訶薩一。能令レ至二於阿耨多羅三藐三菩提一。是故諸菩薩摩訶薩。於二如來滅後一。常應受二持讀三誦解四說書五寫是經一。」⦿（新續古）「かきながす法の水こそ嬉しけれ心の垢をすすぐと思へば」

シヨシユ　諸數　〔術語〕數とは法數なり、有爲の諸法には種種差別の數あれば諸數と名く。【維摩經弟子品】に「佛身無爲不レ墮二諸數一。」

シヨシユ　諸趣　〔術語〕人天等の五趣六趣なり。【楞伽經四】に「墮二生死海諸趣曠野一如二汲井輪一。」「シユ」を見よ。

シヨシユウ　諸宗　〔術語〕八宗九宗等數多の宗派を云ふ。「シユウハ」を見よ。

シヨシユゴンジヤウグワン　所須嚴淨願　〔術語〕法藏比丘四十八願中の第二十七願。「シジフハチグワン」を見よ。

シヨシヨウブンキヤウ　初勝分經　〔經名〕緣「生初勝分法本經の略名。

シヨシヨウホフモンキヤウ　初勝法門經　〔經名〕分別緣起初勝法門經の略名。

シヨシヨキヤウ　處處經　〔經名〕一卷、後漢の安世高譯。種種の法を雜說す。【宿帙六】(684)

シヨシヨジセツミヤウジフドウ　處處自說名字不同　〔雜語〕【法華經壽量品】に「處處自說名字不同年紀大小。」是れ久遠實成の如來が衆生の機緣に應じて三世十方處處に出世して種種の名を立て、且つは住世の長短を示すとなり。

シヨシン　初心　〔術語〕初めて發心して未だ深行を經ざるもの。【首楞嚴經一】に「復有二無量辟支無學幷其初心一同來二佛所一。」【止觀一】に「初心觀行不レ堪二深奧一。」【往生要集中本】に「初心尙爾。况中後心。」

シヨジケウ　初時敎　〔術語〕法相宗所立三敎の第一なり。「サンケウ」を見よ。

シヨジヤウゼンニンクヱイチシヨ　諸上善人倶會一處　〔雜語〕念佛の功德によりて諸の上善の人と一所に會するを得ると。【阿彌陀經】に「舍利弗。衆生聞者應三當發願願二生彼國一。所以者何。得下與二如レ是諸上善人一倶會中一處上。」諸上善人とは無量の阿鞞跋致の大菩薩を云ふ。⦿（新千載）「誓ひおくおなじ蓮の臺こそ殘るうき身の賴なりけれ」

シヨジユ　諸受　〔術語〕苦樂捨等の三受五受なり。「ジユ」を見よ。

シヨズヰキ　初隨喜　〔術語〕台家所立五品弟子位の第一の隨喜なり、是れ五品位中の最初なれば初と云ふ、又是れ圓頓觀行の最初なり。「ゴホン」を見よ。

シヨセツナシキ　初刹那識　〔術語〕生有の最初の第八識なり。最初の一刹那は唯此第八のみなり。故に初刹那識と云ふ。【仁王經中】に「諸有情於二久遠劫一。初刹那識異二於木石一。」

シヨセン　所詮　〔術語〕詮は顯なり經文に依て義理を顯はせば經文を能詮と云ひ義理を所詮と云ふ。【四敎儀一】に「敎是能詮。理是所詮。」【義林章一本】に「所說法者所詮義也。名句字者能詮文也。」俗語に之れを轉用して肝要又は畢竟、約まる處はなどの意に通用す。

シヨセン　書剪　〔物名〕はさみのと。【象器箋十九】

シヨセン　諸仙　〔雜語〕婆羅門淨行の者を稱す。

【法華經序品】に「最後天中天。號曰二然燈佛一。諸仙之導師。」

シヨゼン 初禪 [術語] 初禪定又は初禪天なり。

シヨゼンジヤウ 初禪定 [術語] 四禪定の第一。

シヨゼンテン 初禪天 [界名] 四禪天の第一。

シヨゼンボンテン 初禪梵天 [界名] 色界の諸天は悉く婬欲を離れて清淨なれば梵天と云ふ。梵は清淨の義なり。

シヨゼンマンギヤウ 諸善萬行 [術語] あらゆる善行を云ふ。

シヨソ 初祖 [雜名] 一宗の開基なり。多く禪の初祖達磨を指す。

シヨソウギ 初僧祇 [術語] 三阿僧祇劫の第一。⦿(盛衰記四〇)「一見の新客は初僧祇の功德を」

シヨソン 諸尊 [術語] 眞言曼陀羅界の諸の聖衆を云ふ。

シヨソンベツギヤウゴマヒホフ 諸尊別行護摩秘法 [修法] 眞言の護摩法に諸尊合行と諸尊別行の二あり、別行とは諸尊各各に護摩供を修するなり。⦿(著聞集)に「三部の大法諸尊別行護摩法を受け」

シヨチエ 所知依 [術語] 阿賴耶識の異名なり。彼の識は偏依圓三性の所知の法の所依たればなり。【唯識述記三末】に「所知者三性。與レ彼爲レ依名二所知依一。即攝論第一所知依品是。此所知依阿賴耶識之別名也。」

シヨチシヤウ 所知障 [術語] 二障の一。

シヨチユウ 處中 [術語] 中に處するなり。非空非有の中道を云ふ。【瑜伽論釋】に「如來出世。隨レ宜爲說二處中妙理一。」

シヨヂ 初地 [術語] 菩薩乘五十二位中十地の第一。「ジフヂ」を見よ。

シヨヂヤク 諸著 [術語] 著は執著なり。凡夫は生死に執著し、二乘は涅槃に執著し、菩薩所證の法に執著す、之を統べて諸著と云ふ。【法華經方便品】に「廣演二言敎一無數方便。引二導衆生一令レ離二諸著一。」

シヨヂユウ 初住 [術語] 菩薩乘五十二位中十住の第一。

シヨヂユウソクゴク 初住即極 [術語]「シンマンジヤウブツ」を見よ。

シヨヂン 諸塵 [術語] 色聲香味觸の五塵なり。此五法眞性を汚がせば塵と名く。【普賢觀經】に「以レ著レ色故愛二諸塵一。」

シヨツウ 諸通 [術語] 諸種の神通なり、五通六通等あり。【無量經壽上】に「諸通明慧。」【慧遠疏一】に「諸通六通也。」「ツウ」を見よ。

シヨテン 諸天 [界名] 欲界に六天あり。六欲天と云ふ。色界の四禪に十八天あり、無色界の四處に四天あり、サンガイシヨテンを見よ。 其他日天月天韋駄天等諸種の天神を云ふ。即ち諸の天部なり。⦿(太平記二四)「諸天善神も彼を納受し給ふかとぞ見えし」

シヨテンゴクキヤウ 諸天五苦經 [經名] 五苦章句經の異名。

シヨテンデン 諸天傳 [書名] 二卷、宋の行霆撰。天供を修する爲に大梵天等の傳を記し且つ道場の列次を定む。

シヨトクフクデンキヤウ 諸德福田經 [經名] 一卷、西晋の法立譯。帝釋衆田を問ふ、佛答ふ、五德淨を以て福田と名く、即ち沙彌の五德なり。又七法の廣施を名けて福田となす。佛圖を建立する等なり。【宿帙八】(383)

シヨトンケゴン 初頓華嚴 [術語] 華嚴敎は佛が成道の初めに說き給ひし頓敎なれば初頓華嚴と云ふ。

シヨドノゴビク 初度五比丘 [故事] 佛が成道の初めに度せし五比丘なり。「ゴビク」を見よ。

シヨニチブン 初日分 [雜語] 一日を三時に分ち、初日分、中日分、後日分と云ふ。【金剛經】に「初日分以二恒河沙等身一布施。中日分復以二恒河沙等身一布施。後日分亦以二恒河沙等身一布施。」

シヨノウヘン 初能變 [術語] 唯識論に諸境を變現する心識を八識と立て、其の第八の阿賴耶識を初能變と稱し、以つて第一に之を明かす。是れ諸識の根本なればなり。【唯識論三】に「初能變識大小乘敎名二阿賴耶一。」

シヨハラミツ 諸波羅蜜 [術語] 布施持戒等の六波羅蜜十波羅蜜なり。「ハラミツ」を見よ。

シヨヒノキ 所被之機 [術語] 敎化を被るべき機根の衆生。

シヨフクデンキヤウ 諸福田經 [經名] 諸德福田經の略名。

シヨフタイ 處不退 [術語] 淨土門所立四不退の一。「フタイ」を見よ。

シヨブエウモク 諸部要目 [書名] 陀羅尼門諸部要目の略名。

シヨブツエウジフキヤウ 諸佛要集經 [經名] 二卷、西晋の竺法護譯、佛奈鬉樹間に遊び、石室に中に於て晏坐三月、身を變じて東方の普光世界の天王佛の處に至り、諸佛と要集の法を說き、乃至文殊が其の盡力を盡して離意女の入定を起たしむる能はざりし事を說く。【黃帙十】(401)

シヨブツキヤウ 諸佛經 [經名] 一卷、宋の施護譯。過去出世の諸佛を說く。【辰帙十】(866)

シヨブツケ 諸佛家 [雜語] 淨土なり。【觀無量壽經】に「觀世音菩薩。大勢至菩薩爲二其勝友一當下坐二

道場。生中諸佛家上。」【散善義】に「即入二諸佛之家一。即淨土是也。」

シヨブツゲンゼンザンマイ　諸佛現前三昧　〔術語〕十方世界の諸佛が現に自己の前に顯はれて說法し給ふを見る三昧。

シヨブツクワウミヤウシヨフノウギフ　諸佛光明所不能及　〔雜語〕彌陀の光明は他の諸佛に勝れたりとの意。【無量壽經】に「佛告二阿難一。無量壽佛威神光明。最尊第一。諸佛光明所レ不二能及一。」⊙（夫木）「天津空つきにあらそふ影はあらじかずかず見ゆる星の光も」

シヨブツゴネンノヤク　諸佛護念益　〔術語〕現生十種益の一。彌陀を念ずる者は十方諸佛に護念せらるるを云ふ。

シヨブツシシヤノグワン　諸佛咨嗟願　〔術語〕彌陀四十八願中十七願。【無量壽經上】に「設我得レ佛。十方世界無量諸佛。不下悉咨嗟稱二我名一者上。不レ取二正覺一。」

シヨブツシフヱダラニキヤウ　諸佛集會陀羅尼經　〔經名〕一卷、唐の提雲般若譯。佛恒伽河の邊に在りて衆生が死を怖るるが爲に十方佛を集めて同聲に呪を說き、次に壇法を說く。【成帙七】(495)

シヨブツシヨウヤウグワン　諸佛稱揚願　〔術語〕法藏比丘四十八願中の第十七。

シヨブツシンインキヤウ　諸佛心印經　〔經名〕諸佛心印陀羅尼經の略名。又諸佛心陀羅尼經の異名。

シヨブツシンインダラニキヤウ　諸佛心印陀羅尼經　〔經名〕一卷。宋の法天譯。佛兜率天に在つて二呪を說く、聞く者魔界に生ぜず、速に菩提を證す。【成帙八】(825)

シヨブツシンキヤウ　諸佛心經　〔經名〕諸佛心陀羅尼經の略名。

シヨブツシンダラニキヤウ　諸佛心陀羅尼經　〔經名〕一卷、唐の玄奘譯。諸佛心印陀羅尼經と同じ。【閏帙五】(489)

シヨブツチヤウ　諸佛頂　〔菩薩〕三佛頂五佛頂等の佛頂尊なり。「ブッチヤウソン」を見よ。

シヨブツニヨライ　諸佛如來　〔雜語〕諸の佛如來なり。佛如來とは十號中の二號を擧げしなり。

シヨブツニヨライゼホフカイシン　諸佛如來是法界身　〔雜語〕一切の諸佛如來は法界を以つて身とすとなり。【觀無量壽經】に「諸佛如來是法界身。入二一切衆生心想中一。是故汝等心想レ佛時。是心即是三十二相八十隨形好。是心作佛、是心是佛。」「ホフカイシン」を見よ。

シヨブツニヨライゴンムコマウ　諸佛如來言無虛妄　〔雜語〕如來に虛妄の言なしとの意。【法華經方便品】に「汝等當四一心信三解受二持佛語一。諸佛如來言無二虛妄一。」

シヨブツホフシンキヤウ　諸佛法身經　〔書名〕如來智印經の異名。

シヨブツホフフニフハウベンヱフンベツエンミヤウヂキヤウ　諸佛法普入方便慧分別熖明持經　〔經名〕須眞天子經の異名。

シヨブツボダイ　諸佛菩提　〔術語〕三菩提の一。「ボダイ」を見よ。

シヨブツモボサツ　諸佛母菩薩　〔菩薩〕虛空眼の異名なり。

シヨヘイ　諸蔽　〔術語〕「ロク〔ヘイ〕」を見よ。

シヨヘン　所變　〔術語〕實體より變化せしもの。

シヨヘンゲ　所遍計　〔術語〕遍計所執性の法は我法の遍計心に遍計せらるれば所遍計と云ふ。

シヨヘンムキ　所變無記　〔術語〕四無記の一。

シヨベツ　所別　〔術語〕因明の宗支に、聲は無常と言ふ如き、聲の體を以て有法とも前陳とも所別とも云ひ、無常の義を以て法とも後陳とも能別とも云ふ。

シヨベツフゴクジヤウ　所別不極成　〔術語〕因明宗法九過の一。數論外道が佛弟子に對して我は是れ思なるべしと立つる如き、其の所別たる我は我が佛弟子の許す所にあらざれば之れを所別不極成と云ふ。所別能別は共に自他共許の語を用ふべきなり。【因明大疏四】

シヨホウギヤウジユ　諸寶行樹　〔雜名〕種種の寶にて出來たる極樂にある並樹なり。【阿彌陀經】に「彼佛國土。微風吹動二諸寶行樹及寶羅網一出二微妙音一。譬如二百千種樂同時倶作一。聞二是音一者。皆自然生二念佛念法念僧之心一。」⊙（草庵集）「今ぞ聞く松ふく風の音ならで梢に琴のしらべありとは」

シヨホウジユゲ　諸寶樹下　〔雜語〕諸種の寶にて成る樹の下。【法華寶塔品】に「一一寶樹。高五百由旬。枝葉華果。次第莊嚴。諸寶樹下。皆有二師子之座一。高五由旬。亦以二大寶一而校二飾之一。爾時諸佛各於二此座一結跏趺坐。」⊙（拾玉）「木の本や寶の扇あけかたに數かぎりなき光をぞ見る」

シヨホツシン　初發心　〔術語〕初めて菩提を求むる心を發すなり。

初發心四十一義　〔名數〕一に是の心一切の煩惱を雜へず。二に是の心相續して異乘を貪らず。三に是の心堅牢、一切の外道能く勝つ者なし。

四に是の心一切の衆魔破壞すること能はず。五に是の心常に能く善根を集むるとを爲す。乃至四十に是の心護念なり、諸佛の神力の故に。四十一に是の心相續なり、三寶斷たざるが故に。【十住毘婆沙論一】

シヨホツシンジベンジヤウシヤウガク　初發心時便成正覺　【雜語】【晋華嚴經梵行品】に「初發心時便成二正覺一。知二一切法眞實之性一。具二足慧身一不二由レ他悟一。」是れ華天兩宗圓頓の極意を顯はす經文とす。然るに此文に就いて華天其の義を異にす。天台は謂く、初發心とは初住なり、便成正覺とは一分無明を破して八相成佛の作用を現はすなり、是れ圓敎の初住成佛の意なりと。華嚴は謂く、若し寄位に約して顯はさば始め十信より乃至佛地まで六位の不同あるも、一位を得るに隨つて一切位を得、相即相入主伴圓融す。故に經中十信の滿位に一切位及び佛地を得、之を信滿成佛と云ふ。是れ初心に究竟の正覺を成ずるなりと。

シヨホフ　諸法　【術語】萬法に同じ。

シヨホフインエンシヤウ　諸法因緣生　【術語】「ホフシンゲ」を見よ。

シヨホフカイクウ　諸法皆空　【術語】是れ三諦中の空諦なり。一切諸法は因緣生なれば實性あることなし、實性なきを空と云ふ。是れ般若經の所明なり。然るに法相權宗の意に依れば遍計性は非有、依他性は但有、圓成實性は實有なれば一切皆空にあらず、若し華天の實宗に依らば圓成即ち依他遍計なれば空諦には諸法皆空なり。

シヨホフカイジヤウシユウ　諸法皆常宗　【流派】外道十六宗の一。伊師迦 Īśika 外道とも云ふ。我及び世間の常住を主張す。【義林章一】に「諸法皆常宗、謂伊師迦計。我及世間皆是常住、即計二全常一分常等一。計二極微常一。亦是此攝。」

シヨホフサウソクジザイモン　諸法相即自在門　【術語】十玄門の第四。

シヨホフジウエンシヤウ　諸法從緣生　【術語】「ホフシンゲ」を見よ。

シヨホフジツサウ　諸法實相　【術語】是れ究極の眞理に名くる嘉名なり。或は眞如と云ひ、或は法性と云ひ、或は實際と云ふ。何れも同體異名なり。然れども諸宗自から常用の語ありて華嚴は中諦に約して頻りに法界を唱へ、天台は性具の妙有に約して盛に諸法實相を鳴らす。然る所以は空中の眞諦は諸宗の通談なり、妙有の俗諦は獨り台家に限ればなり。故に言く具一字彌顯二今宗一と。諸法實相とは諸法は十界因果の法なり、天台は之を三世間十界十如に約して三千の諸法と云ふ。實相とは本來虛妄の相を離れて相相皆實なるを云ふ。其の諸法の實相なるを【法華經方便品】に解して「是法住二法位一世間相常住。」と說けり。是法とは三千の諸法なり、法位とは三諦圓融の法位なり。抑も世間の法を生滅無常と見るは空諦の一邊を見る小乘の偏見にして、其の無常なる處に不變の性を具す、是れ假諦なり、譬へば花の散るは空諦なり、而も散る處に咲く性は具はるべし、是れ假諦なり。更に案ずるに散る處に咲く性が具はると共に咲く處に散る性は具はるべし。此二相即不二なれば是れ中諦なり。此中諦を指して中道實相と云ふ。此の中道實相は一切諸法の相なり。故に【天台止觀】に「一色一香無非中道」と云ふ。されば花は散るも此中道實相を具へ、柳は枯るるも此の中道の實相を有す。實相は常住の異名なれば中道實相の爲に散るも枯るるも共に常住なり、是れ即ち諸法の實相なり。然れども吾等牛羊の眼、諸法を實我實法と迷執し（是れ凡夫の見）無常生滅の世相（是れ二乘の見）を見ること能はざるもの、如何にして中道實相の妙理を徹見すべきや。無明を除きて佛慧を開くにあらざれば能はざるなり。故に【法華經方便品】に「唯佛與レ佛。乃能究二盡諸法實相一。」と說く。【智度論五】に「除二諸法實相一。餘殘一切法。悉名爲レ魔。」【同十】に「三世諸佛皆以二諸法實相一爲レ師。」【同十七】に「諸菩薩從二初發心一求二一切種智一。於二其中間一知二諸法實相一慧。是般若波羅蜜。」と說く。然るに此諸法實相の語は諸經に瀰滿し乃至外道の經書にも之を說き、各其義を以て之を解す、故に或は諸法皆空を以て諸法實相となし、或は涅槃を以て諸法實相となし、或は苦空無常無我を以て諸法實相となす。又、淨土門には彌陀の名號を以て諸法實相となし、眞言宗には阿字不生を以て諸法實相となし、華嚴宗には一眞法界を以て諸法實相とし、法相宗には圓成實性を以て諸法實性となし、三論宗には八不中道を以て諸法實相となし、成實宗には皆空を以て諸法實相となし、有部宗には苦空無常無我を以て諸法實相となす。今の所明は天台一家の諸法實相なり。【智度論十八】に「一切世間經書及九十六種出家經中。皆說レ有二諸法實相一。又聲聞三藏中亦有二諸法實相一。」又「問曰。云何是諸法實相。答曰。衆人各說二諸法實相一以自爲レ是。此中實相不レ可二破壞一常住不レ異。」【同七十九】に「諸法實相有二種種名字一。或說レ空。或說二畢竟空一。或說二般若波羅蜜一。或名二阿耨多羅三藐三菩提一。」【維摩經法供養品】に「依二於諸法實相一。明定二無常苦空無我寂滅之法一。」【思益經二】に「諸法實相。即是涅

槃。」【佛藏經上】に「何等名二諸法實相一。所謂諸法畢竟空無レ所有。」⦿（曲、芭蕉）「諸法實相隔てもなし」

諸法實相異名 〔雜語〕 諸法實相を現はす種種の語あり。【智度論三十三】に「如法性實際。此三皆是諸法實相異名。」【大乘玄論三】に「大聖隨レ緣善巧於二諸經中一說レ名不同。故於二涅槃經中一名爲二佛性一。則於二華嚴一名爲二法界一。於二勝鬘中一名爲二如來藏。自性淸淨心一。楞伽名爲二八識一。首楞嚴經名二首楞嚴三昧一。法華名爲二一道、一乘一。大品名爲二般若、法性一。維摩名爲二無住、實際一。如レ是等名皆是佛性之異名也。」慧心の【自行略記】に「此一實理名二大菩提一。亦名二大涅槃一。亦名二畢竟空一。亦名二如來藏一。亦名二中道一。亦名二法身一。亦名二法性一。亦名二眞如一。亦名二眞諦一。亦名二第一義諦一。雖レ有二如レ是種種異名一但實相一理。」⦿（續後拾）「古にかはる色こそなかりけれ植ゑしままなる軒の梅が枝」

シヨホフジヤクメツサウ 諸法寂滅相 〔術語〕 諸法の實相は言語道斷心行處滅なり、故に之を寂滅と云ふ。【法華經方便品】に「諸法寂滅相。不レ可二以レ言宣一。」又「諸法從二本來一。常示二寂滅相一。」

シヨホフタンミヤウシユウ 諸法但名宗 〔術語〕 華嚴十宗の一。「シユウ」を見よ。

シヨホフミヤウダウ 初法明道 〔術語〕 是れ眞言行者の第十秘密莊嚴住心にして除蓋障三昧を得し初地分證の位なり。【大日經疏一】に「法明者。以二覺心本不生際一其心淨住生シテ二大慧光明一。普照二無量法性一見二諸佛所行之道一。故云二法明道一也。菩薩住二此道一時。從二妄想因緣所有煩惱業苦一皆悉淸淨除滅。譬如下有レ人暗中爲二利寶所レ傷謂爲二蛇毒一。以レ作二毒想一故其心執著便成二毒氣偏入二肢體一。垂レ欲二命終一。時有二良醫一診レ之曉二其本末一。即時引至二傷處一以二明燈一照レ之。猶見二所傷寶一有二血塗相一。其人了二知非レ毒。毒氣亦除。因二淨菩提心一照二明諸法一故小用二功用一便得二除蓋障三昧一。見二分二別玩好之具一而生中喜樂上。行人亦復爲レ是。八萬四千煩惱實相一成二八萬四千寶聚門一。乃至不レ久成二就佛法一。故云下得二此三昧一者即與二諸佛菩薩一同等住上。當レ知行人則是位同二大覺一也。以二其自覺レ心故。便得二佛名一。然非二究竟妙覺大牟尼位一。」【同七】に「到二修行地一即是淨菩提心初法明門ナリ。例如二聲聞見諦以後入二修道位一也。」【同三】に「初入二淨菩提心門一見二法明道一。如二識種子歌羅羅時一。前七地已去爲二大悲萬行之所一含養一如レ在二胎藏一。無功用已去八地漸學二如來方便一。如三嬰童已生習二諸伎藝一。至二如來一功智地一如二伎藝已成施レ手從レ政。故名二大悲胎藏生一。」

シヨホフムインシユウ 諸法無因宗 〔流派〕 外道十六宗の一。我及び世間は因なくして起ると主張する無因外道のこと。

シヨホフムガ 諸法無我 〔術語〕 三法印の一。

シヨホフムギヤウキヤウ 諸法無行經 〔經名〕 二卷、秦の羅什譯。諸法實相には善惡の行なきを說く。【宇帙二】(164)

シヨホフムサウ 諸法無相 〔術語〕 諸法は因緣假和合にして一定の相なきを云ふ。

シヨボンノウシヤウヒツユチコ 諸煩惱生必由痴故 〔雜語〕 貪瞋等の諸煩惱は眞性を知らざる無明に由つて起るを云ふ。【唯識論六】に「痴與二九種一十大惑中自を除く皆定相應。諸煩惱生必由レ痴故。」

シヨミヤウ 諸冥 〔術語〕 諸の無知無明なり。無知無明は眞實の義を冥ますが故に冥と云ふ。【俱舍論一】に「以下諸無知能覆二實義一及障中眞見上故說爲レ冥。」

シヨヤ 初夜 〔雜語〕 晝夜六時の一。又、初夜の勤行のこと、單に初夜と云ふ。「ロクジ」を見よ。

初夜の鐘 〔雜語〕 初夜の勤行を報ずる鐘なり。

シヨヤゲ 初夜偈 〔雜名〕 天台の初夜偈に「白二衆等一聽レ說二初夜無常偈一。煩惱深無レ底生死海無邊。度レ苦船未レ立云何樂二睡眠一。勇猛精進攝レ心常在レ禪。」

シヨヨク 諸欲 〔術語〕 色等の五欲なり。【法華經方便品】に「以二諸欲因緣一墜二墮三惡道一。」

シヨヨクチゲンキヤウ 諸欲致患經 〔經名〕 一卷、西晋の竺法護譯。【宿帙八】(712)

シヨリウシユ 諸龍衆 〔異類〕 八部衆の一。

シヨリフホフフジヤウ 所立法不成 〔術語〕 因明喩法の過なり。無常の宗を立つるに虛空の同喩を擧ぐる如し、是れ所立の宗法成ぜざれば所立法不成と云ふ。【因明大疏七】

シヨリフフケン 所立不遣 〔術語〕 因明喩法の過なり。無常の宗を立つるに極微の異喩を擧ぐるが如し。是れ所立の宗を遮遣せざれば所立不遣と云ふ。【因明大疏七】

シヨリヤウ 所量 〔術語〕 三量の一。心に量度分別せらるる對境のこと。

シヨルヰ 庶類 〔術語〕 六道の凡夫なり。【無量壽經上】に「爲二諸庶類一作二不請之友一。」

シヨロ 諸漏 〔術語〕 漏とは煩惱の異名なり。諸の煩惱なり、三界の諸の煩惱を總攝して三漏となす。【法華經方便品】に「諸漏已盡。復無二煩惱一。」「ロ」を見よ。

シヨヰ 初位 〔術語〕 三乘行位の初階なり。

シヨヱ 初會 〔雜語〕 法會の初度を云ふ。【無量壽經上】に「彼佛初會聲聞衆數不レ可二稱計一。菩薩亦然。」

彌陀佛の初會なり。

シラ　尸羅　〔術語〕Śīla　又尸怛羅と云ふ。正譯、清涼。傍譯、戒。身口意三業の罪惡能く行人を焚燒し熱惱せしむ。戒は能く其の熱惱を消息すれば清涼と名く。又。舊譯、性善。【大乘義章一】に「言二尸羅一者此名二清涼一。亦名爲レ戒。三業之非焚二燒行人一。事等ク如レ熱。戒能防息。故名二清涼一。清涼之名正翻レ彼也。以二能防禁一故爲レ戒。」【義林章三本】に「尸羅梵語此言二清涼一。」【華嚴玄談三】に「或名二尸羅一。具云二翅怛羅一。此云二清涼一。離二熱惱因一得二清涼果一故。」【行事鈔中一】に「尸羅此翻爲レ戒。」【智度論十三】に「尸羅秦言二性善一。好行二善道一不二自放逸一。是名二尸羅一。」

尸羅四義　〔名數〕清涼、安隱、安靜、寂滅の義なり。心の熱惱を離れ、他世の樂因となり、能く止觀を建立し、涅槃の樂因を得るが故なり。

シラアイツタ　尸羅阿迭多　〔人名〕Śīlāditya　戒日と譯す。「カイニチワウ」を見よ。

シライ　四禮　〔儀式〕五體投地して四方の如來を禮するを云ふ。【千手軌】に「次金剛起。次四禮。」

シラウ　支郎　〔雜名〕僧の雅名なり。【釋氏要覽上】に「古今儒雅。多呼レ僧爲二支郎一者。高僧傳云。一魏有二三高僧一。曰支謙支讖支亮。於レ中謙者爲レ人細長黑瘦。眼多白而睛黃。復多智。時彥諺曰。支郎眼中黃形軀雖レ小是智囊。」

シラシヤウゴングヤウオウカイ　尸羅莊嚴具相應戒　〔術語〕六種戒の一。

シラシヤウジヤウ　尸羅清淨　〔術語〕【止觀四】に「尸羅清淨三昧現前。」「シラフシヤウジヤウ」を見よ。

シラドウ　尸羅幢　〔物名〕清涼の寶玉を以て造れる幢なり。【慧苑音義上】に「按梵語。云二尸羅一此曰二清涼一。若云二䟦羅幢一。此翻爲レ玉。以レ玉爲レ幢名二尸羅幢一。」

シラダツマ　尸羅達磨　〔人名〕Śīladharma　譯、戒法。于闐國沙門の名。【宋僧傳三】

シラナバチ　尸羅賴拏伐底　〔地名〕Hiraṇyavatī　世尊涅槃處の河の名。金河なり。

シラハダラ　尸羅䟦陀羅　〔人名〕Śīlabhadra　譯、戒賢。論師の名。「カイケン」を見よ。

シラハハ　尸羅鉢頗　〔人名〕Śīlaprabha　譯、戒光。道琳法師の在梵の名なり。【求法高僧傳下】

シラハラミツ　尸羅波羅蜜　〔術語〕Śīla-Pāramitā　六波羅蜜又十波羅蜜の一。持戒の行なり。「ハラミツ」を見よ。

シラバ　失羅婆　〔雜名〕Śravaṇa　牛宿の名。【寶星陀羅尼經四】に「失羅婆。唐言牛宿 牛宿星生者。於二右脛上一必有二兩靨一。常豐二爵祿一。受レ身無レ病。人所二愛樂一。命終生レ天。」

シラバ　室羅伐　〔地名〕又、室羅筏、國の名。「シヤエ」を見よ。

シラバシチ　室羅伐悉底　〔地名〕國の名。「シヤエ」を見よ。

シラバダイ　尸羅䟦提　〔地名〕城の名。「シヤエ」を見よ。

シラバダダイ　尸羅拔陀提　〔人名〕Śīlabhadra　晉に戒賢と譯す。太子の名。【賢愚經六】

シラバナ　室羅筏拏　〔雜名〕Śrāvaṇa　又、室羅縛拏、室囉嚩那、五月の名。唐曆五月十六日より六月十五日に至るなり。【俱舍光記十一】に「室羅筏拏。當二此間五月一。」

シラバナマセン　室羅筏拏摩洗　〔雜名〕Śrāvaṇamāsa　摩洗は月の義即ち五月なり。

シラフシヤウジヤウ　尸羅不清淨　〔術語〕【義林章表無表章】に「定道得緣者經中說二尸羅不清淨一。定不二現前一。」又【萬善同歸集】に「經曰。尸羅不二清淨一定不二現前一。」謂く戒行清淨にして心身安穩ならざれば禪定は成就せずとなり。而して古來其の經を點出する者なし。然るに天台の【止觀四】に之れに反して「尸羅清淨三昧現前。」と云ふ。又、【唐高僧傳廿二】に「釋眞慧隋開皇十二年出家受二具大通寺諸禪師一。禪師曰。尸羅不レ淨。三昧無レ由。」されば此二句は陳隋の間盛に唱へ來りしものならんと云ふ。

シラマナ　室囉末拏　〔術語〕Śramaṇa　又、室羅摩拏。「シヤモン」を見よ。

シラマニラ　室羅末尼羅　〔術語〕Śrāmaṇera　譯、求寂。「シヤミ」を見よ。

シラマナラカ　室羅摩拏洛迦　〔術語〕Śrāmaṇeraka　譯。勤策男。「シヤミ」を見よ。

クラマナリカ　室羅摩拏理迦　〔術語〕Śrāmaṇerikā　譯、勤策女。「シヤミニ」なり。

シリ　尸利　〔雜語〕又、師利、室利、室離、室哩。譯、首、勝、吉祥、德の四義あり。【華嚴疏鈔十二】に「梵云二室利一。一名四實。一首。二勝。三吉祥。四德。」【探玄記四】に「梵語呼レ頭爲二室利一。」【大日經疏七】に「室利具德吉祥義也。」【行願讚疏鈔二】に「室哩二合。」梵 Śrī 又、文殊尸利の略。【四明教行錄】に「補處逸多尙受二折於維摩詰一上首尸利甘シテ負二屈於菴提遮一。」

シリ　至理　〔雜語〕至極の道理なり。【宗鏡錄】に「還丹一粒點レ鐵爲レ金。至理一言轉レ凡爲レ聖。」

シリカバ　室利揭婆　〔物名〕Śrigarbha　譯、勝德。寶玉の名。【華嚴經疏十五】に「梵云二寶利揭婆一。此云二勝藏一。即寶名也。」

シリガナ　尸梨伽那　〔佛名〕Śriguṇa　譯、厚德。佛の別號。【智度論二】に「尸梨伽那。秦言二厚德一。」

シリキ　四力　〔名數〕一に自力。世間の人、宿世に善根ありて他人の敎誡を侮らず、自ら能く精進勇猛の力を以つて菩提心を發するを自力と名く。二に他力。世間の人或は他人の敎誡により或は他人の感動に依て遂に菩提の心を發すを他力と名く。三に因力。世間の人前世に大乘の法を修習し、其の因力に依て今生に佛及び菩薩を見れば菩提心を發すを因力と名く。四に方便力。世間の人現世に於て善友智識に親近し、其の善巧方便の說法を聞きて發心するを方便力と名く。【地持經一】此の中後の因力は即ち初の自力、後の方便力は即ち初の他力なり。但だ人と法とに就て之を分けしのみ。

シリキクタ　尸利毱多　〔人名〕Śrigupta　室利毱多、尸利崛多に作る。王舍城の長者の名。譯、吉護。德護。勝密。【慧琳音義二十六】に「尸利毱多此云二吉護一。亦云二德護一也。」【西域記九】に「室利毱多唐言二勝密一。」【德護長者經上註】に「尸利崛多者隋言二德護一。」此外道火坑毒飯を以つて佛を害せんと欲し成らずして遂に佛に歸す。「シヨウミツ」を見よ。

シリクツタチヤウジヤキヤウ　尸利崛多長者經　〔經名〕德護長者經の異名。

シリシヤ　尸利沙　〔植物〕Śirīṣa* 尸利灑、樹の名。尸利沙は吉祥の義。此方の合昏樹なり。又曰く、尸利沙は頭の義なり、其の果を似頭果と云ふ。又舍利沙と云ふ。此に合歡樹と譯す。【南本涅槃經三十二】「如下尸利沙果。光無二形質一見二昴星一時果則出生レ身長五寸上。」【增一阿含經四十一】に「拘屢孫如來坐二尸利沙樹下一而成二佛道一。」【心地觀經六】に「尸棄如來於二尸利沙樹下一成道。」【玄應音義三】に「尸利沙即是此間合昏樹也。其樹種類有レ二。若名二尸利沙一者葉果則大。若名二尸利駛一者葉果則小。此樹時生二人間一關東下里家誤名二沙羅樹一是也。」又「舍利沙此云二合歡一。」【慧淋音義八】に「尸利沙此云二吉祥一。即合昏樹也。俗名爲二夜合樹一也。」【最勝王經七】に合昏樹尸利灑又【慧琳音義二十六】に尸利沙果者。此云二似頭果一。」【陀羅尼經十】に「舍離沙樹。此云二合歡樹一。」

シリシヤカ　尸利沙迦　〔人名〕譯、頭者。比丘の名。【大威德陀羅尼經十八】梵 Śirīṣaka*

シリダイバ　室利提婆　〔人名〕Śrīdeva　譯、吉祥天。道希法師の梵名なり。【求法高僧傳上】

シリツ　四律　〔名數〕「シリツゴロン」を見よ。

シリツゴロン　四律五論　〔名數〕四律とは一に十誦律、Sarvāstivāda-vinaya 六十一卷、後秦の弗若多羅譯。是れ五部中の薩婆多部なり。二に四分律、Dharmagupta-vinaya　六十卷、姚秦の佛陀耶舍譯、是れ五部中の曇無德部なり。三に僧祇律　Sāṅghika-vinaya 四十卷、東秦の佛陀跋陀羅等譯。本名摩訶僧祇律 Mahāsāṅgha 是れ根本窟内の上座部なり。四に五部律　Mahīśāsaka-vinya　三十卷、宋の佛陀什等譯、具名彌沙塞部和醯五分律 Mahīśāsaka-nikāya-pañcavarga-vinaya　是れ五部中の彌沙塞部なり。其の他五部中の迦葉遺部は唯戒本解說戒經を傳へて廣律未だ傳はらず、又五部中の婆蘇富多羅部は戒律廣本共に傳はらず。五論とは一に毘尼母論 Vinaya-mātrikā-śāstra 八卷、失譯。本に毘尼母經と題す。二に摩得勒伽論、十卷。宋の僧伽跋摩譯。具名、薩婆多部毘尼摩得勒伽。Sarvāstivāda-nikāya-vinaya-mātrikā　此の二論は是れ薩婆多に依るなり。三に善見論、Samanta-pāsādikā 十八卷、蕭齊の伽僧跋陀羅譯。本名、善見律毘婆沙。Sudarśana-vibhāṣā-vinaya　此は四分律を解す。四に薩婆多論。九卷、失譯。本名薩婆多毘尼毗婆沙。Sarvāstivāda-vinaya-vibhāṣā　此は十誦律を釋す。五に明了論。一卷陳の眞諦譯。本名、律二十二明了論 Vinaya-dvāviṁśati-prasannārtha-śāstra　此は十八部中の正量部に依る。

シリツシヤウ　四律匠　〔雜名〕南都の圓淨、誘賢、覺盛、叡尊の四師、戒學の明匠なり。世に四律匠と稱す。【元亨釋書忍性傳】に「延應之間有二四律匠于南京一。圓淨誘賢覺盛叡尊。」

シリバソカ　室利嚩塞迦　〔物名〕香の名。此方の薫陸香に似たり。【大日經疏七】に「室利嚩寒迦香者似二此方薫陸香一。室利是具德吉祥義。言此香乃至天神皆悉愛樂。故以爲レ稱也。」梵 Śrīvāsa

シリブツセイ　尸利佛逝　〔地名〕國の名。【歸寄傳一】に「末羅遊 Malayu 洲。即今尸利佛逝國 Śribuja 是也。」

シリマンダ　尸利漫陀　〔地名〕Śrīmaṇḍapa 山の名。【翻梵語九】に「尸利漫陀。傳曰二褁頭山一也。外國傳三。」

シリマサ　室利靺瑳　〔雜語〕Śrīvatsa 譯、吉祥海雲。卍字の形を云ふ。「マンジ」を見よ。

シリヤ　尸利夜　〔天等〕Śrīyaśas* 神の名。譯、普現吉祥。【慧苑音義上】

シリヤウ　死靈　〔雜名〕死者の靈魂人に害を爲すを死靈惡靈と云ふ。皆是れ迷者の妄信妄想より生ずるもの、佛經に其の所說なし。

シリヤウ　資糧　〔術語〕資は資助なり、糧は糧食なり。人の遠に行く必ず糧食を假りて身を資助する

如く、三乘の證果を欲するには善根功德の糧を以て己が身を資助すべきなり。【最勝王經六】に「具ニ足資糧一超ニ諸聖衆一」【唯識論九】に「爲レ趣ニ無上正等菩提一修ニ習種種勝資糧一故。」【同述記九末】に「菩薩。因之初位資ニ益己身之糧一。方至ニ彼果一故名ニ資糧一。」

二種資糧 〔雜名〕寶積經に說く。一に福德資糧、布施持戒等の善根功德即ち六度中の前五度なり。二に智德資糧、正觀を修習して妙智を勤求するなり。即ち第六度なり。【三藏法數七】

四種資糧 〔名數〕瑜伽論に說く。一に福德資糧、前の如し。二に智德資糧、前の如し。三に先世資糧、宿世積集の善根に由つて今生に於て自から完具する福智の資糧なり。四に現法資糧、今生に於て修習する福智の資糧なり。【三藏法數十七】

シリヤウ　思量 〔術語〕事理を思慮し量度するなり。【法華經方便品】に「是法非ニ思量分別之所一能解一。」

シリヤウケン　四料簡 〔術語〕臨濟宗の敎相なり。【人天眼目】に「或時奪レ人不レ奪レ境。是一有時奪レ境不レ奪レ人。是二有時人境兩俱奪。是三有時人境俱不レ奪。是四」人とは情量分別知見解會等なり。境とは萬法なり。又言句なり。

シリヤウシキ　思量識 〔術語〕三能變の識の第二の名。「サンノウヘン」を見よ。「第七識のこと。

シリヤウノウヘンシキ　思量能變識 〔術語〕

シリヤウヤク　四良藥 〔譬喩〕四聖を譬ふるなり。「ヰ」を見よ。

シリヤウヰ　資糧位 〔術語〕唯識五位の一。「ゴ

シリラ　室利羅 〔雜名〕Ŝarīra「シヤリ」を見よ。

シリラタ　室利邏多 〔人名〕Ŝrihbdha 譯、勝受。經部の論師の名なり。【西域記五】に「室利邏多唐言ニ勝受一於レ是製ニ造經部毘婆沙論一。」

シリン　四輪 〔名數〕四種曼荼羅なり。曼荼羅は輪圓具足の義なる故に四輪と名く。【諸儀軌訣影鈔】

シリン　緇林 〔雜名〕寺院なり。僧は緇衣を着すれば緇と云ひ、寺院は僧の居住する叢林なれば、緇林と云ふ。林とは僧衆の多きに譬ふるなり。【唯識樞要上】に「至ニ年十七一遂預ニ緇林一。」⦿（盛衰記一四）「風緇林之詮ニ乙甲一者則是兄弟之諍也」

シリン　尸林 〔地名〕尸陀林の略稱。

シリン　四輪 〔名數〕種種の四輪あり。

大地の四輪 〔名數〕一に風輪。有情の業力を以て先づ最下に於て虛空に依止して風輪生ず、廣さ無數なり、厚さ十六億踰繕那なり。是の如きの風輪其の體堅密なり。假令一の大諾健那ありて金剛輪を以て威を奮つて之を擊つに金剛は碎くるも風輪は損なし。二に水輪。又有情の業力大雲雨を起して風物の上に澍ぎ積水輪と成る。是の如きの水輪未だ凝結せざる位に於ては深さ十一億二萬踰繕那なり。三に金輪。有情の業力、別風を起して此水を搏擊するに、上結して金となる、熟乳の凝結して膜を爲すが如し。故に水輪は減じて厚さ八億となり、餘は轉じて金輪と成る、厚さ三億二萬なり。水金二輪の廣さ等くして其の經十二億三千四百半なり。已上俱舍論世間品の所說なり。之れに所依の虛空輪を加へて四輪と稱す。

曼荼羅の四輪 〔名數〕一に本尊黃色ならば地輪曼荼羅に住す、其の形方なり、金輪と名く。二に本尊白色ならば水輪曼荼羅に住す、其の形圓なり、水輪と名く。三に本尊赤色ならば火輪曼荼羅に住す、其の形三角なり、火輪と名く。四に本尊黑色ならば風輪曼荼羅に住す、其形半月なり、風輪と名く。【諸部要目】

轉法輪の四輪 〔名數〕一に金剛輪、東方阿閦佛の法輪なり。二に寶輪、南方寶生佛の法輪なり。三に法輪。西方阿彌陀佛の法輪なり。四に羯磨輪。北方不空成就佛の法輪なり。【理趣釋下】

輪王の四輪 〔雜名〕金銀銅鐵の四種の輪寶なり。「テンリンワウ」を見よ。

シリンホウ　四輪寶 〔雜名〕輪王の四輪に同じ。「テンリンワウ」を見よ。

シリンワウ　四輪王 〔雜名〕四位の轉輪聖王なり。「テンリンワウ」を見よ。

シル　緇流 〔雜名〕僧は緇衣を着すれば之れを緇流又は緇徒と云ふ。流は流類の義、緇衣を着する類の人なり。【釋氏要覽上】に「緇流。此從ニ衣色一名レ之也。」

シル　四流 〔名數〕一に見流。三界の見惑なり。二に欲流。欲界の一切諸惑なり、但だ見及び無明を除く。三に有流。上二界の一切の諸惑なり。但だ見及び無明を除く。有とは生死の果報不亡の義、三界に通ずれども今は別して上三界に名く。四に無明流。三界の無明なり。有情此四法の爲に漂流して息まざれば名けて流となす。【科本輔行一之三】

シルカセン　支婁迦讖 〔人名〕又支讖とも云ふ。「シセン」を見よ。

シレウ　四寮 〔雜語〕淸規の四寮に二種あり。一は亡僧章の四寮、即ち其の列ぬる所の首座維那知客侍者是なり。嗣法師遺書章の兩序四寮と及び遷化章の蒙堂四寮は並に單に蒙堂の異名なり、曾つて佛國白、大覺璉、參寥潛、九峰韶の四人の名德蒙堂に

居るを以て後人之を慕ふて四寮の名を存するのみ。【象器箋二】

シロ 四漏 [名數] 一に欲漏。欲界の修惑なり。但無明を除く。二に有漏。上二界の修惑なり。但無明を除く。三に無明漏。三界の無明なり。四に見漏。三界の見惑なり。漏とは煩惱の異名なり。此四漏は四流と其體同じ、但次第異なるのみ。【大藏法數二十三】「シル」を見よ。

シロ 四爐 [雜名] 地(方形)水(圓形)火(三角形)風(半月形)の四輪の火壇なり。【元亨釋書廿七】に「四爐火熾。」

シロカ 室盧迦 [術語] Śloka 又、室路迦、輪盧迦に作る。舊に首盧と云ふ。「シユル」を見よ。

シロン 四論 [名數] 一に中觀論 Prāṇyamūla-śāstra-ṭīkā 四卷、龍樹造。二に百論 Śata-śāstra 二卷、提婆造。三に十二門論 Dvādaśanikāya (又-mukha) śāstra 一卷、龍樹造。四に大智度論 Mahāprajñāpāramitā-śāstra 一百卷、龍樹造。【梁僧傳(羅什傳)】に「四論者國之大寶。」【唐僧傳(曇鸞傳)】に「內外典籍具陶二文理一。而於二四論佛性一彌所二窮研一。」

シロンジユウ 四論宗 [流派] 隋の嘉祥三論を擴張する以前に於て、諸師多く四論を研學すれば、後世之れを稱して四論宗と言ふのみ。別に四論の一宗あるに非ず。嘉祥四論中に於て殊に中、百、十二の三論を取りしに就て三論玄義に八義を述す。

シワウ 死王 [天名] 焰魔法王なり。人の死命を司る故に死王と云ふ。【無常經】に「死王催伺レ命。親屬徒相守。」【智度論十七】に「汝若生二疑心一死王獄吏縛。如二師子搏レ虎。」【歸寄傳二】に「既不レ被二生人之所一レ笑。豈復怖二死王見レ瞋。」「エンマ」を見よ。

シワウ 四王 [界名] 四王天なり。六欲天の第一。四大天王の住する所なれば四王天と云ふ。是れ須彌の半腹に在て天の最初なり。

シワウシンゴン 死王眞言 閻魔王の眞言なり。「エンマ」を見よ。

シワウトウリ 四王忉利 [界名] 四王天と忉利天なり。

シワク 思惑 [術語] 新に修惑と云ひ、舊に思惑、愛惑、假惑と云ふ。三乘の聖人修道に於て斷ずる貪瞋痴等の迷事の惑なり。小乘には三界合して十惑あり。大乘には十六惑あり。「ケンシ」を見よ。

シワク 四惑 [名數] 四煩惱に同じ。【廣弘明集序】に「滯二四惑一而溺二欲塵一。」

シヰ 四韋 [術語] 四韋陀なり。【興禪護國論序】に「四韋之法猶以用焉。」

シヰ 死畏 [術語] 五怖畏の第三。

シヰギ 四威儀 [名數] 行住坐臥の四種の作法なり。「ヰギ」を見よ。

シヰダ 四韋陀 [術語] 婆羅門の四種の韋陀經なり。「ヰダ」を見よ。

シヰダヰン 四韋陀院 [堂塔] 天竺祇洹精舍の中に四韋陀院あり、以て佛徒の研究を許す。【僧史略上】に「祇洹寺中有二四韋陀院一。」

シヰン 子院 [堂塔] 叢林の諸院の本寺に依附する寺院を子院と云ふ。【象器箋第二】

シヱ 思慧 [術語] 三慧の一。自ら理を思惟して得る智慧なり、定散の中には散慧に屬す。

シヱ 四慧 [名數] 小乘十智中第一世俗智の差別なり。一に生得慧、生れながら得る所の智慧なり。二に聞慧、聖教を聞きて發する所の智慧なり。三に思慧、自ら理を思惟して發する所の智慧なり。四に修慧、禪定を修習して發する所の智慧なり。此中初一の生得に對して後三を加行得と稱し、又初三は散慧にして後一は定慧なり。【決智鈔直牒二】

シヲン 四苑 [雜語] 四園、忉利天の主、帝釋の居城なる善見城外の四面に在る庭苑なり。一に衆車苑、東方にあり、此苑中天の福力に隨つて種種の車現ず。二に麁惡苑、南方に在り、舊に麁澁園に作る。天戰はんと欲する時、其の所應に隨つて甲仗等現ず。三に雜林苑、西方にあり、諸天中に入つて願ふ所皆同じく共に勝喜を生ず。四に喜林苑、舊に歡喜園と云ふ。極妙の欲塵殊類皆集る、歷觀して厭くとなし。是の如き四苑形皆正方なり、一一の周千由繕那なり、中央に各一の如意池ありて功德水其中に充滿せり、欲するに隨つて妙華、寶舟、妙鳥、一一奇麗にして種種莊嚴す。【婆沙論一百三十三、俱舍十一】

シヲン 四怨 [名數] 煩惱魔、死魔、陰魔、天子魔の四魔なり。【行事鈔上之三】に「眞誠出家者怖二四怨之多苦一。」【同資持記】に「四怨即四魔。」

シヲン 芝苑 [人名] 靈芝の元照、又芝苑と稱す。芝苑遺編と題するもの三卷あり。

シン 心 [術語] Citta 【四卷楞伽經註】に汗栗太 Hrd Hṛdaya (自性清淨心) 質多心(慮知心)の二心を擧げ、【止觀】に質多心、汗栗駄心(草木心)と矣栗駄心(精要心)との三心を擧げ、【大日經疏】には質多心と干栗駄心との二心を擧げ、干栗駄心に肉團心と眞實心との二義を附し、法相宗は【唯識述記】と【唯識樞要】にて質多心、末那(意)、毘若底(識)の三心を擧げ、【宗鏡錄】には紇利陀心(肉團心)、緣慮心、質多心、乾栗駄心(堅實心)の四心を擧げ、(圭峯の圓覺略鈔一長水の筆削記之を引く。)【三藏法數十九】に肉團心、緣慮心、積聚精要心、堅實心との四心を擧ぐ。今之れを總證するに六種心となる。一に肉團心、梵語舊に干栗駄、新に紀哩駄耶と云ふ。肉團心即ち吾人の心臟にして密家に所謂八葉の心合蓮華なり。又草木の心なり、是

れ物の中心なれば又處中心と云ふ。是れ止觀の第二心、大日經疏の干栗馱心の第一義、宗鏡錄、三藏法數の第一心なり。【大日經疏三】に「阿闍梨云。凡人汗栗馱心是古譯梵語訛也。正梵音云二紇哩馱耶一。此云レ心。狀如二蓮華合而未レ敷之像一。有二筋脈一約レ之以成二八分一。男子上向。女子下向。」【同經義釋三】に「汗栗馱心者。此是古譯梵語訛也。正梵音云二紇哩乃耶一。此云レ心。狀如二蓮華合而未レ敷之像。」【同疏十一】に「行者於二此處一（肉團心を指す。）思二蓮華形一。乃至汗栗陀、訛栗陀一名轉耳。」【同十二】に「干栗馱者是處中心也。」又「此心之處即是凡夫肉心。最在二於中一。是汗栗馱心也。將レ學レ觀者亦於二是處一思二蓮華形一。」【止觀一】に「汗（本文汙に作る汗は誤なり。）栗馱。此方稱是草木之心也。」【宗鏡錄四】に「一紇利陀耶。此云二肉團心一。身中五藏心也。如二黃庭經所一レ明。」二に集起心、第八阿賴耶識なり。諸の種子を集め又能く諸の現行法を生ずればなり。梵に質多と云ふ。法相宗の萬法唯識は此に依て定むるなり。是れ唯識述記の第一心、宗鏡錄の第三心なり。【唯識論三】に「雜染淸淨諸法種子之所二集起一故名爲レ心。乃至彼心即是此第八識。」【唯識述記三末】に「梵云二質多一。此云レ心也。乃至集起義是心義。以能集二生多種子一故。或能薰二種此識中一。既積果已後起二諸法一故說二此心一名爲レ心。」【宗鏡錄四】に「三質多耶。此云二集起心一。唯第八識積二聚種子一生二起現行一。」法相宗には心意識の三に通別の二門あり、其の通門には三名互に通を許すも、其別門には其の體各別なりと立つる故此質多心を以て唯第八識の特名となすなり。三に思量心、梵名を末那と云ひ、意と譯し、思慮の義とす。第七識の特名なり。是れ亦法相宗に限れり。【唯識論四】に「是識（第七識をさす）聖教別名二末那一。恒審思量勝二餘識一故。」【同述記四末】に「末那是意。」四に緣慮心、又慮知心と云ひ了別心と云ふ。梵語上の集起心に同じ。此は八識に通ずる能緣の作用なり。但し常には意識に就て言ふなり。台家の所謂介爾陰妄の心と稱する者、一心三觀の一心是なり。【止觀一】に「質多者天竺音。此方言レ心。即慮知之心也。」【同二】に「對レ境量知。異二乎木石一名爲レ心。」【大日經疏十二】に「梵云二只多一。是慮知心也。」【大乘義章二】に「慮知曰レ心。」【宗鏡錄四】に「二緣慮心。此是八識。俱能緣二慮自分境界一。」是れ楞伽經註の第二心、止觀、大日經疏の第一心、宗鏡錄の第三心、三藏法數の第一心なり。但し法相宗には之れを梵語毘若底、識と譯して了別の義となし、唯意等の六識の特稱となすなり。【唯識述要上本】に「梵云二毘若底一。（丁履反識也）」五に堅實心、堅固眞實なる不生不滅心即ち自性淸淨心、如來藏心にして眞如の異名。華嚴の所謂總該萬有の一心即ち是なり。是れ楞伽經註の第二心、宗鏡錄、三藏法數の第四心也。但し宗鏡錄に其の梵語を乾栗馱となすは紇栗馱、干栗馱の同一轉聲なり。【楞伽經一】に「此是過去未來現在諸如來。應供等正覺性自性第一義心。」【註】「此心。梵音汗栗馱。汗栗太宋言レ心。謂如二樹木心一。非二念慮心一。念慮心梵音云二質多一也。」【宗鏡錄四】に「四乾栗陀耶。此云二堅實心一。亦云二貞實心一。此是眞心也。」六に積聚精要心。諸經中一切の要義を積聚せしもの、般若心經の大般若六百卷の精要を積聚せし如きを云ふ。是れ止觀の第三心、大日經疏の干栗馱の第二義なり。但し止觀は其の梵語を矣栗馱とし、彼の干栗馱の肉團心に殊別なり。【大日經疏十七】に「此中眞言心者。此心梵音汗栗馱之心。即是眞實心也」【止觀二】に「又稱二矣栗馱一。此方是積集精要者爲レ心也。」【心經幽贊上】に「心者堅實妙寂之稱。」此の中顯敎には肉團心と質多心との外に自性淸淨心の堅實心を建立するも、密敎には其の胎藏界に直に凡夫の干栗馱即ち肉團心の八分を觀じて八葉の蓮華となし上に九佛を開く、之れを自性淸淨心と名け、又金剛界には干栗馱の處中心の義に約して質多心を干栗馱と名くれば、此の二心の外に別の堅實心を安立せざるなり。【秘藏記鈔十】に「汗栗馱肉團心也。是凡夫所見可二破壞一法也。於二此處一開二佛心一。是名二自性淸淨心一也。乃至以二自性淸淨心一直名二汗栗馱一。從二所說處一立レ名也。乃至約二處中邊一質多心名二汗栗馱一也。不空心要云。夫修行者初發二信心一。即大圓鏡智紇哩娜耶心。乃至而大圓鏡智發菩提心眞言名二冐地質多一。以知大圓鏡智紇哩娜耶心者。質多名二紇哩娜野一也。」

萬法一心 〔術語〕一切の法は盡くこれ心の所生なりとの唯心論的見地なり。【唐華嚴經三十一】に「三界所有唯是一心。」【晉華嚴經十】に「心如二工畫師一畫二種種五陰一。一切世間中無二法而不一レ造。」【心地觀經八】に「心如二畫師一能畫二種種色一故。心如二僮僕一爲二諸煩惱一所二策役一故。心如二國王一。起二種種事一得二自在一故。心如二怨賊一。能令二自身受二大苦一故。」【般若經五百六十八】に「於二一切法一心爲二善導一。若能知レ心悉知二衆法一。種種世法皆由レ心。」

シン　信 〔術語〕心所法の名なり。諸法の實體と、三寶の淨德と、世出世の善根とに深く信樂し、心をして澄淨ならしむるを信となす。【唯識論六】に「云何爲レ信。於二實德能一信忍樂欲心淨爲レ性。對二治不信一樂レ善爲レ業。」【俱舍論四】に「信者令二心澄淨一。」【頌疏四】に「信者澄淨也。如三水精珠能澄二濁水一心有二信珠一令二心澄淨一。」【大乘義章二】に「於二三寶等一淨心

不レ疑名レ信。」【晉華嚴經六】に「信爲二道元功德母一。增三長一切諸善法一。除三滅一切諸疑惑一示三現開二發無上道一。」【菩薩本業經下】に「若一切衆生。初入二三寶海一。以レ信爲レ本。住三在佛家一以レ戒爲レ本。」【智度論一】に「佛法大海。信爲二能入一。智爲二能度一。乃至復以經中說。信爲レ手。如下人有レ手入二寶山中一自在能取。若無レ手不上レ能レ有二所取一。有信人亦如レ是。入二佛法無漏根力覺道禪定寶山中一自在所レ取。」

二種信 【名數】一に信解、又解信と云ふ。梵に阿毘目佉 Abhimukha と云ふ。自ら明かに理を見て心に疑慮なきを云ふ。二に深信、又仰信と云ふ。梵に捨攞馱 Śraddhā と云ふ。是れ人に依て其の言を信ずるなり。【大日經疏三】に「有二大信解一者。此信解。梵音阿毘目佉。謂明見二是理一心無二疑慮一。如三鑿レ井已漸至レ泥雖レ未レ見レ水心知二在レ近。故曰二信解一也。下言二深信一者。梵音捨攞馱。是依レ事依レ人之信。如レ聞二長者之言一。或出二常情之表一。但以三是人未二曾欺誑一故即便諦受依行。亦名爲レ信。」図初信正信の二種あり。食瞋痴の三不善根と相應する信を邪信となし、無食等の三善根と相應する信を正信と云ふ。図自力他力の二信あり。自ら發する信を自力信と云ひ、佛を大悲心に依て發する信を他力信と云ふ。此中五根中の信根は正信に就て言ふ、是れ佛徒通途の信心なり。又淨土眞宗の信は他力信に就て言ふ、是れ一宗特殊の信心なり。

十種信 【名數】是れ華嚴經無盡藏品所說十無盡藏中の第一信無盡藏の十種の信なり。一に一切法の空を信じ、二に一切法の無相を信じ、三に一切法の無願を信じ、四に一切法の無作を信じ、五に一切法の無分別を信じ、六に一切法の無所依を信じ、七に一切法の不可量を信じ、八に一切法の無有上を信じ、九に一切法の難超越を信じ、十に一切法の無生を信ず。【唐華嚴經廿一】

シン 瞋 【術語】又、瞋恚と云ふ。三毒の一。梵に訖羅馱 Krodha と云ふ。苦と苦具に於て憎恚するを瞋と云ふ。身心をして熱惱せしめ諸の惡業を起さしむ。【唯識論六】に「云何爲レ瞋。於二苦苦具一憎恚爲レ性。」乃至「瞋必令三身心熱惱起二諸惡業一。」【大乘義章五本】に「忿怒爲レ瞋。」【遺敎經】に「瞋心甚二於猛火一。常當二防護一無レ令レ得レ入。劫二功德一賊無レ過二瞋恚一。」【決定毘尼經】に「寧起二百千貪心一不レ起二一瞋恚一。以下違二害大慈一莫上レ過レ此故。」【往生要集中】に「或處經云。能損二大利一無レ過レ瞋。一念因緣悉焚二滅俱胝廣劫所修善一。」同指鬘鈔曰末知何說

シン 神 【術語】不測の妙用を具するものを云ふ。龍神、阿修羅神、鬼子母神等なり。

シンアクサ 身惡作 【術語】身にて行へる惡業。戒律七聚に就ては一の突吉羅罪を惡作、惡說の二に分けて身業の過非を身惡作となし、四業の過非を身惡說となす。【三藏法數七】

シンアン 神闇 【術語】神は精神、闇は痴闇なり、不信の人を云ふ。【無量壽經下】に「身愚神闇。」【嘉祥疏】に「心不信故曰二神闇一。」

シンアンラク 身安樂 【術語】身安樂行の略。

シンアンラクギヤウ 身安樂行 【術語】四安樂行の第一。身に十過を離れて安樂に法華を行ずる法なり。「シアンラクギヤウ」を見よ。

シンイ 神醫 【譬喩】「シンクイ」を見よ。

シンイシキ 心意識 【術語】心は集起の義。意は思量の義。識は了別の義。唯識論には其の名は互に通ずるを許すも其の實體は各別なり、之れを次第の如く第八識と第七識と餘の六識とに配す。而して倶舍論は之れを一體の異名となす。【六波羅蜜經十】に「集起說レ爲レ心。思量性名レ意。了別義爲レ識。是故說二唯心一。」【唯識論五】に「薄伽梵處處經中說二心意識三種別義一。集起名レ心。思量名レ意。了別名レ識。是三別義。如レ是三義雖レ通二八識一而隨二勝顯一第八名レ心。集二諸法種一起二諸法一故。第七名レ意。緣二藏識等一恒審思量爲二我等一故。餘六名レ識。於二六別境一麁動間斷了別轉故。」【倶舍論四】に「集起故名レ心。思量故名レ意。了別故名レ識。乃至心意識三名。所詮義雖レ有レ異而體是一如。」

シンイチキヤウシヤウ 心一境性 【術語】定に七名ある中の一なり。心をして一境に止住せしむる性なり。「ヂヤウ」を見よ。

シンイン 眞因 【術語】眞實の正因なり。【敎行信證三本】に「證二大涅槃之眞因一。」

シンイン 心印 【術語】禪の本意は文字を立てず言語に依らず、直に心を以て印とすれば心印と云ふ。心とは佛心なり、印は印可印定の義。此印能く佛法の實義を印可、印定す。猶經宗の三法印、一實相印と言ふ如し。而して此の佛の心印を以て直に衆生の心に印するを以心傳心と云ふ。【碧巖第一則評唱】に「單二傳心印一開二示迷途一。」【祖庭事苑八】に「心印者達磨西來不レ立二文字一。單二傳心印一。直指二人心一。見性成佛。」図密敎に大日經の所說を心印と名く。心は精要の義、印は決定の義、此經の所說は三乘の精要にして三乘を決定すればなり。【大日經疏三】に「於二種種聖言一無レ不レ統二其精要一。若能持二是心印一廣開二一切法門一。是名二通達三乘一也。」【演奧鈔二】に「心印者。心精要義。印決定義。此經所說爲レ心爲レ印廣開二一切法門一。是故持二此心印一名二通達三乘一也。」図印

相、聖觀音の心印なり。【圖印集二】

シンウ　親友 〔雜語〕シンヌと讀む。善き親友とあり。「ゼンシンウ」を見よ。【觀無量壽經】に釋迦如來念佛者を稱して我が善き親友とあり。

親友七法 〔名數〕四分律に云く、七法を具して方に親友を成す。一に作し難きを能く成す、二に與へ難きを能く與ふ、三に忍び難きを能く忍ぶ、四に密事相ひ告ぐ、五に互に相ひ覆藏す、六に苦に遭ひて捨てず、七に貧窮にして輕しめず。【釋氏要覽下】

シンウン　身雲 〔術語〕無量無數の佛身の邊際なきを身雲と云ひ、又種種の身を現じて衆生を蔭覆すること雲の如きを云ふ。【吽字義】に「毗盧遮那如來自受用故。化二作種種神變一。變二現無量身雲一。」図諸尊の多きと雲霞の如きを云ふ。

シンエ　信衣 〔衣服〕傳法の信を表する爲に與ふる法衣なり。【六祖壇經】に「祖復曰。昔達磨大師初來二此土一。人未レ信レ之。故傳二此衣一以爲二信體一。代代相承。」【釋書太子傳】に「此信衣施二三僧一。」

シンエイ　眞影 〔圖像〕眞身の影像なり。木像畫像に通ず。【性靈集七】に「龍猛菩薩龍智菩薩眞影等都二十六幅。」【敎行信證六末】に「圖二畫眞影一。」又眞身の影現なり。【承遠和尙碑府韻】に「睟緣既結。眞影來影。」

シンエウ　眞要 〔術語〕眞實精要の理なり。【法華經信解品】に「說二斯眞要一。」【唯識樞要上本】に「究二暢眞要一。」

シンエウ　心要 〔術語〕心は心髓、要は精要なり。法門の至極を云ふ。又心性上の精要の法義なり。【六祖壇經】に「指二示心要一。」天台荊溪の著に始終心要一卷あり。「の略。

シンエウ　心要 【經名】金剛頂略述三十七尊心要に復た餘分を請へば請益と云ふ。其の法、學者若し

シンエキ　請益 〔雜語〕和尙先に與ふる所あり、更に復た餘分を請へば請益と云ふ。其の法、學者若し請益を願はば先づ燒香侍者に稟し、侍者住持に通じ、若し允るさば住持の指揮に因て、時を定む。多く定鐘後なり。侍者方丈に秉燭燒香し參學者を引入して外に出で、或は住持の命に依つて椽の左に立つ。參學者當面に問訊燒香し、大展九拜、收具して進んで云く、某爲二生死事大無常迅速一伏望和尙慈悲方便開示と。肅て側立して垂誨を聞く。或は胡跪、或は坐、住持の指揮に依る。開示了つて復た燒香大展九拜す、是れ謝因緣なり。住持の開示を因緣と云ふ。開示を謝す。免ずれば觸禮三拜す。次に室外にて侍者に觸禮一拜して歸寮す。【僧堂清規二】

シンエン　親緣 〔術語〕淨土門所立三緣の一。【觀經定善義】に「衆生起レ行。口常稱レ佛佛即聞レ之。乃至衆生憶二念佛一者。衆生亦憶二念衆生一。彼此三業不二相捨離一故名二親緣一也。」「サンエン」を見よ。⊙(新千載)「彌陀たのむ心のうちに隔なき佛は更に身をも離れず」

シンエン　心猿 〔譬喩〕心の散動するを猿猴に譬へて心猿と云ふ。【慈恩傳九】に「守二察心猿一觀二法實相一。」

シンエン　心緣 〔術語〕心を起して外境を攀緣するを云ふ。心外の事物を慮知する義なり。【起信論中本】に「離二名字相一離二心緣相一。」

シンカ　請假 〔雜語〕又暫假と云ふ。禪林の語。暫く假を請ふて外出するを云ふ。假は事を辨ずべき月日を假る義、俗に暇に作るは非なり。【象器箋九】

シンカ　新加 〔雜名〕又、新加衆と云ふ。眞言宗の僧徒始めて論義の席に列する者の稱なり。新加の語は光定の【一心戒文卷中】に「年分度者二人。柏原先帝新二加天台法華宗傳法者一。」に本くと云ふ。【空華叢談】

シンカイ　心戒 〔術語〕心念の邪非を制止する戒なり。是れ大乘戒の通義なり。然るに小乘戒中南山四分律宗の意は制戒に深防と分限との二を立てて分限即ち心戒なりと立つ。

シンカイ　信海 〔譬喩〕信心の實德廣大無邊なれば譬へて海と云ふ。【敎行信證三本】に「眞如一實之信海。」

シンカイ　心海 〔譬喩〕衆生の心體は海の如く、外の境界は風の如く、所生の八識は波浪の如きなり。【楞伽經一】に「外境界風飄二蕩心海一。識浪不レ斷。」

シンカイ　新戒 〔雜名〕沙彌の初めて受戒せし者を云ふ。【象器箋五】

シンカイ　身戒 〔術語〕身に戒行を持するを云ふ。【涅槃經二十八】に「身戒心慧不レ動如レ山。」【行事鈔下】に「出家之人以二身戒心慧一爲レ本。」

シンカイ　信戒 〔術語〕三寶及び戒の四證淨の法を信戒の二種に總收するなり。何となれば三寶淨は信を以て體とし、戒淨は即ち戒なればなり。【俱舍論二十五】に「由二所信別一故名有レ四。應レ知實事唯有レ二。謂於二佛等三種證淨一以レ信爲レ體。聖戒證淨以レ戒爲レ體故唯有レ二。」【藥師經】に「壞二君臣法一。毀二於信戒一。」

シンカイ　身界 〔術語〕佛舍利なり。界は分之義、是れ佛の身分なれば身界と云ふ。【會本文句記六】に「塔藏二身界一故。供者福大。不レ同二殿堂形貌安處一。」

シンカウ　信向 〔術語〕三寶を信じて疑はず之に歸向するなり。【隨願往生經】に「信向者少。邪習者多。」

シンカウ　信仰　〔術語〕　三寶を信じて疑はず之を欽仰するなり。【唐華嚴經十四】に「人天等類同信仰。」【唐僧傳慧遠傳】に「親欣二其信仰一。」

シンカウ　信香　〔儀式〕　禪僧の一寺に住持して初めて說法するを開堂とも出世開法とも云ひ、此時香を齎して師に寄せて嗣法の信を通ずるを信香と云ふ。【象器箋十】図賢愚經六に香は信心の使なる事を說く、依て總じて香を信香と云ふ。【性靈集六】に「焚二信香於法界爐一。」「カウ」を見よ。

シンカク　眞覺　〔術語〕　佛の究竟の覺悟なり。菩薩の相似覺隨分覺に簡異して眞覺と云ふ。【唯識論七】に「未レ得二眞覺一恒處二夢中一。故佛說爲二生死長夜一。」

シンカク　瞋覺　〔術語〕　三覺の一。

シンカシユ　新加衆　〔術語〕　「シンカ」を見よ。

シンカツレウ　眞歇了　〔人名〕　丹霞の涼禪師の法嗣眞州長蘆の眞歇清了禪師なり。【五燈會元十四】

シンガ　眞我　〔術語〕　外道凡夫の妄我に對して涅槃の我德を眞我と云ふ。涅槃所具の八自在は是れ眞實の我なればなり。【大藏法數十二】に「我者自在無礙之謂也。然有二妄我眞我一。若二外道凡夫一於二五蘊身一强立二主宰一執レ之爲レ我。乃是妄我。若二佛所具八自在一稱爲レ我者。即是眞我。故名二我德一。」図佛教の俗我即ち假我に對して外道凡夫の執する實我を眞我と云ふ。【俱舍論三十】に「故佛說二正法一。如二牝虎銜一レ子。執二眞我一爲レ有則爲二見牙一傷。撥二俗我一爲レ無便壞二善業子一。」

シンガ　神我　〔術語〕　外道所執の實我なり。我體常實にして靈妙不思議なりとて神我と稱す。數論外道二十五諦の第二十五を神我諦 Puruṣa 又 Ātman と稱し、思を以つて體となす。二十三諦を遠離して神我獨尊を涅槃となす。【唯識述記一末】に「金七十論。神我以思爲レ體。」其他一切の外道は自我、他我、即蘊、離蘊等の差別あるも要するに諸種の法に於て皆神我を妄執するなり。故に佛は三法印中諸法無我印を說きて內外の二敎を印定するなり。

十六神我　〔名數〕　十六知見に同じ。「ジフロクチケン」を見よ。

シンガクボサツ　新學菩薩　〔術語〕　新に發心して佛道を學習する菩薩なり。【梵網經下】に「汝新學菩薩。頂戴受シテ持戒一。」

シンガクキヤウ　進學經　〔經名〕　一卷、劉宋の沮渠京聲譯。孝順、仁慈、惠施等の法を說く。【宿帙八】(690)

シンガゲダウ　神我外道　〔流派〕　十種外道の一。數論、勝論の如く人天各自に常住の神我ありて萬有を主宰すと立つる外道なり。【行事鈔下四之二】

シンキ　心機　〔術語〕　心の發動を云ふ。【大日經疏七】に「隨二種種樂欲心機一以二種種文句方言一自在加二持說眞言道一。」【文句七】に「事似二先迷一。心機本順。」

シンキ　身器　〔術語〕　身は是れ諸法を受くる器なれば身器と云ふ。【行事鈔上三之一】に「身器清淨。」

身器十二　〔名數〕　人身三十六物中に皮、膚、血、肉、筋、脈、骨、髓、肪、膏、腦、膜を身器の十二と云ふ。「サンジフロクブツ」を見よ。

シンキ　心器　〔術語〕　心は是れ萬法を受くる器なれば心器と云ふ。【南山戒疏一上】に「善識二世人心器一。」

シンキズヰ　心喜瑞　〔術語〕　法華六瑞の一。

シンキヤウ　心鏡　〔術語〕　心は明鏡の如く能く萬像を照せば心鏡と云ふ。【圓覺經】に「慧目肅清照二曜心鏡一。圓悟二如來無上知見一。」【北宗秀禪師偈】に「心如二明鏡臺一。」

シンキヤウ　眞境　〔雜語〕　眞理の境界なり。【維摩經序】に「冥二心眞境一。既盡二環中一。」

シンギ　清規　〔書名〕　唐の德宗、元和年中百丈山の懷海禪師始めて天下の禪林の規式を立て、之を清規と云ふ、即ち百丈清規なり。後に古清規と稱す。其の後一家の祖師各時處に應じて寺規を制して清規と稱せり。清規とは淸淨の儀軌なり、所立の儀軌能く大衆を淸淨にすれば清規と名く。支那に備用清規、勅修清規、日用清規等あり、和に大鑑清規、永平清規、瑩山清規、鎌倉清規等あり。但し百丈清規は今傳はらず。【釋門正統四】に「元和九年。百丈懷海禪師。始立二天下禪林規式一。謂二之清規一。議者恨三其不レ遵二佛制一。猶下禮樂征伐自二諸侯一出上。」「など云ふ如し。

シンギ　眞儀　〔雜語〕　眞身の儀容なり。眞影、繫像「シンゴンシユウ」を見よ。

シンギハ　新義派　〔流派〕　眞言宗の一派なり。

シンギヤウ　心經　〔經名〕　般若波羅蜜多心經の略。又、中略して般若心經と云ふ。大般若の精要諸法皆空の理を說く。◉(新古今)に「色にのみ染みし心のくやしきを空しととける法のうれしさ」

神分心經　〔儀式〕法會を修するに魔障を拂はん爲に諸天善神の護衛を乞ふとて、先ず心經を誦して法施を爲すを神分心經と云ふ。

心經眞言　〔眞言〕　揭諦揭諦 Gāti gāti とは、揭は行不可得の 𑖐 字、諦は如不可得の 𑖝𑖸 字、如に乘ずる行は是れ眞の行なるが故に行如と云ふ。此の二、初は聲聞の行、次は緣覺の行なり。波羅揭諦 Pragāti とは、波羅は圓滿最勝の義、揭諦は上の如し。是れ諸大乘の行なり。前の二乘行に勝

るるが故に波羅と云ふ。波羅僧揭諦(はらそうぎやてい) Prasaṃgāti とは僧は和合の義、對譯の心經には究竟と注す、譬へば百川究竟して終に大海の一水に和合する如く、佛果究竟して終に一味の果海に歸する義なり。是れ眞言行なり。菩提(ぼぢ) Bodhi とは、上來擧ぐる所の四揭諦の行を以て菩提の果に證入する義なり。娑婆訶(そわか) Svāhā とは五義あり五智を表す。「ソワカ」を見よ。【心經秘鈔、秘藏記本】

シンギヤウ　心行　[術語]　心は念念に遷流するものなれば心行と云ふ。又善惡の所念を心行と云ふ。【法華經方便品】に「佛知二彼心行一故爲説二大乘一。」【止觀五】に「廣施二法網之目一捕二心行之鳥一。」【維摩經佛國品】に「善知二衆生往來所趣及心所行一。」【註】に「六趣往行善惡悉善知也。」図　安心と起行との二なり。【高僧和贊】に「心行共にえしむ」

シンギヤウ　信行　[術語]　法行に對す。自ら聖法に依て行ずるを法行と云ひ。他の敎を信じて行ずるを信行と云ふ。即ち信行は鈍根にして聞慧を成じ、法行は利根にして思慧を成ず。【玄義十】に「敎門爲二信行人一。觀門爲二法行人一。」「り。

シンギヤウ　身行　[術語]　身に行ふ善惡の業なり。

シンギヤウ　眞形　[雜語]　眞實の形體なり。佛の無相の眞身を云ふ。【臨濟錄】に傅大士の頌を引いて「有身非二覺體一。無相乃眞形。」

シンギヤウシヨメツゴンゴダウダン　心行處滅言語道斷　[雜語]　又、言語道斷心行處滅と云ふ。「ゴンゴダウダン」を見よ。

シンギヤウヒケン　心經秘鍵　[書名]　具名、般若心經秘鍵、一巻、弘法の著。十卷章の中に在り。

シンギヤウリヤクサン　心經略贊　[書名]　一巻、唐の慈恩著。

シンギヤウリヤクシフ　心經略疏　[書名]　「一巻、唐の賢首著。

シンギヤウヱ　心經會　[行事]　般若心經を誦する法會なり。【東鑑六】

シンギヤウフリ　心行不離　[術語]　眞宗に於いて南無阿彌陀佛は本願の行なり。名號のいはれをきき信ずるは行者の信なり。信の上に自ら如來の願行を具すれば南無阿彌陀佛の行を離れて信なし、信を離れて行なしと云ふ。

シンク　心垢　[術語]　煩惱は心の垢穢なれば心垢と云ふ。【無量壽經下】に「開レ神悅レ體蕩二除心垢一。」【憬興疏】に「心垢者煩惱之名。」

シンク　信鼓　[雜名]　總じて鐘磬の音。通じて信を得るの方便となる者を信鼓と云ふ。【增一阿含經四十二】に阿難講堂に昇りて犍稚を擊て曰く。「我今擊二此如來信鼓一。乃至降二伏魔力怨一。除レ結無レ有レ餘。露地擊二犍稚一。比丘聞當レ集。諸欲レ聞レ法人。度二流生死海一。聞二此妙響音一。盡當レ雲二集此一。」【資持記上一之四】に「信鼓者。於レ事則告レ衆有レ期。在レ法則歸レ心無レ二。鼓謂擊動發レ音。名通二鐘磬一。」「カネ」參照。図　又臨終の引磬(いんきん)を信鼓と云ふ。【決定往生集】に「信鼓者磬名也。亦名二無常磬一也。」

シンク　針孔　[譬喩]　地上に針を立て、天上より纖縷を投じて針孔に入らしめん事、甚だ難かるべし、以て人身の受け難きに譬ふ。【法苑珠林三十一】に「提謂經云。如有二一人一在二須彌山上一以二纖縷一投レ之。一人在レ下持レ針迎レ之。中有二旋嵐猛風一吹レ縷。難レ入二針孔一。人身難レ受甚過二於是一。」萬善同歸集五引文同之。

シンク　身苦　[術語]　苦に二種あり、一は身苦、二は心苦なり。諸の聖人は智慧力を以ての故に憂愁嫉妬瞋恚等の心苦なし。已に先世の業因緣の四大造身を受くるが故に老病飢渴寒熱等の身苦あり。身苦の中に於て亦薄少なり。人若し了了に他の債を負ふとを知らば之を償ふに以て苦となさず、若し人債を負ふを憶はざるに債主强奪せば瞋惱して苦を生ずる如し。【智度論二十三】

シンク　心苦　[術語]　二苦の一。前項を見よ。

シンクイ　新舊醫　[譬喩]　經中には舊醫客醫とあるを止觀には新舊醫と云ふ。佛初め小乘の徒に對して無常の義を說き、涅槃の時に至りて常住の義を說く。依て小乘の徒佛語の前後相違するを疑ふ。佛即ち新舊兩醫の喩を擧げて其の惑を解く。【涅槃經二】に「譬へば國王あり、闇鈍なり。一醫師あり、亦頑冥なり。國王鑑識の明なく厚く重祿を賜ふ。其の醫王病あれば其の病症を察せずして一に乳藥を用ふ。後に客醫來りて方便を以て其の醫を介して王の寵遇を得、遂に舊醫を斥く。依て王に勸めて曰く、王願くは自今乳藥を用ゐる勿れ、乳藥病に害あり、且つ國中に令して曰ふべし、病者一切乳藥を用ゐる勿れ、若し用ゐる者は頭を斷たんと。王之れを聽て國中に令す。是に於て國中病む者乳藥を用ゐることなし。後に王病あり、即ち是の醫に命ず、如何か之れを治せんと。醫即ち乳藥を勸めて曰く、我れ先に乳藥を斷ずるは大妄語なり、王今熱病あり正に乳藥を服すべしと。王曰く、汝今狂する乎、汝先に毒と言ひ今復た好しと言ふ、汝の如くんば舊醫果して汝に勝る歟。醫曰く、王是の言を作す勿れ。譬へば蟲の木を食ひて字を成す者あるが如し、智人之れを見て是の蟲能く字を解すと言はず。舊醫亦爾り、諸病を別たずして悉く乳藥を用ふ、彼の蟲の偶字を成すが

如し。是の乳藥は亦是れ甘露なり、亦は是れ毒藥なり。若し是れ牸牛酒糟滑草等を食はず、放牧の處高原に在らず、下濕に在らず、淸流を飮み靑草を食ひ、飮餧調適行住所を得ん。是の如くならば其の乳能く諸病を除く、之れを甘露妙藥と名く。其の餘の乳は一切皆毒藥と名く。王之れを聞きて曰く、善哉吾れ今日より復た乳藥を用ふべしと。乃ち國中に令して更に乳藥を用ひしむ。」此喩の意、舊醫の純ら乳藥を用ゐるは彼の外道の唯邪常を說くが如し。客醫の如來初て乳を制せしむるは初時に外道の邪常を破せんが爲に無常を說くが如し。後に復た乳藥を用ゐしむるは小乘の無常を成じ已りて今還つて大乘の眞常を說くが如し。新舊の二乳、乳の名は同じきも邪正の義別なり。

シンクウ 心空 〔術語〕 心性廣大萬象を含容す、之を大虛空に譬へて心空と云ふ。【吽字義】に「無始以來。本住二心空一。」図 心、自障を離れて空寂無相なるを心空と云ふ。【仁王經中】に「空慧寂然、無レ緣觀。還照二心空無量境一。」

シンクウ 眞空 〔術語〕 小乘の涅槃なり。僞に非ざるが故に眞と云ひ、相を離るるが故に空と云ふ。是れ無一物の偏眞單空なり。【行宗記一上】に「眞空者即滅諦涅槃。非レ僞故眞。離レ相故空。」図 眞如の理性一切迷情所見の相を離るれば眞空と云ふ。即ち起信論所明の空眞如、唯識所說の二空眞如、華嚴所說三觀中の眞空觀是なり。図 非有の有なる妙有に對して非空の空を眞空と云ふ。是れ大乘至極の眞空なり。

シンクウクワン 眞空觀 〔術語〕 華嚴宗所立三觀の一。「サンクワン」を見よ。

シンクウメウウ 眞空妙有 〔術語〕 非空の空にして小乘の偏執する如き但空にあらざるを眞空と云ひ、非有の有にして凡夫の妄計する如き實有にあらざるを妙有と云ふ。故に眞空の故には緣起の諸法宛然たり、妙有の故には因果の萬法一如なり。【濟緣記一上】に「妙有則一毫不レ立。眞空乃因果歷然。」

シンクキ 針口鬼 〔異類〕 九鬼の一。「キ」を見よ。

シンクムクワギヤウ 身口無過行 〔術語〕 四安樂行の二。

シンクリヤウヤク 新舊兩譯 〔術語〕 佛典の譯語に兩樣ありて、一を舊譯と云ひ、一を新譯と云ふ。即ち唐の玄弉三藏を界として、玄弉以前の者を舊譯とし、玄弉以後の者を新譯とす。玄弉は新譯の翹楚なり。

シンクワ 瞋火 〔術語〕 瞋恚の熱惱を火に譬へて瞋火と云ふ。【萬善同歸集五】に「慈雲既潤。瞋火潛消。」

シンクワウ 心光 〔術語〕 色光に對して智慧光又は心光の稱あり。心光とは佛の慈悲心より照す所の光明を心光と云ふ。常の光明即ち色香を離れて別に心光あるにあらず。【觀念法門】に「但有下專念阿彌陀佛一衆生上。彼佛心光常照二是人一攝取不レ捨。總不レ論レ照二攝餘雜業行者一。」【六要鈔五】に「言二心光一者此非下光分二身相心想一其體各別上。只就二義門一宜レ得二其意一。以二佛慈悲攝受之心一所レ照觸色名二之心光一。」

シンクワウ 神光 〔術語〕 佛の光明は神變不測にして分別の相を離るれば神光と云ふ。【贊阿彌陀佛偈】に「神光離レ相不レ可レ名。故佛名號二無稱光一。」

シンクワウ 身光 〔雜名〕 佛菩薩の身より發する光明のこと。

シンクワウジヤウゴノヤク 心光常護益 〔術語〕 現生十種益の一。彌陀を信ずればその心光常に此の人を照護するを云ふ。

シンクワウワウ 秦廣王 〔異類〕 十王の第一。

シンクワン 心觀 〔術語〕 天台の一心三觀の法なり。天台の觀法は吾人平常の心念を以て所觀の境とすれば、華嚴の法界觀、法相の唯識觀等に簡びて心觀と稱するなり。【佛祖統紀慧文傳】に「佛以二心觀一口ニ授南岳一。」⦿(新千載)「心觀談義の後によみて遣はしける、鷲の山くもらぬ月をたのむ哉年へし法の水莖の跡」又、總じて觀心の法を云ふ。

シンクワンキヤウ 身觀經 〔經名〕 一卷、西晉の竺法護譯。身の不淨にして愛樂すべからざるを說く。【宿帙八】(726)

シンクンシユジ 新薰種子 〔術語〕 本有種子に對して新薰種子あり。「シユジ」を見よ。

シンクンセツ 新薰說 〔術語〕 唯識宗にて第八識に藏せらるる種子は本來固有のものに非ず、その本有の如く見ゆるは能薰の法も所薰の識も共に無始以來あり。種子も亦無始以來薰習せられたるによるのみとする派の說。難陀、勝軍の二師此の說をなす。宗の正義に非ずとせらる。

シング 進具 〔術語〕 年二十に滿ちて沙彌より進んで比丘の具足戒を受くるを云ふ。

シング 身愚 〔術語〕 身に惡を造る者を云ふ。【無量壽經下】に「身愚神闇。」【嘉祥疏】に「身造レ惡故曰二身愚一。」

シング 神供 〔物名〕 神前の供物なり。

シングケツハン 眞弘決判 〔術語〕 眞宗にて自力廻向の念佛の眞門と、他力信心の念佛の弘願とに就て眞假を廢立すること。

シングワツリン　心月輪　〔術語〕眞言の金胎兩部に於て胎藏界には衆生の肉團心を蓮華と觀じて其の開合を以て因果を分ち、金剛界には之を月輪と觀じて其の圓缺を以て凡聖を分つなり。其の月輪は菩提心の圓明の體を標幟するなり。【金剛頂經一】に「時菩薩白二一切如來一言。世尊如來我遍知已。我見二自心一形如二圓月一。一切如來告言。汝已發二一切如來普賢心一。獲三得齊二等金剛堅固一。」【菩提心論】に「一切衆生悉合二普賢之心一。我觀二自心形一如二月輪一。何故以二月輪一爲レ喩。謂滿月圓明體則與二菩提心一相類。」【建立軌】に「諦想心臆間圓明。可二一肘一。即菩提心猶如二秋月光澄明仰在一レ心。」⦿（千載）「こん世には心の中にあらはさんあかでやみぬる月の光を」

シングワン　心願　〔術語〕心の願なり。【月上女經下】に「誰今如レ是滿二心願一。」【順正理論二十二】に「亦如二心願與一レ衆同居一。」

シンケ　心華　〔譬喩〕本心の清淨なるを華に譬へて心華と云ふ。【唐華嚴經六十六】に「又如下滿月出三現虛空一令中可レ化者心華開敷上。」【圓覺經】に「成三就正覺一。心華發明。照二十方刹一。」

シンケ　眞化　〔術語〕眞宗の敎化なり。【傳】に「盛揚二眞化一。」【釋書榮朝傳】に……

シンケ　針芥　〔譬喩〕針を地に仰げて天上より芥子を投ぜんに、其の針鋒に適中せんこと甚だ難かるべし、以つて佛出世の遇ひ難きを喩ふるなり。針孔と云ふ如し。【南本涅槃經純陀品】に「芥子投二針鋒一。佛出難二於是一。」【天名疏】に「仰二針於地一。梵宮投レ芥。墮三在針鋒一。此事甚難。値レ佛生レ信復難二於是一。生レ信聞レ法復難二於是一。」【止觀五】に「墜芥豈得三下貫二針鋒一。」

シンケウ　眞敎　〔術語〕眞實の敎なり。【敎行信證一】に「十方稱讚之試誠言。時機純熟之眞敎。」

シンケウ　親敎　〔術語〕梵語、鄔波馱耶。Upādhyāya 譯して親敎師と云ふ。親しく敎を受くる師なり。略して親敎と云ふ。舊に所謂和尙なり。【寄歸傳三】に「鄔波馱耶。譯爲二親敎師一。」【唯識述記一本】に「我親敎三藏法師玄奘。」

シンケウシ　親敎師　〔術語〕「シンケウ」「ウハダヤ」を見よ。

シンケハチグワン　眞假八願　〔術語〕彌陀の四十八願中には眞實の願と、方便の願とあり。十一、十二、十三、十七、十八、二十二の六願は眞にして、十九、二十の二願は假なりとす。合して八願となる。

シンケン　身見　〔術語〕五見の一。身に於て實我を執する邪見なり。梵に薩迦耶達利瑟致 Satkāyadṛṣṭi と云ひ、薩婆多宗には有身見と譯し、經部宗には懷身見、又は僞身見と譯し、大乘には移轉身見、又は不實移轉身見と譯す。常に之れを略して身見と云ふ。共に是れ所緣の法に就て身見と云ふなり。若し能緣の迷情に就かば我見と云ふ。

シンケンシ　身見使　〔術語〕五利使の一。

シンケンダウ　眞見道　〔術語〕見道位に於て無漏根本の無分別智を起し唯識眞如の理を悟るを云ふ。

シンゲ　信解　〔術語〕佛の說法を聞きて初めに之れを信じ、後に之れを解するを信解と云ふ。又鈍根は之れを信じ利根は之れを解するを信解と云ふ、又信は邪見を破し解は無明を破す。【法華經序品】に「種種信解。種種相貌。」【同嘉祥疏二】に「信解者。始名爲レ信終稱爲レ解。又鈍根爲レ信。利根爲レ解。」【同七】に「信破二邪見一解破二無明一。」図七賢の第三。「シチケン」を見よ。

シンゲウ　信樂　〔術語〕所聞の法に信順し之を愛樂するを云ふ。即ち信心歡喜なり、淨土眞宗には彌陀の十八願に至心信樂欲生我國とあるを、其の至心と欲生心の二を信樂の一に攝めて之れを一心又は一念と云ふ、何となれば信じ喜ぶ心の誠なるが至心にて、其心即ち淨土に生れんとを欲する欲生心なればなり。【敎行信證信卷】に「私闚二三心字訓一。三即合レ一。其意何者。至者即是眞也。實也。誠也。心若即是種也。實也。言二信樂一者。信者即是眞也。實也。誠也。滿也。乃至驗也。宣也。忠也。樂者即是欲也。願也。愛也。悅也。歡也。喜也。賀也。慶也。言二欲生一者。欲者即是願也。樂也。覺也。知也。生者即是成也。作也。爲也。興也。明智至心即是眞實誠種之心故疑蓋無レ雜也。信樂即是眞實誠滿之心。乃至欲願愛悅之心。歡喜賀慶之心。故疑蓋無雜也。欲生即是願樂覺知之心。成作爲樂之心。乃至故疑蓋無雜也。今案二三心字訓一眞實心而虛僞無レ雜。正直心而邪僞無レ雜。眞知疑蓋無二間雜一故是名二信樂一。信心即是一心也。一心即是眞實信心也。是故論主建言二一心一也。」【唯識論六】に「二信二有德一者謂於二三寶眞淨德中一深信樂故。」

シンゲウカイホツ　信樂開發　〔術語〕一切の疑念晴れて信仰のひらくこと。

シンゲキヤウマウ　信外輕毛　〔譬喩〕信心の搖動して決定せざるを譬へて輕毛と云ふ。もと是れ十信位の菩薩にして信外の凡夫にあらず、而も信內の人にして現に輕毛なれば信外は尙更輕毛の如くなれば信外の輕毛と云ふ。【觀經玄義分】に「況我信外輕毛敢知二旨趣一。」

シンゲギヤウシヤウ　信解行證　〔術語〕是れ佛道の一期なり、先づ其の法を信樂し、次に其の法を了解し、其の法に依て行を修習し、終に其の果を證得するなり。

シンゲダツ　心解脱　〔術語〕又、慧解脱と云ふ。無學の一。「ムガク」を見よ。

シンゲダツ　眞解脱　〔術語〕一切の煩惱障を斷じて證得する佛の涅槃なり。縛を離るるを解と云ひ、自在なるを脫と云ふ。佛の涅槃には法身般若解脫の三德を具する中、今は解脫の一德に就て解脫と云ふ。又二乘の解脫は涅槃に住するが故に眞の解脫にあらず、佛は大悲の故に涅槃に住せず、又大智の故に生死に住ぜず、即ち不住の涅槃なる故に眞と云ふ。【涅槃經四相品】に「眞解脫者即是如來。」【唯識論一】に「由ㇾ斷ㇾ續ㇾ生煩惱障一故證二眞解脫一。」【同述記一本】に「解謂離ㇾ縛。脫謂自在。」

シンゲチリキキヤウ　信解智力經　〔經名〕一卷、趙宋の法賢譯。佛の五力の信解法と十力の智力を說く。十力は常の如し。五力は信進念定慧なり。【宿帙七】(903)

シンゲボン　信解品　〔經名〕法華經二十八品中の第四經の第二に在り。信とは人の言を聞て疑はざるなり、解とは自心の内に悟解するなり。此一品は譬喩周の中の第二の領解段なり。中根の人は初めの方便品の法說を聞きて虛心に信ずと雖も、未だ其の意を悟る能はず、世尊爲に上の譬喩品に於て廣く三車一車の譬を引きて會三歸一の旨を說く。是れに於て須菩提、迦旃延、迦葉、目連の四大聲聞が始めて其の旨を領悟し、其の領悟の旨を述べんとて長者窮子の譬を說き、華嚴、阿含、方等、般若、法華の五時の敎門を述べて自ら領悟せる所を彰はすなり。⦿(千載)「歸り來て入りそわづらふ眞木の戶をまどひ出でにし心ならひに」此は窮子が久しく外に流浪して、偶父の舍に至り、其の威勢に驚きて疾く走り去るを詠みしなり。(榮華)「信解品の窮子のやうなる云云」「グウジ」を見よ。

シンゲン　心源　〔術語〕心は萬法の根源なれば心源と云ふ。【菩提心論】に「妄心若起知而勿ㇾ隨。妄若息時心源空寂。萬德斯具妙用無ㇾ窮。」【止觀五】に「結跏束ㇾ手。緘ㇾ脣結ㇾ舌。思二想實相一。心源一止法界同寂。」又「若欲三照知二須ㇾ知二心源一。心源不二則一切諸法皆同二虛空一。」

シンゲン　心眼　〔術語〕觀念の心能く諸法を照了すれば心根と云ふ。【觀無量壽經】に「爾時大王雖ㇾ在二幽閉一。心眼無ㇾ障遙見二世尊一。」【往生要集中本】に「行者以二心眼一見二於已身一。亦在二於彼光明照中一。」

シンゲンクワン　信現觀　〔術語〕六現觀の一。三寶を緣ずる世間出世間の決定の淨信を云ふ。

シンコン　嚫金　〔物名〕又、嚫財と云ふ。齋後の施物を達嚫と云ふ、依つて布施の金銀衣服等を總じて嚫金嚫財など云ふ。

シンコン　信根　〔術語〕五根の一。

シンコン　神根　〔術語〕神は精神なり、精神は一身の根本なれば神根と云ふ。【止觀二】に「盲無ㇾ眼者不ㇾ則二是非一。神根又鈍煩惱復重。」

シンコン　身根　〔術語〕五根の一。「を見よ。

シンコン　心根　〔術語〕二十五諦の一。「シュロン」

シンコンザウ　眞金像　〔術語〕如來の身色眞金の如きを云ふ。【法華經序品】に「身色如二金山一。端嚴甚微妙。如三淨瑠璃中內現二眞金像一。」

シンコンジキサウ　眞金色相　〔術語〕如來三十二相の一。「サンジフニサウ」を見よ。

シンコンセン　眞金山　〔譬喩〕佛身の光明あるに譬ふるなり。【十住毘婆沙論五】に「無量光明慧。身如二眞金山一。」

シンゴ　信後　〔術語〕彌陀の名號を聞きて信心を發したる後を云ふ。

信後稱名　〔術語〕淨土眞宗の敎には信心を得たる後の稱名は總て報恩の爲めなりと云ふ。淨土門の特殊法門なり。

シンゴ　眞語　〔術語〕眞如一實の理を說く語なり。是れ台密の義又如來の隨自意說にして、毫も他の爲めに曲示するとなき實語を云ふ。是れ東密の義【大日經疏一】に「眞言者乃至眞語如語。」【大集經十】に「須彌可ㇾ說二口吹動一。不ㇾ可ㇾ說三佛有二二語一。實語眞語及淨語。」【金剛般若經】に「如來是眞語者。實語者。不誑語者。不異語者。」

シンゴク　心極　〔雜語〕心は心髓なり、極は至極なり、義理の心髓至極を云ふ。【唯識述記一本】に「曩括所ㇾ遺並包二心極一。」

シンゴサウゾク　信後相續　〔術語〕信後の念佛相續なり。「シンゴ」を見よ。

シンゴシンリン　身語心輪　〔譬喩〕世尊の三業は猶車輪の轂輻輞の三法和合して一輪を成す如く、而して此の輪能く運載し摧破する功あれば以て喩と爲すなり。【大疏九】に「世尊以二徧滿一切佛刹身語心輪一說二此三昧耶一。」【演密鈔七】に「身語心輪者。云云」

シンゴテンホフケ　心悟轉法華　〔術語〕「シンメイホフケテン」を見よ。

シンゴフ　身業　〔術語〕三業の一。

シンゴフクヤウ　身業供養　〔術語〕三業供養の一。「クヤウ」を見よ。

シンゴフダウ　瞋業道　〔術語〕十惡業道の一。「ゼンアク」を見よ。

シンゴン　眞言　〔術語〕梵に曼怛羅Mantra是れ如來三密の隨一語密なり、總じては法身佛の說法を云

ふ。たとひ經中顯言あるも、其の聲名句文は大日如來の秘密加持を以て體性となす故に總じて眞言秘密藏なり。【演密鈔一】に「釋曰。密宗一一文言無レ非二字門一。秘密加持而爲二體性一。雖レ有二顯言一。從二宗體一倶屬二秘藏一。」と。別しては陀羅尼を云ふ。譯して總持と云ひ、又秘密號密言密語と云ひ呪明とも云ふ。東密はたとひ總門に依るも眞言とは兩部の大經（之に一切の眞言經を攝す。）に限るとし、東密は理秘密教を立て、釋迦所説の法華華嚴楞伽仁王等の諸經總て一乘教の眞如法性を説くものを眞言となす。（四秘密教を見よ。）【大日經疏一】に「眞言者梵曰二漫怛羅一。即是眞語如語不妄不異之音。龍樹釋論謂二之秘密號一。舊譯曰レ呪。非二正翻一也。」【同義釋一】に「眞如語言故名二眞言一。」是れ釋摩訶衍論中に説く五種言語の第五如義語なり。顯教は眞如は言語道斷なりと云ふも、前四種の語に依れば眞言即ち如義語を以ては眞如尙説くべしと云ふ。さて眞語とは眞如を説く語なり。（是れ台密の義。）眞實の語なり、又眞卒正直の語なり。（是れ東密の義。）如語とは又眞如を説くなり。眞實如常の語なり。此の二は顯教の假名語に對す。不妄とは誠實不虛の語なり、不異とは決定不二の語なり。此の二は凡夫の虛語兩舌に對す。【大日經疏三】に「一一眞言皆如來妙極之語也。」【金剛頂瑜伽分別聖位修證法門】に「夫眞言陀羅尼宗者。一切如來秘奧之教。」【秘藏記本】に「眞言者。如來眞實言無二虛妄一。故曰二眞言一。」【金剛壽命經略讃】に「不空三藏云。於二眞言密教中一説二如是四種一。名二陀羅尼眞言明一。」【同三】に「一一眞言皆如來妙極之語也。」【大日經二】に「一切法界力隨二順衆生一如二其種類一。開二示眞言教法一。」【疏七】に「一一聲字即是入二法界一門故。行名レ爲二眞言法教一。應レ遍二一切隨方諸趣名言一。但以二如來出世之始迹一于天竺一。傳法者且約二梵文一作二一途明義一耳。」而して顯教の諸宗は印度古來の相傳に依り、梵語は大梵天の創造に係る者なりとなす。然るに密教は之れに就きて三重の秘密釋を立てて之を解す。第一秘密釋は大日如來之を説く、大日如來色究竟天に於て成道し、此に始めて阿字の言を説く。後に梵天世に降りて之を説き、世人其本を知らずして梵天の創造となすなり。第二秘密中の秘釋は阿字自ら之れを説く。第三秘秘中の秘釋は眞如の理智自ら之を説くと。【大日經供養疏下】に「問。誰説二阿字一。答。秘密釋毘盧遮那佛説二本不生一故。二秘中秘密釋阿字自説二本不生一故。秘秘中秘釋。本不生理自有二理智一自覺二本不生一故。」【大日經一】に「此眞言相非二一切諸佛所一。不レ令二他作一亦不二隨喜一。何以故。是諸法法爾如レ是故。若諸如來出現。若諸如來不二出現一。諸法法爾如レ是住。謂諸眞言眞言法爾故。」【同疏七】に「此眞言相。聲字皆常。常故不レ流。無レ有二變易一。法爾如レ是。非二造作所作一。」東密は此の文に依りて梵文の本有常住を云ふなり。愚案ずるに密教の宗意本不生より言へば一切諸法悉く本有常住なり、何んぞ獨り梵文のみならん、漢語も和語も共に本有常住なるべし。然るに東密の諸師獨り梵に於て本有常住を許し、此に於て人爲の妄作とするは何んぞや。（秘藏記鈔等。）余私に之れを解するに二義あり。一は本不生の理に依て之を言ふなり。此の義に依れば一切諸方諸趣の言語も本有常住と言ふを得べし。一は如來印度に出世して梵文に寄せて諸法不生言語不可得等の深義を説かれしに由て、其の深義の本有常住を稱するなり。此の義に依れば其の義理の本有常住と共に梵文獨り本有常住と言ふを得るなり。是れ密教に所謂法門身、餘宗に所謂法言なり、豈に人造と爲すを得んや。図顯教に於て佛菩薩の言教を稱讃して眞言と云ふ。【安樂集上】に「採二集眞言一助二修往益一。」【五會法事讃】に「三世諸佛誠諦之眞言。」【教行信證序】に「誠哉攝取不捨眞言。超世希有正法。」

五種眞言 【名數】 一に如來説、二に菩薩金剛説、三に二乘説、四に諸天説、五に地居天説、謂く龍鳥修羅の類なり。又前の三種を通じて聖者眞言と名け、第四を諸天衆眞言と名け、第五を地居天者眞言と名く。亦通じて諸神眞言と名くべし。但し淺深の相違あり。【大日經疏七】

眞言二字 【名數】【溪嵐集十九】に「古德云く、眞言に三種あり、多字、一字、無字なり。無字とは圓覺無相の理なり。此は理秘密なり。一字とは種子なり。多字とは佛頂陀羅尼等なり。」と

眞言八種義 【名數】 一に眞如性一體之義。所謂無生無滅、無來無去、離言離相言語同斷、心行寂滅、本性淨なる故に。二に隨相流出相成之義。性淨を以ての故に應化相應する義なり。三に加被護念之義。四種の不可思議力を以ての故に所謂業力佛力眞言力藥力等護念成就す。四に隨諸衆生所求不同之義。本願は神藥の如く、服するに隨ひ念に應じて成就するが故に。六に以佛願度有情之義。心に隨って像を應ずるが故に。七に以諸菩薩度有情之義。八に一切諸佛不思議之義。眞言の不思議力亦無上不思議の果を成ずるが故に【慈氏軌上】

七番眞言 【名數】 一に大日、二に四波、三に四佛、四に十六尊、五に内供、六に外供、七に四攝。【溪嵐拾葉集十二】。

シンゴンケ 眞言家 【修法】 眞言を以て花を加持して奉獻するを眞言花と云ふ。【蘇悉地經一】に

「以二眞言花一當レ奉三獻之一。」

シンゴンクセシャ　眞言救世者　［術語］阿字を稱す。【大疏六】に「此阿字門爲二一切眞言王一。猶如三世尊爲二諸法之王一。故曰二眞言救世者一。」

シンゴンケウ　眞言教　［術語］眞言陀羅尼の教法、阿乃至訶等なり。【大日經二】に「秘密主。以レ要言レ之。諸如來一切智智。一切如來自福智力。自願智力。一切法界加持力。隨三順衆生一如二其種類一開二示眞言教法一。云何眞言教法。謂 𑖀 阿字門一切諸法本不生故。乃至 𑖮 訶字門一切諸法因不可得故。」

シンゴンケウジギ　眞言教時義　［書名］四卷、五大院安然著。

シンゴンゾウケ　眞言藏家　［流派］眞言宗は眞言藏を以て所依とすれば他家に對して眞言藏家と名く。眞言藏は六波羅蜜經所說五藏中の第五陀羅尼藏なり。【二教論上】に「但眞言藏家以レ此爲二入道初門一。」

シンゴンシ　眞言師　［雜名］眞言宗の法に依て「加持祈禱をなすなり。

シンゴンシュ　眞言趣　［術語］趣は又道と云ふ。即ち六趣六道の如し。眞言其の差別の德を具すれば眞言趣と云ふ。【大日經五】に「自眞言道。以爲二幖幟一。圖具二曼荼羅一。如二本尊相應一。」【大疏十七】に「趣謂如二六趣等一。此是眞言趣兼二曼荼羅一。如二本尊相應一者。如二本尊有レ如レ是法一我亦有レ之。故云レ具也。」

シンゴンシユウ　眞言宗　［流派］【聖位經】に「眞言陀羅尼宗者一切如來秘奥之教。自覺聖智修證法門。」と云ふ。之れに依て眞言宗と稱す。されば本宗の得名は正しく佛說の號なり。四家大乘中、法相宗は深密經の法相品に依り、三論宗は所依の論數に依り、天台は所依の住所に依り、華嚴宗は所依の本經に依る、皆是れ末學人爲の立名なり。眞言の名は三密中語密に約せし名にして、語密に約せしは三密中普く人を利益する語密最も廣大なればなり。本宗の傳來に就きて曰く。大日如來越三世の一時、色究竟天の法界心殿に於て金剛薩埵等の從心流出の自內證の內眷屬に對して自受法樂の爲に大日經を說き、又眞言宮殿に於て金剛頂經を說き、金剛薩埵之を結集す。（台密は阿難も之に伴ふと云ふ。）其の後釋迦佛滅後約八百年の頃、龍猛（龍樹）菩薩七箇の白芥子を呪し之を投じて十六丈の（金剛界の十六菩薩を表示す。）南天の鐵塔を開き、親しく金剛薩埵より兩部の大經を傳受す。（台宗は云く、大日經はその塔外に於て文殊菩薩より傳受すと。）而して龍猛之を龍智に傳へ、龍智壽を保つと七百歲、大經を善無畏に授け、善無畏老齡七十九にして大日經及び蘇悉地經を携へて唐の玄宗開元四年丙辰に長安に來り、開元十二年蘇悉地經三卷を譯し、其翌十三年大日經七卷を譯し、沙門寶月之を譯語して沙門一行之を筆授し、且つ此が疏を作る而して金剛頂は龍智之を金剛智に授け、金剛智は之を不空に授く。而して金剛智は十萬頌の金剛經を齎らし、年少十四の不空を伴ひ、開元八年長安に來る、不幸にして海上暴風に逢ひ、其の經本を海中に投ず。其の後開元二十九年、金剛智入滅するや天寶元年不空南天竺に還りて龍智に逢ひ、さきの十萬頌の大本を受けて天寶五年に歸唐し、同十二年敎王經十卷を譯出す。故に台密は云く、善無畏三藏は台藏界を相傳して唐土に將來し、金剛智三藏は金剛界を相傳して唐土に將來す。仍て善無畏と金剛智と相ひ謁する時、善無畏は金剛界の名を聞かず、金剛智は胎藏界の名を聞かずと云へり、これ兩三藏互に兩界を習はざればなり。是くの如く兩界の相傳各別なるが故に台密には二界各別の血脈を相承するなり。東密には此の間の消息を金善互授の大事と稱し、善無畏金剛智兩三藏は共に親しく兩部を傳受し、對機に順じて一界のみを表として說き居たりしも、弟子の疑惑を解かむ爲、ことさらに互授を裝ひたるなりと解す。（故に東密には一血脈兩部通用す。）其後弘法大師入唐して不空の弟子惠果に逢ひて兩部を相傳す。是れより先、善無畏三藏聖武帝神龜年中大日經七卷を齎らして日本に來り之れを弘傳せんと欲せしも機緣未だ熟せざるを以て其の經を大和國高市郡王舍の側に地をトし、久米寺に三塔（胎藏界の三部を表示す。）を作り、其の高さ八丈（胎藏界の八葉を表示す。）三粒の佛舍利を（胎藏界の三部を表示す。）塔下に藏め、且つ大日經を以て其の下に安じ、之が懸記を書して曰く「駄都惟釋尊之遺身。經王是遮那之全體也。然小國邊域大機未レ熟也。乃留二此法於斯地一。將待レ機待レ時所也。興法利生菩薩來恢二出敎于世一」と（愚案に三藏若し漢文に熟せずんば此文を作り能はず、若し熟すとせば所の一字豈漢語に此句法あらんや。）其の後弘法大師其の懸記に應じて出世し、斯經の在るを感知し之を發掘して之を讀むに通ずると能はず、遂に志を決して渡唐し、惠果阿闍梨に就きて其の秘旨を傳受す。故に秘藏記は冒頭に毘盧遮那の題號に就きて所傳の旨を記すと云ふ。（此の善無畏將來の經に就て梵本なりや漢經なりや、若し漢譯ならば年代に相違あり。然るに東密は漢譯を以て正義となすなり。悉地成就の大菩薩豈之れを出現するを得ざらんやと。）さて宗祖大師の高弟に眞濟、眞雅、宗叡、道雄、圓明、眞如、果隣、泰範等の十師あり、眞雅の門下に源仁あり、仁の門下二傑あり、一は仁和寺の開基益信にして廣澤流の始祖とし、他を醍醐寺の開基聖寶とす、之を小野流の始祖とす。後に廣澤流分れて六派となり、小野流亦六流となる、之を眞言十二流と稱す。然れども是れ只事相上の差別にして、敎相上の分派にあらず、若し敎相上の分派は新古の二義あるのみ、

其の古義とは東寺を本寺とし、自證身說法を執持し、其の新義とは興教大師覺鑁、廣澤流より出で高野に於て傳法院、大傳法院、眞言院を立て、正應元年道曜大僧正及び賴瑜と協力して大傳法院を紀州根來寺に移して加持身說法を主張せし者是れなり。專譽玄宥の二弟子あり。專譽は大和長谷寺に、玄宥は京都智積院に各道化を振ふ。其の後根來寺豐臣太閤に亡され、智山智積院豐山長谷寺其の義を繼げり、【元亨釋書一、弘法大師正傳附錄】明治九年諸山合併して東寺を本寺とし、七宗一萬一千二百七十寺を統轄す、其の派名左の如し。

	眞言宗	教王護國寺（東寺）	弘法大師
古義	高野派	金剛峯寺	弘法大師
	御室派	仁和寺	後宇多法皇
	醍醐派	三寶院	
	大覺寺派	大覺寺	
新義	豐山派	長谷寺	
	智山派	智積院	

他に修驗道の一派あり「ヤマブシ」を見よ。

眞言宗八祖 〔名數〕台密には台金兩界其の列祖承相の血脈を異にするも、東密に在つては之れを一にして兩界に通用するなり。【付法傳】に一に大日如來、二に金剛薩埵、三に龍猛、四に龍智、五に金剛智、梵に縛曰羅菩提と云ふ、六に不空、七に惠果、之れに空海を加へて八祖とす。諸宗の中に如來を列祖の中に加ふるは東台二密の眞言敎のみ。且つ顯敎の相承は只法の相承にて年代の相ひ去るを問はず、密敎の相承は親しく師に就きて灌頂を受くるに限るなり、故に之を血脈と云ふ。

シンゴンシン　眞言心 〔術語〕阿の一字を云ふ。是れ一切眞言の中心にして此より一切の眞言流出すれば心と云ふ。【大日經五】に「所レ謂阿字者。一切眞言心。從レ此遍流ニ出無量諸眞言一。此心梵音汗栗馱之心。即是眞實心也。」【疏十七】に「此中眞言心者。」

シンゴンジヨウ　眞言乘 〔術語〕又、神通乘と云ふ。眞言の敎法に乘じて佛地に到れば眞言乘と云ひ、其の迅速なるを喩へて神通乘と云ふ。【秘藏寶鑰中】に「密敎者。自性法身大毘盧遮那如來。與ニ自眷屬一自受法樂故所レ說法是也。所謂眞言乘者是也。」

シンゴンチ　眞言智 〔術語〕智中の智にして之に過ぐるなき智を云ふ。【大日經五】に「解ニ秘中最秘眞言智大心一今爲レ汝宣說。」【疏十七】に「眞言智者。謂智中之智無上無過也。」

シンゴンダラニ　眞言陀羅尼 〔術語〕梵語曼陀羅眞言と譯し、梵語陀羅尼總持と譯す。其他呪と云ひ明と云ひ秘密號と云ひ密語と云ふ、同體異名なり。【金剛頂分別聖位經】に「眞言陀羅尼宗者。一切如來秘奧之敎。自覺聖智修證法門。」

シンゴンダラニシユウ　眞言陀羅尼宗 〔流派〕是れ大日如來の親しく名けし宗名なり。「シンゴンシユウ」を見よ。

シンゴンハチケ　眞言八家 〔名數〕東台二密の祖師にして入唐せし者八師あり、眞言八家と稱す。傳敎、弘法、慈覺、惠運、智證、常曉、圓行、宗叡なり【八家秘錄】

シンゴンヒミツ　眞言秘密 〔術語〕眞言は如來三秘密の隨一語秘密なれば眞言秘密と云ふ。秘密とは秘して人に示さずと云ふにあらず、法佛の三業は幽奧深妙にして等覺の菩薩も之を窺ひ知る能はざれば秘密と云ひ、又凡夫に在ては迷情に隱覆せられて發願すると能はざれば秘密と云ふ。

シンゴンヒシユウ　眞言秘宗 〔流派〕又眞言密宗と云ふ。眞言秘密の宗敎なり。所謂眞言宗なり。

シンゴンホフケウ　眞言法敎 〔術語〕「シンゴンケウ」を見よ。

シンゴンホンモシフ　眞言本母集 〔書名〕十七卷、東寺寶嚴院賴寶著。

シンゴンリツシユウ　眞言律宗 〔流派〕空海入唐の際傳へたる律宗なり。所依は有部律にして蘇悉地經三卷、蘇婆呼經三卷を加へ、更に三摩耶戒を立つ。慶長の頃明忍之れを唱へ、慶安年間淨嚴大に宗風を振ふ。寬政の頃慈雲律師あり諸弊を改新して正法律と稱す。眞言律宗ここに大成す。河内高貴寺を本山とす。後眞言宗に屬せしが明治二十八年獨立して大和西大寺を本山とす。

シンゴンワウソン　眞言王尊 〔雜名〕大日如來の尊稱なり。【眞言修行鈔五】

シンゴンヰン　眞言院 〔堂塔〕又、修法院、曼荼羅道場と云ふ。大内八省院の北、皇居の西に在り。其の構造は南に四足門あり、門内に壇所あり、五間四面なり、丹を以て塗り、壇の東に長者坊あり、五間四面なり、西に護摩堂あり、五間に三間なり、壇の北に伴僧宿所あり、七間四面なり、其の北に厨舍あり、九間に三間なり、北門左右の東西に別に雜舍あり、四面築垣を以て之れを閑周す。其の起源は淳和天皇天長六年、弘法大師居の内道場に準じて宮中に於て秘法を修せんとを奏請し、毎年之を行ふ、其の後仁明天皇承和元年更に眞言院を大内に設けて永代の儀式を定めんとを奏請す、天皇之れを勅許し給ひ、勘解由廳を以て之れに充つ、今の眞言院は其の舊跡なり。爾後毎年

正月八日より十四日に至る一七日の間、東寺の一の阿闍梨之れに參し、金胎兩部の秘法を隔年更互に修するなり、依て之れを後七日の御修法と云ふ。安元三年燒亡し、其後再建なく、東寺に於て之を修す。永享四年普廣院將軍之を再興し、之れを修すると長祿年中に至る。其の後荒廢に歸し、寛政年中より紫宸殿に之れを行ふ。而して維新の際之れを廢して京都府知事を以つて勅使となし、東寺に於て之れを行ふ。【大內裡圖考證、平安通志】図奈良東大寺に眞言院あり、弘法大師の造立にして大師の像あり。地藏菩薩は小野篁の作なり。善無畏三藏の堀りし阿伽井あり。護法善神の守護に立ちし足跡の石あり。【大和名所圖會上】

眞言院御修法 〔修法〕「ゴシチニチミシホ」を見よ。

シンサ 心作 〔術語〕心の作業即ち三業中の意業なり。

シンサイ 眞際 〔術語〕眞言の邊際、即ち至極の義にて空平等の眞性を云ふ。【仁王經上】に「以二諸法性即眞實一故。無來無去無生無滅。同二眞際一等二法性。」【維摩經阿閦品】に「非二有相一非二無相一。同二眞際一等二法性。」【楞嚴經一】に「不レ能レ折三伏娑毘羅呪。爲レ彼所レ轉溺二於婬舍。當由レ不レ知二眞際所指。」

シンサイ 新歲 〔術語〕夏安居の竟りし翌日、即ち七月十六日舊律を云ふ。是れ比丘の新年元旦なり。

シンサイキヤウ 新歲經 〔經名〕一卷、東晉の曇無蘭譯。坐夏既に竟る、佛衆僧を集めて各相ひ懺悔せしめ、諸天來りて供養偈讚す。【宿帙八】(763)

シンサウ 心相 〔術語〕心の行相即ち見分なり。又肉團心即ち心臟の相貌なり。【圓覺經】に「妄認二四大一爲二自身相一。六塵緣影爲二自心相一。譬如三彼病目者見二空中華及第二月一。」【往生要集十本】に「如來心相如二紅蓮華一。」

シンサウ 身相 〔術語〕身の相貌なり。【圓覺經】に妄認二四大一爲二自身相一。」

シンサウ 心想 〔術語〕意識心王の思想なり。【觀無量壽經】に「諸佛如來是法界身。入二一切衆生心想中一。是故汝等心想レ佛時。是心即是三十二相八十隨形好。是心作佛是心是佛。諸佛正遍智海從二心想一生。」

シンサウ 瞋想 〔術語〕三想の一。「サンサウ」を見よ。

シンサウオウギヤウ 心相應行 〔術語〕一切の心所法を云ふ。是れ心王と相應して倶起すれば心相應と云ひ、有爲法なれば行と云ふ。「十樂の第三。

シンサウジンヅウラク 身相神通樂 〔術語〕

シンサウボサツ 信相菩薩 〔菩薩〕金光明經に信相菩薩釋尊の壽命が往昔の因位に酬ひざるを僅に八十の壽命。疑ふに依て四佛世尊、各山斤、海滴、地塵、空界の一喩を說きて釋尊の長壽を示したるなり。

シンサキ 心作喜 〔術語〕十六特勝の第九。

シンサク 神策 〔物名〕神秘の筮策なり、策百を作り、其の一一に梵天の偈頌一偈を記したるもの。【神策經】に「今欲下承二佛威神之力一。出二梵天結願一百偈頌一以爲中神策上。惟願世尊許三可此事一。」

シンサクキヤウ 神策經 〔經名〕灌頂梵天神策經の畧名。灌頂經第十なり。【成帙六】「第十一。

シンサゲダツ 心作解脫 〔術語〕十六特勝の

シンサセフ 心作攝 〔術語〕十六特勝の第十。

シンサンクシイサン 身三口四意三 〔名數〕十業道の中初の殺、盜、婬の三は惡業に就て云ふ。是れ身業。次の妄、綺、兩、惡の四は是れ口業。終の貪、瞋、邪の三は是れ意業なり。

シンサンロン 新三論 〔書名〕「サンロン」を見よ。

シンザ 身座 〔雜名〕我身を以て座牀となし、佛をして之れに坐せしむるなり。【宗鏡錄二十六】に「身座肉燈歸命供養。」

シンザ 陞座 〔雜語〕「シンゾ」と讀む。禪家の用語。高座に上りて說法するを云ふ。「シンゾ」を見よ。

シンザイ 嚫財 〔術語〕齋後の說法を噠嚫 Dakṣiṇā と云ふ。嚫財とは其の布施物なり、即ち噠嚫は僧家の法施、嚫財は俗人の財施なり。「ダツシン」を見よ。

シンザウ 信藏 〔雜語〕信心に一切の功德を含藏すれば信藏と云ふ。【華嚴經一】に「信藏解脫門。」

シンシ 眞子 〔術語〕如來の眞子、請菩薩を云ふ。是れ法に於て信順し佛業を紹ぐに堪ふるものを云ひ、又眞實の行解佛口によりて生ずるが故に眞子と云ふ。【涅槃經一】に「成二就如レ是無量功德一。一切皆是佛之眞子。」【勝鬘寶窟下】に「眞子者於レ法信順堪レ紹二佛業一。故名二眞子一。又行解非妄名レ眞。從二佛口一生從二正法一故名二如來眞子一。又攝論意。佛子有二五義一。一以二信心一爲二種子一。二以二般若一爲レ母。三以レ禪爲レ體。四以レ忍爲レ乳。五以レ佛爲レ父。又如二無量義經一以二諸佛一爲レ父。方等經以二諸佛一爲レ母。生二菩薩子一。」【大日經疏一】に「以下從二如來種性一生從二佛身語意一生上故曰二眞子一。」

シンシ 心師 〔術語〕我が心の師となるを心師と云ふ。【涅槃經廿八】に「願レ作二心師一不レ師二於心一。」【通眞軌上】に「薩婆多云。我教謂心師也。他教謂師レ心也。」

シンシ 身子 〔人名〕舍利弗の譯名なり。又、鶖子

と云ふ。梵語舍利身と譯し、弗多羅、子と譯す、舍利は鳥の名即ち鶖鷺鳥なり、其の母の眼之れに似たるを以て舍利と名け、其の子なるを以て舍利子又は鶖鷺子と云ふ。是れ佛弟子中第一の智者なり。(舍利弗を身子と譯するは鶖鷺と譯する梵語舍利 Śāri と骨身と譯する梵語舍利羅 Śarīra とを同一語とせしより出づるものの如し)「シャリホツ」を見よ。

シンシ 身子退墮 [故事] 身子乞眼婆羅門に逢ふて大乘心を退墮す。「コッゲンバラモン」を見よ。

シンシ 信士 [術語] 「ウバソク」に同じ。「シンジ」を見よ。

シンシ 嚫資 [術語] 布施せられたる資具物なり。

シンシウ 神秀 [人名] 唐の荊州當陽山度門寺の神秀、心印を東山の弘忍に受け、忍寂して後江陵の當陽山に往き、道譽四海に響く。則天武后之れを聞き、召して都に趣かしめ、肩輿上殿親しく跪禮を加へらる。師北宗の祖にして慧能の南宗に對す。神龍二年入寂、大師禪師の號を勅謚せらる。【宋高僧傳八】

シンシキ 心識 [術語] 小乘俱舍は心と識とを同體異名とし、大乘唯識は之を別體とす。一識乃至無量の差別あり。「シキ」を見よ。

シンシキ 眞識 [術語] 楞伽經所說三識の一。「シキ」を見よ。図妄念を離れたる心識を云ふ。即ち第六識の淨心なり。【唯識述記一本】に「淨二彼眞識一成二斯雅論一。」

シンシキ 眞色 [術語] 如來藏中の色、眞空に即せる妙色を眞色と云ふ。此の眞善妙色に依て法身有相と稱するなり。【楞嚴經三】に「如來藏中性色眞空性空眞色清淨本然周二遍法界一。」

シンシキ 身識 [術語] 五識の一。「シキ」を見よ。

シンシキ 神識 [術語] 有情の心識靈妙不可思議なれば神識と云ふ。靈魂と言ふ如し。【寶積經百九】に「譬如レ風吹二動諸樹木一發二起山壁水涯一觸已作レ聲。以二冷熱因緣一所レ生。是故能受。然彼風體不レ可レ得レ見。乃至此神識界復亦如レ是。不レ可三以レ色得二見。亦不レ至二色體一。但以二所入行一作レ體現レ色。」【增一阿含經七】に「吾是神識也。吾是形體之具也。」【藥師經】に「彼自身臥二在本處一。具二琰魔使一。引二其神識一至二于琰魔法王之前一。」【楞嚴經八】に「臨終時。先見三猛火滿二十方界一。亡者神識飛墜乘レ煙入二無間地獄一。」

シンシキニヨコンセン 身色如金山 [雜語] 是れ【法華經序品】に佛德を讚嘆する偈文なり。「身色如二金色一。端嚴甚微妙。如下淨瑠璃中內現中眞金像上。」

シンシチリン 申瑟知林 [地名] Yaṣṭi-vana 又、申怒林、申怒波林に作る、杖林の名。竹杖外道此に於て佛の身量を量る。【釋迦方誌下】に「申瑟知林。言二杖林一也。滿二山谷一。昔有レ人以二丈六竹杖一量二佛。而恒出二杖表一。因投レ杖去。遂生レ根被レ山。」【玄應音義十八】に「申怒亦言二申怒波一。此譯云二實森一。謂貞實也。」(申恐くは曳又は臾の誤ならん)

シンシフイン 瞋習因 [術語] 十習因の一。

シンシフヨクザウギキ 新集浴像儀軌 [書名] 一卷、唐の慧琳述。【餘帙一】

シンシヤ 身車 [譬喩] 人身因緣に依りて六趣に輪轉すれば車に譬ふ。【智度論十九】に「二世因緣以成二身車一。識牛所レ牽周旋往反。」

シンシヤ 訦遮 [術語] Abhiṣecana 毘訦遮の略、灌頂と譯す。【菩提心義十】に「梵云二毘訦左一此云二灌頂一。」

シンシヤウ 心性 [術語] 不變の心體を云ふ、即ち如來藏心自性清淨心なり。台宗所立四教の中別教以下は心性を以て眞空と立て、圓教は心性に十界三千の法を具すと立つ。【圓覺經】に「以二淨覺心一知二覺心性一。」と【起信論義記中本】に「所謂心性不生不滅。」【法華玄義四之三】に「心性即是即空即假即中。」【唯識論二】に「衆生心性二分合成。」【止觀大意】に「不變隨緣故爲レ心。隨緣不變故爲レ性。」

シンシヤウ 心性三千 [術語] 一念の心性に十界三千の法を具するを云ふ。⊙(三玉集)「大比叡やちぢのさかひも目の前に見るに上なき道を知る哉」

シンシヤウ 眞性 [術語] 不妄を眞と云ひ不變を性と云ふ。是れ吾人本具の心體なり。【楞嚴經一】に「前塵虛妄相想惑二汝眞性一。」

シンシヤウジン 身精進 [術語] 二種精進の一。「シャウジン」を見よ。

シンシヤウジン 心精進 [術語] 二種精進の一。「シャウジン」を見よ。

シンシヤウジヤウ 身清淨 [術語] 三種清淨の一。「シャウジャウ」を見よ。

シンシヤウジヤウコ 心清淨故 [雜語] 【唯識論九】に「心清淨故有情清淨。」⊙(續千載)「濁なきもとの心にまかせてぞかけひの水の淸きをもしる」

シンシヤウボダイ 眞性菩提 [術語] 三種菩提の一。「ボダイ」を見よ。

シンシヤウメツモン 心生滅門 [術語] 起信論所說一心二門の一。「ニモン」を見よ。

シンシヤウヱウク 心尙懷憂懼 [雜語] 法華經授記品の所說、迦葉等四大聲聞の中に迦葉一人既に授記を受くるを見て、餘の四聲聞授記を哀願する偈文也。「若起二我深心一見レ爲二授記一者如下以二甘露一灑

除レ熱得中清涼上。如下從二飢國一來忽遇二大王饍一。心猶懷二憂懼一。未二敢即便食一。若復得二王教一然後乃敢食上。我等亦如レ是。每惟二小乘過一不レ知レ當下云何得中佛無上慧上。雖レ聞二佛音聲言二我等作佛一。心尙懷二憂懼一如レ未二敢便食一。若蒙二佛授記一爾乃快安樂。」⦿(拾玉集)「すすぎゆく法の衣やいかならむうらやましきはぬるる袖かな」

シンシヤエウヒ 讖遮要秘 〔書名〕一卷、弘融「著。灌頂の事を記す。

シンシヤク 請折 〔雜語〕「シンセツ」と讀む。請は食を受くるなり、折は其の餘殘を棄つるを云ふ。【日用淸規】に「隨レ量受レ食不レ得二請折一。」【韻會】に「折毀棄也。」

シンシヤク 心跡 〔術語〕心內に在りて跡外に現はるるを云ふ。【楞嚴經八】に「六天形雖レ不レ動心迹尙交。」

シンシユ 眞修 〔術語〕二修の一。

シンシユ 心趣 〔術語〕心念の趣く所、心行と云ふ如し。【中阿含經三十一】に「心趣好二惡色一爲二欲所一縛害。」

シンシユ 信首 〔術語〕佛法は信を以て最初とすれば信首と云ふ。【釋門歸敬儀上】に「宜レ敬設レ儀開二其信首之法一。」

シンシユ 信種 〔術語〕信心の種子、身に信根を成ずる者を云ふ。【釋書榮西傳】に「照二憐異域之信種一。」

シンシユ 信手 〔術語〕佛の寶山に入ては信心を以て手となして寶を採れば信手と云ふ。【智度論一】に「經中說。信爲レ手。如下人有レ手入二寶山中一自在能取若無レ手不上レ能レ有二所取一。」

シンシユウ 眞宗 〔流派〕眞實の宗旨、是れ各自所信の宗を稱するなり。又眞如法相の實理を明かす宗旨、性宗と云ふ如く天台の別敎華嚴の終敎已上是なり。【觀經散善義】に「眞宗難レ遇。」【五會法事讚本】に「念佛成佛是眞宗。」【慈恩傳八】に「臣等夙敬二眞宗一幸窺二天藻一。」【廣百論釋論】に「重顯二眞宗一遣二彼餘疑一。」【敎行信證化卷】に「鈔二眞宗詮一摭二淨土要一。」【大乘義章一】に「辨二此實性一故曰二眞宗一。」【五敎章上】に「四眞宗涅槃華嚴等明二佛性法界眞理一等。」

シンシユウ 心宗 〔流派〕佛心宗の略、禪宗なり。【禪源諸詮下】に「所レ傳心宗實貫二三篋一。」【釋書榮西傳】に「西演心宗。」

シンシユウホフエウ 眞宗法要 〔書名〕三十一卷、寶曆十年本願寺派法如上人編集、淨土眞宗の假名聖教なり。宗祖以後の和文聖教三十九部を列ぬ。

シンシユツケ 身出家 〔術語〕二種出家の一。「シユツケ」を見よ。

シンシユツケ 心出家 〔術語〕二種出家の一。「シユツケ」を見よ。

シンシヨウ 眞證 〔術語〕眞實不妄の證據を云ふ。明證と云ふ如し。又眞實の證悟を云ふ。【無量壽經】に「幸佛信明是吾眞證。」【敎行信證信卷序】に「沈二自心唯心一貶二淨土眞證一。」

シンシヨウ 身證 〔術語〕二十七賢聖の一。滅盡定に入りて身に寂靜の樂を得たる不還果の聖者。

シンシヨウ 親勝 〔人名〕梵に畔徒室利 Bandhuśri と云ふ。唯識十大論師の一。天親菩薩同時の人なり。【唯識述記上本】

シンシヨウノニモン 眞生二門 〔名數〕心眞「如門と心生滅門とを云ふ。

シンシン 眞心 〔術語〕眞實不妄の心なり、又正信無疑の心なり。淨土眞言には之を他力の信心に約して金剛の眞心と云ふ。【往生禮讚】に「雖レ不レ能二流レ淚流レ血等一。但能眞心徹到者即與レ上同。」【敎行信證信卷】に「金剛不壞之眞心。」

シンシン 心神 〔術語〕衆生の心性靈妙なれば心神と云ふ。【止觀五之三】に「色法尙能如レ此。況心神靈妙。寧不レ具二一切法一耶。」

シンシン 心心 〔術語〕前後の心を云ひ、或は心と心所を云ふ。【仁王經下】に「心心寂滅。無二身心相一。猶如二虛空一。」

シンシン 身心 〔術語〕有情の正報なり。五蘊の中に色蘊は身、受想行識の四蘊は心なり。【無量壽經下】に「身心摧破。」【法華經提婆品】に「身心無レ倦。」

シンシン 眞身 〔術語〕諸佛二身の一。「ニシン」を見よ。

シンシン 瞋心 〔術語〕三毒の一。瞋恚の心なり、三毒中之を最惡とす。【資持記下四之一】に「華嚴云。一念瞋心起。百萬障門開。又云。一念起レ瞋。殃墜二無間一。」

シンシン 心眞 〔術語〕吾人本具の自性淸淨心の眞性なり。【秘藏寶鑰上】に「頓越二三妄一入二眞心一。」

シンシンクワン 眞身觀 〔術語〕觀經所說十六觀の第九、高さ六十萬億那由他恒河沙由旬の佛身を觀ずるなり。⦿(散木集)「みだの身も天つみ空にはばかりてよもせばしとや思ひ知るらん」

シンシンジユゴフ 身心受業 〔術語〕身受業と心受業となり。身受業は欲界の惡業にして眼耳鼻等五根によりて生ずる感覺相應の異熟の苦果を感生し、心受業は色界中間定より有頂天に至る諸地の善業にして意根相應の異熟の果を生ず。

シンシンジユ 心心數 〔術語〕心と心所なり。心とは身識等の心王なり、心數とは新には心所と云ふ。心王が有する所の貪瞋等の數多の別作用なり。【維摩

經五】に「偏知ニ衆生心心數法一。」【倶舍論四】に「心心所皆名ニ有所依一。託ニ所依根一故。或名ニ有所緣一。取ニ所緣境一故。乃至或名ニ相應一。等和合故。」

シンシンニヨモン　心眞如門　〔術語〕起信論所說一心二門の一。「ニモン」を見よ。

シンジ　信士　〔術語〕Upāsaka 梵稱優婆塞、信男、又は信士と云ふ。在家の信者にして三歸五戒又は八齋戒を受けたる者を云ふ。

シンジウクワウサウ　身縱廣相　〔術語〕三十二相の一。

シンジザイシヤ　心自在者　〔術語〕阿羅漢が一切の定障を解脫して禪定に自在を得るを云ふ。即ち倶解脫阿羅漢なり。【法華經五百弟子品】に「阿羅漢心自在者。」

シンジツ　眞實　〔雜語〕法の迷情を離れ虛妄を絕つを眞實と云ふ。【大乘義章二】に「法絕ニ情妄一爲ニ眞實一。」【法華經寶塔品】に「如ニ所說一者。皆是眞實。」

シンジツキヤウ　眞實經　〔經名〕諸佛境界攝眞實經の略名。【閱帙二】

シンジツギ　眞實義　〔術語〕諸法眞實の義に四種あり。一に世流布眞實義、世間の法悉く其の名を同くし、衆生地を見て即ち是れ地と言ひ、火を見て即ち是れ火と言ひ、終に是れ水是れ風と言はず、乃至苦を見て終に樂と言はず、樂を見て終に苦と言はず、是れ假名に相を立つるも稱認すると皆同じ。之を世流布眞實義と爲す。二に方便流布眞實義、世間有智の人先づ心意を以て籌量し、宜に隨ひて方便し、經書論議を造作して人を開導す。之を方便流布眞實となす。三に淨煩惱障眞實義、聲聞緣覺是無漏道を以て諸の煩惱結業を破し、無碍智を得る之を淨煩惱障眞實義となす。四に淨智慧障眞實義、聲聞緣覺は無碍智を得るも未だ中道の理を顯發すると能はざれば智慧障と名く。佛菩薩此障を斷じて中道の理自然に顯現す。之を淨智慧障眞實義となす。【菩薩善戒經二】

シンジツギヤウ　眞實行　〔術語〕十行の一。

シンジツサイ　眞實際　〔術語〕又、眞際、實際と云ふ。眞實は眞如なり、眞如の源底を窮極するを眞實際と云ふ。【無量壽經上】に「分ニ別顯ニ示眞實之際一。」

シンジツシヤウ　眞實性　〔術語〕圓成實性三義の一。

シンジツシンジンヒツグミヤウガウ　眞實信心必具名號　〔雜語〕眞實の信心を得たる行者は自ら報恩の念佛を唱へ得るを云ふ。

シンジツホウオンシヤ　眞實報恩者　〔術語〕「キオンニフムヰ」を見よ。

シンジツホウド　眞實報土　〔界名〕修業によりて報土あり。實報土に同じ。眞實信心の念佛者の往生の土を眞宗に於て眞實報土の往生なりと云ふ、諸行往生の淨土を方便化身土なりと云ふに對す。

シンジツフコ　眞實不虛　〔術語〕如來の說法に虛妄なきを云ふ。【般若經十】⦿(草庵集)「色もかもなべて空しと說く法のことのはのみぞ誠なりける」

シンジツミヤウ　眞實明　〔術語〕佛の智慧光を稱して眞實明と云ふ。是れ三德中般若の德なり。【贊阿彌陀偈】に「智慧光明不レ可レ量。故佛又號ニ無量覺一。有量諸相蒙ニ光曉一。是故稽ニ首眞實明一。」

シンジツリモン　眞實理門　〔術語〕法相宗所立二門の一。「ズヰテンリモン」を見よ。

シンジヤウ　眞常　〔術語〕如來所得の法眞實常住なるを云ふ。【楞嚴經四】に「世尊諸妄一切圓滅。獨妙眞常。」

シンジヤウ　眞淨　〔術語〕如來所證の法眞實清淨なるを云ふ。二乘の僞に對する故に眞實と云ひ、累として脫せざるとなき故清淨と云ふ。【法華經如來神力品】に「我等亦自欲レ得ニ是眞淨大法一。」

シンジヤウ　心城　〔譬喩〕禪定は以て心を防ぎ妄動を抑制するが故に之を城に譬ふ。即ち遺敎經に堤塘に喩ふるに同じ。【行事鈔上一之三】に「禪定心城以レ戒爲レ廓。」又は身を城郭とすれば心城と云ふ。【華嚴經入法界品】に「寶眼淨天告ニ善財一言。應レ守ニ護心城一。離ニ生死一故。」

シンジヤウ　身城　〔譬喩〕身は心の城廓なれば身城と云ふ。【涅槃經一】に「頭爲ニ殿堂一。心王居レ中。如是身城。諸佛世尊所ニ棄捨一。凡夫愚人常所ニ味著一。」

シンジヤウジユ　信成就　〔術語〕六成就の一。

シンジヤウジユホツシン　信成就發心　〔術語〕起信論所說三種發心の一。「サンシユホツシン」を見よ。

シンジヤウダイホウ　眞淨大法　〔術語〕是れ地涌菩薩の法華を稱讚せし語なり。天台は此の一句を以て本經に常住を明かすを證するなり。【神力品】に「爾時千世界微塵等菩薩摩訶薩從レ地涌出者。皆於ニ佛前一。一心合掌。瞻ニ仰尊顏一。而白ニ世尊一曰。乃至我等亦自欲下得ニ是眞淨大法一受持讀誦解脫書寫而供中養之上。」と【法華玄義七】に「口唱ニ眞常大法一是眞是常。略擧ニ二德一。我樂可レ知。而鈍者讀レ文猶自不レ覺也。」【同釋籤】に「眞是常德。淨是淨德。既有ニ常淨一豈無ニ我樂一。故云ニ二德可レ知。鈍者讀文猶自不レ覺者。不レ覺ニ此經具ニ足四德一。謬判ニ法華不レ明ニ常住一。以レ是而言ニ古今咸鈍一。」

シンジヤウハ　眞盛派　〔流派〕天台宗三派の一。「テンダイシユウ」を見よ。

シンジヤク　眞寂　［術語］寂は涅槃なり佛の涅槃を二乘の僞涅槃に對して眞寂と云ふ。【因明大疏上本】に「歸二眞寂於兩河一餘二烈光乎沙劫一。」

シンジヤクジヤウ　身寂靜　［術語］二種寂靜の一。

シンジヤクジヤウ　心寂靜　［術語］二種寂靜の一。

シンジユ　心數　［術語］新に心所と云ひ、舊に心數と云ふ。是れ心法にして其の法數多なれば心數と云ふ。密敎には大日如來を心王となし、一切眷屬の諸尊を心數となす。【秘藏寶鑰下】に「心王自在得二本性之水一。心數客塵息二動濁之波一。」【即身義】に「心王者法界體性智等。心數者多一識。」【性靈集七】に「眞言大我本住二心蓮一。塵沙心數自居二覺月一。」

シンジユ　神呪　［術語］陀羅尼なり。神秘の呪語なれば神呪と云ふ。【涅槃經一】に「我已受二汝所說神呪一爲レ欲レ安二樂一切衆生四部衆一故。」

シンジユ　心呪　［術語］諸尊の神呪に大呪小呪一字呪の三種あり、一字呪を心呪と云ふ。心は眞實精要の義、心經の心の如し。又、總じて陀羅尼を云ふ。是れ如來心中の勝法なるが故に心呪と名く。【隨求陀羅尼經】に「心中眞言。佛之心中無レ勝二此法一故。」【楞嚴經七】に「無爲心佛從レ頂發レ輝。坐二寶蓮華一所レ說心呪。」

シンジユ　信珠　［譬喩］信能く人の心を澄淸せしむれば之を澄水珠に譬ふるなり。【成實論四】に「得二信珠一則心池淸。」

シンジユ　心珠　［譬喩］眞心を珠玉に譬ふ。【心珠歌】に「此心珠如二水月一。」

シンジユ　身受　［術語］二受の一。「ジユ」を見よ。

シンジユ　心受　［術語］二受の一。「ジユ」を見よ。

シンジユカ　心珠歌　［書名］韶山和尙作。【傳燈錄三十】

シンジユブギヤウ　信受奉行　［雜語］如來所說の法を信受し之を奉行するなり、諸經の終に多く斯の語あり。「ブギヤウ」を見よ。

シンジユナン　信受難　［術語］四難の一。

シンジユン　信順　［術語］所聞の法を信受し之に隨順するなり。【無量壽經下】に「應二當信順如法修行一。」【敎行信證信卷序】に「信二順諸佛如來眞說一。」【法華玄義六下】に「人心由レ法成レ親。親故則信。信故則順。」

シンジヨ　心所　［術語］心所有法の略、心王の所有にして貪瞋等の別作用を有する心法なり。小乘俱舍には四十四法あり、大乘唯識には五十一法あり。「ゴヰ」を見よ。

シンジヨウ　心乘　［術語］佛敎は心觀を主とすれば心乘と云ふ。【明神宗續入藏經序】に「坐換二昇平一密契二心乘一。」

シンジヨウ　眞乘　［術語］眞實の敎法なり。【秘藏寶鑰上】に「作二遲慢一如二眞乘寂一。」と【釋書智藏贊】に「漢人始得レ耳二眞乘一。」

シンジヨホフ　心所法　［術語］常に略して心所と云ふ。

シンジン　信心　［術語］所聞所解の法を信受して疑なき心なり。之に迷信正信、解心仰心、自力信他力信等の別あり。「シン」を見よ。

信心爲本　［術語］淨土眞言には一宗の綱目を眞俗二諦即ち世出世の二門に分けて、俗諦には王法爲本、眞諦には信心爲本なりと云ふ。即ち眞宗にては衆生が彌陀の淨土に往生するは稱名の功德によるにあらず。大悲の佛の願力を信ずるによりてなりとす。

信心正因　［術語］又前條の眞諦門の中に於て二を分ち信心正因稱名報恩と云ふ。

シンジンクワンギ　信心歡喜　［術語］信心の體には必ず歡喜の相あるなり。依て信心歡喜の四字を約すれば信樂の二字に歸し、信樂の二字を約すれば信の一字に歸す、是れ淨土眞宗の法門悉く信の一字に歸するなり。猶ほ天台の法門悉く具の一字に歸し、眞言の法門悉く阿の一字に歸するが如し。

シンジンクワメツ　薪盡火滅　［術語］佛の無餘涅槃に入るを云ふ。小乘の菩薩は伏惑行因なり。故に佛果を成ずる最後身も實業所生なれば之を齊業の身となし、業壞し報盡くるを薪盡と云ひ、果報の身盡くれば智慧隨つて滅するを火滅と云ふ。若し大乘の菩薩は斷惑行因なる故に佛果の身は實業所生にあらず、只機に隨つて生滅すれば齊緣の身と云ふ。故に衆生の機盡くるを薪盡と云ひ、隨つて應身の滅するを火滅と云ふ。【法華經序】に「佛此夜滅度。如二薪盡火滅一。」⦿（玉葉集）「人しれず法にあふひをたのむ哉たきぎつきにし跡にのこりて」

シンジンケツヂヤウ　信心決定　［術語］淨土門の常の敎なり。【御文】に「ひとたびも佛をたのむ心こそ眞の法にかなふ道なれ乃至此三首の歌の心は初めは一念歸命の信心決定の姿をよみはんべりぬ。」

シンジンダツラク　身心脫落　［術語］眞空無我の妙境、我が身心を亡泯するを云ふ。【本朝高僧傳道元傳】に「道元禪師在二天童淨和尙一。五更入堂。呵二僧坐睡一曰。參禪須二身心脫落一。恁麼打睡爲二什麼一。」

シンジンメイ　信心銘　［書名］三祖僧璨作。【傳燈錄三十】

シンジンヰホン　信心爲本　［術語］「シンジン」を見よ。

シンスヰ　心水　〔譬喩〕心の萬象を影現し又は動搖し又は染淨あるを水に譬へて心水と云ふ。【大日經三】に「心水湛盈滿。潔白如二雪乳一。」【華嚴經八十】に「菩薩心水現二其影一。」

シンスヰ　信水　〔譬喩〕信心の澄淨を清水に譬へて信水と云ふ。【高僧和讃】に「他力の信水」又信心の水能く疑念の垢を洗除すれば之を信水と稱す。【演密鈔三】に「若先習垢深則不レ染二諸法界之法一。若以二信水一滌令二潔白一則堪レ受レ染。」

シンスヰ　晉水　〔人名〕趙宋淨源晉水と號す「ジャウゲン」を見よ。

シンスヰヲンリ　身雖遠離　〔雜語〕身は諸漏を離ると雖も心は闇愚なりとの意。【智度論】に「身雖二遠離一心不二遠離一。」不如法の比丘を呵責せし語なり。⦿（法門百首）「身の爲と思ひていらぬ道なれば心は人を背きやはする」

シンズヰテンホフ　心隨轉法　〔術語〕一切の心所法と、定俱戒道具戒の二無表色と、及び此法の生住等の四相とは、心王と時を同じくし果を同じくし、又善等の性其他一切の相を同じくすれば之を心隨轉法と云ふ。即ち心生ずれば隨つて生じ、心滅すれば隨つて滅するなり。【俱舍論六】に「心所二律儀。及彼心諸相。是心隨轉法。由二時果善等一。」

シンセ　嚫施　〔術語〕嚫は噠嚫 Dakṣiṇā の略。齋後の說法を云ふ、所謂法施なり、之に對して財施を供するを嚫施と云ふ。

シンセ　信施　〔術語〕信者の施物を云ふ。【觀佛經五】に「虛食二信施一以二此因緣一食二諸鐵丸一。」【涅槃經十一】に「寧以二此口一吞二熱鐵丸一終不下敢以二毀戒之口一食中信心檀越飮食上。」【資持記下三之三】に「信奉者故曰二信施一。」

虛受信施後爲肉山　〔故事〕【五百問論】に「昔比丘あり、多く乞ひて積集し、既に福を作さず、又道を行ぜず、命終して肉駱駝山となり、廣數十里。適凶年に遭ふ。其の國中の人日日來て之を食ふ、割るに隨つて生ず。俄に隣國より此に來り之を取るに駱駝便ち大に喚ぶ。人其の故を問へば彼れ乃ち答て曰く、吾れもと道人なり、財を貪りて爲に施さず、此國の人に物を負ふと多し、故に肉を以て之を償ふ。我れ他鄕に負はざるなり、是の故に大に喚ぶのみ。」

シンセウ　身笑　〔術語〕身體にて笑ふこと。【智度論七】に「註曰。爾時世尊。從二三昧一安庠而起。以二天眼一觀二視世界一擧身微笑。」論に問て曰く、笑は口より出づ、或時は眼笑あり、今云何ぞ一切身笑と言ふ。答て曰く、佛は世界中の尊として自在を得、能く一切の身をして口の如く眼の如くならしむる故に皆能く笑ふ。復次に一切の毛孔皆開く故に笑ふとなす。口笑歡喜に依るが故に一切の毛孔皆開くなり。問て曰く、佛は至て尊重なり、何を以ての故に笑ふや。答て曰く、大地の如きは無事及び小因緣を以て動かず、佛亦た是の如し、若し無事及び小因緣なれば則ち笑はず、今大因緣の故に一切身笑す。云何か大となす、佛摩訶般若波羅蜜を說かんと欲す、無央數の衆生當に佛種を續ぐべし、是を大因緣となす。

シンセツ　眞說　〔術語〕眞實の說法なり。又如來親口の敎說なり。【敎行信證信卷】に「信二順諸佛如來眞說一。披二閱論家釋家宗義一。」

シンセン　眞詮　〔術語〕詮は顯なり眞理を顯はす文句を眞詮と云ふ。【宗鏡錄二十六】に「金是身外之浮財。豈齊二至敎一。命是一期之業報。曷等二眞詮一。」【俱舍頌疏一】に「咀以二眞詮一狎以二蘭室一。」

シンセン　眞筌　〔術語〕筌は筌蹄、言說に喩ふるなり、即ち眞詮なり。【聖靈集五】に「棄二命廣法一訪二探眞筌一。」

シンセン　嚫錢　〔雜名〕嚫財に同じ。

シンゼン　眞善　〔術語〕善の善なるもの之を眞善と云ふ。【延命地藏經】に「眞善菩薩。」又「眞善男子。」

シンゼンメウウ　眞善妙有　〔術語〕眞空妙有の法なり。即ち台家三諦中、假諦の諸法なり。依て法身の色相を眞善妙有の色と云ふ。

シンソウ　津送　〔儀式〕禪家に亡者を送るを津送と云ふ。此に二義あり、一はもと生人を送る語なり。人を送りて津に至て止む。今は生人に準じて亡者を送るを云ふ。一は人の去ると譬へば舟の津を發する如し、而して人之を送るなり。【勅修淸規尊宿遷化】に「但擧二無常偈一同二亡僧津送一。」其の生人を送る例證は【傳燈錄會通傳】に「帝厚二其所一レ賜敕二有司一津送。」【禪林寶訓】に「迎待連日厚レ禮津送。」印度の俗、死者を河津に運び足を水に浸さしめて、後河邊に於て闍毗し、遺骨を水に流す禮あり。尼波羅國に於ては未だ全く死せざる前に之を河津に送る習あり、これ引導にして同時に津送なり。津送の義或はかゝる習俗に基づくか。

シンソウジンヅウラク　身相神通樂　〔術語〕「十樂の一。」

シンソウデン　神僧傳　〔書名〕九卷、明の太宗御製、漢の摩騰より始めて元の瞻巴に終る、凡そ二十八人を傳す。【致帙十一】（1620）

シンゾ　陞座　〔雜語〕禪家に高座に上つて說法するを云ふ。【象器箋十一】に「舊說曰。普說爲二陞座一。或上堂亦稱二陞座一。忠曰。古有二上堂稱二陞座一。如二臨

濟錄一。後世與二上堂一不レ同。諸錄己分二二名一。不レ可二概爲一レ一也。」

シンゾク　眞俗　〔術語〕眞俗は事理の異名なり、因緣所生の事理を俗とし、不生不滅の理性を眞とす。故に有空中又は空假中の三には有又は假を以て俗とし、空中を眞となす。而して是れ相對の名なれば相對に依て重生の眞俗を生ずるなり。遂に世出世又は在家出家の異名と爲すに至る。「ニタイ」を見よ。

眞俗不二　〔術語〕天台の別敎、華嚴の終敎以上には眞如隨緣して諸法となる、諸法即ち眞如なり。之を眞俗不二と云ふ。然かも是れ諸法の實法眞如なる邊に就て不二を言ふを得るもの、諸法の當相そのままに眞如と言ふを得ざれば眞の不二に非らず。天台の圓敎又は眞言の如きは性に十界三千の諸法を具して眞如そのままの諸法なれば是れ眞の不二なり。

シンゾクチユウサンタイ　眞俗中三諦　〔名數〕空假中の三諦のこと。

シンタイ　眞諦　〔術語〕二諦の一。

シンタイ　心諦　〔術語〕仁王經疏說三諦の一。「サンタイ」を見よ。

シンタイモン　眞諦門　〔術語〕「ニタイ」を見よ。

シンタウ　新到　〔雜語〕新に某寺に到りて掛搭するを云ふ。【象器箋五】「り。

新到相見　〔雜語〕新到者住持と相ひ見ゆるた

シンタフ　身塔　〔術語〕大日の法性身は塔婆を以て三昧耶形とすれば身塔と云ふ。【大日經疏】に「慈氏印如二窣都波形一者。以二一切如來法身塔一故。」【性靈集七】に「法性身塔。」

シンタクワンギノヤク　心多歡喜益　〔術語〕現世十種益の一。彌陀を信ずる者の歡喜なり。

シンタフ　心塔　〔術語〕密敎の深旨には衆生の心を以て直に塔婆となせば心塔と云ふ。【三種悉地陀羅尼法】に「梵音制底。與二質多一體同。此中秘密謂レ心爲レ塔也。如二第三曼荼羅一以二自心一爲レ基。次第增加乃至二中胎一。涅槃色最居二其上一。故此制底甚高。」

シンタマニ　震多末尼　〔物名〕振多摩尼、又は震跢末尼、Cintā-maṇi 譯、如意珠。【希麟音義六】に「振多摩尼。或云二眞多末尼一。梵語輕重也。此譯云二如意寶珠一。」【陀羅尼集經六】に「眞陀末尼。唐云二如意珠一。」【大日經疏一】に「眞陀摩尼爲二諸寶之王一。」

シンダマニガウサウイン　眞多摩尼毫相印　〔印相〕又如來毫相印と云ふ。左手を以て拳と作し之を眉間に置くを云ふ。【大日經密印品】

シンタン　震旦　〔地名〕Cīna 振旦、眞丹、神丹。「シナ」を見よ。

シンタンジキサウ　身端直相　〔術語〕三十二「相の一。

シンダ　眞荼　〔雜名〕Caṇḍāla 旃陀羅の訛略。

シンダイサンザウ　眞諦三藏　〔人名〕西印度優禪尼國の人、梵稱波羅末陀 Paramārtha 又は、拘那羅陀 Guṇarata と云ふ。梁の大同十二年三十餘歲にして支那に來り、武帝の好遇を受けしが、會會國難に逢ひ北齊に往き、東魏に赴き、流離の間金光明經、攝大乘論、唯識論等の譯、及び世親傳等の著二百七十八卷を述ぶ。太建元年正月十一日寂す、歲七十一。

シンダウ　寢堂　〔堂塔〕禪家に住持の寢室を云ふ。【象器箋一】

シンダウ　眞道　〔術語〕眞實の道なり。【瞿醯經下】に「我行二眞道一。何用二咒術事一耶。」

シンダウ　眞堂　〔堂塔〕禪家に祖師の眞影を安置する堂を云ふ。【僧堂淸規五】

シンダウ　神道　〔術語〕六道の中の天道阿修羅道鬼道の三を總稱して神道と云ふ。又神は神魂、有情の精靈なり。其の神靈の道理を神道と云ふ。【三論玄義】に「夫神道幽玄惑人多昧。義住レ丘而未レ曉。理涉レ旦而猶昏。唯有二佛宗一乃盡二其致一。」又神妙の道即佛道を稱す。【肇論疏】に「神道者。謂神妙之道。即佛道也。」

シンダウス　眞堂主　〔職位〕又侍眞と云ふ。眞「堂を護る役僧なり。

シンダマニ　眞陀末尼　〔物名〕「シンタマニ」を見よ。

シンダラ　眞陀羅　〔天名〕Kiṁnara 甄陀羅「キン「ナラ」を見よ。

シンダラダイシヤウ　眞達羅大將　〔天名〕十二神將の一。

シンチ　心地　〔術語〕心は萬法の本、能く一切諸法を生ずれば心地と云ふ。又、修行者心に依て近行するが故に心地と云ふ。又、三業の中心業最勝なれば心地と云ふ。【心地觀經八】に「三界之中以レ心爲レ主。能觀レ心者究竟解脫。不二能觀一者究竟沈淪。衆生之心猶如二大地一。五穀五果從二大地一生。如レ是心法生二世出世善惡五趣有學無學獨覺菩薩及於如來一。以二此因緣一三界唯心。心名爲レ地。」【楞嚴經二】に「本元心地。」【止觀五四】に「心地難レ安。」【大日經疏三】に「如三世人擧レ趾動レ足皆依二於地一。菩薩亦如レ是依レ心進行。故名二此心一爲レ地。」【天台戒疏上】に「三業之中。意業爲レ主。身口居レ次。據レ勝爲レ論故爲二心地一也。」

シンチ　神智　〔術語〕自在に事理を徹見する知慧を神智と云ふ。【無量壽經上】に「神智洞達。」

シンチ　心智　〔術語〕心は體、智は用、體用並擧して心智と云ふ。【仁王經中】に「心智寂滅。無緣照。」

シンチ　眞智　〔術語〕又聖智と云ふ。眞如實相を緣ずる智を眞智と云ふ。是れ無緣の緣なり。故に眞智は無智なりと云ふ。【注維摩經序】に「聖智無知而萬品俱照。法身無象而殊形並應。」【淨土論註下】に「實無相故眞智無知也。」

シンチ　眞知　〔術語〕眞智の知なり。【釋氏稽古略三】に「眞知無知。以二知寂不二之一心一契二空有雙亡之中道一。」

シンチ　眞胝　〔天名〕Cinti 天の名。譯、善思惟。【玄應音義四】に「眞胝。胝作尸切。此云二善思帷一。是天名也。」

シンヂクワンキヤウ　心地觀經　〔經名〕大乘本生心地觀經の略名。【字帙二】(955)「三昧の一。

シンヂユウサンマイ　心住三昧　〔術語〕百八

シンヂン　心塵　〔術語〕心上の塵垢、即ち煩惱なり。【釋門歸敬義中】に「若二彼心塵使性一。知二誰不レ無。」

シンツウ　身通　〔術語〕飛行自在の通力を云ふ。【往生要集上本】に「其國諸衆生。神變及身通。」

シンテイ　眞亭　〔堂塔〕禪宗に亡尊宿の眞影を掛くる小亭を云ふ。眞亭の製四柱四宇其の形亭の如し、四傍皆薄紗を張り、透徹玲瓏、前檐に眞亭の兩字を扁す。而して影前に牌を安ず。或は言く、眞影贊辭ありて自ら名を書せば則ち牌を用ひず、喪に化壇に赴く時に此器龕前に在りて扛げて進發す。【象器箋二十】

シンテイ　心亭　〔譬喩〕心城と言ふ如し。心は身を以て亭とすれば心亭と云ふ。【秘藏寶鑰下】に「從二此初門一移二心亭一。」

シンテンダウ　心顚倒　〔術語〕三顚倒の一。「テンダウ」を見よ。

シンデイブツ　身泥佛　〔圖像〕香泥を以て作りし塑像なり。

シンデン　心田　〔譬喩〕心能く善惡の苗を生ずれば心田と云ふ。【古尊宿錄】に「僞山曰。直得二沒交涉一。名二運糞人一。汚二爾心田一。」

シンデン　身田　〔譬喩〕身能く善惡の業を生ずれば身田と云ふ。【法事贊上】に「大悲恩重。等潤二身田一。」

シントウ　身燈　〔修法〕法華の藥王菩薩の如き、身を燒て燈となし、以て佛に供養するを云ふ。愚案に是れ眞の護摩供なり。【佛祖統紀三十三】に「佛言。我昔於二閻浮提一作二國王一。剜レ身出レ肉。深如二大錢一以二酥油一灌レ中。作二千燈炷一。語二婆羅門一。請レ說二經法一。求二無上道一。」【菩薩本業經】に「菩薩爲二法因緣一剜レ身爲レ燈。」

シントウ　身等　〔術語〕四等の一。

シントウル　眞等流　〔術語〕三等流の一。

シントク　信德　〔術語〕信心の功德なり。又佛法を信ずる德者なり。⦿(盛衰記)「信德の高き」

シントクフクウシユウ　眞德不空宗　〔術語〕十宗の一。「シユウ」を見よ。

シントコウヂ　瞋斗吼地　〔雜語〕瞋は忿怒、斗は角たつ、吼は怒號の聲、地は助字なり。赫怒すると。

シンド　眞土　〔界名〕眞佛土の略。佛の眞身所住の法性土を云ふ。化身所住の化土に對す。【敎行信證眞佛土卷】に「言二眞土一者。大經言二無量光明土一。或言二諸智土一。」

シンド　身土　〔界名〕凡聖の依正二報なり。身は正「報、土は依報なり。

シンド　信度　〔地名〕Sindhu 信度國、信度河あり。

シンドウ　震動　〔雜語〕大地の震動に三種の六種震動あり。「ロクシユシンダウ」を見よ。

シンドカ　信度河　〔地名〕又、辛頭河、贍部洲四大河の一。「シカ」を見よ。

シンドコク　信度國　〔地名〕Sindhu もと印度の稱なり。又特に一地方に名けて國名とす。即ち信度河の邊に在り、國の周七千餘里、大都城を毘苦婆補羅 Vichavapura と云ひ、周り三十餘里、穀稼牛羊等に宜し。如來昔此國に遊ぶ、故に無憂王聖迹の處に於て窣堵波數十所を造る。【西域記十一】

シンドク　眞讀　〔儀式〕大般若經を誦するに眞讀と轉讀の二樣あり、卷を追ひて六百卷の始終を誦するを眞讀と云ひ、經の初中數行を誦して經卷を轉廻するを轉讀と云ふ。

シンドク　瞋毒　〔術語〕三毒の一。

シンドク　申毒　〔地名〕Sindhu 又、身毒、賢豆に作る。印度の古稱なり。

シンドハラカウ　辛頭波羅香　〔物名〕Sindhu-pāra 辛頭河岸より出づる香に名く。【慧苑音義下】に「辛頭者河名也。波羅此云レ岸也。謂其香生二彼河岸一故以二出處一爲レ名耳。」

シンドラ　申頭羅　〔雜名〕空中を飛行する幻を作す者を云ふ。【央掘魔羅經二注】に「申頭羅者外國幻人。戲二空中一來去往反。」Sindūra* 「見よ。

シンドリン　申怒林　〔地名〕「シンシチリン」を

シンナタラタ　辰那咀邏多　〔人名〕Jinatrāta 譯、最勝救。僧祇部の僧名なり。【慈恩傳二】

シンナタラタ　愼那咀羅多　〔人名〕Jinaputra* 譯、最勝子。瑜伽師地釋論を製せし人なり。【慈恩傳四】に「愼那咀羅多。唐言二最勝子一也。製二瑜伽師地釋論一。」と。案ずるに是れ唯識述記に曰ふ十大論師の一、辰那弗多羅なり。咀羅多は Trāta ならむ。子と譯せしは誤か。

シンナフソウ　進納僧　〔雜名〕諸國より學德を

選拔して朝に進納せし僧なり。【釋書覺阿傳】に「僧無ニ進納一。而講義高者賜度。」

シンナハンダ　辰那飯茶　〔人名〕Jinabandhu 譯、最勝親。大乘尊の僧名なり。【慈恩傳二】

シンナホタラ　辰那弗多羅　〔人名〕Jinaputra 譯、最勝子。唯識十大論師の一。【論識述記上本】

シンジ　申日　〔人名〕譯、首寂。長者の名なり。【玄應音義八】

シンニチキヤウ　申日經　〔經名〕一卷、西晋の竺法護譯の月光童子經の異名。又宋の求那跋陀羅譯の申日兒本經の略名。

シンニチニホンキヤウ　申日兒本經　〔經名〕一卷、劉宋の求那跋陀羅譯、此經月光童子經と共に德護長者經に說く月光童子の事を記す。【宙帙六】(231)

シンニホンキヤウ　申兒本經　〔經名〕申日兒本經の略名。

シンニフ　身入　〔術語〕六入又は十二入の一、「ロクニフ」を見よ。

シンニヨ　神女　〔雜名〕天女或は女巫を云ふ。

シンニヨ　眞如　〔術語〕梵音、部多多他多、Bhūtatathatā（此梵語は金剛經の梵本に出づ、眞如性と譯す。）眞とは眞實の義、如とは如常の義、諸法の體性虛妄を離れて眞實なれば眞と云ひ、常住にして不變不改なれば如と云ふ。【唯識論二】に「眞謂眞實。顯レ非ニ虛妄一。如謂如常。表レ無ニ變易一。謂此眞實於ニ一切法一。常如ニ其性一。故曰ニ眞如一。」或は自性清淨心と云ひ、佛性と云ひ、法身と云ひ、如來藏と云ひ、實相と云ひ、法界と云ひ、法性と云ひ、圓成實性と云ふ。同體異名なり。【唯識述記二本】に「眞以簡レ妄。如以別レ倒。初簡ニ所執一後簡ニ依他一。或眞以簡ニ有漏一非ニ虛妄一故。如以簡ニ無漏一非ニ有爲一故。眞是實義。如是常義。故名ニ眞如一。」【探玄記八】に「不壞曰レ眞無異曰レ如。前則非ニ四相所一レ遷。後則體無ニ差別一。此約ニ始敎一。又不變曰レ眞順緣稱レ如。由ニ前義一故與ニ有爲法一非レ一。由ニ後義一故與ニ有爲法一非レ異。二義同爲ニ一法一名曰ニ眞如一。」【大乘止觀】「此心即自性清淨心。又名ニ眞如一。亦名ニ佛性一。亦名ニ法身一。亦名ニ如來藏一。亦名ニ法界一。亦名ニ法性一。」【往生論註下】に「眞如是諸法正體。」【敎行信證證卷】に「無爲法身即是實相。實相即是法性。法性即是眞如。眞如即是一如。然則彌陀如來從レ如來生示ニ現報應化種種身一也。」【雜阿含經二十一】に「以ニ一乘道一淨ニ衆生一。離ニ憂悲一。得ニ眞如法一。」

一眞如　〔名數〕一眞法界差別なきなり。起信論に所謂眞生未分の一心なり。

二眞如　〔名數〕種種あり。一に隨緣眞如、不變眞如なり。無明の緣に隨て九界の妄法を起すを隨緣眞如と云ひ、隨緣して妄法となるも其の眞性不變なるを不變眞如と云ふ。依て隨緣眞如の故には眞如即萬法なり、不變眞如の故には萬法即眞如なり。是れ華嚴の終敎天台の別敎已上の所談なり。二に空眞如、不空眞如なり。眞如究竟して染法を離るると明鏡の如きを空眞如と云ひ、眞如一切の淨法を具すると明鏡に萬像を現ずる如きを不空眞如と云ふ。是れ亦起信論等の說なり。三に清淨眞如、染淨眞如なり。是れ上の隨緣眞如不變眞如の異名なり、釋摩訶衍論三に出づ。四に有垢眞如、無垢眞如。衆生所具の眞如を有垢と云ひ、諸佛所顯の眞如を無垢眞如と云ふ。大乘止觀二に說く。五に在纏眞如、出纏眞如なり。是れ上の有垢眞如無垢眞如の異名なり。起信論疏に出づ。六に生空眞如、法空眞如なり。人我を空じて顯はす所の眞如を生空眞如と云ひ、法我を空じて顯はす所の眞如を法空眞如と云ふ。唯識論に說く。七に依言眞如、離言眞如なり。眞如の體本來言辭の相を離れ心念の相を離るるを離言眞如と云ひ、假名の言說に依て其の相を顯はすを依言眞如と云ふ。是れ亦起信論に說く。八に安立眞如、非安立眞如なり。是れ前の依言眞如離言眞如の異名なり。探玄記等に說く。九に相待眞如、絕待眞如なり、是亦上の安立眞如非安立眞如の異名なり。華嚴大疏鈔に說く。

三眞如　〔名數〕一に無相眞如、諸法の體遍計所執の虛相なきを云ふ。二に無生眞如。諸法因緣生の故に實生なきを云ふ。三に無性眞如、諸法の眞體言亡慮絕の故に妄情所執の實性なきを云ふ。此の三眞如は唯識論所說の三無性に依て立つ。（三無性を見よ。）図一に善法眞如、眞如隨緣して善法となるを云ふ。二に不善法眞如、眞如隨緣して不善法となるを云ふ。三に無記法眞如、眞如隨緣して無記法となるを云ふ。雜集論に出づ。

七眞如　〔名數〕一に流轉眞如、有爲法流轉の實性を云ふ。二に實相眞如、二無我に顯はるる實性を云ふ。三に唯識眞如、染淨の法の唯識の實性を云ふ。四に安立眞如、苦諦の實性を云ふ。五に邪行眞如、集諦の實性を云ふ。六に清淨眞如、滅諦の實性を云ふ。七に正行眞如、道諦の實性を云ふ。流轉安立邪行の三眞如は佛に通ぜず、又實相唯識清淨の三眞如は根本智の境、餘の四は後得智の境なり。而して是れ詮門に約して義說を以て七と說く、若し詮を廢して如の體を論ずれば七即一如なり。【解深密經分別瑜伽品、唯識論八】

十眞如　〔名數〕菩薩十地所得の十眞如なり。

一に遍行眞如、此の眞如は我法二空の所顯なり、一法として在らざる所なきが故に遍行と名く。二に最勝眞如、此の眞如は無邊の德を具足し一切法に於て最勝たるが故に最勝と名く。三に勝流眞如、此の眞如所流の敎法極めて殊勝なるが故に勝流と名く。四に無攝受眞如、此の眞如は繫屬する所なく我執等の依て取る所に非ざるが故に無攝受と名く。五に無別眞如、此の眞如は差別の類なく眼等の異類ある如くにあらざるが故に無別と名く。六に無染淨眞如、此の眞如は本性無染にして後に方に淨なりと說く可からざるが故に無染と名く。七に法無別眞如、此の眞如は多數法種種に安立し別異なきが故に法無別と名く。八に不增減眞如、此の眞如は增減の執を離れ、淨染に隨つて增減あるに非ざるが故に不增減と名く。即ち又相土自在所依眞如と名く、若し此の眞如を證得し已れば身相を現じ國土を現ずると自在なるが故なり。九に智自在所依眞如、若し此の眞如を證得し已れば無碍解に於て自在を得るが故に名く。十に業自在等所依眞如、若し此の眞如を證得し已れば普く一切神通の作業陀羅尼定門に於て皆自在を得るが故に名く。眞如の性實に差別なきも勝德に隨つて十種を假立す。菩薩初地中に已に一切に達して能く證行するも猶未だ圓滿ならざるが故に圓滿ならしめん爲めに後後に之を建立す。【唯識論十】

圓敎十眞如　[名數]　前に明かす十眞如は是れ別敎の義なり。圓敎の十眞如は法華所說の唯佛與佛乃能窮盡諸法實相如是等の十如是の法なり。故は十如是と十眞如とは名義同じきなり。天台は之を無作の無作と云ひ、眞言には眞如十界と云ふ。理趣釋上下十峰の金剛智處を釋する中に如來の十地十眞如十法界を表すと云ふ者即ち是なり。即身成佛義に十界を釋する中に地獄等の十界を列らぬる亦天台と同じきなり。是れ佛性論の假眞如の釋の如きが故に眞如と名くるなり【菩提心義四】

十二眞如　[名數]　又十二無爲十二空と名く。一に眞如、二に法界、界は所依の義諸法の所依とする所なり。三に法性、是れ諸法の體性なれば法性と云ふ。四に不虛妄說、諸法有爲の虛妄性に對して不虛妄性と云ふ。五に不變異性、諸法の生滅變異するに對して不變異性と云ふ。六に平等性、諸法の差別不同なるに對して平等性と云ふ。七に離生性、生滅を離るるが故に離生性と云ふ。八に法定、法性常住なれば法定と云ふ。九に法住、諸法眞如の法位に住すれば法住と云ふ。十に實際、是れ諸法性眞實の際極なれば實際と云ふ。十一に虛空界、理體の法界に周遍するを喩へて虛空界と云ふ。十二に不思議界、理體言思を絕てば不思議界と云ふ。【大涅槃經】

シンニヨ　信女　[術語]　梵語優婆夷、Upāsikā　信女と翻す。佛法を信受して三歸五戒或は八戒齋を受けたる女姓なり。「ソク」を見よ。

シンニヨイソク　進如意足　[術語]　「シニヨイ」

シンニヨイツウ　身如意通　[術語]　六通の一。「ツウ」を見よ。

シンニヨエンギ　眞如緣起　[術語]　四種緣起の一。「エンギ」を見よ。

シンニヨカイ　眞如海　[術語]　眞如法性に無量の性功德を具すれば海と云ふ。【起信論歸敬頌】に「法性眞如海無量功德藏。」【觀經玄義分歸敬頌】に「歸命盡十方。法性眞如海。」

シンニヨサウヱカウ　眞如相廻向　[術語]　十廻向の一。

シンニヨサンマイ　眞如三昧　[術語]　眞如無相の理を觀じて妄惑を除く禪定なり。【起信論】に「眞如三昧者。不レ住ニ見相一不レ住ニ得相一乃至出レ定亦無ニ懈慢一所有煩惱漸漸微薄。」

シンニヨシシサウ　身如師子相　[術語]　三十二相の一。

シンニヨシユジヤウヂンエンライ　眞如珠上塵厭禮　[雜語]　【十訓鈔】に「眞如珠上塵厭禮。忍辱衣中石法緣。」の法の字、一に結に作る、可なり。眞如珠上塵厭とは一切衆生は本來佛性を有せり、之を眞如の珠と云ふ。不輕比丘が見る人ごとに禮するは此の人の具する佛性に向ひて禮するなり。然るに彼の人人は煩惱の塵を以て己が佛性の珠を蔽ひぬれば不輕比丘の意を知らず、反ていはれなく我を禮する狂人なりとして彼が禮を厭棄するなり。即ち煩惱の塵の爲に本有の佛性を隱沒し去るが故に不輕の敬禮を厭へば塵は禮を厭ふと云ふ。忍辱衣中石結レ緣とは、忍辱衣とは僧衣を云ふ、柔和忍辱を行ずる爲に著する僧衣なればなり。人の之を厭ふを不輕比丘は更に事とせず、强いて禮拜するが故に人之を怒りて刀杖瓦石を以て彼が忍辱衣の中に加ふるに至る、さても其の石は忍辱を行ずる菩薩を害せんとする大罪の石なれども、遂に之を逆緣として、いつか不輕比丘に濟度せらるる結緣となれば石は緣を結ぶと云ふ。是れ逆即是順の意なり。

シンニヨジツサウ　眞如實相　[術語]　眞如と實相とは同體異名なり、假諦の妙有に約して實相と云ひ、空諦の一如に約して眞如と云ふ。此の二の不二の中道を法界と云ふ。但し眞如に不變隨緣の二義

あり。又實相は其實三諦の總名なれば眞如實相共に空にも假にも中にも通ずるなり。【觀佛三昧經】に「佛地果德眞如實相第一義空。」【往生要集中本】に「色即是空故謂二之眞如實相一。空即是色故謂二之相好光明一。」

シンニヨジヤクメツサウ 眞如寂滅相 〔術語〕眞如の體一切の妄染を離るるを寂滅相と云ふ。是れ十眞如の無染眞如なり。

シンニヨズヰエン 眞如隨緣 〔術語〕隨緣眞如の無明の染緣に隨て九界の妄法を生ずるを云ふ。

シンニヨナイクン 眞如內薰 〔術語〕眞如の法性が內部より感化すること。眞如は吾人本具の自性淸淨心なり、是れ諸佛の法身なり。此の法身內に在て其の妄心を薰じ、又諸佛の報化二身敎法を垂れて外より之を薰ず、之を三大に配すれば眞如法身は體相二大、報化二身は用大なり。而して此內外の二薰に依て衆生漸く厭求の菩提心を生ずるなり。一切皆成佛の義之に依て成ずるなり。【起信論】に「眞如薰習義有二二種一。云何爲レ二。一者自體相薰習。二者用薰習。自體相薰習者。從二無始世一來具二無漏法一。是れ體相薰習 備有二不思議業一作二境界性一。是れ用薰習、依二此二義一常恒薰習。以レ有二薰習力一故。能令下衆生厭二生死苦一樂中求涅槃上自信二己身有二眞如法一發心修行上。」

シンニヨノミヤコ 眞如の都 〔術語〕眞如は諸佛の證處なれば都と云ふ。而して隨緣眞如の義に依て吾等衆生は本覺眞如の都より流出して六道に輪廻すと云ふ。但是れ天台別敎の敎道方便の所談にして圓敎證道の實說にあらず。「ムシムミヤウ」を見よ。

シンニヨフヘン 眞如不變 〔術語〕不變眞如に同じ。「シンニヨ」を見よ。

シンニヨホフシン 眞如法身 〔術語〕不空眞如無量の功德法を具すれば眞如法身と云ひ、又法身の體眞實如常なれば眞如法身と云ふ。

シンニン 信忍 〔術語〕三忍五忍六忍の中に各信忍あり。「ニン」を見よ。

シンニン 神人 〔術語〕是れ幽顯の二乘なり。

シンニン 眞人 〔術語〕總じては阿羅漢を曰ひ、別しては佛を曰ふ。是れ眞理を證する人なればなり。【無量壽經下】に「殺二眞人一鬪二亂衆僧一。」【法華文句一】に「瑞應云二眞人一。」【同疏記】に「眞是所證。證眞之人。故曰二眞人一。」【玄應音義九】に「眞人是阿羅漢也。或言二阿羅訶一。經中或言二應眞一。或言二應儀一。亦言二無著果一。皆是一也。」【中本起經上】に「方身丈六。華色紫金。明曜二於世一。乃至身正修レ德。履レ道忽レ榮棄レ利。義曰二眞人一。凡有二千二百五十人一俱。」

シンニンキヤウ 眞人經 〔經名〕佛比丘の爲に說く、善法を恃む者を不眞人法となし、自ら他を賤まざるを眞人法となす。【中阿含二十】

シンニンギヤウ 身忍行 〔術語〕三種忍行の一。「ニンギヤウ」を見よ。

シンネン 心念 〔術語〕心識の思念なり。【無量壽經上】に「衆生心念。」【法華經普門品】に「心念不二空過一。」

シンネンクゴン 心念口言 〔術語〕心に其事を念ひ口其事を言ふなり。【行事鈔下一之三】に「受二僧施一者應二心念口言一。是我分得也。」

シンネンフクウクワ 心念不空過 〔雜語〕心に佛を念じて空しく放念せざれとの意。【法華經普門品】に「我爲レ汝略說。聞レ名及見レ身。心念不二空過一。能滅二諸有苦一。」◉（新古今）「をしなべて空しきそらと思ひしに藤さきぬれば紫の雪」

シンネンホフ 心念法 〔術語〕三種羯磨法の一。「コンマ」を見よ。

シンノイチネン 信一念 〔術語〕「イチネン」を見よ。

シンハカロンシンダマナカロ 振波迦論眞陀摩那迦樓 〔佛名〕譯、傷悲憐念。【道神足無極變化經】梵 Chinnopakarunacintāmanasikāra*

シンバク 瞋縛 〔術語〕三縛の一。

シンバク 心縛 〔術語〕妄想、心を縛すれば心縛と云ふ。【楞伽經二】に「彼相則是過。皆從二心縛一生。」

シンバン 信幡 〔物名〕信心の爲に佛に奉りたる幡なり。「バン」を見よ。

シンヒヤウ 心氷 〔譬喩〕心中に疑ありて解けざるを氷に譬へて心氷と云ふ。【因明大疏上本】に「嗟二去レ聖之彌遠一。慨二心氷之未一レ釋。」

シンビヤウ 心病 〔術語〕二種病の一。

シンビヤウ 身病 〔術語〕二種病の一。

シンビヤウ 瞋病 〔術語〕三病の一。

シンビヤウドウコン 心平等根 〔術語〕數論二十五諦の一。心根に同じ。「シュロン」を見よ。

シンフゲン 眞普賢 〔菩薩〕生身の普賢菩薩也。【臨濟錄】に「儞目前用處。始終不レ異。處處不レ疑此箇是活文殊。儞一念。心無差別光處處。總是眞普賢。」

シンフサウオウ 心不相應 〔術語〕心不相應行法の略。

シンフサウオウギヤウ 心不相應行 〔術語〕「心不相應行法の略。

シンフサウオウギヤウボウ 心不相應行法 〔術語〕五法の一。「ゴホフ」を見よ。

シンフシゼンジ 新婦子禪師 〔雜語〕是れ惡知識の柔弱なるを指して言ふなり、婦人始めて嫁すれば即ち容を艷にして媚を夫に取る、是れ夫の意に

違ひ趁ひ出されて家の主宰と爲ると能はざるを恐るるなり。【臨濟錄】に「若似ニ新婦子禪師一便即怕下趁ニ出院一不ニ與レ飯喫一不安不樂上。」

シンフタイ　信不退　〔術語〕三不退の一。「フタイ」を見よ。

シンブク　信伏　〔術語〕其の法或は其人を信じて之に伏從するを云ふ。【楞嚴經四】に「恐汝誠心未ニ信伏一。」【梁僧傳法】に「與ニ安公一相値。忽然信伏。」

シンブツ　心佛　〔術語〕華嚴十種佛の一。心に依て佛を成ずれば心佛と云ひ、又心中所現の佛を心佛と云ふ。又、是の心是れ佛なれば心佛と云ふ。【華嚴經五十二】に「應レ知念念常有ニ佛成ニ正覺一。何以故。諸佛如來不レ離ニ此心一成ニ正覺一故。」【楞嚴經七】に「如來、無間頂相無爲心佛從レ頂發輝。坐ニ寶蓮華一所レ說心呪。」【觀無量壽經】に「是心作佛。是心是佛。」【三昧耶戒序】に「喩ニ法界於帝網一。觀ニ心佛於金水一。」

シンブツ　眞佛　〔術語〕報身佛を化身佛に對して眞佛と云ふ。又、無相の法身を云ふ。【無量壽經】に「光明相好。具如ニ眞佛一。」【臨濟錄】に「眞佛無形。眞法無相。」

シンブツ　信佛　〔雜語〕佛を信ずるを云ふ。信佛功德經一卷あり。

シンブツギフシユジヤウゼサンムシヤベツ　心佛及衆生是三無差別　〔術語〕是れ華嚴經夜摩天宮品の文なり、天台は之を三法妙と云ふ。密敎の三昧耶戒は此三平等を體とす。夫れ佛と衆生とは因果の相違にて、心は因果に通じて佛と衆生に對する能變の體也。故に因果不二能變所變一如なれば是三無差別と云ふ。「サンガイユヰイチシン」を見よ。

シンブツクドクキヤウ　信佛功德經　〔經名〕一卷、趙宋の法賢譯。信佛の功德を說く【昃帙十】

シンブツシ　眞佛子　〔術語〕別敎の菩薩始て初地に到れば我法二空の眞如を證すれば之を如來の家に生ぜし眞の佛子なりと稱す。【唯識述記九末】に「紹ニ繼佛種一令レ不ニ斷絕一。乃至般若證ニ眞法界一名ニ於レ中生一。名ニ眞佛子一。」

シンブツジュ　眞佛頌　〔書名〕虛堂和尙の作。

シンブンシンギヤウ　神分心經　〔儀式〕法會の初、神祇勸請のために般若心經一卷を讀む。魔障を拂はむが爲なり。「ジンブン」を見よ。

シンヘウゴウ　身表業　〔術語〕三表業の一。「ゴフ」を見よ。

シンペンシヨシユウキヤウザウソウロク　新編諸宗敎藏總錄　〔書名〕三卷、高麗の義天作。經論の鈔疏を錄す。內題に東海有本見行錄とあり。

シンホウ　針鋒　〔譬喩〕四禪天より芥子を投じて針孔を貫く喩なり。「シンク」を見よ。

シンホウ　心寶　〔雜語〕心中無量の寶財を具すれば心寶と云ふ。【宗鏡錄九】に「一切寶中心寶爲レ上。故知一切法寶皆歸ニ宗鏡中一。無レ有三無量法財珍寶而不ニ積集一。」

シンホツイボサツ　新發意菩薩　〔術語〕二種菩薩の一。「ボサツ」を見よ。

シンホツミヤウシヤウ　眞發明性　〔術語〕自心を研練して本有の眞性を發明するを云ふ【楞嚴經一】に「汝今欲レ研ニ無上菩提眞發明性一。應ニ當直心酬ニ義所問一。」

シンホフ　眞法　〔術語〕眞如實相の法なり。【華嚴經十六】に「正覺遠ニ離數一。此是佛眞法。」【臨濟錄】に「眞佛無形。眞法無相。」【敎行信證行卷】に「至理眞法。一如ニシテ化レ物利レ人。」

シンホフ　心法　〔術語〕「シンボフ」を見よ。

シンホフアラカン　進法阿羅漢　〔術語〕六種阿羅漢の一。功行を積み精進して不動阿羅漢に至らんとする阿羅漢なり。

シンホフカイ　眞法界　〔術語〕法界虛妄を絕すれば眞法界と云ふ。【唯識述記九末】に「般若證ニ眞法界。」

シンホフクヤウ　眞法供養　〔術語〕眞實の法供養なり。【法華經藥王品】に藥王菩薩往昔一切衆生喜見菩薩たりし時、身を燒きて日月淨明德如來に供養せし時、諸佛同時に之を讚して、「善哉善哉。善男子。是眞精進。是名ニ眞法供ニ養如來一。」天台大師普賢道場に於て法華三昧を修して此の是眞精進の句に至りて豁然として大悟せりと云ふ。⊙（風雅集）「つばめなく軒端の夕日影消えて柳に青き夜の松風」

シンホフシヤウシユウ　新法性宗　〔流派〕傳敎大師入唐して圓密禪及び圓頓律宗を相傳し、總じて此四宗を弘傳せしかば支那の天台宗に異なる所あり。依て師自ら金錍論註に新法性宗と稱せり。【天台學則下】

シンホフシン　心法身　〔術語〕吾人の心性即ち法身にして在纏如來なれば心法身と云ふ。【蓮華三昧經】に「歸ニ命本覺心法身一。常住ニ妙法心蓮台一。」と是れ在纏如來に歸命するなり。

シンボチ　新發意　〔術語〕新に菩提を求むる意を發する者を云ふ。邦稱シンポチ、シボチとも云ふ。是れ敢て出家するに限らず在家出家に通ずる稱なり。然るに後世に至て新に出家せる者に限る事となす。（新發意は四位以下の者の出家に云ひ、入道は三位以上の者に云ふ。）【法華經序品】に「新發意菩薩供ニ養無數佛一。」【名義集一】に「阿夷恬。此云ニ新學一。亦

云二新發意一。」

シンボフ　心法　【術語】一切諸法を色心の二法に分ち、質礙あるを色法とし、無質碍にして緣慮の用ある、或は諸法を緣起する根本たる者を心法とす。此の心法に就いて顯密二敎の相違あり、顯敎には心法を無色無形とし、密敎には有色有形とす。且つ此に就て顯密共に種種の心法を立つ。「シン」を見よ。

シンボンノウ　瞋煩惱　【術語】六煩惱の一。

シンボンノウシヤウ　發煩惱障　【術語】三障の一。

シンマ　心魔　【術語】「シンマゾク」を見よ。

シンマウ　眞妄　【術語】一切諸法に眞妄の二あり、無明の染緣に隨つて起る法を妄となし、三學の淨緣に隨つて起る法を眞とす。又因緣生の生は總じて不實なれば妄法にして不生不滅の眞如は眞實なれば眞法なり。

眞妄二心　【名數】第九の菴摩羅識は自性淸淨心にして是れ眞心なり、第八已下の八識は總じて無明所起の妄心なり。之を楞伽經に海水と波浪に譬ふ。海水は常住不變にして是れ眞なり、波浪は起滅常なくして是れ妄なり。而して之を分かてば四心となる、一に唯眞心、眞生不二の一心なり、是れ唯だ諸佛如來の心なり。二に唯妄心、無明所起の八識心なり、是れ唯外道凡夫の心なり。三に從眞起妄心、眞如より緣起せし妄心なり、是れ別敎已上の心なり。別敎已下乃至外道凡夫は此妄心を知らず。四に指妄即眞心、眞心を離れて妄心なく、妄心即眞心なり、是れ初地已上の菩薩の心なり。【名義集六上】

シンマゾク　心魔賊　【術語】心魔とは煩惱魔なり、煩惱の惡魔能く世出世の善法を賊害すれば心魔賊と云ふ。【淨心誡觀上】に「披二戒定鎧一摧二心魔賊一。」

シンマリカ　新摩利迦　【植物】花の名。譯、如次第花。【慧琳音義二十六】

シンマンジヤウブツ　信滿成佛　【術語】占察經所說四種成佛の一、華嚴宗に於て之を唱導す。彼宗の行位に行布圓融の兩門あり。行布門には十信より佛果に至るまで六位の次第不同なれども、其の圓融門には一位を得るに隨つて一切位を得るなり。其の義は六相圓融十玄緣起を以て之を知るべし。故に經中十信の滿心勝進分の上に一切位及び佛位を得と說く、舊經第六第七、新經第十四第十五賢首品之を信滿成佛と云ふ。

シンミツ　身密　【術語】三密の一。

シンミヤウ　神明　【術語】衆生の識性を云ふ。【釋門歸敬儀中】に「開二神明之正路一。通二正道之明津一。」

図天神地祇を云ふ。「シンメイ」を見よ。

シンミヤウ　信明　【雜語】其の事を信忍證明するを云ふ。【無量壽經上】に「幸《クハ》佛信明《セヨ》。是我眞證《ナリ》。」

シンミヤウ　身命　【雜語】吾身と吾壽命なり。身は四大を體とし命は壽煙識を體とす。【法華經勸持品】に「我不レ愛二身命一。但惜二無上道一。」

身命を雪山に投じて　【故事】「セッサンドウジ」を見よ。

シンミヤウ　心命　【術語】又慧命と云ふ。法身は慧を以て壽命とすれば之を心命と云ふ。【智度論七十八】に「衆生有二二種命一。一者命根。二者智慧命。」

シンミヤウ　眞明　【術語】眞實の明慧なり。【法界次第上之下】に「行者雖レ修二觀照一。眞明未レ發。」

シンミヤウセ　身命施　【術語】三施の一。

シンミヤウキヤウ　心明經　【經名】一卷。西晉の竺法護譯。佛靈山に在りて分衛す、梵志の婦其の夫を畏れて僅に一杓の飯汁を以て佛に施す。佛爲に作佛を授記し、其の夫亦出家證果す。【宙帙七】(514)

シンムシツ　心無失　【術語】十八不法の一。

シンムシツトギヤウ　心無嫉妬行　【術語】淸涼所立四安樂行の一。「シアンラクギヤウ」を見よ。

シンムシヤベツ　心無差別　【術語】三無差別の一。「サンムシヤベツ」を見よ。

シンムリヤウ　眞無量　【術語】佛德無量なれば眞無量と云ふ。是れ諸佛に通ず。若し彌陀佛に約せば光明無量壽命無量なれば眞無量と云ふ。眞とは其德に虛妄なきを云ふ。【讃阿彌陀佛偈】に「神力本願及滿足。乃至稽首歸命眞無量。」

シンムリヤウジユキヤウ　新無量壽經　【經名】五會讃に觀無量壽經を指して新無量壽經と稱す、是れ雙卷の無量壽經は前に譯し、觀無量壽經は後に譯せし者なれば前譯の雙卷經に對して觀經を新無量壽經と稱するなり。

シンムロチ　眞無漏智　【術語】佛菩薩の無漏智を二乘の無漏智に對して眞無漏智と云ふ。是れ二乘は法執を斷ぜず、所知障を滅せざれば眞の無漏智に非ざればなり。

シンムヰコ　心無畏故　【大日經】に「心無畏故。能究竟淨二菩提心一。」行者心月を觀じ泰然畏懼する所なきを心無畏と云ふ。心無畏の故に究竟して圓明の菩提心を淨むるを得るなり。⊙（續後撰）「秋の夜は心の雲もはれにけりまことの月のすむに任せて」

シンメ　心馬　【譬喩】心の動亂を狂馬に譬へて心馬と云ふ。又心猿意馬と云ふ。【觀心論】に「心馬終不レ調。」【安樂集上】に「凡夫心如二野馬一。」【性靈集四】

に「此思此願常策二心馬一。」【三教指歸中】に「鞭二心馬一而馳二八極一。油二意車一以戲二九空一。」

シンメイ　神明　〔術語〕天神地祇なり、不測を神と云ひ、靈明、鏡の如くなるを明と云ふ。【無量壽經下】に「日月照明。神明記識。」【賢劫經一】に「諸天神明人與二非人一愛二重至德一。」【藥師經】に「解二奏神明一。呼二諸魍魎一。」【大方等陀羅尼經一】に「當下以二神明一爲中證。」又、衆生の識性を云ふ。

シンメイワク　親迷惑　〔術語〕見道所斷の十惑中、疑と五見との六惑を云ふ。是れ親しく諦理に迷ふ惑なればなり。「ケンシ」を見よ。

シンメイホフケテン　心迷法華轉　〔雜語〕【六祖壇經】に「偈曰。心迷法華轉。心悟轉二法華一。」是れ心性を開悟する者は能く法華を運轉利用し、心性に迷惑する者は法華に運轉利用せらる。即ち主從の別を成すを云ふ。即ち釋迦の法華を運轉利用して衆生を濟度するなり、又衆生の法華を聽くは是れ法華に運轉利用されて濟度せらるるなり。【楞嚴經】に「若能轉レ物即同二如來一。凡夫被レ轉レ物。菩薩能轉レ物。如レ是轉者。故曰二應無所住而生其心一。」

シンメウ　神妙　〔雜語〕神は不測に名け、妙は不可思議に名く。【大灌頂神呪經二】に「不三肯信二受此神妙經一。」

シンメウ　眞妙　〔雜語〕眞實微妙なり。【敎行信證行卷】に「稱名則是最勝眞妙勝業。」

シンメツ　心滅　〔術語〕眞如は心念の相を離るれば心行の處滅して思念すべきなきを云ふ。【二敎論】に「言斷心滅。」　「見よ。

シンモウキ　針毛鬼　〔異類〕九鬼の一。「ガキ」を

シンモウキジユキヤウ　身毛喜竪經　〔經名〕二卷、趙宋の惟淨等譯。善星比丘佛法を捨離し種種に三寶を毀謗す。舍利子、之を聞きて佛に白す。佛爲に廣く九次第定十力四無畏等及び樹證果の相を說く。【宿帙七】(954)

シンモウジヤウミサウ　身毛上靡相　〔術語〕「三十二相の一。

シンモク　心目　〔術語〕心と目、即ち意識と眼識なり。色境を見るを得るは五後の意識と眼識と相依りて之を成ずれば心目と云ふ。又所見の境を愛憎する等は獨り五後の意識に由るなり。【楞嚴經一】に「如レ是愛樂用二我心目一。由三目觀二見如來色相一故心生二愛樂一。」

シンモツ　嚫物　〔物名〕齋後の說法を噠嚫と云ひ、其に對する供物を嚫物と云ふ。【釋書明福傳】に「福不レ啻二嚫物一。只巾鉢而已。」

シンモン　眞文　〔術語〕佛菩薩所說の文句を稱して眞文と云ふ。【輔行二之五】に「今運居二像末一矚二此眞文一。」【唐高宗三藏聖敎序】に「以二中華之無質一尋二印度之眞文一。」

シンモン　眞門　〔術語〕方便の敎道に對し眞實の證道を稱して眞門と云ふ。【行願品疏二】に「總爲二迷眞一故示二眞門一。」【敎行信證化身土卷】に「小本唯開二眞門一無二方便之善一。」

シンヤク　心藥　〔譬喩〕出世の敎法衆生の心病を醫すれば稱して心藥と云ふ。【秘藏寶鑰上】に「九種心藥拂二外塵一而遮レ迷。金剛一宮排二內庫一而授レ寶。」

シンヤク　新譯　〔術語〕「クヤク」を見よ。

シンヤクジユ　神藥樹　〔植物〕神藥樹あり、摩陀祇主厭と名く。大神蛇あり身の長百二十丈、蛇行きて食を索む。黑頭蟲あり、身の長五丈、蟲道を行く中に蛇と相ひ逢ふ。蛇適ま頭を擧げて前の大蟲を斷たんと欲せしが、藥香を聞きて頭を屈して走らんと欲す。蛇身藥樹に羅り身即ち中斷して兩段となる。頭半は生きて走るを得、尾は便ち臭爛す。諸毒此の蛇臭を聞けば諸惡毒皆消滅す。【善信經下、經律異相三】

シンユウシブン　心用四分　〔術語〕心識の作用を四種に分ち四分と稱す。「シブン」を見よ。

シンヨク　心欲　〔術語〕心の樂欲なり。【法華藥王菩薩品】に「觀二衆生心欲一。」

シンラハンニ　讖羅半尼　〔衣服〕Kṣārapāṇīya 「シヤラハニ」を見よ。

シンラバンシヤウソクホフシン　森羅萬象即法身　〔術語〕顯敎に依れば十界三千の法悉く法身性具の法なれば法身と云ひ、密敎に依れば十界三千の法悉く大日法身の三昧耶形なれば法身と云ふ。

シンラン　親鸞　〔人名〕淨土眞宗の開祖なり。皇大后宮大進有範の子、九歲の時慈圓につきて出家し、建仁元年二十九歲にして始めて源空に師事し往生淨土の法をきき、專ら念佛に意を傾く、元久二年源空より自影及び選擇本願念佛集を付屬せられ、法名を綽空と呼ぶ。次で承元元年源空配流せらるるにあたり、共に罪に坐して俗名藤原善信の稱を以て越後國府に流さる。建曆元年赦されて自ら愚禿親鸞と稱し、越後を去り常陸に入り、笠間稻田に居る。後京に歸り弘長二年十一月病に罹り、二十八日壽九十にして寂す。明治九年十一月見眞大師の勅謚を賜ふ。【親鸞聖人傳繪】等數種の傳あれ共史實に乏しく【玉葉】にその名を見ざる等は甚しく史家の疑念をそそる。

シンリ　眞理　〔術語〕顯敎には有爲の事相に對し

て無爲の眞如を眞理と云ひ、密敎は攝持の義を以て理となし、有爲の事相各其體を攝持して亂雜せざれば之を理となし、其の法の不生を指して眞となす。即ち是れ胎藏界の十界曼荼羅なり。

シンリカク　親里覺　〔術語〕八覺の一。

シンリキ　信力　〔術語〕五力の一。

シンリキニフインホフモンキヤウ　信力入印法門經　〔經名〕五卷、元魏の曇摩流支譯。佛普光法殿に在り、文殊師利淸淨初地の法を請問し、佛六十餘種の五法を以て之に答ふ。次に普賢菩薩に問ふ、云何か諸佛の無障碍智乃至無障碍身なるや。普賢其の難知難見を歎ず。文殊再請す、乃ち具さに之を答ふ。【天帙十一】(90)

シンリツケ　新律家　〔流派〕舊律家に對して云ふ。四分律五分律等は舊譯の律にして有部律は義淨の新譯になる。これ等の律を所依とするを新律家と云ふ。

シンリヤウ　心量　〔術語〕心妄想を起して種種に外境を度量するを心量と云ふ。是れ凡夫の心量なり。如來眞證の心量は一切の所緣能緣を離れて無心に住する是なり。【楞伽經三】に「觀二諸有爲法一。離二攀緣所緣一。無心之心量。我說爲二心量一。」

シンリヤウ　心靈　〔雜語〕心識靈妙なれば心靈と云ふ。【楞嚴經一】に「汝之心靈。一切明了。」

シンリヤウ　津梁　〔譬喩〕河津を渡るの梁筏。以て道諦に譬ふ。【智度論十一】に「涅槃之津梁。」「よ。」

シンリヨシ　審慮思　〔術語〕三思の一。「シ」を見

シンリン　身輪　〔術語〕三輪の一。

シンレイ　震嶺　〔地名〕震旦國、即ち漢地なり。【資持記上一之一】に「震嶺者震是梵言之省略。嶺者即土境之通名。具云二震旦一。亦云二眞丹一。此翻二漢地一。」

シンレイ　振鈴　〔儀式〕密敎の修法に或は諸尊を喚召する爲、或は歡喜を表する爲、鈴を振ふなり。又、印度の旃陀羅鈴を振つて常人に別つと云ふ。「センダラ」を見よ。

シンレウネンカウ　臣寮拈香　〔儀式〕官僚の「爲に燒香すること。

シンレン　身蓮　〔術語〕胎藏界には衆生の肉團心を八葉の蓮華と觀ずれば之を身蓮と云ふ。【性靈集八】に「身蓮等レ空。二覺寂照。沒馱之號也。」

シンレン　心蓮　〔術語〕顯敎には自性心の淸淨を譬へて心蓮と云ひ、密敎には肉團心の實形を心蓮と云ふ。【蓮華三昧經】に「常住妙法心蓮臺。」【大日經疏四】に「凡人汗栗馱心狀。猶如二蓮華合而未レ敷之像一。有二筋派一約レ之以成二八分一。」【性靈集七】に「眞言大我本住二心蓮一。塵沙心數自居二覺月一。」

シンロ　心路　〔雜語〕心は佛地に到る道路なれば心路と云ふ。【南山戒疏一上】に「心路躁擾靜定何因。」【釋門歸敬儀中】に「心路蒼茫莫レ知二投寄一。」

シンロウダイ　蜃樓臺　〔譬喩〕內典には之を乾達婆城と云ふ。十喩の一なり。【秘藏寶鑰下】に「外道狂二執蜃樓臺一。」

シンロン　身論　〔書名〕薩婆多部の根本論七部の中、發智論を身論と云ひ、集異門論等の六論を足論と云ふ。【俱舍光記一】に「前之六論義門稍少。發智一論法門最廣。故後代論師說レ六爲レ足發智爲レ身。此上七論是說一切有部根本論也。」

シンワウ　心王　〔術語〕心の主作用を心所の伴作用に對して心王と云ふ。心王は總じて所對の境を了別し、心所は之に對して貪瞋等の情を起すなり。密敎には之を金剛界の大日如來とし、心所即ち心數を其の眷屬とす。而して此の心王心數の差別に就て吽字義には大日を心王とし、餘尊を心數とし、十住心論等には五佛を心王とし、餘尊を心數とし、守護國經等には九尊を心王とし、餘尊を心數とす。但し主伴無盡因果不二の義に依れば何れの尊に在りても中央を法界體性智に配するが故に九會四重の聖者各心王たるを得るなり。【涅槃經一】に「頭爲二殿堂一心王居レ中。」【大日經三】に「安二住心王一。等二同虛空一。」【成實論十六】に「處處經中說レ心爲レ王。」【俱舍論六】に「此中心王極少。猶與二五十八法一爲二俱有因一。」【四念處一】に「心者心王。異二乎木心石一。」

シンワウニヨライ　心王如來　〔雜名〕大日如來を心王とし、餘尊を心數とす。【吽字義】に「心王如來既至二如レ是地一。塵數難思心所眷屬誰不レ得二此大我身一。」

シンワウメイ　心王銘　〔書名〕傅大士作。【傳燈錄三十】

シンワウシンジヨ　心王心所　〔術語〕「シンシンジヨ」を見よ。

シンヰ　瞋恚　〔術語〕三毒の一。

シンヰキ　神域　〔術語〕眞證の境界不可思議なるを神域と云ふ。【注維摩經序】に「夫道之極者。豈可下以二形言權智一而語中其神域上哉。」

シンヰクワ　瞋恚火　〔譬喩〕瞋恚の熱惱を火に譬へて瞋恚火と云ふ。又瞋恚能く一切の功德を燒盡すれば之を火に譬ふるなり。【增一阿含經十四】に「諸佛涅槃。汝竟不二遭遇一。皆由二瞋恚火一。」

シンヰシ　瞋恚使　〔術語〕五鈍使の一。

シンヰシリ　瞋恚尸利　〔術語〕三毒尸利の一。「サンドク」を見よ。

シンヰシン　瞋恚心　〔術語〕六蔽心の一。「ロク「ヘイ」を見よ。

シンヱ　信慧 〔術語〕五根中の信根と慧根なり。信は以て邪見を破し、慧は以て無明を斷ず。【無量壽經下】に「壽命甚難レ得。佛世復難レ値。人有二信慧一難。」【敎行信證行卷】に「佛在レ世甚難レ値。有二信慧一不レ可レ致。」

シンヱ　心慧 〔術語〕身戒に對して心慧と云ふ。身に戒を守り心に慧を硏くなり。【涅槃經二十八】に「身戒心慧不動如レ山。」

シンヱツゼンジ　心越禪師 〔人名〕諱は興儔、字は心越、號は東皐。明の杭州金華府婺郡浦陽の人なり。淸の康熙七年三十歲にして翠微閣堂に謁し、三年にして狗子話を參容して師の印可を得。其後延寶五年長崎に到り、後水戶光圀卿の請に應じ水戶の天德寺を改造して祇園寺と號し、開山となる。元祿九年九月三十日壽五十七にて寂す。【日本洞上聯燈錄】

シンヱキヤウ　心穢經 〔經名〕比丘の心中の五穢を拔き、心中の五縛を解き、五法を修すべきを說く。增一阿含五十六。【昃帙五】

シンヱレンモ　心懷戀慕 〔雜語〕心に佛を念じ憶ふこと。【法華經壽量品】に「諸薄福人。過二無量百千萬億劫一。或有レ見レ佛或不レ見者。以二此事一故。我作二此言一。諸比丘。如來難レ可レ得レ見。斯衆生等聞二如レ是語一。必當下生二於難遭之想一心懷二戀慕一渴二仰於佛一便種中善根上。是故如來雖レ不二實滅一而言二滅度一。」⦿（法門百首）「わかれにてその面影の戀しさに夢にも見えよ山の端の月」

シンヲツ　震越 〔衣服〕Cīvara 譯、臥具、又は衣服。【玄應音義三】に「眞越或作二震越一。此應二臥具一。」【同十二】に「震越梵言也。此譯云二衣服一也。」

シンヲンリ　心遠離 〔術語〕二種遠離の一。自己の內界に向ひて不善迷惑を思惟遠離すること。

シンヲンリ　身遠離 〔術語〕二種遠離の一。外界に對して惡友との交遊を斷絕すること。

ジ　字 〔雜語〕梵に阿乞史囉 Akṣara 阿刹羅と云ふ。【梵語雜名】

二種字 〔名數〕一を阿刹羅と云ひ阿迦等の根本字なり、二を哩比鞞と云ひ伊等の增加字なり。【大日經疏十七】に「字者梵有二二音一。一名二阿刹羅一。二者哩比鞞。是根本字也。是增加字也。根本者即是本字。如二阿字最初二音一。次從二伊伊長一乃至烏奧。凡十二字。是從生增加之字。悉皆是女聲。其根本字是男聲也。男聲是慧義。女聲是定也。其根本字遍二一切處一。次諸增加字亦遍二一切處一。根本增加不二相異一也。皆以二根本字體有レ本而加二點畫一。是故根本增加不一不異。猶如二器中盛レ水。因レ器持レ水水不レ離レ器。此亦如レ是。更相依持能遍二內外一也。」

字相字義 〔雜語〕凡そ眞言を解するに字相字義の二段を分ち初に字相を釋し、後に字義を解するを法とす。而して字相の釋は顯敎に通じて字義の釋は密敎特有の深義とす、例へば阿字を釋して無非不と云ふ如き是れ字相なり、又訶字を釋して是れ因緣の義なりと言ふ如き是れ字相なり、而して阿は本不生の義なり、訶は因不可得の義なりと釋する如き是れ字義なり。而して不可得は即ち阿字本不生の義なり。故に如何なる字も之を阿字門に入れて「何何不可得」と釋すれば字義釋となるなり。思ふに此の字義釋は三論の無方釋天台の觀心釋に契當するなり。【字母釋】に「世人但知二彼字相一。雖二日用一而未三曾解二其義一。如來說二彼實義一。若隨二字相一而用レ之則世間之文字也。若解二實義一則出世陀羅尼文字也。」

ジ　事 〔術語〕梵語に迦他（迦は遏の誤にて Artha の音譯か）と云ふ。【梵語雜名】事は理に對する稱なり。顯密其義を異にす、顯敎には離因緣の無爲法を理とし、因緣生の有爲法を事とす。密敎には理を攝持の義と解して一切の事相各各其の體を攝持すれば是れ即ち理なりとなし、其の體を擧げて地水火風空識の六大となし、之を六大法界と稱す。但し台家性具の義に依れば十界三千の諸法悉く性具にして因緣に依つて始めて生ずるにあらざれば是れ亦無爲常住の眞如法界なり。

ジ　慈 〔術語〕「ジヒ」を見よ。

ジ　時 〔術語〕時に假實の二あり、實時を迦羅 Kāla と云ふ是れ世間の實時なり。二を三昧耶 Samaya と云ふ是れ刹那生滅の分位に名けしものにして、時の實性あるにあらざれば之を假時と名く。唯識論に世無別體依法而立と云ふ是なり。佛敎中經論の二藏は多く三昧耶假時を說き律藏には多く迦羅の實時を說くなり。「サンマイヤ」を見よ。

ジ　自 〔術語〕梵語、阿波拏。Svayam* 作爲に對して云ふ自然の義。阿怛摩 Ātman 他に對して云ふ自己の義。【梵語雜名】

ジ　寺 〔術語〕梵語、尾賀羅。Vihāra 毗訶羅、鼻訶羅。寺はもと官司の名なり。【釋名】に「寺嗣也。治レ事者相嗣續二於其內一也。」と是なり。然るに漢明の世西僧騰蘭の二人幷に至り、權りに鴻臚寺に置く、後に洛陽の西雍門外に一精舍を建て、白馬經筴を馱するを以て題して白馬寺と云ふ。後其の本を妄れて還て寺號を附し白馬寺と標す、僧寺の名此に始まる。西土には

僧伽藍と稱す、僧伽藍は衆園と譯す。謂く、衆人の居る所、園圃生殖の處にあり、佛弟子には則ち道芽聖果を生殖するなり、經に伽蘭陀竹園祇樹給孤獨園と曰ふ、是れ西域の寺舍なり。後魏大武帝始光元年創て伽藍を立て名くるに招提の號を以てし、隋の煬帝大業中に天下の寺を改めて道場となし、唐に至つて復た寺と爲すなり。本朝には欽明天皇十三年、蘇我稻目大和向原の自宅を捨て寺となし、向原寺と稱するを嚆矢とし、其の後厩戸王子大阪に四天王寺、奈良に法隆寺、法興寺を建てて寺領を附す。是れ大官寺の始めなり。又其の後舒明天皇百濟寺を改めて大安寺とし、之を大官大寺と號す。又天智天皇近江に崇福寺を創す、是れ勅願寺の始めなり。

寺十種異名 【名數】【僧史略上】に「案二靈祐法師寺誥一凡有二十名寺一。一曰寺。(義準釋書)二曰淨住。(穢濁不可同住)三曰法同舍。(法食二同界也)四曰出世舍。(修出離世俗之所也)五曰精舍。(非麁暴之所居)六曰清淨園。(三業無染處也)七曰金剛刹。(刹土堅固道人所居)八曰寂滅道場。(祇園有蓮華藏世界以七寶莊嚴謂之寂滅道場盧遮那佛說華嚴于此)九曰遠離處。(入其中者去煩惑遠與寂滅近故)十曰親近處。(如行安樂行以此中近法故也)此土十名依二祇園圖經一。今義如二六種一。一名レ窟。如三後魏鑿レ山爲レ窟安二置聖像及僧居一是也。二名レ院。(今禪宗多此名也)三名レ林。(律曰住一樹中有逝多林也)四名レ廟。(如善見論中瞿曇廟)五名二蘭若一。(無院相者)六名二普通一。(今五臺山有多所也)」

ジアイ　自愛 【術語】 自ら身を愛する是れ凡夫の欲情なり、故に此より種種の苦を生ず。【金光明經一】に「若自愛者便起追求。由二追求一故受二衆苦惱一。諸佛如來除二自愛一故永絕二追求一。無二追求一故名爲二涅槃一。」

ジアイキヤウ　自愛經 【經名】 一卷、東晉の曇無蘭譯。佛舍衛國王の請を受け四衢街道に於て三種自愛の法を說く。三種の自愛とは三寶に歸依して自の三業を愛護し、之を放縱せしめざるなり。【宿帙八】(751)

ジイ　慈意 【術語】 人に樂を與へんと欲する意なり。【法華經普門品】に「悲體戒雷震。慈意妙大雲。澍二甘露法雨一。」

ジイン　寺印 【物名】 天童に玲瓏巖王印ある如く、日本の禪刹に皆其寺の印あり、住持の人私用と爲すを得ず。所謂入寺の式の視篆とは此印を見るなり。【象器箋十九】

ジイン　字印 【術語】 種子と印契なり、是れ三種本尊中の二種なり。

ジイン　似因 【術語】 因明三似の一。

ジウイチホフシヤウ　從一法生 【術語】 【無量義經】に「無量義者。從二一法一生。其一法者無相也。」⊙(續後撰)に「春秋の花のいろいろ匂へども種はひとつの蓮なりけり」

ジウカウ　從香 【儀式】 開堂祝聖に侍者辨香を插するに更らに一炷を拈す、又或は新住持嗣法の爲に親ら爐に插して却つて中立す、侍者進んで更らに香を撮つて燒く、並に之を從香と謂ふ。【象器箋九】

ジウギ　從義 【人名】 趙宋の神智法師、四明の正統扶宗を學び、學成て勉めて四明を破し、山外派の泰斗たり。元祐六年入寂、謚して神智と曰ふ。所著大部補註十四卷、光明玄義順正記三卷、光明文句新記七卷、觀經往生記四卷、十不二門圓通記三卷、義例纂要六卷、四教儀集解三卷、金錍寓言四卷、淨名略記十卷、搜玄記三卷あり。【佛祖統紀二十一】

ジウクウニフケクワン　從空入假觀 【術語】 別教の三諦觀の一。「サンタイ」を見よ。「ウ」を見よ。

ジウコンガウ　時雨金剛 【菩薩】 「ウンコンガ

ジウシユ　獸主 【流派】 梵名、播輪鉢多。Paśupati 唯識論所說五種外道の一。「ゲダウ」を見よ。

ジウゼサイハウ　從是西方 【雜語】 西の方即ち淨土を指す。【阿彌陀經】に「從レ是西方。過二十萬億佛土一。有二世界一。名曰二極樂一。」⊙(拾遺集)「極樂ははるけき程と聞きしかどつとめて至る處なりけり」

ジウソウ　從僧 【職位】 又伴僧と云ふ。住持に隨從する僧なり。

ジウヂユシユツ　從地涌出 【雜語】 法華經說の時の佛の神變なり。【法華經從地涌出品】に「佛說レ是時。娑婆世界三千大千國土地皆震裂。而於二其中一有二無量千萬億菩薩摩訶薩一同時涌出。」

ジウトウバウライシヨキヤウ　從東方來所經 【雜語】 諸佛東方より來る。法華說法時の奇瑞なり。【法華經普賢勸發品】に「爾時普賢菩薩。以二自在神通力威德名聞一。與二大菩薩無量無邊不可稱數一。從二東方一來。所經諸國。普皆震動。雨二寶蓮華一。作二無量百千萬億種種音樂一。」⊙(詠藻)「さらに又花ぞふりしく鷲の山法の筵の夕暮のけふ」

ジウブツシシヤウイン　從佛支生印 【印相】 秘密八印の一、先づ合掌して稍開曲し、其の二風指(人指)左右の稍裏に向つて曲げ、掌心を張り、水を掬する像の如し。之を從佛支生印と名く。謂く如來一切の支分よりして生ずるなり。【大日經疏十七】

ジウミヤウニフオミヤウ　從冥入於冥 【雜語】 衆生佛法を聽かず幽冥より幽冥に流轉すとなり。【法華經化城喩品】に「長夜增二惡趣一減二損諸天衆一。從レ冥入二於冥一。永不レ聞二佛名一。」⊙(新拾遺)「五月闇木の下道はくらきよりくらきに迷ふ道ぞくるしき」

ジウミヤウニフミヤウ　從冥入冥 【雜語】 前

條に同じ。【無量壽經下】に「善人行レ善。從レ樂入レ樂。惡人行レ惡。從レ冥入レ冥。」と⦿(三玉集)「いつまでも心の月のはれざらんやみよりやみを出で難き身は」

ジウン 慈雲 [譬喩] 慈心廣大にして一切を覆ふを雲に譬へて云ふ。

ジウン 慈雲 [人名] 宋の杭州天竺靈山寺靈應尊者、名は遵式、字は知白、眞宗號を慈雲と賜ふ。天台寧海の人、宋の太宗乾德元年癸亥に生る。國淸寺普賢像前にして一指を燒き、誓つて天台の道を傳ふ。明道元年壬申十月八日入寂、壽六十九。【佛祖統紀十一】

ジウン 慈雲 [人名] 大和國葛城高貴寺の飮光、字は慈雲、自ら百不知童子と號す。俗姓は上月氏。享保三年七月二十八日生る。十二歲河内法樂寺貞紀上人に就て得度し、處處に遊學し顯密禪律の諸宗に達し、殊に梵學に邃く梵學津梁一千卷を編集す。又眞言正法律を創始す。實に末代の學哲なり。文化元年十二月二十三日京師阿彌陀寺に寂す、壽八十七。遺命を以て全身を高貴寺奧院高祖大師祠堂の右に瘞む。【續日本高僧傳】

ジウンセンシユ 慈雲懺主 [人名] 宋の遵式法師、慈雲、往生淨土懺儀、請觀音消伏毒害懺儀、金光明懺法を治定す。依つて後世慈雲懺主と稱す。

ジエ 時衣 [術語] 佛法に時藥時食等に準じて亦時衣あり。王宮聚落に入る時は僧伽梨を着し、房に居る時は安陀會を着する如き、之を時衣と云ふ。【智度論二十二】に「如二佛說一有二時藥時衣時食一。」

ジエン 字緣 [術語] 悉曇に於て阿等の十二摩多或は十六摩多は是れ字義を助成すれば字緣と云ひ、迦等の三十五字或は三十六字は是れ字の根本なれば字界と云ふ。【探玄記十】に「悉曇章中初噁阿等十二音。或加二唎離等一爲二十四音一。即字緣也。及迦佉等三十六字界也。以レ音加レ字轉二成一切諸名句文等一。」(字緣は字界に加へて語を成すものなり。探玄記の解釋は母音を字緣とし子音を字界とす、誤に非ざるか。)

ジオン 慈恩 [術語] 慈悲の恩德を人に施すなり。【無量壽經下】に「煥動之類皆蒙二慈恩一。」

ジオン 慈恩 [人名] 唐の法相宗の窺基、京兆の大慈恩寺に住しければ後世稱して慈恩大師と云ふ。「キキ」を見よ。

ジオンケ 慈恩家 [流派] 唐の慈恩大師窺基、法相宗を以て一家を成せば慈恩家と云ふ。

ジオンケウ 慈恩敎 [術語] 唐の慈恩大師の弘闡せし法相宗を稱す。

ジオンジ 慈恩寺 [寺名] 唐の高宗太子たる時文德皇后の爲に創建する所、十大寺の一なり。【佛祖統紀五十三】

ジオンジサンザウ 慈恩寺三藏 [人名] 唐の法相宗の開祖、玄奘三藏、大慈恩寺に住しければ慈恩寺三藏と云ふ。

ジオンジサンザウホフシデン 慈恩寺三藏法師傳 [書名] 十卷、唐の慧立本彥琮箋。玄奘三藏の傳記なり。【陽帙二】(1494) 「傳の略名。

ジオンデン 慈恩傳 [書名] 大慈恩寺三藏法師傳の略名。

ジオンノハチシユウ 慈恩八宗 [流派] 慈恩大師が佛敎を八宗に判別したるを云ふ。我法空有宗、犢子部等を指す。有法無我宗、有部宗等を指す。法無去來宗、大衆部等を指す。現通假實宗、說假部等を指す。俗妄眞實宗、說出世部等を指す。諸法但名宗、一說部等を指す。勝義皆空宗、般若等の空宗龍樹系を指す。應理圓實宗、華嚴法華等の經及び無著系の說を指す。

ジカイ 字界 [術語] 「ジエン」を見よ。

ジカウ 慈航 [術語] 大慈弘誓の船なり。【萬善同歸集六】に「駕二大般若之慈航一越二三有之苦津一。」

ジカク 自覺 [術語] 三覺の一。「サンカク」を見よ。

ジカク 慈覺 [人名] 「エンニン」を見よ。

ジカクゴシン 自覺悟心 [術語] 自ら覺りたる心。【心地觀經發菩提心品】に「自覺悟心能發二菩提一。此覺悟心無レ有二二相一。自覺悟心有二四相一。云何爲レ四。謂諸凡夫有二二種心一。一者眼識乃至意識同緣二自境一名二自悟心一。二者離二五根一心心所法和合緣レ境名二自悟心一。如是二心能發二菩提一。諸佛菩薩有二二種心一。一者觀二眞實理一智。二者觀二一切境一智。」是れ凡夫の自悟心は識に約し、賢聖の自悟心は智に約し、而して識の中次第の如く五同緣意識と獨頭意識との二にして智の中次第の如く如理智如量智の二なり。

ジカクシヤウチ 自覺聖智 [術語] 大日如來の法界體性智は無師自悟なれば稱して自覺聖智と云ふ。【菩提心義十】に「如來第五種智亦名二法界性智一。菩提心論名二法界智一。牟利經名二法界體性智一。又名二金剛智一。瑜祇經云。唯一金剛斷二諸煩惱一。金剛自性淸淨所成。是金剛如來智故名二金剛智一。分別聖位經名二自覺聖智一。如二法華經自然成佛道一。華嚴亦云レ不レ由二他悟一。今眞言宗大日如來自然覺二了諸法本初一。非二流轉者始修二證之一。」

ジカクダイシ 慈覺大師 [人名] 「エンニン」を見よ。⦿(野守鏡下)「慈覺大師は獨行に如法法花を修して懺悔のなじみの聲を懺法の妙典にとどめ」

ジガゲ 自我偈 [書名]【法華經壽量品】に「自二我得レ佛來。所レ經諸劫數。無量百千萬。億載阿僧祇。」總じて二十五行偈あり。最初の二字を取つて自我偈と稱し、別に之れを讀誦する習ひあり。昔大唐に或る人法華を信じ此偈を常に讀めり。一人の幼兒有り、時に國大に亂れ他國へ往きけるに、其の子を携ふるに由なく此子に此偈を添へて土中に置けり。三年の後歸り開き見るに子の顏色麗はしく成人しければ、父怪みて其の故を問ひけるに、一人の老僧おりおり來りて好味を賜ひにき、如何なる人にておはすと問へば、我は自我偈を說き給ふ佛なり、汝が父法華經を信じて常に供養せし故我れ亦汝を養ふと語り給へりといふ。父聞いて驚き信心肝に銘じ、益益經を讀誦せり。此事天下に聞え時人舉りて此偈を讀誦せりと云ふ。和字解に記す 又傳教大師大唐にて一句三身の習ひといふとを相傳し給ふは此の自我得佛來の一句なり。自は法身如來なり、自の字は法界自然の自なり、我は報身如來なり、衆生の念念の我執即ち報身の大我なればなり、得佛來の三字は應身なり、得佛以來種種に應現する是れ應身なり。【錄內啓蒙二十六】

ジガゲダウ 自餓外道 [流派] 六苦行外道の一。

ジガホフ 自餓法 [術語] 自餓外道の行法なり。

ジキ 自歸 [術語]「ズキ」を見よ。

ジキ 食 [術語] 梵語阿賀羅 Āhāra【梵語雜名】。總じて身心を增長資益するものを云ふ。【俱舍論十】に「毘婆沙說。食於二二時一能爲二食事一。俱得レ名レ食。一初食時能除二饑渴一。二消化已資二根及大一。」

二種食 [名數]「ニジキ」を見よ。

四種食 [名數]「シジキ」を見よ。「よ。

五種淨食 [名數]「ゴシユジヤウジキ」を見

三種淨肉 [名數] 一に我が眼其の殺すを見ざるもの。二に我が爲に殺せりと聞かざるもの。三に我が爲に殺したるやの疑なきもの。之を三淨肉と云ふ。小乘戒中には比丘の食ふを禁ぜず。【十誦律三十七】に「我聽レ噉二三種淨肉一。何等三。不見不聞不疑。不見者不三自眼見爲レ我故殺二是畜生一。不聞者不丁從二可信人一聞丙爲レ汝故殺乙是畜生甲。不疑者此中有二屠兒一。此人慈心不レ能レ奪二畜生命一。」其他屠家あり此の施主慈心を有して我が爲に畜生を殺さざるを知りて疑はざる時なり。 然るに楞伽楞嚴梵網涅槃等の諸大乘經に於て一切之を禁ず。【涅槃經四】に「迦葉菩薩復白レ佛言。世尊云何如來不聽食肉。善男子。夫食レ肉者斷二大悲種一。迦葉又言。如來何故先聽二比丘食二三種淨肉一。迦葉。是三種淨肉隨レ事漸制。」

五種淨肉 [名數] 初めの三は前に同じ、四に自死、諸鳥獸命盡きて自ら死せし者なり。五に鳥殘、鷹鷲等の他の鳥獸を食ひし其の餘殘の肉なり。【楞嚴會解】

九種淨肉 [名數] 初五は前に同じ。六に不爲己殺、我が爲に殺さざるもの。七に生乾、湯火に由つて熟せしにあらず、又鷹鳥等の傷害せし餘殘にあらず、自ら死して久く日を經て自ら乾きしもの。八に不期遇、期約に由らずして偶然相ひ遇て食するもの。九に前已殺、今時我に因て殺せしにあらず、前時已に殺せしもの。【涅槃經四】

肉食十過 [名數] 衆生己親。見生驚怖。壞他信心。行人不應食。羅刹習氣。學術不成。生命同已。天聖遠離。不淨所出。死墮惡道。【法苑珠林九十二】

九種食 [名數] 一段食、分分段段に嚙み碎いて食するもの。香味觸の三を體とす。常の食物なり。二觸食、六識可愛の境に觸對して喜樂を生じ、以つて身心を長養するもの。眼の美色に於ける、乃至身の軟滑に於ける如きなり。三に思食、意識好事を思つて樂を生じ、諸根を資益するもの。四に識食、地獄の衆生及び無色界の有情等、識を以て命根を資持するもの。己上の四種を世間食とす。 五に禪悅食、修行の人禪定の樂を得て能く諸根を養ふもの。六に法喜食、修法の人法を聞いて歡喜を生じ、慧命を資け身心を養ふもの。七に願食、修行の人誓願を發して身を持し、萬行を修するもの。八に念食、修行の人常に出世の善根を念じて忘れず以て慧命を資益するもの。九に解脫食、修行の人終に涅槃の樂を得て身心を長養するもの。【增一阿含經四十一】

出世五食 [名數] 上に述べし九種の中後の五種は出世の善根を增長資益するものなれば出世の五食と稱す。【華嚴大疏十九】

六根食 [名數] 眼根は眠を以て食となし、耳根は聲を以て食となし、鼻根は香を以て食となし、舌根は味を以て食となし、身根は細滑を以て食となし、意根は法を以て食となす。【增一阿含經四十一】

六種食 [名數] 一、乞食。人に下中上の三品あり、下品は自ら邪命をなして食を得、中品は一食を受け且つ請ひに赴き、上行の人は唯乞食を行ず。自ら事を省き道を修し他をして施與の福利を得しむる爲めなり。二、次第乞食。凡愚は味を貪り貧を棄て富に從ふ、上行の流は貧富を選ばず等しく衆生を慈し次第に乞食す。三、不作餘食法。律中に說く、人復た次第乞食するも求處に於て數數正食を

得餘食を貯ふ。行者念を作す、此の餘食法は世尊病者に開聽するも我れ今病なし受くべからずと、是の故に餘食法を作さず。四、一坐食。有人數數正食せざるも中前に於て數數其の餘の米菓粥等を食す。行者念を作す、愚夫身を養ふは煩惱を增さんが爲めの故なり、故に數數食す、今我れは道の爲にして身を養ふ爲ならずと。故に中前一坐食のみ。五、一揣食。經中に亦節量食と名く。一たび受けて即ち止むを一揣食と云ふ。節險少食するを節量食と名く。有人一食法を受るも一食中に於て恣意飽噉し、腹滿ち氣脹れて睡眠消息し、半日減ぜず修道を妨ぐ、故に須く節量すべし。六、不中後飲漿。有人飲食を節量するも何味を貪り、中後に於て數數漿菓漿蜜等を飲む。此の漿を求むる爲に多く邪命を致し功を費して道を廢す。是の故に飲まず。【不思議疏上】

食四分 〔儀式〕 凡そ飯あれば之を四分し、一は本尊に供養し、二に行者自分、三は同學者來て食ふべし、四は飢貧を濟ふ爲めなり。若し同學を待つも來らずんば行者自ら食するも亦た可なり。【不思議疏下】

食前密語 〔儀式〕 食前に唱ふる僧跋の語なり。「ソウバツ」を名よ。

食後漱口 〔儀式〕 【釋氏要覽上】に「百一羯磨に佛言く、有染苾蒭を禮すべからず、有染苾蒭亦他を禮すべからず、違する者は越法罪を得と。優婆離佛に白して曰く、何をか有染と名く。佛言く、染に二種あり、一は不淨染、二は飲食染。且つ飲食染とは若し食噉して未だ口を嗽がず、設ひ嗽刷するも尙餘の津膩ある、是れを有染と名く。」

ジキエンサウ 食厭想 〔術語〕 又、食不淨想と云ふ。十想の一。「一〇「ケッカイ」を見よ。

ジキカイ 食界 〔術語〕 攝食界の略。三種結界の一。

ジキカイ 食戒 〔術語〕 食事に關する戒法なり。【蘇悉地經】に「一日一食。不レ得二再食一。不レ應二斷食一。於レ食有レ疑不レ可レ食。」是れ瑜伽行者の食戒なり。

ジキキヤウ 食經 〔經名〕 人は愛を以て食となし、愛は無明を以て食となし、無明は五蓋を以て食とし、乃至不信は惡法を聞くを食となす等。譬へば大海は大河を以て食とし、大河は小河を以て食とし、乃至溪澗平澤は雨を以て食となす如しと。中阿含經十に出づ。【昃帙五】

ジキキヤウ 食頃 〔雜語〕 一食の頃、暫時を云ふ。【法華經序品】に「時會聽者。亦坐二一處一。六十小劫。身心不レ動。聽二佛所說一。謂レ如二食頃一。」

ジキゴ 食後 〔術語〕 律に明相現ずるより食時に至るまでを朝食前と云ひ、朝食より日中に至るまでを食後と云ふ。【行事鈔中三之三】

ジキヤウ 時經 〔經名〕 時非時經の略名。

ジキシユトクホン 植衆德本 〔雜語〕 種種の功德を積むこと。【法華經序品】に「供二養無量百千諸佛一。於二諸佛所一植二衆德本一。常爲二諸佛之所一稱歎一。」功德能く善果を生ずれば德本と云ふ。◉(草菴集)「まれにあふ御法の花の色見てぞうゑけん世世の種はしらるる」

ジキシン 直心 〔雜語〕 正直の心なり。【維摩經菩薩品】に「直心是道場。無二虛假一故。」

ジキジ 食時 〔術語〕 正食の時、即ち日午時なり。三世諸佛の法、中を過ぐる一髮已に食するを得ず。【阿彌陀經】に「其國衆生、常以二清旦一各以二衣裓一盛二衆妙華一。供二養他方十萬億佛一。即以二食時一還二到本國一。飯食經行。」【沙彌十戒儀則經】に「若受二齋食一時不レ得レ過二中午一。日出至二午前一可レ許レ受二齋食一。」

ジキジユンジユク 時機純熟 〔術語〕 時季と衆生の機根と將に純熟して敎法の化益を得るに最も都合よきを云ふ。

ジキセギヤクゴフクホウキヤウ 食施獲五福報經 〔經名〕 一卷、後漢の安世高譯。又施色力經と名く。增一阿含經善聚品の別出なり。【昃帙四】(618)

ジキゼン 食前 〔術語〕 梵に布羅縛賀拏 Probhakta と云ふ【梵語雜名】。正午の時食以前を云ふ。【大日經疏四】に「食前可レ作二息災一。」【行事鈔中三之三】に「四分云。食前者。明相出至二食時一。」

ジキダウ 食堂 〔堂塔〕 食堂なり。又齋堂と云ふ。【象器箋二】に「忠曰。禪林僧堂本食堂也。食堂即齋堂也。」【釋氏要覽】に「毘奈耶云。給孤長者造レ寺。復作レ食。若不二彩畫一便不二端嚴一。即白レ佛。佛曰。隨レ意。未レ知何物畫。佛言至二食堂畫二持餠藥叉一。」【祇園圖經】に「最巷北大院名二僧食所一。自開二三門一。中門北有二大食堂一。堂前列レ樹。方維相對。交陰相交。渠流灌注甚可二觀翫一。凡僧食者多止レ此。」

食堂安文殊像 〔儀式〕 印度の法食堂に頻頭盧尊者の像を安じて上座となし、之に膳を供す。不空三藏朝に奏請して天下の食堂中に文殊菩薩を置て上座となす。「ビンヅル」を見よ。

ジキニク 食肉 〔雜語〕 五種九種の淨肉ありて比丘の之を食ふを開るす。「ジキ」を見よ。

ジキバ 時乞縛 〔雜名〕 Jihvā 譯舌、能甞の義なり。【義林章三本】

ジキボサツ 慈起菩薩 〔菩薩〕 又、慈愛生菩薩

と云ふ。胎藏界除蓋障院九尊の一。肉色にして梵篋を持す。金剛名は慈念金剛。【大日經疏五、胎曼鈔四】

ジキマイセンニン　食米齋仙人　〔人名〕勝論宗開祖の名なり。「シヨウロンシユウ」を見よ。

ジキマイサイシユウ　食米齋宗　〔流派〕勝論師所立の十句義の宗旨を云ふ。「シヨウロンシユウ」を見よ。

ジキメミヤクシユクエンキヤウ　食馬麥宿緣經　〔經名〕興起經下に出づ。

ジキヤウ　慈敬　〔術語〕慈愛の心を以て敬崇するを云ふ。【無量壽經】に「慈敬於佛。」

ジキヨク　食欲　〔術語〕四欲の一。

ジギ　字義　〔術語〕【大日經疏四】に「眞言中有二字義一有二句義一。」「ジサウ」を見よ。

ジギヤウケタ　自行化他　〔術語〕又、自利利他と云ふ。菩薩の萬行此二に出でざるなり。【法華文句八之一】に「別論。口業是化他。自意是自行。通論。三業自軌即是自行之法。三業之敎詔即化他之法。」【宗鏡錄三十四】に「了二一心自行化他一。」

ジギヤウドウニヨ　慈行童女　〔菩薩〕五十三知識の一。

ジク　粥　〔飮食〕「シユク」と讀む。「カユ」を見よ。

ジクカイバウ　粥街坊　〔職位〕「シユクガバウ」と讀む。叢林に粥を街坊に勸化する役を云ふ。【象器箋七】

ジクシヨ　粥疏　〔書名〕「カユ」を見よ。「じ。

ジクシンゴン　慈救眞言　〔眞言〕慈救咒に同じ。

ジクシンゴンホウキヤウイン　慈救眞言寶篋印　〔印相〕不動尊の印なり。

ジクジユ　慈救咒　〔眞言〕不動明王の眞言なり。「フドウ」を見よ。◉（十訓抄四）「涙をながして一度慈救呪を満ち給ひければ」

ジクヂウ　粥頭　〔職位〕「シユクヂウ」と讀む。早朝の粥を掌る役なり。【象器箋七】

ジクヒ　粥罷　〔術語〕「シユクヒ」と讀む。晨朝喫粥の後なり。【勅修淸規聖節】に「至二五更一住持行香回。再覆。粥罷上堂。」

ジクヒシヤウ　粥罷鐘　〔雜名〕「シユクヒシヨウ」と讀む。粥了つて後鐘を打する三下、此を粥罷鐘と名く。或は曰く、此は展單の鐘なり、粥罷と爲すにあらず。忠曰く、此の三下は但だ是れ下堂の鐘なり。【象器箋十八】

ジクワ　糍果　〔飮食〕かきもちの類。【象器箋十七】

ジクワ　事火　〔術語〕性火に對して事火あり「シヤウクワ」を見よ。図外道の名、三迦葉はもと此の種の外道なり。

ジクワウ　慈光　〔術語〕諸佛大慈の光明なり。【讃阿彌陀佛偈】に「慈光遐被施二安樂一。」

ジクワン　寺官　〔職位〕寺院の役員を稱す。西土には之を淨人と稱す。【比丘尼傳】に「告二寺官一寺官共視。」

ジクワン　事觀　〔術語〕理觀に對して云ふ。「クワン」を見よ。

ジクワンギキヤウ　自歡喜經　〔經名〕舍利弗佛の師子吼に向つて如來の及び難きを稱說す。長阿含經。【晨帙九】

ジクワンジンギヤウ　自觀心經　〔經名〕上下二卷、上卷は止觀の得不得は四句あるを料簡し、下卷は伺、瞋恚、乃至惡慧等多少有無を觀じ、惡あらば須く斷ずべく、善あらば須く涅槃を求むべきを說く。中阿含經二十七。【晨帙五】

ジケ　寺家　〔職位〕又執當と云ふ。叡山の役名なり。【圓光行狀翼贊九】に「或山僧云。衆徒大衆總名也。執當猶如二知事一。亦名二寺家一。執二務山門僧事及法會威義並回文等一。今附二庸梶井宮一。見聞記貫主拜堂の時執當座主の系圖と八舌の鑰とを座主に渡し申す。」

ジケウ　事敎　〔術語〕台宗所立の四敎中、藏敎を界內の事敎と稱し、別敎を界外の事敎と稱す。

ジケウサウヰ　自敎相違　〔術語〕因明の宗法九過の一。佛者外道に對して「我は有なるべし」と立つる如き、旣に其の宗法に於て自己の聖敎に相違すれば之を自敎相違と云ふ。

ジケウジヤクフクウシツチゲウヨクイチサイボサツモミヤウヒ　自敎迹不空悉地樂欲一切菩薩母明妃　〔術語〕自敎迹とは即ち是れ法佛自證の敎、即ち秘密平等敎なり。此の中に於て諸の修行を爲す者皆悉く不空ならしめん爲に之を說くなり。不空是れ唐捐ならざる義、彼の力に隨つて能く皆法身の理に向ふ、即ち彼の佛に同じきが故に不空と云ふなり。上の諸菩薩の眞言を說く如き各同類者を引攝せんと欲す、若し修行する者あらば我に同じからんと。今法佛自ら明妃の眞言を說く、若し修行する者あらば即ち虛空眼佛名の異名。より法身を生じ、我が如くして異るなきなり。【大日經疏十】

ジケサクキヤウ　自化作苦經　〔物名〕佛爲阿支羅迦葉自化作苦經の略名。

ジゲダウ　時外道　〔流派〕又、時散外道と云ふ。十三外道の一。「ゲダウ」を見よ。此れ眞實の時の體ありて以て一切萬物を生ずと執する外道なり。

ジゲダツ　時解脫　〔術語〕七聖の一。「ケンシヤウ」を見よ。

ジゲブツジヨウ　自解佛乘　〔術語〕天台大師七德の一。「チキ」を見よ。⊙（太平記二四）「自解佛乘の智を得て、金口の相承を續ぎ給ふ」

ジゲン　示現　〔術語〕佛菩薩の機緣に應じて種種の身を現ずる事、觀音の三十三身の如きを云ふ。

ジゲン　慈眼　〔術語〕佛菩薩の慈悲の心を以て衆生を視る眼なり。

ジゲンクワン　事現觀　〔術語〕三現觀の一。

ジゲンシシユジヤウ　慈眼視衆生　〔術語〕衆生を愍み見ること。【法華經普門品】に「慈眼視ニ衆生一。福壽海無量。」⊙（曲、誓願寺）「慈眼視衆生顯はれて」

ジゲンダイシ　慈眼大師　〔人名〕天海僧正の大師號なり。之に慈慧大師を加へて兩大師と稱す。兩師釋迦金輪一實神道を以て一宗を勃興せらる。

ジゲンリヤウ　似現量　〔術語〕因明に於て現比非の三量を立て、似現量似比量を非量となす、似現量とは分別心を起して瓶衣等を見て瓶衣の解を作す如き是れ法の自相に叶はざれば現量に似て現量にあらず、依つて似現量と稱す。何となれば瓶衣は和合體の假法にして法の自相に非ざればなり。又比量とは煙を見て火ありと比量する如き是なり。【因明入正理論】に「有ニ分別智一於レ義異轉名ニ似現量一。謂諸有レ智了ニ瓶衣等一分別而生。由レ彼於レ義不下以ニ自相一爲中境界上。故名ニ似現量一。」【同疏一本】に「似現似比總入ニ非量一。」⊙（風雅集）「むらくもの絕間の影はいそげどもふくるはおそき秋の夜の月」

ジゴサウヰ　自語相違　〔術語〕因明宗法九過の一。宗を立て我が母は是れ石女なるべしとも言ふ如き是なり。凡そ女の產生せざる石の如き者を石女と云ふ、然るに有法に我が母と言へば既に子あるなり。然るに能別に石女なるべしと言へば是れ子なきなり。依つて自語の吾母と言へる有法の體と能別の義と相違するが故に自語相違と云ふ。【因明三十三過法】

ジゴフジトク　自業自得　〔術語〕自ら善惡の業を作りて自ら苦樂の果を受くるを云ふ。【正法念經七】に獄卒罪人を呵責し偈を說て曰く「非ニ異人作レ惡一。非人受ニ苦報一。自業自得果。衆生皆如レ是。」

ジコンイゴ　自今已後　〔雜語〕今より以來、又、自今已去とも書く。【護淨經】に「自レ今已後欲レ求レ福者。如レ法作ニ齋食一可レ得ニ福德一。」【善見律一】に「大德自レ今已後莫ニ餘乞一。」【廣弘明集廿八】に「自レ今已後齋供行立。」

ジゴン　慈嚴　〔術語〕慈悲あり威嚴あるを慈嚴と云ふ。所謂慈母嚴父なり。【楞嚴經一】に「欽ニ奉慈嚴一將レ求ニ密義一。」

ジサイミミヤウ　慈濟徵命　〔故事〕【毘奈耶雜事五】に「南方の二苾芻、室羅伐に往きて世尊を禮せんと欲し、中路に熱渴す。水を觀るに蟲あり、大なる者唯法を念じて飲まずして身を喪ひ、小なる者謂く、佛世遇ひ難しと、飲で路を涉る。大なる者直に三十三天に生じ、勝妙の身を以て世尊を禮し、法眼淨を得。小なる者後れて至り佛に呵責せらる。」【南海寄歸傳一】に「恚捐ニ輕枝一現生ニ龍戸一。慈濟ニ徵命一交外ニ帝居一。」

ジサウ　自相　〔術語〕一切の事物に自共の二相あり。「グウサウ」を見よ。

ジサウ　事相　〔術語〕不生不滅の無爲を理性と云ふに對して生滅の有爲法を事相と云ふ。

ジサウキヤクリヤク　事相隔歷　〔術語〕現象界が互に差別相を有すと云ふこと。現象界はもと本體界より顯現したるものなる故、今現象界を本體に攝して論ずる時はその事相に隔歷あるなし。然れ共只現象界のみを見れば互に差別相を現じて相容融せずと見るなり。天台は此の見を別敎の敎理となし、圓敎はこれより一步を進めて現象即容融の本體と見る。

ジサウクウ　自相空　〔術語〕十八空の一。「クウ」を見よ。

ジサウサイ　自相作意　〔術語〕三種作意の一。

ジサウゼンジ　事相禪師　〔雜名〕敎相に區區として觀道に闇き禪師を斥して事相禪師と云ふ。【止觀七之四】に「九意不下與ニ世間文字法師一共上。亦不下與ニ事相禪師一共上。」

ジサウブ　事相部　〔術語〕眞言宗には敎相事相の二部を分ち、二敎十住心の敎理を敎相部と云ひ、三密の行法を事相部と云ふ。敎相部は一般に之を開放し、事相部は未灌頂の人に之を說くを許さず、若し之を說かば師弟共に越三昧耶の重罪を得するなり。

ジサツ　自殺　〔雜語〕【善見律十一】に「一比丘あり婬欲心を亂す、此の比丘日夜に其の心を制せんとを欲するも制すると能はず、自ら念じて言く、我れ持戒具足す、何んぞ以つて戒を捨てて還俗せん。我れ寧ろ死を取るべしと。是の故に耆闍崛山の頂に上つて巖に投じて死を取る。佛諸の比丘に告ぐ、自ら身を殺すいい、身を殺す者乃至不食の者亦突吉羅罪を得。若し比丘病極まり、若し衆僧及び看病比丘の料理辛苦を見て自ら念じて言く、此等正に我が爲の故に辛苦乃ち爾り、自ら壽命の久活を得ざるを觀じて食はず、藥を服せず、又比丘あり我が病極めて苦し、我が壽命亦た盡く、我が道跡手掌に在るが如しと。若し見ると此の如く食はずして死するも罪なし。」

ジサン　事懺　【術語】理懺に對して事懺あり。「サンゲ」を見よ。

ジサンゲダウ　時散外道　【流派】時外道に同じ。

ジザイ　自在　【術語】進退礙なきを自在と云ひ、又心、煩惱の繫縛を離れて通達無碍なるを自在と云ふ。【法華經序品】に「盡ニ諸有結一心得ニ自在一。」【唯識演秘四末】に「施爲無レ擁名爲ニ自在一。」

二種自在　【名數】一に觀境自在、菩薩正智慧を以て眞如の境を照了し、及び能く一切の諸法に通達すると圓融自在なるを云ふ。二に作用自在、菩薩既に正智を以て眞如の境を照了し、即ち能く體より用を起し、身を現じて說法し、諸の衆生を化して圓融自在なるを云ふ。【華嚴大疏六】

四種自在　【名數】一に得分別自在、菩薩第八不動地に住し、即ち一切功用の行を捨てて無功用法を得、一切法に於て一切分別の想を遠離して自在を得るを云ふ。二に得刹土自在、菩薩不動地に住し深心清淨、諸の刹土に於て亦清淨を得、出生自在を得るを云ふ。三に得智自在、菩薩第九善慧地に住し無礙の智慧を得て諸法を演說し、理に稱ふて自在を得るを云ふ。四に得業自在、菩薩第十諸雲地に住し諸の煩惱業縛に於て悉く能く通達し更に障礙なきを云ふ。【大乘莊嚴經論五】

五種自在　【名數】一に壽命自在、菩薩法身の慧命を成就し生死壽夭なきを了し、萬劫を延いて長とせず、一念に促めて短とせず、但有情を度脫する爲に諸の方便を以て機に隨つて長短壽命の相を示現し、其の心罣礙する所なきを云ふ。二に生自在、菩薩有情を度脫せん爲に大悲心を以て隨類受生し、一切處を饒益す。天宮樂となさず地獄苦となさず、去住無礙なるを云ふ。三に業自在、菩薩萬行具足し悲智雙運し、或は神通を現じ、或は妙法を說き、或は禪定に入り、或は苦行を修す。所作の行業但利他の爲にし縱任無礙なるを云ふ。四に覺觀自在、麁心を覺と曰ひ細心を觀と曰ふ。菩薩或は禪觀の行を修し、或は利生の行を起し、思惟あれども諸の散亂を離れ、願に隨つて生を度し、平等無礙なるを云ふ。五に衆具果報自在、菩薩因行深廣にして果報殊勝なり、一切所須の具に於て營を假らずして自然に周具し、心染礙なきを云ふ。【大寶積經六十八】

八種自在　【名數】如來の大我に八種の自在あり。「ハチダイジザイガ」を見よ。

十種自在　【名數】一に命自在、菩薩長壽慧命を得、無量阿僧祇劫を經て世間を住持し、障礙あるとなきを云ふ。二に心自在、菩薩智慧方便自心を調伏し、能く無量の大三昧に入り、神通に遊戲して障礙なきを云ふ。三に資具自在、菩薩能く無量の珍寶種種の資具を以て一切世界を嚴飾し、清淨無礙なるを云ふ。四に業自在、菩薩能く諸業に隨ひ時に應じて示現し、諸の果報を受け、無障無礙なるを云ふ。五に受生自在、菩薩其の心念に隨ひ能く諸の世界中に於て示現受生し、無障無礙なるを云ふ。六に解自在、菩薩勝解成就し能く種種の色身を示現し、妙法を演說し、無障無礙なるを云ふ。七に願自在、菩薩願欲に隨つて諸刹中に於て時に應じて出現し、等正覺を成じ、無障無礙なるを云ふ。八に神力自在、菩薩神通廣大威力量り難く、世界中に於て示現變化し、無障無礙なるを云ふ。九に法自在、菩薩大辯才を得、諸法中に於て廣く無邊の法門を演說し、無障無礙なるを云ふ。十に智自在、菩薩智慧を具足し一念中に於て能く如來の十力無畏を現じ、等正覺を成じ、無障無礙なるを云ふ。【華嚴經三十八】又此の十自在を十明と名く。十自在の作用明了なるを以ての故なり。故に別翻の本業瓔珞經の中に十明とせり。

ジザイエツマンイミヤウ　自在悅滿意明　【眞言】自在天の欲樂を變現する眞言なり。【大日經疏十一】に「如ニ欲界一有ニ自在悅樂意明一。乃至自在天主以ニ此悅樂意明力一故現ニ種種雜色欲樂之具一能滿ニ於一切一。乃至爲ニ一切天子天女等一示ニ現內外有情無情之境一。如レ現ニ食味音樂一一可レ得ニ現前受用一。若見ニ女色等身一亦可ニ五欲自娛一。各隨ニ彼心之所欲一。何況如來眞言而不レ能下普現ニ色身一作中佛事上耶。」

ジザイカイ　自在戒　【術語】智度論所說十種戒の一。「カイ」を見よ。

ジザイシン　自在心　【術語】六十心の一。

ジザイジンリキカヂサンマイ　自在神力加持三昧　【術語】大日如來の法界の衆生を加持する自在不思議の妙力を有する三昧なり。大日如來此の三昧に住して種種の身を現じて種種の法を說くなり。之を加持身說法と云ふ。【大日經疏一】に「世尊往昔大悲願故而作ニ是念一。若我住ニ如レ是境界一則諸有情不レ能ニ以レ是蒙一レ益。是故住ニ於自在神力加持三昧一。普爲ニ一切衆生一示ニ現種種諸趣所喜見身一。說ニ種種性欲所立聞法一。隨ニ種種心行一開ニ觀照門一。」

ジザイテン　自在天　【天名】「ダイジザイテン」を見よ。

ジザイテンゴウイン　自在天后印　【印相】左手を以て右手の地水（小指無名指）を握って掌中に入れ、大指頭を以て頭指の第二節を捻す、是れ嚕捺羅后印

即自在天后印なり。【大日經疏十四】

ジザイテンゲダウ　自在天外道　〔流派〕「ジザイトウインシユウ」を見よ。

ジザイテング　自在天宮　〔界名〕色界の第四禪に在り自在天王の宮殿なり。

ジザイテンシシヤ　自在天使者　〔天名〕胎藏界外金剛院二百五尊の一。二人にて飲血の形を作す。【胎藏界鈔六】

ジザイトウインシユウ　自在等因宗　〔流派〕外道十六宗の一。即ち摩醯首羅外道なり。世間の不平等は自在天の作す所、一切のもの皆自在天より生じ、自在天により滅すと計す。凡神論的要素を有し、自在天の身八分あり、虚空は頭、日月は眼、大地は身、河海は尿、山丘は糞、風は命、火は熱氣にして一切衆生は身中の虫なりと云ふ。又は大梵、時、法、空、我、等の變化なりと主張す。【義林章一】に「自在等因宗。謂不平等因者計隨二其所一レ事即以爲レ名。如二莫醯伊溼伐羅等一。或執二諸法大自在天變化一。或丈夫變化。或大梵變化。或時法空我等爲レ因。」

ジザイニヨテン　自在女天　〔天名〕胎藏界外金剛院二百五尊の一。白肉色にて青蓮華を持す。【胎曼鈔六】

ジザイニン　自在人　〔雜語〕如來所待の我德に八大自在を具すれば佛を稱して自在人と云ふ。【易行品】に「自度亦度レ彼。我禮二自在人一。」

ジザイワウ　自在王　〔雜名〕大日如來の尊稱なり。【金剛頂大敎王經上】に「薄伽梵大毘盧遮那能爲二自在王一。演二說金剛界無邊功德法一。」

ジザイワウキヤウ　自在王經　〔經名〕自在王菩薩經の略名。

ジザイワウボサツキヤウ　自在王菩薩經　〔經名〕二卷、秦の羅什譯。自在王菩薩佛に自在法を請問す、佛答ふるに戒自在五神通自在乃至無礙慧自在等を以てし、及び菩薩の十力四無所畏十八不共法を說く。【玄帙九】(82)

ジザウ　事造　〔術語〕台宗所立の性具の三千に理具事造の二種あり。「リグ」を見よ。

ジザゲダウ　自坐外道　〔流派〕六苦行外道の一。「ゲダウ」を見よ。

ジシ　自恣　〔儀式〕梵に Pravāraṇa 鉢剌婆剌拏 と云ふ。舊に自恣と翻し、新に隨意と譯す。夏安居の竟日即ち舊律に在ては七月十六日、新律に在ては八月十六日に於て、他の清衆をして恣に已が所犯の罪を各他比丘に對して擧げしめて之を懺悔するを自恣又は隨意と云ふ、又他人の意に隨つて恣に其所犯を擧ぐれば隨意と云ふ。【寄歸傳二】に「梵云二鉢剌婆剌拏一。譯爲二隨意一。亦是飽足義。亦是隨二他人意一擧二其所犯一。」

ジシ　慈子　〔菩薩〕舊稱、彌勒。新稱、梅怛麗耶 Maitreya 慈と譯す。是れ其の姓なれば慈氏と稱す。「ミロク」を見よ。⦿（盛衰記二四）「等覺補處の慈氏尊」

ジシ　慈子　〔雜語〕釋迦の弟子を釋子と云ひ、彌勒の弟子を慈子と云ふ。【義楚六帖六】に「長阿含經云。所有弟子隨レ佛各別。釋迦弟子號二釋子一。彌勒弟子號二慈子一。」

ジシ　寺司　〔職位〕今の社寺局なり。推古帝三十二年寺司を置き、法頭と曰ひ、阿曇蓮之に任ず。【元亨釋書二十】其の後仁明帝承和四年文武官五品の中察直なる者を寺司となし、諸寺の放廢を復せしめらる。寺司の職是れ等を始めとなす。【釋門事物紀原上】

ジシ　侍司　〔職位〕「ジス」を見よ。

ジシ　寺師　〔雜名〕その寺の法師なり。

ジシキ　事識　〔術語〕分別事識の略。

ジシキ　慈氏軌　〔經名〕慈氏菩薩略修愈誐念誦法の異名。【餘帙一】

ジシケンド　自恣犍度　〔術語〕二十犍度の一。「ケンド」を見よ。

ジシシヨセツタウカンユキヤウ　慈氏所說稻稈喩經　〔經名〕慈氏菩薩所說大乘緣生稻稈喩經の略名。【閏帙十五】

ジシセイグワンキヤウ　慈氏誓願經　〔經名〕慈氏菩薩誓願陀羅尼經の略名。【成帙八】

ジシタマセン　嚩瑟吒麼洗　〔雜名〕譯、三月。「タラマセン」を見よ。梵 Jyaiṣṭha-māsa

ジシニチ　自恣日　〔術語〕夏安居の竟日なり。「ジシ」を見よ。

ジシホフゴジフジユ　事師法五十頌　〔書名〕一卷。馬鳴菩薩造、宋の日稱等譯。秘密敎に依て略頌す。【成帙十四】

ジシボサツシヨセツダイジヨウエンシヤウタウカンユキヤウ　慈氏菩薩所說大乘緣生稻稈喩經　〔經名〕大乘舍黎娑擔摩經、了本生死經、稻稈經と同本異譯。【閏帙十五】(963)

ジシボサツセイグワンダラニキヤウ　慈氏菩薩誓願陀羅尼經　〔經名〕一卷、趙宋の施護譯。佛慈氏の爲に咒を說く、慈氏誓を立てて苦を拔く、因つて記を受く。【成帙八】(890)

ジシボサツダラニ　慈氏菩薩陀羅尼　〔經名〕一卷、趙宋の法賢。【成帙十二】(915)

ジシボサツリヤクシユユガネンジユホフ　慈氏菩薩略修愈誐念誦法　〔經名〕二卷、唐

の善無畏譯。【餘帙一】

ジシヤ　侍者　〔職位〕長老の左右に親炙して其の給仕に任ずる者を云ふ。阿難釋尊の侍者たり、是れ侍者の嚆矢なり。【觀無量壽經】に「一一化佛有二五百化菩薩無量諸天一以爲二侍者一。」

五侍者　〔名數〕一に侍香侍者、二に侍狀侍者、三に侍客侍者、四に侍藥侍者、五に侍衣侍者、之を五侍者と云ふ。禪林の稱。

六侍者　〔名數〕方丈に六侍者あり、一に巾瓶侍者、二に應客侍者、三に書錄侍者、四に衣鉢侍者、五に茶飯侍者、六に幹辨侍者、是れ皆室中に親炙して必ず須らく法の爲に軀を忘れ、嚴密の者にて此の職に任ずべし。庶くは此の法乳を孤にせざるなり。【覺浪尊正規】

侍者八法　〔名數〕侍者が具すべき八種の德。【菩薩從兜率天下生經】に「侍者具二八法一。一信根堅固。二其心覓レ進。三身無レ病。四精進。五具二念心一。六心不二憍慢一。七能成二定意一。八具二足聞智一。」と【象器箋六】に引く。

ジシヤウ　時漿　〔飮食〕四藥中時藥に屬する漿類なり。「シヤク」を見よ。

ジシヤウ　自性　〔術語〕諸法各自に不變不改の性あり、之を自性と名く。【敎行信證信卷】に「近世宗師。沈二自性唯心一。貶二淨土眞證一。」図 數論師二十五諦中第一諦を冥性又は自性と稱して萬有の生因と爲す。【唯識述記一末】に「自性者冥性也。今名二自性一。古名二冥性一。今亦名二勝性一。未レ生二大等一但住二自分一。名爲二自性一。」「シユロン」を見よ。

三自性　〔名數〕一に徧計自性。二に依他自性。三に圓成自性。「サンシヤウ」を見よ。

七種自性　〔名數〕如來に七種の性自性あり、性は即ち不變遷の義、此の不變遷の性即ち如來の自性なるが故に性自性と名く。一に集性自性、集は即ち聚なり、其の性自性は即ち是れ萬善聚集の因なり、是れ聖に約して論ず。故に經に曰く、即三世如來性自性第一義心也と。二に性自性、前の第一義心の集むる所の萬善の因に由つて各自性ありて內に存するが故に性自性と名く。三に相性自性、見て分つべきを相と云ふ。前の第一義心の集むる所の萬善の因に由つて各自相ありて外に現るるが故に相性自性と名く。四に大種性自性、大種は即ち地水火風の四大の種子なり。處として在らざるなし、故に大と曰ふ。大種性自性とは、謂く四大種各自性あるなり。大種はもと凡聖に通ず。今は聖報に約して言ふ、即ち此の大種の性自性是れ法性五陰の果なり、是を大種性自性と名く。五に因性自性、因は即ち能生を義となす。前の所證の大種の果必ず所起の因あり、即ち是れ第一義因心なり、是を因性自性と名く。六に緣性自性、緣は即ち緣助なり、第一義の自性の果德を證するは因心に由るも、須らく衆の緣助を假て顯成すべし、是を緣性自性と名く。七に成性自性、成は即ち成就なり、因緣和合して果を成すなり、即ち如來第一義の果德を成就するが故に成性自性と名く。【楞伽經一】⊙（盛衰記九）「自性の本佛もとより己身に備ふと觀ずれば」

ジシヤウ　事障　〔術語〕二障の一。

ジシヤウカイ　自性戒　〔術語〕十善戒は佛の制止を待たず自性として受持すべき戒なれば自性戒と云ひ、又本性戒とも云ふ。【大日經疏十七】に「菩薩戒。略有二二種一。一在家。二出家。此二衆中復有二二種戒一。一自性修行。二是制戒。今此十戒是菩薩修行戒也。以二此善性一故一切菩薩應レ行レ之。即涅槃所謂性自能持戒。或云二自性戒一也。」

ジシヤウギヤウ　自性行　〔術語〕四種性行の一。

ジシヤウシヤウジヤウザウ　自性淸淨藏　〔術語〕五種藏の一。

ジシヤウシヤウジヤウシン　自性淸淨心　〔術語〕吾人本有の心は自性淸淨にして一切の妄染を離るれば自性淸淨心と云ふ。又、如來藏心とも眞心とも云ふ。即ち是れ吾人の菩提心なり。【起信論義記中本】に「自性淸淨心。名二如來藏一。」【大日經疏一】に「本不生際者即是自性淸淨心。自性淸淨心即是阿字門。」

ジシヤウシヤベツ　自性差別　〔術語〕因明の宗法五名の一。「シユウホフ」を見よ。

ジシヤウジヤウシン　自性淨心　〔術語〕自性淸淨心の略稱。

ジシヤウシン　自性身　〔術語〕四身の一。

ジシヤウゼン　自性禪　〔術語〕九種大禪の一。「ゼン」を見よ。

ジシヤウゼン　自性善　〔術語〕四種善の一。自性不善の對。「シシユフゼン」を見よ。

ジシヤウダン　自性斷　〔術語〕三斷の一。

ジシヤウヂユウブツシヤウ　自性住佛性　〔術語〕三佛性の一。「ブツシヤウ」を見よ。

ジシヤウフゲンニヨライ　自性普賢如來　〔菩薩〕普賢如來は即ち金剛界の大日如來なり。其の如來の自性身を稱するなり。【愛染講式】に「總自性普賢如來、別薩王愛喜四聖。」

ジシヤウフゼン　自性不善　【術語】「シシユフゼン」を見よ。

ジシヤウフンベツ　自性分別　【術語】三分別の一。

ジシヤウメウタイ　自性冥諦　【術語】數論二十五諦の一。冥諦は自性の異名。「ジシヤウ」を見よ。

ジシヤウユヰシン　自性唯心　【術語】諸法即眞如。萬法唯一心の見解なり。

ジシヤウリンシン　自性輪身　【術語】諸佛三輪身の一。「ケウリヤウリンシン」を見よ。

ジシヤウヱ　自性會　【術語】大日如來の自性身が從心流出の諸内眷屬を會して三世常恒に自受法樂の爲に兩部の大經を說くを自性會と名く。此の會場には因人の實機は之に參加するを得ず、但だ未來世に一類頓大の機ありて此の敎を聞いて能く信解し、能く修行し、能く證入するもの、是れ自性會の因人なり。但し自性會の自性身に說法ありと云ふは眞言古義派の說なり。若し其の新義派に依れば自性會の加持身にて說法すと云ふなり。

ジシヤガタ　寺社方　【職位】寺社奉行及び奉行所の役人。

ジシヤキヤウ　侍者經　【經名】目連阿難を勸めて佛に侍せしむ、阿難三願を乞ふ、佛其の種種未曾有の法を讃す。中阿含經八。【昃帙五】

ジシヤク　事迹　【雜語】古人の經歷せし事實蹤跡なり。【四敎儀集註上】に「垂化事跡。」

ジシヤクキフテツ　磁石吸鐵　【譬喩】無緣の慈悲心に譬ふ。【止觀五之三】に「如㆓磁石吸㆑鐵。無心而取。夫鐵在㆓障外㆒石不㆑能㆑吸。衆生心性即無緣慈。無明障隔不㆑能㆓任運吸㆒取一切。今欲㆘破㆓無明障㆒顯㆗佛慈石任運吸㆒取無量佛法無量衆生㆖。」

ジシヤブギヤウ　寺社奉行　【職位】武家の職名、鎌倉時代に始まる。僧侶神官及び社寺の所領のことを司る。足利幕府より德川幕府に至るまで此の制を存す。

ジシユ　寺主　【職位】寺院三綱の一。

ジシユ　時衆　【雜名】總じて僧俗の五衆を指して時衆と云ふ。【觀經玄義分】に「道俗時衆等。各發無上心。」

ジシユウ　時宗　【流派】現今本朝二十宗の一。時宗とは具さには六時往生宗と稱す、晝夜六時に善導の往生禮讃を專修して往生の業因と爲すが故に名くるなり。後宇多天皇建治二年、沙門一遍之を唱ふ。遍字は知眞、伊豫の人なり。台宗を叡山に學び、止觀の諸經所讃多在彌陀の文を讀んで反然として心を淨土專念の敎に傾け、文永三年西山の聖達に從ふて念佛の宗旨を受け、是に於て一宗を開く。後相摸國藤澤に一字を創す、即ち今の清淨光寺是なり。正應二年攝津兵庫の觀音寺に於て入寂す。清淨光寺の住持は通稱遊行上人他阿彌陀と號し、本寺に住せんと欲する者は必らず諸國を遍歷して念佛を勸め、現住入寂に及んで寺に還つて住職するを通規とす。門派十二派に分かるるも現今は清淨光寺を以て本寺とし、一管長を立つ、寺院四百八十餘あり。

時宗十二派　【名數】奧谷派、六條派、解意派、市屋派、御影堂派、以上遊行派、一向派、當麻派、四條派、靈山派、國阿派、天堂派の稱。「ジシユウ」を見よ。

ジシヨ　自煮　【術語】食法八患の一。「ジキ」を見よ。

ジシヨウ　事證　【術語】事理二證の一。「ニシヨウ」を見よ。

ジシヨウ　自證　【術語】第一義の眞理は他より得る者にあらず、自ら證悟する者なれば自證と云ふ。【演密鈔二】に「言㆓自證㆒者。但是佛自證。不㆓從㆑他得㆒也。」

ジシヨウクワンチヤウ　自證灌頂　【術語】三種灌頂の一。「クワンチヤウ」を見よ。

ジシヨシヨエン　時處諸緣　【術語】時は十二時なり、處は淨處不淨處なり、諸緣は【止觀四之三】に「息㆓諸緣務㆒者。生活人事伎藝也。」と云ふ是なり。【往生要集下本】に「只是男女貴賤。不㆑簡㆓行住坐臥㆒。不㆑論㆓時處所緣㆒。修㆑之不㆑難。願㆓求往生㆒。得㆓其便宜㆒。不㆑如㆓念佛㆒。」⦿（平家一〇）「行住座臥時所諸緣をきらはず」

ジシヨウシン　自證身　【術語】理智不二の大日法身を云ふ。五種法身中の法界身、四種法中の自性身是なり。法界體性智の所成なり。胎藏界に在つては八葉中胎の大日、金剛界に在つては一印會の大日是なり。東密の古義は言く、此の自證身自受法樂の爲に自心より內證の諸眷屬を流出し、常恒に兩部の大經を說くと。其の新義は言く、大日の自證身に自利利他の二德を具す、其の利他の德に依て自證會に於て自ら加持三昧に住し、加持身を現じて末世の衆生の爲に兩部の大經を說くと。是れ新古兩派の由つて分かるる所なり。「ホフシン」を見よ。【大日經疏五】に「內心妙白蓮者。此是衆生本心。妙法芬陀利華秘密幖幟。華臺八葉圓滿均等如㆓正開敷之形㆒。此蓮華臺是實相自然智慧。蓮華葉是大悲方便也。正以㆓此藏㆒爲㆓大悲胎藏曼荼羅之體㆒。其餘三重是從㆓此自證功德㆒流出。諸善知識入法門耳。」

ジシヨウジユ　自證壽　【術語】彌陀の一身に證得し給ふ一切諸佛の無量壽の德をいふ。

ジシヨウダン　自證壇　【術語】金剛界の成身會

曼茶羅是なり。先づ色究竟天に於て五相成身にて圓滿の佛身を證得し、直ちに須彌頂に降つて先づ大日如來の自心より四方四佛の四親近總じて十六大菩薩を流出し、次に四方の四佛より大日親近の四波羅蜜菩薩を流出し、次に大日如來より四方の四佛に對して喜鬘歌舞の四内供を流出し、次に四方の四佛より之に奉答する爲に香花燈塗の四菩薩を流出し、終に一切衆生を攝引する爲に大日如來より鈎索鎖鈴の四菩薩を流出す。是れ自證壇の相なり。

ジシヨウヱ　自證會　〔術語〕前項に均し。

ジシヨギキ　時處儀軌　〔書名〕金剛頂經一字頂輪王瑜伽一切時處念誦成佛儀軌の略名。【閏帙六】

ジシン　慈心　〔術語〕四無量心の一。人に樂を與ふる心なり。

慈心十一種果報　〔名數〕一に臥して安し、二に覺して安し、三に惡夢なし、四に天護る、五に人愛す、六に毒に侵かされず、七に兵に侵かされず、八に水に侵かされず、九に盜賊に侵かされず、十に梵天に生ずるを得。【增一阿含經四十七】

ジシン　侍眞　〔職位〕叢林に祖塔の眞影に侍する者を侍眞と云ふ、即ち塔主なり。眞は祖師の形像なり。【象器箋六】

ジシン　似心　〔術語〕依他の心法有に似て有にあらざるを似心と云ふ。【秘藏寶鑰下】に「思ニ惟陀那深細一。專ニ住幻焰似心一。」

ジシンケウニンシン　自信敎人信　〔術語〕自ら信じ人に敎へて信ぜしむること。「同じ。

ジシンジシヤ　侍眞侍者　〔職位〕「ジシン」に

ジシンジブツ　自身自佛　〔雜語〕この身即ち佛なりとの意。【觀無量壽經】に「是心作佛。是心是佛。」の語あり、其の他經論に自身自佛の語なし。

ジシンドウジ　慈心童子　〔人名〕慈童女に同じ。「ジドウニヨ」を見よ。

ジジキ　時食　〔飮食〕四藥の中の時藥なり。「シヤク」を見よ。

ジジムゲホフカイ　事事無碍法界　〔術語〕華嚴宗四種法界の一。「ホフカイ」を見よ。

ジジヤウ　自淨　〔術語〕三自の一。「サンジ」を見よ。

ジジヤウジユ　時成就　〔術語〕六成就の一。

ジジヤク　示寂　〔術語〕寂は圓寂又は寂滅にて、涅槃の譯語なり。示寂は涅槃を示現する義にて佛菩薩及び高德の死を云ふ。「するなり。

ジジユ　持誦　〔術語〕經典或は眞言を受持し語讀

ジジユホフラク　自受法樂　〔術語〕法樂とは妙法の眞味を翫ひて自ら樂すを云ひ、其の法樂を自身に受るを自受法樂と云ふ。【唯識論十】に「自受用身。常自受ニ用廣大法樂一。」【二敎論下】に「諸佛菩薩自受ニ法樂一故各說ニ自證三密門一。」

ジジユウシン　自受用身　〔術語〕四身の一。

ジジヨウクワ　自乘果　〔術語〕三乘各自の聖果なり。

ジスヰ　慈水　〔譬喩〕慈悲の心能く人を滋榮するを水に譬へて慈水と云ふ。【性靈集七】に「慈水奄遊。」此は慈母を云ふなり。

ジセイサンマイキヤウ　自誓三昧經　〔經名〕一卷、後漢の安世高譯。如來獨證自誓三昧經の舊譯なり。【宙帙六】(283)

ジセイジユカイ　自誓受戒　〔術語〕大乘の菩薩戒は、若し戒師なき時は佛前に於て自ら誓ひて大戒を受くるを許すなり。而して其の發得として夢中に妙相を見るを要するなり。之を自誓受戒と云ふ。【梵網經】に「若千里內無ニ能授レ戒師一。得ニ佛菩薩形像前自誓受レ戒。而要レ見ニ妙相一。」

ジセイトク　自誓得　〔術語〕十種得戒緣の一。

ジセウ　事鈔　〔書名〕四分律行事鈔の略名。

ジセツイシユ　時節意趣　〔術語〕「ベツジイシユ」を見よ。

ジセツキヤウ　自說經　〔術語〕十二部經の一。

ジセフ　自攝　〔術語〕戒法を以て自ら三業を攝專して放逸せしめざるを自攝と云ふ。【南山戒疏一下】に「由ニ斯戒法一能持ニ七支一。有レ過皆塞レ名ニ自攝一也。」

ジゼン　事禪　〔術語〕理禪に對して事禪あり。「リゼン」を見よ。

ジゼン　事善　〔術語〕「ニゼン」を見よ。

ジソン　慈尊　〔菩薩〕慈氏菩薩即ち彌勒菩薩なり。【往生要集上末】に「今案レ之。從ニ釋尊入滅一至ニ慈尊出世一隔ニ五十七俱胝六十百千歲一。」【觀經散善義】に「若不ニ親從ニ慈尊一何能免ニ斯長歎一。」◉(太平記一)「記別を慈尊の曉に期し給ふ」

ジソンソンタ　自損損他　〔術語〕自利利他の反なり。【般舟讃】に「縱ニ此食瞋火一自損損他。」【群疑論二】に「毀ニ其正見一自損損他。」

ジソンノツキ　慈尊月　〔術語〕金剛界の賢劫十六尊中の上首に安ずる慈氏菩薩は月輪に住すれば慈尊の月と云ふ。◉(本朝文粹十三)「生死海中慈尊月未レ照」

ジソンノホフクワン　慈尊寶冠　〔物名〕【八大菩薩曼茶羅經】に慈尊の寶冠に窣覩波を安ずと說く、是れ釋尊の全身の舍利なり。覺師の【報恩講式】に「太聖慈尊寶冠。戴ニ釋迦舍利一。」「を見よ。

ジタイアイ　自體愛　〔術語〕三種愛の一。「アイ」

ジタイブン 自體分 〔術語〕自證分のこと。

ジタフ 字塔 〔書名〕一卷、又五輪意字塔と云ひ、法界塔婆觀と云ふ。弘法大師著。

ジタフニモン 自他不二門 〔術語〕十不二門の一。

ジタフシヨ 寺塔處 〔術語〕寺塔處は練若なり、此に三種あり。一は達磨、是れ菩提場なり。二は檀陀伽、是れ無穢尊處なり。三は摩登伽、是れ無諠動處なり。【不思議疏上】

ジダン 字壇 〔術語〕種子曼荼羅なり、是れ四曼中の法曼なり。【大日經疏十三】に「若弟子財力豐贍堪二能廣辨一者。師即當レ作二畫色像之壇一。爲レ示二本尊身印之相一故也。若力不レ能レ辨而造二字壇一。即犯二秘法隱覆之罪一。」

ジチ 事智 〔術語〕理智に對して事智あり。「リチ」を見よ。

ジチ 自知 〔術語〕四知の一。

ジチユ 慈霔 〔雜語〕慈悲の雨を人に注ぐなり。【唐高僧傳智顗傳】に「二時慈霔。」

ジチユウ 寺中 〔雜名〕寺內の支坊を或は塔頭(たつちう)とも云ひ或は寺中とも云ふ。

ジチロク 自知錄 〔書名〕一卷、元の中峰著。三時繫念の後に附す。

ジチン 慈鎭 〔人名〕名は慈圓、謚は慈鎭、吉水と稱す。法性寺關白忠道公の息、前後四たび天台の座主に任ぜらる。【本朝高僧傳五十四】⊙(著聞集哀傷)「慈鎭和尙、往事を思し出で給ひて」

ジツウ 實有 〔術語〕虛妄にあらずして事實にありと云ふ義。凡夫は一切諸法の因緣生にして其の實なきを知らず、之を實有と執するなり。⊙(徒然草)「誰れか實有の相に著せざる」

ジツガ 實我 〔術語〕假我に對して實我あり。「ケガ」を見よ。

ジツキヤウ 實經 〔術語〕三乘の權論に對して一乘の諸經を實經と云ふ。【法華文句記】に「若將レ求レ滅二權論一用レ釋開二會實經一。」

ジツギ 實義 〔雜語〕眞實の義理なり。【華嚴經廿九】に「分二別實義一得二究竟一。」【報恩經六】に「不レ可二以實義一。」【正理論廿三】に「能止推徵令レ證二實義一。」

ジツクウ 實空 〔術語〕諸法は因緣生にして自性なきを實空と云ふ。【智度論十九】に「一切諸法因緣生故無レ有二自性一。是爲二實空一。」

ジツグワン 實願 〔術語〕行ありて願に相應し、乃至所願の如く果を得るを實願と云ふ。【勝鬘經】に「以二此實願一安二慰無量無邊衆生一。」【同寶窟上末】に「此願有レ行來應レ之故名二實願一也。又眞實心起レ願故名二實願一。又此願實能利レ物故名二實願一。又此願實能得レ果故名二實願一。」

ジツケ 實化 〔術語〕權化の稱に對して實化と云ふ。同一丈六の釋尊にして法華已前は權化にして法華已後は實化なり。⊙(盛衰記二)「能仰二實化之納受一。」又は佛にして佛身を現ずる是れ實化にして人身を現ずる是れ權化なりと云ふ。

ジツケウ 實敎 〔術語〕權敎に對して實敎の稱あり。「ニケウ」を見よ。⊙(太平記一七)「天台法相互究二權敎實敎之奧旨一。」

ジツゲン 實眼 〔術語〕眼能く物を照して能く實(カナ)に稱ふを實眼と云ふ。是れ五眼中の佛眼なり。【勝鬘經】に「佛爲二實眼實智一。」

ジツゴ 實語 〔術語〕實とは不妄不異の義なり。顯敎には語の實に稱ひ、又行能く語と相應するを實語と云ふ。密敎には眞如を說く言を實語と云ふ。是れ釋摩訶衍論に明かす五種語の第五如義語なり。【金剛經】に「如來是眞語者。實語者。如語者。不誑語者。不異語者。」【大集經十】に「猛風可レ說二索繫縛一。須彌可レ說二口吹動一。不レ可レ說三佛有二二語一。實語眞語及淨語。」【探玄記六】に「如レ言起レ行故云二實語一。」【大日經疏一】に「眞言梵曰二漫怛羅一。即是眞語如語不妄不異之音。」

ジツゴフ 實其父 〔雜語〕誠はその父と云ふ義。【法華經信解品】に「我名某甲。昔在二本城一懷レ憂推覓。忽於二此間一遇會得レ之。此實我子我實其父。」⊙(風雅集)「年ふりて行方も知らぬたらちねよこはいかにして尋ねあひけん」

ジツゴフ 實業 〔術語〕善惡の業眞實に苦業の果を得るを實業と云ふ。⊙(盛衰記)「實業の衆生」

ジツサイ 實際 〔術語〕眞如法性は諸の際極なれば實際と云ふ。又眞如の實理を極めて其の窮極に至るを實際と云ふ。【最勝王經一】に「實際之性無レ有二戲論一。」【智度論三十二】に「實際者以二法性一爲二實證一故爲レ際。乃至善入二法性一是爲二實際一。」【大乘義章一】に「實際者。理體不虛目レ之爲レ實。實之畔齊故稱爲レ際。」【唯識述記九末】に「無倒究竟。無倒所緣。名爲二實際一。」

ジツサイカイ 實際海 〔雜語〕實際の廣大なるを海に譬へて實際海と云ふ。【觀佛三昧經十】に「行二是定一者住二過去佛實際海中一。」

ジツサイリチ 實際理地 〔術語〕眞如無相の境界を云ふ。【護法錄六】に「實際理地不レ染二一塵一。」⊙(鴉鷺合戰五)「實際理智(地)には一塵をも受けず」

ジツサウ 實相 〔術語〕實とは虛妄にあらざる義、相とは無相なり。是れ萬有の本體を指稱せる語なり。法性と云ふも眞如と云ふも實相と云ふも其體同一なり。萬法の體性となる義に就ては法性と云ひ、其

の體眞實にして常住なる義に就ては眞如と云ひ、此の眞實にして常住なるが萬法の實の相なる義に就て實相と云ふ。其の他一實、一如、一相、無相、法身、法證、法位、涅槃、無爲、眞諦、眞性、眞空、實性、實諦、實際と云ふ皆是れ實相の異名なり。又名隨德用の三諦に依れば、空諦を眞如と云ひ、假諦を實相と云ひ、中諦を法界と云ふ。此中法華は實相を說き、華嚴には法界を說き、解深密には眞如又は無爲を說き、般若には般若佛母を說き、楞伽には如來藏を說き、涅槃には佛性を說き、阿含には涅槃を說く。而して華嚴の始教天台の通教已下に在りては不變の空眞如を實相とし、華嚴の終教已上天台の別教已上に在りては不變隨緣の二相を實相とす。而して華嚴は隨緣の萬法を實相とし、天台眞言は性具の諸法を實相とし、小乘は我空の涅槃を、大乘は我法二空の涅槃を實相とす。【維摩經弟子品】に「迦旃延無下以二生滅心行一說中實相法上。」【同觀衆生品】に「佛爲二實相法人一。」【涅槃經四十】に「無相之相名爲二實相一。」【妙玄二上】に「實相之境非二佛天人所作一。本自有レ之非レ遍レ今也。」【法華文句記四中】に「言二實相一者。非レ虛故實。非相爲レ相。故名二實相一。」と。

ジツサウイン　實相印　〔術語〕　實相は是れ從本以來佛佛傳持の印璽なれば實相印と云ふ。一切の小乘經は三法印を以て之を印し、一切の大乘經は此の實相印を以て之を印するなり。【法華經序品】に「我以レ相嚴レ身。光明照二世間一。無量衆所レ尊。爲說二實相印。一」

ジツサウキヤウデン　實相經典　〔術語〕　實相の妙理を說く經典なり。【維摩經法供養品】に「釋提桓因於二大衆中一白レ佛言。世尊我雖下從二佛及文殊師利一聞中百千經上。未三曾聞二此不可思議自在神通決定實相經典一。」

ジツサウギ　實相義　〔術語〕　諸法實相の深義なり。【法華經序品】に「佛今放二光明一助三發實相義一。」

ジツサウクワン　實相觀　〔術語〕　又、理觀と云ふ。占察經所說の二觀の一。「ニクワン」を見よ。密教には月輪觀を以て金剛界の實相觀とし、五大觀を以て胎藏界の實相觀とす。【秘藏記本】に「淨菩提心觀。念誦分限了。即結二實印一觀二五字一。是月輪觀。又實相觀。謂阿毘羅吽欠也。」

ジツサウザンマイ　實相三昧　〔術語〕　空無相無作の三三昧を行ずるを云ふ。【智度論五】に「有レ人行二空無相無作一。是名レ得二實相三昧一。」

ジヅサウシン　實相身　〔術語〕　諸佛三種身の一。「サンシン」を見よ。

ジツサウシンニヨ　實相眞如　〔術語〕　十眞如の一。「の一。

ジツサウチシン　實相智身　〔術語〕　大日如來法界體性智を以て身とすれば實相智身と云ふ。是れ華嚴所說十身中の智身なり。【演密鈔二】に「所謂如來實相智身者。此之法界全是如來實相之身也。乃至亦是華嚴十身中之智身也。」

ジツサウネンブツ　實相念佛　〔術語〕　三種念佛の一。「ネンブツ」を見よ。

ジツサウノカゼ　實相風　〔雜語〕　實相の妙理は凡夫迷妄の塵垢を吹き拂ふこと、世間の風の塵垢を拂ふが如しとの意なり。⊙（曲、鵜飼）「實相の風あらく吹いて」

ジツサウノハナ　實相花　〔雜語〕　實相の妙理は、佛道修行者の證悟して眺めんとするものなれば、之を世間の花に喩へて、實相の花と云ふなり。⊙（曲、嵐山）「笙の岩屋の松風は實相の花盛」

ジツサウノモン　實相門　〔雜語〕　實相の法門と云ふに同じ。⊙（曲、東岸居士）「萬法皆一如なる實相の門に入らうよ」

ジツサウハンニヤ　實相般若　〔術語〕　二般若の一。「ハンニヤ」を見よ。

ジツサウハンニヤキヤウ　實相般若經　〔經名〕　實相般若波羅蜜經の略名。

ジツサウハンニヤハラミツキヤウ　實相般若波羅蜜經　〔經名〕　一卷、唐の菩提流支譯。不空譯の大樂金剛不空眞實三昧耶般若波羅蜜多理趣經と同本なり。【成帙三】

ジツサウホフカイ　實相法界　〔術語〕　又、法界實相とも云ふ。法華に實相を說き、華嚴に法界を說く、同體異名なり。「ジツサウ」を見よ。

ジツサウホフシン　實相法身　〔術語〕　華嚴宗所立五種法身の一。「ホフシン」を見よ。

ジツサウムサウ　實相無相　〔術語〕　實智無緣なれば實相無相なり、智に緣あるは實體に如はざれば實智にあらず、相に相あるは實智の境にあらざれば實相にあらざるなり。【往生論註下】に「實相無相。故。眞智無知。」と【輔行一之五】に「實相無相。無相亦無。實智無緣。無緣亦絕。」

ジツサウムロノダイカイ　實相無漏大海　〔雜語〕　眞如實相には一切の妄染を離るれば無漏と云ふ。是れ空眞如なり。而して一切の功德を藏すれば海と云ふ。是れ不空眞如なり。⊙（十訓抄）「實相無漏の大海には五塵六欲の風は吹かねども隨緣眞如の浪の立たぬ時なし」（曲、江口）「實相無漏の大海に、五塵六欲の風は吹かねども」

ジツサウヱ 實相慧 〔術語〕 實慧實相を證するを實相慧と云ふ。【維摩經淨影疏三】に「眞慧證レ實名二實相慧一。」

ジツシキシン 實色身 〔術語〕 諸佛二種色身の一。「シキシン」を見よ。

ジツシヤ 實者 〔術語〕 諸佛菩薩の諸趣の身を現ずるを權化と云ふに對して、惡鬼惡靈の身を現じて人を惱ます者を實者と云ふ。⦿(盛衰記九)「權者も實者も渇仰の前に顯れ現じ給ふ事なれば」

ジツシヤウ 實性 〔術語〕 眞如の異名なり。【仁王經中】に「諸法實性。淸淨平等非レ有非レ無。」【同良賁疏】に「諸法實性者。諸法性也。」

ジツシヤウ 實唱 〔術語〕 如來眞實の法を說くを實唱と云ふ。【法華文句記二下】に「演二一乘之實唱一飽二妙行之機緣一。」

ジツシヤナンダ 實叉難陀 〔人名〕 Sikṣānanda 譯、學喜。于闐國の人、華嚴等の經十九部一百七卷を譯出す。【開元錄九】

ジツタイ 實諦 〔術語〕 假諦に對して眞諦と云ひ、理諦に對して實諦と云ふ。聖者所見の理眞實誠諦なるを實諦と云ふ。【涅槃經十三】に「言二實諦一名曰二眞法一。若法非レ眞不レ名二實諦一。」

ジツタイジンジン 實諦甚深 〔術語〕 五種甚深の一。「ジンジン」を見よ。

ジツダイジヤウキヤウ 實大乘敎 〔術語〕 權方便を帶びざる大乘敎なり。天台、華嚴、眞言、禪等を云ふ。

ジツダウ 實道 〔雜語〕 眞實の正道なり。【法華經譬喩品】に「世尊說二實道一。波旬無二此事一。」

ジツチ 實智 〔術語〕 權實三智の一。

ジツチボダイ 實智菩提 〔術語〕 三菩提の一。

ジツチムエン 實智無緣 〔術語〕 「ジッサウムサウ」を見よ。

ジツトクシヨ 實德處 〔術語〕 四德處の一。

ジツホウジヤククワウ 實報寂光 〔界名〕 實報無障礙土と常寂光土の二。台家所立四土の二なり。「シド」を見よ。

ジツホウド 實報土 〔界名〕 實報無障礙土の略。

ジツホウムシヤウゲド 實報無礙礙土 〔界名〕 四土の一。「シド」を見よ。

ジツホン 實本 〔術語〕 爾前の三乘を權迹と云ふに對して法華の一乘を實本と云ふ。【妙玄十上】に「拂レ之以二權迹一。顯レ之以二實本一。」

ジテウ 寺牒 〔物名〕 寺僧の手簡なり。

ジテウ 自調 〔術語〕 辟緣二乘の行法を自調自淨自度となす。持戒は是れ自調、修禪は是れ自淨、智慧は是れ自度なり。【智度論六十一】に「乘二福德一皆爲二自調自淨自度一。持戒是自調。修禪是自淨。智慧是自度。復次。自調者正語正業正命。自淨者正念正定。自度者正見正思惟正方便。」「サンジ」參照。

ジテウジジヤウジド 自調自淨自度 〔術語〕 前項を見よ。

ジテウジド 自調自度 〔術語〕 前項に同じ。

ジテウド 自調度 〔術語〕 前項に同じ。

ジトウ 字等 〔術語〕 四等の一。

ジトウサウサンマイ 字等相三昧 〔術語〕 百八三昧の一。

ジドウ 慈童 〔人名〕 慈童女長者子の略。

ジドウニヨ 慈童女 〔人名〕 慈童女長者子の略。

ジドウニヨチヤウジヤシ 慈童女長者子 〔人名〕 慈童女長者 の子なり、慈童女は長者の名にして女人に非らず。【雜寶藏經一】に「佛過去世に於て一慈女たり、事によりて願を發し、一切受苦の者盡く我が身に集らんと。命終して兜率に生ず。即ち父母に少しき不善をなせば大苦報を得、少しき供養をなせば無量の福を得るを敎ふ。」「を見よ。

ジド 自度 〔術語〕 唯自身を度するなり。「ジテウ」

ジド 事度 〔術語〕 五戒十善等の世善なり。是れ有爲の事相なれば事と云ひ、三途の苦を度すれば度と云ふ。【止觀二之三】に「諸蔽爲レ惡。事度爲レ善。」

ジナイサウ 寺內葬 〔儀式〕 寺は三寶の住所なるも、死骸を此に葬るも咎なし。【行事鈔下】に「高僧傳多有二寺中葬者一。經律中亦有レ之。僧祇持律法師營事比丘德望比丘應起二塔相輪一懸二於幡蓋一。在二屏處一安置。不レ得下在二經行處一作上レ之。」律には屍を不淨として佛殿に置くを禁ずる故に、特に律者がこの辯解をなすなり。「の相なり。

ジナイシヨウ 自內證 〔術語〕 自己內心の證悟なり。

ジナイトクモン 時乃得聞 〔雜語〕 法華の妙典は不斷に聞くを得ず、時に聞くを得るは至大の幸なりと云ふ。【法華不輕品】に「億億萬劫至二不可議時一。乃得レ聞二是法華經一。」⦿(夫木集)「萬代を衣のいはにたたみあげてありがたくてぞ法は聞きける」

ジニ 自爾 〔雜語〕 自然のこと。自ら然りとなり。【止觀五之三】に「自爾。自然之異名。」

ジニフモンダラニ 字入門陀羅尼 〔術語〕 一切の文字悉く阿の一字に入り、阿の一字能く一切字を總持して諸法實相の中に入らしむれば、字入門陀羅尼と名く。【智度論二十八】に「行二陀羅尼一菩薩聞二此阿字一。即時入二一切法初不生一。如レ是等字字隨二所聞一皆入二一切諸法實相中一。是名二字入門陀羅尼一。」

ジニン　慈忍　〔術語〕慈悲と忍辱、是れ三軌の二なり。【證道歌】に「觀二惡言是功德一。此則成二吾善知識一。不下因二訕謗一起中怨親上。何表二無生慈忍力一。」

ジネン　自然　〔術語〕又、自爾とも法爾とも法爾任運天然とも云ふ。人爲の造作を離れて法の自性として自ら然るを云ふ。又は因なくして自ら然るを云ふ。後者は自然外道の邪執なり。【無量壽經下】に「天道自然。」又「無爲自然。」【法華玄義二之一】に「果是任運酬二善心一而生。報是自然受レ樂。」【同釋籤】に「言二自然一者此言通用。何必外計。即任運之異名耳。」【楞嚴經二】に「彼外道等常說二自然一。我說二因緣一。」

ジネンカイ　自然界　〔術語〕二種界の一。「ケツカイ」を見よ。

ジネンゲダウ　自然外道　〔流派〕十種外道の一。「ゲダウ」を見よ。

ジネンコムシン　自然虛無身　〔術語〕如來の自性身は法性自爾の性德なれば自然と云ひ、諸の差別相を離るれば虛無と云ふ。又極樂の往生人胎生に非ざれば自然と云ひ、飲食の長養にあらざれば虛無と云ふ。【無量壽經上】に「自然虛無之身無極之體。」【義寂疏】に「非三胎胞所二生育一故自然。非二飲食一所二長養一故虛無。」

ジネンゴダウ　自然悟道　〔術語〕本覺の內薰に依り、他の敎に依らず、自然に開悟するものあり、之を自然悟道と名く。此理に依つて最初の一佛無師の義を成ずるなり。

ジネンシヤカ　自然釋迦　〔術語〕自然に開發成佛したる釋迦を云ふ。【四敎儀】に「何處天然彌勒。自然釋迦。」

ジネンジ　自然慈　〔術語〕師なくして自ら發する菩薩の眞慈を自然慈と云ふ。【維摩經觀衆生品】に「行二自然慈一。無因待故。」【同註】に「肇曰。大乘之道無師而成。謂二之自然菩薩眞慈一。」

ジネンジヤウジユシンゴン　自然成就眞言　〔眞言〕壇地を加持する眞言なり。怛文（汝）睇微（天女）婆吃屣（護）捕哆賜（親也於也）譯云。汝天親護者。（於字入下句）薩廢（一切也）勃馱曩（佛也有多聲）哆以難、（度世也即有導師義）譯云。於二諸佛導師一。淅唎耶（行也）娜也（修行也）尾世鎩數（殊勝也）譯云。修行殊勝行。部弭（淨地也）播囉蜜多（到彼岸也）素者（等也）譯云。淨地波羅蜜。摩囉（天魔也）素年（軍衆也）野他（如也）毫蜜雞（奴痕返破也）譯云。如レ破二魔軍衆一。赦吃也（釋迦也）僧係娜（師子也）哆以那（救世也）譯云。釋師救世。怛他痕（如義也）摩囉（魔也）若延（降也）嗓埵（伏也）譯云。我亦降伏魔。漫茶藍隸（曼荼羅也）履佉（畫也）猿（密也）痕（我也）譯云。我畫二漫茶羅一。偈の意。先づ地神に告げて曰く汝天女親く此の大地を守護する者よ、已に曾て一切の諸佛導師を供養し、親近して殊勝の行を修し、諸地を淨治し、諸度を淨滿す。及び餘の種種の功德摩訶般若中廣く法を歷て明すが如し。故に等と曰ふ、次の偈は聲發する所以の意を陳べて誠實の言を說く、世尊若し菩提道場に在つて天魔の軍衆を降伏する時、汝大會に在つて現に證明を作す、是に由つて世尊を號して釋迦師子と爲す、能く獨步して畏るるなく世間を救護す。我れ今亦た世尊の所行に隨つて如來の事を紹がんと欲す。是の故に此の曼荼羅を畫くとなり。

ジネンチ　自然智　〔術語〕功用を借りずして自然に生ずる佛の一切種智なり。【法華經譬喩品】に「自然智無師智。」【同義疏六】に「自然智者。無功用智也。」【大日經疏五】に「自然智者。是如來自覺自證之智。昔所二未レ聞未ㇾ知之法現前無レ所二罣礙一。故以爲レ名。」【同六】に「若法依レ師智得。從二於衆因緣一而生。即是戲論生滅之相非二法性佛自然之慧一。若是自然之慧則非二修學可ㇾ得。亦不レ可レ授レ人。」

ジネントク　自然得　〔術語〕十種得戒緣の一。

ジノウハ　似能破　〔術語〕因明の法に他の立義を破せんとして三支の量を立て、其の量に三十三過の隨一を犯す者を似能破と云ふ。

ジノホド　時の程　〔雜語〕例時作法の時刻を云ふ、朝懺法夕例時とて夕刻に念佛を修する作法なり。

ジバ　嚫縛　〔雜語〕Jvāla 譯、光明【唯識樞要上末】

ジバカ　時縛迦　〔人名〕Jīvaka 舊に耆婆と云ひ、新に時縛迦と云ふ。【西域記九】に「時縛迦大醫。舊云二耆婆一訛也。」「ギバ」を見よ。

ジバジバカ　時婆時婆迦　〔動物〕Jīvajīva「ギバ」

ジヒ　慈悲　〔術語〕樂を與ふるを慈と云ひ、苦を拔くを悲と云ふ。四無量心中の二無量なり。【智度論二十七】に「大慈與二一切衆生樂一。大悲拔二一切衆生苦一。」

三種慈悲　〔名數〕一に衆生緣慈悲、一慈悲心を以て十方五道の衆生を視る事父の如く母の如く兄弟姉妹子姪の如く、之を緣じて常に樂を與へ苦を拔かんと思ふ心を衆生緣慈悲心と名く。是れ多く凡夫或は有學人の未だ煩惱を斷ぜざる人に在つて起す所なり。二に法緣慈悲心、既に煩惱を斷ぜる三乘の聖人の法空に達して吾我の相を破し、一異の相を破し、一異の相を滅する人の但衆生の是の法空を知らずして一心に苦を拔き樂を得んと欲するを憐みて、其の意に隨つて拔苦與樂するを法緣慈悲心と名く。三に無緣慈悲、是の慈悲は唯だ諸佛に在り、何となれば諸佛の心は有爲無爲性の中に住せず、過去現在未來世の中に住せず、諸緣の不實顚倒虛妄なるを知るが故に心に所緣なし、但だ佛衆生の諸法實相を知らず、五道に往來して

心諸法に著し、取捨分別するを以ての故に心に衆生緣ずることなく、一切衆生に於て自然に拔苦與樂の益を獲しむるを無緣慈悲心と名く。【智度論二十、佛持論五、涅槃經】

慈悲五利 [名數] 一に刀不傷、二に毒不害、三に火不燒、四に水不沒、五に瞋惡見善。【檳特羅經】

慈悲十二利 [名數] 一、福常隨身。二、臥安。三、覺安。四、不見惡夢。五、天護。六、人愛。七、不毒。八、不兵。九、水不喪。十、火不喪。十一、在所得利。十二、死昇梵天。【法句經】

ジヒエ　慈悲衣 [雜名] 法衣の德名なり。「ケサ」を見よ。

ジヒクワン　慈悲觀 [術語] 五停心觀の一。

ジヒシツ　慈悲室 [譬喩] 法華三軌の中に慈悲を如來の室に譬ふるなり。【法華經法師品】に「如來之室者一切衆生中大慈悲心是也。」

ジヒシンチヤウ　慈悲心鳥 [動物]【日光山志】に「此の鳥當山にて別に名あることを聞かず、只其の喚呼する所を以て名に稱するにて、佛法僧鳥と名けたる如き歟。初夏の頃能く聲を發せり。此山中に限らず荒澤寂光又栗山邊にも多く栖めり、時として御山內へも廻翔し來り鳴くことあり、人家多き處へ來たること稀なり。」「おのれ先に榛名山へゆきて社家に宿りしにあるじが語るに當山に三寶鳥戒行鳥などすめり、三寶鳥は鳴く事稀なり、戒行鳥は夜更て鳴けると云ひしかど春早く往きしゆへ鳴かず、戒行鳥と云へるは慈悲心鳥なりと宿の主かたれり。【俚言集覽】

ジヒジキヤウ　時非時經 [經名] 一卷、西晉の若羅嚴譯、時念非時食の法を記す。【宿帙八】(750)

ジヒジフリキムヰキ　慈悲十力無畏起 [術語] 諸佛如來の慈悲は十力と、四無畏とより起るを云ふ。【無量義經偈】に「戒定慧知見生。三明道六通品發。慈悲十力無畏起。衆生善業因緣出。」

ジヒスヰセンボフ　慈悲水懺法 [書名] 三卷、唐の智玄述。河施餓鬼の法なり。【調帙十】(1523)

ジヒセンボフ　慈悲懺法 [書名] 具に慈悲道場法と云ふ。梁武帝の所撰なり。

ジヒダウヂヤウセンボフ　慈悲道場懺法 [書名] 啓運慈悲道場懺法の略名。【調帙十】(1509)

ジヒマンギヤウ　慈悲萬行 [術語] 菩薩大悲心に住して萬行を修するなり、慈悲の水を以て萬行の樹木を滋榮するなり。

ジヒマンギヤウボサツ　慈悲萬行菩薩 [菩薩] 慈悲の萬行を修する菩薩なり。

ジヒニンニク　慈悲忍辱 [術語] 法華三軌中の二軌なり。【法華經法師品】に「如來室者一切衆生中大慈悲心是。如來衣者柔和忍辱心是。」◉(源氏)「慈悲忍辱の藤袴」

ジヒメ　自比罵 [術語] 六種罵の一。「の一。

ジヒリヤウ　自比量 [術語] 因明三量の一。「サンリヤウ」を見よ。

ジビキ　時媚鬼 [異類] 又、精媚鬼と云ふ。三鬼

ジビタカラ　時毗多迦羅 [異類] 譯、食壽命。鬼神の名なり。【孔雀王咒經上】梵 Jvitakāra*

ジフ　十 [術語] 華嚴圓教には諸法の數量を說くに總じて十を以てす。是れ其の圓滿無盡を現はす爲なり。【探玄記三】に「但此經所レ明皆應二十種一。以レ顯二無盡一故。設有二七八十二等數一皆是增減シテ云レ十。」【演密鈔五】に「十數表レ圓以彰二無盡一。」

ジフ　慈父 [雜語] 父のこと。【心地觀經三】に「慈父恩高如二山王一。悲母恩深如二大海一。」

ジフアク　十惡 [術語] 又十不善と云ふ。「ゼンアク」を見よ。◉(曲、田村)「さればにや、大慈大悲の春の花、十惡の里にからばしく」

三品十惡 [名數] 上品の十惡は地獄道に墮し、中品の十惡は畜生道に墮し、下品の十惡は餓鬼道に墮す。【止觀一之三】

ジフアクゴギヤク　十惡五逆 [術語] 十惡は三品ありて三途を異にするも、五逆は必らず無間地獄に墮するなり。「ゴギヤク」を見よ。

ジフアクゴフ　十惡業 [名數] 十惡は苦果を招く業因なれば十惡業と云ふ。「ゼンアク」を見よ。

ジフアクゴフダウ　十惡業道 [名數] 十惡の業因能く苦報に通ずれば十惡業道と云ふ。「ゼンアク」を見よ。

ジフイチガウ　十一號 [名數] 如來十號中佛と世尊と離し數へて十一號とす。「ジフガウ」參照。

ジフイチクホフ　十一苦法 [名數] 一に阿練若、二に乞食、三に一處坐、四に一時食、五に正中食、六に不擇家食、七に守三衣、八に坐樹下、九に露坐閑靜處、十に著補納衣、十一に在塚間。若し人ありて十一年中此の苦法を學べば即ち現身に於て阿那含を成じ、轉身して即ち阿羅漢を成ず。【增一阿含經四十六】

ジフイチクワ　十一果 [名數] 若し比丘慈心を以て廣く布施を行ずれば十一種の果報を得べし。

ジフイチグワツヱ　十一月會 [行事]「シモツキヱ」を見よ。

ジフイチコン　十一根 [名數] 數論師の所立なり。「シュロン」を見よ。

ジフイチサイシヨ　十一切處 [名數] 一切萬

有を總合して一對象として觀ずる方法十種あり、地、水、火、風、靑、黃、赤、白、空、識の十なり。若し水想に住すれば萬有自身共に流動するの觀を成ず。又、十禪支、十遍處定とも云ふ。【法界次第十】八背捨の項中に詳出す。巳、Kasiṇāyatana

ジフイチサウ　十一想　〔名數〕比丘應に十一想を以て如來を思念すべし。一に戒意淸淨、二に威儀具足、三に諸根不錯、四に信意不亂、五に常有ニ勇健意一。六に苦樂不ニ以爲レ意、七に意不ニ忘失一、八に止觀現在前、九に三昧意無ニ休息一。十に智慧意無量、十一に觀佛無ニ厭息一。【十一想思念如來經】

ジフイチサウキヤウ　十一想經　〔經名〕十一想思念如來經の略名。

ジフイチサウシネンニヨライキヤウ　十一想思念如來經　〔經名〕一卷、宋の求那跋陀羅譯、增一阿含經禮三寶品の別譯。【昃帙四】(629)

ジフイチシキ　十一色　〔名數〕「シキ」を見よ。

ジフイチシヤウルイ　十一生類　〔名數〕【金剛經】に「一に卵生、二に胎生、三に濕生、四に化生、五に有色生、六に無色生、七に有想生、八に無想生、九に非有想生、十に非無想生。」此の中初の四生は「シシヤウ」參照。第五の有色生とは色界四禪天の衆生なり。第六の無色生とは無色界四空處の衆生なり。第七の有想生とは三界九地の中、第四禪の無想天の衆生を除きし餘の一切の衆生なり。第八の無想生は即ち無想天の衆生なり。第九の非有想生と第十の悲無想生とは非想非非想處の一處を二分せしなり。而して之に一の總通の一生を加へて十一生となす。猶華嚴の九世に想を加へて十世と爲す如し。【性靈集六】に「十一生類入ニ無餘ニ而不レ度。」

ジフイチシユウ　十一宗　〔名數〕外道の十一宗なり。「ゲダウ」を見よ。

ジフイチゼン　十一善　〔名數〕十一種の善の心所なり。「ヒヤクホフ」を見よ。

ジフイチソク　十一觸　〔名數〕觸に十一事あり。「ソクキヤウ」を見よ。

ジフイチチ　十一智　〔名數〕「チ」を見よ。

ジフイチヂ　十一持　〔名數〕如來に十一持あり。「ニヨライ」を見よ。

ジフイチヘンギヤウノワク　十一遍行惑　〔名數〕十一遍使に同じ。

ジフイチヘンシ　十一遍使　〔名數〕遍行因の惑、七見二疑二無明たり。「ロクイン」を見よ。

ジフイチホフ　十一法　〔名數〕比丘應に十一法を成就すべし。一に戒、二に定、三に慧、四に解脫、五に解脫見慧、已上の五は即ち五根なり。六に根寂、六根の寂靜なり。七に知足、八に修法、九に知ニ方便一。十に分ニ別義一。十一に不レ著レ利。

牧牛十一法喩比丘　〔名數〕一に知レ色、四大及び四大所造の色を知るに譬ふ。二に知レ相、善を行じ惡を行ずる相を知るに譬ふ。三に知ニ摩刷一。惡念を離るるに譬ふ。四に知ニ護瘡一。五根を護持するに譬ふ。五に知ニ起烟一。多聞說法に譬ふ。六に知ニ良田茂草、八正道に譬ふ。七に知ニ所愛一。法寶を愛するに譬ふ。八に知ニ擇レ道行一。十二部經を行ずるに譬ふ。九に知ニ渡所一。四意止に譬ふ。十に知ニ止足一。食を食らざるに譬ふ。十一に知ニ時宜一。長老比丘に恭奉するに譬ふるなり。

阿羅漢所不習十一法　〔名數〕一に捨戒、二に不淨、三に殺生、四に盜、五に不レ食ニ殘食一。六に妄語、七に群黨、八に惡言、九に狐疑、十に恐懼、十一に受ニ餘師一及受ニ胞胎一。【增一阿含經四十六】

ジフイチメンカウ　十一面講　〔行事〕十一面觀音の功德を講讃する法會なり。【講勸要集】

ジフイチメンキヤウ　十一面經　〔經名〕十一面觀世音神咒經の略名。【成帙十二】図十一面神咒心經の略名。【餘帙三】図十一面觀自在菩薩心密言念誦儀軌經の略名。【閏帙十】

ジフイチメンクワンオン　十一面觀音　〔菩薩〕六觀音の一。十一箇の顏面を具する觀音なり。三部の經軌に依て影像三樣あり。一は耶舍崛多譯の【十一面經】に「善男子善女人。須用ニ白栴檀一作ニ觀世音像一。身長一尺三寸。作ニ十一面一。當前三面作ニ菩薩面一。左廂三面作ニ瞋面一。右廂三面似ニ菩薩面一。狗牙上出。後有ニ一面一作ニ大笑一。頂上一面作ニ佛面一。悉向前後著レ光。其十一面各戴ニ華冠一。其華冠中各有ニ阿彌陀佛一。觀世音左手把ニ澡瓶一。瓶口出ニ蓮華一。其右手以串ニ瓔珞一施無畏手。」と。二に玄奘譯の【十一面經】に「若欲レ造ニ立此神咒一者。應下當先以ニ堅好無際白栴檀香一刻中作觀自在菩薩像上。長一磔手半。左手執ニ紅蓮華軍持一。右臂以掛ニ數珠一。及作ニ施無畏手一。其像作ニ十一面一。當前三面作ニ慈悲相一。左邊三面作ニ瞋怒相一。右邊三面作ニ白牙上出相一。當後一面作ニ暴惡大笑相一。上一面作ニ佛面一。像諸頭冠中皆作ニ佛身一。」と。三に不空譯の【十一面經】に「若欲ニ成就一者。以ニ堅好無隙白檀香一。彫ニ觀自在菩薩身一。長一尺三寸。作ニ十頭四臂一。右邊第一手把ニ念珠一。第二手施無畏。左第一手持ニ蓮華一。第二手執ニ軍持一。其十一面。當前三面作ニ寂靜相一。左三面威怒相。右三面利牙上出相。後有ニ一面笑怒容一。最上一面作ニ如來相一。頭

冠中各有二化佛一」と。右三經の中嶇多玄奘の二譯は二臂、不空所翻は四臂也。愚案に左面の瞋相は金剛部を表し、當前の菩薩面は寳部を表し、右面の菩薩面に似て利牙を出すは蓮華部を表し、（其の利牙は彌陀の六自在の勇猛を表す。）後面の暴惡大笑の相は羯磨部を表し、頭上の佛面は佛部を表す。而して其の左中右の三面は胎藏界の三部を表するなり。其の數珠は金剛部を表し、（其の圓は菩薩の圓明なり。）軍持は寳部を表し、蓮華は蓮華部を表し、施無畏手は羯磨部を表す。而して此の四部を完具せしもの即ち佛部なり。胎藏界蘇悉地院八尊中の第八尊として𑖎(カ)字を種子とし賢瓶を三昧耶形とし金剛號は變異金剛なり。【胎曼大鈔五】梵Ekādaśamukha《第五十九第六十圖及第六十一圖參照》

ジフイチメンクワンジザイボサツシンミツゴンネンジユギキキヤウ　十一面觀自在菩薩心密言念誦儀軌經　〔經名〕三卷、唐の不空譯。【閏帙十】(1055)

ジフイチメンクワンゼオンシンジユキヤウ　十一面觀世音神咒經　〔經名〕一卷、宇文周耶舍嶇多譯。【成帙十二】(327)

ジフイチメンシンゴン　十一面眞言　〔眞言〕十一面觀音を念ずる時の誦文にして、密教に用ふる所。大小二咒あり。⦿（盛衰記三）「十一面眞言百遍」

ジフイチメンシンジユキヤウ　十一面神咒經　〔經名〕十一面心咒心經の略名。

ジフイチメンシンジユシンキヤウ　十一面神咒心經　〔經名〕一卷、唐の玄奘譯、慧沼の疏、遁論の疏各一卷あり。【餘帙三】(328)

ジフイチメンクワンジザイホフ　十一面觀自在法　〔修法〕その道場觀に、金剛合掌して觀想すべし、妙高山の頂に寳樓閣あり、其の殿無量の衆寳を以て成り、處處に珠鬘瓔珞鈴鐸繒絲を懸列し、微風搖激して和雅の音を出す。而して種種の摩尼半滿月等を以て之を校飾す。復た無量の諸の供養の具あり、樓中に遍滿せり。其の殿の内に於て大曼茶羅を觀ぜよ。曼茶羅の中心に蓮華臺あり、蓮の上に月輪あり、輪の内に𑖎(カ)字あり、字變じて賢瓶となり、賢瓶變じて十一面觀世音菩薩となる。十一面を具足す。左手には紅蓮華と軍持を執り、右の臂を展べて以て數珠を掛け及び施無畏の印を作る。蓮華部の眷屬圍繞せり。【百二十尊法觀音部】

ジフイチモン　十一門　〔名數〕唐の光明寺和尙觀經の三輩九品を釋するに十一門の義を立つ。其の九品に各十一義あれば相乘して九十九義を成じ、之に總の一義を加へて總別一百義と爲るなり。一に總じて告命を明かす、阿難及び韋提希の二人に諦聽善思を告命するもの是なり。二に其の位を辨定す、上上品乃至下下品是なり。この二門は總別の二なり。告命は是れ總、後の十門は是れ別なり。三に總じて有緣の類を擧ぐ、若有衆生願生彼國者是なり。四は三心を辨定して正因と爲す、發三種心等是なり。此の二門は人法相對なり。五に正しく機の堪と不堪とを簡ぶ、若有三種衆生當得往生等是なり。六に正しく受法の不同を明かす。何等爲三、一者慈心不殺等是なり。此二門亦人法相對なり、七に正しく修行の時節延促異あるを明かす、廻向發願願生彼國是なり。八に所修の行を廻して彌陀佛國に生ずるを願ずるを明かす、具此功德已下是なり。此二門は時と處との相對なり。而して上來の八門は悉く此土に在り。九に命終の時に臨んで聖衆來迎接の不同、去時の遲速を明かす。生彼國時已下是なり。十に彼に到つて華開遲速の不同を明かす。往彼國已已下是なり。此二門第九は淨穢を該ね、第十は偏に淨土なり。十一に華開已後得益に異あるを明かす、見佛色身已下是なり。此の中第十は障盡きて花開き、第十一は法を聞きて漸く菩提を證するなり。【觀經散善義、同記】

ジフイチヰ　十一位　〔名數〕十地と妙覺位なり。

ジフイン　十因　〔名數〕「イン」を見よ。

ジフインエン　十因緣　〔名數〕十二因緣中の無明より有に至る十支なり。生死の二支を言はざるは是れ未來に屬すればなり。故に過去より現在に至る因緣を明かすには十因緣なり。【涅槃經】に「十因緣法爲レ生作レ因。」を見よ。

ジフインロククワ　十因六果　〔名數〕「イン」

ジフエンシヤウク　十緣生句　〔名數〕一に幻、幻術師の所作の種種の相貌なり。二に陽炎、熱空塵等の因緣和合して曠野の中に水相を現ずる者なり。三に夢、睡眠の中に見る所の種種の境界なり。四に影、鏡中の影像なり。五に乾達婆城、蜃氣日光に映ずれば大海の上に於て宮殿の相を現ずる者なり。六に響、深谷等の中に聲に依つて生ずる聲なり。七に水月、水中に現ずる所の月影なり。八に浮浪、水上に現ずる所の泡沫なり。九に虛空花、眼膜に依つて空中に見る種種の花なり。十に旋火輪、人火爐を以て空中に旋轉すれば輪像を生ずる是なり。以上の十緣生句は皆從緣生無自性の義なり、眞言行人瑜伽を修する時、所現の本尊海會に於て著相を生ずれば魔則ち便を得、是の故に此の十喩を以て無性生と觀じて執著せざるなり。然るに此の十喩に就て三重

の淺深あり。「ゲン」を見よ。又演密鈔には疏の意に依つて初劫の修行者は此の中の初の六喩を觀じ、第二劫には八喩を觀じ、第三劫には十喩を觀ずとなす。【大日經】

ジフエンシヤウクワン　十緣生觀〔術語〕又十喩觀とも云ふ。十緣生句を觀ずること。「ジフエンシヤウク」を見よ。

ジフオン　十恩〔名數〕一に發心普被恩、如來最初に菩提心を發し、勝行を修習し、功德を成就す。皆普く法界の群生に被らしめて咸く利益安樂せしめん爲なり。之を發心普被恩と名く。二に難行苦行恩、如來往昔因中に頭目髓腦國城妻子を捨て、身を千燈に剜り、形を投じて虎に飼ひ、雪嶺に軀を亡す。是の如き難行苦行劫を積みて之を行ずるは皆衆生を利益せんが爲めなり、之を難行苦行恩と名く。三に一向爲他恩、如來劫を積みて諸の功德を修し、身命を顧みざるは但一切衆生を度脫せんが爲なり、未だ曾て一念も自ら己が爲めにせず、之を一向爲他恩と名く。四に垂形六道恩、如來化身の形を天人修羅等の六道の中に垂れて衆苦を救濟し、安樂を得しむ、之を垂形六道恩と名く。五に隨逐衆生恩、如來諸の衆生出離生死の心あるとなきを見て長劫に捨てず、故に平等の大悲を運ばして衆生をして苦を離れ樂を得しむ、之を隨逐衆生恩と名く。六に大悲深重恩、如來諸の衆生惡を造ると支體を割くが如きを見て心に痛切を生じ、自ら安ずると能はず、復た衆生の三惡道に墮して種種の苦を受くるを視て心大に憂惱し、即ち大悲を起して之を救護し、若し善を作すを見れば大歡喜を生ず、之を大悲深重恩と名く。七に隱勝彰劣恩、如來大乘小乘の機の爲に勝應身劣應身の用を起す、華嚴を說く如きは普賢等の諸大菩薩の爲に實報勝應の身を示現して十蓮華藏世界海の微塵數の微妙の相好無盡の勝法なり。三乘の敎を說く如きは但三十二相の劣應の身を示現し、二乘及び小敎の菩薩方に利益を蒙るなり、之を隱勝彰劣恩と名く。八に隱實施權恩、如來諸の衆生の根機狹劣なるを觀て大乘の實敎を隱覆し、人天三乘の權法を以て衆生を誘引して成就せしめ、然る後大乘を以て之を度脫す。之を隱實施權恩と名く。九に示滅令慕恩、如來若し久しく世に住せば薄德の人善根を植ゑず難遭の想を生ぜず、是の故に滅度を示現し、諸の衆生をして佛の出世に値遇するの難きを知り、心に戀慕を懷て便ち善根を植ゑしむ。之を示滅令慕恩と名く。十に悲念無盡恩、如來一切衆生を悲念するが故に餘福を留めて以て之を救濟す、若し人壽に同ずるを示さば住世百年なり、而して八十にして即ち入滅するは則ち二十年の餘福を留めて以て末法の弟子を蔭ふなり。復た三藏の敎法を留めて廣く衆生をして之に依つて修行し、皆勝果を成ぜしめ、悲愍愛念利益無窮なり。之を悲念無盡恩と名く。【大疏演義鈔二十三】

ジフカイ　十戒〔術語〕小乘沙彌沙彌尼戒なり。「カイ」を見よ。⊙（大鏡八）「十戒の中に妄語」

ジフカイ　十界〔界名〕十法界の略。「ホフカイ」を見よ。⊙（玉葉集）に「うけかふる十の姿のさまざまもただ心よりなすにぞありける」（現在七面）「十界差別まちまちなり」

ジフカイイチシンビヤウドウダイネン　十界一心平等大念〔雜語〕上は佛界より、下地獄界に至る十界は、凡て吾人一心の所作なれば、其體平等にして差別あることなし。此平等の理を觀ずるを十界一心平等大念と云ふ。⊙（近松、大織官）「十界一心平等大念、有無の間の中道實相」

ジフカイイチネン　十界一念〔術語〕【融通圓門章】に「十界一念、融通念佛、億百萬徧、功德圓滿。」此の四句一偈は融通念佛宗の宗意を總括せしなり。上の二句は所修の法を擧げ、下の二句は所得の益を擧ぐ。本宗既に圓融を旨とすれば十界は一念に具はり、一念は十界を起す。十界一念、一念十界、融通徹底、無二無別なり。故に一稱一切稱、一切稱一稱、一人の稱名は沙界に交絡し、沙界の衆稱は一人に赴集す。是れ融通念佛の義なり。故に聲聲無碍億百萬遍、聲聲圓融微塵數行なり。須臾に曠劫の行を圓具し、刹那に妙覺の位に到達す。是れ即得往生の義なり。

ジフカイカイジヤウブツ　十界皆成佛〔雜語〕法華經の迹門の中に地獄等の十法界の衆生成佛するを說く。其の中佛界は已成なれば之を言はず、先づ序品の五佛開顯の中、過去佛章に於て若有衆生類以下の文、人界天界聲聞界緣覺界菩薩界の五界五乘の成佛を明かし、（拙者法華經講義を見よ。）又譬喩品の初に法說段の終に四衆領解の文には具さに八部衆を出せり。八部の中に天と修羅とは天界修羅界なり、龍と迦樓羅と摩睺羅伽とは畜生界なり、夜叉と乾闥婆と緊那羅とは鬼界なり、故に此中に四界の成佛あり。又提婆達多品に提婆に天王如來の記別を授くるは地獄界の成佛なり。提婆は既に五逆罪を造りて先に地獄に墮すればなり。又同品に龍女の成道を明かすは畜生界の成佛なり。之を迹門の十界皆成といふなり。

ジフカイギソクキヤウ　十戒儀則經〔經名〕沙彌十戒儀則經の略名。

ジフカイゴク　十界互具〔術語〕十界互に十

界を具して百界を成ずるを云ふ。「イチネン」の項を見よ。

ジフカイゴンジツ 十界權實 〔術語〕 天台宗にて十界中佛界のみを實とし、他を總て權界となす。

ジフカイジフニヨサンゼンセケン 十界十如三千世間 〔術語〕 「イチネン」の項を見よ。

ジフカイジリツノホフタイ 十戒持律法體 〔雜語〕 十戒を受け、能く、之を住持して犯さざる法師を尊稱して十戒持律の法體と云ふ。法體とは法師に同じ。

ジフカイダイマンダラ 十界大曼荼羅 〔術語〕 十界の身相を畵きし大曼荼羅なり。是れ四曼中の大曼なれば大曼荼羅と云ふ。日蓮宗には之を以て本尊となす。天台史略下に坂本の來迎寺に巨勢金岡の畵ける十界曼荼羅を寶藏すとあり。

ジフカイノウケノボサツ 十界能化菩薩 〔雜語〕 初地以上の菩薩は能く十界の身を現じて十界の衆生を敎化すれば十界能化の菩薩と云ふ。但し十界とは大數に約して言ふ、其の實は佛界を除き其の餘の九界なり。⊙(八犬傳三の四)「十界能化の菩薩とならん」

ジフカイホフビヤウヰギキヤウ 十戒法幷威儀經 〔經名〕 一卷、失譯。【寒帙十】(1145)

ジフカイマンダラ 十界曼荼羅 〔術語〕 十界大曼荼羅に同じ。

ジフカウ 十講 〔儀式〕 無量義經一卷、法華八卷、普賢經一卷の十卷を五日の朝夕十座に講ずるを十講と云ふ。【釋書最澄傳】に「延曆十有七年。立二十講法會。」⊙(公事根源、正月)「十講、三十講も、同じくこの沙門の始めて行ひけるとぞうけたまはる」

ジフカヒホウ 十箇秘法 〔名數〕 一に天皇御即位灌頂、二に仁壽殿密行、三に溫明殿念誦、四に日月兩門安鎭、五に紫宸殿鎭座、六に晨朝日沒觀行、七に二間夜居、八に後宮安產御授戒、九に皇帝御本命持念、十に敵國降伏秘術、之を台密十個の秘法と稱す。【天台史略下】

ジフカリヤウトウシン 十箇量等身 〔術語〕 「ブッシン」を見よ。

ジフカンジヨ 十諫書 〔書名〕 山外師淨覺仁岳著。

ジフカンロミヤウ 十甘露明 〔眞言〕 阿彌陀の大咒なり。咒中阿蜜㗚多即ち甘露の言十個あれば十甘露明と云ふ。

ジフカンロワウ 十甘露王 〔雜名〕 阿彌陀の「別稱なり。

ジフガウ 十號 〔術語〕 劫初には諸說の上に皆萬名あり、衆生漸く鈍ければ減じて千名となる、帝釋の千名の如し。衆生彌よ昧ければ減じて百名あり、衆生更に愚かなれば減じて現に十名あり。天竺の俗法に十名あり、天上は利根なれば倘百名あり、大日如來は天上に於て成道するが故に之に應じて百八號を立て、釋尊は人界に成道するが故に亦之に應じて十號を立つ。其の十號とは一に如來、梵に多陀阿伽陀 Tathāgata 成實論に如實の道に乘じて來りて正覺を成ずるが故に如來と名くと。又大論には諸佛が安穩の道より來る如く、此の佛も是の如く來るが故に如來と名くと。二に應供、梵に阿羅伽 Arhat 人天の供養に應ずべきが故に應供と名く。三に正偏知、梵に三藐三佛陀 Samyaksaṁbuddha 正しく偏く一切の法を知るが故に正偏知と名く。四に明行足、梵に鞞多庶羅那三般那 Vidyācaraṇa-saṁpanna 三明の行具足する故に明行足と名く。五に善逝、梵に修伽陀 Sugata 又好去好去と云ふ、一切智を以て大車とし、八正道を行じて涅槃に入るが故に善逝と名く。六に世間解、梵に路伽憊 Lokavid 世間の有情非情の事を能く解するが故に世間解と名く。七に無上士、梵に阿耨多羅 Anuttara 諸法の中に於て涅槃無上なる如く、一切衆生の中に於て佛亦無上なるが故に無上士と名く。八に調御丈夫、梵に富樓沙曇藐婆羅提 Puruṣa-damya-sārathi 佛或る時は柔軟語を以て、或る時は苦切語を以て能く丈夫を調御して善道に入らしむるが故に調御丈夫と名く。九に天人師、梵に舍多提婆魔㝹沙喃 Śāstā-deavamanuṣyāṇāṁ 佛は人及び天の導師にして能く其の應作不應作を敎示するが故に天人師と名く。十に佛世尊、梵に佛陀路迦那他 Buddha-lokanātha 佛陀は知者又覺者と譯す、世尊とは世に尊重せらるる義なり。さて此中に佛と世尊とを分てば十一號となる。然るに成實論等には無上士と調御丈夫を合せて一號となす故に世尊に至つて正に十號となる。即ち前の九號を具へて世に尊重せらるる故に世尊と名くと云ふ。又大論には此二を別開するが故に佛に至つて正に十號となり、世尊を別の尊號とせり。即ち上の十號の德を具するが故に世尊と稱するなり。又梵に薄伽梵 Bhagavān と云ふ即ち是なり。【智度論、瑜祇經疏】尙各項に詳釋せり。⊙(鴉鷺合戰九)「十號尊聽を驚す」

ジフガウキヤウ 十號經 〔經名〕 一卷、趙宋の天息災譯。阿難一一に問を致し、佛一一に之を答ふ。【宙帙七】(839)

ジフキ 集起 〔術語〕 梵語質多 Citta 此に心と譯し、阿賴耶識の名とす。一切の現行の法此識に其の種子を薰ずる義を集となし、此識より一切の現行法を生ずる義を起となす。「シュジ」の項參照

ジフキ　習氣　【術語】大乘には妄惑に現行と種子と習氣の三を分ち、既に惑の現行を伏し、且つ惑の種子を斷ずるも、尙惑の氣分ありて惑相を現ずるを習氣と云ふ。舍利弗が既に瞋惑の種子を斷ずるも動もすれば怒氣を催す如き、是れ瞋惑の習氣尙存する現證なり、三乘の中聲聞は全く之を斷ぜず、圓覺は稍之を侵害し、佛は全く之を斷ずるなり。【述記二末】に「言二習氣一者是現行氣分薫習所レ成故名二習氣一。」

ジフキクワ　習氣果　【術語】二果の一。

ジフキチジヤウキヤウ　十吉祥經　【經名】一卷、失譯。佛離垢蓋大士の爲に東方十佛の名號功德を說く。【黃帙四】(418)

ジフキヤウ　十境　【名數】台宗の觀法に於て所觀の十種を立つ。一に陰境、即ち色受想行識の五陰なり。十境陰を以て初となすは二義あり、一は現前、一は依經。現前とは人一期果報の身を受く、即ち是れ五陰なり。五陰の重擔常に自ら現前す、是の故に初觀とす。依經とは大品般若に云く、聲聞四念處に依つて道を行ずと。五陰は即ち四念處所觀の境なり、又經中多く法門を列ね、五陰を以て首となさざるなし、是の故に初觀とす。此れ且つ五陰の通總に就いて言ふ。若し專ら所觀の境を論ぜば必らず五陰中に於て前四陰を除去し、的に第五の識陰を取りて所觀の境となすなり。（所謂介爾陰妄の一念なり。）二に煩惱境、無始以來積集せる重惑今觀を用ゐて陰境を觀察するに因つて即ち發す、譬へば流水尋常なれば其の急を覺へず、若し之を駃するに木を以てすれば即ち流奔迸して能く止遏するとなきが如し。此の時應に陰境を捨てて煩惱境を觀ずべきなり。三に病患境、病起の因多きも四大增損して患ありて生ずるに過ぎず、又境惑を觀じて四大を激動するに由つて患の生ずる有り、身若し病に染めば聖道を修するを廢す、若し能く觀察して彌よ心を用ふれば復た須く其の病の源由を識るべし。宜しく何の法を以て之を治すべきや、或は內觀力、或は術、或は醫、其の病若し癒ゆれば聖道修すべし、是が爲めに疾患境を觀すべきなり。四に業相境、修行の人無量劫來作る所の善惡の業、或は已に報を受けて復た更に發せず、或は未だ報を受けず、靜心中に於て忽然として俱に發す。蓋し善業は將に報を受けんとするが故に發し、惡業は來て報を責むるが故に發す。此の善惡の相現ずる時に於て喜ぶ勿れ、怖るる勿れ、彌よ須く觀を用ゐて業をして謝せしめ、行一心を成じて道を取る、是が爲めに業相境を觀ずべきなり。五に魔事境、此れ前の諸境を觀ずるに由つて惑未だ破せざるも天魔尙恐る、彼の比丘其の境界を出でて他を度し、我が民屬を失ひ我が宮殿を空くせむと。又慮る彼れ大神通を得、大智慧を得て必らず、當に我を調伏控制すべし、我れ今應に豫め之を破り、彼の善根を壞せしむべしと、故に魔事發すると有るなり。魔を治　るの法三あり。初めに觀察して訶棄す、守門の人惡を遮へて進めざる如し。二は當に頭より足に至るまで一一に諦觀して身心了に不可得なり、魔何れよりして來り何等を惱まさんと欲するやと、惡人舍に入るに處處照捨して住するを得ざらしむるが如し。三は之を觀じて去らざれば即ち當に强心に抵捍し、死を以て期となし、一心に觀を用ゐて道行をして成就せしむべし。是が爲めに魔事境を觀ずべきなり。六に禪定境、魔境已に過ぐるも眞明未だ顯はれず、觀を以ての故に過去に修習せし諸禪紛現す。當に魔事を置て觀を用ゐて之を觀ずべし。亘に禪は樂美妙喜にして耽味を生ず、故に魔害を免がるるも更に定の爲に縛せらる、火を避けて水に墮つるが如し。正行に益なし。是が爲めに禪定境を觀ずべきなり。七に諸見境、諸の邪見或は禪に因つて發し、或は聞に因つて發す。禪に因つて發すとは謂く、心靜かにして後に觀轉た明かなるに因つて見解通徹妙悟の如きあるを云ふ、聞に因つて發すとは謂く、廣く能く諸法を曉悟して聽辯なるを云ふ。この見解分明、この曉悟聽辯、禪に因り聞に因つて發するも既に推理するに當らず、皆邪見に屬す。實の見解聽辯に非らず。此等の見發すれば即ち須く觀を用ゐて之を觀じ、正道に達して所障をなさざらしむべし。是が爲に諸見境を觀ずべきなり。八に慢境、既に諸見を伏すれば妄執の心則ち息む、無智の者謂て涅槃となし、濫りに高位を明にして大憍慢を起す、慢心既に發すれば正行を廢す、是が爲めに慢境を觀ずべきなり。九に二乘境、見慢の心既に修觀に因つて息む、則ち前世所習の小志靜に因つて發す、蓋し小志は空寂に溺れて大乘究極の地に到ると能はず、所謂寧ろ疥癩野干の心を起すも聲聞緣覺の行を學ぶ勿れと云ふ是なり。故に二乘の境界若し發せば亦須く觀を用ゐて觀察し、害を生ぜしむべからざるべく、是が爲めに二乘境を觀ずべきなり。十に菩薩境、上に見慢の心既に息むに由つて或は前世の所習三敎菩薩境界の心を發す。今修觀者既に大乘圓頓の妙敎に依て同解立行す、故に藏等三敎の菩薩の境界心若し發せば亦須く觀察して害を生ぜしむると勿かるべし。是が爲めに菩薩境を觀ずべきなり。此の十境は一一に皆十乘觀法所觀の境なり。若し十境の生起を論ずれば陰境を觀ずるに由つて下の九境を發し、能所相扶けて次第に出生す、故に十を成ず。若

し下の九境を論ずれば互發不定なり、則ち復た次第なし。當に知るべし陰境は常に現前す、若くは發若は不發恒に觀となすを得。下の九境は發すれば則ち皆十乘觀法を用ゐて之を觀じ、發せざれば觀ぜざるなり。【止觀五】

ジフギウヅジヨ　十牛圖序　〔譬喩〕一に尋牛序、二に見跡序、三に見牛序、四に得牛序、五に牧牛序、六に騎牛歸家序。七に忘牛存人序、八に人牛俱亡序。九に返本還源序。十に入鄽垂手序。【提唱十牛圖】に「十牛圖の作者は誰れか確定せず會元に依るに廓庵禪師大隨靜禪師の法嗣が此の圖と頌とを作りたる如く記するも、四部錄などにある十牛圖序を見るときは淸居禪師傳未詳と云ふ人の作の如く見ゆ。但し又或る人の說に依れば淸居禪師の十牛圖は今の圖と違ひて牛の彩色の工合に依つて進步の次第を示したる者なるを、廓庵禪師は之を修正して今時行はるるものの樣にせられしものといふ。さて心事修練の事を牧牛の事に譬ふるは其の由來あり。阿含經の中に牧牛の十二法を說き、智度論には十一事を明かにせり。又支那に入て吾が禪門の諸祖が水牯牛の公案を提唱せしあり、即ち馬祖禪師の水牯牛の公案是なり。又潙山靈祐禪師上堂に曰く、老僧百年の後山下に向つて一箇の水牯牛と作らんと、是なり。是の如く牛に譬へて心地の修治を說くと古より爾り。」愚案に第一尋牛は即ち發菩提心の位なり、第二見跡より、第六騎牛歸家に至る五は修行の位なり、第七忘牛存人と第八人牛俱存とは成菩提の位なり、此の忘牛存人は小乘我空の成菩提にして、人牛俱忘は大乘我法俱空の成菩提なり、第九返本還源は入涅槃の位なり。是れ大小に通ず、第十入鄽垂手は方便究竟の位なり。

ジフギシヨ　十義書　〔書名〕二卷、四明知禮著。

ジフギヤウ　十行　〔術語〕菩薩修行に於て十信十住に於て自利を滿足したりと雖も、利他の行未滿なる故、此の目を經ざるべからず。即ち一に歡喜行、佛子となりたる菩薩が如來の妙德を以て、十方に隨順するなり。二に饒益行、一切衆生を利益するなり。三に無瞋恨行、自覺覺他すれば違逆するものなきを云ふ。又無恚恨、無違逆とも云ふ。四に無盡行、衆生の機類に隨つて其の身を現じ、三世平等にして十方に通達し、利他の行無盡なるを云ふ。五に離痴亂行、種種の法門不同なりと雖も、一切合同して差誤なきを云ふ。六に善現行、離痴亂の故に、能く同類中に異相を現じ、一一の異相に各同相を現じ、同異圓融なるを云ふ。七に無着行、十方虛空に微塵を滿足し、一一塵中に十方界を現じ、塵界留礙せざるを云ふ。八に尊重行、又難得行とも云ふ、前の種種現前はみなこれ般若觀照の力なり、故に六度の中特に般若波羅蜜を尊重するなり。九に善法行、圓融の德よく十方諸佛の軌則を成ずるを云ふ。十に眞實行、前の圓融の德相、一一皆これ淸淨無漏にして、一眞無爲の性、本來常恒なるを云ふ。「ゴジフニヰ」參照。

ジフギロン　十疑論　〔書名〕具に淨土十疑論と云ふ。又阿彌陀經決十義と云ふ。一卷、天台著。

ジフク　十苦　〔名數〕「ク」を見よ。

ジフクオウジン　十九應身　〔菩薩〕寶光大士は觀音の應化なれば十九應身と稱す。十九とは法華普門品の三十三身十九說法の中十九說法を指して言ふなり。

ジフクダイシ　十九大士　〔菩薩〕十九應身に同じ、但し、此は正しく觀音を指すなり。慈覺大師の【顯揚大戒論偈】に「文殊妙海菩薩僧。十九大士契聖衆。」

ジフクカイ　十九界　〔名數〕是れ六蘊十三處と言ふ如く無法を譬へて言ふなり。【楞嚴經一】に「若無ㇾ有ㇾ體而能合者。則十九界因ㇾ七塵ㇾ合。是義不ㇾ然。」

「の略名。

ジフクギロン　十句義論　〔書名〕勝宗十句義論

ジフククワンオンキヤウ　十句觀音經　〔經名〕學者和人の僞作なりと云ふ。然るに靈空和尙は和語雜錄七に之を眞經として委しく解釋せり。

ジフクシユツケ　十九出家　〔故事〕釋尊出家の年時に十九と二十五の兩說あり。「シヤカ」を見よ。

ジフクセツホフ　十九說法　〔術語〕「サンジフサンシン」を見よ。

ジフクドクロン　十功德論　〔名數〕佛比丘に對して無益の世論を制して十事の功德を論ぜしむ。一に精勤、二に少欲知足、三に有勇猛心、四に多聞能與ㇾ人說法、五に無畏無恐、六に戒律具足、七に三昧成就、八に智慧成就、九に解脫成就、十に解脫見慧成就。【增一阿含經四十三】

ジフクリヤウジツ　十久兩實　〔術語〕十劫の彌陀と久遠の彌陀とは共に實身にして相即の妙法身なりと云ふこと。

ジフクワ　十科　〔名數〕又、十條と云ふ。翻譯の十科なり。「ホンヤク」を見よ。

ジフクワ　十過　〔名數〕食肉の十過、飮酒の十過あり。「ジキ」「オンジユ」を見よ。

ジフクワンジヤウ　十卷章　〔書名〕又、十卷疏と云ふ。弘法大師の著、即身成佛義一卷、聲字實相義一卷、吽字義一卷、般若心經秘鍵一卷の六部九卷に龍猛菩薩の菩提

心論一卷を加へて十卷章と稱す。

ジフグワン　十願　〔名數〕「フゲン」を見よ。「よ。

ジフグワンワウ　十願王　〔菩薩〕「フゲン」を見よ。

ジフグン　十軍　〔名數〕煩惱を魔軍となし十種に分類す。【智度論十五】に「問曰。何處釋ニ煩惱一爲レ魔。答如ニ雜寶藏經中佛說レ偈語レ魔言一。欲是汝初軍。憂愁爲ニ第二一。飢渴第三軍。渴愛爲ニ第四軍一。第五睡眠軍。怖畏爲ニ第六一。疑爲ニ第七軍一。含レ毒爲ニ第八一。第九利養軍。著ニ虛妄多聞一。第十軍自高。輕慢出家人。諸天世間人。無ニ能破之者一。我以ニ智慧力一。摧ニ伏汝軍衆一。汝雖不欲放。到ニ汝不レ到處一。」【小止觀】にもこれを引く。多少名に相違あれども大同なり。

ジフケ　習氣　〔術語〕「ジフキ」を見よ。

ジフケ　十快　〔名數〕淨土十種の快樂なり。「ジフラク」を見よ。

ジフケ　十家　〔名數〕釋迦一代の敎相を判釋せる十家なり。「ケウハン」を見よ。

ジフケウ　十敎　〔名數〕長者の十敎なり。「チヤウジヤ」を見よ。

ジフゲン　十玄　〔術語〕十玄緣起なり。「ゲンモン」を見よ。

ジフゲン　十眼　〔名數〕「ゴゲン」を見よ。

ジフゲンエンギ　十玄緣起　〔術語〕「ゲンモン」を見よ。

ジフゲンモン　十玄門　〔術語〕十玄緣起なり。

ジフゲンダン　十玄談　〔名數〕唐の安察禪師の十首の偈頌なり。一に心印、二に祖意、三に玄機、四に塵異、五に演敎、六に達本、七に還源、八に廻機、九に轉位、十に一色。【傳燈錄廿九】

ジフゲンロクサウ　十玄六相　〔名數〕十玄門と六相とを云ふ。

ジフコフ　十劫　〔術語〕阿彌陀佛往昔法藏比丘たりし時、四十八願を立てて成佛を期し、已に成就して阿彌陀佛と成りしより今に十劫を經たり。【無量壽經上】に「阿難又問。其佛成道已來。爲逕ニ幾時一。佛言。成佛已來凡歷ニ十劫一。」と、然るに十劫と云ふは衆生濟度の爲に四十八願を成就せし時を擧げしに止まり、其の實久遠の古佛なりと云ふ。故に彌陀は法華經化城喩品に說く十六王子の第九の王子にして、釋迦は其第十八王子なり。而して壽量品に於て釋迦自ら其の本地を顯はして久遠實成の古佛なりと說く、之を以て彌陀佛亦其の本地は久遠の古佛にして、但衆生を度せんが爲めに本地より法藏比丘と示現して四十八願を建て、五劫の思惟と兆載永劫の修行を以て十劫の昔に正覺を現ぜしを知るなり。見眞大師の【淨土和讚】に「彌陀成佛のこのかたは、今に十劫と說きたれど、塵點久遠劫よりも、久しき佛と見へたまふ」と。又眞宗の敎意に依れば西方の阿彌陀は胎藏界には證菩提の德を主り、金剛界には大智慧門を主りて妙觀察智の所成なり、されば大日如來の成道の年劫の不可說不可思議と共に、彌陀の成道亦不可說不可思議なり。又大通智勝佛道場に坐して十劫佛道現ぜずと云ふ、是れ佛道現ぜざるにあらず、衆生の機緣未だ熟せざるなり。【法華經化城喩品】に「大通智勝佛。十劫坐ニ道場一。佛法不ニ現前一。不レ得レ成ニ佛道一。」

ジフコフヒジ　十劫秘事　〔術語〕眞宗異安心の一種。主稱者は詳ならず。越前三門徒超勝寺門徒中に出づとも、三門徒中如道の後裔の如存及び其弟子道如が唱えたりとも云ふ。要するに蓮如の頃盛なりしが如し。所說の義に就ては安心決定鈔を極端に解釋したる風あり。衆生の往生は、十劫正覺の時已に成就せられたり。衆生此の道理を知りたる時、正覺の一念に還歸し、無量壽佛海中に入り、生佛不二にして往生成佛したるなりとす。淨土宗西山派の色を混じたるなり。

ジフコフシヤウガク　十劫正覺　〔術語〕彌陀佛の正覺なり。「ジフコフ」を見よ。

ジフゴフシユユ　十劫須臾　〔術語〕華嚴の十玄門の意に依れば念劫融通して十劫も一念須臾のなり、されば彌陀の成佛も凡情より見れば十劫の往昔なり、普賢眼より觀れば現前の正覺なり、十萬億佛土も之に准じて知るべし。

ジフコフノミダ　十劫彌陀　〔術語〕十劫の昔に正覺を成じ給ひし彌陀なり。久遠の彌陀に對す。【阿彌陀經】に「阿彌陀佛。成佛已來。於今十劫。」

ジフコンガウシン　十金剛心　〔名數〕一に覺了法性、菩薩大願心を發し、誓つて無量無邊不可窮盡の一切微妙の法門を了知して遺餘あるとなからむを欲す、故に覺了諸法と云ふ。二に化度衆生、菩薩無上涅槃の道を以て十方無量無邊の一切衆生を度脫して悉く諸趣を出離するとを得しむ、故に化度衆生と云ふ。三に莊嚴世界、菩薩謂く十方世界無量無邊不可窮盡なり、我れ當に諸佛國土の最上莊嚴の具を以て之を莊嚴すべしと、故に莊嚴世界と云ふ。四に善根回向、菩薩種種修行の善根を以て皆悉く無上の佛果菩提及び法界の衆生に回向す、故に善根回向と云ふ。五に奉事大師、菩薩所修の善根功德を以て無量無邊の一切諸佛に奉事供養し、悉く周遍して闕少する所なからしむ、故に奉事大師と云ふ。六に實證諸法、菩薩諸法實相の理非實非虛非有非無に於て悉く皆眞實に證知す、故に實證諸法と云ふ。七に廣行忍辱、菩薩或は衆生の呵罵を被り、或は衆生の楚撻を被り、或

は手足を截られ、或は耳鼻を割らる。是の如き一切皆能く忍受して瞋恨あるとなし、故に廣行忍辱と云ふ。八に長時修行、菩薩謂く未來世劫無量無邊不可窮盡なり、我れ當に彼の劫を盡して菩薩の道を行じ、衆生を教化して永く疲倦なかるべしと、故に長時修行と云ふ。九に自行滿足、菩薩妙行を建立するに心を以て主となす、心體寂靜なれば則ち能く一切の功德善根を圓滿し無上の大菩提道を具足す、故に自行滿足と云ふ。十に令他願滿、菩薩自行既に滿ちて慈悲の心轉を更に增上す、故に解脫を求むる者の爲に涅槃の道を教へ、佛法を求むる者の爲に大乘の法を說き、悉く皆其の願心をして滿足せしむ、故に令他願滿と云ふ。【華嚴經五十五】

ジフコンボンボンノウ　十根本煩惱　〔名數〕「十使」に同じ。

ジフゴ　十護　〔名數〕十大明王の護法神なり。【轉法輪菩薩摧魔怨敵法】に「所謂毘首羯摩。劫毘羅。法護。肩目。廣目。護軍。珠賢。滿賢。持明。阿吒縛俱。」

ジフゴキシン　十五鬼神　〔異類〕童子を惱ます十五鬼神なり。

ジフゴシユノムミヤウ　十五種無明　〔名數〕「ムミヤウ」を見よ。

ジフゴシン　十五心　〔名數〕小乘俱舍宗の見道を經過する念數なり。「ケンダウ」を見よ。

ジフゴソンクワンオン　十五尊觀音　〔名數〕一に正觀音、二に千手觀音、三に馬頭觀音、四に十一面觀音、五に准胝觀音、六に如意輪觀音、七に不空羂索觀音、八に白衣觀音、九に葉衣觀音、十に水月觀音、十一に楊柳觀音、十二に阿摩䠶(あまたい)觀音、十三に多羅觀音、十四に青頸(しやうきやう)觀音、十五に香王觀音。【諸尊眞言句義抄中】

ジフゴソン　十五尊　〔名數〕眞言行者十五尊を以て一身を成ずるなり。第一に根本命金剛を以て是れ行者の名となす。根本命金剛とは五部の中に金剛薩埵の名、是れ根本なり。故に下の文に極秘密中の秘なり此を五部源と名くと云ふ。命とは名なり。言ふ意は命世の金剛薩埵は五薩埵の中に隨つて其の一を取るなり。明に縛曰吽なり。第二釋輪を以て座となす、天帝釋なり。一に因陀羅と名く、此に帝と云ふは又主と曰ふなり。妙高山頂の善法堂中に居り、中に常住金剛界の大曼荼羅三十七尊あり、此曼荼羅を釋輪となす。輪とは方壇なり。名けて大因陀羅となす、是れ地地の名なり。行者當に堅勝金剛座妙高山王頂の大因陀羅輪壇の上に住すべし、明に斫羯羅なり。第三第四に兩尊の多羅を二目となし。第五に毘俱胝を耳となす。此の二尊は是れ觀音の眷屬なり、而して下の文に多羅と毘俱胝と並に是れ羯磨部と云ふ。此に羯磨部の四菩薩を攝す、此の金剛界は西に在て東に向ふが故に西方の二尊を以て日耳と爲す、能く此の身を以て事業を作すが故に羯磨部に屬す。明に多羅、斫芻、必哩俱胝、と云ふ。第六に吉祥を口舌となす、是れ文殊なり、又は蓮華部の利菩薩なり。行者東に在て西に向ふが故に西方尊を以て又口舌となす。此の文殊は般若藏なり。故に行者の口舌となして轉法輪を作す。此に賢劫の十六尊等を攝す、明に曼殊室利耶と云ふ。第七に喜戲を鼻端となす、是れ金剛喜戲菩薩なり。初の一を擧げて八供養の菩薩を攝す、故に下の文に喜戲を供養と云ふ。明に縛曰羅曬底と云ふ。第八に金剛、第九に觀自在、此の二菩薩を以て兩手臂となす。此の二菩薩に金剛蓮華部の八菩薩を攝す、故に下の文に右臂は觀音部、左臂は金剛業と曰ふ、右は慧の故に蓮華開覺となし、左は定の故に金剛降伏となす。明に縛喇(觀音)吽(金剛)と云ふ。第十に三世、第十一に不動尊、此の二明王を以て兩膝脚となす。此の二明王に四攝の菩薩を攝す、故に下の文に三世と不動尊と即ち四攝智と名くと云ふ。右に不動を觀じ左に降三世を觀ず、即ち菩提心調伏降魔の四攝なり。此の使者衆に五大尊及び塔下方の諸執金剛神等を攝す。明に悉但隸路枳也(三世)左擺吽(不動)と云ふ。第十二に心を遍照尊となす、五部佛の中隨つて何の佛を得るとも必らず大日を以て五佛心と爲す。明に鑁と云ふ。第十三に臍を虛空眼と爲す。此の佛眼佛母菩薩に能く破七曜二十八宿一切天を攝す、故に下文に虛空眼は外持と云ふ、佛母は能く諸佛を孕むが故に行者の臍となす。明に欠室利と云ふ。第十四に虛空寶を冠となす。此の虛空藏菩薩に寶部の四攝菩薩を攝す、故に下の文に頂上は摩尼屬と云ふ。五輪身を持する時頂を空輪と爲す、故に虛空寶となすなり。大日經に諸菩薩は欠(ケン)字を頂上に安ずと云ふは此の義なり。明に阿迦捨麼隸と云ふ。第十五に相好は金剛日なり。此の寶部金剛光菩薩は是れ一切如來の自性の光明なり、故に行者の相好となす。下文に金剛光彼岸と云ふ、此に四攝四波羅蜜菩薩を攝す、是れ如來の四八の相好に能く遍法界の相好を攝す。明に帝儒吽と云ふ。此の十五尊を以て共に一佛身となす世の月の圓團の如し。佛性亦月の如し。而して此十五尊能く五部三部三十七尊を攝す五に同體となり、更らに二味なし、通じて能く五部五法を成ずるなり。【瑜祇經金剛薩埵菩提心內作業灌頂悉地品、同疏】

ジフゴダイジ　十五大寺　〔名數〕南都の七大寺

を七となし、第八は崇福寺、江州に在り、天智天皇の御願。第九は新眞諦寺、聖武天皇の御願。第十は不退寺、第十一は法華寺、光明皇后の御願。第十二は超證寺、或は昇字に書す、眞如親王の寺なり。第十三は龍興寺、第十四は招提寺、聖武天皇の御願なり。第十五は宗鏡寺、實には崇敬寺と書く。【塵點壒嚢鈔十七】又、此の十五寺の中新眞諦寺を太后寺に作る。【拾芥抄下本】

ジフゴチダン 十五智斷 〔名數〕十五の智德と斷德となり。【涅槃經】に「月愛三昧從初一日至十五日。光色漸漸增長。又從十六日至三十日光色漸漸損減。」と、是れ光色增長を十五の智德の摩訶般若に譬へ、光色漸減を斷德の無累解脫に譬ふ。即ち地前の三十心を三智斷となし、十地を十智斷となし、等覺妙覺を各一智斷となして合せて十五智斷なり。而して月の體を法身に譬ふるなり。【法華玄義五之二】

ジフゴデウノケサ 十五帖袈裟 〔衣服〕⊙（盛衰記）に「道行又十五帖の袈裟に裹みて出づ」と此れ二十五帖の誤なり。

ジフゴフ 十業 〔名數〕此に善惡の二種あり。「ゼンアク」を見よ。

ジフゴフダウ 十業道 〔名數〕十業に同じ。

ジフサウ 十想 〔名數〕「クサウ」を見よ。

ジフサイ 十齋 〔行事〕毎月十箇日を定めて八齋戒を持つを云ふ。此の十齋日の事は地藏本願經、十王經に出づ。【地藏本願經如來讚嘆品】に「復普廣。若未來世衆生。於月一日八日十四日十五日十八日二十三日二十四日二十八日二十九日乃至三十日是諸日等。諸罪結集定其輕重。乃至於此十齋日對佛菩薩諸賢聖像前讀此經一遍。東西南北百由旬門。無諸災難。」

十齋日佛 〔名數〕此の十齋日に配當せらるる佛菩薩を十齋佛と云ふ。即ち一日は定光佛、八日は藥師如來、十四日は普賢菩薩、十五日は阿彌陀如來、十八日は觀音菩薩、二十三日は勢至菩薩、二十四日は地藏菩薩、二十八日は毘盧遮那佛、二十九日は藥王菩薩、三十日は釋迦如來なり。拾芥抄 さて此の十佛の配當は經論の明據ありやといふに然らず、是れ但三十佛を三十日に配當せしに基きし者ならん。而して其の三十佛の配當は五祖戒禪師の定むる所なると象器箋四に出づ。⊙（榮花、うたがひ）「十齋の佛を等身に造らせ給ふ」

ジフサイゲンコフ 十歲減劫 〔術語〕人壽漸く減じて十歲に至るを減劫の極となす。「コフ」を見よ。

ジフサイニチ 十齋日 〔行事〕「ジフサイ」を見よ。

ジフサイブツ 十齋佛 〔名數〕十齋日佛に同じ。「ジフサイ」を見よ。

ジフサンクワンモン 十三觀門 〔術語〕仁王經に三賢十聖の行法を十三觀門と云ふ。之を五忍に配すれば伏忍、信忍、順忍、無生忍に各上中下の三忍あり、十二なり、之に寂滅忍の下忍を加へて十三なり。此の十三觀門を修する者を大法王となし、佛の如く之を供養すべきなり。【仁王經受持經】に「大牟尼言。有修行十三觀門諸善男子。爲大法王。從習忍至金剛頂皆爲法師。依持建立。汝等大衆。應如佛供養而供養之。應持百萬億天香妙華而以奉上。」

ジフサンシグ 十三資具 〔術語〕一に僧伽胝 Saṅghāṭī 譯して重複衣と云ふ。二に嗢呾囉僧伽 Uttarāsaṅga 譯して上衣と云ふ。三に安呾婆娑 Antarvāsa 譯して下衣と云ふ。此三服皆支伐羅 Cīvara と名く。北方の諸人多く法衣を名けて袈裟と爲す即ち是れ赤色の義、律文の典語にあらず。中方皆支伐羅と云ふ。四に尼師但娜 Niṣīdana 臥坐具なり。五に泥伐散娜 Nivāsana 裙なり。六に副泥伐散娜 Pratinivāsana 副裙なり。七に僧脚敬迦 Saṅkakṣikā 即ち是掩腋衣なり。古に覆肩と名く、長さ臂を覆ふ、眞義に非ず、向つて右腋を覆はしめ、左臂に交搭す、即ち是れ佛制に同じ。八に副僧脚敬迦 Pratisaṅkakṣikā 副掩腋衣なり。九に迦耶褒折娜 Kāyapoñchna 拭身巾なり。十に木佉褒折娜 Mukhapoñchand 拭面巾なり。十一に雞舍鉢羅底喝喇呵 Keśapratigrahaṇa 剃髮衣なり、以て披着して剃髮するなり。十二に建立鉢刺底車憚娜 Kaṇḍūpraticchādana 遮瘡疥衣なり。十三に鞞殺社鉢利色迦羅 Bheṣajapariṣkāracīvara 藥資具衣なり。【有部百一羯磨十】【名義大集二七二】には上出拭身、拭面の二を手巾 Snātraśāṭaka の一とし、別に雨衣 Varṣāśāṭīcīvara を出し、藥資具衣を單に資具衣とす。

ジフサンシツ 十三失 〔名數〕「ザッシュ」を見よ。

ジフサンシユウ 十三宗 〔名數〕「三宗なり。「シュゥハ」を見よ。

ジフサンジホフ 十三事法 〔名數〕出家の人の務むべき十三の行法。乞食の四法、（住正戒、住正威儀、住正命、住正覺）威儀の四法、（依法、依時、依處、依次）と離煩惱の五事、（離貪、離瞋、離取著、離麤獷、離憍慢）を云ふ。

ジフサンソウザン 十三僧殘 〔術語〕僧殘は僧伽波尸沙 Saṅghāvaśeṣa なり。十三條の規制あれば十三と云ふ。「ソウザン」を見よ。

ジフサンソウタフ 十三層塔 〔堂塔〕十三層

の塔なり。「タフ」參照。

ジフサンダイヰン　十三大院　〔術語〕胎藏界の曼荼羅なり。靑龍軌には十三院具さに之れあり、現圖曼荼羅には四大護院を略して十二院なり。之を略する所以は一說に四重に總じて在るべきが故なりと云ふ。愚案に十三院は其の數自ら十三層の法界塔婆に相應するなり。「ゲンヅマンダラ」を見よ。

ジフサンダイヱ　十三大會　〔術語〕十三大院に同じ。「よ。

ジフサンナン　十三難　〔名數〕「シヤナン」を見よ。

ジフサンバク　十三縛　〔名數〕十三煩惱を云ふ。「ボンノウ」を見よ。

ジフサンブツ　十三佛　〔名數〕死者の七七日乃至三十三回忌を司る佛なり。一に□(カン)不動、此の明王は冥途に現ずる時は秦廣王と名く、初七日を司る、一息切斷の處なり、禪には大力量人と云ふ。其の黑色は無分別を表し、火炎は荼毘の火なり。種子は因業の□字なり。其の意は今此の最期即ち來生の因なるが故なり。又修行菩提を具足するが故に三昧と大空との二點あり、是れ風大の一息收まる處なり。之を不動本所遍至十方と云ふ。二に□(バク)釋迦、此の如來は冥界には初江王と稱し、初二七日を司る。種子は□字の有に遠離の涅槃點あり、法華經に破有法王出現世間と云ふ是れ正しく□字に當るなり、三に□(マン)文殊、此の菩薩は冥途には宋帝王と成り、三七日を司る。種子は吾我の□字なり、是れ差別の義なり。智は差別を表す、菩提圓滿なるが故に大空點を加ふるなり。大日經に我見心際即即菩提と云ふ是なり。智あれば理あり、故に次に普賢あり。四に□(アン)普賢、此菩薩は地獄には五官王と現はれ、四七日を司る。種子は遍際の□字なり。是れ理の無邊際なり。經に普賢菩薩自體遍と云ふ是れなり。理の司る所は大地なるが故に次に地藏を表はす。五に□(カ)地藏、此菩薩冥界に閻魔王と現はれ、五七日を司る。地即藏なるが故に因業の□字を用ふ。古人の依地含諸種を云ふ是れなり。其の種に心法あるべきが故に次に彌勒あり。六に□彌勒、此の菩薩は變成王と現じて六七日を司る、慈氏と翻す。慈の字は玆の心なり、されば一心を指して彌勒と云ふ。古人の彌陀彌勒は一心の異名と云ふ是なり。種子は乘の□字なり、萬法一心に乘ずるなり。句に云はく能爲有像主と此の句の中に主とは形を現ぜざる主なり、故に兜率籠居の句と云ふなり。譬喩の□點を加ふるは譬喩に依つて煩惱の病を治するを表するなり。而して煩惱の病を治するが故に次に藥師如來あり。七に□(ボ)藥師、此の如來は冥途に泰山王と變じて七七日を司る、病なければ心月明らかにして淨瑠璃の如く、色心豊かにして圓鏡に似たり。種子は□字に自在の點あり。句に內證朗なれば外用自在と云ふ是なり。此の時言談口說自在なるが故に次に觀音あり。八に□(サ)觀音、此の菩薩は冥途に平等王と變じて百箇日を司る、此の大士能く世間の音を觀じて解脫せしむ、故に種子は三諦の□字なり。諦は明なり、語に見色聞聲隨所自在と云ふ是なり。音は必ず威勢より出づ、故に次に勢至あり。九に□(サク)勢至、此の菩薩冥途に都市王と變じて一周忌を司る。種子は音聲に依て聞悟すれば涅槃に住するが故に三諦の□字に涅槃點あり。亦此時機智を離るるが故に涅槃の遠離點を加ふ。文に普照一切令離三途と云ふ是なり。上の一一の義成就すれば壽命無量なるが故に次に阿彌陀あり。十に□(キリク)阿彌陀、此の如來冥途に五道轉輪王と變じて三回忌を司る。壽命無量にして中夭なし。種子は風大の□字に火大の□點、遠離の涅槃點あり、是れ風火の三災なきなり。故に論に永離身心惱と云ふ是なり。壽命無量にして三世に移動なきが故に次に阿閦あり。十一に□(ウン)阿閦、此の如來は冥界に蓮華王と變じて七年忌を司る。阿閦此に無動と云ふ、無動とは內證に約す。種子は因業の□字に損滅の□點あり、又空點あり、畢竟して無動の理に入るなり。經に法性無邊元來不動と云ふ是なり此の時迷暗なきが故に次に大日あり。十二に□(バン)大日、此如來冥界に祇園王と變じて十三回忌を司る。五智の總主諸尊の中央なるが故に大日と云ふ。種子は言說の□字なり。水土一體にして大空圓滿するが故に空點あり、此れ胎藏界なり。金剛界には□字を用ふ、□は開なり、陽の現前なり、發心の修行處に不生不滅の理ある故に涅槃點を加ふ。經に大智光明遍照法界と云ふ是なり。此の法身周邊法界なれば次に虛空藏あり。十三に□(タラク)虛空藏、此の菩薩冥界に法界王と變じて三十三回忌を司る。種子は如の心法□字なり。塵垢は色法なり、色心の修行都て遠離する處虛空藏なり、故に追修成就の本尊となす。此の內中初の十は卽ち世に所謂十王なり。〔梵漢對映私鈔末〕

ジフサンホフシ　十三法師　〔名數〕仁王經の所說に十三觀門を行ずる者、大法師とし世人之を佛の如く供養すべしと云ふ。「ジフサンクワンモン」を見よ。

ジフザウ　十藏　〔名數〕「ザウ」を見よ。

ジフザンモンゼキ　十三門跡　〔名數〕天台宗の輪王寺、妙法院、聖護院、照高院、靑蓮院、梶井

宮、曼珠院、毘沙門堂、圓滿院と眞言宗の仁和寺、大覺寺、勸修寺、及び淨土宗の知恩院との十三を云ふ。

ジフシ　十使　［名數］又、十大惑とも十根本煩惱とも云ふ。此の中利鈍の二に分ち、貪瞋痴慢疑の五を五鈍使と云ひ、身見、邊見、邪見、見取見、戒禁取見との五を五利使と云ふ。「ゴリシ」「ゴドンシ」を見よ。

ジフシ　十指　［雜語］十指を十波羅蜜十法界等に配當す。「レンゲガフシヤウ」を見よ。

ジフシ　十師　［術語］比丘の具足戒を受くる時の三師七證の十師なり。「サンシシチシヨウ」を見よ。

ジフシキ　十識　［術語］「シキ」を見よ。

ジフシギヤウゲ　十四行偈　［書名］善導の觀經疏の最首の歸三寶偈は四句十四偈なれば十四行偈と稱す。

ジフシコジハチジヤウキヤウ　十支居士八城經　［經名］一卷、失譯。中阿含八城經の別譯。阿難此の居士の爲めに十二禪を說く、居士信心して食及び房を施す。

ジフシコン　十四根　［名數］眼等の五根と、憂喜等の五受と、男女意命の四根となり。【仁王經下】に「復觀二十四根一。所謂五情五受男女意命等。有二無量罪過一故。」

ジフシシヤウ　十四生　［術語］密教通說の十六生成佛を仁王經所說の十四忍に寄せて十四生成佛と云ふ。「ニン」を見よ。

ジフシシユシキ　十四種色　［名數］「シキ」の條を見よ。

ジフシシンクワウ　十四神九王　［名數］華嚴末會の初に文殊菩薩善住樓閣より出でて世尊に拜辭する時、隨從せし神王なり。一に常隨侍衞の諸の金剛神、二に普く衆生の爲に諸佛を供養する諸の身衆神、三に久く堅誓願を發し常に隨從せる諸の足行神、四に樂んで妙法を聞く主地神、五に常に大悲を修する主水神、六に智光照耀する主火神、七に摩尼を以て冠と爲す主風神、八に十方一切の儀式を明練する主方神、九に專ら勤めて無明黑暗を除滅する主夜神、十に一心に懈らずして佛日を闡明する主晝神、十一に法界一切の虛空を莊嚴する主空神、十二に普く衆生を度して諸有の海を超ゆる主海神、十三に常に勤めて一切智に趣く助道の善根を積集せると山の如くなる主山神、十四常に勤めて一切衆生の菩提心の城を守護する主城神、一に常に勤めて一切智智の無上の法城を守護する諸の大龍王、二に常に勤めて一切衆生を守護する夜叉王、三に常に衆生をして增長に歡喜せしむる乾闥婆王、四に常に勤めて諸の餓鬼趣を除滅する鳩槃茶王、五に恒に一切の衆生を救濟して諸の有海を出さんと願ふ迦樓羅王、六に諸の如來身を成就することを得て世間に高出せんと願ふ阿修羅王、七に佛を見て歡喜し曲躬恭敬する摩睺羅迦王、八に常に生死を厭ひ恒に佛を見んと願ふ諸の大天王、九に佛を尊重し讃歎供養する諸の大梵王なり。【唐華嚴經六十二】

ジフシチカデウケンポフ　十七箇條憲法　［書名］推古天皇十二年、聖德太子の制定したまふ所にして、條目十七あり、是れ我國憲法の嚆矢とす、されど憲法と稱するも、其の內容は各人の則るべき道德律を主として說明せるを以て、今日に云ふ、所謂憲法とは其の趣を異にす。◉（平家二）「聖德太子十七箇條の憲法に」

ジフシチク　十七句　［雜名］理趣經所說の十七清淨句なり。「ジウシチソン」を見よ。

ジフシチシヤウジヤウ　十七清淨　［名數］次項に同じ。

ジフシチシユシヤウゴン　十七種莊嚴　［名數］極樂の莊嚴に總じて二十九種あり、中に就て依報敎の莊嚴に十七種あり。正報の莊嚴に十二種あり。「シヤウゴン」を見よ。

ジフシチソン　十七尊　［名數］理趣經所說の普賢の根本眞言十七字句にて即ち十七尊の種子なり。

ジフシチヂ　十七地　［名數］瑜伽論一部所明の法門十七種あり、是れ瑜伽論の所觀の境なれば十七地と云ふ。一に五識身相應地、二に意地、三に有尋有伺地、四に無尋有伺地、五に無尋無伺地、六に三摩呬多地、七に非三摩呬多地、八に有心地、九に無心地、十に聞所成地、十一に思所成地、十二に修所成地、十三に聲聞地、十四に獨覺地、十五に菩薩地、十六に有餘依地、十七に無餘依地なり。

ジフシチヂロン　十七地論　［書名］瑜伽師地論の別名なり。

ジフシトウ　十四等　［名數］善財童子普賢菩薩の所に於て十四等を得す、是れ童子の入法界なり。一に普賢の圓因等しく、二に諸佛の果滿と等しく、三に剎等しく、四に行等しく、五に等正覺等しく、六に神通等しく、七に法輪等しく、八に辯才等しく、九に言辭等しく、十に音聲等しく、十一に力無畏等しく、十二に佛所住等しく、十三に大慈悲等しく、十四に不可思議の解脫自在等し。【唐華嚴經八十】

ジフシナン　十四難　［名數］外道十四の難句佛之を答へざるなり。一に世界及び我は常なりや、二に世界及び我は無常なりや、三に世界及び我は亦有常亦無常なりや、四に世界及び我は非有常非無常

なりや、五に世界及び我は有邊なりや、六に世界及び我は無邊なりや、七に世界及び我は亦有邊亦無邊なりや、八に世界及び我は非有邊非無邊なりや、九に死後に神去るとありや、十に死後に神去るとなきや、十一に死後に亦神去るとあり亦神去るとなきや、十二に死後に亦神去るとあるにあらず亦神去るとなきにあらずや、十三に後世に是の身是れ神なりや、十四に身異神異なるや。問て曰く若し佛一切智人ならば何ぞ此の十四難を答へざるや、答て曰く、此の事實なきが故に答へず。諸法有常此の理なし、諸法斷亦此の理なし、是れを以ての故に佛答へず。譬へば人に牛角を搆りて幾汁の乳を得と問ふが如き之を非問とす。答ふべからず。【智度論二、倶舍論十九】

ジフシフ　十習　〔名數〕　十習因なり。

ジフシフイン　十習因　〔名數〕　六果を感ずる十因なり。「イン」を見よ。

ジフシブツコクワウジヤウ　十四佛國往生　〔名數〕　無量壽經下に說く、此の世界に於て六十七億の不退の菩薩ありて西方極樂に往生すべし、其の諸の小行の菩薩及び小功德の者は不可計なり。而して其の往生する者此の土の菩薩のみならず他の十三佛國より百八十億乃至七百九十億の大菩薩衆、諸の小菩薩及び比丘等不可計なりと。其の十三佛國とは一は遠照佛國、二は寶藏佛國、三は無量音佛國、四は甘露味佛國、五は龍勝佛國、六は勝力佛國、七は師子佛國、八は離垢光佛國、九は德首佛國、十は妙德仙佛國、十一は人王佛國、十二は無上華佛國、十三は無畏佛國なり。此の十三佛國に此の土の釋迦佛國を合せて十四佛國なり。

ジフシヘンゲ　十四變化　〔名數〕　一に初禪天に二種變化あり、一は初禪初禪化、能く自地を變化するなり。二に初禪欲界化、能く下の欲界地を變化するなり。二に二禪天に三種變化あり、一は二禪二禪化、能く自地を變化するなり。二に二禪初禪化、能く下の初禪地を變化するなり。三は二禪欲界化、能く下に欲界地を變化するなり。三に三禪天に四種變化あり。一は三禪三禪化、二は三禪二禪化、三は三禪初禪化、四は三禪觀音化。四に四禪天に五變化あり。一は四禪四禪化、二は四禪三禪化、三は四禪二禪化四に四禪初禪化、五に四禪欲界化。【智度論六】

ジフシヤウ　十生　〔名數〕　別の十生に總の一生を加へて十一生となす。「ジフイチシヤウ」を見よ。

ジフシヤウ　十聖　〔術語〕　十地の聖者なり、地前の三十位を三賢と云ふに對して地上の十位を十聖と云ふ。

ジフシヤウ　十障　〔名數〕　菩薩十地に於て十障を斷じて十眞如を證す。一に初地に於て異生性障を斷じて適行眞行を證す。異生性障とは此地の入心の中に斷ずる所即ち見道所斷の煩惱所知の二障を云ふ。此の二障は無始以來凡夫異生の性なれば異生性と云ふなり。二に第二地に於て邪行障を斷じて最勝眞如を證す。邪行障とは其の體倶生の所知障の一分なり。諸の有情身に於て邪を行ずる障なるが故に邪行障と名く。三に第三地に於て暗鈍障を斷じて勝法眞如を證す。闇鈍障とは是れ亦倶生の所知障の一分なり。此の障は此地の勝定と總持と所發の三慧をして所聞思の境を忘失せしむるが故に勝鈍障と名く。四に第四地に於て細惑現行障を斷じて無攝受眞如を證す。細惑現行障とは諸法を實有と執する法執なり、即ち倶生の所知障の中の身見なり。倶生の身見なるが故に分別の身見に對して細惑障と名く。五に第五地に於て下乘涅槃障を斷じて無別眞如を證す。下乘涅槃障とは生死を厭ひ涅槃を樂ぶこと下の二乘に同じきが故に下乘涅槃障と名く。六に第六地に於て粗相現行障を斷じて無染淨眞如を證す。粗相現行障とは染淨の相ありて執する障を云ふ。七に第七地に於て細相現行障を斷じて法無別眞如を證す。細相現行障とは流轉還滅の生滅の相なり。前六地に染淨無分觀を作すも、緣起觀を作すに由るが故に猶生滅の微細の相ありて障をなすなり。八に第八地に於て無相加行障を斷じて不增減眞如を證す。無相加行障とは無相の中に於て加行を作す障なり。前の第七地には純無相の觀を住するも、猶功用を借て自在ならず、此第八地には無相に於て功用を作す障を斷ずるが故に功德任運自在なり。九に第九地に於て不欲行障を斷じて智自在所依眞如を證す。不欲行障とは利他の行を欲せざる障なり。前の第八地は刹那增進の位なれば自利の功德に於て任運無功用なるも、利他の功德に於て尙任運にあらず、尙加行の功用を借るを此地の障となすなり。十に第十地に於て法未自立障を斷じて業自在所依眞如を證す。法未自在障とは諸法の中に於て未だ自在を得ざる障なり。前の第九地に於ては遍緣自在にあらず、此の第十地に入て彼の未得自在の障を斷ずるが故に一切の法に於て自在を得るなり。【唯識論十、百法問答鈔七】「ジフヂ」參照。

ジフシヤウイチシヤウ　十聲一聲　〔術語〕　淨土門の極意は念聲是一とて一念の信即ち一遍の聲名なれば、十念一念を十聲一聲と云ふなり。【無量壽經下】に「信心歡喜乃至一念。」【觀無量壽經】に「如レ是

至レ心令下聲不レ絶具ニ足十念一稱中南無阿彌陀佛上」と云ふ是れなり。

ジフシユウ　十宗　【名數】「シユウ」を見よ。

ジフシユウエギヤウリン　十種有依行輪　【名數】有依行とは憑依すべき行業あるなり、輪とは摧破の義、衆生此の行業に依て菩提を修すれば則ち能く一切の煩惱惑業を摧破するなり、故に輪と曰ふ。一に具ニ足淨信一。二に具ニ足慚愧一。三に安ニ住律儀一。四に安ニ住慈心一。五に安ニ住悲心一。六に安ニ住喜心一。七に安ニ住捨心一。八に具ニ正歸依一。九に具ニ足精進一。十に常樂ニ寂靜一。【地藏十輪經六】

ジフシユエクワ　十種依果　【名數】菩薩、菩薩乘に依て修行し、其の所得の功德に十種あり、十種の依果と云ふ。一に菩提心依果、究竟して大乘を忘失せざるが故に名く。二に善知識依果、隨順して和合するが故に名く。三に善根依果、諸善根を長養するが故に名く。四に諸波羅蜜依果、修行を究竟するが故に名く。五に一切法依果、永く生死を出るが故に名く。六に諸願依果、菩提を長養するが故に名く。七に諸行依果、廣く修習するが故に名く。八に菩薩依果、一生補處を得るが故に名く。九に供養佛依果、信心壞せざるが故に名く。十に一切如來依果、正敎轉倒を離るるが故に名く。【華嚴經三十八】

ジフシユギヤウグワン　十種行願　【術語】普賢の十大願なり。「フゲン」を見よ。

ジフシユクエン　十宿緣　【名數】佛の十宿緣なり。「ブッシン」を見よ。

ジフシユクヤウ　十種供養　【名數】法華經を供養する十法なり。「クヤウ」を見よ。

ジフシユクヤウノオキヤウ　十種供養の御經　【經名】法華經を云ふ。◉（增鏡北野の雪）「十種供養の御經二部」

ジフシユクワンボフ　十種觀法　【名數】天台の十乘觀法なり。

ジフシユケウタイ　十種敎體　【名數】華嚴宗所立の十種の敎體なり。「ケウタイ」を見よ。

ジフシユケン　十種見　【名數】十種の邪見なり。「ゴケン」を見よ。

ジフシユケンブツ　十種見佛　【名數】「ブッシン」を見よ。

ジフシユゲンヤク　十種現益　【名數】念佛の行者金剛の眞心を獲得する者は横に五趣八難の道を超へ、必ず現生に十種の益を獲るなり。「ゲンヤク」の項を見よ。

ジフシユサンゼ　十種三世　【名數】「サンゼ」の項を見よ。

ジフシユサンボフ　十種三法　【名數】「サンキ」を見よ。

ジフシユシヤウ　集衆鐘　【物名】鐘は衆生を集むる爲に打つ、故に名く。「カネ」を見よ。

ジフシユシユジヤウ　十種衆生　【名數】十法界の衆生なり。【敎時問答二】

ジフシユシヨウゴ　十殊勝語　【名數】一に所知依殊勝殊勝語、阿賴耶識なり。是れ所知の本體なれば所知依と名く。二に所知相殊勝殊勝語、阿賴耶識の三種の自相即ち遍計所執性依他起性圓成實性なり。是れ所知の相なれば所知相と名く。三に入所知相殊勝殊勝語、唯識性なり。是れ行者の證入する所なれば入所智相と名く。四に彼入因果殊勝殊勝語、世出世の六波羅蜜なり。地前の世間の六波羅蜜を因とし、地上の出世間の六波羅蜜を果とす。是れ彼の行者の修入する所なれば彼入因果と名く。五に彼因果修差別殊勝殊勝語、十地の行法なり。修とは修習の義、是れ彼の行者の修習すべき所の因果の差別なれば彼因果修差別と名く。六に增上戒殊勝殊勝語、即ち十地の修差別中に於て、殊に戒に依て學し、一切の不善復た作さざるなり。七に增上心殊勝殊勝語、十地の修差別の中に於て、殊に心に依つて學し、諸の三摩地を發するなり。八に增上慧殊勝殊勝語、十地の修差別中に於て、殊に慧に依つて學し無分別智を發するなり。九に彼果斷殊勝殊勝語。煩惱所智の二障を斷じて證する所の無住涅槃なり。是れ彼の行人の二障を斷じて得る所の證果なれば彼果斷と名く。十に彼果智殊勝殊勝語、三身所依の大圓鏡智等の四智なり。又無分別智なり。彼の十地中の無分別智は所對治あり、今此の佛智は已に一切の障を離るれば究竟解脫の無分別智なり。是れ彼の行人の一切障を離れて生ぜし所の智德なれば彼果智と名く。此の十法通じて殊勝殊勝語と名くるは、十法其の體殊勝なれば殊勝と名け、此の體の殊勝に由て其を說く語言亦殊勝なれば殊勝語と名く。即ち殊勝の法を說く殊勝の語なれば殊勝殊勝語と名くるなり。此の十種の殊勝語を以て大乘の敎體となすなり。【玄奘譯世親攝論釋一】

ジフシユシヨクワンボフ　十種所觀法　【名數】十種の所觀法を十住十行十回向十地等覺の五位に立つ。十住位十種所觀法。十行位十種所觀法。十回向位十種所觀法。十地位十種所觀法。等覺位十種所觀法なり。【瓔珞本業經上】に出づ。

ジフシユジザイ　十種自在　【名數】「ジザイ」を見よ。

ジフシユジンリキ　十種神力　【名數】「ジンリキ」を見よ。

ジフシユセン　十種仙　【名數】「セン」を見よ。

ジフシユチ　十種智　【名數】大小乘の十智あり。

「チ」を見よ。

ジフシユチミヤウ 十種智明 [名數] 智明とは智慧明了なり、菩薩十種善巧の智明を以て明了に一切衆生の境界に通達し、以て敎化し調伏して生死の苦海を出でしめて已れ正覺を成ずるなり。此に二種あり、一は華嚴經十明品の所說なり。一、善知他心智明。二、無礙天眼智明。三、深入過去際無礙宿命智明。四、深入未來際劫智明。五、無礙清淨天耳智明。六、安住無畏神力智明。七、分別一切言音智明。八、出生無量阿僧祇色身莊嚴智明。九、一切諸法眞實智明。十、一切諸法滅定智明。図 離世間品の所說。一、知一切境界業報智明。二、知一切境界寂妙滅智明。三、知一切所緣唯一相智明。四、能以妙音普聞十方智明。五、普壞染著心智明。六、能以方便受生智明。七、捨離想受境界智明。八、知一切法無相無性智明。九、知衆生緣起本無有生智明。十、以無著心濟度衆生智明。

ジフシユチリキ 十種智力 [名數] 十智と十力なり。「チ」「リキ」を見よ。

ジフシユツウ 十種通 [名數] 「ツウ」を見よ。

ジフシユニン 十種忍 [名數] 「ニン」を見よ。

ジフシユネンジヨ 十種念處 [名數] 「ジフネンジヨ」を見よ。

ジフシユノイン 十種因 [名數] 「イン」の條十因を見よ。

ジフシユノキ 十種鬼 [名數] 「キ」を見よ。

ジフシユハウベン 十種方便 [名數] 一、布施方便。慳吝なく身命財を喜捨して恩報を求めず。二、持戒方便。禁戒を持し頭陀を行じ、他を輕んぜず染着なき。三、忍辱方便。顚倒瞋恚を遠離し横逆ありて侵し加ふるも忍受して動くなき。四、精進方便。捍勞忍苦して勇猛無怠なる。五、禪定方便。一切の五欲及び諸煩惱を遠離し、禪定解脱等の法に於て銳意修習する。六、智慧方便。愚癡煩惱を遠離し、一功の切德を長養し、歡喜愛樂の心に厭足するなき。七、大慈方便。平等大慧の心を起し、一切衆生を利樂し塵劫を歷と雖も疲厭せざるを云ふ。八、大悲方便。諸法自性なしと知ると雖も、平等の大悲心を以て一切衆生に代りて諸苦を受け、塵劫を歷と雖も厭足するなき。九、覺悟方便。無礙知慧を以て一切衆生を開示し、本有を了悟し、疑惑する所無からしむ。十、轉不退法輪方便。無上法輪を轉じ一切衆生を化導し、敎に依つて修學し、菩提を增長し行位不退ならしむる。皆菩薩行を修する者の善巧なり。

ジフシユハウベンカイ 十種方便戒 [名數] 又、三世無障碍戒と名く。密敎の方便戒なり。大日經受方便品に說く、所謂大乘の十善戒なり。「カイ」を見よ。

ジフシユハウベンガクシヨ 十種方便學處 [名數] 十種方便戒なり。

ジフシユフジヤウ 十種不淨 [名數] 愚痴に十種の不淨あり。一に身不淨。上品清淨の佛性の律儀を慣はずして其の身生死の泥中に在るが故に身不淨なり。二に口不淨。上品の眞如藏性の誠言を說かずして徒に煩惱戲論の雜言を說くが故に口不淨なり。三に意不淨。自性清淨の心體を知らず妄想不淨の諸念を起すが故に意不淨なり。四に行不淨。根本智の大地に遊行しながら六道輪廻の穢土に遊ぶが故に行不淨なり。五に住不淨。海印定の寳所に住しながら流轉生死の闇宅に住するが故に住不淨なり。六に坐不淨。無障礙空の寳座に坐しながら生死淤泥の獄中に坐するが故に坐不淨なり。七に臥不淨。法界大涅槃の寳城に臥しながら無常受苦の旅宿に臥するが故に臥不淨なり。八に自行不淨。如來眞導の性戒を行ぜず徒に如來方便の淺戒を持するが故に自行不淨なり。九に化他不淨。機をして法性清淨の淨行を行ぜしめず徒に小乘權門の善を持せしむるが故に化他不淨なり。十に所期不淨。本淨清淨の佛果を期せず徒に有漏不淨の跡果を期するが故に所期不淨なり。【說法明眼論上】

ジフシユブツ 十種佛 [名數] 十佛に三種あり。「り。」「ブッシン」を見よ。

ジフシユホフギヤウ 十種法行 「名數」 「ジフホフギヤウ」を見よ。

ジフシユホツシン 十種發心 [名數] 「ホッシン」を見よ。

ジフシユマグン 十種魔軍 [名數] 「ジフグン」を見よ。

ジフシユム 十種夢 [故事] 波斯匿王の夢なり。「ユメ」を見よ。

ジフシユリヤク 十種利益 [名數] 種種あり。「リヤク」を見よ。

ジフシヨウギヤウ 十勝行 [名數] 菩薩の十地に於て修する十波羅蜜を云ふ。「ハラミツ」を見よ。又、小乘には梵福を四種勝行とし(梵福を見よ。)之に六種を加へて十種勝行とす、一に母の命を救ふ爲めに自身の命を捨つ、二に父の命を救ふ爲めに自身の命を捨つ、三に如來の命を救ふ爲に自身の命を捨つ、四に正法の中に於て出家す、五に他を敎へて出家せしむ、六に未だ法輪を轉ぜざるに能く轉法輪を請ず。【倶舍光記十八】

ジフシロン 十支論 [名數] 瑜伽論を本論となし他の釋論を支論となす總じて十論あり。一は百法論。又略陳輪と名け、數論と名く。二は五蘊論。

又粗釋體義論と名け、依名釋義論と名く。已上の二論は天親菩薩の所作なり。三は顯揚論。又總包集義論と名く、是れ無著菩薩の造なり。四は攝大乘論。又廣包大義論と名く、是れ無著菩薩の造。其の釋論は天親及び無性の造なり。五は雜集論。又分別名數論と名け、廣陳體義論と名く、もと是れ無著等の所作今盛に行はるるは唯覺師子の釋論及び安慧菩薩の糅論なり。六は辨中邊論。又離僻彰中論と名く、本頌は是れ慈氏菩薩の造、釋論は天親菩薩の造。七に二十唯識論。又摧破邪論と名く。八は三十唯識論。又高建法幢論と名く。此の二論本頌は共に天親の造、三十唯識の釋は是れ護法菩薩等十師の造、二十唯識は天親菩薩の造なり。九は大莊嚴論。又莊嚴體義論と名く。此の論は本頌は慈氏菩薩の造、釋は天親菩薩の造なり。十は分別瑜伽論。又攝散歸觀論と名く、是れ慈氏菩薩の所造なり。【唯識了義燈一本】

ジフシン　十身　［名數］「ブッシン」を見よ。

ジフシン　十信　［術語］　菩薩五十二位の修行中の第一十位なり。十信と云ふは佛の教法に入らむとするものは先づ信を以て能入とする所以なり。一に信心。一切の妄想を滅盡し中道純眞なるを云ふ。二に念心。眞信明了にして一切圓通し、幾多の生死を經るとも現前の習氣を遺忘せざるを云ふ。三に精進心。妙圓純眞なる精明を以て眞淨に進趣すること。四に慧心。心精現前すれば純眞の智慧自然に發起するを云ふ。五に定心。智明を執持すれば周徧寂湛、常に心を一境に凝らすなり。六に不退心。定光發明すれば明性深入して唯進むを知て退くなきを云ふ。七に護法心。心進安然なれば一切佛法を保持して失はず、十方如來と氣分交涉するを云ふ。八に廻向心。覺明保持すれば能く妙力を以て、佛光廻照を感じ、又佛に向つて安住するを云ふ。九に戒心。心光密に廻すれば無爲に安住して遺失なきを云ふ。十に願心。戒に住して自在なるが故に、能く十方に遊び所作悉く願に隨ふを云ふ。「コジフニヰ」參照。

ジフシン　十心　［名數］　二種あり。**一、順流十心**、一に無明昏暗。諸の衆生無始より以來暗識昏迷にして明了なる所なく、煩惱に醉はされて一切法に於て妄に人我を計し、諸の愛見を起し、想計顚倒して貪瞋痴を起し廣く諸業を作る、是に由て生死に流轉するを云ふ。二に外加惡友。諸の衆生內に煩惱を具し、外に惡友に値ひ、邪法は扇動して勸めて我を惑はすと益加して開悟して善業を修するに由なし、是を以て生死に流轉するを云ふ。三に善不隨從、諸の衆生內外の惡緣已に具して即ち內善心を滅し外善事を滅す、又他人所作の善事に隨喜の心を生ぜず、是を以て生死に流轉するを云ふ。四に三業造惡。諸の衆生身口意の三業を恣縱し、殺盜婬妄貪瞋等の過を起し、惡として作さざるなし、是れを以て生死に流轉するを云ふ。五に惡心遍布、諸の衆生所造の惡事廣からざるも惡を作すの心一切處に遍布し、欲する所を以て人を惱害す、是れを以て生死に流轉するを云ふ。六に惡心相續。諸の衆生唯だ惡心を起し、惡事を增長すると晝夜相續して間斷あるとなし、是れを以て生死に流轉するを云ふ。七に覆諱過失。諸の衆生所作の惡行人の知るを忌諱して自から發露せず、改悔の心なし、是れを以て生死に流轉するを云ふ。八に不畏惡道。諸の衆生心性陰狼にして戒律を知らず、殺盜婬妄種種の惡事に於て之を作さざるなし、而して惡道に於て怗然として畏れず是を以て生死に流轉するなり。九に無慚無愧、諸の衆生愚痴に覆はれて諸の惡を造り、上天を慚ぢず、下人を愧ぢず、是を以て生死に流轉するを云ふ。十に撥無因果、諸の衆生正信の心を具せず、但だ邪惡の見を生じて一切の善惡因緣果報に於て悉く皆撥して無と爲す、是を以て生死に流轉するを云ふ。【止觀四之一】**二、逆流十心**、一に深信因果、修行の人先づ善惡の果報を信じて疑惑を生ぜず、是を以て撥無因果の心を翻破するを云ふ。二に生重慚愧。修行の人往昔を尅責す。我れ羞なく恥なく淨行を棄捨して諸の惡行を習ふ、天は我れの隱れたる罪を見る故に天に慚ぢ、人は我れの顯はれたる過を知る故に人に愧づ、是を以て無慚無愧の心を翻破するを云ふ。三に生大怖畏。修行の人自から念ずらく、人命無常にして一息續かざれば千載永く往く、幽途緜邈にして資精あるなし、苦海悠深なり、那ぞ怖れざるを得んと、是に由て苦切に懺悔し、身命を惜まず、是を以て不畏惡道の心を翻破するを云ふ。四に發露懺悔。修行の人所有の過失隱覆せずして發露懺悔す、是を以て覆諱過失の心を翻破するを云ふ、五に斷相續心。修行の人所作の惡行既に懺悔し已て即ち更に決定して惡事を作さず、是を以て惡念相續の心を翻破するを云ふ。六に發菩提心。修行の人往昔專ら惡念を起して人を惱ませり、今は則ち廣く救濟の心を起し虛空界に偏し衆生を利益す、是を以て偏布の惡心を翻破するを云ふ。七に斷惡修善。修行の人身口意を恣にして諸惡を造作し、晝夜を計らざるに因て今は則ち策勵して休まず、諸の惡行を斷じ功を修し、過を補て善をして爲さざるなし、是を以て三業造惡の心を翻破するを云ふ。八に守護正法。修行の人若し自から善を滅し、他人の

善を行ずるを見て嫉妬を生じて隨喜の心なし、今は則ち正法を守護し方便して益法を廣む、是を以て善不隨喜の心を翻破するを云ふ。九に念十方佛。修行の人昔惡友に親狎し其の言を信受して諸の邪見を起す、今は則ち十方佛の大福德あり、能く我れを救援するを念ず、是を以て隨順惡友の心を翻破するを云ふ。十に觀罪性空。修行の人無始以來の諸法の本性空寂を知らずして廣く諸惡を作る、今は則ち貪瞋等の一切の惡行は妄念より起り、妄念は顚倒より起り、顚倒は人我の見より起るを了知す、今既に我が心本空に達すれば罪性依る處なし、是を以て無明昏闇の心を觀破するを云ふ。【止觀四之二】

眞言十心　［名數］　一に種子心、世間久遠より展轉相承して善法の名あり、然かも違理の心を以て種種に推求して得ると能はず、後時に忽然として自から念生ずるあり、我れ今食を節し齋を持せん、是れ善法なりと。然も猶未だ是れ佛法中の八關戒ならざるなり。彼れ節食自から戒るに由るが故に即ち緣務減少を覺し、我が飮食をして足り易からしめ馳求勞苦を生ぜず、爾の時少分不意の心を生じ、歡喜して安穩を得、此の利益を見るに由るが故に數數之を修有す。即ち是れ最初微く善惡の因果を識るが故に種子心と名くるなり。二に芽種、每月六齋日に八關戒を持するなり。六齋日は即ち是れ智度論中に說く上代の五通仙人勸めて此の日に食を斷ぜしむ、善法に順じ又鬼神の災横を免がるる論に廣說する如し。貪求を止息し利樂を見るに由るが故に此の法を修有し增長するを得しめんと欲し、持齋の日に於て已が財物を捨てて以て六親に與ふ。自から食はざれば我れに守護の憂なく他人をして愛敬せしめ孝養の譽を獲、此の因果を見るを以ての故に轉た歡喜を生じ、歡喜を生ずるが故に善心稍增す。種に由て芽を生ずるが如きなり。三に疱種、此の守齋の善心を成ぜんと欲して無食慧捨の心を修有す、修有に由るが故に善心漸く增長し、復た能く非親識の人に施與す。此の平等施心の功德利益を見るが故に爾の時善萠益增長す。猶芽莖滋盛し未だ葉を生ぜざる時の如きの故に疱種と名くるなり。四に葉種、已に能く慧捨を習行し此に籍て因と爲し、漸く能く所觀の境を甄擇す、如し此の人德行高く勝る我れ今應に親近して供養すべしと。即ち是れ慧性漸く開く、善知識に遇ふの由漸なり。五に敷華、慧性漸く開き、所施の境を甄別し、其の利他の益を見る、世の伎樂の人の如き、能く大衆を化して歡喜せしむるが故に之に施與す。又尊宿耆舊は見聞する所多く、及び學行高尙世の師範とする所、其の遐利する所多きを以ての故に誠を推して歡喜し之に施與す。亦我が施時の心をして益歡喜せしむるが故に即ち是れ花種なり。六に成果、所習淳熟し直に歡喜するのみに非らず、復た能く親愛の心を以て學行の人に施與す。又前の施の因緣に由て聞法の利を得、彼れ內に欲を出離する等の勝德を懷くを知て狎習親附して之を供養す。初めの種子に望むるに即ち是れ果を成ずるなり。七に受用種子、已に能く齋施を作し、其の利益を見る、即ち三業の不善を知る。皆是れ哀惱の因緣なり、我れ當に之を捨てて戒を獲て住すべしと。戒を護るに由るが故に現世に諸の善利を獲、大名聞あり、身心安樂益復た賢善を增廣し命終して生天を得。譬へば種果已に成じて其の實を受用するが如し。故に受用種子と曰ふなり。八に嬰童心、既に尊行の人宜しく應に親近供養すべきを知り、又持戒能く善利を生ずるを見る、即ち是れ漸く因果を識る。今復た善知識の此の大天能く一切の樂を與ふ、若し虔誠供養すれば所願皆滿つと言ふを聞て即ち能く歸依の心を生ずるなり。所謂自在天、梵天、那羅延天、乃至大圍陀論師等なり。時に彼れ是の如き等の世間の三寶（自在天、四韋陀とその傳法者。）を聞き、歡喜歸依して隨順修行する即ち是れ第八嬰童心の無畏依なり。九に殊勝心、即ち此の第八の無畏依中に復た殊勝心あるなり、既に上の如き世間の諸の薄伽梵の宜しく應に供養歸依すべきを聞き、遂に心を生ず。此の諸の三寶中何物か勝となす、我れ當に其の善なる者を擇て隨順修行すべしと。前の善根力に由るが故に彼の所說の法の中に隨て殊勝住を得て解脫を求むる智（即ち空智を求むる心。）ありて生ずるなり。十に決定心、已に解脫の空法に於て證を作すなり。（此に心は即ち第四唯蘊無我乘の初種子心なり。）已上十心の中、前の六心は愚童齋心に就て之を說き、後の四心は第三嬰童無畏に就て之を明かす、然も三乘一一の地に此の十心を具するなり。而して十心中前の八心は外道の違理の心に對して順理の心と名け、又後二心を違世の心と名くるに對して順世の八心と名く。而して十住心を以て之を分別すれば第三嬰童無畏心には後二心是れ違世にして、第四唯蘊無我心已上は總じて違世の十心なり。【大日經疏三】

ジフシンクタイ　十進九退　［雜語］　佛道難行にして十人の進修の中九人は退墮するを云ふ。【五秘密軌】に「若依㆓顯教㆒修行者。久住㆓三大無數劫㆒。然

後證二成無上菩提一。於二其中間一十進九退。」【三昧耶戒序】に「劫石高價難レ盡。弱心易レ退。十進九退吾亦何堪。」

ジフシンダウヱン　十信道圓　〔術語〕十信の位にて果道圓滿すること。

ジフシンニヨ　十眞如　〔名數〕「シンニヨ」の條「を見よ。

ジフシンノヤクジユ　十身藥樹　〔術語〕十身は華嚴所説の佛具の十身、藥樹は法華所説の佛の藥樹王身なり。⊙（續日本紀二十）に「三檀福田窮二於成際一。十身藥樹蔭二區塵一。」

ジフジキヤウ　十事經　〔經名〕舍衛國王夢十事「經の略名。

ジフジクドク　十事功德　〔名數〕菩薩涅槃經を修行する者十事の功德を得るなり。一に第一功德に五事あり。聞かざる所の者能く聞くを得、乃至疑惑の心を斷じ、慧心正直、能く如來の密義を知る。二に第二功德に五事あり、得、見、聞、到、知なり。第三に第三功德に三事あり、第一義慈を得、菩薩所緣の慈を得、菩薩無緣の慈を得。四に第四功德に十事あり、根深くして傾動すべきこと難く、自身決定の想を生じ、福田及び非福田を見ず、淨佛土を修し、有餘を滅除し、業緣を斷除し、淸淨身を修し、諸緣を了知し、諸の怨敵を離れ、二邊を斷除す。五に第五功德に五事果あり、諸根完具し、邊地に生ぜず、諸天愛念、常に天魔沙門婆羅門等に恭敬せられ、宿命智を得。六に第六功德、一事あり、金剛三昧を得此中に安住して悉く能く一切諸法を破散し、一切法皆是れ無常、皆是れ動相にして、恐怖の因緣病苦念念に滅壞して眞實あるなきを見る。七に第七功德に四種の法ありて大涅槃の近因となり、善友に親近し、專心に法を聽き、念を繫けて思惟し、如法に修行す。八に第八功德に五事あり、五事を斷除し、色受想行識の五陰を斷除して其の相を見ず、五事を遠離し、身等の五見を遠離し、念佛念法念僧念天念戒念施の六法を成就し、知定、寂定、身心受快樂定、無樂定、首楞嚴定の五種の禪定を修習し、菩提心を守護す、菩薩此の菩提心を守護すると猶世人の一事を守護する如きなり。九に第九功德に初發の五事悉く成就す、信、直心、戒、親近善友、多聞なり。十に第十功德に一事あり、菩薩三十七品を修習して大涅槃の常樂我淨に入り、諸の衆生の爲に大涅槃經を分別解說して佛性を顯示す。南本涅槃經十九より巳下二十四に至て之を廣說す。

ジフジコンガウ　十字金剛　〔物名〕羯磨金剛の異名なり、羯磨金剛は三鈷杵を横竪に交叉し、十字形を作せば十字金剛と云ふ。【大日經疏十九】に「十字金剛即羯磨金剛也。」

ジフジノヒホフ　十事非法　〔故事〕佛滅後一百年比舍離の地方の比丘が十箇の非法を稱へ、爲に第二結集の問題を引起したるものなり。元來の性質は律に關するものなり。「ヒホフ」の項を見よ。

ジフジブツチヤウインシンゴン　十字佛頂印眞言　〔眞言〕【轉法輪菩薩摧魔怨敵法】に「此の十字佛頂眞言を誦せんと欲せば先づ當に印を結ぶべし、印は二手を以て內に相叉して拳を爲し、二大指を掌に入れ、二頭指各屈して二大指の背を拄す是なり。眞言に曰く唵。嚩日囉金剛薩怛秦有情吽恐。發吒。破壞

ジフジヤウ　十成　〔雜語〕十分に成就する至極の位を云ふ。

ジフジヤウキヤウ　十上經　〔經名〕佛舍利弗に敕して法を說かしむ、舍利弗因て十上法を說く。一に成法、二に修法、三に覺法、四に滅法、五に退法、六に增法、七に難解法、八に生法、九に知法、十に證法なり。此の十法第一法に十法を說き、各各に十を增して五百五十法を說く。【長阿含經九】

ジフジヤウシヨウ　十誠證　〔術語〕稱讚淨土經に十方の如來彌陀の本願を誠證するを云ふ。

ジフジユコンマビクエウヨウ　十誦羯磨比丘要用　〔書名〕一卷、宋の僧璩撰出。有部律の羯磨法を說く。【張帙七】（1166）

ジフジユシヤウザウ　十受生藏　〔名數〕受生は即ち如來の家に生ずるなり、藏は即ち含藏の義、所修所證の理を含藏するなり。善財童子華嚴會上に於て第三十九に妙德夜神に參じて問て言く、云何んか菩薩の行を修して如來の家に生ると。答て言く、善男子菩薩十種の受生藏有り、若し能く修習圓滿すれば即ち毗盧遮那如來無量の受生藏海に入る、一切菩薩受生を示現するに我れと皆親近せんと願ふ是を受生藏と名く。一に供養諸佛受生藏。乃至十に入如來地受生藏【華嚴經七十四】

ジフジユソウニエウジコンマ　十誦僧尼要事羯磨　〔書名〕十誦羯磨比丘要用の異名。

ジフジユビクエウヨウ　十誦比丘要用　〔書名〕十誦羯磨比丘要用の略名。

ジフジユリツ　十誦律　〔書名〕六十一卷、後秦の弗若多羅、羅什共譯。四律の一。有部の本律なり。【張帙三乃至七】（1115）

ジフジユリツビクカイホン　十誦律比丘戒本　〔書名〕十誦律波羅提木叉戒本の略名。

ジフジユリツビクニカイホン　十誦律比丘尼戒本　〔書名〕十誦律波羅提木叉比丘尼戒本

の略名。

ジフジユリツビクニダイカイ　十誦律比丘尼大戒　〔書名〕十誦律比丘尼波羅提木叉戒本の略名。

ジフジユリツビクニハラダイモクシヤカイホン　十誦律比丘尼波羅提木叉戒本　〔書名〕一卷。宋の法顯集出。【張帙七】(1161)

ジフジフリツビクハラダイモクシヤカイホン　十誦律比丘波羅提木叉戒本　〔書名〕一卷、姚秦の羅什譯。【張帙七】(1160)

ジフジユリツビニジヨ　十誦律毘尼序　〔書名〕東晉の毘摩羅叉續譯、十誦律第六十巳下と同じ。

ジフジヨウ　十乘　〔名數〕十乘觀なり。

ジフジヨウクワン　十乘觀　〔名數〕乘とは車乘なり、三諦の妙觀は直ちに涅槃の寶所に到る大白牛車なれば乘と云ふ。十乘と云ふも觀法十種あるにあらず、觀法は唯だ觀不思議境の一なり、然るに其の觀法を資助する法を加へて十乘と爲すなり。一に觀不思議境、是れ介爾陰妄の一念（介とは弱なり、謂く細念也、但無心に異なる也、陰とは新譯の蘊なり、されば介爾陰妄とは識蘊中の極めて弱き妄念といふとにて無記心に當る。）を指して即空即假即中の不思議境なりと觀ずるを云ふ。蓋し佛陀も衆生も草も木も共に三諦不思議の妙境なれども佛陀は高く諸法は廣く我れに於て最も近く且つ簡なるは陰妄の念に過ぐるはなし、故に殊に之を取つて所觀の境となすなり。之を荊渓は灸を燒くに穴を得るに譬ふ、之に就て兩重の能所あるを知るべし、先づ觀とは能觀の智なり、不思議境とは所觀の境なり、此の觀智と妙境とは相望して一重の能所を立つ、而して此の二を陰妄の心に望むれば共に能觀となり、以て所觀の妄心に對して又一重の能所あり、是れ妄心を不思議境と觀ずればなり。之を指要鈔には槌と淳朴と砧との三に譬ふ、即ち槌と砧とを相望すれば一重の能所にして此の二を淳朴に望むれば更に一重の能所なりと云ふ。要するに能觀の智慧の槌と所觀の三諦の砧とを以て妄心の淳朴を鍛ひて一念三千の妙體とならしむるを觀不思議境と云ふなり。之を圖示すれば左の如し。

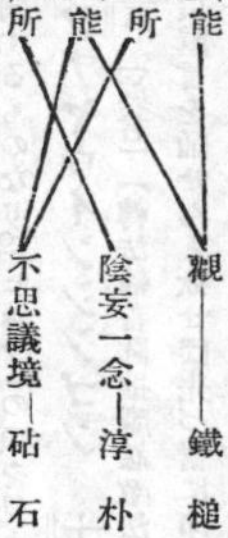

即ち上根の人は此の一乘を以て直ちに寶所に到るなり。二に眞正發菩提心、此は中根の人第一乘を修するも未だ眞證を得ざるときは上求菩提下化衆生の眞正なる菩提心を發して觀法を助成するを云ふ。三に善巧安心、此は第二乘にて尙眞證を得ざるときは更に靜明なる止觀を修して善巧に一心を安住するを云ふ。四に破法遍、此は第三乘にて尙眞證を得ざるときは一心三觀の智慧を以て遍く三惑の情執を破するを云ふ、是れ眞證の發せざるは三惑の情執ありて之を碍ふるに由ればなり。五に識塞通、此は第四乘に於て尙法性に入らざるときは能く何れの行相が法性に通入すべく何れの行相が法性を蔽塞すべきやを識別して通を存して塞を破するを云ふ。六に道品調適、此は三十七科の道品を一一調試して其中吾機邊に適するものを以て道に入るを云ふ。是れ第五乘に於て尙眞性に達せざるは先に存せし法門尙我れに相應せざるものあればなり、中根の人は此の第六乘に至て必ず眞證を發するものとす、七に對治助開、此は藏敎の五停心或は六度等の行を修して事惑（修惑）を對治し以て正道の理觀を助開するを云ふ。是れ第六乘に在て尙觀行の進まざるは最も下根の人にして、迷事の粗惑ありて之が障礙を爲すに由ればなり。八に知次位、此は已が修行の分齊を知つて增上慢の心を防ぐを云ふ、九に能安忍、此は内外の障礙に於て安然として耐忍するを云ふ。十に無法愛、此は已得の法に愛著せず、益進んで法性に入るを云ふ。即ち下根の人は如レ是の十乘を全修して漸く道場に到るを得るなり。

ジフジヨウノカゼ　十乘風　〔譬喩〕觀法の迷妄を除去すること、恰も風の塵を拂ふが如くなるを以て、十乘觀法を風に喩へしなり。⊙（盛衰記三）「扇二十乘風於一天一」

ジフジヨウノユカ　十乘床　〔譬喩〕十乘觀法とは、吾等が心の安住すべきところなれば、坐する場所に喩へていへるなり。⊙（曲、葵上）「十乘の床のほとりに瑜伽の法水をたたへ」

ジフジンク　十盡句　〔雜名〕「シユジヤウカイジン」を見よ。

ジフジンジン　十甚深　〔名數〕法界に十種の甚深あり、「ジンジン」を見よ。

ジフズヰメン　十隨眠　〔名數〕「ズイメン」を見よ。

ジフセ　十世　〔名數〕「サンゼ」を見よ。

ジフセ　十施　〔名數〕「フセ」を見よ。

ジフセウコフ　十小劫　〔雜語〕【法華經化城喩品】に「其佛（大通智勝佛）本坐二道場一。破二魔軍一巳。垂レ得二阿耨多羅三藐三菩提一而諸佛法不二現在前一。如レ是一小劫乃至十小劫。結跏趺坐身心不レ動。而諸佛法猶不二現前一。」「ジフコフ」參照。

ジフセキヤクホフイジヤウモン　十世隔法異成門　十玄緣起の一。「ゲンモン」を見よ。

ジフセツ　十刹〔名數〕「ゴサン」の項を見よ。

ジフセツサンゼ　十說三世〔名數〕「サンゼ」を見よ。

ジフセン　十仙〔名數〕「センニン」を見よ。

ジフセンニチクワウサンマイヂヤウキヤウ　十千日光三昧定經〔經名〕最勝問菩薩十住除垢斷結經の異名。

ジフセンワウ　十山王〔名數〕一に雪山王 Himālaya-girirāja 山中諸の藥草を具し能く衆病を療し、取つて盡すべからず、以て歡喜地の菩薩聖智の法藥之を用ゐて竭るなく、以て無明を破し、前の行位を超ゆるに喩ふる也。二に香山王 Gandhamādana-girirāja 此の山中一切の諸香皆定滿す、以て離垢地の菩薩戒行威儀功德の妙香偏く一切に熏ずるに譬ふるなり。三に鞞陀梨山、梵語鞞陀梨 Vaidhārī* 華に種種持と云ふ、此の山純寶の所成、種種の寶を持す、以て發光地の菩薩禪定神通解脫三昧の諸法貴ぶべく寶とすべきに譬ふるなり。四に神仙山王、此の山中多く神仙の所居たり、以て焔慧地の菩薩世間に超出して大自在を得るに譬ふるなり。五に由乾陀山王 Yugaṁdhara 梵語由乾陀、華に持雙と云ふ、此の山純寶の所成、諸の夜叉王咸く其の中に住す、以て難勝地の菩薩如意神通善巧自在なるに譬ふるなり。六に馬耳山王 Aśvakarṇa 此の山純寶所成、一切の諸果咸く其の中に產す、以て現前地の菩薩理體より諸の妙用を起し衆生を化導し以て聲聞の果を證せしむるに譬ふるなり。七に尼民陀羅山王 Nemiṁdhara 梵語尼民陀羅、華に持邊と言ふ、此の山純寶の所成、大力の龍神咸く其の中に在り、以て遠行地の菩薩方便智慧諸の衆生を化し、緣覺果を證せしむるに譬ふるなり。八に斫迦羅山王 Cakravāda 梵語斫迦羅、華に輪圍と言ふ、此の山金剛輪圍にして純寶の所成、諸の自在仙咸く其の中に住す、以て不動地の菩薩無功用道心の自在を得て諸の菩薩衆を化するに譬ふるなり。九に計度末底山王 Ketumati 梵語計度末底、華に幢慧と言ふ、此の山純寶の所成、大威德の阿修羅王咸く其の中に住す、以て善慧地の菩薩善巧に衆生を攝する大力智行に譬ふるなり。十に須彌盧山王 Sumeru 梵語須彌盧、華に妙高と言ふ、此の山純寶の所成、大威德天咸く其の中に住す、以て法雲地の菩薩如來力を具し無畏を成就し不共法を得て衆の爲に宣說し問答無盡なるに譬ふるなり。【華嚴大疏四十四】

ジフゼン　十善〔術語〕「ゼンアク」を見よ。

ジフゼン　十禪〔名數〕「ゼン」の項を見よ。

ジフゼンカイ　十善戒〔名數〕大乘の在家戒なり。「ゼンアク」を見よ。⊙（保元物語）「十善の戒行重きに依りて」

ジフゼンカイキヤウ　十善戒經〔經名〕受十善戒經の略名。

ジフゼンゲウ　十善巧〔名數〕緣覺の所觀なり。一に蘊善巧、五蘊なり。二に處善巧、十二處なり。三に界善巧、十八界なり。四に緣起善巧、十二因緣なり。五に處非處善巧、善の因果を處とし惡の因果を非處とす。六に根善巧、信等の五根總じては二十二根なり。七に世善巧、三世の道理なり。八に諦善巧、四諦世出世の因果なり。九に乘善巧、二乘三乘等の義なり。十に有爲無爲善巧、依他圓成の二性なり。【辨中論】

ジフゼンゴフ　十善業〔名數〕十善の業行なり。「「ゼンアク」を見よ。

ジフゼンゴフダウ　十善業道〔名數〕十善の業行は以て善處に生ずる道なれば十善業道と云ふ。

ジフゼンゴフダウキヤウ　十善業道經〔經名〕一卷、唐の實叉難陀譯、佛海龍王の爲に一切法心に由らざるなく應に十善を修すべきを說き、終に廣く十善の功德及び一切の善法を攝するを明かす。【列帙九】（1100）

ジフゼンシ　十禪支〔名數〕十一切處に同じ。「ハチハイシヤ」の項を見よ。

ジフゼンジ　十禪師〔職位〕學德兼備の名僧十師を撰んで官より供給せらる時、人稱して十禪師と爲す。其の後內供奉起りて遂に十禪師を以て內供と同じく內道場に侍せしめしより內供奉十禪僧とも云ふ。もとは內供と十禪師とは其の起元を異にし、且つ十禪師はもと顯行に付く名なり。【壒囊鈔十五】に「內供奉十禪師は近頃は之を兼ぬるも其の起り各別なり。十禪師は光仁天皇寶龜二年三月に始て被レ置所なり。其より十人の內に闕あれば海內の名德を撰んで之を補す、十人の名德を定むる故に此の名あるなり。內供奉は寶龜三年に普く諸國に勅して此の官に補す、傳敎弘法等密敎を傳來して宮中に修法ありし以來內供奉を以て密敎に付く名とせり。」【釋書二十三】に「寶龜三年二月詔曰。禪師秀南。廣達。延秀。延慧。首勇。法淨。法義。尊敎。承興。光信。或智定可レ貴。或慈行有レ名。官賜二供給一永終二其身一。時稱爲二十禪師一。其後有レ闕撰二名德一補レ之。」

ジフゼンジゴンゲン　十禪師權現〔雜名〕山王二十一社の一。「サンワウ」を見よ。⊙（著聞集神祇）「われは一乘の守護十禪師なり」

ジフゼンダウ　十善道〔名數〕十善業道なり。「ゼンアク」を見よ。

ジフゼンノアルジ　十善主　〔雜語〕十善を持する戒力の能く人中の王たらしむるより、天皇を指して、十善の主又は十善の君と稱す。王は十善、神は九善とも云ふ。⊙（增鏡、藤衣）「いつくしき十善のあるじに定り給ふ事」

ジフゼンノカイリキ　十善戒力　〔雜語〕十善の戒行を持する者の中、上品者と中品者とはその功德によりて、天上に生を享け、下品者は能く人中に王たるを得といへり、かかる功力あるを十善の戒力と云ふ。⊙（正統記四）「十善の戒力にて、天子とはなり給へども」

ジフゼンノクニ　十善國　〔雜語〕天皇の統御し給ふを云ふ。蓋し、十善の德を具せらるる帝王の國と云ふ意。

ジフゼンノクラキ　十善位　〔雜語〕「ジフゼンノカイリキ」を見よ。

ジフゼンノシヤウボフ　十善正法　〔雜語〕十善は順理の正法なるが故に此名あり。⊙（正統記一）「十善の正法を行ひて國を治めしかば人民之を敬愛す」

ジフゼンノトク　十善德　〔雜語〕國王の德を云ふ。

ジフゼンノビンポツ　十善鬢髮　〔雜名〕王の御髮を尊んでいへるなり。⊙（盛衰記三）「十善の鬢髮を落し、九品の蓮臺を志し給ふ」

ジフゼンノユカ　十善床　〔雜名〕十善修行の床の意にして即ち王位なり。⊙（增鏡、草枕）「十善の床をふみ給ふも」

ジフゼンノワウ　十善王　〔雜語〕「ジフゼンノカイリキ」を見よ。

ジフゼンボサツ　十善菩薩　〔術語〕是れ圓敎十信位の菩薩なり。【仁王經上】に「十善菩薩發二大心一。長別二苦輪海一。」

ジフソウカク　十僧閣　〔堂塔〕建長寺に十僧閣あり、各篇を立てて以て大耆舊を居らしむ。【象器箋一上】

ジフタイ　十諦　〔術語〕十藏所詮の理を十諦と云ふ。【廣弘明集序】に「學統二九流一義包二十諦一。」

ジフタイ　集諦　〔術語〕四諦の一。

ジフダイグワン　十大願　〔術語〕普賢の十大願王なり。「フゲン」を見よ。

ジフダイゴ　十大護　〔名數〕十位の大護法神なり。「ジフゴ」を見よ。

ジフダイシヤウ　十大章　〔名數〕天台の摩訶止觀十大章を以て之を統收す。第一に大意、豫め九章の大意を示す、之に五略あり。一に發大心、大菩提なり。二に修大行、止觀の行なり。三に感大果、近くは初住遠くは妙覺なり。四に裂大網、所化の疑網なり。五に歸大處、平等の一理なり。第二に釋名、止觀の名なり。三に體相、止觀の體相なり。四に攝法、諸法を攝するなり。五に偏圓、偏圓相對なり。六に方便、二十五方便なり。七に止觀、十境を觀ずるに十乘觀を用ふるなり。八に果報、近遠の兩果なり。九に起敎、衆生を敎化するなり。十に指歸、自他倶に一理に歸するなり。之を五略十廣と稱す。然るに大師は第七章の止觀を說くに當て此の境の中に於て十乘觀を以て十境（別項を見よ。）を觀ずべしと言ひ、而して第七境を說き已て入滅せり。然るに大意章の五略の中に旣に後の三章後の三境の意を具すれば章安大師其の意を承けて具さに十章十境を列ねしなり。其の五略に後の三章を具するとは、感大果は第八の果報を兼ね、裂大網は即ち第九の起敎、歸大處は即ち第十の指歸なり。【止觀一之一】

ジフダイシユ　十大數　〔雜語〕「シユモク」を見よ。

ジフダイジ　十大寺　〔名數〕桓武帝延曆十七年六月官寺十所を定む。一に大安寺。二に元興寺。三に弘興寺。四に藥師寺。五に四天王寺。六に興福寺。七に法隆寺。八に崇福寺。九に東大寺。十に西大寺なり。世に之を十大寺と稱す。【釋書二十三】

ジフダイデシ　十大弟子　〔名數〕大小の諸經中處處に於て佛殊に十弟子の第一を說く。一に舍利弗、智慧第一なり。二に目犍連、神通第一なり。三に摩訶迦葉、頭陀第一なり。四に阿那律、天眼第一なり。五に須菩提、解空第一なり。六に富樓那、說法第一なり。七に迦旃延、論義第一なり。八に優婆離、持律第一なり。九に羅睺羅、密行第一なり。十に阿難陀、多聞第一なり。【天台淨名疏】に「今十子各執二一法一者。人以レ類聚。物以レ群分。隨二其樂欲一各一法門。攝爲二眷屬一。雖三各掌二一法一何曾不レ具二十德一。自有二偏長一故稱二第一一。」

十大弟子即佛十心數　〔雜語〕【宗鏡錄二十四】に「心王即ち是れ師、十數即ち是れ十弟子、十弟子各十德を具する如く十心數の如きも一起るに隨つて十數即ち隨つて起る、一數を以て名に當つと雖も實に十數あるなり。十弟子に對すれば初の想數は即ち富樓那に對す、想數偏に强ければ想に從つて道に入る、その故に聲聞弟子中說法第一なり。成論に云く識は實法を得想は假名を得と、富樓那想數を用ゐると分明なり故に能く名相を分別して無碍の辯才滯るなく、說法人中に於て最爲第一なりと。次第に欲數を迦葉に更樂數を迦旃延に慧數を舍利弗に念數を優婆離に思數を羅候羅に解脫を須菩提に作意を阿那律に三摩地を目犍連に受數を阿難に對す。

ジフダイハンダン 十題判斷 〔雜語〕「ゴモンジフダイ」を見よ。

ジフダイロンジ 十大論師 〔名數〕唯識の三十頌を釋せし十論師なり。一に護法、梵に達磨波羅 Dharmapāla と云ふ。南印度の境、達羅毘茶國、建至城中の帝王の子なり。二に德慧、梵に窶拏末底 Gunamati と云ふ。安慧の師なり。三に安慧。梵に悉耻薩末底 Sthilamati 又 Sthiramati と云ふ。雜集論を糅し倶舍論を持て正理論を破せり、護法論師同時の先德にして、南印度の境邏羅國の人なり。四に親勝、梵に畔徒室利 Bandhuśrī と云ふ。世親同時の人なり、本頌初て行はれ先づ略釋を作る。五に歡喜、梵に難陀 Nanda と云ふ。勝軍論師の師なり。六に淨月、梵に戌陀戰達羅 Śudhacandra と云ふ。安慧と同時の人なり。七に火辯、梵に質咀羅婆拏 Citrabhāna と云ふ、世親と同時の人なり。八に勝友、梵に毘世沙密多羅 Viśesamitra と云ふ。九に勝子、梵に若那弗多羅 Jinaputra と云ふ。十に智月、梵に若那戰達羅 Jñānacandra と云ふ。此後の三師は並に護法の門人なり、【唯識述記一本】

ジフダンエンマテング 十壇焔魔天供 〔修法〕冥道の十王を供養する法式なり。「見よ。

ジフチ 十智 〔名數〕大小乘に十智を説く。「チ」を見よ。

ジフヂキホウ 十地寄報 〔術語〕十地の菩薩が諸天王の形を假りて正法を守護するを云ふ。第一歡喜地の菩薩の閻浮提王より、轉輪聖王、忉利天王、夜摩天王、兜率天王、善化天王、自在天王より第八九地の菩薩の大梵天王第十法雲地の菩薩の摩醯首羅天王を云ふ。【華嚴經三十四】

ジフヂ 十地 〔名數〕種種あり。

三乘共十地 〔名數〕是れ智度論七十八の所説、辟緣菩の三乘を共通して立てし十地なり。台宗は之を以て四教中通教の地位となす。一に乾慧地、此は外凡の位にして藏教の五停心別總念處總相念處の三賢の位に當たる、乾は乾燥の義なり。此の位には未だ法性の理水を得ざる智慧なれば乾慧地と云ふ。又有漏の智慧は法性の理水を以て潤さざれば乾慧と云ふ。二に性地、此は内凡の位にして藏教の四善根なり。此の位には見思の惑を伏して朦朧として法性の空理を望見すれば性地と云ふ。三に八人地、人は忍なり、見道の苦法智忍等の八忍を八忍地と云ふ。即ち見道十五心の位なり。見道十五は八忍七智なれども今は因道を決定する邊に就て但だ八忍を取つて名とせしなり。四に見地、第十六心の道類智にして藏教の預流果の位なり。此の位に於て三界の見惑を斷じ、上下八諦の理を見るが故に見地と云ふ。五に薄地、欲界の修惑九品の中前六品を斷じたる位にして藏教の一來果なり。欲界九品の惑中僅に後の三品を殘せば薄地と云ふ。六に離欲地、欲界九品の修惑を斷盡せし位にして、即ち藏教の不還果なり。七に已辦地、悉く三界見思の惑を斷盡せし位にして藏教の阿羅漢果なり。是れ斷惑の一道に於ては所作已辦の位なれば已辦地と云ふ。八に支佛地、此は緣覺の位にして三界の見思二惑を斷じたる上更に其の二惑の習氣を侵害して空觀に入るなり、侵とは斷にあらず、斷とは炭を燒て灰となしたる上尙其の灰を吹て之を散じ盡すが如し、是れ第十佛地の事なり。今緣覺の習氣に於ては猶炭を燒て灰となすに止まる如くなれば侵と云ふなり。緣覺は初地より此に至りて入證するなり、緣覺の梵語辟支佛なれば支佛地と云ふ。九に菩薩地、是れ菩薩の三無數劫六度萬行の修行地なり。十に佛地、是れ菩薩の最後身にして餘殘の習氣を斷じ七寶樹下に天衣を座とし成就し乃至入寂する位なり。但し是れ通教の佛に就て言ふ、若し藏教の佛ならば菩提樹の下に吉祥草を座として成道するなり。

大乘菩薩十地 〔術語〕是れ華嚴仁王等の諸大乘經に明かす大乘菩薩の十地なり。一に歡喜地。菩薩既に初阿僧祇劫の行を滿じて初て聖性を得て見惑を破し、二空の理を證し大歡喜を生ずる位なれば歡喜地と云ふ。菩薩此の位に於て檀波羅蜜を成就するなり。二に離垢地、戒波羅蜜を成就して修惑を斷じ、毀犯の垢を除き身をして淸淨ならしむるが故に離垢地と云ふ。三に發光地、忍辱波羅蜜を成就して修惑を斷じ、諦察法忍を得て智慧顯發するが故に發光地と云ふ。四に焔慧地、精進波羅蜜を成就し、修惑を斷じて慧性をして熾盛ならしむるが故に熾焔地と云ふ。五に極難勝地、禪定波羅蜜を成就し、修惑を斷じて眞俗二智の行相互に違するを合して相應せしむるが故に極難勝地と云ふ。六に現前地、慧波羅蜜を成就し、修惑を斷じて最勝智を發し、染淨の差別なきを現前せしむるが故に現前地と云ふ。七に遠行地、方便波羅蜜を成就し、大悲心を發し、亦修惑を斷じて二乘の自度を遠離するが故に遠行地と云ふ。此の位即ち第二阿僧祇劫の行を終へしなり。八に不動地、願波羅蜜を成就し修惑を斷じて無相觀を作し任運無功用に相續するが故に不動地と云ふ。九に善慧地、力波羅蜜を成就し、修惑を斷じて十力を具足し、一切處に於て可度

不可度を知て能く說法するが故に善慧地と云ふ。十に法雲地、智波羅蜜を成就し、亦修惑を斷じて無邊の功德を具足して無邊の功德水を出生すると大雲の虛空を覆ふて淸淨の衆水を出だす如くなるが故に法雲地と云ふ。

四乘十地〔術語〕大乘同性經下に四乘に各十地を說く。**一**に聲聞乘十地、一に受三歸地、初めて三歸戒を受くる位なり。二に信地、信根成就の位なり。三に信法地、四諦の理を信ずる位なり。四に內凡夫地、五停心觀等を修する位なり。五に學信戒地、三學成就の位なり。六に八人地、見道の位なり。七に須陀洹地、預流果の位なり。八に須陀含地、一來果の位なり。九は阿那含果、不還果なり。十に阿羅漢地、無學果なり。**二**に緣覺乘十地、一に苦行具足地、戒行を修する位なり。二に自覺深甚十二因緣地、十二因緣の觀法を修する位なり。三に覺了四聖諦地、四諦觀を修する位なり。四に甚深利智地、甚深の無相智を生ずる位なり。五に九聖道地、八聖道を修する位なり。六に覺了法界虛空界衆生界地、此の三法界を覺了する位なり。七に證寂滅地、見道の位なり。八に六通地、六神通を得る位なり。九に徹和密地、無學果を證する位なり。十に習氣漸薄地、習氣を侵害する位なり。**三**に菩薩乘十地、上に明かす大乘菩薩の十地に同じ。**四**に佛乘十地、一に甚深難知廣明智慧地、細習氣を除き諸法に於て自在を得るなり。二に淸淨自分成嚴不思議明德地、正法輪を轉じて深義を顯はすに自在なり。三に善明日憧實相海藏地、三乘差別の法を開說するに自在なり。四に精妙金光功諸神通智德地、八萬の法を說て四魔を降すに自在なり。五に大輪威藏明德地、異邪の法を摧き、惡行を伏するに自在なり。六に虛空內淸淨無垢炎光開相地、六神通を現じて無常の事を示すに自在なり。七に廣勝法界藏明界地、諸菩薩の爲に菩提を顯はすに自在なり。八に普覺智藏能淨無垢邊無礙智通地、諸菩薩の爲に記別を授くるに自在なり。九に無邊德莊嚴回向能照明地、諸菩薩の爲に方便を現はすに自在なり。十に毘盧舍那智海藏地、諸菩薩の爲に能く法を說くに自在なり。天台は之を以て四教に配するなり。問ふ、佛地に十地あらば豈に果佛に不平等あるに非ずや。答ふ、此の經の意は佛德の別なるに從つて十地を論ず、初地は劣にして乃至第十地は前佛に勝ると云ふにあらず、是れ皆諸佛の境界にして諸菩薩二乘の所行にあらず、故に經に曰く、佛有二十地一一切菩薩及聲聞辟支佛等所レ不レ能レ行。云云【探要記七】

眞言十地〔名數〕兩部大經に十地を說かず、但大日經に第八第十の二地を說き、金剛頂經に初地第十地の二地を說くのみ。故に華嚴仁王等の說に準じて其の名字を釋するなり。然るに其の意は顯敎と異にして十地を以て十六大菩薩の位となし、其の漸修の位に約して十六生に究竟すと云ふ。故に即身義に云く、「歡喜地者。非二顯教所レ言初地一。是即自家佛乘之初地。云云」と其の十六大菩薩に兩說あり。

鑁上人の義

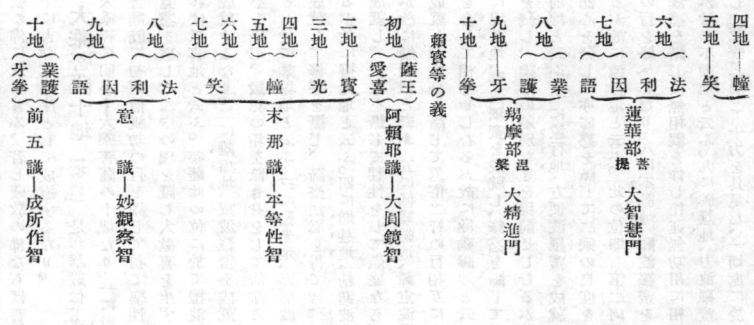

初地〔薩王／愛喜〕金剛部發心　菩提心門
二地——光
三地——寶〕摩尼部修行　大福德門
四地——幢
五地——笑
六地〔法／利〕
七地〔因／語〕蓮華部菩提　大智慧門
八地〔業／護〕
九地——牙
十地——拳〕羯摩部涅槃　大精進門

賴寶等の義

初地〔薩王／愛喜〕阿賴耶識—大圓鏡智
二地——寶
三地——光
四地〕幢
五地〕
六地〕笑
七地〕末那識—平等性智
八地〔法／利〕
九地〔因／語〕意識—妙觀察智
十地〔業護／牙拳〕前五識—成所作智

然も是れ尙別教の名を借て超を明かすなり。大日經に十地此生滿足と云ひ、尊勝瑜伽に身證二十地一住二如實際一と云ふ是れなり。是れ密教の十地なるも佛の十地にあらず、佛の十地とは上に明かす同性經所說の佛乘の十地是れなり、即ち台宗に所謂

圓敎の十地なり。【菩提心義七】に「諸經十地淺深不同。若證契經同性經の異譯四乘各有十地。天台以爲四敎十地。若中阿含明二十二證。若大品經明二十地。一乾慧等。二歡喜地等。智論有二十地。一但菩薩十地即ち歡喜地等二共菩薩十地。即ち乾慧地等此等二種是通別十地也。華嚴仁王四十二地中十地是圓十地。若大日經十地此生滿足是密十地。借別明超。今此中云三身證二十地非佛十地。佛十地者。一廣明地德地乃至毘盧舍那智藏海地。滿空諸佛皆是毘盧舍那化身何有二十地階級。」

密敎十地廢立【雜語】眞言に於て歡喜地等の十地に廢立の二門あり。其の廢門には三劫の外に十地を立てず三劫に三妄執を斷じて十地を究竟すと云ふ。秘藏記等の所說是なり。又立門に依れば大日經疏に三劫の上に十地を立てて之を開發金剛寶藏位と爲す。此の廢立の二門ある所以は十地に淺深の二あればなり。【大日經疏二】に「華嚴十地經一一名言。依阿闍梨所傳者須作二種釋。一者淺略釋。二者深秘釋。云云」此の淺深の十地に於て開合の兩門あり、一には淺略の十地を合して地前に屬し、深秘の十地を開きて開發金剛寶藏地とす。二には深秘の十地を合して佛果に屬し、淺略の十地を開きて三妄執の斷位とす。大日經所說の三劫十地は此の二意を含む。若し初門に依れば淺略の十地を地前に攝して更に深秘の十地を開く、三劫十地次第の如く地前地上の二位なり。疏家處處の配立多分此の義なり。若し後門に依れば三劫十地は只是れ建立の不同なり。惑に約しては三劫となし、位に約しては即ち十地と爲す、秘藏記の說は此の門に約するなり。【秘藏記鈔六】

眞言十地十心【名數】初地は種子。二地は芽。三地は疱。四地は葉。五地は花。六地は果。七地は受用種子。八地は爲無畏依。所謂果中の果なり。九地は有進求佛慧生。是れ最勝心なり。十地は決定心なり。此の二心は別の境界なし、還て是れ第八心中に於て方便に約して轉た開出する耳。若し一一の地中亦た此の十心あり。【大疏三】「ジフシン」の項眞言十心參照。

十地心【名數】一に四無量心。二に十善心。三に明光心。四に熖慧心。五に大勝心。六に現前心。七に無生心。八に不思議心。九に慧光心。十に受位心。是れ次第の如く十地の異名なり。【瓔珞本業經上】

ジフヂウカイ　十重戒

【術語】顯密の兩種あり。

顯敎十重戒【術語】顯敎の中又淺深の兩種あり、其の深なるは千鉢經所說の十重是れなり、但し此は唯だ心性に約して實相の理を十重に說きしものにて別に其の戒相を說かざるなり、蓋し其の戒相は梵網所說の十重戒なり。經五に說く、「一者如來一切心法。金剛自性。本來清淨。畢竟寂滅。菩薩若於大乘性中能持十重戒者。覺心眞淨了見心性無染無着。是故菩薩能持十重戒者是即名爲不壞毘尼。乃至十者如來一切心法。畢竟無相。離於心想。清淨無障。菩薩能持十重戒者。於戒淨性不見有戒不見無戒。得名證離小乘執縛一切戒相。是則名爲究竟毘尼。」其の淺なるは即ち梵網經所說の十無盡藏戒なり。是れ戒相は十種なるも此の中に法界一切の戒を具すれば無盡藏戒と名け、四十八の輕戒に對して重と稱するなり。若し之を犯せば波羅夷罪を得るなり。淺釋は第一に殺戒、佛子若し自殺し人を敎へて殺さしめ、方便して殺し讚嘆して殺し、作すを見て隨喜し、乃至咒して殺す、殺の因、殺の緣、殺の法、殺の業、乃至一切有命の者故殺するを得ず、是れ菩薩應に常住の慈悲心孝順の心を起して方便して一切衆生を救護すべし、而して反て自ら恣心快意殺生せば是れ菩薩の波羅夷なり。第二に盜戒、若し佛子自ら盜み、人を敎へて盜ましめ、方便して盜み、讚嘆して盜み、作すを見て隨喜し、乃至咒を以て盜み、盜の因、盜の緣、盜の法、盜の業、乃至鬼神有主劫賊の物、一切の財物、一針一草故盜するを得ず、菩薩應に佛性孝順心慈悲心を生じ常に一切人を助けて福を生じ樂を生ずべし、而して反つて更に人の財物を盜む者是れ菩薩の波羅夷なり。三に婬戒。四に妄語戒。五に酤酒戒。六に說四衆過戒。七に自讚毀他戒。八に慳惜加毀戒。九に瞋心不受悔戒。十に謗三寶戒を云ふ。十無盡の所以は一二に例示する如く一戒中種種の項目を存する故なり。

密敎十重戒【術語】二說あり一は【無畏三藏禪要】に「一に菩提心を退すべからず、成佛を妨ぐるが故に。二に三寶を捨てて外道に歸依すべからず、是れ邪法なるが故に。三に三寶及び三乘の敎典を毀謗すべからず、佛性に背くが故に。四に甚深の大乘經典に於て通解せざる處は疑惑を生ずべからず、凡夫の境に非ざるが故に。五に若し衆生ありて已に菩提心を發さば菩提心を退して二乘に趣向せしむる法を說くべからず、三寶の種を斷つが故に。六に未だ菩提心を發せざる者に亦彼をして二乘の心を發せしむる法を說くべからず、本

願に違するが故に。七に小乘及び邪見人の前に對して輙ち大乘の妙法を說く應からず、恐くは彼れ謗を生じて大殃を獲るが故に。八に諸の邪見等の法を發起すべからず、善根を斷ぜしむるが故に。九に外道の前に於て自ら我れ無上菩提の妙戒を具すと說くべからず、彼をして瞋恨の心を以て是の如き物を求めしめ、辨得せざれば菩提心を退せしめ、二俱に損あるが故に。十に但一切衆生に於て損害する所あり及び利益なきは皆作すべからず、及び人をして作さしめ作すを見て隨喜すべからず、利他の法及び慈悲心に於て相違背するが故に。」**二**は【大日經九】に初の四重を說き【同十七】に後の六重を說く。「一に不應捨正法、一切如來の聖敎皆當に授修行受持讀誦すべし、大海の百川を納れて厭足の心なきが如く、若し諸乘の了不了の義に於て一切の法門に隨つて棄捨の心を生ぜば、聲聞乘中の如き若し法を作するに堪ふる人に對して心生口言して一法を捨つるに隨て捨戒を成ず。具足毘尼に於て衆敎に隨せざるも犯戒の罪に非らず、今此の秘密大乘に於ては畢竟して捨の義あるとなきが故に、則ち重罪を成ずるなり。又此の一切の法門は皆是れ大悲世尊無量阿僧祇劫に於て積集する所、普門に一切衆生を饒益せんと欲するが爲の故に之を演說す、猶字輪の一を辨ず應からざるが如し。聲聞人の如きは一事を捨つるに隨つて猶和合の義斷ずるに因りて律儀を喪失す、何ぞ況んや摩訶衍をや。二に不應捨離菩提心、此の菩提心は菩薩の萬行に於て猶大將の幢旗の如し、若し大將幢旗を喪失する時は則ち是れ三軍敗績して他の勝處に墮す、故に波羅夷なり。三に於一切法不應慳恡、有人正を捨てず菩提心を離れざるも然かも正法に於て慳悋し肯て機を觀て惠施せず、亦波羅夷罪なり。四に勿於一切衆生作不饒益行、此は是れ四攝と相違する法なり、四攝は是れ菩薩具戒中の四依なり、初め戒を受くる時先づ應に此の遮難を開示すべし、若し能く奉行する者方に之を受くべし、奉行する能はずんば則ち摩訶薩埵に非ず、受を爲すを得ず。然る所以は菩薩一切智心を發するはもと普く一切衆生を攝せんが爲なり、三乘入道の因緣を爲さんが爲の故なり、而して今反て四攝相違の法を作し、衆生障道の因緣を起す故なり。五に不謗一切三乘敎法、若し謗する者は即ち是れ佛法僧を謗し大菩提心を謗す、故に犯重なり。秘密藏中一切の方便皆是れ佛の方便なるを以てなり、是の故に一一の法を毀すれば即ち是れ一切法を謗するなり、乃至世間の治世產業藝術等の事正理の相應あるに隨て是れ佛の所說なり何ぞ況んや三乘法をや。六に不應於一切法生於慳悋、菩薩一切法を集むるはもと一切衆生の爲なり、若し秘惜する所あれば即ち是れ菩提を捨つるなり、故に重を犯するなり。七に不得邪見、因果を撥無し、佛を無し、見道の人を無す等の諸の邪見是なり、自然に佛法僧及び菩提心を捨つ、故に犯重なり。八に於二發大心人一勸二發其心一不レ令二退息一。若し其の懈退を見て勸發せず、或は其の心を阻止し、或は無上菩提の道を離れしむれば即ち是れ一切如來の所應作の事に違逆するが故に犯重なり。九に於二小乘人前一不レ觀二彼根一而說二大法一。或は大乘人の前に於て彼の機を觀せずして小法の行を說くは重禁を犯す、是れ方便具せずして以て如來の方便に違逆するが故に、機に差ふて法を說き人天の怨と爲ればなり。十に菩薩常當行施、他人に物を害する具を施與するを得ず、謂く酒を施し、藥刀杖の類を施すなり。一切不饒益の具は是れ犯重なり。

ジフヂウゴンカイ　十重禁戒　〔術語〕　十重戒に同じ。

ジフヂウザイ　十重罪　〔名數〕　十惡に同じ。

ジフヂウシヤウ　十重障　〔名數〕　別敎の菩薩十地に於て漸斷する所の十種の重障なり。一に異生性障、異生性とは分別起の二障に名く、此の二障の種子に於て凡夫異生の性を建立すればなり。菩薩初地の入心に見道に入つて此の障を斷じ、以て異生性を捨てて聖性を得するなり。二に邪行障、所知障の中の俱生の一部と、及び所知障に起されて惱犯する三業なり。所知障は二地の極淨の尸羅戒を障するが故に二地に入る時便ち能く永く斷ずるなり。三に闇鈍障、所知障の中の一分の所聞思修の法をして忘失せしむる障なり、此の障三地の勝定と總持と及びその所發の殊勝の三慧を障するが故に三地に入る時便ち能く永く斷ずるなり。四に微細煩惱現行障、所知障の中の俱生の一分の第六識と俱なる身見等に攝する最下品の惑なるが故に、作意せずして緣ずるが故に、無始より隨つて現行するが故に微細と名く。彼れ四地の菩提分法を障するが故に四地に入る時便ち能く永く斷ずるなり。五に於下乘般涅槃障、所知障の中の俱生の一分の生死を厭ひ涅槃に趣くを樂び、下の二乘の苦を厭ひ滅を欣ぶに同じからしむる惑なり、五地の無差別道を障するが故に五地に入る時便ち能く永く斷ずるなり。六に麁相現行障、所知障の中の俱生の一分の染と淨との麁相ありと執して現行する

惑なり、六地の無染淨の道を障するが故に第六地に入る時便ち能く永く斷ずるなり。七に細相現行障、所知障の中の倶生の一分の生と滅との細相ありと執して現行する惑なり、七地の妙無相の道を障するが故に七時に入る時能く永く斷ずるなり。八に無相中作加行障、所知障の中の倶生の一分の無相觀をして任運に起らしめざる惑なり、前の五地には有相觀は多く無相觀は少し、第六地には無相觀は多く有相觀は少し、第七地の中には純無相觀なり、恒に相續するも尙加行あり、無相の中に加行あるに由るが故に未だ任運に相と及び土とを現ずると能はず、是の如きの加行は八地の中の無加行道を障するが故に八地に入る時便ち能く永く斷ずるなり。九に利他中不欲行障、所知障中の倶生の一分の利樂有情の事の中に於て勤行するを欲せずして己が利を修するを樂ぶ惑なり、九地の四無碍解を障するが故に九地に入る時便ち能く斷ずるなり。十に於諸法中未得自在障、所知障の中の倶生の一分の諸法の中に於て自在を得ざらしむる惑なり、十地の大法の智雲と及び所含藏と所起の事業とを障するが故に十地に入る時便ち能く永く斷ずるなり。【唯識論九】

ジフヂウジンギヤウ　十重深行　〔名數〕　眞言の阿闍梨に十重の深行あり。「摩譯。【閈帙八】

ジフヂキヤウ　十地經　〔雜名〕　九卷、唐の尸羅達摩譯。

ジフヂキヤウロン　十地經論　〔書名〕　十二卷、天親著、後魏の菩提留支等譯。華嚴の十地品を譯す。【暑帙九】(1194)

ジフヂグワンギヤウ　十地願行　〔術語〕　菩薩十地所行の十波羅蜜の行なり、行には必らず四弘誓願を具すれば願行と云ふ。

ジフヂコラウ　十地虎狼　〔術語〕　金光明經に十地の菩薩猶虎狼の畏ありとして其が爲に十番の陀羅尼を説て（合部經陀羅尼最淨地品）其の怖畏を除く。台宗は之を以て肉身を以て十地を超證する證となすなり。其の故は旣に十地を超證するも尙前業所感の肉身あれば虎狼等に噉食せらるる事あるなり。但し別敎には之を以て煩惱に喩ふるなり。【妙玄二下】に「圓敎方二一生中一有下超二十地一之義上。此則煩惱已破無二地獄業一。猶有二肉身一未レ免二惡獸一。餘敎、肉身一生之中不レ登二十地一。唯作二行解一以二煩惱一爲二虎狼一。作二行解一者於レ理則通於レ事不レ去。」

ヂフヂシヨウワウ　十地證王　〔術語〕　十地の菩薩十王の華報を感得すれば證王と云ふ。

ジフヂボン　十地品　〔經名〕　華嚴經の品名。六十華嚴の第二十二品、八十華嚴の第二十六品に於て十地の菩薩の修業を詳説せり。

ジフヂユウ　十住　〔術語〕　旣に信を得たるを以て進んで佛地に住する位なり。一に發心住、眞方便を以て十住心を發起し、十信の用を渉入したる圓成一心の位なり。二に治地住、心の明淨、瑠璃内に精金を現ずるが如く、前の妙心を以て履治して地となすを云ふ。三に修行住、前に地を渉知し倶に明了なる故、十方に遊履して留礙なきを云ふ。四に生貴住、佛と同じく佛の氣分を受け、彼此冥通して如來種に入るを云ふ。五に方便具足位、自利利他方便具足して相貌缺くる所なきを云ふ。六に正心住、相貌のみならず、心相亦佛と同じきを云ふ。七に不退住、身心合成して日日增長するを云ふ。八に童眞住、佛の十身の靈相一時に具足するを云ふ。九に法王子住、初發心より第四生貴に至る迄を入聖胎と名づけ第五より第八に至るまでを長養聖胎と名づく。而して此の第九に於て相形具足して出胎するを云ふ。十に灌頂住、菩薩旣に佛子となりて佛事を行ふに堪ふれば、佛、智水を以て灌頂す、刹利王子の受職灌頂の如きを云ふ。「ゴジフニヰ」參照。

ジフヂユウキヤウ　十住經　〔經名〕　六卷、秦の羅什等譯、即ち華嚴六經の十地品なり。【天帙十】(1105)又、菩薩十住經の略名。又漸備一切智總經の異名。

ジフヂユウギヤウダウホンキヤウ　十住行道品經　〔經名〕　菩薩行道品の異名。

ジフヂユウシン　十住心　〔名數〕　これ眞言宗の敎相判釋なり。その名目は【大日經十心品】並に【大日經疏】によると雖も（その他【菩提心論、釋摩伽衍論】にもよると云ふ）その本質に至りては實に弘法大師の獨創とも稱すべきものなり。故にこの本據は大師の【十住心論】及び【祕藏寶鑰】にあり。一に異生羝羊心、異生とは凡夫のこと、六趣、四生等各異の生即ち群生と云ふが如し。羝羊は牡羊なり、その性下劣、ただ水草を求め婬欲を念ふの他あるなきを以て凡夫の愚痴闇昧世理を解せず、醉生夢死するもの即ち非道惡人、無信、無德なるものを指す。この部に屬する者は元來は敎判のうちに列すべきにあらざれ共、第二心に進むべき階段とする故に此處に列したるなり。二に愚童持齋心、愚童は愚昧なる童子の謂なり、持齋は八關齋を持するなり。惡者始終に惡なるに非ず、內薰と外緣に誘はれ五戒十戒等の作善、忠孝仁義禮智等の德を修するものこれなり。三人乘の敎とし、儒敎等の如きをこのうちに攝す。三に嬰童無畏心、嬰童が母に抱かれて安きが如く、天に生ずるを願ひ神佛の擁護を得て滿足するものな

り。大師は「外道生天暫得蘇息。」秘藏寶鑰と註するが如く、四禪六行を修する生天敎なり。以上は世間三個の住心にして、胎藏界曼荼羅の第三大院外金剛部の衆に攝するなり。以下を出世間とす。四に唯蘊無我心、佛の法門に入れる最初の住心なり。生死を畏れ、苦を厭ひ、寂滅涅槃を願ふもの、四諦の理を觀じ、三世實有法體恒有を執し、我空のみを得るもの、即ち聲聞乘の佛法なり。小乘二十部、倶舍、成實はこれなり。五に抜業因種心、前者より更に進みて、無佛世界に處し、無言等の業を修し、飛華落葉を見て十二因緣の法を觀じたるもの、即ち、業即ち煩惱の所作の因は抜きたれどもその習氣の未だ薰在するもの即ち緣覺乘のものなり。以上二乘の小乘教の類は胎曼釋迦院の眷屬に攝す。六に他緣大乘心、他緣は無緣に同じ、自他怨親平等の觀に住し、眞如平等を悟るによりて衆生界を度して佛界に歸入せしむるなり。正しく法相宗の教ふる所に相當するなり。彌勒菩薩の內證法門なり。七に覺心不生心、前心の頼耶緣起より一歩を進め、心境倶空の證に入り心性の不生不滅を覺悟す。三論宗の所謂八不中道を說き、起信論の所說これに當る。これ文殊菩薩の內證なり。以上二心はこれ三乘敎、以下三心は一乘敎とす。八に一道無爲心、又如實一道心、如實知自心、空性無性心とも稱す。法華所說、心即境無爲無相を以て極意とす【大日經】には「如實知自心」と云ひ、天台宗に配す。觀音菩薩の內證なり。九に極無自性心、淺深の二釋あり。淺釋は華嚴が法界の諸法即眞如實相なりとし、眞如には自性なし、隨變不守自性、染淨眞妄交轍し、事々無碍重々無盡の義なり。深釋はこれ毘盧遮那の教覺によりて自性なしとす。華嚴の法門これに當り、以て普賢菩薩の內證とす。以上九心はこれ顯教の攝なり。十に秘密莊嚴心、秘密とは金胎兩部六大三密五相五智等の無盡法門なり。等覺十地も見聞する能はず、その法門の德を莊嚴と云ふ。即ち眞言宗の敎ふる心地なり。此の十住心に横竪の二あり、横の十住心とは一の十住心に又十住心あるなり、委くは十住論の如し。横の十住心は胎藏界の十住心、竪の十住心は金剛界の十住心、胎金不二の處を不二の十住心と云ふなり。【決義鈔直牒十】

ジフヂユウシンロン　十住心論　〔書名〕 秘密曼荼羅十住心論の略名。⊙(野守鏡下)「理の成佛の義をば、十住心論には徒に年劫をつみて心身を費すといへり」

ジフヂユウジヨクダンケツキヤウ　十住除垢斷結經　〔經名〕 最勝問菩薩十住除垢斷結經の略名。

ジフヂユウダンケツキヤウ　十住斷結經　〔經名〕 最勝問菩薩十住除垢斷結經の略名。

ジフヂユウビバシヤロン　十住毘婆沙論　〔書名〕 又十生論と云ふ、十七卷、龍樹造、秦の羅什譯。【暑帙八】(1180)

ジフヂユウセウビヤクケヰ　十住小白華位　〔譬喩〕 天台法華の六瑞中の雨華瑞の小大白赤の四華を四輪四種性四位に配して小白華を銅輪習種性十住の開佛知見に當つるなり。「シケ」を見よ。⊙(法門百首)に「雲とみしとほちの里の卯の花はけふ我宿の垣根なりけり」「の略名。

ジフヂユウロン　十住論　〔書名〕 十住毘婆沙論

ジフツウ　十通　〔名數〕「ゴツウ」を見よ。

ジフツイ　十對　〔名數〕 華嚴の十玄門の所攝の十義は即ち教義理事等の十雙なれば十對と云ふ。「ゲンモン」を見よ。

ジフテン　十纏　〔名數〕 十種の妄惑あり衆生を纏縛して生死を出でしめず、涅槃を證せしめざれば十纏と名く。一に無慚、二に無愧、三に嫉、四に慳、五に悔、六に睡眠、七に掉擧、八に昏沈、九に瞋忿、十に覆なり。【智度論七、倶舍論二十一】

ジフテツ　十哲　〔名數〕 羅什三藏の門下生肇融叡の四師を什門の四聖と稱し之に曇影慧嚴慧觀僧䂮道常道標の六師を加へて什門の十哲と稱す。【釋氏稽古略三】

ジフデウ　什肇　〔人名〕 姚秦の鳩摩羅什と其弟子「僧肇なり。

ジフデシ　十弟子　〔儀式〕 如來の十大弟子に擬して大法會の大導師又は灌頂式の大阿闍梨等十弟子を引率するなり。依て之を阿闍梨弟子とも云ふ。【三摩耶戒式幸聞記】に「阿闍梨弟子とは是れ十弟子なり、戒體箱等の道具を持して大阿の後の左右に隨從す、庭儀には六人、略して四人、堂上には四人、略しては二人、此の數を減ずべからず。今日庭儀の儀式の故に六人四人なり、中に坐具を持する者即ち轝の中に敷くなり、十弟子とは本來は十人なり、總即別名の故に六人乃至二人をも十弟子と云ふ、昔宇多法皇寬平法皇の御灌頂の時に十人を具せしなり、是れ高貴なるが故に各別の儀式なり。自餘の人は六人四人等然るべきなり。十弟子の出所を問決するに仰に云く、陀羅尼集經第十三なりと、但し經所說の持物は今と異なるなり。」【陀羅尼集經十二】に「阿闍梨香爐を把て出で六弟子を領す、一一の弟子各一事を執る、一人は華水を執り、二人は共に煮熟の五穀を輿し、一人は食盤を擎げ、一人は蜜水盞を擎げ、一人は炬火を執

り、阿闍梨の後に隨ひて行く。普く皆一切の陪從に施與し幷に守護の諸鬼神等に及ぼし、乃至周遍して一切餓鬼の類に施與し、悉く滿足せしむ。四方上下總て散施し已て阿闍梨手を洗ひ口を漱ぎ、道場中に入り、三禮し已り更に讃唄を作す。作法事竟て門外樂を息む。（觀世音の曲を作し曲終止す。）次に阿闍梨抜折羅を把り十弟子を喚て堂前に至て立たしむ、一人は蠟燭を執り、一人は香爐を捉り、一人は華盤を擎げ、一人は香盤を擎げ、一人は巾を執る。この五人等しく阿闍梨を引て前に在て行く、其の阿闍梨は後に在て出で五人の後に隨ふ。又五人をして阿闍梨の後に從はしめ、一人は澡罐を執り、一人は三衣を擎げ、一人は白芥子盤を擎げ、一人は末香盤を擎げ、一人は安息香盤を擎げ、次後に音樂次第に行を作す。」

ジフトク　十德　【名數】

法師十德　【名數】　華嚴經十地品中第九善慧地の菩薩一切功德の願行を修行し、大法師と爲り能く如來の法藏を守護し、無量の善巧智慧辯才を以て能く大衆の爲に法を演說し、諸の衆生をして大安樂を得しむ。此の十德を具するを名けて法師と爲す。一に善知法義、菩薩無碍の智善く一切諸法の句義差別を知るなり。二に能廣宣說、菩薩能く智慧を以て廣く衆生の爲に如來微妙の法を立說するなり。三に處衆無畏、菩薩大衆會に處し善く法要を說き他の問難に隨つて悉く能く酬答して畏るる所なきなり。四に無斷辯才、菩薩辯才無碍一切法を說き無量劫を經て相續して斷たざるなり。五に巧方便說、菩薩善巧方便機宜に隨順して大を說き小を說き、一切の法門他をして通解せしむるなり。六に法隨法行、菩薩法を說き一切衆生をして如說に修行し隨順して違ふことなく諸の勝行を修せしむるなり。七に威儀具足、菩薩行住坐臥の四威儀中に於て威ありて畏るべく儀ありて則るべく缺犯あることなきなり。八に勇猛精進、菩薩勇猛心を發し一切の善法を精進修習して衆生を化導して退轉あることなきなり。九に身心無倦、菩薩身心を齋肅して諸の勝行を修し、常に慈心を起して衆生を攝化し、懈怠あることなきなり。十に成就忍力、菩薩一切の諸の忍辱行を修習し無生法忍の力を成就するなり。【華嚴經疏四十三】【朝野群載十三】に「三明已達。十德能圓。」

天台十德　【名數】　「テンダイ」を見よ。

弟子十德　【名數】　弟子の灌頂を受けんとする者應に十德を具すべし。是れ灌頂具支分の隨一なり。一に信心、阿闍梨彼の現在の根性或は久遠の因緣を觀じ、此の不思議の緣起三種秘密（即ち三密）の諸法便中に於て直信して疑はず、能く怖畏することなければ乃ち攝受に堪ふるなり。二に種姓淸淨、婆羅門等の四種大姓の者なるべし、若し是れ旃陀羅等なれば家法相承して不淸淨の事を習ひ行ふを以ての故に性弊惡多し、若し爲に傳法灌頂を作し大法を流通せしむれば則ち他を輕慢し或は賣法の因緣を成ず、由て比丘の受具の如き亦衆僧を毀辱する極卑の下姓の簡去するなり。若し但だ結緣受法ならば論ずる所にあらず。復た次に若し久遠以來曾て發菩提心の因緣あれば即ち是れ如來種姓中に生ず、最も殊勝となすなり。三に恭敬三寶、佛法衆僧に於て淳厚謙下の心を起し、常に好んで親近供養尊重讃嘆す、當に知るべし是の人は前世行道の因緣あるなり。四に深慧嚴身、是の如き虛空に等しき無邊の佛法劣慧者の心器の能く堪ふる所に非らず、故に智性深利以て自から莊嚴する者にして乃ち爲に說くべきなり。五に堪忍無懈怠、此は是れ堪能する所ありて退屈する所なき義なり、梵音忍辱と同じからず。謂く求法の因緣種種艱苦の事と雖も皆能く悉く作す、假令ひ一度成ぜざるも復更に發迹して之を修す、誓つて大海を挹み盡して已むが如し、若し人の志性是の如くならば則ち法を傳ふべきなり。六に尸羅淨無缺、在家出家の律儀に於て乃至本姓受の諸禁戒に於て奉持する所に隨て則ち深心防護して缺毀あることなし、若し是の如き性を具せば未だ三昧耶平等大誓に入らざるも亦當に恭順して違はざるべし、故に傳法に堪ふるなり。七に忍辱、內外違順の境界八種の大風に於て其の心安忍して傾動する所なし、當に知るべし是の人必ず持明の重禁を犯し不利衆生の行を作さず、（これ十重禁の第四なり。）故に傳法に堪ふる也。八に不慳悋、所有の財法に於て常に惠施を念じ、來て求むる者には心鄙悋なし、當に知るべし是の人は持明の重禁を犯して正法を慳悋せざるなり。（これ十重禁中第三）故に傳受に堪ふるなり。九に勇健、即ち是れ阿闍梨中の德勇健なる菩提心の種姓なり、道を行ずる時に於て種種可畏の色聲に遇ふも心怯弱ならず、乃至出生入死怖畏の想なし、正に菩提薩埵の大人の所行に順ず、故に傳授すべきなり。十に堅願行、此は是れ要心の願、梵音求願の願と同じからず、自ら志を立てて毎日三時念誦する如き、則ち一期を終竟し種種の異緣に遇ふも初めより間絕せず、是の如く事終始あらば善く菩薩の事を行ずる時亦本誓を虧かず、故に傳法に堪ふるなり。然るに此に說く所の

弟子の十德は若し兼備する者は甚だ希有なり、但だ偏に長ずる所ありて匠成すべきに堪ふれば即ち應に攝受すべきのみ。又聲聞の受具の時の如きは種種の遮難を觀察す、所謂太小太老色貌瑕疵諸病患等なり。是れ白衣の如くならず、但だ道機をして濟すべからしめば諸餘の過失あるも皆觀ざる所なり。【大日經疏四】

ジフトク　拾得　【人名】　世にジツトクと呼ぶ。「カンザン」を見よ。

ジフド　十度　【名數】　十波羅蜜に同じ。

ジフドノサンギヤウ　十度三行　【名數】　十度の一一に各三行あり。一、施度の三行、財施、法施及び無畏施なり。二、戒度の三行、攝律儀戒持佛戒律具衆威儀、攝善法戒所作善法悉皆攝持、饒益有情戒なり。三、忍度の三行、耐怨害忍無返報心、安受苦忍、諦察法忍審法性虛幻超絶生滅、なり。四、進度の三行、被甲精進、攝善精進、利樂精進なり。五、禪度の三行、安住靜慮、引發靜慮乱想不起深入禪定、知慧現前、生諸功德、辨事靜慮功行圓成利益衆生、なり。六、慧度の三行、生空無分別慧平等照了、假諦之法、法空無分別慧平等照了眞諦之法、倶空無分別慧超前二空、悉皆平等、なり。七、方便度の三行、進趣果向方便修諸功德、迴向佛果、巧會有無方便融會二諦、不捨不受方便了達能所皆空、なり。八、願度の三行、求菩提願、利樂他願、外化願なり。九、力度の三行、思擇力、修習力、變化力神通力なり。十、智度の三行、無相智達觀性自空、受用法樂智、成熟有情智なり。「クリツギ」を見よ。

ジフニアクリツギ　十二惡律儀　【名數】「アクリツギ」を見よ。

ジフニインエン　十二因縁　【術語】 Dvādaśāṅga Pratītyasamutpāda 新に十二緣起と云ひ、舊に十二因縁と云ひ、又單に因緣觀とも支佛觀とも云ふ、是れ辟支佛の觀門なり。是れ衆生が三世に渉りて六道に輪廻する次第緣起を說きしなり。一に無明 Avidyā 過去世の無始の煩惱を云ふ。二に行 Saṃskāra 過去世の煩惱に依て作りし善惡の行業を云ふ。三に識 Vijñāna 過去世の業に依て受けし現世の受胎の一念を云ふ。四に名色 Nāmarūpa 胎中に在て漸く心身の發育する位を云ふ。名とは心法なり、心法は體を以て示すこと能はず、但だ名を以て之を詮はせば名と云ふ。色は即ち眼等の身なり。五に六處 Ṣaḍāyatana 六處とは六根なり、六根具足して將に胎を出でんとする位なり。此の中に五位あり、(ゴヰを見よ。)六に觸 Sparśa 二三歲の間事物に對して未だ苦樂を識別することなく、只物に觸れんとする位なり。七に受 Vedanā 六七歲より已後漸く事物に對して苦樂を識別して之を感受する位なり。八に愛 Tṛṣṇā 十四五歲已後、種種の强盛なる愛欲を生ずる位を云ふ。九に取 Upādāna 成人已後愛欲愈盛にして諸境に馳驅して所欲を取求する位を云ふ。十に有 Bhava 愛取の煩惱に依て種種の業を作り、當來の果を定むる位を云ふ。有とは業なり、業能く當來の果を有すれば有と名く。十一に生 Jāti 即ち現在の業に依て未來に生を受くる位を云ふ。十二に老死 Jarāmaraṇa 來世に於て老ひ死する位なり。此の中初の無明と行との二は即ち惑業の二にして過去世の因に屬し、識名色六處觸受の五は過去の惑業の因に緣て受けし現在の果に屬す、是れ過現一重の因果なり。又愛取の二は現在の惑にして有の一は現在の業也、此の惑業の現在の因に緣て未來の生と老死の果を感ず、是れ現未一重の因果なり。之を三世兩重の因果と云ふ。此の兩重の因果に依て輪廻の極りなきを知る、何となれば現在の惑愛取業有既に現在の苦果識乃至受より生ずるを見れば、過去の惑無明業行亦過去の苦果より生ずるを知り、既に現在の苦果識乃至受現在の業有を生ずるを見れば亦未來の苦果生老死未來の業を生ずるを知る。されば之を溯れば過去の惑業は更に過去の苦果より來り、之を趁へば未來の苦果は更に未來の惑業を生じて過去に始なく未來に終なし、之を無始無終の生死輪廻と云ふ。辟支佛は之を觀じて一は以て生死を厭ひ、一は以て常實の我體なきを知り、遂に惑業を斷じて涅槃を證するなり。而して此の中因と緣とを分別すれば、行と有との二支は因にして無明と愛取の三支は緣なり。餘の七支は總じて果なり、但し果還て惑業の因緣を起す緣となれば之を緣の中に攝して別に果の名を存せず、因緣觀と云ふなり。◉(文覺勸進帳)に「法性隨緣之雲厚覆。自聳二十二因緣之峯。」(曲、江口)「夫れ十二因緣の流轉は車の庭に廻るが如し」

四種十二因縁　【名數】　一に刹那。是れ刹那に於て十二支を立つるなり。謂く刹那の頃に貪に由て殺を行ずるに十二支を具するあり、即貪は無明なり、殺を行ぜんと思ふ、思は是れ行なり、所殺の人其等の諸境の事に於て了別するは是れ識なり、其の識と倶なる色想行の三蘊は名色なり、名色は是れ總、六處は是れ別、別は必ず總に在て住す、其の所住の法即ち六處なり、意處は過去に屬するも、もと六處の攝なれば說て六處と名く。六處は是れ根にして餘の識境と合して生ずる心所は是れ觸なり、觸を領する心所は是れ受なり、貪は即ち是れ愛なり即ち殺を行ずる本の貪心。貪と相應する諸煩惱は是れ取なり。此に依て起す所の身語二業は是れ有なり、是の如きの諸法の起るは是れ生なり、

其の法の熟變するは是れ老なり、其の法の終に滅壞するは是れ死なり。されば刹那に於て十二支を完具するなり。二に連續。是れ十二支因果無間に相連續して起るを云ふ。三に分位。是れ前に釋せし如く各其の起る位を分別せし者を云ふ。故に此の緣起支は十二支各五蘊を具するなり。四に遠續。是れ順後受業及び不定受業に依て前の分位の五蘊が多生を隔越して無始より遠續する因果を云ふ。【俱舍論九】

生滅二觀 〔術語〕 一に生觀。無明に緣て行を生じ、行に緣て識を生じ、乃至生に緣て老死を生ずる次第生起の相を觀ずるを云ふ、是れ流轉門なり。二に滅觀。無明滅すれば行滅す、乃至生滅すれば老死滅すと次第滅壞の相を觀ずるを云ふ。是れ還滅門なり。【四敎儀】

順逆二觀 〔術語〕 一に順生死觀。有漏業を因とし、愛取等を緣として、識等乃至老死の生死の果を感ずる相を觀ずるを云ふ。二に逆生死觀。無漏の正慧を因とし正行を緣として涅槃の果を證する相を觀ずるを云ふ。是れ亦た流轉還滅の二觀なり。【止觀五之三】

十二因緣と四諦 〔雜語〕 若し但だ生觀順觀の二に依れば十二因緣は苦集の二諦なり、即ち無明行愛取有の五支は集諦、餘の七支は苦諦なり。若し生滅二觀順逆二觀に依れば其の生順の二は苦集の二諦、滅逆の二は道滅の二諦なり。

十二因緣異名 〔雜語〕 一に十二重城と名く。【五句章句經】に「一切衆生常在二長獄一。有二十二重城一圍レ之。以二三重棘籬一籬レ之。」三重棘籬とは三界又は三世、十二重城とは即ち十二因緣なり。一に十二牽連と名く。【增一阿含經四十】に「佛自看二比丘病一。因責二諸比丘一言。汝爲二何事一而出家耶。爲レ畏二王等一故欲レ捨二十二牽連一。」三世繫續する故に牽連と名く。一に十二輪と名く。【輔行三之三】に「十二輪者。大瓔珞文。展轉不レ窮。猶如二車輪一。」【增輝記四】に「證眞記曰。文在二本業一。非二大瓔珞一。今撿二大瓔珞一未レ見二此文一。」一に十二棘園と名く。【妙玄二本】に「亦名二十二重城一。亦名二十二棘園一。」是れ五句章句經の棘籬の語に依りしなり。

十二因緣眞言 〔眞言〕【最勝王經長者流水品】に之を說く、又密呪圓因往生集に出づ。前と別なり。

ジフニインエンキヤウ 十二因緣經 〔經名〕 聞城十二因緣經の略名。又、貝多樹下十二因緣經の異名。

ジフニインエンシヤウシヤウズヰキヤウ 十二因緣生祥瑞經 〔經名〕 二卷、趙宋の施護譯。【宿帙六】(814)

ジフニインエンシンリクウ 十二因緣心裏空 〔雜語〕【十訓鈔】に「三千世界眼前盡。十二因緣心裏空」前句は三千世界の廣き境界の悉く眼前に見へ盡して殘る所なきを云ひ、後句は十二因緣の生死流轉の迷の雲の心裏に晴れわたりて一物を留めざるを云ふ。有空二門にて言へば前句は有門、後句は空門なり、迷悟三境にて言へば初句は迷境後句は悟境なり。

ジフニインエンロン 十二因緣論 〔書名〕 一卷、淨意菩薩造、後魏の菩提流支譯。【藏帙三】(1211)

ジフニウシ 十二有支 〔術語〕 「ジフニインエン」を見よ。

ジフニエンギ 十二緣起 〔術語〕 十二因緣に同じ。

ジフニエンモン 十二緣門 〔術語〕 「ジフニインエン」を見よ。

ジフニガフシヤウ 十二合掌 〔儀式〕 大日經疏十三に十二合掌を說く。「ガフシヤウ」を見よ。

ジフニガラン 十二伽藍 〔名數〕 那智の十二所權現なり。「ジフニシヨゴンゲン」を見よ。

ジフニキン 十二禽 〔名數〕 「ジフニジフ」を見よ。

ジフニギヤウサウ 十二行相 〔名數〕 四諦に各示動證の三行相あり、合せて十二行相なり。「サンテンボフリン」を見よ。

ジフニギヤウホフリン 十二行法輪 〔名數〕 即ち三轉法輪なり。

ジフニクヤウ 十二供養 〔術語〕 內外の四供と四攝菩薩を合せて十二供養と稱す。此の名目は守護經九に出づ。又四攝を以て供養尊と爲すは其の本說略出經及び出生義に在り。

ジフニクワウブツ 十二光佛 〔雜名〕 阿彌陀の十二光佛なり。【無量壽經上】に「無量壽佛威神光明最尊第一。乃至是故無量壽佛號二無量光佛。無邊光佛。無礙光佛。無對光佛。燄王光佛。淸淨光佛。歡喜光佛。智慧光佛。不斷光佛。難思光佛。無稱光佛。超日月光佛一。」【九品往生阿彌陀三摩地集陀羅尼經】に「是內坐二十二曼陀羅大圓鏡智寶像一。其名曰二一切三達無量光佛。遍覺三明無邊光佛。智道三明無礙光佛。六眞理智三明無對光佛。色善三明光燄王佛。一覺三明淸淨光佛。普門三明歡喜光佛。入慧三明智慧光佛。光色三明不斷光佛。明達三明難思光佛。五德三明無稱光佛。智力三明超日月光佛一。」

ジフニクワテン 十二火天 〔修法〕 「ジフニシ方の十二間に十二光佛を一體づつ立て奉りたり」⦿(盛衰記一一)「一

ユクワホフ」を見よ。

ジフニクワソン　十二火尊　〔修法〕「ジフニシユクワホフ」を見よ。

ジフニグワン　十二願　〔術語〕「ヤクシ」を見よ。

ジフニグワンワウ　十二願王　〔雜語〕藥師如來十二願を建つ、故に十二願王と稱す。

ジフニコクヲン　十二棘園　〔雜語〕「ジフニイソエン」を見よ。

ジフニサンマイシヤウ　十二三昧聲　〔雜語〕十二の摩多は是れ女聲にて三昧を表するなり。「シッタン」を見よ。

ジフニザウ　十二藏　〔雜語〕千手觀音の陀羅尼を誦する人の功德藏なり。「センジユクワンオン」を見よ。

ジフニシ　十二支　〔術語〕十二因緣を云ふ。

ジフニシユクワホフ　十二種火法　〔修法〕大日如來梵志の四十四種の邪道の火法を說くに對して十二種の眞道の護摩法十二神を說く。一に智火爲ニ最初ノ名ニ大因陀羅ノ端嚴淨嚴相。增益施ニ威力ノ焔鬘住ニ三昧ノ當レ知智圓滿。と此の中最初の火とは即ち是れ菩提心の慧光なり。形は方にして色は黃なり、即ち是れ金剛座を表するなり。端嚴とは是れ內の莊嚴なり、此の智火を言ふ、本尊の形一切の功德を具するが故なり。增威とは是れ外事、謂く十力等の用なり、此の智火は其の性是の如し、內外の功德莊嚴圓滿にして能く十力と與もなり、故に威を增す也、此の火を識るが故に無始以來の無明の積薪を燒き復た遺餘なし、劫燒の時の火の如し、灰燼皆盡き蕩然無垢、一切如來の功德皆成就するなり、然るに此の火神即ち名て智と爲す、其の相端嚴にして金剛色を成じ、圓光焰鬘を以て自ら圍繞し、此光中に坐して寂然正受三昧に住す、此の三昧に住するに由るが故に智光滿足す。此の智光は即ち是れ毘盧遮那の別名なり、即ち此の尊を以て此の智を表す。若し初觀に此の火神を觀ずれば能く一切の事を成ず、此の中方壇とは梵に摩訶因陀羅と言ふ、是れ帝釋尊の別名なり、又即ち金剛輪の別名なり、智は是れ內證、其の外發の表は金剛杵の形を作るなり。此の方座の形與に相ひ似るなり。然るに但だ四角檀中本尊ありと觀ずる即ち是なり（此杵頭に四角形あり。）上に增威と言ふは若し形像の所表に就て論せば即ち是れ體貌圓滿豐備之言なり、然るに理に據て之を言へば即ち心法門なり、然るに火に二法あり、若し能く瑜伽を修する者は唯此の尊の形像の相を觀じて其の眞言を誦す、（其の名即ち是なり。）即ち內心火法と名く、若し世間に順ずるが故に壇を作らば當に方壇を作て周匝に光焰あり、自身亦黃衣を著し火爐中に此の本尊あるを想ふべし、然後所作の事成ず、然らずば成ぜざるなり。此の法息災と相應す是れ堅固の法なり、是れ初菩提心の阿字門に配す、此の因緣に由て智具足するなり。二に第二火名行滿普光秋月華吉祥圓輪中珠鬘鮮白衣。第二火名行滿とは即ち名を按じて義を表す、其の梵音即ち亦眞言なり、初に菩提心を發し、次に行を修し、其の行滿する者即ち名けて佛となす也、此即ち大悲を根とし、菩提心を種子と爲すなり。其形秋夜の月の如し、光輝照朗四面に周匝す、身白衣を服し種種の德を具し、（謂く身端嚴肥滿喜ぶべき也。）其の右手數珠を持し、左に軍持を持す。此の像月輪中に在るなり。即ち是れ心性淸淨圓明の義、此の妙行の火を以て垢心戲論の薪を燒くなり、若し觀を作す時は亦即ち此の圓明を觀じて本尊の形と作すなり、上の文に皆體ニ如來內證之德ノ意彰ニ於外ノ故と云ふは法門を以て表示するが故なり。若し外作には圓爐を作り、白檀末を以て塗り、白華等を以て供養を爲す、自も亦白衣を著く。是れ息災の法なり。災に無量あり諸の外世間の小火蟲霜蝗等の種種の寂耗の如き、及び內身一切病惱の類その形萬端、自身他身皆能く之を淨除するなり。又無始以來疑心あり、謂く深法に於て猶豫を生じ決定して信ぜず、此れ即ち障なり。此の火能く之を消除す。亦是れ息災の義なり。此の息災護摩に亦二種あり、但だ瑜伽相應の念誦と或は外護摩にして火法を作すとなり。然るに若し能く倶を辨ぜば事作を兼ぬ、若し辨ぜずんば但だ心作即ち得るなり、物あり作すべくして之を作さず、但だ心を以て作すは不如法なり。三に第三摩嚕多黑色風燥形。第三の火尊を名て風燥と爲す、風よりして生ずる所是れ風子の形を作して燥黑なり、此は內色黑くして外に燥形を加ふ、塗灰外道の如きなり。此の尊風輪中に處す、即ち半月形なり、亦端坐三昧の形を作す、謂く行人初て菩提心を發し進行せんと欲すと雖も無始以來の妄惑煩惱の根本未だ除かず、數來て觀心を牽破して闇弊を加ふ、爲に此の法を作すなり。風は是れ不住の義、又世間の風能く重雲を壞る如し、此の不住の風亦是の如し、能く諸障を散壞するなり、此の尊風壇中に坐し、手に帛を執り頭を去ること三五寸、兩頭之を執る、天衣の形の如し其の色靑なり、是れ風の義を表するなり、此は是れ阿毘闍嚕迦法なり、亦た內外の二法あり。四に第四盧醯多色如朝日暉。第四火尊は赤きこと日暉の如く三角の中に住す、右手に刀を執て端坐す、刀は利慧斷結を表するなり、世の日初て出る時夜除き冀現はれ、暗盡き明現ずる如し、故に此の色を取るなり、火神此の形色の如し光焰亦爾り、身

相端滿前の三昧に住して微怒の形を作す如きなり。五に第五沒嘌拏。多髭淺黄色。修頸大威光。遍一切哀愍、沒嘌拏は是れ和合の義なり、此の尊黄色を作す、謂く黄に兼て火色あるなり、和合とは是れ二法を兼ぬるなり、其の像左邊怒狀を作し、右邊熈怡微咲の形を作す、各半身を生ずるなり、此の微笑は是れ嘆らず大に喜ばず是れ寂住の表なり、身上毛あり、謂く髭鬢髮の類稍多し、然も過ぐべからず、若し多く置けば端嚴ならざらしむるなり。其の頂長くして大威光あり、其の身色一邊赤く、一邊黄なり、怒邊當に赤なり、其の坐亦右方は半金剛座、左方は三角半火座なり、左に刀を持し右に跋折囉を持す。內法の二法あり前に例す。此の和合は能く一切の招召息災に遍して倶に成ずるなり、內用は即ち智光煩惱即滅無生なり、若し外作の時は香華身服亦二種を要す、念誦の時亦此の形を作す、本尊の如くなり、仍て一目は怒り一目は寂然たり、除災滿願一時に成ずるを得、此の等遍の理を以ての故に是の如きの用あるを得、偏方の教に同じからざるなり。六に第六名忿怒。眇目霏煙色。聳髮而震吼大力現㆓四牙㆒。其の身煙色は非甚黑非甚白なり、其の一目を閉づるは不動尊の如きなり、其の髮上に散じて蓬頭の狀を作し、大吼の形を作す。謂く口を開て大に呼吼する形の如きなり。口に四牙ありて倶に出づ、上下各二、此れ亦二事を攝す、一火一風なり、七に第七閣吒羅、迅疾備㆓衆彩㆒。第七を溫腹と名く、上の世間の火の如し、謂く是れ身內の火能く食物を消化して身を資くるなり、此の正法中の義は則ち然らず、腹內の火は即ち是れ內證の智なり、迅疾とは其の形更に忿怒を加ふ、又前より甚しきなり、八に迄灑耶猶如電光聚。第八を費耗と名づく、是れ除遣の義なり、謂く一切の業垢等の事悉く除遣して餘なからしむるなり、此の尊能く一切身中の障を除く、即ち毘那也迦の類皆消耗せしむるなり、其の色衆多の電光を聚集し瞻視すべからざる狀の如し、此は是れ金剛輪の同類なり。九に第九名㆓意生㆒。大勢巧色身。意生とは意より生ずる所の法意に隨て成ずるなり、種種の形皆作し所念皆能く成就するなり、巧とは謂く毘首羯磨なり、即ち是れ類に隨て身を現ず、普門成就の義、自在の慧作すに隨つて皆成就するなり、大力あるなり。十に第十羯羅微。赤黑唵字印。第十は受食火、劫微と名く、謂く火施の時飮食を受くる義なり、受食とは謂く火食を施す時受て之を食ふなり。其の尊唵字印を持して相を作すは即ち是れ梵志の儀法なり、淨行者凡そ言語する所あれば皆右手を傾け、印形を作し、擧げて之を案ず、唵字の聲を以て相を作すが故なり。十一に第十一火神（梵本缺名）第十一は本文缺少、但だ諸火天の總相の形に依る也。（疏六の釋）十二に讃賀那。第十二を悉成と名づく、謂く悉く一切を成ず、即ち是れ所作已辦の處、寂滅道場にして魔を伏する義なり、一類の衆生ありて惡を作して止過すべからず、假令勸導を加ふるも更に其惡を增す、若し之を縱てば復た惡道に趣く、故に方便を以て其の身を伏し悉く目閉ぢて都て知る所なからしむ、此の因緣を以て善惡倶に造る能はず、次に即ち漸く引て之を導き、正法に入らしむるなり、金剛頂經に金剛手大自在天を降伏する義の如し、此れ皆方便道に住して作す所なり。【大日經疏二十】

十二火天眞言

〔眞言〕南麼三曼多勃馱喃。阿哦娜曳。莎訶。初句歸命諸佛常の如し、第二句阿哦娜曳は是れ火の義なり、此中最初の阿字を以て種子となす。一切諸法本不生を以ての故に即ち金剛智體に同じきなり、哦は是れ行の義、諸法本不生を以ての故に萬行を具するも行ずる所なきなり、是の故に名けて無師自覺と名く、若し是れ無師自覺なれば即ち是れ大空の遍一切處に同じ。故に娜字の一切諸法施不可得又同體なり、諸法無師無行を以ての故に自ら一切處に遍す、故に三界に於て動出せずして薩婆若に至る、是の故に乘及び乘者なし、爾くして乃ち大乘となす、故に也字に三昧聲を加ふるなり。其の意此の乘の定慧均等を明かすなり、諸佛菩薩の道を行ずる時皆是の如き慧火を以て一切の心垢を焚燒し正法の光明燃然たるなり。【大日經疏八】

ジフニシヨ　十二處

〔名數〕「サンクワ」を見よ。

ジフニシヨウレツ　十二勝劣

〔名數〕懷感禪師兜率と西方淨土とに就て十二の勝劣を立つ。

ジフニシヨゴンゲン　十二所權現

〔名數〕熊野三山の一、那智山の十二神宮なり、那智は梵語河の義なり。もと十二座の神宮なりしを後世兩部神道の意に依て佛菩薩明王等を本地とし、其の十二神を垂迹として權現と稱するに至れるなり。即ち十二は藥師の十二神又は不動安鎭法の十二天、天七地五十二神の意なるべし。

一に證誠殿	國常立尊	(キリク)阿彌陀
二に中御前	伊弉諾尊	(ボー)藥師
三に西御前	伊弉冊尊	(キリク)千手
四に若王子	天照大神	(カ)十一面
五に禪師宮	忍穗耳尊	(カ)地藏
六に聖宮	瓊瓊杵尊	(ナ)龍樹

七に兒宮	彦火火出見尊	(キリク)如意輪
八に子守宮	鸕鷀葺不合尊	(サ)聖觀音
九に　一萬宮	國狹槌尊	(マン)文殊
十萬宮	豐斟渟尊	(アン)普賢
十に勸請十二所	泥土煮尊	(バク)釋迦
十一、飛行夜叉	大戸道尊	(カン)不動門
十二、米持金剛	面足尊	(ボー)毘沙門

【風土記】

ジフニシン　十二神　〔名數〕「ヤクシ」を見よ。

図十二時の十二神なり。「ジフニジフ」を見よ。

ジフニシンシヤウ　十二神將　〔名數〕十二神明王に同じ、即ち、

一、宮(ク)毘(ヒ)羅(ラ)（金毘羅）	(ヨー)彌勒菩薩	子神
二、伐(バ)折(サ)羅(ラ)	(サク)勢至菩薩	丑神
三、迷(メ)企(キ)羅(ラ)	(キリク)彌陀如來	寅神
四、安(アン)底(チ)羅(ラ)	(サ)觀音菩薩	卯神
五、頞(ア)儞(ジ)羅(ラ)	(キリク)如意輪觀音	辰神
六、珊(サン)底(チ)羅(ラ)	(タラク)虛空藏菩薩	巳神
七、因(イン)陀(ダ)羅(ラ)	(カ)地藏菩薩	午神
八、波(ハ)夷(イ)羅(ラ)	(マン)文殊菩薩	未神
九、摩(マ)虎(コ)羅(ラ)	(キリク)大威德明王	申神
十、眞(シン)達(ダ)羅(ラ)	(アン)普賢菩薩	酉神
十一、招(セウ)杜(ト)羅(ラ)	(バン)大日如來	戌神
十二、毘(ヒ)羯(カ)羅(ラ)	(バク)釋迦如來	亥神

十二大將は本尊の十二大願に應じ、晝夜の十二時を保護するなり。又其の一一の大將に孟仲季の三輔を具すれば三十六禽を成じ、又七覺に各千如を具すれば其の藥叉の眷屬七千と成り、（經中に藥叉眷屬七千ありと說く。）而して十二神將各七千の藥叉を具すれば八萬四千となる、是れ八萬四千の護法神と成りて一切衆生の八萬四千の煩惱を轉じて八萬四千の菩提を成ずる藥師醫王の大善巧方便なり。【梵漢對映鈔下、溪嵐拾葉集四】

⊙（盛衰記一）「日光、月光十二神將を相具して」十二天梵音次第の如く「1. Kumbhīra 2. Vajra 3. Mihira 4. Aṇḍīra* 5. Anila 6. Śaṇḍila* 7. Indra 8. Pajra* 9. Mahoraga 10. in 11. Catura 12 Vikarāla*　《第六十二圖第六十三圖第六十四圖第六十五圖參照》

ジフニシンニヨ　十二眞如　〔名數〕又、十二空と名け、十二無爲と名づく。「シンニヨ」を見よ。

ジフニシンミヤウ　十二神明　〔名數〕藥師の十二神なり。「ジフニシンシヤウ」を見よ。

ジフニジフ　十二獸　〔名數〕

大集經虛空目分淨目品　十二緣生經　大集星宿品

南海中瑠璃山（名潮）	種種色窟	毒蛇	蛇	迦若	巳
	無死窟	馬	馬	兜羅	午
	善住窟	羊	羊	毘梨支迦	未
西海中玻璃山（名不記）	上色窟	獼猴	猴	檀尼毘	申
	誓願窟	雞	雞	摩迦羅	酉
	法床窟	犬	犬	鳩槃	戌
北海中白金山（名菩提目）	金剛窟	猪	豕	彌那	亥
	香功德窟	鼠	鼠	彌沙	子
	高功德窟	牛	牛	毘利沙	丑
東海中黃金山（名功德相）	明星窟	獅子	虎	彌偷那	寅
	淨道窟	兎	兎	羯迦吒迦	卯
	喜樂窟	龍	龍	絲阿	辰

（この中支那相傳の十二支に相違するは唯だ虎と獅子のみ、然るに止觀等に大集經を引て師子を改て虎となせり。〔十二支を十二獸に配當するは漢の王充の論衡に見ゆ。故に支那十二支說は、佛教に依れるにあらず〕列子三十六獸說に基ける如し。）此の一一の方に各二の羅刹女及び五百の眷屬ありて其の方面に隨つて各自に其方の三神を供養す、而して其の窟皆是れ古昔菩薩の住處なりと云ふ。又一一の各慈を修すと云ふ。而して晝夜常に閻浮提の內を巡りて人皆敬願す。已に曾て過去佛の處に於て願を發す、一の獸一日一夜に閻浮提に遍歷し餘の十一獸は安住して慈を修す。七月の一日より鼠を其の首とし、二には牛、三には寅乃至十三には還つて鼠より起る、是の故に此の土に多く禽獸ありて能く敎化を行ずと。然るに此に權實の二種あり、其の權者は寶山の中に在て常に衆生緣の慈を修すれども、實者は能く行人を惱亂す、故に若し邪想の坐禪には或は少男少女乃至種種の禽獸の形を現じて或は人を娛樂せしめ、或は人を恐怖せしむ。是れ禪定魔三種中の時媚鬼なり、此の時行者其の時を持して其の獸を識り、其の名を呼で之を呵すれば必ず逃去すと云ふ。（上表大集星宿品中の梵名迦若以下は「シヤウシユク」の項中十二宮女宮以下獅子宮の梵語參照）

三十六獸　〔名數〕一時に各三獸あり、總じて三十六獸なり。止觀八之二に之を開て三十六獸百八獸となす、但し三十六獸は列子及び瑯耶代醉篇に出づ。

東方木	寅：猩・貎・虎	卯：狐・兎・貉	辰：龍・蛟・魚
南方火	巳：蟬・鯉・蛇	午：鹿・馬・麞	未：羊・雁・鷹
西方金	申：狖・猿・猴	酉：烏・雞・雉	戌：狗・狼・豺
北方水	亥：家・貐・猪	子：猫・鼠・伏翼(カハホリ)	丑：牛・蟹・鼈

百八獸　〔名數〕三十六獸に於て各三獸を開き百八獸となすなり。止觀に其の名を列記す。

ジフニジヤウグワン　十二上願　【術語】藥師如來の十二願なり。「ヤクシ」を見よ。

ジフニズヰメン　十二隨眠　【名數】「ズヰメン」を見よ。

ジフニゼンシユ　十二禪衆　【職位】叡山の三昧堂に於て晝夜十二時を結番して不斷經を修する僧衆なり。

ジフニタウ　十二倒　【名數】「シタウ」を見よ。

ジフニダイグワン　十二大願　【術語】藥師如來の十二願なり。「ヤクシ」を見よ。⦿（榮花、鳥の舞）「十二大願の心」

ジフニダイグワンイワウゼンセ　十二大願醫王善逝　【雜名】藥師如來のこと、藥師は又は醫王と云ふ、善逝とは諸佛十號の一、如來と言ふ如し。

ジフニダイジ　十二大寺　【名數】光仁天皇寶龜元年八月、十二大寺の印を鑄る。一に大安寺、二に藥師寺、三に東大寺、四に興福寺、五に新藥師寺、六に元興寺、七に法隆寺、八に弘福寺、九に四天王寺、十に崇福寺、十一に法華寺、十二に西隆寺なり。【釋書廿三】

ジフニダイテンシユ　十二大天衆　【天名】十二天を云ふ。【仁王經上】に「此三界中十二大天衆皆來集會。坐二九級蓮華臺一。」「ジフニテン」を見よ。

ジフニチジフヤ　十日十夜　【修法】十日十夜の念佛の行のこと。【平等覺經】に「佛言。要當下齋戒一心清淨晝夜常念。欲レ生二無量淸淨佛國一十日十夜不中斷絶上。」

ジフニヂ　十二地　【名數】十地と等覺妙覺なり。【大日經疏十】に「亦如二菩薩十二地一。即十地等妙之覺。猶如二十二月一。故此中得二一月之分一。即是入二初住地一。」

ジフニヂウジヤウ　十二重城　【雜語】十二因縁の異名。

ジフニヅダ　十二頭陀　【名數】「ヅダ」を見よ。

ジフニヅダキヤウ　十二頭陀經　【經名】一卷、宋の求那跋陀譯。佛大迦葉に對して十二種の頭陀行を說く。【宙帙八】(452)

ジフニテン　十二天　【天名】一に梵天。印相は右手拳を作して右腰に安じ、左手の五指相著けて之を竪てて屈す。其の高さ肩を過ぎ即ち蓮華の想を作す。眞言に曰く、南莫三滿多沒馱喃（ナウマクサンマンタボダナン）。沒羅賀摩寧（ボラカマニー）。娑嚩訶（ソハカ）。（第一句は歸命諸佛、其の義例の如し、又結句の娑嚩訶亦例の如し、下皆之に同じ、故に之を略す、又其の眞言は各其の名を擧げ、其の首字を以て其の種字とす、以下例して然り。）二に地天、印相は先づ合掌し、人指已下の四指頭相蹬て前方大に開き、二拇指各人指し側に著く。眞言に曰く。―唵。畢哩駄微曳（ヒリチミエー）地。娑嚩訶。三に月天。印相は前の梵天印に同じく但掌を仰ぎ中に月の潔白の相あり。眞言に曰く。―唵。戰捺羅也（センダラヤ）月也爲聲。娑嚩訶。四に日天。印相は前の地天の印に異ならず、但だ二拇指を以て人指の下節に駐むるなり。眞言に曰く。―唵。阿儞底也（アヂチヤ）日。娑嚩訶。五に帝釋天。白象王に乘じ、五色の雲中に住し、身金色を作す。右手三股を持して心に當て左手左胯に托し左脚垂下す。三天女各手に蓮華を持し、或は盤を以て雜花を盛る。印相は右手拳を作して腰に安じ、左手の五指直竪して相ひ著け小指無名の二指中節を屈し、人指を以て中指の背に著け、拇指は中節を屈す。眞言に曰く。唵。因捺羅耶（インダラヤ）帝。娑嚩訶。六に火天。青牛に乘じ、赤肉色にして遍身火燄なり、右の二手一は青竹を持し、一は軍持を持す。左の二手一は掌を擧げ、一は念珠を持す。二天女あり、天花を持す。左右に苦行仙を置く。右足を垂れて左足を蹉す、印相は左手拳を作して腰の左に安じ、右手の五指直竪相ひ著け、拇指を屈して掌中に納著し、人指は中指を屈して娑婆訶と相招く。眞言に曰く。阿哦娜曳。七に焔摩天。水牛に乘じ、右手に人頭幢を執り、左手掌を仰ぐ。二天女ありて侍し、二鬼使者刀を持し戟を捧ぐ。赤黑色にして右脚を垂る。印相は先づ合掌し、二小指の中節を屈して背相ひ著け、二人指亦屈して背相著し、拇指を以て各人指の中節を持す。眞言に曰く。―唵。焔摩耶。平等又靜息。娑嚩訶。八に羅刹天。白獅子に乘じ身に甲冑を著け、右手刀を持して竪てしめ、左手の大指中小の二指を押す。赤肉色なり。二天女左右に侍し、二羅刹鬼三股戟を持す。印相は右手拳を作して腰の右に安じ、左手の五指竪てて相著け、小無名の二指の中節を屈し、拇指の端を以て小無名指の甲を押す。眞言に曰く。―唵。乃哩底曳彼趣方言。娑嚩訶。九に水天。水中に住して龜に乘り、淺緑色なり。右手刀を執り、左手龍索を持す。冠上に五龍あり、四天女妙花を持す。印相は右手前の如し、左手握拳拇指は掌中に入れず、人指直竪して中節少く屈す。眞言に曰く。唵。嚩嚕拏耶水。娑嚩訶。十に風天。雲中に乘じ甲冑を著け、左手胯に托し、右手獨股頭の劍を執り、劍の上緋幡あり。二天女之に侍し、幷に藥叉衆あり。印相は右手前の如く、左手の五指直竪して相ひ著け、小無名の二指中節を屈す。眞言に曰く。―唵。嚩耶吠風。娑嚩訶。十一に毘沙門天。二鬼の上に坐し、身に甲冑を著け、左手の掌に塔を捧げ、右手寶棒を執る。身は金色して二天女寶花等を持す。印相は先づ合掌し十指内に相叉し、二の小指頭を竪てて相ひ柱し、二人指竪てて少しく屈し、左の拇指右掌の中に入れて左の中指の甲を押し、右の拇指左の拇指を越えて左掌の中に入れて右中指の甲を押

し、二風婆嚩訶と相ひ招く。眞言に曰く。―唵。吠室囉嚩拏耶。婆嚩訶。十二に大自在天。伊舍那天、舊に摩醯首羅天と云ひ、又大自在天と云ふ。黃豐牛に乘じ、左手劫波杯を執り、右手三戟劔を執る、淺青肉色、三目忿怒、二牙上出、髑髏を瓔珞となし、頭冠中に二仰月あり、二天女花を持す。印相は右手拳を作して腰の右に安じ、左手の五指直竪相著し、小無名の二指中節を屈し、中人拇の三指各少しく相ひ去る。眞言に曰く。唵。伊舍曩曳(自在)。婆嚩訶。曼荼羅の配位左の如し。【十二天供儀軌、梵漢對映集】⊙(曲、

大自在天　帝釋天　火天
梵天　日天
北　毘沙門天　四臂不動　焔摩天　南
地天　月天
風天　水天　羅刹天

善界)「矜迦羅、制多伽、十二天」《第六十六圖參照》

ジフニテンギキ　十二天儀軌　〔書名〕十二天供儀軌の略名。

ジフニテング　十二天供　〔修法〕是れ大法を修する時多く之を加へ修するなり。【密門雜鈔】

ジフニテングギキ　十二天供儀軌　〔經名〕一卷、失譯。【餘帙四】

ジフニトウ　十二燈　〔修法〕【陀羅尼集經六千轉陀羅尼軌】に病人を救ふ法の供養物に「果食十盤燃ニ十二燈ー」と云ふ。蓋し是れ藥師の十二神將に供する意なるべし。

ジフニニフ　十二入　〔名數〕十二處に同じ。「サンクワ」を見よ。

ジフニネンノヤマゴモリ　十二年の山籠　〔雜語〕傳教大師弘安十三年勅許を得て天台の學徒にて大乘戒を受けし者は十二年の間叡山を出さず、專ら學業を修すべきを定む。【類從國史】に「弘安十三年六月壬戌。傳燈大法師最澄言。夫如來制レ戒。隨レ機不レ同。衆生發心大小亦別。伏望天台法華宗。年分度者二人。於ニ比叡山ー每年春三月先帝國忌日。依ニ法華經制ー令ニ得度受戒ー。十二箇年不レ聽レ出レ山。四種三昧令レ得ニ修練ー。然則一乘戒學永傳ニ聖朝ー。山林精進建(ハジメテ)勸ニ塵劫ー。許レ之。」此の十二年の修學を卒ふる者は假受小戒と稱して更に比丘戒を受けて山野聚落に敎化するを得るなり。

ジフニハウジヤウドブツセカイ　十二方淨土佛世界　〔名數〕「ジフニブツ」を見よ。

ジフニフリツギ　十二不律儀　〔名數〕十二惡律儀に同じ。「アクリツギ」を見よ。

ジフニブキヤウ　十二部經　〔術語〕一切經を十二種類に分けし名なり。【智度論三十三】に「一に修多羅(しゆたら) Sūtra 此に契經(かいきやう)と云ふ。經典の中に直に法義を說ける長行(ちやうぎやう)の文を云ふ。(頌文に對して頌文にあらざる通常の經文を長行といふ。)契經とは理に契ひ機に契ふ經典なるを云ふ。二に祇夜(ぎや) Geya 應頌又は重頌と譯す。前の長行の文に應じ重ねて其義を宣べて頌(じゆ)となせばなり。凡そ字句を定めたる文體を頌と云ふ。三に伽陀(かだ) Gāthā 諷頌又は孤起頌と譯す、長行に依らず直に偈頌(げじゆ)の句を作る者を云ふ。法句經の如き是なり。四に尼陀那(にだな) Nidāna 此に因緣と譯す。經中見佛聞法の因緣、佛の說法敎化の因緣を說く處なり。即ち諸經の序品の如きは是れ因緣經なり。五に伊帝目多(いたいもくた) Itivṛtaka 此に本事と譯す。佛弟子の過去世の因緣を說く經文なり。法華經の中藥王菩薩本事品の如き是なり。六に闍多伽(じやたか) Jātaka 此に本生と譯す。佛自身の過去世の因緣を說く經文なり。七に阿浮達摩(あぶたつま) Adbhuta-dharma 新に阿毘達磨と云ふ。此に未曾有と譯す。佛が種種の神力不思議を現じ給ふ事を記せる經文なり。八に阿波陀那(あはだな) Avadāna 此に譬喩と譯す。經中譬喩を說く處なり。九に優婆提舍(うはだいしや) Upadeśa 此に論義と譯す。法理を論義問答する經文なり。十に優陀那(うだな) Udāna 此に自說と譯す。問者なきに佛自ら說く經文なり。阿彌陀經の如き是なり。十一に毗佛略(びぶつりやく) Vaipulya 此に方廣と譯す。方正廣大の眞理を說く經文なり。十二に和伽羅 Vyākaraṇa 此に授記と譯す。菩薩に成佛の記を授くる經文なり。此十二部の中に修多羅と祇夜と伽陀との三は經文の上の體裁なり。餘の九部は其經文に載する別事に從へて名を立てしなり。」⊙(榮花、御著裳)「十千の魚十二部經の首題の名字を聞て皆忉利天に生れたり」

ジフニブツ　十二佛　〔名數〕東方に三佛、西南北四維上下に各一佛を配す、一に東方虛空功德清淨微塵等目端正功德相光明華波頭摩瑠璃光寶體香最上香供養訖種種莊嚴頂髻無量無邊日月光明願力莊嚴變化莊嚴法界出生無障碍王如來。二に東方毫相日月光明燄寶蓮華堅如金剛身毘盧遮那無障碍眼圓滿十方放光照一切佛刹相王如來。三に東方一切莊嚴無垢光如來。四に南方辯才瓔珞思念如來。五に西方無垢月相王名稱如來。六に北方華莊嚴作光明如來。七に東南方作燈明如來。八に西南方寶上相名稱如來。九に西北方無畏觀如來。十に東北方無畏無怯毛孔不竪名稱

如來。十一に下方獅子奮迅根如來。十二に上方金光威王相似如來。【十二佛名神咒校量功德除障滅罪經】

ジフニブツミヤウキヤウ　十二佛名經　〔經名〕十二佛名神咒校量功德除障滅罪經の略名。

ジフニブツミヤウシンジユ　十二佛名神咒　〔眞言〕十二佛名經に說く神咒なり。

ジフニブツミヤウシンジユカウリヤウクドクジヨシヤウメツザイキヤウ　十二佛名神咒校量功德除障滅罪經　〔經名〕一卷、隋の闍那崛多譯。佛彌勒に對して東方の佛餘九方の九佛の名號功德を說き、及び神咒を說く。【成帙七】(325)

ジフニブンキヤウ　十二分經　〔經名〕十二部經に同じ。

ジフニブンケウ　十二分敎　「經に同じ。

〔經名〕十二部經「シヤウジ」を見よ。

ジフニホンシヤウジ　十二品生死　〔名數〕

ジフニホンシヤウジキヤウ　十二品生死經　〔經名〕一卷、劉宋の求那跋陀羅譯。聖より凡に至る生死に十二品の不同あり、以て人を勸誡す。【宿帙六】(740)

ジフニマタ　十二摩多　〔術語〕又十二轉聲と云ふ。摩多は韻と譯す。一に阿、二に阿長、三に伊、四に伊長、五に烏、六に烏長、七に藹、八に愛、九に奧、十に奧長、十一に闇、十二に啞なり。此十二摩多を三門の發音に攝すれば左の如く。

一切の音聲は此三門に攝するなり、此の中に初の二字を根本字とし、男聲とし、智慧字とす。又伊等の八字を增加字阿迦等の根本字に增加す點畫を云ふ。とし、女聲とし、三昧字とす。而して此の十二摩多は若し世法に依らば十二支、十二月、十二宮、人身の十二纒絡等なり。若し出世法に依らば則ち菩薩佛果の十二地、流轉の十二因緣なり。若し眞言門に依らば胎藏の十二眞言、金剛界の十二供養、並に十二火天等皆其の幖幟なり。【悉曇三密鈔二】又此の十二摩多を因行證入の四轉に配すれば初の二阿は因、伊等の八は行、暗は證、惡は入なり。【吽字義顯宗記】更に大日經等に依れば哩、哩、里、狸の四摩多を加へ、總じて十六摩多なり。

摩多通別　〔術語〕十二摩多の中に初の十を別摩多とし後のの二を通摩多とす。別の摩多とは體文に局りて之を負ふが故なり、通の摩多とは體文の別摩多を負ふ上に復た此の二點を加ふるが故なり、等の如し。或は十の摩多に直に此の二點を加ふるが故に通と名くるなり、等の如し、或は云く十二摩多は總じて通摩多となし他の哩、哩、里、狸の四を別摩多とす。

摩多自他　〔雜語〕上の十二又は十六を自の摩多とし、他の仰若等の五字の變じて仰月點となり、又は半月點となる即ち大空點也を他の摩多とす。此の時は五字の體文が點となるなり。故に體文に摩多あり、摩多に體文あり、字の如きは摩多が體文と成て通の摩多を受け、字の如きは摩多が體文を受るなり。【梵漢對映集上】「ウ」を見よ。

ジフニマウザウ　十二妄想　〔名數〕「マウザ」

ジフニムヰ　十二無爲　〔名數〕又、十二眞如と名け、十二空と名く。「シンニヨ」を見よ。

ジフニムワウ　十二夢王　〔名數〕「ムワウ」を見よ。

ジフニメンクワンオン　十二面觀音　〔菩薩〕經軌に十二面觀音なし、是れ詰大士等の化現なり。【佛祖通載九】に「梁武令三僧繇寫二詰公像一。公以レ指剺ニ面門一分披出ニ十二面觀音妙相一。」【山谷外集十四】に「十二面觀音無二正面一。泩僧伽至二臨淮一。晉臥二賀跋氏家一。現二十二面觀音形一。其家欣慶遂捨レ宅歸焉。即今寺也。見二宋高僧傳一。」【臨濟錄】に「問十二面觀音阿那面正。」

シフニモンゼン　十二門禪　〔術語〕四禪、四無量、四空定なり。

ジフニモンロン　十二門論　〔書名〕三論の一。一卷、龍樹造、秦の羅什譯。觀因緣門乃至觀生門の十二門を以て空義に入るを說く。【來帙十】(1186)吉藏の疏二卷、及び略疏一卷、元康疏二卷、法藏疏一卷あり。

ジフニヤシヤダイシヤウ　十二藥叉大將　〔名數〕藥師の十二神將なり。「ヤクシ」を見よ。

ジフニユキヤウ　十二遊經　〔經名〕一卷、東晉の迦留陀伽譯。佛三十五歲にて成道し、其の後十二年にして始て父國に還る、其の十二年間の遊化を記すれば十二遊經と名く。【藏帙八】(1324)

ジフニヨ　十如　〔術語〕又十如是とも云ふ。法華の十如は方便品に出で、天台大師其の深旨を開演するは玄義、文句、止觀、別行玄の四書なり、其の中正しく十如の相貌を釋せるは玄義と止觀なり、而して通解と別解と二種ありて、別解には四類を分つ、四類とは四趣と止觀には四途と云ふ。人天と二乘と菩薩佛となり、玄義には五類に分つ、菩薩と佛を別解するなり。其の中文句は佛の權實二智を釋する故に玄義止觀と聊か其

の義を異にせり。依て文句三に上玄義中已說。今不二具說一とあり。又別行玄は圓頓の三慈悲を明かす故に觀心に約して釋せり。依て彼の文に今觀二十法界衆生假名一一界各有二十種性相本末究竟等一と、故に是れ亦玄義止觀と大に其の釋體を異にせり、さて十如是は通解が根本にて、通解を能く會得すれば四類に通じ自ら四類の妙義を會するを得るなり、故に今通解に就て之を釋せば、一に相如是。相以レ據レ外覽而可レ別とありて善惡等の外に顯はれたるを相と云ふなり、外に顯はれてはあれども人相見にあらざれば見る能はず、源氏に高麗の相者が鴻臚館にて光源氏を相せしが如し、止觀には昔孫劉相顯曹公相隱。相者舉レ聲大哭。四海三分。百姓荼毒。といへる三國の故事を引けり。二に性如是、性以レ據レ內自分不レ現とありて、人の目に見へず、爲習ふヿが生得の樣になりて長く改變するヿなきを云ふ。如二木有レ火遇レ緣即發一とありて木に火の性あれば鑽をもむとき火出るが如きなり。性如是は玄義と止觀と其の釋義を異にし、玄義は薫習成性の性なり、上に釋する如し、止觀は理性にして佛性の性なり。三に體如是、主質名爲體とありて、主なる質を體と云ふなり。人の身の總體なり。四に力如是、功能爲レ力とありて、それぞれの用に立つ功能なり。依て涅槃經に欲レ造二墻壁一則取二泥土一。欲レ造二畫像一則取二彩色一。不レ取二草木一と云へり。五に作如是、搆造爲レ作とありて、身口意の三業になす所を作と云ふなり。六に因如是、習因爲レ因とありて、前に習ふヿが後の種となるを云ふ。善人善を習ひて益善に、惡人惡を習ひて益惡なる如し。新譯家は之を等流因と名く。七に緣如是、助レ因爲レ緣とありて、因と緣との不同は、五穀の種は因なり、雨露水土は緣なり、五穀の種の出生するは雨露水土の緣を借るが故なり。是れ新譯家の異熟因なり。八に果如是、習因爲レ果とありて從來習ふヿの因が其の果を得るなり。新譯家は之を等流果と云ふ。此の習因習果は過現の二世現未の二世を隔つるもあり、又現在一切の中因果共にあるもあるなり。九に報如是、報果爲レ報とありて、今生の善惡の業因に酬ひて未來の苦樂の果を受くるを云ふ。新譯家は之を異熟果と云ふ。是れ報因に依つて報果を成ずるは必ず一世以上を隔つるなり。十に本末究竟等、初相爲レ本。後報爲レ末。所二歸趣一處爲二究竟等一とありて其の本末の諸相の落ち付く處を究竟等と云ふなり。此の意は前の九如是は皆事の方なり、今の究竟等は理なり。九の事がつまる所は平等の理なれば等と云ふなり。而して其の理に三諦ありて、空諦の故には本末悉く眞空なり、假諦の故には本末皆妙假なり、中諦の故には本末總て中道法界なり。されば初の九如是は諸法にして此の本末究竟等は實相なり。此の究竟等の三諦即ち實相なり。故に佛諸法實相の四字を釋するに此の十如是を說きしなり。

別解四類 [術語] 今四類の別解の中に於て地獄界と人界と佛界との三種の相を示すべし。先づ地獄界の十如是は、相如是は惡人には後に地獄に墮する前相が顯はるるなり、凡夫は知らざれども佛や菩薩の目には能く見ゆるなり。性如是は專ら惡を習ふ人は其の習ひが生れつきの樣になりて改變し難きなり。體如是は摧折麁惡色心以爲二體質一とありて、地獄に墮ちて獄卒に責めらるる荒惡の身心の體是なり。私記二本云。問。體者即指二受報身一。與レ報何異。答。陰身爲レ體。苦樂爲レ報と。力如是は地獄有二登レ刀止レ劍之用一とありて、地獄には劍の山に上り、刄の林に上りて身體を裂き破る力用あるなり。作如是は搆造經營とありて、身口意の三業に惡を造るを云ふ。私記云。作是造業與レ因何別。答。搆造爲レ作。約レ外約レ色。習因爲レ因。約レ內約レ心と。因如是は惡習因也とありて、過去に惡を習ひしを云ふなり。緣如是は惡を作す緣助なり。果如是は過去に習ひたる惡事が地獄の身を受けても能く起るを云ふなり。報如是は銅柱鐵床之苦とありて、地獄にて銅柱に取り付き、熱鐵の床に坐するを云ふなり。本末究竟等とは相如是も報如是も皆空諦なれば等しと云ふなり。又惡の果報が本の性相の中に在り、本の性相が惡の果報の中に在れば假諦等しきなり、又地獄の理體が佛果と異ならざれば皆中道法界なり、是れ中道の等しきなり。次に人界の十如是を明かさば、相如是は相表二清昇一とありて、四惡趣の沈淪に望むれば格別清淨にして昇り上る相あるなり。性如是とは性覺白法とありて、淸白なる善法が其の性と成れるなり。體如是は體是安樂身心とありて、三途等の苦報と違ひ安穩快樂なる身心なり。力如是は堪任善器とありて、善を勸むる器に堪ふるなり。作如是は造二止行二善一とありて、惡を止め善を行ずる二善を作すなり。因如是は因是白業とありて、淸白の善因を成就するなり。緣如是は作善我我所とありて、我れ能く善を作すと思ふなり、これ白善の緣なり。果如是は任運ニ修善心生とありて前來善を習ひし習用に依つて自然に善心の生ずるなり、報如是は自然愛樂とありて自然に人果の快樂を受くるなり、本末究竟は前の地獄界の如し。次に佛界の十

如を明かさば、佛界十法者。皆約二中道一分別也とありて、佛界の十如其の體皆中道なり。一の中道なれども義理の相違に因つて十如分かるるなり、相如是は緣因佛性なり、是れ外に萬行を修するなり。性如是は了因佛性なり、是れ内に眞智を生ずるなり。體如是は正因佛性なり、是れ眞如法界なり。力如是は初發二菩提心一起二二乘上一爲レ力とありて、是れ發菩提心なり。作如是は四弘誓願なり。因如是は智慧莊嚴なり。緣如是は福德莊嚴なり。果如是は一念相應の大覺朗然たる無上正覺なり。報如是は大般涅槃三德秘藏なり。本末究竟等は三諦法界の體等しきなり。【和語雜錄三】

十如權實 〔術語〕五類十如の中に前四を權とし後一を實とす。【法華玄義二上】に「又一法界具二九法界一。則有二百法界千如是一。束爲二五差一。一惡二善三二乘四菩薩五佛。判爲二二法一。前四是權法。後一是實法。細論各具二權實一。」

十如三轉 〔術語〕三轉は一に如レ是相。如レ是性。乃至如レ是本末究竟等と讀みて假諦の義を顯はすなり、相性體力等の不同なるは假諦なるが故なり。二に是相如。是性如。乃至是本末究竟等如と讀みて空諦の義を顯はす、相性體力等の諸法皆如にして一味平等なるは空諦なるが故なり。三に相如レ是。性如レ是。乃至本末究竟如レ是と讀みて中諦の義を顯はす。此の時は如をかなふと訓じ。是は非に對す。中道實相は諸法皆是にして非なきが故なり、即ち性相等の法一一に其の是法に如ふなり。以て佛の知見し給へる所は一心三諦なるが故に南岳其の意を得て初めて之を發し、天台之を承けしなり。されども常に讀むは如是相如是性にて、假諦の義なり。さて假諦の點の時は經文の如くなるも、空中二諦の時は是相如と云ひ相如是と云ふ、故に第十の本末究竟等の一句に至つて如是を欠く事となる、此は如何といふに、種種の義あれども、其の中の一義を出さば空諦の時は所謂諸法と讀みて如の一字を超へて是相如なり、是性如なりと讀み、最後の是本末究竟等より最初殘し置きし如の字に還つて如なりと讀むなり。又中諦の時は所謂諸法と讀みて如是の二字を超へて相如レ是性如レ是等と讀み最末の本末究竟等より最初の二字へ還つて本末究竟して是に如すと讀むなり。之を大轉と云ふ。之に對して小轉とて一句の中にて反へり讀む法もあるなり、空の時には如二是相一如二是性一等と讀み中の時は如レ是相如レ是性等と讀むなり、されど大轉の方勝さるべし、此は十如是を輪にすれば自ら生ずる讀み方にして眞言の所謂字輪觀なり。

此の中如の字を起點とすれば假諦となり、是の字を起點とすれば空諦となり、相の字を起點とすれば中諦となるなり。

圓密十眞如 〔術語〕通別の諸教には遍行眞如等の十種を以て十眞如となす、然るに圓教又は眞言教に於ては此の唯佛與佛乃能窮盡、諸法實相所謂如是相等の十如是の法を指して十眞如となす、十如是と十眞如は名義俱に同じきなり。【菩提心義四】

三大部十界十如釋體 〔術語〕

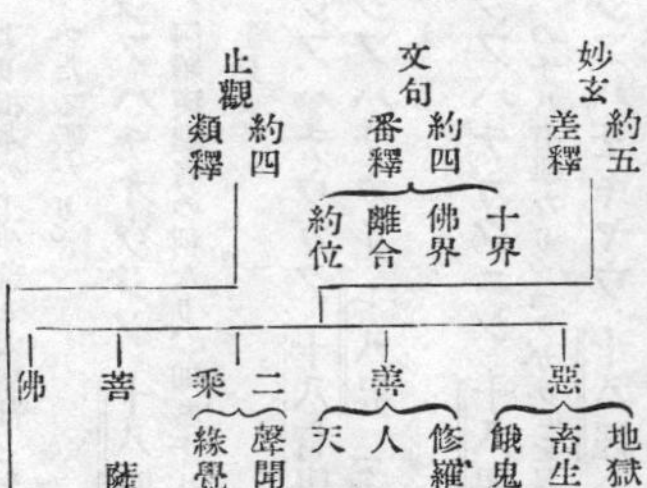

ジフニヨゼ 十如是 〔術語〕略して十如と云ふ。「ジフニヨ」を見よ。

ジフニヨライヂ 十如來地 〔術語〕光明智德地等の十地なり。「ジフヂ」を見よ。

ジフニライ 十二禮 〔書名〕龍樹菩薩の造、讚禮阿彌陀文一卷、禪那崛多の譯、此の中禮拜の偈十二章を叙すれば十二禮と云ふ、眞宗教典上卷に收む。

ジフニライハイ 十二禮拜 〔儀式〕十二禮文の十二偈に依りて十二番の禮拜を作すなり。⊙(榮花、玉の臺)「龍樹菩薩の十二禮拜を思ひて」

ジフニライハイモン 十二禮拜文 〔書名〕十二禮の偈文なり。

ジフニリン 十二輪 〔名數〕十二因緣の異名。

ジフニルヰシヤウ 十二類生 〔名數〕「シヤウジ」を見よ。

ジフニン　十忍　〔名數〕「ニン」を見よ。

ジフネン　十念　〔術語〕念佛等の十念なり。「ネン」を見よ。図十遍の稱名なり。【觀無量壽經】に「具足十念稱南無阿彌陀佛。」淨土宗に他宗の三歸五戒等を授くるに擬して十遍の稱名を其の信者に授くるを十念を授くと云ふ。

ジフネンケチミヤク　十念血脈　〔術語〕十念の授受について、師資相承する法を云ふ。⦿（近松、七墓廻）「今より汝が十念血脈受けたる亡者は、往生疑ひあるべからず」

ジフネンシヨ　十念處　〔名數〕菩薩が常に觀念する十境なり。身念處、受念處、心念處、法念處、境界念處、阿蘭若念處、都邑念處、名聞利養念處、如來學問念處、斷諸煩惱念處の稱。

ジフネンジヤウジユ　十念成就　〔雜語〕十聲の念佛を具するを云ふ。⦿（野守鏡下）「正法にすぐれたるおもひをなすが故に十念成就することなし」

ジフネンワウジヤウ　十念往生　〔術語〕惡業の凡夫が臨終の時、十聲の念佛によりて極樂世界に往生すると。觀無量壽經に說く下品下生者の往生なり。

ジフノウラン　十惱亂　〔名數〕安樂行を修する者は應に十種の惱亂を離るべきなり。一に豪勢、國王王子等なり。二に邪人法、外道の法なり。三に凶戲、凶惡の遊戲なり。四に旃陀羅、屠殺等に從事する賊種なり。五に二乘、小心自調の行人なり。六に不男、五種の不男即ち不具人なり。七に欲想、婬慾の情なり。八に危害、獨り他人の家に入るなり。九に譏嫌、世人の譏み嫌ふ所行なり。十に畜養、犬猫等を畜養する八不淨なり。【法華玄義四之二】

ジフノチヤウジヤ　慈父長者　〔譬喩〕法華譬喩品の所說の窮子の喩に就て云ふ。慈父即ち長者にして如來の大悲大福に譬ふるなり。

ジフノミチ　十の道　〔雜語〕十善業道十惡業道なり。「ゼンアク」を見よ。

ジフハ　十派　〔名數〕我國の臨濟宗十派なり。相國寺派、建仁寺派、南禪寺派、天龍寺派、建長寺派、東福寺派、大德寺派、圓覺寺派、永源寺派、妙心寺派の稱。図眞宗の十派。本願寺派本願寺、大谷派本願寺、佛光寺派、高田專修寺派、木邊錦織寺派、興正寺派、出雲路派毫攝寺、山元派證誠寺、三門徒派專照寺の稱なり。

ジフハウ　十方　〔雜語〕「ハウグ」を見よ。

ジフハウゲウフゲンシキシン　十方業普現色身　〔術語〕十方衆生の意業に隨つて普く其の身を示現するを云ふ、妙音菩薩觀音菩薩の如き是なり。⦿（盛衰記）に「妙音大士は十方業普現色身の證を得」

ジフハウゲンザイブツシツザイゼンリフヂヤウキヤウ　十方現在佛悉在前立定經　〔經名〕三卷の般舟三昧經の異名。

ジフハウゲンゼンソウモツ　十方現前僧物　〔術語〕四種僧物の一。「ジフブ」「ツ」を見よ。

ジフハウジフブツ　十方十佛　〔名數〕「ジフブツ」を見よ。

ジフハウジヤウド　十方淨土　〔術語〕東、西、南、北、四維、上、下の十方には、諸佛の淨土、無量無邊に存するを以て十方淨土と云ふ。⦿（著聞集好色）「現在十方の淨土にも往生すべき心なし」

ジフハウセカイ　十方世界　〔雜語〕東、西、南、北、四維、上、下の十方に有情の世界の存すると無量無邊なり。之を十方世界と云ふ。⦿（曲、羽衣）「それ久堅のあめといつば、二神出世のいにしへ、十方世界をさだめしに」

ジフハウジヤウヂユウソウモツ　十方常住僧物　〔術語〕四種僧物の一。「ソウモツ」を見よ。

ジフハウセツ　十方刹　〔術語〕甲乙に拘はらず諸方の名宿を請じて住持せしむるを十方刹と名く。【象器箋一】寺院を梵語に招提と言ふは即ち此の義なり。（招提は制底と同語なり、招の義なし）

ジフハウヂユウヂ　十方住持　〔術語〕十方刹「に同じ。

ジフハウブツドチユウ　十方佛土中　〔雜語〕大千世界と云ふ如し。【法華經方便品】に「十方佛土中。唯有一乘法。無二亦無三。」⦿（朗詠集）「十方佛土之中以西方爲望。九品蓮臺之間雖下品應足。」

ジフハチイブ　十八異部　〔名數〕小乘二十部中より根本の上坐部と大衆部とを除きて末派のみを數へたる數なり。

ジフハチオウジン　十八應眞　〔名數〕應眞は阿羅漢聖者の稱なり、即ち十八羅漢なり。「ラカン」を見よ。

ジフハチウガク　十八有學　〔名數〕「ウガク」を見よ。

ジフハチカイ　十八界　〔名數〕「サンクワ」を見よ。

ジフハチガクニン　十八學人　〔名數〕聲聞乘の十八有學なり。「ウガク」を見よ。

ジフハチキヤウ　十八經　〔名數〕毘伽羅論等の十八なり。「ジフハチダイキヤウ」を見よ。

ジフハチキヤウガイ　十八境界　〔名數〕「十八有學」に同じ。

ジフハチクウ　十八空　〔名數〕「クウ」を見よ。

ジフハチクウロン　十八空論　〔書名〕一卷、龍樹造、陳の眞諦譯。【暑帙二】(1187)

ジフハチカイイン　十八契印　〔術語〕十八道の印契なり。「ジフハチダウ」を見よ。

ジフハチカイインキ　十八契印軌　〔書名〕一卷、或は惠果和尙の作と云ひ。或は弘法大師の作と云ふ。【餘帙一】

ジフハチケン　十八賢　〔名數〕十八賢聖の畧稱。

ジフハチケンジヤウ　十八賢聖　〔名數〕十八有學に同じ。「ウガク」を見よ。◉(太平記一二)「十八賢聖を結びて、長日に六時禮讃を勸めき」

ジフハチケンジユ　十八賢衆　〔名數〕前項に同じ。「ウガク」を見よ。

ジフハチゴガランジン　十八護伽藍神　〔名數〕「ガラン」の項を見よ。「ツ」を見よ。

ジフハチゴクソツ　十八獄卒　〔名數〕「ゴクソツ」を見よ。

ジフハチシ　十八支　〔名數〕四禪定の十八種の功德法なり。「シゼンジヤウ」を見よ。

ジフハチシヤウ　十八聲　〔術語〕丁彥哆聲の二九韻十八聲なり。「なり。「シッタン」を見よ。

ジフハチシヤウ　十八章　〔名數〕悉曇の十八章

ジフハチシヤウシヨ　十八生處　〔名數〕色界十八天處なり。「シゼンテン」を見よ。

ジフハチシユウ　十八宗　〔名數〕我が國に於ける佛敎の十八宗。三論宗、法相宗、華嚴宗、律宗、倶舍宗、成實宗、天台宗、眞言宗、融通念佛宗、淨土宗、眞宗、日蓮宗、時宗と禪の臨濟宗、曹洞宗、黃檗宗と普化宗及び修驗宗と加へて十八宗とす。

ジフハチシユシンドウサウ　十八種震動相　〔術語〕六種震動相に三種あり、例へば動と徧動、等徧動とを數ふる如く起等にも徧と等徧を數へて十八とす。「ロクシユシンドウ」參照。

ジフハチシユモツ　十八種物　〔名數〕「ロクモツ」を見よ。「ン」の條を見よ。

ジフハチジンペン　十八神變　〔名數〕「シンペ

ジフハチダイキヤウ　十八大經　〔名數〕又、十八明處と云ふ。四韋陀と六論と八論なり。四韋陀は別項に出づ。六論は、一に式叉論、六十四種の能法を明かす。二に毘伽論、諸の無常の法を釋す。三に柯剌波論、諸の天仙上古以來の因緣名字を釋す。四に竪底沙論、天文地理算數等の法を釋す。五に闡陀論、首盧迦を作る法を釋す。六に尼鹿多論、一切の物の名を立つる因緣を釋す。八論は一に肩亡婆論、諸法の是非を簡釋す。二に那邪毘薩多論、諸法の道理を明かす。三に伊底迦婆論、傳記宿世の事を明かす。四に僧法論、二十五諦の義を明かす。五に課伽論、攝心の法を明かす、此の兩論共に解脫の法を釋す。六に陀苑論、兵杖を用ふる法を釋す。七に犍闥婆論、音樂の法を釋す。八に阿輸論、醫方を釋す。【百論疏上之下】

ジフハチダイシ　十八大師　〔名數〕古來より大師號を諡せられたる十八人の高僧を云ふ。天台宗にて傳敎大師最澄。慈覺大師圓仁。智證大師圓珍。慈慧大師良源。慈攝大師眞盛。慈眼大師天海の六。眞言宗にて弘法大師空海。道興大師實慧。法光大師眞雅。本覺大師益信。理源大師聖寶。興敎大師覺鑁。慧燈大師蓮如の二。禪宗の承陽大師道元。眞宗の見眞大師親鸞。月輪大師俊芿の七。淨土宗の圓光大師源空。融通念佛宗の聖應大師良忍の十八人を云ふ。明治四十二年禪宗の慧玄無相大師の諡を賜ひ紹瑾又常濟大師の號を賜ふ。

ジフハチダウ　十八道　〔術語〕是れ眞言修法の最初の法にして、胎金兩部に通ずるなり。【十八道念誦次第密記】に「先づ手を洗ひ淨衣を著し、袈裟を懸け淨三業三部神守護身の法を作し、[梵字]字を心上に觀じて金薩と成りて道場に趣行するなり、五秘密軌に云く一切修二金剛乘一人皆名二金剛薩埵一と、故に三密修行の人は何の法を行ずるも必らず此の尊の三摩地に住すべきなり。次に普禮を行ず、境前に念珠を搯て普禮眞言を誦するなり。唵三身薩婆切一怛他俄多如來波駄足嚩駄曩禮迦路彌我作　次に塗香。香を以て五指に塗る、即ち五分法身を磨覺するに成ずるなり。次に三密觀、蓮華合掌にして先づ掌中に月輪ありと想ひ、月輪の上に八葉の蓮華あり、華の上に[梵字]字ありて五股金剛杵と成りて身業の中の煩惱不淨を斷除して速に佛部の諸尊を顯し得と觀じて[梵字]字を誦する三徧なり。次に印を口に當て、舌の上に月輪あり、月輪の上に八葉の蓮華あり、蓮華の上に[梵字]字あり、五股金剛杵と變じて口業の中の煩惱不淨を斷除して速に蓮華部の諸尊を顯得すと觀じて[梵字]字を誦する四徧なり。次に印を以て心に當て、心の上に月輪あり、月輪の上に八葉の蓮華あり、蓮華の上に[梵字]字あり五股金剛杵と成り、意業中の煩惱不淨を斷除して速に金剛部の諸尊を顯得すと觀じて[梵字]字を誦する三編なり。亦合觀す、掌の中と舌上と心の上に各[梵字]字あり、變じて八葉の蓮華と成り、蓮華の上に各[梵字]字あり、變じて圓淨の月輪と成り、月輪の上に各[梵字]字あり、變じて五股金剛杵と成り、杵より各身口意業の中を照らすと、此の加持力に由りて三業の罪障速疾に消滅して三部の諸尊を顯得す、此れ即ち身三

口四意三の十惡を滅して三部の諸尊を顯得する實義なり。已下正しく「十八道なり」と十八道とは金剛界の九會と胎藏界の九尊合して十八なり、故に兩部不二の行法と云ふ。若し合揮すれば一大曼荼羅となり、若し開列すれば十八各大曼荼羅なり、故に十八道と曰ふ。道とは曼荼羅の義なり、又初めて學法灌頂の道場に入りて華を散じて緣佛を得、故に此の緣佛を以て本尊となし、以て十八契印及び眞言を結誦するが故に復た名けて十八道と爲す。初入の行者をして十八契印を結ばしむる者は竟に兩部の十八曼荼羅を開顯せしめんが爲めなり、每日の三昧に此の一尊の三摩地を修行して分明に本不生の理を證顯するが故に名けて道と爲す。其の法は先づ一に淨三業、行人力に隨つて供具を嚴り其の緣佛の本尊の本方に對して本尊を禮拜し、次に餘方の佛を禮し、五輪を以て地に著し敎の如く敬禮し、雙膝長跪して虛心合掌す、誠心に住し悉く三業の一切の罪を陳說す。「我從二過去世一流二轉生死一。今對二大聖尊一。盡レ心而懺悔。如二先佛所一レ懺。我如今亦是。願垂二加持力一。衆生悉淸淨。以二此大願一故。自他獲二無垢一。」と眞言に曰く、唵(歸命三身)薩嚩婆嚩(自性)輸馱(淸淨)(自即自)薩婆(一切)達磨(法)薩嚩婆嚩(自性)輸度(他即他淸淨)唅(我)と、此の十六字は三十七尊を攝す。(淨三業眞言を見よ)次に本尊に對して結跏趺坐或は半跏趺坐して大悲心を起す、我れ此の法を修す一切衆生の爲めに速に無上正等菩提を證せんと。二に佛部三昧耶陀羅尼印、二手虛心合掌し二頭指を開き少く屈して各二中指の上節に著け、又二大指を屈して二頭指の下節に著く。此の印は率覩婆印なり。大指を開くは是れ開塔印即ち法界塔なり。又佛頂の形なり、印を頂に安ずるは頂は佛部に配す、身業を淨むる義なり。中指は正體智、頭指は方便智なり。其の印成じて之を心に當て如來の三十二相八十種好總て分明なると目前に對する如くし、而して至心に眞言七遍を誦し頂上に於て散ず。眞言に曰く唵(歸命)怛他誐都(如來)納婆嚩(發生)娑嚩訶(圓滿也究竟也)此の印を結び及び眞言を誦するに由るが故に即ち一切如來を驚覺す、悉く當に行者を護念加持すべし、光明を以て照觸して所有の罪障皆消滅するを得、壽命長遠福慧增長し、佛部の聖衆擁護歡喜生の生世諸惡趣を離れ蓮華に化生して速に無上菩提を證せん。三に蓮華部三昧耶印、二手虛心合掌し二頭指を散開し、二中指二無名指少しく屈して蓮華の形の如し。是れ八葉印なり。印を心上に置て觀自在菩薩相好具足するを想ひて眞言を誦する七遍頂の右に於て印を散ず。此の印は心蓮開敷の形、開は即ち修生顯得の義、自心の八分の心蓮を開きて上に一大摩尼寶あり。此れ蓮華部の寶珠なり。前の淨三業は衆生の本有淸淨の心蓮を表する故に合蓮の印なり。今の印は三部果德の隨一なるが故に開蓮の印なり。印を頂の右に置くは蓮華部の灌頂を成ずる也。眞言に曰く、唵(歸命)跛娜謨(蓮華)納婆嚩也(發生)娑嚩訶(究覺)此の印言を結誦すると、が故に觀自在菩薩等の持蓮華部の聖衆を驚覺し、悉く皆歡喜して加持護念す。一切菩薩の光明照觸し所有の業障皆除滅を得て一切の菩薩常に善友となる。四に金剛部三昧耶印、左手を以て掌を翻して外に向け、右手の掌背を以て右手の背に安じ、左右の大指小指を以て互に相ひ鈎し、中間の六指、散開して金剛杵の形の如くす、是れ三股印なり。心上に安置して金剛手菩薩を想ひて眞言を誦する七遍、頂の左に於て之を散ず、眞言に曰く、唵(歸命)嚩日羅(金剛)納(ドバンバクヤ)婆嚩也娑嚩訶(究覺)此の印を結び及び眞言を誦するに由るが故に即ち一切金剛部の聖衆を驚覺し護持念して所有の罪障皆悉く消滅して一切の病苦身に著かず、當に金剛堅固の體を得べし。五に被甲護身三昧耶印、二手を以て內に相叉して右左を押へ、二手の中指を竪て、二頭指を屈すると鈎の如くし、中指の背に於て相著けしむるなく並に二大指無名指を押す。此の印を以て身の五處に印す。初に額次に右肩次に左肩次に心次に喉なり。頂上に於て散ず。各眞言一遍を誦す。此の印は內三股の印なり。問ふ此の印三股の印なり、何ぞ甲冑と爲すや。答ふ、此の三股は甲の上の鍬形を表するなり、延命の爐の甲冑形にも亦三股を作るなり、世間の甲に鍬形を附する如きなり。又一印に於て異名あり、外五股印を瑜祇經に率覩婆印と云ひ、又塔印寶瓶印、大慧刀印、此の三印は同印別名なり、其の所用に隨つて行者の觀心を改むるなり、今この印相はその實三股印なれども甲冑の義を想ふべきなり。眞言に曰く、唵(歸命)嚩日羅(金剛)銀儞(火即智也)鉢囉捨跛多也(極威曜)娑嚩訶(究覺)と。此の印言を結誦するが故に即ち金剛甲冑を被るを成じ、所有の毘那耶迦及び諸の天魔の障碍を作す者退散馳走す、悉く是れ行者光明を身に被り威德自在なるを見ればなり、若は山林に居り、若は險難に居り、皆悉く畏なし。六に地界印、又地結金剛橛と云ふ、右の無名指を左の無名指と小指の內に入れ、右の中指と左の中指とを頭指の內に入れ、左も亦此の如し。餘指頭を並べ相ひ著く。即ち想ふ印變じて火燄金剛杵の形と成ると、而して大指を以て地に著けて之を掣げ、一掣一誦三遍乃ち止む。意の大小に隨つて心を標せよ、即ち堅固の地界と成る。眞言に曰く、唵(歸命)枳里枳里(縛義禁罰義)嚩日羅(金剛慧)嚩日哩(金剛定)部律(堅固)滿馱(結縛)滿馱(結縛地)吽(恐怖)發吒(破壞)と。此の印を結び及

び眞言を誦して地界を加持するに由るが故に下水際に至るまで金剛座の如く天魔及び諸の障者惱害を作さず、少しく功力を加へて速に成就を得。七に方隅金剛牆印、又四方結と云ふ、前の地界印に準じて二大指を開きて之を竪て側(そば)むる事牆の形の如くす。印を金剛杵の形の如しと想ひて左に身を遶らすと三轉、標心の大小に隨つて即ち金剛堅固の城を成じ、諸佛菩薩尙違越せず、何ぞ況んや諸の餘の調伏し難き者毘那耶迦及び毒蟲利牙爪の者近づくを得ず。眞言に曰く、唵(歸命)薩囉(サラ)薩囉(サラ)(堅固極堅固)嚩日囉(金剛)鉢囉迦囉(牆)吽發吒(如上)。八に道場觀、行者次に想ふべし、境中八葉大蓮華の上に於て師子座あり、師子座の上に七寶の樓閣あり、諸の瓔珞繒綵幡蓋を垂れ、寶柱行列し、妙天衣を垂れて香雲を周布し、普く雜華を雨らし、諸の音樂を奏し、寶瓶の閼伽天の妙飯食あり、摩尼を燈と作すと。此の觀を作し已て此の偈を說く。以我功德力 如來加持力 及以法界力 普供養而住。其の印は如來拳なり、左手蓮華を作り、右手金剛拳を作り、右手の小指を以て左拳の大指の初分を握る。蓮華拳とは地水火風の四指之を握り大指の腹を以て風(頭指)指の側を捻するなり。金剛拳とは地水火の三指を以て大指を握り、風を大指の背に竪つるなり。此の胎(蓮)金(金)の二拳重ね合するを如來拳と爲す。蓮金の二部具足するを如來部と爲すなり。眞言に曰く、唵(佛寶 法身)步(法寶 應身)欠(ケン)(僧寶 報身)。九に大虛空藏普通供養印、二手合掌し二中指を以て外に相叉し二頭指を以て相著け、反り蹙(ひそ)むると寶形の如し。此の印二頭指は寶形を表し、二中の外叉は蓮華を表し、二小二無名指並立するは幢を表す。是れ即ち幢の上の蓮華の寶珠なり。此の高幢の上の寶珠より周徧法界廣大の供養雲を流出して前の道場觀の本尊海會に供養し、一切の賢聖皆之を受用するなり。眞言に曰く、唵(歸命)誐誐曩(虛空)三婆嚩(生)嚩日囉(金剛)斛(答)。此の印眞言加持に由るが故に所想の供養供具眞實無異一切の賢聖衆皆受用するとを得。十に寶車輅印、又送車輅と云ふ、二手內に相叉して掌を仰け、頭指横まに相ひ著け二大指を以て各頭指の根下を捻す。七寶の車輅寶車に駕御し、空に乘じて本尊の極樂世界に去ると想ふて眞言を誦する三遍なり。眞言に曰く唵(歸命)部嚕部嚕(重轉聲也)。此の眞言印の加持に由るが故に七寶の車輅本尊の國土に至る、且つ本尊及び諸聖衆の眷屬圍繞し寶車輅に乘じて道場の虛空に至りて住すと想ふべし。十一に請車輅印、前の印に準じ大指を以て身に向け、中指頭を撥し眞言を誦すると三徧也。此の印の八指內縛は八葉の蓮華即ち華藏世界なり。二掌は即ち雙圓の性海(理圓智圓)二大指は兩部の大日所謂華藏世界の重如(理如智如)の月殿に本尊を召請する義なり。眞言に曰く、那麼(歸命)悉底哩野三地尾迦喃(三世)怛他誐他喃(諸如來)唵(三身)嚩日囉(金剛)銀儞也(火)迦刺沙也(召請)娑嚩訶(成就)。此の印眞言の加持に由るが故に聖衆本土より來り道場の空中に至りて住す。十二に請本尊三昧耶降至於道場印、二手內に相叉して拳を作し、左の大指掌に入れ、右の大指身に向つて之を招く。眞言に曰く、唵(歸命)爾曩仁爾迦(者)翳計翳枳(召請)娑嚩訶(成就)。此の眞言印の加持に由るが故に本尊本誓を越へず即ち道場に赴集す。十三に馬頭觀自在菩薩眞言印、次に應に諸の作障者を辟除すべし、蓮華部の明王馬頭觀自在菩薩の眞言印を結ぶ、二手合掌して二頭指二無名指を屈し、掌內に於て甲相背き、二大指を竪開す。此の印を以て左轉三帀し心に諸の作障の者を辟除すと想ふ、一切の諸魔此の印を見已て退散馳走す。印を以て左旋三帀すれば、即ち堅固の火界を成ず。眞言に曰く、唵(歸命)阿密哩都(甘露)納皤嚩(生)吽(恐怖)發吒(破壞)。十四に金剛網印、又虛空網、虛空結と云ふ。前の境(地界)印に準じて二大指二頭指の下節を捻ず。此の印は網の形を表はす、上下虛空に網を覆ふと觀ずるなり。眞言を誦する三遍、頭上に三右轉帀して止む。眞言に曰く、唵(歸命)尾娑普(周遍)囉捺囉乞叉(擁護)嚩日囉(金剛)半惹囉(網)吽發吒(如上)。此の網印眞言の加持に由るが故に即ち金剛堅固不壞の網を成ず。十五に火院密縫印、又金剛炎、火界と云ふ。左手を以て右手の背を掩ひ、二大指を竪つ。眞言を誦する三遍、右に身を繞ると三帀、金剛墻外に火院圍繞するを想ふ。眞言に曰く、唵(歸命)阿三莽(無等)擬儞(火)也吽發吒(如上)。十六に獻閼伽香水眞言印、二手器を捧げ、聖衆の足を浴すと想ひ眞言を誦すると三遍なり。眞言に曰く、曩莫(歸命)三曼多沒馱喃(普遍諸如來)誐誐那(虛空)三摩(引)三摩(無等等)娑嚩訶(成就)。閼伽香水を獻ずるに由るが故に行者の三業清淨にして煩惱の垢を洗滌す。十七に獻蓮華座印、二手虛心合掌して左右の無名指中指頭を開き屈すると微敷蓮華の形の如くす。是れ三部の法尊を座せしむるなり。寶樓閣內に在りて諸の聖衆及び本尊各本位に坐し、眷屬圍繞し、了了分明なるを想ひて眞言を誦する三遍。眞言に曰く、唵(歸命)伽摩囉(蓮華)娑嚩訶(成就)。華座印を結び眞言を誦するに由るが故に行者當に十地滿足を得べく、當に金剛座に座すべし。十八に普供養印、二手合掌し右を以て左を押し指を交ゆ、眞言を誦すると三遍、無量無邊の塗香雲海花鬘雲海燒香雲海飮食燈明等の雲海皆清淨を成じて廣く多く供養し、普く供養するを想ふ。眞言に曰く、唵(三身供養)阿目伽(不空即無間斷義)布惹(供養)摩尼(寶)鉢納摩(蓮)嚩日囉(金剛)怛他誐他(如來)尾嚕枳帝(觀)三曼多(普偏)鉢囉娑

曬展舒吽皆顧和。以上十八契印を攝して六種となす。一に莊嚴行者法、此に五法あり、一に淨三業、二に佛部、三に蓮華部、四に金剛部、五に被甲護身なり。二に結界法、此に二法あり、一に地結、二に方結なり。三に莊嚴道場法、此に二法あり、一に道場觀、二に大虛空藏なり。四に召請法、此に三法あり一に迸輅車、二に請輅車三に奉請諸尊なり、五に結護法、此に三種あり、一に當部明王、二に金剛網、三に火院なり。六に供養法。此に三法あり一に閼伽、二に華座、三に普供養なり。【無量壽軌、十八契印儀軌、十八道念誦次第密記、十八道鈔】

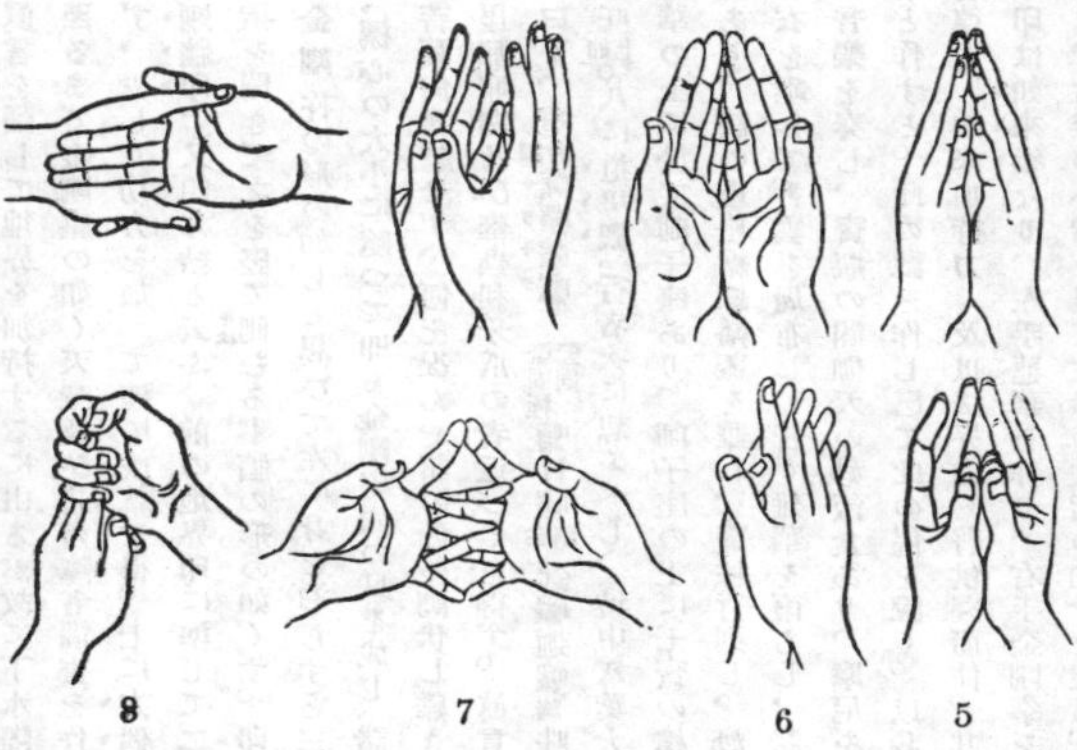

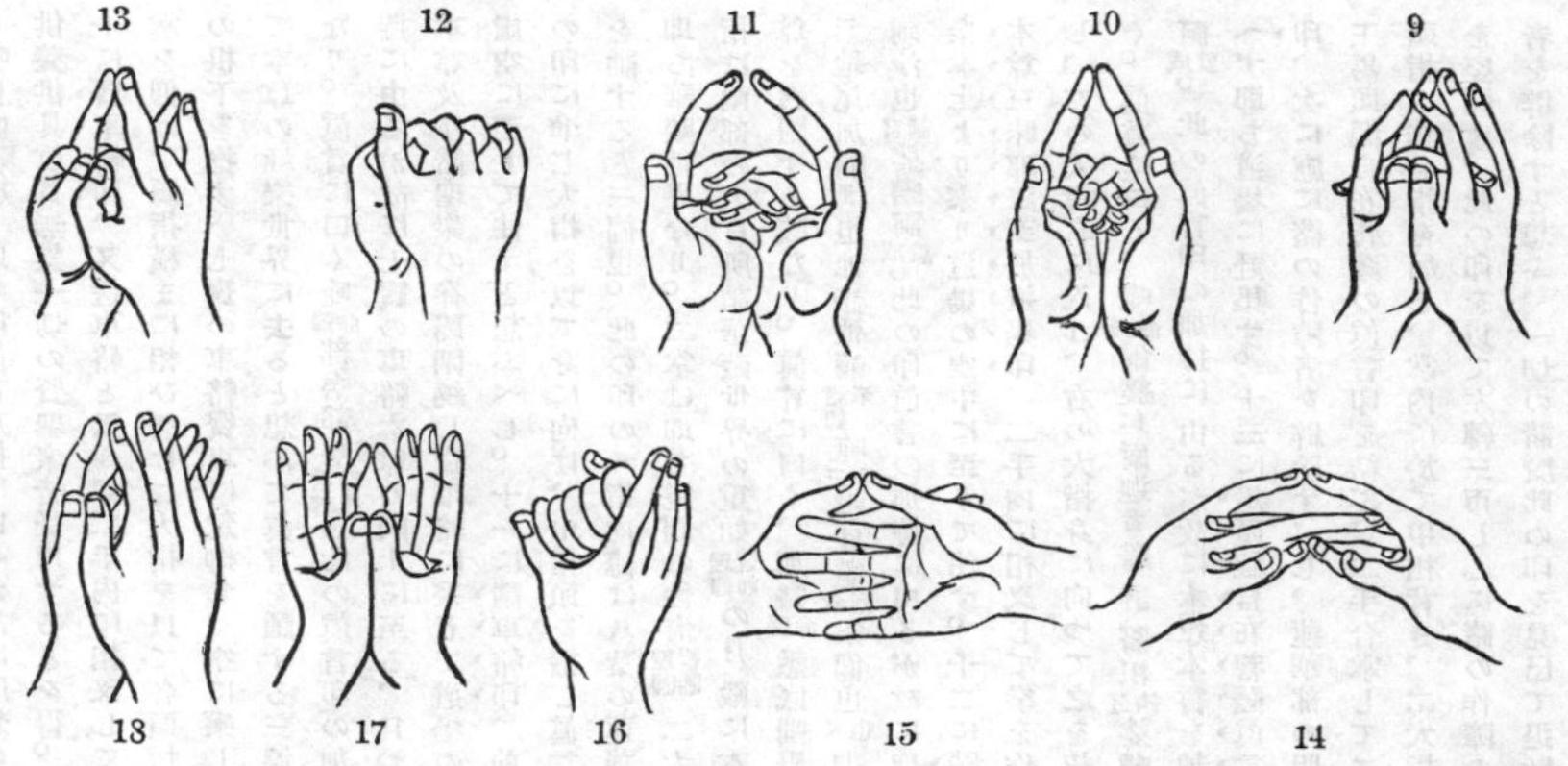

ジフハチダウシダイ　十八道次第【術語】「ジフハチダウ」を見よ。

ジフハチダンリン　十八檀林【名數】「ダンリン」を見よ。

ジフハチチウロウソウ　十八中老僧【名數】「コロウソウ」を見よ。

ジフハチヂゴク　十八地獄【名數】「ヂゴク」を見よ。

ジフハチヂゴクキヤウ　十八地獄經【經名】「十八泥犁經の異名。

ジフハチテン　十八天【名數】色界の十八天なり。

ジフハチナイリキヤウ　十八泥梨經【經名】一卷、後漢の安世高譯。十八地獄の受苦及び壽命の長遠を說く。【宿帙六】(688)

ジフハチニチ　十八日【雜語】觀音の緣日なり。「エンニチ」を見よ。

ジフハチヒダラニキキウ　十八臂陀羅尼經【經名】一卷、趙宋の法覺譯。佛阿難に對して十八臂觀音の陀羅尼を說く。【成帙八】(893)

ジフハチフグホフ　十八不具法【名數】是れ佛に限る十八種の功德法なり、佛に限りて他の二乘菩薩に共同せざれば不共法と云ふ。一に身無失、佛無量劫より以來常に戒定慧智慧慈悲を用ひて其の身を修む、此の功德滿足するが故に一切の煩惱共に盡く、是を身無失と名く。二に口無失、佛無量の智慧辯才を具し、所說の法衆の機宜に隨ひて皆證悟を得しむ是を口無失と名く。三に念無失、佛諸の甚深の禪定を修し心散亂せず、諸法の中に於て心著する所なく第一義の安穩を得るが故に念無失と名く。四に無異想、佛一切衆生に於て平等に普く度し心に簡擇なし、是を無異想と名く。五に無不定心、佛の行住坐臥常に甚深の勝定を離れず、是を無不定心と名く。六に無不知已捨、佛一切諸法に於て皆悉く照知して方に捨て、一法として了知して之を捨てざる者あるとなし、

是を無不知已捨と名く。七に欲無滅、佛衆善を具して常に諸の衆生を度せんと欲し、心に厭足なし、之を欲無滅と名く。八に精進無滅、佛の身心精進滿足し常に一切衆生を度し、休息することなし、之を精進無滅と名く。九に念無滅、佛三世諸佛の法一切の智慧相應し滿足し退轉あることなし、是を念無滅と名く。十に慧無滅、佛一切の智慧を具し無量無際不可盡の故に慧無滅と名く。十一に解脱無滅、佛一切の執著を遠離し二種の解脱を具す。一は有爲解脱、謂く無漏の智慧の相應する解脱なり、二に無爲解脱、謂く一切の煩惱滓盡して無餘なり。是を解脱無滅と名く。十二に解脱知見無滅、佛一切の解脱の中に於て知見明了分別無碍なり、是を解脱知見無滅と名く。十三に一切身業隨智慧行、佛諸の勝相を現じて衆生を調伏し、智に稱ひて一切諸法を演說し、各解脱證入せしむ、是を一切身業隨智慧行と名く。十四に一切口業隨智慧行、佛微妙清淨の語を以て智に隨て轉じ、一切衆生を化導利益す、是を一切口業隨智慧行と名く。十五に一切意業隨智慧行、佛清淨の意業を以て智に隨て衆生心に轉入し、爲に法を說て無明痴惑の膜を除滅す、是を一切意業隨智慧行と名く。十六に智慧知過去世無碍、佛智慧を以て過去世の所有一切若は衆生法若は非衆生法を照知し悉く能く遍く知て無礙なり、是を智慧知過去世無碍と名く。十七に智慧知未來世無碍、佛智慧を以て未來世の所有一切若は衆生法若は非衆生法を照知し悉く能く遍く知て無碍なり、是を智慧知未來世無碍と名く。十八に智慧知現在世無碍、佛智慧を以て現在世の所有一切若は衆生法若は非衆生法を照知し悉く能く遍く知て無碍なり、是を智慧知現在世無碍と名く。【智度論二十六】梵 Aveṇikadharma

ジフハチブ　十八部　〔名數〕　印度小乘の十八部なり。「セウヂョウ」を見よ。

ジフハチブシュ　十八部主　〔名數〕　小乘十八「部の論主なり。

ジフハチブロン　十八部論　〔書名〕　一卷、陳の眞諦譯。【藏帙四】(1284)

ジフハチヘン　十八變　〔術語〕　羅漢入定の時十八種の神變を現ず。「ラカン」を見よ。⦿(太平記二四)「此時舍利弗、慈悲忍辱の意を發し、身を百千に化し、十八變を現じて還りて大座に着き給ふ」

ジフハチミヤウシヨ　十八明處　〔名數〕　「ジフハチダイキヤウ」に同じ。

ジフハチモツ　十八物　〔名數〕　「ロクモツ」を見よ。

ジフハチモン　十八問　〔名數〕　支那汾陽の太子院の善照禪師が、凡て禪に參じて道を學ぶ者の問を爲す有樣に十八種あるを擧げられたり。即ち師家たるものが常に學人を敎化するに先づ其學人の道を問ふ有樣に斯かる種類あるを辨まへて能く其時機に適ふ答を以て敎化せざれば彼此互に其効果擧らずと爲して示されたるものなり。一に請益問、敎化の益を請ふ問なり。二に呈解問、學人の見解を呈して問ふをいふ。三に察辨問、辨じ難き巧みのとにて師家を試察する問なり。四に投機問、學人の機宂と師家の機鋒とが互に相投合するかを見ん爲の問なり。五に偏僻問、人天眼目鈔に「偏は編也、偏僻とは草鞋などを作るにしづしづと、しめよせるを云ふ。」と解せば學人の偏僻なる見解を師家に看破せられて締めつけらるる問なり。六に心行問、人天目鈔に「心行は心やりたのち、こちへ心をやつて問ふを云ふ」と解せば學人が既に自分の心には充分に知り居りながら、却て何も知らざる風を爲して師家に問ひ行くなり。七に探拔問、或は驗主問ともいふ、學人より其師家たる主人公の見解を探り拔き驗めして見ようとする問なり。八に置問問、古人の語を置て問ふとなり。九に故問問、故さらに經論等を擧げて問ふとなり。十に不會問、學人が未だ會得せざるとを問ふなり。十一に擎戴問、擎戴とは汾陽の垂示にいふ擎頭戴角の義にして、何か或物ごとを劈頭に擎げ來りて問ひ、若くは恰も角を戴きたるものの如く勢ひ懸けて鋭く問ふをいふ。十二に借事問、或事を借りて譬に借へて問ふなり。十三に實問問、實物の法を捉らへて問ふをいふ。十四に假問問、虛假のとを借りて問ふをいふ。十五に默問問、敢て言語に言ひ表はさず默默の中に問を爲すをいふ。十六に明問問、學人の心中には既に充分明らかに知つてをる氣で問ふをいふ。十七に審問問、審詳に問ふをいふ。十八に徵問問、徵詰して問ふなり。【人天眼目】

ジフハチヱ　十八會　〔術語〕　金剛頂の大本十萬頌の說會に十八會あり。【十八會指歸】

初會	一切如來眞實攝大乘現證大敎王	色究竟天
二會	一切衆集瑜伽	色究竟天
三會	一切如來秘密主瑜伽	法界宮天
四會	降三世金剛瑜伽	須彌盧頂
五會	世間出世間金剛瑜伽	波羅奈園
六會	大安樂不空三昧耶眞實瑜伽	他化自在天宮
七會	普賢瑜伽	普賢菩薩宮殿
八會	勝初瑜伽	普賢宮殿
九會	一切佛集會拏吉尼戒網瑜伽	眞言宮殿

十會	大三昧耶瑜伽	法界宮殿
十一會	大乘現證瑜伽	色究竟天
十二會	三昧耶最勝瑜伽	空界菩提場
十三會	大三昧耶眞實瑜伽	金剛界曼荼羅道場
十四會	如來三昧耶眞實瑜伽	同上
十五會	秘密集會瑜伽	秘密處說
十六會	無二平等瑜伽	法界宮
十七會	如虛空瑜伽	實際宮殿
十八會	金剛寶冠瑜伽	第四靜慮處

ジフハチヱシキ　十八會指歸　〔書名〕金剛頂瑜伽經十八會指歸の略名【閏帙三】○(1448)

ジフハチヱンジヤウ　十八圓淨　〔名數〕又、十八圓滿と云ふ、是れ報身佛の依持圓淨なり。一に色相圓淨、光明遍く無明の世界を照して色相周遍するを云ふ。二に形貌圓淨、妙に界處を飾りて各各の形貌殊勝なるを云ふ。三に量圓淨、大城無邊不可量なるを云ふ。四に處圓淨、三界の所行處を出過するを云ふ。五に因圓淨、世出世の善根功德より生ずるを云ふ。六に果圓淨、淸淨自在唯識の相なるを云ふ。七に主圓淨、如來の所鎭にして恒に中に居るを云ふ。八に助圓淨、菩薩安樂の所住處なるを云ふ。九に眷屬圓淨、無量の八部衆等の所行處なるを云ふ。十に持圓淨、大法味喜樂の所持にして法身を長養するを云ふ。十一に業圓淨、一切利益の事を作すを云ふ。十二に利益圓淨、一切煩惱の災橫を離るるを云ふ。十三に無怖畏圓淨、諸魔の所行處にあらざるを云ふ。十四に住處圓淨、一切莊嚴所依の處なるを云ふ。十五に路圓淨、大法と念と慧と行との出離するを云ふ。十六に乘圓淨、止觀定慧を所乘となすを云ふ。十七に門圓淨、三解脫門を入處となすを云ふ。十八に依止圓淨、大蓮華王を依止となすを云ふ。【攝大乘論】

ジフハライ　十波羅夷　〔術語〕十重禁戒なり。顯密の二種あり。「ジフヂウキン」を見よ。

ジフハラミツ　十波羅蜜　〔名數〕「ロクハラミツ」を見よ。

ジフヒミツ　十秘密　〔名數〕「ヒミツ」を見よ。

ジフフセ　十布施　〔名數〕「フセ」を見よ。

ジフフゼンゴフ　十不善業　〔名數〕「ゼンアク」を見よ。

ジフフゼンダウキヤウ　十不善道經　〔經名〕一卷、馬鳴菩薩集。宋の日稱等譯。【藏帙八】(1379)

ジフフチキヤウ　十不知境　〔名數〕小乘の果佛は不染汚無知を斷ぜざれば世間の事法に闇し、其事多しと雖も十不知境其の大首なり。一に味、諸法の滋味なり。二に勢、損益の勢力なり。三に熟、物の成熟なり。四に德、物の德用なり。五に數、物の數量なり。六に量、大小の量なり。七に處、遠近等の處なり。八に時、遠近等の時なり。九に同、物の相似なり。十に異、物の差別なり。【傳通記糅鈔六】

ジフフケカイ　十不悔戒　〔名數〕一に不殺人乃至二十八天諸佛菩薩。二に不盜乃至草葉。三に不婬乃至非人。四に不妄語乃至非人。五に不說出家在家菩薩過罪。六に不酤酒。七に不自讚毀他。八に不慳。九に不瞋乃至非人。十に不謗三寶。【瓔珞本業經上】

ジフフニモン　十不二門　〔術語〕溪荊尊者法華玄義所明の本迹十妙を釋するに十種の不二門を立て之を一念の心に歸結して以て觀法の大綱を示し其の深意を發せり。今其の本迹十妙と十不二門の相攝を圖せば左の如し。

本妙　迹妙

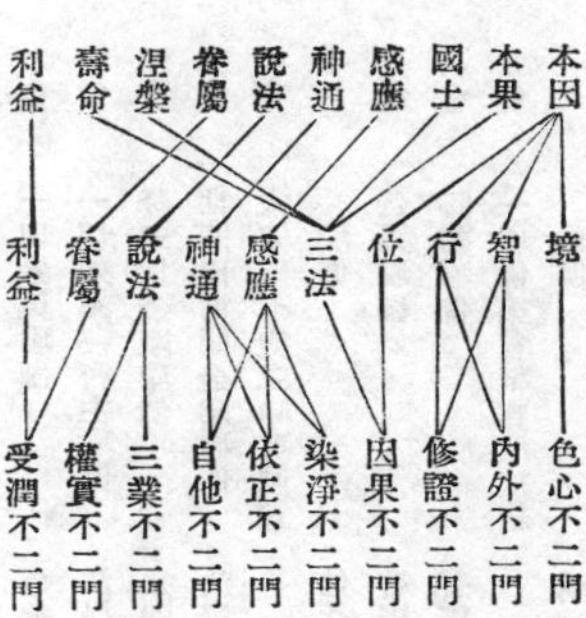

一に色心とは有形質礙の法にして知覺の用なきものを色と名け、形質なくして知覺緣慮の用ある者を心と名く。二に內外とは衆生諸佛及び依報を外と名け、唯自己の心法を內と名く。三に修證とは修治造作の功を修と名け、本有不改の體を性と名く。四に因果とは能生の行を因と名け、所生の德を果と名く。五に染淨とは無明の用を染と名け、法性の用を淨と名く。六に依正とは是れ依正の二報にして、衆生所依の國土資具を依報と名け、能依の心身を正報と名く。七に自他とは是れ三法に就て論ずるなり、佛法衆生法を他と名け心法を自と名く。八に三業とは身の發動を身業と名け、口の發動を口業と名け、意の發動を意業と名く。九に權實とは九界七方便の法を權と名け、佛界圓實の法を實と名く。十に受潤とは是れ喩に從ふ名なり、受とは即ち領納にして三草二木の藏通別五乘の機を能受と名け、潤とは即ち沾潤にして如來所說の前四時三敎の法の雲の雨を注ぐ如きを能潤と名く。而して此の十皆不二と名くるは蓋し法華已前の四時三敎所談の色心等は一一に隔異す、之

を名けて二となす。法華に至て四時三教所談の偏權の法皆是れ諸法實相なりと開顯す、諸法實相は平等一如にして中の一法として隔歴不融の法なし、故に總じて不二と名くるなり。【十不二門】

ジフフニモン　十不二門　〔書名〕　十不二門は本と是れ釋籤中の十妙を結釋せしものなり。然るに是れ妙觀の大體なるを以て後人錄出して別行し、其の註解の多き五十餘部に至る。而して其の註家を大判するに所謂山家山外の二派ありて、先づ山家には四明の指要鈔あり、指要鈔の釋に可度の詳解あり、本朝に於て本純の雜套、明導の見聞、衣運の竹陰、鳳潭の選翼、靈空の諺詮、同幻幻錄、慧澄の講義、十不二門釋詮、守脫の講述あり、慧澄守脫の著を以て指要鈔の雙眼鏡とす。又山外には宗昱の註、源淸の示珠指、智圓の正義（今は無し）從義の圓通記（亦無し）虛謙の顯妙鈔、了然の樞要あり。

ジフフニモンシエウセウ　十不二門指要鈔　〔書名〕　二卷、四明智禮の著。荊溪湛然の十不二門の眞意を發揮して山外の衆に對屹したるもの。

ジフフモン　十普門　〔名數〕　菩薩圓融中道の妙觀を以て常住の實際理地に通入するが故に此の十門を立つるなり。一に慈悲普、菩薩一念の中に於て徧く十界の善惡苦樂を觀じて慈悲與拔の想を起し普く衆生をして一切の苦を離れ、一切の樂を得しむるを慈悲普と名く。二に弘誓普、菩薩四諦の境に於て弘誓願を發し、若し苦諦逼迫楚毒の相を見れば此に緣て誓を起すが故に未度者令度と言ふ。若し集諦の迷惑繫縛甚だ哀傷すべきを見れば此に緣て誓を起せば未解者令解と言ふ。若し滅諦の煩惱を滅する處涅槃と爲すを見れば此に緣て誓を起すが故に未得涅槃者令得と言ふ。若し道諦の生死の苦と安樂の地に至るを見れば此に緣て誓を起すが故に未安者令安と言ふ。三に修行普、行に五種の不同あり。一に聖行謂く戒定慧なり、二に梵行謂く慈悲喜捨なり、三に天行謂く第一義天を證し理に由て行ずるなり、四に嬰兒行謂く三乘七方便大所修の行を示すなり、五に病行謂く六道の身となりて現に三障の相あるを示すなり。此の次第の五行は菩薩之を修するも未だ名て普となさず。涅槃經に言く、復た一行あり如來行と名く、所謂大乘の大般涅槃なりと、大乘は圓因涅槃は圓果なり、菩薩能く此の一行を修するが故に修行普と名く。四に斷惑普、圓教の菩薩即ち中道を觀じて正しく無明を破し、無明既に破すれば一切見思塵沙の惑自然に先づ破するが故に斷惑普と名く。五に入法門普、二乘の人は若し一法門に入れば即ち二に入ると能はず、此れ即ち歷別の行にして證に差降あり、今菩薩は三諦を圓修すれば則ち無量の法門悉く其の中に入るが故に入法門普と名く。六に神通普、羅漢の天眼は三千大千世界を見、辟支佛は百佛の國土を見、小教の菩薩は河沙の佛土を見る皆是れ限量の神通なり。今圓教の菩薩は徧く法界を見て限局なく、所發の六通自在にして變現限量あるとなきが故に神通普と名く。七に方便普、二乘及び小教菩薩の方便化他は則ち但だ其の所得に齊ぎり未だ名けて普となさず。圓教の菩薩は眞俗二諦を以て方便となし、眞を照らすときは則ち眞身を以て物を益し、俗を照らすときは則ち應身を現じて機に趣き、中道を養發して一切の衆生を利するが故に方便普と名く。八に說法普、二乘及び小教の菩薩は一時に普く衆問に答ふると能はず、未だ名て普となさず。圓教の菩薩は一音法を演べて殊方異類悉く解を得るが故に說法普と名く。九に供養普、菩薩の供養する所一佛一國土に止まらず微塵數の諸佛に於て能く身命財及び一切の供具を以て普く十方に至て諸佛を供養するが故に供養普と名く。十に成就衆生普、圓教の菩薩は一切衆生を饒潤成熟して限量なし、譬へば大雨の四方倶に下て一切の草木叢林普く華果を生長し、悉く皆成就する如くなるが故に成就衆生普と名く。【觀音玄義下】

ジフフンヌミヤウワウ　十忿怒明王　〔名數〕　一に焰鬘得迦忿怒大明王、[梵字](ウン)を種子とし字變じて明王と成る。光は劫火の如く、身は大青雲の色を作す。六面六臂六足ありて身短く、腹大にして大忿怒の相を作す。利牙金剛の如く、面各三目あり、八大龍王を以て眷屬となす。虎皮を衣となし髑髏を冠となし、小牛に乘じて足に蓮華を蹈む、鬚赤黃色にして大辯才あり、頭に阿閦佛を戴て坐す。大惡相顧禮し正面笑容す、右面黃色舌相外に出で左面白色脣を嚙む是れ妙吉祥菩薩の變化身なり。右の第一手は劍を執り、第二手は金剛杵を執り、第三手は箭を執り、左の第一手は羂索を執り、復た人指を竪て、第二手般若波羅蜜多經を持し、第三手弓を執る、此の明王の下に於て諸の天魔怖畏して禮を作すを想へ。二に無能勝忿怒大明王、[梵字](ハラ)を種子とし字變じて明王と成る。三面六臂、三面に各三目あり、身は黃色日輪の圓光廣大に照曜す。八大龍王を以て莊嚴となし、正面は笑容、右面は大青色微く忿怒の相あり、左面は白色脣を嚙みて大忿怒の相を作す。右の第一手は金剛杵を執り、第二手は寶杖を執り、第三手は箭を執り、左の第一手は羂索を執り復た少く人指を竪て、

第二手は般若波羅蜜多經を執り、第三手は弓を執る。頂に阿閦佛を戴く。三に鉢納𢇛得迦大忿怒明王、ウンを種子とし字變じて明王と成る。三面八臂、三面三目あり、正面笑容、右面大青色舌相外に出でて金剛杵の如く、左面黃色利牙舌を齩み、虎皮を衣と爲す。右の第一手は金剛杵を執り、第二手は寶杖を執り、第三手は迦那耶を執り、第四手は箭を執る。左の第一手は羂索を執り人指を竪て、第二手は般若波羅蜜多經を持し、第三手は蓮華を持し、第四手は弓を執り、頂に阿閦佛を戴く。四に尾覲那得迦大忿怒明王、ウンを種子とし字變じて明王となる。大青色にして三面六臂なり。三面各三目あり、正面は笑容、右面は白色、左面は黃色忿怒の相を作して唇を齩む。右足は諸魔を蹈み、左足は蓮華を蹈む。右の第一手は利劍を執り、第二手は鉞斧を執り、第三手は箭を執り、左の第一手は羂索を執て人指を竪て、第二手は般若波羅蜜多經を持し、第三手は弓を執り、頂に阿閦佛を戴く。五に不動尊大忿怒明王。ウンを種子とし字變じて明王となる。眇目にして童子の相なり。六臂三面各三目、童子の莊嚴を作す。正面笑容、右面黃色舌相外に出で上に血相あり、左面白色忿怒相にして吽字の聲を作す。身翡翠の色を作して足蓮華及び寶山を蹈む。立て舞勢を作して能く一切の魔を除く。徧身熾焰日輪の圓光あり、右の第一手は劍を執り、第二手は金剛杵を執り、第三手は箭を執り、左の第一は羂索を執て人指を竪て、第二は般若波羅蜜多經を持し、第三手は弓を執り、頂に佛冠を戴す。是れ阿閦佛の所變なり。六に吒枳大忿怒明王、ウンを種子とし字變じて明王となる。三面各三目六臂あり。頂に寶冠を戴き、冠上佛あり、明王髮を垂れ、正面笑容、右面黃色眉を顰め、左面白色忿怒の相唇を齩む。身は青雲色日輪の圓光あり、左右の二手は本印を結び、右の第二手は金剛杵を執り、第三手は箭を執り、左の第二手は般若波羅蜜多經を持し、第三手は弓を執り、足に蓮華を蹈で立て舞勢を作す。七に儞羅難拏大忿怒明王、ウンを種子とし字變じて明王となる。三面各三目六臂あり、正面青色笑容を作し、左面黃色右面白色唇を齩む。八大龍王を以て莊嚴となし、髮髻青潤、頂に佛を戴き足に蓮華を蹈み、立て舞勢を作す。右の第一手金剛杵を執り、第二手寶杖を執り、第三手箭を執り、左の第一手羂索を執て人指を竪て、第二手般若波羅蜜多經を持し、第三手弓を執る。八に大力大忿怒明王、ウンを種子とし種子變じて明王となる。三面各三目八臂あり身青色を作し、八大龍王を以て莊嚴を作し、熾焰徧身髮皆竪立す。目大赤色を作し頂に阿閦佛を戴く。正面笑容、右面金色、左面白色唇を齩む。足蓮華を蹈で大忿怒の相を作す。右の第一手金剛杵を執り、第二手寶杖を執り、第三手劍を執り、第四手箭を執り、左の第一手羂索を執て人指を竪て、第二手は般若波羅蜜多經を持し、第三手骨椯を執り、第四手弓を執る。九に遜婆大忿怒明王、ウンを種子となし字變じて明王となる。身大青色、一面六臂、左右の兩手を以て本印を作し、右の第二手劍を執り、第三手箭を執り、左の第二手般若波羅蜜多經を持し、第三手弓を執る。十に縛日羅播多羅大忿怒明王、ドを種子とし字變じて明王となる。身白乳色六臂なり、右の第一手金剛杵を執り、第二手金剛鈎を執り、第三手箭を執り、左の第一手羂索を執て人指を竪て、第二手般若波羅蜜多經を持し、第三手は弓を執る。【十忿怒明王經】

ジフフンヌミヤウワウキヤウ　十忿怒明王經　〔經名〕幻化網大瑜伽敎十忿怒明王大明觀想儀軌經の略名。【成帙三】(1061)

ジフブツ　十佛　〔名數〕種種あり。**一**、稱讚淨土經十佛。一に東方不動如來、二に南方日月光如來、三に西方無量壽如來、四に北方無量光嚴通達覺慧如來、五に下方一切妙法正理常放火王勝德光明如來、六に上方梵音如來、七に東南方最勝廣大雲雷音王如來、八に西南方最勝日光名稱功德如來、九に西北方無量功德火王光明如來、十に東北方無數百千倶胝廣慧如來。此の十方に於て經中或は一佛或は五佛六佛の名を擧ぐ今は其の上首の一佛を取るなり。**二**、十住毘婆沙論易行品十佛。一に東方無憂界の善德如來、二に南方歡喜界の栴檀德如來、三に西方善世界の無量明如來、四に北方無動界の相德如來、五に東南方月明界の無憂如來、六に西南方衆相界の寶施如來、七に西北方衆音界の華德如來、八に東北方安穩界の三乘行如來、九に上方衆月界の廣衆德如來、十に下方廣世界の海德如來。**三**、十吉祥經十佛。一に東方莊嚴世界の大光曜如來、二に東方諦勝諸勝世界の慧燈明如來、三に東方金剛世界の大雄如來、四に東方淨尊位世界の無垢塵如來、五に東方金光明世界の上像幢十蓋王如來、六に東方大威神世界の威神自在王如來、七に東方香熏世界の極受上願王如來、八に東方寶嚴世界の內寶如來、九に東方海燈明世界の大海如來、十に力燈明世界の十力現如來。**四**、華嚴經十佛、華嚴經昇須彌山頂品に帝釋世尊に向て偈を頌し、過去の十佛各此處に來て妙法を演ずるを說く。是れ理實には過去の一切の諸佛體圓融法爾として無二なるも、今此の殿に於て十住の法を說くが故に復た無盡

を顯はさんが爲の故に十佛を説くなり。一に迦葉如來、二に拘那含牟尼佛、三に拘留孫佛、四に隨業佛、又毘舍符と云ふ。五に尸棄佛、六に毘波尸佛、七に弗沙佛、八に提舍佛、九に波頭摩佛、十に錠光佛。【探玄記五】「〔雜語〕「ジンジユ」を見よ。

ジフブツセツミヂンジユ 十佛刹微塵數

ジフヘンシヨヂヤウ 十遍處定 〔名數〕十一切處に同じ。「ハチハイシヤ」の項を見よ。「を見よ。

ジフホウセン 十寶山 〔地名〕「ジフセンワウ」

ジフホウホフ 十報法 〔名數〕十種の行法を修して無爲の果報を成ずれば十報法と云ふ。一に行者意に無爲にしてただ行を守る、二に意の身を離れざるを思惟すべし、三に世間の麁細を識るべし、四に憍慢を棄つべし、五に意を著て心を觀ずべし、六に多く觀を修すべし、七に身に苦を受けて中止せず、八に意を止定すべし、九に一切の人食に在るを知るべし、十に當に理を證して意をして疑はしむる勿かるべし。【十報法經】

ジフホウホフキヤウ 十報法經 〔經名〕長阿含十報法經の略名、二卷。【昃帙十】(548)「よ。

ジフホツシユ 十發趣 〔名數〕「シジフヰ」を見

ジフホフ 十法 〔名數〕佛言く十法を成就するを大乘に住すと爲す。一に正信を成就し、二に行を成就し、三に性を成就し、四に菩提心を樂こび、五に法を樂こび、六に正法を觀ずるを樂こび、七に正法を行じ、八に正法に順じ、九に我慢等の事を遠離し、十に善く諸の微密の語に通達して聲聞及び緣覺等を樂ばず。【大乘十法經】

ジフホフカイ 十法界 〔名數〕顯敎には法華經に依て地獄餓鬼畜生阿修羅人天の六凡と聲聞緣覺菩薩佛の四聖を以て十法界となし、密敎には理趣釋經に依つて地鬼畜人天の五凡と聲緣菩權佛實佛の五聖を以て十法界となす。

ジフホフカイセウ 十法界鈔 〔書名〕「日蓮撰。一卷、

ジフホフカイミヤウイングワセウ 十法界明因果鈔 〔書名〕一卷、日蓮撰。「の略名。

ジフホフキヤウ 十法經 〔經名〕大乘十法經

ジフホフギヤウ 十法行 〔名數〕經典に對する十種の行法なり。一に書寫、佛所說の經律論文に於て書寫流通して斷ぜしめざるなり。二に供養、佛の經典所在の處に於て佛の塔廟の如く之を供養するなり。三に施他、所聞の法他の爲に演說し或は經卷を施與し專ら自から用ひず但だ利他を欲するなり。四に諦聽、他人の經典を讀誦し之を解說するを聞て深く愛樂を生じ一心に諦聽するなり。五に披讀、諸佛所說の經典に於て常に披閱看讀して手を釋てざるなり。六に受持、諸佛所說の敎法に於て佛に從て稟受し持して失はざるなり。七に開演、如來所說の敎法に於て常に開示演說して人をして信解せしむるなり。八に諷誦、如來所說の一切道法に於て諷誦宣揚し梵音清徹人をして聞くを樂ばしむるなり。九に思惟、如來所說の一切の法義に於て思惟籌量し憶念して忘れざるなり。十に修習、如來所說の法に依て精修數習して道果を成ずるなり。【辯中邊論下】

ジフホフジヨウジヤウクワン 十法乘成觀 〔名數〕常に略して十乘觀と云ふ。「よ。

ジフボンナウ 十煩惱 〔名數〕「ボンナウ」を見

ジフマ 什麼 〔雜語〕「インモ」を見よ。

ジフマ 十魔 〔名數〕「マ」を見よ。

ジフマンオクブツド 十萬億佛土 〔界名〕極樂のこと、極樂が西方十萬億土の彼方にありと云ふより轉じて名となる。【阿彌陀經】に「從レ是西方過二十萬億佛土一。有二世界一名曰二極樂一。」⦿(曲、實盛)「それ西方は十萬億土、遠く生るる道ながら」

ジフマンフゲン 十萬普賢 〔雜名〕十萬の普賢菩薩と云ふこと。普賢は【華嚴經】中慈悲門の菩薩なり。「フゲン」を見よ。⦿(曲、卷絹)「十萬普賢、滿山護法」

ジフミヤウ 十名 〔術語〕十號に同じ。

ジフム 十夢 〔故事〕訖栗枳(きりき)王の十夢と不梨先泥(波斯匿)王の十夢とあり。「ユメ」を見よ。

ジフム 十務 〔名數〕禪寺に十務を置き之を寮舍と云ふ。首領一人を置て多人の營事を管す、主飯の者を飯頭と名け、主菜の者を菜頭と名くる等の如し、然るに十務未だ一一の目を稽へず。【象器箋七】

ジフムエギヤウ 十無依行 〔名數〕又、十無依止と名く。行法に依て以て功德善根を生ずる所依處なり、然るに或は邪見に緣り、或は惡緣に依て其の行法の功德善根の所依止とならざるあり、之に十種あり十無依行と名く。一に意業壞せざるも加行壞するもの。二に加行壞せざるも意業壞するもの。三に加行意業共に壞するもの。四に戒は壞するも見の壞せざるもの。五に見は壞するも戒は壞せざるもの。六に戒見共に壞するもの。七に加行と意業と見と戒と共に壞せざるも但だ惡友の力に依止するもの。八に善友の力に依止するも復た愚鈍なると猶啞羊の如く總て事理を分別する能なきもの。九に種種の財寶衆具に於て常に厭足なく追求する因緣の故に其の心迷亂するもの。十に衆病に逼近せられて種種の咒術祠祀を求め此の因緣の故に其の行を壞するもの。【大

集地藏十輪經五】

ジフムエジ　十無依止　［名數］　前項に同じ。

ジフムキヤウ　十夢經　［經名］　舍衞國王十夢經の略名、又舍衞國王夢見十事經の略名、又國王不梨先泥十夢經の略名。【昃帙四】(631-2)

ジフムゲ　十無碍　［名數］　一に用周無碍、佛刹塵等の處に於て法界身雲を現じ無邊の業用を起すを云ふ。二に相遍無碍、佛十方一切世界無量の佛刹に於て種種に神變し、皆如來示現受生の相あり、相を現ずるに隨つて衆相皆具し、萬德斯に圓なるを云ふ。三に寂用無碍、佛常に三昧に住し、而して寂の爲に妨なくして物を利して用と爲す、定に即して即ち用、無碍自在なるを云ふ。四に依起無碍、佛寂用無心なるも能く海印三昧の力に依て無碍の用を起すを云ふ。五に眞應無碍、眞は即ち遮那眞身なり、應は即ち應身釋迦なり、眞身是れ體、應身是れ用、體を全くして用を起し用即ち是れ體なり、故に釋迦遮那圓融自在、もと二體なきを云ふ。六に分圓無碍、分は即ち支分、圓は即ち全身なり、支分全身を碍へず、全身支分を碍へず、故に遮那一一の身分手足眼耳乃至一毛皆遮那の全身あるを云ふ。七に因果無碍、佛昔菩薩の行を修し、波羅蜜の因を修して波羅蜜の果を證す、故に所受の報身及び所成の事業亦た十方一切の菩薩身靈を現じて自在無碍なるを云ふ。八に依正無碍、依は謂く依報即ち佛所依の國土、正は謂く正報即ち佛能依の色身なり、依正相入して二智無碍なるを云ふ。九に潛入無碍、佛智潛に衆生の心內に入る、即ち如來藏と名く、衆生と作るも自性を失はず、大海の水風に依つて波を作すも濕性を失はざる如きを云ふ。十に圓通無碍、佛大法界を融じて其の身となし、理として具せざるなく、事として攝せざるなし、故に一多依正人法因果彼此無碍なるを云ふ。【華嚴演義鈔三】

ジフムジンカイ　十無盡戒　［術語］　梵網經說の十重禁戒なり。「ジフヂウカイ」を見よ。

ジフムジンク　十無盡句　［雜名］　「ムジン」を見よ。

ジフムジンザウ　十無盡藏　［名數］　十種の法あり、各無盡の法海を含藏すれば十無盡藏と名く。一に信藏、菩薩の淨信堅固にして諸法空を解し、心退轉せず、如來の家に生じて信解を增長し、一切の佛法を聞持し衆生の爲に所聞皆信解せしむ故に信藏と名く。二に戒藏、菩薩三世諸佛の無盡の淨戒を奉持し具足圓滿毀犯する所なく諸の衆生の顚倒して戒を破するを念ず、我れ菩提を成じて眞實の法を說き顚倒を離れしめて同く此の戒を得しめんと、是を戒藏と名く。三に慚藏、菩薩過去を憶念するに天に慚づるを知らず、諸の眷屬に於て備さに衆惡を造る、今諸佛の知る所となりて慚を生ず、是の故に發露懺悔し梵行を修行して菩提を證得し諸の衆生の爲に眞實の法を說き慚を修せしめんと、是を慚藏と名く。四に愧藏、菩薩自から往昔を愧ぢ及び諸の衆生五欲の境に於て具さに惡法を行ひて垢穢の身を感ず、今諸佛の知る所となりて愧を生ず、是故に發露懺悔し梵行を修行して速かに菩提を證得し諸の衆生の爲に眞實の法を說き愧を知らしめんと、之を愧藏と名く。五に聞藏、菩薩世間出世間の一切諸法を聞く故に諸佛菩薩緣覺聲聞の出現入滅に於て皆悉く能く知る、諸の衆生多聞あるとなく此の一切法を知らざるを念ひ、我れ當に多聞藏を持して菩提を證得し衆生の爲に說くべしと是を聞藏と名く。六に施藏、菩薩稟性仁慈常に十施を行じて一念悔恨の心あるなし、又果報を求めず但だ法界の衆生を利益せんが爲なり是を施藏と名く。七に慧藏、菩薩智慧具足して世間出世間の一切諸法を知る、皆業報に從て造る所悉く是虛僞にして堅固あるとなし、衆生をして其の實性を知らしめんと欲して廣く爲めに演說す是れを慧藏と名く。八に念藏、菩薩痴惑を捨離して念を具足するを得、能く一生乃至百千生の成住壞空一劫乃至無數劫の一切諸佛の出世を憶知し、各諸佛の名號授記修多羅等の十二部經を說き及び衆會の根性悉く能く記憶す、是を念藏と名く。九に持藏、菩薩大威力を具し諸佛所說の修多羅法に於て文句義理一生受持し、乃至無數生受持し及び諸佛の名號劫數授記修多羅等無盡無量皆悉く受持して妄失あるとなし、是を持藏と名く。十に辯藏、菩薩大辯才を具し廣く衆生の爲に諸法を演說し、一文一句義理無盡衆生の根に隨つて皆滿足せしむ、是を辯藏と名く。【華嚴經二十】

ジフムニ　十無二　［名數］　諸佛世尊十種の無二行自在法あり。一に一切諸佛悉く能く善說授記の言說決定無二なり。二に一切諸佛悉く能く衆生の心念に隨順して其の意をして滿たさしむると決定無二なり。三に一切諸佛悉く能く三世一切の諸佛と其の所化の一切衆生との體性平等を知ると決定無二なり。四に一切諸佛悉く能く世法及び諸佛の法性差別なきを知ると決定無二なり。五に一切諸佛悉く能く三世諸佛所有の善根同一善根なるを知ると決定無二なり。六に一切諸佛悉く能く現に一切諸法を覺し其の義を演說すると決定無二なり。七に一切諸佛悉く能く去來今の諸佛の慧を具足すると決定無二なり。八に一切諸佛悉く能く三世一切の刹那を知ると決定

無二なり。九に一切諸佛悉く能く三世一切の佛刹一佛刹の中に入るを知ると決定無二なり。十に一切諸佛悉く能く三世一切佛の語即ち一佛の語なるを知ると決定無二なり。【宗鏡錄九十九】

ジフメウ　十妙　〔名數〕不可思議を妙と名く、實相の理なり。總じて因果自他を論ずるに十妙を具す、之に本迹の二種あり。

迹門十妙　〔名數〕**一**に境妙、境は即ち理境なり。謂く十如是等の境、心佛及衆生是三無差別の不可思議なり、經に唯佛與佛乃能究盡諸法實相。所謂諸法如是相如是性等と云ふ是なり。此に六境あり、一に十如の境、二に十二因緣の境、三に四諦の境、四に二諦の境、五に三諦の境、六に一諦の境、**二**に智妙、智は即ち境を全くして起る智なり。境妙を以ての故に智亦隨て妙なり、函蓋相應不可思議なり。經に我所得智慧微妙最第一と云ふ是なり。**三**に行妙、行は即ち所修の行なり。妙智行を導くが故に亦隨つて妙不可思議なり。經に行此諸道已道場得成果と云ふ是なり。**四**に位妙、位は即ち諸行所歷の位次なり、十住乃至十地是なり。行妙を以ての故に所證の位亦妙不可思議なり。經に乘是實乘遊於四方と云ふ是なり。**五**に三法妙、三法即ち眞性觀照資成の三法なり。眞理は是れ理觀、照は是れ慧、資成は是れ定なり、此の三法は是れ佛の所證にして妙不可思議なり。**六**に感應妙、感は謂く衆生、應は即ち佛なり。謂く衆生能く圓機を以て佛を感じ、佛即ち妙應を以て之に應ず、水上昇せず月下降せず、而して一月普く衆水に現ずる如し。是妙不可思議なり。經に一切衆生皆是吾子と云ふ是なり。**七**に神通妙、如來無謀の應、善權方便機宜に稱適し變現自在是れ妙不可思議なり。經に今佛世尊入ニ于三昧ー是不可思議現ニ希有事ーと云ふ是なり。**八**に說法妙、大小乘偏圓の法を說き咸く衆生をして佛の知見に悟入せしむ是れ妙不可思議なり。經に如來能種種分別巧說ニ諸法ー。言辭柔軟悅ニ可衆心ーと云ふ是なり。**九**に眷屬妙、佛出世すれば十方の諸大菩薩皆來て贊輔す、或は神通を以て來生する者あり、或は宿願を以て來生する者あり、或は應現を以て來生する者あり、皆眷屬と名け倶に妙不可思議なり。**十**に利益妙、佛法を說き一切衆生咸く本性を開悟し佛知見に入るを得、猶時雨普く洽ひて大地益を蒙るが如し。是れ妙不可思議なり。【玄義二之二】

本門十妙　〔名數〕一に本因、本初に菩提心を發し菩薩の道を修する所修の因なり、經に我本行ニ菩薩道ー時所成壽命今猶不盡と云ふ是なり。二に本果、本初所行の圓妙の因、契ひ得て常樂我淨を究竟す、乃ち是れ本果なり。經に我成佛已來甚大久遠と云ふ是なり。三に國土、もと既に果を成ず必ず依國あらん、今既に迹同居土に在り、或は三土に在り、中間に亦四土あり、本佛亦土あるべし、復た何の處にか居る。經に云く、自ニ從是ー來我常在ニ此娑婆世界ー說法敎化と。此の文を案ずれば今日迹中の娑婆にあらず、亦中間權迹の處所にあらず乃ち是れ本の娑婆即ち本國土妙なり。四に感應、既に果を成ず即ち本時所證の二十五三昧慈悲誓願機感相關するあり、能く寂に即して照なり。之を本感應と曰ふ。經に若有ニ衆生ー來ニ至我所ー。我以ニ佛眼ー觀ニ其信等諸根利鈍ーと云ふ是なり。五に神通、亦是れ昔時所得の無記の化化禪本因の時の慈悲と合して神通を以て最初可度の衆生を駭動す、之を神通妙となす。經に如來秘密神通力と云ひ、或は示ニ己身他身ー示ニ己事他事ーと云ふ是なり。六に說法、即ち是れ往昔に初めて道場に坐し始めて正覺を成じ初めて法輪を轉じ四辯所說の法を本說法妙となす。經に此等我所レ化令レ發ニ大道心ー。今皆住ニ不退ーと云ふ是なり。七に眷屬、本地說法の所被の人なり、地涌の菩薩彌勒其の一人を識らざる如きは乃ち本と眷屬なり。經に此諸菩薩下方空中住レ此等是我子我則其父と云ふ是なり。八に涅槃、本時所證の斷德涅槃なり、亦是れ本時の應身同居方便の二土に處して有緣既に度して唱へて入滅と言ふ。即ち本時の涅槃なり。經に然今非ニ實滅度ー而便唱言レ當レ取ニ滅度ーと云ふ是なり。九に壽命、既に入滅を唱ふるは則ち長短遠近の壽命あるなり。經に處處有說ニ名字不同年紀大小ーと云ふ是なり。十に利益、本の業願通應の眷屬(理性の一を除く。)八番十番に饒益する者是れなり。經に皆令レ得ニ歡喜ーと云ふ是なり。

本迹相攝　〔雜語〕「ジフニモン」參照。迹の中には因を開して果を合す、即ち習果報果を合して三法妙となし、本の中には因を合して果を開す、即ち習果を開き報果を出して國土妙と爲すなり。又迹の中には委しく境智行位を明かし、本には通じて因妙となす。次に果妙は即ち迹中の三法即ち三軌妙也、感應神通說法眷屬の四は本迹相ひ同じ。次に本に涅槃壽命の二妙を開くは今釋迦佛は法華に在つて未だ入滅せざるも久遠の諸佛迦葉燈明佛等の皆既に法華に於て滅を唱ふるを義推するに本佛必ず是れ入滅して淨土の淨機なり、又往事已に

成ずるが故に之を開出するなり、迹の中に此の義なきは釋迦は唱へて入滅すと云ふも未だ入滅せざればなり。最後の利益妙は彼此相ひ同じ。【玄義七】

十妙生起次第 〔雜語〕先づ迹門十妙の次第は實相の境は佛天人の所作にあらずもと自から之れあり、今に始まるに非らず故に最も初に居る。既に迷ふが故に惑を起し理を解するが故に智を起す。智を行の本となし智の目に因て行の足を起す、目足及び境の三法を乘となし、此の乘に乘じて淸涼池に入り諸位に登る、位とは何の所に住するや三法秘密藏の中に住在するなり。是の法に住し巳て寂にして常に照らす、十方界の機緣を照し來れば必ず應ず、若し機に趣き應を垂るるには先づ身輪の神通を以て駭發す、變通を見巳て道を受くるに堪うれば即ち口輪を以て說法開導す。既に法雨に潤へば敎を稟け道を受けて法の眷屬となる。眷屬行を行じて生死の本を拔き佛の知見を開いて大利益を得るなり。【玄義二之二】次に本門の十妙は本因初めに居る所以は必ず因に由つて果を對せばなり、果成ずるが故に國土あり、果を極て國に居れば即ち機を照らすあり、機感動すれば則ち之に應じて化を施す、化を施すには則ち神通あり。神通竟て即ち說法し、說法の所被即ち眷屬を成じ、眷屬即ち度すれば緣盡きて涅槃するが故に則ち壽命の長短を論ず。長短の壽命は所作の利益なり、乃至佛滅度の後の正像等の利益なり。【玄義七】

ジフモツ　什物 〔雜語〕什は雜の義、聚の義なり、寺院所藏の種種の器財を什物と云ふ。【涅槃經六】に「經書什物。」【玄應音義二】に「什物。什者十也。聚也雜也。亦會數之名也。又資生之物也。今人謂二家產器物一猶云二什物一。」

ジフモン　十門 〔名數〕種種あり。

理事無碍十門 〔名數〕事(現象)と理(本體)との關係に於て十門を立つ。一に理偏於事、一眞法界の理一切の事法に偏在す、然して理は分限なく事は分限あるも事既に理に即すれば亦分限なし、故に一一の微塵に眞理を具足す。二に事偏於理、理既に事に偏して事も亦理に偏す、有分限の事を以て無分限の理を具す故に一微塵法界に偏在す。三に依理成事、眞如の理に依つて世間の事を成ず、事に別體なく全く理を攬て成ず、波の水に依り水を全くして波を成ずるが如し。四に事能顯理、理は形相なく事に即して明かす、事既に理に依て成ずれば理乃ち事に依つて顯はる、波相盡きて水體全く顯はるる如し。五に以理奪事、事相既に虛にして全體是れ理なり、故に一切の事法不可得なり、般若心經に是故空中無レ色無二受想行識一と云ふ是なり。六に事能隱理、眞理既に隨緣して事相を成じ遂に事顯はれて理現はれざらしむ、水の波を成じ、波顯はれて水隱るるが如し、經に法身轉五道名曰衆と云ふ是なり。七に眞理即事、眞如の理性即ち是れ事相なり。眞如の外に事相あるにあらず、水即ち波なれば波の外に別に水なきが如し、般若心經に空即是色と云ふ是なり。八に事法即理、世間一切の事法もと自性なし、皆因緣の會集に由て有り、擧體即ち是れ眞性にして眞性の外に事法なく、般若心經に色即是空と言ふ是なり。九に眞理非事、事即ち眞理なるも是れ事に非ず、蓋し理は眞にして諸相を絕し、事は妄にして差別を帶ぶ、眞妄異なるを以ての故に即妄の眞の妄に異なること水の溫性は則ち波の動相に非ざる如し。十に事法非理、全理の事にして是れ理にあらず、蓋し理性は平等事相は差別なり、性相異なるを以ての故に擧體全く事にして而も事相宛然たること波の動相は是れ水の溫性にあらざるが如し。【華嚴大疏二】

止觀十門 〔名數〕一に心行理に稱ふて散を攝するを止と名く。二に止寂に滯らざるを觀るを礙げず。三に理事交徹して必ず俱なるに由て遂に止觀無碍に雙運せしむ。四に理事形奪して俱に盡くるが故に止觀兩亡して寄を絕す。五に理事を絕する無碍の境と止觀を泯する無碍との二にして不二なるが故に心境二にして一味なるを碍げず、又不二にして二なるが故に一味にして心境二なるを碍げず。六に即事の理一切法を攝するが故に即止の觀亦一切法を見る。七に此事即ち是れ彼事なるに由るが故に止觀をして此心即ち是れ彼心なるを見せしむ。八に前の中の六に由るときは則ち一多相入して而も一に非らず。七は則ち一多相是にして而も異にあらず、此の二不二にして同一法界なり、止觀無二の智頓に即入二門同一法界を見て散動なし。九に事に由るときは則ち重重無盡なり、止觀も亦普眼齊しく照らす。十に此の普門の智に即して主となすが故に頓に普門法界を照らす時必ず一切を攝めて伴となして無盡無盡なり。【宗鏡錄三十五】

周遍含容觀十門 〔名數〕華嚴宗所立五觀中の第五、周遍含容觀に十門を立つ。一に理如事門、是れ上の事理無碍中の第七眞理即事門に同じ。二に事如理門、是れ第八法法即理門に同じ。三に事含理事門、諸の事法理と異にあらざるが故に本の一

事を存して廣容となす、一微塵の如き其の相大ならずして能く無邊の法界を容攝し、刹等の諸法既に法界を離れざるが故に倶に一塵の中に在りて現ず、一塵の如く一切法亦爾り。四に通局無礙門、事と理と非一即非異なる故に此の事法をして一處を離れずして即ち全く十方一切の塵內に偏ず、非異即非一なるが故に全く十方に偏して一位を動かす、即近即遠即住無障無碍なり。五に廣狹無碍門、非一即非異なる故に一塵を壞せずして能く十方の刹海を容る、非異即非一なる故に廣く十方海を容れて微塵大ならず、是れ即ち一塵の事即廣即狹即大即小無障無礙なり。六に偏容無碍門、此の一塵を一切に望むるに普偏即ち是れ廣容なるに由るが故に偏く一切の中に在り、時に即ち復た一切諸法を攝めて全く自中に住す。又廣容即ち是れ普偏なるに由るが故に此の一塵をして還つて即ち偏く自內一切の差別法中に在り、是の故に此の塵他に偏する時他自に偏し能容能入無障無碍なり。七に攝入無碍門、彼の一法を一切に望むるに入他即攝他なるに由るが故に一切全く一切に入る時即ち彼れ一を全くして還つて自一切の中に在りて同時無碍なり、又攝他即入他なるに由るが故に一法全く一切中に在るとき還つて一切をして恒に一の內にあらしめて同時無碍なり。八に交涉無碍門、一を一切に望むるに攝あり入あり、通じて四句あり、謂く一一切を攝め、一一切に入り、一切一を攝め一切一に入る、一一を攝め一一に入り、一切一切に入り一切一切を攝め同時交參無碍なり。九に相在無碍門、一切を一に望むるに亦四句あり、謂く一を攝して一に入り、一切を攝して一に入り、一を攝して一切に入り、一切を攝して一切に入り、一切を攝して一切及び一普皆同時に入り交參無碍なり。十に普融無碍門、一切及び一普皆同時に互に相望むるに一一に前の兩重の四句を具して普融無碍なり、前の九門の文は頓に顯はれざるを以て此に攝めて同一刹ならしむ、既に總別同時なれば則ち重重無盡なり。【註法界觀】

華嚴釋經十門 〔名數〕 華嚴經を釋するに十方面よりすること。一に敎起因緣、二に藏敎所攝、三に義理分齊、四に敎所被機、五に敎體淺深、六に宗趣通局、七に部類品會、八に傳譯感通、九に總釋經題、十に別釋文義。【華嚴大疏一】

ジフモン 十問 〔雜語〕 大日經の初に金剛手先づ佛に十題を請問し、佛一一に答ふ、是れ本經一部の所明なり。一に菩提心の性如何、二に菩提心の相如何、三に幾心ありて次第して是の菩提心を得るや、四に此の諸心の差別の相如何、五に凡そ幾時を經て究竟の菩提心を得るや、六に菩提心所具の微妙の功德如何、七に何の行を以て修行せん、八に云何か之を修行せん、九に衆生の異熟心如何、十に瑜伽行者の心云何か之と殊異なるや。(經の文句九句なれ共善無畏の言によりて十句とす。)【大日經疏一】「り。

ジフモンコギ 十問擧疑 〔雜語〕 論場の論題な

ジフモンジン 十問訊 〔儀式〕 普同問訊の異名合掌橫竪十字を畫する如き故に名く。【象器箋十】

ジフモンハ 什門派 〔流派〕 日蓮宗の一派、日什を祖とするより名とす。妙滿寺を本山とし妙滿寺派とも云ひしが後顯本法華宗と改稱す。

ジフモンベンワクロン 十門辨惑論 〔書名〕 三卷、唐復禮著。【露帙八】(1498)

ジフヤ 十夜 〔行事〕 淨土宗に每年十月六日より十五日まで十夜の法事を營修す、緣起は後花園院の御宇永享年中足利義敎の執權伊勢守平貞經が子に兵衛の頭貞國法名眞蓮あり、眞如堂に詣で三晝夜の念佛を勸め滿夜の明方に剃髮せんと思ひ定め假寢し五更に向はむとする時、夢に高僧告て曰く、汝現世後世我を賴む心僞なし、來世は超世の願に任ず、今世の事は今三日を待つべしと。又歌を示す。依て遁世を思ひ止みたる翌日公事として父貞經は隱居せしめ、貞國に家督を相續すべき旨を傳ふ。此の瑞夢上聞に達し三日夜に繼て七日夜の念佛を興行せしむ。勸行の式或は慈覺大師の作法に由つて引聲の誦經念佛なり。後六十餘年を經て後土御門院の御宇明應四年乙卯三月鎭西派相州鎌倉蓮華寺の長達社觀譽と云ふ僧に敕して內殿に於て彌陀經を講ぜしめ、且つ眞如堂の僧を集めて觀譽を導師として引聲の彌陀念佛を修せしむ、叡感の餘り觀譽に所思を請はしめしに、奏して今度殿中に於て修する所の引聲彌陀經念佛は慈覺の將來にして本邦に弘通す、殊に眞如堂の靈驗より事起りて十月十夜の法會を修行す、是れ偏に特留念佛の佛勅あらたなる謂なり、願くは引聲の誦經念佛及び十夜の法要を吾寺に移して永く淨土の勤行に備へんと。遂に所請の如く敕許ありしより淨土宗の寺院に十夜の法事を修すといへり。此の事は明應五年丙辰十月十五日鎌倉光明寺第九世源譽の十月十夜略緣起に出でたり、今其の大綱を記す。經に曰く「於レ此修レ善十日十夜勝下於二他方諸佛國土一爲レ善千歲上」と。十夜の所據とすべし、但し實は十日十夜とすべきを略して十夜といふなり。【考信錄】

ジフヤネンブツ 十夜念佛 〔行事〕 「ジフヤ」を見よ。

ジフユ　十喩　〔名數〕種種の十喩あり、「ユ」を見よ。

ジフユクワン　十喩觀　〔術語〕大日經所說の十喩なり、眞言の行者修法の中に必らず之を修して執念を除くなり「ジフエンシヤウク」を見よ。

ジフライ　十來　〔雜名〕「ジフライゲ」を見よ。

ジフライゲ　十來偈　〔雜名〕現當二世の果報を示すに十偈あり。各偈來字を以て結ぶを以て名く。

端正者忍辱中來　　貧窮者慳貪中來
高位者禮拜中來　　下賤者憍慢中來
瘖瘂者誹謗中來　　盲聾者不信中來
長壽者慈悲中來　　短命者殺生中來
諸根不具者破戒中來　　六根具足者持戒中來

ジフラク　十樂　〔名數〕極樂の十樂なり。「ラク」を見よ。

諸佛十樂　〔名數〕一に不可思議所信樂。二に無有等比佛三昧樂。三に不可限量大慈悲樂。四に一切諸佛解脫之樂。五に無有邊際大神通樂。六に最極尊重大自在樂。七に廣大究竟無量力樂。八に離諸知覺寂靜之樂。九に住無礙住恒正定樂。十に行無二行不變異樂。【唐華嚴經卄四】

ジフラクコウ　十樂講　〔行事〕淨土の十樂を講讚する法會なり。

ジフラセツニヨ　十羅刹女　〔名數〕法華經陀羅尼品の所說なり。一に藍婆、正法華に結縛と云ふ、能く衆生を繫縛して殺害する故に結縛と名く、若し歸佛の後に從はば則ち煩惱の賊を縛するなり、二に毘藍婆、正法華に離結と云ふ、則ち人を結縛し或は之を脫離して自在を得る故に離縛と名く、若し歸佛の後に從はば則ち煩惱の結使を遠離するなり。三に曲齒、正法華に施積と云ふ、齒牙上下に生じて甚だ怖畏すべきが故に曲齒と名く。若し歸佛の後に從はば則ち財を積て人に施すなり。四に華齒、正法華に施華と云ふ、齒牙鮮明に上下並に生ず、故に華齒と名く。五に黒齒、正法華に施黒と云ふ、齒牙黒色にして畏るべき相あるが故に黒齒と名く。六に多髪、正法華に被髪と名く、並に是れ形相に從ふなり。七に無厭足、衆生を害して厭足なきが故に無厭足と名く、若し歸佛の後に從はば衆生を慈念して厭かざるが故に名く。八に持瓔珞、正法華に持華と云ふ、是れ共に所執の物に從ふ名なり。九に皐諦、正法華に何所と云ふ。天上人間來往自在なるが故に何所と名く、若し歸佛の後に從はば則ち諸法皆空無染にして住着する所なければ何所と名く。十に奪一切衆生精氣、十女並に羅刹女にして人の精氣を奪へども今は總名を以て別名となすなり。若し歸佛の後に從はば則ち一切衆生の煩惱の惡氣を奪除して菩提の善法を長養する義なり。【鷹峰群談五】⦿（拾玉集）に「十の名を法のむしろに聞きしよりげになつかしき妹がことのは」（新勅撰）に「天つ空雲のかよひぢそれならめ乙女の姿いつかまちけん」（曲、大社）「本地十羅刹女の化現なり」（第六十七圖參照）

十羅刹女神本地　〔雜語〕三說あり【妙法蓮華三昧三昧耶秘密三摩耶經】に「金剛薩埵白二世尊一言。十羅刹女等本源云何。遮那答言。十羅刹女。本有三三覺一。一等覺二妙覺三本覺。」（已下經意に依て圖示す。）

藍婆――上行
毘藍婆――無邊行
曲齒――靜行
華齒――安立行

黒齒――釋迦如來
多髪――普賢　　妙覺
無厭足――文殊
持瓔珞――觀音
皐諦――彌勒　　等覺
奪一切衆生精氣――多寶――本覺

梵漢對映集

五大院安然云く（類雜集五に引く。）

藍婆――阿閦如來――釋迦
毘藍婆――寶生如來――彌陀
曲齒――阿彌陀如來――藥師
華齒――不空成就佛――多寶
黒齒――大日如來――大日
多髪――普賢菩薩――普賢
無厭足――彌勒菩薩――文殊
持瓔珞――觀音菩薩――彌勒
皐諦――文殊菩薩――觀音
奪一切衆生精氣――大日如來――地藏

【類雜集五】に各其の三昧耶形を記して

藍婆　持二三角菱一　三惑頓斷の義、
毘藍婆　持二三角杵一　三德秘藏の意、
曲齒　持二獨鈷一　唯有一乘法無二亦無三の意、
華齒　持二白拂一　除難障の意、
黒齒　持二水瓶一　福德を生ずる意、
多髪　人指を曲ぐ　除魔の意、
無厭足　持二華籠一　供養莊嚴の義、
持瓔珞　瓔珞は　四十一地莊嚴の意、
皐諦　持二燒香一　精進の義、
奪一切衆生精氣　合掌　衆生を愛取する義。

ジフリ　十利　〔名數〕種種あり。

乞食十利　〔名數〕「コジキ」を見よ。

多聞十利【名數】「タモン」を見よ。

聞經十利【名數】「モンキヤウ」を見よ。

般若十利【名數】「ハンニヤ」を見よ。

禪定十利【名數】「ゼンヂヤウ」を見よ。

精進十利【名數】「シヤウジン」を見よ。

粥十利【名數】「カユ」を見よ。

ジフリキ　十力【術語】如來の十力なり。一に知覺處非處智力、處とは道理の義、物の道理非道理を知る智力なり。二に智三世業報智力、一切衆生の三世の因果業報を知る智力なり。三に知諸禪解脫三昧智力、諸の禪定及び八解脫三三昧を知る智力なり。五に知種種解智力、一切衆生の種種の知解を知る智力なり。六に知種種界智力、世間の衆生の種種の境界同じからざるに於て如實に普く知る智力なり。七に智一切至所道智力、五戒十善の行は人間天上に至り八正道の無漏法は涅槃に至る等の如く各其の行因の至る所を知るなり。八に知天眼無碍智力、天眼を以て衆生の生死及び善惡の業緣を見るに障碍なき智力なり。九に知宿命無漏智力、衆生の宿命を知り又無漏の涅槃を知る智力なり。十に知永斷習氣智力、一切の妄惑の餘氣を永く斷じて生ぜしめざるに於て能く如實に知る智力なり。【智度論二十五、俱舍論二十九】

ジフリキカセフ　十力迦葉【人名】Daśabala-kāśyapa 又、婆敷迦葉と名く、五比丘の一人なり。

ジフリキキヤウ　十力經【經名】一卷、唐の勿提犀魚譯。【開帙十五】

ジフリキケウ　十力敎【雜語】佛十力を有すれば總じて佛敎を稱して十力敎と云ふ。【西域記七】に「有二十事一遣二十力敎一。」

ジフリキソン　十力尊【雜語】如來十智力を具すれば十力尊と稱す。【增一阿含經十三】に「歸二命十力尊一。圓光無二塵翳一。」「明なり。

ジフリキミヤウ　十力明【術語】佛の十力と十

ジフリキムトウソン　十力無等尊【雜語】佛は十力を具して三界に於て等しきものなければ十力無等尊と稱す。

ジフリヨ　十慮【名數】釋論所說の十識を云ふ。【性靈集七】に「十慮心滅休レ遊。」「シキ」を見よ。

ジフリン　十輪【譬喩】即ち如來の十力なり。地藏十輪經十輪品の說に轉輪聖王十種の智力を以て國土人民を勸諭し懲誡し以て自の國土をして安樂を增長し能く一切の怨敵を伏し種種の福利を得しむ、之を十王輪と名く。是の如く如來亦十種の智力を成じ第一道理非道理を分別し乃至第十永く惑習を斷ずる法を知て一切衆生の中に於て大梵輪を轉ずれば之を十種の佛輪と名くるなり。「ジフリキ」を見よ。

ジフリンキヤウ　十輪經【經名】大方廣十輪經の略名。大乘大集地藏十輪經の別譯なり。【玄帙七】(65)

ジフルヰキヤウ　十類經【雜語】華嚴經に廣略十種あり。「ケゴンキヤウ」を見よ。

ジフレンゲザウセカイ　十蓮華藏世界【術語】十は滿數を示し、無盡を意味す。無盡の蓮華藏世界と云ふ如し。

ジフロク　十六【術語】華嚴に於ては十の數を以て滿數となし、無量無盡を攝し、眞言密敎に於ては十六の數を以て圓滿無盡を表するなり。故に胎藏界の曼荼羅を畵くに其の中臺八葉院は其の最少の極を十六指となす、其の十六とは衆生の肉團心なる八葉の曼荼羅なり、此の八葉に人法を開きて八種の善知識の人と八種の金剛慧印の法とあり、以て十六の數を成ずるなり。【大日經疏五】に「內心白蓮華。此是衆生本心。妙法芬陀利華秘密幖幟。華臺八葉圓滿均等。如二正開敷形一。乃至正方四葉是如來四智。隅角四葉是如來四行。約レ此現爲二八種善知識一。各持二金剛慧印一。乃至如レ是十六法一一皆等二法界一。乃至無レ有二少分不平等處一。故其幖相亦與冥符。略擧二如來萬德一以爲二十六指一。申而長レ之則無量無邊。故此曼荼羅極小之量翔二十六指一。大則無限也。」【義釋】に「人法各八故成二十六一。」【演密鈔五】に「四智四行八種善知識幷各持二金剛慧印一故成二十六法一也。」【出生義】に「厥有二河沙塵海數量一。擧二十六位一焉。亦塵數之義不レ出二於此一矣。」其の他金剛界の十六大菩薩、十六尊、十六執金剛神、十六天神、顯經所說の處處の十六菩薩十六居士等總て十六の數を以て一切を該攝する意なり。其の他般若の十六空、月の十六分等皆此の意に依るなり。依て案ずるに皇室の御徽章の十六菊は其數此の十六に基き金剛界の十六執金剛神、般若の十六善神、又は十六天を以て中臺の大日如來即ち天照太神を護衛し奉る意なるべし。

ジフロクカイジ　十六開士【名數】賢護等の十六居士菩薩なり。【碧巖七十八則】に「古有二十六開士一於二浴僧時一隨レ例入レ浴。」「ジフロクボサツ」を見よ。

ジウロクギヤウ　十六行【名數】四諦の十六行相。略して十六行と云ひ、又十六諦觀と云ふ。苦法智忍等の十六の觀法なり、「ケンダウ」の項を見よ。

ジフロクギヤウサウ　十六行相【名數】時に略して十六行とも二八行とも云ふ。「ケンダウ」の項を見よ。

ジフロククワン　十六觀　〔術語〕觀無量壽經正宗分の所說なり。韋提希夫人西方極樂世界を願生し、幷て未來世の衆生往生せんと欲する者の爲に佛世尊に其の所修の法を說かんことを請ふ、故に佛此の十六種の觀門を說く。一に日想觀、正坐西向して諦に落日を觀じ、心をして堅住し專想して移らざらしむ。旣に日の將に沒せんとするの狀懸鼓の形を見る、旣に日を見已て閉目開目皆了了ならしむ、之を日想觀と名く。二に水想觀、次に水想を作し水の澄淨なるを見て亦た明了にして分散の意なからしむ、旣に水想を作し已らば當に氷想を作し、旣に氷を見已らば瑠璃想を作す。此の想成じ已れば瑠璃地の內外映徹するを見る、是を水想觀と名く。以下三に地想觀、四に寶樹觀、五に八功德水想觀、六に總想觀、七に華座想觀、八に像想觀、九に佛眞身想觀、十に觀世音想觀、十一に大勢至想觀、十二に普想觀、十三に雜想觀、十四に上輩上生觀、十五に中輩中生觀、十六に下輩下生觀。【觀無量壽經】⦿（榮花、玉の臺）「觀無量壽經の十六想觀を思ひ出でられてよそへられ給ふ」

ジフロククワンキヤウ　十六觀經　〔經名〕觀無量壽經に十六觀を說く故に十六觀經と云ふ。

ジフロククワンモン　十六觀門　〔術語〕十六觀は西方極樂に往生する門戶なれば十六觀門と云ふ。図眞言に顯敎の九次第定の順逆觀に準じて無盡法界と無餘衆生界とに就て十六觀門を立つ。先づ無盡法界に八門あり、一切心を以て一心となし順觀一心を以て一切心となし逆觀一心を以て一心となし三門一切心を以て一切心となし四門一切門を以て一門となし五門一門を以て一切門となし六門一門を以て一門となし七門一切門を以て一切門となす八門。此の中心とは所入の體に名け、門とは能入の敎に名く。次に無餘衆生界に八門あり、上の如し。無盡法界とは一法界門にして諸佛法界を觀じ、無餘衆生界とは多法界にして九界の差別の迷境を觀ずるなり。【大日經疏三、演密鈔四】

ジフロクコクジキ　十六斛食　〔雜名〕大量滿腹の食なり。十六斛は斗量なり。【焰魔供次第】に「某甲等謹以二香潔飲食及錢財幣帛等一先奉三獻十方諸佛百千俱胝百億那由佗不可不說國土微塵等一切冥官冥道僧尼靈界半天婆羅門諸餓鬼衆一。一一各得二摩伽陀國十六斛食一。能令下此食悉皆變爲二法喜禪悅甘露醍醐淨乳海一充二滿法界一廣大無量無レ不二飽滿一。」

ジフロクコクワウ　十六國王　〔名數〕印度古昔の十六國の王なり。【仁王經下】に「大王。吾以二此經一付二囑汝等一。毘舍離國 Vaiśālī 憍薩羅國 Kosala 室羅筏國 Śrāvastī 摩伽陀國 Magadha 波羅痆斯國 Bārāṇasī 迦毘羅國 Kapilavastu 拘尸那國 Kuśinagara 憍睒彌國 Kauśāmbī 般遮羅國 Pañcāla 波吒羅國 Pāṭaliputra 末吐羅國 Mathurā 烏尸國 Uṣa 奔吒跋多國 Puṇḍravardhana 提婆跋多國 Devātāra 迦尸國 Kāśī 瞻波國 Campā 如レ是一切諸國王等皆應レ受二持般若波羅蜜多一。」

ジフロクゲンモン　十六玄門　〔術語〕眞言を釋する方規なり。「センダラニ」を見よ。

ジフロクサウクワン　十六想觀　〔術語〕略して十六觀と云ふ。「ジフロククワン」を見よ。

ジフロクシ　十六師　〔名數〕十六外道なり。

ジフロクシグ　十六資具　〔術語〕「ヅダ」を見よ。

ジウロクシフコンガウジン　十六執金剛神　〔名數〕金剛界成身會曼荼羅の下方に位する神なり。【出生義】に「又下方有二十六執金剛神一。蓋一切如來、勇健菩提心所二生化一。亦明下如來修行之時有二塵數種心障煩惱一以二是金剛慧一破レ之。大覺之後成中塵數種類智門上。以二此金剛慧一用レ之故復現二其暴惡可レ畏之身一。操大威之智以調二伏難調一。叱吒則大千震蕩。指レ顧則魔懾竄。所以鬼母佝懼而收レ跡。象頭畏レ威而連引。則知向彼大惑之主魔醯首羅亦蒙二被其害一而成二正覺一。今舉二憑怒適是大悲。此等金剛所有河沙塵滴數量。十六住二焉。亦塵數之義不レ出二於此一矣。」と、神名下の如し。一、虛空無垢金剛十九執金剛の一。二、金剛輪。三、金剛牙不空成就、四親近の一。四、蘇喇多金剛譯、妙住。謂く其住安穩なり。五、名稱金剛。六、大分金剛謂く大者の分大心衆生なり即機分也。七、金剛利。八、寂然金剛。九、大金剛。十、靑金剛。十一、蓮華金剛。十二、廣眼金剛。十三、執妙金剛。十四、金剛金剛金剛は慧なり金剛を以て單に名とす。十五、住無戲論金剛十九執金剛の一、大空慧に住す。十六、虛空無邊遊步金剛十九執金剛の一。【大日經疏十六】

ジフロクシヤウ　十六生　〔術語〕眞言の行者は十六大菩薩の十六三昧を成就し、以て圓滿の大覺を證するなり、十六三昧即ち因行證入の四轉の功德の次第漸生すること恰も月の十六分漸生して圓月に至る如くなれば月光に寄せて十六生と云ふ。

ジフロクシヤミ　十六沙彌　〔名數〕「ジフロクワウジ」を見よ。

ジフロクシン　十六心　〔名數〕「ハチニン」「ハチチ」に同じ。

シフロクシンケンダウ　十六心見道　〔名數〕大乘唯識には十六心の相見道を立て、小乘俱舍論には十五の眞見道とし、最後の一心を修道と立つ。然るに小乘の曇無德部、成實には十六心を見道となすと云ふ。是れ台家四敎儀等の所說なり。成實論と大乘義章とを對比すれば成實は無相行を以て見道となし、敢て俱舍の如く四諦の十六行相を別觀せず、

但だ無相の一行相を以て見惑を斷ずるを見道となすなり。台宗所議の憑證如何、更に考ふべし。

ジフロクシンギヤウ　十六心行　［名數］十六行相に同じ。「ケンダウ」を見よ。

ジフロクゼンジン　十六善神　［名數］是れ叢林に大般若經を轉讀する時、釋尊と此の十六神を掲ぐるなり、陀羅尼集經三に載す。【般若波羅蜜大心經】に「達哩底囉瑟吒大將、禁毗嚕大將、縛日嚕大將、迦毘羅大將、彌覩羅大將、哆怒毘大將、阿儞嚕大將、娑儞嚕大將、印捺嚕大將、波夷嚕大將、摩虎囉大將、嬌尾嚕大將、眞特嚕大將、嚩吒徒嚕大將、尾迦嚕大將、倶吠嚕大將。其造壇の法は惡物を除き去り之を淨めて築平し、又牛糞を以て香湯泥に和して其の地を摩塗し、五色の物を以て三重院を造る。三重に各四門を開き、第三重の內院に一の圓月を作り、中心に般若波羅蜜多菩薩像を安ず、西面門に向ふ。其の像の右邊に帝釋天を安じ、左邊に梵摩天を安ず。第一重の外に四方面に侍者を安じ持明者は西面す。東各四神主の像を列ぬ總數即ち是れ十六神王なり。」【壒囊鈔十三】に「大般若十六善神の名及び其の本尊定らず、唯其の脇士は必ず法涌常啼なり。或は曰く、十二神將に四天を加へて、十六神を爲すと、而るに名字を記せず、常喜院の要集記に十六夜叉の名を列ぬ。毘首羯摩夜叉、劫毘羅夜叉、法護夜叉、肩目夜叉、廣目夜叉、護軍夜叉、珠賢夜叉、滿賢夜叉、持明夜叉、阿吒縛夜叉、縛蘇松龍王、蘇摩那龍王、補沙毘摩龍王、訶利帝大天佛、翳羅縛蹉大天佛、雙目大天佛。其の本尊に三種あり、而して脇士は本尊に隨て三種あり。若し本尊藥師ならば則ち脇士は日光月光なり。本尊釋迦ならば則ち脇士は普賢文殊なり。本尊般若菩薩ならば則ち脇士は法涌常啼なり。當寺北山觀勝寺の法用此の如し。凡そ文殊は般若部の總部主なり、故に立てて本尊となす。帝釋は說敎の主、藥師は息災を主るが故に並に立てて本尊となすなり。」【谷響集八】に「一に擯頭攞吒善神。身綠青色にして怒顏を開く、赤衣を著、甲冑を被り右手刀を持し、左手鋒を杖く、鬚鬢赤黑色なり。二に毘盧勒叉善神。赤紫色にして忿顏唇を閉づ、白靑衣を著、甲冑を擐く、右手刀を拔き、左手腰を按す、鬚髮紺靑色なり。三に摧伏毒害善神。赤肉色にして白色衣を著、甲冑を擐き、右に刀を執り、左の手掌外に向て胸に當つ、鬚髮皆竪て紺色なり。四に增益善神。身赤肉色にして怒顏四臂を有す、右の第一手刀を持し、第二手劍輪を把り、左の第一手楊枝を執り、第二手半月を擎ぐ、綠色の袈裟紅裳を著け、頸に瓔珞を懸く。五に歡喜善神。身綠靑色にして忿顏、金色の孔雀を頂く、右手鉤を持し、左手腰に安ず、赤衣を著け甲冑を被り、鬚髮赤色なり。六に除一切障難善神。身黃色にして怒相、六臂あり、右手の第一手三戟を持し、第二手經卷を捧げ、第三手塔を擎ぐ、右の第一手紅蓮華を執り、第二手劍を執り、第三手槍を執る、首に寶冠を戴き、瓔珞を垂れ白衣を著け、袈裟を掛け、風環佩を翻す。七に拔罪垢善神。身靑黑色にして躶體に雜色の袈裟を著く。右手に五叉の棒を持し、左手拳を作して頂上に置く、目を瞋らし口を開き、利牙上下に出で髮毛竪立せり。八に能仁善神。身紺靑色にして躶體に鎧を被り、頭に素幘を著けて左に垂れたり、右手劍を持し、左手猾を執る、鬚髮赤黑なり。已上右方なり。九に吠室羅摩拏善神。身赤黑色にして瞋面唇を合す、右手金剛棒を執り、左手寶塔を捧ぐ、赤衣を被、甲冑を著けて鬚髮赤黑色なり。十に毘盧博叉善神。身靑黑色にして笑顏綠衣を著、甲冑を著す、右手筆を執り、左手卷を執り書かんと欲するの勢を作す、鬚髮赤色なり。十一に離一切怖畏善神。形相全く帝釋天に似たり、但だ頭に髑髏を戴き其の上に三鈷杵あり、是れ彼の天に異なる耳。十二に救護一切善神。身白靑色にして形相全く毘沙門天の如し、但だ兩手合掌して指端に紅色の微敷蓮華を挿す。十三に摂伏諸魔善神。身黑肉色にして、右手劍を持し、左手掌を垂れて、外に向ひ瓔珞身を莊嚴す。十四に能救諸有善神。身綠色にして顏貌玉の如し、二手合掌して二人頭を中指の背の第一節に著く、鎧を被、紅裙を帶し白色の袈裟を著く。十五に師子威猛善神。身肉色にして忿怒の相四臂を具す、右の第一は斧を持し、第二手劍を持し、左の第一手梵篋を捧げ第二手三戟を持す、首に師子冠を戴き、紺色の袈裟を著、虎皮の小服を被る。十六に勇猛心地善神。身綠色にして微笑す、甲冑を擐て形能救諸有善神の如し、二手外縛して心に當つ。已上左方なり。集者云く、世に金剛智所譯の般若守護十六善神王形體一卷三紙あり、之を讀んで明に知る、是れ金剛智の筆語にあらず、綴文甚だ拙し、想ふに先達金剛智の圖畵に依て之を錄して金剛智の名を假るならん、自ら揣らざるの甚しきなり。今予が註する所の名及び形相粗彼の卷中を摘して語を前却するのみ。」⊙（太平記五）「十六善神の擁護に依る命なりと」（第六十八圖參照）

ジフロクゼンジンワウギヤウタイ　十六善神王形體　［書名］般若守護十六善神王形體の略。軌の名なり。

ジフロクタイ　十六諦　〔名數〕 十六行相なり。

ジフロクダイアラカン　十六大阿羅漢　〔名數〕 即ち十六羅漢なり。「ラカン」を見よ。

ジフロクダイコク　十六大國　〔名數〕 「ジフロクコクワウ」を見よ。

ジフロクダイシ　十六大士　〔名數〕 十六羅漢なり。「ラカン」を見よ。

ジフロクダイジ　十六大寺　〔名數〕 東大寺、興福寺、元興寺、大安寺、藥師寺、西大寺、法隆寺、新藥師寺、大后寺、不退寺、法華寺、超證寺、龍興寺、招提寺、宗鏡寺、弘福寺の稱。

ジフロクダイテン　十六大天　〔名數〕 天部中其の主なる者十六位あり十六大天と云ふ。「ジフロクテン」を見よ。

ジフロクダイボサツ　十六大菩薩　〔名數〕 四如來四親近の十六菩薩なり、賢劫の十六尊に簡別して殊に大菩薩と稱す。「ジフロクボサツ」を見よ。

ジフロクダイリキ　十六大力　〔名數〕 佛阿耨達龍王の請に趣き爲に無欲の法を說き、諸の菩薩をして諸の淸淨行を修せしむ。當に此の十六大力を得て身心を調攝して諸の衆生を化するなり。一に志力、菩薩の心志善く一切諸佛所說の法を總持して衆生を化するを志力と名く。二に意力、菩薩の心意佛の所行に同じく、諸の衆生に於て未だ度せざるものを悉く度せんと願ふを意力と名く。三に行力、菩薩能く精進の行を以て一切諸法の甚深の法義に通達するを慚力と名く。四に慚力、菩薩能く慚愧するを以ての故に一切の罪業を遠離し、種種の善法を興起するを行力と名く。五に强力、菩薩一切障難の中に於て能く堅忍して非行を爲さざるを强力と名く。六に持力、菩薩所受の法に於て悉く能く演說開導して遺妄なきを持力と名く。七に慧力、菩薩大智慧ありて諸法の皆空を照了し億千の魔兵も之を惱ます能はざるを慧力と名く。八に德力、菩薩無欲行を修し諸の功德を具へて諸の染著を離るるを德力と名く。九に辯力、菩薩大辯力ありて百千劫に於て諸法を隨解し所說無礙なるを辯力と名く。十に色力、菩薩色相端正にして若し帝釋梵天及び四天王菩薩の所に至て一見するの頃黯然無色なるを色力と名く。十一に身力、菩薩の身堅固淸淨なると猶金剛の如く、火燒くこと能はず、刀斷つこと能はず、外道中に於て最高特勝なるを身力と名く。十二に財力、菩薩衆珍寶に於て念願する所に隨て時に應じて即ち至るを財力と名く。十三に心力、菩薩諸の衆生の性欲を知り、能く其の心を一にして順ふて之を化するを心力と名く。十四に神足力、菩薩衆生を化導するに能く神通具足の力を以てし、即ち神變を現じて之を度脫するを神通力と名く。十五に弘法力、菩薩諸佛の法に於て能く廣く一切衆生の爲めに宣說し、衆生をして之を聞きて斷絕せず、信受奉行して等しく衆苦を除かしむるを弘法力と名く。十六に降魔力、菩薩禪定を修習し佛旨を承順して能く衆魔を伏するを降魔力と名く。〔三昧弘道廣顯定意經二〕

ジフロクチケン　十六知見　〔名數〕 又、十六神我と云ふ。未だ正道を見ざる人は五陰等の法の中に於て强て主宰を立て我我所ありと妄計す、我を計するの心諸緣を歷て即ち十六知見の別あるなり。一に我、五陰等の法の中に於て無明了せず、我我所の實ありと妄計するが故に我と名く。二に衆生、五陰等の法の和合の中に於て實の衆生ありて生ずと妄計するが故に衆生と名く。三に壽者、五陰法中に於て我ありて一期の報を受け、命に長短ありと妄計するが故に壽者と名く。四に命者、五陰法中に於て我の命根ありて連續して絕えずと妄計するが故に命者と名く。五に生者、五陰法中に於て我れ能く衆事を生起し又我れ人中に來て生ずと妄計するが故に生者と名く。六に養育、五陰法中に於て我れ能く他人を養育し及び我れ生じてより父母の爲に養育せらると妄計するが故に養育と名く。七に衆數、五陰法中に於て我れに五陰十二入十八界等の衆法の數ありと妄計するが故に衆數と名く。八に人、五陰法中に於て我れ能く修行する人にして不能の人に異なると妄計し、及び我れ人道に生じ餘道に異なると妄計するが故に人と名く。九に作者、五陰法中に於て我れ身力手足ありて能く事を任ずと妄計するが故に作者と名く。十に使作者、五陰法中に於て我れ能く他を使役すと妄計するが故に使作者と名く。十一に起者、五陰法中に於て我れ能く後世罪福の業を起すと妄計するが故に起者と名く。十二に使起者、五陰法中に於て我れ能く他をして後世の罪福の業を起さしむと妄計するが故に使起者と名く。十三に受者、五陰法中に於て我れの後身當に罪福の果報を受くべしと妄計するが故に受者と名く。十四に使受者、五陰法中に於て我れ能く他をして後世罪福の果報を受けしむと妄計するが故に使受者と名く。十五に知者、五陰法中に於て我に五根ありて能く五塵を知ると妄計するが故に知者と名く。十六に見者、五陰法中に於て我に眼根ありて能く一切の色相を見ると妄計するが故に見者と名く。〔智度論二十五〕

ジフロクヂウゲンギ　十六重玄義　〔名數〕 眞言行者の漸次證入に六無畏と、二地より佛地に至る

十地とを合せて十六重あり、以て一切地に到る。第六無畏は即ち初地也。但此の一一の重に各因根究竟の三心ありて起證の者は重重の一法門に依て一切智地に到るを得、即ち十六生の義なり。而して此の十重初後更更收め、聖凡互に攝して一法門に無盡の法門を具すれば重玄と云ふ。【大日經疏三】に「漸次證入者。如二初無畏時一以二聲字觀一修二漫茶羅行一。乃至第六無畏於二平等心中一修二漫茶羅行一。離垢地以去各於二自地一觀二心中一修二漫茶羅行一。略以二行信一分レ之已作二十六重一。淺深不同。此一一位自有二菩提種子心一。有二大悲胎藏增長因緣一。有二慧方便業受用之果一。如二前所說一從二一門一各流二出種種門等一。」【演密鈔四】に「以三初地菩薩入二三世平等一故與二第六無畏平等無畏一無レ異故取二二地已去乃至佛地一。足二前六種無畏一故成二十六重玄義一也。」又「如二第一重玄一以二聲字觀一修二曼茶羅行一。聲字爲レ門即當二其因一。觀行圓明即當二其根一。增不レ已入二法界壇一則當二究竟一。一位既爾餘位皆然。」

ジフロクヂヤウノロシヤナブツ　十六丈盧舍那佛　〔圖像〕　奈良の大佛は十六丈佛の坐像なり、化身佛は一丈六尺を定法とすれば、今報身佛として之を十倍せしなり。而して十は華嚴の法門として圓滿を表して微塵數の量を示せば以て報身佛の廣大無邊法界に周遍するを表するなり。之を拜せんもの敢て十六丈を以て之を觀ること勿れ。

ジフロクテン　十六天　〔名數〕　八字文殊法に之を說く。

東方	帝釋天王	帝釋后
東南	火天神	火天后
南方	焔摩天	焔摩后
西南	羅剎王	羅剎后
西方	水天神	龍天后
西北	風天神	風天后
北方	毘沙門天王	毘沙門天后
東北	伊舍天王	伊舍天后

ジフロクドクシヨウ　十六特勝　〔名數〕　特に四念處等の觀に勝ぐれて、始め調心より終り悲想地に至るまで地地に觀照ありて能く無漏の善業を發して、厭ふなく自害の失を惡むが故に特勝と名く。十六とは一、知息入、二、知息出、三、知息長短、四、知息徧身、五、除諸身行、六、受喜、七、受樂、八、受諸心行、九、心作喜、十、心作攝、十一、心作解脫、十二、觀無常、十三、觀出散、十四、觀離欲、十五、觀滅、十六、觀棄捨なり。

ジフロクホフ　十六法　〔雜語〕　中臺八葉中四法は是れ如來の四智、四隅は是れ如來の四行、此の因果の八に就て、八種の人と所持の金剛慧印の法とに約して十六法となす。「ジフロク」を見よ。

ジフロクボサツ　十六菩薩　〔名數〕　顯密二敎に涉りて十六菩薩あり。

顯敎十六菩薩　〔名數〕　顯敎の經論處處に賢護等の十六菩薩を擧ぐ、是れ皆在家の菩薩なり。而して全く其の名を擧げしは思益經と智度論のみ。【寶積經百十一】に「復有二十六大士一。賢護菩薩而爲二上首一。」【無量壽經】に「又賢護等十六正士。」【法華論上】に「如二颰陀波羅賢護と譯す。菩薩等十六大賢士一具二足菩薩不可思議事一。」【智度論】に「善守賢護と同義。等十六菩薩。是居家菩薩。颰陀婆羅居士菩薩是王舍城內人。寶積王子菩薩是毘耶離國人。皐德長者子菩薩是瞻波國人。導師居士菩薩是舍衛國人。那羅達婆羅門菩薩是浮梯羅國人。水天優婆塞菩薩。且擧二此六一餘有略也。」【思益經一】に「及跋陀羅婆羅等十六賢士。跋陀婆羅賢護又は善守と譯す。寶積菩薩。星德菩薩。帝天菩薩。水天菩薩。善力菩薩。大意菩薩。殊勝意菩薩。增意菩薩。善發意菩薩。不虛見菩薩。不休息菩薩。不少意菩薩。導師菩薩。日藏菩薩。持地菩薩。」此中、論の第一第二は經の第一第二に全く同じ。第三を論には皐德に作り經は星德に作る、是れ經論何れかの寫誤ならん。又論の第四、導師居士は經の第十四と全く同じ。又、論の第五の那羅延婆羅門菩薩は經の第四の帝天菩薩なり。又論の第六、水天は經の第五と全く同じ。

密敎十六菩薩　〔名數〕　二種あり。一は金剛界四方四佛各各の四親近なり。一は賢劫の千佛の因位たる千菩薩を表する十六菩薩なり。金剛界九會曼荼羅の中、第一の成身會は果上の千佛を擧げ、第二三昧耶會以下は因位の千佛を擧ぐるなり。而して今は千菩薩中主要の菩薩十六尊を撰取して千菩薩を代表するなり。但し千菩薩中已に前四の菩薩は成道し已り、殘る所は第五の彌勒より九百九十六尊なり。即ち第四は釋迦也。故に今より後は第五の彌勒を最首とするを以ての故に、此の十六菩薩も彌勒を第一とするなり。實際賢劫の菩薩は九百九十六人なるを千菩薩と云ふは大數に從ふなり。【諸部要目】に「又有二四方賢劫中十六大菩薩一。表二賢劫中一千菩薩一。」其の十六菩薩の名字は六卷の略出經の第四、四卷の略出經の第三、敎王經の第一、賢劫十六尊軌に出で、其の他諸家の口決種種あり。今賢劫十六尊軌に依て之を示さば左の如し。

東北角より右遶

東方	一	彌勒	軍持
	二	不空	蓮華眼
	三	除憂	梵夾
	四	除惡	三股杵
南方	一	香象	蓮華
	二	大精進	鏘戟
	三	虛空藏	寶珠
	四	智幢	寶幢

西方
一 無量光 蓮華
二 賢護 寶瓶
三 網明 網傘蓋
四 月光 半月幢

北方
一 無量意(文殊) 梵夾
二 辨積 華雲
三 金剛藏 獨股
四 普賢 五智印

ジフロクユウザウヂゴク 十六遊增地獄 [名數] 八寒八熱の大地獄の各に四門あり、各門四獄あり。合せて十六宛の地獄を附屬す。ここに墮ちたる衆生は諸所を轉歷してその苦を增す故に遊增地獄と云ふ。

ジフロクラカン 十六羅漢 [名數] 「ラカン」を見よ。

ジフロクリウノバン 十六流幡 [名物] 十六執金剛又は十六大天等に因みて十六旒の幡を建つるなり。

ジフロクワウジ 十六王子 [名數] 法華經、化城喩品に說く、往昔三千塵點劫に大通智勝佛あり、大通智勝其の佛未だ出家せざる時、十六の王子あり、佛に從て三乘敎佛成道の後皆出家して沙彌となり、更に大乘の妙法を說かんことを請ひ、佛の法華經を說くを聞き佛八千劫にして初て大乘心を發し、即ち靜室に入て八萬四千劫の間寂然として入定す。此時十六王子各法座に上りて八萬四千劫の間四部衆の爲に法華經を覆講す。而して今已に各成佛して八方の如來となる。經中第一王子智積の名を擧げて餘を略す。

ジフロクワウジブツ 十六王子佛 [名數] 「ジフロクワウジ」を見よ。前項に同じ。

ジフロクヰン 十六院 [名數] 叡山の十六院なり。

ジフロクヱ 十六會 [名數] 般若の十六會なり。

ジフロンシヤウ 十論匠 [名數] 三十唯識頌を釋せし十大論師なり。

ジフワウ 十王 [名數] 冥土の十王なり。一に秦廣王。二に初江王。三に宋帝王。四に伍官王。五に閻羅王。六に變成王。七に泰山府君。八に平等王。九に都市王。十に轉輪王。【十王經】此の十王に各本地あり。「ジフサンブツ」を見よ。(第六十九圖參照)

ジフワウキヤウ 十王經 [經名] 一卷。成都府大聖慈寺沙門藏川の所撰なり。其の鄙俚讀むに堪えず。而して今存する者は和人の僞撰なり。

ジフワク 十惑 [名數] 十使に同じ。

ジブツキヤウギヤウ 事佛吉凶經 [經名] 阿難門事佛吉凶經の略名。

ジブン 時分 [雜語] 西天の曆法晝夜を分つに種種あり、佛法に依れば晝三夜三の六時を常法とす。【阿彌陀經】に「晝夜六時。而雨㆓曼陀羅華㆒。」【大日經疏四】に「如㆓梵曆中說㆒。晝夜各有㆓三時㆒。」(二)其の世法に八時に分つ。【西域記二】に「居俗日夜分爲㆓八時㆒。」【註】に「晝四夜四於㆓一一時㆒各有㆓四分㆒。」(三) 晝夜を十二時に分つ、是れ大集經所說の十二時神獸の說に依るなり。支那日本古來之を襲用す。「ジフニジユ」を見よ。(四)晝夜を三十時に分つ。【倶舍論五】に「百二十剎那爲㆓怛剎那量㆒。臘縛此六十。此三十須臾。此三十晝夜。三十晝夜月。」【智度論四十八】に「日名㆓從㆑旦至㆑旦。初分中分後分。夜亦三分。一日一夜有㆓三十時㆒。」(五)晝夜を六十時に分つ。【大日經疏四】に「時分者。西方曆法。晝夜各有㆓三十時㆒。一一時則有㆓名號㆒。如㆓晝日㆒即量㆓影長短㆒計㆑之。某時作㆑事即吉。某時則凶。某時中平。各各有㆓像類㆒。」

ジベン 慈辯 [術語] 慈心より說を起すを慈辯と云ふ。【無量壽經】に「演㆓慈辯㆒授㆓法眼㆒。」

ジホフカイ 事法界 [術語] 四種法界の一。「ホフカイ」を見よ。

ジマンダラ 字曼茶羅 [術語] 即ち種子曼茶羅にして四曼中の法曼茶羅なり。若し修行者資力なく圖畫の大曼茶羅を作るに堪えざる者には此の字曼茶羅を以て法を修するを許すなり。【大日經疏十三】に「然實力不㆑辨者聽㆑作㆓字曼茶羅㆒。即於㆓此置佛之處㆒但書㆓作阿字㆒。是一切佛及菩薩之母也。云云」

ジミキ 時媚鬼 [異類] 三種鬼の一。「キ」を見よ。

ジミヤウ 慈明 [人名] 趙宋の潭州石霜山の慈明禪師、名は楚圓、汾陽昭に嗣ぎ、臨濟六世の孫なり。【稽古略】

慈明盆水 [公案] 慈明圓禪師、一日方丈の內に於て一盆の水を安じ、上に一口の劍を橫へ、下に一雙の草鞋を著け、橫に主杖を安じて坐す。僧門に入るを見れば便ち指す、僧擬議すれば師便ち棒す。【會元十二】

慈明行心 [公案] 慈明平生事事無碍を以て心を行ず、凡聖測る能はざる所なり。【禪林僧寶傳五章】是れ圓頓家の常事何の測る能はざる所あらん。

慈明虎聲 [公案] 慈明圓禪師、泉大道來り參す。問て曰く、白雲谷間に橫ふ、道人何處より來る。泉左右を顧指して曰く、夜來何處の火か古人の墳を燒出すと。呵して曰く、未在、更に道へ。泉虎聲を作す。師一坐具を打す。泉慈明を推倒す。明亦虎聲を作す。泉退身して大に嘆じて云く、我れ七十餘員の善知識に對す、唯だ師のみにて臨濟の正宗を繼得すべし。【會元十二】

慈明執爨 [公案] 慈明の婆、寺に近く居す、人之を測るなし、慈明閑に乘じて必ず彼に至る。一日參に當て粥を罷む、久して槌鼓を聞かず。楊岐監寺

たり。曰く、今日當參何んぞ鼓を擊たざる。云く、和尙出でて未だ歸らず。直に慈の處に往て見る。明いゝ、鑫を執り、婆粥を煮る。岐云く、和尙今日參に當たり大衆久しく待つ、何を以てか歸らざる。明云く、儞一轉語を下し得ば即ち歸り、下し得ずんば東西に去らんと。楊岐笠子を以て頭を蓋て上に行くこと數步、明大に喜て遂に同じく歸る。【普燈錄三】

慈明論棒 〔公案〕慈明黃龍に謂て曰く、書記雲門の禪を學ばば必ず其の旨を善くせん、洞山三頓の棒を放すと曰ふが如きは、洞山時に於て應に打たるべきか、打たるべからざるか。龍曰く、應に打つべし。慈色莊にして言ふ、三頓の棒聲を聞て便ち棒を喫せば則ち汝旦より暮に及ぶまで鴉鳴雀噪鐘魚鼓板の聲を聞くも亦應に棒を喫すべし、何の時にか當に已むべきや。龍瞠りて却く。慈明云く、吾始め汝が師に堪へざるを疑ふ、今可なりと。即ち拜せしむ。【普燈錄三】

慈明速喝 〔公案〕楊岐慈明に問ふ、幽鳥語喃喃雲を辭して亂峯に入る時如何。明云く、我れ荒草裡に行かん、汝又深村に入らん。楊岐云く官には針をも容れず、更に一問を借らんとす、得るや。明便ち喝す。岐云く、好一喝。明又喝す。岐亦喝す。明速に兩喝す。岐便ち禮拜す。明云く、這の事是箇人にして正に能く擔荷す。岐拂袖して去る。【普燈錄三】

ジム 寺務 〔職位〕高野山に寺務の役名あり、別當と同列なりと云ふ。【錄內啓蒙十一】

ジムゲチ 辭無碍智 〔術語〕四無礙智の一。

ジムゲベン 辭無碍辯 〔術語〕辯無碍智に同じ。

ジムリヤウシン 慈無量心 〔術語〕四無量心の一。

ジモ 字母 〔術語〕悉檀の摩多と體文なり、或は四十二字或は四十七字或は五十字の別あり。顯密の諸經に之を釋す。是れ諸字を生ずる母なれば字母と云ふ。【智度論四十八】に「四十二字母。並一切字根本。因レ字有レ語。因レ語有レ名。因レ名有レ義。若聞レ字則了二其義一。」「シッタン」を見よ。

ジモジヤク 字母釋 〔書名〕梵字悉曇字母釋の略名。一卷、弘法大師撰。

ジモヘウ 字母表 〔書名〕一卷、一行阿闍梨撰。

ジモホン 字母品 〔經名〕文殊問經字母品の略名。【閱帙十五】(975)

ジモン 慈門 〔術語〕佛菩薩慈心より諸の功德又は善巧方便を流出すれば慈門と云ふ。【華嚴經世主妙嚴品】に「淸淨慈門刹塵數。共生二如來一妙相一。」【碧巖外道問佛頌】に「慈門何處生二塵埃一。」

ジモン 寺門 〔雜名〕古來叡山延曆寺を山門と稱するに對して三井の園城寺を寺門と稱す。是れ共に總即別名なり。⦿(正統記四)「山門寺門は天台をむねとする故にや」

ジモンクワン 字門觀 〔術語〕諸尊の種子を觀ずるを字門觀と云ふ。【不思議疏下】に「字門觀者種子也。」

ジモンハ 寺門派 〔流派〕本朝眞言三流の一。三井の所傳を云ふ。是れ智證大師を祖とし彌勒菩薩を本尊とし、三昧耶戒を主とす。

ジヤイナケウ 闍伊那敎 〔流派〕闍伊那は梵音 Jaina また耆那敎とも云ふ。開祖は若提子 Jñātiputra と云ふ。其の起原は佛と殆んど同時代にして少しく早し。其の開宗の動機は亦佛敎と同じく、吠陀の敎權を排し、四姓の階級を打破するにあり。其の敎理は數論と同じく物心對立論にして、有生 Jīva と無生 Ajīva とを對立せしめ、有生の善神は無生なる物質的關係に繫縛せられて惡の生を營むに至れり。故に吾人は一切の道德を修め、苦行禁欲によりて物質界より解脫し、一切智によりて常滿精神 Nityasiddha を得べしと云ふ。而して佛敎と異なりて我の實在を主張し、此の點に於て常に佛敎を罵倒せり。開敎後二百年頃北方摩伽陀の信徒と南方カルナーク地方の信徒との間に敎義上の異論を生じ、北方は寬容主義を取りて白衣を著し、南方は依然嚴格に敎祖の旨を體して裸體を主張せり。前者を白衣派、後者を空衣派と稱し、二者各各其の所依敎典を編輯するに至れり。佛敎に云ふ尼乾子、宿作外道は即ち是なり。

ジヤイン 邪婬 〔術語〕自已の妻妾に非ずして之を婬するを邪婬と云ふ。五戒の一。

ジヤインゲダウ 邪因外道 〔流派〕十種外道の一。「ゲダウ」を見よ。

ジヤインジヤクワ 邪因邪果 〔術語〕「シシフ」を見よ。

ジヤウウリム 情有理無 〔術語〕我法の二は迷情の見にのみ存し、理に於ては無體なるを云ふ。遍計所執性のこと。

ジヤウイウバソクシヨモンキヤウ 淨意優婆塞所問經 〔經名〕一卷、趙宋の施護譯。佛祇園に在り、淨意來て長壽短壽乃至愚痴智慧の八種の因緣を問ふ。佛具さに之を答ふ。【宿帙六】(943)

ジヤウイモンキヤウ 淨意問經 〔經名〕淨意優婆塞所問經の略名。

ジヤウインホフモンキヤウ 淨印法問經 〔經名〕海意菩薩所問法印經の略名。【玄帙六】(976)

ジヤウウ 情有 〔術語〕凡夫の妄計する一切の境

界は理に無くして但情に存するを情有と云ふ。【歸敬儀中】に「人惟情有。」

ジヤウウシユジユキメウ　常有種種奇妙　〔雜語〕極樂には常に種種奇妙の鳥あること。【阿彌陀經】に「彼國常有二種種奇妙雜色之鳥一。乃至是諸衆鳥晝夜六時出二和雅音一。其音演二暢五根五力七菩提分八聖道分如是之等法一。」⦿（千載集）に「鳥の音も波の音にぞ通ふなるおなじ御法をきけばなりけり」

ジヤウウゼカウム　常有是好夢　〔雜語〕經の奇瑞によりて好夢を見ること。【法華經安樂行品】に「若於二夢中一。但見二妙事一見下諸如來坐二師子座一諸比丘衆圍繞說法上。乃至常有二是好夢一。」⦿（拾玉集）「思ふべしわがうつつこそ悲しけれ御法の宿に見る夢ぞそれ」

ジヤウエウ　淨影　〔人名〕隋の淨影寺の慧遠、世に其の寺號を取り淨影と稱す。

ジヤウエ　淨衣　〔衣服〕神佛に祈請する時に着する清淨の衣を云ふ。眞言師には各其の修法に依て其色を異にす。護摩を見よ。但し俗人は一般に白衣なり。

ジヤウエ　上衣　〔衣服〕又、大衣と云ふ。二十五條の鬱多羅僧衣なり。【法華文句十四】に「言二上衣一者即大衣也。」

ジヤウエ　毳衣　〔衣服〕鳥毛を以て織りし衣なり。眞言には之を着するを開す。

ジヤウエン　上衍　〔術語〕衍は梵語摩訶衍の衍にて乘の義なり。今梵漢雙擧して語を成じて上衍と云ふ即ち上乘の義なり。【淨土論註上】に「此無量壽經優婆提舍。蓋上衍之極致。不退之風航者也。」

ジヤウエン　情猿　〔譬喩〕心情の動轉して定まらざるを猿猴に譬へて情猿と云ふ。【慈恩寺傳九】に「制二情猿之逸躁一。繋二意象之奔馳一。」

ジヤエンチ　若衍底　〔雜語〕譯、勝の義、生の義、即ち勝生なり、阿字門よりすれば即ち是れ無勝生なり、是れ一切無能勝者の母なる故に無勝生と名くるなり。此の無勝生亦甘露生と名く。【大日經義釋七】梵 Jayati

ジヤウオク　淨屋　〔雜名〕比丘の住して罪なき家屋を淨屋と云ふ。「ジヤウシユ」を見よ。

ジヤウカイ　淨戒　〔術語〕清淨の戒行なり。【法華經序品】に「精進持二淨戒一。猶如レ護二明珠一。」

ジヤウカイテン　上界天　〔界名〕五類諸天の一。色界無色界の諸天を云ふ。【秘藏記末】

ジヤウカウ　上綱　〔職位〕僧職三綱中の上座を云ふ。【東鑑二十八】に「於二御所一啒二上綱六口一被レ轉二讀大般若經一。」⦿（盛衰記二四）「門徒上綱等各從レ公」

ジヤウカク　淨覺　〔術語〕清淨の覺悟なり。【圓覺經】に「以二淨覺心一取レ靜爲レ行。」

ジヤウカク　淨覺　〔人名〕名は仁岳、自ら潛夫と號す。淨覺は勅賜號なり。初め四明の法智に從つて學び、後に師に背いて一家を成す、世に之を山外派の泰斗となす。著す所、楞嚴會解十卷、重閒記五卷、楞嚴文句三卷、金剛般若經疏二卷、發軫鈔五卷、彌陀經疏二卷、指歸記二卷、十不二門文心解二卷、雜錄名義十二卷、義學雜編六卷等あり。【佛祖統紀二十一】

ジヤウカン　淨竿　〔物名〕禪寺の浴室に淨觸の二竿を設け、淨竿に淨衣を掛け、觸竿に穢衣を掛く。【象器箋二十】

ジヤウカン　上間　〔雜語〕禪林の用語凡そ人、堂に向ふに已が身の右を上間と爲す、法堂方丈南向には則ち東、僧堂東向には則ち北、庫司西向には則ち南、是を上間と曰ふ。【象器箋二】

ジヤウキエツコンダイボサツシン　常喜悅根大菩薩身　〔術語〕寶生如來四親近の第四、金剛笑菩薩なり。一切有情の諸根をして無量の安樂悅意を得しむる故に常喜悅根と名く。【金剛頂經一】

ジヤウキヤウ　常境　〔術語〕常智所照の境は一切生滅の相を離るれば常境と云ふ。經に世間相常住と云ふ即ち是なり。【四敎儀】に「常境無相。常智無緣。」

ジヤウキヤウ　淨經　〔經名〕文殊師利淨律經の「略名。【列帙二】（1084）

ジヤウキン　淨巾　〔物名〕即ち手巾なり。【象器箋十九】

ジヤウギヤウ　常曉　〔人名〕山城法琳寺の常曉、眞言八家の一なり、承和五年入唐して楊州の花林寺の元照より大元帥法を傳へて歸朝し、吾朝始て大元帥法あり。貞觀八年寂。著す所尊勝佛頂次第、入唐根本大師記、進官請來錄、各一卷あり。【元亨釋書】

ジヤウギヤウコツジキ　常行乞食　〔術語〕十二頭陀行の一。「ヅダ」を見よ。

ジヤウギヤウキヤウ　淨行經　〔經名〕優婆夷淨行法門經の略名。【宙帙七】（506）

ジヤウギヤウサンマイ　常行三昧　〔術語〕常恒に念佛三昧を修すること。⦿（著聞集釋敎）「三十餘年常行三昧を行ぜられける」常行堂參照。

ジヤウギヤウジヤ　淨行者　〔術語〕又、梵志と云ふ。婆羅門行を修する者の通稱なり。「ボンシ」を見よ。

ジヤウギヤウジヤキチジヤウイン　淨行者吉祥印　〔印相〕大梵天王の印の名なり。「ダイボンテン」を見よ。

ジヤウギヤウジリツ　常行持律　〔雜語〕常に

佛法清淨の行業を修し、戒律を嚴修するを云ふ。⊙（盛衰記五）「座主僧正は顯密兼學淨行持律の上、公家には一乘圓宗御師範なり」

ジヤウギヤウダウ　常行堂　〔堂塔〕又、西常行堂とも、常行三昧院とも、般舟三昧院とも、常行三昧堂とも、常坐三昧堂とも云ふ。叡山講堂の北に在り。慈覺大師の創立にして、四種三昧の一なる念佛三昧の常行堂。【山門堂舍記】に「此堂四種三昧之其一也。傳敎大師弘仁九年七月二十七日分ニ諸弟子一配ニ四種三昧一。令ニ慈覺大師經ニ始常坐三昧堂一。同年九月土木功畢。自入ニ三昧一。六年修行。大師承和五年入唐。十五年歸山。新建ニ立常行三昧堂一。仁壽元年移ニ念佛三昧之法一傳ニ授諸弟子一。始修ニ彌陀念佛一。乃至此堂元者在ニ虛空藏尾一。而相應和尙。承ニ大師遺命一。元慶七年改移ニ彼處一。講堂之北也。」【濫觴抄下】に「淸和八年八月十日戊午相應立レ之。其詞曰。慈覺大師三十七夜欲レ修ニ不斷念佛一。延ニ彼三七日夜之本願一爲ニ三世常行三昧一。一念一稱不レ爲ニ世間之利一。一花一香唯志ニ往生之因一。」⊙（太平記二）「常行堂」

ジヤウギヤウホン　淨行品　〔經名〕菩薩本業經の異名。【天帙十】（100）

ジヤウギヤウボサツ　上行菩薩　〔菩薩〕法華地涌菩薩の四上首の第一。日蓮師は我れ上行菩薩の後身なりと稱す。⊙（曲、身延）「かく上人の此處に至り給ふは、上行菩薩の御再誕ぞとかたじけなくて」

ジヤウギヤウボンシ　淨行梵志　〔術語〕梵天行を修する婆羅門を淨行梵志と稱す。【大日經疏四】に「火神是淨行梵志火祠之所。」

ジヤウクタ　娘矩吒　〔動物〕虫の名なり。【玄應音義二十五】に「娘矩吒。此云ニ糞屎蟲一。有レ觜如レ針亦云ニ針口蟲一。穿レ骨食レ髓者也。」

ジヤウクリ　常求利　〔雜語〕又、常瞿利、穰虞梨、蘘虞哩曳に作る。「ナグリ」を見よ。

ジヤウクワウ　常光　〔術語〕化身佛の平常の光明なり。次項を見よ。

ジヤウクワウイチヂヤウ　常光一丈　〔術語〕又常光一尋と云ふ。化身佛の常の光明其徑一丈なるを云ふ。而して是れ常光なれば別に光を放つと言はざるなり。【智度論八】に「問て云く、如來何が故ぞ常光一丈なるや。答て曰く、今の衆生薄福鈍根にして日其の光に堪へざるが故なり、若し多光を放てば則ち眼根を失ふ、若し衆生利根にして福重ければ、佛則ち無量の光明を放つ。」

ジヤウクワン　淨觀　〔術語〕淸淨の觀法なり、淨土の十六觀の如き是なり。【歸敬儀】に「少厭ニ欲苦一令レ修ニ淨觀一。」

ジヤウクワン　淨官　〔雜名〕寺院の執事を淨官と云ふ。蓋し淨人の稱より來るなり。

ジヤウグ　上供　〔雜語〕佛前祖前に供物を奠するを云ふ。【象器箋十四】

ジヤウグウシヤウリヤウ　上宮聖靈　〔雜語〕上宮太子を尊稱して上宮聖靈と云ふ。【雜談集三】に「上宮聖靈、觀音の垂迹として、天王寺の御手印緣起に、五辛酒肉病比丘に許す、病癒れば持齋すべし。」

ジヤウグウシヨ　上宮疏　〔書名〕上宮太子の法華經維摩經勝鬘經の義疏あり、上宮疏と稱す。

ジヤウグウタイシコウ　上宮太子講　〔儀式〕上宮太子の德を講讚する法會なり、天王寺等に之を行ふ、其の式は法用常の如く式三段、終りに如意輪眞言は一遍を誦す。【請勸拾葉集】

ジヤウグウワウジ　上宮皇子　〔人名〕聖德太子の別稱。

ジヤウグクワウミヤウキヤウ　成具光明經　〔經名〕成具光明定意經の略名。

ジヤウグクワウミヤウサンマイキヤウ　成具光明三昧經　〔經名〕成具光明定意經の略名。

ジヤウグクワウミヤウヂヤウイキヤウ　成具光明定意經　〔經名〕一卷、後漢の支曜譯、貴姓子善明、佛に問ふ、佛の妙德何よりして之を致すと。佛言く、定意法あり、成具光明と名く、當に百三十五事を淨行すべしと。【宙帙二】（161）

ジヤウグホンライ　上求本來　上求菩提下化衆生に同じ。本來とは衆生の眞性即ち佛性菩提なり。⊙（曲、西行櫻）「夫れ春の花は、上求本來の梢にあらはれ」

ジヤウグボダイ　上求菩提　〔術語〕下化衆生に對して上求菩提と云ふ。上に向て菩提を求め、下に向て衆生を化するなり。上求菩提は是れ自利、下化衆生は是れ利他なり、是れ菩提心にして菩薩の萬行此の二を出でざるなり。【止觀一上】に「上求菩提。下化衆生。發ニ菩提心一。」⊙（曲、東北）「澗底の松の風、一聲の秋を催して上求菩提の機を見せ」

ジヤウグワツ　淨月　〔人名〕唯識論十大論師の一。「ジフダイロンシ」を見よ。

ジヤウケ　淨家　〔流派〕淨土宗を淨家と云ふ。【御傳翼讚二十六】に「吾が淨家も云云」

ジヤウケシユ　淨華衆　〔術語〕極樂に往生する者は淸淨の蓮華に化生して七種の淨法を具すれば淨華衆と云ふ。【願生偈】に「如來淨華衆。正覺華ヨリ化生。」

「シチケ」を見よ。　「うてななり。」

ジヤウケダイ　淨華臺　〔雜名〕　清淨なる蓮華の臺なり。

ジヤウケツノゴヨク　淨潔五欲　〔名數〕　欲界麁弊の五欲に對して色界無色界の色聲香味觸の五欲を云ふ。

ジヤウケノチユウ　成假中　〔術語〕　三論宗に云ふ四中の一。「チユウダウ」の條を見よ。

ジヤウケン　常見　〔術語〕　二見の一。

ジヤウケン　情見　〔術語〕　妄情の所見なり。【唯識樞要上本】に「情見各異。禀者無レ依。」

ジヤウケン　上肩　〔雜語〕　禪林の用語已が位の上に居る人を上肩と云ふ。【象器箋五】

ジヤウケンジユンテン　上肩順轉　〔儀式〕　左肩に順じて轉ずるを云ふ。所謂右遶なり、右遶の右は佛に約し、左肩の左は行者に約す。秦漢以前左を上となせば左肩を上肩と云ふなり。【象器箋十】

ジヤウゲハチタイ　上下八諦　〔名數〕　色界無色界の四諦と欲界の四諦となり。

ジヤウゲン　淨眼　〔術語〕　清淨の法眼なり。五眼中法眼は事理の諸法を見る淨眼なり。【華嚴經】に「如是淨眼能觀見。」

ジヤウゲン　淨源　〔人名〕　趙宋の杭州南山慧因寺の法師、名は淨源、晋江の楊氏に生る、先世は泉の晋水の人なり、故に學者晋水と稱す。師受具參方、華嚴を五臺の承遷に承け、合論を横海の明覃に學び・南に還て楞嚴圓覺起信を長水法師了璿に聽く、四方の宿學推して義龍と爲す。哲宗の元祐三年十一月巳酉入滅す、世壽七十八。【釋氏稽古略四】

ジヤウゲン　淨眼　〔人名〕　王子の名。「ジヤウザウジヤウゲン」を見よ。

ジヤウゲンサンマイ　淨眼三昧　〔術語〕　梵釋の諸天の淨身を一心に觀ずるを淨眼三昧と名く。【大日經疏】に「於二梵釋諸尊解脱身一一心不亂。名二彼天淨眼三昧一。」

ジヤウゲンシヤウトウ　上元燒燈　〔行事〕　大陰暦正月十五日の放燈なり。「ハウトウ」を見よ。

ジヤウコク　淨國　〔術語〕　清淨の佛國なり。【維摩經佛國品】に「菩薩取二於淨國一皆爲レ饒二益諸衆生一故。」【觀無量壽經】に「必生二淨國一。」【淨土論註】に「淨國無二衰變一。」

ジヤウコフ　成劫　〔術語〕　四劫の一。「コフ」を見よ。⊙(水鏡上)「さて世のはじまる時をば成劫と申してこの中劫と申しつる程を二十すぐすなり」

ジヤウコン　上根　〔術語〕　眼等の諸根の上利なる者を云ふ。【涅槃經十四】に「爲二上根人一人中象王迦葉菩薩等一。於二此拘尸那城一轉二大法輪一。」【止觀一之二】に「爲二上根性一説二圓滿修多羅一。二乘如レ聾如レ啞。」⊙(野守鏡下)「まことに上根上智、もしは廣學多聞の人より外は其心をさとるべからず」

ジヤウゴ　淨語　〔術語〕　眞實の語を淨語と云ふ。【大集經十】に「須彌可レ説二口吹動一。不レ可レ説三佛有二二語一。實語眞語及淨語。」

ジヤウゴ　淨居　〔界名〕　淨居天なり。

ジヤウゴテン　淨居天　〔界名〕　五淨居天なり。「ゴジヤウゴテン」を見よ。

ジヤウゴテンシンゴン　淨居天眞言　〔眞言〕　「ゴジヤウゴテン」を見よ。

ジヤウゴフ　淨業　〔術語〕　清淨の善業なり。又、西方の淨土に往生する業因なり。【觀無量壽經】に「此三種業。過去未來現在三世諸佛淨業正因。」

ジヤウゴフシヤウウキヤウ　淨業障經　〔經名〕　一卷、失譯。無垢光比丘城に入て乞食し、婬女に呪せられて根本戒を犯す。大苦惱を生じて文殊師利菩薩を見る。菩薩將て佛所に詣り、佛爲めに無性の法を說き、發心得記す、因て廣く淨業障の法を說く。【列帙二】(1094)

ジヤウゴフブキヤウ　淨業部經　〔經名〕　淨業障經の異名。

ジヤウゴフロン　成業論　〔書名〕　大乘成業論の略名。【來帙九】(1221)

ジヤウゴン　淨嚴　〔人名〕　江戸湯島靈林山靈雲寺の開基、淨嚴、字は覺彥、號は雲農と云ひ、又別に妙極と云ふ。寛文四年南院の良意僧都より安祥院流の傳法灌頂を受け、同七年釋迦文院の朝遍法印より更に一流の傳法密灌を受く。將軍綱吉公深く師を信仰し、元祿四年八月命を下し地を湯島に賜ふて今の靈雲寺を創す、道化大に行はれ密敎を中興す、元祿十四年六月二十四日入寂、壽六十四。著書大小二十九部、其の中殊に法華秘略要鈔十一卷の如きは將軍の爲に之を著はし、辨惑指南四卷の如きは台家に對抗する爲に之を筆す。【續日本高僧傳】

ジヤウサイ　上祭　〔儀式〕　供物を壇に上げて祭をなすを上祭と云ふ、下祭と言ふも其の意同じ。【象器箋十四】

ジヤウサウ　成相　〔術語〕　六相の一。「サウ」を見よ。

ジヤウサウ　上草　〔譬喩〕　三草二木の一。

ジヤウサテンガク　常作天樂　〔雜語〕　極樂の莊嚴なり、常に天樂のひびくこと。【阿彌陀經】に「彼佛國土。常作二天樂一。」⊙(續千載)「笛の音に琴のしらべのかよへるはたな引く雲に風や吹くらん」

ジヤウサンゴフイン　淨三業印　〔印相〕　蓮華

合掌は三業を淸淨にする印契なれば淨三業印と云ふ。「レンゲガッシヤウ」を見よ。

ジヤウサンゴフシンゴン　淨三業眞言　〔眞言〕凡そ修法の初に懺悔の法を了して後必ず手に蓮華合掌の印を結び、口に此の眞言を誦して吾身口意三業の垢染を除淨するなり。其の眞言に曰く。唵。薩縛婆縛。穢駄。薩羅縛達磨。薩婆婆縛。穢度。欠。Oṁ svabhāvaśuddha sarvadharma svabhāva śuddha hāṁ 第一句の唵は金剛界眞言歸命語、三身の義、歸命等の義常の如し。第二句薩縛婆縛は自性の義、第三句穢駄は自(淨)の義、上句に通じて即ち自身の自性淸淨を云ふ。第四句薩縛達磨は一切法の義、即ち一切法の自(淨)性淸淨なるを云ふ。第五句、薩縛婆縛穢度は穢度は他(淨)の義、即ち他身の自性淸淨を云ふ、即ち自身も一切諸法も他身も共に自性淸淨なるなり。結句の欠は我の義、即ち今此の自他法淸淨の眞言を以て加持するが故に、本具の自性顯現して我身の三業今實に淸白となるを云ふなり。

十六字成三十七尊　〔術語〕此の眞言に正しく十六字あり是れ十六尊の種子なり、然るに阿闍梨の口傳に依て此の十六字を定慧三十二尊の種子となし、之に五佛の種子を附加して三十七尊と爲すなり。【高雄口決】に「此眞言者有二十六字一。是則十六諸尊也。此十六諸尊與二一切十方諸尊一相涉入。是則禮法也。」【角洞院僧正口決】に「眞言有二十六字一。後十六生成二正覺一。三十七尊圓滿也。」【護身法私鈔】

金薩　王　愛　喜
金波　嬉　香　鉤
寶菩　光　幢　笑
寶波　鬘　華　索
法菩　利　因　語
法波　歌　燈　鏁
業菩　護　牙　拳
業波　舞　塗　鈴
何　寶　大　彌　不
閦　生　日　陀　空

ジヤウザ　上座　〔術語〕【行事鈔下三之二】に「毘尼母云。從二無夏一至二九夏一是下座。十夏至二十九夏一名二中座一。二十夏至二四十九夏一名二上座一。五十夏已去一切沙門國王所二尊敬一。是耆舊長老。」【同資持記】に「母論四名局據二夏限一。若如二五分一。取二上無一レ人。隨レ時受レ稱。則通二大小一。今時禪衆無レ論二老少一例稱二上座一。不レ知三孰爲二下座一乎。」

三上座　〔名數〕【阿毘達磨集異門足論四】に「一に生年上座、諸のあらゆる生年尊長耆舊なり。二に世俗上座、知法、富貴の長者、大財大位、大族大力、大眷屬、大徒衆の如き、皆和合して推して上座となすもの。三に法性上座、諸の具戒を受けて耆舊長宿なるもの。有が說く、此亦生年上座なり、何となれば佛出家して具足戒を受くるを眞生と名くと說くが故に、若し苾芻あり阿羅漢を得ば名けて法性上座と爲す。」

四上座　〔名數〕【釋氏要覽上】に「律の中に一に僧房上座、即ち律の三綱上座なり。二に僧上座、即ち壇上の上座（授戒の時）或は堂中の首座なり。三に別房上座、即ち今の禪居諸寮の首座なり。四に住家上座、即ち齋席を計る上座なり。

上座十法　〔名數〕十誦律に云く、十法を具するを上座と名く。一に有二住處一。住處と言ふは婆沙論に云く、道及び果空、三摩地、能く彼の力の殊勝なるを引て能く身心をして安住不動ならしむるが故に上座の住處と名くと。二に無畏、三に無煩惱、四に多聞、五に辯言具足、六に義趣明了、七に聞者信受、八に善能安庠入二他家一、九に能爲二白衣一說レ法令二他捨レ惡從一レ善、十に自具二四諦法樂一無レ有レ所レ乏。」「を見よ。

ジヤウザ　常坐　〔術語〕十二頭陀行の一。「ヅダ」

ジヤウザイクワウヰン　常在光院　〔寺名〕相國寺の末寺にて舊跡東山に在り。

ジヤウザイリヤウゼン　常在靈山　〔雜語〕常在靈鷲山の略。次項を見よ。⦿(曲、舍利)「常在靈山の秋の空」

ジヤウザイリヤウジユセン　常在靈鷲山　〔雜語〕世尊色身の入滅後も常に靈鷲山にありとの意。【法華經壽量品】に「於二阿僧祇劫一常在二靈鷲山及餘諸住處一。衆生見二劫盡大火所レ燒時一。我此土安穩天人常充滿。」⦿(後拾遺)「鷲の山へだつる雲やふかからん常にすむなる月をみぬかな」(增鏡、序)「常在靈鷲山など心のうちに唱へて拜み奉る」

ジヤウザウ　淨藏　〔人名〕妙莊嚴王の二子の一なり。「ジヤウザウジヤウゲン」を見よ。

ジヤウザウキシヨ　淨藏貴所　〔人名〕雲居寺の淨藏、三善淸行の男なれば貴所と稱す。天台宗にて眞言の驗德を成就せし人なり。【元亨釋書十】【發心集四】に淨藏貴所は日本第三の行人なりと言へり。⦿(太平記一二)「淨藏貴所を請じ奉り加持せられけるに」(著聞集、釋敎)「淨藏法師はやんごとなき行者なり」

ジヤウザウザンマイ　淨藏三昧　〔術語〕法華「十六三昧の一。

ジヤウザウジヤウゲン　淨藏淨眼　〔人名〕

法華經、妙莊嚴王本事品中に出でたる因緣談中の人。邪見過去世、光明莊嚴國に王あり、妙莊嚴と云ふ。邪見熾盛にして、佛法を信ぜず。二子、淨藏、淨眼、夙に佛法を信じ、神力を得、父王の邪見を憐愍し、之が爲に種種の奇瑞を演じ、遂に父王をして、心を翻して佛所に至り、法華の利益を得しむと。⦿（太平記三九）「淨藏淨眼の妙莊嚴王を化せし功にも越えたれば」

ジヤウザザンマイ　常坐三昧　〔術語〕法華四種三昧の一。

ジヤウザジヤウギヤウ　常坐常行　〔術語〕法華四種三昧中の常坐三昧と常行三昧となり。

ジヤウザブ　上座部　〔流派〕小乘十八部の一。

ジヤウシ　靜思　〔術語〕梵語の沙門、一に靜思と翻す、これ行に約せし義譯なり。【歸敬儀上】に「沙門此云二靜思一。以レ義目レ之。」

ジヤウシ　上士　〔術語〕自利利他の行を圓滿せるもの。【釋氏要覽上】に「瑜伽論云。無二自利利他行一者名二下士一。有二自利一無二利他一者名二中士一。有二二利一名二上士一。」

ジヤウシツ　靜室　〔譬喩〕禪定に譬へて言ふ。【智度論十七】に「常樂涅槃從二實智慧一生。實智慧從二一心禪定一生。譬如下然レ燈燈雖二能照一。在二大風中一不レ能レ作レ用。若置二之密室一其用則全上。散心中智慧亦如レ是。若無二禪定靜室一雖レ有二智慧一其用不レ全。得二禪定一則實智慧生。」

ジヤウシヤウ　淨聖　〔術語〕清淨の聖者なり、聖者に不淨なけれども其の上位の人を稱するなり。【法華經普門品偈】に「觀世音淨聖。於二苦惱死厄一能爲二作二依估一。」

ジヤウシヤウガクブツ　成正覺佛　〔術語〕華嚴所說十佛身の一。「ブッシン」を見よ。

ジヤウシユ　上首　〔術語〕一座大衆中の主位を上首と稱す、或は其の中の一人を上首とし、或は多人を擧げて上首とす、經に依つて不同なり。無量壽經の如きは一萬二千の比丘衆の中に三十一人の比丘を擧げて上首とし、觀無量壽經の如きは三萬二千人の菩薩衆の中に文珠師利一人を擧げて上首とし、大日經の如きは十佛刹微塵數の執金剛衆の中に十九執金剛を擧げて上首とし、而して更に執金剛衆の中に金剛手秘密主即ち金剛薩埵一人を上首とし、大菩薩衆の中に普賢菩薩一人を上首とす。

ジヤウシユ　上趣　〔術語〕色界又は無色界を云ふ。【歸敬儀上】に「無識不三徒生二於上趣一。」

ジヤウシユ　靜主　〔術語〕禪僧靜思坐禪すれば靜衆と云ひ其の中の長老を靜主と稱す。【黃蘗清規】に「本山住持與二各院靜主一既同二宗派一。」

ジヤウシユ　淨衆　〔雜語〕清淨持戒の僧衆なり。【天台史略下】に「淨衆十口奉レ勅參勤。」

ジヤウシユ　淨主　〔雜語〕家屋をして比丘の住レ得べき淨屋となさしむる施主を稱して淨主と云ふ。【善見律十七】に「邊房云何して淨屋を結緣するや、若し初め柱を建つる時先づ坑を作り、柱を以て坑に近づけ比丘圍繞して柱を捧げ、僧衆の爲めに淨屋を作ると、是の如く說き竟りて柱を立つ。第二第三第四亦是の如く說く、若しくは一柱を說くも亦淨屋を得。若し以て屋を作さば云何して淨を作さん、應に屋主を喚び來り語りて言ふべし、此の屋未だ淨ならず、汝衆徒の爲めに淨を爲せと。檀越此の言を作す、此の淨屋衆僧に布施す、意に從つて受用せよと、即ち淨屋となる。若し先づ屋を作り屋主なきときは云何して淨と作さん、若し聚落に老宿あらば應に喚び來るべし、此の屋未だ淨を作さず、請ふ淨主と爲れと。若し檀越說を解せざれば比丘應に敎へて此の言を作すべし、此の淨屋衆生に布施す隨意に受用せよと、即ち淨屋を作るを得て隨意に受用し、飯食を安置して內宿の罪なし。」

ジヤウシユ　上手　〔雜語〕上方を云ふ。【象器箋二】

ジヤウシユウ　淨宗　〔流派〕淨土宗の略稱なり。又淨家と云ふ。

ジヤウシユウ　常宗　〔流派〕者闍法師所立六宗の第五。「シユウ」を見よ。

ジヤウシユタラシユウ　常修多羅宗　〔流派〕涅槃宗の異名なり。涅槃經は涅槃常住の義を說けば常修多羅と名く、彼の宗此の經に成ずれば常修多羅宗と稱す。涅槃宗と云ふ如し。【傳通緣起上】に「大日本國。昔於二大安寺眞言院之傍一弘二涅槃宗一。講二敷彼宗一。號二常修多羅宗一是也。」

ジヤウシユボンギヤウグワン　常修梵行願　〔術語〕四十八願の第三十六。

ジヤウシユメウケ　盛衆妙華　〔雜語〕極樂の莊嚴なり、種種の妙華あると。【阿彌陀經】に「其國衆生。常以二淸旦一。各以二衣裓一。盛二衆妙華一。供二養他方十萬億佛一。」⦿（散木集）「もろ人はたれともなきにさまさまの花にも法をそなへてぞ見る」

ジヤウシヨク　上卓　〔物名〕うはじよくと呼ぶ。「シヨク」を見よ。

ジヤウシヨサチ　成所作智　〔術語〕四智の一。又五智の一。「シチ」「ゴチ」を見よ。

ジヤウシヨテンゲ　盛諸天華　〔雜語〕法華說法時の奇瑞なり、梵王が天華を持ち來りしこと。【法華經化城喩品】に「爾時。五百萬億諸梵天王。與二宮殿一

俱。各以二衣裓一盛二諸天華一。共詣二下方一。推二尋此相一。見下大通智勝如來處二道場菩薩樹下一坐二師子座一。乃至十六王子請中佛轉法輪上。」⦿（碧玉集）「見しやいかにきくも妙なる花がたみめならふ色もあらぬためしを」

ジヤウシン　淨心　〔術語〕吾人本具の自性清淨の心なり。【宗鏡錄二十六】に「破二妄我一而顯二眞我之門一。斥二情心一而歸二淨心之道一。」密敎の金剛界には之を內明の月輪に譬ふるなり。

ジヤウシン　淨信　〔術語〕清淨の信心なり。【仁王經中】に「一念淨信。」

ジヤウシン　誠信　〔術語〕眞言至誠の信心なり。

ジヤウシン　常身　〔術語〕二佛身の一。「ニシン」を見よ。

ジヤウシン　上嚫　〔雜語〕嚫財を奉上するなり。下嚫と言ふも其の意同じ。【象器箋二十】

ジヤウシンカイクワン　淨心誡觀　〔書名〕一卷、南山道宣著。允堪の淨心誡觀發心鈔三卷あり。

ジヤウシンヂユウ　淨心住　〔術語〕六種住の一。

ジヤウシンヱ　成身會　〔術語〕又、根本會とも羯磨會とも云ふ。金剛界九會曼荼羅の第一會なり。「クヱマンダラ」を見よ。

ジヤウジカンキウ　常侍看球　〔故事〕王常侍睦州の蹤禪師に參す。一日蹤問ふ、今日何が故に院に入るの遲きや。王云く、馬打球を看るが爲めに來ると遲しと。蹤云く、人球を打するや、馬球を打するや。王云く、人球を打す。蹤云く、人困するや。王云く、困す。蹤云く、馬困するや。王云く、困す。蹤云く、露柱困するや。王惘然として對なし。歸りて私第中に至り夜間忽然として省得す、明日蹤に見へて云く、某甲昨日の事を會得す。蹤云く、露柱困するや、王云く、困す、蹤遂に之を許す。【禪林類集一】

ジヤウジキセ　常食施　〔術語〕七種布施の一。「フセ」を見よ。

ジヤウジジヤクメツサウ　常自寂滅相　〔雜語〕諸法は本來寂淨の相なりとの義。【法華經方便品】に「諸法從レ本來。常自寂滅相。」⦿（拾玉集）「昔より心のどかに行く舟はまどひし波の末をしぞ思ふ」

ジヤウジネンカク　成自然覺　〔雜語〕衆生が內心の實相を觀じ本不生の理を知れば自然に覺悟を得と云ふ義。【大日經疏一】に「於二初發心時一直觀二自心實相一。了二知本不生一故。即時人法戲論淨如二虛空一。成二自然覺一不レ由二他悟一。當レ知此觀復名二頓悟法門一也。」⦿（新後撰）「われとただ行きてこそ見め法の道人の敎をしるべとはせじ」

ジヤウジチ　成事智　〔術語〕四智又は五智の隨一、成所作智の略稱なり。

ジヤウジツ　成實　〔雜語〕成實論、又は成實宗、「又は成實師なり。」

ジヤウジツシユウ　成實宗　〔流派〕印度の小乘中最後の立宗なり、即ち小乘中の空宗にて、大乘に酷似せり、訶梨跋摩所造の成實論を所依とすれば成實宗と名く。四諦に章を立て、五聚に義を明かす。支那に來て十三宗の一に居り、此に南北兩宗立つ。梁朝の三大法師は皆此の宗の人なり。而して天台嘉祥以前の諸師に於て之を大乘宗となすものあり、二師勉めて之を破せり。日本にては之を宗となすものなく、唯三論宗の附屬として之を學習するのみ。【漢語燈錄十】⦿（正統記四）「俱舍成實など云ふは小乘なり」

ジヤウジツニシユクワン　成實二種觀　〔術語〕我法俱に空なりと觀ずるを云ふ。是れ薩婆多宗の我空法有觀に超越する所以なり。

ジヤウジツヘンクウクワン　成實偏空觀　〔術語〕我法二執を空ずるも空の一邊に偏して空即不空なるを知らざれば之を偏空觀と稱して大乘諸宗より擯斥するなり。即ち四見、又は四執の一となす。

ジヤウジツロン　成實論　〔書名〕十六卷、訶梨跋摩造、姚秦の羅什譯。成實とは修多羅中の實義を成立すと云ふ意なり。惠影の成實論義章二十卷、道藏の疏十六卷今は亡す。【藏帙二】（1274）

ジヤウジヤウゼン　上上禪　〔術語〕三種禪の一。「ゼン」を見よ。

ジヤウジヤウニン　上上人　〔術語〕念佛者を稱す。

ジヤウジヤク　常寂　〔術語〕眞體無滅の相を離るるを常と云ひ、煩惱の相を絕つを寂と云ふ。【唯識述記一本】に「不生不滅絕二名相於常寂之津一。」

ジヤウジヤククワウド　常寂光土　〔界名〕四土の一。⦿（榮花、玉の臺）「その佛の所住のところをば常寂光と名く」

ジヤウジユ　成就　〔術語〕二十四不相應の一。又、諸經の證信序を或は五段或は六段或は七段に分ちて之を五成就六成就七成就と云ふ。

ジヤウジユケラクグワン　常受快樂願　〔術語〕阿彌陀佛四十八願中の第三十九。

ジヤウジユシホフ　成就四法　〔術語〕「シホフ」を見よ。

ジヤウジユシユジヤウリキ　成就衆生力　〔術語〕菩薩の十力の一。「ジフリキ」を見よ。

ジヤウジユセンシユ　成就仙衆　〔天名〕胎藏界外金剛院の一尊。

ジヤウジユセンシユケンゾク　成就仙衆眷屬　〔天名〕成就仙衆の眷屬なり。

ジヤウジユセンニヨ　成就仙女　〔天名〕胎藏界外金剛院の一尊。

ジヤウジユヂミヤウセンシユ　成就持明仙衆　〔天名〕胎藏界外金剛院の一尊。

ジヤウジユホフケギキ　成就法華儀軌　〔經名〕成就妙法蓮華經王瑜伽觀智儀軌經の略名。【閱帙七】(1388)

ジヤウジユミヤウワウ　成就明王　〔天名〕胎藏界外金剛院の一尊。

ジヤウジユメウホフレンゲキヤウワウユガクワンチギキキヤウ　成就妙法蓮華經王瑜伽觀智儀軌經　〔經名〕一卷、不空譯。先づ本經の二十八尊に歸命する頌あり、次に此法を成就する四緣を說く、一は眞の善知識に親む、二は正法の經王を聽聞す、三は理の如く瑜伽觀を作す、四は法に隨ひて奢摩他毘鉢舍那を行修す。【閱帙七】(1388)

ジヤウジヨウ　上乘　〔術語〕又、上衍と云ふ、大乘の異名なり。【世親攝論一】に「如ㇾ是三藏下乘上乘有二差別一故。則成二二藏一。」

ジヤウジヨウミツシユウ　上乘密宗　〔流派〕上乘の名は諸大乘に通ずれば秘密宗の上乘を顯はす爲めに上乘密宗と云ふ。

ジヤウジヨウユガ　上乘瑜伽　〔術語〕瑜伽は相應と譯す、所觀の實相と相應する義なり。總じて顯密の觀法に通ずれども別しては眞言兩部の大法に名け、殊に別しては胎藏界に名く。嚴郢の【不空三藏碑】に「瑜伽上乘眞語密契。」又「瑜伽最上乘。」

ジヤウジヨゴフシヤウキヤウ　淨除業障經　〔經名〕淨業障經の異名。【列帙二】

ジヤウジヨザイガイゴラクブツホフキヤウ　淨除罪蓋娛樂佛法經　〔經名〕五句章句經の異名。【宿帙八】(736)

ジヤウジンイチギヤウゲシイチネン　上盡一形下至一念　〔術語〕盡壽生涯の念佛より一念の下に至る迄との義。【散善義】に「上盡二一形一下至二一日一時一念等一。或復一念十念至二一時一日一形一。」【禮讚】に「今信下知彌陀本弘誓願及下稱二名號一下至二十聲一聲等一定得中往生上。乃至一念無ㇾ有二疑心一。故名二深心一。」又「但使二信心求念一。上盡二一形一。乃至十聲一聲等以二佛願力一易ㇾ得二往生一。」又「若七日及一日下至十聲乃至一聲一念等。必得二往生一。」【口傳鈔下】に「上盡一形下至一念。」【御文第一帖第四通】に「上盡一形下至一念。」此中淨土眞言の正意は上盡一形を以て報謝の稱名となし、下至一念を以て信の一念となすなり。

ジヤウスヰシユ　淨水珠　〔譬喩〕寶珠なり、能く濁水をして澄淨ならしむるを淨水珠と名く、慈心又は信心に譬ふ。【智度論二十】に「慈相應心者。慈名二心相應數一。能除二心中憒濁一。所謂瞋恨慳貪等煩惱譬如下淨水珠著二濁水中一水即清上。」

ジヤウスヰテン　常醉天　〔天名〕胎藏界外金剛院の一尊。

(常醉天の圖)

ジヤウズヰブツガク　常隨佛學　〔術語〕普賢十大願の一。「フゲン」を見よ。

ジヤウセ　淨施　〔術語〕二種布施の一。「フセ」を見よ。

ジヤウセツ　淨刹　〔術語〕清淨の佛國なり。【華嚴經七】に「廣大淨刹皆成就。」【行事鈔下四之二】に「作下從ㇾ佛往二淨刹一之意上。」⦿(盛衰記四五)「最後の十念を以て淨刹の下品に迎へ取り給へと」

ジヤウゼンコンマ　成善羯磨　〔術語〕二種羯磨の一。「コンマ」を見よ。

ジヤウソク　上足　〔術語〕高弟なり。【佛本行集經九】に「彼衆中有二一上足弟子一名ㇾ雲。」【傳燈錄六祖章】に「師上足令韜。」

ジヤウソク　靜息　〔天名〕梵名琰魔、靜息と譯す。琰魔の方便以て人の罪を靜め罪を息むるなり。「エンマ」を見よ。

ジヤウタイボサツ　常啼菩薩　〔菩薩〕梵名、薩陀波倫、Sadāpralāpa*【智度論九十六】に「問ふ何を以て薩陀波倫と名るや、薩陀、秦に常と言ひ、波倫を啼と名く。是れ因緣の名字なるや。答ふ、有人言く、其の少時喜んで啼くを以ての故に常啼と名く。古人言く、此の菩薩大悲柔軟を行ずるが故に衆生惡世に在て貧苦老病憂苦するを見て之が爲めに悲泣す。是の故に衆人號して薩陀波倫と爲す。古人言く、是の菩薩佛道を求むるが故に憂愁啼哭すること七日七夜なり、是の故に天龍鬼神號して常啼と曰ふ。」

ジヤウダウ　淨道　〔雜語〕清淨の佛道なり。【法華經序品】に「求二無上慧一爲說二淨道一。」

ジヤウダウ　上堂　〔儀式〕上堂に二種あり、一は上法堂、演法の爲に法堂に上るなり。忠曰く、五祖常に已に上堂の語あり、蓋し其の盛に行はるるは馬祖百丈の時よりする耳。百丈曰く、上堂升座には

主事徒衆雁立して側に聽く、賓主問酬宗要を激揚す、法に依て住するを示す、是れ其の深意なり。此に且望上堂、五參上堂、九參上堂、謝秉拂上堂、謝都寺上堂、出隊上堂、出鄕上堂等あり。二は上僧堂、粥飯を喫する爲めに僧堂に上るなり。【象器箋二】

ジヤウダウ　常道　〔雜語〕尋常の道理なり。【無量壽經下】に「生死常道轉相嗣立。」

ジヤウダウ　成道　〔術語〕化佛八相中の第六なり。菩提樹下金剛座上に於て無上菩提を成ずる相を現ずるなり、但し四教各成佛の相を異にす。⊙（曲、大原御幸）「とりどり樣樣に難行し、仙人につかへさせ給ひて、終に成道なるとかや」

ジヤウダウガウマトクイチサイチキヤウ　成道降魔得一切智經　〔經名〕無量門微密持經の異名。【成帙九】(355)

ジヤウダウハイ　上堂牌　〔物名〕上堂の時日を報ずる掲示なり。【敕修淸規上堂】に「凡そ且望には侍者咨頭行者に分附して上堂の版を掛けて衆に報ぜしむ。」

ジヤウダウヱ　成道會　〔行事〕每年十二月八日釋尊成道の日に行ふ法事。又臘八とも云ふ。

ジヤウチ　常智　〔術語〕智緣慮を絕するを常智と云ふ。諸法實相は生滅を離れて無相なれば其の無相の常境を證する智は無緣の常智なり。【四教儀】に「常境無相。常智無緣。」

ジヤウチ　靜智　〔術語〕靜寂にして煩亂を絕したる智なり。【歸敬儀】に「後因二前業一重更修明。靜智澄淸方遂二前願一。」

ジヤウチ　淨地　〔術語〕比丘の住して罪なき地を淨地と云ふ。而して其の地を淸淨にするに法あり。

結淨地法　〔儀式〕【行事鈔下二之一】に「五分に諸の比丘羯磨せんと欲せば、一房一角、半房半角、中庭にし、或は坊間を通結して淨地と作す、並に聽るす。若し通結せば、云ふべし、此の住處共に住し共に布薩す、僧今淨地を結し某處を除くと。」【寄歸傳二】に五種の淨地あり。一に起心作、初め寺を造る時基石を定め已り、若し一苾芻撿校の人とならば、應に是の如き心を起すべし、此の一寺或は一房に於て僧の爲に淨厨を作ると。二に共印持、寺基を定むる時若し但三人ならば、應に一苾芻餘の苾芻に告げて言ふべし、諸の具壽比丘の稱皆心を用ゐて此の處を印定すべし、此の一寺或は一房に於て僧の爲に淨厨を作ると。第二第三應に如レ是說くべし。三に如牛臥、其の寺屋何牧牛の處處に起臥して散漫なる如く、房門定處あることなし、たとひ作法せざるも此の處即ち其の淨を成す。四に故廢處、是れ久しきを經て僧の捨廢せし處、重來者の如き舊の觸處に至る即ち淨となすなり。然も是れ宿を經るを得ず、宿を越ゆれば即ち作法すべきなり。五に秉法作、白二羯磨の法を秉て結界するなり、文は白一羯磨中に說く如し。

ジヤウチケンサクイ　淨智見作意　〔術語〕四種作意の一。「シシユサクイ」を見よ。

ジヤウチヤクヱ　上着衣　〔衣服〕三衣中の中衣、鬱多羅僧なり。

ジヤウチユウ　淨籌　〔物名〕厠籌の未だ使用せざるものを云ふ。【象器箋二十】

ジヤウヂユウ　常住　〔術語〕法の生滅變遷なきを常住と云ふ。常住に三種あり。「サンシユジヤウ」を見よ。又、常住物の略。又、常住の果に七種あり。「シチジヤウヂユウクワ」を見よ。⊙（徒然草）「常住ならんとを思ひて變化の理をしらねばなり」

常住二字　〔術語〕涅槃の常住を明かすは涅槃經一部の所詮なり故に【經如來性品四】に「或聞二常住二字音聲一。若一經レ耳即生二天上一。後解脫時乃能證三知如來常住無レ有二變易一。」

二種常住　〔名數〕一に百歲至二滅劫一名レ常。諸の菩薩若し住すること百千萬億歲若は一劫乃至八萬劫にして後まさに入滅す、是を名けて常と爲す、是れ即ち久遠世に住するを常と名く、不變不遷の常にあらざるなり。二に常住不壞名レ常。諸の煩惱の惑已に滅すれば則ち眞常の理方に顯はる、眞常の理不生不滅不變不壞なるを常と名くるなり。【智度論四十三】

ジヤウヂユウ　淨住　〔術語〕寺名十種の一。

ジヤウヂユウクワ　常住果　〔術語〕常住とは無生無滅不遷不變の謂なり、修に在るを因と曰ひ、證に在るを果と曰ふ。即ち諸佛所得の淸淨究竟の果なり。是に七種あり。「シチジヤウヂユウクワ」を見よ。

ジヤウヂユウケウ　常住敎　〔術語〕岌法師三敎の一。「サンケウ」を見よ。

ジヤウヂユウソウモツ　常住僧物　〔術語〕「シシユソウモツ」を見よ。

ジヤウヂユウザウ　常住藏　〔術語〕千手陀羅尼持誦者十二藏德の一。この陀羅尼を持するものは常住を樂むを得となり。

ジヤウヂユウシヤ　淨住社　〔雜名〕齊の宣王僧俗に募て淨住の法を行ぜしめ淨住社と名く。【僧史略下】

ジヤウヂユウジヤウヂユウソウモツ　常

住常住僧物 〔術語〕 四種僧物の一。「シシュソウモツ」

ジヤウヂユウシングワツリン 常住心月輪 〔術語〕 眞言の金剛界に在ては吾心を清淨の圓月と觀想す、是れ本有常住の菩提心の表示なり。⊙（續拾遺）「胸のうちにすむ月かげの外に又深き御法の心やはある」

ヂヤウジユウニヨホフノツキ 常住如法月 〔雜語〕 前項に同じ⊙（鴉鷺合戰一〇）「徒に常住如法の月を隱してより以來」

ジヤウヂユウモツ 常住物 〔術語〕 四種僧物「の一。なり。「コフ」を見よ。

ジヤウヂユウヱクウ 成住壞空 〔術語〕 四劫なり。「コフ」を見よ。

ジヤウヂン 情塵 〔術語〕 六根と六塵なり。舊譯に六根を六情と云ふ。【智度論二十三】に「情塵識和合。所作事業成。」又心情の塵垢なり。【慈恩寺傳九】に「定凝二慧水一。非二情塵所一レ翳。」

ジヤウヅ 常途 〔術語〕 通常の規則なり。【大日經疏三】に「不レ同二常途習一レ定之功力一。」【寄歸傳二】に「持衣說淨。常途軌式。」 「見よ。

ジヤウテン 淨天 〔界名〕 四種天の一。「テン」を見よ。

ジヤウテン 上轉 〔術語〕 本覺化他の爲に下向するを下轉と云ふに對して始覺自利の爲に上進するを上轉と云ふ。又、本覺の本に背きて五道に轉轉するを下轉と云ふに對して始覺の本に向て轉轉するを上轉と云ふ。「ゲテン」を見よ。

ジヤウテンゲン 淨天眼 〔術語〕 淸淨の天眼なり。【中阿含經十三】に「己得二靜正住一。逮レ得二淨天眼一。」

ジヤウテンゲンサンマイ 淨天眼三昧 〔術語〕 五種三昧の一。「サンマイ」を見よ。

ジヤウトウ 常燈 〔物名〕 又無盡燈、長明燈と云ふ。「ムジントウ」を見よ。⊙（宇津保、藤原の君）「比叡の中堂に常燈を奉り給ひ」

ジヤウトウシヤウガク 成等正覺 〔術語〕 菩薩の因行を滿じて等正覺を成ずるなり。「トウシヤウガク」を見よ。⊙（盛衰記九）「成等正覺の金剛座」（曲、東北）「すはや火宅の門を今ぞ、和泉式部は成等正覺を得るぞ有り難き」

ジヤウトク 淨德 〔術語〕 四德の一。

ジヤウトク 常德 〔術語〕 四德の一。

ジヤウトクブニン 淨德夫人 〔人名〕 妙莊嚴王の夫人なり。「メウシヤウゴンワウ」を見よ。

ジヤウヂヤウ 淨定 〔術語〕 淨等至に同じ。

ジヤウヅ 淨頭 〔職位〕 「ジンヂウ」を見よ。

ジヤウヅリヤウ 淨頭寮 〔堂塔〕 「ジンヂウリヤウ」を見よ。

ジヤウド 淨土 〔界名〕 聖者所住の國土なり。五濁の垢染なきが故に淨土と云ふ。梁譯の【攝論八】に「所居之土無二於五濁一。如二彼玻瓈珂等一。名二清淨土一。」【大乘義章十九】に「經中或時名二佛地一。或稱二佛界一。或云二佛國一。或云二佛土一。或復說爲二淨刹一。淨首。淨國。淨土。」

生淨土法八 〔名數〕 維摩居士衆香國の衆香菩薩の問に應じて此の土に於て八法を成就して淨土に生ずるを得るを說く。一に衆生を饒益して報を望まず。一切の衆生に代りて諸の苦惱を受け、所作の功德盡く以て之を施す。二に心を衆生に等しく謙下して礙無し。三に諸の菩薩に於て之を視ると佛の如し。四に未だ聞かざる所の經文を聞きて疑はず。五に聲聞と相違背せず。六に他の供を嫉まず、已が利を高ふせず、而も其の中に於て其心を調伏す。七に常に已が過を省みて他の短を訟へず。八に恒に一心を以て諸の功德を求む。【維摩經香積品】

十七種淨土 〔名數〕 佛毘耶離國の菴摩羅樹園に於て寶積童子に對して十七種の淨土を說きしものにして。一に直心、是れ菩薩の淨土なり、菩薩成佛の時不諂の衆生、其の國に來生す云云。二に深心、三に大乘心、四に布施、五に持戒、六に忍辱、七に精進、八に禪定、九に智慧、十に四無量心、十一に四攝法、十二に方便、十三に三十七品、十四に廻向心、十五に八難を除くこと。十六に戒行を守ること、十七に十善は是れ菩薩の淨土なりと。【維摩經佛國品】

ジヤウドキヤウクワンエウモン 淨土境觀要門 〔書名〕 一卷、元の懷則述。約心觀佛境觀不二の法門を明かす。【陽帙十一】（1587）

ジヤウドゴシヨクデウ 淨土御疏九帖 〔書名〕 善導大師の所著五部九卷を云ふ。「ゴブククワン」を見よ。

ジヤウドサンブキヤウ 淨土三部經 〔經名〕 「サンブキヤウ」を見よ。⊙（增鏡、北野の雪）「淨土三部經」

ジヤウドシユウ 淨土宗 〔流派〕 現今本朝二十宗の一。高倉帝承安四年圓光大師黑谷を出でて洛東吉水に居り、專修念佛を唱ふ、朝野靡然として之に歸向す、之を本邦淨土宗の元祖とす。淨土宗とは彌陀の淨土に往生するを願求する宗なれば淨土宗と稱するなり。是れ支那に在ては善導流の淨土にして、圓光大師之を相承し、其の部下根本四派に分かる、曰く鎭西派、是れ聖光房辨阿筑後の善導寺に於て之を開

く。曰く西山派、是れ善慧房證空、西山粟生野に於て光明寺を建てて之を弘む。曰く長樂寺派、是れ隆寛、圓山の長樂寺を建てて別派を出す。曰く九品寺派、是れ覺明、洛北の九品寺を創して別義を開く、是れ皆圓光大師の直弟なり。此の中九品長樂の二派既に廢亡し、鎭西西山の二派今猶盛なり。其の中西山派は西谷小西深草東山の四派に分ると雖も獨り光明寺を以て本寺とし四派を總轄す。其の寺院總じて千七十四ヶ寺あり。又鎭西派は關東の三流、白旗藤田名越、又京都の三流、三條一條小幡の六流に分ると雖も其中全國に瀰滿するものは獨り白旗流なり。彼の所謂知恩院、增上寺等の十八檀林なるもの亦此の中に在り。後柏原天皇勅して知恩院を以て淨土宗の總本山とし、慶長以後增上寺を以て十八檀林の長となす。明治維新の後一時之を東西二部に分ち、三河以西を西部とし、知恩院之を管し、遠江以東を東部とし增上寺之を管す。其の後明治十七年に至て之を止め、知恩院增上寺淨華院知恩寺金戒光明寺を以て五箇の本山とし、輪次に管長となる。後また故ありて知恩院を以て管長の本所とす。其の寺院總じて七千二百二十箇あり。

ジヤウドシンシユウ　淨土眞宗　［流派］常に略して眞宗と云ふ。現今本朝二十宗の一。後堀河天皇元仁元年見眞大師親鸞常州稻田に於て敎行信證文類を撰す、是に於て淨土宗より淨土眞宗の一流獨立せしなり。本宗殊に彌陀眞實の敎を弘むるの意を以て淨土眞宗と稱す。即ち他力廻向の信心を以て淨土往生の正因となし、信後相續の稱名を以て佛恩報謝の行業とす、且つ其の宗規は蓄妻啖肉を許し、別に持戒を要せず、倫理綱常通じて世の修齋に同似するなり。此宗今十派に分かる。一に本願寺派、親鸞の季女覺信尼、孫如信等と共に文永九年洛東大谷に於て一寺を創立す、龜山天皇勅して久遠實成阿彌陀本願寺の號を賜ひ、如信を以て本願寺第二世の主とす。文明九年山科に移り、天文元年大阪に移り、爾後紀州鷺の森、泉州堺、攝州天滿等を經、天正十九年今の堀川に移るもの是なり、寺院一萬四百二十七箇あり。二に大谷派、其の始め本願寺派に同じ、第十一世顯如の長子光壽更に本寺を烏丸に作りて又本願寺と稱するは是なり、八千八百五十四の寺院あり。三に佛光寺派、親鸞の弟子眞佛の住持する所、當時京都五條坊門に在る是なり。其の寺院三百三十餘箇なり。四に高田派、親鸞下野國高田に於て專修寺を創し之を弟子顯智に附す、寛政年中眞慧に至て寺基を伊勢の一身田に移す是なり、末寺六百二十餘寺あり。五に木邊派、是れ江州の錦織寺にしてもと天台宗なりしを親鸞再興せしなり、五十餘箇の末寺あり。六に興正寺派、文明年中佛光寺の經豪其の徒數人と共に本願寺蓮如に歸し、其の建つる所の寺を興正寺と號し、本願寺に從屬す。明治九年別立して新に一派を爲せるなり。寺院二百五十餘あり。七に出雲路派、もと京都の出雲路に在り、親鸞の子善鸞の住する所なり、其の後越前清水頭村に之を移し、毫攝寺と稱する是なり。寺院四十餘あり。八に山元派、越前横越村の證誠寺是なり。寺院十箇寺なり。九に誠照寺派、越前鯖江に在り、寺院四十四箇寺なり。十に三門徒派、越前中野の專照寺是なり、寺院三十箇寺あり、已上十派總じて淨土眞宗と稱す。

ジヤウドジフギロン　淨土十疑論　［書名］一卷、隋の智者大師說。【陽帙十一】(1574)

ジヤウドノシチキヤウ　淨土七經　［名數］支那淨土敎の依典とする七經なり。無量淸淨平等覺經二卷、大阿彌陀經二卷、無量壽經二卷、觀無量壽經一卷、阿彌陀經一卷、稱讚淨土佛攝受經一卷、鼓音聲王陀羅尼經一卷の稱。皆淨土を讚歎せる經典なるを以て稱讚淨土七經とも呼ぶ。

ジヤウドフタイヂ　淨土不退地　［術語］淨土門四不退中の處不退地なり。「フタイ」を見よ。

ジヤウドヘンサウ　淨土變相　［術語］變は動なり、圖畫は動かずして極樂の種種の動相を畫くが故に變相と云ふ。或は變は變現の義、淨土種種の相を圖して變現せしむるが故に變相と名く。【樂邦文類】に「李翰林白。金銀泥畫ニ淨土變相一讚曰。圖レ金創レ端繪レ銀設レ像。八法功德波動ニ青蓮之池一。七寶香華光映ニ黃金之地一。清風所レ拂如レ生ニ五音一。百千妙樂咸說ニ動作一。」《第七十圖參照》

ジヤウドマンダラ　淨土曼荼羅　［術語］又觀經曼荼羅と云ふ。二種あり。「クワンギヤウマンダラ」を見よ。

ジヤウドモン　淨土門　［術語］門は差別の義、聖道門に對して淨土門と云ふ。「ニモン」を見よ。

ジヤウドモンルヰ　淨土文類　［書名］眞宗の本典敎行信證文類のこと。

ジヤウドモンルヰジユセウ　淨土文類聚鈔　［書名］一卷、親鸞著、略して眞宗の要義を明かす。敎行信證文類の廣本に對して略文類と稱す。

ジヤウドロン　淨土論　［書名］無量壽經優婆提舍願生偈の異名。

ジヤウドワウジヤウロン　淨十往生論　［名］淨土論に同じ。

ジヤウドワウジヤウロンチユゲ　淨土往［書

生論註解 【書名】二卷、元魏の曇鸞撰。天親の淨土論を註釋す。學徒は論註と稱す。

ジヤウドワサン　淨土和讚 【書名】見眞大師の撰、三帖和讚の一。「ワサン」を見よ。

ジヤウナバツダラ　攘那跋陀羅 【人名】Jñānabhadra 譯、智賢。波頭摩國の人なり。【開元錄七】

ジヤウニク　淨肉 【術語】比丘食して罪なき肉を淨肉と云ふ。三種、五種、九種あり。「ジキ」を見よ。

ジヤウニン　淨人 【雜名】比丘僧に給仕する俗人を云ふ。其の人比丘の淨語を僻すれば、淨人と稱す。比丘の指命は總て戒律の作法に順ずれば之を淨語と云ふ。【資持記中三之二】に「知屬二前人一。淨在二此人一。由レ僻二斯義一故號二淨人一。」

ジヤウネン　常念 【術語】常に思ひ念ずること。【法華普門品】に「若有二衆生一多二於婬欲一。常念恭二敬觀世音菩薩一便得レ離レ欲。」常念とは正念なり。此の正念に事理の二種あり。事の常念とは晝夜の二時行住坐臥に觀音の神力を念じて忘るることなきなり。次に理の常念とは此に四教の異あり、初に藏教の常念とは或は自他の身の内外不淨にして三十六物の不淨充滿するを觀じ、或は死想より始めて、白骨想に至る九想を一一に觀じて婬心を遠離し、或は色法を分析して極微に至り、所執の男女本來空なるを觀じて婬心を破するは皆觀音を常念する姿なり。次に通教の常念は諸の男女の境界は皆因緣より生ずるを以て自性空なりと觀じ以て欲情を滅す、これは大乘通教の觀音を常念する姿なり。次に別教の常念とは、初に即空の觀を用ゐて凡夫實有の執を破し、次に假有の觀を用ゐて空相に著する執を破し、後に非空非有を觀じて空假の二邊を離れて中道に隨順す。此は別教の觀音を常念する姿なり。次に圓教の常念は、男女より始めて一切の境界本來融通一味にして別體なしと雖も、又事相を泯せず、無量の相即ち一理、一理即ち無量の相なり、譬へば鏡中萬象の影を浮ぶれども、萬象本來空にして一の鏡體なる如く、男女等の相に即して法界實相なれば執ずる我が身も法性なり、執ぜらるる男女も實相なり、執れか愛著する者、執れか愛著せらるる者なる、能愛所愛畢竟して無相なり。是れ一切の相を存しながら、而も自他の隔を存せざるが故に愛著の心都て歇息す、此は是れ斷ぜずして自ら除くの妙術なり。之れ圓教中道の觀音を常念する姿なり、蓋し是の如く念ずれば此の正念の體即ち觀音なり、何となれば能念の行者も所念の觀音も其の體隔なきが故なり。

ジヤウハウ　淨方 【術語】方は方所、淨方は即ち淨土を稱す。【歸敬儀中】に「淨方不レ一。隨二意樂一而受去。」

ジヤウハウ　上方 【術語】上方はもと山寺の佛寺を稱す。而して今は住持の人を呼んで上方と爲す、其の所居寺の最高深處に在り、亦上方と稱すべきなり。【象器箋五】

ジヤウハイ　靜牌 【物名】坐禪牌を又靜牌と稱す、靜は靜慮の義、梵語禪那の新譯語なり。【象器箋十六】

ジヤウハイ　上輩 【術語】三輩の一。上品に同じ。

ジヤウハイクワン　上輩觀 【術語】觀經所說「十六觀の第十四。

ジヤウハイクワンソクベンワウジヤウ　上輩觀即便往生 【術語】たちまち往生する意。【觀無量壽經】に「上品上生者。若有二衆生一願レ生二彼國一者。發二三種心一即便往生。何等爲レ三。一者至誠心。二者深心。三者廻向發願心。」⦿(續現葉)に「限りある命の外にたづねしはしらで迷ひし心なりけり」

ジヤウハウ　淨邦 【術語】淨土に同じ。【敎行信證序】に「淨邦緣熟。調達闍世興二逆害一。」

ジヤウハツ　淨髮 【術語】僧の剃頭を云ふ。淨髮の法は半月に一度なり。【高僧傳闍那崛多傳】に「遮拘迦國山中有二入滅定羅漢三人一。定中禪寂。每レ至二半月一諸僧就レ山爲二其淨髮一。」【同求那跋陀羅傳】に「時未レ及二淨髮一白首皓然。」俗に半月（さかやき）の文字是より來るなりと云ふ。

ジヤウハラミツ　常波羅蜜 【術語】四波羅蜜の一。⦿(榮花、玉の臺)「常波羅蜜の有相を滅する所」

ジヤウハラミツ　淨波羅蜜 【術語】四波羅蜜「の一。

ジヤウハリキヤウ　淨玻璃鏡 【物名】所謂業の鏡なり、閻魔廳に在て罪人一生の惡業の事實悉く現前して之を當人に見しむと云ふ。この淨玻璃鏡の名は僞造の十王經に出るものなれば取るに足らざるも、之を業鏡と云ひ、又は火珠と稱して、罪業を顯現する說は經論に明據あり。「ゴフキヤウ」を見よ。⦿(著聞集、興言利口)「ことしよりはおほやけわたくし淨波梨の鏡にむかひ候ひたるといひたりける」

ジヤウハン　上板 【雜名】僧堂の上間の板敷なり。【象器箋二】

ジヤウヒボサツ　常悲菩薩 【本生】世尊昔菩薩たり、常悲と曰ふ、世穢濁にして正に背き邪に向ふを見て常に愁憂悲慟す。其の時佛あり、景法無穢と名く、滅度して未だ久しからず、經法都て盡く。常悲夢に其の佛の說法を聞き心垢を消除して淸淨定

に入り、即ち妻子を捨てて山に入て苦行し自ら慟哭す、我れ佛に遇はず、法僧を見ず、何に由て佛道を修せんと。天神下りて之に敎へて東行せしむ。常悲敎に隨つて東行し數日にして即ち止る。上方に佛あり來りて其の前に在るを感ず、菩薩、佛を見て且つ喜び且つ悲み稽首して曰く、願くば佛哀を垂れて我が爲に經を說け。佛之に告げて曰く、三界皆空。夫有必無。萬物若レ幻。一生一滅。猶若二水泡一と。且つ之に敎へて東行二萬里健陀羅越國の法來菩薩に逢て度無極の法を聽かしむ。【度無極經七】

ジヤウフキヤウボサツ　常不輕菩薩　【本生】常不輕は梵語 Sadāparibhūta の義譯なり。過去無量阿僧祇劫に佛あり、威音王如來と曰ふ、其の佛の像法の時に當りて增上慢の比丘大勢あり、爾の時一の菩薩比丘あり常不輕と名く、其の菩薩凡そ見る所あれば四衆を問はず、皆悉く禮拜恭敬して、我れ深く汝等を敬ひ敢て輕賤せず、何んとなれば汝等皆菩薩の道を行じて當に作佛を得べきが故にと言ふ。而して此の比丘專ら經典を讀誦せず、但禮拜を行ず、乃至遠く四衆を見れば亦故らに往きて禮拜讚嘆して前の如く言ふ。四衆の中に瞋恚を生じて心不淨なる者あり、惡口罵詈して言く、是の無智の比丘、何の所より來て自ら我れ汝を輕しめずと言ひ、我等が爲に當に作佛を得べしと授記するや、我等是の如き虛妄の授記を用ひずと。是の如く多年を經歷して常に罵詈を被るも瞋恚を生ぜず、常に前の如く授記の言を作す。此の語を作す時、衆人或は杖木瓦石を以て之を打擲すれば、避走して遠く住し、猶高聲に唱へて言く、我れ敢て汝等を輕しめず、汝等皆作佛すべしと。其の常に此の言を作すを以ての故に增上慢の比丘比丘尼等之を號して常不輕と爲す。其の比丘命終の時に臨んで虛空の中に於て威音王佛の法華經を說くを聞き六根清淨を得て廣く四衆の爲に之を說く。前に罵詈打擲せしもの皆悉く歸依す。其より無數の佛に遇ひて法華經を受持讀誦し四衆の爲に之を解說し遂に作佛せり、佛曰く即ち今の我が身是なりと。【法華經常不輕品】⊙（金葉集）「ありがたき法をひろめし聖にぞうらみて人も導かれける」

ジヤウフキヤウボサツボン　常不輕菩薩品　【經名】法華經二十八品中第二十品常不輕菩薩の因緣を說くが故に名く。

ジヤウビヤウ　淨瓶　【物名】梵語軍遲又は捃稚迦。梵音 Kuṇḍikā 此に瓶と云ふ。淨觸の二瓶あり、淨瓶の水は以て淨手を洗ひ、觸瓶の水は以て觸手を洗ふ。【釋氏要覽中】に「淨瓶、梵語軍遲。此云レ瓶。常貯レ水。隨レ身用以淨レ手。寄歸傳云。軍持有レ二。若甆瓶者是淨用。若銅鐵是觸用。」義淨の【受用三水要行法】に「舊律十誦五十九云。有二淨瓶纖廁澡罐一。四十一云。有二淨水瓶常水瓶一。又新譯有部律文淨瓶觸器極分明。此並金口親言。非二是人造一。寧容二唯一銅瓶不一レ分二淨觸一。雖二同告語一不二齒シテ在レ心。豈可下以二習俗生レ常故違中聖敎上。」

ジヤウフウス　上副寺　【職位】「フウス」を見よ。

ジヤウブツ　成佛　【術語】菩薩因位の萬行究竟して阿耨多羅三藐三菩提を成辨するを成佛と云ふ。眞言には三種の即身成佛を立て天台には四種の成佛を立て、占察經には四滿成佛を說く。「シシユジヤウブツ」を見よ。

ジヤウブツ　淨佛　【術語】佛に淺深勝劣の別あり、究竟の眞佛を淨佛と云ふ。【大日經疏八】に「言二淨佛一者。聲聞法中。阿羅漢亦名爲レ佛。諸餘大乘未了義經亦有二成佛義一。然不レ得三名爲二遮淨一。今正明二本心常佛一。故以二淨字一甄レ之。」是れ台宗に法相の成佛を斥して有爲之報佛夢中之權果と言ふ是なり。

ジヤウブツイライジンダイクヲン　成佛已來甚大久遠　【雜語】成佛の大數を云ふ。【法華經壽量品】に「我成佛已來甚大久遠。壽命無量阿僧祇劫常住不滅。」

ジヤウブツイライムリヤウムヘン　成佛已來無量無邊　【雜語】前項に同じ。【法華經壽量品】に「我實成佛已來無量無邊。百千萬億那由陀劫。」

ジヤウブツコクドケウケシユジヤウ　淨佛國土敎化衆生　【雜語】次項を見よ。

ジヤウブツコクドジヤウジユシユジヤウ　淨佛國土成就衆生　【雜語】淨佛國土とは【維摩經佛國品】に「若菩薩願レ得二淨土一。當レ淨二其心一。隨二其心淨一則佛土淨。」佛國土とは菩薩成佛の時に感得する國土を云ふ、即ち當來自身所住の國土をして清淨ならしめんと欲せば先づ己れの心を清淨にせざるべからず、己れの心さへ清淨なれば、其の國土清淨なるを得べしとなり。故に菩薩が大願心を發し、當來己が淨土を成就せんとて心行を清淨にするを佛の國土を淨むと云ふ。成就衆生とは又【維摩經佛國品】に「衆生之類是菩薩淨土。所以者何。菩薩隨二所化衆生一而取二淨土一。」と、菩薩佛土を感ずれば所化の衆生なかるべからず、而して佛土の淨穢は所化の衆生の淨穢に隨ふ、所化の衆生清淨なれば其の土清淨なり、所化の衆生汚穢なれば其の土亦汚穢なり。故に菩薩は佛國土を莊嚴せん爲に今日衆生を敎化するなり、衆生其の敎に隨て身に清淨の善業を成就すれば

當來彼の佛國土に往生して能所の二化依正の二報共に淸淨なるを得。依て衆生を敎化するを衆生を成就すと云ふ。【法華經信解品】に「於㆘菩薩法遊㆓戲神通㆒。淨㆓佛國土㆒。成㆓就衆生㆒。心不㆓喜樂㆒。」

ジヤウブツタフ　成佛塔〔堂塔〕八塔の一。

ジヤウブツトクダウ　成佛得道〔術語〕成佛即ち得道なり。

ジヤウブツトクダツ　成佛得脫〔術語〕脫は涅槃三德の一、解脫の德なり、解脫の德を得るは即ち成佛なり。

ジヤウブハイ　丈夫拜〔雜語〕女人拜を云ふ。これに異說あれども普通には座拜なり。

ジヤウブン　情分〔術語〕人の情欲種種に差別するを云ふ、身分と云ふ如し。

ジヤウベンシヨジシンゴン　成辯諸事眞言〔眞言〕不動眞言なり。【大日經疏四】に「用㆓成辨諸事眞言㆒加㆓持五寶五穀五藥㆒安㆓置其中㆒。」【心目】に「實慧僧都口決云。不動威怒眞言。是眞言大日經名㆓成辨諸事眞言㆒也。」□　降三世眞言を以て成辨諸事眞言となす。【大日經疏五】に「於㆓下方西北隅際㆒作㆓降三世忿怒持明王尊㆒。乃至此亦是成辨諸事眞言也。」

ジヤウホフカイ　淨法界〔術語〕又淸淨法界と云ふ、眞如なり。眞如の體一切の垢染を離るれば淨と云ひ、一切世間出世間の功德の所依となれば法界と云ふ。【佛地論三】に「淨法界、眞如爲㆑體。」と讀む。ホツカイ

ジヤウホフカイイン　淨法界印〔印相〕左右の手を以て拳と爲し、二大指を掌中に入れ、二人指を伸ぶ。

ジヤウホフカイシンゴン　淨法界眞言〔眞言〕又、法界生眞言と曰ふ。南謨(ナフマク)三曼多(サンマンタ)佛陀(ボダ)南(ナン)。達摩(タルマ)馱都(ダト)。薩嚩(サツハ)婆嚩(バハ)。句痕(クフン)。第一句歸命常の如し、第二句達摩馱都は法界の義、第三句薩嚩婆縛は自性の義、第四句句痕は我の義なり。法界は即ち是れ佛身、下の句に我と云ふは即ち是れ法界なり、此の行者未だ即ち眞性を體すること能はずと雖も但だ此の印を作して眞言を誦すれば亦即ち體法界に同じきなり。【大日經密印品、同疏十三】又、ॐ唵(オン)रं嚂(ラン)。【瑜伽蓮華部念誦法】に「若し觸穢の處は當に頂上に法界生の字ありて赤色光を放つを觀ずべし、所謂嚂字なり。所食の物に於て皆此の字を加持すれば即ち穢觸を成ぜず。一切の供養香華等に於て皆此の字を加ふれば白色の光を放ちて即ち穢觸なく、所供養の物皆法界に徧す。」此の中唵は金剛界の歸命語三身等の義常の如し。

ジヤウホフカイジユ　淨法界呪〔眞言〕淨法界眞言に同じ。

ジヤウボウジヤウ　上茅城〔地名〕摩竭陀國の古都なり。【西域記九】に「矩奢揭羅補羅城 Kuśāgārapura 唐言㆓上茅城㆒。上茅宮城摩竭陀國之正中。古先國王之所都。多出㆓勝上吉祥香茅㆒。以㆑故謂㆓之上茅城㆒也。崇山四周以爲㆓外郭㆒。西通㆓峽徑㆒。北闢㆓山門㆒。東西長。南北狹。周一百五十餘里。內城餘趾周三十四里。羯尼迦編㆓諸徑蹊㆒。花含㆓珠馥㆒色爛㆓黃金㆒。暮春之月林皆金色。」

ジヤウボダイシン　淨菩提心〔術語〕眞言行者初て初地に入て法明道を見、無蓋障三昧を得るを淨菩提心と名く。【大疏三】に「初入㆓淨菩提心門㆒見㆓法明道㆒。如㆓識種子迦羅羅時㆒。」

ジヤウボダイシンクワン　淨菩提心觀〔術語〕五字輪觀の異名なり。「ジリンクワン」を見よ。

ジヤウボダイシンチ　淨菩提心地〔術語〕初地の異名なり、是れ眞言行者初心の位次にて三句義の菩提心爲因を此地に配するなり。【祕藏記末】

ジヤウボダイシンモン　淨菩提心門〔術語〕淸淨の菩提心は是れ東方阿閦如來の三摩地にして、一切衆生成佛の正因なり。一切衆生必ず此の淨菩提心を因となし以て一切如來の境界に證入すれば門と稱するなり。【大日經疏一】に「入㆓佛智慧㆒有㆓無量方便門㆒。今此宗直以㆓淨菩提心㆒爲㆑門。若入㆓此門㆒即初入㆓一切如來境界㆒。」

ジヤウボンゲシヤウ　上品下生〔術語〕九品淨土の第三。⊙（拾玉集）「法の花の雲の林の匂ひよりただ末までも西へとぞゆけ」

ジヤウボンジヤウシヤウ　上品上生〔術語〕九品淨土の第一。⊙（拾玉集）「通ふらしむかふる雲のことの音に上なき山の嶺の松風」（曲、遊行柳）「上品上生に至らん事ぞられしき」

ジヤウボンチユウシヤウ　上品中生〔術語〕九品淨土の第二。⊙（續後撰）「古鄕に殘る蓮はあるじにて宿る一夜に花ぞひらくる」

ジヤウボンノウ　上煩惱〔術語〕十大惑の根本煩惱の强盛なるを稱して上煩惱と云ふ、或は現起の煩惱を上煩惱と云ふ。【勝鬘寶窟中末】に「四住所起煩惱麁陰名㆑上。」又「需㆓於諸佛上法㆒故名爲㆑上也。」【大日經疏十一】に「一切難㆑伏者亦可㆑伏㆑之。謂上煩惱及隨也。」【起信論】に「過恒沙等上煩惱依㆓無明㆒起。」

ジヤウボンレンダイ　上品蓮臺〔術語〕極樂に往生する三輩中、上輩生の者の化生する七寶池中の七寶の大蓮華なり。⊙（曲、源氏供養）「上品蓮臺に心をかけて」

ジヤウボンワウ　淨飯王〔人名〕迦毘羅衞國の

王にして釋尊の父王なり。【名義集三】に「首圖駄那 Śuddhodana 此云二淨飯一或云二白淨一。」

淨飯王千佛父 〔本生〕【雜寶藏經一】に「鹿女の緣を明かして云く「昔雌鹿仙人の尿を咶め便ち端正の女を生む、跡に蓮華を生ず。時に梵領國王此の女を索めて第二の夫人となし、千葉の蓮華を生む。葉に千小兒あり、長大にして皆力士なり、彼の時の千子とは賢劫の千佛是なり、父とは白淨王是なり、母とは摩耶是なり。」⦿(曲、大原御幸)「悉達太子は、淨飯王の都を出で」

ジヤウボンワウ 淨梵王 〔天名〕梵は清淨の義、梵天は總て婬欲を離るれば梵と云ふ、今は梵漢雙擧して淨梵と稱す。梵天王のことなり。

ジヤウボンワウハツネハンキヤウ 淨飯王般涅槃經 〔經名〕一卷、劉宋の沮渠京聲譯。佛及び難陀、阿難、羅云親しく淨飯王の喪を送り、以て孝道を彰はす。【宿帙八】(733)

ジヤウマニシユ 淨摩尼珠 〔物名〕淨水珠なり。寶珠あり、其の德能く濁水を清淨ならしむれば淨水珠と云ふ。【淨土論註下】は「譬如下淨摩尼珠置二之濁水一水即清淨上。若人雖レ有二無量生死之罪濁一。聞二彼阿彌陀如來至極無生清淨寶珠名號一。投二之濁心一。念念之中罪滅心淨。即得二往生一。」「ジヤウスヰジユ」參照。

ジヤウマン 上慢 〔術語〕七慢中の一、增上慢なり。「マン」を見よ。

ジヤウマン 淨滿 〔菩薩〕盧舍那、一に淨滿と譯す。「ビルシヤナ」を見よ。

ジヤウマンイチサイシヨグワンシンゴン 成滿一切諸願眞言 〔眞言〕五種護摩法の中總じて增益法、延命法の自他福壽の諸願を成就する眞言を稱す。【大日經疏七】に「或有二扇多。Śānta 是寂義 微戌陀 Viśuddha 是淨義 等字一當レ知是成二滿一切諸願眞言一。」

ジヤウミヤウ 淨命 〔術語〕比丘四種の邪命法を離れて清淨に活命するを淨命と云ふ。即ち八正道中の正命なり。又清淨の心を生命となすを淨命と云ふ。【維摩經菩薩品】に「正行二善法一起二於淨命一。」【註】に「肇曰。凡所レ行善。不下以二邪心一爲上レ命。」【不思議疏上】に「淨命者少欲知足之行。」

ジヤウミヤウ 淨名 〔人名〕「ジヤウミヤウコジ」を見よ。

ジヤウミヤウキヤウ 淨名經 〔經名〕維摩詰經の異名。

ジヤウミヤウゲン 淨名玄 〔書名〕天台智者の維摩經玄疏六卷、世に淨名玄と稱す。

ジヤウミヤウゲンギ 淨名玄義 〔書名〕四卷、隋の吉藏撰。

ジヤウミヤウゲンロン 淨名玄論 〔書名〕八卷、元興寺の智光撰。

ジヤウミヤウコジ 淨名居士 〔人名〕新に毘摩羅詰と稱し、舊に維摩詰と稱し、淨名と翻す。「ユヰマ」を見よ。⦿(續古今)「汲みて問ふ人なかりせばいかにして山井の水の底をしらまし」(方丈記)「淨名居士の跡をけがせり」

ジヤウミヤウコジノハウヂヤウ 淨名居士方丈 〔堂塔〕維摩居士の居室を云ふ。其室の廣さ一丈四方なるを以て此名あり。【法苑珠林三八】に「於二大唐顯慶年中一。勅使衛長吏。王玄策。因向二印度一過二淨名宅一以レ笏量二基止一。有二十笏一。故號二方丈之室一也。」⦿(平家、灌頂卷)「かの淨名居士の方丈の室の内に」

ジヤウメウ 淨妙 〔雜語〕清淨微妙なり。【法華譬喩品】に「是皆一相一種。能生二淨妙第一之樂一。」

ジヤウメウケサンマイ 淨妙華三昧 〔術語〕百八三昧の一。

ジヤウメウジ 淨妙寺 〔寺名〕【拾芥抄】に「淨妙寺木幡。御堂殿。」【本朝文粋十三】に江匡衡の淨名を供養する願文あり、詳に其の由緒を記す。木幡は山城國宇治郡に在て基經公の點し置かれし藤氏累代の墓所あり。御堂關白此に淨妙寺を創し、寛弘二年落成して供養式を行ひしなり。

ジヤウモツ 常沒 〔術語〕常に生死海に沈沒し居る衆生を云ふ。【南本涅槃經三十六】に「常沒者。所謂大魚。受二大惡業一。身重處レ深。是故常沒。」

ジヤウモン 淨門 〔術語〕六妙門の一。「ミヤウモン」を見よ。

ジヤウヨク 情欲 〔術語〕四欲の一。

ジヤウユヰシキホウシヤウロン 成唯識寶生論 〔書名〕五卷、一に二十唯識順釋論と名く。唐の義淨譯。護法菩薩の造、天親所造の二十唯識頌を釋す。【往帙十】(1216)

ジヤウユヰシキロン 成唯識論 〔書名〕十卷、護法等の十菩薩各論十卷を造り、世親の三十頌を釋す。唐の玄奘師合糅して十卷となす、即ち瑜伽一宗の精要なり。【往帙十】(1197)

ジヤウラ 淨裸 〔雜語〕「ジヤウララ」を見よ。

ジヤウラク 常樂 〔術語〕涅槃の四德中の二なり。「シトク」を見よ。⦿(曲、山姥)「風常樂の夢を破る」

ジヤウラクガジヤウ 常樂我淨 〔術語〕涅槃の功德なり。「ネハン」を見よ。又凡夫の四顚倒なり。「シタウ」を見よ。⦿(續千載)「觀念の心しすめば山風も常樂とこそ聲は聞ゆれ」

ジヤウラクヱ 常樂會 〔行事〕南都興福寺の

涅槃會なり。涅槃の四德中上の二字を取て常樂會と稱す。「ネハン」を見よ。⦿（著聞集、管絃歌舞）「興福寺の常樂會」

ジヤウラクヱノナイボン　常樂會內梵〔儀式〕常樂會勤修の時、奏樂ありて內梵音と稱する曲を奏するより、此名あり。⦿（盛衰記二四）「常樂會の內梵都率天より傳はれり」

ジヤウラフ　上﨟〔術語〕﨟の字正しくは臘の字なり。もと僧臘戒臘と云ふより出でゝ出家し受戒して一夏（夏期三ケ月の安居。）を竟るを一の臘とし、二夏を竟るを二の臘とす、依て僧の年を數ふるに生年をいふときは世壽と云ひ、出家受具の後の年をいふときは法臘と云ふ。又僧中の席次は此の臘數に依て高下するが定まりなれば之を臘次と云ふ。さて此の僧中の名が朝廷に移り、上﨟下﨟極﨟などいふ目を用ふるに至れるなるべし。【僧史略】に「所レ言臘首。經律中。以二七月十六日是比丘五分法身生來之歲首一（四月十六日より始て七月十五日に終ふ、之を夏安居、又は雨安居と云ふ、これ舊律なり、新律に五月より之を始む。）則七月十五日是臘除也。比丘出レ俗。不下以二俗年一爲上レ計。乃數二其臘一耳。」

ジヤウララ　淨躶躶〔雜語〕又、赤躶躶と云ふ。俗に云ふマツパダカ又はマルハダカ又はマルダシなり。天眞獨朗纖毫の情塵なきを稱す。【碧嚴九則評唱】に「須是透二過關捩子一。出二得荊棘林一。淨躶躶。赤灑灑。」

ジヤウルリノジヤウド　淨瑠璃淨土〔界名〕藥師琉璃光如來の所居にして、東方にある世界なり。⦿（曲、壞風）「新宮藥師如來の淨瑠璃淨土は東にて」

ジヤウリキ　常力〔術語〕菩薩十三力の一。「リキ」を見よ。

ジヤウリキ　靜力〔術語〕靜慮即ち禪定の力なり。【圓覺經】に「諸菩薩取二極靜一由二靜力一故永斷二煩惱一。」

ジヤウリヨ　靜慮〔術語〕梵語、馱耶演那 Dhyāna 靜慮と譯す。七種定命の一。「サンマイ」を見よ。此の靜慮に生定の二種あり、色界の四禪天へ生ずる爲に其の禪定を修するを四種の定靜慮と云ひ（「シゼンジヤウ」を見よ）其の所生の天處を四種の生靜慮と云ふ。「シゼンテン」を見よ。

ジヤウリヨ　淨侶〔雜語〕無垢淸淨の僧衆を云ふ。【東鑑八】に「令三持戒淨侶書二寫大般若經一部一。」

ジヤウリヨシヤウ　靜慮生〔術語〕生靜慮なり。「ジヤウリヨ」を見よ。

ジヤウリヨハラミツ　靜慮波羅蜜〔雜語〕十波羅蜜の一。

ジヤウル　上流〔術語〕上流般涅槃の略。

ジヤウルハツ　上流般〔術語〕上流般涅槃の略。

ジヤウルハツネハン　上流般涅槃〔術語〕五種不還の一。「フゲンクワ」を見よ。

ジヤウルリセカイ　淨瑠璃世界〔界名〕藥師如來の淨土なり。「ヤクシ」を見よ。⦿（曲、白髭）「淨瑠璃世界の主藥師」

ジヤウヰキ　淨域〔術語〕諸佛の淨土を云ふ。【西方要決】に「必須下遠二跡娑婆一棲中神淨域上。」

ジヤウヱ　靜慧〔術語〕安靜の智慧即ち空慧なり。【圓覺經】に「於二陀羅尼一不レ失二寂念及諸靜慧一。」又「靜慧發生。身心客塵從レ此永滅。」

ジヤウヱ　淨慧〔術語〕淸淨の智慧即ち無漏を云ふ。【無量壽經下】「具足皆得レ道。淨慧知二本空一。」

ジヤウヱクウ　成壞空〔術語〕成住壞空の略。「コフ」を見よ。

ジヤウヱゲノウ　上慧下能〔術語〕六祖慧能二字を分けしなり。【六祖檀經】に「有二二僧一造謁。謂二師之父一曰。夜來生兒專爲安レ名。可下上レ慧下上レ能。」

此より僧名を或は上下とも二字とも云ふ。余甞て嚴冬葛城山に登る。小栗栖蓮舶師余を迯りて曰く、「越前有二一僧一。上得而下能。葛山要レ學レ律。雪白最高層。」

ジヤウヱフニ　淨穢不二〔術語〕「フニ」を見よ。⦿（曲、放下僧）「淨穢不二の秘法を表す」

ジヤウヱンガクシン　淨圓覺心〔術語〕如來淨妙の圓覺心なり。【圓覺經】に「末世衆生欲レ求二如來淨圓覺心一。應三當正念遠二離諸幻一。」

ジヤウン　邪雲〔譬喩〕邪見の佛性を隱覆するを雲に譬へて邪雲と云ふ。⦿（盛衰記）「邪雲佛日の影を犯す」

ジヤエンチ　闍演底〔雜語〕梵音 Jayanti 次項「を見よ。

ジヤエンテイ　闍演帝〔雜語〕Jayante 梵音勝の別名、即ち是れ戰勝の義。能く他を降伏する義なり。【大日經疏十】（前後共に動詞第三人稱複數にして次第の如く他動と自動なり。）

ジヤガマキ　蛇蝦蟇龜〔譬喩〕「ヘビ」を見よ。

ジヤギヤウ　蛇行〔譬喩〕佛諸の比丘に告ぐ、蛇行法あり、何等を蛇行法と爲す、謂く生を殺して手常に血腥なり。乃至十不善等を行ず。彼れ爾の時身蛇行、口蛇行、意蛇行なり。是の如く身口意の蛇行已りて若は地獄若は畜生の一趣に向ふ。蛇行の衆生とは謂く、蛇鼠猫狸等腹行の衆生なり、是を蛇行法と名く。【雜阿含經三十七】

ジヤギヤウ　邪行〔術語〕九十六種の外道の行法を總稱す。【瑜伽倫記六上】に「邪行九十六種外道等。」

ジヤクウムバンコク　弱吽鑁斛〔術語〕Jaḥ hūṃ vaṃ hoḥ 次第の如く鉤索鎖鈴の四攝菩薩の種子なり。【金曼大鈔一】

ジヤクオンソンジヤ　寂音尊者〔人名〕唐の

大莊嚴寺慧齡の弟子なり。其の傳續高僧傳二十八慧齡の傳に附す。

ジヤギヤウシヤウ　邪行障　〔術語〕唯識論所明十障の一。「ジフシヤウ」を見よ。

ジヤギヤウシンニヨ　邪行眞如　〔術語〕七眞如の一。「シンニヨ」を見よ。

ジヤク　寂　〔術語〕又滅と云ふ。涅槃の異名なり。【維摩問疾品】に「導レ人入レ寂。」【淨影疏】に「寂是涅槃。又寂眞諦。」

ジヤククウ　邪空　〔術語〕方廣道人の大虛空(たこく)を斥して邪空と云ふ。【三論玄義】に「學二大乘一者名二方廣道人一。執二邪空一不レ知二假有一。」

ジヤクガン　寂岸　〔術語〕寂滅の彼岸即ち涅槃を稱す。【寄歸傳一】に「仰二晞寂岸一爲二悟寂之虛關一。」

ジヤククワウ　寂光　〔術語〕寂は眞理の寂靜を云ひ、光は眞智の光照を云ふ。即ち理智の二德なり。又寂理に即して光照するを寂光と云ふ。【大日經疏一】に「爾時行人爲二此寂光所一レ照。無量智見自然開發。如二蓮華敷一。」図台家所謂四土中の常寂光土を寂光と云ふ。⊙(曲、大原御幸)「げに寂光の靜なる」

娑婆即寂光　〔術語〕「シヤバソクジヤククワウ」を見よ。

ジヤククワウカイヱ　寂光海會　〔術語〕寂光は常寂光土なり、海會は一會の大衆なり。十方法界の諸佛菩薩乃至天龍八部の諸衆來集すること萬川の大海に朝宗する如くなれば海會と稱す。【大日經疏三】に「復次衆生一會心中有二如來壽量長遠之身寂光海會乃至不退菩薩一。亦復不レ能レ知。當レ知此法倍復難レ信。」【演密鈔四】「寂光海會者。寂光土也。海會衆也。即是常寂光土中塵沙之衆也。此通二眞應一。」

ジヤククワウダイシ　寂光大師　〔人名〕延曆寺第二世の座主圓澄、山中に寂光院を創し、此に入滅しければ世に寂光大師と稱す。【天台史略上】

ジヤククワウダウヂヤウ　寂光道場　〔堂塔〕圓澄和尙創立の寂光院を云ふ。

ジヤククワウド　寂光土　〔界名〕常寂光土の略。「シド」を見よ。⊙(太平記三四)「只速かに寂光の本土へこそ歸らめ」(盛衰記一三)「法性不二の色身は寂光淨土に居すれども」

ジヤクゴフシシ　寂業師子　〔雜名〕釋迦の異名なり。【大日經疏四】に「是故無量應度衆生四種魔軍由レ此退散。是故號爲二寂業師子一。」【演密鈔五】に「號爲二寂業師子一者偈中云二釋師子救世一。具足應レ云二釋迦師子救世一。偈以二五字一成レ句故略レ去迦字一但有二釋字一。此釋迦言。尋常翻譯或但爲レ能。或云二能人一。今云二寂業一者。蓋依二字門一而立二其名一。謂前梵本偈中云二赦吃也一。赦即是奢字門也。奢者一切法寂義也。吃也者上吃字是迦字門爲二迦合一也。也字取二聲便一故遂成二吃音一。迦者詮二一切法造作義一。造作即業也。由レ此故云二寂業師子一也。」

ジヤクサイシンゴン　寂災眞言　〔眞言〕南麼三曼多勃馱喃。阿。摩訶奢底蘗多。舍底迦羅。鉢羅二合舍摩達磨儞渠惹多。阿婆縛娑嚩婆嚩達磨。三曼麼多鉢羅鉢多。莎訶。Namaḥ samantabuddhānāṃ Aḥ Mahāśāntigata śuddhikara praśama-dharmanirjāta abhāvasvabhāvadharma samantaprāpta Svāhā【大日經疏八、同義釋六】に細釋あり。「禪師の別稱なり。」

ジヤクサウオシヤウ　鵲巢和尙　〔人名〕鳥巢

ジヤクシクワキヤウ　寂志果經　〔經名〕一卷、東晉の竺曇無蘭譯。長阿含沙門果經と同本、佛阿闍世王の爲に沙門現在の得果を說く。【昃帙十】(593)

ジヤシシウ　鞞子洲　〔地名〕處在不明、想像の國か。【玄應音義二十四】に「鞞又作レ綁。同以遮切。師子國南浮レ海數千里。洲人卑小。長餘二三尺一。人身鳥喙。唯食二綁子一。既無二穀稼一。所三以不レ識二於牛一也。」

ジヤクシユ　寂種　〔術語〕聲聞緣覺乘の涅槃の寂滅を欣樂する種性を云ふ。【二教論】に「寂種之人。膏育之病。醫王拱レ手。」

ジヤクジヤウ　寂靜　〔術語〕煩惱を離るるを寂と云ひ、苦患を絕つを靜と云ふ。即ち涅槃の理なり。【華嚴經一】に「觀二寂靜法一滅二諸癡闇一。」【毘婆尸佛經下】に「調御大丈夫。導三引於群生一。令レ至二寂靜道一。」【資持記下四之二】に「寂靜即涅槃理也。」【往生要集上末】に「一切諸法本來寂靜。非レ有非レ無。」

二種寂靜　〔名數〕一に身寂靜、家を捨て欲を棄て衆の緣務を息め靜處に閑居して情閙を遠離し身の惡行一切作さず、是を身寂靜と云ふ。二に心寂靜、貪瞋痴等に於て悉く皆遠離し、禪定を修習し散亂あることなく、意の諸の惡行一切作さず、是を心寂靜と云ふ。【釋氏要覽下】

寂靜音海夜神化導三十七門　〔名數〕善財童子南詢第三十五參寂靜夜神童子に對して自ら三十七類の衆生に於て三十七門の化導を爲すを說く。【唐華嚴七十一】

ジヤクジヨウ　寂常　〔術語〕煩惱なきを寂と云ひ、生滅なきを常と云ふ。即ち涅槃の理なり。【楞嚴經一】に「世尊我等今者二障所レ纏。良由レ不レ知二寂常心性一。」

ジヤクジヤウギヤウ　寂靜行　〔術語〕聲聞緣覺が涅槃の寂靜を求むる行法を云ふ。【探玄記五】に

「數二寂靜行一。有二三義一。一以下彼二乘修中離二生死喧雜一行上故。二令レ修下證二人空一寂靜行上。三無餘涅槃名二寂靜一。修レ彼名レ行。」

ジヤクジヤウサウオウシンゴン　寂靜相應眞言　〔眞言〕扇底迦法相應の眞言なり。【大日經疏七】に「若眞言中有二納磨是歸命意莎縛訶等字一。當レ知是修二三摩地一寂靜相應眞言也。」【要略念誦經】に「所謂初安二唵字一。後稱レ所方言二莎嚩訶一名二扇底訶一也。」此の中納磨と唵との相違は胎藏界は納磨金剛界は唵なり。

ジヤクジヤウシンゴン　寂靜眞言　〔眞言〕寂災眞言なり。【大日經疏八】に「當下以二寂靜眞言一用二蘇蜜酪一和レ飯百遍上。」「ジヤクサイシンゴン」參照。

ジヤクジヤウホフ　寂靜法　〔修法〕眞言五種の護摩中第一の息災法を寂災法とも寂靜法とも云ふ。【要略念誦經】に「修二寂靜一者。結跏趺坐、面向二北方一。對二於圓相一一心離レ緣。作二成就一法名二扇底迦一。」Śāntika

ジヤクジヤウモン　寂靜門　〔術語〕一切諸法本來寂靜なれば一切法を稱して寂靜門と云ふ。【寶篋經】に「文殊師利。於二東方莊嚴國一佛名二光相一。現在說法。有二大聲聞一名曰二智燈一。因二文殊問一默而不レ答。彼佛告二文殊一云。可下說二法門一令中諸衆生得上レ無上道上。文殊答云。一切諸法皆是寂靜門。」

ジヤクジヤウラク　寂靜樂　五種樂の一。「ラク」を見よ。

ジヤクセウ　寂照　〔術語〕眞理の體を寂と云ひ、眞智の用を照と云ふ。【楞嚴經六】に「淨極光通達。寂照含二虛空一。」【正陳論】に「眞如照而常寂爲二法性一。寂而常照是法身義。雖レ有二二名一寂照亦非レ二。」

ジヤクセウジンペンキヤウ　寂照神變經　〔經名〕寂照神變三摩地經の略名。

ジヤクセウジンペンサマヂキヤウ　寂照神變三摩地經　〔經名〕一卷、唐の玄弉譯。佛靈山に在り、海衆駢集し、賢護菩薩法を問ふ。佛答ふるに寂照神變三摩地を以て菩薩の一切諸法をして皆圓滿を得しむ。【宙帙二】(552)

ジヤクセウヱ　寂照慧　〔術語〕六慧の一。

ジヤクヂヤウ　寂定　〔術語〕妄心妄想を離るるを寂定と云ふ。【無量壽經上】に「廣普寂定深入二菩薩法藏一。」【淨影疏上】に「一切法中不レ起二妄想一名二廣寂定一。」

ジヤクヂヤウ　寂場　〔術語〕寂滅道場の略。【法華玄義一上】に「雖二高山頓說一。不レ動二寂場一。而遊二化鹿苑一。」

ジヤクヂヤウジユ　寂場樹　〔植物〕寂滅道場の菩提樹なり。「ボダイジユ」を見よ。

ジヤクデウオンシヨモンキヤウ　寂調音所問經　〔經名〕一卷、劉宋の法海譯。清淨毘尼方廣經の異譯。【列帙二】(1089)

ジヤクニン　寂忍　〔術語〕寂靜と忍辱なり。【指要鈔序】に「被二寂忍之衣一據二大慈室一。」

ジヤクネン　寂念　〔術語〕寂靜の念慮即ち禪定なり。【圓覺經】に「於二陀羅尼一不レ失二寂念及諸靜慧一。」

ジヤクネン　寂然　〔術語〕寂靜無事の狀なり。【維摩經弟子品】に「法常寂然。滅二諸相一故。」【註】に「生曰。寂然者。寂靜無事之義也。」

ジヤクネンカイ　寂然界　〔術語〕二乘所證の涅槃の境界を云ふ。【大日經一】に「蘊處界。能執所執皆離二法性一。如レ是證二寂然界一。」【同疏二】に「行者如レ是觀照時從二無性門一達二諸法即空一。得レ離二一重法倒一了二知心性一。如レ是不レ爲二蘊處界能執所執之所一動搖一。故名レ證二寂然界一。證二此寂然界一時漸過二二乘境界一。」

ジヤクネンゴマ　寂然護摩　〔修法〕息災の護摩なり、灌頂を行ふとき弟子の滅罪の爲に護摩を修するを寂然護摩と云ふ。【諸儀軌訣影八】【大日經疏八】に「次當下爲二諸弟子一作中寂然護摩上。是扇底迦 Śāntika 法。亦可二翻爲二息災一也。」

ジヤクマクムニンシヤウ　寂莫無人聲　〔雜語〕靜かなる貌なり。法華經を靜處にて誦すれば奇瑞あるを教ふ。【法華經法師品】に「若說法之人獨在二空閑處一。寂莫無二人聲一。讀二誦此經典一。我爾時爲現二清淨光明身一。若忘二失章句一爲說令二通利一。」⊙(續後撰)「とふ人の跡なき柴のいほりにもさしぐる月の光をぞまつ」

ジヤクメツ　寂滅　〔術語〕寂滅とは梵名涅槃 Nirvāṇa の譯語なり。其の體寂靜にして一切の相を離るれば寂滅と云ふ。【法華經序品】に「或有二菩薩一見二寂滅法一。」【維摩經佛國品】に「知二一切法皆悉寂滅一。」【註】に「肇曰。去レ相故言二寂滅一。」【同弟子品】に「法本不レ然。今則無滅。是寂滅義。」【無量壽經上】に「超二出世間一深樂二寂滅一。」【智度論五十五】に「滅二三毒及諸戲論一故名二寂滅一。」

ジヤクメツサウ　寂滅相　〔術語〕涅槃の相の一切の相を離れたるを寂滅相と云ふ。【法華經方便品】に「諸法從レ本來。常自寂滅相。」【智度論八十七】に「涅槃即是寂滅相。」

ジヤクメツダウヂヤウ　寂滅道場　〔術語〕化身佛の有餘涅槃を證せし道場を云ふ。釋尊に在ては摩竭陀國迦耶山頭尼連禪河邊の菩提樹下金剛座上是なり。【晉華嚴經一】に「一時佛在二摩竭陀國寂滅道

場一始成二正覺一。」⦿（盛衰記四七）「一は中天竺摩訶陀國寂滅道場の金剛座是なり」

ジヤクメツヂヤウ　寂滅場　〔術語〕寂滅道場の略。【四教儀集註上】に「處隨法轉。名二寂滅場一。」

ジヤクメツニン　寂滅忍　〔術語〕五忍の一。「ニン」を見よ。

ジヤクメツラク　寂滅樂　〔術語〕五種樂の一。「ラク」を見よ。

ジヤクメツヰラク　寂滅爲樂　〔術語〕寂滅は涅槃なり。生死の苦に對して涅槃を樂と爲す。【涅槃經】に「諸行無常。是生滅法。生滅滅已。寂滅爲樂。」

ジヤクメツムニ　寂滅無二　〔術語〕涅槃は一切差別の相を離るれば寂滅無二と云ふ。【圓覺經】に「圓覺普照。寂滅無二。」

ジヤクモクゲダウ　寂默外道　〔流派〕六苦行外道の一。「ゲダウ」を見よ。

ジヤクユウ　寂用　〔術語〕次項を見よ。

ジヤクユウタンネン　寂用湛然　〔術語〕眞如の理體有爲の諸相を離るるを寂と云ひ、而も世間出世間の善法を生ずれば用と云ふ。即ち起信論所說三大中の體用二大なり。而して體に即する用なれば體と共に常住不滅なれば湛然と云ふ。【觀經玄義分】に「恒沙功德寂用湛然。」

ジヤクロ　石榴　〔植物〕是れ鬼子母神の手に持つ果物にて、且つ其の他の一切供物に就て菓子の中には石榴を土となすと云ふ。【瞿醯經奉請供養品】に「其菓子中石榴爲レ上。於二諸根中一毘多羅根爲レ上。」

ジヤクワン　邪觀　〔術語〕淨土の依正を觀ずるに或は佛經の正說に違し、或は餘觀を離るるを稱して邪觀と稱す。【觀無量壽經】に「作二是觀一者名爲二正觀一。若他觀者名爲二邪觀一。」【彌勒上生經】に「作二是觀一者名爲二正觀一。若他觀者名爲二邪觀一。」

ジヤクオン　鵲園　〔地名〕【廣弘明集二十內典碑銘集序】に「鵲園能誘。馬苑弘宣。」案ずるに經論の中鵲園の語あるを見ず、是れ阿輸迦王の鷄雀寺、一に雀園と稱すれば、其の晉の同似を取て鵲に造りし者ならん。（鵲園は即ち竹林なり。梵に具名を Veṇūvana kāraṇḍaka nivāpa と稱す。kāraṇḍa は鵲なり故に竹林鵲園と譯し、蕭條鵲封之處と書す。園に鵲が棲みたるにあらず。）下句の馬苑は即ち漢の白馬寺なり。

ジヤケン　邪見　〔術語〕五見の一。「ゴケン」⦿（曲、淸經）「邪見の眼の光」

ジヤケンキヤウ　邪見經　〔經名〕一卷、失譯。中阿含邪見經の別譯。【昃帙八】（584）

ジヤケンシ　邪見使　〔術語〕五利使の一。

ジヤケンジヨウ　邪見乘　〔術語〕小乘の空法を斥して邪見乘となす。【止觀七之四】に「乘二邪見乘一入二險惡道一。是壞驢牢耳。」

ジヤケンチウリン　邪見稠林　〔譬喩〕邪見に種種ありて交互繁茂すると稠林の茂密なる如くなれば邪見の稠林と云ふ。【法華經方便品】に「入二邪見稠林一若有若無等一。依二止此諸見一具二足六十二一。」

ジヤケンドウ　邪見幢　〔雜語〕邪人邪見を標榜すると大將の幢旗の如くなれば邪見幢と云ふ。【三論玄義】に「善巧說法。燃二正法炬一滅二邪見幢一。」

ジヤケンマウ　邪見網　〔譬喩〕邪見の參差交絡して人を羅すると網の如くなれば邪見網と云ふ。【智度論十一】に「是人邪見網。煩惱破二正智一。離二諸淸淨戒一。唐苦墮二異道一。」

ジヤシ　邪私　〔術語〕邪念私欲、女色に耽るを云ふ。【行宗記二上】に「邪私者耽二女色一也。」

ジヤシフ　邪執　〔術語〕固く不正の見解を執るを邪執と云ふ。【地藏十輪經五】に「遠二離一切邪執惡見一。」【起信論】に「對二治邪執一。」【同義記下末】に「一切邪執皆依二我見一。」【大乘義章五末】に「邪執翻レ境。名レ之爲レ倒。」

ジヤシヤウヰチニヨ　邪正一如　〔術語〕「イチニヨ」を見よ。⦿（鵯鷺合戰一一）「善惡不二、邪正一如と思召され候へと云へば」「略。

ジヤシヤウヂヤウ　邪性定　〔術語〕邪性定聚の一。

ジヤシヤウヂヤウジユ　邪性定聚　〔術語〕三聚の一。「シン」を見よ。

ジヤシン　蛇神　〔天名〕延命地藏經所說十五神の一。

ジヤシユヰ　邪思惟　〔術語〕橫邪なる思惟なり。

ジヤジユ　邪聚　〔術語〕邪性定聚なり。【無量壽經下】に「彼佛國中無二諸邪聚及不定聚一。」「サンジユ」を見よ。

ジヤジユン　邪旬　〔術語〕荼毘の轉訛。【玄應音義六】に「邪旬。或云二闍維闍毘一。同一。正言二闍鼻多一。是焚燒也。」「ダビ」を見よ。旬は波旬(Pāpiya)の旬と同じく、旬の字にしてビの晉なり。故に邪旬は Jhāpeti（現）Jhāpita（過）の音譯なり。

ジヤジヨウマノタトヘ　蛇繩麻喩　〔譬喩〕唯識の三性を說明するに引く譬喩なり。繩を見て蛇なりとし、繩なるに覺め、繩の實性を麻なりと悟るを云ふ。「サンシヤウ」參照。

ジヤセ　闍世　〔人名〕阿闍世の略。【敎行信證序】に「調達闍世興二逆害一。」

ジヤセン　邪山　〔譬喩〕邪見の高きを山に譬ふ。【止觀五之四】に「傾二邪山一竭二愛海一。皆觀之力。」

ジヤセン　邪扇　〔譬喩〕邪道以て人を煽動するを

譬へて邪扇と云ふ。【讃阿彌陀佛偈】に「關二閉邪扇一開二正轍一。」

ジヤソク　蛇足　〔譬喩〕情有理無の妄見に譬ふ。【萬善同歸集五】に「起二龜毛兎角之心一。作二蛇足搵香之見一。」

ジヤタウケン　邪倒見　〔術語〕邪僻顚倒の惡見なり。【藥師經】に「愚痴迷惑信二邪倒見一。」

ジヤタカ　闍多伽　〔術語〕梵音 Jātaka 譯、本生。十二部經の一。

ジヤダウ　邪道　〔雜語〕非理の行法なり。【金剛經】に「若以レ色見レ我。以二音聲一求レ我。是人行二邪道一。不レ能レ見二如來一。」

ジヤヂヤウ　邪定　〔術語〕邪性定聚の略。「サンジユ」を見よ。

ジヤヂヤウジユ　邪定聚　〔術語〕邪性定聚の略。「サンジユ」を見よ。

ジヤナ　惹那　〔雜語〕Jñāna 譯、智。【大日經疏十三】に「薩末囉 Smara 憶念也 惹那 Jñāna 智也言尚憶此智也」【菩提心義十】に「闍那此正言レ智。是分別根生義。」

ジヤナセンダラ　惹那戰達羅　〔人名〕Jñāna-candra 譯、智月。唯識十大論師の一。

ジヤナバツダラ　惹那跋陀羅　〔人名〕Jñāna-bhadra 譯、智賢。南海波陵國の人、涅槃後分經二卷を譯す。【開元錄九】

ジヤバラ　闍嚩囉　〔雜語〕Jvala 譯、光明。【大日經疏十】に「闍嚩二合囉。光英明義也。由レ住二無去無來之行一成二大威光一無二與爲レ比也。」

ジヤバラ　闍嚩長囉　〔雜語〕Jvāla 相として生ぜざるとなき義なり。【大日經疏十三】に「闍嚩囉。闍者生也。嚩縛也。羅相也。側有二阿點一。與二不生一義同。無二相不レ生也。」

ジヤビ　闍毘　〔術語〕「ダビ」を見よ。

ジヤホフ　邪法　〔術語〕邪僻の道なり。【唐華嚴經十二】に「若能了二邪法一如實不二顚倒一。」【倶舍論十二】に「邪法縈纏。瞋毒增上。」

ジヤマ　邪魔　〔異類〕惡邪の魔羅なり。魔羅は惡鬼神の總稱なり。【起信論】に「爲三邪魔諸鬼之所二惱亂一。」【盂蘭盆經】に「邪魔外道。」

ジヤマウ　邪網　〔譬喩〕邪法網の如く絞絡して能く人を羅すれば邪網と云ふ。【無量壽經上】に「摑三裂邪網一消三滅諸見一。」【起信論】に「遠三離痴慢一出二邪網一故。」【同義記上】に「出二邪魔羂網一故。」

ジヤマゲダウ　邪魔外道　〔流派〕邪惡の魔鬼と佛法外の行者なり。【藥師經下】に「信二世間邪魔外道妖孽之師一妄說二禍福一。」

ジヤマン　邪慢　〔術語〕七慢の一。「マン」を見よ。

ジヤミヤウ　邪命　〔術語〕比丘乞食を以て如法に自活せず、不如法の事を作して生活するを邪命と云ふ。此に四種あり。一に下口食、田園を種植し、湯藥を和合し、以て衣食を求めて自ら活命するを云ふ。二に仰口食、仰て星宿日月風雨雷電霹靂を觀ずる術數の學を以て衣食を求め自ら活命するを云ふ。三に方口食、豪勢に曲媚し、四方に通使して、巧言多く求め以て自ら活命するを云ふ。四に維口食、維は四維なり、種種の呪術卜算吉凶を學び、以て衣食を求め自ら活命するを云ふ。【智度論三】

ジヤミヤウジキ　邪命食　〔術語〕前項を見よ。

ジヤミヤウセツホフ　邪命說法　〔術語〕衣食の料を求むる爲に說法するを寂命說法と云ふ。

ジヤヤサイナ　闍耶宰那　〔人名〕次項を見よ。

ジヤヤセイナ　闍耶犀那　〔人名〕Jayasena 譯、勝軍。西域の鄔波索迦の名なり。【西域記九】

ジヤユガギヤウ　邪瑜伽行　〔術語〕苦行外道の非理の觀行を總稱す。【瑜伽倫記五上】に「或依二棘刺一修三斷瑜伽一。或依二灰坌一。或行二木杵一夜即臥レ上。或行レ著二板衣一。夜即臥レ板。或如レ狐蹲住乃後夜不レ至レ地。即是邪瑜伽行也。」

ジヤリ　闍梨　〔術語〕阿闍梨の略。

ジヤリン　邪林　〔譬喩〕邪見の多きと林の如きを云ふ。【行事鈔下四之二】に「相似道。相似善。難レ知難レ學多入二邪林一。」

ジヤロ　闍樓　〔雜語〕譯、皃衣。「エナ」なり。【涅槃經九】に「女人產者。闍樓未レ出。若服二此藥一闍樓即出。亦令二嬰兒安樂無レ患。」【同疏】に「闍樓此言二皃衣一。」

ジヤワウ　闍王　〔人名〕阿闍世王の略。

ジヤヰ　闍維　〔儀式〕「ダビ」を見よ。

ジヤヰブン　闍維分　〔雜名〕大般涅槃經後分の異名。

ジヤヱセンダン　蛇衛旃檀　〔植物〕「ゴヅセン」を見よ。

ジユ　受　〔術語〕梵名 Vedanā【梵語雜名】所觸の境を領納する心所法なり。

二受　〔名數〕一に身受、身に領納して無分別の受、即ち苦樂捨の三受是なり。二に心受、心に領納して分別心を起す受、即ち憂喜の二受是なり。【倶舍論二、九】

ジユ　呪　〔術語〕梵語、陀羅尼、Dhāraṇī 一に呪と譯す。他に種種の譯あり。「ダラニ」を見よ。

ジユ　頌　〔術語〕梵語、伽陀 Gāthā 頌と譯す。頌に種種あり。「カダ」を見よ。

立頌八意　〔名數〕一に少字攝多義、能く少字

に於て多義を攝するなり。二に讚嘆多以偈頌、其の德を讚嘆するに偈頌を以てするは東西其の揆一なり。三に爲鈍根重說、佛弟子の爲に長行を說く、根鈍にして尙解せざる者あれば重ねて偈頌を說くなり。四に爲隨喜樂故、佛衆機の偈頌を欣樂する者あれば隨て偈頌を說くなり。五に爲後來徒故、佛弟子の爲に長行を說き竟つて或は新來の衆ありて前經を聞かざれば爲に偈頌を說くなり。六に爲易受持故、長行の文句繁多にして受持し難きが故に更に偈頌を說いて記持し易からしむるなり。七に增明前說故、初め長行に於て說くも義未だ盡きざるあり、後に偈頌を說て更に其の義を明かすなり。八に長行未說故、長行を說かずして直に偈頌を說く所謂孤起頌なり。【華嚴大疏】

ジユ 誦 〔雜語〕文を背にして闇持するを云ふ。【止觀四之一】に「誦者背レ文闇持也。」

ジユイン 咒印 〔雜名〕陀羅尼と印契なり。【楞嚴經八】に「心持二咒印一顧眄雄毅。」「ウ」を見よ。

ジユウケウ 終敎 〔術語〕賢首五敎の一。「ゴケ」と云ふ。

ジユエセツ 授衣節 〔行事〕陰曆九月を授衣節と云ふ。禪家に授衣節の上堂あり。【鏡堂圓禪師建仁錄授衣節上堂】に「人間九月授衣時。破綻禪和猶未レ知。趁レ暖急須二先補綴一。待レ寒方覺己遲遲。」

ジユウン 受蘊 〔術語〕五蘊の一。「ゴウン」を見よ。

ジユエ 受衣 〔雜語〕禪家に弟子となりたる者、師より衣を賜はりて著するを受衣と云ふ。

ジユエンキヤウ 壽延經 〔經名〕延壽經の誤にて延壽經は延壽妙門陀羅尼經の異名なり。

ジユカイ 受戒 〔術語〕戒に五八十具の別あり、隨て之を受くるに各各其の儀式作法あり、「カイ」を見よ。又眞言宗の三昧耶戒を受くるには百日の加行を要し、其の正しく受戒するには最も嚴密なる作法を用ふるなり委曲は【傳法灌頂三摩耶戒幸聞記】に出づ。⊙(平家二)「なかんづく山王の化導は、授戒、灌ぢやうのためなり」

ジユカイアジヤリ 受戒阿闍梨 〔職位〕五種阿闍梨の一。「アジヤリ」を見よ。

ジユカイギフテフ 受戒給牒 〔儀式〕出家受戒する者に官より其に度牒を給與するを云ふ。【稽古略三】に「宋宣宗大中十年丙子。勅二法師辯章一爲二三敎首座一。初令二僧尼受レ戒給一レ牒。」「カイテフ」を見よ。

ジユカイクワンヂヤウ 受戒灌頂 〔修法〕總じて眞言の受戒には灌頂法を行へば眞言の三昧耶戒を受くるを受戒灌頂と云ふ。

ジユカイケンド 受戒犍度 〔書名〕二十犍度の一。「ケンド」を見よ。

ジユカイニフヰ 受戒入位 〔術語〕佛戒を受くれば佛菩薩の法位に入るを云ふ。

ジユカイノシチシユ 受戒七衆 〔雜語〕「シチシユ」に同じ。

ジユカイホン 誦戒本 〔書名〕菩薩戒本經の異名。

ジユカイヱ 授戒會 〔儀式〕一般在家の人に優婆塞戒優婆夷戒を授與する法會なり、眞宗を除き他宗一般之れを行ふ。「セン」を見よ。

ジユガク 鷲嶽 〔地名〕靈鷲山なり。「リヤウジユ」を見よ。

ジユガクムガクニンキホン 授學無學人記品 〔經名〕法華經二十八品中第九品の名、聲聞乘四果の中、預流、一來、不還の三果を學人と云ひ、阿羅漢果を無學人と云ふ。此の品は法華迹門三周說法の中、因緣周にて、彼等往昔の因緣を聞て初めて小乘心を廻らして無上菩提心を發せしに由り、佛彼等に當來必當作佛の記別を授けしことを記せし品なれば、授學無學人記品と云ひ、常に略して單に人記品と云ふ。

ジユキ 授記 〔術語〕梵に和伽羅 Vyākaraṇa と云ふ。十二部經の一なり。佛發心の衆生に對して當來必當作佛の記別を授與するを云ふ。⊙(曲、白鬚)「大聖世尊其授記を得て、都率天に住し給ひしが」

二種授記 〔名數〕一に無餘記、佛現前に記を授けて某甲の衆生某の劫中に於て作佛し、某如來と號し、是の如き國土眷屬あり等と了了に說くを以ての故に無餘記と名く。復た世尊、若くは我の在世、或は滅度の後、諸の法華經の一句一偈を聞くとある者は我れ皆爲めに無上菩提の記を授くと說く如き、是れを無餘記と名く。二に有餘記、衆生に告げて汝未來某佛の時に於て當に此罪を畢ふべし、某甲如來汝が爲に授記すと言ふ如きの類、是を有餘記と名く。復た若し一切衆生悉く有餘あり、彼れ善根を生じ、相續して斷たず、當に無上菩提に至るべしと言ふ如き是を有餘記と名く。【大疏四】

四種授記 〔名數〕一に未發心而與授記、或は衆生ありて五道に往來するも諸根猛利にして大法を好樂す、佛是の人の此れより若干阿僧祇劫を過ぎて無上菩提心を發し、又若干阿僧祇劫を過ぎて菩薩の行を修し、無量の衆生を度して菩提に住せしめ、又若干阿僧祇劫を過ぎて無上菩提を成じ、號字是の如し、國土是の如し、乃至滅後法住の歲數是の如し等と知る、是れを未發心而與授記と名く、

是れ十位已前の種性地なり。二に適發心已得授記、或は人あり久しく德本を植ゑ善行を修習し、勤心精進諸根明利なり、是の人發心すれば即ち阿惟越地に住し菩醯の位に入り畢竟數に墮して八難を出過す、是の如き等の人適ま發心すれば諸佛即ち當得作佛の記を授く、是を適發心已得授記と名く。三に密授記、菩薩あり、無上菩提を求めて種種の施を行じ、勤行精進諸の善法を求む、是の如き人困より當に授記すべし、然かも自から志滿足し復た更らに精進の心を發せざらんことを恐るるも、如し授記せずんば復た衆人疑を生じて此の人精進修行して授記を蒙らずと謂ふを恐る、是の故に佛威神力を以て密に當得作佛の授記を作し他人をして聞かしめ當人をして知らしめざるを隱覆授記或は密授記と云ふ。四に現前授記、菩薩あり。久しく善根を集め具足せざるなく、常に梵行を修して無我空を觀じ、一切法に於て無生忍を得す、佛是の人の功德智慧已に悉く具足するを知り、則ち一切大衆の前に於て現前に其の成佛の名號國土等を記するを現前授記と名く。【首楞嚴三昧經下】図 一に未發菩提心授記、諸佛世尊諸の衆生の根機の利鈍を觀じて其の增上の信を具することある者は佛則ち菩提心を發さしめて當得作佛の記を授くるを云ふ。二に共發菩提心授記、諸の菩薩善根成熟して增上の行を得ず、但だ一切衆生を度脫せんと欲して諸の衆生と同じく共に菩提心を發し、同じく正覺を成ぜんことを誓願して佛の授記を蒙るを云ふ。三に隱覆授記、即ち上の密授記なり。四に現前授記、即ち上と名義共に同じ。【菩提資糧論三】

六種授記 〔名數〕 一に種性未發心記、上の第一に同じ。二に已發心記、上の第二に同じ。三に現前記、上の第四に同じ、四に不現前記、對面して說くを現前記とし處を異にして遙に說くを不現前記となす。五に時覺時定記、時劫の數量名字を記し並に佛及び國土の名字を說く者を云ふ。六に時無量時不定記、總じて無量劫に作佛すと言ひ委曲に時劫の數量及び佛國の名號を辨ぜざるを云ふ。【地持論、勝鬘寶窟上末】

八種授記 〔名數〕 一に已知他不知、發心して自ら誓願を發するも、未だ廣く人に及ぼさず、未だ四無所畏を得ず、未だ善權を得ざるが故なり。二に衆人盡知已不知、發心廣大にして無所畏を得、善根を得るが故なり。三に已衆俱知、位七地に在て無畏を得、善權を得、空觀を得るが故なり。四に已衆俱不知、未だ七地に入らず、空觀の無著行を得ざるが故なり。五に近覺遠不覺、彌勒是なり、諸根具足して如來の無著の行を捨てざるが故なり。（彌勒の成佛近きに在れば近き者は其の授記を得たるを覺知するも遠き者は覺知する能はざるなり。） 六に遠覺近不覺、此の人未だ賢聖の行を演說すること能はざるが故なり。師子膺是なり。七に近遠俱覺、諸根具足して無著の行を捨てず、徧く十方世界に遊んで不思議を作し、佛の神德を顯はすが故なり、今の柔順菩薩是なり。八に近遠俱不覺、未だ菩提を得ず悉く如來藏等の行を知ること能はざるが故なり、今の等行菩薩是なり。【菩薩瓔珞經九、法華文句七之一】

ジユキ 受記 〔術語〕 又受莂と云ふ。佛より當來必當作佛の記別を受くるを云ふ。【法華經譬喩品】に「見下諸菩薩受記作佛上。而我等不レ預二斯事一。」

ジユキ 受喜 〔術語〕 十六特勝の一 「ジフロクドクシヨウ」を見よ。

ジユキオククウ 終歸於空 〔術語〕 諸法の實相は終に空に歸趣することを云ふ。空とは灰斷の空にあらず、中道第一義空なり、空亦空なる絕對の空を第一義空と云ふ。空亦空なれば此の中自ら中道の義あり、故に中道と云ふ。即ち偏空にあらず、中空、圓空、妙妙空なり。【法華經藥草喩品】に「解脫相。離相、滅相、究竟涅槃。常寂滅相。終歸二於空一。」眞言の阿字本不生の實義是なり。

ジユキクワウ 授記光 〔術語〕 佛行者に記別を授けんが爲に行者の身を照らす光明を云ふ。【智度論三十三】に「諸佛法欲下與二衆生一授上記。先微笑シテ無量光從二四牙中一出。所謂青黃赤白綠紫等也。」

ジユキシキ 呪起死鬼 〔修法〕 屍鬼を呪して起し以て怨人を殺さしむるなり。「ビダラ」を見よ。

ジユキセツ 授記說 〔術語〕 梵音、和伽羅 Vyākāraṇa と云ふ。佛が菩薩、緣覺などに未來の懸記を與へ給ふ說敎なり。十二部經の一。

ジユキボン 授記品 〔經名〕 法華經二十八品中の第六品、迹門三周說法中譬喩の說法に依て中根の迦葉等の四大聲聞迴小向大せるを以て佛此の四人に對して當來作佛の現前授記を說く品なり。⊙（千載集）「み草のみ茂き濁りとみしかどもさても月すむえにぞありけれ」

ジユキヤウ 壽經 〔經名〕 無量壽經の略名。【選擇集本】に「壽經云。佛告阿難。云云」

ジユキヤウ 誦經 〔術語〕 法華五種法師行の一、經文を諳誦するなり。「五種阿闍梨の一。

ジユキヤウアヂヤリ 受經阿闍梨 〔職位〕

ジユキヤウ　樹經　〔物名〕梵典は貝多羅樹等に刻すれば之を樹經と云ふ【大周新翻三藏聖教序】に「拂石年窮。樹經無レ泯。」

ジユキヤウノカネ　誦經鐘　〔雜名〕誦經を大衆に報ずる大鐘なり。⦿（續古今）「一聲の鐘の音こそ哀なれいかなる人のをはりなるらん」

ジユキヤウモツ　誦經物　〔雜語〕誦經の料即ち布施物なり。⦿（源氏浮船）「御誦經せさせ給へども其の料の物など書きそへてもて來たり」

ジユキヤラハキシ　戍迦羅博乞史　〔雜名〕Śuklapakṣa 戍迦羅は白、博乞史は分。即ち白分、陰曆一日より十五日に至る前半月を云ふ。【梵語雜名】

ジユクウ　受空　〔術語〕三輪體空の一。「サンリンサウ」を見よ。

ジユクソキヤウ　熟蘇經　〔經名〕般若部の諸經を云ふ。是れ五味中熟蘇味なればなり。「ゴミ」を見よ。【法華玄義二上】に「熟蘇經。二種因果狹下短。一種因果廣高長。則二麁一妙。」

ジユクソミ　熟蘇味　〔飮食〕五味の一。「ゴミ」を見よ。

ジユクワウガクシ　壽光學士　〔人名〕梁の慧超、經論を學んで明解宏達、博く内外を贍る、武帝勅して壽光殿の學士と爲す。【釋氏要覽下】

ジユクワン　受灌　〔術語〕灌頂を受くること。

ジユグ　受具　〔術語〕比丘比丘尼の具足戒を受くるを云ふ。【行事鈔上三之一】に「十僧受具。」

ジユグワン　呪願　〔術語〕總じて法語を唱へて施主或は先亡の福利を願求するを呪願と名く。これに食時の呪願と法會の呪願の二種あり。若し總じて之れを言へば菩薩の行を修する者一擧一動悉く呪願すべきなり、華嚴經淨行品に說く如し。「グワン」を見よ。⦿（太平記二）「呪願は時の座主大塔尊雲法親王にてぞ御座しける」

食時呪願　〔術語〕施食を願ふ呪文なり。【盂蘭盆經】に「時佛勅ニ十方衆僧一。皆先爲ニ施主家一呪願。願七世父母。乃至然後受レ食。」【資持記下三之三】に「呪願即爲ニ施主一求願也。」【禪苑淸規赴粥飯】に「粥云。粥有十利。（カユを見よ）饒益行人。果報昇天。究竟常樂。又云。粥是大良藥。能除ニ饑渴一消。施受獲ニ淸涼一。共成ニ無上道一。齋云。三德六味施ニ佛及僧一。法界人天。普同供養。饡飯云。施者受者。俱獲ニ五常一。色力命安。獲ニ無碍辯一。已上並引レ聲高喝也。」【南禪規式】に「僧堂齋粥呪願。第一座唱レ之。若闕則書記或藏主代レ之。」義淨【南海寄歸傳第九】受齋軌則中に詳說せり。

呪願六德　〔名數〕【增一阿含經二十九】に「世尊告ニ諸比丘一。呪願有ニ六德一。施主壇越成ニ就三法一。信根成就。戒德成就。聞成就。施物亦成ニ三法一。物色成就。味成就。香成就。」呪願の功德に依て此の六德を成就するなり。

法會呪願　〔儀式〕法會の時に導師が故らに法文を誦し施主の爲に福利を祈願するを呪願と云ふ。願文は施主自ら願事を述ぶる故之れと異なる。

ジユグワンシ　呪願師　〔雜名〕呪願文を誦する役人を云ふ。是れ法會の最重事にて必らず大導師之れを勤む。

ジユケコジツクワン　受假虛實觀　〔術語〕三「假觀の一。

ジユケツ　受決　〔術語〕受記に同じ。決定の記別を受くるを云ふ。

ジユケツ　授決　〔術語〕授記に同じ。衆生に決定作佛の記別を授與するを云ふ。【大日經疏一】に「定光之授決。」

ジユケツシフ　授決集　〔書名〕二卷、山王院智證大師撰。

ジユゲウシヤウ　樹下有井　〔譬喩〕獼猴水中の月を捉らへんとする譬喩なり。「ミコウ」を見よ。⦿（法門百首）「山の井の月のかげとるはかなさにまさるは人の心なりけり」

ジユゲザ　樹下坐　〔術語〕十二頭陀行の一。「ヅダ」を見よ。

ジユゲシジフニインエンキヤウ　樹下思惟十二因緣經　〔經名〕貝多樹下思惟十二因緣經の略名。

ジユゲセキジヤウ　樹下石上　〔術語〕樹下は十二頭陀行の一なり、樹下石上の熟語未だ漢語聖數の中に其の例あるを見ず、但本朝人の書に其の例多し。【明慧傳下】に「佛法の盛なると云ふは面面樹下石上に坐すといへとも各如法に悟り如法に證するを云ふ。」【雜談集上】に「盛年の比樹下石上にしても修行して因行を熟すべかりけりと後悔すれども益なし。」【明德記下】に「兄弟ながら出家して樹下石上の宿りをもなし。」

ジユコ　頌古　〔術語〕古則を擧げて韻語となし、其の意を發明せし者を頌古と稱す。【禪林寶訓下】に「萬庵曰。頌始レ自ニ汾陽一。暨ニ雪竇一宏ニ其音一。顯ニ其旨一。汪汪乎不レ可レ涯。」【碧巖第一則頌評】に「頌古只是繞路說レ禪。拈古大綱據レ欵結レ案而已。」【碧巖種電鈔一乾】に「蓋頌古者頌ニ出古則之奧義一。令レ知ニ斧頭元是鐵一也。其中或有レ揚或有レ抑。雖レ涉ニ言語一初無ニ斧鑿之跡一。其言也如レ咬ニ鐵餕餡一。其義也如下望ニ重溟一而不上レ可レ測ニ其淵濴一也。古汾陽善昭禪師爲ニ頌古一略示ニ其秘要一。其後雪竇以ニ博達之才一乃繼ニ汾陽一放ニ開禪苑花錦一。令下學人入ニ群玉之府一而採中其所求上。然有下至ニ

其奥旨一雖二佛祖一未丙容易企乙其步甲何況初機後學者有レ委二悉其玄旨一乎。所レ謂雪竇頌古者頌古聖者。豈虛設哉。若夫久參上士。雖二山河虛空水聲鳥語一喚作二玄旨一去在矣。」

ジユコン 樹根 〔譬喩〕 八喩の一。「ヒユ」を見よ。

ジユゴカイハチカイモン 受五戒八戒文 〔書名〕 一卷、作者未詳。【閼帙 一】

ジユゴシユキヤウ 呪五首經 〔經名〕 一卷、唐の玄奘譯。能滅衆罪千轉陀羅尼呪、六字呪、倶胝佛呪、一切如來隨心呪、觀自在菩薩隨心呪を說く。【成帙十三】(330)

ジユゴフシ 受業師 〔術語〕 得度の後敎を受くる師を受業師と名づけ、又親敎師と曰ふ。【釋氏要覽上】に「毘奈耶云。鄔波陀耶此云二親敎一。由下能敎中離二出世一業上故。稱二受業和尙一。」

ジユゴフヰン 受業院 〔雜名〕 始め出家の業を受くる寺院を受業院と稱す。【象器箋 一】

ジユゴヤウラク 受其瓔珞 〔雜語〕 法華經中に說く觀世音菩薩が珍寶の瓔珞の施物をうくるを云ふ。【法華普門品】に「無盡意菩薩白レ佛言。世尊我今當レ供二養觀世音菩薩一。即解三頸衆寶珠瓔珞價直二百千兩金一而以與レ之。作二是言一。仁者受二此法施珍寶瓔珞一。時觀世音菩薩不二肯受一レ之。乃至爾時佛告二觀世音菩薩一。當下愍二此無盡意菩薩及四衆乃至人非人等一故受中是瓔珞上。即時觀世音菩薩愍二諸四衆及於天龍人非人等一故受二其瓔珞一。分作二二分一。一分奉二釋迦牟尼佛一。一分奉二多寶佛塔一。」

ジユゴンシ 呪禁師 〔雜名〕 印明を結誦して加持祈禱を作す法師を云ふ。呪は陀羅尼にて、禁とは總じて眞言の法は灌頂印可を受けざる人の之を行ふを禁止すれば禁と云ふなり。【元亨釋書二十】に「敏達天皇六年。百濟國貢二佛經論及禪師律師比丘尼及呪禁師佛工寺匠一。」

ジユサイ 受歲 〔術語〕 比丘夏居を竟へて一法臘を增すを受歲と云ふ。

ジユサイ 受齋 〔術語〕 齋食の供養を受くるを云ふ。

ジユサイキヤウ 受歲經 〔經名〕 一卷、西晉竺法護譯。中阿含比丘請經の別譯。【辰帙八】(580)

ジユサイキヤウ 受齋經 〔經名〕 菩薩受齋經の略名。

ジユサウ 受想 〔術語〕 五蘊中の受蘊と想蘊となり。「ゴウン」を見よ。

ジユサウ 樹想 〔術語〕 十六觀の第四觀なり。

ジユサウ 壽相 〔術語〕 我人四相の一。「シサウ」を見よ。

ジユウサウギヤウシキ 受想行識 〔術語〕 五蘊中の四蘊にて、是れ皆心法なれば之を非色の四蘊と稱す。

ジユサンシユキヤウ 呪三首經 〔經名〕 一卷、唐の地婆訶羅譯。一に大輪金剛陀羅尼、二に日光菩薩呪、三に摩利支天呪。【成帙十二】(332)

ジユザウ 呪藏 〔術語〕 四藏の一。「ザウ」を見よ。

ジユザウ 壽像 〔物名〕 其の人の生存中に造れる畫像木像等を壽像と云ふ。

ジユシ 呪師 〔雜名〕 呪禁師の略稱。

ジユシウ 誦帚 〔故事〕 般特比丘の故事なり。「ハンタカ」を見よ。

ジユシキ 受職 〔修法〕 受職灌頂なり。「クワンチヤウ」を見よ。

ジユシキクワンヂヤウ 受職灌頂 〔修法〕「クワンヂヤウ」を見よ。

ジユシキヂユウ 受識住 〔術語〕 四識住の一。「シキジユウ」を見よ。

ジユシキヤウ 呪齒經 〔經名〕 一卷、東晉の竺曇無蘭譯。經に云く、南無佛、南無法、南無比丘僧、南無舍利弗、大目犍連比丘、南無覺意名聞(舍衛國の譯名)邊の北方犍陀摩訶延山に蟲あり、羞吼無と名く、某の牙齒の中に在て止まる、今當に使者を遣はして敢て某の牙及び牙中牙根を喰ふことなからしめ、牙邊の蟲は即ち器中に下さず、頭破れて七分と爲すこと鳩羅勒蟻の如くすべし。梵天此の呪を勸む、南無佛、我をして呪する所の如く皆願ふ如くに從はしめよ。是れ經の全文なり、而て呪を說かず。【成帙十二】(482)

ジユシヤ 受者 〔術語〕 十六知見の一。図戒又は灌頂を受くる者を云ふ。

ジユシヤ 壽者 〔術語〕 十六知見の一。

ジユシヤ 聚砂 〔本生〕「ジユシヤヰブツタフ」を見よ。

ジユシヤウシン 受生心 〔術語〕 六十心の一。

ジユシヤサウ 壽者相 〔術語〕 假知合の體の上に壽命を認めて誤解すること。

ジユシヤヰブツタフ 聚砂爲佛塔 〔雜語〕 童子戲に砂を聚めて佛塔を作り之を供養する眞似事を爲すを云ふ。是より成佛の結縁となると云ふ。(阿育王の本生より出でたるなり)さて此の事より少年の事を聚砂の年と云ふ。【法華經方便品】に「乃至童子戲聚レ砂爲二佛塔一。如レ是諸人等。皆已成二佛道一。」【西域記鈔】に「聚沙之年。蘭熏桂馥。」◉(玉吟集)「あぢきなや誰我戀とたとへけん身をたすくべき濱の眞砂を」

五百幼童聚砂興塔 〔傳說〕 五百の幼童相ひ結んで伴を爲し、日日遊戲して但だ江水に至り砂を聚めて塔を興し、各塔好しと言ふ。善心ありと雖も宿命福薄く、時に天卒かに雨りて江水暴漲し

漂流して溺死す。佛衆人に告ぐ、五百の童子兜率天に生じ皆同く發心して菩薩の行を爲すと。佛光明を放ちて其の父母をして子の所在を見しめ、佛遙に五百の童子を呼で來らしむ。時に皆虚空の中に住し、華を佛に散じ、下りて稽首して言く、世尊の恩を蒙り身喪亡すと雖も彌勒を見るを得と。【出生經、經律異相四十四】

ジユシユ　濡首　〔菩薩〕文殊師利の前後略なり。「モンジユ」を見よ。

ジユシユ　授手　〔術語〕上輩三品の往生人臨終の時は西方極樂の佛菩薩共に金剛臺を執り行者の前に至りて手を授けて行者を迎接す。【觀無量壽經】に「阿彌陀如來與ニ觀世音大勢至無數化佛一。乃至觀世音菩薩執ニ金剛臺一。與ニ大勢至菩薩一至ニ行者前一。阿彌陀佛放ニ大光明一照ニ行者身一。與ニ諸菩薩一授レ手迎接。」

佛佛授手　〔術語〕一佛より一佛に一佛より多方の佛に手を授けて法を囑累するを云ふ。【祖庭事苑四】に「泥洹云。佛將ニ入滅一。命ニ羅漢十萬比丘一授レ手。又將ニ左手一伸向ニ阿難羅云一。又將ニ阿難羅云手一授ニ與他方化佛一。表ニ囑累一故。」

ジユシユブンヱキヤウ　濡首分衞經　〔經名〕濡首菩薩無上清淨分衞經の略。

ジユシユボサツムジヤウシヤウジヤウブンヱキヤウ　濡首菩薩無上清淨分衞經　〔經名〕二卷、劉宋の釋翔公譯。一に決了諸法如幻三昧と名く。即ち大般若第八會と同じ。【月帙九】(16)

ジユシヨ　頌疏　〔書名〕圓暉法師の俱舍論頌疏、略して頌疏と稱す。

ジユシヨインジキ　受所引色　〔術語〕法處所攝色五種の一。「ホフシヨシヨセフシキ」を見よ。

ジユシヨキ　頌疏記　〔書名〕遁麟法師の俱舍頌疏の記、略して頌疏記と稱す。

ジユシヨシンギヤウトクシヨウ　受諸心行特勝　〔術語〕十六特勝の一。「ジフロクドクシヨウ」を見よ。

ジユシン　咒心　〔術語〕咒は陀羅尼、心は精要の義、般若心經の心の如し、其の咒中の精要なるを稱して咒心と曰ふ。佛楞嚴咒を說き已て之を稱して咒心と稱する如き即ち是なり。【經七】に「十方如來因ニ此咒心一得レ成ニ無上正徧覺一。乃至十方如來持ニ此咒心一能於ニ十方一摩頂授記。」依て禪家に每年七月十三日楞嚴會の滿散に此の咒後の心咒を稱讚する文を唱念するを咒心を結すと稱するなり。【象器箋十三】

ジユシン　咒神　〔術語〕各の陀羅尼の一定の本尊を云ふ。【諸儀軌訣影二】

ジユシンサイキヤウ　受新歲經　〔經名〕一卷、西晉の竺法護譯。安居の竟日に佛目犍連に命じて三千大千世界の安居の阿羅漢を召集して自恣の法を行ふを說く、此の經同法護譯の受歲經と經目相似するも其の說明は大に異なれり。【宿帙八】

ジユジ　授事　〔術語〕Karmadāna 梵語羯磨。事と譯し、陀那授と譯す。諸の雜事を以て人に指授する役を授事と云ふ即ちこれなり。【寄歸傳四】に「授事者。梵云ニ羯磨陀那一。陀那是授。羯磨是事。意道下以ニ衆雜事一指中授於人上。舊云維那者非也。維是周語。意道ニ綱維一。那是梵音。略ニ去羯磨陀字一也。」

ジユジキ　受食　〔雜語〕比丘檀越の施食を受くるを云ふ。【行事鈔一之下】に「五百問曰。不レ着ニ三衣一受レ食犯レ墮。」

ジユジケビヤウキヤウ　咒時氣病經　〔經名〕一卷、東晉の曇無蘭譯。流行病を治する神咒を說く、【成帙十二】(481)

ジユジフゼンカイギヤウ　受十善戒經　〔經名〕一卷、失譯。十惡業の名を說き十善戒を授くる法を說き、殺生偸盜邪婬の十報十過を說く。【列帙九】(1093)

ジユジユ　誦咒　〔術語〕陀羅尼を闇誦し受持するなり。【最勝王經五】に「至心禮敬。然後誦咒。」【止觀二之一】に「誦經誦呪伺喧ニ於靜一。」

ジユジユ　數珠　〔物名〕梵名鉢塞莫（ハソマ）。是れ三寶の名を唱念する時其の數を記する具なり。【牟梨曼陀咒經】に「鉢塞莫。云ニ數珠一。」【木槵子經】に「佛告ニ毘琉璃王一。若欲レ滅ニ煩惱障報障一者。當下貫ニ木槵子一百八一以常自隨若行若坐若臥恒常至心無ニ分散意一稱ニ佛陀達磨僧伽名一。乃過（スコシ）ニ一木槵子一。如レ是漸次度ニ木槵子一。若十若二十若百若千乃至百千萬上。若能滿ニ二十萬遍一身心不レ亂。無ニ諸諂曲一者得レ生ニ第三焰天一。乃至若復能滿ニ一百萬遍一者當下得レ斷ニ百八結業一。始名丙背ニ生死流一趣乙向涅槃甲。」珠數の起原に就て數說あれ共恐らくは比丘が布薩の日を繰る爲めに所持せし黑白の三十珠より起原せし如し。

數珠顆數　〔雜語〕【數珠功德經】に「其數珠者要（ス）當ニ須滿ニ一百八顆一。如其難（シ）レ得或爲ニ五十四顆一。或二十七。或十四顆亦皆得レ用。」【陀羅尼集經二】に「其數皆滿ニ一百八珠一。或五十四。或四十二。或二十一亦得ニ中用一。」【金剛頂瑜伽念誦經】に「念珠。分別有ニ四種一。上品最勝及中下。一千八十以爲レ上。一百八珠爲ニ最勝一。五十四珠以爲レ中。二十七珠爲ニ下類一。」【文殊儀軌經數珠儀則品】に「數珠不定。亦有ニ三品一。上品一百八。中品五十四。下品二十七。」

別有二最上品一。當下用二一千八十一爲上數。」已上經軌の說に依れば一千八十、一百八、五十四、四十二、二十七、二十一、十四の七種あり、他は古來念佛宗襲用の三十六珠と禪門所用の十八珠の二種あり。總じて九種なり。此の珠顆の數目に各表示あり、先づ一千八十は十界に各百八ありて一千八十を成じ、一百八は百八煩惱又は百八尊百八三昧（別項を見よ。）又は本有の五十四位と修生の五十四位とを表し、五十四は修生の五十四位を表し四十二は住行向地等妙の四十二位を表し、二十七は聲聞乘の二十七賢聖を表し、二十一は本有の十地と修生の十地と佛果とを表し、十四は仁王經所說の十四忍即ち住行向の三忍と十地と十忍と佛果の一忍とを表す。其の三十六と十八とは只携帶に便せん爲に百八を三分して三十六となし、又六分して十八となせしに止まり、別に深義の所表あるにあらず。

數珠母珠記子 〔雜語〕 親玉と子玉との意義【陀羅尼集經】に「作二是相珠一百八顆一造二成珠一已。又作二一金珠一。爲二母珠一。又更作二十顆銀珠一以充二記子一。」此は母珠は無量壽佛を表し、記子とは一百八珠を捻せし其の遍數を記する爲の用にして其の十顆は十波羅蜜の無盡藏を表示せしなり。淨土宗にては今は記子を念佛の數取りに用ひ、十を十倍し得る爲に總數二十個あり。

四天珠 〔雜名〕 又四點と書す。密宗の數珠に限り七つ目又は二十一目に異類異種或は同珠の小形を四顆挿入するなり、是れ經軌の所憑あるにあらず、只彼の宗に於て常に眞言を誦するに七遍又は二十一遍を常規にすれば其の記子の爲に之を加へし者にて、弘法大師の十弟子所持の念珠皆此の四天ありと云ふ。四顆は四天王又は胎藏界八葉四隅の四菩薩法華涌出品に上首菩薩の表示と見るべし。

百八數珠 〔雜名〕 數珠の種類に九種ある中特に百八の一種を以てこれを根本となせば此に百八珠の數珠に就て其の表示の意を示せば次の如し。【瑜伽念誦經】に「珠表二菩薩之勝果一。於二中間一絕テ爲レ斷レ漏。繩線貫串表二觀音一。母珠表二無量壽一。愼莫二驀過一越法罪。」【高雄口決】に「二の母珠を無量壽佛となし、之を貫通する緒を觀音となし、百八珠を位次とす、其の片方の五十四珠は修生の五十四位（十信十住十行十廻向十地煖頂忍世第一）なり、其の片方の五十四珠は本有の五十四位なり、其の珠の故らに圓なるは斷證の義なり。」【秘藏記本、同鈔六】に「母珠を達麼と名く、法と翻ず、無量壽佛は法門の主なる故に母珠に配す。是れ妙覺の位なり。觀音は慈悲を體とし、慈悲は因果の諸位に貫通す、故に緒を以て之を表す。而して一方は本有なれば之を捻せず、一方は修生の故に之を捻するなり。之を捻するに正念誦の時に三重の位あり、一は數珠を椀けて燒香を熏する位、二は超越念誦の位、三は次第念誦の位なり、是れ第一重は頓證、第二は超越證、第三は漸證を表す。又第一は本有を表し、後の二重は修生を表す。其の中第二は十六三昧を證するを表し、（十六三昧は即ち十六菩薩なり、十六菩薩と四十二位の配當別項に釋す。）第三は漸機の行位なり。」此中に頓超の二機を攝し、高雄口決に依れば二の母主とあれども陀羅尼集經の說に依れば母主は一顆なり、然も百八を兩方に分つときは必らず分界の一珠なかるべからざるを得ず、但だ經中之を說かざれば宜きに隨つて之を加へて可なるべし、されば之を母珠と見るは穩ならざるに似たり、如何にや。

珠顆用對功德多少 【雜語】

經	珠	功德
陀羅尼集經四	赤銅	
	銀	
	金	
	水精	
數珠功德經十	鐵	五倍
	赤銅	十倍
	眞珠、珊瑚（梵名、鉢羅摩禍羅 Pravāla*）	百倍
	木槵子、（梵名、阿梨瑟迦紫 Ariṣṭaka）	千倍
	蓮子	萬倍
	帝釋青子（因陀羅尼羅迦叉 Indranīlākṣa）	百萬倍
	水精	百億倍
	金剛子（梵名、烏嚧多羅迦叉 Rudrākṣa）	千億倍
	菩提子（Tib. Bode）	無數倍
攝眞實經十	香木	一分
	鍮石、銅、鐵、	二分
	水精、眞珠、	一分
	蓮子、金剛子、	二分
	諸寶、菩提子、	無數分
瑜伽念誦經十一	硨磲珠（梵名、娑洛揭拉婆 Musāragalva）	一倍
	木槵子	二倍
	鐵	三倍
	熟銅	四倍
	水精、眞珠、諸寶、	百倍
	帝釋青	千倍
	金剛子	倶胝倍
	蓮子	千倶胝倍
	菩提子	無數倍
	金、銀、	兩倍

守護國界經六
- 眞珠 一倶胝倍
- 金剛子、蓮子、 百千倶胝倍
- 和合、菩提子、 無數倍

蘇悉地經十一
- 木槵子、多羅樹子
- 土珠、螺珠、
- 水精、眞珠、
- 牙珠、咽珠、
- 摩尼寶珠、
- 草子、赤珠、梵名、甄叔迦(Kiṁśuka)

此の中一分とは一徧の唱念に對する一の功德にて一倍とは一徧の唱念に對する二の功德、即ち數を逐て倍增するなり。又此の用材の中總じて二十餘種あり、而して獨り陀羅尼集經には水精を以て第一最勝とし、餘の經軌は皆菩提子を以て第一最勝となす。さて菩提子とは何物ぞ那須大慶師の諸大宗數珠纂要は數珠の事に關し一切の經軌及び人の傳說口傳を博引し其詳細を悉くし、且つ菩提樹の事に就き喋喋辯ずる所あるも、獨り最も重要なる菩提子の事に關しては一言の之に及ぶなし、愚案に古來菩提子を解する者字の如く菩提樹の子實となし而して其の菩提樹とは即ち釋尊の道場樹なりと言ふ、是れ千古の誤なり。余親しく摩羯陀國の菩提樹園に詣し、其の菩提樹を拜し、且つ多く其の實を拾ひ見しに、是れ無花果の類にして決して數珠に造らるべき者にあらず、されば菩提子とは雪山地方にある Bode と稱する樹の子實を以て造れるものにして、所謂菩提樹の實にはあらざるなり。多羅樹は所謂多羅葉の樹にて吾邦の棕櫚に類似し決して珠を作すべき堅實の子實あるにあらず。故に多羅樹子は其木にて作れるものなり。

五部相應數珠 〔雜語〕【攝眞實經持念品】に佛部、菩提子。金剛部、金剛子。寶部、金銀玻璃種種諸寶。蓮華部、蓮子。羯磨部、種種間錯雜色。【瑜伽念誦經】に如來部、菩提子。金剛部、金剛子。寶部、金、珠。蓮華部、蓮子。羯磨部、雜寶間錯。

掐珠法 〔儀式〕【攝眞實經】に佛部、右手の拇指と頭指。金剛部、右手の拇指と中指。寶部、右手の拇指と無名指。蓮華部、右手の拇指と小指。羯磨部、右手の拇指と四指。【蘇悉地經】は是れ胎藏界ゆへ三部にして、佛部、右手の大指と無名指の頭相合せ、中指と小指を直立し、頭指を少しく屈して中指の中節に附け以て掐る。蓮華部、大指と中指の頭を合せ餘指は皆舒べて掐る。金剛部、大指と頭指の頭を合せ餘指は皆舒べて掐る。

八房數珠 〔物名〕 是れ嵯峨の清凉寺に於て百萬徧の念佛を行ずる時に使用する大念珠なり。其の緣起書に依れば、人皇八十五代後堀河院の御宇に一の官女あり、死する時傍人獄火の現はるるを見る中に中宮姬君は其の母公の事なれば殊に之を傷み哀まれ、嵯峨の清凉寺に詣して釋迦本尊に祈願し其の生處を知らんとを求め、遂に本尊の夢告に依て某處の某牛即ち其の母公なるを知り、其の牛を請ひ得て御堂の一字を設けて之を容れ、現在の母の如く孝養怠りなく、其の牛死するの後其の冥福を薦る爲め其の生前牽ける車の眞木(しんき)を取て百八顆の大念珠を造り、之に親玉は阿彌陀如來、其の次は觀世音菩薩、地藏菩薩、善導大師、南無阿彌陀佛、法然上人、釋迦如來、大勢至菩薩の二佛、一名號、三菩薩、二大師の八尊を表示せし大房八方に垂れたる故世に之を眞木の八房數珠と稱すとぞ。數珠 纂要

莊束したる數珠 〔雜名〕 全く水精なるを本裝束と云ひ、半分水精なるを半裝束と云ふ。⦿(大鏡)「紫檀の御數珠の水精の裝束したる」(夫木集)「世のうさの數はとるとも おのづから手にくる玉のをはりみだすな」

ジユジユクドクキヤウ 數珠功德經 〔經名〕 校量數珠功德經の略名。【成帙十三】(295) 又、曼殊室利呪藏中校量數珠功德經の略名。【成帙十三】(296)

ジユジユツ 呪術 〔術語〕 神呪の妙術なり。呪に人を殺し人を生かし物質を變ずる等の奇術を有すれば呪術と云ふ。【觀無量壽經】に「沙門惡人。幻惑呪術。令ニ此惡王多日不レ死。」

ジユジユツダラニ 呪術陀羅尼 〔眞言〕 四種陀羅尼の一。「シサウジ」を見よ。

ジユズヰ 受隨 〔術語〕 比丘初て戒體を受けて吾身に具するを受と云ひ、後に其の戒體に隨て如法に戒行を修するを隨と云ふ。【行事鈔中一之三】に「受是要期思願。隨受稱(カナフ)レ願修行。譬如下築ニ營宮宅一先立ニ院牆一周帀上。即謂壇場受體也。後便隨レ處營構盡ニ於一生一謂受後隨行。」又「必須ニ受隨相資方有ニ所至一。」

ジユセイ 呪誓 〔術語〕 神佛の名を誦して吾が言の如實不妄なるを證するを呪誓と云ふ。佛比丘の此の呪誓を作すを制禁せり。【有部毘奈耶雜事十九】に「是時六衆有ニ緣事一時。即便引ニ佛法僧寶一而爲ニ呪誓一。或引ニ鄔波馱耶阿遮利耶一而爲ニ呪誓一。有ニ信敬一俗人聞ニ呪誓一時作ニ如レ是語一。我等俗流尙不下引ニ佛及師一爲中誓。仁等出家何故引ニ佛及師一而作ニ呪誓一。是所レ不レ應。彼默無レ對。苾芻白レ佛。佛言。俗生ニ譏耻一

時合二其宜一。然出家本求二實語一。不レ應二盟誓一。若作越法罪。」然るに四分の舊律に依らば此の呪誓を開すが如し。【行事鈔下四之一】に「律云。有レ言レ誓應レ言若我作二是事一南無佛。若汝作二是事一亦南無佛。不レ得レ雜二餘地獄等一。」【同資持記】に「律下。次敎二呪誓一。謂有二屈抑之事一發レ誓以雪レ之。意是求レ佛爲レ證。故云二南無佛等一。」

ジウセウニキヤウ　呪小兒經　〔經名〕三行半、東晋の曇無蘭譯。小兒の病を療する神呪を說く。【成帙十二】（484）

ジユセツ　呪殺　〔雜語〕起屍鬼呪を以て人を殺すを云ふ。【菩薩戒經疏下】に「呪殺。謂毘陀羅等。」「ビダラ」を見よ。

ジユセン　鷲山　〔地名〕靈鷲山なり。

ジユソ　呪咀　〔術語〕人を殺さん爲に呪咀神の呪を念誦するを云ふ。呪咀神とは起屍鬼即ち毘陀羅なり。古昔烏芻沙摩明王の畫像を倒懸して供物等皆轉倒して呪咀をなすことあり。

ジユソシヨドクヤク　呪咀諸毒藥　〔雜語〕人命を害するもの觀音を念ずれば退散すとなり。【法華經普門品】に「呪咀諸毒藥。所レ欲レ害身者。念二彼觀音力一。還著二於本人一。」⦿（新千載）「白波もよせくる方に歸るなり人を難波のあしと思ふな」（曲、田村）「げにや呪咀諸毒藥」「ユズヰ」を見よ。

ジユタイズヰギヤウ　受體隨行　〔術語〕「ジユダ　戍陀**　〔雜名〕又、戍達、戍陀羅の略。

ジユダイ　鷲臺　〔地名〕靈鷲山なり。【西域記九】に「嬉槃陀羅矩吒。唐言二鷲峯一亦謂二鷲臺一。舊曰二耆闍崛山一訛也。」

ジユダイ　樹提　〔人名〕樹提伽の略。

ジユダイカ　樹提迦　〔人名〕新に殊底色迦（シユチシキヤ）と云ひ、星宿又は有命、照耀、火と譯す。【西域記九】に「殊底色迦。唐言二星宿一。舊曰二樹提伽一訛也。」【倶舍光記五】に「殊底穡迦。此云二有命一。舊曰二樹提迦一訛也。」【探玄記十五】に「梵云二樹提一此云二照耀一。」梵 Jyotiṣka

樹提伽在火中生　〔傳說〕大長者あり其の家巨富にして年老いて子なし、忽ち懷孕するに因て六師の外道に問ふ、六師咸く言く、是れ女なり而して長命ならずと。其の佛に問ふに及びて佛其の男にして長年德を具すと記す。六師聞て心に嫉妬を生じ、菴羅卑を以て毒藥に和合し之を服せしむ、服し已て尋で死す。長者多く薪を積で火葬す。是の時死尸火に燒け腹裂けて子中より出で、火中に端坐すると猶鴛鴦の蓮華臺に處するが如し。佛耆婆に告ぐ、汝火中に往て兒を抱いて來れと、耆婆往かんと欲す、六師告げて曰く、相害するを脫する能はずと。耆婆言く、如來の使は阿鼻獄の猛火に入るも尙燒くと能はず、況んや世間の火をや。爾の時耆婆火に入る猶清凉の大河水の中に入るが如し、乃ち其の兒を抱持して還る。長者云く、願くば如來名字を立てよ。佛曰く。是の兒猛火の中に生ず、火を樹提と名く、應に樹提と名くべし。【涅槃經師子吼品】

樹提伽往昔給病道人緣　〔傳說〕樹提伽倉庫盈實し金銀具足し奴婢行を成して乏少する所なく、其の富國王に過ぐ。一時國王樹提と車を同くし佛所に詣り問て言く、世尊、樹提伽は是れ我が臣なり、前身何の功德ありて婦女家宅我に過ぐると甚しきや。佛言く、樹提伽布施の功德天上の受樂を現ずるなり。往昔五百の商主諸の商人を將て重寶を齎持し險路を經過す、空山中に於て一の病道人に逢ひ、草屋を給し厚く床褥を敷き、水漿米糧燈燭を給し、天堂の報を乞願す。今果報を得たり。佛言く是の時布施せし者は今の樹提伽夫婦是なり、時の病人は今の我が身是なり、五百の商主及び商人は皆阿羅漢道を得たり。【樹提伽經】

ジユダイカキヤウ　樹提伽經　〔經名〕一卷、劉宋の求那跋陀羅譯。樹提伽長者の福德及び往昔の因緣を說く。【宙帙七】（458）

ジユダイチヤウジヤ　樹提長者　〔人名〕「ユダイカ」を見よ。

ジユダイマナフ　樹提摩納　〔人名〕摩納は童子の梵語なり。「ジユダイカ」を見よ。

ジユダセンダラ　戍陀戰達羅　〔人名〕Śuddha-candra 譯、淨月。唯識十大論師の一。

ジユダラ　戍陀羅　〔雜名〕Śūdra 又、戍捺羅、戍怛羅。四姓の一。農人なり。【西域記二】に「戍陀羅。舊曰二首陀一訛也。農人也。」

ジユダラニ　呪陀羅尼　〔術語〕四種陀羅尼の一。「シサウジ」を見よ。

ジユチシヤロン　竪底沙論　〔書名〕Jyotiṣa 六論の一。

ジユジ　受持　〔術語〕受は領受、持は憶持。信力を以ての故に受し、念力を以ての故に持す。法華五種法師行の一なり。【勝鬘寶窟上本】に「始則領受。在レ心曰レ受。終則憶而不レ忘曰レ持。」

ジユヂウ　樹頭　〔職位〕禪家に莊園の樹木を司る役なり。【象器箋七】

ジユヂシチブツミヤウガウシヨシヤウクドクキヤウ　受持七佛名號所生功德經　〔經名〕一卷、唐の玄奘譯。佛舍利弗に對し東方の五佛と南方の二佛との名號功德を說く。【黃帙四】（528）

ジユヂブツゴ　受持佛語　〔雜語〕佛の敎法を信受すること。【法華經普賢勸發品】に「一切大會。皆大歡喜。受持佛語。作レ禮而去。」⦿（新勅撰）「ちりぢりに鷲の高根ををりぞ行く御法の花を家つとにして」

ジユヂホフケ　受持法華　〔雜語〕法華經を信受すること。【法華經陀羅尼品】に「佛告二諸羅刹女一。善哉善哉汝等但能擁二護受一持法華名一者。福不レ可レ量。何況擁二護具足受持供一養經卷一乃至百千種供養者上。」⦿（千載集）「嬉しくぞ名をたもつだにあだならぬ御法の花に實を結びける」

ジユヂホン　受持品　〔經名〕仁王經八品中の第七品、此の品の中正しく十三法師の般若を受持するを明かし、又他人をして受持せしむる故に受持品と名く。

ジユヂウトク　受重得　〔術語〕十種得戒緣の一。

ジユツキ　述記　〔書名〕慈恩大師の唯識論述記なり。

ジユテウ　竪超　〔術語〕二超の一。

ジユトウ　鷲頭　〔地名〕靈鷲山なり。【止觀一之二】に「大覺世尊。積劫行滿。涉二六年一以伏レ之。擧二一指一而降レ魔。始鹿苑。中鷲頭。後鶴林。」

ジユドウ　儒童　〔術語〕梵名磨納縛迦。Māṇavaka 儒童と譯す。童子の總稱なり。然に或は別稱となすもあり。【唯識述記一末】に「摩納縛迦此云二儒童一。」

ジユドウボサツ　儒童菩薩　〔本生〕釋尊往昔菩薩にて燃燈佛を供養せし時の名なり。「ネンタウブツ」を見よ。

ジユニチ　受日　〔術語〕比丘安居中に於て父母の病緣或は自已の已むなき事緣に依て外出を要する時、其の作法を行ふて暇日を受くるを受日と名く。其の法七日を程度とし、七日盡きて尙受日を要すれば改めて之を受くるなり。【行事鈔上四之二】

ジユニンフニモン　受潤不二門　〔術語〕十不二門の一。

ジユハイ　受牌　〔儀式〕立僧首座が堂頭の命を奉じて或は普說或は入室するに、堂頭先づ其の人に牌を送らしむ、立僧謹で之を受くるを受牌と名け、その後或は普說し或は入室す。【象器箋十一上】

ジユバキヤ　術婆迦　〔人名〕又、術婆伽、戍縛迦。譯、無畏。漁師の名。【智度論十四】に「國王に女あり、拘牟頭 Kumuda と名く。捕魚師あり術婆伽 Subhakara と名く。道に遙に王女の高樓の上に在るを見、窓中にして面を見、想像して染着し、心暫くも捨てず。稍日月を歷て飯食すること能はず。母其の故を問ふ。情を以て母に答ふ。我れ王女を見て心忘るると能はずと、母之を諭せどもきかず。母、子の爲に王の宮中に入て魚鳥の肉を送て價を取らず。王女怪んで之に問ふ。母、王女に白す、我れ唯だ一子あり、王女を敬慕し情結して病を成す、願くば愍念を垂れて其の生命を賜へ。王女言く、汝去れ、月の十五日某甲の天祠の中に於て天像の後に住せんと。母還て子に語る。其の子沐浴新衣して天像の後にありて住す、王女父王に白す、我に不吉あり、須く天祠に至りて吉福を求むべしと、車五百乘を嚴り、出で天祠に至り、獨り天祠に入る。天神思惟す、王は我が施主たり、此の小人をして王女を毀辱せしむべからずと、即ち此の人を厭して睡て覺めざらしむ。王女既に入り其の睡るを之を見推せども悟らず、即ち瓔珞の直十萬兩金なるを以て之を遺して去る。後此の人覺むるとを得、見るに瓔珞あり。又衆人に問て王女の來れるを知り、情願遂げず、憂恨懊惱し、婬火內より發し、自ら燒て死す。」

ジユバキヤラソウカ　戍縛迦尊者　〔羅漢〕十六羅漢の一。「ラカン」を見よ。

ジユバキヤラソウカ　戍婆揭羅僧訶　〔人名〕Subhakarasiṃha 譯、淨師子。義翻して善無畏と云ふ。「ゼンムヰ」を見よ。

ジユヒ　呪秘　〔術語〕陀羅尼のことなり。

ジユビダン　戍尾單　〔術語〕「ジビタン」を見よ。

シユブ　鷲峯　〔地名〕靈鷲山なり。

ジユブノゲ　鷲峯偈　〔書名〕法華經を稱す。

ジユヘン　咒遍　〔雜語〕誦呪の遍數なり。

ジユベツ　受別　〔術語〕「ジユキ」を見よ。

ジユホフ　受法　〔術語〕師に隨て灌頂壇に入り、一印一明乃至三部五部の法を受くるを受法と名く、各其の法に隨て淺深、廣略の儀式作法あり、意ある者は先づ結緣灌頂を受けて次第に進入すべし。

ジユホフ　六受法　〔名數〕「ロクジユ」を見よ。

ジユホフキヤウ　受法經　〔經名〕二卷、現在未來の苦樂に就て四料簡を作す。中阿含經四十五に出づ。【長帙七】

ジユホフクワンチヤウ　受法灌頂　〔修法〕凡そ眞言法には三昧耶戒を始として一尊法乃至阿闍梨を受るに必ず灌頂の聖式を行ふなり、之を受法灌頂と稱す。

ジユボダイシンカイギ　受菩提心戒儀　〔經名〕一卷、唐の不空譯。眞言の菩提心戒を受くる法を說く。先づ歸命、次に供養、次に懺悔、次に三歸、次に受菩提心戒、總じて五法なり。各長行、偈頌、呪あり。【閏帙一】

ジユマツ　聚沫　〔譬喩〕有爲法の常なきに譬ふ。【維摩經方便品】に「此身如二聚沫一。不レ可二撮摩一。」

ジユミヤウ 壽命 【術語】梵語、儞尾單。Jīvita命根を體とし煖識を相とし、活動を用とす。【輔行七之三】に「一期爲レ壽。連續曰レ命。一期連持。息風不レ斷。名爲二壽命一。」

二種壽命 【名數】【智度論七十八】に「衆生有二二種命一。一者命根。二者智慧命。」

畜生八壽命 【名數】一に一彈指頃、二に一日、三に半月、四に一月、五に一歲、六に十歲、七に百千萬億歲、八に乃至一劫。【甘露味論】

ジユミヤウクワンヂヤウ 受明灌頂 【修法】又、學法灌頂と云ふ。五種灌頂の一。「クワンヂヤウ」を見よ。

ジユミヤウサウ 壽命相 【術語】我人四相の一。又、智境四相の一。「シサウ」を見よ。

ジユミヤウダラニキヤウ 壽命陀羅尼經 【經名】一切如來金剛壽命陀羅尼經の略名。【閏帙九】

ジユミヤウムシユコフ 壽命無數劫 【雜語】佛の壽命の無量なるを云ふ。【法華經壽量品頌】に「我智力如レ是。慧光照無量。壽命無數劫。久修レ業所レ得。」⊙（草庵集）「むかしより玉のを永くとく法に結ぶ我世の契なるらん」

ジユミヤウムウリヤウ 壽命無有量 【雜語】前項に同じ。【法華經人記品】に「佛有二大威德一。名聞滿二十方一。壽命無レ有レ量。以レ愍二衆生一故。正法倍二壽命一。像法亦如レ是。」⊙（詠藻集）「限なき命となるもなべて世の物のあはれをしればなりけり」

ジユミヤウムリヤウグワン 壽命無量願 【術語】阿彌陀佛四十八願中の第十三願。⊙（雪玉集）「山人の道は物かは量りなき命の御名になにかおよばん」

ジユモク 聚墨 【譬喩】以て物の黑きを譬ふるなり。【無量壽經上頌】に「光顏巍巍。威神無極。如レ是焰明。無二與等者一。日月摩尼。衆光焰耀。皆悉隱蔽。猶若二聚墨一。」【觀佛三昧海經三】に「優婆夷中二十四人。見二佛身色一猶如二聚墨一。」

ジユモクキヤウ 呪目經 【經名】一卷、東晉の曇無蘭譯。目疾を治する神呪を說く。【成帙十二】(483)

ジユモン 呪文 【術語】陀羅尼の文句なり。

ジユモンホフシ 誦文法師 【雜名】唯だ其の經を誦し得て其の義を解し得ざる者を斥して誦文法師と云ふ。【止觀五之二】に「非三暗證禪師誦文法師所二能知一也。」

ジユユウサンスヰエウホフ 受用三水要法 【書名】受用三水要行法の略名。

ジユユウサンスイエウギヤウホフ 受用三水要行法 【書名】一卷、唐の義淨撰。三水とは一に時水、二に非時水、三に觸用水なり。「サンスヰ」を見よ。【寒帙六】(1507)

ジユユウシン 受用身 【術語】三身の一。

ジユユウド 受用土 【術語】三佛土の一。

ジユヨク 受欲 【術語】物に對する欲なり。【資持記上一之五】に「欲法有レ三。在レ屛對首。能對名二與欲一。所對名二受欲一。對レ衆正陳名二說欲一。」「ヨクホフ」を見よ。

ジユラク 壽樂 【術語】長壽と安樂なり。【無量壽經下】に「何不下棄二世事一勤行求中道德上。可下獲二極長生一壽樂無上レ有レ極。」

ジユラクムゼングワン 受樂無染願 【術語】彌陀佛四十八願中第三十九願。

ジユリツ 誦律 【術語】八十誦律と十誦律の二種あり、八十誦律は根本律にして五部の分派は皆此より出でしなり、其の本律今傳はらず。十誦律は現存の四律の一にして薩婆多宗の戒律本なり。

ジユリヤウ 鷲嶺 【地名】靈鷲山なり。

鷲嶺開本の朝 【書名】開本は開迹顯本の省略なり。「カイシヤクケンボン」を見よ。

ジユリヤウシドゲ 壽量四土偈 【術語】【法華經壽量品偈】に「常在二靈鷲山一。及餘諸住處。衆生見二劫盡一。大火所燒時。我此土安隱。天人常充滿。」此の六句を法界道場偈とも壽量四土偈とも云ふなり。即ち此の六句の中に自ら四土を具すればなり。其の故は文句に常在靈鷲山は是れ實報土なりといへり。謂く三世常住の淨土なるが故に他受用報身の所居の實報土なりとあり。實相の理を證したる者の得る果報なるが故に實報と云ふ、即ち別教の初地以上、圓教の初住已上の菩薩の住處なり。又常在の二字は常寂光土を含むといふ、謂く常寂光土とは實相の理即ち三諦の理なり、何となれば常は常住の理の故に中諦なり、寂は空の義なれば即ち空諦なり、光は三千の諸法を照らす義なれば即ち假諦なり。此の常寂光の理は即ち自他受用報身の所證即ち所住所在の處なれば、常在の二字以て之を顯はすを得るなり。次に餘の諸住處の言の中に方便同居の二土を有すると論なし、故に之を四土偈と稱するなり。

ジユリヤウホフシ 壽靈法師 【雜名】【菩提心義四】に「東大寺の壽靈法師は佛苦を執じて身爛れて命死すと、彼の主量に云ふ如し、諸佛は苦を受くべし一宗如來は廻心すべし一宗心法は質碍あるべし一宗草木は緣慮あるべし一宗同一無性なるが故に一因緣起相由るが故に一因六相圓融の故に一因佛即ち衆生の故に一因二乘

即ち佛の故に因一色法即心の故に。」此の中其の一例を擧ぐれば草木は緣慮すべく宗色法即心の故に因猶心法の如し同喩猶虛空の如し異喩。

ジユリヤウボン 壽量品 〔經名〕 如來壽量品の略稱。⦿（新千載）「鷲の山曇らぬ月を賴む哉年へし法の水くきの跡」（太平記二〇）「六の卷の紐を解きて壽量品をよみ」

ジユリンイツダイ 戍輪聿提 〔雜語〕 Śudhy-andi* 譯、淸淨。【華嚴疏鈔十四】

ジユリンシン 樹林神 〔神名〕 千手陀羅尼所說十五神の一。「シン」を見よ。

ジユロタ 戍縷多 〔雜名〕 「次項」を見よ。

ジユロタラ 述嚕怛羅 〔雜名〕 Śrotra 譯、耳。【梵語雜名】に「耳。羯嚩拏キヤリナ。又羯叻拏キヤリナ。Karṇa 又述嚕怛ジユロタ羅ラ。」【義林章三本】に「梵云二戍縷多一。此云二能聞一。」

ジユワウ 樹王 〔雜名〕 樹中の王なれば樹王と云ふ、牛王鵝王等と言ふ如し。【法華經序品】に「國界自然。殊特妙好。如二天樹王其華開敷一。」天の樹王とは忉利天上の波利質多といふ樹なり、波利質多の事、起世經六、長阿含二十等に出づ、高遍樹又は晝度樹と譯す。

ジユヰキ 壽域 〔雜名〕 長壽の域土なり。【西域記贊】に「辟敎之所二霑被一。馳二鶩福林一。風軌之所二鼓扇一。輙驅二壽域一。」

ジユヰコロ 自惟孤露 〔雜名〕 自己を孤見なりと思ふ義。【法華經壽量品】に「是時諸子聞二父背喪一キスルヲ心大憂惱而作二是念一。若父在者。慈二愍我等一能見二救護一。今者捨レ我遠喪二他國一。自惟孤露。無二復恃怙一。常懷二悲感一心遂醒悟。」孤は孤獨、露は露出なり、既に慈父を失へば是れ孤なり、慈を垂れて我を覆ふ者なければ獨身露出するなり。故に孤露と云ふ。⦿（新勅撰）「とことはに賴むかげなきねをぞなく鶴の林の空をとびつつ」

ジユンアン 巡案 〔雜語〕 禪林に住持衆寮を巡廻して其の行儀を按察するを巡案と云ふ。僧堂には之を巡堂と曰ふなり。【象器箋九】

ジユンイチ 純一 〔術語〕 雜なきを純と云ひ、二なきを一と云ふ。【勝鬘經】に「彼諸衆生。純一大乘。」【法華經方便品】に「其語巧妙。純一無雜。精白梵行相。」【止觀一之一】に「純一實相。而實相外更無二別法一。」

ジユンエン 順緣 〔術語〕 順逆二緣の一。「ギヤクエン」を見よ。

ジユンカイサン 準開山 〔雜名〕 道行崇高にして功山門に被る者、之を準開山と謂ひ、或は中興祖と稱す。【象器箋三】

ジユンカウ 巡更 〔職位〕 叢林の夜廻りなり。叢林每夜二人を輪して巡更せしむ、板を打ち念佛し直に光天徹地の主人公を喚起せんとし、偸心白拈の欺瞞する所とならしむるなきなり。其の中兼て五種の大利あり。一は瞀覺昏を提して夢宅を出でしめ、二は參頭を敲破して懸崖に手を撒せしめ、三は小人をして敢て私かに自ら交接せしめず、四は燈火明に愼み門戶常に嚴ならしめ、五は能く虛空をして舞を作し露柱をして眉を揚げしむ。【象器箋七】

ジユンカウレイ 巡更鈴 〔物名〕 火鈴、又、巡更鈴と稱す。「クワリン」を見よ。

ジユンギヤウ 順曉 〔人名〕 傳敎大師の師なり。【釋書一傳敎傳】に「如二越州龍興寺一遇二順曉阿闍梨一。受二三部灌頂密敎一。及得二陀羅尼。經書。印契圖樣。灌頂器物一。」

ジユンギヤク 順逆 〔術語〕 順緣逆緣なり。「ギヤクエン」を見よ。又順化逆化なり。「ギヤクケ」を見よ。⦿（太平記三）「順逆の二緣いづれも、濟度利生の方便なれば」

ジユンクワバン 巡火板 〔物名〕 「ジユンコハン」の一。

ジユンクジユゴフ 順苦受業 〔術語〕 三受業の一。

ジユンケ 順化 〔術語〕 僧の死を順世又は順化と云ふ。世道に順じて死化する義なり。【佛祖統紀二十八】に「是年順化。」【本朝高僧傳玄昭】に「及二峰順化一入レ洛守二養源塔一。」

ジユンケツチヤクブン 順決擇分 〔術語〕 三順分の一。「ジユンブン」を見よ。

ジユンゲダツブン 順解脫分 〔術語〕 三順分の一。「ジユンブン」を見よ。「ケツ」を見よ。

ジユンゲブン 順下分 〔術語〕 五下分結なり。

ジユンゲン 順現 〔術語〕 順現受業なり。⦿（平家三）「順現、順生、順後業といへり」

ジユンゲンゴフ 順現業 〔術語〕 順現受業の略。三業四業の一。「ゴフ」を見よ。

ジユンゲンジユゴフ 順現受業 〔術語〕 又順現法受業と云ふ。「ゴフ」を見よ。

ジユンコハン 巡火板 〔物名〕 火鈴こりんを振り板を打ち諸の寮舍を巡り僧衆に報じて火災を警むるなり。【象器箋十八】

ジユンコフホン 順古不翻 〔術語〕 五種不翻の一。「よ。

ジユンゴク 順後句 〔術語〕 「ジユンゼンク」を見よ。

ジユンゴゴフ 順後業 〔術語〕 順後受業の略。三業四業の一。「ゴフ」を見よ。

ジユンゴジユゴフ 順後受業 〔術語〕又順後次受業と云ふ。「ゴフ」を見よ。

ジユンゴンニヨキヤウ 順權女經 〔經名〕順權方便經の異名。

ジユンゴンハウベンキヤウ 順權方便經 〔經名〕二卷、西晋の竺法護譯。樂瓔珞莊嚴方便經と同本。【宇帙十】(214)

ジユンサンシユ 巡讃衆 〔職位〕本願寺に於て法主と順次に讃頭となる者を巡讃衆と稱し最も名譽となす。

ジユンシキ 遵式 〔人名〕宋の慈雲懺主の實名。「ジウン」を見よ。

ジユンジ 順次 〔術語〕此の生の次を順次と云ふ。順次の往生、順次の曉など云ふこれなり。是れ三受業の中の順次受業なり。順次の往生とは此の生を終ふれば直に極樂に往生して更に他生を隔てざるを云ふ。【五輪九字秘釋】に「二七曼荼羅者。大日帝王之內證。乃至順次往生之一道。」

ジユンジゴフ 順次業 〔術語〕順次生受業の略。又、順生受業と云ふ。三業四業の一。「ゴフ」を見よ。

ジユンシヤウ 順生 〔術語〕順生受業なり。

ジユンシヤウキ 順正記 〔書名〕三卷、神智從義撰、光明玄義を釋す。

ジユンシヤウギヤウ 順性行 〔術語〕四性行の一。

ジユンシヤウゴフ 順生業 〔術語〕順生受業の略。又、順次生受業と云ふ。「ゴフ」を見よ。

ジユンシヤウリロン 順正理論 〔書名〕阿毘達磨順正理論の略名。【冬帙三乃至六】

ジユンシヤク 巡錫 〔術語〕巡敎と云ふに同じ。錫杖を持ちて遊化するが故に錫の字あり。

ジユンシン 純眞 〔人名〕譯、眞人。【名義集二】

ジユンシンクワン 循身觀 〔術語〕四念處觀中の身念處觀なり。身の不淨を觀ずるに頭より足に至り次第に巡歷して三十六物皆不淨なりと觀ずれば循身觀と名く。【大日經疏三】に「如下修二循身觀一時上。見三此身三十六物之所二集成一。五種不淨。惡露充滿。終不三爲レ此而生二貪愛一。」【慧苑音義二】に「循身觀。循巡也。今謂四念處中第一觀二身不淨一。從レ頭至レ足次第巡歷。三十六物皆不淨也。」

ジユンシンダラシヨモンニヨライサンマイキヤウ 純眞陀羅所問如來三昧經 〔經名〕三卷、後漢の支婁迦讖譯。大樹緊那羅王所問經と同本。純眞は神人の義、陀羅は緊那羅の訛略。即ち神人緊那羅なりとは通途の釋なれども、實は純は屯にして Druma（樹）、眞陀羅は Kinnara の音譯なり。【宇帙九】(161)

ジユンシンダラシヨモンホウニヨライサンマイキヤウ 純眞陀羅所問寶如來三昧經 〔經名〕純眞陀羅所問如來三昧經の異名。

ジユンシンダラモンキヤウ 純眞陀羅問經 〔經名〕純眞陀羅所問如來三昧經の略名。

ジユンジヤウブン 順上分 〔術語〕五上分結なり。「ケツ」を見よ。

ジユンセ 順世 〔術語〕又順化と云ふ。僧の死を云ふ。世法に隨順して死を示す義なり。【佛祖統紀】

ジユンセゲダウ 順世外道 〔流派〕順世は梵名路伽耶 Lokāyata と云ふ。Cārvāka 之が敎祖たり。出生年代不明なるも、釋迦出世より少しく以前なるが如し。其の主張は聖敎を否定し、道德を拒絕し、ただ肉體の欲望を滿たすことを目的とし、極端なる物質的快樂主義を唱ふるを以て順世外道と稱せらる。

ジユンセハチシン 順世八心 〔名數〕世道に順じて人天の果を感ずるを順世の行と云ひ、又世間に違して出離の果を感ずるを違世と云ひ、其の行法の次第發達に八心あり、之を順世の八心、違世の八心と名く。【大日經疏二】に「如二前所說一種子根疱等及歸三依三寶一爲二人天乘一。行二齋施善法一皆名二順世八心一。若三乘初發二道意一。迄レ至三拔業煩惱根本無明種子生十二因緣一名二違世八心一。或可下就二見道修道等諸位一分上レ之。各自有二八心一也。大乘行者了三達諸蘊性空一故於二一切法中一都無二所取一亦無二所捨一。雙三離違順八心我蘊兩倒二種業煩惱網一。是名二超越一切瑜祇行一。」「ジフシン」を見よ。

ジユンゼンク 順前句 〔術語〕法の中に隨つて二法を取て互に相ひ問ふとき、前法に依止して以て所問を答ふを順前句と云ふ。例へば子は女子より生ずる者なりや、女子は子を生む者なりやと問ふとき、子は女子より生まるる者なり、然も女子必ずしも子を生まずと答ふる如し。之に反して兩問の中に於て後句に依止して答ふべきものを順後句と名く、例へば女子は子を生む者なりや、子は女子より生まるる者なりやと問ふとき、子は女子より生まるるものなり、然も女子必ずしも子を生むものにあらずと答ふる如し。是れ狹を以て寬を問へば順前句となし、寬を以て狹を問へば順後句と爲すなり。【瑜伽倫記五上】

ジユンタン 旬單 〔物名〕禪林に副寺十日に費用を一算して之を紙端に記せしものを旬單と云ふ。【象器箋十六】

ジユンダ 純陀 〔人名〕Cunda 又、准陀、淳陀、周那に作る。譯、妙義。拘尸那城の工巧師の子なり。佛此の人より最後の供養を受く。【玄應音義二十四】に

「准陀此云二妙義一。舊云二純陀一訛也。」【涅槃經二】に「彌時會中有二優婆塞一。是拘尸城工巧之子。名二純陀一。」【涅槃經純所品】と【一切大衆所問品】に詳記す。

周那自宅供旃檀茸羹　〔故事〕長阿含經三に依れば、佛自ら行て乞食し、周那（即ち准陀）の宅に到りて説法し、中夜に命終すと説く。是れ小機の所見なり、大小感見の不同和會すべからず。【涅槃經疏二】に「若見下佛自行乞レ食。到二純陀舍一食二栴檀茸羹一。中夜入滅。擧向二雙林一以レ火焚上レ身。此小緣劣見。若見下純陀悲感但獻二八斛四斗不思議供一。充中飽一切上。大緣見勝。」

ジユンダウ　巡堂　〔行事〕僧堂を巡るなり、此に數種あり一に住持の巡堂、（入院、旦望の茶、坐禪。）二に大衆の巡堂、（三八念誦、）三に首座の巡堂、（坐禪、參、大座、結制。）四に維那の巡堂、（聖節。）五に參頭の巡堂、（掛搭。）六に都寺の巡堂、（庫司湯。）七に知事の巡堂、（結制、旦望茶。）八に請客燒香の巡堂、（方丈茶。）九に沙彌の巡堂、（參堂。）此の巡堂に數義あり。一に點檢の義、（坐禪時、）二に告報の義、（住持、首座、聖節時、維那。）三に請謝の義、（茶湯時。）四に禮賀の義、（入院時、掛搭時、結制時也、三八念誦後巡堂蓋亦是、住持大衆互相禮也。）【象器箋九】

巡堂請茶　〔儀式〕住持衆を請す故に請客住者巡堂するなり。【敕修淸規方丈四節特爲首座大衆茶】に「掛二點茶牌一。長板鳴。請客侍者入レ堂。聖僧前燒香一炷。大展三拜。巡堂一帀。至レ中問訊而退謂二之巡堂請茶一。」

ジユンダイホフ　準大法　〔術語〕大修法に準ずる修法のこと。東密には如法愛染法、如法尊勝法、大北斗法、普賢延命法を云ひ、台密にては法華法、六字河臨法、如法北斗法、如法佛眼法、大北斗法を云ふ。但し山門にては大北斗法を除く。

ジユンダウホフアイ　順道法愛　〔術語〕法愛に二種あり、一は相似の法愛なり、又似道法愛と名け、又順道法愛と名け、住前の法愛なり。二は眞道法愛なり。住上の法愛なり、決に云く愛名雖レ同。眞似義別。【七帖見聞七】

ジユンダシイラ　純陀私夷羅　〔地名〕譯、無角槌。聚落の名なり。【本行集經三十三】

ジユンチユウロン　順中論　〔書名〕二卷、龍勝菩薩造、無著菩薩釋、元魏の瞿曇般若流支譯。【暑帙三】(1246)

ジユンチユウロンギニフダイハンニヤハラミツキヤウシヨボンホフモン　順中論義入大般若波羅蜜經初品法門　〔書名〕順中論の具名。

シユンテイ　準提　〔菩薩〕Candī 又、准胝、尊提に作る。天人丈夫觀音と稱し人道の能化なり。和漢の禪宗に在りては之を觀音部の一尊として深く之を尊崇し、殊に東密には之を六觀音の隨一として蓮華部に攝すれども、獨り台密は七倶胝佛母准提經の經名の中、准提を佛母の中に入れて之れを佛部の尊と爲すなり。准提は清淨と譯し、心性の淸淨を讚嘆せし稱なり。三目十八臂の尊形なり。未敷蓮華を三昧耶形とす。【准提經】に「准字門者。於二一切法一是無等覺義。提字門者。於二一切法一是無取捨義。」《第七十一圖參照》

畫像法　〔圖像〕不截白氎の清淨なる物を取りて人髮を擇去し、畫師八齋戒を受け、膠を以て色に和せず、新椀を用ひて彩色を盛り、用ひて之を畫く。其の像黃白色に作り、種種其の身を莊嚴す。腰下に白衣を著け衣上に花文あり、身に輕羅の綽袖の天衣を著け、綬帶を以て腰を繫ぎ、朝霞身を絡ふ、其の手腕は白螺を以て釧と爲し、其の臂上の釧七寶莊嚴す。一一の手上に指環を著け、都て十八臂、面に三目あり。上の二手は說法の相を作し、右の第二手施無畏、第三手劒を把り、第四手數珠を把り、第五手微若布羅迦果（漢に子滿果と言ふ、此に無し。）を把り、第六手鉞斧を把り、第七手鉤を把り、第八手拔折羅を把り、第九寶鬘を把る。左の第二手如意寶幢を把り、第三手蓮華を把り、第四手澡罐を把り、第五手索を把り、第六手輪を把り、第七手螺を把り、第八手賢瓶を把り、第九手般若波羅蜜經篋を把る。菩薩の下に水池を作り、池中に蓮華を安じ、難陀跋難陀の二龍王共に蓮華の莖を扶持す。蓮華の上に准提菩薩を安ず。其の像の周圍に明光焰を安じ、其の像憐愍眼看を作す。

准提求願觀想法　〔修法〕若し無分別を求むれば當に無分別無記念を觀ずべし、若し無相無色を求むれば當に文字無文字念を觀すべし、若し不二法門を求むれば當に兩臂を觀ずべし、若し四無量を求むれば當に四臂を觀ずべし、若し六神通を求むれば當に六臂を觀ずべし、若し八聖道を求むれば當に八臂を觀ずべし、若し十波羅蜜圓滿を求むれば當に十臂を觀ずべし、若し如來の普遍廣地を求むれば當に十二臂を觀ずべし、若し十八不共法を求むれば當に十八臂を觀ずべし、即ち畫像法の如く觀ずるなり、若し三十二相を求むれば當に三十二臂を觀ずべし、若し八萬四千の法門を求むれば當に八十四臂を觀ずべし、是の如く觀念すれば當に一切如來の三摩地門甚深方廣不思議地に入るべし。【七倶胝佛母准提經】

准胝法　〔修法〕その道場觀に先づ觀想す、地

結上金剛墻の内に大海あり、大海の中に大寶山あり、山上に樓閣あり、閣中に八葉の蓮華臺あり、蓮華の上に月輪あり、輪中に𤚥字あり、字變じて未敷蓮華と成り、蓮華變じて七倶胝佛母尊と成る。白黄色なり。十八臂あり。種種の三昧耶形を持し(本項に出づ。)白輕羅綿を着し、赤蓮花に坐す。額に眼あり、(即ち三眼)眷屬圍繞す。其の印契は二中指二無名指を以て相ひ叉して掌に入れ、二大中指二頭指二指並に直竪し、頭相を著く。其の眞言は唵。折隷。主隷。准提莎訶。【准提經 百二十尊法佛部經 七倶胝佛母准提大明陀羅尼經】中此の眞言の九字を身上に布く法を説く。

准提陀羅尼布字法 〔修法〕【七倶胝佛母准提大明陀羅尼經】に出づ。

唵字　想安二頭上一　其色白如レ月
放二於無量光一　除二滅一切障一。

折字　想安二兩目一　其色如二日月一
爲レ照二諸愚闇一　能發二深慧明一。

隷字　想安二頸上一　色如二紺瑠璃一
能顯二諸色相一　漸具二如來智一。

主字　想安二心上一　其色如二皎素一
其心清淨故　速達二菩提路一。

隷字　想安二兩肩一　色黄如二金色一
尙觀二是色相一　能被二精進甲一。

准字　想安二臍中一　其色妙黄色
速登二妙道場一　不レ退二菩提一故。

提字　想安二兩髀一　其色如二淺黄一
速證二菩提道一　得レ坐二金剛座一。

莎嚩　想安二兩脛一　其狀作二赤色一
常能想二是字一　速得レ轉二法輪一。

訶字　想安二兩足一　其色如二滿月一
行者作二是想一　速得レ達二圓寂一。

ジユンテイキ　准提軌 〔經名〕七倶胝佛母准提大明陀羅尼經の異名。

ジユンテイキヤウ　准提經 七倶胝佛母准提大明陀羅尼經の異名。

ジユンテイクワンオン　准提觀音 〔菩薩〕「ジユンテイ」を見よ。

ジユンテイダイミヤウダラニキヤウ　准提大明陀羅尼經 〔經名〕七倶胝佛母准提大明陀羅尼經の異名。

ジユンテイダラニキヤウ　准提陀羅尼經 〔經名〕七倶胝佛母准提大明陀羅尼經の異名。

ジユンテイネンジユクワンギヤウトウホフ　準提念誦觀行等法 〔修法〕七倶胝佛母准提大明陀羅尼經の異名。

ジユンテイブツモホフ　準提佛母法 〔修法〕「ジユンテイ」を見よ。

ジユンナ　諄那 〔人名〕譯、碎末。沙彌の名なり。【生經二】

ジユンニン　順忍 〔術語〕五忍の一。「ニン」を見よ。

ジユンフヂヤウゴフ　順不定業 〔術語〕順不定受業の略。

ジユンフヂヤウジユゴフ　順不定受業 〔術語〕四業の一。「ゴフ」を見よ。

ジユンフクブン　順福分 〔術語〕二順分の一。「次項を見よ。

ジユンブン　順分 〔術語〕順は順益の義、分は部分の義。其の所順の法の部分を順益するを順分と名く。此に三種あり、一に順福分、世間可愛の果を感ずる有漏の善根なり。五戒十善等の法是なり。二に順解脱分、解脱とは涅槃なり、定めて能く涅槃の果を感ずる有漏の善根なり。此の善生じ已れば彼の有情をして名けて身中に涅槃の法ありと云はしむ、若し生死には過あり、諸法は無我なり、涅槃には德ありと説くを聞きて、身の毛竪ち悲泣して涙を墮す、當に知るべし彼れ既に順解脱分の善を植うるなり、是れ聲聞乘の三賢位なり。三に順決擇分、是れ煗頂忍世第一法の有漏の善根なり。決擇とは四諦の理を見る無漏の勝慧に名け、分とは部分の義、此の四善根の功德能く其の勝慧の一分たる見道の決擇智を順益し、彼れをして生ぜしむれば順決擇分と名くるなり。故に聲聞乘中極速の者は三生に方に解脱を得るなり。即ち初生は順解脱を起し、第二生に順決擇分を起し、第三生に見道に入り乃至究竟の解脱を得るなり。【倶舍論十八】に「言二順解脱分一者。謂感二世間可愛果一善。順解脱分者、謂定解感二涅槃果一善。此善生已令下彼有情名爲中身中有二涅槃法上。若有レ聞レ説二生死有レ過諸法無我涅槃有一レ德。身毛爲レ堅悲泣墮レ涙。當レ知彼已植二順解脱分善一。順決擇分者。謂近能感二聖道果一善。即煗等四。」【同二十三】に「此煗頂忍世第一法四殊勝善根名二順決擇分一。依二何義一建二立順決擇分名一。決謂決斷。擇謂簡擇。決斷簡斷謂諸聖道。以二諸聖道一能斷レ疑故。及能分二別四諦相一故。分謂分斷。此言意顯二所順唯是見道一分一。決擇之分故得二決擇分名一。此四爲レ緣順二益彼一故得二順彼名一。故此名爲二順決擇分一。」

ジユンモンゼキ　准門跡 〔職位〕後柏原天皇大永元年勅して本願寺第九世光兼を准門跡となす。初め帝の立つや、喪亂日久しく、府庫缺乏し、二十年を經て即位の禮を行ふこと能はず、是の年内府實隆の勸に由つて黄金一萬兩を獻じて其の費に供す。因

つて此の命あり。【本願寺誌】

ジユンユ　順喩　［術語］八種喩の一。「ヒユ」を見よ。

ジユンラウハン　巡廊板　［雜名］禪家に浴時を報ずる爲めに廊下を巡りて板を鳴らすこと、一寮に三下して周徧するを巡廊板又は報廊板と云ふ。【象器箋十八】

ジユンル　順流　［術語］二流の一。

シユンレイ　順禮　［雜名］西國の三十三所の觀音を巡歷禮拜するを順禮と云ふ。

ジユンレウ　巡寮　［儀式］校定淸規に云く、侍者上堂の時に先ちて行者をして巡寮牌を掛けしむ、住持巡寮東廊の第一寮より巡起す。寮衆各外に出でて迎接し、仍つて出づるを迎送し、大衆は只門外に立つ。【象器箋九】「僧祇云。世尊以二五事一故五日一按二行僧房一。一恐三弟子著二有爲事一。二恐レ著二俗論一。三恐レ著二睡眠一。四爲レ看二病僧一。五令下年少比丘觀二佛威儀庠序一生中歡喜上故。」【祖庭事苑八】

ジユンヱンドクメウノキヤウ　純圓獨妙之經　［經名］法華は三乘の差別を開して一大圓となし、衛前の麁味を會して醍醐の妙味を成ぜし經なれば稱して純圓獨妙の經と云ふ。【法華科註前錄】に「如レ此五時。群經無量。括而統レ之。無レ出二此四一。故此四敎乃是釋經之綱目。故知法華五時中乃純圓獨妙之經。」

ジヨ　序　［術語］諸經に通じて序正流通の三分あり、初に緣起を記するを序となす。

序三義　［名數］經釋家序を三種に科分す。【法華文句一上】に「序者訓二庠序一。謂階位賓主問答悉庠序也。經家從レ義謂次由述也。如是等五事冠二於經首一次序也。放光六瑞起發之由由序也。回答釋レ疑正說弄引敘述也。具二此三義一故稱爲レ序。」【資持記上一之一】に「序有二三訓一。隨レ義以釋。爾雅云。東西墻謂二之序一。如三世墻序在二堂奧之外一。即喩三序文冠二一鈔之表一。此端序義也。二序即訓レ敘。謂撰述始終。十門例括。三行條流。使二一部文義歷然不一レ混。此即次序義也。三訓レ緖者。如三繰レ繭得レ緖則餘絲可レ理。學者觀レ序則諸編可レ求。此謂由序義也。」

序四義　［名數］【法華義疏一】に「序者漸也。假レ時託レ處。動レ地雨レ花。爲二正說由漸一。故名爲レ序也。又序者次也。初明二緣起一後辯二正經一。蓋是義之次第也。又序者謂祥序也。經首列レ事。祥序可レ觀レ之也。又序者舒也。欲レ顯二事我一舒廣故云レ序也。」

二種序　［名數］序の種類を別つなり。序に總じて二種あり、一は通序、如是等の五事六事是なり。是れ諸經に通じて在れば通序と云ふ。二は別序、其より序末に至る是なり。是れ各各其の序に隨つて別なれば別序と云ふ。図一に證信序、即ち上の別序なり。二に發起序、即ち上の通序なり。

三種序　［名數］唐の善導觀經を釋するに三序を分つ、一に證信序、如是の二字なり。二に化前序、我聞已下の五事是れなり。「化前序」を見よ三に發起序、常の如く別序是れなり。是れ一宗不共の法門なり。

五序　［名數］天台法華經の別序を分科して五序となす。一に衆準序、爾時世尊四衆圍繞等是なり。二に現瑞序、六瑞是れなり。三に疑念序、爾時彌勒菩薩作是念等是なり。四に發問序、爾時彌勒菩薩欲自決疑等是なり。五に答問序、爾時文殊師利是れなり。

ジヨイン　助音　［儀式］「ジヨオン」を見よ。

ジヨウ　乘　［術語］梵語、舊に衍。新に野那 Yāna 乘は乘載の義、行法に名く、行人を乘せて其の果地に到らしむる意なり。一乘二乘三乘四乘五乘の別あり。其の中一乘に二種あり、二乘に二種あり、三乘に三種あり、四乘に四種あり、五乘に五種あり。「各項」を見よ。

ジヨウカイ　乘戒　［術語］乘は實相を開悟する智慧に名づけ、戒とは身口の惡を淨除する制法に名づく。此の中小乘の比丘は戒に急にして乘に緩に、大乘の菩薩は乘に急にして戒に緩なり。【涅槃經六】に「於レ乘緩者乃名爲レ緩。於レ戒緩者不二名爲一レ緩。」然れども是れ一往の相對なり、其の實大乘の眞の薩埵は乘戒倶急なり。此に四句あり。「カイキウ」を見よ。

ジヨウカイシク　乘戒四句　［術語］「カイキフ」を見よ。

ジヨウカイクキフ　乘戒倶急　［術語］乘戒四句の一。「カイキフ」を見よ。

ジヨウカイクワンキフシク　乘戒緩急四句　［術語］即ち乘戒四句なり。

ジヨウキフ　乘急　［術語］「カイキフ」を見よ。

ジヨウキフカイクワン　乘急戒緩　［術語］四句の一。

ジヨウクワン　乘緩　［術語］「カイキフ」を見よ。

ジヨウシヤウ　繩床　［物名］繩を張りし至極粗造の椅子なり。禪者之に倚る。

ジヨウシユ　乘種　［術語］佛乘の萠芽を出す種子なり。【宗鏡錄二十六】に「因レ聞二般若深經一爲二乘種一」

ジヨウシン　乘津　［譬喩］佛乘の般筏を發する生死海の渡津なり。【四分戒本疏序】に「乘二津五衆一覆二叢群萠一。」【同行宗記】に「乘能運載。津是水濟。載二出

家衆一度二生死津一。故曰二乘津一。」

ジヨオン　助音　〔儀式〕衆人同音に唱和するを助音と云ふ。【勅修傳九】に「法王伽陀を誦しましますに上人入道相國おなじく助音申さる。」【同翼讃】に「助音は今の聲明師の同音と云へる是れなり、衆人同音に唱和するなり。」然るに本願寺にては衆人一般の同音を云ふにあらず、內陣(じよいん)に列する衆にして法主と唱和し得る音に限りて助音と稱し、此に別助音と助音との二等ありて、發音勤行中法主の出入あるも平伏を要せざる者を別助音とし、然らざる者を單に助音とす。別助音は巡讃役に次ぐ名譽とす。

ジヨグワンキ　事與願違　〔雜語〕此界のこと無常にして願望の滿足しがたきを云ふ。【仁王經四無常偈】に「生老病死。事與レ願違。欲深禍重。瘡疣無レ外。」◉(法門百首)「何事も思ふ筋には違ひつつそむくとなれるこの世なりけり」

ジヨシヤ　叙謝　〔雜語〕臨筵の智識、兩序の侍者、單寮、蒙堂等の德を叙して謝するを叙謝又は謝語と云ふ。【象器箋十二】

ジヨシヤウルヅウサンブンブン　序正流通三分　〔名數〕凡そ經論を釋するに序正流通の三に分つを法とす、一に序分。先づ初に其の經の起る理由因緣即ち緣起を叙ぶる部分なり。二に正宗分。次に正しく其の緣起に應じて法門を說く部分なり。三に流通分。終に所說の法門を弟子或は國王等に付囑して遐代に流通せしむるとを說く部分なり。是れ秦の道安の創始に係り以て萬世の洪範となる。

ジヨジユソウ　助呪僧　〔職位〕導師の誦咒を唱和する助音僧なり。

ジヨダイ　序題　〔術語〕唐の善導觀經を釋するに先づ七門を以て料簡し、第一門を序題と云ふ。如來出世の大綱を叙し、亦一經の元意を題する意なり。【玄義分傳通記二】に「序題者。略序二出世大綱一。亦題二一經元意一也。」

ジヨダウ　助道　〔術語〕諸種の道品能く止觀を資助すれば助道と名け、又果德を資助するが故に助道と名け、又諸行互に資助するが故に助道と名く。【止觀八之二】に「若遮障重當レ修二助道一。既侔惑相持便應二索援一。外食欲起以二不淨一助。內食欲起以二背捨一助。外食欲起以二勝處一助。」【大乘義章十六】に「言二助法一者。是其緣義。資二助果德一故名爲レ助。又復諸行互共相資助。亦名爲レ助。」

助道資緣　〔術語〕【往生要集下末】に念佛行者の助道の資緣を明かす。「問ふ凡夫の行人衣食を用ふるを要す、此れ小緣なるも能く大事を辯ず。裸餧不安ならば道法焉んぞ在らんや。答ふ、行者に二あり、謂く在家出家なり、其の在家の人は家業自在なれば餐飯衣服何んぞ念佛を助けんや、木槵子經の瑠璃王の行の如し。其の出家の人も亦三類あり、若し上根の者は草座鹿衣一菜一菓、雪山大士の如き是なり。若し中根の者は常乞食糞掃衣なり、若し下根の者は檀越の𩞃施但だ少しく有れば即ち足るを知る、具さには止觀の第四の如し。況や復た若し佛弟子正道を專修して貪求することなければ自然に資緣を具す、大論に云ふが如し。譬へば比丘の貪求する者は供養を得ず、貪求する所なければ則ち乏短する所なきが如く、心も亦是の如し、若し分別取相するときは則ち實法を得と。又大集經月藏分の中に欲界の六天日月星宿天龍八部各佛前に於て誓願を發して言く、若し佛の聲聞弟子、法に住し、法に順じ、三業相應して修行する者は、我等皆共に護持し養育し所須を供給して乏き所なからしめんと。問ふ、凡夫は必らずしも三業相應せず、若し缺漏するあらば應に依估なかるべし。答ふ、此の問難の如き是れ則ち懈怠にして道心なき者の致す所にして、若し誠に菩提を求め誠に淨土を欣こぶ者は、寧ろ身命を捨つるも豈に禁戒を破らんや、應に一切の勤勞を以て永劫の妙果を期すべきなり。」

助道人法　〔術語〕又、念佛行者の助道の人法を明かす、「此に三あり、一は須らく明師の內外の律を善くし能く妨障を開除する人を恭敬承事すべし。大論に云く、雨墮つるも山頂に住せず、必ず下處に歸するが如く、若し人憍心自ら高きときは則ち法水入らず、若し善師を恭敬せば功德之に歸すと。二に須らく同行の共に險を涉るが如く、乃至臨終まで互に相ひ勸勵すべし。法華に云く、善智識は是れ大因緣なりと。三に念佛相應の敎文に於て常に當に受持し披讀し習學すべし。般舟經の偈に云く、此の三昧經は眞の佛語なり、若し遠方に此の經ありと聞かば道法を用ゐるの故に往て聽受し、一心に諷誦して忘捨せざれと。問ふ、何等の敎文か念佛に相應するや。答ふ、正しく西方の觀行幷に九品の行果を明かすことは觀無量壽經に如かず。彌陀の本願幷に極樂の細相を說くことは無量壽經に如かず。諸佛の相好幷に觀相の滅罪を明かすとは觀佛三昧經に如かず。色身法身の相、幷に三昧の勝利を明かすとは般舟三昧經念佛三昧經に如かず。修行の方法を明かすことは上の三經幷に十往生經十住毘婆沙論に如かず。日日の讀誦は阿彌陀

經に如かず。偈を結んで總說することは無量壽經優婆提舍願生偈に如かず。或は往生論と云ひ浄土論と云ふ。修行の方法は多く摩訶止觀、及び善導和尚の觀念法門、並に六時禮讃に在り。問答料簡は多く天台の十疑、道綽和尚の安樂集、慈恩の西方要決、懷感和尚の群疑論に在り。往生人を記することは多く迦才の淨土論、幷に瑞應傳に在り。」愚案に其の他淨土の要文を拔萃し念佛者の偈頌法語を採集すること宋の四明の宗曉の樂邦文類に如かず。

ジヨニンジヤウ 助潤生 [術語]「ニンシヤウ」を見よ。

ジヨブン 序分 [術語] 諸經三分の一。「ジヨシヨウルヅウサンブン」を見よ。

ジヨボン 序品 [術語] 經中一部の序となる部分を云ふ。図法華經二十八品中の第一品、先づ六瑞を現じて衆の疑を起し、衆の疑に因て彌勒をして文珠に其の緣由を問はしめ、文珠過去の所見を說て其の當に法華を說くべきを證言し、以て一經發起の由序となせば序品と名く。⊙(千載集)「春ごとに歎きしものを法の花ちるが嬉しき花もありけり」是れ序品中の雨華瑞を讀みしなり。

ジヨワウ 序王 [雜名] 天台智者法華經の序を製して序王と題す。王とは起なり、初なり、序は衆文の起す初なれば序王と名く。【釋籤一之一】に「王字去聲。謂起也。初也。序二起衆文一之始故云二序王一。」

ジリ 事理 [術語] 因緣生の有爲法を事と云ひ、不生不滅の無爲法を理と云ふ。即ち事は森羅萬象の相、理は眞如の體なり。然るに大乘中三論宗の如きは理は眞空にして別に理の實體あるにあらずと云ひ、法相宗の如きは理は實體あるも只事の所依となるのみに止まり、事の緣起に依て何等の關係なきもの即ち不障の能作因なりと云ひ、華嚴宗の如きは眞如の理は不生不滅の無爲法身なるも、無明の染緣に依ては九界の染法を起し、菩提の淨緣に依ては佛界の淨法を起すと云ひ、天台宗眞言宗の如きは一切の有爲法は染淨を論ぜず、總じて眞如の體に具する德相也と云ふ。又眞言宗東密には理とは攝持の義にして有爲の事法一一に其の體を攝持するを理と名け、敢て顯敎に所謂眞如の體を云ふに是れ華天等の所談に超過する所なりと云ふも、華嚴の如きは其の言ふ所の如くなるも、天台の敎に至つては世間相常住なりと云へば、たとひ理を以て直ちに事と爲すとの蛇足の釋なきも、其の意は生滅の事相其のまゝに不生不滅の理體なること勿論なり。【法華玄義五上】に「念開二發一切法界一。願行事理自然和融。廻二入平等法界法一。」【法華文句八】に「理是眞如。眞如本淨。有佛無佛常不二變易一。故名レ理爲レ實。事是心意識等。起二淨不淨業一改轉不定。故名レ事爲レ權。」

ジリキ 自力 [術語] 他力の對。「タリキ」を見よ。

ジリキジン 自力信 [術語] 十三信相の一。

ジリキワウ 慈力王 [人名] 往昔慈力王十善を行ず、鬼神食なし、人皆戒を持するを以てなり、時に五夜叉來つて王に見ゆ、王身血を以て施して飽滿せしめ、而して願ず、若し我れ當來成佛の時は、汝をして法食を得しめ、先づ度せんと。即ち慈力王は今釋迦牟尼佛にして、五夜叉は今の五倶倫なり。【賢愚經二、慈力王血施緣品】梵 Maitrabala

ジリクミツ 事理俱密 [術語] 台密には法華を理秘密となし、兩部の大經を事理俱密と立て、東密には法華を顯敎と貶して其の理秘密たるを許さず。

ジリサンゼン 事理三千 [術語] 事造の三千と理具の三千なり。「リグ」を見よ。　一よ。

ジリニミツ 事理二密 [術語]「エミツ」を見

ジリフニ 事理不二 [術語]「フニ」を見よ。

ジリフシユウ 似立宗 [術語] 因明三支中の宗支に現量相違等の九過あり、其の九過の隨一を犯す宗支を似立宗と名く。【因明入正理論】に「雖二樂成立一由下與二現量等一相違上故名二似立宗一。」「サンジフサンクワ」を見よ。　「の略。

ジリホフカイ 事理法界 [術語] 事理無碍法界

ジリムゲホフカイ 事理無碍法界 [術語] 四法界の一。「ホフカイ」を見よ。

ジリリタ 自利利他 [術經] 聲聞緣覺の行を自利となし、諸佛菩薩の行を自利利他とす。【遺敎經】に「自利利人法皆具足。若我久住更無レ所レ益。」

ジリリタシンビヤウドウ 自利利他心平等 [術語] 自利と利他とが渾一せる心なり。【撰集鈔七】に「自利利他心平等。是即名三眞供二養佛一。」出據未レ詳。

ジリヤウ 寺領 [雜名] 寺院所屬の田畑山林なり。

ジリン 示輪 [術語] 三轉法輪の一。

ジリン 字輪 [術語] 輪は轉生の義、眞言一一の文字其の一字より多字を轉生すれば字輪と云ふ。【大日經疏十四】に「所謂字輪者。從二此輪一轉而生二諸字一也。輪是生義。如下從二阿字一一字一即轉中生四字上。謂阿𑖀是菩薩心。阿長𑖁是行。暗𑖀𑖽是成菩提。噁𑖀𑖾是大寂涅槃。噁長𑖁𑖾是方便。如二阿字者一。當レ知迦字亦五字。乃至佉等凡二十字。當レ知亦爾。」又「從二一𑖀字一轉二生多字一。故名爲レ輪也。」又、字輪とは阿字の菩提心の不動なるを云ふ。【大日經疏十四】に「又字輪者梵音云二阿𑖀刹𑖎𑖿𑖬囉𑖨輪一。阿刹囉是不動義。不動

者所謂是阿字菩提心也。如二毘盧遮那一住二菩提心體性一。種種示現普門利益。種種變現無量無邊雖三如レ是垂迹無二窮盡一能實二常住不動一。亦無二起滅相一。猶如下車輪雖二復運動無窮一而常中未中曾動搖上。由二不動一故能制二群動一而無二窮極一也。此阿字亦復如レ是。以二無上一故即無動無退。而生二一切字輪一轉無レ窮。是故名二不動輪一也。」

ジリンクワン　字輪觀　【術語】（アバラカキヤ）の五字輪を觀ずるなり。此の觀を亦法界體性三昧と名く。五字五大は法界の體性なればなり。又淨菩提心觀と名く。大日經に此の五字の實義を說て我是本不生等と云ふを、疏家之を釋して菩提の實義を判定すればなり。其の法は先づ吾心を圓明の月輪と觀じ、其の心月輪の上に此の字輪を布きて之を觀ず、是れ即ち自心本有の法界法門身の功德を觀顯するなり、若し別尊の時は部に應じて此中の一字を中心とし、彼の尊の小眞言を右繞して布く、都法の時は總じて五字を布くなり。

胎藏界五佛　　金剛界五佛

此の月輪を心上に安ずるに尊者多法を出だす、或は鏡を仰げる如くに平面に之を觀じ、或は鏡を竪つるが如く正面に之を觀じ、或は圓珠の如くに之を觀ずと。然るに諸軌に明かす所、多く仰いで之を觀ず。法華軌に如三秋月光明澄靜仰在二心中一と云ひ、無量壽軌に猶如三淨月仰在二心中一と云ひ、五字陀羅尼頌に右旋布二心月一如下以二水精珠一布中明鏡之上上と云ひ、建立軌に諦想心勝間圓明一肘、猶如二秋月主澄明仰在レ心と云ふ。是れ其の證なり。其の五字の色に就て亦多說あり、或は通じて黃金色と觀じ、或は通じて瑠璃盤の上に水精珠を並ぶる如しと觀じ（これ五字陀羅尼頌の意なり）、或は五字は即ち五方五大等の故に其部に隨ひて其の色を觀ずべしと即ち（ア）は地にして黃、（バ）は水にして白、（ラ）は火にして赤、（カ）は風にして黑、（キヤ）は空にして青又は雜色なり。【秘藏記四、行法肝要鈔中】

ジルキイングワ　自類因果　【術語】同類因等流果を云ふ。

ジロン　事論　【術語】差別の事相に論ずるを云ふ。【法華玄義六上】に「理論則同二如是一故不レ異。事論則有二機應一是故不レ一。」

ジロンシ　時論師　【流派】二十外道の一。「ゲダ

ジワク　事惑　【術語】二惑の一。

ジヰン　寺院　【術語】寺とは僧園の總名、院とは寺內の別舍なり、總別合稱して寺院と云ふ。印度に在ては祇園精舍を以て嚆矢とし、支那に在ては白馬寺を以て濫觴とし、吾朝に在ては向原寺を以て創始とす。「ジ」參照。

寺院三門　【名數】「サンモン」を見よ。

ジヱダイシ　慈慧大師　【人名】名は良源、慈慧は其の謚號、天元四年大僧正に任じ、延曆寺十八代の座主なり。一實神道を擴張し、官僧の俑を作り、一山の風儀を更革せし人なり、其の臨終の遺偈の如き之より殊勝なるはなし。曰く、身在二病床一心在レ如。世無二遺恨一室無レ儲。既知此界因緣盡。唯念二西方一不レ念レ餘。⊙（十訓抄四）「慈慧僧正を濫行肉食の人たるよし、無實を申しつけたり」

ジン　尋　【術語】「ジンシ」を見よ。

ジン　荏　【人名】古聖王の名と云ふ。【增一阿含經四十七】に「聖王名荏。」【經註】に「荏晉言二大畇一音如錦反。」

ジンエウリン　刄葉林　【術語】又劍葉林と云ふ。十六遊增地獄中鉾刄增三種林の一。「ヂゴク」を見よ。

ジンオウ　深奧　【術語】深妙秘奧なり。大品經に深奧品あり、【智度論七十四】に「深奧處者。空是其義。」【南本涅槃經九】に「譬如三良醫子所レ知深奧出二過諸醫一。」

ジンカウ　深坑　【術語】深奧の坑穴、一たび墮すれば終に出づること能はず、以て二乘の涅槃を證する者及び斷善根の人に譬ふ。【華嚴經如來出現品】に「佛子。如來智慧大藥樹王。唯於二二處一不レ能レ爲レ作二生長利益一。所レ謂二乘墮二無爲廣大深坑一。及壞二善根一非器衆生溺二大邪見貪愛之水一。」

ジンカウジヤウ　尋香城　【雜語】「ケンダツバジヤウ」を見よ。

ジンキヤウ　深經　【術語】諸法實相の深理を說く諸大乘經を通稱す。【維摩經法供養品】に「諸佛所說深經。」【註】に「什曰。以二實相印一封二此經一。則爲二深經一也。生曰。深經者。佛說二實相法一。」

ジンキヤウ　神境　【術語】神境智證通の略。

ジンキヤウチシヨウツウ　神境智證通　【術語】五通六通十通の一。「ツウ」を見よ。

ジンキヤウツウ　神境通　【術語】神境智證通の略。

ジンギコウ　神祇講　【行事】鎮守の神前に於て閏月に之を行ふ。密行あり。先づ傳供、次に相四智

梵、次に心略梵、次に迦毘羅衛、總禮三段、唄は云何、散華は大日、終に心經の奥の陀羅尼二十一偏。【請勸拾葉集】

ジンギヤウ　深行　〔術語〕深秘の行業なり。初地已上の行業を云ふ。【金光明經一】に「十方諸佛世尊深行菩薩之所ニ護持ー。」

ジンギヤウアジヤリ　深行阿闍梨　〔術語〕初地已上諦理を證悟して大日如來と其の位を同じくする阿闍梨を稱す。【大日經疏三】に「若同ニ毘盧遮那智業圓滿ー。是名ニ深行阿闍梨ー也。」【演密鈔五】に「若同ニ毘盧遮那智業圓滿ー者。智即是觀ニ自身ー爲ニ大日身業ー。即觀ニ自身ー同ニ薩埵ー。若如レ是者。乃名ニ深行阿闍梨ー也。」此に十重の深行あり。

ジンクダウ　盡苦道　〔術語〕二乘の法即ち四諦十二因緣の觀行以て生死の苦を斷盡する道を云ふ。【法華經方便品】に「是故舍利弗。我爲設ニ方便ー。說ニ諸盡苦道ー。示レ之以ニ涅槃ー。」

ジンクワウ　神光　〔術語〕諸佛の光明は神變不測なれば神光と稱す。【讃阿彌陀佛偈】に「神光離レ相不レ可レ名。故佛又號ニ無稱光ー。」【止觀一之二】に「彌陀佛放ニ神光ー現ニ月蓋門ー。」

ジンヅウクワウ　神通光　〔術語〕佛の一尋の常光に對して、故らに神通力を以て大光明を放つを神通光と名く。【莊嚴經頌】に「爾時彼佛無量壽。化ニ導他方菩薩心ー。密以ニ神通ー化ニ大光ー。」

ジングウジ　神宮寺　〔寺名〕寺院の境内に神祇を祭りて鎭守と通稱するに對し神社の地中に佛菩薩の堂宇を安置して之を神宮寺と總稱す。

ジンケウキヤウ　甚希有經　〔經名〕一卷、唐の玄奘譯。是れ無上依經の校量造佛功德品第一と附屬品第七の別譯なり。【宙帙七】(261)

ジンゲン　深玄　〔術語〕黑色を云ふ。【大日經疏六】に「黑謂如來壽量常住之身。如レ是妙身畢竟無像。故作ニ深玄色ー。」其の形は八角なり。【不思議疏下】に「深玄者八角場也。即是蓮華場也。」

ジンコクウカイ　盡虛空界　〔術語〕竪に約して盡未來際と云ひ、横に就きて盡虛空界と云ふ。物の際限なきを顯はす佛門の套語なり。

ジンゴジ　神護寺　〔寺名〕山城國葛野郡高雄山にあり、初め高雄寺と稱す、その創始を知らず、後延曆年中和氣淸麿河内に一字を創し神願寺と稱し、後天長元年和氣仲世等奏請して神願寺を此の地に移し更に之を營造し、翌二年勅して空海に住持せしめ、尋で神護國祚眞言寺と改稱し勅願所となる。仁安元年佾文覺其の荒廢を慨し之を再興せんとす、有名の勸進帳是なり、遂に源賴朝公を檀越として之を再興せり。

ジンザウ　深藏　〔術語〕諸法實相の深理を詮はす大乘修多羅藏を總稱す。【安樂集上】に「大乘深藏名義塵沙。」

ジンシ　尋伺　〔術語〕舊に是覺と云ひ、新に尋伺と云ふ。不定法中の二種の心所なり。「シチジフゴホフ」を見よ。

ジンシチニチ　盡七日　〔雜語〕七七の終のこと。

ジンシフコンゴウ　迅執金剛　〔天名〕十九執金剛の一。「コンガウ」參照。

ジンシヤダイシヤウ　深沙大將　〔天名〕譯語未レ詳。儀軌一卷あり。天上、虛空、下地の三使者を有して一切の所願を成就せしむ。軌中各其の印明を說くも其の形相種子三形を說かず。

(深沙大將の圖)

ジンシヤダイシヤウギキ　深沙大將儀軌　〔經名〕一卷、唐の不空譯。【餘帙二】

ジンシロゼツ　尋思路絕　〔雜語〕思慮分別を超越すること。【唯識論十】に「本來自性淸淨涅槃。謂一切法相眞如理。乃至離ニ一切相一切分別ー。尋思路絕。名言道斷。唯眞聖者自內所證。」◉(新千載)「いかにして言ひあらはさん法の道とにもかくにも違ふ言の葉」

ジンシン　深心　〔術語〕三心の一。法を求むる心の深重なるを深心と云ひ、又深高の佛果を求むる心を深心と云ひ、又深因に德を種へて抜き難きを深心と云ふ。【觀無量壽經】に「二者深心。」【淨影疏】に「求心慇重。故曰ニ深心ー。」【天台疏】に「深者佛果深高。以レ心往求。故曰ニ深心ー。」【維摩經佛國品】に「深心即是淨土。」【註】に「肇曰。樹ニ心衆德深固ー。故難レ拔。深心也。」【同菩薩品】に「深心即是道場。增ニ長功德ー故。」図 凡夫迷の深固なるを云ふ。【法華經方便品】に「知ニ諸衆生有ニ種種欲深心所著ー。隨ニ其本性ー以ニ種種因緣乃至方便力ー故而爲說レ法。」

ジンシン　深信　〔術語〕深固の心を以て法を信ずるを云ふ。【維摩經佛國品】に「深信堅固。猶如ニ金剛ー。」【敎行信證信卷】に「深心即是深信。深信即是堅固深信。」

ジンジフハウ　盡十方　〔術語〕十方の法界を盡くして餘すとなきを云ふ。【願生偈】に「世尊我一心。歸二命盡十方無礙光如來一。願レ生二安樂國一。」

ジンジヤウ　深淨　〔術語〕甚深に淸淨なるを云ふ。【法華經方便品】に「我聞二聖弟子深淨微妙音一。喜稱二南無佛一。」

ジンジヤウコユ　盡淨虛融　〔術語〕般若經の所說を云ふ。彼の經は專ら諸法皆空の實相を明かして一法を殘さず、悉く皆是れ空なりと說くが故に盡淨と云ふ。盡とは悉皆の義、淨とは眞空の意なり。眞空の中一切の情執を留めざる是れ淸淨の義なり。虛融とは諸法旣に眞空にして自性なければ虛通融鎔して同一如なるを云ふ。是れ一代五時中第四時の說法にして、以て二乘の法執を遣蕩し、終に法華の中道實相に入らしむる漸階とするなり。【法華玄義十之一】に「般若論レ通則三人同入。論レ別則菩薩獨進。廣歷二陰入一盡淨虛融。亦不レ明二其意出意一。」

ジンジヤウネンブツ　尋常念佛　〔術語〕別時法の念佛に揀別して行住坐臥の四威儀を擇ばず晝夜不斷の念佛を尋常念佛と稱す。

ジンジユヤク　盡壽藥　〔飮食〕四藥の一。

ジンジン　甚深　〔術語〕法の幽妙なるを深と云ひ深の極を甚と云ふ。【法華經方便品】に「諸佛智慧。甚深無量。」又「成二就甚深未曾有法一。隨レ宜所レ說。意趣難レ解。」【探玄記十一】に「超レ情曰レ深。深極曰レ甚。」

五種甚深　〔名數〕一に義甚深、如來所證の種智性の義微妙不可思議なるを云ふ。二に實體甚深、如來所證の實相の理體不空不有非如非異にして不可思議なるを云ふ。三に內證甚深、如來所得の一切智は甚深無量にして其の智慧門の難解難入なるを云ふ。四に依止甚深、如來所證の眞如の法體一切處に偏し、無染無淨不變不遷不即不離なるを云ふ。五に無上甚深、如來の所證は無上菩提にして一切の聲聞辟支等の思議する能はざる所なるを云ふ。【法華論上】

ジンジンダイヱカウキヤウ　甚深大廻向經　〔經名〕一卷、失譯。明天菩薩、云何か少しく善本を修して大果を獲るやを問ふ、佛答ふるに三世諸佛所修の慈悲の身口意行を修すべきを以てし、因て十善戒を說く。【宙帙八】(471)

ジンゼニヨシン　盡是女身　〔雜語〕聞法の功德によりて女身を捨離すること。【法華經藥王品】に「若有二女人一聞二是藥王菩薩本事品一。能受持者。盡二是女身一後不二復受一。」⊙(新勅撰)「まれらなる法を聞つる道しあればうきを限りと思ぬる哉」

ジンゼンヂヤウ　深禪定　〔術語〕深妙の禪定なり。禪定に種種あり。先づ世間禪に總じて未至中間四禪四無色の十種あり、上地の禪を下地に望めて深禪定と云ふ。又出世の無漏禪に就て種種淺深の不同あり。「ゼン」を見よ。

ジンゼンヂヤウラク　深禪定樂　〔術語〕禪定にして樂受と相應するは四禪中下の三禪なり、其の中第三禪は離喜妙樂と稱して身心共に純一妙樂なり、之を禪定樂の最第一とす。【法華經化城喩品】に大梵天の佛を讚する偈に「我等所二往來一。五百萬億國。捨二深禪定樂一。爲レ供二養佛一故。」

ジンソウヂ　深總持　〔術語〕深妙の總持なり、梵語陀羅尼、Dhāraṇī 總持と譯す、四種あり。「ソウヂ」を見よ。

ジンソク　神足　〔術語〕神足通なり。又神境智證通、略して神境通と云ふ。五通の一なり。「ツウ」を見よ。

ジンソクグワツ　神足月　〔術語〕又神變月と云ふ。正五九の三長齋月の異名なり。此の月は諸天神足を以て四天下を巡行すれば神足月或は神變月と云ふ。【雜阿含經四十】に「於二月八日十四日十五日及神變月一受戒布薩。」【同四十一】に「汝等諸瞿曇於二法齋日及神足月一受二持齋戒一修二功德一不。」【智度論十三】に「六日神足月。受二持淸淨戒一。」【不空羂索神變眞言經】に「修二此法一者。當二于十方一切諸佛神通月一修。所謂正月五月九月白月一日至二十五日一。」「サンチヤウサイグワツ」を見よ。

ジンタツザイフクサウ　深達罪福相　〔術語〕【法華經提婆品偈】に「深達二罪福相一。偏照二於十方一。」罪福とは十界迷悟の法なり、六道流轉の衆生を罪相と云ひ、四聖斷惑の聖者を福相と云ふ。依て十界の作業迷悟の根源に達するを深遠罪福相と云ふ。

ジンチ　盡智　〔術語〕俱舍論所說十智の第九。「チ」を見よ。

ジンチ　深智　〔術語〕深高の智慧なり。【法炬陀羅尼經二十】に「深智方便。開二顯法藏一。」

ジンチキヤウ　盡智經　〔書名〕盡智の事を詳說す。中阿含經十。【辰帙五】

ジンヂウレウ　淨頭寮　〔堂塔〕淨頭の寮舍なり。【象器箋二】

ジンヂヤウ　晨朝　〔雜語〕一日を三時に分ち第一を晨朝と云ふ。而して晨朝には各其の本堂に於て晨朝の勤行を修すれば直に其の勤行を指して晨朝と稱す、是れ六釋中有財釋なり。

ジンヂヤウニチモツクワンギヤウ　晨朝日沒觀行　〔行事〕天台宗の常作法、朝懺法夕例時

の勸行を云ふ。

ジンヂヤクオゴヨク 深著於五欲 〔雜語〕 五欲に沈没すること。【法華經方便品偈】に「深著二於五欲一。如二犛牛愛一レ尾。以二貪愛一自蔽。盲宜無二所見一。」⊙(山家集)「こりもせず浮世の闇に迷ふ哉身を思はぬは心なりけり」

ジンヅウ 神通 〔術語〕 神とは不測の義、通とは無碍の義、測るべからざる無碍の力用を神通又は通力と云ふ。是れ五種通の一にして之に五通、六通、十通の別あり。【法華經序品】に「此瑞神通之相。」【大乘義章二十本】に「神通者就レ名彰レ名。所爲神異目レ之爲レ神。作用無レ擁謂レ之爲レ通。」「ツウ」を見よ。

十種神通 〔名數〕 一に出生念宿命方便智通、過去際を知る方便を出生する智通なり。是れ總の宿命通なり。二に出生無碍天耳智通、十方の音聲を聞く無碍の天耳の方便を出生する智通なり。是れ上の天耳通なり。三に出生智一切衆生不可思議心心數法方便智通、一切の不可思議の心心所の法を知る方便を出生する智通なり。是れ上の他心通なり。四に出生無碍天眼觀察衆生方便智通、無礙の天眼を以て衆生を觀察する方便を出生する智通なり。是れ上の天眼通なり。五に出生不可思議自在神力示現衆生方便智通、不可思議の自在神力を衆生に對して示現する方便を出生する智通なり。六に出生一身示現不可思議世界方便智通力、一身より不可思議の世界を示現する方便を出生する智通なり。七に出生於一念中往詣不可說世界方便智通、一念の中に於て不可說の佛刹に往詣する方便を出生する智通なり。八に出生不可思議莊嚴具莊嚴一切世界方便智通力、不可思議の莊嚴具を以て一切世界を莊嚴する方便を出生する智通なり。九に出生不可說化身示現衆生方便智通、衆生に對して不可說の化身を示現する方便を出生する智通なり。十に出生不可說世界成阿耨多羅三藐三菩提不可思議示現衆生方便智通、衆生に對して不可說の世界に於て不可思議の等正覺を示現する方便を出生する智通なり。是れ上の漏盡通なり。【晉華嚴三十八、探玄記十七】又、【法華玄義六之二】に華嚴の十種變化を以て十通となす。「ヘンゲ」を見よ。

ジンヅウキドク 神通奇特 〔術語〕 三種奇特の一。「キドク」を見よ。

ジンヅウキヤウ 神通經 〔經名〕 大乘不思議神通境界經の略名。【宙帙二】

ジンヅウグワツ 神通月 〔術語〕 又、神變月、神足月、三長齋月なり。「ジンソクグワツ」を見よ。

ジンヅウザウ 神通藏 〔術語〕 千手陀羅尼經所說十藏の一。

ジンヅウジヨウ 神通乘 〔術語〕 眞言教を稱す。是れ如來神變の加持力に依て說きし乘教なれば神通乘と云ふ。又神通力に乘ずれば直に所至の處に到れば以て眞言乘の速疾成佛に譬ふるなり。【金剛頂經】に「一切如來平等智神境通無上大乘。」【大日經疏一】に「大品經云。或有下菩薩初發心時即登二菩薩位一得中不退轉上。或有下初發心時即得二無上菩提一便轉中法輪上。龍樹以爲如二人遠行。乘レ羊去者久之乃到、乘レ馬則差速。若乘二神通一人於二發意頃一便至二所詣。不レ得レ言二發意間云何得一レ到。神通爾。不レ應レ生レ疑。則此經深旨也。」又「所謂淸淨句者。即是頓覺成佛神通乘也。」【同二】に「如二餘教中菩薩。行二方便對治道。次第漸除二心垢一。經二無量阿僧祇劫一或有下得レ至二菩提一或不上レ至者上。今此教諸菩薩則不レ如レ是。直以二眞言一爲レ乘。超二入淨菩提心門一。若見二此心明道一時。諸菩薩無數劫中所修福德自然具足。譬如下有レ人以二舟車一跋涉經二險難惡道一得レ達二五百由旬一。更有二一人一直乘二神通一飛レ空而度。其所二經過一及至到之處雖二則無一レ異而所乘法有上レ殊。」

ジンヅウシツチ 神通悉地智 〔術語〕 五種「悉地智の一。

ジンヅウニヨイ 神通如意 〔術語〕 六神通の中の神境通を又心如意通と名く。即ち意の如く自在を得る通力なればなり。【觀無量壽經】に「阿彌陀佛。神通如意。於二十方國一變現自在。」⊙(三玉集)「心もて夢に出たつ足引の山の幾重をゆき歸るらん」

ジンヅウメウ 神通妙 〔術語〕 十妙の一。

ジンヅウユゲキヤウ 神通遊戲經 〔經名〕 大莊嚴經の異名。

ジンヅウリキ 神通力 〔術語〕 【唐華嚴經一】に「如來自在神通之力。」「ジンヅウ」を見よ。

ジンヅウリン 神通輪 〔術語〕 三輪の一。

ジンニフ 深入 〔術語〕 梵語、尼延底、深入と譯す。貪の別名なり。貪能く所欲の境に深入し、又能く自心に深入すれば深入と名く。【法華經壽量品】に「毒氣深入失二本心一故。於二此好色香藥一而謂レ不レ美。」【名義集六】に「尼延底。此云二深入。貪之異名。樂著爲レ貪。」

ジンニフゼンヂヤウ 深入禪定 〔雜語〕 深く禪定に入ること。【法華經安樂行品偈】に「又見自身在二山林中一修二習善法一證二諸實相一深入二禪定一見二十方佛。」⊙(續千載)「しづかなる庵をしめて入りぬれば一かたならぬ光をぞ見る」

ジンバウ 深防 〔術語〕 律の制戒に深防と限分との二法あり。「ゲンブン」を見よ。

ジンバラ 入嚩羅 〔雜語〕 Jvāla 譯、光明。又、燄光、「對す。【大日經疏九】

ジンピ 深秘 〔術語〕 深奧秘妙なり。淺畧の稱に

ジンピアジヤリ 深秘阿闍梨 〔術語〕 大日如來を稱し、又は大日如來より灌頂を受けし者を稱す。【大日經疏三】に「乃至毘盧遮那以二本願一故。住二於加持世界一。普現二悲生曼荼羅一。是名二深秘阿闍梨一。」【同十五】に「當レ知此中蒙二佛灌頂一者。爲二深秘之佛一。蒙二世間人師之所一レ授者。爲二顯略阿闍梨一也。」

ジンピシ 深秘師 〔術語〕 深秘阿闍梨なり。

ジンピシヤク 深秘釋 〔術語〕 密敎四種釋の一。

ジンブン 神分 〔術語〕 【說法明眼論】に「若し佛菩薩の像を供養せば開眼を以て始とし、若し法寶を讃嘆せば神分を以て初とす。」神分とは法事の初に五類の諸天雨神に對して般若心經一卷を誦するを云ふ。是れ一は惡魔邪鬼を除却し、一は善神の擁護を請ふ爲めなり。其の神分の文に「抑日來之間。降二臨道場一。所ノ二隨喜一善根。天神地祇重奉テル二法樂莊嚴一。威光陪增シ玉へ。」考信錄四引用次に總神分般若心經一卷なり。【明眼論】に「問ふ何か故ぞ神分に唯だ般若を用ふるや。答ふ、設ひ何の經を用ゐるも、別して一經を指さば此の難定めて來るべし、中に就て般若經を用ふるに深意あり、其の深意とは第六天の魔王三界の衆生の數滅するを嘆じて種種の方便を廻らして衆生をして六道に輪廻せしめんと擬す、故に人善心を發して佛事を修すれば必らず三界を出づべし、三界を出づれば必らず其の數滅すべし、是れを以て佛事を修する所に於て其の障碍を成す。如來此の事を悲んで心經に於て眼耳鼻舌身意なしと說き、色聲香味觸法なしと說く。魔民此の說を聞く時、深く禁忌を成して念言す、佛陀が六根六境六識なしと說く、而して佛は是れ三達の大聖不妄語の眞人なり、如來十八界なしと說く我れ等何物をか妨障せんと。是の念を作す時、魔王の三業柔和にして退て本宮に還る、此の時善神は歡喜して法味を聽受し、施主を守護するなり。

五種神分 〔名數〕 【明眼論】に「一に勸請神分、必ず須く權實の諸神を勸請すべきが故なり。二に除障神分、守護神の念力に依て天魔の障碍を除くべきが故なり。三に顯本神分、修善の力に依て本地を顯はし威光を倍增するが故なり。四に和合神分、本迹の和合に依て二世の悉地を滿足すべきが故なり。五に供養神分、上の四種に依て諸天龍神等をして歡喜せしめ供養禮拜讃嘆するが故なり。」

神文表白 〔儀式〕 神分已て次に住持の三寶に對して表白文を讀むなり、其の表白に六事あり、一は先づ修善の體を讃し、二は施主の意を嘆じ、三は聖靈の菩提を成ずるを願じ、四は聽衆の願成就するを願じ、五は所修の善根を法界の衆生に廻向することを言ひ、六は終に諸天威光を增すを請ふなり。

神文表白願文 〔雜名〕 願文の有無時に隨ふ、若し願文あらば表白已りて後に之を讀むなり、其の願文は施主の意に隨つて之を製するなり。【明眼論】

ジンペン 神變 〔術語〕 神とは天心に名け、天然の內慧なり。又神とは陰陽不測の義なり、又神とは妙用無方の義なり。變とは變動の義、又常の事を改むる義、又變略の義なり、天然の內慧を以て外に不測無方の變動改異を示視するを神通と云ふ。是れ五通六通十通の中の神境通なり。【法華文句三之一】に「神變者神內也。變外也。神名二天心一。即是天然內慧。變名二變動一。即是六瑞外彰。」【法華義疏三】に「神變者。陰陽不測爲レ神。改二常之事一爲レ變。」【法華玄賛二】に「妙用無方曰レ神。神通變異曰レ變。」

三種神變 〔名數〕 一に說法神變、如來無碍の大智、諸の衆生の善惡の業因及び善惡の果報を知り之に應じて說法を爲すを說法神變と名く。二に敎誡神變、如來諸の弟子に對して是の法應に作すべし、是の法應に作すべからず、是の道は聲聞乘を得、是の道は緣覺乘を得、是の道は大乘を得と敎誡するを敎誡神變と名く。三に神通神變、如來憍慢の衆生を調伏せんが爲に種種の神通を現ずるを神通神變と名く。【大寶積經八十六】是れ總じて佛の三業を神變となすなり。【法華文句三之一】に「若通釋者。如二大寶積經一。一切諸法皆名二神變一。」【輔行一之二】に「又神變者非二但身輪一。一切語言及善巧皆名二神變一。」

佛現十種神變伏伽葉 〔故事〕 一に毒龍不中、二に龍火不燒、佛迦葉の窟に入る、赤龍ありて火を放つ、佛毒龍を收め鉢の內に住せしめて迦葉の所に至る。三、恒水不溺、恒水卒に至る、迦葉佛の水に溺れんことを恐れ弟子をして往て見しむ、水足を沒せず水上に在て行く。四に三方取菓、迦葉請じて住せしめ、三月供養す、時至つて佛に食を請ふ。佛便ち閻浮提に往て閻浮果を取り、次に東弗婆提に往て毘梨勒果を取り、次に瞿耶尼に往て呵梨勒果を取る。五に北取粳糧、佛又欝單

越に往て自然の粳糧を取る。六に忉利取甘露、佛又忉利天に往て甘露を取る。七に知念隱去、迦葉念ず、火祠せんと欲す、諸天貴臣來ることあり、瞿曇端正なり、若し人見れば我をして利を失はしめん、若し明日來らずんば則ち大幸なりと、佛知り已て且つ北方に往き粳糧を取り、瞿耶尼に往き乳汁を取り、阿耨達池に往て食し、暮に石窟の中に還る、迦葉問ふ、昨何ぞ來らざる、佛言く、我れ汝が心を知る故に來らずと、具さに前事を說く。八に知念現來、又四天王來て法を聞くに因て夜光明あり、明日佛に問ふ。佛具に說く。次に帝釋梵王來る亦た爾り、迦葉問ふ、能く我が祖父をして來て法を聽かしむるや否や。佛便ち之を念じて來らしむ。九に火不燃火不滅、迦葉火祠を作さんと欲するに火燃えず、迦葉佛に問ふ、佛言く、燃ゆるを得んと欲するやと、火便ち燃ゆ、又滅せんと欲して滅せず、前の如く佛に問ふて便ち滅す。十に斧不擧不下、又火祠を作さんと欲し五百の弟子薪を破らんと欲するに斧を擧ぐるに下すを得ず、迦葉佛に問ふ、佛言く、下すことを得んと欲するやと即ち下る、下りて又擧らず、前の如く、佛に請て便ち擧がる。【法華文句一之二】

ジンペンカヂ　神變加持　〔修法〕此の神變の加持力に依て衆生益を蒙るを得るなり。佛の神變を以て法を加持するを云ふ。【大日經疏一】に「神變加持者。舊譯或云二神力所持一。或云二佛所護念一。乃至爾時世尊往昔大悲願故而作二是念一。若我但住レ如二是境界一則諸有情不レ能下以二是蒙一レ益。是故住二於自在神力加持三昧一普爲二一切衆生一示二種種諸趣所喜見身一。說二種種性欲所宜聞法一。隨二種種心行一開二觀照門一。」

ジンペンキヤウ　神變經　〔經名〕大毘盧遮那成佛神變加持經の畧名。即ち大日經なり。

ジンペングワツ　神變月　〔術語〕又神足月と云ふ。「ジンソクグワツ」を見よ。

ジンペンジダウ　神變示導　〔術語〕三種示導の一。「ヲヅヌ」に同じ。

ジンペンダイボサツ　神變大菩薩　「エンノ

ジンペンリン　神變輪　〔術語〕三輪の一。

ジンホフ　深法　〔術語〕甚深微妙の法なり。諸法實相は深法の極なり。【法華經序品】に「世尊在二大衆一敷二演深法義一。」【無量壽經下】に「聞二深法一歡喜信樂。」

ジンボフニン　深法忍　〔術語〕甚深の法忍なり、法忍に三忍五忍十忍等種種淺深差別あり。【無量壽經上】に「其聞レ音者。得二深法忍一。住二不退轉一。」又「心以レ法緣一切皆得二甚深法忍一住二不退轉一。」「ニン」を見よ。

ジンボフモン　深法門　〔術語〕諸法の深義は無量の門あり、深法力と云ふ。【無量壽經下偈】に「究二達神通慧一遊二入深法門一。具二足功德藏一。妙智無二等倫一。」

ジンマシヤナ　深摩舍那　〔雜名〕譯、棄死屍處。即ち尸陀林なり。【毘那耶雜事十四】に「於二一切時一。常用二深摩舍那處鉢一。」【註】に「謂是棄二死屍一處。舊言二尸陀一者訛也。」「シダリン」を見よ。梵Śītavana又Smāśāna

ジンミツキヤウ　深密經　〔經名〕解深密經の略。

ジンミツゲダツキヤウ　深密解脫經　〔書名〕五卷、元魏の菩提流支譯。解深密經の舊譯なり。【黃帙八】(246)

ジンミライザイ　盡未來際　〔術語〕法の永きを示さん爲め未來際を假說するなり、過去は極際なき如く未來亦際底あることなきなり。【心地觀經四】に「當下證二無上菩提果一盡未來際常不レ滅。能度二衆生一作中歸依上。」

ジンムシヤウチ　盡無生智　〔術語〕俱舍論所說十智中の盡智無生智の二なり。【俱舍論廿五】に「盡無生智說名爲レ覺。」「チ」を見よ。

ジンメウ　深妙　〔術語〕甚深微妙なり。【法華經方便品偈】に「於二諸無量佛一。不レ行二深妙道一。」又「無量諸佛所。而行二深妙道一。」

ジンリ　深理　〔術語〕深妙の眞理なり。【唯識論一】に「唯識深妙理中得二如實解一。」【天台觀經疏】に「亦從二深理一生。」

ジンリキ　神力　〔術語〕又、神通力と云ふ。神は妙用不測の義、通は通融自在の義、力は力用の義、不測の妙力變、融通自在なるを云ふ。是れ定慧に在ては定力所生にして慧に屬し、如來の四智五智に在ては成所作智に屬す。【法華經序品偈】に「諸佛神力、智慧希有。」「ツウ」參照。

二種神力　〔名數〕一に令遠處見聞神力、佛一處に在て說法し神通力を以て他方異土の衆生をして皆見聞せしむるを云ふ。二に令各各見佛神力、佛一處に在りて說法し、能く一一の衆生をして各自ら佛前に在りて說法すと見しむること、日出でて影の衆水に現ずる如きを云ふ。【智度論九】図一に現身面言說神力、初地の菩薩佛の神力に住して大乘照明三昧に入る、是の三昧に入り已て十方世界の一切諸佛神通力を以て爲めに一切身を現じてまのあたり說法するを云ふ。二に以手灌頂神力、初地の菩薩三昧神力を得、千劫に於て善根を積集し、成就する所、次第に諸地に入り乃ち第十法雲地に至りて大蓮華微妙宮殿に住し、大蓮華寶師子座に坐し、衆寶瓔珞其の身を莊嚴すると、黃金鷹

葡日月光明の如し、是の時一切如來十方より來りて大蓮華宮殿の座上に就て手づから甘露を以て其の頂に灌ぐを云ふ。【楞伽經二】

三種神力 【名數】「ツウ」を見よ。

十神力 【名數】一に吐舌相、經に「現二大神力一。出二廣長舌一。上至二梵世一。」と、長舌は不妄語の報なり、故に法華經の迹門の開權顯實、本門の開迹顯遠の所說眞實にして虛妄ならざるを表して廣長舌を出すなり。二に通身毛孔放光照十方、經に「一切毛孔放二無量無數色光一。皆悉遍照二十方世界一」と。是れ佛慧の究竟を表するなり、初め序品の中に於て白毫光を放ちて東の一方を照らすは七方便の人初めて一理を見るを表するのみ、今本門既に竟て一切の光を放ちて一切の土を照すは能く初因を終へ佛慧を究竟せしむればなり。三に謦欬、經に「然後還攝二舌相一一時謦欬」と。謦欬は「せきばらひ」なり、將に語らんとする時の狀なり。又通暢の相なり。本迹二門の敎通暢するを表するなり、四十餘年眞實を秘隱せり、今伸暢することを得て遺滯あることなし、是れ我が出世の大事通暢す、故に謦欬するなり。又此の法を以て諸菩薩に付して後世の衆生を導利せしめんと欲し、將に之れを語らんとす、是の故に謦欬するなり。四に彈指、經に「俱共彈指」と。是れ隨喜を表するなり。天竺の國俗に歡喜する時彈指すと云ふ。今は七方便人の同じく圓道に入るを隨喜し、圓道を得て智を增し、生を損するを隨喜し、諸菩薩の眞淨の大法を受持するを隨喜し、後世に無上の寶を得んことを隨喜するなり。五に地六種動、經に「是二音聲徧至二十方諸佛世界一。地皆六種震動」と、是れ住行向地等妙の六位に無明を動かすを表するなり。六に普見大會、經に「其中衆生天龍。乃至諸四衆恭二敬圍三繞釋迦牟尼佛一。既見レ是已皆大歡喜」と、是れ諸佛の道同じきを表するなり、七に空中唱聲、經に「即時諸天於二虛空中一。高聲唱言。乃至名二妙法蓮華經一。菩薩諸佛所護念。汝等當二深心隨喜一」と、是れ未來に此の敎法の流通せらるるを表するなり、即ち四一の中の敎一なり。八に南無釋迦牟尼、經に「彼諸衆生聞二虛空中聲一。已合掌向二娑婆世界一。作二如レ是言一。南無釋迦牟尼佛」と。是れ一は佛弟子なるを示して四一の中の人一を表し、一は未來に人一あるを表するなり。九に遙散諸物、經に「以二種種華香乃至珍寶妙物一。皆共遙散二娑婆世界一。所レ散諸物譬如二雲集一變成二寶帳一徧覆二世間諸佛土一」と、是れ檀波羅蜜にして未來に行一あるを表するなり。十に十方通同、經に「于レ時十方世界通達無礙。如二一佛土一」と、是れ未來の理一を表するなり。【法華經如來神力品】問ふ、何を以てか十相は現意を表し、復た將來の意を表するを知るや。答ふ、次下の文に我以二是神力一於二無量無邊百千萬億阿僧祇劫一爲二囑累一故說二此經功德一」と、現を表し將を表とすること其の義明かなり。【法華文句十之二】

十神力無礙用 【名數】一に多世界置一塵無礙用。二に一塵現二多佛刹一無礙用。三に衆海水置二一毛孔一往二返十方一不レ嬈二衆生一無礙用。四に多世界內自身中示二現一切神通一無礙用。五に一毛繫二多金剛山一持行二十方一令二衆不一レ怖無礙用。六に多劫作二一劫一力作二多劫一示二現成壞差別一無礙用。七に多世界現二四大變壞一不レ惱二衆生一無礙用。八に多世界三災壞時不レ損二衆生一無礙用。九に一手持二多世界一擲二於界外一不レ驚二衆生一無礙用。十に說三一切刹同二虛空一令二衆生悟解一無礙用。【華嚴經】

ジンリキシヨヂ 神力所持 【修法】「ジンベンカヂ」を見よ。

ジンリキフゾクソウジヨウ 神力付囑相承 【術語】日蓮宗の內相承なり。法華經本門の內證相承にして、中間の師を數へず、釋迦佛、上行菩薩、日蓮と數ふ。

ジンリキボン 神力品 【經名】如來神力品の略。

ジンリヤウ 深量 【雜語】深高の分量なり。【唐華嚴經廿一】に「見二無量佛一起二深量信一。」【淨影大經疏上】に「捨レ凡成レ聖荷レ恩深量。」

ジンヰ 深位 【雜語】深高の位次なり。

す

スウソウ 雛僧 【雜名】稚き僧のこと。

スエウ 樞要 【書名】唯識論樞要のこと。

スカウ 速香 【物名】速かに燃ゆる下等の香。

スギフリフ 椙生流 【流派】慧心四流の一。源信より四傳して皇覺に至り、その後系を椙生流と稱す。

スギヤウザ 修行者 【雜語】修行者の音便。「シユギヤウジヤ」を見よ。

スクエウ 宿曜 【術語】「シヤウシユク」を見よ。

スクセ 宿世 【術語】「シユクセ」を見よ。◉(源氏、若紫)「この思ひ置きつる宿世違はば」「ウ」を見よ。

スクヰン 宿院 【堂塔】宿坊に同じ。「シユクバ

スケ 出家 【雜語】「シユツケ」を見よ。

スコシハムニゾクス 少在屬無 【雜語】「セ

ウザイゾクム」を見よ。

スジヤウ　衆生　〔雜名〕「シユジヤウ」を見よ。

スジヤウ　種性　〔雜語〕「シユシヤウ」を見よ。

スズカケ　篠懸　〔衣服〕又、鈴繫、山伏の法衣に二種あり、入峰の修行者が着する赤色無紋の衣を柿衣と云ひ、出峰の化導者が着する黒色の衣をスズカケと云ふ。先達は黄色を用ゐ、勅許を得れば紫を用ふ。【資道什物記上】⦿（曲、安宅）「旅の衣は篠懸の」

スソウ　衆僧　〔雜語〕「シユソウ」を見よ。

スソククワン　數息觀　〔雜語〕五停心觀の一。出入の息を數へて心想の散亂を停止する觀法。梵名、阿那波那。「アナハナ」を見よ。

スダ　須陀　〔術語〕新稱、戍陀羅 Śūdra 舊稱、首陀。天竺四姓の最下姓。【西域記二】に「四曰二戍陀羅一。農人也。舊曰二首陀一訛也。」⦿（十訓抄）「せつりもすだも」

スダオン　須陀洹　〔術語〕新稱、窣路多阿半那 Srota-āpanna 小乘四果の初果。「シカウ」「シクワ」を見よ。

須陀洹向　〔術語〕須陀洹に因果の一一位を分ち、見道の初心より第十五心に至る間須陀洹果に向ふ因位を須陀洹向と稱す。

須陀洹果　〔術語〕見道の終り即ち第十六心の位を前の向位に對して須陀洹果と稱す。聲聞乘の四聖位の中正しく初位を果たせる位なり。

スダツ　須達　〔人名〕Sudatta 舍衛國の長者の名。祇園精舍の施主。新稱、蘇達多。

須達七貧　〔傳說〕須達七たび貧して後の貧最も劇し、糞壤中に於て一木を得。栴檀なりき。之を賣て米四斗を得たり。婦に告げて曰く、且つ一斗を炊け、吾當に菜を索むべし。時に佛度すべき時至るを知り、先づ舍利弗をして往て食を乞はしむ、婦喜んで之を鉢中に入る。更に一斗を炊く、目連復た往て乞ふ、亦喜びて之を與ふ。復た一斗を炊く、迦葉往て之を乞ふ、亦之を與ふ。猶一斗あり之を炊く、佛自ら往いて之を乞ふ、婦喜びて盡く之を施す。佛口づから咒願す、今日より罪滅して福生ぜんと、須達尋いで還り之を見て大に喜び共に飯汁を飲む。須臾にして珍寶穀帛自然に涌出し、往時の富の如し。須達踊躍して更に佛及び僧を請じて盡く之を供養す、佛爲に法を說て皆道を得せしむ。【雜譬喩經下、雜寶藏經二、經律異相三十五】

須達建祇園精舍　〔故事〕「ギヲンシヤウジヤ」を見よ。

須達經　〔經名〕一卷、齊の求那毘地譯。佛、須達の爲に施法を說く。中阿含須達多經と同本。【昃帙八】(606)

スダツタ　須達多　〔人名〕須達に同じ。

スツーパ　〔術語〕「ソトバ」「タフ」を見よ。

スートラ　〔術語〕「ソタラ」「シユタラ」「キヤウ」を見よ。

スナ　沙　〔物名〕梵語、縛嚕迦、Bāluka【梵語雜名】

沙を聚て佛塔を爲る　〔雜語〕「ジユシヤキブツタフ」を見よ。

沙をしぼる　〔譬喩〕物の不可得に譬ふ。【涅槃經二十五】に「世尊譬如二壓レ沙油不可得一。心亦復如レ是。雖二復厭ヒ之貪不可得。當レ知貪心二理各異。沒復有レ之何能汚レ心。」

沙を蒸す　〔譬喩〕物の不可成に譬ふ。【楞嚴經六】に「是故阿羅若不レ斷レ婬修二禪定一者。如下蒸二沙石一欲中其成上レ飯。經二百千劫一祇名二熱沙一。何以故。此非二飯本沙石成一故。」【萬善同歸集六】に「徊匌昇沈輪廻莫レ已。蒸レ砂之喩足レ可レ明レ之。」

スヒン　師兄　〔雜語〕禪林の語。法兄のこと。

スヘノノリ　末の法　〔雜語〕「マツポフ」を見よ。

スホフアザリ　修法阿闍利　〔術語〕「シユホフアジヤリ」に同じ。

スボダイ　須菩提　〔人名〕Subhūti「シユボダイ」を見よ。

スマ　芻摩　〔植物〕Kṣauma 又、菆摩、譯、麻衣。【西域記二】に「芻摩衣。麻之類也。」【慧琳音義三十一】に「芻摩衣。上側俱反。梵語正言二菆摩一。菆音鄒。唐云二麻衣一也。」

スミ　須彌　〔界名〕Sumeru 山の名。「シユミ」を見よ。

スミノコロモ　墨の衣　〔衣服〕墨染の衣。僧衣を云ふ。

スミゾメ　墨染　〔衣服〕墨を以て染めたる黒色の衣。一般僧徒の着する衣は墨染と他に香を以て染めたる香染との二色なり。「クロコロモ」を見よ。⦿（芳野拾遺）「袖の時雨となりて、染めにし墨の色も」

スミバウシ　角帽子　〔物名〕亡者に冠せる頭巾の名。袋形にて左右の兩角あり。【通俗佛事編四】

スロン　數論　〔流派〕「シユロン」を見よ。

スロンツアンガンポー　〔人名〕Sroṅ-btsan-sgam-po 支那に雙贊思甘普に作る。西藏王。唐太宗と戰ひ、後和して太宗の女元成公主を娶り、又尼波羅の王女ブフリクテを妃とし、二妃より佛教の感化を受け、印度より經論を請入し、刺薩に二大寺を營み盛に佛教を弘めたり。國人以て彌陀觀音の權化なりとす。

スヰ　衰　〔術語〕八世法の一。凡そ我身に損減あること。

スヰ　睡　〔術語〕梵語、捨以哆 Sayita 心識の昏沈して覺知を失ふもの。十纏の一。

スヰカイ　水界　〔術語〕水大の異名。一切の物質に通じて濕性の部分を水界と云ふ、能く物質を攝引する用を具す。【倶舍論一】に「水界濕性。」又「水界能攝。」

スヰカウ　遂講　〔職位〕興福寺の維摩會、大極殿の御齋會、興福寺の法華會の三會の講師を勤め了るを遂講と名けて僧綱に任ぜらる。已講と似て非なり。【釋家官班記下】

スヰカク　水涸　〔傳說〕【祖庭事苑六】に「洞音鶴水鶴老のことなり。「スヰクワクラウ」を見よ。

スヰガン　翠巖　〔人名〕明州の翠巖永明大師名は令參、法を雪峰に嗣ぎ大に法席を張る。【傳燈錄十八】

翠巖眉毛　〔公案〕「翠巖夏末に衆に示して云く、一夏已來兄弟の爲に說話す、看よ翠巖に眉毛在りや。」【碧巖八則、從容錄七十一則】

スヰキ　水器　〔物名〕灑水器なり。護摩の修法又は灌頂法のとき灑水を入るる器。

スヰキヤキヤウ　蘇呬耶經　〔經名〕又、瞿醯壇哆羅經、玉呬耶經と云ひ、慧琳音義に掬呬耶亶怛囉經に作る。三卷、唐の不空譯。所謂瞿醯經是なり。【閱帙四】「クケ」の項を見よ。梵 Guhya-tantra 蘇宜しく蘓に作るべし。

スヰクワク　水鶴　〔動物〕「次項」を見よ。

スヰクワクラウ　水鶴老　〔動物〕又、水白鷺、水白鶴に作る。見難き貴重の鳥なり。【毘奈耶雜事四十】に「阿難陀與二諸苾芻一在二竹林園一。有二一苾芻一而說レ頌曰。若人壽百歲。不レ見二水白鶴一。不レ如二一日生得レ見二水白鶴一。時阿難陀聞已告二彼苾芻一曰。汝所レ誦者大師不レ作二是語一。然佛世尊作二如レ是語一。若人壽百歲。不レ了二於生滅一。不レ如二一日生得レ了二於生滅一。乃至彼聞レ敎已便告二其師一。師曰。阿難陀老闇。無レ力二能憶持一。出レ言多二忘失一。未三必可二依信一。汝但依レ舊如レ是誦持。」【阿育主傳四】に「水老鶴。」【阿育王經七】に「水白鷺」

スヰクワン　水冠　〔衣服〕禪家所用の帽子の異名。正面に水字の形あればなり。俗に烏まうすと云ふ。【啓蒙隨錄】

スヰクワン　水觀　〔術語〕一心に水を觀想し、觀法成就すれば水に在て自然を得、身の内外に水を現出するも意のままなり、之を水定と云ふ。【楞嚴經】に「月光童子白レ佛言。我憶往昔恒河沙劫有レ佛出世。名爲二水天一。敎二諸菩薩一修二習水觀一。乃至我於二是時一初成二此觀一。但見二其水一未レ見二無身一。當下爲二比丘一室中安禪上。我有二弟子一闚レ牕觀レ室。唯見三清水徧在二室中一。了無二所見一。童稚無知取二一瓦礫一投二於水內一。激レ水作レ聲。顧眄而去。我出レ定後頓覺二心痛一。我自思惟今我已得二阿羅漢道一久離二病緣一。云何今日忽生二心痛一。將無二退出一。爾時童子捷來二我所一說二如上事一。我則答言。汝更見レ水可下即開レ門入二此水中一除中去瓦礫上。童子奉レ敎。後入レ定時還復見レ水。瓦礫宛然。開レ門除去。我後出レ定身質如レ初。」【唐高僧傳法進傳】に「法進常於二寺後竹林一坐水觀。家人取レ柴見三繩床上有二好清水一。拾二兩白石一安二着水中一。進暮還二寺覺二背痛一。問二其家人一。云安二石子一。語令二明往可レ除二此石一。及レ旦進禪。家人還見二如レ初清水一。即除二石子一。所レ苦即愈。」又、大安寺の勝行上人五輪觀を成就して此事あり。「ゴリンクワン」を見よ。

スヰクワンジリカイフリシキ　雖觀事理皆不離識　〔雜語〕事理を觀ずるも心を離れず、心は一切の本源なりとの唯心觀なり。【撰集抄五】に「春日の明神に御まいり侍けるに、十一二のおさなき兒わらは俄に氣高くらうたき姿になりて、雖觀事理皆不離識、然此內識有境有心、心起必託內境生故、あなおもしろやといふに。」此は【義林章唯識章】に五重唯識を明かす中の第二重捨濫留純識の文なり。「二捨濫留純識。雖レ觀二事理皆不レ離レ識。然此內識有レ境有レ心。心起必託二內境一故。但識說レ唯不レ說二唯境一。成唯識言。識唯內有。境亦通レ外。恐レ濫レ外故但說二唯識一。」此は心內に於て境と心とあれども、即ち相分と見分。唯境と言へば心外の實境に濫ずる恐あるを以て唯境と言はずして唯識と言ふとなり。

スヰグワツ　水月　〔譬喩〕水中の月。以て諸法の實體なきに譬ふ。大乘十喩の一。【智度論六】に「解二了諸法一。如レ幻。如レ焰。如二水中月一。乃至如二鏡中像一。如レ化。」【法華玄義二】に「水不二上升一。月不二下降一。一月一時普現二衆水一。」

スヰグワツクワンオン　水月觀音　〔菩薩〕今世間に水中の月を觀る觀音の繪を水月觀音と云ふ。【諸儀軌訣影二】眞言、尾瑟多(濟)鉢怛麼(蓮華)薩怛縛(薩埵)係多(識)莎訶(成就)【大疏五十卷鈔】《第七十二圖參照》

スヰゲン　衰患　〔術語〕惡疫飢饉等の人を衰耗せしむる諸の災患なり。【法華經陀羅尼品】に「令三百由旬無二諸衰患一。」

スヰコウキホン　推功歸本　〔術語〕末末の功を推して根本の德に歸せしむること。

スヰゴ　垂語　〔術語〕垂示の語なり。禪門の宗匠上堂して學人を提撕するを垂示と云ふ。

スヰゴノタマ　醉後の珠　【譬喩】「エジュ」を見よ。

スヰゴフ　遂業　【職位】興福寺の維摩會、同法華會、藥師寺の最勝會の三會の業を遂げしもの、又、得業と名く。【釋家官班記下】

スヰサイ　水災　【術語】大三災の一。四劫の中壞劫毎に火風水の三災轉轉して起り、以て世界を蕩盡す、先づ初の七度の壞劫には火災相次で起り、色界の初禪天巳下を蕩盡し、第八度の壞劫に水災起りて第二禪天巳下を蕩盡し、第九度の壞劫より更に七度の火災起り、七度の火災の後に復一度の水災あり、此の如く七度の火災を經て一度の水災あり、此水災を七度重ねたる後に一度の風災あるなり。「サンサイ」を見よ。⦿（正統記一）「かくの如くすること七箇の大劫を經て大水災あり、此度は第二禪まで壞す」

スヰサウ　水葬　【儀式】四葬の一。屍を水中に投じて漂散せしむるなり。「サウホフ」を見よ。

スヰサウ　衰相　【術語】天人の將に死せんとするとき五種の小衰相と五種の大衰相を現ず。「ゴスヰ」を見よ。

スヰサウ　水想　【術語】次項を見よ。

スヰサウクワン　水相觀　【術語】觀經所說十六觀の一。極樂の八功德水の相を觀想する觀法なり。「次作二水想一。見二水徵淸一亦令三明了無二分散意一。乃至是爲二水相一。名二第二觀一。」⦿（太平記三七）「湖水波閑なるに向ひて、水想觀をなして、心を澄して」

スヰサクワ　水梭花　【雜語】魚の隱語。水中を往來すること梭の如くなればなり。【軍波志林】に「僧謂レ酒爲二般若湯一。魚爲二水梭花一。鷄爲二鑽籬菜一。」

スヰサン　出生　【飮食】生飯の異名。出衆生食の略。我飯中より他の衆生の食を出す義なり。

スヰザウ　醉象　【譬喩】惡心の制し難きに譬ふ。【涅槃經二十五】に「譬如下醉象狂騃暴惡多欲二殺害一有二調象師一。以二大鐵鉤一鉤二斲其頂一。即時調順惡心都盡。一切衆生亦復如レ是。」

スヰシ　垂示　【術語】語を垂れて衆に示すなり。「垂語」に同じ。

スヰシヤウ　水精　【物名】梵語、頗梨、塞頗胝迦。Sphaṭika 水精と譯す。【名義集三】に「頗梨。或云二塞頗胝迦一。此云二水玉一。即蒼玉也。或云二水精一。」

スヰシヤウイン　水生印　【印相】此印を結べば隨意に水を生ずるを得るなり。

スヰシヨウ　推鐘　【雜語】⦿（盛衰記）「生源寺の推鐘控きて」推は稚の誤。梵語の犍稚にて磬又は鐘と譯す。稚鐘は梵漢雙擧の語。

スヰジヤク　垂迹　【術語】佛菩薩の本體を本地と云ひ、其本體より種種の身を示現して衆生を濟度するを垂迹と云ふ。佛の三身中法身報身は本地にして化身は垂迹なり。此の本地垂迹の義は法華經壽量品の所說、又、大日經胎藏界曼陀羅の所說にして、大乘攝化門の骨子なり。胎藏界の第四重、外金剛院に於て印度古來諸天諸神を攝めて悉く大日の垂迹とす。吾朝には傳敎弘法の二師此意を發揮して亦本朝古來の神明を佛陀の垂迹となせり。【維摩經序】に「幽關難レ啓。聖應不レ同。非レ本無二以垂一レ迹。非レ迹無二以顯一レ本。本迹雖レ殊而不思議一也。」⦿（正統記二）「譽田はもとの御名、八幡は垂跡の名なり」（太平記一六）「或時は垂跡の佛となりて、番番出世の化儀を調へ」

スヰジヤウ　水淨　【術語】食物淨法の一。水に流れ來れるものの如き比丘取つて之を食ふも罪なし、之を水淨と云ふ。「ゴジヤウ」を見よ。

スヰジヤウハウ　水上泡　【譬喩】諸法の無常變轉するに譬ふ。【維摩經觀衆生品】に「如三智者見二水中月一。乃至如二水聚沫一。如二水上泡一。」【新譯仁王經中】に「諸法緣成。蘊處界法。如二水上泡一。」

スヰセツゲ　水說偈　【雜名】憍梵波提、水定に入りて涅槃して說く所。「ケウボンハダイ」を見よ。

スヰセン　水懺　【修法】唐の悟達禪師、名は知玄、懿宗の咸通四年制して敎門の事を統べしむ。一日忽ち一珠左股に隆起す、病甚し、之を人面瘡と曰ふ、異僧に遇つて水を引て瘡を洗ふ。今の水懺三卷は此に始まる。【稽古略三】

スヰダイ　水大　【術語】四大の一。一切の物質に周徧して濕潤を性とし攝引を用とするもの。一切の色法に周徧して能造の因となるを實の水大とし、人の現見する所の水は是れ造色の中に唯水大の偏增せしものなれば之を假の水大とす。「シダイ」を見よ。

スヰダン　水壇　【修法】護摩壇の造り方に地水火風の四種あり、圓形を水壇と云ふ。【諸部要目】又小さき木壇にして何の處にも自由に持ち行き得ること水の流るる如きを水壇と稱す。【密門雜抄】又急病兵亂等の起る時、俄かに屋宅の中に建壇を作すに、唯灑水ばかりを以て之を淨むるが故に水壇と名く。【深玄法印鈔】

スヰチウノツキ　水中月　【譬喩】「スイグワツ」を見よ。

スヰヂウ　水頭　【職位】禪林の稱。水を汲み湯を沸かすを司るもの。

スヰヂン　水塵　【術語】水中を自在に通行し得べき微塵を云ふ、兎毛塵を七分せしもの。

スヰテン　水天　【天名】梵語、傳嚕拏 Varuṇa 水と

翻す。是れ龍神の名。水に於て自在の力用を具すれば水天と名く。金剛界曼荼羅の四大神、及び外金剛部二十天、又胎藏界曼荼羅の外金剛部院に於て各一位を占む。

(水天の圖)

是れ水神なれば西方に屬して西方守護の天とす。【大日經】に「縛嚕拏龍王、羂索以爲レ印。」【同疏】に「縛嚕拏。是西方護方龍王。持レ羂爲レ印也。」【秘藏記末】に「水天。青色。九頭龍形。」又「水天。青色。左手拳。右手索。」【百二十尊法】に「次道場觀地結之上金剛墻内有二大海水一。水中有二七寶閣一。寶閣中有二荷葉座一。座上有二व字一。व字變成二龍索一。龍索變成二水天一。淺綠色。右手執レ刀。左手持二龍索一。頭冠上有二五龍一。乘レ龜而住二水中一。諸龍眷屬圍繞。」【陀羅尼集經十二】に「水天法印咒。」⊙(盛衰記四七)「水天四天王等、番番守護の靈石なりと」(第七十三圖參照)

スヰテング　水天供　[修法] 水天を供養する法なり。雨を祈請する爲に之を行ふを常とす。【密門雜抄】

スヰテンホフ　水天法　[修法] 水天の供養法。「前項」を見よ。

スヰニユウ　水乳　[譬喩] 以て物の和合に譬ふ。【最勝王經六】に「上下和穆猶如二乳水一。」【觀經疏鈔序】に「相冥者如二水乳相冥一。」【祖庭事苑】に「正法念處經云。譬如三水乳同置二一器一。鵝王飮レ之。但飮二其乳汁一。其水猶在。」【臨濟錄】に「如今有二一箇佛魔一。同體不レ分。如二水乳合一。鵝王喫レ乳。」【南山戒疏】に「如二水乳合一者。師乖見異義則有レ殊。師同見合理則無レ別。如二乳合レ乳如二水合レ水。不レ得レ云二乳合レ水。以二相合非レ體鵝能別一故。」

スヰヂヤウ　水定　[術語] 水に於て自在を得る禪定なり。若し此定を具すれば身の内外をして水とならしむること猶火定を具して依正盡く火とならしむるを得る如し。「スイクワン」を見よ。⊙(撰集鈔)「慧心僧都水定に入る」

スヰナウ　水囊　[物名] 漉水囊の畧。

スヰハ　水波　[譬喩] 波の濕性を水と云ひ、水の波動を波と云ふ、此二は二にして不二、不二にして二なり、以て物の不一不異に譬ふ。⊙(曲、養老)「神と云ひ佛と云ふも唯是れ水波の隔」

スヰハン　水飯　[飮食] 水を以て飯を澆たせるもの、俗に所謂ユヅケなり。【象器箋十六】

スヰバラモン　醉婆羅門　[人名] 佛祇園に在るとき、婆羅門あり、醉に因るが故に佛所に來て度を求む、佛阿難に勅して之を度せしむ。彼れ既に醉醒めて即ち家に還る。比丘佛に問ふ、何を以て彼を度す。佛答へて曰く、彼れ無量世より以來出家の心なし、醉に因て心を發す、此因に依て後に當に得道すべしと。【智度論十三】

スヰビヤククワク　水白鶴　[動物]「スヰクワ「クラウ」を見よ。

スヰフウクワサイ　水風火災　[術語] 大の三災。一に火災、二に水災、三に風災なり。「サンサイ」を見よ。⊙(水鏡上)「かくの如くして水火風災あるべし」

スヰホフラ　吹法螺　[譬喩] 佛の説法を螺を吹て三軍に號令するに譬ふ。「ホフラ」を見よ。

スヰマツシヨヒヤウキヤウ　水沫所漂經　[經名] 一卷、東晉の竺曇無蘭譯。泡沫焰蕉幻の五喩を說く、五陰譬喩經と同本。【辰帙六】(654)

スヰマツホウエン　水沫泡焰　[譬喩] 水沫と水泡とは一物、焰は陽焰なり。世間法の虛假不實に譬ふ。【法華經隨喜功德品】に「涅槃眞實法。世皆不二牢固一。如二水沫泡焰一。」

スヰミジドシユツノウドタ　雖未自度出能度他　[雜語] 自分度せずして他を度す。【涅槃經三十八】に「發心畢竟二不レ別。如レ是二心先心難。自未レ得レ度先度レ他。是故我禮二初發心一。」⊙(玉葉集)「山深み苔の下には埋るれど人びと渡す谷のかけ橋」

スヰメン　睡眠　[術語] 不定地法の一。心をして闇昧ならしむる精神作用のこと。意識の惛熟を睡と云ひ、五識の闇冥にして働かざるを眠といふ。心所の一にして煩惱に屬す。五蓋の中には睡眠蓋と名づけ、五欲の中には睡眠欲と云ふ。【釋氏要覽】に「臥之垂熟也。此是心所法中四不定一也。令三人不二自在一。昧略爲レ性。障染爲レ業。發覺淨心經有二二十種睡眠過患一。」

スヰメンガイ　睡眠蓋　[術語] 衆生はこの睡眠煩惱のために心識を覆はれて善法に進むこと能はず、三界に沈淪して出づる期あるなし。故に蓋と名づく。【法界次第】

スヰメンヨク　睡眠欲　[術語] 欲界の三欲、また五欲の一。凡夫精進せず、怠惰放縱にして唯睡眠に耽り樂著に溺るるをいふ。

スヰモウ　吹毛　[物名] 利劍の名。【碧巖百則評唱】に「劍刄上吹レ毛試レ之。其毛自斷乃利劍。謂二之吹毛一也。」

スヰモツ　衰沒　[術語] 天人の果報盡くるとき五

衰の相を現はして下界に退散するを云ふ。

スヰユウキ　垂裕記　〔書名〕十卷、宋の孤山智圓著、天台の淨名略疏を釋す。

スヰラ　水羅　〔物名〕漉水嚢なり。「ロクスイナウ」を見よ。

スヰリクサイ　水陸齋　〔行事〕水陸の有情に齋食を供養する法會なり。梁の武帝始めて金山寺に行ふ。【釋門正統四】に「又有二所レ謂水陸者一。取下諸仙致二食於流水一。鬼致二食於淨地一之義上。亦因三武帝夢二一神僧一。告曰。六道四生受レ苦無レ量。何不下作二水陸一普濟中群靈上。諸功德中最爲二第一一。帝問二沙門一咸無二知者一。唯誌公勸レ帝。廣尋二經論一必有二因緣一。於レ是搜三尋貝葉一置二法雲殿一早夜披覽。及レ詳下阿難遇二面然鬼王一建三立平等斛食一之意上用製二儀文一三年乃成。遂於二潤之金山寺一修設。帝臨二地席一詔二祐律師一宣レ文。世涉二周隋一玆文不レ傳。至二唐咸亨中一西京法海寺英禪師。因二異人之告一得二其科儀一遂再興焉。我朝蘇文忠公軾重述二水陸法像贊一。今謂二之眉山水陸一。供三養上下八位一者是也。熈寧中東川楊鍔祖三述舊規一。又製二儀文三卷一行二於蜀中一。其最爲レ近レ古。」

スヰリクヱ　水陸會　〔行事〕前項に同じ。

スヰリン　水輪　〔術語〕世界を成立する四輪の一。空輪の上に風輪あり、此風輪の上に光音天の雨にて深さ十一億二萬の水層を生ず、之を水輪と名く。此水輪の上層凝結して金となるもの即ち金輪際なり。九山八海は此金輪の上に安立す。【俱舍論十一】◎（正統記一）「風輪の上に積りて水輪となる」

スヰリンザンマイ　水輪三昧　〔術語〕五輪三昧の一。水は潤漬生育と體性柔軟の二德あり。此の三昧を了れば定水心を潤して善根を增長し身心柔輭にして高慢の心を善法に隨順す。【釋禪波羅蜜次第法門】に「行者修三習禪定三昧於二地輪中一。若證水輪三昧即發二諸禪相一種二功德一定水潤レ心。善根增長。即潤漬之義。由レ得レ定故身心濡輭拆三伏高慢一隨三順善法一。即柔輭之義是名二水輪三昧一。」

スヰヱン　水圓　〔物名〕本名火珠、塔上の寶珠を云ふ。俗に珠圓と云ふ。和名「ひさくかた」【谷響集一】に「上火珠者最上金寶珠。我俗忌三憚稱レ火。故呼爲二水圓一。」【和名鈔十一】に「火珠塔乃比散久加太。」

ズキ　自歸　〔術語〕自ら三寶に歸するを自歸と云ひ、其の三歸戒を弟子に授くる人を自歸師と稱す。【象器箋八】に「觀音懺法式。有二導師香華自歸三職一。」

ズキヤウ　誦經　〔物名〕「ジュキヤウ」を見よ。

ズズ　數珠　〔物名〕「ジュジュ」を見よ。

ズホフ　修法　〔雜語〕「シュホフ」を見よ。

ズミヤウキヤウ　壽命經　〔經名〕「ジュミヤウキヤウ」を見よ。

ズリヤウボン　壽量品　〔經名〕「ジュリヤウボン」を見よ。

ズヰイ　隨意　〔行事〕安居の竟日に行ふ作法の名。舊譯に自恣と云ふ。「ジシ」を見よ。

ズヰイチ　隨一　〔術語〕多數ある中の一を云ふ義なり。俗に隨一を以て第一の事と解するは不可なり。【瑜伽論二】に「人中隨一有情。」【順正理論五十】に「六境中隨一攝故。」

ズヰイチフジヤウ　隨一不成　〔術語〕因明三十三過中四不成の第二。立敵の二者に一方の許容せざる因由を出すを云ふ、故に他隨一不成、自隨一不成の別あり。

ズヰイモンボフグワン　隨意聞法願　〔術語〕阿彌陀佛四十八願中第四十六願。極樂の衆生をして隨意に妙法を聞かしめんとの願なり。【無量壽經上】に「設我得レ佛。國中菩薩隨二其志願一。所レ欲レ聞レ法。自然得レ聞。若不レ爾者不レ取二正覺一。」

ズヰエンケ　隨緣假　〔術語〕四假の一、緣に應じて假に說かれたるものの假なること。「衆生を敎化すること。」三乘敎の如きこれなり。

ズヰエンケモツ　隨緣化物　〔術語〕緣に隨ひて感觸を與ふるを緣と云ひ、其緣に應じて自體に

ズヰエン　隨緣　〔術語〕外界の事物來りて自體に感觸を與ふるを緣と云ひ、其緣に應じて自體の動作するを隨緣と云ふ。水が風の緣に應じて波を起すが如し。眞如の諸法に於ける、佛陀の敎化に於ける、皆然り。【最勝王經五】に「隨二緣所レ在覺二群迷一。」

ズヰエンギヤウ　隨緣行　〔術語〕行の四種の一。「ニニフ」を見よ。

ズヰエンシンニヨ　隨緣眞如　〔術語〕法相三論の如き權大乘には眞如凝然不作所法と立て、萬物の本體は眞實如常にして不變不動なり、此不變不動の眞如を所依として因緣の事相安立すと云ふ。されば眞如は體、萬物は相にして、體と相とは所依畢竟不離なれども、彼此本來各別なるは木と石を合せたる如し。然るに華嚴天台の如き實大乘に在ては、眞如に二相を立てて一は不變眞如、二は隨緣眞如とし、不變眞如の邊には彼の權大乘に言ふ所の如くなれども、眞如は不變の一邊に止まらず、更に隨緣の用ありて外來の緣に應じて森羅萬象を現ずること猶不變の水が外緣の風に依つて千波萬波を起す如しと云ふ。其起したる波は猶水の性を失はざる如く、森羅萬象の事相は猶不變の眞如性を變ずることなし、故に萬法即眞如にして眞如即萬法なり。即ち眞如は緣に隨ふ德あるを以て眞如即萬法なり、而も眞如は不變の性を具するを以て萬法即眞如なり。【起信論】に

「依二一心法一有二二種門一。云何爲レ二。一者心眞如門。二者心生滅門。」【同義記中本】に「一如來藏心含二於二義一。一約レ體絕相義。即眞如門也。乃至二隨緣起滅義。即生滅門也。」【金錍論】に「應レ知萬法是眞如。由二不變一故。眞如是萬法。由二隨緣一故。」

隨緣眞如之波　〔術語〕不變眞如を水に比し、隨緣眞如を波に較ぶ。此波に二あり、根本無明を緣として平等一味の性悔を攪亂して善惡の業を作り、苦樂の果を感じて六道に昇沈するは凡夫に於ける自身の隨緣眞如の波なり、又大悲の風に吹かれて種種の境を現じ、種種の身を化し、種種の敎を布くは、佛菩薩に在て他が爲の隨緣眞如の波なり。⦿(十訓抄三)に「實相無偏の大海に五塵六欲の風は吹かねども隨緣眞如の波の立たぬ時なし」是れ佛菩薩が他の爲めに種種の相を現ずる隨緣眞如の波なり。

ズヰエンフヘン　隨緣不變　〔術語〕隨緣のはたらきある不變の意にして、眞如はその體不變なれども緣に觸るれば萬有を生起するが故に隨緣不變といふ。前項を見よ。

ズヰオウケ　瑞應華　〔植物〕梵名、優曇鉢、優曇鉢羅 Udumbara 譯、靈瑞華、瑞應華など。「ウドン」を見よ。

ズヰオウホンギキヤウ　瑞應本起經　〔經名〕太子瑞應本起經の略名。

ズヰガン　瑞巖　〔人名〕唐の瑞巖、名は師彥、巖頭に嗣ぐ。靑原下の六世なり。【五燈會元七】

瑞巖主人　〔公案〕瑞巖和尙每日自ら主人公と呼び、復自ら應諾す。乃ち云く、惺惺著、諾。他時異日人の瞞を受くること莫れ、諾諾。【會元瑞巖章】

ズヰキ　隨喜　〔術語〕人の善事を見て之に隨同し歡喜する心なり。【法華玄贊十】に「隨者順從之名。喜者欣悅之稱。身心順從。深生二欣悅一。」【修懺要旨】に「隨二他修一レ善喜二他得一レ成。」【勝鬘經】に「爾時世尊。於二勝鬘所說攝受正法大精進力一起二隨喜心一。」五悔の中に隨喜の一科あり、觀行即五品經の第一を隨喜品とし、法華經の隨喜功德品は此隨喜の功德を說きしもの。⦿(榮花、疑)「かつは隨喜の爲聽聞のゆゑに殘りなくつどひ給へり」

ズヰキ　隨機　〔術語〕佛の敎を設くる一に衆生の機に隨ふを云ふ。【最勝王經二】に「隨レ機說レ法利二衆生一。」【瑜伽釋】に「諸經論就レ相隨レ機種種異說。」【戒疏一上】に「適化無方。隨レ機隱顯。」

ズヰキクドクホン　隨喜功德品　〔經名〕法華經卷六第十八品の名。佛の滅後に法華經を聞きて隨喜する者の功德の廣大なるを明かせしもの。

ズヰキサンセツ　隨機散說　〔術語〕佛が衆生の機類に應じて諸處に於て異なりたる說法をなし給ひしを云ふ。特に戒律の說相に就て云ふ。

ズヰキホン　隨喜品　〔經名〕法華經所說觀行五品位の第一。「ゴホン」を見よ。

ズヰキマンダラ　隨機曼荼羅　〔術語〕現圖曼荼羅の異名。是れ善無畏三藏末世の機に應じて感得せしものなればなり。【曼荼羅大鈔一】

ズヰキヤウリツ　隨經律　〔術語〕律藏の中に定慧の法を明かすを隨律經と云ひ、經藏の中に戒律を明かすを隨經律と云ふ。涅槃經に五篇七治の戒を說く如し。【戒疏一上】に「如二涅槃經中八穢七治十篇五戒。阿含中七滅六報犯聚等相一。豈是俗行。故名二斯經一隨經之律。」又「餘二藏明二律相一處。皆名二衆律一。故論云二隨經律一也。」

ズヰキヱカウ　隨喜廻向　〔術語〕隨喜と廻向と。五悔の中の二法。「ゴケ」を見よ。

ズヰギ　隨宜　〔術語〕衆生の根機の宜き所に隨ふこと。【法華經方便品】に「隨レ宜所レ說。意趣難レ解。」

ズヰギテンユウ　隨義轉用　〔雜語〕又、隨宜轉用に作る。【止觀私記七】に「隨義轉用。」【補忘記中】に「隨宜轉用。」義宜相通ず。一の法門を義の宜しきに隨ひて他に轉用するを云ふ、詩の斷章取義の如し。

ズヰギヤウカウ　隨形好　〔術語〕佛の身に先づ幾多大人の相を具し、其相の一一に隨ひて復幾許の好形あり、之を相好と名づく。依て好は相に隨逐する形容なれば隨形好と云ひ、或は單に好と云ふ。【觀無量壽經】に「無量壽佛有二八萬四千相一。一一相各有二八萬四千隨形好一。」

ズヰグキヤウ　隨求經　〔經名〕普偏光明燄鬘淸淨熾盛如意寶印心無能勝大明王大隨求陀羅尼經の略名。他に佛說隨求即得大自在陀羅尼神咒經一卷あり。⦿(枕草紙)「法華經はさらなり。千手經、普賢十願、隨求經」

ズヰグソクトクダイジザイダラニシンジユキヤウ　隨求即得大自在陀羅尼神咒經　〔經名〕一卷、唐の寶思惟譯。大梵天王佛を請じて呪を說くを乞ふ、佛爲に根本呪一と隨咒六を說き、及び其の功德並に書寫結壇の法を說く。不空譯一卷の隨求經と同本なり。隨求即得大自在は陀羅尼の功德に依りて名く。【成帙五】(497)

ズヰグソクトクテンシ　隨求即得天子　〔人名〕不空譯の隨求經には先身隨求天子と云ひ、寶思惟譯の隨求經には隨求即得天子と云ふ。一の惡比丘

死して地獄に墮ちしも、其の屍に隨求即得大自在陀羅尼を懸けし功德を以て罪障消滅し、忉利天に生ず、依て隨求即得天子と名く【隨求經】

ズヰグダラニ　隨求陀羅尼　[經名]　隨求は衆生の求願に隨つて成就する意にて陀羅尼の効驗によりて名けしもの、二本の隨求陀羅尼經に說けり。破戒の比丘重病に逢ふとき、一の優婆塞婆羅門あり、此神咒を書して病僧の頭に繫く、此の人命終して一旦地獄に入るも、此神咒の功德に依つて自身及び諸人悉く地獄の苦を免れて忉利天に生じ、稱して先身隨求天子と云ふ。【不空譯隨求陀羅尼經上】此因緣より經帷（きやうかたびら）の事起ると云ふ。【諸儀軌訣影四】に「世間に展轉書寫し來れる隨求陀羅尼儀軌とて折本にせる板あり、俱縛婆羅門の故事あり、甚だ非なるものなり。亮汰此に註せる何事ぞや。文章を見るに漢文にあらず、日本の文字遣ひなり。八家總錄にも見へず、俱縛婆羅門の故事は相違せり、僞書なると必せり。」「クバクバラモン」參照。⊙（近松、虎が磨）「何時も此方の里で餌刺が鳥を刺す時、隨求陀羅尼を唱へ」

ズヰグダラニキヤウ　隨求陀羅尼經　[經名]　單に隨求經と云ふに同じ。「ズヰグキヤウ」を見よ。

ズヰグテンシ　隨求天子　[人名]　「ズヰグソクトクテンシ」に同じ。

ズヰグニヨイキヤウ　隨求如意經　[經名]　消除一切閃電障難隨求如意陀羅尼經の略名。

ズヰグボサツ　隨求菩薩　[菩薩]　具名、大隨求菩薩、胎藏界曼陀羅中觀音院の一尊にして觀音菩薩の變身別名なり。此菩薩を念じ其の眞言を誦すれば衆生の求願に隨つて施與すれば隨求と名け、其の眞言を隨求陀羅尼と云ふ。【秘藏記末】に「大隨求菩薩。深黃色。井有二八臂一。左上手蓮華上有二金輪光炎一。次手梵筴。次手寶幢、次手索。右手五鈷跋折羅。次手鎊鉾。次手寶劍。次手鉞斧鉤。」【大鈔二】に「理性院習云。隨求觀音別名也。」

（隨求菩薩の圖）

輕軌　[經名]　普徧光明燄鬘清淨熾盛如意寶印心無能勝大明王大隨求陀羅尼經、不空譯、二卷、【閏帙九】(1042)　隨求即得大自在陀羅尼神呪經、寶思惟譯、一卷【成帙五】(497)　大隨求即得大陀羅尼明王懺悔法、一卷、失譯【餘帙三】　大隨求八印、宗叡傳、一卷【餘帙一】

ズヰグワンヤクシキヤウ　隨願藥師經　[經名]　藥師經の異名。隨願往生經に准じて隨願の二字を冠す。願に隨つて成就する義なり。數譯あり。「ヤクシキヤウ」を見よ。

ズヰグワンワウジヤウキヤウ　隨願往生經　[經名]　具名、佛說灌頂隨願往生十方淨土經、別名、普廣菩薩經、東晋の帛尸梨蜜多羅譯。佛說灌頂經の第十一卷是なり。【成帙六】

ズヰゴシンジヤウ　隨其心淨　[雜語]　諸佛各その心淨に隨つて淨土を得るを云ふ。【維摩經佛國品】に「菩薩欲レ得二淨土一當レ淨二其心一。隨二其心淨一則佛土淨。」

ズヰゴダン　隨護斷　[術語]　四正斷の一。「シシヤウダン」を見よ。

ズヰサウ　瑞相　[術語]　吉瑞の形に顯はれて人目に見ゆるもの。もと吉瑞に局れども俗に吉凶に通じて用ふ。【方廣大莊嚴經三】に「將欲レ生時。輪檀王宮先現二三十二種瑞相一。」【涅槃經二】に「如來今現二此瑞相一。不レ久必當レ入二於涅槃一。」【法華經序品】に「以二何因緣一而有二此瑞神通之相一。放二大光明一。」【光宅法華疏一】に「相據二於外一。瑞據二於內一。然相即是瑞。瑞亦即相。但密報稱レ瑞表レ異爲レ相。」【東鑑五】に「所レ奉レ圖二淨土瑞相一。」⊙（十訓抄一）「さまざまの瑞相見るに、在世の說法の砌に異めるが如し」

ズヰサウ　隨相　[術語]　又小相と云ふ。生住異滅各一相を具す、之れを隨相と云ふ、大相に隨ふ小相なり。「ウヰ」の項を見よ。

ズヰサウカイ　隨相戒　[術語]　隨は隨順。相は形相なり。如來の敎法に順じて衣鉢を具足し剃髮乞食して威儀を守ること。

ズヰサウロン　隨相論　[書名]　二卷、德慧法師造、陳の眞諦譯。四諦十六行相を解して外道の我執を破す。【藏帙三】(1280)

ズヰザウ　瑞像　[圖像]　優塡王始めて栴檀を以て釋迦佛の形像を作り、瑞相圓滿すれば瑞像と名く、展轉摸して三國傳來す、今の嵯峨の釋迦如來是れなり。【西域記五】に「城內故宮中有二大精舍一。高六十餘尺。有二刻檀佛像一。上懸二石蓋一。鄔陀衍那王之所レ作也。靈相間起。神光時照。諸國君王恃レ力欲レ擧。雖二多人數一莫二能轉移一。遂圖供養。俱言レ得レ眞。語二其源迹一即此像也。初如來成二正覺一已。上二昇天宮一爲レ母說レ法。三月不レ還。其王思慕願レ圖二形像一。乃請二尊者沒特迦羅子一。以二神通力一接二工人一上二天宮一。親觀二妙相一彫二刻栴檀一。

如來自二天宮一還也。刻檀之像起迎二世尊一。世尊慰曰。敎化勞耶。開二導末世一。」

龍光瑞像 〔圖像〕【行事鈔下二】に「後世像を造るに表彰する所なきを恐る、故に目連躬ら匠工を將て天に上りて圖し取る、是の如きと三反方に乃ち眞に近し。乃至中國の僧將て漢地に來らんとするに諸國各之を愛護して境を出さしめず、王令して本に依り寫して之れを留む。今に傳ふる者は乃至四寫なり、彼本は今楊州の長樂寺に在り、又龍光瑞像と云ふ。」【同資持記下三之二】に「中國の僧とは即ち鳩摩羅琰なり。西天より像を負ひて此方に來らんと欲す。路に四國を經て皆本を留められて圖寫す。龜茲國に至て王抑て道より返らしめ、妹を以て之れに妻し、後羅什を生み什齎らして姚秦に至る。後に南宋の孝武秦を破て躬ら此像を迎へ、江左に還て龍光寺に止む、故に瑞像と號す。隋朝に至て長樂寺に置く、僧あり瑞像を奏請して寺に歸り、今は帝京に在り、此は龍光の壁記に據る。」今とは宋朝にて帝京に在りとは汴都の西華門外の聖禪院なり。【續稽古史略一】に「元の仁宗延祐三年丙辰燕京の大聖萬安寺に於て栴檀瑞像殿を立てて此像を安置す。翰林承旨程鉅夫瑞像殿の記に曰く、西土に一千二百八十五年、龜茲に六十八年、涼州に十四年、長安に十七年、江南に一百七十三年、淮南に三百六十七年、復江南に至て二十一年、汴京に一百七十七年、宋朝なり北、燕京に至つて聖安寺に居ること十二年金朝なり北、上京の大儲慶寺に至ること二十年、元朝なり南、燕京の內殿に還つて居ること五十四年元朝なり丁丑の歲三月燕宮に火あり迎へて聖安寺の居に還る。居ること五十九年。世宗の至元十二年迎へて萬壽山の仁智殿に奉じ、同十四年大聖萬安寺を建つ、同二十六年仁智殿より迎へて寺の後殿に安し、其後二十七年仁宗の延祐三年勅して栴檀瑞像殿を建つ。」此記は釋古史略四宋の寧宗の錄中に載す

嵯峨瑞像 〔圖像〕【本朝高僧傳六十七奝然傳】に「然又汴都の西華門外に往き、聖禪院を啓て優塡王第二の栴檀の摸像を拜し、案に第二は第四の誤り。乃ち佛工張榮に命じて摸刻せしむ。乃至其の摸像は嵯峨の西霞寺に收む、一條年中清涼院を造つて移置崇奉す。」《第七十四圖參照》

長干寺瑞像 〔圖像〕【行事鈔下二】に「如二長干寺瑞像一是阿育王第四女作。脚趺銘云。今在二京師一大發二靈相一。」阿育王像と稱す。

ズヰシキマニ 隨色摩尼 〔物名〕摩尼寶珠は別色を有せず、所對の物色に隨ひ色相を現ずるを云ふ。

ズヰシセ 隨至施 〔術語〕八種施の一。自已に近づき來るものに隨ひて布施をなすこと。

ズヰシヤク 隨釋 〔術語〕本文に隨つて難義を解釋すること、義例隨釋なり。

ズヰシヤリ 隨舍利 〔雜名〕又、隨邪利、隨舍種。種族の名。【玄應音義三】に「隨邪利。或云二隨舍利一。或云二隨舍種一。或云二栗唱一。或云二離唱一。或作二梨昌一。皆梵言訛轉也。正言二栗呫婆一。Licchavi 此云二仙施王種一。呫音昌葉反。經論或作二離車一。或作二律車一同一也。」

ズヰシユジヤウシヤウシヨジユフドウ 隨衆生性所受不同 〔雜語〕同一味の法を性に隨つて異なりてうくる意。【法華經藥草喩品】に「佛平等說。如二一味雨一。隨二衆生性一所レ受不レ同。如二彼草木所一レ禀各異。」「サンサウニモク」を見よ。

ズヰジユンゲウハウベン 隨順巧方便 〔術語〕六種巧方便の一。「ロクシユゲウハウベン」を見よ。

ズヰシンギヤウ 隨信行 〔術語〕聲聞乘の見道位の中に利鈍の二根ありて、利根を隨法行と名け、鈍根を隨信行と名く。他の言敎を信ずるに由つて隨つて修行すればなり。【倶舍論二十三】に「見道位中聖者有レ二。一隨信行。二隨法行。由二根鈍利一別立二二名一。諸鈍根名二隨信行者一。諸利根名二隨法行者一。」

ズヰシンクブツラク 隨心供佛樂 〔術語〕往生要集所說十樂の第九。淨土に往生すれば心の欲するままに佛を供養する樂を得るを云ふ。

ズヰシンジユ 隨心咒 〔眞言〕觀自在菩薩隨心咒の略名。

ズヰジ 隨自 〔術語〕隨自意語の略。

ズヰジイ 隨自意 〔術語〕隨自意語の略。

ズヰジイゴ 隨自意語 〔術語〕如來三語の一。佛自意に隨順して自から證する所の一實等の法を說くもの。【涅槃經三十五】に「如二我所說十二部經一。或隨自意說。或隨他意說。或隨自他意說。」

ズヰジイザンマイ 隨自意三昧 〔術語〕台家の四種三昧中、非行非坐三昧の別名。天台は四句を成さん爲めに非行非坐と云ひ、南岳は實に就きて隨自意と云ふ。意の起るとき即ち三昧を修す、行坐に關せざるなり。

ズヰジジツケウ 隨自實敎 〔術語〕佛の隨自意語の眞實敎なり。隨他意語の權敎に對して言ふ。

ズヰジヤウ 隨情 〔術語〕隨他意の異名。人情に隨順すること。【輔行】に「隨二順物情一名二隨他意一。亦名二隨情一。」

ズヰジヤリ 隨邪利 〔雜名〕「ズヰシヤリ」を見よ。

ズヰジユン 隨順 〔術語〕他の敎を信じ他の意に從ふなり。【文句二】に「供二養諸佛一者。只是隨二順佛語一。」

ズヰタ 隨他 〔術語〕隨他意語の略。

ズヰタイ 隨他意 〔術語〕隨他意語の略。

ズヰタイゴ 隨他意語 〔術語〕他の機情に隨つて說く方便の敎を云ふ。

ズヰタゴンケウ 隨他權敎 〔術語〕隨自意語は實敎にて隨他意語は權敎なり。

ズイチク 隨逐 〔術語〕親近して離れざると。【唐華嚴經一】に「親ニ近如來一。隨逐不レ捨。」【觀念法門】に「隨逐影護。愛樂相見。」

ズヰテン 隨轉 〔術語〕隨轉理門の略。

ズヰテンセンゼツシヨホフキヤウ 隨轉宣說諸法經 〔經名〕具名、佛說大乘隨轉宣說諸法經、三卷、趙宋の紹德等譯。諸法無行經の異譯。【宇帙二】(1012)

ズヰテンセンゼツホフキヤウ 隨轉宣說法經 〔經名〕前項を見よ。

ズヰテンモン 隨轉門 〔術語〕隨轉理門の略。

ズヰテンリモン 隨轉理門 〔術語〕法相宗の用語、佛菩薩の本意に隨つて其實義を明すを眞實理門と云ひ、他の機情に隨轉して方便の說を爲すを隨轉理門と云ふ。此二門を以て諸乘中の相違を會するなり。【唯識樞要上本】に「開ニ隨轉眞實理門一。令レ知ニ三藏等不ニ相違一故。」【唯識論五】に「然有經中說ニ六識一者當レ知彼是隨轉理門。」【同述記】に「隨轉理門依ニ小根器一故。」【菩提心義一】に「古法相師用ニ二種門一。一隨轉理門。二眞實理門。」【大日經疏四】に「是隨轉門。非ニ其具體一。」

ズヰナンベツゲ 隨難別解 〔術語〕經論を釋するに其中の難義に隨つて別別に解釋するを云ふ。總釋大意と言ふに對す。

ズヰネンセン 隨年錢 〔行事〕其人の年數に應じて錢財を施與するを云ふ。【聯燈會要亡名尊宿章】に「昔有ニ施主一。入レ寺行ニ衆諸隨年錢一。知事云。聖僧前著ニ一分一。施主云。聖僧年多少。僧無レ對。法眼代云。心斯滿處即知。」

ズヰネンフンベツ 隨念分別 〔術語〕三種分別の一。過去の境を追念すると。唯意識の作用のみ存す。

ズヰハウビニ 隨方毘尼 〔術語〕戒律の中に於て佛の未だ禁止せざる事、佛の未だ開許ぜざる事、即ち開廢(開許禁止)を經ざる新事例に於ては、其時其處の宜きに隨つて開廢するを得るを隨方毘尼と云ふ。【有部百一羯磨十】に「爾時佛在ニ拘尸那城壯士生池娑羅雙樹間一。臨レ欲ニ涅槃一告ニ諸苾芻一曰。我先爲ニ汝等一廣已開ニ闡毘奈耶敎一。而未ニ略說一。汝等今時宜レ聽ニ略敎一。(梵云僧泣多毘奈耶)且如下有レ事我於ニ先來一非レ許非上レ聽。若於ニ此事一順ニ不清淨一違ニ淸淨一者。此是不淨。即不レ應レ行。若事順ニ淸淨一違ニ不淸淨一者。此即是淨。應ニ可ニ順行一。」然るに五分律に依れば假令ひ世尊の開遮を經ることも餘方に於て取捨するを許すに似たり。【律二十二】に「告ニ諸比丘一。雖ニ是我所制一而於ニ餘方一不ニ以爲ニ淸淨一者皆不レ應レ用。雖レ非ニ我所制一而於ニ餘方一必應レ行者皆不レ得レ不レ行。」依て義淨三藏は五分律の文を以て譯者の謬となす。【寄歸傳二】に「有ニ現著ニ非法衣服一將爲レ無レ過。引ニ彼略敎文一云。此方不淨餘方淸淨得ニ行無レ罪者。斯乃譯者之謬。意不レ然矣。」小乘涅槃經の說及び佛の平素の訓誡より見れば却て五分律正しき如し。

ズヰブン 隨分 〔術語〕力量の分限に隨ふと。【唐華嚴經三十四】に「餘波羅蜜非レ不ニ修行一。但隨レ力隨レ分。」【圓覺經】に「隨レ分思察。」【佛地論七】に「我今隨レ分已略釋。」因本分に隨ふ義なり。【正法念經一】に「六道四生隨ニ其本分一受ニ未來劫一。」

ズヰブンカク 隨分覺 〔術語〕起信論所說四覺の一。初地以上の法身菩薩の覺智を云ふ。台家六即中の分眞即に同じ。【起信論】に「如ニ法身菩薩等一。覺ニ於念住一念無ニ住相一。以レ離ニ分別麁念相一故名ニ隨分覺一。」

ズヰブンクワ 隨分果 〔術語〕隨分覺の結果なり。究竟覺に對して隨分と云ふ。

ズヰホフギヤウ 隨法行 〔術語〕聲聞乘の見道の聖者にて利根なるもの。隨信行の鈍根に對す。自ら法を思惟して行を成ぜし人なり。「ズヰシンギヤウ」を見よ。

ズヰボンズイサン 隨犯隨懺 〔術語〕愚惡の凡夫罪を斷ずると能はざれば、隨つて犯かせば隨つて懺悔し、以て罪を消除するを云ふ。【往生禮讚】に「無間修。所レ謂相續恭敬禮拜。稱名讚嘆。憶念觀察。廻向發願。心心相續。不下以ニ餘業一來間上。故云ニ無間修一。又不下以ニ貪瞋煩惱一來間上。隨犯隨懺不レ令ニ隔レ念隔レ時隔レ日常使ニ淸淨一。亦名ニ無間修一。」

ズヰボンズイセイ 隨犯隨制 〔術語〕大乘戒の一時頓制に對して小乘戒を隨犯隨制と云ふ。小乘戒は佛の成道後十二年已來弟子の漸く法を犯すに隨て漸く制し、以て二百五十戒を具足せしもの。

ズヰボンノウ 隨煩惱 〔術語〕又、隨惑。倶舍論に二義あり、一は一切の煩惱に名く、一切の煩惱皆心に隨逐して惱亂の事を爲せばなり。二は六隨眠の根本煩惱に對して自餘の煩惱を隨煩惱と名け、又根本に對して枝末惑とも名く、七十五法中六大煩惱の無明の一を除きし五大煩惱と、大不善の二と、小煩惱

の十と、不定の中の不善の睡眠と惡作との十九法是なり。【倶舍論二十一】に「此諸煩惱亦名二隨煩惱一。以三皆隨レ心爲二惱亂事一故。復有下此餘異二諸煩惱一染汚心所行蘊所攝上。隨二煩惱一起故亦名二隨煩惱一。不レ名二煩惱一非二根本一故。」大乘百法の中には六大惑（六隨眠に同じ）の根本煩惱に對して自餘の二十を隨煩惱と名く。忿、恨、惱、覆、誑、諂、憍、害、嫉、慳の十を小隨惑とし、無慚、無愧の二を中隨惑とし、不信、懈怠、放逸、惛沈、掉擧、失念、不正知、散亂の八を大隨惑とし、此三種二十の煩惱は盡く他の根本煩惱に隨つて起れば隨煩惱と名く。【唯識論六】に「唯是煩惱分別差別。等流性。故名二隨煩惱一。」

ズヰマウ 隨妄 〔術語〕眞如妄緣に隨つて種種の染法を生ずるなり。◉（平家）「法性隨妄の雲」

ズヰミヤウシヤクギ 隨名釋義 〔術語〕エミヤウシヤクギに同じ。

ズヰメン 隨眠 〔術語〕小乘有部の宗義には煩惱の異名とし、大乘唯識の宗義には煩惱障所知障の種子の名とす。有部の義は貪瞋等の煩惱有情に隨逐して離れざれば隨と云ひ、煩惱の狀體幽微にして了知し難きと猶ほ睡眠の狀體の如くなれば眠と云ふ。又、有情は隨逐して昏滯を增すこと睡眠の如くなれば隨眠と名く。【倶舍論光記十九】に「隨二逐有情一名レ隨。行相微細名レ眠。如二人睡眠行相難一レ了。」【倶舍頌疏十九】に「貪等煩惱名曰二隨眠一。隨二逐有情一增二昏滯一故名二隨眠一。」唯識の義は諸惑の種子人に隨逐して阿賴耶識の中に眠伏すれば隨眠と名け、又諸惑の種子人に隨逐して益過失を增すこと人の眠に耽て益眠を長ずる如くなれば隨眠と名く。【唯識論九】に「隨二逐有情一眠二伏藏識一。或隨增レ過故名二隨眠一。即是所知煩惱性種。」

六隨眠 〔名數〕倶舍論の所說。一に貪、二に瞋、三に慢、四に無明、五に見、六に疑。唯識には之を六根本煩惱と稱す。【倶舍論十九】

七隨眠 〔名數〕倶舍論の所說、前の貪の一を欲界の貪と上二界の貪との二に分ちて七隨眠となす。一に欲貪隨眠（欲界の貪なり）、二に瞋隨眠、三に有貪隨眠（上二界の貪）、四に慢隨眠、五に無明隨眠、六に見隨眠、七に疑隨眠。【倶舍論十九】

十隨眠 〔名數〕六隨眠の中の見を開きて五見となし、以て十隨眠とす。五見とは一に有身見、二に邊執見、三に邪見、四に見取見、五に戒禁取見。「ゴケン」を見よ。【倶舍論十九】

十二隨眠 〔名數〕前の十隨眠の中に貪の一を欲貪、色貪、無色貪（即ち三界の貪）の三に分ちて十二隨眠とす。【衆事分阿毘曇論三】

九十八隨眠 〔名數〕前の十隨眠と見道所斷と修道所斷との二に分ち、其見道所斷の分を三界の四諦に配屬して八十八を分ち、修道所斷の分を三界に配屬して十を分ち、以て九十八の數を得。

ズヰメンムミヤウ 隨眠無明 〔術語〕四無明の一。無明煩惱のこと。無明煩惱は常に衆生に隨逐して第八識中に眠伏するが故に名く。

ズヰモンサシヤク 隨文作釋 〔術語〕經論の釋を作るに當りて玄義即ち總論を作り、後文句に付て釋す。「モンク」と云ふ之なり。字句の逐次釋なり。

ズヰラン 隨藍 〔地名〕風の名。譯、迅猛。「ビラン」を見よ。

ズヰリヤウダイセウトンゲンイチサウ 隨量大小頓現一相 〔術語〕有形的事物の阿賴耶識より變現するさまを說きしもの。小乘の說は極微を實質と立て、極微集聚して小大萬差の事物を成ずと云ひ、大乘は小を積で大を成し、大を析して小を成すを許さず。大は大のままに識より現ずるもの、小は小のままに心より變ずるもの、物に集散來往ある如く見ゆるも其の實刹那刹那に其の分量の如く心より變現するものなりと云ふ。」【唯識論一】に「然識變時。隨二量大小一頓現二一相一。非下別變二作衆多極微一合成中一物上。」「形を現じ數を垂ること。」

ズヰルヰ 隨類 〔術語〕佛菩薩の衆生の類に隨て

ズヰルヰオウドウ 隨類應同 〔術語〕佛が衆生の機類に隨ひ根性にかなひたる敎化を施すを云ふ。

ズヰルヰフヂヤウ 隨類不定 〔術語〕佛が衆生を濟度し給ふに、その機類に應じて諸種の身を現じ。滿虛空身、丈六身等と不定なること。

ズヰワク 隨惑 〔術語〕隨煩惱に同じ。【最勝王經一】に「煩惱隨惑皆是客塵。法性是主。」

せ

セ 世 〔術語〕梵語、路迦 Loka 世俗のこと。破毀すべきもの、生滅に隨するもの、眞理を覆ふもの。【義林章二末】に「世謂隱覆可二毀壞一義。」又「性墮二起盡一名レ之爲レ世。」【唯識述記一本】に「可二毀壞一故。有二對治一故。隱二眞理一故。名レ之爲レ世。」又、時の異名。遷流の義。【楞嚴經】に「世爲二遷流一。乃至過去未來現在爲レ世。」【十地義記一本】に「世名爲レ時。」

セ 施 〔術語〕梵語、檀那 Dāna 慳惜を離れて他に施與する義。【唯識論九】に「施以二無貪及彼所起三

業一爲レ性。」又「施有二三種一。謂財施。無畏施。法施。」

セアウ 世英 〔術語〕佛の尊稱。佛は一切世間に於て最上の英勝なり。【無量壽經上】に「今日世英住二最勝道一。」

セイアクケンロン 制惡見論 〔書名〕玄弉三藏印度に於て作り、以て外道の惡見を破す。【唯識述記七末】に「我之大師。戒日大王爲設二十八日無遮會一時。造二制惡見論一。」

セイカイ 誓戒 〔術語〕誓と戒とを持すると。【釋門正統三】に「法智載二嚴於誓戒一。」

セイカイ 制戒 〔術語〕佛、弟子に對して戒律を制すると。

セイカジ 栖霞寺 〔寺名〕【拾芥抄】に「嵯峨野西。寺説云。以二恒寂一爲二始祖一。」【花鳥餘情】に「棲霞館は左大臣融公の山庄也。後寺と成し棲霞寺と云ふ。今の清涼寺の東に在る阿彌陀堂是也。清涼寺は其西に有る寺也。法橋上人奝然申請て釋迦堂を建立すと。」奝然歸朝の初め優塡の瑞像を栖霞寺に奉じ、後に其西隣に清涼山寺を建てて瑞像を移し釋迦堂と稱す。

セイキヤウ 制經 〔經名〕長者子制經の略名。

セイキヤウ 逝經 〔經名〕菩薩逝經の略名。

セイクワ 井華 〔雜語〕後夜の井水を華水と云ふ。「ケスヰ」を見よ。⊙（盛衰記）「井華の水を汲む事慈尊の朝三會の曉を待つ」

セイクワウ 棲光 〔術語〕如來の涅槃を云ふ。光を棲むる義。【資持記上一之二】に「如來滅度。常光隨テ息。故曰二棲光一。」

セイグ 逝宮 〔雜名〕梵王宮及び人宮を云ふ。逝は遷流無常の義。【倶舍光記十八】に「逝宮謂梵王宮ナリ。以二彼梵王計一レ彼爲レ常佛爲レ對二治彼常計一故。故名二梵宮一。逝是無常義。又解。逝宮所謂人宮ナリ。人宮速歸二磨滅一故言二逝宮一。」図 日月星辰の宮殿を云ふ。逝は逝行の義。【住心論】に「二明二日月星宮一。是亦名二遊虛空天一。古名二逝宮一。」

セイグワン 誓願 〔術語〕誓を立てて事を願ふなり。諸佛菩薩には必ず總別二種の誓願あり、總の誓願とは四弘誓願是なり、別の誓願とは阿彌陀佛の四十八願、藥師の十二願の如き是なり。【探玄記二】に「隨レ心求レ義爲レ願。要契至誠爲レ誓。」【止觀七】に「發願者誓也。如レ許二人物一若不レ分レ券物則不レ定。施二衆生善一若不レ要レ心或恐二退悔一。加レ之以レ誓。」【法華經方便品】に「舍利弗當レ知。我本立二誓願一。欲レ令二一切衆生如レ我等無一レ異。」

セイグワンアンラク 誓願安樂 〔術語〕誓願安樂行の略。

セイグワンアンラクギヤウ 誓願安樂行 〔術語〕四安樂行の第四。一切衆生を佛道に入れしめんとの誓願を立てて安樂に法華を行ずる法なり。「シアンラクギヤウ」を見よ。

セイグワンカウ 誓願講 〔行事〕彌陀の誓願の講會の名。【寶物集五】に「首楞嚴院の明賢が誓願講の式」

セイグワンフシギ 誓願不思議 〔術語〕彌陀の誓願不思議にして助かるまじき惡人も助けらること、凡夫の思慮分別を超えたるを云ふ。

セイグワンリキ 誓願力 〔術語〕佛の因位の時大願を興して誓ひし所。果得の功德力は全く因位の誓願によりて成ぜられたるなり。

セイケウ 制敎 〔術語〕戒律を云ふ。毘尼藏の所詮是れ邪非を制止する敎なればなり。【南山戒疏一上】に「敎由レ制興。故名二制敎一。」

セイケウイツチ 政敎一致 〔雜名〕政治と宗敎とを混じて宗敎的立脚地より天下に號令すること。

セイケウノサンシユウ 制敎三宗 〔名數〕「ケセイニケウ」を見よ。

セイケン 聖賢 〔雜名〕聖者と賢者を云ふ。

セイゲン 清源 〔人名〕次項を見よ。

セイゲン 青原 〔人名〕清源行思禪師の別號。師吉州青原山に住す。もと清源なり、禪書多く青原に作る。六祖慧能の下に青原南岳の二大法統を出し、青原の法流に曹洞あり、南岳の末流に臨濟あり。

セイゴン 誓言 〔術語〕誓約の言。【法華經見寶塔品】に「今於二佛前一自説二誓言一。」

セイザンヂユウブ 西山住部 〔流派〕Aparaśaila 小乘二十部の一。大衆部中初度の分派なり。【宗輪論述記】

セイザンノシリフ 西山四流 〔流派〕淨土宗西山派の祖證空の四哲各一流を開く。次項參照。

セイザンハ 西山派 〔流派〕淨土宗の一派。法然の弟子善慧房證空西山粟生野に於て光明寺を建てて、一流の念佛を弘む。又四流に分つ、一に西谷、淨音 光明寺、禪林寺なり、二に深草、圓空立信 眞宗院、誓願寺、圓福寺なり、三に東山、證入觀境 阿彌陀院、今廢す、四に小倉、（嵯峨）證慧道觀 淨金剛院、今廢す。【眞宗名目】

セイシ 勢至 〔菩薩〕具名、大勢至菩薩、得大勢。梵語、摩訶那鉢 Mahāsthāmaprāpta 阿彌陀三尊の一。阿彌陀の右脇に侍して佛の智門を主るもの。菩薩の大智一切處に至る故に大勢至と名く。眞言には胎藏界觀音院の一尊なり。【觀無量壽經】に「以二智慧光一普照二一切一。令レ離二三塗一。得二無上力一。是故號二此菩薩一

名二大勢至一。」【觀世音菩薩受記經】に「得大勢。」【大日經一】に「次近二毘倶胝一畫二得大勢尊一。彼服二商佉色一大悲蓮華手。滋榮而未レ敷。」【同疏五】に「如三世國王大臣威勢自在名爲二大勢一。言此聖者以レ至レ得二如レ是大悲自在之位一故以爲レ名。」⊙(榮花、朝緣)「阿彌陀、觀音、勢至」

(勢至菩薩の圖)

セイシ 勢至寶冠載父母遺骨 〔雜語〕【觀無量壽經】に「頂上肉髻如二盔頭摩華一。於二肉髻上一有二一寶瓶一。盛二諸光一。明普現二佛事一。」【定善義楷定記八】に本緣經を引て此瓶中に父母の遺骨を盛るとを記す、本緣經未だ詳ならず。【童子敎】に「觀音爲二師敬一寶冠戴二彌陀一。勢至爲二親孝一頂二戴父母骨一。」存覺の【報恩記】に「觀音は師長の徳の重き事を表して彌陀を戴き、勢至は父母の恩の厚き事を顯して寶瓶の中に前生の父母の遺骨を納めたり。」

セイシクワン 勢至觀 〔修法〕觀經所說十六觀の第十一。勢至菩薩の身相を觀想する觀法なり。

月は勢至の化現 〔雜語〕「グワッテンシ」を見よ。

セイシダ 逝瑟吒 〔雜名〕Jyaiṣṭha 月の名。陰曆三月十五日より四月十五日に至る。【西域記二】

セイシン 棲神 〔雜語〕精神を棲息して他に移さざるなり。【維摩經序】に「尋二翫玆典一以爲二棲神之宅一。」

セイシン 逝心 〔雜語〕婆羅門のこと、舊譯家は婆羅門を譯して逝心と云ふ。遠く心を梵行に止むる意歟。

セイシン 棲身 〔術語〕身を一處に棲息すると。【四敎儀集註上】に「此山即大師棲身入寂之所。」

セイシン 靑心 〔雜語〕靜慮の略字。靜の靑を採り慮の心を採りたるなり。

セイジヤウ 西淨 〔雜名〕禪林の稱、せいちんと呼ぶ、俗に雪隱の字を用ふ。「セイチン」を見よ。

セイジヨ 西序 〔役名〕禪門の職位朝廷の兩階に擬して東序西序の兩班を分つ。「リヤウジヨ」を見よ。

セイスヰ 誓水 〔雜語〕又、金剛水と云ふ。誓の水なり、眞言の行者三昧耶戒を受くるとき、誓約を表する爲に飲む水の名。【大日經疏五】に「又於二別器一調二和香水一以二鬱金龍腦旃檀等種種妙香一。亦以二眞言一加持。授與令レ飲二少許一。此名二金剛水一。以二秘密加持一故乃至地獄重障皆悉除滅。內外俱淨堪レ爲二法器一也。阿闍梨言。此即名爲二誓水一。亦順二世諦一猶如二盟誓之法一。令下於二一切衆聖前一噵二此香水一自誓中眞心上。要レ令レ不レ退二大菩提心願一也。」【大疏演奧鈔十二】に「今謂即事而眞自宗大旨也。而第六日是受戒日也。其戒體者即此誓水也。常途敎淺深雖レ異皆以二幽邃玄理一爲二戒體一。而今作二秘密加持一戒香和二鑁水一令レ飲二服受者一。故尸羅戒體納二得心中一。甚深得益難思法門也。」又、五瓶に盛る灌頂の水に名く、是れ諸佛本誓の智水なればなり。⊙(盛衰記)に「五部灌頂誓水を灑ぎ」

セイセイスヰチク 靑靑翠竹 〔雜語〕「ウツウツカウクワ」を見よ。

セイセツハ 淸拙派 〔流派〕禪宗二十四流の一。「淸拙大鑑禪師の一派。

セイソク 勢速 〔術語〕廿四不相應行法の一。諸行迅速の義なり。有爲法の念念生滅して轉移の速なるを云ふ。

セイタ 制多 〔術語〕Caitya 又、制底、制怛羅。舊稱、支提。「シダイ」を見よ。

セイタ 逝多 〔人名〕Jetṛ 又 Jeta 又、誓多、舊稱、祇陀。舍衛國波斯匿王の太子の名。譯、戰勝。【玄應音義二十五】に「逝多。此云二戰勝一。是倶薩羅國波斯匿王之子也。太子誕生之日、王破二賊軍一內宮聞奏。因以名也。舊云二祇陀一。或云二移多一。亦言二祇洹一皆訛也。移音是奚切。」

逝多林 〔地名〕Jetavana 舊稱、祇陀林、祇洹林。もと逝多太子所有の林なれば逝多林と云ふ。須達長者之を買ひて精舍を建て、以て佛に獻ず。祇洹精舍是なり。【西域記六】に「逝多林。唐言二勝林一。舊曰二祇陀一訛也。」⊙(榮花、音樂)「逝多林には六千の比丘上首とし給ふ」

セイタイ 制體 〔堂塔〕Caitya セイテイと讀む。制底に同じ。【秘藏寶鑰上】に「制體旗光。」

セイタカ 制多迦 〔天名〕Cetaka 制吒迦、制吒迦難。不動明王八大童子の第八。譯、福聚勝者。惡瞋の相を現ず。【聖無動尊成就使者法品】に「若制吒迦難。唐言二福聚勝者一。造二畫其像一面目忿怒。」「コンカラ」を見よ。⊙(平家五)「我はこれ大聖不動明王の御使に金伽羅、勢多伽といふ二

(制多迦の圖)

童子なり」

セイタサンブ　制多山部　［流派］ Jetavanīyā　小乘二十部の一。大衆部の大天制多山に住して部を立つ。制多は梵語、譯、靈廟。【宗輪論述記】に「制多者即先云二支提一訛也。此云二靈廟一。即安三置聖靈廟一處也。此山多有二此制多一故因レ此立レ名。」（述記の解非也）

セイタラ　制怛羅　［雜名］ Caitra　星の名。此星正月に現ず、依て正月を制怛羅月と名く。【倶舍光記三十】に「制怛羅是星名。正月出現。正月從二此星一爲レ名。」【西域記二】に「春三月。謂制怛羅月。吠舍佉月。逝瑟吒月。」図 人の名。此月に生ずるを以て名く。【玄應音義二十四】に「制怛羅人名也。此正月星名。西國立レ名多レ此也。」

セイダウ　西堂　［職位］ 禪林の稱。當寺前住の人を東堂と名け、他山退隱の長老來て本寺に住するを西堂と名く。西は是れ賓位なればなり。【象器箋五】淨家此名を襲聞し長老を上人と稱し、次を西堂と稱す。【啓蒙隨錄】

セイチ　制底　［堂塔］ Caitya　質底に同じ。積聚の義。佛塔を云ふ。【大日經疏五】に「制底。翻爲二福聚一。謂諸佛一切功德聚在二其中一。」【三種悉地陀羅尼法】に「梵音制底。與二質多一體同。此中秘密謂レ心爲二佛塔一也。」【寄歸傳三】に「制底是積聚義。」

セイチサイムイダラニキヤウ　施一切無畏陀羅尼經　［經名］ 一卷、宋の施護譯。佛帝釋天の爲に說く。【成帙八】（989）

セイチサイムイボサツ　施一切無畏菩薩　［菩薩］ 除蓋障院の八菩薩の一尊なり。「ヂョガイシヤウヰン」を見よ。

セイチハンデイ　制底畔睇　［雜語］ Caitya-Vandana　佛塔を敬拜するを云ふ。【寄歸傳二】に「制底畔睇。或云二制底畔彈那一。乃至畔睇者敬禮也。凡欲三出レ外禮二拜尊像一。有人問云。何所之適。答曰我向二其處一。制底畔睇。」

セイチヤウニケウ　制聽二敎　［名數］ 戒學の語。佛の制法として必ず持せざるべからざる法を制と云ひ、便宜の爲に聽るされて隨意に行ふを得る法を聽と云ふ。故に制法は之を行はざれば罪を得、聽法は之を持せざるも罪を得ず、譬へば比丘の三衣比丘尼の五衣の如きは制法なり。百一資具の如きは聽法なり。亦此意を以て佛の敎法を分別し、律藏を制敎とし經論二藏を聽敎とす。【戒疏一上、行事鈔中】

セイチン　西淨　［雜名］ 禪林の稱。西序の人の上る所の廁を云ふ。廁は至て不淨の處なれば必ず淨潔なるを要するを以て淨と名く。之に對して東淨あり。然るに後世西淨を以て廁の總名となす。又西淨雪隱唐音相近し、遂に本名を失ひて雪隱の字を用ふ。雪隱は唐の靈隱の淨頭寮（ちんぢう 掃除拭の寮。）の扁額の文字なり、雪竇の顯禪師曾て靈隱に在て淨頭職に隱る、依つて靈隱の淨頭寮を雪隱と云ふ。以て廁處の名となすは當らず。【象器箋二】

セイドウジキヤウ　逝童子經　［經名］ 一卷、西晉の支法度譯。逝は梵語逝多の略。譯、勝。童子の名。此經他に二譯あり、安世高の譯に長者子制と云ひ、白法祖の譯に菩薩逝と云ふ。年十六の時佛其家に至り。逝母に勸めて施を行ぜしめ、佛爲に授記す。【宙帙七】（223）

セイニ　西尼　［人名］ 西尼迦の略、外道の名。

セイニカ　西儞迦　［人名］ Sinika　外道の名。「センニ」を見よ。

セイバン　西班　［職位］ 西序に同じ。「リヤウバン」を見よ。

セイフジヤウシヤウガク　誓不成正覺　［雜語］ 彌陀如來、菩薩の時に四十八願を立て已て更に誓を立つ、斯願滿足せずんば我れ成佛せずと。【無量壽經上】に「我建二超世願一。必至二無上道一。斯願不二滿足一。誓不レ成二正覺一。我於二無量劫一。不下爲二大施主一普濟中諸貧苦上。誓不レ成二正覺一。我至レ成二佛道一名聲超二十方一。究竟靡レ所レ聞。誓不レ成二正覺一。」之を三誓偈と云ふ。

セイブ　勢峯　［雜名］ 陰莖なり。【慧琳音義四十八】に「勢峯謂陰莖也。舊言二馬陰藏相一是也。」

セイブジフシヤウ　誓扶習生　［術語］ 又扶習潤生と云ふ。台家の所談。通敎の十地中第九の菩薩地に於て誓願を以て見思の習氣を扶けて三界の生を受け、以て衆生を度するを云ふ。十地中第七の已辨地に於て既に見思の正使を斷じ已るを以て、三界六道に受生して衆生を度すると能はず、何を以て利他の行を滿ぜん。若し藏敎の菩薩は三祇百劫の間一毫の見思を斷ぜざれば（唯制伏するのみ。）之を以て受生すべく、別圓二敎は無明を以て受生の因となし、通敎に於ては無明受生の義なく、又第七地に於て既に阿羅漢と共に三界の見思を斷ずれば今は殘餘の習氣に於て誓願と慈悲との二力を加へ、以て受生化度の自在を得となす。即ち誓願慈悲の二力を以て見思の習氣を扶持して三界の生業を潤せば扶習潤生とも云ふ。法相家に初地以上七地以下の菩薩留惑潤生の義之に當る。【智度論二十七】に「菩薩得二無生法忍一。煩惱已盡習氣未レ除。故因二習氣及法性生身一能自在化レ生。有二大慈悲一爲レ化二衆生一故。亦爲レ滿二本願一故。還二來世間一。」【唯識論九】に「留二煩惱障一助レ願受レ生。」【四敎儀集解下】に「九二菩

薩地。見思已亡名二正使盡一。此約二自行一。故同二二乘一。若欲二利他一則須レ扶レ習。扶謂扶持。習即見思之氣分也。潤謂潤益。生即分段之形生也。所謂扶三持見思之氣分一而潤益。故受レ生焉。」【七帖見聞六本】

セイメンコンゴウ 青面金剛 〔神名〕 青き面色の金剛童子なり。大威力あり能く病魔病鬼を制伏す。依て諸の惡靈邪鬼の難を除く爲に之を祈念す。【陀羅尼集經九】に壇法及び畵像の法を說く。此法山門東寺共に根本に於て之をなし、智證大師初めて之を傳來して三井流の秘法となす。後に山門東寺共に之を行ふ。此尊は金剛夜叉と一體、又孔雀經法と一體として習ふなり。【溪嵐拾葉集八】俗に庚申會なるものありて青面金剛を本尊となすは經軌の據るべきなし、況んや猿を附し雞を畵くをや。「カウジンヱ」を見よ。

形像 〔術語〕 【陀羅尼集經九大青面金剛呪法】に「一身四手。左邊上手把二三股叉一。下手把レ棒。右邊上手掌拈二一輪一。左手把二羂索一。其身青色。面大張レ口狗牙上出。眼赤如レ血而有二三眼一。頂戴二髑髏一。頭髮聳豎如二火焰色一。頂纏二大蛇一。兩膊各有三倒懸二一龍一。龍頭相向。其像腰纏二二大赤蛇一。兩脚腕上亦纏二大赤蛇一。所レ把棒上亦纏二大蛇一。虎皮縵レ胯。髑髏瓔珞。像兩脚下各安二一鬼一。其像左右兩邊各當レ作二一青衣童子一。髮髻兩角手執二香爐一。其像右邊作二二藥叉一。一赤一黃執レ刀執レ索。其像左邊作二二藥叉一。一白一黑執レ銷執レ叉。形像並皆甚可二怖畏一。手足並作二藥叉手足一其爪長利。」

セイモン 制門 〔術語〕 如來悲德の垂るる所五逆十惡猶攝取するを開門とし、如來智德の發する所諸惡を制止して毫も容赦するとなきを制門とす。所謂化制二敎是なり。

セイヤ 誓耶 〔術語〕 譯、勝頂、五佛頂の第二。【大日經疏五】

セイヤク 誓約 〔術語〕 誓願約束。佛菩薩の救濟に就て言ふ。

セイラ 勢羅 〔雜語〕 Śaila 譯、山。【名義集三】又梵語播囉嚩多。Parvata 又、擬里 Giri 【梵語雜名】

セイリウジギキ 青龍寺儀軌 〔經名〕 大毘盧遮那成佛神變加持經蓮華胎藏菩提幢標幟普通眞言藏廣大成就瑜伽の異名。三卷、唐の法全青龍寺に在て譯出す。大日經四部儀軌の一。【餘帙六】又、青龍寺儀軌一卷あり、失譯。【餘帙四】

セイリウシヨ 青龍疏 〔書名〕 唐の青龍寺の翻經沙門良賁(りやうひ)、勅を奉じて新譯仁王經の疏三卷を作る、青龍疏と稱す。又、青龍寺の沙門道氤玄宗の詔を奉じて金剛經の疏を造る、亦青龍疏と稱す。

セイロ 井臚 〔公案〕 井戸と驢馬なり。【曹山錄】に「師問二德上座一曰。佛眞法身猶如二虛空一。應レ物現レ形如二水中月一。作麼生說二應底道理一。德曰。如二驢覰レ井。山曰只道二得八成一。德曰。和尚作麼生。山曰。如二井覰レ驢。」

セイロン 錫崙 〔地名〕 印度半島の東南端の一島。世尊傳道の地と稱すれども非なり。阿育王の王子摩哂陀開敎の地、ランカ又は獅子州と云ふ。

セウ 世友 〔人名〕 菩薩の名。佛滅後四百年に出世し、婆沙四評家の一にて、迦膩色迦王迦濕彌羅國に於て薩婆多部の三藏を結集するとき五百賢聖の上座となり、又有部宗輪論を著して小乘の二十部を敍す。【倶舍光記二十】に「世是天名。與レ天逐テ友故名二世友一。父母慇レ子恐二惡鬼神之所一レ加レ害言二天逐友一。彼不二敢損一。故以爲レ名焉。梵名二筏蘇密咀羅一。Vasumitra 筏蘇名レ世。密咀羅名レ友。舊云二和須密一訛也。」【西域記三】に「其王是時與二諸羅漢一自レ彼而至居レ此也。世友曰。諸賢於レ法無レ疑。代レ佛施レ化。方集二大義一欲レ製二正論一。我雖二不敏一粗達二微言一。三藏玄文五明至理。頗亦沈研得二其趣一矣。諸羅漢曰。言不レ可二以若ヒ是。汝宜二屛居一。疾證二無學一。已而會レ此時未レ晩也。世友曰。我顧二無學一其猶二洟唾一。志求二佛果一不レ趍二小徑一。擲二此縷丸一未レ墜二于地一。必當證三得無學聖果一。乃至於レ是世友即擲二縷丸空中一。諸天接二縷丸一而請曰。方證二佛果一次補二慈氏一。三界特尊四生攸レ賴。如何於レ此欲レ證二小果一。時諸羅漢見二是事一已。謝レ咎推レ德請爲二上座一凡有二疑議一咸取決焉。」【宗輪論述記】に「異部宗輪論者。佛圓寂後四百許年。說一切有部世友菩薩之所レ作也。」

セウ 麨 〔飮食〕 梵語、怛鉢那(たはな)。乾飯を粹屑せしもの。【廣韻】に「麨糗也。糗音去久反。乾飯屑也。」

セウ 鈔 〔雜語〕 廣博の文義を要略せしもの。【資持記上一之二】に「鈔者有二二義一。一採摘義。二包攝義。」

セウアシ 小阿師 〔雜語〕 阿字に意なし、小師と言ふ如し。阿は阿誰阿爺の如く親んで人を呼ぶ語辭。和語に「お孃」の「お」【臨濟錄】に「後生小阿師。」

セウアミダキヤウ 小阿彌陀經 〔經名〕 佛說阿彌陀經の異名。阿彌陀の事を說ける經典の最も小品なり。又、無量壽經の異譯に大阿彌陀經と稱するものあるに對す。

セウトウハウ 照于東方 〔雜語〕 法華說法時の奇瑞なり。【法華經序品】に「爾時佛。放二眉間白毫相光一。照二于東方萬八千世界一。」◉(續千載)「春のくる方を照して法の花ひらくる時を世にぞしらする」

セウカイ 小界 〔術語〕 三種結界の一。受戒、說戒、自恣等の爲に臨時に結成する小結界なり。【行事

鈔上二】

セウカイジヤウ　小開靜　〔術語〕「カイジヤウ」「を見よ。

セウカウ　少康　〔人名〕　唐の睦州烏龍山淨土道場の少康、俗姓は周氏。七歲にして出家し、十五歲越州の嘉祥寺に往て戒を受け、五夏の後上元の龍興寺に往て經論を學ぶ。貞元の初洛陽の白馬寺殿に至て善導の西方化導の文を得て大に喜び、遂に長安の光明寺善導の影堂に詣て發願して善導の靈告を得、心を專修念佛に決す。睦州に至て念佛道場を開き錢を市井に散じて念佛を唱へしむ。貞元二十一年寂。時人後善導と號す。【宋僧傳二十五、佛祖統紀二十六、樂師邦文類三】

セウカウ　燒香　〔儀式〕六種供養の一。世諦に釋せば邪氣を拂ひて神靈を請する爲なり、第一義諦に釋せば所修の功德を一切處に周遍せしむる爲なり。【大日經疏八】に「燒香是遍至法界義。如二天樹王開敷時香氣逆風順風自然遍布一。菩提香亦爾。隨二一一功德一即爲二慧火所一レ燒解脫風所レ吹。隨二悲願力一自在而轉普熏二一切一。故曰二燒香一。」「カウ」を見よ。

セウカウジシヤ　燒香侍者　〔職位〕　禪家にて燒香の行禮を掌り、兼て法語を記錄する役僧。

セウキ　小機　〔術語〕　小乘の敎化を受くべき下劣の根機を云ふ。成佛の機にあらざるもの。

セウキヤウ　小經　〔經名〕　淨土門三部經の中に佛說阿彌陀經を云ふ。又の異名四紙經。「の略名。

セウキヤウ　鈔經　〔經名〕　摩訶般若波羅蜜鈔經

セウキヤウ　照鏡　〔雜語〕　戒法に於て自已の相好のために鏡を見るを越毘尼とす。病新に癒えたる後、或は新に髮を剃りたる時、又は顏面に瘡を生じたるときは照鏡するを得。

セウギヤウ　小行　〔術語〕　大乘の行法に對して小乘の行法を云ふ。図小便の異名。小便に行くなり。【釋氏要覽下】に「小行。往二小便一。律言二小行一。」

セウギヤウダウ　省行堂（ぎやうく）　〔堂塔〕　延壽堂の異名。病比丘をして身の行苦を省察せしむる意なり。「エンジユ」の項を見よ。

セウギヨクダンラウ　小玉檀郎　〔雜名〕「コダマ」を見よ。

セウクウ　小空　〔術語〕　小乘所說の空理を云ふ。是れ有を滅したる空にして索然ただ偏空なれば小空と名く。

セウクワウテン　少光天　〔界名〕　色界二禪天中第一天の名。

セウケン　蕉堅　〔人名〕　相國寺絕海の號。

セウゲン　昭玄　〔寺名〕　後魏の朝に昭玄寺を建て僧尼の總管所とす。【僧史略中】に「後魏有レ曰。初立二監福曹一以統三攝僧尼一。尋更爲二昭玄寺一也。故隋百官志曰。昭玄寺掌二佛敎一。署二大統一人統一人維那三人一。置二功曹主簿員一管二諸州群縣沙門一矣。」【佛祖統紀五十一】に「陳文帝。置二昭玄十統一。」昭玄大沙門統、昭玄沙門統、昭玄沙門都統、昭玄大統、昭玄上統等の稱あり。

セウコフ　小劫　〔術語〕　倶舍論に依れば人壽八萬歲より百年每に一年を減じて十歲に至り、又人壽十歲より百年每に一年を增して八萬歲に至る此增劫又は減劫の一一を小劫と名け、智度論に依れば此一增一減の二を合せて小劫となす。水鏡は倶舍論に依り、神皇正統記は智度論に依る。⦿（水鏡上）「人の命の八萬歲ありしが、百年といふに一年の命のつづまりつづまりして、十歲になるを一の小劫とは申すなり」

セウコン　小根　〔術語〕　小乘の敎を受くべき根性。【唯識述記一本】に「令三小根等漸登二聖位一。」【法華玄義一】に「初敎建立融不融。小根併不レ聞。次敎建立不融大根都不レ用。」

セウコンホフ　招魂法　〔雜語〕　儒に招魂と云ひ、佛に去識還來と云ふ。亡者の靈魂を招還し供養すること。

セウサイキチジヤウキヤウ　消災吉祥經　〔經名〕　佛說熾盛光大威德消災吉祥陀羅尼經の略名。一卷、不空譯。「に同じ。

セウサイキヤウ　消災經　〔經名〕　消災吉祥經

セウサイジユ　消災呪　〔眞言〕　陀羅尼の名。佛說熾盛光大威德消災吉祥陀羅尼經、一卷、不空譯。佛說大威德金輪佛頂熾盛光如來消除一切災難陀羅尼經、一卷、唐代失譯。二經同本異譯。此中に說く。【經】に「我今說下過去沙羅王如來所レ說熾盛光大威德陀羅尼除二災難一法上。乃至受三持讀三誦此陀羅尼一者。成三就八萬種吉祥事一。能除三滅八萬種不吉祥事一。」

セウサイダラニ　消災陀羅尼　〔眞言〕　消災呪「に同じ。

セウサウ　小草　〔譬喩〕　三草の一。五戒十善を修して人天の果報を得べき機類に譬ふ。「サンサウニモク」を見よ。

セウサン　小參　〔術語〕　禪林の稱。非時の說法を云ふ。上堂を大參と稱し、其規則大參より小なれば小參と云ふ。又家敎と稱す。【祖庭事苑八】に「禪門詰旦升堂謂二之早參一。日晡念誦謂二之晚參一。非時說法謂二之小參一。」

セウサンサイ　小三災　〔術語〕　減劫に末に起る三種の災厄。「サンサイ」を見よ。

セウサントウ　小參頭　〔職位〕　參頭の下に小參頭あり。

セウザイキ　少財鬼　〔異類〕　餓鬼にして少く食物を得るもの。「ガキ」を見よ。

セウザイゾクム　少在屬無　〔雜語〕少しの事は無きも同然なりと云ふと。「少なきは無に屬するに在り」と訓ずべし。理在絕言。貴在得悟の在の如し。

セウザタウ　小座湯　〔儀式〕禪林座湯の禮に大小あり、「ザタウ」を見よ。

セウシ　小師　〔術語〕具足戒を受けてより未だ十夏に滿たざる者の稱。又、弟子の稱。又、沙門謙下の稱。【寄歸傳三】に「西方行法。受二近圓一已去名二鐸曷羅一。譯爲二小師一。滿二十夏一名二悉他薛攞一。譯爲二住位一。得下離二依止一而住上。」【釋氏要覽上】に「亦通沙門之謙稱也。」

セウシウ　苕帚　〔故事〕【林間錄上】に「苕帚」とあるは非なり。掃帚に作るべし。周利槃特の故事なり。「シュリハンドク」を見よ。

セウシクワン　小止觀　〔書名〕修習止觀坐禪法要の異名。二卷、天台大師の著。

セウシサウ　小四相　〔術語〕又、隨相と名く。大四相に附隨する四相なり。「シサウ」を見よ。

セウシツ　少室　〔地名〕嵩岳の別峯にして魏の孝文佛陀禪師の爲に此に少林寺を立つる處。初祖達磨九年面壁の處。「セウリンジ」を見よ。

少室六門集　〔書名〕第一門心經頌、第二門破相論、第三門二種入、第四門安心法門、第五門悟性論、第六血脉論各一卷あり。禪門の諸師之を達磨の新撰として世に傳ふるもの。頗る疑ふべし。

セウシヤウ　召請　〔術語〕佛菩薩を勸請し又は人衆を召致すると。【大日經七】に「召請如二本敎一。」【涅槃經一】に「召二請涅槃衆一。」

セウシヤウ　小聖　〔術語〕聖者の中に證悟の淺きもの。小乘の四果を大乘に望むれば小聖なり。大乘の諸菩薩を佛に對すれば小聖なり。

セウシヤウドウジインミヤウ　召請童子印明　〔眞言〕「モンジユ」を見よ。

セウシヤウハウベンシンゴン　召請方便眞言　〔眞言〕南麽三曼多勃陀喃（歸命一切諸佛）阿（行也）薩嚩怛囉（二合）（一切）鉢囉（二合）底訶帝（所害）怛他引誐多（如來）矩奢鈎菩提折嚟耶（菩提行）鉢囉布囉迦（滿足）莎訶（成就）【同零妙疏下】に此の中の行とは謂く此の行に由て能く諸佛の大功德を招くなり、世間の鈎の如きは則ち處所の分劑ありて一切處に徧して鈎召を作すと能はず。今如來の鈎は則ち是の如くならず、善く一切に及んで加せざる所なし、乃至能く菩提の果を招くなり。要を以て之を言へば悉く一切如來の功德を滿たし、普く一切衆生を召して亦此の道を得しむるなり。故に次句に徧一切害と云ふ。害は即ち是れ鈎取して之を殘ふなり。徧く一切の不調伏者を害して皆菩提の行に於て妙果に趣き滿足を得しむるなり。」

セウシヤク　消釋　〔術語〕經文の難義を消除し義理の蘊結を解釋すると。【止觀七】に「隨レ語消釋。」

セウシヤクケ　小赤華　〔植物〕四華の一。梵語、曼殊沙華。譯、小赤華。【光宅法華疏一】に「曼殊沙華者。爲二小赤團華一。」「マンジユシヤケ」を見よ。

セウシユウ　小宗　〔雜名〕小乘の宗家を云ふ。【義林章二本】に「二小宗所有二諦。」

セウジ　蕭寺　〔雜名〕寺の異名。梁の武帝多く寺を造て姓を以て名とせるに本く。【釋氏要覽上】に「今多稱二僧居一爲二蕭寺一者。必因二梁武造レ寺以レ姓爲レ題也。」

セウジキ　小食　〔飮食〕和訓コヅケ粥。禪家早晨の食。亦點心と云ふ。【海龍王經請佛品】に「爾時海龍王白レ佛言。唯佛加レ哀詣二我宮中一。屈レ神小食。」

セウジヤウ　小靜　〔術語〕小開靜の略。「カイジヤウ」を見よ。

セウジヤウキ　小祥忌　〔儀式〕一周忌なり、小祥は儒典の一年祭の名なり。

セウジヤウテン　少淨天　〔界名〕色界第三禪の第一天の名。意識に淨妙の樂を受くる故に淨と名け、第三禪天の中に於て此天最少なれば少淨と名く。【頌疏世間品一】

セウジヤク　照寂　〔術語〕眞如の妙用十方を照すを照と云ひ、眞如の妙體諸過を離るるを寂と云ふ。妙用の當相寂體なるを照寂と云ひ、寂體の當處妙用なるを寂照と云ふ。

セウジユ　小樹　〔譬喩〕二木の一。小行の菩薩に譬ふ。「サンサウニモク」を見よ。

セウジヨイチサイサイシヤウホウケダラニキヤウ　消除一切災障寶髻陀羅尼經　〔經名〕一卷、宋の法賢譯。帝釋修羅と戰ひ敗れて救を求む、佛爲に呪を說て之に與ふ。【成帙十二】(885)

セウジヨイチサイセンデンシヤウナンズヰグニヨイダラニキヤウ　消除一切閃電障難隨求如意陀羅尼經　〔經名〕一卷、宋の施護譯。佛舍衞國に在て阿難に向て四方の電神の名を說き並に神呪を說く、觀自在等亦各一呪を說く。即ち雷除の呪なり。【成帙八】(789)

セウジヨウ　小乘　〔術語〕梵名希那衍 Hīnayāna 大乘に對するの稱。佛果を求むるを大乘とし、阿羅漢果辟支佛果を求むるを小乘とす。佛果とは一切種智を開きて盡未來際衆生化益を爲す悟を云ひ、阿羅漢果と辟支佛果とは二果淺深の別あれども共に灰身滅智の空寂の涅槃に歸する悟を云ふ。乘とは運載の義にて人を乘せて其悟の岸に至らしむる教を指す、

即ち四諦を以て阿羅漢果に至る教體とし、十二因緣を以て辟支佛果に至る教體とす。此の如く小乘に二道あるを以て之を二乘とも云ひ、又此二乘は佛成道後十二年間經律論三藏の所詮なれば天台は之を三藏教と稱す。佛滅後印度に於て此小乘に總別二十の流派を分ち、支那日本に來りて宗名を立つる中に俱舍、成實、律の三は小乘なり。是れ皆佛の隨他意の說法にして、姑らく下劣の根性を調熟せんが爲なり。【法華經方便品】に「佛自住㆓大乘㆒。如㆓其所㆑得法㆒、定慧力莊嚴。以㆑此度㆓衆生㆒。自證㆓無上道大乘平等法㆒。若以㆓小乘㆒乃至化㆓一人㆒我則墮㆓慳貪㆒。」【法華經遊意下】に「今以㆓二義㆒往收則事無㆑不㆑盡。一者赴㆓小機㆒說名曰㆓小乘㆒。二者赴㆓大機㆒說稱曰㆓大乘㆒。」⦿(鴉鷺合戰一二)「念佛者をば小乘とて嫌へども」

小乘二部 【名數】小乘の分派に就て諸說一定せず、今其の梗概を記せんに、二部と四部と五部と十八部と二十部との五種あり。但し四部五部は戒律を本とする異說にして、二部、十八部等は正しく宗義の分派なり。二部とは上座部大衆部なり。之に二種あり、一は結集の異同にして宗義の別稱にあらず、佛滅度の年、夏安居中窟內と窟外の兩處に於て三藏を結集し、窟內には上座の耆宿多かりければ上座部と名づけ、窟外には年少の僧多かりければ大衆部と名づけしのみ、佛法は一味にして些の異諍なかりしなり、されば是れ唯上座大衆の稱目の濫觴なり。二は佛滅百年後阿輪迦王の時に當つて大天比丘の五事の說に依て小乘の佛法初て二派に分かれ、昔時界外結集の苗裔多く大天の義に附同しければ昔の名を取て大衆部と稱し、又大天の義に反對せしは、多く昔時界內結集の緣裔なれば亦昔の名を襲ひて上座部と名づく。是れ小乘分宗の初なり。此二部を根本として漸次部執を分ち遂に十八、二十となりしなり。但し是れ文殊問經、宗輪論の一說なり、更に此時五部の分派を生ぜりとの一說あるなり。(五部の所に辨ぜり。)

小乘四部 【名數】義淨三藏渡天の時天竺の小乘宗唯四部ありと云ふ。【寄歸傳一】に「諸部流派。生起不㆑同。西國相承大綱唯四。註云。一阿離耶莫訶僧祇尼迦耶。周云㆓聖大衆部㆒。分㆓出七部㆒。三藏各有㆓十萬頌㆒。合三十萬頌。周譯可㆑成㆓千卷㆒。二阿離耶悉他陛攞尼迦耶。周云㆓聖上座部㆒。分㆓出三部㆒。三藏多少同㆑前。三阿離耶慕攞薩婆悉底婆拖尼迦耶。周云㆓聖根本說一切有部㆒。分㆓出四部㆒。三藏多少同㆑前。四阿離耶三蜜栗底尼迦耶。周云㆓聖正量部㆒。分㆓出四部㆒。三藏三十萬頌。然而部執所㆑傳多有㆓同異㆒。且依㆓現事㆒言㆓共十八㆒。分爲㆓五部㆒。不㆑聞㆓西國㆒耳。」

小乘五部 【名數】佛滅後百年阿輪迦王の時に大天に依て上座大衆の根本部別を生ぜしと共に此時、優婆毱多阿羅漢の下に律藏に於て五部を分出せり。故に此五部の分派は古來律宗の所用たり。然るに其の五部に有部宗所傳の五部と南山一家の五部と聊か相違あり。但し義淨三藏は二者共に取らざるなり。「ゴブリツ」を見よ。

小乘十八部 【名數】宗輪論に依るに佛滅後百年大天に依て上座大衆の二部を分ち、其の第二百年に大衆部より一說部、說出世部、鷄胤部、多聞部、說假部の五部を出し、又第二百年の末に於て制多山部、西山住部、北山住部の三部を出す、合せて八部の末家あり、之に本家の大衆部を加ふれば九部なり。又上座部は三百年の初めに薩婆多部と雪山部との二に分かれ、(薩婆多部譯して說一切有部と云ふ。は後世に所謂毘曇宗なり。)後に同じく三百年に於て薩婆多部より犢子部を出し、又犢子部より、法上、賢冑、正量、密林山の四部を出し、次に薩婆多部より更に化地部を出し、次に化地部より、法藏部を出し、三百年の末に於て薩婆多部より更に飮光部を出し、第四百年に薩婆多部より更に復た經量部を出だす。是の如く薩婆多部より九部を出し之に雪山部を加へて十部となり。之に前の大衆部の八部を加へて十八部なり。他に義淨所見の十八部あり。以上十八部は末部の分派なり、之に根本上座大衆の二部を加へて二十部となるなり、今之を表示すれば下の如し。

- 大衆部 Mahā-saṅghikāḥ
  - 一說部 Ekavyavahārikāḥ
  - 說出世部 Lokottaravādinaḥ
  - 鷄胤部 Kaukkuṭikāḥ
  - 多聞部 Bāhuśrutīyāḥ
  - 說假部 Prajñaptivādinaḥ
  - 制多山部 Jetavanīyāḥ
  - 西山住部 Aparaśailāḥ
  - 北山住部 Uttaraśailāḥ
- 上座部 Āryasthavirāḥ
  - 雪山部 Haimavatāḥ
  - 說一切有部 Āryasarvāstivādāḥ
    - 犢子部 Vātsīputrīyāḥ
      - 法上部 Dharmottarāḥ
      - 賢冑部 Bhadrayānīyāḥ
      - 正量部 Sāṃmatīyāḥ
      - 密林山部 Ṣaṇṇagarikāḥ

┝化地部┐ Mahīśāsakāḥ
│　　　└法藏部 Dharmaguptāḥ
┝飲光部 Kāśyapīyāḥ
└經量部 Sautrāntikāḥ

セウジヨウカイ　小乘戒 〔術語〕小乘の律藏に說く所の戒律、五戒八戒十戒具足戒など。具足戒の中、比丘戒は二百五十の戒條あり、比丘尼戒は三百四十八の戒條あり、是れ小乘の行人受持する所なり。然るに印度支那及び本朝の古代にありては大乘の行人も共に此具足戒を受けて戒學を成ぜしなり、何となれば此具足戒は小乘律の所說なれども大乘より之を言へば所謂三聚淨戒中の攝律儀戒にして、釋迦法中に於て出家の菩薩は必らず比丘相を現ずるを常規とすればなり。後に傳敎天台宗を弘むるに當りて大小二戒を分別し、大乘の菩薩にして小乘戒を受くべき理なきを論じ、顯戒論を作りて別に大乘戒壇を叡山に建立せんとを奏請す。是より天台一家に在ては東大寺戒壇院に授くる所の具足戒を以て小乘戒と貶して初より之を受けしめず、先づ叡山の戒壇院に於て梵網經所說の大乘戒を受けしめ、十二年の後に山を離るるとき假受小戒と稱して菩薩利生の爲に假に二百五十の比丘戒を受けしめて比丘の儀相を現ぜしむるなり。◉(太平記一五)「南都は又聲聞の小乘戒を立つ」

セウジヨウカイダン　小乘戒壇 〔雜名〕南都の東大寺、下野の藥師寺、筑紫の觀音寺の三戒壇を天台より斥けて小乘戒壇と云ふ。

セウジヨウクブ　小乘九部 〔術語〕十二部經を完具するを大乘經とし、此中方廣、授記、無問自說の三部を除き、只九部を說くを小乘經とす。【法華經方便品】に「我此九部法。隨ニ順衆生一說。入ニ大乘一爲レ本。」「クブ」を見よ。

セウジヨウキヤウ　小乘經 〔術語〕四諦十二因緣の理を說き、空寂の涅槃を詮はすもの、十二部經の中に唯九品を存す。四部の阿含經等是なり。

セウジヨウゲダウ　小乘外道 〔雜語〕小乘と外道。又、小乘即外道なり。大乘よりの貶稱。外道小乘二十種外道中小乘外道論師是なり。

セウジヨウサンイン　小乘三印 〔術語〕小乘の三法師。大乘の一實相印に對して言ふ。「サンホフイン」を見よ。

セウジヨウシモン　小乘四門 〔名數〕天台の所判。一に小乘有門、發智六足論等の所說。二に小乘空門、成實論の所說、三に小乘亦有亦空門、毘勒論の所說、四に非有非空門、迦旃延經の所說なり。

セウジヨウヘンゼンカイ　小乘偏漸戒 〔術語〕大乘戒の圓頓に對して小乘戒を偏漸と云ふ。功德を圓滿せざれば偏なり、頓に成佛する法にあらざれば漸なり。叡山の圓頓戒より南都の戒を斥して言ふ。「セウジヨウカイ」參照。

セウジヨサイナンキヤウ　消除災難經 〔經名〕大威德金輪佛頂熾盛光如來消除一切災難陀羅尼經の略名。

セウスヰイシヲウガツ　小水穿石 〔雜語〕小水たりと雖も常に流るれば石を穿つ。勤行精進すれば證果の難をも遂に達するを得るを云ふ。遺敎經に出づ。

セウスヰノウヲ　小水の魚 〔譬喩〕人生の須臾にして死の目前に迫る樣を小水中の魚に譬ふ。【往生拾因】に「澄ニ心於小水魚一。歎ニ露命之日日減一。係ニ念於屠處羊一。悲ニ無常之步步近一。」

セウセン　小千 〔雜名〕小千世界を云ふ。

セウセンセカイ　小千世界 〔界名〕須彌山を中心とし、四周の鐵圍山を限りて一世界とし、此世界の數一千を云ふ。之を小と云ふは此千世界を一千合せたるを中千世界と云ひ、更に中千世界を一千合せたるを大千世界と云ふに對すればなり。「サンゼンダイセンセカイ」を見よ。

セウゼンゴン　少善根 〔術語〕少分の善根。【阿彌陀經】に「不レ可下以ニ少善根福德因緣一得上レ生ニ彼國一。」

セウソウヅ　少僧都 〔職位〕僧綱の一。「ソウクワン」を見よ。

セウソウフク　消瘦服 〔衣服〕袈裟の異名。煩惱を消損する義。【六物圖】に「或名ニ消瘦服一。損ニ煩惱一故。」

セウソクゴデウ　消息五帖 〔書名〕又、御文とも御文章とも云ふ。「オフミ」を見よ。

セウダイ　招提 〔術語〕具名、拓鬪提舍、梵音 Caturdeśa 譯、四方。四方の僧を招提僧と云ひ、四方僧の施物を招提僧物と云ひ、四方僧の住處を招提僧坊と云ふ。魏の太武伽藍を造り創めて招提を以て之に名づけ、招提の二字寺院の異名となる。【增一阿含經十四】に「毘沙鬼白ニ世尊一曰。我今以ニ此山谷一施ニ招提僧一。唯願世尊爲レ之受レ之。」【悲華經八】に「比丘比丘尼無慚無愧。或斷ニ招提僧物一斷ニ現前衣服飲食臥具醫藥一。」【玄應音義十六】に「招提。譯云ニ四方一也。招此言レ四。提此言レ方。謂四方僧也。一云。招提者訛也。正言ニ拓鬪提奢一。此云ニ四方一。譯人去レ鬪去レ奢。拓經誤作レ招。以ニ拓招相似一遂有ニ斯誤一也。」【涅槃經十一】に「招提僧坊。」【慧琳音義二十六】に「招提僧坊。此云ニ四方僧

坊一也。」【名義集七】に「後魏太武始光元年造二伽藍一創立二招提之名一。」【比丘尼鈔中上】に「柘鬪提奢。隋云二四方一。但是僧處。舊拓提者訛略也。昔人去レ鬪除レ奢。拓復誤作レ招。以二柘招兩字形濫相似一致二久來誤一矣。」

セウダイジ　招提寺　〔寺名〕南都の唐招提寺、略して招提寺と云ふ。

セウダウ　照堂　〔堂塔〕禪林僧堂の後に在り、首座の僧住持に代つて衆僧を提撕する處。此屋僧堂に連なりて邃闇なれば其制を高くして敞明ならしむれば照堂と名づく、或は昭に作るは邦人火の字を忌みて烈火を去るなり。或は之を法堂の後に作り又は影堂の異名となすは誤なり。【象器箋二】

セウトラ　拓杜羅　〔神名〕藥師經所説十二大將の一。翻語なし。

セウネツヂゴク　焦熱地獄　〔界名〕八大地獄の中の第六を炎熱地獄又焦熱地獄と云ふ。【三界義】

焦熱大焦熱　〔界名〕八大地獄の中の第七を極熱地獄と云ひ、又大焦熱地獄と云ふ。【往生講式】に「或咽二焦熱大焦熱之炎一。或閉二紅蓮大紅蓮之愁一。」⊙（太平記二）「只四重五逆の罪人の焦熱大焦熱の炎に身を焦し」

セウネン　小念　〔儀式〕小聲を以て念佛すること。【大集日藏經念佛三昧品】に「小念見レ小。大念見レ大。」【群疑論七】に「大念者大聲稱佛也。小念者小聲稱佛也。」

セウネンカウ　小拈香　〔儀式〕拈香に小大の別あり。「ネンカウ」を見よ。

セウハイ　照牌　〔物名〕牌上衆僧の座次を圖示して各人をして之を照知せしむるもの。

セウバイロウ　小賣弄　〔雜語〕碧巖第二則の著語。小賣りをなすこと。安賣りを爲すこと。小商は小利を見て足れりとして之を賣る、大商主の所爲にあらず。

セウヒツ　照拂　〔行事〕禪林に維那の點檢を云ふ。照は監視の義。拂は音弼、補弼なり。【敕修淸規聖節】に「維那燒香。點湯。照拂。」【正字通】に「拂與レ弼通。荀子諫諍輔拂。」

セウビヤクケ　小白華　〔植物〕四華の一。曼陀羅華の譯名。【光宅法華疏一】に「曼陀羅華者。譯爲二小白團華一。」「マンダラケ」を見よ。

セウブクドクガイキヤウ　消伏毒害經　〔經名〕請觀世音菩薩消伏毒害陀羅尼經の略名。

セウベン　小便　〔雜語〕又、小行。放尿なり。【摩得勒伽六】に「比丘處處不レ得二小便一。應下在二一處一作上レ坑。」

セウホウシチラウ　招寶七郎　〔圖像〕曹洞宗の諸刹祠る所の護伽藍神なり。道元和尙歸朝のとき形を潜めて隨ひ來り法を護ると云ひ、招寶は山の名にて寧波府定海縣に在り、七郎は其山神なり。【象器箋四】

セウホフ　小法　〔術語〕小乘の法なり。【法華經方便品】に「鈍根樂二小法一。」

セウホフリン　照法輪　〔術語〕玄奘所立三法輪敎の第二。即ち第二時の空敎なり。「サンケウ」を見よ。

セウホン　小本　〔經名〕淨土の三部經中、天台は無量壽經を大本と云ひ、阿彌陀經を小本と云ふ。

セウボンキヤウ　小品經　〔經名〕羅什譯。十卷の摩訶般若波羅蜜經の異名。

セウボンノウヂホフ　小煩惱地法　〔術語〕小乘七十五法中五種心所法の一種。忿、覆、慳、嫉、惱、害、恨、諂、誑、憍、の十の心所なり。此十は唯修惑にして意識に起り、且つ各各無明と相應して起り大煩惱地法の心所の如く一切の染心に倶起するものにあらざれば小煩惱地法と名づく。【倶舍論四】に「唯修所斷。意識地起。無明相應。各別現行。故名爲二小煩惱地法一。」

セウボンハンニヤハラミツキヤウ　小品般若波羅蜜經　〔經名〕羅什譯。十卷の摩訶般若波羅蜜經の異名。

セウマウゴ　小妄語　〔術語〕妄語に小大の別あり。「マウゴ」を見よ。

セウマウゴカイ　小妄語戒　〔術語〕妄語戒に二あり、大妄語戒は四波羅夷罪の第四にして、小妄語戒は九十墮罪の第一なり。「マウゴカイ」を見よ。

セウミダキヤウ　小彌陀經　〔經名〕淨土の三部中佛説阿彌陀經は最も小なれば小彌陀經と云ふ。

セウメツ　消滅　〔雜語〕惡事苦惱の消え滅ぶること。【法華經藥王品】に「病即消滅。」

セウメツセンザイゴフタウトクダイボサツ　消滅先罪業當得大菩薩　〔雜語〕佛の功德によりて過去の罪障を滅すること。⊙（發心和歌集）に「轉女成佛經。消二滅先罪業一當レ得二大菩薩一。果轉二女身一成二無上道一。」轉女成佛經とは佛説轉女身經の異名にして下の四句は經意を取りて題語とせしもの。

セウモクレン　小目連　〔人名〕目連に六人あり其中の一人なり。【南山感通傳】「モクレン」を見よ。

セウヨクチソク　少欲知足　〔雜語〕多く求めざるを少欲と云ひ、少に於て懊惱せざるを知足と云ふ。【無量壽經上】に「忍力成就不レ計二衆苦一。少欲知足無二染恚痴一。」【法華經勸發品】に「是人少欲知足。能修二普賢之行一。」【涅槃經】に「獅子吼菩薩問云。少欲知足有二何差別一。佛言。少欲者不レ求不レ取。知足者得レ少不二悔恨一。」

セウラン　照覽　〔術語〕佛菩薩の光明を以て衆生

の機を照し見ると。遵式の【智者大師齋忌禮讚文】に「聊薦二精誠一。仰惟照覽。」仁岳の【釋迦如來涅槃禮讚文】に「惟願洪慈。俯迴二照覽一。」

セウリウ　紹隆　［雜語］　法を續いで益盛ならしむること。【維摩經佛國品】に「紹二隆三寶一。」【註】に「肇曰。紹二佛種一則三寶隆。」

セウリツギ　小律儀　［術語］　比丘比丘尼の受持する小乘戒を云ふ。叡山より南都の授戒を斥けて斯く言ふ。菅公の【顯揚大戒論序】に「保執者自謂。除三非小律儀一更無二大乘戒一。」

セウリンジ　少林寺　［寺名］　嵩山の少室に在り。初祖達磨此に在て九年面壁す。【文苑彙志地理志】に「龍魚河圖云。五嶽中嶽嵩山。三十六峰。東謂二大室一西少室。相去十七里。嵩者其總名也。謂二之室一者以三其下有二石室一焉。少室高八百六十丈。」【洛陽伽藍記】に「少林寺在二少室北麓一。後魏孝文帝建レ之。」【續高僧傳十六(佛陀傳)】に「性愛二幽栖一林谷是託。屢往二嵩岳一高謝二人世一。有レ敕就二少室山一爲レ之造レ寺。今之少林是也。」【大明一統志二十九】に「河南府少林寺在二登封縣西少室北麓一。後魏時建。梁時達磨居レ此面壁九年。」

セウワウ　小王　［雜名］　轉輪王を除て悉く小王と云ふ、所謂粟散王なり。【法華經普門品】に「應下以二小王身一得度上者。即現二小王身一而爲說レ法。」

セウヲン　小遠　［人名］　晉の慧遠に對して隋の淨影寺の慧遠を小遠と云ふ。

セエ　世依　［術語］　佛の尊稱。佛は一切世間の所依怙なり。【大日經四】に「世依之所說。」

セカイ　世界　［術語］　梵語、路迦 Loka 世は遷流の義にて過現未と時の遷り行くを云ひ、界とは東西南北の界畔を具するを云ふ。即ち有情の依止する國土なり。又世間と云ふ。間は間隔の義なれば界の義と同じ。而して此二共に有情と國土とに通用すれども、常に言ふ所は國土なり。【楞嚴經四】に「世爲二遷流一。界爲二方位一。汝今當レ知。東西南北。東南西北。上下爲レ界。過去未來現在爲レ世。」【名義集三】に「間之與レ界名異義同。間是隔別間差。界是界畔分齊。」

セカイシユ　世界主　［雜名］　初禪天の梵王は一小世界即ち四天下の主なり、二禪の梵王は小千世界の主なり、三禪の梵王は中千世界の主なり、四禪の大梵王は大千世界の主なり。四禪の廣量次第の如く一世界、小千世界、中千世界、大千世界に均しきなり。

セカイシツダン　世界悉檀　［術語］　四悉檀の一。世間的に法を說て信を起さしむるを云ふ。「シシツダン」を見よ。

セカイハイ　施開廢　［術語］　天台、妙法蓮華經の蓮華に就て施開廢の三義を發明し、以て三乘の方便敎は即ち一乘の眞實敎たる旨を述ぶ。佛法華已前に於て三乘敎を說くは是れ一乘法に入らしむる方便の爲に施設するものなれば之を爲實施權と云ふ、猶蓮華の蓮實の爲に花さく如し。次に法華經に於て前に說ける三乘敎は方便なりと打ち明けて三乘敎の一乘に對する方便階梯たるを示すを開權顯實と云ふ、猶蓮華の花開きて蓮實の顯はるる如し。次に三乘敎は一乘の爲の方便たるが知られし上は、一乘の外の三乘にあらず、即ち一乘中の三乘なるが故に三乘廢れて唯有一乘の義成立す、之を廢權立實と云ふ。猶蓮華の花落て蓮實のみ立つが如し。已上の三事、法に於ては方便の開くとき方便の體廢れて即ち開と廢とは同時なれども、喩に於ては必ず前後異時なれば、喩に寄せて前後三番に說くなり。【四敎儀集註上】

セカイフラウコニヨスヰマツホウエン　世界不牢固如水沫泡焰　［雜語］　「スヰマツホウエン」を見よ。

セガキ　施餓鬼　［行事］　阿難尊者夜餓鬼を見る、燄口と云ふ。(不空は焰口と譯し實叉難陀は面然と譯す。)　鬼阿難に一斛の食を施さんとを請ふ。阿難還て佛に白す、佛施餓鬼食の法を說く。又斛食の法と名く。一切道俗をして之を修せしむ。比丘の每日生飯も亦施餓鬼の法なり。【佛說救拔焰口餓鬼陀羅尼經】に「阿難獨り靜處に居る、夜三更餓鬼あり前に現ず、焰口と名く。形醜陋口中火を吐く。阿難に白して曰く、却後三日汝が命盡て餓鬼の中に生ぜんと、阿難畏れて之を免るる方便を問ふ。餓鬼曰く汝明日無數の餓鬼と無數の婆羅門仙等に對して摩伽陀國の一斛を施し、並に我が爲に三寶に供養せば此功力を以て汝が壽を延し且つ我が餓鬼の苦を免ぜんと。阿難以て佛に言す、佛爲に陀羅尼を說て曰く、此陀羅尼を誦して食を施さば一一の餓鬼に摩伽陀國の七斛の食を得しむべし、汝今此法を受持せば福德壽命皆增長せん。」【釋門正統四】に「若夫施食之法。又非下一切人天所上レ知。惟如來以二大慈普覆一不レ忍三一切含靈受二其飢餓苦惱一。故假二面然兎王緣起一令下阿難尊者以二一摶食一誦レ咒施上レ之。今緇素通行謂二之施餓鬼食一。」

施餓鬼法　［修法］　佛行を修するに施を以て第一とす、六度中に施を以て最初とし、四攝の中に亦施を以て第一とす　而して施の中には施餓鬼を以て最とす。故に三國の諸師盛に此法を行ず。其法は不空譯の施諸餓鬼飮食及水法に出ず。寶勝如來(南方の寶生佛)妙色身如來(東方の阿閦佛)甘露王如來(西方の彌陀佛)廣博身

如來（中央の大日佛）離怖畏如來（北方の釋迦佛）此の五如來の名號を稱ふれば、佛の威光の加被を以ての故に、能く一切餓鬼等をして無量の罪を滅し無量の福を生じ妙色廣博なるを得、怖畏なきを得て、所得の飲食變じて甘露微妙の食となり、即ち苦身を離れて天淨土に生ず。（已上同軌の語）寶掌如來とは南方の寶生如來なり、最勝王經には寶相に作り。檜尾口決には寶星に作り、今は寶掌なり、一義に云く。掌は主掌の義、寶を掌るが故に寶掌と名く、一義に云く攝眞實經に說く「結二施願印一左手同レ前。右手仰レ掌入二南方寶生如來三昧一。（乃至）從二五指間一雨二如意珠一。此如意珠雨二天衣服天甘露一。」と。右手掌を仰ぎ掌の中より寶を雨らすが故に寶掌と名く。經軌は、佛說拔焰口餓鬼陀羅尼經、一卷、不空譯。（984）施諸餓鬼飲食及水法、一卷、不空譯。【閏帙十四】佛說救面然餓鬼陀羅尼神咒經、一卷、實叉難陀譯。（539）（瑜伽集）要救阿難陀羅尼焰口儀軌經、一卷、不空譯。【成帙八】（985）瑜伽集要焰口施食起敎阿難陀緣由、一卷、不空譯。（1467）瑜伽集要焰口施食儀、一卷、不空譯。【成帙十三】

セキキヤヱ　炙茄會　［行事］禪林に茄子を炙て筵を開き炙茄會と云ふ。【禪苑淸規監院】に「如二冬齋（乃至）炙茄會一。」

セキギヨ　石魚　［物名］石を以て作りたる魚鼓。

セキクワ　石火　［譬喩］燧石より出す火光。起滅の迅速なるに譬ふ。【萬善同歸集五】に「無常迅速念念遷移。石火風燈逝波殘照。露華電影不レ足レ爲レ喩。」【會元七保福章】に「此事如二擊石火一似二閃電光一。」

セキサウ　石霜　［人名］南宗の祖、六祖慧能の門下臨濟の義玄（是れ臨濟宗の祖なり）臨濟より六世の孫を石霜とす。石霜の下に楊岐黃龍の二派を開く。師名は楚圓、字は慈明、潭州の石霜山に住す。初め儒生たり、二十歲にして出家し、法を洛陽昭に嗣ぐ。宋の仁宗康定元年寂、壽五十四。全身を石霜山に塔す。【續傳燈錄十三】

セキサンミヤウジン　石山明神　［神名］支那登州赤山縣の神なり、慈覺大師支那に在りしとき、此明神の援助加護を受けしを以て之を本朝に勸請せしも、存生の中未だ神祠を建つると能はず、弟子遺命を奉じて西坂本に其神祠を建つ。【元亨釋書圓仁傳】

セキシヤシヤ　赤灑灑　［雜語］赤躶躶に同じ。灑灑は物の爽かにて一點の汚物を留めざる貌。【五燈會元十一灌谿章】に「十方無二壁落一。四畔亦無レ門。淨躶躶赤灑灑。無レ可レ把。」シヤクシヤシヤと讀む。

セキシビバシヤ　赤髭毘婆沙　［人名］天竺の佛陀耶舍 Buddhayaśas 此に覺明と云ふ。後秦の弘始九年長安に至る。毘婆沙論を善くして髭赤し、時人赤髭毘婆沙と號す。【稽古史略二】

セキタフ　石塔　［物名］石を以て造れる率塔婆にて墓標の總名。もと死者の紀念の爲、德を標する爲に建つ。佛凡僧已上に之を建つるを許せども等級の差あり。然るに密敎には別に五輪形の塔ありて之を大日如來の三昧耶形とし、其加被の功德を得ん爲に僧俗一般に之を立つるを聽す。其趣旨大に殊異なり。「タフ」を見よ。

セキトウ　石頭　［人名］名は希遷、衡山の南寺に居る、寺の東に石あり、狀臺の如し、庵を其上に結ぶ、時人號して石頭和尙と云ふ。

セキニクチユウダイ　赤肉中臺　［術語］赤肉は吾人の心臟にて內典には之を肉團心と云ふ。此肉團心は凡夫の間は合蓮華の相なれども、一旦三密の行成ずれば開いて八葉の蓮華となり、此に中臺八葉を合せて九體の尊像を現じ、恰も胎藏界の中臺八葉院の相を爲すと云ふ。

セキハチ　石鉢　［物名］「イシノハチ」を見よ。

セキヘキキヤウ　石壁經　［雜名］唐の文宗太和三年蘇州の重玄寺に石壁經を刻して成る、白居易碑を作る。法華經六萬九千五百五言、維摩經二萬七千九十二言、金剛經五千二百八十七言、尊勝陀羅尼經三千二十言、阿彌陀經一千八百言、普賢行法經六千九百九十言、實相法密經三千一百五言、般若心經二百五十八言の八經なり。【稽古史略三】

セキヘキムゲ　石壁無礙　［術語］佛菩薩の神力石壁も障なく通行自在なるを云ふ。【楞伽經二】に「意生身者譬如二意去迅速無礙一故名二意生一。譬如二意去石壁無礙一。」

セキモン　石門　［人名］宋の洪覺範石門に居る、依て石門と云ふ。

セキモンモンジゼン　石門文字禪　［書名］洪覺範石門に居る、其の文集を石門文字禪と云ふ。世に行はる。

セキララ　赤躶躶　［雜語］俗に赤はだか、萬事を放下して天眞獨朗の貌。「シヤクララ」とも讀む。「セキシヤシヤ」參照。

セギヤウ　施行　［術語］布施の行法なり。人に物を施すを云ふ。法令など施き行ふ意ならばシカウと訓す。

セグワンイン　施願印　［印相］又、與願印、滿願印。右手を垂れて掌を仰ぐ。衆生の願に應じて財物を施與する印なり。【大日經四】に「次二智慧手一下垂作二施願形一。頌曰。如レ是與願印。世依之所說。適纔結レ

此者。諸佛滿ニ其願一。」

セグワンコンゴウ　施願金剛　〔菩薩〕又、施願吉祥金剛と云ふ。文殊師利なり。【大日經三】に「以ニ嚩字門及施願金剛一。」【義釋十】に「嚩字並施願吉祥金剛者。是文殊也。種子是[梵字]摩字即空點也。用加ニ[梵字]嚩一爲ニ・[梵字]嚩一耳。」

セケ　施化　〔術語〕敎化を施くこと。【法華玄義一】に「如來施化之意。」

セケン　世間　〔術語〕世は遷流の義、破壞の義、覆眞の義。間は中の義。世の中に墮する事物を世間と云ふ。又間隔の義、世の事物箇箇間隔して界畔を爲すを世間と云ふ、即ち世界と云ふに同じ。大要二種あり、一に有情世間、生あるものを云ふ。二に器世間、國土なり。【楞嚴經四】に「世爲ニ遷流一。」【唯識述記一本】に「言ニ世間一者可ニ毀壞一故。有ニ對治一故。隱ニ眞理一故。名レ之爲レ世。墮ニ世中一故名爲ニ世間一。」【註維摩經不二品】「什曰。世間三界也。」

セケンキヤウ　世間經　〔經名〕苦集滅道の法を說いて世間出世間の因果を示す。中阿含三十四に攝む。【昃帙五】

セケングサウギヤウ　世間具相行　〔術語〕有相悉地を稱す。【大日經七】に「依ニ隨經敎一已滿足。志求ニ有相之義利一。眞言悉地隨レ意成。是名ニ世間具相行一。」

セケンゲ　世間解　〔術語〕佛十號の一。梵語、路迦憊 Lokavid 或は知世間と譯し、又世間解と譯す。世間の有情非情の事を知るなり。【智度論二】に「路迦憊。路迦秦言レ世。憊名レ知。是名ニ知世間一。知ニ二種世間一。一衆生。二非衆生。」【淨影大經疏】に「世間解者。是化他智。善解ニ世間一。名ニ世間解一。」

セケンゲン　世間眼　〔術語〕佛菩薩の尊稱。佛能く世人の眼となりて正道を指示す。又能く世間の眼を開きて正道を見しむ。【法華經序品】に「讚ニ妙光菩薩一。汝爲ニ世間眼一。」又【同化城喩品】に「佛爲ニ世間眼一。」【智度論二】に「佛取ニ涅槃一何疾哉。世間眼滅。」「セゲン」を見よ。

セケンサウジヤウヂユウ　世間相常住　〔術語〕是れ俗諦常住を示せる金言にて大乘の極說台家の眼目なり。【法華經方便品】に「是法住ニ法位一世間相常住。於ニ道場一知已導師方便說。」法位とは眞如なり、法位に住すとは十界三千の諸法眞如に住するを云ふ。即ち性具の謂なり。故に眞如の常住なるとともに世間の相も亦常住なるなり。【智度論十九】に「中論說。涅槃不レ異ニ世間一。世間不レ異ニ世間一。涅槃際世間際。一際無レ有レ異故。」【妙宗鈔上】に「世間常住者。即十界三千。世間一一皆住ニ眞如法位一。法位常故世間亦常。」【金錍論】に「無常常住時相續。隨緣不變一念寂照。」隨緣は照にして無常、不變は隨にして常住なり。されば世間相の常住を見て無常を知らざるは凡夫の牛羊眼なり。世間相の無常を見て常住を知らざるは小乘偏空の僻眼なり。無常に即して常住を見、常住に即して無常を見るは菩薩の實相眼なり。密敎には【大日經五秘密曼荼羅品】の「生住等諸法常恒如レ是生。」の文を以て世相常住の證文となし、生住異滅の轉變、春夏秋冬の推運、皆是れ法性自爾の妙用にして、佛天人の造作を離れたり。生ずべき者は生じ、滅すべき者は滅す、是れ天然の道理法爾の德業なり、故に常恒如是生と云ふと。【秘藏記鈔十】又【秘藏記本】に「顯敎の中にも法華經には世間常住と云ふ。譬へば水性の澄靜なる如き是れ常住なり、風の緣を以ての故に波を起す。波は即ち相なり、水は即ち性なり、風息めば波即ち止りて水なり、故に是れ攝相歸性に依て常住を得るなり。性相差別に依らば常住と云ふを得ず、故に是れ生滅無常家の喩なり。」天台の別敎即華嚴宗是なり。密敎の說は十界の諸法皆如來自受用の境界なり、是の處生滅無常を離る、故に此喩を用ゐず、別に密敎不共の喩あり。其の喩とは日月と光明との如し、日月は性なり、光明は相なり、此の性、此の相、相離れずして本有なり、是の故に性相常住と云ふ。天台に所謂性具の三千。敢て性に歸するを待つて常住なるにあらず。又譬へば四大和合の身は是れ即ち體なり、手足の屈伸取捨は是れ即ち用なり、其の眼耳等の好醜長短は即ち是れ相なり。此體相用の三、相離れずして各各宛然たり、故に性相共に本有なりと云ふ。◉(續後拾遺)「古にかはる色こそなかりけれ植しままなる軒の梅かな」(鴉鷺合戰一)「法に玄妙の相なし、世間常住の相なり」

セケンサウヰ　世間相違　〔術語〕因明三十三過中宗法に屬する過。事實の如何に拘はらず世間一般の人の所知に背きて宗法を立つるを云ふ。例へば「人の骨は清淨なるべし」と云ふ如き、骨は世間一般の不淨物となすに相違すれば是れ世間相違なり。但し此宗法に於て世間相違の過を免れんと欲せば「眞理には」「第一義諦には」などの副辭を冠すれば可なり。【因明入正理論】

セケンサンギヤウカイヨジツサウフサウヰハイ　世間產業皆與實相不相違背　〔雜語〕天台所立の六即位の中、相似即の位に至れば六根清淨の德を得、其中意根淸淨の德として意識の發動する所何事を作すも自ら中道實相の理に叶ふを云ふ。【法華經法師功德品】に「諸所說法。隨ニ其義趣一。皆與ニ實相一不ニ相違背一。若說ニ俗間經書治世語言資生、

業一皆順二正法一。」【止觀二】に「能於二一切惡法世間產業一皆與二實相一不二相違背一。是相似位。」

セケンサンマイ 世間三昧 〔術語〕 眞言の有相三昧なり。「ダイクウザンマイ」を見よ。

セケンジヨウ 世間乘 〔術語〕 出世間乘の對。人乘と天乘とは世間の善果を得るための敎なるが故に名づく。

セケンゼン 世間禪 〔術語〕 三種禪定の一。色界無色界の禪定を云ふ。【法華玄義四】

セケンダン 世間檀 〔術語〕 所施の人と施物と自身とに於て執念を起し、以て布施を爲すを云ふ。檀は布施の梵語。【智度論十一】に「若三礙繫レ心是爲二世間檀一。何以故。因緣諸法實無二吾我一。而言二實我與彼取一。是故名二世間檀一。」

セケンチ 世間智 〔術語〕 楞伽經所說三智の一。「凡夫外道の智。

セケンテン 世間天 〔術語〕 四種天の一。世間の國王人世に居るも天福を受享するが故に之を世間天と名く。【涅槃經二十二】に「世間天者。如二諸國王一。」

セケンテンキン 世間天院 〔術語〕 胎藏界曼茶羅の第三院を稱す。【三種悉地陀羅尼法】に「諸尊隨現成二第三重曼茶羅一。即是世間天院也。」【三種悉地儀軌】に四隅の四菩薩を普文彌觀と次第して四攝法と爲す。「四方即是如來四智。其四隅葉即是四攝法也。且東南方普賢是菩提心。此妙因也。次西南方文殊是大智慧也。次東北方彌勒大慈也。次西北方觀音即是證。謂行願成就入二此華臺三昧一也。」是れ轉證の次第に依て然るなり。

セケンナンシンノセフケイ 世間難信捷徑 〔術語〕 他力の信心は惡人凡夫が速かに成佛を遂ぐる不思議の法にして、易往の捷道なれば捷徑と名づけ、然かも世間に於て信を得ること難中至難と云へば世間難信と云ふ。

セケンニヨシヤリン 世間如車輪 〔雜語〕 世界の常に轉變せる樣を車輪に譬へたる語。⦿〈盛衰記〉に「龍樹菩薩の釋に曰く世間如二車輪一時變似二輪轉一。」世間は世界の誤。【智度論一】に「世界如二車輪一。時變スルハ如二輪轉一。人亦如二車輪一。或上而或下。」

セケンホフ 世間法 〔術語〕 三界所有の有情非情惑業の因緣より生ぜしもの、悉く有漏無常なり。即ち四諦中苦集の二諦なり。

セゲン 世眼 〔術語〕 佛の異名。佛世人の眼となりて正道を示導す。又世人の眼を開いて正道を見しむ。【無量壽經上】に「今日世眼住二導師行一。」【俱舍論二十九】に「大師世眼久ナリ已閉。」【淨願大經疏】に「能開二世人眼一令レ見二正道一故名二世眼一。」

セゴ 世語 〔雜名〕 世間の言語論說。此世間の正法に對す。【無量壽經下】に「不レ欣二世語一。樂在二正論一。」

セサイ 施齋 〔儀式〕 齋食を僧に施すこと。午前の食を齋と云ふ。

セサイギヤウ 施齋經 〔經名〕 施齋に對して經を誦することを云ふ。施主の爲に咒願する意。

セサウ 世相 〔術語〕 世間の事相。【法華經方便品】に「世間相常住。」 「五福報經の異名。

セシキリキキヤウ 施色力經 〔經名〕 食施獲

セシユ 施主 〔術語〕 布施を行ふ主人なり。自ら財を投じて法會を開き或は僧を供養する人、又葬式の當主など之を施主と云ふ。梵語檀越、陀那鉢底。Dānapati【思益經一】に「世尊何謂菩薩能爲二施主一。佛言。菩薩能敎二化衆生一。」【寄歸傳一】に「梵云二陀那鉢底一。譯爲二施主一。陀那是施。鉢底是主。而云二檀越一者本非二正譯一。略二去那字一取二上陀音一轉名爲レ檀。更加二越字一。意道。行由二檀捨一自可レ越二渡貧窮一。妙釋雖レ然終乖二正本一。」

セシユ 世主 〔天名〕 世主天なり。【維摩經方便品】に「釋梵世主所レ敬。」「セシユテン」を見よ。

セシユダン 施主段 〔術語〕 法會の願文に施主の願意を述ぶる處。

セシユテン 世主天 〔天名〕 或は四王天、或は梵天、或は大自在天、通じて世主となる。【淨影維摩經疏】に「世主護世四王。」【玄應音義二十二】に「世主天ハ是梵天之異名也。」【唯識述記六末】に「世主即是大自在天。爲二世間主一。」

セシン 世親 〔人名〕 梵名婆藪槃豆、天親と譯し、新譯に伐蘇畔度、世親と譯す。佛滅後九百年に印度に阿踰陀國に出世し、俱舍論唯識等の大小論千部を造る。【西域記五】に「伐蘇畔度 菩薩。唐言二世親一。舊曰二婆藪槃豆一譯曰二天親一。訛謬也。」「テンジン」を見よ。梵Vasubandhu

セシンセフロン 世親攝論 〔書名〕 又、天親攝論。五攝論の一。世親の著せる無著攝論の釋論を云ふ。三譯あり、陳の眞諦譯十五卷、攝大乘論釋と云ひ、隋の笈多譯十卷、攝大乘論釋論と云ひ、唐の玄奘譯十卷、攝大乘論釋と云ふ。【往帙七八九】(1171)

セシンデン 世親傳 〔書名〕 婆藪槃豆法師傳の異名。

セジキ 施食 〔儀式〕 施餓鬼の食のこと。又齋食を僧に供養すること。 図食に向つて咒願を施すを唱食とも施食とも云ふ。【佛說賢者五福德經】に「佛言。人持レ食施レ僧。有二五種利一。一色二力三命四安五辯。」【禪苑淸規】に「首座施食。粥云粥有二十利一。齋云齋ニ云。三

德六味。云云施食已行者喝レ食。」

セジキギヤクゴフクホウキヤウ　施食獲五福報經　〔經名〕食施獲五福報經の異名。

セジキギキケウエンユ　施食儀起敎緣由　〔經名〕瑜伽集要焰口施食儀起敎阿難陀緣由の異名。

セジキヤウ　世時經　〔經名〕古來世時經の略名。

セジザイワウ　世自在王　〔佛名〕又、世饒王。佛の名。繞は即ち自在の義。無量壽經に此二名を存す。阿彌陀佛因位の時に此佛の所にて出家し、四十八願を建つ。【無量壽經鈔二】に「義寂云。舊本名ニ樓夷亘羅ト。Lokeśvararāja 此存ニ梵音ト。翻レ之名爲ニ自在王ト。憬興云。於ニ一切法ト得ニ自在ト故。玄一曰。世間、益自在故言ニ世自在ト。亦言ニ世饒ト。即自在義爲レ王也。」

モジキヱ　施食會　〔行事〕鬼神餓鬼等に食を施す法會。

セセシヤウシヤウ　世世生生　〔術語〕六道に輪廻して多世多生を經るを云ふ。【心地觀經三】に「有情輪廻生ニ六道ト。猶如ニ車輪無ニ始終ト。或爲ニ父母ト爲ニ男女ト。世世生生互有レ恩。」

セセツ　施設　〔雜語〕「シセツ」を見よ。

セセン　世仙　〔雜名〕世間の仙人なり。【演密鈔六】に「世仙即是成ニ就世間、長年隱形自在ト之者。」「見よ。

セゼン　世善　〔術語〕又世福とも云ふ。「セフク」を見よ。

セソウ　施僧　〔術語〕財物を僧に施與すること。

セソン　世尊　〔術語〕梵語、路迦那他 Lokanātha 世尊と譯す。梵語、婆伽婆 Bhagavat 世尊と譯す。佛の尊號。佛は萬德を具するを以て世に尊重せらるる故なり。又、世に於て獨り尊きなり。阿含經及び成實論には之を以て佛號中の第十となし、上の九號を具するを以ての故に世尊なりと云ひ、涅槃經及び智度論には之を十號の外に置く。【智度論二】に「路迦那他。秦言ニ世尊ト。」【淨影大經疏】に「佛具ニ衆德ト爲レ世欽仰。故號ニ世尊ト。若論ニ胡音ト樓伽陀伽此云ニ世尊ト也。」【探玄記九】に「以ニ佛具ニ三德六義ト於レ世獨尊故名ニ世尊ト。即梵名ニ婆伽婆ト。」【佛說十號經】に「天人凡聖世出世間咸皆尊重。故曰ニ世尊ト。」【成實論一】に「如レ是九種功德具足。於ニ三世十方世界中ト尊。故名ニ世尊ト。」⦿（太平記二）「大聖世尊の出世成道の如くなり」

世尊拈花　〔公案〕「ネンゲミセウ」を見よ。

世尊陞坐　〔公案〕「世尊一日法座に陞る、文殊白槌（びやくつい）して曰く、諦觀法王法。法王法如是と。世尊便ち座を下る。」【碧巖九十二則、從容錄第一則】白槌とは凡そ僧中佛事を成さんとするとき、座中の一人先づ槌を擊て大衆に表白して一會を和せしむる戒律上の作法也。禪門の上堂之に則りて白槌の法を行ひ、長老の說法前に「法筵龍象衆當觀第一義」と白槌し、說法已れば「諦觀法王法法王法如是」と白槌す。此二句の語は【唐華嚴經四】の「汝應レ觀ニ法王ト。法王法如レ是」の文に據る。而して之を世尊の陞座文殊の白槌となす事曾て藏經に見ず、是れ亦た拈花微笑の公案と共に禪門の宗匠機緣の爲に設けしのみ。

世尊指地　〔公案〕【從容錄第四則】に「世尊衆と行く次に手を以て地を指して曰く、此處宜しく梵刹を建つべし、帝釋一莖草を以て地上に挿して云く梵刹を建て已んぬ、世尊微笑す。」【五燈會元世尊章】に「世尊因地に髮を布き泥を掩ひ、花を燃燈佛に獻ず、佛髮を布く處を指して云く、此一方の地宜しく一刹を建つべしと、時に賢首長者あり、標を其處に挿して云く、刹を建て已んぬと、諸天花を散して讃嘆す、庶子大智ありと。」是亦經論の典據なし。

世尊未說　〔公案〕【五燈會元世尊章】に「世尊入涅槃に臨みて文殊佛に請ふ、再び法輪を轉ぜんと、世尊咄して曰く、吾れ四十九年世に住し未だ曾て一字を說かず、汝吾に再び法輪を轉ぜよと請ふ、是れ曾て法輪を轉ずるや。」と是れ【楞伽經三】に「我從ニ某夜得ニ最正覺ト。乃至某夜入ニ般涅槃ト。於ニ其中間ト乃至不レ說ニ一字ト。」等の意に本づく。

世尊初生　〔公案〕【會元十五雲門章】に「世尊初て生下し、一手は天を指さし、一手は地を指して七步周行、四方を觀視して曰く、天上天下唯我獨尊。雲門拈して云く、我れ當時若し見ば一棒に打殺して狗子に與へて喫却せしめん、貴らくは天下大平ならんことを要す。」

セソンオチヤウヤジヤヤウミンケンケウケ　世尊於長夜常愍見敎化　〔雜語〕佛の慈悲を說きし言。無明長夜に沈沒せる衆生に對して常に慈悲の眼を以て見給ふこと。【法華經五百授記品】に「世尊於ニ長夜ト常愍見ニ敎化ト。令レ種ニ無上道ト。我等無智故不レ覺亦不レ知。」

セソンジ　世尊寺　〔寺名〕【拾芥抄】に「大宮西。本稱ニ桃園ト。保家中納言家。太政大臣伊尹家。」

セソンダイオン　世尊大恩　〔雜語〕佛が常に衆生を轉迷開悟に導く大恩なり。【法華經信解品】に「世尊大恩以ニ希有事ト。憐ニ愍敎ニ化利ニ益我等ト。」

セソンフセツ　世尊不說　〔雜語〕⦿（新拾遺）に「世尊不說之說、迦葉不聞之聞、さまざまに說けども說かぬ言の葉を聞かずして聞く人ぞすくなき」是れ釋尊の拈華迦葉の微笑を述ぶ。

セゾク　世俗　〔術語〕世とは眞理を隱覆する義、毀

壊すべき義。俗とは顯現して世に流るる義、顯現して人情に順ふ義。世事即ち俗法にて三界の事法悉く此二義を具すれば世俗と云ふ。【唯識述記一本】に「世謂覆障。可二毀壞一義。俗謂顯現。隨レ世流義。」【倶舍光記一本】に「言二世俗一者。有偏之法隱二障眞理一名レ世。事相顯現隨二順俗情一名レ俗。又解。有偏之法可二毀壞一故有二對治一。故名爲二世俗一。即世名レ俗。」

セゾクチ　世俗智　〔術語〕世俗の凡夫の智なれば世俗智と云ふ。世間の俗事を緣ずる智を世俗智と云ふ、此義は凡聖に通ず。

セゾクタイ　世俗諦　〔術語〕慈恩は世俗諦と云ひ、義淨は覆俗諦と云ふ。共に勝義諦に對するの稱。單に世諦又俗諦と云ふに同じ。世俗の道理なり。【寄歸傳四】に「覆俗諦。舊云二世俗諦一。義不レ盡也。意道。俗事覆二他眞理一。色本非レ瓶妄爲二瓶解一。聲無二歌曲一漫作二歌心一。乃至由レ此蓋レ眞名爲二覆俗一矣。此據レ覆即是俗。名爲二覆俗一。或可三但云二眞諦覆諦一。」

セタイ　世諦　〔術語〕眞諦に對する稱。世は世間、世俗。諦は事實、又道理。世間の事實又は世俗の人の知れる道理を世諦と云ふ。又俗諦、世俗諦、覆俗諦など云ふ。【涅槃經】に「如二出世人所レ知者。第一義諦。世間人所レ知名爲二世諦一。」【仁王經上】に「世諦幻化起。譬如二虛空花一。」

セタイフシヤウメツ　世諦不生滅　〔術語〕凡夫は世諦の事相を常住となして之に着し、二乘は無常となして之を厭ふ、共に正見にあらず。諸法實相萬法眞如なれば世諦生滅の當體に不生不滅の理を具す、是れ法華涅槃の所說にして、殊に天台一家の旨とする所、經に所謂「世間相常住」「常在靈鷲山」即ち是なり。世間相常住を見よ。【元亨釋書圓仁傳】に傳敎寂に臨みて慈覺に告ぐ、「吾常弘二傳二諦不生滅之旨一。而世人解二眞諦不生滅之理一。未レ解二世諦不生滅之義一。汝以二此法一流二轉世一。弘二通圓敎一利二益有情一。」【二百題卷十】に「世諦常住」の論目あり。

セダイイチホフ　世第一法　〔術語〕四加行位の第四。是れ有漏智の最極にして世俗法中の第一なれば世第一法と名づく。【倶舍論二十三】に「此有漏故名爲二世間一。此最勝故名爲二第一一。此有偏法世間中勝。是故名爲二世第一法一。」【大乘義章十一本】に「世第一者顯レ勝之目。於二世間中一此善最上故云二第一一。」

セチ　世智　〔術語〕世俗普通の智慧。世諦の事相に通ずるもの。出世間智に對す。

セチベンソウ　世智辯總　〔術語〕八難の一。世間の人邪智聰利なる者唯外道の經書を耽習して出世の正法を信ずること能はざれば之を佛道の障難とす。【人天眼目】に「世智辯聽不レ要二拈出一。」

セツ　殺　〔術語〕生命の相續を斷絕すること。【大乘義章七】に「隔二絕相續一。目レ之爲レ殺。」【大日經疏十】に「此眞言を釋して「此眞言沒栗底也合二吠。此即死義也。死是殺義也。斷二其命根一名レ之名レ殺。由二本意願一我斷二一切衆生命根一。命根即是無始無明。諸煩惱也。」

セツ　刹　〔術語〕梵名、Kṣetra 掣多羅、差多羅、紇差怛羅、刹摩など。譯、土田、國、處など。【大乘義章十九】に「刹者是其天竺人語。此方無レ翻。蓋乃處處之別名也。」【玄應音義一】に「刹又作レ𢽬。音𢽬。梵云二差多羅一。此譯云二土田一。經中或言レ國。或言レ土者同二其義一也。或作二刹土一者存二二音一也。即刹帝利名二守田主一亦是也。」【慧苑音義上】に「刹。具正云二紇差咀羅一。此曰二土田一也。」【法華文句記二】に「刹者應レ云二刹摩一。此云レ田。即一佛所王土也。」

セツイチサイウブ　說一切有部　〔流派〕略名、有部。梵名、薩婆多部 Sarvāstivādāḥ 別名、說因部。小乘二十部の一。佛滅後三百年の初、根本の上座部より別立せしもの。有爲無爲一切諸法の實有を立て、且つ一一其因由を說明するを宗とすれば說一切有部又說因部と稱し。發智六足等の諸論皆この宗に屬し、小乘部中最も旺盛を極む。【宗輪論述記】に「說一切有者。一切有レ二。一有爲二無爲。有爲三世。無爲離世。其體皆有名二一切有一。因言二所以一。此部說下義皆出二所以一廣分中別之上。從二所立一爲レ名。」

セツイチサイチグワン　說一切智願　〔術語〕阿彌陀佛の四十八願中第二十五願。極樂に往生するものをして佛の一切智の境界を說くことを得しめんとの願なり。【無量壽經上】に「設我得レ佛。國中菩薩。不レ能レ演二說一切智一者。不レ取二正覺一。」

セツイン　雪隱　〔雜語〕古來の說に、雪は雪竇山の明覺禪師なり、隱は浙江の靈隱寺なり。雪竇嘗て靈隱寺に在りて厠の職を司どるより此稱ありと。【空華集九賀淨頭頌軸序】に「右之宗門祖師。發心入レ道。必先歷二試諸難一。而役二于雜務職一。職之最卑而人所二甚惡一莫レ過二乎持淨一。然若二雪竇明覺一居レ衆司二此職于靈隱一。至レ今有雪隱之美稱一。」然るに此說非なると「セイチン」を見よ。

セツインブ　說因部　〔流派〕Hetuvādāḥ 說一切有部の別名。「セツイチサイウブ」を見よ。

セツウジユ　截雨呪　〔眞言〕雨止みを祈る神咒。【密咒圓因往生集】

セツカイ　說戒　〔術語〕律の作法に每半月の終の日に大衆を集めて戒經を讀み聞かせ、又半月間に

於て所犯の罪あるを憶ひ出して其罪を說かしめ、以て善を長じ惡を除かしむ。梵に布薩と云ふ、淨住、長淨など譯す。是れ其功能に就て名けしもの。其日の作爲に就て說戒と云ひ、比丘の懺悔に就て說罪と云ふ。此說戒は秘密にして具足戒を受けざるものには聽くを得しめず。【行持鈔上四】に「布薩此云二淨住一。」【寄歸傳二】に「言二說罪一者。意欲下陳レ罪說二己先愆一改レ往修上來至誠應責。半月半月爲二褒灑陀一。朝朝暮々憶二所犯罪一。褒灑是長養義。陀是淨義。意明下長レ善淨中除破戒一之過上。昔云二布薩一者訛畧也。」【涅槃經三】に「有二二童子一不三善修二習身口意業一。在二屛隈處一流二聽說戒一。密迹力士承二佛神力一以二金剛杵一碎レ之如レ塵。」

セツカイシ　說戒師　【術語】說戒日に戒本を讀む人。一座の長老之を勤む。

セツカイニチ　說戒日　【術語】印度は陰曆の一月を白月黑月の兩半に分ち白黑月の終日に說戒の式を行ふ。即ち每月十五日と三十日なり。即ち布薩なり。

セツカイ　刹海　【雜語】水陸と言ふ如し。刹は梵語、土田と譯す。【唐華嚴經二】に「刹海微塵數。」【法界觀門】に「不レ壞二一塵一而能廣容二十方刹海一。廣容二十方刹海一而一塵不レ大。」

セツカイケンド　說戒犍度　【書名】廿犍度の一。半月僧衆を會して戒を說き懺悔の式を行ふ布薩の式を定む。「フサツ」を見よ。

セツカン　刹竿　【物名】長竿の上に金銅を以て寶珠焰形を造り、之を寺前に立つ。刹は土田の義なり、以て梵刹を表すれば刹竿と名づく。又西國には別に幡竿を設けず、塔上に竿柱を立て即ち九輪竿頭に舍利を安置す、其義土田に同じければ亦刹竿と名づく。竿の梵語は刺瑟胝（Yasti 巴 Ratthi）なり。「コンセツ」を見よ。【聯燈會要阿難章】に「祖問二迦葉一云。師兄。世尊傳二金襴袈裟一外別傳二箇甚麼一。迦葉召二阿難一。祖應諾。迦葉云。倒二却門前刹竿一着。」

セツガイサンガイフダアクシユ　殺害三界不墮惡趣　【雜語】理趣經には設に作り、檜尾口決には殺に作る。持經の功德によりて殺害を行ふも惡道に墮ちずとの意。【般若波羅蜜多理趣品】に「金剛手。若有下聞二此理趣一受持讀誦上。設害二三界一切有情一不レ墮二惡趣一。爲二調伏一故疾證二無上正等菩提一。」【理趣釋下】に「一切有性者。由二貪瞋痴爲レ因受二三界中流轉一。若與二理趣一相應則滅二三界輪廻因一。是故害二三界一切有情一不レ墮二惡趣一。爲レ調二伏貪等三毒一也。故得二速證二無上菩提一。是故如來密意作二如是說一。」

セツガトクブツ　設我得佛　【雜語】阿彌陀佛の四十八願の一一に設我得佛を以て發し、不取正覺を以て結ぶ。我とは阿彌陀の前身法藏比丘にて、正覺は即ち成佛なり。

セツキ　殺鬼　【譬喩】生あるものの死あるは無常の理に由る、依つて無常の理を譬へて殺鬼と云ふ。人を殺すの幽鬼なり。【止觀七】に「無常殺鬼不レ擇二豪賢一。」【毘奈耶律三十四】に「於二寺門屋下一畫二生死輪一。乃至於二輪上一應下作二無常大鬼蓬髮張レ口長舒二兩臂一抱中生死輪上。」【法句譬喩經一、增一阿含經二十三、四不可得經出曜經二】等に四梵志が山海空市に避遁して殺鬼を逃れ得ざりしことを說く。「サンカイクウシ」を見よ。

セツキク　說規矩　【雜語】弟子に對して規矩禮度を說くを云ふ。禪林の稱。

セツキヤウ　說經　【術語】經文の義理を講說すること。

セツキヤウサイモン　說敎祭文　【雜名】佛寺の緣起等を節に合せて語りしものが俗曲化して、後、人情を歌ふに至り、三絃さざらなどを彈打し、短かき錫杖を振る、浪花節の前身なり。

セツキヤウシ　說經師　【雜名】說敎を爲す人。

セツクリカリウワウザウホウ　說矩里迦龍王像法　【經名】一卷、失譯人名、矩里迦羅龍王の像法を說く。【餘帙一】梵 Kulika

セツグラ　拙具羅　【物名】香の名。【治病合藥經】に「拙具羅香者安息香是也。」梵 Gulgulu 拙は掘の誤なり。

セツケウ　說敎　【術語】敎を說て人を導くこと。【法華玄義十】に「說敎之大綱。」【行願品疏二】に「聖人說敎。祇在レ益レ生。」

セツケブ　說假部　【流派】Prajñaptivādinaḥ 小乘二十部の一。佛滅後二百年大衆部の中より分出す。世出世の法に於て假法あり實法ありと立つ。【宗輪論述記】に「世出世法皆有レ假有レ實。故從二所立一以標二部名一。」

セツゴフ　殺業　【術語】十惡業の一。他の有情を殺害する惡業。

セツサン　雪山　【地名】印度の北境に聳つ大山、梵語、Himālaya 譯、雪藏。【涅槃經二十七】に「雪山有レ草。名爲二忍辱一。牛若食者則出二醍醐一。」【元亨釋書學修志】に「窮餓廂麥。六載雪山。」

セツサンゲ　雪山偈　【雜名】諸行無常の四句偈なり、雪山大士雪山に於て此の偈を聞きたる故この名あり。【輔行五】に「興皐以二雪山偈一消。不生生。是諸行無常。」「セツサンダイジ」を見よ。

セツサンジヤウダウ　雪山成道　【術語】釋迦

の成道は摩掲陀國の菩提樹下にて雪山にあらず、之を雪山と云ふは雪山大士の往因に就て假に說くのみ。⊙(風雅集)「雪山成道。ふりにける雪のみ山は跡もなし誰ふみわけて道を知るらん」

セツサンセンニン　雪山仙人　[人名]　雪山に仙人あり跋伽婆 Bhargava と名く、草根を食ひて慈心を修習す、而も煩惱を除くと能はず、一の雌虎ありて欲を行じて十二子を生む。【大集經二十四、經律異相三十九】

セツサンダイジ　雪山大士　[本生]　又、雪山童子と云ふ。釋尊過去世に在りて菩薩の道を修するとき、雪山に於て苦行しければ雪山大士、雪山童子など云ふ。【涅槃經十四】に「善男子。過去之世。佛日未レ出。我於二爾時一作二婆羅門一修二菩薩行一。乃至我於二爾時一住二於雪山一。其山淸淨。流泉浴地。樹林藥木充二滿其處一。乃至我於二爾時一獨處二其中一唯食二諸果一。食已繫心思惟坐禪經二無量歲一。」【止觀二】に「雪山大士絕二形深澗一不レ涉二人間一。結草爲レ庵被二鹿皮衣一。」⊙(續後撰)に「雪山大士結草爲レ席」席は庵の誤。

雪山大士半偈殺身　[本生]　【涅槃經十四】に「我れ雪山に住するとき天帝釋あり、我を試みん爲に其身を變じて羅刹となり、過去佛所說の半偈を說く、諸行無常是生滅法、我れ爾の時に於て半偈を聞て心に歡喜し、四顧するに唯羅刹を見る、乃ち言く、善哉大士若し能く餘の半偈を說かば吾れ終身汝が弟子とならん。羅刹云く、我れ今實に飢ゆ、說くと能はず。我れ即ち告て曰く、但汝之を說け我れ當に身を以て大士に奉ずべし。羅刹是に於て後の半偈を說く、生滅滅已寂滅爲樂、我れ此偈を聞き已て若くは石、若くは壁、若くは樹、若くは道に於て此偈を書寫し、即時に高樹の上に昇つて身を地に投ず。爾の時羅刹帝釋の形を復して吾身を接取す。此の功德に依つて十二劫を超越す。」⊙(榮花、鶴の林)「らべこそ雪山童子身にもかへけめ」

セツサンドウジ　雪山童子　[本生]　雪山大士に同じ。

セツサンノトリ　雪山の鳥　[雜名]　又、寒苦鳥と云ふ。「カンクテウ」を見よ。

セツサンハンゲ　雪山半偈　[本生]　雪山童子半偈の爲に身を捨つるを云ふ。「のと。

セツサンハチジ　雪山八字　[雜名]　雪山半偈

セツサンフシヤク　雪山不死藥　[飮食]　雪山に靈草あり娑訶と名く、人之を見れば壽を得る無量なり。【涅槃經】に「雪山之中有二上香藥一名曰二沙訶一。有二人見レ之得レ壽無量。無レ有二病苦難一。」

セツサンブ　雪山部　[流派]　Haimavatāḥ　小乘二十部の一。佛滅後三百年の初に上座部始めて說一切有部の新派を生じ、根本の上座部雪山の中に移轉し雪山部と稱す。【宗輪論述記】に「上座弟子本弘二經敎一。說因部(說一切有部の別名。)起多弘二對法一。既閑二義理一能伏二上座部僧一。說因時遂大强。上座於レ斯乃弱。說因依二舊住處一。上座移入二雪山一。從二所住處一爲レ名稱二雪山部一。若從二遠所一襲以名二上座部一。」

セツザイ　說罪　[行事]　說戒日又は自恣日に於て自己所犯の罪科を他に向つて說くと、所謂自首して恕を請ふなり。梵に阿鉢底鉢喇底提舍那、Āpattipratideśana 義淨三藏說罪と譯す、舊に懺悔と言ふ是なり。【寄歸傳二】に「梵云二阿鉢底鉢喇底提舍那一。阿鉢底者罪過也。鉢喇底提舍那即對レ他說也。說二已之非一冀レ令二淸淨一。自須三各依二局分一則罪滅可レ期。若總相談レ愆非二律所レ許。舊云二懺悔一非レ關二說罪一。」

說罪要行法　[書名]　一卷、唐の義淨譯。說戒日に於ての比丘說罪の法式を說く。【寒帙六】(1506)

セツジ　說示　[術語]　敎法を說て人に示すと。【淨影維摩經疏】に「將レ言對レ法名レ之爲レ說。以レ言對レ人目レ之爲レ示。」

セツシヤウ　殺生　[術語]　十惡業の一。人畜等一切有情の生命を殺害すると。【智度論十三】に「若實是衆生。知二是衆生一。發レ心殺。而奪二其命一。生二身業一有作色。是名二殺生罪一。」⊙(著聞集、孝行恩愛)「殺生禁制の世にかくれなし」

セツシヤウカ　設賞迦　[人名]　Śaśāṅka 王の名。譯、月。【西域記五】

セツシヤウカイ　殺生戒　[術語]　人畜の命を斷ずるを戒むるもの。自ら手を下して殺すと、人を敎へて殺さしむと同罪なり。五戒、八戒、十戒に各殺生戒あり、此には人畜を分別せず。比丘の具足戒には之を殺人戒と殺畜生戒との二種を分け、殺人戒を大殺生戒として四波羅夷罪の一となし、殺畜生戒を小殺生戒として九十單墮罪の一となす、罪に輕重を分つなり。又比丘の自傷自殺に就て五分律四分律に自殺は偸蘭罪を結すとなし、十誦律に自ら形體を毀傷するは突吉羅罪を結すとなす。【行事鈔中一】⊙(曲、花月)「佛の戒め給ふ、殺生戒をば破るまじ」

セツシヤウセキ　殺生石　[傳說]　俗に傳ふ、野州那須野に妖石あり、人畜其氣に觸るれば皆斃る、殺生石と名く。玄翁禪師偈を頌して石を打つと三下、乃ち祟を止むと。【本朝高僧傳三十六】

セツシヤウダウムシヨヰ　說障道無所畏　[術語]　四無畏の一。大衆の中に於て惑業の障道た

るを獅子吼して畏るる所なきなり。「シムヰ」を見よ。

セツシヤウ　析床　〔雜語〕 久しく坐禪して坐床を折斷するを云ふ。【釋書學修志】に「禪有二折床枯木一。皆優稱也。」

セツシヤウホウムシヨヰ　說障法無所畏　〔術語〕 佛の四無所畏の一。「シムヰ」を見よ。

セツシユツクダウムシヨヰ　說出苦道無所畏　〔術語〕 佛の四無所畏の一。「シムヰ」を見よ。

セツシユツセブ　說出世部　〔流派〕 Lokottaravādinaḥ 小乘二十部の一。佛滅第二百年大衆部中より分出す。此部の說く所は世間の法は顚倒の惑業より生ぜる果にして悉く假名のみ實體あるなし、唯出世の法は顚倒より起るにあらず、道と道果は皆實なりと。故に所立の義に從へて說出世と名く。【宗輪論述記】

セツジヤウ　說淨　〔術語〕 又淨施とも云ふ、戒律の制に比丘衣鉢藥及び金銀穀米を得るヿあらんに自ら之を蓄ふるヿを許さず、必ず所施主を求めて一旦之に施與し、而して衣鉢藥の如きは更に施主より還付せられて自のもとに護持するを得るなり、是れ貪着の意を淨むる法なれば淨施と云ひ、能施者を施主と云ひ、所施者を淨施者と云ひ、施主に對して施與の言を說くを說淨と云ふ。此說淨の法に依りて比丘たるもの諸の長物を蓄積するヿを得るなり。然るに施法に展轉施と眞實施の二法ありて、衣鉢藥の如きは出家の五衆の中に於て施主を定め、更に他の一人を紹介者として彼施主に施與し、施與し了れば直に其紹介者より本人に轉還するを展轉淨と名け、金銀米穀の如きは淨信の白衣を求めて施主と定め、直接之に對して眞實に施與し、彼の下に保管せしむるを眞實淨と名く。所謂淨人とは此眞實淨を受くる白衣の人なり。展轉淨の作法を示さば左の如し。比丘に長衣（三衣の外の衣）あり之を說淨せんと欲せば一比丘の所に至りて手に其長衣を取りて口に云ふべし、「大德一心に念ぜよ、此は是れ某甲の長衣なり、未だ淨を作さず、淨の爲めの故に大德に施與す、展轉淨の爲めの故に。」此の時彼の請を受けし者乃ち言く、「大德一心に念ぜよ、汝此の長衣あり、未だ淨を作さず淨の爲めの故に我に與ふ我れ今之を受く、」而して此語に次で問ふべし「汝誰に施與す、」淨者答へて言ふべし、「某甲（淨主の名字）に施主す、」是に於て彼の比丘淨者に對して言ふ「大德一心に念ぜよ、汝是の長衣あり未だ淨を作さず、淨の爲の故に我に施與す、我れ今之を受く、汝某甲（第三者の淨主）に是の衣を與ふ、某甲（淨主）已に有せり、汝某甲の爲めの故に善く護持し、着用せんと因緣に隨へ」【行事鈔下一】思ふに說淨の法は如法の方便の爲めに起りたれ共、（阿難が迦葉の爲に衣を保存したる事。）次第に惡用して長衣を畜ふるの惡風の道を開きたるものなるが如し。

セツジンクダウムシヨヰ　說盡苦道無所畏　〔術語〕 四無畏の一。大衆の中に於て生死の果報の苦道なるを獅子吼して畏るる所なきなり。「シムヰ」を見よ。

セツスヰ　析水　〔雜語〕 鉢水の餘殘を棄つるを析水と云ふ、半は之を飮み半は之を棄つれば析と云ふ。【象器箋二十】

セツスヰツウ　析水桶　〔物名〕 析水を容るる桶。

セツセツ　剎說　〔術語〕 草木國土說の說法を云ふ。【華嚴經普賢行願品】に「佛說衆生說。及以國土說。三世如レ是說。」

セツセン　雪山　〔地名〕 「セッサン」を見よ。

セツゼゴジムリヤウジユブツヂユウリフクウチユウ　說是語時無量壽佛住立空中　〔雜語〕 觀經十六觀中第七華坐觀を說く中に彌陀の三尊の來現する文なり。「佛告二阿難及韋提希一。諦聽諦聽。善思二念之一。佛當下爲レ汝分二別解一說中除二苦惱一法上。汝等憶持廣爲二大衆一分別解說。說二是語一時無量壽佛住二在空中一。觀世音大勢至是二大士侍二是左右一。光明熾盛不レ可二具見一。」

セツタラ　剎多羅　〔術語〕 「セッ」を見よ。

セツダウ　說道　〔術語〕 正道を說くと。【法華經藥草喩品】に「我是一切智者。一切見者。乃至說道者。」

セツチヤウ　說聽　〔雜語〕 說者と聽者。【中觀論】に「眞法及說者聽者難レ得故。」

セツチヤウ　雪竇　〔人名〕 明州雪竇山の禪師、名は重顯、字は隱之、所住に從て雪竇と號す。法を雪門祚に嗣ぐ。宋の仁宗皇祐四年寂、壽七十三。號を明覺大師と賜ふ。【續傳燈錄二】

セツチユ　剎柱　〔物名〕 又、剎竿、金剎、表剎など。寺院を表彰する竿柱なり。【法華文句記二】に「剎者應レ云二剎摩一。此云レ田。即一佛所王土也。今名二剎柱一者表二田域一故。故諸經中多云二表剎一。」「セッカン」を見よ。

セツヂン　剎塵　〔譬喩〕 無數の國土を微塵にしたる數なり、數の多きに譬ふ。【唐華嚴經世主妙嚴品】に「淸淨慈門剎塵數。共生二如來一妙相一。」【秘藏寶鑰下】に「剎塵勃馱吾心佛。」

セツツウ　說通　〔術語〕 能く宗旨を悟るを宗通と云ひ。能く說法を作すを說通と云ふ。【楞伽經三】に「一切聲聞菩薩有二二種通相一。謂宗通及說通。」

セツテイリ　剎帝利　〔術語〕 Kṣatriya 又、剎利、

印度四姓の第二。譯、田主。王種なり。【西域記二】に「二曰二刹帝利一。王種也。舊曰二刹利一略也。」【註維摩經二】に「肇曰。刹利王種也。秦言二田主一。」【智度論三十二】に「刹利者王及大臣也。」◉（正統記一）「刹帝利といふ」

セツテンブ 說轉部 【流派】小乘二十部の一。經量部の別名。「キヤウリヤウブ」を見よ。

セツトロ 設覩盧 【雜語】Satru「シヤトロ」を見よ。

セツド 拙度 【術語】濟度法の拙きもの。巧度に對するの稱。小乘の觀法に名く。【止觀三】に「此止觀雖レ出二生死一而是拙度。滅レ色入レ空。」【同三】「倘不レ得二拙度道果一。何有二後三番三寳四諦四沙門果一。」

セツド 刹土 【術語】刹は梵語差多羅 Kṣetra の訛略。土田と譯す。梵漢雙擧して刹土と云ふ。即ち國土の義。【玄應音義一】に「差多羅。此譯云二土田一。經中或云レ國或云レ王者同其義也。或作二刹土一者存二二音一也。」

セツドウ 雪童 【本生】雪山童子なり。【秘藏寳鑰中】に「雪童投レ身。」「セッサンダイジ」を見よ。

セツドブ 說度部 【流派】說轉部の異名。「キヤウリヤウブ」を見よ。

セツナ 刹那 【術語】Kṣaṇa 譯、一念。時の最少なるもの。【勝鬘寳窟中末】に「外國稱二刹那一。此云レ念也。」【探玄記十八】に「刹那者。此云二念頃一。於二一彈指頃一有二六十刹那一。」【俱舍論十二】に「極微字刹那色名時極少。」【西域記二】に「時極短者。謂二刹那一也。」【楞嚴經二】に「沈思諦觀。刹那刹那。念念之間不レ得二停住一。故知我身終從二變滅一。」【梵語雜名】に「刹那羯沙曩。」◉（榮花、玉の臺）「須臾刹那」

刹那生滅 【術語】一刹那の短時間の中に生滅を有す。萬法は刹那に生じ刹那に滅す。轉轉相續するを云ふ。成實論の說。梵 Kṣaṇabhaiga.

刹那三世 【術語】刹那を相對望して三世を立て、現在の一刹那を現在に、前刹那を過去に、後の刹那を未來とするなり。

刹那無常 【術語】刹那の間に生住異滅の四相を具して轉變無常なるを云ふ。一期無常に對す。【仁王經上】に「一刹那經二九百生滅一。」

セツフカシギホン 說不可思議品 【經名】大樹緊那羅王所問經の異名。

セツホウ 雪峯 【人名】福州の雪峯禪師名は義存、法を德山に得、唐の懿宗咸通年中福州の雪峯山に上つて禪院を創し、法席常に千五百人の衆あり、五代梁の太祖開平三年寂、壽八十七。【傳燈錄十六】

雪峯鼈鼻蛇 【公案】【碧巖第二十二則】に「雪峯衆に示して曰く、南山に一條の鼈鼻蛇あり、汝等諸人切に須く好く看るべし。長慶云く、今日堂中大に人あり喪身失命す。」【從容錄二十四則】

雪峯盡大地 【公案】【碧巖第五則】に「雪峯衆に示して曰く、盡大地撮し來るに粟米粒の大の如し、面前に拋向するも漆桶不會、鼓を打て普請して看よ。」

セツポフ 說法 【雜語】法を說くこと。【法華經】「衆聖之王說法敎化。」【法華玄義六】に「諸法不レ可レ示。言辭相寂滅。有二因緣一故亦可レ說。」「キ」を見よ。

說法三軌 【名數】又、三軌弘經と云ふ。「サン

說法五德 【名數】說法は聽者をして五種の福德を生ぜしむ。一に當生に長者を得、聽者人を殺さざるが故に。二に當生に大富を得、聽者盜せざるが故に。三に當生に端正を得、聽者恚和するが故に。四に當生に名譽を得、聽者三寳に歸依するが故に。五に當生に聰明を得、聽者妙慧を曉了するが故に。」【賢者五福德經】

五人說法 【故事】「ゴニンセツポフ」を見よ。

十九說法 【術語】觀音に三十三身十九說法の化相あり、「クワンオン」を見よ。

セツポフイン 說法印 【印相】說法の印契なり。三種あり。一は左右の手各其の無名指と拇指との指頭を捻じ、餘指を舒べ散じて左手を心前に仰け、右手其上に覆ふて相ひ着すると勿らしむ。二に兩手の中指と拇指とを捻じ、無名指と頭指を散じて稍曲げ、小指を直立せしめ、左手を横へて胸上に安じ、右手を竪てて乳に安ず。三に兩手の頭指と拇指を捻じ、中無名小の三指を並べ舒べ、左手は掌を仰いで胸上に安じ、右手の腕を以て中指等の頭に著けて、掌を以て外に向ふ。此三種は次第の如く化報法三身說法の相なり。【大疏演奧鈔十四】

セツポフズヰ 說法瑞 【術語】法華六瑞の一。佛法華經の前に無量義經を說いて本經を說く緣となす、是れ法華を說く爲の瑞相なり。

セツポフホン 說法品 【術語】觀行即五品の第三。圓頓の行者觀行即の位に在て法を說て人を化し化功己に歸して觀解轉た增進するもの。

セツポフミヤウゲンロン 說法明眼論 【書名】二卷、呪願法の法要に關する趣旨を說く、撰號優婆塞童圓通述。聖皐本紀用明帝二年紀に太子說法明眼論を製するを載す。此事信ずべからず、但し本邦古代の著書たるは往往内外の古書に引用せらるるにて知る。勢州眞常院の亮典の著、說法明眼論鈔三卷あり。

セツポフメウ　說法妙　〔術語〕法華迹門十妙の一。如來大小偏圓の法を說て咸く衆生をして佛の知見に悟入せしむるを云ふ。　「よ。

セツマ　刹摩　〔術語〕Ksamā 譯、土田。「セツ」を見

セツムクシヨウキヤウ　說無垢稱經　〔經名〕六卷、玄奘所譯の維摩經なり。【黃帙七】(149)

セツモク　說默　〔術語〕說は說法、默は不說なり、理體に依らば默すべし、因緣に依らば說くべし。此二を菩薩の聖行とす。【思量經二事品】に「汝等集會當レ行二二事一。若說法。若聖默然。」【止觀一】に「若競ニ說默一不レ解二經意一。去レ理逾遠。離レ說無レ理離レ理無レ說。說即無說無說即說。無レ二無レ別即事而眞。」【心經秘鍵】に「聖人投レ藥隨二機淺深一。聖者說默。待レ時待レ人。」

セツヨク　說欲　〔術語〕受戒說戒等の僧事を成さんとするとき、已れ事故ありて出席すると能はざる時は、已が其事に贊同隨意する欲望を他の比丘を紹介して大衆の中に說かしむるを說欲と云ふ。「ヨクホフ」を見よ。

セツラウ　雪浪　〔人名〕明末の沙門雪浪の三懷洪思、啓山と無極の門に出づ、經を講ずるに正文に典て註疏を牽かざるとを創す。一時の緇素に尊ばる。楞嚴經解一卷、科判一章、雪浪集あり。【續釋氏稽古略三、楞嚴眼隨一】

セツリ　刹利　〔雜名〕刹帝利の略。「セツテイリ」を見よ。⦿(十訓抄)「せつりもすだも」

セツリ　設利　〔術語〕「シヤリ」を見よ。

セツリウ　雪柳　〔儀式〕凡そ生人相別るるに柳を折つて縮て環と作し、其行を送る、再び還るの意を寓するなり、今亡者を送るに雪柳を以てす、亦別を惜しむの義なり。因て聖號を唱へ之を棺上に投ず。只喪禮は素を事とす、故に柳の名あれども青を倣さず、乃ち白紙を截て枝葉に形どれば雪柳と名く。【象器箋二十】

セツリフタラ　設利弗怛羅　〔人名〕「シヤリホツ」を見よ。

セツリラ　設利羅　〔術語〕「シヤリ」を見よ。

セツレイ　雪嶺　〔地名〕雪山なり。

雪嶺投身　〔本生〕雪山童子半偈の爲に身を巖下に投じて羅刹に與ふと云ふ。「セツサンダイジ」を見よ。【止觀五】に「香城粉骨雪嶺投レ身。亦何足二以報一レ德。」

セテン　世典　〔雜語〕世間の典籍。【維摩經方便品】に「雖レ明二世典一。常樂二佛法一。」

セトウクドクキヤウ　施燈功德經　〔經名〕一卷、高齊の那連提耶舍譯。施燈の功德を說く。【宙帙八】(428)

セニン　世人　〔雜語〕世間の人。出世間の人に對す。【無量壽經下】に「如レ是世人不レ信二作レ善得レ善爲レ道得一レ道」【心地觀經報恩品】に「世人爲レ子造二諸罪一。墮二三途一長受レ苦。」

セネウワウブツ　世饒王佛　〔佛名〕世自在王佛の異名。「セジザイワウ」を見よ。

セハチハウテンギソク　施八方天儀則　〔書名〕一卷、大興善寺翻經院阿闍梨述。【餘帙一】

セバウシヤビク　施房舍比丘　〔人名〕二十億と名くる沙門、鞞婆尸佛の世に於て一の房舍を造りて比丘僧に施し、一の羊皮を布き僧をして其上を蹈ましむ、其の因緣を以て九十一劫の中に足地を蹈まず、最後身に大長者の家に生れ、足下に毛を生ず、長さ二寸青瑠璃の如くにして右に旋る、初生のとき父二十億兩の金を與ふ、後五欲を厭ひて出家し得道す。【智度論二十九】又二十億耳と云ふ。

セフイオンガク　攝意音樂　〔術語〕音樂は能く人の心を攝して一緣に住せしむれば攝意と云ふ。【大日經二】に「奏二攝意音樂一。」【同疏八】に「言二攝意一者。如下世人見二微妙色聲一心爲レ文醉。情有レ所レ注不中復異緣上。今此金剛伎樂能感二人心一亦復如レ是。」

セフイチサイブツチヤウノウサイイイチサイマヂ　攝一切佛頂能摧一切魔三摩地　〔術語〕一切の惡魔を摧破する一字佛頂輪王の三摩地なり。【一字奇特佛頂經下】「イチジ」の項を見よ。

セフイン　接引　〔術語〕人を接取し引導すると。【觀無量壽經】に「以二此寶手一接二引衆生一。」

セフエカイ　攝衣界　〔術語〕三種結界の一。「ケツカイ」を見よ。

セフキヤウジユウシン　攝境從心　〔術語〕法相家所立四重出體の一。萬法は唯識の所變なれば千差の萬境を攝して一心に歸し、其の本體を出すに何事も心一つと定むる法門なり。【唯識述記一本】に「攝レ境從レ心。一切唯識。如二經中說二三界唯心一。」

セフク　世福　〔術語〕觀經所說三福の一。忠孝仁義の世善を行ひて人天の福果を感ずるもの。【觀無量壽經】に「一者孝二養父母一。奉二事師長一。慈心不レ殺。修二十善業一。」【觀經散善義】に「第一福即是世俗善根。曾來未レ聞二佛法一。但自行二孝養仁義禮智信一故名二世俗善一也。」

セフケズキジツ　攝假隨實　〔術語〕法相家所立四重出體の一。法に實體あり、假立あり、四塵は實體にして四塵所成の瓶は假立なる如し。依つて假法を攝めて實體に歸せしめ、實體に就て體を出す法

門なり。【唯識述記一本】に「攝假隨實如二不相應色心一分位一。」

セフケウミジンクワシツ　攝敎未盡過失　〔術語〕敎相判釋をなすに當りて判釋中に一切の敎を攝すべきを、失して攝し盡さざるを云ふ。

セフケズヰエン　攝化隨緣　〔術語〕衆生の機緣に順ひて種種に方便して攝受化益すること。

セフケモンゼキ　攝家門跡　〔職位〕「モンゼキ」を見よ。

セフケリシヤウ　攝化利生　〔術語〕攝化して衆生を利益すること。

セフサウキシヤウ　攝相歸性　〔術語〕法相家所立四重出體の一。眞如の實性は一切萬法の事相に周遍して所依となり、一事として眞如を離るるものなければ、萬差の事相を攝めて眞如の實性に歸せしめ、眞如に就て體を出す法門なり。【唯識述記一本】に「攝相歸性皆如爲レ體。故經說言。一切法亦如也。至二於彌勒一亦如也。」

セフシヤク　攝折　〔術語〕攝受折伏の二門なり。【止觀十】に「夫佛有二兩說一。一攝二折。如二安樂行不レ稱二長短一是攝義。大經執二持刀杖一乃至斬レ首是折義。雖二與奪殊レ途俱令二利益一。」

セフシヤウカイ　接生戒　〔術語〕攝衆生戒に同じ。「セフシユジヤウカイ」を見よ。

セフシユ　攝取　〔術語〕セッシュと讀む。物を攝め取ること。又佛の慈悲の光明苦の衆生を攝め救ふこと。【無量壽經上】に「我當三修行攝二取佛國清淨莊嚴無量妙土一。」【觀無量壽經】に「一一光明徧照二十方世界一。念佛衆生攝取不レ捨。」⦿（曲、殺生石）「佛體眞如の善心となさん、攝取せよ」

セフシユジヤウカイ　攝衆生戒　〔術語〕又、接生戒、饒益有情戒と云ふ。三聚淨戒の一。一切衆生を攝して饒益するを以て戒法となすもの。

セフシユノクワウヤク　攝取光益　〔術語〕念佛の衆生を攝取し給ふ彌陀の光明の利益なり。

セフシユフシヤ　攝取不捨　〔術語〕彌陀如來の光明の功德を云ふ。「セフシユ」を見よ。⦿（曲、實盛）「げにも誠に攝取不捨のちかひに誰か殘るべき」

セフシヨゼンゴンキヤウ　攝諸善根經　〔經名〕華手經の異名。

セフシヨフクキヤウ　攝諸福經　〔經名〕華手經の異名。

セフシン　攝心　〔術語〕散亂の心を一に攝むること。【遺敎經】に「常當二攝レ心在一レ心。」

セフシンジツキヤウ　攝眞實經　〔經名〕諸佛境界攝眞實經の略名。【閱帙二】

セフジキカイ　攝食界　〔術語〕三種結界の一。「ケッカイ」を見よ。

セフジヤウドグワン　攝淨土願　〔術語〕求佛土の願とも云ふ。菩薩が果後に於て成就すべき淨土の莊嚴に付て撰擇せる願。彌陀の四十八願中三十一三十二の二願これなり。

セフジユ　攝受　〔術語〕又、攝取。佛の慈心を以て衆生を攝め取ること。【勝鬘經】に「願佛常攝受。」【唐華嚴經二十八】に「普能攝二受一切衆生一。」【止觀十】に「夫佛有二兩說一。一攝。二折。」⦿（太平記二）「有二攝受折伏之二門一。其攝受者作二柔和忍辱之貌一。慈悲爲レ先。」

セフセウク　攝召句　〔術語〕又引召句と云ふ。𑖀阿字なり。【大日經悉地出現品】に「阿字第一命。是爲二引攝句一。」【義釋九】に「是能攝召句也。若想二此字一能攝二召一切內外法一也。攝召長聲。即是行。若觸二阿字一即引二一切佛行一。故云二攝召一。是攝令レ屬レ已。自在受用義也。此阿字引能攝二召一切如來功德一。令レ歸二自身一亦能滿二足一切願一故也。」

セフゼンカイ　接善戒　〔術語〕攝善法戒に同じ。

セフゼンボフカイ　攝善法戒　〔術語〕又、接善戒。三聚淨戒の一。一切の善法を攝して吾が身に行ふを戒とするもの。「ケッカイ」を見よ。

セフソウカイ　攝僧界　〔術語〕三種結界の一。

セフソクサライ　接足作禮　〔術語〕兩手を以て尊者の足に接して禮するなり、兩手を仰けて足を捧ぐる如くに接す。【觀無量壽經】に「韋提希見二無量壽佛一已。接足作禮。」

セフタイ　攝待　〔雜語〕又セッタイと讀み、門茶とも云ふ。行脚僧旅僧を布施する一法。路傍又は屋前に淸水又は湯茶を出し置きて通行の旅人修行僧に飲用せしむ。

セフタヒタ　攝拖苾駄　〔術語〕Śabda-vidyā 譯、因明。【寄歸傳四】に「攝拖苾駄。攝拖是因。苾駄是明。五明論之一也。」「インミヤウ」を見よ。

セフダイ　攝提　〔術語〕又、攝提、譯、假施設。「サンセフダイ」を見よ。

セフダイ　接待　〔術語〕セッタイと讀む。客をあしらふこと。攝待に同じ。「セフタイ」を見よ。

セフダイキ　攝大軌　〔經名〕攝無礙大悲心大陀羅尼經計一法中出無量義南方滿願補陀落海會五部諸尊等弘誓力方位及威儀形色執持三摩耶幖幟曼茶羅儀軌の略名。【餘帙二】

セフダイキ　攝大軌　〔經名〕攝大毘盧遮那成佛神變加持經入蓮華胎藏海會悲生曼茶羅廣大念誦儀軌の略名。【餘帙六】

セフダイジヨウゲンシヨウキヤウ　攝大乘現證經　〔經名〕金剛頂一切如來眞實攝大乘現證大敎王經の略名。

セフダイジヨウロン　攝大乘論　〔書名〕無着菩薩の所造にて三譯あり、一は後魏の佛陀扇多譯、二卷。二は陳の眞諦譯、三卷。三は唐の玄奘譯、三卷。前二は攝大乘論と云ひ後一は攝大乘論本と云ふ。【來帙九】(1184,1183,1247)【法華玄義私記一末】に「玄賛要集ニ云。西方攝大乘經有二七百卷一。此方不レ來。有二一品一名二攝大乘品一。造二攝大乘論一解レ之。」

セフダイジヨウロンゲンシヨウザンマイキヤウ　攝大乘論現證三昧經　〔經名〕一切如來眞實攝大乘現證三昧大敎王經の略名。

セフダイジヨウロンシヤク　攝大乘論釋　〔書名〕無着の攝大乘論を釋せしものにて二本あり一は世親菩薩の作、一は無性菩薩の作。初の一本に三譯あり、一は陳の眞諦譯、十五卷、二は隋の笈多譯、十卷、三は唐の玄奘譯、十卷。後の一本は唯玄奘譯十卷。【往帙七八九】(1171)

セフネンサンリン　攝念山林　〔雜語〕山林に坐禪するヽと。【法華經序品偈】に「又見下菩薩離二諸戲笑及癡眷屬一。親二近智者一。一レ心除レ亂。攝二念山林一。億千萬歲以求中佛道上。」

セフバク　攝嚩　〔雜語〕Śava 新に死して未だ壞せざる屍を云ふ。【慧琳音義三十五】に「攝嚩者。唐云二新死人未壞者一也。」

セフマタウ　攝摩騰　〔人名〕Kāśyapa-mātaṅga 印度の僧初めて漢に至り四十二章經を譯す。【開元釋敎錄一】に「沙門迦葉摩騰。或云二竺葉摩騰一。亦云二攝摩騰一。群錄互存未レ詳二孰是一。」

セフマツキホンシキ　攝末歸本識　〔術語〕五重唯識觀の一。「ユヰシキ」を見よ。

セフマツキホンホフリン　攝末歸本法輪　〔術語〕嘉祥所立三轉法輪敎の第三。

セフリツギカイ　攝律儀戒　〔術語〕三聚淨戒の一。大小乘一切の戒律を該攝して之を持つを云ふ。

セフロン　攝論　〔書名〕攝大乘論の略名。

セフロンジユウ　攝論宗　〔流派〕無着菩薩攝大乘經未渡の攝大乘品を釋して攝大乘論を作り、世親無性の二菩薩各其釋論を造る。本釋合せて三本あり。梁の眞諦無着の本論及び世親の釋論を譯し、唐の玄奘亦無着の本論幷に世親無性の二釋論を譯す、之を梁論新論と稱す。此中梁論を弘布するものを攝論宗と名くるなり。沙門慧曠親しく諦師に就て攝論を聞き、之と同時に法常智儼の諸德各之を硏き、其後道岳慧休等の諸師師資相承して陳隋の間甚だ昌んなり。支那十三宗の一となす。然るに奘三藏新論を譯して法相宗を張るに及んで梁論を講ずるもの其迹を絕つ。梁論新論は但譯語の相違のみならず、眞如に於て隨緣不隨緣の大義を異にし、梁論は起信論の如く眞如隨緣の義を說けば法性宗にして、新論は唯識論等の如く眞如凝然の義を明せば即ち法相宗なり。蓋し新舊兩論は同本異譯にあらずして相傳の梵本異なると他經に其例多きが如きなり。

セホウキヤウ　施報經　〔經名〕長者施報經の略名。

セホフ　世法　〔術語〕世諦の法、世間の法、因緣生の法、可毀の法。【勝鬘經】に「大悲安二慰哀二愍衆生一爲二世法母一。」【唐華嚴經二】に「佛觀二世法一如二光影一。」

セムエン　施無厭　〔寺名〕摩揭陀國の那爛陀寺、施無厭寺と譯す。玄奘久しく此に學ぶ。「ナランダ」を見よ。梵 Nālanda

セムヰ　施無畏　〔術語〕又、施無畏者、施無畏薩埵など。觀音菩薩の異名。彼の菩薩衆生の依怙となりて畏怖なからしむ、即ち是れ無畏を施すなり、故に名く。【法華經普門品】に「此娑婆世界皆號レ之爲二施無畏者一。」【楞嚴經六】に「十方微塵國土皆名レ之爲二施無畏者一。」【觀音玄義記一】に「是觀世音菩薩摩訶薩。於二怖畏急難之中一能施二無畏一。是故此娑婆世界皆號レ之爲二施無畏者一。」◉(盛衰記九)「施無畏者之大士」梵 Abhayaṃda

セムヰイン　施無畏印　〔印相〕施無畏の印契。右手を擧げて五指を舒べ以て外に向ふもの。【大日經四】に「以二智慧手一（右手）上向作二施無畏形一。頌曰。能施二與一切衆生類無畏一。若結二此大印一名二施無畏一者。」又「擧二毘鉢舍那臂一作二施無畏手一。是施無畏者印。」【守護國界主陀羅尼經】に「右手展レ掌。竪二其五指一。當レ肩向レ外。名二施無畏一。此印能施二一切衆生安樂無畏一。」

世無畏と與願　〔印相〕施無畏印に對して右手を垂れて掌を仰ぐを與願印と爲すを常とすれども、此二印互に通ずる義あるを以て與願印を以て施無畏印と名くると往往あり。【玄奘譯十一面神呪經】に「左手執二紅蓮華軍持一。展二右臂一以掛二數珠一及作二施無畏手一。」【香王菩薩陀羅尼經】に「右臂垂下五指皆伸施無畏手。其五指端各雨二甘露一施二五道衆生一。」【千光眼經】に「施無畏舒二右手一垂二五指一現レ掌。」【馬頭受檀法】に「右臂垂下五指皆申施無畏手。」此等皆常の與願を以て施無畏となす。【諸儀軌訣影二】に「與願と施無畏とに異義あり、善無畏と金剛智とは上に擧ぐるを施無畏とし、下に下ぐるを與願とす、又菩提流支と玄奘は之に反す、

「是れ密教を與ふると傳へざるとの異なり。」「よ。

セムキシヤ 施無畏者 〔術語〕「セムキ」を見よ。

セムキシユ 施無畏手 〔術語〕施無畏の印を作す手なり。「セムキイン」を見よ。

セモツ 施物 〔術語〕布施の品物。

セモツダノミ 施物賴み 〔術語〕蓮如の頃世に行はれたる異安心の一種なり。施物を多く僧に施せば僧の力によりて往生するを得と云ふにあり。

セヤクキン 施藥院 〔寺名〕天王寺中四箇院の一。藥劑を施與する所。

セヤナサナン 世耶那薩喃 〔物名〕Śayanāsana 譯、臥具。【梵語雜名】僧の資具の一なり。

セラ 世羅 〔雜語〕Śaila 勢羅。施羅、譯、石、山。【梵語雜名】に「世羅。石。」【玄應音義二十五】に「世羅鄔波。此云二小石一也。」【倶舍光記八】に「世羅。唐言レ山。鄔波世羅。唐言二小山一。大小不レ同故以レ小標レ別。」【增一阿含經】に「施羅比丘。」

セラククワンオン 施樂觀音 〔菩薩〕三十三觀音の一。左手を膝に置き右手を頰にあて、蓮花を見るの形をし給ふ。

セリン 施林 〔雜語〕屍を林中に棄るを云ふ、即ち「四葬中の林葬なり。

セロ 世路 〔術語〕三界中有爲法の別名。世は過現未の三世なり、有爲法は三世の通行する路なれば世路と名く。又破壞すべきを世と爲し、無常の所依なれば路と爲す、是れ有爲法の狀體なり。【倶舍論一】に「諸有爲法。謂二色等五蘊一。亦世路。」【同頌疏】に「有爲法是三世路。世之路故名爲二世路一。依主釋也。又解。此有爲法可二破壞一故名レ之爲レ世。無常所依故名爲レ路。世即是路名爲二世路一。是持業釋也。」

セロクリン 施鹿林 〔地名〕鹿野園の異名。

セロクヱン 施鹿園 〔地名〕鹿野園の異名。

セロン 世論 〔流派〕又、惡論と云ふ。順世外道の言論なり。「ロカヤタ」を見よ。

セヱ 施惠 〔雜語〕他に物を施し惠むと。【無量壽經下】に「貪二狼財色一。不レ能二施惠一。」

セヲウ 世雄 〔術語〕佛の異名。佛は世間に於て最も雄猛にして一切の煩惱を斷盡す。【無量壽經上】に「今日世雄住二佛所住一。」【淨影大經疏】に「世雄。佛於二世間一最爲二雄猛一。故曰二世雄一。」【法華經方便品】に「世雄不レ可レ量。」【同授記品】に「大雄猛世尊。諸釋之法王。」

セヲウリヤウソクソン 世雄兩足尊 〔術語〕佛の尊號。佛は世間第一の雄者なれば世雄と云ひ、兩足を具する有情中最も尊貴なれば兩足尊と云ふ、二種の尊號なり。【法華經方便品】に「瞻二仰兩足尊一。」又「諸佛兩足尊。」

セン 仙 〔梵語〕梵語、哩始、Ṛṣi 長壽不死の稱、總じて行者に名く。佛は長壽不死なれば亦仙と名く。【十二禮】に「阿彌陀仙兩足尊。」【梵語雜名】に「仙哩始。」【名義集上】に「般若燈論云。聲聞菩薩等亦名レ仙。佛於レ中最尊上故名二大仙一。」

十種仙 〔名數〕一に地行仙、麻仁草木の實を食して休息せざれば食道圓成するを地行仙と名く。二に飛行仙、松柏等の草木を食して休息せざれば草木は輕きが故に體亦輕く空中に飛行して地に墜ちざるを飛行仙と名く。三に遊行仙、丹砂を服して休息せざれば能く骨を化して壽をして永く體をして固からしめ、且つ物を化して能く賤をして貴とならしめ自在に人間に遊行して人を化するを遊行仙と名く。四に空行仙、消息養和し榮衛を運用し神氣久しく著はるれば能く虛空を履み身固く壽永きを空行仙と名く。五に天行仙、天池を鼓して神液を飲み、精華を固めて歲久しく功著はれ人欲を離るるを天行仙と名く。六に通行仙、日月の精氣を吞飮して作意し、存變して身命を延ぶ、是に由て功久しければ遂に異見ありて此の物情に通ずるを通行仙と名く。七に道行仙、呪禁を堅固にして休息せざれば術法圓成するを道行仙と名く。八に照行仙、思念を堅固にして休息せざれば用を發して境界を照明し、能く化源を悉すこと定の慧を發する如きを照行仙と名く。九に精行仙、世に陰を採り陽を抜く術あり、交構と名く、久くして功成れば此れ感じ彼れ應ずるとき彼の精氣を吸て以て吾身を固くす之を精行仙と名く。十に絕行仙、心を木石に變化して休息せざれば一身槁木の如く有爲の功用を絕つを絕行仙と名く。【楞楞經八同義疏】

十仙 〔名數〕一に闍那首那梵志、二に婆私吒梵志、三に先尼梵志、四に迦葉梵志、五に富那梵志、六に淸淨浮梵志、七に犢子梵志、八に納衣梵志、九に弘廣梵志、十に須婆陀梵志なり、此の十仙各先に佛と論議して終に歸伏して阿羅漢果を證す。

六十八大仙 〔名數〕一に頞瑟吒迦大仙、二に婆莫迦大仙、三に婆摩提婆大仙、四に摩唎支大仙、五に鉢利拏摩大仙、六に末建提也大仙、七に安隱知識大仙、八に婆斯瑟佗大仙、九に跋彌迦大仙、十に迦攝波大仙、十一に老迦攝波大仙、十二に毗栗呇大仙、十三に鴦祇羅大仙、十四に鴦祇洛迦大仙、十五に鴦祇剌四大仙、十六に有相分大仙、十七に有慈大仙、十八に布剌須大仙、十九に鹿頂

大仙、二十一に洲渚大仙、二十二に黒洲渚大仙、二十三に訶利底大仙、二十四に訶利多也那大仙、二十五に甚深大仙、二十六に三忙祇羅大仙、二十七に嗢揭多大仙、二十八に三沒揭多大仙、二十九に說忍大仙、三十に名稱大仙、三十一に善名稱大仙、三十二に尊重大仙、三十三に阿說羅也那大仙、三十四に劫布得迦大仙、三十五に香山大仙、三十六に住雪山大仙、三十七に護相大仙、三十八に難住大仙、三十九に末達那大仙、四十に設臘婆大仙、四十一に調伏大仙、四十二に尊者大仙 四十三に鷃鵡大仙 四十四に毗訶鉢底大仙、四十五に網輪大仙、四十六に珊尼折羅大仙、四十七に覺悟大仙、四十八に上具里大仙、四十九に健陀羅大仙、五十に獨角大仙、五十一に仙角大仙、五十二に揭伽大仙、五十三に單荼也那大仙、五十四に干陀也那大仙、五十五に摩登伽大仙、五十六に可畏摩登伽大仙、五十七に喬答摩大仙、五十八に黃色大仙、五十九に白色大仙、六十に赤馬大仙、六十一に白馬大仙、六十二に持馬大仙、六十三に妙眼大仙、六十四に朱日大仙、六十五に婆羅器攞大仙、六十六に那剌拖大仙、六十七に山居大仙、六十八に訖栗彌羅大仙、【大孔雀呪王經下】

セン 綖 [術語] 線と同字。梵語修多羅、Sūtra 直譯して綖となし、義譯して經となし、兩譯雙擧して綖經と云ふ。經文は線の物を貫穿して散逸せざらしむる如く、文句と義理を貫穿連綴するものなれば喩へて線と云ふ。「シユタラ」を見よ。

センイクカ 旃育迦 [人名] 王の名。佛滅後七百年に出でて祇園精舍を再建す。【法苑珠林三十九】に「經律大明ニ祇桓寺之基趾一。多云。八十頃地。一百二十院。准約ニ東西一近有ニ十里一。南北七百餘步。祇陀須達二人共造。成レ之已後經ニ二百年一被レ燒都盡。十不レ及レ一。」⊙(水鏡、上)「天竺の祇園精舍の燒けて後、旃育迦王の造り給ふとうけ給はり侍りしは」「センダアシユカ」を見よ。

センウ 選友 [人名] 婆羅門の名。悉達太子此人に就て書を學ぶ。【佛祖統紀二】に「太子時七歲。令レ學レ書。訪ニ國中聰明一。婆羅門名曰ニ選友一。起ニ大學堂牀榻學具一。太子問レ師書有ニ幾種一。」【元亨釋書學修志】に「問ニ書選友ヲ一聞ニ定阿蘭ヲ一。」

センエ 籥衣 [衣服] 比丘尼の裙なり。【慧琳音義六十三】に「籥衣者周帀相連縫合。猶如ニ籥筩一。名曰ニ籥衣一。即今之女人所レ着裙是也。」

センエウダイ 千葉臺 [術語] 報身盧舍那佛の所坐の蓮華なり。【梵網經下】に「我今盧舍那。方坐ニ蓮華臺一。周匝ル千華ノ上ニ復現ニ千釋迦一。」⊙(盛衰記)「千葉臺上の尊像」

センエン 旃延 [人名] 迦旃延の略。比丘の名。

センオン 仙音 [術語] 佛の音聲尋常にあらざれば仙音と云ふ。【楞嚴經一】に「伽陵仙音徧ニ十方界一。」

センカイニヨライ 山海如來 [佛名] 山海慧自在通王如來の略。

センカイヱジザイツウワウニヨライ 山海慧自在通王如來 [佛名] 阿難當來成佛の時の名。【法華經人記品】に「佛告ニ阿難一。汝於ニ來世一當レ得ニ作佛一。號ニ山海惠自在通王如來一。」

センカウ 線香 [物名] 又、綫香、仙香。衆香を雜抹し糊を加へて之を作る。其炷煙長久なれば仙香と稱し、長壽香と云ふ。其製纖長線の如くなれば線香と稱し、線又綫に作る。一轉して箋に作る。【象器箋十九】

センカジマヰリ 千箇寺參 [雜名] 願を立てて千箇の寺院に參詣巡禮し、參詣したる符として納札をその柱扇に貼りつくるなり。

センカン 宣鑑 [人名] 唐の朗州德山院の宣鑑、龍潭崇信に參して契悟す。咸通の初武陵の太守薜延望請ひて德山に居らしむ、四海の禪徒輻輳す、其人を訓授する天險海深邊際を窺ひ難し、雪峯參見して其法を嗣ぐ、咸通六年寂、壽八十四。【宋僧傳十二、傳燈錄十五】

センガウ 撰號 [術語] 論釋疏記を撰述せし人の名號なり。凡そ題號の下に撰號を置くに自署と他置との制ありて其意二義を出でず、一に他の撰述に簡別せんが爲なり、一は人に因て法を重ぜしめんが爲なり、而して自署の撰號は第一義に依り他置に係るは二義共に有す。【往生論註上】に「庶ニ因レ人重法一故云ニ某造一。」

センガウ 瞻仰 [術語] 恭敬の心を以て仰ぎ見ること。【法華經方便品】に「瞻ニ仰兩足尊一。」【維摩經上】に「瞻ニ仰尊顏一。目不ニ暫捨一。」

センキヤウ 綖經 [術語] 又、線經。梵語の修多羅若し直譯すれば綖となすべく常に義譯して經となし、或は合せて綖經と云ふ。綖線同字なり。「シユタラ」を見よ。【法華玄義六】に「修多羅翻ニ線經一。」【大日經疏五】に「修多羅。古譯謂ニ之綖經一也。」

センキヤウ 睒經 [經名] 菩薩睒子經の略名。

センキヤウ 仙經 [術語] 總じて道敎の經典に名く、長生不死の術を說くもの。

センギヤウ 專行 [術語] 餘法を捨てて專ら一

法を行ずるを云ふ。【敎行信證六本】に「專行者專修二一善一故曰二專行一。」

センギ　懺儀　〔修法〕懺法の儀式なり。法華懺法、觀音懺法、彌陀懺法など。【佛祖統紀三十三】に「僧傳稱。漢魏以來。請レ僧設レ供同二於祠祀一。起坐威儀略無二規矩一。至二晉朝安法師一。始依二經律一作二赴請禮讃等儀一。」

センギヨ　筌魚　〔譬喩〕能詮の經文を筌に譬へ、「所詮の義理を魚に比す。

センクワウゲン　千光眼　〔菩薩〕千手觀音の異名。【千手經】に「觀世音自在亦名二羂索一。亦名二千光眼一。」

センクワウホフシ　千光法師　〔人名〕建仁寺「榮西の別號。

センクワウヰンソウヅ　千光院僧都　〔人名〕智證圓珍の別號。【初例抄上】に「法眼和尙圓珍號二千光院僧都一。」

センクワリン　旋火輪　〔術語〕火を旋轉して輪形を爲すもの。輪形有に似て實ならず、以て一切事法の假相に譬ふ。【楞嚴經三】に「生死死生。生生死死。如二旋火輪一未レ有二休息一。」【止觀六】に「爲二此見一故造二衆結業一。墮二墜三途一沈廻無レ已。如二旋火輪一。若欲レ息レ之應二當止一レ手。」【智度論六】に「如二旋火輪一。但惑二人目一。」

センクワン　千觀　〔人名〕姓は橘氏、相摸守敏貞の子、弱齡にして園城寺に入て出家し深く台密を研き、常に淨業を修して彌陀和讃を作る、都鄙の貴賤爭ふて之を唱ふ。某の年內供奉に叙せらる。永觀元年寂、壽六十六。【本朝高僧傳九】

センケ　千化　〔術語〕盧舍那佛の坐せる千葉蓮花臺の釋迦の化佛を云ふ。【梵網經下】に「我今盧舍那。方坐二蓮華臺一。周匝千華上復現二千釋迦一。一華百億國。一國一釋迦。各坐二菩提樹一一時成二佛道一。如レ是千百億盧舍那本身。」

センゲ　遷化　〔術語〕遷は遷移、化は化滅なり、通じて人の死を云ふ。もと儒典の語。【前漢書外戚傳】に「李夫人卒。武帝自作レ賦曰。乃至忽遷化而不レ反兮。魄放逸以飛揚。」【文選魏文帝典籍論文】に「日月遊二於上一。體貌衰二於下一。忽然與二萬物一遷化。斯亦志士之大痛也。」然るに佛者更に說を爲して偏に釋氏の死に名く、化は化度、衆生を敎化し濟度するを云ひ、遷は遷移なり、此處衆生の緣盡きて化度の事を他方に移す義なりと。【大乘義章五本】に「菩薩後時遷二化他土一。」【廣弘明集哭二玄奘一文】に「上人遷二化於異方一。」【釋氏要覽】に「釋氏死謂二涅槃。圓寂。歸眞。歸寂。滅度。遷化。順世一。皆一義也。從レ便稱レ之。蓋異レ俗也。」

センゲダツフジヨセナウネツ　扇解脫風除世熱惱　〔歌題〕「ゲダツノカゼ」を見よ。

センゲンセンビクワンゼオン　千眼千臂觀世音　〔菩薩〕千手千眼觀世音に同じ。

千眼千臂觀世音菩薩陀羅尼神咒經　〔經名〕一卷、唐の智通譯。千手千眼觀世音菩薩姥陀羅尼身經と同本。【餘帙五】(318)

センゲンテン　千眼天　〔天名〕帝釋天の異名。【雜阿含經四十】に「比丘白レ佛言。何因何緣釋提桓因復名二千眼一。佛告二比丘一。彼釋提桓因本爲レ人時聰明智慧。於二一坐間一思二千種義一。觀察稱量。以二是因緣一彼天帝釋復名二千眼一。」【最勝王經】に「千眼帝釋王。」

センゴフ　先業　〔術語〕前世の業因。

センサイ　瞻西　〔人名〕初め叡山の住侶、心を止觀に凝して念を淨邦に繫ぐ、天治の初洛東の雲居寺を創す。西梵唄に精し、大原山の良忍、西に隨て其音節を傳ふ。【本朝高僧傳五十一】

センサウ　專想　〔術語〕專ら一境を觀じて心を散ぜざると。【觀無量壽經】に「專想不レ移。」

センサウジ　淺草寺　〔寺名〕金龍山淺草寺は朱雀院の朝天慶五年、武藏守公雅、伽藍を淺草に創し正觀音を安ず。德川氏に至り寺領五百石を給ふ、幕府の修繕なり。【三才圖會】

センサク　線索　〔物名〕壇上に張る線繩なり。【仁王道場念誦儀軌】に「以二五色縷一令二童女右合一。麤細如二其小指一。以繫二橛頭一周二圍壇上一。」

センサツ　占察　〔雜語〕占筮の法なり。密敎の秘法に我が心に月輪或は蓮華を觀じ其の上に ![字を觀じ、阿字を變じて如意寶珠となし、其の寶珠を法界に遍滿せしむれば其の中に一切善惡の相悉く現ず、以て其の吉凶禍福を知るべし。【大日經疏四】に「當下自觀二心蓮華上如意寶珠內外明徹一。彼諦觀察時。所有之善惡悉於レ中現。」又「此如意珠只是阿字引耳。」【秘藏記末】に「定二未萠事一。我心觀二月輪一。輪上觀二阿字一。變二阿字一成二如意珠一。寶珠遍二滿法界一。」又占察經に說く法あり。

センサツキヤウ　占察經　〔經名〕占察善惡業報經の略名、二卷、隋の菩提燈譯。地藏菩薩木牌を投じて吉凶善惡を占ふ法を說き、兼て懺悔の法を示す、次に一實境界二道の觀道を示して事理具備す。【玄帙十】(464)明の智旭の著、占察經疏三卷、占察行法一卷あり。

センサンザウギフザフザウキヤウ　撰三藏及雜藏經　〔經名〕撰集三藏及雜藏傳の略名。

センザイキフジ　千載給仕　〔本生〕大王の阿私仙に給仕せし故事。「アシタ」を見よ。

センザフ　專雜　〔術語〕專念と雜修となり。念佛をはげみ專念なるは千中無一失と云ひ、雜修の人は十三失を數ふ。「ザフシユ」を見よ。

センシ　船師　〔術語〕佛の異名。衆生を彼岸に度する船筏なる意。【無量壽經】に「船師大船師。運二載群生一渡二生死河一置二涅槃岸一。」【晉華嚴經二十】に「譬如下船師不レ住二此岸一不レ住二彼岸一不レ住二中流一而能運二度此岸衆生一至二於彼岸一以往返無中休息上。」【涅槃經九】に「如來名爲二無上船師一。」

センシ　船子　〔人名〕秀州華亭縣の船子和尙、名は德誠、遂寧府の人なり、法を藥山に得、華亭に至りて小舟を泛べ緣に隨つて日を渡る、因つて號して船子和尙と曰ふ。後夾山善會を得て法を付し自ら舟を覆して水に入りて逝く。【傳燈錄十四】

センシ　詮旨　〔術語〕依詮談旨を詮と云ふ廢詮談旨を旨と云ふ、是れ法相宗の名目なり。

センシキヤウ　睒子經　〔經名〕睒子は童子の名。佛往昔睒子童子となり、瞽親に孝養せし事を說く。二譯あり。一は失譯、西晉錄に付し、菩薩睒子經と云ひ、一は乞伏秦の聖賢譯、佛說睒子經と名づく、六度集經に出づ。【宙帙五】(216,217)

センシチヒヤクソク　千七百則　〔名數〕公案の數目。「コウアン」を見よ。

センシヤ　旃遮　〔人名〕又、旃闍、戰遮。婆羅門の名。又遮摩那と名づく。梵音 Ciñca Mānavikā【光明玄上】に「若饑得レ食。病得レ差。獄得レ出。獼猴得レ酒。旃遮婆羅門飽レ食指レ腹。皆是世人暢情爲二涅槃一爾。」此の婆羅門女、名は孫陀利、盆を腹にして佛を謗す。佛九惱の一。【興起行經下】に「佛舍利弗に告ぐ、往昔阿僧祇劫の前に佛あり盡勝如來と名づく、爾の時兩種の比丘あり、一を無勝と名づけ、一を常觀と名づく、波羅那城に長者あり大愛と名づく、婦あり善幻と曰ふ、兩人の比丘其家に往いて檀越となす。善幻無勝を供養するに四事乏しきことなく常觀を供養するに至つて薄し、無勝比丘は諸漏を斷じて六通具足し、常觀比丘は結使未だ盡きざればなり。常觀自ら言く、無勝比丘善幻と通じて道法を以て供養せず自ら恩愛を以てする耳と、汝知るや爾の時の常觀は則ち我身是なり善幻婦人は今の婆羅門女旃遮と名づくる者是なり。我れ爾の時故なくして無勝羅漢すら罪を以て無數千載地獄に在て諸の苦痛を受け、今佛と爲ると雖諸の大衆の爲に法要を說く時餘殃を以ての故に多舌童女舞盂を以て腹を起し、我所に來至して曰く、沙門何故ぞ自ら家事を說かずして乃ち他事を說く、汝今獨り樂みて我苦を知らず、何となれば汝先に我と通ぜり我をして身あらしめ、今臨月に當れり。爾の時衆會皆頭を低れて默然たり。時に釋帝桓因後に侍して佛を扇ぐ、神力を以て化して一の鼠となり其衣裏に入りて舞盂を嚙み、忽然地に落す。諸の四衆及び六師の徒盂の地に墮つるを見て皆大に歡喜し聲を揚げて稱慶す。【智度論二】に「旃闍婆羅門女。帶レ盂謗レ佛。」【法顯傳】に「外道女名二旃遮摩那一。起二嫉妬心一。乃懷レ衣著二腹前一。似レ若二姙身一。」【西域記六】に「瞿伽梨陷坑南八百餘歩有二大深坑一。是戰遮婆羅門女毀二謗如來一生身陷二入地獄一之處。」

センシヤウ　先生　〔術語〕前生に同じ。前世を云ふ。

センシヤウ　專精　〔術語〕心を專一にして道に精進すること。【無量壽經下】に「專精行道。」

センシヤウ　穿井　〔譬喩〕漸く佛性を見ること井を穿ちて濕土を見るに譬ふ。【法華經法師品】に「藥王譬如下有レ人渇乏須レ水。於二彼高原一穿鑿求レ之猶見二乾土一。知二水尚遠一。施レ功不レ已轉見二濕土一。遂漸至レ泥。其心決定知中水必近上。」

センシヤウフデン　千聖不傳　〔術語〕悟の究極は自ら之を得るにあり、千百の賢聖も之を傳ふること能はざるを云ふ。【碧巖第七十五則頌古着語】に「向上一着千聖不傳。」「千聖不傳。必從二參究一自得。」

センシヤバラモンニヨ　旃遮婆羅門女　〔人名〕「センシヤ」を見よ。

センシユ　懺主　〔人名〕杭州天竺靈山寺の遵式。靈山寺に於て金光明懺堂を建て金光明懺儀を造りて其法を行ふ、依て懺主と稱す。

センシユ　專修　〔術語〕センジュと讀む。專ら一行を修すること。【教行信證六本】に「專修者。唯稱二念佛名一。離二自力之心一。」

センシユクカ　旃叔迦　〔物名〕Kiṁśuka 寳の名。「ケンシユクカ」を見よ。

センシユジ　專修寺　〔寺名〕眞宗高田派の本寺。もと眞宗の開祖親鸞下野國芳賀郡高田村に於て專修寺を開き、弟子眞佛房に讓る、四世專空の時越前の熊坂に移り、寛政年中第十世眞慧の時越前より勢州一身田に移り今に連綿たり。末寺六百有餘を有す。

センシヨウミヤウガウシサイハウ　專稱名號至西方　〔雜語〕專心に彌陀の名號を稱ふれば極樂に往生すとの義。【往生禮讃】に「六方如來舒レ舌證。專稱二彌陀一至二西方一。到レ彼華開聞二妙法一。十地願行自然彰。」

センシン　專心　〔術語〕心を專一にして餘念を雜へざること。【教行信證二】に「云二專心一者即一心。形レ無二二心一也。」

センジヤウ　仙城　〔地名〕佛の出生地迦毘羅城なり。「カビラ」を見よ。

センジヤウ　洗淨　〔雜語〕大小便して手を洗ふ法。【寄歸傳二】に細に之を記す。律家の重んずる所なり。

センジユ　千手　〔菩薩〕千手觀音なり。「大悲咒と云ふ。「センジユクワンオン」を見よ。

千手の眞言　〔眞言〕具名、千手陀羅尼。一名、

千手の神咒　〔眞言〕千手の眞言に同じ。

千手の二十八部　〔名數〕千手觀音の所領に二十八部の衆屬あり。「センジユクワンオン」を見よ。

センジユカウ　千手講　〔行事〕千手觀音の講會なり。

センジユキ　千手軌　〔經名〕金剛頂瑜伽千手千眼觀自在菩薩修行儀軌經の略名。【閏帙十】

センジユキヤウ　千手經　〔經名〕具名、千手千眼觀世音菩薩廣大圓滿無碍大悲心陀羅尼經、一卷、唐の伽梵達磨譯、略して千手經とも千手陀羅尼經とも云ふ。是れ即ち流通本の大悲咒なり。宋の四明尊者經に依て行法を設立し、今に至つて如說に修するもの効驗一にあらず。【成帙十】(320)覺鑁の千手經開題一卷、亮汰の千手陀羅尼經報乳記三卷あり。不空譯の千手千眼觀世音菩薩大悲心陀羅尼は此本の異譯にして、其他別本の千手經二部あり、一は唐の智通譯の千眼千臂觀世音菩薩陀羅尼神咒經二卷、一は唐の菩提流志譯の千手千眼觀世音菩薩姥陀羅尼身經、此二は同本異譯なり。【餘帙五】(318,319)⦿(枕草紙)「經は千手經」

センジユクワンオン　千手觀音　〔菩薩〕具名、千手千眼觀世音、又千眼千臂觀世音　Sahasrabhuja-sahasranetra　六觀音の一。兩眼兩手の外に左右各二十手を具し手中各一眼あり、四十手四十眼二十五有に配して千手千眼を成す。一切の衆生を度するに無碍の大用あるを標せしなり。伽梵達磨譯の千手經の

(千手觀音の圖)

所說にて通途の千手觀音是なり。若し智通及び菩提流支譯の千手經に依れば、面に三眼を具し、體に千臂を具し、掌中各一眼あり。又【秘藏記】に「千手千眼觀世音具二十七面一。有二千手千眼一黃金色。」【胎藏曼陀羅大鈔五】に「二十七面義。經軌說未レ審。」⦿(盛衰記二)「金色八尺の千手觀音を造立す」(第七十五圖參照)

千手觀音曼荼羅　〔圖像〕第一內心地に九淨月輪あり、中央の月輪中に施無畏觀音を安置す。是れ二十五觀音中南大洲の觀音　但し今は千體の總本尊を取る　妙色三界に超へ金色暉曜を具す、首に髮髻冠を戴き、冠より紺髮垂下す、頂上十一面あり、諸頭の寶冠中化佛身を安住す。菩薩身上に於て四十手を具足し一一の手掌の中に各一の慈眼あり、諸の衆類に隨つて雜寶物を執持し、蓮華臺に住し大光明を放つ、左手に日輪を持し右手に月輪を持し、左に宮殿、右に五色雲、左に戟䂎、右に錫狀。左に羂索、右に寶劍、左に寶弓、右に寶箭、左に紅蓮、右に紫蓮、左に白蓮、右に青蓮、左に軍持、右に胡瓶、左に玉環、右に金輪、左に寶篋、右に貼經、左に鐵鉤、右に鉞斧、左に金剛杵、右に三鈷、左に寶螺、右に蒲桃、左に白拂、右に楊柳、左に寶鐸、右に寶印、左に如意珠、右に施無畏、左に化佛、右に頂上化佛、左に寶鏡、右に髑髏、左に榜排、右に珠數、左に寶鉢、右に合掌なり。各各の妙寶臂猶尼瞿枝の如く、環釧を臂上に懸く。天衣及び瓔珞大悲の體を莊嚴し、圓光微妙色あり、跏趺して右左を押す。次に前月輪に當て金剛觀自在、南方の月輪中に與願觀自在、西方の西輪中に數珠觀自在、北方月輪中に鉤召觀自在。此の本尊及び四尊を以て五智五部を表す。次に除怖觀自在は即ち施無畏東南月輪に在り、寶劍觀自在は西南月輪に在り。寶印觀自在は西北月輪に在り、不退轉金輪觀自在は東北月輪に在り。是れ四大觀音なり。法利因語を表す、已上の九月輪五鈷杵を以て界となす。云云。亦四月輪あり、之を內院となす。金剛舞菩薩等是に住す。次は第二院にして金剛鉤等是に住す。已上八供三攝菩薩の本形金剛界の如し。亦東西南北の四門の兩邊に各四觀音あり、合せて三十二尊之を第三院とす。內院中の本尊を除き餘の八尊を合せて即ち五八尊なり。次は第三院にして伊舍那、帝釋等十二天を置く。而して其の內院の地は紺青色にして、金色花を散し、內より第二院に至る間は獨鈷杵を以て界となす。第二院の地は淺黑色にして銀色花を散じ、第三院に至る間は白銀の三鈷を

以て界となす。第三院の地は即ち青色。第四院の大地は蓮華を以て之を莊嚴す。

千手觀音二十八部衆 [名數]【千手觀音造次第法儀軌】に「其尊之正面天冠上有二三重一。乃至第三重有二二十八部衆一。有二各各本形一。一密迹金剛士。二烏芻君荼央倶尸。三魔醯那羅達。四金毘羅陀迦毘羅、五婆馺婆樓那。六滿善車鉢眞陀羅。七薩遮摩和羅。八鳩蘭單托半祇羅。九畢婆伽羅王。十應德毘多薩和羅。十一梵摩三鉢羅。十二五部淨居天。十三釋王三十三。十四大辯功德天。十五提頭賴吒王。十六神母女。十七毘樓勒叉王。十八毘樓博叉王。十九毘沙門天王。二十金色孔雀王。二十一二十八部大仙衆。二十二摩尼跋陀羅。二十三散支大將。二十四難陀跋難陀。二十五修羅、乾闥婆、迦樓羅王、緊那羅、摩睺羅伽。二十六水火雷電神。二十七鳩槃茶王。二十八毘舍闍。」

千手觀音小呪印言 [眞言]【無量壽儀軌】に「即結二觀自在菩薩印一。加二持四處一所レ謂心額喉頂。其印以二二手一外相叉。二頭指相拄如二蓮華葉一。二大指並竪即成。即誦二觀自在菩薩眞言一曰。唵(ヲム)(歸命)嚩(バ)日囉(ザラ)(金剛)達磨(ダルマ)(法)紇哩(キリク)(觀音種子)由下結二此印一及誦二眞言一加中持心額喉頂上故即自身等二同觀自在菩薩一。」【溪嵐拾葉集六】に「六觀音の中に人法不二の功能を明かすは千手一尊に限れり、其の眞言に嚩日囉(バザラ)とは金剛なり、人なり、達磨(ダラマ)とは法なり。紇哩(キリク)とは人法不二の觀音なり。之に依て惠心流は千手觀音を以て天台宗の教主となすなり。」

印契 [術語] 本尊の印契を千身眼印と名づく、千臂經の中に出づ、二の小指無名指中指を以て各甲背相ひ着け、其の二人指は竪て、二大指は博く、人指の第二の文の側に附く、腕開くこと五寸許り、眉間上に置て眞言を誦す。【千光眼秘密法經】

種子 [術語] [illegible]なり。

三形 [術語] 開敷華なり。

經軌 [術語] 千手千眼觀世音菩薩廣大圓滿無礙大悲心陀羅尼經、一卷、唐の伽梵達磨譯。是れ常の千手經なり。【成帙十】(320)千眼千臂觀世音菩薩陀羅尼神咒經、二卷、唐の智通譯。【餘帙五】(318)千手千眼觀世音菩薩姥陀羅尼身經、一卷、唐の菩提流志譯。【餘帙五】(319)金剛頂瑜伽千手千眼觀自在菩薩修行儀軌經、一卷、唐の不空譯。【閏帙十】(1383)大悲心陀羅尼修行念誦略儀、一卷、唐の不空譯。【成帙十三】千光眼觀自在菩薩秘密法經、一卷、三昧蘇婆羅譯。【餘帙四】千手千眼觀世音菩薩大悲心陀羅尼、一卷、唐の不空譯。【餘帙四】千手觀音造次第法儀軌、一卷、唐の善無畏譯。【餘帙四】千手千眼觀自在菩薩廣大圓滿無礙大悲心陀羅尼咒本、一卷、唐の金剛智譯。【成帙十】千手千眼觀世音菩薩大身咒本、一卷、唐の金剛智譯。【成帙十】千手千眼觀世音菩薩治病合藥法、一卷、唐の伽梵達磨譯。【餘帙二】千手眼大悲心咒行法、一卷、宋の知禮集。【成帙十四】

センジユセンゲン 千手千眼 [菩薩] 千手觀音なり。

センジユセンゲンギキキヤウ 千手千眼儀軌經 [經名] 金剛頂瑜伽千手千眼觀自在菩薩修行儀軌經の略。一卷、不空譯。【閏帙十】(1383)

センジユダウ 千手堂 [堂塔] 千手觀音を安置したる堂。

センジユダラニ 千手陀羅尼 [經名] 具名、千手千眼觀世音菩薩廣大圓滿無礙大悲心陀羅尼。略して千手陀羅尼、大悲心陀羅尼、大悲咒など云ふ。是れ伽梵達磨譯の千手經に說く所にて呪語八十二句あり、現今諸宗に流通するもの是なり、其他不空所說の千手經等呪語少異あり。又經中種種の別名を說く。伽梵達磨譯の【千手經】に「佛告二阿難一。如レ是神呪有二種種名一。一名二廣大圓滿一。一名二無礙大悲一。一名二救苦陀羅尼一。一名二延壽陀羅尼一。一名二滅惡趣陀羅尼一。一名二破惡業障陀羅尼一。一名二滿願陀羅尼一。一名二隨心自在陀羅尼一。一名二速超上地陀羅尼一。」⊙(十訓抄七)「千手陀羅尼の持者住みけり」

センセ 先世 [術語] 前世に同じ。過去世を云ふ。

センセウカウザン 先照高山 [譬喩] 佛出世して先づ華嚴經を說て大乘の機に蒙らすを日出でて先づ高山を照すに譬ふ。【止觀一】に「華嚴曰。譬如下日出先照二高山一。次照二幽谷一。次照中平地上。平地不定也。幽谷漸也。高山頓也。」是れ天台宗の意を以て經意を略抄せし文なり。

センセシリヤウ 先世資糧 [術語]「シシユシリヤウ」を見よ。

センゼ 千是 [術語] 千百の是非なり。百非に對して云ふ。【二教論上】に「一法界心非二百非一背二千是一。」

センゼツ 宣說 [雜語] 教法を說き演ぶると。【唐華嚴經五】に「以二佛力一故能宣說。」

センサウサイ 千僧齋 [行事] 趙宋の神宗元豐三年正月千僧齋を大内に設け、千の袈裟を施て慈聖太后の福に薦む。【佛祖統紀四十五】

センソウミドキヤウ 千僧御讀經 [行事] 千僧を集めて經を讀ましむる法會。【禁秘抄下】に「千僧御讀經。天變地妖御惱之時最行レ之。通二萬事一第一御祈也。」

センタ 閃多 [術語] Preta の誤。鬼の梵語。

センタ　扇搋　〔術語〕譯、黃門。男根不具の者。或は五種不男中の第一生不男（生れながら具せざるもの）の名とし、或は第一法不男と第二犍不男（刀を以て去るもの）との二種の名とし、或は五種不男の總名とす。【慧琳音義五】に「扇搋。勅加反。此名二黃門一。其類有レ五。」【俱舍光記三】に「扇搋。唯無根。無根有レ二。一本性扇搋。二損壞扇搋。」【玄應音義二十三】に「搋。音勅佳切。乃至扇搋半擇迦 Saṇḍhapaṇḍaka 謂本來男根不滿。亦不レ能レ生レ子。」「ゴシユフナン」を見よ。

センタイダイバ　羼提提婆　〔人名〕Kṣāntideva 釋尊の幼時武術を敎へたる人。

センタカ　闡鐸迦　〔人名〕Chandaka 又闡陀に作る。舊稱車匿（しやのく）。比丘の名。譯、樂欲。太子出城の時馬を御せしもの。【玄應音義二十三】に「鐸。徒洛切。人名也。此云二樂欲一。」【慧琳音義六十三】に「闡鐸迦。如來僕使之名。古云二車匿一也。」「シヤノク」を見よ。

センタハンタ　扇搋半擇　〔術語〕扇搋半擇迦の略。「センタ」を見よ。

センタハンタカ　扇搋半擇迦　〔術語〕扇搋般荼迦、五種半擇迦の一。半擇迦は男根不具の總名。「センタ」を見よ。

センタン　旃丹　〔地名〕「シンタン」を見よ。

センダ　闡陀　〔人名〕又、闡那、車匿、闡擇迦。比丘の名。太子城陀を出るとき馬を御せしもの。六群比丘の一。「シヤノク」を見よ。図外道六論の一。【百論疏上之下】に「闡陀論釋下作二首盧迦一法上。佛弟子五通仙等說レ偈名二首盧迦一。」図婆羅門讀誦の法なり。【五分律二十六】に「有二婆羅門兄弟二人一誦二闡陀鞞陀書一。後於二正法一出家。聞二諸比丘誦經不レ正。譏訶言。諸大德久出家而不レ知二男女語一語多語現在過去未來語長短音輕重音一。乃作レ如レ此誦二讀佛經一。比丘聞羞耻。二比丘往至二佛所一。具以白レ佛。佛言。聽下隨二國音一讀誦上。但不レ得レ違二失佛意一。不レ聽下以二佛語一作中外書語上。」【有部毘奈耶雜事六】に「苾芻不レ應三歌詠引聲而誦二經法一。若苾芻作二闡陀聲一誦二經典一者。得二越法罪一。若方國言音須二引聲一者。作時無レ犯。」【註】に「言二闡陀一者。謂婆羅門讀誦之法。長引二其聲一。以二手指一點レ空而作二節段一。博士先唱諸人隨レ後。」

センダ　先陀　〔雜語〕先陀婆 Saindhava の略。【涅槃經九】に「先陀婆者一名四實。一者鹽。二者器。三者水。四者馬。如レ是四法皆同二其名一。有智之臣善知二此名一。若王洗時索二先陀婆一即便奉レ水。若王食時索二先陀婆一即便奉レ鹽。若王食已將欲レ飲レ漿索二先陀婆一即便奉レ器。若王欲レ遊索二先陀婆一即便奉レ馬。如レ是智臣善解二大臣四種密語一。」

仙陀客　雜語〕利智聰明の人に名く。所謂先陀婆の密語を解する人なり。【法華經科註八】に「世有二天機高妙領レ宮在レ前號二先陀客一。」

センダ　扇陀　〔人名〕婬女の名。一角仙人を墮落せしむ。「イチカクセンニン」を見よ。

センダアシユカ　旃陀阿輸柯　〔人名〕Caṇḍāśoka 阿輸柯王暴惡を作す、人旃陀阿輸柯と稱す。旃陀は旃陀羅にて暴惡又は可畏と譯す。【阿育王經一】に「阿育王瞋即以二竹箔一裹二諸女人一以レ火燒レ之。以二其惡一故時人謂爲二旃陀阿輸柯王一。翻二可畏一。」

センダイ　闡提　〔術語〕一闡提の畧。不成佛の義なり。此に二種あり、一に斷善闡提、大邪見を起して一切の善根を斷ずるもの。二に大悲闡提、菩薩大悲心ありて一切衆生を度し盡して成佛せんと欲し、衆生盡きざるが故に已れ畢竟成佛の期なきもの。「イチセンダイ」を見よ。【楞伽經一】に「一闡提有二二種一。一者捨二一切善根一。及於二無始衆生一發願。」【止觀六】に「闡提有レ心猶可二作佛一。二乘滅レ智心不レ可レ生。」⊙（盛衰記三九）「破戒闡提之を嫌ふ事なく」その他「闡提救世の方便」「闡提の悲願」など是れ大悲を以て闡提となれる菩薩を云ふ、觀音の如き是なり。図比丘の名。【涅槃經二十六】に「居家之子常修二惡業一。以レ見レ我故即便捨離。如二闡提比丘一。」

センダイ　宣臺　〔物名〕陀羅尼集經十三、訶利帝母法などに出づ、天子の宣旨の下る臺にて今此に擬して作れるならん。【諸儀軌決影二十】

センダイ　羼提　〔術語〕Kṣānti 六度の一。譯、忍辱。屈辱を忍び苦難に堪ゆるなり。【智度論十四】に「羼提秦言二忍辱一。」

羼提仙人　〔本名〕佛往昔菩薩の行を修して忍辱の行を成滿せしときの名。又羼提比丘と云ふ。賢愚經に羼提波梨と名く。【智度論十四】に「行者常に慈心を行じ惱亂ありと雖必らず能く忍受せよ。譬へば羼提仙人の如き大林中に在つて忍慈を行ぜし時に迦利王諸の婇女を得て林に入て遊戲す、飮食既に訖へ王小しく睡息す。諸の婇女華を林間に採り此仙人を見て禮敬を加へ、一面に在つて立つ。仙人諸の婇女の爲に忍慈を讃說す、聽く者厭くとなく久して去らず。迦利王覺めて婇女を見ず、劍を拔て蹤を追ふ。仙人の前に在つて立つを見て大に怒り、劍を舊て仙人に問ふ、汝何物をか爲す。仙人答て言く、我れ今此に在つて忍を修し慈を行ず。王曰く、我れ今汝を試みん。」と、王即ち仙人の手足を切る。【同四】に「羼提波羅蜜云何か滿ずるや。答て曰く、若し人來り罵り撾捶し割剝し支解奪命す

るも心に瞋を起さず、羼提比丘の迦梨王の爲に其手足耳鼻を截らるれども心堅くして動かざるが如し。」【賢愚經二】に「羼提波梨品。」「カリ」を見よ。

センダイハラミツ　羼提波羅蜜　〔術語〕Kṣāntipāramitā 六波羅蜜の一。譯、忍度。羼提は忍、波羅蜜は度、忍辱の行は生死海を度りて涅槃の岸に到る道なれば度と稱す、新譯に到彼岸と云ふ。

センダイラ　羼提羅　〔術語〕Ṣaṇḍha 新稱、扇搋。譯、石女。男女根を具せざるもの。【勝鬘寶窟上本】に「依二外國語一四名相濫。一名二旃提羅一。Ṣaṇḍila* 此云二奄人一。二扇提羅、Ṣaṇḍhila 此云二石女一。三旃陀羅。Caṇḍāla 此云二殺狗人一。四旃茶羅。Candra 此名爲レ月。」「センチ」を見よ。

五扇提羅　〔傳說〕五人の惡比丘各石女の報を得るもの。【止觀一】に「如二五扇提羅一者。此發二地獄心一。」【同輔行】に「言二扇提羅一者。未曾有經下卷云。昔五比丘懶惰懈怠不レ修二經書一。時世穀貴爲レ人所レ輕不レ供二養之一。五人議云。夫人生計隨二其行儀一。人命至重不レ可レ守レ死。各共乞求辨二具繩床一。坐二曠野中一掃灑莊嚴依レ次而坐。外形似レ禪內思邪濁。見者謂レ聖。因レ此招レ供飽足有レ餘。有二一女人一名曰二提韋一。聞レ之喜供。提韋有二十頃園林一。令二住終一レ身。乃至提韋直心供養福故命終生二化樂天一。其五比丘專行二巧僞邪濁心一。福盡命終生二于地獄一。經二八千劫一償二其施主一。雖二復爲レ人諸根闇鈍無二男女根一名爲二石女一。經二爾所劫一償二施主一已。佛告二匿王一。時提韋者今皇后是。五比丘者隨從擔レ轝五人者是。」

センダイラ　旃提羅　〔術語〕譯、奄人。男根を斷ちしもの。【勝鬘經】に「即遣二內人一名二旃提羅一。」【同寶窟上本】に「旃提羅。此云二奄人一。乃至又旃提羅者。此云二善信一。其人善而有レ信言二善信一。今謂奄人是其通名。善信當二其別名一。未曾有經云。旃提羅翻爲二應作一。」梵 Ṣaṇḍila*(Ṣaṇḍha, Ṣaṇḍa, Ṣaṇḍha,)

センダウ　專當　〔雜名〕又、船頭、宣道に作る、南都北嶺共に有して下法師の妻帶するもの、執當の下に在て下役を司る、承仕などに同じ。【驢驢嘶餘】に「專當とは下法師、若輩たりと云へども杖をつくなり、執當の輿前に行くなり。」【考信錄四】に「專當又船頭とも書たり東鑑二十三一說云。專當爲二觸流之役一也。」【諸法會儀則上】に「宣道。或作二專當一。亦云二庭行事一也。」【行肰翼讚四十二】に「專當又は船頭と書たり。是れ又南北山寺共に有て皆下法師の多くは妻を帶たる者なり、神事法會に臨で兵杖を帶して警固する者の類なり。」【庭訓往來精註鈔】に「專當勾當は眞言家に在り、行者に等くして法務に預る者とぞ。」

センダウワウ　仙道王　〔傳說〕【有部毘奈耶四十六】に「勝音城に王あり、仙道と曰ふ、夫人を月光と名け、太子を頂髻と名く。又花子城に王あり、影勝と曰ひ、夫人を勝身と名け、太子を未生怨と名く。影勝王佛の畵像を仙道王に贈る、仙道王像を拜して信心を生じ國を太子に讓て王舍城に至り、影勝王と共に佛所に詣て比丘となり聖道を得、後に頂髻佞臣の讒を信じて仙道比丘を弑す。」⦿(今昔物語一)「仙道王詣二佛所一出家語第二十三」

センダギリカ　旃陀耆利柯　〔地名〕Caṇḍagiri 譯、可畏山。【阿育王經一】

センダツ　先達　〔雜名〕高德を尊ぶの稱。謂く我より先に道に達す。【法華文句九上】に「彼諸大士。是先進先達。」【梁僧傳序】に「博諮二故老一。廣訪二先達一。」図山伏の頭を云ふ。⦿(徒然草)「先達後世をそると云ふ事」

センダナバ　睒陀那婆　〔異類〕鬼類の名。【三德指歸二】に「睒陀那婆者。此云二施有一。是修羅種類。不レ損二有情一。名二施有一也。」「よ。梵 Saindhava

センダバ　先陀婆　〔雜語〕譯、鹽。「センダ」を見よ。

センダバラビ　旃陀婆羅鞞　〔人名〕王の名。譯、月光。「センダラハラビ」を見よ。

センダビダ　闡陀鞞陀　〔術語〕十八鞞陀の一。「センダ」を見よ。梵 Chandas

センダラ　旃陀羅　〔雜名〕Caṇḍāla 又、旃茶羅。譯、居者、嚴熾、執暴惡人、下姓など。四姓の外に在つて居殺を業とするもの。男を旃陀羅と云ひ、女を旃陀利と云ふ。【玄贊九】に「旃陀羅。云二居者不律儀一也。正言二旃茶羅一。此云二嚴熾一。惡業自嚴。行持標幟。搖レ鈴持レ竹爲二自標一故。」【玄應音義三】に「旃茶羅或云二旃茶羅一。此云二嚴熾一。謂居殺者種類之名也。一云二主殺人一。獄卒也。案西域記云。其人若行則搖レ鈴自標。或杜二破頭之竹一。若不レ然王即與二其罪一也。」【法顯傳】に「旃茶羅。名爲二惡人一。與レ人別居。若入二城市一則擊レ木以自異。人則識而避レ之不二相搪揬一。」【同二十三】に「旃茶羅。此云二執暴惡人一。亦言二惡殺一。」【阿育王經三】に「旃陀利女。翻二下姓一。」

センダラ　戰達羅　〔術語〕戰捺羅 Candra 譯、月。【梵語千字文】図外道の名。【因明大疏中】に「十八部中上首名二戰達羅一。此云二慧月一。造二十句論一。」

センダラダイバ　旃陀羅提婆　〔人名〕Candradeva 比丘の名。譯、月天。【求法高僧傳上】

センダラバツマ　旃達羅伐摩　〔人名〕Candravarman 比丘の名。譯、月胄。【慈恩傳二】

センダラハラバ　戰達羅鉢喇婆　〔人名〕Can-

draprabha 國王の名。譯、月光。【西域記三】に「如來昔修二菩薩行一。爲二大國主一號二戰達羅鉢剌婆一。唐言二月光一。志二求菩提一斷レ頭惠施。」【賢愚經五】に「旃陀婆羅鞞王晋言二月光一。」

センダラニ　旋陀羅尼　〔術語〕法華三陀羅尼の一。法門に於て旋轉自在の力を得るを云ふ。【嘉祥法華義疏十】に「旋陀羅尼。於二法門中一圓滿具足出沒無碍。」

八種旋陀羅尼字輪門　〔名數〕諸の陀羅尼の字門に於て逆順旋轉して釋を爲すが故に旋陀羅尼字輪門と云ふ。此に八種あり。一に以二一字一釋二一切字義一。迦字を釋する時の如き但種種の因緣を以て本不生を觀じて即ち無所作の義を見る、乃至訶字を釋する如き亦種種の因緣を以て本不生を觀じて即ち無因の義を見る。是れ初の迦と最后の訶に就て中間を略せしなり。二に以二一切字一釋二一字一。阿字を釋する時の如き種種の因緣を以て無造作を觀じて本不生を見る、乃至種種の因緣を以て諸法無因を觀じて即ち本不生を見る。三に一切字成二立一字一。一切法本不生は無作の故に、無行の故に、虛空の無相の如きが故に、無合の故に、乃至無因の故に。四に一字成二立一切字一。一字法無作なり、其の本不生を以ての故に、乃至一切法は無因なり、其の本不生を以ての故に。五に以二一切字一破二一字一。人の造作ありと執する如き、應に彼を破して言ふべし、若し諸法本不生の義已に成立して而して有作と云ふ是の義然らず、乃至有因を執せば亦彼を破して言く、若し諸法本不生の義已に成立して而して有因と云ふ是義は然らず。六に以二一字義一破二一切字義一。七に順旋轉、若し法本來不生ならば即ち造作なし、若し造作なければ則ち虛空の如く無相なり、若し虛空の如く無相ならば即ち行あるとなし、若し行あるとなければ則ち合あるとなし、若し合あるとなければ遷轉あるとなし、乃至若し因なければ當に法の本不生を知るべし、是を順旋轉と名く。是れ初の阿迦佉哦伽遮の六字と最後の訶の一字に約して釋を作し中間を略せしなり。八に逆旋轉、若し法因なくんば則ち諦得べからず、若し諦得べからずんば則ち自性鈍なり、若し是れ自性鈍ならば當に本性寂を知るべし、若し本相寂ならば當に無相を知るべし、乃至若し本不生ならば當に無因を知るべし。是れ逆次に訶娑沙奢の四字と一字を越えて還と最首の阿の六字に約して之を釋せしなり。【大日經疏七】

十六玄門　〔名數〕高野大師此八種旋陀羅尼に遮情、表德、淺略、深秘、字相、字義、一字攝多、多字歸一の八門を加へて十六玄門となす。【大日經開題】に「據二大日經王及金剛頂經王。秘密法曼茶羅。旋陀羅尼字輪。海印三摩地一釋二一切經一。且有二十六門一。謂遮情表德。淺略深密。字相字義。一字攝多。多字歸一。一字釋多。多字釋一。一字成多。多字成一。一字破多。多字破一。順旋轉。逆旋轉。是也。」此の中順逆の二旋轉は即ち大疏の八種旋陀羅尼なれば要するに六門を加增するのみ。

センダラニジリンモン　旋陀羅尼字輪門　〔術語〕八種旋陀羅尼字輪門なり。「センダラニ」を見よ。

センダラヤ　戰捺羅野　〔眞言〕Candrāya 是れ月天子の名、即ち其の眞言なり、（單數與格の形なるべし）一切世間の熱惱を息除し清涼の樂を施す故に之を甘露と云ふ。今最初の戰字を以て眞言の體とす、戰は是れ不死の義、一切甘露味の中に淨月三昧に過ぐるなし、其の之を服するの者は即ち諸の變遷を離れて不死不生なり。次に捺とは是れ施與の義、囉は是れ無塵の義、又淨月の用とす、曳字の聲を加ふるを以て即ち月天乘と名く。【大日經義釋七】

センダリ　旃陀利　〔雜名〕「センダラ」を見よ。

センダヲツ　旃陀越　〔地名〕國の名。所在不明。

旃陀越國王經　〔經名〕Candrapati-sūtra* 一卷、宋の沮渠京聲譯。旃陀越國王婆羅門の讒を信じ懷胎せる夫人を土中に埋む。兒塚中に生れ、母の半身朽ちず、三年乳を飲む。六歲に至つて佛度して出家せしめ阿羅漢果を證す。乃ち神通を以て其の父王を化す。【宿帙七】(774)

センダン　旃檀　〔植物〕具名、旃檀娜。Candana 香木の名。譯、與樂。南印度摩羅耶山より出づ、其山の形牛頭に似たれば牛頭旃檀と名く。【慧苑音義上】に「旃檀此云二與樂一。謂白檀能治二熱病一。赤檀能去二風腫一。皆是除疾身安之樂故名二與樂一。」【玄應音義二十三】に「旃彈那。或作二旃檀那一。此外國香木也。有二赤白紫等諸種一。」「ゴヅセンダン」を見よ。⦿（榮花、音樂）「院のうち旃檀沈水のかに充ち薰れり」

蛇衛旃檀　〔物名〕Uragasāra-candana 蛇のすむ旃檀樹なり。

センダンアミダクヤウホフ　千壇阿彌陀供養法　〔修法〕千處の壇を設けて阿彌陀佛を供養する修法なり。

センダンカウシンダラニキヤウ　旃檀香身陀羅尼經　〔經名〕一卷、趙宋の法賢譯。陀羅尼あり旃檀香身と名く、之を誦持すれば能く觀音を見又身の惡疾を除く。【成帙八】(887)

センダンケイニタ　旃檀罽昵吒　〔人名〕月支國王の名。中印度を征して馬鳴菩薩を將て還る。【付

法藏傳五、馬鳴傳】

センダンズヰザウ 旃檀瑞像 〔圖像〕優塡王所作の佛像なり。「ズヰザウ」を見よ。

センダンナ 旃檀那 〔植物〕「センダン」を見よ。

センダンニ 旃檀茸 〔飲食〕旃檀木に生ぜし茸(きのこ)。純陀之を佛に供養す、佛之を受けて涅槃す。純陀又周那に作る。【長阿含經三】に「爾時世尊於二負味城一隨レ宜住已。告二賢者阿難一。俱詣二波婆城一。乃至路由二末羅一至二波婆城闍頭園中一。時有二工師子一名曰二周那一。乃至即請二世尊一明日舍食。時佛默然受レ請。乃至大衆圍繞往詣二其舍一就レ座而坐。是時周那尋設二飲食一供二佛及僧一。別煮二旃檀樹耳世所二珍奇一獨奉二世尊一。佛告二周那一勿下以二此耳一與中餘比丘上。周那受レ敎不二敢輙與一。」【玄義七】に「八十二歲老比丘身詣二純陀舍一持レ鉢乞レ食食二旃檀耳羮一。食訖說法。果報壽命中夜而盡。」

センダンノケムリ 旃檀煙 〔故事〕佛の茶毘を云ふ。旃檀を以て薪として佛を茶毘せり。

センダンタキギツキ 旃檀薪盡 〔故事〕佛の涅槃を云ふ。【法華經序品】に「佛此夜滅度。如二薪盡火滅一。」

センチ 羼底 〔術語〕Kṣānti 譯、忍辱、安忍。舊稱、羼提。【慧琳音義十三】に「羼底。上察限反。下丁以反。唐云二忍辱一。或云二安忍一。」

センチ 訕底 〔術語〕次項を見よ。

センチカ 扇底迦 〔術語〕又、訕底。四種悉地の一。譯、息災法。【妙吉祥平等觀門大敎王經略出護摩儀軌】に「訕底。此言二息災一。」【千手千眼觀自在菩薩行儀軌】に「扇底迦法息災也。」「ゴマ」を見よ。梵 Śāntika.

センチソウカ 羼底僧訶 〔人名〕Kṣāntisiṁha 比丘の名。譯、師子忍。【慈恩傳二】

センチユウムイチ 千中無一 〔術語〕雜修の人の失を顯はす言。雜修の人が極樂に往生すること甚だ稀にして千人中に一人もなしとなり。

センヂヤク 選擇 〔術語〕惡を去て善を取ると。【大阿彌陀經上】に「曇摩迦。便一二其心一。即得二天眼一徹視。悉自見二二百一十億諸佛國中諸天人民之善惡國土之好醜一。即選二擇心中所願一。便結二得是二十四願經一。」【撰擇集本】に「撰擇者即是取捨義也。」

センヂヤクシフ 選擇集 〔書名〕選擇本願念佛集の略名。

センヂヤクシヨホフキヤウ 選擇諸法經 「〔經名〕佛藏經の異名。

センヂヤクホングワン 選擇本願 〔術語〕法藏菩薩世自在王佛の所に在て二百一十億の佛土の中より能く選擇して立てし本願を云ふ、總じては四十八願(大阿彌陀には二十四願なり。)別しては第十八の念佛往生の願なり。

センヂヤクホングワンネンブツシフ 選擇本願念佛集 〔書名〕二卷、吉水源空上人九條關白藤原兼實の請に由て之を著す。淨土宗唯一の寶典なり。

センヂン 先陳 〔術語〕因明の語。宗法の中の有法の言を云ふ。必ず先に有法を陳べ後に法を說けばなり。

センテイ 筌罤 〔譬喩〕又、筌蹄、筌は魚を取る具、罤は兎を取る網、以て方便門及び言語文句等の實現實義の用具たるに譬ふ。罤或は蹄に作るは假借なり。【玉篇】に「罤。兎網。」【法華文句一】に「若微若著。若權若實。皆爲二佛道一而爲二筌罤一。」【起信論義起序】に「眞心寥郭絕二言象於筌蹄一。」

センテツ 先哲 〔雜語〕賢哲の我より先輩なるもの。【梁僧傳(僧祐傳)九】に「大精二律部一有レ邁二先哲一。」【慈恩傳九】に「盡二先哲之多能一。」

センテン 煎點 〔飲食〕煎茶の點心。茶を煎て空心に點ずるなり。或は直に點心の異名となすあり、是れ茶を進むるの前に先づ些の點心物を進むればなり。【象器箋十七】

センテンキヤウ 千轉經 〔經名〕千轉大明陀羅尼經の略名。一卷、宋の施護譯。【成帙十二】

センデンクワウ 閃電光 〔譬喩〕勢の神速と事の猛烈に譬ふ。【會元七保福章】に「此事如二擊石火一。似二閃電光一。搆得搆不得。未レ免二喪身失命一。」

センテンクワンゼオンジユキヤウ 千轉觀世音呪經 〔經名〕千轉陀羅尼觀世音菩薩呪の異名。一卷、唐の知通譯。【成帙十二】

センテンシンゴン 旋轉眞言 〔眞言〕正念誦の眞言を稱す、念珠を旋轉して之を誦すればなり。【十八道鈔下】

セントウ 仙洞 〔雜名〕法華經提婆品に說く所大王の仕へし阿私仙の居處を云ふ。「仙洞千年の給仕」給仕を仙洞に致せし一乘」など。

セントウヱ 千燈會 〔行事〕千灶の燈を點じて佛に供養する法會なり。南都の法華寺にあり。【性靈集七】に「和氣夫人於二法華寺一奉二入千燈料一願文。」

セントク 先德 〔雜語〕先達の德者。【慈恩傳一】に「後復北遊。詢二求先德一。」【釋籤起序】に「先德旣詳。」

センドソクボンフシヤリインミヤウ 千度觸犯不捨離印明 〔眞言〕不動尊の印明なり。「フダウ」を見よ。

センナ 羨那 〔人名〕Sena 譯、軍。【賢愚經六】

センナラ 戰捺羅 〔雜語〕「センダラ」を見よ。

センニ 先尼 〔人名〕Senika 又、西儞迦、霰尼。外道の名。譯、有軍、勝軍。【玄應音義二十三】に「西儞迦。此云有軍。外道名也。舊云先尼訛也。」【可洪音義十一上】に「西尼亦云先尼。梵志名。唐云勝軍。」【楞嚴經十】に「霰尼。」【涅槃經二十九】に「爾時衆中有梵志名先尼。復作是念。瞿曇有我耶。如來默然。」

センニキヤク 穿耳客 〔雜名〕次項を見よ。

センニソウ 穿耳僧 〔雜名〕印度の僧多く耳環を繋く穿耳僧と云ふ。【風穴衆吼集】に達磨を指して穿耳客と云ふ。【西域記七】に「阿避陀羯剌拏僧伽藍。唐言不穿耳。乃至昔大雪山北覩貨羅國有樂學沙門。二三同志禮誦餘閑每相謂曰。妙理幽玄非言談所究。聖迹明著可足趾相尋。乃至既至印度寓諸伽藍輕其邊鄙莫之見舍。外迫風露內累口腹。顏色憔悴形容枯槁。時此國王出遊近郊見諸客僧。怪而問曰。何方乞士何所因來。耳既不穿衣亦垢弊。乃至王聞其說用增悲感。即斯勝地建立伽藍。白氎題書爲之制曰。我惟尊居世上貴極人中。皆三寶之靈祐也。既爲人王受佛付囑。凡厥染衣吾當惠濟。建斯伽藍式招羈旅。自今已來諸穿耳僧我此伽藍不得止舍。」

センニチカウ 千日講 〔行事〕千日續けて行ふ法華講なり。【禁秘鈔下】に「白川院御時於禁中被行千日講。」◎(大鏡三)「この女君千日の講行ひたまふ」

センニチシヤウジン 千日精進 〔行事〕御嶽精進とて大和の大峯へ參詣する爲に千日の間精進潔齋を爲すなり。

センニヒヤクゴジフニン 千二百五十人 〔雜語〕【過去現在因果經四】に「耶舍長者子の朋黨五十人、優樓頻螺迦葉の師徒五百人、那提迦葉の師徒二百五十人、伽耶迦葉の師徒二百五十人、舍利弗の師徒一百人、大目犍連の師徒一百人あり、此の千二百五十人先に外道に事へ後に佛の化導を承けて證果を得、是に於て佛の恩に感じ一一の法會常に隨つて離れず、故に諸經の首め衆を列ぬるに多く千二百五十人俱と云ふ。」

センニヒヤクイクドク 千二百意功德 〔術語〕意根淸淨の功德の數。「ロクコンシヤウジヤウ」を見よ。

センニヒヤクゼツクドク 千二百舌功德 〔術語〕舌根淸淨の功德の數。「ロクコンシヤウジヤウ」を見よ。

センニヒヤクニクドク 千二百耳功德 〔術語〕耳根淸淨の功德の數。「ロクコンシヤウジヤウ」を見よ。

センニヒヤクラカン 千二百羅漢 〔名數〕法華經の會座に千二百の羅漢一類を成して第三周の說法に授記を得、是れ常に諸經の首に列ぬる千二百五十人の比丘なり。【方便品】に「我等千二百及餘求佛者。」又「千二百羅漢悉亦當作佛。」【五百弟子授記品】に「是千二百阿羅漢。我今當現前次第與授阿耨多羅多羅三藐三菩提記。」

センニヨ 千如 〔術語〕千如是の略。

センニヨゼ 千如是 〔術語〕天台の用語。上は佛界より下は地獄界に至るまで總て十界あり、十界の性に各十界を具すれば相乘して百界となる、其百界の一一に如是相乃至如是本末究竟等の十種の如是を具すれば千如是なり。之に三種の世間を乘ずれば三千となる、台家所立諸法實相の數目なり。【玄義二】に「此一法界具十如是一十法界具百如是。又一法界具九法界則有百法界千如是。」

センニヨリコン 倩女離魂 〔公案〕【正燈錄六五祖演禪師章】に「五祖問僧云。倩女離魂。那箇是眞底。」【剪燈新話上聚景園記】に「淸河張鑑季女倩娘。鑑嘗許外甥王宙爲妻。既而悔之。欲嫁賓僚之賢者。女聞之鬱抑。宙亦深恨。赴京師至山郭。半夜忽聞有人行聲。問之乃倩娘也。遂匿於船至蜀凡五年。遂與還歸。既至宙獨先到鑑家謝其事。鑑曰。吾女病在閨中何其詭說。宙曰。見在舟中。鑑使人驗果然。使者還報。室中病女聞而喜。起出相迎合爲一體。」【太平廣記神魂部、陳玄祐離魂記】

センニヨロクワウサウ 腨如鹿王相 〔術語〕佛三十二相の一。佛の腨は鹿の腨の如き愛樂すべき相を具するを云ふ。

センニン 仙人 〔術語〕梵語、哩始、Ṛṣi 外道の高德のものを稱して仙人と稱す。多く山に入て道を行ずればなり。仙果を極むれば五種の通力を得るを以て五通仙と云ふ。又佛を稱して大仙と稱す。【大日經疏六】に「持明仙者。是餘藥力等所成。悉地持明仙者。皆是專依呪術得悉地人。直云諸仙者。皆是圍陀事火之類。勸修苦行成五通神仙。」【楞伽經四】に「大慧。我於此娑呵世界有三阿僧祇百千名號。乃至或有衆生知我如來者。乃至有知仙人者。」【楞嚴經八】に「阿難復有從人不依正覺修三摩地別修妄念。存想固形遊山林人不及處。有十種仙。乃至此等皆於人中練心不修正覺。別得生理壽千萬歲休止深山或大海島絕於人境斯亦輪廻妄想流轉。不修三昧報盡還來散入諸趣。」

センニン 十種仙 〔名數〕「セン」を見よ。

センニンテウ　仙人鳥　〔名數〕青雀の一種。佛將に成道せんとするとき世人皆此の仙人鳥の瑞を感ず。【大疏九】に「此時菩薩巳到二苦行源底一。知レ無二義利一。受二牧牛女人乳糜一已。於二河中一澡浴。相好圓滿。爾時去二佛道一漸近。有二無量青雀之瑞一。如二本行經中廣明一。此鳥正名二操沙一。形似二青雀一而青者。方俗間所謂仙人鳥也。」

センニンヲン　仙人園　〔地名〕鹿野園の異名。

センニンロクヲン　仙人鹿園　〔地名〕鹿野園の異名。「ロクヤオン」を見よ。

センネン　專念　〔經名〕念を一境に專注すると。【無量壽經下】に「一向專念無量壽佛。」

センハ　瞻波　〔植物〕Campaka　又、占婆、瞻婆、瞻匐、膽博、旃波迦、瞻博迦、睒婆。樹の名。譯、金色花樹。其花香氣あり。遠く熏ず。【玄應音義二十一】に「瞻博花。舊言二旃簸迦一。或作二瞻波花一。亦作二瞻匐一。又作二占婆花一。皆方夏之差耳。此云二金色花一。大論云二黃花樹一也。樹形高大。花亦甚香。其氣逐レ風彌遠也。」【玄應音義二】に「睒婆又作二覘婆一。同式染反。此譯云二木綿一。」

センハイ　先輩　〔術語〕先進先達の人を云ふ。【臨濟錄】に「自レ古先輩到處人不レ信被二遞出一。始知是貴。」

センハキヤウ　瞻波經　〔經名〕佛、瞻波國に在て目連の爲に犯戒の事を說く。中阿含經九に攝む。【昃帙五】

センハケンド　瞻波犍度　〔術語〕Campākhanda　四分律二十犍度の一。佛、瞻波國に在て羯磨法の如非を明す篇章の名。【四分律四十四】

センハコク　瞻波國　〔地名〕Campā　瞻波は木の名。木を以て國に名く。中印度に在て恒河に濱す、此國の都城を瞻波城と名け、中印度都城の元始なり。【西域記十】に「昔劫初人物伊始。野居穴處未レ知二宮室一。後有二天女一降二迹人中一。遊二殑伽河一濯レ流自娟。感レ靈有レ娠生二四子一。分王二瞻部洲一各擅二區宇一。建レ都築レ邑封レ疆畫レ界。此則一子之國都瞻部洲諸城之始也。」

センハツキヤウ　先鉢經　〔經名〕大乘瑜伽金剛性海曼殊室利千臂千鉢大敎王經の略名。

センバ　瞻博　〔植物〕又、占婆、睒婆、樹の花。「センハ」を見よ。

センバカ　瞻博迦　〔植物〕又、旃簸迦、占博迦、樹の樹。「センハ」を見よ。

センバジヤウ　瞻婆城　〔地名〕又占婆城、瞻婆國の都城。「センハコク」を見よ。

瞻婆城鳩　〔故事〕⦿(寶物集二)に「過去遠遠占婆城鳩。未來永永祇園寺蟻。」俯脫の【六道講式】に「祇園寺蟻戴レ塊迯二過去遠遠一。瞻婆城鳩栖レ林逕二未來永永一。」「アリ」を見よ。

センバタカ　瞻婆怛伽　〔地名〕河の名。花に依て名く。【瞻婆比丘經】

センバツ　船筏　〔譬喩〕佛の敎法人を度するに譬ふ。【和讚】に「生死大海の船筏」

センバビクキヤウ　瞻婆比丘經　〔經名〕一卷、西晉の法炬譯。中阿含の大品瞻婆經の別譯。【昃帙八】(600)

センバラクツ　苫婆羅窟　〔地名〕瞻波樹に依て窟に名く。【慧苑音義下】に「苫婆是香花樹名也。其窟側近多生二此樹一。故因名耳。」梵 Campalu*

センヒヤクオクケシン　千百億化身　〔術語〕菩提樹下成道の佛身を云ふ、即ち八相成道の佛なり。梵網經の說に盧舍那佛千葉の蓮華臺に坐し、其千葉の一一に百億の國あり（即ち三千大千世界也。）其一一の國に各一佛ありて菩提樹下に成道して法を說くなり。【經下】に「我今盧舍那。方坐二蓮華臺一周匝千華上。復現二千釋迦一。一華百億國。一國一釋迦。各坐二菩提樹一一時成二佛道一。如レ是千百億盧舍那本身。」

センビヤウ　瞻病　〔雜語〕看病に同じ。

瞻病五德　〔名數〕「カンビヤウ」を見よ。

センフ　瞻風　〔雜名〕「ハッサウセンフ」を見よ。

センフクリンサウ　千輻輪相　〔術語〕佛三十二相の一。佛の足下に千輻輪の印紋あるを云ふ。是れ一切を駕御する法王の相を標するもの。【觀無量壽經】に「足下有二千輻輪相一。」⦿(榮花、花山)「御足のうちには千輻輪の文おはしまして」

センフクリンノアナウラ　千輻輪之趺　〔術語〕佛の三十二相中千輻輪相なり。【往生要集上末】に「仙鹿王之膞。千輻輪之趺。」

センブ　瞻部　〔地名〕Jambū　舊稱、閻浮、剡浮。樹の名。印度に多くあり。【瑜伽倫記二十三】に「西國多有二瞻部之樹一陰厚。比丘多在二彼樹影中一住。」【玄應音義二十四】に「瞻部樹名也。舊經中或言二剡浮一或作二閻浮一。訛也。」【嘉祥法華義疏八】に「閻浮者。此云レ穢。」⦿(正統記一)「南洲をば瞻部といふ是は樹の名なり」

瞻部洲　〔界名〕此大地の總名。此地の中央に瞻部樹あり樹に依て洲に名く、又瞻部樹 Jambū の下に好金を生ず瞻部檀金と名く此金に依て洲に名く舊に剡浮洲、閻浮提洲 Jambudvipa など云ふ。一洲四主に分ち、雪山以南を象主とす、多く象を出せばなり、以北を馬主とす、多く馬を出せばなり、以西を寶主とす多く寶を出せばなり、以東を人主とす、人文最も備はればなり。此四主を統ぶるを輪王と名く。【玄應音義二十三】に「瞻部洲。

從レ樹爲レ名。舊言二剡浮一或云二閻浮一皆一也。」【慧琳音義五】に「贍部洲。此大地之總名也。因レ金因レ樹立二此名一。」【釋迦方誌上】に「右翻二此洲一云二好金地一。謂閻浮檀金在二洲北海岸中一。金光浮二出海上一。其傍有二閻浮樹林一其果極大。得二神力一者方至二於彼一。又此一洲四主所レ統。」

センブク　贍匐　〔植物〕又、薝蔔、香樹の名。「センハ」を見よ。【維摩經觀衆生品】に「如下人入二贍匐林一唯嗅二贍匐一不上レ嗅二餘香一。如レ是若入二此室一但聞二佛功德之香一不レ樂レ聞二聲聞辟支佛功德香一也。」

センブクカ　贍匐迦　〔植物〕「センハ」を見よ。

センブクワウザウ　贍部光像　〔圖像〕贍部檀金を以て造れる佛像、給孤獨長者之を作て大衆の上首に安置す。【有部尼陀那五】に「若佛世尊自居二衆首一爲二上座一者。便有二威肅一衆皆嚴整。世尊不レ在即無二上事一。是時給孤獨長者來二至佛所一禮二雙足一已退二坐一面一。而白レ佛言。我今欲レ作二贍部影像一唯願聽許。佛言。應レ作。」【寄歸傳四】に「言二贍部光像一者。即如二律中所一レ出。緣起元爲三世尊不レ處レ衆時衆無二威肅一。致レ使下給園長者請二世尊一曰中願作二贍部光像一衆首置上レ之。大師許レ作。」

センブコン　贍部金　〔物名〕贍部捺陀金の略。

センブダイ　贍部提　〔術語〕Jambudvīpa「センブ」の項を見よ。

センブツ　千佛　〔術語〕過現未の三劫に各一千佛の出世ありと云ふ、單に千佛と言ふは賢劫即ち現劫の千佛にて釋迦は其第四佛なり。【法華玄義六】に「摩耶是千佛之母。淨飯是千佛之父。羅睺羅千佛之子。」【三寶感通錄上】に「釋含照圖二寫千佛像一感應。」⦿(今昔物語六)「興善寺含照禮二千佛一語」

センブツインエンキヤウ　千佛因緣經　〔經名〕一卷、秦の羅什譯。現劫千佛の因緣を說く。【黃帙三】(511)

センブドキヤウ　千部讀經　〔行事〕同じ經を千人にて一部づつ或は一人にて千遍よむなり。

センブナダコン　贍部捺陀金　〔物名〕Jambu-nada-suvarṇa　贍部は樹の名、捺陀は江又は海の義、贍部樹の下なる水中より出づる金を云ふ。舊に閻浮檀金是なり。【玄應音義二十一】に「贍部捺陀金。或作二剡浮那他一。舊云二閻浮檀金一。名一也。但贍部樹半臨二陸地一半臨二海中一。此海水底有レ金也。而水極深。然金色徹二出水上一。若轉輪王出レ世諸夜叉等神取二此金一將來博易。故人間有レ之。若著二闇中一闇色則滅也。那他。此言レ江。亦云レ海也。」「エンブダンゴン」を見よ。

センブロンジ　千部論師　〔人名〕龍樹天親の二菩薩共に千部論師の名あり。【止觀七】に「龍樹作二千部論一。」【百論序疏】に「天親本小乘學造二五百部小乘論一。乃至於レ是造二大乘五百部論一。時人呼爲二千部論主一。」

センブヱ　千部會　〔行事〕千部讀經の法會なり。【頌疏一】に「弘二道於五天一。製二論於千部一。」

センベン　詮辯　〔術語〕言詮辯論なり。【唯識述記序】に「息二詮辯於言蹄之外一。」

センホフミヤウモン　千法明門　〔術語〕明門とは智慧の異名、千種の法に通達する智慧を千法明門と云ふ。第二地の菩薩の修する所なり。【新譯仁王經中】に「若菩薩摩訶薩。住二千佛剎一。作二忉利天王一。修二千法明門一。說二十善道一化二一切衆生一。」

センボフ　懺法　〔術語〕所造の罪を懺悔する法なり。懺法の時はセンと讀み懺悔の時はサンと讀む。種種あれども吾朝一般に行はるるは觀音、法華、阿彌陀、吉祥の四懺なり、觀音、法華、阿彌陀の三は滅罪生善、後生菩提の爲に修せられ、吉祥の一は鎭護國家、息災延命の爲に修せらる。其中觀音懺法は禪宗に之を行ひ、法華懺法は天台宗に之を行ふ。觀音懺法は唐韻にて之を諷し、法華懺法は吳音にて之を詠ず。觀音懺法は初に一心敬禮と打ち上げ、法華懺法は一心頂禮と打ち上げ、吉祥懺法は一心奉請と打ち上ぐ。⦿(增鏡、草枕)「衆僧十餘人がほど召しおきて、懺法などよませらる」

慈悲懺法　〔修法〕【釋氏資鑑】に「梁の武帝の妃郗氏三女あり、帝雍州の刺史となり妃薨ず、其性酷だ妬なり、化して巨蛇となり後宮に入る、夢を帝に通じて功德を修して苦を離れしめんとを求む。帝大藏を閱し慈悲懺法を製し、僧を請じ罪を懺す。尋て化して天人となり空中に於て帝に謝す、既に生天を得たりと。帝畢生復た后を立てず。」

水懺法　〔修法〕【神僧傳】に「唐の懿宗の朝に悟達法師知玄あり、人面瘡を膝上に生ず、神僧の告に依て懺悔を修し三昧の水を以て之を洗ひ瘡乃ち癒ゆ。因て慈悲水懺法三卷を著す、水懺法と名く。」

觀音懺法　〔修法〕【懺法之起】に「宋の咸平年中天台の遵式請觀音經の消伏毒害の懺儀の治定せしもの、現に流布する所の觀音懺法是なり。述ぶる所の正意は觀世音及び一切の三寶を勸請し、三業を懺悔して以て現當の二利を成就するなり。其文は或は經疏止觀等の全文本意を取り、或は其意を取りて其辭を略し、或は文意共に自ら作て卷を終ふ。本朝の禪剎に此法を行ふは建仁寺の千光國師東福寺の聖一國師等各宋國より傳來するに始まる。」

阿彌陀懺法 〔修法〕 又無量壽懺法と云ふ。【忍辱雜記上】に「無量壽懺法とは即ち罪障懺悔、神超淨域の勝法なり。其の式は三緣山藏版阿彌陀佛懺法の如し、世に印行す、須く之に依て行ずべし。但し未だ誰人の作なるを知らず。復た慈雲懺主遵式法師の往生淨土懺願儀一卷明藏中に在り更に披見せよ。」

圓通懺法 〔修法〕 觀音懺法の別名。此法は觀音を以て道場の主とすれば觀音懺法と名け、復觀音を圓通大士と稱すれば圓通懺法と名く。

法華懺法 〔修法〕 天台大師法華經普賢觀經及び諸大乘經の意に依て六根懺悔の儀式方法を定め法華三昧行法（又法華三昧懺儀）一卷を著す、此中より抄出せしもの世に流行する法華懺法是なり。但し其法を行ふとは南嶽大師より起りしと見え、【天台霞標二之二】に「阿娑縛鈔云。懺法者南嶽大師始レ之。慈覺大師傳レ之。法華前方便也。」と云ふ。即ち本朝に流通せしは慈覺大師にて哀れなる悲嘆の聲を以て之を呉音に諷詠するなり。⊙(源氏)「法華三昧おこなふ堂の懺法の聲」(新拾遺)「懺法の悲頌の聲をききて」(野守鏡)「慈覺大師は獨行に如法法華を修して懺法のなじみの聲を懺法の妙典に留め」など是なり。又、叡山には「あさ懺法ゆふ例時」と唱へて朝は法華懺法を修し夕は例時作法を行ふを式とす。(榮花)「後夜の御懺法」又「後曉には懺法夜さりには御念佛」

方等懺法 〔修法〕 天台大師、大方等陀羅尼經に依て說く所の方等三昧行法一卷あり。

金光明懺法 〔修法〕 天台大師、金光明經に依て之を創し、宋の遵式之を完成して金光明懺法補助儀一卷を撰し、常に國家の爲に之を修す、亦吉祥懺法と名く。

吉祥懺法 〔修法〕 金光明懺法の別名。金光明懺法には吉祥天を道場の法門主となせばなり。

センボフカウ 懺法講 〔儀式〕 法華懺法の講會なり。後白河天皇保元二年五月十四日之を仁壽殿に修せられしを權輿とし（濫觴抄下）後二條天皇の嘉元年中に仙洞に於て之を修し、後醍醐天皇建武年中春秋二期の彼岸に之を修し、次で後光嚴天皇應安元年三月十日光嚴天皇三十三年の聖忌に禁中の議定所に於て之を修せられしより正しく朝廷嚴儀の御佛事となり、歷朝の國忌に之を修せられ、天台一家の眉目とする所なり。忠宣卿の【花幕記】に「應安三年三月奉レ爲二光嚴院三十三年御佛事一被レ行二御懺法一。是嚴儀始也。」（天台史略中）

センボフダウ 懺法堂 〔堂塔〕 法華三昧堂の異名。法華懺法は即ち法華三昧の法なり。⊙(增鏡、煙の末末)「せむぼう堂まで、悉く御らんじわたす」

センボンシヤカネンブツ 千本釋迦念佛 〔行事〕 洛北千本の大報恩寺の本尊釋迦如來なれば千本釋迦堂と云ひ、釋迦堂に於て二月九日より十五日まで涅槃像をかけ釋迦牟尼佛の寶號を唱ふるを千本釋迦念佛と云ふ。先づ遺教經を訓(くん)よみに節をつけ、終りに南無釋迦牟尼佛と唱ふるなり。【都名所圖會】

センボンシヤカダウ 千本釋迦堂 〔寺名〕 本名を大報恩寺と云ふ。洛北舟岡山の邊、千本に在り。此處を千本と稱するは、世に傳ふ、昔篁の窟日藏上人冥土より還り延喜帝の冥福の爲に舟岡山に千本の卒都婆を建立せしより此邊を千本と稱するなりと。

センボンソトバ 千本卒都婆 〔修法〕 供養の爲に千本の卒都婆を立つること。「ソトバ」を見よ。

センマ 睒摩 〔菩薩〕 新に商莫迦 Sāmaka* に作る。菩薩の名。昔、長者あり兩目並に喪ひ山に入て道を求む、時に菩薩あり一切妙見と名く、其意を愍み長者の家に生れて睒摩と名く。至孝仁慈、年十歲を過ぎて父母と共に山に入り奉事す。時に迦夷國の王山に入て射獵して睒を射る。盲父母天を仰で曰く、睒が至孝天之を知らば睒當に更に生ずべし。是に於て釋梵四天睒が前に來下して神藥を口に灌ぐに、箭拔けて更に治す。父母驚喜して兩目皆開く。【睒子經】【西域記二】に「化二鬼子母一。北行五十四里。是商莫迦菩薩。（舊曰睒摩菩薩訛也。）恭敬鞠養。侍二盲父母一。於レ是採レ菓。遇二王遊獵一。毒矢誤中。至誠感レ靈。天帝傳レ藥。德動二明聖一。尋即復蘇。」【名義集一】に「商莫迦。此云レ善。」

センマリ 睒末梨 〔植物〕 草の名。【玄應音義二十四】に「睒末梨。睒式染反。滑草也。用レ之洗レ手甚滑澤也。」

センマリ 睒摩利 〔異類〕 鬼神の名。譯、英雄德。【金光明文句七】梵 Śamitṛ

センミ 睒彌 〔植物〕 又、苦弭、貰彌。譯、苟杞。【最勝王經七】に「苟杞根（苦彌）。」【陀羅尼集經十】に「貰彌木。此云二苟杞一。」【玄應音義二十二】に「睒彌葉。其葉苦也。」梵 Śami.

センムイチシツ 千無一失 〔術語〕 雜修の失千中無一に對して專修の德を云ふ。千人中千人往生を遂げ一の失なしとなり。

センユジ 泉涌寺 〔寺名〕 京都東山に在り、文德帝齊衡二年に左大臣緒嗣公の建つる所にて仙遊寺と號し、天台宗たり。其後廢退久しきを俊芿法師我禪之

を中興し、天台、眞言、禪、律の四宗を兼學す。當山の麓に靈泉涌出でければ泉涌寺と改む。後堀河帝貞應三年敕して官寺に陞せらる。【本朝高僧傳 五十八俊芿傳】⊙(增鏡神山)「東山の泉涌寺」

センヨ 仙豫 〔本生〕 又仙譽、國王の名。昔釋迦如來仙豫王たりしとき、大乘法を誹謗せし五百の婆羅門を殺し、婆羅門命終の後地獄に生じて過を悔ゐ、大乘の信を發して甘露鼓如來世界に生ず。【涅槃經十二】に「我念往昔於二此閻浮提一作二大國王一。名曰二仙豫一。愛二念敬三重大乘經典一。乃至聞三婆羅門誹二謗方等一。聞已即時斷二其命根一。善男子以二是因緣一從レ已以來不レ墮二地獄一。」【同十六】に「諸婆羅門命終之後生二阿鼻地獄一即有二三念一。乃至於二大乘方等經典一生二信敬心一。尋時命終生二甘露鼓如來世界一。」【諸經要集十一】に「如二仙譽國王一。殺二五百婆羅門一生二地獄中一。發二生信心一生二甘露國一。」⊙(太平記)「仙豫國王の五百人を殺し」

センラフ 淺臘 〔術語〕 比丘の受戒せしより年數の久しからざるもの。比丘の年を臘と云ひ、受戒せし年度より起算す。

センラン 旋嵐 〔雜名〕 又、旋藍、譯、大猛風。「ビ一ラン」を見よ。

センリク 千里駒 〔人名〕 玄奘三藏の嘉號なり。【釋氏要覽中】に「長安常辯二法師爲二上京法匠一。嗟二賞奘法師一曰。汝可二釋門千里駒一也。」

センリヤク 淺略 〔術語〕 密宗の語。淺は淺近、略は簡略。總じて顯教の所說を指す。【二教論下】に「法身說深奧。應化教淺略。」

センリヤクシヤク 淺略釋 〔術語〕 密教の釋例に二門を分つ、一に淺略釋、世間通途の釋義なり。二に深秘釋、密教の深理を詮はす釋義なり。深秘釋の中更に三重の淺深を分ち總じて四重を立つ。【大日經疏二】に「依二阿闍梨所傳一。皆須レ作二二種釋一。一者淺略釋。二者深秘釋。」【同三】に「又此經文有二淺略深秘二釋一。就二深秘釋中一復有二淺深一。輒爾披翫者以レ不レ解二密號一故。」「シシヤク」を見よ。

センル 宣流 〔雜語〕 正法を弘布すると。【無量壽經上】に「光二融佛法一。宣二流正化一。」

センロクワウ 仙鹿王 〔術語〕 鹿は山に棲めば仙と云ひ、同類の中に超絕すれば王と云ふ、佛の三十二相の中に佛の足を以て鹿王の膊に比するあり。【往生要集上末】に「仙鹿王之膊。千輻輪之。趺」

センワウ 山王 〔雜語〕 山の最も高きもの。諸山の中に王たる謂なり。【無量壽經下】に「智慧如二大海一。三昧如二山王一。」【法華經法師功德品】に「彌樓山。摩訶彌樓山等諸山王。」

センヲン 仙苑 〔地名〕 鹿野苑の異名なり。【輔行一二】に「鹿群所居故名二鹿苑一。佛初於レ此而轉二法輪一。乃至二仙所住故亦曰二仙苑一。」「ロクヤヲン」を見よ。

ゼシヤウメツポフ 是生滅法 〔術語〕 雪山偈の第二句なり。「諸行無常。是生滅法。生滅滅已。寂滅爲レ樂。」【涅槃經十四】⊙ 榮花、鶴の林)「是諸滅法は「ショギヤウムジヤウ」を見よ。

ゼシヨキヤウシワウ 是諸經之王 〔雜語〕 法華經を以て諸經の王と稱す。歌題。【法華經法師品】に「是深經決二了聲聞法一。是諸經文王。聞已諦思惟當レ知此人等近二於佛智慧一。」

ゼシヨキヤウチウワウ 是諸經中王 〔雜語〕 前項に同じ。歌題。【法華經藥王品】に「又如下帝釋於二三十三天中一王上。此經亦復如レ是。諸經中王。」

ゼシヨシユテウシユツワゲオン 是諸衆鳥出和雅音 〔雜語〕 極樂の莊嚴を說く言。歌題。【阿彌陀經】に「彼國常有二種種奇妙。雜色之鳥一。乃至是諸衆鳥。晝夜六時。出二和雅音一。其音演二暢。五根五力。七菩提分。八聖道分。如レ是等法一。」

ゼシヨヒシヨリキ 是處非處力 〔術語〕 佛十力の一。是非の理を分別する力。

ゼシンシヤウジンゼミヤウシンホフ 是眞精進是名眞法 〔雜語〕 【法華經藥王品】に藥王菩薩が日月淨名德佛及び法華經を供養する爲めに身を燒きしとき、十方恒沙の諸佛同時に讚して言く、「善哉善哉。善男子。是眞精進。是名三眞法供二養如來一。」天台大師南岳大師の下に在つて法華三昧を修すると き行道誦經して此句に至り、豁然として大悟して法華を照了せりと云ふ。

ゼシンゼブツ 是心是佛 〔術語〕 觀經に說く、觀法中に於て佛を想ふの故に是の觀想の心即ち佛なりとなり。【觀無量壽經】に「諸佛如來是法界身。入二一切衆生心想中一。是故汝等心想レ佛時。是心即是三十二相八十隨形好。是心作佛是心是佛。」【天台疏】に「是心作佛者。佛本是無。心淨故有。亦因二三昧心一終成作レ佛也。是心是佛者。向聞二佛本是無心淨故有一。便謂條然有レ異。故言二即是一。心外無レ佛亦無二佛因一也。」【善導疏】に「言二是心是佛一者。心能想レ佛。依レ想佛身而現。即是心佛也。離二此心一外更無二異佛一者也。」此の心に住して念佛するを即心念佛と云ふ。淨土門以外の念佛總て是なり。⊙(野守鏡下)「さとる所は、ただ是心是佛必作佛の義をはなれず」

ゼシンニヨエン 是身如炎 〔譬喩〕 【維摩經方便品】十喩の一。「是身如レ炎。從二渴愛一生。」炎とは陽炎なり、水を渴愛せる野鹿が陽炎を見て水となすを云ふ。

ゼシンニヨカウ　是身如響　〔譬喩〕維摩經方便品所説十喩の一。「是身如響。屬二諸因緣一。」

ゼシンニヨゲン　是身如幻　〔譬喩〕維摩經方便品所説十喩の一。「是身如レ幻。從二顚倒一起。」

ゼシンニヨスヰハウ　是身如水泡　〔譬喩〕維摩經方便品所説十喩の一。「是身如レ泡。不レ得二久立一。」

ゼシンニヨデン　是身如電　〔譬喩〕維摩經方便所説十喩の一。「是身如レ電。念念不レ住。」

ゼシンニヨバセヲ　是身如芭蕉　〔譬喩〕維摩經方便品所説十喩の一。「是身如二芭蕉一。中無レ有レ堅。」

ゼシンニヨフウン　是身如浮雲　〔譬喩〕維摩經方便品所説十喩の一。「是身如二浮雲一。須臾變滅。」

ゼシンニヨム　是身如夢　〔譬喩〕維摩經方便品所説十喩の一。「是身如レ夢。爲二虛妄見一。」

ゼジテンウマンダラケ　是時天雨曼陀羅華　〔雜語〕法華説法時の奇瑞なり。虛空より曼陀羅華を雨らしたること。【法華經序品】に六瑞中の雨華瑞を明して、「是時天雨二曼陀羅華。摩訶曼陀羅華。曼殊沙華。摩訶曼殊沙華一。而散二佛上及諸大衆一。」

ゼゼ　舌舌　〔術語〕經偈を諷誦するに句調を早めん爲に舌すべりの善きやうに文字音聲を省略すること。南無阿彌陀佛を「なみだ」と云ふ如し。【考信錄一】に「舌舌罍譜名目も古よりある事可レ知。」【同二】に「正信偈の舌舌の權輿は信樂法主大坂籠城の時、戰鬪守禦の急遽總劇の間に如法課誦なり難き故に七字を三字とし舌舌となし結ぶと傳ふれども、其より以前にも舌舌の勤ありし事、實悟記に見へたり。」

ゼツカイ　絕海　〔人名〕相國寺の中津、字は絕海、蕉堅道人と號す。夢窓國師に隨つて出家し、大方に歷參し、楞嚴經に於て心要を究む。應安元年明に入る、時に洪武元年なり。抗の中天竺、道場、靈隱、天童の諸處に周遊して皆器重せらる。九年正月太祖召見して奏對旨に稱ふ。康曆元年歸朝す。源相公義滿深く之を敬信し、明德應永の間、津に請ひて三たび相國寺に住せしめ、且つ鹿苑院を兼管せしむ。應永十二年四月五日寂、壽七十。四會語錄二卷、蕉堅稿三卷あり。【本朝高僧傳三十七】

ゼツコン　舌根　〔術語〕六根の一。舌は味を知り言を發する根本なれば舌根と云ふ。【義林章三本】に「舌者。能嘗能呪。能除二飢渴一義。梵云二時乞縛(ジキバ)一此云二能嘗一。除二飢渴一故。乃至翻爲レ舌者義相當故。」【梵語雜名】に「舌爾賀縛(ハシカバ)。」

ゼツゴンタン　絕言嘆　〔術語〕正しく讚嘆の辭を述ぶるを寄言嘆とし、如何なる讚辭を以てしても盡すと能はざれば、讚辭を止むる旨を述ぶるを絕言嘆と云ふ。法華經方便品に於て佛此二觀を以て如來の權實二智を觀ぜしなり。【文句三】に「一寄レ言嘆二二智一。二絕レ言嘆二二智一。」

ゼツサウ　舌相　〔術語〕佛舌に廣長の相あるもの。三十二相の一。是れ不妄語を表する爲なり。「クワウチヤウゼツサウ」を見よ。「し味境を了別するもの。

ゼツシキ　舌識　〔術語〕六識の一。舌根に依て發

ゼツジキ　絕食　〔術語〕「ダンジキ」を見よ。

ゼツタイ　絕對　〔術語〕獨一の法にして他に對比すべきもののなきを絕對と云ふ、相對の言に對す。【敎行信證二】に「按本願一乘海圓融滿足極速無碍絕對不二之敎也。」又「金剛信心絕對不二之機也。」

ゼツタイ　絕待　〔術語〕待は待對なり、相對の言に對す。【止觀三】に「無レ可二待對一。獨一法界。故名二絕待止觀一。」

ゼツダイ　絕大　〔術語〕大の至極、更に此より大なきを云ふ。【止觀三】に「絕大不可思議。」「を見よ。

ゼツダイメウ　絕待妙　〔術語〕「サウダイメウ」

ゼニオンジヤウヘンシジフハウ　是二音聲遍至十方　〔雜語〕【法華經神力品】に釋迦如來法華經を付囑せんが爲に十種の神力を現ずる中に第三の謦欬と第四の彈指と第五の地動とを說き、「然後還收二舌相一一時謦欬。俱共彈指。是二音聲遍至二十方諸佛世界一。地皆六種震動。」

ゼニンウシヨシカイゼブツホフ　是人有所思皆是佛法　〔雜語〕歌題。意根淸淨の功德を述べし句。【法華經法師功德品】に「是人有レ所二思惟籌量言說一皆是佛法。無レ不二眞實一。亦是先佛經中所說。」

ゼニンオブツダウケツヂヤウムウギ　是人於佛道決定無有疑　〔雜語〕經法を受持するを讚嘆したる文。歌題。【法華經神力品】に「是故有智者。聞二此功德利一。於二我滅度後一。應レ受二持斯經一。是人於二佛道一決定無レ有レ疑。」

ゼニンソクニヨライシ　是人則如來使　〔雜語〕佛の入滅後經の一句にても說くものは如來の使者なりとなり。歌題。【法華經法師品】に「善男子善女人。我滅度後。能竊爲二一人一說二法華經乃至一句一。當レ知是人則如來使。如來所レ遣。行二如來事一。」梵 Tathāgatadūta

ゼニンヂシキヤウアンヂユウケウヂ　是人持此經安住希有地　〔雜語〕法華經の持護者の功德を說きし句。歌題。【法華經法師功德經】に「持二法華經一者意根淨如レ斯。雖レ未レ得二無漏一先有二如レ是相一。是人持二此經一安二住希有地一。爲二一切衆生一歡喜而愛敬。能以二千萬種善巧之諸言一分別而演說。」（夫木

集)「嬉しきは終に住むべき深山路の草もゆるがぬ法の秋風」

ゼホフヂユウホフヰセケンサウジヤウヂユウ 是法住法位世間相常住 [雜語] 「セケンサウジヤウジユウ」を見よ。

ゼホフヒホフキヤウ 是法非法經 [經名] 一卷、後漢の安世高譯。善を恃みて慢を生ずれば反つて非法たるを說く。中阿含眞人經の別譯。【昃帙八】(565)

ゼホフビヤウドウムウカウゲ 是法平等無有高下 [雜語] 法は本來平等にして授持者に於て差別なきを云ふ。歌題。【金剛經】に「是法平等無レ有二高下一。是名二阿耨多羅三藐三菩提一。」⦿(新撰)「水底にしづむも同じ光ぞと空にしらるる秋の夜の月」

ゼミヤウヂカイ 是名持戒 [雜語] 持戒の精神の根本的根底を示したる語にして、持戒の利益は即ち持法の大精神に外ならざること。歌題。【法華經寶塔品】に「此經難レ持。若暫持者我則歡喜。諸佛亦然。如レ是之人諸佛所レ歎。是則勇猛。是則精進。是名下持レ戒。行二頭陀一者上。則爲三疾得二無上佛道一。」

ゼン 善 [術語] 「ゼンアク」を見よ。

ゼン 禪 [術語] 禪那 Dhyāna の略。棄惡、功德叢林、思惟修など。新譯、靜慮。色界に屬する心地の定法なり。今欲界の人中に於て之を發得するを修得と云ひ、色界に生じて之を發するを生得と云ふ。思惟して之を修得すれば思惟修と名け、之を成就せる心體は即ち寂靜にして能く實の如く所對の境を慮知する用あれば靜慮と名く。棄惡、功德叢林の名は其の結果の功能に名けしもの。是亦一種定心の法なれば時に翻して定となすと雖も定の梵名は三昧或は三摩地にして、總て心一境性に付する名なり。又禪宗の禪は其の名は思惟靜慮の義を取るも、其の體は涅槃の妙心にて、色界所屬の禪を謂ふにあらず。「ゼンヂヤウ」を見よ。【智度論十七】に「諸定功德都是思惟修。禪秦言二思惟修一。」【法界次第】に「禪是西土音。此翻二棄惡一。能棄二欲界五蓋等一切諸惡一故云二棄惡一。或翻二功德叢林一。或翻二思惟修一。」【大乘義章十三】に「禪定者別名不同。略有二七種一。一名爲レ禪。二名爲レ定。三名二三昧一。四名二正受一。五名二三摩提一。六名二奢摩他一。七名二解脫一。亦名二背捨一。禪者是其中國之言。此翻名爲二思惟修習一。亦云二功德叢林一。」【慧苑音義上】に「禪那此云二靜慮一。謂靜二心思慮一也。舊翻爲二思惟修一者略也。」

三種禪 [名數] 一に世間禪、之に二種あり、一は根本味禪、此に四禪、四無量、四空の三品あり、合せて十二なり、十二門禪と稱す。欲界の散亂を厭ふ者は四禪を修し、大福を欲する者は四無量を修し、色籠を厭ふ者は四空を修す。一切出世の善法を生ずる根本なれば根本と名け、又闇證にして歡慧なければ隱沒と名け、其の禪定に愛味を生ずれば有垢と名け、所觀の境界分明ならざれば無記と名く。此中出世善は四禪四無量四空に於て直ちに生ずるにあらず之を所依として更に諦觀を修して生ずるなり。二は根本淨禪、亦三品あり、六妙門、十六特勝、通明禪なり、慧性多き者は六妙門を修し、定性多き者は十六特勝を修し、定慧均等なる者は通明を修す。根本の義前に同じ、是れ不隱沒、無垢有記にして上と相反す。さて此中初の根本味禪は凡夫外道は下地を厭ひ上地を欣ぶものが六行觀を以て、或は佛弟子は八聖種を以て之を修得し、以て有漏智を發し無漏智を生ずるとなければ世間禪と名け、後の根本淨禪は利根の外道凡夫は佛出世前に於て亦之を修し、以て有漏智を發すれば世間禪と名く。但し佛の出世に逢ひて佛の此法を說くを聞けば、之に依て直に無漏智を發するを得れば之を前の純有漏に殊別して淨禪と稱し、【止觀九之一】に亦有漏亦無漏と稱せり。二に出世禪、之に觀練熏修の四種あり。觀禪とは九想、八背捨、八勝處、十一切處の四種あり。觀は觀照の義、明に不淨等の境に觀照すれば觀と名く。練禪とは九次第定なり。練は鍛練の義、前の觀禪は行用未だ調練せず、出入の中間に尙異念を雜へ、此禪は淺より深に至り、順次に四禪滅盡定を鍛練して異念を雜へざれば練と名く。又無漏を以て有漏を鍛練すれば練と名く。倶舍には之を雜修靜慮と名く。但し彼は四禪に局る、今は通じて八地を練るなり。熏禪とは獅子奮迅三昧なり、熏は熏熟自在の義、前の九次第定は但能く順次に入るを得て未だ逆次に出るを得ず、今は順逆自在なると師子奮迅して進退自在なる如く又能く異念の間雜を除くと師子奮迅して塵土を拂ふ如くなれば師子奮迅三昧と名く。修禪とは超越三昧なり。修は修法の義、更に前の定を修治して精妙ならしむるなり。前の熏禪は則ち逆順隨意なるも但だ次第無間に出入して未だ超越自在に出入するを得ず、更に前を修治して方に遠近に超越して初地より三地に至る如きを近超とし乃至滅盡定に至る如きを遠超を云ふ。自在に出入するを得れば超越と名く。此觀練熏修の四種禪は是れ有爲法を緣ずる事禪なれども、能く欲過を離れて諦理を觀ずるを俟たずして之に依つて能く無漏智を發すれば總じて出世間禪と稱す。但し小乘に依れば倶舍成實共に是れ有爲法を觀ずる事禪なれば是れ有漏禪なりと爲すなり、彼の宗に在ては無漏智は諦理を觀ずる理觀に局るなり。問ふ、若し無漏

智を發するを以て出世禪と名け、彼の未至、中間の二定及び四禪下三空の九地の如き亦之に依つて無漏を發すれば稱して出世間禪と爲すべし、何ぞ彼を出世禪となすや。答ふ、九地に無漏智を發するは單に其の定を用ゐて發するにあらず、但此定を所依として必ず諦理を觀じて方に無漏智を發するなり。九想等は然らず、直ちに之を以て無漏智を發するなり。故に例となすを得ず。三に出世間上上禪、地持經五の所說九種の大禪なり。一に自性禪、所修の禪、心の實相を觀じて外に於て求めざれば自性と名く。二に一切禪、能く自行化他の一切の功德を得れば一切と名く。三に難禪、深妙にして難修の禪なれば難と名く。四に一切門禪、一切の禪定皆此門より出れば一切門と名く。五に善人禪、大善根の衆生の共に修する所なれば善人と名く。六に一切行禪、大乘の一切の行法含攝せざることなければ一切行と名く。七に除惱禪、衆生の苦惱を除滅すれば除惱と名く。八に此世他世樂禪、能く衆生をして悉く二世の樂を得しむれば此世他世樂と名く。九に淸淨淨禪、惑業斷盡して大菩提の淨報を得れば淸淨と名け、淸淨の相亦不可得なれば重ねて淨と云ふ。經中一一に其の修相を說く。【法華玄義四之一、止觀九之一、玄籤講述四上】図【俱舍論十八】に三種禪を立つ、論には三等至と云ふ。一に味等至、煩惱と相應する定なり、四禪四無色八定に通じて在り、定中に於て貪愛を起し、定中の妙境に味着するなり、依て味定と名く。此時其の定を失墜するなり。何となれば定は純善にして貪等の不善と相應せざればなり。二に淨等至、無貪等の有漏善法と相應して起れば淨定と名く、即ち是れ味定の所味着の境なり。是れ亦八定に通ず。三に無漏等至、無漏智と相應する定なり、是れ無漏なれば味定の所味着とならず、此無漏定は色界の四禪と下三無色との七地の淨定に依て起るなり。有頂地の淨定は定心昧劣なるが故に無漏定を生起すると能はず。而して此外成實には欲界定と中間定あり。俱舍には未至定と中間定とあり、亦無漏定と味淨定あり、されば總じて無漏定の所依に九定あり。されば三定の中に淨定は下は味定の緣となり、上は無漏定の緣となる。之に就て淨定に四分を分別す。「ヂヤウ」を見よ。

四禪　〔名數〕色界四天の四禪定なり。「シゼン」を見よ。

五種禪　〔名數〕一に四念處、二に八背捨、三に九次第定、四に師子奮迅三昧、五に超越三昧なり。

九種大禪　〔名數〕上出、出世間上上禪なり。

十二門禪　〔名數〕四禪、四無量、四空なり。

ゼン　染　〔術語〕染垢染汚と熟して不潔不淨の義、執着の妄念及び所執の事物を云ふ。

ゼンアイ　染愛　〔術語〕情欲の境に浸染し愛着すると。貪欲の煩惱なり。【智度論十七】に「我得二涅槃味一不レ樂レ處二染愛一。」

ゼンアイワウ　染愛王　〔明王〕【瑜祇經】に愛染染愛の兩品ありて兩品共に愛染王の三摩地を說く。凡そ染愛、愛染の名字に就て或は各別の訓釋を爲し或は同一の釋を爲し又兩品に說く所の尊體に就て同異の傳不同なり【瑜祇經拾古鈔上】に「染愛王。成事智釋迦獨入二火宅中一。與二衆生一染愛故。」又「染愛王兩頭二臂。愛染王一頭六臂。」【義決】に「如來雖三已離二於愛染一。由二美巧一故。諸佛愛念如三世恩愛不二相捨離一。」【大教王儀軌上】に「善以二最上敬愛法一普能敬三愛一切佛一。大愛心亦不レ捨レ魔。此即金剛菩薩。」【秘藏記末】に「染愛。定慧均等互相攝入攝持不レ離曰二愛染一也。」「アイゼン」參照。

ゼンアク　善惡　〔術語〕善惡の性を判ずるに經論諸師の說種種なり。先づ【菩薩瓔珞經】には理に順ずるを善とし、理に違するを惡とす。【經下】に「一切衆生識始起二一想一住二於緣一。順二第一義諦一起名レ善。背二第一義諦一起爲レ惡。」【大乘義章七】に「順名爲レ善。違名爲レ惡。」【同十二】に「順レ理名レ善。違レ理名レ惡。」【法界次第上之下】に「善順レ理爲レ義息レ倒歸レ眞故云二順理一。惡以レ乖レ理爲レ義。」次に【唯識論】には此世他世を順益する有漏無漏の行法を善となし、此世他世に於て違損する有漏の行法を惡となす。若し夫れ人天の樂界の如きは此世に於て順益を爲せども、他世に於て順益を爲さざれば是れ善にあらず、無記性なり。又惡趣の苦果の如き、此世に於て違損を爲せども他世に於て違損を爲さざれば是れ惡にあらず、亦無記性なり。【論五】に「能爲二此世他世一順益。故名爲レ善。人天樂果雖下於二此世一能爲中違順上。非二於他世一故不レ名レ善。能於二此世他世一違損故名二不善一。惡趣苦果雖下於二此世一能爲中違損上。非二於他世一故非二不善一。」次に淨影は五乘に約して三種の善惡を判ず。一に順益を善とし違損を惡とす。若し此義に依れば上は佛菩薩に通じ下は人天を極めて所修の行を善と名づけ、三途の因及び人天中の苦果を招く別報業を惡と名づく。二に順理を善とし違理を惡とす。理とは無相空性なり、例へば布施を行ずる如き、所施者能施者施物の三輪の物を意中に存する是れ無相空性の理に違する有相の行なり、若し三輪の相を存せざる是れ理に順ずる無相の行なり。依て順理を善とし違理を惡

とす。若し此義に依れば上佛菩薩より下二乘を極めて所修の善法を善となし、人天の衆生所修の善法は總べて有相行なれば之を惡とす。三に體順を善とし體違を惡とす。法界の眞性は己が自體なり、體性緣起して行德を成す所行自體に如ふなき心に理を緣ぜざるなり、所謂心の欲するに隨つて軌を超へざる境界なり、之を善となす。若し此義に依れば下凡夫二乘は論なく上三乘に至るも其の緣修の善行を總じて齊しく惡となす。【大乘義章十二】次に天台は六種を立つ、一に人天の善。五戒十善の事善なり、然も人天の果報盡くれば還て三途に墮するが故にまた惡なり。二に二乘の善。二乘能く三界の苦を離るれば善となす、然も但能く自ら度して他を度せざればまた惡なり。故に大論に寧ろ惡癩野干の心を起すも聲聞辟支佛の意を生ぜざれと云ふ。當に生死涅槃俱に惡なり。三に小乘菩薩の善。慈悲兼濟する故に是れ善なり、然も彼の身中未だ一毫の煩惱を斷ぜざれば（小乘の菩薩は三大劫中惑を斷ぜず最後に一坐成覺するなり。）毒器に貯へたる食物の如し、食ふ者乃ち死す、故にまた惡なり。四に通敎三乘の善。三乘同じく見忍の煩惱を斷ず、是れ善なり、然も二邊に墮して別敎中道の理を見ず、未だ一分の無明を斷ぜざればまた惡なり。五に別敎菩薩の善。中道の理を見る是れ善なり、然も猶隔歷の中道にして圓敎圓融の妙中を見る能はず、所行方便を帶して理に稱はざれば是れ惡なり。故に涅槃經に此より前は我等皆邪見人なりと自白せり、邪豈に惡にあらずや。六に圓敎菩薩の善。圓妙の理是れ至極の善なり、然るに此に二義あり、一は實相の圓理に順ずるを善とし、之に背くを惡とす。二は此の圓理に達するを善とし、之に著するを惡とす、圓の著尙惡なり、況んや復た其の餘をや。【止觀二之三】に「唯圓法名爲レ善。善順ニ實相一名爲レ道。背ニ實相一名ニ非道一。若達ニ諸惡非惡皆是實相一即行ニ非道一。通ニ達佛道一。若於ニ佛道一生レ着不レ消ニ甘露一。道成ニ非道一。」【同輔行】に「唯圓爲レ善。復有ニ二意一。一者以レ順爲レ善。以レ背爲レ惡。次以レ着爲レ惡。以レ達爲レ善」図「以レ著爲レ惡以レ達爲レ善。圓著尙惡。況復餘耶。」以上諸說の中淨影の第一順益の義は唯識論の說に同じく、第二順理と第三體順と相兼て瓔珞經の說に同じく、天台の別敎の義は淨影の第二順理の義に同じく、圓敎中の第一義は淨影の體順の義と瓔珞經の說に同じ、其の第二義の達著を以て善惡の性を斷ずるは天台獨特の發揮なり。生死即涅槃煩惱即菩提も是に於て釋然たり。ゼンマクと讀むべし。

善不受報 〔術語〕 竺道生嘗て善不受報論を著して曰く、五戒十善等の善に依て惡を伏し以て人天の身報を受く、但是れ增上緣なり、故に實は善にして是の報を受くるに非らずと。是れ【菩薩本業經下】に「一切善受ニ佛果一。無明受ニ有爲生滅果一。故善果從ニ善因一生。惡果從ニ惡因一生。名ニ善不レ受ニ生滅之果一。若凡夫聖人一切善皆名ニ無漏一。而言レ受ニ無漏果一者。佛化ニ衆生一行レ善背レ惡故。」と云ふに符合す、且つ【元曉經疏】に「一切善受ニ佛果一者。生得善作得善皆爲ニ正因一。受ニ佛果一故。一切善名ニ無漏一者。順ニ寂靜性一。逆ニ諸漏一故。乃至餘處說ニ有漏善一者。望ニ傍緣一說。謂十善等若望ニ佛果一即爲ニ正因一。望ニ人天報一但爲ニ緣因報因一。但是增上緣故。」愚案に是の論彼師の涅槃常住論と共に千古の卓見なり。

四種善惡 〔名數〕 前に述ぶる所は善惡の性所謂其の標準なり、俱舍論には其の種類を分けて各四種となす。一に勝義善、涅槃なり。涅槃は最極安穩衆苦永く滅す、無病の體の如し。二に自性善、慚愧の二と無貪無痴無瞋の三善根なり。此の五法は餘の相應と及び等起を待たず自ら善なればなり、猶良藥の如し。三に相應善、他の信勤等の善法は慚愧と三善根との相應するを待て初めて善となればなり、猶水の如し。四に等起善、身語二業なり。自性善と相應善の二より等起して善となればなり、猶良牛より出づる牛乳の如し。惡の四種之に反して解すべし。【論十三】

五善五惡 〔名數〕 無量壽經に不殺等の五戒を五善となし、此五戒に反するを五惡とす。【經下】に「敎ニ化群生一令レ捨ニ五惡一。令レ去ニ五痛一令レ離ニ五燒一。降ニ化其意一令下持ニ五善一獲中福德度世壽泥洹之道上。」【同淨影疏】に「五惡所レ謂殺盜邪淫妄語飲酒令レ持ニ五善一。所謂五戒翻ニ前五惡一。」已下經下五惡を詳說す、五惡段と稱す。

十善十惡 〔名數〕 先づ十惡とは一に殺生、二に偸盜、新に不與取と云ふ。三に邪淫、自の妻妾に非らずして欲を行ずるもの。四に妄語、新に虛誑語と云ふ。五に兩舌、新に離間語と云ふ。六に惡口、新に麁惡語と云ふ。七に倚語、新に雜穢語と云ふ。語に婬意を含むもの。八に貪欲、九に瞋恚、十に邪見、正因果を撥して僻信禍を求むるもの。此十並に理に乖て起る故に惡と名け、又此十惡は苦報の業因なれば十惡業又は十不善業と云ひ、又此十業能く苦報に通ずるを以て十不善道又は十惡業道と云ふ。次に十善とは不殺生乃至不邪見なり。此十能く理に順ずる故に善と名け、十善業又は十善道又は十善業道と云ふ。上に準ずべし。【法界次第上

之下、倶舍論十六】此中十善を受持するを十善戒と云ふ。是れ大乘の在家戒なり、以て欲界の樂果を感ずるなり。

ゼンアクゴフクワヰ　善惡業果位　〔術語〕賴耶の三位の一。

ゼンアクシヨキキヤウ　善惡所起經　〔經名〕分別善惡所起經の略名。

ゼンアクフニジヤシヤウイチニヨ　善惡不二邪正一如　〔雜語〕悟得の覺體より見たる善惡の見界を一如と論じたるなり。【維摩經入不二法門品】に「善不善爲レ二。若不レ起二善不善一入二無相際一而通達者。是爲レ入二不二法門一。」又「正道邪道爲レ二。住二正道一者則不レ分二別是邪是正一。離二此二一者是爲レ入二不二法門一。」⦿(新拾遺)に「よしあしはひとつ入江のみをつくし深きみ法のしるしなりけり」⦿(曲、山姥)「いや善惡不二、何をか恨み何をか喜ばんや」

ゼンアクホウオウキヤウ　善惡報應經　〔經名〕分別善惡報應經の略名。

ゼンアンゴ　前安居　〔行事〕安居に前中後の三種あり。「アンゴ」を見よ。

ゼンイン　善因　〔術語〕善根の善果を招く因となるもの。【本業經下】に「善果從二善因一生。」

ゼンウ　善友　〔雜語〕ゼンヌと讀む。梵語、賀里也(かりや)曩蜜怛羅(なみたら)。Kalyāṇamitra 我と隨順して善行を起すもの。【探玄記六】に「起二我行一故名二善友一。」

ゼンエ　染衣　〔雜名〕僧衣を云ふ。木蘭色等の壞色を以て衣を染むればなり。【名義集七】に「大論云。釋子受二禁戒一是其性(ナリ)。剃髮割截染衣是其相(ナリ)。」

ゼンエ　禪衣　〔衣服〕禪僧の着する衣。掛絡(くわら)、羅昆など、禪家特殊の衣あり、凡そ上古は諸宗一樣なりしも、後世に至つては和漢共に宗に依て別を生じ、律衣、敎衣、禪衣、各其制を異にす。

ゼンエウ　禪要　〔術語〕修禪の要道、禪法の要義。【僧史略中】に「或註二解經文一。或敷二揚禪要一。」

ゼンエウカヨクキヤウ　禪要呵欲經　〔經名〕禪要經の異名。

ゼンエウキヤウ　禪要經　〔經名〕一卷、失譯。別名訶欲經。色欲の厭惡すべきを說く。【暑帙六】(1350)

ゼンエウヒミツヂキヤウ　禪要秘密治經　〔經名〕治禪病秘要法の異名。

ゼンエツ　禪悅　〔術語〕禪定に入りて心神を快樂するを云ふ。【維摩經方便品】に「雖二復飮食一而以二禪悅一爲レ味。」【同淨影疏】に「禪定釋レ神。名レ之爲レ悅。」

ゼンエツジキ　禪悅食　〔術語〕二食の一。禪定閑寂の樂を以て心身を養ふもの。【法華經弟子授記品】に「其國衆生常以二二食一。一者法喜食。二者禪悅食。」【心地觀經五】に「唯有二法喜禪悅食一。乃是聖賢所レ食者。」

ゼンエン　染緣　〔術語〕惑と業との生死の苦果を招く緣となるもの。眞如の水は此染緣の波に依て生死の波を起すなり。

ゼンエン　善緣　〔術語〕善法佛道の緣となるもの。

ゼンエン　禪宴　〔術語〕坐禪宴坐なり。【維摩經弟子品】に「宴二坐樹下一。」【同註】に「肇曰。宴坐者閑居之貌。」【元亨釋書十五】に「禪二宴其側一。」

ゼンオク　禪屋　〔雜名〕禪者の小屋。【中阿含經五十二】に「在二無事一。處住二禪屋中一。」

ゼンカ　禪河　〔譬喩〕禪定の水能く心火を滅せば之を河に譬ふ。【一心戒文下】に「注二禪河一滌二煩籠一。」【元亨釋書二十三】に「慧日增レ光。禪河澄レ流。」図「ニレンゼンカ」の事。

ゼンカ　禪下　〔雜語〕禪師禪者の人に對するの尊稱。【釋氏往來】に「禪下不二令レ參語一。御障何事哉。」

ゼンカ　全加　〔術語〕又、全跏。「ゼンカフザ」を見よ。

ゼンカイ　禪戒　〔術語〕禪定と戒法。又、禪宗と律宗。

ゼンカイ　染界　〔界名〕娑婆世界を云ふ。染汚の事多ければなり。【四敎儀集解下】に「染汚事多。故云二染界一。」

ゼンカイ　染海　〔譬喩〕染汚の海。愛欲を染と云ふ。【性靈集八】に「飄蕩(タル)染海。隨二衆緣一以起滅。」

ゼンカイキヤウ　善戒經　〔經名〕菩薩善戒經の略名。

ゼンカク　禪客　〔職位〕禪家の寺院に於て陞座說法するとき豫め辯口の者を擇び、白衣の請に應じて衆を出でて陞座の人と問答せしむるものを禪客と云ふ。宋國圓悟大慧の頃、官人屢寺に入りて陞坐說法を請ふ時より始まると云ふ。【象器箋十七】

ゼンカクチヤウジヤ　善覺長者　〔人名〕摩耶夫人の父の名。【佛本行集經五】に「時迦毘羅城相去不レ遠。復有二一城一名曰二天臂一。彼天臂城有二釋種豪貴長者一。名曰二善覺一。大富多財積二諸珍寶一。」【同七註】に「摩訶僧祇師云。摩耶夫人父名二善覺一。」

ゼンカフ　全跏趺　〔術語〕全跏趺坐の略。

ゼンカフ　禪閤　〔雜語〕關白の入道せしものに對する尊稱。道に入りて禪定を修する義なり。

ゼンカフザ　全跏趺坐　〔雜語〕結跏趺坐に全跏半跏の別あり、兩足を交叉して兩膝の上に置くを全跏趺坐とし、一足を一方の膝に置くを半跏趺坐とす。「ケツカフザ」を見よ。

ゼンガク 禪學 【術語】禪家の學。見性成道の法なり。

ゼンキ 禪規 【術語】禪家の寺院に行はるる規則なり。唐の百丈山の懷海初めて規則を制して之を行ふ。百丈淸規と稱す。【元亨釋書榮西傳】に「戸部侍郎淸貫創二小院一延レ之。秋八月八、初行二禪規一。」「シンギ」を見よ。

ゼンキク 禪毬 【物名】毛を以て毬を作り之を擲げて禪者の睡を覺ますもの。【十誦律】に「有二比丘一衆中睡。佛言。聽二水洗一レ頭。乃至若故睡不レ止聽二以レ毬擲一。若故不レ止佛言。聽レ用二禪杖一。」【智度論】に「菩薩供二給坐禪者一。衣服。飮食。醫藥。法杖。禪毬。禪鎭。」【資持記下二之三】に「禪毱如二毛毱一。遞擲以警二睡者一。」

ゼンキゴキ 前鬼後鬼 【異類】役の行者の前後に隨侍する鬼童の稱。

ゼンキジン 善鬼神 【異類】八部衆の能く佛法を護持し國土を擁護するもの。【無量壽經下】に「福德盡滅。諸善鬼神各共離レ之。」「ボダイ」を見よ。

ゼンキツ 善吉 【人名】須菩提比丘の譯名。「シュ

ゼンキヤウ 禪經 【經名】坐禪三昧經の異名。

ゼンキヤウギヤウ 善敬經 【經名】善恭敬經の異名。

ゼンキン 禪巾 【物名】禪者の被る頭巾。畫ける維摩の被れるもの是なり。【象器箋十七】

ゼンキン 禪襟 【雜語】禪僧の稱。禪衣を着する「儀。義なり。

ゼンギヤウ 禪行 【雜語】坐禪の行法。禪家の行儀。

ゼンギヤウサンジフシチボンキヤウ 禪行三十七品經 【經名】一卷、後漢の安世高譯。少時に三十七科の道品を修するを明かす。【宿帙八】(724)

ゼンギヤウホフサウキヤウ 禪行法想經 【經名】一卷、後漢の安世高譯。一彈指の間も死想等を思惟すれば能く人の信施を食するに堪ゆるを明かす。【宿帙八】(683)

ゼンギヤウレンイキヤウ 禪行斂意經 【經名】阿那律八念經の異名。

ゼンクギヤウキヤウ 善恭敬經 【經名】一卷、隋の闍那崛多譯。他に敎ふるの功德及び師に事ふる方規を說く。【列帙二】(275)

ゼンクツ 禪窟 【雜名】修禪者の住する巖窟。【法華經分別功德品】に「園林浴池。經行禪窟。」

ゼンクワ 善果 【術語】善業に依て招きたる善妙の結果。【本業經】に「是故善果從二善因一生。」

ゼンクワウジ 善光寺 【寺名】信濃國長野市に在り。【考信錄五】に「善光寺は本堂正面五間あり、正中は善光並妻善助三人の木像を安ず。左は一光三尊の佛東面に安ず、(向て左なり)左は藥師釋迦大日なり。餘の二間は淨土の八祖を安ず、外陣遙か七八間前に三具足あり、松の一本花なり、(所謂親鸞松是なり。)本尊は御厨子に入りて連著を掛たり。本願も直に拜すること叶はずと。毎朝辰刻戸帳を開く、但し七重の内一重を開く許りなり、(此中に前立の厨子あり、凡そ開帳とは此前立を開くなり。)寺領千石、東叡山の支配なり。大衆の次第は一に本願、(尼本願と稱す、善光の後室寺を守る由緒にて尼を住持とす、紫衣を着せり、千石の内二百石を領す、昔は靑蓮院の下なりしが近年增上寺に屬して淨土宗町に住す。)二に大勸進、(天台宗にて東叡山の末寺也。)三に衆徒、(二十一坊あり大勸進に屬す。)四に中衆、(十五坊あり、本願に屬す、妻帶なり、善光が子孫と言ひ傳ふ、元祿年中大勸進衆徒と爭訟ありて中衆勝てり。)五に妻戸、(十坊あり天台宗なり、元祿中には妻帶なり、信州の穢多は此妻戸の門徒なり。)」本寺の草創及び一光三尊佛に就て正史の徵すべきなし、但最も人口に膾炙する所は扶桑略記及び壒嚢鈔の所載に依る。【扶桑略記三】に「一云。同年(欽明帝十三年)壬申十月。百濟明王獻二阿彌陀佛像(長一尺五寸)觀音勢至像(長一尺)一表云。臣聞萬法之中。佛法最善。世間之道。佛法最上。天皇陛下亦應二修行一。故敬捧二佛像經敎法師一附レ使。宜二信行一者。(是れ當時の傳說の一を擧げしなり、上に本說を擧ぐる所日本書紀の所載と同じ。)或記云。信濃國善光寺阿彌陀佛像則此佛也。小治田天皇(推古)御時 壬戌年四月八日。令三秦巨勢大夫奉請シテ送二信乃國一。善光寺緣起云。天國排開廣庭天皇(欽明)治十三年壬申十月十三日。從二百濟國一阿彌陀三尊浮レ浪來。著二日本國攝津國難波津一。其後經二三十七箇年一始知レ有二佛法一。仍以二此三體一爲二佛像之最初一。小墾田推古天皇十年壬戌四月八日。依二佛託宣一忽下二綸言一。奉レ移二信乃國水內郡一。佛法最初。靈驗揭焉。件佛像者。元是釋尊在世之時。天竺毘舍離國月蓋長者隨二釋尊敎一。正向二西方一遙致二禮拜一。乃至長者面見二一佛二菩薩一。忽以二金銅一所レ奉二鑄寫一佛菩薩像也。月蓋長者遷化之後。佛像騰レ空飛三到百濟國一。巳經二一千餘年一。其後浮三來本朝一。今善光寺三尊是其佛像也。」⊙(平家二)「其比信濃の國善光寺炎燒の事ありけり」

ゼンクワシンラ 箭過新羅 【譬喩】新羅は遠く支那の東方にあり、若し矢を放ちて遠く新羅を過ぎ去れば誰か其の落處を知るべき、以て物の落着の知れぬに譬ふ。

ゼンクワン 禪觀 【術語】坐禪して眞理を觀念すると。【善無畏傳】に「總持禪觀。妙達二其源一。」

ゼンクワン 禪關 【術語】禪法の關門。【釋門正統三】に「然啓二禪關一者。雖二分レ宗不一レ同挹レ流尋レ源亦不レ越二經論之禪定一度與今家之定聖一行一也。」【興禪護國論序】に「非三齊塞二禪關之宗門一。抑亦毀二叡岳之祖道一。」

ゼンクワンサクシン 禪關策進 【書名】一

卷、支那雲棲寺袾宏撰。諸祖の法語節要、諸祖の苦功節略、諸經引證節略の三部に分つ。白隱此書によりて激勵せられしこと遍く人の知る所なり。

ゼング　禪供　〔雜語〕修禪の人に對する供養。僧に對する施物のこと。

ゼングワツ　禪月　〔人名〕「クワンキウ」を見よ。

ゼングワツ　善月　〔術語〕正五九の三長齋月を云ふ。此三月特に善を修すべきが故なり。【敕修清規】に「正五九爲二善月一。」

ゼンケ　禪家　〔流派〕禪宗の一家。四家大乘の一。

ゼンケ　禪化　〔術語〕禪法の化導。

ゼソケウ　禪敎　〔術語〕禪宗の敎法。又、禪と敎。三藏所詮の法門を敎となし、敎外別傳の宗旨を禪とす。禪家者流の判なり。【傳通緣起上】に「或禪敎兩門。或顯密二敎。」

ゼンケウ　漸敎　〔術語〕頓敎に對するの稱。初に小乘を說き後に大乘を說く如く、淺深次第して說く敎法を云ふ。【止觀三】に「漸名二次第一。藉レ淺由レ深。」

ゼンケン　善賢　〔人名〕比丘の名、梵語須跋陀羅 Subhadra 又、蘇跋陀羅と云ふ。一百二十歲の老梵志なり。拘尸那城に來り、佛の入滅に臨んで出家得道す。是れ最後の弟子なり。「ソバダラ」を見よ。

ゼンケン　禪拳　〔術語〕禪とは左、即ち左拳なり、智慧を右に禪定を左に配すれば也。【諸儀軌訣影四】

ゼンケンクジヤウ　善見宮城　〔界名〕「ゼンケンジヤウ」を見よ。

ゼンケンクデン　善見宮殿　〔界名〕「ゼンケン「ジヤウ」を見よ。

ゼンケンシフドナイ　漸見濕土泥　〔雜語〕歌題。法華經法師品所說穿井の喩なり。「センシヤウ」を見よ。⊙（十訓抄七）「漸見濕土泥決定知近水とこそ法華經にも說かれたれ」

ゼンケンジヤウ　善見城　〔界名〕又、喜見城。帝釋天の宮城なり。須彌山の絕頂に在り。【優婆塞戒經一】に「三十三天有二一大城一名二善見一。其城縱橫滿二十萬里一。」【俱舍論十一】に「於二山頂中一乃至是天帝釋所レ都大城。」【頌疏十一】に「於二山頂中一有レ宮名二善見一。亦名喜見城也見者稱レ善也。」「キケンジヤウ」を見よ。

ゼンケンソンジヤ　善見尊者　〔菩薩〕五十三智識の第十一。

ゼンケンタイシ　善見太子　〔人名〕阿闍世太子の別名。【涅槃經三十四】に「羅閱耆王頻婆娑羅。其王太子名曰二善見一。業因緣故生二惡逆心一欲レ害二其父一。」

ゼンケンテン　善見天　〔界名〕五淨居天の一。色界第四禪に在り。定力勝れて見ると淸徹なれば善見と名く。又、帝釋所居の善見城の宮殿。⊙（增鏡、內野の雪）「善見天の微妙の莊嚴」

ゼンケンビバシヤリツ　善見毘婆沙律　〔書名〕善見律毘婆沙の異名。

ゼンケンヘンゲモンジユモンボフキヤウ　善見變化文殊問法經　〔經名〕大乘善見變化文殊師利問法經の略名。

ゼンケンヤクワウ　善見藥王　〔飲食〕「ゼンゲンヤクワウ」を見よ。

ゼンケンリツ　善見律　〔書名〕善見律毘婆娑の略名。

ゼンケンリツビバシヤ　善見律毘婆娑　〔書名〕十八卷、蕭齊、僧伽跋陀羅譯。小乘律部五論の一。四分律を廣釋せしもの。【寒帙八】（1125）巴 Samantapāsādikā「異名。

ゼンケンロン　善見論　〔書名〕善見律毘婆娑の

ゼンゲ　禪偈　〔術語〕禪門宗匠の偈頌。【禪源詮】に「敎者諸佛菩薩所レ留經論也。禪者諸善知識所レ述句偈也。但佛經開張羅二大千八部之衆一。禪偈撮略就二此方一類之機一。羅レ衆則潾蕩難レ依。就レ機則指的易レ見。」

ゼンゲウ　善巧　〔術語〕善良に巧妙なる方便なり。【佛地論七】に「稱二順機宜一故名二善巧一。」【文句二】に「顯二善權曲折一明二觀行精微一。」【文句私記三末】に「舊譯以二方便一並爲二善權一。若唐三藏翻爲二善巧一。」⊙（太平記三五）「金剛藏王の善巧方便にて」

十種善巧智　〔名數〕一に、了達佛法甚深善巧智。二に、出生廣大佛法善巧智。三に、宣說種種佛法善巧智。四に、證入平等佛法善巧智。五に、明了差別佛法善巧智。六に、悟解無差別佛法善巧智。七に、深入莊嚴佛法善巧智。八に、一方便入佛法善巧智。九に、無量方便入佛法善巧智。十に、知無邊佛法無差別善巧智。【唐華嚴經四十九】

ゼンゲウアンジン　善巧安心　〔術語〕十乘觀法の第三。種種善巧の方術を以て我心を安住するなり。

ゼンゲウクゲイモン　善巧工藝門　〔術語〕大日如來の北方金剛業菩薩を出生する三摩地なり。【出生義】に「自二一切如來善巧工藝門一而生二金剛牙一。」

ゼンゲウハウベンキヤウ　善巧方便經　〔經名〕大方廣善巧方便經の畧名。

ゼンゲン　善現　〔人名〕須菩提の譯名なり。「シユボダイ」を見よ。

ゼンゲンギヤウ　善現行　〔術語〕十行の一。「ジフギヤウ」を見よ。

ゼンゲンシヨセンシフ　禪源諸詮集　〔書名〕禪源諸詮集都序の略名。

ゼンゲンシヨセンシフトジヨ　禪源諸詮集都序　〔書名〕四卷、唐の宗密著。敎禪不二の旨

」の略名。趣を述ぶ。

ゼンゲンセン　禪源詮　〔書名〕禪源諸詮集都序の略名。

ゼンゲンテン　善現天　〔界名〕五淨居天の第三。色界四禪に在り。善妙の果報顯現すれば善現と名く。

ゼンゲンビク　善現比丘　〔人名〕善財童子所參の五十三知識の一。救度國に住す。【探玄記十九】

ゼンゲンヤクワウ　善現藥王　〔飮食〕妙藥の名。【晉華嚴經三十七】に「譬如下雪山有二大藥王一名曰二善現一。若有二見者一眼得二清淨一。若有二聞者一耳得二清淨一。若聞レ香者鼻得二清淨一。若嘗レ味者舌得二清淨一。若有二觸者一身得二清淨一。若取二彼地土一悉能除三滅無量衆病一安穩快樂上。」【往生要集上末】に「善見藥王滅二一切病一。」

ゼンコ　禪居　〔術語〕禪者の住居。【祖庭事苑八】に「達磨梁に來り魏地に隱居せしより六祖相繼で大寂の世に至るまで凡そ二百五十餘年、未だ禪居あらず。法州の百丈の大智禪師懷海方に創意大小乘に拘らず經中の法を折中して以て制範を設く、堂に長床を布て禪宴食息の具となし、高く拖架を横へて巾單瓶鉢の器を置く。佛殿を屏て法堂を建るは佛祖親しく屬授して當代を尊となすを明すなり。普請の法を行つて上下力を均くし、諸の寮務を置て各有司存す、齋粥の二時賓主均偏するは法食の平等を示すなり。後世各宜に隨つて別に規式を立つ。」

ゼンコフ　善劫　〔術語〕賢劫の異名。【智度論】に經文の賢劫を釋して「劫簸。秦言二分別時節一。颰陀者。秦言レ善。有二千萬劫一過去空無レ有レ佛。是一劫中有二千佛一興。諸淨居天歡喜故名爲二善劫一。」

ゼンゴサイダン　前後際斷　〔術語〕有爲法の前際後際斷絕して常住ならざるを云ふ。但し斷絕せざる如く見ゆるは前後相續すればなり。旋火輪の如きのみ。【維摩經弟子品】に「法無レ有レ人。前後際斷故。」【淨影疏】に「有爲之法。前後相起。前爲二前際一。後爲二後際一。」

ゼンゴフ　前業　〔術語〕前世の業因。

ゼンゴフ　善業　〔術語〕五戒十善等の善事の作業。⦿(徒然草)「善業自ら修せられ」

ゼンゴン　善根　〔術語〕身口意三業の善固くして拔くべからざるを根と云ふ。又、善能く妙果を生じ、餘善を生ずれば根と云ふ。【維摩經菩薩行品】に「不レ惜二軀命一。種二諸善根一。」【註】に「什曰。謂堅因善心。深不レ可レ拔。乃名レ根也。」【大集經十七】に「善根者。所謂欲二善法一。」

三善根　〔名數〕一に不食、二に不瞋、三に不痴。【十住毘婆沙論一】に「善根者不貪不恚不痴。一切善法從二此三一生。」【智度論三十】に「一切諸善法皆從二三善法一生シテ增長。」

四善根　〔名數〕煗、頂、忍、世第一法の四加行法を云ふ。「ケギヤウヰ」を見よ。

ゼンゴン　善權　〔術語〕善巧の權謀。方便と言ふ如し。【自誓三昧經】に「善權隨レ時。三十七品。具二足佛事一。」【法華玄義二】に「大經論異說。悉是如來善權方便。」【文句私記三末】に「舊譯以二方便一並爲二善權一。若唐三藏翻シ爲二善巧一。」

ゼンゴンハウベンシヨドムゴクキヤウ　善根方便所度無極經　〔經名〕慧上菩薩問大善權經の異名。

ゼンゴンマ　善根魔　〔術語〕十魔の一。所修の善法に於て貪着の心を生じ更に增進せざるもの。

ゼンサイ　禪齋　〔術語〕禪室を云ふ。【釋氏要覽上】に「中阿含經云。佛入二禪室一燕坐。又有下呼爲二禪齋一者上。齋者肅靜義也。如三儒中靜室謂二之書齋一。」

ゼンサウバラモン　善相婆羅門　〔人名〕悉達太子を相せし人の名。即ち阿私仙のことなり。

ゼンサン　禪鑽　〔術語〕鑽は錐なり、禪法を以て錐となし、覬ふ所を穿つなり。【瑯琊代醉編三十一】に「呂申公素喜二釋氏之學一。及レ爲レ相務簡靜。罕下與二士大夫一接上。惟能談レ禪者多得二從遊一。於レ是好進之徒。往往幅巾道袍。日遊二禪寺一。隨レ僧齋粥。談三說理性一。覬二以自售一。時人謂二之禪鑽一。」

ゼンサンサン　前三三　〔術語〕無着禪師文殊と問答の語。「ムヂヤク」を見よ。

ゼンサンマイ　禪三昧　〔術語〕禪那と三昧と。禪那は思惟と譯し、三昧は定と譯す、同體異名なり。或は色界の所屬を禪とし、無色界の所屬を三昧とす。

ゼンザ　禪坐　〔術語〕結跏趺坐と云ふ。是れ禪を修する人の坐法なればなり。【智度論七】に「諸坐法中結跏趺坐最安穩不二疲極一。此是坐禪人坐法。乃至此是禪坐取二道法一坐。魔王見レ之其心恐怖。」

ゼンザイ　善哉　〔雜語〕梵語、娑度 Sādhu 義譯して善哉と曰ふ。稱讚の辭なり。【法華經方便品】に「梵音慰二喩我一。善哉釋迦文。」【同譬喩品】に「善哉善哉。如二汝所一レ言。」【智度論】に「歡喜讚言。善哉善哉。再二言之一者喜之至也。」【勝鬘寶窟中本】に「善是好別稱。哉是助語之辭。」【法華玄贊四】に「法爾隨ニ熹。皆云二善哉一。」【寄歸傳三】に「娑度。義曰二善哉一。」

ゼンザイドウシ　善財童子　〔人名〕【華嚴經入法界品】に「文殊師利福城の東に在つて莊嚴幢娑羅林中に住す、其の時福城に長者の子五百童子あり、善財は其一人なり、善財生るる時種種の珍寶自然に涌

出すれば相師此の兒を名けて善財と曰ふ。」善財文殊師利の所に詣で發心し其より漸次南行して五十三知識に參して法界に證入せり。【探玄記十八】に「由二此福報財寶相起一立二善財名一。即善爲レ因財爲レ果。又生時寶現爲レ財。後歎二其行德一爲レ善。」禪寺の山門閣上觀音菩薩の左邊に善財童子の像を安ず、是れ善財五十三知識を歷訪して第二十七番に於て觀音大士に遇ひて法を聞きし因緣を取りて菩薩の脇士と爲せしもの。大法會行道の時火舍を執て前行する小法師二人あり、之を定若沙彌、別名善財童子と云ふは但童子の形に依て名けしなり。【止觀一】に「常啼東請。善財南詢。藥王燒レ手。普明刎レ頭。」「ゴジフサンサン」參照。梵 Sudhana

善財採藥【公案】【五燈會元文殊章】に「文殊一日善財をして去て藥を採らしめて曰く、是れ藥ならざるものあらば採り將ち來れ、善財徧く探るに是れ藥ならざるなし、却來して白して云く是れ藥ならざるものなし。文殊云はく、是れ藥なるものあらば採り將ち來れ、善財乃ち一枝草を拈して文殊に度たす。文殊拈起して衆に示して云く、此藥亦能く人を殺し亦能く人を治す。」是れ禪門例の機語經論此事あるにあらず。

ゼンシ　禪思【術語】禪は梵語禪那の略、寂靜の義、寂靜に思惟するを禪思と云ふ。即ち禪定なり。【無量壽經下】に「禪思一心。」【釋門歸敬儀中】に「樂二禮拜一者。又以二禪思一爲二坐睡一。」

ゼンシ　禪史【雜語】禪宗の歷史。

ゼンシ　前資【職位】禪林の稱呼。副寺已下の東序の職を三次務めて退休する者を云ふ。前の事務を資助せし者と云ふ意なり。【象器箋五】

ゼンシキ　染色【雜語】僧衣の色を云ふ。青、黑、木蘭の三種の壞色を以て之を染むればなり。「ケサ」を見よ。

ゼンシクワン　漸次觀【術語】台家三種止觀の一。最初の數息觀を成し漸く進んで至極の實相觀を修するを云ふ。天台瓦官寺に在て說く所の次第禪門是なり。

ゼンシツ　禪室【雜名】禪定を修する人の居室。【中阿含經四十三】に「無事禪室。」【日藏經一】に「或有レ建二立講讀論堂經行禪室一。」【行事鈔下三之三】に「阿含云。佛及比丘。食竟皆入二禪室一坐禪。晡時從レ禪起而說法也。」

ゼンシドウジキヤウ　善思童子經【經名】二卷、隋の闍那崛多譯。佛毗耶離城に乞食して毗摩羅詰の家に至る、善思童子華を獻じて佛を禮し、菩提を成ぜんことを誓ふ。佛爲に法を說き童子無生忍を證す。【黃帙八】(181)

ゼンシニヨ　善士女【術語】梵語、優婆夷。一に善士女と譯す。三寶に歸して五戒を持する在家の信女なり。

ゼンシフ　禪習【術語】心禪に住して道を習修すること。【唯識樞要上本】に「叡二無常一以禪習。」

ゼンシフ　染習【術語】惡氣に浸染し熏習すること。

ゼンシヤ　禪者【術語】禪法を習ふもの。

ゼンシヤ　漸寫【雜語】法施の爲めに法華經を書するに頓寫漸寫の式あり。數日を以て書するを漸寫と云ふ。

ゼンシヤウ　前生【術語】過ぎし世の身。

ゼンシヤウ　善星【傳說】佛の太子たりしときの子と云ふ。出家して十二部經を讀誦し能く欲界の煩惱を斷じて第四禪定を發得し、之を眞の涅槃と云へり。然るに彼れ惡友に近て所得の解脫を退失せしかば涅槃の法なしとして因果撥無の邪見を起し、且つ佛に向つて惡心を起し、生ながら無間地獄に墮せし人なり、依て闡提比丘と稱す。闡提は一闡提の略、不信の義、不成佛の義なり、又四禪比丘と稱す。【涅槃經三十三】に「善星比丘。是佛菩薩時子。出家之後受二持讀二誦分二別解一說十二部經一。壞二欲界結一獲二得四禪一。乃至善星比丘雖下復讀二誦十二部經一獲中得四禪上。乃至不レ解二一偈一句一字之義一。親二近惡友一退二失四禪一。失二四禪一已。生二惡邪見一。作二如レ是言一。無レ佛無レ法無レ有二涅槃一。乃至善男子。汝若不レ信二如レ是事一者。善星比丘今者在二尼連禪河一可二共往問一。爾時如來即與二迦葉一往二善星所一。善星比丘遙見二如來一。見已即生二惡邪之心一。以二惡心一故生身陷入墮二阿鼻地獄一。乃至以三其宣二說無レ因無レ果無一レ有二作業一爾乃記下彼永斷二善根一是一闡提廁下之人地獄劫住上。」【楞嚴經八】に「善星妄說二一切法空一。生身陷二入阿鼻地獄一。」【法華玄贊一】に「又經云。佛有二三子一。一善星。二優婆摩耶。三羅睺。故涅槃云。善星比丘菩薩在家之子。」

ゼンジヤウ　善性【術語】三性の一。事物の性質の善なるもの。四類あり、一に勝義善、涅槃の體性畢竟安穩なるもの、勝義は涅槃の異名。二に自性善、慚愧及び無貪無瞋無痴の五法、身性是れ善なるもの。三に相應善、心心所の中彼の自性善と相應して起り方に善性を成すもの。四に等起善、自語の二業及び不相應法の彼の自性善相應善より引起せられて善性を爲すもの。【俱舍論十三】に「由二四種因一成二善性等一。一由二勝義一。二由二自性一。三由二相應一。四由二等起一。」

ゼンシヤウ　善生【人名】梵音 Sujāta 王舍城の

長者の子なり。又、尸加羅越 Sigālo と云ふ。佛之に對して六方禮の法を說く。【善生經】

ゼンシヤウガクセン　前正覺山　〔地名〕摩竭陀國尼連河の近くにあり。【西域記八】に「鉢羅笈菩提山 Prāgbodhi 唐言二前正覺山一。如來將レ證二正覺一先登二此山一。故云二前正覺一也。」

ゼンシヤウキヤウ　善生經　〔經名〕善生童子、波羅門の法に順じ每朝洗浴して六方を禮拜す、佛之を見て佛法の六方禮を說く、父母を東方とす、五事を以て敬奉すべし。師長を南方とす、五事を以て敬順すべし。妻婦を西方とす、五事を以て敬待すべし。親族を北方とす、五事を以て觀敬すべし。僮僕を下方とす、五事を以て敬授すべし。沙門波羅門を以て上方とす、五事を以て供奉すべし。是の如く諸方を禮敬すれば死して生天を得。數本あり。一は後漢の安世高譯、佛說尸迦羅越六方禮經と云ふ。【昃帙十】(555)一は西晉の支法度譯、佛說善生子經と云ふ。【昃帙八】(595)一は善生經と題して中阿含第三十三にあり。【昃帙五】一は亦善生經と題して長阿含第十一にあり。【昃帙九】一は優婆塞一集會品に說く。【列帙二】(1088)

ゼンシユ　善趣　〔術語〕六道の中に地獄、餓鬼、畜生、修羅の四惡趣に對して人天の二を善趣とす。又、地獄餓鬼畜生の三惡道に對し修羅、人、天の三を善趣とす。【無量壽經下】に「閉二塞諸惡道一。通二達善趣門一。」

ゼンシユ　前修　〔術語〕前代の諸師道を修めたるもの。【行事鈔資持記上一之一】に「前修即前代諸師。」

ゼンシユ　禪衆　〔術語〕叡山の法華三昧堂に於て法華三昧を修する人を云ふ。十二人あり、結番して晝夜十二時を一時間づつ勤む。⊙(盛衰記)「西塔院の禪衆」

ゼンシユウ　禪宗　〔流派〕禪那を宗とする故に名く。禪那或は思惟修と譯し、或は靜慮と譯す、眞理を思惟し念慮を靜息する法にして、もと三學六度の一なり。初祖達磨は天竺の人なり、梁魏の世支那に來て佛心宗を傳ふ。其法唯靜坐默念して佛心を發明せんとに工夫を凝らすのみ、其外相一に禪那に等しければ稱して禪宗と曰ふなり。所謂禪宗は三學六度の一分の禪にあらず、是に於て如來禪、祖師禪の稱起る。經論所說、六度所攝の禪を以て如來禪とし、達磨所傳の心印を祖師禪とす、故に彼の宗の本義より云へば禪宗と云ふよりも佛心宗の目を以て適當とす。【禪源諸詮集都序一】に「禪是天竺之語。具云二禪那一。中華翻爲二思惟修一。或名二靜慮一。皆定慧之通稱也。」【中峯錄五下】に「禪何物乃吾心之名也。心何物即我禪之體也。乃至唯禪與レ心異名同體。」【本朝高僧傳四十五】に「直截二本根一契二佛之內心一。而的的承稟教外傳レ之謂二佛心宗一矣。以三其行貌似二定止一自二李唐一始名二禪宗一。焉。而非二六度禪一。所謂教外別傳祖師禪者也。」釋尊靈山會上に拈華し、迦葉破顏微笑してより二十八傳、達磨に至り、達磨東來して魏の少林寺に面壁すると九年、是れ無言の心印を無言に教らるなり。慧可其心印を得て五傳して弘忍に至り、弘忍の下に慧能神秀の二大師あり、慧能の禪南地に行はるれば南宗と稱し、神秀の化北地に盛なれば北宗と稱す。而して北宗は如來禪の跡を免れず、南宗的に祖師禪の神髓を得たりとなす。六祖慧能の下、南嶽青原の兩系を生じ、南嶽は馬祖に傳へ、青原は石頭に傳ふ。馬祖の下獨り盛にして轉傳して潙仰曹洞臨濟雲門法眼の五家を分ち、宋朝に至て臨濟の下又楊岐黃龍の二流を副ぶ、總じて是れ五家七宗なり。「ゴケ」の項を見よ。吾奈良の朝唐の道璿北宗の禪を傳へて行表に授け、行表之を傳教に傳ふ。其後三百年、文治三年建仁寺の榮西宋に入て虛庵懷敞より黃龍の禪を傳へ、貞應二年永平寺の道元天童の如淨より洞山の訣を得、此二師始て吾朝臨濟曹洞の祖となる。承應三年明の隱元來て中峯の禪を行ひて黃蘗宗を開く、是れ亦臨濟下に屬す。其他普化宗と稱する者ありしも今は亡ぶ。⊙(鵯鷺合戰一一)「禪宗とて黃なる大掛羅うち懸けたり」

ゼンシユク　善宿　〔術語〕梵語。布薩 Upavasatha Posadha 巴 Uposatha 一に善宿と譯す。善に止宿する義。【智度論十三】に「布薩秦言二善宿一。」新に長養と譯す。「フサツ」を見よ。

ゼンシユクナン　善宿男　〔術語〕八戒を受持する優婆塞を云ふ。新に近住男と云ふ。又長養男と名く。凡そ布薩舊に善宿新に長養に在家出家の二法あり、出家の布薩は每半月の說戒是なり、在家の布薩法は八戒を受持するを云ふ。【智度論十三】に「今日誠心懺悔身淸淨。口淸淨。心淸淨。受二行八戒一是則布薩。秦言二善宿一。」【倶舍論十四】に「言二近住一者謂此律儀近二阿羅漢一住。以レ隨二學彼一故。有說。此近二盡壽戒一住。如レ是律儀或名二長養一。長二養薄少善根有情一。令二其善根漸增多一故。」八戒を授持するを布薩と云ふこと疑はし。

ゼンシユクニヨ　善宿女　〔術語〕八戒を受持する優婆夷を云ふ。「ゼンシユクナン」を見よ。

ゼンシヨ　善處　〔術語〕人界天上或は諸佛の淨土を云ふ。【法華經藥草喩品】に「現世安穩。後生二善處一。」

ゼンシヨ　漸書　〔雜語〕法華經の漸寫又漸書と云ふ。「ゼンシヤ」を見よ。

ゼンシリヤウ　善資寮　〔雜名〕禪林の稱。副寺已下の知事退休せし人の住する寮舍なり。「ゼンシ」を見よ。

ゼンシン　染心　〔術語〕愛著の心、婬欲の心。【行事鈔中一之四】に「僧祇云。可レ畏之甚無レ過二女人一。敗レ正毀レ德莫レ不レ由レ之。染心看者越毘尼。聞レ聲起レ染亦爾。」

ゼンシン　善心　〔術語〕慚愧の二法及び無貪等の三根を以て善の自性とし、之と相應して起る一切の心心所を善心と名く。

ゼンシン　善信　〔人名〕見眞大師初の名は善信、後親鸞と改む。「シンラン」を見よ。

ゼンシンウ　善親友　〔術語〕佛法を聞て信受する者を稱して善親友となす。【觀無量壽經】に「聞レ法能不忘。見敬得二大慶一。則我善親友。」

ゼンシンシヤリ　全身舍利　〔術語〕佛舍利に全身碎身の二種あり。「シヤリ」を見よ。

ゼンシンニフタフ　全身入塔　〔術語〕火化せず全骸を塔中に入るるもの。四葬の中の埋葬なり。佛者火化を本とすれども、法華の多寶塔中全身の舍利及び迦葉雞足山の入定に因みて往往埋葬す。

ゼンジ　禪師　〔術語〕禪定を修する師を云ふ。【善住意天子所問經】に「天子問。何等比丘得レ言二禪師一。文殊師利答言。天子。此禪師者。於二一切法一一行思量。所謂不生。若如レ是知得レ言二禪師一。」【三敎指歸一】に「修レ心靜レ慮曰二禪師一。」【毘奈耶雜事十三】に「經師律師論師法師禪師。不下以二同類一令上聚二一處一。」禪師の稱號に二種あり、一は天子の褒賞に係り、一は禪僧前人を呼て禪師と稱し、師家衆僧に通ず。天子の褒賞は陳の宣帝大建元年南岳の慧思和尚を崇で大禪師と云ひ、唐の中宗神龍二年北宗の神秀上座に大通禪師の諡號を賜はるに始まり、吾朝には孝謙天皇の朝に道鏡法師を大臣禪師と稱し、後深草天皇建長五年建長寺の開山道隆蘭溪和尚に大覺禪師の諡號を賜はるに始まる。又勅補の職名となす、十禪師是なり。「ジフゼンジ」を見よ。⦿（徒然草）「磯の禪師と云ひける女に」

ゼンジタイシ　善事太子　〔本生〕【賢愚經九善事太子入海品】に「昔寶鏡王に二王子あり、兄を善事と云ひ弟を惡事と云ふ。二人共に海に入て寶を求む、弟竊に兄の眼を刺して盲人たらしめ其財を奪て還る、後に兄國に還て眼目癒ゆ、父王之を聞て大に怒り弟を罪せんとす、兄請ひて其罪を免ず。即ち兄の善事太子は今の釋迦如來是なり、弟の惡事太子は提婆達多是なり。」

ゼンジノキミ　禪師の君　〔雜語〕貴人の子の十禪師の位になりたるを云ふ。十禪師は十人の高德を撰んで內供奉を許されたるもの。

ゼンジブンテン　善時分天　〔界名〕六欲天の第二須夜摩天、秦に妙善天と譯し、唐に善時分天と譯す。【可洪音義一】

ゼンジヤウ　禪靜　〔術語〕梵語禪那 Dhyāna 靜慮と譯す。寂靜に審慮して亂意を攝むるを謂ふ。【釋門歸敬儀中】に「或樂二禪靜一者則以二禮拜一爲二麤疎一。」

ゼンジヤウ　染淨　〔術語〕愛著の念及び所愛著の法を染と云ひ、解脫の念及び所解脫の法を淨と云ふ。即ち染とは無明の法、淨とは法性の法なり。【十不二門指要鈔下】に「以下在纏心變二造諸法一。一多相礙念念住著上名レ之爲レ染。以下離障心應二赴衆緣一。一多自在念念捨離上名レ之爲レ淨。」

ゼンジヤウエ　染淨依　〔術語〕五識四種所依の一。「シキ」を見よ。

ゼンジヤウフニモン　染淨不二門　〔術語〕十不二門の一。無明法性の二法不二一如なる義門なり。

ゼンジヤク　禪寂　〔術語〕禪は梵語、靜慮と譯す、寂靜にして思慮する義なり。【倶舍論二十八】に「依二何義一立二靜慮名一。由二此寂靜能審慮一故。」【維摩經方便品】に「一心禪寂。攝二諸亂意一。」【不動經】に「其心禪寂。常住二三昧一。」

ゼンジユ　善珠　〔人名〕和州秋篠寺の善珠、唯識因明の明匠なり。叡山の根本中堂落慶の時、傳敎大師珠を請ひて導師とす。延暦十六年僧正となる。是歲四月寂、壽七十五。【本朝高僧傳四】

ゼンジン　善神　〔術語〕八部衆の中に正法を護持する者の總名。

十六善神　〔名數〕大般若經護持の神なり。「ジフロクゼンジン」を見よ。

三十六部善神　〔名數〕三歸戒を受くる者を擁護する善神なり。「サンジフロクジン」を見よ。

ゼンズヰ　禪隨　〔術語〕禪道の骨髓。【傳燈錄達磨章】に「迨二九年一已欲三西返二西天一。乃命二門人一曰。時將レ至矣。汝等蓋三各言二所得一乎。時門人道副對曰。如二我所見一不レ執二文字一不レ離二文字一而爲二道用一。師曰。汝得二吾皮一。尼總持曰。我今所レ解如三慶喜見二阿閦佛國一。一見更不二再見一。師曰。汝得二吾肉一。道育曰。四大本空。五陰非レ有。而我見處無二一法可一レ得。師曰。汝得二吾骨一。最後慧可禮拜。後依レ位而立。師曰。汝得二吾髓一。」図楞嚴經の別稱。【楞嚴文句講錄一】に「古人有二禪髓之語一。」

ゼンセ　善施　〔人名〕梵語、蘇達多。譯、善施。善く人に施與する義なり。【西域記六】に「蘇達多。唐言二善施一。舊曰二須達一訛也。」Sudatta　「ツ」を見よ。

善施長者　〔人名〕所謂須達長者なり。「シュダ

善施太子 〔本生〕（太平記三三）に「善施太子は鳩留國の翁に身を與へ」とあるこれなり。舊稱、須大拏太子、須提梨拏太子。新稱、蘇達拏太子。善施太子と譯す。【須大拏經】に「昔葉波國の太子施を好み父王の白象を波羅門に與へし罪に依て國を放たれ、妻と一男一女を携へて檀特山に入て住す。時に貧老の梵志鳩留孫と名くるあり、來て二子を乞ふ、善施太子喜んで之に與ふ。」

ゼンセ 前世 〔術語〕過去世の身を云ふ。

前世の戒 〔雜語〕前生の身に持せし戒行を云ふ。前世に五戒を持ちしものは今生に人と生れ、前生に十善戒を持ちしものは今生に天に生れ、或は人中の王となると云ふ。⊙（增鏡、あすか川）「何事も前の世より、かしこくおはしましける程顯れて」

ゼンセイ 善逝 〔術語〕梵名須伽陀。Sugata 譯、善逝。又、好去。諸佛十號の一。十號の第一を如來とし、第五を善逝とす。如來とは如實の道に乘じて善く娑婆界に來る義にして、善逝は如實に彼岸に去て再び生死海に退沒せざる義なり、此二名を以て來往自在の德を顯はす。【智度論二】に「佛一切智爲二大車一。八正道行入二涅槃一。是名二好去一。」【大乘義章二十末】に「言二善逝一者。此從二德義一以立二其名一。善者名レ好。逝者名レ去。如來好去。故名二善逝一。」【菩薩持地經一】に「第一上昇。永不二復還一。故名二善逝一。」（第一とは涅槃をさす。）⊙（太平記一八）「東方瑠璃世界の醫王善逝忽然として來り給へり」

ゼンセイシ 善逝子 〔菩薩〕大日如來を稱す。【大日經七】に「隨二善逝子一。所二修習一。」

ゼンセチヤウジヤ 善施長者 〔人名〕須達長者なり。「シュダッ」を見よ。

ゼンセサンテンキヤウ 前世三轉經 〔經名〕一卷、西晉の法炬譯。佛の前世に三たび轉生して檀波羅蜜を行ぜし事を說く。【宙帙六】（270）

ゼンソウ 禪僧 〔雜語〕禪家の僧、坐禪の僧。

ゼンタイ 禪帶 〔物名〕禪定を修するとき帶を以て腰を繞束し、以て靜止に便ならしむるもの。【五分律】に「諸比丘廣作二禪帶一。以レ是白レ佛。佛言不レ應レ過二人八指一。」

ゼンタフ 禪榻 〔物名〕坐禪を修する腰掛なり。

ゼンタウキン 前唐院 〔寺名〕慈覺大師歸朝の後一院を建て、將來の法寶を藏し、且つ常に此に住す。唐院と稱す。後に智證大師園城寺に唐院を建つるに及で之を前唐院となし、遂に慈覺大師の別號となす。【叡岳要記上】に「前唐院大師平王禪房也。貞觀六年正月十四日夜半入滅。」

ゼンダウ 禪道 〔術語〕達磨所傳の禪宗の道。

ゼンダウ 禪堂 〔術語〕禪を修する處。禪家の僧堂起るに及で僧堂亦禪堂と名く。衆僧此に坐禪すればなり。【首楞嚴經】に「一心勸令レ持二我佛頂陀羅尼一。若不レ能レ誦。寫二於禪堂一。或帶二身上一。一切諸魔所レ不レ能レ動。」【止觀】に「身開二常坐一遮二行住坐一。或可レ處レ衆。獨則彌善。」【輔行】に「或可レ處レ中者。謂禪堂中。別處最勝。故云二彌善一。」

ゼンダウ 善導 〔人名〕唐の光明寺の善導、光明寺和尚と稱す。河西の道綽淨土の觀經を講ずるを聞て心を念佛の一門に發し、悃篤精苦頭燃を拂ふ如し。續て京師に至り道俗を激發して專ら往生を願求せしむ。三十餘年別の寢處なく、洗浴を除く外曾て衣を脫せず、目を擧げて女人を見ず、一切の名利心に念を起すなし、阿彌陀經を寫すと十萬餘卷、畫く所の淨土の變相三百餘堵、嘗て佛名を稱へて口に光明を出す。高宗永隆二年寺前の柳樹に登り、自ら投じて死す、高宗皇帝寂後寺額を賜りて光明と云ふ。【新修往生傳】然るに此の柳樹より地上に投じて自殺したりと云ふに就て古來二說あり、一は前述の如く捨身往生なりとするもの、一は之を否定して、【續高僧傳】に、善導の弟子等が柳樹より投身して死せりとあるを誤傳せるものなりとなすなり。亦良忠の【玄義分傳通記】には師弟共に捨身往生せりと主張するも、眞宗學者の多くは法霖の【眞宗秘要】を始めとして皆捨身往生を否定せり。其の著に觀經疏、往生禮讚、法事讚、觀念法門、般舟讚あり。⊙（盛衰記四八）「右には善導和尙の御影を懸け奉り」

ゼンダウ 箭道 〔雜語〕箭の達すべき距離なり。【法華義疏】に「一箭道者二里也。」

ゼンダウ 前堂 〔堂塔〕禪刹の僧堂東面し中央に聖僧を安置する龕あり、其の前面を前堂とし、後面を後堂とし、各一人の首座ありて之を統領す。【象器箋一】

ゼンダウシユソ 前堂首座 〔職位〕前堂の第一座にて前堂を統領するもの。位次住持に亞ぐ。

ゼンダウジ 善導寺 〔寺名〕筑前博多にあり、淨土宗鎭西派の開祖聖光房辨長の開基。

ゼンダカ 禪陀迦 〔人名〕Jñātaka 南天竺の國王の名。龍樹菩薩此王の爲に偈を作て之に贈る、禪陀迦王偈と稱す。【冬帙八】に龍樹菩薩爲禪陀迦王說法要偈あり。【寄歸傳四】に「龍樹菩薩以レ詩代レ書。名爲二蘇頡里離佉一。譯爲二密友書一。寄二與舊檀越南方大國王一。號二娑多婆漢那一。名二市演得迦一。」

ゼンダン　漸斷　〔術語〕三界九地の八十一品の修惑の一品づつを斷ずるが如きを云ふ。頓斷に對す。

ゼンチン　禪鎭　〔物名〕坐禪のとき頭上に鎭めて睡を警むる木片なり。【十誦律】に「諸比丘故睡。聽レ用二禪鎭一。作レ孔已以レ繩貫二孔中一。繩頭施レ紐掛レ耳。上去二額前一四頭著二禪鎭一。」【資持記下二之三】に「禪鎭如レ笏。坐禪時鎭レ頂。」【釋氏要覽下】に「禪鎭以二木版一爲レ之。形是似レ笏。中作レ孔施レ紐串二於耳下一。頭戴去レ額四指。坐禪人若眠睡頭傾則墮。以自警。」

ゼンヂウ　禪頭　〔雜名〕禪林の稱。首座の異名。

ゼンヂシキ　善知識　〔術語〕知識とは其の心を知り、其の形を識る義にて知人即ち朋友の義なり、博知博識の謂に非ず、善とは我に益を爲し、我を善道に導くものを云ふ。【法華文句四】に「聞レ名爲レ知見レ形爲レ識。是人益二我菩提之道一名二善知識一。」【法華經妙莊嚴王品】に「善知識者是大因緣。所謂化導令レ得レ見レ佛發中阿耨多羅三藐三菩提心上。」【有部毘奈耶雜事】に「阿難陀言。諸修行者由二善友力一方能成辨。得二善友一故。遠二離惡友一。以二是義一故方知善友是半梵行。佛言。阿難陀勿レ作二是言一。善知識者是半梵行。何以故。善知識者是全梵行。由レ此便能離二惡知識一不レ造二諸惡一。常修二衆善一純一淸白。具二足圓二滿梵行之相一。由二是因緣一若得二善伴一與レ共同住乃至涅槃事無レ不レ辨。故名二全梵行一。」◉（榮花玉の臺）「或はをはりの時善知識にあひ」

三種善智識　〔名數〕一に外護の善知識、我をして缺乏怖畏なからしめ安穩に道を修するとを得しむるもの。二に同行の善知識、我と道を同して互に相切磋し策發するとを得るもの。三に教授の善知識、聖言を宣傳して我を訓誡し惡を去り善に赴かしむるもの。【止觀四】

十種善智識　〔名數〕一に菩提心に住せしむる善知識。二に善根を生ぜしむる善知識。三に諸波羅蜜を行ぜしむる善知識。四に一切の法を解說せしむる善知識。五に一切衆生を成熟せしむる善知識。六に決定の辯才を得しむる善知識。七に一切世間に著せざらしむる善知識。八に一切の劫に於て修行し厭倦無からしむる善知識。九に普賢行に安住せしむる善知識。十に一切佛智の所入に入らしむる善知識。【唐華嚴經五十三】

五十三善智識　〔名數〕善財童子の歷訪せし善知識の數なり。「ゴジフサンサン」を見よ。

善智識十德　〔名數〕善財童子南詢第八參毘目仙人に詣して十喩を擧げて其の功德を嘆ず。一に善知識は則ち是れ一切智に趣向せしむるの門なり、我をして眞實の道に入るとを得しむるが故に。二に善知識は則ち是れ一切智に趣向せしむるの乘なり、我をして如來地に至ることを得しむるが故に。三に善知識は則ち是れ一切智に趣向せしむるの船也、我をして智寶洲に至ることを得しむるが故に。四に善知識は則ち是れ一切智に趣向せしむるの炬なり、我をして十力光を生ずることを得しむるが故に。五に善知識は則ち是れ一切智に趣向せしむるの道なり、我をして涅槃の城に入ることを得しむるが故に。六に善知識は則ち是れ一切智に趣向せしむるの燈なり、我をして夷險の道を見ることを得しむるが故に。七に善知識は則ち是れ一切智に趣向せしむるの橋なり、我をして險惡の處を度ることを得しむるが故に。八に善知識は則ち是れ一切智に趣向せしむるの蓋なり、我をして大慈の涼を生ずることを得しむるが故に。九に善知識は則ち是れ一切智に趣向せしむるの眼なり、我をして法性の門を見ることを得しむるが故に。十に善知識は則ち是れ一切智に趣向せしむるの潮なり、我をして大悲の水を滿足せしむるが故に。【唐華嚴經六十四】

ゼンヂシキマ　善智識魔　〔術語〕十魔の一。自己の所得の法に於て執着慳吝の念を生じて人を開導すると能はざるもの。

ゼンヂヤウ　禪定　〔術語〕禪とは梵語禪那の畧にて思惟修、新譯に靜慮と云ふ。思惟修とは所對の境を思惟して研習する義、靜慮とは心體寂靜にして能く審慮する義なり。次に定とは梵語三昧の譯なり、心を一境に定止して散動を離るる義なり。即ち一心に物を考ふるが禪にて、一境に念を靜むるが定なり。故に定の名は寬くして一切の息慮凝心に名け、禪の名は狹くして定の一分なり。何となれば禪那の思惟審慮には自ら定止寂靜の義あるを以て定と名くるを得るも、三昧には思惟審慮の義なきを以て禪と名くるを得ざればなり。今は總別合稱して禪定と云ふ。さて禪定共に心の德なれども欲界所屬の心に此德あるにあらず、色界、無色界の界に屬する心德なり。若し色無色を相對すれば禪を色界の法とし、定を無色界の法とし、其中各四等の淺深あれば之を四禪四定と云ふなり。此四禪四定は世間法にして佛法外道凡夫聖者共通也、其他佛菩薩阿羅漢の證得する諸の無漏の諸定は出世間法にして三界所屬の心體に具するにあらず、故に禪を得んとせば欲界の煩惱を離れざるべからず、定を得んとせば欲界の煩惱を斷ぜざるべからず、無漏の諸定を得んとせば無色界の煩惱を絕たざ

るべからず。而して此中禪は最初に在て諸定の根本たるのみならず、天眼天耳等の通力を發するも此禪に依り、且つ禪には審慮の用あるを以て眞理を觀念するには必らず禪に依らざるべからざれば禪を以て最も學道の要とす。【大乘義章十三】に「禪者是中國之言。此翻爲二思惟修習一。乃至心住二一緣一離二於散動一故名爲レ定。言二三昧一者。是外國語。此名二正定一。定如二前釋一。離二邪亂一故說爲レ正。」【智度論二十八】に「四禪亦名レ禪。亦名レ定。亦名二三昧一。除二四禪一諸餘定亦名レ定亦名二三昧一。不二名爲レ禪。」【次第禪門一上】に「禪是外國之言。此間翻則不レ定。今略出二三翻一。一摩訶衍論中。翻レ禪秦言二思惟修一。二舉レ例往翻。如二檀波羅蜜一此言二布施度一。禪波羅蜜此言二定度一。故知用レ定以翻レ禪。三阿毘曇中。以二功德叢林一以翻レ禪。」【法華經安樂行品】に「深入二禪定一見二十方佛一。」【無量壽經上】に「得二深禪定一。」【同淨影疏】に「禪謂四禪。定所謂四空定等。」

禪定十種利益 〔名數〕 菩薩の行を修する者善く能く禪定を修習すれば則ち萬緣俱に息み定性現前す、故に此の十種の利益を獲るなり。一に安住儀式、菩薩諸の禪定を習ふに必らず須らく威儀を整肅すべく、一に法式に遵じて之を行ずること既に久しければ則ち諸根寂靜にして正定現前し、自然に安住して勉强する所無し、是を安住儀式と爲す。二に行慈境界、菩薩諸禪定を習ふに常に慈愛の心を存して傷殺の念無く、諸の衆生に於て悉く安穩ならしむ、是を行慈境界と爲す。三に無煩惱、菩薩諸禪定を習ふに諸根寂靜なれば則ち貪瞋癡等の一切の煩惱自然に生せず、是を無煩惱と爲す。四に守護諸根、菩薩諸禪定を習ふに常に當に眼等の諸根を防衞して色等の諸塵の爲に動かされざるべし、是を守護諸根と爲す。五に無食喜樂、菩薩諸禪定を習ふに既に禪悅の味を得て以て道體を資け、飮食の奉無しと雖も自然に欣豫す、是を無食喜樂と爲す。六に遠離愛欲、菩薩禪定を修習して一心を寂默し、散亂せしめざれば則ち一切愛欲の境悉く染著する無し、是を遠離愛欲と爲す。七に修禪不空、菩薩諸の禪定を習ふに諸禪の功德を獲て眞空の理を證すと雖も斷滅の空に墮せず、是を修禪不空と爲す、八に解脫魔罥、菩薩諸の禪定を習へば則ち能く生死一切の魔網を遠離し悉く皆纒縛すること能はず、是を解脫魔罥と爲す。九に安住佛境、菩薩諸の禪定を習し無量の智慧を開發し甚深の法義に通達す佛知見に於て自然に明了なれば心心寂滅して不動に住持す、是を安住佛境と爲す。十に解脫成熟、菩薩諸禪定を習し、一切惑業撓亂すること能はず、之を行じて既に久しければ則ち無礙解脫自然に圓熟す是を解脫成熟と爲す。【月燈三昧經七】

ゼンヂヤウ 禪杖 〔物名〕 竹葦を以て之を作り、物を以て一頭を包み、坐禪して昏睡するものあれば軟頭を以て之を突く。【十誦律】に「若故睡不レ止。佛言。聽レ用二禪杖一。取二禪杖一時應レ生二敬心一。云何生二敬心一。言。以二兩手一捉レ杖。戴二頂上一。應下起看二餘睡者一以二禪杖一築上。」【資持記下二之三】に「禪杖竹葦爲レ之。長八肘。下座手執巡行。有二睡者一點起付レ之。」

ゼンヂヤウクツ 禪定窟 〔雜名〕 禪定の窟宅、比丘は多く山林巖窟に坐禪したる故に此の名あり。【涅槃經三十】に「如來今住二於此拘尸那城一入二大三昧深禪定窟一。衆不レ見故名二入涅槃一。師子吼言。如來何故入二禪定窟一。善男子。爲レ欲レ度二脫諸衆生一故。乃至爲レ令二衆生尊二重所聞禪定法一故。以二是因緣一入二禪定窟一。」

ゼンヂヤウケンゴ 禪定堅固 〔術語〕 大集經所說五種堅固の一。佛滅後第二の五百年の間諸の比丘堅固に禪定を修する第二期を云ふ。「ゴゴヒヤクネン」を見よ。

ゼンヂヤウザウ 禪定藏 〔術語〕 禪定の庫藏。【千手陀羅尼經】に「誦二持此陀羅尼一者。乃至當レ知此人是禪定藏。百千三昧常現前故。」

ゼンヂヤウデンカ 禪定殿下 〔雜語〕 法體の公卿方を尊びて言ふ。深妙の禪定を修得しまします義なり。

ゼンヂヤウハラミツ 禪定波羅蜜 〔術語〕 又靜慮波羅蜜と云ふ。「ロクハラミツ」を見よ。

ゼンヂヤウホフワウ 禪定法皇 〔雜語〕 落飾し給ふ上皇の尊稱。禪定殿下の義の如し。

ゼンヂヤウモン 禪定門 〔術語〕 禪定の門戶。又、禪定の門戶に入ると云ふ義を以て一切出家入道の人を呼ぶ。略して禪門と云ふ、位牌に某禪定門某禪門と書く是なり。

ゼンヂヤク 染着 〔術語〕 愛欲の心が外物に浸染し執着して離れざるを云ふ。【新譯仁王經中】に「愚夫垢識。染二着虛妄一。爲レ相所レ縛。」【無量壽經下】に「於二其國土一所レ有萬物。無二我所心一無二染着心一。」【智度論十二】に「此六波羅蜜能令下人度二慳貪等煩惱染着大海一到中於彼岸上。」

ゼンヂユウイテンシシヨモンキヤウ 善住意天子所問經 〔經名〕 聖善住意天子所問經の略名。

ゼンヂユウテンシ 善住天子 〔人名〕 忉利天

の諸天子中の一人にて、自ら却後七日命終し、命終の後七返閻浮提に於て畜生の身を受け、後に地獄に墮するを知り、大に怖れて救を帝釋に請ふ。帝釋祇園精舍に至て其の法を佛に求む。佛爲に佛頂尊勝陀羅尼を說て之を善住天子に誦せしめ、以て壽を延ばし難を轉ぜしむ。【尊勝陀羅尼經】

ゼンヂユウヒミツキヤウ　善住祕密經　〔經名〕大寶廣博樓閣善住祕密陀羅尼經の略名。又、廣大寶樓閣善住祕密陀羅尼經の略名。初は不空譯、三卷、【閏帙七】(1028)後は善無畏譯、三卷。【成帙五】同本異譯なり。

ゼンヂン　前塵　〔術語〕妄心の前に現ずる六塵の境なり。【楞嚴經一】に「佛告二阿難一。此是前塵虚妄《ノ》相想《ナリ》。惑《ハス》二汝眞性一。」

ゼンテイ　全提　〔術語〕完全に宗門の綱要を提起すると。【碧巖第二則垂示】に「歷代諸師全提不レ起。」【無門關頌】に「狗子佛性。全提正令。」

ゼンテン　禪天　〔界名〕色界に四重の天處あり、各禪那を修して此に生じ、所生の天人亦生れながらにして各其の禪那を有すれば禪天と云ふ。即ち初禪天乃至第四禪天なり。

ゼント　禪徒　〔雜語〕禪家の僧徒。又佛徒の總名。

ゼント　繕都　〔術語〕Jantu 又禪頭、禪豆、禪兜。譯、衆生。【玄應音義】に「禪頭。或云二禪豆、禪兜一。或云二繕都一。此譯云二衆生一也。」

ゼントンケウ　漸頓敎　〔術語〕二種あり、一は漸敎、頓敎を以て一代敎を判ずるなり。一は華嚴の清涼、華嚴經を頓敎となし、法華經を漸頓敎となす是なり、先づ漸頓敎は陳の眞諦三藏等漸頓二敎を以て一代敎を判ず。先づ漸悟菩薩、小乘を習ひ、後に廻心向大して大乘を學ぶ、佛此機に對して說く所の諸經を漸敎とす。鹿園以下の大小乘經是なり、此中の小乘は漸敎小乘にして大乘は漸敎大乘なり。次に直入頓悟の菩薩は直に佛果を樂んで發心修行す、佛此機に對して直に大乘を說くを頓敎とす、華嚴經是なり。此義に依れば法華涅槃の如きも固より漸敎の所攝なり。法相宗に漸頓の名を用ゐ、又天台宗の化儀の四敎を以て法華以前の經を判ずるに頓敎漸敎の名あるは此義に據る。然るに天台智者五雙を以て止觀を判ずる中の漸頓の一雙は法門の體に就て之を論じ、圓敎は頓足頓極に成佛する法なれば之を頓敎とし、藏通別三敎は次第漸入して成佛する法なれば之を漸敎とすと云ふ。故に天台より之を言へば華嚴經は化儀の上よりは頓敎なれども化法の上よりは別圓二敎を兼說するを以て頓敎に漸敎を兼ぬと言ふべく、法華は純圓の法なれば唯頓敎と言ふべしとなす。之に對して華嚴宗の清涼は華嚴經は所化の機も頓にして所說の法も頓なれば頓頓と言ふべく、法華經は所說の法は頓なれども所化の機は漸なれば漸頓と言ふべしとなす。【止觀三】に「四明二漸頓一者。漸名二次第一。藉レ淺由レ深。頓名二頓足頓極一。」

ゼンナ　禪那　〔術語〕譯、思惟修。新譯に靜慮。禪定に同じ。心一境に定りて審に思慮する的のもの。是れ色界所屬の心德にして欲界の心に具せず、欲界の煩惱を離れて初て得べし。思惟修とは因に寄せたる名にて一心に思惟研修するを因として此定心を得れば思惟修と名け、靜慮とは當體に就きし名にて其の禪那の體たる寂靜にして而かも審慮の用を具すれば靜慮と云ふ。靜は即ち定にして慮は即ち慧なり、定慧均等の妙體を禪那と云ふ。【次第禪門一上】に「思惟修者。此可レ對レ因。何以故。思惟是籌量之念。修是專心研習之名。故以對二修因一。」【大乘義章十二】に「上界《ノ》靜法《ハ》審《ニ》觀《シテ》方《ニ》成。名二思惟修一。」【俱舍論二十八】に「依二何義《ニ》一故立二靜慮《ノ》名一。由二是寂靜《ニシテ》能審慮一故《ナリ》。審慮即是實《ニ》了知《スル》義《ナリ》。如レ說二心在レ定能如レ實了知一。」【同光記十八】に「由二定寂靜一慧能審慮。乃至馱南。此云二靜慮一。舊云レ禪。或云二禪那一。或云二持阿那一。皆訛也。乃至婆沙八十三云。靜謂等引。慮謂遍觀。故名二靜慮一。」等引は定の異名。此禪那を修得すれば死後必らず色界の四禪天に生ず。外道は生天の爲に之を修し、佛者は此に依て無漏智を發せん爲に修す。而して之を成就せんには必らず欲界生得の散心妄念を脫離すべきは外道佛法其の揆を一にす。梵 Dhyāna

ゼンナンシ　善男子　〔術語〕佛常に在家出家の男女を通じて善男子善女人と云ふ。善とは佛を信じ法を聞くものを美するなり。

ゼンニ　禪尼　〔雜語〕女性の出家せしもの。禪は禪定の門に入るの義。尼は梵語の女性を示す聲なれば譯して女と云ふ。

ゼンニヨリウワウ　善女龍王　〔異類〕【元亨釋書空海傳】に「天長元年大旱す、春三月海に敕して神泉苑に於て請雨經の法を修せしむ。時に守敏法師奏して曰く、守敏世壽法臈共に海に過ぎたり、先づ詔を受くべしと、乃ち敏に詔す。敏七日を以て期となす、期日に陰雨厚く布て都下暗きと夜の如く、雷鳴り雨灑ぐ。舉朝感異す、敕して雨の霑す所を見しむるに只東西の京のみ。亦海に詔す。七日を過て雨らず、海定《ぢやう》に入て之を見るに守敏諸龍を呪して一瓶に入る、海奏して二日を延ばす、徒に告げて曰く、池中に龍あり善女と號す、阿耨多池の龍王の族なり、此龍形

を現せば必らず成就を得んと、時に金龍出づ、長さ九尺許り。弟子眞雅等之を見る。海事を奏す、利氣眞綱に敕して幣物を以て神龍に供するに、滿日に重雲震雷大に膏雨を注ぎ、池水溢れて盈ち護摩壇の畔に至り、霖沛三日天下皆洽し。敕して優賞を加ふ。」《第七十六圖參照》

ゼンニヨニン　善女人　〔雜語〕「ゼンナンシ」を「見よ。

ゼンニン　禪人　〔雜語〕禪を宗とする人。【止觀五】に「一種禪人不レ達二他根性一。純教二乳藥一。」

ゼンニン　善人　〔雜語〕因果の理を信じて善事を行ふ人。【無量壽經下】に「善人行レ善。從レ樂入レ樂。從レ明入レ明。」

ゼンニンゼン　善人禪　〔術語〕九種大禪の一。大善根を有するものの修する禪なり。

ゼンネン　禪念　〔術語〕禪定を樂ぶ心念、世の煩累を厭ふ念慮を云ふ。

ゼンネン　前念　〔術語〕心法の相續せるを竪に分析して其極處に至るを一念と云ふ、念の過去れるを前念とし、後に來るを後念とす。

ゼンネンミヤウジユゴネンソクシヤウ　前念命終後念即生　〔雜語〕【禮讚】に「今身願レ生二彼國一者。行住坐臥必須二勵レ心剋レ己晝夜莫レ廢。畢命爲レ期。上在二一形一。似二如少苦一。前念命終後念即生二彼國一。長時永劫常受二無爲法樂一。」是れ一期命終の上に於て命終の前念を隔てず後念に速く淨土に往生するを明かせしなり。然るに見眞大師は平生業成の宗義より此前念後念を一期相續の上に於て之を解し、信心獲得の一念を前念命終とし、直ちに不退の位に入りて往生成佛に決するを後念即生となす。【六要鈔三末】に「但我上人別有二一義一。愚禿鈔云。信二受本願一前念命終。即得彼生後念即生。是就二平生業成之義一所レ顯二横超頓速益一也。」

ゼンハ　禪波　〔譬喩〕禪定を湛然たる水に譬へ、妄念亂想を波に比す。【性靈集九】に「靜二禪波一而涉。開二覺華一以芳。」

ゼンハウベンキヤウ　善方便經　〔經名〕善方便陀羅尼經の略名。

ゼンハウベンダラニキヤウ　善方便陀羅尼經　〔經名〕一卷、失譯。延壽妙門陀羅尼經と同本。【成帙八】(1269)

ゼンハラミツ　禪波羅蜜　〔術語〕Dhyāna-pāramitā　六波羅蜜の一。定度。新譯、定到彼岸。禪定は生死海を渡り涅槃の岸に到る行法なるを云ふ。

ゼンハン　禪版　〔物名〕【象器箋十九】に「舊說に禪版は坐禪の時手を安んじ或は身を靠らする器なり。忠曰く、禪版は倚版なり、上頭に小圓孔を穿ち、此を向上の一竅と名づく。蓋し此穴は索を貫きて繩床の背後の横繩に縛着し、板面をして斜ならしめ、以て身を靠するなり。然るに今時は夏日には横に膝上に安じて其上に定印し、或は頤を支えて助老と用を同ずるのみ。余曾て之を古寺に獲たり、長さ一尺八寸、濶さ三寸九分、厚さ三分餘、上下に小竅あり、用ふる時紐を以て床の横繩に縛す、其の斜の急不急隨意のみ。」【釋氏要覽】に「倚版今呼二禪版一。毘奈耶攝頌曰。倚版爲除レ勞。僧私皆許レ畜。僧即衆私即己」

ゼンヒエウホフキヤウ　禪祕要法經　〔經名〕三卷、秦の羅什譯。白骨觀數息觀等種種の禪觀を說く。【宿帙五】

ゼンビイチサイチトクキヤウ　漸備一切智德經　〔經名〕一卷、西晉の竺法護譯。華嚴經十地品の別譯。【天帙十】(20)

ゼンハン　前板　〔物名〕禪林の僧堂中聖僧の龕の左右を出入板となし、其より前を前板と云ふ。前堂と云ふに同じ。【象器箋一】

ゼンバウ　禪房　〔雜語〕修禪者の房舍。總て僧の居室に名づく。【善見律二】に「是時太子往到二禪房一。」

ゼンビヤウ　禪病　〔術語〕一切の妄念を云ふ。妄念は禪定の病魔なり。【圓覺經】に佛の我、人、衆生、壽命の四相の過を說くを聞て「大悲世尊快說二禪病一。令下諸大衆得二未曾有一。心意蕩然獲中大安穩上。」図禪定を修する人の種種の病魔なり。藏中治禪病秘要法二卷あり、詳に其病相及び治法を說く。

ゼンブツ　前佛　〔術語〕既に入滅せる佛を云ふ。常に彌勒に對して釋迦を言ふ。「次項」を見よ。

ゼンブツゴブツ　前佛後佛　〔術語〕前佛は釋迦を指し、後佛は彌勒を指す。⊙(榮花鳥の舞)「前佛後佛の衆生」前佛と後佛との中間の衆生なり、佛の出世に逢はざるものを云ふ。(太平記)「前佛後佛の導師大慈大悲の薩埵」是れ亦前佛と後佛との中間の導師なり、地藏菩薩の二佛の中間に於て人天の導師たるを云ふ。(曲、卒都婆小町)「それ前佛は既に去り、後佛はいまだ世に出でず」

ゼンブンカイ　全分戒　〔術語〕五戒乃至具足戒等全分に之を受持するを云ふ。「こと。

ゼンブンジユ　全分受　〔術語〕全分戒を受くること。

ゼンボフ　禪法　〔術語〕二種あり、一を如來禪と云ひ、一を祖師禪と云ふ。如來禪とは經論に說く所、秦の羅什初て之を傳へ、天台に至りて詳悉を極む。祖師禪とは經論の外に祖祖心より心に印し、魏の達磨初て之を傳ふ。佛靈山會上に於て一枚の蓮華を拈

て四衆に示す、百萬の人天其の意を解すること能はず、獨り摩訶迦葉破顔微笑して佛旨を領す。佛言く、我れ汝に涅槃の妙心を附すと。是れ如來禪の宗源なり。故に佛心宗と稱す。常に禪法を言ふは此佛心宗の禪を指す。⦿（太平記二四）「高時一家を亡せることは全く禪法歸依の咎にあらず」

ゼンボフ　善法　〔術語〕五戒十善は世間の善法なり、三學六度は出世間の善法なり、淺深異なれども共に理に順じ己を益する法なれば善法と云ふ。

ゼンボフ　染法　〔術語〕無明と相應する法、無明に由て起れる法を云ふ。即ち三界所有の事法是なり。染とは、染汚の義、眞性を染汚し不淨ならしむるが故に名づく。

ゼンボフエウゲ　禪法要解　〔書名〕又、禪法要解經と名づく。二卷、秦の羅什譯。不淨觀、四禪四定等の諸種の禪觀を明かす。【暑帙六】（1342）

ゼンボフダウ　善法堂　〔堂塔〕帝釋天の講堂の名。須彌山の頂喜見城外の西南角に在り。此に於て人中の善惡を論ず。【倶舍論十一】に「外西南角有二善法堂一。三十三天時集。於レ彼詳二論如法不如法事一。」【涅槃經十二】に「是善法堂忉利諸天常集二其中一。論二人天事一。」【西域記四】に「昔如來起レ自二勝利一上二昇天宮一。居二善法堂一爲レ母說レ法。」

ゼンボフメ　善法罵　〔術語〕人を罵るに二種あり、汝は是れ下賤の生なり等と惡法を以て之を罵るを惡法罵と云ひ、汝は是れ大聖人なり等と善事を假りて之を毀辱するを善法罵と云ふ。【行事鈔中三之二】

ゼンボン　善本　〔術語〕善根に同じ。善を植うると固くして授けざる意。図善の菩提の本となるもの。【法華經序品】に「已於二千萬佛所一。植二諸德本一。」【無量壽經下】に「善人無二善本一。不レ得レ聞二此經一。」【勝鬘經上末】に「善本。本亦因也。欲下以二此善一爲中菩提根上。故名爲レ本。」

ゼンボンテン　禪梵天　〔界名〕色界の中に四重の天處あり、皆禪定を修して生ずる所なれば禪天と云ふ。其第一の禪天に更に三天ありて第一を大梵天とし第二を梵輔天とし第三を梵衆天とす、此三天を通じて禪梵天と云ふ。

ゼンマイ　染汚意　〔術語〕第七識の異名。七識は迷染の根本にして、我痴、我見、我慢、我愛の四煩惱と倶起して八識の見分を緣じて我執を生ずる故なり。

ゼンマラナン　繕摩末剌諵　〔雜語〕Janma-marana 譯、生死。【玄應音義二十二】に「繕摩此云レ生。末剌諵此云レ死。」

ゼンミ　禪味　〔術語〕禪定に入れば輕安寂靜の妙味ありて身心を適悅す。所謂禪悅食なり。【維摩經方便品】に「以二禪悅一爲レ味。」【同問疾品】に「貪二着禪味一。是菩薩縛。」【大集經十一】に「讚二嘆寂靜一。貪二着禪味一。」

ゼンミヤウシヨウキチジヤウワウニヨライ　善名稱吉祥王如來　〔佛名〕七佛藥師の一。「シチブツヤクシ」を見よ。

ゼンムヰ　善無畏　〔人名〕中天竺國王の子、梵名戍婆揭羅僧訶 Subhākarasiṃha 唐に淨師子と言ふ、義翻して善無畏となす。一に輸婆迦羅と云ふ、此に無畏と云ふ、亦義翻なり。十三にして位を嗣ぎ昆弟之を嫉みて亂を構ふ、因て位を兄に讓りて出家し、南海濱に至り、殊勝招提に遇ひて法華三昧を得たり。又那蘭陀寺に詣り龍樹の弟子達磨掬多即ち龍智三藏に遇ひて瑜伽三密の教を受く。掬多無畏を勸めて支那に行化せしむ。唐の玄宗開元四年長安に至る。求聞持法、大日經等の秘經及び現圖曼陀羅を出す。二十年西域に還らんことを求む、優詔して許さず。二十三年十一月七日化す、壽九十九。鴻臚卿を贈る。【宋僧傳二】【元亨釋書善無畏傳】⦿又、日本に來遊せしと云ふ。（正統記三）「眞言の祖師天竺の善無畏三藏」

ゼンメウ　善苗　〔術語〕善根と言ふ如し。善の苗を植うれば福の實を得べし。

ゼンメウシン　善妙神　〔神名〕栂尾山高山寺の鎭守なり。【山城名勝志九】に「善妙神。新羅國神也。有二華嚴擁護之誓一故勸二請之一。」

ゼンモン　禪門　〔術語〕禪定の法門なり。【止觀九】に「禪門無量。且約二十門一。一根本四禪。二十六特勝。三通明。四九想。五八背捨。六大不淨。七慈心。八因緣。九念佛。十神通。」倶舍成實に依れば此十禪は但事を緣じて諦理を緣ぜざれば總じて有漏となす、天台は大乘の教理に依て十六特勝以下の事禪亦無漏禪に通ずと爲す。図禪定の法門。三學の中の定學、六波羅蜜の中の禪波羅蜜を云ふ。心を一に定めて妄念を除く法なり。図達磨所傳の禪那の法門なり。教外別傳不立文字の佛心宗なり。【證道歌】に「是以禪門了二却心一。頓入二無生知見力一。」【輔行一】に「預二厠禪門一衣鉢傳授者盈レ耳。」図在家にして剃髮入道するものを禪門と云ふ。世染を離れ佛法の禪定門に入る義なり。禪宗の人となると云ふにあらず。某禪門、某禪定、某禪定門など人の高下に依て稱呼に具畧を分つ、吾朝中古以來の習なり。⦿（徒然草）「勘解由小路禪門は」

ゼンモンカイ　禪門戒　〔術語〕禪宗所傳の戒法を云ふ。

ゼンモンクケツ　禪門口決　〔書名〕具名、天台智者大師禪門口決。一卷、數息觀の法を說く。【陽帙

八】(1561)

ゼンヤキヤウ　善夜經　【經名】一卷、唐の義淨譯。梅檀天子比丘を敎へて佛に詣で、善夜經を請はしむ、佛爲に經及び咒を說く、善夜とは此經の功德惡夢險難等の不詳を離れしむる義なり。【成帙八】(500)

ゼンユキヤウ　箭喩經　【經名】一卷、失譯。中阿含第六十箭喩經の別譯。鬘童子あり、佛が一向に世の有常を說かんことを欲す、佛之を呵責して毒箭を拔く喩を說く。【昃帙八】(585)

ゼンヨ　禪餘　【術語】習禪の餘暇。又、禪僧の餘殘。⊙(太平記)「枯木の禪餘」

ゼンライ　禪禮　【術語】坐禪と禮拜。此二以て比丘の自行を統ぶ。【唯識樞要上本】に「禮拜之暇注二裁斯釋一。」

ゼンライ　善來　【雜語】印度の比丘、來人を歡迎する辭なり。【寄歸傳三】に「西方寺衆多爲二制法一。凡見二新來一。無レ論二客舊及弟子門人舊人一。即須三迎前唱二莎揭哆一。譯曰二善來一。」梵 Susvāgata

ゼンライシヤ　善來者　【雜語】師其の弟子を稱して善來者と呼ぶ。【大疏八】に「如實善來者。汝今得レ同レ彼。」

ゼンライトク　善來得　【術語】十種得戒緣の一。「ジフシユトクカイエン」を見よ。

ゼンライビク　善來比丘　【雜語】當人の願力と佛の威神力とに由て、佛出家を願ふ人に向て善來比丘と稱すれば便ち沙門となりて剃髮染衣の相自ら備はり身に具足戒を成ずるなり。【增一阿含經十五】に「諸佛常法若稱二善來比丘一便成二沙門一。是時世尊告二迦葉一曰。善來比丘。此法微妙。善修二梵行一。是時迦葉及五百弟子所レ著衣囊盡變作二袈裟一。頭髮自落。如三似剃髮以經二七日一。」【四分律三十三】に「時迦葉即往二弟子所一告言。汝等知不。我今欲下從二沙門瞿曇所一修中梵行上。汝等心所レ樂者各自隨レ意。乃至前白レ佛言。我等欲下於二如來所一出家修中梵行上。佛言。來比丘。於二我法中一快修二梵行一得レ盡二苦際一。即名爲レ受二具足戒一。」【佛本行集經三十四】に「時憍陳如知二彼法行一從レ坐而起。頂二禮佛足一胡跪合掌而白レ佛言。善哉世尊。我入二佛法一。世尊度レ我以爲二沙門一與二具足戒一。爾時佛告二憍陳如一言。善來比丘。入二我法中一行二於梵行一。盡二苦邊一故。是時長老憍陳如身便出家成二具足戒一。」

ゼンラク　禪樂　【術語】三樂の一。修行の人諸の禪定に入れば一心清淨にして萬慮俱に寂、自然に適悅の妙味を得るもの。【大集經十一】に「菩薩修二行禪波羅蜜一時。獲二得禪定一不レ能二調二伏一切衆生一。心生二悔厭一貪二著禪樂一。乃至是名二魔業一。」

ゼンラクチヤウジヤキヤウ　善樂長者經　【經名】一卷、趙宋の法賢譯。佛善樂長者の爲に清淨眼秘密大神咒を說き其眼病を治す。【成帙八】(905)

ゼンリ　善利　【術語】利益の善妙なるもの。菩提の利益を云ふ。【法華經化城喩品】に「安穩成二佛道一。我等得二善利一。」【維摩經見阿閦佛品】に「聞二此經一者。亦得二善利一。」

ゼンリキ　善力　【術語】善を修する力用。善に由て得たる力。【無量壽經下】に「常力。善力。」【淨影疏】に「依レ法正修。名爲二善力一。」

ゼンリツ　禪律　【流派】禪宗と律宗となり。

ゼンリヨ　禪侶　【雜語】禪定を修する僧侶。總じて僧家に名づく。又、叡山東塔の法華堂に於て十二人の比丘僧交代して不常に懺法を修し、常行堂に於て十四人の比丘僧結番して不斷の念佛三昧を修する者を禪衆又は禪侶と云ふ。【叡岳要記上】

ゼンリン　禪林　【雜語】僧徒の和樂する園林。又、禪院の叢林、叢林は衆の多きに譬ふ。図禪林寺の永觀を云ふ。

ゼンリンシキ　禪林式　【儀式】禪林寺永觀の著「せる往生講式。

ゼンリンジ　禪林寺　【寺名】聖衆來迎山禪林寺は若王寺の南に在り、中興開基永觀律師の名を以て世に永觀堂と稱す。もと弘法大師の法孫眞紹少僧都の開基にて眞言宗なり、貞觀五年定額寺とし名を禪林と賜ふ、第二世宗叡僧正は智證大師の弟子なり、花山院第四の皇子深觀僧都之に住す、永觀律師は其の弟子なり、師嘗て東大寺の勸進職に補せられ、後此地に閑居して一向に淨土を願ひ、往生十因、往生講式等を作る、其後仁和寺の靜遍此に住して法然の撰擇集を閱して一向專修の義を立て、後に西山善慧上人の弟子西晉此に住してより大に西山流を興し、盛に淨土宗を弘む、本堂の彌陀の立像は顧本尊と稱して永觀律師の念持佛なり、祖師堂には善導大師圓光大師西山上人の三影を安置す。【山城名勝志十三】⊙(增鏡、今日の月かげ)「善林寺のうへの院の人はなれたる方に」(徒然草)「禪林の十因」

ゼンリンホウクン　禪林寶訓　【書名】四卷、宋の妙喜竹庵共集、東吳の淨善重集。凡そ三百篇、學人を敎訓す。【騰帙十】(1638)

ゼンリンノジフイン　禪林の十因　【書名】禪林寺永觀の著せる往生十因。

ゼンロク　禪錄　【雜語】禪宗の語錄。參學の機緣宗匠の說話を當時の俗語を以て錄せるもの。

ゼンワ　禪和　【術語】「ゼンナ」と讀む。又、禪和子、禪和者。參禪の人を云ふ、和子和者は人を親むの

語なり、吾邦の語にも和子和御前などの文字此より來る。【碧巖六十三則著語】に「杜撰禪和如レ厠似レ粟。」【六祖壇經御序】に「越之南有二禪和者盧慧能一。」【碧巖二則評唱】に「如今禪和子。問著也道。我亦不レ知不レ會。」

ゼンワ　染汚　〔術語〕音便にゼンマと讀む。煩惱に名く。煩惱は眞性を染汚するもの。【圓覺經】に「若此覺心本性清淨因レ何染汚使二諸衆生迷悶不一レ入。」【倶舍頌疏一】に「煩惱不淨名爲二染汚一。」

ゼンワイ　染汚意　〔術語〕ゼンマイと音便に讀む。八識の中第七識を云ふ。此識恒に我痴我見我慢我愛の四惑と相應倶起すればなり。

ゼンワシヤ　禪和者　〔術語〕禪和子に同じ。「ゼンナシヤ」と讀む。

ゼンワス　禪和子　〔術語〕禪和に同じ。「ゼンナ」「ス」と讀む。

ゼンワムチ　染汚無智　〔術語〕ゼンマムチと讀む。二無知の一。三乘通じて斷ずる所、見思の煩惱なり。【倶舍頌疏一】に「煩惱不淨爲二染汚一。於レ境不レ悟故曰二無知一。無知即染汚名二染汚無知一。」【持業釋。」【文句記一】に「小乘中立二二無知一。染汚無知無明爲レ體。不染汚無知劣慧爲レ體。」

ゼンヰ　全威　〔雜語〕大にも小にも全力を注ぐを云ふ。【涅槃經】に「如下大師子殺二香象一時皆盡二其力一。殺レ兎亦爾。不レ生二輕想一。諸佛如來亦復如レ是。爲二諸菩薩及一闡提一演二説法一時功用無レ二。」

ゼンヰチ　染恚痴　〔術語〕又、婬怒痴、貪瞋痴。染は貪慾、恚は瞋恚、痴は愚痴。即ち三毒の煩惱なり。【無量壽經下】に「少欲知足。無二染恚痴一。」

ゼンヰン　禪院　〔雜語〕修禪の院房、禪宗の寺院。【濫觴抄上】に「孝德十年甲寅。於二元興寺東南隅一別建二立之一。」

ゼンヱ　禪會　〔術語〕參禪の會坐。禪道を學ぶ法席を云ふ。【傳燈錄十一】に「潙山禪會。」

ゼンヱ　善慧　〔人名〕東陽の烏傷居士、傅翕、字は玄風、年十六、劉氏を娶りて二子を生む、普建普成と云ふ。年二十四、梵僧嵩頭陀に遇ひて往因を知り、菴を松山の雙檮樹間に結びて自ら當來解脱善慧大士と稱す。苦行七年宴坐の間、釋迦金粟定光の三佛を見る。翕神異あり、梁の武帝之を敬重す。甞て輪藏を創し之を轉ずる者をして大利を得しむ。後世輪藏を作る者父子三人の像を安ず。陳の大建元年四月二十四日示寂。大士の心要は全く天台の一心三觀なり。荊溪の止觀義例に「東陽大士。位居二等覺一。尙以二三觀四運一而爲二心要一。故獨自詩曰。獨自精其實離二聲名一。三觀一心融二萬品一。荊棘叢林何處生。獨自作。問吾心中何所レ著。推二撿四運一何無生。千端萬累何能縛。乃至故知一家教門遠稟二佛經一。復與二大士一宛如二符契一。」【佛祖統紀二十三】常に傅大士と云ふ。

ゼンヱ　禪慧　〔術語〕禪定と智慧。此二以て一切の證行を攝す。【無量壽經上】に「以二甚深禪慧一。開二導衆人一。」【淨影疏】に「淨止慧觀。證行雖レ衆要不レ出レ此。」【止觀輔行二】に「南山歎云。唯衡岳合嶁。雙弘二禪慧一。」

ゼンヱチ　善慧地　〔術語〕菩薩の十地中第九地の名。四無碍解を得て十方一切に法を演説する位なり。【新譯仁王經下】に「得二四無碍解一。一音演二一切一。聞者悉歡喜。名爲二善慧地一。」【唯識論九】に「善慧地。成二就微妙四無碍解一。能遍二十方一善説レ法故。」

ゼンヱン　禪苑　〔雜語〕禪林に同じ。

そ

ソ　疏　〔術語〕常にショと讀む、經論の文句を疏通し義理を決擇するを云ふ。【垂祐記一】に「疏者疏也決也。疏二通經文一。決二擇佛旨一。故曰レ疏也。」【靈芝盂蘭盆記上】に「疏即訓レ疎。謂疎二決文義一使レ無二塵滯一。」

ソアクゴ　麁惡語　〔術語〕十惡業の一。舊譯に惡口、惡を以て他を誹謗する言語なり。【倶舍論十六】に「若以二染心一。發二非愛語一。毀二訾於他一。名二麁惡語一。」

ソアクヲン　麁惡苑　〔雜名〕帝釋天四苑の一。帝釋の諸天若し鬪戰を欲するときは此苑中に於て其所須に隨て甲杖等の器を現出す。【倶舍論頌疏世間品五】

ソイ　祖意　〔術語〕祖師の意。各自宗に就て言ふ。又教禪相對して天台眞言等の諸家の意を教意と云ひ、教外別傳の禪を祖意と云ふ。是れ祖祖直指の心印なればなり。

ソイ　素意　〔雜語〕素懷に同じ、平生の望なり。

ソウ　僧　〔術語〕僧伽 Saṅgha の略。和、又は衆と譯す、四人已上の比丘和して衆と爲すと。新譯家は三人已上とす。【智度論三】に「僧伽。秦言レ衆。多比丘一處和合。是名二僧伽一。」と、僧は一人の上に名くべきにあらず。【寄歸傳三】に「凡有二書疏往還一題云二求寂某乙小苾芻某乙一。乃至不レ可レ言二僧某乙一。僧是僧伽目二乎大衆一。寧容三一已輙道二四人一。西方無二此法一也。」されど僧の一分なれば僧と言ふも害なし。【僧史略下】に「若單曰レ僧則四人已上方得レ稱レ之。今謂二分稱一爲レ僧。理亦無レ爽。如二萬二千五百人爲一レ軍。或單已一人

亦稱レ軍也。僧亦同レ之。」【大乘義章十】に「僧者外國正音名曰二僧伽一。此方翻譯名二和合一。衆行德不レ乖名レ之爲レ和。和者非レ人目レ之爲レ衆。」【行事鈔】に「四人已上。能御二聖法一辨三得前事一名レ之爲レ僧。僧以二和合一爲レ義。言二和合一者有二二義一。一理和謂證二擇滅一故。二事和。此別有二六義一。一戒和同修。二見和同解。三身和同住。四利和同均。（供養の利を均くす。）五口和無レ諍。六意和同悅。」【行事鈔資持記上一之四】に「和有レ六。戒見利三名二體和一身口意三名二相和一。又初果以後名二理和一。所證同故。內凡以還名二事和一即六和也。」【義林章六本】に「三人已上是僧體也。從レ多論議故。彼國之法。一名爲レ一。二名爲レ身。自レ三已上皆名爲レ多。如レ辨二法事一。四人方成。一人白言。大德僧聽。所和三人得レ名レ僧故。若四是僧。豈能白者而自白耶。欲レ顯三和合從二多人一故。自レ三已上皆得レ名レ僧。」と僧伽の比丘最少數は羯磨をなし得る最少限の僧數なり。

二種僧 〔名數〕一に聲聞僧、小乘の三學を修し剃頭染衣、出家沙門の形相なり。二に菩薩僧、大乘の三學を修し有髮俗衣在家の形相なり。【智度論三十四】此れに付き「釋迦法中唯聲聞僧」の義に就て異義あり、「ボサツソウ」を見よ、図一に應供僧、檀越に在て供養すべきもの。二に三歸僧、三寶中の僧寶として歸依すべきもの、唯聲聞人中の四向四果に局る【大乘義章十】

三種僧 〔名數〕一に聲聞僧、上の二種僧中のもの是なり、二に緣覺僧、緣覺に麟喩部行の二種あり、部行は僧衆を成ず。三に菩薩僧、大乘行を修するもの。【同上】

四種僧 〔名數〕一に啞羊僧、愚痴の比丘善惡持犯を知らず所犯の罪に隨て悔除するを知らず、猶啞羊の死に至るまで聲なきが如きもの。二に無羞僧、善惡持犯を知ると雖も內に羞恥の心なく悔除を作さざるもの。三に有羞僧、持犯を識り悔除を知るもの。四に眞實僧、見道以上聖德を具するもの。【智度論三】図一に勝義僧、智度論の眞實僧に同じ。二に世俗僧、智度論の有羞僧に同じ。三に瘂羊僧、智度論の啞羊僧に同じ。四に無慙愧僧、智度論の無羞僧に同じ。【地藏十輪經五】

ソウアン　僧庵 〔雜語〕僧の庵室。

ソウイウ　僧祐 〔人名〕梁の京師建初寺の僧祐、律學の名匠なり、出三藏記、釋迦譜、釋迦方誌、弘明集等を出して世に行はる。天監十七年寂す、壽七十四。【高僧傳十一】唐の南山律師は此師の後身なりと云ふ。【宋高僧傳道宣傳】

ソウエイ　僧叡 〔人名〕羅什の弟子、關中四聖の一。什翻する所の經、叡並に參正す。昔、竺法護、正法華經を譯出す、受決品に云く、天見レ人人見レ天、什經を譯し此に至て言ふ、此語西域と語同じ、但言質に過ぐ。叡曰く、人天交接兩得相見に非ざらんや。什喜で曰く、實に然り。皆此類なり。什出す所の論本叡多く之が序を造る。【高僧傳六】

ソウエンギヤタニ　僧炎伽陀尼 〔雜語〕豫め罪を守て起さしめざると。【文殊師利問經上注】に「僧炎是逆守義。伽陀尼是令不生義。」梵 Saṁyamagatāni*

ソウカ　僧可 〔人名〕禪の第二祖慧可の本名。

ソウカ　僧訶 〔動物〕Siṁha 譯、師子。【大孔雀咒王經中】に「僧訶（師子）鄔波僧訶（小師子）。」

ソウカイ　僧戒 〔術語〕沙彌の十戒、比丘の具足「戒なり。

ソウカイ　僧界 〔術語〕三結界の一、一寺一山の總界なり。是れ僧を攝むる爲の結界たれば僧界と云ふ。依て此界內に住するものは一團の和合衆を成じ比丘をして此に住して別衆の罪を離れしむ、凡そ諸寺諸山の結界は外の俗人又は女子などを入れざる爲と思ふは大なる誤にて、僧をして別衆の咎なからしめん爲の善巧なり。【資持記上二之一】に「僧界者。攝レ人以同レ處。令レ無二別衆罪一。」

ソウカイ　僧階 〔雜語〕「ソウヰ」を見よ。

ソウカシ　僧竭支 〔衣服〕「ソウギシ」を見よ。

ソウカシヤ　僧柯奢 〔地名〕Saṁkāśa* 國の名。譯、光明。【阿育王經三】

ソウカリタミ　僧柯慄多弭 〔術語〕Saṁskṛtam 譯、有爲。因緣生の法を云ふ。【名義集五】

ソウガウ　僧綱 〔職位〕僧正、僧都、律師の三官を云ふ。僧中の綱維を司る義なり。僧正は推古天皇三十三年慧灌に始まり、僧都は文武天皇二年道昭に始まり、律師は文武天皇二年善往に始まる。【初例抄上】光仁帝寶龜元年始て僧綱の印を鑄り、同三年僧正を從四位に准じ、僧都を正五位に准じ、律師を從五位に准ず。桓武天皇七年に五位の僧階を設くる中に、滿位を律師の位として五位に准じ、法師位を僧都の位として四位に准じ、大法師位を僧正の位として三位に准ず。淸和天皇貞和七年に更に法橋上人位、法眼和尚位、法印大和尚位の三位を立てて次第の如く律師等の位とす。【元亨釋書資治表】⦿（榮花、疑）「僧綱凡僧」図袍服の項の襟を高く張るものを僧綱と云ふ、又僧甲とも相好とも書す。

散位僧綱 〔職位〕律師等の僧官なくして法橋上人位等の位を受くるもの。一條天皇長保五年、石淸水の聖淸法印に叙せられたるを始とす。【初例抄上】

ソウガウシヨ　僧綱所　〔雜名〕僧綱のことを司る事務所にして、任官及び任官の儀式も亦ここにて行ふ。奈良朝には藥師寺を僧綱所とし、仁安二年仁和寺の覺性法親王を總法務となせしため爾來仁和寺に移る。

ソウガテイ　僧竭胝　〔衣服〕Saṅghāṭī「ソウギヤリ」を見よ。

ソウガフトリヰ　總合神門　〔堂塔〕坂本日吉神社三種鳥居の一。塔の下總合社の前に在り、其形は常の物に異なりて鳥居の頂に三角形の屋根を載す、是れ通じては胎金兩部の諸尊を總合し、別しては日本全國の諸神を總合する意を以て傳敎大師の創建せしものと云ふ。【日吉社神道秘密記】依て秘密の相傳には袍服の僧甲は此形を摸せるにて總合の文字は本なりと。

ソウキ　叢規　〔術語〕叢林の規則。敕修清規、禪苑「清規など皆叢林の規則を書きしもの。

ソウキタビナヤ　僧泣多毘奈耶　〔術語〕譯、略敎。世尊涅槃に臨で隨方毘尼を略說せし敎を云ふ。【有部百一羯磨十】梵 Saṅkṣipta-vinaya

ソウキヤ　僧佉　〔流派〕Sāṅkhya 正に僧企耶、譯、數。外道の論名。【玄應音義十】に「僧佉。此語訛也。應レ云二僧企耶一。此云レ數也。其論以二二十五根一爲レ宗。舊云二二十五諦一。」【唯識述記一末】に「梵云二僧佉一。此翻爲レ數。即智慧數。數度二諸法一根本立レ名。依レ數起レ論名爲二數論一。論能生レ數亦名二數論一。」【百論疏上之中】に「僧佉。此云二制數論一。明二一切法不レ出二二十五諦一。故一切法攝入二十五諦中一。名爲二制數論一。」【法華文句八】に「僧佉此云二無頂一。因レ人名レ論。」「シユロン」を見よ。

ソウキヤウ　崇敬　〔雜語〕賢聖を崇め敬ふと。【大方便報恩經七】に「若說者尊二重於法一。聽法之人亦生二崇敬一。」

ソウキヤキ　僧却崎　〔衣服〕「ソウギシ」を見よ。

ソウキランテイイサツ　僧吃爛底薩　〔術語〕Satkāyadarśana 薩迦耶見の薩に三義ある中の一義。譯、移轉。大乘所立の身見なり。「サツガヤタリシチ」を見よ。

ソウキレイシヤ　僧吉隸鑠　〔術語〕Saṅkleśa 譯、雜染。一切の有漏法に名く。【唯識述記二末】

ソウギ　僧祇　〔術語〕Saṅghika 譯、衆、數。僧祇部、僧祇律僧祇物など。図阿僧祇 Asaṅkhyeya の略。譯、無數、無量。

ソウギ　僧儀　〔術語〕僧の威儀。鬚髮を剃除し袈裟を著するを云ふ。【戒疏一上】に「迦竺初達現二僧儀一也。」

ソウギカイホン　僧祇戒本　〔書名〕摩訶僧祇「律大比丘戒本の略名。

ソウギシ　僧祇支　〔衣服〕Saṅkakṣikā 僧迦、僧祇支、僧竭支、祇支、竭支。新稱、僧却崎、僧脚敬迦、譯覆膊衣、掩腋衣。長方形の衣片にて袈裟の下掛なり。袈裟を直に身に著くれば汗にしみて垢るる故に下掛を用ひ、又は熱時屛處に在て裙の上に但之を著するを許す。其著法は袈裟を掛くる如く右方の腋下より左肩の上に交へ搭るなり。【西域記二】に「僧却崎唐言二掩腋一。舊曰二僧祇支一訛也。覆二左肩一掩二兩腋一。左開右合。長裁過レ腰。」【寄歸傳二】に「僧脚崎。掩腋衣也。」又「其僧脚崎衣即是覆膊。更加二一肘一始合二本儀一。其被著法。應下出二右肩一交中搭左膊上。房中恒著。唯此與レ裙。出レ外禮レ尊任レ加二餘服一。」又「僧脚崎取二一幅半一或絹或布可二長四肘五肘一。如レ披二五條一反搭肩上一。」又「准二梵本一無二覆肩名一。即是僧脚崎衣。此乃祇支之本號。」【有部百一羯磨十】に「僧脚敬迦。即是掩腋衣也。古名二覆膊一。長蓋二右肩一。定匪二眞儀一。向使下掩二右腋一而交中搭左肩上。即是全同二佛制一。又復流派自久漫造二祇支一。繁費雖レ多未レ聞二折中一。既違二聖撿一自可レ思レ愆。雖レ目擊明文一仍恐未レ能二除改一。改謂レ改二其覆膊一。除乃除二却祇支一耳。」【玄應音義十六】に「僧迦。正言二僧脚差一。僧此云二掩覆一。脚差此云レ腋。名二掩腋衣一。律文作二僧迦支一。或作二祇支一。或作二羯支一。皆訛。」蓋し四分律に祇支覆肩の二名あれども是れもと梵漢の二名にて一物なり。然るに南山の舊律は之を二物として比丘尼の五衣を擧ぐるに三衣の外に此二を加へて五衣となし、新律家は三衣の外に裙と（男には泥洹僧と云ひ女には厥修羅と云ふ。）僧脚崎（即ち祇支なり覆肩なり）とを加へて五衣となす。義淨新律家の意は覆肩衣即ち僧脚崎にして僧祇支或は羯支、祇支などと云ふは梵語の訛畧なりと云ふ。南山舊律家の意は當時漢土に行はるる祇支は僧尼に通ずると論なし。【行事鈔下一】に「僧祇支法。此是中國。梵音。此翻云二上狹下廣衣一。」（四分律に依れば上狹下廣衣とは未だ祇支を造らざる前の衣相を云ふ、以て翻名となすは穩ならず。）【六物圖】に「梵語僧祇支。此云二上狹下廣衣一。此准二律文一以翻。全乖二衣相一。若準二應法師音義一。翻云二掩腋衣一。頗得二其實一。」【大乘比丘十八物圖】に「四分律四十云。爾時比丘得二上狹下廣衣一。衣用作二僧祇支一。白佛。佛聽レ作。當レ知上狹下廣者言下是未レ作二祇支一而所レ得衣相上也。然舊師又以レ此直爲二翻名一是亦疑矣。」と、覆肩衣は右肩を覆ふ爲にして、比丘には殊に阿難に聽し、比丘尼には制衣として之を受持せしめ、祇支覆肩兩用するはもと比丘尼の事なり。然るに漢土に來て右肩を露出するは其風俗に適はざるより、元魏の朝より比丘も之を兩用し、其後更に變じて褊衫となる、即ち褊衫は左肩の祇支と右肩の覆肩とを縫合せしなりと云ふ。【行事鈔資持記下一之一、僧史略上】

ソウギブ　僧祇部　〔流派〕Sāṅghikāḥ 摩訶僧祇部の略にて大衆部と譯す。一は小乘二十部の中に在て佛入滅の年に經典を結集するときに窟外に於てなせるものを稱す。此窟内の結集を上座部と名け、窟外の結集を大衆部と云ふ。此二部は小乘の根本部なり。一は佛滅後百年の頃優婆毱多の下に律藏の上より五部を分つ、其中の一に大衆部あり、是れ窟内上座部の分れなり。「セウジヤウ」參照。

ソウギモツ　僧祇物　〔術語〕僧祇を衆と譯す、即ち比丘比丘尼の大衆なり。其大衆の共有に係る物を僧祇物と云ふ。此大衆の言は汎く十方一切の比丘比丘尼を該攝し、假令ば施主の寄附に係る田園房舍米穀等は十方の比丘比丘尼が享受すべきものなれば之を十方僧物四方僧物など云ふ。【觀無量壽經】に「如レ此愚人偸二僧祇物一盜二現前僧物一。」【往生十因】に「僧祇物者。龍興師云。此云二大衆物一。大衆共有(スルカ)二此物用一故。又有云。十方僧物。謂有(ナリ)二施主一爲レ供二養十方僧一。於二精舍中一施二諸珍寶及園林等一。」【名義集七】に「僧祇此云二四方僧物一。」

ソウギヤ　僧伽　Saṅgha 又、僧佉、僧加、僧企耶。譯、衆和會。常に畧して僧と云ふ。比丘の多衆和合せるもの。「ソウ」を見よ。【木槵子經】に「至心稱(ニセヨ)二南無佛陀南無達磨南無僧伽一。」図譯、師子。【孔雀王咒經上】に「僧伽。梁言二師子一。」と Siṃha の轉なり。図人の名。僧伽は何國の人何姓なるを知らず。唐の龍朔の初年西凉府に來り、次で江淮を歷て名を山陽の龍興寺に隷す。屢神異を現ず。中宗景龍二年內道場に召して法要を問ふ。同四年薦福寺に終ふ、壽八十二。【宋高僧傳】図付法藏第十七祖僧佉耶舍 Saṅghayaśas の略稱。

僧伽の句　〔雜語〕⊙（平家）「御驗者面面に僧伽の句共あげて我寺寺の三寶年來所持の本尊責め伏せ奉りければ」未詳。

ソウギヤアナン　僧伽阿難　〔人名〕Saṅghānanda 譯、衆喜。求那跋摩三藏の父の名。【高僧傳三】

ソウギヤウ　僧形　〔雜語〕剃頭して袈裟を被たる形。

ソウギヤウモンジユ　僧形文殊　〔圖像〕「モンジユ」を見よ。（第七十七圖參照）

ソウギヤタ　僧伽多　〔人名〕（宇治拾遺）に「昔天竺僧伽多といふ人あり」僧伽羅の誤。（今昔物語五）に此物語を載せ僧伽羅に作る。「ソウギヤラ」を見よ。

ソウギヤタ　僧伽吒　〔術語〕又、僧伽多、譯、集會。法門の名。【僧伽吒經一】に「有二法門一名二僧伽吒一。若此法門在二閻浮提一。有レ人聞者悉能除二滅五逆罪業一。」【大集會正法經一】に「我有二正法一名二大集會一。」此二經同本異譯なり。梵 Saṅghāṭa 図風災劫の時に起る風の名。【大寶積經三十七】に「又風災起更有(レハ)二大風一名二僧伽多一。彼風所レ吹擧二此三千大千世界幷蘇迷盧山輪圍山等及諸大海一。擧二高百踰繕那一已碎末爲(テ)レ塵。」【起世因本經二】に「有二大風一名二僧伽陀一。隋言二合會一。壞二世界一。」【同四卷】に「僧伽多。」

僧伽吒經　〔經名〕四卷、元魏の月婆首那譯。大集會正法なる者の功德を說き、次に尼犍外道を折伏する事あり。【玄帙九】

ソウギヤダ　僧伽陀　〔術語〕Saṅgata 譯、習種性。位の名。【仁王經下】に「能以二一阿僧祇劫一修二伏道忍(シテ)一行一始得レ入二僧伽陀位一。」【同嘉祥疏五】に「外國名二僧伽一。此方名二習種性一。又義翻名(シテ)爲二離著地一。以レ不レ著二人我一故也。」図僧の名、譯、饒善。【歷代三寶紀八】

ソウギヤダイバ　僧伽提婆　〔人名〕Saṅghadeva 譯、衆天。罽賓國の僧、符秦建元年中長安に入り、後江を渡り、晉の太元年中阿毘曇論、阿含經百餘萬言を譯出す。【高僧傳一】

ソウギヤチ　僧伽胝　〔衣服〕僧伽致、僧伽鵄、僧伽知、僧伽胝 Saṅghāṭī「ソウギヤリ」を見よ。

ソウギヤナナ　僧伽娜娜　〔雜語〕Siṃhanāda 譯、師子吼。【良賁仁王經疏上二】

ソウギヤナンダイ　僧伽難提　〔人名〕Saṅghanadī 譯、衆河。付法藏第十六祖の名。

ソウギヤバシシヤ　僧伽婆尸沙　〔術語〕「ソウザンザイ」を見よ。

ソウギヤバツダラ　僧伽跋陀羅　〔人名〕Saṅghabhadra 譯、衆賢。薩婆多宗の名匠なり。世親の倶舍論に對して順正理論及び顯宗論を造て大に其の宗を張る。【婆藪槃豆法師傳】に「遣下人往二天竺一請二僧伽跋陀羅法師一。來二阿踰闍國一造レ論破中倶舍論上。此法師至即造二兩論一。一光三摩耶論。有二一萬偈一。止述二毘婆沙義一。二隨實論有二十二萬偈一。救二毘婆沙義一破二倶舍論一。」【西域記三 伽濕彌羅國下】に「僧伽跋陀羅。唐言二衆賢一。於レ此製二順正理論一。」

ソウギヤバツチヨウ　僧伽跋澄　〔人名〕Saṅgha-varti 譯、衆現。罽賓國の僧、符秦建元十七年關中に來り道安等と共に阿毘曇毘婆沙を譯出す。【高僧傳一】

ソウギヤバツマ　僧伽跋摩　〔人名〕Saṅghavarman 譯、衆鎧。天竺の僧、宋の元嘉十年流沙より京邑に至る、器宇淸峻戒德あり、此時未だ二衆備らず、師子國の比丘尼鐵薩羅都に至る、衆乃ち跋摩を推して戒師となし、僧尼受具するもの數百人。雜心論

摩得勒伽等を譯出す。後天竺に還る。【高僧傳三】

ソウギヤバラ　僧伽婆羅　〔人名〕 Saṅgha-pāla 譯、衆養。扶南國の僧、齊都に來て正觀寺に住し、求那跋陀羅の弟子となる。梁の天監五年、勅して楊都に召され、大育王經解脫論等十一部を譯出す。普通五年正觀寺に寂す、壽六十五。【續高僧傳一】

ソウギヤヒ　僧伽彼　〔動物〕 Siṁha 譯、師子。【名義集二】

ソウギヤヤシヤ　僧伽耶舍　〔人名〕 Saṅgha-yaśas 論師の名。譯、衆稱。【因明大疏一】に「僧伽耶舍。此云衆稱。特善薩婆多及因聲明論。」

ソウギヤラ　僧伽羅　〔本生〕 Siṁhala 譯、執師子。釋迦如來往昔大商主たりし時の名。羅刹國を亡して僧伽羅國を立つ。【西域記十一】に「昔大商主あり僧伽と云ふ、其子を僧伽羅と名く。五百の商人を率ゐて海に入て寶を採る。風波の爲に飄流して一の羅刹女國に至る。羅刹女來つて之を迎へ鐵城の中に誘入す、後其鬼女たるを悟り、一心に祈禱して一の天馬を感じ、五百の商人皆之に乘じて危難を免がる。羅刹女誘惑の成らざるを知りて、空を淩で僧伽羅の家に至り、媚を呈して哀を請ふ。僧伽羅怒つて劍を拔いて之を斬らんと欲す。羅刹女去て之を王に訴ふ。王其の美色に惑ひて內に侍せしむ。僧伽羅諫むれども聽かず。已にして羅刹女王を殺し、其屍を持して本處に還る。國人僧伽羅を立てて王となす。僧伽羅立ちて王となり、兵を率ゐて海島に至り、悉く鬼女を殺して遂に其國を有す。仍て王名を以て國號となし、僧伽羅國と云ふ。」即ち今の錫蘭國なり。◉(今昔物語五)に「僧伽羅五百商人共至羅刹國語」(宇治拾遺)「僧伽羅刹國に行く事」

ソウギヤラセツ　僧伽羅刹　〔人名〕 Saṅgha-rakṣa 譯、衆鬼。佛滅七百年の頃須賴國に出世して佛行經等を撰集す。

僧伽羅刹所集經　〔經名〕二卷、符秦の僧伽跋澄の譯。佛因位の行法より果後の化相を說く。【藏帙七】(1352)

ソウギヤラン　僧伽藍　〔術語〕 僧伽藍摩の略。「ソウギヤランマ」を見よ。

ソウギヤランダイカ　僧伽爛提迦　〔流派〕 譯、說轉部。小乘部派の名。【開宗記一本】に「僧伽爛提迦部。此云說轉部。然是經部異名。爲立實我異故別說。」經量部のことなり。「キヤウリヤウブ」參照。梵 Saṁkrāntikāḥ

ソウギヤランマ　僧伽藍摩　〔術語〕 Saṅghārāma 又、僧伽羅磨。畧して僧伽藍、伽藍など。譯、衆園。僧衆の住する園林なり。【玄應音義一】に「僧伽藍。舊譯云村。此應訛也。正言僧伽羅磨。此云衆園也。」

ソウギヤリ　僧伽梨　〔衣服〕 Saṅghāṭī 比丘三衣の一。新稱、僧伽胝、僧伽致、僧伽鵄、僧伽致。譯、重或は合。割截して更に之を合重すればなり。義淨は複衣と譯す。其義譯には種種の名あり、三衣の中に最も大なれば大衣と稱し、條數最も多きを以て雜碎衣と稱し、王宮聚落に入りて乞食說法するとき必ず服するを以て入王宮聚落時衣と稱す。三品の不同ありて九條十一條十三條の二長一短を下品とし、十五條十七條十九條の三長一短を中品とし、二十一條二十三條二十五條の四長一短を上品とす。【西域記二】に「僧伽胝舊曰僧伽梨訛也。」【玄應音義十四】に「僧伽梨。此音訛也。應云僧伽致。或云僧伽胝。譯云合。或云重。謂割之合成。又重作也。此一衣必割截成。餘二衣或割不割。若法密部。說諸有部等多則不割。若聖辨部。大衆部等則割截之。若不割者直安帖角及以鉤紐而已。」【寄歸傳二】に「僧伽胝。譯爲複衣也。」

ソウギリツ　僧祇律　〔書名〕 摩訶僧祇律の畧稱。五部律の一。大衆部の律藏なり。【資持記上一之二】に「具云摩訶僧祇。此翻大衆。從衆爲名。即窟外部。」梵 Sāṅghikavinaya

ソウクワン　僧官　〔職位〕 僧官の公任は支那に始まる。後秦の姚萇僧䂮を以て僧正とし、後魏皇始年中法果を以て沙門統とす。是れ支那僧官の始なり。【僧史略中】吾朝は推古天皇三十二年初めて僧正僧都法頭の三官を置き、觀勒を僧正とし、德積を僧都とし、阿曇連を法頭とす。天武天皇二年義成を少僧都に任じ、文武天皇元年善往を律師に任じ、道眼を大僧都に任じ、聖武天皇十七年行基を大僧正に任じ、稱德天皇天平神護二年基眞を大律師に任じ、淳和天皇天長三年歲榮を權律師に任じ、仁明天皇嘉祥三年道雄を權少僧都に任じ、文德天皇仁壽三年眞濟を權大僧都に任じ、淸和天皇貞觀七年壹演を權僧正に任ず。已上僧正に權正大の三階、僧都に權少、少、正、權大、大の五階あり。律師に權、正、大の三階あり。總じて三官十階を僧綱と稱す。【元亨釋書初例抄】「ソウヰ」を見よ。

ソウクワンサウ　總觀想　〔術語〕 觀無量壽經十六觀中第六觀なり、寶地寶樹寶池を觀じ、寶樓閣を觀じて報土の全體を觀じ終れるが故に、總觀想と云ふ。【觀無量壽經】

ソウグ　僧供　〔術語〕 僧への供物。僧を供養する「仕度。

ソウグ　總供　〔術語〕 本尊を供養するに塗香、華、燒香、飲食、燈明の五種を供ふるは之を別供と稱し、

供し已て更に印明を以て普供の法を行ふ。此印明より無邊廣大の供物を出して一切海會の聖衆に供養すれば之を總供と名く。【行法肝要鈔中】

ソウグワン 總願 [術語] 諸佛に總願別願あり、四弘誓願の如きを總願とし、藥師の十二願、阿彌陀の四十八願の如きを別願とす。【止觀七】に「菩薩生生化レ物。須二總願別願一。四弘是總願。法華華嚴所說一一善巧陀羅尼皆有二別願一。」

ソウケ 僧家 [雜語] 僧門と言ふごとし。僧を他の「武家等に對せし稱。

ソウコクブンジ 總國分寺 [寺名] 全國の國分寺を總統する寺。東大寺を云ふ。「り。

ソウゴ 僧伍 [雜語] 僧侶と言ふ如し、伍は伍伴なり。

ソウゴ 僧護 [人名] 舍利弗の弟子の名。五百の商人と共に海に入り、歸路同伴に遲くれて海邊に於て五十三地獄を歷見し、歸て之を佛に問ひ、佛一一之を答ふ。【因緣僧護經】

僧護經 [經名] 因緣僧護經の畧名。

僧護因緣經 [經名] 因緣僧護經の異名。

ソウゴシヨク 僧五職 [名數] 僧職の五種。寺務、檢校、別當、座主、長者。

ソウサイ 僧齋 [儀式] 僧を請じて齋食を供養するなり。齋食の外に講經の儀式あるを齋會又は講供と云ひ、大極殿の御齋會の如し。齋食供養を主として但僅に諷經の略儀あるを僧齋又は諷供と云ふ。【元亨釋書廿二】に「凡講供有レ儀曰二齋會一。諷供不レ儀曰二僧齋一。」

ソウサウ 僧相 [雜語] 僧の形相。【宋高僧傳七】に「一行所レ作通レ神。定僧相之法王。人形之菩薩。」

ソウサウ 總相 [術語] 一切の有爲法には總別の二相あり、無常無我の相の如きは一切に通ずれば總相と云ひ、地に堅相あり水に濕相ある如きを別相と云ふ。【智度論三十一】因六相の一。

ソウサウ 送葬 [儀式]「サウホフ」を見よ。

ソウサウカイ 總相戒 [術語] 三聚戒十善戒の如きを總相戒と云ひ、二百五十戒、十戒の如きを別相戒と云ふ。

ソウサウネンシヨ 總相念處 [術語] 新譯家は總相念住と云ふ。小乘三賢の第三、一切の有漏法を總相に苦空無常無我と觀ずるを云ふ。是れ別別に四念處を觀じ了りし後に非ざれば能はざるなり。「シネンジヨクワン」を見よ。

ソウサウネンヂユウ 總相念住 [術語] 前項「に同じ。

ソウサン 僧璨 [人名] 禪宗東土六祖の第三、法を慧可禪師に得て舒州の皖公山に隱れ、後、周武の佛法を破滅するに遇ひ、太湖縣の司空山に往來す、隋の開皇十二年沙彌道信を得て法を附し、煬帝大業二年寂す、唐の玄宗鑑智禪師と諡す。【傳燈錄三】

ソウザイチヤウ 總在廳 [職位] 總法務の下にありて僧綱所のことを司り法會の時衆僧を指揮す。綱務、總官とも云ふ。

ソウザン 僧殘 [術語] 律中罪科の名。梵名、僧伽婆尸沙 Saṁghāvaśeṣa 巴 Saṁghādisesa 譯、僧初殘。僧殘。此罪は波羅夷に亞げる重罪にして之を犯せば必ず僧衆に依て懺悔法を行はざるべからず、若し之を行はざれば波羅夷罪を犯せると同じく比丘の資格に於て死地に入りたるものなり。さて此名を解するに【行事鈔中一】に善見論、婆沙論、四分律、毗尼母論の四說を引く。一に善見論は僧伽は即ち僧にして、婆を初と譯し、尸沙を殘と譯す。若し比丘ありて此罪を犯せば衆僧集つて先づ覆藏羯磨と云ふ作法を行ふを初と云ひ、終りに出罪羯磨と云ふ作法を行ふを殘と云ふ、即ち僧が初殘の二法に依て其罪を除けば僧初殘と云ふ。三字共に對治の法に名けたるなり。二に婆沙論は殘の字を罪に名く。所犯の惡事は既に過ぎ去るも罪は此身に殘つて消滅するとなし、仍て今僧衆法を行ふて彼の有殘の罪を除けば僧殘と云ふ。三に四分律は二義ありて初義は婆沙に同じく、後義は衆僧の義務として彼の犯罪の比丘に對して行ふべき行法殘り居れば僧殘と名く。四に毘尼母論は「如三人爲レ他所レ斫殘有二咽喉一。故名爲レ殘。理須二早救一。」殘は命に名く、波羅夷の如きは死に決定せる罪なれども此罪は尙殘命を有するものなれば僧衆速に作法を行ふて彼の殘命を救ふべきを云ふ。此の戒の項目十三ある故古來十三僧殘と稱す。

十三僧殘 [名數] Trayodaśa saṁghāvaśeṣāḥ 一に失精戒 Śukravisṛṣṭi 二に觸女人戒 Kāyasaṁsarga 二者共に失精戒の一類にして故意に婬心を以て摩觸する等なり。三に麁語戒 Maithunābhāṣaṇa 婬心を持て卑汚の談話をなすなり。四に嘆身索供養戒 Paricaryāsaṁvarṇana 比丘が我が身分を讃嘆して女心を動かすなり。五に媒嫁戒 Saṁcaritra 六に有主房戒 Kuṭikā （小房）施主に乞ひて制限外の廣大なる房舍を造ること。七に無主房戒 Mahallaka（大房）施主なきに房舍を造營することなり。八に無根謗戒 Amūlaka 九に假根謗戒 Laiśikaṁ 十に破僧違諫戒 Saṁghabheda 十一に助破僧違諫戒 Tadanuvartaka 十二に汚家擯謗違諫戒 Kuladūṣaka 汚家とは比丘が施をうけて他人に與ふることなり。十三に惡性拒僧違諫戒 Daurvacasya を云ふ。

ソウシ 僧次 [術語] 僧の席順。必ず夏臘の多少に

依て定むるを法とす。【梵網經下】に「若佛子應二如レ法次第坐一。先受レ戒者在レ前坐。後受レ戒者在レ後坐。不レ問二老少比丘尼貴人國王王子乃至黃門奴婢一。」図供養法に僧次と別請との二あり、施主に於て其人を撰ばず但僧中の席次に順じて供養するを僧次と云ひ、特に其の人を撰んで請待するを別請と云ふ。

ソウシヤ　叢社　〔雜語〕叢林と云ふ如し。

ソウシヤラ　僵娑洛　〔術語〕Saṁsāra 譯、流轉。【玄應音義二十二】に「僧娑洛此云二流轉一。謂於二六趣一循環往來不レ絕也。」「ルテン」を見よ。

ソウシユ　僧主　〔職位〕僧官の名。南齊の高帝法顯に詔して京邑の僧主となすに始まる。【佛祖統紀五十二】

ソウシユ　僧衆　〔術語〕僧は僧伽の略、數多の比丘和合して一團を爲すを云ふ、譯して衆と云ふ、僧衆は梵漢雙擧の熟語。【名義集七】に「普集二僧衆一。」

ソウシリヤク　僧史略　〔書名〕三卷、宋の贊寧著、佛家事物の紀原を記す。

ソウシン　崇信　〔雜語〕崇敬し信仰すると。

ソウシン　僧嚫　〔術語〕僧の布施物。

ソウシン　喪嚫　〔術語〕喪を送つて野外の式場に於て僧に頒つ布施物、俗に之を野布施(のぶせ)と云ふ。【敕修清規出喪掛眞】に「吞司維那知客聖僧侍者俵(ト)行(ニテ)二喪嚫(ク)一。」

ソウシンニヤ　僧愼爾耶　〔異類〕藥叉大將の名。「サンシ」を見よ。

ソウジ　僧事　〔雜語〕僧中の事務。授戒說戒など。

ソウジシニチ　僧自恣日　〔行事〕七月十五日なり。安居九十日の行を竣りて自恣と云ふ作法を行ふ日なり。十方の諸佛其安居の修道を卒へしを歡喜すれば亦佛歡喜日と云ふ。【盂蘭盆經】に「善男子。若比丘比丘尼。國王太子三公百官萬民庶人。行二慈孝一者。皆應下先爲二所生現在父母過去七代父母一。於二七月十五日佛歡喜日僧自恣日一。以二百味飲食一安二盂蘭盆中一。施中十方自恣僧上。」「ジシ」を見よ。

ソウジヤウ　僧正　〔職位〕僧官の一。後秦の姚萇僧䂮を以て僧正となすに始まる。吾朝には推古天皇三十二年觀勒を以て初めて僧正となし、之に僧都律師の二官を加へて僧綱と稱す。而して觀勒の後聖武天皇天平十七年行基大僧正に任ぜられ、淸和天皇貞觀七年壹演權僧正に任ぜられて、僧正に權正大の三を生ず。光仁天皇寶龜三年初めて僧階を官位に配するとき、僧正を從四位に配し桓武天皇延曆七年大法師位を僧正位として三位に配す、淸和天皇貞觀六年僧綱の三位を立て法印大和尙を以て僧正位とす。【僧史略中】に「僧正者何。正政也。自正正レ人克敷二政令一故曰也。蓋以比丘無レ法如下馬無二轡勒一牛無中貫繩上。漸染二俗風一將レ乖二雅則一。故設下有二德望一者上以レ法而繩レ之令レ歸二于正一。故曰二僧正一也。此僞秦僧䂮爲レ始也。」【元亨釋書二十四】に「凡僧正有レ三。大正權也。大行基始レ之。正觀勒始レ之。權壹演始レ之。」

ソウジユ　双樹　〔雜語〕「シヤラソウジユ」に同じ。

ソウジンブン　總神分　〔術語〕法華講最勝講などの講式に此講會の魔障を除く爲めに天神地祇を勸請し、其神祇の總體に法樂を供養せんとて般若心經を讀むを法とす。「ジンブン」を見よ。

ソウセキ　叢席　〔雜語〕叢林の坐席。【本朝高僧傳四十三】に「偏踵二叢席一。」

ソウセキ　僧籍　〔術語〕僧尼の名籍、之を官に置て以て濫非を防ぐ。【僧史略中】に僧籍弛張の二科を置き、論じて曰く「周隋の世得て知るとなし、乃至文宗の大和四年正月祠部請て天下の僧尼名を冒して正度に非ざるものは名を具し、省に申し、各省牒を給し憑を以て籍に入る、時に申名に入る者七十萬、帳を造り籍に入るは大和五年より始まるなり。」吾朝元正帝五年始めて僧尼の公驗を給ふ、既に公驗を給すれば官必ず名籍を備ふべし。【仁王經囑累品】に「國王大臣太子王子。自恃二高貴一滅二破吾法一。明作二制法一。乃至立二統官一制レ衆。安レ籍記レ僧。乃至當レ知爾時正法將レ滅不レ久。」

ソウゼン　僧膳　〔雜名〕僧への食膳。

ソウソクカラ　僧塞迦羅　〔術語〕Saṁskāra 譯、行。五陰の一。【勝鬘經寶窟中末】

ソウソクベツミヤウ　總即別名　〔術語〕開山の目は一切の宗祖に通ずる總名なれども別して眞宗の開祖に名け、大師の稱は一切の大師に通ずれども別して弘法大師に名くる如きを云ふ。色蘊總體の中にて別して眼根所對の境に色の名を與ふる如きは即ち此の例なり。【倶舍光記一餘】に「雖レ標二總稱一即受二別名一。」

ソウゾク　僧俗　〔雜語〕出家と在家と。

ソウダウ　僧堂　〔堂塔〕禪宗の寺院に在り。僧の坐禪する所なれば僧堂とも禪堂とも云ひ、亦雲堂と云ふ。衆の集ると雲の如く多ければなり。亦撰佛場と云ふ。此に於て作佛の人を撰擇すればなり。亦齋堂食堂と云ふ。僧堂の外に齋堂を設けしは後世の事にして古は僧堂に於て禪と齋とを兼ねしなり。堂は東に面して前後に入口を設け、東口を前門と名け、西口を後門と名け、堂の中央に釋迦或は文殊迦葉等の聖僧中の一像を安置し、其四周に長榻を連ね、廣座を敷き、數千の僧衆此に坐禪し、此に齋を受くる

なり。而して一堂を二分して聖僧の形像より前方を前堂と名けて、前堂の首座之を管領し、其より後方を後堂と名けて、後堂の首座之を管領す。凡そ僧堂を主るは首座なり、住持は僧堂を主るにあらず。故に僧堂の中に住持の床なく、唯別に倚子を設くるのみ。住持は大衆を點檢せん爲に僧堂に入りて之に坐す。僧堂の名既に西竺に著はる。【智度論二】に「阿難如レ是入ニ金剛定一。破ニ一切諸煩惱山一。得ニ三明六神通共解脱一。作ニ大力阿羅漢一。即夜到ニ僧堂門一敲レ門而喚。」⊙（太平記二四）「庫裏、僧堂、山門」

ソウダキリ　臊陀祇梨　〔雜語〕譯、興山。鷲鵰鳥の名。【佛本行集三十二】に「有ニ二兄弟鷲鵰之鳥一。一名ニ摩羅祇梨一隋言ニ鬘山一。一名ニ臊陀祇梨一隋言ニ興山一。」【玄應音義十九】に「臊陀梵言。鷲鵰鳥名。」Sūttagiri

ソウチユウシヤキ　藪中捨位　〔本生〕薩埵王子の故事。「サツタワウジ」を見よ。

ソウヂ　總持　〔術語〕梵語、陀羅尼。Dhāraṇī 總持と譯す。善を持して失はず惡を持して起らしめざる義、念と定と慧を體とす。菩薩所修の念定慧に此功德を具するなり。【註維摩經一】に「肇曰。總持。謂持レ善不レ失。持レ惡不レ生。無レ所ニ漏忌一謂ニ之持一。」【嘉祥法華疏二】に「問以レ何爲ニ持體一。答。智度論云。或說レ念。或說レ定。或說レ慧。今明一正觀隨レ義異レ名。」

四種總持　〔名數〕菩薩總持の德無量なれども姑らく四種を擧ぐ。一に法總持、又聞總持と名く、佛の敎法に於て聞持して忘れざるを云ふ。二に義總持、諸法の義理に於て總持して失はざるを云ふ。三に咒總持、菩薩定に依て咒を起し、咒に神驗を持して衆生の災除を患くを云ふ。四に忍總持、菩薩の實智法の實相を忍持して失はざるを云ふ。

眞言陀羅尼は此中の咒總持なり。【大乘義章十一末】⊙（曲、卷絹）「されば樂む世に逢ふ事、是れ亦總持の義によれり」

ソウヂキヤウ　總持經　〔經名〕大乘方廣總持經の略名。

ソウヂジ　總持寺　〔寺名〕もと能登國にあり。初めは律院たり後革めて禪となし、瑩山を請じて開山とし、後醍醐天皇總持寺の號を賜ふて紫衣出世の道場とす。寺領七百五十石、塔頭二十七箇寺。【和漢三才圖會】第二世紹碩の下に五派を分つ。一に大源、二に通幻、三に無端、四に大徹、五に實峯なり。今武藏鶴見に移る。

ソウヂニ　總持尼　〔人名〕梁武の女、達磨に就て得法す。【祖庭事苑八】に「總持號也。諱明練。梁武之女。事ニ達磨一爲ニ弟子一。悟道示滅。塔去ニ少林一五里許。事具ニ褚詢望所レ寫塔碑一。」

ソウヂモン　總持門　〔術語〕總持の法門。總じて法義咒忍の四種あれども密敎に稱する所は別して第三の咒總持に就て云ふ、即ち咒の一を指して總持門と云ふ。總即別名なり、依て亦密敎總體を指して總持門とも陀羅尼藏とも稱す。「ソウヂ」を見よ。

ソウヂヰン　總持院　〔寺名〕具名、法華佛頂總持院、叡山東塔の本院。慈覺大師歸朝の後、文德天皇仁壽元年朝に請ひて之を建立し、大唐の青龍寺鎭護國家の道場に准じて皇帝本命の道場となし、此に眞言法を修す。【叡岳要記上】

ソウヅ　僧都　〔職位〕僧官の名。元魏の世沙門都統の名あれどももと一官なり。齊に於ては之を二分し初て沙門都の稱あり、統に下ること一等、又隋の世に國僧都の稱あり。【僧史略中】吾朝推古天皇三十二年初めて僧正と共に此官を設け、爾來大、少、權大、權少、の別を生じて僧綱中の第二となし、正五位或は四位に配せらる。「ソウクワン」を見よ。

ソウデウ　僧肇　〔人名〕羅什門下四哲の一。初め老莊を以て心要となす、甞て老子を讀み歎じて曰く、美は則ち美なり、未だ善を盡さずと。後、舊譯の維摩經を讀むに及んで、歡喜頂受して始めて所歸を知る。此より出家し、羅什姑臧に至るを聞き遠きより之に從ふ。什長安に至るに及んで姚興、僧肇、僧叡等に命じて、逍遙園に入つて經論を評定せしむ。般若無知論、涅槃無名論等を著して玄微を盡す、見る者稱嘆せざるなし。晉義熙十年長安に沒す、壽三十一。【高僧傳六】

僧肇臨刑說偈　〔故事〕⊙（太平記）に「肇法師が刑戮の中に苦しみ」此事僧傳に載せず、然るに【傳燈錄二十七】に「僧肇法師遭ニ秦主難一。臨レ就レ刑說レ偈曰。四大元無主。五陰本來空。將レ頭臨ニ白刄一。猶似レ斬ニ春風一。」

ソウト　僧徒　〔雜語〕【字典】に「徒は衆なり。弟子なり。」僧衆多きが故に徒と稱す。又師に對するが故に徒と稱す。【西域記一】に「伽藍百餘所。僧徒五千餘人。」

ソウトウ　僧統　〔職位〕僧官の名。【僧史略中】に「姚秦初めて僧官を立てて正と稱し、魏之を改めて統と稱す。沙門統、僧統、沙門都統の三名あり。皇始年中法果初めて沙門統に任ぜられ、文成帝佛法を再興するの後罽賓の沙門五人に僧統を給ひ、孝文帝の世初めて曇曜を沙門都統に任ず。其後隋の世に至りて初めて大統の稱起り曇延を以て之に任ず。」【新譯仁王經下】に「未來世中一切國王王子大臣。與ニ我弟子一橫立ニ記籍一。設ニ官典主大小僧統一非理役使。當レ知爾時佛

法不レ久。」と【同艮貴疏】に「西國出家者。不レ立二記籍一。亦無二主典一。僧中統攝悉皆無矣。」◉(正統記三)「僧正僧統などの事ありし」

ソウドウ 僧童 〔雜語〕「ソウヅン」と讀む。禪僧の用語、童行、又は行者と云ふ。僧中の童子なり。「ヅンアン」を見よ。

ソウナ 僧那 〔術語〕具名、僧那僧涅、舊譯、僧那は弘誓、大誓。僧涅は自誓。共に菩薩の四弘誓を云ふ。即ち自ら四弘誓を誓ふを僧那僧涅と云ふ。或は言く、僧那は鎧。僧涅は著なり、鎧を著るなり。是れ四弘誓を鎧に喩へし語なりと。玄應師は被甲と譯す。【輔行一】に「僧那西音。此云二弘誓一。」【玄應音義三】に「僧那僧涅。應レ云二摩訶僧那僧涅陀一。舊譯云。摩訶言大。僧那言鎧。僧涅言著。亦言二莊嚴一。故名二著大鎧一。大品經云二大誓莊嚴一是也。一云。僧那大誓。僧涅自誓。此皆訛也。正言二䏰那訶一此云レ甲。䏰捺陀或云レ被。或云レ衣。言二被レ甲衣レ甲也。」【肇論】に「結二僧那於始心一。終大慈以赴レ難。」梵 Saṁnāha-saṁnaddha* 図 僧の名。慧可の弟子。【高續僧傳十九】

ソウナソウネ 僧那僧涅 〔術語〕前項を見よ。

ソウニ 僧尼 〔術語〕僧は梵語僧伽の略にて男女に通ずれども男子の出家に名づけ、尼は比丘尼の略にて女子の出家なり。

僧尼管屬 〔雜語〕僧尼の制度官のこと。【僧史略中】に「東漢初めて沙門あり、鴻臚寺に隷す。西晋聞くなし。後魏に至つて初めて監福曹を立て僧伍を統攝し、尋で更に昭玄寺となし、後復崇玄曹と改む。齊梁の世同文寺を立てて僧務を主らしめ、唐初に至つて僧尼皆司賓に隷す。則天の朝改て祠部に隷し、玄宗の開元十四年僧道を分けて僧尼を鴻臚寺に割屬して祠部をして之を檢校せしめ、道士女冠は之を宗正寺に隷す。憲宗元和二年初めて左右衛の功德使を立て僧道全く之に隷す、度す所の僧尼は祠部より牒を給す。宋朝一代之に准ず。」吾朝は治部省の玄蕃寮に隷し、德川氏に至つて寺社奉行に屬す。

僧尼令 〔雜語〕文武天皇大寶元年贈太政大臣藤原不比等勅を奉じて撰する所の大寶令中の一章なり。三十七條より成る。

ソウニヤ 僧若 〔術語〕Saṁjñā 譯、想。五蘊の一。【俱舍光記五】

ソウネ 僧涅 〔術語〕僧那僧涅の略。「ソウナ」を見よ。

ソウバウ 僧坊 〔堂塔〕又、僧房。僧尼の住する坊舍。僧坊の名は一般に通ずれども殊に戒律專門の道場を僧坊と名づけて其制度他の寺院に異れり。吾朝には河内の野中寺、泉州の神鳳寺、山城の西明寺を以て三僧坊と稱す。【法華經】に「起二塔寺一及造二僧坊一。」【觀佛三昧經一】に「來二請僧坊一。供二養衆僧一。」【十誦律五十六】に「僧坊法者。佛聽二諸僧坊中溫室講堂樓閣一重舍尖頭舍犍那舍一。佛聽二是諸坊舍衆僧畜一。亦聽二一人畜一。名二之僧坊法一。」

ソウバツ 僧跋 〔術語〕又、僧友。三鉢羅佉多 Saṁpragata* のこと。「サンハラキヤタ」を見よ。

ソウビラ 騷毗羅 〔物名〕譯、漉水囊。比丘六物の一。【希麟音義七】に「騷毘羅。此云二漉水囊一也。」【寄歸傳一】に「鉢里薩羅伐拏 Pariśrāvaṇa 濾水羅也。」

ソウヘイ 僧秉 〔術語〕秉法中の衆僧法を云ふ。「コンマホフ」を見よ。

ソウヘイ 僧兵 〔雜名〕平安朝の末より南北朝の頃に至るまで、叡山の僧は山王七社、祇園等の神輿を奉じ、興福寺の僧は春日の神木を奉じ、凶器を携へて入洛し、理非曲直を分別せず、朝に强訴して我意を張り、亂暴至らざるなきものありき。野武士が糊口の爲桑門に歸するもの多く、次第に此の風をなしたるが如し。

ソウベツ 總別 〔術語〕總釋、別釋。總相、別相。總業、別業、など、即ち寬狹の一雙なり。

ソウベツニギノアンジン 總別二義安心 〔術語〕佛敎全體に通ずる安心と、特異の安心とを云ふ。淨土宗鎭西派にて厭欣心、菩提心を總とし、至誠心、深心、廻向發願心とを別とす。

ソウホウ 僧寶 〔術語〕三寶の一。三乘の聖衆既に眞無漏智を發して世の爲に歸敬の福田となるもの。若し似寶を擧ぐれば悉く發心已上を取るべし。

ソウホウゴフ 總報業 〔術語〕有情の果報に二種あり、若し人趣に生ずれば彼此の人類同一人界の果報を受くるを總報と名づけ、彼此の衆生に於て六根の好醜壽命の長短の如き各自別別なるを別報と名づく。依て又業因に二あり、其總報を招く業因を總報業とし、別報を感ずる業因を別報業とす。

ソウホウデン 僧寶傳 〔書名〕具名、禪林僧寶傳、三十卷、宋の洪覺範著。

ソウホフム 總法務 〔職位〕「ホフム」を見よ。

ソウマウ 送亡 〔儀式〕亡者を葬場に送ること。「サウホフ」を見よ。

ソウマン 僧鬘 〔雜語〕譯、對面施。【戒疏二上】に「僧鬘物者。此梵本音。據レ唐言レ之對面物也。即是現前對面之施耳。」

ソウメイロン 總明論 〔書名〕俱舍論の異名。

【倶舍論頌疏一】に「千部之內倶舍論是其一焉。斯乃包二括六足一呑二納八蘊一。義雖二諸部一宗唯以レ正。故得三西域學者號爲二聰明論一也。」

ソウモツ　僧物　〔術語〕衆僧の共有物件なり。◉（太平記三五）「僧物施物を貪る事を業とす。」

二種僧物　〔名數〕一に現前僧物、一結界中の現在の衆僧に屬する衆物なり。即ち現前僧の個個に供養せる衣食等なり。二に四方僧物、又は十方僧物とも僧祇物とも云ふ。四方の僧に屬する物件。寺の房舍飯米等なり。此の別は施者の意志によりて別るるものなり。図物件の性質によりて區別せらるるものは重物輕物とす、堂舍田園等は前者にして、鉢錫杖三衣等十八資具は後者なり、重物輕物の別は死者の遺產相續の法を明かす。

四種僧物　〔名數〕一、常住常住僧物、又局限常住僧物と云ふ、界限に約して餘寺に通ぜず恒に別住の僧に供する僧物なり。二、十方常住僧物、又四方常住僧物と云ふ、義は十方に通じ事は坊中に局用する僧物。三、現前現前僧物、又當分現前僧物と云ふ、比丘各自供身の資具。四、十方現前僧物、又四方現前僧物と云ふ。情は十方內外に通ずれ共法を立てて十方僧に分與するを遮し、現前僧に施與するもの、即ち五衆の輕少なる遺物の如きなり。

ソウモンユヰシキ　總門唯識　〔術語〕五位各別に唯識の義を立てずして、一切の諸法は識を離れずとの一義を以て唯識の理を說くこと。

ソウラウ　曾郎　〔人名〕唐の雪峯義存禪師、姓は曾氏、曾郞の稱あり。【大神宮御相傳袈裟記】に「曾郎之雪峰山下集二一千五百衆苾芻一也。」【傳燈錄雪峯章】に「師住二閩川一四十餘年。學者冬夏不レ減二千五百人一。」

ソウリヤク　僧䂮　〔人名〕姚秦の僧䂮、六經及び三藏に通じ律行淸謹能く佛法を振ふ、姚萇關中を潛有し、盛に大化を弘むるに及んで羅什關に入り內外僧尼多く動もすれば過あり、是に於て姚興初めて僧䂮を以て僧正となし以て綱紀を正さしむ、之を僧官の始とす。弘始の末年を以て長安の大寺に沒す、壽七十。【高僧傳六】

ソウリヨ　僧侶　〔術語〕僧徒と言ふ如し。侶は徒なり伴なり。「ソウ」を見よ。

ソウリン　叢林　〔譬喩〕僧俗和合して一處に住することと樹木の叢り集り林を爲す如きを云ふ。殊に禪庭の名とせしは禪の翻名に功德叢林の語あればなり。【智度論三】に「僧伽。秦言レ衆。多比丘一處和合是名二僧伽一。譬如二大樹叢聚是名爲レ林。乃至僧聚處得レ名二叢林一。」【大乘義章十三】に「禪者是中國之言。此翻名爲二思惟修習一。亦云二功德叢林一。乃至功德叢林者從レ果爲レ名。智慧神通四無量等是其功德。衆德積聚說爲二叢林一。定能生之因。從レ果目。是故說爲二功德叢林一。」【宋高僧傳石霜諸傳】に「諸得二石霜山一便議二終焉之志一。乃至堂中老宿長臥不坐。屹着二榣杌一。天下謂二之石霜枯木衆一是也。南方謂二之叢林一者翻二禪那一爲二功德叢林一也。」【祖庭事苑二】に「梵語貧婆那。此云二叢林一。」

ソウリン　僧林　〔譬喩〕住僧の多きこと林の如くなるを云ふ、叢林と云ふ如し。

ソウロク　僧錄　〔職位〕僧官なり。僧の事を錄するなり。僞秦の姚興、僧䂮を僧正とし僧選を悅衆とし、法欽慧斌の二人を僧錄とす。是れ僧錄の名の始めなり。【高僧傳僧䂮傳】後、唐の憲宗元和二年左右街に僧錄を置き、沙門端甫を以て之に任ず。是れ唐代僧錄の始め、僞秦の僧正、後魏の沙門統に當り、僧中の總管なり。【釋門正統四】吾朝後圓融帝康曆二年相國寺の春屋妙葩に智覺普明國師の號を賜ひて僧錄に任ず、是れ本朝僧錄の始めなり。其より後鹿苑院に住するもの此職に任じ蔭凉軒を以て其副となし、五山十刹の出世擧薦を掌る。【象器箋六】

副僧錄　〔職位〕唐の昭宗の乾寧中始めて覺暉を以て副僧錄とす。【僧史畧中】吾朝蔭凉軒を以て僧錄に副たり。【象器箋六】

僧錄司　〔職位〕僧錄の事務を執る所。初めは相國寺に在り後鹿苑院に移る。

總祿所　〔雜名〕淨土宗にて觀智國師の時より禪宗に擬して檀林の第一を總錄所と稱せり。【啓蒙錄】

ソウヰ　僧位　〔雜語〕僧の階位を定め遂に之を朝家の官位に配するに至りしは獨り吾朝に局る。淳仁帝天平寶字四年七月東大寺良辨大僧都の奏請に依て初て四位十三階の僧位を定む。十三階の名詳ならず、其後光仁帝寶龜三年初て僧綱職を官位に配す、律師は從五位、僧都は正五位、僧正は從四位なり。又桓武帝延曆七年僧階に無位、入位、住位、滿位、法師位、大法師位の六位を定め之を官位に配す、即ち無位八位より次第に七位、六位、五位、四位、三位なり。此中滿位以上を三階の僧綱位となす。然るに其後僧綱以下の凡僧も此位を受くる者あるに至り彼此の區別立たざるを以て淸和天皇貞觀六年更に法橋上人位、法眼和尙位、法印大和尙位の三階を立てて次第の如く律師僧都僧正の僧綱位と定めらる。是より傳燈大法師の五位を凡僧位とし、而も七位より次第の如く三位に准ぜらるるは前の例に依る。然るに其後長保五年沙門聖淸を僧官なくして法印大和尙位の僧綱位

に叙せらる、依て之を敬位僧綱と云ふ。是より其例頻頻たり。【類聚三代格三、二中歴四、壒囊鈔十四、元亨釋書二十三】

ソカ　蘇呵　〔術語〕Svāhā「ソハカ」を見よ。

ソカ　蘇揭　〔術語〕蘇揭多の略。

ソカタ　蘇揭多　〔術語〕Sugata 舊稱、修伽陀、修伽度、修伽多、莎伽陀など。新稱、蘇揭多、索蘗多。譯、善逝。如來十號の一。生死海を去て再び廻來せざるを云ふ。【玄應音義二十一】に「蘇揭多。舊言二修伽陀一。或作二修伽度一。或作二修伽多一。此云二善逝一。即如來德之一號也。有二三義一。一讚嘆。二不廻。三圓滿也。」【慧琳音義十】に「正音索蘗多。」「ジフガウ」參照。図 比丘の名。【飾宗記六本】に「蘇揭多此云二善來一。即莎伽陀是也。」

ソガフ　蘇合　〔雜名〕香の名。梵名、咄嚕瑟劍。【名義集三】に「咄嚕瑟劍。此云二蘇合一。珙鈔引二續漢書一云。出二大秦國一。合二諸香一煎二其汁一謂二之蘇合一。」梵 Turuṣka

ソガウ　素豪　〔術語〕如來の白毫なり。豪毫音通。【唯識述記序】に「白虹飛レ祲。素豪銷景。」

ソキ　祖忌　〔術語〕各宗開祖の忌日。

ソキシマ　蘇乞史麼　〔雜語〕蘇吉施羅に同じ。

ソキシラ　蘇吉施羅　〔雜語〕譯、樂。【梵語雜名】に「樂梵語蘇吉施羅。」【文殊師利寶藏陀羅尼經】に「極安穩佛。梵名蘇乞史麼。」梵 Sukṣema*

ソキタラ　蘇氣怛羅　〔人名〕Sunakṣatra* 比丘の名。譯、善星。【名義集二】

ソキヤミツタ　蘇伽密多　〔人名〕Sugatamitra 比丘の名。譯、如來友。【慈恩傳二】

ソキリリキヤ　蘇頡里離佉　〔書名〕Suhṛ-lekha 譯。密友書。龍樹が南大國の檀越に與へたる書の名。【寄歸傳四】求那跋摩三藏之を譯して勸發諸王要偈と云ひ、義淨三藏之を譯して龍樹菩薩勸誡王頌と云ふ。並に藏中に在り。

ソク　觸　〔術語〕梵語、薩婆羅奢 Sparśa 五境の一、身根の觸るる所堅濕煖動等十一種あり。【倶舍論一】に「觸者有二十一一。謂四大種滑性。澁性。重性。輕性。及冷。饑。渴。」図 心所法の一。倶舍の十大地法、唯識の五遍行に之を攝む。彼の五境に屬するは所觸の色法にて此は能觸の心法なり。根境識の三をして和合せしむる心の作用なり。【倶舍論四】に「觸者。謂根境識和合生。能有二觸對一。」【大乘義章二】に「令二根塵識和合一名レ觸。」十二支の中の觸支是なり。図 不淨を觸と云ふ。【增韻】に「觸汚也。」蓋し不淨物に觸れて自ら不淨となるもの之を觸穢と云ふ。

ソク　即　〔術語〕和融、不二、不離の義、煩惱即菩提、生死即涅槃の如き是なり。台家三番の即を立て之を判ず。一に二物相合の即。金と木と合せたる如し、煩惱と菩提はもと別なれ共、煩惱は相にして菩提は性なり、性相合して彼此離れざるを煩惱即菩提と云ふ。是れ通教の所談にして、義は煩惱を確と斷ぜざれば菩提を得る能はず。二に背面相翻の即。煩惱菩提もと一體なれども、背と面との相違ありて、悟の背より言へば菩提、迷の面よりせば煩惱なり。即ち無明に隨へば煩惱生死、法性に順ずれば菩提涅槃。猶一室に内外表裏ある如し。是れ別教所談なり。無明を破して法性に順ぜずんば菩提を得ず。三に當體全是の即。水波の如し。水となし、波となし、菩提と云ひ、煩惱と云ふ、只實智と妄情との所見の異のみ。妄情の前には法界總て生死なり。實智の前には法界悉く涅槃なり。之を法體即妙、麁は物情に由ると云ふ。斷捨を要せず、翻轉を要せず、唯無明の情を破して智を發するを要するのみ。故に佛界に於て九界煩惱生死の法を具するなり。之を性惡不斷と云ひ、圓教の至極なり。【輔行一】に「即者。廣雅云合也。若依二此釋一仍似二二物相合名一レ即。其理猶疎。今以レ義求體不二故。故名爲レ即。即レ三而一。與二合義一殊。」【十不二門指要鈔上】に「應レ知今家明レ即永異二諸師一。以下非二二物相合一及非中背面相翻上。直須二當體全是一方名爲レ即。」

ソクウソククウ　即有即空　〔術語〕一切の有爲法其ままに自性の空なるを云ふ。法を壞滅して然る後始めて空なるにあらず。【仁王經上】に「是法即生即住即滅。即有即空。」【天台疏中】に「即有即空者。色性自空。非二色壞故空一也。」前項參照。

ソクキギヤミ　息忌伽彌　〔術語〕Sakṛdāgāmin 又、息忌伽彌、息忌陀伽迷。譯、一來。小乘四果の第二。【智度論三十二】に「息忌名レ一。伽彌名レ來。是人從レ此死生二天上一。天上一來得レ盡二衆苦一。」【坐禪三昧經下】に「息忌陀伽迷。秦言二一來一。」

ソクク　息苦　〔術語〕生死の苦を息むること。

ソククウ　即空　〔術語〕三諦の中の空諦。一切法を滅却して然る後に始めて空なるにあらず、一切法其のままに無體空寂なるを即空と云ふ。【般若心經】に「色即是空。」【玄義四】に「心性即空即假即中。」【止觀一】に「云何圓信。信二一切法即空即假即中一。」【拾遺記下】に「三觀之首皆言レ即者。指二一念心一即三諦故。」

ソククウソクケソクチユウ　即空即假即中　〔術語〕天台所立の三觀なり。「サンクワン」を見よ。

ソククワウニウナングワン　觸光柔軟願

〔術語〕彌陀如來四十八願中の第三十三。彌陀佛の光明に觸るる者は身心の柔軟を得るを願ふなり。身口の惡を離るるは身の柔軟なり、三毒の煩惱を離るるは心の柔軟なり。【無量壽經上】に「設我得㆑佛。十方無量不可思議諸佛世界衆生之類。蒙㆓我光明㆒觸㆓其身㆒者。身心柔軟超㆓過人天㆒。若不㆑爾者不㆑取㆓正覺㆒。」

ソクケ　息化　〔術語〕佛の教化を息めて涅槃に入ること。【輔行一】に「圓音教風。息㆑化歸㆑寂。」【文句記三】に「開權即是法華之相。息化即是涅槃之徵。」

ソクケ　即假　〔術語〕圓教の假諦は空中二諦に相即せる假なれば即假と云ひ、以て別教の假諦に簡ぶ。

ソクケンダ　塞建陀　〔術語〕Skandha 又、塞建陀羅。舊譯、衆聚陰。新譯、蘊。【倶舍光記一本】に「塞建陀羅。唐言㆑蘊。舊譯名㆑陰 於禁反 此陰是蔭覆義。若言㆑陰者梵本應㆑言㆓鉢羅娑陀㆒。案 陰音 應㆘ 以㆓於今反㆒注㆖也。陰陽之陰也。乃至 若言㆓陰氣㆒是萬物所㆑藏即是聚義借㆑喩。此名粗可㆓通途㆒。然非㆓正目㆒故今名㆑蘊。或名爲㆑衆故法華云㆓五衆之生滅㆒。此亦不㆑然。若言㆑衆梵本應㆑云㆓僧伽㆒。或翻爲㆑聚。此亦不㆑然。若言㆑聚梵本應㆑云㆓曷羅施㆒。」【玄應音義二十三】に「塞建陀。此翻爲㆑蘊。由㆓積聚義㆒說名爲㆑蘊。杜順曰蘊聚也。蓄㆓藏諸色㆒故言㆓色蘊㆒。受想等四義亦如㆑此。舊經論中或言㆓五衆㆒。又云㆓五聚㆒。頗亦近。是仍未㆓總名㆒。舊翻㆑陰者失㆑之久矣。」図羅漢の名。譯、悟入。衆賢論師の師なり。【倶舍寶疏一】に「有㆓羅漢㆒名㆓塞建陀㆒。唐云㆓悟入㆒。」【倶舍光記一】に「塞建地羅。」「ソクケンヂラ」を見よ。

ソクケンダ　塞建陀　〔天名〕又、塞建那天とも云ふ。【最勝王經八】に「塞建陀天妙辯才。」【大日經疏五】に「塞建那天即是童子天也。」【探玄記二十】に「塞建那。此云㆓勝伏㆒。」梵 Skanda 韋駄天なり、建駄より韋駄と誤りしものなり。「を見よ。

ソクケンダラ　塞建陀羅　〔術語〕「ソクケンダ」を見よ。

ソクケンヂラ　塞建地羅　〔人名〕Sugandhara 羅漢の名、譯、悟入。【倶舍光記一】に「塞建地羅。唐言㆓悟入㆒。悟入即衆賢師主。」「よ。

ソクケンナ　塞建那　〔天名〕「ソクケンダ」を見よ。

ソクゲキ　則劇　〔雜語〕雜劇一則なり。【密庵天童錄】に「似㆓小兒則劇㆒。」

ソクコンガウ　觸金剛　〔菩薩〕金剛界曼荼羅理趣會五尊の一。即ち五秘密尊の一。別名、計里吉羅金剛。二手の腕を交へて五鈷を持す。觸は欲境に觸るる煩惱なり、今は觸性即ち菩提の深秘を明かす故に抱持の相に住して觸の名を立つ。【金剛界曼荼羅鈔三】

（觸金剛の圖）

ソクゴムシヤウ　即悟無生　〔術語〕極樂に往生すれば即時に無生法忍の悟を得るを云ふ。無生の理に安住して諸惑を起さざるを無生法忍と云ふ。【觀無量壽經】に「如㆓彈㆑指頃㆒往㆓生彼國㆒。生㆓彼國㆒已。見㆓佛色身衆相具足㆒。見㆓諸菩薩色相具足㆒。光明寶林演㆓說妙法㆒。聞已即悟㆓無生法忍㆒。」

ソクサイ　息災　〔術語〕身の災厄を止むること。眞言の修法に息災、增益、降伏、敬愛の四あり。【深密經一】に「息㆓一切衆生一切災橫㆒。」【大日經疏三】に「於㆓息災法中㆒即能以㆓此方便㆒增益降伏。」【元亨釋書一】に「每年正月後七日。息災增益修法至㆑今不㆑絕。」「ソクサイホフ」參照。⦿（徒然草）「息災なる人も、目の前に大事の病者となりて」

ソクサイエンメイ　息災延命　〔修法〕息災法と延命法。眞言四種の修法中增益法の中より別開して延命の修法を立つ。【文粹十三匡衡願文】に「左府殿下息災延命千秋萬歲」

ソクサイゾウヤク　息災增益　〔術語〕四種の修法中息災法と增益法。

ソクサイダン　息災壇　〔術語〕息災の法を修する護摩壇なり。「ソクサイホフ」を見よ。

ソクサイホフ　息災法　〔修法〕息災の御修法にて眞言四種壇法の第一。天變地異兵火饑饉疾病橫死等の災害を消滅する法なり。此法には佛部の尊を用ゐるを通規とす。【補陀落海軌】に「息災法用㆓佛部尊等㆒。是故有㆓五智佛㆒。」

ソクサウソクシン　即相即心　〔術語〕聖道門の諸教に即事即理と云ふに對して淨土門一家に即相即心を言ふ。相とは西方に淨土ありと云ふ指方立相の相なり、此相即ち自己の一心なり、自己を離れて淨土なく彌陀なしと立つるを即相即心と云ふ。【西方合論五】

ソクサンニジヤク　即散而寂　〔雜語〕歌題。【止觀五】に「當㆓以㆑觀觀㆑昏即㆑昏而朗。以㆑止止㆑散即散而寂。」觀は智なり、昏は痴なり、止は定心なり。散は亂心なり智痴定散もと不二なれば痴に即して智を得、散に即して定を體すべきを云ふ。⦿（續古今）「をとづるる音に中中山里のさびしさまさる夕時雨哉」

ソクザウ　觸象　〔譬喩〕摸象に同じ。【三教指歸】に「倶醒㆓觸象之醉㆒。並學㆓師吼之道㆒。」「モザウ」を見よ。

ソクシ　觸指　【雜名】印度の俗に厠に上て左手の第四指第五指を以て肛門を洗ふ故に左手は論なく左手の四五指も共に觸指として食器に觸るるを忌むなり。觸は【增韻】に汚なり。【日用軌範展鉢法】に「以二兩手大拇指一迸二取鎖子一。從レ小次第展。不レ得二敲磕作一レ聲。仍護二第四第五指一爲二觸指一不レ得レ用。」

ソクシアンチ　足指按地　【術語】佛の神通を形容す。その足の觸るる處盡く黄金珍寶となること。【維摩經佛國品】に「於レ是佛以二足指一按レ地。即時三千大千世界。若干百千珍寶嚴飾。譬如二寶莊嚴佛無量功德寶莊嚴土一。」

ソクシゲンド　足指現土　【術語】佛の足指地を按じて淨土を現出せしを云ふ。「ソクシアンチ」を見よ。

ソクシシヤク　即士釋　【術語】依主釋、依士釋とも云ふ。六合釋の一。【玄應音義二十三】に「即士釋亦言二依士一。士謂主也。立名從レ主故言二依士一。如レ言二眼識等一也。」「ロクガフシヤク」を見よ。

ソクシツキ　速疾鬼　【異類】Rakṣasa の譯。又足疾鬼に作る。「ラセツ」を見よ。⊙(曲、舍利)「是なん足疾鬼が奪ひしを」

ソクシツリフケンマケイシユラテンセツアビシヤホフ　速疾立驗摩醯首羅天説阿尾奢法　【書名】一卷、唐の不空譯。那羅延天あり摩醯首羅天を請じて迦樓羅使者の阿尾奢法を説かしむ。【閏帙十四】(1396)

ソクシヤウ　觸鐘　【雜語】鐘を鳴らす法に起止の二を觸鐘と名く。【象器箋十八】

ソクシヨウムジヤウシヤウトウボダイ　速證無上正等菩提　【雜語】藥師如來十二願中第九願の願意。「若墮二種種惡見稠林一。皆當三引攝置二於正見一。漸令下修二習菩薩行一速證中無上正等菩提上。」

ソクシン　息心　【術語】梵語沙門の古譯なり。「シヤモン」を見よ。

ソクシン　即心　【術語】一切萬法心に就即して離れざると。【法華玄義四】に「上來圓行不レ可二遠求一。即レ心而是。乃至心性即空即假即中。五行三諦一切佛法即レ心而具。」

ソクシン　即身　【術語】台家盛に即心義を談ずるに對して眞言宗は即身の義を言ふ。謂く即心成佛は猶理に屬す、即身成佛は事實なりと。【即身義】に「如二常即時即日一即身義亦如レ是。」

ソクシンギ　即身義　【書名】即身成佛義の略名。

ソクシンジヤウブツ　即身成佛　【術語】眞言宗所談。此肉身のままに成佛するを云ふ。【菩提心論】に「惟眞言法中。即身成佛故。是故説二三摩地一。於二諸教中一闕而不レ書。」又「若人求二佛慧一。通二達菩提心一。父母所生身。速證二大覺位一。」

三種即身成佛　【名數】一に理具の即身成佛。一切衆生の身心本來兩部の體なり、身には五大、是れ胎藏界の本有の理體なり、心は識大、是れ金剛界の本有の智德なり、身心即ち兩部なるが故に凡夫の肉身の外に更に本覺の體性なく、肉身の當相大日法身なるを理具の成佛と云ふ。二に加持の即身成佛。衆生本覺の功德、如來三密の加持力と相應して一切の佛事を成辨するもの、加持の因緣に依て成佛すれば加持の成佛と云ふ。三に顯得の即身成佛。自身に三密の修行を成就して法性の萬德を顯現するもの、是れ眞實の證悟なり。此三種通途の位に配すれば理具成佛は一切の凡夫なり、加持成佛は三信已上乃至十廻向の行者なり、顯得成佛は初地以上乃至佛位なり、三種通じて即身成佛と云ふは猶台家の六位通じて即佛と云ふ如し。【眞言廣名目六】理具は台家の理即に同じく、加持は金剛界の五相成身、及び弘法の大日如來と現じ慈慧の不動明王と見えし類にて觀行已上に當り、顯得は初地初住已上に當る。【密門雜抄】

四種即身成佛　【名數】【演奧鈔四十三】に「即身成佛有二四重一。一修生即身成佛。世間成就品　二本有即身成佛。悉地出現品　三本修不二即身成佛。成就悉地品　四絶待即身成佛。轉字輪品」

田夫即身成佛秘法　【修法】先づ本尊加持、智拳印、次に一印三明、先づ内五股印に大咒三返、次に同印二頭指を以て招き、中咒口傳三返、次に同印二大指を以て二無名を押す。小咒口傳三返なり。【心舟七刀印田五】

ソクシンジヤウブツギ　即身成佛義　【書名】一卷、弘法著、異本數種あり、十卷書に加ふるものを正本とす。

ソクシンゼブツ　即心是佛　【術語】次項を見よ。

ソクシンソクブツ　即心即佛　【術語】又即心是佛、即心成佛。諸大乘教の極談是の心即ち佛なるを云ふ。【傳燈錄七法常章】に「初參二大寂一。問如何是佛。大寂云即心是佛。師即大悟。」【同六馬祖章】に「僧問。和尚爲二什麼一説二即心即佛一。師云。爲レ止二小兒啼一。僧云。啼止時如何。師云非心非佛。」【碧巖四十四則】に「即心即佛即不レ問。如何是非心非佛。」【宗鏡錄二十五】に「問。如二上所説一。即心即佛之旨。西天此土祖僧同詮。理事分明如二同眼見一。云何又説二非心非佛一。答。即心即佛是其表詮。直表二示其事一令下證二自心一。了了見上レ性。」

若非心非佛是其遮詮。即護レ過遮レ非去レ疑破レ執。乃至近代有下濫參二禪門一不レ得レ旨者上。相承不レ信二即心即佛之旨一。判爲二是教乘所說未一レ得二幽玄一。我自有二宗門向上事在一。唯重二非心非佛之說一。並是指レ鹿爲レ馬期レ悟遭レ迷。執レ影是眞以レ病爲レ法。」⦿(曲、歌占)「即心即佛の山伏を」

ソクシンネンブツ　即心念佛　〔術語〕唯心の彌陀己身の淨土と心得て自己心中の佛を念ずるを云ふ。心は法界に周遍すればたとひ彌陀は十萬億佛土を隔つと說くも尙是れ吾が心佛の所現なり、本來吾人の心性は淸淨の佛體なり唯無明煩惱の爲に覆はれて顯はれざるなり、其の顯はれざるを十萬億土を隔つと云ふのみ、故に【觀無量壽經】に「是心作佛。是心是佛」と云ふ。【和語雜錄八】に「我等は佛の圓融法界の體を全ふして八萬四千の煩惱となし、無始より以來持ちしなり、阿彌陀如來は衆生の八萬四千煩惱をそのままに十劫以前に八萬四千の相好光明と究竟して之を顯はし給へり、されば我等と佛と同一體の圓融法界の性なり。」是れ淨土門以外の諸大乘家の念佛なり。

ソクシンボダイ　即身菩提　〔術語〕此肉身に菩提の悟を得るを云ふ。即身成佛と言ふ如し。

ソクジ　息慈　梵語沙彌の舊譯。初て佛門に入て世情を息め、慈濟を行ふ義。【行事鈔沙彌別行篇】に「此翻爲二息慈一。謂息二世染之情一以慈二濟群情一也。又云。初入二佛法一多存二俗情一。故須三息レ惡行二慈也。」

ソクジキ　觸食　〔術語〕四食の一。六識順情の境に觸對して心身を資益するもの。劇を觀て飢を覺ゑざる如し。図 食物の觸穢して不淨となるもの。他人の手に觸れたるものの如き、他の洗淨せざる器物衣巾等に觸れたるものの如き、受食の爲に非ずして自己の手に觸れたるものの如き、其他種種の觸穢あり。西方の道俗は悉く之を不淨として決して食ふとなし。【行事鈔下一之二、寄歸傳一】

ソクジニシン　即事而眞　〔術語〕事理本來二なく、淺近の事相の上に自ら深妙の眞理を具するを云ふ。【止觀一】に「離レ說無レ理。離レ理無レ說。即レ說無說。無說即說。無二無別即レ事而眞。」【光明玄】に「若取二即レ事而眞一。爲二眞身一。」【法華玄義四】に「雖レ服二甘露一不レ能二即レ事而眞一傷命早夭。」【大日經疏一】に「譬如二幻師一以二呪術力一加二持藥草一。能現二種種未曾有事一。五情所レ對悅二可衆心一。若捨二加持一然後隱沒。如來金剛之幻亦復如レ是。緣謝則滅。機興則生。即レ事而眞無レ有二終盡一。」

ソクジニフヒツヂヤウ　即時入必定　〔雜語〕念佛の行者は彌陀を信ずる一念を以て即時に必定の位に入るを云ふ。必定の位とは必ず成佛する位なり。【十住毘婆沙論易行品】に「人能念二是佛無量力功德一即時入二必定一。」【淨土文類證卷】に「煩惱成就凡夫生死罪濁群萌。獲二往相廻向心行一即時入二大乘正定聚之數一。」

ソクジヤウ　速成　〔術語〕速に成佛すると。

ソクジヤウインエンキヤウ　息諍因緣經　〔經名〕一卷、趙宋の施護譯。中阿含周那經の別譯。【昃帙八】(945)

ソクジヨゾクナンダラニキヤウ　息除賊難陀羅尼經　〔經名〕一卷、宋の法賢譯。佛摩伽陀國にあり、阿難賊を怖る、佛爲に結界咒を說く。【成帙十二】(920)

ソクジヨチユウエウダラニキヤウ　息除中夭陀羅尼經　〔經名〕一卷、宋の施護譯。諸佛集會陀羅尼經、一切如來金剛壽命陀羅尼經と同本異譯。【成帙七】(802)

ソクセキケンカイ　息世譏嫌戒　〔術語〕殺盜婬妄の如きは佛制を待たず性自ら罪なり、佛其本性に准じて制せるを性戒と云ふ。其他比丘の戒法は多く比丘たるの資格を持ち世の譏嫌を止むる爲に制せし者なれば之を遮戒とも息世譏嫌戒とも云ふ。【涅槃經十一】に「有二二種戒一。一者性重戒。二者息世譏嫌戒。性重戒者謂四禁也。息世譏嫌戒者。不レ作二販賣一。云云」

ソクゼ　即是　〔術語〕彼此の事法に於て圓融不二を顯はす語。「ソク」を見よ。

ソクゼダウヂヤウ　即是道場　〔雜語〕歌題。【法華經神力品】に「經卷所住之處。若於二園中一。若於二林中一。若於二樹下一。若於二僧坊一。若白衣舍。若在二殿堂一。若山谷曠野。是中皆應二起レ塔供養一。所以者何。當レ知是處即是道場。諸佛於レ此得二阿耨多羅三藐三菩提一。諸佛於レ此轉二於法輪一。諸佛於レ此而般涅槃。」

ソクダツエウラク　即脫瓔珞　〔雜語〕歌題。【法華經信解品】に長者が窮子に近づかん爲に上妙の服を脫して弊衣を著るを說て「即脫二瓔珞細軟上服嚴飾之具一。更著二麤弊垢膩之衣一。塵土坌レ身。右手執二持除糞之器一。狀レ有レ所レ畏。」これ如來丈六の化身を現して小機の爲に小法を說くに譬へてなり。

ソクチユ　觸籌　〔物名〕屎厠の未だ使用せざるを淨籌と云ひ、已に使用せるを觸籌と云ふ。

ソクチユウ　即中　〔術語〕圓敎の中諦は空假二諦に相即せる中なれば即中と云ひ、以て別敎の中諦に簡ぶ。「ソククウ」を見よ。

ソクヂヤウ　觸杖　〔物名〕觸籌に同じ。

ソクヂン　觸塵　[術語]　六塵の一。身根所對の境を觸と云ふ、堅濕等是なり。此境能く人の識情を眩惑して眞性を汚がせば斥けて塵と云ふ。

ソクツウ　觸桶　[物名]　糞器なり。又淨桶と名く。もと是れ觸器なるも却て淨器と名くるは、凡そ厠は觸穢の處なるを以て極めて淨潔ならしむるを要とす、西淨東淨など云ふも之が爲なり。【象器箋二十】

ソクトクセンシヨ　即得淺處　[雜語]　歌題。【法華經普門品】に「若爲二大水一所レ漂。稱二其名號一即得二淺處一。」觀音を念じて水難を免がるること。

ソクトクロジングワン　速得漏盡願　[術語]　彌陀佛四十八願中の第十。衆生をして速に六神通の中の漏盡通を得しめんとの願なり。自己の煩惱を斷盡する自在力を漏盡通と云ふ。【無量壽經上】に「設我得レ佛。國中人天。若起二想念一貪二計身一者不レ取二正覺一。」想念を起して身を貪着するは即ち是れ漏なり。漏は煩惱の異名

ソクトクワウジヤウ　即得往生　[術語]　聖道門の即心成佛と即身成佛に對して、淨土門には即得往生を說く。信佛の因緣を以て直に極樂に往生するに定まるを云ふ。而して淨土門中に於ても亦解に二流あり。淨土宗は異時の即とし、眞宗は同時の即とす。異時とは來世極樂に往生し、彼土にて不退轉の位に住すと云ひ、同時とは信の一念の時現生にて正定聚不退轉の位に住すと云ふ。【無量壽經下】に「諸有衆生聞二其名號一。信心歡喜。乃至一念。至心廻向。願レ生二彼國一。即得二往生一住二不退轉一。」【阿彌陀經】に「是人終時心不二顚倒一。即得レ往二生阿彌陀佛極樂國土一。」

ソクドク　觸毒　[術語]　觸塵人を害すると毒の如し。【毘奈耶雜事九】に「女是觸毒、被二摩觸一時。心便動。亂二發諸惡念一。」

ソクニフ　觸入　[術語]　十二入の一。

ソクニヨブツゲンザイ　則如佛現在　[雜語]　歌題。【法華經分別功德品】に「若能持二此經一則如下佛現在以二牛頭栴檀一起二僧坊一供養乃至種種皆嚴好上。」

ソクヒ　即非　[術語]　不異を即と云ひ、不一を非と云ふ。【楞嚴經四】に「如來藏妙明心元。離レ即離レ非。是即非即。」

ソクビヤウ　觸鼻羊　[雜語]　羊は目に物を辨ぜず、凡そ鼻に觸るるものあれば即ち食ふと云ふ。【臨濟錄】に「今時學者總不レ識レ法。猶如下觸鼻羊逢二着物一安中在口裏上。」

ソクビヤウ　觸瓶　[物名]　厠中に携帶する瓶を云ふ。觸は汚なり。

ソクホフアンラクセカイ　即法安樂世界　[雜語]　⊙（新古今）に「即法安樂世界」法は往の誤。

ソクモク　足目　[人名]　Akṣapāda　初めて因明を說きし仙人の名。【因明前記】に「足目者相傳兩釋。一云。目者慧。以二多起レ慧名爲二足目一。二云。足目者多。足下有レ目名爲二足目一。」【入正理門論】に「如レ是過類。足目所說。」

ソクヨク　觸欲　[術語]　五欲の一。男女身分等の觸境人をして愛欲の心を起さしむるもの。

ソクライ　觸禮　[儀式]　坐具を以て地に觸れて叩頭の禮を爲すもの。【象器箋十】

ソクラク　觸樂　[術語]　觸對に依て樂情を發するもの。男女の身分相觸るる如し。

ソクラクハイ　觸落牌　[物名]　牌の一面に觸の字を書し、一面に落の字を書す。觸は不淨の義、落は遺落の義。若し厠中に不淨汚穢あれば觸牌を掛け、鞋履等の厠内に落つるあれば落牌を掛けて之を淨頭に告ぐるなり。【象器箋十六】

ソクリ　即離　[術語]　事理不二を即と云ひ、事理差別を離と云ふ。天台宗に於ては此二を以て別圓二教の淺深を分判す。【指要鈔下】に「今家以二即離一分二於別圓一。」

ソクロ　束蘆　[譬喩]　蘆葦を束ねて地上に立たしむるもの、以て物の互に相依倚して立ち獨立すると能はざるに譬ふ。【唯識論三】に「識緣二名色一名色緣レ識。如レ是二法展轉相依。譬如二束蘆俱時而轉一。」

ソクリヨギヨウシン　息慮凝心　[術語]　思慮分別をやめ、忘念忘想を制して凝心思惟すること。

ソクワ　素花　[物名]　「ソケ」を見よ。

ソクワイ　素懷　[雜語]　平素の希望。多く念佛行者の往生に就て言ふ。【續高僧傳智者傳】に「時過二三載一方遂二素懷一。」

ソクワウアンラクセカイ　即往安樂世界　[雜語]　法華經を受持し如法に修業する者の果報を說く。歌題。【法華經藥王品】に「有二女人一聞二是藥王菩薩本事品一能受持者。盡二是女身一後不二復受一。若如來滅後。後五百歲中若有二女人一聞二是經典一如レ說修行。於レ此命終即往二安樂世界阿彌陀佛大菩薩衆圍繞住處一。」

ソクワウトソツテン　即往兜率天　[雜語]　歌題。【法華經普賢勸發品】に　法華經受持者の果報を說きて、「若有レ人受持讀誦解二其義趣一者。是人命終爲二千佛一授レ手。令レ不二恐怖一。不レ墮二惡趣一。即往二兜率天上彌勒菩薩所一。」

ソクワウナンバウ　即往南方　[雜語]　歌題。【法華經提婆品】に「當時衆會。皆見下龍女忽然之間變成二男子一具二菩薩行一。即往二南方無垢世界一坐二寶蓮華一

成二等正覺一。乃至演中說妙法上。」龍女成佛中の語なり。

ソクキシツトクムジヤウブツダウ 則爲疾得無上佛道 〔雜語〕歌題。【法華經見寶塔品】に「此經難レ持。若暫持者我則歡喜。諸佛亦然。如レ是之人諸佛所レ歎。是則勇猛是則精進。是名下持レ戒行二頭陀一者上。則爲三疾得二無上佛道一。」法華受持の功德なり。

ソクヱ 觸穢 〔術語〕不淨物に觸れて自ら汚るるを觸と云ひ、其より直に觸を汚と訓ず。【增韻】に「觸汚也。」婆羅門法の中に嚴に觸穢の條制を立て、且つ之を祓除するの法あり。【大日經疏二十】に「觸穢時者謂失二淨法一。如二沙門犯一レ戒也。或謂有レ時放逸不覺人截二其髮一。或絡レ身繩斷。或三奇杖折。或食時爲二首陀一觸等。欲二懺悔自罰一。集二三二百同姓者一。大衆中用二微咲至一火自悔。」佛法の中亦之あり。【雜阿含經】に「食二五辛一人觸二穢三寶一。死墮二屎糞地獄一。出作二野狐猪狗一。若得二人身一其體腥臭。」吾神道家之を論ずる最も嚴密なり。

ソクン 祖訓 〔術語〕佛祖の教訓。【資持記中一之一】に「佛教廣示。祖訓重彰。」

ソグ 素具 〔雜名〕素は本なり、豫め辦備する具を素具と云ふ。【大疏四】に「思二惟衆緣支分一。皆令二素具勿レ得三臨レ事闕乏而生二疑惑一也。」

ソケ 素花 〔物名〕葬具の白紙を切て榮枝に纒ひ沙羅双樹に擬せしもの。四枝を用ふれば俗に「シクワ」と云ふ。

ソケン 素絹 〔衣服〕又、麁絹に作る、生絹にて作りたる法服。今は黑色の綾なき絹の衣の一種を呼べども元來は白色なり。⊙（盛衰記五）「素絹の衣に脫ぎ替へてさらぬ體にて御座しけり」

ソゲン 祖元 〔人名〕字は子元、無學と號す、宋の慶元府の人なり、年十四徑山に至て佛鑑に參し、年十七省悟する所あり。佛鑑寂後諸處を偏歷し、年三十六了然大悟更に餘蘊なし、大傅賈似道、元の道譽を聞き引て天台山の眞如寺に住せしむ、元開堂して佛鑑の恩に酬ゆ。居ること七歲、北虜の兵戈に浸され去て溫洲の雁蕩に至る、兵役溫境を歷し、擧衆逃竄す、元獨り堂裏に兀坐す、虜首刄を加へんと欲す、元動かず、一偈を述べて曰く、乾坤無レ地レ卓二孤筇一。喜得人空亦法空。珍重大元三尺劍。電光影裏斬二春風一。群虜感悔し禮を作して退く。明年天台山に還り、天童寺の首座となる。我が弘安二年建長寺席を缺く、平時宗使弊を發して明宿を求む、明州の太守元を以て之に應ず、弘安五年時宗圓覺寺を創し、元を請じて開山第一祖とす、同九年九月三日寂、壽六十一、佛光禪師と謚す。【元亨釋書八】

ソゴン 麁言 〔術語〕麁惡の語。又、佛に大小乘の二教あり、小乘の教を大乘に對して麁言と云ひ、又勸誡の二門あり、誡門の教を麁言と云ふ。【涅槃經二十】に「麁言及軟語。皆歸二第一義一。是故我今者。歸二依於世尊一。」

ソサウ 麁相 〔術語〕起信論に無明を分別して三種の細相と六種の麁相とす。「ロクサウ」を見よ。

ソザン 疏山 〔人名〕唐の撫州疎山の光仁禪師〔會元に匡仁に作る〕身相短陋精辯衆に冠たり、矬佛叔と稱す。法を洞山に嗣ぐ。【會元十二、傳燈錄十七、宋高僧傳十三】

ソザウ 祖像 〔術語〕開祖の影像。木畫に通ず。

ソシ 疏子 〔術語〕化疏、山門疏など、意思を疏通する書。

ソシ 祖師 〔術語〕祖は始なり、始て法を立てて人の師表となるもの。顯密教禪に通ず。⊙（鴉鷺合戰一）「祖師西來」（太平記二六）「祖師の心印をも直に承當し候はんずること」

祖師西來意 〔術語〕初祖達磨西天より來て此土に禪法を傳ふ究竟の意思如何、此の意思を究むるは即ち佛祖の心印を究むるなり。【五燈會元趙州章】に「僧問。如何是祖師西來意。州云。庭前柏樹子。」【碧巖十七則】に「僧問二香林一。如何是祖師西來意。林云。坐久成勞。」【同二十則】に「龍牙問二翠微一。如何是祖師西來意。微云。與レ我過二禪版一來。牙過二禪版一與二翠微一。微接得便打。牙云。打即任レ打。要且無二祖師西來意一。」

ソシクワン 祖師關 〔術語〕祖師の位に入る關門。【無門關】に「參禪須レ透二祖師關一。」【寶林傳】に「期城太守楊衒之問二達磨一曰。西國相承稱レ祖何義。達磨曰。明二佛心宗一行解相應名爲二祖師一。」

ソシゼン 祖師禪 〔術語〕不立文字祖祖本傳の禪なり、楞伽經所說の如來禪の名に對して此稱を立つ。即ち如來禪を以て教內未了の禪となし、祖師禪を以て教外別傳の至極の禪となす。【傳燈錄十一仰山章】に「師問二香嚴一。師弟近日見處如何。嚴曰。某甲卒說不レ得。乃有レ偈曰。去年貧未二是貧一。今年貧始是貧。去年貧無二卓レ錐之地一。今年貧錐也無。師曰。汝只得二如來禪一。未レ得二祖師禪一。」

ソシダウ 祖師堂 〔堂塔〕禪苑に於て初祖達磨を安置する堂に名く。

ソシツヂ 蘇悉地 〔術語〕譯、妙成就。Susidhi

ソシツヂカラ 蘇悉地羯羅 〔術語〕Susiddhikara 譯、妙成就作業。一切の世間出世間の作業を成就する妙法なり。【蘇悉地經疏一】に「羯羅者。又云二迦羅捉一。此云レ作也。又羯嚩麼捉。此云レ業。又迦羅捉。此云レ務也。並應二通用一。」【開元錄九】に「蘇悉地羯羅。」

唐云二妙成就法一。此與二蘇婆呼一並是咒毘奈耶。不三曾入二于曼荼羅一不レ合二輙讀一。同三未受具人盜二聽戒律一便成二盜法一。」

ソシツヂカラキヤウ　蘇悉地羯羅經　〔經名〕譯、妙成就業經、三卷、唐の輸婆迦羅譯。密宗三部經の一。蘇悉地の法を說く。【閑帙三】(533)眞言經一百餘部の內皆速疾成就の法を說けども、此經殊に其至極なれば妙成就法と名く。理趣經を以て金剛界の蘇悉地法、本經を以て胎藏界の蘇悉地法となすの說あれども五大院の說一往の配當本經を以て胎金不二の蘇悉地法として、彼の大日金剛の二經に對するを以て台密の極意となす。其故は此大法殊に慈覺大師の入唐傳受する所、歸朝の後本經の疏を造り、胎金不二の護摩法を創し、且つ朝に奏して蘇悉地業を置く。依て東密は金胎の二灌頂なれども、台密は胎金合の三灌頂なり。

ソシツヂカラクヤウホフ　蘇悉地羯羅供養法　〔經名〕二卷、唐の善無畏譯。蘇悉地の供養法を說く。【閑帙三】(1425)

ソシツヂカラゴシヤウゴンホフ　蘇悉地羯羅五莊嚴法　〔修法〕【蘇悉地經上】に「蘇悉地羯羅五莊嚴法。何謂爲五。一謂精進。二謂明王。三謂除障。四謂成就諸勇猛事。五謂成就一切眞言。此蘇悉地經。」

ソシツヂカラボサツ　蘇悉地羯羅菩薩　〔菩薩〕胎藏界曼荼羅虛空藏院虛空藏菩薩の左の第四に位す。密號成就金剛と云ひ、萬法成就の德を主る。この尊蘇悉地院の主たるべき筈なれども元來虛空藏の眷屬なる故に別院を開立せずして可なるを文殊院に對する爲に別立せしなり。三昧耶形、釵。印相、普通掌、又は軍荼利印。眞言、彌囉曰囉二合悉體二合羅沒第布囉嚩二合嚩怛麽二合滿怛囉二合娑嚩娑嚩二合賀引。像は白黃色、心に當てて印を結び、赤蓮華に坐す。

(蘇悉地羯羅菩薩の圖)

ソシツヂキヤウ　蘇悉地經　〔經名〕蘇悉地羯羅經の略稱。

ソシツヂキヤウソ　蘇悉地經疏　〔書名〕七卷、慈覺著。

ソシツヂクヤウホフ　蘇悉地供養法　〔經名〕蘇悉地羯羅供養法の畧稱。

ソシツヂゴフ　蘇悉地業　〔術語〕蘇悉地經を學業とするもの。仁明天皇嘉祥三年慈覺朝に奏して舊來遮那業止觀業の外に蘇悉地業一人金剛頂業一人の度者を許さる。【類聚三代格二】

ソシツヂホフ　蘇悉地法　〔修法〕眞言三部大法の一。蘇悉地經の所明。胎金合一の作法なり。「ソシツヂカラキヤウ」を見よ。

ソシツヂキン　蘇悉地院　〔術語〕胎藏界曼荼羅十三院の第十一。不空金剛菩薩等の八尊を安置す。胎藏界三部の中の佛部に屬す。

ソシヤカタ　窣莎揭哆　〔雜語〕Susvāgata 譯、極善來。客の外より來たる時、主に謝する辭。【寄歸傳三】に「西方寺衆多爲二制法一。凡見二新來一無レ論二客舊及弟子門人舊人一。即須三迎前唱二莎揭哆一。譯曰二善來一。客乃尋聲即云二窣莎揭哆一。譯曰二極善來一。如不レ說者。一違二寺制一。二准レ律有レ犯。」

ソシヨエンエン　疎所緣緣　〔術語〕唯識宗に立つる所緣緣の一。間接所緣の境に名く。即ち相分に對する本質なり。

ソシヨゴダイブ　祖書五大部　〔書名〕日蓮の著書中主要なる書五部を指す。觀心本尊論、開目抄、選時鈔、總勘文抄、立正安國論これなり。

ソシヱ　祖師會　〔行事〕禪苑に歲旦に於て列祖の遺像及び書畫等を陳列して衆人に拜觀せしめ、祖師會と稱す。【象器箋十三】

ソジキ　素食　〔雜語〕素は潔白の義、粗略の義。魚肉の滋味を雜へざる食物。俗に精進物。

ソジフヲン　麁澁苑　〔雜語〕帝釋四苑の一。六波羅蜜經、倶舍論、正理論等に麤惡苑と云ひ、長阿含經起世經、瑜伽論等に麤澁苑と云ふ。帝釋戰はんと欲して此苑に入れば所須の甲杖等自然に現出するなり。【正理論三十】に「麤惡苑。天欲レ戰時。隨二其所須一。甲杖等現。」【智度論八】に「是時釋提婆那民。將二諸天衆一入二麤澁園中一。以下此園中樹木華實氣不二和悅一。麁澁惡上故。諸天人衆鬪心即生。」

ソセイ　素性　〔人名〕三十六歌仙の一。良峰朝臣左近衞少將宗貞の子、俗名を玄利と云ふ。清和天皇に仕へて左近將監に任ぜらる。後出家して雲林院及び良因院に住し、寛平八年宇多天皇雲林院に行幸の時權律師を拜し度者一人を賜はる。【三十六歌仙傳】

ソセキ　楚石　〔人名〕名は梵琦、字は楚石。法を元叟端に得て天寧の永祚寺に住持す。明の洪武三年寂壽七十五。國初第一等の宗師たり。【續稽古史略二】

ソセキ　疎石　〔人名〕京都天龍寺の開基疎石、字は夢窓、年十八にして祝髮、初の名は智曤南都の戒壇院に抵て示觀律師を禮して具足式を受け、顯密の二

敎を學ぶ、而も心敎外の旨を慕ふ。一夕夢に支那の疎山石頭の二刹に遊ぶ、一長眉の僧あり、達磨の像を與へて曰く、汝能く奉持せよ。寤て後自ら思ふ、吾れ禪に緣ありと、即ち洛に上て衣を易ふ。諸處に參究すること數年終に建長寺の佛國高峰に依て心印を了す、正中二年、歲五十一、後醍醐天皇に召されて宮に入り、玄談叡旨に叶ひ、敕して南禪寺に住せしむ。八月入寺開堂佛國の恩を報ず。嘉曆元年南禪の印を解て勢の善應寺を開き、元弘三年後醍醐天皇復辟、殊に國師の號を賜ふ。建武元年再び南禪寺に住す。三年京師大に亂る、因て南禪を退き臨川寺に居す、曆應二年後醍醐天皇吉野に崩ず、尊氏光明天皇の勅を奉じて後醍醐天皇の爲に天龍寺を創し、石を請じて開山第一祖とす、貞和二年職を辭して雲居庵に退き、觀應二年九月三會院に寂す、壽七十六。後醍醐帝より已後七朝の師號を賜はる、宗門の盛事前後比なし。【本朝高僧傳二十八】

ソセン　素饌　〔雜語〕素食に同じ。

ソセンタ　蘇扇多　〔佛名〕Suśānta 佛の名。譯、妙息灾。【慧琳音義七】

ソソクシヨ　蘇息處　〔術語〕小乘所說灰身滅智の涅槃を云ふ。【勝鬘經】に「言三阿羅漢辟支佛觀察解脫四智究竟得二蘇息處一者。亦是如來有餘不了義說。」【同寶窟中末】に「蘇息處者。灰身滅智身永寂之處也。」

ソソクテウクウ　鼠喞鳥空　〔譬喩〕濫に圓理を談ずるもの、煩惱即菩提、生死即涅槃の即の義を謬り、又諸法皆空の空の義を私して即空の深義に達せざるを斥して、怪鼠の喞喞の聲、怪鳥の空空の聲に譬ふ。【止觀八】に「謬謂二即是一猶二鼠喞一。若言二空空一如二空鳥空一。」【同輔行】に「不レ達二諦理一謬說二即名一。何異三怪鼠作二喞喞聲一。即聲無レ旨濫擬二生死即是涅槃一。亦如三怪鳥作二空空聲一。豈得三濫同二重空三昧一。」【四敎儀】に「我等愚輩。纔聞二即空一即擬二修行一。不レ知二即之所由一。鼠喞鳥空。廣在二經論一。尋レ之思レ之。」【文句記十】に「凡言レ即者。以顯二於離一。如二氷不レ離レ水理須レ融レ氷。義同二於レ離方乃顯レ即。」【止觀大意】に「凡諸經中有二即名一者。如二生死即涅槃之流一。皆以二六位一甄レ之。使二始終理同而初後無一レ濫。」

ソタラ　蘇怛羅　〔術語〕Sūtra 又、蘇多羅、素呾纜、蘇呾纜。舊稱、修多羅、修妬路。譯、綖、綫。以て物を通貫し連綴するもの。【大日經五】に四種蘇多羅。」【同疏十五】に「綖者。梵音名二蘇呾纜一。是連三持衆德一令二其不レ散故名レ綖也。」【玄應音義二十三】に「素怛纜。此譯云レ綫。舊言二修多羅一。或云二修妬路一。皆訛也。」図譯、經、契經、綖經。經典の通稱なり、經典は文義を連持して散ぜざらしむれば喩に寄て素呾纜と云ふ。經に綖の義あり且つ聖賢の書を經と稱するを以て此に對翻す。

「羅と云ふ。前項を見よ。

ソタラン　素怛纜　〔術語〕又、蘇呾纜。舊に修多

ソダ　蘇陀　〔飲食〕Suta, Sudhā 舊稱、須陀、譯、甘露、天上の食物。【玄應音義二十二】に「蘇陀味。舊經中作二須陀飯一。此天甘露食也。」【瑜伽論四】に「有二食樹一從二其樹裏一出二四食味一。名曰二蘇陀一。所謂青黃赤白。」【同略纂二】に「有二四種蘇陀味一者。謂靑黃赤白四色妙味。」

ソダイ　蘇陀夷　〔人名〕Sudāya, Sudāna 又須陀、須陀那に作る、沙彌の名。譯善施。【俱舍光記十四】に「蘇陀夷。此云二善施一。年始七歲。佛問。汝家在レ何。彼答言。三界無レ家。稱二可佛心一。未レ滿二二十一佛許二僧中羯磨受戒一。」【旃陀越國王經】に之を詳說す。

ソダウ　祖道　〔術語〕祖師の道。

ソダシヤナ　蘇陀沙拏　〔人名〕「ソダナ」を見よ。

ソダセンダ　蘇陀扇陀　〔飲食〕良藥の名。【智度論六】に「有二妙藥一名二蘇陀扇陀一。病人眼見スレハ衆疾皆愈。」梵 Sudhasyanda*

ソダタ　蘇多達　〔人名〕Sudatta 舊稱、須達、須達多、譯、善施、善與。給孤獨長者の名。【西域記六】に「蘇達多。唐言二名施一。舊曰二須達一訛也。」「スダツ」を見よ。

ソダナ　蘇達拏　〔本生〕又蘇陀沙拏に作り、舊に須大拏、須達拏、須提梨拏に作る。善牙、善施など譯す。釋迦如來因位の時。葉波國の太子となり、檀波羅密を行ひし時の名、又須提梨拏と名け好愛と譯す。【太子須大拏經】に「如來往昔葉波國の太子となり、施を好む、敵國の來り求むるに應じ國寶の白象を與ふ。父王怒つて之を檀特山に放つ、太子一妃二子を携へて山中に至り、後復た之を婆羅門に施與せり。」【智度論十二】に「須提梨拏太子。秦言二好愛一。以二其二子一布二施婆羅門一。次以レ妻施。其心不レ動。」【西域記二】に「城北有二窣覩婆一。是蘇達拏太子以二父王大象一施二婆羅門一。蒙レ譴被レ擯顧謝二國人一。」【寄歸傳四】に「東印度月宮大士作二毘輸安呾囉太子歌一。詞人皆舞。詠遍二五天一矣。舊云二蘇達拏太子一者是也。」【玄應音義五】に「須大拏。或言二須達拏一。或云二蘇陀沙拏一。此云二善與一。亦云二善施一。」「スダナ」を見よ。梵 Sudāna

ソダリシヤド　藪達梨舍苑　〔菩薩〕妙見菩薩の梵名。北辰星なり。【翻梵語】梵 Sudarśana

ソダリシヤナ　蘇達梨舍那　〔界名〕Sudarśana 七金山の第四、譯、善見。【瑜伽畧纂一】に「蘇達梨舍那。蘇者善義。舍那見義。即善見山。見二彼山形一善多生故。」

ソチユバ　蘇偸婆　〔術語〕Stūpa「ソドバ」を見よ。

ソツタク　啐啄　〔譬喩〕雛子の孵化せんとする時小雛卵中に在て吮ふ聲を啐と云ひ、母雞出さんと欲して殼を嚙むを啄と云ふ。以て禪人の機鋒相據するに譬ふ。【碧巖十六則公案】に「僧問二鏡淸一。學人啐。請師啄。」【同七則評唱】に「法眼禪師有二啐啄同時底機一。具二啐啄同時底用一。」【禪林寶訓音義】に「啐啄。如二雞抱一レ卵。小雞欲レ出以レ嘴吮レ聲曰レ啐。母雞憶レ出以レ嘴嚙レ之曰レ啄。作家機緣相投而解。亦猶レ是矣。」

ソテイジエン　祖庭事苑　〔書名〕八卷、宋の睦庵著。雲門錄以下の錄中の熟語故事を摘解す。

ソテリシヤナ　蘇跌里舍那　〔人名〕Sudarśana 比丘の名。譯、善見。【毘奈耶雜事四十】

ソテン　蘇巓　〔雜語〕蘇達盧山の巓。舊稱、須彌山。

ソトウ　祖燈　〔雜語〕列祖の法燈なり。【業疏濟緣記一上】に「僧海還同二於一味一。祖燈分照二於無窮一。」

ソトバ　率都婆　〔術語〕Stūpa 窣堵波、窣覩波、素覩波、藪斗婆、舊稱、藪偸婆、私鍮簸、數斗波、鍮婆、塔婆、兜婆、塔、浮圖など、佛物或は經文を奉安し、又死者生存者の德を標幟する爲に舍利、牙、髮等を埋め、金石土木を以て築造し、瞻仰せしむ。大聚、方墳、圓塚、靈廟、高顯處、功德聚など譯す。【西域記一】に「窣堵波。即舊所レ謂浮圖也。又曰二偸婆一。又曰二塔婆一。又曰二私偸簸一。又曰二數斗波一。皆訛也。」【起世經二】に「蘇偸婆。隋言二大聚一。」【法華文句三】に「塔婆此云二方墳一。方墳如二此土塚墓一。大灌頂翻爲レ塚也。」【玄應音義六】に「諸經論中。或作二數斗波一。或作二塔婆一。或作二兜婆一。或云二偸婆一。或言二蘇偸婆一。或作二脂帝浮都一。亦言二支提浮圖一。皆訛略也。正言二窣都波一。此譯云レ廟。或云二方墳一。此義翻也。或云二大塚一。或云二聚相一。謂累二石等一高以爲レ相也。案塔字諸書所レ無。唯葛洪字苑云。塔佛堂也。」釋迦法中佛成道の時二商來りて世尊の爪髮を得て起塔したるを嚆矢とし、又波斯匿が佛の長髮を乞ひて起塔したるを最初とも云ふ。佛の滅後に十大塔あり、阿輸迦王の時八萬四千の舍利塔あり、此等は佛塔なり。【十二因緣經】に依れば凡僧已上塔を造るを許し、位の高下に依て塔の級層の數に限あり、在家は之を許さず。密敎には別に五輪形の塔を設け、之を大日如來の標幟として僧俗一般に墓所に立つるを許す、此れより、塔と云へば佛塔、塔婆と云へば五輪にて兩者を區別するに至る。「タフ」を見よ。◉（榮花、浦浦のわかれ）「率都婆釘つき」

ソトバキヤウ　率都婆經　〔雜名〕或る經文を率都婆の木板に書くを云ふ。

ソトバイン　率都婆印　〔印相〕又、塔印。二種あり一は外五鈷印を以て率都婆印とす。【十八道鈔上】に「又於二一印一有二異名一。外五鈷印。瑜祇經說二率都婆印一。」【瑜祇經拾古鈔上】に「五部塔印指二五鈷一。」又、大慧刀印を以て率都婆印とす、亦無所不至印と名く。【十八道鈔上】に「塔印寶瓶印大慧刀印。此三印同印異名也。隨二其所用一改二阿闍梨觀心一也。」又三部の率都婆の印明異なり。佛部の率都婆印は攝大軌に出づ。蓮華部の率都婆印は觀音軌に出づ。金剛部の率都婆印は瑜祇經に出づ。【安然瑜祇經疏二】

ソトバクワン　率都婆觀　〔術語〕大日經所說の五字嚴身觀即ち即身成佛の法なり。「ゴリンクワン」を見よ。

ソトバダイキチジヤウボサツ　窣堵波大吉祥菩薩　〔菩薩〕彌勒菩薩の異名なり。「ダイタフキチジヤウ」を見よ。

ソトバホフカイフゲンイチジシンミツゴン　率覩婆法界普賢一字心密言　〔眞言〕す の一字を稱す。【瑜祇經】

ソトラチカ　窣吐羅底迦　〔術語〕Sthūlātyaya 六篇の中に第六の小罪の名。【慧琳音義六十】

ソナマ　蘇那摩　〔人名〕Sunāman 天子の名。譯、善名。【勝天王般若經七】

ソニタラ　蘇泥怛羅　〔異類〕Sunetra 夜叉の名。譯、妙目。【大孔雀經中】

ソニヤナ　蘇若那　〔雜語〕Sujñāna 譯、妙智。【探玄記一】

ソニン　麤人　〔術語〕小乘の行人を麤人とし、大乘の行者を細人とす。【智度論三十九】に「聲聞法中十不善道是爲二罪業一。摩訶衍中見レ有二身口意所作一是爲レ罪。作者見者皆是虛誑故。麤人則麤罪。細人則細罪。」と、天台の敎判上之を借て麤人細人の目あり、四敎の中藏通別の三敎を奉ずるものを麤人とし、圓敎を奉ずるものを細人とす。【釋籤一】に「細人麄人二俱犯レ過。從二過邊一說爲二俱麄人一。」

ソハクダイジ　棘栢大士　〔人名〕華嚴合論の著者李長者の號。

ソハンタ　蘇槃多　〔術語〕Subanta 又、蘇漫多。梵語の文法上名詞の變化を示すもの。所謂八轉聲なり。槃多は後の義、蘇の字の語尾に居る聲なり。是れ梵語名詞中多數第七格の語尾の名なるを名詞の語尾一般の名詞となせしなり。（南條師の八轉聲章私考に依る。）【唯識樞要上本】に「聲論辨二此聲一中蘇字居レ後。漫多是後義。則是蘇字居レ後聲也。」【寄歸傳四】に「言二七例一者。一切聲上皆悉有レ之。一一聲中各分二三節一。謂一言二言多言。總成二二十一言一也。乃至於二七例外一更有二呼召聲一便成二八例一。初句既三。餘皆准レ之。恐レ繁不レ錄。名二蘇槃多聲一。總有二三八二十四聲一。」

ソバコ 蘇婆呼 【人名】Subahu 又、蘇摩呼、蘇波故。譯、妙臂。蘇婆呼經に蘇婆呼童子あり、胎藏界曼荼羅に蘇波故菩薩あり。

ソバコキヤウ 蘇婆呼經 【經名】蘇婆呼童子請問經の略稱。

ソバコドウジキヤウ 蘇婆呼童子經 【經名】蘇婆呼童子請問經の略稱。

ソバコドウジシヤウモンキヤウ 蘇婆呼童子請問經 【經名】三卷、唐の輸婆迦羅譯。趙宋法賢譯の妙臂菩薩所問經と同本。密の三藏中毘尼藏に屬して秘經の要典なり。【開元錄九】に「蘇婆呼童子。唐言二妙臂童子一。」【希麟音義七】に「蘇摩呼。此云二妙臂一。」【閑帙三】（531）

ソバコボサツ 蘇婆呼菩薩 【菩薩】Subahu 又蘇波胡に作る。妙臂と譯す。胎藏界曼荼羅虛空藏院虛空藏菩薩の左第二に位す。密號は悉地金剛、虛空藏の吉祥の德を主る。三昧耶形、蓮花上一股杵。像、肉色、左手未敷蓮華を持し、右手與願にし、蓮上に左膝を立てて坐す、

（蘇婆呼菩薩の圖）

ソバシタ 蘇婆師多 【雜語】Subhāśita 譯、妙語。大衆誦經の終に言ふ詞。【寄歸傳四】に「經了之時。大衆皆云二蘇婆師多一。蘇即是妙。婆師多是語。意欲レ讚二經是微妙語一。」

ソバダラ 蘇跋陀羅 【人名】Subhadra 舊稱、須跋陀、譯、善賢、佛最後の弟子の名。【西域記六】に「蘇跋陀羅。唐言二善賢一。舊曰二須跋陀羅一訛也。」【慧琳音義十八】に「蘇跋陀羅。阿羅漢名也。唐言二善賢一。是佛在世時。最後得度聖弟子也。即涅槃經中須跋陀羅是也。」拘尸那城の梵志なり、齡一百二十にして四圍陀經に通じ、聰明多智なり、五神通を得、非想非非想定を得、佛の涅槃を聞て佛所に往き、八聖道を聞て遂に羅漢を成ず。【涅槃經四十】に「佛告二阿難一。是娑羅林外有二一梵志一。名二須跋陀一。其年極老已百二十。雖レ得二五通一未レ捨二憍慢一。」【大般涅槃經下】に「拘尸城有二一外道一。年百二十。名二須跋陀羅一。聰明多智誦二四毗陀經一。」【智度論三】に「須跋陀梵志年百二十歲得二五神通一。」

ソバラ 蘇伐羅 【雜名】「ソバリナ」を見よ

ソバラタ 蘇嚩囉多 【術語】又、蘇沒囉多 Suvrata 譯、善住戒者。持戒者の美稱。【大日經疏五】に「所レ云善住戒者。梵云。謂二之蘇嚩囉多一。是弟子之美稱。如レ言二弟子一之類也。」【同九】に「蘇沒囉多。翻爲二善住戒者一。以二其美住二三昧耶一故。亦名二善住戒者一。即是異門說二佛弟子之名一。」

ソバラナ 蘇嚩囉拏 【雜語】Suvarṇa 譯、好色。「【梵語雜名】

ソバラナクタラ 蘇伐剌拏瞿怛羅 【地名】國の名。譯、金氏。【西域記四】に「大雪山中有二蘇伐剌拏瞿怛羅國一。唐言二金氏一。出二上黃金一故以名焉。」梵 Suvarṇa-gotra

ソバラニ 蘇鉢剌尼 【動物】揭路茶鳥の異名。譯、妙翅。舊に金翅鳥と譯す。【俱舍光記八】に「或云二蘇鉢剌尼一。此云二妙翅一。翅殊妙也。舊云二金翅鳥一非二正所目一。」梵 Suparṇin

ソバリ 蘇婆利 【人名】Suvarṣa 迦葉遺部の部主の名。譯、善歲。依て蘇婆利師部と云ふ。【開宗記一本】

ソバリナ 素嚩哩拏 【雜語】Suvarṇa 又蘇伐羅、修跋拏、譯、金。【梵語雜名】に「金、梵語、素嚩哩拏。」

ソバリミテイタ 蘇鉢唎昧底多 【名義集三】に「蘇伐羅。或云二修跋摩一。此云レ金。」【雜語】譯、善了知。【華嚴疏鈔二十】に「蘇者善也。鉢唎昧底多。了知也。」梵 Suparividita

ソヒ 嗽卑 【術語】Upāsikā 新譯の鄔波斯なり。譯、近善女。【玄應音義十五】に「嗽卑或言二蘇卑一。或言二優婆斯一。皆訛轉也。正言二鄔波斯一。此云二近善女一。」

ソヒリヤ 蘇畢利耶 【人名】Supriya 人の名。譯、善愛。【本行集經四十八】「名。對翻なし。

ソヒンダ 蘇頻陀 【人名】十六羅漢中第四尊者の名。

ソフチリ 蘇弗窒利 【雜語】Suputrī 譯、善女。【本行集經五十二】

ソフタラ 蘇弗多羅 【動物】Suputra 鳥の名。譯、善子。【本行集經五十二】

ソフテイ 蘇補底 【人名】Subhūti 又、蘇部底。譯、善現。舊稱、須菩提。譯、善吉。【西域記四】に「蘇部底。唐言二善現一。舊曰二須扶提一。或曰二須菩提一。譯曰二善吉一。皆訛也。」

ソブテイ 蘇部底 【人名】「ソフテイ」を見よ。

ソブマ 蘇部摩 【異類】Subhūma 夜叉の名。譯、妙地。【大孔雀經中】

ソホフシン 素法身 【術語】唯法身の理體のみありて功德の俱はざるもの、天台に所謂理即佛にして三惡道の衆生是也。【四敎儀】に「今雖二然モ即佛一此是理佛ナリ。亦是素法身無二其莊嚴一。何關二修證一者也。」【同集註下】に「無二緣了功德莊嚴一。法身體素天龍之所二忽劣一。」

ソマ 蘇摩 【雜語】Soma 譯、月。【孔雀王咒經下】図香油図神酒ソーマはアスクレピアス等（Asclepias Acida or Sarcostema Viminale）を月夜に集め、牡

牛をして引かしめ、石にて壓して搾取する酒の一種にして、興奮の作用より其の内に火神が寓するものとし、又はインドラ神に大威力を與ふるものとせられて神格化せられ、崇拜せられたる也。紀元前後に於ては、その製法を忘れられたる如く、甘露と同一視せられ、海中より得らるるものとせり。「カンロ」の項

ソマコ　蘇摩呼　[人名]「ソバコ」を見よ。[參照。

ソマナ　蘇末那　[人名] Sumana 蘇摩那、蘇蔓那、須摩那。人の名、善意。【本行集經四十三】図花の名。蘇摩那花なり。【玄應音義二十一】に「蘇末那。舊云二蘇磨那一。花色黃白。亦甚香。不レ作二大樹一。纔高三四尺。四垂似レ蓋。」【知首四分律疏九】に「蘇蔓那花末。利末相似。廣州有。」

ソマハツ　蘇摩鉢　[物名] 佛鉢の名。【五分律十七】に「佛在二蘇摩國一自作二鉢坏一。令二窰師燒一初成。金鉢次成。」梵 Soma-pātra*

ソマフテイ　蘇摩浮帝　[人名] 蘇摩浮抵、童子の名。譯、尊月。【寶積經百九】梵 Somabhūti*

ソマンタ　蘇漫多　[術語]「ソハンタ」を見よ。

ソマンナ　蘇曼那　[植物] 花の名。「ソマナ」を見よ。

ソミツ　蘇蜜　[飲食] 蘇は梵語伽里多(ぎやりた)。Ghṛta* 酪を精製せしもの。蜜は梵語、摩度。Madhu 蜂の製せしもの。

ソミロ　蘇彌盧　[界名] 蘇彌樓山の名。「シュミ」を見よ。

ソメイ　蘇迷　[界名] 蘇迷盧の略。山の名。「シュミ」を見よ。

ソメイワク　疎迷惑　[術語] 俱舍に背上使と云ふ。見道所斷の十惑中貪瞋痴慢の四惑を云ふ。是れ直に諦理を緣せず、五見等の見惑を緣じて起る惑なればなり。

ソメガミ　染紙　[雜語] 經の忌詞。【延喜式五】

ソメイロ　蘇迷嚧　[界名] 山の名。「シュミ」を[見よ。

ソモ　作麼　[雜語] 作麼生の略。

ソモクカ　蘇目可　[異類] Sumukha 夜叉の名。譯、善面。【大孔雀經中】

ソモサン　作麼生　[雜語] 禪錄の語。疑問の詞。如何と言ふ如し。

ソモラタ　蘇沒囉多　[術語]「ソバラタ」を見よ。

ソモン　疏文　[雜名]「ショモン」を見よ。

ソヤ　初夜　[雜名]「ショヤ」を見よ。

ソヤマ　蘇夜摩　[界名] Suyāma 天の名。「ヤマ」を見よ。

ソユウ　蘇油　[飲食] 牛乳より製せし油にて或は食し或は身に塗る。【寄歸傳一】に「蘇油(Ghṛta)乳酪。所在皆有。」又、蘇摩那の花汁を以て作れる香油。【法華經法師功德品】に「諸樹華果實及蘇油香氣。」

ソラ　窣羅　[飲食] Surā 又、蘇羅、譯、酒。【順正理論三十八】に「窣羅者。謂米麥等如レ法烝煮。和二麴糵汁一投二諸藥物一。醞釀具成二酒色香味一。飲巳昏醉。」【瑜伽略纂十一】に「窣羅者米酒也。迷隸(Meraya)即果酒也。末陀(Mada)蒲桃酒也。」【梵語雜名】に「蘇羅。」

ソラタ　蘇囉多　[術語] Surata 蘇喇多。譯、妙適、妙住、妙著、妙樂。男女の相婬する如きもの。【理趣釋】に「妙適者。即梵音蘇囉多也。蘇囉多者如二世間那羅那哩娛樂一。金剛薩埵亦是蘇囉多。以二無緣大悲一徧緣二無盡衆生界一。願レ得二安樂利益一心無二曾休息一。自他平等無二故名二蘇囉多一耳。」【大日經十六】に「蘇喇多金剛妙住也。謂共住安穩也。」【同十七】に「梵音名二蘇羅多一。是著義。著二微妙之法一故名二蘇羅多一也。復次蘇羅多者是共住安樂義。謂共二妙理一而住受二於現法之樂一也。復次樂三著妙事業一故名二蘇羅多一也。又以二棄邪趣正義一故名二蘇羅多一也。又遍(スル)欲求義(ク)故名二蘇羅多一也。」図阿羅漢の名【慧琳音義十八】に「蘇剌多。亦阿羅漢名。唐云二善樂一。」図國の名。【西域記十一】に「蘇剌他(Surāṭha)國。西印度境。」

ソリヤ　蘇利耶　[天名] Sūrya 又、蘇哩耶、須梨耶。譯、日。【慧琳音義上】に「蘇利耶者。此云レ日也。」【梵語雜名】に「蘇哩也。」

ソルリツ　鼠摟栗　[術語] 摟は字典に攬取なり。慶取なり。凡そ鼠の栗を食ふや、必ず其に實を取て其の皮殼を全くす、內を穿て外を損せざるなり、以て或る師の不空假名宗を以て諸法の性實は空無なれども假の諦は全無にあらずと云ふを譬ふる也。不空假名宗とは空假名宗に對し、假名の世諦は不空也と立つ。【大乘玄論一】に「不空假名者。但無二性實有一。假世諦不レ可二全全一。如二鼠嘍レ栗」次の中論疏に樓に作り玄論に嘍に作るは皆非也【中論疏二末】に「齊隱士周顒著二三宗論一。一不空假名。二空假名。三假名空。不空假名者。經云二色空一者此是空三無性實一。故言レ空耳。不レ空二於假色一也。以レ空三無性實一故名爲レ空。即眞諦。不レ空二於假一故名二世諦一。晚人名レ此爲二鼠樓栗義一。」

ソロク　疏勒　[地名] 國の名。【慧苑音義下】に「疏勒國。正名二佉路數怛勒一。古來此方在略呼爲(テ)二疏勒一。又訛二數音一爲レ疏。然此名乃是彼國一山之號。因立二其稱一。又或翻爲二惡性國一。以二其國人性多獷戾一故也。」今の Kashgar なり。

ソロタアハンナ　窣路多阿半那　[雜語] Srota-āpanna 譯、預流、入流。小乘四果の第一果。【玄應音義二十三】に「梵音窣路多阿半那。此言二預流一。一切聖

道說爲レ流。能相續流ニ向涅槃一故。初證ニ聖果一創參ニ勝列一故名ニ預流一。預及也。參預也。舊言ニ須陀洹一者訛也。」「シクワ」を見よ。

ソロトカ　蘇盧都訶　【雜名】　呪の名。【七佛神呪所說經一】に「惟越佛說。有ニ一萬八千病一以ニ一呪一悉以治レ之。此陀羅尼名ニ蘇盧都訶一。晉言ニ梵音決定一。」

ソロハ　蘇樓波　【雜語】　Surūpa 譯、妙色。【勝天王般若經七】

ソワカ　蘇波訶　【術語】　Svāhā 又、蘇婆訶、娑婆訶、莎縛訶、薩婆訶、率縛訶、娑嚩賀、蘇和呵、馺婆訶、馺皤訶、沙訶、娑訶、莎訶など。共にソワカと讀む。眞言の結句なり。【仁王經儀軌下】に「娑縛賀。此云ニ成就義一。亦云ニ吉祥義一。亦云ニ圓寂義一。亦云ニ息災增益義一。亦云ニ無住義一。今依ニ無住義一。即是無住涅槃。依ニ此無涅槃一盡未來際利ニ樂有情一無ニ盡期一故。」【大日經疏四】に「末句云ニ莎訶一。是驚覺義。以下一切如來行ニ菩薩道一時同見中如レ是義上故。必定獅子吼發ニ誠實言一。我要當下以ニ此阿字門一遍淨中無盡衆生界上。若我此誓不レ虛者。共有ニ一切衆生一誦ニ我誠言一不レ虧ニ法則一。則當下如ニ其所願一皆充中滿之上。我今以レ隨ニ如來三昧耶敎一說ニ是眞言一。唯願不レ違ニ本誓一故令ニ我道場具足嚴淨一。故言ニ莎訶一也。」又「莎訶者。如三僧羯磨竟更加ニ忍可印成句一。若ニ我所發誠言一必定無レ謬。唯願諸佛不レ越ニ三昧耶一故令ニ所作圓滿一也。」【同九】に「莎訶是驚ニ覺諸佛一令レ作ニ證明一。亦憶念持義。」【同十三】に「娑訶是警發義也。以三此眞言警ニ發諸佛一。說ニ此明一時諸佛即警發。而起。加ニ持行人一也。」又「娑嚩訶。娑嚩自也。訶是本也更問。」【演密鈔六】に「梵語娑嚩合ニ訶此云ニ本誓一。謂諸佛如來同一大誓故。」【同七】に「莎縛訶。是攝取義。」【秘藏記本】に「娑婆訶。究竟義。圓滿義。驚覺義。成就義。散去義。」此の五義次第の如く法界體性智等の五智を表ずるなり。究竟の義とは法界體性智なり、是れ方便究竟の極果なる故なり、圓滿の義とは大圓鏡智なり、圓鏡圓滿其義同じきが故なり。驚覺の義とは平等性智なり、平等性智は修行の德を主る三密の修行に依て已成の如來を警覺し、又自己本有の菩提心を警覺するが故なり。成就義とは妙觀察智なり、妙觀察智は成菩提の德を主るが故なり。散去義とは成所作智なり成所作智は入涅槃の德を主る、若し涅槃に入れば佛散失するが故なり。【秘藏記鈔五】

ソンイ　尊意　【人名】　延曆寺の沙門尊意、年二十一座主圓珍を拜して具足戒を受けて台敎を學び、兩部の密法を增全僧正に稟け、蘇悉地法を玄昭より傳ふ。延長三年夏旱す、意勅を奉じ六僧を率ゐて佛頂尊勝の法を修す、四日にして雨ふる、此より尊勝の法朝廷に尊ばる。四年五月皇后產難、意不動明王の法を修して安產あり、勅して座主に任ず。七年三月京畿疫多し、意勅を奉じて豐樂院に於て不動の法を修し疫即ち息んで、度者三十人を賜はる。天慶三年二月叡山の講堂に於て不動安鎭の法を修して平の將門を降伏す、壇爐の焰中に將門弓矢を帶して立つ、助修の僧皆之を見る、幾ならずして將門誅に伏す。同月二十三日寂、壽七十四、僧正を贈る。【本朝高僧傳四十七】

ソンキ　尊記　【術語】　佛の弟子の成佛を記する言を記別と云ふ、之を敬して尊記と云ふ。【法華經】に「大智舍利弗。今得レ受ニ尊記一。」

ソンギ　尊儀　【術語】　尊貴の儀容。佛菩薩の形體、又は貴人の眞影靈牌などに云ふ。【尊勝經序】に「伏乞大慈大悲普覆令レ見ニ尊儀一。」【寄歸傳一】に「普就ニ尊儀一。蹲踞合掌。」　図香奠を云ふ、尊儀に奠する意より名く。

ソンギヤウ　尊形　【術語】　尊儀に同じ。【大日經六】に「彼二種尊形成ニ就二種事一。」

ソンギヤウマンダラ　尊形曼荼羅　【術語】　形像曼陀羅とも云ふ。諸尊の形像を畫きて相好の具足と福德の圓滿とを示したるもの、大曼陀羅これなり。

ソンゴ　尊悟　【雜語】　尊貴の人の證悟。【讚阿彌陀偈】に「尊悟歡喜地。」

ソンザウ　尊像　【雜語】　佛菩薩などの形像。【蘇悉地經二】に「置ニ閼伽於尊像前一。」

ソンシヤウワウ　尊星王　【天名】　北斗七星を七佛所說神呪經に妙見菩薩と名け、寺門の一流に尊星王と云ふ。依て北斗を祭る法を尊星王護摩と稱して園城寺の特法とす。智證の【顯密一如本佛釋】に「以ニ星王一名ニ妙見一。」【尺素往來】に「尊星王法者。三井智證之流。聖護院圓滿院常住院等。可レ爲ニ園城寺長吏一之跡。」「メウケン」を見よ。

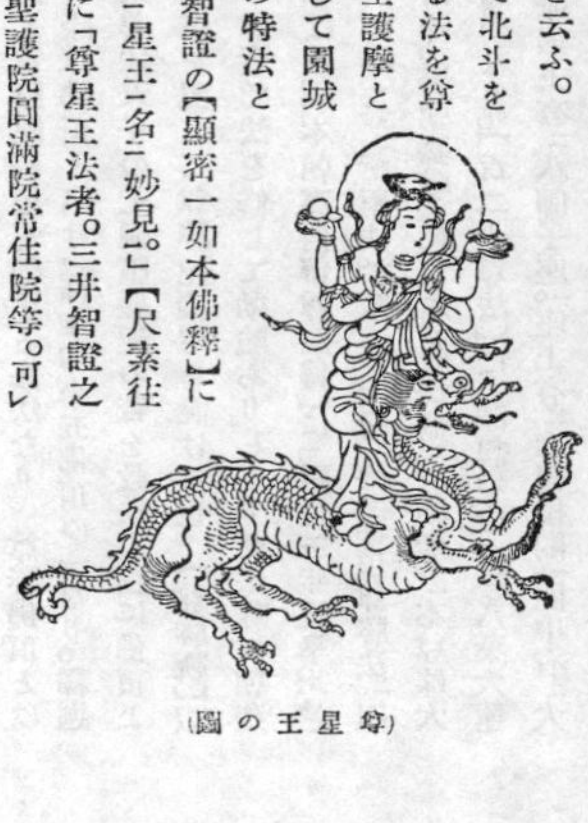

(尊星王の圖)

ソンシユク　尊宿　【雜語】　德尊くして年長けたるもの。【觀經序分義】に「德高曰レ尊。耆年曰レ宿。」【傳燈錄陸州章】に「人稱曰ニ陳尊宿一。」

ソンシヨウキ　尊勝軌　【經名】　尊勝陀羅尼儀軌の略稱。【餘帙一】

ソンシヨウキヤウ　尊勝經　【經名】　尊勝陀羅尼經の略名。

ソンシヨウグ　尊勝供　【修法】　尊勝佛頂尊の供養法なり。

ソンシヨウゴマ　尊勝護摩　〔修法〕尊勝佛頂尊に對して護摩法を修するなり。佛頂尊勝陀羅尼經一卷、佛頂尊勝陀羅尼念誦儀軌一卷あり。◉（榮花、玉の臺）「尊勝の護摩」

ソンシヨウダイイミヤウワウキヤウ　尊勝大明王經　〔經名〕一卷、趙宋の施護譯。佛阿難の爲に呪を說く、尊勝大明王と名く。【成帙八】（834）

ソンシヨウダラニ　尊勝陀羅尼　〔眞言〕具名、佛頂尊勝陀羅尼、尊勝佛頂尊の陀羅尼なり。帝釋天、善住天子が今より七度畜生惡道の身を受くべき業因あるを憫み、祇園精舍に詣でて佛に救濟の法を請ふ、佛爲に此陀羅尼を說て之を誦せしむ。【尊勝陀羅尼經】に「告二帝釋一言。天帝有二陀羅尼一名爲二如來佛頂尊勝一。能淨二一切惡道一。能淨二除一切生死苦惱一。乃至佛告二天帝一。此佛頂尊勝陀羅尼。若有レ人聞二一經テ於耳一先世所造一切地獄惡業皆悉消滅。」◉（枕草紙）「尊勝陀羅尼」

ソンシヨウダラニキヤウ　尊勝陀羅尼經　〔經名〕五譯あり、一に唐の杜行顗の譯、佛頂尊勝陀羅尼經、一卷。【成帙五】（349）二に唐の地婆訶羅譯、佛頂最勝陀羅尼經、一卷。【成帙五】（352）三に唐の佛陀波利譯、佛頂尊勝陀羅尼經、一卷。【閏帙六】（348）四に地婆訶羅の重譯、最勝佛頂陀羅尼淨除業障經、一卷。【閏帙六】（351）五に唐の義淨譯、佛頂尊勝陀羅尼經、一卷、【成帙五】（350）六に宋の施護譯、尊勝大明王經一卷、此六譯の中不空三藏の弟子法崇第三譯の佛陀波利本に就て疏二卷を作て世に流行す。

尊勝陀羅尼經疏　〔書名〕二卷、唐の法崇著。經文は佛陀波利の本に就き、陀羅尼は不空三藏譯の佛頂尊勝念誦供養法中の所出に依る。同科註三卷、根來小池房僧正亮汰著。

ソンシヨウダラニギキ　尊勝陀羅尼儀軌　〔經名〕二本あり、一は唐の善無畏譯、尊勝佛頂修瑜伽法儀軌一卷。【餘帙一】二に不空譯、佛頂尊勝陀羅尼念誦儀軌、一卷。【閏帙六】（1421）

ソンシヨウブツチヤウ　尊勝佛頂　〔佛名〕佛頂尊勝とも除障佛頂とも名く。是れ五佛頂の隨一にして尊勝陀羅尼の本尊即ち釋迦如來の佛頂より現出せる輪王形にして、佛頂尊中の最尊なれば尊勝

（尊勝佛頂の圖）

佛頂と名け、能く一切の惑業を除けば除障佛頂と名く。【尊勝佛頂修瑜伽法儀軌下】に「一切佛頂中。尊勝佛頂能除二一切煩惱業障一故。號爲二尊勝佛頂心一。亦名二除障佛頂一。」【同下】に「釋迦牟尼如來結跏趺坐作二說法相一。乃至爾時世尊慈悲愍念。便入二除障三摩地一。從二如來頂上一發二生悲耶三摩地一。狀若二輪王之像一。白色首戴二五佛寶冠一。手執二金剛鉤一。頂背圓光。通身如二車輪狀一。暉曜赫奕。現二此三摩地一時。十方世界六種震動。十方世界一切地獄六趣衆生應レ墮二惡道一者。皆悉滅二除一切惡業一不二復受一。若便生二天及十方淸淨國土一。爲二此善住天子七返惡道之身一時消滅一。是故號爲二除障佛頂輪王一。即是五佛頂輪王之一數。並通二三佛頂八大頂輪王一也。」【佛頂尊勝陀羅尼念誦儀軌】に「即於二山間空閑處一。或於二淨室一。畫二本尊尊勝陀羅尼像一安二於東壁一。持誦者以レ面對レ之。」

ソンシヨウブツチヤウニヨライ　尊勝佛頂如來　〔佛名〕尊勝佛頂は釋迦如來の佛頂より現出せる尊像なれば如來と云ふ。

ソンシヨウブツチヤウホフ　尊勝佛頂法　〔修法〕尊勝法の具名。

ソンシヨウヒホフ　尊勝秘法　〔修法〕尊勝佛頂尊の祕密の修法なり。次項を見よ。

ソンシヨウホフ　尊勝法　〔修法〕尊勝佛頂尊を念じ尊勝陀羅尼を誦する修法なり。尊勝佛頂とは一に除障佛頂と名け、釋迦如來五佛頂の一なり。釋迦如來善住天子の七偏墮惡趣の苦を救はん爲に佛頂より輪王を現じて尊勝陀羅尼を說ける也。【尊勝軌】叡山の尊意此法を修して効驗ありしより此法殊に朝廷に尊ばる。【本朝高僧傳尊意傳】に「延長三年夏旱。宣二於延曆寺一修二祈雨法一。意率二六僧一修二佛頂尊勝法一。四日雨降。擧朝嘉嘆。從レ此尊勝法稱二於朝廷一。」本尊は大日如來なり。【百二十尊法】に「觀想境中有二八葉大蓮華一。蓮華上有二八師子座一。座上有二七寶樓閣一。閣中有二大葉寶蓮華一。華臺上有二月輪一。此一大月輪中有二九位一。中位有二[illegible]字一。字變成二率都婆一。率都婆變成二大日如來一。結跏趺坐。白肉色。兩手齊ヨリ下如レ入二禪定一。掌中承二蓮華一。蓮華上有二金剛鉤一。戴二五佛冠一。周圍八大佛頂坐。並不動降三世六箇飛天等圍繞。」

畫像　〔圖像〕【尊勝佛頂修瑜伽法儀軌上　餘一十九左】「其所レ畫布絹氎等。大小隨意。乃於二蓮華臺上一結跏趺坐。白肉色。兩手臍下如レ入二禪定一。掌中承二蓮華一。於蓮華上有二金剛鉤一。如上頂輪王等。種種光明五智冠等。」一依二瑜伽圖一。皆於二白蓮華座一結跏趺坐。云云

ソンジヤ　尊者　〔術語〕梵語、阿梨耶。Ārya 聖

者尊者と譯す、智德具りて尊ぶべきもの。羅漢の尊稱。【資持記下三】に「尊者。臘高德重。爲レ人所レ尊。」大饗の時に一の人を尊者と云ふはもと佛家の食堂に於て首席に一の空位を設け、賓頭盧尊者を勸請して之を供養せし故事より來れる名なるべし。「ビンヅル」を見よ。【行事鈔下三】に「下座稱二上座一爲二尊者一。上座稱二下座一爲二慧命一。」

ソンジヤウキヤウ　尊上經　〔經名〕一卷、晉の竺法護譯。中阿含釋中禪室尊經の別譯。【昃帙八】(609)

ソンソウ　尊崇　〔術語〕德を貴び聖を敬ふと。【雜阿含經五十】に「尊二崇佛法僧一。」

ソンソクセン　尊足山　〔地名〕雞足山の異名。摩訶迦葉入定の處、依て之を祟めて尊足山と云ふ。【西域記九】に「屈屈吒播陀山。唐言二雞足一。亦謂二窶盧播陀山一。唐言二尊足一。乃至尊者大迦葉波。居レ中寂滅。不二敢指言一故言二尊足一。」Gurupāda 今の Gurpā 驛にあり。

ソンタヤチキヤウ　孫多耶致經　一卷、吳の支謙譯。孫多耶致は苦行梵志の名なり。佛二十一事の惡を說て彼を化す。【宿帙七】(761)

ソンダラナンダ　孫陀羅難陀　〔人名〕Sundara-nanda 孫達羅難陀、比丘の名。佛の小弟。譯、艷喜。【光宅法華疏一】に「孫陀羅難陀。是佛小弟。其人在レ俗有レ婦名二孫陀利一。(Sundari) 今擧二其婦一標レ之令レ知二是小弟一也。」【同玄贊一】に「孫達羅難陀。此云二艷喜一。孫陀羅訛也。艷是妻號。色美端嚴無比名レ艷。喜是白名。簡二前牧牛難陀一故言二艷喜一。艷之喜故。是佛親弟。身丈一丈五尺二寸。佛至二本城一二日度レ之。」

ソンダリ　孫陀利　〔人名〕Sundari 孫陀羅難陀尊者の本の妻、艷と譯す。図 Sundari 羅漢の名。一聚落の小兒生れて端正なり、孫陀利と名く、波斯匿王小兒を率て佛所に詣る、佛四諦の法を說き小兒悟道す、佛其往因を說く。【百緣經十】図 婬女あり孫陀利と名く、大衆の中に於て佛を誹謗す、是れ佛十難の一なり。佛其往昔の因緣を說く。孫陀利宿緣經と名く。興起行經上に攝む。

ソンドク　尊特　〔術語〕勝應身の尊大殊特なるを云ふ。盧舍那佛なり。【法華玄義十】に「尊特之身猶如二虛空一。爲二法性身菩薩一說レ法。」【四教儀集註上】に「盧舍那翻二淨滿一。謂諸惡都盡故淨。衆德悉圓故滿。亦翻二光明遍照一。亦名二尊特一。名二勝應一。」

二種尊特　〔名數〕一に修成尊特、因位の修行に由て成就せる佛の大相好なり、之を報佛の相好と云ふ、別教の意なり。二に性具尊特、法性本具の妙相なり、之を法佛の相好と云ふ、圓教の意なり。此中性具の尊特は上品にて修成の尊特は下品なり。而して華嚴經の微塵數の相好修成なれば是れ下品なり、法華經の微妙淨法身は性具なれば是れ上品なり。【妙宗鈔四】

ソンナキヤウ　尊那經　〔經名〕一卷、趙宋の法賢譯。佛尊那(Cunda)尊者に對して七種の布施七種の發心を說く。【宙帙八】(899)

ソンバミヤウワウ　遜婆明王　〔明王〕又、儞遜婆遜儞と云ふ、降三世明王の別名なり。「ガウサンゼ」を見よ。

遜婆明王法　〔修法〕內作業灌頂品の所說なり。【經疏三】に「遜婆明王五部の吽迦羅三十七尊を具し內外火法の護摩なり。」經に遜婆明王の根本眞言を說て曰く、唵噸日羅吽引迦羅吽吽吽。爾遜婆。吽吽と、金剛頂十八會の初、敎王會の四大品中第二降三世尊に六曼荼羅あり、所謂大三法羯の四に各三十七尊を具して皆降三世の印を持し、四印會は十七、一印會は十三尊なり、今の文の四印加持は東方の四印曼荼羅の十七尊の法なり。

(遜婆明王法の圖)

ソンブクダン　損伏斷　〔術語〕畢意斷の對。暫時煩惱の種子を押ふるに有漏道の力による、故に緣に觸るれば乃ち再び現行するの斷なり。經部所立。

ソンヨウ　尊容　〔雜語〕佛菩薩等の尊き容貌。【往生要集上本】に「跪二七寶階一瞻二萬德之尊容一。」

ソンラウ　尊老　〔雜語〕尊き老僧。【寄歸傳三】に「尊老之處。多座須レ安。」

ソンリヤウ　尊靈　〔雜語〕尊き靈魂。貴人の死者を云ふ。

ゾウアイ　憎愛　〔雜語〕怨を憎み親を愛すると。【無量壽經下】に「常爲二導師一。等シテ無二憎愛一。」【圓覺經】に「認二四顚倒一爲二實我體一。由レ此便生二憎愛二境一。」

ゾウイチアゴンキヤウ　增一阿含經　〔經名〕五十卷、東晉の瞿曇僧伽提婆譯。四阿含の第一。「アゴンキヤウ」を見よ。⊙(榮花、鶴の林)「諸行無常は增一阿含經の文なり」梵 Ekottara-āgama 巴 Aṅguttara

ゾウカイ　繒蓋　〔物名〕絹布を以て作れる大蓋。

ゾウカイガク　增戒學　〔術語〕增上戒學の略。

戒律は三學の一なれば戒學と云ひ、此法力强ければ增上と云ふ。增上は力の强きを云ふ。依て三學共に增字を冠す。【資持記上一之一】に「增戒學者。出世正道。增上勝法。非下謂二漸制一而言上增也。定慧亦同。」又戒を增上する義。

ゾウカク　增加句　[術語] 眞言の上下に增加する緊要の語句なり。法に隨て各差別あり。

ゾウガ　增賀　[人名] 橘恒平の子にて叡山の慈慧僧正に從て台學を硏き、名利を厭ひて多武峰に隱る。【元亨釋書十】⦿(徒然草)「增賀聖のいひけるやうに」

ゾウコフ　增劫　[術語] 住劫の中に人壽十歲より百年に一年を增しつつ人壽八萬四千歲に至る間を增劫と云ふ。

ゾウシンブツダウラク　增進佛道樂　[術語] 往生要集所說十樂の第十。極樂に往生すれば自然に佛道を增進する樂事あるを云ふ。【往生要集上本】

ゾウジヤウ　增上　[術語] 總て勢力の强きを云ふ。

ゾウジヤウエン　增上緣　[術語] 四緣の一。他の法を起すに强き力を與ふるものを云ふ。眼根の能く眼識を生じ、田土の能く米麥を生ずる如し。【大乘義章三本】に「增上緣者。起レ法强。故曰二增上一。」【觀經玄義分】に「凡夫得レ生者莫下不中皆乘二阿彌陀佛大願業力一爲中增上緣上也。」

ゾウジヤウカイガク　增上戒學　[術語] 三學の一。「ゾウカイガク」を見よ。

ゾウジヤウクワ　增上果　[術語] 五果の一。增上緣に依て生ぜしもの。眼識の眼根に於る如き、眼識は增上果なり。

ゾウジヤウシン　增上心　[術語] 强盛の心。【圓覺經】に「一切衆生於二大圓覺一起二增上心一。當レ發二菩薩清淨大願一。」〔又〕定心を云ふ。定心の勢力强盛なれば名く。【中阿含經二十五】に「增上心經。」

ゾウジヤウシンガク　增上心學　[術語] 三學の一。定學を云ふ。定學に增上の力を有すれば增上心學と云ひ、又心を增進する學なれば增上心學と云ふ。

ゾウジヤウジ　增上寺　[寺名] 三緣山增上寺。後小松帝明德四年酉譽上人聖聰の創する所、譽初め密敎を學び、後傳通院の聖冏に遇て淨土宗に歸す。

ゾウジヤウマン　增上慢　[術語] 我は增上の法を得たりと謂ひて慢心を起すを云ふ。未だ聖道を得ざるを已に得たりと謂ふ如きなり。七慢の一。【俱舍論十九】に「於下未レ證得二殊勝德中上。謂二已證得一。名二增上慢一。」【法華經方便品】に「此輩罪根深重。及增上慢。未得謂レ得。未證謂レ證。有二如レ是失一。」⦿(十訓抄一)「彼等罪根深重の增上慢にして、いまだ證せざるを證せりと思ひ」

五千の增上慢　[故事] 釋尊が將に法華を說かんとせしとき增上慢の心を懷ける五千人の衆あり、我等已に妙果を證せり何ぞ法華を聞くを要せんとて各座を立て去れり。【法華經方便品】に「說二此語一時。會中有二比丘比丘尼優婆塞優婆夷五千人等。即從レ座立。禮レ佛而退。」

ゾウジヤウマンシヤウモン　增上慢聲聞　[術語] 五種聲聞の一。小乘の涅槃に甘じて大乘法を聞かざるもの。法華の五千人の如し。

ゾウジヤウヱガク　增上慧學　[術語] 三學の一。增勝の智慧を發する學。又、智慧を增進する學。

ゾウソク　增息　[術語] 增益息災なり。加持祈禱の功能に名く。

ゾウダウソンシヤウ　增道損生　[術語] 法華本門の利益なり。初住已上佛果に至るまで四十二位の間漸く悟の智を增して漸く生死の類を減ずるを云ふ。迹門の法華に於て聲聞の人成佛の記を受けて菩薩となり了りたれば、本門の法華には菩薩の增道損生の益を得るなり。【觀音義疏下】に「聲聞疑除受記作佛。菩薩迷去增道損生。」【法華文句九】に「本門增道損生。皆約二圓位一解釋。」

ゾウヂヤウ　增長　[術語] 橫に增し竪に長ずること。【勝鬘寶窟上末】に「增長者。橫闊爲レ增。竪進爲レ長。」

ゾウヂヤウクワウモク　增長廣目　[天名] 增長天と廣目天。⦿(太平記一六)「多聞、持國、增長、廣目の四天」

ゾウヂヤウテン　增長天　[天名] 四王天中の南方天の名。「シテンワウ」を見よ。

(增長天の圖)

ゾウバラビンダラ　曾婆羅頻陀羅　[界名] 地獄の名。【淨土和讚】に「衆生有碍のさとりにて無碍の佛智をうたがへば曾婆羅頻陀羅地獄にて多劫衆苦に沈むなり」理綱院の【三餘隨筆中】及び香月院の【和讚講義】に種種穿鑿の結果を示して終に典據未詳と決せり。梵語 Saṃvara-piṇḍala なるべし、河堰又は汎濫中の橋路を云ふ。

ゾウヒ　増悲　〔術語〕菩薩の種性に悲増智増の二種あり、速に煩惱を斷じて佛果を證するを智增と云ひ、煩惱を斷ぜずして永く衆生を利益するを悲增と云ふ。又之を增悲增智と名く。【稽古略三】に「明州普賢懺院幼璋禪師收二瘞台溫明三郡餓殍遺骸數千一。時人呼レ師曰二增悲菩薩一。」【祖庭事苑】に「增悲猶二悲增一也。菩薩人不レ取二涅槃一而利生。曰二悲增一也。」

ゾウベツキヤウ　贈別經　〔儀式〕葬送日の前夜を贈別夜と云ひ、贈別夜の諷經を贈別經と云ふ。

ゾウベツヤ　贈別夜　〔術語〕葬送日の前夜を云ふ。又逮夜とも宿夜とも大夜とも名く。

ゾウミヤウ　增命　〔術語〕智證の弟子にて延喜六年天台の座主となり、延長六年僧正に叙し、法務を管す、台徒の法務此より始る。【元亨釋書十】

ゾウヤク　增益　〔術語〕四種壇法の一。福德を增益する爲に南方寶部の諸尊を祈念する修法なり。【大日經疏十一】に「增益亦名二圓滿一。謂能滿二一切所願一也。」【秘藏記末】に「增益用二寶部尊一。」【同本】に「增益法。以二白月日出一起首。行者面向二東方一半跏坐若結跏趺坐。其修二福德一者即觀下我身遍二法界一成中黃金方壇上。又觀下身成二降三世尊一極喜怡相也。我口即爐口上。又想下身作二如意寶珠一雨二七寶及雜財物一。滿中自界院內及法界上。若爲レ他覓二官位封祿一。觀下國王大臣愛念某甲一授中與官祿上。若爲レ他求レ慶者。觀二諸佛菩薩加被國王大臣愛念與一レ慶。若修二智慧一者觀下從二我心智慧日輪一光明出現照中曜法界上。」事相の時はソウヤクと濁らずに讀む。

ゾウヱキヤウ　增慧經　〔經名〕增慧陀羅尼經の「略名。」

ゾウヱダラニキヤウ　增慧陀羅尼經　〔經名〕一卷、趙宋施護譯。大慧菩薩須彌山頂に住し童子相菩薩の請に由つて此咒を說く。【成帙十一】(87)

ゾクイチサイキヤウオンギ　續一切經音義　〔書名〕十卷、唐の希麟集。又希麟音義と名く。【爲帙八】

ゾクカイ　俗戒　〔術語〕無漏の道具戒に對して有漏の諸戒を俗戒と名く。【法苑珠林】に「夫戒有二三種一。一是俗戒。二是道戒。三是定戒。五八十具戒等爲二俗戒一。」又、十戒具足戒の出家戒に對して五戒八戒の在家戒を俗戒と稱す。

ゾクカイゲンシヤクケウロク　續開元釋敎錄　〔書名〕具名、大唐貞元續開元釋敎錄、三卷、唐の圓照集。【結帙五】

ゾクカウソウデン　續高僧傳　〔書名〕三十卷、唐の道宣集。【致帙二乃至四】(1497)

ゾクガ　俗我　〔術語〕眞我に對す、又假我と云ふ。佛者五蘊の假者に於て世俗の法に順じて我と稱するを俗我と云ふ。眞我とは又實我と云ふ。外道凡夫の執する妄我なり。佛者は妄我を排して俗我を撥せざるなり。

ゾクギヤウ　俗形　俗人の形。【薩婆多律攝五】に「非法衣服。是俗形儀。」

ゾクココンヤクキヤウヅキ　續古今譯經圖紀　〔書名〕一卷、唐の智昇撰。【結帙三】(1488)

ゾクサン　粟散　〔術語〕小王の多きと粟を散じたる如きを云ふ。輪王より以下一國一州を領するものを皆粟散王と云ふ。【仁王經上】に「中下品善粟散王。上品十善鐵輪王。」【天台仁王經疏中】に「小王衆多。猶如二粟散一。」【大部補注十三】に「或云。取二數之衆多一故云二粟散一。或云。如下人把レ粟散二置槃中一各得中分位上。」⊙(水鏡中)「敬禮救世觀世音傳燈東方粟散王」

ゾクサンコク　粟散國　〔術語〕粟散王の領有する國土なり。

ゾクサンヘンチ　粟散邊地　〔術語〕又、粟散邊土、粟散邊州、粟散邊國など。吾國を稱す。粟散國にして而も東海に偏在すればなり。⊙(平家二)「さすが我朝は、粟散邊地の境」

ゾクシヤウシ　族姓子　〔雜名〕又、族姓男。梵名、矩羅補嚫 Kula-putra 印度に四姓あり、其隨一を云ふ。【大日經疏五】に「梵云二矩羅一。是族義。部義。補怛羅是男子義。若世諦釋於二四姓中一生。皆名二大族一。今得レ生二如來家一。於二諸族中一爲二最勝一。故名二族姓子一。」

ゾクタイ　俗諦　〔術語〕眞諦に對して俗諦の稱あり、又世諦と云ふ。俗は俗事なり、又世俗の人なり。一切因緣生の事相を眞理に對して俗と云ひ、又世俗の人の知る所を俗と云ふ。諦とは眞實の道理なり。即ち俗事上の道理を俗諦と云ひ、又世俗の人の知る所の道理を俗諦と云ふ。【大乘義章一】に「俗謂世俗。世俗所レ知。故名二俗諦一。」「ニタイ」を見よ。⊙(太平記二〇)「眞諦俗諦善願の望を達せん」

ゾクチ　俗智　〔術語〕凡俗淺近の智、又俗諦を知る智。又有漏雜染の智。「ニチ」を見よ。

ゾクヂユウ　賊住　〔術語〕未だ具足戒を受けざるものにして具足戒を受けし比丘衆の中に住して僧事を共にするを云ふ。【寄歸傳一】に「不思咽咽當有二流槃之苦一。誰知步步現招二賊住之殃一。」【行事鈔上三】に「四分云。爲下比丘與二外道一相濫上。佛令レ問二何時何月何和尙闍梨等一。即知下佛法與二外道俗人一有中異。勘問知レ非二賊住一。」

ゾクヂン　俗塵　〔術語〕凡俗の塵垢。一切世間の人事を斥けて言ふ。【往生要集上本】に「頭戴二霜髮一。心染二俗塵一。一生雖レ盡。希望不レ盡。」【續高僧傳道傑傳】に「宿植二德本一。情厭二俗塵一。」

ゾクニフホフカイボン　續入法界品　〔經名〕大方廣佛華嚴經入法界品の異名。

ゾクニン　俗人　〔術語〕梵語、誐羅娑他（ぎやらさた） Gṛhastha 在家の人を云ふ。

ゾクバクビク　賊縛比丘　〔人名〕「サウケビク」を見よ。

ゾクヒジリ　俗聖　〔術語〕俗形にて世捨人の行を作すもの。⦿（源氏）「いまだ形はかへ給はずや俗聖とか」

ゾクマウシンジツシユウ　俗妄眞實宗　〔術語〕華嚴宗所判十宗の一。小乘の中說出世部等の所立にて世間法を俗諦とし、出世間法を眞諦とし。俗諦は妄にして眞諦は實なりと云ふもの。【五教章上】

ゾクミヤウシンバン　續命神幡　〔物名〕藥師如來の祈禱に用ふる五色の神幡の名。以て延命の益を得ればなり。【藥師經】に「時彼病人親屬知識。若能爲レ彼歸二依世尊藥師瑠璃光如來一。請二諸衆僧一。轉二讀此經一。燃二七層之燈一。懸二着五色續命神幡一。或有二是處一彼識得レ還。如下在二夢中一明了自見上。」【經律異相六】に阿育王之に依て二十五年壽を延せし事を載す。

ゾクミヤウホフ　續命法　〔修法〕續命神幡の祈禱法なり。

ゾクル　俗流　〔術語〕世俗の流類。【釋門歸敬儀中】に「自揣二形服一。都非二俗流一。」

ゾクルヰ　囑累　〔術語〕事を言ひ付けて彼を累はすこと。【法華文句中】に「囑是佛所二付囑一。累是煩レ爾宣傳。」【天台維摩經疏十】に「囑是付囑爲レ義。累是煩勞荷負之義矣。」図 累はしきことを彼に付囑する義。【淨影維摩經疏】に「累是擔累。法是宣傳者之重擔。故名爲二擔累一。以レ此囑付令二人傳通一。故名二囑累一。」ショクルヰと讀む。

ゾクルヰホン　囑累品　〔經名〕本經の弘通を囑托することを明かす品の名。法華維摩經等の諸法にあり、但諸經の囑累品は經末にあるを例とするに法華は二十八品中第二十二にあり、之に就て慈恩家は編次の誤なりと云ひ、天台家は然らずと云ふ、各一理あり。ショクルヰボンと讀む。

ゾンケン　存見　〔術語〕惡見を有するもの。

ゾンシヤウ　存生　〔術語〕生命を存すること。【地藏本願經上】に「菩薩之母存生。習二何行業一。」

ゾンメイ　存命　〔術語〕生命を存すること。【心地觀經四】に「若存二其命一是無價寶。」【有部毘奈耶四十八】に「共立二要盟一。方存二汝命一。」ゾンミヤウとも讀む。

ゾンリヤク　存略　〔術語〕存は存置の義、略を存置するなり、而も略に二義あり、一は全く略して說かざること。一は略義を說くこと。【行事鈔上一】に「今通括二一化所說正文一且引二數條一。餘便存レ略。」此は第一義。【往生要集上本】に「若存レ略者。如二馬鳴菩薩賴吒和羅伎聲唱云一。」此は第二義。

た

タ　吒　〔術語〕𑖘 Ṭa 悉曇五十字門の一。一切法慢不可得【大日經】の義等と云ふ。【文殊問經】に「稱吒字時。是斷結聲。」【涅槃經】に「吒者於二閻浮提一示二現半身一而演二說法一。喩如二半月一是名レ吒。」とす。慢は Ṭanha より釋したる如し。

タ　咃　〔術語〕𑖙 Ṭha 悉曇五十字門の一。【大日經】に「一切法長養不可得。」の義とし、【文殊問經】に「稱咃字時。是出置答聲。」と云ふ。出置答は Ṭhapanīya(√sthā)より釋したる如し。又【涅槃經】には「咃者法身具足。喩如二滿月一。是故名レ咃」とす。

タ　多　〔術語〕𑖝 Ta 悉曇五十字門の一。【大日經】に「一切法如如。不可得故。」とす、Tathatā 眞如より釋す。【文殊問經】に「稱多字時。是眞如無間斷聲。」とす。

タ　佗　〔術語〕𑖞 Tha 悉曇五十字門の一。【金剛頂經】に「佗字門。一切法住處不可得。」とす、Sthāna（住處）より釋し、【文殊問經】に「稱多字時。是勢力進無畏聲。」と云ふは Sthāman（勢力）より釋したる如し。

タアミダブツ　他阿彌陀佛　〔人名〕名は眞教一遍上人の法嗣にして相州藤澤無量壽寺の開山なり。「シンケウ」を見よ。

タアマラバツダラ　多阿摩羅跋陀羅　〔雜名〕Tāmrapattra 譯、藿葉香。赤銅葉。【名義集三】に「多此云レ性。阿摩羅此云二無垢一。跋陀羅此云レ賢。或云二藿葉香一。或云二赤銅葉一。」

タイ　諦　〔術語〕眞實不虛の義にて、眞實の道理虛妄ならざるを云ふ。俗事の虛妄なる道理を俗諦と名け、涅槃の寂靜なる道理を眞諦と名くる如し。此諦理を見る者を聖者とし、然らざるを凡夫とす。【大日經疏八】に「諦者。即是如來眞實句。」【義林章二末】に「諦者實義。有如實有。無如實無。有無不レ虛名レ之爲レ諦。」又「事如實事。理如實理。事理不レ謬名レ之爲レ諦。」【二諦義上】に「諦是實義。有於レ凡實。空於レ聖實。是二皆實。」

二諦　〔名數〕一に眞諦、眞理上の實義、又聖者の見る所の實義なり。二に俗諦、俗事上の實義、又凡夫の知る所の實義なり。

三諦 【名數】一に空諦、因緣生の事物は體性實に空無なる道理を云ふ。二に假諦、體性空なれども假相實に存在する道理を云ふ。三に中諦空假の二性不二一如なる道理を云ふ。天台の所立なり。「サンタイ」を見よ。

四諦 【名數】「シタイ」を見よ。

八諦 【名數】法相宗に世俗諦に四重を開き、勝義諦に四重を立つ、世俗勝義合せて八諦なり。【瑜伽論六十四】に兩種の四諦を明かし、唯識論九に勝義の四諦を說く。世俗の四諦とは一に世間世俗諦、又有名無實諦と名く。瓶、衣、軍、林等の假法なり、是れ眞理を隱覆する世俗の法なれば世間と云ひ、凡法の認めて實有となすものなれば世俗と名く。二に道理世俗諦、又隨事差別諦と名く、五蘊十二處十八界等の種種差別の法門なり。一一の法門道理に順ずれば道理と云ひ、事相差別して見易ければ世俗と名く。三に證得世俗諦、又方便安立諦と名く。佛の方便を以て知斷證修を安立せる苦等の四諦なり、是れ行人證悟の法なれば證得と云ひ、因果の相狀分明知るべければ世俗と名く。四に勝義世俗諦、又假名非安立諦と名く。二空眞如なり。我を空じて得たる眞如、法を空じて得たる法空眞如也 是れ諸相を離れて 非安立の義 聖智の覺する所なれば勝義と云ひ、尙假相を以て安立し、體離言にあらざれば 假名の義 世俗と名く。勝義の四諦とは一に世間勝義、又、體用顯現諦と名く、即ち第二俗の三科等の法なり、事相麁顯にして猶破壞すべければ世間と云ひ、聖者の知る所第一の俗に異なれば勝義と名く。二に道理勝義、又因果差別諦と名く、即ち第三俗の苦等の四諦なり、知斷證修の因果の差別を道理と云ひ、無漏智の境界前の第二俗に勝ぐれば勝義と名く。三に證得勝義諦、又依門顯實諦と名く。即ち第四俗の二空眞如なり、聖智詮空の門に依て觀じて理を顯はせば證得と云ひ、凡愚側られず前の第三俗に勝ぐれば勝義と名く。四に勝義勝義諦、又廢詮談旨と名く。即ち一眞法界なり、妙體言を離れ法相を超ゆれば勝義と云ひ、聖智の內智にして前の第四俗に勝ぐれば復た勝義と云ふ。【義林章二末】

タイ　體 【術語】梵語、馱都 Dhātu 體、界、性など譯す。物の一定不變にして差別せる支分の所依根本となるものを體と云ふ、之に對して能依の差別を相と名く。而して此體相に就て性相二宗の別ありて法相宗に於ては能依の相の外に所依の體あること尙草木の外に大地ある如しと云ひ、法性宗に於ては只能依の相を完くせしを所依の體となすこと猶種種の器具を通じて一の全體たる如しと云ふ。例へば人身に於て法相宗は四支五官は相なり、此外に衆同分或は阿賴耶識なる者有て之が所依の體となると云ひ、法性宗に於ては四支五官衆同分阿賴耶識を該攝せし者を體とし此外に別體あることなしと云ふ。圓成實性と依他起性との關係も亦此の如し、法相宗は依他起の萬有の外に圓成實の眞如ありと云ひ、法性宗は依他起の萬有の相を該通するもの即ち圓成實の眞體なりと云ふ。身體の體は梵語、Kāya 又體とは通の義。理に通達するを云ふ。體信、體達、體會など熟す。【述記九末】に「體者通也。」【金光明玄義】に「體是達義。」

タイアツヂゴク　堆壓地獄 【界名】別名、衆合地獄、八大地獄の第三。獄中大石山ありて罪人の身を壓碎するもの。

タイアンセウシ　帶行小師 【雜名】師僧に侍從する弟子侶なり。

タイイ　大意 【術語】經論を講ずるに初めに大意、次に題號、次に入文解釋と三段に分つを例とす。大意とは一部始終の綱要を論ずるなり。【止觀一】に「大意囊ニ括始終一冠ニ戴初後一。」【說法明眼論】に「若供ニ養經律論等一。必應レ有ニ大意釋名科文三段一。」【同鈔上】に「大意者。未レ入レ文前懸談ニ敎起因由一部綱要一。釋名者次解ニ名題一也。科文者正入ニ正文一分ニ三分科一等。」

タイエンケ　對緣假 【術語】四假の一。「ケ」を見よ。

タイカウ　大綱 【雜語】法門の大義を綱の綱に譬へ、委細の敎義を目に譬ふ。【法華玄義十】に「唯論ニ如來說敎大綱一不レ委ニ細綱目一。」【同釋籤】に「說ニ法華一唯在ニ大綱一不レ事ニ綱目一。」

タイカウ　台衡 【雜語】台は天台山の智者、衡は衡岳の慧思。慧思は師にして智者は弟子なれども、姑く語便に隨つて台衡と云ふ、猶ほ曹洞と言ふ如し。【釋籤二】に「洎ニ於隋文御一レ寓。台衡誕應。」【輔行一】に「南山歎云。唯衡岳台崖雙弘ニ禪慧一。」【四敎儀集解下】に「淸凉觀佛云。攝ニ台衡三觀之玄趣一。使三敎合ニ亡言之旨一。心同ニ諸佛之心一。不レ假三更看ニ他面一。」

タイガウシユ　對告衆 【術語】世尊說法の時、大衆のうちより或る一人を對手として說法し給ふ。節章の初めに「佛告阿難」とあるは阿難が對告衆なるが如く、阿彌陀經、般若經の舍利弗亦對告衆なり。

タイガク　台岳 【地名】支那の天台山、又、日本の叡山を云ふ。

タイキ　對機 【術語】佛陀が衆生の根機に對して相應の手段を施すこと。又禪家の宗匠學者の問に答ふるを云ふ。

タイキウ　帝弓 【雜語】天帝の弓、虹の異名。天弓に同じ。

タイキヤウ　胎經　〔經名〕菩薩處胎經の略。

タイギ　體義　〔術語〕體とは諸法平等の理、義とは諸法差別の相。又、義は第一義諦の義の如く直に平等の法體を指せば體即義なり。

タイクウ　體空　〔術語〕經中所明の空理に二種あり、一は體空、他は拆空なり、人を分拆して五蘊十二處、十八界等となし、色を分拆して極微に至り、心を分拆して一念に至る如く、分拆の結果始めて空を觀るを拆空と云ふ、是れ一切小乘教の空理なり。體空とは之を分拆するを要せず、直に法の體を押へて幻の如く夢の如く是れ空なりと觀じ、體を存しながら顯はるる空理なり。金剛經の如夢幻泡影如露亦如電の喩の如き、此體空を說く。是れ大乘の所明なり。此體空の中には自ら中道の理（體そのままが空なりと云へば自ら空其ままが體なるを知る、依て空有不二の中道自ら顯はる。）を含めば之を不但空とも含中空とも云ふ。不但空とは拆空の如く但空（たんくう）（諸法を分拆して但空に歸せしむれば但空と云ふ。）にあらざるを云ひ、含中空とは中道を含む空なるを云ふ。

タイクウクワン　體空觀　〔術語〕體空を見る觀法なり。大乘菩薩の觀法にして利鈍の二種あり。鈍根の菩薩は之に依て空寂の涅槃を證すれば小乘の覺に同じ、利根の菩薩は之に依て中道（體空の裏に中道を含む體空の下に辨ず。）を達觀す。

タイクウケウ　體空教　〔術語〕體空を說く教門にして方等部般若部の諸經及び涅槃經にあり。金剛般若の六喩、維摩經の十喩の如き是なり。天台の四教に之を通教と名く。鈍根の菩薩は之に依て三藏教に等しく空寂の涅槃を證し、利根の菩薩は之に依て別圓二教の如く中道を證して一教前後に通ずればなり。

タイクウムシヤウノクワンボフ　體空無生觀法　〔術語〕一切諸法を觀ずるに、その體空無性にして夢幻の如く如露亦如電と觀ずる觀法なり。

タイクツ　退屈　〔術語〕菩薩の修行に三種の退屈心を生ずべき難關あり。「サンタイクツ」を見よ。【唯識論九】に「修二勝行一時有二三退屈一」。【圓覺經】に「汝善男子。當下護二末世是修行者一。無中令二惡魔及諸外道一惱二身心一。令中生二退屈一」

タイクワン　諦觀　〔人名〕高麗國の沙門。吳越王錢俶幣使を高麗に發して天台の教乘を求む。彼國諦觀をして之を齎さしめ、且つ誡て曰く、中國に於て師を求めて問難し、若し答ふると能はずんば教父を奪て回れと。師既に至る。螺溪の義寂講授に善きを聞き、往て參謁し、一見心服して遂に禮して師となす。嘗て所製の四教儀を以て篋に藏す、人知るものなし。師螺溪に留まるうち一日坐亡す。後人故篋光を放つを見て開て之を視れば唯此書のみ、是に由て盛に諸方に傳ふ。【佛祖統記十】

タイグ　胎宮　〔術語〕極樂の往生人に胎生と化生の二種あり、佛の他力を疑ひて自力の念佛を修せし人は極樂に往生するも、五百歲の間三寶を見聞すると能はざると、猶此界の四生中胎生の者の母の胎內に在て日月を見ると能はざる如くなれば之を胎生と名け、其胎生者の生ずる七寶の宮殿を胎宮と云ふ。佛力に疑惑を抱きし者の生處なれば疑城とも名く、是れ無量壽經の所說なり。【觀無量壽經】に依れば、此宮殿を含華と云ふ。所在の蓮華開敷せず、爲に三寶を見聞すると能はざる義なり。「ギジヤウ」を見よ。【觀經妙宗鈔一】に「大本中說。疑心修善。生二彼胎宮一。樂同二切利一。」

タイケ　台家　〔流派〕天台宗を云ふ。

タイケウ　台教　〔術語〕天台宗の教門。

タイケザウ　胎化藏　〔術語〕八藏の一。佛摩耶夫人の胎中に在て種種の教化を現ぜし事を說きし法藏、菩薩處胎經等是なり。

タイゲ　體解　〔術語〕體は通達、解は悟解。晋華嚴經六に「體二解大道一發二無上意一。」

タイゲゴヰ　胎外五位　〔名數〕人の一生に胎內の五位と胎外の五位あり。【倶舍論十五】に「胎外五者。一嬰孩。二童子。三少年。四中年。五老年。」

タイゲハウベン　體外方便　〔術語〕方便に體內方便と體外方便の二種あり、圓教所說の方便を體內方便とし、餘教所說の方便を體外方便とす。天台の所立なり。「ハウベン」を見よ。

タイコ　帝居　〔界名〕天帝の居處。【寄歸傳一】に「慈濟二微命一交升二帝居一。」

タイコ　太鼓　〔物名〕寺院法器の一。經中擊法鼓の語あれども印度の寺院に太鼓を具ふるを聞かず。支那の寺院に於ては梵鐘と對して必ず之を具す。禪家の寺院には法鼓茶鼓齋鼓等種種の設あれども、教禪の諸寺に通じて設くるものは鼓樓の太鼓なり。これ漏刻を報ずる爲にして、晝は曉鼓昏鼓と稱して朝夕に之を打ち、夜は更鼓と稱して一更ごとに之を打つなり。

タイコキセイ　太孤危生　〔雜名〕太は甚なり、孤危は孤峰の危然として攀緣すべからざる如きを云ふ、生は者と云ふ如し、孤危的の者を指す。【碧巖三則垂示】に「恁麼也不レ得。不恁麼也不レ得。太孤危生。不レ涉二二途一。」

タイコク　太虛空　〔雜語〕ダコクと讀む。

タイコン　胎金　〔術語〕秘密教を大別するに胎藏界金剛界の兩宗あり、胎藏界は理門より成り、金剛界は智門より成る、而して東密には從果向因の次第

にて金胎と次第し、台密には從因至果の次第にて胎金と次第す。

胎金各存五部三部 〔雜語〕【密軌問辨下】に「毘盧疏。解ニ釋五色五字一。以爲ニ五部五智一。金剛軌。歸ニ命普賢佛部金剛部金剛蓮華手蓮華部一。此則二界各存ニ三部五部一也。」

胎金顯密 〔術語〕一は金を顯とす、智は顯なるが故に。胎を以て密とす、理は深密なるが故に。二は胎を顯とす、色顯の故に。金を密とす、心隱の故に。【杲寶鈔一】

タイゴク 胎獄 〔譬喩〕四生の中の胎生の者母胎の內に在る苦を獄に譬ふ。又、胎宮を云ふ。【天台觀經疏序】に「金寶之與ニ泥沙一。胎獄之與ニ華池一。」

タイサウ 體相 〔術語〕實質を體とし、實質に依て外に現はるる差別の支分を相とす、體は一なり相は非一なり、體は絕待なり、相は相待なり、體は無限なり、相は有限なり。「タイ」を見よ。

タイサウユウ 體相用 〔術語〕起信論所說の三大なり。眞如を體とし、眞如體內の智慧慈悲等の無量の功德を相とし、此體相固定せず緣に應じて活動するを用とす。「サンダイ」を見よ。

タイサツホフニン 諦察法忍 〔術語〕三忍の一。「ニン」を見よ。

タイザンブクン 泰山府君 〔天名〕又、太山府君、もと支那の道家より起れる名にして、道家は泰山の神を以て泰山府君と云ふ。吾朝の陰陽家はこれを素盞嗚尊とし、これを祈れば長壽を得となす。佛家は十王經所說の十王の第七とし、閻魔王の書記にして人の善惡を記する役務の王とす。【焰羅王行法次第】に「若欲レ消ニ除疫病氣病瘧病一者。可レ供ニ大山府君一。」【胎曼大鈔六】に「或記曰。太山府君。亦名ニ奉教官一。肉色左ニシテ手持ニ人頭ノ幢一。右手持レ書。於ニ炎閻魔王ノ斷罪處一記ニ善惡ノ業一作ニ天也。」【十王經注五】に「太山王者。詩ニ云。太山不レ讓レ塊。大海不レ厭ニ涓露一。如ニ積レ塵成レ山賞ニ少善一。如ニ微滴成レ海記ニ少惡一。故云ニ太山王一也。即是炎魔王之太子也。又云ニ太山府君一。又云ニ奉教者一。又云ニ深沙大王一。」⊙(盛衰記一〇)「本地地藏菩薩なり、太山府君とぞ申す」

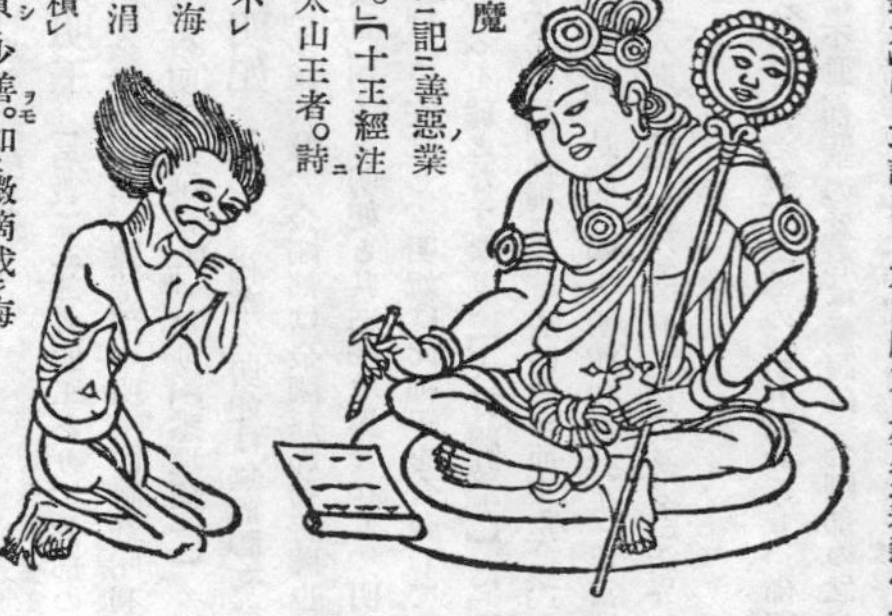

(泰山府君の圖)

タイザンワウ 太山王 〔天名〕又泰山王に作る、泰山府君なり。【十王經】に「太山王」

タイザウカイ 胎藏界 〔術語〕梵語、蘗縛俱舍、Garbha-kośa(dhātu) 二義あり、一は隱覆の義。人の母胎に在りて其の胎を隱覆するが如く、理體煩惱の中に隱れて顯現せざるが故に胎藏と云ふ。二に含藏の義。母の胎內に子體を含藏して之を覆育する如く、理體能く一切の功德を具足して之を失はざる故に胎藏と云ふ。而して此含藏に執持と出生との二義あり、而して所譬の法に三あり。一は本具の理性に譬ふ。密教には地等の五大或は清淨の菩提心を以て本具の理性となす、此理性に一切諸法を攝するを猶母の胎內に吾子を攝持する如くなれば胎藏と云ふ。【祕藏記上】に「胎藏者理也。金剛者智也。」【同鈔一】に「大師釋云。理即攝持無レ亂。」と。二は衆生の肉團心に譬ふ。此肉團心はもと是れ八葉の蓮華にして曼荼羅の諸尊を攝持すればなり。【大日經義釋四】に「內心妙白蓮者。此是衆生本心。妙法芬陀利華秘密幖幟。華臺八葉圓滿均等如ニ正開敷之形一。此蓮華臺是實相自然智慧。蓮華葉是大悲方便也。正以ニ此藏一爲ニ大悲胎藏曼荼羅之體一。其餘三重是從ニ此自證功德一流出諸善知識入法界門耳。」と【祕藏記鈔三】に「經說ニ曼荼羅來處一。一切衆生心中有ニ八瓣肉團一。是八葉蓮華形也。於ニ是處一建ニ立曼荼羅一云ニ胎藏界一也。」と。三は曼荼羅中、中臺八葉院なり。大日の胎藏より三重の曼荼羅一切の諸尊を出生すれば也。而して之を胎藏と云ふは佛の大悲衆生を慈護愛育すると猶母の胎內の子に於ける如くなれば胎藏と云ふ。即ち衆生本具の胎藏の理を一切衆生に開示せんとして佛の大悲の胎藏より流出せし化他の法門是れ胎藏界の曼荼羅なり。依つて之を金剛界に對するに金は智なり、胎は理なり、金は始覺なり、胎は本覺なり、金は從因向果なり、胎は從果向因なり、金は自利なり、胎は利他なり。【大日經疏一】に「次說下修ニ眞言行一大悲胎藏生中大曼荼羅王上。爲レ滿ニ足彼諸未來世無量衆生一爲ニ救護安樂一故。」【同疏三】に「以ニ如來加持一故。從ニ佛菩提自證之德一現ニ八葉中胎藏身一。從ニ金剛密印一現ニ第一重金剛手等諸內眷屬一。從ニ大悲萬行一現ニ第二重摩訶薩埵諸大眷屬一。從ニ普門方便一現ニ第三重一切衆生喜見隨類之身一。」【同疏四】に「若行人自見ニ中胎藏身一時。即知一切衆生悉有ニ成佛因緣一。」【同五】に「其中胎藏即是毘盧遮那自心八葉華

也。」⊙（公事根源正月）「今年金剛界なれば、明年は胎藏界年年にかはるがはる修せらる」

胎藏界三部 〔名數〕 金剛界は始覺上轉の自利門なれば轉識所得の五智に約して其の曼茶羅は五部に統收し、之に對して胎藏界は本覺下轉の化他門なれば大定智悲の三德に約して之を三部に統收す。一に佛部、是れ果上に於て理智具足し覺道圓滿するもの、胎藏界曼茶羅中中臺八葉院の諸尊及び上下の諸院之なり、是れ大定なり。二に蓮華部、是れ如來の大悲三昧にして能く萬善を滋榮すれば之を喩へて蓮華部と名く、觀音院地藏院の右方にあるもの是なり。三に金剛部是れ如來の慧の力用にして能く惑業苦の三障を摧破すれば之を喩へて金剛部と名く、金剛手院除蓋障院の左方に在るもの是なり、是れ大智なり。而して現圖の第四重即ち外部の諸尊に就て二義あり、一は中胎の上下の通りを佛部に攝さめ南方を金剛部に攝さめ北方を蓮華部に攝さむ。一は四方を通じて釋迦院に攝さむ、釋迦は三界六道能化の佛なる故に外部の尊通じて其の眷屬となす也。【鑁師胎藏沙汰鈔】【大日經疏五】に「大凡此第一重。上方是佛身衆德莊嚴。下方是佛持明侍者。皆名㆓如來部門㆒。右方是如來大悲三昧。能滋㆓榮萬善㆒故名㆓蓮華部㆒。左方是如來大慧力用。能摧㆓破三障㆒故名㆓金剛部㆒。」三部を呼ぶ次第に二種あり。此經の佛蓮金の次第は勝より劣に之く次第なり。又瞿醯經蘇悉地經等に佛金蓮と次第す、是れ佛部は解脫、金剛部は般若、蓮華部は法身なれば本有より修生に出づる次第なり。【祕藏鈔三】

三部三點 〔術語〕【四萬義】に「蓮華部法身。金剛部般若。佛部解脫。」と、蓮華部は理なるが故に法身に配し、金剛部は智なるが故に般若に配し、斯の理斯の智纏縛を解脫して佛地に顯行する故に佛部を解脫に配す。【秘藏記鈔三】

三部主 〔名數〕 三部各主あり、佛部の主は大日、蓮華部の主は觀世音、金剛部の主は金剛手なり。【大日經疏十六】又佛部は金輪王佛頂、蓮華部は馬頭觀自在、金剛部は三世勝金剛なり。【諸部要目】

三部母 〔名數〕 三部各能生の德を主る尊あり、部母と云ふ。佛部の部母は佛眼尊。蓮華部は白衣觀自在尊。金剛部は忙麽雞菩薩なり。【諸部要目】部母とは佛眼等を能生となし、毘盧遮那等を所生となすにあらず、佛眼は毘盧遮那の能生の母の德を主る故に佛母と云ふ。餘の二亦然り。（演奥鈔十三）案に部母は即ち典藏主なり。

三部明王 〔名數〕 三部各明王あり、佛部の明王は最勝金輪佛頂王、蓮華部の明王は訶野吃利嚩（馬頭）金剛部の明王は蘇婆（三世勝）なり。【悉地經一】

三部明妃 〔名數〕 佛部の明妃は無能勝菩薩、蓮華部は多羅菩薩、金剛部は金剛孫那利菩薩也。【諸部要目】明王と明妃と其三摩地異なれり、明王は其の種子を安立し、明妃は此種子を含藏して出生せしむるを能となすなり。【大日經疏九】に「復次若㆘男女交會因緣種子託㆓於胎藏㆒而不㆗失壞㆖。即是相加持義（ナリ）。如㆑是諸佛國王ト明妃和合共生㆓毘富羅ノ種子㆒。爲㆓大悲胎藏㆒加持無㆑有㆓失壞㆒。故名㆓法界加持㆒也。」

三部忿怒 〔名數〕 三部の敎令輪身なり、佛部の忿怒は不動、蓮華の忿怒は嚩訶鉤、金剛部の忿怒は軍茶利。【諸部要目】又、佛部は阿鉢羅氏多（無能勝）蓮華部は施嚩嚩訶（穀智明）【悉地經一】

三部種子 〔術語〕 佛部は𑖀字、蓮華部は𑖭（サ）字金剛部は𑖪字なり。【大日經五】

三部數珠 〔雜語〕 佛部は活兒子（菩提子） 蓮華部は蓮華子。金剛部は嚕摯囉叉子（金剛子）【悉地經二】

三部護摩法 〔修法〕 佛部は息災法、蓮華部は增益法。金剛部は降伏法。【悉地經一、大日經疏三】

三部色 〔名數〕 佛部は白、金剛部は黃、蓮華部は赤。【悉地經一】

胎藏界の五佛 〔名數〕 胎藏界曼陀羅の中心部を中胎藏と云ひ、又中臺八葉院と稱す、八葉の蓮華開敷せる形なり。中臺を大日如來とし、四方の四葉に四佛を現じ、四維の四葉に四菩薩を現ず、即ち南方開敷華王如來、東方寶幢如來、北方天鼓雷音如來、西方無量壽如來、中臺の大日如來と合して五佛なり。⊙（著聞集、神祇）「多寶塔一基をたてて、胎藏界の五佛を安じ」

胎藏界の九尊 〔名數〕 中臺八葉院の九尊なり。前の五佛に東南維普賢菩薩、西南維文殊菩薩、東北維彌勒菩薩、西北維觀音菩薩の四尊を加ふ。

胎藏界の十三大院 〔術語〕 大日經儀軌に胎藏界の曼陀羅に十三院を劃して諸尊を安置するを說く。但し現圖曼陀羅には四大護院の一を缺て十二大院なり。「ゲンヅマンダラ」を見よ。

胎藏界の諸尊 〔雜語〕【胎藏曼陀羅大鈔一】に「四百十四尊」【眞如觀】に「四百十七尊。」【歩船鈔】に「四百七十尊」【正修觀記】に「五百三尊」【太平記】に「七百餘尊」此中四百十四尊を常數とす。第一中臺八葉院に九尊、第二遍知院に七尊、第三釋迦院三十九尊、第四持明院に五尊、第五虛空藏院に二十

八尊、第六金剛手院に三十三尊、第七除蓋障院に九尊、第八觀音院に三十七尊、第九地藏院に九尊、第十文殊院に二十五尊、第十一蘇悉地院に八尊、已上二百九尊之を內院とす。第十二外周の金剛部院に二百五尊、內外院を通じて四百十四尊なり。◉(太平記三九)「胎藏界七百餘尊」

タイザウカイマンダラ　胎藏界曼陀羅　【術語】胎藏界の諸尊を其位の如く壇場に安置せしもの、曼陀羅とは壇場の義、輪圓の義、壇中十三大院四百十四尊を安置し、一具の功德を輪圓具足せしもの、是れ胎藏界の曼陀羅也、此曼陀羅は衆生本具の理性を顯はしたるものなれば因曼陀羅とも理曼陀羅とも名け、東方を以て發因の位とすれば亦東曼陀羅と名け、其の理性の淸淨無垢の德を蓮華に喩ふれば亦蓮華曼陀羅と名く。又、此曼陀羅に現圖曼陀羅と阿闍梨所傳曼陀羅との二種あり、現圖曼陀羅とは善無畏三藏の祈請に依つて虛空に炳現せし壇形を其儘圖畵せしものにて、現今世に流布するもの是なり。阿闍梨所傳曼陀羅とは大日經及び儀軌の所說にして、之を圖畵に載せず、一一阿闍梨より其作法及び義理を傳ふるなり、二者相違の點少からず。蓋し現圖は結緣の爲め阿闍梨所傳は傳法の爲なり。「ゲンヅマンダラ」參照。(第七十八圖參照)

タイザウキヤウ　胎藏經　【經名】無垢賢女經の異名。又菩薩處胎經の異名。

タイシコウシキ　太子講式　【書名】一卷、眞宗存覺師の撰、他山に尊覺所撰式と稱して之を用ふ、尊覺は存覺の舊名なり。

タイシサツゴキヤウ　太子刷護經　【經名】一卷、西晉の竺法護譯。太子和休經と共に大寶積經阿闍世王子會第三十七の異譯。刷護和休共に太子の名、寶積經に師子と譯す。太子佛を見て問答し佛記別を與ふ。【地帙十二】(49)

タイシシユダイナキヤウ　太子須大拏經　【經名】一卷、西晉の聖賢譯。佛往昔に須大拏 Sudāna 太子となりて檀特山に入りて檀波羅蜜を行ぜし事を說く。須大拏或は須達、蘇達拏に作る。【宙帙五】(254)

タイシシンセンサンブゴシヨ　太子親撰三部御疏　【書名】聖德太子が親ら註疏し給ひし勝鬘、法華、維摩の疏を云ふ。本朝註疏の嚆矢なり。

タイシズヰオウホンギキヤウ　太子瑞應本起經　【經名】二卷、吳の支謙譯。過去現在因果經と同本。【辰帙十】(665)

タイシツキヤウ　帶質境　【雜語】南都の讀法にタイゼツキヤウと云ふ。その項を見よ。

タイシホンギキヤウ　太子本起經　【經名】中本起經の異名。

タイシホンギズヰオウキヤウ　太子本起瑞應經　【經名】太子瑞應本起經の異名。

タイシビヤクラキヤウ　太子辟羅經　【經名】天王太子辟羅經の略名。

タイシミヤウジヤウニジフハチシユクキヤウ　太子明星二十八宿經　【經名】舍頭諫太子二十八宿經の異名。

タイシモクハクキヤウ　太子沐魄經　【經名】一卷、西晉の竺法護譯。太子慕魄經と同本。【宙帙五】(219)梵 kumāra-muka

タイシモハクキヤウ　太子慕魄經　【經名】一卷、後漢の安世高譯。太子沐魄經と同本。慕魂、沐魄共に梵語、太子の名、佛昔慕魄太子となりて十三歲の間無言の行を爲せし事を說く。【宙帙五】(220)

タイシヤウ　胎生　【術語】四生の一。人類の如く母の胎內に在りて身體を完具して生るるもの、劫初の人は男女未分にて皆化生なり、其後婬情發して男女の二根を生ぜしより初めて胎生となりしと云ふ。【俱舍論八】に「有情類生從二胎藏一是名二胎生一。如二象馬牛猪羊驢等一。」図極樂に胎生化生の二類あり、或は邊地に生じ或は蓮內に生じて花開かず、爲に三寶を見聞すると能はざると恰も胎生の人の胎內にある如くなれば胎生と名く。佛の他力を疑ひて自力修行する人は此報を受くと云ふ。【無量壽經下】に「其胎生者。所レ處宮殿或百由旬。或五百由旬。各於二其中一受二諸快樂一。如二忉利天上一。乃至壽五百歲常不レ見レ佛。不レ聞二經法一。不レ見二菩薩聲聞聖衆一。是故於二彼國土一謂二之胎生一。」【略論】に「於二五百歲中一常不レ見二聞三寶一。安樂國土謂二之邊地一。亦曰二胎生一。」

タイシヤウ　體性　【術語】物の實質を體とし、體の改まるとなきを性とす、體即ち性なり。

タイシヤウ　帝靑　【物名】寶珠の名。【玄應音義二十三】に「帝靑。梵言二因陀羅尼羅目多一。Indranīla-muktā 是帝釋寶。亦作二靑色一。以二其最勝一故稱二帝釋靑一。目多此云レ珠。以二此寶一爲レ珠也。」

タイシヤウドウタイ　體性同體　【術語】理の法門に就いて論ずれば、如來と衆生とその體性同一にして無差別なるを云ふ。

タイシヤク　帝釋　【天名】忉利天の主なり、須彌山の頂喜見城に居て他の三十二天を統領す、(忉利天を三十三天と譯す)梵名、釋迦提桓因陀羅 Śakra devānām Indra 略して釋提桓因と云ふ。新譯の梵名、釋迦提婆因達羅。

釋迦能と譯す、天帝の姓なり、提桓は天、因陀羅は帝と譯す、即ち能天帝なり、今は梵語を反轉し天帝の釋迦姓と云ふ義にて帝釋と云ふ、胎藏界曼荼羅釋迦院の一衆也【大日經一】に「初方釋天王。安二住妙高山一。寶冠被二瓔珞一。持二跋折羅印一。及諸餘眷屬。慧者能分布。」【同疏五】に「於二東方五頂之南一當レ畫二因陀羅釋天之主一。坐二須彌山一天衆圍繞。首戴二寶冠一。身被二種種瓔珞一。持二跋折羅一。及諸餘眷屬謂舍指夫人。及六欲天等。是如二圖中所一レ示也。」【法華義疏二】に「釋提桓因者。具言二足外國語一應レ云二釋迦提桓因陀羅一。釋迦爲レ能。提桓爲レ天。因陀羅爲レ主。以下其在二善法堂一治化稱二會天心一故爲二能天主一。」【法華玄贊二】に「梵云二釋迦提婆因達羅一。釋迦姓也此翻爲レ能。提婆天也。因達羅帝也。正云二能天帝一。釋提桓因。云二天帝釋一倶訛倒也。此在二妙高山頂一而住。三十三天之帝主也。過去字憍尸迦。此云二璽兒一。名阿摩揭陀。此云二此毒害一。即摩揭陀國過去帝釋修レ因之處用爲二國名一。」

胎藏外金剛部 (須彌山頂) (北方の帝釋の圖)

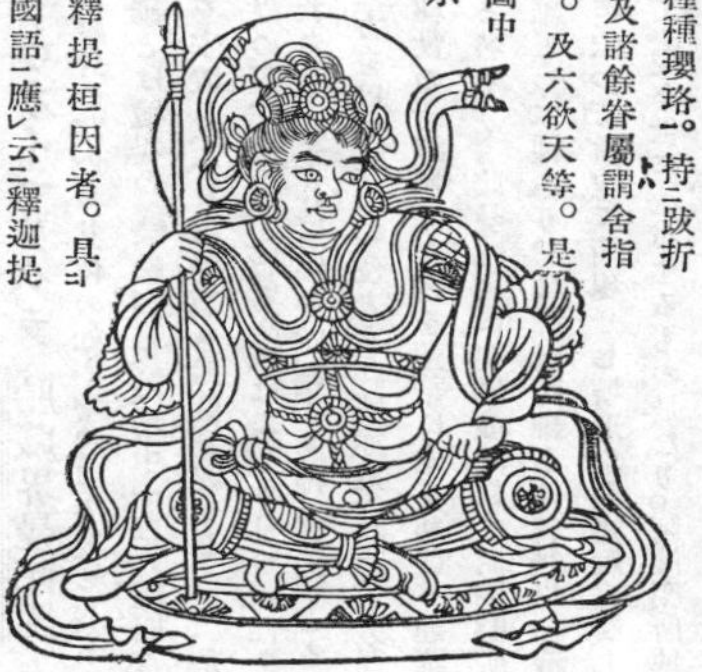

胎藏外金剛部 (東方の帝釋天の圖)

帝釋宿因 【傳説】【智度論五十六】に「問て曰く、先に釋は是れ字、提桓因は是れ天主なりと言ふ、今佛何を以て釋と言はずして乃ち命じて憍尸迦と言ふや。答て曰く、昔摩伽陀國の中に婆羅門あり、名は摩伽、姓は憍尸迦、福徳大智慧あり、知友三十三人共に福徳を修し命終して皆須彌山の頂第二の天上に生ず、摩伽婆羅門は天主となり、三十二人は輔臣となる、是の三十三人を以ての故に名て三十三天と爲す、其本姓を喚ぶが故に憍尸迦と言ふ。或は天主と言ひ、或は千眼等と言ふ。」

帝釋爲佛造講堂 【傳説】【撰集百緣經二】に「爾の時諸の羅漢六萬二千を將て拘毘羅國に詣る、彼の諸の民衆稟性賢善仁慈孝順意志寛博なり、時に於て如來是念を作して言く、吾れ今當に牛頭旃檀の重閣講堂を作り、彼の民衆を化すべしと。是の念を作し已る時天帝釋佛の心念を知り、即ち天龍夜叉究槃茶等と共に各各牛頭旃檀樹を齎持し世尊に奉上し、如來の爲に大講堂を造る。天の諸の牀榻臥具被褥、天の須陀食、自然に備る有て佛僧を供養す。」

帝釋與修羅戰 【傳説】【法華義疏二】に「問。何故常與二帝釋一戰。答。婆沙云。修羅有二美女一而無二好食一。諸天有二好食一而無二美女一。互相憎嫉。故恆鬪戰也。」【法華玄贊六】に「若天得レ勝便入二非天宮中一爲レ奪二其女一起二此鬪諍一。若非天得レ勝即入二天宮一爲レ求二四種蘇陀味一故共相戰諍。」【長阿含經二十】に「大阿修羅王あり、羅呵(Rahu)と名く、二萬八千里の大身を感じ須彌山の北大海の底に住す、忉利日月等の諸天我が頭上に行くを見て大に瞋り、兵を興して大戰す。」【觀佛三昧經一】に「阿修羅王あり、毘摩質多と名く、九頭ありて頭毎に千眼あり、九百九十九手、八脚あり、口中火を吐く。女あり端正無比、帝釋請ひて妻と爲す、悦意と名く。後天帝他の婇女と園中に遊戲するに由て悦意妬心を起し、之を父に告ぐ。毘摩質多女の爲に兵を興して天帝を攻む。」【譬喩經下】に「阿修羅王あり羅睺羅と名く、一女を生む、端正無比。天釋幣を厚くして之を求む、若し與へずんば兵を以て取るべしと。阿修羅之を聞て大に怒り、兵を興して大戰す。後和を講じ阿修羅女を以て帝釋に納れ、帝釋甘露を以て之に報ず。」⦿(盛衰記四三)「帝釋修羅の鬪諍いかでかこれには勝るべき」

帝釋の善法堂 【雜名】喜見城の外角に善法堂あり、諸天此に集て四天下の善惡を商量す。⦿(盛衰記)「帝釋宮の札に付け」「ゼンホフダウ」を見よ。

帝釋の四苑 【名數】喜見城の外面に四苑あり、一に衆車苑、帝釋遊戲せんと欲して此苑に入れば種種の寶車自然に涌出す。二に麤惡苑、帝釋鬪戰せんと欲して此苑に入れば所須の器仗自然に現出す。三に雜林苑、諸天中に入れば翫ぶ所皆同じく倶に勝喜を生ず。四に喜林苑、又歡喜園と云ふ、極妙の境界皆此に集る此を觀るに厭くとなし。【倶舍頌疏十一】

帝釋拜畜 【傳説】【未曾有經上】に「野干あり師子に逐はれて井中に墜ち、將に死せんとして偈を説て佛に懺悔す。帝釋佛の名を聞て未曾有を感じ、天より降て野干を禮拜供養し法要を聽く。」【止

觀二】に「上聖大人皆求二其法一不レ取二其人一。雪山從レ鬼請レ偈。天帝拜レ畜爲レ師。」

タイシヤクガン　帝釋巖　［地名］又帝釋窟。摩伽陀に在り、帝釋甞て此に於て佛に疑事を請問し佛之を演釋す、即ち佛說帝釋所問經是なり。彌勒菩薩今に窟中に在り。【西域記九】に「因陀羅勢羅窶訶山。唐言二帝釋窟一。其山巖谷杳冥。花林蓊鬱。嶺有二兩峰一岌然突起。西方南巖間有二大石室一。廣而不レ高。昔如來甞於レ中止。時天帝釋以二四十二疑事一畫レ石請問。佛演爲釋。其迹猶在。」【帝釋巖秘密成就儀軌】に「摩伽陀國菴沒羅聚落北韋提希山有二帝釋巖一。而彼巖中有二九十九宮一。乃至慈氏菩薩今現在レ彼入二三摩地一。名二最上莊嚴一。」【帝釋所問經】に「爾時帝釋天王。聞三佛在二摩伽陀國毗提呬山帝釋巖中一。」梵 Indraśilāguhā

帝釋巖秘密成就儀軌　［經名］一卷、超宋の施護譯。佛金剛手の爲に帝釋巖の彌勒菩薩を面見することを得る作法秘咒を說く。【成帙六】

タイシヤククツ　帝釋窟　［地名］「タイシヤクガン」を見よ。

タイシヤクキウ　帝釋弓　［雜名］虹の異名なり。【演密鈔八】に「虹狀如弓。西方之人呼名二印涅哩馱弩一。Indradhanu 即帝釋弓也。」

タイシヤクグ　帝釋宮　［雜名］帝釋天の宮殿、善見城の內に在り、殊勝殿と名く。【俱舍論十一】に「於二山頂中一有レ宮名二善見一。面二千半。周萬踰繕那。金城量高一踰繕那半。其地平坦亦眞金所成。俱用二百一雜寶一嚴飾。地觸柔軟如二妬羅綿一。於二踐蹋時一隨レ足高下。是天帝釋所レ都大城。於二其城中一有二殊勝殿一。種種妙寶具足莊嚴。蔽二餘天宮一故名二殊勝一。面二百五十。周千踰繕那。」図印度の俗に虹を以て帝釋宮と名く。【大日經疏十三】に「西方名レ虹爲二帝釋宮一也。其光亦爾也。」

帝釋宮の音樂　［雜名］此天宮に二類の樂神あり。一を緊那羅と云ふ、常に法樂を奏す。二に乾達婆と云ふ、常に俗樂を奏す。即ち八部衆の中の二なり。

タイシヤクグ　帝釋供　［修法］帝釋天を供養する御修法なり。

タイシヤクシヨモンキヤウ　帝釋所問經　［經名］一卷、趙宋の法賢譯。佛、摩伽陀國毘提呬山の帝釋巖中に於て帝釋の爲に種種の疑問を演釋す。即ち中阿含の釋問經なり。【昃帙八】(924)

タイシヤクシンキヤウ　帝釋心經　［經名］帝釋般若波羅蜜多心經の略名。

タイシヤクジヤウ　帝釋城　［雜名］帝釋天の居城、善見又は喜見と名く。須彌山の頂に在り。「タイシヤクグ」を見よ。

タイシヤクデン　帝釋天　［天名］天は梵語提婆、諸天神の通名、帝釋は天主の別名。「タイシヤク」を見よ。

タイシヤクハンニヤハラミツタシンギヤウ　帝釋般若波羅蜜多心經　［經名］一卷、趙宋の施護譯。佛鷲峰に在つて帝釋の爲に般若の義の無邊なるを說き、及び頌を說き、咒を說く。常の般若心經と別本。【月帙九】(865)

タイシヤクビヤウ　帝釋瓶　［物名］帝釋天の寶瓶なり、所須の萬物自然に涌出す。又、德瓶、賢瓶、吉祥瓶など言ふ。【觀無量壽經】に「涌二出諸果一。如二帝釋瓶一。」【智度論十三】に「有レ人常供二養天一。其人貧窮一心供養滿二十二歲一。求二索富貴一。天愍二此人一自現二其身一而問レ之曰。汝求二何等一。答言。我求二富貴一。欲下令二心之所願一一切得上。天與二一器一。名曰二德瓶一。而語レ之言。所須之物復二此瓶一出。其人得已應二意所一レ欲無レ所レ不レ得。」

タイシヤクマウ　帝釋網　［物名］帝釋宮に懸かる寶網なり、略して帝網と云ふ。華嚴の諸師取て諸法重重無盡の緣起に譬ふ。又天竺の幻術者の咒名なり、帝釋の網に一切事を現ずる如く能く此咒を以て種種の事を現ずればなり。【大日經五】に「咒術網所レ惑同二於帝釋網一。」【同疏十五】に「此幻師眞言名二帝釋網一。猶如下彼網於二一切事一顯二示相一。現有二種種相一而實無上レ有二一一實事一。故名二帝釋網一。」

タイシユ　對首　［術語］三種羯磨法の一。首は面なり、一人乃至四人の比丘に對面して說淨懺悔等の羯磨を爲すを云ふ。【行事鈔上五之一】

タイシユウユウ　體宗用　［術語］是れ台宗五重玄義の中の三重なり、是れ涅槃の三德、起信の三大にして、正しく法華一部の大宗なり。【釋籤一之本】に「當レ知體等三章只是三德。乃至只是一切三法。」又「部內不レ出二體宗用一。」【文句記一之二】に「三法始末亘二一部一。」【同十之二】に「通指二一部體宗用三一。」又「故知並是此經體宗用也。是則序正流通無レ非二妙法一。」

タイシユシヤク　帶數釋　［術語］六合釋の一。帶數語の釋なり。三藏と言ふ如き、藏に三の數を帶ぶれば是れ帶數語なり。依つて三藏とは三種の藏なりと釋するを帶數釋と云ふ。

タイシワクキヤウ　太子和休經　［經名］一卷、失譯。太子刷護經と同本。【地帙十二】(50)

タイシヱ　太子會　［行事］聖德太子の法會にして、淨土宗にては每年二月二十二日に行ふ。

タイタウニケ　台當二家　〔名數〕天台が理の觀法を主として、迹門の法華經を說くに反し、日蓮宗は事の題目を主とし、本門の法華に就て弘法す。爲に當然に生ずる八種の相違を引擧して日蓮宗に於て台當二家の相違とす。台宗、日蓮の順に一一を對照すれば。迹化、本化。像法、末法。攝受、折伏。一部、妙法。理性常住、事相常住。脫益、種益。本已有善、本未有善。權實相用、但令用實なり。

タイシン　體信　〔術語〕體は通なり、他の心に通じて能く之を信ずると。【法華經信解品】に「心相體信。」

タイシンシ　體眞止　〔術語〕三止の一。眞空の理を體して心を動かさざるもの。

タイジユキ　對受記　〔書名〕胎藏界對受記七卷、金剛界對受記八卷、蘇悉地對受記二卷、五大院安然の記。

タイゼツキヤウ　帶質境　〔術語〕三類境の一。第六識が五根五境を緣じ、第七識が第八識を緣ずる如き、自心所現の相分に本質の實體を帶ぶると猶鏡中所現の影像の鏡外の實物を帶持するが如きもの。

タイソク　胎息　〔雜語〕【諸錄俗語解】に「道家養生の術なり、柳文に所謂服氣是なり。委くは抱朴子に出づ。」案に佛教に所謂數息の法なり。

タイタツ　體達　〔術語〕體は達なり、通なり、事物の理に通達して壅塞するとなきを體達と云ふ。【金光明玄義下】に「體是達義。得二此體意一通達無レ壅。如下風行二空中一自在無中障礙上。」【唯識述記九末】に「體者通也。」【止觀五】に「體達既成不レ得二妄想一。亦不レ得二法性一。還レ源反レ本法界俱寂。是名爲レ止。如レ此止時上來一切流動皆止。」

タイタフキチジヤウ　戴塔吉祥　〔菩薩〕阿闍梨所傳曼荼羅觀音院の一尊、又窣堵波大吉祥菩薩、戴塔吉祥と云ふ。即ち彌勒菩薩なり。菩薩釋迦如來の佛位を紹ぐを表して或は手に窣都婆印を結び、或は頂に塔を戴くを以てなり。圖に帶塔德菩薩に作る。【大疏六】に「戴塔吉祥於二頂髻上一置二窣堵波一。或在二所持華上一。」【不同記二】に「窣堵波大吉祥菩薩。梵號阿梨耶窣堵婆摩訶室利Āryastūpa-mahā-śrī 所傳圖云二帶塔德菩薩一。又云二戴塔吉祥一。」【演密鈔八】に「觀音持レ佛。慈氏持レ塔。師滅度故。又八大菩薩經說。慈氏菩薩頂帶二如來率都婆一。又名二帶塔之尊一。」

(戴塔吉祥の圖)

タイタフソン　帶塔尊　〔菩薩〕彌勒菩薩の異名なり。前項を見よ。

タイタフトクボサツ　帶塔德菩薩　〔菩薩〕戴塔吉祥に同じ。

タイダイ　退大　〔術語〕大乘を退失して二乘に墮すると。舍利弗が乞眼婆羅門に遇ひて大乘を退き以て今日に至る如し。

タイダイ　體大　〔術語〕三大の一。一切衆生の心性は唯一絕待にして不生不滅眞實如常なるを體と云ひ、法界に周遍して限量なきを大と云ふ。

タイダイニチ　胎大日　〔雜名〕胎藏界の大日如來。金剛界の大日に對す。

タイダウ　台道　〔雜語〕天台宗の道法。

タイダウシヤウモン　退道聲聞　〔術語〕四種聲聞の一。「シヤウモン」を見よ。

タイチ　體智　〔術語〕眞空に體達する智なり。【法華玄義三】に「通敎亦有二三人一。同以二體智一觀二界內十二因緣理一。」

タイチシキ　多一識　〔術語〕又一切一心識と云ふ。十識の第九。「シキ」を見よ。

タイチヤウ　泰澄　〔人名〕越前麻生津の人、白鳳十一年六月十一日生る、持統六年道昭和尙北地に遊化し、適其家に至つて澄を見て其神童を記す。年十四越知山の巖洞に到つて十一面觀音を禮懺して精勤練行密乘を神解す。文德帝其名望を聞き大寶二年敕して鎭護國家の大法師となす。澄侍者あり臥行者と名く、時に神驗示現す、蓋し天童なり。養老元年澄白山に登り妙現大菩薩を感得す、六年天皇不豫、澄に詔して闕に趣かしむ、澄玉體を加持して立ろに愈ゆ、擢て供奉となし、神融禪師の號を賜ふ。神龜二年行基菩薩白山に登つて澄を見、西方の再會を期して去る、天平年中聖武帝不豫、澄に勅して加持せしめ驗あり、大和尙位を賜ふ。澄剃髮以來世人、只越大德と呼ぶ、此より泰澄和尙と云ふ。八年天下疱瘡に嬰る、澄詔を奉じて十一面觀音の法を修し、瘡疾立ろに息む、神護景雲元年三級の木塔一百萬基を作る高さ六寸、二年三月十八日寂、壽八十六。【本朝高僧傳四十六】

タイヂ　對治　〔術語〕煩惱を斷ずるなり、之に四種あり。一に厭患對治、謂く加行道なり、見道以前に在つて苦集二諦を緣じて深く厭患の念を生ずるを云ふ。二に斷對治、謂く無間道なり、無間道に於て四諦を緣じて正しく煩惱を斷ずるを云ふ。三に持對治、

謂く解脱道なり、無間道の後に解脱道を起し、更に四諦を緣じて彼の無間道に得たる擇滅の得を攝持し以て所斷の煩惱をして更に起らしめざるを云ふ。四に遠分對治、謂く勝進道なり、解脱道の後に勝進道に入り、更に四諦を緣じ所斷の惑をして轉た更に遠からしむるを云ふ。このうち正對治は第二の無間道斷なり。

タイヂウ　耐重　〔圖像〕凡そ堂閣の四稜及び椽の下柱の上に蹲る所の鬼形頭上及兩掌に擎舉の勢を作するものを云ふ。【象器箋四】

タイヂシツタン　對治悉檀　〔術語〕四悉檀の一。常見を破する爲に空敎を說き、斷見を破する爲に有門を說く如く、彼此の執を對治する爲に種種の法を說き以て破執の益を成就するを云ふ。悉檀は成就するを云ふ。

タイヂジヨカイ　對治助開　〔術語〕十乘觀法の第七。若し正觀を修するとき邪倒の心起て障を爲し、以て前進すると能はざれば相應の法を行ひて之を對治し、以て彼の正道を助けて前進の道を開くを云ふ。

タイテキキ　堆惕鬼　〔異類〕【圭峰起信論疏下】に「堆惕鬼。」【三藏法數十二】に「悍惕鬼。悍音堆。惕音剔。」【起信論義記下】に「埠(フエキキ)塲鬼。」【止觀八】に「槌(ツヰテキ)惕鬼。」槌惕鬼を正とす。「ツヰテキキ」を見よ。

タイテン　退轉　〔術語〕既に修證する所を退失し其位地を轉變するを云ふ。【法事讚】に「五濁修行多二退轉一。不レ如念佛往二西方一。」【法華經序品】に「於二阿耨多羅三藐三菩提一不二退轉一。」

タイト　台徒　〔雜名〕天台宗の僧徒。

タイトウグワ　帶刀臥　〔雜語〕又、帶刀睡。右脇にして臥するを云ふ。蓋し刀を帶ぶるものは左脇に於てすれば左脇にして臥するを得ず、因て右脇臥を名けて帶刀臥となす。【象器箋十二】

タイトウスヰ　帶刀睡　〔雜語〕帶刀臥に同じ。

タイド　台度　〔雜語〕天台宗の爲に出家を許さるるもの。嵯峨天皇弘仁十三年傳敎大師の請に由て每年春三月桓武天皇の國忌に二人の度者を許さる。【元亨釋書二十三】

タイナイゴヰ　胎內五位　〔名數〕人の母胎に在つて發育する間を五位に分つ。「ゴヰ」を見よ。

タイナイハウベン　體內方便　方便に體內體外の二種あり。「ハウベン」を見よ。

タイビリ　體毘履　〔術語〕Sthavira 又、體毘裏、梯毘梨、他鞞羅、他俾羅、譯、上坐、老宿。【文殊問經】に「體毘履。此云二老宿一。淳老宿人同會共出二律部一也。」【四分開宗記一本】に「他俾羅。此云二上座一。」【十八部論】に「他鞞羅。秦言二上座部一。」【探玄記十五】に「體毘裏。」「ジヤウザブ」を見よ。

タイヘンチユウ　對偏中　〔術語〕四中の一。

タイホフ　對法　〔術語〕阿毘達磨。譯、對法。梵語 Abhidharma 對は對觀對向の義、法は四諦涅槃の法なり。無漏聖道の智慧を以て四諦の理を對觀し、涅槃の果に對向するが故に對法と名く。即ち對法とは智慧の名なり。然るに三藏中論藏は諸法の性相を問答決擇して其の無漏の智慧を生ずる法文なれば彼の論藏を亦對法と名く。【倶舍論一】に「論謂(ハ)生二無漏一慧一敎(ナリ)。此諸慧論是彼資糧故亦得レ名二阿毘達磨一。」

タイホフ　體法　〔術語〕通敎の人は藏敎人の如く折色の法に依らず、直に諸法即空無生なりと體達して眞空に入るを體法と云ふ。【法華文句十】に「有二體法三乘人一。同學二無生一斷二煩惱一盡。」【四敎儀集註下】に「體法念處等觀。」

タイホフアラカン　退法阿羅漢　〔術語〕六種阿羅漢の一。最も鈍根の羅漢にして一旦羅漢果を證するも後時惡緣に逢ひて自果を退沒すべきもの。

タイホフザウ　對法藏　〔術語〕三藏の一。一切の論部を類集して對法藏と云ふ。諸論の通名なり。

図〔書名〕世親所造の倶舍論を云ふ。梵名、阿毘達磨倶舍。譯、對法藏。對法は發智六足等の諸論を指し、藏は倶舍論を指す、此論は彼の發智六足等の妙義を含攝するが故に此論を名けて「對法の藏」と名く。【倶舍論一】に「由二彼對法論中勝義入一レ此攝故。此得二藏名一。」

タイホフシユウ　對法宗　〔術語〕阿毘達磨藏の宗趣なり。【倶舍論三十】に「我多依レ彼釋二對法宗一。」

タイホフネンジヨクワン　體法念處觀　〔術語〕通敎人所修の四念處觀なり。「タイホフ」を見よ。

タイホフロン　對法論　〔書名〕阿毘達磨雜集論の異名。

タイボンゲジヨウノソトバ　退凡下乘の窣都婆　〔堂塔〕天竺の靈鷲山に在る二基の石塔なり。頻毘娑羅王の建つる所。【西域記九】に「宮城の東北行くと十四里、鷲峰に至る、如來世に御すると五十年に垂んとするに多く此山に居り廣く妙法を說く、頻毘娑羅王法を聞く爲の故に人徒を發興し山麓より峰岑に至るまで谷に跨り岩を淩ぎ石を編して階となす、廣さ十餘步長さ五六里なり。中路に二の小窣堵婆あり、一を下乘と云ふ、王此に至つて徒行して以て進む。一を退凡と云ふ、即ち凡人を簡で同じく往かしめず」◉（徒然草）「退凡下乘の窣都婆」

タイマウ　帝網　〔物名〕帝釋天宮の網の意。因陀羅

綱に同じ。「インダラ」を見よ。

タイミツ　台密　〔流派〕天台宗所傳の密敎を台密と云ひ、眞言所傳の密敎を東密と云ふ、東密は東寺の密なり、東台二密に種種の不同あり、「トウダイニミツ」を見よ。【元亨釋書廿七】に「延暦之末。傳敎弘法一時異受。故有㆓台密㆒有㆓東密㆒。」図〔雜名〕天台と密敎。叡山には之を止觀業遮那業と云ふ。即ち顯密二宗なり。【元亨釋書三】に「學㆓亘台密㆒。」

タイミツサンリウ　台密三流　〔名數〕台密根本の三流を云ふ。次項を見よ。

タイミツジフサンリウ　台密十三流　〔名數〕根本の三流は、根本大師流、慈覺大師流、智證大師流。慈覺門下に慈慧大師流（川流）皇慶流（谷流）あり。更に皇慶より法曼、佛頂、院尊、智泉、三昧、穴太、味岡、功德、梨本の九流を出す、合せて十三流なり。

タイメツ　體滅　〔術語〕有爲法の事體が緣に由つて生じ、刹那刹那に其體の滅亡するを體滅と云ふ。但し滅とは斷滅の謂にあらず、その體の滅亡すると共に後の生法の因となりて、更に新事體を生じて相續せしむれば、その當體より云へば滅亡なるも、因果の關係より云へば畢竟斷滅にあらざるなり。是れ成實法相等の所立の實義なり。若し薩婆多部の所立に依れば、三世實有法體恒有の宗義にて、一時と永久とを論ぜず、總て體の上の滅亡を許さず。只體上の作用に就て之を言ふなり。故に彼宗にては用滅ありて體滅なし。

タイモツ　退沒　〔術語〕上地より下地、樂地より苦處へ墮落すると。【往生論註上】に「空過者。退沒者。」【往生要集上本】に「上二界中雖㆑無㆓如㆑此之事㆒終有㆓退沒之苦㆒。」

タイヤ　逮夜　〔雜語〕又、大夜、宿夜。物故の次の夜にて茶毘の前夜を云ふ。逮は及なり、明日の茶毘に逮ぶの夜なり。【詩經匏有苦葉篇】に「士如歸㆑妻迨㆓氷未㆒泮。」逮迨同字。後に總じて忌日の前夜を云ふ。

タイヤウ　對揚　〔術語〕佛の說法の會坐に於て、佛に對して問答等を發起し、以て佛意を擧揚發動して利益を成辨するを對揚と云ふ。佛亦この對揚者を一會の代表として法を說けば、之を對告衆と云ふ。【光明文句五】に「諸佛說法。必有㆓對揚㆒。」図〔儀式〕法會に散華の式を行ふとき、散華の偈を終て後、佛法世法の常住安穩なるを希ふ偈文を擧ぐ。これを對揚と云ふ。

タイユウ　體用　〔術語〕一味の實相を體となし、因果の諸法を用となす。【法華文句三】に「體即實相。無㆑有㆓分別㆒。用即立㆓一切法㆒。差降不㆑同。如㆓大地一生㆓種種芽㆒。」

タイランシツケ　胎卵濕化　〔雜語〕四生なり。「シシヤウ」を見よ。

タイレイ　台嶺　〔地名〕比叡山を云ふ。⦿（著聞集釋敎）「台嶺の法師」

タイレツシヨウオウジン　帶劣勝應身　〔術語〕勝應身のことなり。「サンシン」を見よ。

タイレンセンセイ　太麁纖生　〔雜語〕太は甚なり、麁は粗なり、纖は細なり、粗細の事に涉りて人を接する宗匠の手段を云ふ。生は者と言ふ如し、太麁纖的の者を指す。【碧巖三則垂示】に「恁麼也不㆑得。不恁麼也不㆑得。太麁纖生。」是れ禪の建立門なり。

タイロ　體露　〔雜語〕物の丸出しに顯はれ居るを云ふ。【傳燈錄雲門章】に「問。樹凋葉落時如何。師曰。體露金風。」【傳燈錄古靈章】に「師登㆑座擧㆓唱百丈門風㆒。乃曰。靈光獨燿逈脫㆓根塵㆒。體露眞常不㆑拘㆓文字㆒。心性無㆑染本自圓成。但離㆓妄緣㆒即如如佛。」

タイヲンガイニン　耐怨害忍　〔術語〕三忍の一。「ニン」を見よ。

タウイソクメウ　當意即妙　〔雜語〕當位即妙の誤。

タウカンキヤウ　稻稈經　〔經名〕又、稻芉經、稻𦼮經、稈、芉、𦼮、三字禾莖なり。二經あり、一は稻芉經、一卷、失譯。十二因緣の法を說く。十二因緣の次第生は稻芉の種より芽を生じ、芽より葉を生ずる等に等しければ取て喩とす。【宙帙七】（280）一は慈氏菩薩所說大乘緣生稻𦼮喩經、一卷、不空譯、上と同本。【閏帙十五】（963）梵 Śālistambha

タウカンユキヤウ　稻𦼮喩經　〔經名〕慈氏菩薩所說大乘緣生稻𦼮喩經の略名。

タウガ　倒我　〔術語〕我の實體なし、我ありと思ふは顚倒の妄見なれば倒我と云ふ。四顚倒の一。【釋門歸敬儀中】に「凡懷遵㆓承倒我㆒。我我因循。何由得㆑覺。」

タウガフ　倒合　〔術語〕因明三十三過の一、同喩に屬する過なり。同喩を設くるは無常の宗を證せんが爲なり、故に聲無常の量に於て同喩の合作法を爲すに、諸の所作なる者は皆是れ無常と見よ、瓶の如しと言ふべし。然るに之を倒說して諸の無常なる者は皆是れ所作と見よ、瓶の如しと言ふときは反て所作を證して無常を證せず。之を倒合の過と云ふ。【因明入正理論】に「倒合者。謂應㆔說㆓言諸所作者皆是無常㆒。而倒說㆓言諸無常者皆是所作㆒。」

タウガン　到岸　〔雜語〕到彼岸の略。「タウヒガン」を見よ。

タウキ　當機　〔術語〕佛の說法衆生の根機に契當して益を得しむると。【有部毘奈耶十九】に「爲說㆓當機微妙之法㆒。」

タウキシユ　當機衆　［術語］説法の會下四衆の一。正しく其法に當て悟道する機類を云ふ。【法華文句一】に「不レ起二于座一聞即得レ道。此名二當機衆一。」

タウキヤクモツ　當機益物　［術語］諸經の説法不同なるは其機其機に應じて利益を與ふる善巧の方便なるを云ふ。【法華玄義一】に「餘經當機益物。不レ説二如來施化之意一。此經明二佛設敎元始一。」

タウクワ　湯果　［飲食］湯は入麪、果は果子。凡そ食に汁あるを湯と云ふ。【象器箋十七】

タウケリン　陶家輪　［物名］陶器を製するに用ふる車輪。又、陶器を製造する人を云ふ。【維摩經不思議品】に「菩薩斷二取三千大千世界一。如二陶家輪一。」【資持記中一之下】に「陶家謂土作家。輪即範レ土爲二杯器一之車。運レ之則轉。故以喩焉。」【行宗記三上】に「陶家即土作者。輪盤一發餘力自轉。」

タウケン　倒懸　［行事］梵語、盂蘭盆 Ullambana 倒懸と譯す、人死して魂魄闇道に沈み、倒懸の苦あるを云ふ。此倒懸の苦を救ふ爲に三寶を供養するもの即ち盆供なり。【玄應音義十三】に「盂蘭盆此言訛也。正言二烏藍婆拏一。此譯云二倒懸一。按西國法。至二於衆僧自恣之日一盛設二供具一奉二施佛僧一。以救二先亡倒懸之苦一。舊云二盂盆是貯レ食之器一。此言訛也。」新稱の婆拏は即ち舊稱の盆にて共に梵語なり。

タウケン　倒見　［術語］顚倒の妄見、四種あり、常樂我淨是なり、無常を常とし苦を樂とし無我を我とし不淨を淨とす。【大乘義章五末】に「倒者邪執翻レ境。名レ之爲レ倒。」

タウゴ　盜牛　［譬喩］他の牛を盜むも其方法を知らざれば醍醐味を得ること能はず、以て外人佛敎の文句を標竊するも、解脱の益を得ること能はざるに譬ふ。【涅槃經三】に「世尊入涅槃後。盜二竊如來遺餘善法若戒定慧一。如三彼諸賊劫二掠諸牛一。諸凡夫人雖二復是戒定慧一不レ能二解脱一。以二是義一故不レ能レ獲三得常定常慧解脱一。如下彼群賊不レ知二方便一已失中醍醐上。」【三論玄義】に「若言三老敎亦辨二雙非一。蓋以レ沙糅レ金。同二盜牛之論一。」

タウサウソクダウ　當相即道　［術語］世間淺近の事相其まゝが深妙の道理なるを云ふ、即事而眞と言ふ如し。密家の事相門に於て盛に此旨を談ず。

タウサンザウ　唐三藏　［人名］玄奘三藏なり。

タウザンリウ　當山流　［流派］修驗道二流の一。「ヤマブシ」を見よ。

タウシヤウアイ　當生愛　［術語］命終の時に起す三愛の一。「アイ」を見よ。

タウシユボンジ　倒修凡事　［術語］「ニフヂウゲンモン」を見よ。

タウシンシガコキヤウ　投身飼餓虎經　［經名］菩薩投身飼餓虎起塔因緣經の略名。

タウジヤウゲン　當情現　［術語］凡夫の妄情の前に當て種種の相を現ずるを云ふ。譬へば疑心の前に暗鬼を生ずるが如し。唯識三性中遍計所執性是なり、本來凡夫の迷心に實我實法の執情を具するより非我非法の事物の上に實我實法の相貌ありて現出すれば遂に之を認めて實我實法となすなり。

タウジヤウゲンノサウ　當情現相　［術語］また中門存境とも云ふ。迷情妄想によりて現はる、無體の實我實法の相分を云ふ。「タウジヤウゲン」を見よ。

タウセウダイジ　唐招提寺　［寺名］日本三僧坊の一。又南都七大寺の一。聖武帝の御願、鑑眞和尙の開基、天平寶字三年の建立。舊號建初律寺。唐僧の爲の招提なれば唐招提寺と號す、孝謙帝唐招提寺の宸翰を賜ひて樓門に揭ぐ。律を本宗として眞言を兼ぬ。金堂あり、丈六の釋迦を中尊とし、左は藥師如來、右は千手觀音なり。講堂あり彌勒の三尊を安置す。戒壇院あり、東大寺の戒壇院と東西相對す。中興開基覺盛和尙、大悲菩薩と號す。【大和名所圖會三】

タウタ　淘汰　［術語］天台所立の五時敎の説に第四時の般若經を以て淘汰敎とす、諸法皆空の理を説いて一切の執情を遣蕩すればなり。【四敎儀集註上】に「以二空慧水一蕩二其執情一。故曰二淘汰一。」

タウタイ　當體　［術語］直に其本體を指す詞なり。當人當面の當の如し。【大乘義章二】に「言二虛空一者。當體立レ目。」【行事鈔中一】に「無作當體是戒。」

タウタイサンゼン　倒退三千　［術語］作家の機鋒當るべからず、戈を倒にして退くこと三千里。

タウタイソククウ　當體即空　［術語］一切の有爲法は事體を分析壞滅して空ならしむるを要せず、事體其まゝにして空無なり。何となれば因緣生の法は夢の如く幻の如く實性なければなり。此の如く當體即空と觀ずるを體空觀と稱し、天台の四敎中通敎の觀法と爲す。

タウタイソクゼ　當體即是　［術語］波の當體即ち水なる如く、煩惱そのまゝ菩提なり、生死そのまゝ涅槃なるを云ふ。即是に相合相翻當體の三種あり。「ソク」を見よ。

タウチホンゼイヂウグワンフコ　當知本誓重願不虛　［雜語］歌題。彌陀の本願成就して、衆生往生の疑なきを讃嘆せる偈文なり。彌陀は發願の時「若不生者不取正覺。」と云へり。而して今現に西方淨土に成佛せり。知るべし、衆生濟度の願の成就せ

るを、との意なり。【禮讃】に「又如二無量壽經云一。若我成佛十方衆生稱我名號下至十聲。若不生者不取正覺。彼佛今現在レ世成佛。當レ知本誓重願不レ虚。衆生稱念必得二往生一。」

タウヂウ　湯頭　〔職位〕禪林點湯の事を司るもの。

タウツウノキ　當通機　〔術語〕通教に相當せる鈍根の機を云ふ。天台の用語。

タウヅワウキヤウ　當途王經　〔經名〕法華經普門品即ち觀音經の異名。當世に流通する中に於て最も尊き經と云ふ義なり。【法華文句十】に「此品是當途王經。講者甚多。」【大部補註十】に「途道也亦世也。乃至當世尊大之經也。王尊也大也。」

タウテンチユウ　撐天柱　〔物名〕凡そ殿堂正面の左右の二の露柱を云ふ。【象器箋一】

タウトウ　湯頭　〔職位〕「タウヂウ」と呼ぶ。

タウトウ　當頭　〔雜語〕尙ほ直下、當下も言ふが如し。

タウトウ　到頭　〔雜語〕諸說あれども、畢竟、究極の義を是とす。

タウトン　盜貪　〔術語〕竊盜業を起す貪欲。

タウノダイシ　唐の大師　〔人名〕唐の善導大師。⊙（榮花、音樂）「阿彌陀佛念じ奉る人を二十五の菩薩も守り給ふなりと、唐の大師のたまへり」

タウヒキヤウ　稻稗經　〔經名〕稻芉經の異名。

タウヒガン　到彼岸　〔術語〕梵語、波羅蜜多 Pāramitā 新譯、到彼岸。生死海を越へ涅槃の岸に到る正道を云ふ。【智度論十二】に「波羅。秦言二彼岸一。蜜秦言レ到。若能直進不レ退成二辦佛道一名二到彼岸一。復次於レ事成辦亦名二到彼岸一。天竺俗法。凡造レ事成辦。皆言二到彼岸一。」

タウブン　當分　〔術語〕台家の所立に當分跨節の目あり、當分とは藏通別圓の四教に於て各其の當分の教行理を云ひ、跨節とは前三教の上に於て直に圓意を超說するを云ふ。即ち當分の義門は一代經の當位に在り、跨節の義門は法華經に在て一代經を見るなり。千差無量の法門施權の方便より言へば盡く當分となり、開會の佛意より言へば皆跨節となり、當分を以て相待妙を成じ、跨節を以て絕待妙と成す。【玄義二】に「一當分。二跨節。」【同釋籤】に「答中意者。即具二當分跨節兩義一。應レ知兩義即與二待絕二妙一不レ殊。乃至若依二施權一即當分義。若據二佛意一即跨節義。乃至當分通二於一代一於レ今便成二相待一。跨節唯在二今經一。佛意非レ適レ今也。」「又當分乃成二今經相待義邊一。跨節乃成二今經開權義邊一。」

タウボン　倒凡　〔術語〕顚倒の凡夫。【釋門歸敬儀中】に「無始倒凡。隨レ情妄執。」

タウマチクヰ　稻麻竹葦　〔譬喩〕物の多きに譬ふ。【法華經方便品】に「如二稻麻竹葦一充二滿十方刹一。」【維摩經法供養品】に「甘蔗竹葦。稻麻叢林。」

タウメンゴ　當面語　〔雜語〕あたりまへの話。【諸錄俗語解】

タウモン　當門　〔雜語〕當面に同じ、普通、通途「と云ふ如し。【諸錄俗語解】

タウヤウ　當陽　〔雜語〕陽は明なり、當陽は明に向て動作するなり、俗にあからさまなり。

タウライ　當來　〔雜語〕まさに來るべき世の意。來世を云ふ。

タウライダウシ　當來導師　〔術語〕彌勒菩薩を云ふ。今より五十六億七千萬歲を經て此界に出世し成道して衆生を化導すればなり。⊙（曲、牛部）「南無當來導師彌勒佛とぞ稱へける」

タウライヘンキヤウ　當來變經　〔經名〕二部あり、一は佛說當來變經、一卷、西晉の竺法護譯。一は迦丁比丘說當來變經、一卷、失譯。【辰帙十】（468）共に當來惡法强盛にして佛法變壞するを說く。【藏帙八】（1371）

タウラン　騰蘭　〔雜名〕摩騰と竺法蘭。支那に初めて佛教を傳へし人。

タウリ　倒離　〔術語〕因明三十三過の一。異喩に屬する過、異喩を設くるは宗なき處因亦無きを顯はさん爲なれば先づ宗を離し次に因を離すべし、之れを異喩の離作法と云ふ。即聲無常の量に於て之を爲さば諸の常住なる者は（無常の宗を離す）非所作と見よ。（所作の因を離す。）虛空の如しと言ふべし、然るに倒說して諸の非所作なる者は常住と見よ、虛空の如しと言ふときは是れ非所作の因を以て常住の宗を成立す、是れ異喩の本義に違ふ故に之を倒離の過とす。

タウリ　忉利　〔界名〕「タウリテン」を見よ。

タウリテン　忉利天　〔界名〕Trāyastriṃśa 怛唎耶怛唎奢天、多羅夜登陵舍天、に作る。譯、三十三天。欲界六天中の第二、須彌山の頂、閻浮提の上、八萬由旬の處にあり。この天の有情身長一由旬、衣の重さ六銖、壽一千歲なり。（世間の百年を一日一夜とす）城廓八萬由旬、喜見城と名く、帝釋ここに居す。巓の四方に峯あり、各廣五百由旬、峯每に八天あり、善法堂天、山峯天、山頂天、喜見城天、鉢私他天、俱吒天、雜殿天、歡喜園天、光明天、波利耶多天、離險岸天、谷崖岸天、摩尼藏天、施行天、金殿天、鬘形天、柔輭天、雜莊嚴天、如意天、微細行天、歌音喜樂天、威德輪天、日行天、閻摩那娑羅天、速行天、影照天、智慧行天、衆分天、曼陀羅天、上行天、威德顏天、威德燄輪光天、清淨天を以て三十三天とす。【玄應音義二】に「忉利。此應レ訛也。正言二多羅夜登陵舍一。天此

譯云二三十三天一。」【慧苑音義上】に「忉利訛言。正云二怛利耶怛利奢一。言二怛利耶一者此云レ三也。怛利舍者十三也。謂須彌山頂四方各有二八天城一。當レ中有二一天城一帝釋所レ居。總數有二三十三處一。故從レ處立レ名也。」【法華經勸發品】に「若但書寫。是人命終。當レ生二忉利天上一。」⊙(狹衣、二の下)「是人命終當生忉利天上」

忉利の付囑　〔雜語〕「フゾク」を見よ。

タウヰソクメウ　當位即妙　〔術語〕當相即道と言ふ如し。何事も其位のままに妙なるを云ふ。耳醫の觀る處毒は毒のままに妙なり、藥は藥のままに妙なり。

タウヰン　唐院　〔寺名〕慈覺大師歸朝の後、叡山に一字を創し、將來の法寶を藏め唐院と稱す。後智證大師亦三井寺に唐院を創するに由て前唐院後唐院と稱して之を分つ。

タエン　他緣　〔術語〕所起の法を自となし、能起の諸緣を他とす、一切の事物一も自性なく悉く他緣なり。【釋門歸敬儀上】に「我身屬二於他緣一。冥冥不レ知二來處一。」

タエンカクシン　他緣覺心　〔術語〕他緣大乘心と、覺心不生心。十住心中の二心。

タエンダイジヨウシン　他緣大乘心　〔術語〕眞言宗所立十住心の第六。法相宗の住心なり。無緣の慈を起して他を濟度する大乘行を爲す住心なり。他緣とは他の衆生を緣ずるを云ふ。【大日經一】に「大乘行發二無緣乘心一。法無二我性一。」此無字の梵語莽鉢羅、無と他との二義あり、依て疏に他緣乘と無緣乘との二釋を爲す。【疏二】に「梵音莽鉢羅。是無義。亦是他義。所謂他緣乘者。謂發二平等大誓一爲二法界衆生一行二菩薩道一。乃至諸一闡提及二乘入二正位一者。亦當下以二種種方便一折伏攝受皆令中同入上此乘上。約二此無緣大悲一故名二他緣乘一。又無緣乘者。至二此僧祇一始能觀二察阿陀那深細之識一。解二了三界唯心心外更無二一法而可レ得者一。乘二此無緣心一而行二大菩提道一。故名二無緣乘一也。」

タカイ　他界　〔術語〕人の死を云ふ、娑婆世界を去て他の世界に往きしといふ俗語なり。古は貴賤に通じて之を用ゐしも、後には高堂の人に限て之を用ふ。⊙(海道記)「遂に十念相續して他界にうつりぬ」

タカイキヤウ　多界經　〔術語〕十八界、六十二界の法を說く。中阿含四十七に攝む。【昃帙五】

タカタハ　高田派　〔流派〕眞宗十派の一。「センシュジ」を見よ。

タカネンブツ　高念佛　〔雜語〕高聲に念佛するなり。

タカラ　多揭羅　〔物名〕Tagaraka 又、多伽羅、多伽婁。香の名。【最勝王經七】に「零凌香多揭羅。」【玄應音義一】に「多伽羅香。云二根香一。」【同二十】に「多伽婁香。又作二多伽樓一譯曰二木香相一也。一作二不沒香一。」【慧琳音義三】に「多揭羅香名也。正云二蘖羅一。即零凌香也。」

タカラノヤマ　寶山　〔譬喩〕佛教を寶山に譬ふ。【智度論一】に「經中說レ信爲レ手。如三人有レ手入二寶山中一自在能取。若無レ手不レ能レ有レ所レ取。有レ信人亦如レ是。」【心地觀經六】に「如下人無レ手雖レ至二寶山一終無中所有上。無二信手一者雖レ遇二三寶一無レ所レ得故。」【止觀四】に「徒生徒死無二一可一レ獲。如下入二寶山一空レ手而歸上。」

タカル　多伽留　〔物名〕香の名。「タカラ」を見よ。

タカヲ　高雄　〔寺名〕高雄山神護寺。光仁帝の御宇和氣淸麿朝に奏して建立す。初は神願寺と號す。淳和帝天長二年、空海に賜り、改て神護國祚眞言寺と號す。金堂の本尊は藥師如來、講堂に五大尊を安置す。【都名所圖會六】

タカヲクケツ　高尾口決　〔書名〕眞濟の口決なり。

タカヲノホツケヱ　高雄法華會　〔行事〕三月十日これを行ふ。【高雄緣起】三月十日紫野に人多く集りて、高雄の法花會ヤスラニハテヨと云ふべきを、ヤスラヒバナとはやすとなり。【百錬抄】久壽二年四月、近日京中兒女風流を備へ、鼓笛をしらべ、紫野の社に參る。世に夜須禮と號す。勅ありて禁止す。【紀事】今日やすらひ花の神事。辰の尅ばかりに上賀茂南上野村の土民烏帽子素袍を着し、或は異形の裝ひをなし、各一村の總堂に集る。土人村里の中に一草堂を造り、常に僧をしてこれを守らしめ、事ある時は此堂にあつまりてこれを謀る。これを總堂と號す。是れより先き光念寺の北上の御前の社に詣でて各異口同音に安樂比花と唱ふ。太鼓橫笛その節を助く。乃至傳へ云ふ、春時疫癘多く行はる、今宮は疫神也故に踊をなして神靈を勸め祭る也と。或說に、花しづめの祭にして、花の散るを惜み、風雨なきを祈るなり、故に安らひ花と云ふなりと。又一說に、今日高尾神護寺の法花會、動もすれば魔障ある故に、踊を催し魔を防ぐ故にやすらひ花と云ふ。安らひ花とは、法花平安に終るを祈る也と。此說すこし趣きあり。【雜談抄】この祭は寂蓮が興行せし所なり。今土人の囃し唱ふるも寂蓮の作なりといへり。【夫木】高尾山あはれなりけるつとめかなやすらひ花とつづみうつなり(西行)

タキギコリ　薪樵　〔行事〕又薪の行道とも云ふ。講式の名。法華經をわが得しことは薪こり菜つみ水くみ仕へてぞ得し」拾遺集には大僧正行基とし、後嵯峨院宸筆御八講記には光明皇后となす。歌の意は【法

華經五卷提婆品】に釋迦如來往昔國王なりし時、阿私と名くる仙人に千載の間給仕して法華經を聽聞せしと云ふ故事に依りてなり。「王聞二仙言一歡喜踊躍。即隨二仙人一供二給所須一。採レ果汲レ水拾レ薪設レ食。乃至以レ身而作二牀座一。身心無レ倦。于レ時奉事經二於千歲一。」されば わがとは釋迦如來自身なり。さて之を薪こりの歌と稱して、法華八講の五卷の日に下郞をして薪を負ひ水桶を擔はしめて衆僧の末に列ね、衆僧行道しつつ此歌をうたふなり。⦿(源氏)「薪こるほとより又「薪こる讚嘆の聲」

タキギノウ 薪能 〔行事〕又芝の能とも云ふ。二月七日より七日間或は二七日間、奈良の興福寺南大門にて演ぜし能狂言。もと本寺の法會の間、夜中の寒に堪へず、門前に火を燒きて喜戲をなしたるに初まるとも、又、猿澤の池の邊に穴出來て黑烟を吹き出し、人ふれて死したるを、薪を積みて燒きたるに初まるとも云ふと雖も、前項「薪こり」より創りたること明かなり。

タキギツキ 薪盡 〔雜語〕佛の涅槃を云ふ。【法華經序品】に「佛此夜滅度。如二薪盡火滅一。」【法華義疏三】に「薪盡火滅者。依二小乘義一以レ身爲レ薪智慧爲レ火。故智慧依レ於レ身。身盡智便滅。就二大乘一釋者。薪喩二於感一火喩二於應一。衆生感盡諸佛應息。」

薪盡きにし日 〔雜語〕二月の十五日如來の涅槃日を云ふ。「ギコリ」を見よ。

タキギヲトリ 採薪 〔故事〕大王の故事。「タキ

タキフ 打給 〔雜語〕給與を爲すを云ふ。特に禪門に於て大衆に粥飯等を供給するを打給と言ふ。打は支那の俗語にて一切事に觸るる處皆打と云ふ。

タキミクワンオン 瀧見觀音 〔圖像〕三十三觀音の一。斷崖に坐して瀧を見る觀音。

タク 打供 〔雜語〕供養を爲すを云ふ。

タクアン 澤庵 【人名】東海寺の宗彭、澤庵と號す。法を一凍紹滴に嗣ぎ、慶長十四年大德寺に出世し、住山三日退席す。寛永六年事に因て羽州に謫せられ、居ること四歲宥されて還る。後水尾上皇召して法を問ひ、大に皇情に稱ひ、國師の號を賜ふ。彭之を辭し其祖徹翁大德寺第二世に追諡せんことを請ふ、之を許す。將軍東海寺を品川に創す、寛永十六年彭に命じて住持せしめ、開山第一祖とす。晩年に及ぶも法嗣を定めず、將軍上皇共に之を諭す、彭拜謝して遂に其意なし、正法二年寂、壽七十三。【本朝高僧傳四十四】

澤庵漬 〔飮食〕澤庵が初めて作りたりと云ふ。蘿蔔根の漬物。【嬉笑遊覽】に「此香物はその和尙の製法なりとぞ」

タクシヤウ 托生 〔術語〕胎生の有情が母の胎内に身をよせ宿ること。極樂にては蓮華に生を托す。

タクジクワン 托事觀 〔術語〕台家所說三種觀法の一。王舍城を心王と觀じ、萬二千人を十二處の千如と觀ずる如く、一一の事相を心に入れて眞理的に悟解するを托事觀と云ふ。華嚴宗に所謂十玄の中の托事顯法生解門なり。「クワンボフ」を見よ。

タクジケンホフシヤウゲモン 托事顯法生解門 〔術語〕華嚴宗所立十玄門の一。天台宗の托事觀に同じ。淺近の事相に托して深妙の法理を顯はす法門なり。密敎事相門の標幟は全く此門に屬す。「ゲンモン」を見よ。

タクス 托子 〔物名〕茶托なり。「り。

タクス 槖子 〔物名〕托子、亦槖子に作る。假字なり。

タクタイ 托胎 〔術語〕母胎に托すること。図如來八相の一。六牙の白象に乘り兜率天より下り、母の右脇より入りて托胎すること。

タクハツ 托鉢 〔術語〕比丘の乞食を云ふ。【正字通】に「托同レ拓。手承レ物也。」手に鉢を承け食を乞ふ義なり。【續傳燈錄惟正禪師章】に「開二托鉢乞食一。未レ聞二安生以享一。」又、粥飯の時に鉢を擎げて僧堂に赴くを托鉢と曰ふ。【聯燈會要雪峯章】に「師在二德山一作二飯頭一。一日飯遲。師曬二飯巾一次。見三德山托鉢至二法堂前一。師云。這老漢。鐘未レ鳴鼓未レ響。托鉢向二甚麼處一去。山便歸二方丈一。」【金湯編無盡居士傳】に「惟疑二德山托鉢話一。」

タクフク 卓袱 〔物名〕打敷(うちしき)なり。卓圍の上に懸く。【象器箋十九】

タクモン 宅門 〔術語〕五功德門の一。「ゴクドクモン」を見よ。

タクヰ 卓圍 〔物名〕卓の四周を圍む水引(みつひき)なり。【象器箋十九】

タケジザイテン 他化自在天 〔天名〕略名他化天、欲界六天の第六、依つて第六天と稱す。此天快樂を爲すに自ら樂具變現するを要せず、下天の化作せし他の樂事を假て自在に遊戲すれば他化自在と云ふ、梵名、婆舍跋提。

(他化自在天の圖)

Paranirmitavaśavartinas 此天は欲界の主にして、色界の主摩醯首羅天と共に、正法に害を爲す魔王なり。即ち四魔の中の天魔なり。佛の成道のとき來りて障害を試みしも此天魔なり。或は言ふ、第六天の上に別に魔の宮殿ありて魔王之に住す、他化天王にあらずと。【智度論九】に「此天奪二他所化一而自娛樂故言二他化自在一。」【俱舍頌疏世間品一】に「他化自在天。於二他化中一得二自在一故。」【智度論五】に「魔有二四種一。乃至四者他化自在天子魔。」【佛祖統紀二】に「諸經云。魔波旬在二六欲頂一。別有二宮殿一。今因果經乃爲二自在天王一。如レ此則當二第六天一。有二此兩異一。蓋是譯者用レ義之不同也。」⊙(曲、舍利)「化天、耶摩天、他化自在天、三十三天よぢのぼりて」

タコ 他己 [術語] 他人と自己。【出生菩提心經】に「當レ知是人解二脫他己一。立二安人天一。」【海會菩薩所問經】に「菩薩雖レ在二獨住一。不レ利二他己一阿蘭若鉤。」

タコフ 多劫 [術語] 數多の劫時なり。劫は梵語、最長時の名。

タサアカ 怛薩阿竭 [術語] 如來の梵語。「タダアガド」を見よ。

タサアカアラカサンヤサンブツ 怛薩阿竭阿羅訶三耶三佛 [術語] Tathāgata Arhan Samyaksaṁbuddha 怛薩阿竭は如來。阿羅訶は應供。三耶三佛は正偏知、佛十號中の三號。【玄應音義三】に「怛薩阿竭阿羅訶三耶三佛。大品經作二多陀阿伽度阿羅訶三藐三佛陀一同一名也。此則十號中三號也。但猶梵音輕重耳。多陀阿伽度此云二如來一。阿羅訶此云二應供一。三藐三佛陀此云二正偏知一也。」「ジフガウ」を見よ。

タサカ 怛索迦 [異類] Takṣaka 龍王の名。【玄應音義二十三】に「怛索加。都達反。龍王名也。昔有二仙人一。曾咒二此龍一令二其入一レ火。龍王憂怖遂投二帝釋一遶レ座而住。仙人知已更以咒。帝釋與レ龍一時俱墮。帝釋求レ哀得レ免二所患一。龍遂死焉。」

タサン 多散 [術語] 散亂の妄念多きもの。【天台四敎儀集註中】に「多散衆生數息觀。」

タザイキ 多財鬼 [異類] 三種餓鬼の一。餓鬼にして多く食物を得るもの。「ガキ」を見よ。

タシタフ 多子塔 [堂塔] 辟支佛の古蹟にして世尊嘗て此處に於て迦葉尊者を顧視し半座を分て坐せしむ。【六祖壇經序】に「世尊分二座於多子塔前一。拈二華於靈前會上一。」【祖庭事苑八】に「多子塔靑蓮目顧二視迦葉一處也。辟支論曰。王舍城大長者財富無量。生二育男女一各三十人。適化遊觀。到二一林間一見三人斫二於大樹一。枝柯條葉繁美茂盛。使二多象挽一不レ能レ令レ出。次斫二一小樹一無二諸枝柯一。一人獨挽都無二滯碍一。見二此事一已即說レ偈言。我見レ伐二大樹一。枝葉極繁多。稠林相鉤挂。無レ由レ可レ得レ出。世間亦如レ是。男女諸眷屬。愛憎繫二縛心一。於二生死稠林一。不レ可レ得二解脫一。小樹無二枝柯一。稠林不レ能レ碍。觀レ我覺二悟我一。斷二絕於親愛一。於二生死稠林一。自然得二解脫一。即於二彼處一得二辟支佛一。以至二現通入滅一。時諸眷屬爲造二塔廟一。時人因名二多子塔一。」

タシヤウ 多生 [術語] 數多の生死。六道を輪廻して數多の生を經るを云ふ。

多生の緣 [雜語] 多くの生死の間に結びし因緣を云ふ。他生とあるは誤。【敎行信證序】に「强誓弘緣。多生叵レ値。」⊙(曲、田村)「他生の緣ある旅人に、言葉を交はす夜聲の讀誦」

タシヤウ 他生 [雜語] 今生に於て過去未來の生を云ふ。「他生の緣」は多生の誤。

タシヤウ 多障 [術語] 惡業の障多きもの。【天台四敎儀集註中】に「多障衆生念佛觀。」

タシユウ 他宗 [雜語] 他の宗派。

タシン 多瞋 [術語] 瞋恚の心多きもの。【天台四敎儀集註中】に「多瞋衆生慈悲觀。」

タシヨウザイ 他勝罪 [術語] 波羅夷の譯名。波羅夷は比丘の重罪にして善法が他の惡法に勝たる義なり。【俱舍論十五】に「害二沙門性一。壞滅墮落。立二他勝名一。」【同光記】に「由レ犯二四重一立二他勝名一。梵云二波羅夷一。此云二他勝一。善法爲レ自。惡法爲レ他。若善勝二惡法一名爲二自勝一。若惡法勝レ善名爲二他勝一。故犯重人名爲二他勝一。」

タシンチ 他心智 [術語] 十智の一。他人の心念を知る智なり。欲惑を離れて色界の根本禪を得る已上は無智を發するを得、六通の中には他心通と云ふ。【大乘義章十五】に「他心智者。非二已之慮一稱曰二他心一。照レ斯之解名二他心智一。」【智度論二十三】に「他心智。緣二他心有漏無漏心心數法一。」

タシンチツウ 他心智通 [術語] 六通の一。略稱、他心通。「タシンツウ」を見よ。

タシンチツウグワン 他心智通願 [術語] 阿彌陀如來四十八願の第八。極樂國中の人天をして皆他心通を得しめんとの願なり。【無量壽經上】に「設我得レ佛。國中人天不レ得下見二他心一智上。下至レ不レ知二百千億那由陀諸佛國中衆生心念一者。不レ取二正覺一。」

タシンツウ 他心通 [術語] 六通の一。具名、知他心通、又他心智通、他心を知る智の自在無碍なるもの。又、十智の中の他心智なり。

タジヤウイツペン 打成一片 [術語] 一切の情量計較を去て千差萬別の事物を一にすると。打字に別意なし、何事に依らず其の事をなすを打と云ふ。

【字彙】に「俗用二打字一義甚多。如二打疊打聽打扮打睡之類一。不二但打擊而已一」其他飯を喫するを打飯、水を汲むを打水、魚を取るを打魚など。【碧巖第六則頌評】に「長短好惡。打成一片。一一拈來。更無二異見一」【同十七則評唱】に「香林嘗云。我四十年。方打成一片。」【無門關第一則評】に「久久純純熟。自然內外打成一片。如二啞子得一レ夢只許二自知一。」【碧巖種電鈔一】に「不レ立二一塵一法一合二平等之域一。謂二之打成一片一。」

タジユユウシン　他受用身　[術語] 佛の報身に自受用他受用の自二身あり。「ホウシン」を見よ。

タジユユウド　他受用土　[術語] 佛の報土に自受用他受用の二土あり。「ホウド」を見よ。

タセ　他世　[雜語] 今世に對して過去未來を云ふ。

タセツナ　怛刹那　[雜語] 百二十刹那なり。【俱舍論十二】に「刹那百二十。爲二一怛刹那一。」

タゼツギヨ　多舌魚　[雜名] 毘留離王の惡を助けて釋種を滅せしめし梵志の名を苦母又は好苦と名く。此梵志前世に多舌魚となりて同類を害せりと云ふ。「ビルリ」を見よ。

タソク　多足　[雜名] 有情の多足を有するもの、蜈蚣など。【心地觀經二】に「無足二足及以多足衆生中尊。」【瑜伽論八十三】に「無足有情者如二蛇等一。二足有情者人等。四足有情者如二牛等一。多足有情如二百足等一。」

タソセイ　太麁生　[雜語] 太は甚なり、麁は暴なり、生は人を指す。甚しき粗暴なる人。【臨濟錄】に「師一日同二普化一赴二施主家齋一次。師問。毛呑二巨海一。芥納二須彌一。爲二是神通妙用一。本體如然。普化踏二倒飲牀一。師云。太麁生。」

タゾウダウシヤウキヤウ　多增道章經　[經名] 長阿含十報法經の異名。

タタ　多他　[雜語] Tathā 又、多咃、譯、如、滅。【智度論四十八】に「多他。秦言レ如。」【可洪音義十五下】に「多咃。此云二滅諦一。或作二多籛一。或作二蹜部一。」

タタ　怛他　[雜語] 又、咀經他。但倆也他 Tadyathā 譯、所謂。【可洪音義一】に「上多達反。下借音亭夜反。梵云二咀經他一。此云二所謂一。入レ咒之初也。」【仁王經良賁疏下三】に「怛儞也他。此云二所爲一。古云二即說一。」

タタアカ　怛闥阿竭　[術語] 譯、如來。「タダアカド」を見よ。

タタアガダ　多他阿伽陀　[術語] Tathāgata 譯、如去。【智度論四十八】「タダアガド」を見よ。

タタイ　多體　[術語] 多數の實體。【楞嚴經一】に「汝覺了能知之心若必有レ體。爲二復一體一。爲レ有二多體一。」

タタカタ　怛他揭多　[術語] 譯、如來。「タダアガド」を見よ。

タタカタリシ　怛他揭多喋旨　[術語] 譯、如來光。【演密鈔八】

タタカタキクタ　怛他揭多毱多　[人名] Tathāgatagupta 比丘の名。譯、如來蜜。【慈恩傳二】

タタキガネ　敲鉦　[物名] 漢名、鉦鼓。鼓形の鉦にて之を敲て念佛を唱ふ。又ふせがねとも云ふ。

タタギヤタ　怛他蘗多　[術語] 譯、如來。「タダアガド」を見よ。

タタサンテイシヤ　怛埵三弟鑠　[書名] 論の名。譯、辨眞。德光論師の作。二萬五千頌。【慈恩傳二】

タタミゴヂヤウ　疊五條　[衣服] 五條袈裟を折り疊みて輪袈裟の如くしたるもの。

タタラ　怛怛羅　[雜語] 譯、雞聲。【玄應音義二】に「咀咀羅。是雞聲也。」【慧琳音義二十六】に「咀咀羅。由レ聲得レ名。」

タダ　怛茶　[物名] 又、但茶、檀茶。「ダンダ」を見よ。

タダアガダ　多陀阿伽陀　[術語] 多陀阿伽馱　譯、如來。「タダアガド」を見よ。

タダアガド　多陀阿伽度　[術語] Tathāgata 又、怛闥阿竭、多陀阿伽陀、多陀阿伽馱、怛他蘗多、怛他蘗多夜、多陀竭、怛薩阿竭。譯、如來、又は如去。その來去相通ずるは、一は「如實に達せし人」(Tathā-gata)とすると、「如實に來格せし人」(Tathā-āgata)との二樣の讀方より來る。これ如來を以て三世諸佛の道を成じたる佛、一切衆生救濟の願の爲に娑婆世界に出世せし佛とする所以なり。【智度論二】に「多陀阿伽陀。如二法相一解。如二法相一說。如二諸佛一安穩道來。佛亦如レ是來。更不レ去至二後有中一。是故名二多陀阿伽陀一。」【玄應音義三】に「怛薩阿竭。大品經作二多他阿伽度一。此云二如來一。」【慧琳音義十六】に「多陀竭。正音云二怛他蘗多一。唐云二如來一也。」【仁王經儀軌】に「阿佗蘗多夜。此云二如來一。」【註維摩經九】に「什曰。多陀怛伽度。秦言二如來一。亦云二如去一。如レ法知。如レ法說。故名レ如。諸佛以二安穩道一來。此佛亦如レ是來。彼佛安穩去。此佛亦如レ是去也。」【大疏一】に「梵本云二怛他揭多一。怛他是如義。揭多是來義。知解義。說義。去義。如二諸佛一乘二如實道一來成二正覺一。今佛亦如レ是來故名二如來一。一切諸佛如二法實相一知解。知巳亦如二諸法實相一爲二衆生一說。今佛復如レ是故名二如實知者一。亦名二如實說者一。一切諸佛得二如レ是安樂性一直至二涅槃中一。今佛亦如レ是去。故名二如去一。釋論具含二四義一。然古譯多云二如來一。有部戒本云二如去一。阿闍梨意存二如去如說一。今且順二古題一也。」

タダアガドアラカサンミヤクサンブツダ　多陀阿伽度阿羅訶三藐三佛陀　[術語] 多陀阿伽度は如來。阿羅訶は應供。三藐三佛陀は正徧知。如來十號中の三。「ジフガウ」を見よ。

タダカ　多陀竭　〔術語〕譯、如來。「タダアガド」を見よ。

タダカタ　怛陀竭多　〔人名〕王の名。譯、如來。【釋迦譜十】に「爲レ佛造レ寺王也。此云二如來一。」

タダハ　多荼籛　〔雜語〕譯、遠離。四諦の中の滅諦なり。【可洪音義十五下】

タチカハリウ　立川流　〔流派〕眞言密敎の一派にしてその主張する所陰陽道を混和し、兩部の大日如來を男女と定め、理智不二を男女交接の意と解す。（即ち赤白二渧說なり）仁寬後三條天皇の頃の人。を法祖とし、仁寬は武藏國立川の陽陰に受法したるより立川派と云ふ。その後後醍醐天皇の頃東寺の長者文觀後弘眞と改む。あり。帝に奉仕して盛に本經儀軌を僞造せり。これ密敎に於ける平等の法にのみ偏したる立脚地より初まりて遂にこの弊に墮したるものにして、その末流の如きは全然淫祠邪敎となり、遂に絕滅せり。この派の書籍にして現存せるもの二三にすぎず。

タツシン　達嚫　〔雜語〕「ダッシン」を見よ。

タツス　塔主　〔職位〕禪林の職名。塔を守るもの。

タツスヰ　達水　〔地名〕阿耨達池なり。

タツチ　達池　〔地名〕阿耨達池の略。

タツチウ　塔頭　〔術語〕禪林の稱。大寺の高僧たる住僧入寂の後、其徒弟、師德を慕ひ、塔の頭を去らず、房を構へて住し、某大德の塔頭何院と稱したるなり。必ず別に院號あり。其後は只寺中別坊の名となる。【臨濟錄】に「師到二達磨塔頭一。塔主云。長老先禮レ佛先禮レ祖。師云。佛祖倶不レ禮。」又、塔中と書す。

タツノクチデラ　龍口寺　〔寺名〕寂光山龍口寺、相摸國腰越村に在り。文永八年九月十二日日蓮難に遭ふ、本堂の内に首の座石あり。上人遷化の後、六老僧、寺を建立す。住持は八箇寺輪番、妙典寺、本成寺、本立寺、法源寺、本蓮寺、觀行寺、東漸寺、淨立寺之を圀瀬の八箇寺と云ふ。【和漢三歲圖會六十七】

タトン　多貪　〔術語〕貪欲心の多きもの。【天台四敎儀集註中】に「多貪衆生不淨觀。」

タド　他土　〔術語〕他の世界。【法華經寶塔品】に「移二諸天人一置二於他土一。」

タナ　柁那　〔術語〕Dāna 譯、施。【慧琳音義十二】に「柁那。正云二駄囊一。唐云レ施。古曰二檀那一二也。」

タニノアジヤリ　谷の阿闍梨　〔人名〕池上の皇慶山門南谷の井の房に住し、井の房は谷の凹處にあれば當時の人尊稱して谷の阿闍梨と呼び、其流義を谷の流と唱へたり。

タニノリウ　谷の流　〔流派〕谷の阿闍梨皇慶の流義なり。前項を見よ。

タニヤタ　呾儞也他　〔雜語〕Tadyathā 又、呾經

タノミデラ　賴寺　〔雜語〕檀家より其寺を宿坊、賴寺、檀那寺など云ふ、共に俗稱なり。

タハウダウヅクボサツヰン　他方道俗菩薩院　〔堂塔〕祇園精舍の中に在り、他方世界の在家出家の菩薩が佛道を修行する院なり。菩薩に在家出家の二あれば道俗菩薩と云ふ。【祇園圖經】

タハナ　怛鉢那　〔雜語〕「タンハナ」を見よ。

タハン　打板　〔雜語〕板を打ち鳴らすこと。

タハン　打飯　〔雜語〕飯を喫すること。

タバ　怛縛　〔雜語〕Tvam 又、悉怛縛、怛縛也。譯、汝。【梵語雜名】

タバ　吒婆　〔雜語〕譯、障礙。【智度論四十八】

タバタリ　怛縛多利　〔雜名〕觀音の陀羅尼の名。

タビラ　他鞞羅　〔術語〕又、體毘履、他毘利。上座部の梵名。【慧琳音義七十三】に「他鞞羅。唐云二上座部一。或云二尊宿一也。」「タイビリ」を見よ。梵 Sthavira

タビリ　他毘利　〔術語〕譯、上座部。「タイビリ」を見よ。

タフ　塔　〔術語〕又、塔婆、兜婆、偸婆、浮圖など共に梵語、窣都波（Stūpa巳 Thūpa）の訛略なり。土石を高く積み以て遺骨を藏するもの又倶攞と名く。聚、高顯、墳、靈廟など譯す。別に支提又は制底（Chaitya）と云ふあり、身骨を藏せざるものを云ふ。或は通じて塔とも支提とも云ふ。【法華義疏十一】に「依二僧祇律一有二舍利一名二塔婆一。無二舍利一名二支提一。地持云。莫レ問二有無一。皆名二支提一。明了論云。支提此云二淨處一。」【行事鈔下二】に「雜心云。有二舍利一名レ塔。無者名二支提一。塔或名二塔婆一。或云二偸婆一。此云レ塚。亦云二方墳一。支提云レ廟。廟者貌也。」【秘藏記本】に「有二舍利一曰二窣都婆一。無二舍利一曰二制底一。又曰二斯底一。漢家者省略而呼二窣都婆一曰レ塔也。」【玄應音義六】に「諸經論中。或作二數斗婆一。或作二塔婆一。或作二兜婆一。或云二偸婆一。或言二蘇偸婆一。或作二支提浮都一。亦言二支提浮圖一。皆訛略也。正言二窣都波一。此譯云レ廟。或云二方墳一。此義翻也。或云二大塚一。或云二聚相一。謂累二石等一。高以爲レ相也。」【西域記一】に「窣堵波。即舊所レ謂浮圖也。又曰二鍮婆一。又曰二塔婆一。又曰二私鍮簸一。又曰二數斗波一。皆訛也。」【法華文句記三】に「新云二窣覩波一。此云二高顯一。方墳義立也。謂安二置身骨一處也。」【寄歸傳三】に「大師世尊既涅槃後。人天並集以レ火焚レ之。乃至即名二此處一以爲二制底一。」「セイテイ」參照。塔に顯密二敎の別あり。顯敎は高德を揭る標幟所謂墓標なれば佛乃至有德の比丘に局り、密敎は大日如來の三昧耶形として五輪塔なれば是れ佛體にして墓標にあらず。依て結緣追福の爲に一般僧俗の墓處に建つ

るを許す、俗に石塔、塔婆、率都婆と云ふは此五輪塔を指すなり。⦿(曲、田村)「まづ南に當つて塔婆のみえて候ふは」《第七十九圖乃至第八十二圖參照》

塔の層級　〔雜語〕【探玄記八】に「長阿含經に依るに四人應に塔を起すべし、一に佛、二に辟支、三に聲聞、四に輪王なり。眞諦三藏十二因緣經を引て八人應に塔を起すべしと云ふ、一に如來、露盤八重已上、是れ佛塔。二に菩薩、七盤。三に緣覺、六盤。四に羅漢、五盤。五に那含、四盤。六に斯陀含、三盤。七に須陀洹、二盤。八に輪王、一盤なり。若し見るも禮するを得ず、聖塔にあらざるを以ての故なり。所引の十二因緣經今傳はらず　又僧祇律に依るに凡僧あり、亦塔を起す、謂く持律法師、營事比丘、德望比丘應に塔を起すべし。既に聖人にあらず、總て露盤なし、仍て屛處に在らしむ、若し違へば罪を結ぶ。此等の文に準ずるに今方に師の爲に塔を造り廣く露盤を起すあり、直に現人罪を得るのみにあらず、亦乃ち彼の先亡を累はす、深く悲む可し。」【後分涅槃經上】に「佛告二阿難一。佛般涅槃荼毘既訖。一切四衆收二取舍利一置二七寶瓶一。當下於二拘尸那伽城內四衢道中一起中七寶塔上。高十三層上有二相輪一。」【寄歸傳二】に「或有下收二其設利羅一爲二亡人一作上塔。名爲二俱攞一。形如二小塔一。上無二輪蓋一。然塔有二凡聖之別一。如二律中廣論一。」【毘奈耶雜事十八】に「佛言。應二可用レ磚兩重作一レ基。次安二塔身一。上安二覆鉢一。隨意高下。上置二平頭一。高一二尺方二三尺。準二量大小一。中豎二輪竿一次著二相輪一。其相輪重數或一二三四乃至十三。次安二寶瓶一。乃至佛告二長者一。若爲二如來一造二窣覩波一者應二可如レ前具足而作一。若爲二獨覺一勿レ安二寶瓶一。若阿羅漢相輪四重。不還至レ三。一來應レ二。預流應レ一。凡夫善人但可二平頭一無レ有二輪蓋一。」已上十二因緣經に云ふ露盤は即ち後分涅槃經に云ふ層にして、級每に四簷を出だすもの、寄歸傳毘奈耶雜事に云ふ相輪は今の所謂九輪なり。即ち一は簷數に就き、一は相輪に就て差別を論ずるなり。【資持記下一之四】に「露盤即四簷也。乃至凡僧不レ得二出レ簷安一レ級。今有二出レ簷者一由レ不レ知レ敎。借二同上聖一。乃至札輪者。圓輪聳出。以爲レ表レ相故也。」故に凡聖も相輪を許さる。【行事鈔下一之四】にも上出探玄記所引の僧祇律を引用してこれを辨ず。されば相輪を露盤と云ひ、或は覆鉢下の斗形を露盤と云ふは經意にあらず。

造塔　〔雜語〕【十誦律五十六】に「起塔法者。給孤獨居士深心信レ佛。到二佛所一頭面禮足一面坐。白レ佛言。世尊。世尊遊二行諸國一時。我不レ見二世尊一故甚渴仰。願賜二一物一我當二供養一。佛與二爪髮一言。居士。汝當レ供二養此爪髮一。居士即時白レ佛言。願世尊聽三我起二髮塔爪塔一。佛言。聽レ起二髮塔爪塔一。是名二起塔法一。」【高僧傳】に「康僧會。吳赤烏十年至二建康一。孫權令レ求二舍利一旣得レ之。權爲造レ塔。晉帝過レ江更修二飾之一。此中國造塔始也。」【日本紀】に「敏達天皇十四年。馬子宿禰起二塔於大野丘北一。即去年司馬達等於二齋食上一所レ獲舍利藏二塔柱頭一。是我朝塔之始矣。」(印度起塔の始は四分五分の律によれば成道の時に世尊を供養せし二商人なるが如くにも見ゆ今これを探求しがたし。)

天上四塔　〔名數〕帝釋天佛の四塔を建つ。一に箭塔、佛太子たるとき帶びし所の一箭を取て塔を建つ。二に髮塔、太子出家せしときの髮を取て塔を建つ。三に盔塔、佛將に成道せんとするとき牧女より乳糜を受けし盔を取て塔を建つ。四に佛牙塔、佛を荼毘せしとき佛牙を取て塔を建つ。【佛本行集經十三、十九、三藏法數十三】

舍利塔　〔堂塔〕佛舍利を藏むるもの。若し舍利なければ之を支提と稱し、單に靈場古蹟を表する爲に立つ。

法身塔　〔堂塔〕法身偈を書して藏めしもの。【寄歸傳四】に「或積爲レ聚。以レ磚裹レ之。即成二佛塔一。或置二空野一任二其銷散一。西方法俗莫レ不下以レ此爲上レ業。乃至當二作レ此時一中安二二種舍利一。一謂大師身骨。二謂緣起法頌。其頌曰。諸法從緣起。如來說是因。彼法因緣盡。是大沙門說。」「ホフシンゲ」參照。

四處立塔　〔雜語〕諸佛の常法四處に支提を立つ。一に生處、二に得道處、三に初轉法輪處、四に涅槃處。【法苑珠林三十七】

八大靈塔　〔名數〕一に迦毘羅城の龍毘尼園、二に摩伽陀國の尼連河邊、三に波羅奈城の鹿野苑、四に舍衞國の祇陀園、五に曲女城、六に王舍城、七に廣嚴城、八に拘尸那城。【八大靈塔名號經、八大靈塔梵讚】

八萬四千塔　〔故事〕阿育王の立てし所。「アイク」を見よ。

多寶塔　〔堂塔〕「タホウタウ」を見よ。

寶篋印塔　〔堂塔〕寶篋印陀羅尼を藏むるもの。

五輪塔　〔堂塔〕密敎の所說。五輪は地水火風空の五大にて、大日如來の三昧耶形なり。五大の形は次第の如く方、圓、三角、半月、團形、五大の種子は阿婆羅吽佉なり。「ゴリンジヤウシン」を見よ。

タフイン　塔印　〔印相〕塔は大日如來三昧耶形の法印なれば塔印と云ふ。又手に塔形の印相を結ぶと。「ソトバイン」を見よ。

塔印𑖝字形 【雜語】口決に云く塔印風空合するは即ち𑖝字の形なり、是れ即ち兩部の水大なり、萬物の生長するは悉く皆水大の所生なるを顯はすなり。大師の釋に云く、雙圓性海恒談ニ四曼ノ自性一。重如月殿鎭說ニ三密自樂一。と

タフカウ 答香 【儀式】「タツカウ」と讀む。禪林の規に來賓我が爲に瓣香を爐に插すれば我亦彼が爲に插むを答香或還香(わんかう)と云ふ。【象器箋九】

タフサツアラウ 塌薩阿勞 【雜語】塌薩は不羇の義、其事に關はるなり、阿勞は阿は發語の助辭、勞は勞擾にして事に關して苦勞するさま、人の動作を嘲る詞なり。【服天方語解】に「塌薩。塌偅と同じ、唐音通ずるなり、山谷集に出づ。註に物不レ羇也。蜀人語とあり。

タフザウ 塔像 【術語】塔と佛像。【無量壽經下】に「起ニ立塔像一。飯ニ食沙門一。」

タウシユ 塔主 【職位】タツスと讀む。

タフジケンゴ 塔寺堅固 【術語】五堅固の一。佛滅第四の五百年、堅固に塔寺を造立する時期なり。

タフジヤウ 踏床 【物名】椅子の前に足を承くる小几なり、又脚凳と云ふ。毘奈耶雜事に承足牀、僧祇律に承足机に作る。【象器箋十九】

タフチユウ 塔中 【術語】塔頭の借字。「タツチウ」と讀む。

タフチユウノシヤカ 塔中の釋迦 【雜語】釋迦如來多寶塔中に入て全身舍利の多寶如來と半座を分て坐し、以て提婆品以下を說く。【法華經見寶塔品】「タホウタウ」を見よ。

タフチユウノフゾク 塔中の付囑 【故事】釋迦如來多寶塔中に在て地涌の諸菩薩に對して本門の法華を付囑す、囑累品の所說是なり。

タフバ 塔婆 【術語】「タフ」を見よ。

タフバ 沓婆 【人名】沓婆摩羅の略、羅漢の名。【佛華嚴入如來德智不思議境界經上】に「達嚫弊夜摩羅弗多囉 Dravya Mallaputra 隋云ニ物力士子一。舊云ニ沓婆摩羅子一者。」【可洪音義四上】に「蹹蒱驃。亦名ニ達羅弊一。亦名ニ陀蒱驃一。亦沓婆摩羅子。此云ニ財力士一也。」

沓婆廻心 【故事】沓婆羅漢小乘心を廻して大乘の菩提心を發す、是れ四分律の大乘に通ずる五證の一なり。「ゴギブンツウ」を見よ。

タフバマラ 沓婆摩羅 【人名】具名、沓婆摩羅弗多羅。經論中末後の一語を漢譯して沓婆摩羅子と云ふ。舍利弗多羅を舍利子と云ふ如し。「タフバ」を見よ。

タフビヤウ 塔廟 【堂塔】梵語、塔、一に廟と譯す。梵漢雙擧して塔廟と云ふ。【玄應音義六】に「或作ニ塔婆一。或云ニ兜婆一。正言ニ窣都波一。此譯云レ廟。」【法華經見寶塔品】に「我之塔廟爲レ聽ニ法華經一故涌ニ出其前一。」「タフ」「ソトバ」を見よ。

タフマ 答摩 【術語】Tamas 數論所立自性冥諦三德の一。闇の義、麁の義、赤の義、憂の義、瞋の義、苦の義。【唯識述記一末】

タフマソバナ 答秣蘇伐那 【堂塔】Tamasāvana 譯、闇林。伽藍の名。【西域記四】

タヘマデラ 當麻寺 【寺名】和州二上山の下丸子山の麓、當麻寺にあり、二上山萬法寶藏院禪林寺と號す、本尊は觀世音なり。曼陀羅堂の勅額あり、本堂の後の寶藏に中將姬の淨土曼陀羅を收む。推古帝二十年河內國山田鄕に伽藍を創し、萬法藏院と號す。天武帝白鳳二年用明帝第四の皇子麿古親王の本願に依て之を今の地に移し、禪林寺と改む。此地役行者の所住なりしを敕して寄附せしめしなり。其後天平寶字年中、右大臣豐成公の女中將姬、此寺に入つて尼となり、化を感じて淨土の曼陀羅を織りしより、其名世に喧し、坊舍は眞言宗十六坊、淨土宗三ケ寺、尼寺三ケ寺あり。【大和名所圖會三】

タヘマノマンダラ 當麻の曼荼羅 【圖像】前項を見よ。⊙(曲、當麻)「猶猶當麻の曼陀羅のいはれ委しく御物語り候へ」

タホウ 他寶 【譬喩】他人の寶。以て己に益なきに譬ふ。【華嚴經偈】に「譬如ニ貧窮人一。晝夜數ニ他寶一。自無ニ半錢分一。多聞亦如レ是。」【止觀七】に「印レ心作レ觀。非レ數ニ他寶一。」

タホウシヨウミヤウ 多寶證明 【術語】多寶塔中の多寶如來。法華を證明する爲に出現す。「タホウタフ」を見よ。

タホウタフ 多寶塔 【堂塔】釋迦が靈鷲山にて法華經を說き、既に迹門三周の正宗分を終へ、其の流通分に至て忽然として地下より多寶如來の全身の舍利(佛體のまゝの化石)を安置せる一の寶塔空中に出現し、塔中より聲を發して釋迦を讚嘆し法華を證明す。【法華經見寶塔品】に「爾時佛前有ニ七寶塔一。高五百由旬。縱橫二百五十由旬。從レ地涌出。乃至爾時寶塔中出ニ大音聲一歎言。善哉善哉。釋伽牟尼世尊。能以ニ平等大慧一敎菩薩法佛所ニ護念一。妙法蓮華經爲ニ大衆一說。如是如是。釋迦牟尼世尊。如ニ所說一者皆是眞實。乃至爾時。佛告ニ大樂說菩薩一。此寶塔中有ニ如來全身一。乃往過去。東方無量千萬億阿僧祇世界國名ニ寶淨一。彼中有レ佛號曰ニ多寶一。其佛本行ニ菩薩道一時作ニ大誓願一。若我成佛滅度之後。於ニ十方國土一。有下說ニ法華經一處上。我之塔廟爲レ聽ニ是經一故涌ニ現其前一。爲作ニ證明一。讚言ニ善哉一。」⊙(榮花、玉の臺)「白銀の多寶の塔」(八十三八十四圖參照)

寶塔扉開 〔故事〕 法塔涌出、四衆多寶如來を見んと欲す、佛言く、多寶如來の本願に若し諸佛の前に於て我身を見んと欲するときは彼佛の分身十方より還來して其前に在るべしと云ふ、我今十方の分身を招集せざるべからずと。乃ち、佛の神力を以て娑婆國土を變じて淨土となし三變土田十方の分身を招集して如來自ら門扉を開く。【見寶塔品】に「爾時釋迦牟尼佛。見下所分身佛已來集各坐中師子之座上。乃至以二右指一開二七寶塔戸一。出二大音聲一如下却二關鑰一開中大城門上。」

塔中二佛 〔故事〕 其時塔中の舍利身の多寶釋迦如來をして塔内に入らしめ二佛并坐す。【見寶塔品】に「爾時。多寶佛。於二寶塔中一分二半座一與二釋迦牟尼佛一。而作二是言一。釋迦牟尼佛可レ就二此座一。即時釋迦牟尼佛入二其塔中一。坐二其半座一結跏趺坐。」

塔中付屬 〔故事〕 此時釋迦牟佛塔中に在つて大音聲を放ち妙法を附囑する人を勸募す。【見寶塔品】に「以二大音聲一普告二四衆一。誰能於二此娑婆國土一廣說二妙法華經一。今正是時。如來不レ久當レ入二涅槃一。佛願下以二此妙法華經一付屬有上レ在。」此の勸募に應じて地下より無量の大菩薩衆現じ、其中上行等の四菩薩を上首として佛の付屬を膺受せんことを請ふ、是に於て佛塔内に居て壽量品を說く、是れ本門法華の正宗なり。之を日蓮宗に多寶塔中本門內證眞實相傳と云ひ、日蓮上人を以て上行菩薩の後身となすなり。⦿（盛衰記）「多寶塔中の釋迦より此法を傳へ給ふべき」

寶塔扉閉 〔故事〕 其より囑累品の終に至つて十方の分身各本土に還り、釋尊は塔より出でて靈山に還り、寶塔自ら戸を閉ぢて故の如く住し、尙藥王品以下の所說を聞く。【囑累品】に「爾時釋迦牟尼佛。令三十方來分身佛各還二本土一而作二是言一。諸佛各隨二所安一。多寶佛塔還可レ如レ故。」

タホウニヨライ　多寶如來 〔菩薩〕 東方寶淨世界の佛入滅の後本願を以て全身舍利となり、諸佛法華經を說く前に於て必ず出現す。「タホウタフ」を見よ。【智度論七】に「有二諸佛一無二人請一者。便入二涅槃一而不レ說レ法。如下法華經中多寶世尊無二人請一故便入二涅槃一。後化二佛身及七寶塔一證レ說二法華經一故一時出現上。」

タマ　珠 〔物名〕 實相の妙理を喩へて珠となす。

衣の珠 〔譬喩〕 【法華經五百弟子授記品】に出づ。「エシユ」を見よ。

髻の珠 〔譬喩〕 【法華經安樂行品】に「有二勇健一能爲二難事一。王解二髻中明珠一賜レ之。」「ケシユ」を見よ。

龍女の珠 〔物名〕 【法華經提婆品】に「爾時龍女有二一寶珠一。價直三千大千世界。持以上レ佛。」

一乘の珠 〔譬喩〕 上の諸珠皆以て一乘の妙法に譬へしもの。

タマ　怛麼 〔術語〕 Ātman 譯、我。【吽字義】に「梵云二怛麼一。此翻爲レ我。我有二二種一。一人我。二法我。」

タママツリ　魂祭 〔行事〕 儒に招魂法、密敎に去識還來法、神道に魂祭なり。禮綱本義二に綏靖天皇の御宇に三輪大師の告に由つて十二月三十日の夜魂祭の禮を行ふことを記す。此事顯敎の佛名懺に似たり。⦿（後拾遺哀傷部）に「十二月つごもりの夜よみける和泉式部の歌に、なき人のくる夜ときけど君もなしわがすむ宿や玉なきの里」（徒然草）「大晦の夜はなき人のくる夜とて魂祭る」此事諸鈔に報恩經の說と云ふも更に其文なし。

タマムカヘ　魂迎 〔行事〕 盂蘭盆會なり。

タマラバ　多摩羅跋 〔植物〕 Tamāla-pattra 香草の名。【玄應音義一】に「多摩羅跋香。此云二藿葉香一。」【慧琳音義三】に「多摩羅跋。香名也。唐云二藿香一。古云二根香一訛也。」【嘉祥法華義疏八】に「多摩羅跋者。草葉香名。此云二芬香一也。」

タマラバセンダンカウブツ　多摩羅跋旃檀香佛 〔佛名〕 多摩羅跋は性無垢賢と譯す、性無垢賢栴檀香佛なり。性無垢賢は栴檀の形容詞なり。【法華玄贊七】に「多是性義。阿摩羅是無垢義。跋陀羅是賢義。聲勢合故遂略去阿字。跋陀羅略但云レ跋。」梵 Tamāla-bhadra

タミンエ　打眠衣 〔衣服〕 禪林の稱。タメンゴロモと云ふ。禪僧の寢衣。

タモン　他門 〔雜語〕 他の宗門。

タモン　多聞 〔術語〕 多く法文を聞いて受持すること。【維摩經菩薩品】に「多聞是道場。如レ聞是行故。」【圓覺經】に「末世衆生。希二望成道一。無レ令下求レ悟唯益二多聞一增中長我見上。」

タモンキヤウ　多聞慶 〔術語〕 多く妙法を聞いて心に歡喜を生ずるを云ふ。【大疏八】に「由下多聞二此法一行與法契上。是大慶故曰二多聞慶一。」

タモンケンゴ　多聞堅固 〔術語〕 五堅固の一。佛滅後第三の五百年多聞の堅固なる時期。

タモンザウ　多聞藏 〔術語〕 多聞の庫藏。【涅槃經四十】に「是故我稱二阿難一爲二多聞藏一。」

タモンシツ　多聞室 〔雜語〕 多聞天の宮殿。

タモンダイイチ　多聞第一 〔術語〕 十大弟子の中に阿難は多聞第一なり。【增一阿含經三】に「知レ時明レ物。所レ至無レ疑。所レ憶不レ忘。多聞曠遠。堪任

奉上。所謂阿難比丘是。」【楞嚴經一】に「阿難見佛頂禮悲泣。恨無始來一向多聞未得道力。」

タモンテン　多聞天　〔天名〕四王天中の北方天の名。「ビシヤモン」を見よ。⦿（曲、鞍馬天狗）「本尊は大悲多聞天」

タモンフンベツブ　多聞分別部　〔流派〕說假部のこと。

タモンブ　多聞部　〔流派〕小乘二十部の一。佛滅後二百年の頃大衆部の中より分派す。部主の德に從つて名く。【宗輪論述記】に「廣學三藏。深悟佛言。從德爲名。名多聞部。當時律主具多聞德也。」

タヤタイ　打野榸　〔雜語〕もと打野堆にして土堆を作る人足共の懸け聲なり。榸に作るは誤と云ふ。【碧巖四十八則】に「明招云。朗上座喫却招慶飯了去江外打野榸。」【同評唱】に「野榸即是荒野中火燒底木橛謂之野榸。」【集韻】に「榸榸皆切。音齋。枯木根出。」然るに【聯燈錄二十一悟明章】に「如福州諺曰。打野堆者。成堆打鬨也。今明招錄中作打野榸。後來圜悟碧巖集中解云。野榸。山上火不遇底火柴頭。」

タラ　多羅　〔雜語〕Tārā 又、咀囉。譯、眼、眼瞳。【蘇婆呼經下】に「多羅。此云妙目精。」【大日經疏五】に「多羅。是眼義。」【不空羂索心咒王經中】に「多羅周云瞳子。」【梵語雜名】に「眼睫砂吃蒭鉢咀羅。」【演密鈔七】に「咀囉。此譯云眼。」

タラ　多羅　〔植物〕Tāla 樹の名。譯、岸樹、高竦樹。【玄應音義二】に「多羅按西域記云。其樹形如椶櫚極高者七八十尺。果熟則赤如大石榴。人多食之。東印度界其樹最多。」【慧苑音義上】に「其形似椶櫚樹也。體堅如鐵。葉長稠密。縱多時大雨其葉蔭處乾若屋下。又或翻爲高竦樹也。」と此樹は幹を中斷すれば再び芽を生ぜず依つて經中比丘が波羅夷の重罪を犯すに譬ふ。【楞嚴經六】に「是一顚迦銷滅佛種。如人以刀斷多羅木。佛記是人永殞善根無復知見。」【俱舍論】に「大師此中立如是喩。如多羅樹。若被斷頭必不復能生長廣大。苾芻等犯重亦然。」

多羅果　〔植物〕其果石榴の如し、以て食ふべし。【玄應音義二十四】に「華白而大若捧兩手。果熟即赤狀如石榴。生經百年方有華果。舊言貝多訛也。」

多羅葉　〔植物〕其の葉の形恰も椶櫚の如し、之を乾燥して以て文字を刻すべし、內外の經典皆之を用ふ。其の法錐を以て之を彫り後に墨汁を入るは南方の書方、北方にては竹筆に墨汁を以て書す。【西域記十一】に「其葉長廣其色光澤。諸國書寫莫不採用。」これを貝葉、貝多羅葉と稱す、Patra の略なり　梵 Tāla-pattra

多羅掌　〔物名〕葉の末を切り其の本を以て扇とせしもの。【瑜伽倫記七上】に「多羅掌者。西方有一樹。葉狀似棕櫚。截去葉頭但留其掌。亦得扇涼。」

タラカ　咀羅迦　〔雜語〕譯、堅固。【大日經疏十】

タラジユ　多羅樹　〔植物〕「タラ」を見よ。

タラタ　怛囉吒　〔雜語〕又、怛囉磔。譯、叱呵。【大日經疏九】に「怛囉吒。是叱呵慴伏之義。如師子奮怒大吼時衆獸無不慴伏。」梵 Traṭa

タラボサツ　多羅菩薩　〔菩薩〕Tārā 是れ觀音院の一尊、多羅觀音に同じ、蓮華部の部母なり、觀音に定慧の二德あり、毘俱胝は其慧德を主り、多羅は定德を主る。女性にて觀音如來の眼より生ずれば眼觀音と云ふ。又人の愛は眼にあるを以て愛を表して眼と云ふ。【大日經一】に「彼右大稱名聖者多羅尊。青白色相雜。中女人狀。合掌持青蓮。圓光無不徧。暉發猶淨金。微笑鮮白衣。」【大日經疏十】に「如大本中有五百多羅尊。皆從觀音眼生。皆是阿彌陀姉妹三昧也。」【大日經疏五】に「此是觀自在三昧。故作女人像。多羅是眼義。青蓮華是淨無垢義。以如是慈眼攝受群生。既不先時。亦不後時。故作中年女人像。不大老亦大少也。乃至其像合掌。掌中持此青蓮。如微笑形。通身圓光如淨金色。被服白衣。首有髮髻作天髻形。不同大日髻冠也。」【大方廣曼殊室利經】に「多羅大悲者。一切之慈母。天人及藥叉無一非子者。故號世間母。」

（多羅菩薩の圖）

多羅菩薩曼荼羅　〔術語〕【大方廣曼殊室利經】に「多羅菩薩曼荼羅は四方三院なり。先づ中胎に於て釋迦牟尼佛を畫き、寶師子座に坐して說法の相を作す。右邊に觀自在菩薩を畫くべし。蓮華の上に坐して瞻仰合掌し白蓮華を持つ、身白紅色瓔珞を嚴飾し首に寶冠を戴き、左に白神索を絡ふ。左邊に金剛藏菩薩を畫き左手に金剛杵を持ち身淺綠色なり。乃至釋迦如來の師子座下に於て蓮華池を畫き、其の池中に於て妙寶蓮華有り、赤光色を作す、紅玻瓈の如く、大光明を放つ。其の蓮華の中に多羅菩薩坐し、左手に青蓮華を持ち、右手は仰ひで臍上に安して坐禪の勢の如く、眼亦是の如く、瓔珞を嚴飾し、紗縠朝霞の衣を披ひ、怡然

として住す。云云。」

經軌　〔術語〕佛說大方廣曼殊室利經、一卷。金剛頂經多羅菩薩念誦法、一卷。【閏帙十二】(1050)聖多羅菩薩一百八名陀羅尼經、一卷。成帙八(906)聖多羅菩薩梵讃、一卷。成帙十一(873)成帙十三(1709)

タラヤトウリヤウシヤ　多羅夜登陵舍　〔界名〕譯、三十三。天の名。「タウクテン」を見よ。

タラヤヤ　怛羅夜耶　〔術語〕Trayāya 譯、三。囉怛那怛羅夜耶 Ratnatrayāya は三寶なり、與格。【仁王良賁疏下】に「怛羅夜耶。此云レ三。」

タラマセン　怛囉麼洗　〔雜語〕麼洗は月の義、怛囉麼洗は正月なり。【十二緣生祥瑞經】に「怛囉麼洗。」【西域記二】に「制怛羅月。」梵 Caitra-māsa

タリキ　他力　〔術語〕佛道に二力あり、自己所修の善根を自力とし、佛の本願力加被力を他力とす、此中一切の諸佛衆生の爲めに他力を有するも、殊に他力の一法を以て衆生の佛道を成ぜしむるは彌陀如來一佛なり。是れ所謂彼佛の本願なればなり、彌陀の本願に曰く、唯我を信ぜんものは我土に往生し、佛道を成ぜしめんと、故に自力を捨てて彌陀を信ずるものは此の本願に相應して自ら往生成佛の願果を成ずるなり。而して此信心亦佛の本願に依て發したるものなれば即ち他力なり、他力の信心を以て他力に攝取せらるるなり。【淨土論中下】に「他力爲ニ增上緣ニ。」又「如ド劣夫跨レ驢不レ上從ニ轉輪王行ニ便乘ニ虛空ニ遊ニ四天下ニ無レ所ニ障礙ニ。如レ是等名爲ニ他力ニ。」【敎行信證二】に「言ニ他力ニ者如來本願力也。」⦿(盛衰記四八)「忝なく彌陀他力本願を信ず」

タリキシユウ　他力宗　〔流派〕自力宗の對。他力往生を勸むる宗旨なり。「タリキ」を見よ。

タリキネンブツ　他力念佛　〔術語〕自力の諸行に對して、念佛の行は佛の方にて往生淨土の大功德を成じ給ひて衆生に與へ給ひしものなれば、此の名あり。又、自力念佛に對して云ふ。念佛の功德を淨土に廻向して往生せんとにはあらず、信心獲得の上にて佛恩を感謝する情念より口に佛名を稱するを云ふ。眞宗の念佛これなり。

タリシバリカ　怛哩支伐離迦　〔術語〕Trīcīvara 譯、但三衣。十二頭陀行の一。【飾宗記五本】

タリヤタリシヤ　怛利耶怛喇舍　〔界名〕譯、三十三。天の名。「トウリ」を見よ。

タリリタノジンギ　他利利他深義　〔術語〕淨土論に「菩薩如レ是修ニ五門行ニ自利利他。速得レ成ニ就阿耨多羅三藐三菩提ニ故。」とあるを曇鸞は論註に於て「然覈求ニ其本ニ阿彌陀如來爲ニ增上緣ニ他利之與ニ利他ニ談有ニ左右ニ。若自レ佛而言。宜レ言ニ利他ニ。自ニ衆生ニ而言。宜レ言ニ他利ニ。」と釋す。即ち自利他利と云はず自利利他と云ふは、他利は衆生が利益を得ることが主題となりて施利者の力顯はれ難く、利他と云へば衆生を利する意を表として力を與ふる者を顯はす。佛が大願を建て自ら成佛して衆生を利益し給ふは自利利他と云はざるべからずとの意なり。親鸞はこの論點を他利利他の深義と名く。

タレイ　多齡　〔明王〕Trailokyavijaya 多齡路迦吠闍也の略。降三世明王の梵名。【秘藏寶鑰上】に「多齡三竭無明之波涸。」⦿(盛衰記)に「多齡三啰の床の上には魔軍頭を振つて恐をなす」三喝三啰は降三世明王が貪瞋痴の三毒三世の怨敵を呑噉するを云ふ。

タレイサンカツ　多隷三喝　〔術語〕多隷は多隷路迦吠闍耶 Trailokyavijaya 即ち降三世明王の略。この尊吽字を三喝して衆生三毒の煩惱を降伏する故にこれを重んず。前項を見よ。

タレイロカ　多齡路迦　〔明王〕降三世明王の梵語の略稱。「王の梵語の略稱。

タレイロカヤ　多齡路迦也　〔稱明〕降三世明王の梵語の略稱。

タレイロカヤベイシヤヤ　多齡路迦也吠闍也　〔明王〕又、帝嚇路迦也吠闍也、帝齡は三、路迦也は世、吠闍也は降。降三世明王なり。【大日經疏十】に「帝入隷ニ合二路迦ニ三世也吠闍也此是降勝之義也」「タレイ」を見よ。

タロン　多論　〔書名〕又、薩婆多論と云ふ。薩婆多毘尼毘婆沙の異名。

タワウ　吒王　〔人名〕罽膩吒王の略稱。

タン　鴿　〔雜語〕曹洞宗の卒都婆に鴿の字を書して烏八臼と云。「シッタン」を見よ。

タン　單　〔物名〕姓名を單片紙に書きしもの。又偏紙に物の名を記せしもの。

タンイイチブツジヨウ　但以一佛乘　〔雜語〕佛の說法の本意は一佛乘の法を敎へむが爲めなりとの意。歌題。【法華經方便品】に「但以ニ一佛乘ニ故爲ニ衆生ニ說レ法。」

タンカ　丹霞　〔人名〕鄧州丹霞山の天然禪師、石頭に嗣ぐ。初め江西に至り、馬祖を見て兩手を以て幞頭脚を拓く。馬祖之を視て曰く、南岳の石頭是れ汝が師なりと、遂に石頭に抵り亦手を以て幞頭脚を拓く。石頭曰く、槽廠に着き去れ。霞禮謝して行者房に入り、次に隨つて爨役を執ると凡そ三年。忽ち一日石頭衆に告げて曰く、來日佛殿前の草を剗らんと。期に及んで大衆童行各鍬钁を構て草を剗る。霞獨り盆水を以て頭を洗て石頭の前に跪く。石頭笑つて之が

爲に剃落し爲に戒を說く、霞遂に耳を掩て趍り去る。再び馬祖に謁して僧堂に入り聖僧の頸に坐す。馬祖曰く、我が子天然なり、即ち馬祖を拜して師の法號を賜ふを謝し因て天然と名く。長慶四年寂、壽八十六。智神禪師と勅諡す。【傳燈錄十四】

丹霞燒佛 〔故事〕【五燈會元丹霞章】に「丹霞禪師嘗て洛東の慧林寺に到り、天寒に値ふ。遂に殿中に於て木佛を取て燒いて火に向ふ。院主偶見て呵責して云ふ、云何ぞ我木佛を燒くとを得る。師杖を以て灰を撥して曰く、吾れ燒いて舍利を取る。主云く木佛安んぞ舍利あらん、師云く既に舍利なし更に兩尊を請て再び取て燒かんと、院主自ら眉鬚墮落す。」

タンカ　丹霞 〔人名〕鄧州丹霞山子淳禪師。靑原下十二世の祖。芙蓉道楷禪師の法嗣。

タンカンエウサウ　探竿影草 〔術語〕臨濟四喝の一。【臨濟錄】に「有時一喝如二探竿影草一。」鵜の羽を編みて水中を探り、魚の一處に集るを待つて之を網するを探竿と云ひ、草を水中に浮ぶれば魚其影に集る、之を影草と云ふ。以て善知識の學者を接得する善巧に譬ふ。【人天眼目註】に「探竿漁者具也。束二鵜羽一挿二竿頭一探二水中一。聚三群魚於二一處一。然後以レ網漉レ之謂也。影草者。刈レ草浸二水中一則群魚潛レ影。然後以レ網漉レ之。是皆漁者聚レ魚之方便也。善知識於二學者一亦復如レ是。」

タンクウ　但空 〔術語〕大小乘所見の空理に二種あり、小乘は諸法を分析して但だ空を見て不空を見ざれば但空と云ひ、大乘の菩薩は諸法を分析して空に歸せしめず、諸法は幻の如く夢の如しと當體其のままに空を見れば、空の中に自ら不空の理を存すれば之を不但空と云ふ。天台は之を二教に分配して但空を以て藏教とし、不但空を以て通教とす。【法華玄義一】に「三藏二乘明二但空一爲レ極。譬頗梨珠一往似レ眞再研便僞。」

タンクウザンマイ　但空三昧 〔術語〕但宗に執して不但空を知らざるを云ふ。

タングワ　旦過 〔雜名〕「タングワリヤウ」を見よ。

タングワソウ　旦過僧 〔雜名〕旦過寮に宿泊する僧にて、行脚の禪僧を云ふ。

タングワリヤウ　旦過寮 〔堂塔〕禪林に行脚僧の宿泊處を云ふ。夕に來り宿して旦に過ぎ去る義なり。遊方の人某寺に到れば先づ打包を解き旦過寮に入て憩息し然して後師家と相見す。【象器箋二】

タンゲンキ　探玄記 〔書名〕具名、華嚴經探玄記、二十卷、唐の法藏撰、晋經六十卷を釋す。

タンゴン　端嚴 〔雜語〕莊飾の正しく嚴かなると。【法華經序品】に「身色如二金山一。端嚴甚微妙。」

タンサウ　探草 〔術語〕探竿影草の略。

タンサンエ　但三衣 〔術語〕十二頭陀行の一。比丘但僧伽梨、鬱多羅、安陀會の三衣を持して更に餘衣を畜へざるを云ふ。【資持記下三之一】に「但三衣。但猶レ獨也。三法服外無二別衣一故。」

タンザ　端坐 〔雜語〕威儀を正して坐すると。【普賢觀經】に「一切業障海皆從二妄想一生。若欲二懺悔一者。端坐念二實相一。」

タンザフグワ　但坐不臥 〔術語〕十二頭陀行の一。夜も但だ坐して脇を席に就けざるなり。

タンシムミヤウソクゼホフシヤウ　但指無明即是法性 〔雜語〕歌題。【止觀五】に「無明痴惑本是法性。以二痴迷一故法性變作二無明一。」【同輔行】に「但指二無明一即是法性。但觀二法性一不レ觀二無明一。」

⦿（風雅集）「すすめこしゐひの枕の春の夢見し夜はやがてうつつなりけり」

タンシン　嘆眞 〔術語〕祖師忌の廻向文の首に偈語或は偈文を唱ふるを白眞とも嘆眞とも云ふ。眞顧を讃嘆する義なり。

タンシンシヤウイ　端心正意 〔術語〕貪瞋癡の三毒を制止して諸惡を作さざるなり。【無量壽經下】に「端心正意。不レ作二衆惡一。甚爲二至極一。」

タンジキ　揣食 〔術語〕四食の一。又、團食に作る。揣摶字通、手にて食を握り丸るめて食ふを云ふ。是れ印度人の食法に依つて欲界中一切の食物を云ひしなり、印度人は飯と菜とを手にて握りて之を口中に入るるなり。新譯には段食と云ふ。分分段段にして食する義なり。【註維摩二】に「生曰。凡欲界食。謂二之揣食一。揣食者揣握食也。」【同淨影疏二】に「揣食者即揣握之食也。」【康熙字典】に「漢書註揣與レ摶通。摶以レ手圜レ之也。禮曲禮毋レ摶レ飯。疏取レ飯作レ摶易レ得レ多。」【義林章四食章】に「段者分段。分分受レ之能持二身命一。舊言レ團者可レ摶可レ握立爲二團食一。此義全非。團字非レ摶。非三水飲等可二摶團圓一。云何名レ團。故應レ名レ段。」と解するは誤か。梵 Piṇḍapāta

タンジヤウガ　誕生賀 〔儀式〕俗に誕生日の賀を爲すあり。按ずるに此法秘軌に出づ。【金剛壽命陀羅尼念誦法】に「若能於二三長齋月及自本生日一作二是供養一。能除二災難一增二益壽命一。」

タンジヤウゲ　誕生偈 〔雜名〕釋尊降誕の時、右手に天を指し、左手に地を指し、「天上天下唯我獨尊、今茲而往、生分已盡。」と宣し給ひし偈を云ふ。上文は【西域記六】に出づ。【長阿含一】には下句「要度

衆生、生老病死」とし諸經一致せず。弘く「三界皆苦我當安之。」の下句を用ふ。

タンジヤウブツ　誕生佛　〔圖像〕像の長四寸許、右手天を指す。【過去現在因果經】に「太子生時墮二蓮華上一。無二扶持者一自行七歩。擧二其右手一。而師子吼云。我於二一切天人之中一最尊最勝。」佛本行集經樹下誕生品及び釋迦譜之に同じ、然るに現今の誕生佛は右手天を指し左手地を指す、蓋し瑞應經本起經長阿含經等に言ふ天上天下唯我獨尊の語に應ぜしなり。【象器箋三】(第二十七圖參照)

タンジヤウヱ　誕生會　〔行事〕降誕會に同じ。四月八日の釋尊の降誕、又は諸宗の祖師の誕生を祝する法會なり。

タンジヤクムジヤウダウ　但惜無上道　〔雜語〕菩薩の大心身命に於て惜む所なく、但無上道に於て惜むなり。【法華經勸持品】に「我不レ愛二身命一。但惜二無上道一。」

タンスヰ　探水　〔物名〕禪僧柱杖の下頭二尺許りの所に別に小枝を存して捲めて下に向て本幹に纏繞し、名けて探水と爲す。蓋し路に水に遇へば先づ杖を下して之を驗し、水小枝の上下なるを見て敢て渡るなり。【象器箋十九】

タンゼン　單前　〔雜語〕禪堂に於て巳が名單を貼せる坐床を單位と云ひ、又其床前の板を單と云ふ。濶八寸、周尺による故一尺なり、之を單板一尺と云ふ。而て床の濶六尺なれば之に單板一尺を加へて七尺あり、之を七尺單前と云ふ。若し單板を除けば六尺なれば六尺單前とも云ふ。【碧巖錄】に「三條椽下七尺單前試去參詳看。」【續傳燈錄繼圓禪師章】に「且向二三條椽下六尺單前一須二容取一。」

タンタ　憚哆　〔雜名〕Danta 又、彈多、娜哆、譯、齒。

タンタカ　彈宅迦　〔人名〕Dandaka 譯、治罰。王の名。【二十唯識述記下】に「彈宅迦者。眞諦云二檀陀柯一。此云二治罰一。治二罰罪人一處也。今罰二罪人一徜置二其內一。中阿含云是王名也。」

彈宅迦林　〔地名〕彈宅迦王の領有なれば彈宅迦林と云ふ。昔仙人あり摩燈伽と名く。五通を得山に入て禪坐す、其妻容色あり、仙に侍して食を奉ず。彈宅迦王遊行して山に入り、妻を將て還る。曰く、仙既に欲を離る何ぞ妻を用ゐんと。仙大に恣て大石を雨し、國王及び國人を壓殺し、彈宅迦林遂に空墟となる。【二十唯識述記下、飾宗記三末】

タンタカシタ　憚哆家瑟詑　〔物名〕Dantakāṣṭha 譯、齒木。【寄歸傳一】に「齒木者。梵云二憚哆家瑟詑一。憚哆譯レ之爲レ齒。家瑟詑是其木。長十二指。短不レ減二八指一。大如二小指一。一頭緩須二熟嚼一。」【玄應音義十五】に「彈多抳瑟搋。彈多此云レ齒。抳瑟搋此云レ木。謂齒木也。」【梵語雜名】に「娜哆家瑟哆。」

タンタニシチ　彈多抳瑟搋　〔物名〕「タンタカシタ」を見よ。

タンタラカ　彈多落迦　〔地名〕Dantaloka-giri 山の名。舊稱、檀特山。【西域記二】に「彈多落迦山。舊曰二檀特一訛也。」「ダンドク」を見よ。

タンダ　但茶　〔雜名〕Daṇḍa 又、單拏。譯、棒。【演密鈔八】に「餤摩怛茶印者。怛字是但字書誤。但茶棒也。」【慧琳音義三十六】に「單拏梵語。唐云レ棓。亦云レ杖。」

タンダイ　探題　〔職位〕法華會維摩會などに於て論義を爲す時、論題を定むる人を探題又は題者と云ふ。是れ最も重職にして論場を統領するもの、勅に依りて之に補せらる。此人高座に在りて問答の是非を判斷する時は精義者と云ふ。【釋家官班記】に依れば叡山六月十二月兩度の法華會も慈惠大師巳前は南都より探題を補せられ、大師に至て初て探題を勅定せられ、後は其の門人に宣せらる、其後康保四年九日禪藝巳講探題宣下の時、證義の職を兼ぬ。是より巳前は探題にて精義を兼ぬるとなしと云ふ。【武峯論話】に「探題の名義は歌道に出る歟、其人を指しては必ず題者と云ふべし、高座にては精義者と云ふべし」と【行狀翼讚五】に論場に「判斷者ありて是非を調べらる、是を題者と稱し又探題と云ふ。」

タンダイ　單提　〔術語〕具足戒五篇の中に尼薩耆波逸提と但の波逸提との二篇あり、尼薩耆は捨の義、波逸提は墮の義、捨は所犯の贜物を捨離すべきを云ひ、墮は其罪報地獄に墮するを云ふ。其の捨墮罪に三十戒あり墮罪に九十戒あり、依て九十の墮罪を三十の捨墮罪に對して單墮と云ふ、今は提の一字を以て墮の梵語波逸提 Pācittika を擧げしなり。

タンチリ　單致利　〔雜語〕Nidrā-tandri 譯、睡眼病。【大乘義章二】に「喜レ睡五病。名二單致利一。」

タンヂウ　炭頭　〔職位〕禪林の稱呼。炭柴を司るもの。

タンテイ　單提　〔術語〕單傳と言ふ如し、禪家直指の旨を云ふ。單に宗旨を提げて餘岐に渉らざる義なり。

タンテキ　端的　〔雜語〕【諸錄俗語解】に「端は正也、的實也と註す、眞實眞正等の義。ホンノと譯すべし。「端的是好。」「阿那箇端的底觀音。」など。單敵と書くは借字なり。

タンデン　單傳　〔術語〕禪家の宗旨は經論文句に依らず單に心印を傳ふるを云ふ。【碧巖初則評唱】に

「達磨遙觀三此土有二大乘根機一遂泛レ海得得來。單二傳心印一」【祖庭事苑】に「傳法諸祖。初以三三乘教乘一兼行。後達磨祖師單二傳心印一破レ執顯レ宗。所レ謂教外別傳不立文字。直指人心見性成佛。然不立文字失レ意者多矣。往往謂屏三去文字一以二默坐一爲レ禪。斯實吾門之啞羊爾。且萬法紛然何止文字不レ立者哉。殊不レ知道猶レ通也。豈拘二執於一隅一哉。故即二文字一文字不可得。文字既爾餘法亦然。所三以爲二見性成佛一也。豈待レ遣而後已。」

タンデン 丹田 〔雜名〕臍下二寸半の所を云ふ。【止觀八】に「右十二病皆止二丹田一。丹田去レ臍下二寸半。」

タントウ 探頭 〔雜語〕探は探索、頭は頭領、師家の勘辨を探頭と云ふ。【臨濟錄】に「上堂有レ僧出禮拜。師便喝。僧云。老和尚莫二探頭一好。」

タントウ 炭頭 〔職位〕「タンヂウ」を見よ。

タンドク 嘆德 〔術語〕他の德を讃嘆するとと。

嘆德師 〔職位〕密敎の傳法灌頂を行ふに、灌頂終りしとき新阿闍梨の德を讃嘆する文を誦する役なり、最も是れ名譽の役なり。【幸聞記】に「總じて灌頂には三摩耶戒の誦經、後朝の嘆德是れ規模の役なり、別して音聲幷に威儀能く、博士及び軌則に堪えたる人を撰ぶなり。大概持金剛衆の上﨟第二第三若し其役に堪へずんば第四第五までの間に之を勸む、廣澤御室の寬平法皇灌頂の時は醍醐の開山尊師聖寶之を勸む。又小野方の灌頂には廣澤の大德を請ずるなり。」⦿(神皇正統記)に「小野の流は益信の相弟子にて聖寶僧正とて知法無雙の人ありき、大師の嫡流と稱する事のあるにや、しかれども年戒劣られける故にか、法皇御灌頂の時は色衆に列りて嘆德と云ふ事を勸められたりき」

嘆德文 〔雜名〕宗祖歎德文、一卷、眞宗の開祖見眞大師の德を嘆ず、常樂臺存覺、善如上人の需に應じて之を作り、覺如上人の報恩講式の後に續く。

タンナ 單拏 〔物名〕「タンダ」に同じ。

タンニクチクサイ 噉肉蓄妻 〔術語〕在家の行狀、肉食妻帶に同じ。

タンネン 湛然 〔人名〕台州國淸寺の湛然、姓は戚氏、唐の晉陵荊溪の人、時人其道を尊で荊溪と號す。天寶の載剃落して持律森嚴、止觀の奧旨を極む。法華釋籤、文句記、止觀輔行、其他淨名廣略疏、涅槃後分疏、金剛錍等著書頗る多く、天台の道を中興す。智者より第六代たり。建中三年二月寂、壽七十二。宋の開寶年中吳越王錢氏請て圓通尊者と謚す。【宋高僧傳六、佛祖統紀七】

タンハナ 歎波那 〔飮食〕又、怛鉢那。譯、麨。【玄應音義十四】に「歎波那食。譯曰レ麨也。」【飾宗記八本】に「怛鉢那。或爲二歎波那一。此云二乳粥一。音義云。此云レ麨也。」

タンハツ 煆髮 〔儀式〕得度したる人の剃り落したる髮を燒く式なり。

タンパンカン 擔板漢 〔譬喩〕人夫の板を負ふもの但だ前方を見て左右を見ると能はず。【方語】に「擔板漢。但見二一方一。」

タンビヤク 單白 〔儀式〕三種羯磨の一。最も輕微の事又は常式の事にて、一度衆に白告するのみにて其事を成立せしめ得るもの。【羯磨疏一上】に「單白者。如二設戒告衆一僧常所レ行。聖制同遵。有レ背結レ過。未レ假二煩請一。隨レ作便遂。初牒レ事表陳勸レ衆和忍。名レ之爲レ白。即此成遂有二作業之功一。名爲二羯磨一。」【資持記上一之五】に「一者單白。事或輕小。常所レ行。或是嚴制。一說告レ僧便成二法事一。」「コンマ」を見よ。

タンプカンサウ 擔負乾草 〔雜語〕歌題。末世に經を持して、一人の爲に說くは、枯草を負ひて火中に投じて燒けざるよりもなほ難し。【法華經見寶塔品】に「假令劫燒擔二負乾草一。入レ中不レ燒亦未レ爲レ難。我滅度後。若持二此經一爲二一人一說。是則爲レ難。」

タンブツ 嘆佛 〔術語〕佛德を讃嘆する偈文なり。經中に瀰滿す。禪門の疏及廻向の首に聯句或は四句偈を以て佛德を嘆ずるを嘆佛と云ふ。祝聖廻向の首に「巍巍金相。堂堂覺王。」是なり。

タンブツゲ 嘆佛偈 〔經名〕無量壽經上卷に出づ。法藏比丘が世自在王佛の所に詣でて佛德を讃したる偈文。「光顏巍巍、威神無極、如是焰明、無與等者、日月摩尼、珠光燄耀、皆悉隱蔽、猶若聚墨。」云云の八十句の偈を云ふ。

タンブラ 擔步羅 〔植物〕又、躭餔羅。藥果の名。【慧琳音義六十六】に「躭餔羅。西國藥果名。俗士女多含二此藥一。」【慈恩傳三】に「擔步羅。」梵 Tāmbūla

タンポン 單本 〔術語〕譯經の別本なきもの。【開元釋敎錄十】に「單本原來一本更無二別本一。重翻本是一經或有二二重翻者乃至六重翻者一。」

タンマ 單麻 〔故事〕一箇の麻の實。佛六年の苦行に一日一麻一麥を食すと云ふ。【元亨釋書十一】に「先佛雪山六載單麻隻麥。」

タンマウ 旦望 〔雜語〕月初朔日を旦と云ひ、十五日を望と云ふ。

タンリズヰエン 但理隨緣 〔術語〕「ベツリズヰエン」を見よ。

タンモクセン 擔木山 〔界名〕梵名朅地洛迦山 Khadiraka の譯名、九山、七金山の一。

タンリヤウ 單寮 〔雜名〕獨房なり。頭首知事の

退職して獨房に居り、及び名德の西堂、首座の獨房に居る者、皆單寮と稱す。單身寮を專にして同舍する者なきなり。【象器箋五】

タンレイ 嘆靈〔雜語〕亡者の廻向の首語を云ふ。

タンヰ 單位〔雜名〕禪堂に於て己が名單を貼せし座位なり。【敕修淸規日用軌範】に「昏鐘鳴須下先歸二單位一坐禪上。」

ダ 拏〔術語〕Da又疱に書く。悉曇五十字門の一。【金剛頂經】に「拏字門一切法怨對不可得故。」と云ひ、【大莊嚴經】に「唱二拏字一時出二斷一切魔惱亂聲一。」と。これDamara（魔障）の語より釋したるなり。

ダ 茶〔術語〕Dha 般若經所說四十二字門の最後の梵字。此字を以て字母の究竟となし、此字を越て更に字なしと云ふ、故に南岳は四十二字を假て大乘の四十二位を表するに阿字を以て初住を表し、茶字を以て妙覺を表す。【智度論四十八】に「茶字門入諸法邊竟處故不終不生。過レ茶無二字可レ說。何以故。更無レ字故。」又「波茶。秦言レ必。茶外更無レ字。若有者是四十二字枝派。」

ダ 拏〔術語〕Na 悉曇五十字門の一。【金剛頂經】に「一切法諍論不可得。」【文殊問經】に「稱二拏字一時。是除二諸煩惱一聲。」とす。

ダ 娜〔術語〕Da又、陀、捺に作る。悉曇五十字門の一。【大日經】に「那字門一切法施不可得故。」とあるは Dāna（布施）より釋し。【文殊問經】の「稱二娜字一時。是施調伏律儀寂靜安隱聲。」は Dama（調伏）より釋す。

ダ 馱〔術語〕Dha 又、達に作る。悉曇五十字門の一。【大日經】に「馱字門一切法界不可得故。」とするは Dharmadhātu（法界）より釋し。【文殊問經】の「稱二馱字一時。是七聖財聲。」は Dhana（財）より釋せるなり。

ダイ 題〔術語〕經論の題目。凡そ大乘經の首題は一部の總標なり、一部を總括すれば題に歸し、題を廣說せしもの即ち一部なり。故に首題の名字を受持する一部を受持する功德に均し。【勝鬘寶窟上本】に「題者。至人說法有レ略有レ廣。略則一題之名。廣則一部之教。演レ略爲レ廣開二一題一成二一部一。括レ廣爲レ略卷二一部一成二一題一也。」【觀無量壽經】に「命欲レ終時。遇二善知識爲讃二大乘十二部經首題名字一。以レ聞二如レ是諸經名一故除二却一劫極重惡業一。」

七種立題〔名數〕天台の說に、一大藏經の題人法譬の三を出でず、此中單複具足の不同に由つて七種の別を生ず。一に單人立題、佛說阿彌陀經の如し、佛は能說の人なり、阿彌陀は所說の人なり、是れ兩土の果人を以て名を立つ。二に單法立題、大般涅槃經の如し、大般涅槃は經中所說の法なり。三に單譬立題、梵網經の如し、梵網は梵天の羅網なり、以て戒律の節目絞絡無盡に譬ふ。四に人法立題、文殊問般若經の如し、文殊は人なり般若は法なり。五に法譬立題、妙法蓮華經の如し、妙法は法なり、蓮華は譬なり。六に人譬立題、如來師子吼經の如し、如來は人なり、師子吼は譬なり。七に具足立題、三者具足するを云ふ、大方廣佛華嚴經の如し、大方廣は法なり、佛は人なり、華嚴は譬なり。已上單三複三具足一、七種三題と云ふ。【四敎儀集註上】

二種立題〔名數〕凡そ諸經の題目、佛の自立あり、經家の所立あり、佛の自立は金剛經の如し、經に「是經名爲二金剛般若波羅蜜一。以二是名字一汝當二奉持一。」經家の所立は佛滅後結集の時之を立つ、妙法蓮華經の如し。【法華文句一】

二宗釋題〔名數〕天台賢首の二宗、諸經の題目を釋するに通別能所の不同あり、一に天台通別釋題、天台は通別の二義を以て經題を釋す、妙法蓮華經の如き、上の四字は是れ別、別して此經に在るが故に、經の一字は是れ通、一切諸經に通ずるが故にと、他例して然り。二に賢首能所釋題、賢首は必ず能詮の文と所詮の義を以て之を判ず、大方廣佛華嚴經の如き、上の六字は是れ所詮、經の一字は是れ能詮と。餘經例して然り。【華嚴經疏三】

ダイ 大〔術語〕梵語、Mahā 摩訶、麼賀。自體寬廣の義、周遍包含の義、又多の義、勝の義、妙の義、不可思議の義。【俱舍論一】に「體寬廣故。」【起信論義記上本】に「包含爲レ義。」【法華玄義二】に「大義有レ三大多勝。」【玄義十】に「即妙是大。即大是妙也。」【止觀三】に「大經云。大名二不可思議一也。」【長水楞嚴義疏三下】に「周遍含攝。體無レ不レ在。物無レ不レ且。非レ因二待小一當體受レ稱。故名爲レ大。」

三大〔名數〕起信論所說。一に體大、二に相大、三に用大。「サンダイ」を見よ。

四大〔名數〕俱舍論所說、地水火風の四なり。此四廣大にして一切の色法物質を造作し生出するが故に四大と名く。

五大〔名數〕大日經所說、地水火風空なり。數論勝論共に之を立つ。「ゴダイ」を見よ。

六大〔名數〕三種あり、一は小乘の說なり。地水火風空識なり、此は人空を示さんが爲に一有情を分析して六大となせしもの。中阿含四十七多界經に說く、六界是なり。【俱舍論一】に「六界是諸有

情生所依。」二に大乘に法空を示さん爲に六大を說く、是を遍到空と名く。【仁王經上】に「色受想行識モ空。十八界空。六大法空モ。四諦十二因緣空モ。」【同天台疏中】に「六大名ニ遍到空一。阿含云。六王諍レ大。地云我能載。水云能漂潤。火云能燒照。風云能生レ動。空云能容受。識云若無レ我者色則敗壞。五雖レ大而識爲レ主。故云四大圍レ空識居レ中也。」【菩薩處胎經地神品】に亦此說あり。三に密教に諸法本不生の實體を示さんが爲に六大を說く。亦地水火風空識の六なり。此六法本來自爾に實體あり實形ありて法界に周遍し、十方に圓滿して不生不滅なりと立つ。「ロクダイ」參照

七大 〔名數〕 楞嚴經所說なり。七大とは地水火風空見識。上五大は一切六塵の境を該括せしもの。見は經中眼根の見性の一を擧げて他の耳根等の聽齅嘗知を例知せしむ、即ち次第の如く眼耳鼻舌身意の六根の作用なり、依て又根大と名く。【經三】に「如一見根見周法界。聽齅嘗觸覺觸妙德。瑩然徧周法界圓滿十虛。寧有方所。循業發現」識は六根六塵和合して生じ六塵を了別する識心なり、開けば六識なり。要するに六境六根六識の十八界なり。大とは周遍の義、地水火風空の法界に周遍して十方に圓滿すると共に、根識の二大亦法界に周遍し十方に圓滿すれば共に稱して大と云ふなり。此中根識二大の周遍法界を明かすと未だ他經に說がざる所、殊に本經の發明なり。密教の六大無礙も之に過ぎず。「當レ知了別見聞覺知圓滿湛然性非レ從レ所。兼ニ彼虛空地水火風一均名爲ニ七大一。性眞圓融皆如來藏。本無ニ生滅一。」

ダイアイキヤウ 大哀經 〔經名〕 八卷、西晉の竺法護譯、大集經の序品と陀羅尼自在王菩薩品との二品なり。開いて二十八品となす。【玄帙五】(79)

ダイアイダウ 大愛道 〔人名〕 佛の姨母、梵名、摩訶波闍波提、Mahāprajāpatī 佛を乳養せしもの。阿難の請に由て初て出家を許さる。是れ比丘尼の初なり。別號憍曇彌、Gotamī 佛を瞿曇と言ふ如し。【法華文句二】に「波闍波提。此翻ニ大愛道一。亦云ニ憍曇彌一。此翻ニ衆主一。」此の翻譯なり、衆主は波闍波提なり。

大愛道施佛金縷袈裟 〔故事〕 「コンルゲサ」を見よ。

大愛道比丘尼經 〔經名〕 二卷、失譯。大愛道三たび出家を請ふも許されず、遂に阿難の强請に依て許さるるとを叙し、八敬法、十戒、具足戒、其他に比丘尼に就て種種の要法を說く。【寒帙十】(1147)

大愛道般泥洹經 〔經名〕 一卷、西晉の白法祖譯。大愛道を始として五百の比丘尼佛の涅槃を見るに忍びずして佛に先ちて涅槃す、佛阿難に命じて厚く之を葬り塔を建てしむ。【昃帙四】(650)

大愛道涅槃經 〔經名〕 上經の異名。

ダイアイダラニキヤウ 大愛陀羅尼經 〔經名〕 一卷、趙宋の法賢譯。大愛は海神の名、大愛佛の神力を蒙りて陀羅尼を說き、所有大海の危難を免れしむ。【成帙十二】(896)

ダイアクザウ 大惡象 〔譬喩〕 惡心の狂亂に譬ふ。【涅槃經三十一】に「心輕躁動轉難レ捉難レ調。馳騁奔逸如ニ大惡象一。」

ダイアミダキヤウ 大阿彌陀經 〔經名〕 吳の支謙譯の佛說阿彌陀經二卷、內題に佛說諸佛阿彌陀三耶三佛薩樓佛檀過度人道經と云ひ、坊本の表題に大阿彌陀經と云ふ。大經の異譯なり、【地帙八】(26) 又、趙宋の王日休定本大阿彌陀經、二卷、戾偕鎧譯の無量壽經を本とし、當時現存の異譯の經を取つて校訂删補せしもの。【地帙八】(203)

ダイアラカン 大阿羅漢 〔術語〕 阿羅漢の中に年長じ德高きものを大阿羅漢と稱す。【阿彌陀經】に「與ニ大比丘衆一。千二百五十人俱。皆是大阿羅漢。」【慈恩疏】に「大者名稱位高。善見律云ニ僧中功德極大者爲ニ大阿羅漢一。」

ダイアンジ 大安寺 〔寺名〕 南都七大寺の一。推古天皇二十五年、初て寺を熊凝村に營み、熊凝精舍と名く。舒明帝十一年、百濟河の側に移し、改めて百濟大寺と號す。天武帝十二年高市郡に移して大官大寺と云ふ。元明帝和銅三年平城に移し、聖武帝天平元年之を改築せんと欲す。唐の沙門道慈大唐西明寺の圖を獻ず、遂に道慈に勅して大官大寺を改造して大安寺と號す。蓋し印度の祇園精舍は兜率の內院を摸し、唐の西明寺は祇園精舍を摸し、今大安寺は西明寺を摸すと云ふ。【扶桑略記六、元亨釋書二十八】東大西大の兩寺に對して俗に南大寺と云ひ、大安寺村にあり。⊙(大鏡七)「大安寺は都率天の一院を天竺の祇園精舍にうつしつくれり」

ダイアンチンホウ 大安鎭法 〔修法〕 禁裏の御所造營の時、不動明王を本尊として修する法、台密の大法なり。

ダイアンハンキヤウ 大安般經 〔經名〕 大安般守意經の略名。

ダイアンハンシユイキヤウ 大安般守意經 〔經名〕 三卷、後漢の安世高譯。安般は梵語、數息觀なり、座禪して出入の氣息を數へ、以て散を止め意を守る法なり。【宿帙五】(681)梵 Ānāpāna

ダイアンラクキヤウ 大安樂經 〔經名〕 大樂

金剛不空眞實三摩耶經の異名。

ダイアンラクフクウコンガウシンジツボサツ　大安樂不空金剛眞實菩薩　〔菩薩〕大樂金剛薩埵に同じ。

ダイアンヰ　大安慰　〔術語〕佛の異名。佛一切衆生に安樂を施し、法喜を得しむればなり。【讃阿彌陀佛偈】に「慈光遐被施二安樂一。故佛又號二歡喜光一。光所レ至處得二法喜一。稽二首頂一禮大安慰。」

ダイイ　大醫　〔譬喩〕佛に譬ふ。【無量義經】に「醫王大醫王。分二別病相一曉二了藥性一。隨レ病授レ藥令二衆樂服一。」

ダイイキヤウ　提謂經　〔經名〕提謂波利經の略名。

ダイイキヤウ　大意經　〔經名〕一卷、宋の求那跋陀羅譯。大意は童子の名なり、國の貧窮を濟はんが爲めに、海に入つて寳を求め、海底に明珠ありと聞いて海水を抒んで之を採らんと欲す。天帝其精誠に感じ來つて之を助く。海神恐れて珠を出だす。大意珠を得て還つて國人に施與す、大意は今の釋迦佛是なり。【宙帙六】(527)

ダイイキリウ　大域龍　〔人名〕因明正理門論の著者、陳那菩薩の譯名。「ヂンナ」を見よ。

ダイイチギ　第一義　〔術語〕究竟の眞理に名く。是れ最上なれば第一と云ひ、深く理由あれば義と云ふ。聖智の自覺なり。【大乘義章一】に「第一是其顯勝之目。所以名レ義。」【中論疏三本】に「以二其最上莫レ過故稱二第一一。深有二所以一目レ之爲レ義。」【勝鬘寶窟上末】に「理極莫レ過名爲二第一一。深有二所以一目レ此爲レ義。」【法華義疏四】に「第一義者。一實之道。理極無レ過爲二第一一。深有二所以一稱爲レ義也。」【注維摩經一】に「肇曰。第一義謂諸法一相義也。」【楞伽經二】に「第一義者。聖智自覺所得。非二言說妄想覺境界一。」【碧巖第一則】に「如何是聖諦第一義。」

ダイイチギクウ　第一義空　〔術語〕小乘の涅槃に對して大乘至極の涅槃を第一義空と云ふ。小乘の涅槃は偏眞但空なり、大乘の涅槃は空も亦空にして中道實相の空なれば第一義と名く。【三藏法數四十六】に「諸法中最第一法名爲二涅槃一。涅槃之法空無二有相一。是爲二第一義空一。」【涅槃經二十七】に「佛性名二第一義空一。第一義空名爲二智慧一。所レ言空者不レ見二空與二不空一。」【智度論三十一】に「能使二諸法實相空一名爲二第一義空一。」【觀佛三昧經】に「佛地果德。眞如實相第一義空。」図 小乘の涅槃亦第一義空と名く。【雜阿含經十三】に「我今爲二汝等一說レ法。初中後善。善義善味。純一滿淨。梵行淸白。所謂第一義空經。」

ダイイチギクワン　第一義觀　〔術語〕台宗三觀中、中觀の異名なり。此名菩薩瓔珞經に出づ。是れ觀道の最上至極なれば第一義と名く。【止觀三】に「二觀爲二方便道一得レ入二中道一。雙二昭二諦一。心心寂滅。自然流二入薩婆若海一。名二中道第一義觀一。」

ダイイチギシツタン　第一義悉檀　〔術語〕四悉檀の一。一實中道の理を說いて衆生をして斷惑證理せしむる佛の善巧を云ふ。

ダイイチギタイ　第一義諦　〔術語〕二諦の一。世俗諦に對するの稱。又、眞諦と云ひ、聖諦と云ひ、勝義諦と云ふ。涅槃、眞如、實相、中道、法界、眞空など總て深妙の眞理に名く。諦は眞實の道理なり。此道理は諸法中第一なれば第一義と云ひ、眞實なれば眞と云ひ、聖者の見る所なれば聖と云ひ、殊勝の妙義なれば勝義と云ふ。【大乘義章一】に「第一義者亦名二眞諦一。第一是其顯勝之目。所以名レ義。眞者是其絕妄之稱。世與二第一一審實不レ謬。故通名レ諦。乃至 彼世諦若對二第一一應レ名二第二一。若對二眞諦一應レ名二妄諦一。第一義諦若對二世諦一應レ名二出世一。若對二俗諦一應レ名二非俗一。若對二等諦一應レ名二非等一。立名一一不レ可二返對一。是故事法且名二世諦俗諦等諦一。理法且名二第一義諦乃至眞諦一。」

ダイイチギチ　第一義智　〔術語〕金剛喩定に於て一切の煩惱を斷盡する究竟の佛智に名く。【勝鬘經】に「金剛喩者第一義智。乃至 若壞二一切煩惱藏一究竟智。是名二第一義智一。」

ダイイチギテン　第一義天　〔術語〕第一義空の妙理を譬へて天となす。四天の中の義天是なり。【涅槃經二十二】に「義天者。十住菩薩摩訶薩等。以レ能善解二諸法義一故。云何爲レ義。見二一切法是空一故。」【法華玄義四】に「第一義天天然之理。」【涅槃經十八】に「第一義天。謂諸佛菩薩。常不二變易一。以二常住一故。不生不死不老不病。」⊙(曲、現在七面)「一心三觀の窓の前には、第一義天の月まどかなり」

ダイイチギホフシヨウキヤウ　第一義法勝經　〔經名〕一卷、元魏の般若流支譯、佛說大威燈光仙人問疑經の異譯。【宙帙一】(210)

ダイイチギラク　第一義樂　〔術語〕涅槃の妙樂を云ふ。【起信論】に「以二無量方便一救二拔一切苦惱衆生一。令レ得二涅槃第一義樂一。」

ダイイチク　第一句　〔術語〕阿字を稱す。【大日經六】に「阿字第一句。明法普周徧。」【義釋十四】に「猶下如世間地居天中帝釋爲二第一一。諸世仙聖中梵天爲二第一一。諸聖智中佛爲中第一上。此阿字門於二一切眞言門中一最爲二第一一也。由二此一字一成二無量功德一故

無上也。」

ダイイチクウギヤウ　第一空行　〔術語〕三業の惡を空ずる行法を空行と云ふ。空行に大小乘の勝劣あり、大乘の空行を第一と云ふ。【涅槃經十一】に「爲レ欲レ利三益安二樂衆生一。成二就大乘第一空行一。」

ダイイチクウホフ　第一空法　〔術語〕第一義空の妙理を云ふ。「ダイイチギクウ」を見よ。

ダイイチケツジフ　第一結集　〔故事〕王舍城の五百結集を云ふ。「ケツジフ」を見よ。

ダイイチジケウ　第一時敎　〔術語〕法相宗所立三敎の第二なり。「サンケウ」を見よ。

ダイイチジヤクメツ　第一寂滅　〔術語〕實相の妙理は是れ第一義なれば第一と云ひ、一切言辭の相を離るれば寂滅と云ふ。即ち涅槃なり。【法華經方便品】に「知二第一寂滅一。以二方便力一故。雖レ示二種種相一。其實爲二佛乘一。」

ダイイチジヨウ　第一乘　〔術語〕大乘の異名。【唐華嚴經五十二】に「過二二乘一名爲二大乘、第一乘、勝乘、最勝乘、上乘、無上乘、利益一切衆生乘一。」

ダイイチダイニダイサンボフニン　第一第二第三法忍　〔術語〕「トクサンボフニングワン」を見よ。

ダイイハリ　提謂波利　〔人名〕二商主の名、提謂は又、帝梨富婆 Trapsa 瓜、離謂等と稱す。波利は又、跋梨迦 Bhallika 優婆離、金挺等と稱す。北天の人とも、ウトカラ Utkala の人とも稱す。佛之に對して初めて人天敎を說き、髮爪を與へて造塔せしむと、但し之れ梵天勸請以前の事なり。【五分律十五】に「結跏趺坐七日受二解脫樂一。過二七日一已從二三昧一起。遊二行人間一。時有二五百賈客一乘二五百乘車一。中有二二大人一。一名二提謂一二名二波利一。二人昔善知識。死爲二善神一恒隨二逐之一。作二是念一。今佛初成二大道一。未レ有二獻レ食者一。我今當下令二二人飯レ佛使中長夜護上レ安。即以二神力一車牛皆躓。衆人怖懼四向求レ神。彼神於二空中一語言。汝等莫レ怖。今佛世尊初成二大道一。靜座七日從レ定起遊行。坐二彼樹下一。未レ有二獻レ食者一。汝奉二上麨蜜一。長安獲レ安。衆人歡喜即和二麨蜜一。俱詣二樹下一遙見二世尊一。乃至前禮二佛足一奉二上麨蜜一。乃至受已語言。汝等當下歸二依佛一歸中依法上。即受二二自歸一。是爲二人中二賈客最初受二二自歸一。便爲說二隨喜呪願之偈一。乃至爾時世尊說二是偈一已。更爲二賈人一說二種種妙法一。示敎利喜已。」【因果經三】に「即從レ座起詣二波羅捺國一。爾時有二五百商人一。二人爲レ主。一名二跋陀羅斯那一。一名二跋陀羅利一。乃至佛到二多謂婆跋利村一。時彼商人既見二如來威相莊嚴一。又見二諸天前後圍繞一。倍生二歡喜一即以二蜜麨一而奉二上佛一。」【瑞應本起經下】に「一名二提謂一。二名二波利一。」【修行本起經下】に「度二二賈客提謂波利一。」【中本起經上】に「時北天竺國兄弟二人爲二衆商之主一。一名二帝履富婆一。一名二婆履一。」【佛本行集經三十二】に「爾時彼處從二北天竺一有二二商主一。一名二帝梨富婆一。隋言二胡瓜一。二名二跋梨迦一。隋言二金挺一。」

提謂波利經　〔經名〕もと二部あり、一は一卷の提謂經眞本なり。一は二卷の提謂經、僞撰なり。【出三藏記集卷五僞經僞撰雜錄第三】に「提謂波利經二卷。舊別有提謂經一卷 右一部。宋孝武時。北國比丘曇靖撰。」【唐高僧傳一曇曜傳】に「又有二沙門曇靖者一。以下創開二佛日一舊譯諸經並從二焚蕩一。人間誘導憑准無上レ因。魏武廢佛の難を云ふ 乃出二提謂波利經二卷一。意在二通悟一而言多二妄習一。乃至舊錄別有二提謂經一卷一。與二諸經一語同。但靖加二五方五行一。用レ石糅レ金。致レ成レ僞耳。」一卷の提謂經亦今の藏經に存せず。

ダイイワウ　大醫王　〔譬喩〕佛菩薩に譬ふ。【維摩經佛國品】に「爲二大醫王一善療二衆病一。」【無量義經】に「醫王大醫王。分二別病相一曉二了藥性一。隨レ病授レ藥令二衆樂服一。」

ダイインシンヂヤウ　大印身定　〔術語〕大印を結んで身を定中に置くを云ふ。【宋高僧傳不空傳】に「以二大印身定中一而寂。」

ダイインダラクワン　大因陀羅觀　〔術語〕黃色方形の金剛輪即ち地輪を大因陀羅輪と云ひ、此の中に阿字を觀ずるを大因陀羅觀と云ふ。【大日經疏十一】に「言二大因陀羅觀一者。謂於二金輪中一觀故也。」

ダイインダラダン　大因陀羅壇　〔術語〕金剛輪の方壇を云ふ。【大疏八】に「方壇名二大因陀羅壇一。是心王之義。」【同二十】に「此中方壇梵名二摩訶因陀羅一。是帝釋別名也。又則金剛輪別名也。」と。心王は諸法の所依なるが故に之を名けて壇と爲すなり。

ダイインダラザ　大因陀羅座　〔術語〕又金剛輪座と云ふ。方座なり。【大疏十七】に「四方謂大因陀羅座也。金剛輪座也。」

ダイウキヤウ　大有經　〔經名〕勝論の六句義の中の大有句義を說きしもの。【仁王經上】に「一切衆生煩惱不レ出二三界藏一。一切衆生果報二十二根不レ出二三界一。諸佛應化法身亦不レ出二三界一。三界外無二衆生一。佛何所レ化。是故我言。三界外別有二一衆生界藏一者外道大有經中說。非二七佛之所說一。」【起信論】に「若說三界外更有二衆生一始起者。即外道經說。」【良賁仁王疏中一】に「若言三界外有二衆生一者。即是外道吠世史迦六句義中大有經說非二佛敎一也。」

ダイウンキヤウ　大雲經　〔經名〕大方等無想經「の異名。

ダイウンクワウミヤウジ　大雲光明寺　[寺名] 回回敎の寺院の名。【佛祖統紀四十二】に「唐代宗三年。勅回紇奉二末尼一者。建二大雲光明寺一。」又「同六年。回紇請下於二荊楊洪越等州一置中大雲光明寺上。其徒白衣白冠。」

ダイウンシヤウウキヤウ　大雲請雨經　[經名] 本名、大雲經請雨品第四十六、一卷、宇文周の闍那耶舍譯。請雨經四譯の一。【成帙六】(187)

ダイウンハンニヤ　提雲般若　[人名] Deva-prajñā 比丘の名。譯、天智。【開元錄九】に「沙門提雲般若。或云二提雲陀若那一。唐云二天智一。于闐國人也。」

ダイウンミツザウキヤウ　大雲密藏經　[經名] 大方等無想經の異名。

ダイウンムサウキヤウ　大雲無相經　[經名] 大方等無想經の異名。

ダイウンリンシヤウウキヤウ　大雲輪請雨經　[經名] 二本あり、一は隋の那連提黎耶舍譯、一卷。【成帙六】(188)一は唐の不空譯、一卷。【閏帙六】(970) 是れ請雨經四譯の中の二。

ダイウンヰン　大雲院　[寺名] 京極四條南にあり、開基は貞安上人。天正の末太閤秀吉の命に由て織田信忠公の爲に之を建つ、大雲院は信忠の院號なり。

ダイエ　大衣　[衣服] 三衣の中に僧伽梨衣は最も大なれば大衣と云ふ。九條以上を大衣とし三品あり。【釋氏要覽上】に「薩婆多論云。僧伽梨有二三品一。自二九條一十一條十三條名二下品衣一。皆兩長一短作。十五條十七條十九條名二中品衣一。皆三長一短作。二十一條二十三條二十五條名二上品衣一。皆四長一短作。」⊙(太平記二六)「大衣を杳の鼻にさする體にて振舞ひける」

ダイオワ　大應　[人名] 相州建長寺の紹明、字は南浦、駿州安部縣の人、初め建長寺の蘭溪道隆に參し、後深草帝正元元年支那に入り、徑山の虛堂智愚に謁す。參究十年、其奧を極め、龜山天皇文永四年歸途に就く。虛堂偈を贈て曰く、敲磕門庭細揣摩。路頭盡處再經過。明明說與虛堂叟。東海兒孫日轉多。 建長寺に還て藏鑰を司る。七年筑紫の興德寺に出世し、九年太宰府の崇福寺に遷る。住持三十餘年、關西風に靡き、門庭日に盛なり。嘉元三年詔を奉じて京師に入り、伏見太上皇召對して問答旨に稱ひ、敕して萬壽寺に主たらしむ。德治二年平帥貞時奏して建長寺を董せしむ。其翌延慶元年臘月二十九日寂、壽七十四。上皇哀悼輟まず、敕して圓通大應國師と諡す。 語錄三卷あり。【本朝高僧傳二十二】 師の法嗣に大德寺の宗峰妙超あり、妙超の法嗣に妙心寺の關山慧玄あり、濟下の宗風此に至りて盛に洞上と天下を中分す。【無盡燈論上】に「稽首大應師。東海第一祖。路頭再經過。明明日多記。」

ダイオウグ　大應供　[術語] 佛十號の一。「オウグ」を見よ。大と云ふは應供は三乘に通ずれば小乘の阿羅漢に對して大と云ふ。又彌陀を指して云ふことあり。

ダイオンカイニフ　大陰界入　[術語] 大は四大、陰は五陰、界は十八界、入は十二入なり。

ダイオンクワウ　大飮光　[人名] 摩訶迦葉の譯名。迦葉或は龜と譯し、或は飮光と譯す。「カセフ」を見よ。

ダイオンケウシユ　大恩敎主　[術語] 釋迦如來を稱す。一切衆生に於て利他の恩德廣大なれば大恩と云ひ、敎法の主なれば敎主と云ふ。【永觀往生講式】に「大恩敎主釋迦尊。」⊙(曲、安宅)「大恩敎主の秋の月は、涅槃の雲に隱れ」

ダイカ　提訶　[術語] Deha 譯、身。【倶舍光記十一】に「提訶。此云レ身。」【瑜伽倫記一】に「提訶此云身。毘提訶。此云二勝身一。」

ダイカ　提河　[地名] 阿利羅跋提河 Ajiravati-nadi の略。舍衛城岸の河名。【西域記六】に「阿恃多伐底河。唐言二無勝一。舊云二阿利羅跋提河一。訛也。」

ダイカ　提何　[人名] ⊙(今昔物語一)に「提何長者得二自然太子一語」 提何は提迦の誤にて樹提迦の略なり、樹提迦は火の義にて童子の名なり。此童子火中より生ぜしを以て樹提迦と名く。今は童子の名を父に付して提迦長者と云ふ。瞻婆國の人なり。此事涅槃經三十及び倶舍光記五に出づ【光記五】に「殊底穡迦。Jyotiṣka 此云二有命一。舊曰二樹提迦一。」「ジュダイカ」を見よ。

ダイカイ　大戒　[術語] 大小乘の具足戒を五戒、十戒等に對し大と云ふ。又、大乘戒の通名、小乘戒に對す。

ダイカイ　大界　[術語] 攝僧の大たるもの、同一に住し同一に布薩をなす僧衆を定むる爲の結界を云ふ。一山一寺の境內を限れる結界是れなり、小界或は戒場に對して大界と名く。

大界外相　[術語] 結界の外面を云ふ。界結の標石に此四字を書す。此より內は攝僧界なるを示すなり。

ダイカイ　大海　[雜名] 梵語、摩訶三母捺羅娑誐「羅。Mahāsamudra-sāgara【梵語雜名】

大海八不思議　[譬喩]【涅槃經三十二】に「大海に八種の不思議あり、以て涅槃に譬ふ。一に漸漸に轉た深し。二に深くして底を得難し。三に同一に鹹味なり。四に潮時を過さず。五に種種の

寶藏ある。六に大身の衆生居住す。七に死屍を宿せず。八に萬流大雨海に入るも增減せず。」又この八喩を以て僧伽に譬ふ。

大海十相 〔名數〕【華嚴經疏四十四】に「華嚴經中大海の十相を以て十地の菩薩の修行に譬ふ。一に次第悕深。二に不レ受二死屍一。三に餘水入失二本名一。四に普同一味。五に無量珍寶。六に無三能至二底。七に廣大無量。八に大身所居。九に潮不レ過レ限。十に普受二大雨一。」

ダイカイイン 大海印 〔譬喩〕大海の水面に森羅萬像を印現すると。以て菩薩の三昧に一切諸法を含藏するに譬ふ、之を海印三昧と名く。【大集經十五】に「喩如二閻浮提一切衆生身及餘外色一。如レ是等色道中皆有二印像一。以レ是故名二大海印一。菩薩亦復如レ是。得二大海印三昧一已能分三別一切衆生心行一。於二一切法門一皆得二慧明一。是爲三菩薩得二海印三昧一。」

ダイカイシユ 大海衆 〔譬喩〕衆水海に入れば同一鹹味なり、四姓出家すれば皆一味なると大海の如くなれば海衆と云ふ。又衆の多きを譬へて海と云ふ。【增一阿含經四十四】に「此閻浮提有二四大河一。一切諸流皆投二歸于海一。衆僧如二彼大海一。所三以然一者。流河決水以入二于海一便滅二本名一。但有二大海之名一耳」【往生要集中本】に「淸淨大海衆。」

ダイカイジヤウ 大開靜 〔術語〕開靜に大小の二あり「カイジヤウ」を見よ。

ダイカウ 大香 〔儀式〕瓣香と云ふ。【敕修淸規】に「再揷二大香一片一。」「又は燒香する人を云ふ。

ダイカウ 代香 〔儀式〕他に代りて燒香すること

ダイカク 大覺 〔術語〕佛の覺悟を云ふ。凡夫に覺悟なし、聲聞菩薩覺悟あるも大ならず、佛獨り實相を覺悟して源底を盡す、大覺と稱す。又聲聞は自ら覺するも他を覺せしむるとなし、菩薩は自ら覺し亦他を覺せしむるも覺の事未だ滿たず、佛は自覺覺他共に圓滿す、獨り大覺と稱す。十八不共法五眼法身大覺世尊。」【仁王經上】に「四無所畏。十八不共法五眼法身大覺世尊。」【心地觀經一】に「敬禮天人大覺尊。」【止觀一】に「大覺世尊。積レ功行レ滿。涉二六年一以伏レ見。擧二一指一而降レ魔。」

ダイカク 大覺 〔人名〕建長寺の開山道隆、號は蘭溪、宋の西蜀涪江の人、無明性禪師の槌下に依て松源の禪を契悟し、明州の天童山に住す。此方禪宗乏きを聞て遊化を志し、後嵯峨帝寬元四年太宰府に著く。時に年三十三。明年京に入りて泉涌寺に寓し、建長四年平時賴鎌倉に伽藍を創して壽福山建長興國禪寺と曰ひ、隆を請して開山初祖となす。海內輻輳す。居ると十三年、詔ありて洛の建仁寺に遷らしめ、三年を歷て東關に歸る、平時宗禪興寺を開て居らしむ。何くもなく建長寺に還る。譖者あり、時宗隆を甲州に謫す、州人其左遷を幸として拜禮歸仰す。居ると三載鎌倉に還て龜谷山を主る。流言復起て再び甲州に移る。幾くならず潛者皆惡疾を得。時宗使を遣して隆を迎へ、壽福寺に居らしめ、入室參禪弟子の禮を執る。弘安元年再び建長寺に旋る。時宗別に一寺を創して開山となさんと欲す、一日相偕に郊外に出づ、隆一處を指して曰く、是の地宜しく梵剎を建つべし、後遂に圓覺寺を建つ、是歲秋七月寂、壽六十六。時宗其行蹟を朝に奏す、敕して大覺禪師と諡す。本朝禪師の號を賜ふこと隆より始まる、其法を嗣ぐ者二十四人、語錄三卷あり。【本朝高僧傳十九】

ダイカクジ 大覺寺 〔寺名〕嵯峨の大覺寺は眞言宗なり、開基は恒寂法師、淳和帝第三の皇子、代代法親王の住處なり。【三代實錄】に「嵯峨舊宮。捨爲二精舍一。號曰二大覺寺一。」【元亨釋書】に「恒寂、諱恒貞。天長帝第二子也。」【拾芥抄】に「在二遍照寺西一。嵯峨天皇御在所。」図 佛陀伽耶の大菩提寺の譯。

ダイカクセソン 大覺世尊 〔術語〕「ダイカク」を見よ。◉（平家三）「大覺世尊、滅度を跋提河の邊に唱ふ」

ダイカクモ 大覺母 〔術語〕覺母は文殊の異名、大は尊稱なり。「カクモ」を見よ。

ダイカセフ 大迦葉 〔人名〕摩訶迦葉なり。【增一阿含經三】に「十二頭陀難得之行。所謂大迦葉比丘是。」「カセフ」を見よ。

大迦葉本經 〔經名〕一卷、西晉の竺法護譯、佛大迦葉の爲に制心の法を說く。【宿帙七】(745)

大迦葉問大寶積正法經 〔經名〕五卷、趙宋の施護譯。大寶積經普明菩薩會第四十三の別譯。【地帙十二】(805)

ダイカセンエン 大迦旃延 〔人名〕摩訶迦旃延なり、新稱、迦多衍那。十大弟子の一。【增一阿含經三】に「善分二別義一敷二演道敎一。所謂大迦旃延比丘是。」「カセンエン」を見よ。

ダイカタエンナ 大迦多衍那 〔人名〕Mahā-kātyāyana 舊稱、大迦旃延。新稱大迦多衍那。

ダイカツマイン 大羯磨印 〔印相〕五股印を稱す。【瑜祇經】に「決諦二一字明一。結二大羯磨印一。」

ダイカツマリン 大羯磨輪 〔術語〕十字金剛を連續して大圓輪を作るを云ふ。【瑜祇經】に「當下觀二吽一字一成中大羯磨輪上。」

ダイカン 大鑑 〔人名〕六祖曹溪の慧能、憲宗の元和十年諡を賜ひて大鑑禪師と云ふ。

ダイカンリン 大寒林 [雜名] 西國に墓所を屍陀と云ひ、寒林と譯す、人をして怖れて寒からしむる義なり。「シタバナ」を見よ。

ダイカンリンナンダダラニキヤウ 大寒林難拏陀羅尼經 [經名] 一卷、趙宋の法賢譯、羅睺羅寒林中に於て多く鬼に惱まさる。佛爲に難拏陀羅尼を說く。難拏は歡喜の義、此陀羅尼に安樂歡喜の功德あるを云ふ。【成帙十二】(800)

ダイガ 大雅 [人名] 妙心寺の匡、字は大雅、法を東陽英朝に嗣ぐ。【本朝高僧傳四十四】

ダイガ 大我 [術語] 我は自在の義なり、凡夫は自己の身心を認めて我となせども、身心一も自在なるものなし、我と思ふものは迷倒の見のみ、我の實あることなし。此理を悟るを小乘の知見とす、而して彼れ但凡夫の倒我小我なきを知て更に佛の眞我あり大我あるを知らざるなり、即ち佛所證の涅槃は眞我なり、大我なり、佛は八自在を得て一切の繫累を離れ、萬法に於て自在なり、之を涅槃の大我とす。涅槃經一部の所明是なり。【涅槃經二十三】に「有二大我一故名二大涅槃一。」【大日經一】に「汝獲二無等利一 位同二大我一。」【同疏五】に「大我謂諸如來成二就八自在我一。於レ法得二自在一者。」【同十六】に「大我者佛之別名也。」【同十七】に「大我者即是如來。」【同一】に「今復約二眞我一明二心實相一。此宗辨レ義即以レ心爲二如來應正等覺一。所謂內心大我也。」【吽字義】に「唯有二大日如來一。於二無我中一得二大我一也。」

ダイガウケウヂゴク 大號叫地獄 [界名] 八大地獄の第五。【俱舍頌疏世間品一】に「大號叫地獄劇苦所レ逼發二大哭聲一。悲叫稱レ怨。故名爲二大號叫一。」

ダイガラン 大伽藍 [雜名] 伽藍は寺院の梵語、大は小伽藍に對す。⦿(曲、田村)「汝一人の檀那をまち、大伽藍を建立すべしとて」

ダイキ 大機 [術語] 大乘の法を受持し菩薩乘に到るべき機類の人を云ふ。

ダイキウケツテイ 大休歇底 [術語] 大死底と言ふ如し、一切の妄想を拂ひ盡し、心智俱に盡くる位を云ふ。【碧巖四十則垂示】に「休去歇去。鐵樹開レ花。」【種電鈔】に「宗師家到二大休歇處一。領二鐵樹花開劫外春一。不下是盡二細識一人上。爭得レ如レ此乎。」

ダイキダウ 大鬼道 [界名] 大威力を有する鬼神の住する道途。道は五道六道の道なり。

ダイキチギシンジユキヤウ 大吉義神呪經 [經名] 二卷、元魏の曇曜譯。帝釋阿修羅と戰ひて敗れ、救を佛に請ふ、佛爲に大結界呪を說く、次に一切天龍鬼神あり次第に佛を助けて咒を說く。【成帙八】(473)

ダイキチジヤウキヤウ 大吉祥經 [經名] 大吉祥陀羅尼經の略名。

ダイキチジヤウダラニキヤウ 大吉祥陀羅尼經 [經名] 一卷、趙宋の法賢譯、佛蘇珂嚩帝佛刹に在り、觀自在菩薩の爲に大吉祥菩薩所有の陀羅尼を說き、衆生をして大富貴を得しむ。【成帙八】(907)

ダイキチジヤウテン 大吉祥天 [天名] 又功德天と名く。富貴の主たる女天なり、大吉祥陀羅尼經には大吉祥菩薩と云ふ。「キチジヤウテン」を見よ。

大吉祥天女十二契一百八名無垢大乘經 [經名] 一卷、唐の不空譯。佛、安樂世界に住し、觀自在菩薩の爲に初に三十八吉祥如來の名號を說き次に吉祥天女の一百八名を說く、十二契とは之を諷稱するに十二段の曲譜を分つを云ふ。【閏帙十四】(959)

大吉祥天女十二名號經 [經名] 一卷、唐の不空譯。佛、極樂世界に住し觀自在菩薩の爲に吉祥天女の十二名及び陀羅尼を說く。【閏帙十四】(958)

大吉祥金剛 [菩薩] 金剛手の異名。【義釋十二】に「大吉祥金剛。歡喜。文殊等。」

ダイキヤウ 大經 [經名] 淨土の三部の中に二卷の佛說無量壽經を淨影、道綽、善導の諸家は大經と云ひ、天台は大本と云ふ。【玄義分傳通記三】に「大經者無量壽經。三經之中此經廣故對二餘二經一名二大經一也。天台此經名二大本一阿彌陀經名二小本一。嘉祥名二雙卷一。淨影道綽與二今家一同。龍興名二兩卷經一。」又、天台宗に涅槃經を大經と稱す。

ダイキヤウキシン 大慶喜心 [術語] 眞宗の安心。彌陀佛に攝取せられて大に歡ぶ心なり。【敎行信證三末】に「大慶喜心。即是眞實信心。」

ダイギド 大義渡 [地名] 黃檗運禪師の江西の鄉里に江渡あり、福清渡と名く。黃檗此に於て母の爲に一子出家九族生天の秉炬を爲せしより改めて大義渡と稱す。「イチシ」を見よ。

ダイギヤウジ 大行事 [神名] 山王二十一社の中、中の七社の一。大行事權現と云ふ。【神祇宣令】に「大動行二位事一故曰二大行事一。」

ダイギヤウダウ 大行道 [儀式] 盛大なる行道の儀式なり。「ギヤウダウ」を見よ。

ダイギヨ 大魚 [傳說] 梵語、摩竭 Makara 魚、大魚と譯す。商人海に入て高聲に佛を念じ、摩竭魚の難を免かる。「マカツ」を見よ。

大魚事經 [經名] 一卷、東晉の竺曇無蘭譯。

大魚小魚を誡むるを借て大比丘小比丘に喩するに喩ふ。【宿帙八】(717)

ダイクウ　大空　〔術語〕小乘の偏空に對して大乘究竟の空寂を大空と云ふ。空も亦空なる、是れ究竟の大空なり。即ち大乘の涅槃なり。密教には阿字を以て此大空となす。之を證するを大空智と云ふ。【寶積經二十二】に「廣大空寂名曰二虛空一。涅槃空寂亦復如レ是。爲二大空寂一。無レ有二主宰一亦無二我所一。一切衆生沒入二其中一。無三能攝二取一毛端量一。廣大空寂廣大無量名二大涅槃一。」【入楞伽經三】に「何者第一義聖智大空。謂自身內證聖智法空離二諸邪見熏習之過一。是爲二第一義聖智大空一。」【無盡燈論上】に「後來重說二般若法門一。二乘三藏上下混雜。淘二汰空法一。所謂引二小空一而歸二大空一。呵二偏空一而入二圓空一。破二假空一而達二眞空一。」又、十八空の中には東西南北等の方位の實體なきを大空と云ふ。

大空之戰具　〔雜語〕金剛杵、羯磨等の武器を云ふ。絕待無相の戰具なれば大空と云ふ、又大空智の所現なれば大空と云ふ。【大日經疏一】に「譬如下帝釋手持二金剛一破中修羅軍上。今此諸執金剛亦復如レ是。各從二一門一持二大空戰具一。能破二衆生無相之煩惱一故以相況也。」【演密鈔二】に「大空即智也。今此諸執金剛各從二一門內自證智一遍二一切處一破二諸衆生無明障染一義名二戰具一。大空智即戰具名二大空戰具一。作二持業釋一。」

ダイクウギヤウザンマイ　大空行三昧　〔術語〕不動尊の三昧なり、其の眞言の[illegible]字を體となす、[illegible]の字體[illegible]訶字は是れ一切行不可得の義なれば大空行三昧と云ふ。【大疏十】に「吽者是大空行三昧也。」

ダイクウザンマイ　大空三昧　〔術語〕三重三昧の異名。空空三昧、無相無相三昧、無願無願三昧なり。「サンサンマイ」を見よ。【大日經疏六】に「空與二不空一畢竟無相而具二一切相一。故名二大空三昧一。」図百光偏照眞言の[illegible]暗字を稱す。【演密鈔四】に「行者止二此十六位一時。以二十緣生方便一證二得暗字大空三昧一。即是解二了金剛頂十六菩薩生一。成二等正覺一也。」図[illegible]弩字を種子となし、大日如來の三摩地なり。【大疏四】に「弩者大空三昧。如來住二此大空三昧一。無行無到。亦無去來。而能如二其心量一隨緣應現。故云二等隨一也。」

ダイクウシヤウ　大空聲　〔術語〕「ダイクウテン」を見よ。

ダイクウジ　大空字　〔術語〕次項を見よ。

ダイクウテン　大空點　〔術語〕大日經所說に依れば[illegible](ギヤ)[illegible](ジヤ)[illegible](ナ)[illegible](ナ)[illegible](マ)の五字に寄せて大空の義を顯はすなり、若し此等の字、上の字に連れば以て上の字の大空の義を成ずるなり。而して字形には圓點を以て之を表はす、例へば[illegible]等の如し。依て之を初の字に約して闇字輪と云ふ。【大日經二】に「[illegible]仰[illegible]若[illegible]拏[illegible]那[illegible]麼。於二一切三昧一自在速能成二辨諸事一。」【同疏七】に「今毘盧遮那宗。寄二此五字一以明二大空一。大空是證處。無二法可レ說。故但以二圓點一表レ之。」又【吽字義顯宗記下】に「凡空點有二七種一。仰、讓、拏、那、麼、佉、也。」と

ダイクウマンダラ　大空曼荼羅　〔術語〕虛空は無相寂滅にして、能く一切の相を現ずる如く、曼荼羅も其の體無相寂滅にして能く一切の事を成ずれば虛空の喩に寄せて大空曼荼羅と稱するなり。【義釋十三】に「喩如下虛空非二衆生數一而衆生所依。乃至一切衆生依正作業皆由レ此成。滋二益衆生一成二種種事一。不レ可下以三虛空能成二一切事一故便謂中虛空有爲有相上。今此大空曼荼羅亦如レ是。畢竟淸淨而無レ所レ不レ有。寂住寂然而不空成就。」

ダイクカイ　大苦海　〔譬喩〕六道生死の苦を云ふ。【智度論五】に「沒二大苦海一不二自覺知一。」

ダイクジヤクワウ　大孔雀王　〔明王〕明王部の一尊。孔雀に駕すれば孔雀明王と云ふ。「クジヤクミヤウワウ」を見よ。

佛母大孔雀明王呪經　〔經名〕三卷、唐の不空譯。佛祇園に在り、莎底苾芻衆の爲に樵を破り黑蛇に螫され苦痛甚だし、阿難佛に向て救を求む、佛爲に大孔雀咒を說く、諸譯の中今此本流通す。【閏帙六】(307)

孔雀王呪經　〔經名〕二卷、梁の僧伽婆羅譯。前經と同じく稍略。【成帙七】(308)

大孔雀呪王經　〔經名〕三卷、唐の義淨譯。亦前經と同じ。華梵の音聲稍別。【成帙七】(306)

大金色孔雀王呪經　〔經名〕一卷、失譯人名。【成帙八】(311)

佛說大金色孔雀王呪經　〔經名〕一卷、失譯。【成帙八】

孔雀王咒經　〔經名〕一卷、秦の羅什譯。【成帙八】(308)已上三本共に前經中の少分。

大孔雀明王畫像壇場儀軌　〔經名〕一卷、唐の不空譯。修法の儀軌を說く。【閏帙六】(1399)

ダイクチナ　大拘絺那　〔人名〕Mahākausthila 比丘の名。【阿彌陀經】に「摩訶俱絺羅」「クチラ」を見よ。

大拘絺那經　〔經名〕舍利子正見正法の事を問ひ、拘絺那之を答ふ。中阿含七に攝む。【昃帙五】

ダイクワウフセウ　大光普照　〔雜語〕歌題。【法華經序品】に「眉間白毫大光普照。」

大光普照觀音　〔菩薩〕七佛八菩薩所說神呪經所說六觀音の一。天台は之を修羅道の能化となし【道遂六字經驗記】に十一面觀音に配す。「ロクワンオン」を見よ。

ダイクワウミヤウブツ　大光明佛　〔佛名〕馬鳴菩薩の本地なり。【釋摩訶衍論一】に「馬鳴菩薩若尅二其本一大光明佛。若論二其因一第八地內住位菩薩。西天誕生。盧伽爲レ父。瞿那爲レ母。」

ダイクワウミヤウワウ　大光明王　〔本生〕釋迦如來過去に閻浮提の國王となり大光明と稱せり。

大光明王發心因緣　〔本生〕【賢愚經大光明始發無上心緣品】に「大光明王外國より白象を得、之を象師に付して調養せしむ、久しからずして象能く調從す。象師以て王に白す、王乃ち象に駕して外遊す。象氣猛壯牝象を見て奔馳し深林に至る、王爲に身を傷き死に垂んとす。象師を以て之を責む。象師言く、我唯能く身を調す、心を調することは能はず、唯佛あり能く心を調すと、王之を聞きて踊躍し大菩提心を發す。」

大光明王捨頭施婆羅門　〔本生〕【大方便佛報恩經四】に「釋迦如來過去に波羅奈國の王となり大光明と稱す、一切を惠施して人意に逆はず、敵國の王之を聞きて波羅門をして來りて王の頭を乞はしむ、王之を許す。群臣諫むれども聽かず婆羅門をして刀を捉て頭を斫らしめ、以て其慈心を果す。」【經律異相二十五】に「大光明王捨頭施婆羅門。」◉(今昔物語五)に「大光明王爲婆羅門與頭」

ダイクワサイ　大火災　〔術語〕大の三災の一、住劫終て壞劫に入り、壞劫の末に七箇の日輪出でて上は色界の初禪天より下は無間地獄に至るまで焚燒し盡すを云ふ。【俱舍論十二】に「唯器世間。空曠而住。乃至於レ是漸有二七日輪一現。諸海乾渴。衆山洞然。洲渚三輪並從二焚燎一。風吹二猛焰一燒二上天宮乃至梵宮一無レ遺二灰燼一。」

ダイクワジユ　大火聚　〔譬喩〕大火の一處に聚集せしもの。以て觸着すべからざる物體に譬ふ。【智度論六】に「是實智慧。四邊叵レ捉如二大火聚一。亦不レ可レ觸。法不レ可レ受。亦不レ應レ受。」◉(太平記一〇)「大火聚裏一道淸風」

ダイクワン　提桓　〔雜語〕Deva 又、提洹、提婆、提和に作る。譯、天。

ダイクワンカ　提洹竭　〔佛名〕Dīpaṅkara 譯、燃提燈。佛の名。【可洪音義二】に「提洹竭。中戶官反。亦云二提和竭一。此云二錠光一。即燈燃佛也。」

ダイクワンジン　大勸進　〔職位〕南都東大寺の當職を大勸進と云ふ。東大寺は聖武天皇の本願にて良辨僧正の勸進に成る、勸進とは一切有緣の人を勸化して淨財を捨てしむる義なり。信州善光寺の別當を亦大勸進と稱す。

ダイクワンダイジ　大官大寺　〔寺名〕南都大安寺の舊名。「ダイアンジ」を見よ。

ダイクワンヂヤウ　大灌頂　〔修法〕五瓶の誓水を頂上に灌ぐ聖式なり、結緣の爲め或は密法を傳ふる爲に之を行ふ、罪惡を洗除し功德を注入する意なり。「クワンヂヤウ」を見よ。

大灌頂經　〔經名〕灌頂經の異名。

大灌頂神呪經　〔經名〕灌頂經の異名。

大灌頂光眞言　〔經名〕不空羂索毘盧遮那佛大灌頂光眞言經の略名。

ダイクワンヂヤウバン　大灌頂幡　〔物名〕又、續命神幡、延命幡など云ふ。「クワンヂヤウ」の項を見よ。【日本書紀二十二】に「大灌頂幡一具。小幡十二條。」

ダイグ　大愚　〔人名〕洪州高安の大愚禪師、歸宗に嗣ぐ、歸宗馬祖に嗣ぐ。大愚は山號。【傳燈錄十】

ダイグゼイ　大弘誓　〔術語〕廣大の誓願なり。【如來會】に「廣發二如レ是大弘誓願一。」

ダイグレン　大紅蓮　〔界名〕地獄の名。沍寒に依りて身裂けて大紅蓮の如くになる地獄。「ヂゴク」を見よ。

ダイグワン　大願　〔術語〕衆生の成佛を願ふ心。又、佛の衆生を救はんことを願ふ心。

ダイグワンゴフリキ　大願業力　〔術語〕大願力と大業力となり。阿彌陀佛の五劫に思惟して建立せる四十八願を大願とし、兆載永劫に積累せる六度萬行を大業とす。【觀經玄義分】に「一切善惡凡夫得レ生者。莫レ不下皆乘二阿彌陀佛大願業力一爲中增上緣上也。」

ダイグワンシヤウジヤウホウド　大願淸淨報土　〔界名〕彌陀の極樂淨土のこと。彌陀の大願に報ひて成就せられたる無垢淸淨の淨土の意なり。

ダイグワンセン　大願船　〔譬喩〕佛の本願を船に譬ふ。【往生要集中本】に「無量淸淨覺經云。阿彌陀佛與二觀世音大勢至一乘二大願船一泛二生死海一。就二此娑婆世界一呼二喚衆生一。令レ乘二大願船一送二著西方一。若衆生有レ上二大願船一者並皆得レ去。此是易往也。」案に

清淨覺經に此文なし。【迦才淨土論下】に此文あり。【龍舒淨土文二】に淨土傳を引て此文を引く、文少しく異。

ダイグワンビヤウドウハウベン　大願平等方便　〔術語〕四種方便の一。

ダイケ　大化　〔術語〕佛陀一代の敎化を云ふ。【法華玄義十】に「說敎之綱格。大化之筌罤。」

ダイケウ　大敎　〔術語〕如來の敎法なり。

ダイケウマウ　大敎網　〔譬喩〕如來の敎法能く生死海の人を救へば以て魚網に譬ふ。【晋華嚴經五十九】に「張二大敎網一絙二死生海一。」【五敎章上】に「是故經云。張二大敎網一亘二生死海一。度二天人龍一置二涅槃岸一。」五敎章の文は上の二句は晋譯の五十九に依り、下の二句は同經四十四の菩薩金翅王、生死大海中、搏撮天人龍、安置涅槃岸、の文に依る。

ダイケウクワンヂゴク　大叫喚地獄　〔界名〕八大地獄の第五。【智度論十六】に「第四第五名二叫喚大叫喚一。」「ヂゴク」を見よ。⊙(太平記一〇)「彼叫喚大叫喚の聲耳に滿ちて」

ダイケウワウキヤウ　大敎王經　〔經名〕金剛頂經の別名。「ケウワウキヤウ」を見よ。

ダイケゴンジ　大華嚴寺　〔寺名〕東大寺の一名。東大寺の總門には大華嚴院、大佛殿には恒說華嚴院の額を懸けたり。【壒囊鈔十八】

ダイケゴンチヤウジヤ　大華嚴長者　〔人名〕佛此長者に對して施食の福報を說く。

大華嚴長者問佛那羅延力經　〔經名〕一卷、唐の般若三藏譯。佛、那羅延力の量を說て佛力を比較し、以て施食を爲すものは此佛力を得るを說く。【宇帙三】

ダイケン　大賢　〔人名〕靑丘の大賢、唐代高麗國の人。法相宗なり。多く經疏を作り古迹記と稱す。

ダイケンゴバラモン　大堅固婆羅門　〔本生〕釋迦如來昔大國梨努王の輔相となり、大堅固婆羅門と稱し、能く國を治む。後に禪觀を修して梵天王の來現を感じ、彼の勸に由て出家して佛道を修す。

大堅固婆羅門緣起經　〔經名〕二卷、趙宋の施護譯。大堅固婆羅門の事歷を說く。【昃帙十】

(993)

ダイゲンシユリボサツ　大權修利菩薩　〔菩薩〕禪家の佛殿に右手を額に揭げ遠きを視るの形をなせる像これ也。阿育王山の護法神にして渡海者の歸依する所となる。「ダイゴンシユリボサツ」を見よ。

ダイゲンシ　大幻師　〔術語〕佛の德名。佛、幻化の事を說き能く幻化の事を爲せば幻師と云ふ。【大集經十九】に「說三一切法如二水月一。我今敬三禮大幻師一。」

ダイゲンスヰホフ　大元帥法　〔修法〕⊙【公事根源】に「太元帥法と書し帥の字を讀まず、唯太元法と讀むが口傳なり。」「ダイゲンホフ」を見よ。

ダイゲンソン　大元尊　〔明王〕明王部の一尊大元明王なり。「ダイゲンホフ」を見よ。

ダイゲンホフ　大元法　〔修法〕小栗栖常曉の傳受する所、大元明王を供養して國家の祈を爲す修法なり。【醍醐鈔】に「小栗栖の法琳寺の常曉和尙、入唐以前に秋篠にて祈誓ありける所に、或る時阿伽井の中に大元明王の像出現ありける。其時大元尊なるを知らず、可畏の形を見て悶絕す。蘇息ありて彼尊の像を寫し持して入唐あり承和五年唐朝の文璨和尙と云ふに隨ひて鎭護國家の法を承け給ふに、先の日本にて出現ありし大元尊の法なり。仍て吾朝に請來ありて國家の祈なりと奏聞す。時の帝大に喜び、歲の始に之を修せしむ、今にては即位の明年之を修す。」【公事根源】に「正月八日より治部省に於て七箇日之を修す。藏人の官人を以て、御衣を給ひて、壇所に至り、結願の日、御衣を返上す。又大元帥法と書し、帥の字を讀まず、唯大元法と讀むが口傳なり。」【濫觴抄上】に「文德二年辛未嘉祥四年正月八日於二治部省一始修レ之。限以二七日一。爲レ備二外國一所レ修之秘法也。常曉律師或記云。常曉律師入唐傳來承和三年始行二於承香殿一。十二年間每年行レ之。于レ今不レ絕。」⊙(榮花、見はてぬ夢)「太元法といふ事は、ただおほやけのみぞむかしよりおこなはせ給ける」ダイゲンノホーとも呼ぶ。

大元明王　〔明王〕梵名、阿吒薄俱、阿吒薄迦など、或は曠野鬼と譯す。義を以て大元帥と曰ふ【慧琳音義十二】に「阿吒薄迦曠野鬼神大將名也。或名二阿吒薄一皆聲轉也。俗名二元帥大將一非也。十六藥叉將之一將也。」【枳橋易土集一】に「秘敎之中云二太元明王一是也。」「アタバクカ」を見よ。

經軌　〔術語〕阿吒薄俱元帥大將上佛陀羅尼經修行儀軌、三卷、唐の善無畏譯。【閏帙十四】阿吒婆拘鬼神大將上佛陀羅尼神咒經、一卷、失譯。【閏帙十四】阿吒婆拘鬼神大將上佛陀羅尼經、一卷、失譯。【餘帙二】阿吒薄拘付囑咒、一卷、失譯。【餘帙二】

ダイゲンミヤウワウ　大元明王　〔明王〕太元帥法の本尊、阿吒薄俱大將なり。「ダイゲンホフ」を見よ。

ダイコ　大己　〔雜語〕自己より五夏以上の同侶長者に對して呼ぶ尊稱。ダイコと讀む。

ダイコウセウイン　大鈎召印　〔印相〕內縛拳を作し右手の頭指を竪て、少しく之を鈎形に屈する

たり。是れ除蓋障佛頂、及び九方便中、奉請法身方便の印なり。

ダイコウゼンジ　大興善寺　［寺名］　長安に在り、隋の開皇年中之を建つ、後不空三藏之に居る、唐の十大寺の一。【稽古史略二】に「開皇二年六月。隋帝詔。以二長安龍首山一宜レ建二都邑一。城曰二大興城一。殿曰二大興殿一。寺曰二大興善寺一。」

ダイコクウザウ　大虛空藏　［菩薩］「コクウザウ」を見よ。⦿（盛衰記二四）「眞辯義淵等大虛空藏等の秘法を受て、密教稍傳持せり」

大虛空藏印明　［印相］　十八道の一。大虛空藏は金剛界南方寶性如來の四親近、寶光幢咲の四菩薩の總體なれば本尊を召請して運心の供養を作す時に大虛空藏菩薩の印を結び明を誦す。其の印は寶幢形なり。「ジフハチダウ」參照。

大虛空藏菩薩念誦法　［經名］　一卷、唐の不空譯、【閏帙九】（1418）

ダイコクテン　大黑天　［天名］　梵語、摩訶迦羅 Mahākāla 大黑天、大黑神と譯し、或は大時と譯す。顯密二敎の所說異なれり。密敎には大日如來が、惡魔を降伏する爲に忿怒藥叉主の形を示現せしものにて、或は一面八臂あり、或は三面六臂あり、人の髑髏を繫で瓔珞とし、畏るべき相なり。故に古來軍神として之を祀ると、猶太元明王の如し。現今印度には其女體を迦梨 Kālī と稱し、（迦羅の女聲なり）大自在天の后妃なりとして、盛に之を祀る。余カルカッタに於て偶其祭日に當り、祠に詣ず。其雜沓淺草の鳥の市の如し。【新譯仁王經護國品】に「昔天羅國王有二一太子一名曰二班足一。登二王位一時有二外道師一名爲二善施一。與レ王灌頂。乃令下班足取二千頭王一以祀中塚間摩訶迦羅大黑天神上。」【同眞貴疏】に「言二塚間一者所住處也。言二摩訶一者此翻爲レ大。言二迦羅一者此云二黑天一也。上句梵語。下句唐言。大黑天神鬪戰神也。若祀二彼神一增二其威德一擧事皆勝。故禱祀也。」【金剛恐怖集會方廣儀軌觀自在菩薩三世最勝心明王經】に「摩訶迦羅天像前蘇末那擡二三甜一。護摩三浴叉已。現爲二使者一爲成二辨一切一。」【注】に「大黑天也。披二象皮一橫把二一槍一。一頭穿二人頭一一頭穿レ羊。」【義淨譯孔雀經中】に「大黑藥叉王。婆羅痆斯國住。」【攝大儀軌二】に「摩賀迦羅神。曩莫三滿多沒馱喃。摩賀迦羅野。娑嚩賀。」【大日經疏十】に「摩訶迦羅所謂大黑神也。毘盧遮那以下降二伏三世一法門上欲レ除レ彼。（荼吉尼を指す）故化作二大黑神一過二於彼一無量示現。以レ灰塗レ身在二曠野中一。以レ術悉召二一切法成就乘レ空履レ水皆無レ凝諸荼吉尼一而訶二責之一。猶二汝常噉レ人故我今復當レ食レ汝。即呑二噉之一。然不レ令レ死。彼。伏已放レ之悉令レ斷レ肉。」【理趣釋下】に「七母女天者是摩訶迦羅天眷屬也。乃至此天等亦有二曼荼羅一。中央畫二摩訶迦羅一以二七母天一圍繞。具如二廣經所說一。摩訶迦羅者大時義。時謂三世無障凝義。大者是毘盧遮那法身無二處不レ偏。七母女天並梵天母。」【慧琳音義十】に「摩訶迦羅。唐云二大黑天神一也。有二大神力一。壽無量千歲。八臂身青黑雲色。二手懷中橫把二一三戟叉一。右第二手把二一青羖羊一。左第二手把二一餓鬼頭髻一。右第三手把レ劍。左第三手執二羯吒冈迦一。（Khaṭvāṅga）是一髑髏幢也。後二手各於二肩上一共張二一白象皮一如二披勢一。以二毒蛇一貫二穿髑髏一以爲二瓔珞一。虎牙上出作二大忿怒一形。雷電烟火以爲レ威光身形極大。足下有二一地神女天一。以二兩手一承レ足者也。」其他此天の降魔神として威靈を現ぜり。【仁王經眞貴注下一、佛祖通載三十五】次に顯敎の所傳は之を以て施福神となし、祀れば能く福德を得と云ひ、西竺の諸寺皆食廚に之を安置供養す。【寄歸傳】に「西方諸大寺處。或於二食廚柱側一。或在二大庫門前一。彫レ木表レ形。或二尺三尺爲二神王狀一。坐把二金囊一。却二踞小床一一脚垂レ地。每將レ油拭。黑色爲レ形。號曰二莫訶歌羅一。即大黑神也。古代相承云。是大天之部屬。性愛二三寶一。護二持五衆一使レ無二損耗一。求者稱レ情。但至二食時一廚家每薦二香火一。所レ有飮食隨列二於前一。」と是れ施福神として之を祀る本據なり。吾朝の大黑天を祀る亦此意なり。而して其の濫觴は傳敎大師にして、師の止觀院を創するとき、之を感得せしと云ふと諸書に出づ。【溪嵐拾葉集九】に「諸天の中に於て、此の天最も勝れたり、故に摩訶の名を付す。摩訶とは大多勝の三義あり。これ三諦、三觀、三部、三身の表示なり。仍て此の天を以て、或は大日經の敎主と爲し、或は法華經の敎主となす。即ち大日經に於ては暗夜天を以て斷德極まり、十六大菩薩の中の金剛拳菩薩なりと習ふなり。謂ふ意は大黑暗の當體を動かさずして、自性本有の覺體なるを表するなり。されば密敎に就ては三部の大日、顯敎に就ては三諦三觀の法、戒法に就ては三聚淨戒なり。故に當流には戒字の本尊と談じ、仍て一卷の抄之あり。更に之を問ふべし。」と⦿（鴉鷺合戰四）「福天に大黑天神」

尊形　［圖像］　二樣あり、降魔の大黑は忿怒相を現じ、施福神の大黑は愛樂相を現ず。忿怒相の形像は三世最勝心明王經の一頭二手と、神愷大黑天神法の三面六臂と、慧琳音義の一頭八臂と、神愷大黑天神法の三面六臂の三說あれども、本朝の諸師皆三面六臂を圖す。果寶の【理趣釋秘要鈔】に「摩訶迦羅像。宗叡圖二三面三目二牙上出。六臂持レ物。」【圖像鈔十】に圖を出す。次に福神大黑の形像は寄歸傳に記す所を本となすべ

し。然に本朝に行はるる形像は圓帽を冠し、嚢を負ひ、小槌を持ち、米俵を踏む。又、山門に所謂三面大黒あり。是れ本朝古徳の創意に成り、何等經軌の所憑あるにあらず。但し【大黒天神法】に圖樣二種ありて、其一に「吾體作㆓五尺㆒。若三尺若二尺五寸。亦得㆓通免㆒之。膚色悉作㆓黒色㆒。頭令㆑冠㆓烏帽子㆒悉黒色也。令㆑著㆓狩衣㆒。裙短袖細。右手作㆑拳令㆑收㆓右腰㆒。左手令㆑持㆓大袋㆒。從㆑背令㆑懸㆓肩上㆒。其袋之色爲㆓鼠毛色㆒。」とあるに依り、古來之を以て聊か相違の點あるも、烏帽子狩衣などの唐土にあるべき由なく、且つ其の文體より見れば決して不空三藏の弟子たる嘉祥寺神愷の實記にあらず。和人の手に成りしは一見知るべし。されば其の記する所亦和人の創意なり。(第八十五圖參照)

(軍神の大黒天圖)

三面大黒 山門の相傳に、傳敎大師の感得せし三面六臂の大黒あり。これ軍神の三面六臂と異なれり。其三面は大黒、毘沙門、辨才天の三神合體なり。右面は毘沙門にて鋒と杵とを持し、左面は辨才天にて鑰と寶珠を持し、中面は大黒にして嚢を負ひ、槌を持す。而して兩足に米苞を蹈む。是れ大黒には降魔と施福との二德あるを以て其の二德を毘沙門（降魔）辨才天（施福）との二神に分割せしめ、總別合體二德幷有の相を示したるものなれども、其表面は施福の方を本とし三面共に怡悦福樂の容貌を現ぜしめしものなり。【溪嵐拾葉集大黒天法】に「山門相承大黒不㆑依㆓本經儀軌㆒。山家御感見樣作給。高祖大師我山開闢時大地六種震動。下方空中一人老翁涌出。其形今改所大黒相貌是也。此身即是堅牢地神也。」

大黒眞言 〔術語〕「唵摩訶迦羅娑嚩賀。」【攝大軌】又、唵尼旨尾旨（降伏）惹嚩禮（自在）多囉伽帝（救度）莎訶。【眞言鈔】

大黒天供相應物 〔術語〕一に白米を以て相應物と爲す。聖天供の浴油の如く、念誦の時白米を汲み懸け、一咒ごとに一度なり。是れ大黒天は熾盛光佛頂の舍利法の本源なりと傳ふれば、白米は舍利の當體なるを以て最も相應するなり。二に鹽を以て最上の供物と爲す。常の片供に鹽一杯盛りて供するなり。

大黒飛礫法 〔修法〕其の法は榎木の乾の方を指す枝を以て喬麥と麥との形（即ち寶珠形）を作り、其の三面に〔梵字〕字を書し之を本尊の前に置き、本尊の根本咒一千徧を誦して之を加持し、然る後福人の家に投ずれば彼の福德我家へ來集す。之を大黒の飛礫法と名くるなり。

種子 〔術語〕或は〔梵字〕字なり、萬法能生の本源なるが故に、或は〔梵字〕字なり。萬德を出生する寶珠なるが故に。又羯磨部天鼓雷音佛の敎令輪身なるが故に。或は〔梵字〕字なり、不動と一體又堅牢地神なるが故に。或は〔梵字〕なり、不二妙成就の尊なるが故に。或は〔梵字〕字なり、大黒は風の黒業の體なるが故に。或は〔梵字〕字なり、釋尊（即ち天鼓雷音佛）と一體なるが故に、或は〔梵字〕字なり、文殊の化現なるが故に。

根本印 〔印相〕或は堅實合掌、或は智拳印なり、此の中智拳印を以て灌頂の秘密印と習ふなり。

六大黒 〔名數〕【佛像圖彙三】に一に比丘大黒其本地大摩尼珠如來の幖幟として僧形の大黒なり。（儞經の大黒大神圓滿陀羅尼經に本地の記あり。）二に摩訶迦羅大黒女、大黒の后なり。三に王子迦羅大黒、大黒の王子なり。四に眞陀大黒、施福の幖幟として眞陀摩尼を持するなり。五に夜叉大黒、降魔夜叉の幖幟として金剛輪を持す。六に摩迦羅大黒、即ち本體の摩訶迦羅にて嚢を負ひ槌を持す。

大黒と黒色 〔雜語〕摩訶迦羅の譯に大時と大黒との二あれども、大時の解は能く神力の程を盡せば、是れ本義にて、大黒は傍義なるべし。大日經疏に閻魔の后黒闇女を摩訶迦羅として闇夜神と稱する一義あり。此は黒の義が本義なるべけれども、今の大黒神に關せず。されば其黒色なるは寄歸傳に言へる如く、油を以て之を拭ふより自然に其像の黒みたるにて、迦羅の本義に關せずと知るべし。香油を以て體を塗り、以て身の邪熱を拂ふは印度一般の習なり。但し之を降魔神として密敎の本義に照せば、黒色は降魔の色なるのみならず、胎藏界曼陀羅に此天を北方に安置すれば、黒色は其神體に相應するものなり。

大黒と米 〔雜語〕瑞穗は吾邦第一の寶なれば米を以て施德神の所領となし、米俵を蹈ましめ、米を以て神體を浴するを創せしか、古來相傳の修法上の大黒は蓮葉を以て座となす、但し是れ亦經軌

の所說なし。

大黑と鼠 〔雜語〕 鼠は米に害をなすものなれば、米の所領神は害物なる鼠をも所領とし、伏して害をなさざらしむる意か。害者を調伏して之を使者とするは密教の通法なり。（大日如來大黑天神の身を現じ荼吉尼の人鬼を調伏し使用する如し）又大黑天の神位を北方となせば、子即ち鼠の位に相應するなり。世俗之を大巳貴命の故事に歸するは取るに足らず。

大黑祭と甲子日 〔雜語〕 是亦鼠を大黑の使者と見しより、子の日に之を祀ると青面金剛の庚申の日に於けると同意ならん。又大黑天所住の方位より云ふも子の位なればなり。

僞經僞軌 〔術語〕 大黑天の本說は前に揭げし仁王經、大日經、三世最勝心明王經、理趣經、孔雀經、仁王經疏、大日經疏、及び寄歸傳等なり。世に佛說摩訶迦羅大黑天神大福德圓滿陀羅尼經、摩訶迦羅大黑天神所問經あれども共に僞經なり。諸錄に載せず。又、嘉祥寺神愷の大黑天神法（徐帙四）は世に大黑天儀軌と稱して、人の據る所なれども、眞本にあらず。和人の僞作なり、但書中引用せる經疏の語は悉く正し。

ダイコフ　大劫 〔術語〕 成住壞空の四期を一周するを云ふ。八十增減の時量なり、舊譯には之を四中劫と稱し、新譯には之を八十中劫と云ふ。「コフ」を見よ。

ダイコフヒンナ　大劫賓寧 〔人名〕 Mahakappina【阿彌陀經】に「摩訶劫賓那。」比丘の名。【賢愚經七】に「大劫賓寧緣品。」「コフヒンナ」を見よ。

ダイコン　大根 〔術語〕 大乘の機根。【法華玄義一】に「令下大根從二不融一向中於融上。」

ダイコンガウキ　大金剛位 〔術語〕 眞言行者の初地の位を稱す。【瑜祇經】に「一時共成就。速得二大金剛位一。乃至二普賢菩薩位一。」

ダイコンジキクジヤクワウ　大金色孔雀王 〔明王〕 金色の孔雀明王なり。「クジヤクミヤウワウ」を見よ。

大金色孔雀明王呪經 〔經名〕 一卷、失譯、或は義淨譯孔雀經六本の一。【成帙八】(311)

ダイゴ　醍醐 〔飮食〕 五味の一。牛乳より製したる味中第一、藥中第一なり。【涅槃經三】「醍醐者名二世間第一上味一。」又「諸藥中醍醐第一。善治二衆生熱惱亂心一。」【同八】に「雲山有レ草名曰二肥膩一。牛若食者純得二醍醐一。」

醍醐喩 〔譬喩〕 天台は涅槃經に依て之を第五時の法華涅槃に喩へ、眞言は六波羅蜜經に依て之を陀羅尼藏に譬ふ。其他諸宗各其自宗に喩ふ。【涅槃經十四】に「譬如下從レ牛出レ乳。從レ乳出レ酪。從レ酪出二生蘇一。從二生蘇一出二熟蘇一。從二熟蘇一出二醍醐一。醍醐最上。若有レ服者衆病皆除。所有諸藥悉入中其中上。善男子。佛亦如レ是。從レ佛出ニ生十二部經一。從二十二部經一出二修多羅一。從二修多羅一出二方等經一。從二方等經一出二般若波羅蜜一。從二般若波羅蜜一出二大涅槃一。猶如二醍醐一。言二醍醐一者喩二於佛性一。」【六波羅蜜經一】に「一素呾纜。二毘奈耶。三阿毘達磨。四般若波羅蜜多。五陀羅尼門。此五種藏敎ニ化有情一。隨レ所レ應レ度而爲說レ之。乃至此五法藏譬如二乳酪生蘇熟蘇及妙醍醐一。契經如レ乳。調伏如レ酪。對法敎者如ニ彼生蘇一。大乘般若猶如二熟蘇一。總持門者譬如二醍醐一。醍醐之味乳酪蘇中微妙第一。能除二諸病一令二諸有情身心安樂一。總持門者契經中最爲二第一一。能除二重罪一令下諸衆生解ニ脫生死一速證中涅槃安樂法身上。」

ダイゴ　代語 〔術語〕 二あり、一に現前の衆に代るもの。師家垂語し衆をして下語せしむ、契はざるときは自ら語を下して衆に代るを云ふ。雲門錄に代語多し、蓋し家門の代語別語は雲門を始とす。二は古人に代るもの。古則を擧して他の古人無語の處我れ他に代て語を下すなり。【象器箋十一】

ダイゴ　大悟 〔術語〕 無始の迷妄を破つて眞實の知見を開くこと。【觀無量壽經】に「廓然大悟。得二無生忍一。」

ダイゴイン　大護印 〔印相〕 如來藏に順じて二水指（第四指）を申べ、指頭相柱へて山峰の如くならしめ、其の二火指（中指）の頭も亦相柱へて稍屈し、連環の狀の如くし、又二空指（大指）を開いて相去ること二寸已下、即ち是なり。眞言に曰く、南麿薩婆怛他揭帝弊（歸命一切如來）等薩婆佩也（能除一切怖畏等也）微揭帝弊（亦是嘆佛歸命也）微濕嚩目契弊（種種門也）（亦是巧妙義也、巧現種種功德力也）薩婆他（諸佛遍也、一切處謂一切時一切方處也）唅欠（訶是因義欠空義也、點又是空空淨一切因又復空者此空亦空也）囉吃灑（擁護也、捨有情非但護二乘亦護一切諸佛由此故不常於佛事無有休息不住寂滅也）摩訶沫隴（大力也即是如來十種智力也）薩婆怛他揭多（一切如來也）本呢也寧社帝（生也言此力從如來功德生也）吽吽（第一恐怖他除其障也第二爲令滿佛三德故也重言讚極怖之也）怛囉吒怛囉吒（攝伏也攝伏內外障又爲成佛法身故重言之）阿鉢囉底訶帝（是無害也無障義也）莎訶（成就）と。(Namaḥ sarva-tathāgatebhyaḥ, Sarva-Apāya*- vigatebhyo, viśvamukhebhyaḥ. Sarvathā Haṁ Khaṁ Rākṣasī mahābalī Sarva-tathāgata-puṇyo nirjāti, Hūṁ Hūṁ Traṭa Traṭa apratihatī svāhā 又、此を無堪忍大護と名く。彼の威光猛盛なるに由る。初生の小兒の烈日の光を見るに堪へざるが如く、此も亦一切堪忍して敢て之を映奪する能はざるなり。故に無能堪忍大護と名く。【義釋十】

ダイゴキヤウ　醍醐經 〔經名〕 天台、法華涅槃の

二經を以て醍醐味の經典とす。【法華玄義三】に「醍醐經妙因妙果。」

ダイゴシヤ　大牛車　〔譬喩〕三車の一。以て大乘に譬ふ。【法華經譬喩品】に「羊車鹿車大牛之車。今在二門外一。」「サンシヤ」を見よ。

ダイゴジ　醍醐寺　〔寺名〕深雪山醍醐寺は山科の郷小野の南にあり、山上を上醍醐と云ひ、麓を下醍醐と云ふ。眞言宗にて修驗道の本寺なり、當山と號す　開基は聖寶諡號理源大師延喜四年の建立、醍醐朱雀村上三朝の御願なり。法務は三寶院御門跡と稱し、攝家の連枝此に任ぜらる、本堂は藥師如來を安置す。

醍醐の大僧正　〔人名〕醍醐寺の仁海大僧正小野派の祖なり。

醍醐の櫻會　〔行事〕醍醐寺に於て毎年春三月法會を營み櫻會と云ひ、法會の後に觀櫻の興を催す。秀吉公花見遊宴の事天正軍記に委し。⦿（著聞集、興言利口）「醍醐寺の櫻會見物の時」

ダイゴジフ　第五十　〔雜語〕法華の一偈一句を人より聞て他に敎へ次第して第五十人目の功德を云ふ。【隨喜功德品】に「若人於二法會一得レ聞二是經典一。乃至於二一偈一隨喜爲レ他說。如レ是展轉至二於第五十一。最後人獲レ福今當レ分二別之一。如下有二大施主一供二給無量衆一。具滿二八十歲一隨二意之所上レ欲。見二彼衰老相髮白而面皺齒疏形枯竭一。念二其死不一レ久。我今應三當敎令二得二道果一。即爲方便說。涅槃眞實法皆不二牢固一如二水沫泡燄一。汝等咸應三當疾生二厭離心一。諸人聞二是法一皆得二阿羅漢一具二足六神通三明八解脫一。最後第五十聞二一偈一隨喜是人福勝レ彼不レ可レ爲二譬喩一。如レ是展轉聞者其福尚無量。何況於二法會一初聞隨喜者。」

ダイゴセツニン　醍醐殺人　〔術語〕過去佛の所に、嘗て大乘實相の敎を聞くを毒に譬へ、今釋迦の醍醐經を說くに値ひて其毒即ち發して結惑の生を斷つを醍醐殺人と云ふ。涅槃經中鉢根の聲聞慧眼を開發して佛性を見るを得る如き是なり。【法華玄義十】に「醍醐殺人者。如二涅槃經中一。鈍根聲聞開二發慧眼一得レ見二佛性一。乃至鈍根緣覺菩薩七種方便。皆入二究竟涅槃一即其義也。」

ダイゴダイ　第五大　〔術語〕一切の色法の上には但地水火風の四大ありて更に第五大なし、故に龜毛兎角の如き無法を第五大と云ふ、第六陰第七情と云ふ、亦然り。【維摩經觀衆生品】に「如二第五大一。第六陰。乃至如二第十九界一。菩薩觀二衆生一爲レ若レ此。」

ダイゴノサンリフ　醍醐三流　〔名數〕「トウジ」の項を見よ。

ダイゴミ　醍醐味　〔譬喩〕五味の第五なり。「イゴ」を見よ。

ダイゴン　大權　〔術語〕佛菩薩の大聖權に異形を化現せしもの。【法華玄義六】に「摩耶是千佛之母。淨飯是千佛之父。羅睺羅千佛之子。諸聲聞等悉內秘外現。示三衆有二三毒一實自淨二佛土一。諸親族等皆是大權法身上地。豈有三凡夫能懷二那羅延菩薩一耶。」⦿（盛衰記二四）「大權の芳契多世を經たり」

ダイゴンシユリボサツ　大權修利菩薩　〔菩薩〕護伽藍神の一。右手を額に加へ遠望の勢を爲す像是なり、もと大唐阿育王山の鎭守なり、修利或は修理に作るは非なり。育王山は東海に臨み海を渡るもの每に山を望んで船中の安全を祈る、其手を以て額に加ふる者は遙に其船を望んで之を保護する意なり、其證は月江印禪師の【育王錄】に「僧問。大權菩薩因レ甚以レ手加レ額。師云。行船全在二楹レ梢人一。」と或は言ふ日本曹洞宗の寺院招寶七郞と稱して山門守護の神となすもの之と一體なりと、輙に信ずべからず。【象器箋四】普通に「タイゲンシユリボサツ」と讀む。

ダイゴンジンワウキヤウゲジユ　大權神王經偈頌　〔經名〕密迹力大權神王經偈頌の略名。

ダイゴンゼンキヤウ　大權善經　〔經名〕慧上菩薩問大權善經の略名。

ダイゴンユウ　大勤勇　〔術語〕大日如來の師子奮迅の大精進力を稱するなり。【大日經二】に「我昔坐二道場一。降二伏四魔一。以二大勤勇聲一。除二衆生怖畏一。是時梵天等。心喜共稱說。由レ此諸世間號名二大勤勇一。」

ダイサイ　大齋　〔術語〕大に齋食を設けて僧を供養するを。

ダイサイヱ　大齋會　〔行事〕齋食を設け僧を供養する大法會。每年正月後七日に南殿に於て行はるるを御齋會と云ふ。

ダイサイゲダツプク　大哉解脫服　〔術語〕袈裟の德を讚嘆せし偈文にて善見論に出づ。人を度して袈裟を授くるとき之を誦す。【法苑珠林二十二】に「然後和尙爲二著二袈裟一。當二正著時一依二善見論一復說レ偈讚云。大哉解脫服。無相福田衣。披奉如レ戒行。廣度二諸衆生一。」

ダイサウカン　大相看　〔儀式〕禪家に開山の大衆を接見するを大相看と云ふ。【敕修淸規月分須知】に「十月初一日。方丈大相看。」

ダイサツシヤニケンシ　大薩遮尼犍子　〔人名〕尼犍は苦行外道の通名、離繫と譯す、薩遮は其の名、有又は諦と譯す、大有離繫外道の子なり。此人佛に歸して大道を悟り、鬱闍延城の嚴熾王の爲に世出世の法を說き、遂に王と共に佛所に詣て記別を受く。【慧苑音義下】に「薩遮。此云レ有也。」【飜梵語九】に

「薩遮者實。亦云レ諦。」梵 Mahāsatya-nirgrantha

大薩遮尼犍子受記經 〔經名〕 十卷、元魏の菩提留支譯。大薩遮尼犍子、嚴熾王の爲に說法し遂に佛に記を受く、其の世出世の法を說く所委曲に其妙を盡す、文義亦通暢、最も世に流通すべし。【盈帙四】(179) 菩薩行方便境界神通變化經三卷は此本の異譯にて王論品を缺く。

大薩遮尼犍子所說經 〔經名〕 上經の異名。

ダイサン 大讃 〔雜名〕 密行の法會に用ふる讃文の名。其漢語讃は略出經に出で、其梵語讃は金剛頂儀軌に出づ。

ダイサンエンテン 第三焰天 〔界名〕 焰は梵語、又夜摩と云ふ、欲界中第三重の天處なり。

ダイサンクワ 第三果 〔術語〕 小乘四果中の第三果不還果を云ふ。悉く欲界の煩惱を斷じて再び欲界に還來せざるもの。「フ」を見よ。

ダイサンケツジフ 第三結集 〔故事〕「ケツジ

ダイサンサイ 大三災 〔術語〕 劫末の三災に大小の二あり、「サンサイ」を見よ。

ダイサンジケウ 第三時敎 〔術語〕 法相宗所立三敎の第三なり。「サンケウ」を見よ。

ダイサンゼン 第三禪 〔界名〕 色界四禪天中の第三禪天なり。此中三天あり、少淨、無量淨、遍淨と云ふ。⦿(正統記一)「大風災ありて第三禪天まで壞す」

ダイサンヂ 第三地 〔術語〕 見諦已上の菩薩の階位を十地に分つ、此中二大阿僧祇劫を歷べきなり、其第三地を發光地と稱す。弘法大師の內證の本地は此位なりと云ふ。⦿(盛衰記四〇)「汝はこれ凡從にあらず、第三地の菩薩なり」

ダイサンヂウ 第三重 〔術語〕 大疏百條第三重、十卷、釋論百條第三重、十卷。根嶺中性院聖憲記、大日經疏と釋摩訶衍論に就て各百題を擧げて三重に問答せし論草なり。略して疏の第三重、釋の第三重と云ふ。第三重とは終に就て言ふのみ、固より初重二重を具す。

ダイサンノウヘン 第三能變 〔術語〕 眼等六識の異名。識は境を變現する故に之を能變と云ふ。唯識論に其能變の識に八種ありと立て、之を三段に分て第八阿賴耶識を初變とし、第七末那識を第二能變とし、第六意識乃至第一眼識を合せて第三能變として委く之を解釋す。眼等の六識は其性相大に類すれば之を合す。【唯識論五】に「次第三能變差別有二六種一。」云云と之を明かす。

ダイサンブン 第三分 〔術語〕 諸の心心所四分の中に自證分を第三分と云ふ。図佛壽に就て言ふ。佛は人壽百歲の時に出でて、佛の果報世人に勝るを以て百二十歲の壽命なるべきを、滅後の弟子に其福分を分たん爲め、第三分即ち後の四十歲を捨てて八十歲にて入滅せしとなり。【大集月藏經第十法滅盡品】に「我今爲二衆生一棄二捨身壽命一。爲レ增二三精氣一。悲二愍衆生一故。捨二壽第三分一。令三我法海滿洗二浴諸天人一。」【續本朝文粹十二】に「第三分之仙齡」

ダイサンマジヤキヤウ 大三摩惹經 〔經名〕 一卷、趙宋の法天譯。三摩惹は梵語、會の義。是れ長阿含大會經と同本。【嚴帙十】(851)梵 Mahāsamaya

ダイザ 臺座 〔物名〕 座床の高きもの佛像を此に安置す。

ダイザウ 大藏 〔術語〕 大藏經の略稱。

大藏目錄 〔書名〕 三卷、高麗本一切經の目錄なり。【結帙八】

大藏一覽 〔書名〕 十卷、明の居士陳實編。【續藏四十九】

ダイザウキヤウ 大藏經 〔術語〕 一切經を所入の藏殿に從へて大藏經と云ふ。「イチサイキヤウ」を見よ。

ダイザウヱ 大藏會 〔行事〕 一切經會の異名。【元亨釋書二十五綱】に「延久元年五月亟相藤公修三大藏會于二平等院一。」【同目】に「五月太師藤賴通修二一切經會一。至レ今不レ絕。」

ダイザサン 大坐參 〔儀式〕 坐參の大なるもの、其規常の坐參に同じ、但首座堂に入て燒香せず。【象器箋九】

ダイザタウ 大座湯 〔儀式〕 禪林衆を請じて湯を供するを座湯と云ふ、大小の二あり。「ザタウ」を見よ。

ダイシ 大師 〔術語〕 佛の尊號。【瑜伽論】に「能善敎二誡聲聞弟子一切應作不應作事一故名二大師一。又能化三導無量衆生一令レ苦寂滅一故名二大師一。又爲レ摧二滅邪穢外道一出二間世間一故名二大師一。」【資持記上一之一】に「大師者所謂天人之師即十號之一。以レ道訓レ人故彰二斯目一。然以三師通二凡聖一加レ大簡レ之。是則三界獨尊九道依學。唯佛師聖得二此嘉號一。自餘凡鄙安可二僭稱一。」【四敎儀集註上】に「大師者群生模範。」然るに支那に來つて初めて大師號の勅賜あり。

大師號 〔職位〕【僧史略下】に「唐の懿宗の咸通十一年十一月左街の雲顥に三慧大師、右街の僧徹に淨光大師、可孚に法智大師、重謙に靑蓮大師と賜ふ。是れ其の始なり。」我朝には淸和帝貞觀八年相應和尙の奏請に依て最澄に傳敎大師、圓仁に慈覺大師と賜ひしを始とす、而して是れ沒後の贈賜なり、我朝には生前大師號を賜ひたることなし。賜

號は必ず宸筆を染めさせられ寵幸の極なり。「ジフハチダイシ」を見よ。

ダイシ　大姉　〔術語〕優婆夷の通稱【涅槃經一】に「善見云。汝等諸姉。諦觀諦觀。」【行事鈔下三之四】に「喚レ婢爲二大姉一。不レ得レ云レ婢。」【同資持記】に「既已出家則非二所屬一。故加二美飾一不三復本名一也。」今は位牌を書するに大居士に對して大姉と稱し、以て平人以上に附す。

ダイシウ　大洲　〔界名〕大海の中須彌山の四方に四大陸あり、四大洲と云ふ。【倶舍論八】に「四大洲者。一南瞻部洲。二東勝身洲。三西牛貨洲。四北倶盧洲。」

ダイシウカンテイシユキヤウモクロク　大周刊定衆經目錄　〔書名〕十四卷。則天武后天冊萬歳元年、明佺等に勅して作らしむ。外に大周刊定僞經目錄一卷を付す。

ダイシケツジフ　第四結集　〔故事〕「ケツジフ」を見よ。

ダイシコウ　大師講　〔行事〕六月四日は傳敎大師の忌日にて大師講を行ふ、又十一月二十四日は天台大師の忌日にて在家にも赤小豆の粥を手向く。

ダイシジヤウクワウ　大熾盛光　〔菩薩〕金輪佛頂尊の別名。「シジヤウクワウ」を見よ。

ダイシジヤウクワウホフ　大熾盛光法　〔修法〕熾盛光佛頂尊の御修法。山門四箇大法の一。「シジヤウクワウ」を見よ。⊙（太平記三六）「八月十三日より内裏に伺候して、大熾盛光の法を行はる」

ダイシジヤウリヨ　第四靜慮　〔術語〕舊譯に第四禪。新譯に第四靜慮。色界の四地中第四地の名。此に九天あり、其第三廣果天の中に大自在天宮あり。此第四靜慮以上は三災に依て成壞することなし。

ダイシジユホフキヤウ　大使呪法經　〔經名〕一卷、唐の菩提流支譯。大使者毘那夜迦の呪法を説く。【餘帙二】

ダイシゼン　第四禪　〔術語〕色界四禪天の第四。最高處なり。新譯經論中第四靜慮と云ふ。「ダイシジヤウリヨ」を見よ。⊙（正統記一）「第四禪已上には内外の過患あることなし」

ダイソ　大祖　〔術語〕師の師を云ふ。

ダイシチジヤウ　第七情　〔術語〕舊譯の根を新譯に情と云ふ、眼等の六あり、六情と名く、第七情あるなし。依て無法を喩へて第七情、第十三入、第十九界など云ふ。【維摩經觀衆生品】に「如二第七情一如二第十三入一如二第十九界一。菩薩觀二衆生一爲レ若レ此。」

ダイシチセン　第七仙　〔雜名〕釋迦如來の別號。釋迦は過去七佛の第七にして長生不死の德を具すれば第七仙と云ふ。【唐譯華嚴經十二】に「如來於二此四天下中一或名二一切義成一。或名二圓滿月一。或名二師子吼一。或名二釋迦牟尼一。或名二第七仙一。或名二毘盧舍那一。或名二瞿曇氏一。或名二大沙門一。或名二最勝一。或名二導師一。」【增一阿含序品】に「自歸二能仁第七仙一。演二説賢聖無上軌一。」

ダイシチホウキヤウ　大七寶經　〔經名〕「大七寶陀羅尼經の略名。

ダイシチホウダラニキヤウ　大七寶陀羅尼經　〔經名〕一卷、失譯。七佛の陀羅尼を説いて衆生の畏怖を除かしむ。【成帙八】（496）

ダイシテイノヒト　大死底人　〔術語〕一切の妄想都て斷盡せし人を云ふ。【碧巖四十一則】に「趙州問二投子一。大死底人却活時如何。」【種電鈔】に「大死底人者。心智倶滅盡。不レ見二世出世順逆之法一。」

ダイシヤ　大車　〔譬喩〕大白牛車にて佛乘に譬ふ。【法華經譬喩品】に「長者各賜二諸子等一大車一。」

ダイシヤ　題者　〔職位〕論義の題目を撰定する人にて探題とも題目とも云ふ。【武峯話論】に「其人を指しては題者といふべし、高座にては精義者と云ふべし。」

ダイシヤ　提舍　〔術語〕又、底沙。譯、説、説法度人。佛の名。【探玄記五】に「提舍此云レ説。謂常説レ法也。亦云レ光也。」【慧苑音義上】に「提舍。正云二底沙一。依二西域訓字一云。底謂底邏那。此云レ度也。沙謂皤沙。此云レ説也。言説レ法度レ人也。」梵 Tirna-bhāṣya

ダイシヤウ　大聖　〔術語〕佛の尊號。【法華方便品】に「慧日大聖尊。」【妙宗鈔上】に「佛是極聖。故稱爲レ大。」【法華弘傳序】に「非二大聖一無レ由二開化一。」

図　高位の菩薩に名く。【無量壽經上】に「一切大聖神通已達。」【淨影疏】に「大有二兩義一。一位高名レ大。二德勝名レ大。會レ正爲レ聖」。

ダイシヤウ　大靑　〔物名〕青色の寶玉なり。【玄應音義二十三】に「大靑。梵言二摩訶泥羅一。此云二大靑一。亦是帝釋所用寶也。」Mahānīla

ダイシヤウ　大鐘　〔物名〕禪刹の鐘に三あり、大鐘、殿鐘、堂鐘なり。大鐘は闔山の諸堂に號令する者。【象器箋十八】即ち鐘樓に懸くるもの。毎日の昏曉及び法會の節に之を打す。

ダイシヤウギキヤウ　大生義經　〔經名〕一卷、趙宋の施護譯。阿難十二緣生の深義を思念し、之を佛に問ふ、佛爲に廣説す、即ち中阿含大因緣經なり。【昃帙八】（933）

ダイシヤウクワウキヤウ　大正句王經　〔經名〕一卷、趙宋の法賢譯。即ち中阿含蜱肆王經なり。【昃帙八】（904）

ダイシヤウクワンギテン　大聖歡喜天　[天名] 單に聖天とも歡喜天とも云ふ。「クワンギデン」を見よ。

大聖歡喜天雙身毘那耶迦法　[經名] 一卷、唐の不空譯。【閏帙十四】(1403)

大聖歡喜雙身毘那夜迦天形像品儀軌　[經名] 一卷、唐の善無畏譯。【餘帙四】

大聖歡喜雙身大自在天毘那夜迦天形像品儀軌　[經名] 一卷、唐の不空譯。【餘帙四】

ダイシヤウコンガウヤシヤ　大聖金剛夜叉　[異類] 五大明王の一、「コンガウヤシヤ」を見よ。

ダイシヤウゴンキヤウ　大莊嚴經　[書名] 方廣大莊嚴經の略名。

ダイシヤウゴンキヤウロン　大莊嚴經論　[書名] 大莊嚴論經の異名。

ダイシヤウゴンサンマイキヤウ　大莊嚴三昧經　[經名] 【三寶感應錄下】に此經を引て馬鳴龍樹二菩薩の本地を擧ぐ。此經藏中に無し。

ダイシヤウゴンセカイ　大莊嚴世界　[界名] 虛空藏菩薩經には虛空藏菩薩の本土を西方の一切香集世界と云ひ、大集經十二虛空藏菩薩所問品には東方の大莊嚴世界と云ふ。

ダイシヤウゴンホフモンキヤウ　大莊嚴法門經　[經名] 二卷、隋の那連提梨耶舍譯。佛、耆闍崛山にあり、文殊殊勝の身色衣服を化現して婬女勝金色光明德を度して順忍の悟を得しむ、此女死壞惡相を化現して長威德長者をして恐怖せしめ、佛に詣て法を聞き亦順忍を得、佛二人の爲に次第授記す。【宙帙一】(185)

ダイシヤウゴンロン　大莊嚴論　[書名] 大莊嚴論經の略名。

ダイシヤウゴンロンキヤウ　大莊嚴論經　[書名] 十五卷、馬鳴菩薩造、秦の羅什譯。種種の因緣譬喻を集めて人を勸誡す。【暑帙四】(1182)

ダイシヤウシユ　大生主　[人名] 佛の姨母摩訶波闍婆提 Mahāprajāpatī 舊に大愛道、新に大生主と譯す。【玄應音義二十五】に「大生主。舊言二摩訶波闍婆提一。翻爲二大愛道一者是也。」

ダイシヤウシユ　大聖主　[術語] 佛の尊號。【法華經方便品】に「諸大聖主。知二一切世間天人群生類深心之所欲一。」

ダイシヤウセソン　大聖世尊　[術語] 佛の尊號、佛は聖の極にして世の尊たり。【法華經藥草喩品】に「大聖世尊於二諸天人一切中一而宣二此言一。」⊙(曲、東方朔)「終に成道し給ひて、大聖世尊となり給ふ」

ダイシヤウテン　大聖天　[天名] 大聖歡喜天、聖天、歡喜天と云ふ、名の具畧なり。「クワンギデン」を見よ。

ダイシヤウマンジユシリドウジ　大聖曼殊室利童子　[菩薩] 舊稱、文殊師利。新稱、曼殊室利。童形の文殊菩薩なり。

大聖曼殊室利童子五字瑜伽法　[經名] 一卷、唐の不空譯。五字文殊の修法を記す。【閏帙十二】(1397)

ダイシヤウメウキチジヤウ　大聖妙吉祥　[菩薩] 梵語、曼殊室利、妙吉祥と譯す。舊稱文殊菩薩なり。

大聖妙吉祥菩薩說除災敎令法輪　[經名] 一卷、失譯。【餘帙一】

大聖妙吉祥菩薩秘密八字陀羅尼修行曼荼羅次第儀軌法　[經名] 一卷、唐の菩提㗚使譯。八字文殊の修法を說く。【餘帙一】

ダイシヤウメンコンガウ　大靑面金剛　[異類] 夜叉王の一。「シヤウメンコンガウ」を見よ。

ダイシヤウモンジユシリボサツ　大聖文殊師利菩薩　[菩薩] 新稱、曼殊室利。妙吉祥と譯す。

ダイシヤクケ　大赤華　[植物] 法華所說四花の一。【光宅法華義疏二】に「摩訶曼珠沙華者。譯爲二大赤團華一。」

ダイシヤナ　提舍那　[術語] Deśanīya譯、發露、說罪。所犯の罪を他に向て自首すると。舊に所謂懺悔なり。【行事鈔中四之三】に「提舍那者。此云二發露一。謂此懺悔是發露法故。」【同資持記】に「提舍那者。亦即懺悔之通名。」【寄歸傳二】に「必若自己陳レ罪。乃云二提舍那一矣。」

ダイシヤニ　提舍尼　[術語] Pratideśanīya 波羅提舍尼の略。七聚罪の第五。

ダイシヤモン　大沙門　[術語] 佛の尊號。【涅槃經十八】に「佛世尊。常不二變易一。具足十力四無所畏。大師子吼。名二大沙門大婆羅門一。」図 通じて比丘に名く。沙彌又は外道に對して大と名く。沙門は出家の都名なり。

ダイシヤモントウ　大沙門統　[職位] 僧官の名。【佛祖統紀五十二】に「隋文帝。詔二曇遷一爲二昭玄大沙門統一。」昭玄は僧務を行ふ昭玄寺なり。

ダイシヤモンヒヤクイチコンマホフ　大沙門百一羯磨法　[經名] 一卷、失譯。十誦律即ち薩婆多部の百一羯磨なり。【張帙七】(1162)

ダイシヤラ　大娑羅　[雜名] Mahāśāla 大娑羅樹なり。西竺大官大富の第宅を呼びて大娑羅と稱す。【玄應音義二十五】に「大娑羅。樹名也。是大富貴家義也。案西國大官貴大富兒第。皆呼爲二沙羅一也。」

ダイシユ　大種　〔術語〕地水火風の四なり。此四は一切の色法に周遍すれば大と名け、能く色法を造れば種と名く。色香等一切の物質一として此四大を離れて生ずること能はず、依て大種と名く。【倶舍論一】に「大種謂四界。即地水火風。」【同頌疏】に「三義釋レ大。一體寬廣故。謂四大種遍二所造色一其體寬廣。乃至一義釋レ種。與二所造色一爲二所依一故名爲レ種。大即是種故名二大種一。」【正理論二】に「虛空雖レ大不レ名レ種。餘有爲法雖二是種一而非レ大。此四種具二兩義一故名爲二大種一。」

ダイシユ　大衆　〔術語〕梵語、摩訶僧伽、Mahā-saṃgha 大衆と譯す。多衆なり、衆に三人四人の異義あり。「シユ」を見よ。【智度論】に「大衆者。除レ佛餘一切賢聖。」【法華經序品】に「世尊在二大衆一敷二演深法義一。」

ダイシユイン　大衆印　〔物名〕一寺公用の印鑑なり。【毘奈耶雜事一】に「佛言。凡印有レ二。一是大衆二是私物。若大衆印可下刻二轉法輪印像一。兩邊安レ鹿伏跪而住上。其下應レ書二元本造レ寺施主名字一。」

ダイシユジヤウミル　大衆生彌盧　〔明王〕不動尊を稱す。【底哩三昧耶不動念誦法】梵 Meru

ダイシユウヂゲンモンホンロン　大宗地玄文本論　〔書名〕二十卷、馬鳴菩薩造、陳の眞諦譯。十種愛樂心、十種識知心、十種修道心、十種不退心、十種眞金剛心、及び一の大極自然陀羅尼地の五十一種を以て法門の大宗地となし、以て一多相即無礙自在の大緣起門を顯示せしもの。但し五十一種の名字は梵語を存し、且つ古來未だ疏釋なきを以て之を解すること至難なり、其論體は釋摩訶衍論に似たり。【成帙十】（1299）

ダイシユブ　大衆部　〔流派〕二あり、一は根本結集時の大衆部にて、窟內の結集を上座部と云ふに對して窟外の結集を大衆部と云ふ。是れ小乘二十部の根本の二部にして、佛滅後百年大天比丘出でて初めて大衆部の本義を確立し（其れより前は未だ宗義の相異を見ず）爾後其部より更に異部を出して本末合せて五部あり。【文殊師利問經下】に「佛告二文殊師利一。初二者。一摩訶僧祇。Mahāsāṃghika（此言大衆老少同會。共集律部也）二、體毘履 Sthavira（此言老宿。淳老宿人同會。共出律部也）。我入涅槃後一百歲。此二部當レ起。」【宗輪論述記上】に「界內既以二迦葉一爲二上座部一。界外無二別標首一。但總言二大衆一。皆由下未生怨王爲二大檀越一種種供養上。恐二界內人多難一レ可二和合一所以兩處弘宣。時雖二兩處結集一人無二異諍一法無二異說一。界內耆年至多。界外年少極多。乃至二大天乖諍一昔時界外少年之僧門人苗裔共爲二一朋一名二大衆部一。取レ昔爲レ名。往苦界內耆舊之僧共爲二一徒一名二上座部一。」二は四律五論の中の摩訶僧祇律（大衆と譯す）是なり。此は窟內の上座部をさして大衆と名けしもの、其故は窟內上座部の律藏は八十度に誦出せしを以て八十誦と名け、百年の間五師相傳して優婆毱多に至る。毱多の門人五師ありて各一見を立て、根本の律藏此に五部に分かる、依て根本の八十誦律と稱して大衆部と稱す。是れ現存四律中の摩訶僧祇律なり。【大集經二十二】に「我涅槃後。我諸弟子。受二持如來十二部經一。讀誦書寫。廣博遍二覽五部經律一。是故名爲二摩訶僧祇一。」【翻譯名義集四】に「智首疏云。總別六部。僧祇是總。前五是別。此僧祇部衆行解虛通。不レ生二偏執一。徧順二五見一以通行故。故知是總。」【行事鈔上一之二】に「統二明律藏一本實一文。但爲二機悟不同一致レ令二諸計岳立一。所以隨二其樂欲一成二立己宗一。競采二大衆之文一用集二一宗之典一。」【同資持記】に「如來滅後迦葉結集爲二八十誦律一。五師相繼一百年來並無二支派一。後因二淨計一遂分二五宗一。乃至言二大衆一者此濫二窟外部一。高僧傳論云。上座大衆創分二結集之場一。彼言二大衆一乃是窟外。此云二大衆一定是窟內。即今摩訶僧祇。此翻二大衆一。以二五百人亦大衆一故。（智論則云千人）是則大衆名通二二部一。上座唯局二窟外一。學者須二細辨一レ之。」（この解によれば上座部の五百羅漢の名を大衆として內外ともに大衆と云へり。）【行事鈔同卷】に「僧祇律是根本。部餘是五部。」【同資持記】に「具云二摩訶僧祇一。此翻二大衆一。從レ衆爲レ名。即窟內部。」

ダイシユヰトクヰ　大衆威德畏　〔術語〕「ゴフヰ」を見よ。

ダイシヨ　大疏　〔書名〕華嚴宗には淸涼の八十華嚴經の疏を云ひ、眞言宗には一行の大日經の疏を云ふ。

ダイシヨウコンガウ　大勝金剛　〔菩薩〕又大轉輪王と名け、金剛手と名く。大日所變の十二臂金剛薩埵なり。是れ大妙經所說の攝一切佛頂輪王にして、即ち是れ金輪佛頂なり。【瑜祇經一切如來大勝金剛最勝眞實三昧耶品】に「爾の時徧照薄伽梵、復た種種の光明を現じ、頂上に於て金剛威怒光明を放ち、諸菩薩を照す。金剛手等皆各默然たり。（果界の言語道斷を表す）復た身手を現じて十二臂を具す。智拳印を持し、復た五峰、金剛、蓮華摩尼、羯磨、鉤、索、鎖、鈴、智劍、法輪の十二大印

（大勝金剛の圖）

を持す。身千葉の大白蓮華に住し、身色日の如く、五髻光明あり。其の光無主にして偏く十方を照らす。面門微笑して即ち大勝金剛頂最勝眞實大三昧耶眞言を說く。唵摩訶(大)縛日羅(金剛)瑟捉灑(是云頂是大金剛頂)吽怛羅紇哩惡吽(是五佛種子)此の明を說き已て復た頌を說て曰く、十方淨妙國。三世及三界。最尊獨無レ比。此大轉輪王。能摧二諸佛頂一。能攝二諸等覺一。親近爲二眷屬一。速成二大悉地一。若末法世人。長誦二此眞言一。刀兵不レ能レ害。水火不レ能レ漂。蓮華金剛手。翼從爲二侍衞一。と。若し誦すること一百八なれば、能く百劫の罪を滅し、若し誦すること一千編なれば能く意願を成滿し、若し誦すること一洛叉なれば大金剛身を得。若し誦すること一俱胝なれば遍照尊と成ることを得て、千佛來つて守護すると決定して疑あることなし。」と【小野僧正口決】に「大勝金剛。金剛界攝一切佛頂輪王也。即是金輪佛頂也。」【諸儀軌訣影十一】に「世間に大勝金剛の木像を多くは立像になす、不可なり、天台宗に立像を相傳するやらん、天台宗の處にて多く立像を見たり。又古德の初められし矢違(やちがひ)の守りと云ふあり、此の大勝金剛の眞言を書きて周りに經頌の若末世法人等の四句を書き、大勝金剛の眞言にて加持して遣はすなり。」

ダイシヨウコンガウシンシンシンゴン 大勝金剛心眞言 [眞名] 愛染明王又は金剛薩埵の一字眞言なり。【瑜祇經一切如來大勝金剛瑜伽成就品】に「爾時金剛手。復說下成二就金剛薩埵一字大勝心相一眞言上曰。吽悉地。」此の中吽は金剛薩埵の一字心なり。或は愛染明王の一字心と爲す。悉地は成就。此一字心の明を以て一切瑜伽の悉地を成就するが故に、悉地と云ふなり。之を大勝金剛と名くるは、上の經文に愛染王を稱して此名二金剛王一頂中最勝名と云ふに依るなり。

ダイシン 大嚫 [術語] Dakṣiṇā 又噠嚫、檀嚫など。「タッシン」を見よ。

ダイシン 大信 [術語] 佛を信じて、疑はざるを信と云ひ、信心の功德廣大なれば大と云ふ。又此信心即ち佛心なれば大と云ふ。【敎行信證二】に「謹案二往相廻向一有二大行一有二大信一。」【同三本】に「大信心者則是長生不死之神方。忻淨厭穢之妙術。乃至極速圓融之白道。眞如一實之信海也。斯心即是出二於念佛往生之願一。」

ダイシン 大身 [術語] 丈六の小身に對して偏虛空の大化身を云ふ。

ダイシンカイ 大心海 [術語] 佛智の廣大なるを云ふ。【讚阿彌陀偈】に「集二佛法藏一爲二衆生一。故我頂二禮大心海一。」

ダイシンジ 大秦寺 [寺名] 波斯國の火敎唐の長安に來る、太宗敕して大秦寺を建てしむ。其法を末尼祆敎と云ふ。【僧史略下】に「大秦末尼胡神也。官品令有二祆正一。火祆(火煙切)敎法起二大波斯國一號二蘇魯支一。有二弟子一名二玄眞一。習二師之法一居二波斯國一。大總長如火山後行二化於中國一。貞觀五年有二傳法穆護何祿一。將二祆敎一詣レ闕聞奏。敕令三長安崇化坊立二祆寺一號二大秦寺一。號二波斯寺一。」

ダイシンジン 大信心 [術語] 大信と同じ。

ダイシンジンカイ 大信心海 [術語] 信心の功德廣大なれば之を海に譬ふ。【敎行信證六本】と「大信心海甚以叵レ入。從二佛力一發起故。眞實樂邦甚以易レ往。籍二願力一即生故。」

ダイシンリキ 大心力 [術語] 佛の大智大用に名く。【讚阿彌陀佛偈】に「皆是法藏願力爲。稽首頂禮大心力。」

ダイジ 大慈 [術語] 「ダイジダイヒ」を見よ。

ダイジ 大寺 [雜名] 梵語、摩訶毘訶羅、Mahāvihāra【玄應音義十六】に「梵言二毘訶羅一。此云二遊諸僧遊履處一也。舊本以レ寺代レ之。寺之言司也。」

ダイジ 大事 [術語] 「ダイジインエン」を見よ。

ダイジ 大士 [術語] 菩薩の通稱なり、或は聲聞及び佛に名く。士は凡夫の通稱、凡夫に簡別して大と稱す。又、士は事なり、自利利他の大事を爲す者を大士と云ふ。【法華文句記二】に「大士者。大論稱二菩薩一爲二大士一。亦曰二開士一。士謂士夫。凡人之通稱。以二大開一簡別故曰二大等一。」【四敎儀集解上】に「大士者。大非レ小也。士事也。運心廣大能建二佛事一故云二大士一。亦名二上士一。瑜伽論云。無二自利利他行一者名二下士一。有二自利一無二利他一名二中士一。具二自他行一名二上士一。大論以二菩薩一名二大士亦開士一。普賢觀以二聲聞菩薩一爲二大士一。金光明以レ佛爲二大士一。諸文不レ同。」【釋門正統四】に「宋神宗宣和元年。詔改二釋氏一爲二金仙一。菩薩爲二大士一。僧爲二德士一。」◎(正統記四)「菩薩大士もつかさどる宗あり」梵 Mahāsattva

ダイジインエン 大事因緣 [術語] 一大事の因緣なり。佛世に出現して法を說くは一大事が爲めの因緣なるを云ふ。云何か一大事なる、總じて言へば轉迷開悟なり、別して論ぜば法華は佛知見なり、涅槃は佛性なり、乃至無量壽經は往生極樂なり。【法華經方便品】に「諸佛世尊。唯以二一大事因緣一故出二現於世一。」【仁王經上】に「大事因緣故即散二百億種色華一。」【稱讚淨土經】に「我觀二如レ是利益安樂大事因緣一說二誠諦語一。」【天台仁王經疏上】に「大事因緣爲レ茲出世。顯レ令四衆生開三示悟二入佛之知見一。法華以二佛知見一爲二大事一。涅槃以二佛性一爲二大事一。維摩思益以二不思議一爲二大事一。華嚴以二法界一爲二大事一。今此般若以レ成二佛

因果一爲二大事一。名字雖レ別其義一。」

ダイジオンジ　大慈恩寺　〔寺名〕唐の太宗貞觀二十二年、皇太子治、文德皇后の爲に大慈恩寺を長安に創す、高宗永徽三年玄奘三藏奏請して大塔を建て西來の經論梵本佛舍利を奉安す。塔の高さ二百尺。【稽古史畧三】

大慈恩寺三藏　〔人名〕玄奘三藏嘗て大慈恩寺に住す、依て此號あり。

大慈恩寺三藏法師傳　〔書名〕十卷、唐の慧立本等撰。【陽帙二】(1494)

ダイジザイ　大自在　〔術語〕廣大の力用何事をも作し得るを云ふ。【法華經弟子授記品】に「諸佛有二大自在神通之力一。」

ダイジザイグウ　大自在宮　〔雜名〕梵語、摩醯首羅宮。大自在天の宮殿なり、色界の頂に在り、外道祭祀する所の大自在天此に住す、又第十地の菩薩將に成佛せんとせし時、此處に於て淨土を變現して十方の諸佛より成佛の灌頂を施さる。【唯識論七】に「諸異生求二佛果一者。定色界後引三生無漏一。後必生二在大自在宮一得二自在一故。」【同述記七末】に「大自在宮者。淨居天上有二實淨土一。即自受用身初於レ彼起レ證。是第十地菩薩宮。舊言二摩醯首羅一。今應レ言二莫醯伊濕伐羅一。即大自在也。」【天台觀音義疏下】に「大自在即色界頂摩醯首羅也。樓炭稱爲二阿迦尼吒一。華嚴稱爲二色究竟一。或有レ人以爲二第六天一。而諸經論多稱二大自在是色界頂一。釋論云。過二淨居天一有二十住菩薩一號二大自在一。大千界主。」

ダイジザイテン　大自在天　〔天名〕自在天外道の主神なり。梵語、摩醯首羅は訛略、正に摩醯濕伐羅 Maheśvara 大自在と譯す。色界の頂にありて三千界の主たり、此大自在天に二種あり、一を毘舍闍摩醯首羅と云ひ一を淨居摩醯首摩と云ふ、毘舍闍とは鬼類の名にして摩醯首羅論師の祀る所、二目八臂ありて白牛に乘るもの、色界に住す。密教には之を大日如來の應現となす。彼れ又言ふ、此自在天種種の形を現じて種種の名を有すと、章紐天、那羅延天等是なり。

(大自在天の圖)

提婆涅槃論に二十種外道を明かす中に之を以て第十五摩醯首羅論師となし、涅槃經に六師外道を明かす中に第五の迦羅鳩馱迦旃延の宗計是なり。中古以來今に至て印度に盛に崇拜せらるる「シバ」派の「シバ」神は即ち大自在天にして牛又は男根を以て其神體を標幟せらるるなり。次に淨居摩醯首羅とは第十地の菩薩將に成佛せんとする時、色界の頂淨居天の上に於て大自在天子の勝報を現じ、勝妙の天形を以て佛位を紹ぐ灌頂を行ふなり。【入大乘論下】に「淨二治第十地一。得二無量無邊禁咒方術一能令二一切無礙自在一作二摩醯首羅天子一。亦爲二一切世間依止一。問曰。所レ言摩醯首羅者爲レ同二世間摩醯首羅一。更有レ異耶。答曰。是淨居自在非二世間自在一。汝言摩醯首羅者。名字雖レ同而人非レ一。有二淨居摩醯首羅一。有二毘舍闍摩醯首羅一。其淨居者。如レ是菩薩隣二於佛地一猶如二羅縠障一。乃至如二皇太子初受レ職時一。以二已業力一故大寶蓮華自然化出。受二一切種智位一。乃至坐二蓮華一已十方世界諸佛放二大光明一照。此菩薩受二灌頂位一如下轉輪聖王長子受二王位一時上。」【慧苑音義上】「摩醯首羅。正云二摩醯濕伐羅一。言二摩醯一者此云レ大也。濕伐羅者自在也。謂此天王於二大千世界中一得二自在一故也。」【唯識述記七末】に「舊言二摩醯首羅一。今應レ言二摩醯伊濕伐羅一。即大自在也。」【智度論二】に「摩醯首羅天。秦言二大自在一。八臂三眼。騎二白牛一。」【俱舍光記七】に「魯達羅。此云二暴惡一。大自在天總有二千名一。今現行世唯有二六十一。魯達羅其一名也。又解塗灰外道說。自在出二過三界一有二三身一。一法身。遍二充法界一。二受用身。居二住色界上自在天宮一。即佛法中說摩醯首羅天。三目八臂。身長萬六千踰繕那。三化身。隨二形六道一種種教化。」【十二天供儀軌】に「伊邪那天。舊云二摩醯首羅一。唐言二大自在天一也。」【因明大疏上】に「商羯羅天。是羅醯首羅天。於二一切世界一有二大勢力一。」【提婆涅槃論】に「外道摩醯首羅論師作二如レ是論一。果是那羅延所作。梵天是因。摩醯首羅一體三分。所謂梵天、那羅延、摩醯首羅。地是依處。地主是摩醯首羅天。於二三界中一所有一切命非命物一皆是摩醯首羅天生。摩醯首羅身者。虛空是頭。地是身。水是尿。山是糞。一切衆生是腹中蟲。風是命。火是煖。罪福是業。(百論疏之を引て日月爲眼に作る)是八種是摩醯首羅身。」【涅槃經十九】に「今有二大師一名二迦羅鳩馱迦旃延一。乃至爲二諸弟子一說二如レ是說一。若人殺二一切衆生一心無二慚愧一終不レ墮レ惡。猶如二虛空不一レ受二塵水一。有二慚愧一有即入二地獄一。猶如三大水潤二於地一。一切衆生悉是自在天之所作。自在天喜二衆生安樂一。自在天瞋二衆生苦惱一。一切衆生若罪若福。乃是自在天之所爲。

云何當レ言三人有二罪福一。」⊙（正統記一）「大自在天ともいふ」 図 〔界名〕欲界六欲天の中の第六他化自在天を云ふ。【法華經序品】に「自在天子。大自在天子。」【同文句二】に「自在即第五。大自在即第六。」

大自在天と男根 〔術語〕 大自在天は萬物の生本たる義に依て自在天派の人は人の男根を天神の神實として祀る。【續高僧傳玄奘傳】に「至二劫比他國一。俗事二大自在天一。其精舍者高百餘尺。中有二天根一。謂諸有趣。由レ此而生。王民同敬不レ爲二鄙恥一。諸國天祠率置二此形一。大都異道有二百數一。中所レ高者自在爲レ多。」【西域記健馱羅國記】に「跋虜沙城東北五十里至二崇山一。山有二青石一。大自在天婦像毘摩羅天女也。聞二諸土俗一曰。此天像者自然有也。靈異既多祈禱亦衆。印度諸國求レ福請願。貴賤畢萃遠近咸會。乃至二山下一有二大自在天祠一。」是れ初めは男根にて後は女根なり、此男女根の義は自在天と同體たる那羅延天の名にて更に分明なり。（梵王と那羅延と摩醯首羅と一體三分なるは上に引けり。）【玄應音義二十五】に「那羅延。那羅此翻爲レ人。延那此云二生本一。謂人生本。即是梵王。外道謂一切人皆從二梵王一生。故名二人生本一也。」【倶舍光記二十七】に「那羅延是神名。此云二人種神一。」此那羅延天の居處は欲界の頂上第六天に居て常に佛道の障礙を爲せば佛法の中には名けて摩羅天となす。【慧琳音義六】に「那羅延。欲界中天名也。」【智度論五】に「奪二慧命一壞二道法功德善本一是故名爲レ魔。諸外道人輩言是名二欲主一。亦名二華箭一。亦名二五箭一。破二種種善事一。佛法中名爲二魔羅一。」（愛染明王の箭も極秘說には男根を表す。）【同十】に「魔王六欲天主。」之れ先に女根を毘摩羅（Vimalā）と云ひ、（毘は毘婆沙毘沙門毘盧舍那の毘の如く妙勝高大の義）又、摩羅の名は本來男女根の名にて邦語の其も梵語のままを傳へしにあらざるか、（平田翁の印度藏志に之を云）本邦の神の名に天津摩羅命、大摩羅神、赤魔羅、天照眞良建雄命など云ふあり。「マラ」を見よ。

ダイジザイテンゲダウ 大自在天外道 〔流派〕「ジザイテンゲダウ」に同じ。

ダイジザイテンシインヂキヤウ 大自在天子因地經 〔經名〕一卷、超宋の施護譯。佛、目連等に對し大自在天子の往因を說く。【宙帙八】（837）

ダイジザイワウボサツ 大自在王菩薩 〔菩薩〕淨土の二十五菩薩の一。八幡宮の御本地なり。⊙（古今著聞集一）に「桓武天皇延曆元年五月四日、宇佐宮御託宣に、無量劫の中に二界に化生して方便を運らして衆生を導く、名をば大自在王菩薩といふなり。」（神皇正統記）に「或は彌勒なりとも大自在王菩薩なりとも託宣し給ふ」（水鏡）に「延曆元年五月四日、宇佐の宮託宣し給ふやう、吾無量劫の中に三界に化生して方便をめぐらして衆生を導く、名をば大自在王菩薩となむいふとのたまひき」

ダイジセン 大士籤 〔物名〕別名、觀音籤。觀音の像前にて竹籤を抽き以て吉凶を決するなり。【佛祖統紀三十三】に「天竺百籤。越圓通百三十籤。以決二吉凶一。其應如レ響。相傳是大士化身所レ述。」「クワンオンセン」を見よ。

ダイジソン 大慈尊 〔菩薩〕彌勒菩薩を曰ふ。彌「勒、慈と譯す。

ダイジダイヒ 大慈大悲 〔術語〕佛菩薩の廣大の慈悲なり。與樂を慈とし、拔苦を悲とす。【智度論二十七】に「大慈與二一切衆生樂一。大悲拔二一切衆生苦一。」乃至「菩薩大慈於レ佛爲レ小。於二二乘一爲レ大。此是假名爲レ大。佛大慈大悲眞實最大。」【法華經】に「大慈大悲。常無二懈倦一。」

ダイジヒ 大慈悲 〔術語〕大慈大悲なり。【觀無量壽經】に「佛心者大慈悲是。以二無緣慈一攝二諸衆生一。」

ダイジヒモン 大慈悲門 〔術語〕佛の大智慧門に對するの稱。門は差別の義なり。

ダイジフハチグワン 第十八願 阿彌陀佛四十八願中の第十八願なり。【無量壽經上】に「設我得レ佛。十方衆生。至心信樂。欲レ生二我國一。乃至十念。若不レ生者。不レ取二正覺一。唯除二五逆。誹二謗正法一。」四十八願中之を王本願と名け、衆生念佛して淨土に往生するを得るは唯此願に依るなり、依りて念佛往生の願と名く。【敎行信證三本】に「斯心即是出二於念佛往生之願一。斯願名二撰擇本願一。亦名二本願三心之願一。復名二至心信樂之願一。亦可レ名二往相信心之願一也。」⊙（平家三）「第十八の願に設我得佛（中略）不取正覺と說かれたれば、一念十念のたのみもあり」

ダイジフロクワウジ 第十六王子 〔名數〕三千塵點劫の昔に大通智勝佛の所にて十六人の王子あり出家して大乘の行を修し今盡く成佛して十方の國土に說法度生す、其第十六王子は今の釋迦如來是なり。【法華經化城喩品】に「彼佛弟子十六沙彌。今皆得二阿耨多羅三藐三菩提一。於二十方國土一現在說法。乃至第十六我釋迦牟尼佛。於二娑婆國土一成二阿耨多羅三藐三菩提一。」

ダイジフキヤウ 大集經 〔經名〕具名、大方等大集經。大方等は大乘經の通名。佛、欲色二界の中間に於て廣く十方の佛菩薩を集て大乘の法を說きしを大集經と云ふ、前後の諸師各一部分を譯し、未だ全本なし。高麗藏本諸師の譯本を收て一部とし六十卷あり。【玄帙一乃至四】（61） 其中前二十六卷及び三十一卷より三十三卷に至る日密分三卷は北凉の曇無讖

譯。諸譯中の大本にて他の藏本に之を大方等大集經と稱して別行す。其第二十七卷より三十卷に至る無盡意菩薩品四卷は智嚴寶雲譯、別行本に題して無盡意菩薩經と稱す。其三十四卷より四十五に至る日藏分十二卷は隨の那連耶舍譯、別行本十卷として大乘大方等日藏經と稱す。其四十六卷より五十六卷に至る月藏分十一卷、高齊の那連提耶舍譯、別行本十卷、大方等大集月藏經と稱す。其五十七五十八の兩卷須彌分二卷、同譯、別行本に大乘大集經と題す。其五十九六十の兩卷十方菩薩品、後漢の安世高譯。別行本題して佛說明度五十校計經と云ふ。【止觀輔行五】に「彼經廣集㆓十方諸佛諸大菩薩於欲色二界大空亭中㆒。故云㆓大集㆒。」但し大集の經名に二種あり、一は欲色二界の中間に大衆を集めて說きし經に名く、上に擧ぐる諸經是なり。一は隨處に大衆を集めて說きし經に名く、大集經賢護分、大集經念佛三昧分等是なり。【玄帙一乃至四】(61)梵Mahāsaṃghāta*

ダイジフキヤウケンゴブン　大集經賢護分　[經名]　具名。大方等大集經賢護分。五卷、隋の闍那崛多譯。佛王舍城竹園に於て光を放て衆を集め、賢護菩薩を對場として法を說く、般舟三昧經と同本後譯。【玄帙九】(75)

ダイジフキヤウボサツネンブツサンマイブン　大集經菩薩念佛三昧分　[經名]　具名、大方等大集經菩薩念佛三昧分、十卷、隋の達磨笈多譯。菩薩念佛三昧經と同本。念佛三昧の法を說く。【玄帙八】(72)

ダイジフグワツザウキヤウ　大集月藏經　[經名]　具名、大方等大集月藏經。十卷、高齊の那連提耶舍譯。六十卷大集經に第四十六より第五十六に収めて月藏分と稱す。【玄帙五】(63)

ダイジフケンゴキヤウ　大集賢護經　[經名]　大方等大集經賢護分の異名。

ダイジフシユミザウキヤウ　大集須彌藏經　[經名]　大乘大集經の別名。六十卷、大集經の須彌藏分是なり。

ダイジフダイコクウザウボサツシヨモンキヤウ　大集大虛空藏菩薩所問經　[經名]　十卷、唐の不空譯、大集經虛空藏菩薩品と同本異譯、【閏帙九】

ダイジフヒユワウキヤウ　大集譬喩王經　[經名]　二卷、隋の闍那崛多譯。舍利弗の爲に諸の譬喩を以て菩薩と二乘の智慧功德の差別を說く。【玄帙九】(78)

ダイジフニチザウキヤウ　大集日藏經　[經名]　大乘大方等日藏經の異名。

ダイジフホフモンキヤウ　大集法門經　[經名]　二卷、趙宋の施護譯。長阿含經衆集經と同本。【昃帙十】(938)

ダイジフヱシヤウボフキヤウ　大集會正法經　[經名]　五卷、趙宋の施護譯。大集會正法は本經所說の法に名く、佛靈山に在て普勇菩薩の爲に之を說き、次に尼犍外道を折伏す。【玄帙九】(972)

ダイジヤ　大蛇　[譬喩]　大蛇を引て婬欲を戒むる偈あり。常樂臺の【女人往生聞書】に「寶積經にいはく一見㆓於女人㆒。能失㆓眼功德㆒。縱雖㆑見㆓大蛇㆒。不㆑可㆑見㆓女人㆒。」大寶積經一百二十卷四十九會あり、此文なし。【金玉集上】に後半の文を大論として引けり。【寶物集四】に何經ともささず「毒蛇は見るとも女人をば見るべからず」とあり、【錄外二十一】に華嚴又云と標して此四句偈を擧ぐ。三譯の華嚴經共に此文なし。

ダイジヤウキ　大祥忌　[儀式]　三回忌なり、大「祥は儒典の三年祭の名なり。

ダイジヤウホフモンキヤウ　大淨法門經　[經名]　一卷、西晉の竺法護譯。大莊嚴法門經と同本。【宙帙一】(184)

ダイジヤクシツザンマイ　大寂室三昧　[術語]「ダイジヤクヂヤウ」を見よ。

ダイジヤクジヤウメウサマヂ　大寂靜妙三摩地　[術語]「ダイジヤクヂヤウ」を見よ。

ダイジヤクヂヤウ　大寂定　[術語]　或は大寂室三昧と云ひ、或は大寂靜妙三摩地と云ふ。如來所入の禪定なり。一切の散動を離れて究竟して寂靜なるを大寂と云ひ。梵語、三昧又は三摩地、定と譯す。【如來會】に「世尊今日入㆓大寂定㆒。行㆓如來行㆒。」【舊譯仁王經上】に「初年月八日。方坐㆓十地㆒入㆓大寂室三昧㆒。」【新譯仁王經上】に「爾時世尊。初年月八日。入㆓大寂靜妙三摩地㆒。」【涅槃經三十】に「我於㆓此間、娑羅雙樹㆒入㆓大寂定㆒。大寂定者名㆓大涅槃㆒。」

ダイジヤクホフワウ　大寂法王　[術譯]　大日如來を稱す。梵譯、牟尼 Muni 寂と譯す。如來の身口意一切の煩惱を離るれば寂と云ふ。【大日經一】に「牟尼諸法王告㆓持金剛慧㆒。」【同疏六】に「大寂法王。告㆓金剛手㆒。」

ダイジヤクメツ　大寂滅　[術語]　大涅槃なり。涅槃、一に寂滅と譯す。【圓覺經】に「以㆓輪廻心㆒生㆓輪廻見㆒。入㆓於如來語寂滅海㆒終不㆑能㆑至。」

ダイジユ　提樹　[雜名]　菩提樹の略。

ダイジユ　大呪　[術語]　諸尊の呪に大呪小呪心呪の三種あり。最も呪語の多きを大呪とし、大中の略を小呪とし、小呪の略を心呪とす。

ダイジユ　大樹　〔譬喩〕三草二木の中の大樹。天台は別敎の菩薩を大樹とし、三論は八地以後の菩薩を大樹とし、法相は地上の菩薩を大樹とす。

ダイジユキンナラ　大樹緊那羅　〔天名〕香山に住する緊那羅王の名。緊那羅は八部衆の一。帝釋天の樂神なり。「キンナラ」を見よ。

大樹緊那羅王所問經　〔經名〕四卷、秦の羅什譯。佛、耆闍崛山に住す、大樹緊那羅王其眷屬と共に佛に詣で、琴を彈じ大衆及び山川をして皆悉く起て舞はしむ。天冠菩薩大樹に何ぞ成佛せざると問ふ。大樹語るに菩薩十二無滿足の法を以てす。大樹寶住三昧を請問す、佛答ふるに八十種の寶を修習生起して世出世の寶に自在を得るを以てす。天冠佛に問ふ、大樹云何ぞ伎樂を以て衆生を敎化する、佛具に之を答ふ。其より大樹の請に應じて佛大衆を將て香山に至り、彼が供養を受けて妙法を演說し、更に靈山に還て阿闍世王等の爲に三十二種の菩薩の法器を說く。【宇帙九】(162)

ダイジユセンニン　大樹仙人　〔人名〕【西域記五】に「昔殑伽河の邊に仙人あり、久しく禪定に入り肩上大樹を生じ、大樹仙人と稱す、一見美女を見て心を動かし、王に詣で之を求む、美女應ずる者なし、仙人大に瞋て呪して悉く王女の腰をして曲らしむ。」「ゴクニヨジヤウ」を見よ。

ダイジユンテイ　大准提　〔菩薩〕准提觀音なり、「ジユンテイ」を見よ。梵 Mahā-caṇḍī.

大准提經　〔經名〕七佛倶胝佛母心大准提陀羅尼經の略名。

大准提菩薩焚修悉地懺悔玄文　〔經名〕「准提懺の具名。

ダイジヨウ　大乘　〔術語〕Mahāyāna 梵語、摩訶衍。大乘と譯す。大は小に簡ぶの稱、乘は運載を義とし、敎法に名く、即ち大敎なり。灰身滅智の空寂の涅槃を求めしむる敎を小乘とし、此中に聲聞緣覺の別あり、一切智を開かしむる敎を大乘とし、此中に一乘三乘の別あり。【法華經譬喩品】に「若有ニ衆生一從ニ佛世尊一聞レ法信受。勤修精進。求ニ一切智、佛智、自然智、無師智、如來知見、力、無所畏一。愍ニ念安ニ樂無量衆生一利ニ益天人一度ニ脱一切一。是名ニ大乘一。菩薩求ニ此乘一故名爲ニ摩訶薩一。」【十二門論】に「摩訶衍者。於ニ二乘一爲レ上故名ニ大乘一。諸佛最大。是乘能至故名爲レ大。諸佛大人乘ニ是乘一故名爲レ大。又能滅ニ除衆生大苦一與ニ大利益事一故名爲レ大。又觀世音、得大勢、文殊師利、彌勒菩薩等是諸大士之所レ乘故名爲レ大。又以ニ此乘一能盡ニ一切諸法邊底一故名爲レ大。又如ニ般若經中一佛自說ニ摩訶衍義一無量無邊。以ニ是因緣一故名爲レ大。」【寶積經二十八】に「諸佛如來正眞正覺所行之道。彼乘名爲ニ大乘一。名爲ニ上乘一。名爲ニ妙乘一。名爲ニ勝乘、無上乘、無上上乘、無等乘、不惡乘、無等等乘一。」

四家大乘　〔名數〕三種あり、一は、天台宗、華嚴宗、三論宗、法相宗の四なり、是れ平安朝に新に天台の一宗公許されし頃、天台宗より古來の三宗に自宗を加へて創立せし名稱なり。二は華嚴宗、天台宗、眞言宗、禪宗なり。是れ其後本邦に行はる諸宗の中に獨り實大乘を擧げし數目なり。三は法相宗、三論宗、天台宗、華嚴宗なり、是れ眞言宗より大乘家を擧げし數目なり。眞言家の口傳に法相は彌勒、三論は文殊、天台は觀音、華嚴は普賢の法門なりと、即ち四家大乘共に菩薩の法門にして眞言獨り佛の法門なりとの意なり。【聖財集下】に「密宗の口傳に云く、四家の大乘は四菩薩の三摩地也と、華嚴は普賢、三論は文殊、天台は觀音、法相は彌勒たり、是れ殊勝の口傳なり、心經秘鍵の意全く同じ。八葉中の四菩薩、一善知識の身を現じ、有緣の機を攝引せん爲一法門を建立し給はん、何れか疎きあらん、淺深は一往機情の上の方便に世界悉檀の時之を論ずべし、第一義悉檀の實證の時に隔あるべからず。」

ダイジヨウイン　大乘因　〔術語〕或は菩提心を指し或は諸法實相を示す。【大疏九】に「所謂大乘因者。即是菩提心。」【南岳止觀】に「大乘因者。諸法實相。」

ダイジヨウカイ　大乘戒　〔術語〕菩薩僧所受の戒を云ふ。又、菩薩戒と稱す。梵網經所說の十重禁、四十八輕戒、善戒經所說の三聚淨戒等是なり。其別名は宗に依て異なり、天台には圓頓戒、眞言には三昧耶戒、禪宗には無相心地戒と云ふ。◎(太平記一五)「抑山門已に菩薩の大乘戒を立て」

ダイジヨウカイキヤウ　大乘戒經　〔經名〕一卷、趙宋の施護譯。佛、祇園に在て大略の略戒を說く、別に戒相を說かず。【列帙二】(877)

ダイジヨウカイダン　大乘戒壇　〔雜名〕大乘戒を授受する壇場なり。天台宗より南都の戒壇を斥して小乘戒壇とし、叡山の圓頓戒壇を大乘戒壇と稱す。支那に在ては之を方等戒壇と稱す。三井の園城寺之に對して三昧耶戒壇を建てんと欲して成らず。但し南都に在ては自ら小乘戒壇たるを認めず、戒相及び羯磨の作法は小乘と一なれども、之を受くる者は大乘の菩薩なれば戒も壇も共に大乘なりと云ふ。◎(太平記一五)「圓珍之門弟、不レ可レ受ニ南都小乘劣戒一。必於ニ大乘戒壇院一可レ受ニ菩薩別解脫戒一」

ダイジヨウキ　大乘基　〔人名〕慈恩大師窺基、大乘家の泰斗なれば尊んで大乘基と云ふ。【宋高僧傳窺基傳】に「慈恩寺傳中云。丱師龍朔三年。於玉華宮譯大般若經終レ筆。其年十二月二十二日令大乘基奉レ表奏聞。乃至彼曰二大乘基一蓋慧立彥琮不全斥一故云大乘基。」

ダイジヨウキシンロン　大乘起信論　〔書名〕馬鳴菩薩の造、二譯あり、舊譯は梁の眞諦、一卷、新譯は唐の實叉難陀、二卷。如來藏緣起の理を說く。【成帙十】(1249)華嚴の法藏舊譯に就て疏を作り、起信論義記と云ふ、後に華嚴の宗密少しく義記を改竄して起信論疏と云ふ、後に宋の子璿宗密の疏を解して筆削記と云ふ。而して明の智旭新譯の論に於て疏を作り起信論裂網疏と云ふ。

ダイジヨウキヤウ　大乘經　〔術語〕作佛の道法を明かしたる一切の經典なり。佛大小の根機を計りて大小の二教を說く、即ち小機に對して聲聞緣覺の法を說くを小乘と云ひ、大機に對して六度の法を說くを大乘と云ふ。滅後の弟子之を結集するに大小二經を別けて各一藏とす、智度論に聲聞藏、菩薩藏と云ひ或は三藏、摩訶衍藏と云ふ者是なり。現流の經典に就て之を言へば四部の阿含經等は小乘經なり、華嚴般若等は大乘經なり。問ふ、阿含中菩薩の行法を說くあり、般若等の諸經亦小乘の道法なきにあらず。答ふ、阿含に於て大法を說くは弟子の小機をして師の勝因勝果を仰信せしめん爲なり、諸大乘經に於て小法を列ぬるは法の勝劣を知らしめん爲なり、各其法を得しめん爲にあらず、故に互に有るを妨げず。

ダイジヨウギシヤウ　大乘義章　〔書名〕二十卷、隋の淨影寺の慧遠撰。義を分けて五聚となす、一に教聚、三門あり、二に義聚、六門あり、三に染聚、六十門あり、四に淨聚、一百三十一門あり、五に雜聚、欠く。大小乘の法相を解釋する古今第一の書。

ダイジヨウケウ　大乘教　〔術語〕大乘の教法。華嚴法華等の諸大乘經に說く所。六度の行を滿じて成佛する法門なり。法相の三時教には第二時空教已上なり、三論の二藏教には菩薩藏なり、天台の四教には通教已上なり、華嚴の五教には始教已上なり、眞言の十住心には他緣大乘心已上なり。「ダイジョウ」參照。

大乘教九部　〔名數〕小乘教の九部に對して「大乘教の九部を立つ。「クブ」を見よ。

ダイジヨウゲンシヨウサンマヤ　大乘現證三昧耶　〔術語〕秘密乘を修して現に法界體性智を證するを大乘現證と云ひ、三昧耶とは本誓平等の義なり。【金剛頂經上】に「一切如來心。」【同疏】に「修行秘密乘。現證本界體故名大乘現證也。」

ダイジヨウゲンロン　大乘玄論　〔書名〕五卷、隋の嘉祥寺の吉祥撰。第一に二諦義、第二に八不義、第三に佛性義、第五に一乘義、第六に涅槃義、第七に二智義、第八に教迹義、第九に論迹義、委曲に三論宗の奧義を盡す。

ダイジヨウコンガウサツタギキ　大乘金剛薩埵儀軌　〔經名〕大樂金剛薩埵修行成就儀軌の異名。

ダイジヨウコンガウリシユキヤウ　大乘金剛理趣經　〔經名〕大樂金剛不空眞實三摩耶般若波羅蜜多理趣經の異名。

ダイジヨウシクワン　大乘止觀　〔書名〕具名、大乘止觀法門、四卷、南岳の慧思說。止觀二門の深義を說く。【陽帙四】唐末經典海外に流散す、支那咸平三年日本國の寂照此本を持して四明に至る、慈雲之を得て爲に序を作る。【佛祖統紀二十五】明の智旭之を釋して止觀釋要と云ふ。

ダイジヨウシヤウモン　大乘聲聞　〔術語〕台家所立五種聲聞中の第五。「シヤウモン」を見よ。

ダイジヨウシユウ　大乘宗　〔術語〕佛滅後諸宗紛起す、其中羅漢の證悟を求むるものを小乘宗とし、作佛を求むるものを大乘宗とす。先づ印度に於ては寄歸傳の記に依るにたゞ中觀瑜伽の二宗のみ大乘にして餘は皆小乘なり、即ち中觀は支那の三論宗にして瑜伽は其の法相宗なり、支那日本の諸宗に於ては俱舍、成實、二のみ小乘にして餘は皆大乘宗なり、但し其二宗も法門を學習する爲に存するのみ之を行ずるものあるにあらず、故に之を依學の宗と云ふ。

ダイジヨウシン　大乘心　〔術語〕大乘の道に依て佛を求る心。【維摩經佛國品】に「大乘心是菩薩淨土。」【註】に「肇曰。乘二八萬行一兼二載天下一不レ遺二一人一。大乘心也。」【慧遠疏】に「求レ佛之心爲二大乘心一。行能運通目レ之爲レ乘。乘中莫レ加謂レ之爲レ大。」

ダイジヨウジユンカイ　大乘純界　〔術語〕印度には大小乘並び行はれ、其行人亦住處を異にす、支那日本には俱舍成實の二宗あり、是れ小乘宗なれども只之を學習するのみ、之を行ずるものあるにあらず、行ぜらるるは悉く大乘宗なり、依て支那日本を大乘純一の國土となすなり。

ダイジヨウゼンゴンカイ　大乘善根界　〔術語〕西方淨土の德稱なり。大乘の善根功德を成就する國界なるを云ふ。阿彌陀佛の本願力に依て其土に生ずるもの自然に作佛の善根功德を成就するなり。

【淨土論】に「大乘善根界。等無二譏嫌名一。女人及根缺。二乘種不レ生。」⊙（著聞集、釋敎）「我土一向淸淨之堺、大乘善根之國也」

ダイジヨウタイクシヤセウ　大乘對倶舍鈔　〔書名〕十四卷、横川の源信著。唯識と倶舍との法相の同異を對辨せしもの。

ダイジヨウダウ　大乘道　〔術語〕道の名は因果に通ず、大乘道は即ち佛果なり。【勝鬘經】に「此究竟者入二大乘道一因。」【同寶窟下末】に「此名二佛果一爲二大乘道一。與レ佛爲レ因名二大乘因一。」

ダイジヨウテン　大乘天　〔雜名〕印度の人玄弉三藏を美して大乘天と云ふ、三藏能く大乘を鼓吹すればなり、印度の俗總て物の美を稱して天となす。【慈恩傳五】に「諸衆歡喜爲二法師一競立二美名一。大乘衆號曰二摩訶耶那提婆一。此云二大乘天一。小乘衆號曰二木叉提婆一。此曰二解脫天一。」梵 Mahāyāna-deva, Mokṣā-deva

ダイジヨウニシユジヤウブツ　大乘二種成佛　〔術語〕大乘の法に於て、一切衆生悉皆成佛と立つる上に二種の別あり。生得成佛の義は衆生の心性淸淨にして、そのままが成佛なりと立て、修得成佛は敎化に遇ひて初めて佛道を修し成佛するを得と說く。「を見よ。

ダイジヨウノゴヰ　大乘五位　〔名數〕「ゴヰ」

ダイジヨウノシクワ　大乘四果　〔名數〕通敎の菩薩が十地の修行を歷るに證果の不同あるを、小乘の四果をかりて區別するなり。一、初地に斷惑證理して如來の家に生るるを以て須陀洹果とす。二、八地に佛の授記を蒙りて作佛を得るを斯陀含果とす。三、十地に如來の職を受くるなほ別圓二敎の等覺の位の如きを阿那含果とす。四、佛地即ち通敎の果佛にして、見思の惑を斷じ習氣倶につき成佛せるを阿羅漢果とす。【大乘莊嚴經論】

ダイジヨウハウドウキヤウデン　大乘方等經典　〔術語〕諸の大乘經を云ふ。方等は大乘經方正の通名にして其所說の理の方正平等なるを云ふ。【觀無量壽經】に「讀二誦大乘方等經典一。」

ダイジヨウハサウケウ　大乘破相敎　〔術語〕圭峯所立五敎の一。「ゴケウ」を見よ。

ダイジヨウホフサウケウ　大乘法相敎　〔術語〕圭峯所立五敎の一。「ゴケウ」を見よ。

ダイジヨウホフシ　大乘法師　〔雜名〕唐代慈恩基師の尊稱なり。

ダイジヨウムサノダイカイ　大乘無作大戒　〔術語〕天台宗の圓頓戒を云ふ。是れ大乘戒なれば大乘と云ふ、無作とは戒體なり。新譯には之を無表と云ふ。凡そ受戒の時に受者の身內に發生する戒の實體あり、之を舊譯家は三業の有作に對して無作と云ひ、新譯家は三業の有表に對して無表と云ふ。戒の通名なり。⊙（盛衰記四〇）「大乘無作の大戒を授けられ」

ダイジヨウムジヤウノホフ　大乘無上法　〔術語〕大乘法中最上の法門なり。楞伽經に出でたる語なり。權大乘の法に對して實大乘の法を指し、又自力聖道の大乘に對して他力本願一乘の法を指す。【正信偈】に「宣說大乘無上法。」と云ふは後者なり。

ダイジヨウメウキヤウ　大乘妙經　〔經名〕法華經なり。

ダイジヨウリツシユウ　大乘律宗　〔流派〕叡山所立の圓頓戒の律學を云ひ、又梵網律宗と云ふ。【天台學則下】に「彼の四分家の涅槃開會の圓戒の外に此法華廻入の單菩薩の妙宗ありて、之を大乘律宗と稱す。是れ山家大師菩薩藏の律部を所依として立て結ぶ所の一家の所學にして、亦は梵網宗とも稱す。」又「北嶺の黑谷なる法然上人初學鈔の中に大乘律家傳敎大師所立也と筆錄して諸宗の中に擧げ置かれたり。千光聖一道元等の諸名德も亦此大乘律宗圓頓の具戒の人にてありしとは其撰述を讀で自ら識了すべきなり。乃至圓頓の宗には戒家の學、止觀家の學と稱して梵網法華二宗の所學なり。」

ダイジヨウヱ　大乘會　〔行事〕五部の大乘經を供養する法會なり。白河天皇承歷三年法勝寺に於て之を創す、勅して圓宗寺の法華會を此と合せて二會となし、天台の僧を以て講師となし、二會の講師を經るものを僧綱に任ず。【元亨釋書廿五】

ダイジンジユ　大神呪　〔經名〕大神力を具する陀羅尼なり。【般若心經】に「般若波羅蜜多是大神咒。」

ダイジンリキ　大神力　〔術語〕力用の思議すべからざるもの。神は不測の義。【法華經】に「有二大神力及智慧力一。」

ダイスヰクワ　大水火　〔術語〕大の三災中水災「火災なり。

ダイスヰサイ　大水災　〔術語〕大の三災の一。壞劫の末に於て、下は無間地獄より上は色界の二禪天に至るまで悉く洪水を以て破壞する大災なり。「サンサイ」を見よ。

ダイズヰグ　大隨求　〔經名〕大隨求陀羅尼なり。

ダイズヰグダラニ　大隨求陀羅尼　〔經名〕大隨求陀羅尼經に說く大神咒なり。

ダイズヰグダラニキヤウ　大隨求陀羅尼經　〔經名〕普遍光明燄鬘淸淨熾盛如意寶印心無能勝大明王大隨求陀羅尼經の略名。

ダイズキグボサツ 大隨求菩薩 〔菩薩〕「ズキグボサツ」を見よ。

ダイズキグボサツホフ 大隨求菩薩法 〔修法〕 隨求菩薩を本尊として隨求陀羅尼を念誦する法なり。大隨求經の所說。

ダイセイシ 大勢至 〔菩薩〕 「セイシ」を見よ。⦿(曲、羽衣)「南無歸命月天子本地大勢至」

ダイセイブツ 大勢佛 〔佛名〕 如來の德號。佛に大勢力ありて能く衆生の煩惱を斷ず、所謂大醫王なり。【法華經方便品】に「以二貪欲一自蔽。盲瞑無レ所見一。不レ求二大勢佛及與斷苦法一。」

ダイセウニケウ 大小二敎 〔名數〕大小二乘に〔同じ。

ダイセウニジヨウ 大小二乘 〔名數〕 大乘小乘なり。一切經を敎義の上より此二に分つ、小機に對して羅漢の道を說くを小乘とし、大機に對して作佛の道を說くを大乘とす。四部の阿含經などは小乘とし、法華經維摩經などは大乘なり。【智度論百】に「阿難知レ籌二量衆生志業大小一。是故不下於二聲聞人中一說中摩訶衍上。乃至雖二倶求二一解脫門一。而有二自利利他人之別一。是故有二大小乘差別一。」【法華遊意下】に「佛敎雖二復塵沙一今以二二義一往收則事無レ不レ盡。一者赴二小機一。說名曰二小乘一。二者赴二大機一。說稱爲二大乘一。」⦿(十訓抄五)「多くの大小乘經を書き供養せられけり」

ダイセウネツヂゴク 大焦熱地獄 〔界名〕 八大地獄の第七。「セウネツヂゴク」を見よ。

ダイセウミヤウワウ 大笑明王 〔明王〕 梵名、跋折羅吒訶婆 Vajrahāsa 明王部の一尊。【陀羅尼集經九跋折羅吒訶婆法】に其修法を說く。

ダイセギヤウ 大施行 〔術語〕 施行の大なるもの。孤獨貧窮の人に物を施與するを施行と云ふ。

ダイセシユ 大施主 〔術語〕 一切の人に大施を行ずるもの。【無量壽經上】に「我於二無量劫一不下爲二大施主一。普濟中諸貧窮上。誓不レ成二正覺一。」

(大笑明王の圖)

ダイセタイシ 大施太子 〔本生〕 【賢愚經大施抒海緣品】に「摩訶闍迦樊、大施と譯す、又、能施太子と云ふ。昔釋迦佛大施太子たりし時、國人を賑はさん爲めに海に入て如意珠を求め、龍王の頂に在るを知て海水を抒み盡くして之を取らんと欲し、筋骨斷壞すれども終に懈怠せず、諸天其至誠に感じ來て之を助く。龍王之を恐れて珠を送りて之に與ふ。」【智度論十二】に「能施太子。」之を毘梨耶波羅蜜(精進の度)圓滿せし行相となす。【智度論四】に「毘梨耶波羅蜜云何滿。荅曰。若有二大心勤力一如下大施菩薩。爲二一切一故以二此一身一誓抒二大海一令二其乾盡一。宜レ心不上レ懈。」

ダイセフジユ 大攝受 〔術語〕 佛の德號。佛は大慈悲を以て一切衆生を攝受すればなり。【讃阿彌陀偈】に「稽二首清淨大攝受一。」

ダイセボサツ 大施菩薩 〔菩薩〕 大施太子なり。「ダイセタイシ」を見よ。

ダイセヱ 大施會 〔行事〕 又、無遮大會と云ふ。貴賤上下を撰ばず一切の人を會して物を施與するなり。五年に一度行ふを理想とす。【維摩經菩薩品】に「我昔自於二父舍一設二大施會一。供二養一切沙門婆羅門及諸外道貧窮下賤孤獨乞人一。期滿二七日一。」【注】に「什曰。大施會有二二種一。一不レ用二禮法一但廣布施。二用二外道經書種種禮法一祭祀。兼行二大施一。生曰。婆羅門法。七日祀二梵天一行二大施一。期レ生レ彼也。」

ダイセン 大千 〔術語〕 三千大千世界なり。【維摩經佛國品】に「三轉二法輪於大千一。」【無量壽經上】に「斯願若尅果大千應二感動一。」

ダイセン 大仙 〔雜名〕 Maharṣi 道を行ひて長生を求むる人を仙と名け、佛子は仙中の極尊なればと大仙と稱す。涅槃經に佛を大仙と稱し、仁王經に緣覺を稱して大仙と云ふ。【涅槃經二】に「大仙入二涅槃一。佛日墜二於地一。」【仁王經上】に「大仙緣覺。」【探玄記四】に「涅槃中名レ佛爲二大仙一也。」【祖庭事苑二】に「漢明帝問二摩騰法師一。佛道中亦有二仙號一不。曰。仙者並修二梵行一多二諸技術一。是以爲二世所一レ尙。佛初成道坐二於菩提樹下一。世人未レ識二是佛一。光明顯照。咸言摩訶大仙未曾有也。舍利弗目連等坐二臥空中一神化自在。各相讃言此是大仙弟子也。佛以二隨レ機應現一仙號生焉。」

ダイセン 大船 〔譬喩〕 以て生死海を渡るに譬ふ。【安樂集下】に「善知識者。是汝大船。」【敎行信證序】に「難思弘誓度二難度海一大船。」

ダイセン 提山 〔地名〕 佉羅提耶山の略、地藏菩薩の所居。【地藏菩薩儀軌】に「爾時釋迦牟尼佛。在二佉羅提耶山一與二無量諸地藏菩薩一倶。」【性靈集二】に「提山垂レ迹。」

ダイセンカイ 大千界 〔術語〕 三千大千世界なり。「サンゼンダイセンセカイ」を見よ。

ダイセンカイ 大仙戒 〔術語〕 大仙所說の戒法なり。大仙は佛の稱。【毘婆尸佛經下】に「釋梵一切

天。倶聽二大仙戒一。」

ダイセンシ　大船師　〔譬喩〕　佛の徳號。能く衆生を導きて生死海を渡せばなり。【涅槃經二十一】に「汝今欲レ度二生死大河一。我能爲レ汝作二大船師一。」

ダイセンセカイ　大千世界　〔術語〕　三千大千世界なり。

ダイゼンジ　大禪師　〔職位〕　陳の宣帝初めて南岳の慧思に大禪師の號を賜ふ。【佛祖統紀南岳傳】

ダイゼンヂシキ　大善知識　〔術語〕　偉大の善智識。善知識とは善友と言ふ如し、知識は我れ能く彼を知る義なり。

ダイゼンヂホフ　大善地法　〔術語〕　倶舍の心所法四十六の中、信等の善の心所十箇を云ふ、是れ一切の善心に相應して倶起すればなり。一切の善心を大善地と名け、此十箇の心所は彼の大善地が所有の法なれば大善地法と云ふ。一に信、二に勤、三に行捨、四に慚、五に愧、六に無貪、七に無瞋、八に不害、九に輕安、十に不放逸。【倶舍論四】

ダイゼンブツ　大禪佛　〔雜名〕　大禪師の徳稱の如し、人尊で大禪佛と稱す。【祖庭事苑】に「禪宗有二二大禪佛一。一名二景通一嗣二仰山一。一名二智通一嗣二歸宗常一。」

ダイゼンボフ　大染法　〔術語〕　理智冥合の至極を男女兩性の染愛に形りて大染法と云ふ。愛染明王の悉地なり。【瑜祇經】に「左金剛弓。右執二金剛箭一。如レ射二衆星光一。能成二大染法一。」

ダイゼンリ　大善利　〔術語〕　大善大利なり、善に必ず利を具す。【法華經信解品】に「深自慶三幸獲二大善利一。」と云ふ。

ダイソウ　大僧　〔術語〕　沙彌に對して比丘を大僧

ダイソウサウホフモン　大總相法門　〔術語〕　眞如の實體を云ふ。眞如廣大にして一切を該收すれば大と云ひ、一味平等にして差別の相を離るれば總相と云ひ、行者の軌範なれば法と云ひ、觀智通遊すれば門と云ふ。【起信論】に「心眞如者。即是一法界大總相法門體。」

ダイソウジヤウ　大僧正　〔職位〕　僧綱の極官。【佛祖統紀五十一】に「梁武帝。詔二雲光法師一爲二大僧正一。」【初例抄上】に「大僧正始。行基。天平十七年正月二十一日任。」「ソウクワン」を見よ。

ダイソウダイキヤウ　大僧大經　〔經名〕　佛大僧大經の略名。

ダイソウヅ　大僧都　〔職位〕　僧綱の一。【初例抄上】に「大僧都始。道昭。文武天皇第二年十一月十五日任。」「ソウクワン」を見よ。

ダイソウトウ　大僧統　〔職位〕　僧官の名。【佛祖統紀三十一】に「陳文帝。敕二寶瓊一爲二京邑大僧統一。」

ダイソウヰギキヤウ　大僧威儀經　〔經名〕　大比丘三千威儀經の異名。

ダイゾクワウ　大族王　〔人名〕　【西域記四】に「北印度磔迦國數百年前一王あり、摩醯羅矩羅 Mihirakula と號す、唐に大族王と言ふ。武勇ありて印度を統治す。事あり佛法を惡み、五印度に令して盡く毀滅せしめ大に殘逆を擅にす。摩竭陀國幻日王厚く佛法を崇敬す之と戰て勝ち、大族王を擒にす。母の言に依つて之を放つて國に還す。大族王迦濕彌羅國に投じ、後其國を奪て自立し、餘威に乘じて健駄羅國を伐て沙門國人を逆殺し、國に還らんとして中途に死す。」

ダイタイ　待對　〔術語〕　彼此相待ち、二法相對するを云ふ。一切因緣生の事物皆然り。【止觀輔行三】に「互相因依待對而立。」又「皆是待對可二思議一。」

ダイタイ　大退　〔術語〕　大乘を退失せしもの。⦿（平家）に「大退の者の靈山の父を見し子に超えたり」【法華經信解品】に說ける窮子の譬に取る。一旦長者の宅即ち大乘の本家を遁れ出でて他國に流浪せし窮子が再び吾家に還り來て靈山に在す慈父の如來を見るを云ふ。

ダイタウシユキヤウオンギ　大唐衆經音義　〔書名〕　一切經音義の異名。

ダイタウナイテンロク　大唐内典錄　〔書名〕　十卷。唐の麟徳元年道宣の作。佛典目錄なり。

ダイタカ　提多迦　〔羅漢〕　Dhṛtaka　羅漢の名「ヂテイカ」を見よ。

ダイタラタ　提多羅吒　〔天名〕　Dhṛtarāṣṭra　四天王の一、持國天「シテンワウ」を見よ。

ダイダウシ　大導師　〔術語〕　佛菩薩の德號。能く衆生を導て生死の險難を超へしむればなり。【無量義經】に「處處爲レ衆作二大導師一。能爲二生盲一而作二眼目一。」【維摩經佛國品】に「稽首一切大導師。」

ダイダウシン　大道心　〔術語〕　梵語、菩薩摩訶薩、大道心と譯す。大道を求むる心なり。【法華文句二】に「若具存應レ言二菩提薩埵摩訶薩埵一。什師嫌レ煩略二提埵二字一。菩提此言レ道。薩埵此言レ心。摩訶此言レ大。此諸人等皆求二廣博大道一。又成二熟衆生一故。道心大道心之氣類也。」

ダイダラニ　大陀羅尼　〔術語〕　佛陀の咒語を陀羅尼と云ふ。中に咒語多きものを大と云ひ、又其功德を美して大と云ふ。

ダイダン　大壇　〔術語〕　灌頂壇護摩壇等に對して本尊壇を大壇と稱す。寂然護摩は[梵字]del字を以て字體とす、此の字本性寂の義の故なり。【大疏八】に「若行

者住ニ沓字門一而觀ニ諸供常寂然一。疑悔永盡蓋障淨除。即是寂然護摩之本意也。」

ダイチ　大智　〔術語〕廣大の智慧。一切の事理に通達するもの。【法華經序品】に「普入ニ佛慧一通ニ達大智一。」【維摩經佛國品】に「大智本行皆成就。」【同慧遠疏】に「言ニ大智一者是佛智也。佛慧深廣故名ニ大智一。」

ダイチクワンヂヤウヂ　大智灌頂地　〔術語〕佛地を稱す。【義釋十三】に「大智灌頂地者。即是如來第十一地也。由レ住ニ第十一地一入ニ大智灌頂一。乃能作ニ如來事一。」

ダイチザウ　大智藏　〔術語〕佛の大圓鏡智を云ふ。【佛地論五】に「諸佛鏡智名ニ大智藏一。世出世間智根本故。」

ダイチドロン　大智度論　〔書名〕百卷、龍樹菩薩造、秦の羅什譯。大品般若經を釋す。【往帙一乃至五】(1169)

ダイチユウドウジ　大中童子　〔職位〕寺院の内に大童子、中童子、小童子とて、年齡の多少に依り三種の童子を置て給仕せしめ、又大法會の儀式に各役務を帶びて參列せしむ。童子とは出家を願ひて寺院に住する俗人を云ふ。

ダイチヱクワウサンマイキヤウ　大智慧光三昧經　〔經名〕漸備一切智德經の異名。

ダイチヱモン　大智慧門　〔術語〕大慈悲門に對するの稱。大智大悲は佛所具の二德なり。門は差別の義。

ダイヂ　大地　〔術語〕見道已上の菩薩を十地に分「ち、高地の位を大地を云ふ。

ダイヂホフ　大地法　〔術語〕倶舍宗所立の心所法四十六の中、受想等の十箇の心所あり、一切の心と相應して起れば之を大地法と名く。善惡一切の心を大地と名け、大地の心が所有の法なれば大地法となす。一に受、二に想、三に思、四に觸、五に欲、六に慧、七に念、八に作意、九に勝解、十に三摩地。【倶舍論四】

ダイヂヤウ　大定　〔術語〕諸佛三德の一。次項を見よ。

ダイヂヤウチヒ　大定智悲　〔術語〕大定大智大悲、是れ佛の三德なり。佛心澄明なるを大定と云ひ、澄明なるが故に一切法界を照す、之を大智と云ふ。一切法界を照すが故に苦の衆生に於て救濟の心生ず是れ大悲なり。又之を智斷恩の三德と云ふ。大定を以て一切の妄惑を斷ずれば是斷德、大智は即ち智德、大悲は即ち恩德なり。此中初の二は自利の德、後の一は利他の德、此三以て自他の萬德を圓具す。【不動經】に「唯圓ニ滿大定智悲一無レ不ニ具足一。即以ニ大定德一故坐ニ金剛盤石一。以ニ大智德一故現ニ迦樓羅焔一。以ニ大悲德一故現ニ種種相貌一。」⊙(榮花、玉の臺)「大定智悲の相は息にあり」

ダイヂヤウブロン　大丈夫論　〔書名〕二卷、提婆羅菩薩造、北凉の道諦譯。三十九品あり、廣く悲心施を行ずる相狀及び功德を說く。【暑帙五】(1242)

ダイツウ　大通　〔佛名〕大通智勝の略。佛の名。

ダイツウチシヨウ　大通智勝　〔佛名〕三千塵點劫の昔に出世せし如來の名。此佛の在世に十六人の王子あり、出家して沙彌となり佛に從て法華經を聞き、佛入定の後に十六の沙彌各法座に昇て大衆の爲に法華經を覆講す。其第九の沙彌は今成佛して阿彌陀となり、第十六の沙彌成佛して今の釋迦如來となる。而して其第十六沙彌の說法を聞きしもの今の一座の大衆なりと云ふ。即ち今の大衆は大通智勝佛の時に第十六沙彌に於て結緣せし故に今日釋迦如來の下に在りて法華を聞て入證得果するなり。【法華經化城喩品】に「乃往過去。無量無邊不可思議阿僧祇劫。爾時有レ佛名ニ大通智勝如來一。乃至爾時所化無量恒河沙等衆生者汝等諸比丘是。」これ種熟脫の敎理の出でし所以なり。「シユジユクダツ」參照。

ダイヅラタ　提頭賴吒　〔天名〕又提多羅吒に作る Dhṛtarāṣṭra 即ち持國天なり。四天王の一。須彌の半、第四層の東。東方天主にして東洲を守護する故東方天とも云ふ。

ダイテツヰセン　大鐵圍山　〔界名〕一世界を圍繞する鐵山を鐵圍山と云ふ。大小あり、大千世界を圍繞するを大鐵圍山と云ふ、【法華經】に「鐵圍山大鐵圍。」テツチセンと讀む。

ダイテンリンブツチヤウ　大轉輪佛頂　〔佛名〕佛頂尊の名。「ブツチヤウソン」を見よ。

ダイテン　大天　〔人名〕摩訶提婆 Mahādeva 大天と譯す、比丘の名。佛滅後百年に出でて大衆部の中に出家し、小乘部中初めて異見を創して更に大衆部と稱す。是より先き上座大衆二部の名ありしも但結集の場處を異にせるに依り、其宗義は一味なりしに、此に至りて上座大衆初めて宗義上の區別を生ぜしなり。而して時の國王阿輸迦大天に黨し、悉く上座部の聖僧を殺さんとせしを以て、彼等去りて迦濕彌羅國に往きしと云ふ。【西域記三】に「摩竭陀國無憂王。以ニ如來涅槃之後第一百年一命世君臨。威被ニ殊俗一。深信ニ三寶一愛ニ育四生一。時有ニ五百羅漢僧五百凡夫僧一。王所ニ敬仰一供養無レ差。有ニ凡夫僧摩訶提婆一唐言ニ大天一。闊達多智幽ニ求名實一。潭思作レ論理違ニ聖敎一。凡有ニ聞知一群從ニ異議一。無憂王不レ識ニ凡聖一。同ニ情所レ好黨ニ援所レ親。召ニ集僧德一赴ニ殑伽河一欲下沈ニ深流一總從中誅

戮上。時諸羅漢既過二命難一。咸運二神通一凌レ虚履レ空。來二至此國一山棲谷隱。」【宗輪論述記】に「昔末土羅國。有二一商主一。少聘二妻室一生二一男子一。顏容端正。字曰二大天一。」

大天三種無間 〔傳說〕【婆沙論九十九】に「昔末土羅國に一商あり妻を聘し一男兒を生じ大天と字す。商主他國に往て久しく還らず、其母其子に染す。後に父の還るを聞て母と共に計を設て父を殺す。是れ第一無間業なり。事の露はるるを恐れて母と共に摩竭陀國の華氏城に逃る、彼れ後に本國に於て供養せる羅漢に遇ひ、復た事の彰はるるを恐れて羅漢を殺す。是れ第二無間業なり。其後母他人に通ず、大天怒て母を殺す。是れ第三無間業なり。」このと或は後世の作僞に出づる如し。

大天五事妄語 〔故事〕【婆沙論九十九】に「大天三逆罪を犯せしと雖善根未だ斷ぜず、深く憂悔を生じ沙門釋氏滅罪の法ありと聞き、鷄園寺に詣り其門外に於て一苾芻の伽陀を誦するを聞く。若人造二重罪一。修スレハ善以滅除。彼能照二世間一。如三月出二雲翳一。彼聞き已て歡喜し、一苾芻の所に往て請て出家す。大天聰明出家未だ久からずして便ち三藏を誦持し能く法を說き、自ら阿羅漢と稱し上下歸仰す。後に一夜染心を起して夢に不淨を失して衣を汚し、弟子をして洗はしむ。弟子曰く、阿羅漢は一切の煩惱を盡す、猶斯事ありや。大天曰く、天魔の嬈す所阿羅漢も不淨の漏失を免るると能はずと。是れ第一の惡見なり。又彼れ弟子をして歡喜せしめんと欲して矯て某は預流果なり、乃至某は阿羅漢果なりと記別す。弟子曰く、我れ聞く阿羅漢等は證智ありと如何ぞ我等都て無知なる。大天曰く、阿羅漢に染汚無知なしと雖猶不染汚無知あり、故に汝等自ら知ると能はずと。是れ第二の惡見なり。時に弟子曰く、曾て聞く聖者已に疑惑を離ると、我等四諦の實理に於て猶疑惑を壞くは何ぞや。大天曰く、阿羅漢は煩惱障の疑惑は已に斷ずと雖猶世間的の疑惑ありと。是れ第三の惡見なり。弟子曰く、阿羅漢は聖慧眼ありて自ら解脫を知ると、如何ぞ我等自ら證知せずして師に由りて知らしめらる。大天曰く、舍利弗目連の如き猶佛若し記せざれば彼れ自ら知らせず、汝鈍根何ぞ自ら知らんと。是れ第四の惡見なり。然るに彼れ大天衆惡を造ると雖未だ善根を斷じ盡さざるが故に後に中夜に於て自ら重罪を悔責し憂惶に迫られて數數苦哉と呼ぶ。弟子之を聞て怪んで師に問ふ。大天曰く、苦と稱するは聖道を呼ぶ所以なりと。是れ第五の惡見なり。大天遂に偈を造て曰く「餘所レ誘無知。猶豫他令レ入。道因レ聲故起。是名二眞佛教一。」然に此五事必ずしも惡見にあらず之を分別すれば各一理あり、眞諦三藏の部執疏に解する如し、三論玄義幽鑛鈔五卷五十八紙に引く。巴利書Kathāvatthuに五事の原語出づ。就て見るべし。

ダイテン　大顚 〔人名〕 石頭遷の法嗣潮州の大顚、初め石頭に參す。石頭師に問ふて曰く、那箇か是れ汝が心。師曰く、言語する者是なり。便ち石頭に喝し出さる。旬日を經て師却つて問ふて曰く、前者既に是ならずんば此を除て外何者か是れ心。石頭曰く、揚眉動目を除却して心を將ち來れ。師曰く、心の將ち來るべきなし、石頭曰く元來心あり何ぞ心なしと言ふ、心なくんば盡く謗するに同じと。師言下に大悟す。師後に辭して潮州の靈山に隱居し、學者四集す。【傳燈錄十四】

ダイテンサンパイ　大展三拜 〔儀式〕 大に坐具を展て其に就て三拜するなり。【象器箋十】

ダイテンリンワウ　大轉輪王 〔菩薩〕 金剛界の金輪佛頂なり。「ダイショウコンガウ」を見よ。

ダイトウ　大統 〔職位〕 僧官の名。一國の比丘を統轄するなり。【佛祖統紀五十一】に「隋文帝。勅二僧猛一爲二隋國大統一。」

ダイトウ　大燈 〔人名〕 大德寺の開山、名は妙超、號は宗峰、播州の人。初め台學を硏き、後萬壽寺の高峰禪師に謁し、機語相契ひ、遂に衣を易へて親附し、得る所あり。後に大應國師詔を奉じて京に入る、超徑ちに往て請問す。應雲門の關の字を看しむ、超屢下語す。應許さずして曰く、汝能く精彩を著けよ、他時別に生涯あるべし。超憤悶精究す。德治二年大應相州建長寺に住し、超又隨侍す。未だ旬日を經ず案上に鎖鑰を放在するに當りて忽然大悟、滿背汗流る。急に方丈に趨て聲を抗て曰く、即今和尙と趣を同うすと。應忻然として曰く、疇夕夢に雲門大師光賁を垂ると豈に偶然ならんや。超耳を掩て出づ。翌日二偈を呈す。趙時に年二十六。大應入寂の後都に回て洛東の雲居寺に逸居すると二十年、枯淡自ら強む。嘉曆元年城北紫野に小院を構へて居る。法印玄慧超に歸嚮して私宅を捨てて方丈を建て、及び都人宗印白ら化主となりて諸堂を營み鬱として禪林となる。勝して龍寶山大德寺と爲す。花園上皇其道譽を聞て詔して宮に入れ、道を問ふ、玄談旨に叶ひ興禪大燈國師の號を賜はる。後醍醐帝寵遇益渥し、高燈正燈國師の號を加謚し、敕して大德寺を擧げて南禪寺と相並べて祝聖の道場となし、莊若干を賜ふ。建武四年十二月二十一日大德寺に寂、壽五十六。遺命して火化し骨石を方室に藏せしむ。【本朝高僧傳二十五】

ダイトウ　梯隥　〔譬喩〕漸く高に昇る木階なり、以て漸敎に譬ふ。【止觀一】に「漸則初淺後深。如二彼梯隥一。」【同輔行】に「梯者。說文木階也。極高用レ梯。次高用レ隥故。隥字亦可レ從レ足。謂昇躋也。從レ木者雉莖反。非二此所用一。從レ石者謂山坂漸高也。亦可二義用一。正應レ從レ邑。何二此隥字一亦梯類也。可二以昇高一也。」

ダイトク　大德　〔術語〕梵に婆檀陀 Bhadanta と云ふ、もと佛を稱する名なり。律の中に比丘の稱とす。唐の時臨壇大德の稱あり。是れ勅任なり。吾邦古來高僧の稱とす。平備大德中算大德など稱する是なり。【釋氏要覽上】に「智度論云。梵語波檀陀。秦言二大德一。」【毘奈耶雜事十九】に「年少苾芻應下喚二老者一爲中大德上。老喚二少年一爲二具壽一。若不レ爾者得二越法罪一。」【僧史略下】に「德號之具其來遠矣。魏秦之世翻二譯律本一羯磨文中族曰二大德僧一。乃至諸傳紀私呼二僧中賢彥一多曰二大德一。非二國朝所一レ輔也。乃至大曆六年辛亥年。四月五日。勅二京城僧尼一臨壇大德各置二十人一。以爲二常式一。有レ闕即塡。此帶二臨壇一而有二大德二字及官補一德號之始也。憲宗朝端甫爲二引駕大德一。此帶二引駕一爲レ目。宣宗大中四年六月降誕日。內殿禪大德辯肇二人。此帶二禪學一得レ名。」【四分戒本序】に「諸世尊大摘。爲レ我說二是事一。」【戒疏一上】に「七佛非レ一曰レ諸。宇宙無レ上曰二世尊一。行滿位高曰二大德一也。」

ダイトクジ　大德寺　〔寺名〕龍寶山大德寺、京北紫野に在り。初め開山大燈國師夢に感じて小院を此に創して居る、洗心子玄慧法印、師に歸し、私宅を捨て方丈を建て、雲門庵と號す。後、富豪宗印自ら勸化して諸の堂宇を營む。赤松圓心伽藍の柱石の料を寄せ、山門は連歌宗匠長修造し其閣は千利久、方丈門は明智光秀寄進すと云ふ。【本朝高僧傳二十五、京都名所圖會六】今は臨濟宗十派の一にして大德寺派の本寺とす。

ダイトクジカイサンキ　大德寺開山忌　〔行事〕十二月廿二日なり。大德寺は山城國葛野郡紫野にあり。開山大燈國師の忌日なり。「を見よ。

ダイドウジ　大童子　〔職位〕「ダイチュウドウジ」

ダイドシ　大度師　〔術語〕大導師と言ふ如し、佛菩薩の衆生を導いて生死海を度らしむるものを云ふ。【智度論三十三】に「爲レ世作二大度師一興二顯佛法一。」

ダイナ　大拏　〔人名〕須大拏の略。太子の名。「シユダイナ」を見よ。

ダイニクワ　第二果　〔術語〕小乘四果中の第二「果、一來果を云ふ。

ダイニグワツ　第二月　〔譬喩〕翳眼の人第二の月を見る、以て物の似有非有に譬ふ。【圓覺經】に「妄認二四大一爲二自身相一。六塵緣影爲二自心相一。譬如三彼病目見二空中華及第二月一。」【新譯仁王經中】に「不定相待。有無異一。如二第二月一。」【楞嚴經二】に「此見非二妙精明心一如三第二月非二是月影一。」

ダイニケツジフ　第二結集　〔故事〕「ケツジフ」

ダイニサンザウ　大耳三藏　〔人名〕唐の代宗の時西天の大耳三藏あり京に到る、云く他心慧眼を得と。帝敕して忠國師と試驗せしむ。三藏方に師を見て便ち禮拜して右邊に立つ、師問ふて曰く、汝他心通を得るや、對て曰く、不敢、師曰く道へ老僧即今什麼の處に在る。曰く、和尚是れ一國の師、何ぞ却て西川に去て競渡を看るを得るや。師再び問ふ、汝道へ老僧即今什麼の處に在る。曰く、和尚是れ一國の師何ぞ却て天津橋上に在りて猢猻を弄するを看るを得るや。師第三問語亦前に同じ。三藏良久しくして去る處を知る罔し。師叱して曰く、這の野狐精他心通什麼の處に在る、三藏對なし。【傳燈錄五忠國師章】

ダイニシチニチセツ　第二七日說　〔術語〕華嚴經の說時に付き華嚴宗は十地論に依りて佛成道後第二七日の說と定め、天台宗は法華經に依りて三七日間の說と判す。「ケゴンキヤウ」を見よ。

ダイニジケウ　第二時敎　〔術語〕法相宗所立三敎の第二なり。「サンケウ」を見よ。

ダイニゼン　第二禪　〔術語〕色界四禪天中の第二禪天、新譯に第二靜慮と名く。劫末の大水災は此天を限とす。

ダイニダン　第二壇　〔術語〕大曼茶羅に對して護摩壇或は灌頂壇を稱して第二壇と爲す。【大疏八】に「阿闍梨作二第二曼茶羅一。與二中曼茶羅一相對。去二大曼茶羅一二肘。第二是次小之義。即是相待言レ之也。」

ダイニチ　大日　〔佛名〕「ダイニチニヨライ」を見よ。

ダイニチカクワウ　大日覺王　〔佛名〕大日如來なり、覺王は如來の別稱。⊙(曲、逆矛)「南無や歸命頂禮大日覺王如來」

ダイニチキヤウ　大日經　〔經名〕本名、大毘盧遮那成佛神變加持經。毘盧遮那は日の別名なるを以て大日經と稱す。唐の善無畏譯、一部七卷。前六卷は正しく經文にして第七卷は其の供養法なり。秘密部三經の一にして胎藏界眞言の本經なり。所說の法を金剛頂經の所說に對して胎藏界とも大日宗とも瑜伽宗とも云ふ。【大日經疏二】に「所三以稱二大日經王一者非レ爲レ此乎。」【閏帙一】(530)⊙(盛衰記三)「大日經一部十卷」

大日經疏　〔書名〕善無畏三藏玄宗皇帝の爲に本經を講說せしを、一行阿闍梨之を記す、異本多種

あり、現今存する者唯二本、弘法の將來する所二十卷、大日經疏と稱し、慈覺の將來する所十四卷、大日經義釋と稱す、大同小異なり。大日經疏を東密の學者は本疏或は大疏、無畏疏など言ふ。疏二十卷あり、中に第三卷の半に至り本經住心品の一品を釋せしを口の疏と云ひ、其より已下を奧の疏と云ふ。古來疏を釋するに口奧二疏を異にす。是れ敎相事相の二門異なればなり。其解釋多種、中に道範の遍明鈔、二十卷、或は二十一卷、賴瑜の指心鈔十六卷、賴寶の口筆鈔二十九卷、或は二十七卷、宥快の大疏鈔三十一卷、或は八十五卷、又宥快鈔と名く。已上皆口の疏を解す。次に宥範の妙印鈔三十卷、杲寶の演奧鈔五十六卷共に奧の疏を解す。

大日經義釋 〔書名〕十四卷、慈覺將來、大日經疏と大同小異なり。覺苑の演密鈔十卷、義釋を釋す。

大日經不思議疏 〔書名〕二十卷の疏及び十四卷の義釋は共に善無畏三藏が本經七卷中前六卷の經文を解釋せしのみ、其第七卷は本經所說の諸尊を供養する次第を說きしものにて三藏之を釋せず、後に不可思議法師之を解釋して不思議疏と稱す、二卷あり。【餘帙八】

大日經義軌 〔書名〕一に攝大毘盧遮那成佛神變加持經入蓮華胎藏海會悲生曼荼羅廣大念誦儀軌供養方便會三卷、唐の善無畏譯。攝大軌と稱す。二に大毘盧遮那經廣大儀軌、三卷、同人譯。廣大軌と稱す。三に大毘盧遮那成佛神變加持經蓮華胎藏悲生曼荼羅廣大成就儀軌供養方便會、二卷、唐の法全玄法寺に於て集む、玄法軌と稱す。四に大毘盧遮那成佛神變加持經蓮華胎藏菩提幢標幟普通眞言藏廣大成就瑜伽、三卷、同く法全青龍寺に於て集む、青龍軌と稱す。已上之を四部儀軌と云ふ。【餘帙六】

ダイニチグ　大日供 〔修法〕大日如來を供養する法會なり。

ダイニチゴフ　大日業 〔術語〕叡山所立五業の一。大日經を專門に習ふ課業なり、傳敎大師は密經の諸部を合せて單に遮那業となし、智證大師に至て諸經を分けて大日業、金剛頂業等と各一經を專門とせしなり。【天台學則下】

ダイニチシユウ　大日宗 〔流派〕五大院の安然は胎藏界の宗義を大日宗と云ふ。【菩提心義】

ダイニチニヨライ　大日如來 〔佛名〕密敎の本尊にて梵名を摩訶毘盧遮那 Mahāvairocana と云ふ。摩訶は大の義、毘盧遮那は日の別名なれば大日と譯す。又、毘盧遮那は光明遍照の義、遍照如來と云ふ。又、最高顯廣眼藏如來と云ふ。【大日經疏一】に「梵音毘盧遮那者是日之別名。即除暗遍明之義也。然世間日則別ニ方分一。若照ニ其外一不レ能レ及レ內。明在ニ一邊一不レ至ニ一邊一。又唯在レ晝光不レ燭レ夜。如來智慧日光則不レ如レ是。遍ニ一切處一作ニ大照明一矣。無有內外方所晝夜之別。乃至世間之日不レ可レ爲レ喩。但取ニ是少分相似一。故加以ニ大名一曰ニ摩訶毘盧遮那一也。」【演密鈔二】に「毗云レ遍。盧遮那云ニ光明照一。爲レ順ニ此方一云ニ光明遍照一。」【金剛頂經義訣】に「梵音毘盧遮那。此翻ニ最高顯廣眼藏如來一。毘者最高顯也。盧遮那者廣眼也。先有レ翻爲ニ遍照如來一。又有レ翻爲ニ大日如來一。此蓋略而名義闕也。」金胎兩部の大日各異なり。◉(榮花、音樂)「佛を見たてまつれば(中略)大日如來におはします」

金剛界大日如來 〔佛名〕金剛界の曼荼羅五大月輪の中央輪五尊の中尊なり、色界の頂摩醯首羅宮(即ち大自在宮なり胎藏大日と依處同じ)の不壞金剛光明心殿中に於て五相圓滿して始めて正覺を成ずる相にして修生の智德を顯はしたる智法身なり、其相は菩薩の像にして天人の狀に形り、頭は垂髮にして五智の寶冠を戴き、手に智拳印を結び、其色は淸白なり。(梵字)(バン)字を以て種子とし、五鈷を以て三昧耶形とし、密號を遍照金剛と云ふ。【聖位經】に「爾時金剛界毘盧遮那佛在ニ色界頂阿迦尼吒天宮一。初受用身成ニ等正覺一。證ニ得一切如來平等一。」【略出經三】に「由レ結ニ大智拳印契一故能入ニ佛智一。乃至結跏趺坐有ニ大威德一。色如ニ白鵝一。形如ニ淨月一。一切相好悉皆圓滿顯具。寶冠垂髮以ニ繒綵輕妙天衣一繞レ腰被紳而爲ニ上服一。」【秘藏記上】に「鑁(バン)字者。智法身種子。」【瑜祇經疏】に「以ニ(梵字)(バン)字一爲ニ大日種子一。」【瑜祇經】に「薄伽梵遍照如來。」【秘藏記鈔三】に「金剛界者以ニ五貼一爲レ體。五貼表ニ五智一。即大日三昧耶形也。」

(金剛界大日如來の圖)

胎藏界大日如來 〔佛名〕胎藏界の中臺八葉院の中尊なり、大自在天の廣大金剛法界宮に於て本有の理德を顯はしたる理法身なり。是亦菩薩形にして首に髮髻を戴き、身に輕妙の衣を纏ひ、手に法界定印を結び、通身金色なり、(或は白色と云)(梵字)(ア)字を種

子とし、率都婆を以て三昧耶形とし、密號を遍照金剛と云ふ。【大日經疏四】に「觀作寶蓮華臺寶王宮殿。於中敷座。座上置白蓮華臺。以阿字門轉作大日如來身。如閻浮檀紫摩金色。如菩薩形。首戴髮髻猶如冠形。通身放種種色光。被綃穀衣。此是首陀會天成最正覺之標幟也。（首陀會 淨居と譯す。【大日經疏一】に「釋論云、第四禪五種那含住處。名淨居天。過之以往有十住菩薩住處。亦名淨居貎曰大自在天王是也。」）彼界諸聖天衆。衣服輕妙。乃至無有銖兩。本質嚴淨不復假以外飾。故世尊俯同其像也。」【秘藏記上】に「阿字者。毗盧遮那理法身種子。」【同下】に「八葉九尊中臺大日如來乃至黃色金。入定印。」⊙（盛衰記四〇）「大日胎藏の身と云ふは大歲の腹體をかきこむる料なり」

（胎藏界大日如來の圖）

大日と釋迦 〔雜語〕 台密は大日と釋迦は同一佛にして但法身（大日）と應身（釋迦）の差なりと云ひ、東密は二佛別體にして各三身を具すと云ふ。【守護國界守陀羅尼經九】に「佛言。秘密主。我於無量無數劫中修集如是波羅蜜多。至最後身六年苦行。不得阿耨多羅三藐三菩提。成大毗盧遮那。坐道場時。無量化佛猶如油麻。徧滿虛空。乃至是時諸佛同告我言。善男子諦聽諦聽。當爲汝說。汝今宜應於鼻端想淨月輪於月輪中作唵字觀。作是觀已。於夜後分得成阿耨多羅三藐三菩提。」【金剛頂經一】に「時一切如來滿此佛世界。猶如胡麻。爾時一切如來雲集於一切義成就菩薩摩訶薩坐菩提場。往詣現受用身咸作是言。善男子。云何證無上正等覺菩提。不知一切如來眞實忍諸苦行。乃至一切如來異口同音告彼菩薩言。善男子當住觀察自三摩地。以自性成就眞言自恣而誦。」是れ金剛界の五相成佛を明す文にて一切義成就菩薩とは悉達太子即ち釋迦如來なり。已上此等の經文に依て智證安然等を初として台密の諸師盛に大日釋迦一體の義を成立す。然るに東密は差別門に依て大日釋迦各別の三身あり、釋迦の法身は無相の空理なり、大日の法身は六大平等の體性なれば二身天淵の差ありと立つ。【大日經六】に「入薄伽梵大智灌頂即以陀羅尼形示現佛事。爾時大覺世尊隨住一切諸衆生前施作佛事。演說三三昧耶句。佛言。秘密主。觀我語輪境界。廣長遍至無量世界清淨門。如其本性表示隨類法界門令一切衆生皆得歡喜。亦如今釋迦牟尼世尊流遍無盡虛空界於諸剎土勤作佛事。」【二敎論下】に此經文を擧げて、「此文明大日尊三身遍諸世界作佛事。亦如釋迦三身。釋迦三身大日三身各各不同應當知之。」【辨惑指南二】に「東寺一家には此再往の實義に依るが故に大日釋迦各別の義を立つ、三井山門には麤論門に依て二佛同の義を立つ。」

大日金輪覺勝印明 〔印相〕【時處儀軌】に「智拳印とは所謂中小名の三指拇指を握り、頭指大背を柱ゆ、金剛拳乃ち成ず。右拳左の頭指の一節を握り、面を心に當つ、是を智拳印と名く。當に此の密言を誦すべし。[illegible]勃嚕唵。三密纔に相應すれば自身本尊に同く、能く偏く佛智に入り、成佛猶難からず。智壽力年を獲、一切遍行を得て現に大菩提を證す、故に覺勝印と名く。」

大日所現三菩薩 〔名數〕【大日經一】に「又現執金剛普賢蓮華手菩薩等像貌。普於十方宣說眞言道清淨句法。」【同疏】に「執金剛對金剛智慧門降伏方便。普賢對如法身門寂災方便。觀音對蓮華三昧門增益方便。擧此三點則無量不思議妙用皆已攝在其中。故殊言之。」

大日如來四種身 〔名數〕 一に瑜祇經に金剛界徧照如來とは是れ自性身なり、二に分別聖位經に二種の受用身あり、盧遮那は是れ二の受用身なり。三に攝眞實經に毘盧遮那示現化身至釋迦菩提道場。又義訣に龍樹先持誦毘盧遮那眞言。感得現眞身爲說持念法是れ變化身なり。四に略出經に毘盧遮那天等の會に來る者是れ等流身なり。【菩提心義十】

ダイニチダイシヤウフドウミヤウワウ 大日大聖不動明王 〔明王〕 不動明王は五大明王の中尊にして大日如來の化身なれば大日の二字を冠す。⊙（近松凱陣八島）「中央に大日大聖不動明王」

ダイニノウヘン 第二能變 〔術語〕 末那識の異名。八識を三種に分ち、第八阿賴耶識を初能變とし、第七末那識を第二能變とし、餘の六識を第三能變とす。心識を所變の境に對して能變と云ふ。【唯識論四】に「次第二能變。是識名末那。」

ダイニンサウイン 大人相印 〔術語〕 法界生

の印を以て弟子を印し、大人の相を決得せしむるを云ふ。【義釋十二】に「如ニ王以レ印印レ之一切信受。今以ニ一切法界印一印レ之即法印也。即是大人相印也。」

ダイニンホフカイ　大忍法界　〔界名〕婆婆世界を云ふ。【瓔珞本業經上】に「四非色衆生皆以化生。下至ニ五輪際一。是爲ニ一佛刹一。名爲ニ大忍法界一。」

ダイネン　大念　〔修法〕大聲に念佛すると。【大集日藏經念佛三昧品】に「於ニ寂靜處一莊ニ嚴道場一。正念結跏。或行或坐。念ニ佛身相一無レ使レ亂レ心。更莫ニ他緣念ニ其餘事一。或一日夜或七日夜。不レ作ニ餘業一。至レ心念佛。乃至見レ佛。小念見レ小大念見レ大。」【群疑論七】に「大念者大聲稱レ佛也。小念者小聲稱レ佛也。」⊙（曲、百萬）「此頃は嵯峨の大念佛にて候ふ程に」「よ。

ダイネンブツ　大念佛　〔修法〕「ダイネン」を見よ。

ダイネンブツジ　大念佛寺　〔寺名〕融通大念佛寺、大源山諸佛護念院と名く、攝津國平野庄に在り、大原來迎院の開基聖應大師良忍融通念佛を此に弘む、即ち融通念佛宗の本山なり。

ダイノサンサイ　大三災　〔術語〕「サンマイ」を見よ。

ダイハウクワウ　大方廣　〔術語〕又大方等と云ふ。方は方正、廣は廣大にして諸大乘經の通名なり。方廣は十二分教の一にして大小乘に通ずる名なれども殊に大乘經の眉目とする所は此方廣の一部に在り。【探玄記一】に「對法論說ニ一切有情利益安樂所依處一故。宜ニ說廣大甚深法一故名爲ニ方廣一。又瑜伽說三辟聞藏中無ニ方廣一故。」今は大乘方廣部の中に於て最上なる故に大方廣と云ふ。梵 Mahāvaipulya

ダイハウクワウサンカイキヤウ　大方廣三戒經　〔經名〕三卷、北涼の曇無讖譯。大寶積經三律會第一と同本異譯。【地帙七】(24)

ダイハウクワウシシクキヤウ　大方廣師子吼經　〔經名〕一卷、唐の地婆訶羅譯。佛日月宮の中に在り、勝積菩薩をして北方歡樂世界の法起如來の所に往かしむ、法起如來爲に師子吼し、後に大衆に告ぐ、釋迦牟尼は即ち我法起なりと。【宙帙二】(263)

ダイハウクワウジフリンキヤウ　大方廣十輪經　〔經名〕八卷、失譯人名、大集地藏十輪經と同本、文少く欠略。【玄帙七】(65)

ダイハウクワウゼンゲウハウベンキヤウ　大方廣善巧方便經　〔經名〕四卷、趙宋の施護譯。慧上菩薩問大善權經と共に大寶積經第三十八大乘方便會の異譯。【地帙十二】(926)

ダイハウクワウソウヂホウクワウミヤウキヤウ　大方廣總持寶光明經　〔經名〕五卷、趙宋の法天譯。寶光明陀羅尼の法門を明かす。華嚴經十住品及び賢者品と大同。【天帙十一】(785)

ダイハウクワウブツ　大方廣佛　〔佛名〕華嚴經の本尊なり。大方廣の理を證得する佛なれば大方廣佛と云ふ。【探玄記一】に「大以ニ包含一爲レ義。方以ニ軌範一爲レ功。廣則體極用周。佛乃果圓覺滿。」又「方廣之佛ナリ簡ニ下乘佛一。」

ダイハウクワウブツクワンキヤウ　大方廣佛冠經　〔經名〕二卷、趙宋の施護譯。具名、佛說大乘大方廣佛冠經、十方淨土の諸佛の名號を示し稱念受持の功德を說く。【黃帙四】(968)

ダイハウクワウブツケゴンキヤウ　大方廣佛華嚴經　〔經名〕常に華嚴經と略稱す。六十卷、八十卷、四十卷の三本あり。「ケゴンキヤウ」を見よ。

大方廣佛華嚴經入不思議解脫境界普賢行願品　〔經名〕四十卷、華嚴經の具名。但し常には四十卷中最末一卷の別稱とす。

大方廣佛華嚴經入法界品　〔經名〕又、大方廣佛華嚴經續入法界品、一卷、唐の地婆訶羅譯。本經入法界品中の一分天主光天より有德童女に至る。【天帙十一】(101)

大方廣佛華嚴經不思議佛境界分　〔經名〕一卷、唐の提雲般若譯。大方廣如來不思議境界經と同本異譯。【天帙十一】(97)

大方廣佛華嚴經修慈分　〔經名〕一卷、唐の提雲般若譯。佛靈鷲山に在て十方の梵天に對して慈心の法門を說く。【天帙十一】(94)

大方廣佛華嚴經入法界品四十二字觀門　〔經名〕一卷、唐の不空譯。具に經文及び梵字四十二を出す。【閏帙八】(1459)

大方廣佛華嚴經入法界品頓證毘盧舍那法身字輪瑜伽儀軌　〔經名〕一卷、唐の不空譯。四十二字の字輪觀を說く。【閏帙八】

ダウハウクワウニフニヨライチトクフシギキヤウ　大方廣入如來智德不思議經　〔經名〕一卷、唐の實叉難陀譯。大方廣佛華嚴經修慈分と同本先出。【天帙十一】(97)

ダイハウクワウニヨライザウキヤウ　大方廣如來藏經　〔經名〕一卷、唐の不空譯、種種の譬喩を擧げて如來藏の義を說く、如來藏とは衆生煩惱の中に如來法身の德を具するを云ふ。【成帙六】

ダイハウクワウニヨライヒミツギキヤウ　大方廣如來秘密義經　〔經名〕二卷、失譯。東方寶杖佛の所に菩薩あり、無量志莊嚴王菩薩と名く。佛

に如來秘密藏の法を問ふ、佛答ふるに發一切智心を以て首となし、種種の法を說く。迦葉更に秘密藏の法を說くを請ふ、佛、菩薩を逼惱するも菩薩の願力を以て害なきを說く、地に倒るるもの還て地に依て起ち旃檀を打つもの赤香氣を得る如し。次に極重の十惡も如來の因緣說を解すれば即ち除滅するを說く。【宇帙十】(443)

ダイハウクワウニヨライフシギキヤウガイキヤウ　大方廣如來不思議境界經　〔經名〕一卷、唐の實叉難陀譯。佛菩提樹下に於て正覺を成ずるとき十方の諸佛菩薩の形を現じて觀音普賢等となり、無量の菩薩聲聞の形を現じて舍利弗等となる。佛三昧に入ると如來不思議境界と名く。諸相の中に於て十方の佛刹を現じ、諸好の中に於て往昔の行門を現ず、是に於て德藏菩薩普賢菩薩に此三昧の名を問ふ、普賢其名義及び此三昧を證得する福德の因緣を說く。【天帙十一】(91)

ダイハウクワウフゲンシヨセツキヤウ　大方廣普賢所說經　〔經名〕一卷、唐の實叉難陀譯。普賢菩薩見佛の法を說く。【天帙十二】(98)

ダイハウクワウホウキヤウキヤウ　大方廣寶篋經　二卷、劉宋の求那跋陀羅譯。佛祇園に在て先に法を說く、文殊後に來り、須菩提と應答してこれを默せしめ、舍利弗目連等各文殊の智慧辯才を述ぶ。【宇帙十】(169)

ダイハウクワウボサツザウ　大方廣菩薩藏　〔術語〕大乘の十二部經中方廣部の通名。

ダイハウクワウボサツジフヂキヤウ　大方廣菩薩十地經　〔經名〕一卷、元魏の吉迦夜譯。菩薩の十地の治法を說く。最勝王經淨地陀羅尼品の別譯。

ダイハウクワウモンジユギキキヤウ　大方廣文殊儀軌經　〔經名〕大方廣菩薩藏文殊師利菩薩根本儀軌經の略名。【成帙九】(1056)

ダイハウクワウヱンガクシユタラレウギキヤウ　大方廣圓覺修多羅了義經　〔經名〕常に圓覺經と略稱す。「ヱンガクキヤウ」を見よ。

ダイハウドウ　大方等　〔術語〕又、大方廣と云ふ。大乘經の通名。所說の義理方正平等なるを云ふ。方等部の中に最上なる是れ大方等なり。【閱藏知津二】に「方等亦名ニ方廣一。於ニ十二分教中一十一並通ニ大小一。此唯在レ大。」

ダイハウドウシユタラワウキヤウ　大方等修多羅王經　〔經名〕一卷、元魏の菩提流支譯。大乘流轉所有經と同本先出。【宙帙一】(285)

ダイハウドウダイジフキヤウ　大方等大集經　〔經名〕大集經の具名。「ダイジフキヤウ」を見よ。

ダイハウドウダラニキヤウ　大方等陀羅尼經　〔經名〕四卷、北涼の法衆譯。南岳大師此經に依て方等三昧を行じ、圓位を證す。依て天台智者方等三昧行法一卷を說く。【成帙五】(422)

ダイハウドウニヨライザウキヤウ　大方等如來藏經　〔經名〕一卷、東晉の佛陀跋陀羅譯。大方廣如來藏經と同本先出。【宇帙三】(384)

ダイハウドウムサウキヤウ　大方等無想經　〔經名〕別名、大方等大雲經、六卷、北涼の曇無識譯。大雲密藏菩薩あり、諸問を雲興せしめ讚許して種種不可思議解脫の法門を說く、三十七品あり。最後に南方の諸天子來つて經名を問ふ。佛三名を答ふ、一に大雲、二に大般涅槃、三に無想、幷に末法中の事を授記す。其第三十六品に祈雨の神咒を說く。【盈帙十】(244)

ダイハウベン　大方便　〔語術〕佛菩薩の廣大の方便なり、善巧の敎化を方便と云ふ。

ダイハウベンブツホウオンキヤウ　大方便佛報恩經　〔經名〕七卷、失譯。佛靈鷲山に在り、阿難、外道が佛の非孝を譏るを聞き以て佛に白す、佛光を放て十方の菩薩を集め、嘗て須闍提太子として身肉を以て父母の難を濟ひ或は忉利天に昇つて母の爲めに說法する等を說く。九品あり、結集家の手草に係る。【宙帙五】(431)

ダイハエンナ　提波延那　〔人名〕又、提波耶那、仙人の名。【輔行四】に「婆沙の中に云ふが如し、佛未だ出でざるとき帝釋常に提婆延那仙人の所に詣つて法を聽く、舍脂(帝釋の夫人)念ふ、帝釋我を捨て餘女に詣らんと欲すと、形を隱して車に上り、仙人の所に到る。帝釋乃ち之を見て言く、仙人女を見るを欲せず、汝還り去るべし。肯て去らず。帝釋蓮荷の莖を以て之を打つ、舍脂乃ち軟語を以て謝す。諸仙聲を聞いて欲を起すに螺髻地に落て通を失ふ。」又【佛本行集經十六】に「昔迦尸國有ニ一仙人一。名ニ提波耶那一。階言ニ埏上生一。被ニ孫陀利婬女誑惑一。」梵Devayāna*

ダイハチゲカイ　第八外海　〔界名〕九山八海中の第八海なり、須彌山を中心として七海七山あり、之を七內海七寶山と云ふ。第七寶山の外は第八外海として閻浮提等の四洲此中に在り。此外海を圍繞するを第九鐵圍山とす。

ダイハチシキ　第八識　〔術語〕阿賴耶識の異

名。大乘所說八識の中に末より本に數へて第八に居り諸識の根本なり。

ダイハチワウジゴンゲン　大八王子權現　〔名數〕「ハチワウジ」を見よ。⊙（平家一）「大八王子權現と、高らかにこそ起請したりけれ」

ダイハツナイヲンキヤウ　大般泥洹經　〔經名〕六卷、晋の法顯譯。大般涅槃經の前分唯十八品あり。泥洹は涅槃に同じ、般は梵語、入の義、佛の涅槃に入る夕に說きし經なれば名く。【盈帙九】（120）

ダイハツネハン　大般涅槃　〔術語〕梵語、Mahāparinirvāṇa 摩訶般涅槃那。大入滅息。又は大滅度。大圓寂入。大は滅の德を美するの稱、滅は煩惱を滅し身心を滅するの義、息は安息の義、度は生死を超度する義、圓寂は功德を圓滿し相累を寂滅する義、入は滅に歸するを云ふ。【大乘義章十八】に「摩訶般涅槃那。摩訶爲レ大。大義有レ六乃至槃此翻爲レ入。入義有レ之。乃至涅槃此翻爲レ滅。滅二煩惱一故滅二生死一故名レ之爲レ滅。離二衆相一故大寂靜故亦名爲レ滅。那者名レ息。究竟解脫永蘇息故。息二何等事一。息二煩惱一故。息二生死一故。又息二一切諸行事一故。」【涅槃玄義上】に「摩訶此翻爲レ大。般涅此翻爲レ滅。槃那此翻爲レ度。是爲二大滅度一也。」【四教儀集註上】に「大即法身。滅即解脫。度即般若。即三德秘藏也。」【華嚴經疏鈔五十二】に「疏二涅槃正名爲レ滅。取二其義類一乃有二多方一。總以レ義翻稱爲二圓寂一。以下義滿二法界一德備中塵沙上曰レ圓。體窮二眞性一妙絕二相累一爲レ寂。鈔梵云二摩訶般涅槃那一。具翻爲二大圓寂入一。謂那即入義。應レ廻二在入一。乃至總以レ義翻者即唐三藏等。在レ義周圓。」

ダイハツネハンキヤウ　大般涅槃經　〔經名〕常に涅槃經と略稱す。大乘小乘の二經あり、小乘の大般涅槃經三卷、晋の法顯譯、是れ白法祖譯の佛般泥洹經二卷及び失譯方等泥洹經二卷と共に長阿含遊行經と同本。【昃帙十】（28）大乘の大般涅槃經に二本あり、一は四十卷、北凉の曇無讖譯、北本涅槃と稱し、十三品に分つ。二は三十六卷、劉宋の慧觀謝靈運と共に、かの北本を再治す、南本涅槃と稱す。天台の章安此經に依て疏を作る。【盈帙五乃至八】（1134）

大般涅槃經後分　〔經名〕又、後分涅槃と云ふ。二卷、唐の若那跋陀羅譯。涅槃の後佛神變を現じ、及び荼毘し舍利を分つ等のことを說く。即ち大乘の大槃涅槃經の後分なり。【盈帙九】（25）

大般涅槃經論　〔書名〕一卷、天親菩薩造、元魏の達磨菩薩譯。大涅槃經中迦葉菩薩所問の偈を釋す。

大般涅槃經疏　〔書名〕三十三卷、隋の灌頂撰、唐の湛然再治、及び玄義二卷、隋の灌頂撰。【調帙六七】（1545）

ダイハラミツ　大波羅蜜　〔術語〕菩薩が第八地以上にて修する十波羅蜜を云ふ。任運無功用の德を大と呼びしなり。

ダイハンジユサンマイキヤウ　大般舟三昧經　〔經名〕支婁迦讖譯の三卷の般舟三昧經を云ふ。

ダイハン　大板　〔物名〕鳴板の大なるもの。禪林庫司の前の板を大板と云ふ、其製餘堂の板より大なるを以てなり。【象器箋十八】

ダイハンニヤ　大般若　〔經名〕大般若波羅蜜多經の略名。彼を見よ。⊙（榮花、日陰の葛）「大般若經などの御讀經」

大般若開題　〔書名〕一卷、山王院智證著。

大般若供養　〔修法〕新に大般若を書し已るとき、齋會を設けて之を講讚する法事を云ふ。唐の玄宗初めて之を行ふ。【三寶感應錄中】に「玉華寺都維那沙門寂照。慶二賀翻譯功畢一。以聞二皇帝一。經既譯畢。設二齋會一供養。皇帝歡喜莊二嚴嘉壽殿一設二齋會一。寶幢幡蓋種種供具極妙盡レ美。即龍朔三年冬十月三十日也。此日請レ經從二肅成殿一往二嘉壽殿齋會所一講讀。當二迎レ經時一般若放レ光照二能遠近一。天雨二妙華一兼有二非常香氣一。」

ダイハンニヤキヤウ　大般若經　〔經名〕大般若波羅蜜多經の略名。

ダイハンニヤテンドク　大般若轉讀　〔修法〕大般若經六百卷を題目と品名を讀み、其の間經卷をくり擴げて讀誦に擬するなり。

ダイハンニヤハラミツタキヤウ　大般若波羅蜜多經　〔經名〕常に大般若と略稱す、四處十六會の說、唐の玄弉譯、六百卷。【開元目錄一】に「唐太宗三藏聖教序。唐高宗三藏聖教記」（縮刷は目錄の首に揭ぐ。及び十六會に各沙門玄別の序あり。）大般若波羅蜜多經六百卷十六會說。一萬三百三十一紙。大唐三藏玄弉於二玉華寺一譯。」Mahāprajñāpāramitā

四處十六會　〔術語〕四處とは一に王舍城の鷲峯山、二は舍衛國の給孤獨園、三は他化自在天宮、四は王舍城竹林精舍の白鷺池なり。十六會とは第一會四百卷あり鷲峯山に說く。第二會四百一卷より四百七十八卷に至る七十八卷、鷲峯山に說く、第一會と大同、羅什譯の摩訶般若、無羅叉の放光般若、竺法護譯の光讚般若同じく此會なり、但品に開合あり、文稍略、又常啼法誦の二品なし。第三會四百七十九卷より五百三十七卷まで五十九

卷、又鷲峯山に說く。第二會と開合の不同、亦常啼法誦の二品なし。第四會五百三十八卷より五百五十五卷まで十八卷、亦鷲峯山に說く。唯最後隨順品中の文前三會と同じからず、符秦の曇摩蜱譯の摩訶般若鈔經、吳の支謙譯の大明度無極經、支婁迦讖譯の道行、羅什譯の小品、宋の施護譯の佛母出生三法藏般若、法賢譯の佛母寶德藏般若共に此の會なり。第五會五百五十六卷より五百六十五卷まで十卷、亦鷲峯山に說く。第四分に較ぶれば更に略。第六會五百五十六卷より五百七十三卷まで八卷、亦鷲峯山に說く。十七品あり、前分と全く別なり。月婆首那譯の勝天王般若此會なり。第七會五百七十四、五百七十五の兩卷、給孤獨園に說く、曼殊室利分と云ふ、曼陀仙、僧伽婆羅譯の二部の文殊般若此會なり。又此會を大寶積經第四十六會に收す。第八會五百七十六の一卷、亦給孤獨園に說く、那伽室利分と云ふ。劉宋の翔公譯の濡首菩薩無上清淨分經此會なり。第九會五百七十七の一卷、亦給孤獨園に說く、能斷金剛分と云ふ。羅什、菩提留支、眞諦譯の金剛般若經、玄奘義淨譯の能斷金剛般若此會なり、第十會五百七十八の一卷、他化自在天宮に說く、般若理趣分と云ふ。密部の理趣經と同本、而して咒不同。第十一會五百七十九より五百八十三まで五卷、給孤獨園に說く、布施波羅蜜分と云ふ。第十二會五百八十四より五百八十八まで五卷、亦給孤獨園に說く、淨戒波羅蜜多分と云ふ。第十三會五百八十九の一卷、亦給孤獨園に說く、安忍波羅蜜多分と示ふ。第十四會五百九十の一卷、亦給孤獨園に說く、精進波羅蜜多分と云ふ。第十五會五百九十一及び五百九十二の兩卷、鷲峯山に說く、靜慮波羅蜜多分と云ふ。第十六會五百九十三より第六百卷まで八卷、竹林精舍白鷺池の側に說く、般若波羅蜜多分と云ふ。其他小經數部あり、要するに大般若以外現存の諸經皆此中に在り、但仁王般若經十六會に攝せず。

ダイバ　提婆　〔雜語〕Deva 譯、天。摩訶提婆の譯、大天。提婆達多の譯天授の如し。

ダイバ　提婆　〔人名〕逆人の名。提婆達多の略。五逆の提婆。提婆の記別品など。「ダイバダッタ」を見よ。

ダイバ　提婆　〔人名〕提波、菩薩の名、天と譯す、後一目以て神に施す、故に迦那提婆Kāṇadeva と云ふ。伽那は片目の義。或は一目を以て女子に授けしと。もと執師子國の人、龍樹の弟子となり、付法藏第十四祖なり。【提婆菩薩傳】に「提婆菩薩は南天竺の人、婆羅門種なり、博識才辯名を諸國に擅にす、而て人其言を信受せざるを憂とす。其國中大天神あり、大自在天と云ふ、人求願あれば能く滿足せしむ。提婆廟に詣で入て相見せんとを求む、主廟者言く、天像至神正視すべからず、又人をして百日失心せしむと。提婆言く、是れ我の見るを願ふ所なり、若し此の如くならずんは我れ豈見るを欲せんやと。主廟者其志氣を奇なりとし廟に入らしむ。天像其眼を動し怒目之を視る。提婆、天に問ふ、神は則ち神なり何ぞ其小なるや、當に威靈を以て人を感じ智德物を伏すべし。而して黃金を以て自ら多とし、頗梨を動して人を熒惑す、我の望む所にあらずと。便ち像に梯して其眼を鑿出す。觀る者皆驚異す。提婆言く、我れ汝等をして神は形を假らず、情は形に託せざるを知らしむるのみ、吾既に慢ならず神亦辱ならずと。云ひ已て出で其夜精饌を備へて天神を供す。天神言く、汝我が心を得、人は我が形を得、汝は心を以て供し。人は質を以て饋す、知て我を敬する者は汝、畏て我を誣ゆる者は人なり、汝供する所の饌美を盡す、唯我れ須る所なし、我の乏しき所の者は左眼なり、能く我に施さば便ち之を出すべし。提婆命に應じて左手を以て眼を出して之に與ふ。天神讃して曰く、善哉丈夫、眞の上施なり、汝何の願を求む、我れ必ず汝の意の如くせん。提婆言く、我れ明心を稟く、外質を假らざるなり、唯恨らくは悠悠たる蒙朦我言を信受するを知らず、神我に願を賜はば必ず當に我言をして虚沒せざらしむべし。神言く、必ず願の如くせん。是に於て退て龍樹菩薩に詣り、出家の法を受け、剃頭法服周遊化を揚ぐ。時に南天竺の王邪道を信受して、沙門親子一も見るを得ず、提婆之を化せんと欲し、形を變へて宿衞の士となり能く事を幹す。王之を見て喜び、其人となりを問ふ。提婆言く、我は一切智人なり。王驚異して種種の事を以て驗す、果して然り。是に於て國中一切の婆羅門を集めて論議せしむ、一も敵するものなし、皆髮を剃て弟子となる。一の邪道の弟子あり、其師の屈するを耻ぢ自ら誓ふ、汝口を以て我を伏す、我れ力を以て汝を伏せんと。偶提婆獨り禪より起て經行するを見て、刀を以て之を決し、五臟地に委す。提婆言く、是れ我先業の害する所汝にあらざるなりと。悟然として化す。初め眼を以て神に施し一目なきを以て時人號して迦那提婆と曰ふ。」【百論疏上之上】に「提婆者天也。蓋是其本名。末稱二伽那提婆一。伽那者小一目。以二一目一施二天神一故以爲レ名。復傳云。提婆肯乞食。有二女人應レ發二道心一。於二提婆眼一生レ愛。提婆出レ之示レ之。但是不淨。因以發心。故

小二一目一也。」

提婆投針 〔故事〕【西域記十】に「時に提婆菩薩執師子國（即ち錫蘭）より來り論議を求む門者に謂て曰く爲に謁を通ぜよ。門者龍猛（即ち龍樹）に通ず。龍猛其名を知る。滿鉢の水を盛り弟子に命じて曰く、汝此水を持して彼の提婆に示せ、提婆水を見て默して針を投ず、弟子鉢を持し疑を懷て返る。龍猛曰く、彼れ何の辭ぞや、對へて曰く、默して說なし、但針を水に投ずるのみ。龍猛曰く、智人なり、滿鉢の水は我が智の周きに譬ふ、彼れ針を投ずるは遂に其の底を極む、是れ常人にあらず、速に召進すべしと。提婆頗る自負し、將に大に對抗せんとを期す、忽ち威顏を覩して言ふ所を忘れ、自ら責を引て敎を受けんとを請ふ、龍猛曰く斯の俊彥に遇ふ寫瓶寄ありと。」

提婆爲天 〔故事〕【西域記五】に提婆中天竺鉢羅耶伽國の一伽藍に到る、外道と循環論をなして之を服す。「ガテンニク」を見よ。

提婆擊鐘 〔故事〕【西域記八】に「摩揭陀國波吒釐子城の邊に故伽藍あり、伽藍の中に窣堵波あり、犍擊椎稚聲と名く。初め城內伽藍數百、僧徒甚だ盛なり、後漸く殂落外道益滋し、王に白して二者を對論し敗する者をして犍椎を擊たしめざらんと、王之を允す。而して諸僧敗を取り十二年間犍椎を擊つと能はず。提婆之を聞て其師龍猛菩薩に白して直に城內に入り、晨朝の時大に犍椎を擊つ。王乃ち學人を召集して論議せしむ。外道悉く墮負す。國王大に喜んで此靈基を建てて以て至德を旌す。」

提婆菩薩造論 〔書名〕百字論一卷、百論二卷、外道小乘四字論一卷、外道小乘涅槃論一卷。

提婆菩薩傳 〔書名〕一卷、秦の羅什譯。付法藏傳所載と大同。【藏帙九】（1462）

ダイバイ　大梅 〔人名〕馬祖大寂禪師の法副明州大梅山の法常、初め大寂に參す、問ふ如何か是れ佛。大寂云く、即心是佛。師即ち大悟す。唐の貞元中大梅山の鄞縣の南七十里梅子眞が舊隱に居す。大寂師の住山を聞て乃ち一僧をして到り問はしむ。和尙馬師に見へ什麼をか得て此山に住する。師云く、馬師我に向て敎ふ即心是佛と、我れ即ち這裏に向て住す。僧云く、馬師近日佛法亦別なり。作麼生（いかん）か別なる。僧云く、近日亦道ふ非心非佛と。師云く這の老漢人を惑亂して未だ了日あらず、任汝（さはれ）非心非佛、我れ只管（ただ）即心即佛と。其僧廻り馬祖に擧似す。祖云く、大衆、梅子熟せり、此より學者漸く臻て師の道彌顯はる。某年寂、壽八十八。【傳燈錄七】タイバイと呼ぶ。

ダイバクラ　提婆倶吒 〔地名〕山の名。譯、天臺。善見律第七。【翻梵語】梵 Devakūta.

ダイバサイナ　提婆犀那 〔人名〕Devasena 羅漢の名。譯、天軍。【西域記四】

ダイバシユウ　提婆宗 〔術語〕又、龍樹宗。三論の空宗を云ふ、是れ龍樹提婆二大士の顯揚する所なればなり。

ダイバセツマ　提婆設摩 〔人名〕Devakṣema* 羅漢の名。譯、賢寂。天寂。識身足論の作者。【西域記五】に「城南道左有二大伽藍一。昔提婆設摩阿羅漢。於レ是造二識身足論一說レ無二我人一。瞿波阿羅漢作二聖敎要實論一說レ有二我人一。」【俱舍光記一】に「佛涅槃後一百年中。提婆設摩造二識身足論七千頌一。此云二賢寂一。」【同神泰疏一】に「提婆設摩。此云二天寂一。」

ダイバタ　提婆多 〔人名〕Devatā 譯、夫人。【探玄記二十】に「夫人者梵名二提婆多一。正翻應レ名二天后一。古人就レ義曰二夫人一。」

ダイバダツ　提婆達 〔人名〕提婆達多の略。

ダイバダツタ　提婆達多 〔人名〕Devadatta 又、提婆達兜、禘婆達多、地婆達多、地婆達兜、調婆達多、調達、達兜。譯、天熱、天授。斛飯王の子、阿難の兄、佛の從弟なり。出家して神通を學び、身に三十相を具し、六萬の法藏を誦するも、利養の爲めに三逆罪を造りて生ながら地獄に墮つ。但し其本地は深位の菩薩にして法華に於て天王如來の記別を受く。【釋迦譜六】に「出二中本起經一云。調達又云二提婆達多一。齊云二天熱一。以二其生時人天心皆忽驚熱一故。因爲レ名。增一阿含云二提婆達兜一。」【法華義疏九】に「提婆達多。是斛飯王子。提婆此翻爲レ天。達多言レ熱。以二其生時諸天心熱一故。名二天熱一。所二以然一者。諸天知下其造二三逆罪一破中壞佛法上。見二其初生一心生二熱惱一故。因以爲レ名。」【西域記六】に「提婆達多。唐言二天授一。斛飯王之子也。」⦿（曲、卒都婆小町）「提婆が惡も觀音の慈悲」

提婆與佛初結讎 〔故事〕【佛本行集經十二】に「悉多太子十二歲之時、五百の童子各自己の園內に在て遊嬉す。時に群雁あり、虛空に飛行す、提婆達多一雁を射る、雁箭を帶て太子の園中に落つ。太子之を愍み箭を拔て其瘡を療す。提婆達多使をして之を求めしむるに與へず。是れ提婆達多怨を搆ふ最初の因緣なり。」

提婆爲利養學神通 〔故事〕四說あり、一に佛に從て學ぶ。【五分律三】に「時に世尊諸大聲聞と阿耨達龍王の請を受く、調達未だ神通を得ざれば倶に去ること能はず、羞耻して佛に從て通法を學ばんことを願ふ。佛爲に敎ふ、安居の中に神通

を得たり。」二に修羅陀比丘に從て學ぶ。【增一阿含經四十六】に「提婆達兜修羅陀比丘に沙門の威儀禮節を學ぶ。是の時提婆達多神通の道を說かんことを請ふ、比丘爲に其法を說く。達多久しからずして得。」三に十力迦葉波に從て學ぶ。【毗奈耶破僧事十三】に「提婆達多未だ聖果を得ず、時に世飢荒して乞食得難し、諸の神通ある者或は他洲、或は天に往て食を取る。提婆達多之を見て神通を得んと欲し、佛に詣て敎を請ふ。佛彼が逆罪を起すを知て三學を勸めて通法を敎へず。提婆去て憍陳如乃至五百の上座に往て敎を請ふ。諸比丘佛の意を知て亦敎へず。更に去て十力迦葉波に詣る、彼れ佛の聖意を知らず、即ち之に敎ふ。達多其敎を受て神通を得。」四に阿難に從て學ぶ。【出曜經十五】に「時に比丘あり、調達と名く、聰明廣學なり、十二年の間坐禪入定、心移易せず、佛經を誦すること六萬の象に載するに勝へず。後に意轉た退き、漸く惡念を生じ、意に供養を望み、世尊の所に至て神通の法を說かんことを請ふ、世尊彼が惡意を知て四非常の法を說て通法を許さず。去て舍利弗目連の所に至る、二比丘亦佛に同じ。調達念へらく、阿難は我の弟なり、彼れ必ず我に敎ふべし。阿難の所に詣て請ふ、阿難爲に其法を說く。調達聞き已て閑處に在て專心一意粗より細に入り、心を以て身を擧げ、身を以て心を擧げ、身心俱に合し、漸漸に地を離れ、乃至石壁無礙なり。」【智度論十四、十誦律三十七】亦同じ。

提婆の五逆と三逆 〔故事〕「ゴギャク」の項を見よ。

提婆の五法 〔故事〕五逆罪中破僧罪を以て最重とす、破僧とは同一結界の中に於て別法を構へて一衆を樹立するを云ふ、今提婆の立てし所五法あり。【輔行一】に「言ニ五法一者。婆沙云。一糞掃衣。二常乞食。三一坐食。四當露坐。五不レ受ニ塩及五味一。與ニ正理一不レ同。正理云。一不レ受ニ五味一。二斷肉。三斷塩。四不レ受ニ割截衣一。五不レ居ニ聚落邊寺一。」是れ五法悉く邪なりと言ふにあらず、此五法を立てて一味の僧を二分せしを大罪となすなり。「ゴホフ」の項參照。

ダイバダツタボン　提婆達多品 〔經名〕法華經卷五の最初の品名。釋迦如來往昔法華經を聞かん爲に今の提婆達多の前身阿私仙人に仕へし事。提婆達多今は三逆罪の爲に無間地獄に在るも後に成佛して天王如來と號すること、及び八歲の龍女文殊菩薩の化導に依て、南方無垢世界に於て現身に成佛する事を記す。故に一經中最も功德勝れたる經文として法華八講には此品に當る日を以て「薪こり」の歌をうたひて大行道の式を爲すなり。⊙(榮花本の雫)「提婆品のかの龍王の家のかた」

ダイバダツト　提婆達兜 〔人名〕提婆達多に同じ。

ダイバチダイバ　提婆地提婆 〔人名〕Devātideva譯、天上天。佛未だ出家せざる時の名。

ダイバビカラ　提婆毘何羅 〔寺名〕Devavihāra譯、天寺。伽藍の名。

ダイバホタラ　提婆弗呾羅 〔人名〕Devaputra譯、天子。【求法高僧傳上】

ダイバボン　提婆品 〔經名〕提婆達多品の略。「ダイバダツタボン」を見よ。

ダイバマラハビ　提婆魔囉播稗 〔天名〕Devamāra Pāpiyas 天魔の梵名。【慧苑音義下】に「天魔波旬。眞云ニ提婆魔囉播稗一。提婆此云レ天也。魔囉障等也。播稗罪惡也。謂此類報生ニ天宮一住。好勸レ人造レ惡退レ善令レ不レ得ニ出離一故也。」

ダイバラキタ　提婆落起多 〔人名〕Devarakṣita 譯、天護。商主の名。【阿育王經九】

ダイバラモン　大婆羅門 〔術語〕婆羅門は四姓の上首、淨行種と譯す、世染を捨てて專ら淨行を修する種族なり。佛は婆羅門種にあらざれども大淨行者なれば亦大婆羅門と稱す。【涅槃經十八】に「如來名ニ大沙門大婆羅門一。」

ダイバロン　提婆論 〔書名〕提婆菩薩釋楞伽經中外道小乘涅槃論の略名。【暑帙五】(1260)

ダイヒ　大悲 〔術語〕他人の苦を救ふ心を悲と云ふ。佛菩薩の悲心廣大なれば大悲と稱す。【涅槃經十一】に「三世諸世尊。大悲爲ニ根本一。乃至若無ニ大悲一者是則不レ名レ佛。」【大日經一】に「菩提心爲レ因。大悲爲ニ根本一。方便爲ニ根本一。」

大悲四八之應 〔雜語〕觀音菩薩の三十三身の應現を云ふ。

大悲の弓 〔雜名〕悲智は一雙の法門なれば之れを左右の手に配するに大悲は靜德を以て左手とし大智は動德を以て右手とす、隨つて大悲を弓に配し大智を箭に配す。⊙(曲、田村)「大悲の弓には智惠の矢をはき」

ダイヒガイチウモン　大悲鎧胄門 〔術語〕大日如來の北方金剛護菩薩を出生する三摩地なり。【出生義】に「自ニ一切如來大悲鎧胄門一而生ニ金剛護一。」

ダイヒキヤウ　大悲經 〔經名〕五卷、高齊の那連提耶舍譯。十三品あり、佛涅槃に臨んで法を梵天帝釋及び迦葉阿難に付囑し、滅後弘法の人を記し、舍利を供養するの功德及び滅後結集の法を示す。【盈帙九】(117)

ダイヒクウチコンガウダイケウワウギキキヤウ　大悲空智金剛大敎王儀軌經〔經名〕五卷、趙宋の法護譯。荼吉尼の修法を說く。【成帙三】（1060）

ダイヒクワンオン　大悲觀音〔菩薩〕台家所立六觀音の一。千手觀音の異名。「センジュクワンオン」を見よ。又、觀音の總名。

ダイヒクワンゼオン　大悲觀世音〔菩薩〕「悲觀音に同じ。

大悲觀世音菩薩讚〔書名〕大明大宗皇帝御製。【霜帙二】（1616）

ダイヒサンマイ　大悲三昧〔術語〕大悲の功德を含藏する禪定なり。佛菩薩此三昧に住して大悲を起すなり。

ダイヒシヤ　大悲者〔菩薩〕大悲菩薩と云ふ。卽ち觀音菩薩なり。【請觀音經】に「一切佛興レ世安ニ樂衆生一故。異口各各身端ニ坐金剛座一。口出ニ五色光一蓮華葉形舌。讃ニ嘆大悲者調御師子法一。」

ダイヒシヤウシンサンマヤ　大悲生心三昧耶〔術語〕彌勒菩薩の慈悲の發生する三昧なり。

ダイヒシン　大悲心〔術語〕起信論所說三心の一。一切衆生の苦を拔かんと欲する心。【論】に「三者大悲心。欲レ拔ニ一切衆生苦一故。」

ダイヒシンダラニ　大悲心陀羅尼〔經名〕千手陀羅尼の別名。

大悲心陀羅尼修行念誦略儀〔經名〕一卷、唐の不空譯。千手陀羅尼の念誦法を說く。【成帙十三】（1444）

ダイヒジユ　大悲呪〔經名〕千手陀羅尼の別名。【千手經】に「若能稱ニ誦大悲呪一婬欲火滅邪心除。」

ダイヒセン　大悲懺〔書名〕出像大悲懺法の略名にて千手千眼大悲心呪行法の異名なり。四明大師智禮著。伽梵達磨譯の千手經に依て千手觀音の懺法を說く。

ダイヒセンギ　大悲懺儀〔書名〕大悲懺に同じ。

ダイヒセンジユゴク　大悲千手獄〔雜名〕六觀音六道對配の偈中第一句。【二中歷】に「大悲千手獄。」◉（榮花、鳥の舞）「大悲千地獄」大悲觀音は卽ち千手觀音にて地獄の能化なるを云ふ。

ダイヒセンダイ　大悲闡提〔術語〕闡提は梵語一闡提の略。成佛不可能の義。大悲闡提とは大悲あるが爲に自己の成佛畢竟不可能なるを云ふ。觀音地藏の如く大悲菩薩是なり。「イチセンダイ」を見よ。◉（鴉鷺合戰四）「大悲闡提の業を專にす」

ダイヒセンヂゴク　大悲千地獄〔雜語〕「ダイヒセンジユゴク」を見よ。

ダイヒセンボフ　大悲懺法〔修法〕大悲懺に同じ。彼を見よ。

ダイヒタイザウ　大悲胎藏〔術語〕胎藏とは又華藏と云ふ。衆生本具の菩提心なり。肉團心所具の菩提の理性が大悲の萬行に依て生長發育すること猶母の胎內の子に於ける如くなれば大悲胎藏と云ふ、又胎藏とは肉團心の開敷せる八葉中臺の大日を云ふ。此中臺の大日、大悲を以て無盡の諸尊を出生して普門の化用を垂るれば大悲の胎藏と稱す。

ダイヒタイザウゴフ　大悲胎藏業〔術語〕叡山遮那業の中大日經を學習する課業を云ふ。

ダイヒタイザウサンマイ　大悲胎藏三昧〔術語〕胎藏大日の大悲胎藏曼荼羅を出生する三昧なり。【大疏九】に「如是三昧義。所謂大悲胎藏三昧也。此三昧是一切佛子之母。」

ダイヒタイザウハチジホフ　大悲胎藏八字法〔修法〕是れ佛眼佛母尊の所說なり。「ブッゲンブッモソン」を見よ。

ダイヒタイザウマンダラ　大悲胎藏曼茶羅〔術語〕大日經所說、胎藏界の曼荼羅を云ふ。大悲の胎藏より出生せる曼荼羅なれば大悲胎藏曼荼羅と云ふ。【大日經一】に「惟願世尊。次說下修ニ眞言行一大悲胎藏生大漫荼羅王上。爲レ滿ニ足彼諸未來世無量衆生一。爲ニ救護安樂一故。」【大疏五】に「如ニ上所レ說。菩提心爲レ因。大悲爲レ根。方便爲ニ究竟一者。卽是心實相華臺。大悲胎藏開敷。以ニ大悲方便一現ニ作三重普門眷屬一。以ニ是義一故名爲ニ大悲胎藏曼荼羅一也。」此の三句の配當に二樣あり。【義釋抄記】に「今就ニ大悲曼荼羅一說レ之。以爲ニ中胎一爲ニ菩提心一。次八葉爲ニ大悲一。外三院爲ニ方便一也。」「ゲンヅマンダラ」を見よ。

ダイヒダイク　大悲代苦〔術語〕次項を見よ。

ダイヒダイジユク　大悲代受苦〔術語〕菩薩の大悲心衆生に代て地獄の苦を受くるを云ふ。【請觀音經】に「衆生若聞レ名。離レ苦得ニ解脫一。亦遊ニ戲地獄一。大悲代受レ苦。」【智度論四十九】に「佛自說。本願ニ大心一爲ニ衆生一故。所謂爲ニ一一人一故於ニ無量劫一代受ニ地獄苦一。乃至令下是人集ニ行功德一作佛入中無餘涅槃上。」

ダイヒダン　大悲壇〔術語〕總じては胎藏界の曼荼羅を云ふ。是れ大悲の胎藏より三重の曼荼羅を流出すればなり。別しては北方羯摩部の釋迦の曼荼羅を云ふ。是れ濁世に出現して六道四生を攝化すればなり。【聖財集下】に「北方不空成就佛と云ふは大悲壇三界六道能化の釋迦なり。」

ダイヒフゲン　大悲普現〔術語〕大悲の觀音菩薩三十三身を現じて普く衆機に應ずるを云ふ。

ダイヒフンダリキヤウ　大悲分陀利經

【經名】具名、大乘大悲分陀利經、八卷、失譯人名。悲華經の異譯。分陀利は蓮華の名。【宙帙三】(180)

ダイヒボサツ　大悲菩薩　【菩薩】觀音菩薩なり。大悲の名は諸佛諸菩薩に通ずれども、殊に此菩薩は慈悲門の主なればなり。【請觀音經】に「亦聞二大悲觀世音誦一持二此呪一離二諸惡一。」【觀經定善義】に「因三大悲菩薩入二開華三昧一疑障乃除。」

ダイヒマンダラ　大悲曼茶羅　【術語】胎藏界曼茶羅の異名。大悲の胎藏より出生せし曼茶羅なればなり。

ダイヒミツワウマンダラ　大秘密王曼拏羅　【經名】一切如來大秘密王未曾有最上微妙大曼拏羅經の略名。

ダイヒリモツ　大悲利物　【術語】佛が大悲を以て利益し給ふ衆生を云ふ。⊙(盛衰記二)「誠に古仙經行の聖跡大悲利物の靈幅なり」

ダイビク　大比丘　【術語】比丘の德高く年長なるもの。又沙彌に對しては比丘を總じて大と云ふ。

ダイビクサンゼンヰギ　大比丘三千威儀　【書名】二卷、後漢の安世高譯。比丘の威儀行法を說く。【寒帙十】(1126)

ダイビシヤ　醍鞞沙　【雜語】Dvesa 譯、瞋恚。【名義集六】

ダイビバシヤロン　大毘婆沙論　【書名】阿毘達磨大毘婆沙論の略名。

ダイビヤクエ　大白衣　【菩薩】白衣觀音の修法なり。「ビヤクエ」を見よ。

ダイビヤククワウシン　大白光神　【天名】栂尾山高山寺の鎭守。【山城名勝志九】に「大白光神。梵云二鬱多羅迦神一。天竺雪山神也。有二禪法擁護之誓一。故勸二請之一。即十二神之隨一也。」

ダイビヤクケ　大白華　【植物】又、大白團華。梵語、摩訶曼陀羅華。四華の一。【法華光宅疏一】に「摩訶曼陀羅華者。譯爲二大白團華一。」

ダイビヤクゴシヤ　大白牛車　【譬喩】法華經譬喩品の所說三車の一。聲聞乘の羊車緣覺乘の鹿車に對して菩薩乘に譬ふるなり。「爾時長者。各賜二諸子等一大車一。其車高廣衆寶莊校。乃至駕以二白牛一。膚色充潔。形體姝好。有二大筋力一。行歩平正。其疾如レ風。」「サンジヨウケ」「シジヨウケ」を見よ。

ダイビヤクサンガイキヤウ　大白傘蓋經　【經名】此經は元朝に西藏剌嘛敎の經本より譯せしもの、二譯あり。一は光錄大夫司徒三藏法師沙羅巴の譯、佛頂大白傘蓋陀羅尼經と題す。一は俊辯大師唧嚩銘得哩連得囉磨寧等譯、佛說大白傘蓋總持陀羅尼經と題す。共に一卷、後譯の本には前に白傘蓋佛母の畫像念誦法を記し、後に總讚嘆禱祝偈を附す。而て元本藏經記には前譯を收め、明本藏經には後本を載す。此經白傘蓋佛母の陀羅尼及び其功德を說く。【成帙六】(1016)

ダイビヤクサンガイブツモ　大白傘蓋佛母　【菩薩】此佛母尊は大威力あり光明を放て一切衆生を覆蓋するを表して大白傘を以て三昧耶形となせば大白傘蓋佛母と名く。佛母とは諸佛の母と云ふ義なり。【大白傘蓋總持陀羅尼經】に「於二其空中華月輪上一想二白色唵字一。唵字放レ光。其光復廻。字種變シテ成二白傘金柄一。柄上嚴ル二唵字一。其字放レ光復廻。字種變シテ成二白傘蓋佛母一。一面二臂具二三目一。金剛跏趺而坐。右手作二無怖畏印一。左手執二白傘一當レ胸。嚴二飾種種瓔珞一。身色潔白。如二雪山上日光明照一。具二喜悅相一。顯レ無二自性一。應レ觀下如二鏡中像一然上。」

ダイビルシヤナ　大毘盧遮那　【佛名】密敎の本尊大日如來なり。大の梵語、摩訶にして毘盧遮那は日の別名なれば、若し具に梵語を存せば摩訶毘盧遮那と言ふべく、並に漢語を取らば大日と言ふべし。今は梵漢雙取して大毘盧遮那と云ふ。但し毘盧遮那を日と譯すは密敎に局る、若し顯密共通の譯は光明遍照と云ふ。「ビルシヤナ」を見よ。⊙(盛衰記一六)「胎藏の大毘盧遮那坐し給へば」

ダイビルシヤナキヤウ　大毘盧遮那經　【經名】大毘盧遮那成佛神變加持經の略名。

ダイビルシヤナジヤウブツジンペンカヂキヤウ　大毘盧遮那成佛神變加持經　【經名】大日經の具題。經文六卷、供養次第一卷、共に七卷、唐の善無畏譯。眞言三部經の一。胎藏界密部の本經なり。「ダイニチキヤウ」を見よ。大日如來が自ら成佛して不思議の加持力を以て內證の法を說きし經典なるを云ふ。神力の加持を離れては說くこと能はず聽くこと能はざるなり。此に就て眞言一宗に自證說法、加持說法の大論ありて、遂に古義新義の兩派を分つ。「ホフシン」を見よ。

ダイビルシヤナジヤウブツジンペンカヂキヤウリヤクジシチシネンジユズヰギヤウホフ　大毘盧遮那成佛神變加持經略示七支念誦隨行法　【經名】一卷、唐の不空譯。七段の即眞言を以て大日經を念誦する法を說く。【閏帙一】(1395)

ダイフゲン　大普賢　【菩薩】普賢菩薩なり。

ダイフウサイ　大風災　【術語】大の三災の一。劫末に大風を起して色界の第三禪天まで破滅する災厄なり。「サンサイ」を見よ。

ダイフゼンヂホフ　大不善地法　〔術語〕一切の不善心に相伴て起る二種の心所法なり、一に無慚二に無愧。【俱舍論四】

ダイフンヌコンガウドウジネンジユユガホフ　大忿怒金剛童子念誦瑜伽法　〔經名〕佛說無量壽佛化身大忿怒俱摩羅金剛念誦瑜伽儀軌法の異名。金剛童子の修法を說く。【餘帙一】

ダイブツ　大佛　〔圖像〕吾國二大佛ありき、一は南都東大寺の大佛、盧舍那佛と稱す。華嚴經の教主報身如來の相にして、梵網經の說に依て之を作る。「我今盧舍那。方坐二蓮華臺周匝千華上一復現二千釋迦一」結跏趺坐の高さ五丈三尺五寸なり、聖武天皇の本願、行基これを助け、良辨僧正の勸進にて天平勝寶四年造立し畢り、同四年四月八日婆羅門僧正開眼供養を行ふ。齊衡二年大佛の頭自然に落ちたることあり、幾何もなく修復なる。治承四年十二月十八日平重衡の爲に燒かれ重源の勸進と賴朝の功によりて修理なる、この時首部を改作せり。後永祿十年松永久秀の兵火に罹り、長く露佛たりしを將軍綱吉再建し、大正四年改築を大成す。二は京都方廣寺の大佛、天正十四年豐臣太閤皇都擁護の爲に、東大寺の盧舍那佛に模して東山方廣寺內に十六丈の坐像を泥塑し、之を閻浮檀金に着色す、慶長元年大地震ありて大佛破壞す。同十五年豐臣秀賴銅像を再建す、坐像の丈六丈三尺寬文二年德川家綱銅像を毀し錢を鑄造し（世に文錢又は大佛錢と云ふ）同四年木像の大佛を造て之に代へ、寬政十年七月雷火に罹り焚燒す。後四十五年天保十四年尾張の人某等勸進して木像の大佛建立に着手す、坐像の高さ九丈六尺の規模なり、而も佛像の首部のみ成り、工事中絕し、全身完成するに及ばず以て今に至れり。方廣寺は天正六年豐太閤の創立にて古溪和尙初て之に住持し、次に聖護院門跡道澄法親王之に住持し、慶長二十年以後妙法院門跡之が住持となる。【山城名勝志、都名所圖會】⦿（水鏡中）「東大寺の大佛」（第八十六圖參照）

ダイブツチヤウ　大佛頂　〔佛名〕佛の名、佛頂尊に多種あり、大佛頂は其の一、「ブツチヤウソン」を見よ。図陀羅尼の名、大佛頂尊の陀羅尼なり。「ブツチヤウジユ」を見よ。

ダイブツチヤウキヤウ　大佛頂經　〔經名〕具名、大佛頂如來密因修證了義諸菩薩萬行首楞嚴經。略して大佛頂經、首楞嚴經、楞嚴經など云ふ。「シユリヨウゴンキヤウ」を見よ。

ダイブツチヤウザンマイ　大佛頂三昧　〔術語〕大佛頂經の壇法に依て佛頂呪を誦する行法を云ふ。【三代實錄一】に「安二置沙彌二十人於陵邊一。晝夜結番修二大佛頂三昧一。」

ダイブツチヤウジユ　大佛頂呪　〔經名〕「ブツチヤウジユ」を見よ。

ダイブツチヤウニヨライシンジユ　大佛頂如來心呪　〔經名〕佛頂呪は總じて四百二十七句あり、其中初は諸衆賢聖の名にて、最後の八句方に正呪なり、故に唯此八句を取て心呪とす。

ダイブツチヤウニヨライハウクワウシツタタハツタラダラニ　大佛頂如來放光悉怛多鉢怛羅陀羅尼　〔經名〕一卷、唐の不空譯。悉怛多鉢怛羅、白傘蓋と譯す、白傘蓋佛頂尊の陀羅尼なり。【閏帙六】

ダイブツチヤウホフ　大佛頂法　〔修法〕金輪佛頂法なり、此に金剛部大日金輪と胎藏部釋迦金輪の二あり。大妙經の所說は大日金輪、大日經の所說は釋迦金輪、首楞嚴經の所說は兩部不二なり。

大佛頂曼荼羅　〔術語〕【楞嚴經七】に「道場を立つる時、靈山の白牛の微細なる糞を旃檀に和し、地に泥し、乃至方圓丈六、八角壇を爲す。壇心に一の金銀銅木の蓮花を置き、華中八月の露水を盛れる鉢を置く。更に十六の蓮華と香燈を參差して外圍を莊嚴し、白牛乳を取り煎餠とし、砂糖乃至蜜、蓮華の外に於て、各各十六華の外を圍繞して諸佛及び大菩薩に奉り、乃至十方如來及び諸菩薩の所有

（大佛頂の圖）

の形像を敷設す。當陽に盧遮那を張り、釋迦、彌勒、阿閦、彌陀、諸の大變化、觀音の形像、金剛藏を兼

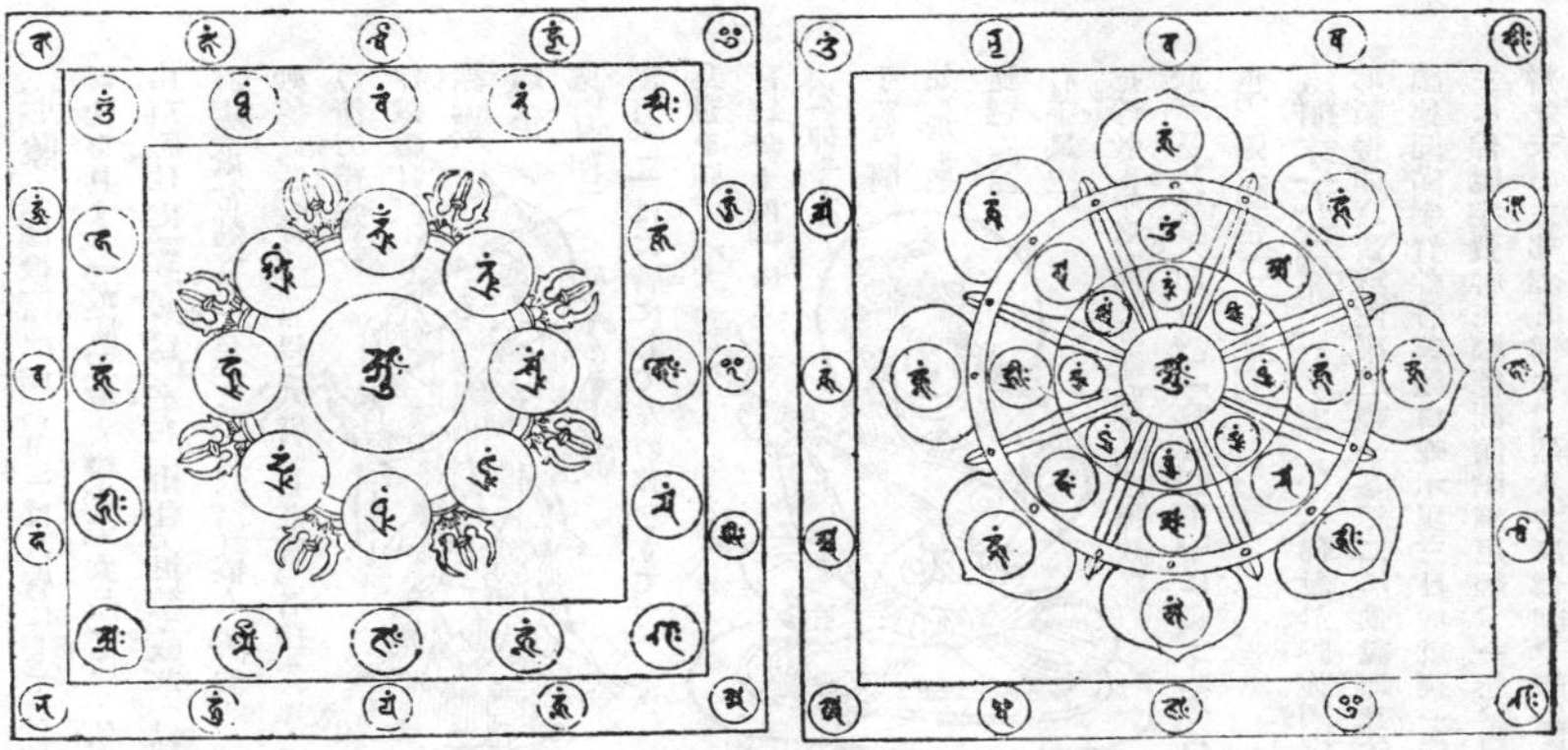

(大佛頂曼荼羅の圖)

て其の左右に安ず。帝釋梵王乃至頻那夜迦、門の側に張て左右に安置す云云。」大妙經に準ずるに中央の蓮鉢は即ち大佛頂なり。八圓鏡は八大佛頂なり。十六の華爐は八菩薩八金剛なり。

大佛頂念誦法 〔術語〕【大妙經】に「心中𤙖字を觀ず。白色にして大月輪を成じ、量法界に徧して上中下の際なく、大八輪の金輪を成じ、又一一の輪中に於て右旋して八色の金剛輪を布き、前に依て身を觀じて大我と爲し、輪臍中に於て頂輪王の形を作り、即ち成就一切事業佛頂諸佛心本三昧耶印を結ぶ。二手を以て十指并に二掌根を散開す。即ち此の印を以て指上に十字の眞言を散安し、一一の字上無量百千の雜色の光明を散じ十方諸佛の刹土を散射す。光明熾盛三世に等しきなし。即ち此の印手を以て右旋して羂索環の勢の如くす。乃至此の印を揮一切佛頂輪王本三昧耶發生無邊諸佛羯磨の印と名く。結護及び供養門を假らずして速に諸佛の大三摩地を成じ、成佛の身をして十地の菩薩目視及ばず、耳聽聞かず、乃至同類の佛をして亦自身を見ざらしむ。何ぞ況んや餘の菩薩等をや。」

ダイブツチヤウビヤクサンガイシンジユ　大佛頂白傘蓋心呪 〔經名〕大佛頂如來心呪に同じ。白傘蓋は佛頂呪の異名なり。

ダイベンクドクテン　大辯功德天 〔天名〕大辯才天の異名。

ダイベンザイクドクテン　大辯才功德天 「〔天名〕大辯才天の異名。

ダイベンザイテン　大辯才天 〔天名〕又、大辯天、大辯功德天、辯才天、大辯才功德天、辯天と云ふ。辯財に作るは非なり、又美音天、妙音天、妙音樂など云ふ。或は男天とし、或は女天とすれども、女天とするもの多し。【大日經疏五】に「次北置二薩囉薩伐底一。Sarasvatī 譯云二妙音樂天一。或曰二辯才天一。次北并置二其妃一。」是れ各其妃あれば男天なり。【同十七】に「妙音是天名也。金光明云二大辯天女一。大辯謂后也。」是れ妙音を男天の名とし、大辯を其后の名となす。【最勝王經大辯才天女品】に「現爲二閻羅之長姊一。常着二青色野蠶衣一。好醜容儀具有。眼目能令二見者怖一。」【大隨求經上】に「大辯才天女」【不空羂索經十五】に「辯才天女」此等皆女天となす。聰明にして辯才あれば辯才天と云ひ、能く美音を發して歌詠すれば美音天妙音天と云ふ、智慧福德を主る天神にして此天を供養すれば財福と智慧を得べしと云ふ。【大日經疏十】に「美音天。是諸天顯二詠美一者。與二乾闥婆一稍異。彼是奏レ樂者也。」【大日經義釋七】に「美音天亦名二辯才天一。是諸天中歌詠美妙者。猶如下毗首羯磨工二於伎巧一之類上。非二乾闥婆一也。」【最勝王經大辯才天女品】に「若有二法師一說二是金光明最勝王經一者。我當レ益二其智慧具一足莊嚴辯說之辯一。」又「若人欲レ得二最上一智應三當一心持二此法一。增二長福智諸功德一必定成就。勿レ生レ疑。若求レ財者得二多財一。求二名稱一者得二名稱一。求二出離一者得二解脫一。必定成就勿レ生レ疑。」【諸儀軌訣影八】に世間に五卷にして折本の辯財天經あり、五卷倶に僞作なり、中に說くと皆僞なり、眞言も皆僞作なり、總じて辯才天の眞言は大日經と最勝王經に說ける二首ばかりなり。」もと辯才天は Sarasvatī の河を神格化せるものにて、妙音と能辯とはその河の流水の音樂そのものなり。故に今日なほ琵琶を象徵とせり。Sarasvatī は五河地方にありと云ふと雖も今普通に稱するものは古代より一定せるものにあらず。住民の移動と共に南下し來りたる如し。或は吉祥天と同一視

せらるることもあり。その施福神となり辨財の字をあてたるは後代のことなり。《第八十七圖參照》

形像 【圖像】 二樣あり一は八臂にして種種の器仗を具す。【最勝王經大辯才天女品】に「依ニ高山頂勝住處ー。葺レ茅爲レ室在レ中住。恒結ニ軟草ー以爲レ衣。在處常翹ニ於一足ー。」又「面貌容儀人樂レ觀。種種妙德以嚴レ身。乃至常以ニ八臂ー自莊嚴。各持ニ弓箭刀矟斧長杵鐵輪幷羂索ー。端正樂レ見如ニ滿月ー。」一は二臂にして左の膝を立てて琵琶を彈ず。【大日經疏十四】に「先仰ニ左手ー當レ臍如下承ニ把琵琶ー狀上。右手風空捻餘散ニ申之ー。向レ身運動。如ニ彈絃之狀ー。是妙音天印也。」【秘藏記下】に「辯才天。白肉色。彈ニ琵琶ー。」

(大辯財天の圖)

(大辯財天の圖)

辯才天三部 【經名】 一に佛說最勝護國宇賀耶頓得如意寶珠陀羅尼經一卷、二に佛說即身貧轉福德圓滿宇賀神將菩薩白蛇示現三日成就經一卷、三に佛說宇賀神王福德圓滿陀羅尼經一卷、已上辯才天の三部經と稱す、然も共に僞經、經錄に載せず、其說に宇賀神王あり顯現す、形天女の如く、頂上に寶冠あり、冠中白蛇あり、蛇の面老人の如くにして眉白し。八臂あり、左の第一は寶珠、第二は寶鉾、第三は輪寶、第四は寶弓、右の第一は寶劍、第二は寶鋒、第三は印鑰、第四は寶箭。」然に宇賀は元と保持（うけもち）の神名にして、蛇のとにあらず、又天女に關係なきと壒囊鈔に辨ず。「ウガ」を見よ。

辯才天五部 【經名】 以上の三部に佛說大宇賀神功德辯才天經一卷と、佛說大辯才天女秘密陀羅尼經一卷とを加へて五本經と云ふ、皆杜撰なり。

大辯天の十五童子 【名數】 僞撰の【佛說最勝護國宇賀耶頓得如意寶珠陀羅尼經】に「一に印鑰童子、二に官帶童子、三に筆硯童子、四に金財童子、五に稻籾童子、六に斗升童子、七に飯櫃童子、八に衣裳童子、九に蠶養童子、十に酒泉童子、十一に愛敬童子、十二に生命童子、十三に從者童子、十四に牛馬童子、十五に船車童子なり。此十五童子各神呪を說き宇賀神王に給仕し、一日より十五日に至て日日相當り、衆生に福智を與ふるを司るなり。」

ダイベンザイテン　大辨財天 【天名】 經軌には辯才に作る、辨財は俗字なり。前項を見よ。

ダイベンテン　大辯天 【天名】 「ダイベンザイテン」を見よ。

ダイホウ　大寶 【術語】 法を大寶となす。【法華經信解品】に「法王大寶自然而至。」又菩薩を以て大寶とす。【法華經譬喩品】に「何故名曰ニ大寶莊嚴ー。其國中以ニ菩薩ー爲ニ大寶ー故。」又護摩壇の異名。

ダイホウカイ　大寶海 【術語】 無量の珍寶を生ずる海。【淨土論】に「觀ニ佛本願力ー。遇無ニ空過者ー。能令ニ速滿ニ足功德大寶海ー。」【教行信證二】に「歸ニ入功德大寶海ー。必獲レ入ニ大會衆數ー。」

ダイホウクワウバクロウカクゼンヂユウヒミツダウニキヤウ　大寶廣博樓閣善住祕密陀羅尼經 【經名】 三卷、唐の不空譯、寶樓閣經三譯の一。「ホウロウカクキヤウ」を見よ。【閏帙七】(1011)

ダイホウケ　大寶華 【雜名】 珠寶より成れる大蓮華なり。

ダイホウケワウ　大寶華王 【雜名】 殊妙の大寶華、華に於て第一なれば王と云ふ。

ダイホウケワウザ　大寶華王座 【雜名】 大寶華王より成れる座牀なり。報身如來之に坐す。【四教儀】に「坐ニ蓮華藏世界七寶菩提樹下大寶華王座ー。現ニ圓滿報身ー。」【四教儀集解下】に「舊攝論云ニ大蓮華王淸淨世界ー。新攝論云ニ大寶華王淸淨佛土ー。」

ダイホウザウ　大寶藏 【術語】 無量の珍寶を包含する庫藏。【勝鬘經】に「大寶藏者。攝ニ受正法ー。」

ダイホウシヤクキヤウ　大寶積經 【經名】 四十九會七十七品あり、前後の諸師一會或は數會を譯して別行す。唐の菩提流志新に三十六會三十九卷を譯し、舊來諸師の譯二十三會八十一卷を取て之に合同し、四十九會一百二十卷にて全本となす。【地帙一乃至六】(23) 寶積とは法寶の集積にて、大乘深妙の法なれば目して寶と云ひ、無量の法門此中に攝在すれば積と云ふ。【寶積經論一】に「大乘法寶中一切諸法差別義攝取故。所有大乘法中諸法差別者。彼盡攝ニ取義ー故名曰ニ寶積ー。」

大寶積經論 【書名】 四卷、失著者名、後魏の菩提流支譯。寶積經第一百十二卷、普明菩薩會第四十三の一卷を釋す。【暑帙十】(1234)

ダイホウバウ　大寶坊 【界名】 大集經の說處な

り。欲色二界の中間にあり。【大集經一】に「以二佛功德威神力一故。於二欲色二界中間一出二大坊庭一。猶如二三千大千世界一。乃至爾時世尊至二寶坊中一昇二師子座一。」【同五】に「爾時世尊。故在二欲色二界中間大寶坊中師子座上一。與二諸大衆一圍繞說法。」

ダイホウマニ　大寶摩尼　〔物名〕　大寶の摩尼なり。摩尼は寶珠の名、離垢又は好意と譯す。

ダイホフ　大法　〔術語〕　大乘深妙の法、人を度する廣きもの。【法華經序品】に「今佛世尊欲レ說二大法一。」図御修法に就て大法、准大法、秘法の三種を分つ。山門には大熾盛光法、七佛藥師法、普賢延命法、安鎭法を以て四箇の大法と定め、寺門には尊星王法、法華法、金剛童子法を以て大法とし、東寺には孔雀經法、仁王經法、請雨經法を以て大法とす。【太平記大全】⦿（曲、葵上）「大法秘法醫療さまざまの御事にて候へども」

ダイホフウ　大法雨　〔譬喩〕　大法能く枯渇の衆生を慈潤すれば以て雨に譬ふ。【法華經序品】に「雨二大法雨一。吹二大法螺一。」【同化城喩品】に「普雨二大法雨一。度二無量衆生一。」

ダイホフキンナラ　大法緊那羅　〔天名〕　法華經序品四人緊那羅の一。妙法の樂を奏するもの。

ダイホフク　大法鼓　〔譬喩〕　大法能く生死の長夜を警醒すれば以て鼓に譬ふ。【法華經序品】に「吹二大法螺一。擊二大法鼓一。」

ダイホフクキヤウ　大法鼓經　〔經名〕　二卷、劉宋の求那跋陀羅譯。佛祇洹に在て有非有の法門を說き、波斯匿王鼓を擊ち貝を吹て來る。佛言く、我れ當に大法鼓經を說くべしと。迦葉をして大法を聞くに堪えざる者をして盡く座を去らしめ、如來の常樂我淨、不般涅槃及び一切衆生皆佛性あり、一切の空經皆方便なるを說く。【盈帙四】（440）

ダイホフコダラニキヤウ　大法炬陀羅尼經　〔經名〕　二十卷、隋の闍那崛多譯。善威光天子陀羅尼門を請問す、佛大力莊嚴三昧に入り、過去の放光如來が此經を說きし事を說く。一經五十二品、皆昔時放光如來所說の法を述ぶるなり。【宙帙九】（422）

ダイホフシヰ　大法師位　〔職位〕　僧階五位の極位にて朝官三位に相當す。僧正及び僧正に相當するもの之を拜す。「ソウヰ」を見よ。

ダイホフマン　大法慢　〔術語〕　法慢の大なるもの。所得の法に於て慢心を起すを法慢と云ふ。

ダイホフラ　大法螺　〔術語〕　大法の聲能く人を警醒すれば螺貝に譬ふ。【法華經序品】に「吹二大法螺一擊二大法鼓一。」「を集むるもの。

ダイホフヱ　大法會　〔儀式〕　法事の爲に大に人

ダイホン　大本　〔經名〕　天台は淨土の三經中無量壽經を大本と稱し、阿彌陀經を小本と稱す。

ダイボサツ　大菩薩　〔術語〕　菩薩に大小あり、初心の菩薩を小とし、深行の菩薩を大とす。【無量壽經下】に「彼有二七百九十億大菩薩衆。諸小菩薩一。」⦿（大鏡八）「信をいたさせ給ひしかば、大菩薩のうけ巾させ給へりけるにこそ」

大菩薩號　〔職位〕　天平二十一年菅原寺の行基に大菩薩の號を賜ふ。【元亨釋書行基傳】

ダイボダイ　大菩提　〔術語〕　佛の菩提を聲聞緣覺の菩提に對して大菩提と云ふ。何となれば二乘の無漏は菩提にして大にあらず、佛の無漏慧は菩提にして大なり。【唯識論一】に「由レ斷二礙レ解所知障一得二大菩提一。」【法華論】に「菩提に三種あり、一に聲聞菩提、二に緣覺菩提、三に無上菩提。」無上菩提は即ち佛果菩提なり、今之を指して佛菩提と云ふ。

ダイボダイシン　大菩提心　〔術語〕　大菩提を求むる心なり。

ダイボダイドウ　大菩提幢　〔術語〕　密印を稱す。是れ無上菩提の幖幟なれば大菩提幢と云ふ。【大日經密印品】に「菩薩由レ此嚴レ身故。處二生死中一巡二歷諸趣一。於二一切如來大會一。以二此大菩提幢一而標二幟之一。」

ダイボン　大梵　〔天名〕　天神の名、又觀音の名、大梵深遠觀音なり。

ダイボン　大品　〔經名〕　大品般若經なり。

ダイボンキヤウ　大品經　〔經名〕　大品般若經なり。

ダイボンジンヲン　大梵深遠　〔菩薩〕　天台所立六觀音の一。「ロククワンオン」を見よ。⦿（榮花、鳥の舞）「大悲をはじめとして大梵深遠に至るまで」

ダイボンテン　大梵天　〔天名〕　Mahābrahman 梵とは清淨の義にて婬欲を離れたる色界諸天の通名なり、今は其中初禪天の王を大梵天と云ふ。初禪天は色界四禪の最初なれば殊に梵天の名を付し、其中大梵天、梵輔天、梵衆天の三に分ち、大梵は君なり、梵輔は臣なり、梵衆は民なり、大梵天が得る所の禪定は中間禪と稱して初禪と二禪との中間に位する禪定なり。【慧苑音義上】に「梵謂二梵摩一。具謂二跋濫摩一。此謂二清淨一。」【智度論十】に「梵名二離欲清淨一。」【智度論

（大梵天の圖）

三十五】に「梵者色界都名也。」【正理論三十一】に「廣善所生故名爲レ梵。此梵即大故名二大梵一。由三彼獲二得中間定一故。最初生故。最初沒故。威德等勝故。名爲レ大。」彼が名を尸棄と云ふ。火又は頂髻と譯す、彼れ頂上に髻を結ぶ火の如し、以て火光定に入るを表すればなり。彼れ初禪天に在りて最初に生ずるが故に自ら念ふ、我に父母なく自然に生ず、我れ娑婆世界の主となると。【法華經序品】に「娑婆世界主梵天王尸棄大王。」【大般若經五百七十】に「堪忍世界主持髻梵王。」【智度論一】に「三千大千世界主持梵天王名二式棄一。」【法華文句二】に「尸棄者此翻爲二頂髻一。又外國呼レ火爲二樹提尸棄一。此王本修二火光定一破二欲界惑一。從レ德立レ名。」彼れ深く正法を信じ、佛の出世毎に必ず最初に來て轉法輪を請ひ、又常に佛の右邊に在りて、手に白拂を持し以て帝釋に對す。⊙（正統記一）「大梵天の宮殿」

外道の梵天　〔天名〕外道より見る梵天に三種あり、一に那羅延天より梵天を生じ梵天より四姓の人類及び一切を生ずと、是れ韓陀論師の說なり。【外道小乘涅槃論】に「問曰。何等外道說二梵天是涅槃因一。答曰。第四外道圍陀論師說。從二那羅延天臍中一生二大蓮華一。從二蓮華一生二梵天祖公一。彼梵天作二一切命無命物一。從二梵天口中一生二婆羅門一。兩臂中生二剎利一。兩髀中生二毘舍一。從二兩脚跟一生二首陀一。一切大地是修二福德一戒場。乃至於二界場中一殺害供二養梵天一得レ生二彼處一名二涅槃一。」【大日經疏二】に「圍陀是梵王所レ演四種明論。大圍陀論師是受二持彼經一能敎授者。乃至於二彼部顯之中一梵天猶如レ佛。四韋陀典猶如二十二部經一。傳二此法一者如二和會僧一。」二は縛紐天より梵天を生じ、梵天より八子を生じて一切萬物の元となすとす是れ縛紐論師の梵天說なり。【智度論八】に「劫盡燒時一切皆空。衆生福德因緣力故十方風至相對相解能持二大水一。水上有二一千頭人二千手足一名爲二韋紐一。是人臍中出二千葉金色妙寶蓮華一。其光大明如二萬日俱照一。華中有レ人結跏趺坐。此人復有二無量光明一名曰二梵天王一。此梵天王心生二八子一。八子生二天地人民一。是梵天王於二諸婬瞋一已盡無レ餘。」三は摩醯首羅を以て法身とし、那羅延を以て報身とし、梵天を以て應身とす、是れ摩醯首羅論師の說なり。【提婆論】に「梵王那羅延摩醯首羅。一體三分。」【玄應音義二十五】に「那羅延。那羅此翻爲レ人。延那此云二生本一。謂人生本。即是梵王。外道謂。一切人皆從二梵王一生。故名二人生本一也。」

形像　〔圖像〕【大日經一】に「大梵在二其右一。四面持二髮冠一。唵字相爲レ印。執レ蓮在二鵝上一。」【大日經疏五】に「大梵王。載二髮髻冠一。坐二七鵝車中一。四面四手。一手持二蓮華一。一手持二數珠一。已上是右手。一手持二軍持一。一手作二唵字印一。以上是左手也。印當下稍屈二頭指一直三申餘指一。側レ手按レ之而作中語狀上。是名二淨行者吉祥印一。」【秘藏記下】に「大王。大梵天四面。面上三眼。有二四手一各持二華瓶鉢一。肉色。」

ダイボンテンワウ　大梵天王　〔天名〕大梵天は初禪天の王なれば大梵天王と云ふ。略して大梵王とも梵王とも稱す。色界の十八天に通ずる名なれど初禪梵天の王に就て言ふを常とす。

ダイボンテンワウモンブツケツギキヤウ　大梵天王問佛決疑經　〔經名〕禪家所談の拈花微笑の事此經典に出づと云ふ。「ネンゲミセウ」を見よ。⊙（太平記二四）「此事大梵天王問佛決疑經に說かれたり」

ダイボンニヨイテン　大梵如意天　〔天名〕大梵天なり、彼天威力あり如意自在を得れば如意と云ふ。

ダイボンノウヂホフ　大煩惱地法　〔術語〕一切の煩惱心と相伴ふ心所を云ふ。六あり、一に痴、二と放逸、三に懈怠、四に不信、五に惛沈、六に掉擧。【俱舍論四】

ダイボンハンニヤキヤウ　大品般若經　〔經名〕羅什譯の摩訶般若波羅蜜經に二十七卷本と十卷本との二經あり、一を大品般若經と云ひ、一を小品般若經と云ふ。

ダイボンワウ　大梵王　〔天名〕大梵天王なり。

ダイボンワウグ　大梵王宮　〔雜名〕大梵天王の宮殿。色界初禪の梵輔天の中に在り。【俱舍論八】に「於二梵輔天處一有二高大閣一名二大梵天一。一主所レ居非レ有二別地一。如二世尊處レ座四衆圍繞一。」【往生要集上本】に「忉利天上億千歲樂大梵王宮深禪定樂。」⊙（榮花音樂）「大梵王宮の深禪定の樂」

ダイマ　大魔　〔術語〕惡魔の大なるもの。

ダイマン　大曼　〔術語〕大曼荼羅の略。

ダイマン　大慢　〔術語〕我慢の大なるもの。

ダイマングワンギ　大滿願義　〔術語〕大日如來の南方金剛幢菩薩を出生する義趣なり【出生義】に「由二一切如來大滿願義一而生二金剛幢一。」

ダイマンダラ　大曼荼羅　〔術語〕四種曼荼羅の一。諸尊の形體及び形體を圖畫彫刻せしもの。此中五大を具足すれば大と名く。【秘藏記本】に「大曼荼羅五大也。謂繪像形體等也。高廣之義。」

ダイマンダラワウ　大曼荼羅王　〔術語〕阿字を稱するなり、眞言の梵名を曼荼羅と云ふ、阿字は

眞言の中の王なれば大曼荼羅王と稱するなり。【大疏十】に「於下大悲胎藏大曼荼羅王如レ所二通達一。淨淨法門上各各樂三欲自陳二說之一。」【同六】に「此阿字門爲二一切眞言之王一。猶如三世尊爲二諸法之王一。」

ダイミヤウ　大命　〔術語〕死生は運命に大なるものなれば大命と云ふ。【無量壽經下】に「大命將レ終。悔懼交至。」【望西樓鈔七】に「義寂云。死生爲二大命一。窮迫爲二小命一。」

ダイミヤウ　大明　〔人名〕瑞龍山南禪寺の開山、大明國師、名は普門、無關と號す。信州保科の人、十三祝髮、十九長樂寺の圓朝に從て菩薩戒を受け、顯密の二教を學ぶ、又聖一國師に依止すると五歲頗る玄奥に入る。後宋に入りて淨慈寺の斷橋倫和尙に就て法を嗣ぎ、宋に至る十二年、歸て聖一に侍す。弘安三年聖一遷化す、四年本山に出世し衆に臨む十餘歲、正應年中龜山上皇龍山の離宮に妖怪祟を爲す、西大寺の叡尊に命じて之を治せしむ、驗なし。改て門に勅す、門入りて禪坐するに怪乃ち息む。上皇大に悅で宮を捨てて寺となし、太平興國南禪禪寺と號し、門を以て開山第一祖とす。正應四年十二月東福寺の丈室に寂す、壽八十。嘉元年中佛心禪師と諡し、元亨三年大明國師と加賜す。【本朝高僧傳二十二】

ダイミヤウキヤウ　大明經　〔經名〕大明度經の略名。

ダイミヤウジユ　大明呪　〔經名〕大光明を放て衆生の昏闇を破る陀羅尼なり。【般若心經】に「般若波羅蜜多是大神呪。是大明呪。」【法藏疏】に「鑑照不昧名爲二明呪一。」又明は呪の別名。佛光の中に陀羅尼を說けば呪を明と名く、大明即大呪なり。

ダイミヤウジユキヤウ　大明呪經　〔經名〕摩訶般若波羅蜜大明呪經の略名。

ダイミヤウサウ　題名僧　〔職位〕法會に參列する僧の中に導師又は七僧を除き他の衆僧を題名僧と稱す。類の多少一定なし。題名とは此等の人讀師に次で經の題目を擧ぐるとあり依て名く。【類聚雜例】に「七僧外題名僧六十口。」

ダイミヤウドキヤウ　大明度經　〔經名〕六卷、吳の支謙譯、梵語波羅蜜、舊に度又は度無極と譯す、大明度は大に波羅蜜の行を明かす意、道行般若經と同本異譯。【月帙八】(8)

ダイミヤウドムゴクキヤウ　大明度無極經　〔經名〕大明度經の異名。

ダイミヤウワウ　大明王　〔術語〕不動尊等の諸明王を云ふ。又大眞言を云ふ、大明王大隨求陀羅尼經と言ふ如し。【諸儀軌訣影四】

ダイミンサンザウシヤウケウモクロク　大明三藏聖敎目錄　〔書名〕明の永樂年間勅して藏經の勘校寫錄を行ひ、南北兩京にて翻刻す、これ北藏の目錄なり。

ダイミンサンザウホツスウ　大明三藏法數　〔書名〕五十卷、明朝一如等集註す。

ダイム　大夢　〔譬喩〕生死の境界を譬ふ。【往生論註上】に「長寢二大夢一莫レ知レ悕レ出。」

ダイムリヤウジユキヤウ　大無量壽經　〔經名〕無量壽經二卷は淨土三部經中にて最も大本なる故に名く。又略して大經とも云ふ。

ダイメウキヤウ　大妙經　〔經名〕大妙金剛大甘露軍拏利焰鬘熾盛佛頂經の略名。

ダイメツタイコンガウチ　大滅諦金剛智　〔術語〕大滅諦は佛の斷德、金剛智は佛の智德、是れ三德中の前二なり。【仁王經上】に「十號三明大滅諦金剛智釋迦牟尼佛。」

ダイモク　題目　〔術語〕經論の題號なり。凡そ大乘の經典は重きを題號に置き、題を一部の總標とし、題と本文とは但廣略の別となすを通規とす。故に題目を受持する功德は一經を受持する功德に等し。【無量壽經】に「命欲レ終時遇三善知識爲讚二大乘十二部首題名字一。以レ聞二如レ是諸經名一故除二却千劫極重惡業一。」是に依て日蓮宗には彼宗所依の法華經一部八卷の題號、妙法蓮華經の五字に歸敬信受の意を示し、南無の二字を冠し、南無妙法蓮華經と唱へしむ。依て彼宗を題目宗又は唱題宗と稱す。是より題目の名は法華經の題號即ち妙法蓮華經の特稱となる。

ダイモクケンレン　大目犍連　〔人名〕比丘の名。「マカモクケンレン」を見よ。

ダイモクヲドリ　題目踊　〔雜名〕洛北修學寺村の老嫗法華の題目を唱へ踊をなす、是を題目踊と云ふ。松が崎も同じ。

ダイモン　大門　〔雜名〕寺院の外門を云ふ、又三門に通ず。

ダイヤ　大夜　〔儀式〕又、迨夜、宿夜と云ふ。茶毘日の前夜を云ふ。女の婚嫁して再び歸る理なきを大歸と云ふ如く、只此一夜にして明日出で再び歸るとなければ大夜と稱す、世に忌辰の前夜を稱して大夜迨夜と云ふは誤なり。【象器箋三】

ダイユガ　大瑜伽　〔術語〕金剛頂蓮華部心念誦儀軌の異名、常に金剛界儀軌と稱するもの是なり。【閏帙二】(1436)

ダイラ　提羅　〔術語〕扇提羅 Sandhila*の略。男女根不具の稱。昔五人の比丘あり、利養を得ん爲めに矯て聖者の形を裝ふ、一婦人あり之を信じて誠意之を供養す、爲に婦人は大に絕福を得、比丘は死し

て地獄に墮ち後、人に生れて扇提羅となる。【止觀一】に「無レ德受レ供如二彼提羅《ノ》行一。」「センダイラ」を見よ。◉（太平記）に「調達萃二衆賢一落二邪路一。提羅貪レ供而開二利門一。」

ダイラカン　大羅漢　【術語】大阿羅漢の略。

ダイラク　大樂　【人名】叡山西塔の沙門惠亮の別號。【先德記】に「大樂大師西塔《ノ》惠亮和尙居二無動寺一。」

ガイラクコンガウ　大樂金剛　【菩薩】金剛菩薩の異名。「ダイラクフクウ」を見よ。

ダイラクコンガウサツタ　大樂金剛薩埵　【菩薩】具に大樂不空金剛薩埵と云ふ、大樂不空は金剛薩埵の總名なり。「ダイラクフクウ」を見よ。

大樂金剛薩埵修行成就儀軌　【經名】一卷、不空譯、金剛薩埵の修法の儀軌なり。【閏帙九】（1390）

ダイラクコンガウフクウシンジツサンマヤ　大樂金剛不空眞實三摩耶　【術語】金剛薩埵所證の三摩耶なり。

大樂金剛不空眞實三摩耶經　【經名】一卷、不空譯。大般若五百七十八卷の第十會般若理趣分の密部なり。此經金剛薩埵所證の三摩地の法門を説く。略して般若理趣經、又は理趣釋と云ふ。

大樂金剛不空眞實三昧耶經般若波羅蜜多理趣釋　【書名】一卷、不空譯。本經の字句一一の理趣表法の義門を説く。常に理趣釋と略稱す。【閏帙八】（1034）

ダイラクフクウ　大樂不空　【菩薩】金剛薩埵の異名。【理趣釋開題】に「大樂金剛者金剛薩埵異名。妙樂之中此尊《ノ》三摩地特《ニ》爲二殊勝一故曰二大樂一。不空者梵曰二阿目佉一。此云二無間一。自證之大樂化他之大喜無レ有二間斷一故曰二無間一。無間與二不空一其義一也。」【諸儀軌訣影鈔】に「大樂不空約《ハ》レ德。金剛薩埵正擧《ハ》レ名。」「コンガウサッタ」を見よ。

（大樂不空の圖）

ダイラコク　大羅國　【地名】【見聞集三】に「天竺大羅國。」天羅國の誤。

ダイリ　大利　【術語】廣大の利益。【無量壽經下】に「當レ知此人爲レ得二大利一。」

ダイリキダイゴミヤウヒ　大力大護明妃　【眞言】又無堪忍大護明と云ふ。此の眞言を誦する者は如來と等しき大力を具して能く其の身を護れば大力大護と云ひ、又此の眞言の威光猛盛にして小兒の眼の烈日の光に堪へざる如くなれば無堪忍と云ふ。【大疏九】に「爾時世尊《ノ》乃至發二普徧一切如來法界哀愍無餘衆生界音聲一。說二持明法句一。若我所レ言誠實不レ虛者。其有二誦持習一令二其勢力與レ我無一レ異。故名二大力大護明妃一也。」【同十三】に「此名二無堪忍大護一。由二彼威光猛盛一。如二初生小兒不レ堪二初日之光一。此亦如レ是。一切不レ能三堪忍而睒二奪之一者。故名二無堪忍大護一。以レ此護二眞言之行者一也。」

ダイリキワウ　大力王　【人名】昔王あり大力と曰ふ、施を好む、來て乞ふ者あれば一切施與す。帝釋之を試みんと欲し、化して婆羅門となり、來て王の身分を乞ふ。王刀を以て臂を斷て與へ、悔恨の心なし。大力王は今の釋迦佛、婆羅門は今の提婆達多是なり。【菩薩藏經下、經律異相二十五】

ダイリツシ　大律師　【職位】律師は僧綱三官の第三、中に大正權の別あり。光仁の朝共に從五位に、桓武の朝五位に當てらる。

ダイリユウゴンゲン　大龍權現　【神名】深位の菩薩願力を以て權に大龍の相を現じて衆生を護るもの。【西域記一】に「大地《ノ》菩薩以二願力一故化爲二龍王一。」

ダイリンコンガウ　大輪金剛　【菩薩】菩薩の名。胎藏界金剛手院三十三尊の一。斷惑の智德を表して大輪と云ふ、手に三股の跋折羅を持つ。

（大輪金剛の圖）

佛說大輪金剛總持陀羅尼經　【經名】一卷、失譯。【餘帙二】

大輪金剛修行悉地成就及供養法　【經名】一卷、失譯。【餘帙二】

ダイリンシヤウジヤ　大林精舍　【寺名】大竹林精舍の略稱。「チクリンシヤウジヤ」を見よ。

ダイレイ　代禮　【雜語】代人をして他を禮せしめんとするときは先づ代人をして自己の禮拜を受けしむ、即ち傳拜なり。【釋氏要覽中】に「代禮若二此方偺之傳拜一也。十誦律云。弟子遊レ方。和尙知三彼有二靈蹤聖像名德人《ノ》一。和尙令レ傳二禮於彼一。其弟子得レ側レ身受二和尙禮一。」

ダイレンゲホフザウカイ　大蓮華法藏界

【界名】西方の極樂を稱す。【出生義】に「西方大蓮華法藏世界無量壽如來四親近菩薩也。」

ダイレンゲチヱサマヂチ　大蓮華智慧三摩地智　【術語】西方阿彌陀の妙觀察智を稱す。

ダイロクイシキ　第六意識　【術語】唯識論所立八識に就て眼識より數へて意識は第六に位するを以て第六識とも第六意識とも云ふ。⊙（盛衰記八）「魔王は一切衆生の第六の意識かへりて魔王となる」

ダイロウタンキヤウ　大樓炭經　【經名】六卷、西晉の法立等譯。樓炭は梵語、成敗と譯す、此經世界の成壞を說く。異譯に起世經と曰ふ是なり。【辰帙一】(551)

ダイロクオン　第六陰　【術語】五陰の外に第六陰なし、依て名ありて實なきを譬て第六陰と云ふ、第十三入第十九界と言ふ如し。【維摩經觀衆生品】に「如二第六陰一。如二第七情一。」

ダイロクシキ　第六識　【術語】第六意識なり。

ダイロクテン　第六天　【界名】欲界の天に六重あり、他化自在天は第六に位するを以て第六天と云ふ、是れ欲界の頂上なり。

第六天の魔王　【天名】此他化自在天王は常に佛道に障礙を爲せば魔王と云ふ、四魔中の天魔なり、佛の成道せんとするとき來て妨害を爲し、遂に佛の爲に調伏せられしも此魔王なり。【三藏法數十七】に「此魔即欲界第六天也。若人勤二修勝善一欲レ超二越三界生死一。而此天魔爲作二障礙一。發二起種種擾亂之事一。令二修行人不一レ得レ成二就出世善根一。是名二天魔一。」⊙（曲、第六天）「第六天の魔王とは我が事」

ダイロン　大論　【書名】大智度論の略名。

ダイワウ　大王　【雜語】梵語、摩賀羅惹 Mahārāja【梵語雜名】

ダイワウタウ　大黃湯　【飮食】黃龍湯の異名。

ダイワカ　提和竭　【佛名】「ダイワカラ」を見よ。

ダイワカラ　大和竭羅　【佛名】Dīpaṅkara 又、提和竭、提洹竭。佛の名、譯、燃燈、錠光。【玄應音義三】に「提和竭。或云二提和竭羅一。此云二錠光一。亦曰二燃燈佛一是也。」【可洪音義二】に「提洹竭。中戶官反。亦云二提和竭一。此云二錠光一。即燃燈佛也。」

ダイワジヤウ　大和尙　【術語】受戒の師を和尙と云ふ、和尙の年長け德高きを大と稱す。

大和尙號　【職位】西晉の懷帝永嘉四年天竺の佛圖澄至る、石季龍心を傾けて之に事へ大和尙と號す。【佛祖統紀三十六】吾朝淳仁天皇天平寶字元年八月大僧正釋鑑眞に大和尙の號を授く。【元亨釋書鑑眞傳】

ダイワラヤ　提和羅耶　【佛名】Devarāja 譯、天王。【薩曇分陀利經】に「調達。却後阿僧祇劫當レ得二作佛一。號名二提和羅耶一。漢言二天王一。」

ダイワヲツ　提和越　【雜名】Devasopāna 譯、天地。【薩曇分陀利經】に「天王佛國名二提和越一。漢言二天地國一。」

ダイヰエウギ　大威曜義　【術語】大日如來の南方金剛光菩薩を出生する義趣なり。【出生義】に「由二一切如來大威曜義一而生二金剛光一。」

ダイヰクワウダイボサツサンマヤ　大威光大菩薩三昧耶　【術語】大日如來の南方金剛光菩薩を出生する三摩地なり。【金剛頂經】

ダイヰトウクワウセンニンモンキヤウ　大威燈光仙人問經　【經名】一卷、隋の闍那崛多譯。大威燈光仙人疑を問ふ、佛爲に疑を決す。遂に大願を發して一切智を求む。一切仙人亦然り。佛悉く菩提の記を授く。【宙帙一】(211)

ダイヰトク　大威德　【術語】惡を伏する勢あるを大威と云ひ善を護る功あるを大德と云ふ、明王の中の大威德、菩薩の中の大威德、迦樓羅王の中の大威德、各其性德を以て名く。⊙（榮花、疑）「淸禪阿闍梨は大威德をゐやまひて腰をかがめたり」

ダイヰトクカルラワウ　大威德迦樓羅王　【異類】法華經序品に列なる四迦樓羅王の一。

ダイヰトクコンリンブツチヤウシジヤウクワウニヨライ　大威德金輪佛頂熾盛光如來　【佛名】消災陀羅尼の本尊なり。略して金輪佛頂とも熾盛光佛頂とも云ふ。

大威德金輪佛頂熾盛光如來消除一切災難陀羅尼經　【經名】一卷、唐代失譯。消災經二譯の一。金輪佛頂尊の消災陀羅尼を說く。【閏帙六】(1009)

ダイヰトクシヤ　大威德者　【術語】百光徧照眞言を稱す。「ヒヤククワウヘンジヤウシンゴン」を見よ。

ダイヰトクシヤウイン　大威德生印　【術語】如來大威生印の異稱なり。

ダイヰトクジユ　大威德呪　【經名】消災陀羅尼の別名なり。彼陀羅尼の本尊を大威德金輪佛頂熾盛光如來と云ふ。⊙（著聞集、釋敎）「大威德呪を見てしばらく加持するにあへてはたらかず」

ダイヰトクソン　大威德尊　【明王】大威德明王なり。

ダイヰトクダラニキヤウ　大威德陀羅尼經　【經名】二十卷、隋の闍那崛多譯。佛阿難の爲

に陀羅尼の法本を說き、一一の法中多種の名多種の義を示す。亦廣く末世惡比丘の事を說き、及び菩薩母胎中に住する樓閣の莊嚴を說く。【宙帙十】(423)

ダイヰトクホフ　大威德法　〔修法〕　大威德明王の御修法なり。⦿（太平記二〇）「承和修二大威德之法一」

ダイヰトクミヤウワウ　大威德明王　〔明王〕　五大明王の一。西方に配し本地を阿彌陀とす、三面六臂大白牛に乘る。梵名閻曼德迦、降閻魔尊、六足尊など別稱す。「ガウヱン·マソン」を見よ。⦿（曲、道成寺）「西方に大威德明王」

（大威德明王の圖）

ダイヱ　大會　〔術語〕　大法會なり。佛事の爲に多衆を會するを云ふ。【般舟讃】に「一一大會隨レ人入。」

ダイヱ　大慧　〔菩薩〕　Mahāmati 梵名、摩訶摩底、菩薩の名。楞伽經の會座に一會の上首となり、對揚主たり。【佛地論一】に「問答決擇無二窮盡一。故名爲二大慧一。」

ダイヱ　大慧　〔人名〕　禪師の名。宋の杭州徑山の佛日禪師、名は宗杲、法を佛果圜悟禪師に嗣ぐ、高宗の紹興十七年詔して徑山に住せしむ、二十一年事を以て梅州に竄せられ、二十八年詔して再び徑山に住せしむ、孝宗の隆興元年八月十日、徑山の明月堂に寂す、壽七十五。諡を普覺と賜ひ、塔を寶光と曰ふ。孝宗藩邸に居るより之に師事し、即位に及び號を大慧禪師と賜ふ。語錄三十卷、勅して大藏に入る。【五燈會元十九】圜悟嘗て碧巖集を著はす、大慧之を燒く。【碧巖種電鈔一】に「此書已成。學者走二知解一者多矣。大慧爲レ救二此弊一炬炳レ之。所謂雲門一棒打殺之高懷也。」図〔人名〕唐の一行禪師大慧と諡せらる。

ダイヱゴロク　大慧語錄　〔書名〕　具名、大慧普覺禪師語錄。三十卷、宋の蘊聞集。【騰帙八】(1532)

ダイヱシユ　大會衆　〔術語〕　賢聖の衆會。【往生論註下】に「以下讃二嘆阿彌陀佛一。隨二順名義一。稱二如來名一。依二如來智相光明一修行上故。得レ入二大會衆數一。」

ダイヱシヨ　大慧書　〔書名〕　二卷、大慧禪師宗杲の書牘を集めしもの。

ダイヱトウイン　大慧刀印　〔印相〕　其形塔印に同じ。【十八道事鈔上】に「塔印。寶瓶印。大慧刀印。此三印同印別名也。隨二其所一レ用改二阿閣梨觀心一也。」「タフイン」を見よ。

ダイヱムコ　大慧武庫　〔書名〕　具名、大慧普覺禪師宗門武庫。大慧語錄の後に附す。

ダイヱンガク　大圓覺　〔術語〕　廣大圓滿の覺、佛智を云ふ。【圓覺經】に「一切衆生欲レ汎二如來大圓覺海一。先當三發願勤二修二障一。」又「障盡願滿便登二解脫清淨法殿一。證二大圓覺妙莊嚴域一。」

ダイヱンキヤウチ　大圓鏡智　〔術語〕　顯敎四智の一。諸大乘敎に如來の四智を說く、凡夫の第八識如來に至て大圓鏡智となる、大圓鏡は喩なり、其智體淸淨にして有漏雜染の法を離れ、衆生善惡の業報より萬德の境界を顯現すること大圓鏡の如くなるを大圓鏡智と名く。【心地觀經二】に「轉二異熟識一得二此智慧一。如三大圓鏡現二諸色像一。如レ是如來鏡智之中能現二衆生諸善惡業一。以二是因緣一名爲二大圓鏡智一。乃至常能執三持無漏根身一。一切功德爲二所依止一。」【唯識論十】に「離二諸雜染一。純淨圓德現種依持。能三現能三生身土智影一。無間無斷窮二未來際一。如三大圓鏡現二衆色像一。」図密敎五智の一。密敎は顯敎の四智に法界體性智の一を加へて五智となし、五大五佛五方等に配す、即ち大圓鏡智は東方なり、地大なり、阿閦如來なり、菩提心なり。【菩提心論】に「東方阿閦佛由レ成二大圓鏡智一亦名二金剛智一也。」⦿（水鏡、下）「佛の大圓鏡智の鏡にはよも及び侍らじ」

ダイヱンキヤウチクワン　大圓鏡智觀　〔術語〕　多くの圓鏡相對するに影現互に相入する如く、佛身と我と入我我入の觀法なり。即ち大圓鏡智の相なり。【三摩地軌】に「知二身與レ尊無レ有レ二。色相威儀皆與等。衆會眷屬自圍繞。住二圓寂大鏡智一。」

ダイヲウ　大雄　〔術語〕　佛の德號。佛大力ありて四魔を伏すれば大雄と云ふ。【法華經涌出品】に「善哉善哉大雄世尊。」【同授記品】に「大雄猛世尊。諸釋之法王。」

ダイヲウホウ　大雄峯　〔地名〕　百丈山の別名なり。【碧巖二十六則】に「僧問二百丈一。如何是奇特事。丈云。獨坐大雄峯。」

ダウ　道　〔術語〕　能通の義なり。大要三種あり。一は有漏道なり、善業は人を通じて善處に至らしめ、惡業は人を通じて惡處に趣かしむれば善惡二業を道と名け、所至所趣の處を亦道と名く。地獄等の六道是なり。【淨土論註上】に「道者通也。以二如レ此因一得二如レ此果一。以二如レ是果一酬二如レ是因一。通レ因至レ果通レ果酬レ果。故名爲レ道。」【大乘義章八末】に「所レ言道者從レ因名也。善惡兩業通レ人至レ果名レ之爲レ道。地獄等

報爲ニ道所ヒ詣故名爲レ道。」二は無漏道なり、七覺八正等の法は能く行人を通じて涅槃に至らしむれば道と名く、又行體虛融無礙なれば通の義なり。通の故に道と名く。道諦道品聲聞道佛道など、梵の菩提是なり。【大乘義章十六】に「諸行同體虛融無礙。名レ之爲レ通。通故名レ道。」【三論玄義】に「至妙虛通目レ之爲レ道。」【俱舍論二十五】に「道義云何。謂ニ涅槃路一。乘レ此能往ニ涅槃城一。故。」【法界次第中之下】に「道以ニ能通一爲レ義。正道及助道。是ニ相扶能通至ニ涅槃一。故名爲レ道。」【華嚴大疏十八】に「通ニ至佛果一故名レ道。」三は涅槃の體一切の障礙を排除して無礙自在なれば道と名く。【涅槃無名論】に「夫涅槃之名レ道也。寂寥虛曠不レ可下以ニ形名一得上。微妙無相不レ可下以ニ有心一知上。」【淨土論註下】に「道者無礙道也。」

ダウアン 道安 〔人名〕符秦の道安、常山扶柳の人、家世儒を業とす、早く父母を喪ひ十二歲出家す。神智聰敏なり、而も形貌甚だ陋し、師の重ずる所とならず、數年驅役せらる。安精勤倦まず、後經を求む、師一經を與ふ、殆ど一萬言あり、安一日に之を誦して一字を差へず、師大に驚き爲に具戒を授け次に遊方せしむ。鄴都に入り佛圖澄に遇て之を師とす、澄講ずれば安毎に覆述す、時人語つて曰く漆道人驚ニ四隣一と。後に諸處を歷遊して道を訪ひ、太行の恒山に於て寺塔を創立す。晉の武帝寧康元年石氏の亂を避けて弟子遠等四百餘人を率ひて襄陽に至り、檀溪寺を立て佛像を鑄る。武帝安の名を聞て厚祿を賚給す、安固辭して受けず。晉の太元四年、秦主符堅を攻めて襄陽を取り安を得て喜で曰く、吾十萬の師を以て襄陽を取り、一人半を得たり、安公一人習鑿齒半人なりと。安長安に至る。僧徒數千人大に法化を弘む。堅江南を取らんとす、安之を諫む、堅聽かずして之を攻め果して大敗す。安經を註する毎に聖證を求む。一日長眉尊者の來降を感ず、所製を見て欽嘆す、即ち賓頭盧なり。因て日供を設く。安毎に弟子法遇等と彌勒の前に於て誓を立て兜率に生れんと願ず、秦の建元二十一年寂、壽七十二。安生れて左臂に肉あり、隆起して印の如し、時に印手菩薩と稱す。沙門釋を姓とし、經を註して三分を開く、皆安より始まる。【高僧傳五】

ダウイン 導引 〔術語〕他を教へ導くなり。【唐高僧傳僧稠傳】に「棟ニ梁ニ寶一導ニ引四民一。」【探玄記二】に「或闇夜中導ニ引衆生一。」

ダウイ 道意 〔術語〕道心と言ふ如し、無上道を求むる心なり。【無量壽經上】に「顯ニ現道意無量功德一。」

ダウイチ 道一 〔人名〕唐の江西の道一禪師、姓は馬氏時に馬祖と稱す、南岳讓の法嗣なり。「コウセイ」を見よ。

ダウエウ 道要 〔術語〕佛道の樞要なり。【賢愚經十三】に「願重矜愍。顯ニ示道要一。」【讚阿彌陀佛偈】に「究ニ暢道要無障礙一。」

ダウエン 道緣 〔術語〕佛道の因緣。

ダウカイ 道戒 〔術語〕道共戒なり。

ダウカウ 道交 〔術語〕衆生の善根發動するを機と云ひ、大の大悲爲に感動するを應と云ひ、機應相稱ふを道交と云ふ。【法華文句記一】に「諸佛不レ來衆生不レ往。機應想稱故曰ニ道交一。」

ダウカン 道看 〔雜語〕【俗語僻】に「いひあてること。道へ看んと讀むは非なり。」

ダウガウ 道號 〔術語〕號を以て道を表するもの、即ち字なり。又道人の別號なれば道號と云ふ。某居士と曰ひ某道人と稱す皆道號なり。【象器箋五】

ダウキ 道器 〔術語〕佛道を修するに堪うる器量なり。【戒本疏二下】に「斷ニ彼相續一違レ慈惱レ他。損ニ害道器一。過中之甚。」

ダウキ 道氣 〔術語〕佛道の氣分。【止觀十】に「闇證凡龜。盲狗穭吠。自行化他。念無ニ道氣一。」

ダウキ 道記 〔人名〕成道の記別なり。

ダウキン 道欽 〔人名〕唐の徑山の道欽禪師。「キンザン」を見よ。

ダウギヤウ 道行 〔術語〕學道修行なり。又道德の行。【維摩經囑累品】に「如レ說修行。當レ知是爲ニ久修道行一。」【淨影大經疏上】に「內心求レ道備有ニ道行一。以レ道成レ人名ニ道衆生一。」

ダウギヤウハンニヤキヤウ 道行般若經 〔經名〕具名、道行般若波羅蜜經、十卷、後漢の支婁迦識譯。大般若第四分と同じ、而も常啼曇無竭二菩薩の事あり、是れ般若經譯本の最も古きもの。【月帙六】(5)

ダウク 道舊 〔術語〕道友なり、道を以て交れば「道と云ふ、舊は舊識なり。

ダウクワ 道果 〔術語〕道は菩提、果は涅槃なり、涅槃は菩提の道に由て證せらるるものなれば果と云ふ。【法華經藥草喩品】に「漸次修行皆得ニ道果一。」【四十二章經】に「度ニ憍陳如等五人一。而證ニ道果一。」

ダウクワウ 道光 〔術語〕道の光明なり。道體清淨にして一切の過垢を離れ無明の闇を照破すれば道光と云ふ。【讚阿彌陀佛偈】に「道光明朗色超絕。故佛又號ニ淸淨光一。」

ダウクワン 道觀 〔術語〕道は化道にして他を教化するを云ひ、觀は空觀にして自ら空理を觀ずるを云ふ。自ら空理に住しつつ他に向ひて化道を行ふ

を道觀雙流と云ふ。是れ菩薩の正行なり。【止觀六】に「道觀雙流。」【四敎儀集註下】に「道謂化道。觀謂空觀。帶レ空出レ假。故曰二雙流一。」【金光明文句五】に「通敎八地。別敎十廻向。圓敎亦在二初住一。皆是道觀雙流自他俱益之位也。」【同記】に「道謂外化。觀謂內行。」

ダウクワンサウル　道觀雙流　〔術語〕空觀を修しながら同時に假觀に出でて衆生を化道すること。

ダウグ　道具　〔術語〕凡そ三衣什物一切學道の身を資助する具を道具と名く、此目僧家より起り、和漢一般に世間の器具を稱して道具となすは訛なり。【華嚴經入法界品寶髻長者章】に「修二無分別功德一道具。」【同觀自在章】に「善知識者至二一切智一助道之具。」【釋氏要覽中】に「道具中阿含經云。所レ蓄之物。可レ資レ身進レ道者。即是增二長善法一之具。菩薩戒經云。資生順道之具。」【天台別傳】に「衣鉢道具。分爲二兩分一。」

ダウグエ　道具衣　〔衣服〕【象器箋十九】に「叢林の諺語に羅紗の直綴を名けて道具衣となす。」【啓蒙隨錄】に「道具衣は禪宗よりの名なり、又裝束衣と云ふ。」又着衣の次第を明して「表袴に道具衣を着け九條或は七條の袈裟を掛く。」

ダウグカイ　道共戒　〔術語〕三種律儀の一。三乘の聖者色界所發の無漏定に入れば無漏智と共に身中自ら防非止惡の戒體即ち無漏の律儀を發得するを無漏律儀と名け、又道共戒と名く。此無漏の律儀は無漏道と共に生じ、無漏道と共に滅すれば、道共戒と云ふ。

ダウケ　道化　〔術語〕道法を以て他を敎化すること。【無量壽經下】に「聽二受經法一。宣二布道化一。」

ダウケ　導化　〔術語〕衆生を導引し敎化すること【無量壽經上】に「如來導化各能宣布。」

ダウケウ　道敎　〔術語〕正道の敎なり。【無量壽經上】に「出二興於世一光二闡道敎一。」【同下】に「宣二布道敎一斷二諸疑網一。」後、魏の寇謙之より神仙道の名となる。「ダウシ」を見よ。

ダウケン　道檢　〔術語〕聲聞の人見道に於て道を以て心を檢すれば道檢と云ふ。【玄應音義三】に「以レ道檢レ心故言二道檢一。大品經云三若入二聲聞正位一是也。蒼頡篇檢法度也。亦攝也。」

ダウゲ　道芽　〔術語〕正道の萠芽。【法事讚上】に「智慧冥加。道芽增長。」【心地觀經五】に「道芽增長如二春苗一。」【法華玄贊二】に「佛說二法雨一。道芽生 令レ生レ善。」

ダウゲン　道眼　〔術語〕道を修して得たる眼なり、又道を觀る眼なり。【佛開解梵志阿颰經】に「道眼觀二知可レ度者一。」【圓覺經】に「分二別邪正一能於二末世一一切衆生無畏道眼一。」

ダウゲン　道元　〔術語〕正道の根元。【唐華嚴經十四】に「信道元功德母。長二養一切諸善法一。」

ダウゲン　道元　〔人名〕越前吉祥山永平寺の開基道元、京都の人、久我通忠の子、幼にして聽英出家の志あり、潛かに叡山に上りて外舅良顯大德に投ず。翌歲座主公圓僧正を拜して剃頭、菩薩戒を受け、居ること五載、台宗の敎觀を究む。三井の公胤僧正觀心に明なりと聞き往いて法身自性の旨を問ふ。胤曰く、我れ宗法を傳ふと雖事義路に涉る、若し其理を質さんと欲せば去て佛心宗に問へ。元其言を然りとし直に建仁に至りて明庵榮西に參し、遂に衣を更ふ。庵遷化の後明全に依て六載を歷、貞應二年全に隨ひ宋に入り居ると五年、天童山の長翁淨和倘に從ひて曹洞の正脈を傳へ、安貞元年歸朝し、京に入つて建仁寺に寓す。天福元年、弘誓院の正覺尼城南深草に伽藍を創し、興聖寶林寺と名け、元を請じて第一世とす。是に於て禪堂を開いて叢規を立つ、是れ本朝禪堂の始なり、寬元二年、出雲守波多野義重精藍を越前の志比に創し、吉祥山永平寺と號し、元を請ひて開山始祖とす。寶治元年、平時賴元を鎌倉に請ひて菩薩戒を受て弟子の禮を執る。後嵯峨上皇、元の道譽を聞て紫袍及び禪師號を賜ふ、元再三固辭す、優詔許さず、巳むを得ず受て恩を謝し遂に肩に搭せず。建長五年八月二十八日寂、壽五十四。【本朝高僧傳十九】明治十三年明治天皇諡を承陽大師と賜ふ。

ダウゴ　道後　〔術語〕道とは自行眞實の道なり、未だ實道に契はざるを道前となし、正しく實理を證するを道中となし、自證以後を道後となす、地地に就て此三を分つ。【釋籤四】に「道者謂自行眞實之道。未レ契二實理眞理一在レ纏故名爲レ理。故以二地前一名爲二道前一。初地巳上巳證二實理一。復由二此理一成二後行一。初證巳後究竟巳前並名二道中一。由二此地行一理究竟顯。以二顯之理一名爲二道後一。自行證後故名二道後一。」【法華文句記三】に「此中須下以二十地一爲二道前一。妙覺爲二道中一。證後爲中道後上。」【金光明玄義上】に「當レ知道前圓性德。道中圓分德。道後圓究竟德。」

ダウゴフ　道業　〔術語〕人天の果を感ずべき善業を福業とし、佛果を成ずべき善業を道業とす。菩提心を以て修する諸業なり。

ダウゴン　道禁　〔術語〕佛道の爲に諸惡を禁止するもの。即ち戒波羅蜜なり。【無量壽經下】に「勿レ犯二道禁一。」

ダウシ　導師　〔術語〕人を導て佛道に入らしむる

もの、佛菩薩の通稱。【釋氏要覽上】に「十住斷結經云。號導師者。令衆生類示其正道故。華首經云。能爲人說無生死道故名導師。佛報恩經云。大導師者以正路示涅槃經使得無爲常樂故。」【法華經序品】に「文殊師利。導師何故眉間白毫大光普照。」【法華經誦出品】に「是四菩薩於其衆中最爲上首唱導之師。」図法會の式に表白する者を導師と云ふ。觀音懺法式に導師、香華、自歸の三職あり。【僧史略】に「導師之名而含二義。若法華經中商人白導師言。此即引路指迷也。若唱導之師此即表白也。」⊙（枕草紙、うれしきもの）「導師參り回向しばし待ちて舞などする」

ダウシ　道士　【術語】元と釋子の稱、後に神仙家の名となる、猶道敎の言の如し。【法苑珠林六十九】に「姚書云。始乎漢魏終暨苻姚。皆號衆僧以爲道士。至魏太武二年有寇謙之。始竊道士之名易祭酒之稱。」【盂蘭盆經疏下】に「佛敎傳此方。呼僧爲道士。」【行事鈔資持記下三】に「道士本釋氏之美稱。後爲黃巾濫竊遂不稱之。」

ダウシ　道次　【術語】聖道を證する位次。【百緣經】に「獲得須陀洹果。求入道次。」

ダウシキ　道識　【術語】正道の智識。【三論大義鈔一】に「像敎之時。人根轉鈍道識亦昧。」

ダウシヤ　道者　【術語】佛道を修行するもの。【釋氏要覽】に「智度論云。得道者名爲道人。餘出家者未得道者亦名道人。道者亦同此說。」後に禪林の行者を道者と云ふ、佛寺に投じて出家を求め未だ得度せざるもの。図神社佛格に參詣する爲に旅する者をドウジヤと呼ぶ。

ダウシヤウ　道生　【人名】晉の道生、本姓は魏、鉅鹿の人、竺法汰に値て出家し、竺を姓とす。廬山に入りて幽棲七年、群經を鑽仰す、後慧叡慧嚴と同じく長安に遊び、羅什に從て學を受く。後都に還て靑園寺に止まる。二諦論、佛性常有論、法身無色論、佛無淨土論等を著す。守文の徒多く嫌嫉を生ず。又六卷の泥洹經先に京師に至る、生經理を剖析して闡提成佛の義を立つ、時に大本未だ傳はらず、舊學之を許さず、以て邪說となし遂に衆中を擯す。生手を袖にし平江の虎丘山に入つて石を竪てて聽徒となし涅槃經を講じ、闡提佛性ある處に至つて曰く、我が所說の如きは佛心に契ふや否や、群石皆首肯す。後廬山に遊て銷景巖に居す、曇無讖北涼に在て重て涅槃の後品を譯すと聞きて南京に至りて之を見る、果して生の言の如し。宋の元嘉十一年十一月寂。【高僧傳七、釋氏稽古略二】

ダウシヤウクキヤウ　道章句經　【經名】五句章句經の異名。

ダウシヤク　道綽　【人名】眞宗七祖の第四祖。唐の幷州玄中寺の道綽、幷州汶水の人、西河と稱す。十四出家、涅槃經を講敷す、後、石壁の玄中寺に詣で曇鸞の碑を讀み大に感ずる所あり、此より涅槃の講說を捨てて專ら念佛を事とす。觀經を講ずると二百餘徧、道俗を示誨す。安樂集兩卷を撰す。貞觀十九年四月二十四日寂、年壽を記せず。【唐高僧傳道綽傳】に「綽今年八十有四。而神氣爽明。宗紹存焉。」⊙（野守鏡下）「道綽四修を立てて長時修無間修といひつつ唱念間斷なかりけり」

ダウシユ　堂主　【職位】禪林延壽堂の頭主を云ふ。【僧堂淸規五】に「延壽堂主は慈悲を運で病僧を看觀し、湯藥を供給し、一切缺乏なき樣に心をつけ、常住缺乏の寺にては施主をも勸施して贍給し、牀蓐の汚穢を洗浣して憎嫌せず、」其他水陸堂主、羅漢堂主、眞堂主など各一堂を守る者を堂主と稱すれども殊に延壽堂主を指すは總即別名なり。

ダウシユ　堂衆　【職位】叡山の堂守りなり。⊙（盛衰記九）に「抑堂衆と申すはもと學匠召仕ひける童部の法師になりたる也、若しくは中間法師などにてありけるが金剛壽院の座主貢尋御治山の時より三塔に結番して夏衆と號して佛に花奉りし輩なり。近來行人などと山門の威に募り、節物期物責めはたり、出しあけ借り上げ入れちらして、德付き、公名付きなんどして、以ての外に過分になり大衆をも事ともせず師主の命を背き、かやうに度度の合戰に打ち勝ていと我慢の鋒をぞ研ぎける。」

ダウシユシヤウ　道種性　【術語】瓔珞經所說六種性の一。十廻向の位なり、此位に於て始めて正しく中道觀を修する故に道と名け、能く佛果を生ずる故に種と名く。【四教儀】に「十廻向者。一救護衆生離衆生相。乃至十入法界無量。伏無明習中觀亦名道種性。」【同集註下】に「道種性者。始正修中故名道。能生佛果故名種。」

ダウシユチ　道種智　【術語】智度論所明三智の一。一切の道法を學で衆生を濟度する菩薩の智なり。三諦の中の假諦の智なり。「サンチ」を見よ。

ダウシン　道心　【術語】菩提を求むる心。【唐華嚴經十三】に「普觀衆生發道心。」【法華經義疏二】に「菩提云道。是無上正徧知果道也。」又、在家にて佛道を行ずる者を云ふ。道者と言ふ如し。

ダウシン　道心　【術語】五道に稱ふ心なり。【歸敬儀中】に「福業不成。道心無涉。」⊙（増鏡、草枕）「御道心にあらねばおぼしとどまりぬ」

ダウシン　堂嚫　〔術語〕僧堂の僧に施す施物を云ふ。

ダウシン　道信　〔人名〕禪宗東土の第四祖なり。法を僧璨に嗣て弘忍に傳へ、傍ら金陵牛頭山の一系を出だす。唐の高宗永徽辛亥寂、壽七十二。【傳燈錄三】

ダウシンシヤ　道心者　〔雜名〕道心ありて修行するもの。在家の修行者を云ふ。⦿〔大鏡八〕「年比きはめたる道心者にぞおはしましける」

ダウジ　道慈　〔人名〕和州の人、吳の智藏に事へて三論の學を稟く。大寶元年入唐して益三論の學を究め、養老元年に歸り盛に空宗を唱ふ。天平九年最勝會を大極殿に開く、慈を以て講師となす。初め大官寺を新にせんと欲す、慈、唐の西明寺の圖を奉る、上大に悅で慈に詔して造寺監となす、大安寺是なり。十六年十月寂、壽七十餘。慈唐に在るとき寄者に逢ひて虛空藏求聞持法を得、歸朝して之を善議に傳へ、議勤操に傳へ、操空海に傳ふと云ふ。【元亨釋書二】

ダウジヤウ　堂上　〔職位〕堂頭の異名。禪林方丈の住持を云ふ。

ダウジユ　道樹　〔植物〕菩提樹なり、本名、果波羅樹。此樹下に於て佛道を成ずれば道樹とも云ふ。【大集經十】に「憐二愍衆生一趣二道樹一。」【菩薩戒經義疏上】に「坐二菩提樹下一得レ道。因名二道樹一。」「ボダイジユ」を見よ。図道能く生長すれば譬へて樹と云ふ。【行事鈔上三】に「扶二疏道樹一光二揚慧日一。」「略名。

ダウジユキヤウ　道樹經　〔經名〕菩薩道樹經の略名。

ダウジユサンマイキヤウ　道樹三昧經　〔經名〕私呵昧經の異名。

ダウジユツ　道術　〔術語〕道法技術、內外世出世の法に通ず。【無量壽經上】に「博二綜道術一。貫二練群籍一。」【嘉祥疏】に「五明道術。」

ダウジンソクムゴクヘンゲキヤウ　道神足無極變化經　〔經名〕四卷、西晉の安法欽譯。佛昇忉利天爲母說法經の異譯。經中如來十方に身を現じて化を施すことを說けば道神足無極變化と名く。【宙帙六】(148)

ダウス　堂司　〔雜名〕禪林維那寮の別號。維那は僧堂の事を司れば、其の居所を堂司と云ひ、又其人を呼びて堂司となす。

ダウスヰ　道水　〔譬喩〕正道淨澄にして塵垢を洗除すれば之を水に喩ふ。【行事鈔上一】に「洗二心道水一者。慕存二出要一。」

ダウスヰ　道邃　〔人名〕興道尊者道邃、何許の人なるを知らず、唐の代宗大曆中來りて荊溪に天台の佛隴寺に依る。荊溪之を嘉して曰く、吾子其れ能く嗣で吾道を興さんと、遂に止觀輔行を授く。師衆の爲に開說し深旨を發明す、貞元二十一年、日本國沙門最澄來て法を求む、師一家の敎觀を盡して之に付す。【佛祖統紀八】⦿〔正統記〕「六代の正統道邃和尙」

ダウセウ　道昭　〔人名〕河內の人、元興寺に居て戒行の譽あり、白雉五年敕を奉じて入唐し、長安に至りて玄弉三藏に謁す、三藏意を加へて敎誨す。一日三藏告て曰く、經論文博くして勞多く功少し、我に禪宗あり汝此法を承て東土に傳ふべし、昭喜で修習し早く悟解を得。又指して相州隆化寺の慧滿禪師に見へしむ。滿委曲に開示し、且つ楞伽經を付す。業成て三藏を辭す、三藏佛舍利經論及び相宗の章疏を以て之に付す。昭元興寺に歸て盛に相宗を弘む、此土始て唯識の旨を聞く。後世之を相宗南寺の傳と稱す。後に元興寺の東南隅に於て別に禪苑を創し禪を學ぶ者多し、文武四年寂、壽七十二。遺命して荼毘せしむ、本朝の火葬昭より始まる。昭唱導の外別濟を勸め、路傍に井を穿ち、諸渡に船を儲く、山州宇治の大橋は昭の創造なり。【元亨釋書一】⦿〔水鏡中〕「道昭和尙と申しし人の室のうちに」

ダウセン　道宣　〔人名〕姓は錢氏、唐の丹徒の人なり。十六落髮し、隋の大業中智首法師に從て具戒を受け、唐の武德中西明寺の上座に充てらる。玄弉三藏の西域より還るに及び敕を奉じて譯場に從ひ、且つ行事鈔、戒疏、業疏、高僧傳、廣弘明集等二百卷を撰す。嘗て一壇を築く、俄に長眉の僧あり道を談ず、賓頭盧なり。復三果の梵僧壇を禮し讚して曰く、佛滅後より像法世に住す、毘尼を興發するは唯師一人なりと。乾封二年の春天人來て伴相を談ずるを冥感して古譯の謬を正す。又大人あり天竺祇園の古蹟を授く、宣之を抄記す、祇園圖經二卷是なり。貞觀中嘗て沁州の雲室山に隱る、人天童の左右に給侍するを覩る。又西明寺に於て夜行道し毘沙門天王の子那吒太子の來て佛牙及び寶掌を授くるを感じて保持供養す。乾封二年十月三日寂、壽七十二。咸通十年澄照と諡し、塔を淨光と云ふ。師久しく洛南に居る、故に南山律宗と號す。【高僧傳十四】

ダウセン　道詮　〔人名〕三論宗を東大寺の玄耀に承け、和州の法隆寺に住すること四十年、本宗の玄致を唱へて七大寺の衆侶を攝す。嘉祥三年仁明帝詮を召して受戒を修して悉地を得。嘗て虛空藏求聞持の法す、貞觀元年大極殿の御齋會に列して第二座の講師となる。後、和州の富貴山に退て人事を避く。貞觀十八年八十に垂として寂す。詮德望時に高く七大寺を管せしも最も法隆寺に功あり。【本朝高僧傳七】

ダウゼン　道前　〔術語〕實道を證悟する以前の位次。「ダウゴ」を見よ。

ダウソウ　堂僧　〔雜語〕堂内の番僧なり。

ダウソジンマツリ　道祖神祭　〔行事〕十一月十六日攝州天王寺領天王寺村において行ふ、祭る所猿田彥命なり。この日一村の童あつまり往來の人に錢を乞ひて祭禮の料とす。錢を與へざれば戲に繩を以て往來を遮りとどむ、よりて此事を知るもの商買といへども今日此處を通らず、但し堺の魚荷飛脚は故ありて道路わづらひなしとぞ。

ダウゾク　道俗　〔術語〕出家の人を道と云ひ、在家の人を俗と云ふ。【智度論十】に「佛弟子七衆。比丘、比丘尼、學戒尼、沙彌、沙彌尼、優婆塞、優婆夷。優婆塞、優婆夷是居家。餘五衆是出家。」【註維摩經二】に「肇曰。大士美惡齊レ旨道俗一觀故。終日凡夫而終日道法也。」【中論疏一】に「道俗者。智度論云。聲聞法中未レ說二生死即涅槃一衆生則是佛一。故二乘不レ能レ一二道俗一也。道則涅槃。俗則生死。」

ダウゾクゴフキヤウ　道俗業經　〔經名〕「俗業經の略名。

ダウタイ　道體　〔術語〕聖道の體なり、自已の本心を云ふ。一切の聖道之に由て生ずればなり。【戒疏行宗記二上】に「言二道體一者。道無二別體一即本淨心。心隨二染緣一與レ道相反。故禁二重罪一還二復本淨一。無漏聖道由レ此而生。故云レ體也。」

ダウタイ　道諦　〔術語〕四諦の一。無漏の三學以て涅槃に到るべき正道なり。此道諦を因とし滅諦を果とす、滅諦は涅槃なり。之を出世間の因果とす。

ダウダツ　堂達　〔職位〕七僧の一。法會の式場に於て願文などを傳達する役務なり。

ダウタフ　堂塔　〔雜語〕殿堂と塔廟。⦿（徒然草）「堂塔をたてんとするに似たり」

ダウチ　道智　〔術語〕十智の一。道諦の理を證する智なり。

ダウチユウ　道中　〔術語〕三道位の一。正しく實道を證悟する位次なり。「ダウゴ」を見よ。

ダウヂキヤウ　道地經　〔經名〕一卷、後漢の安世高譯。修行道地經の略出。【暑帙六】(1326)

ダウヂヤウ　道場　〔術語〕梵語菩提曼拏羅Bodhimaṇḍala 佛の聖道を成ぜし處を云ふ。中印度摩竭陀國尼連禪の側、菩提樹下の金剛座是なり。【西域記八】に「菩提樹垣正中有二金剛座一。乃至賢劫千佛坐レ之而入二金剛定一。故曰二金剛座一焉。證二聖道一所亦曰二道場一。」又、道を得る行法を道場と云ふ。【維摩經菩薩品】に「直心是道場。乃至三十七品是道場。」又、佛を供養する處を道場と云ふ。【輔行二二】に「嚴二道場一者。場者俗中亦以爲二祭神處一也。今以二供佛之處一名爲二道場。」又、學道の處を道場と云ふ。【註維摩經四】に「肇曰。閑宴修道之處。謂二之道場一也。」隋の煬帝の時 以て寺院の名となす。【佛祖統紀三十九】に「隋大業九年。詔改二天下寺一曰二道場。」又、法座の異名とす、慈悲道場、水陸道場など是なり。吾朝の俗に寺院と道場とに高下の別を立て、在家のままに本尊を安じ、聊か佛事を爲す處を道場と名け、以て彼の寺院の稱に簡異するは本義を謬れるなり。⦿（徒然草）「道場をけがし侍るべし」

道場觀　〔術語〕眞言行者の所住の道場及び所信の佛身を觀ずるを道場觀と云ふ。其の所住の道場に就て器界と道場との二段あり、而して其の器界に就て顯密の諸教に明す所三輪五輪の不同あり、今は其の中三輪を明かさば、初に風輪、次に水輪、次に地輪なり。此の三輪の種子𑖮𑖽𑖪𑖽𑖀なり。【攝大軌上】に「最初於二下位一思二惟彼風輪一。賀字所二安住一。黑光焰流布。歸命欠。次上安二水輪一其色如二雪乳一。嚩字所二安住一。歸命鑁。復於二水輪上一觀二作金剛輪一。忽置二本初字一。四方逋黃色。歸命阿。」但し地輪の中に𑖀字[梵字]字[梵字]字の三重あり、三重不同なるも並に是れ地輪の攝なる故に總じて地輪と稱するなり。初に𑖀字は金輪の種子なり、次に[梵字]字は火輪の種子なり、八葉蓮華は須彌山なり。後に[梵字]字は八葉蓮華の種子なり。【蘇悉地出現品】に「行者一緣想二八峰彌盧山一。」【靑龍軌】に「一緣而觀二總八峯彌盧山。」【略出經】に「其山衆寶所成而有二八角一。」【大日經疏十二】に「先想二八峯須彌山王一。八峯謂四面周匝作二於峯一。」八峯八角は八葉の𦁤轆なるが故に須彌山を以て八葉蓮華となすなり。是れ即ち𑖀字金輪の上に八功德水を瀰滿し、其の中に於て大蓮華王を出生す、即ち須彌山なり。而して𑖀[梵字]兩字の中間に[梵字]字を觀ずるは、【軍茶利軌】に「爲レ成二變化蓮華一故當レ觀二覽字門一。流二散赤焰一而成二火輪一。其形三角。漸引量同二水輪一。忽然之間從二金龜背一踊二出八葉大蓮華一。金剛爲レ莖。」是れ蓮華を成ぜん爲に[梵字]字を觀ずるなり。已上は器界なり。已下は壇場なり。其の八葉蓮華の上に八柱の樓閣あり。【千手儀軌】に「於二蓮華上一有二八大金剛柱成二寶樓閣一。」即ち每葉一柱あり。閣内に壇を安ず、其の壇の形量行者の意に隨つて可なり、其の形は方圓三角半月等法に隨つて不同なり。其の量は大小重重あり、攝眞經に說く如し。壇の上に更に八葉の白蓮華を觀ず、已上は所住の道場を明かす。已下は能住の佛身なり。即ち吾身を觀じて佛身となすなり。先づ腰下に𑖀字を想ふ、是れ

即ち地輪黃色なり、腰に[梵字]字を想ふ、水輪白色なり、胸に[梵字]字を想ふ、日輪火輪赤色なり、髮際に[梵字]字を想ふ風輪黑色なり。頂上に[梵字]字を想ふ、虛空輪靑色なり。阿字は是れ本不生の理の種子なり、種子を地輪に落せば則ち水土の緣を待て始めて萌す、是の故に地輪の上に水輪あり、水土の緣あるも必ず日輪の煖氣を待て莖葉具する故に上に日輪即火輪あり、水土日輪の緣あるも必ず解脫の風を待了具足し、生長するを得、故に上に風輪あり、縱ひ水土日風あるも皆悉く堅實ならば何ぞ能く物を生長せしめん、故に最上に空輪あり。是の如く五字を五處に觀ずるは所謂五字嚴身なり。下地輪より上虛空に至るまで重重に觀置するも而も五大相互に融通せり。此率都婆光を放て法界に周遍し、毘盧遮那の身となりて種種の莊嚴あり。白蓮華臺に坐し、寶冠に五佛あり、舍那の身に白紗を着せり。我も亦始より終に至るまで種種の事亦是の如し。若し本尊を以て本となせば我を以て影となすべし。吾を以て本となせば本尊を以て影となすべし。諸佛も亦是の如く相融すと觀ずべし。是れ三平等觀の義なり。【秘藏記本】道場觀に二種あり、一は理觀、二は事觀なり。行者の身內に之を觀ずるを理觀と云ひ、身外に之を觀ずるを事觀と云ふ、此の中初の器界及び道場觀は事觀、次の佛身觀は理觀なり。【秘藏記鈔三】此の道場觀を爲すには不空成就の成所作智定を用ふるなり。三摩地軌儀に云く、行者次に當に成所作智の三摩地を以て想ふべし。檜尾口決に云く、羯磨智とは成所作智なり、是の智印の威力に依て能く世界等を建立す、故に事業智と云ふ。【秘藏記末、同鈔十】【三摩地儀軌】に「行者次應下以二成所作智一三摩地上想於二己身前一觀。無盡乳海。出二生大蓮華王一金剛爲レ莖量同二法界一。上想二七寶珍寶樓閣殿一。如意珠以爲二莊飾一。乃至毘盧遮那如來身色如レ月。首戴二如來冠一垂二妙穀天衣一。瓔珞莊嚴光明普照。無量無數大菩薩衆前後圍繞以爲二眷屬一。」【行法肝要抄上】に「道場觀。上結界上爲レ召二請本尊一建二立道場一也。」

ダウヂヤウシン　道場神　〔神名〕道場の守護神なり。【唐華嚴經一】に「復有二佛世界微塵數道場神一。所謂淨莊嚴幢道場神。乃至妙光照燿道場神。」【大疏鈔一下】に「道場神從二所依所守一得レ名。下諸神衆類皆同レ此。言二道場一者。非三唯護二佛道場一。但有二莊嚴道場之處一即於レ中護故。」【止觀私記八】に「道場神者。護法善神。如二法華十羅刹。方等夢王等一。」

ダウヂヤウジユ　道場樹　〔植物〕菩提樹なり。此の樹下に成佛の金剛座あれは道場樹と云ふ。【無量壽經上】に極樂世界の菩提樹を記して、「其道場樹無量光色。高四百萬里。」

ダウテウ　堂頭　〔職位〕禪林の稱、方丈の異名。住持の人の居處なり。依て住持を堂頭和尙と云ふ。

ダウテウヲシヤウ　堂頭和尙　〔職位〕前項を見よ。

ダウトク　道德　〔術語〕正法を道と名け、道を得て失はざるを德と云ふ。【無量壽經下】に「長與二道德一合明。」

ダウドウジ　堂童子　〔職位〕法會の式場に花筥を配る役にて俗形なり、天童の形を爲せば童子と云ふ。【壒嚢鈔十五】に「顯密の勅會に藏人幷に諸家の諸大夫の花筥取を堂童子と云ふは何ぞ。凡そ童子は十五以前の男子の稱なれども、今謂ふ所の堂童子は其の義にあらず。南海寄歸傳に天竺の寺の事を云へる中に、凡そ白衣にて苾芻の所に專ら佛典を誦し、落髮を希ふ者を號して童子となす。乃至發心修道などの僧の所にて出家を希ふものが、花筥賦などする役を勤むると、便宜相應する故に堂童子と云ふにや。今は發心求道の義にあらざれども是を例として此の號ある歟。南都の諸寺には堂童子といふ下部侍るなり。」

ダウニン　道人　〔術語〕得道の人、又修道の人。【四十二章經】に「道人見レ欲必當レ遠レ之。」【釋氏要覽上】に「智度論云。得道者名爲二道人一。餘出家者。未二得道一者。亦名二道人一。」⦿（徒然草）「されば道人は遠く日月を惜むべからず」「すると。」

ダウネン　道念　〔術語〕正道の心念。心を道に存して失はざるを念と云ふ。

ダウヒヤウ　道平　〔人名〕唐の道平、沙門にして金吾大將軍となる。【佛祖統紀五十一】に「肅宗。沙門道平。爲二金吾大將軍一。破二安祿山反賊一。」

ダウフ　道風　〔術語〕道の人を化すると風の草を靡かす如きもの。【無量義經】に「道風德香熏二一切一。」【釋氏要覽中】に「寶林傳云。祖師難提至二摩提國一。一日有レ風西來。占曰。此道風也。必有二道人一至。果得二伽耶舍多一至。」

ダウブク　道服　〔衣服〕袈裟の別名。道人の服なればなり。【六物圖】に「或名二袈裟一。或名二道服一。或名二出世服一。或名二法衣一。」是れ法衣の總名なり。然るに本願寺一家に白色又は黑色の直綴を道服と名け、院家の人に局て之を着す。是れもと堂上家の入道して服せし略衣なりとも云ひ、又道中の服なりとも云ふ、他家に通ぜざる名なり。

ダウホフ　道法　〔術語〕涅槃に至る正道の法。

【無量壽經下】に「奉ニ持經戒一。受ニ行道法一。」【四十二章經】に「爲テ沙門一受ニ道法一者。」【維摩經方便品】に「不レ捨ニ道法一而現ニ凡夫事一。」

ダウホフチ　道法智　〔術語〕道諦を觀じて得る智、又道諦に迷ふ見惑を斷ずる智なり。

ダウボン　道品　〔術語〕道法の品類、三十七科あり。涅槃に至る道法なれば道と云ひ、品類差別すれば品と云ふ。「サンジフシチダウボン」を見よ。【無量義經】に「三昧六通道品發ヨリ。」台家之に四種を立つ。

ダウメツ　道滅　〔術語〕道諦と滅諦なり。道法を修して寂滅の涅槃を得、出世の因果なり、妙樂の因果なり。觀法の上には滅道と次第す。先づ涅槃の妙果を擧げて欣慕せしめん爲なり。

ダウモン　道門　〔術語〕道法の門月。「に「開ニ顯道門一。」【三論玄義】

ダウラク　道樂　〔術語〕道を解して自ら樂むなり。【法華經藥草喩品】に「以レ道受レ樂。」【阿育王經八】に「今已得ニ道樂一。」

ダウリ　道理　〔術語〕事物を通貫する本眞の義を道理と云ふ。道理とは通達無碍の謂なり、一物の上に具する義の餘物に通ずるを指して云ふ。

四種道理　〔術語〕【解深密經五】に四種の道理を說く。一に觀待道理、有爲法は必ず因果對待して因は果を生じ果は因より生ぜらるる不變の道理を云ふ。二に作用道理、因緣所生の有爲法には必ず事業を成辨する作用あるを云ふ。三に證成道理、現量と比量と聖敎量とに由つて證明し成立せらるる道理を云ふ。諸行の無常、諸法の無我の如き是なり。四に法爾道理、如來の出世不出世に關せず固より法界に安住する自爾の道理を云ふ。此中法爾道理は總體にして餘の三道理は其の部分なり。法爾の一分因果の關係に現はるるを觀待道理と名け、事業の上に現はるるを作用道理と名け、人の理想の上に現はるるを證成道理と名く。此の三は共に可知の道理なり。第四の法爾の中には此の三を含むと共に佛の無分別智を以て冥契すべき不可知の道理を有するなり。依て五明を以て之を對すれば觀待作用の二道理は工巧明醫方明聲明の所知、證成道理は因明の所知、法爾道理は內明の所知なり。

ダウリキ　道力　〔術語〕道體より生ずる力用、道を得れば道に由つて無畏の力用を發すべし。【楞嚴經一】に「阿難見レ佛頂禮悲泣。恨ニ無始來一向多聞未レ全ニ道力一。」【智度論二】に「阿難聞ニ是事一悶心小醒。得レ念ニ道力助一。」

ダウル　道流　〔術語〕學道者流、禪道者流なり。【臨濟錄】に「道流祇如ニ自レ古先德一皆有ニ出レ人底路一。」

ダウルヰチ　道類智　〔術語〕八智、十六心の一、上二界の道諦を觀じて得る智なり。法智に類するを以て類と云ふ。唯識宗は見道の智とし、倶舍宗は修道に屬せしむ。

ダウルヰチニン　智類道忍　〔術語〕八忍、十六心の一。道類智を得んとする前時に起る忍可決定なり。

ダウヰ　道位　〔術語〕修道の位次。菩薩の十地、聲聞の七方便位等。【中論疏一】に「名貫ニ道位一。德備ニ三忍一。」

ダエンナ　駄衍那　〔術語〕Dhyāna　駄那演那。駄南。譯、靜慮。「ジャウリヨ」を見よ。

ダキニ　荼吉尼　〔天名〕Ḍākinī　又、荼枳尼、拏吉儞、吒枳尼。夜叉鬼の一類にして自在の通力を有し、六月前に人の死を知り、其の人の心臟を取て之を食とす。其の法を修する者をして通力を得しむと云ふ。外道邪法の一種なり。是れ四門神供の一神なり。【慧琳音義三十五】に「荼枳尼梵語。則鬼之總名。能魅レ人。與ニ人通一者也。」【大日經疏四】に「荼吉儞世間小術。亦於ニ此門一攝ニ受之一。」【大日經四】に「伸ニ三昧手一以覆ニ面門一爾賀䗍觸レ之。是諸荼吉尼印。眞言曰。頡履訶。」【大疏十】に「荼吉尼眞言。此是世間有下造ニ此法術一者上。亦自在呪術。能知下人欲ニ命終一者上。六月即知レ之。知已即作レ法取ニ其心一食レ之。所ニ以爾一者。人身中有レ黃。所謂人黃猶ニ牛有ヒ黃也。若得レ食者能得ニ極大成就一。一日周ニ遊四域一隨レ意所レ爲皆得。亦能種種治レ之。有レ嫌者以レ術治レ之極令ニ病苦一。然彼法不レ得レ殺レ人。必依ニ自計方術一。人欲レ死者去ニ六月一即知レ之。知已以レ術收ニ其心一。雖レ取ニ其心一然有ニ法術一。要以ニ餘物一代レ之。此人命亦不レ終。至ニ合レ死時一方壞也。毘盧遮那以ニ降三世法門一化ニ作大黑神一。具ニ大威力一。以レ灰塗レ身。於ニ曠野中一作法悉召ニ荼吉尼輩一。而呵ニ責之一。以ニ汝常殺ヒ人故今當レ食レ汝。以ニ方便一示ニ彼衆吞ヒ之。彼等怖畏咸歸ニ命佛一。然後放レ之制令レ斷レ肉。我白レ佛言。我若不レ食レ肉者如何自濟。佛言聽ニ汝食ニ死人心一。彼言。人欲レ死時諸大藥叉等知ニ彼命終一爭來欲レ食。我云何得レ之。佛言聽下於ニ六月內一以ニ呪法一加中持之上。至ニ命終時一聽ニ汝取食一。爲下調ニ彼衆一令ヒ入ニ佛慧一故、說此眞言也。眞言曰訶利訶。」【義釋七】に「賀是因義以ニ一切法皆因レ心有一故。今以ニ羅字門一食レ之名爲レ啗ニ食人心一。更加ニ傍點一。故永滅ニ心垢一。住ニ大涅槃一也。」【大疏十四】に「舒ニ左手一覆ニ掩口一。以レ舌觸レ掌。即荼吉尼印也。」【演密鈔九】に「荼吉尼是夜叉趣攝。能以ニ自呪術一盜ニ取人心一食レ之。」摩訶迦羅天の法は此荼吉尼を調伏せん爲なり。「ダイコクテン」を見よ。

茶吉尼法 [修法] 上に擧ぐる經疏の說に依れば茶吉尼はもと通力を有する一種の鬼神にして此法を成就すれば其人亦通力を得るなり、依て印度の外道多く此の法を修す。而して眞言密敎には彼の外道を攝受せん爲に佛亦此を說くと云ふ。然るに支那傳譯の經軌中に未だ此あらず、吾朝に於て東寺、寺門幷に山門の黑谷流に盛に此法を行ひ、隨て種種の經軌を出し、而して狐精を以て其の本體となし、伏見の稻荷山に之を祭るより、稻荷權現と稱し、信濃の飯繩に祀るより飯繩權現と名け、此法を修する者を飯繩使ひと云ふ。【溪嵐拾葉集九】に「阿羅婆沙曩吒枳尼經、相歡陀羅尼經、刀自女經、神驗咒王經 辰狐本因緣經、吒枳尼旃陀利王經等の經軌を擧ぐれども一も現存の大藏中になく、且つ茶吉尼を以て狐の精となすは何に據るを知らず。」又「古老の傳に此吒天の法は東寺と三井寺とに委細に相傳して山門に之なし。其の故は山家御相承ありけれども相輪㮴の下に此法と禪法とは埋められ了りぬ。仍て天台流には賞翫せずと申し傳へたり。然るに黑谷流には代代相傳來して秘藏す。」【注大佛頂經】に「茶枳儞。狐魅類。」

茶枳尼形像 [圖像] 其の印と種子は大日經疏の如し 上に引く 其形像及び功德は所謂【吒枳尼旃陀利經】に「爾時世尊於ニ寶座上ニ結跏趺坐。乃至 時從レ地涌ニ出白辰狐王ニ。白形色眼滿白淨如ニ白雁王ニ。現ニ頂上孔雀鳥ニ。頸懸ニ字頭寶珠ニ。乃至 爾時佛言。今此會中在ニ一菩薩ニ。名爲ニ辰狐王菩薩ニ。是則貧自在菩薩、生身也。虛空天下ヨリ三昧形ニ。有ニ六臂ニ是利ニ六道衆生ニ。」

茶吉尼天法御即位灌頂 [修法] 【溪嵐拾葉集九】に「問ふ此の天に就て御即位灌頂を習ふは云何ん。答ふ、未曾有經に云く、帝釋拜ニ野干ニ爲レ師と。又涅槃經に云く、天帝敬レ畜爲レ師と。云く、敬レ狐者爲ニ國王ニと。此等の文に依る歟。私に云く天子御即位の時茶天の法を以て國王に授け奉る事鎌足大臣の緣起より起れり。」

(茶枳尼形像の圖)

種子 [術語] 或は [梵字] 字或は [梵字] 字、或は [梵字] 等なり。

三形 [術語] 如意寶珠なり。

ダクタ 諸瞿陀 [植物] Nyagrodha 樹の名。【玄應音義二十二】に「諸瞿陀。舊經中作ニ尼拘陀ニ。或作ニ尼俱盧陀ニ。亦作ニ尼俱律ニ。又作ニ尼俱類ニ。皆訛也。舊譯云ニ無節ニ。或言ニ縱橫ニ也。」【慧琳音義四】に「諸瞿陀。梵語樹名也。或云ニ尼俱陀ニ。此樹端正傭直圓滿可レ愛。此國無レ有。云レ柳者非也。」「ニクリツ」を見よ。

ダクマ 茶矩磨 [植物] Kuikuma 譯、鬱金香。【最勝王經七】茶は誤字ならむ。「「ナクラ」なり。

ダクラ 諸詎羅 [羅漢] 尊者の名、十六羅漢の一。

ダケンナ 諸健那 [神名] Nirgrantha 又、茶健那。大力神の名。【玄應音義二十五】に「諸健那。謂露身。大力神名也。」【俱舍頌疏世品四】に「諸健那。此云ニ露形神ニ。」【同智品二】に「十凡象力當ニ一香象力ニ。二十香象力當ニ一摩訶諸健那力ニ。」

ダコク 太虛空 [術語] 浩浩たる宇宙の虛空なり、畢竟無爲無物なれば頑空とも偏空とも太虛空とも云ふ。以て小乘の涅槃に譬へて大乘涅槃の妙空第一義空に簡別す、【菩提心論】に「當レ觀ニ二乘人ニ。雖レ破ニ人執ニ猶有ニ法執ニ。但淨ニ意識ニ不レ知ニ其他ニ。久久成ニ果位ニ。以レ灰レ身滅レ智趣ニ其涅槃ニ。如ニ太虛空湛然常寂ニ。」

ダサカ 駄索迦 [雜名] Dāsaka 譯、奴。【玄應音義二十三】

ダザイ 墮在 [術語] 上より下に入ると、理より事に入ると。【報恩經二】に「我於ニ爾時ニ墮ニ在火車地獄中ニ。」【唐華嚴經三十九】に「受ニ佛智識ニ墮ニ在佛敎ニ。能爲ニ衆生ニ廣作ニ佛事ニ。」【同十九】に「三世墮ニ在法ニ。說レ名爲ニ世間ニ。」

ダシヤカ 墮舍迦 [雜名] Viśākhā 月の名。譯、氏宿。【可洪音義十三下】墮誤字なるべし。

ダシン 墮薪 [故事] 杭州興敎の小壽禪師、初め天台の韶國師に隨ふ、普請して墮薪を聞て悟る。偈を作て曰く、撲落非ニ他物ニ。縱橫不ニ是塵ニ。山河及大地。全露ニ法王身ニ。國師之を頷するのみ。【林間錄上】

ダジヤウヰトクテン 太政威德天 [天名] 北野天滿宮、上天の後太政威德天神となる。【元亨釋書日藏傳】

ダタカタ 陀多竭多 [術語] Tathāgata 譯、如來。「「タダアガド」を見よ。

ダタカシタ 娜多家瑟吒 [物名] Dantakāṣṭha 譯、齒木。【梵語雜名】

ダツエキ 奪衣鬼 [異類] 奪衣婆に同じ。

ダツエバ 奪衣婆 [異類] 三津(途)の川の邊にて罪人の衣を褫ぎ取る惡鬼の名なり。【十王經】に「官前

有二大樹一名二衣領樹一。陰住二二鬼一。一名二奪衣婆一。二名二懸衣翁一。乃至婆鬼脫レ衣翁鬼懸レ枝。顯二罪低昂一送二後王廳一。」又、脫衣婆に作る。

ダツ　馱都　〔術語〕 Dhātu 譯、界。體性の義なり。法界世界等の界に當る。「ダ」を見よ。

タツコツ　達滑　〔雜名〕【了義燈二本】に「達滑婬女家。沽酒家。」

ダツコンキ　奪魂鬼　〔異類〕十王經所說三鬼の一。人の死せんとするとき來て魂を奪ふ鬼なり。【十王經】に「閻魔法王遣二閻魔卒一。一名二奪魂鬼一。二名二奪精鬼一。三名二縛魄鬼一。」

ダツシヤ　脫闍　〔物名〕 Dhvaja 譯、幢。【楞嚴經七】に「寫二此神咒一安二城四門幷諸支提或脫闍上一。」【長水疏七】に「脫闍云レ幢。」

ダツシヤウキ　奪精鬼　〔異類〕十王經所說三鬼の一。人の死せんとするとき其精氣を奪ふ惡鬼なり。「ダツコンキ」を見よ。

ダツシユ　達須　〔雜名〕又、達首。蠻俗の名。【慧琳音義四十八】に「達須。謂此等人微識二佛法一。不レ能二堅固修持行一也。」【瑜伽倫記六上】に「達須無レ有二正音可一レ譯。雖レ有二識別一是狼戾義。乃至四天竺外。佛在世時。無二佛四衆出世遊行一。然有二識別一。如二唐國等一名二達須國一。乃至基法師云。達須者。細碎下惡鄙猥賤類。」梵 Dasyu

ダツシン　達嚫　〔術語〕 Dakṣiṇā 又、噠嚫、達嚫、達親、達親、大嚫、檀嚫と云ふ。財施の義。又、右手の義、右手を以て施物を受くるなり。即ち齋食の後に僧に財物を施し、右手をして之を受けしむるを云ふ。然るに僧は其施物に對して之に報ゆる爲に說法を爲せば其の說法を稱してまた達嚫と云ふ。是れ財施の義を轉じて法施の義となす。義淨三藏は陀那伽陀或は特欲拏伽陀と云ひ、施頌と譯す。【探玄記十八】に「達擐者。尊婆須蜜論作二檀嚫一。此云二財施一。律云。報レ施之法名曰二噠嚫一。導二引福地一亦名二噠嚫一。西域記云。正言二達擐拏一。或云二馱器尼一。此云二右手一也。以下用二右手一受二他所施一爲レ其生二福故。從レ之立レ名。」【行事鈔下三】に「大嚫法。五分食後施二衣物一。名爲二噠嚫一也。」【資持記下三之三】に「達嚫、大嚫。梵音少異。亦云二擅嚫一。此翻二財施一。謂報レ施之法名曰二達嚫一。文約二施衣一准應レ不レ局。世謂下以レ財襯レ食故名二嚫者不レ識二華梵一。又召二說法一爲二施財一者並非。問。爲レ召二財物一爲レ目二說法一。答。據レ名召レ物。今謂行レ施之時必爲說レ法。因名二說法一以爲二達嚫一。準レ理具云二達嚫說法一。事義方全。問。此與二咒願一何別。答。約レ事似レ同。究レ義須レ別。咒願則別陳二所爲一。達嚫則通爲二說法一。今或營二齋事一須二雙用一。」【寄歸傳一】に「但至二食罷一必爲說二特欹拏伽陀一。是持二施物一供奉之義。特欹尼師即是應下合受二供養一人上。是故聖制每二但食了一必須下誦二一兩陀那伽陀一報中施主恩上。」

ダツジヨ　達絮　〔雜名〕又、達須。邊國下賤の名。【慧琳音義五】に「達拏奴雅反。有二經文一有レ作レ絮。思預反。書寫人誤也。此即梵語也。亦是邊夷戎羯下賤惡種不レ知二禮儀一如二禽獸一之類也。」【可洪音義一】に「達絮息慮反。亦云二達須一。言此等人微識二佛法一不レ能二堅固修行一也。」「ダツシユ」を見よ。梵 Dasyu

ダツタ　達多　〔人名〕提婆達多の略。

ダツタイ　脫體　〔術語〕全體一般などの意。【碧巖第一則評唱】に「脫體現成。」【同九則評唱】に「脫體不是。」

ダツチンチヤクヘイ　脫珍著弊　〔譬喩〕釋迦如來が報身の體を潛めて丈六の應身を垂れ、以て小乘四諦の教を說きしを譬へしもの。【法華經信解品】に「即脫二瓔珞細軟嚴飾之具一。更著二麤弊垢膩之衣一。」

タツバ　闥婆　〔天名〕乾闥婆の略。

ダツバラマ　達婆羅摩　〔天名〕達婆は乾達婆の略、羅摩は其の名なり。【報恩經三】に「達婆羅摩。彈二七寶琴一出二微妙音一。」梵 Gandharva-rāma

ダツヒジヤウ　脫皮淨　〔術語〕戒律の法に果實に皮ある者は皮を脫して食するを脫皮淨と云ひ、食するに罪なし。然らずんば不淨なり。【行事鈔下二】

ダツボウ　脫卯　〔雜語〕【諸錄俗語解】に「唐土にて役人の役所へつめるに明け六つ即ち卯時を定りとす。上官の前にて着到帳に姓名を記するを畫卯と云ふ。上官之を一一點檢するを點卯と云ふ。其日の上官の吟味にはづれたるを脫卯と云ふ。閻魔の吟味にはづれたる幽靈を鬼脫卯と云ふ。」

ダツマ　達磨　〔術語〕 Dharma 又、達摩、達麼、馱摩。譯、法。軌則の義、軌持の義なり。【義林章六本】に「達磨名レ法。方廣經云。軌則名レ法。成唯識云。法謂軌持。能持二自相一軌生レ解故。涅槃經說。法名二不覺一。」

ダツマ　達磨　〔人名〕菩提達磨の略。「ダルマ」を見よ。

ダツマウツタラ　達磨鬱多羅　〔人名〕 Dharmottara 阿羅漢の名。【玄義釋籤六】に「達磨鬱多羅者。此云二法尙一。是阿羅漢。佛滅後八百年中於二婆沙中一取二三百偈一以爲二一部一。名二雜阿毘曇一。」他處多く達磨多羅に作る。「ダツマタラ」を見よ。

ダツマカラ　達磨羯羅　〔人名〕 Dharmakāra* 比丘の名。譯、法性。【慈恩傳二】

ダツマギフタ　達磨笈多　〔人名〕 Dharmagupta

譯、法密。南印度羅囉國の人、隋の開皇十年來り薬師經等を譯す。【續高僧傳二】

ダツマケトブツ　達磨計都佛　〔佛名〕Dharmaketu 譯、法幢佛。【文殊師利寶藏經】

ダツマシヤナ　達磨闍那　〔人名〕Dharmajñāna 比丘の名。譯、法智。【開元錄六】

ダツマシヤラ　達磨舍羅　〔雜名〕Dharmaśālā 義譯、福舍。【慈恩傳二】に「達磨舍羅。唐言福舍。王敎所立。便招延旅客給贍貧乏者也。」

ダツマシラ　達磨尸羅　〔人名〕Dharmaśiras 沙門の名。譯、法首。【開元錄二】

ダツマタラ　達磨多羅　〔人名〕Dharmatrāta 阿羅漢の名。譯、法救。四人あり。一は佛滅後三百年に出世して無常品等の鄔南那頌を作る。【倶舍論一】に「大德法救無常品等。」【同光記一】に「達磨多羅。此云法救。師涅槃後三百年出世。」二は四百年の出世にして婆沙論四評家の一人なり、倶舍論の中往往之を引く。三は六百年に出世して漏隨增の義を立つる人。【倶舍光記一】に「至六百年達磨多羅此云法救乃至論主亦同彼釋。」四は千年に出世して雜心論を造る人なり【三論玄義】に「千年之間有達磨多羅以婆沙太博四卷極略更撰三百五十偈足四卷合六百偈。名爲雜心。」法華玄義に達磨鬱多羅に作り法尙と譯す。「ダツマウツタラ」を見よ。【名義集一】に「達磨怚（莊呂）羅多。」

ダツマタラゼンキヤウ　達磨多羅禪經　〔經名〕二卷、東晋の佛陀跋陀羅譯。小乘の禪法を說く。【藏帙八】(1341)

ダツマダイバ　達磨提婆　〔人名〕Dharmadeva 沙門の名。譯、法天。【求法高僧傳下】

ダツマダト　達磨馱都　〔術語〕Dharmadhātu 譯、法界。或は諸法の身體に名け、或は佛舍利を云ふ。【大日經疏七】に「梵云達磨馱都。名爲法界。界是體義。分義。佛之舍利亦名如來馱都。言是如來身分也。」【同六】に「蓮華臺達磨馱都。所謂法身舍利也。」

ダツマハラ　達磨波羅　〔人名〕Dharmapāla 菩薩の名。譯、護法。十大論師の一。【西域記十】に「南印度境達羅毘荼國。周六千餘里。國大都城號建志補羅。乃至建志補羅城者。即達磨波羅菩薩（唐言護法。）本生之城。」「ゴホフ」を見よ。

ダツマハンニヤ　達磨般若　〔人名〕Dharmaprajña 優婆塞の名。譯、法智。【續高僧傳二】

ダツマバダナ　達磨婆陀那　〔人名〕Dharmavardhana 阿育王の王子の名。譯、法益。【阿育王經四】又、達磨跋檀那。【釋迦譜十】

ダツマヒリ　達磨畢利　〔人名〕Dharmapriya(-pri)* 比丘の名。譯、法愛。【慈恩傳二】

ダツマホツタ　達磨弗多　〔人名〕Dharmaputra 太子の名。譯、法子。【歷代三寶記八】

ダツマボダイ　達磨菩提　〔人名〕Dharmabodhi 沙門の名。譯、法覺。【開元錄六】

ダツママダイ　達磨摩提　〔人名〕Dharmamati 沙門の名。譯、法意。齊武の永明中年提婆達多品を譯す。【歷代三寶記十一】

ダツマヤシヤ　達磨耶舍　〔人名〕Dharmayaśas 沙門の名。譯、法稱。【開元錄四】譯、法明。【出三藏記十一】

ダツマルシ　達磨流支　〔人名〕Dharmaruci 沙門の名。譯、法希。【續高僧傳一】又國王の名。譯、法愛。【彌勒上生經疏上】

ダツミラ　達弭羅　〔人名〕Dharmila* 童子の名。【倶舍寶疏五】に「達弭。此云有法。羅此云取。於有法神邊乞取。從所乞神爲名。故云有法取。」【玄應音義二十四】に「達弭羅彌爾切。此云攝受法。」

ダツリシチ　達利瑟致　〔術語〕Dṛṣṭi 又、達梨舍那 Darśana 譯、見。邪見正見の見なり。【因明大疏中本】に「達利瑟致云見。」【玄應音義六】に「達梨舍那。此云見。」

ダツリシチアンタ　達利瑟致案多　〔術語〕Dṛṣṭānta 譯、見邊、所見の邊際なり。因明の譬喩を云ふ。譬喩は所見の邊を以て未所見の宗を成立せしむるものなれば見邊と名く。【因明大疏中本】

ダテン　陀天　〔異類〕茶吉尼天なり。

ダデイタイスヰ　拖泥帶水　〔雜語〕又、和泥合水とも云ふ。拖泥は泥をひく、帶水は水を帶ぶるにて身に泥水をかぶると、禪門にて彼是れと言句を口にするを斥けて云ふ詞なり。【碧巖二則垂示】に「道箇佛字拖泥帶水。道箇禪字滿面慚惶。」【聖財集下】に「細に敎ふる敎門をば和合泥水とも下し、靈龜の尾を曳くに似たりとも誹れり。」

ダト　馱都　〔術語〕Dhātu 譯、界、體、性。事物各界畔ありて自性を持する義なり。又、如來の舍利を云ふ。是れ金剛不懷の身界なり、實體なればなり。又、達磨馱都と云ふ、法界法體と譯す、具略の異のみ。【玄應音義二十五】に「馱都謂堅實也。此亦如來體骨。舍利之異名。」【慧琳音義八】に「馱都此云法界。界體也。」【倶舍光記八】に「身界梵曰馱都。即佛身體也。亦名室利羅。（Śarīra）唐言體。佛身體也。舊云舍利訛也。」【倶舍寶疏十八】に「馱都此云性。如來體性也。」

ダナ 陀那 〔術語〕 Dāna 又、檀、檀那と云ふ。譯、布施。六波羅蜜の一。② 〔雜語〕 量目の名。譯、一銖。【大乘法數二】 ③ 〔術語〕 阿陀那(Ādāna)の略。阿賴耶識の異名。【楞嚴經五】に「陀那微細識。」

ダナエンナ 馱那演那 〔術語〕 Dhyāna 譯、靜慮。「ダナン」を見よ。

ダナカタ 陀那伽他 〔術語〕 Dānagātha 又、Dakṣiṇāgāthā 舊稱、嚔嚫伽陀。施主に報ゆる說法なり。又特欹拏伽陀と云ふ、陀那、特欹拏共に施與の義、伽陀は頌なり。「ダツシン」を見よ。

ダナギフタ 陀那笈多 〔人名〕 Dhanagupta 兒童の名。譯、寶護。【阿育王經八】

ダナバ 陀那婆 〔天名〕 Dānavat 神の名。譯、有施。【慧琳音義二十五】に「陀那婆神。陀那此云レ施、婆言レ有。此神得ニ有施名一。」

ダナバテイ 陀那鉢底 〔術語〕 Dānapati 譯、施主。【寄歸傳一】に「梵云ニ陀那鉢底一。譯爲ニ施主一。陀那是施。鉢底是主。而云ニ檀越一者本非ニ正譯一。」

ダナン 馱南 〔術語〕 Dhyāna 又、馱演那、馱那演那。定名七種の一。靜慮と譯す。舊稱、禪那、思惟修と譯す。【俱舍寶疏二十八】に「馱南。此云ニ靜慮一。馱那演那舊云ニ禪那一訛也。」【了義燈五本】に「四云ニ馱那演那一。此云ニ靜慮一。」【瑜伽倫記四上】に「四云ニ馱衍那一。此云ニ靜慮一。舊云レ禪義不正也。或云ニ持阿那一訛也。」【俱舍光記二十八】に「印度造字聲明論中有ニ字界字緣一。寐慮梵云ニ振多一。是字緣。地是梵音。復以ニ餘聲明法一助此振多義地界變成ニ馱南一。馱南此云ニ靜慮一。舊云レ禪。或云ニ禪那一。或云ニ持阿那一。皆訛也。」

ダバジヤ 馱縛若 〔物名〕 Dhvaja 譯、幢。【大日經疏九】に「梵云ニ馱縛若一。此翻爲レ幢。梵云ニ計都一。Ketu 此翻爲レ旗。」

ダビ 荼毗 〔術語〕 Jhāpita 又、闍毘、闍維、闍鼻多、耶維、耶旬。譯、焚燒。荼火に造るは俗字なり。【玄應音義四】に「耶維。或言ニ闍鼻一。或言ニ闍維一。或言ニ闍鼻多一。義是焚燒也。」【同五】に「耶旬。或云ニ闍毘闍維一同一義。正言ニ闍鼻多一。義是焚燒也。」【慧琳音義二十五】に「闍毘或言ニ闍維一。或荼毘。古云ニ耶旬一。此云ニ焚燒一也。」【同四十三】に「耶維。或言ニ闍維一。皆訛也。正言ニ闍鼻多一。義是焚燒。」【西域記六】に「涅疊般那。(Nirdhāpana)*唐言ニ焚燒一。舊云ニ闍維一訛也。」⊙(太平記三九)「御茶毘の事ども取り營ませ給ひて」旬は旬の誤。

ダビラ 陀毘羅 〔地名〕 又、陀毘荼、達羅毘荼、達羅弭荼。南印土の國名。其國言咒語多く甚だ解し難し。【西域記十】に「達羅毘荼國、南印度境。」【瑜伽論九】に「達羅弭荼種種明咒。」【同倫記九下】に「景云。南天竺東南海渚有ニ一師子國一。名ニ達羅弭荼一。乃至測云。舊論云ニ陀彌國書一。舊釋云。是鬼國所レ發語言。不レ可ニ解了一。」【本行集經十一】に六十四書を列ぬる中に「陀毘茶國書。」【大部補注十一】に「婆沙云。一天王作ニ是念一。若佛爲レ我作ニ陀毘羅語一。說ニ四諦一者我則能解。」梵 Davila.Damila.Draviḍa

ダフ 墮負 〔術語〕 論義に負くると。【智度論十九】に「汝論墮ニ負處一。」

ダホフシヨシキ 墮法處色 〔術語〕 法處所攝「色なり。

ダマ 馱摩 〔術語〕 達磨に同じ。譯、法。【智度論四十八】に「馱摩。秦言レ法。」

ダマ 陀摩 〔術語〕 【智度論四十八】に「陀摩。秦言レ善。」

ダヤ 娜耶 〔術語〕 Naya 譯、乘。【大日經疏三】に「梵音娜耶。即是乘義道義。謂從ニ一念善根一乃至成佛。於ニ其中間一ニ一諸地所乘之法。所行之道。通名ニ娜耶一。」

ダライラマ 達賴喇嘛 〔職位〕 Dalai Lama 達賴は、蒙古語、大海の意、喇嘛は西藏語 Lama 勝者の義なり。西藏の喇嘛敎の敎主にして黃衣派に屬す。禪定菩薩の化身とせられ主都刺薩に在り。相承は喇嘛が死したる時國內人を派し奇瑞を表徵として死せし喇嘛の轉生者を求め、嬰兒をして繼嗣たらしむ。

ダラナ 陀羅那 〔術語〕 Dhāraṇa 夜叉の名。譯、持。【孔雀王呪經上】

ダラニ 陀羅尼 〔術語〕 Dhāraṇī 又、陀羅那、陀憐尼。譯、持、總持、能持能遮。善法を持して散ぜしめず、惡法を持して起らしめざる力用に名く。之を四種に分つ。一に法陀羅尼、佛の敎法に於て聞持して忘れざるを云ふ、又聞陀羅尼と名く。二に義陀羅尼、諸法の義に於て總持して忘れざるを云ふ。三に咒陀羅尼、禪定に依て秘密語を發し、不測の神驗を有するを呪と云ふ、呪に於て總持して失せざるを云ふ。四に忍陀羅尼、法の實相に於て安住するを忍と云ふ、忍を持するを忍陀羅尼と名く。聞義呪忍の四は所持の法なり。能持の體より云へば法義の二は念と慧とを體とし、呪は定を體とし、忍は無分別智を以て體とす。【大乘義章十一末】に「陀羅尼者是中國語。此翻爲レ持。念レ法不レ失故名爲レ持。」【佛地論五】に「陀羅尼者。增上念慧能總任ニ持無量佛法一令レ不ニ忘失一。」【智度論五】に「陀羅尼者。秦言ニ能持一。或言ニ能遮一。能持集ニ種種善法一能持令ニ不散不失一。譬如ニ完器盛レ水水不ニ漏散一。能遮者惡不善心生能遮不レ令レ生。若欲レ作ニ惡罪一持令レ不レ作。是名ニ陀羅尼一。」【法界次第下之下】に「陀羅尼是西土之音。此土翻云ニ能持一或言ニ能遮一。乃至又翻爲ニ

總持。隨レ有二若名器義若行地功德一皆悉能持。故名二總持一。」【瑜伽略纂十二】に「論云。陀羅尼有二四種一。一法二義三呪四能得忍。乃至法陀羅尼以レ法爲レ境。即能詮名言。以二念慧一爲レ體。義陀羅尼其體同レ法。唯境界異。其異者何。所詮義爲レ境。謂無量義意趣等。即唯在二意地一。呪陀羅尼以レ定爲レ體。依レ定持レ呪令レ不レ忘故。以レ呪爲レ境也。能得忍陀羅尼者以二無分別智一爲二忍體一即證二眞如一。」【可洪音義一下】に「陀鄰尼。此云二總持一。」今日通常呪陀羅尼を指して單に陀羅尼と云ふ。

呪陀羅尼【術語】これ四種陀羅尼の一にして眞言敎に所謂陀羅尼なり。佛菩薩の禪定より發する秘密の言句を云ふ。陀羅尼とは總持の義、之を總持と名くるに二釋あり、一は人に就き、一は法に就く。人に就て釋せば佛菩薩の定力能く神呪の功德を持すれば持と名く、上の四種中に釋する如し。【大乘義章十一末】に「菩薩依レ禪能起二呪術一。爲レ衆除レ患第一神驗。名二呪陀羅尼一。菩薩依レ禪備起二多用一。隨レ用別論即有二無量陀羅尼門一。頁以呪術傳レ益義多。故偏論レ之。」法に就て釋せば神呪の言句に無量の文義、無盡の功德を總持すれば持と名く。【佛地論五】に「於二一法中一持二一切法一。於二一文中一持二一切文一。於二一義中一持二一切義一。攝二藏無量諸功德一故名二無盡藏一。」已上二釋の中神呪の功德を明かすには必ず後釋に依るべし。諸經の中此呪陀羅尼を顯はすに五名あり。一に陀羅尼、二に明、三に呪、四に密語、五に眞言。此中後の四は義翻なり。【秘藏記本】に「諸經中說二陀羅尼一。或陀羅尼。或明。或呪。或密語。或眞言。如レ是五義其義如何。陀羅尼者佛放レ光。光之中所レ說也。是故陀羅尼與レ明其義不レ異。呪者。佛法未レ來二漢地一前。有二世間禁呪法一。能發二神驗一除二災患一。今持二此陀羅尼一人能發二神通一除二災患一。與二呪禁法一相似。是故曰レ呪。密語者。凡夫二乘不レ能レ知故曰二密語一。眞言者。如來言眞實無二虛妄一。故曰二眞言一。然皆是擧二一邊一所レ名也。」

陀羅尼三重配釋【術語】守護經一に廻向陀羅尼あり、密敎の深義に此の陀羅尼の三字を三世の佛三世の父母、又地空天の三神に配して廻向供養するなり。一に陀を過去の佛とし、羅を現在の佛とし、尼を未來の佛とす。其の義は陀羅尼は梵字𑖠𑖨𑖜𑖰なり。𑖠は法界の義、界とは性なり、過去は法謝して性に在るが故に過去の諸佛に配す。又𑖨は塵垢の義、現在には諸法現起す、是れ塵垢の義なり、故に現在の佛に配す。又𑖜𑖰は諍論の義、未來は萬法未だ現起せず、其相分明ならず、是れ諍論の義なり、故に未來の佛に配す。二に陀を過去の父母に配し、羅を現在の父母に配し、尼を未來の父母に配す。其の義上の如し。三に陀を地に配し、羅を空に配し、尼を天に配す。陀を地に配するは是れ國王に廻向する意なり。地は阿字不生の理、法界の體なる故に法界を𑖠字に配す。次に空とは人に廻向する意なり、人は天地の中間に居ればなり。𑖨は塵垢の義、虛空の中に衆生世間器世間等の諸法亂起す、是れ塵垢の義なり、故に之に配す。天は諸天鬼神に廻向する意なり。天は諸法混一にして分明ならざれば諍論の𑖜𑖰字に配す。是れ隨求陀羅尼儀軌に「陀者過去佛等」と云ふに依る。【秘藏記末、同鈔十】

ダラニイン　陀羅尼印【術語】四種陀羅尼中忍陀羅尼法の印なり、忍とは實相の理に安住するを云ふ。大乘の深經は皆此陀羅尼の印を以て之を印す。【維摩經法供養品】に「陀羅尼印印レ之。」【注】に「什曰。總持有二無量一。實相即總持之一。若經中說二實相一實相即是印。以二實相印一封二此經一則爲二深經一。」

ダラニギヤウ　陀羅尼形【術語】如來の萬德を輪圓具足せる總持身を稱す。【大疏十八】に「陀羅尼形者。謂總二束眞言輪一而以爲レ身。即成二智門身一也。」【義釋十三】に「陀羅尼形者。謂總成二如來眞言輪一。而以爲レ身。即成二普門身一也。由レ住二此總持身一故。於二一切衆生前一。示二所喜見身一。說二所稱機之法一。無レ有二差謬一。同入二佛智一也。」

ダラニクキヤウ　陀羅尼句經【經名】持句神呪經の異名。

ダラニサンマイ　陀羅尼三昧【術語】Dhāraṇi-samādhi 無量の陀羅尼を發せしむる禪定の名。【智度論四十七】に「得二是三昧力一故。聞持等諸陀羅尼皆自然得。」

ダラニザウ　陀羅尼藏【術語】六波羅蜜經所說五藏の一。眞言陀羅尼の法藏なり、五藏の中之を最上醍醐の敎法とす、之に依て眞言宗を立つ。「ゴザウ」を見よ。

ダラニザフジユ　陀羅尼雜集【書名】十卷、撰者未詳、梁錄に附す。種種の呪を集む。【成帙十四】(1475)

ダラニジフキヤウ　陀羅尼集經【經名】十二卷、唐の阿地瞿多譯。諸佛菩薩諸天の印呪を說く。【閏帙四五】(363)

ダラニホン　陀羅尼品【經名】法華經の品名。第八卷にあり、藥王菩薩及び四天王十羅剎女等各持經者を擁護する神呪を說く。

ダラニモンシヨブエウモク　陀羅尼門諸部要目【書名】一卷、唐の不空譯。諸部要目と

略稱す。眞言の諸部に就て其の要義を列ぬ。【閻帙四】(1452)

ダラハテイ　墮羅鉢底　〔地名〕 Dvārapati 譯、門主。城の名なり。【慧苑音義下】に「墮羅鉢底。此翻爲二門主一。或云二有門一。謂古者建二立此城一王之號也。」

ダラヒヤウ　陀羅驃　〔術語〕 Dravya 勝論所立六諦の一。主諦、所依諦と譯す、新譯に六句義と稱し、之を實句義と譯す。地水火風空時方神(又義と云)意の九種の實法を云ふ。【百論疏上中】に「陀羅驃。稱爲二主諦一。亦云二所依諦一。謂地水火風空時方神意。此九法爲二一切物主一故云二主諦一。」

ダララ　陀羅羅　〔人名〕 仙人の名。【慧琳音義二十六】に「陀羅羅仙。有作二何羅羅一。古音云二無醫仙一。」

ダリンニ　陀隣尼　〔雜語〕 陀羅尼に同じ。

ダリンニバツ　陀隣尼鉢　〔雜語〕 Dhāraṇipada 陀隣尼は即ち陀羅尼。鉢は鉢吒の略、句と譯す。陀羅尼の語句なり。

陀鄰尼鉢經　〔經名〕 一卷、東晉の曇無蘭譯。陀羅尼經及び聖最上燈明如來陀羅尼經と同本。【成帙七】(365)

ダルマ　達磨　〔人名〕 Bodhidharma 具さには菩提達磨と云ふ、道法と譯す。南天竺の刹帝利種なり。父王を香至と云ふ。磨其の第三子なり。もと菩提多羅と名く。後二十七祖般若多羅に遇ひて法を嗣ぎ、多羅を達磨と改む。梁の普光元年海に泛で廣州に着く。帝之を迎へて建業に到らしむ。問て曰く、朕即位以來寺を造り經を寫す何の功德かある。磨曰く、無功德。帝曰く、何をか眞の功德と云ふ。磨曰く、淨智妙圓、體自ら空寂、是の如き世を以て求む可らず。帝曰く、如何か是れ聖諦第一義。磨曰く、廓然無聖。帝曰く、朕に對する者は誰ぞ。磨曰く、不識。帝悟らず。遂に江を渡て魏に之く。後魏の孝明正光元年なり。嵩山の小林寺に止て終日壁觀す。壁觀婆羅門と號す。孝明帝之を聞き三召すれども起たず。後慧可を得て法並に衣を付す。附法偈に曰く「吾本來二茲土一。傳レ法救二迷情一。一華開二五葉一。結果自然成。」又曰く、此に楞伽經四卷あり、如來の極談の法要今並に汝に付す。梁の大通三年寂す、其年熊耳山に葬る、梁の武帝碑を製して德を讃し、唐の代宗圓覺大師と諡す、【傳法正宗記五】図 俗に數珠の親玉(おやだま)を達磨と云ふ。達磨は禪の親玉といふ意歟、又目玉の大なりといふを取る歟。⊙(大鏡)「達磨には大柑子をしたる御數珠」(正統記四)「天竺の達磨大師」

ダルマキ　達磨忌　〔行事〕 十月五日なり。梁大同二年十月五日入寂、大小の禪刹悉くこれを修す。【元亨釋書】

ダルマシユウ　達磨宗　〔流派〕 禪宗の異名。又「歌道に達磨宗あり。」

ダルマタラ　達磨多羅　〔人名〕 Dharmatrāta 法救の梵音。

ダルマダツ　達磨馱都　〔術語〕 Dharmadhātu 法界の梵音。

ダルマハラ　達磨波羅　〔人名〕 護法のこと。

ダルマルシ　達磨流支　〔人名〕 「ドンマルシ」を見よ。

ダン　檀　〔術語〕 Dāna 又、檀那、陀那。譯、布施、施與。【大乘義章十二】に「言レ檀者是外國語。此名二布施一。以二己財事一分布與レ他。名レ之爲レ布。惙レ己惠レ人目レ之爲レ施。」【慧琳音義十二】に「柁那。正云二馱曩(ダナ)一。唐云レ施。古曰二檀那一也。」

二檀　〔名數〕 一に世間檀、凡夫の人の布施又は聖人有漏心を作して布施するもの。二に出世間檀、聖人無漏心の布施なり。【智度論十一】

ダン　壇　〔術語〕 Maṇḍala 梵語曼荼羅、壇と義譯す、壇を築て曼荼羅の諸尊を安置すればなり。壇形に種種あり。【密門雜抄】に「今堂內に木壇を造るは烏樞瑟摩明王經中、止雨法に以二紫檀一作レ壇と云ふあり、此其の本說なり。諸部要目には四角なるを地輪壇、圓なるを水輪壇、三角なるを火輪壇、半月形なるを風輪壇と說く。又土壇を地壇とし、小き木壇を作り何處へも自在に持ち行くこと水を流す如きを水壇とし、護摩壇を火壇とし、隨處本尊となすを風壇とすと云ふことあり。」⊙(太平記一)「金闕に壇を構へ」

ダンカイ　壇戒　〔術語〕 壇に登て戒を受くると。

ダンカイ　檀契　〔術語〕 師に對して檀家の契あるを云ふ。

ダンキヤウ　壇經　〔書名〕 具名、六祖大師法寶壇經。六祖大師慧能韶州の大梵寺の壇上に於て說きし法を後の門人之を記し尊で法寶壇經と云ひ、略して壇經(だんきん)と稱す。經と稱するは後人其法を尊でなり。六祖の意にあらず。【夾註輔敎編六壇經贊題註】に「始其衆人欲レ請三宗門第六祖大鑑禪師開二演東山法門一。於二韶陽大梵寺一尊二敬大鑑之道一乃封レ土爲レ壇。以養二其說法一。其後其弟子者集二大鑑其說一因而目爲二壇經一也。」

壇經眞僞　〔雜語〕 【傳燈錄二十八南陽忠國師語】に「吾比遊方多見二此色一近尤盛矣。聚二却三百衆一目視二雲漢一云。是南方宗旨。把二他壇經一改換。添二糅鄙談一削二除聖意一惑二亂後徒一。豈成二言敎一哉。苦哉吾宗表矣。」忠國師は曹溪の直弟也、此時既に改換の僞本有りしを見るべし。其後遼國に於て遂に焚棄せらる。【佛祖統紀十四高麗國義天傳】に「見二飛山別傳議一。爲レ跋曰。甚矣古禪之與二今禪一名

實相遮也。乃至珠公論辯斯其至焉。近者遼國詔有司令義學沙門詮曉再定經錄。世所謂六祖壇經寶林傳等皆與焚棄。而比世中國禪宗章句多渉異端。此所以海東人師疑華夏爲無人。今見飛山高議乃知有護法開士百世之下住持末法者。豈不賴珠公力乎。（成珠作別傳議、於禪敎之際、深有發明。）」其後、元に至て德異宗寶の二老古本を探て之を删定し世に刊行す、それ今の壇經なり。【德異の序】に「惜哉壇經爲後人節畧太多不見六祖大全之旨。德異幼年嘗見古本。自後遍求三十餘載。近得通上人尋到全文。遂刊于吳中休休禪庵。與諸勝士同一受用。」是れ元の世宗至元二十七年の記なり。【宗寶の跋】に「余初入道有感於斯。續見三本不同。互有得失。其版亦已漫滅。因取其本校讎。訛者正之。略者詳之。復增入弟子清益機緣。庶幾學者得盡曹溪之旨。」是れ其翌年の記なり。案に二公同時に二本を刊行す。而も宗寶本勝るを以て後人德異の序を取て之に冠し、以て廣く流通せしなり。【竹窓三筆五】に「六祖示不識字。一生不事筆硯。壇經皆他人記錄。故多訛誤。」

ダンギ　談議　[術語] 談話し商議すると。【唐華嚴經五十三】に「知諸語言。知諸談議。」

ダンギ　談義　[術語] 法義を談話すると。【山密往來】に「來二十日仙洞御談義習禮歟。」

ダンギシヤウシン　斷疑生信　[術語] 實相の妙理に於て疑を斷じ信を生ずると。天台は之を以て法華經一部の功用となす、【法華玄義九】に「用是如來之妙能。此經之勝用。如來以權實二智爲妙能。此經以斷疑生信爲勝用。祇二智能斷疑生信。生信斷疑由於二智。約人約法左右互論耳。」

ダンギヤウジ　壇行事　[職位] 灌頂式の時に戒場の雜事を勾當する役僧なり。壇行事は阿闍梨の授法の已入壇の僧を用ふべきなり。【金剛戒式幸聞記】

ダンクホフ　斷苦法　[術語] 苦際を斷ずる法、小乘敎に由て涅槃を得るを云ふ。【法華經方便品】に「大勢佛及與斷苦法。」

ダンケ　檀家　[雜語] 一定の寺院に繫屬して信施を投ずる俗家を云ふ。檀は檀那又は檀越の略、施與の義なり。

ダンケツ　斷結　[術語] 結は煩惱の異名、煩惱を斷ずるを云ふ。【四敎儀四】に「三藏佛三十四心發眞斷三界結盡。」

ダンケン　斷見　[術語] 有情の身心は一期を限つて斷絕すと見るを斷見と云ひ、之に反して身心共に常住不滅と見るを常見と云ふ。此二を邊見と名けて五惡見の第二とす、【涅槃經二十七】に「衆生起見凡有二種。一者常見。二者斷見。如是二見不名中道。無常無斷乃名中道。」【智度論七】に「斷見者見五衆滅。」（五衆は五蘊なり）⦿（曲、放下僧）「生死を離るれば斷見の科」

ダンケンゲダウ　斷見外道　[流派] 外道六宗の一。富蘭那迦葉なり。此人邪見を起す、謂く、善なく善の報なく惡なく惡の報なしと。【涅槃經十九】

ダンコウ　檀興　[術語] 檀は布施行なり、興は福を興すなり。施行を爲して福果を興すを云ふ。【元亨釋書序說】に「檀之爲事施與營業。厚薄有異。共歸興福。」又「檀興者興福也。福者檀之報也。」

ダンシ　彈指　[雜語] 經中の三意あり、一は許諾の爲め。【行事鈔下三之三】に「增一云。如來許請或默然。或儼頭。或彈指。」一は歡喜の爲め。【法華經神力品】に「一時謦欬。俱共彈指。」【法華文句十】に「彈指者隨喜也。」一は警告の爲め。【嘉祥法華義疏十一】に「爲令覺悟。是故彈指。」図 [雜語] 時の名。【戒疏二下】に「僧祇云。二十念爲瞬。二十瞬爲彈指。」又、タンジと讀む。

ダンシキヤウ　彈指頃　[雜語] 一彈指の頃。【觀無量壽經】に「如彈指頃即生彼國。」

ダンシヤ　檀捨　[術語] 檀は梵語、施と譯す、即ち捨の義なれば檀捨と云ふ。【寄歸傳一】に「由行檀捨自可越度貧窮。」

ダンシユ　檀主　[雜名] 又檀家と云ふ。施主なり。

ダンシヨ　壇處　[術語] 御修法を行ふ壇場を云ふ。⦿（盛衰記）「壇處行法の花香」

ダンシヨウ　斷證　[術語] 妄惑を斷じ勝果を證得すると。【唯識論一】に「斷障爲得二勝果故。由斷續生煩惱障。故證眞解脫。由斷礙解所知障。故得大菩提。」

ダンシン　檀信　[術語] 施主の信仰。檀越の信施。檀は施與の義。【僧史略中】に「或契宿因冥招壇信。」

ダンシン　檀嚫　[術語] Dakṣiṇā 噠嚫に同じ。「ダツシン」を見よ。

ダンジ　暖寺　[雜語] 「ノンジ」を見よ。

ダンジキ　段食　[飮食] 梵名 Piṇḍa 四食の一、舊譯に摶食或は團食と云ひ、吾人常用の食物なり。香味觸を體となし、分分段段に受用して身分を資益すれば段食と云ふ。【俱舍論十】に「香味觸三。一切皆爲段食自體。可成段別而飮噉故。謂以口鼻分分受之。」【義林章四本】に「段者分段。分分受之能持身命。舊云團。者可摶可握立爲團。此義全非。團字非摶非水飮等可摶團圓。云何名團。故應名段。」

ダンジキ　團食　[飮食] 又、摶食と云ふ、共に舊

譯の稱。

ダンジキ 斷食 〔術語〕 もと外法なり、一は苦を忍ぶ爲め、一は他に施與する爲に自己の斷食を以て功德の法とす。顯敎には之を自餓外道と稱し、無義の法として之を戒む。【佛本行集經】に「若因二斷食一當レ得二大福一者。其野獸等應レ得二大福一。」然るに密敎に秘法を修するには一は至誠を表する爲、一は便利の不淨を停むる爲に斷食の法あり。【蘇婆呼經】に「念誦人起首求二悉地一者。應レ具二八戒一。或二三日亦須三斷食一然後作二成就法一。乃至欲レ令二彼等屎尿涕唾鼻穢不一レ出故爲二遣二斷食一。非下爲二妨道一而遣上レ斷也。」【瞿醯經】に「換レ表是外潔。斷食是內潔。若內外淨潔所得果報微妙第一。」【不動使者法】に「一日一夜。水亦不レ飲。」【陀羅尼集經十一面法】に「其呪師一日不レ食。若不レ忍レ飢唯得レ食レ酥。」

ダンジシヤモン 斷事沙門 〔職位〕 僧中の犯罪を判決するもの。【僧史略中】に「周隋之際有二法導一。專精二律範一。北齊主旣敬二法門一。五衆斯盛。有二犯レ律者一令二逆理一レ之。勅爲二斷事沙門一。」

ダンジヤウニケン 斷常二見 〔術語〕 五惡見中の第二を邊見と云ふ、邊見に二あり、一は斷見二は常見なり、「ダンケン」を見よ。

ダンセ 檀施 〔術語〕 檀は梵語、施と譯す。是れ梵漢雙擧の熟語。

ダンセキセン 暖席錢 〔雜名〕「ノンセキセン」を見よ。

ダンゼンゴン 斷善根 〔術語〕 人身固有の善根を斷無すると。因果撥無の邪見を起す時初めて善根を斷ず、是れ極惡の人、畜類にも劣るなり。何となれば畜類尙生得の善根あり。【俱舍論十七】に「惡業道中唯有二止品圓滿邪見一。能斷二善根一。」

ダンゼンセンダイ 斷善闡提 〔術語〕 永不成佛の機を闡提と云ふ、二類あり。衆生を救ふ大悲の爲に永不成佛なるを大悲闡提と云ひ、極惡斷善根の爲に永不成佛なるを斷善闡提と云ふ。

ダンダ 檀拏 〔物名〕 Daṇḍa 又、檀陀、但荼。譯、棒、杖。【陀羅尼集經四】に「檀陀。唐言二策杖一。」【演密鈔八】に「但荼棒也。」 図 〔地名〕 山名、檀特山に同じ。

ダンダイン 檀拏印 〔物名〕 又、但荼印。棒頭に人頭を載せしもの。閻摩王の幖幟なり。罪人を治罰する意なり。幖幟又は印契を印と云ふ。【大日經疏五】に「琰摩法王。手執二檀拏印一。此相猶如二棒形一。上有二人首一。作二極忿怒之狀一。」【大日經密印品】に「以二定慧手一相合。風輪地輪入二於掌中一。餘皆上向。是焔摩但荼印。」

ダンダウ 斷道 〔術語〕 惑を斷ずる道位なり。見道に見惑を斷じ、修道に修惑を斷ずる如し。

ダンダカ 檀陀柯 〔地名〕 又、彈宅迦。Daṇḍaka 林の名。譯、治罰。【二十唯識述記下】に「彈宅迦者。眞諦云二檀陀訶一。此云二治罰一。治二罰罪人一處也。」

ダンダカアランニヤ 檀陀伽阿蘭若 〔術語〕 梵音 Dāntaka-āraṇyaka 三處阿蘭若の一。「サンショアランニヤ」を見よ。

ダンダドウ 檀荼幢 〔物名〕 又、人頭幢と云ふ、大日經に云ふ檀荼印なり。俗に見目嗅鼻（みるめかぐはな）と云ふ。「ダンダ」及び「ダンダイン」を見よ。

ダンダン 段段 〔雜語〕 きれぎれを云ふ。【法華經普門品】に「刀尋段段壞。」

ダンダン 斷斷 〔雜語〕 四正斷の一。所起の惡法を斷じ已て更に生ずれば更に精進して生起せざらしむ、斷じて又斷ずれば斷斷と云ふ。

ダンチ 斷智 〔術語〕 煩惱を斷ずる智なり。【大乘義章十三】に「煩惱盡處名レ之爲レ斷。斷是智果。」

ダンチユウ 檀中 〔雜語〕 檀家の數にあるもの。

ダンヅザイ 斷頭罪 〔術語〕 律に婬盜殺妄の四を波羅夷罪と稱し斷頭罪と譯す。比丘にして此罪を犯す者は比丘の資格を絕つと猶人の頭首を斷ちて再生すべからざるが如きを云ふ。【行事鈔中一】に「四分云。波羅夷者。譬如下斷二人頭一不上レ可二復起一。若犯二此法一不三復成二比丘一故。」

ダンヅシヤ 斷頭者 〔雜名〕 斷頭罪を犯せし者。【梵網古迹上】に「雖レ失二淨戒一經說二卽悔亦得二重受一。不レ同下聲聞如二斷頭者一現身不上レ能三復入二僧數一。」「ふ。

ダント 檀徒 〔雜名〕 檀家の徒輩。檀家の人人を云ふ。

ダントウ 檀頭 〔雜名〕 檀徒中の頭首。

ダントク 斷德 〔術語〕 諸佛三德の一。一切の煩惱を斷盡する德なり。涅槃三德の解脫德に當る。

ダントク 檀德 〔地名〕 山の名。檀特山に同じ。

ダンド 檀度 〔術語〕 六度の一。檀波羅蜜なり。檀は施與の義、波羅蜜は度の義、生死を度る行法を云ふ。施與は生死を度りて涅槃に到るべき行法の一なり。

ダンドク 檀特 〔地名〕 又、檀德、檀陀、單多羅迦。彈多落迦 Dantaloka 山の名。譯、陰山。西域記に依るに此山北印度健駄羅國に在て往昔須大拏太子の菩薩行を修せし處とす。【西域記二】に「昔蘇達拏太子擯二在彈多落迦山一。舊曰二檀特山一訛也。乃至跋虜城東北二十餘里至二彈多落迦山一。嶺上有二窣堵波一。無憂王所レ建。蘇達拏太子於レ此棲隱。」【玄應音義五】に「檀特山。或云二單多羅迦山一。或言二檀陀山一。此譯云二陰山一。」と然るに禪門の記錄中多く之を以て悉達太子の苦行處となすあり、未だ經說を見ず。【祖庭事苑三】に「普曜經二

云。世尊逾レ城出家至二檀特山一。始於二阿藍迦藍處一五年學二不用處定一。」明教の【正宗記一】に「太子年十九歳二月八日夜。乘レ馬出レ自二北門一。至二檀特山一。」普曜經を檢するに文なし。⦿（曲、大原御幸）「悉達太子は淨飯王の都を出で、檀特山の嶮しき道をしのぎ」

ダンドクラワ　檀特羅和　〔地名〕Dandavara* 林の名。【翻梵語九】に「檀特羅和。應レ云二檀茶波羅一。譯曰。檀茶者罰。波羅者勝。」

ダンナ　檀那　〔術語〕Dāna 又、陀那、施と譯す。陀那鉢底、Dānapati 施主と譯す。遂に略して施主を檀那又は檀越と云ふ。【慧琳音義上】に「檀。具云二檀那一。此云レ施。」【寄歸傳一】に「梵云二陀那鉢底一。譯爲二施主一。陀那是施。鉢底是主。」⦿（十訓抄六）「檀那不信故斷紙還二本土一」

ダンナシリウ　檀那四流　〔名數〕檀那流の四分系を云ふ。慧光房流。毘沙門堂流。安居院流 又稱竹林房流。猪熊流の稱なり。

ダンナソウジヤウ　檀那僧正　〔人名〕横川檀那院の僧正覺運なり。惠心院の僧都源信と共に慈惠大師の門下に各一流を立て、惠心檀那の兩流と稱す。

ダンナデラ　檀那寺　〔雜名〕檀家より歸屬する寺を云ふ。檀那は施與の義にて、俗家は僧寺へ資緣を施與すれば僧より俗を稱して檀那又は檀家と云ひ、僧は俗家へ法利を施與すれば俗家より僧寺を檀那寺と呼ぶ。

ダンナダラタ　檀那達羅多　〔人名〕Dhanadatta* 婆羅門の名、譯、財與。【本行集經四十七】「見よ。

ダンナリウ　檀那流　〔流派〕「エシンダンナ」を

ダンハンナ　檀槃那　〔地名〕Dānavana 園の名。施林。【翻梵語九】に「増一第十檀那槃那。應レ云二檀那槃那一。譯曰二施林一。」

ダンニ　檀耳　〔物名〕旃檀耳の略。耳は茸なり。佛最後の齋食に之を受けて涅槃す。「センダンニ」を見よ。

ダンニク　斷肉　〔術語〕佛小乘律に於て比丘の三淨肉を食ふを開るし、大乘の經律に於ては菩薩に向て之を嚴禁す。大乘の敎理は大悲心を主とすればなり。而して涅槃經に於て更に比丘の食肉を制し、前の小乘律の說を廢せり。故に大乘家の說に依れば小乘の比丘も大乘の菩薩も共に肉を食ふを得ず。【梵網經下】に「一切肉不レ得レ食。斷二大慈悲性種子一。一切衆生見而捨去。是故一切菩薩不レ得レ食二一切衆生肉一。」【涅槃經四】に「善男子。從二今日一始不レ聽二聲聞弟子食レ肉。若受二檀越信施一之時。應レ觀下是食如二子肉一想上。」

ダンニクキヤウ　斷肉經　〔經名〕師子素馱婆王經の略名。「【象器箋十】

ダンハイ　團拜　〔雜語〕衆人聚り拜するを云ふ。

ダンバ　譚婆　〔雜名〕狗肉を食ふもの。【玄應音義七】に「譚婆。謂食二狗肉一人也。」

ダンバラミツ　檀波羅蜜　〔術語〕Dānapāramitā 六波羅蜜の一。又十波羅蜜の一。檀は檀那の略、布施と譯す。財又は法を人に施與するを云ふ。波羅蜜は度又は到彼岸と譯す、生死海を度りて涅槃の彼岸に到る行法を云ふ。即ち布施は其行法の一なり。

ダンピ　斷臂　〔故事〕慧可大師、自ら左臂を斷て祖師の前に置く。【傳燈錄四達磨章】「エカ」を見よ。

ダンブク　斷伏　〔術語〕煩惱の種子を滅するを斷と云ひ、煩惱の現行を制するを伏と云ふ。初に之を伏し、後に之を斷ずるなり。

ダンホフ　檀法　〔術語〕金胎兩部の曼荼羅の法、曼荼羅、一に壇と譯す。又護摩法を云ふ。壇を設けて護摩供養の法を修すればなり。護摩法に四種五種六種の別あり、四種壇法乃至六種壇法と云ふ。「ゴマ」を見よ。

ダンマツマ　斷末摩　〔術語〕末摩を支節と譯す、又死穴と云ふ。身中に特異の支節あり、他物之に觸るれば劇痛を起して必ず命終す。人の死せんとするとき水風火の三大中其一大偏增してかの末摩に觸るるに由て命を斷絶せしむるを斷末摩と云ふ。斷とは末摩を切斷するにあらず、末摩に觸るるに由て命を斷絶するなり。【俱舍論十】に「於二身中一有二異支節一。觸便致レ死。是謂二末摩一。若水火風隨一增盛如二利刀刄一。觸二彼末摩一。因レ此便生二增上苦受一。從レ斯不レ久遂致二命終一。」【俱舍光記十】に「末摩是身中死穴。其量極小。觸便致レ死。又解。對法藏中說。衆生身中有二百處一名二末摩一。觸便致レ死。」【同頌疏】に「末摩。此云二支節一。然於二身中一有二百處異支節一。其量甚小。觸便致レ死。是謂二之末摩一。水等者等二取風火一。於二此三大一隨一增盛如二利刀刄一觸二彼末摩一。因レ此命終故名爲レ斷。此言レ斷者非下如レ斬レ薪令上レ成二兩段一。但由二三大觸二彼末摩一。令二身無一レ覺說名爲レ斷。」⦿（近松、曾根崎心中）「斷末魔の四苦八苦」梵 Marmacchid

ダンミラ　檀彌羅　〔人名〕王の名。王惡逆にして塔を破り、寺を毀ち、劔を以て西天第二十四祖師子尊者を殺害し、西天の付法此に絕つ。【付法藏傳六】

ダンミリ　檀彌離　〔人名〕長者の名。昔五比丘あり共に山に入て道を行ず。時に相語て曰く、此中の一人行て食を乞ひ、他の四人專ら道を行ぜんと。一比丘之を許し、往て世間に至り、諸の檀越を勸めて日に食を送る、四人身安く專ら道を行じて一夏の中に

道果を得たり。即ち共に彼比丘に謂て曰く、吾等汝の緣の故に所期を達す、汝何をか願ふと。比丘曰く我をして天上人中の富貴を得しめ然後發心して道果を獲しめよ。是に於て此比丘死して後九十一劫の中常に天人の中に生れて豪貴を極め、今復拘薩羅國の長者の家に生れて檀彌離長者となり、釋迦の出世に値ひ出家して道果を證せり。【賢愚經十二】西藏Danbyi-la

ダンメツ　斷滅　[術語]　諸法は因果別なれば常にあらず、因果相續すれば斷にあらず、此因果相續の理を撥無するを斷滅の見と云ふ。即ち斷見なり。邪見中の極惡に屬す。

ダンリツギ　斷律儀　[術語]　九無間道と共に生ずる靜慮律儀定共戒と無漏律儀との稱。煩惱を斷ずるの作用あれば名づく。

ダンリン　檀林　[術語]　栴檀の林にして寺院の尊稱なり。【西域記敘】に「業光二上首一。擢二秀檀林一。德契二中庸一。騰二芬蘭室一。」【觀佛三昧經】に念佛の功德を說て「如二伊蘭林一。四十由旬有二一科牛頭栴檀一。雖レ有二根芽一猶未レ出レ土。其伊蘭林唯臭無香。若有レ噉二其華果一發レ狂。後時栴檀根芽漸漸生長。纔欲レ成レ樹香氣昌盛。道能改二變此林一。普皆香美。衆生見者皆生二希有心一。」

ダンリン　談林　[術語]　談議の林にて僧徒の學場を云ふ。學林と言ふ如し。【續高僧傳十三】に「釋志念頻弘二二論一。二十餘年。學觀霞開談林霧結。」【宋書列傳五十七】に「又有二慧嚴慈議道人一。並住二東安寺一。學行精整爲二道俗一所レ推。時鬪場寺多二禪僧一。京師爲レ之語曰。鬪場禪師窟。東安談議林。」

十八談林　[名數]　是れ淨土宗の學林なり。又、檀林に作る【本朝高僧傳忠長】に「關東淨刹有二十八檀林一。以二光明寺一爲二唱首一。忠公之遺德。餘凡於レ是乎可レ證焉。」と「クワントウジフハチダンリン」を見よ。

ダンリンジ　檀林寺　[寺名]　嵯峨に在り、嵯峨天皇の后檀林皇后の本願、仁明天皇嘉祥三年建立、唐の義空開基、是れ本朝禪刹の始にて尼寺五山の一。【和漢三才圖會】

ダンレウ　壇料　[術語]　御修法の供料なり。護摩「を修するを壇と云ふ。

ダンワ　斷和　[術語]　彼此爭ふとあれば斷事の人其の是非を斷じて兩者を和せしむるを云ふ。

ダンワク　斷惑　[術語]　眞智を以て妄惑を斷ずること。惑を斷ずれば眞理此に顯はる、之を證理と云ふ。證理は斷惑の果なり。三乘の見道已上に於て始て一分の惑を斷じ、是より已後を聖者となし。已前を凡夫とす。

ダンヲツ　檀越　[術語]　Dānapati*　施主を云ふ、越は施の功德をなして己が貧窮の海を越ゆる義なりと。【寄歸傳一】に「梵云二陀那鉢底一。譯爲二施主一。陀那是施。鉢底是主。而言二檀越一者。本非二正譯一。略二去那字一取二上陀一音轉名爲レ檀。更加二越字一。意道由レ行二檀捨一自可レ越二渡貧窮一。妙釋雖レ然終乖二正本一。」【資持記】に「檀越。亦云二檀那一。並訛略也。義淨三藏云。具云二陀那鉢底一。此翻二施主一。」⊙(著聞集、釋敎)「此寺建立之後經二百八十餘年一也有二建立檀越子孫一」

ち

チ　智　[術語]　梵語、Jñāna　闍那、若那。事理に於て決斷するを云ふ。【大乘義章九】に「慧心安レ法名レ之爲レ忍。於レ境決斷說レ之爲レ智。」【唯識述記九】に「忍言レ智以二決斷一故。」

一智　[名數]　華嚴經に云く、一切の諸の如來は同じく共に一法身一心一智慧なり、力無畏も亦然りと。唯一佛智なり。即ち一切種智なり。一相寂滅の相種種の行類相貌皆知るを一切種智と名く。此の智三諦を觀ずるに、若し一相寂滅の相なりと言ふは即ち是れ中道を觀ずるなり、若し種種の行類相貌皆知ると言ふは即ち是れ空假二諦を雙照するなり。【止觀三之二】

二智　[名數]　數種あり。「ニチ」を見よ。

三智　[名數]　「サンチ」を見よ。

四智　[名數]　法相宗所立如來の四智。凡夫に八識あり、如來に至りて轉じて四智となる。一に大圓鏡智、第八識を轉ぜしもの、有漏の第八識依正二報を變じて有情の身を持する如く、此智如來の身土を變じて一切の功德を持す、猶大圓鏡の中に一切の色像を現ずる如くなれば大圓鏡智と名け、緣境無邊にして法界の事理を照せば又一切種智と名く。即ち如來萬德の總本なり。二に平等性智是れ第七識の轉ぜしもの、第七識の我見に反して無我平等の理に達して一切衆生に無緣の大悲を起す智なり。三に妙觀察智、第六識を轉ぜしもの、妙に諸法の相を觀察して說法斷疑の用を施す智なり。四に成所作智、眼等の五識を轉ぜしもの、一切の凡夫二乘の類を利せんが爲に種種變化の事を成す智なり。如來の化身化土を現じ、及び諸の神通の所作皆智の作用なり。【唯識論十、百法問答鈔八】

図　密敎には此四智を次第の如く阿閦、寶生、彌陀、不空成就釋迦の四如來に配するなり。何れも報

身なり。図羅漢の四智あり、四諦を悟る智なり。羅漢果を證し自ら云ふ、我生已盡、梵行已立、所作已辦、不レ受ニ後有一と。此中の我生已盡は果報を受けぬとなれば苦諦の智なり、梵行已立は物の出來終るとなれば滅諦の智なり、所作已辦はなすべきをなし了りたれば道諦の智なり、不受後有は煩惱を斷じ盡すとなれば集諦の智なり。【四教儀集註中】に「此位斷ニ上八地七十二品思一俱盡四智已圓。」【半字談四】図【智度論二十七】に四智を說く、一に道慧、一道を知る智なり。二に道種慧、道に無量の差別あり、二道三道乃至無量道なり。一一其の道に通達するを道種慧と名く。三に一切智、一切法の寂滅一相を知る空智なり。四に一切種智、一切法の一相寂滅を知ると共に、一切法の種種の行類差別を識る有空雙照の實智なり。天台は此四智を以て次第の如く法華の開示悟入に配せり。図一に道慧、二に道種慧、三に一切智、四に一切種智なり。【釋論二十七】に之を解するに多種あり、或は因中に但だ理體あるを名けて道慧、道種慧と爲し、果上に事理皆滿つるを一切智、一切種智と名く。或は言く、因中の權實なり、故に道慧、道種智と言ふ。入空を實慧と爲し、入假を權慧と爲す。或は言く、果上の權實なり、故に一切智、一切種智と言ふ。直に中道を緣ずるを一切智と名け、二諦を雙照するを一切種智と名く。或は言く、因中の總別、果上の總別なり。或は言く、道慧、道種慧は是れ單に權實を明かし、一切智、一切種智は是れ複に權實を明かすなり。是の如く種種に四智を釋す、四智はただ是れ三諦の照なり。

菩薩所観四智〔術語〕唯識論等に外道餘乘の實我實法の所執を破するに且く阿毘達磨經の四智成就菩薩の所觀を說くを擧げて略して心外に實境あることなきを顯はす。四智とは**一**に相違識相智、一處に於て鬼人天等の所見各別なり、境若し實有ならば豈に此の如く見者の業力に隨て種種に轉變せんや。**二**に無所緣識智、過去未來夢等の非實の境を緣ずる時、境實有に非ざるも心現に緣知す、心若し必ず外境に託して起らば云何ぞ無を緣ぜん。之を以て准知するに、一切境界は皆心の所變なり。**三**に自應無倒智、境若し實ならば一切の凡夫皆應に是れ聖なるべし、本來心外の境を證悟するが故に。若し然らば功用を假て得脫することあるべからず、自然に成就すべし、何ぞ然らざるや。**四**に隨三智轉智、三智とは一に隨自在者智轉智、已に心自在を證得する者は、自の所欲に隨て水等を轉變して能く金等を成ず。境若し實有ならば何ぞ此の如く心に隨て轉變すべきや。二に隨類密者智轉智、勝定を得て法觀を修する者は、一境を觀ずるに隨て青瘀等の相種種に顯現す。境若し實有ならば豈に此の如くなるや。三に隨分別智轉智、實を證する無分別智を起すに、一切の境相皆現前せず。境若し實有ならば、云何ぞ實を證する時皆現ぜざるや。菩薩此の四智を成就する時唯識の理に於て決定して悟入するが故に、心外の實境を許さざるなり。

五智〔名數〕密教の所說、如來の五智なり。上の四智に法界體性智の一を加ふ。「ゴチ」を見よ。

菩薩五智〔名數〕一に通達智、能く覺夢して諸法に通達する智なり。二に隨念智、能く過去の事を憶持して忘失せざる智なり。三に安立智、能く正行を建立して他をして修習せしむる智なり。四に和合智、一切法の隨緣和合を觀ずる智なり。五に如意智、意の所欲に隨て滿足せざることなき智なり。【攝大乘論五】

八智〔名數〕欲界の四諦を證する智を四法智と云ひ、上二界の四諦を證する智を四類智と云ひ、四法四類合せて八智なり。即ち八諦を觀じて正しく煩惱を斷ずる無間道の位を忍と云ひ、既に煩惱を斷じ了りし解脫道の位を智と云ふ。總じて八忍八智あり。是れ無漏智の初なり。「ケンダウ」を見よ。

十智〔名數〕小乘に於て十智を立て以て一切の智を攝む。一に世俗智、見諦以前の一切の凡夫の智なり、煩惱と相應すれば有漏智と稱す。二に法智。欲界の苦集滅道を證する智なり。三に類智、上二界の苦集滅道を證する智なり、四に苦智、上下界の苦諦を知る智なり。五に集智、上下界の集諦を知る智なり。六に滅智、上下界の滅諦を知る智なり。七に道智、上下界の道諦を知る智なり。法智已下の六智は皆無漏智なり。是れ上の八智にして但分類の法を異にするのみ。八に他心智、他人の心を知る智なり。九に盡智、既に一切の煩惱を斷盡すれば、我既に苦を知れり、集を斷ぜり、滅を證せり、道を修せりと知る。即ち煩惱を斷盡し了りし時に生ずる自信の智也。十に無生智、是れ利根の羅漢に限りて有する智なり、既に知斷證修の事畢りぬれば更に知斷證修の事なきを無生と云ふ。此無生を自覺して我れ再び知斷證修することなしと知る智なり、鈍根の羅漢は更に退沒して再び知斷證修を要することあれば此智を具すること能はず。【俱舍

論二十六】図 大乘に如來所具の十智を説く、一に三世智、三世の法に於て通達圓明なる智なり。二に佛法智、一切の佛法に通達して説法度生する智なり。三に法界無礙智、一切衆生本より法界の體を具し、事理融通して互に相障礙せざるを知る智なり。四に法界無邊智、衆生の色心の諸法一切に充滿して邊際なきを知るなり。五に充滿一切世界智、如來定より廣大の妙用を起し、徧く世間に充滿する智なり。六に普照一切世間智、如來大智慧光明ありて普く無量の世界に照了する智なり。七に住持一切世界智、如來大神力ありて世界を住持し、一切の衆生を攝化する智なり。八に知一切衆生智、如來一切衆生善惡因緣を知る智なり。九に知一切法智、如來既に所化の衆生を知り、復た能化の諸法を知る智なり。十に知無邊諸佛智、如來無邊の諸佛世間に出現して一切衆生を説法敎化する事を知る智なり。【華嚴經十六】

五海十智

〔名數〕諸佛如來五海に對して十智を發するなり。五海とは一に一切諸世海、二に一切衆生海、三に法海業海、四に一切衆生樂欲諸根海、五に一切三世諸佛海なり。十智とは一に無量無邊法界智、是れ法智なり、五海智一に非ざるが故に無量無邊と云ふ。二に能詣三世諸佛所智、是れ盡邊智なり、五海を究盡して三際の佛を該ぬるなり。三に一切世界海成壞智、是れ成壞智なり、五海の集散亦世界法の集散なり。四に入無量衆生界智、是れ所化智なり、五海染に約す、亦衆生海なり。五に佛甚深法門智、是れ理智なり、五海皆深し、亦法界海なり。六に一切三昧不壞三昧住智、是れ三昧智なり、五海皆定境なり。七に入一切菩薩諸根界智、是れ知根欲智なり。八に一切衆生語言轉法輪辭辯海智、是れ辯智なり。九に一身徧滿一切世智智、是れ身徧智なり。十に一切諸佛音聲智、是れ圓音智なり。これ皆五海等に通ず。【華嚴盧舍那品、探玄記三】

十一智

〔名數〕小乘所説の十智に如實智の一を加ふ、一切法に凡て如實に正知して罣礙なき智なり。是れ佛智の總名なり。【大般若經三、智度論二十七】

二十智

〔名數〕台家四敎に約して二十智を明かす。三藏敎に七智あり、世智、外凡智、內凡智、四果智、辟支佛智、菩薩智、佛智の七なり。又通敎に五智あり、四果智、支佛智、入空の菩薩智、出假の菩薩智、佛智なり。又別敎に五智あり、十信智、住行向の三十心智、十地等覺智、佛果智なり。又圓敎に四智あり、五品智、六根智、住行向地の四十心智、佛果なり。【輔行三之三】

四十八智

〔名數〕十二緣起を四諦に約して觀じ、四十八智の有漏智を生ずるなり。未來の老死は即ち是れ苦諦なり、老死の集は即ち集諦なり、老死の滅は即ち滅諦なり、老死の趣滅行は即ち道諦なり。老死の如く乃至過去の行の四諦亦然り。無明は因なきが故に之を觀ぜず故に十一支と四智合せて四十八智なり。

七十七智

〔名數〕是れ亦十二支中の後の十一支を觀ずる聞思修三慧の有漏智なり。十一支に各七智あれば合せて七十七智となる。七智とは、先づ未來の老死の一支に於て順道の二觀を作す。謂く、生あるに由て老死ありと觀ずる順觀と、生に由らずして老死あるに非ずと觀ずる逆觀との二智なり。是の如く過現の老死も亦爾り。故に三世合して六智あり。此の六智は理を緣じ、如實にして知れば、是れ思修慧にして、眞實智と名く。而して更に敎を聞いて三世緣起の道を知るなり、之を法住智又は假智と名け、第七智とす。即ち聞慧なり。先づ聞慧にて一智を生じ、次に思修慧に由て六智を生じて合せて七智となる。【對法論四】

チ　痴

〔術語〕梵語、慕何。Moha 痴と譯す。又無明と云ふ。心性闇昧にして事理に迷ふこと。一切の煩惱之に由て起るなり。三毒の一。【唯識論六】に「於二諸理事一迷闇爲レ性。能礙二無痴一切雜染所依爲レ業。」又「諸煩惱生必由レ痴故。」【俱舍論四】に「痴者。所謂愚痴。即是無明。」【大乘義章五本】に「闇惑爲レ痴。」

チ　血

〔雜名〕梵語、嚕地羅。Rudhira【梵語雜名】

以血洗血

〔譬喩〕迷妄の心に誘はれて、迷執より迷執に入り、些の利益なきを云ふ。【雜阿含經十】に「譬如下士夫從レ闇而入レ闇。從レ冥入レ冥。從二糞廁一出墮二糞廁一。以レ血洗レ血。捨二離諸惡一還復取レ惡。凡愚比丘亦復如レ是。」

チ　地

〔雜名〕梵語、鉢里體尾(Pṛthivī)又、託史麼(Taiima 史は吏)又、歩弭。(Bhūmi)地と譯す、土地なり。能生を義となす。又所依の義。【大乘義章十二】に「能生曰レ地。」

因地倒者還因地起

〔譬喩〕逆緣即ち順緣となるを譬ふ。【大方等如來秘密藏經下】に「迦葉假有二人天一墜二墮于地一。墮二大地一已還依二大地一而得二起住一。如レ是迦葉是衆生等。於二如來所一生二不善一故墮二在惡道一。墮二惡道一已。還緣二如來一。速得二出離一。云何名爲レ緣二如來一。於二如來所一生二慇重心一。」【大莊嚴經論二】に「如三人因レ地跌還扶而得レ起。因レ佛得二過愆一亦因レ佛滅。」【付法藏傳五】に「佛陀蜜多告

曰。尼乾。如ニ因レ地倒還扶而起一。汝若歸レ佛此罪可レ滅。」【法華文句】に「其無ニ善因ニ不ニ謗亦墮一。因レ謗墮レ惡心由得レ益。如ニ人倒レ地還從レ地起一。」

チアイ　痴愛　〔術語〕　愚痴と貪愛。三毒の中の二なり。愚痴を父とし貪愛を母として一切の煩惱惡業を生ず。【大日經一】に「劣慧諸衆生。以ニ痴愛一自蔽。」【探玄記七】に「痴愛是苦因。」【止觀九】に「愛羂自纒。痴燈所レ害。百千萬劫。」【觀音別行疏】に「無明爲レ父。貪愛爲レ母。六根男。六識女。爲ニ媒嫁一生ニ出無量煩惱之子孫一。」

チアン　痴闇　〔術語〕　無明の闇惑。【唐華嚴經二】に「如來智慧無ニ邊際一。一切世間莫ニ能測一。永滅ニ衆生痴闇心一。」【金光王童子經】に「遠ニ離諸煩惱一。痴闇雲翳除。」

チイキヤウ　治意經　〔經名〕　一卷、失譯。數息觀の法を說く。【宿帙八】(1335)

チイン　智印　〔術語〕　人、印あれば國に入るとを得る如く、般若の智を印として實相の理に入るを得れば智印と云ふ。又、印契は物の眞僞を判ずる如く、智を以て印と爲し、是非眞妄等を判定すれば智印と云ふ。又、大日の拳印不動の劔印の如き各內證の智德を證明せし者なれば智印と云ふ。【法華經妙音品】に「智印三昧。」【法華義疏十二】に「如下入ニ安穩國一。有レ印得レ入。無レ印不上レ得レ入。菩薩得ニ此三昧一。解ニ入實相一。」【法華玄賛十】に「以レ智爲レ印刋ニ定是非眞妄等一故。」【秘藏寶鑰上】に「五部諸佛智拳ニ智印一。」

チインキヤウ　智印經　〔經名〕　大乘智印經の略名。趙宋の智吉祥等譯。慧印三昧經及び如來智印經と同本。佛、智印三昧に入りて如來所知の境界を說く。【宙帙一】(1014)

チウアンリン　書暗林　〔雜名〕　墓所を云ふ。「シダ」を見よ。

チウカイ　抽解　〔雜語〕　或は坐禪の中間に僧堂を出でて少らく休息し、或は新掛搭の人寮に歸て安息するを、皆抽解と云ふ。袈裟を抽き解くなり。又大小便に行くをも云ふ。或は抽脫と稱す。厠に行くに袈裟僧祇支を脫すればなり。【象器箋十】

チウゼンジ　稠禪師　〔人名〕　齊の鄴西の龍山雲門寺の僧稠、能く禪法を修す。甞て山を行き兩虎の闘ふを見、錫杖を以て之を中解し去る。齊の文宣帝爲に雲門寺を建て、屢寺に幸す。稠師比丘の法を守て都て送迎せず。或人此を以て帝に讒す。帝大に怒り自ら來りて害を加へんとす。稠師冥に之を知り、寺を避けて去ると二十里、道傍に孤立す。帝至りて問ふ。曰く恐くは鮮血不淨精舍を汚さんとをと。帝馬より下りて悔謝し、躬ら師を負て寺に還る。【唐高僧傳十六】

チウタン　抽單　〔雜語〕　禪僧の寺を去るを云ふ。己が單位を抽き取るなり。起單に同じ。「キタン」を見よ。

チウダツ　抽脫　〔雜語〕　大小便に行くと。厠に上るには袈裟を抽脫すればなり。【行事鈔諸雜要行篇】に「應下脫ニ袈裟僧祇支一大小便上。」

チウリン　稠林　〔譬喩〕　煩惱に譬ふ。種種の煩惱交絡繁茂すると稠林の如し。【法華經方便品】に「入ニ邪見稠林一。」【止觀九】に「無明戲論翳ニ如來藏一稠ニ煩惱林一。」【同十】に「邪盡日增生死月甚。如ニ稠林曳ニ曲木一。何得ニ出期一。」

十一種稠林　〔譬喩〕　十地中の第九善慧地の菩薩衆生の十一種の稠林を知る。一に衆生心の稠林乃至煩惱、業、根、解、性、樂欲、隨眠、受生、習氣相續、三聚差別の稠林。

チエン　智淵　〔譬喩〕　智深きと猶淵の如し。【金光明經二】に「智淵無邊。法水具足。」

チオンホウトク　知恩報德　〔術語〕　師父の恩德を知て之に報謝すると。【往生論註上】に「知恩報德。理宜ニ先啓一。」

チオンホウトクノヤク　知恩報德益　〔術語〕　現生十種益の一。彌陀を信ずるものには身に蒙りし恩德を喜び、報謝の念を以て事をなすといふ利益あるを云ふ。

チオンヰン　知恩院　〔寺名〕　華頂山大谷寺知恩教院は淨土宗四箇本山の一にして、鎭西派なり。元祖圓光大師一宗開闢の地にして、吉水の禪房とは是なり。初は東の山腹、今の勢至堂の地にして、大師此に入寂す。慶長の始滿譽和尙の代に於て、台命を以て境內を擴げ、今の本堂を建立す。本堂の西に阿彌陀堂あり、(今は燒失)山門に揭ぐる華頂山の額は靈元上皇の宸筆、本堂大谷寺の額は後奈良院の宸筆、勢至堂知恩教院の額は後柏原院の宸筆なりと云ふ。本堂には大師の本尊を安置し、阿彌陀堂には阿彌陀如來を安置し、勢至堂には勢至菩薩を安置す。是れ大師の本地なり。【都名所圖會三】

チカ　知客　〔職位〕　又、典客、典賓と云ふ。禪林賓客の接待を典るもの。シカと讀む。

チカイ　智海　〔譬喩〕　智慧の廣大なるを海に譬ふ。【無量壽經下】に「如來智慧海。深廣無ニ涯底一。」【地藏十輪經八】に「漸次趣ニ入深廣智海一。」

チカイ　智界　〔術語〕　理智相對して智所屬の法を智界と云ふ。智門と云ふ如し、界は自性の義。差別の義なり。胎藏界曼荼羅を理界とし、金剛界曼荼羅を智界と稱す。

チカウ　痴綱　〔譬喩〕　愚痴は三德の一、以て一切の

煩惱を發する本となれば網の綱に譬ふ。【萬善同歸集五】に「沃二渇愛一之甘露。截二痴網一之慧刄。」

チカヒ　誓　〔術語〕要約の言を云ふ。【無量壽經上】に「斯願不二滿足一。誓不レ成二正覺一。」

チカン　智閑　〔人名〕鄧州香嚴寺の智閑、潙山の法を嗣ぐ。香嚴はキヤウゲンと讀む。カウゴンと讀むは誤り。

チガンタ　底彥多　〔術語〕又、丁岸哆 Tiṅanta 即ち Tiṅ＋anta 梵語文法二聲の一。動詞の變化を示すもの、十八轉あり。彥多は後の義、底の字を後に置く聲なり、是れ動詞中第三人稱單數の語尾の名なるを、動詞の語尾一般の名目となせしなり。南條師八轉聲章私考に依る【唯識樞要上本】に「底彥多聲有二十八囀一。辨二此聲一中底字居レ後。彥多是後義。則是底字居レ後聲也。」【寄歸傳四】に「二九韻者。明二上中下尊卑彼此之別一。言有二十八不同一名二丁岸哆聲一也。」十八轉とは【慈恩寺傳三】に「其底彥多十八囀者有レ兩。一般羅颯迷。(Parasmai) 二阿答末涅。(Ātmane) 各有二九囀一。故合有二十八一。」般羅颯迷の九轉とは一事に於て當體、自、他の三を分ち、共の三に於て各一言、二言、多言の三を分ちしなり。今有無の有に就て九轉を示せば。

當體有 三人稱
- 婆皤底 Bhavati
- 婆皤吒 Bhavataḥ
- 婆皤底 Bhavanti

說他有 二人稱
- 婆皤斯 Bhavasi
- 婆皤破 Bhavathaḥ
- 婆皤他 Bhavata

說自有 一人稱
- 婆皤彌 Bhavāmi
- 婆皤靴 Bhavāvaḥ
- 婆皤摩 Bhavāma

一言聲（單數）
二言聲（兩數）
多言聲（複數）

阿答末涅聲の九轉は前の九轉下に於て各毘耶底の言を置くなり。「依二阿答末涅一九囀者。於二前九轉下一各置二毘耶底言一。餘同レ上。安二此者一令二文巧妙一無二別義一。亦表二極美義一也。」此の中、毘耶底の有無を以て上中下の尊卑を分ち自他說に依て彼此の別を見るなり。

チキ　智顗　〔人名〕天台大師、名は智顗、字は德安、姓は陳氏、其母白鼠を呑むと夢みて師を生む。卜者曰く、白鼠は龍の化する所なりと。七歲喜て伽藍に往き僧に普門品を口授せられ一遍誦を爲す、十八歲湘州果願寺の法緖に就て出家し、二十歲受具す。初め慧曠に從て律を學び兼て方等の諸經に通ず。陳の文帝元嘉元年時に思禪師光州の大蘇山に止まる、往て頂拜す。思曰く、昔日靈山に法華を聽く宿緣の逐ふ所今復た來ると、即ち普賢道場の法を示し、法華の四安樂行を說く、師日夜苦到二七日を經て經を誦し、是眞精進是名眞法供養如來に至て身心豁然とし定に入り、法華を照了す。思歎じて曰く、汝に非ずんば證せず、我に非ずんば識らず、所入の定は法華三昧の前方便にして所發の功德は初旋陀羅尼なり。縱令ひ文字の師千群萬衆も汝が辯を窮むべからず、當に說法人中に於て最第一たるべしと。陳の光大元年法喜等二十七人と同く初て陳の都金陵に至る、時に年三十。大建元年儀同三司沈君理請ふて瓦官寺に居り、法華を講ぜしむ、乃ち一夏九月經の玄義を談ず。瓦官に止まると前後八載、大智度論を講じ次第禪門を說く。陳の太建七年秋九月始て天台に入り佛隴に安居す。九年二月帝詔して始豐縣の調を割て以て衆費に充つ、遂に伽藍を此に創す。十年五月左僕財除陵朝に奏して修禪寺の號を賜ふ。陳の少主數數使を遣して師を金陵に請じ、師出でて金陵の靈超寺に止て釋論及び仁王般若を太極殿に講ず、後光宅寺に移る。金陵既に敗れ師往て廬山に憩ふ、隋の開皇十一年晉王建康即ち金陵に鎭す、使を遣して奉迎す、師曰く我れ晉王と宿緣ありと、直に至る。此年十一月二十三日總管府の金城殿に於て千僧齋を設け菩薩戒を受く、師王に謂て曰く、大王紆げて聖戒に遵ふ總持と名くべし。王師を賛して曰く、大師佛法の燈を傳ふ、宜く智者と稱すべし。十二年師荊州に至り、地恩を報ずる爲に當陽縣の玉泉山に於て精舍を建立す、額を賜て一音と云ひ、重て改めて玉泉となす。十三年夏四月玉泉寺に於て法華玄義を說く、十四年夏四月又摩訶止觀を說く、晉王入朝す、師亦辭して天台に歸る。十七年冬十月晉王藩に歸る、使を遣して山に入り奉迎せしむ、師使に隨て山を出で石城に至る。乃ち疾あり。曰く、石城は是れ天台の西門大佛は是れ當來の靈場、處所既に好し宜く最後の用心すべしと。右脇西向して臥し、專ら彌陀般若觀音を稱す、又法華無量壽の二經を唱へしめ最後の聞思を爲す。弟子智朗請て曰く、師何の位を審にせず、此處を沒して何くにか生ぜん。師曰く、吾衆を領せずんば必ず六根淨十信位即ち相似即を得ん、他の爲に己を損し、只是れ五品位のみ、汝何くに生ずるを問ふ、吾諸師友觀音に侍從し皆來て我を迎ふと。維那を誡て曰く、人命將に終らんとするに鐘磬の聲を聞けば正念を增す、唯長く唯久くして氣の盡くるを期となせ、言訖て跏趺して三寶の名を唱へ三昧に入るが如し、時に開皇十七年十一月二十四日未時なり、壽六十。【智者大師別傳、唐高僧傳十七】世に天台大師と稱し、其の宗を天台宗と稱す。

チキチジヤウイン　智吉祥印　〔術語〕梵志の

説法印を淨行者吉祥印と云ひ、釋尊の説法印を智吉祥印と稱す。釋尊の説法印に三種あり。

チキヤウ　智鏡　〔譬喩〕智慧の照了を鏡に譬ふ。【因明大疏序】に「明懸二智鏡一者。幸留レ心鑑照。」

チキヤウ　智境　〔術語〕智は能觀の心、境は所對の法なり。境に眞妄の二あり、妄は智の所斷、眞は智の所證なり。

智境冥一　〔術語〕能觀の眞智と所觀の眞理と冥合一致するを云ふ。【止觀五】に「常境無相。常智無縁。以二無縁智一縁二無相境一。無相之境相二無縁之智一。智境冥一而言二境智一。」

チギヤウ　智行　〔術語〕智慧と修行。【法華玄義四】に「智目行足。到二淸涼池一。」

チキヤク　知客　〔職位〕「シカ」と讀む。禪林の接待役なり。

チギヨク　智旭　〔人名〕名は智旭、字は藕益、自ら八不道人と號す。所居に從て靈峯と云ふ。父岐仲、白衣觀音の呪を持して子を祈り、母金氏、大士子を抱て授くと夢みて生む、明の萬曆二十七年五月三日なり。初め儒を學び聖學を以て自ら任じ、闢佛論數十篇を作る、十七歳蓮池大師の自知錄の叙及び竹窓隨筆を閲し論を取て之を焚く、二十歳父を喪ふ、地藏本願經を讀で出世の心を發し、日に佛名を誦す。居ると三年一法師の首楞嚴經を講ずるを聞き、空生大覺に至て忽ち疑を生じ得る能はず、遂に像前に於て四十八願を發し心を決して出家す。天啓二年三たび憨山を夢む、時に憨山曹溪に在り、往て從ふと能はず、憨山の徒雪嶺に從て剃度す。尋で雲棲に往て古德の唯識論を講ずるを聽き、首楞嚴の宗旨と合はざるを疑て請問す。古德云く、性相の二宗和會を許さずと。心に之を怪で曰く、佛法豈に二あらんやと、遂に徑山に入て參禪し、性相の二宗一時に透徹す。旭律學の退廢を見て興律を任とし、既に毗尼集要を述べ、尋で梵網經を註せんとす、鬮を佛前に拈して所宗を決するに天台宗を得たり、是に於て心を台部に究む、而も台宗の子孫たるを肯ぜず、近世の台宗禪宗賢首慈恩と各門庭を執る、和合すると能はざるを以てなり。晩に靈峯に住す、生平の著述合せて四十餘種、順治十一年正月二十一日寂、壽五十七。嘗て曰く、生平の行履、百に一長なし、獨り大菩提心あり、身を忘れて人の爲にし己を捨てて人に從ふは之を三世の慈尊に質すに堪ゆる者なりと。【靈峯宗論】師の【靈峯二十景頌中大雄峯頌】に「鷲嶺遙傳秪一傳。由來吾道貴二聞知一。但從二龍樹一通二消息一。不下向二黃梅一覓中破衣上。」

チク　竺　〔雜語〕姓なり。天竺の竺を取る、其の人天竺の產なれば竺と稱す、竺曇摩騰、竺曇無蘭の如し。又天竺の人を師とすれば竺と稱す、竺佛念、竺道生の如し。而て晋の道安釋姓を唱へてより支那の沙門一般に釋と稱す、釋迦は沙門一般の師なればなり。【開元錄二】に「沙門竺曇摩羅察。晋言二法護一。至年八歳出家。事二外國沙門竺高座一爲レ師。遂稱二竺姓一。（秦晋已前、沙門多隨師稱姓、後因彌天道安總稱釋氏）」

チク　痴狗　〔譬喩〕聲聞緣覺の二乘に譬ふ。【大品般若經十五】に「須菩提。譬如三狗不下從二大家一求上食反從二作務者一索。須菩提。當來世間善男子等。棄二深般若一而攀二枝葉聲聞辟支佛所應行經一。當レ知是爲二菩薩魔事一。」【三論玄義】に「大品呵二二乘一爲二痴狗一。淨名貶二聲聞一爲二敗根一。」

痴狗追塊　〔譬喩〕「イヌ」を見よ。

チクアン　竹庵　〔人名〕四明尊者の四世、秀州當湖の解空尊者、名は可觀、竹庵と號す。「カクワン」を見よ。

チクイ　竹椅　〔物名〕竹を以て作れる椅子。

チクキノマツケウ　逐機末敎　〔術語〕佛が聽者の機根に適應せしむるやうに說き給へる枝末の敎を云ふ。稱法本敎の對。華嚴宗にていふ。

チクケン　竺乾　〔地名〕印度の別稱。竺乾は天竺西乾の義。或は言ふ乾竺なり、天竺と言ふ如し、後人誤て竺字を上に昇す。【祖庭事苑二】に「竺乾即天竺國。或云二西天西乾一。皆譯師之義立。」【甄正論中】に「合レ云二乾竺一。乾者天也。後人抄寫。誤昇二竺字於字上一。故云二竺乾一。」

チクシギ　筑紫義　〔流派〕鎭西流に同じ。

チクシユ　畜趣　〔術語〕畜生趣なり。

チクシヤウ　畜生　〔術語〕梵語、底栗車 Tiryagyoni 畜生新に傍生と譯す。畜養する生類の故に畜生と名く。一切の世人或は噉食の爲に或は驅使の爲に此生を畜養す。傍生とは傍行する生類なるを云ふ。【大乘義章八末】に「言二畜生一者。從二主畜養一以爲レ名也。」【梵網經下】に「若佛子。常起二大悲心一。若見二牛馬豬羊一切畜生一。應二心念口言一。汝是畜生發二菩提心一。」

畜生因　〔雜語〕畜生趣に生ずる業因なり。【法華文句四】に「普曜曰。觝突墮二畜生一。」【釋氏要覽中】に「辯意經云。有二五事一作二畜生一。一犯レ戒私竊。二負レ債不レ還。三殺生。四不三喜聽二受經法一。五常以二因緣一艱二難齋會一。」【止觀十】に「無慚無愧。即畜生界。」

チクシヤウウ　畜生有　〔術語〕長阿含十報經所說七有の一。畜生の果報有にして無ならざれば有と云ふ。

チクシヤウカイ　畜生界　〔界名〕天台宗所立十界の一。畜生の一類其法體差別すれば界と云ふ。

チクシヤウシユ　畜生趣　〔術語〕六趣の一。畜生の業因を有する者の死して趣く處。即ち畜生の依住處を云ふ。

チクシユ　畜趣　〔術語〕畜生趣なり。

チクシヤウジキジ　畜生食時　〔術語〕「シジキジ」を見よ。

チクシヤウダウ　畜生道　〔界名〕六道の一。畜生の業因を有する者の死して趣く所の道途、即ち畜生趣に同じ。又道は因に名く、其業因を云ふ。⊙（曲、大原御幸）「畜生道の有様を見聞くも同じ人道の」

チクセフマトウ　竺葉摩騰　〔人名〕竺攝摩騰、「カセフマトウ」を見よ。

チクタユウ　逐他用　〔術語〕鈎召法を稱す。【瑜祇經】に「那羅延自在。倶摩羅釋王。金剛尾延那。名爲二逐他用一。」【同疏三】に「逐他鈎召。逐者隨也。」

チクセンハ　竺僊派　〔流派〕禪宗二十四流の一。梅津門徒或は古林派とも稱す。竺僊の一派。

チクダウシヤウ　竺道生　〔人名〕下は姓、猶釋と言ふ如し。道生は名。羅什門下四哲の一。「ダウシヤウ」を見よ。

チクダンジフ　知苦斷集　〔術語〕苦は苦諦、生死の果報を云ひ、集は集諦、煩惱惡業を云ふ。四諦の中前の二諦なり。生死の果報の苦なるを知りて此苦果を招くべき煩惱惡業を斷ずるなり。「志に同じ。

チクヂヤウゲダウ　竹杖外道　〔流派〕執杖梵志

チクド　竺土　〔雜名〕天竺の國土なり。

チクドンマラ　竺曇摩羅　〔人名〕竺曇摩羅刹 Dharmarakṣa 竺は姓、名は曇摩羅察、法護と譯す。月氏國の人、正法華を譯す。【高僧傳一】に「晉長安竺曇摩羅刹。」【開元錄二】に「沙門竺曇摩羅察。」

チクドンムラン　竺曇無蘭　〔人名〕姓は竺、名は曇無蘭。「ドンムラン」を見よ。

チクナンダイ　竺難提　〔人名〕姓は竺、名は難提、Nandi 善と譯す。西域の人。【開元錄三】

チクフン　竺墳　〔雜名〕西竺の墳典。佛經を云ふ。

チクブシママツリ　竹生島祭　〔行事〕六月十五日これを行ふ。【神社啓蒙】に「竹生島の神社は宇賀御魂神、聖武天皇天平三年辛未竹生島の神現形す。」【神社考】に「竹生島は江州の湖中にあり。其巖石、水精寶珠多し、本朝五奇異の其一なり。傳云孝靈天皇四年江州の地渐て湖水始めて湛ふ。駿州富士山忽ちに出づ。景行天皇十年湖中に竹生島初めて涌出す。昔行基菩薩此島に來るとき神女現形す。行基はじめて寺を建て、辨財天の像を置く。」【紀事】に「例祭六月十四日十五日、是れを法華會と云ふ。湖上に舟を浮べ音樂を奏す。神輿の船湖上に浮ぶ。毎年正月十日社僧の中にて頭人を撰む。」社僧の説に曰く。「神龜三丙寅の年、天照皇大神宮祭主廣見に神勅まし、岩倉山大神宮寺と云ふ額を送り給ふ、札所觀音を寶嚴寺と云ふ。同年六月十五日、聖武天皇、橘諸兄、房前大臣兩勅使を以て法花會を修せしめ給ひてよりこのかた、今に至つて祭祀絶えず。毎歲頭人兩人を定め神事を司らしむ。按るにこの島叡山に屬し、山門の由緒ある靈場なれば、近江一國に預ること疑ふべからず。」

チクブツネン　竺佛念　〔人名〕竺は姓、佛念は名。涼州の人、苻氏建元中僧伽跋澄曇摩難提等ありて長安に入る、澄梵文を執り、念譯して晉と爲し、增一阿含及び中阿含を出す。苻姚二代譯人の宗たり。後菩薩瓔珞十住斷結及び出曜經等を譯す。長安に卒す。【高僧傳一】

チクヘイ　竹篦　〔物名〕禪門にこれをシツペイと呼ぶ。又、竹篦子。涅槃經に金鉀と云ふ。眼藥を點ずる爲の具なり。「コンヘイ」を見よ。

チクホフゴ　竺法護　〔人名〕姓は竺、名は法護。梵名曇摩羅察。「チクドンマラ」を見よ。

チクホフラン　竺法蘭　〔人名〕姓は竺、名は法蘭。中印度の人、漢の永平中迦葉摩騰と共に來て四十二章經等を譯す。【高僧傳二】⊙（太平記二四）「果して摩騰、竺法蘭、佛舍利幷に四十二章經を渡す」

チクリツエン　竺律炎　〔人名〕竺は姓、律炎は名。印度の人、吳に來て摩登伽經等を譯す。【開元錄三】

チクリンゲダウ　竹林外道　〔流派〕執杖梵志に同じ。⊙（盛衰記三四）「神通第一の目連竹杖外道に亡ぼされ」

チクリンシヤウジヤ　竹林精舍　〔堂塔〕梵名 Veṇuvana 天竺五精舍の一。迦蘭陀竹林の精舍を云ふ。王舍城の傍に在り。迦蘭陀長者佛に歸して竹園を奉じて精舍を立つ、是れ印度僧園の嚆矢なり。「カランダ」を見よ。

チクリンバウリウ　竹林房流　〔流派〕安居院流に同じ。

チクワ　智火　〔譬喩〕智は以て煩惱の薪を燒けば火に譬ふ。【涅槃經三十八】に「善男子。是經即是剛利智斧。能伐二一切煩惱大樹一。乃至。即是智火焚二煩惱薪一。」

チクワ　智火　〔術語〕त字を稱す。【大教王經上】に「金剛三摩地。त字發二智火一。燒二除虛妄因一。」

チクワ　智果　〔術語〕涅槃を斷果と云ひ、菩提を智果と云ふ。菩提は佛智にして因地の修行に由て生ぜし妙果なればなり。

チクワイン　智火印　〔印相〕即ち法界生印なり。【胎藏界事鈔上】「闇を破れば光に譬ふ。」

チクワウ　智光　〔譬喩〕智慧の光。智にて無明の闇を破れば光に譬ふ。

チクワウ　智光　〔人名〕元興寺の僧、三論宗の碩學なり。禮光と友たり、禮暮年に言語を禁じて觀想を凝し、數歳にして逝く。智嘆じて曰く、禮は少年の莫逆なり、近歳不語を持す、思ふに精修ならん、知らず何の處に生ずるを。祈念すると三二日、一夕夢に智の所に至る、即ち西方極樂界なり。智問ふ、何の行業を以て此に至る、曰く往生の資業は觀想に如くはなし、我れ人事を謝して一心に彌陀の相好及び淨土の莊嚴を觀想せしに由て此樂邦に生るるを得と。乃ち智を携へて共に彌陀佛の所に覲す。智頭面作禮して曰く、何等か是れ往生正修の業、佛智に告げて言く、如來の相好及び淨土の莊嚴を觀ぜよ、智曰く今此界を見るに廣博嚴飾にして心眼及ばず、況んや又如來の相好豈に凡慮の堪うる所ならんや。是に於て佛右手を擧ぐ、智掌を見るに小淨土を現ず、莊嚴具足せり。智覺めて工に命じて佛掌の淨土を圖して常に自ら之を觀ず。後吉祥にして逝く、其圖現に元興寺に在り、世爭て模寫す。【元亨釋書二】⦿(十訓抄、五)「智光、禮光は一雙の貴き人にて」

チクワウゴンキヤウ　智光嚴經　〔經名〕度諸佛境界智光嚴經の略名。

チクワウマンダラ　智光曼荼羅　〔圖像〕智光が圖せし淨土曼荼羅なり。「チクワウ」を見よ。

チクワウメツゴフシヤウキヤウ　智光滅業障經　〔經名〕具名、佛說智光滅一切業障陀羅尼經、一卷、超宋の施護譯。佛說智炬陀羅尼經と同本別譯。佛、日月天子宮に在て佛菩薩の名、及び呪を說く、普賢菩薩讃嘆して受持を勸む。【成帙七】(835)

チクヰ　竹葦　〔譬喩〕數の多きに譬ふ。【維摩經法供養品】に「三千大千世界如來滿ニ中。譬如ニ竹葦稻麻叢林。」

チクヲン　竹園　〔堂塔〕竹林精舍なり。【智度論十一】に「佛度ニ迦葉兄弟千人。次遊ニ諸國一到ニ王舍城一頓止ニ竹園。」「なり。

チクヲンガラン　竹園伽藍　〔堂塔〕竹林精舍

チグ　値遇　〔雜語〕希に逢ふと。我を益するものに會ふと。【法華經化城喩品】に「昔所レ未ニ曾覩一無量智慧者。如ニ優曇婆羅一今日乃値遇。」【法事讃】に「度ニ此身一難ニ値遇。喩如ニ優曇華始開。」

チグワツ　智月　〔譬喩〕智慧の光明を月に譬ふ。【唐華嚴經八十】に「如來智月出ニ世間。」

チグワツ　智月　〔人名〕梵名、若那戰達羅（じやなせんだら）Jñāna-candra 智月と譯す。唯識十大論師の一。護法菩薩の門人。【唯識述記一本】

チグワン　智願　〔術語〕智と願となり、又智の願なり、實相の理に達したる智慧より發せし大悲の弘願を云ふ。

チグワンカイ　智願海　〔譬喩〕智願の深廣なるを海に譬ふ。【禮讃初夜偈】に「彌陀智願海。深廣無ニ涯底。」

チケン　智劍　〔譬喩〕清淨の智慧以て煩惱の絆を斷てば劍に譬ふ。【最勝王經二】に「生死羂網堅牢縛。願以ニ智劍一爲斷除。」⦿(保元二)「尊意振ニ智劍ニ」

チケン　知見　〔術語〕意識に就て知と云ひ、眼識に就て見と云ふ。又推求を見とし、覺了を知と云ふ。又三智を知と云ひ、五眼を見と云ふ。共に慧の用なり。【法華經方便品】に「開ニ佛知見。」

チケン　痴犬　〔譬喩〕痴犬逐塊。「イヌ」を見よ。

チケンイン　智拳印　〔印相〕金剛界の大日如來の印相なり、獨一法界の相なり。諸佛の智法海を執持するを表す。【一字頂輪王經】に「拳能執ニ持諸佛智法海。」是れ九會曼荼羅中の第六一印會の智法身の大日なり。【時處軌】に「右執ニ左頭指。十方刹立中。唯有ニ一乘佛如來之頂法。等持ニ諸佛體。是故名ニ智拳。」【金輪儀軌】に「十方佛之中。唯有ニ智拳印。」

チケンハラミツ　知見波羅蜜　〔術語〕般若波羅蜜の異名。【法華經方便品】に「如來方便知見波羅蜜皆已具足。」

チゲ　智礙　〔術語〕二礙の一。又所知障と云ふ。涅槃を礙ぐる煩惱を煩惱礙と云ひ、菩提を礙ぐる無明を知礙と云ふ。菩提は即ち佛の一切智なり。智の爲の障礙なれば智礙と名く。其の體根本無明なり。

チゲン　智眼　〔術語〕智能く事物を見れば眼と名く。智即ち眼なり。又智の眼なり、肉眼にあらざるを云ふ。【唐華嚴經六十一】に「善知識者則是趣ニ向一切智眼。」【成實論十九】に「智慧現在前猶ニ明眼見レ色。」

チコ　知庫　〔職位〕禪林倉庫を司るもの、又庫頭（くぢう）と云ふ。

チコ　智炬　〔譬喩〕智慧の光明を炬に譬ふ。【觀經玄義分】に「灑ニ甘露一潤ニ於群萠。輝ニ智炬一則朗ニ重昏於永夜。」

チコウ　痴猴　〔譬喩〕凡夫虛を認て實と爲すを痴猴の水中の月を捉ふるに譬ふ。【止觀一】に「痴猴捉ニ水中月。」「ミコウ」を見よ。

チコクテン　治國天　〔天名〕持國天に同じ。

チコダラニキヤウ　智炬陀羅尼經　〔經名〕一卷、唐の提雲般若譯。佛說智光滅一切業障陀羅尼經と同本別譯。【成帙七】(496)

チコン　知根　〔術語〕數論所說二十五諦の中に眼等の五根を知根と名く。見聞等の知覺を有すればなり。

チコンムシヨキ　知根無所畏　〔術語〕菩薩四無所畏の一。菩薩は衆生の機根をよく知了して說法するが故に少しも畏怖する所なきを云ふ。

チゴモンジユ　兒文殊　〔菩薩〕「モンジユ」を見よ。

チサウ　智相　〔術語〕智慧の相貌。佛の光明を云ふ。佛の光明は佛智の外に顯はれし相貌なり。【淨土論註下】に「光明智相者。佛光明是智慧相也。此光明照二十方世界一無レ有二障礙一。」図 起信論所說六麤相の一。三細中の第三境界相に於て妄心智用を起し可愛不可愛の境を分別するを云ふ。

チサウザンマイ　智相三昧　〔術語〕眞實の智慧を生ずる三昧なり。【智度論四十七】に「得二此三昧一。見二一切諸三昧中一。有二眞實禪慧相一。」

チザウ　智象　〔雜語〕智慧の龍象。大智の僧を稱す。又、涅槃經、智度論等の三獸渡河の喩に、深智を以て象に比す。

チザウ　智藏　〔術語〕智慧廣大にして諸法を包含すれば藏と云ふ。【五教章上】に「一切諸法皆悉流二入毘盧遮那智藏大海一。」【宗鏡錄二十八】に「一切衆生自心處內有二八瓣一。和合成二蓮華一。此蓮華中有二正遍知海一。是名二毘盧遮那智藏一。亦名二蓮華藏莊嚴世界海一。」

チザウ　智藏　〔人名〕不空三藏の諱なり。【貞元釋教目錄十五】に「大辯正大廣智不空三藏和上者。南天竺執師子國人也。法諱智藏號二不空金剛一。」

チザウ　智藏　〔職位〕禪林經藏を司るもの。

チザウカイ　智藏海　〔譬喩〕智藏の深廣なるを海に譬ふ。【宗鏡錄二十八】に「毘盧遮那智藏海。」

チシ　痴子　〔術語〕愚惑の凡夫を云ふ。【法華經信解品】に「痴子捨レ我五十餘年。」「使は煩惱の異名。

チシ　痴使　〔術語〕十使の一。愚痴の煩惱なり。

チシウ　智楫　〔譬喩〕智に由て生死海を渡れば以て舟楫に譬ふ。【萬善同歸集五】に「迷闇室中之明炬。生死海中之智楫。」

チシキ　知識　〔術語〕朋友の異名。知人と云ふ如し、我れ其心を知り其貌を識る人なり。又我に知らるる人なり。多知博識の義にあらず。諸經の初に「皆是大阿羅漢。衆所二知識一。」是れ人に知らるるに就て云ふ。其人善ならば善友善智識なり、惡ならば惡友惡知識なり。法を說て我を善處に引導するものは是れ善友なれば善知識又は單に知識と云ふ。又善友を勸めて三寶に喜捨せしむるを「知識を勸む」「智識を唱ふ」など云ふ。【續日本紀十七】に「盡二國銅一而鎔レ象。削二大山一以構レ堂。廣及二法界一爲二朕智識一。」【本朝文粹十三】に慶保胤の「知識文」性靈集一に弘法大師の「唱二鐘知識一文」等あり。

三種知識　〔名數〕「ゼンヂシキ」を見よ。

チシキ　知識　〔名數〕起信論所說五識の一。六麤相の中の智相に同じ。心の體に就て智識と云ひ、無期の相に就て智相と云ふ。「チサウ」を見よ。

チシキキミヤウ　知識歸命　〔術語〕眞宗の異安心の一種。親鸞の子、慈心房善鸞の唱道せしものなり。曰く、阿彌陀佛は已に善知識の胸中に宿り給へるが故に、善知識に歸命すれば其時滅度の利益を得、凡夫の穢身當體のまま佛の清淨身となるといひ、此時名簿に記名して往生定まるとなし、只一途に善知識を歸命すれば更に阿彌陀佛に歸命する要なしと云ふものこれ也。

チシキシユ　知識衆　〔雜語〕多數の知友を云ふ。

チシキヱ　知識會　〔行事〕華嚴入法界品の五十三人の善知識を供養する法會なり。【象器箋十三】

チシヤ　知者　〔術語〕十六神我の一。人身中能く事物を知る者あり、是れ神我の體なりと云ふ。

チシヤ　智者　〔雜語〕智慧を有するもの。【法華經藥草喩品】に「我是一切智者。」◉（盛衰記一九）「斯かりしかば智者になり」

知者は空門を破る　〔雜語〕誰の言なるや知らず。道を極めたる智者は空理に滯らず。（是れ破る義）靜に我心を修めて身を世間の假に和するを云ふ。眞理を觀念するは空門に入るなり、之を眞諦と云ふ、空門を打破して世間に出で、種種の俗事に順應するは有門に出づるなり、之を眞諦と云ふ、佛法の至極此にあり。

チシヤ　智者　〔人名〕天台大師智顗の德號、晉王より賜はる。【輔行一】に「幼名二光道一。亦名二王道一。此從二初生瑞相一立レ名。法名智顗。顗靜也。即出家後師爲立レ號。從レ德爲レ名故用二靜義一。後授二晉王菩薩戒品一。因即爲レ王立以二法號一云。大王紆二尊聖禁一。名曰二總持一。王曰先師傳二佛法燈一。稱爲二智者一。」「チキ」を見よ。◉（正統記四）「智者大師」

チシヤウガクセケン　知正覺世間　〔術語〕華嚴宗所立三種世間の一。如來大智慧を具し、永く偏邪を離れ能く世間出世間の法を覺了するが故に名く。即ち釋迦如來の能化の智身なり。

チシヤウサンゴウ　治生產業　〔雜語〕日常の生業を云ふ。【楞嚴經長水疏一下】に「一心眞如。及生滅相。無二無別。即レ三明レ一。即レ一論レ三。故得下治生產業皆與二實相一不中相違背上。」

チシヤウサンマイ　智生三昧〔術語〕大日如來の百光徧照眞言を說く三昧なり。【義釋十三】に「佛將レ說二此眞言導師一。卽住二巧智生三昧一。謂此三昧能生二如來普門善巧智一。故以爲レ名也。」

チシヤク　智積〔人名〕王子の名。大通智勝佛の時に出家せし十六王子の第一の名。【法華經化城喩品】に「其佛未二出家一時有二十六子一。其第一曰二智積一。」図〔菩薩〕多寶如來に從て法華の會座に來り、文殊菩薩と女人成佛の事を論議せし菩薩。【法華經提婆品】に「於レ時下方多寶世尊所從菩薩。名曰二智積一。啓二多寶佛一。當レ還二本土一。釋迦牟尼佛告二智積一曰。善男子且待二須臾一。此有二菩薩一名二文殊師利一。可二與相見一論二說妙法一。可レ還二本土一。」図金剛界曼荼羅中賢劫十六尊の一。

チシヤクキン　智積院〔寺名〕眞言宗新義派、開山は聖憲法印、當寺はもと豐太閤が稚子棄君早世をいたみて創建せし所、祥雲寺と云へり。紀州根來寺滅びて後、覺鑁派の斷絕により、德川幕府の代に至り、その徒屢東照宮に愁訴す。依て祥雲寺を賜て智積院と號し、新義派の談林となす。本尊は不動明王、興敎大師の作。【山城名勝志十五】

チシヤブツ　底沙佛〔佛名〕Tiṣya 又、弗沙。Puṣya 佛の名。もと星なり、星に從て佛名となす。釋尊百劫の修相中此佛に逢て翹足讚偈、以て九劫を超ゆるなり。【倶舍光記十八】に「底沙此云二圓滿一。是星名。從レ星爲レ名。」【慧琳音義十八】に「底沙。唐言二鬼宿一。」【倶舍論十八】に「百劫造修非レ多。諸佛因中法應レ如レ是。唯薄伽梵釋迦牟尼佛精進熾然。能超二九劫一九十一劫妙相業成。」次下に其の因緣を說て「釋迦菩薩、底沙如來寶龕中に坐し、火界定に入て威光赫赫として特に常より殊なるを見、專誠に瞻仰して一足を下すとを忘れ、七晝夜を經て怠るとなく、淨心に妙伽陀を以て彼の佛を讚して曰く、天地此界多聞室。遊宮ト天處十方無。丈夫牛王大沙門。尋二地山林一遍無レ等。是の如く讚し已て便ち九劫を超てここに精進波羅蜜多修習圓滿す。」

チシユ　痴取〔術語〕愚痴の煩惱。取は煩惱の異名。

チシユ　蛭數〔佛名〕「テイシヤ」を見よ。

チシユ　智手〔術語〕右手を稱す。

チシユウ　智周〔人名〕唐の泗州の智周、樸楊と號す、淄州慧沼の弟子、唯識論演秘、因明記等を作る。

チシユ　智首〔人名〕唐の弘福寺の智首、四分律宗の祖、南山律師の師なり。四分律の廣疏二十卷を作る。【續高僧傳二十二】

チシヨ　智杵〔物名〕金剛杵の異名。獨鈷三鈷五鈷等なり、共に內證の智德を標幟するものなれば智杵と名く。【性靈集六】に「實相智杵摧二破邪山一。」

チシヨウ　智證〔術語〕實智を以て涅槃を證するを云ふ。【維摩經弟子品】に「受二諸觸一如二智證一。」

チシヨウ　智證〔人名〕園城寺の圓珍、智證大師の勅諡あり。「エンチン」を見よ。⊙（正統記四）「慈覺智證兩僧は又入唐して」

チシヨウ　智鐘〔雜語〕鐘を鳴らすと。

チシヨウダイシリウ　智證大師流〔流派〕台密三流、台密十三流の一。智證大師傳來の一流。卽ち三井寺に傳はる唐室の灌頂也。

チシキ　知次位〔術語〕十乘觀法の第八。觀行者自己の位次を知ると。

チシン　智身〔術語〕華嚴所說、融三世間十身の一。圓明の智慧を以て佛身となすもの。

チシン　智心〔術語〕智慧の心。【大日經一】に「云何智心。謂順修二殊勝增上法一。」【大乘義章十九】に「智心不レ怯。名爲二無畏一。」

チシン　痴心〔術語〕六蔽心の一。愚痴の煩惱心「性を蔽ふなり。

チシン　智眞〔人名〕時宗の開祖、一遍と號し、俗に遊行上人と云ふ。伊豫の守河野通廣の子なり。十五歲出家、法名隨緣、專ら天台の敎觀を學ぶ。後止觀の諸敎所讚多在彌陀の文を見て心を往生專念の敎に歸し、筑前太宰府に至り西山善慧上人の弟子聖達に逢て念佛の旨趣を受け、名を知眞坊と改む。建治元年熊野に詣り、本宮證誠殿に通夜して衆生利益の因を祈る。忽ち一老僧現じて偈を授く、六字名號一遍法。十界依正一遍體。萬行離念一遍證。人中上上妙好華。是より一遍と號し、四句偈の首字に因みて六十萬人を勸化せんと欲し、勸進帳、念佛札を作て、南無阿彌陀佛決定往生六十萬人と記し、以て諸國を遊化す。相模國藤澤に一字を創し、淸淨光院と號す。正應二年八月二十三日兵庫の觀音堂に終る、壽五十一。終に臨て弟子を觀て曰く、自も南無阿彌陀佛、他も南無阿彌陀佛、故に汝を他阿彌陀佛と名くべしと。是より法派を嗣ぐもの皆他阿彌陀佛と稱し、歷世師の跡を追ひ諸國に遊化す。世に遊行上人と號す。第四世の遊行上人、後醍醐天皇正中元年藤澤寺を再興して自派の本寺となす。【本朝高僧傳十五、和漢三才圖會六十七】

チシンキヤウ　知身經〔經名〕佛知身經の略名。

チジ　知事〔職位〕僧院事務を司る僧の總名。禪院の諸役朝官に擬して兩班を分ち、都寺、監寺、副寺、維那、典座、直歲の諸役を東班となし、然して之を知事と稱す。【僧史略中】に「案西域知事僧總曰二羯磨陀那一。」

謂爲知事。亦曰悅衆。謂知其事悅其衆也。稽其佛世。飲光位衆於靈鷲。身子莅事於竹林。及沓婆摩羅年甫十六已證應眞。其念身不牢固。請爲僧知事。」

チジザイシヨエシンニヨ　智自在所依眞如　〔術語〕十眞如の一。第九善慧地に於て證悟する眞如。無礙智の所依となる眞如の義。此地にありては四無礙智を得て自在に知ることを得るが故に此の名あるなり。

チジヤウ　知淨　〔術語〕「チジヤウゴ」を見よ。

チジヤウ　智城　〔譬喩〕智慧の城郭。佛果に譬ふ。【教行信證二】に「令諸群生入智城。」

チジヤウゴ　知淨語　〔術語〕比丘に淨語あり、猶忌み詞の如し。比丘の草木を要する時の如き、木を斫れ、花を摘めなど云ふを不淨語とし。「之を知れ」「之を看よ」と云ふを淨語とす。又金錢に對する如きも「收む」「取る」など云ふは盡く不淨語に屬す。而して淨語に凡そ四種有り、一に汝是を知れ、二に汝是を看よ、三に我れ是を須む、四に我に是を與へよ。此四淨語の中の初めに從ひて知淨語又は知淨と云ふ。【行事鈔中壞生種戒】に「五分凡諸草木若有所須。語淨人言汝知是。若不解者又語言汝看是。若不解復語我須是。若不解復語與我是。壞地亦然。」【同資持記中三之一】に「五分初明淨語。次列四種。解一即止。隨言通得。四皆云是即指前物。」【同齋錢寶戒】に「僧祇云。若凡得錢及安居衣直不得以手取。使淨人知。無者指脚邊地語言。是中知。」【同資持記】に「無者謂無淨人暫安地處。言是中知即淨語也。」

チジヤウウサウ　智淨相　〔術語〕不思議業相の對。法力の熏習に依りて如實に修行し、生滅の相を破して不生滅を現はし、無明不覺を破りて法身を顯現する相を云ふ。即ち本覺の隨染せるものが本淨に還る相なり。

チジユ　痴聚　〔術語〕多種の愚痴を云ふ。【楞伽經二】に「外道痴聚。」「に「智刄幾揮。疑根頓斷。」

チジン　智刄　〔譬喩〕智慧の劍刄。【萬善同歸集五】に「智刄幾揮。疑根頓斷。」

チスヰ　智水　〔術語〕灌頂の水を云ふ。灌頂は如來の智慧を行者に注入する儀式なり。【大日經疏八】に「陳列密嚴佛土法界大圖。坐於妙法蓮華自在神通師子之座。以本性清淨智慧慈悲水具含萬德而灌其心。」◉（太平記八）「智水流淸く」

チスヰ　痴水　〔譬喩〕愚痴の煩惱を濁水に譬ふ。【楞嚴經八】に「十方如來色目我慢。名飲痴水。菩薩見慢如避巨溺。」

チズ　帙子　〔物名〕帙簀、經卷を卷く竹製の帙なり。

チセウモダイ　耻小慕大　〔術語〕小乘の行人、維摩思益等の方等時の會座に於て、盛に大乘を褒する を聞き、初めて小乘を耻ぢ大乘を慕ふの心を發すと。【釋籤十】に「如觀衆生品即是歎大。稱歎文殊淨名即是褒圓。故令小根耻小慕大。」

チセケン　知世間　〔術語〕梵語、路迦憊 Lokavid 知世間と譯す。如來十號の一。一切世間の法を知るなり。【智度論二】に「復名路迦憊。路迦秦言世。憊名知。是名知世間。」

チセン　智山　〔譬喩〕智の高きを山に譬ふ。【唐華嚴經二十二】に「智山法華。悉已淸淨。」

チゼン　智箭　〔譬喩〕智慧の鋭きを弓箭に譬ふ。【智度論十一】に「當以智箭破汝疑軍。」

チゼン　痴禪　〔雜名〕又、痴室と云ふ。木杭の如く空に坐禪する者を斥して云ふ。

チゼンビヤウヒエウキヤウ　治禪病秘要經　〔經名〕治禪病秘要法の異名。

チゼンビヤウヒエウホフ　治禪病秘要法　〔經名〕二卷、北涼の沮渠宗聲譯。阿練若に坐して禪定を修する人の身心に闘する種種の病魔を治する法を說く。【宿帙五】（647）

チソク　知足　〔術語〕足るを知て分に安んずると。【大乘義章十四】に「得小之時。心不悔恨。說爲知足。」【遺敎經】に「不知足者雖富而貧。知足之人雖貧而富。」図〔界名〕知足天の略。

チソクシユツ　知息出　〔術語〕十六特勝の一。數息觀に於て出息を覺照すること分明なるを云ふ。

チソクチヤウタン　知息長短　〔術語〕十六特勝の一。心を調ふると漸く熟し、觀照明了にして息の出入長短の想を覺知するに至れるを云ふ。

チソクテン　知足天　〔界名〕兜率天なり。【名義集二】に「兜率院。此云妙足。新云覩史院。此云知足。」彌勒の淨土此天に在り。

チソクニフ　智息入　〔術語〕十六特勝の一。數息觀に於て入息を覺照すると分明なるを云ふ。

チソクヘンシン　知息徧身　〔術語〕十六特勝の一。欲界定より未至地の定を證する時、身及び定法は皆虛假也と證し、息の入出身に徧し、微かにして有るが如くなきが如くなるを云ふ。

チソクヰン　知足院　〔雜名〕知足天の內院なり。知足天に內外の二院あり、內院は彌勒菩薩の淨土。

チゾウボサツ　智增菩薩　〔菩薩〕二增菩薩の一。「ニザウボサツ」を見よ。

チタイ　智諦　〔術語〕智は能照の觀智、諦は所照の「諦理。」智境と云ふ如し。

チタフ　置答 〔術語〕四答の一。置棄して答へざるなり。外道、神魂の斷常を問ひ、如來滅後の有無を問ふ如き、佛皆置て答へず、置答と名く。所謂十四不可記なり。

チダウシヤ　知道者 〔術語〕眞實の道を知るもの、佛自ら稱す。【法華經藥草喩品】に「我是知道者。」

チダン　智斷 〔術語〕智德と斷德。眞理を照了するを智德と云ひ、煩惱を斷盡するを斷德と云ふ。即ち菩提と涅槃なり。【往生論註上】に「論レ智則義無レ不レ達。語レ斷則習氣無レ餘。智斷具足能利ニ世間一。」

チチ　父 〔雜名〕梵語、比多 Pitṛ【梵語雜名】

父少而子老 〔雜語〕【法華經涌出品】に無量の大菩薩地下より踊出するを見て、釋迦如來是れ我が弟子なりと言ひければ、聲聞の弟子は釋迦の久遠成佛を知らざるを以て、釋迦は王宮より出でて成道し、今に於て僅に四十餘年なり、云何ぞ是の如き大菩薩を濟度すべき、恰も年少のもの老翁を指して我子なりと云ふ如し、是れ父少にして子老たり、豈に此理あらんと疑ふなり。「譬如ニ少壯人年始二十五。示ニ人百歳子髮白而面皺ノ。是等我所生子亦說ニ是父一。父少而子老。擧世所レ不レ信。」

チチ　智智 〔術語〕智中の智なり、殊に佛の一切智を稱す。「イチサイチチ」の項を見よ。

チチユウレンゲダイニヨシヤリン　池中蓮華大如車輪 〔雜語〕極樂の池中の蓮華なり。【阿彌陀經】に「極樂國土有ニ七寶池一。八功德水充ニ滿其中一。乃至池中蓮華。大如ニ車輪一。」

チヂヤウ　痴定 〔術語〕禪定ありて智心なきもの。【觀音玄義上】に「若定而無レ慧者。此定名ニ痴定一。譬如ニ盲兒騎ニ瞎馬一。必墮レ坑落レ塹而無レ疑也。」

チデン　知殿 〔職位〕禪林佛殿の事を掌るもの。【象器箋六】

チトウ　智燈 〔譬喩〕智慧の燈明。【智度論二】に「痴冥道增ニ智燈滅シ。」

チトウ　痴燈 〔譬喩〕凡夫を蛾に譬へ愚痴を燈火に譬ふ。【止觀五】に「愛繭自纏。痴燈所レ害。」

チトウ　千燈 〔修法〕千灶の燈火、以て佛に供養す。所謂千燈會なり。

チトク　智德 〔術語〕諸佛三德の一。如實に諸法を照了して礙なきもの。即ち菩提なり。図智慧あり、行德あるもの。智德兼備の高僧を云ふ。

チド　智度 〔術語〕六度の一。般若波羅蜜 Prajñā-pāramitā なり。般若を智と譯し、波羅蜜を度と譯す、實智を習修する行法なり。【維摩經佛國品】に「善ニ於智度一。通ニ達方便一。」

チドウ　智幢 〔雜語〕智慧の寶幢。「一。

チドウ　智幢 〔菩薩〕菩薩の名。賢劫十六正士の一。

チドク　痴毒 〔術語〕三毒の一。愚痴の煩惱能く人を毒害するもの。

チドロン　智度論 〔書名〕大智度論の略名。

チナウ　智囊 〔雜名〕多智の人を稱す。【釋氏要覽中】に「吳支謙字恭明。號ニ智囊一。高僧傳ニ云。祇園寺三千僧ノ皆號ニ弁法師一爲ニ智囊一。」

チニン　智人 〔雜名〕智ある人。【智度論十】に「智人能知レ智。如ニ蛇知ニ蛇足ノ一。」

チニン　痴人 〔雜名〕愚痴の人。【續谷響集七】に「痴人前不レ可レ說レ夢。達人前不レ可レ言レ命。宋人就月錄。以爲ニ陶淵明之言一。不レ知ニ何據一。丹鉛錄」

チハラミツ　智波羅蜜 〔術語〕般若波羅蜜なり。

智波羅蜜十德 〔名數〕一に貪欲行の者を知る、二に瞋恚行の者を知る、三に愚痴行の者を知る、四に等分行の者を知る、五に修學地行の者を知る、六に一念中に無邊の衆生の行を知る、七に無邊の衆生の心を知る、八に一切法の眞實を知る、九に一切如來の力を知る、十に普く法界門を覺悟す。【唐華嚴經十八】

チバク　痴縛 〔術語〕三縛の一。愚痴の煩惱纏綿して離れざるもの。「加へて三德とす。

チヒ　智悲 〔術語〕如來の大智と大悲。之に大定を

チフ　智斧 〔譬喩〕智能く煩惱を斷ずれば以て斧に譬ふ。【涅槃經三十八】に「是經即是剛利智斧。能伐ニ一切煩惱大樹一。」

チブリヤウザン　智豐兩山 〔流派〕京都の智積院と長谷の豐山神樂院（即ち長谷寺）なり。根來寺亡びて後此兩寺眞言新義派の本寺となる。

チベン　智辯 〔雜語〕智慧と辯才。心能く理を照すを智と云ひ、智の說に發するを辯と云ふ。辯は智の德なり。【無量壽經上】に「智慧辯才。」

チベンムググワン　智辯無窮願 〔術語〕阿彌陀如來四十八願の第三十。極樂の往生人をして智辯無究の德を得しめんとの誓願なり。【無量壽經上】に「設我得レ佛。國中菩薩ノ。智慧辯才若可ニ限量一者。不レ取ニ正覺一。」

チホフ　知法 〔術語〕顯教に在ては能く諸經の深義を知るを知法とし、密教に在ては能く秘密の事相を知るを知法とす。【涅槃經十五】に「了ニ知十二部經一。名爲ニ知法一。」

チホフシン　智法身 〔術語〕「ホフシン」を見よ。

チホフジヤウムシヤウ　知法常無性 〔雜語〕歌題。【法華經方便品】に「知ニ法常無レ性佛種從レ緣起。」法に定性なし、緣に隨て起る、故に如是故說ニ一乘一。

何なる人も佛緣に逢へば必ず佛種を生ずべし、是れ一切皆成佛の一乘法を說く所以なり。

チホフニヨデンエウ　知法如電影　〔雜語〕歌題。法の實性なきと電の如く影の如し。【無量壽經上】に「知三法如二電影一。究二竟菩薩道一具二諸功德本一。」

チボン　痴凡　〔雜語〕愚痴の凡夫。【淨心誡觀下】に「無礙之智與二痴凡一一如。」

チマウ　痴網　〔譬喩〕愚痴の纏綿するを網に譬ふ。【唐華嚴經一】に「令三諸衆生永割二痴網一。」「離痴慢。」

チマン　痴慢　〔雜語〕愚痴と我慢。【起信論】に「遠二離痴慢一。」

チメイ　痴迷　〔術語〕痴心理に迷ふなり。【止觀五】に「無明痴惑本是法性。以二痴迷一故。法性變作二無明一。起二諸顚倒善不善等一。如三寒來結レ水變作二堅氷一。」

チメウ　智妙　〔術語〕法華迹門十妙の一。實相の境を證する智の微妙不可思議なるを云ふ。【方便品】に「我所得智慧。微妙最第一。」

チモ　智母　〔術語〕智を生ずる母なり。覺母と言ふ如し。【新譯仁王經中】に「實相即是諸佛智母。一切有情根本智母。」図論藏の異名なり。摩得勒迦、智母と譯す。

チモク　智目　〔譬喩〕智は猶目の如し。【玄義二】に「智爲二行本一。因二於智目一起二於行足一。目足及境三法爲レ乘。乘二於是乘一入二清涼池一。」【同四】に「智目行足到二清涼池一。」

チモクギヤウソク　智目行足　〔譬喩〕智解を目に譬へ修行を足に譬ふ。「チモク」を見よ。

チモン　智門　〔術語〕悲門に對するの稱、是れ一雙の法なり。門は差別の義。諸佛の萬德此二に差別すべし。一切自利の德は智門、一切利他の德は悲門なり。

チヤアラ　鐸曷羅　〔術語〕Dahara 譯、小師。具足戒を受けて十夏を經ざるものを云ふ。【寄歸傳三】に「西方行法。受二近圓一已去。名二鐸曷羅一。譯爲二小師一。滿十夏名二悉他薛羅一。」Sthavira 譯、爲二住位一。」

チヤウアゴンキヤウ　長阿含經　〔經名〕四阿含經の一。二十二卷、姚秦の佛陀耶舍、竺佛念と共に譯す。「アゴンキヤウ」を見よ。

チヤウエ　長衣　〔術語〕「ヂヤウエ」を見よ。

チヤウオウ　長翁　〔人名〕宋の明州天童山の如淨禪師、長翁と號す、雪竇鑑禪師の法嗣なり。幼にして岐嶷、長じて出世の法を學び、鑑に雪竇に參す。庭前柏樹子の話を看しむ、省あり。頌を呈して曰く、西來祖意庭前柏。鼻孔寥寥對二眼睛一。落レ地枯枝纔跸跳。松蘿亮鬲笑掀騰。鑑之を頷す。出世して屢名刹に遷り、後勅を奉じて天童に陞る。某年寂、壽六十六、全身を本山に塔す。【會元續略一上、僧譜三十五】

チヤウコウ　長講　〔行事〕長へに或種の經文を講讃すること。「チヤウコウヱ」を見よ。

チヤウコウダウ　長講堂　〔堂塔〕後白河院の御草創、貴賤を論ぜず叡聞に達する亡魂を名帳に記し給ひ、常に御廻向ありて御講を修し給ふ所なり。故に長講と名く。もと六條殿内に在り、後所所移轉し今日六條の北萬里の小路の東にあり、初めは律院今は淨土宗に屬す。【山城名勝志五】⦿（平家一）「長講堂の過去帳にも」

チヤウコウヱ　長講會　〔行事〕末を限らず長へに一定の經典を講讃する法會を云ふ。大同二年二月一日傳敎始めて七人の碩德を撰び、各法華一卷を講ぜしめ法華經の古本は七卷也自ら第一卷を講じ、以て法華の長講會を制し。其の翌年三月八日金光明經の長講會を創す。是れ本朝二經長講の始也。【元亨釋書最澄傳】

チヤウガセツシヤトクダイチヱ　聽我說者得大智慧　〔雜語〕不動明王四弘誓の一。【勝軍不動儀軌】に「具二我身一者發二菩提心一。聞二我名一者斷惡修善。聞二我說一者得二大智慧一。知二我心一者即身成佛。」本朝の新出の不動經の末に此文を引き聽我說者に作る⦿（曲、葵上）「聽我說者得大智惠知我身者即身成佛」

チヤウゴウヱと講字濁音に讀む。

チヤウキ　長跪　〔術語〕兩膝地に據り、兩脛空に上げ、兩足の指頭地を柱へ、身を挺して立つこと、經文或は胡跪と云ふ。佛、丈夫に互跪せしめ、尼衆に長跪せしむ、女子體弱く長跪互跪より易きを以てなり。【釋門歸敬儀下】に「僧是丈夫。剛幹事立。故制互跪。尼是女弱。翹苦易レ勞。故令二長跪一。兩膝據レ地。兩脛翹レ空。兩足指指レ地。挺レ身而立者也。」【寄歸傳一】に「言二長跪一者。謂是雙膝踞レ地。竪二兩足一以支レ身。舊云二胡跪一者非也。五天皆爾。何獨道レ胡。」【釋氏要覽中】に「長跪即兩膝著レ地。亦先下二右膝一爲レ禮。」

チヤウギヤウ　長行　〔術語〕ヂヤウガウと讀む。

チヤウクワウ　頂光　〔術語〕佛菩薩の頂上の圓光なり。【大阿彌陀佛經】に「諸佛頂光不レ及二彌陀頂中光明一。」【觀無量壽經】に「頂有二肉髻一。項有二圓光一。」

チヤウクワン　澄觀　〔人名〕唐の代州五臺山清涼寺の證觀、賢首に嗣て華嚴宗を弘む。初め五臺山の大華嚴寺に居て新華嚴經の疏二十卷を作り、興元元年正月より貞元三年十二月に至て功を畢ふ。四年正月寺主賢林請て新疏を講ぜしむ、七年河東の節度使復た請て崇福寺に於て新疏を講ぜしむ。德宗詔を下して都に入れ、罽賓の般若三藏と與に四十華嚴經を譯せしめ、譯成り詔して疏を作らしむ。師終南の草堂寺に於て十卷を編成して進呈す。天和年中寂、壽

七十餘。初め德宗の誕節、經を內殿に講じ、妙法を以て帝の心を清凉にす、遂に號を清凉法師と賜ひ、禮して敎授和上となす。元和五年憲宗華嚴法界の旨を問ひ豁然として得るあり。號を大統清凉國師と加賜す。師身の長九尺四寸、手を垂るれば膝を過ぐ。九朝を歷て七帝の門師となる。師賢首を去ると百餘年、遙に其旨を稟く。著す所の疏記四百餘卷、宰相裴休勅を奉じて碑を作る。【宋高僧傳五、佛祖統紀二十九】

チヤウケウ　聽敎　〔術語〕佛所說の三藏中殊に律藏に就て制聽二敎あり、理として制せられたる法を制敎と云ひ、緣に隨ひ情を計りて聽許せる法を聽敎と云ふ。卽ち四重禁の如きは制敎なり、十二頭陀法の如きは聽敎なり、三衣は制敎なり、三衣の外に餘衣を畜ふるを得るは聽敎なる如し。

チヤウケウ　聽叫　〔雜語〕「チンケウ」を見よ。

チヤウケンザ　塚間坐　〔術語〕十二頭陀法の一。比丘塚間に坐臥すると。

チヤウコ　聽呼　〔雜語〕聽叫に同じ。「チンケウ」を見よ。

チヤウコツジキ　長乞食　〔術語〕十二頭陀法の一。常に乞食して身を資け、阿練若に坐して食を受けざると。

チヤウゴ　釣語　〔術語〕禪林に住持上堂して學者に難問題を垂示するを索語索話又釣語釣話と云ふ。學者の疑を釣り出す義なり。【禪林寶訓三】に「萬菴曰。古人上堂。先提二大法綱要一審ニ問大衆一。學者出來請益。遂形二問答一。今人杜ニ撰四句落韻詩一呼作二釣語一。一人突ニ出衆前一高吟二古詩一聯一。呼作二罵陣一。俗惡俗惡可レ悲可レ痛。」

チヤウサイ　長齋　〔術語〕齋食を長く續くると。齋食とは不過中食の行法を云ふ。七日長齋と云へば七日の間齋食するなり。【般舟三昧經】に「一食長齋。」

チヤウサイグワツ　長齋月　〔術語〕正五九の三月を云ふ。此三月は一月齋食を續くべき月なり。「サンチヤウサイグワツ」を見よ。

チヤウサウ　頂相　〔術語〕如來の頂上に肉髻あり、一切の人天見ると能はざれば無見頂相と名く。三十三相の一なり。【大法炬陀羅尼經】に「如來頂相。肉髻圓滿。一切人天所レ不レ能レ見。」【涅槃經】に「無レ有下能見二我頂相一者上。」圀禪家に祖師の半身の肖像を頂相と云ふ。之を尊て如來の無見頂相に擬するなり。この場合はチンザウと讀む。

チヤウサウ　頂巢　〔術語〕坐禪して身を動かさず、爲めに鳥をして頂上に巢ふに至らしむるを云ふ。【觀音玄記下】に「尙闍梨。得二第四禪一出入息斷。鳥謂爲レ木。於レ髻生レ卵。定起欲レ行。恐二鳥母不一レ來卽更入レ禪。鳥飛方起。是禪滿相。」

チヤウサウボンシ　長爪梵志　〔人名〕Dīrghanakha brahmacārin　長爪は名、梵志は梵行を志する外道の總稱。【智度論一】に「舍利弗の舅摩訶俱絺羅、姊の舍利と論議して如かず。俱絺羅思惟すらく、姊の力にあらず、必ずや智人胎にありて言を母の口に寄するなり、未だ生ざるに乃ち爾り、生じて長大に及ばば當に之を如何にすべき。是を思惟し已て憍慢の心を生じ、廣く論議せん爲めに出家して梵志となり、南天竺國に至りて經書を讀む。諸人問ふて言く、汝何の經を習はんと欲す。長爪答て言く、十八の大經盡く之を讀まんと欲す。諸人語て曰く、汝が壽命を盡すとき猶一を得ず、况んや能く盡すをや。長爪自ら誓て言く、我れ爪を剪らずして要ず十八種の經を讀み盡さんと。人爪の長きを見て號して長爪梵志と爲す。既にして學成り、諸論師を摧き、還て本國に至り、姊の生子を問ふ。曰く、彼れ生れて十六歲に至り論議一切の人に勝れたり、釋種の道人あり、頭を剃て弟子となすと。長爪之を聞て直に佛所に詣り、佛に語つて曰く、瞿曇我れ一切の法は受けず。佛長爪に問ふ、汝一切の法は受けずと云ふ、是の見を受くるや不や。彼れ此見我れ受くと言はば、自語に相違するを知り、便ち答へて言く、一切法受けずと云ふ、此見も亦受けず。佛言く、汝一切の法を受けず。是の見も亦受けざれば則ち所受なく、衆人と異なるなし、何ぞ貢高を以て憍慢を生ずるや。長爪答ふると能はず、自ら負處に墮するを知り、佛に於て信心を生ず。佛爲に法を說き其邪見を斷ず。彼れ卽坐に聖果を得。」【大日經疏二】に「長爪梵志。」

長爪梵志請問經　〔經名〕一卷、唐の義淨譯。一の長爪梵志あり來て佛の三十二相の業因を問ふ。佛一一に之を答ふ。彼れ信樂して八戒を受く。【宿帙七】(734)

チヤウシヤウ　長生　〔術語〕極樂の壽命なり。【無量壽經下】に「何不下棄二世事一勤行求中道德上可下獲二極長生一壽樂無上レ有レ極。」又「何不下棄二衆事一各曼二強健時一努力勤修レ善精進願中度世上。可レ得二極長生一。」【敎行信證信卷】に「信心者。則是長生不死之神方。」

チヤウシヤウサンマイ　頂生三昧　〔術語〕佛頂尊を出生する三昧なり。【出生義】に「如レ此又住二頂生三昧一而現二頂生之身一耳。」

チヤウシヤウク　長生庫　〔堂塔〕長生錢を貯ふる庫藏。

チヤウシヤウセン　長生錢　〔物名〕無盡財の「異名。

チヤウシヤウフ　長生符　〔雜名〕佛の敎法を

仙道に比して長生符と稱す。【提謂經】に「欲レ得二不死地一當下佩二衆生之符一。服二不死之藥一。持中長樂之印上。」【法華玄義十】に「長生符者即三乘法是。」

チヤウシヤウワウ　頂生王　【本生】往昔王あり布殺陀王と名く、王の頂上忽ち皰を生じ、皰より一子を生ず。後長大して金輪王となる、頂生王と稱す。頂生金輪王既に四天下を征服し、遂に忉利天に上り帝釋を害し已れ之に代らんと欲して成らず、還て地に下り困病して死す。頂生王は今の釋迦佛是なり。【倶舍光記八】に「曼駄多是王名。唐云二我養一。是從二布殺王頂皰一而生。顏貌端正。三抱入レ宮告誰能養。諸宮各言二我養一也。故以標レ名。舊云二頂生王一此義翻也。然非二正目一。此王長大爲二金輪王一。」【頂生王故事經、文陀竭王經、頂生王因緣經、賢愚經頂生王品、涅槃經十二】に頂生王帝釋を害せんとして反て敗死する因緣を説く。【仁王經下】に此時帝釋百座の仁王會を設けて頂生王の軍を退くる事を説く。

頂生王經　【經名】二部あり、一は佛説頂生王故事經、一卷、西晉の法炬譯。【昃帙八】(607)一は佛説頂生王因緣經、六卷、趙宋の施護譯。【宙帙六】(1017)二經共に頂生王の行蹟を説く、但具略の異のみ。

チヤウシヤク　頂石　【譬喩】頂上の磐石、速に去るべし、以て生死の危急に譬ふ。【心地觀經五】に「精勤修習。未二暫捨一。如レ去二頂石一。如レ救二頭然一。」

チヤウシユ　頂珠　【譬喩】髻珠に同じ。法華七喩の一。「ケシユ」を見よ。図【術語】佛の肉髻圓珠の如き相を云ふ、【祖庭事苑四】に「頂珠佛頂珠也。即世尊頂圓如レ珠。」【大般若三百八十一】に「世尊頂上鳥瑟膩沙。高顯周圓。猶如二天蓋一。」

チヤウシユ　聽衆　【雜語】説法を聽聞する人數。図【職位】法華八講などに聽衆と云ふは一般の名にあらず、一座に列なる僧衆の中に講師問者を除きし餘人を指して云ふのみ。【釋家官班記下】に「本寺本山之學業經歷之後。以二師範之吹擧一望二申御願聽衆一也。御願者最勝講法勝寺御八講之時稱二聽衆一。仙洞最勝講之時號二論匠一。通滿之輩先參二法勝寺御八講或仙洞論匠等一以二彼勞効一參二最勝講一也。淸花之族。幷依レ時預二抽賞一之輩被レ召二加最勝講聽衆一。以レ之號二直參一。尤爲二規模一者也。」

チヤウジキ　長食　【術語】「ヂヤウジキ」を見よ。

チヤウジシユ　長時修　【術語】四修の一。「シシユ」を見よ。

チヤウジフ　澄什　【雜名】晉の神僧佛圖澄と姚秦の譯師鳩摩羅什なり。【續日本紀八】に「未レ漱二澄什之言一。阿二智徧三二諦一。」

チヤウジヤ　長者　【雜名】梵語、疑叻賀鉢底。Gṛha-pati財を積み德を具うる者の通稱。須達長者など。【法華玄贊十】に「心平性直。語實行敦。齒邁財盈。名爲二長者一。」図【職位】吾朝之を東寺の長官の名とす。勅補なり。もと一人なりしが後世漸く增して四人一時に並ぶに至る、依りて一の長者乃至四の長者と云ふ。【初例抄下】に「一長者始二大師一。二長者始二眞濟一。三長者始二峰斅一。四長者始二寬忠一。」

三種長者　【名數】一に世長者、二に出世長者、三に觀心長者なり。【文句五】に「世備二十德一。一姓貴。二位高。三大富。四威猛。五智深。六年耆。七行淨。八禮備。九上嘆。十下歸。乃至十德具焉。名二大長者一。出世長者。佛從二三世眞如實際中一生。功成道著。十號無レ極。法財萬德悉皆具滿。乃至是名二出世佛大長者一。觀心者。觀心之智從二實相一出生。在二佛家一。種性眞正。三惑不レ起。雖レ未二發眞一。是著二如來衣一稱二寂滅忍一。乃至既稱二此人一爲レ佛。豈不レ名二觀心長者一。」

長者布金　【故事】須達長者。金を地に布て祇陀の園林を買ひ、以て祇園精舍を建てて佛に奉る。「ギヲンシヤウジヤ」を見よ。

長者聞已驚入火宅　【雜語】【法華經譬喩品】の文なり。長者は佛に譬へ、火宅は三界に譬ふ。長者の家忽然とし火を失するに諸子之を知らずして宅内に遊戲す、長者之を救はんが爲め身を挺て火宅に入る。佛亦三界生死の衆生を救はんが爲に化身を現じて娑婆世界に成道す。

チヤウジヤオンエツキヤウ　長者音悅經　【經名】一卷、吳の支謙譯。王舍城の音悅長者四種の吉祥を得、佛往て之を讚嘆して福を植ゑしむ。後四種の不吉祥を得、尼犍子往て之を讚嘆して乃ち痛打せらる。佛因て長者の夙緣を説く。【宿帙七】(708)

チヤウジヤシ　長者子　【雜名】長者の子。【維摩經佛國品】に「有二長者子一名曰二寶積一。」

チヤウジヤシオウノウサンシヨキヤウ　長者子懊惱三處經　【經名】一卷、後漢の安世高譯。舍衞城の長者の子死す、父母悲哀して止まず。佛、此子先に天を沒して長者の家に生れ、今死して龍中に生れ、即ち金翅鳥に取食せらる。依りて三處一時に啼哭するを説き、且つ此兒の前因を説く。長者聞きて法忍を得。【宿帙七】(694)

チヤウジヤシセイキヤウ　長者子制經　【經名】一卷、後漢の安世高譯。制は童子の名。【宙帙七】(227)佛説逝童子經と同本異譯。

チヤウジヤシロククワシユツケキヤウ

長者子六過出家經　〔經名〕一卷、宋の慧簡譯。舍衛城の僧伽羅摩長者の子、往昔より屢出家し今第七次に於て釋迦佛の所に出家學道す。佛爲めに止觀の法を授く。彼れ直に阿羅漢を證す。佛言く、我弟子中魔を降伏すると僧伽羅摩比丘第一なりと。【昃帙四】(620)

チヤウジヤセホウキヤウ　長者施報經　〔經名〕一卷、趙宋の法天譯。佛、須達長者の爲めに過去の長者大施會を行ぜしこと、及び其功德三歸慈心に如かざるを說く。【昃帙八】(818)

チヤウジヤニヨ　長者女　〔雜名〕長者の女。

チヤウジヤニヨアンダイシヤシシクレウギキヤウ　長者女菴提遮師子吼了義經　〔經名〕一卷、失譯。佛、長者婆私膩伽の家に供養を受く、其女、夫と共に佛を見、舍利弗及び文殊と深義を問答す。【宙帙一】(419)

チヤウジヤホフシサイキヤウ　長者法志妻經　〔經名〕一卷、失譯。佛祇園に在り、城に入りて乞食し長者法志の妻及び其下婢を敎化し、皆男子に轉じ道記を得しむ。【宙帙七】(416)

チヤウジユテン　長壽天　〔經語〕天人の長壽なるもの。色界第四禪の無想天の壽命は五百大劫なり、是れ色界天の最長壽なり。無色界の第四處非想非非想天は八萬劫なり、是れ三界の最長壽なり。

チヤウジユホフ　長壽法　〔術語〕阿字の數息觀を以て長壽を成就す。

チヤウジユワウ　長壽王　〔本生〕佛往昔長壽王となりて廣く布施を行ずるとき、隣國の貪王來て之を伐つも誓て與に戰はず、長生太子と共に逃れ出づ。後貧人來り王の身を乞ふを愍み、之に隨て貪王に見ゆ。王即ち之を殺す。殺さるるとき長生太子に遺命し愼て怨を報ずる勿からしむ。太子遺命を奉じて乃ち報を止む。【佛說長壽王經、中阿含十七長壽王本起經】

長壽王經　〔經名〕一卷、失譯。長壽王の因緣を說く。【宙帙六】(455)

チヤウスヰ　長水　〔人名〕宋の秀州長水の子璿、字は仲微、長水と號し、華嚴を宗とす。初め本州の洪敏法師に依て楞嚴經を學び、後瑯琊山の慧覺禪師に參して豁然として大悟し其法を嗣がんと欲す、瑯琊謂て曰く、汝が宗振はざると久し、宜しく志を勵して扶持し佛の恩德を報ずべし、殊宗を以て介を爲すと勿れ。乃ち再拜して敎を奉ず。後長水に住し、賢首の宗を以て楞嚴經等の疏を製し總て盛に世に行はる。【五燈會元十二】

チヤウセ　長世　〔雜語〕長き世。【行事鈔上一】に「引愱後世罪流長世。」

チヤウソトバ　町率都婆　〔物名〕高野山の大塔より政所まで百八十町あり、町每に率都婆を立て胎藏界百八十尊の種子を書きしもの。【砂石集三】

チヤウダ　頂墮　〔術語〕菩薩十信の相似位に於て永く見思二惑を斷じて永く三途に沈むとなく、六根互用の功德を得。此に於て其分に安じて其法を著して更に進修して十住の位に入るとを爲さざるを頂墮と名く。三界の惑を離れたる位を頂と云ひ、此頂位に於て墮落して進まざるは是れ頂墮なり。【八敎大意】に「若專住似位名爲法愛。已得相似六根互用。已破兩惑永無墜苦。若愛此似位名爲頂墮。」【智度論二十七】に「愛着諸功德。於五衆無常苦空無我取相心着。是菩薩頂墮。」

チヤウチヤク　打擲　〔雜語〕木石を以て人を擊つこと。【法華經不輕品】に「杖木瓦石而打擲之。」

チヤウニチ　長日　〔術語〕「ヂヤウニチ」を見よ。

チヤウハツ　長鉢　〔術語〕「ヂヤウハツ」を見よ。

チヤウハン　長板　〔雜語〕禪林に雲板を長く打つを云ふ。齋時に之を鳴らすなり。【象器箋十八】

チヤウヘウ　長標　〔物名〕紙を長く聯綴して物件を標記せしもの。【象器箋十五】

チヤウベツサンガイクリンカイ　長別三界苦輪海　〔雜語〕歌題。【仁王經上】に「十善菩薩發大心。長別三界苦輪海。」十善菩薩とは圓敎十信の菩薩なり。

チヤウホツボンシ　長髮梵志　〔雜名〕梵志の頭髮を長くせるもの。【伽耶山頂經】に「與大比丘衆一千人俱。其先悉是長髮梵志。」

チヤウホフ　頂法　〔術語〕又頂位。四善根の一。四善根中煖頂の二を動善とし、忍、世第一の二を不動善とす。是れ動善中の最極猶人の頂の如きが故に頂法と名く。【俱舍論廿三】に「動善根中此法最勝如人頂。故名爲頂法。或由此是進退兩際如山頂故。說名爲頂。」【唯識論八】に「尋伺位極故復名頂。」

チヤウミシヤモン　長眉沙門　〔人名〕長眉僧に同じ。次項を見よ。

チヤウミソウ　長眉僧　〔人名〕賓頭盧尊者のこと。尊者長命を保ちて世に住し、眉毛長きを以て名く。【雜阿含經二十三】に「時王見尊者賓頭盧頭髮皓白辟支佛體。頭面禮足長跪合掌。乃至白尊者曰。尊者見世尊耶。三界所尊仰。時尊者賓頭盧以手擧眉毛視王而言。我見於如來於世無譬類。」【祖道載七】に「道安每疏經義必求聖證。一日感龐眉尊者降。安出所製似之。」【僧史略上】に「南山宣律師按法立壇。感長眉僧（即賓頭盧身也）隨喜讚嘆。」

チヤウミヤウトウ　長明燈　〔物名〕又、續明燈無盡燈と名く、夜晝立て明かしの燈光なり。【五百問】に「問。續佛光明。晝可レ滅不。答不レ得。若滅犯レ墮。」【敕修淸規亡僧】に「夜點二長明燈一。」

チヤウミヤウトウ　長命燈　〔物名〕　長明燈一に長命燈に作る、長命を祈願する意なり。

チヤウモツ　長物　〔術語〕「ヂヤウモツ」を見よ。

チヤウモン　聽聞　〔雜語〕教法を聞きわくると。【最勝王經四】に「若得レ聽二聞是經典一。皆不レ退二阿耨多羅三藐三菩提一。」【法華玄義六】に「受戒之時說二此戒法一。授二於前人一。前人聽聞卽得レ發レ戒。師弟所二由生一也。」

チヤウモンゲン　頂門眼　〔術語〕摩醯首羅天三目あり、其竪の一隻眼を頂門眼と云ふ。最も常眼に超ゆ。【碧巖三十四則頌古著語】に「頂門具二一隻眼一。」【同三十五則垂示】に「若不二是頂門上有レ眼肘臂下有レ符。往往當頭蹉過。」

チヤウヤ　長夜　〔術語〕「ヂヤウヤ」を見よ。

チヤウヤウ　長養　〔術語〕「ヂヤウヤウ」を見よ。

チヤウライ　頂禮　〔術語〕五體を地に投じ吾頂を以て尊者の足を禮するなり。【歸敬儀下】に「經律文中。多云二頭面禮足一。或云二頂禮佛足一。者。我所レ貴者頂也。彼所レ卑者足也。以二我所尊一敬二彼所卑一者禮之極也。」

チヤウラウ　長老　〔術語〕道高く臈長ぜる比丘の通稱、長老舍利弗、長老須菩提等の如し。【增一阿含經】に「阿難白二世尊一。如何比丘當三云何自稱二名號一。世尊告曰。若小比丘向二大比丘一稱二長老一。大比丘稱二小比丘一稱二名字一。」【十誦律】に「佛言。從レ今下座比丘喚二上座一言二長老一。爾時但喚二長老一不レ便。佛言。從レ今喚二長老某甲一。如レ喚二長老舍利弗長老目犍連一。」【金剛經纂要上】に「長老者德長年老。唐譯曰二具壽一。壽即是命。魏譯曰二慧命一。以レ慧爲レ命。」図〔職位〕禪家には住持の僧を長老と云ふ。【敕修淸規住持章】に「始奉二其師一爲二住持一。而尊レ之曰二長老一。」【祖庭事苑】に「今禪宗住持之者必呼二長老一。」【慈覺龜鏡文】に「開二示衆僧一故有二長老一。」【行事鈔下二之二】に「毘尼母云。五十夏已去。一切沙門國王之所二尊敬一。是者宿長老。」◎（太平記一八）「禪林寺の長老」

チヤウラクジ　長樂寺　〔寺名〕東山長樂寺は大谷の地に在り、宇多院の勅願、本尊十一面觀音。もと天台の別院なり。法然上人の弟子隆寛律師此に住して多念義の念佛を弘め、長樂寺派と稱す。後國阿上人隨心之に住して時宗と改む。【拾芥抄、山城名勝十四】

チヤウラクジハ　長樂寺派　〔流派〕淨土宗四派の一。法然上人の直弟、隆寛律師東山長樂寺に於て多念往生の一義を建立せしもの。【淨土源流章】に「長樂寺隆寛律師。立二多念義一。乃至臨終稱念不レ斷。決定往生。行者修二習念佛妙行一其業成就必在二臨終一。平生之間雖三相續修二往生業因一未レ能二成就一。是故一形至二最後念一相續勸修臨終業成卽見二佛等一。命終坐レ蓮卽生二彼土一。」多念とは平生斷へず念佛するを云ふ。

チヤウリ　長吏　〔職位〕僧家の職名。勸修寺園城寺の寺主を長吏と云ふ。

チヤウリンシンゴン　頂輪眞言　〔眞言〕佛頂尊の眞言なり。「名。」

チヤウリンワウ　頂輪王　〔菩薩〕金輪佛頂の異名。

チヤウレンジヤウ　長連床　〔物名〕禪林の僧堂に置く大床を云ふ。長大にして多人連坐するもの。【禪門規式】に「僧堂設二長連床一。施二椸架一。掛二搭道具一。」

チヤウワウキヤウ　頂王經　〔經名〕二本あり、一は西晉の竺法護譯、一卷、大方等頂王經と稱す。一は梁の月婆首那譯、一卷、大乘頂王經と題す。【黃帙八】二經共に善思童子經と同本異譯。(144,145)

チヤウヰ　頂位　〔術語〕頂法の位なり。「チヤウホフ」を見よ。

チヤクアクニンイン　擲惡人印　〔印相〕右手の大指を以て無名指の甲上を捻て眞言一徧を誦する每に一度彼の惡人に向て之を擲つなり。【歡喜母成就法】

チヤクエキツパン　著衣喫飯　〔雜語〕日常の事、何等の奇特なきを云ふ。【臨濟錄】に「屙屎送尿。著衣喫飯。困來卽臥。愚人笑レ我。智乃知レ焉。」

チヤクオニヨライエ　着於如來衣　〔術語〕三軌弘經の一。「サンキ」を見よ。

チヤクガ　著我　〔術語〕五蘊假和合の身中に我なる實在ありと思ひ、夫れに執着するを云ふ。

チヤクガイニフヂン　着鎧入陣　〔譬喩〕比丘の持戒堅固に譬ふ。【遺敎經】に「雖レ入二五欲賊中一不レ爲レ所レ害。如二著レ鎧入一レ陣。」

チヤクキボ　著鬼簿　〔物名〕又、靈簿と云ふ。過去帳の異名。

チヤクケ　適化　〔術語〕緣に應じて適宜に敎化すると。【瓔珞經上】に「適化隨レ宜。」【肇論】に「適二化衆生一謂二之漚和一。」【三論玄義】に「適化無レ方。陶誘非レ一。」

チヤクオコクウ　擲於虛空　〔雜語〕瑜祇經序品に金剛界の十六大菩薩各大日如來の前に於て一字心眞言を說かんとして先づ各所持の三昧耶形を虛空に擲ち、還て手中に住す、是に於て眞言を說くなり。【經】に「時金剛手菩薩。以二右手所持五峰金剛一擲二於虛空一。」

寂然一體。虛空と合體するを云ふ。還住二手中一。說二此金剛一曰。[梵字]吽。乃至時金剛持菩薩。以二手中月輪一擲二於虛一也。寂然一體。還住二手中一。說二此瑜伽一曰。[梵字]汙引」

チヤクシユ　搩手　〔雜名〕梵語、Vitasti 又、磔手、搩手は張なり。拇指と中指を張りし距離を云ふ。【資持記上二之二】に「磔字當レ從レ石。張也。謂母指中指相去爲レ磔。」

チヤクジ　擇時　〔術語〕眞言法を修するに其法相應の時日を撰ぶなり。

チヤクヂ　擇地　〔術語〕眞言法に依て壇を造るに勝地を撰ぶなり。是れ具支分の隨一なり。

チヤクニユウゲン　擇乳眼　〔譬喩〕乳水を混じて鵝に飲ましむるに彼れ能く乳を擇んで水を遺す。「ガワウ」を見よ。

チヤクホフゲン　擇法眼　〔術語〕法の是非を簡別する識見なり。

チヤクマク　適莫　〔雜語〕適は我意に適ふなり、莫は適はざるなり。【無量壽經上】に「去來進止。情無レ所レ係。隨レ意自在。無レ所二適莫一。無レ彼無レ我。無レ競無レ訟。」【淨影疏】に「於二衆生所一無二適適之親一。無二莫莫之疏一。名二無適莫一。」漢音テキバク。

チヤクメツ　擇滅　〔術語〕涅槃の異名なり。滅は諸相を滅せし無爲法なり、涅槃は是れ眞智の揀擇力に由て得る所の滅法なれば擇滅と云ふ。【俱舍論一】に「擇謂揀擇。即慧差別。各別揀三擇四聖諦一故。擇力所得滅名爲二擇滅一。如三牛所駕車名曰二牛車一。略三去中言一故作二是說一。」【唯識述記二末】に「即此眞如。名爲二擇滅一。即由二慧力一方證會故。」

チヤクメツムヰ　擇滅無爲　〔術語〕三無爲の一。涅槃の無爲法なり。

チヤクリキ　擇力　〔術語〕智慧を以て諸法を簡擇し分別する力を云ふ。

チヤタウ　茶湯　〔儀式〕茶と湯となり。凡そ禪家の法に佛前祖前靈前に每日茶湯を供するを恒例とす。又新住持の晉山の時など點茶點湯の禮あり。先に茶を點じ後に湯を點ずるなり。」図觀音等諸佛に茶湯日と稱するあり。緣日に類し、その日に參詣せるものは特別の利益ありと云ふ。

チヤダウ　茶堂　〔堂塔〕サダウと讀む。住持茶禮を行ふ所、必ず法堂の後寢室の前に在り。【象器箋二】

チヤタウヱ　茶湯會　〔行事〕茶湯の爲めに衆を會するなり。

チヤヂウ　茶頭　〔職位〕サヂウと讀む。禪林茶を煎點するを司るもの。諸の寮舍にあり。

チヤツス　楪子　〔物名〕日本の禪林椀具に楪子あり、鉢支を楪と稱する者と別なり。楪子は淺くして底平に、環足あり、疊疊に便なり、依て楪と云ふ、楪音牒、牒は疊なり。【象器箋二十】俗にチヤツと呼ぶ。

チヤテンモンダフ　茶店問答　〔書名〕二卷、武州の秀圓、江戶谷中の茶店に於て二女が老尼と眞宗の持妻食肉及び安心法式等の事を問答するを聞くに依りて之を記す。

チユウ　籌　〔物名〕梵語、舍羅 Salākā 人數を算する器、竹木を以て之を作り、投票等に之を用ふ。【行事鈔說戒正儀篇】に「十誦云。行レ籌者爲二擅越一問レ僧不レ知レ數。行レ籌數レ之。若人施二布薩物一沙彌亦得。雖レ不レ住二布薩羯磨處一由レ受レ籌故。乃至五分籌極短並二五指一。極長拳一肘。極麤不レ過二小指一。極細不レ得レ減レ箸。乃至四分云。聽レ行二舍羅一。此云レ籌也。」【同資持記】に「並五指者。謂中人五指相並。當二五寸一也。拳一肘者。謂尺八也。舒手則二尺故然不レ明二物體一。今時多以二竹木一爲レ之。乃至疏云。舍羅草名。以爲レ籌計。」

チユウアゴンキヤウ　中阿含經　〔經名〕四阿含經の一。六十卷、東晉の瞿曇僧伽提婆譯。「アゴンキヤウ」を見よ。

チユウアンゴ　中安居　〔行事〕三安居の一。「アンゴ」を見よ。【昃五乃至七】(542)

チユウイン　中因　〔術語〕東因の稱に對す。「ゴテン」を見よ。

チユウイン　中印　〔地名〕五印度の中の中印度。

チユウイン　中陰　〔術語〕又中有と云ふ。此に死して彼に生ずる中間に於て受くる陰形を云ふ。陰は五陰の陰なり。新譯に五蘊と云ふ俱舍宗には一定の中陰ありとし、成實宗には無しとし、大乘宗には有無不定とす。謂く極善極惡の人には中陰なく、直に所至に至る。餘は皆ありと。【大乘義章八】に「命報終謝名爲二無有一。生後死前名爲二本有一。兩身之間所レ受陰形名爲二中有一。」【文句四】に「中陰倒懸諸根皆毀壞。」⊙(保元一)「一院崩去の御中陰をだに過させ給はずして」「チユウウ」を見よ。

中陰法事　〔儀式〕人間の中陰は身は童子の形の如く、且つ必ず七日を以て一期として本生處に生ずるなり。若し七日の終に未だ生緣を得ざれば、更に中陰の續くと七日、第二七日の終に本生處に生ず。此の如く七日を一期として、最も長きものは第七期に至り、第七期の終には必ず一處に生ずとなす。依て七七日の間を中陰と稱し、此間に追薦の法事を爲すを中陰法事と云ふ。略して單に中陰と云ふ。未だ生緣の定らざる間に於て追福の力を以て善處に生ぜしめんと希ふなり。【隨願往生經】に「命終之人在二中陰中一身如二小兒一。罪福未レ定。應三爲修レ福願二亡者神使ヨシテ生二十方淨土一。」【梵網經下】に「父母兄弟。和上阿闍梨亡滅之日。及三七日。四七日。乃至七七日。亦應四讀三誦講三說大乘經律一。」

チユウインキヤウ　中陰經　〔經名〕二卷、姚秦の竺佛念譯。佛、中陰に入て大光明を放ち、一切中陰の衆生を集めて大乘の法を說きしもの。其中、初品に佛彌勒菩薩と中陰の法を論ず。【盈帙十】(463)

図　〔儀式〕中陰の間に讀誦する諸經を云ふ。⊙(曲、曇染櫻)「中陰經の妙文」

チユウ　中有　〔術語〕四有の一。生死の果報有にして無ならざるを有と云ひ、現生と當生との中間の果報を中有と云ひ、又中陰と稱す。中有は當來の生を減する業に引生せらるるものなれば、中有の形は其の所趣の本有の形の如し。欲界の中有の量は小兒の年五六歲の如しと雖も、諸根明利なり。又色界の中有の量の圓滿なること本有の如く、衣服體と倶に生ず、慚愧の心增盛なるが故なり。自餘の欲界の中有は增長の無慚愧の故に衣なし。而して欲界の中有は香を以て食となす、依て乾闥婆と稱す。又天の中有は頭を仰け、人、鬼、畜生の三は橫にすると人の如く、地獄の中有は頭を下にし足を上にす。【倶舍論九】に委し。此中有に有無の論あり。「チユウイン」を見よ。⊙(曲、弱法師)「生を替へぬ此世より中有の道に迷ふなり」

中有の五名　〔名數〕一に意成、意より生ずる身にして、精血等の外緣の所成にあらざればなり。二に求生、常に喜で畜生の處を尋求するが故なり。三に食香、香食に資けられて生處に往くが故なり。四に中有、二趣の中間所有の蘊なればなり。五に起、當生に對向して暫時に起るが故なり。」【倶舍論十】

中有の生緣　〔雜語〕欲界の胎卵二生が中有の當有を成ずるは、一に倒心に依るなり。遠方に住すと雖も業力所起の眼根に由て能く生處の父母の交會を見、而も倒心を起す。若し男なれば母を緣じて男欲を起し、若し女なれば父を緣じて女欲を起す。此緣を翻して二倶に瞋心を起す（男は父に瞋を起し女は母に瞋を起すを云ふ。）時に健達婆（中有を云ふ。）此二種の倒見を起すに由て便ち己が身と所愛と合すと謂ひ、所憎の人の不淨泄れて胎に至るとき、是れ己が有なりと謂て便ち喜慰を生ず。これより中有沒して生有便ち生ず。【倶舍論九】

中有之旅　〔雜語〕中有の身、彷徨として生緣を求むるを旅客に譬ふ。【往生十因】に「形無二常住一只有二守屍之鬼一。神無二常家一。獨跰二中有之旅一。悲哉冥冥獨逝。一人不レ從。」⊙(十訓抄一)「中有の旅のありさま、心ぼそきやうなどいひて」

チユウガンハ　中岩派　〔術語〕禪宗二十四流の一。中岩圓月の一派也。「の論義を書きしるすもの。

チユウキ　註記　〔職位〕叡山の職名。竪義問者

チユウグワン　中觀　〔術語〕三觀の一。中諦の理を觀ずるなり。諸宗各中觀を以て觀道の至極とす、法相宗は遍計所執は有にあらず、依他圓成は空にあらずと觀ずるを中觀とし、三論宗は諸法は不生不滅、乃至不來不去と觀ずるを中觀とし、天台宗は三千の諸法一一に絕待なりと觀ずるを‥觀とす。然るに天台所立の中觀に隔歷圓融の二法‥りて、別敎の所說を隔歷の中とし、圓敎の所說を圓融の中とす。隔歷の中は空假の外に絕待の中ありと立つる但中なり、圓融の中は空假のままに絕待の中にして中は即ち不但中なり。蓋し別敎の義はもと空假の二を隔歷する故、隨て空假の外に中道を隔歷せざるを得ず。然るに空假本來別物ならず、空即假にして假即空なり、されば此空假の相待を離れたる絕待の中も亦相待の外にあるにあらず、相待のままに絕待なり、絕待のままに相待なり。故に空假中の三は一法の異名となり、即假即空即中なり。空の外に假なく、假の外に空なきと共に、空假の相待の外に中の絕待なし、中の絕待の外に空假の相待なし。是れ圓敎至極の中觀なり。

チユウグウジ　中宮寺　〔寺名〕大和、生駒郡法隆寺村にあり。眞言律宗にして、斑鳩尼寺、法興寺とも云ふ。聖德太子草創。後奈良帝の時伏見貞敦の王女高祐尊智寺主となりて比丘尼御所の一として優遇を得たり。

チユウグワンロン　中觀論　〔術語〕世に中論「と稱す。「チユウロン」を見よ。

中觀釋論　〔書名〕具名、大乘中觀釋論、九卷、安慧菩薩造、趙宋の惟淨等譯。中觀論二十七品の中前の十三品を釋す。【暑帙二】(1316)

チユウケ　中悔　〔術語〕信仰不確立の爲めに、先に信じて後に疑ひ、遂に其所信を中途にして悔ひ破るを云ふ。

チユウケゴンホフカイクワンモン　註華嚴法界觀門　〔書名〕一卷、唐の宗密撰。華嚴法界觀門の註釋書なり。

チユウゲエ　中價衣　〔衣服〕欝多羅僧衣の別名。此衣の財直三衣中の中位にあればなり。(中間に着すると及び貴重の度より中價衣と云ふ。價値は錢財を意味せず。)【六物圖】

チユウゲン　中元　〔行事〕七月十五日なり。【修行記】に「七月中元は大慶の月。道書に云く、七月中元の日、地官下り降り、人間の善惡を定む。諸大聖普く宮中に詣し、道士その日夜に於て經を誦し、十萬の

大聖ひとしく靈篇を錄し、餓鬼囚徒ともに解脫を得しむ。」【五雜俎】に「道經に、正月望を以て上元とし、七月望を中元とし、十月望を下元とす。遂に三元三官大帝の稱あり。是れ俗妄の甚しきなり。」「ウラボン」を見よ。

チユウゲンゴマ　中間護摩　〔修法〕これ大壇曼荼羅の諸尊を勸請して之を供養し、以て受者の滅罪生善の悉地を祈る法なり。

チユウゲンサンマイ　中間三昧　〔術語〕中間定に同じ。

チユウゲンジヤウリヨ　中間靜慮　〔術語〕中間定に同じ。

チユウゲンゼン　中間禪　〔術語〕次項に同じ。

チユウゲンヂヤウ　中間定　〔術語〕又、中間三昧、中間靜慮、中間禪と云ふ。大梵天王所得の禪定なり。色界、無色界通じて八地あり、一地每に各近分定と、根本定あり。其のうち初禪地の近分定と根本定には尋と伺の心所相應し、第二禪以上、七地の近分定と根本定とには尋も伺も相應せず、至極寂靜なり。然るに此中間に於て唯伺の心所の相應して尋の心所相應せざる禪定あり、之を中間定と名け、之を修するものは初禪天の頂上に於て大梵天王となり、常に此禪定に住するなり。【俱舍論二十八】に「初本近分尋伺相應。上七定中皆無二尋伺一。唯中靜慮有レ伺無レ尋。故彼勝レ初未レ及二第二一。依二此義一故立二中間名一。乃至此定能招二大梵處果一。多修習者爲二大梵一故。」

チユウゲンホフシ　中間法師　〔雜名〕妻帶の法師にて大僧に使はるる者、又下僧下法師など云ふ。

チユウコフ　中劫　〔術語〕新譯家は一增一減を中劫とし、舊譯家は一成劫又は一住劫を中劫とす。即ち新譯の二十中劫に當るなり。「コフ」を見よ。⦿（正統記一）「二十の增減を一中劫と云ふ」

チユウコン　中根　〔術語〕六根の利鈍に上中下の三あり、非利非鈍の六根を有するものを中根と云ふ。

チユウゴフジキ　中後不食　〔術語〕午中以後食せざるを云ふ。所謂不過中食戒なり。【釋氏要覽上】に「處處經云。佛言。中後不食有二五福一。一少婬。二少睡。三得二一心一。四無二下風一。五身得二安樂一。」

チユウゴン　中含　〔經名〕中阿含經の略稱。

チユウサウ　中草　〔譬喩〕三草二木の一。「サンサウニモク」を見よ。

チユウザン　仲算　〔人名〕興福寺の仲算。空晴僧都に學び、相宗の碩學なり。性任官を好まず、三たび維摩會の講師に任ぜられて受けず、常に松室に蟄居す。應和三年村上帝南北の碩匠を淸涼殿に召して、御筆の法華經を講ぜしむ。五日十座の論義相台の二宗鉾を交ふ。第二日に至て台家の良源講師となり、相家の法藏、平州、二人問者となり、二人詞屈す。民部卿藤原文範之を見て夜を使して算に詣り、事を告ぐ。算便ち藤公に從て宮に入る。滿散の日に當て叡山の壽肇聖救講師となり、南京の仁賀、圓藝問者となる。算二人に代て良源前に出す所の衆生皆成佛の文を擧げて、一一に之を難詰す。講師一言を立つる能はず。事竣つて帝算を便殿に召して優賞し、尋で法相を以て六宗の長官とす。安和二年喜多院の林懷と俱に熊野山に登る。算那智の瀑下に於て般若心經を誦す、瀑水逆に上り忽ち千手大悲の像を現ず。誦し已て巖上に升り、此より見えず。【本朝高僧傳九】

チユウシ　中士　〔術語〕聲聞緣覺を云ふ。自利のみありて利他なきもの。下士、上士に對す。

チユウシウ　中洲　〔雜名〕須彌山の四方に南瞻部等の四大洲あり、此四大洲に各二の中洲ありて附屬す。【俱舍論十一】に「四大洲側各有二二中洲一。瞻部洲邊二、中洲者。一遮末羅洲。二筏羅遮末羅洲。」

チユウシツ　籌室　〔故事〕昔優婆毱多人を度する無數、其人を算せし籌量縱橫六丈の室に盈ちしと云ふ。【付法藏傳】に「優波毱多化二度無量衆生一。皆悉獲レ得阿羅漢果一。其得道者一人一籌。籌長四寸。滿二一石室一。室高六丈。縱橫亦爾。於レ是名滿二閻浮提一。世號爲二無相好佛一。乃至尊者於二無餘涅槃一而取二滅度一。以二室中籌一而用耶旬。」

チユウシユウ　中宗　〔流派〕中道の宗旨なり。法相宗に三時敎を立て第三時敎を以て自家の非有非空の中道敎となす。即ち法相宗なり。【唯識樞要上本】に「中宗五分。盛行二於四主一。」

チユウシユクエ　中宿衣　〔衣服〕又、中著衣、內衣安陀會即ち五條袈裟の異名なり。宿は住の義にて身に近けて住著すればなり。【名義集七】に「安陀會。或安怛羅婆沙。此云二中宿衣一。謂二近レ身住一也。」

チユウシンキヤウ　中心經　〔經名〕忠心經の異名。

チユウシンキヤウ　忠心經　〔經名〕一卷、東晉の竺曇無蘭譯。佛、移山梵志に對して五賊五欺の諸法を說く。阿含正行經と同本別譯。【宿帙八】(715)

チユウジキ　中食　〔術語〕齋食の異名。日中に當て食すればなり。午を過る一髮なるも食を許さず。【釋氏要覽上】に「僧祇律云二時食一。謂二時得レ食非時不レ得レ食。今言二中食一。以二天中日午時得一レ食。當二日午一故言二中食一。」

チユウジツ　中實　〔術語〕中道實相の略。二邊を離るるを中と云ひ虛妄なきを實と云ふ。

チユウジヨウ　中乘【術語】緣覺乘の異名。是れ三乘の中位に在ればなり。【多論一】に「小乘所得三乘同知。中乘所得二乘共知。唯佛所得二乘不レ知。獨佛自知。」【法華文句四】に「身子迦葉等。悉是中乘根性。」

チユウセンセカイ　中千世界【雜名】須彌山を中心として九山八海を一世界とし、一世界千箇を小千世界とし、小千世界千箇を中千世界とす。「サンゼンダイセンセカイ」を見よ。

チユウゾン　中尊【術語】諸尊の中に中央に位する尊體なり。五大明王の中尊は不動明王。三尊佛の中尊は阿彌陀如來。八葉の中尊は胎藏界の大日如來。五智如來の中尊は金剛界の大日如來なり。

チユウゾンジ　中尊寺【寺名】奧州衣川の南に在り。康保年中淸衡の創建、開基は行譽上人、本尊阿彌陀。【東鑑九】に「關山中尊寺事。寺塔四十餘宇。禪坊三百餘宇也。淸衡管ニ領六郡一之最初草ニ創之一。先自ニ白河關一至ニ于外濱一。二十餘箇日行程也。其路一町別立ニ笠率都婆一。其面圖ニ繪金色阿彌陀像一。計ニ當國中心一於ニ山頂上一立ニ一基塔一。又寺院中央有ニ多寶寺一。安ニ置釋迦多寶像於左右一。其中間開ニ關路一爲ニ旅人往來之道一。次釋迦堂安ニ一百餘體金容一。即釋迦像也。次兩界堂兩部諸尊。皆爲ニ木像一。皆金色也。次二階大堂高五丈。本尊三丈。金色彌陀像。脇立九體。同丈六也。次金色堂上下四壁內殿皆金色也。堂內搆ニ三壇一悉螺鈿也。阿彌陀三尊二天六地藏定朝造レ之。」舊幕寺領五十石。

チユウタイ　中諦【術語】天台所立三諦の一。中觀所對の理なり。中とは中正絶待の稱。二邊を離れず二邊に即せず中正絶待の理を云ふ。「サンタイ」を見よ。

チユウタイ　中體【雜名】中央の尊體なり。三尊或は五佛等に就て云ふ。

チユウタイ　中胎【術語】中胎藏の略。

チユウタイザウ　中胎藏【術語】胎藏界曼陀羅の中臺八葉院を云ふ。これ大日如來の本體にして、此より四重の曼陀羅を出生すれば胎藏と云ふ。胎藏界の名此に基く。

チユウタウ　偸盜【術語】十惡業の一。新譯、不與取。他の與へざるものを取ると。【法界次第上之上】に「盜ニ取他財物一故名爲ニ偸盜一。」【俱舍論十六】に「要先發ニ欲レ盜故思一。於ニ他物中一起ニ他物想一。或刀或竊起ニ盜加行一。不レ誤而取令レ屬ニ己身一。齊レ之名爲ニ不與取一。」

チユタフ　柱塔【雜名】「タフ」を見よ。【取罪。】

チユウダイ　中臺【雜名】蓮華の中心佛の臺座となる處を云ふ。

中臺八葉の院【術語】胎藏界曼陀羅十三大院の第一院なり。曼荼羅の中央にあり、八瓣の蓮華の開敷せる形、是れ凡夫の肉團心の開敷せるなり。其の中臺に大日如來あり。其の八瓣に四佛四菩薩あり。總じて五佛四菩薩の九尊なり。中臺大日如來、黃金色にして入定印なり。東方寶幢如來、赤白色にして日の初めて出づる色なり。南方開敷華王如來、黃金色なり。西方無量壽如來、赤金色にして入定の相なり。目稍閉ぢて下を視る。北方天鼓雷音如來、赤金色にして入定の相なり。東南方普賢菩薩、白肉色にして左手に蓮華を執り上に利劍あり、火焰之を圍む。西南方文殊師利菩薩、黃色にして五髻冠あり、左手に青蓮華を持し上に三股の金剛あり、右手に梵篋を持す。西北方觀自在菩薩、白肉色にして右手に開敷の紅蓮華を執る。西北方慈氏菩薩、白肉色にして左手に蓮華を執り、上に軍持瓶あり。以上四方の四佛は果德にして其の四菩薩は次第の如く各其の因行なり。【大日經疏五】に「正方四方是如來四智。隅角四葉是如來四行。」「ゲンヅマンダラ」參照。

赤肉中臺【術語】此中臺八葉院は凡夫の肉團心の開敷せしものなれば赤肉と云ふ。

中臺五尊【雜名】中臺八葉院中の五佛を云ふ。中臺に五尊あるにあらず。

中臺外部【術語】十三大院の中第二院以下は中臺八葉院に對すれば總て外部なり。又、外金剛部院の一を外部と云ふ。

チユウダウ　中堂【堂塔】叡山の根本中堂なり。本名、一乘止觀院。傳敎大師もと三堂を立つ、北に文殊堂、南に一切經藏、此れ其中央にあれば中堂と名く、本尊藥師如來。

チユウダウ　中道【術語】法相は唯識を中道とし三論は八不を中道とし、天台は實相を中道とし華嚴は法界を中道とす。中とは不二の義。絶待の稱、雙非雙照の目なり。【中論偈】に「因緣所生法。我說ニ即是空一。亦名爲ニ假名一。亦是中道義。」

四種中道【名數】一に對偏中、大小の學人、斷常の偏病に對して中道を說く。之を對偏中と名く。二に盡偏中、大小の學人、斷常の偏病あれば則ち中を成ぜず、偏病若し盡くれば即ち中顯はる、之を盡偏中と名く。三に絶待中、もと偏病に對する故に中あり、偏病既に除けば中も亦立たず、中にあらず偏にあらざるも、衆生を度せん爲めに强ひて名けて中と爲すを絶待中と云ふ。四に成假中、有無を假となし非有非無を中となす。非有非無に由るが故に有無と說く。是の如きの中は有無の假

を成ぜん爲めなれば成假中と名く。【三論玄義】

チユウダウオウホン　中道應本　〔術語〕別圓二敎の義に依るに、圓實の中道を以て應化身の根本となすを云ふ。藏通二敎の意に依れば、實諦は偏直の空理にして、三界の諸法はもと理の外に在て惑業の因緣に依て生ぜしものなれは、惑を斷じ已れば三界の諸法は空に歸し已るを云ふ。故に菩薩が永く三界の生を受けて衆生を度せんとするには或は故さらに惑を留め、或は惑の習氣の勢力に由るなり。然るに別圓二敎の意は、十界の諸法は中道の理を以てもととし、中道の理が緣に應じて現はるるものなれば、煩惱を斷ずるに隨て中道の體愈圓明にして、十界の諸法顯現し、機感に隨て不思議の應用を起す。之を中道の應本と云ふ。

チユウダウクワン　中道觀　〔術語〕天台三觀の一。中諦の理を觀じて無明の惑を斷ずるなり。【四敎儀】に「從レ此用二中道觀一。破二一分無明一。顯二一分三德一。」

チユウダウケウ　中道敎　〔術語〕三時敎の一。有空何れにも偏せず、中道を說く敎。法相宗の事。

チユウダウシユウ　中道宗　〔術語〕前項に同じ。

チユウダウジツサウ　中道實相　〔術語〕萬有の實相は有に非ず、空に非ず、非有非空の中道なりと云ふこと。

チユウダウソクホフカイ　中道即法界　〔術語〕【止觀輔行一】に「一色一香無非中道者。中道即法界。法界即止觀。」法界の諸法、一色一香に至るまで悉く中道に非ざるなければ、換言して中道は即法界なりと云ふ。而も此中道法界は所緣の妙境なり、若し能緣の妙智に就かば止觀となる、何となれば緣を法界に繫けて廣く事理の諸法を緣ずる、是れ止に即する妙觀にして、念は法界と一にして事理の法相を泯亡する、是れ觀に即する妙止なればなり。而して此妙境妙智一體不二なれば法界即止觀なりと云ふ。

チユウダウダイイチギ　中道第一義　〔術語〕諸法中道に過ぎたるものなし、故に第一義と云ふ。

チユウダウダイイチギクワン　中道第一義觀　〔術語〕三觀の中、中觀の德名。空假二諦は雙照して有無の二邊を離るる觀法なり。障中道の根本無明を破するなり。【止觀三】に「二觀爲二方便一。得レ入二中道一。雙二照二諦一心心寂滅。自然流二入薩婆若海一。名二中道第一義觀一。此名出二瓔珞經一。」

チユウダウノメウクワン　中道妙觀　〔術語〕假觀と空觀とを超絕せる眞實中道の觀法を云ふ。

チユウダン　中壇　〔雜語〕五壇の御修法には不動尊を以て中壇とす。

チユウダハンタカ　注茶半托迦　〔羅漢〕Cūḍa-panthaka　十六羅漢の第十六尊者の名。「ラカン」を見よ。

チユウヂヤウ　拄杖　〔物名〕身を拄ふる杖なり。【毘奈耶雜事六】に「佛在二王舍城鷲峯山頂一。有二老苾芻一登山上下脚跌倒レ地。佛言。應レ畜二拄杖一。聞二佛許一已六衆即便以二金銀等幷雜彩物一彫二飾其杖一。俗旅見已共生二嫌賤一。苾芻白レ佛。佛言。苾芻有二二種緣一應レ畜二拄杖一。一謂老痩無力。二謂病苦嬰レ身。時有二苾芻一伴作二老病一而拄二其杖一。時諸苾芻以レ緣白レ佛。佛言。若實老病應下從二僧伽一乞中畜杖羯磨上。」拄字柱に作るは誤。シユヂヤウと讀む。

拄杖化龍　〔故事〕【鼓山永覺行業記】に「或る時旱魃しければ禪師に雨乞を請ふ。禪師則ち上堂して拄杖を拈して云く、老僧拄杖子化シテ爲レ龍。吐レ霧興レ雲。遮レ天掩レ日。大布滂沱。即時に雨ると盆の傾くが如し。」【道元紀年錄】に道元禪師の柱杖化して龍と成て虎と鬪ふあり。【法灯國師年譜】に國師の柱杖化して龍となり、支那より日本へ泳ぎ來るを記す。

チユウヂヤウス　拄杖子　〔物名〕單に拄杖と言ふに同じ。子は名詞の助辭なり。拄を正とす。柱とするは誤。シユヂヤウスと讀む。

チユウテン　中天　〔地名〕中天竺なり。

チユウテンヂク　中天竺　〔地名〕天竺を五分に分ち、中央部を中天竺と云ふ。

チユウテンヂクジ　中天竺寺　〔寺名〕杭州の飛來峯に三處の伽藍あり、上天竺寺、中天竺寺、下天竺寺を云ふ。

チユウドウジ　中童子　〔雜名〕法會に花筥を賦るものを童子と云ふ、大童子中童子小童子の別あり。「ドウジ」を見よ。

チユウハイ　中輩　〔術語〕「サンハイ」を見よ。

チユウハイクワン　中輩觀　〔術語〕觀經所說十六觀中第十五觀の名。中品上生、中品中生、中品下生の三種往生人の善行を觀ずるなり。

チユウハイシヤウ　中輩生　〔術語〕無量壽經所說三輩生の一。往生人の中輩なり。觀經の中輩觀には之を用ゐて中品上生等の三品とす。開合の不同のみ。「サンハイ」を見よ。

チユウハツ　中般　〔術語〕五種不還の一。不還の聖者欲界より色界に生ずる中有の身に於て羅漢果を證し般涅槃するを云ふ。

チユウバ 偸婆 [術語] Stūpa 塔婆に同じ。廟或は墳と譯す。【玄應音義十】に「偸婆。經中或作二兜婆一。或云二塔婆一。或言二藪斗波一。皆訛也。正言二率堵波一。此云レ廟。或言二方墳一。皆義釋也。」「タフ」を見よ。

チユウバイ 中唄 [儀式] 法會に梵唄の偈を舉ぐるに初中後の三節あり、中なるを中唄と云ふ。

チユウベンロン 中邊論 [書名] 具名、辨中邊論。天親菩薩造、彌勒菩薩所造の辨中邊論頌を解釋す。三卷、唐の玄弉譯。又陳の眞諦譯、二卷、(1248) 中邊分別論と云ふ。【戌帙九】(1244)

チユウホウ 中峰 [人名] 元の天目山の普應國師。名は明本、號は中峯、錢塘の人。幼より切に佛法を求め、晝夜勵精す。後天目山高峯妙和尚に參して大悟徹底す。說法無礙、書若干を著す。仁宗聞いて之を聘すれども至らず。金文の伽梨衣を制して之を贈り、幷に號を佛日廣慧普應國師と賜ふ。至元三年寂、壽六十一。廣錄三十卷世に行はる。【中峯和尚行錄】

チユウホンギキヤウ 中本起經 [經名] 二卷、後漢の曇果等譯。如來初成道より以後在世の中間說法敎化の行跡を叙す。【辰帙十】(556)

チユウボン 中梵 [雜語] 中天竺なり、梵は梵土天竺の異名。

チユウボン 中品 [雜語] 中等の品類。淨土敎に中品の往生、密敎に中品の悉地など。

チユウボンゲシヤウ 中品下生 [術語] 淨土の往生九品中の第六。「クホン」を見よ。

チユウボンジヤウシヤウ 中品上生 [術語] 淨土の往生九品中の第四。「クホン」を見よ。

チユウボンチユウシヤウ 中品中生 [術語] 淨土の往生九品中の第五。「クホン」を見よ。

チユウヤウヰン 中陽院 [界名] 此天は欲色二界の中間に位し。兜率天の側にあり。中に靈所臺あり。臺に樹ありて、二月に花を開き、七日七夜にして落ち、八月七日果成ると云ふ。此天の冥衆、彼岸會の時に相集りて各各の帳簿を談合し、八度之を校し、三度之を覆へし、治定再治の印を押捺して衆生の善惡の業を判定すと云ふ。

チユウユヰマキヤウ 註維摩經 [書名] 十卷。後秦の僧肇、羅什譯の維摩經に就いて羅什、道生及び自己の三註を合糅せしもの。

チユウラン 偸蘭 [術語] 偸蘭遮の略。

チユウランジヤ 偸蘭遮 [術語] 又、偸蘭遮耶、薩偸羅と云ふ。梵音 Sthūlātyayas 巴 Chullaccaya 大障善道、大罪、麤惡麁過など譯す。六聚罪の一。初二篇の因罪(波羅夷と僧殘とを犯さんとして未だ遂げざるもの)及び五篇に攝せざる諸の果罪(死屍に就て婬し五錢已下を盜む如き五篇中にあらざるもの)なり。故に此中には罪體に於て因果の別、輕重の差あれども、最も重きに就て波羅夷僧殘の次に列ぬ、此二に對する因罪(即ち本罪遂罪)最も重ければなり。【行持鈔中之一】に「善見云。偸蘭名レ大。遮言二障善道一。後墮二惡道一。體是鄙惡。從二不善體一立レ名者由二能成二初二兩篇之罪一故也。又翻爲二大罪一。亦言二麤惡一。聲論云。正音名爲二薩偸羅一。明了論解偸蘭爲レ麤。遮耶爲レ過。」

チユウル 中流 [術語] 煩惱に譬ふ。衆生煩惱の爲に生死の中流に在ればなり。【維摩經阿閦佛品】に「不二此岸一。不二彼岸一。不二中流一。」【注】に「生曰。此岸者生死也。彼岸者涅槃也。中流者結使也。」

チユウロン 註論 [書名] 往生論註の異名。

チユウロン 中論 [書名] Madyāmaka-sāstra 具名、中觀論。四卷、龍樹菩薩造、(賓伽羅)靑目釋、姚秦鳩摩羅什譯。古來三論の一として尊重せらる。說相は最も徹底せる中道を主張し、空を破し、假を破し、進んで中に執する見をも破して、所謂八不中道即ち無所得の中道を說く般若思想のものなり。書中、破因緣品、破去來品、破六情品、破五陰品等二十七品に別つ、現藏中阿僧佉釋、瞿曇般若譯の順中論、二卷。分別照明菩薩釋、波羅頗迦羅譯の般若燈論釋、十五卷。安慧釋、惟淨等譯の大乘中觀釋論、九卷は共に龍樹の中論の異出なり。西藏にも亦中觀學派の二系統ありと云へば、以て學者に珍重せられたるを見るべく、現今梵語原本の存するもの露國ペトログラード佛教叢書中の出版にかゝる。【暑帙一】(1179)

中論疏 [書名] 十卷。嘉祥吉藏著。

チユウヰンリフ 中院流 [流派] 野澤十二流の一。

チユンロンマ 屯崙摩 [天名] 甄陀羅王の名。佛所に至りて琴を彈じ迦葉をして其坐に堪へざらしむ。【智度論十】梵 Druma

チヨク 知浴 [職位] 禪林浴室を司るもの。

チヨクグワン 勅願 [雜語] 經典を書寫し塔像を起立する等の天子の御願を云ふ。

チヨクグワンジ 勅願寺 [雜名] 又、御願寺、勅願に由て鎭護國家、玉體安穩の祈願の爲めに建立せる寺院を云ふ。文武帝の藥師寺に於ける、聖武帝の東大寺に於ける如し。

チヨクグワンジヨ 勅願所 [雜名] 勅願寺に同じ。

チヨクシネンカウ 勅使拈香 [儀式] 法筵に臨む敕使の爲に香を燒くこと。

チヨクシユデン　勅修傳　〔書名〕本名、法然上人行狀畫圖、四十八卷。上人滅後百年叡山功德院の舜昌知恩院に住して第九世となる、博く諸記を集めて此傳を作る、黑谷上人傳繪詞、黑谷上人傳、或は圓光大師傳と題し、世に繪詞傳、舜昌傳、勅修傳、四十八卷傳など稱す。初め此傳成て後伏見上皇に奏進せしに上皇菅清の諸儒に命じて其文を添削せしめ給ひ、且つ法然上人行狀畫圖の御題を賜はりしより勅修傳と云ふ。【行狀畫圖翼讃序】

チヨクシユシンギ　勅修清規　〔書名〕勅修百丈清規の略名。

チヨクシユヒヤクヂヤウシンギ　勅修百丈清規　〔書名〕唐の百丈山の懷海禪師初めて禪家一門の宗規を立てて百丈清規と云ふ。後世之を古清規と稱す。宋の景德元年、翰林學士楊億の古清規の序あれば、此時尙現存せしなり。其後滅亡して僅に頌偈など諸書に散見せしを、後來の諸師收集して世に出だす。即ち宋の徽宗の崇寧二年、宗賾の集めし崇寧清規、宋の度宗咸淳二年、惟勉の集めし咸淳清規、及び元の武宗至大四年、東林咸公の集めし至大清規の三種あり。最後に元の順宗の至元四年、百丈山の德輝禪師勅を奉じて前の三規を拔粹し、清規を大成し勅修百丈清規と名く、八卷あり。詔して天下の僧人悉く此清規に依りて行はしむ。明に至り、屢勅を下し此清規に入らざるものは法を以て之を繩す。【勅修清規序跋】

チヨクダウ　直堂　〔職位〕「ヂキダウ」を見よ。

チヨクメイ　勅命　〔術語〕如來は無上法王なるより、其敎命を稱して勅命と云ふ。

チヨシンニヨビヤウドウ　智與眞如平等　〔雜語〕歌題。【唯識論九】に「證ニ眞如一智與ニ眞如一平等平等。俱離ニ所取所取相ニ」眞智の證悟するさまなり。◉（續千載）「雲晴れて空も光も見へわかずひとつにすめる秋の夜の月」

チヨトウオシヤウ　猪頭和尙　〔雜語〕禪師の頭面猪に似たれば世人猪頭和尙と稱す、【釋門正統四】に「宋眞宗皇帝景德三年。猪頭和尙志蒙顯化ニ衢婺二郡ニ」

チライ　知禮　〔人名〕宋の四明山の法智尊者知禮、字は約言、後人其所居に依りて四明大師と號す。七歲出家、十五具戒、專ら律部を學ぶ。大平興國四年寶雲に從て天台の敎觀を受け、淳化二年始めて請を受けて乾符に主たり。咸平六年、日本國寂照を遣して源信法師の問目二十七條を持して荅釋を請ふ。天禧元年同志を結びて法華懺を修し、三載期滿ち將に身を焚て妙經に供せんとす、秘書覽楊億等書を致して之を止む。四年眞宗中の高行を聞き法智大師の號を賜ひ、世に住して敎を宣べしむ。六年正月寂、壽六十九。唐末の亂に天台の敎籍多く散逸す、螺溪の義寂に至りて遺文稍集まれども學者猶正宗に晦し。師此時に崛起して深く性具の旨に達し、一家の正燈を揭ぐ。其の法山家の正義と稱して、後の台敎を學ぶもの多く之を宗とす。【佛祖統紀八】

チリカ　咥哩迦　〔術語〕Mātṛka 譯、本母。論藏の異名なり。【慧琳音義六十】に「咥哩迦或云ニ摩怛里迦一。唐云ニ本母ニ」

チリキ　智力　〔術語〕正智と神通力。又、正智の力用。【無量壽經上】に「魔率ニ官屬一而來逼試。制以ニ智力一皆令ニ降伏ニ」【法華經普門品】に「觀音妙智力能救ニ世間苦ニ」

チリサンマイキヤウ　底哩三昧經　〔經名〕底哩三昧耶不動尊威怒王使者念誦法の略名。

チリサンマヤ　底哩三昧耶　〔術語〕Trisamaya 底哩は三の義。佛部金剛部蓮華部の三種の三昧耶なり。【希麟音義五】に「底哩。此云レ三。謂此經中說ニ三種三昧一。即金剛蓮華佛部是也。」

チリサンマヤキヤウ　底哩三昧耶經　〔經名〕「次項に同じ。

チリサンマヤフドウソンシヤウジヤネンジユヒミツホフ　底哩三昧耶不動尊聖者念誦祕密法　〔經名〕三卷、唐の不空譯。佛蓮金三部の不動尊を念誦する儀軌を說く。【餘帙一】

チリサンマヤフドウソンヰヌワウシシヤネンジユホフ　底哩三昧耶不動尊威怒王使者念誦法　〔經名〕一卷、唐の不空譯。三部の不動使者を念誦する儀軌を說く。【閏帙十三】（1063）

チリシヤチ　咥哩若底　〔術語〕Trijāti 譯、三生。三世の生命なり。【梵語雜名】

チリヤウ　知寮　〔職位〕寮主の異名。

チロン　知論　〔書名〕大智度論の異名。

チワク　痴惑　〔術語〕心性痴闇にして理に惑ふもの。【止觀五】に「無明痴惑本是法性。」「の如し。

チワク　智惑　〔術語〕智慧と妄惑。相尅の法水火の如し。

チヱ　智慧　〔術語〕梵語、若那 Jñāna 智と譯し、般若 Prajñā 慧と譯す。決斷するを智と云ひ、簡擇するを慧と云ふ。又俗諦を知るを智と云ひ、眞諦を照すを慧と云ふ。通じては一なり。【大乘義章九】に「照見名レ智。解了稱レ慧。此ニ各別。知ニ世諦一者名レ之爲レ智。照ニ第一義一者說以爲レ慧。通則義齊。」【法華經義疏二】に「經論之中。多說慧門鑒レ空。智門照レ有。」【瑜伽倫記九】に「梵云ニ般若一。此名爲レ慧。當レ知第六度。梵云ニ若那一。此名爲レ智。當レ知第十度。」

チヱウン　智慧雲　〔譬喩〕　智慧の廣大なるを雲に譬ふ。【仁王經下】に「智慧如二密雲一。遍滿二於法界一。」

チヱカイ　智慧海　〔譬喩〕　如來の智慧の深廣なるを海に譬ふ。【無量壽經下】に「如來智慧海。深廣無二涯底一。」

チヱクワ　智慧火　〔譬喩〕　智慧能く煩惱の薪を燒けば以て火に譬ふ。

チヱクワウ　智慧光　〔術語〕　阿彌陀佛十二光の一。佛の光明能く一切衆生の無明の闇を破すれば智慧光と名く。【讚阿彌陀佛偈】に「佛光能破二無明闇一。故佛又號二智慧光一。」

チヱクワウブツ　智慧光佛　〔佛名〕　十二光佛の一。阿彌陀佛の異名なり。彼の佛智慧の光明を具すればなり。【無量壽經上】に「是故無量壽佛。號二無量光佛乃至智慧光佛一。」

チヱクワン　智慧觀　〔術語〕　觀世音菩薩五觀の一。眞實の智慧を以て實相の理を觀ずると。【法華經普門品】に「眞觀淸淨觀。廣大智慧觀。」

チヱケン　智慧劍　〔譬喩〕　智慧能く煩惱を斷じ生死の絆を絕てば利劍に譬ふ。【維摩經菩薩行品】に「以二智慧劍一破二煩惱賊一。」【心地觀經八】に「法寶猶如二智慧利劍一。割二斷生死一離二繫縛一故。」

チヱシリヤウ　智慧資糧　〔術語〕　「シシユシリヤウ」を見よ。

チヱスヰ　智慧水　〔譬喩〕　智慧能く煩惱の垢を洗へば以て水に譬ふ。【文殊師利問經】に「心性本淨。諸過爲レ垢。以二智慧水一洗二除心垢一。」

チヱセン　智慧山　〔譬喩〕　智慧の高きを山に譬ふ。【涅槃經八】に「如來悉斷二無量煩惱一。住二智慧山一。」

チヱゼン　智慧箭　〔譬喩〕　智慧能く煩惱の賊を害すれば以て箭に譬ふ。【增一阿含經三十九】に「仁鎧三昧弓。手執二智慧箭一。福業爲二兵衆一。今當レ壞二汝軍一。」【智度論十】に「忍鎧心堅固。精進弓力强。智慧箭勁利。破二憍慢諸賊一。」

チヱチクワコセムゲ　智慧知過去世無礙　〔術語〕　十八不共法の一。「ジフハチフグホフ」を見よ。

チヱチゲンザイセムゲ　智慧知現在世無礙　〔術語〕　十八不共法の一。「ジフハチフグホフ」を見よ。

チヱチミライセムゲ　智慧知未來世無礙　〔術語〕　十八不共法の一。「ジフハチフグホフ」を見よ。

チヱテウ　智慧鳥　〔傳說〕　若し財物の爲に法を說くものは死して天上に生れ、智慧鳥となりて能く法を說くと云ふ。【正法念經三十一】に「若爲二財物一故與レ人說レ法。不下以二悲心一利中益衆生上而取二財物一。是名二下品之法施一也。乃至如レ是等法施之人生二于天上一作二智慧鳥一。能說二偈頌一。是則曰二下法施一也。」

チヱトウ　智慧燈　〔譬喩〕　智慧能く愚痴の闇を破せば以て燈光に譬ふ。【智度論四十二】に「以二智慧燈一照二我等一。」

チヱノネンブツ　智慧念佛　〔術語〕　南無阿彌陀佛の六字の名號は其體阿彌陀如來の眞實圓滿の智慧なり、故に其名號を執持する念佛を智慧の念佛と云ふ。

チヱハラミツ　智慧波羅蜜　〔術語〕　又、知見波羅蜜と云ふ、般若波羅蜜なり。即ち六波羅蜜の一。又、佛の實智を方便の權智に對して智慧波羅蜜と云ふ。【法華經譬喩品】に「如來亦復如レ是。乃至具二足方便智慧波羅蜜一。」【同方便品】に「如來方便知見波羅蜜皆已具足。」

チヱフウ　智慧風　〔譬喩〕　智慧能く人を吹ひて法性の海に入れば以て風に譬ふ。【六波羅蜜經偈】に「衆生無二定性一。猶如二水上波一。願得二智慧風一。吹入二法性海一。」

チヱモン　智慧門　〔術語〕　智慧に入るの門戸なり。佛果の實智を智慧と云ひ、其の實智に入る因地の權智を門と云ふ。又如來自證の智を實智と云ひ、利他教化の智を權智と云ふ。權智は實智に入らしむる爲の門戸なり。又權智所說の一切の教法は實智に入らしむる爲の門戸なれば智慧の門と云ふ。【法華經方便品】に「諸佛智慧甚深無量。其智慧門難解難入。」【法華文句三】に「其智慧門即是嘆二權智一也。蓋是自行道前方便有二進趣之力一故名爲レ門。從レ門入到二道中一。道中稱レ實。道前謂權也。」【法華義疏四】に「門者權智說一切教一爲レ通二佛智一。故以二一切教一爲二佛智慧門一。」【法華玄贊三】に「智慧門者即能詮教。智慧甚深即所詮理。」

チン　鎭　〔職位〕　尼の役名。尼寺の上首を云ふ。大鎭、中鎭、小鎭の別あり。王朝時代の名稱也。後世は廢絕す。

チンキボ　砧基簿　〔物名〕　寺院の什物を控ゆる帳簿。

チンキヤク　陳棄藥　〔飲食〕　又、腐爛藥と云ふ。南山の舊律家は僧祇四分の所說に依りて大小便なりと云ひ、義淨の新律家は有部律に依りて人の遺棄せる醫藥なりと云ふ。【僧祇律四】に「若被レ毒醫言レ應レ服二大便汁一。若自己許不レ須二復受一。若他許者當レ受。比丘病醫言レ當レ服二小便一者。不レ得レ取二初後一。應レ取レ中。若自己許承取即名レ受。若在レ地及他許當レ受。」【四分律四十二】に「爾時比丘病レ毒。醫教レ服二腐爛藥一。若是已腐爛藥墮レ地者應二以レ器盛水和レ之漉受然後服一。」

若未レ墮レ地者以レ器受レ之水和漉服レ之。不レ須レ受。」【業疏三】に「腐爛藥者世所二同棄一而實可レ收。即大小便也。有本說云二陳棄藥一者。謂世間煮殘査滓可レ棄者。取重二煮之一。得レ療即止。何須レ問レ本。」【同濟緣記】に「腐爛制中有二二釋一。初釋中小便治レ勞大便解レ熱。名二黃龍湯一。次釋。則通二衆藥一。人所レ不レ用故云二陳棄一。即腐爛異名。」義淨師極めて之を斥く。【寄歸傳三】に「自レ有二方處一鄙俗久行。病發即服二大便小便一。疾起便用二猪糞猫糞一。或堈盛瓮貯號曰二龍湯一。雖レ加二美名一穢惡斯極。乃至陳棄之言即是陳故所レ棄之藥。意在レ省レ事僅可レ資レ身。上價自在二開中一。敢服實成二非損一。梵云二晡堤木底鞞殺社一。晡提是陳木底是棄。鞞殺社譯レ之爲レ藥。是陳棄藥也。伴開二大便小便一乃是犢糞牛尿。乃至正量部中說二其陳棄一。既是部別不レ可レ同レ斯。了論雖二復見一レ文元非二有部所學一。」巴 Pūtimutta(mūtra)-bhesajja(糞便藥)梵(義淨) Pūtimukti-bhesajya(陳棄藥)

チンクウ　沈空　【術語】大乘の菩薩二阿僧祇劫の終に、第七地に於て專ら無相觀を修し、上に菩薩の求むべきなく、下に衆生の度すべきなし。是に於て鈍根怯弱の菩薩は此空相に著して自他の大行を廢するを七地沈空の難と云ふ。「チングウ」と讀む。

チンケウ　聽叫　【術語】又、聽呼(ちんこ)と云ふ。禪林の稱。住持の在右に侍して其叫呼を聽て使命を受くるもの。【象器箋八】

チンコ　聽呼　【職位】聽叫に同じ。

チンコクダウヂヤウ　鎭國道場　【堂塔】鎭護國家の道場なり。

チンゴコクカノダウヂヤウ　鎭護國家道場　【堂塔】佛、仁王經、金光明、守護國界經等に於て七難を消滅して國家を鎭護する法を說く、此法を修する爲めの寺院を鎭護國家の道場と云ふ、唐の青龍寺の如き即ち是なり、吾朝、太子の四天王寺を創し、聖武帝の東大寺を始として諸國の國分寺(本名、金光明四天王護國之寺)を立て給ふ如き皆是なり。但此時未だ護摩の修法傳はらず僅に經を誦し義を講じて祈念するのみ。其後眞言の弘法入唐して青龍寺の法を傳來し初めて之を高雄の神護國祚寺に修す、(本の名神願寺、此時今の名に改む。)是れ完全の儀軌を以て此法を行ふの濫觴なり。其後東寺を賜はりてより全く青龍寺の規模を移し、永く鎭國道場の本寺となす。【弘仁元年十月空海表】に「大唐開元已來一人三公。親授二灌頂一誦持觀念。乃至城中城外亦建二鎭國念誦道場一。佛國風範亦復如レ是。其所二將來一經法中有二仁王經守護國界主經佛母明王念誦法門一。佛爲二國王一特說二此經一。摧二滅七難一調二和四時一。護レ國護レ家安レ己安レ他。此道秘妙典也。乃至伏望奉二爲國家一率二諸弟子等一。於二高雄山門一從二來月一日一起首。至二法力成就一且教且修。」【弘法大師正傳二】に「又倣下大唐不空三藏以二大官道場一改號二青龍寺一之例上。更請稱二東寺一爲二教王護國寺一。其堂舍佛像僧衆威儀一年法業。悉皆仍二青龍之淸流一。是大師之原志也。」其後天台の慈覺入唐して亦青龍寺の法を傳へ、叡山東塔に於て總持院を建立し鎭護國家の道場とす。【叡岳要記上】に「東塔緣起云。總持院或云二法華佛頂總持院一。承和十四年慈覺大師歸朝。秋九年著二太宰府一。奏聞降二宣旨一。明年入レ京。皇帝陛下皆以受二灌頂一。天下仰崇。仁壽元年。初建二總持院一。准二大唐青龍寺鎭國道場一。爲二皇帝本命道場一。修二眞言法一興二隆佛法一。」◉(正統記三)「鎭護國家の爲と心ざされけるにや」

チンゴコクカノホフ　鎭護國家法　【修法】一に天皇御即位灌頂、二に仁壽殿密行、三に溫明殿念誦、四に日月兩門安鎭、五に紫宸殿鎭坐、六に晨朝日沒觀行、七に二間夜居、八に後宮安產御授戒、九に皇帝御本命持念、十に敵國降伏秘法、之を鎭護國家の十箇秘法と云ふ。【天台史略下】

チンザウ　頂相　【雜名】祖師の半身の眞影を云ふ。

チンシヤウヤシヤホフ　鎭將夜叉法　【修法】國家を鎭護する金剛夜叉の秘法なり、傳敎大師唐の順曉阿闍梨より傳來して桓武天皇に授け奉る。【天台史略上】

チンジユ　鎭守　【術語】護伽藍神なり、伽藍境內の魔障を拂ふ爲に天神地祇を勸請して寺院の內に社廟を設くるもの。天竺以來の制なり、殿內に四天王の像を安置するも此意なり。【釋氏要覽下】に「四分云。伽藍中立二神屋一。傳云。中國(天竺を云ふ。)僧寺立二鬼廟一。(即鬼子母)次立二伽藍神廟一。(護伽藍神有十或今土地神也)次立二賓頭盧廟一。」【弘法大師正傳上】に「於二高野金剛峯寺一先勸二請鎭守一有二啓白一。又云。沙門遍照敬白。乃至奉二爲鎭國安民一於二此幽原一建二立除災秘密道場一。然則院廊十方界本部十天鎭。各方結界七里間。地主山王約二誓護一。今新奉二勸請一。朝中靈社一百二十所。四方各鎭三十社。每日各別二一社一。爲二檀主一助二人法一。爲二爲レ鎭一將伽藍一。」

チンゼイハ　鎭西派　【流派】淨土宗四派の一。筑後の國善導寺の開基聖光房辨長、法然上人に隨て淨敎の旨趣を得、鎭西に之を弘む、鎭西派と稱す。其所立は念佛を往生の正業と爲すと共に自餘の諸行を修しても往生するを許すなり。

鎭西派六流　【名數】聖光の弟子を然阿良忠と云ひ、鎌倉の光明寺を創す。良忠の弟子六人あり、分れて六派となる。一に白旗派、光明寺の第二世良曉、後白旗に幽居す。二に名越(なごや)派、鎌倉名

越善導寺の第二世尊観。三に藤田派、下總國藤田庄高聲寺の開基性眞。以上之を關東の三流と云ふ、四に一條派、京都一條淨華院の第四世然空。五に三條派、京都三條悟眞寺の開基道光。六に小幡派、山城國小幡尊勝寺の開基良空。已上之を京都の三流と云ふ。此六派の中白旗名越の二派を除て他の四派は幾くもなくして白旗派に合し、名越派も明治維新の際白旗派に合して、今の淨土宗鎭西派は白旗の一に歸す。

鎭西宗要 〔書名〕一卷、聖光の著。淨土宗鎭西派の宗義の大要を記載す。

鎭西十六祖 〔名數〕淨土宗鎭西派にては、馬鳴、龍樹、天親、菩提流支、曇鸞、道綽、善導、法然、聖光、記主、寂慧、定慧、道勝、了實、了譽、酉譽の十六師を立てて三國相承の十六祖となす。

チンソンジヤ 陳尊者 〔人名〕又、陳尊者。睦州と號す、法を黄檗に嗣で睦州の龍興寺に居る。【傳燈錄十二】

チンタクフドウホフ 鎭宅不動法 〔修法〕第宅を鎭護する爲めの不動尊の修法なり。

チンチヨウ 珍重 〔雜語〕自重自愛を勸むる詞なり。【僧史略】に「臨レ去辭曰二珍重一者何。此則相見既畢情意已通。噣曰二珍重一猶レ言三善加二保重一。請加二自愛一。好將息。宜二保惜一。同也。」【釋氏要覽中】に「釋氏相見將レ退。即口云二珍重一。如三此方俗云二安置一也。言二珍重一即是噣云三善加二保重一也。」

チンヅカ 鎭頭迦 〔植物〕Tinduka 譯、柿。【止觀十】に「有害無害。譬如二迦羅鎭頭二果一。」【牟梨曼陀羅咒經】に「鎭頭迦木。此云二柿木一。」【慧琳音義二十五】に「鎭頭迦果。古譯云レ狀。同二此方柿木之類一也。」【西域記二】に「鎭杜迦果。」【梵語雜名】に「底朶覩娑。」「カラチンヅ」を見よ。

チンヅカラ 鎭頭迦羅 〔植物〕鎭頭迦果と迦羅迦果なり。「カラチンヅ」を見よ。

チンボウ 珍寶 〔物名〕金銀珠玉の類。【法華經信解品】に「無量珍寶不レ求自得。」【同化城喩品】に「欲下過二此道一至中珍寶處上。有二一導師一。」【大集經十六】に「妻子珍寶及王位。臨二命終時一無二隨者一。」

チンミヤウ 沈冥 〔術語〕生死に沈み無明に冥まさるると。【楞嚴經四】に「引二諸沈冥一出二於苦海一。」

チンヰキ 珍域 〔術語〕珍寶の方域。諸佛の淨土を云ふ。【天台觀經序】に「雖三廣示二珍域一而宗二歸安養一。」

ヂ 地 〔雜名〕梵語、鉢里體尾 Pṛthivī 物の生ずる所、人の行く所。【佛地論一】に「地謂所依所行所攝。」【梵語雜名】に「地鉢里體尾。又託史麼。」

ヂウ 重 〔雜語〕物體の重量なり。【倶舍論一】に「可レ稱名レ重。」

ヂウカクコウダウ 重閣講堂 〔堂塔〕中印度毘舍離國獼猴池の邊大林の中に在り。【五分律一】に「後之二毘舍離一住二獼猴河邊重閣講堂一。」【雜阿含經三】に「一時。佛住二毘耶離獼猴池側重閣講堂一。」【大般涅槃經上】に「一時。佛住二毗耶離大林中重閣講堂一。」

ヂウクウ 重空 〔術語〕空の又空を云ふ。

ヂウクウクワン 重空觀 〔術語〕次項に同じ。

ヂウクウザンマイ 重空三昧 〔術語〕總別の二名あり、別しては單重三三昧中の第一、空空三昧の一を指し、總じては他の無相無相、無願無願の二を兼ね稱す。「サンサンマイ」を見よ。

ヂウクワ 重火 〔流派〕火神を敬重するもの、事火外道なり。【佛道論衡序】に「敬日重火之徒。」

ヂウクワン 重關 〔術語〕禪語、悟道の難關を云ふ。

ヂウクン 頭鎭 〔物名〕第一の鎭子を云ふ。鑊を盛るものなり、三箇の鎭の中に最大なれば頭鎭と名く。「クンス」を見よ。

ヂウケ 重誨 〔術語〕重き敎なり。【無量壽經下】に「受二佛重誨一。」

ヂウゲン 重源 〔人名〕東大寺の勸進重源、字は俊乘、初め醍醐寺に在て密敎を習學し、後黑谷の法然に從て專修の法を受く。仁安二年宋に入て天台山に上り、翌歲歸朝す。治承四年東大寺兵火に罹る。朝廷源に命じて之を再建せしむ。源一車に乘じて州縣を勸化し、十餘歲を歷て大殿落成し、建久六年三月千僧を鳩めて供養す。後鳥羽帝幸し、大將軍源公諸將を率て監鑑す。是歲六月六日東大寺の某院に終ふ、壽七十餘。源又七所に精舍を構へ、僧糧を置て不斷念佛を勸む。東大寺の念佛堂、高野の新別所等是なり。【本朝高僧傳六十五】

ヂウシヤウ 重障 〔術語〕佛道の爲めの重き障なり。大要三種あり、一切の無明煩惱之を惑障と云ひ、五逆十惡等之を業障と云ひ、三途八難等之を報障と云ふ。衆生此等の障礙の爲めに佛道を開悟すると能はざるなり。【唐華嚴經二】に「摧二重障山一見レ佛無レ礙。」◉（太平記二〇）「重障過極の惡人なり」

ヂウジユ 重頌 〔術語〕十二分敎の一、梵語、祇夜 Geya 重頌と譯す。既に上に宣說せし所を更に偈頌を以て之を結ぶなり。【法華經序品】に「欲三重宣二此義一以レ偈問曰。」

ヂウセイ 重誓 〔術語〕又、重願と云ふ。法藏菩薩前に四十八願を立て、後更に三誓を立てしを云ふ。又四十八願中の第十七願に名號を誓ひ三誓の中重て

名聲超十方と誓へば重誓と云ふ。【禮讃】に「當レ知本誓重願不レ虛。」【正信偈】に「重誓名聲聞二十方一。」

ヂウセイゲ　重誓偈　〔雜名〕三誓偈の異名。

ヂウセン　重山　〔譬喩〕煩惱の厚重に譬ふ。【止觀一】に「月隱二重山一擧レ扇類レ之。風息二大虛一動レ樹訓レ之。」【同輔行】に「眞常性月隱二煩惱山一。煩惱非レ一故名爲レ重。」

ヂウタン　重擔　〔術語〕衆生は煩惱を以て重擔とし菩薩は衆生を以て重擔とす。【無量壽經上】に「爲二諸庶類一作二不請之友一。荷二負衆生一爲二之重擔一。」【同淨影疏】に「聲聞捨レ物不下將二衆生一以爲中重擔上。菩薩荷負故用二衆生一而爲二重擔一。」

ヂウヂウタイマウ　重重帝網　〔術語〕帝釋天の珠網重重交絡するもの、因陀羅網と稱す、(因陀羅は帝と譯す)以て華嚴經の所說如來依正の功德重重無盡に緣起互融するに譬ふ。【探玄記一】に「由二異體相入一。帶二同體相入一故。有二重重無盡帝網門一也。」「ゲンモン」參照。

ヂウニヨ　重如　〔術語〕如如なり。智の至極を智と云ひ、理の至極を如如と云ふ。「ニヨニヨ」を見よ。【梵網經開題】に「重如月殿說二三密自樂一。」【愛染講式】に「重如月宮朶二萬德一而相應。」

ヂウビヤウシツヂヨ　重病失除　〔雜語〕◉(保元物語)に「重病失除の悲願」とあり、衆病悉除の誤。藥師經十二願中の第七願に「我之名號。一經二其身一衆病悉除身心安樂。家屬資具悉皆豐足。」

ヂウビヤウダウ　重病堂　〔堂塔〕又、重病閣。延壽堂の異名なり。

ヂウフクエ　重複衣　〔衣服〕僧伽梨の異名。鬱多羅僧の上に重ねて著すればなり。

ヂウホン　重翻　〔術語〕一種の梵本を二重にも三重にも譯せるもの。【開元錄十】に「單本原來一本。更無二別本一。重翻本是一經。或有二二重翻者一。乃至六重翻者。」

ヂウムオダイシヤウ　重霧於大淸　〔雜語〕歌題。【法華文句一】に「昔河西憑江東瑤取二此意一節二目經文一。末代尤煩。光宅轉細。重霧翳二於大淸一。三光爲レ之戢レ耀。問レ津者所レ不レ貴。」

ヂウエンシン　重緣心　〔術語〕忽然として心起り善惡の境を緣ずるを獨頭心と云ひ、更に相續して前念を緣ずるを重緣心と云ふ。小乘戒中に亦心戒を立つるは此の重緣心に依るなり。「ブンゲン」を見よ。

ヂカイ　持戒　〔術語〕六度の一。戒律を受持して犯觸せざるヿ。【法華經譬喩品】に「持戒淸潔。如二淨明珠一。」【維摩經佛國品】に「持戒是菩薩淨土。」【地持論八】に「三十二相無二差別因一。皆由二持戒一所レ得。」◉(太平記二九)「如何なる持戒持律の僧とならせ給ひて候ふとも」

ヂカイ　地界　〔術語〕四大の一、地大なり。他の三大と差別すれば界と云ふ。【俱舍論一】に「地界能持。」又「地界堅性。」

ヂカイシンゴンイン　地界眞言印　〔術語〕十八道の一。修法の地界を加持して淸淨堅固ならしめ一切の障礙を離れしむる咒と印なり。【十八契印】

ヂカイハラミツ　持戒波羅蜜　〔術語〕六度の一。「カイハラミツ」を見よ。

ヂカイリンボウ　持海輪寶　〔物名〕摩尼珠の名なり。【無量壽經上】に「以二月光摩尼持海輪寶之王一而莊二嚴之一。」【望西樓鈔五】に「月光持海同摩尼名。月光約レ用。持海約レ德。」

ヂカク　地客　〔雜名〕チカクと讀む。禪林の目。寺領の田地を耕すもの。

ヂキサイ　直歲　〔職位〕禪林の語。シツスイと讀む。

ヂキサン　直參　〔職位〕華族の僧にして最勝講の聽衆たるものを云ふ。

ヂキシダウヂヤウ　直至道場　〔術語〕聲聞緣覺の羊車鹿車に乘せず、菩薩の大白牛車に乘じて直に佛坐に至るを云ふ。【法華經譬喩品】に「乘二此寶乘一直至二道場一。」

ヂキシニンシンケンシヤウジヤウブツ　直指人心見性成佛　〔術語〕禪の宗風を示せし語なり。【悟性論】に「直指二人心一見レ性成佛。敎外別傳。不レ立二文字一。」敎門の施設に依らず直に人心を參究し、心の本性を徹見して成佛するを云ふ。見性即成佛なり。五家七宗異なるも其揆は則ち一なり。【和語雜錄七】に「問ふ、馬祖の「即心即佛、非心非佛」を曇橋州は之を評して「是馬大師直指人心見性成佛之旨」と云へり。然るに藕益は「非二直指人心見性成佛之本旨一」と云へり。此相違如何。答ふ前に云ふ通り、藕益は禪者の向上奇特とするヿを餘り貴み給はざる故なり。問ふ、橋州が馬祖の即心即佛を馬大師の直指人心等と云へるを不當なり。又藕益が馬祖の非心非佛を達磨の直指人心と相違せりとの給ふは尤もなる樣なり。然るに即心即佛までを直指人心と相違せりと云ふは如何。答ふ、即心即佛と云ふは唯理性を示したる語なり、依て馬大師のと云ひて能別の言を加へ、達磨の直指人心と云はず。達磨の直指人心見性成佛の語は直に指すと云ひ、性を見て佛と成ると云ふとなれば、修よく證に入る示し方なり。直に理性ばかりを示すにあらず。然れば敎外とは云へど敎者風なり。夫故即心即佛と云ふも馬祖の働きと云へるなり、即心即佛、馬祖の働きにはあれども、畢竟達磨の意

旨なれば直指人心見性成佛之旨と云ふなり。」⊙(正統記四)「直指人心見性成佛の門をば出でざるなり」

ヂキシン 直心 [術語] 正直にして諂曲なき心なり。【維摩經佛國品】に「直心是菩薩淨土。」【同菩薩品】に「直心是道場。」【楞嚴經一】に「十方如來同一道故出二離生死一。皆以二直心一。」【注維摩一】に「肇曰。直心者。謂質直無レ諂。此心乃是萬行之本。什曰。直心誠實心也。發心之始始二於誠實一。」

ヂキセツ 直說 [術語] 直に法義を說ける長行の經文なり。十二部經中修多羅の說相なり。又餘人を借らず當人の自說を直說と云ふ。【成實論一】に「修多羅者。直說語言。」【大乘義章一】に「長行直說斯皆是其修多羅攝。」

ヂキダウ 直道 [術語] 迂曲せず直に涅槃に至る道なり。【大乘義章一】に「二空即是世直道。」直ちに佛地に到たる道なり。【教行信證證卷序】に「最勝直道。」

ヂキダウ 直堂 [職位] 禪寺にて輪次に僧堂を守る役。即ち當直なり。

ヂキデン 直傳 [術語] 直接に傳授をうくること即ち口傳なり。

ヂキデンアンジヤ 直傳行者 [職位] 佛殿に守事する行者。

ヂキトツ 直裰 [衣服] 偏衫と裙子とを次で直に綴ぢ合せしもの。常に「コロモ」と云ふ是なり。【敕修清規五】に「直裰。相傳前輩見下僧有二偏衫一而無レ裙。有レ裙而無中偏衫上。遂合二二衣一爲二直裰一。然普化索二木直裰一。大陽傳二草履直裰一。古亦有矣。」

ヂキヤウ 持經 [術語] 平生手に持ちて讀誦の用にする經本を云ふ。⊙(源氏、紅葉賀)「御后詞のかねてもとほほゑまれて持經のやうにひろげて見ゐ給へり」(榮花、うたがひ)「持經にし奉らめ」

ヂキヤウジヤ 持經者 [術語] 常に法華經を受持して讀誦するもの。經とは汎く通ずる名なるも當時の人多く法華經を受持すれば總名即ち別名となる。⊙(大鏡)「持經者眞言師」

ヂギヤウセン 地行仙 [術語] 十仙の一。藥餌を以て長壽を得、地上に行動するもの未だ飛行を得ざるなり。【楞嚴經八】に「彼諸衆生堅二固服餌一而不二休息一。食道圓成名二地行仙一。」

ヂギヤウラセツ 地行羅刹 [術語] 地上を行動する羅刹なり、未だ飛行の通を得ざるもの。【楞嚴經八】に「情少想多。輕擧非レ遠。即爲二飛仙乃至地行羅刹一。遊二於四天一所レ去無礙。」

ヂク 持句 [術語] 梵語陀羅尼、持と譯す、持句「は陀羅尼の言句なり。

ヂクシンジユキヤウ 持句神呪經 [經名] 一卷、吳の支謙譯。陀隣尼鉢經の別名、陀羅尼句經と同本異譯。【成帙七】(364)

ヂクワン 地觀 [術語] 地輪の方形の中に 𑖀 字を觀ずるを稱す。又金剛座觀と云ふ。

ヂケツ 地結 [術語] 十八道行法の中に地界眞言師を以て修法の淨地を加持結成すること。

ヂケンミヤウセン 持劍明仙 [術語] 劍を呪して成就を作し、劍光焰を現じ、身を變じて持明仙と成り、虛空に飛騰するを得るを持劍明仙と名く。【聖迦抳金剛童子儀軌上】

ヂゲテン 地下天 [術語] 五類天の一。龍神、阿修羅、閻摩王等の地上或は地下に居て神用を有するもの。人類已上の神用を具する者を總じて天と稱す。【秘藏記末】

ヂコクテン 持國天 [天名] 又、治國天と云ふ。四天王中、東方天の名。⊙(平家二)「たもん持國二人の童子にげんず」

(持國天の圖)

ヂコンガウ 持金剛 [菩薩] 又、執金剛。金剛部の菩薩不壞の智力を標幟して獨鈷三鈷五鈷等の金剛杵を執持するもの。【大日經疏一】に「梵云二伐折羅陀羅一。此伐折羅即是金剛杵。陀羅是執持義。故舊譯云二執金剛一。今謂二持金剛一。乃至此宗密意。伐折羅是如來金剛智印。」

ヂコンガウシユ 持金剛衆 [菩薩] 大會の式に金剛鈴金剛輪寶等を持して阿闍梨に隨從するものを云ふ。【幸聞記】に「就三常云二金剛衆一有二二義一。其一義如二右件一。執二持參三堂一種一種金剛一。故所レ謂金剛鈴三股金剛等是也。是以云二持金剛一也。一義已入壇人手掌受二持金剛杵一。故云二持金剛衆一。今式云二持金剛衆一者因二初義一歟。」

ヂコンガウヱ 持金剛慧 [術語] 秘密主、金剛手、即ち金剛薩埵なり。【大日經一】に「牟尼諸法主。告二持金剛慧一。」

ヂコンガウヱシヤ 持金剛慧者 [菩薩] 執金剛なり。【大日經一】に「能滿一切願。持金剛者。」

ヂゴカイ 持牛戒 [術語] 一種の外道あり、生天の因として牛戒を持つ。【百論疏上】に「持牛戒者。如二倶舍論說一。合レ眼低レ頭。食レ草以爲二牛法一。」

ヂゴク 地獄 [界名] 梵語、那落迦 Naraka 泥犂

Niraya など。不樂、可厭、苦具、苦器、無有など譯す。其の依處地下に在るを以て地獄と云ふ、是れ義譯なり。【大乘義章八末】に「言㆓地獄㆒者。如㆓雜心釋㆒不可樂故名爲㆓地獄㆒。地持中釋。增上可厭故爲㆓泥犂㆒。泥犂胡語。此云㆓地獄㆒。不樂可厭其義一也。此兩釋皆對㆓厭心㆒。以彰㆓其過㆒。非㆔是當相解㆓其名義㆒。若正解ㇾ之言㆓地獄㆒者就ㇾ處名也。地下牢獄。是其生處。故云㆓地獄㆒。」【倶舍頌疏世間品一】に「梵云㆓那落迦㆒。此云㆓苦具㆒。義翻爲㆓地獄㆒。以㆓地下有ㇾ獄故。非㆓正翻㆒也。」【法華文句四】に「地獄此方語。胡稱㆓泥犂㆒者。秦云㆓無有㆒。無ㇾ有㆓喜樂㆒。無㆓氣味㆒。無ㇾ觀無ㇾ利故云㆓無有㆒。」總じて地獄に三類あり、一に根本地獄、八大地獄及び八寒地獄なり。二に近邊地獄、十六遊增地獄なり。此れ倶舍論に依る 若し智度論に依れば八寒氷八炎火を以て近邊地獄とす。 三に孤獨地獄、山間曠野樹下空中等に在り。◉(水鏡上)「次に人生れ餓鬼畜生出できてはてに地獄は出でくるなり」

八大地獄

【名數】八寒地獄に對して八熱地獄とも云ふ。贍部州の地下五百踰繕那に地獄あり、等活と名く。其より次第して第八を無間地獄と爲す。此八大地獄は竪に重なるなり。【倶舍論八】に「一に等活地獄、彼の有情種種の斫刺磨擣に遇ふも彼れ暫く涼風に吹れて蘇すると本の如し、前に等しく活するが故に等活の名を立つ。二に黑繩地獄、先づ黑繩を以て支體を秤量して後に斬鋸する故に黑繩と名く。三に衆合地獄、衆多の苦具倶に來て身を逼め合黨して相害する故に衆合と名く。四に號叫地獄、衆苦に逼られて奇異に悲號して怨叫の聲を發すれば號叫と名く。五に大叫地獄、劇苦に逼られ更に大哭聲を發すれば大號叫と名く。六に炎熱地獄、火身に隨て起り炎熾周圍して苦熱堪へ難し故に炎熱と名く。七に大熱地獄、熱中の極なる故に大熱と名く。八に無間地獄、苦を受くる間なければ無間と名く。」【倶舍論十一】に「此贍部州下過㆓二萬㆒有㆓阿鼻旨大捺落迦㆒。深廣同ㇾ前謂各二萬。故彼底去ㇾ此四萬踰繕那。以下於㆓其中㆒受ㇾ苦無ㇾ間非如㆓餘七大捺落迦受ㇾ苦非ㇾ恒故名㆓無間㆒。乃至七捺落迦在㆓無間上㆒重累而住。其七者何。一者極熱。二者炎熱。三者大叫。四者號叫。五者衆合。六者黑繩。七者等活。」【智度論十六】に「活大地獄。黑繩大地獄。合會大地獄。叫喚大地獄。大叫喚大地獄。熱地獄。大熱大地獄。阿鼻大地獄。」【顯宗論十二】に一に想地獄、等活地獄なり。罪人互に毒を懷ひ害を想て毒爪を以て相ひ攫し、又罪人斫刺磨擣せられて已に死すと想ふ、然に冷風之を吹き皮肉還た生じ尋で復た活起す、故に想地獄と名く。二に黑繩地獄、前に同じ。三に堆壓地獄、前の衆合地獄なり、大石山あり、罪人其中に入れば其の身を堆壓すれば堆壓と名く。四に叫喚地獄、前の號叫地獄なり。五に大叫喚地獄、前の大叫地獄なり。六に燒炙地獄、前の炎熱地獄なり。七に大燒炙地獄、前の大熱地獄なり。八に無間地獄、即ち前に同じ。」

八寒地獄

上の八大地獄の傍に更に八處の寒地獄あり。此は横に列次するなり。一に頞部陀 Arbuda 此に皰と云ふ、極寒身に逼り身上皰を生ずるなり。二に尼剌部陀 Nirarbuda 此に胞皰と云ふ、嚴寒身に逼り身分皰裂するなり。三に頞哳吒 Aṭaṭa 四に臛臛婆 Apapa 五に虎虎婆 Hāhādhara 此三は寒に逼られて口中より是の如き異聲を發するなり。六に嗢鉢羅 Utpala 此青蓮華と云ふ。嚴寒逼迫して身分折裂すること青蓮の如きなり。七に鉢特摩 Padma 此に紅蓮華と云ふ。身分折裂すること紅蓮華の如きなり。八に摩訶鉢特摩 Mahāpadma 此に大紅蓮華と云ふ。身分折裂すること大紅蓮華の如きなり。【涅槃經十一】に「八種寒冰地獄。所謂阿波波地獄。阿吒吒地獄。阿羅羅地獄。阿婆婆地獄。優鉢羅地獄。波頭摩地獄。拘物頭地獄。分陀利地獄。」【智度論十六】に「八寒氷地獄者。一名㆓頞浮陀㆒。少多有孔 二名㆓尼羅浮陀㆒。無孔 三名㆓阿羅羅㆒。寒顫聲也 四名㆓阿婆婆㆒。亦患寒聲 五名㆓睺睺㆒。亦是患寒聲 六名㆓漚波羅㆒。此地獄外壁似青黄花也 七名㆓波特摩㆒。紅蓮華罪人生中受苦也 八名㆓摩訶波頭摩㆒。是爲ㇾ八。」八熱八寒の原語(名義大集二一四、五)に出づ。

十六遊增地獄

【名數】此の八大地獄に各十六の副地獄あり、一大地獄の四門に各煻煨增と屍糞增と鋒刃增と烈河增との四處あり、合せて十六處なり。八大地獄合して一百二十八あり、是れ罪人の遊履すべき增加の地獄なれば遊增地獄と名く。【倶舍論十一】

十六小地獄

【名數】智度論には十六遊增地獄を說かず、十六小地獄を以て八大地獄の眷屬とせり。【論十六】に「如ㇾ是等種種八大地獄。復有㆓十六小地獄㆒爲㆓眷屬㆒。八寒氷八炎火、其中罪毒不ㇾ可㆓見聞㆒。八炎火地獄者。一名㆓炭坑㆒。二名㆓沸屎㆒。三名㆓燒林㆒。四名㆓劍林㆒。五名㆓刀道㆒。六名㆓鐵刺林㆒。七名㆓鹹河㆒。八名㆓銅橛㆒。是爲ㇾ八。」八寒氷は下に記す

十八地獄

【名數】一に光就居、人此中に居れば相ひ見て即ち鬪はんと欲す、泥犂中兵なし、而て自ら兵ありて相ひ殺傷すると歲數なく又死せず、其の人長大且つ人間の三千七百五十歲を以て一日、三十日を一月、十二月を一年とし一萬歲を

經。即ち人間の百三十五億歲なり。二に居盧倅略、此中一苦は前の二十に當り、其の人火中に入て身を赤くし出でて相ひ闘ふ、人間の七千五百歲を以て一日とし、其の壽二萬歲なり。已下の獄中苦と日と年壽の倍增皆此例なり 三に桑居都、其の人常に火に燒かる、四に樓、其の人常に大火鐵城の中に居る。五に房卒、大深谷の火中に爛燒せられて死せず。六に草烏卑次、高さ二千、廣さ四千里の火城に爛燒せられて死せず。七に都盧難旦、大火鐵其の人を貫く。八に不盧半呼、常に火中に在て炮灸せらる。九に烏竟都、寒冷身を凍らす。十に泥盧都、十一に烏略、十二に烏滿、十三に烏藉、十四に烏呼、十五に須健居、十六に末都乾直呼、十七に區逋途、十八に陳莫。【十八泥犁經】

一百三十六地獄 〔界名〕根本地獄の八熱に各十六遊增あり。一百二十八なり。之に根本の八熱を加へて一百三十六あり。【三界義】

ヂゴクイン　地獄因 〔術語〕地獄に墮する業因なり。【法華文句四】に「普曜曰。十惡墮ニ地獄一。」

ヂゴクウ　地獄有 〔術語〕七有の一。地獄の果報歷然として存在するを地獄有と云ふ。「天なり。」

ヂゴクウゴ　地居空居 〔界名〕地居天と空居

ヂゴクカイ　地獄界 〔界名〕十界の一。他の九界に差別して界と云ふ。

ヂゴクシユ　地獄趣 〔異類〕五趣の一。地獄は罪惡の衆生死して後趣向すべき處なるを云ふ。

ヂゴクダウ　地獄道 〔界名〕六道の一。地獄は罪惡の衆生死して後生ずべき道途なればなり。

ヂゴクテング　地獄天宮 〔雜名〕地獄と天上。【圓覺經】に「衆生國土同一法性。地獄天宮皆爲ニ淨土一。」

ヂゴクテンシ　地獄天子 〔傳說〕【華嚴經隨好品】に、地獄の一有情前生に華嚴經を見聞せし功力に由り、地獄に在て佛光に照され、直に兜率天に生れて十地の行を滿足し、成佛の果を得るを說く。「サンシヤウジヤウブツ」を見よ。

ヂゴクヒジ　地獄秘事 〔流派〕眞宗異安心の一種。寬政十一年の頃、近江の國光常寺住職の主張する所。其所說に曰く、善導大師二種深心中、機の深信とは我は必ず地獄に墮するものなりと決定することにして、若し此地獄一定の覺悟窮れば、おのづから佛の救濟に預ることを得。これを六字名號に就て云へば地獄一定は南無の二字に相當し、是即ち信心なり、歸命なり。此時阿彌陀佛は自ら救濟するが故に。地獄一定以外に信心なしと云ふにあり。

ヂゴクヘン　地獄變 〔圖像〕地獄變相の略。⦿（著聞集）に「地獄變の屛風」

ヂゴクヘンサウ　地獄變相 〔圖像〕變は變現なり。機に應じて變現せし地獄又は極樂のさまを變相と云ふ。其の變相を畫きしもの即ち地獄繪又は淨土曼陀羅なり。

ヂゴクホウオウキヤウ　地獄報應經 〔經名〕罪業報應敎化地獄經の異名。

ヂゴクミヤウクワケヰシヤウリヤウフウ　地獄猛火化爲淸涼風 〔雜語〕歌題。【觀無量壽經】に「如レ是罪人以ニ惡業一故。應レ墮ニ地獄一。命欲レ終時。地獄猛火一時俱至。遇下善知識以ニ大慈悲一爲說中阿彌陀佛十力威作德上。乃至此人聞已除ニ八十億劫生死之罪一。地獄猛火化爲ニ淸涼風一。吹ニ諸天華一。華上皆有ニ化佛菩薩一迎ニ接此人一。」

ヂゴクヱ　地獄繪 〔圖像〕地獄の變相を畫きし屛風なり。⦿（枕草紙）「御佛名の朝地獄繪の御屛風取りわたして」（榮花）「御佛名とて地獄繪の御屛風など。」

ヂゴテン　地居天 〔界名〕五類天の一。六欲天の中に四王天忉利天の二は須彌山に居住するを以て地居天と云ふ。餘の四天は空居天なり。【秘藏記末】

ヂゴフシヤク　持業釋 〔術語〕ヂゴッシヤクと讀む。六合釋の一。「ロクガフシヤク」を見よ。

ヂサイ　持齋 〔術語〕正午を過ぎて食はざるを齋とす、持齋は齋法を受持して違越せざるなり。【釋氏要覽】に「齋起世因本經云。烏餔沙陀。隋言ニ增長一。受ニ持齋法ニ增ニ長善根一故。佛敎以ニ過中不食一名レ齋。」【大日經一】に「愚童凡夫猶如ニ羝羊一。或時有ニ一法想生一。所謂持齋。」眞言宗所立十住心の第二に「愚童持齋心」⦿（增鏡浦千鳥）「御持齋」

ヂサイキヤウ　持齋經 〔經名〕齋經の異名。

ヂサウクワン　地想觀 〔術語〕觀經所說十六觀の一。極樂淨土の土地の相を觀想すると。

ヂザウ　地藏 〔菩薩〕梵名、乞叉底蘖婆。Ksitigarbha 忉利天に在て釋迦如來の付屬を受け、每日晨朝に恒沙の禪定に入て衆機を觀じ、二佛の中間無佛世界に於て六道の衆生を敎化する大悲の菩薩なり。安忍不動なると大地の如く、靜慮深密なると秘藏の如くなれば地藏と名く。又密敎に在ては密號を悲願金剛或は

（地藏の圖）

與願金剛と稱し、金剛界に在ては南方寶生如來の幢菩薩と示現し、胎藏界に在ては地藏院中九尊の中尊地藏薩埵なり。【地藏菩薩本願功德經囑累人天品】に「地藏記。吾今日在ニ忉利天中一。於ニ百千萬億不可說不可說一切諸佛天龍八部大會之中一。再以下人天諸衆生等未レ出ニ三界一在ニ火宅中一者上付ニ囑於汝一。無レ令下是諸衆生墮ニ惡趣中ニ一日一夜上。」【地藏十輪經一】に「此善男子。於ニ一一日一每ニ晨朝時一。爲レ欲レ成ニ熟諸有情一故。入ニ殑伽河沙等諸定一。從レ定起已徧於ニ十方諸佛國土一成ニ熟一切所化有情一。隨ニ其所應一利益安樂。」【地藏本願經下】に「現在未來天人衆。吾今慇懃付ニ屬汝一。以ニ大神通方便一度。勿レ令レ墮ニ在諸惡趣一。」【地藏十輪經一】に「安忍不動猶如ニ大地一。靜慮深密猶如ニ秘藏一。」【地藏講式】に「梵號ニ叉底俱舍一。密亦號ニ悲願金剛一。今號ニ地藏薩埵一也。彼胎藏界現ニ九尊之主伴一。度ニ九界妄情一。此金剛界列ニ寶生界會一。擧ニ大悲之幢一導ニ三有迷途一。」⦿（平家二）「地獄にて罪人どもが地藏菩薩を見奉るらむもかくやと覺えて哀なり」（第八十八圖及第八十九圖照參）

六地藏　[名數]【地藏菩薩秘記】に「蓮華三昧經を引て「一に檀陀地藏、地獄道の能化なり、手に人頭幢を持するもの。檀陀は人頭幢と譯す。二に寶珠地藏、餓鬼道の能化なり、手に寶珠を持するもの。三に寶印地藏、畜生道の能化なり、如意寶印の手を伸ぶるもの。四に持地地藏、修羅道の能化なり、能く大地を持して修羅を擁護するもの。五に除蓋障地藏、人道の能化なり、人の爲に八苦の蓋障を除くもの。六に日光地藏、天道の能化なり、天人の五衰を照して其の苦惱を除くもの。」此蓮華三昧經は台密一流の極秘經として傳ふる所經錄に載せず。【胎藏曼荼羅大鈔四】に「小野僧正記中出ニ六地藏一。種子同三形別。未レ見ニ經軌本說一。」【元亨釋書十七惟高傳】に「周州神官惟高者累世神官也。而歸ニ心佛乘一唱ニ地藏號一。長德四年四月寢レ病。過ニ六日一俄爾氣絕。忽趣ニ曠野一。迷而不レ知レ道。於レ時六沙門儀相儼好。徐而來。一人持ニ香爐一。一人合掌。一人持ニ寶珠一。一人持ニ錫杖一。一人持ニ華筥一。一人持ニ念珠一。其中執レ爐人告曰。汝知ニ我等一不。我等六地藏也。爲レ救ニ六趣衆生一現ニ六種身一。汝雖ニ巫屬一久歸レ我也。是以令ニ汝還ニ本土一。汝必造ニ我像一致ニ恭敬一。」【谷響集十】に「秘鈔問答中引ニ十卷鈔一云。六地藏。第一地獄道白色或肉色赤蓮華印左手蓮華其上童子頭併幡右手月輪梵號尾薩縛鉢哩布羅迦。第二餓鬼道白色或肉色赤蓮華印左蓮華其上三股其上寶珠右施無畏梵號羅怛曩迦羅。第三畜生道白色或肉色赤蓮華印左蓮華其上輪寶右手在胸梵號羅怛曩播尼。第四修羅道黃色或肉色赤蓮華印左蓮華其上劍右施無畏梵號馱羅抳馱羅髯。第五人道白色或肉色青蓮華印左蓮華其上印右同上梵號諸本缺如。第六天道白色或肉色赤蓮華印左蓮華其上羯磨右白處三昧日輪之內有日也梵號怛羅荼地也捨也。今詳。六地藏。實以ニ地藏菩薩、寶處菩薩、寶手菩薩、持地菩薩、寶印手菩薩、堅固意菩薩一名ニ六地藏一也。」

地藏六使者　[名數]【溪嵐拾葉集六】に地藏菩薩念誦儀軌を擧げて地藏尊の六使者を說く「一に焰摩使者、地獄を化す。二に持寶童子、餓鬼を化す。三に大力使者、畜生を化す。四に大慈天女、修羅を化す。五に寶藏天女、人を化す。六に攝天使者、天を化す。」此の念誦儀軌不空譯とあるも延命地藏經蓮華三昧經等と共に疑似の本なり。

延命地藏　[菩薩] 延命普賢に對して延命地藏を說く。【延命地藏經】に「時に佛、佉羅陀山に住す、帝釋に告げて曰く、一の菩薩あり、名けて延命地藏と云ふ。此菩薩の體を見、名を聞けば、衆病悉く除き壽命長遠なり、他國より起らず、自界叛かず。爾の時帝釋佛に白して曰く、世尊何が故に名けて延命地藏と曰ふや。佛、天帝釋に告ぐ、心に生滅なき故に延命と名く、時に二童子左右に侍立す、一を掌善と名け、左に在り、法性を調御す、一を掌惡と名け右に在り、無明を降伏す。」

勝軍地藏　[菩薩] 勝軍不動に對して勝軍地藏を說く。即ち軍神として之を念ずるなり。【蓮華三昧經】に「勝軍地藏は頭に畢竟空寂の冑を戴き、身に隨求陀羅尼の鎧を著、金剛智の大刀を佩び、發心修行の幡を標し、惡業煩惱の軍を斬る劍を執る、左右に掌善掌惡の二人の童子あり。」【元亨釋書延鎭傳】に「鎭曰。我法中有ニ勝軍地藏勝敵毘沙門一。我造ニ二像一供修耳。」

本形　[術語] 六地藏、六使者及び延命地藏勝軍地藏等は並に本經、本軌の典據あるにあらず、中古台密一流の相傳に依るのみ、其本經軌の說は【大日經疏五】に「地藏菩薩。於ニ種種間飾雜寶莊嚴地上一。以ニ金銀頗胝水精四寶一。爲ニ蓮華座一。令ニ窮極巧麗一。其菩薩在ニ華座上一光燄周遍。其身如レ在ニ胎藏一。乃至此聖者主ニ持寶王心地中性起功德無邊寶藏一。故其幖幟以ニ一切珍奇雜寶一綺錯莊嚴也。」輸婆迦羅譯の【地藏菩薩儀軌】に「次說ニ畫像法一。作ニ聲聞形像一。著ニ袈裟一。端覆ニ左肩一。左手持ニ盈華形一。右手施無畏。令レ坐ニ蓮華一。」【秘藏記下】に「地藏菩薩。白肉色。左手執ニ蓮花一。上幢幡。右手持ニ寶珠一。」

種子　[術語]【曼荼羅大鈔四】に「種子者カ字也。」

三昧耶形　[術語]【同鈔】に「三形幢也。」

經軌　[術語] 實叉難陀譯の地藏菩薩本願經、二

卷。【閏帙十】玄奘譯の大乘大集地藏十輪經、十卷。【玄帙七】失譯の大方廣十輪經、八卷。【玄帙七】(65)輪婆迦羅譯の地藏菩薩儀軌一卷。【餘帙一】其他疑似に渉るもの延命地藏經一卷、地藏菩薩念誦儀軌一卷、蓮華三昧經一卷あり。後伏見天皇正安年中天台一百代の座主良助親王の記錄せる地藏菩薩秘記一卷あり、蓮華三昧經等を引て具に六地藏勝軍地藏等の事を記す。

地藏十益 [名數] 塑畫乃至金銀銅鐵、地藏の形像を作り燒香供養瞻禮讃嘆すればその居處即ち十種の利益を得。一土地豐壤、二家宅永安、三先亡生天、四現存益壽、五所求遂意、六無水火災、七虛耗碎除、八杜絕惡夢、九出入神護、十多遭聖因。【地藏菩薩本願經下】

地藏二十八益 [名數] 一天龍護念。二善果日增。三集二聖上因一。四菩提不退。五衣食豐足。六疾疫不レ臨。七離二水火災一。八無盜賊厄。九人見欽敬。十神鬼助持。十一女轉二男身一。十二爲二王臣女一。十三端正相好。十四多生天上。十五或爲帝王。十六宿智命通。十七有レ求皆從。十八眷屬歡樂。十九諸横銷滅。二十業道永除。二十一去處盡通。二十二夜夢安樂。二十三先亡離苦。二十四宿福受レ生。二十五諸聖讃歎。二十六聰明利根。二十七饒二慈愍心一。二十八畢竟成佛。【地藏菩薩本願經下】

地藏と法藏 [雜語] 法藏は阿彌陀如來の因位の時の名なり、是れ地藏菩薩と一體なりと云ふ。【諸神本懷集】に「地藏法藏同體異名なり。」【沙石集二上】に「鎌倉帥の僧都は密乘の明匠なり、云く、我身には密教の肝心を傳へて彌陀と地藏と一體の習を知れり。」【同四上】に「或る人云く、法藏の比丘の昔のすがた地藏沙門の今のかたち、藏の字思合すべし。」

ヂザウゴウ 地藏講 [行事] 地藏菩薩の功德を講讃する法會なり。

ヂザウゴウシキ 地藏講式 [書名] 一卷、地藏講の式文なり、覺鑁の著。【密嚴諸秘釋二】

ヂザウジフリンキヤウ 地藏十輪經 [經名] 大乘大集地藏十輪經の略名。十卷、唐の玄奘譯。佛地藏菩薩の問に依て十種の佛輪を說く、十輪は即ち佛の十力なり、一一の力を轉輪聖王に譬ふ。【玄帙七】(64)

ヂザウニ 地藏尼 [人名] 平將門の女、一心に地藏菩薩を念ず、世人地藏尼と號す。【元亨釋書十八】

ヂザウホングワンキヤウ 地藏本願經 [經名] 具名、地藏菩薩本願經、二卷、唐の實叉難陀譯。【閏帙十】(1003)

ヂザウボサツギキ 地藏菩薩儀軌 [經名] 一卷、唐の善無畏譯。【餘帙一】

ヂザウマツリ 地藏祭 [行事] 七月二十四日なり。

ヂザウヰン 地藏院 [術語] 胎藏界曼荼羅十三大院の第九、地藏を中尊として九尊を安置す。

地藏院四菩薩 [名數] 一に寶處菩薩、二に持地菩薩、三に寶印手菩薩、四に堅固菩薩。【大疏五】是れ地藏菩薩の眷屬なり。

ヂザウヱ 地藏會 [行事] 地藏菩薩を供養する法會なり。【濫觴抄下】に「六波羅蜜寺地藏會。仁安二年丁亥十月九日始行レ之。」

帝釋の地藏會 [雜名] 佛、忉利天に於て地藏本願經を說きければ、帝釋地藏を念じて、其法會を修するなり。◉(宇治拾遺)「明日は帝釋の地藏會し給ふ」

ヂシヤ 持者 [術語] 經典又は陀羅尼等を不斷に念持するもの。法華の持者、千手陀羅尼の持者など。【法華經寶塔品】に「若暫持者。我即歡喜。」

ヂシユ 地種 [術語] 四大種の一、地の大種なり。事物の上の堅性を地と云ひ、此堅性一切の物質に周遍して能造の因となれば大種と云ふ。【法華經化城喩品】に「三千大千世界所有地種。」

ヂシン 地神 [神名] 地下の神なり、堅牢と曰ふ、女神なり。【最勝王經八】に「此大地神女名曰二堅牢一。」【諸天傳】に「地祇乃總號。安住不レ動皆地神故。堅牢乃別名。」「ケンラウヂシン」を見よ。

地神種子 [種子] 地神の梵音跛哩體毘と云ふ、故に最後の[梵字]字を以て種子となす、即ち是れ金剛三昧の義能く此道場の地を持して金剛の如くならしむるなり。【義釋七】

ヂシンシユ 地神衆 [神名] 釋迦院の一衆なり。【大日經一】に「西方諸地神。」

ヂシンマウソウ 地神盲僧 [流派] 傳教大師入唐の路次、筑前御笠郡四方寺の峰に幽居せる盲人某に、一心三觀の法、及び地神經、並に印咒を授く。盲人其教に依り、門流稍九州中國に蔓延す。之を地神盲僧と云ふ。地神經を受持すればなり。粟田青蓮院の管下に屬せり。維新の際一旦之を廢せしも明治八年更に再興して天台宗に隸屬せり。

ヂシンキヤウ 持心經 [經名] 持心梵天所問經の略名。

ヂシンボンテンシヨモンキヤウ 持心梵天所問經 [經名] 四卷、西晋の竺法護譯、思益梵天所問經の異譯。【宇帙一】(197)

ヂジ 持字 [術語] 金剛拳菩薩の種子[梵字]鑁字を稱す。[梵字]字は金剛界の智法身の種子なり。能く一切の秘密を總持すれば、其の菩薩を拳と稱し、其の種子を

持と稱す、拳は堅持の義なり。【瑜祇經】に「金剛密持尊。持字發二光明一。」[梵字]字の智光法界を照せば發光明と云ふ。

ヂジヤウ　地上　〔術語〕菩薩一大阿僧祇劫の修行を終ふれば初めて一分の惑を斷じて、一分の理を證す。之を歡喜地と名け、初地となす。巳上十地ありて二大阿僧祇劫の行を滿じて以て佛果に至る。依て初地以上を地上とし、巳前を地前とす。地前は凡夫の菩薩、地上は法身の菩薩なり。

ヂジヤウ　持淨　〔職位〕ヂチンと讀む。淨頭の異名。「チンヂウ」を見よ。

ヂスヰ　地水　〔術語〕地大水大なり。⊙(榮花物語)に「善根の人は地水まづ去る」「シヤウジ」を見よ。

ヂスヰクワフウ　地水火風　〔術語〕之を四大と云ふ。「ダイ」を見よ。

ヂスヰクワフウクウ　地水火風空　〔術語〕之を五大又は五輪と云ふ。「ゴダイ」を見よ。⊙(曲、卒都婆小町)「行ひなせる形はいかに地水火風空」

地水火風空の五指　〔術語〕密教の說に小指より拇指に至る五指を次第の如く地水火風空の五大に配す。

ヂスヰクワフウクウシキ　地水火風空識　〔術語〕之を六大と云ふ。「ダイ」「ロクダイ」を見よ。

ヂスヰクワフウクウシキケン　地水火風空識見　〔術語〕之を七大と云ふ。「ダイ」を見よ。

ヂセキヤウ　持世經　〔經名〕一名、佛說法印品經、四卷、秦の羅什譯。持世菩薩の請問に依りて大乘の法門を說く。【宇帙十】(166)

ヂセダラニキヤウ　持世陀羅尼經　〔經名〕一卷、唐の玄奘譯。佛建磔迦林に在り、妙月長者除貧愈病滅罪安危の法を請問す、佛爲に陀羅尼を說く。雨寶陀羅尼經及び大乘聖吉祥持世陀羅尼經と同本。【成帙八】(492)

ヂゼン　地前　〔術語〕菩薩の行位十地以前を云ふ。「「ヂジヤウ」を見よ。

ヂゼンサンゲン　地前三賢　〔術語〕菩薩初發心より一大阿僧祇劫の間を地前とし、此中に十住十行十廻向の三十位の修行あり、之を三賢位と云ふ。

ヂソ　持素　〔術語〕素食の法を持つなり。肉食を【絕つを云ふ。

ヂソウ　持僧　〔術語〕護持僧なり。

ヂソククワン　持息觀　〔術語〕持息念に同じ。

ヂソクネン　持息念　〔術語〕舊に數息と云ひ、新に持息と云ふ、五停心の一なり。【俱舍論廿二】に「阿那阿波那念。言二阿那一者謂持二息入一。是引二外風一令レ入レ身義。阿波那者謂持二息出一。是引二內風一令レ出レ身義。慧由二念力一觀(クトハ)レ此爲(スルナリ)レ境故名二阿那阿波那念一。以レ慧爲レ性而說レ念者念力持故。」梵 Ānāpāna

ヂダイ　地大　〔術語〕四大の一。堅因を以て性とし、能持を以て用とす、一切の物質に周遍すれば大と云ふ。

ヂダン　地壇　〔術語〕四輪壇の一。壇の四角なるもの。「の。又土を以て作るもの。【密門雜抄】

ヂチカ　地底迦　〔術語〕比丘の名、譯。有愧。【毘奈耶雜事四十】梵 Dhītika*

ヂチユウ　地中　〔雜名〕一寺院の境內にある附屬寺の稱。亦地內とも云ひ、一に寺中に誤り作る。

ヂヂ　持地　〔菩薩〕菩薩の名。佛、母の爲めに說法せんとて忉利天に上るとき、此菩薩爲めに三道の寶階を作る。【觀佛三昧海經六】に「父王白レ佛。佛母摩耶生二忉利天一。佛今光明神通具足。云何爲レ母說レ法。佛告二大王一。如來當下如二轉輪聖王足行之法一從二閻浮提一上二忉利天一。問中訊檀越一爲說中妙法上。爾時會中有二菩薩摩訶薩一。名曰二持地一。即從レ座起入二首楞嚴三昧一。三昧力故從二金輪際一金剛爲レ輪。金剛爲レ根。金剛爲レ花。花花相次出二閻浮提一。時四龍王難陀。跋難陀。阿耨達多。娑伽羅王等。各持二七寶一指二持地所一。奉二上七寶一。爲二佛世尊一作二三道寶階一。左白銀。右頗梨。中黃金。從二閻浮提金剛地際一上二忉利宮一。」【摩訶摩耶經上】に「天帝釋知二佛當レ下。即使二鬼神一作二三道寶階一。」【增一阿含經二十八】に「釋提桓因。告二自在天子一。乃至化二作金銀水精一。」【造像功德經上】に「毘首羯磨。並諸天衆。知二佛將レ欲レ下二閻浮提一。作二三道寶階一。」⊙(榮花、鳥の舞)「持地菩薩の構へ給へりけん金銀水精のみつの階に劣らず」

ヂヂキヤウ　地持經　〔經名〕菩薩地持經の略名。

ヂヂロン　地持論　〔經名〕菩薩地持經の異名。

ヂヂクセン　持軸山　〔雜名〕梵名、伊沙駄羅山 Īsadhara 持軸と譯す。山頂の形、車軸の如くなるより此名あり。高廣共に二萬一千由旬なりと云ふ。

ヂヂヂユウ　治地住　〔術語〕「ジフヂユウ」を見よ。

ヂヂン　地塵　〔術語〕大地を微塵に作したるもの。數量の多きに譬ふ。【釋門正統四】に「說二釋尊長壽一。雖二山斤海滴地塵空界一亦不レ可レ比。」

ヂテン　地天　〔天名〕金剛界四執金剛神の一。能造の四大の中、地大を司るもの、女形にして白色、種子は 阿、三昧耶形は蓮なり。一說に堅牢地神なりと云ふ。【金剛界曼荼羅大鈔二】

ヂテング　地天供　〔修法〕地天の供養法なり。堂塔房舍等の新造開地に此法を修す。【密門雜抄】

ヂドウ　地動　〔術語〕大地の震動なり。

地動三因　〔名數〕【般泥洹經】に「一に地は水

に依り水は風に依り風は空に依る、大風起るとき水擾れて地動く。二に得道の沙門及び神妙の天感應を現ずる故に動く。三に佛成道の時動く。」

地動七因　〔名數〕佛將に說法せんとして地動を現ずるに七因あり。【華嚴經疏六】に「一に諸魔をして怖れしむる爲、二に衆生の心をして散亂せざらしむる爲、三に放逸の者をして覺知を生ぜしむる爲、四に衆生を警悟して微妙の法相を覺了せしむる爲、五に衆生をして佛の說法一切智に遍きを觀しむる爲、六に根熟の衆生をして解脫を得しむる爲、七に隨順して正義を問はしむる爲。

地動八緣　〔名數〕【增一阿含經三十七】に「一に風水輪動く時、二に菩薩母胎に處する時、三に菩薩母胎を出づる時、四に菩薩成道の時、五に佛涅槃の時、六に比丘神通を現ずる時、七に諸天佛所に來り梵王或は帝釋の形を現ずる時、八に飢饉刀兵の災將に起らんとする時。」

ヂドウズヰ　地動瑞　〔術語〕法華經六瑞の一。佛將に法華經を說かんとするとき地神之に感じて大地を震動す。【二序品】に「普佛世界。六種震動。」

ヂナイ　地內　〔雜名〕「ヂチュウ」を見よ。

ヂニン　地人　〔雜名〕地論宗の人に名く。

ヂニンボサツシヨモンキヤウ　持人菩薩所問經　〔經名〕四卷、西晉の竺法護譯。持世經と同本異譯。【宇帙十】(166)　「ざると。

ヂネン　持念　〔術語〕正法を受持憶念して忘失せ

ヂネンブツ　地念佛　〔儀式〕眞宗の葬禮に葬所に至る途中棺前に立つて行く行く念佛するを地念佛と云ふ。【叢林集九下】に「佛闍維の時は人天梵讚の儀あり、空上人の時は道中念佛の式なりとぞ、今も途中念佛なるべきに道遠きが故に中略して出入兩度の地念佛なり。」

ヂハラミツ　地波羅蜜　〔術語〕十地所行の十種の波羅蜜なり。「ハラミツ」を見よ。

ヂハツ　持鉢　〔術語〕托鉢に同じ。比丘の乞食を云ふ。

ヂバカラ　地婆訶羅　〔人名〕Divākara 中印度の人。譯、日照。唐の則天武后の時來て弘福寺に於て華嚴經入法界品を譯す。【華嚴綱目】に「中天竺藏法師地婆訶羅。唐言ニ日照ー。」

ヂバダツタ　地婆達多　〔人名〕提婆達多に同じ。

ヂバダツト　地婆達兜　〔人名〕提婆達多に同じ。

ヂヒビヤウ　地皮餅　〔飮食〕劫初の時地に自生して人を養ふもの。【俱舍論十三】に「由ニ漸耽ㇾ味地味便隱。從ㇾ斯復有ニ地皮餅ー生。競耽ニ食之ー。」

ヂブツ　持佛　〔雜名〕念持佛なり。朝夕に其の人の禮拜する佛像を云ふ。⊙(榮花、ゆふして)「御持佛などさまざまにて奉らせ給ふ」

ヂブツダウ　持佛堂　〔堂塔〕念持佛を安置する堂又は室を云ふ。⊙(太平記一六)「持佛堂へ走り入り」

ヂヘンセン　持邊山　〔界名〕七金山の外邊に在りて餘の六金山を圍繞護持するもの。梵名、尼民陀羅。

ヂホフキンナラ　持法緊那羅　〔天名〕法華經所說四種緊那羅の一。⊙(曲、春日龍神)「また持法緊那羅王」

ヂホフリン　持法輪　〔術語〕三輪の一。解深密經の如き、三性三無性を說きて空有の二理を保有する敎。

ヂホンサンマイ　持本三昧　〔術語〕又、普載三昧と名く。地神の三昧なり。地は萬物の根本なれば本と名け、能く本を持すれば持本と稱し、能く萬物を負載すれば普載と名く。【大疏十】に「地能持ニ萬物ー。一切萬物依ㇾ之生長。當ㇾ知即是佛心。猶ニ如來心能持ニ萬物ー。深入ニ持本三昧ー而說ニ眞言ー也。乃至若人誦持修習不ㇾ久亦得ニ如來心地ー也。乃至此三昧名爲ニ普載三昧ー。以ㇾ同ニ大地ー故也。」

ヂボン　持犯　〔術語〕戒律を保持するを持と云ひ、侵犯するを犯と云ふ。而して戒律に止惡作善の二門あれば持犯各二あり。二持とは一に止持、五戒乃至具足戒等の止惡の法を保持して三業を防止するを止持と云ふ、二に作持、安居說戒懺悔禮拜等の作善の法を保持して三業を策勵するを作持と云ふ。二犯とは一に作犯、三業を盲動して止持の法に觸る、即ち作に由て犯を爲すもの。二に止犯、三業を怠慢して作持の善業を修せず即ち止に由て犯を爲すもの。【資持記中四之一】に「所謂執持。犯即侵犯。」

ヂマンテン　持鬘天　〔天名〕華鬘を持する天衆なり。胎藏界曼荼羅、外金剛院の一位を占む。【秘藏記下】に「持鬘天。白肉色。持ㇾ華。」【大

(持鬘天の圖)

補注五】に「若部有二衆生一施二香華臺一。必生二此天一。於二其胸前一天悅意華自然爲レ臺。故號二彼天一爲二持臺一耳。」

ヂミヤウ　持名　〔術語〕阿彌陀佛の名を受持すると。念佛の人を持名行者と云ふ。【觀無量壽經】に「汝好持二是語一。持二是語一者即是持二無量壽佛名一。」

ヂミヤウ　持明　〔術語〕梵語、陀羅尼 Dhāraṇī 持と譯す。明とは眞言の異名、持明とは陀羅尼即ち眞言なり。又明即ち眞言を受持するを持明と云ふ。下項を見よ。【演密鈔一】に「明者明咒。眞言之別稱。梵語尼尼也。此譯云レ明。破レ闇爲レ義。乃至亦持亦明。持即是明。」【大日經疏九】に「持明者梵云二陀羅尼一。持明謂二總持一切明門明行一。」【同三】に「聲聞經中以二毘尼一爲二秘藏一。要擇レ人簡レ衆方便授レ之。若未レ發二律儀一不レ令二聽聞修習一。摩訶衍中亦以二持明一爲二秘藏一。未レ入二曼荼羅一者不レ令二讀誦受持一。還同レ盜二聽布薩一反招二重罪一。」

ヂミヤウクワンヂヤウ　持明灌頂　〔術語〕五種三昧耶中の第三三昧耶、學法灌頂なり。【靈妙疏下】に「阿闍梨灌頂者。行二傳法阿闍梨灌頂一也。如三律中受二具足戒一。持明灌頂者。如二律中未受具戒者一。但自作二本尊眞言印念誦一。不レ得二廣行學一也。」梵 Vidyā-dhara-abhiṣekha

ヂミヤウザウ　持明藏　〔術語〕持明の法藏。即ち一切眞言陀羅尼の經典を云ふ。【演密鈔一】に「藏者能攝義故。乃至今且取二府庫一名レ之爲レ藏。由如下世間國大庫藏即能蘊二攝種種雜寶一。出納取與賑濟無上レ窮。持明藏亦爾。蘊二攝諸佛秘密法義一。利樂無盡故以爲二明藏一。」【西域求法高僧傳】に毗睇陀羅必得家とあり、譯して持明藏と云ふ。(Vidyā-dhara-piṭaka)

ヂミヤウシヨウシヤ　持名稱者　〔明王〕胎藏界釋迦院の一尊耶輸多羅の譯名なり。此の明妃は凡そ來て求むる者あれば必ず之を施與す、故に名稱普く聲ゆ、此の名稱普聞の德を持するが故に此の稱を立つ。【大日經一】に「明妃住二其側一號二持名稱者一。」

ヂミヤウセウ　持名鈔　〔書名〕二卷。本願寺存覺の撰。念佛を勸勵する書。

ヂミヤウセン　持明仙　〔術語〕陀羅尼を誦持し或は藥力を以て通力を成就せる仙人を云ふ。【大日經疏六】に「持明仙者。是餘藥力等所成。悉地持明仙者。皆是專依二咒術一得二悉地一人。」【同十一】に「或以レ法加二童男女一。亦令三彼成就以爲二供侍一。即遊二十方刹一也。西方有二一人一成。引二五百人一昇レ空而去。不レ知レ所レ去也。此法成就即是持明仙也。」

ヂミヤウヰン　持明院　〔術語〕胎藏界十三大院の第五、亦五大院と名く。不動尊等の五尊を安置す。

ヂモク　地墨　〔譬喩〕大地を墨となし以て文字を書するを云ふ。其の多量を顯すなり。【吽字義】に「地墨四身。山毫三密。」

ヂヤウ　定　〔術語〕心を一境に定止して散動せしめざるを定と云ふ。心性の作用なり。二類あり、一に生得の散定、二に修得の禪定。生得の散定とは欲界の有情も生れながらに心と相應して起り、所對の境に專注する作用なり。倶舍論には三摩地と稱して之を大地法の一となし、唯識論には定と譯して之を五別境の一となす。二に修得の禪定とは色界無色界の心地の作用にして必ず勤行修習して得るものなり。三學中の定學、六度中の禪定波羅蜜の如き、即ち修得の禪定を指す。梵名、三摩地 Samādhi と云ふ。定又は等持と譯す。等持とは平等に心性を保持する義なり。是れ散定にして唯有心なり。又等至等引の二あり。

ヂヤウアゴンギヤウ　長阿含經　〔經名〕「アゴンギヤウ」を見よ。

ヂヤウイ　定意　〔術語〕定心に同じ。【無量壽經上】に「不レ失二定意一。」

定の弓　〔術語〕密教の標幟に右手を智慧となし左手を禪定となせば、隨つて箭を慧に弓を定に配す。

ヂヤウイ　定異　〔術語〕二十四不相應法の一。差別の因果の互に差別して混亂せざる分位に立つ。

ヂヤウイン　定印　〔印相〕入定の相を標する印契なり。三部の別あり、一に佛部の定印、法界定印とも名く、胎藏界大日如來の住定印なり。二に蓮華部の定印、彌陀定印又は妙觀察智定印と名く、阿彌陀如來の住定印なり。三に金剛部の定印、縛定印と名く、天鼓雷音如來の住定印なり。【胎藏界曼荼羅大鈔三、印圖】⦿（盛衰記一九）「威儀亂さず定印違はず」

ヂヤウエ　長衣　〔術語〕比丘の三衣又は百一資具の外の衣體を云ふ。總じて周尺長さ一尺二寸、廣さ八寸已上の製衣以外の殘餘の衣片を長衣とす。長とは長物の義、上根の比丘は三衣、下根の比丘は三衣及び百一資具の外は總て長物に屬す。【含注戒本畜長衣過限戒】に「佛在二舍衞國一。聽レ持二三衣一。不レ得レ有レ長。六群比丘畜二多長衣一。或且起衣。或中時衣。或脯時衣。彼常經營莊二嚴衣服一積而藏擧。比丘擧レ過。佛便訶已因レ開重制。乃至衣有二十種一。長衣者。長如來八指。廣四指是。」【戒疏三上】に「限分之餘名レ長。」【行持鈔中二】に「長衣謂三衣之外財也。」【同資持記中二之二】に「三衣外者若受二百一一則百一外爲レ長。」

ヂヤウエクワゲンカイ　長衣過限戒　〔術語〕

具に畜長衣過限戒と云ふ。二百五十戒中三十捨墮罪の第一。比丘若し三衣或は百一資具の外に周尺一尺六寸廣八寸已上の衣體を得れば十日已内に說淨の法を行ふべし、若し此法を作さずして之を畜へ、十日の限を過ぐれば十一日の明相現する時より捨墮罪を結するなり。【含注戒本上】に「畜二長衣一不二淨施一得レ畜。若過二十日一尼薩耆波逸提。」【戒本疏三上】に「貯用屬レ已名レ畜。限分之餘爲レ長。越二於期限一故曰二畜長衣過限戒一。」

ヂヤウカイ 定戒 〔術語〕具に定具戒と云ふ。「ヂヤウグカイ」を見よ。

ヂヤウガウ 長行 〔術語〕經文の中、直に法相を宣說して字句を限定せざる文句を云ふ、文句の行數長ければなり。是れ偈頌に對するの稱、十二分教の中第一修多羅是なり。故に諸經を能詮の文體より之を分てば只長行と偈頌との二のみ。【百論疏上】に「總談二設教一凡有二三門一。一但有二長行一無レ有二偈頌一。如二大品之類一。二但有二偈頌一無レ有二長行一。如二法句之流一。三具存二二說一如二法華經等一。」【法華義疏三】に「龍樹十住毘婆沙云。一者隨二國法不同一。如三震旦有二序銘之文一。天竺有二散華貫華之說一也。」

ヂヤウガク 定學 〔術語〕三學の一。禪定の習學なり。心を定め亂を治して以て眞智を發すもの。【三藏法數九】に「定者禪定也。謂能攝レ散證レ神見レ性悟レ道。故名二定學一。」

ヂヤウガクジ 定額寺 〔雜語〕官より佛寺の數を定めて公許せしもの。【元亨釋書二十三】に「延曆二年六月勅曰。京畿定額諸寺有二定數一。自レ今禁三民間私營二寺院一。」【本朝文粹】に「前中書王請下以二施無畏寺一爲中定額寺上狀。」

ヂヤウガクソウ 定額僧 〔雜語〕勅願寺には定れる供僧あり、定額僧と名く。

ヂヤウキヤウ 貞慶 〔人名〕城州笠置寺の貞慶、法相宗の明匠なり。壽永元年維摩會の主座に陞り、文治二年再び公撰に充てらる。興福寺に在ると二十餘年、居資清貧、一日詔に應じて最勝會の宮講に趣く、衆皆從服整美、慶獨り後れて至り、衣衫破弊、乘僕人に借る、講畢て寺に還らず、去て笠置寺に隱る、時に年二十九。承元二年海住山寺に移り、住すると六年、學者跡を逐て業を承く。建曆三年此に寂す、壽五十九。勅して解脫上人と諡す。【本朝高僧傳十三】

ヂヤウギヤウジヤ 定行者 〔神名〕越の大德泰澄、二人の使者を有す、一を臥行者と云ひ二を定行者と云ふ。【元亨釋書十五泰澄傳】

ヂヤウクツ 定窟 〔雜名〕禪定を修する岩窟。【義楚六帖七】に「佛有二誠言一。四等六通憩二禪林一而始就。八除十入依二定窟一而方成。」

ヂヤウクワウ 定光 〔佛名〕梵名、提洹羯佛 Dīpaṅkara 錠光佛又は然燈佛と譯す。足あるを錠と云ひ足なきを燈と曰ふ、定に作るは非。釋迦佛嘗て儒童と稱す、此佛の出世の時、五莖の蓮を買て佛に奉る。以て未來成佛の記別を得。【智度論九】に「如二然燈佛一生時一切身邊如レ燈故名二然燈太子一。作佛亦名二然燈一。舊名二錠光佛一。」【玄應音義一】に「錠光。大徑切。又音殿。即然燈佛也。諸經中作二提洹羯佛一是梵音。」【輔行一之一】に「瑞應云。至二于昔者定光佛興時一我爲二菩薩一。名曰二儒童一。乃至買レ華奉二定光佛一。散レ華供養。華住二空中一。佛知二其意一。而讚嘆言。汝無數劫所學清淨。因記レ之曰。汝自レ是後九十一劫。劫號爲レ賢。汝當二作佛一。名二釋迦文一。」【大部補注十一】に「定光佛。定正作レ錠。錠都定切。亦云二然燈佛一。有レ足曰レ錠。無レ足曰レ燈。」図〔物名〕玻璃珠の名なり。【晋華嚴經小相品】に「亦於二念念中一見二百千萬億那由他佛刹微塵等如來一。佛告二寳手菩薩一言。譬如三錠光玻璃珠照二十方佛刹微塵等世界一。」

定光佛手 〔故事〕天台の佛隴に禪師あり、定光と云ふ、智者顗禪師嘗て夢中に手を以て招かる。佛とは禪門悟道の人を呼ぶの通稱、又古の錠光佛に擬す。【祖庭事苑五】に「智者顗禪師。年十五時。禮二佛像一。悅然如レ夢。見三大山臨二海際一。峰頂有レ僧。招レ手接二入一伽藍一。汝當レ居レ此。汝當レ修レ此。天台佛隴有二定光禪師一。先居二此峰一謂二弟子一曰。不レ久當下有二善知識一領レ徒至上レ此。俄爾智者至。光曰。還憶二疇昔擧レ手招引時一否。」【冷齋夜話十】に「然渠在二海外一。吾無二定光佛手一。何能招レ手。」

ヂヤウグカイ 定共戒 〔術語〕三戒の一。又靜慮生律儀と名く。初禪、二禪等の諸の禪定に入れば禪定と共に自然防非止惡の戒體を生じて身口の所作盡く律儀に契ふを云ふ。【俱舍論十四】に「靜慮生者謂此律儀從二靜慮一生。或依二靜慮一。若得二靜慮一者定成二此律儀一。」【七十五法名目】に「靜慮律儀。亦名二定共戒一。與レ定同時故。」

ヂヤウゲンキヤウ 貞元經 〔經名〕四十卷の「華嚴經」を稱す。

ジヤウコン 定根 〔術語〕五根の一。禪定能く一切の功德を生ずれば根と名く。

ヂヤウゴフ 定業 〔術語〕生死の苦果を受くるに定まりたる業因を云ふ。此に善惡の二ありて、善の定業は定て樂果を受け、惡の定業は定て苦果を受く。又善惡の定業各三種ありて善惡の業を造りし生に直に苦樂の果を感ずるを順現受業と爲し、一世を隔てて其の果を感ずるを順生受業となし、二世以上を隔て

て其の果を感ずるを順後受業となす。已上共に定業中の差別なり、此他善惡共に不定業の一種あり、業力微弱にして必ずしも果を感ぜざるなり。依て通じて四業とす。」⊙（保元一）「定業限あれば力及ばずして」図〔術語〕念佛四業の一。散業に對して云ふ。坐禪入定して佛を觀ずるなり。【往生要集下】に「定業謂坐禪入定觀レ佛。」

定業亦能轉〔雜語〕【文句記十】に「若其機感厚、定業亦能轉。」惡の定業は必ず苦果を受くべきなれども、若し衆生の機が佛菩薩を感ずると厚ければ佛菩薩の力にて其定業を轉じて苦果を受けしめざるを云ふ。【理趣釋下】に「心不二猶豫一能發二淨信一修行。則現世惡報及來生能轉二定業一。疾證二無上菩提一也。」⊙（增鏡）「定業亦能轉は菩薩の誓」（盛衰記）「定業能轉衆病悉除之誓約」

ヂヤウサウ　定相〔術語〕常住不變の相なり。一切世間の法定相あるものなし。唯是涅槃の相なり。図〔術語〕入定の相なり。

ヂヤウサン　定散〔術語〕定は禪定、心常に一境に住するもの、散は散亂、心恒に六塵の境を攀緣して暫くも住せざるもの。定心は賢聖の修成、散身は凡夫の自性なり。定心に有漏無漏の別あり、散心に善惡無記の三あり。此二以て一切の心を統ぶ。

定散二善〔術語〕唐の善導觀經一部の所明十六想觀の行を定散の二善に攝む、前の十三觀は禪定の心を以て淨土の依正二報を觀ずれば之を定善と名け、後の三觀は散心を以て三福九品の行を修すれば之を散善と名く。【散善義】に「前明二十三觀一以爲二定善一。即是韋提致レ請。如來已答。後明二三福九品一名爲二散善一。是佛自說。雖レ有二定散兩門有レ異總明二正宗分一竟。」【觀經玄義分】に「其要門者。即此觀經定散二門是也。定即息レ慮以凝レ心。散即廢レ惡以修レ善。廻二斯二行一求二願往生一也。」

定散二心〔術語〕定心散心なり。又定善散善を修する心なり。

定散等廻向速證無生身〔雜語〕歌題。【觀經玄義分三寶偈】に「彌陀本誓願。極樂之要門。定散等廻向。速證二無生身一。」定散の二散共に淨土に廻向して彼土に生じ、以て速に無生無滅の佛身を證得するを彌陀の本願極樂の要門となすを云ふ。

ヂヤウサンジリキ　定散自力〔術語〕弘願他力の反對。他力の大行たる念佛に對して定善散善は自力廻向の行業なるが故に云ふ。

ヂヤウサンジリキノシン　定散自利心〔術語〕定散自力の信心。自力の定散心を以て證果を得んとはからふことを云ふ。

ヂヤウサンノジシン　定散自心〔術語〕前項「に同じ。

ヂヤウザ　定者〔職位〕大法會の行道の時に火舍を執て前行する小僧の役なり、定者沙彌、又は善財童子と云ふ、又定座とも書けり、導師の下に定座すればなり。善財童子は【華嚴經入法界品】に五十三人の善知識を歷詢せる童子にて、其形沙彌の相をなせば、今の定者の形を取て其の異稱となす。⊙（榮華、鳥舞）「定者左右よりいみじくをかしげにて歩みつつ來りたるに」【法成寺金堂供養記】に「定者沙彌二口。從二東西橋一登二舞臺一禮レ佛了。就二案下一取二火舍一立。」

ヂヤウシツ　場室〔雜名〕灌頂を行ふ境場を云ふ。

ヂヤウシヤ　定者〔職位〕「ヂヤウザ」を見よ。

ヂヤウシヤウ　定性〔術語〕聲聞緣覺菩薩の三乘に於て各唯一の種子を具する衆生を定性と云ひ、二種又は三種を具する衆生を不定性と云ひ、總て三乘の無漏の種子を具せず、但人天の有漏の種子を有する者を無種性と云ふ。定性の中に三性あり、之に不定性無種性を加ふれば五性となる、即ち法相宗所立の五性各別是なり。

定性二乘〔術語〕定性聲聞と定性緣覺との二なり、即ち五性中の初の二性。

ヂヤウシヤウエンガク　定性緣覺〔術語〕法相宗所立五種性の一。本來唯一の緣覺の無漏の種子を具するもの。唯緣覺の因を修して緣覺の果を證し、更に佛道を進求せざるを定性緣覺と云ふ。

ヂヤウシヤウキラクヂ　定性喜樂地〔界名〕三界九地の一。色界の第二禪天を云ふ。此地の天の衆生勝妙の禪定に住し、禪定より心識の喜樂を生ずれば定性喜樂地と名く。

ヂヤウシヤウシヤウモン　定性聲聞〔術語〕法相宗所立五種性の一。本來唯一の聲聞の無漏の種子を具するもの。唯聲聞の因を修して聲聞の果を證し、更に佛道に進求せざるを定性聲聞と云ふ。

ヂヤウシユン　貞舜〔人名〕江州柏原成菩提院の貞舜、叡山に登て貞濟に親附し、多歲習學す。西塔の寳園院に居して英名時に聞ゆ。應永年中江州の柏原に成菩提院を創して圓頓の法を說き、七帖見聞を草して諸宗の體裁一家の法要最も初學に便す。又慈慧僧正の九十餘の算題に於て問答鈔を作り、名けて寳要安立と曰ふ、又柏原安立と云ふ。應永二十九年寂。壽八十九。其後第十世の住持眞海法師、一日窓前に七帖見聞を見る、小蛇几に蟠り之を拂へば還た來る、怪みて之を見れば蛇一目を瞽す、海謂く傳へ聞く舜師一目を瞽すと。精を此書に彈して意に之を

珍秘し、一念の差を以て此醜體を受くる乎。海乃ち觀法雖正著心同邪の文を誦し、梅枝を以て打つに小蛇忽ち失して再び來らずと云ふ。【本朝高僧傳十七】

ヂヤウシヨインシキ　定所引色　〔術語〕又定果色とも云ふ。法處所生色の一にして、定力によりて變じ出したる色を云ふ。

ヂヤウシヨウ　定鐘　〔雜語〕「ヂンジユ」を見よ。

ヂヤウシン　停心　〔術語〕五停心觀なり。

ヂヤウシン　定身　〔術語〕五分法身の一。禪定の功德を以て法身の一分を組織するもの。又、禪定に住する身なり。

ヂヤウシン　定心　〔術語〕禪行を修して亂意を遠離すること。【無量壽經下】に「深心定心。」【智度論二十六】に「定心者。定名二一心不亂一。亂心中不レ能レ得レ見二實事一。如二水波盪不一レ得レ見レ面。如二風中燈不一レ得二能照一。」

ヂヤウシンサンマイ　定心三昧　〔術語〕觀佛三昧の異名。一心に佛の名號を稱するを口稱三昧と云ひ、淨土の依正二報を觀念するを觀佛三昧又は定心三昧と云ふ。觀佛の目は口稱の名號に對し、定心の稱は口稱の散業に對するなり。此定心口稱の兩三昧を總じて念佛三昧となす。【觀念法門】に「若得二定心三昧及口稱三昧一者。心眼即開。見二彼淨土一切莊嚴一。說無二窮盡一。」

ヂヤウシンベツジノネンブツ　定心別時念佛　〔術語〕別時に修行する念佛にして、定心見佛を目的とす。三昧發得して此の世に於て佛身を拜せんが爲めに、二七日、三七日、或は九十日等、期限を定めて道場に入り、專心稱名念佛するを云ふ。

ヂヤウジキ　長食　〔術語〕餘分の食物なり。【行事鈔中一】に「僧祇云。若將二僧家長食一還レ房得二偸蘭一。」

ヂヤウジザイシヨシヤウシキ　定自在所生色　〔術語〕五種法處攝色の一。定中に於て自在に變現出生する色體を云ふ。火定に入て火光を現じ水定に入て水を現ずる如し。

ヂヤウジツ　貞實　〔雜語〕其心誠實にして諂曲なく、法を受くるに堪ふるもの。【法華經方便品】に「我今此衆。無二復枝葉一。純有二貞實一。」

ヂヤウジユ　定聚　〔術語〕三聚の一。正定聚なり。三乘の行人各其因を修して正に其果を得るに定まれる位を云ふ。又不退位と名く。【無量壽經上】に「國中人天不下住二定聚一必至中滅度上。不レ取二正覺一。」

ヂヤウスヰ　定水　〔譬喩〕定心の湛然たるを止水に譬ふ。【往生拾因】に「若定水澄淨自見二滿月尊一。如三淨水爲レ緣見二空中本月一。」

ヂヤウセイ　打靜　〔雜語〕椎を打つを打靜と云ふ。靜に南北の異義あり、南部の義は靜は是れ所打、即ち砧を指す、謂く砧を打て衆を靜むるなり。北京の義は靜は是れ能打、即ち椎を指す、謂く椎を打て衆を靜むるなり。【行事鈔資持記下四之一】に「打レ椎止爲二自告靜一レ衆。不レ同三鐘磬打爲二事用一也。」

ヂヤウゼン　定善　〔術語〕定散二善の一。「ヂヤウサン」を見よ。

ヂヤウゼンギ　定善義　〔書名〕唐の善導の撰。四帖疏の第三。觀無量壽經の正宗分十六觀中の定善十三觀を釋せしもの。

ヂヤウタフ　定答　〔術語〕四種問答の一。決定不變の答なり。一比丘佛に問て五蘊常に變異せざるや否やと云ふ如き、佛嘗て五蘊定て變異すと言ふ、是を定答と名く。

ヂヤウチ　定智　〔術語〕禪定と智慧なり。

ヂヤウチユウドクヅノイシキ　定中獨頭意識　〔術語〕四種意識の一。定中の第六識を云ふ。入定中は前五識は全く其作用を示さず、唯、第六意識のみ其はたらきを爲すが故に獨頭と稱す。

ヂヤウニチ　長日　〔術語〕日日相續して久しきを歷るを云ふ。常日、不斷平生など云ふに同じ。

長日御修法　〔修法〕常の御修法は一日乃至七日等を以て終とするも、これは日を限らず、永日に之を行ふを云ふ。⊙(榮花、月の宴)「長日の御修法」

ヂヤウノムヘウ　定無表　〔術語〕散無表に對す。定に入りて得る定共戒の無表と、無漏道を起して得る道共戒の無表とを云ふ。この無表はたとひ、無想定、滅盡定に入りて無心の時と雖も尙相續する也。

ヂヤウハツ　長鉢　〔術語〕比丘一箇の鐵鉢の外に餘分の鐵鉢を畜ふるを長鉢と云ふ。比丘若し長鉢を得れば十日以內に淨施の法を作さざるを得ず、若し之を作さずして十日を過ぐれば罪を結すると長衣の如し。

ヂヤウハツクワゲンカイ　長鉢過限戒　〔術語〕二百五十戒中三十捨墮の一。長鉢を得れば必ず十日以內に淨施の法を行ふべき戒法なり、若し之を行はずして十日の限を過ぐれば捨墮罪を結するなり。【行事鈔中二】

ヂヤウハン　定判　〔術語〕決定の判釋なり。【雜阿含經四十二】に「我等人人各說二第一一。意無二定判一。」【俱舍論二十九】に「定三判識起由二二緣一。」【大乘義章四】に「大乘法中。文無二定判一。」

ヂヤウバンゼイ　定盤星　〔術語〕定盤子に同

じ。定盤は秤、星は衡の上の目もりなり。定盤星は秤の起點の星にして物の輕重に關係なきより執着の意味にも超越の意味にも用ひらる。【碧巖第二則評唱】に「識二取鈎頭意一。莫レ認二定盤星一」(鈎頭は物を掛る處)

ヂヤウヒ　定妃　〔術語〕男を慧に配し女を定に配す、曼荼羅の中の天女は總て定門の嫖𡟎なれば定妃と云ふ。【秘藏寶鑰上】に「八供天女起二雲海於妙供一。四波定妃受二適悅於法樂一。」

ヂヤウブ　丈夫　〔術語〕勇健なる人。正道を勇進して退くことなき修行者を云ふ。

ヂヤウブコク　丈夫國　〔地名〕北印度に在り、天親菩薩の生國の名。【婆藪槃豆法師傳】に「婆藪槃豆法師者。北天竺富婁沙富羅國 Purusapura 人也。富婁沙譯爲二丈夫一。富羅譯爲レ土。乃至毘搜紐天。既居二此地一顯二丈夫能一。因レ此立レ名稱二丈夫國一。」

ヂヤウブシカン　丈夫志幹　〔術語〕尫弱怯劣の反對、意志强固なる勇者。永劫の修行に堪忍して德を積む勇猛精進の菩薩。

ヂヤウミヤウ　定命　〔術語〕人の壽命の一般に定れるもの。八萬四千歲を最長とし、十歲を最短とし、百歲ごとに一歲を增減するなり。其の增する時期を增劫と名け、減ずる時期を減劫と名く。今は減劫の時期にして釋迦佛の出世は定命百歲の時なり。【彌勒上生經疏上】に「釋迦減劫百歲時出世。彌勒劫增出世。」然るに通常人の定命を五十歲と云ふは釋迦如來故らに二十歲を減じて八十歲にて入滅せしより、八十を以て起點となし、其より凡そ三千年を經過すと見て三十歲を減ぜし一往の說なり。

ヂヤウモツ　長物　〔術語〕比丘の一身を資持する諸具を三種に分つ、一に六物、二に百一資具、三に長物なり。此中六物は制門に屬して三根の人を通じて必ず受持せざるべからず、百一以下は聽門に屬して中根の人但六物に堪へざるに於て百一資具を受持するを聽し、下根の人六物と百一資具とに於て堪へざるに於て更に長物を畜ふるを聽すなり。長物とは餘衆の衣鉢藥及び金銀米穀等なり。而して之を畜ふるには衣鉢藥は出家の五衆、金銀米穀等は在家の人を所施主として之に向つて淨施の法を行ふべし。若し此法を行はずして之を畜ふれば捨墮罪を犯するなり。【行事鈔下一】に「薩婆多云。百一物各得レ畜レ一。百一之外皆是長物。若似寶入二百一物數一不レ須二說淨一。餘者一切器與二非器一一外皆應二作淨一。」

ヂヤウモン　定門　〔術語〕定慧二門の一。定は禪定、門は差別の義、慧門に對して云ふ。【慈恩寺傳序】に「考二繩墨一以立二定門一。即二貫華一而開二律部一。」

ヂヤウヤ　長夜　〔譬喩〕凡夫生死に流轉して無明の昏寢さめざる間を云ふ。【法華經譬喩品】に「汝亦長夜隨レ我受レ學。」【唯識論七】に「未レ得二眞覺一恒處二夢中一。故佛說爲二生死長夜一。」【勝鬘寶窟中本】に「長夜者生死遠曠名レ長。無二解自照一稱レ夜。又生死難レ曉故稱二長夜一也。」

ヂヤウヤウ　長養　〔術語〕功德善根を生長し養育すること。【唐華嚴經十四】に「信爲二道元功德母一。長二養一切諸善法一。」【新譯仁王經中】に「善男子初伏忍位起二習種性一修二十住行一。乃至而能少分化二諸衆生一。超二過二乘一切善地一。是爲二菩薩初長養心一。爲二聖胎一故。」

ヂヤウリキ　定力　〔術語〕五力の一。禪定の力用能く諸の亂想を破するもの。【無量壽經下】「定力禪力。」⦿(太平記一八)「上人定力堅固なりければ、隙を伺ふことを得ず」

ヂヤウリヨ　定侶　〔術語〕禪定を修習する徒侶なり、禪衆と言ふ如し。

ヂヤウリン　杖林　〔地名〕外道竹杖を以て佛の身量を量りし處。【西域記九】に「佛陀伐那山空谷中。東行三十餘里。至二洩瑟知林一。唐言二杖林一。竹竹脩勁被レ山彌レ谷。其先有二婆羅門一。聞二釋迦佛身長丈六一。常懷二疑惑一未二之信一也。乃以二丈六竹杖一欲レ量二佛身一。恒於二杖端一出二過丈六一。如レ量增高莫二能窮一レ實。遂投レ杖而去。因種根焉。」Yastivana

ヂヤウレン　定瀲　〔雜語〕禪定の湛寂なるを淸瀲に譬ふ。【寄歸傳四】に「專二意律儀一。澄二心定瀲一。」

ヂヤウロク　丈六　〔術語〕身の丈け一丈六尺、是れ通常化身佛の身量なり。【佛說十二遊經】に「調達身丈五四寸佛身長丈六尺。難陀身長丈五四寸。阿難身長丈五三寸。其貴姓舍夷一丈四尺。其餘國皆長丈三尺。」【行事鈔下】に「明了論云。人長八尺。佛則倍レ之丈六。」【業疏四上】に「佛在レ人倍。人長八尺。佛則丈六。並依二周尺一以定二律呂一也。」【觀無量壽經】に「阿彌陀佛神通如レ意。於二十方國一變現自在。或現二大身一滿二虛空中一。或現二小身一丈六八尺。所現之形皆眞金色。」⦿(榮花、玉の臺)「丈六の彌陀」

ヂヤウロクダウ　丈六堂　〔堂塔〕丈六の阿彌陀佛を安置せし堂舍なり。

ヂヤウヱ　定慧　〔術語〕禪定と智慧。三學の中の二法なり。亂意を攝するを定とし、事理を觀照するを慧とす。又、止觀と名く。【法華經序品】に「佛子定慧具足。」【無量壽經上】に「如來定慧究暢無極。」【六波羅蜜多經八】に「佛果大菩薩定慧爲二根本一。」【六祖壇經】に「師示レ衆云。善知識。我此法門。以二定慧一爲レ本。」

定慧二乘 【術語】定慧の二法を左右の手に配し、左手を定手とし右手を慧手とす。【大日經疏三】に「左手是三昧義。右手是般若義。」⦿(曲、碁)「夫れ碁は定慧の二手を見せ」

ヂヤク 著 【術語】心情事物に纏綿して離れざるを著と云ふ。愛著執著貪著など。【大乘義章二】に「纏愛不ㇾ捨名ㇾ著。」【釋門歸敬儀中】に「著是病本。」【法華經方便品】に「吾從㆓成佛㆒已來。種種因緣。種種譬喩。廣演㆓言教㆒。無數方便。引㆓導衆生㆒令ㇾ離㆓諸著㆒。」【輔行二】に「以ㇾ着爲ㇾ要。以ㇾ達爲ㇾ善。」

ヂヤクゴ 著語 【術語】古則公案の句下に著くる短評を云ふ。「なり。」

ヂヤクサウ 著想 【術語】事物に執着する妄想

ヂヤクシヤ 敵者 【雜名】敵論者の略。

ヂヤクシヨウ 敵證 【雜名】敵論者と證義者。

ヂヤクシン 著心 【術語】事理に執着する心なり。【智度論四十六】に「若以㆓著心㆒修ㇾ善破則易。若著ㇾ空生ㇾ悔還失㆓其道㆒。譬如㆘火起㆓草中㆒得ㇾ水則滅㆖。」【止觀十】に「四門雖㆓是正法㆒。若以㆓著心㆒著㆓此四門㆒則生㆓邪見㆒。」又「觀法雖ㇾ正。著心同ㇾ邪。」

ヂヤクホフ 著法 【術語】執着の念及び所著の事物總て著法と云ふ。又、法に執着すると。

ヂヤクラク 著樂 【術語】樂境に執着すると。【法華經方便品】に「著ㇾ樂痴所ㇾ盲。」

ヂヤクロンシヤ 敵論者 【雜名】因明の對論法に三支を以て自宗を建立する者を立論者と云ひ、立論者の所對となる者を敵論者と云ふ。

ヂユウゼンシンサウノボサツ 住前信相菩薩 【術語】四十一位說にて十住位の前、即ち十信位の人を云ふ。此の人は菩薩と呼ぶと雖も未だ眞の菩薩位に達せざるが故に、亦假名菩薩或は名字菩薩と稱す。

ヂユウクワ 住果 【術語】聲聞緣覺の聖者各所得の證果に安住して更に勝道を進求せざるを云ふ。【倶舍論廿三】に「位果者。乃至未ㇾ起㆓勝果道㆒時但名㆓住果㆒。」【法華玄義五】に「住果聲聞猶在㆓草庵㆒。」

住果羅漢 【術語】聲聞乘の人が涅槃果を得て其の果に安住して更に佛道を進求する心なきを住果の羅漢と云ふ。羅漢は聲聞乘の極果の名なり。

住果緣覺 【術語】緣覺乘の人が涅槃果を得て之に安住し、更に佛陀の妙果を希ふ心なきを住果の緣覺と云ふ。此住果の二乘が更に發心して佛果に至るや否やは佛教上大問題なり、小乘及び大乘中の法相三論の權家は彼等の發心成佛を許さず、華嚴天台等の實家は之を許すなり。【台宗二百題四】に住果聲聞住果緣覺の論目ありて此義を問答す。⦿(十訓抄二)「住果の緣覺は佛所へは至るかと問はれけるを」

ヂユウコフ 住劫 【術語】四中劫の一。成劫より壞劫に至る間此界に有情の住する一期を云ふ。其間二十增減あり、人壽八萬四千歲より百歲ごとに一歲を減じて十歲に至るを一減となし、十歲より更に百年毎に一歲を增して八萬四千歲に至るを一增となす。⦿(水鏡上)「住劫と申して乃至さて住劫とは申すなり」

ヂユウサウ 住相 【術語】四相の一。法體をして現在に於て暫時安住せしめ、各自果を行はしむるもの。【倶舍光記五】に「至㆓現在㆒已住令㆘彼用暫時安住各引㆗自果㆖。故爲ㇾ住。若無㆓住相㆒諸法暫住應㆓更不ㇾ能ㇾ引㆓自果㆒。」

ヂユウシヤウヂヤウヂユグワン 住正定聚願 【術語】阿彌陀佛四十八願中の第十一、極樂の往生人をして皆正定聚の位に住せしめんとの願なり。【無量壽經上】に「設我得ㇾ佛。國中人天不㆘住㆓定聚㆒必至㆗滅度㆖者。不ㇾ取㆓正覺㆒。」

ヂユウシン 住心 【術語】行者の道に安住する心相なり、眞言の空海、大日住心品に依て眞言の十住心を立つ。「ジフヂユウシン」を見よ。

ヂユウシンボン 住心品 【書名】入眞言門住心品の略。大日經の品名、眞言行者の心相を明かす。

ヂユウソウ 住僧 【雜名】寺院の中に住居する僧徒なり。

ヂユウヂ 住地 【術語】法を生ずる根本の體に名く、住は所住、地は所生の義なり。一切の煩惱を五住地に分類す。【勝鬘寶窟中末】に「言ㇾ地者。本爲㆓末依㆒名ㇾ之爲ㇾ住。本能生ㇾ末目ㇾ之爲ㇾ地。」

ヂユウヂ 住持 【術語】世に安住して法を保持するを云ふ。【圓覺經】に「一切如來。光嚴住持。」【毘婆沙論】に「佛力住持即入㆓大乘正定之聚㆒。」【淨土論】に「正覺阿彌陀。法王善住持。」㊁【雜名】一寺の主僧を住持と名く、もと禪門より起る。【敕修清規住持章】に「佛敎入㆓中國㆒四百餘年而達磨至。又八傳而至㆓百丈㆒唯以ㇾ道相授受。或巖居穴居。或依㆓律等㆒未ㇾ有㆓住持之名㆒。百丈以㆓禪宗寖盛上而君相王公下而儒老百氏皆嚮ㇾ風問ㇾ道有徒宇蕃㆒。非ㇾ崇㆓其位㆒則師法不ㇾ嚴。始奉㆓其師㆒爲㆓住持㆒。而尊ㇾ之曰㆓長老㆒。如㆔天竺之稱㆓舍利須菩提㆒。以㆓齒德俱尊㆒也。」【禪苑清規尊宿住持】に「代ㇾ佛揚ㇾ化表㆔異知事㆒。故云㆓傳法㆒。各處㆓一方㆒續㆓佛慧命㆒斯曰㆓住持㆒。初轉㆓法輪㆒命爲㆓出世㆒。師承有ㇾ據乃號㆓傳燈㆒。」⦿(十訓抄八)「この住持さもありなんと思

ひて」

住持三寶 〔術語〕六種三寶の一。久しく世に住して佛法を保持する三寶を云ふ。木佛畵像は住持の佛法なり、三藏の經典は住持の法寶なり、剃髮染衣の比丘僧は住持の僧寶なり。【義林章六本】

ヂユウヂブツ 住持佛 〔術語〕行境十佛の一。如來は十方三世に渉りて佛法を住持するが故に此名あり。

ヂユウヂジヤウジユモン 住持成就門 〔術語〕大日如來の北方金剛拳菩薩を出生する三摩地なり。【出生義】に「自二一切如來住持成就門一而生二金剛拳一。」

ヂユウヂヤウクブツグワン 住定供佛願 〔術語〕阿彌陀佛四十八願中、第四十二の願。他方國土の菩薩衆をして皆三昧に住して十方の諸佛を供養するを得しめんとの願なり。【無量壽經上】に「設我得レ佛。他方國土諸菩薩衆聞二我名字一。皆悉逮二得清淨解脱三昧一。住二是三昧一。一發レ意頃供二養無量不可思議諸佛世尊一而不レ失二定意一。若不レ爾者不レ取二正覺一。」定中供佛を得、是れ定散並び行はるるなり。

ヂユウヂヤウケンブツグワン 住定見佛願 〔術語〕阿彌陀佛四十八願中第四十五願、他方の菩薩をして定中佛を見るを得しめんとの願なり。【無量壽經上】に「設我得レ佛。他方國土諸菩薩衆。聞二我名字一皆悉逮二得普等三昧一。住二是三昧一。至二于成佛一常見二無量不可思議一切諸佛一。若不レ爾者不レ取二正覺一。」

ヂユウヂヤウボサツ 住定菩薩 〔術語〕菩薩既に三大阿僧祇劫の行を終へ、尙百大劫の間三十二相の妙果を感ずべき福業を修す。其の百大劫の間を住定と云ふ。住定とは六種の決定に居住するなり。一に定て善趣に生る、二に定て貴家に生る、三に定て六根具足す、四に定て男子に生る、五に定て宿命通を得る、六に定て所作の善事堅固にして退屈せず。此菩薩を殺害するは類似の五逆罪なり。【倶舍論十八】

ヂユウホフラカン 住法羅漢 〔術語〕六種羅漢の一。中根の羅漢所證の法に止住して不退不進なるもの。

ヂユウヰ 住位 〔術語〕菩薩の階位中信位の次を住位と名く、中に十位を分ち十住と稱す。【四教儀四】に「此十通名レ住者。會レ理之心名レ之爲レ住。」図〔職位〕延暦七年に制定せる僧階五位の第二を住位と名く。

ヂユノボサツ 地涌の菩薩 〔雜名〕釋迦如來既に迹門の法華を說き了り、將に本門の法華を說かんとするとき、もと釋迦如來の敎化を受けし無量の大菩薩衆地下より涌出して虛空中に住在す。之を本化の菩薩と稱す。【法華經涌出品】に「佛說二是語一時。娑婆世界三千大千世界國土地皆振裂。而於二其中一有二無量千萬億菩薩摩訶薩一同時涌出。」

ヂヨイチサイアクシユボサツ 除一切惡趣菩薩 〔菩薩〕除蓋障院の八菩薩の一尊なり。「ヂヨガイシヤウヰン」を見よ。

(除一切惡趣菩薩の圖)

ヂヨイチサイガイシヤウボサツ 除一切蓋障菩薩 〔菩薩〕「ヂヨガイシヤウヰン」を見よ。

ヂヨイチサイガイシヤウサンマイ 除一切蓋障三昧 〔術語〕「ヂヨガイシヤウサンマイ」を見よ。

ヂヨイチサイシツビヤウダラニキヤウ 除一切疾病陀羅尼經 〔經名〕一卷、唐の不空譯。除病の爲め眞言を說く。【閏帙十五】(983)

ヂヨイチサイネツノウボサツ 除一切熱惱菩薩 〔菩薩〕除蓋障院の八菩薩の一尊なり。「ヂヨガイシヤウヰン」を見よ。

ヂヨイチサイネツノウボサツインミヤウ 除一切熱惱菩薩印明 〔眞言〕【義釋十】に其の印は與願手なり。眞言、係、縛曩駄（與願也、以離因之法、而得滿一切衆生願也）嚩曪鉢嚩鉢多（バラハラハタ）。（先得也、先若不得所願者、云何能授與人耶、由先得所願、皆自滿足故、今憶本所願、而與一切衆生、令除一切熱惱也、所以者何、尊者本立誓願、志求佛道、今已得之故、當憶本所願度一切衆生、皆念入佛道也）莎訶。（成就）

He varada vara prāpta svāhā

ヂヨカクシ 除覺支 〔術語〕七覺分の一。新譯には輕安覺支と云ふ。一切の心緣を除いて身心輕安なるを云ふ。【智度論十九】

ヂヨガイシヤウサンマイ 除蓋障三昧 〔術語〕眞言行者の初地に入て初めて法明道を見て煩惱障等の五障を斷除する三昧なり。【大日經一】に「此菩薩住二淨菩提心門一名二初法明道一。菩薩住レ此修學。不レ久二勤苦一便得二除一切蓋障三昧一。」【同疏一】に「今此眞言門修行諸菩薩以レ見二法明道一故即生獲二除一切蓋障三昧一。得二此三昧一故即能與二諸佛菩薩一同住。發二五神通一。」

ヂヨガイシヤウボサツ 除蓋障菩薩 〔菩薩〕除一切蓋障の略名。除蓋障院の中尊なり。【大日經一】に「次行者於二右方一。次作二大名稱除一切蓋障一。執二持如意寶一。」【同疏五】に「次於二第二重大日如來左方一

（除蓋障菩薩の圖）

書二除蓋障菩薩一。乃至左手持二蓮華一。華上置二摩尼寶珠一。右作二施無畏手一。此菩薩及諸眷屬皆是大慈悲抜苦除障門。正以二此菩提心中如意寶珠一施二一切衆生無畏一滿二其所願一也。」又、金剛界曼荼羅賢劫十六尊中の一尊なり。

除蓋障菩薩印明 〔眞言〕【義釋十】に「虚心合掌を作し、小指無名指を屈して掌中に入るなり。眞言に曰く、歸命阿薩埵係多（阿是能除義、薩埵即衆生、係多是利益義、謂利益衆生也、）縹也嘔伽多（是除義、亦是開發義、其善性、令顯現也、）怛嚂嚂嚂嚂（怛覽眞如無垢義、覽無垢也、上所謂除者、除何事、謂除四垢也、凡夫愛見垢一也、聲聞垢二也、緣覺垢三也、菩薩垢四也、除凡夫垢故入聲聞位、除聲聞垢故、入緣覺位、乃至除菩薩垢故、淸淨位也、）莎訶。（成就）梵 Namas Samanta-buddhānāṁ, Aḥ Sarva-sattva-hitābhyudgata Traṁ Traṁ Raṁ Raṁ Svāhā

ヂヨガイシヤウヰン　除蓋障院 〔術語〕胎藏界曼荼羅十三大院の第八院の名。悲愍菩薩の九尊を安ず。

除蓋障院八菩薩 〔菩薩〕一に除疑蓋菩薩、二に施一切無畏菩薩、三に除一切惡趣菩薩、四に救意慧菩薩、五に悲念菩薩、六に慈起菩薩、七に除一切熱惱菩薩、八に不可思議慧菩薩。【大疏五】是れ除蓋障菩薩の眷屬なり。

ヂヨキンナン　除饉男 〔雜名〕梵語比丘、一に除饉男と譯す。比丘能く福德の因を修し、供養の果を得、因果の饉乏を除けばなり。【天台維摩經疏一】に「釋二比丘一者。或言レ有レ翻。或言レ無レ翻。言レ有レ翻者翻爲二除饉一。衆生薄福在レ因無二法自資一。得レ報多レ所二饉乏一。出家戒行是良福田。能生二物善一除二因果之饉乏一也。」

ヂヨキンニヨ　除饉女 〔雜名〕梵語比丘尼、一に除饉女と譯す。「ヂヨキンナン」參照。

ヂヨクアク　濁惡 〔術語〕五濁と十惡と。【觀無量壽經】に「佛滅後諸衆生等。濁惡不善。五苦所レ逼。」【天台觀經疏】に「濁惡者。濁五濁也。一見、二煩惱、三衆生、四命、五劫。惡者十惡也。殺、盜、婬、妄語、惡口、兩舌、綺語、貪、瞋、邪見也。」

ヂヨクアクシヨ　濁惡處 〔界名〕此の娑婆世界を云ふ、五濁十惡の行はるる處なり。【觀無量壽經】に「不レ樂二閻浮提濁惡世一也。此濁惡處地獄餓鬼畜生充滿多二不善聚一。」

ヂヨクアクセ　濁惡世 〔術語〕五濁十惡の熾盛なる時期なり。【法華經方便品】に「我出二濁惡世一。」【同普賢勸發品】に「後五百歳濁惡世中。」

ヂヨクコフ　濁劫 〔術語〕濁惡の時期なり。劫は梵語長時の稱、五濁の中の劫濁是なり、滅劫中人壽二萬歳以後なり。【法華經勸持品】に「濁劫惡世中。多有二諸恐怖一。」

ヂヨクセ　濁世 〔術語〕五濁惡世なり。【阿彌陀經】に「娑婆國土五濁惡世。」【法華經勸持品】に「濁世惡比丘。」【往生要集上本】に「往生極樂之教行濁世末代之目足也。」⊙（盛衰記二五）「三世の如來區區なりといへども濁世成佛の導師なり」

ヂヨクラン　濁亂 〔術語〕惡法盛に興り人を濁し世を亂すを云ふ。總じて五種あり五濁と云ふ。

ヂヨサイケウリヤウホフリン　除災敎令法輪 〔修法〕又、熾盛光佛頂法と名く。一切の災厄を除滅する修法なり。

ヂヨサイジユ　除災呪 〔術語〕消災呪の異名。

ヂヨサンランシンインミヤウ　除散亂心印明 〔印相〕先づ左の五指を舒べて臍輪の前に安じ、次に右の五指を舒べて左の掌上に安ず。此印を結び已て西方無量壽如來の三昧に入て當に𑖮字を觀ずべし、其の字及び我が身十方悉く皆紅蓮華色なり、能く行者諸の衆生をして散亂の心を除て三昧の位に入らしむ。【攝眞實經中】

ヂヨセネツノウ　除世熱惱 〔雜語〕歌題。【無量義經】に「佛轉二法輪一隨順能轉。微渧先墮以淹二欲塵一。開二涅槃門一扇二解脱風一。除二世熱惱一致二法清涼一。」佛世に出でて最初に四諦の法輪を轉じて涅槃の道を開くを云ふ。

ヂヨシヤウブツチヤウ　除障佛頂 〔菩薩〕又、除業とも摧碎とも尊勝とも云ふ、尊勝陀羅尼は此尊の呪なり。【諸儀軌訣影八】

ヂラフビ　地臈脾 〔術語〕Dravya 勝論所立六句義中第一句義の別名。舊に物と譯し、新に實と譯す。【百論疏上中】に「倶舍論云。地臈脾。此云レ物也。」

ヂリツ　持律 〔術語〕戒律を保持して犯さざると。【寶積經八十二】に「誰是持レ律。誰持二阿含一。」【注維摩經三】に「優婆離。秦言二上首一。弟子中持律第一。」【戒疏一上】に「由二律師持律一故佛法住レ世五千年。」⊙（十誦抄七）「淨行持律の人」

ヂリン　地輪 〔雜名〕五輪の一。地層は地水風空の四輪より成り、最下を空輪とし、空輪の上に風輪、風輪の上に水輪、水輪の上に地輪あり、地輪即ち金輪際なり。塔婆の五輪は此中火輪を加へ地水火風空と下より次第して最下の方石を地輪となす。⊙（盛衰記一五）「風輪の上に水輪あり上に金輪あり上に地輪

あり」

ヂリンダン　地輪壇　〔物名〕　四角の護摩壇を云ふ。「土製の護摩壇を云ふ。【密門雜抄】

ヂレウ　地了　〔雜語〕　曉に方角を辨じ得る明るさの頃を云ふ。【行中鈔中二】に「十一日地了時。」【資持記中二之二】に「言二地了一者。卽明相現方維可レ辨故。」

ヂレンクワンオン　持蓮觀音　〔圖像〕　三十三觀音の一。蓮葉に乘じ、兩手に蓮花を持ち、童男童女の體を顯現す。

ヂレンゲ　持蓮華　〔雜名〕　作禮の時に手に持つもの。供華の意なり。又、千手千眼觀音の一手。「り。

ヂロンシ　地論師　〔流派〕　地論宗を立つる人なり。

ヂロンシユウ　地論宗　〔流派〕　十地論を依學する宗なれば名く。此論六相圓融を談じ、一乘佛性を明かすは華嚴に同じと雖、三祇成佛を立てて一念成佛を許さざる故に是れ圓敎にあらずと云ふ。十地論とは華嚴經第六會なる十地の一品を別行せし十地經の釋論なり、堅慧、金剛軍、世親の諸論あれども今の取る所は世親の十地論なり。梁代光統慧順道愼の諸師盛に之を講敭せしも、中唐華嚴宗の勃興するに及んで此宗廢退す。

ヂヰノジフシン　地位十信　〔術語〕　唯識宗にて、慈恩大師の四十一位を立つるに對して、西明法師は五十一位を立て、初の十信を更に地位十信と行解十信との二義に分つ。而して地位の十信は十住の前に排列せらるる位なり。

ヂン　塵　〔術語〕　一切世間の事法眞性を染汚するものを云ふ。四塵五塵六塵など。【法界次第】に「塵卽垢染之義。謂此六塵能染二汚眞性一故也。」【大乘義章八末】に「能坌名レ塵。坌二汚心一故。」

ヂンエン　塵緣　〔術語〕　六塵の境、色聲香味觸法なり。是れ心の所緣となりて心性を汚せばなり。

ヂンカウ　沈香　〔物名〕　沈水香の略。

ヂンキヤウ　塵境　〔術語〕　六塵の心の所對となるもの、色聲香味觸法是なり。

ヂンキヤウ　塵鄕　〔術語〕　六塵の鄕里、生死海を云ふ。【秘藏寶鑰上】に「渴鹿野馬。奔二於塵鄕一。」

ヂンク　塵垢　〔術語〕　煩惱の通稱。【維摩經佛國品】に「遠レ塵離レ垢。得二法眼淨一。」【註】に「肇曰。塵垢八十八結也。」【不動經】に「以二智慧火一燒二諸障礙一。亦以二法水一澍二諸塵垢一。」【無量壽經下】に「猶如二淨水一。洗二除塵勞諸垢染一故。」

ヂンコフ　塵劫　〔術語〕　塵點劫を云ふ。【楞嚴經一】に「縱經二塵劫一終不レ能レ得。」「ヂンデンゴフ」を見よ。

ヂンシウ　塵洲　〔術語〕　塵數の如き多量の世界を云ふ。【因明大疏序】に「應二物機於雙樹一。至敎浹二於塵洲一。」

ヂンジヤ　塵沙　〔術語〕　塵の如く沙の如し、物の多きに喩ふるなり。【行事鈔上一】に「法界塵沙。」【資持記上一之三】に「法界者十界依正也。塵沙者喩二其多一也。」◉（鴉鷺合戰一一）「無始曠劫の塵沙のあくしやうを斷じ」図〔術語〕　天台所立三惑の一を塵沙と云ふ。塵沙の惑とは化道障の惑と稱して菩薩が物を敎化するに就ての障なり、菩薩が物を敎化するには塵沙の如き無數の法門に通達せざるべからず、然るに心性闇昧にして此塵沙の法門に通達し、自在に敎化を爲すと能はざるを塵沙の惑と云ふ。卽ち不知不達の法門の多きに就て與へし名にて、其惡體は唯一の劣慧なり。俱舍論に不染汚無知と云ひ、唯識論に所知障と云ふに同じ。【四敎儀半字談五】に「所治の病、能治の法門、緣生の事法、其類無數なるを一一了知することなく、無知の種類無數なれば塵沙と名く、然るに種類は多けれども其體は唯劣慧にして一一別なるにあらず。」【輔行一】に「塵沙者譬二無知數多一。」【文句記一】に「不汚染無知。劣慧爲レ體。」【輔行五】に「塵沙障二俗理一。俗顯能垂レ化。」

ヂンジユ　塵數　〔雜語〕　數の多きを塵に譬ふ。

ヂンジユ　定鐘　〔雜名〕　ヂヤウシヨウとも言ふ。初更五點の後少時を經て鐘を鳴らすと十八下、之を定鐘と名く。又十八鐘と名く。正しく亥の時に當る。其後少時ありて二更を打つなり。凡そ坐禪は定鐘に至て止み、衆便ち僧堂を出づ、若し更に坐禪せんと欲すれば則ち報じて言く、定鐘坐禪と、乃ち再び堂に入るなり、定鐘の後は前門を鎖し、衆皆後門より出入す。今俗に初夜の鐘と言ふは正に是れ定鐘なり。【象器箋十八】

ヂンスヰカウ　沈水香　〔物名〕　略して沈香と云ふ。【本草註】に「時珍曰。木之心節置レ水則沈故名二沈水一。亦曰二水沈一。半沈者爲二棧香一。不レ沈者爲二黃熟香一。南越志言。交州人稱爲二蜜香一。謂其氣如二蜜脾一也。梵書名二阿迦嚧香一。」【名義集三】に「阿伽嚧。或云二惡揭嚕一。此云二沈香一。」梵 Agaru

ヂンセツ　塵刹　〔術語〕　塵數の世界なり。刹は梵語國土の義。【往生要集上末】に「普入二一切塵刹一作二諸佛事一。」【正信偈】に「超日月光照二塵刹一。」

ヂンゼツ　塵說　〔術語〕　普賢の耳を以て之を聞けば、草木國土の一微塵に至るまで悉く常恒に無上の妙法を說く。卽ち十方虛空界の一一の塵中に刹あり佛ありて常に華嚴經を說くを塵說刹說と云ふ。【華嚴旨歸】に「四徧二塵道一者謂於二十方虛空界中一一塵處一

皆有二佛刹一。悉於二其中一演二說此經一。」

ヂンタイ 塵渧〔雜名〕地の一塵水の一滴なり。

ヂンタイ 塵體〔雜名〕塵數の身體なり。【性靈集七】に「塵體爲レ身。沙心爲レ用。」

ヂンダウ 塵道〔術語〕常の義は穢土を塵道と云ひ、華嚴教の意は塵は微塵なり、十方虛空界の一一の塵中に皆世界あり、之を塵道世界と云ふ。又毛道とも云ふ。一毛端の處に刹あり佛あるなり。道は五道六道の道に同じ。

ヂンダウセカイ 塵道世界〔術語〕加持世界「を稱す。【密軌問辯上】

ヂンダン 沈檀〔物名〕沈香と旃檀香。

ヂンヂンザンマイ 塵塵三昧〔術語〕一微塵中に於て一切の三昧に入るを塵塵三昧と云ふ。【華嚴經賢首品偈】に「一微塵中入二三昧一。成二就一切微塵定一。而彼微塵亦不レ增。於レ一普現二難思刹一。」【碧巖五十則】に「僧問二雲門一。如何是塵塵三昧。門云。鉢裏飯。桶裏水。」

ヂンヂンセツド 塵塵刹土〔術語〕塵數の如き無數の國土なり。又微塵の中に國土あり、華嚴經に說く。塵中毛端皆刹あり佛あり法を說き生を利す。⊙（太平記一六）「或時は本地の神に返りて、塵塵刹土の利生をなし給ふ」

ヂンデン 塵點〔術語〕塵點劫を云ふ。

ヂンデンゴフ 塵點劫〔術語〕二種あり一は三千塵點劫、一は五百塵點劫なり。

三千塵點劫〔術語〕一の三千大千世界の所有の物を磨して墨となし、一の三千大千世界を經る毎に一點を下して竟に其墨を盡して、而して其の經過する所の世界を悉く碎て微塵となし、其一塵を一劫とせしを云ふ。是れ大通智勝佛の出世の久遠を顯したる比喩なり。【法華經化城喩品】

五百塵點劫〔術語〕五百千萬億那由他阿僧祇の三千世界を抹して微塵とし、五百千萬億那由他阿僧祇の國を經る毎に一塵を下し、竟に其塵を盡し、而して其經る所の世界を悉く碎て微塵となし、其一塵を以て一劫とせしを云ふ。是れ釋迦如來の成佛の久遠を顯はせし比喩なり。【法華經壽量品】

ヂンナ 陳那〔人名〕Diṅnāga 菩薩の名。童授と譯し或は域龍と譯す。佛滅後一千百年の頃南印度案達羅國に出世して因明正理門論を作る、是れ新因明の祖なり。【西域記十】に「陳那。唐言二童授一。」【慈恩傳四】に「此言二授童一。」【因明後記】に「域龍者。梵語此云二陳那一。是也。」【大部補註】に「陳那具云二摩訶陳那迦一。此翻二大域龍一。」

入定作論〔故事〕【西域記十】に「陳那菩薩者。佛去レ世後承レ風染レ衣。智願廣大慧力深固。愍二世無一レ依。思レ弘二聖教一。以爲因明之論。言深理廣。學者虛レ功難二以成一レ業。乃匿二迹幽巖一棲二神寂定一。乃至放二大光明一照二燭幽昧一。時此國王深生二尊敬一。見二此光明相一疑レ入二金剛定一。因請三菩薩證二無學果一。陳那曰。吾入定觀察欲レ釋二深經一。心期二正覺一非レ願二無學果一也。王曰。無生之果衆聖攸レ仰。斷二三界欲一洞二三明智一。斯盛事也。願疾證レ之。陳那是時心欣二王請一方欲レ證二受無學聖果一。時妙吉祥菩薩知而惜焉。欲二相警誡一。乃彈指悟レ之而告曰。惜哉如何捨二廣大心一爲二狹劣志一。從二獨善之懷一棄二兼濟之願一。乃至陳那菩薩敬受二指誨一奉以周旋。於レ是覃思沈研作二因明論一。」

陳那裂石〔故事〕「イシ」を見よ。

ヂンナラ 塵那羅〔雜名〕Dīnāra 譯、金錢。【最勝王經義淨自註】に「陳那羅即金錢也。」

ヂンヒヤウ 塵表〔術語〕俗塵の外なり。佛道を云ふ。

ヂンマウ 塵網〔術語〕色等の六塵人を網するもの。【行事鈔上一】に「迹超二塵網一。」

ヂンマウ 塵妄〔術語〕不淨を塵と云ひ、不實を妄と云ふ、一切生死の境界なり。【明神宗續入藏經序】に「使下人破二塵妄之迷一以印中妙圓之體上。」

ヂンヤク 塵藥〔術語〕律宗所立行の四依の一。比丘所用の藥財を云ふ。塵とは人の棄てて顧みざると塵芥の如きを云ふ。衣に糞掃と言ふ如し。【釋門歸敬儀中】に「納衣乞食。樹下塵藥。」

ヂンヨク 塵欲〔術語〕六塵の貪欲なり。【中阿含三十三】に「雄猛捨二塵欲一。」

ヂンラウ 塵勞〔術語〕煩惱の異名。貪瞋等の煩惱は眞性を坌穢し身心を勞亂すれば塵勞と云ふ。【維摩慧遠疏】に「煩惱坌汚名レ之爲レ塵。彼能勞亂說以爲レ勞。」【長水楞嚴疏一上】に「染汚故名レ塵。擾惱故名レ勞。」【止觀一】に「塵勞即是菩提。」

ヂンルヰ 塵類〔術語〕煩惱惡業の我を汚し我を縛するもの。【楞嚴經一】に「拔二濟未來一越二諸塵累一。」【長水疏一上】に「煩惱與レ業染汚繫縛喩二之塵累一。」

つ

ツウ 通〔術語〕作用自在にして無礙なるを通と云ふ。佛、菩薩、外道、仙人の所得なり。通力、神通など云ふ是なり。【瓔珞經】に「神名二天心一。通名二慧性一。」【大乘義章二十本】に「作用無レ壅。名レ之爲レ通。」此に三

種の別あり、一に報得通力、三界の諸天皆五種の神通あり、乃至鬼神亦小通あり、此神通は皆果報に依て自然に感得するもの。二に修得通力、三乘の聖者三學を修して六通を得、外道仙人禪定を修して現に五通を得るもの。三に變化通力、三乘の聖者神通力を以て種種に變現するもの。【華嚴大疏三】

五通 [名數] 一に神境智證通、又身如意通 Ṛddhividhi-jñāna と云ひ、身通と云ひ、神足通と云ふ。即ち不思議に境界を變現する通力なれば神境通と云ひ、遊渉往來の自在なる通力なれば神足通と云ひ、自身の變現自在を得る通力なれば身如意通と云ふ、各一邊に就て名を與へしなり、其の中神境通名、最も汎く通ず。二に天眼智證通 Divya-cakṣus 色界天の眼根を得て照久無礙なるを天眼智證通と云ふ。三に天耳智證通 Divya-śrotra 色界天の耳根を得て聽聞無礙なるもの。四に他心智證通 Paracitta-jñāna 他人の心念を知るに於て無礙なるもの。五に宿命智證通 Pūrvanivāsānusmṛtijñāna 自己及び六道衆生の宿世の生涯を知るに於て無礙なるもの。此五通は有漏の禪定或は藥力を呪力に依て得れば外道の仙人も之を成就するを得るなり。此の五總じて智證通と名くるは各其の智に依て證得する通力なればなり。【倶舍論十八】

六通 [名數] 前の五通に漏盡智證通 Āsravakṣaya-jñāna の一を加ふ。漏盡知證通とは三乘の極致諸漏即ち一切の煩惱を斷盡するに無礙なるもの。此六通を成就するは三乘の聖者に局るなり。【倶舍論二十七】に「通有二六種一。一神境智證通。二天眼智證通。三天耳智證通。四他心智證通。五宿住隨念智證通。六漏盡智證通。雖二六通中第六唯聖一然其前五異生亦得。」【大乘義章二十本】に「一名二身通一。二名二天眼一三名二天耳一。四他心智。五宿命。六漏盡通。」以上六神通の次第同じ、智度論二十八に其次第を說く。【法界次第中上】に「一天眼通。二天耳通。三知他心通。四宿命通。五身如意通。六漏盡智通。」次第上と異なり。

十通 [名數] 一に宿命通、二に天耳通、三に他心通、四に天眼通、五に神力を現ず、六に多身を現ず、七に速に往來す、八に能く刹土を莊嚴す、九に化身を現ず、十に漏盡通。【華嚴離世間品】又、【華嚴經】に十通を說く。一に他心通、二に天眼自在清淨通、三に宿住智通、四に知劫通、久遠劫の事を知るなり。五に天耳智通、六に無體性智通、諸法無性の理に通達して變現自在廣く群生を利するなり。七に善分別語言通、能く一切の語言に通達するなり。八に色身智通、能く無色に色を現じて留礙なきなり。九に一切法通、一切法の事理に通達して知らざるとなきなり。十に滅定智通、滅定とは大寂定なり大寂定中能く諸の威儀を現じて定散礙りなきなり。【華嚴大疏三十一】

ツウカイ　通戒 [術語] 又略戒と云ふ。「諸惡莫作。衆(或は諸に作る)善奉行。自淨其意。是諸佛敎」等の偈頌なり。是れ過去七佛の通說する所、又大小乘一切に通ずる戒經なれば通戒と云ふ。七佛に各通戒あり。「シチブツツウカイ」を見よ。

ツウカイゲ　通戒偈 [術語] 通戒の四句偈なり。「ツウカイ」を見よ。

ツウギヤウ　通行 [術語] 道の異名なり。能く通達して涅槃に趣くを以てなり。

四通行 [名數] 一に苦遲通行、無色定と未至定と中間定とに依る無漏道を苦通行と名く、定中十八支林の功德なく、止多く觀少く、爲に轉進すると艱辛なるを以てなり。此中に利鈍の二根あり、鈍根の者を苦遲通行と云ふ。二に苦速通行、第一の中の利根の者なり。三に樂遲通行、色界の四根本定に依る無漏道を樂通行と名く、十八支林の功德あり、止觀均等にして自然に轉進するを以てなり。此の中に利鈍の二根あり、鈍根の人を樂遲通行と云ふ。四に樂速通行、第三中の利根の人なり。【倶舍論二十五】

ツウケ　通化 [術語] 敎化を弘通するなり。【道宣律師感通錄】に「羅什師今位階二三賢一。所在通化。」

ツウケウ　通敎 [術語] 天台所立化法の四敎の第二なり。萬法の當體即空無生無滅(當體即空なれば實の生なく實の滅なし)の理を說て二乘及び鈍根の菩薩をして但空の證を得しめ、利根の菩薩をして不但空即ち中道の證を得しめん爲に施設せる三乘敎なり。萬法を斷滅するを要せず、萬法の當體因緣生にして、當體そのまま空無生なりと說けば、空の中に自ら不空の義ありて中道の理を含む、之を不但空とも當通含中とも名く。利根の菩薩は此の含中の中道を證して別敎圓敎の人となるなり。佛の通敎は正しく此の人の爲なり。故に通敎を以て大乘の初門と爲すなり。さて通は共通の義にて二義あり。一は三乘共學の義。藏敎の三藏は次第の如く四諦十二因緣、六度の所學各異なれども、此敎の三乘は三乘共に諦緣度を學び、共に當體即空の理を見る。但見思の正使を斷ずると、兼て習氣を侵害すると、自行化他共行するとを以て三乘の別を分つのみ、故に通と名く。二は單に菩薩に就て通前通後の義あり。通敎の菩薩に利鈍の二種あり、鈍根の菩薩は前の藏敎と同じく但空の涅槃を證し、利根の菩薩は之を聞て不但空の義を會し、遂に後の當體即空の

説を聞て別圓二教所詮の中道實相の理に通じて別教圓教の人となる。此の如く菩薩に就て通前通後の義あれば通教と名くる也。此二義の中に佛の通教の本意は利根の菩薩をして通後の益を得しめん爲なり。【四教儀】に「通二前藏教一通二後圓教一故名二通教一。又從二當教一得レ名。謂三人同以二無言說道一。體レ色入レ空故名二通教一。」

ツウケン　三通　〔術語〕通教の通に三種の別あり。一に因果俱通、三乘同じく體空無生の理に依て（是れ因通）斷惑證理する（是れ果通）に依る、是れ三乘共學の義にして通教の當分なり。二に因通果非通、是れ三乘の中の菩薩に就て分別するなり、通教の菩薩に利鈍の二種あり。鈍根の菩薩は前の第一種に屬して因果俱通なり、若し利根の菩薩は七地以前は三乘共して斷證すれば因通と云ふ。七地已後は或は別教に接せられ（之を別接通と云ふ。）或は圓教に接せられて（之を圓接通と云ふ。）各中道の理に依て修證し、即ち別圓の人となれば果非通と云ふ。是れ但利根の菩薩に就て通前通後の義を立つるなり。此の通前通後の義と前の三乘通學の義と正しく通教の教意なり。三に通別通圓、此は藉通開導なり。藉通開導とはもと別圓の機なれども、一類の人通教の當體即空の說を聞くに由て修證し、遂に別圓の人となれば、藉通開導と云ふ。通教の說に開導せられて別圓となるを云ふ。是れ本來別圓の機なれば第二の被接の人と異なれり。故に正しく通教の機類にあらず、但通教を聞く上に就て此の一類を立てしなり。【四念處二】

ツウケン　通教十地　〔術語〕「ヂフヂ」を見よ。

ツウケン　通肩　〔術語〕「ツウリヤウケンホフ」を「見よ。

ツウゲ　通偈　〔術語〕經の長行と偈頌とを論ぜず文字を數へて三十二字に至るを通偈と云ふ。是れ經を數ふる法なり。【百論疏上】に「偈有二二種一。一者通偈、二者別偈。別偈者謂四言五言六言七言皆以四句而成。目レ之爲レ偈。謂別偈也。二者通偈。謂首盧偈（ナリ）。釋道安云。蓋是胡人數レ經法也。莫レ問二長行與一レ偈。但令二三十二字滿一即便名レ偈。謂通偈也。」「シュロカ」參照。

ツウゴベツエン　通後別圓　〔術語〕通教が後の別教、圓教に共通あるとを云ふ。此教に於ける利根の菩薩は別圓二教の人と同樣中道の理を證するが故也。

ツウシンロン　通申論　〔術語〕三論の嘉祥、菩薩所造の論を二種に區別す、通じて諸經の旨を申ぶるを通申論と云ふ。中論百論等の如し。別して一經の旨を申ぶるを別申論と云ふ。智度論の大品經を釋する如し。略して通論別論と云ふ。【三論玄義】明の智旭は之を宗經論（通申論）釋經論（別申論）と稱す。【閱藏知津】

ツウジユ　通受　〔術語〕大乘の受戒に二法あり、通じて三聚淨戒を受くるを通受と云ひ、別して別解脫戒を受くるを別受と云ふ。別解脫戒は三聚淨戒の第一攝律儀戒の一分なり。通受は必ずしも現前の師に限るを要せず、佛前に於て自誓し、好相を感ずるに隨て得戒し、別受の法は必ず三師七證を具し、羯磨（こんま）の作法を行ふて初て得戒す、之を通受自誓別受相承と云ふ。吾朝招提寺鑑眞渡來の前は皆通受自誓の法なりしを、鑑眞に依て初て別受の作法を行ふ。【本朝高僧傳賢憬傳贊】に「勝寶已前之諸師。多依二瑜伽論一行二通受作法一焉。憬公於二興福寺維摩堂一與二思託法師一商二論別受一遂服二其義一。即捨二舊戒一登レ壇進具。」【元亨釋書叡尊傳】に「嘉禎七年。與二同志者四人一依二大乘三聚通受法一自誓受戒。自レ爾居二南京西大寺一。四律五論三大五部無レ不二研究一。寬元三年於二泉州宗原寺一又行二別受法一。」

ツウジヨ　通序　〔術語〕諸經の初に通別の二序あり、如是我聞等の諸經に通ずる序說を通序とし、通序の後に本經一部に係る緣起を別序とす。通序を天台は五成就に分ち、嘉祥は六成就に分つ。此通別二序を合して一經三分の第一序分となす。【勝鬘寶窟上本】に「衆經大同。故名二通序一。」

ツウス　都寺　〔職位〕具に都監寺。位監寺の上に在て諸の監寺を都總す、故に都寺と曰ふ、又都總と云ふ。【象器箋七】又都守に作る。【庭訓往來精注鈔】に「都寺は萬事勝手向の取締をする重き役なり、序は首座の上席とぞ。」

ツウセウロ　通霄路　〔術語〕天に通ずる路なり。【五燈會元七大元孚章】に「鼓山赴二大王請一。雪峯門送。（ル?）趁至二中路一便問。師兄向二什麼處一。山曰。九重城裏去。師曰。忽遇二三軍圍繞一時如何。山曰。他宗自有二通霄路一。」

ツウゼンザウケウ　通前藏教　〔術語〕通教が前の藏教に共通するとを云ふ。即ち此教に於ける鈍根の菩薩は無生の四諦を觀ずれども但偏空の理を證するが故也。

ツウタツ　通達　〔術語〕事理に通じて壅がるとなきを云ふ。【金剛經】に「若菩薩通二達無我法一者。如來說名二眞是菩薩一。」【無量壽經下】に「通二達諸法性（スレトモ）一切空無我（ハ）一。專求二淨佛土一必成二如レ是剎一。」

ツウタツシン　通達心　〔術語〕具に通達菩提心と云ふ。五相成身の第一。初て阿闍梨の開示を蒙りて菩提の理に達し、心月輪の觀法を修する位なり。

ツウタツヰ　通達位　〔術語〕法相宗所立五位の一。菩薩一阿僧祇劫の行を竣て始て初地の位に登り、少分二無我の理に通達する位なり。之を菩薩の見道と云ふ。【唯識論九】に「通達位。謂諸菩薩所住見道。」【三藏法數二十一】に「初地菩薩。體會二眞如一智照二於理一。得レ見二中道一。故名二通達位一。」

ツウヂウ　桶頭　〔職位〕桶類を管掌する禪寺役僧の名。

ツウヅ　通途　〔術語〕通常の法を云ふ。【觀音義疏上】に「此乃通途商略。」【因明義斷】に「此解雖レ然未二是通途一。」

ツウネンブツ　通念佛　〔術語〕別念佛に對す。三世諸佛の名號を通じて稱ふると。

ツウヒ　通披　〔術語〕「ツウリヤウケンホフ」を見よ。

ツウフク　通覆　〔術語〕事を白して其志を通達するを云ふ。覆事を白すなり。【小補疑會】に「覆通作レ復。覆房六切。白也。」

ツウブツケウ　通佛敎　〔術語〕或る特殊の宗派に偏せず、佛敎全般に共通なる敎義を云ふ。

ツウブン　通文　〔職位〕或は通聞、都聞に作る。禪林の職、都寺の上に位して僧の名を撰ぶもの。【南禪清規】に都寺の上に都文あり、相國寺亦古都文ありて都寺の上に班す。【備用清規被鉢位圖】に都寺の下監寺の上に都文あり。【象器箋七】に「蓋都文也。文聞音近。或作レ聞耳。」【庭訓往來精注鈔】に「都管都聞は共に僧の名を作るとき諸事を取りはからふ役なり。」

ツウベツニジヨ　通別二序　〔術語〕一經の序分を二分して、證信序と發起序となす。而して證信序は其經以外の餘經に共通するが故に通序と云ひ、發起序は特に其一經に局るが故に別序と稱す。

ツウミヤウゼン　通明禪　〔術語〕四禪四無色及び滅盡定に於て身息心の三事を觀ずる禪法なり。此禪を修するときは必ず身息心の三を通觀する故に通明と云ひ、又能く六通三明を發する故に通明と名く。【止觀九、法界次第上之下】

ツウミヤウヱ　通明慧　〔術語〕六通と三明と三慧なり。【無量壽經下】に「得二深禪定諸通明慧一。」

ツウリ　通利　〔術語〕能く其事に通じて無礙なると刄の利き如きを云ふ。【法華經序品】に「雖レ讀二誦諸經一而不二通利一。」【同化城喩品】に「諸根通利。」

ツウリキ　通力　〔術語〕神通又は業通の力用なり。佛菩薩外道仙人の得る所を神通とし、五通六通の別あり、鬼神狐狸等の得る所を業通とす、彼は業力に依て得る所なればなり。三通力あり。「ツウ」を見よ。⦿（曲、大蛇）「毒酒に醉ひて通力失せて」

ツウリヤウケンホフ　通兩肩法　〔術語〕略して通肩又は通披と云ふ。袈裟を着するに偏袒右肩に對して兩肩を通じて着するを云ふ。偏袒右肩は恭敬の相にして通肩は福田の相なり。故に比丘出でて食を乞ふときは必ず通肩の儀を作す。

ツウロン　通論　〔術語〕「ツウシンロン」を見よ。

ツウロンゲ　通論家　〔術語〕無著の攝大乘論を通釋する敎家を云ふ。

ツウワク　通惑　〔術語〕天台所立の五惑の中、見思の惑を通惑と名け、塵沙無明の二を別惑と名く。見思は三乘に通じて斷ずる惑なればなり。【四敎儀】に「集諦者即見思惑。乃至又云二通惑一。」

ツウヱ　通會　〔術語〕法門の相違を融通和會するなり。【五敎章上】に「各依レ敎聞レ宗。務存二通會一。」

ツウヱ　通慧　〔術語〕神通と智慧。又諸の神通は慧を體とすれば通慧と云ふ、通即慧なり。【俱舍論二十七】に如レ是六通解脫道攝。慧爲二自性一。」【無量壽經上】に「諸通慧聲。」

ツオンカツパ　宗喀巴　〔人名〕又、札克巴。Tsoṅ-k'apa 喇嘛敎の一派たる黃衣派の開祖。西藏の北邊アムドの人。南西藏に入り、サキヤ、刺薩の諸寺に遊學し、深く當時の喇嘛敎の腐敗せるを慨し、亦從來西藏に存したる空敎（龍樹敎）と密敎（瑜伽敎）との敎義の融會を圖り、僧侶の墮落を矯正せんことを理想として、淸淨の敎旨を實行せしより求道の士四方より來集し、西曆千四百九年、喇薩を去る三十哩の地に甘丹寺を創建し、之を黃衣派の本山としたり。千四百十九年寂す。西藏に於て達賴喇嘛は皆佛菩薩の顯現なりとの民間信仰を生ぜし源由は、黃衣派の徒が宗喀巴を以て阿彌陀、文殊亦は大黑の化身なりとなせしよりはじまる。

ツカ　墳　〔雜名〕墓なり。秦、晉の代には塚を墳と謂へり、土を積みて高くなしたる墓を云ふ。匡岸の大防を墳と稱せしより來る。

ツカ　塚　〔雜名〕梵に舍磨奢那と言ふ。封葬する所を塚と云ひ、其の高きを墳と云ふ。又土を小高く築きて物事の標としたるもの。一里塚の如き是也。後には轉じて墓の汎稱となれり。【飜譯名義集】に「舍磨奢那（Śmaśāna）此云レ塚。西域僧死埋二骨地下一。上累二甎石一。似二窣堵婆一。但形卑小。」

ツカンス　都監寺　〔職位〕即ち都寺なり、都監寺略して都寺と云ふ。【象器箋七】「ツウス」を見よ。

ツガヒロンギ　番論義　〔行事〕毎年正月宮中七日間御齋會の末日に於て行はせらるる論義を內論義とも番論義とも云ふ。番論義とは一番づつ問者答者を定め、一番に二題づつ、合せて五番十題の論義を

行ふなり。【天台史略上】に「同月御論義並に番論義を始行せらる、大師傳教乃ち勅宣に依て番役の講者即ち答者を勸む。」【弘法大師正傳三】に「行狀記云。御齋會結願之次。召二講師聽衆等於禁中一被レ行二番論義一。」

法華會の番論義　〔行事〕叡山法華會の中日に勅使の前に於て一番づつ、沙彌兩人をして五番の論義をなさしむと。是れ大内の番論義に擬せしもの、其の論題は叡山の創立及び山王等の俗諦に關するものなり。【圓光行狀翼讃十四】に「番論義は二人手結で代る代る難答するなり。官斑記に仙洞の最勝講建永元年以後有二番論義一。是野府記云。天元五年六月主上渡二御中宮一。臨有二番論義一。一番覺慶守朝、一番親修請範。」

ツキ　月　〔雜名〕梵語、戰捺囉 Candra【遺教經】に「月可レ令レ熱。日可レ令レ冷。佛説四諦不レ可レ令レ異。」【止觀一】に「月隱二重山一。擧レ扇類レ之。風息二太虛一。動レ樹訓レ之。」月は勢至菩薩の化現なり。「グワッテンシ」を見よ。

月の鼠　〔傳説〕又月日の鼠と云ふ。「ネヅミ」「リ。

月の兎　〔傳説〕「ウサギ」を見よ。

ツキナミコウ　月次講　〔行事〕毎月營む講會なり。

ツクリバナ　造花　〔物名〕紙又は絹を以て造れる花なり、以て佛に供するを得。【寄歸傳四】に「冬景片時或容二闕乏一。剪二諸綵綵一坌以二名香一。設二在尊前一。斯實住也。」

ツジセツポフ　辻説法　〔雜名〕路傍説教に同じ。即ち路傍に立ちて往來の人に説法するを云ふ。「ツジダンギ」に同じ。

ツジダウ　辻堂　〔堂塔〕街道の交叉せる處に建てたる佛堂を云ふ。

ツジダンギ　辻談義　〔雜名〕途上にて軍談などなすもの。【本朝文粹鑿涼賦】に「辻談義あり放下師あり。」

ツソウ　都總　〔職位〕都寺の異名。「ツウス」を見よ。

ツダウヂヤウ　都道場　〔雜名〕支那にて、一郡又は一縣毎に建てたる佛教の道場を云ふ。諸宗の人此處に集りて聖壽萬歳を祝す。

ツチミカドゴモンゼキリウ　土御門御門跡流　〔流派〕慧心四流の一。政海の門流を云ふ。

ツチキン　度弟院　〔雜名〕十方刹に對するの稱。諸方の名宿を請じて住持せしめ甲乙に拘はらざるを十方刹と云ひ、己が度する所の弟子をして之に住せしめ、甲乙相傳ふるものを度弟院と云ふ。【象器箋一】

ツツシムベキトシ　厄年　〔雜語〕【拾芥抄方角部】に「厄年、十三、二十五、三十七、四十九、六十一、七十三、八十五、九十七」【眞俗佛事編一】に「二十五或は四十二歳等を厄年とすること内外の書に出處なし、醫書に人の病める年の數を出だせども是も亦吾國俗の云ふ厄年に合はず。」【櫻陰腐談上】に「客曰。二十五歳等厄。何書所載。答曰。此誠本出二黃帝一。但異二世諺一耳。黃帝内經靈樞第八曰。凡年忌下上人大忌常加。七歳。十六歳。二十五歳。三十四歳。四十三歳。五十二歳。六十一歳。皆人之大忌。不レ可レ不二自安一也。」

ツヅラ　葛籠　〔物名〕日本の禪林入寺視篆の時、寺「印を納るる器なり。【象器箋十九】

ツヅリノソデ　綴の袖　〔衣服〕袈裟と云ふ。袈裟の中に納衣とて種種の棄てたるきれを綴り合せて作れるものあり。其の棄てたる切れに五種あり五納衣と稱す。【佛祖統紀慧思傳註】に「法華經納衣在二空閒一。律文謂二之五納衣一。謂納ヨ受五種舊弊一以爲レ衣也。俗作レ衲失レ義。」

ツトメ　勤　〔術語〕僧家毎日佛前に於て誦經禮拜するを勤行又はつとめと云ふ。⦿（盛衰記）に「最後の御勤と思し召しければ」

ツノダイシ　角大師　〔圖像〕兩角を有する黑色の鬼形を畫き、之を門戶に張て元三大師良源の變形なりとして以て鬼魅を辟くる符となすもの。【元亨釋書良源傳】に「世傳。源者日天乎。源道貌雄毅。自把レ鏡寫照曰。置二我像一之所必辟二邪魅一。從レ玆摸印天下爭傳。方今人屋門架戶扉之間。黏貼殆徧。」

ツメノウヘノツチ　爪上土　〔譬喩〕「ソウド」「を見よ。

ツモゴリノミネンジユ　晦日の御念誦　〔行事〕毎月末の三箇日を以て東寺の一の長者をして宮中の眞言院に於て天長地久を祈る爲に念誦の法を行はしむるなり。【弘法大師正傳三】に「纂要抄云。大唐移二天竺之風範一建二内道場一。毎令二七僧持念修行一。此朝亦移二唐風一。中務省内莊ヨ嚴一室一。毎月三箇日被レ修二晦御念誦一。佛僧供料大煩寮供奉。又行狀記云。於二宮中眞言院一准二大唐内道場一臨二毎月晦一三箇日御念誦奉レ祈二天長地久一。若有二大阿闍梨障一以二次人一令二勤仕一。」

ツヤ　通夜　〔儀式〕念誦して夜を明かすを云ふ。【行事鈔中三】に「僧祇若佛生日轉法輪日。乃至大會通夜説法。」普通人の死せし時徹宵してこれを守り、又は進薦の勤行をなすを云ふ。

ツユ　露　〔雜名〕梵語、波嚕沙拏物の無常に譬ふ。【金剛經】に「如露亦如電。」【涅槃經三十八】に「如二朝露一勢不二久停一。」原語金剛經には Avaśyāya とあれど「はらさな」とは別字なるべし。

ツリガネ　釣鐘　〔物名〕梵鐘の俗名。

ツルカメノミツグソク　鶴龜の三具足　〔物名〕鶴龜の燭臺及び花瓶香爐を三具足と云ふ。【考信

録一】に「鶴龜蠟燭立は佝調堂閑談に曰く、鶴龜の燭臺もとは世間の調度にて、室町家の時まで祝言の床飾りに用ゐし事、池坊の大卷にみゆとかや、何れの比よりか佛前に供養せし例となり、今は佛具に限れるやうなり。」【三餘隨筆下】に「ただ吾宗眞宗のみにあらず他宗にも佛前には三具足を安ず、是れもと世間の眞の書院飾り、皆此三具足あり。千鶴萬龜を表して今も其形を用ふ。吾一宗は俗を忌むことなし、故に鶴龜のままを承用し、他宗は佛前の飾りに千鶴萬龜の俗に近きを忌み形を換へたるもあるべし。」

ツルギノヤマ　劍の山　〔界名〕十六遊增地獄の一、或は劍樹地獄と云ひ刀刄路と云ふ。

ツルノハヤシ　鶴の林　〔地名〕釋尊の涅槃せる娑羅雙樹の林を云ふ。【涅槃經一】に「爾時拘尸那城娑羅樹林。其林變レ白。猶如二白鶴一。」⦿（增鏡序）「二月の中の五日は鶴の林に薪つきにし日なれば」

ツヰ　椎　〔物名〕又槌。物を打て聲を發する小木を云ふ。【集韻】に「椎傳追切。音追。通作レ槌。俗作レ梠。」【說文】に「擊也。又鎮椎也。」【涅槃經十三】に「如二鳴レ椎集レ僧嚴レ鼓戒レ兵吹レ貝知ヒ時。是名二法世一。」【敕修淸規法器章】に「椎齊ハ粥ノ二時。僧堂內。開鉢念佛唱食遍食施財白衆皆鳴ニレ之。維那主レ之。下堂時聖僧侍者鳴レ之。」

ツヰカイ　墜芥　〔譬喩〕閻浮提に針を立て一芥子を以て忉利天より墜して其の針鋒を貫かしむ。佛に値ふことの至難に譬ふ。【涅槃經二】に「芥子投二針鋒一。佛出難二於此一。」【止觀五】に「盲龜由レ何値二浮孔一。墜芥豈得三下貫二針鋒一。」【輔行五】に「如針鋒竪二閻浮提一。以二一芥子一從二忉利天一投二閻浮提一。何由可レ得レ貫二針鋒上一。」

ツヰゴン　追嚴　〔修法〕又、追賁と云ふ。天子の爲めに行ふ追薦の佛事を云ふ。嚴は功德を莊嚴する義。【希叟雪竇錄】に「大行追嚴ノ上堂。」

ツヰザ　退座　〔雜語〕法會佛事等の式了りて各各寮舍に歸るを云ふ。

ツヰシユ　追修　〔儀式〕死者の爲に功德を修する「を云ふ。次項に同じ。

ツヰゼン　追薦　〔儀式〕又、追善。追薦は死者の爲に追て福を薦すむる義にて、追善は死者の爲めに追て善事を修する義なり、追薦は典語にして追善は俗字なり。又、追福、追修、追賁、追嚴などと云ふ。【盂蘭盆經宗密疏上】に「逐搜三索聖賢之敎一。虔求二追薦之方一。」【梵網經下】に「若父母兄弟死亡之日。應下請二法師一講中菩薩戒經律上。福資二亡者一。得レ見二諸佛一生中人天上上。」又「父母兄弟和上阿闍梨亡滅之日。及三七日四五日。乃至七七日。亦應四讀三誦講三說大乘經律一。」【灌頂隨願往生十方淨土經】に「命終之人在二中陰中一。身如二小兒一罪福未レ定。應三爲修福願二亡者神使ヒ生二十方無量刹土一。承二此功德一必得二往生一。」

追薦七分獲一　〔雜語〕佛說に追薦の福は之を七分して死者一分を獲、餘は悉く作者に屬すと。【灌頂隨願往生十方淨土經】に「普廣菩薩。復白レ佛言。又有レ人不レ信二三寶一。不レ行二法戒一。乃至卒得二病苦一緣レ此命終。或墮三在三途八難之中一受二諸苦惱一。無レ有二休息一。父母兄弟及諸親族爲レ其修レ福。爲レ得レ福不。佛言。普廣。爲二此人一修レ福者七分之中爲レ獲レ一也。何故爾乎。緣二其前世不ヒ信二道德一故。使二福德七分獲ヒ一。」⦿（寶物集三）「一期の後の追善は七分が一にぞ當ると申したる」

ツヰゼンキヤウ　追善經　〔儀式〕追善の爲めの讀經なり。追善は追薦の俗字。

ツヰゼンクヤウ　追善供養　〔儀式〕先亡者の冥福の爲めに存在者のなす供養なり。

ツヰソクレイ　對觸禮　〔儀式〕面面相對して禮拜すると。

ツヰチン　槌砧　〔物名〕槌打を承くる木を槌砧と云ふ、拈打する小木を槌と云ふ。槌を本器と爲し、槌の爲めにして砧あり。【敕修淸規維那】に「左手按レ砧乃至右手鳴レ椎。高不レ過二五寸一。聲絕テニ方下レ椎。急緩合ヘシレ度。」

ツヰテキキ　槌惕鬼　〔異類〕或は堆惕たいてき鬼埠惕はいてき鬼、埠ふ場ゑき鬼に作る、槌惕ついてき鬼を正とす。坐禪の時來て人に障礙を作す鬼の名なり。【治禪病經下】に「羅旬踰等一千長者子。始初出家。請二尊者阿難摩訶迦葉舍利弗等一爲二和上一。摩訶迦葉敎二千比丘一數三息セシム靜處一。鬼魅所レ著。見二一鬼神一。面如二琵琶一。四眼兩口。擧面放レ光。以レ手擊三擾兩腋下及餘身分一。口中唱言二槌惕槌惕一。如二旋火輪一似二掣電光一。或起或滅令下於二行者一氣心不ヒ安レ所。乃至佛告二阿難一。諦聽諦聽善思念レ之。當二爲レ汝說一。若有二四衆一患二此鬼一者。汝當レ談二治鬼之法一。此槌惕鬼有二六十三名一。乃是過去迦那含牟尼佛時。有二一比丘一。垂向二須陀洹一。因二邪命一故爲二僧所擯一。瞋恚命終。自誓爲レ鬼。乃至二今日一惱三亂四衆一。壽命一劫。劫盡命終。落二阿鼻地獄一。汝等宜下識二名字一一心繫念莫ヒ爲レ所レ亂。」槌惕と名くるは彼が口に槌惕と言ふを以てなり。槌惕とは憂愁の意。

ツヰトン　槌墪　〔物名〕槌砧の異名。【正字通】に「墪音敦。平地有レ椎者。」

ツヰナ　都維那　〔職位〕次項を見よ。

ツヰノ　都維那　〔職位〕三綱の一。律宗に維那ゐなと云ひ、禪宗に維那ゐのと云ひ、敎宗に都維那つゐなと云ふ。「ヰナ」を見よ。

ツヰフク　追福　〔術語〕死者の爲めに功德を修して追薦するなり。【優婆塞戒經】に「若父喪已墮二餓鬼

中レ子爲追福。」「ツイゼン」を見よ。

ツキフン 追賁 〔術語〕 賁は飾の義にて追賁は追嚴と言ふ如し、天子の爲めに追薦の佛事を作し、其の功德を飾るを云ふ。飾の義の時は音ヒンなれども常に訛してフンと讀む。フンの音は大の義なり。【字典】に「正韻必轡切。音臂。說文飾也。又集韻符分切。音焚。書盤庚用二宏茲賁一。傳宏賁。皆大也。」

ツキヰン 追院 〔雜語〕 僧侶罪ありて其の職を免じ、居住の寺院より追放するを云ふ。江戸時代に行はれたる僧侶の刑也。退院より其罪重し。

ヅカウ 塗香 〔儀式〕 六種供具の一。香を手に塗り以て佛に供養するなり。【智度論九十三】に「天竺國熱。又以二身臭一故。以レ香塗レ身。供二養諸佛及僧一。」【同三十】に「塗香有二二種一。一者栴檀木等摩以塗レ身。二者種種雜香以擣爲レ末。以塗二其身一。及熏二衣服一。幷塗二地壁一。」【大日經疏八】に「塗香是淨義。如下世間塗香能淨二垢穢一息中除熱惱上。」【行願品疏鈔三】に「塗香者。謂和二合諸香一用塗二身手一。供養之時當レ作二是念一。我獻二塗香一。願從二此等流一五無漏塗香。磨二瑩熱惱者一。脫二彼諸地獄、一切極炎熱一。」又印明を請誦するに塗香を用ふ。【不空羂索經三】に「塗香塗レ手結二持印一。」【都表如意摩尼轉輪聖王念誦祕密略法】に「次用二塗香一塗二手臂上一。然後念誦。」

ヅキ 逗機 〔術語〕 逗は止なり、投なり、小大頓漸の敎法各其機類に止住して他に通融せざるを云ふ。又各其機に投合して應分の益を與ふるを云ふ。總て方便敎の上に就て言ふ。【字典】に「說文止也。又通作レ投。正韻物相投合也。」

ヅキヤ 豆佉 〔術語〕 Duḥkha 譯、苦、四諦の一。「【賢品經十二】

ヅキン 頭巾 〔物名〕 日本濟宗の人の頭巾を帽子(ほうし)と云ひ、六稜帽なり。日本洞宗の帽子を頭巾(づきん)と名け、其制濟家に異なれり。修驗道の用ゐるを頭巾(づきん)と呼び、或は兜巾と書す。⦿(曲、安宅)「頭巾といへば五智の寶冠なり」

ヅクワウ 頭光 〔術語〕 佛又は羅漢の頂にある圓光を云ふ。又背光とも後光とも名く。⦿(大鏡五)「頂に鏡納れたる笠頭光に奉りて」

ヅクワツ 塗割 〔譬喩〕 怨人あり來て我が一手に香を塗り、怨人あり來て我が一手を割り取るを云ふ。以て恩怨の二緣に譬ふ。【涅槃經三】に「若有二一人一以レ刀害レ佛。復有二一人一持二栴檀一塗レ佛。佛於二此二一若生二等心一云何。」【止觀十】に「雖レ起二慈悲一愛見悲耳。雖レ安二塗割一乃生滅强忍。」

ヅクン 頭鐼 〔物名〕 「ヂウクン」を見よ。

ヅシ 廚子 〔物名〕 像を安置する櫝なり。【字典】に「廚庖屋也。又櫝也。南史齊陸澄傳。王儉戲レ之曰。陸公書廚也。」【廣弘明集十八梁簡文帝書】に「十尊五聖共處二一廚一。」【校定清規】に「至二後門一對二聖像廚一立。」子は語助にして金子扇子の如し俗に厨に作るは非也。

ヅシボトケ 廚子佛 〔圖像〕 廚子の中に安置せる佛像を云ふ。

ヅダノジフハチモツ 頭陀十八物 〔名數〕 頭陀に使用する十八種の道具。即ち楊枝、澡豆、三衣、瓶、鉢、坐具、錫杖、香爐、奩、漉水囊、手巾、刀子、火燧、鑷子、繩床、經律、佛像、菩薩像の稱。律中の十三資具、比丘用物とは別なり。後世の修行者の爲めに制したるなるべし。

ヅタフ 頭塔 〔堂塔〕 【大和志】に「淸水町にあり、俗傳に僧玄昉が頭顱を埋むと云ふ。」

ヅタ 杜多 〔術語〕 「ヅダ」を見よ。

ヅダ 頭陀 〔術語〕 Dhūta 又、杜茶、杜多、譯、抖擻、抖捒、洮汰、浣洗など、衣服飲食住處の三種の食著を抖擻ふ行法を云ふ。【行事鈔頭陀行儀編】に「善見云。頭陀者漢言二抖擻一。謂抖二擻煩惱一。離二諸滯著一。」【同資持記】に「抖擻擧二策於物一令二盡無一レ餘。從レ喩爲レ名。」【大乘義章十五】に「頭陀胡語。此方正翻名爲二抖捒一。此離レ著行。從レ喩名レ之。如三衣抖捒能去二塵垢一。修二習此行一能捨二貪著一故曰二抖捒一。」【玄應音義七】に「頭陀此應レ訛也。正言二杜多一。譯云二洮汰一。言二大灑一也。舊云二斗藪一一義也。」【瑜伽倫記六下】に「舊言二頭陀一訛也。今名二杜多一。此云二修治一。或翻二抖捒一。翻二洗浣等一。」

十二頭陀 〔術語〕 頭陀の行者が守るべき十二種の條項なり。一に納衣、又糞掃衣と云ふ、人の委棄せる糞掃に均しき者を縫納して衣となすなり。二に三衣、又、但三衣と云ふ、ただ僧伽梨、欝多羅、安陀會の三衣を着して餘の長衣を用ゐざるなり。已上の二は衣服に屬す。三に乞食、又常乞食と云ふ、自ら行て食を乞ひ敢て他の請待及び僧中の食を受けざるなり。四に不作餘食、午前中但一度の正食を作して更に二度以上の正食を作さざるなり、二度已上の正食を餘食と云ふ、小食を作すは此限にあらず、餅菓粥等を小食と云ふ。五に一坐食、又一食と云ふ、午前中一度の正食を作す外更に小食をも作さざるなり。六に一揣食、又節量食と云ふ、一と丸めの食を鉢中に受て便ち止め、多く受けざるなり、たとひ一食なるも多く食すれば害あるを以て食量を節するなり。已上四種は食事に屬す。七に阿蘭若處、遠離處又は空閑處と譯す、人家を遠離する空閑の處に住するなり。八に塚間坐、墳墓の處に住するなり。九に樹下坐、樹下に

住するなり。十に露地坐、樹下猶庇蔭あり、去て露天の地に住するなり。十一に隨坐、草地あるに隨て住するなり。必ずしも樹下露地ならず。十二に常坐不臥、常に趺坐して横臥せざるなり。已上六種住處に屬す。頭陀の行法經論の所說隱顯同じからず若し具に之を擧ぐれば十六種あり、今の十二の各體は淨影南山の宣說に依る。【大乘義章十五、行事鈔頭陀行儀篇】天台の說は智度論に依りて不作餘食と隨坐の二を除いて次第乞食と中後不飮漿の二を加ふ。【止觀輔行一】

十六資具 〔名數〕眞言行者十六資具を有す、衣に四種、處に六種、食に六種なり。衣の四種とは一に糞掃衣。人の委棄せしものを拾ふて之を洗淨し以て法衣に製するなり。二に毳衣。鳥の細毛を取て之を洗淨して衣を製するなり、行者糞掃衣なきとき之を用ゐるを得るなり。三に納衣。種種の細片を綴納して衣となせし者なり。四に三衣。是れ常の如し。食の六種とは一に乞食。二に次第乞食。三に不作餘食法。四に一坐食。五に一揣食。六に不中後飮水なり。處の六種とは一に阿蘭若處。二に塚間。三に樹下。四に露地。五に常坐。六に隨處なり。【大日經不思議疏上】

ヅダギヤウ 頭陀行 〔術語〕頭陀の行法十二種あれども、多く乞食の一行に就て云ふ。⦿（大鏡三）「惠心僧都の頭陀行」

ヅダブクロ 頭陀袋 〔物名〕頭陀行を爲す人の携ふる袋なり。

ヅドクク 塗毒鼓 〔雜語〕「ドクコ」を見よ。

ヅネン 頭然 〔譬喩〕然は燃なり、頭上火燃ゆるなり、急遽救ふべきもの、危急に譬ふ。【佛藏經三】に「勤行精進如レ救二頭然一。」【心地觀經五】に「精勤修習未二嘗暫捨一。如レ去二頂石一。如レ救二頭然一。」【止觀七】に「眠不レ安レ席。食不レ甘レ哺。如レ救二頭然一。」

ヅハシチブン 頭破七分 〔雜語〕鬼神に打たれて頭の七分するを云ふ。【法華經陀羅尼品】に「若不レ順二我呪一惱二亂說法者一。頭破作二七分一如二阿梨樹枝一。」

ヅホクメンサイ 頭北面西 〔術語〕頭北面西右脇にして臥するは如來涅槃の相なり。【後分涅槃經上】に「爾時世尊三反入二諸禪定一。三反示二誨衆一已。於二七寶牀一右脇而臥。頭枕二北方一足指二南方一。面向二西方一後背二東方一。乃至於二其中夜一入二第四禪一寂然無聲。於二是時頃一即般涅槃。」【長阿含】に「爾時世尊入二拘尸那城一向二本生處婆羅雙樹間一。告二阿難一曰。汝爲二如來一於二雙樹間一敷二置牀座一。使二頭北首面向二西方一。所三以然一者。吾法流布當三久住二北方一。」【婆沙論一百九十一】に「問。世尊何故令レ敷三設北首臥牀一而臥耶。答。欲レ顯二彼國論師法應一レ爾故。謂彼國論師皆敷三設北首牀一而臥。世尊亦爾。有說。欲レ顯レ遠下離世所二妄執一吉祥事上故。謂彼國死者乃令二牀上北首而臥一。佛爲レ破二彼妄吉祥執一。是故未二般涅槃一則令レ敷三設北首牀一而臥。有說。欲レ止二拘尸那中諸力士等不淨心一故。謂彼國俗皆於二北方一建三立天祠一。若佛北レ足而臥者則諸力士生二不淨心一。云何欺三蔑我等所レ事北レ足而臥。有說。爲レ欲レ顯三佛恭三敬正法一故。謂佛豫知般涅槃後無上法炬北方熾然久久不レ滅。故於二牀上一北首而臥。」又「問。世尊何故右脇而臥。答。欲レ顯下佛如二師子王一而臥上故。如二契經說一。臥有二四種一。謂師子王臥。天臥。鬼臥。躭欲者臥。師子王右脇而臥。天則仰面。鬼則伏面。躭欲者臥左脇著レ地。佛是此上人中師子故右脇而臥。」⦿（曲、白髭）「頭北面西右脇臥、抜提の波と消え給ふ」

ヅメンサライ 頭面作禮 〔術語〕我が頭面を以て尊者の足を頂禮するなり。【智度論十】に「何以曰二頭面禮足一。答曰。人身中第一貴者頭。五情所レ著而最在レ上故。足第一賤。履二不淨處一最在レ下故。是故以二所貴一禮二所賤一。貴重供養故。」【觀無量壽經】に「遙見二世尊一。頭面作レ禮。」【法華經化城喩品】に「時諸梵天王。頭面禮レ佛。繞百千帀。」

ヅヱ 逗會 〔術語〕所化の機宜に適合せしむるを云ふ。

ヅンアン 童行 〔職位〕禪寺に入寺せし年少にして未得度の童子に名く。或は道者とも云ふ。

ヅンアンダウ 童行堂 〔雜名〕童行の居室を云ふ。

て

テイエ 提衣 〔術語〕唱衣に同じ。

テイカウ 提綱 〔術語〕提要、提唱とも云ふ。宗旨の要文をあげて意義を說明すること。

テイギ 庭儀 〔儀式〕法會のとき堂前庭上に於て行道の式を作すを云ふ。

テイギマンダラグ 庭儀曼荼羅供 〔修法〕三種曼荼羅供の一。庭上に於て大行道を作す曼荼羅供なり。

テイゲ 底下 〔術語〕人中最も下賤なるもの。【無量壽經上】に「貧窮乞人底極廝下」【往生十因】に「薄地凡夫。底下異生。」

テイゲンケゴン 貞元華嚴 〔經名〕般若三藏譯四十華嚴の別稱。唐貞元年中の飜譯なるより此の名あり。ジヤウゲンケゴンと讀む。

テイゲンシンヂヤウシヤクケウモクロク

貞元新定釋教目錄【書名】三十卷、唐圓照、貞元十六年勅命に依り撰す。永平十年より此年迄七百三十四年間に於て、傳譯の緇素一百八十七人が繙譯せし所の大小三藏、集傳、失譯、二千四百四十七部、七千三百九十九卷を錄載す。其中開元錄已後新に附加せしものは百三十九部、三百四十二卷也。ヂャウケンと讀む。

テイゲンロク　貞元錄【書名】貞元新定釋教目錄の略稱。ヂャウケンロクと讀む。

テイコクブツ　啼哭佛【佛名】賢劫千佛中最後佛の名。寶積經に樓由と號し。涕泣と翻し、別經に樓至と云ひ、啼哭と譯す。【大寶積經密迹金剛力士會】に「最後成佛名曰ニ樓由如來一。爾時愁感自投ニ於地一。由レ斯號ニ樓由一。（樓由者晉言涕泣）」【如來不思議秘密大乘經五】に「最小無邊慧太子當レ得ニ成佛一。號ニ樂欲如來一。於ニ賢劫中一最後成佛。（古經不譯但云樓至）」【嘉祥法華義疏十二】に「金剛身下第三示ニ非梵非聖身一。既爲ニ鬼神一屬ニ四天處一住。是故非ニ聖身一。實是樓至佛故非レ凡。此云ニ啼哭佛一。獨住ニ半賢劫一度ニ衆生一。」此疏の意は今の二王を以て樓至佛の化身となすなり。禪錄亦多く此に依る共に誤なり。「ニワウ」を見よ。

テイサン　庭讚【儀式】曼荼陀供、灌頂、葬送のときなど、庭儀を作すは式中の讚頭を云ふ。【講勸拾要集】に庭讚の作法を記す。

テイシヤ　底沙【佛名】Tisya 佛の名。釋迦牟尼佛嘗て此佛の所に於て彌勒と共に佛道を修し七日七夜一脚を翹げ、一偈を以て佛を讚し、其功德に依りて百劫の中に九劫を超越して成佛すと云ふ。【玄應音義二十四】に「底沙。丁禮反。舊曰ニ弗沙一。此曰レ明也。」【同二十二】に「此亦星名。因レ星立レ名。西國多レ此也。」【俱舍光記十八】に「底沙此云ニ圓滿一。是星名。從レ星爲レ名。」【慧琳音義十八】に「底沙唐云ニ鬼宿一。即其人是此宿直日生。西方以ニ二十八宿一記レ日。但以ニ月所レ臨宿一以爲レ名。舊經云ニ蛭數一者是也。」【婆沙論一百七十七】に「如ニ契經說一。過去有レ佛。號曰ニ底沙一。或曰ニ補沙一。彼佛有ニ二菩薩弟子一勤ニ修梵行一。一名ニ釋迦牟尼一。二名ニ梅怛儷藥一。（慈氏と譯す）爾時彼佛觀ニ二弟子誰先根熟一。即如實知ニ慈氏先熟能寂後熟一。復觀ニ二士所化有情誰根先熟一。又如實知ニ釋迦所化應ニ先根熟一。知已即念。我今云何令ニ彼機感相會遇一耶。然令ニ一人速熟一則易。非レ令ニ多人一。作ニ是念一已便告ニ釋迦一。吾欲レ遊レ山汝可ニ隨去一。爾時彼佛取ニ尼師檀一。隨レ路先往。既至ニ山上一入ニ吠琉璃龕一敷ニ尼師檀一。結跏趺坐入ニ火界定一。經ニ七晝夜一受ニ妙喜樂一。威光熾然。釋迦須臾亦往ニ山上一。處處尋レ佛如ニ犢求レ母。展轉遇至ニ彼龕室前一。欻然見ニ佛威儀端肅光明照燿一。專誠懇發喜歎不レ堪。於レ行無間忘レ下ニ一足一。瞻ニ仰尊顏一目不ニ暫捨一。經ニ七晝夜一以ニ一伽他一讚ニ彼佛一曰。天地此界多聞室。逝宮天處十方無。丈夫牛王大沙門。尋ニ地山林一遍無レ等。如レ是讚已便超ニ九劫一。於ニ慈氏前一得ニ無上覺一。」

テイシヤウ　提唱【術語】禪家の宗匠學徒に向つて宗要を提起して唱導するを云ふ。他宗の所謂講釋なれども、禪宗は不立文字とたて、悟入を專一とする故、全班の說明は自然不可說のものとなる。これ宗要を提起唱導して所化の心魂を擊發する所以なり。

テイシユ　帝須【人名】Tisya 比丘の名。同名にして同時に二人あり、阿育王の時、第三結集の時の上座を目犍連子帝須、巴 Moggaliputtatissa と云ひ、亦王の弟にして事ありて七日王となり無常を觀じて出家せしを帝須比丘と名く。【善見律二】

テイシユラシ　諦殊羅施【術語】Tejorāśi 譯、火聚頂。五佛頂の第四。【大日經疏五】に「諦殊羅施。譯云ニ火聚頂一。」

テイシン　帝心【人名】唐の華嚴宗の初祖杜順、太宗勅して帝心の號を賜ふ。「トジュン」を見よ。

テイゼイ　提撕【術語】【正字通】に「提撕之撕有ニ西私二音一。西者提撕警覺也。」弟子を警覺して敎へ導くなり。【西域記七】に「提撕指授。」【性靈集八】に「庭訓有レ餘。提撕無レ極。」

テイゼンノハクジュシ　庭前栢樹子【公案】「デウシウ」を見よ。

テイヅ　剃頭【術語】頭髮を剃除するなり。出家の相なり。【秘藏寶鑰中】に「出家者。剃レ頭染レ衣比丘等是也。」「テイハツ」を見よ。

テイテウ　提調【雜語】其事を提擧して能く調理するなり。【敕修淸規寮主副寮】に「提ニ調香燈茶湯一。」

テイテン　提點【職位】禪林の職名。金穀を司るもの、庫司知事の外に此職あり。もと宋朝官職の名なり。提點とは其事を提擧點檢して塵滯なからしむるなり。【象器箋七】

テイトツ　觝突【術語】瞋恚の心を以て人を害すると暴牛の人に觝觸する如きもの。【無量壽經下】に「矇冥觝突。」又「魯扈觝突。」【法華文句四】に「慳貪墮ニ餓鬼一。觝突墮ニ畜生一。十惡墮ニ地獄一。」

テイハツ　剃髮【術語】鬚髮を剃り衣を染るは佛弟子出家の相なり、憍慢を去り且つ外道の出家に別つ爲に之を爲す。是れ三世諸佛の儀式なりと云ふ。【因果經二】に「爾時太子便以ニ利劔一自剃ニ鬚髮一。即發願言。今落ニ鬚髮一。願與ニ一切一斷ニ除煩惱及習障一。」【知度論四十九】に「剃頭著ニ染衣一。持鉢乞食。此是破ニ憍慢一法。」【毘尼母論三】に「剃髮法。但除ニ頭上毛及

鬚一。餘處毛一切不レ聽レ却也。所三以剃髮二者。爲レ除二憍慢自恃心一故。」【行事鈔下四】に「五分佛制二半月剃一レ髮。」【地藏十輪經四】に「我今恭敬三禮剃髮染衣人一。」【有部毘奈耶四十六】に「剃髮染衣。其事未レ辨。」

テイバダツト　諦婆達兜　〔人名〕提婆達多に同じ。「ダイバダツタ」を見よ。

テイマウ　帝網　〔譬喩〕「タイマウ」を見よ。

テイミ　抵彌　〔雜名〕大魚の名。【玄應音義二】に「低彌應レ言二帝彌祇羅一。謂大身魚也。其類有二四種一。此第四最小者也。」梵 Timi,Timiṅgila

テイラフカ　梯羅浮呵　〔地名〕巴 Thera-guhā 窟の名。譯上座。【探玄記十五】に「梯羅浮呵者。此云二上座一。卽尊者名也。以レ居二此窟一故因以爲レ名。文殊問經體毘裏部。此云二上座部一。同二此名一也。」

テイリ　底理　〔術語〕窮極の道理なり。【碧巖錄普照序】に「剔三抉淵源一。剖三析底理一。」

テイリエイ　啼哩曳　〔術語〕十二合掌の第十、譯、橫柱指合掌。【大日經疏十三】に「仰二二手掌一令二二手中指頭相接一而仰レ之。名二啼哩曳合掌一。此名二橫柱指合掌一。」梵 Tiryak*

テイリサンマヤ　底哩三昧耶　〔術語〕Trisamaya「チリサンマヤ」を見よ。

テイリシヤ　底栗車　〔術語〕Tiryagyoni 譯、畜生。「【名義集二】」

テイリヤクユニカ　帝利耶瞿榆泥伽　〔術語〕Tiryagyoni-gati 新譯、傍行。（畜生趣）畜生の異名なり。前項に同じ。【名義集二】

テイレイロカヤベイシヤヤ　帝隸路迦也吠闍耶　〔明王〕Trailokya-vijaya 帝隸は三、路迦也は世、吠闍耶は降又は勝の義。卽ち降三世又は勝三世。明王の名なり。【大日經疏十】

テウクワゼンジ　鳥窠禪師　〔人名〕名は道林、唐の杭州の人、九歲出家、二十一歲荊州の果願寺に於て受戒。京師に至り、徑山の道欽禪師に謁して心要を契悟す。後南に歸り、秦望山に長松の枝葉繁茂盤屈して蓋の如き有るを見て遂に其上に棲止す。故に時人之を鳥窠禪師と謂ふ。鵲あり側に巢くふ、人又鵲巢和尙と曰ふ。元和年中白居易出でて杭州に知たり、師の道を聞き師の巢上に棲止するを見て、乃ち問ふて曰く、師の住處甚だ險なり。師曰く。太守の危險尤も甚し。曰く、弟子位山河を鎭す、何の險か之れ有らん。師曰く、薪火相交り、識性停らず、險に非ざるを得んや。曰く、佛法の大意如何。師曰く、諸惡莫作衆善奉行。曰く、三歲の孩兒も也た恁麼に道ふを解す。師曰く、三歲の童兒も道ひ得ると雖八十の老翁も行ふとを得ず。居易領歎し、數從て道を問ふ。穆宗の長慶四年二月十日跏趺して化す、勅して圓修禪師と諡す。【傳燈錄四、稽古略三】

テウサイヤウコフ　兆載永劫　〔術語〕兆載は數量の名、永劫は兆載の劫數を歷れば永と云ひ、極長の一時期を劫と云ふ。梵語なり。【無量壽經上】に「於二不可思議兆載永劫一。積三植菩薩無量德行一。」

テウサン　朝參　〔儀式〕早朝の參禪なり。粥罷に於て之を爲す。【禪門淸規】に「闔院大衆。朝參夕聚。」

テウザ　朝座　〔儀式〕前方の人に對面して坐するを云ふ。朝立の朝と義を同くし、下より上に對する辭なり。【象器箋十】

テウシ　鳥翅　〔故事〕鳥は翅を惜みて飛び去る。【四分戒本疏二上】に「律中龍珠鳥翅一去不レ還。」【行宗記二上】に「鳥翅者。昔有二比丘一住二林間一。正患二夜半衆鳥悲鳴一。佛敎レ乞二鳥兩翅一。卽飛三出林一不二復還一矣。」

テウシウ　趙州　〔人名〕「デウシウ」を見よ。

テウシヤウ　調聲　〔雜語〕導師の音頭を云ふ。

テウシヤク　鳥迹　〔譬喩〕空中の鳥跡、以て物の實體なきに譬ふ。【涅槃經二】に「譬如二鳥跡一。空中現者。無レ有二是處一。有三能修二習無我想一者而有二諸見一者。亦無二是處一。」【維摩經觀衆生品】に「如二空中鳥跡一。如二石女兒一。」

テウシヤク　牒釋　〔術語〕「デツシヤク」と讀む。

テウシユ　頭首　〔職位〕禪林に諸役僧を東西の兩班に分ち、西班の諸役を頭首と云ひ、東班の諸役を知事と云ふ。前堂首座、後堂首座、書記等是れ頭首なり。【明極再住建長錄】に「以二參請多叢林熟者一歸二西序一。謂二之頭首一。」【勅修淸規兩序章】に西序の頭首を列ねて「前堂首座、後堂首座、書記、知藏、知客、知浴、知殿、燒香侍者、書狀侍者、請客侍者、衣鉢侍者、湯藥侍者、聖僧侍者是也。」

六頭首　〔名數〕【禪苑淸規】に首座、書狀、藏主、知客、庫頭、浴主を以て六頭首とす。此中庫頭の一は知事に屬すれども多に從へて六頭首と名く。

秉拂五頭首　〔名數〕前堂首座、後堂首座、東藏主、西藏主、書記を秉拂の五頭首と云ふ。此五人秉拂の職を執るを得。

テウシユウヲツカク　超宗越格　〔術語〕宗は大法の根源、格は格式格令なり、宗匠の手段眞如佛性等の手段を立てざるを超宗となし、舊例の格式に依らざるを越格となす。【碧巖普照序】に「超宗越格正眼。」

テウセ　超世　〔術語〕三世諸佛の誓願に超えたる「阿彌陀佛の四十八願を云ふ。

テウセノグワン　超世願　〔術語〕阿彌陀如來の誓願を云ふ。世は普通と云ふ意。超は卓出と云ふ意、

即ち、つねなみの願にあらず、三世諸佛の誓願に卓越せる大悲の本願なるが故に超世の願と稱す。普通四十八願を指すも、或は攝身（攝法身なり、第十二、十三、十七の三願を云ふ。）攝土（即攝淨土なり第三十一と三十二の願）の五願に特に名くとも云ふ。【無量壽經】に「我建二超世願一必至二無上道一。」【同註】に「超二世流布諸佛本願一是名二超世一。」

テウセノヒグワン　超世悲願　〔術語〕前項に同じ。

テウセノホングワン　超世本願　〔術語〕前項に同じ。

テウソソウ　鳥鼠僧　〔譬喩〕鳥鼠は蝙蝠の異名、以て破戒の比丘に譬ふ。【佛藏經上】に「譬如二蝙蝠一。欲レ捕レ鳥時則入レ穴爲レ鼠。欲レ捕レ鼠時則飛レ空爲レ鳥。而實無レ有二鼠鳥之用一。其身臭穢俱樂二闇冥一。舍利弗。破戒比丘亦復如レ是。既不レ入二於布薩自恣一。亦復不レ入二王者使役一。不レ名二白衣一不レ名二出家一。」図鼠の唧唧の聲、鳥の空空の聲の如く無意味の語を云ふ。【止觀八】に「鼠唧鳥空。」【蓮如上人遺德記】に「列二鳥鼠之疎詞一。」「ソソクテウクウ」參照。

テウタサンゼンボタハツヒヤク　朝打三千暮打八百　〔儀式〕宗匠爲人の作用、朝夕學人を棒打するを云ふ。【碧巖六十則頌古著語】に「直鐃朝打三千暮折八百堪レ作二什麼一。」

テウダウ　鳥道　〔術語〕禪道至難鳥道の險の如し、鳥道は地名なり、又至道寥廓なると空中の鳥跡の如きを云ふ。【洞山錄】に「我有二三路一接レ人。鳥道玄路展手。」【玄中銘序】に「寄二鳥道一而寥空。以二玄路一而該括。然雖二空體寂然一不レ乖二群動一。」【同銘】に「舉足下足鳥道無レ殊。坐臥經行莫レ非二玄路一。」【祖庭事苑四】に「鳥道猶二虛空一也。」【南中入志】に「鳥道四百里。以二其險絕一獸尙無レ蹊特上有二飛鳥之道一。」【李白詩】に「西當二太白一有二鳥道一。」

テウダン　超斷　〔術語〕超越證に同じ。

テウド　調度　〔雜名〕「デウド」を見よ。

テウニチワウ　超日王　〔人名〕梵名、Vikramāditya また、力日と譯す。印度阿踰闍國の王。笈多 Gupta 王朝の始祖也。當時各地に割據せる諸王國を滅して印度を統一し、領地頗る大なりき。王は諸有宗教を保護し、文學語學を奬勵し、印度文明に貢獻すること尠からず。無著、世親及び、カーリダーサ Kālidāsa は王と同時代の人也。

テウネン　奝然　〔人名〕東大寺の奝然、少より東大寺に入て梵學を勸め、三論を東南院の觀理に習ひ、密法を石山寺の元杲に受く、永觀五年の秋宋に入る、即ち太平興國八年なり。直に京師に抵て方物を獻ず、太宗便殿に召見して本朝の皇系及び佛法の傳來を問ふ。師書を以て皇位一系の旨を答ふ。太宗大に之を感じ、師を崇めて紫衣並に法濟大師の號を賜ふ。師五臺に詣せんことを乞ふ、敕を下して過ぐる所食を續がしむ。既に勝地を巡禮して再び京師に回り、印本の大藏經を求む。亦有司に詔して之を給ふ。師又汴京の西華門外に往き、聖禪院に詣して優塡王第二の栴檀の模像を拜す、乃ち佛工張榮に命じて模刻せしむ。本朝永延元年還て太宰府に著く。翌歲二月將來の佛像經卷を奉請して京師に入り、蓮臺寺に著く。後、嵯峨の棲霞寺に收む。一條帝淸涼院を造て移置崇奉す。永延三年師東大寺に住し、三年にして辭し、長和五年寂す。【本朝高僧傳六十一】

テウニチグワツクワウブツ　超日月光佛　〔佛名〕無量壽經所說十二光佛の一。無量壽佛の光明日月に超越すれば亦超日月光佛と名く。

テウニチミヤウキヤウ　超日明經　〔經名〕超日明三昧經の略名。

テウニチミヤウサンマイキヤウ　超日明三昧經　〔經名〕二卷、西晉の聶承遠譯。佛、普明菩薩の問に因て超日明定を說き、及び諸菩薩の問に隨て諸法を說き、終に日天子の供養を受く。【宙帙二】（397）

テウニフザンマイ　超入三昧　〔術語〕「テウヲツザンマイ」を見よ。

テウハチ　超八　〔術語〕天台宗の語、法華涅槃の教は八教に超へ勝れて、しかも八教を攝合せる高き教なりと云ふこと。

テウハチダイゴ　超八醍醐　〔術語〕天台宗の語、法華涅槃の教は、八教に超へ勝れたる醍醐味の教なりと云ふこと。

テウブクホフ　調伏法　〔修法〕密教にて、不動、降三世、軍荼利、大威德、金剛夜叉等の忿怒像を本尊として、怨敵を調伏する爲に祈る修法なり。

テウブツヲツソ　超佛越祖　〔術語〕作家の手段佛祖に超越するを云ふ。【傳燈錄雲門章】に「汝等沒レ可二作了一。見レ道二著祖意一。便問二超佛越祖之談一。汝且喚二那箇一爲レ佛。那箇爲レ祖。說二箇超佛越祖底道理一。」⊙（太平記二四）「超越佛祖の手段ありと雖」

テウモン　牒文　〔術語〕「デツモン」と讀む。

テウリフ　朝立　〔術語〕佛祖及び靈位に向つて每朝參拜するを云ふ。凡そ立は數なり。

テウロ　朝露　〔譬喩〕人命の無常に譬ふ。【涅槃經三十八】に「是壽命常爲二無量怨讎所一レ遶。念念減損無レ有二增長一。猶二山瀑水不一レ得二停住一。亦如二朝露一勢不二久停一。」

テウヲツザンマイ　超越三昧　〔術語〕凡そ禪

定は四禪四無色及び滅盡定と淺深次第して出入共に此次第を追ふを法とす。例へば散心の人直に四無色定に入ると能はず、必ず先づ初禪定に入り、順次に第四禪に入り、後に四無色の初定に入るなり。又出定にも直に出るを得ず、必ず逆次に此次第を追はざるを得ず。是れ聲聞人の法なり。然るに佛及び深位の菩薩は此次第を要せず、散心より直に滅盡定にも入り、滅盡定より直に散心に出るとを得るを超越三昧と云ふ。【智度論八十一】に「問曰。超越三昧不レ得レ超レ二。又不下從二散心一而入中滅盡定上。答曰。大小乘法異。不レ超レ二者小乘法中說。菩薩無量福德。智慧深入禪定力故。能隨意超越。」但し小乘有部の說に依れば超前二果を許す。

テウヲツシヨウ 超越證 【術語】 聲聞乘に四果あり、初果より順次に阿羅漢果を證するを次第證と云ひ、此前果を超越して後果を證するを超越證と云ふ。超越證に就て諸論不同なり。俱舍論は凡夫より直に第二果を證する者と凡夫より直に第三果を證する者と二種あるのみ。之を超前二果と云ふ。唯識論は更に超中二果を許す、一旦初果を證して後に中間の二果三果を超へて直に第四果を證するなり。天台一家は更に超前三果を許す。依て四種を立つ。一に本斷超、もと凡夫外道に在て有漏の六行觀を以て欲界思惑の六品を斷ぜし者、見道に入て第十六心に見惑を斷じ已る時、預流果一來果の二を超て直に第三不還果を證するもの。（所謂超前二果）二に小超、聖弟子見道の第十六心に於て預流果を證し了り、更に無漏道を修して三界の思惑を斷ずるに或は一時に欲界の九品を斷ずる者は第二果を超て第三不還果を證し、或は一時に下八地（有頂地を除く）の惑を斷ずる者は中間の第二果第三果を超て直に阿羅漢向となり、若し一時に上九地の惑を斷じ盡す者は直に阿羅漢果を證す。三に大超、佛在世の凡夫外道佛の善來比丘の言を聞て直に阿羅漢果を證する如きもの、是れ超前三果と名く。四に大大超、小乘の菩薩、三十四心に一切の煩惱を斷じて佛果を成ずるもの、是れ唯台家の義立なり。

テウヲツシンヂ 超越心地 【術語】 一切の心法を超絕したる佛位なり。【大日經眞言品】に「諸佛自證三菩提不思議界超越心地。」【同疏三】に「如三世人擧趾動足皆依二於地一。菩薩亦如レ是。依レ心進行故名二此心一爲レ地。以三心尙有二所依一故。未レ名二正遍知一。如來已度二此微細戲論一進趣都息。故名二超越心地一。」

テウヲツダン 超越斷 【術語】 超越證に同じ。

テツ 楪 【物名】 日本の禪林鐵鉢の臺を楪（てつ）と云ふ。楪もと俗字なり「チヤツス」を見よ。

テツギ 手次 【雜語】 本願寺一派に檀家より所屬の寺院を手次とし、其の僧を手次の坊主と云ふ、手次の稱は蓮師の御文より出でて本山宗主の敎化を取り次ぐ義なり。

テツギウ 鐵牛 【譬喩】 以て動かすべからざるに譬へ、又嘴を容る處なきに譬ふ。【碧巖三十八則】に「祖師心印。狀似二鐵牛之機一。」【同著語】に「千人萬人撼不動。」【五燈會元藥山章】に「某甲在二石頭一。如三蚊子上二鐵牛一。」

テツグワンヂゴク 鐵丸地獄 【界名】 十六遊增地獄の一。熱鐵丸あり獄卒罪人を驅て之を撮らしむ、手足盡く爛壞す。【三藏法數四十五】

テツケツシ 鐵橛子 【譬喩】 古人の公案容易に嘴を下す處なきを喩て云ふ。【無盡燈論上】に「又有二一般一。往往以二古人公案一生二容易見一。一齊見レ之曰。鐵橛子沒滋味。阿呵呵。悟如下生盲者問レ乳言レ似レ貝作二聲會一。言レ似レ雪作中冷會上。夫鐵橛子者非レ所三以無二滋味一。無二汝下レ嘴處一是謂二之鐵橛子一。只向二難レ下レ嘴處一奮二發大勇猛心一。竪咬橫咬咬不レ止。則忽然一咬咬破。咬破將來始知三此中有二無盡法味一。是謂二鐵橛子一。後人不レ會錯作二沒滋味會一。」

テツケンジフハウグワン 徹見十方願 【術語】 阿彌陀佛四十八願中第三十一願、彼の國土をして清淨ならしめ十方世界を照見せしめんと願ふなり。【無量壽經上】に「設我得レ佛。國土清淨。皆悉照二見十方一切無量無數不可思議諸佛世界一。猶如三明鏡覩二其面像一。若不レ爾者不レ取二正覺一。」願名に就て諸師不同なり。【望西樓鈔四】に「第三十一國土清淨願。乃至眞源云。徹見十方願。」

テツゲン 鐵眼 【人名】 黃檗山の道光字は鐵眼、肥後の人、十三歲出家、慶安三年京に入て內典外書を學ぶ。明曆元年隱元に長崎の東明寺に謁す。元一見して器を許し、命じて參堂せしむ。後木菴に就て啓叩し、入室を許さる。寬文三年楞嚴を肥後の禪定寺に講じ、明年法華を筑前の妙光寺に講ず。一日慨然として大藏經を刊行せんとを發願し、大坂に抵て專ら其の謀を成す。時に觀音寺の妙宇白金一千兩を捐て刻藏の資に供す。師大に喜び急に黃檗に登て隱元に白す。元歡喜踊躍し其の貯ふる所の明版の藏本を賜ひ、赤勝地を割て藏版を貯ふ處となさしむ。師乃ち寶藏院をその地に建て、印房を京師に開き、先づ刻すると數十函、時に緣を江戶に募り、楞嚴を淺草の海雲寺に講ず。列衆數千人、施物海會す。十年の春難波の檀信藥師寺を重修して師を請じて中興の祖となす、師喜で來り住し、慈雲山瑞龍寺と號す。延

寶二年熊本侯迎へて城中に請じ、法要を問ひ、自後年に黃金千錠を捨てて刻藏を助く。四年の春木菴を省し、親く心印を受く。六年の秋刻藏將に功を竣へんとす、乃ち上表して太上法皇に奉る、尋で藏經を幕府に進めんと欲して江府に赴く。天和二年正月忽ち門人に告げて曰く、山僧春末大事あり此に滯るべからずと、諸子を率て瑞龍寺に回る、是春畿內荒廢す、師多く錢穀を化し流亡を救ふ、時に稱して救世大士と爲す。三月二十二日寂、壽五十三、門徒靈骨を奉じて寶藏院の西隅に塔す。語錄二卷あり。【續本朝高僧傳十二】

テツサイ　鐵際　〔雜名〕鐵圍山の際。

テツサツ　鐵札　〔物名〕冥土にて人間の罪福を記する金鐵の帳簿なり。【十王經註】に「二童子以二亡人罪福諸業一錄二金鐵札奉見閻王一也。」

テツシツリ　鐵蒺藜　〔譬喩〕金鐵の蒺藜、以て手を著くる處なきに譬ふ。【碧巖十二則著語】に「鐵蒺藜。」【同種電鈔】に「眞佛無相故著レ手無レ處。」

テツシリンヂゴク　鐵刺林地獄　〔界名〕邪婬を犯せし人の墮する處。【智度論十七】に「若犯二邪婬一侵二他婦女一。貪レ受二樂觸一。如レ是等種種因緣墮二鐵刺林地獄中一。刺樹高一由旬。上有二大毒蛇一。化二作善女身一。喚二此罪人一。上來共レ汝作レ樂。獄卒驅レ之令レ上。刺皆向レ下貫二刺罪人一。身被二刺害一。入レ骨徹レ髓。既至二樹上一化女還復二蛇身一。破レ頭入レ腰處處穿レ穴。」

テツシユンタウ　鐵餕餡　〔譬喩〕鐵の饅頭。以て沒滋味に譬ふ。

テツシンミヤウ　徹心明　〔術語〕五相の第一通達本心の眞言なり。【蓮華部心軌】に「諸佛同音言。汝應レ觀二自心一。既聞二是說一已如レ敎觀二自心一。久住諦觀察不レ見二自心相一。復想禮二佛足一。白言最勝尊。我不レ見二自心一。此心爲二何相一。諸佛咸告言。心相難二測量一。授二與心眞言一。即誦二徹心明一。觀二心如二月輪一。若在二輕霧中一。如レ理諦觀察。眞言曰。唵。質多鉢羅底吠鄧。迦嚕弭。」

テツジヤウ　鐵城　〔雜名〕地獄の城なり。大藏中に鐵城泥犁經一卷あり。

テツジヤウナイリキヤウ　鐵城泥犁經　〔經名〕一卷、東晉の竺曇無蘭譯。五天使並に地獄の苦狀を說く。泥犁は地獄の梵語。【昃帙八】(561)

テツジユ　鐵樹　〔譬喩〕金鐵の樹木なり、以て花を開き果を結ぶことなきを云ふ。【碧巖四十則垂示】に「休去歇去鐵樹開レ花。」【同種電鈔】に「宗師家到二大休歇處一。領二鐵樹花開劫外春一。不下是盡二細識一人上爭得レ如レ此乎。」

テツタウ　鐵塔　〔傳說〕南天竺に鐵塔あり、一切秘部の大經此中に收藏す、龍猛菩薩（舊譯龍樹）此中に入て金剛薩埵に値ひ、兩部の大經を傳受し來ると、金剛智三藏の口傳にして其の弟子沙門智藏（不空三藏の法諱）之を金剛頂經義訣に記す、是れ鐵塔說の本據なり。東密台密共に之を依用して疑はず。安然の【敎時問答三】に「沙門智藏金剛頂義訣云。此經有二百千頌廣本一。（乃至）其大經本阿闍梨云。經夾廣長如レ床。厚四五尺。有二無量頌一。在二南天界鐵塔之中一。佛滅度後數百年間無二人能開一。此塔以二鐵扇鐵鎖一而封二閉之一。其中天竺國佛法漸衰時。有二大德一先誦二持大毘盧遮那眞言一。得二毘盧遮那佛而現二其身一。現二於多身一。於二空中一說二此法門及文字章句一。次第令レ寫訖即滅。即毘盧遮那念誦法要一卷是。時大德持誦成就願レ開二此塔一。於二七日中一遶レ塔念誦。以二白芥子七粒一打二此塔門一。乃開二塔門一。諸神一時踊怒不レ令レ得レ入。唯見二塔內一香燈光明一丈二丈。名華寶蓋滿レ中懸列。又聞二讚聲一。此大德至心懺悔發二大誓願一。然後得レ入二塔中一。入已其塔尋閉。經二於多日一誦二此經王廣本一一遍。爲レ如二食頃一。得二諸佛菩薩指授一所レ堪二記持一不レ忘。便令レ出レ塔。塔門還閉如レ故。」弘法の【付法傳下】に亦此說を敍して、終の文に「然前所レ述事略載二金剛頂義決中一。」

テツチセン　鐵圍山　〔界名〕鹹海を圍繞して一小世界を區劃する鐵山なり、鐵より成る、須彌山を中心として外に七山八海あり、第八海は即ち鹹海にて贍部等の四大洲此に在り、此鹹海を圍繞するは即ち鐵圍山にて之を一小世界と爲す。【倶舍論十一】に「於二金輪上一有二九大山一。妙高山王處レ中而住。餘八周匝遶二妙高山一。於二八山中一前七名レ內。第七山外有二大洲等一。此外複有二鐵輪圍山一。周市如レ輪。圍二一世界一。」⦿（正統記一）「欲界の諸宮殿乃至須彌山四大洲鐵圍山をなす」梵 Cakravāḍa.

鐵圍の結集　〔傳說〕彌勒菩薩等阿難を率て鐵圍山に於て大乘經を結集せしと云ふ。「ケツジフ」を見よ。

テツパツ　鐵鉢　〔物名〕鉢は梵語鉢多羅 Pātra の略、應量器と譯す、各自の身量に應じて施食を受くる器物にて、鐵を以て製せるを鐵鉢と云ひ、瓦又は石を以て製せるを瓦鉢石鉢と云ふ。石鉢は佛に局り、瓦鉢鐵鉢は比丘之を通用するを得れども、多くは鐵鉢なり。【行事鈔鉢器制聽篇】に「體者。律云。大要有レ二。泥及鐵也。」

テツリンワウ　鐵輪王　〔雜名〕四輪王の一。鐵の輪寶を感得して南閻浮提の一洲を統御する帝王なり。增劫の時の人壽二萬歲に至て出現す。（智度論）或は減劫の時の人壽八萬歲以上に於て出現すと云ふ。（倶舍論）⦿（正統記一）「二萬歲に至らん時鐵輪王出で、南一

洲を領すべし」

テツヰセン 鐵圍山 [界名] 「テッチセン」を見よ。

テフ 楪 [物名] 「テッ」を見よ。

テフシ 楪子 [物名] 「チャッス」を見よ。

テフフク 鍱腹 [傳說] 憍慢の外道あり、我腹中に一切の智慧を容るれば其破裂せんとを恐るとて銅鍱を以て腹を鍱すと云ふ。【智度論二十六】に「薩遮祇尼犍子。銅鍱鍱レ腹自誓言。無レ有下人得二我難一而不二流レ汗破壞一者上。大象乃至樹木瓦石聞二我難聲一亦皆流レ汗。」【光明文句五】に「世智辯聰如二長爪鍱腹一。難レ石石裂雖レ樹樹折。」

テフモン 牒文 [術語] 「デッモン」を見よ。

テラ 寺 [術語] 梵語、毘訶羅 Vihāra 僧の住處なり、漢に寺と云ふは、摩騰、法蘭初て漢に來りし時、之を鴻臚寺に館せしめ、後に白馬寺を立てて之を置きしより遂に寺を以て僧居の通名となす。寺はもと官司の名、九寺是なり。【僧史略上】に「騰蘭二人捔レ力既勝。明帝欣悅。初於二鴻臚寺一延禮レ之。鴻臚寺者本禮二四夷遠國一之邸舍也。尋令下別擇二洛陽西雍門外一蓋中一精舍上。以三白馬馱二經夾一故用二白馬一爲レ題也。寺者釋名曰。寺嗣也。治レ事者相嗣續二於其內一也。本是司名。西僧乍來權止二公司一。移入二別居一不レ忘二其本一還標二寺號一。僧寺之名始二于此一也。」【大日經疏十一】に「寺者毘訶羅。此方譯爲二住處一。」

テラウケジヨウモン 寺請證文 [物名] 亦宗旨手形、寺手形とも云ふ。德川時代に寺院をして士民が其檀越たるとを證明せしめたる文書。士民は必ず其歸依する一定の寺院を有せしむ。是れ耶蘇敎禁遏の意より出でしなり。慶長十八年冬、外國傳導師を驅逐し、耶蘇敎信者をして盡く改宗歸佛せしむ。時の所司代板倉勝重は佛敎に歸せるより、其の寺保證の證文を徵取せり。之れ寺請證文の起原なりとす。

テラノチヤウリ 寺長吏 [職位] 比叡山延曆寺を單に山と云ふに對して三井寺を單に寺と云ふ、仍て山座主に對して寺長吏と稱す、長吏は三井寺の貫主の職名なり。

テラノリウ 寺流 [流派] 台密六流の中に智證大師の法流を三井流とも寺流とも云ふ。【天台學則上】

「と云ふに對して三井の僧を寺法師と云ふ。

テラホフシ 寺法師 [雜名] 叡山の僧を山法師

テラヤクシヤ 寺役者 [雜名] 東寺に住する僧侶を云ふ。

テン 天 [界名] 梵に提婆 Deva 又素羅 Sura 光明の義、自然の義、淸淨の義、自在の義、最勝の義。人間以上の勝妙の果報を受くる所にして其一分は須彌山の中に在り、其一分は遠く蒼空に在り、總じて之を天趣と名げて六趣の一とす。又其の住處に拘はらず一切の鬼神を指して天と名く、鬼子母神を鬼子母天と云ふ如し。又一切好妙の物を天と名く、人中の好華を天華と言ふ如し。【大乘義章六末】に「天者如二雜心釋一有二光明一故名レ之爲レ天。此隨レ相釋。又云天者淨故名レ天。天報淸淨故名爲レ淨。若依二持地一所受自然故名爲レ天。」【義林章六本】に「神用光潔自在名レ天。」【法華文句四】に「天者天然自然勝。樂勝身勝故天爲レ勝。衆事悉勝二餘趣一。常以レ光自照故名爲レ天。」【止觀四】に「自然果報名爲レ天。」【婆沙論百七十二】に「於二諸趣中一彼趣最勝最樂最善、最善最妙高故名爲レ天。」【嘉祥金光明經疏】に「外國呼レ神亦名爲レ天。」【智度論】に「天竺國法。名二諸好物一皆爲二天物一。」

三種天 [名數] 【智度論七】に「一に名天、人中の王を天王天子と稱する如く、假に天と名くるもの。二に生天、四王天乃至非想天の如く、衆生の生ずべき天處を云ふ、即ち六趣中の天趣なり。三に淨天、三乘の聖者、煩惱を斷じて淸淨無垢なるもの、聲聞の預流果已上乃至佛なり。

四種天 [名數] 【涅槃經二十三】に「一に世間天、上の名天に同じ。二に生天、上の生天に同じ。三に淨天、預流果より辟支佛に至る諸の聖者なり。四に義天、十住已上の菩薩能く大乘の深義を悟解するもの。此四種天中には獨り佛を攝めず。」【智度論二十二】に「一に名天、即ち上の世間天なり。二に生天、即ち上の生天なり。三に淨天、諸の聖者の人中に在るもの、三種天中の淨天に同じ。四に生淨天、天中に生ずる諸の聖者なり。」

五種天 [名數] 【涅槃經二十三】に四種の天を明かし【同十八】に生天と第一義天との二種を明かす、此の中生天は四種の中にあるを以て二處の所明を合せて五天となる、即ち彼の四種に第一義天を加へて第五となす、第一義天とは佛及び佛所證の涅槃なり。【經】に「第一義天。謂諸佛菩薩。常不變易。以二常住一故。不生不老不病不死。」

テン 轉 [術語] 物の因緣に依りて生起するを轉と云ふ、生起は即ち其物の轉變なればなり。【唯識論一】に「有二種種相轉一。」【同述記】に「轉是起義。」

テン 纏 [術語] 煩惱の異名。煩惱能く人の心身を自在ならしめざればなり。【大乘義章五本】に「能纏二行人一目レ之爲レ纏。又能纏レ心亦名爲レ纏。」

八纏 [名數] 纏は煩惱の通名なれども殊に八法を擧げて纏と名く。一に無慚、所造の罪に於て自ら省みて耻ぢざらしむるもの。二に無愧、所造の

罪に於て他に對して恥ぢざらしむるもの。三に嫉、他人の盛事に於て心をして喜ばざらしむるもの。四に慳、所有の財と法に於て心をして悋著せしむるもの。五に悔、所作の善事に於て追悔せしむるもの。六に眠、心をして闇昧ならしむるもの。七に掉擧、心をして安靜ならしめざるもの。八に惛沈、心をして惛重ならしむるもの。【倶舍論廿一】に「纏八無慚愧嫉慳幷悔眠及掉擧惛沈。乃至品類品說レ有二八纏一。」

十纏 【名數】上の八纏に忿覆の二を加へて十纏となす、忿とは有情非情に對して心をして憤發せしむるもの。覆とは自罪を隱藏して發露せしめざるもの。【倶舍論二十一】に「毘婆沙宗說二纏有一レ十。謂於二前八一更加二忿覆一。」

テン 諂 【術語】小煩惱地法の一。廿隨煩惱の一。心所の名目。他人に向ひて內心を秘し、表面親愛を装ふ詐りの精神作用を云ふ。

テンアイ 天愛 【術語】愚者の異名。世間に最勝なるもの天に過ぐるなし。至愚を指して天となす猶貧人を指して富者と呼び痴鈍を指して聰明と呼ぶ如く調弄の辭なり、此痴天憐むべし故に天愛と云ふ。又一說、其人愚痴にして取る所なし、但天に愛せられて自ら存するを得るのみ、故に天愛と云ふ。【唯識樞要上末】に「天愛者。梵云二沒劫一 Moha 此名爲レ愚。愚有二三名一。一提婆 Deva 此云レ天。二曬縛 Jvala* 此云二光明一。三鉢刺闍鉢底 Prajāpati 此云二天生主一。乃至世間之勝莫レ過二於天一。世間之劣莫レ過二愚者一。喚レ愚爲レ天調レ之故也。喚レ奴爲二郎若一等。光明者照了義。愚人痴闇調喚爲二光明一。如下名二貧人一爲中富財物上。亦如下喚二鈍人一爲中聰明物上。梵王世間皆計爲レ父。猶三彼所生但知二端坐一。雖レ生二一切一都無二動作一。痴人喩レ彼。雖下被二駈使一百種皆作上都無二所知一。無二小別識一。劣從二勝號一名曰二生主一。」【唯識述記二末】に「言二天愛一者以二其愚痴一無レ可二錄念一。唯天所レ愛方得二自存一。如レ言二此人天矜一故爾。故名二天愛一。」

テンアクジヤウゼンノヤク 轉惡成善益 【術語】現生十種の益の一。彌陀を信ずる信心には五逆十惡の罪惡の罪障を斷滅して不可稱不可說の大善根を成就する利益あるを云ふ。

テンイジユ 天意樹 【雜名】天上の如意樹なり。【慧琳音義二十五】に「天意樹。諸天有レ樹隨二天意一轉。所求皆遂。故得レ名也。」

テンウ 天有 【術語】七有の一。過去の戒定等の因に依りて、現在に感得したる天界の樂果を云ふ。因果たがはず失はざるが故に有と名く。【大藏法數】に「天者天然自然樂勝身勝也。謂衆生由二過去戒定之因一感二現在快樂之果一。不レ亡故名二天有一。」

テンウキヤウ 轉有經 【經名】一卷、元魏の佛陀扇多譯。佛說大乘流轉諸有經の異譯前出。【宙帙一二】

(284)

テンエ 天衣 【物名】「アマゴロモ」を見よ。

テンエ 轉衣 【儀式】禪門に於ける傳法のこと。

テンエ 轉依 【術語】菩提涅槃の二果を云ふ。轉とは轉捨轉得の義、依は所依の義にて、第八識を指す。第八識は依他起性の法にて、此中に煩惱所知の二障の種子、並に無漏智即ち菩提の種子を藏め、且つ第八識の實性は即ち圓成實性の涅槃なり。此中に二障の種子は所轉捨の法にて、菩提と涅槃は所轉得の法なり。此の如く第八識は所轉捨の二障と所轉得の二果との所依なれば依と名く。依りて今聖道を修して其の第八識中の煩惱障の種子を轉捨して其實性たる涅槃を轉得し、又第八識中の所知障の種子を轉捨して其中の無漏の眞智即ち菩提を轉得するを轉依と云ひ、所得の菩提涅槃を二轉依の妙果と云ふ。【唯識論九】に「由レ轉二煩惱一得二大涅槃一。轉二所知障一證二無上覺一。成二立唯識一。意爲三有情證二得如レ斯二轉依果一。」【百法問答抄八】

六轉依 【名數】轉依を所得の位に從へて六種に分つ、一に損力益能轉、三賢の資糧位と四善根の加行位の轉依なり、此位は未だ種子を斷ぜず眞如を證せざるが故、正しき轉依にあらざれども、勝解慙愧の二力に依りて能く本識の中の染種の勢力を損し、本識の內の淨種の功德を益するが故に轉依と名くるなり。二に通達轉、見道位の轉依なく、此より已去は斷惡證理すれば眞實の轉依なり、但し分證なり。三に修習轉、修道位の轉依なり、四に圓滿轉、妙覺位の轉依なり。五に下劣轉、二乘所得の生空の菩提涅槃なり。六に廣大轉、大乘所得の生法二空の菩提涅槃なり。【百法問答鈔八】

テンカイ 天海 【人名】武州東叡山の天海、姓は三浦氏、奥州會津の人。十一歲出家、天文年中叡山に登り實全阿闍梨に從て台教を學ぶ。倶舍を三井の尊實に受け、法相三論を南都に學び、大寧禪德に參じて教外の旨を受け、又長樂寺の春豪天寧寺の善恕に從て灌頂法を受く。慶長四年武州仙波の喜多院に住す。同八年下野の定光寺に移て法華を講說す。德川家康命じて叡山の南光坊を主らしむ。後、命に依りて喜多院に再住し、屢謁して道を說く。十四年叡山法華大會を修するとき、選ばれて探題となる。後陽成上皇召して法要を問ひ、僧正を賜ひて毘沙門堂

に住せしむ。翌年家康海の爲に喜多院を新にす。十八年日光山を再建し、海に命じて之を董せしむ。元和元年正親町上皇の御忌に禁中法會を設く、海に敕して導師となし大僧正に任ず。二年家康薨ず、翌歲遺命を奉じ靈柩を久能山より日光に移す。寛永元年德川秀忠、寛永寺を創し、海を以て開基とす。師活字を以て一切經を開版し、寺なほこれを藏す。二十年十月二日寂、壽百餘歲。慶安元年、謚を慈眼大師と賜ふ。【本朝高僧傳五十六】

テンカイ　天界　〔界名〕「テンダウ」を見よ。

テンカウ　天香　〔物名〕天上の香。又人中の妙香を天香と云ふ、人中の好華を天華と曰ふ如し。【法華經法師功德品】に「亦聞二天上諸天之香一。」

テンカク　典客　〔職位〕知客の異名。「シカ」を見よ。

テンガ　展賀　〔儀式〕「センガ」を見よ。

テンガイ　天蓋　〔物名〕佛の頭上を蓋ふて雨露塵埃を避くる意を寓するもの。もと天人の供養に係かれば天蓋と云ひ、又頭の上方に垂るるものなれば天蓋と云ふ。【禮讚】に「天來香蓋捧。人去寶衣齋。」「ガイ」を見よ。⦿（增鏡、北野の雪）「瑠璃の天蓋天に光をかがやかし」

テンガイジン　常具天蓋人　〔傳說〕【法苑珠林五十、今昔物語三】

テンガク　天樂　〔雜名〕天人の伎樂。【法華經化城喩品】に「四王諸天爲レ供二養佛一常擊二天鼓一。其餘諸天作二天伎樂一。」

テンガン　轉龕　〔儀式〕禪家遷亡の中路に山門首に於て龕を轉じて裏に向はしめ、奠茶湯の佛事を爲すを云ふ。【象器箋十四】

テンキ　轉起　〔術語〕轉は即ち起の義、有爲法の因緣に依りて生起するを云ふ。【唯識述記一本】に「轉是起義。」

テンキ　天機　〔術語〕天然の機感なり。【止觀一】に「天機秀發。」

テンキ　天鬼　〔異類〕六趣の中の天趣と鬼趣。【二敎論上】に「天鬼見別。人鳥明暗。」

テンキウ　天弓　〔雜名〕虹の異名。【玄應音義二十二】に「天弓亦言二帝弓一。即天虹。」

テンキボ　砧基簿　〔雜名〕始め寺を建つるとき定むる所の殿堂廊廡の柱礎の圖なり、是れ後日無用の物なれども、然も住持の人知らずんばあるべからず。故に入寺の後に兩序の人に詢問す。【敕修淸規】に「交二割砧基什物一。」【中峰本禪師擬寒山詩】に「十冊古傳燈。轉作二砧基簿一。」チンキボと讀む。

テンギヤウ　天行　〔術語〕涅槃經所說五行の一。天は第一義天にて、天然實相の理なり、菩薩天然實相の理に依りて妙行を成ずるを天行と名く。

テンギヤウ　轉經　〔儀式〕二義あり、一は經を讀誦するを云ふ。即ち常に云ふ讀經にして每行閱過すれば之を眞讀と云ふ。是れ即ち讀經なり。【高僧傳經師論】に「詠經則稱爲二轉讀一。歌讚則稱爲二梵音一。」一は轉經と讀經とを別にし、眞讀を讀經と名け、別に轉讀の法ありて之を轉讀と名く。轉讀とは唯每卷の初中後數行を讀みて經卷を轉翻するなり。轉經卷、轉大般若經など是なり。

テンギヤウヱ　轉經會　〔行事〕大般若經を轉讀する法會なり。

テンク　天鼓　〔物名〕忉利天の善法堂にある鼓にて、擊たずして自ら妙音を發すと云ふ。【唐華嚴經十五】に「忉利天中有二天鼓一。從二天業報一而生得。知二諸天衆放逸時一。空中自然出二此音一。一切五欲悉無常。如二水聚沫一性虛僞。諸有如レ夢如二陽焰一。亦如二浮雲水中月一。乃至三十三天聞二此音一。悉共昇二善法堂一。帝釋爲說二微妙法一。咸令三順寂除二貪愛一。」【法華經序品】に「天雨二曼陀華一。天鼓自然鳴。」【嘉祥法華義疏一】に「外國名レ佛以爲二天鼓一。賊欲レ來時天鼓則鳴。賊欲レ去時天鼓亦鳴。天鼓鳴時諸天心勇。天鼓鳴時修羅懼怖。衆生煩惱應レ來佛則爲說レ法。衆生煩惱應レ去佛則爲說レ法。佛說レ法時弟子心勇。佛說レ法時諸魔懼怖。天鼓無心能爲二四事一。如來雖レ說亦復無レ心。是故名レ佛以爲二天鼓一也。」⦿（榮花、玉の臺）「譬如二天鼓俱尸羅一(Kauśila)」

テンク　天口　〔術語〕婆羅門の法に火を天の口となし、火に供物を燒けば諸天之を食ふことを得と云ふ。是れ護摩供の由て來る所なり。【百論疏上之中】に「再供二養火一爲レ欲レ生レ福。外道謂二火是天口一。故就二朝暝二時一再供二養火一。問外道何故謂二火法二天口一耶。答俱舍論云。有レ天從二火中一出語言。諸天口中有二光明一謂言是火。故云二天口一。乃至正燒二蘇等千八種物一。令三香氣上達二諸天一。天得レ食レ之令二人護レ福。將欲レ燒時前遣二人咒一然後燒。」章安の【涅槃經會疏三十二】に「火天者火是天口。若供二養之一但燒二魚肉一。煙氣至レ天。天得二此氣一故是天口。」

テンクライオンブツ　天鼓雷音佛　〔佛名〕Divyadundubhimeghanirghoṣa　胎藏界五佛の一。中臺八葉院の北方の葉上に住す。金剛部の定印を結て大涅槃の德を主る。金剛界には不空成就と云ひ、即ち釋迦と同體なり。是れ四法身

（天鼓雷音佛の圖）

中の等流身なり。【大日經眞言品】に不動佛と稱し、【同入秘密曼荼羅位品】に鼓音如來と稱す。善無畏三藏は不動（梵語阿閦）の名を以て或は義立となし、或は經文の誤となす。天鼓雷音の名は秘藏記に出ず。若し義立に約せば涅槃の不生不滅の德を稱して不動と云ふなり。而して鼓音の義は天鼓の形相なくして能く一切の法音の如く、佛の大涅槃は無作の妙用を作し、小乘の寂滅の如くならざれば譬へて天鼓と云ふなり。【大日經疏四】に「次於二北方一觀二不動佛一作下離熱清涼住二於寂定一之相上。此是如來涅槃智。是故義云二不動一。非二其本名一也。本名應レ云二鼓音如來一。如下天鼓都無二形相一亦無二住相一而能演二說法音一。警中悟衆生上。大般涅槃亦復如レ是。非レ如二三乘永寂都無二妙用一。故以爲レ喩也。」【同入秘密曼荼羅位品疏（疏卷十六）】に「北方鼓音佛（前爲阿閦今改置此名也）」【同疏二十】に「又前云二北方阿閦一者經誤也。此是瑜伽義。與レ此不二相應一。以二鼓音佛一爲レ定也。（此二處の文は前段北方不動佛と云へる經文を指す、阿閦此に不動と翻すれば也。）」【秘藏記末】に「北方天鼓雷音如來。赤金色。入定之相。」

種子【術語】第四點の阿（アク）なり、是れ五轉中の第四第四轉入涅槃の種子なればなり。

印相【術語】【胎曼大鈔一】に「左手作レ拳。仰置レ臍。右手覆レ掌安二臍上一。」之を金剛部の定印となす。

テンクワン　天冠【物名】殊妙の寶冠人中の所有にあらざれば天と云ふ。【觀無量壽經】に「頂上毘楞伽摩尼寶以爲二天冠一。」

テング　傳供【儀式】佛壇に供物を傳送する儀式なり。もと禁中の大法會に行ふ儀式にて、僧綱上達部など、上臈の人列を爲して順次に供物を傳送し、以て壇上に置くなり。傳供の式は他見を禁ずるを法とす。【勅修傳九】に「正面の庭上に赤地の錦の地鋪をしきて、其上に机二脚をたてて十種供養の具を安ず。天童二人舞童十六人東西より進み出でて、供具を取りて南の階子に參じて、傳供を爲す。衆僧正面の左右に立て傳供す。このあいだ十天樂を奏す。御導師澄憲法印なり。傳供のときは制禁かたくして、參詣の道俗、やり水の地にのぞまずといへども、說法のときは勅許ありて、聽聞の緇素群を爲す。」【往生講式首書】に「傳供之法式於二禁裏一御法供之時必行レ之也。今洛陽諸大寺一宗之鼻祖遠忌等以二此法要一爲二儀則一。搜二索本據於二佛家一未二曾得一レ之。然於二本朝皇道之通軌一得二依據一。禁秘鈔上云。朝餉上臈女房候二朝餉南間端一。中臈内侍或小上臈候二障子外一取傳。下臈又傳レ之。」禪門亦此式あり。【大鑑清規佛誕生】に「住持至。燒香一炷。大展三拜。不レ收二坐具一。侍者一班。進レ卓排立傳供。」【敕修清規聖節】に「住持上二茶湯一。上首知事遞上。」⦿（增鏡）「傳供のさまは人見ぬ事なれば知らず。」

テング　天宮【界名】梵語、泥縛補羅（でいはふら）Devapura 天人の宮殿。【圓覺經】に「地獄天宮皆爲二淨土一。有性無性齊成二佛道一。」

テング　天狗【異類】もと彗星の名にて其の名漢書に出づ、梵語に憂流迦、正法念經に天狗と翻す。亦彗星の名なり。【正法念經十九】に「一切身分光燄騰赫。見二此相一者皆言二憂流迦下一。魏言二天狗下一。」然るに此方に所謂天狗は天魔の一類にして經論の中に見る所なし、【聖財集中】に「日本に天狗と云ふ事經論の中に見及ばず、眞言の中に天狗と云へるは狐子等也、乃至日本の大狗は山狄の如し。」【壒囊鈔十三】に「但諸道の長者諸宗の行者慢心に依て天狗と成ると云ふ。乃至八坂の寂仙上人遍融七天狗給と云ふ事書かれたれば定めて由緒侍らん。」【谷響集二】に「此邦天狗。從二我敎一見レ之魔波旬屬。然世人迷レ名漫生二穿鑿一。皆非レ理矣。所謂天狗非レ星非レ獸。名同物異。其名二天狗一者只此邦俗名耳。乃至此邦何謂レ無二魔類一耶。凡出家人無二菩提心一。我執憍慢。專求二名利一。經名二魔業一。如レ是之曹當レ作二天狗一也。」⦿（大鏡一）「さればいとど山の天狗の志し奉るとこそさまざまに聞え侍るめれ」梵 Ulkā（彗星）Ulūka（鴟梟）

テングウホウザウ　天宮寶藏【雜名】經藏の異名。兜率天の内院彌勒菩薩の處に一切經を收藏すと云ふに就て天宮と云ふ。佛の滅後法藏は漸く二處に隱沒す。一は天宮、一は龍宮。【釋門正統三】に「今稱二龍宮海藏一者乃約二龍樹入海一而言。又稱二天宮寶藏一者乃附二慈氏居處一而說。」

テングワ　天畫【雜名】天上の妙畫、人中の所有にあらざるを云ふ。【觀無量壽經】に「有二八萬四千脈一。猶如二天畫一。」

テンケ　轉計【術語】計は計度分別なり、計度分別して立つる所の宗義を計と云ふ。若し他に難ぜられて更に其宗義を變ずるを轉計と名く。

テンケ　轉化【術語】遷化に同じ。敎化を他土に轉ずる義。又遷轉變化の義にて命終の變を云ふ。【無量壽經下】に「是二菩薩於二此國土一。修二菩薩行一。命終轉化生二彼佛國一。」

テンケ　天華【雜名】「テンゲ」を見よ。

テンケ　點化【術語】他の緣に點ぜられて己が性分を變化すると。

テンケウ　轉敎【術語】「テンゲウ」を見よ。

テンゲ　天華【雜名】天上の妙華。又、人中の好

華天物の如きもの。【心地觀經一】に「六欲諸天來供養。天華亂墜偏二虛空一。」【法華經譬喩品】に「諸天妓樂百千萬種。於二虛空中一一時俱起。雨二諸天華一。」【智度論九】に「云何爲二天華一。天華芬熏香氣送レ風。復次天竺國法。名二諸好物一皆名二天物一。雖レ非二天上華一以二其妙好一故爲二天華一。」

天華著舍利弗衣 〔傳說〕【維摩經觀衆生品】に「時に維摩詰の室に天女あり、諸の大人を見、所說の法を聞て便ち其身を現じ、即ち天華を以て諸の菩薩大弟子の上に散ず。華諸の菩薩に至り、即ち皆墮落す。大弟子に至て便ち著て墮ちず。一切の弟子神力を以て華を去れども去らしむると能はず。爾の時天女舍利弗に問ふ、何が故ぞ華を去る。答て曰く、此華不如法なり、是を以て去る。天曰く、此華を謂て不如法となすなかれ、所以は何かん、是の華分別する所なし、仁者自ら分別の想を生ずるのみ。若し佛法に於て出家し、分別する所あらば不如法となす、蓋し分別なければ則ち如法なり。諸の菩薩を觀るに華の著かざるは已に一切の分別の想を斷ずるが故なり。譬へば人の畏るる時非人其の便を得るが如し。是の如く弟子生死を畏るるが故に色聲香味觸其の便を得、已に畏を離るる者は一切の五欲能く爲すとなきなり。」

四種天華 〔名數〕法華經所說六瑞中雨華瑞に天より四種の華を雨らす。【法華經序品】に「佛說二此經一已結跏趺坐。入二於無量義處三昧一。身心不レ動。是時天雨二曼陀羅華。摩訶曼陀羅華。曼殊沙華。摩訶曼殊沙華一。而散二佛上及諸大衆一。」次第の如く白華大白華赤華大赤華と譯す。

テンゲウ 轉敎 〔術語〕「テンゲウフザイ」を見よ。

テンゲウフザイ 轉敎付財 〔術語〕天台所立の五時中、第四の般若時に於て、佛が故に須菩提等の聲聞人をして般若經を大乘の菩薩に代說せしむるを轉敎と云ふ。大乘の妙理はもと聲聞人の所知にあらず、但佛の加被力を以て佛の敎を他に移轉するなり。佛須菩提をして轉敎せしむる所以は其の意須菩提をして自ら大乘の妙理を領知せしむるに在り、故に喩に寄せて付財と云ふ、付財の信は【法華經信解品】の喩に取て轉敎の本意を示すなり。【四敎儀】に「次說二般若一。轉敎付財能通淘汰。」【同集註上】に「所三以令二其轉一レ敎菩薩二意。在三二乘領二知法門一。故曰二付財一。二乘本所レ不レ知但謂二加被令一レ說。故曰二轉敎一。」

テンゲワジユン 天下和順 〔雜語〕【無量壽經下】に「佛所二遊履一國邑丘聚庶レ不レ蒙レ化。天下和順日月清明。風雨以レ時。災厲不レ起。國豐民安兵戈無レ用。崇レ德興レ仁務修二禮讓一。」

テンゲン 天眼 〔術語〕五眼の一。天趣の眼なるが故に天眼と名く。色界四大所造の清淨の眼根を以て麁細遠近の一切の諸色、又は衆生の未來に於ける生死の相を前知するもの。此に修得生得の二種ありて、人中に於て禪定に依て肉眼の上に彼の淨眼を修得するを修得の天眼と云ひ、色界の諸天に生じて自ら此淨眼を得るを生得又は報得の天眼と云ふ。【智度論五】に「於レ眼得二色界四大造淸淨色一。是名二天眼一。天眼所見自地及下地六道中衆生諸物。若近若遠若麁若細諸色莫レ不レ能レ照。是天眼有二二種一。一者從レ報得。二者從レ修得。」【大乘義章二十本】に天趣之眼故名二天眼一。」【觀無量壽經】に「未レ得二天眼一不レ能二遠觀一。」【無量壽經下】に「天眼通達。無量無限。」

テンゲンチ 天眼智 〔術語〕天眼を以て物を知る智なり。「通の畧。

テンゲンチシヨウツウ 天眼智證通 〔術語〕【俱舍論二十七】に六通を叙して神境智證通乃至漏盡智證通と云ふ、六通悉く智を以て體とし智慧が事物を證知すると通達無礙なる力用を分別せしものなれば智證通と云ふ。天眼に依て眼識と相應して起る智慧が所對の境を證知して通達無礙なる、是れ天眼通なり。

テンゲンチツウ 天眼智通 〔術語〕天眼智證

テンゲンチツウグワン 天眼智通願 〔術語〕彌陀如來四十八願中の第六、極樂の往生人をして天眼通を得しめんとの願なり。【無量壽經上】に「設我得レ佛。國中人天不レ得二天眼一。下至不レ見二百千億那由他諸佛國一者。不レ取二正覺一。」

テンゲンツウ 天眼通 〔術語〕六通の一。色界天趣の清淨の四大を以て造れる眼根を以て遠近粗細の形色及ひ六道衆生の死此生彼を知りて通達無礙なるもの。此に修得報得の二種あると「テンゲン」を見よ。

テンゲンミヤウ 天眼明 〔術語〕阿羅漢所得三明の一。天眼通の更に明了なるもの。天眼通は凡聖の所得に通じ、天眼明は獨り聖者に局る。

テンゲンリキ 天眼力 〔術語〕佛所得十力の一。佛所得の天眼なり、了了分明能く壞するものなく能く勝つものなければ力と云ふ。

テンコツ 轉骨 〔儀式〕禪林の葬式に、骨を塔に入るる時、寢堂より起骨して塔所に向ふ途中に於て、門首に於て骨を下して裏に向はしめ、茶湯を奠するを轉骨の佛事と云ふ。【象器箋十四】

テンコン 天根 〔術語〕大自在天の幖幟として男根を形りしもの。現今印度敎シバ派の神體なり。

【續高僧傳玄奘傳】に「至ニ劫比他國一。俗事ニ此自在天一。其精舍者高百餘尺。中有ニ天根一。形極偉大。謂諸有趣由レ之而生。王民同敬不レ爲ニ鄙恥一。諸國天祠率置ニ此形一。」我國の民間信仰にこの風あるは、原始的特發なるべく、印度の風の移入したるに非らざるべし。

テンゴ　天語　〔術語〕婆羅門自ら梵語を以て天語と稱す、謂く梵天の語なりと。【釋迦方誌上】に「五天竺諸婆羅門。書爲ニ天書一。語爲ニ天語一。」【戒本疏一上】に「天地初闢未レ有ニ人物一。色有ニ梵王一降ニ生此土一。仍傳ニ本習書語於人一。是則天語天書。」

テンゴク　天獄　〔界名〕天宮と地獄。【秘藏寶鑰下】に「不レ知ニ自心爲ニ天獄一。豈悟ニ唯心除ニ禍災一。」

テンゴク　諂曲　〔術語〕他を欺く爲に嬌態を爲し曲げて人情に順ふを云ふ。【無量壽經上】に「諂曲之心。和顏愛語。」【法華經】に「我慢自矜高。諂曲心不レ實。」

テンサイ　貼菜　〔雜名〕禪林に常住調ふる所の菜の外に自ら別に貼附して供養の意を表するを貼菜と云ふ。【象器箋十六】俗に添菜と稱す。

テンザ　典座　〔職位〕「テンゾ」を見よ。

テンザウ　轉藏　〔儀式〕大藏經を轉讀するなり。轉藏と看藏と同じからず、看は毎行閲過し首より尾に徹す、轉は唯毎卷の初中後數行を讀むのみ。「テンドク」を見よ。

テンシ　天子　〔雜名〕前世に中品下品の十善を修して人中に生じて國王となるもの、諸天に護持せらるれば天子と名く。【仁王經上】に「十善菩薩發ニ大心一。長別ニ三界苦輪海一。中下品善粟散王。上品十善鐵輪王。」【金光明經三】に「雖下在ニ人中一生爲中人王上。以ニ天護一故復稱ニ天子一。」図欲界の第六天の主を天子と云ふ、天子魔の如し。

天子本命の道場　〔修法〕又は鎭護國家の道場と云ふ。【壒嚢鈔十四】に「生年に當る星は替はらざる故に本命星と云ふなり。」今は天子の爲に其本命星を祠り、災息延命を祈禱する道場を云ふ。慈覺大師歸朝の爲に文德天皇の本願に依り殊に總持院を立てて其の道場となす。【叡岳要記上】に「仁壽元年初建ニ立總持院一。准ニ大唐青龍寺鎭國道場一。爲ニ皇帝本命道場一。修ニ眞言法一。」⊙（盛衰記九）「總持院と申すは文德天皇の御願、眞言上乘の秘法は此伽藍に修せらる。如來遺身の御舍利多寶塔に納め、鎭護國家の道場名稱實に たのもしや」（正統記四）「比叡山には顯密並びて詔立す、殊に天子本命の道場を立てて御願を祈る地なり」

テンシ　天師　〔雜名〕天子の師なり。【佛祖統紀五十一】に「玄宗沙門一行號稱ニ天師一。」

テンシ　天使　〔天名〕閻魔王の使なり。天は自然の義、自然の業道より發して世を警告するもの、譬へて天使と云ふ。經中三天使五天使を說く。

三天使　〔名數〕老病死の三なり。【起世經四】に「有ニ三天使一在ニ於世間一。所謂老病死也。乃至爾時世尊說ニ此偈一言。衆生造ニ作惡業一已。死後墮ニ於惡趣中一。時閻魔王見ニ彼來一。以ニ悲愍心一而訶責。汝昔在ニ人間一時。可レ不レ見ニ於老病死一。此是天使來告示。云何放逸不ニ覺知一。縱ニ身口意一染ニ諸塵一。不下行ニ施戒一自調伏上。」

五天使　〔名數〕【佛說閻羅王五天使者經】に五天使を說く、三天使に生と王法の牢獄とを加ふ。又五大使者と云ふ。

テンシ　天祠　〔雜語〕大自在天等の天部を祠る處。

テンシキ　轉識　〔術語〕起信論所說五識の一。無明門の中の轉相を識體門には轉識と云ふ。業識の根本無明一轉して能見の識となるもの。図唯識論所說の八識中第八阿賴耶識を本識と云ふに對して餘の七識を轉識と云ふ。七轉識是なり。是れ本識より轉生せし末識なればなり。図有漏の八識を轉じて無漏の四智を得るを轉識と云ふ。「テンジキトクチ」を見よ。

テンシキロン　天識論　〔書名〕一卷、陳の眞諦譯。衆生の識轉變じて衆生となり諸法となるを明かす。【來帙十】（1214）

テンシゴフマ　天子業魔　〔天名〕四魔の一、天子魔なり。前世の業を以て此魔報を感ずれは業と云ふ。「次項」を見よ。⊙（曲、第六天）「天子業魔」

テンシマ　天子魔　〔天名〕四魔の一、欲界の第六天即ち他化自在天の天主及び天民佛道を障礙するもの。【智度論五】に「四者他化自在天子魔。乃至常ニ一心一故。一切處心不レ着故。入ニ不動三昧一故。破ニ他化自在天子魔一。」

テンシヤク　點石　〔故事〕竺道生虎丘山に在て石に對して涅槃經を講じ、石をして點頭せしむる故事を云ふ。「ダウシヤウ」を見よ。

テンシユ　天趣　〔界名〕六趣の一。天道に同じ。

テンシユ　天衆　〔術語〕梵天帝釋等凡そ天部に屬する種類を總稱す。

テンシユ　天主　〔天名〕諸天の帝主なり。【最勝王經八】に「有ニ王法心論一。名ニ天主敎法一。」

テンシユウ　轉宗　〔術語〕改宗に同じ。

テンシユノゴサウ　天衆五相　〔術語〕「ゴスヰ」に同じ。

テンシユボダイ　天須菩提　〔人名〕　三須菩提の一。佛弟子の中に三人の須菩提あり、是れ其の一人なり。【增一阿含經三】に「喜著二好衣一。行本淸淨天須菩提。」【雜談集三】に「道心は梯を立ててもおよばぬに、天須菩提の跡ぞまねたき。」此人五百生の間天に生れて殊妙の果報を得、宿習の然らしむる所、出家の後も衣食の善美を好み、遂に之に由て道を證す、依て天須菩提と名く。

テンシヨドウジイヰキフジ　天諸童子以爲給使　〔雜語〕　法華經讀誦の功德によりて諸天の給使をうくるを說く。【法華經安樂行品】に「讀二是經一者。常無二憂惱一。又無二病痛一。顏色鮮白。不レ生二貧窮卑賤醜陋一。衆生樂レ見如レ慕二賢聖一。天諸童子以爲二給使一。刀杖不レ加。毒不レ能レ害。」【撰集抄五】に「天諸童子以爲給仕の妙文」仕は使の誤。

テンシン　貼嚫　〔術語〕　嚫は梵語 Dakṣiṇā 施物なり、法會等を修して特勞ある者に其施物を加增す。これを貼嚫と云ふ。【篇海類編】に「貼天叶切。音帖裨也。依附也。又粘置也。」

テンシン　天眞　〔術語〕天然の眞理、人の造作にあらざるもの。【止觀一】に「法門淸妙。爲二天眞獨朗一。爲二從レ藍而靑一。」【同輔行】に「理非二造作一故曰二天眞一。證智圓明故云二獨朗一。」【寶鏡三昧歌】に「天眞而妙。不レ屬二迷悟一。」【安樂集上】に「理出二天眞一不レ假二修成一名爲二法身一。」

テンシンドクラウ　天眞獨朗　〔術語〕　傳敎大師在唐の時、道邃和尙より觀心の口訣として傳授せられしと云ふ語。此を一言の一心三觀と云ふ。天眞とは曰く本體不生也。吾人の一心一念、其本來を尋ぬるに不生にして無相なり。獨朗とは吾人此天眞に悟入すれば本來生死涅槃の別なく宇宙朗然として光明となり、凡身其のまま大覺の佛なるを云ふ。

テンシンブツ　天眞佛　〔術語〕　法身佛の異名。衆生本具の理性天眞獨朗なるもの。【證道歌】に「法身覺了無一物。本源自性天眞佛。」【宗鏡錄十六】に「祖佛同指二此心一而成二於佛一。亦名二天眞佛、法身佛、性佛、如如佛一。」【同三十一】に「寒山詩云。寒山居二一窟一。窟中無二一物一。淨潔空堂堂。皎皎明如レ日。糲食資二微軀一。布裘遮二幻質一。任レ汝千聖現。我有二天眞佛一。」

テンジキ　天食　〔飮食〕　欲界天の食物須陀味なり。【起世經七】に「四天王天。幷諸天衆。皆用二彼天須陀之味一。乃至欲レ食時。卽於二其前一有二衆寶器一自然成滿。天須陀味種種異色。諸天子中有二勝堂一者。其須陀味食色最白淨。若彼天子果報中者。其須陀味色則稍赤。若彼天子福德下者。其須陀味色稍則黑。時彼天子以レ手取二天須陀味一內二其口中一。此須陀味旣入二口中一已。卽自漸漸消融變化。譬如三酥及生酥擲二置火中一。」【維摩經二】「如下諸天共二寶器一。食隨二其福德一。飮食有上異。」

テンジキジ　天食時　〔術語〕「シジキジ」を見よ。

テンジキトクチ　轉識得智　〔術語〕　有漏の八識を轉じて無漏の八識と相應する四智を得るを云ふ。有漏の第八識を轉じて無漏の第八識と相應する大圓鏡智を得、有漏の第七識を轉じて無漏の第七識と相應する平等性智を得、有漏の第六識を轉じて無漏の第六識と相應する妙觀察智を得、有漏の前五識を轉じて無漏の前五識と相應する成所作智を得るなり。此四智には各二十二の心心所共に相應して起れども、此の中に智の心所の作用最も顯勝なるが故に智の名を標するなり。【唯識論十】に「如レ是四智相應心品雖三各定有二二十二法能變所變種現俱生一。而智用增以二智名一顯。故此四品總攝二佛地一切有爲功德一皆盡。此轉二有漏八七六五識相應品一如レ次而得。」

テンジヤウ　點淨　〔術語〕　比丘三衣坐具尼師檀等を得て之を受用するに少分の故衣を以て新衣に貼し、或は墨を以て之に點を著くるを點淨と云ふ。淨とは過非を離れて淸淨なる義、此點法に依て之を受用するに過なければ點淨と名く。【行事鈔中三】に「僧祇作レ淨者。極大齊二四指一。極小如二豌豆一。善見如二䗍子大一。不レ得二並作一。或一三五七九。不レ得下如二華形一作上。若新僧伽梨趣一角作。乃至一切衣新細褋亦爾。」

テンジヤウ　天上　〔雜名〕　欲界の六欲天及び色界無色界の諸天を云ふ。

テンジヤウテンゲユヰガドクソン　天上天下唯我獨尊　〔雜語〕　佛初生の時唱へし語にして是れ三世諸佛の常法なり。【長阿含經一】に「佛告二比丘一。諸佛常法。毘婆尸菩薩。當二其生時一從二右脅一出。專念不亂。從二右脅一出墮レ地行七步無二人扶持一。遍觀二四方一擧レ手而言。天上天下唯我爲尊。要レ度二衆生老病死一。此是常法。」【瑞應經上】に「到二四月八日夜明星出時一。化從二右脅一生墮レ地。卽行七步。擧二右手一住而言。天上天下唯我獨尊。三界皆苦何可レ樂者。」【因果經一】に「菩薩卽便墮二蓮花上一。無二扶持者一自行七步。擧二其右手一而師子吼。我於二一切天人之中一最尊最勝。無量生死於レ今盡矣。此生利二益一切人天一。」【無量壽經上】に「捨二彼天宮一降二神母胎一。從二右脅一生現行七步。光明顯曜普照二十方一。無量佛土六種震動。擧レ聲自稱。吾當三於レ世爲二無上尊一。」【智度論三十八】に「佛自說二菩薩本起一。菩薩初生時。行二七步一口自說言。我所三以生一者爲レ度二衆生一故。言已默然。乳哺三

年。不レ行不レ語。漸次長大行語如レ法。一切嬰兒小時未レ能二行語一。漸次長大能具二人法一。今云何菩薩初生能行能語後便不レ能レ語。當レ知是方便力故。」⦿（近松、誕生會）「微妙の御聲、天上天下唯我獨尊無量の生死今に於て盡せり」

テンジユ 天授 〔人名〕提婆達多の譯名なり。【西域記六】に「提婆達多。唐言二天授一。斛飯王之子也。」【本朝高僧傳四】に「五道天壽何世無レ之」壽は授の誤。

テンジユ 天壽 〔寺名〕寺號なり、宋の賛寧端拱元年左街の天壽寺に在て宋高僧傳三十卷を上る、依て彼書を天壽史と云ふ。

テンジユコクマンダラ 天壽國曼陀羅 〔圖像〕「ジャウドマンダラ」を見よ。

テンジユワウ 天樹王 〔雜名〕忉利天上の波利質多樹なり、是れ樹中の王なれば樹王と云ふ。牛王鵝王の王の如し。【法華經序品】に「國界自然殊特妙好。如二天樹王其華開敷一。」

テンジヨウ 天乘 〔術語〕五乘の一。能く十善を修して之に乘じて欲界の六天に生じ、能く禪定を修して之に乘じて色界無色界の諸天に生ずるを天乘と名く。

テンジン 天親 〔人名〕Vasubandhu 婆藪槃豆又婆修槃陀、天親と譯し、新に伐蘇畔度、世親と譯す。波藪は世天と譯し、毘紐天の異名なり、父母、世天の親愛を求めて名く。或は言ふ、天帝の弟なるが故に天親と名く。【婆藪槃豆傳】に「婆藪槃豆は北天竺富婁沙富羅國丈夫國と譯すの人、佛滅後九百年に出づ、兄弟三人あり共に婆藪槃豆と名く、長兄別に阿僧伽と稱す無着と譯す小弟別に比鄰持跋婆と稱す比鄰持は母の名、跋婆は兒と譯す中子獨通名を以て稱す。初め阿踰闍國に於て薩婆多部に於て出家し小乘を研學す、既に大毘婆沙論の義に通じ衆の爲に之を講じ、一日に一偈を作り、六百偈を出だす、俱舍論と稱す。後に無着の示誨を用ひて小執の非を懺悔し、舌を斷て其の罪を謝せんとす。無着云く、汝既に舌を以て大乘を誹謗す、更に此舌を以て大乘を讃せば可なりと。是に於て唯識論等の諸大乘論を造て大敎を弘宣し、壽八十、阿踰闍國に寂す。」【付法藏傳六】に「尊者闍夜多滅度に臨で比丘婆修槃陀に告ぐ、無上の妙法今汝に付屬す、汝至心に護持すべしと。婆修槃陀敎を受け、一切の修多羅を解し、廣く衆生を化す。」【百論序疏】に「婆藪を天親と云ふ。天親とは天帝の弟なり、閻浮提に生ぜしめて修羅を伏するなり、是れ刹那舍闍の人、丈夫國と云ふ、もと小乘學にして、五百部の小乘に通ず。兄の阿僧伽は是れ大乘の人、弟の盛に小乘を弘めて大道を覆へすを見て、殊に病を現じて曰く、汝の罪過は深重なり、我れ之が爲に病むと、弟曰く、若し爾らば是れ舌の過なり當に舌を斷つべし。曰く、更に大乘論を造て大道を宣流するに如かずと。是に於て五百部の大乘論を作る、時人呼で千部の論主と爲す。」【西域記五】に「伐蘇畔度菩薩。唐言二世親一。舊曰二婆藪盤豆一。譯曰二天親一誤也。」

テンジンデン 天親傳 〔書名〕婆藪槃豆傳の畧名。

テンジンセフロン 天親攝論 〔書名〕五攝論の一。

テンジン 天神 〔天名〕梵語、泥縛多 Devatā 梵天、帝釋等一切の天衆を總稱す。【無量壽經下】に「如レ是衆惡天神記識。」

テンジン 點心 〔飲食〕正食前後の少食を云ふ。少食を空心に照する義なり。【剪燈新話註】に「點心之點與二點茶之點一同レ義。蓋少食鎭レ心也。」點心は空腹に點する義、點茶は茶筅を以て湯を點し、又洽水を點ずる義、彼此不同。點茶を見よ。【騣耕錄】に「今以二早飯前及飯後、午前午後晡時食一爲二點心一。唐史鄭修爲二江淮留後一。家人備二夫人晨饌一。夫人顧二其弟一曰。治粧未レ畢。我未レ及レ餐。爾且可二點心一。則此語唐時已然。」

テンジンチギ 天神地祇 〔術語〕欲界所屬の夜叉等、又色界已下の諸天衆に於ける屬隷の稱也。亦時に梵天、帝釋等を通稱す。地祇は人間にある鬼神にして、堅牢地神、八大龍王等なり。【法華經】「諸天神龍王阿修羅等。」【無量壽經私記】に「吉禮者云レ事二邦國之鬼神及天神地祇一。」

テンセ 轉世 〔術語〕二十七賢聖の一。前生に預流果一來果を得て後、身を轉じて今生に不還果を得る聖者にして、此人は色、無色界に入らずして直に般涅槃す。」

テンセン 天仙 〔術語〕天人と神仙。【理趣分述讃中】に「五趣之極曰レ天。人有二神德一曰レ仙。」【大日經疏二】に「天仙謂諸五通神仙。」【法華懺法】に「菩薩辟聞緣覺衆。及一切天仙。」

テンソン 天尊 〔術語〕佛の異名。涅槃經に依るに天に五種あり、佛を第一義天と爲す、是に天中の最尊なれば天尊と云ふ。【無量壽經上】に「今日天尊行二如來德一。」【同淨影疏】に「天尊是佛異名。天有二五種一。如二涅槃說一。佛於二五天中一上。故曰二天尊一。」

テンゾ 典座 〔職位〕禪林に大衆の牀座及び齋粥等の雜事を主る役なり。【僧史略中】に「典座者謂典二主牀座一。九事舉二座一色一以攝レ之。乃通典二雜事一也。」現刊の本に九を凡に作るは非。【僧祇律六】に「佛住二舍衛城一。爾時有二比丘一名二陀驃摩羅子一。衆僧拜典二知九事一。九事者。典レ次二付牀座一。典レ次二差請會一。典レ次二分房舍一。典レ次二分衣物一。典レ次二分花香一。典レ次二分果蓏一。典レ次二知煖水人一。

典レ次二分雜餠食一。典三知隨意擧二堪事人一。是名三僧拜典二知九事一。」（次は次第なり次第に付與し次第に差擇するを云）【僧堂淸規五】に「此職は大衆の齋食を主る故に時時に食物を改變し大衆の受用安樂なるを妙とす、齋料より已下菜蔬鹽醬の類一切保護畜積して受用長久なるべし、造食の時も自身に熟未熟を考へ、飣餖の塩梅も自身試むべし、粥飯の時僧堂に向て九拜して發食するは祖訓なり。」

テンタイ　天帝　〔天名〕忉利天の帝主なり、姓は釋迦氏、天帝釋又は帝釋天と云ふ。【淨影維摩經疏】に「帝猶レ主也。忉利天主名爲二天帝一。」

天帝生驢胎　〔傳說〕【輔行四】に「法句經云。昔有二天帝一自知三命終生二於驢中一。愁憂不レ已。云救二苦厄一者唯佛世尊。便至二所佛一稽首伏レ地歸三依於佛一。未レ起之間其命便終生二於驢胎一。鞚斷テ破二他陶家ノ坏器一。器主打レ之。遂破二其胎一還入二天帝身中一。佛言殞命之際歸三依三寶一罪對已畢。天帝聞レ之得二初果一。」

テンタイ　點對　〔雜語〕帳簿と實物とを點檢し對校すると。

テンタイキウ　天帝弓　〔雜名〕虹の異名。【往生要集中本】に「雙眉皎淨似二天帝弓一。」【玄應音義二十一】に「天弓亦言二帝弓一。即天虹也。」

テンタイシヤク　天帝釋　〔天名〕忉利天の主姓は釋迦、天帝釋又は帝釋天と云ふ。

テンタイシヤクジヤウ　天帝釋城　〔雜名〕帝釋天の宮城なり、善見城又は喜見城と名く。

テンタウ　點湯　禪林の式に點茶に對して點湯あり、湯を人に供するを點湯と云ふ。湯に米湯七香湯などあり。新命の入寺に初に點茶次に點湯あり。

テンタウ　奠湯　〔飮食〕「テンチヤタウ」を見よ。⊙（太平記三三）「奠湯は東福寺の鑑翁和尙」

テンタモンク　轉他門句　〔術語〕大日如來所說四句の一なり。【大日經百字成就持誦品】に「爾時世尊。又復宣二說淨除無盡衆生界句。流出三昧句。不思議句。轉他門句一。」

テンタン　展單　〔術語〕禪林の語。單は牛單（ぎふたん）なり。晚參なき時放參鐘を鳴らすと三下、其時牛單を展ぶるより放參鐘を展單と言ふに至る。

テンダイクソ　天台九祖　〔名數〕【佛祖統紀】に台宗に於て東土の九祖を立つ、第一祖龍樹菩薩、第二祖北齊禪師、第三祖南岳禪師、第四祖智者禪師、第五祖章安禪師、第六祖法華禪師、第七祖天宮禪師、第八祖左溪禪師、第九祖荊溪禪師なり。龍樹菩薩は印度の出生なれども北齊禪師、其の中觀論に依て、其の旨を承けしより取て之を高祖とす。

十祖　〔名數〕上の九祖に道邃を加へて十祖となす、是れ荊溪尊者の弟子にして傳敎大師の師なれば日本天台宗より、之を祖に列するなり。

テンダイサウジヨウ　天台相承　〔術語〕日蓮宗に於て、報恩抄等によりて三國四師の相承を立つるものを云ふ。神力附囑の內相承に對して、之を外相承と名づく。本師釋迦佛、迹他藥王菩薩、天台智者大師、叡山傳敎大師、日蓮大菩薩の五師次第相承して、一乘圓頓法華の妙旨を傳へたりと云ふものこれ也。

テンダイサン　天台山　〔地名〕支那浙江省台州天台縣の西に在り、隋の智者大師此山に依て一宗を開闢し、依て天台宗の名あり。吾朝傳敎大師唐より天台宗を傳へて江州比叡山に弘敷す、依て亦比叡山を天台山と稱す。【觀音玄義記一】に「天台山者即大師棲身入寂之所。」【輔行一】に「台者星名。其地分野應二天三台一。故以名焉。」【大明一統志四十七】に「天台山在二天台縣西一百一十里一。道書是山上應二台星一。超然秀出。有二八重一視レ之如二一帆一。高一萬八千丈。周廻八百里。」

テンダイサン　天梯山　〔地名〕天台山の異名。【輔行一】に「有云。本名二天梯一。謂其山高可二登而昇一レ天。後人訛傳。故云二天台一。」

テンダイザス　天台座主　〔職位〕比叡山延暦寺の住持にして一門を統理する公職なり。天長元年義眞和尙を以て初て之に補す。支那の天台山修禪寺の座主に倣ふなり。一宗の學德を以て之に任ず。第二十五世の明技僧正は醍醐帝の皇孫、兵部卿有明親王の五男なり、此より皇族或は攝錄にあらざれば之に當らず。明治四年之を廢せられ、同十七年請に依て私請を許さる。⊙（正統記四）「宗の長をも天台座主といふめり」

テンダイシケウ　天台四敎　〔術語〕天台宗の敎相判釋に化儀の四敎と化法の四敎を立つ、四敎の名、兩種に通じ其の實八敎なり。「ゴジハチケウ」を見よ。

テンダイシケウギ　天台四敎儀　〔書名〕一卷、高麗の沙門諦觀撰。灌頂の八敎大意を宗として更に名相を詳にし、且つ前三敎の十乘を略して圓敎の十乘を明かす。【陽帙十】（1511）

天台四敎儀集註　〔書名〕三卷、元の南天竺寺の蒙潤集。台學初步の指南なり。

テンダイシサウジヨウ　天台四相承　〔術語〕圓頓戒相承、止觀業相承、遮那業相承、達磨相承を云ふ。

テンダイシダイシヤクレイ　天台四大釋例　〔術語〕經の文句を解釋するに天台大師が用ひ

し四種の方法。一に因縁釋、或は感應釋とも云ふ。佛と衆生との關係因縁を究めて解釋すること。二に約教釋、一文句を藏通別圓の四教に參照して解釋すること。三に本迹釋、一文句を本迹二門に參照して解釋すること。四に觀心釋、一文句を以て自己の心に適用し、其心を觀ずることにつきて解釋すること。

テンダイシユウ　天台宗　〔流派〕隋の智者大師天台山に入寂しければ天台大師と云ふ。天台大師の所立を天台宗と名く。此宗は法華經を以て本經とし、智度論を以て指南とし、涅槃經を以て扶疏とし、大品經を以て觀法とし、以て一心三觀の妙理を明かす。是より先き、支那本宗の第一祖北齊の慧文中觀論に依て始て此妙理を發明し、以て第二祖南岳の慧思に授け、慧思之を第三祖天台の智者に傳ふ。智者曰く道を傳ふるは行にあり、亦說にありと。是に於て三部を講說す。一に玄義、是れ一家の教相を說く、二に文句、是れ法華の經文を解く、三に止觀、是れ一心の觀行を示す、一宗の教觀此に備はる。依て此師を以て宗名を顯はす。次に第四祖章安の灌頂あり、天台の講說を筆受す、三部の書此に成り、一宗の典型永く存す。章安より、第五祖法華の天宮、第六祖左溪の三師を歷て第七祖荊溪の湛然に至る。荊溪中唐に崛起して釋籤、疏記、輔行を作て次第の如く彼の三部を釋し、又金錍義例の諸書を著して他の邪解を排す。荊溪より八傳して宋の四明に至る、是の時台宗萎微して振はず。四明、解行兼ね至り、一宗を再興す。而も天台始て山家山外の二流に分かる、山家は四明の正傳、忘心を以て觀境とし及び事造の三千を說き、山外は慈光の悟恩を祖とし眞心を以て觀境とし且つ事造の三千を許さず。四明既に山家の正宗を顯揚し之を受くるもの廣智、神照、南屛等、源源絕へず、山外の流夙に湮滅す。

日本天台宗三派　〔流派〕延曆二十三年傳教大師入唐し天台山國淸寺の道邃和尙に值て台教を傳へ、明年歸朝して之を叡岳に弘布す、其翌丙戌正月三日表を立て新天台法華宗を別立して年分の度者を乞ふ、是れ本朝台宗の始なり。後に慈覺智證各入唐して密乘を傳へしより一宗兩派に分かれ、慈覺は本山に居り、智證は出でて三井寺に居る。山門、寺門と稱す。其の後天明年中眞盛上人又叡山を出でて坂本の西教寺に住し、專ら念佛を勸む、現今山門の流を單に天台宗と稱して末寺三千有餘を有し、寺門の流を寺門派と稱して末寺六百有餘を有し、眞盛の流を眞盛派と稱して末寺四百有餘を有す。

日本六祖　〔名數〕一に傳教最澄、二に修禪義眞、三に圓澄、四に慈覺圓仁、五に安慧、六に智證圓珍。【列祖議】

テンダイダイシ　天台大師　〔人名〕天台宗の開祖、名は智顗(ちぎ)、天台山の石城に於て入寂すれば天台大師と稱す。「チキ」を見よ。

テンダイデンブツシンインキ　天台傳佛心印記　〔書名〕八紙、天台宗、虎谿の沙門懷則の述。深く性具の圓宗を明し、直に人心を指して見性成佛せしむることを說く。

テンダイノサンヱ　天台三會　〔名數〕圓宗寺の法華會、最勝會、法性寺の大乘會の稱。

テンダイハツケウ　天台八教　〔術語〕天台宗の教相判釋に化儀の四教と化法の四教を立つ。合して八教とす。「ハチケウ」を見よ。

テンダイハツケウダイイ　天台八教大意　〔書名〕一卷、灌頂撰。一宗所立化儀化法の八教の大意を述ぶ。【陽帙十】(1568)

テンダイハンニヤキヤウ　轉大般若經　〔儀式〕大般若經六百卷を轉讀すると。轉讀とは唯每卷の初中後數行を讀むのみ、若し讀大般若經と言へば即ち每行通讀なり、依て之を轉讀に對して眞讀と云ふ。此の轉讀般若の本據は【蘇悉地經成就具支法品】に「猶不レ成者。當レ作ニ是法一。決定成就。所謂乞食精勤念誦。發ニ大恭敬一。巡ニ八聖跡一。禮拜行道。或復轉ニ讀大般若經一七遍。或一百遍。」吾朝轉讀の初は元明天皇和銅元年十月の詔に曰く、本年より每歲沙門を延て大般若經を轉ぜしめ、其齋嚫は左右藏より給せよ、とあるに起り、其後聖武天皇神龜元年正月沙門六百人を請じて大般若經を宮中に轉ぜしむ。【元亨釋書資治表】

テンダイホフケシユウ　天台法華宗　〔流派〕日蓮法華宗の對。傳教が比叡山にありて弘めし天台宗を指す。

テンダイリツ　天台律　〔流派〕大乘圓頓戒のと。

テンダイリツシユウ　天台律宗　〔流派〕「シンジヤウハ」を見よ。

テンダウ　天道　〔界名〕六道の一。天趣に同じ。欲界に六重の天あり、並に色界無色界の諸天是なり。其依處、諸趣の頂にあれば天と云ひ、身に光明あれば天と云ひ、果報最勝なれば天と云ひ、有情の輪廻する道途なれば道と云ひ、趣く所なれば趣と云ふ。

図〔術語〕自然の道法術の理を天道と云ふ、儒に言ふ天道に同じ。【無量壽經下】に「天道自然不レ得ニ蹉跌一。」又「天道施張。自然化擧。」【同淨影疏】に「凡在ニ

世間ニ天下諸理自然施立。是故名爲二天道施張一。」

テンダウ　天堂　【雜名】　天の上宮殿なり。【遺教經】に「不レ知レ是者。雖レ處二天堂一亦不レ稱レ意。」【法華玄義一】に「釋論云。三界無二別法一。唯是一心作。心能地獄。心能天堂。心能凡夫。心能賢聖。」【三論玄義】に「若必無レ因而有レ果者。則善招二地獄一惡感二天堂一。」

テンダウ　顚倒　【術語】　無常を以て常となし苦を以て樂となす如く、正しく本眞の事理に反する妄見を云ふ。無明の然らしむる所、事理を倒に見るなり。【圓覺經】に「一切衆生從二無始一來種種顚倒。猶如二迷人四方易レ處。」【維摩經觀衆生品】に「虛妄分別孰爲レ本。答曰。顚倒想爲レ本。」【註】に「什曰。有無見反二於法相一。名爲二顚倒一。」【宗鏡錄七十八】に「顚倒是煩惱根本。」

三顚倒　【名數】　一に想倒、六塵の境に於て非理に思想するもの。二に見顚倒、事理の法に於て邪に計度推求するもの、即ち邪見なり。三に心顚倒、妄心邪に事物を識了するもの、是れ諸顚倒の根本なり。【涅槃經三十七】に「如來已離二三種顚倒一。所謂想倒見倒心倒。」【宗鏡錄四十二】に「心如二停レ賊主人一。見是賊身。想如二賊脚一。根塵是賊媒。內外搆速劫二盡家寶一。」

四顚倒　【名數】　二種の四倒あり、一は凡夫の四倒、二は二乘の四倒なり。凡夫の四倒は一に常顚倒、世間無常の法に於て常見を起すもの。二に樂顚倒、世間の諸苦に於て樂見を起すもの。三に淨顚倒、世間の不淨法に於て淨見を起すもの。四に我顚倒、世間の無我法に於て我見を起すもの。心受身法の四念處は次第の如く此四倒を破する爲の觀法なり。【倶舍論十九、止觀二】二乘の四倒は一に無常顚倒、涅槃の常に於て無我を計するなり。二に無樂顚倒、涅槃の樂に於て無樂を計するなり。三に無我顚倒、涅槃の我に於て無我を計するなり。四に無淨顚倒、涅槃の淨に於て無淨を計するなり。【涅槃經二】に「爲二諸煩惱無明所一レ覆生二顚倒心一。我計二無我一。常計二無常一。淨計二不淨一。樂計爲レ苦。」

七顚倒　【名數】　【瑜伽論八】に一に想倒、二に見倒、三に心倒、四に於無常常倒、五に於苦樂倒、六に於不淨淨倒、七に於無我我倒。是れ前の三顚倒と四顚倒とを合せしもの。

八顚倒　【名數】　凡夫二乘各四倒あり、合せて八倒となす。【大疏鈔一】に「倒有二八種一。外道謂二世間一爲二常樂我淨一。爲二四顚倒一。二乘計二永寂一爲二涅槃一。即無二常樂我淨一。爲二四顚倒一。若謂下世間無二常樂我淨一涅槃乃有中常樂我淨上。則名二八行一皆非二顚倒一。」

テンダウノゼンクワ　顚倒善果　【術語】　人間天上果報を云ふ。五戒十善の因に依りて得る所の善果なれども、其果報に執著する凡夫迷倒の境界なるが故に顚倒の善果と云ふ。

テンチユウテン　天中天　【術語】　佛の尊號。天は人の尊ぶ所、佛は更に天の尊ぶ所なれば天中天と云ふ。又天に五種あり、第五の第一義天は即ち佛なり、佛は天の至極なれば天中天と云ふ。又佛の小字なり。【釋氏要覽中】に「一日抱二太子一謁二釋迦增長大天神廟一。廟神石爲レ像。即起禮二太子足一。王曰。我子於二天神中一更爲二尊勝一。宜レ名二天中天一。」【法華經化城喩品】に「聖主天中天。」

テンチキキヤウロク　天地記經錄　【書名】　立世阿毘曇論の異名。

テンチキヤウ　天地鏡　【書名】　天地の實相を照す明鏡なり。【仁王經下】に「是般若波羅蜜是諸佛菩薩一切衆生心識之神本也。乃至亦名二護國珠一。亦名二天地鏡一。」【嘉祥疏六】に「天地鏡者。般若照二世界無所有一故。」

テンチヤ　點茶　【儀式】　茶をたてること。點とは茶筅を以て湯を點し、又は冷水を湯に點ずる義なり。【文公家禮】に「主婦執二茶筅一。執事者執二湯瓶一隨レ之。點レ茶。蓋以神主櫝前先設二盞托一。至レ是乃注二湯于盞一。用二茶筅一點レ之耳。古人飮レ茶用レ末。所謂點レ茶者。先置二末茶于器中一。然後投以二滾湯一。點以二冷水一。而用二茶筅一調レ之。今人燒レ湯煎二葉茶一。而此猶云二點茶一者。存レ舊也。」

テンチヤ　奠茶　【儀式】　茶を佛前祖前靈前に供するなり。凡そ禪規に奠茶奠湯するを恒例とす。又葬式に棺を龕堂に据て後奠茶奠湯の佛事あり。茶と湯との前後は午前は先湯後茶、午後は先茶後湯なり、必ず並べ供す。

テンチヤタウ　點茶湯　【儀式】　點茶に同じ。又、「點茶點湯を言ふ。

テンチヲウゴノサンジフバンジン　天地擁護三十番神　【名數】　歳星神（木祖句句廼馳といふ）角宿神（草祖野槌）、亢宿神（小鳥神）、氐宿神（大鳥神）、房宿神（神雷神）、心宿神（神風神）、尾宿神（飛鳥神）、箕宿神（浮船神）、以上東方八神。辰星神（川神）、斗宿神（下津神）、牛宿神（大和山神）、女宿神（磐根神）、虛宿神（萬雄神）、危宿神（海原神）、室宿神（忌部神）、壁宿神（齋幡多尾神）、以上北方八神。太白神（金祖神）、奎宿神（澤邊水神）、婁宿神（鳥野田神）、胃宿神（瀧祭神）、昴宿神（膳雄神）、畢宿神（浦上神）、觜宿神（酒守神）、參宿神（時守神）、以上西方八神。熒惑星神（火神）、井宿神（井筒守神）、鬼宿神（彥魂主神）、柳

宿神(道祖兒玉神)、星宿神(澄水吉見神)、張宿神(片山野神)、翼宿神(神高見神)、軫宿神(時主天見神)、以上南方八神。の總計三十二神を云ふ。

テンヂク 天竺 【地名】 新稱印度、舊稱天竺。「インド」を見よ。

テンヂクエ 天竺衣 〔衣服〕 舊律南山家の三衣を南山衣と云ふに對して新律義淨家の三衣を天竺衣と云ふ。【畫像須知】に「衣相に就て二の傳あり、一に天竺衣、二に南山衣なり、天竺衣とは唐の義淨三藏天竺に渡り親しく天竺の正制を傳へ給へる所にして、近世河内高技の慈雲和上三井法明院の顯道和上等の復古着用し給へる所なり。鐶鈎を用ゐぬ袈裟なり。南山衣とは四分律家の法服にして、南山道宣律師流義諸師の服し給へる所なり。鐶鈎の付きたる袈裟なり。」

テンヂクノクギ 天竺九儀 〔名數〕 印度の九種の禮法。【西域記】に「天竺致敬之式其儀有レ九。一發言問訊。二俯首示敬。三柔首高揖。四合掌手拱。五屈膝長跪。七手肘據地。八五輪着地。九五體投地。凡斯九等極爲二一拜一。」

テンヂクノゴサン 天竺五山 〔名數〕 「ゴサン」を見よ。

テンヂクノサンジ 天竺三時 〔雜語〕 印度にて一歳を三期に分ちて立名せしもの、亦三際とも云ふ。熱時(Grīṣma)正月十六日より、五月十五日に至る間とす。雨時(Varṣakāla)五月十六日より九月十五日に至る。寒時(Hemanta)九月十六日より正月十五日に至る。これ三期冥加、世尊の三時殿の名の起りたる所以なり。更に此の三時を二分し、漸熱時(Vasanta)正月十六日より三月十五日迄。盛熱時(Grīṣma)三月十六日より五月十五日に至る。雨時五月十六日より七月十五日に至る。茂時(Śaradā)七月十六日より九月十五日に至る。漸寒時(Hemanta)九月十六日より十一月十五日迄。盛寒時(Śiśira)十一月十六日より正月十五日に至る六時に分ち、制怛羅月(Caitra)吠舍佉月(Vaiśākha)逝瑟吒月(Jyaiṣṭha)頞沙荼月(Āṣāḍha)室羅伐拏月(Śrāvaṇa)婆達羅鉢陀月(Bhādrapada)頞濕縛庾闍月(Āśvayuja)迦剌底迦月(Kārttika)末伽始羅月(Mārgaśīrṣa)報沙月(Pauṣa)磨伽月(Māgha)頗勒窶拏月(Phālguna)の十二月に配す。また之を春夏秋冬の四時に分つ【飜譯名義集】に「如來聖教歲爲二三時一。」

テンヂユウ 天住 〔術語〕 三住又は四住の一。「ヂユウ」を見よ。

テンヂン 點塵 〔術語〕 塵點の數量なり。恒沙の字に對して點塵と云ふ。【性靈集七】に「點塵身雲。恒沙心數。」「ヂンデン」を見よ。

テンテイ 天帝 〔天名〕 「テンタイ」を見よ。

テンデン 展轉 〔雜語〕 身體展張して他に移るを云ふ。【四卷楞伽一】に「展轉相因。」【無量壽經下】に「展二轉其中一世世累劫。無レ有二出期一。」【唯識論八】に「以二展轉力一故。彼彼分別生。」

テントクビヤウ 天德瓶 〔物名〕 天上の德瓶なり。【探玄記二十】に「天德瓶者。於レ中所レ索悉皆得故。如二如意珠一也。」「カメ」を見よ。

テンドウ 天童 〔天名〕 護法の諸天童形を現じて人に給侍するもの。【釋門正統八】に「天童給侍。」【法華經安樂行品】に「天諸童子。以爲二給使一。」◉(十訓抄一)「護法天童下り給ひ」

テンドウキ 天童忌 〔行事〕 七月十七日、天童淨和尙の忌日なり。洞下の寺院佛事を修す。

テンドウザン 天童山 〔地名〕 明州慶元府にあり、本名を太白山と云ふ、太白星天童となりて降下せしより天童山と名く、支那五山の一。【佛祖統紀三十七】に「晋永康中。沙門義興廬二于山上一。有二童子一來給二薪水一。曰吾太白星也。上帝遣レ侍二左右一。言訖不レ見。」【大明一統志四十六】に「天童山在二寧波府城東六十里一。」

テンドウハ 天童派 〔流派〕 時宗十二派の一。一遍の高弟一向を派祖とす。一向示寂の地たる羽前國天童の佛向寺を本山とす。

テンドク 轉讀 〔術語〕 經典を讀誦すると。轉は此より彼に移て展轉する義なり。【地藏本願經下】に「或轉二讀尊經一。」【高僧傳經師論】に「詠經則稱爲二轉讀一。歌讚則爲二梵音一。」図 眞讀に對して轉讀と云ふあり、經の初中後數行を讀誦して經本を轉廻するなり。轉大般若經の如し。

テンドクハンニヤ 轉讀般若 〔儀式〕 大般若經六百卷を轉讀するなり。「テンダイハンニヤキヤウ」を見よ。

テンニ 天耳 〔術語〕 色界の諸天人の有する耳根にして能く六道衆生の語言及び遠近麁細の一切の音聲を聞き得るもの。色界所屬の淸淨の四大より成るなり。

テンニチ 天耳智 〔術語〕 天耳の識と相應する智慧なり。

テンニチシヨウツウ 天耳智證通 〔術語〕 六通の一。天耳と相應する智慧を以て一切の聲境を證知して通達無礙なるもの。略して天耳通と云ふ。【俱舍光記廿七】に「天眼天耳是所依根。智是二識相應慧。智緣二二境一無レ壅名レ通。從二根及能證一爲レ名二天眼智證通天耳智證通一。」此天耳通に修得報得の二種あ

り、修得とは人界に在て四禪定を修し、定力に依て彼の天界の四大を肉眼の上に發得し、以て天耳の用をなさしむるもの。報得とは色界の四禪に座して彼の天の果報として自ら之を得ると猶人界の肉眼の如きもの。【法界次第中上】に「修ニ天耳一者。若於ニ深禪定中一發ニ得色界四大清淨造色一。住ニ耳根中一。即能聞ニ六道衆生語言及世間種種音聲一。是如ニ天耳通一。」の略。

テンニチツウ　天耳智通　〔術語〕天耳智證通の略。

テンニチツウグワン　天耳智通願　〔術語〕阿彌陀佛四十八願中の第七願、極樂の往生人をして皆天耳通を得しめんとの願なり。【無量壽經上】に「設我得レ佛。國中人天不レ得ニ天耳下至下聞ニ百千萬億那由他諸佛所說一。不中悉受持上者。不レ取ニ正覺一。」

テンニツウ　天耳通　〔術語〕天耳智證通の略。

テンニヨ　天如　〔人名〕元の沙門、名は惟則、天如と號す。法を中峯に得、姑蘇の師子林に住す。楞嚴を註して唐宋の九解を集め、附するに補註を以てし、會解と稱して盛に世に行はる。交光の【楞嚴正脉疏】に「自ニ元末一及レ今二百餘年。海內講ニ聽楞嚴一者。惟知レ有ニ會解一而他非レ所レ尙。」馮夢禎の【本住白文序】に「是經譯レ梵以來。疏解者十餘家。唯天如會解學者翕然宗レ之。以爲ニ是足ヒ盡ニ楞嚴一矣。不レ知ニ是天如之楞嚴非ニ如來所說之楞嚴一也。」

テンニヨ　天女　〔天名〕梵語、泥縛迦儞也（でいはきやにや）Deva-kanyā 欲界六天の女性なり。色界以上の諸天には婬欲なければ男女の相なし。

天女散華　〔故事〕【維摩經】に天女華を散ず、華舍利弗等の體に著き之を去れども去ると能はず。「テンゲ」を見よ。

テンニヨシンキヤウ　轉女身經　〔經名〕一巻、劉宋の曇摩蜜多譯。佛、無垢光女の爲に轉女成男の法を說き、一法より增して十法に至る。兼て女身種種の苦惱を明かす。【宇帙九】(237L)

テンニヨジヤウナン　轉女成男　〔術語〕女身を轉化して男子に成ること。變成男子と云ふに同じ。

テンニヨジヤウナンノグワン　轉女成男願　〔術語〕「ニヨニンワウジヤウノグワン」に同じ。

テンニヨジヤウブツキヤウ　轉女成佛經　〔經名〕佛說轉女身經の異名。

テンニン　天人　〔術語〕天と人、六趣の中の天趣と人趣なり。【無量壽經上】に「天人歸仰。」又「諸天世人。」【法華經寶塔品】に「移ニ諸天人一置ニ於他土一。」図〔天名〕天上の人。天界の生類を總稱す。天人の五衰、天人の羽衣など。

天人散花屍上　〔傳說〕【天尊說阿育王譬喩經】に「昔有レ人在ニ道上一行。見ニ道有ニ一死人一。鬼神以レ杖鞭レ之。行人問言。此人已死何故鞭レ之。鬼神言。是我故身。在生之日不レ孝ニ父母一。事レ君不レ忠。不レ敬ニ三尊一。不レ隨ニ師父之敎一。令ニ我墮ヒ罪苦痛難レ言。悉我故身。故來鞭耳。稍稍前行復見ニ一死人一。天神來下散ニ華於死人屍上一。以レ手摩ニ抄之一。行人問言。觀レ君似ニ是天一。何故摩ニ抄是死屍一。答曰。是我故身。生時之日孝ニ順父母一。忠信事レ君。奉ニ敬三尊一。承ニ受師父之敎一。令ニ我神得ヒ生レ天。皆是故身之恩。是以來報レ之耳。」⊙（平治物語）「溫野に骨を禮せし天人は平生の善を喜び、寒林に骸を打ちし靈鬼は前生の惡を悲しむ」（曲、山姥）「寒林に骨を打つ靈鬼泣く泣く前生の業を恨む、深野に花を供する天人かへすがへすも幾生の善を喜ぶ。」

テンニンシ　天人師　〔傳說〕如來十號の一。梵語舍多提婆摩菟舍喃（しやただいばまぬしやなん）。Deva-manuṣya-śāstṛ 天と人との敎師なれば天人の師と名く。【智度論二】に「復名ニ舍多提婆摩菟舍喃一。舍多秦言ニ敎師一。提婆言レ天。摩菟舍喃言レ人。是名ニ天人敎師一。云何名ニ天人敎師一。佛示ニ導是應作是不應作是善是不善一。是人依レ敎行不レ捨ニ道法一。得ニ煩惱解脫報一。是名ニ天人師一。問曰。佛能度下龍神等墮ニ餘道中一生者上。何獨言ニ天人師一。答曰。度ニ餘道中生者一少。度ニ天人中生者一多。」

テンニンチキヤウグワン　天人致敬願　〔術語〕阿彌陀佛四十八願中の第三十七願、或は人天致敬願と云ひ、或は天人致敬願と云ふ。

テンニンノゴスヰ　天人五衰　〔術語〕「ゴスヰ」を見よ。

テンネン　轉念　〔術語〕經を轉じ佛を念ずるなり。【三代實錄一】に「於ニ京邊諸寺一修ニ轉念功德一。」又「轉レ經念レ佛。」「內に轉ずること。」

テンパ　轉派　〔術語〕所屬の宗派を脫して他の宗

テンパイ　天牌　〔物名〕天皇陛下の壽牌を云ふ。

テンバク　纏縛　〔術語〕十纏四縛なり、又一切の煩惱有情を纏縛して三界の獄に繫ぐもの。【無量壽經上】に「解ニ諸纏縛一。」【同淨願疏】に「纏謂十纏。縛謂四縛。亦可ニ一切諸煩惱結通名ニ纏縛一。」

テンヒン　典賓　〔職位〕知客の異名。

テンブ　天部　〔術語〕諸天の部類なり。天界に住するものを總稱す。

テンブゼンシン　天部善神　〔術語〕梵天、帝釋、四天大王の如き、佛法を守護する天界の善神を云ふ。

テンペン　轉變　〔術語〕因緣生の法は相續する中に前後其相を異にするもの、四相の中の異相なり。【俱舍論四】に「何名ニ轉變一。謂相續中前後異性。」

テンホウ　纏報　〔術語〕有情を纏縛して自在ならしめざる生死の苦報なり。

テンボフリン　轉法輪　〔術語〕佛の教法を法輪と云ひ、教法を説くを法輪を轉ずと云ふ。輪は轉輪聖王の輪寶にて、廻轉と碾摧の二義を有す、四天下を廻轉して諸の怨敵を碾摧するなり。佛の教法亦一切の衆生界を廻轉して諸の煩惱を摧破すれば譬へて法輪と云ふ。轉とは教法を説くに譬ふ。自心の法を轉じて他の心に移すと恰も車輪を轉ずる如し。【止觀輔行一】に「輪具二二義一。一者轉義。二摧破義。以二四諦輪一轉二度與他一摧二破結惑一。如二王輪寶能壞能安一。」【嘉祥法華義疏】に「流圓演通不レ繫二于一人一故稱爲レ輪。無二累不一レ摧亦是輪之義。」【法華經方便品】に「恭敬合掌。請二我轉法輪一。」【法華文句五】に「轉二佛心中化他之法一度入二他心一。名二轉法輪一。」⊙(榮花音樂)「降魔成道轉法輪」「ボフリン」を見よ。

三轉法輪　〔術語〕示勸證の三なり「サンテンボフリン」を見よ。

テンボフリンイン　轉法輪印　〔印相〕三種三昧耶中金剛薩埵三昧耶印の德名なり。

テンボフリンガイ　轉法輪蓋　〔物名〕説法の高坐の上に懸くる天蓋なり。

テンボフリンキヤウ　轉法輪經　〔經名〕一卷、後漢の安世高譯。佛、鹿野園の樹下にて手に飛輪を撫し三たび四諦の所法を説く。【辰帙六】(657)

テンボフリンキヤウウバダイシヤ　轉法輪經優婆提舍　〔書名〕一卷、天親菩薩造、元魏の毘目智仙譯。是れ大乘の轉法輪經を解せしものにて本經此土に傳はらず。【暑帙十一】(1205)

テンボフリンキヤウロン　轉法輪經論　〔書名〕轉法輪經優婆提舍の異名。

テンボフリンサウ　轉法輪相　〔術語〕八相成道の一。如來成道の後涅槃に至るまで一代中の説法を云ふ。

テンボフリンザ　轉法輪座　〔術語〕凡そ佛祖の説法の高座を云ふ。⊙(榮花、玉の臺)「轉法輪の座に偕ゐたり」

テンボフリンザウ　轉法輪像　〔術語〕如來の轉法輪を標幟せし像にて以て寺中公用の印に刻すべきもの。【毘奈耶雜事一】に「凡印有二二種一。一是大衆。二是私物。若大衆印可レ刻二轉法輪像一。兩邊安レ鹿伏跪而住。其下應レ書二元本造レ寺施主名字一。」

テンボフリンジ　轉法輪時　〔術語〕【十二類歌合】に「轉法輪時の利益ことにすぐれましますは藥師如來の悲願なるべし」像法轉時の誤なり。像法は佛滅以來正法五百年を過て後の千年を云ふ、轉は起なり、像法の起る時なり。【本願藥師經】に「令二諸聞者業障消滅一。爲レ欲レ利二樂像法轉時諸有情一故。」図嘉祥所立三法輪教の第一。「サンケウ」を見よ。

テンボフリンダウ　轉法輪堂　〔堂塔〕佛祖の説法する堂舍なり。禪宗には法堂と云ひ、教宗には講堂と云ふ。⊙(盛衰記一)「又轉法輪堂釋迦如來の説法かとあやまたる」

テンボフリンニチ　轉法輪日　〔雜名〕佛の初て鹿野園にて説法せる日、八月八日なり。【倶舍寶疏一】に「定二轉法輪日一者。諸經論中皆云下波羅奈國鹿野苑中爲二五比丘一轉中四諦法輪上。説二中間事一日數不レ同。然不レ指二陳説法月日一者不レ可二憑準一。唯有二婆沙及釋律論一分明指二陳説法月日一。應レ依二此文一。婆沙一百八十三云。佛於二迦栗底迦月白半第八日一度二阿若憍陳那一。迦栗底迦當二此方八月一也。乃至故知八月八日轉二法輪一定。」【行事鈔中三】に「若佛生日轉法輪日。乃至大會通夜說法。」

テンボフリンボサツ　轉法輪菩薩　〔菩薩〕仁王經所説五大力菩薩中、金剛波羅蜜多菩薩(又般若菩薩と云ふ)の異名なり。不空三藏所持の梵本金剛頂瑜伽經に轉法輪菩薩と云ひ、新譯仁王經に金剛波羅蜜多菩薩と云ひ、舊譯仁王經に無量力菩薩と云ふ。此菩薩は大日如來の正法輪身にして不動明王は其の教令輪身なり。【仁王經儀軌下】に「言二金剛波羅蜜多一者此云二到彼岸一也。如二彼經云一轉法輪菩薩也。依二正法輪一現二勝妙身一行願圓滿。住二等覺位一也。手持二金剛輪一者。毘盧遮那佛初成二正覺一時請二轉法輪一。以表示故。又以二法輪一化二導有情一令レ到二彼岸一故。依二教令輪一現二作威怒金剛不動一。摧二伏一切鬼魅惑亂諸障礙者一。」

經軌　〔術語〕轉法輪菩薩摧魔怨敵法、一卷、不空譯。【閏帙九】

テンボンホフケ　添品法華　〔經名〕添品妙法蓮華經の略。

テンボンメウホフレンゲキヤウ　添品妙法蓮華經　〔經名〕八卷、隋の闍那崛多、達摩笈多と共譯。多く什師の譯文を用て品の前後を變ず。但羅什本の不足即ち提婆達多の一品並に藥草喩品の生育の一喩を添へたるが故に添品と云ふ。普門品中の後の偈は羅什本に本來提婆品ありしと云ひ、嘉祥、天台、慈恩は無かりしと云ふ、今は後の義に從ふ。【盈帙二】(139)

テンボンリン　轉梵輪　〔術語〕轉法輪の異名。梵は清淨の義、佛法清淨なれば梵輪と云ふ。【智度論二十五】に「轉梵輪者。清淨故名レ梵。佛智慧及智慧相應法是名レ輪。佛之所説受者隨レ法行是名レ轉。」

テンマ　天魔　〔天名〕天子魔の略稱、四魔の一。第

六天の魔王なり、其の名を波旬と云ふ、無量の眷屬あり、常に佛道を障礙するもの。【玄應音義二十三】に「梵云二魔羅一此譯云レ障。能爲二修道一作二障礙一也。亦名二殺者一。常行二放逸一而自害レ身故。即第六天主也。名曰二波旬一。此云二惡愛一。即釋迦佛出世魔王名也。諸佛出世魔各不レ同。如下迦葉佛時魔名二頭師一。此云二惡瞋一等上也。」⊙（十訓抄一）「天魔の爲に芳恩を施し給ふ」

テンマゲダウ　天魔外道　〔術語〕天魔と外道。共に佛道に害を作すもの。【梵網經上】に「天魔外道。相視如二父母一。」【行持鈔下一】に「天魔外道尙不レ食二酒肉一。」

テンマハジユン　天魔波旬　〔天名〕波旬は魔王の名。「テンマ」を見よ。【四十二章經】に「佛初成二道天魔波旬以二三句一嬈亂耳。」⊙（太平記二四）「天魔波旬の伺ふ處あるにやと」旬は句の誤。梵 Pāpīya

テンムミヤウ　纏無明　〔術語〕四無明の一。纏は轉縛の義にして、無明煩惱は衆生を繫縛して生死を出づる能はざらしむるが故に此名あり。【大藏法數】に「纏即纏縛謂。由二此無明之惑一纏縛不レ能レ出二離生死一。故謂二纏無明一。」

テンメイカイゴ　轉迷開悟　〔術語〕まよひを轉じて、悟を開くこと。三界生死の迷を捨てて涅槃の悟に達すること。煩惱の迷を離れて菩提の證を得ること。

テンメウホフリン　轉妙法輪　〔術語〕轉輪法と言ふに同じ。妙法を說くを云ふ。⊙（盛衰記三九）「彼所は轉妙法輪の跡」

テンモンノホフケラン　天文法華亂　〔故事〕天文五年に起りし法華宗名に基く爭亂なり。即ち其年七月、叡山の僧徒三千餘人、隊を組み、突如日蓮宗の諸寺を襲擊し、一擧して二十一箇寺を悉く灰燼に歸せしめたるを云ふ。

テンヨク　轉欲　〔術語〕衆僧法事を作すに、比丘あり缺席せんとするときは、自己の衆事に贊同する欲望を他の比丘に說て、其比丘をして衆中に之を傳說せしむ。之を欲法と名け、缺席本人より出席の人に對して說くを與欲と云ひ、他之を受くるを受欲と云ひ、衆中に來て之を傳說するを說欲と云ふ。而して其受欲の比丘若し緣ありて出席するを得ざれば更に他の比丘に與欲するを轉欲と云ふ。【行事鈔上一】に「受欲已更忽緣礙欲轉與レ他。毘尼母云得レ齎二七反一。」【同資持記】に「律云。持欲比丘自有二事起一。佛言聽レ授二與餘比丘一。」

テンラキ　囀羅呬　〔天名〕地下の神なり。【慧琳音義四十二】に「呬音鶩異反。地下諸天名也。此天人身冢首。四臂有二大神力一。常居二地下一。亦地神之類也。」囀は嚩の誤。梵 Vārāhī

テンラク　天樂　〔術語〕三樂の一。欲界の諸天に生じて受くる歡樂なり。十善業を修する者天に生じて之を感ず。【大寶積經一百一】

テンラコク　天羅國　〔地名〕斑足王の國なり。【仁王經良賁疏下二】に「梵云二提婆羅一。此云二天羅一。」梵 Devala

テンラン　典攬　〔術語〕典は經典なり、攬は撮要なり、經典の要義を撮るを典攬と云ふ。【無量壽經上】に「開二入泥洹一敎三授典攬一。」又「典攬智慧衆道之要。」【同淨影疏】に「善解二經典一攬三知衆義一名二典攬一。」

テンリユウ　天龍　〔術語〕諸天と龍神。八部衆の二衆。天は梵天帝釋等なり、龍は難陀跋難陀等。【法華經序品】に「天龍夜叉乃至人非人。」「テンリユウハチブ」を見よ。

テンリユウジ　天龍寺　〔寺名〕京都五山の第一、大井河の北に在り。足利尊氏勅を奉じて後醍醐帝追福の爲に之を建つ。【和漢禪刹次第】に「靈龜山天龍資聖禪寺。曆應二年巳卯剏營。開山夢窓國師。」【夢窓年譜】に「曆應二年六月二十四日。師謂二門人一曰。昨夢。上皇後醍醐帝なり現二比丘身一乘二鳳輦一而入二龜山行宮。秋八月十六日上皇仙去。征夷大將軍奉レ勅。建三追修道場於二龜山行宮一。詔累降請レ師開山。以四左武衛將軍夢見三金龍出二於寺南河中一。故寺名曰二天龍資聖禪寺一。」

テンリユウジハ　天龍寺派　〔流派〕日本禪宗十三派の一。臨濟宗の一派にして夢窓疎石禪師を祖とす。

テンリユウハチブ　天龍八部　〔術語〕天龍は八部衆の中の二衆なり、八部の中に此を以て上首とすれば殊に標擧して天龍八部と言ふ。詩書六經と言ふ如し。八部とは一に天、二に龍、三に夜叉、四に乾闥婆、五に阿修羅、六に迦樓羅、七に緊那羅、八に摩睺羅迦なり。【法華經提婆品】に「天龍八部人與二非人一。皆遙見二彼龍女成佛一。」⊙（太平記二四）「誠に天龍八部も之を隨喜し」

天龍八部讃　〔經名〕大吉祥天女十二契一百八名無垢大乘經、大雲輪請雨經、普徧光明大隨求陀羅尼經不空譯の卷末及び毘奈耶雜事四に出づ。【無垢大乘經卷末】に「天阿蘇羅藥叉等。來聽レ法者應二至心一。擁二護佛法一使二長存一。各各勤三行世尊敎一。諸有聽徒來至レ此。或在二地上一或居レ空。常於二人世一起二慈心一。晝夜自身依レ法住。願諸世界常安隱。無邊福智益二群生一。所有罪障並消除。遠三離衆苦一歸二圓寂一。恒用二戒香一塗二瑩體一。常持二定服一以資レ身。菩提妙華徧莊嚴　隨二所住處一常安樂。」

テンリユウヤシヤ　天龍夜叉　〔術語〕諸天と龍神と夜叉、八部衆の中の三なり。

テンリン　轉輪　〔術語〕轉輪王なり。轉輪の威德、轉輪の果報など。

テンリンカウザ　轉輪高座　〔術語〕轉輪王の高坐なり。【四分律三十六】に「一處有二大衆一來集說戒者一。聲音小大衆不二悉聞一。諸比丘往白レ佛。佛言。自レ今已去。聽レ當下在二衆中一立說上レ戒。猶故不レ聞。應下在二衆中一敷二高座一極令二高好一。座上說上レ戒。猶レ故不レ聞。應下作二轉輪高座一。平レ手立及在二座上一說上レ戒。」

テンリンゴダウキヤウ　轉輪五道經　〔經名〕罪福報應經の異名。

テンリンザウ　轉輪藏　〔物名〕回轉書架にして經文を收むるもの。梁の傅大士の創造に係る。「リンザウ」を見よ。

テンリンジヤウワウ　轉輪聖王　〔雜名〕略して轉輪王とも輪王とも云ふ。「テンリンワウ」を見よ。⦿(大鏡七)「轉輪聖王」

テンリンワウ　轉輪王　〔雜名〕梵に斫迦羅代棘底曷羅闍 Cakravarti-rāja 又、遮迦越羅、轉輪聖王、轉輪聖帝、轉輪王、輪王と云ふ。此王身に三十二相を具し、位に即く時天より輪寶を感得し、其輪寶を轉じて四方を降伏すれば轉輪王と云ふ。又空中を飛行すれば飛行皇帝と云ふ。增劫には人壽二萬歲以上に至れば出世し、減劫には人壽無量歲より八萬歲の時までに出世す。其輪寶に金銀銅鐵の四種ありて、次第の如く四三二一の大洲を領す、即ち金輪王は四洲、銀輪王は東西南の三洲、銅輪王は東南の二洲、鐵輪は南閻浮提の一洲なり。【俱舍論十二】に「從二此洲人壽無量歲一乃至二八萬歲一。有二轉輪王一生。減二八萬一時有情富樂壽量損減衆惡漸盛非二大人器一。故無二輪王一。此王由二輪旋轉一應レ導威二伏一切一。名二轉輪王一。施設足中說レ有二四種一。金銀銅鐵輪應レ別故。如二其次第一勝上中下逆次能王二領一二三四洲一。乃至契經云。若王生在二剎帝利種一紹二灑頂位一。於二十五日一受二齋戒一時。沐二浴首身一受二勝齋戒一。升二高臺殿一臣僚輔佐。東方忽有二金輪寶一現。其輪千輻。具二足轂輞衆相一圓淨如二巧匠成一。舒二妙光明一來二應王所一。此王定是金轉輪王。餘轉輪王應レ知亦爾。」【智度論四】に「問曰。轉輪聖王有二三十二相一。菩薩亦有二三十二相一。有二何差別一。答曰。菩薩相者有二七事一勝二轉輪聖王一。菩薩相者。一淨好。二分明。三不レ失レ處。四具足。五深入。六隨二智慧一行不レ隨二世間一。七隨二遠離一。轉輪聖王相不レ爾。」

轉輪王七寶千子　〔傳說〕轉輪王は輪寶の外に六種の寶を具し、合せて七寶あり、及び千子を具足す。【長阿含六卷轉輪聖王修行經】に「一金輪寶。二白象寶。三紺馬寶。四神珠寶。五玉女寶。六居士寶。七主兵寶。千子具足。勇健雄猛。」【涅槃經十二】に「即於東方金輪寶。其輪千輻轂輞具足。乃至復有二象寶一。狀白端嚴如二白蓮華一。乃至次有二馬寶一其色紺焰鬣尾金色。乃至次有二女寶一。形容端正微妙第一。乃至其後不レ久於二王宮內一自然而有二寶摩尼珠一。純靑瑠璃。大如二人髀一。乃至其後不レ久有二主藏臣一。自然而出。多饒財寶巨富無量。乃至其後不レ久有二主兵臣一。自然而出。勇健猛略。策謀第一。乃至七寶成就千子具足。」【俱舍論十二】に「經說下輪王出二現於世一。便有二七寶一。出中現世間上。其七者何。一者輪寶。二者象寶。三者馬寶。四者珠寶。五者女寶。六者主藏臣寶。七者主兵臣寶。」此中長阿含所說の居士寶を涅槃俱舍には主藏臣寶と云ひ尙譬喩經には典財寶と云ふ、即ち大藏大臣なり。

轉輪王爲半偈剜身燃千燈　〔傳說〕昔轉輪聖王あり、婆羅門の爲に身を剜りて千燈を燃し、以て之に供養して半偈を聞く、曰く、夫生輒死。此滅爲寂。【大方便佛報恩經三、經律異相二十四】

テンリンワウイチジシンジユ　轉輪王一字心呪　〔眞言〕[illegible]勃嚕唵。又部林なり。【一字心呪經】

テンロクロクチ　轉轆轆地　〔雜語〕【碧巖五十三則評】に「阿轆轆地。」【中峯語錄二十四】に「轉轆轆地」圓轉自在の貌。

テンワウ　塡王　〔雜名〕優塡王なり。始て佛像を刻す。

テンワウ　天皇　〔寺名〕唐の荊州天皇寺の道悟禪師。石頭希遷の法嗣なり。【傳燈錄十四】

テンワウ　天王　〔天名〕欲界六天の最下天は須彌山半腹の四方に在て四人の天主あり、四天王と云ふ。東を持國天王、南を增長天王、西を廣目天王、北を多聞天王と云ふ。

テンワウジ　天王寺　〔寺名〕四天王寺の略稱。聖德太子物部守屋を討つとき自ら四天王の像を刻みて之を髻中に置き、以て戰勝を祈る。軍平ぎて後四天王寺を難波の玉造の岸上に造り、以て四天王の像を安じ其恩を報ず。時に用明帝二年なり、是れ本朝鎭國道場の嚆矢なり。後の東大寺及び國分寺の創立皆之に倣ふなり。其後推古帝元年荒陵の東に移し、四箇院を作る。一に敬田院、二に施藥院、三に療病院、四に悲田院なり。此中敬田院を以て天王寺の本院とし、院內に金堂及び五重塔あり、金堂に如意輪觀音及び四天王の像を安置す、依て荒陵山四天王寺敬田院と稱す。本寺はもと諸宗の外に立ちしも、淳和帝天長二年天

王寺の安居講師は永く天台宗たるべしとの官符を賜はりしより、遂に天台宗となる。【元亨釋書二十八、四天王寺由緒沿革記】⦿（水鏡中）「難波の天王寺」

テンワウジイチジヨウヱ　天王寺一乘會　〔行事〕攝州大坂四天王寺一乘會は、九月十四日或は十五日、六時堂に於てこれを修す。此堂傳教大師草創なり、且つ本尊藥師如來日光月光の三尊、大師手造なりといへり。寺說に云く、九月十五日未の刻衆僧三綱堂の司樂人沙汰人堂仕公人出仕す。先づ時刻を三綱及び一和尙に告げて、出仕の鐘一番二番を撞く、諸役人太子堂へ出仕す。太子の像を鳳輦にうつす。其式二月十五日の式の如し。廻廊の下より六時堂へ渡御あり。法事の次第、振鉾、阿彌陀經、傳供、萬歲樂、延喜樂、陵王、納蘇利、悉く終りて酉の刻還御す。

テンワウタイシビヤクラキヤウ　天王太子辟羅經　〔經名〕一卷、失譯人名。天王の太子、名は辟羅、飛で天より來り佛所に詣る、佛爲に善惡應報の義を說く。【宿帙八】(472)Vela＊

テンワウニヨライ　天王如來　〔佛名〕提婆達多の未來に成道するときの佛名なり。彼れ旣に生きながら無間地獄に墮せり、當時の弟子皆彼を極惡人と爲せり。佛言く、彼は權者なり、往昔阿私仙たりし時法華經を受持す、我れ其の時彼に依て法華經を聞き、爲に今日成佛するを得しなり。彼は實の惡人にあらず、權りに世人を誡る爲に逆罪を作りしのみ、故に今は地獄に在るも、未來必ず成道して天王如來と號すと。是れ法華經提婆達多品の所說なり。「告ニ諸四衆一。提婆達多。却後過ニ無量劫一當レ得ニ成佛一。號曰ニ天王如來一。」図過去に天王如來あり、俗形にて成佛せり。異例なり。【自在菩薩經下】に「過去燃燈佛前。威德佛。提沙佛。光明佛前。有レ佛號ニ天王如來一。乃至是天王佛及諸菩薩。不レ著ニ袈裟一。皆著ニ自生淨沙天衣一。」【智度論】に「如ニ天王佛一衣服儀容與ニ白衣一無レ異。不レ須ニ鉢食一。」

デイクワン　泥桓　〔術語〕Nirvāṇa 泥洹に同じ。「ネハン」を見よ。

デイグワン　泥丸　〔術語〕泥桓に同じ。「ネハン」を見よ。

デイタフ　泥塔　〔術語〕泥土を以て小形の塔を作り、中に經文を納めて之を供養す。【西域記九】に「印度之法。香末爲レ泥作ニ小窣堵波一高五六寸。書ニ寫經文一以置ニ其中一。謂ニ之法舍利一也。數盈積建ニ大窣堵波一。總聚ニ於內一常修ニ供養一。」密敎に其供養法あり泥塔供と云ふ。延命滅罪の爲に之を修す。【東鑑三十五】に「於ニ久遠壽量院一被レ供ニ養八萬四千基塔泥塔一。曼荼羅供也。」憲深の泥塔供次第一帖あり。

デイタフグ　泥塔供　〔修法〕泥塔を供養する法會なり、或は實形の泥塔を供養し、或は泥塔を畫ける曼荼羅を供養す。滅罪の爲め又は息災延命の爲なり。造塔延命功德經及び無垢淨光大陀羅尼經の所說。

デイトク　泥得　〔術語〕常別施主と譯す、常に僧中に別食を施す施主なり。檀越より錢物を僧家に出し、每日次第して一人づつの比丘に好食を作て之を別施するなり。【百一羯磨一】に「梵云ニ泥得一。譯爲ニ常施一。有ニ別施主一施ニ僧錢物一作ニ無盡食一。每日次第令下僧家作ニ好食一以供中一人上。乃至有ニ日月一來不レ許ニ斷絕一。西方在寺多有。此地人不ニ知聞一。若不レ能レ作レ食供レ乳亦好。」

デイバサナ　泥縛些那　〔衣服〕泥伐散娜、泥婆娑 Nivāsana 譯、裙。【西域記二】に「泥縛些那。唐曰ニ裙。曰ニ涅槃僧一訛。」【百一羯磨十】に「泥伐散娜。裙也。」【寄歸傳二】に「泥婆娑。」

デイリ　泥底　〔界名〕「ナイリ」を見よ。

デイリチ　泥哩底　〔異類〕羅刹王の名。【大日經疏五】に「次於ニ西南隅一畫ニ泥哩底鬼王一。執レ刀作ニ可怖畏形一。」梵 Nirṛti.

デイロハラ　泥盧鉢羅　〔植物〕Nīla-utpala 四種蓮華の一。【大日經疏十五】に「泥盧鉢羅。此花從ニ牛糞種一生。極香。是文殊所レ執者。目如ニ青蓮一亦是此色。」

デイワツ　泥曰　〔術語〕泥洹に同じ。「ネハン」を見よ。

デイヲン　泥洹　〔術語〕「ネハン」を見よ。

デウ　掉　〔術語〕掉擧なり。心をして高擧せしめ安靜せしめざる煩惱なり。【倶舍論四】に「掉謂掉擧。令ニ心不レ靜。」【唯識論六】に「云何掉擧。令ニ心於レ境不ニ寂靜一爲レ性。能障ニ行捨奢摩他一爲レ業。」

デウイ　調意　〔術語〕意の惡を制伏するなり。【無量壽經上】に「布施調意。」【同淨影疏】に「修レ施治レ慳爲ニ調意一。」

デウグワイノオフミ　帖外御文　〔書名〕「オフミ」を見よ。

デウグワイワサン　帖外和讚　〔書名〕九首、親鸞の作。古は世人の知らざりしものなりしが、寶曆年中、常樂臺の寶庫より出づ。

デウケ　掉悔　〔術語〕掉擧と追悔との心、共に心をして安靜ならしめざる煩惱なり。

デウコ　掉擧　〔術語〕「デウ」を見よ。

デウゴ　調御　〔術語〕一切衆生を狂象惡馬に譬へ、佛を象馬師に譬へて調御と云ふ。【無量義經】に「調御大調御。無ニ諸放逸行一。猶ニ象馬師一能調無レ不レ調。」【智度論二十】に「佛法爲レ車弟子馬。實法主佛調御。若

馬出レ道失二正轍一。如レ是當三治令二調伏一。」又、佛十號の一に調御丈夫と云ふ。

デウゴシ　調御師　〔術語〕　佛の異名。「デウゴヂヤウブ」を見よ。

デウゴヂヤウブ　調御丈夫　〔術語〕　佛十號の一。梵語、富樓沙曇藐婆羅提（ふるしやどんにやくきらだい） Puruṣa-damya-sārathi 丈夫を調御するなり、佛能く一切の可度の丈夫を調御して修道に入らしむるを云ふ、佛亦女人を化すれども尊に從て唯丈夫と云ふ。【智度論二】に「復名二富樓曇藐婆羅提一。富樓沙秦言二丈夫一。曇藐秦言二可化一。婆羅提秦言二調御師一。是名二可化丈夫調御師一。佛以二大慈大悲一故。有時輭美語。有時苦切語。有時雜語。以二此調御一令レ不レ失レ道。乃至問曰。女人佛亦化令レ得レ道。何以獨言二丈夫一。答曰。男尊女卑故。女從レ男故。男爲二事業主一故。」

デウサイ　貼菜　〔職位〕　「テンサイ」を見よ。

デウサウ　貼相　〔術語〕　田相なき袈裟を縵衣と云ふ、縵衣をして田相を作さしめん爲に衣の上に條數を貼附するを貼相と云ふ。【釋氏要覽上】に「十誦律云。比丘居二山野一。許レ著二縵條衣一。不レ許三着入二聚落一。應下於二衣上一貼作中田相上。又云。比丘貧少レ衣。不レ能二割截一。應下於二衣上一安上レ貼。若五七九條。若過十條等。」

デウサン　掉散　〔術語〕　五蓋の一。身口意の三業において靜ならず、喧噪のことを好みて爲すを云ふ。即ち身掉は游走諸の雜戲譃を好み、坐暫くも安靜ならざるを云ひ、口掉は吟詠を好み、是非を爭ひ、無益の戲論世間の語言を爲す、身掉は心情放逸にして意を恣にし緣を攀ぢ文藝世間の才技を思惟し諸の惡覺觀を爲すなり。

デウシウ　趙州　〔人名〕　趙州觀音院の從諗、南泉普願の法嗣なり。唐の曹州の人、姓は郝氏、童稚にして本州の扈通院に於て披剃し、未だ戒を受けず、便ち池陽に抵り南泉に參し、南泉の偃息に値ふ。泉問ふて曰く、近離什麼の處。師曰く、瑞像院に近離す。曰く、還た瑞像を見るや。師曰く、瑞像を見ず只臥如來を見る。曰く、汝は是れ有主沙彌なりや、無主沙彌なりや。師曰く、有主沙彌なり。曰く、主什麼の處に在る。師曰く、仲冬嚴寒伏して惟るに和尙尊體萬福。南泉之を器とし入室を許す。異日南泉に問ふ、如何か是れ道。南泉曰く、平常心是道。師曰く、還て趣向すべきや否や。南泉曰く、向はんと擬すれば即す乖く。師曰く、擬せざる時如何か是れ道を知る。南泉曰く、道は知不知に屬せず、知は是れ妄覺、不知は是れ無記、若し是れ眞達不疑の道は猶太虛の廓然虛豁なるが如し、豈に強て是非すべけん耶。師言下に理を悟る。乃ち嵩嶽の瑠璃壇に往て戒を受く。仍て南泉に返り留まると久し。衆請ひて趙州の觀音院に住せしむ。一に東院と曰ふ。道化大に揚がる。昭宗乾寧四年十一月二日寂、壽一百二十、勅して眞際大師と諡す。【傳燈錄十】

趙州狗子　〔公案〕　「クシブッシヤウ」を見よ。

趙州柏樹子　〔公案〕　「僧趙州に問ふ、如何か是れ祖師西來意、州云く、庭前の柏樹子」【會元趙州章、無門關三十七則、從容錄四十七則】

趙州勘婆　〔公案〕　「五臺山の路上に一婆子あり。凡そ僧ありて、臺山の路甚麼（なに）の處に向て去ると問へば、婆云く、驀直に去れと。僧纔に行くと三五歩すれば婆云く好箇の師僧又恁麼に去ると。後に僧あり趙州に擧似す。州云く、我が去りて這の婆子を勘過するを待てと。明日便ち去て亦た是の如く問ふ。婆亦た其の如く答ふ。州還て衆に謂て云く、臺山の婆子我れ勘破し了れり。」【會元趙州章、無門關三十一則、從容錄十則】

趙州無字　〔公案〕　趙州狗子に同じ。

趙州洗鉢　〔公案〕　「僧趙州に問ふ、某甲乍ち叢林に入る、乞ふ師指示せよ。州云く、喫粥せしや未しや。僧云く、喫粥し了れり。州云く鉢盂を洗ひ去れ、其僧省悟す。」【無門關七則、從容錄三十九則】

趙州救火　〔公案〕　趙州黃檗に到る、檗來るを見て便ち八門を閉却す。州法堂内に於て火を把て云く、救火救火、檗便ち出でて擒住して云ふ、道へ道へ。州云く、賊過て後弓を張る。」【會元趙州章、葛藤集上】

趙州大蘿蔔　〔公案〕　「僧趙州に問ふ、承り聞く和尙親しく南泉に見ると、是なりや否や。州云く、鎭州に大蘿蔔頭を出だす」【碧巖第三十則】

趙州三轉語　〔公案〕　「サンテンゴ」を見よ。

趙州四門　〔公案〕　「僧趙州に問ふ、如何か是れ趙州、州云く、東門西門南門北門。」【碧巖九則】

趙州問死　〔公案〕　「趙州投子に問ふ、大死底の人却て活するとき如何。子云く、夜行を許さず明に投じて須く到るべし。」【碧巖四十一則、從容錄六十三則】

デウシヤク　帖釋　〔術語〕　經文を帖して解釋するなり。【止觀七】に「帖二釋經文一。」

デウシン　貼䞋　〔術語〕　或はテンシン或はテッシン或はチヤウシンと呼ぶ。「テンシン」を見よ。

デウジユク　調熟　〔術語〕　惡を調伏し善を成熟せしむるなり。【法華玄義一】に「調伏長養而成二熟之一。」【同釋籤】に「因レ調而熟名爲二調熟一。」

デウダツ　調達　〔人名〕　【涅槃經三十三】に「調婆

達多。」【觀無量壽經】に「調達。」【法華經提婆品】に「提婆達多。」【同陀羅尼品】に「調達。」具略の異のみ。天熱又は天授と譯す。「ダイバダッタ」を見よ。

デウヂキヂヤウ　調直定　〔術語〕天台は三昧を譯して調直定となす、心の暴きを調へ、心の曲れるを直し、心の散れるを定むるなり。【止觀二】に「通稱ニ三昧一者。調直定也。大論云。善心一處住不レ動是名ニ三昧一。」

デウド　調度　〔術語〕身を調養する一切の資具を云ふ。度は器物各自の度量なり。【行事鈔鉢器篇註】に「房舍衆具五行調度。」【資持記】に「謂調ノ養具度。卽衆物之通名。」

デウブク　調伏　〔術語〕身口意の三業を調伏して諸の惡行を制伏するなり。又惡魔を調理して我に降伏せしむるなり。又柔者は法を以て之を調へ、剛者は勢を以て之を伏す。【唐華嚴經五】に「調ニ伏衆生一令ニ究竟出離一。」【探玄記四】に「調者調和。伏者制伏。謂調ニ和控ニ御身口意業一。制ニ伏除ニ滅諸惡行一故。」【維摩經淨影疏】に「調テ令レ離レ惡。離ハ過順レ法。故名ニ調伏一。」【無量壽經下】に「如法調ニ伏諸衆生一力。」【同嘉祥疏】に「柔者以レ法調レ之。剛者以レ勢伏レ之。」

デウブクキヤウ　調伏行　〔術語〕三昧耶戒なり。【大日經七】に「妙眞言調伏行。」

デウブクコンマ　調伏羯磨　〔術語〕毘尼母論所說二羯磨の一。比丘法を犯して未だ懺悔せざれば凡そ飮食坐起語言一切の僧事皆衆と共にするを得ず、以て犯者をして自ら過を悔ゐしむるなり。羯磨作法と譯す、衆中に於て如此調伏の作法を行ふなり。

デウブクザウ　調伏藏　〔術語〕三藏の一、毘奈耶藏なり。【義林章二本】に「毘奈耶者。此云ニ調伏一。乃至調ニ和控ニ御身語等業ノ。制ニ伏滅ニ除諸惡行一故。」

デウブクホフ　調伏法　〔術語〕修法四種の一。五大明王等を念じて護摩を修し、以て惡魔怨敵を退治する法なり。「調伏法取ニ黑月日中亦夜半ニ起首。不レ論ニ善惡日一行レ之。不レ得ニ三時行一。若急速者不レ論ニ白黑一。其火曜星宿等尤吉。行者面向ニ南方一蹲居。以ニ右足一蹈ニ左足上一。卽觀下自身遍ニ法界一成中青黑色三角ノ曼茶羅上。我身一法界。我口卽爐口。我作ニ降三世忿怒尊一。放ニ大智火一。燒ニ淨我身中業煩惱及彼惡人貪瞋痴並所作惡事一。彼此ス平等蒙ニ法利益一獲ニ得長壽福樂一。」「ゴマ」の項を見よ。

デウホフシ　肇法師　〔人名〕姚秦の長者の沙門僧肇なり。

デウロン　肇論　〔書名〕三卷、唐肇作。作者の名に因て題す。物不遷論第一、不眞空論第二、般若無知論第三、涅槃無名論第四、首に宗本義の一章ありて四論に冠す。【陽帙一】（1627）

肇論新疏　〔書名〕三卷、元の文才述。【陽帙一】（1650）

肇論新疏遊及　〔書名〕三卷、同人述。【陽帙一】（1627）

肇論註　〔書名〕六卷、宋の遵式述。【又續藏】

デシ　弟子　〔術語〕梵に室灑 Śiṣya 所敎と譯す、卽ち弟子なり、師に就て敎を受くるものを云ふ。佛に就て之を言へば聲聞菩薩通じて是れ弟子なり、但聲聞人の形儀最も佛に親順するを以て殊に弟子と稱す。【行事鈔上三】に「學在ニ我後一名レ之爲レ弟。解從レ義生名レ之爲レ子。」【同資持記】に「以レ師望レ資。猶レ弟猶レ子。以レ資望レ師。如レ兄如レ父。」【維摩經淨影疏】に「聲聞學在ニ佛後一故名爲レ弟。從ニ佛化一生故復稱レ子。」【維摩經嘉祥疏】に「問聲聞菩薩皆弟子。何意聲聞云ニ弟子一。菩薩不レ稱ニ弟子一耶。解云。通例而不レ爾者。聲聞親侍レ佛。形儀如法。故云ニ弟子一。菩薩形無ニ定方一。反レ常合レ道。如ニ文珠按レ劍欲レ刺レ佛。非ニ弟子之法一。故不レ得レ云ニ弟子一也。」【求法高僧傳上】に「室灑。譯爲ニ所敎一。舊云ニ弟子一者非也。」

デシシフクシヤウキヤウ　弟子死復生經　〔經名〕一卷、劉宋の沮渠京聲譯。優婆塞あり先に外道に事へ、後佛戒を奉ず、死去十日復生して冥中所見の事を說き、一家を化して皆佛を見、果を得しむ。【宙帙八】（967）

デシホン　弟子品　〔經名〕維摩經の品名、第三品なり。如來維摩居士の毘耶離城に病めるを聞き、五百の弟子をして順次に疾を問はしめんとす、諸人各昔日居士の爲に屈を受くるを陳べて問疾に堪へずと辭す、依て弟子品と名く。図法華經第四卷所說五百弟子授記品の略名。

デシヰ　弟子位　〔術語〕眞言行に於ては五種三昧耶中第三の三昧耶受明灌頂已下を弟子位と稱し、第四已上を阿闍梨位と稱す。但し此には二說ありアジヤリを見よ。【義釋十二】に「若弟子之位未レ得ニ許可一。固不レ在ニ言限一。何可ニ妄說一。」

デツシヤク　牒釋　〔術語〕牒文作釋なり。牒は札なり、凡そ註疏の中に所釋の廣文を斷割して之を擧ぐると恰も簡札の如し、之を牒文と云ふ。釋は其の牒文に就て釋を施すなり。

デツモン　牒文　〔術語〕前項を見よ。

デン　電　〔譬喩〕世相の無常迅速に譬ふ。【維摩經方便品】に「是身如電。念念不レ住。」【金剛經】に「一切有爲法。如ニ夢幻泡影一。如レ露亦如レ電。應作ニ如レ是觀一。」

デンエ　傳衣　〔術語〕禪宗に金襴の大衣を法衣又

は傳衣と云ふ。是れ傳法の信を表する衣なれば傳衣と名く。上堂陞座に之を着し、餘時は一切之を著せず。【象器箋十七】

デンエ 田衣 〔術語〕 袈裟の異名。袈裟の割截田畔の相を作せばなり。【佛祖統紀三十七】に「梁武帝服二田衣一。北面敬禮受二具足戒一。」「デンサウエ」を見よ。

デンカイコクシ 傳戒國師 〔人名〕 眞盛上人の賜號なり。「シンジヤウ」を見よ。

デンクワウセキクワ 電光石光 〔譬喩〕 事の迅速勢の猛烈に譬ふ。【會元七保福章】に「此事如二擊石火一。似二閃電光一。」⊙(曲、柏崎)「電光石火の影の中には」

デンクワウテウロ 電光朝露 〔譬喩〕 身の無常に譬ふ。【慈恩傳二】に「何爲二電光朝露少時之身一作二阿僧企耶長時苦種一。」【心地觀經一】に「猶如二夢幻與泡影一。亦如二朝露及電光一。」

デング 傳供 〔儀式〕「テング」を見よ。

デンゲウ 傳敎 〔人名〕 名は最澄、日本天台宗の開祖なり。「サイチヤウ」を見よ。⊙(正統記一)「北嶺の傳敎大師」

デンゲウクワンヂヤウ 傳敎灌頂 〔術語〕 又、傳法灌頂、受職灌頂と名く。秘密の事法を傳受して阿闍梨位の職を紹ぐ灌頂なり。【演密鈔四】に「灌頂之言有二二種別一。一傳敎灌頂。二結緣灌頂。乃至二者傳敎灌頂。從二初發心一求二阿闍梨一。爲レ欲レ紹二襲阿闍梨位一故。師許可已爲造二立漫荼羅一具二足儀軌一而與二灌頂一。得二灌頂一已堪レ紹二師位一。故名レ得二傳敎灌頂一。名二阿闍梨一也。」

デンサウエ 田相衣 〔術語〕 袈裟の竪横に割截して縫綴せるさまの田畔に似れば田相衣と名く。【釋氏要覽上】に「僧祇律云。佛住二王舍城帝釋石窟前一經行。見二稻田畦畔分明一語二阿難一言。過去諸佛衣相如レ是。從レ今依レ此作二衣相一。」

デンシヤウ 殿鐘 〔物名〕 禪宗佛殿の鐘を云ふ。【勅修清規法器章】に「殿鐘住持朝暮行香時鳴七下。凡集レ衆上レ殿。必與二僧堂鐘一相應接擊レ之。知殿主レ之。」

デンジヤウホフシ 殿上法師 〔雜名〕 坊官の異名。【醍醐雜抄】に「寛平法皇御室御所之時、雲客等出家を遂ぐといへども猶法體にて官位をいだす、之を坊官と號し又殿上法師ともいへり。」

デンス 殿主 〔職位〕 知殿の異名。又、殿司とも書く。

デンヂ 傳持 〔術語〕 他より法を傳へ受けて吾身に保持するなり。【法華文句一】に「傳二持如來無礙智慧一。」【戒疏一上】に「由二上傳持一正法興顯。」

デンヂノハチソ 傳持八祖 〔名數〕 付法八祖の對。眞言宗に於て、法を後代に持ち傳へたる八人の祖師を云ふ。龍猛、龍智、金剛智、善無畏、不空、一行、慧果、空海の八人を云ふ。

デンヅウ 傳通 〔術語〕 或は東西或は古今に敎法の傳來弘通するなり。【宗輪論述記上】に「貝葉傳通道終未レ替。」【行宗記一上之一】に「古今傳通。」

デンヅウエンギ 傳通緣起 〔書名〕 三國佛法傳通緣起の略稱。

デンヅウキ 傳通記 〔書名〕 十五卷、淨土宗鎭西派の第二祖、良忠然阿作、善導の觀經疏を解す、凡そ四たび稿を易ふ。【糅鈔四十三】

デントウ 傳燈 〔術語〕 法能く闇を破すれば以て燈に譬へ、法を他に傳ふるを傳燈と云ふ。【大般若經四百六】に「尊者善現告二尊者舍利子一言。諸佛弟子凡有二所說一。一切皆承二佛威神力一。何以故。舍利子。如來爲レ他宣二說法要一。與二諸法性一常不二相違一。諸佛弟子依二所說法一精勤修學證二法實性一。由レ是爲レ他有レ所二宣說一皆與二法性一不二相違一。故佛所レ言。如二燈傳一レ照。」【維摩經菩薩品】に「無盡燈者。譬如三一燈然二百千燈一。冥者皆明。明終不レ盡。」【智度論百】に「所三以囑二累者一。爲レ不レ令二法滅一故。汝當三敎二化弟子一。弟子復敎二餘人一。展轉相敎。譬如下一燈復燃二餘燈一。其明轉多上。」

傳燈東方粟散王 〔雜語〕「キヤウライ」を見よ。

デントウアジヤリ 傳燈阿闍梨 〔術語〕 傳法阿闍梨の異名。

デントウシキ 傳燈式 〔儀式〕 法脈を相承する儀式を云ふ。

デントウダイホフシヰ 傳燈大法師位 〔職位〕 延曆七年に制定せる僧位五階の極位にして、三位相當なり。「ソウキ」を見よ。

デントウロク 傳燈錄 〔書名〕 三十卷、宋の眞宗景德元年、吳の沙門道彥、釋迦以來の祖祖の法脈を系し、法語を錄せしもの。後之に倣ひて種種の燈錄あり、是れ其嚆矢なり。

デンボフ 傳法 〔術語〕 法を弘傳すること。

デンボフアジヤリヰ 傳法阿闍梨位 〔術語〕 傳法灌頂を受けて人の爲に師と成り密法を敎示する身となれる位なり。是れ密敎の極果にして大日如來と同じ位なり。傳敎阿闍梨とも傳燈阿闍梨とも云ふ。【元亨釋書空海傳】に「八月授二傳法阿闍梨位灌頂一。」【辨惑指南四】に「第四の三昧耶は傳法阿闍梨灌頂とて人の爲に師と成て密法を敎示する位なり。故に幾回にも受明灌頂（第三の三昧耶）に入り、諸學を遍學して然して後に受くべし。弘法大師の惠果和尙に受け給ふ、八月上旬の傳法阿闍梨位是なり。」

デンボフクワンヂヤウ 傳法灌頂 〔修法〕

二種灌頂の第二、五種灌頂の第四。又受職灌頂と云ふ。大阿闍梨の職を受けて密法を人に傳授する位に上る爲の灌頂なり。此灌頂に依て大日如來の職を受け、自身に法を弘傳する阿闍梨となるなり。故に具には傳法阿闍梨位灌頂と云ふ。【諸儀軌訣影九】に「傳法灌頂と云ふ名目は、今法を傳ふる故に傳法と云ふには非ず、他人に法を傳へしむる職位に爲す故に傳法灌頂と云ふなり。」【辨惑指南四】に「傳法灌頂は是れ大日の位にして人の爲の軌範となるが故に。」「クワンヂヤウ」を見よ。⦿（盛衰記八）「三種の灌頂あり、所謂結緣灌頂、傳法灌頂、自證灌頂なり。」

デンボフヰンリウ　傳法院流　〔流派〕「ヒロサハリウ」を見よ。

デンヤウ　電影　〔譬喩〕法の無常迅速なるを電に譬へ、實體なきを影に譬ふ。【無量壽經下】に「知三法如二電影一。究三竟菩薩道一。」

と

トウ　等　〔術語〕平等の義、「ひとし」と訓ず。等級の義、「しな」と訓ず。等類の義、「ら」と訓ず。等類の等に二種あり、一に向內等、已に列ぬべき物件を列ね盡して後に等の字を置く如し、二に向外等、列ぬべき數種の中に二三を擧げ、他を類取して等の字を置くもの。又向上等向下等と云ふ。「カウナイトウ」を見よ。

トウ　燈　〔物名〕梵語、儞播 Dīpa 燈明なり、和名、あかし六種供具の一。「アカシ」を見よ。

一燈　〔雜語〕貧女の一燈なり。「ヒンニヨ」を見よ。

十二燈　〔雜語〕「ジフニトウ」を見よ。

萬燈　〔物名〕「マントウ」を見よ。

常燈　〔物名〕「ジヤウトウ」を見よ。

無盡燈　〔雜語〕「ムジントウ」を見よ。

燈滅方盛　〔術語〕燈光の滅せんとする時、暫時光を增す如く、佛法の滅せんとするとき、一時彩然として法の盛なるべしとの豫言なり。【止觀六】に「初果猶七反未レ盡。如二燈滅方盛一。」【法滅盡經】に「吾法滅時譬如二油燈一。臨二欲レ滅時一光明更盛。於レ是便滅。吾法滅時亦如二燈滅一。」

トウアン　東庵　〔堂塔〕禪林の東堂又東庵と稱す。「トウダウ」を見よ。

トウアンゴ　冬安居　〔行事〕夏安居の如く僧侶が十月十五日より、明年正月十五日迄、外出を禁じて講學修養するを云ふ。

トウイチサイシヨブツ　等一切諸佛　〔術語〕十廻向の第三位。「ジフヱカウ」を見よ。

トウイチダイシヤ　等一大車　〔譬喩〕法華經譬喩品の所說、長者が門外に於て諸子に賜ふ所の大白牛車なり、等一は平等一味の義、此大車は諸法實相を體とすれば等一と云ふ。【經】に「爾時長者。各賜二諸子等一大車一。」

トウイン　等引　〔術語〕梵名。三摩呬多 Samāhita 譯、等引。定の名なり、定心に在て專注する性を等引と云ふ。等とは身心の安和平等なるを云ふ。人若し定を修すれば定力に依て此の等を引生すれば等引と名く。【唯識述記六上】に「等持通二定散一。但專注レ境義。等引唯定心慶作意注故。言二等引一者。一引レ等故名二等引一。謂身心中所有分位安和之性平等之時名レ之爲レ等。此由二定力一故此位生。引二生等一故名爲二等引一。乃至梵云三三摩呬多一。此云二等引一。三摩地此云二等持一。」

トウエンゲダウ　投淵外道　〔流派〕六苦行外道の一。寒中身を深淵に投じて苦行を作し、以て生天の因と爲すもの。【涅槃經十六】

トウカウザ　登高座　〔儀式〕誦經導師禮盤に登るを云ふ。【諸法會儀則上】に其式を記す。図〔物名〕讀經の時導師の登る高座。須彌壇の正前にありて前に經梵、左に柄香爐臺、右に磬を掛く。

トウガク　等覺　〔術語〕佛の異稱。等は平等、覺は覺悟、諸佛の覺悟平等一如なる故に等覺と名く。【智度論十】に「諸佛等故名爲二等覺一。」【往生論注下】に「以二諸法等一故諸如來等。是故諸佛如來名爲二等覺一。」図 大乘の階位五十二位の中第五十一位の菩薩を云ふ、是れ菩薩の極位なり。即ち三祇百劫の修行を滿足して別敎の菩薩は十一品の無明、圓敎の菩薩は四十一品の無明を斷じて、將に妙覺の佛果を得んとし、其智慧功德、妙覺に等似すれば等覺と名け、又一生補處と名け、金剛心と名け、有上士と名け、無垢地と名く。【四敎儀四】に「若望二法雲一名レ之爲レ佛。望二妙覺一名二金剛心菩薩一。亦名二無垢地菩薩一。」【止觀一】に「究竟即菩提者。等覺一轉入二于妙覺一。」【瓔珞經上】に「所謂等覺性中有二一人一。其名金剛慧幢菩薩。住二頂寂定一以二大願力一住レ壽。百劫修二千三昧一。已入二金剛三昧一。乃至坐二佛道場一超三度三魔一。復住レ壽萬劫化三現成佛一入二大寂定一。等覺二諸佛一諦境界外非有非無無色無心因果一。二習無レ有二遺餘一。」

トウカ　洞下　〔雜語〕曹洞宗の門下を云ふ。

トウガクノコンガウシン　等覺金剛心　〔術語〕菩薩が三祇百劫の修行を經て、因地の最後なる等覺の位に登り、金剛喩定に入りたるを云ふ。金剛

喩定とは、まさに成佛せんとするときに入る定にして知慧の堅固なること金剛に喩ふべく、一念に無始の無明を打破して無上の佛果に到達する因位最後の道心なり。

トウガクノダイシ　等覺大士　［術語］等覺位の菩薩に同じ。

トウキ　投機　［術語］大悟徹底して佛祖の心機に合するを云ふ。

トウキ　逗機　［術語］逗は投合。佛が對機に相應したる種種の教を説くを云ふ。

トウキフゼン　等起不善　［術語］四種不善の一。自性不善、相應不善と等起する所の、表業、無表業、及び不相應行法を云ふ。これ恰も毒液を飲みて生じたる乳の如し。

トウキゼン　等起善　［術語］三種善の一。「ゼンアク」を見よ。

トウクウ　等空　［術語］虚空に等しきなり。【大日經一】に「等二虚空一無邊一切佛法依レ此相續生。」

トウクワウボンシ　燈光梵志　［人名］【止觀輔行二】に「慧上菩薩經云。過去無數有二梵志一名二燈光一。在二林藪間一行二吉祥願一。經二四百二十歳一入二摩竭國一。有二陶師女一見二梵志端正一投二梵志前一。梵志報言。吾不レ樂レ欲。女言設不レ能吾尋自害。梵志自念。吾常護レ戒。若數犯者非二吉祥一。離レ之七歩。即起二慈心一而欲レ犯レ戒。不レ然女死。寧令二女安一我入二地獄一。從二其所願一經二十二年一終生二梵天一。」【寶物集六】に「東光梵志の婬を行じ、末利夫人の酒を初めし」東光は燈光の誤。

トウクワツヂゴク　等活地獄　［界名］八熱地獄の第一。【倶舍頌疏世品一】に「等活地獄。謂彼有情雖レ遭二種種斫刺磨擣一。而彼暫遇二涼風一所レ吹尋蘇。如レ本等レ前活故立二等活名一。」「ヂゴク」の項參照。

トウクワン　等觀　［術語］一切平等に事理を觀念するなり。【無量壽經下】に「等二觀三界空無所有一。」【涅槃經一】に「等二觀衆生一如レ視二一子一。」

トウグ　等供　［術語］又等得と云ふ。凡そ大衆の食法、上座より下末に至るまで食物の等しく配賦せらるるを待ちて維那をして等供又は等得と唱へしめ、然して後食するを得るなり。【行事鈔下三】に「四分得レ食便食爲レ俗譏責。佛令レ唱二等得一已然後食。僧祇唱二等供一。若時欲レ過隨レ下隨食無罪。十誦云二等供一。乃至十誦因下舍利弗爲二上座一純食中好食上羅睺白レ佛。佛言。從レ今上座待レ得レ遍。聞二等供聲一一切僧共食。」【同資持記下三之三】に「等供約二賦徧一。等得約二受足一。等即是同。」【同下四之一】に「等得亦云二等供一。即大小食時唱二食平等一。」問ふ、梵語僧跋、此に等施と譯す、是れ亦食前に唱ふる語なり等供と何の別ある。答ふ、總じては同なり、別しては等供の語は行食の平等に就き、僧跋の語は食味の平等に就く。

トウグワノインス　冬瓜印子　［術語］曖昧に印可せらるること。

トウグワン　等願　［術語］諸佛平等の誓願なり、四弘誓願を指す。【讃阿彌陀佛偈】に「或覲二淨土一興二等願一。」

トウケ　鄧家　［雜名］摩鄧女の家なり。【楞嚴經】に「大幻術摩登伽女。」に作り【摩鄧女經】に「摩鄧女。」に作る。【性靈集四】に「慶喜道者被レ惱二于鄧家一。」

トウケ　洞家　［流派］曹洞宗の一家なり。トウカとも讀む。濟家に對するの稱。

トウゲ　投華　［儀式］華を佛に供養する爲に壇上に投ずるを云ふ、結緣灌頂に投華の法あり。「トウゲサンマヤ」を見よ。

トウゲサンマヤ　投華三昧耶　［儀式］五種三昧耶の第二、即ち結緣灌頂なり。胎藏界の諸尊二百餘體あり、其中我と往昔の宿緣ある者を誰となすや、凡そ開悟得脱は宿世の結緣に依る、故に花を曼荼羅界に投じて其の投じ當てたる尊を以て吾本尊と知り、其尊を念じ其の法を行ずるなり、之を投華三昧耶とも結緣灌頂とも云ふ。

トウコンダウ　東金堂　［堂塔］西金堂に對して東金堂と云ふ、興福寺に在り、元正帝の病の爲めの建立にて本尊は藥師如來なり。◉（水鏡上）「山階寺の内に東金堂をば建て給ひしなり」

トウサイ　冬齋　［行事］禪林冬至の秉拂に都寺齋を辨ずるを冬齋と名く。【象器箋十七】

トウザ　登座　［儀式］禪宗の師將に陞座せんとして座をさして法語あるを登座と云ふ。永興の祿和尙より始まる。【象器箋十一】

トウザウ　東藏　［雜名］禪林の衆多き處には經藏を東西兩處に置て東藏西藏と云ふ。【敕修淸規知藏】に「後以二衆多一列三來西藏一。」

トウザウス　東藏主　［職位］東藏を處理するもの。

トウザン　東山　［地名］五祖弘忍禪師蘄州黃梅縣の黃梅山に住す、其山縣の東境にあるを以て東山と云ひ、五祖の法門を東山の法門と云ふ。【六祖壇經序】に「居士由レ是祝髮登壇。應二䟦陀羅之懸記一開二東山法門一。」

トウザン　洞山　［人名］筠州洞山の悟本大師、名は良价、姓は兪氏、幼にして五洩山の默禪師に從て出家し、後、徧く諸師に參じ法を雲巖の晟師に得たり。唐の大中年中新豐に唱道し、晩年洞山に移る、偏正五位を立て法威大に揚がる。咸通十三年端坐して長逝す、壽六十三。悟本大師と謚す。【傳燈錄十五】

洞山五位　［術語］「ゴヰ」を見よ。

トウザン　洞山　〔人名〕襄州洞山の守初宗慧禪師、雲門の法嗣なり、【五燈會元十五】

洞山三頓棒　〔公案〕「洞山初めて雲門に參す、門問て曰く、近離甚の處ぞ。山云く、査渡。門曰く、夏甚の處に在りしぞ。山云く、湖南の報慈寺。門曰く、幾時か彼を離る。山云く、八月二十五日。門曰く、汝に三頓の棒を放す。山明日上て問訊す。昨日和尙の三頓の棒を放すを蒙る、知らず過甚麼の處にか在る。門曰く、飯袋子江西湖南便ち恁麼にし去る。山此に於て大悟す。」【五洞會元十五洞山章、無門關十五則】

洞山麻三斤　〔公案〕「僧洞山に問ふ、如何か是れ佛。山曰く、麻三斤。」【五燈會元十五洞山章、碧巖十二則、無門關十八則】

洞山土地神　〔公案〕「洞山和尙、一生住院す、土地神他の蹤跡を覓むるに見ず。一日廚前に米麵を抛撒す。洞山心を起して曰く、常住の物色何ぞ踐むとを作すと如此なるを得と。土地神遂に一見するを得て便ち禮拜す。」【碧巖九十七則評】

トウシ　東司　〔雜名〕トウスと讀む。

トウシ　橙子　〔植物〕トウスと讀む。

トウシ　投子　〔地名〕唐の舒州投子山の義靑禪師は大陽玄禪師の法嗣なり。【五燈會元十四】に但法語を擧げて行蹟の記事なし。【本朝高僧傳二十六慧日傳贊】に「洞上之宗興二於投子靑一焉。芙蓉楷續而愈盛。丹霞淳受而即制。眞歇了宏智覺兄弟四五出二於宋朝一。君臣道合正偏位序。眞歇之法永平元公承二如淨一而歸。宏智之禪東明禪師傳二擧翁一而來矣。」

トウシ　燈指　〔人名〕比丘の名。王舍城の長者の子にして、生るる時より一指より光を放てば燈指と名く。初め富にして中に貧、後に又富なり。出家して羅漢果を得。◉（今昔物語三）に「王舍城燈指比丘語」【燈指因緣經、法苑珠林三十五】

トウシインエンキヤウ　燈指因緣經　〔經名〕一卷、秦の羅什譯燈指比丘在俗の時に初後に富福し中間に貧困せし往昔の宿因を說く。【宿帙七】（720）

トウシウ　頭袖　〔物名〕ヅシユウと讀む。頭巾の異名。頭巾の形衣袖の形に似たれば頭袖と名く。即ち帽子なり。其稱國一禪師に本く。【經山無準範禪師錄】に「入内引對陞坐云。唐代宗嘗宣二召本山國一祖師一。每加二禮敬一。適遇二天寒一。代宗以二銷金龍袖一覆二其頂一。復竟以二龍袖一爲レ帽。至レ今祖師遺像儼然猶存。」

トウシヤウガク　等正覺　〔術語〕梵語三藐三菩提、等正覺、又、三藐三佛陀、等正覺者、偏知者とす。如來十號の第三。（ジフガウ參照）覺は即ち知なり。覺知一切に遍きは是れ遍なり。覺知理に契ふは是れ正なり。謂く遍く正しく一切法を覺知するなり。又三世諸佛の覺知平等なれば等と云ひ、邪妄を離るれば等と云ふ。【大經淨影疏】に「等正覺者。餘經中亦名二正偏知一也。正是理於レ理究照故名二偏知一。今言レ等者是彼偏也。稱レ現名レ等。正者還是餘經正也。言二其覺一者是彼知也。」【資持記下三之二】に「等正覺者。謂三世道同。正印簡二異邪妄一。」

トウシユ　頭首　〔職位〕禪林の稱呼「テウシユ」と讀む。

トウシユジヤウカイ　等衆生界　〔術語〕遍衆生界なり、一切の衆を該收するの稱。【起信論】に「立二大誓願一盡欲レ度二脫等衆生界一。」

トウシヨウ　鬪勝　〔傳說〕佛敎徒が道士と術を比べて勝ちたるを云ふ。後漢の明帝永平十四年の正月元旦、五嶽諸山の道士褚善信等朝賀の次を以て佛敎と道敎との優劣を比較せんことを表情せしかば、帝之を許可し、其の十五日を以て自ら白馬寺に臨幸し、佛典と道經とを共に焚かしむ。道經は灰燼に歸せしも佛典は其軸火と爲り、紙黃となるも、一字を損せざりき。之を鬪勝と云ふ。

トウシヨウシンシウ　東勝身洲　〔界名〕四大洲の一。須彌山の東方の鹹海中に在る大洲の名。其の身形勝るが故に勝身と名く。【倶舍論十一】に「東勝身洲。東陿西廣。三邊量等。形如二半月一。東三百五十三。邊各二千。」【同光記八】に「東勝身洲。身形勝故。或身勝二贍部一故。名二勝身一。梵云二毘提訶一。」

トウシン　等心　〔術語〕一切衆生に於て怨親平等の心。又、諸行等しく修する心。【無量壽經下】に「等心勝心深心。」【智度論八】に「等心者是於二一切衆生中一無レ怨無レ恚。」【探玄記二】に「無思益レ物故云二等心一。」【大經淨影疏】に「諸行齊修故曰二等心一。」

トウシン　東震　〔雜名〕東夏と言ふ如し、震旦は印度の東方に在れば東震と云ふ。

トウシン　投針　〔故事〕盆水投針、迦那提婆の故事なり。「ダイバ」の項下「提婆投針」を見よ。

トウジ　等至　〔術語〕定の別名なり。梵名三摩鉢底、定中に在て身心の平等に安和なるを等と云ひ、定能く此平等の位に至らしむれば名けて等至と云ふ。是れ唯定にして散にあらず。有心無心に通ず。若し有心定ならば、定力を以て此等に至るを得れば等至と名け、若し無心定あらば、其の心昏沈と掉擧を離れ、平等なるを等と云ふ、定中依身の大種の平等なるに約して等至と名く。外に等持等引の二あり。「サンマイ」を見よ。【唯識述記六上】に「在レ定定數勢力令三身心等有二安和相一。至二此等位一名爲二等至一。乃至三摩

鉢底此云二等至一。」「トウヂ」を見よ。

等至三昧 〔術語〕大日如來大悲胎藏曼荼羅莊嚴大會を示現する三昧なり。【大日經入秘密曼荼羅位品】に「爾時。大日世尊入二於等至三昧一。」【義釋十二】に「等至とは三昧の名なり。」

八等至 〔名數〕四靜慮四無色の八定なり。

トウジ 等慈 〔術語〕平等の慈悲なり。【楞嚴經一】に「阿難執二持應器一。於二所レ遊城一次第循乞。乃至方レ行二等慈一不レ擇二貴賤一。發意圓二成一切衆生無量功德一。」【同長水疏】に「軌二則如來一行二平等慈一。」【元亨釋書光定贊】に「蓋分衛者。行二等慈一也。」

トウジ 東寺 〔寺名〕八幡山敎王護國寺秘密傳法院、東寺又左寺と號す。大宮の西、八條の南にあり。延曆十五年東西兩寺を創立して東西京の鎭となし、玄蕃寮を此に置く。弘仁十四年東寺を空海に賜ひて永く眞言の道場となさしむ。【元亨釋書二十三】に「延曆十五年創二東寺一。大中太夫藤伊勢人爲二造寺使一。」又「弘仁十四年正月。賜二東寺于海爲二密寺一。」【東寶記】に「成尊僧正纂要云。弘法大師給二東寺一。即眞言密敎庭既畢。結構堂舍。造立佛像。年中行事。僧衆威儀。悉移二青龍寺之風一。」金堂あり、本尊は藥師如來、脇士は日光月光、下に十二神將を安置す。講堂あり、天長二年之を建つ、仁王經曼陀羅の聖衆五佛五菩薩五大忿怒梵王帝釋四天王等を安置す。敎王護國寺の稱號之に本く。食堂あり、聖寶僧正之を建つ。丈六の千手觀音並に丈餘の四天王を安置す。五重塔あり、金剛界の四方の四佛を安置す。其他灌頂院あり、護摩堂あり。【山城名稱志五】⊙(榮花、疑)「東寺の灌頂に參らせ給ひて」

東寺の十二流 〔名數〕空海より第四世を源仁と云ひ、仁の門下に二傑あり、一を聖寶と云ふ醍醐寺を開く、是れ小野流の祖なり、二を益信と云ひ仁和寺を開く、是れ廣澤流の祖なり。而して野澤二流各六派を分ち之を東寺の十二流と稱す。小野の六流は之を地方に依りて小野と醍醐の二に分ち勸修寺流、安祥寺流、隨心院流の三を小野の三流とし、三寶院流、理性院流、金剛王院流の三を醍醐の三流とし、此二地の三流を合せて小野の六流と總稱す。小野は其遠祖醍醐僧正の隱棲地なり。次に廣澤の六流は亦之を廣澤と仁和寺の二に分ち、傳法院流、忍辱山流、華藏院流の三を廣澤の三流とし、御流、西院流、保壽院流の三を仁和寺の三流とし、此の二の三流を合せて廣澤の六流と總稱す。廣澤は其遠祖仁和寺益信の隱棲處なり。【密門雜抄】

東寺の三寶 〔雜名〕東寺寶嚴院の賴寶法印、其弟子觀智院の杲寶、及び賢寶、各大著述あり、世に東寺の三寶と云ふ。【本朝高僧傳杲寶傳】

トウジフシユトクサンマイキヤウ 等集衆德三昧經 〔雜名〕三卷、西晋の竺法護譯。集一切福德三昧經の異譯前出。【盈帙十】(128)

トウジヤウ 東淨 〔經名〕トウチンと讀む。「トウス」を見よ。

トウジヤウ 洞上 〔雜名〕曹洞宗なり、末師末流に對して上と云ふ。

トウジヤウケンゴ 鬪諍堅固 〔術語〕五種堅固の一。如來の入滅より第五の五百年の間、諸の比丘戒律を修せず、唯鬪諍を尙び、邪見を增長するを鬪諍堅固と云ふ。⊙(鵶鷺合戰九)「鬪諍堅固の時を得たりと入興す」「ゴゴヒヤクネン」を見よ。

トウジヤノタトヘ 藤蛇喩 〔術語〕金光明經に出づ。妄情所現の相を迷執して實有なりとなすは、恰も藤蔓を見て蛇となすが如しと云ふ。

トウジヨ 東序 〔職位〕禪林の叢規朝廷の文武兩班に擬して東序西序の兩班を分ち、諸の知事を東序とし、諸の頭首を西序とす。「リヤウバン」を見よ。

トウジン 等身 〔術語〕諸尊の形像を造るに自己の身量に等しくするを等身と云ふ。【瑜祇經】に「凡一切瑜伽中像皆身自坐等量畫レ之。」【元亨釋書最澄傳】に「自刻二等身藥師佛像一安二之一乘止觀院一。」一搩手半の佛像は母の胎内に居る胎兒の身量なり。又、佛に等身あり、晋華嚴經には等身と云ひ、新華嚴經には是等身と云ふ。⊙(榮花、疑)「十齋の佛を等身に作らせ給ふ」

トウス 橙子 〔物名〕椅子の前に置く脚を承くる「小几なり。【象器箋十九】

トウス 東司 〔雜名〕又、東淨と云ひ、禪林東序の厠を云ふ。其の西序に在る者は即ち西淨なり。或は東司を以て厠の通名と爲し、西に在る者も亦呼で東司と爲す、實は訛言なり。【雜談集七】に「烏蒭沙摩の眞言は東司にて殊に誦咒すべきなり、此は別段の事なり、不動明王の垂迹として不淨金剛と號して東司の不淨の時、鬼若し人を惱す事あらば守護せん爲の御誓なり。」

トウセン 刀山 〔界名〕刀劍の山、地獄の難處なり。【千手經】に「我若向二刀山一。刀山自摧折。」【往生要集上本】に「牙如レ劍。齒如二刀山一。」

トウゼン 東漸 〔術語〕佛敎の東方諸國に傳播するを云ふ。【尙書禹貢】に「東漸二于海一。」【法華玄義一】に「大法東漸。」⊙(曲、龍虎)「佛法東漸を振りすてて」

トウゼン 東漸 〔人名〕妙心寺の僧、名は宗震、號は東漸、以安禪師の室に入りて法を嗣ぎ、後妙心

寺に出世して紫衣を賜はる。慶長七年寂、壽七十一。弟子庸山南景瑞林千英の四傑あり。【宗統八祖傳】

トウタイ　等諦　〔術語〕俗諦の別稱。世俗の諸法一にあらず。

トウタフ　東塔　〔堂塔〕叡山三塔の一。傳敎大師比叡山の東嶺に於て一乘止觀院を建て、後、弘仁十二年桓武天皇の御靈の爲に多寶塔一基を建立して胎藏界の五佛を安じ、法華經一千部を納む。即ち海內六處塔中の一なり、總持院の中に在り、（今は總持院と共に灰燼す）【叡岳要記】依りて東嶺を總稱して東塔となし、其處に根本中堂、戒壇院、大講堂、前唐院、淨土院あり。其麓を東西南北の四谷に分けて各房舍を置き、衆僧之に住す。⦿（太平記二）「山門東塔の北谷より兵火出來て」

トウダイジ　東大寺　〔寺名〕西大寺に對する俗稱なり、本名を金光明四天王護國の寺と稱す、聖武天皇天平十三年天下の諸國に金光明四天王護國之僧寺及び法華滅罪之尼寺各一字を建立せんとの敕願を發し給ひて、漸漸之を造立し、其後天平十五年金銅の盧舍那大像一軀を鑄造せんとの敕願ありて、初め近江國信樂京の甲賀寺にて之を創せしも成らずして止み、後、天平十七年大和國添上郡金鐘寺の地に於て更に同像を造立せんとして數數之を改鑄し、遂に同十九年より第八度の改鑄に於て功を奏し三年の後即ち孝謙天皇の天平勝寶元年佛體始めて成り、同四年四月九日開眼の供養を行ふ。仍て之を金光明四天王護國之僧寺の本處とし（もと西大門の額に金光明四天王護國之寺の額ありと云。）諸國の國分寺（國ごとの金光明四天王護國之寺）に對して之を總國分寺と稱す。又此大佛は華嚴經所說の盧舍那にして八宗兼學の中に殊に華嚴宗を本とすれば大華嚴寺又は恒說華嚴院と云ふ、又、西大寺に對して東大寺と稱し、雅俗共に此名に依る。【元亨釋書、壒嚢鈔】⦿（太平記二）「東大寺と申すは、聖武天皇の御願」

トウダイニミツ　東台二密　〔術語〕弘法が東寺に於て弘通せし密敎を東密と云ひ、傳敎慈覺が天台山に、智證が園城寺に於て弘傳せし密部を台密と云ふ。二密の相違は東密は大日本位にして台密は釋迦本位なり。故に東密に在りては大日と釋迦を別體とし、台密に在りては大日と釋迦を同體とす。又台密は密敎に理秘密敎と事理俱密敎とを分ち、理秘密敎とは總じて眞如法性の妙理を說きし者として、法華華嚴楞伽仁王等の一乘敎を悉く眞言敎となす。是れ大日經疏に眞言を解するに眞語如語不妄不異の語を以てし、且つ疏中往往法華華嚴等の諸大乘の說を援引して大日經の所說と其の理趣を一にするを證すれば也。是れ理秘密を成立するに屈強の口實なり。故に兩經の中には大日經に重きを置き、兩部の中には胎藏界に重きを置きて、金胎と次第するに對して胎金と次第す。故に台密に在りては、法華圓敎と兩部の眞言と理に於て軒輊なし、唯異なる所は三密の事相を說くと說かざるに在るのみと云ふ。されば東密が法華を貶して第八住心即ち華嚴の下位に置くに比して其の差實に天洲なり、又東台所立の神道の如き、東密の兩部神道は大日金輪を本尊とし、台密の一實神道は釋迦金輪を主尊とす。而して其の名稱の如きも東密は密經に取て兩部と稱し、台密は法華經に取て一實と云ふ。又台密に在りては兩部の外に兩部不二の蘇悉地法を立てて三部とす、是れ亦東密の許さざる所なり。其の他兩部の血脉に於て、東密は一通の血脈を以て兩部に通用し、台密は其の血脈を兩部各別に立つ。又修法に於て東密は愛染法を以て至極の大法と爲し、之に對して台密は熾盛光法を至極となす如き一一枚擧に遑あらず。之を要するに東密は釋迦大日顯密不同を固執すれば、台密より之を斥して一實の理に昧しとなし、台密は釋迦大日同一理密を主張すれば東密より之を貶して未だ顯網を脫せずとなす。

トウダウ　東堂　〔雜名〕禪林に當寺前住の人を稱す、他山の前住を西堂と云ふに對す。東は是れ主位、前住の人は是れ舊主なる故に東堂に居す。【象器箋五】

トウダンジユカイ　登壇受戒　〔術語〕高く壇を築いて授戒の式を行ふ處を戒壇と稱す、受者此に登りて戒を受くるなり。

トウチ　等智　〔術語〕十智の一。世俗の事を知る智なり。【大乘義章十五】に「言二等智一者。世俗之慧。等知二諸法一故名二等智一。」

トウチン　東淨　〔雜名〕禪林に東序に屬する厠を東淨と云ひ、西序に屬する厠を西淨（せいちん）と云ふ。厠は至穢の處宜しく潔淸にすべし、故に淨と云ふ。【象器箋二】

トウヂ　登地　〔術語〕菩薩の階位に十信十住十行十廻向十地等覺妙覺の五十二位あり、其中十地の位に登るを登地と云ふ、一大阿僧祇劫の修行を經し後なり。而して十地の間に初地より第十地の終まで二大阿僧祇劫の修行を要するなり。其の初地を歡喜地と稱して始めて一分の煩惱を斷じて一分の法性を悟り極めて、歡喜する位なり。以後登地の菩薩又は法身の菩薩と云ふ。

トウヂ　等持　〔術語〕定の別名なり。梵語舊稱三昧、定と譯し、新稱三摩地、等持と譯す。心を一境に住して平等に維持するを云ふ。是れ定散二心に通ずるなり。たとひ散心に在りても心の一境に專注する

は即ち三摩地なり、故に定と譯するは不可なり。【唯識述記七上】に「等持者平等持二心等一。但於レ境轉。故名爲二等持一。故通二定散一。乃至三摩地。此云二等持一。」【倶舍論二十八】に「等持者爲レ定名異體同。故契經說二心定等定一名二正等持一。此亦名爲二心一境性一。」

三等持 〔名數〕三三昧、新に三三摩地、三等持と譯す。一に空等持、二に無相等持、三無願等持なり。「サンサンマイ」を見よ。図更に一種の三等持あり、一に有尋有伺等持、二に無尋唯伺等持、三に無尋無伺等持なり。「サマヂ」を見よ。

トウヂウ 燈頭 〔職位〕禪林燈燭を司る職なり。

トウヂノボサツ 登地菩薩 〔術語〕初地即歡喜地の行位に入りし菩薩を云ふ。「トウヂ」を見よ。

トウヂユウ 登住 〔術語〕菩薩の階位十信、十住、十行、十廻向、十地、等覺、妙覺の中、十住の位に入るを登住と云ふ。然るに圓敎菩薩の十住は即ち別敎菩薩の十地の位に當り、圓敎の菩薩は登住已去一分の斷惑證理あり、別敎の菩薩は登地以後に於て之を成ず。【法華玄義五】に「無明是同體之惑。如二水內乳一。唯登住已去菩薩鵝王能唼二無明乳一淸二法性水一。從レ此已去乃判二眞因一。」【釋門歸敬儀中】に「眞俗並觀登住方修。」「トウヂ」を見よ。

トウヅ 刀途 〔界名〕三途の一。畜生道の異名。畜生は人に驅逼屠殺せられ、又は殘害すれば刀途と云ふ。【止觀一】に「若其心念念。欲レ得二名聞一。四遠八方稱揚欽詠。因無二實德一。虛比二賢聖一。起二下品十惡一。如二摩犍提一者。此發二鬼心一行二刀途道一。」【同輔行】に「從レ被二驅逼一爲レ名。故名二刀途一。」

トウテウ 冬朝 〔雜語〕冬至の朝なり、禪林に賀儀あり。

トウトク 等得 〔術語〕等供の異名。「トウグ」を見よ。

トウドノクソ 東土九祖 〔名數〕天台宗の支那に於ける相承。西天二十四祖に對す。即ち龍樹、慧文、慧思、智顗、灌頂、智威、惠威、玄朗、湛然を云ふ。

トウハウサイシヨウトウワウニヨライジヨゴヂセケンシンジユキヤウ 東方最勝燈王如來助護持世間神呪經 〔經名〕一卷、隋の闍那崛多譯。佛祇園に在り、東方の最勝燈王如來菩薩を遣して此に至り、神呪を說かしむ。【成帙七】(366)

トウバウガウサンゼ 東方降三世 〔明王〕五大明王を五方に配すれば降三世明王は東方の位なり。

トウバウゴヒヤクノチリ 東方五百之塵 〔雜語〕【法華經壽量品】に五百塵點劫の量を明かさんとして「假令有レ人抹爲二微塵一。過二於東方五百千萬億那由佗阿僧祇國一乃下二一塵一。」「ヂンデンゴフ」を見よ。⊙(著聞集)に「少納言阿闍梨某とかやいひける僧、東方五百之塵といふ句を詠ずとて、五百の字をあやまりて八十の塵と詠じたりけるを、尾張の內侍簾中にて聞きて、八十といひだにはてぬに、今四百二十落ち候ひぬといひ出したりける」

トウバウジヤウルリイワウ 東方淨瑠璃醫王 〔菩薩〕藥師如來を稱す。醫王は即ち藥師にして其國を淨瑠璃と名け此より東方に在り。【藥師經】に「佛告二曼殊室利一。東方去レ此過二十殑伽沙等佛土一有二世界一。名二淨瑠璃一。佛號二藥師瑠璃光如來一。」⊙(盛衰記九)「或は東方淨瑠璃醫王之尊」

トウバウマンハツセンノセカイ 東方萬八千世界 〔雜語〕【法華經序品】に如來の放光瑞を明かす經文に「爾時。佛放二眉間白毫相光一。照二東方萬八千世界一。靡レ不二周徧一。」【同頌文】に「眉間光明照二于東方萬八千土一。」

トウバン 東班 〔職位〕禪林兩班の一、亦東序と云ふ。知事の班位なり。「リヤウバン」を見よ。

トウビダイカ 東毘提訶 〔雜名〕Videha 四大洲の一。東大洲を毘提訶と名く、須彌山の東方の鹹海に在り。「ビダイカ」を見よ。

トウフウ 刀風 〔術語〕人命終せんとするとき風氣あり、支節を解くと刀の如し、風刀と名く。所謂斷末魔の苦なり。【正法念經六十六】に「見二命終時一刀風皆動。皮肉筋骨脂髓精血一切解截。」【五王經】に「欲レ死時刀風解レ形。無二處不レ痛。」【安樂集上】に「若刀風一至。百苦湊レ身。」【行事鈔資持記上一之下】に「能解二支節一故喩如レ刀。」

トウフクジ 東福寺 〔寺名〕慧日山と號す、五山の第四なり。大和大路一の橋の南に在り。後嵯峨帝寛元元年相國道家之を建て聖一國師辨圓を以て開山第一世とす、東福の名は東大興福兩寺の名を取る。【和漢禪刹次第】に「開山聖一國師。塔曰二常樂一。後嵯峨寛元元年。藤原道家建レ之。」【元亨釋書辨圓傳】に「大相國鄕於二城東一創二大伽藍一。宏攜鉅材。爲二都下之冠一。眥曰。我亞二洪基於東大一。取二盛業於興福一。故名二東福寺一。俗呼二新大佛一。未レ成先署レ爾住持立爲二禪刹一。」

トウフクジハ 東福寺派 〔流派〕日本禪宗十三派の一。臨濟宗の一派にして聖一國師辨圓を祖とし、東福寺を本寺とす。

トウホツウタイ 東弗于逮 〔地名〕Pūrva-videha 舊に弗婆提、又は弗于逮と云ひ、新に毘提訶と云ふ。四大州の中東大洲の名。【西域記一】に「海中可レ

居者大略有二四洲一焉。東毘提訶洲。舊曰二弗婆提一。又曰二于逮一訛也。」「ビダイカ」を見よ。

トウボサツ　燈菩薩　〔菩薩〕金剛界曼荼羅の外四供養菩薩の一。「コンガウトウボサツ」を見よ。

トウマンダラ　東曼陀羅　〔術語〕胎藏界の曼陀羅を云ふ。胎藏界は本有の理性を示したるもの、金剛界は修證の果相を示したるもの、故に二界相望して胎を因とし金を果とし、因曼陀羅果曼陀羅の名あり、依りて之を方位に配すれば胎を東位とし金を西位とす。萬物東に發して西に成る、東は因相西は果相を具すればなり。

トウミ　等味　〔術語〕涅槃の平等一味の性德を云ふ。【勝鬘經】に「智慧等故得二涅槃一。解脱等故得二涅槃一。清淨等故得二涅槃一。是故涅槃一味等味。謂解脱味。」

トウミツ　東密　〔術語〕眞言宗所傳の密敎を天台宗所弘の密敎に對して東密と云ふ。東寺が其の根本道場なればなり。東台二密種種の差異あり。「トウダイニミツ」を見よ。

トウミツサンジフロクリウ　東密三十六流　〔名數〕醍醐流（義範）、小野流（範俊）、中院流（明尊）、小島流（眞興）、三寶院流（定海）、理性院流（增俊）、安祥寺流（宗意）、金剛王院流（聖賢）、隨心院流（增俊）、勸修寺流（寬信）、松橋流（一海）、南院流（心蓮）、西大寺流（睿尊）、善通寺流（宥範）、地藏院流（道敎）、幸心流（憲深）、土巨流（深賢）、意敎流（賴賢）、三輪流（實𪘂）、岩嚴流（良胤）、山本流（覺濟）、加茂流（如實）、正智嚴流（祐遍）、岳西院流（玄慶）、眞言院流（聖守）、正智院流（仁然）、中性院流（賴瑜）、妙法院流（定曉）以上は聖寶の後系、仁和御流（覺法）、西院流（信證）、保壽院流（永嚴）、華藏院流（聖惠）、忍辱山流（寬遍）、傳法院流（覺鑁）、持明院流（眞譽）、常喜院流（心覺）以上は益信の後系なり。

トウミツジフニリウ　東密十二流　〔名數〕「トウジ」の項を見よ。

トウミヤウ　燈明　〔物名〕神佛の前に奉る燈火を云ふ、和名あかし、六種供具の一、以て佛の智波羅蜜を標す。【菩薩藏經】に「百千燈明懺二悔罪一。」【無量壽經下】に「爲二世燈明一最勝福田。」【同淨最疏】に「自具二智慧一。能生二物解一。名二世燈明一。」◉（枕の草紙）「燈明常燈にはあらで」

トウミヤウブツ　燈明佛　〔佛名〕具名、日月燈明佛。過去に出世して今の釋迦佛の如く六瑞の相を現じて法華經を說きし佛なり。【法華經序品】に「次復有レ佛。亦名二日月燈明一。次復有レ佛亦名二日月燈明一。是二萬佛皆同一字。名二日月燈明一。」

トウムケンエン　等無間緣　〔術語〕四緣の一。此は心心所の相續する上に於て立つる緣にして、前念に滅する心法が已れ逃避して彼を開導し、以て後念の心法を引起する作用なり。猶野中の獨木橋を渡るに前人逃避開導して後人を渡すが如し。等とは等同の義にして前念後念其の心心所の數には增減あれども、各自の體は皆一箇にして一法として二體並起するものなし、前念後念各一箇なると等しければ等と云ふ。色法の如きは然らず、前刹那には一の極微なりしものも後刹那には同體の極微が增して三となるもあり、又之に反して前刹那より減ずるもあれば前後不等也。無間緣とは前心と後心との間に他の間隔する物體なく、縱ひ幾時を經るも前念の心法直に後念の心法と生緣となるを云ふ。此緣唯心法に局りて餘法に通ぜず。又羅漢の涅槃に臨む最後心の心心所の外は一切の心法盡く此緣用を有するなり。羅漢涅槃に入れば畢竟心法を再起するとなければ彼の最後心は此緣用を失ふなり。【倶舍論七】に「等無間緣。除下阿羅漢臨二涅槃一時最後心心所法上諸餘已生心心所法是等無間緣性。此緣生レ法等而此間。依二是義一立二等無間名一。由レ此色等皆不レ可レ立二等無間一。不等生故。」【唯識論七】に「等無間緣。謂八現識。及彼心所前聚於レ後自類無間等而開導令二彼定生一。」

トウムケンエンエ　等無間緣依　〔術語〕開導依とも云ふ。前念の心が滅して後念の心心所を生起せしむる所依となるを云ふ。即ち後念の心心所は必ず前念の心が滅して現行の位を讓るを俟ちて、始めて生起することを得るが故に前滅の心（意根）を後念の心心所に望めて等無間緣依といふ。

トウメイハ　東明派　〔流派〕禪宗二十四流の一。東明慧日の傳ふる禪の一派。

トウメウ　等妙　〔術語〕等覺と妙覺なり、大乘の階位五十二級の中に第五十一位を等覺とし、第五十二位を妙覺とす、即ち佛果なり。等覺は十四日の月の如く妙覺は十五日の月の如し。【三十七尊出生義】に「削二地位之漸階一。開二等妙之頓旨一。」

トウメウカクワウ　等妙覺王　〔術語〕佛の尊稱なり。等は等覺、是れ因圓を顯はす、妙は妙覺、果滿を顯はす、即ち因圓果滿の覺なれば等妙覺王と稱す。◉（平家）「等妙覺王の靈場」

トウモクボサツシヨモンサンマイキヤウ　等目菩薩所問三昧經　〔經名〕又、普賢菩薩定意經と名く、三卷、西晉の竺法護譯。即ち華嚴經の十定品なり。【天帙十】（三）

トウヤ　冬夜　〔術語〕冬至の前夜なり。【幻住清規

十一月冬至】に「其冬夜土地堂念誦。」

トウヤウ 東陽 〔人名〕梁の傅大士は婺州東陽縣の人なれば東陽大士と稱す。【止觀義例】に「東陽大士。位居二等覺一。」【義例隨釋五】に「言二東陽一者。古東陽郡也。今爲二東陽縣一。縣有二東陽山一屬二婺州一。言二大士一者大心之士。菩薩之美稱也。姓傅氏。名翕。彌勒化身也。」

トウヤウ 東陽 〔人名〕大德寺の英朝、東陽と號す。衡梅院の雪江宗深禪師の法嗣にして妙心寺四派の一なり。永正元年八月寂、壽七十七。正統錄二十八卷を著す、門人其法語を錄して無孔笛と云ふ、十卷あり、東陽文才あり世に才東陽と稱す。【本朝高僧傳四十三】

トウリヨ 等侶 〔術語〕同類の人達を云ふ。【報恩經五】に「共二諸等侶一出レ外遊觀。」【涅槃經五】に「又解脫者無レ有二等侶一。」

トウル 東流 〔雜語〕佛法の印度より支那に流轉するを云ふ。【四敎儀】に「東流一代聖敎。」

トウル 等流 〔術語〕因より果を流出し、本より末を流出するに、因果本末相類似し、甲より出で甲と異なるとなきを云ふ。【唯識論九】に「聞二法界等流敎法一。」【同述記九末】に「法界性善順惡違。具二諸功德一。此亦如レ是故名二等流一。等者相似義。流者出義。從二彼所出一與レ彼相似。故名二等流一。」又等は等同、流は流類也。但二者の相似を云ふ。

トウルクワ 等流果 〔術語〕五果の一。善因より善果を生じ惡因より惡果を生じ、無記因より無記果を生ずるを云ふ。例へば前念の不善心より後念の不善心又は不善業を生ずる如し。果性因性に似て流出すれば等流果と云ふ。又等流は等同流類の義、因果の性同類なれば等流と云ふ。舊譯に之を習果と云ふ。之を因に對すれば六因の中に同類因と偏行因とより生ずる者を等流果と云ふ。【唯識論二】に「等流果果似レ因故。」【俱舍論六】に「等流果似二自因一法名二等流果一。謂似二同類偏行二因一。」【唯識述記二末】に「等謂相似。流謂流類。」

三種等流果 〔名數〕等流果を分別するに三種あり、一に眞等流果、上に言ふ如く善性惡性無記性を因として善惡無記同類の果を引くもの。二に假等流果、前世に殺生して他をして短命ならしむる故に今世自身の短命を感ずる如き、是れ實は異熟果なれども前後短命の義相似するを以て假に等流果と名くるもの。三に分位等流果、眼識の聲境に於る、乃至意識の法境に於る如き、共に第八識より生ぜし果にて而も眼識と色境乃至意識と法境とは各所緣能緣關連して二者の分位同じきもの。

トウルサウゾク 等流相續 〔術語〕一類のものが其性質を變更することなくして一類に相續すること。

トウルシン 等流身 〔術語〕密敎所立四身の一。佛身變化して人天諸畜と同類の形を現ぜしを云ふ、曼荼羅の中の外金剛部の諸衆及び觀音の三十三身の如き是なり。

トウルジフキ 等流習氣 〔術語〕二種習氣の一。習氣とは又種子と名く、第八識に藏する生果の功能を云ふ。等流習氣は等流果を生ずる種子なり。【唯識述記二末】に「自性親因名二等流種一。」

トウロ 燈爐 〔物名〕又、燈呂。俗に燈籠に通用す。

トウロウ 燈籠 〔物名〕佛在世の時よりある僧房に於ける燃燈の具なり、後に佛前の供具となる。【毘奈耶雜事十三】に「苾芻夏月然レ燈。損レ蟲。佛言。應レ作二燈籠一。苾芻不レ知云何應レ作。佛言。應下以二竹片一爲レ籠薄顯遮障上。此若難レ求用二雲母片一。此更難レ得應レ作二百目一。苾芻不レ解。如何當レ作。佛言。令二瓦師作一如二燈籠形一。傍邊多穿二小孔一。」

トウロウヲドリ 燈籠踊 〔雜名〕念佛踊の一種。其起源は延寶頃にして、洛北、岩倉花園二村に行はる。女子は種種趣向をこらしたる燈籠を頭に戴き、男子は太鼓笛を鳴し、六字念佛に節をつけてうたひ、其年死亡せし者のある家を順廻して深更迄踊り歩くなり。

トカク 兎角 〔譬喩〕愚人兎の耳を誤て角となすも角は必無なり。以て物の必無に譬ふ。【楞嚴經】に「無則同二於龜毛兎角一。」【智度論一】に「有二佛法中方廣道人一言。一切法不生不滅。空無二所有一。譬如二兎角龜毛常無一。」【同十二】に「又如二兎角龜毛一亦但有レ名而無レ實。」

トカンジ 都監寺 〔職位〕ツカンス又はツウスと讀む。「ツウス」を見よ。

トガノヲシヤウニン 栂尾上人 〔人名〕栂尾高山寺の明慧上人、名は高辨、華嚴宗中興の祖なり。「カウベン」を見よ。⊙(徒然草)「栂尾の上人道を過給ひけるに」

トキ 齋 〔術語〕又、時に作る。齋食、時食なり。齋とは不レ過二中食一とし正午以前に作す食事を云ふ。戒律の上には食に就て時非時を分ち、正午以前を正時とし、以後を非時とす。時には食すべく、非時には食すべからず。依て時中の食を齋食となしときと訓ず。食すべきの時の食なればときと云ふなり。【字典】に「齋戒也敬也。」是れ一切に通ず。梵名を烏晡沙他又は布薩 Upavasatha 巴 Uposatha と云ひ、說式

のことなり。後に轉じて齋と云ひ、時と云ふは正しく不過中食の法を指し、これを守るを持齋と云ひ、これを齋の本義とするにいたる。然るに後には又一轉して肉食をなさぬとゝなれり、これ大乘敎の本意より肉食を禁ずるに重きを置き、遂に持齋と云へば肉食を禁ずると、精進と云ふも肉食をせぬ事にのみなりしなり。【寄歸傳三】に「時非時。且如二時經所一レ說。過二線許一即曰二非時一。」【起世經七】に「烏晡沙他。隋言二自應一別是會レ機。然四部律文皆以二午時一爲レ正。若影增上一。謂受二持齋法一增二上善根一。」【起世因本經七】に「烏晡沙他。隋言二受齋一。亦云二增長一。」【多論一】に「齋法以二過中不食一爲レ體。」

トキダカダ　特欹拏伽陀　〔術語〕Dakṣiṇāgāthā 施頌と譯す、施物に對して施主の福を祈願する爲の伽陀なり。舊に噠嚫と云ふ是なり。【寄歸傳一】に「特欹拏伽陀是將二施物一供奉之義也。特欹尼耶即是應レ合レ受二供養一人。是故聖制。每二但食了一必須下誦二一兩陀那伽陀一報中施主恩上。」【慧琳音義六十】に「特欹拏此云下將二施物一供二養三寶一之義上。伽陀即偈頌也。是呪二願施主福德資益一之意。乃至初引二佛經一後加二人意所一頌也。」

トキヒジ　齋非時　〔術語〕午前の食をときと云ひ、午後の食を非時と云ふ。沙彌の十戒に不過中食あり。比丘の具足戒に非時食戒あれば、出家の僧尼は總じて非時食を受くべからず。隨て齋非時と速呼して非時を齋供の稱となすは非なり。【善見論十六】に「非時食言二是時食一。」【寄歸傳三】に「時非時。且如二經說一。」【沙石集三下】に「修行者其時非時。」齋非時の熟語は漢典になし。◉(徒然草)「とき非時も人にひとしく定めてくはず」

トキラ　突吉羅　〔術語〕又、突膝吉栗多、突瑟儿理多、Duṣkṛta 獨柯多(巴)Dukkaṭa と云ふ、戒律の罪名なり。四分律には之を身口二業に分けて惡作（身業）惡說（口業）と譯し、明了論には身口二業を合せてただ惡作と譯す。（惡作の作は意に名く、意の作動に依て身口の二業を起せばなり。）【行事鈔中之一】に「善見云。突者惡也。吉羅作也。聲論正音突膝吉栗多。」【戒本疏一下】に「名二突吉羅一者。如二律本一云二惡作惡說一也。分二身口業一故有二斯目一。明了論中二業一名。俱爲二惡作一。身口爲レ非無レ非二鼓動一故也。」又式叉伽羅尼と名け應當學と義翻す、又百衆學と稱す、此の戒名は微細にして犯し難ければ能く學習すべし故に學と云ひ、其戒品數多なれば衆と云ひ、其中今は百戒を列擧すれば（二百五十戒中）百と云ふ、即ち突吉羅の名は過の邊に就き、式叉伽羅尼の名は行の邊に就く。

トキン　兜巾　〔物名〕或は頭襟、頭巾と書す、山伏の用ゐる冠幘なり。五智寶冠と八葉寶冠の二種あり、五智寶冠を又三辨冠と云ひ、八葉寶冠を又長頭襟と云ふ。【資道什物記上】

トク　得　〔術語〕不相應法の一。梵語、鉢羅鉢多 Prāpta 有情所得の法を有情の身に繫ぎ付くるものを云ふ。依て繩に譬へて「得の繩」と云ふ。善惡の諸業及び聖道の如きも、此の得の繩にて吾身に繫ぎ付くる故に、全く我有に歸するなり。所得の法の上の「得の繩」の生ずるを以て其の法を得すと云ふなり。此得に四種の別あり、一に法俱得、所得の法が現在すると俱に此得も現在するもの。二に法前得、所得の法は尚未來に在て、得のみ前に生ずるもの。譬へば太陽地下に在て前に明相を現ずる如し、三に法後得、所得の法過去に入るも、得猶現在するもの。太陽西に入て猶餘光を留むる如し。四に非前後俱得、前の三得は有爲法の上の得なり、有爲法には過現未の不同あれば得に前後俱あり、無爲法は不生法にして過現未の別なければ所得の法に就て前後俱を言ふこと能はず。依て無爲法即ち擇滅非擇滅の得を非前後俱の得と云ふ。小乘薩婆多宗に此得を一種の實法と立て、成實宗及び大乘は之を假法と立つ。【止觀七】に「籠以二四大一。繫以二得繩一。」

トク　禿　〔雜語〕【說文】に「無髮也。」經中破戒無行の比丘を斥けて禿人又は禿居士と云ふ、彼れ髮を剃るも出家沙門の行なければ但是れ禿頭の俗人禿頭の居士たるのみ。【涅槃經三】に「破戒不レ護レ法者名二禿居士一。」又「爲二饑餓一故發心出家。如レ是之人名爲二禿人一。」見眞大師自ら稱して愚禿と稱するも僧形の俗人なりと云ふ意なり。

トク　杜口　〔雜語〕法の玄妙說くべからず、口を杜て止む。僧肇の【無名論】に「釋迦掩二室於摩竭一。淨名杜二口於毘耶一。」【三論玄義】に「釋迦掩レ室淨名杜レ口。」

トクイマウゴン　得意妄言　〔術語〕文句に拘泥せず以て其の眞意を味ふと。僧肇の【寶藏論】に「得レ意妄レ言一乘何異。」

トクカイ　德海　〔術語〕功德の弘大なると海の如きを云ふ。【最勝王經十】に「我今略讃二佛功德一。於二德海中一唯一諦。」【敎行信證序】に「大聖一代敎無レ如二是方德海一。」

トクカイ　得戒　〔術語〕戒體の無表色を自身に發得するを云ふ。他より戒法を授けらるるも、此の無表色を發せざれば得戒と名けず。三師七證を具へ、白四羯磨の法を作して之を行するを作法得と云ひ、佛前に自誓して之を得するを自誓得と名づく。其他種種の得戒の法あれども滅後の弟子に通ぜず。【義林

章三末】

トクガウ　德香　〔術語〕德の馨しきと香の如きを云ふ。【無量義經】に「道風德香熏ニ一切。」【無量壽經下】に「流ニ布萬種溫雅德香。」

トクガウ　德號　〔術語〕功德を圓滿せる名號なり。彌陀の六字の名號を指す。【稱讚淨土經】に「不可思議功德名號。」

トクギウゼンシン　犢牛前身　〔雜語〕南泉潙山の宗匠皆言ふ、老僧百年の後一頭の水牯牛と成りせんと。牯牛は牝牛にして以て犢を生むべし。されば今の諸禪師は是れ犢牛の前身なるのみ、假て以て禪宗を罵る。⊙（太平記二十四）に「吾君何闍ニ天子本命之道場。被レ興ニ犢牛前身之僧界。」

トクギヤウ　德行　〔術語〕所成の善を德と云ひ、能成の道を行と云ふ、即ち功德と行法なり。又功德を具足せる行法なり。三學六度是なり。【仁王經上】に「有ニ十億七賢居士ニ德行具足。」

トクギヤウボン　德行品　〔經名〕無量義經の品名、品中阿羅漢と菩薩と佛との德と行とを明かす。

トククウ　禿空　〔術語〕方廣道人の惡取空を斥けて禿空とす、法界の萬德一も具する所なければ名けて禿と云ふ。【止觀七】に「正法大城金剛寶藏。具足無レ缺何所而無。豈容ニ禿空而巳。」

トククワ　得果　〔術語〕三乘の聖人各自乘の果法を得ると、緣覺菩薩は一の無學果、聲聞は四果を立つ。「を護らざるものを云ふ。

トクコジ　禿居士　〔術語〕居士にして戒を破り法を護らざるものを云ふ。

トクコンガウシングワン　得金剛身願　〔術語〕又、那羅延身願と云ふ。彌陀佛四十八願中第二十六願の名。「ナラエンシングワン」を見よ。

トクゴ　德護　〔人名〕梵名、室利毱多、又は尸利崛多 Śrigupta. 那連提黎耶舍は德護と譯し、玄奘は勝密と譯す。王舍城の長者なり。外道の勸を受けて火坑を門内に造り、毒藥を食中に置き、佛を請じて之を害せんと欲す。佛知て其家に至り、大神力を現ず。長者神力を見て慚愧懺悔す。佛即ち長者月光等に大菩提の記を授く。【佛說德護長者經、西域記九】

トクゴチヤウジヤキヤウ　德護長者經　〔經名〕二卷、隋の那連提黎耶舍譯。【宙帙六】（232）

トクゴフ　得業　〔職位〕僧徒の學階の名。南都には興福寺の維摩會、同寺の法華會、藥師寺の最勝會の三會の竪義を遂げし者を得業と名け、山門には横川の四季講、定心房の三講の聽衆を勸めし後を得業と名く。【釋家官班記下】に「南京三會遂業。以レ之稱ニ得業。三會遂業維摩會。法華會。最勝會。山門横川四季講。定心房三講聽衆以下如ニ南都。」

トクサツ　忒煞　〔雜語〕又、忒嚗、煞は殺の俗字。忒煞ははなはだと訓ず。【碧巖一】に「忒煞老婆。」【普燈十四】に「汝忒嚗遠在。」

トクサンボフニングワン　得三法忍願　〔術語〕彌陀如來四十八願の第四十八、十方の諸菩薩をして三種の法忍を得しめんとの願なり。【無量壽經上】に「設我得レ佛。他方國土諸菩薩衆。聞ニ我名字ニ不ニ即得レ至ニ第一第二第三法忍。於ニ諸佛法ニ不レ能ニ即得ニ不退轉ニ者。不レ取ニ正覺。」法忍とは證悟の異名なり。法とは所證の理、心の法に安ずるを忍と爲す、忍に淺深の差別あり、仁王經に伏忍順忍信忍生忍寂滅忍の五忍を明かし、本經の下に音響忍柔順忍無生忍の三忍を明かす、此中の三忍は或は言ふ仁王經の五忍の中に初の三忍なり、或は言ふ本經所說の三忍なり。【無量壽經望西樓鈔四】⊙（平家一〇）「三法忍の願に至るまで」

トクサン　德山　〔人名〕唐の朗州の德山院の釋宣鑑、始は周氏、劍南の人なり。幼にして出家し深く經律に明かにして最も金剛經に達す。時に周金剛と稱す。南方禪を宗とするの道を信ぜず、山、之を破碎せんと欲して金剛經の疏鈔を負て澧州に到る。一婆子の油糍を賣るを見、之を買ひて點心せんとす。婆其擔を指て云く、這箇是れ甚麼。師曰く、金剛經の疏鈔なり。婆云く、我に一問あり、若し道ひ得ば我れ當に上座に油糍を供すべし、若し道ひ得ずんば別處に買ひ去れ。師云く、但問へ。婆云く、經中に道く過去心不可得、未來心不可得、現在心不可得、上座那箇の心をか點ぜんと欲するや。師語なし。婆遂に指して去て龍潭に參ぜしむ。直に澧州の龍潭寺に之き法堂に至て曰く、久く龍潭と響く、到來するに及びて潭も又見ず、龍も又現せず。龍潭和尙身を屏風の後に引て云く、子親しく龍潭に到れり。師語なし。一夕侍立久し。潭云く、更深し何ぞ下り去らざる。師便ち出づ。却回して云く、外面黑し、潭紙燭を點じて度與す。師取らんと擬す。潭即ち之を吹滅す。師當下に大悟して禮拜す。翌日悉く經疏を焚く。辭して潙山に祇り、復還て澧陽に住すると三十年、武宗の廢敎に遭て獨浮山の石室に隱る。宣宗太中の初、武陵の刺史薛延望堅く請じて德山に居らしむ。其道峻嶮天下の衲子を棒殺す。咸通六年寂、壽八十四。【宋高僧傳十二、傳燈十五、會元七】

德山托鉢　〔公案〕雪峰德山に在て飯頭と作る。一日飯遲し、德山鉢を托して法堂に至る。峯飯巾を曬す、次に德山を見て云く、這の老漢、鐘未

鳴鼓未響に鉢を托して什麽の處に向てか去る。德山便ち方丈に歸る。峯巖頭に擧似す。巖頭云く、大小の德山未だ末後の句を會せずと。山聞て侍者をして巖頭を呼び來らしめ、問て曰く、汝老僧を肯はざるか。巖頭密に其意を啓す。德山來日に至て上堂、果して尋常と同じからず。巖頭僧堂前に至り、掌を打て大笑して云く、且喜すらくは老漢末後の句を會するを得たり。他後天下の人奈何ともせず。【會元巖頭章、無門關】

トクシ　犢子　〔人名〕もと外道なれば犢子外道と稱し、後出家して佛に入れば犢子比丘と云ふ。犢子部の部主なり。「トクシブ」を見よ。

トクシ　德士　〔雜名〕僧の異名。【釋門正統四】に「唐宣和元年。詔革二釋氏一爲二金仙一。菩薩爲二大士一。僧爲二德士一。」

トクシ　讀師　〔職位〕經論講說の法會に、講師と相對して佛前の高座に登り、經題をよみ擧ぐることを掌る役僧。亦和歌の會において、人人の作歌を讀みあぐる人。

トクシブ　犢子部　〔流派〕小乘二十部の一。佛の在世に外道あり、佛に歸して出家し、實我を成立す。其門徒相續して絕へず。佛滅後二百年の中に說一切有部より一派を流出し、犢子部と稱す。非即非離蘊の我を建立す、謂く、衆生實我あり五蘊に即するにあらず、五蘊を離るるにあらず、即ち不可說藏なりと。これ佛敎所立の眞無我の理に違すれば、之を附佛の外道と名く。俱舍論破我品に之を痛斥す。眞諦玄應は之を可住子部と記す。【智度論一】に「佛法中亦有二犢子比丘說一。如四大和合有二眼法一。如是五衆和合有二人法一。犢子阿毘曇中說。五衆不レ離レ人人不レ離二五衆一。不レ可レ說下五衆是人離二五衆一是人上。人是第五不可說法藏中所二攝說一。」（人とは實我を指す五衆は即ち五蘊。）【宗輪論】に「於二此第三百年中一從二說一切有部一流二出一部一。名二犢子部一。」乃至「其犢子部本宗同義。謂補特伽羅非レ即レ蘊離レ蘊。依二蘊處界一假施二設名一。」（補特伽羅は人と譯す。）【唯識述記一本】に「筏蹉氏外道名二犢子外道一。男聲中呼。歸レ佛出家。皤雌子部女聲中呼。即是一也。上古有レ仙。居二山寂處一。貪心不レ止。遂染二母牛一因遂生レ男。流二諸苗裔一。此後種類皆言二犢子一。即婆羅門之一姓也。涅槃經說。犢子外道歸レ佛出家。此後門徒相傳不レ絕。今時此部是彼苗裔。遠襲爲レ名名二犢子部一。」【玄應音義二十三】に「犢子部梵言二跋私弗多羅一。(Vatsīputrīya) 此云二可住子部一。舊言二犢子一者。猶不レ了二梵音長短一故也。長音呼二跋私一則是可住。若短音呼則言レ犢。從二上座部中一切有部一出也。」

トクシヤウ　德生　〔人名〕童子の名。善財童子所參の五十三知識の一。

トクシヤウジヤウドシンジユ　得生淨土神咒　〔術語〕拔一切業障根本得生淨土神咒の略名。

トクシヤカ　德叉迦　〔異類〕Takṣaka 龍王の王、法華經所列四龍王の一。【法華文句二】に「此云二視毒一。亦云二多舌一。或云二兩舌一。」【同玄贊二】に「此云二多舌一。舌有レ多故。或由レ嗜レ語故。名二多舌一也。」

トクシヨウ　特勝　〔術語〕觀法の名。十六特勝なり。「ジフロクトクシヨウ」を見よ。

トクシヨウダウ　得勝堂　〔雜名〕天帝修羅と戰て勝ち、毘首羯磨をして最勝の堂を作らしむ、得勝堂と名く。【止觀五】に「毘首羯磨造二得勝堂一。」【同輔行】に「長阿含云。天帝與二修羅一戰勝。更造二一堂一名爲二最勝一。乃至此堂無レ比故云二最勝一。今云二得勝一者。猶三戰得レ勝而造二此堂一。」

トクシラ　德尸羅　〔地名〕Takṣaśilā 城の名。【付法藏傳六】に「德叉尸羅城。」闍夜多比丘の餓鬼を度する處。⊙（盛衰記四十八）に「德尸羅城の餓鬼」「ガキ」を見よ。

トクジヨウ　得繩　〔術語〕得の繩なり、有部の所說に十四不相應法の中に得と名くるものあり、以て一切の有情法を人の身中に繫いで離れざらしむ、依て之を譬へて繩と爲す。善惡の諸業の如き、一旦所造の業は既に過去に入るも、得ありて彼の諸業を身に繫ぐ、故に未來に至て其果を受けしむと云ふ。【止觀七】に「籠以二四大一繫以二得繩一。心在二色籠一無二處不一レ至。業繩未レ斷去已復還。」「トク」を見よ。

トクズヰ　得髓　〔術語〕玄理の至極を得るを云ふ。【傳燈錄三達磨章】に「已欲三西過二天竺一。乃至最後慧可禮拜後依レ位而立。師曰。汝得二吾髓一。乃顧二慧可一而告レ之曰。昔如來以二正法眼一付二迦葉大士一。展轉囑累而至二於我一。我今付レ汝。汝當二護持一。并授二汝袈裟一以爲二法信一。」

トクダイセイ　得大勢　〔菩薩〕菩薩の名。經中又大勢至と云ふ。「セイシ」を見よ。

トクダイセイミヤウワウ　得大勢明王　〔菩薩〕得大勢菩薩は蓮華部の持明王なれば明王と稱す。「セイシ」を見よ。

トクダウ　得道　〔術語〕三乘各斷惑證理の智慧を道と名く、三學を行じて此智を發するを得道と云ふ。【法華經方便品】に「修行得道。」

トクダウダイトウシヤクヂヤウキヤウ　得道梯橙錫杖經　〔經名〕一卷、失譯。錫杖は得道の梯橙なりとの意なり、此所說律制の錫杖と異なれり。【宿帙七】(691)

トクダツ　得達　〔術語〕生死の苦を脫するを得たること。【遺敎經】に「得レ脫ニ三界苦惱之患一。」【法華經】に「雖ニ復出家一猶未ニ得脫一。」【心地觀經三】に「口稱ニ南無三世佛一得レ脫ニ無レ暇苦難身一。」⊙（著聞集、神祇）「來世の得脫もたのしくて」

トクチヤウジユヰン　得長壽院　〔寺名〕鳥羽上皇三十三間堂を建てて一千一體の觀音を安置し、得長壽院と名く。⊙（平家一二）「得長壽院の三十三間堂の御堂も」「サンジフサンゲンダウ」を見よ。

トクツウ　得通　〔術語〕通力を得ること。⊙（盛衰記）に「得通の聖者」

トクテン　德天　〔天名〕功德天女なり、【涅槃經聖行品】に功德天女黑闇天女の譬を說く。「クドクテン」を見よ。

トクデン　德田　〔術語〕阿羅漢及び如來等なり、是れ能く諸の勝功德を具し及び之を供養すれば勝功德を生ずればなり。田は能生の義なり。【俱舍光記十八】に「德田謂餘阿羅漢僧及如來具ニ諸勝功德一。及能生ニ他勝功德一故。」

トクド　禿奴　〔雜語〕又、禿人禿居士など、僧を罵る語なり、謂く外相僧に似て心行僧にあらざるなり。【臨濟錄】に「有下一般不レ識ニ好惡一禿奴上。」「トク」を見よ。

トクド　得度　〔術語〕生死を海に比し、涅槃を彼岸に比し、生死を超て涅槃に到るを度と云ふ。生死の海を渡るなり。得度は度を得るなり。【無量壽經下】に「隨ニ意所願一皆可ニ得度一。」【增一阿含經十四】に「佛在ニ菩提樹下一初得レ佛。作ニ是念一。羅勒迦藍。諸根純熟。應ニ先得度一。」【遺敎經】に「應可レ度者若天上人間皆悉已度。其未レ度者皆亦已作ニ得度因緣一。」　図〔儀式〕落髪して沙彌となるを得度と云ふ、是れ度を得る因緣なれば因中說果して得度と云ふ。

試經得度　〔儀式〕官より度科を設くるは印度に此法なく、支那に始り、吾朝に行はる。【佛法金湯編七】に「唐中宗神龍二年八月。詔ニ天下一試ニ童行經義極通無レ滯者一度レ之。試經度僧始レ此。」【編年通論十七】に「唐肅宗至德二年。聽下白衣能誦ニ經五百紙一者上度爲レ僧。」【佛祖統紀五十二】に「宋仁宗詔試ニ天下童行一。誦ニ法華經一中レ撰者得レ度。參政宗綬憂竦監試。」　吾朝聖武帝天平六年初て度科を置く。【元亨釋書二十二】に「天平六年十一月。尙書省奏。比來度者。不レ考ニ學修一。只養ニ官擧一。是乖ニ法意一。又亂ニ聖政一。自レ今不レ許ニ舉度一。只取ニ才器一。以ニ妙法華最勝王二經一爲レ科。先背誦。屢問ニ數義一。中者得レ第。不レ中下第。制可。」【同二十三】に「延曆二十五年正月詔曰。年度者。各依ニ本業經疏中一問ニ大義十條一。通ニ五條以上ニ聽レ度。下レ之者不レ得。」

トクドインエンキヤウ　得度因緣經　〔經名〕給孤獨長者女得度因緣經の略名。

トクドシキ　得度式　〔儀式〕僧となるときの儀式を云ふ。「トクド」を見よ。

トクニフ　得入　〔術語〕佛道に入るを得るなり、又得は證得、入は悟入なり。【維摩經問疾品】に「諸佛秘要無レ不ニ得入一。」【起信論】に「若離ニ於念一名爲ニ得入一。」【法華經壽量品】に「每自作ニ是念一。以レ何令ニ衆生得レ入ニ無上道一速成ニ就佛身一。」

トクニン　禿人　〔雜名〕又、禿居士禿奴など、非行の僧を罵るの稱。「トク」を見よ。

トクビヤウ　德瓶　〔物名〕又、賢瓶、善瓶、吉祥瓶、如意瓶など名く。人若し天神に祈て此瓶を感得すれば所須意の如く瓶中より出づと云ふ。【智度論十三】に「持戒之人無ニ事不レ得。破戒之人一切皆失。譬如下有レ人常供ニ養天一。得ニ德瓶一。」【法華玄贊二】に「智度論戒爲ニ德瓶一。」「カメ」を見よ。

トクビヤウノジフエン　得病十緣　〔名數〕【佛說醫經】所說。病を得る十のゆかりとなるもの。曰く、一に久座、二に食不節、三に多憂愁、四に疲極、五に婬欲、六に瞋恚、七に忍大便、八に忍小便、九に制上風（呼吸を忍ぶこと）、十に制下風（放屁を忍ぶこと）を云ふ。

トクビヤウノタトヘ　德餅喩　〔譬喩〕又吉祥餅とも云ふ。「カメ」の項を見よ。

トクフウ　德風　〔術語〕極樂の淸風萬德を具するもの。【無量壽經上】に「自然德風起微動。其餘風調和。不レ寒不レ暑。溫凉柔軟不レ遲不レ疾。」

トクフタイテンノグワン　得不退轉願　〔術語〕四十八願中の第四十七願を云ふ。他方國土の菩薩が彌陀の名號を聞かば即ち不退轉の位に住するを誓ふ。

トクベンサイチグワン　得辯才智願　〔術語〕阿彌陀佛四十八願中第二十九願の名、極樂の往生人をして辯才と智慧とを得しめんとの願なり。【無量壽經上】に「設我得レ佛。國中菩薩。若受ニ讀經法一。諷誦持說。而不レ得ニ辯才智慧一者。不レ取ニ正覺一。」

トクホン　德本　〔術語〕善根と言ふ如し、德は善なり、本は根なり、諸善萬行の功德佛果菩提の本となるもの。【法華經序品】に「於ニ諸佛所一植ニ衆德本一。」【無量壽經上】に「消ニ除諸漏一。植ニ衆德本一。」　図 德中の根本なり、是の義に依て彌陀の名號を德本と名く。【無量壽經上】に「係ニ念我國一植ニ諸德本一。」【敎行信證六本】に「德本者如來德號。此德號者一聲稱念至德成

滿。衆禍皆轉。十方三世德號之本。故曰二德本一也。」

トクミヅウヒセンシヨマウ　得未曾有非先所望　〔雜語〕　歌題。【法華經信解品】に四大聲聞の大乘の妙法を得たるを慶ぶ詞なり。「我等今日。得二未曾有一。非二先所望一。而今日得。如三彼窮子得二無量寳一。」

トクムクニヨキヤウ　德無垢女經　〔經名〕　一卷、元魏の瞿曇般若流支譯。大寳積經二十三、無垢施菩薩應辯會第三十三の異譯。【地帙十一】(45)

トクモ　德母　〔術語〕　功德の母なり、德本と言ふ如し。【華嚴經】に「信道元。爲二功德母一。」【廣弘明集序】に「信爲二德母一智是聖因。」

トクモンボフコゲンシキワヱツ　得聞法故顏色和悅　〔雜語〕　歌題。【觀無量壽經】に阿闍世王の父頻婆娑羅王が幽閉の中に在るも、韋提希の麨蜜を服し、尊者富樓那の說法を聞くを得るが故に、王の顏色和悅するを說く文なり。「如レ是時間經二三七日一。王服二麨蜜一得レ聞レ法故。顏色和悅。」

トクヤクブン　得益分　〔雜語〕　善導の觀經疏に本經の王宮會を科して四分となし、第三を得益分とす、既に十六觀の正宗分を明かし已て韋提希夫人及び五百の侍女の見佛得道の益を明かせし經文を指す。【觀經序分義】に「四從二說是語時一下至二諸天發心一已來。正明二得益分一。」

トクワ　徒果　〔雜語〕　⦿（十訓抄）に「徒果の羅漢」「住果の誤。

トクワウクワンオン　德王觀音　〔菩薩〕　三十三觀音の一。岩上に趺座して左手に膝を按じ、右手に綠葉の枝を持つ。

トクワラ　覩貨羅　〔地名〕　Tukhāra 國の名。【西域記一】に「出二鐵門一至二覩貨羅國一。舊曰吐火羅國訛也　其地南北千餘里。東西三千餘里。東阨二葱嶺一。西接二波剌斯一。南大雪山。北據二鐵門一。乃至諸僧徒以二十二月十六日一入二安居一。三月十五日解二安居一。斯乃據二其多雨一。亦是設レ敎隨レ時也。」

トクワン　都管　〔雜名〕　「ツウス」を見よ。

トクヰタウ　特爲湯　〔雜語〕　特に大衆に湯多くは砂糖湯を點ずるなり。「ずるなり。

トクヰチヤ　特爲茶　〔雜語〕　特に大衆に茶を點ずるなり。

トクヰハン　特爲飯　〔雜語〕　特に大衆の爲に飯を供するなり。

トクヰヰ　特爲位　〔雜語〕　特にある人の爲に設くる坐位なり、方丈の特爲位は主席の對面位を云ふ。【象器箋二】

トゲダンマンダラ　都外壇曼荼羅　〔修法〕　都會檀曼荼羅の諸尊の中に於て、有緣の佛菩薩を別檀に置て行ずるを云ふ。

トコ　獨鈷　〔物名〕　「ドクコ」を見よ。

トコ　屠沽　〔雜名〕　屠殺者酤賣者なり。下賤の人を云ふ。元照の【彌陀經疏】に「此乃具縛凡夫。屠沽下類。刹那超越成佛之法也。」

トサウ　都倉　〔職位〕　ツサウと讀む。出納を掌る役。

トサラ　都薩羅　〔地名〕　城の名。【慧苑音義下】に「都薩羅者。都謂都羅。此云レ喜也。薩羅者。此云二出生一也。言此城中出二無量歡喜之事一故。名レ之爲二城名一也。」梵 Turasāra

トシキリタ　突瑟几理多　〔術語〕　Duṣkṛta 又、突膝吉栗多。突吉羅の具名。「トキラ」を見よ。

トシグウ　都史宮　〔界名〕　都史多天の宮殿なり、彌勒菩薩の所居。「トソツ」を見よ。

トシタ　都史多　〔界名〕　Tuṣita　覩史多、兜駛多、鬪瑟多。天の名。舊に兜率と云ふ。「トソツ」を見よ。

トシテン　都史天　〔界名〕　都史多天の略。

トシデン　都史殿　〔界名〕　都史多天の宮殿なり、彌勒菩薩の所居。

トシヤキヤウ　兜沙經　〔經名〕　一卷、後漢の支婁迦讖譯。【玄應音義八】に「兜沙經。此譯云二行業經一。」華嚴經如來名號品の少分及び光明覺品の少分なり。兜沙の梵語未詳。【天帙十】(102)「多天と夜摩天なり。

トシヤマ　都史夜摩　〔界名〕　Tuṣita Yāma　都史

トシヤラ　兜沙羅　〔雜語〕　Tuṣāra 又、都沙羅。譯、霜。【華嚴經七十八】に「兜沙羅色光明。」【慧苑音義下】に「兜沙羅色。具云二兜沙兜羅色一。言二兜沙一者此云レ霜也。兜羅氷也。」【梵語雜名】に「霜覩沙羅。」

トシユ　徒衆　〔雜語〕　弟子の群を成すもの。

トシヨノヒツジ　屠所羊　〔譬喩〕　人の壽命の時時尅尅死に近くに譬ふ。【涅槃經三十八】に「觀二是壽命一。常爲二無量怨敵所一レ遶。乃至亦如二朝露一勢不二久停一。如二囚趣一レ市歩歩近レ死。如下牽二牛羊一詣中於屠所上。」【摩訶摩耶經上】に「譬如下旃陀羅驅レ牛就二屠所一。歩歩近中死地上。人命疾二於是一。」

トジ　圖寺　〔雜語〕　浮圖と佛寺。【高僧傳康僧會】に「江左興二立圖寺一。」

トジ　都寺　〔職位〕　ツウスと讀む。

トジユツ　兜術　〔界名〕　Tuṣita　梵語の都率と同じ。「トソツ」を見よ。

トジユン　杜順　〔人名〕　唐の法順、姓は杜氏、萬年の人。十八出家、聖僧道珍に依て定法を受學し、神驗を現ず。唐の太宗詔問す、脫熱に苦勞す、師の神力何を以て蠲除す。師曰く、聖德字を御す、微恙何ぞ憂へん、但大赦を須たば聖躬自ら安からん。上之に從ふ。病遂に愈ゆ。因て號を賜て帝心と曰ふ。

正觀十四年坐亡。師法界觀門一卷、妄盡還源觀一卷を著し、專ら華嚴を弘む。以て雲華智儼に授け、儼賢首法藏に授く、師を以て本宗の鼻祖とす。【佛祖統紀二十九】

トソウ　都總　〔職位〕ツソウと讀む、都寺の異名。

トソウ　抖擻　〔術語〕又、斗藪。梵語頭陀又は杜多の譯。抖擻は手に物を擧ぐるなり、身振ひをするを抖擻と云ふ。斗擻と書するは借字なり。【法苑珠林一百】に「西云二頭陀一。此云二抖擻一。能行二此法一。即能抖二擻煩惱一。去二離貪着一。如三衣抖二擻能去二塵垢一。是故從レ譬爲レ名。」【玄應音義十八】に「斗擻。又作レ藪。郭璞注方言曰。斗擻擧レ之也。」⦿（曲、朝長）「抖擻行脚に身をやつし」梵 Dhūta

トソツ　兜卒　〔界名〕天の名。舊に兜率、兜率陀、兜率哆、兜術など。新に都史多、覩史多、鬪瑟哆、珊覩史多など。譯、上足、妙足、知足、喜足など。欲界の天處にして夜摩天と樂變化天との中間に在て下より第四重に當れり。天處内處の二に分れて、其内院を彌勒菩薩の淨土とし、外院は則ち天衆の欲樂處なり。【四阿含慕抄下】に「兜率陀此云二上足天一。」【西域記三】に「覩史多天。舊曰二兜率佗一。又曰二兜術他一訛也。」【玄應音義十八】に「兜率哆。或作二兜駛多一。或言二兜率陀一。皆訛也。正言二覩史多一。此云二知足天一。亦云二妙足一也。」【可洪音義一】に「䎃兜率陀。上所奸反。大般若作二珊覩史多一。勝天王經作二䎃兜術率陀一。應和尙音義作二䎃兜一。並先安反。此云二正喜一。人云二正知足一也。」【佛地論五】に「覩史多天。後身菩薩。於レ中教化。多修二喜足一故名二喜足一。」【俱舍寶疏八】に「覩史多。此云二喜足一。於二五欲樂一生二喜足心一故。舊云二知足一。」【瑜伽略纂二】に「都史多名二知足一。受レ樂知レ足故。」【法華經勸發品】に「若有レ人受持讀誦解二其義趣一。是人命終乃至即往二都率天上彌勒菩薩所一。」梵 Tuṣita

兜率内院　〔雜名〕菩薩の最後身の住處なり。釋迦如來も菩薩身の最後の生處として此に住し、此生を終へて人間に下生して成佛せしなり。今は彌勒菩薩の淨土なり。これ亦菩薩身の最後として彼天の四千歲の間此に住し巳て人間に生じ、龍華樹下に成佛するなり。而して彼天の四千歲は人中の五十六億七千萬歲に當るなり。【普曜經一】に「其兜術天有二大天宮一。名曰二高幢一。廣長二千五百六十里。菩薩常坐爲二諸天人一敷二演經典一。」【彌勒上生經】に「爾時此宮有二一大神一名二牢度跋提一。即從レ座起。遍禮二十方佛一。發二弘誓願一。若我福德應下爲二彌勒菩薩一造中善法堂上。令二我額上自然出レ珠。既發レ願巳額上自然出二五百億寶珠一。乃至化爲二四十九重微妙寶宮一。」⦿（榮花、本の雲）「都率天に生れ給ひて」

トソツソウヅ　兜卒僧都　〔人名〕叡山の覺超、兜率院に住し僧都に任じければ兜率僧都と稱す。又兜率先德とも云ふ。

トソツテンシ　兜率天子　〔菩薩〕又、地獄天子と云ふ。釋迦菩薩兜率天宮に在て足下の光を放て十方の世界を照す、爾の時地獄の衆生往昔曾て諸の善根を植ゑし者は此光照を蒙ることを得て直に地獄を脫して兜率天に生じ、天鼓所說の法音を聞て此天身の中に於て第十地に至りし者を云ふ。【華嚴經四十八如來隨好光明功德品第三十五】

トソツマンダラ　都率漫茶羅　〔術語〕兜率天宮即ち彌勒菩薩の淨土のさまを圖畫せしもの。【廣隆寺來由記】に「都率漫茶羅一幅。以二蓮絲一造レ之。」（第九十圖參照）

トソツヲシヤウ　兜率和尙　〔人名〕宋の隆興府兜率院の從悅禪師、寶峯克文の法嗣なり、元祐六年寂、壽四十八。【續傳燈錄二十二】

兜率三關　〔公案〕【續傳燈錄二十二】に「室中三語を設て以て學者を驗す、一に曰く、撥草瞻風只圖二見性一。即今上座性在二甚麼處一。二に曰く識二得自性一方脫二生死一。眼光落レ地時。作麼生脫。三に曰く脫二得生死一便知二去處一。四大分離向二甚麼處一去。」大慧武庫及び無門關に「撥草參玄」に作る。

トタ　杜多　〔術語〕Dhūta 又、杜茶。梵語頭陀に同じ。「ヅダ」を見よ。【慧琳音義二】に「杜多梵語也。古曰二頭陀一。十二種苦行。具如二本經所說一也。」

トタカ　都吒迦　〔雜語〕吒咄迦、喜悅の音聲に名く。又、鳥の名。【入楞伽經一】に「以二都吒迦音一讚二歎佛一。」【慧琳音義三十一】に「咄吒迦音。梵能不レ求二字義一。唐云二喜悅之音一也。經作二都咤迦一。」【華嚴疏鈔十四】に「俱枳羅者亦云二都吒迦一。此云二衆音合和微妙最勝一。」梵 Tutaka*「見よ。

トダ　杜茶　〔術語〕Dhūta 頭陀に同じ。「ヅダ」を見よ。

トダウヂヤウ　都道場　〔雜名〕唐土の郡縣每に祝壽の道場を建て、以て一郡一縣の聚會祈禱の處となすもの。【敕修淸規聖節】に「或住持赴二郡縣都道場所一。歸時、鳴レ鐘集レ衆。門迎詣二方丈一問訊。」ツダウヂヤウと讀む。

トダンマンダラ　都壇曼茶羅　〔術語〕大日の曼茶羅は大日を中胎となして三重の都壇を成ずれば都壇曼茶羅と稱し、以て諸尊の別壇曼茶羅に對す。【大疏四】に「若行人自見二中胎藏一時。即知三一切衆生悉有二成佛因緣一故。其所起大悲曼茶羅亦周二徧法

界一。」「トエダンマンダラ」を見よ。

トチ　杜底　［雜語］Dūta 譯、使者。【諸儀軌訣影二】

トチシン　土地神　［神名］其の境界を守護する神を云ふ、即ち鎭守なり。ドヂシンと讀む。

トチフギン　土地諷經　［儀式］每月二日と十六日の二度土地堂にて讀經すること。ドヂフギンと讀む。

トチダウ　土地堂　［雜名］土地神及び護法神の堂なり、佛殿の東邊に設く。【象器箋一】ドヂダウと讀む。

トチヤウ　斗帳　［物名］帳の形斗(ます)を覆へしたる如き故に名く。漢の劉熙が【逸雅六】に「帳張也。張二施於床上一也。小帳曰レ斗形如二覆斗一也。」【佛本行集經十五】に「作瓶天子化作二一屍一。臥在二床上一。衆人擧(シテ)行。復以二種種妙色㲲衣一張二施其上一。作二於斗帳一。」【起世經四】に「婦女丈夫命終。作二種種斗帳幰蓋一而普周匝。」

トテイ　徒弟　［雜名］門徒弟子の略稱。【釋氏要覽上】に「弟子又云二徒弟一。謂門徒弟子略レ之也。」

トテウキヤウ　兜調經　［經名］一卷、失譯。鸚鵡經及び分別善惡報應經と共に中阿含鸚鵡經の別譯。兜調は婆羅門の名なり。【昃帙八】(611)

トトギヤトヤ　多陀阿伽陀耶　［術語］トトギヤトは梵語多陀阿伽陀 Tathāgata の唐音の訛略なり、如來と譯す。耶は八轉聲の第四にし所敬を示す、如來に南無し三寶に歸命するなど云ふにの「テニヲハ」に當る。【將軍義尙薨逝記】に「同音に南無おみとぼや、ととぎやとやと唱へつつ」「よ。

トバ　兜婆　［術語］Stūpa 塔婆に同じ。「タフ」を見よ。

トバ　突婆　［物名］香の名。【陀羅尼集經五】に「突婆香。唐云二茅香一。」「トロシカ」「ドロバ」を見よ。

トバソウジヤウ　鳥羽僧正　［人名］延曆寺の沙門覺猷、僧正に任じ鳥羽に住す、時人鳥羽僧正と稱す。

トフナン　妬不男　［術語］五種不男の一。「ゴシユフナン」を見よ。「異名。

トブエウモク　都部要目　［書名］諸部要目の異名。

トホフアジヤリ　都法阿闍梨　［術語］密教の秘法に於て三部五部の法を一切傳受し、以て人の師となるものの稱。又四種阿闍梨の中に第一を傳法阿闍梨と云ひ、第二を都法阿闍梨と云ふ。此時は學法の至極にして尙是れ弟子の位に居り、未だ師位に叶はざるを都法阿闍梨と爲し、正しく傳法灌頂を受けて師位に登るを傳法阿闍梨と爲す、即ち等覺妙覺の差の如し。

トホヤマゲサ　遠山袈裟　［衣服］糞掃衣の俗名。【書像須知】に「糞掃とは古き切れをつづり合せて製したるなり、世に遠山袈裟と云ふは此製法より出でたるなり、本は其つづりたる形の自ら山の如く成りたるなり、後世には雜色の切れを山の形に切て縫付くるなり。」

トマウヂン　兎毛塵　［雜語］羊毛塵を七分したるものにして兎毛の尖に止住すべき微塵なり。【俱舍論十二】に「積二七兎毛塵一爲二一羊毛塵量一。」

トムロ　兜牟盧　［天名］天の名。【慧琳音義十二】に「兜牟盧梵語天名也。此即四姉妹女天之兄也。並是欲界中諸天眷屬。」梵 Tumbura*

トモン　都聞　［職位］又、都文。ツウブンと讀む。禪林の語。文書を掌る役。

トヤ　兜夜　［雜語］兜は兜率天。夜は夜摩天なり。

トラ　虎　［譬喩］梵語、弭也竭羅(みやきやら) Vyāghra 無常の畏るべきに譬ふ。【智度論十九】に「無漏智慧常觀二一切無常一。觀二無常一故不レ生二愛等諸結使一。譬如下羊近二於虎一雖レ得二好草美水一而不上レ能レ肥。如レ是諸聖人雖レ受二無漏樂一無常空觀故不レ生二染着脂一。」⊙(太平記)「無常の虎の身を責むる」

身を捨てて虎を飼ふ　［傳說］「サツタワウジ」を見よ。又、乾陀尸利國王の太子身を餓虎に投ず。【菩薩投身飼餓虎起塔因緣經、經律異相三十一】

トラ　兜羅　［物名］Tūla 又、妬羅、堵羅、蠧羅。譯、楊華、絮、野蠶繭、綿など。兜羅綿、兜羅毦と熟す。又樹の名。【慧琳音義三】に「堵羅綿。細綿絮也。沙門達宣注二四分戒經一云。草木花絮也。蒲臺花柳花白楊白疊花等絮是也。取二細耎義一。」【同六十四】に「兜羅貯。草木花絮木綿也。」【飾宗記六末】に「兜羅者。草木花絮之總名也。」【俱舍光記十一】に「妬羅是樹名。綿從二樹果中一出。名二妬羅綿一。如レ言二柳絮一。」【瑜伽倫記八上】に「野蠶繭名二妬羅綿一。」

トラシヤ　土羅遮　［術語］Sthūlātyaya 偸蘭遮に同じ。「チユランジヤ」を見よ。

トルイ　吐淚　［雜語］母の赤精を吐に譬へ、父の白精を淚に比す。【止觀七】に「吐淚赤白二渧和合。託二識其中一。」【同輔行】に「吐淚等者。大論云。身內欲蟲。人和合時。男蟲白精如レ淚而出。女蟲赤精如レ吐而出。骨髓膏流令二此二蟲吐淚而出一。」

トロ　都盧　［雜語］すべてと云ふこと。疊韻にて都盧切都也。【碧巖十二則頌評】に「都盧只是箇麻三斤。」

トロシカ　都嚧瑟迦　［物名］Turuṣka 又、咄嚕瑟劔、兜樓婆。香の名、譯、蘇合、香草、白茅香。【陀羅尼集經六】に「都嚧瑟迦油。唐云二蘇合香一。」【名義集

三】に「咄嚕瑟劒。此云二蘇合一。」「トロバ」を見よ。

トロダンナ 途盧檀那 【人名】Dronodana 王の名。【佛本行集經五】に「途盧檀那隋言二斛飯王一。」

トロナ 突路拏 【人名】Drona 婆羅門の名、佛舍利を平分して諸國王の鬪爭を止む、經中香姓又は香煙と譯す。【毘奈耶雜事三十九】「カウセイ」を見よ。

トロバ 兜樓婆 【物名】Turuska 又、妬路婆。香の名。【楞嚴經七】に「壇前別安二一小火爐一。以二兜樓婆香一。煎二取香水一。」【大日經疏七】に「妬路婆草。是西方苜蓿香。與二此間苜蓿香一稍異也。」婆は婆の誤か。

トヱ 都會 【術語】多數の事物を一處に該收するを云ふ。【玄義八】に「體者。一部之指歸衆義之都會也。」

トヱダイダン 都會大壇 【術語】都會壇曼茶羅なり。

トヱダンマンダラ 都會壇曼茶羅 【術語】大日を主として自餘の佛菩薩を伴として一處に該收せし曼茶羅を云ふ。【大日經疏】に「夫漫陀羅者。名爲二聚集一。今以二如來眞實功德一集二在一處一。乃至十方世界微塵數差別智印。輪圓輻輳。翼二補大日心王一。使二一切衆生普門進趣一。是故說爲二漫陀羅一也。」

トン 貪 【術語】梵語、囉誐 Rāga 五欲の境に染着して離れざるを云ふ。貪愛貪欲など熟す。【唯識論六】に「云何爲レ貪。於二有有具一染着爲レ性。能障二無貪一生レ苦爲レ業。」【倶舍論十六】に「於二他財物一惡欲爲レ貪。」【瑜伽倫記七上】に「貪之與レ愛。名別體同。」【大乘義章二】に「愛染名レ貪。」【同五本】に「於二外五欲一染愛名レ貪。」

トンア 頓阿 【人名】京都四條金蓮寺の僧頓阿は時宗なり、梶井別當源全の子にして、俗名二階堂貞宗、出家して頁尋と云ひ頁阿と稱す。初め叡山に登て修學し、中ごろ高野に入て感空と改め、後京都金蓮寺に歸て頓阿と改む。性和歌を好み、藤原爲世に學て其蘊奧を極む。時に淨辨、慶運、兼好の輩あり、世に之を四天王と云ふ。晚年草庵を西行の舊地雙林寺に結で此に卒ふ、壽八十四、時に元中元年三月十三日なり。著す所愚問賢註、井蛙鈔、草庵集あり。【野史】

トンアイ 貪愛 【術語】五欲の境に貪著し愛著して離るると能はざるもの、貪と愛とは異名同體なり。【勝天王般若經一】に「衆生長夜流二轉六道一。苦輪不レ息皆由二貪愛一。」【法華經方便品】に「深著二五欲一如二氂牛愛一レ尾。以二貪愛一自蔽。盲瞑無レ所レ見。」【楞伽經三】に「殺二無明父一害二貪愛母一。」

トンカク 頓覺 【術語】次第漸修に依らずして頓に菩提を覺する人を云ふ。華嚴宗五教中の頓教是なり。【圓覺經】に「十方諸如來三世修行者。無レ不下因二此法一而得上レ成二菩提一。唯除二頓覺人一。」

トンキ 頓機 【術語】頓大の根機、頓教を聞て佛道を頓悟する機類を云ふ。【圓覺經】に「是經名爲二頓教大乘一。頓機衆生從レ此開悟。」【往生拾因】に「恨及二末代一頓機者希。」

トンクワウサンザウ 燉煌三藏 【人名】燉煌菩薩に同じ。

トンクワウボサツ 燉煌菩薩 【人名】燉煌國沙門、竺曇摩羅刹、晋に法護と云ふ、洛陽に至て傳譯甚だ盛なり、時人其道を尊て燉煌菩薩と稱す。正法華經は其の譯なり。【高僧傳一】

トンケツ 貪結 【術語】五結の一。貪欲の煩惱、人を三界の生死に繫縛して出離を得ざらしむるもの。

トンケン 貪見 【術語】十種見の一。自心順情の境に貪著して種種の妄見を生ずるもの。

トンゲウ 頓教 【術語】二解あり、一は頓成の教なり。凡そ歷劫修行して方に生死を出づる法を漸教と名け、速疾に佛果を頓成し頓悟する法を頓教と名く。【楞伽經一】に「如二菴摩羅果漸熟非レ頓。如來淨二除一切衆生自心現流一亦復如レ是。乃至譬如三明鏡頓現二一切無相色像一。如來淨二除一切衆生自心現流一亦復如レ是。」此義に依て佛自ら圓覺經を頓教大乘と名け、賢首は五教の第四に頓教の名を立て、天台善導は觀經の所說を頓教と判じ、且つ天台所立の第四の圓教亦圓頓の名を得るなり。【圓覺經】に「善男子。是經名爲二頓教大乘一。頓機衆生從レ此開悟。」【天台觀經疏】に「漸頓悟入此即頓教。正爲二韋提希及諸侍女一。並是凡夫。未レ證二小果一。故知是頓不二從レ漸入一。」【善導般舟讚】に「瓔珞經中說二漸教一。萬劫修レ功證二不退一。觀經彌陀經等說。即是頓教菩薩藏。一日七日專稱レ佛。命斷須臾生二安樂一。」【四教儀】に「圓名二圓妙乃至圓頓一。」【集註下】に「體非二漸成一故名二圓頓一。」二は頓說の教法なり、未熟の衆生に對して初に小法を說き、漸次大乘の法を說くを漸教とし、頓悟の機に對して初より直に大法を說くを頓教とす。【玄義一】に「如三日初出先照二高山一。厚殖二善根一感二斯頓說一。頓說本不レ爲レ小。小雖レ在レ座如レ聾如レ啞。緣得二大益一。名二頓教相一。」【大乘義章一】に「自有二衆生一藉レ淺階レ遠。佛爲漸說。或有二衆生一越解レ大佛爲頓說。」此義に依て天台は化儀の四教の第一に頓教の名を立つ。即ち華嚴經は一切經中に於て菩薩の大機に對して別圓二教の大法を頓說せしものなれば頓教と名く。法華の如く圓頓の法なるを以て頓教と名くるにあらずと云ふ。是れ台宗の意なり。

頓教一乘 【術語】唐の善導淨土の法門を判じて頓教一乘とす、速疾に成佛すれば頓教と云ひ、一切の衆生悉く此乘に乘ずるを得れば一乘と云

ふ。【觀經疏三寶偈】に「我依二菩薩藏一頓敎一乘海。說レ偈歸二三寶一。」⦿（盛衰記）「又は頓敎一乘の敎と云ふ」

トンゴ　頓悟　〔術語〕一類大心の衆生ありて直に大乘を聞き大法を行じ佛果を證するを頓悟とし、初に小果を得て後に大乘に廻入して佛果に至るを漸悟とす。又は初より大乘に入るも歷劫の修行を以て漸く佛道を成ずるを漸悟となし。速疾に妙果を證悟するを頓悟とす。但し初義を以て通說とす。【圓覺經】に「是敎名爲二頓敎大乘一。頓機衆生從レ此開悟。」【大日經疏】に「無二頓悟機一不レ入二其手一。」

トンゴノキ　頓悟機　〔術語〕上根上智にして速に悟に入ることを得る人。【無量壽經註】に「頓悟上機又如說修行之人也。」

トンゴノボサツ　頓悟菩薩　〔術語〕又直往菩薩とも云ふ。漸悟菩薩の對。無始以來、第八阿賴耶の中に菩薩の法爾無漏種子を有し、二乘の修業を爲すことなく、直に菩薩の道位に進入するものを云ふ。

トンシ　頓旨　〔術語〕頓悟の旨趣。【出生義】に「削二地位之漸階一。開二等妙之頓旨一。」

トンシ　貪使　〔術語〕十使の一。貪欲の煩惱有情の身心を驅使するもの。

トンシフ　貪習　〔術語〕貪欲の習ひ性となるもの。【楞嚴經八】に「貪習交計發二於相吸一。」

トンシヤ　頓寫　〔儀式〕又、頓經、一日經と云ふ、一座に法華經を疾書するを云ふ。追福の爲に之を修す。【東鑑十一】に「頓寫法華經。」

トンシヨウボダイ　頓證菩提　〔術語〕速疾に菩提の妙果を證得するなり。【往生講式】に「頓證菩提道無レ如二斯觀門一。」⦿（曲、求塚）「出離生死頓證菩提」

トンシンダラ　頓眞陀羅　〔天名〕Druma-kiṃnara 緊那羅王の名、羅什の譯本に大樹緊那羅と云ひ、支婁迦識の譯に純眞陀羅と云ふ。【玄應音義七】に「純眞徒損切。字又作レ屯。徒門切。此譯云二眞人一也。」

トンシンダラシヨモンニヨライサンマイキヤウ　純眞陀羅所問如來三昧經　〔經名〕三卷、後漢の支婁迦識譯。羅什譯の大樹緊那羅王所問經と同本先出。【宇帙九】（161）

トンジヤウノシヨギヤウ　頓成諸行　〔術語〕偏成諸行の對。圓融門に依りて修行する菩薩が、若し一惑を斷ずれば即ち一切惑を斷じ、一行を修すれば即ち一切行を具足して、頓に道行を成滿するを云ふ。

トンジヤク　貪惜　〔術語〕財物を貪り惜んで施與の心なきなり。【無量壽經下】に「有無相通。無レ得二貪惜一。」

トンジン　貪瞋　〔術語〕三毒中の二毒、貪欲と瞋恚なり。【釋門歸敬儀中】に「貪瞋一發。業構二三塗一。」

貪瞋二河譬喩　〔譬喩〕二河白道の喩なり。「ニガビヤクダウ」を見よ。

トンジンチ　貪瞋痴　〔術語〕貪欲と瞋恚と愚痴の三種の煩惱なり、此三、人を荼毒すると最も劇しければ三毒と稱す。【涅槃經二十九】に「毒中之毒。不レ過二三毒一。」【釋門歸敬儀中】に「下凡煩惱微細難レ知。麤而易レ見勿レ過二三毒一。自毒毒レ他深可二厭患一。」

トンスヰ　貪水　〔雜語〕貪愛の情能く物を吸引し又惡法を滋長すると水の如し。【楞嚴經八】に「是故十方一切如來色二目多求一同名二貪水一。菩薩見レ貪如レ避二瘴海一。」

トンセ　遁世　〔術語〕世間を隱遁して獨り自ら佛道を修すると。但し遁世に通別の二あり、通相の遁世は總じて出家入道に名くれども、別相の遁世は出家の中に於て應請出世住持交衆の念を止めて、一向に自行を營むものを遁世者又は後世者と云ふ。【弘明集十二沙門不敬王者論】に「凡在二出家一皆遁レ世以求二其志一。」【唐僧傳慧勇傳】に「每思二遁世一莫レ知二其所一。」⦿（徒然草）「學問を捨てて遁世したりけるを」

トンセツ　頓說　〔術語〕頓敎の說法なり。小乘を階梯として大乘を說かず、直に大乘を說破するを云ふ、華嚴經是なり。「トンケウ」を見よ。「るなり。

トンゼン　貪染　〔術語〕五欲の境に貪著し染著するなり。

トンゼン　頓漸　〔術語〕頓敎と漸敎なり、以て諸大乘敎を判ず、又漸頓とも云ふ。「ゼントンケウ」を見よ。

トンダイ　頓大　〔術語〕華嚴經を指す。頓は頓敎、大は大乘敎なり。般若經の如きは大乘敎なれども、漸入の機に對して小乘敎の後に說きしものなればこれ漸敎の大乘敎なり。華嚴經は佛成道の初に頓入の菩薩に對して大乘敎を頓說せしものなれば、頓にして大なり、故に頓大と云ふ。

頓大三七日　〔術語〕天台一宗の說に華嚴經は佛成道後三七日間の說法なりと云ふ。【法華經方便品】に「我始坐二道場一觀樹亦經行。於二三七日中一思二惟如レ是事一。」此の觀樹經行の三七日は小機の見る所、大機は此間に於て華嚴の所說を感ぜしなりと云ふ。若溪の【五時說法頌】に「阿含十二方等八。二十二年般若談。法華涅槃共八年。華嚴最初三七日。」

トンダン　頓斷　〔術語〕多くの煩惱を一時に斷滅するを云ふ。

トンヂヤク　貪著　〔術語〕多く求めて厭足するとなきを貪と云ひ、貪心固著して離れざるを著と云ふ。

【法華經序品】に「貪ニ著於名利一。求ニ名利一無レ厭。」【寶積經七十八堅牢比丘壁上偈】に「邪念生ニ貪著一。貪著生ニ煩惱一。」【遺教經】に「若有ニ智慧一則無ニ貪著一。」

トンヂヨク 貪濁 〔術語〕貪欲の煩惱有情の身心を濁亂するもの。【隨願往生經】に「娑婆世界人多ニ貪濁一信向者少。」

トントンケウ 頓頓敎 〔術語〕二頓敎の一。「ニトン」を見よ。

トンドク 貪毒 〔術語〕三毒の一。貪欲の煩惱有情の身心を毒害するもの。

トンバク 貪縛 〔術語〕三縛の一。貪欲の煩惱有情の身心を縛して出離せしめざるもの。【華嚴孔目章】

トンビヤウ 貪病 〔術語〕三病の一。貪愛の心有情の身心を病惱せしむるもの。【涅槃經三十九】

トンボフ 頓法 〔術語〕速疾に所求を成就する法なり。

トンボンノウ 貪煩惱 〔術語〕六大煩惱の一。「貪欲の情有情の身心を惱亂するもの。

トンヨク 貪欲 〔術語〕順情の塵境を引取して厭くとなきを貪欲と云ふ。即ち世間の色欲財寶等を貪愛して厭くなきなり。【法界次第上之上】に「引取ノ心無ニ厭足一爲ニ貪欲一。」【法華經譬喩品】に「諸苦所レ因貪欲爲レ本。若滅ニ貪欲一無レ所ニ依止一。」

トンヨクガイ 貪欲蓋 〔術語〕五蓋の一。貪欲の煩惱有情の心識を蓋覆して善法をして發生せしめざるもの。

トンヨクシ 貪欲使 〔術語〕十使の一。貪欲の煩惱有情の身心を驅役して三界に流轉せしむるもの。

トンヨクシリ 貪欲尸利 〔術語〕三毒尸利の一。「サンドク」を見よ。

トンヨクシンヰグチ 貪欲瞋恚愚痴 〔術語〕即ち三毒の煩惱なり。

トンヨクソクゼダウ 貪欲即是道 〔術語〕台宗所立の性惡の法門なり、貪欲の事惡に法性の實理を具すれば、貪欲に習ふものは貪欲に就て法性を觀ずべきを云ふ。又婬欲即是道とも云ふ。

トンラウ 貪狼 〔譬喩〕貪欲の深き狼の如きを云ふ。【無量壽經下】に「貪ニ狼於財色一。」【同義寂疏】に「狼性多貪故。多貪者謂ニ之狼一。如ニ狐性疑謂ニ之狐疑一。」

トンヰチ 貪恚痴 〔術語〕貪瞋痴に同じ。又婬怒痴と云ふ。即ち三毒の煩惱なり。「トン」を見よ。

トンヱンケウ 頓圓敎 〔術語〕二圓敎の一。「ニ

ド 度 〔術語〕渡なり、生死を海に譬へ自ら生死海を渡り又は人を渡すを度と云ふ、又梵語波羅蜜、度と譯す、生死海を渡る行法に名くるなり。

五度 〔名數〕福行の五波羅蜜なり。一に布施、慈心物を施すなり、二に持戒、佛戒を持して身口意の惡を愼むなり、三に忍辱、一切の苦痛陵辱を耐忍して心を動かさざるなり、四に精進、勇猛に一切の善を勵み一切の惡を伏するなり、五に禪定、心を一處に止めて妄念を拂ふなり。

六度 〔名數〕初の五度は前の如し、第六に智慧、眞理を分別するなり、此六度を萬行の總體とす。前五は福行後一は智行、福行を以て智行を助成し、智行に依て斷惑證理し、以て生死海を渡るなり。

十度 〔名數〕初の六は前の如し、第七に方便度、善巧方便して自から功德を積み、又一切有情を濟度するなり、第八に願度、上求菩提下化衆生の大願を修するなり、第九に力度、思擇力と修習力を行ずるなり、謂く諸法を思惟して修習するなり、十に智度、自利利他の二智を修するなり、前の第六度と異なる所以は彼は空理を觀ずる智慧にして此は有相を照らす智慧なり、故に二度相對するときは第六度を慧度、第十度を智度と云ふ、以上十度は次第の如く菩薩十地の波羅蜜行なり。【唯識論九】「ハラミツ」參照。

ドウ 幢 〔物名〕梵名駄縛若、Dhvaja 又は計都、Ketu 幢と譯す。幢は和名はたほこ、高く竿柱を突出して種種の絲帛を以て莊嚴せしもの。群生を麾導し魔衆を制するを幖して佛前に之を建て、或は幢上如意寶珠を置き之を與願印と號して寶生如來又は地藏菩薩の三昧耶形とす。【大日經疏九】に「梵云ニ駄縛若一此翻爲レ幢。梵云ニ計都一此翻爲レ旗。其相稍異。幢但以ニ種種雜色絲一幖幟莊嚴。計都相亦大同。而更加ニ旒旗密號一。如下兵家畵ニ作象龍鳥獸等種種類形一以爲中三軍節度上。」【演密鈔五】に「釋名曰。幢者童也。其貌童童然。即軍中獨出之謂也。」【夾註菩提心集中】に「幢とははたぼこと訓ず、塔などの如く高くあらはれてかざりあるものなり。叡山の相輪橖を安然の菩提心集一には寶幢橖といへり、相輪の相の字も幢の義なり。」【菩提心義十】に「金光明云ニ南方寶相一。新譯經云ニ寶幢一。幢相同是雞都。例如下舊云ニ信相一新云中妙幢上。已上幢の梵語は雞都也、【渇州最勝王經疏六】に「雞都此云レ幢。」【大師正傳三東寺塔婆勸進表文】に「塔名ニ功德聚一。幢號ニ與願印一。功德聚則毘盧遮那萬德之所ニ集成一。與願印則寶生地藏之三昧身。」

ドウ 動 〔術語〕風大の自性なり、四大所造の物質をして相續して此より彼に至らしむるを云ふ。【俱舍論一】に「風界動性。由レ此能引ニ大種造色一令ニ其相續シテ生シ至ニ餘方一。如レ吹ニ燈光一。故名爲レ動。」

ドウガク 同學 〔雜語〕習ふ所の同じきを云ふ。

【維摩經菩薩品】に「樂レ近二同學一。」【註】に「什曰。我學二大乘一。彼亦如是。是名二同學一。」

ドウキヤウヱ 同境依 〔術語〕 諸識記種依の一。

ドウギヤウ 同行 〔術語〕 三善知識の一。心を同くして道を行ずるもの。【止觀四】に「切磋琢磨。同レ心齊レ志。如レ乘二一船一。互相敬重如レ視二世尊一。是名二同行一。」【同輔行】に「言二同行一者。己他互同。遞相策發。人異行同。故名二同行一。」【五會法事讚下】に「各留二半座一乘二華葉一。待二我閻浮同行人一。」【新華嚴經七十三】に同行の義を説くに八十四同を擧ぐ。【法華經五百授記品】に「饒二益同梵行者一。」本願寺の一流に常に其の信徒をさして同行と稱するは慧燈大師の【御文】に「さればもと同行なるべきものなり、これによりて聖人は御同朋御同行とこそかしづきておほせせられけると」とあるに本く。

ドウギヤウ 童行 〔職位〕 ヅンアンと讀む。

ドウギヨ 桐魚 〔物名〕 桐材を以て製したる木魚なり。

ドウケウ 同敎 〔術語〕 「ドウベツニケウ」を見よ。

ドウケウイチジヨウ 同敎一乘 〔術語〕 「ドウベツニケウ」を見よ。

ドウコ 銅鼓 〔物名〕 「さはり」に同じ。胡銅器。「シド」を見よ。

ドウゴ 同居 〔界名〕 凡聖同居土の略。「シド」を見よ。

ドウゴジヤウド 同居淨土 〔界名〕 前項に同じ。

ドウゴド 同居土 〔界名〕 前項に同じ。

ドウゴヱド 同居穢土 〔界名〕 前項に同じ。

ドウサウ 幢相 〔衣服〕 解脱幢相の略、袈裟の異名なり。

ドウサウ 同相 〔術語〕 六相の一。有爲の萬法種種差別あれども、同一法界の緣起にして相互に違背せざるを云ふ。

ドウシヤウキヤウ 同性經 〔經名〕 具名大乘同性經、二卷、宇文周の闍那耶舍譯。佛大摩羅耶精妙山頂に在り、楞迦大城の毘毘沙那羅刹王佛を供して法を問ふて菩薩の記を受く。海龍王其の往因を問ふ。佛爲めに之を説く。次に海妙探自在智通菩薩あり、東方より來り大寶殿を以て佛に供し、法を問ふ。佛爲に如來十地の名、及び聲聞十地の名、辟支佛十地の名、菩薩十地の名を説く。【宇帙二】(195)

ドウシヤウシン 同生神 〔天名〕 又同生天と云ふ。【舊華嚴四十五】に一切の人は生るるより同生同名の二天ありて常に隨從侍衛すとあり。同生天とは此天其の人と同時に生ずるなり、同名天とは此の天其の人と名字を同じくするなり。而して此二神は藥師經に説く所の倶生神なりと云ふ。「クシヤウシン」を見よ。

ドウシヤウテン 同生天 〔天名〕 同生神に同じ。

ドウシユサウカン 嗵酒糟漢 〔雜語〕 只人の糟粕を喰ふ鈍漢なり。唐代人を罵るの語。【碧巖十一則】に「黃檗示レ衆云。汝等諸人盡是嗵酒糟漢。」【同評唱】に「唐時愛シテ罵ルニレ人作二嗵酒糟漢一。」トウシユサウノカンと讀む。

ドウシン 童眞 〔術語〕 沙彌の異名、又有髮の童子に通ず、凡そ童子の性は天眞爛漫なれば眞と云ふ、若し漢語に准ぜば眞童と云ふべし、今は梵語に准じて童眞と云ふ。【玄應音義五】に「童眞是沙彌別名。梵云二究摩嚩浮多一。Kumārabhūta 究摩嚩者是彼土八歲未冠者童子總名。浮多此云レ眞。亦言レ實也。」【楞嚴經五】に「今於二如來一得二童眞名一。預二菩薩會一。」

ドウシンケツ 同心結 〔雜語〕 袈裟に用ゐる忰紐の結び方なり、紐を縮結して其の兩端を中心の一處に入るれば同心結と名く。

ドウシンヂユウ 童眞住 〔術語〕 十住の第八住。初めて佛家に生じて童子の位に在るを云ふ。

ドウジ 童子 〔術語〕 Kumāra 梵語、究摩羅、鳩摩羅迦。八歲以上未冠者の總稱なり。西國出家を希ひて比丘の所に寄侍するものを童子と稱し、又經中菩薩を稱して童子となす、菩薩は是れ如來の王子なればなり。又婬欲の念なきと世の童子に同じきに取る。【寄歸傳三】に「凡諸白衣。詣二苾芻所一。若專誦二佛典一。情希二落髮一。畢願二緇衣一。號爲二童子一。或求二外典一無レ心二出離一名曰二學生一。」【玄應音義五】に「究摩嚩者是彼土八歲未レ冠者童子總名。」【釋氏要覽上】に「經中呼二文殊善財寶積月光等諸大菩薩一爲二童子一者。即非二稚齒一。如二智論云一。如二文殊師利一十力四無畏等悉具二佛事一。故往二鳩摩羅迦地一。又云。若菩薩從二初發心一斷二婬欲一。乃至二菩薩一是名二童子一。」

童子戲作佛事 〔本生〕 【法華經方便品】に「乃至童子戲聚レ沙爲二佛塔一。如レ是諸人等皆已成二佛道一。」【阿育王傳一】に「世尊與二阿難一在二巷中一。行見二二小兒一。一名二德勝一是上族姓子。一名二無勝一是次族姓子。弄レ土而戲以レ土爲レ城。城中復作二舍宅倉儲一。以レ土爲レ麨著二倉中一。此二小兒見二佛三十二大人相一歡喜。德勝於レ是掬二倉中土一名爲レ麨奉二上世尊一。無勝在レ傍合掌隨喜。德勝於レ是說レ偈讚曰。乃至佛言。我若涅槃百年之後。此小兒者當下作二轉輪聖王四分之一一。於二花氏城一作二正法王一。號二阿恕迦一。分二我舍利一而作二八萬四千寶塔一。饒中益衆生上。」

ドウジキヤウホフ 童子經法 〔修法〕 金剛童子を本尊として祈禱する秘密法。金剛童子經に依る。

ドウジグソクサウオウモン　同時具足相應門〔術語〕十玄門の一。「名。」

ドウジユ　童壽【人名】姚秦の三藏鳩摩羅什の譯名。

ドウジユ　童授【人名】新因明の祖、陳那の譯名。【西域記十】に「陳那。唐言二童授一。」

ドウジユ　童受【人名】經部の論師拘摩邏多 Kumāralabdha の譯名。【西域記三】に「拘摩邏多。唐言二童受一。」【同十二】に「當二此之時一。東有二馬鳴一。南有二提婆一。西有二龍猛一。北有二童受一。號爲二四日照一レ世。」

ドウタイ　同體〔譬喩〕波の水に於ける四肢の一身に於ける如きを同體と云ふ。

同體慈悲〔術語〕一切衆生の身と己が身と同體一身なりと觀じて拔苦與樂の心を起すを同體の慈悲と云ふ。【起信論】に「一切諸佛菩薩。皆願レ度二脱一切衆生一。自然熏習常恒不レ捨。以二同體智力一故。隨レ應二見聞一而現二作業一。」又「以下取二一切衆生一如中己身上故。而亦不レ取二衆生相一。此以二何義一故。謂如二實知下一切衆生及與二己身一眞如平等無中別異上故。」

同體方便〔術語〕又、體內方便と云ふ、台宗方便を釋するに體外體內の二を用ふ。「ハウベン」を見よ。

同體之惑〔術語〕根本無明を云ふ。是れ眞如自體の迷惑なれば同體の惑と名く、波は水と同體なる如し。【法華玄義五】に「無明是同體之惑。如二水內乳一。唯登地已去菩薩鵝王能唼二無明乳一。淸二法性水一。」

同體三寶〔術語〕又、一體三寶と云ふ、四種「三寶の一。「サンボウ」を見よ。

ドウチヤウイモン　同聽異聞〔術語〕台宗所立の化儀の四教の中に第三の秘密教と第四の不定教とは共に佛の說法を同一座に於て聽きながら、各自に異聞して、小乘の機は小法を聞き、大乘の機は大法を聞くを同聽異聞と云ふ。即ち一音異解なり。但し此中秘密教と不定教との別は同聽異聞の人、自他互に相知るを不定教とし、互に相知らざるを秘密教と云ふ。【玄義釋籤一】に「不定與レ秘。並皆不レ出二同聽異聞一。但互相知互不相知以辨二兩異一。」

ドウヂ　童侍〔職位〕童行に同じ。【宋僧傳貫休傳】に「出家爲二童侍一。日誦二法華經一千字一。」

ドウテフブ　銅鍱部〔流派〕上座部の異名。【玄應音義二十三】に「銅鍱部上座部也。鑿二赤銅鍱一書レ字記レ文。今猶在二師子國一也。」巴 Tambapanniya

ドウテンサンパイ　同展三拜〔儀式〕大衆一同に坐具を展て三拜するなり。

ドウニヨライシヤウゴング　同如來莊嚴具〔術語〕密印を稱す。密印は是れ一切諸佛此を以て莊嚴する故に法界の身を成じ、又此を以て衆生を加持するが故に法身に同ずるとを得れば、同如來莊嚴具と云ふ。【大日經密印品】に「有二同如來莊嚴具一。同法界趣幖幟。」【義疏十】に「一切佛以レ此爲二莊嚴一故得レ成二如來法界之身一。若有二衆生一修二此法一者。以レ印加持故。亦同二如來法界身一也。」

ドウハチ　銅鉢〔物名〕銅を以て作れる磬なり。

ドウハチ　銅鈸〔物名〕又、鐃鈸と云ふ。【法華經】に「琵琶鐃銅鈸。」「ネウハチ」を見よ。⦿（盛衰記三十二）「琵琶、鐃、銅鈸併ながら法性の深理に叶へり」

ドウバン　幢幡〔物名〕幢幡共に旌旗の屬なり。梵語馱縛若 Dhvaja 幢と譯し、梵語波吒迦、Paṭāka 幡と譯す。竿柱高く秀でて頭に寶珠を安じ、種種の綵帛を以て莊嚴するを幢と云ひ、長帛下に垂るるを幡と云ふ、又幢竿より幢を垂るるを幢幡と云ふ。【觀無量壽經】に「幢幡無量寶蓋。」【瑜祇經拾古鈔上】に「幡者懸二于龍頭一之幢也。旗竿頭安二寶珠一云二幢旗一。幡竿頭置二龍頭一云二金剛幡一也。」「ドウ」參照。

ドウフドウホフ　動不動法〔術語〕欲界の法は無常迅速なる故に動法とし、上二界の法は長久なる故に不動法とす。【遺教經】に「一切世間動不動法。皆是敗壞不安之相。」【維摩經五】に「什云。欲界六天爲二動法一。上二界壽命劫數長久。外道以爲レ常。名二不動法一。」

ドウブン　同分〔術語〕俱舍七十五法中心不相應行法十四の第三。諸法をして同ならしむる因を同分と名く。是れ一の實法なり、此實法あるに由て物を同ならしむるなり。此に二種あり。一を衆生同分又は有情同分と名け、二を法同分と名く。人畜等の有情の相同じきを衆生同分有情同分と云ひ、蘊處界等の法の相同じきを法同分と名く。又衆生同分を二類して一を無差別同分とす。一切の有情一類同等にして非情に異なる上の同分なり。二に有差別同分なり、諸の有情中三界九地五趣四生婆羅門刹利等の稱、男女等乃至四向四果各別の同分あり。又法同分に無差別有差別あり。【俱舍論五】に「有二別實物一名爲二同分一。謂諸有情展轉類等。本論說レ此爲二衆同分一。此復二種。一無差別。二有差別。乃至復有二法同分一。謂隨二蘊處界一。」図十八界を分別するに同分彼同分の一門あり、同分の義稍異なれり。「ヒドウブン」を見よ。

ドウブンイゼンフヂヤウクワ　同分異全不定過〔術語〕似因十四過の中、六不定過の一。三支の中具には同品一分轉異品遍轉不定過と云ふ。三支の中の因が喩の中の同品の一部分に關係し、異品の全部に關係するを云ふ。例へば「或る人は女子なるべし」

（宗）「子を産まざるが故に」（因）と云ふが如き、此の宗の同品は總ての女子なるに、因の同品は其の中の子を生まざる一部の石女に限れり、故に因は同品の一部に關係せりと云ふべく、また異品の男子は總て子を生むものなきが故に其の全部に關係せること勿論なり。斯の如きは其の因の過失なること明かなり。

ドウブンマウケン　同分妄見　〔術語〕衆生眞性の迷失して一切虛妄の境界に於て同じく苦樂を受くることを云ふ。

ドウベツニケウ　同別二教　〔術語〕華嚴一家の教判に第五の同教を別教一乘同教一乘の二に分つ、別教一乘は永く二乘三乘等の諸乘に別異なる一多無盡の一乘法なり。同教一乘とは二乘三乘等の機をして一多無盡の法界に入らしめん爲めに一乘無盡の法を始教の三乘法又は終頓の一乘法に寄顯して說くを云ふ。されば同教一乘を所寄の法に約すれば終頓二教の一乘教と始教の三乘教となり、此中華嚴本經の說相に就けば彼經所說の同教一乘は終頓二教なり、經中一多無盡の法を說くは是れ別教一乘なり、之を直顯門と名く。又終頓二教の一乘法に寄せて一多無盡の一乘法を顯はすは彼經の同教一乘なり、之を寄顯門と名く。之と同じく法華經中亦同別の二教あり、然も彼の同教一乘は二乘の機を一乘に開會せん爲めなれば始教の三乘法に寄せて無盡一乘法を說く、之を本經の同教一乘と末經の同教一乘との相違とす。且つ華嚴法華の二經を對すれば二經共に同別二教を說くも、華嚴は多く別教を說き少しく同教を說き、法華は多く同教一乘を說き少しく別教一乘を說くを以て、二經共に少在屬無して華嚴を別教一乘、法華と同教一乘と大判するなり。【五教章上】其の別異の義門に十種あり、一に時異、所說の時異なり。二に處異、所說の處異なり。三に主異、所說の佛異なり。四に衆異、所聞の衆異なり。五に所依異、所依の三昧異なり。六に說異、一方說一切方說なり。七に位異、一位一切位なり。八に行位、一行一切行なり。九に法門異、法門の建立廣狹異なり。十に事異、舍林地山等一一の事相盡く甚深の法門なり。【五教章上施設異相門】

ドウホフ　同法　〔雜語〕行法を同じくするもの。【行持鈔下四】に「同法義重。」図〔術語〕因明の例語に同喩の上に宗と因との二種の同義を有するに就て、宗に對する同邊を同品と云ひ。因に對する同邊を同法と云ふ。例へば無常の宗を立つる如き、同喩の瓶の上の無常の義を同品と名け、所作の義を同法と名く。

ドウホフサウジクワルヰ　同法相似過類　〔術語〕十四過の一。立者の論法にありては異品となれるものを、對手が强て同品なりとして攻擊する過誤を云ふ。

ドウホン　同品　〔術語〕因明に於て宗の所立と均等なる品類を同品と名く、即ち同喩なり。【入正理論】に「所立法均等義品。說名同品。如レ立無常。瓶等無常是名同品。」

ドウホンヂヤウウシヤウ　同品定有性　〔術語〕因明宗ドウホンリヤウウシヤウと讀む。定成を別せん爲めなり　因の三相の一。凡そ宗因喩三支中の因なる者は必ず宗と同品なる喩體の上に定めて有なる性を具すべきを云ふ。例へば無常の宗を立つる如き、所作性を因とし瓶を同品の喩とす、此同品の瓶の上に決定して因の所作性の義あるべきを云ふ。若し之れなき時は因喩の關係を斷じて因體同喩の助力を得ると能はず。

ドウマ　憧摩　〔雜名〕天竺賤族の一種。【唯識了義燈二本】に「憧摩。此云不共死。」

ドウミ　同味　〔術語〕義理分齊の同じきを云ふ。【釋籤一】に「一家義意。謂二部同味。」

ドウミヤウテン　同名天　〔神名〕二天の一。「ドウシヤウテン」を見よ。

ドウモウシクワン　童蒙止觀　〔術語〕修習止觀坐禪法要の異名。

ドウモンコライ　同文故來　〔術語〕證文を引くに一連の文なればその處を證する文に非ざるも引き列ぬるを同文故來と云ふ。【俱舍光記十五】に「正取六境不受色食同文故來。」これ末師の經論釋の文を引くを見るに動もすれば其が當處に不用の語なきにあらざるを辨疏するに用ふる語なり。

ドウモンシユ　同聞衆　〔術語〕諸經の初に列ぬる比丘菩薩等の諸衆を云ふ。同じく法を聞く衆なり。【法華文句一】に「釋同聞衆爲三。初聲聞。次菩薩。後雜衆。諸經多爾。」

ドウラ　銅鑼　〔物名〕教家に之を用ふ。【正字通】に「鑼。郎何切。音羅。築レ銅爲レ之。形如レ盂。」

ドウリンワウ　銅輪王　〔術語〕四輪王の一。銅製の輪寶を感得して二大洲に王たる轉輪聖王なり。「テンリンワウ」を見よ。図十住の菩薩習種性の人は銅輪王となりて二大洲を化すれば十住を銅輪位と爲す。圓教の分證即の位なり。【仁王經上】に「習種銅輪二天下。」【同天台疏】に「十住菩薩習種性人作銅輪王。王二天下。」【止觀二】に「進入銅輪破弊根本。本謂無明。本傾枝折。顯出佛性。是分證眞實位。」

ドウルヰイン　同類因　〔術語〕六因の一。舊に習因と云ふ。前念の善心因となりて後念の善心又善

業を起し、前念の惡心因となりて後念の惡心又惡業を起す如く、各自同類の法が同類の法に對して因となるもの。其果を等流果と稱す。【俱舍論二】に「同類因者。謂相似法與二相似法一爲二同類因一。謂善五蘊與二善五蘊一展轉相望爲二同類因一。染汚與二染汚一。無記與二無記一。五蘊二相望應レ知亦爾。」

ドウルヰノジヨゴフ　同類助業　〔術語〕又同類善根とも云ふ。五正行中の讀誦、觀察、禮拜（前三）、讚歎供養（後一）の四種の助業を云ふ。此等は稱名念佛と同じく往生淨土の正行なれども、正定の業には非ずして、稱名を助成する業なるが故に同類の助業と稱す。

ドウルヰムゲ　同類無礙　〔術語〕異類無礙の對、火と火と相さへず、地と地と相さへざるが如きを云ふ。

ドエン　度緣　〔術語〕又、座牒と云ふ。官省より賜はる得度出家の公驗なり。是れ當人の得度して沙彌となりし證憑なり。養老四年初て之を用ゐ、治部省の印を用ゐ、後中務省の印を用ふ。其法出家の日に度者に賜ふを度錄と稱し、更に受戒の日に賜ふを公驗と稱す。是れ受戒して比丘となりし證憑也。天平勝寶年中之を改めて受戒の日に受戒の公驗を賜ふとを停めて、且つ前に授けし度緣を徵して之を毀ち、只十師よりの戒牒を賜ふととなし、弘仁四年更に改めて度緣に中務省の印を用ひ、且つ受戒の日を以て十師より戒牒を授くる外に、度緣の末尾に受戒の年月を記入して中務省の印を押して之を賜ひ、以て受戒の公驗と定む。【元亨釋書資治表】に「養老四年正月。僧尼公驗始焉。」又「初天平神護元年以來僧尼度緣用二道鏡印一。今玆光仁帝寶龜元年正月復二禮部省一。」又「弘仁四年二月。禮部省言。古例僧尼出家之日授二之度緣一。受戒之時給二之公驗一。勝寶以來受戒之日毀二度緣一停二公驗一只授二十師戒牒一。今案。於レ事有レ疑。若不レ復二古制一恐致二奸僞一。伏乞不レ毀二度緣一。只其度緣自レ今以後。僧用二尙書省印一。尼用二有司印一。至二受戒時一尙書省。於二度緣末一注二受戒年月一幷二官僚一署レ名。以二省印一印レ之。若有二身亡或反レ俗者一。其度緣戒牒早上二尙書省一。省年終申レ官毀レ之。庶令二姦人屛レ跡源流共淸一。制可。」【朝野群載十六】に度緣の式樣を載す。

ドキヤウ　讀經　〔術語〕「ドクキヤウ」を見よ。

ドキヤウアラソヒ　讀經爭　〔行事〕經文を讀て滯りなきを勝とし、滯るを負として勝負を爭ふなり。◉（榮花）「若君達などは讀經爭ひ今樣など」

ドギヤテイ　弩蘗帝　〔雜語〕Anvāgati*【大疏九】に「弩蘗帝。是隨至義。亦是徧至義。亦是逝義。進不住義。」【演密鈔七】に「是隨至義者。謂一切衆生有レ放二起始覺菩提心一。無處不二隨至一。即是達字菩提心爲レ因。亦是遍至義者。謂大悲心於二衆生界一悉遍至故。即是駄字大悲爲レ根。亦是逝義者。十地行滿妙往二菩提之彼岸一故。即是曇字方便爲二究竟一。言二進不住義一者。謂得レ果不レ捨二因門一。而起二化用一。亦屬二方便一爲二究竟一。但擧二利他一爲レ異。爾即是鑁字門也。」

ドクイチホフカイ　獨一法界　〔術語〕顯に一眞法界と云ひ、密に獨一法界と云ふ。一切諸法は眞如平等なれば一切即一切法一切法即一法にして、一法を擧ぐれば一切諸法悉く歸し、一法を以て萬法を該收するを獨一法界と云ふ。大日如來の智拳印は此獨一法界の一を標幟せしなり。【大日經疏一】に「如來獨一法界加持之相。」【同十七】に「言レ一者。此即如如之道。獨一法界故言レ一也。」

ドクカク　獨覺　〔術語〕又、緣覺と云ふ。常に寂靜を樂で獨り自ら修行し、修行功成りて無佛の世に於て自ら覺悟して生死を離るる者を獨覺と云ふ。之に麟角喩部行の二種あり、獨身伴侶なきと麟の一角の如きを前者とし、伴侶ありて同一の獨悟するを部行とす。無佛世に出でて佛の敎法に藉らざるは一なり。是れ佛の聲敎に依らざれば聲聞に勝ぐれ、自ら生死を脫するに止まり、他を兼濟すると能はざれば佛に及ばず。即ち大中小三乘の中乘なり。【俱舍論十二】に「言二獨覺一者。謂現身中離レ稟二至敎一。唯自悟レ道。以能自調不レ調レ他故。」又「諸獨覺有二二種殊一。一者部行。二者麟角喩。部行獨覺先是聲聞。得二勝果一時轉爲二獨勝一。乃至由二本事中說一。一山處總有二五百苦行外仙一。有二一獼猴一曾與二獨覺一相近而住。見二彼威儀一。展轉遊行至二外仙一現二先所レ見獨覺威儀一。諸仙覩レ之咸生二敬慕一。須臾皆證二獨覺菩提一。乃至麟角喩者。謂必獨居。」「エンガク」を見よ。

ドクカクセンニン　獨角仙人　〔人名〕又、一角仙人と云ふ。「イチカクセンニン」を見よ。

ドクカクノシヤヒシヤウ　獨覺捨悲障　〔術語〕獨覺は大悲心を捨つる障を有すと云ふこと。即ち獨覺の人は、但能く自度するのみにして、利他心なきが故に、大悲心を起し一切衆生を利益するこ と能はず、從て佛果に至ること能はざるが故に之を捨悲障と云ふ。

ドクカタ　獨柯多　〔術語〕「トキラ」を見よ。

ドクキ　毒氣　〔術語〕梵語、突吉羅に同じ。三毒の習氣、三毒は貪瞋癡なり。【法華經壽量品】に「毒氣深入。失二其本心一故。於二此好色香藥一而謂レ不レ美。」

ドクキ　毒器　〔譬喩〕身を觀じて毒器とす。【止觀

七】に「財同糞土。身比毒器。命若行雲。棄之如唾。」

ドクキヤウ　讀經　【術語】法華經所說五種法師行の一。文に對するを讀と云ふ。正心端坐、目に經文を視て口に句讀を宣ぶるなり。

ドクク　毒鼓　【譬喩】毒鼓の聲能く人を殺す、以て涅槃經所說の佛性常住の聲能く衆生の五逆十惡を殺害して佛道に入らしむるに譬ふ。然るに鼓に二種あり、一は天、一は毒なり、五乘の機に對して各五乘の敎を說けば、彼等各信順修行して證果の益を得ば之を天鼓に譬へ、又五逆十惡の衆生に對して佛性常住の大乘の極致を說く如き、彼等却て誹謗を生じて爲に無間に墮すべし、依りて之を毒鼓に譬ふ。但し無間に墮するも此の因緣に依りて遂に五逆十惡を滅して菩提の道に入るを得るなり、依りて此二鼓を順逆の二緣に配して、天鼓を順緣に譬へ毒鼓を逆緣に譬ふるなり。俗に所謂忠言耳に逆ふ如きは毒鼓の聲なり。【涅槃經九】に「譬如有人以雜毒藥用塗大鼓。於大衆中擊之發聲。雖無心欲聞聞之皆死。唯除一人不橫死者。是大乘典大涅槃經亦復如是。在在處處諸行衆中有聞聲者。所有貪欲瞋恚愚痴悉皆滅盡。其中雖有無心思念。是大涅槃因緣力故。能滅煩惱而結自滅。犯四重禁及五無間聞是經已。亦作無上菩提因緣。漸斷煩惱。除不橫死一闡提也。」【天台依憑集】に「信者爲天鼓。謗者爲毒鼓。信謗彼此決定成佛。」【照橫實鏡序】に「照橫實鏡一卷。敬奉晉賢客。庶於中人爲天鼓。於下愚爲毒鼓。信謗俱利。」【文句記四】に「毒鼓者。大經云。譬如有人以毒塗鼓。於大衆中擊令出聲。聞者皆死。鼓者平等法身。毒者無緣慈悲。打者發起衆也。聞者當機衆也。死者無明破也。」

ドククウ　獨空　【術語】事緣に隨ふて諸法の空を說くも空理是れ一なり、之を一空又は獨空と名く。【止觀七】に「一切法趣十八空。歷十八緣名十八空。但是一空。方等云。大空小空皆歸一空。一空即法性實相諸佛實法。大品云。獨空也。」

ドクコ　獨鈷　【物名】トッコと呼ぶ。又獨鈷杵と云ふ、眞言師の所用たる金剛杵なり、鈷は股の借字、金剛杵の獨頭なるを獨鈷と云ひ、三股に分かるるを三鈷と云ひ、五股に分かるるを五鈷と云ひ、九股に分かるるを九鈷と云ふ、もと西土の武器なり、獨鈷は大日如來の獨一法界の智を標幟す。【大師雜問答】に「三鈷印即三佛三昧耶身。獨鈷是一佛三昧耶身也。」「コンガウショ」を見よ。

ドクサンノイシキ　獨散意識　【術語】散位獨頭の意識とも云ふ。第六意識が散位に於て前五識を伴はずして起り、五塵の境を緣せず、獨り三世の諸法及び空華水月等の色を緣ずる場合を云ふ。

ドクシ　讀師　【職位】法華八講の時、講師と共に高座に登りて經題を讀み上ぐる役の名なり。

讀師の高座　【物名】八講を行ふ時、八講壇とて佛前の左右に二箇の高座を相對して置き、佛の左方を讀師の座とし、右方を講師の座とす。

ドクシヤウドクシドクコドクライ　獨生獨死獨去獨來　【術語】死生の際は唯自己一身なるを云ふ。【無量壽經下】に「人在世間愛欲之中。獨生獨死獨去獨來。當行至趣苦樂之地。」

ドクジヤ　毒蛇　【譬喩】身の四大を四種の毒蛇に譬ふ。四大增損して人身を害すると毒蛇の如し。【維摩經方便品】に「是身如毒蛇。」【涅槃經二十三】に「譬如有王以四毒蛇盛之一篋。令人瞻養餧飼臥起摩拭洗其身。乃至觀身如篋。地水火風如四毒蛇。」【智度論十二】に「佛說毒蛇喩經中。有人得罪於王。王令掌護一篋。篋中有四毒蛇。乃至四毒蛇者四大。」図黃金を毒蛇に譬ふ。【大莊嚴論六】に「我昔曾聞。舍衛國中。佛與阿難曠野中行。於一田畔見有伏藏。佛告阿難。是大毒蛇。阿難白佛。是惡毒蛇。爾時田中有一耕人。聞佛阿難說有毒蛇。作是念言。我當視之。沙門以何爲惡毒蛇。即往其所見眞金聚。而作是言。沙門所言是毒蛇者乃是好金。即取此金還置家中。其人先貧。衣食不供。以得金故轉得富饒。衣食自恣。王家索何怪其卒富。而紲擧之繫在獄中。先所得金既已用盡猶不得免。將加刑戮。其人唱言。毒蛇阿難。惡毒蛇世尊。傍人聞之以狀白王。王喚彼人而問之曰。何故唱言毒蛇阿難惡毒蛇世尊。其人白王。我於往日在田耕種。聞佛阿難說言毒蛇是惡毒蛇。我於今者方乃悟解實是毒蛇。」

ドクジユ　毒樹　【譬喩】惡比丘の淸衆を害するに譬ふ。【涅槃經三】に「譬如長者所居之處田宅屋舍生諸毒樹。長者知已即便斫伐永令滅盡。又如壯人首生白髮愧而剪拔不令生長。持法比丘亦復如是。見有破戒壞正法者即應驅遣呵責擧處。」【止觀二】に「戒海死屍宜依律擯治。無令毒樹生長者宅。」

ドクジユ　讀誦　【術語】文字に就くを讀と云ひ、文字を離るるを誦と云ふ、【法華經法師品】に「受持讀誦解說書寫妙法華經乃至一偈。」

ドクジユザフギヤウ　讀誦雜行　【術語】五種雜行の第一、讀誦正行に對す。淨土三部經以外の大小顯密の諸經典を受持讀誦するを云ふ。

ドクジユシヤウギヤウ　讀誦正行〔術語〕五種正行の第一。一心專念に淨土三部經を讀誦すること。

ドクジユダイジヨウ　讀誦大乘〔術語〕大乘經典を讀誦すること。

ドクジユホン　讀誦品〔術語〕台家所立觀行即五品の第二。至心に妙經を讀誦して內觀を助くる位なり。【止觀七】に「善言妙義與レ心相會。如二膏助一レ火。是時心觀益明。名二第二品一也。」

ドクゼン　毒箭〔譬喩〕煩惱能く人を害すれば以て毒箭に譬ふ。【涅槃經五】に「見二閻浮提苦衆生一。無量劫中被二婬怒痴煩惱毒箭一。受二大苦切一。」

ドクソン　特尊〔術語〕三界中に於て佛殊に尊貴なり。【智度論一】に「我神德無量。三界特尊。爲二一切覆護一。」

ドクソン　獨尊〔術語〕三界中佛獨り尊貴なり。【長阿含經一】に「天上天下唯我獨尊。」

ドクヅイシキ　獨頭意識〔術語〕四種意識の一。「イシキ」を見よ。

ドクヅムミヤウ　獨頭無明〔術語〕二種無明又は五種無明の一、又不共無明と名く。貪、瞋、痴、慢、疑、惡見の六大惑の中に於て、無明獨り起りて他の五大惑と共行せざるを獨頭無明と云ひ、他の五大惑の隨一と共起する無明を相應無明と名く。是れ六大惑の中に於て共不共を論ずるなり、故に獨頭無明も五大惑以外の諸惑と俱起するを遮せざるなり。【百法問答鈔一】

ドクテンニク　毒天二鼓〔譬喩〕毒鼓と天鼓なり、輭語生善を天鼓に譬へ、苦言滅惡を毒鼓に比す。又敎法の我に於て順緣となるを天鼓とし、逆緣となるを毒鼓とす。【玄義六】に「前藥珠二身先以レ定動。今毒天二鼓後以レ慧拔。」「ドクク」を見よ。

ドクヘイ　獨秉〔術語〕心念法を云ふ、是れ自己一人の心念に告げて其事成ずればなり。「コンマホフ」を見よ。

ドクヤウキヤウ　獨影境〔術語〕三類境の一、第六意識の妄想分別して實我實法の相を浮べ、空華兎角の境を現ずる如き、所理の相を相分と名く。此相分は實體あるにあらず、たゞ意識の見分より變現せし影像なれば之を獨影境と名く。帶質境の相分の本質あるに對して獨と云ひ、性境の相分の實性あるに對して影と云ふ、故に獨影境は一時妄分別の反應なれば情有理無の法にして、三性の中には偏計所執性なり。既に是れ妄分別の反應なれば其の性善惡無記の性も其の繫三界の繫屬も其の種子能生の種子も共に妄分別の本體即ち見分と同一にして、體性總て見分のまゝなると鏡中の影の本質の形に隨ふ如し。【唯識樞要上本】に「獨影之境。唯從二見分一。性繫種子皆定同故。如下第六識緣二龜毛空華石女一無爲他界緣等所有諸境上。如レ是等類皆是隨レ心無二別體用一。假境攝故名爲二獨影一。」

ドクヤク　毒藥〔物名〕佛菩薩の神力及び神咒の力能く毒藥を消滅す。【法華經普門品】に「咒詛諸毒藥所レ欲レ害レ身者。念二彼觀音力一還著二於本人一。」【同陀羅尼品】に「離二諸衰患一消二衆毒藥一。」

ドクリユウ　毒龍〔本生〕毒龍戒を持して身を失ふ。【智度論十四】に「菩薩本身曾作二大力毒龍一。若衆生在レ前身力弱者眼視便死。身力强者氣往而死。是龍受二一日戒一。出家求レ靜入二林樹間一。思惟坐久。疲懈而睡。龍法睡時形狀如レ蛇。身有二文章一。七寶雜レ色。獵者見レ之。驚喜言曰。以二此希有難得之皮一獻二上國王一。以爲二服飾一不二亦宜一乎。便以レ杖按二其頭一以レ刀剝二其皮一。龍自念言。我力如レ意。傾二覆此國一其如レ反レ掌。此人小物。豈能困レ我。我今以二持戒一故不レ計二此身一。當レ從二佛語一。於レ是自忍。眼目不レ視閉氣不レ息。憐二愍此人一。爲二持戒一故一レ心。受レ剝不レ生二悔意一。既以失レ皮赤肉在レ地。時日大熱。宛二轉土中一欲レ趣二大水一。見諸小蟲來食二其身一。爲二持戒一故不二復敢動一。自思惟言。今我此身以施二諸蟲一。爲二佛道一故今以レ肉施以充二其身一。後成佛時當下以二法施一以益中其心上。如レ是誓已身乾命終。即生二第二忉利天上一。爾時毒龍釋迦文佛是也。時獵者提婆達多等六師是也。諸小蟲輩釋迦文佛初轉法輪八萬諸天得道者是也。」【止觀七】に「毒龍輪レ皮全レ蟻。」

ドクルシキヤウ　獨留此經〔雜語〕末法萬年の後に至りて他の敎法は都て滅盡せんに、特に無量壽經のみ世に止住せしむるを云ふ。【無量壽經下】に「當來之世。經道滅盡。我以二慈悲一哀愍。獨留二此經一。止住百歲。」

ドクロ　髑髏〔物名〕人の頭骨なり。

叩髑髏知生處〔故事〕【五分律二十】に「耆域能別二音聲本末之相一。佛將至二塚間一。示二五人髑髏一。耆域遍叩白レ佛言。第一叩者生二地獄一。第二叩者生二餓鬼一。第三叩者生二畜生一。第四叩者生二人道一。第五叩者生二天上一。佛言善哉皆如二汝所說一。復示二一髑髏一。耆域三叩不レ知レ所レ之。白レ佛言。我不レ知二此人所生之處一。佛言。汝應レ不レ知。何以故。此是羅漢髑髏。無レ有二生處一。」【增一阿含經二十】鹿頭梵志諸の髑髏を叩て各病を感じて死するの相及び生處を知り、但羅漢の髑髏を叩て之く所を知らず、粗耆域と同じ。【止觀七】に「外道打二髑髏一作レ聲。聽知二生處一知二無量事一。」

ドクロリガンゼイ　髑髏裏眼睛　〔術語〕或は言ふ。「棺木裏瞠眼。」死中活を得るの意。謂く、至道は識の識る所にあらず、此道の現ぜざるや實に此識に由れり。一旦心識喪盡し了れば即ち大活處あり、之を髑髏無識の活境界と云ふ。即ち枯木裏の龍吟髑髏裏の眼睛なり。【碧巖二則頌評】に「僧問二香嚴一。如何是道。嚴云。枯木裏龍吟。僧云。如何是道中人。嚴云。髑髏裏眼睛。」

ドクワ　度科　〔術語〕得度の試科なり。唐の中宗景龍の初、天下に詔して經を試て僧を度せしむ、山陰靈隱の僧童大義法華經を誦して第一なり、是れ唐土度科の始なり。佛祖統紀五十一　吾朝聖武天平六年法華經最勝王經の二經を以て度科と定む、是れ其の嚆矢なり。其後諸宗各度者を置くに及で各所修の經論を以て十條を試み、五以上に通ずる者を舉げて度を許すなり。【元亨釋書資治表】

ドクヲン　獨園　〔地名〕給孤獨園の略。

ドサウ　土葬　〔儀式〕四葬の一。死者を土中に埋藏するなり。【行事鈔下四】に「土葬埋二之岸傍一。」

ドシ　度使　〔譬喩〕惡魔の名。【倶舍光記八】に「魔羅名二度使一。度使此云二毀壞一。」

ドシヤ　度者　〔術語〕剃頭染衣して沙彌となるを得度と云ひ、其人を得度者、略して度者と云ふ。此人やがて生死海を度りて涅槃の岸に到るべければ因中說果して得度と云ふなり。昔は縱に人を度して沙彌となすを得ず、殊に朝より高德の大僧に其人を賜ふて之を度せしめしなり、之を度者を賜ふと云ふ。【樵談治要】に「昔の大師先德は求法の爲め風波の難を顧みず、もろこし船の纜をとき經論聖敎をわたしても更に之を私せず、悉く朝廷に奉りたるを御覽ありて則ち返し給はり、世に弘むべきの勅諚を受けて、僅に得分とては度者の二人三人を申し受けしばかり也。度者といふは今の世のやうに思ふさまに出家すると は叶はず、公方のゆるされを蒙りて、髮をそり衣をそめしかば、我宗を相承せしめ、又年よりて杖ともせんが爲め、之を申し受けしなり。每年人數を定め、ゆるされを蒙りて其年に付けおくをば年分度者と申すなり。出家をゆるさるるを以て是を功德とも稱し、又朝恩とも思ひ侍るなり。今の世にも大法會の時は度者の使とて立らるるは昔を忘れぬばかりにて、其實なき事なるべし。」

ドシヤウ　度生　〔術語〕衆生を濟度するなり。

ドシヤカヂ　土砂加持　〔修法〕光明眞言を土砂に加持して之を亡者の屍骸又は其墓處に撒布するなり。【不空羂索毘盧遮那佛大灌頂光眞言經】に「設衆生具造二十惡五逆四重諸罪一。猶如二微塵滿二斯世界一。身壞命終墮二諸惡道一。以二是眞言一加二持土砂一一百八徧。尸陀林中散二亡者屍骸上一。或散二墓上一。遇皆散レ之。彼所亡者。若地獄中。若餓鬼中。若修羅中。若傍生中。以下一切不空如來不空毘盧遮那如來眞實本願大灌頂光眞言神通威力加二持土砂一之力。應レ時即得二光明及一レ身。除二諸罪報一捨二所苦身一。往二彼西方極樂國土一。蓮華化生。乃至二菩提一更不二墮落一。」【佛頂尊勝陀羅尼經】に亦此法を說く。【溪嵐拾葉集十七】に「問ふ、何が故ぞ土砂を以て加持するや。答ふ、土砂は是れ地大なり、是れ即ち𑖀字の德を顯はすなり。𑖀字は本不生不可得の理、萬德の捲體なり。今の光明眞言と云ふも本不生の法界に周遍するを以て大日遍照の智光と名くるなり。即ち土砂を加持して墳墓に置くと云ふも本不生の𑖀字を以て法界の本不生を加持し顯はす也」

ドシヤクヤウ　土砂供養　〔修法〕土砂を加持する法會を土砂供養と云ふ。此土砂を病人又亡者に散ずるなり。前項を見よ。

ドシユジヤウシン　度衆生心　〔術語〕一切衆生を濟度せんとする菩薩の大悲心なり。【往生論註下】に「按二王舍城所說無量壽經一。三輩章中雖二行有二優劣一莫レ不三皆發二無上菩提之心一。此無上菩提心即是願作佛心。願作佛心即是度衆生心。度衆生心即攝二取衆生一生二有佛國土一心。」

ドシヨブツキヤウガイチクワウゴンキヤウ　度諸佛境界智光嚴經　〔經名〕一卷、失譯、大方廣入如來智德不思議經の異譯、先出。度は入の義なり。【天帙十一】(85)

ドセ　度世　〔術語〕度は渡なり、出なり、出世と言ふ如し、自ら世間を出過するを云ふ。【無量壽經上】に「超二過世間諸所有法一。心常諦二住度世之道一。」【同下】に「獲二其福德度世長壽泥洹之道一。」【述文贊中】に「諦者安也。度者出也。即出世道之別名故。」【大經淨影疏下】に「度世長壽泥洹道者。後生二彌陀一終得二涅槃一。」図世間の人を濟度するを云ふ。【維摩經佛國品】に「能度二諸世間一。」

ドセウ　土麨　〔故事〕阿輪迦王前世に童子たりしとき戲に土を以て麨と爲して之を佛に奉り、以て佛滅後二百年大王たるの記別を受く。【萬善同歸集六】に「貧女獻二潘澱一而位登二支佛一。童子進二土麨一而福受二輪王一。」「ドウジ」を見よ。

ドセホンキヤウ　度世品經　〔經名〕六卷、西晉の竺法護譯。即ち華嚴經離世間品の異譯。度は即ち離の義なり。【天帙十】(104)

ドソウ　度僧　〔儀式〕人を度して僧と爲すを云ふ。

度は出なり離なり、俗を出離するなり、又遂に生死を出離するなり、故に度と云ふ。

試經度僧 〔雜語〕唐の中宗景龍の初天下に詔して童行の經義を試て滯りなきものは之を度して僧となさしむ、經を試て僧を度するは此に始まる。【佛祖統紀五十二】

特恩度僧 〔雜語〕隋の文帝士庶に勅して出家せしめ、是の歲度僧五十萬。【佛祖統紀五十一】

納金度僧 〔雜語〕唐の肅宗至德の初、宰相裴冕請ふて度牒を鬻ぐ、之を香水錢と名く、是れ納金度僧の嚆矢なり。【佛祖統紀五十一、困學紀聞十四】

ドタフヱ 土塔會 〔行事〕土塔宮の祭禮、藥師、地藏、聖德太子の三像を安置して、年年四月十五日祭禮あり。土塔宮は其故趾、天王寺南門土塔町にあり。

ドダツ 度脫 〔術語〕生死の苦を超度し解脫するなり。【法華經序品】に「諸仙之導師度二脫無量衆一。」【無量壽經下】に「積二累德本一度二脫一切一。」

ドダラシヤ 弩達囉灑 〔術語〕Durdharṣa 法身佛の奉敎者なり、常に曼荼羅の內門を守護し、右邊に住す。譯して難執持と云ひ、亦難降伏と云ふ。毘盧遮那の大空無碍力を以ての故に一切能く之を執持し降伏する者なり、又譯して不可越と云ひ、亦不可觀視と云ひ、無能見者と云ひ、常に如來の三昧耶の敎を奉宣するを以ての故に威勢尊嚴にして敢て過越する者なく、又彼の光晻晻猛盛にして百千の日輪を集めたるが如く、一切嬰童の日輪を視ると能はざる如し。是の如きの衆義を具せんと欲するが故に其の梵名を存す。

ドテイ 度弟 〔術語〕己が度せし弟子なり。

ドテフ 度牒 〔術語〕出家を許す公驗なり、又祠部牒と云ふ。尙書省の祠部司より之を出せばなり。吾朝之を度緣と云ふ。【編年通論十六】に「天寶五年五月制。天下度二僧尼一。並令三祠部給二レ牒。今謂二之祠部一者自レ是而始。」【虛堂錄示行者智潮語】に「自レ唐以來。沒レ官置レ局。試經得度。其間獲レ中二僧科一者。官給二黃牒一。剃度シテ爲レ僧。」但し度牒を給するに試經の外に特恩納金等の別あり。「ドソウ」を見よ。又吾朝の作法は出家の日に度緣を給し、受戒の時に更に公驗を給せしなり。「ドエン」參照。

ドヒンモキヤウ 度貧母經 〔經名〕摩訶迦葉度貧母經の略名。

ドボウ 特牔 〔術語〕【大日經疏十】に「除一切惡趣特牔。」とあるに依て世間塔婆の裏に Dhvaṁ と書く、實はタボウと讀む筈なれども言便にて初後通じてドボウと讀む。【諸儀軌訣影八】

ドマンヂウ 土饅頭 〔雜名〕墳墓の異名。【壒囊鈔十】に「墳墓を土饅頭と云ふ、仍て宋人の句にも云ふ、何處漢山松竹下。又添二一箇土饅頭一。」

ドムゴク 度無極 〔術語〕梵語、波羅蜜多 Pāramitā 舊に度無極と譯し、新に到彼岸と譯す。度は即ち到彼岸の義、無極は其行法の際限なきを云ふ。【玄應音義三】に「度無極。或言二到彼岸一。皆一義也。梵言二波羅蜜多一是也。」

ドムゴクキヤウ 度無極經 〔經名〕六度集經の異名。

ドヨクセウ 度沃焦 〔術語〕舊華嚴經名字品に釋迦牟尼の別號とす。沃焦とは大海中に在て萬流を吸入する焦石なり、衆生は猶焦石の如し、五欲之に沃して厭足なし、唯佛能く此欲を超度すれば度沃焦と號す。「ヨクセウ」を見よ。

ドラクサン 轆轢鑽 〔譬喩〕柄を廻はして穴を穿つ錐なり。【傳燈錄十二睦州章】に「秦時轆轢鑽。」秦代の古錐腐蝕して穴を穿つの用を爲さず、以て鈍漢入頭の處なきに譬ふ。タクラクサンと讀む。

ドラクシヤ 度洛叉 〔雜語〕十萬を洛叉とし、十洛叉を度洛叉とす。

ドラシヤ 土羅遮 〔術語〕Sthūlātyaya 梵語、偸蘭遮に同じ。譯、重罪。【優婆離問經】に「土羅遮。重罪也。」

ドン 曇 〔雜名〕曇摩 Dharma 巴 Dhamma の略、法と譯す、唐僧の名に曇鸞曇曜など多く曇字を冠する者是なり。【甄正論上】に「竊尋曇梵二字。此土先無。玉篇說文字林字統。竟無二此字一。曇梵二字本出二佛經一。乃至翻譯人造用詮二天竺之音一。演二述釋迦之旨一。在二於此方一先無二此字一。後葛洪於二佛經上一錄二梵字一。訓以爲レ淨。陸法言因而撰入二切韻一。」

ドンカカラ 曇柯迦羅 〔人名〕Dharmakāla 又、曇摩訶羅と云ふ。譯、法時。天竺の沙門、魏の嘉平中洛陽に至て僧祇戒心を譯出す。【高僧傳一】に「曇柯迦羅。此云二法時一。」【四分戒本疏一上】に「天竺沙門曇摩迦羅。魏言二法時一。出二僧祇戒心一。」【飾宗記三本】に「中天竺沙門曇摩迦羅。或云二柯羅一。此云二法時一。」

ドンキ 鈍機 〔術語〕愚鈍の根機、佛道に堪へざるもの。【戒疏一上】に「末代鈍機。情多二狡詐一。」

ドンゲ 曇花 〔植物〕優曇華の略。

ドンコン 鈍根 〔術語〕愚鈍の根機、佛道に堪へざるもの。【法華經藥草喩品】に「正見邪見。利根鈍根。」

ドンシ 鈍使 〔術語〕十使の中に身、邊、邪、取、戒の五惑を五利使とし、貪、瞋、痴、慢、疑の五惑を五鈍使とす。使は煩惱の異名、理に迷ふ惑を利使とし事

に迷ふ惑を鈍使とす。

ドンジキ 鈍色 【雜語】青黃赤白黑の五正色を少しく鈍したる色を云ふ。常に鈍色と稱するは灰色の衣にて、法會の式に十弟子などの着する一種の法衣に名くれども、此は白色の鈍色なれば灰色を顯はしたるにて其實灰色に限るにあらず。十五歲已下の法親王及び攝家清華の門跡の法印などには白色の鈍色あり、又十五歲已上の法親王及び攝家清華の門跡の僧正以後は紅色の鈍色あり。凡そ鈍色衣の制は袍服に同じく、袍と僧甲を建てて袍裳各別なり。十弟子の鈍色衣を直綴にせしは略式なり。【法中時用裝束集】

ドンセン 曇讖 【人名】曇無讖の略、此人半滿の二敎を立てて一代敎を判す。

ドンセンニケウ 曇讖二敎 【術語】西秦の曇無讖が立つる所の二敎の判。即ち半字敎。滿字敎なり。

ドンドウニジヨウ 鈍同二乘 【術語】天台宗に於て、通敎の菩薩に鈍利の二種を分ち、其鈍根の菩薩は中道を證悟すること能はざれば二乘と同一なりと云ふを、鈍同二乘と云ふ。「見よ。

ドンマ 曇摩 【術語】新に達磨。譯法。「ダルマ」を見よ。

ドンマ 曇摩 【人名】比丘の名。譯、法。【歷代三寶記七】に「曇摩比云レ法。」

ドンマカ 曇摩迦 【人名】又曇摩迦留、法藏比丘の梵名。支謙譯の【大阿彌陀經上】に「爾時世有二大國王一。王聞二佛經道一。心即歡喜開解。便棄レ國捐レ王。行作二沙門一。字曇摩迦。」【平等覺經一】に「便棄二國位一。行作二比丘一。名二曇摩迦留一。」本經以下の文に法寶藏と譯し、【莊嚴經】に「作法」【如來會】に「法處」【智度論五十】に「法積」【無量壽經上】に「法藏」と云ふ。梵 Dharmākara

ドンマカタヤシヤ 曇摩伽陀耶舍 【人名】Dharmagatayaśas 比丘の名。【歷代三寶記十一】に「天竺沙門曇摩迦陀耶舍。齊言二法生稱一。」

ドンマカラ 曇摩迦羅 【人名】又、曇柯迦羅と云ふ。「ドンカカラ」を見よ。

ドンマキク 曇摩毱 【人名】曇摩毱多の略。

ドンマキクタ 曇摩毱多 【人名】Dharmagupta 比丘の名。又、曇摩毱、曇摩德、曇摩屈多迦、曇無德、曇無毱多、共に梵音の楚夏のみ。法正、法鏡、法藏、法護、法密など譯す。佛滅後百年優婆毱多五弟子中の一にして律藏に一部を立て、名を曇無德部と稱し、律の名を四分律と云ふ。【可洪音義三】に「曇摩毱律部師宗名。曇摩毱多。亦云二曇無德一。此云二法鏡一。亦云二法藏一。即四分律部也。」【戒本疏一上】に「曇摩毱多此云二法正一。律名二四分一。」又「梵音曇無德。曇摩德。與二毱多一傳有二訛僻一。唐言度レ之同云二法正一。謂法正律主。明慧卓朗除二邪倒一也。又言二法護一者能興二建正法一不レ墜二於時一。即十八部中法護部是也。又言二法鏡一者能照二達萬法一也。」【飾宗記二本】に「曇無德者。部執疏中曇摩毱多。翻爲二法護一。宗輪論中名二法藏部一。」【大集經二十二】に「我涅槃後。有二諸弟子一受二持如來十二部經一。書寫讀誦。顚倒解義。顚倒宣說。以二例解說一覆二隱法藏一。故名二曇摩毱多一。」

ドンマクツタカ 曇摩屈多迦 【人名】曇摩毱多、一に曇摩屈多迦に作る。【四分律開宗記一本】梵 Dharmaguptaka

ドンマセン 曇摩讖 【人名】比丘の名。「ドンムセン」を見よ。

ドンマトク 曇摩德 【人名】曇無德に同じ。

ドンマナンダイ 曇摩難提 【人名】Dharmanandi 比丘の名、譯、法喜、兜佉勒の人、苻秦の建元中長安に至り、道安佛念等と共に中阿含、增一阿含及び毘曇心等一百六卷を譯出す。後、姚萇關內に寇するに及び辭して西域に還り、終ふる所を知らず。後、僧伽提婆、難提所譯の二阿含を校正す、今の經是なり。【高僧傳一】に「曇摩難提。此云二法喜一。兜佉勒人。乃以二苻氏建元中一至二于長安一。乃及下姚萇寇二逼關內一人情危阻上。難提即辭還二西域一。不レ知レ所レ終。」【元亨釋書普寧傳】に「曇摩出レ東。迦夜歸レ西。」

ドンマハツラ 曇摩跋羅 【人名】鬼神の名。譯、學帝王。【金光明文句七】

ドンマビ 曇摩蜱 【人名】Dharmapriya * 比丘の名。譯、法愛。【歷代三寶記八】

ドンマミツタ 曇摩蜜多 【人名】Dharmamitra 比丘の名。譯、法秀、罽賓國の人なり。【高僧傳二】

ドンマヤシヤ 曇摩耶舍 【人名】Dharmayaśas 比丘の名。【高僧傳一】に「曇摩耶舍。此云二法明一。罽賓人也。」【開元錄四】に「曇摩耶舍。秦言二法稱一。」

ドンマラサ 曇摩羅察 【人名】Dharmarakṣa 又、曇摩羅剎、比丘の名。「ジクドンマラサ」を見よ。

ドンマラセン 曇摩羅讖 【人名】比丘の名。曇無讖に同じ。

ドンマルシ 曇摩流支 【人名】Dharmaruci 比丘の名。【高僧傳二】に「曇摩流支。此云二法樂一。」【歷代三寶記八】に「曇摩流支。此云二法希一。」

ドンム 曇無 【術語】又達磨、曇摩。譯、法。【戒疏一上】に「所レ言法者。此方土言。大夏梵音即云二達磨一。或云二曇無一。曇摩之異傳耳。未レ解二聲明一。故言多レ僻。」

ドンムカツ 曇無竭 【菩薩】菩薩の名、具名、達摩鬱伽陀。譯、法盛、法勇、法上、法起など。衆香城に王となりて常に般若波羅蜜多を宣說す、常啼菩薩此

に到て般若を聞く。【智度論九十七】に「欝伽陀。秦言レ盛。達磨。秦言レ法。此菩薩在ニ衆香城中一。爲ニ衆生一隨レ意說レ法。令ニ衆生廣種ニ善根一。故號ニ法盛一。其國無レ王。此中人民皆無ニ吾我一。如ニ欝草越人一。唯以ニ曇無竭菩薩一爲レ主。其國難レ到。薩陀波崙常啼と譯す又得ニ諸佛菩薩接助一能到。大菩薩爲レ度ニ衆生一故生ニ如レ是國中一。」【華嚴疏鈔四十五】に「曇無竭。此云ニ法生一。亦云ニ法勇一。亦云ニ法尙一。今言ニ法起一。與ニ生勇ニ義同。」【般若經三十卷行踏音義】に「曇無竭。此云ニ法上一。」図【人名】比丘の名。【高僧傳三】に「曇無竭。此云ニ法勇一。」梵 Dharmodgata

ドンムキクタ　曇無毱多【人名】曇無德に同じ。「ドンマキクタ」を見よ。

ドンムセン　曇無讖【人名】Dharmarakṣa 比丘の名。又、曇摩讖、曇摩羅懺、曇謨懺。譯、法豐。【高僧傳二】に「曇無讖。或云ニ曇摩懺一。或云ニ曇無懺一。蓋取ニ梵音ニ不同也。」【歷代三寶記八】に「凉言ニ法豐一。」【法華傳一】に「曇摩羅懺。此云ニ法豐一。中印度人。婆羅門種。亦稱ニ伊波勒菩薩一。」

ドンムタイ　曇無諦【人名】比丘の名。【開元錄一】に「沙門曇無諦。亦云ニ曇諦一。魏云ニ法實一。安息國人。」按に曇無は梵語、法と譯し、諦は漢言なり。梵 Dharmasatya 「キクタ」を見よ。

ドンムトク　曇無德【人名】律主の名。「ドンマ

ドンムトクカイホン　曇無德戒本【書名】四分比丘戒本の異名。

ドンムトクブ　曇無德部【流派】律宗五部の一。曇無德比丘の部宗なり、佛滅後百年優婆毱多羅漢五弟子の一にして、戒律藏に一部を建立して部の名を曇無德部と云ふ、律の名を四分律と云ふ。「ドンマキクタ」を見よ。

ドンムトクリツ　曇無德律【書名】四分律の「異名。

ドンムラン　曇無蘭【人名】比丘の名。譯、法正。【歷代三寶記七、開元錄三、貞元錄五】梵 Dharmarakṣa*

ドンラン　曇鸞【人名】【續高僧傳六】に「曇鸞或は巒に作る。雁門の人。初め四諦の佛性を研究し、大集經を註解す、半にして疾に罹る、長生の道を以て佛敎の蘊を究めんと欲し、仙法を學ぶ。大通年中梁に至て陶隱居に接して仙經十卷を得、名山に往て法に依て修治せんと欲し、行て洛下に至る。途に天竺の三藏菩提留支に遇ふ。問て曰く、佛經中長生不死の法此仙經に勝ぐるものありや。留支地に唾して曰く、是れ何の言ぞや、此方何の處か長生の法ある。縱ひ長生を得るも終に三有に輪廻するのみ。即ち觀無量壽經を以て之に授けて曰く、是れ大仙方なりと。鸞頂受して仙經を燒き、一心に淨業を修す。魏主之を重じ、神鸞と號し、勅を下して並州の大寺に住せしむ。晩に移て北山石壁の玄中寺に住す。魏興和四年、平州の遙山寺に寂す、壽六十七。所著往生論註、贊阿彌陀佛偈あり、自ら號して有魏の玄鑒大士と爲す。」曇は梵語、法と譯す、鸞は漢言、是れ淨土眞宗七祖の第三祖なり。

な

ナ　那【術語】न Na 又、娜、拏、曩、に作る。悉曇五十字門の一、體文三十五字の一、喉聲の第五に屬す、【金剛頂經】に「曩字門一切法名不可得故。」とこれ Nāman（名）より釋す。【涅槃經】に「那者。三寶安住無レ有ニ傾動一。喩如ニ門閫一。是故名レ那。」【智度論四十八】に「若聞ニ那字一即知ニ一切法不得不失不來不去一。那秦言レ不。」【大日經疏九】に「曩無也。」等は否定の接頭語 Na より釋す。

ナ　名【術語】梵語、那摩 Nāman 聲に依て立ち、事物の體を呼ぶもの。【唯識論二】に「名詮ニ自性一。句詮ニ差別一。」【法華玄義一】に「名名ニ於法一。法即是體。尋レ名識レ體。」【瑜祇經】に「那麼是名字也。」

ナアラヤマンダラ　那阿賴耶曼荼羅【術語】Nālaya-maṇḍala 那は無の義、阿賴耶は依處の義、曼荼羅は道場の義、即ち無依處道場なり。阿賴耶は染分の依處なくして淨分の圓淨あり、勝德を出生すると、無盡なれば無依處道場と名く。是れ善財童子南詢第四十四參賢勝優婆夷所得の解脫門なり。【華嚴大疏七十六】

ナイエ　內衣【衣服】三衣の一。梵名、安呾婆娑 Antarvāsaka 一に內衣と譯す、身に襯して內に着すればなり。【寄歸傳二】に「安怛婆娑。譯爲ニ內衣一。」安呾婆娑は舊に安陀會と云ふ是なり。

ナイエン　內緣【術語】眼等の五識色等の外境を緣するを外緣とし、意識心內に諸法を分別するを內緣とす、又疏遠の緣由を外緣とし、親近の緣由を內緣とす。

ナイカイ　內界【術語】衆生の身心を內外二界に分ち、身體を外界とし心意を內界とす。又、六界の中には地水火風空の五界を外界とし、第六の識界を內界とす。

ナイカンレイネン　內鑑冷然【術語】諸佛菩薩の內證は兩鏡の相對する如く、肝膽相照して寸毫

の乖角なきを云ふ。【止觀五】に「天龍樹內鑑冷然。外適二時宜一各權所レ據。而人師偏解學者苟報。遂興二矢石一各保二一邊一。大乖二聖道一也。」

ナイガ 內我 〔術語〕 身外の自在天等を執して帶一の主宰者となすを外我とし、自の身心を執して常一の主宰となすを內我とす。【大日經疏七】に「若行人不レ解二正因緣義一而修二證諸禪一。必當下計二著自心一以爲中內義上。彼見二萬法因レ心而有一則謂下由二神我一生上。設令不レ依二內我一必依二外我一。即是自在梵天等也。」

ナイキ 內記 〔職位〕 禪家方丈の書狀侍者を內記と云ふ、又朝官に內記の職あり。【東齋隨筆】に「內記慶滋保胤は陰陽師賀茂忠行が子なり、博士の子となりて改姓す、發心出家の後內記聖人といへり。」

ナイク 內庫 〔術語〕 灌頂式の內道場を小壇所とも內庫とも、內堂とも云ふ、正しく灌頂等の秘事を行ふ所なり。【金剛界式幸聞記】

ナイクウ 內空 〔術語〕 內の六根に於て神我なきを云ふ。【天台仁王經疏中】に「內空者。六入無二神義一。」

ナイクン 內薰 〔術語〕 衆生の心內に本覺の眞如ありて無明に薰習し、以て妄心をして生死の苦を厭ひ涅槃の樂を求めしむるを內薰と云ひ、佛菩薩の敎法及び自身の修行を外薰と云ふ。【起信論】に「以レ有二眞如法一故能薰二習無明一。以二薰習因緣力一故則令下妄心厭二生死苦一樂中求涅槃上。」【同義記】に「明下眞如內薰二無明一令上レ成二淨業一。」【輔行四】に「自レ非二內薰一何能生レ悟。故知生レ悟力在二眞如一。故以二冥薰一爲二外護一也。」【法華文句一】に「內薰自悟。」

ナイグ 內供 〔職位〕 內供奉の略。

ナイグブ 內供奉 〔職位〕 略して內供とも供奉とも云ふ。大內の道場に供奉する僧の職名なり。漢土にては唐の肅宗の至德元年僧元皎を以て內供奉となせしに始まる。僧史略下 吾朝にては光仁天皇寶龜三年三月六日天下に勅し智行精修の比丘を撰びて內供奉となし、官稅を割て資糧に充てらる。元亨釋書廿三 其後傳敎弘法等密敎を傳來して禁中に修法ありし以來內供奉を以て密敎に付く名とせり。 塵囊鈔十五 ◉(大鏡三)「內供奉圓君とておはす」

內供奉十禪師 〔職位〕 光仁天皇寶龜二年三月詔して十人の名德を撰んで官より供給を賜て永く其身を終へしむ、時に十禪師と號す。元亨釋書廿三 是れ十人の禪師を定むる故に此名あるなり。その明年三月更に內供奉の職を置き、此十禪師の人を以て之に補せしより、內供奉は十禪師の職となり、內供奉十禪師と連稱するなり。「ジフゼンジ」參照。

ナイケウ 內敎 〔術語〕 佛家自ら其の敎を指して內敎とし、他敎をさして外敎とす。【佛祖統紀三十九】に「沙門道安。作二二敎論一。以二儒道九流一爲二外敎一。釋氏爲二內敎一。」

ナイゲクウ 內外空 〔術語〕 內の六根外の六塵を觀ずるに我我所なきを云ふ。【天台仁王經疏中】に「內外空者。根塵合觀無二我我所一。」

ナイゲケンミヤウ 內外兼明 〔術語〕 五明の中にて前の四明を外明とし、第五は內明とす。五明を兼備するを兼明と云ふ。

ナイゲダウ 內外道 〔術語〕 內道と外道、內敎外敎と言ふ如し。図內の外道なり、外の外道に對す。小乘の犢子部大乘の方廣道人の如き、佛法中の外道は內の外道と稱す。【大日經疏二】に「此宗中說。有二兩種外道一。外外道猶如下覩二見清潭一逆生二怖畏一不中敢習近上。內外道雖下能游二泳其中一適レ熱除レ垢得中清涼樂上。然不レ覺二是中有二無量寶玉一。」「ゲ」を見よ。

ナイゲノハチクヤウ 內外八供養 〔術語〕 「ハチグ」を見よ。

ナイゲフニモン 內外不二門 〔術語〕 十不二門の一。衆生諸佛及び依報を外境とし、自巳の心法を內境とす。二境を觀じて互融せしめ不二の妙に入るを內外不二門と名く。

ナイゲマンダラ 內外曼荼羅 〔術語〕 觀作、畵作の二種の曼荼羅なり。「クワンサ」を見よ。

ナイゴコイン 內五股印 〔印名〕 「ゴコイン」を見よ。

ナイゴマ 內護摩 〔修法〕 密敎所修の護摩に內外の二法あり、六種護摩法の如く火壇乳木等を用ひて火を焚くを外護摩とす、是れ心外の法なればなり。火壇に向はず唯心月輪に住して內心の煩惱を焚燒するを內護摩と云ひ、又理護摩と云ふ。

ナイサイ 內齋 〔儀式〕 大內に於て僧に齋食を賜ふを云ふ。【僧史略下】に「皇帝誕日。詔選二高德僧一。入二內殿一賜レ食加二厚嚫一。尋レ文起二於後魏之間一。多延二上達一徵二福壽一。唐自二代宗一置二內道場一。每年降聖節召二名僧一入飯嚫。謂二之內齋一。」

ナイサゴフクワンヂヤウ 內作業灌頂 〔術語〕 瑜祇經金剛薩埵菩提心內作業灌頂悉地品の所明、即ち五種三昧耶中の第五三昧耶五種灌頂中の以心灌頂なり。「クワンチヤウ」を見よ。

ナイザウヒヤクホウキヤウ 內藏百寶經 〔經名〕 一卷、後漢の支婁迦讖譯。文殊師利佛に漚和俱舍羅善巧方便と譯す所入の事を問ふ、佛答ふるに世間の習俗に隨て入り種種の事を示現すれども其實佛に種種の事なきを以てす。【宙帙八】(386)

ナイシ 乃至 〔雜語〕 中間を超越する辭。多少を

攝むる辭。邊際を窮むる辭なり。乃至の梵語に二つあり、一を Antaśas と云ふ。此は最少を示す語にして、善導の下至と云へるもの是なり。二を Yāvat と云ふ、此は中略の義なり、一を英語には at least と譯し、二を as far as と譯す。【勝鬘經寳窟中本】に「乃至者。還是窮到之辭。」【輔行二之三】に「越二却中間一。故云二乃至一。」【教行信證行卷】に「乃至者。一多包容之言。」【同信卷末】に「言二乃至一者。攝二多少一之言也。」

乃至一念 〔雜語〕極少の念を擧げて多念を攝むれば乃至と云ふ。【無量壽經下】に「諸有衆生。聞二其名號一。信心歡喜。乃至一念。至心廻向。願レ生二彼國一。即得二往生一。」

乃至十念 〔雜語〕十念を擧げて上は多念を攝め下は一念を攝むれば乃至と云ふ。【無量壽經上】に「十方衆生。至心信樂。欲レ生二我國一。乃至十念。若不レ生者。不レ取二正覺一。」

乃至一華 〔雜語〕【法華經方便品】に「若人散亂心乃至以二一華一供二養於畫像一。漸見二無數佛一。」

乃至以身而爲床座 〔雜語〕【法華經提婆品】に「王聞二仙言一。歡喜踊躍。即隨二仙人一供二給所須一。採レ菓汲レ水。拾レ薪設レ食。乃至以レ身而爲二牀座一。身心無レ倦。于レ時奉事經二於千歲一。」⦿（續後撰）「古はしく人もなくならひきてさゆる霜夜の床となりけん」

乃至遠見四衆 〔雜語〕【法華經不輕菩薩品】に「是比丘不三專讀二誦經典一。但行二禮拜一。乃至遠見二四衆一亦復故往禮拜讃嘆而作二是言一。我不三敢輕二於汝等一。汝等皆當二作佛一故。」⦿（新續古）「遙なる四方の梢の冬ごもりいかで咲くべき花と見ゆらん」

乃至夢中亦復莫惱 〔雜語〕【法華經陀羅尼品】に「爾時有二十羅刹女一。乃至同聲白レ佛言。世尊我等亦欲下擁二護讀二誦受三持法華經一者上。除中其衰患上。若有下伺二求法師短一者上。令レ不レ得レ便。乃至若男形。若女形。若童男形。若童女形。乃至夢中亦復莫レ惱。」⦿（詠藻）「うつつには更にもいはずぬば玉の夢の中にもはなれやはする」

乃至一偈一句一念隨喜者我亦與授 〔雜語〕【法華經法師品】に「佛告二藥王一。又如來滅度之後。若有レ人聞二妙法蓮華經乃至一偈一句一念隨喜者。我亦與二授阿耨多羅三藐三菩提記一。」⦿（玉葉）「僞のなき言の葉の末の露後の世かけて契おく哉」

乃至身命而不悋惜 〔雜語〕【菩提心論】に「又於二大悲門中一尤宜二極救一。隨二衆生願一而給二付之一。乃至身命而不二悋惜一。令二其安存一使二令悅樂一。」⦿（山家集）「あたならぬやかてさとりに歸りけり人の爲にも捨つる命は」

乃至不可得夢 〔雜語〕【法華經安樂行品】に「文殊師利。是法華經於二無量國中一。乃至名字不レ可レ得レ聞。何況得レ見。受持讀誦。」⦿（行宗卿集）「世世を經て名をだにきかですごしにし法に嬉しく逢ひ見つる哉」

ナイシ 柰氏 〔人名〕羅什譯の維摩經に菴羅 Āmra 樹園と云ふを支謙譯の維摩經に奈氏樹園と云ふ。菴羅は菓名にて柰と譯し、柰氏は菴羅女なり。此園は菴羅女の所有なれば柰氏樹園と云ふ。「アンラニヨ」「ナイヲン」を見よ。

ナイシ 內史 〔職位〕禪林の書狀侍者の異名。

ナイシキ 內識 〔術語〕外境の對。心識に同じ。

ナイシフロクハラミツキヤウ 內習六波羅蜜經 〔經名〕菩薩內習六波羅蜜經の略名。

ナイシヤウ 內障 〔術語〕うちのさはり。心內の煩惱等の障礙を云ふ。

ナイシユ 內衆 〔術語〕外俗に對して僧を內衆と云ふ。【僧史略上】に「佛制二毘尼一糾二繩內衆一」

ナイシユ 內種 〔術語〕外種の對。第八識內に包藏する種子にして、色心萬象の本源たる眞の種子也。「シユジ」を見よ。

ナイシユク 內宿 〔術語〕食物の比丘と同處にありて一宿を經るもの、之を內宿食と稱す。是れ不淨食の一にして比丘之を食ふを得ず。

ナイシヨ 內煮 〔術語〕比丘の房內に於て煮たる食物なり、是れ不淨食の一にして比丘之を食ふを得ず。

ナイシヨウ 內證 〔術語〕自己の心內に證る眞理を云ふ。【唯識論十】に「唯眞證者自內所レ證。其性本寂。故名二涅槃一。」【文句三】に「內證甚深。」【同記】に「內證。謂自行契レ境。」【大日經疏一】に「毘盧遮那內證之德以加持故。從二一一智印一各現二執金剛身一。」【證眞玄義私記五末】に「內證既遍二法界一。外用何得レ不レ遍。」⦿（徒然草）「外相もしそむかずば內證必ず熟す」

ナイシヨウチ 內證智 〔術語〕佛の內心に眞理を證悟する智慧なり。【十卷楞伽經九】に「我乘二內證智一。妄覺非二境界一。」【二教論上】に「此三密門者。所謂如來內證智境界也。」

ナイシン 內心 〔術語〕外形に對して心を內と云ふ。【正法念處經一】に「內心思惟。隨二順正法一。」【行事鈔下四】に「內心無レ道。外儀無レ法。」

ナイシンクワンシヤウクキヤウ 內身觀章句經 〔經名〕一卷、失譯。偈頌を以て內身の不淨觀を說きしもの。【藏帙八】(1361)

ナイシンダイレンゲ　內心大蓮華　〔術語〕行者の肉團心を稱す。【大日經二】に「內心大蓮華八葉及鬚蘂。」

ナイシンニヨヤシヤ　內心如夜叉　〔雜語〕「ゲメンジボサツ」を見よ。⦿(十訓抄八)「女人をば佛も內心如夜叉と仰せられたれば」

ナイシンヒミツレンゲザウ　內心秘密蓮華藏　〔術語〕中胎八葉なり。【大疏六】に「凡圖畵法。當下先建二立內心秘密蓮華藏一竟上。」

ナイシンマンダラ　內心曼茶羅　〔術語〕即ち自灌頂曼茶羅なり、又秘密曼茶羅を稱す。大日經入秘密曼茶羅位品の所說なり。其の曼茶羅は須彌等を觀ぜず、只大海を觀じ、大海中大蓮華の中に金剛蓮華臺の曼茶羅あるを觀ず。

ナイジ　內寺　〔雜名〕大內の道場を云ふ。【僧史略中】に「內道場起二於後魏一。而得レ名在二乎隋朝一。煬帝以レ我爲レ古。變革事多。改二僧寺一爲二道場一。改二道觀一爲二方壇一。若二內中僧事一則謂二之內道場一也。今朝玆福寺殿安二佛像經藏一。立レ刹懸レ鐘。呼爲二內寺一是也。」

ナイジシヨノサンジフバンジン　內侍所三十番神　〔名數〕離火神(手比留尊)、大日靈貴尊、日前神、國懸命、坤地神(國津母命)、伊弉冊命、天香久山尊、三輪高見尊、兌澤尊(小女神)、宇田魂尊、押山雄取子尊、鳥籠尊、乾天尊(天津祖尊)、伊弉諾尊、佐種原尊、心太尊、坎水尊(河主神)、國常立尊、國狹槌尊、豐斟淳尊、艮山尊(山主尊)、泥土煮尊、大戸道尊、素盞嗚尊、震雷尊(雷主尊)、天津彥彥火瓊瓊杵尊、彥火火出見尊、鸕鷀草葺不合尊、巽風尊、(神風尊)、沙上煮尊、大苦邊尊、惶根尊を云ふ。

ナイタイ　內胎　〔術語〕胎藏界曼茶羅の中胎八葉の位を稱す。【義釋十一】に「頭爲二內胎一。」

ナイダウヂヤウ　內道場　〔雜名〕大內の道場なり。漢土にては、梁の武帝天監十六年沙門慧超に勅して壽光殿の學士となし、衆僧を召して講解せしめ、並に禁中に居らしむ。是れ內道場の始なり。唐の則天、洛陽の大內に於て內道場を置き、中宗叡宗改むるとなし、代宗に至りて益厚く、常に僧百餘人をして宮中に於て佛像經教を陳て念誦せしめ、之を內道場と云ふ。西蕃の入寇每に必ず群僧をして仁王經を講誦せしめ、以て寇虜を攘ふ。僧史略中　吾朝にては仁明天皇承和元年、弘法大師の奏請に依り、禁中の勘解由司廳を以て內道場となし、眞言院と稱す。翌年正月八日より一七日間兩部の大法を每年更互に修し、之を後七日の御修法と稱す。公事根源　是れ別處の道場に就て言ふなり。若し通じて之を論ぜば、大極殿に於て正月七日間御齋會を修する處、仁壽殿に於て每月十八日觀音講を修する處など、凡そ禁中に於て佛事を修する處皆內道場なり。⦿(正統記三)「大唐の內道場」

ナイヂヤクボンノウ　內着煩惱　〔術語〕「ボンノウ」の項を見よ。

ナイヂン　內陣　〔術語〕佛殿の內、僧の坐處を內外に區劃して內部を內陣となし、外面を外陣とす。

ナイヂン　內塵　〔術語〕色聲香味觸法の六塵を內外に分ち、五識所緣の名聲等の五を外塵とし、意識所緣の法を內塵とす。意識內に緣ずれば內と云ふ。

ナイテン　內典　〔術語〕佛の教典を內典とし、世の教典を外典とす、佛者の自稱なり。【二教論】に「救形之教稱爲レ外。濟神之典號爲レ內。智度有二內外兩經一。仁王辯二內外二論一。方等明二內外兩律一。百論言二內外二道一。」南山の道宣大唐內典錄を作る。⦿(水鏡上)「內典の方などもうとくこそはおはすらめ」

ナイテンロク　內典錄　〔書名〕大唐內典錄の略名。

ナイニヨ　柰女　〔人名〕梵語菴羅 Āmra 舊に柰と譯す、此女柰樹の上に化生しければ柰女と名く。摩竭國の萍沙王の妃となりて耆婆を生む。【柰女祇域因緣經】「ナイシ」參照。

ナイニヨキヤウ　柰女經　〔經名〕二譯あり。一は後漢安世高の譯、柰女祇域因緣經と名く。一は同人譯、柰女祇婆經と題す。上經と同じく文稍略。

ナイニヨギバキヤウ　柰女耆婆經　〔經名〕一卷、後漢の安世高譯。㮈女耆域因緣經と同本、文少く略。【宿帙六】(668)　「柰女祇域因緣經の略名。

ナイニヨギヰキキヤウ　㮈女祇域經　〔經名〕

ナイニヨギヰキインエンキヤウ　㮈女祇域因緣經　〔經名〕一卷、後漢の安世高譯。柰女柰樹の上に生じ、後萍沙王に通じて耆域又耆婆と云ふを生む、耆域世の名醫となりて種種の奇病を治するを說き、並に往昔の因緣を出す。【宿帙六】(667)

ナイニン　泥人　〔雜名〕泥犁の人、墮獄の人を云ふ。【釋門正統四】に「問二博奕毀レ佛事一。答。已配二越州一作二泥人一。」「見よ。

ナイノゴミヤウ　內五明　〔術語〕「ゴミヤウ」を見よ。

ナイノシクヤウ　內四供養　〔術語〕「シクヤウ」「ハチグ」を見よ。

ナイハウ　內方　〔雜名〕眞宗僧侶の妻。坊守に同じ。　「ウ」を見よ。

ナイバクシヤナ　泥縛些那　〔衣服〕「ネハンサ

ナイバシヤ　泥婆娑　〔衣服〕前項に同じ。

ナイバン　泥畔　〔術語〕「ネハン」を見よ。

ナイヒ　內秘　〔術語〕內に菩薩の大行を祕して外

に小乘聲聞の相を現ずるなり。舍利弗等是なり。【法華經五百弟子授記品】に「內祕ニ菩薩行ヲ。外現ニ是聲聞ト。」【法華玄義六】に「諸聲聞等。悉內祕外現。」⊙(千載集)「ひとりのみ苦しき海を渡るとや底をさとらぬ人は見るらん」

ナイブツ　內佛 [術語] 持佛に同じ。

ナイホフ　內法 [術語] 佛法自ら他敎に對して內法と云ふ。

ナイボン　內凡 [術語] 未だ眞證を得ざる以來總じて凡夫と名け、此中內外の二に分ち、似解を得る位を內凡とし、未だ似解を得ざる位を下凡とす。小乘には五停心、別相念處、總相念處の三賢の位を下凡とし、煖、頂、忍、世第一法の四善根の位を下凡とし、大乘の行位には十信の位を下凡とし、十住已上の三賢の位を內凡とし、天台の六即には觀行即以前を下凡とし、相似即を內凡とす。【四教儀集註中】に「相似見レ理名レ內。未レ得ニ似解ト名レ外。」又「漸見ニ法性ト心遊ニ理內ト。身居ニ有漏ト聖道未レ生。故名ニ內凡ト。」【大乘義章十七末】に「種性以上漸息レ緣故。內求ニ眞性ト。故名爲レ內。」

ナイボンヰ　內凡位 [術語] 七方便位中の四善根位の稱。所謂煖位、頂位、忍位、世第一法位是なり。

ナイミヤウ　內明 [術語] 五明の一。內とは佛法の內敎なり、佛所說の五乘の妙理を明にするを內明と云ふ。【瑜伽論三十八】に「諸佛語言名ニ內明論ト。」【智度論】に「內明究ニ暢五乘因果妙理ト。」⊙(盛衰記二四)「因明、內明一卷もゆるさず」

ナイムヰ　內無爲 [術語] 外無爲の對。六妙門のこと。

ナイモンテン　內門轉 [術語] 心識が自己の心內の法、理性等を緣ずるを云ふ。即ち內面に向ひて轉ずる義也。外門轉に對す。八識に就て云へば前五識は只外門轉にして、第六識は內外兩門轉に通じ、七八二識は只內門轉なり。

ナイラヤ　泥囉耶 [界名] 泥梨 Niraya 譯、地獄。又、不幸處。那落迦 Naraka と其梵語全く異なり。「ヂゴク」を見よ。

ナイリ　泥梨 [界名] Niraya 又、泥梨、泥梨耶。譯、地獄。「ヂゴク」を見よ。

ナイリカ　泥梨迦 [界名] 泥犂に同じ。

ナイリキヤウ　泥梨經 [經名] 一卷、東晉の竺曇無蘭譯。惡人泥犂の苦に墮つるを說き。又五天使者の詰問を說く、即ち中阿含の痴慧地經なり。【昃帙八】(575)

ナイロンギ　內論義 [行事] ウチロンギと讀む。⊙(水鏡下)「同四年正月に、御齋會の內論議ははじまりしなり」

ナイワウ　乃往 [雜語] 今より過去世に向て往けば乃往と云ふ。依て「ムカシ」と訓ず、今より昔の事を指す辭なり。「乃往過去」の語、經中に瀰淪す。世典に見る所なし。

ナイワツ　泥曰 [術語] 泥洹、涅槃に同じ。【僧肇無名論】に「泥曰、泥洹、涅槃。此三名前後異出。蓋是楚夏不同耳。云ニ涅槃ニ音正也。秦言ニ無爲ト。亦名ニ滅度ト。」【資持記上一之一】に「泥曰。或云ニ泥洹、涅槃等ト。西音之轉。小遠疏中翻レ之爲レ滅。智論涅名爲レ出槃名爲レ趣。言ニ永出ニ諸趣ト。」「ネハン」を見よ。

ナイヰン　內院 [雜名] 兜率天に內外の二院あり、內院を善法堂と名け、彌勒菩薩此に居て常に法を說く。「トソツ」を見よ。

ナイヲン　泥洹 [術語] 又、泥曰、涅槃に同じ。「ネハン」を見よ。

ナイヲン　奈苑 [地名] 梵語、菴羅 Āmra 舊に奈と譯す、奈苑は即ち菴羅樹園なり、維摩經の說處なり。【同經、佛國品】に「一時佛在ニ毗耶離菴羅樹園ト。」【玄應音義八】に「菴羅果形似レ梨。乃至舊譯云レ奈應レ誤也。」奈は和名「カラナシ」【慈恩寺三藏傳序】に「輕ニ萬死ヲ以涉ニ葱河ト。重ニ一言ヲ而之ニ奈苑ト。」(二) [雜名] 釋の法秀奈樹を其禪居に植ゑしより以て寺閣の別稱となる。【釋氏要覽上】に「大唐內典錄云。罽賓禪師法秀初至ニ燉煌ト。立ニ禪閣於閑曠地ト。植ニ奈千株ト。趁者如レ雲。」

ナイヲンサウジユ　泥洹雙樹 泥洹は即ち涅槃なり、佛の涅槃せる沙羅雙樹の林を云ふ。⊙(曲、舍利)「泥洹雙樹の苔の庭」

ナイヲンキヤウ　泥洹經 [經名] 三本あり、一は般泥洹經の略名。二は佛般泥洹經の略名。三は大般泥洹經の略名。

ナウ　惱 [術語] 心所の名。小煩惱地法の一。自己自身の爲せし惡事を惡事と知りつつ改むることなく、飽迄執着して他人の諫言を用ひず、自ら懊惱煩悶するを云ふ。また二十隨煩惱の一。過去の行事を追想し、或は現在の事物の意に滿たざるより、自ら懊惱する精神作用を云ふ。

ナウゲツシヨク　禳月蝕 [修法] 月蝕の時災厄を除去する目的を以て祈禱をなすを云ふ。

ナウニチシヨク　禳日蝕 [修法] 日蝕の時災厄を除く爲に祈禱をなすこと。

ナウマクサンマンタボタナン　囊莫三曼多沒駄南 [術語] Namaḥ Samanta-Buddhānāṁ 佛部の歸命句なり。囊莫は歸命、三曼多は平等、沒駄は佛、南は諸。即ち歸命平等諸佛なり。【諸尊眞言句義鈔上】

ナエイシヤ　那翳舍 [雜語] Na eṣaḥ【梵語雜名】に「翳舍如此。那翳舍不如此。」

ナカ　奈河 [雜名] 地獄の三途の川を云ふ。川に三

瀬あり、罪人此に至て奈處渡るべきかと言ふ、故に奈河と名く。【十王經】に「前大河即是葬頭。見レ渡亡人名二奈河津一。」【三代實錄二】に「況復奈河之渡。平生之財不レ隨。」

ナカゴ 中子 〔雜語〕齋宮の忌詞の內の七言の一。佛を中子と稱す、中尊の意に取るなり。【延喜式五】に「齋宮忌詞内七言。佛稱二中子一。」「八」を見よ。

ナカノモント 中野門徒 〔流派〕「サンモント」

ナガ 娜伽 〔雜語〕Naga 譯、山。【大日經疏三】に「山者。梵云二娜伽一。是不動義。」

ナガ 那伽 〔異類〕Nāga 譯、龍、象、無罪、不來。佛又は阿羅漢を摩訶那伽と稱す。其大力用に喩ふるなり。【玄應音義三】に「那伽。此云レ龍。或云レ象也。言其大力故以喩焉。」【同二十三】に「那伽有二三義一。一云龍。二云象。三云不來。孔雀經名レ佛爲二那伽一。由三佛不二更來二生死一故也。」【智度論三】に「摩訶那伽名二阿羅漢一。摩訶言レ大。那名レ無。伽名レ罪。阿羅漢諸煩惱斷。以レ是故名二大無罪一。次那伽或名レ龍。或名レ象。是五千阿羅漢。諸阿羅漢中最大力。以レ是故言。如レ龍名レ象。水行中龍力大。陸行中象力大。」【大日經疏五】に「摩訶那伽是如來別號。以況二不可思議無方大用一也。」【俱舍論十三】に「契經説。那伽行在レ定。那伽住在レ定。那伽坐在レ定。那伽臥在レ定。」

ナガアラジユナ 那伽閼刺樹那 〔人名〕Nāgārjuna 菩薩の名。龍樹。新に龍猛。【西域記八】に「南印度那伽閼刺樹那菩薩。唐言二龍猛一。舊譯曰二龍樹一非也。」「リユウジユ」を見よ。

ナガキサ 那伽枳薩 〔物名〕Nāgakesara 譯、龍華。【陀羅尼集經十】に「那伽枳薩。此云二龍華一。出二毘崙山一。」【最勝王經七】に「龍華鬚那伽雞薩羅。」

ナガサイナ 那伽犀那 〔人名〕Nāgasena 譯、龍軍、天竺論師の名なり。【飾宗記十本】に「那伽犀那。此云二龍軍一。」【梵網述記上】に「定二佛教體一。西方有二三種一。第一那伽犀那。此云二龍軍一。」「ナセン」參照。図十六羅漢の第十二。【法經記】に「那伽犀那尊者は千二百の阿羅漢と多分に半度波山に住す」

ナガシリ 那伽室利 〔菩薩〕Nāgaśrī 菩薩の名。譯、龍吉祥。【大般若經五百七十六】に「那伽室利。翻爲二龍吉祥一。」

ナガシン 那伽身 〔術語〕龍身なり。

ナガヂヤウ 那伽定 〔術語〕身を龍に變じて深淵に定止するを那伽定と云ふ。長壽を保て彌勒の出世に逢はん爲に願力を以て那伽定に入ること。

ナガレギ 流木 〔譬喩〕浮木（うきき）に同じ。

ナガレクワンヂヤウ 流灌頂 〔修法〕「クワンヂヤウ」を見よ。⦿(近松、薩摩歌)「流灌頂血の上の、亡者浮ぶる法の水」

ナキニ 拏枳儞 〔異類〕「ダキニ」を見よ。

ナキヒトノクルヨ 亡者來夜 〔雜語〕【徒然草諸抄大成】に「報恩經云。二月十五日寅時來。次日午時歸。乃至十二月晦日午時來。正月一日卯時歸也。」然るに藏經の中に大方便佛報恩經七卷、佛說報恩奉恩經一卷あり、二經を檢するに此文なし、案に是れ本邦の俗說なり。

ナギヤシツタ 那伽質多 〔雜語〕Nāgacitta 那伽は龍なり、質多は心なり、龍の心に針を打て降伏し雨を止むる法なり。【諸儀軌訣影七】

ナクゴンナ 諾健那 〔神名〕神の名。又は諾伽那。梵音 Nagna 譯、露身。大力神とも云ふ。裸形にして大力あり。戰を好む。

ナゴエリウ 名越流 〔流派〕淨土宗鎭西派の一流にして、關東三流の一なり。尊觀（良辨）を祖とす。尊觀は相模名越の善導寺の第二代にして、後、名越安養寺の第三代となりしより此名あり。或は善導寺義とも云ふ。一念業成の義を立つ。

ナゴシヤ 那睺沙 〔人名〕Nahuṣa 王の名、譯、不事火。【慧琳音義二十六】

ナゴン 那含 〔術語〕Anāgāmin 又、那鋡。阿那含の略。小乘第三果の名。譯、不還、不來。欲界に還來せる義なり。【可洪音義二下】に「那鋡。第三果。此云二不來一。生二色界一不レ來二人間一也。」

ナシモトリウ 梨本流 〔流派〕台密十三流の一。谷流の皇慶の門下明快の流を稱す。

ナジユツ 那述 〔雜語〕Nayuta 那由他に同じ。數量の名。此方の一億の名に當る。【玄應音義三】に「那術。經文作レ述。或言二那由他一。正言二那庾多一。當二中國十萬一也。光讚經云二億那述劫一是也。」「ナユタ」を見よ。

ナセン 那先 〔人名〕比丘の名。那は那伽の略、象の梵語、先は先時なり、(Sena は軍なり) 此人生ずるとき一大象あり、同日に生ず、故に父母名けて那先と爲す、佛滅後に於て生じ宿願に應じて出家し、阿羅漢果を得。那先前世に故舊あり是亦宿願に應じて邊小の國王となる、彌蘭陀と名く。國王善く問難し那先一一に解答す。【那先比丘經上】に「其一人前世欲下剃頭作二沙門一求中羅漢泥洹上者。生二於天竺一字陀獵。與二肉袈裟一俱生二其家一。有二一大象一同日生。天竺爲レ象爲レ那。父母便爲二那先一。」「名。

ナセンキヤウ 那先經 〔經名〕那先比丘經の略

ナセンビクキヤウ 那先比丘經 〔經名〕二卷、

失譯。那先比丘の生緣及び國王彌蘭陀との多くの問答を記す。【藏帙八】(1358)巴 Milinda-paiha

ナタ 那哆 〔人名〕人の名。譯、無。【阿育王經七】梵 Naṭa

ナタ 那他 〔雜語〕Nada 又、Nadī 那地、那提に同じ。譯、江、海。「ナダイ」を見よ。

ナタ 那吒 〔天名〕Naṭa* 毘沙門天王の太子、三面八臂大力鬼王なり。

那吒佛牙 〔故事〕【宋高僧傳道宣傳】に「宣律師於ニ西明寺一夜行道。足跌ニ前階一。有レ物扶持レ履シ空無レ害。熟顧ニ視之一乃少年也。宣遽問何人中夜在レ此。少年曰。某非ニ常人一。即毘沙門天王之子那吒也。護法之故擁ニ護和尙一時之尙矣。宣曰。貧道修行無レ事レ煩ニ太子一。太子威神自在。西域有下作ニ佛事一者上ラハ願爲致レ之セ。太子曰。某有ニ佛牙一寶掌雖レ久頭目猶捨。敢不ニ奉獻一。俄授ニ於宣一。宣保錄供養焉。」

那吒折肉 〔公案〕【五燈會元二】に「那吒太子折レ肉還レ母。折レ骨還レ父。然後現ニ本身一運ニ大神通一爲ニ父母一說法。」【祖庭事苑六】に「叢林有ニ折レ骨還レ父折レ肉還レ母之說一。然於ニ乘敎一無レ文。不レ知ニ何依而作ニ此言一。」

那吒鐵面皮 〔雜語〕【元亨釋書八祖元傳】に「一槌打破精雲窟。突出那吒鐵面皮。兩耳如レ聾口如レ啞。等閑觸着火星飛スレハ。」

ナダイ 那提 〔雜語〕Nadī 譯、河、又は江。又河の名。【法華文句】に「那提。此翻ニ河亦江一。」【慧琳音義二十】に「那提河名ハ。」【西域記八】に「捺地迦葉波。舊曰ニ那提迦葉一訛也。」【法華玄贊一】に「梵云ニ捺地一言ニ那提一訛。」

ナダイ 那提 〔人名〕Nadī Puṇyopāya* 比丘の名。【續高僧傳五】に「那提三藏。此云ニ福生一具依ニ梵語一則云ニ布焉伐耶一。以ニ言煩多一故此但訛略而云ニ那提一也。本中印度人。」

ナダイカセフ 那提迦葉 〔人名〕Nadīkāśyapa 三迦葉の一。又捺提迦葉簸。新に捺地迦葉波。迦葉は姓、那提は河の名なり、此人那提河の邊に在て得道す、依て那提迦葉と云ふ。【光宅法華疏一】に「迦葉ハ姓也。那提者河名也。昔此外道ナリ。其人事ニ外神一領ニ五百徒衆一。住ニ在那提河邊一。値レ仙受レ道。得ニ羅漢道一猶スルモ以ニ昔河一爲レ名也。」【慧琳音義二十】に「那提河名ハ。」【西域記八】に「捺地迦葉波。舊曰ニ那提迦葉一訛也。」【不思議境界經上】に「那提迦葉簸。」

ナチ 捺地 〔雜語〕又、那智、難地。那提に同じ。「ナダイ」を見よ。

ナチカセフハ 捺地迦葉波 〔人名〕那提迦葉「に同じ。

ナチラカラ 奈耻羅訶羅 〔異類〕夜叉の名。譯、飲血。【孔雀王咒經上】梵 Rudhirāhāra 奈は留の誤か。

ナツカイ 納戒 〔術語〕ナフカイと讀む。

ナツシヨ 納所 〔職位〕禪林に施物を納むる所、又其役務の人を云ふ。【天如則禪師錄正宗寺記】に「崇佛之祠、止僧之舍、延賓之館、香積之厨、出納之所。悉如ニ叢林規制一。」

ナデモノ 撫物 〔物名〕祈禱の時に用ゐる人形又は小袖を云ふ。もと陰陽師の祈禱より起り、中古吾朝の眞言師亦之を用ふ。【貞丈雜記】に「なで物と云ふは是も陰陽師に祈禱を賴む時、陰陽師の方より紙にて人形を作りて遣すを取て身に換て陰陽師の方へ送れば、其人形を以て祈禱する事あり。扨後に川へ流すなり。源氏物語やどり木の卷に、見し人のかたしろならば身にそへて戀しき瀨瀨のなで物にせんと云ふ歌あり、是も祈禱の時きなれたる小袖を人形の代になで物に遣すなり。常の小袖をなで物といふべからず、常の小袖の異名の樣に心得るは誤なり。」撫物一合と云ふは小袖一襲なり。扨小袖の撫物は祈禱の後本人に返して之を着用せしむ。「見よ。

ナナヌカ 七七日 〔雜語〕「シジフクニチ」を見よ。

ナニアミダブツ 何阿彌陀佛 〔雜名〕他阿彌陀佛、頓阿彌陀佛など、阿彌陀佛號を付る念佛者を云ふ。⦿(徒然草)「なに阿彌陀佛」

ナビマンダラ 那鞞曼陀羅 〔雜名〕Nābhi-maṇḍala 譯、臍輪。【華嚴疏鈔六十三】

ナフ 衲 〔衣服〕比丘の糞掃衣を衲衣と云ふ、衲俗に衲に作る。衲衣を着するは十二頭陀行の一なれば以て僧衣の都名とし、又禪僧多く衲衣を着すれば衲僧衲子と稱す。次項を見よ。

衲の袈裟 〔衣服〕即ち衲衣なり。「ナフゲサ」を見よ。

ナフエ 納衣 〔衣服〕衲衣又糞掃衣と云ふ。火燒牛嚼死人の衣等、人の棄てて顧みざる糞掃に均しき賤物を拾取し、縫納して法衣となせば糞掃衣とも納衣とも名く。比丘之を着するを十二頭陀行の一とす。衲に作るは俗字也。【佛祖統紀慧思尊者傳】に「平昔禦レ寒唯一艾衲。」【註】に「法華經衲衣在ニ空間トニ。律文謂ニ之五納衣一。謂納ニ受五種舊弊一以爲レ衣也。俗作ニ衲字一失レ義。」【大乘義章十五】に「言ニ納衣一者。朽故破弊縫ナルヲ納供レ身。」図〔雜名〕禪僧多く納衣を着すれば稱して納衣と云ふ。【傳燈錄多福和尙章】に「問如何是衲衣下事。」

五納衣 〔名數〕【釋氏要覽上】に「糞掃衣有ニ五種一。一道路棄衣。二糞掃處衣。三河邊棄衣。四蟻穿破衣。五破碎衣。又有ニ五種一。一火燒衣。二水漬衣。三鼠

咬衣。四牛嚼衣。五孀母棄衣。已上衣天竺人諱忌故棄レ之以不二任用一。義同二糞掃一。故共納成レ衣名二糞掃衣一也。」

納衣十利 〔名數〕【釋氏要覽上】に「十誦云。若納衣不レ貼二田相一。不レ許三披入二聚落一。此衣有二十利一。一在二麁衣數一。二少レ所二求索一。三隨レ意可レ坐。四隨レ意可レ臥。五浣濯易。六少二蟲壞一。七染易。八難レ壞。九更不二餘衣一。十不レ失二求道一。」【行事鈔頭陀行儀篇】に十住婆沙を引て十利を列ぬ、之と異る。

ナフカイ 納戒 〔術語〕受戒を云ふ。戒體を身中に納受する義なり。【傳燈錄趙州諗禪師章】に「童稚於二本州扈通院一從レ師披剃。未二納戒一。」

ナフカリ 納加梨 〔衣服〕ナフギヤリと讀む。

ナフキヤウ 納經 〔術語〕經卷を寺社に奉納して來世の福を祈り、現世の安穩を願ひ、又は死者の追福となすこと。【眞俗佛事偏三】に「六十六部の納經の人今世𪜈盛也。是れ北條時政前生納經の事より起れり。太平記五に曰く、昔鎌倉草創の始め、北條四郎時政榎の島に參籠して子孫の繁昌を祈りけり、三七日に當りける夜、赤袴に柳裏の衣着たる女房の端嚴美麗なるが、忽然として時政が前に來て、告て曰く、汝が前生は箱根法師なり。六十六部の法華經を書寫して六十六箇國の靈地に奉納したりし善根に依て、再び此土に生るる事を得たり。されば子孫永く日本の主となりて、榮華に誇るべし。但し其の擧動違ふ所あらば七代を過ぐべからず。吾言ふ所不審あらば國國に納めし所の靈地を見よと云ひ捨て給ふ。其の姿を見ればさしも嚴しかりつる女房、忽に伏し、長二十丈許の大蛇と成て海中に入りにけり。其の跡を見るに、大なる鱗三つ落ちたり。時政所願成就しぬと喜びて則ち彼の鱗を取て旗の紋にぞ押したりける。今の三鱗形の紋是なり。其後辯才天の御示現に任せて、國國の靈地へ人を遣して、法華經奉納の所を見せけるに、俗名の時政を法師の名に替て奉納筒の上に大法師時政と書きたるこそ不思議なれ。」

ナフギヤリ 衲伽梨 〔衣服〕又、納加梨、衲衣の僧伽梨なり。九條乃至二十五條を僧伽梨と云ふ。

ナフグ 納具 〔術語〕具足戒を呑身に納受するなり。

ナフゲサ 衲袈裟 〔衣服〕七條以上の袈裟に二種あり、一を平袈裟又一色袈裟と云ふ、一種の色體を以て製せしもの。一重にて裏なし。二に衲袈裟と云ふ、諸種の色體を雜糅補納せしもの、必ず裏を付て重厚に製す。經律の中に納衣又は糞掃衣と云ひ和俗に遠山袈裟と云ふもの是なり。されば朽故破弊せる布帛の切れを補納して法衣とせしものなれば其の實最も賤しき糞掃衣なれども、もと頭陀行を修する高德の比丘の法衣なれば之を以て最も貴き物として重き法會又は上臈の比丘の服する所となり、遂には諸種の金襴を雜裁し、或は故らに遠山の形に雜色の切れを縫ひ付くるに至れるなり。常の七條に四天の小切を別色の飾を以て貼すれば即ち衲袈裟の意なり。衲の本字は納なり、衣に從ふは俗字なり。「り。

ナフコツ 納骨 〔儀式〕白骨を墓所に納むるなり。

ナフコツダウ 納骨堂 〔堂塔〕死者の白骨を納むる堂を云ふ。

ナフシ 衲子 〔衣服〕又衲僧と云ふ、禪僧の別稱なり。禪僧多く一衲衣を着して遊方すれば名く。但し衲衣は頭陀比丘の法衣にして禪僧に限るにあらず。

ナフシユ 衲衆 〔雜名〕衲の袈裟を着する僧衆なり、法會の職衆の中に衲衆の目あり。

ナフシヨ 納所 〔職位〕ナッショと讀む。

ナフジユ 納受 〔雜語〕他人の贈與を受領納取するなり。【法華經化城喩品】に「惟願哀納受。」【慈恩傳七】に「片物供養。願垂二納受一。」

ナフソウ 衲僧 〔雜名〕衲子に同じ。

ナフソク 納息 〔雜語〕舊婆沙論に跋渠 Varga と云ふを新婆沙論に納息と云ふ。【玄應音義十五】に「跋渠此譯二部類一。」納息とは同一の義類を一處に納受し止息する義なり。

ナフトク 納得 〔雜語〕他物を自身に須納し受得するなり。俗にナットクと云ふ。【律宗綱要下】に「納二得戒體一要由二羯磨一。」

ナフハ 納播 〔衣服〕講僧の掛くるもの、形覆肩衣の如し、播は其の端の開くを云ふ。【僧史略上】に「又三衣之外有下曳二衲播一者上。形如二覆肩衣一。出二寄歸傳一。講員自許即曳レ之。若講通二一本一則曳二一支一。講二二三本一。又隨二講數一曳レ之。如二衲播一是也。」

ナフバハシヤミ 納婆鉢奢弭 〔雜語〕Nakha pasyāmi 比丘の獵者に答ふる辭なり。【有部毘奈耶二十八】に「若獵者云下我不二疲倦一我問中走鹿上。即應先可下自觀二指甲一。報二彼人一云中諸佉鉢奢弭上。若更同者應下自觀二太虛一報二彼人一云中納婆鉢奢弭上。」【注】に「若據二梵音一。諸佉者是爪甲義。亦是不義。鉢奢是見義。弭是我義。即是我見二爪甲一。亦目二我不見義一。苾芻眼看二爪甲一即表レ不二是妄言一。彼人聞二說道レ無。即謂二無不レ見レ物。佛開二方便一救二苦衆生一。若直譯云三我觀二指甲一道理無レ不二相見一。爲レ之留二本梵音一口授方能細解。納婆（Nabha）亦兼二兩義一。一目二太虛一。二表二不義一。亦不レ可三譯爲二東語一。於レ可レ中下准二諸佉一思中之。具如二廣註一。即如下

此方觀臂上毛云我見毛。亦是目中其無義也。」

ナフバビカラ　納婆毘訶羅　〔雜名〕Navavihāra 譯、新寺。【求法高僧傳上】

ナフマウ　納帽　〔物名〕細片を納綴して作れる帽子なり、納は納衣の納なり。【續高僧傳景鸞傳】に「衣以袈裟覆以納帽。」「ム」を見よ。

ナフマク　納莫　〔術語〕Namaḥ 南無に同じ。「ナム」を見よ。

ナフモ　納慕　〔術語〕ナモと讀む。又、那謨、南謨、納莫、娜謨、曩莫、南摩など云ふ。「ナム」を見よ。

ナマ　那摩　〔雜語〕Nāman 又、娜麼、曇麼。譯、名。【倶舍光記五】に「梵云那摩。唐言名。是隨義。歸義。赴義。名義。謂隨音聲歸赴於境。呼召色等名能詮義。」【演密鈔五】に「梵語娜麼。此譯爲名。娜具多義各隨義辨。」「じ」次項を見よ。

ナマク　曩莫　〔術語〕ノーマクと讀む。納莫に同じ。

ナム　南無　〔術語〕Namaḥ-Namo 又、南牟。譯、歸命、敬禮、歸禮、救我、度我、など是れ總じて衆生の佛に向て至心に歸依信順する語なり。若し佛が佛に對して南無と稱するは驚怖の義なり、生死の險難甚だ驚怖すべし、悉く之を救濟すべきを云ふ。眞宗の祖書に南無と書してナモと音す。(Namas namaḥ namo 此の第一は語の原體なり、それを獨立語として用ふる時は第二の綴となるも、若し弱き音の前に立つ時は、第三の綴りとなることと知るべし。故に曩謨又は納莫は第二の音譯にして、南無、南摩等は第三の音譯なり)【玄應音義六】に「南無或作南謨。或言南摸。皆以歸禮譯之。言和南者訛也。正言煩談。或言槃談。此云禮也或言歸命。譯人以義安命字。」【慧苑音義上】に「南無。此云敬禮。又云南忙。」【義沐章四本】に「古言南牟。即是敬禮。應言納莫。或納慕。若言伴談或云伴題。此云稽首。亦云禮拜。亦云敬禮。訛爲和南。」【仁王經艮賁下】に「娜謨。此云歸命。」【釋門歸敬儀下】に「言南無者。經中云那謨、婆南等。傳梵訛僻。正音槃談。唐言我禮也。或云歸禮。歸亦我之本情。禮是敬之宗致也。或言歸命者此義立代於南無也。理事符同表情得盡。俗有重南無而輕敬禮者。不委唐梵之交譯也。」【涅槃經疏二】に「南無或言救我。或言歸命。或言屈膝。」【嘉祥法華經義疏四】に「南無者歸命也。救我也。」【法華文句四】に「南無大有義。或言度我。度我可施衆生。若佛答諸佛度我義不便。五戒經稱驚怖。驚怖者正可施也。生死險難實可驚怖。以大救之不得以小濟之。驚怖施佛可也。故文云喜稱南無佛。喜者得救物儀也。五戒經文云歸命。悉施衆生耳。」【善導觀經疏一】に「言南無者即是歸命。亦是發願廻向之義。」【名義集四】に「南無或那謨。或南摩。此翻歸命。」【大日經疏十】に「娜母歸命也。」【釋氏要覽中】に「悲華經云。佛言。南無者此決定諸佛世尊名號音聲。唯識鈔云。梵語南無。此翻爲名。即是歸趣之義也。或云那摩。或曩謨。皆梵音訛也。」⦿(榮花、玉の臺)「南無四十八願彌陀如來」

ナムアミダブツ　南無阿彌陀佛　〔術語〕Namo 'mitābhāya buddhāya 又、Namo 'mitāyur buddhāya 又、南無阿彌陀引佛陀引耶、譯、歸命無量光覺、又は無量壽覺なり。無量壽覺又は無量光覺に歸命するなり。淨土門には之を六字の名號と稱す。歸命とは衆生が助け給へと一心に阿彌陀佛を賴む衆生の信心なり。無量壽覺又は無量光覺とは、一切衆生を助くる佛の行體の成就せるなり。されば衆生の信心も、阿彌陀佛の衆生を助くる行體も、此六字の内に具足す。之を機法一體の南無阿彌陀佛と云ふなり。眞言の口傳に此名號を陀羅尼となし、金剛界五佛となす。【善導觀經疏一】に「言南無者即是歸命。言阿彌陀佛者即是其行。以斯義故必得往生。」【觀無量壽經】に「具足十念。稱南無阿彌陀佛。」

ナムオミトボヤ　南無阿彌陀佛耶　〔術語〕唐音の讀み聲なり。【將軍義尙公薨逝記】に「同音に南無おみとぼや、ととぎやとやと唱へつつすすめり」

ナムカラタンナウトラヤヤ　南無喝囉怛那哆羅夜耶　〔術語〕Namo ratnatrayāya 又、那謨囉怛那怛囉夜耶。南無は歸命、喝囉怛那は本音アラタナにて寶、哆羅夜耶は三、即ち歸命三寶なり。

ナムサンボフ　南無三寶　〔術語〕もと驚怖する場合に三寶の救を請ふ意にて發する詞なるを、後には何となく不意の出來事に驚く時發する詞となれるなり、平生念佛の人が不意の場合に思はず「ナンマンダブ」と言ふ如し。三寶は佛法僧の三なり。⦿(近松、凱陣八島)「南無三寶しなしたりしなしたり」

ナムフカシギクワウニヨライ　南無不可思議光如來　〔術語〕九字の名號と稱す。阿彌陀佛の光德を表する名號也。總じては無量壽經所說の十二光、別しては難思、無稱の二光によりて不可思議光の名を立つ。思慮言說にては到底はかるべからざる光明(智慧)を有する如來に歸命し奉ると云ふ意なり。「南無不可思議光」の語は曇鸞の讚阿彌陀佛偈より出づ。

ナムブツ　南無佛　〔術語〕Namo buddhāya 佛に歸命するなり。【法華經方便品】に「一稱南無佛皆已成佛道。」⦿(水鏡中)「掌をあはせて、南無佛とのたまひき」

南無佛の舍利　〔術語〕⊙（神皇正統記）に「天皇の御弟豐日皇子の妃、御子を誕生す、廐戶の皇子に在す。生れ給ひしよりさまざまの奇瑞あり、ただ人にはましまさず。御手をにぎり給ひしが二歲にて東方にむきて南無佛とて開き給ひしかば、一の舍利ありき、傳法流布の爲に權化し給へる事疑ひなし。」之を南無佛の舍利と稱して今に法隆寺內の舍利殿に安置し、每日午の刻に鐘を鳴して人を集め、此舍利を出して拜せしむ、其舍利の形圓にして小豆よりも小く、色は靑白く黑點數個あり。

ナモ　南無　〔術語〕Namo 又、南謨、那謨、納慕、娜母、南忙、那模、曩謨、南無（なむ）と云ひ納莫、曩莫（のふまくのうまく）と云ふ。同一梵語の轉音なり。【考信錄一】に「南無の無の字、祖書に皆模の聲とす、他宗の書にも此樣あり、聲明家に甲念佛八句念佛の如き、亦模の聲に唱へたり。按ずるに廣韻初卷の十虞の部に、無武夫切有無也と、又十一模の部に無莫胡切、南無出二釋典一と出せり。之に依るに南無のときは別音模にして有無の無に同じからず、故に諸經咒の中に莫謨模慕等の字に作すありて、對譯は異れども其韵は同じ、されば當時武夫切を用ひて「ム」の音に唱ふるもの恐らくは正音に非ざるべし。」「ナム」を見よ。

ナムメウホフレンゲキヤウ　南無妙法蓮華經　〔術語〕「ダイモク」を見よ。

ナモアリヤ　那謨阿哩也　〔術語〕Namoārya 又、南謨阿梨耶。譯、歸命聖者。【仁王經道場儀軌】に「那謨此云二歸命一。阿哩也此云二遠離惡不善法一。會意翻云二聖者一。」

ナモアリヤバロキテイシヤバラヤボヂサタバヤマカサトバヤ　南謨阿梨耶婆盧枳帝爍鉢羅耶菩提薩埵婆耶摩訶薩埵婆耶　〔術語〕Nama āryāvalokiteśvarāya bodhisattvāya mahāsattvāya 大悲呪の首にありて觀自在菩薩に歸命する語なり。總じて蓮華部の歸命句なり。南謨は歸命、阿梨耶は聖、婆盧枳帝は觀、爍鉢羅耶は自在、菩提薩埵婆耶は菩薩、摩訶薩埵婆耶は摩訶薩なり。即ち歸命觀自在菩薩摩訶薩なり。⊙（盛衰記二四）「天皇の御前に跪き、南謨阿梨耶、婆盧枳帝、爍鉢羅耶、菩提薩埵婆耶と唱拜し奉てかき消すやうに失せにけり」

ナモラタナタラヤヤ　那謨囉怛那怛囉夜耶　〔術語〕「ナモカラタンナウトラヤヤ」を見よ。

ナヤ　那耶　〔術語〕Naya 譯、正理、乘、道。【因明大疏一】に「那耶稱二正理一。」【大日經疏三】に「梵音娜耶。即是乘義、道義。謂從二一念善根一乃至成佛。中間一一諸地所乘之法所行之道。通名二娜耶一。」

ナヤシユマ　那耶修摩　〔流派〕尼犍子の別名。【百論疏上中】に「尼犍子。Nirgrantha 此云二無垢一。依レ經二修行一離二煩惱垢一。故以爲レ名。亦名二那耶修摩一。」

ナユタ　那由他　〔雜語〕Nayuta 又、那庾多、那由多、那術、那述と云ふ。數目の名、此方の億に當る、億に十萬、百萬、千萬の三等あり、故に諸師、那由多の數を定むる不同なり。【本行經十二】に「那由他。隋言二數千萬一。」【玄應音義三】に「那術。經文作レ述。同食事反。或言二那由他一。正言二那庾多一。當二中國十萬一也。光讚經云二億那述劫一是也。」

ナラ　那羅　〔雜語〕Nāṭa 譯、力、伎戲。【法華文句記九】に「那羅。此云レ力。即是捔力戲。亦是設二筋力一戲也。」【名義集二】に「那羅翻二上伎戲一。」

ナラエン　那羅延　〔天名〕Nārāyaṇa 天上の力士の名。或は梵天王の異名なり。【嘉祥法華義疏十二】に「眞諦云。那羅翻爲レ人。延爲二生本一。梵王是衆生之祖父。故云二生本一。羅什云。天力士名二那羅延一。端正猛健也。」【玄應音義二十四】に「那羅此云レ人。延那此云二生本一。謂人生本。即是梵王也。外道謂一切人皆從二梵王一生。名二人生本一也。」【慧琳音義六】に「那羅延欲界中天名也。一名二毗紐天一。欲レ求二多力一者承事供養。若精誠祈禱多獲二神力一也。」【同二十五】に「此云二力士一。」【涅槃經疏七】に「那羅延此翻二金剛一。」【慧苑音義上】に「那羅延此云二堅固一也。」【俱舍光記二十七】に「此神名二人種神一。」【同二十一】に「此數當二千億一。」【慧苑音義下】に「那由他。當二此方一億名一也。」【大日經疏十】に「毗紐天有二衆多別名一。即是那羅延天別名也。即是佛化身、三昧同レ前。毗瑟紐費。即以本名爲眞言也以二第一字一爲二種子一。毗是空義。瑟紐是進義。生義。乘レ空而進。所謂此天乘二迦婁羅鳥一而行二空中一也。私謂。釋迦於二五部佛中一乘二迦婁一坐。即是虛空進行之義也。」【秘藏記下】に「那羅延天。三面。靑黃色。右手持レ輪。乘二迦樓羅鳥。」⊙（太平記一八）「那羅延が力にても動し難く」

（那羅延の圖）

ナラエンシン　那羅延身　〔術語〕那羅延の如く力強き身體を云ふ。

ナラエンシングワン　那羅延身願　〔術語〕阿彌陀如來四十八願中の第二十六、極樂の往生人をして皆那羅延の金剛堅固の身を得しめんとの願なり。【無量壽經上】に「設我得レ佛。國中菩薩不レ得二金剛那羅延身一者。不レ取二正覺一。」

ナラエンテン　那羅延天　〔天名〕那羅延に同じ。

ナラエンリキキヤウ　那羅延力經　〔經名〕大華嚴長者問佛那羅延力經の略名。

ナラカ　捺落迦　〔界名〕Naraka 又は Nāraka「ナラカ」は地獄「ナーラカ」は地獄の罪人の梵名なり。但諸師多く捺落迦、那落迦を一混す、慈恩之を分別して捺落迦を受苦の處とし那羅迦を受苦の人とす。【玄應音義七】に「梵言二泥黎耶一。或言二泥囉夜一。或言二那落迦一。此云二不可樂一。亦云二非行一。謂非法行處也。或在二山間一。或大海邊。非二止地下一。言二地獄一者一義翻也。」【同十】に「泥犁。或言二泥犁耶一。亦言二泥犁迦一。此云二無可樂一。」【同二十三】に「那羅訶。亦云二泥囉夜一。此譯有二四義一。一不可樂。二不可救濟。三闇冥。四地獄。經中言二地獄一者一義也。」【婆沙論一百七十二】に「有說。捺落名レ人。迦名爲レ惡。惡人生二彼處一故名二捺落迦一。有說。落迦名二可樂一。捺是不義。彼處不レ可レ樂。故名二捺落迦一。」【唯識述記五末】に「捺落迦者此云二苦器一。受レ罪處也。那落迦者受二彼苦一者。故二別也。」「ヂゴク」を見よ。

ナラク　奈落　〔界名〕又、捺落、那落。捺落迦の略。「ナラカ」を見よ。⦿(十訓抄五)「ならくの底」

ナラシヤ　那辣遮　〔雜名〕譯、錐。【慧琳音義三十六】に「那辣遮。金剛錐之梵名也。鐵柄錐也。」

ナラダ　那羅陀　〔植物〕Naradhara* 花の名。譯、人持華。【慧苑音義上】に「那羅正言二捺羅一。此云レ人。陀謂陀羅。此云レ持也。其花香妙。人皆佩レ之。故曰二人持華一也。」

ナラナリ　那羅那里　〔雜語〕Nara-nārī 那羅は男性、那里は女性、男女兩性の會合を那羅那里の娯樂と云ふ。【理趣釋上】に「妙適者即梵語蘇羅多也。蘇羅哆者如二世間那羅那里娯樂一。金剛薩埵亦是蘇羅哆。以二無緣大悲一徧緣二無盡衆生界一。願レ得二安樂利益一心曾無レ休也。自他平等無二、故名二蘇羅哆一耳。」「ニコン」の項參照。

ナラノシチダイジ　奈良七大寺　〔名數〕奈良地方所在の七箇大寺、即ち東大寺、西大寺、興福寺、元興寺、法隆寺、藥師寺、大安寺の稱。「フ」を見よ。

ナラマナ　那羅摩那　〔術語〕摩納に同じ。「マナナフ」を見よ。

ナラマナフ　那羅摩納　〔術語〕Nara-mānava 略して摩納と云ふ。「マナフ」を見よ。

ナランダ　那爛陀　〔寺名〕Nālanda 中天竺摩竭陀國にあり。菩提道場の大覺寺東七驛、佛滅後鑠迦羅阿逸多王の建つる所、歷代相繼で之を增建し遂に五天竺第一の精舍となる。那爛陀は施無厭と譯す。世俗の傳に此寺邊の池中に住む龍王の名なりと云ふ、若し實義に依らば釋迦如來往昔此地に在て國王たりし時の德號なりと云ふ。【西域記九】に「那爛陀(唐言施無厭)僧伽藍。聞二之耆舊一。曰。此伽藍南菴沒羅林中有レ池。其龍名二那爛陀一。傍建二伽藍一因取爲レ稱。從二其實義一是如來在昔修二菩薩行一。爲二大國王一建二都此地一。悲二愍衆生一好二樂周給一。時美二其德一號二施無厭一。由レ是伽藍因以爲レ稱。其本菴沒羅園。五百商人以二十億金錢一買以施レ佛。佛於二此處一三月說法。諸商人等亦證二聖果一。佛涅槃後未レ久。此國先王鑠迦羅阿逸多(唐言帝日)敬二重一乘一遵二崇三寶一。式占二福地一建二此伽藍一。初興レ功也穿二傷龍身一。時有二善占尼犍外道一見而記曰。斯勝地也。建二立伽藍一當二必昌盛一。爲二五印度規則一逾二千載一而彌隆。後進學人易二以成一レ業。然多二歐血一傷レ龍故也。其子佛陀毱多王(唐言覺護)繼レ體承レ統聿遵二勝業一。次二此之南一又建二伽藍一。呾他揭多毱多王(唐言如來護)篤修二前緒一。次二此之東一又建二伽藍一。婆羅阿逸多(唐言幻日)王之嗣レ位也。次二此之東北一又建二伽藍一。功成事畢。福會稱レ慶。」【求法高僧傳下】に「大覺寺東北行七驛許。至二那爛陀寺一。乃是古王室利鑠羯羅昳底爲二北天苾芻曷羅社槃一所レ造。此寺初基總餘二方堵一。其後代國王苗裔相承造製宏壯。則贍部洲中當今無二以加一也。(此下寺樣を記す。)此是室利那爛陀莫訶毘訶羅樣。唐譯云二吉祥神龍大住處一也。西域凡喚二若王及大官屬並大寺舍一。皆先云二室利一。意取二吉祥尊貴之義一。那爛陀乃是龍名。近レ此有レ龍。名二那伽爛陀一。故以爲レ號。毘訶羅此住處義。此云レ寺者不二是正翻一。」⦿(十訓抄二)「天竺には那蘭寺戒賢論師の住所」

ナリ　奈利　〔界名〕泥梨に同じ。「ナイリ」を見よ。

ナリツ　那律　〔人名〕阿那律の略。比丘の名。「アナリツ」を見よ。

ナリラ　那利羅　〔植物〕Nārikela 樹の名。【探玄記二十】に「那利羅者。具云二捺唎羅吉唎一。此云二莖節有用樹一。捺唎此云レ莖也。羅是是多聲。謂莖等枝葉花果也。吉唎此云二能作一。謂此樹莖等悉有レ用益二衆生一故。此樹出二海中一。其形甚高。似二多羅樹一。其果甚美。於レ中有レ汁。似二耶子樹一。」【西域記二】に「那利薊羅果。」

ナレンダイヤシヤ　那連提耶舍　〔人名〕那連提黎耶舍の畧。比丘の名。

ナレンダイレイヤシヤ　那連提黎耶舍　〔人名〕Narendrayaśas 比丘の名。譯、尊稱。【續高僧傳二】に「那連提黎耶舍。此言二尊稱一也。北天竺烏場國人。乃至所レ譯經論一十五部。八十許卷。」

ナレンヤシヤ　那連耶舍　〔人名〕那連提黎耶舍「の略。

ナン　南　〔雜語〕Nāṁ 梵語の名詞の尾に南の聲を發するは是れ第六轉屬聲多言聲なり、三以上の數を表す。【演密鈔二】に「南者多聲。即是等義衆義。如レ云二佛馱南、Buddhānāṁ 達磨南、Dharmānāṁ 僧伽南一。

Saṅghānāin」

ナン　難　〔雜語〕邪義を詰責するを難と云ふ。難詰難問など熟す。【字典】に「詰辯也。孟子於二禽獸一又何難焉。註難責也。」

ナンイニダウ　難易二道　〔名數〕難行道と易行道とを云ふ。龍樹の立てし名目。初地不退位に至るに二道あり。自力修行勤苦して後漸く佛位に達することの困難なるは、陸路の歩行の苦しきが如くなるを以て、之を難行道と稱す。之に反して、信方便の念佛を以て速に佛位に至ることを得る他力の道は、恰も水道の乘船の何等苦痛なくして樂きが如しと云ふよりして、之を易行道と名く。【淨土十疑論】「論曰於二五濁惡世無量佛所一求二阿鞞跋致一甚難レ可レ得。蓋言娑婆世塵境麤彊五欲障蔽難レ入二於道一。故名二難行道一。謂憑二信佛語一修二行念佛三昧一求レ生二淨土一。復乘二阿彌陀佛願力攝持一決二定往定一故名二易行土一。」

ナンウ　難有　〔術語〕希有に同じ。俗説に「ありがたし」【大莊嚴論六】に「汝今除二痴心一能作二難有事一。乃至我今日見三知斯事二實難有。」

ナンエンブ　南閻浮　〔地名〕南閻浮提の略。

ナンエンブダイ　南閻浮提　〔地名〕Jambudvīpa 閻浮提の六洲の名、須彌山より南方の鹹海中に在れば南と云ふ、是れ吾人の住處なり。「エンブダイ」を見よ。⦿（太平記一八）「昔葦の葉の國となりし南閻浮提豐葦原の中津國に到りて見給ふ」

ナンカイキキデン　南海寄歸傳　〔書名〕四卷、唐の義淨南海の室利佛逝（Śribuja）國に在て印度の僧規を記し以て歸客に寄せて大唐の諸德に贈りし書なり。【致帙七】（492）

ナンカイワジヤウ　南海和上　〔人名〕弘法大師高野山に住すれば叡山の人稱して南海和上と云ふ。【教時問答一】に此目あり。

ナンガグ　南岳　〔人名〕南岳は五岳中の衡岳なり、衡州に在り。慧思禪師之に住す、故に南岳大師と稱す。「エシ」を見よ。

ナンガク　南岳　〔人名〕唐の懷讓禪師、衡岳の般若寺に住すれば南岳と稱す。六祖慧能の下二大系を出す、一を南岳と云ひ、一を青原と云ふ。「エジヤウ」を見よ。⦿（太平記二四）「唐朝の大師南岳」

南岳磨磚　〔公案〕【傳燈錄五南岳章】に「開元中、沙門道一あり、傳法院に住し常日坐禪す。師是れ法器なるを知り、往て問て曰く、大德坐禪什麼を圖る。一曰く、作佛を圖る。師乃ち一磚を取り彼の菴前の石上に於て磨す。一曰く、師什麼を作す。師曰く磨して鏡となす。一曰く、磚を磨して豈に鏡と成すことを得んや。師曰く、磚を磨して既に鏡と成らず、坐禪豈に作佛を得んや。一曰く、如何か即ち是ならん。師曰く、人車に駕するが如き、車若し行かざれば車を打つも即ち是、牛を打つも即ち是。一對ふるとなし。師又示して曰く、汝坐禪を學ぶとを爲すか、坐佛を學ぶとを爲すか。若し坐禪を學ばば禪は坐臥にあらず。若し坐佛を學ばば佛は定相にあらず、無住の法に於て取捨すべからず。汝若し坐佛せば即ち是れ佛を殺す。若し坐相を執せば其理に達するにあらず。一、示誨を聞き醍醐を飲むが如し。」

ナンキヤウ　難經　〔經名〕越難經の略名。

ナンギヤウ　難行　〔術語〕艱難の行法なり、行じ難きなり。苦行と熟し或は易行と對す。【法華經提婆品】に「智積菩薩言。我見二釋迦牟尼如來一。於二無量劫一難行苦行積レ功累レ德。求二菩薩道一未二曾止息一。」【報恩經一】に「難行苦行發二大誓願一。」⦿（曲、谷行）「難行捨身の行體にて」

ナンギヤウダウ　難行道　〔術語〕龍樹菩薩の所判二道の一。易行道に對す。此土に於て修行の功を積み、入聖得果する教道を難行道と云ひ、念佛して淨土に往生し彼土に於て成佛得道するを易行道と云ふ。「イギヤウダウ」を見よ。

ナンケ　難化　〔術語〕衆生の根性狼戾にして敎化し難きなり。【維摩經下】に「此土衆生剛强難レ化。」

ナンケノサンキ　難化三機　〔名數〕敎化濟度の望なき三種の惡機を云ふ、即ち謗大乘と五逆罪と一闡提とを云ふ。或は難治の三病とも云ふ。涅槃經の所說なり。

ナンゲナンニフ　難解難入　〔術語〕解知し難く悟入し難きなり。【法華經方便品】に「諸佛智慧甚深無量。其智慧門難解難入。」

ナンコン　男根　〔術語〕女根に對す。男の陰部。身根の一部分にして男性の形類、音聲、作業、志樂等が女性に異なるはこの根の作用なり。

ナンゴ　軟語　〔雜語〕溫言人の情に適ふ語なり。【涅槃經二十】に「諸佛常軟語。爲レ衆故說レ麤。麤語及軟語。皆歸二第一義一。是故我今者歸二依於世尊一。」

ナンサンホクシチ　南三北七　〔名數〕一に虎丘山の岌師の五敎、二に宗愛師の四時敎、三に定林柔次道場の慧觀の五時敎、是れ皆南地の諸師なれば南三と云ひ、一に北地師の五時敎、二に菩提流支三藏の二敎、三に佛馱光統の四宗、四に有師の五宗、五に有人の六宗、六に北地禪師の二大乘敎、七に北地禪師の一音敎、皆北地の諸佛なれば之を北七と云ふ。【法

華玄義十】

ナンザン 南山 [地名] 唐の道宣、四分律宗の祖なり、終南山の紵麻蘭若に住す、故に南山大師と號す。「ダウセン」を見よ。

ナンザンエ 南山衣 [衣服] 四分律宗の法服にして南山道宣律師の流義に用ゐるもの、鐶鈎の付きたる袈裟なり。【畫像須知】「宗の一流を云ふ。

ナンザンケ 南山家 [流派] 南山大師の四分律

ナンザンノサングワン 南山三觀 [名數] 性空觀、相空觀、唯識觀を云ふ。摩訶止觀輔行の所說。

ナンザンリツシユ 南山律主 [雜名] 南山の道宣律師なり。

ナンシ 難思 [術語] 法を讚嘆する詞なり、謂く其法廣大深遠にして思議し難きなり。【資持記上一之一】に「難思乃能歎之詞。所ニ以不レ云ニ難議一者。以レ心思切近口議疎遠。思レ之既難。必非レ可レ議。或可句局理必兼レ之。」

ナンシウ 南洲 [地名] 閻浮提を云ふ。是れ須彌山より南方の鹹海中にある大洲にして吾人之に住す。

ナンシギ 難思議 [術語]「ナンシ」を見よ。

ナンシギワウジヤウ 難思議往生 [術語] 淨土に往生して享受する所の樂は、無量不可思議なるが故に、難思議往生樂と云ふ。又眞宗にて說く三往生の一。弘願他力の往生を云ふ。他力廻向の信心によりて、彌陀の眞實報土に往生することを得るは、凡夫の言說思慮の及ぶ所に非ざるを以ての故に、難思議往生と云ふ。是れ第十八願の誓にして、大無量壽經に說く往生なり。

ナウシクワウブツ 難思光佛 [術語] 十二光「佛の一。

ナンシノグゼイ 難思弘誓 [術語] 聲聞菩薩(因人)の思慮すること能はざる無上甚深の誓願の意にして、即ち彌陀の本願也。【敎行信證】に「難思弘誓度ニ難度海一大船。」

ナンシユウ 南宗 [流派] 初祖達磨禪を唱てより五祖弘忍に至るまで一味なりしも、弘忍の弟子に慧能神秀の二弟子ありて、南北二宗を分つ。慧能は江南に於て其化を布けば南宗と云ひ、神秀は洛陽に入て其道盛なれば北宗と云ふ。此中後世に至り隆盛を極めしは南宗にして、五家七宗の分派も悉く此下に屬す。依て後世南を以て禪の正宗となし、慧能を以て六代の祖と稱す。⊙(正統記四)「異朝には南宗の下に五家あり」

ナンシヨウチ 難勝地 [術語] 菩薩の行位、十地の第五。菩薩此地に至つて能く一切の情見を破し、一切の法に通達す、即ち是れ諸佛の境界にして、能く勝るものなれば名く。【菩薩瓔珞本業經下】に「佛子順レ忍修レ道、三界無明疑見一切無レ不ニ皆空一。八辯功德入ニ五明論一。乃至五論者內外方道因果鬼神無レ不ニ通達一。故名ニ難勝地一。」【仁王經下】に「如レ實知ニ諸諦一。世間諸技藝。種種利ニ群生一。名爲ニ難勝地一。」【唯識論九】に「五極難勝地眞俗兩智行相互違合令ニ相應一。極難勝故。」

ナンシワウジヤウ 難思往生 [術語]「ナンシギワウジヤウ」に同じ。㊂眞宗にていふ三往生の一。眞門自力の往生を云ふ。自力念佛の因に由つて疑城胎宮に往生すること。其の稱ふる名號は難思議往生の生因と何等異ることなしと雖、其の行ずる心は自力なるが故に、弘願他力の難思議往生と不同なり。此異をあらはさんが爲に議の字を省略して、單に難思往生と云ふ。一字の具略は褒貶を示す。是れ第二十願の誓にして、阿彌陀經所說の往生也。

ナンシンコンガウノシンゲウ 難信金剛信樂 [術語] 彌陀の救濟を疑なく信じたのむことの堅固なること金剛の如くなるを云ふ。

ナンシンノホフ 難信之法 [術語] 世間の常識にては信じ難き甚深微妙の法門。善因善果惡因惡果の如きは何人も信じ易き法なれども、大乘圓頓の敎は甚だ信じ難く、特に凡夫が速疾に成佛する他力念佛の法門は難信の中の難信なりといふ意。

ナンジデン 南寺傳 [流派] 法相宗兩傳の一。北寺傳の對。孝德帝の朝、河內の人、道昭、白雉四年入唐、玄奘より法相宗をうけ、歸朝して大和の元興寺にをり、盛に法筵を張り、講演說法す。後、齊明天皇の四年、智通智達の二僧、また入唐し、玄奘慈恩より法相宗を受く。此兩傳を南寺傳或は元興寺傳、飛鳥傳と稱す。

ナンセイ 難勢 [雜語] 異義を難問する氣勢なり。【法華文句記十】に「廣立ニ難勢一不レ越ニ先規一。」【續高僧傳】に「又續ニ前難一勢更延累。」

ナンセキ 暖席 [雜名] 暖寮に同じ。「ノンリヤウ」を見よ。

ナンセン 南泉 [人名] 唐の池州南泉山の普願禪師、馬祖の法嗣なり。初め律を習ひ、敎觀に於て精要を究む。後、馬祖の門に入つて頓に筌蹄を忘れて心地悟明す。德宗の貞元十一年錫を池州に留め、南泉を下らざると三十餘年。文宗の太和の初め宣城の陸亘、師を請じて山を下らしめ、弟子の禮を伸て法要を說かしむ。太和八年十一月寂、壽八十七。【傳燈錄八】

南泉斬猫 [公案]「一日東西の兩堂猫兒を爭ふ、南泉見て猫兒を提起して曰く、道ひ得ば即ち猫兒を救取す、道ひ得ずんば即ち斬らん。衆對な

し。泉猫兒を斬つて兩斷とす。」【傳燈錄南泉章、碧巖六十三則、無門關第十四則、從容錄第九則】

南泉水牯牛 〔公案〕「趙州南泉に問ふて曰く、有ることを知る底の人は死して後甚の處に向つて去る。泉云く、山前の檀越の家に一頭の水牯牛と作り去る。州云く、師の示誨を謝す。泉云く、昨夜三更月到レ窓。」【會元四趙州章】

南泉白牯 〔公案〕「南泉衆に示して曰く、三世の諸佛有ることを知らず、狸奴白牯却て有ることを知る。」【會元四長沙章、從容錄第六十九則】

南泉牡丹 〔公案〕「陸亘大夫南泉と語話する次に陸云く、肇法師云く、天地與レ我同根、萬物與レ我一體と、也甚だ奇怪なり。南泉庭前の牡丹を指して云く、時人此一株の花を見ると夢の如くに相似たり。」【傳燈錄南泉章、碧巖第四十則、從容錄第

南泉鎌子 〔公案〕「カマ」を見よ。「九十二則】

南泉圓相 〔公案〕「時に慧忠國師法を六祖大師に嗣ぎ、道帝鄉を化し、譽一時に冠たり。時人爭て彼の龍門に登らんと欲す。時に南泉歸宗麻谷の三師同じく去つて、忠國師を禮拜せんとす、中路に至り南泉地上に於て一圓相を畫して云く、道ひ得ば即ち去らん。歸宗圓相の中に於て坐す。麻谷便ち女人拜を作す。泉云く、恁麼ならば則ち去らざるなり。歸宗云く是れ什麼の心行ぞ。」【碧巖第六十九則】

ナンセンブシウ　南贍部州 〔地名〕舊に南閻浮提と云ひ、新に南贍部洲と云ふ、閻浮は即ち贍部にて樹の名、提は洲の義、此洲の中地に贍部樹あれば以て洲名とし、須彌山より南方の鹹海中にあれば南と云ふ。⦿（太平記一八）「此南贍部洲を遍く飛行して」

ナンゼン　難禪 〔術語〕九種大禪の一。修行困難なるよりして此名あり。三種あり。第一の難禪とは菩薩久しく禪定を修して心自在なれども、衆生を救はんが爲に、禪定の樂を捨て欲界に生ずること。第二の難禪とは、菩薩無數量の諸深禪定を修了して、一切の聲聞、辟支佛の上にぬきいづること。第三の難禪とは、菩薩が禪定によりて無上の覺道に達すること。

ナンゼンジ　南禪寺 〔寺名〕初め龜山上皇の離宮なり。妖怪あり、南都の叡尊をして之を治せしむ。怪止まず。乃ち東福寺の普門無關をして之に居らしむ。無關徒侶を率て之に居り、但坐禪するのみ、即ち事なし。上皇大に之を嘉賞し、宮を捨て寺となし、無關を開山となす。時に正應四年なり。山門に瑞龍山太平興國南禪寺の勅額を揭ぐ（南禪寺記）至德三年本寺を以て五山の上に置き、總門に五山之上の額を揭ぐ。（倭漢禪刹次第）

ナンゼンジハ　南禪寺派 〔流派〕日本禪宗十三派の一。臨濟宗の一派にして南禪寺の大明國師普門を開祖とす。

ナンゾク　輭賊 〔術語〕名聞利養道人の功德を壞するもの。【智度論】に「利養如レ賊壞二功德本一。」【智者大師別傳】に「今乃表二諸輭賊一。毛繩截レ骨。」

ナンダ　難陀 〔人名〕Nanda 比丘の名。譯、善歡喜。亦牧牛と名く、孫陀羅難陀に對して牧牛難陀と云ふ。【法華經序品】に「難陀。孫陀羅難陀。」【同文句二】に「難陀亦云二牧牛一。難陀此翻二善歡喜一亦翻二欣樂一。淨飯王遍二十萬釋子一出家。即一人也。有師言。是律中跋難陀。」【法華玄贊一】に「梵云二難陀一。此翻爲レ喜。根本乃是牧レ牛之人。因レ伺二佛牧牛十一事一知三佛具二一切智一。獲二阿羅漢一甚極聰明。音聲絕妙。」

ナンダ　難陀 〔人名〕Nanda 孫陀羅難陀、略して但難陀と云ふ、牧牛難陀と別なり、是れ佛の親弟なり。身の長一丈五尺二寸にして三十相を具す。孫陀羅は豔と譯す。是れ其の妻の號なり、彼れ豔妻を有すれば孫陀羅難陀と稱して以て牧牛難陀に別つ。彼れ其の妻に溺れて出家を樂ばず、佛方便して之を化し阿羅漢を得しむ。【增一阿含經三】に「大體端正與レ世殊異。所謂難陀比丘是。諸根寂靜心不二變易一。亦是難陀比丘。」「ソンダラナンダ」を見よ。

ナンダ　難陀 〔人名〕Nandā 貧女の名。波斯匿王が油千斛を以て佛燈を燃するに欽で一錢を以て油を買ひ一燈を燃す、所謂長者の萬燈より貧女の一燈なり。【賢愚經】

ナンダ　難陀 〔人名〕Nanda 唯識十大論師の一。【唯識述記一本】に「梵云二難陀一。唐言二歡喜一。勝軍祖習。」【春日社三十講最初御願文】に「春日大明神者內證最高。本是安慧難陀之化身也。」

ナンダ　難陀 〔異類〕龍王の名。「ナンダバツナンダ」を見よ。

ナンダイ　難提 〔人名〕Nandi 比丘の名。譯、喜。【增一阿含經三】に「乞食耐辱不レ避二寒暑一。所謂難提比丘是。」【探玄記十五】に「難提此云レ喜。」

難提釋經 〔經名〕一卷、西晉の法炬譯、佛、難提比丘の爲に五法六念を解釋す。雜阿含三十卷に出づ。【辰帙六】(660)

ナンダイ　難提 〔術語〕塔婆の別名。【祖庭事苑一】に「梵云二塔婆一。此言二方墳一。或云二支提一。或云二難提一。此言二滅惡一。」

ナンダイカ　難提迦 〔人名〕Nandik 長者の名。「譯、自喜。【佛本行經二十四】

ナンダイカモツタ　難提迦物多 〔術語〕Nandikāvarta 譯、右旋。佛の德相なり。【慧苑音義上】「ウ

ネウ」を見よ。

ナンダウハナンダ 難陀鄔波難陀 【人名】 難陀、優槃難陀。二龍又は比丘の名。「ナンダバツナンダ」を見よ。

ナンダウバナンダ 難陀優婆難陀 【異類】 二龍王の名。「ナンダバツナンダ」を見よ。

ナンダバツナンダ 難陀跋難陀 【異類】 Nanda-upananda 摩竭陀國に住む兄弟二龍王の名なり。【法華文句一】に「難陀此云二歡喜一。跋難陀此云二善歡喜一。兄弟常護二摩竭陀國一。」【法華經光宅疏一】に「難陀者譯言二歡喜一。跋難陀者爲二善歡喜一也。變爲二人形一佛邊聽レ法。於レ人有二染潤之恩一。見人皆歡喜也。」愚案に跋は優波又は鄔波、又は優婆の約音にして小又は亞、又は近の義、即ち難陀は大龍、跋難陀は小龍なり、或は又兄弟に名け、又は主從に名くるなり。醫設尼、烏波醫設尼。世羅、烏波世羅。等其の例多し。【大疏五】に「第二重廂曲之中置二二龍王一。右曰二難陀一。左曰二跋難陀一。首上皆有二七龍頭一。右手持レ刀左手持二羂索一。乘レ雲而住。」【同疏十】に「難陀跋難陀守門二龍王眞言難徒以二初難字一爲レ體。」

(難陀跋難陀の圖)

見觀(數の字の誤か)義也。即レ觀レ離レ觀而住二於中一。自通達已以利二衆生一也。拔難陀曳拔字勢有二鄔波音一。」【增一阿含經二十八】に「難陀優槃難陀龍王之所レ造。」【智度論三十二】に「如二難陀婆難陀龍王兄弟一。欲レ破二舍婆提城一。雨二諸丘杖毒蛇之屬一。」【華嚴經六十四】に「難陀優婆難陀。」【慧苑音義下】に「難陀此云二歡喜一也。優婆此云レ近也。」⊙(榮花、音樂)「難陀跋難陀二の龍王」

ナンダバツナンダ 難陀跋難陀 【人名】 Nanda-upananda 六群比丘の中に二比丘あり、薩婆多論に難陀跋難陀と云ひ、毘奈耶雜事に難陀鄔波難陀と云ふ。龍王の名に準じて解すべし。

ナンダンボンノウ 難斷煩惱 【雜語】 ⊙(榮花、鳥の舞)に「難斷煩惱。即解斷除。自然智慧。發起慈心。隨類示現。以大慈悲。」四字六句の文なり。出處不詳、文の意は觀音は斷じ難き煩惱を能く斷じて、自然に智慧を生じ、其より慈心を發起し、度すべき衆生の機類に隨ひて種種の身を示現し、大慈悲を以て衆生を度すとなり。

ナンチウシナン 難中之難 【術語】 無上の妙法を信受することの至難なるを云ふ。【無量壽經下】に「若聞二斯經一信樂受持。難中之難無レ過二此難一。」

ナンチナンケン 難値難見 【術語】 生身の如來に値見するとの難きを云ふ。【無量壽經下】に「如來興世難値難見。」

ナンチヤウジヤキヤウ 難長者經 【經名】 越「難經の異名。

ナンチユウサンゲウ 南中三教 【術語】 一に頓教、二に漸教、三に不定教なり。支那齊朝已後江南の諸師此三教を立てて佛一代の所說の法を判釋するに用ひたるを云ふ。即ち頓教とは華嚴經を指し、漸教は阿含經より涅槃經に至る迄の誘引の經を云ひ、不定教とは頓漸の二教に配當すること能はざる勝鬘經金光明經等を云ふ。

ナンヂノサンビヤウ 難治三病 【名數】 謗法と闡提と五逆との化度し難き三機を、不治の重病に喩へしなり。

ナンヂノキ 難治機 【地名】 「ナンケノサンキ」を見よ。

ナンテン 南天 【地名】 南天竺を云ふ。

ナンテンヂク 南天竺 【地名】 五天竺の一。天竺を五方に區劃して南方に當れるを南天竺と云ふ。⊙(水鏡上)「南天竺に龍猛菩薩と申す僧いますなり」

ナンテンノテツタフ 南天鐵塔 【雜名】 古、南印度にありし鐵塔を云ふ。傳說によれば大日如來所說の法門を其上首たる金剛薩埵が輯錄し、經文として塔中に藏せしを、龍樹菩薩が之を開きて、金剛薩埵より其の經典を授かりたりと。この傳說に關して古來法爾、隨緣の二說あり。法爾說によれば鐵塔は龍樹の內心を指したるものにして、吾人各自の心性に外ならずとし、隨緣說によれば鐵塔は實際歷史的に存せしものなりと主張す。

ナンデウモクロク 南條目錄 【書名】 一卷、文學博士南條文雄著A Catalogue of the Chinese Tripitaka と題す。明治十六年英吉利國牛津大學の印書局にて刊行。大明三藏聖教目錄に就て經題の原語を尋ね、翻譯の年次を說き、英文にて註譯を施せしものにして、佛典研究者には不可缺の良書たり。

ナントウ 暖洞 暖寮の異名。「ナンリヤウ」を見よ。

ナントクギヤウ 難得行 【術語】 十行の第八位。「ジフギヤウ」を見よ。

ナントノサンヱ 南都三會 【名數】 「サンヱ」を見よ。

ナントリツ 南都律 【流派】 鑑眞和尙が南山律

師より傳へて我國に將來し、南都に於て弘めし律宗を云ふ。

ナントンホクゼン　南頓北漸　〔術語〕支那に於ける南北兩宗の禪を宗風より呼べる稱。

ナンド　難度　〔術語〕難化に同じ。剛强の衆生濟度し難きなり。

ナンドウ　蠕動　〔雜名〕足なくして動く蟲を總稱す。即ちうごめきうごめくものといふ意にて、腹行する蟲のこと。

ナンドカイ　難度海　〔譬喩〕生死海を云ふ。生死の海深廣にして渡り難きなり。【六十華嚴經五】に「已度二難度海一。」【十住毘婆沙論易行品】に「乘二彼八道船一能度二難度海。」」

ナンドシユジヤウ　難度衆生　〔雜語〕⦿（榮花、鳥の舞）に「難度衆生。能度相現。悲哀衆生。慈如二一子。」四字四句の文なり、出據未詳、但し第二句解しがたし、恐くは寫誤あらん。

ナンナ　難拏　〔物名〕Daṇḍa 檀拏に同じ。閻魔王の印なり。「ダンダ」を見よ。

ナンニフ　難入　〔術語〕無上の妙理は悟入し難きなり。【法華經方便品】に「其智慧門難解難入。」⦿（榮花、本の雫）「難化難入の法華經」

ナンニヨ　男女　〔雜語〕密教の深旨には男女を以て智慧禪定の幖幟とす。【大日經疏三】に「如二本尊形一。女是禪定。男是智慧。」【同五】に「女人是三昧像。男子是智慧像。」【同十五】に「諸尊色類種種不同。大而言レ之略有二二種一。謂男及女。男是智慧故爲レ首。女是三昧爲レ次之也。」

ナンノウホクシウ　南能北秀　〔雜語〕南宗の慧能、北宗の神秀なり。「ナンシユウ」を見よ。

ナンパ　難破　〔術語〕異義を難問し破斥するなり。【中論疏四本】に「即難二破之一。」【慈恩傳四】に「若有下難二破一條一者上。我則斬レ首相謝。」

ナンパウブツケウ　南方佛敎　〔術語〕北方佛敎の對。阿育王以後、印度の南部、錫崙、暹羅、緬甸等の地に傳播せる佛敎を云ふ。此等の地に現存する經典は凡て巴利語にして、小乘敎たり。之に反して北印度より西藏支那等に存在する經典は其の原文殆んど梵語にして大乘敎たり。斯の如く南北に於て其趣著しく異なるを以て、地理的に區分して南方佛敎と稱するなり。

ナンパウグワツリン　南方月輪　〔術語〕金剛界の曼陀羅に五大月輪あり、南方の月輪に五尊あり、寶性如來を中央として寶光幢咲の四菩薩を四親近とす。

ナンパウホウシヤウブ　南方寶生部　〔術語〕金剛界曼陀羅五方の中に南方の月輪に寶生如來を中尊として一切衆生の財寶福德を司れば寶生部と云ふ。

ナンバウムクセカイ　南方無垢世界　〔界名〕龍女の成佛せし淨土の名なり。【法華經提婆品】に「當時衆會。皆見下龍女忽然之間變成二男子一。具二菩薩行一。即往二南方無垢世界一坐二寶蓮華一成二等正覺一。三十二相。八十種好。普爲二十方一切衆生一演中說妙法上。」

ナンブ　南浮　〔地名〕南閻浮提の略。

ナンブ　南部　〔地名〕南贍部洲の略。

ナンブクヂ　難伏地　〔術語〕佛地の異名。他の强力以て佛を降伏するものなし、難伏地と稱す。【勝鬘經】に「降二伏心過惡及與身四種一。已到二難伏地一。是故禮二如來一。」【同寶窟上末】に「如來生不レ能レ生。老不レ能レ老。病不レ能レ病。死不レ能レ死。故云二難伏地一。」

ナンポンネハンキヤウ　南本涅槃經　〔經名〕初め北凉の曇無讖、大乘の大般涅槃經を譯し、四十卷あり、後に南朝劉宋の沙門慧觀、謝靈運等と再治して三十六卷となす、所謂南本涅槃經なり、部文精練、天台の章安尊者此本に依て疏を作る、但世に流通すると罕なり、舊本久しく世間に行はる。

ナンボウキヤウ　難報經　〔經名〕父母恩難報經の略名。

ナンボクノリツ　南北律　〔術語〕招提寺鑑眞和尙所傳の奈良の律義を南律とし、泉涌寺俊芿上人所傳の京地の律義を北律とす。図 南傳の律と云へば現今の巴利律を稱する意味となる。その場合は北傳の律とは漢譯の諸律とす。

ナンボフ　煖法　〔術語〕見道に對する四加行位の第一位、既に總別の念處を經了りて此より專ら四諦の十六行相を觀ずる位也、之が爲め將に見道の無漏智が發せんとして先づ相似の解を生ずると火の發せんとして先づ煖相あるが如きなり。【倶舍頌疏二十三】に「此法如レ煖立二煖法名一。聖道如レ火能燒二惑薪一。聖火前相故名爲レ煖。」

ナンムク　南無垢　〔界名〕南方無垢世界なり。

ナンヤウ　南陽　〔人名〕名は慧忠。六祖の心印を受けて、南陽の白崖山黨子谷に居り、四十餘年山を下らず。肅宗其道行を聞き、上元二年、中使孫朝進に勅して召して京に趣かしめ、待つに師の禮を以てし、千福寺の西禪院に居らしむ。帝屢道を問ひて頗る領會す。代宗の世に及んで迎へて光宅寺に止むること十有六載、機に隨つて法を說く。代宗の大曆十年十二月寂、大證禪師と諡す。【傳燈錄五】

南陽淨瓶 【公案】「肅宗師に問ふ、如何か是れ九十身調御。師乃ち起立して曰く、還た會す麼。曰く、會せず。師曰く、老僧か與めに淨瓶を過し來れ。【傳燈錄五、會元二、從容錄第四十三則】

ナンリウワウキヤウ 難龍王經 【經名】龍王兄弟經の異名。

ナンリヤウ 暖寮 【雜名】ノンリヤウと讀む。

ナンレン 暖簾 【物名】ノウレンと讀む。

ナンヰ 煗位 【術語】四加行位の一。煗法の位なり。「ナンボウ」を見よ。

ナンヰン 南院 【人名】汝州南院の慧顒禪師、又寶應と曰ふ、興化の有奬の法嗣なり。

南院一棒 【公案】風穴南院の會下に在つて園頭となる。一日院園裏に到つて問ふて曰く、南方の一棒作麼生が商量する。穴云く、奇特の商量を作す。穴却て問ふ、和尚此間作麼生が商量する。院棒を拈して起て云く、棒下の無生忍、機に臨で師に讓らず。穴是に於て豁然大悟す。【會元十一風穴章】

ナンヱンダウ 南圓堂 【堂塔】北圓堂に對して南圓堂と云ふ、興福寺に在り。本尊は不空羂索觀音にて、西國巡禮札所第九番なり。弘仁四年藤原冬嗣、弘法と共に之を建て、藤氏の繁榮を祈れるなり。圓堂といへど實は八角なり。⊙(水鏡下)「山階寺の中に南圓堂を建て給ひにき」

に

ニ 尼 【術語】「アマ」を見よ。

ニ 聻 【雜語】又、嚌、詰問の辭の餘聲なり。嚀も同じとなり。【諸錄俗語解】に「聻亦作レ嚌。正字通音ニ儞。梵書嚌爲ニ助語一。如下禪錄云中何故聻未レ見ニ桃花一時聻上。皆語餘聲。」【宗門統要七】に「百丈夾ニ起火一曰。儞道無。這箇嚌。」

ニアイ 二愛 【名數】一に欲愛、衆生妻子を愛念し五欲に貪染するもの。二に法愛、菩薩平等心を以て法喜を生じ一切衆生をして皆佛道に至らしめんと欲するもの。【智度論七十二】

ニアク 二惡 【名數】見思の煩惱、無明煩惱の稱。又、已生惡、未生惡を云ふ。

ニイン 二因 【名數】一に生因、本具法性の理則ち能く一切の善法を發生す、穀麥等の種能く萠芽を生ずるが如し。二に了因、智慧を以て法性の理を照了す、燈の物を照し了了見るべきが如し。【涅槃經二十八】図 【名數】一に能生因、第八識能く眼等の諸識を生起し又一切善惡の因となる、穀麥等の種萠芽を發生する因となる如し。二に方便因、眼等の諸識能く方便と爲て第八識の善惡の種を引發す、水土以て穀麥等の萠芽を發生する方便となる如し。【宗鏡錄七十一】図 【名數】一に習因、貪欲を習へば則ち貪欲愈增長する如し、新譯に同類因と云ふ。二に報因、善惡の因を行ずれば即ち苦樂の報を得る如し、新譯に之を異熟因と云ふ。【四教儀集註中】図 一に正因、衆生本具の理性正しく成佛の因となるもの。二に緣因、一切の功德善根智慧の了因を資助して正因の性を開發するもの。【涅槃經二十八】

ニイン 二印 【印相】一に無相三昧印、菩薩初て八地に入れば、上求むべき佛を見ず、下衆生の度すべきを見ず、沈空多時なるを無相三昧印と名く。二に有相三昧印、此時諸佛七法を以て之を勸起し如幻三昧を以て種種利益衆生の事を爲すを有相三昧と爲す。【演密鈔六】

ニウジユンニン 柔順忍 【術語】心柔智順にして實相の理に乖角せざるを柔順と云ひ、其位地に堪て安住するを忍と云ふ。【維摩經法供養品】に「聞ニ如是法一得ニ柔順忍一。」【注】に「肇曰。心柔智順。堪レ受ニ實相一。未レ及ニ無生一。名ニ柔順忍一。」【無量壽經上】に「一者音響忍。二者柔順忍。三者無生法忍。」

ニウナン 柔輭 【術語】心柔和にして道に隨順するを云ふ。【法華經】に「衆生既信伏。質直意柔輭。」

ニウナンゴ 柔輭語 【術語】柔和の言語能く人の情に適ふもの。【大集經六】に「於ニ諸衆生一常柔輭語。」

ニウワシツヂキシヤ 柔和質直者 【術語】意柔にして道に隨順し、心正しくして僞曲なきもの。【法華經壽量品】に「諸有下修ニ功德一柔和質直者上。則見ニ我身在レ此而說レ法。」(我身とは釋尊なり) ⊙(新拾遺)「濁なき心の水にかげとめてふたたびやどれ山の端の月」(十訓抄五)「法華經には柔和質直者とも又質直意柔軟ともの べて」

ニウワニンニクエ 柔和忍辱衣 【術語】弘經三軌の一。法華を弘通するものは宜く柔和忍辱の心を以て心とすべし、吾心柔和忍辱なれば以て一切瞋恚の害毒を防ぐべし、衣の寒熱の害を防ぐが如し。依て喩とす。【法華經法師品】に「善男子善女人。入ニ如來室一著ニ如來衣一坐ニ如來座一。爾乃應下爲ニ四衆一廣說中此經上。如來室者一切衆生中大慈悲心是。如來衣者柔和忍辱心是。如來座者一切法空是。」⊙(續拾遺)「我ためにうきをしのぶのすり衣みだれぬ色や心なるらん」

（盛衰記九）「柔和忍辱の衣を重ね」

ニエ　二衣　〔名數〕一に制衣、僧衆の三衣、尼衆の五衣の如く、如來制して必ず受持せしむるもの。二に聽衣、長衣、百一資具の如く、如來殊に機緣に應じて之を蓄ふるを聽すもの。制衣は之を受持せざれば罪を得、聽衣は之を畜へざるを罪なしとす。〔行事鈔二衣總別篇〕

ニエン　二緣　〔名數〕內緣外緣の稱。

ニエン　爾焰　〔術語〕又、爾炎。Jñeya 譯、所知、境界、智母、智境。五明等の法能く智慧を生ずる境界となるものを云ふ。〔勝鬘寶窟中末〕に「爾炎謂智母。以能生智故。又亦名爲智境。則五明等法能生智解。故名智母。爲智所照名智境也。」〔同中末〕に「生智境界爲爾炎地。」〔玄應音義十二〕に「梵言爾炎。此譯云所知。亦云應知。」

ニエンテイ　尼延底　〔雜語〕Nyanti* 譯、深入、執取。貪の異名なり。〔玄應音義二十五〕に「尼延底此言深入。貪之異名也。言窮極無厭故以名之。」〔俱舍光記十六〕に「尼延底。此云執取。或云趣入。或云執滯。」

ニオウシン　二應身　〔名數〕一に勝應身、初地已上の菩薩の機に應じて示現する殊妙尊特の佛身なり。一に劣應身、初地以下乃至凡夫の機に應じて示現する劣惡の佛身なり。

ニカ　二河　〔譬喩〕二河白道の喩なり。「ニガビヤクダウ」を見よ。

ニカ　二加　〔名數〕一に顯加、佛、平等大悲を以て常に衆生の機を鑑み、若し宿世の善根成熟し或は現世の精勤怠らざれば光照摩頂等顯に神力を以て加被し其の威力を將し、其の辯才を長ぜしめ、利益顯然として見るべきもの。二に冥加、佛衆生に對して冥に神力を加被し、其の罪を消し、其の德を將し、衆生密に其の利益を得るもの。〔華嚴疏鈔一〕

ニカイ　二戒　〔名數〕二種の戒。各出所によりて各各其名目を異にす。性戒、遮戒（孔目章）道共戒、定共戒（毘婆沙論）威儀戒、從戒戒（涅槃經）隨相戒、離相戒（華嚴經疏）止持戒、作持戒（華嚴經疏）性重戒、息世譏嫌戒（涅槃經）邪戒、正戒（四教儀集註）等。亦四教儀集註にては十戒、具足戒を二戒と稱し、之を出家の二戒と云へり。毘婆沙論にては五戒、八戒を二戒と稱し、之を在家の二戒と云ふ。「カイ」を見よ。

ニカイ　尼戒　〔術語〕比丘尼の持つべき戒律。三百四十一戒あり。然るに南山律師は更に七滅諍を加へて三百四十八戒とせり。普通尼戒を五百戒と云ふは、ただ大數を擧げたるまでにして、實際は三百四十八戒なり。

ニカク　二覺　〔術語〕一に本覺、衆生の心體本來妄念を離れて靈明虛郭、虛空界に等しく、處として徧せざるなし、即ち是れ如來の平等法身なり。之を本覺と名く。二に始覺、衆生本覺の心源無明の熏動に由て覺、不覺となり、多劫迷に在りしもの、本覺內に熏じ修治外に資けて漸く覺悟するを始覺と名け、始覺の究竟即ち成佛なり。〔起信論〕に「所言覺義者。謂心體離念。離念相者等虛空界。無所不徧。法界一相。即是如來平等法身。依此法身說名本覺。乃至始覺義者。依本覺故而有不覺。依不覺故說有始覺。」図一に等覺、大乘の行位五十二位中の第五十一位、等似する覺位を云ふ。又佛の妙覺を去る一等の位なり。二に妙覺、五十二位の終極、佛陀の覺位を云ふ。仁王經には五十一位を立て等覺を略し、本業瓔珞經には五十二位を立てて等覺を開く。図一に自覺、諸佛自ら開覺して妙道を成ずるもの。二に覺他、自既に覺し了て無緣の慈を運ばし、廣く諸法を說て一切衆生を開悟するもの。此二覺を窮滿するを佛陀と名く。〔善見論四〕に「佛者名自覺。亦能覺他。是名爲佛。」〔性靈集八〕に「二覺寂照沒馱之號也。」

ニカラ　尼迦羅　〔植物〕Niṣkala* 樹の名。譯、不黑。不時。〔慧琳音義二十五〕

ニガ　二我　〔名數〕一に人我、二に法我なり。「ニガケン」を見よ。

ニガク　二學　〔名數〕一に讀誦、二に禪思。〔釋氏要覽中〕に「毘奈耶云。佛說。有二種學業。一讀誦。二禪思。」

ニガケン　二我見　〔名數〕一に人我見、一切の凡夫人身は五蘊の假和合なるを了せず、人に常一の我體ありと固執する惡見なり。二に法我見、一切の凡夫諸法の空性を了せず、法に眞實の體用ありと固執する妄見なり。〔起信論下末〕に「人我見者計有總相主宰。法我見者計一切法各有體性。」

ニガシフ　二我執　〔名數〕俱生我執、先天的に生れながら具有する我執。分別我執、後天的我執にして、自己の分別力に依りて生ずるもの。

ニガノヒユ　二河譬喩　〔譬喩〕「ニガビヤクダウ」を見よ。

ニガビヤクダウ　二河白道　〔譬喩〕衆生の貪瞋を水火の二河に、淸淨の願往生心を中間の白道に譬へしもの。〔觀經散善義〕に「譬如有人欲向西行百千里。忽然中路見有二河。一是火河在南。二是水河在北。二河各闊百步。各深無底。南北無邊。正水火中間有一白道。可闊四五寸許。此道從東岸至西岸。云云。」〔智度論三十七〕に「河譬如人行狹道。一邊深水。一邊大火。二邊俱死。」

ニキカイ　二歸戒　〔術語〕佛寶僧寶の二に歸依

する戒法なり。【釋氏要覽上】に「五分律云。初佛成道。爲二賈客及女人須闍陀並五比丘一皆受二二歸緣一。未レ有レ僧故。」

ニキヤウタイ 二經體 〔名數〕 經典の文と義とを云ふ。經は一面より見れば義を顯はす文字のみ也、然れども他面より見れば文によりて顯はされたる義理のみ也。故に文と義とを二種の經體とす。

ニキラ 二吉羅 〔名數〕 突吉羅罪に二種を分ち、一を惡作と云ふ、非如法の動作なり。二を惡說と云ふ、非如法の言語なり。「トキラ」を見よ。

ニギ 二義 〔名數〕 一に了義、諸大乘經中明了に究竟眞實の理を說くもの。煩惱即菩提、悉有佛性の如き是なり。二に不了義、諸經中實義を隱蔽して方便の說を爲すもの、我を空ずる爲に法有を說き、法有を遣る爲に皆空を說く如き是なり。【圓覺經略疏】

ニギヤウ 二行 〔名數〕 一に見行、我見邪見等總て非理に推度する迷理の惑なり。即ち見修二惑中の見惑なり。二に愛行、貪欲瞋恚等の迷事の惑なり、其の中愛惑主要なれば一を擧げて他を攝するなり、即ち一切の修惑なり。行とは心行と熟し、心識の行動を云ふ。【涅槃經十五】に「人有二二種一。一者見行。二者愛行。見行之人多修二慈悲一。愛行之人多修二喜捨一。」【智度論二十一】に「衆生有二二分行一。愛行見行。愛多者著レ樂多縛三在外結使行一。見多者多著二身見等行一。爲二內結使縛一。」図 煩惱所知の二障の現行なり。【華嚴經十二】に「妙悟皆滿。二行永絕。」【同疏鈔十二】に「凡夫二乘現三行二障一。世尊無故。凡夫現三行生死一起二諸雜染一。即煩惱障。二乘現三行涅槃一辨二利樂事一。世尊無二彼二事一故云二永絕一。」図 唐の善導往生淨土の行業に就て二種を分別す、一に正行、正しく彌陀法を行ずるもの、之に五種あり、一に讀誦正行、一心に專ら淨土の三部經等を讀誦するなり、二に觀察正行、一心に專ら淨土の依正二報の莊嚴を思想觀察するなり、三に禮拜正行、一心に專ら彼佛を禮するなり、四に稱名正行、一心に專ら彼佛の名號を稱ふる也、五に讚嘆供養正行、一心に專ら彼佛を讚嘆し供養するなり。二に雜行、上の五正行を除て自餘の諸善萬行を修して淨土の行に廻向するもの。雜行無量なり、姑く上の五正行に對して亦五雜行を明かす。讀誦雜行乃至讚嘆供養雜行なり。讀誦雜行とは上の三部經等を除て自餘の諸經を讀誦して淨土の行に廻向し、乃至讚嘆供養雜行とは阿彌陀佛を除て自餘の諸佛菩薩を讚嘆供養して往生淨土の行となすなり。【觀經散善義、撰擇集二行章】

ニクイロ 肉色 〔雜語〕 肉に似たる赤き色を云ふ。【涅槃經十五】に「如下提婆教二闍王一欲上害二如來一。是時我入二王舍城一乞レ食。王放二醉象一。其象見二我被服赤色一謂二是肉一。」【大莊嚴論】に「鷲珠比丘。著二赤色衣一乞レ食。到二一穿珠鷲一。衣色映レ珠鷲謂二是肉一。遂呑レ之。」

ニクウ 二空 〔名數〕 一に人空、又我空、生空と曰ふ、人我の空無なる眞理なり、凡夫濫に五蘊を計して我となし、强て主宰を立て、以て煩惱を引生し、種種の業を造る、佛此計を破らんが爲に五蘊無我の理を說く、二乘之を悟て無我の理に入るを人空と云ふ。二に法空、諸法の空無なる眞理なり、二乘の人未だ法空の理に達せず、五蘊の法實なりと計して一切の所知障を免れず、佛之が爲に五蘊の自性皆空を說く、菩薩之を悟て諸法の皆空の理に入るを法空と云ふ。【唯識論一】に「今造二此論一。爲下於二二空一有二迷謬一者生中正解上故。生レ解爲レ斷二二重障一故。由レ執二我法一二障具生。若證二二空一彼障隨斷。」図 一に性空、法に實性なきを云ふ。二に相空、法既に實性なし、但假名字の相あり、此相亦實にあらず相空と名く。【止觀五】に「當レ知無生之心不二自不一レ他不レ共不レ離。無二四性一。無二四性一故名二性空一。性空即無心。而言二心者但有二名字一。名字不レ在二內外一是名二相空一。」又「如レ是破已三假四句陰入皆無二實性一。即是性空。但有二名字一。名字即空是名二相空一。」図 一に但空、二に不但空なり、台家の所明なり。凡そ四教に於て各空理を說く、而て藏通二教の空を但空と云ひ、別圓二教の空を不但空と名く、【七帖見聞二末】に「但空不但空に二義あり、一に藏通には三諦を明かさずして但空理ばかりを至極の理と談ずる故に但空と名くる也、別圓には但だ空のみにあらず、亦假中なるが故に三諦の中の空を不但空と名くるなり。二に別圓の空は三諦相即の空なれば不但空なり、藏通の空は假中を具せざる空なれば但空と名くるなり。」又、藏通二教に就て藏教所詮の折空の空を但空と名け、通教所詮の體空の空を不但空と名く、體空の內暗に中道を含めばなり。【止觀三】に「大論云。空有二二種一。一但空。二不但空。大經云。二乘之人但見二於空一不レ見二不空一。智者非二但見レ空。能見二不空一。不空即大涅槃。」図 一に如實空、眞如の體內に一切の妄染なきを云ふ、二に如實不空、眞如の體內に一切の無漏の功德を具するを云ふ。【起信論】に「眞如者。依二言說一分別有二二種義一。云何爲レ二。一者如實空。以二能究竟顯レ實故。二者如實不空。以下有二自體一具中足無漏性功德上故。」

ニクイン 二九韻 〔術語〕 梵語の動詞の變化を示すを丁岸哆聲と名け、十八の不同あり、二九韻と名く。【寄歸傳四】に「二九韻者。明二上中下尊卑彼此之

別。言有二十八不同。名二丁岸哆聲一也。」「チゲンタ」參照。

ニクウクワン　二空觀　〔術語〕一に無生觀、法は自性なきも相由るが故に生ず、生ずれども實有にあらざれば是れ即ち空と爲す、性自から不生なるを以て無生と曰ふ。是れ南山所立三觀中の性空觀に同じ。二に無相觀、性は體なし、相即無相なり、相ありと見るは猶凡夫の妄情なり、妄法を離れて相なきと明眼に空華なき如し。是れ彼の三觀中の相空觀なり。【遊心法界記上】

ニクウクワン　二空觀　〔術語〕人空我空の理を「思惟する觀法なり。

ニクケイ　肉髻　〔術語〕梵名、烏瑟膩沙 Uṣṇīṣa 佛の頂上に一の肉團あり、髻の狀の如し肉髻と名く、即ち三十二相の中の無見頂相なり。【大般若三百八十一】に「世尊頂上烏瑟膩沙。高顯周圓猶如二天蓋一。是三十二。」【玄應音義三】に「肉髻。梵言二嗢瑟尼沙一。此云レ髻。即無上依經云二鬱瑟尼沙頂骨涌起自然成一レ髻是也。」⊙（近松、誕生會）「肉髻の光明に」

ニクゲン　肉眼　〔術語〕五眼の一。人間肉身の眼なり。【無量壽經下】に「肉眼淸徹靡レ不二分了一。」

ニクゴブ　二九五部　〔術語〕小乘の宗計に二九十八部の分派あり、又律宗に五部の分派あるを云ふ。

ニクシン　肉心　〔術語〕肉團心なり。即ち心臟を云ふ。【瑜伽倫記一上】に「阿賴耶識。初受生時最初託處即名二肉心一。若識捨二肉心一即名爲レ死。」

ニクシン　肉身　〔術語〕父母所生の人身を云ふ。

肉身菩薩　〔菩薩〕生身の菩薩と言ふ如し、父母所生の人身にして而も菩薩の深位に至れる人を云ふ。宋朝の求那跋多羅三藏、六祖大師を懸記して肉身菩薩と稱す【楞嚴經八】に「是淸淨人修二三摩地一。父母肉身不レ須二天眼一。自然觀二見十方世界一。」【六祖壇經】に「宋朝求那跋多羅三藏。創建立レ碑曰。後當下有二肉身菩薩一於レ是授上レ戒。」

ニクジキ　肉食　〔術語〕鳥獸魚介の肉を食すること。佛初め小乘敎に於て三種の淨肉を食ふを許し、後、大乘敎に於て一切肉を食ふを禁ず、菩薩の大悲心を害すればなり。【涅槃經四、智度論四十九、同八十八】「ジキ」を見よ。

ニクセン　肉山　〔術語〕比丘虛しく信施を受ければ死して後大肉山となりて其の債を償はざるを得ず。【輔行一】に「虛受二信施一後爲二肉山一。」【楞嚴經八】に「誑妄說レ法。虛食二信施一。至乃爲二大肉山一有二百千眼一無量咂食。」【僧護經】に「佛告二僧護一。汝見肉山者是地獄人也。迦葉佛時是出家人爲二典座一。五德不レ具少有二威勢一。偸二衆僧物一斷二僧衣裳一。故入二地獄一作二大肉山一。火燒受レ苦。至レ今不レ息。」【五百問論】に「昔有二比丘一。多乞積聚。既不レ爲レ福又弗レ行レ道。命終作二肉駱駝山一。」

ニクダ　尼拘陀　〔植物〕Nyagrodha 又、尼瞿陀、尼俱陀、尼拘律、尼拘尼陀、尼拘盧陀、尼俱類、尼拘類陀、尼拘婁陀、尼拘屢陀、諾瞿陀など。樹の名。原語は下に生長する樹の意味なり、即ち榕樹（Ficus-Indica）なり。下の諸釋中縱廣樹を以て最も當れりとす。【玄應音義三】に「尼拘尼陀。應レ云二尼拘盧陀一。此譯云二無節一。亦云二縱廣樹一也。」【同二十四】に「尼拘陀。作二尼拘陀一。或尼拘類陀。或尼拘屢陀。」【同二十二】に「諾瞿陀。舊經中作二尼拘陀一。或言二尼俱盧陀一。亦作二尼俱律一。又作二尼俱類一。皆訛也。舊譯云二無節一。或言二縱廣一也。」【慧琳音義十五】に「尼拘陀。此樹端直無節。圓滿可レ愛。去レ地三丈餘。方有二枝葉一。其子微細如二柳花子一。唐國無二此樹一。言二是柳樹一者訛也。」

ニクダ　泥瞿陀　〔人名〕Nyagrodha　沙彌の名。甞て阿育王の殿前に於て嚴正の威儀を現じ、王爲に婆羅門を捨てて沙門に歸敬す。【善見律一】

ニクダボンシキヤウ　尼拘陀梵志經　〔經名〕一卷、宋の施護譯。長阿含散陀那經と同本。佛尼拘陀梵志の所に至つて彼を詰問す、彼れ默して答ふると能はず。【昃帙十】（95）

ニクダンシン　肉團心　〔術語〕梵に紇利陀耶 Hṛdaya 肉團心と譯す、即ち意根の所託、其の形八瓣の肉葉より成ると云ふ。【圓覺略鈔一】に「紇利陀。謂肉團心。」【名義集六】に「紇利陀耶此云二肉團心一。即意根所託也。故云。意如二幽室見一。」

ニクトウ　肉燈　〔術語〕肉を剜て燈を燃し以て佛を供養するもの。【宗鏡錄二十六】に「身座肉燈。歸命供養。」「見よ。

ニクニダ　尼拘尼陀　〔植物〕樹の名。「ニクダ」を「見よ。

ニクボンクワ　二倶犯過　〔術語〕華嚴の圓敎は法華の圓敎と同一なれど、其の圓敎には別敎の麁を兼ぬるを以て彼の圓敎純一たるを得ず、故に法華の如く稱して妙と名くるを得ず、之を譬へて二倶犯過と云ひ、又二人倶犯と云ふ。【釋籤一】に「總結二四味一不レ立二妙名一。爲二何所以一。以二兼等一故。判レ部屬レ麁。如下麁人細人二倶犯レ過。從二過邊一說倶爲中麁人上。」

ニクリツ　尼拘律　〔植物〕樹の名。「ニクダ」を見よ。

ニクリツダ　尼拘律陀　〔植物〕樹の名。「ニクダ」を見よ。

ニクワ　二果　〔術語〕小乘四果の第二、一來果なり、梵名斯陀含。Sakṛdāgāmin

ニクワ　二果　〔名數〕一に習氣果、宿世に善惡を修習せし氣分に由て今生に善惡の果を感ずるを云ふ、

往昔に善を修するが故に今生に善心强く、往昔に惡を修するが故に今生に惡心强きが如し。二に報果、宿世の善惡の因に依て今生の苦樂を感ずるを云ふ、前の習氣果は等流果、後の報果は異熟果なり。【阿毘曇論一】

ニクワウ　二光　【名數】一に色光、佛身より發する光明にして、眼に見るべきもの。亦身光と名く。二に心光、佛心より發する光明にして常に衆生を照護するもの。往生論註には之を智慧光と云ふ。【六要鈔三末】に「言二心光一者。此非下光分二身相心想一其體各別上。只就二義門一宜レ得二其意一。以二佛慈悲攝受之心一所二照觸一光名二心光一。是念佛行相ニ應佛心一。其佛心者慈悲爲レ體。乃至是故照ニ觸稱名行人一之大悲之光得二心稱一耳。私案。觀佛三昧所觀所見之光明等可レ預二身光之者一耶。」【撰擇集決疑鈔三】に「心光者佛心所起光明故名二心光一。論註稱二智慧光一與レ今同也。」図一に常光、諸佛の身より常に放つ光明なり、釋迦佛の一尋の光明阿彌陀佛の無量の光明の如し。二に神通光、諸佛の一機の衆生に對して神力を以て殊に放つ光明なり、釋迦の法華經を說かんとして東方萬八千土を照し、彌陀佛の神光を放つて月蓋が門に臨むが如し。【輔行一】に「若放二一光一等者。常光一尋則不レ言レ放。尋外之光故云二神變一。」【觀經記三、撰擇決疑鈔三】

ニクワン　二觀　【名數】一に事觀、因緣所生の事相を觀ずるなり、二に理觀、萬法の實性を觀ずるなり。諸宗の觀法各此二觀を分つ、姑く天台一家の如きは占察經に說く唯識實相の二觀を以て事理の二觀とし、唯識觀を以て事觀とし、實相觀を以て理觀とす。【七帖見聞二末】に「一家の觀門に事理の二觀あり、實相觀は理觀なり、唯識觀は事觀なり、抑も實相觀と名くるとは一心の本性が實相の妙理にしてもとより三諦の妙法第九識の本分なり、其の實相の理のままに心性を觀ず、故に實相觀と名く、是れ即ち九識の觀なり、又は理觀と名くるなり。唯識觀とは起念に就て四性推撿の觀を用ふるなり。又は四性區得の觀と名くるなり。事相浮僞の起念に就て觀心を用ふる故に事觀と名くるなり。是を唯識と名くるとは識は分別の義なり、歷緣對境して六根が六境を緣じて慮知分別するとき、起念出來する故に唯識と云ふなり。是れ六識觀なり。此二種の觀は本說占察經より出づ、山家大師在唐の時委しく決判す。」

ニクワンゼウ　二卷鈔　【書名】見眞大師の著、愚禿鈔二卷あり、後弟愚禿の號を避て二卷鈔と稱す。

ニグ　二求　【名數】衆生の有する二種の欲求なり。即ち得求、命求にして、得求とは諸の樂を得んと求むること。命求とは長く樂を得ん爲に長命を求むるを云ふ。

ニグ　二愚　【名數】菩薩十地の中に各二種の愚法「ありて斷ずべし。【百法問答鈔七】

ニグワツセン　二月懺　【行事】東大寺羂索院に於て每歲二月朔日より二七日の間、實忠和尙の感得せる兜率天の儀軌を修するを二月懺又は修二月法と名く、天平勝寶四年實忠和尙より之を始む。【元亨釋書實忠傳】

ニグワツダウ　二月堂　【堂塔】東大寺中の羂索院の別名。此處に於て每歲二月朔日より二七日の間二月懺を修すればなり。【元亨釋書實忠傳】に「釋實忠。亙辨之徒也。甞神ニ遊兜率內宮一見二四十九重摩尼殿一。有二一所一榜曰二常念觀音院一。見二其修法儀一心甚信慕。便乞二聖衆一而得レ軌。覺後欲二修法一而無二尊像一。常持念欣求。一日歷ニ遊攝州難波津一。忽見二閼伽器浮レ浪來一。近視則十一面大悲像駕二于器一也。忠喜而取レ之。銅像也。其長七寸暖如二人膚一。朝廷聞レ之於二東大寺一建二羂索院一安レ之。忠每歲二月朔對レ像修二兜率軌一者二七日。始二天平勝寶四年一至二大同四年一。五十八歲未二甞有レ缺。俗號二修二月法一。至レ今不レ絕。」

ニケ　二假　【名數】一に無體隨情假、世間の人心外の境に於て實我實法を執す、此の實我實法は徧計所執性にして實體あるにあらず、但一の妄情のみ、世人は此妄情に隨つて虛假に我法を執するなり、故に之を無體隨情假と云ふ。是れ世間常用の我法なり。二に有體施設假、依他起性の上に假に施設する我法を云ふ、即ち內識所變の見相二分は依他法にして、實の種子より生じて實の體用あり、此體用に就て假に我法の名を付すれば有體施設假と名く、是れ聖敎中所用の我法なり。【唯識論一】

ニケウ　二敎　【名數】一に顯敎、二に密敎なり。天台は釋迦佛の說法の作法に就て顯密の二敎を立つ。即ち一會の大衆に對して顯露に法を說き、互に相知らしむるを顯露敎とし、此時更に密かに餘衆に對して法を說き、一會の人をして之を知らしめざるを秘密敎と云ふ。鹿園の會に、八萬の諸天深法を聞くが如し。故に我に在て顯露敎なるもの、彼に於ては秘密敎たり。彼に在て秘密敎たるもの、我にありては則ち顯露敎なり。【法華玄義一】に「如來於レ法得二最自在一。若智若機若時若處。三密四門無レ妨無レ礙。此座說レ頓。十方說レ漸。說二不定一。頓座不レ聞二十方一。十方不レ聞二頓座一。或十方說レ頓說二不定一。此座說レ漸。各各不二相知聞一。於レ此是顯於レ彼是密。或爲二一人一說レ顯。或爲二多人一說レ漸說二不定一。或爲二一人一說レ漸。爲二多人一說レ漸。各各不二相知一。

互爲二顯密一。或一座嘿《ニハ》。十方說《ニハ》。十方嘿《ニハ》。一座說《ニハ》。或俱嘿或俱說。各各不二相知一。互爲二顯密一。」次に又眞言所立の顯密二教は、釋迦佛所說の大小乘一切を顯教とし、大日如來所說の兩部の大法を密教とす。釋迦佛は化身なり、化身の說法は各所化の機に應じて說き、其の法、顯露にして淺略なれば顯教と云ひ。大日は法身なり、法身法樂の爲に自らの眷屬を集めて內證の境を說く、其の法秘奧にして不可思議なれば密教と云ふ。【顯密二教論上】に「應化《ノ》開說名曰二顯教一。言顯略《ニシテ》逗《リ》レ機。法佛《ノ》談話謂二之密藏一。言秘奧實說《ニシテ》。」

ニケウ　二教　【名數】　一に漸教、二に頓教なり。三義あり、一は佛の化儀に就きて之を分つ。如來成道して直に大乘の菩薩に對して頓に大乘の法を說くを頓教とし、阿含より巳下法華涅槃に至る迄、二乘の弟子に對して、始めに小乘を說き、終に大乘に會するを漸教とす。齊朝の隱士劉虬、淨影の慧遠等、此義に依て頓漸二教を立て、大乘義章一本、華嚴玄談四　天台の漸頓、亦此意に依て 法華 を漸圓教となす。彼宗之を約部の頓漸と云ふ　【法華玄義一】に「若低頭。若小音。若散亂。若微善。皆成二佛道一。不レ令レ有三人獨得二滅度一。皆以二如來滅度一而滅二度之一。具如二今經一。若約《スハ》二法被《ルニ》一レ緣《ニ》名二漸圓教一。若約二說《ノ》次第二醍醐味《ノ》相。」二は機の漸頓に就て之を判ず。漸悟の機に對して初に小乘、後に大乘を說き、大の小に由て起るを漸教とし、頓機に對して直に大乘を說き、大の小に由らざるを頓教とす。隋の誕法師等、此義に依て二教を立て、五教章上二　天台亦此意に依て觀經を判じて頓教とす。觀經は凡夫の韋提希に對して直に大乘の圓教を說くればなり。三は法の偏圓に就て漸頓を分つ、偏僻迂曲の方便教を漸教とす、圓教を除いて自餘の諸教是なり。直に成佛する圓滿至極の法を頓教とす。圓教是なり。台家之を約教の頓漸と云ふ。【止觀三】に「漸名二次第一。藉レ淺由レ深。頓名二頓足頓極一。此亦無二別意一還扶二成偏圓一。三教止觀悉皆是漸。圓教止觀名レ之爲レ頓。」

ニケウ　二教　【名數】　一に界內教、二に界外教。台家所立の四教の中に藏通の二教は凡夫の生死浮沈する三界を出離解脫するを說く教法なれば之を界內教と云ふ。二に界外教、別圓二教は旣に三界を出離する人が三界の外の方便土又は實報土の變易生死を出離解脫することを說く教法なれば之を界外教と云ふ。【七帖見聞三本、同七本】

ニケウ　二教　【名數】　一に半字教、悉曇章の生字の根本にして未だ字體を成さざるを半字とす、以て不了義の小乘教に譬ふ。二に滿字教、毘伽羅論の文字の具足するを滿字とす、以て了義究竟の大乘教に譬ふ。故に半滿二教は大小二乘の異名なり。此說涅槃經に出づ、西晉の曇無讖は此義に依て二教を立つ。【涅槃經五】に「如下彼長者教二半字一已次爲《ニ》演《ニ》中說毘伽羅論上。我今亦爾。爲二諸弟子一說二於半字九部經一已次爲《ニ》演二說毘伽羅論一。所謂如來常存不變《ナリ》。」【止觀三】に「半者明二九部法一也。滿者明二十二部法一也。世傳涅槃常住始《テ》復是滿。餘者悉半。菩提流支云。三藏是半。般若去《ヨリテ》皆滿。今明《ス》半滿之語直是扶二成大小一。前已析《ト》體《ト》判二大小一。今亦以二體《ト》析《トヲ》一判二半滿一如レ前。」【群疑論探要記十四】に「小乘《ノ》九部妙義未レ究故名二半字一。大乘《ノ》三部正理已顯故名二滿字一。」【大乘義章一】に「聲聞藏《ノ》法狹劣名レ小。未レ窮名レ半。菩薩藏《ノ》法寬廣名レ大。圓極名レ滿。」図 煩惱を增長する言說を半字とし、善法を增長する言語を滿字とす。【涅槃經八】に「半字義者。皆是煩惱言說之本。故名二半字一。滿字者。乃是一切善法言說之根本也。」譬如下世間爲レ惡之者爲二半人一修レ善之者名爲中滿人上。」

ニケウ　二教　【名數】　涅槃經の二教なり。台家の意に依るに佛最後に涅槃經を說くに二意あり。一は在世の弟子機根未熟にして法華の開會に漏れしものの爲に更に藏通別圓四教を說き、遂に一乘圓常の妙理に歸入せしめ、以て法華の殘類を捃拾すれば法華を大收教とし、涅槃を捃收教と名く。又之を常住の涅槃と名け三悉檀 對治除く の涅槃と云ふ。【文句十上】に「今世五味。節節調伏。收羅結撮。歸二會法華一譬如二田家春生。夏生耕種耘治。秋收冬藏。一時穫刈一。自二法華一已後。有二得道一者。如二捃拾一耳。」【釋籤二】に「法華開《スルハ》レ權如三已破二大陣一。餘機至レ彼。如二殘黨不レ難。故以二法華一爲二大收一。涅槃爲二捃收一。」【四教儀】に「說二大涅槃一有二二義一。一爲二未熟者一。便說二四教一。具談二佛性一。令下具二眞常一入中大涅槃上。故名二捃收教一。」二に末代の比丘惡見を起し、佛は涅槃に入れば無常なりと執し、又或は偏に理性を貴で戒律の事行を廢し、遂に法身常住の命を失ふが故に、佛其の末代の惡見を對治して常住の命を贖ふ爲の故に、之を贖命涅槃と云ひ、又對治無常涅槃と云ふ。此の贖命涅槃に就て單複の二義あり。涅槃經は唯戒律を說くと見るは單の義なり、乘門と戒門と共說すと見るは複の義なり。單の義に依れば、此の經は律を扶くるなり、律は是れ常住の命を贖ふの重寶なり。若し複の義に依れば、乘及び戒なり。此の涅槃經は律を扶けて常を請じ乘戒具足す。故に常住の命を贖ふの重寶となすなり。依りて贖命涅槃を扶律談常教と云ふ。【法華玄義十】に「涅槃《ハ》臨レ滅更扶二三藏一誡二約三乘一。使丁末代鈍根不丙於二佛法中一起乙斷滅見甲。廣開二常宗一破二此顚倒一令二佛法久住一。」【釋籤二】に「彼經《ノ》部《ノ》前後諸文扶レ事說レ常。若末代中《ノ》諸惡比丘破レ

戒說二如來無常一。及讀二誦外典一。則並無二乘戒一。失二常住命一。賴下由二此經一扶律說常上則乘戒具足。故號二此經一爲下贖二常住命一之重寶上也。」

ニケウ　二敎　[名數]　一に偏敎、偏僻の敎、藏通別三敎の所明是なり、二に圓敎、圓滿の敎、第四の圓敎の所明是なり。弓娥より十四夜に至るまで皆偏月と稱し、唯十五夜即ち滿月と稱するが如し。故に小乘又半字敎の名は三藏敎に局り、偏敎の名は別敎に至る。【止觀三】に「偏名二偏僻一。圓名二圓滿一。」

ニケウ　二敎　[名數]　一に權敎、藏通別の三敎、實敎の爲に權りに施設して還て廢するもの。二に實敎、如來出世の元意眞實の敎法、第四の圓敎是なり。【止觀三】に「權者是權謀。暫用還廢。實是實錄。究竟旨歸。乃至一大事出世元爲二圓頓一實止觀一而施二三觀止觀一。」

ニケウ　二敎　[名數]　一に世間敎、三界の善處に生ずべき善法なり。二に出世間敎、生死を出離する三乘の敎法なり。【大乘義章一】に「聖敎雖レ衆要唯有レ二。一是世間。二是出世。三有善法名爲二世間一。三乘出道名二出世間一。」

ニケウ　二敎　[名數]　一に了義敎、大乘經の所說、顯了に深義を盡すもの。二に不了義敎、小乘の所說、顯了に實義を盡さざるもの。【涅槃經六】に「依二了義經一不レ依二不了義經一。乃至聲聞乘名二不了義一。無上大乘乃名二了義一。」

ニケウ　二敎　[名義]　江南の印法師、敏法師等の一代敎の所判なり。一に屈曲敎、法華涅槃等の釋迦所說の經にして物機に逐して正道を屈曲して說くもの。二に平道敎、華嚴經の如き盧舍那佛所說にして法性に隨て平等の法を說くもの。【五敎章上】

ニケウ　二敎　[名數]　一に化敎、如來一代施化の敎、通じて內衆受道の弟子及び外衆在俗の人に敎へて皆之に依りて修行して生死の苦を出離せしむるもの、經藏の所明是なり。二に制敎、如來諸の戒律を說き專ら內衆受道の弟子を禁制し如法に受持して聖果を成ぜしむるもの、律藏の所明是なり。【華嚴孔目章】

ニケウロン　二敎論　[書名]　顯密二敎論の略。

ニケフ　二脇　[術語]　二脇士の略。

ニケフジ　二脇士　[術語]　又、二挾侍。彌陀如來の兩脇に觀音勢至の二菩薩あり、藥師如來の兩脇に日光月光の二菩薩あり、釋迦如來の兩脇に文殊普賢の二菩薩あるなど之を兩脇士と云ふ。又二挾侍と書す。

ニケン　二見　[名數]　一に財慳、財物を恪惜して諸の窮困を見るも惠施せざるもの。二に法慳、佛法を慳惜して肯て他人を敎導せざるもの。【地持經三】

ニケン　二見　[名數]　一に有見、實に物ありと固執する見なり、又實性を增益する妄見なり。二に無見、實に物なしと固執する見なり。又實性を損滅する妄見なり。此有無の二見は汎く一切法に通じ、邊見中の斷常は二見は人身に就ての有無の二見なり。【智度論七】に「復有二二種見一。有見無見。」

ニケン　二見　[名數]　一に斷見、邊見の一分、人の心身は斷滅して續生せずとの一邊を固執する妄見なり、即ち無見なり。二に常見、邊見の一分、人の心身は過現未共に常住にして間斷なしとの一邊を固執する妄見なり。即ち有見なり。【智度論七】に「見有二二種一。一者常一者斷。常見者見二五衆常一心忍樂。斷見者見二五衆滅一心忍樂。」

ニケン　尼犍　[流派]　Nirgrantha 又、尼虔、尼乾、尼健、六大†道の一。尼犍具に尼犍陀。離繫、不繫、無結など譯す。三界の繫縛を離るる義なり。是れ外道出家の總名なり、但此外道、殊に裸形塗灰等離繫の苦行を修すれば總名を取て別名とす。而して佛法より之を毀て無慙と名く。彼の母の名を若提 Jñāti と名く、親友と譯す、彼れ其子なれば尼乾陀若提子 Nirgranthajñātiputra と云ひ、又師の門徒を尼乾陀弗呾羅 Nirgranthaputra 尼乾子、尼乾陀子と云ふ。弗呾羅を子と譯し門徒を指稱す。【注維摩經三】に「肇曰。尼犍陀其出家總名也。如二佛法出家名二沙門一。若提母名也。其人謂罪福苦樂本有二定因一。要當二必受一。非二行道所二能斷一也。」【法華文句記九】に「在家事レ梵名二梵志一。出家外道通名二尼乾一。」【唯識述記一本】に「尼虔子。今言二尼犍陀弗呾羅一。翻爲二離繫子一。苦行修二勝因一名爲二離繫一。露形少二羞耻一。亦名二無慙一。本師稱二離繫一。是彼門徒名レ之爲レ子。」【同一末】に「以二其露形一佛法毀レ之曰二無慚一。即無二慚羞一也。」【慧琳音義二十六】に「尼乾陀此云二無繼一。是外道總名也。若提云二親友一。是母名。」【玄應音義六】に「尼乾或作二尼乾陀一。應レ言二泥健連他一。譯云二不繫一也。」【同十】に「其外道。拔レ髮露レ形。無レ所二貯畜一。以レ手乞レ食隨レ得即噉也。」【俱舍光記十五】に「離繫。梵云二尼乾陀一。彼謂內離二煩惱繫縛一。外離二衣服繫縛一。即露形外道也。」

ニケンシ　尼犍子　[流派]　尼虔子。尼犍外道の門徒なり、子は弟子の義。「ニケン」を見よ。

ニケンシモンムガギキヤウ　尼乾子問無我義經　[經名]　一卷、馬鳴菩薩集。宋の日稱等譯。尼犍外道、大乘學者の所に詣で無我の義を問ふ、大乘學者爲に無我の義を說く偈頌あり。【藏帙九】

ニケンダ　尼乾陀　[流派]　又、尼犍陀。略して尼乾と云ふ。「ニケン」を見よ。

ニケンダカ　尼建他迦　〔異類〕又、尼延他柯、夜叉の名。譯無咽。【大孔雀經上】梵 Nirkaṇṭhaka

ニケンダシ　尼乾陀子　〔流派〕尼乾子に同じ。

ニケンダニヤクダイシ　尼犍陀若提子　〔流派〕尼乾陀若提子 Nirgrantha-jñāti-putra 六師外道の本師を云ふ。尼犍陀は苦行外道の總名なり、若提は其の師の母の名なり、若提の子なれば、若提子と云ふ。母の名を標すると舍利子の如し。「ニケン」を見よ。

ニケンダホタラ　尼犍陀弗咀羅　〔流派〕譯、「離繫子」。「ニケン」を見よ。

ニケンド　尼犍度　〔術語〕Bhikṣuṇī-khaṇḍa 四分律二十犍度の一。比丘尼の戒律を明かす篇章の名。犍度は聚の義蘊の義。篇章の異名なり。

ニゲ　二礙　〔名數〕又、二障と名く。「ニシヤウ」を「見よ。

ニゲダツ　二解脱　〔名數〕一に慧解脱、智慧能く一切の煩惱障を離れて涅槃を證するもの。二に心解脱、心識能く一切の定障を離れて滅盡定に入るを得るもの。【成實論十】図 一に慧解脱、慧能く煩惱障を離れて涅槃を證するもの。二に倶解脱、慧解脱と共に定解脱を得るもの。又心解脱と名く。【倶舍論二十五】

ニゲン　二現　〔名數〕佛の尊特身の相好に於て、須現、不須現の二あり、須現には中道の智眼未だ開けざる者の爲に、丈六の應身、廣大無邊の身相を現起するなり。不須現とは、中道の智眼已に開きたる者は、丈六の佛身其のままに周遍法界の妙身なりと觀ずる故に、佛の方より更に廣大の尊特相を現ずるを要せざるなり。法華の龍女が佛の三十二相を見て、微妙淨法身と讚嘆する如し。此中須現は別教の機にして不須現は圓教の機なり、依て華嚴は別教を兼ぬる故に彼は須現の尊持、法華は純圓なるが故に不須現の尊特なりと云ふ。【觀經妙宗鈔下】

ニコン　耳根　〔術語〕六根の一。聲境に對して耳識を生ずるもの。即ち耳官なり。

ニコン　二根　〔名數〕一に利根、佛道を修するに於て根性の銳利なるもの。二に鈍根、佛道を修するに於て根性の鈍弱なるもの。【無量壽經下】に「諸明利。其鈍根者成二就二忍一。其利根者得二不可計無生法忍一。」

ニコン　二根　〔名數〕一に正根二に扶根なり。扶根とは扶塵根又は浮塵根と書す、我等が所見に及ぶ血肉所成の五根なり。これ正根の依處たるのみにして、更に發識取境の用なし、眼は葡萄の如く、耳は卷葉の如きもの是なり。正根とは又勝義根と云ふ、淸淨微細の色法にして凡夫二乘の所見にあらず、現量得にあらず、然も能く發識取境の用あるを以て正根ありと比知するなり。

ニコン　二根　〔術語〕男女の二根なり。【楞嚴經九】に「口中好言下眼耳鼻舌皆爲二淨土一。男女二根即是菩提涅槃眞處上。彼無知者信二此穢言一。」

二根交會五塵成大佛事　〔修法〕【理趣釋下】に「以三自金剛與二彼蓮華一二體和合成二爲定慧一。是故瑜伽品中。密意說三二根交會五塵成二大佛事一。以二此三摩地一奉二獻一切如來一。」【沙石集一】に「纔に秘密の深旨の少方を聞て即ち表德に誇り、婬酒食辛を恣にし、或は釋經の二根交會五塵成大佛事の文を僻解して、隨埵の大樂妙適は那羅那里の娛樂なりと云ひて、二水和合成一圓塔など云ふ文を作り、男女交會を以て至極の佛境界と執する族あり。嗚乎諸天善神何ぞ此に罰を加へ給はざるや。」

ニゴ　二悟　〔名數〕菩薩に頓悟漸悟の二類あり、頓悟とは無始より以來第八阿賴耶識の所に唯菩薩の無漏の種子のみありて其人聲緣二乘の行を經ずして直に菩薩の行位に入るもの、亦直往の菩薩と名く　漸悟とは無始より第八阿賴耶識の所に三乘の無漏の種子ありて必ず淺より深に入るが故に、先づ二乘の果を經て後に廻心して菩薩の行位に入るもの、亦廻入の菩薩と名く。【百法問答鈔六】

ニゴ　二語　〔術語〕又、兩舌と云ふ。前後相違の語を云ふ。【大集經十】に「須彌可レ說二口吹動一。不レ可レ說三佛有二二語一。」

ニゴ　二護　〔名數〕一に內護、內とは自巳の身心の心なり、佛所制の大小乘戒人の身心を持して三業の非を離れしめ、菩提の果を成ぜしむるもの。二に外護、外とは族親眷屬なり、凡そ學人の所須族親眷屬の供給に由りて身心を安穩にして道業を成辨するもの。【涅槃經三十三】

ニゴカイ　耳語戒　〔術語〕又、三亂三昧耶と云ふ。灌頂の時に竊に弟子に耳語する秘密戒にして即ち三昧耶戒の四重禁なり。【諸儀軌訣影八】【大疏八】に「用二此綵淨帛一周三布弟子面門一。當下深起二慈悲護念之心一耳語告中彼三昧耶戒上。勿レ令二諸餘未レ入レ壇者聞一レ聲。」

ニゴフ　二業　〔名數〕一に引業、二に滿業なり。六趣各總別の二報あり、例へば人趣に於て上は一人より下は賤民に至るまで同一人趣の果報を總報とし、其の中に於て根の利鈍、形の好醜、福の多少等、各人異なるを別報とす、其總報を引發する業因を引業と云ひ、其別業を成滿する業因を滿業と云ふ。【倶舍論十七】

ニゴフ　二業　【名數】一に善業、五戒十善等の善道の所作にして能く善趣の樂果を感ずるもの。二に惡業、五逆十惡等の罪惡の所作にして能く惡趣の苦果を引くもの。【倶舍論十七】

ニゴフ　二業　【名數】一に助業、善導所立五正行の中に前三後一の四業能く往生の業を資助するもの。二に正業、五正行の中第四の稱名正しく往生の正因たるもの。【觀經散善義】に「又就二此正中一復有二二種一。一者心專念二彌陀名號一行住坐臥不レ問二時節久近一念念不レ捨者。是名二正定之業一。順二彼佛願一故。若依二禮誦等一即名爲二助業一。」

ニゴン　二嚴　【名數】一に智慧莊嚴、智慧を研て身の莊嚴となすもの。二に福德莊嚴、福德を積で身の莊嚴となすもの。六度の中に檀等の五は福德莊嚴なり、慧度は智慧莊嚴なり。【涅槃經二十七】に「二種莊嚴。一者智慧。二者福德。若有二菩薩一具二足如レ是二種莊嚴一者則知二佛性一。」【唯識述記七末】に「善資糧者。福智二嚴。」

ニゴンテイ　尼近底　【雜語】Nyanti* 譯、深入。【玄應音義二十五】に「尼近底。此言深入義。食異名也。言窮極無レ厭故以名レ之。」近は延の誤か。「ニエンテイ」を見よ。

ニサイ　二際　【名數】一に涅槃際、二に生死際なり。際とは界の如し、生死涅槃別際ありと見るは小乘なり、大乘は則ち生死即涅槃、もとより際畔なし。【華嚴經二】

ニサウ　二相　【名數】淨智相と不思議用相なり。淨智相は眞如內熏の力と、法の外熏の力とによりて如實修行の結果、方便を圓滿し、純淨圓常の相を生ずるを云ふ。この智淨相によりて、一切勝妙の境界と功德の相を現じ、衆生を利益するを不思議用相と云ふ。【起信論上】に「淨智相者。謂依二法熏習一如實修行シ功德滿足。破二和合識一滅二轉識相一。顯二現法身淸淨智一故。一切心識相即是無明相。與二本覺一非レ一非レ異。非二是可レ壞非レ不レ可レ壞。乃至不思議用相者。依二於淨智一。能起二一切勝妙境界一。常無二斷絶一。謂如來身具足無量增上功德。隨二衆生根一。示二現成就無量利益一。」図同相と異相となり。同相は染淨の二相を以て、同じく眞如の性相と解する見界。異相は眞如平等の理に染淨の緣に隨ひて一切差別相を顯現すとする見界なり。【起信論上】に「言二同相一者。如二種種瓦器皆同土相一。如レ是無漏無明種種幻用。皆同二眞相一。乃至言二異相一者。如二種種瓦器各各不同一。此亦如レ是。無漏無明種種幻用相差別故。」と。これ衆生と佛とを對して論じたるなり。図總相と別相となり。一切世間の有爲法は皆無常なりと斷ずるは總相にして、一方より、五大に就て水の濕相火の熱相を是認せざる能はざるは別相なり。【智度論三十一】に「總相者。如二無常等一。別相者。諸法雖二皆無常一。而各有二別相一。如下地爲二堅相一火爲中熱相上。」

ニサウシヂウ　二雙四重　【術語】眞宗所立の敎判なり。難行道に於て竪出竪超の二重あり、竪出とは小乘より權大乘の法相三論に至るまで歷劫修行の敎法なり、竪超とは實大乘の眞言法華華嚴等即心是佛即身成佛の敎法なり。又易行道に於て横出横超二重あり、横出とは化土に生ずる三福九品の自力の行法、觀無量壽經の所明是なり、横超とは報土に生ずる選擇本願の實大無量壽經の所明是なり。依りて難行道の一雙二重と易行道の一雙二重とを合せて二雙四重と稱す。竪とは難行道、横とは易行道、出とは漸敎、超とは頓敎なり。亦是れ權敎實敎の異名なり。【愚禿鈔上】又【敎行信證二本】に「然就二菩提心一有二二種一。一者竪。二者横。又就レ竪有二二種一。一者竪超。二者竪出。竪超竪出明二權實顯密大小之敎一。歷劫迂廻之菩提心。自力金剛心菩薩大心也。亦就レ横復有二二種一。一者横超。二者横出。横出者正雜定散他力中之自力菩提心也。横超者斯乃願力廻向之信樂。是曰二願作佛心一。願作佛心即是横大菩提心。是名二横超金剛心一也。」【同六要鈔】に「然就菩者。此有二二雙四重之釋一。所謂竪出竪超横出横超是也。所立差異就レ文可レ見。」

ニサツギ　尼薩耆　【術語】尼薩耆波逸提の略。

ニサツギハイツタイ　尼薩耆波逸提　【術語】巴 Nissaggiya-pācittiya(Naiḥsargika-prāyaścittika) 五篇罪の一。尼薩耆を盡捨とし、波逸提を墮と翻す、此罪聚は總て衣鉢等の財物に關すれば其の所犯の財物を衆中に捨てて懺悔すべければ盡捨と云ひ、若し懺悔せざれば墮獄の罪を結すべければ墮と云ふ。總じて三十種あり、三十捨墮と稱す。【行事鈔中之一】に「波逸提聚義翻爲レ墮。十誦云。墮二在燒煮覆障地獄一故也。乃至聲論云。尼翻爲レ盡。薩耆爲レ捨。」【四分戒本定賓疏下】に「尼薩耆者。此翻爲二盡捨一。波逸提者。此翻爲レ墮。謂犯二此罪一牽二墮三惡一。若犯二此墮一要先捨レ財後懺二墮罪一。故云二捨墮一。」【比丘尼鈔一】に「捨レ財捨レ罪捨レ心。其此三捨。故云二盡捨一。」

ニサツドン　尼薩曇　【雜語】Upanisada 數法の極少。【希麟音義一】に「尼薩曇分梵語數法之極也。或云二優波尼洒陀一。慧苑法師音義引二瑜伽大論一譯爲二微細分一。如下析二一毛一以爲二百分一。又析二彼一分一爲二百千萬分一。又於二析分中一如レ前析レ之乃至鄰虛。至中不可析處上。名爲二優波尼薩曇分一也。」

ニサン 二三 [雜語] 六師外道なり。【三論大義鈔一】に「二三邪徒。」

ニザイ 二罪 [名數] 一に性罪、殺盜婬妄の四重戒は自性是れ惡なれば佛制を待たずして之を犯せば罪報を得るなり。二に遮罪、酒戒等は自性是れ惡にあらず、佛餘戒を保護せん爲に之を遮止す、若し之を犯せば佛制を犯すの罪を獲るなり。

ニザウ 二藏 [名數] 一に聲聞藏、聲聞緣覺二乘の教理行果を說くもの、即ち小乘の三藏なり。二に菩薩藏、菩薩大士の教理行果を說くもの、大乘の三藏なり。淨影嘉祥此二藏を以て一代教を判ず。【大乘義章一】に「就二出世間中一復有二二種一。一聲聞藏。二菩薩藏。爲二聲聞一說名二聲聞藏一。爲二菩薩一說爲二菩薩藏一。故地持云。十二部經唯方廣部是菩薩藏。餘十一部是聲聞藏。乃至龍樹亦云。迦葉阿難於二王舍城一結二集三藏一。爲二聲聞藏一。文殊阿難於二鐵圍山一集二摩訶衍一爲二菩薩藏一。聖教明證顯然矣。此二亦名二大乘小乘半滿教一也。聲聞藏法狹劣名レ小。未レ窮名レ半。菩薩藏法寬廣名レ大。圓極名レ滿。」【三論玄義】に「但應レ立二大小二教一。不レ應レ制二於五時一。略引二三經三論一證レ之。乃至以二經論一驗レ之唯有二二藏一。無二五時一矣。」

ニシ 二始 [名數] 佛、寂滅道場に華嚴經を說くを大乘の始めとし、鹿園に阿含經を說くを小乘の始めとす、之を二始と云ふ。

ニシ 二死 [名數] 「シヤウジ」を見よ。

ニシ 二師 [名數] 釋迦如來多寶如來の二大導師なり。◉(太平記)に「二師の並座」「タホウタウ」を見よ。

ニシ 二師 [名數] 一に聖師。慧眼、法眼、化導の三力を具するもの。二に凡師。此の三を具せざるもの。【止觀五之二】に「教レ他又爲レ二。一聖師。二凡師。」

ニシ 西 [雜名] 跛室制麼 Paścima【梵語雜名】

ニシオホタニベツヰン 西大谷別院 [寺名] 京都東山五條坂上。西本願寺に屬す。眞宗の開祖親鸞の廟所也。本來知恩院の北にありしが、慶長八年德川家康知恩院を造營する時、今の地に移さしむ。

ニシキ 耳識 [術語] 六識の一。耳根に由て生起し聲境を分別するもの。

ニシキシン 二色身 [名數] 如來の二種の色身、實色身(報身)化色身(應身)を云ふ。

ニシダニリウ 西谷流 [流派] 淨土宗西山派の一流。西山派の開祖、證空の弟子淨音(法興)を祖とす。洛西粟生の光明寺の開基にして、後、仁和寺西谷に新光明寺を開きたるより、其の門を西山流と稱す。

ニシダン 尼師壇 [物名] Nisīdana 又、尼師但那、額史娜曩、坐臥の時、地に敷て以て身を護り、又臥具の上に布て臥具を護る具なり。單に坐具と譯し、且つ禮拜の具となすは謬なり。【寄歸傳二】に「尼師但那坐臥具也。」【行事鈔下一】に「四分爲レ身爲レ衣爲二臥具一故制。」【慧琳音義一】に「尼師壇。梵語略也。正梵音具足應云二額史娜曩一。唐譯爲二敷具一。今之坐具也。」

ニシダンナ 尼師但那 [物名] 尼師壇に同じ。

ニシチマンダラ 二七曼荼羅 [術語] 覺鑁上人所傳の五輪九字曼荼羅を稱す、五字輪九字輪合せて十四字輪なれば二七と云ふ。【五字九輪明秘密釋】に「二七曼荼羅者。大日帝王之內證。彌陀世尊之肝心。現生大覺之普門。順次往生之一道。」

ニシノアルジ 西主 [雜語] 西方極樂淨土の主。即阿彌陀佛を云ふ。

ニシノヒカリ 西光 [雜語] 西方極樂淨土の光明を云ふ。

ニシフ 二執 [名數] 一に我執、又人執と云ふ、五蘊假に和合して見聞覺知の作用あるを以て此中に常一主宰の人我ありと固執するもの。一切の煩惱障は此我執より生ずるなり。二に法執、五蘊等の法因緣より生じて幻の如く化の如くなるを了せず、法に實性ありと固執するもの。一切の所知障は此法執より生ずるなり。【唯識論一】に「由レ執二我法一二障具生。」【法苑義林章二執章】に詳說す。此の二執は五見の中の薩迦耶見(即ち我見なり)の所執なり。同體の我見にして二用あり、一は物の常一主宰を執取するを我執とし、一は法體の實有を固執するを法執とす。此中法執をもととして我執を起す、法執を起すもの必ずしも我執にあらず、我執起るときは必ず法執あるなり。而して此我執より煩惱障を生じ法執より所知障を生ずるなり。

ニシホングワンジ 西本願寺 [寺名] 「ホングワンジ」を見よ。

ニシヤウ 二障 [名數] 煩惱障、智障と云ひ、新譯に煩惱障、所知障と云ふ。貪瞋痴等の諸惑に各二用あり。一は業を發し生を潤して有情を縛し、三界五趣の生死の中に在らしむ。これに由て涅槃寂靜の理を障る用を煩惱障と名く。有情の身心を擾惱するが故に煩惱と名け、煩惱能く涅槃を障る故に障と名く。即ち煩惱即障の持業釋なり。此煩惱障は我執より生ずるなり。二は一切貪瞋痴等の諸惑は愚痴迷闇にして諸法の事相及び實性(眞如)を了知せず、即ち事相實性を了知すべき菩提の妙智を障る用あり。此の妙智を障る愚痴迷闇を名けて智障とも、所知障とも名くるなり、所知の境を障礙して現はれしめざれば所知障と云ひ、能知の智を障礙して生ぜしめざれば智障と云ふ。所知又は智の障の依主釋なり。此所知障は法執より生ずるなり。而して此二障は一體二用

にして事物の用の和合の事に迷ふ邊を煩惱障と名け、事物の體の如幻の理に迷ふ邊を所知障と名くるなり。小乘には之を染汚無知、不染汚無知と云ひ、勝鬘經には之を五住地の中に於て分別し、見等の四住地を以て所知障とし、第五無明住地を以て智障とす。二乘は但煩惱障を斷じて涅槃を證し菩薩は兼て所知障を斷じて菩提をも得ず。さて此二障は寛狹ありて煩惱障の在る處は必ず所知障あれども、所知障の在る處必しも煩惱障之に隨はず。即ち煩惱障は不善と有覆無記とに局れども、所知障は無覆無記にも通ず。且つ煩惱障は粗顯にして知り易ければ頭數を示して十惑乃至一百二十八等と云ひ、所知障は行相知れ難く且つ所知の法に隨へて其數無數なれば經論中其の頭數を示さざるなり。【唯識論九】に「煩惱障者。謂執二遍計所執實我一。薩迦耶見而爲二上首一。百二十八根本煩惱及等流諸隨煩惱。此皆擾二惱有情身心一能障二涅槃一。名二煩惱障一。所知障者。謂執二遍計所執實法一。薩迦耶見而爲二上首一。見疑無明愛恚慢等。覆二所知境無顚倒性一能障二菩提一。名二所知障一。」図一に煩惱障、上の如し。二に解脱障、解脱とは滅盡定の異名なり、滅盡定は心念都滅して一切の障礙を離るれば解脱と名く、即ち八解脱中の第八解脱是なり。依て聖者の滅盡定に入るを障る法を解脱障と名く。其の法とは即ち不染汚無知の一種なり、利根の不還及び阿羅漢は其の解脱障を離るるを以て滅盡定に入るを得るなり。即ち前の所知障の如く解脱の障の依主釋なり。【俱舍論二十五】に「謂唯依レ慧離二煩惱障一者立二慧解脱一。依二兼得レ定離二解脱障一者立二俱解脱一。」図一に理障、邪見等の理惑の正知見を障ふるを云ふ。二に事障、貪等の事惑の生死を相續して涅槃を障ふるを云ふ。【圓覺經】に「云何二障。一者理障。碍二正知見一。二者事障。相二續生死一。」

ニシヤウ 二聖　〔名數〕釋迦如來と多寶如來是れ法華の二聖なり。⊙（盛衰記一二）「二聖二天」

ニシヤダ 尼沙陀　〔雜語〕優波尼沙陀の略。

ニシユ 二修　〔名數〕一に專修、二に雜修なり。唐の善導觀經疏に於て往生の行に就て正行雜行を分別し、更に禮讃に於て此二修を擧げて其の得失を料簡せしなり。即ち專修とは專ら正行を修し、雜修とは雜行を雜修するの謂にして、二行は所行の法に就き、二修は能行の機に就きしに外ならず。空師の所制亦爾り。【撰擇集二行章】に禮讃の文を引き畢て「私云。見二此文一須二捨レ雜修一レ專。豈捨二百即百生專修正行一堅執二千中無一雜修雜行一乎。」然るに見眞大師は雜行に就て專行雜行を分ち、正行に就て專修雜修を別し、專修雜修以て獨り正行中の判目とせり。正行の中に五種あり、第四の念佛を正業とし前三後一を助業とす、此二業に於て專ら正業の念佛を修するを專修とし、助正兼行するを雜修とす。【敎行信證六】に「就二雜行一有二專行專心一。復有二雜行一有二雜心一。專行者專修二一善一故曰二專行一。乃至諸善兼行故曰二雜行一。乃至亦就二正助一有二專修一有二雜修一。乃至雜修者助正兼行故曰二雜修一。」

ニシユ 二衆　〔名數〕一に道衆、出家して道業を修するもの、具足戒、十戒を受く。二に俗衆、在俗にして法に歸するもの、五戒八戒を受く。【玄義釋籤一】に「道俗顒顒。」【觀經玄義分】に「道俗時衆等。」

ニシユ 二修　〔名數〕一に緣修、眞如を緣じて理にかなふ有心有作の修行なり。他前の菩薩是なり。二に眞修。眞如を證して無修の行法自ら理に如ふ無心無作の修行なり。是れ地上の菩薩なり。【法華玄義一上】に「先籍二緣修一生二後眞修一。」

ニシユウ 二宗　〔名數〕法相宗と法性宗なり。此は大乘の宗別にして華嚴宗の所判なり。一に法相宗、略して相宗と云ふ。萬法の生起を阿賴耶識に歸し、阿賴耶識を以て一切染淨因果の根本となし、其の所生の法に就て廣く名義を分別すれば法相宗と名く。深密經、唯識論の所明是なり。華嚴の大乘始敎、天台の通敎、八宗中の法相宗之に當る。二に法性宗、略して性宗と云ふ、前の相宗所説の萬法を破して眞性空寂の理を顯せば法性宗と名く、般若經、四論等の所明是なり。華嚴宗五敎中の終敎已上、天台の四敎中別圓二敎、八宗中の三論宗之に當る。竺土に在りては龍樹、天親の二宗、中觀、瑜伽の二宗、護法、戒賢の有相大乘、淸辨、智光の無相大乘と稱する者なり。

性相二宗十異　〔名數〕【華嚴綱要】に性相二宗の十異を辯ぜり。一に一乘三乘異、法相宗は即ち三乘を以て眞實とし一乘を方便とし、法性宗には三乘を以て方便とし一乘を眞實となすなり。二に一性五性異、法相は五性各別にして不成佛の衆生あるを了義となし、一性皆成を方便とす、法性は五性各別を方便とし、一性皆成を眞實とす。三に唯心眞妄異、法相には萬法は阿賴耶の一心より生ずと云ひ、法性には眞如無明と和合して諸法を緣起すと云ふ。四に眞如隨緣凝然異、相宗は眞如凝然不作諸法と立て、性宗は眞如に不變隨緣の二義を具し隨緣の故には染淨の緣に應じて善惡の法を作ると立つ。五に三性空有即離異、法相には三性の中に遍計性は是れ空なり依他圓成の二性は共に有にして有爲無爲別なりと立て、相性には依他の無性即ち圓成なりと立つ。六に生佛不增不減異、

相宗は五性の中に無種性の人ありて成佛せざるが故に生界も減ぜず佛界も增さずと說き、性宗は一理齊平にして生佛體無二なるが故に生物二界不增不減なりと說く。七に二諦空有即離異、法相は俗諦は空にして眞諦は有なり空有各別なりと立て、性宗は即有の空を眞とし即空の有を俗とし、眞空妙有體一名異を立つ。八に四相一時前後異、法相は生住異滅の四相前後異時なり、生住異は現にして滅は未來なり、生滅同時なる能はず、法性には同時の四相刹那に具足す、相有を生と名け、實無を滅と名く、正生即ち正滅なり、後無を待たざるなり。九に能所斷證即離異、法相とは能斷は是れ智、所斷は是れ惑、能證は是れ心、所證は是れ無爲の理、體性倶に別なり。法性は惑の無體を照す即ち是れ智なり、能證の智の外に所斷の惑なし、又照智に自體なく即ち是れ如の德なり、自體自から光德を具する如し。故に智の外に如ありて智の所入となるなし、如の外に智ありて能く如を證するなきなり。十に佛身有爲無爲異、法相には如來の四智、自受用身他受用身は皆種に依て生ず、是れ有爲無漏涅槃の無爲に同じからず、法性には法性に即するの色心あれば佛の色心共に無爲常住、四相の遷す所に非ず。

ニシユウ　二宗　〔名數〕　空宗と性宗の二なり。是れ相宗に對して性宗と稱する性宗中の再差別なり。經論に就かば般若經四論已上、八宗に就かば三論已上、總じて寂滅の眞性を顯はせば一應該して性宗と名くるも此の中に陽に諸相を破するを主として陰に眞性を顯はすと、直爾に眞性を顯示するとの二門あり、即ち遮詮と表詮との相違にして前を空宗と名け後を正しく性宗と名く。之を以て八宗を科簡すれば三論の一宗正しく空宗にして、天台已上は性宗なり。經論に就て之を言へば般若經四論等に於て諸法を破して如實際、實相等の眞性を顯はすもの是れ空宗なり。楞伽經起信論等の初めより如來藏を顯示して眞妄和合の緣起を說くもの是れ性宗なり。此の法性宗は竺土に在ては未だ開揚せられず、支那の梁朝眞諦三藏攝論起信論等を譯して攝論宗を開くに由て始めて闡明せられしなり。依て華嚴の宗密は原人論に大乘を判して一に大乘法相敎、二に大乘破相敎、三に一乘顯性敎と云ひ、禪源都序に一に密意依性說相敎、二に密意破相顯性敎、三に顯示眞心即性敎と云へり。即ち第一と第二第三とは相性二宗の判にして第二と第三は空性二宗なり。然るに空性の二宗の判辨別し難く、古來の禪者講者往往之を混同し動もすれば遮詮の破相を深となし、表詮の顯性を以て淺となすものあり。依て宗鏡錄三十四に十異を擧げて空性の二宗を判せり。一に法義眞俗異、空宗未だ眞性を顯はさず、但一切差別の相を以て法となす、法は是れ俗諦なり。此の諸法は無爲無相無生無滅なりと照すを義となす、義は是れ眞諦なり。性宗は一眞の性を以て法となし、空有等種種の差別を義となす。二に心性二名異。空宗は一向諸法の本原を目して性となし、性宗は多く諸法の本原を目して心となす。三に性宗二體異、空宗は諸法無性を以て性となす、性宗は虛明常住不空の體を以て性となす。性字同じきも體異なり。四に眞智眞知異、空宗は分別を以て知とし無分別を智とす、知は淺く智は深し、性宗は能く聖理を證するの妙慧を以て智とし、理智を該ね凡聖の眞性に通ずるを以て知とす、知は通にして智は局なり。五に有我無我異、空宗は有我を以て妄となし無我を眞とす、性宗は無我を以て妄とし有我を眞とす。六に遮詮表詮異、遮は謂く其所非を遣るなり、表は其の所覺を顯はすなり、又遮は諸餘を揀却するなり、表は當體を直示するなり。今時の人皆遮言を深となし表言を淺となす、故に唯非心非佛無爲無相乃至一切不可得の言を重す、良に只遮非の詞を妙となし、親しく自ら法體を證認するを欲せざるに由て此の如きなり。七に認名認體異、空宗は初學及び淺機に對する爲に只名を示し、性宗は久學及び上根に對する爲に言を忘れて體を認めしむ。設へば人あり問ふ、經に云く之に迷へば即垢、之を悟れば即淨、能く世出世間一切の諸法を生ずと、此は是れ何物ぞ、答て云く是れ心なり。是れ名を擧げて答ふるなり。愚者名を認て便ち已に解すとなす。智者は應に問ふべし何者か是れ心。其の體を徵するなり。答ふ、知は即ち是れ心、其の體を指すなり。八に二諦三諦異、空宗は唯眞俗二諦なり、性宗は總じて三諦とす、緣起の諸法を以て俗諦となし、緣起無自性諸法即空を以て眞諦となし、一眞心體非空非色能空能色を中道第一義諦となす。九に三性空有異、空宗は有は即ち偏計依他の二性、空は即ち圓成實性なり。性宗は三性皆空有の義を具す、偏計は即ち情有理無、依他は即ち相有性無、圓成は即ち情無理有なり。十に佛德空有異、空宗は佛、空を以て德となす、少法なるとなきを菩提となす。性宗は一切諸佛の自體に皆常樂我淨あり、十身十智相好無盡なり、性自ら本有、機緣を待たず。

ニシユイチジヨウ　二種一乘　〔名數〕　華嚴宗の所立、一乘に二種を分つ、一に同敎一乘、二に別敎一乘なり。「ドウベツ」を見よ。

ニシユカイ　二種戒　〔名數〕「カイ」を見よ。

ニシユクインリキ　二宿因力　〔名數〕如來が今日の衆生の爲に悲智雙行して攝化し給ふ宿因に二種あり。即ち大願力（因位の誓願力）昔行力（因位の萬行の力）なり。【華嚴經疏一】に「一者大願力故。現相品云。毘盧遮那佛願力周二法界一。一切國土中恒轉二無上輪一。兜率偈云。如來不レ出レ世。亦無レ有二涅槃一。以二大願力一。示二現自在法一。諸會佛加二皆大願力一。及餘諸文成證非一。二者昔行力故。謂無量劫依願起行。行成得レ果方能頓演。云云」「見よ。

ニシユクヤウ　二種供養　〔名數〕「クヤウ」を見よ。

ニシユクンジフ　二種薰習　〔名數〕七轉識が各その外境を緣ずるとき、その識の自體の力に依りてその所緣の境たる相分と本質との種子を第八識に薰習することを相分薰と云ひ、能緣たる見分及び自證分證自證分の種子を第八識内に薰習するを見分薰と云ふ。

ニシユコンマ　二種羯磨　〔名數〕二種の羯磨「あり。「コンマ」を見よ。

ニシユシヤウ　二種聖　〔名數〕一に聖說法、三藏十二部經を說くなり。二に聖默然、一字不說なり。如來唯此二法あり。【思益經如來二事品】

ニシユシヤウ　二種性　〔名數〕一に本性住種性、無始より以來第八阿賴耶識に依附して法爾に存する所の大乘無漏の法爾の種子なり、此種性は我等具縛の身中にも無始より法爾に備はり、たとひ六道四生の輪廻を受くるも阿賴耶識の中に之を持して失壞せざるなり。二に習所成種性、如來の敎法を聞て聞思修の三慧を起し、新に有漏の善種を熏習し、此熏習力に依て彼の法爾無漏の種子をして增長せしむるもの。此本有新熏の二種性を具して菩提涅槃の妙果を完するを得るなり。【百法問答鈔六】

ニシユシヤウゴン　二種莊嚴　〔名數〕「ニゴン」を見よ。

ニシユシヤウジ　二種生死　〔名數〕「シヤウ」「ジ」を見よ。

ニシユシヤウジヤウ　二種清淨　〔名數〕一に自性清淨、衆生眞如の心體、性もと清淨にして染礙する所なきを自性清淨と名く。二に離垢清淨、衆生の自性清淨の心體一切煩惱の垢染を遠離するを離垢清淨と名く。【華嚴大疏鈔六】

ニシユシヨウ　二種證　〔名數〕聲聞乘の人四果を證するに二種あり。一に次第證、又次第斷と云ふ、初果より次第に修惑を斷じて次第を追て第四果阿羅漢を證するなり。二に超越證、又超越斷と云ふ、利根の聲聞一時に幾許の修惑を斷じて一果乃至三果を超越して阿羅漢果を證するなり。此に四種あり。「テウヲツショウ」を見よ。

ニシユシリヤウ　二種資糧　〔名數〕二種莊嚴の異名。福德と智德となり、此二德を以て資糧となして佛果を證するなり。【寶積經十二】

ニシユシンサウ　二種心相　〔名數〕一に心內相、心の本性清淨平等なるを云ふ。二に心外相、心が諸の緣に隨ひ種種の對境を生ずるを云ふ。

ニシユシンジン　二種信心　〔名數〕法華經を信ずるにつき二種の信心あり。一に就佛立信、法華經は久遠實成の圓佛の說なるが故に信ず。二に就經立信。無量義經及び涅槃經に、法華經は眞實なりと云ふ意を示すが故に信ず。

ニシユジ　二種子　〔名數〕一に名言種子、一切善惡の諸法を現行する各自の親因となる種子を云ふ。善種子は善法を生じ、惡種子は惡法を生じ、無記種子は無記法を生じ、乃至色種より色法を生じ、心種より心法を生ずる等、第八阿賴耶識の所に依附して一切諸法の親因となるもの。之を名言と名くるは或は自ら名言を發して色心の諸法を詮顯し、自心の前に彼の諸法の相分を反現して彼の諸法の種子を阿賴耶識に熏じ、或は他の名言所詮の色心の法を聞て自心の前に其相分を反現し、以て彼の種子を本識に熏ず。即ち名言を介して此種子の新熏を成ずれば之を名言種子と云ふ、（是れ表義名言の義）又名言種子は能詮の言語を介して熏習するのみにあらず、一切の心心所が諸境を緣ずるときも其諸境の相分を心前に反現し、以て其の種子を本識に熏ずるなり。此の如く心心所が境を緣ずるに依て其の種子を熏成する者も亦名言種子と名く。之を名言と名くるは、心心所が境を緣ずる時、能緣の心が所對の境を了顯すること恰も名言が諸法の體義を詮顯する如くなればなり、依て之を顯境名言と名く。此中第一種の表義名言は第六識に限る、名言を發し名言を緣ずるは唯第六識相應の尋伺の力なればなり、第二種の顯境は七識に通ず、所緣の境を了して種子を熏ずると一切の心心所に通ずればなり、但第八識は所熏處にして自ら能熏の用なし、二に業種子、第六識相應の思の心所が善惡の業を作して第八識に熏習せし種子を云ふ。業とは造作の義、善惡を造作して熏ずる所の善惡の種子なり、此思の心所の種子に二の功能あり、一は自の思の心所を生ずる功能にして、名言種子なり、二は他の贏劣無記の種子を助て現行を生ぜしむる功能にして之を業種子と名く、即ち自果を生ずるは業種にあらず他果を助て生ぜしむる功能を業種子と名く、其他果を助くる法は第八識は三性の中の極劣無記の識體なり、故に能生の名言種子も亦贏劣無記の種子にして、自ら果を

生ずべき力用なし、然るに第六識相應の思の心所五戒十善等の善事を造作する力に依て彼の第八識の無記の種子をして當來善趣に生ずべき功能を決定せしむ、彼の業力に助けられて自の善起の無記の果を生ずるなり。故に名言種子は八識に通じ且つ三性に通じ、業種子は第六識の思の心所に局り且つ善惡の二性に局る、無記は羸劣にして他を助くる功能なければなり、又思の心所は名言業種の二能を兼ね他の心心と所法は名言種子の功能あるのみ。【唯識論八、百法問答鈔三】

ニシユジザイ　二種自在　〔名數〕「ジザイ」を「見よ。

ニシユジンシン　二種深信　〔名數〕「キホフイチタイ」を見よ。

ニシユセケン　二種世間　〔名數〕衆生世間、器「世間を云ふ。

ニシユソンドク　二種尊特　〔名數〕「ソンドクシン」を見よ。

ニシユツ　二出　〔名數〕一に竪出、聖道門自力の敎、歷劫修行して生死を出離するもの。二に横出、淨土門他力の敎、修行、地位を歷ず但だ彌陀を念じて淨土に生ずるもの。此判もと桐江の擇映に出でて見眞大師の敎判二雙四重に之を用ふ。【樂邦文類四擇映辨横竪二出】に「竪出者。聲聞修二四諦一。緣覺修二十二因緣一。菩薩修二六度萬行一。此涉二地位一。譬如二及第。須三自有二才學一。又如二歷任轉官一。須レ有二功効一。横出者。念佛求レ生二淨土一。譬如二蔭叙一。功由二祖父他力一。不レ同二學業有無一。又如二覃恩普轉一。功由二國王一。不レ論二歷任淺深一。」

ニシユテウヲツザンマイ　二種超越三昧　〔名數〕超入三昧、超出三昧の稱。

ニシユニンニク　二種忍辱　〔名數〕一に非衆生忍辱、風雨寒熱等の非情法の迫害に於て之を忍辱するなり。二に衆生忍辱、殺傷罵詈等の衆生の迫害に於て之を忍受するなり。【智度論十四】

ニシユノイングワ　二種因果　〔名數〕四諦を二種の因果に分てるもの。一、世間因果。苦諦を果とし、集諦を因とす。二、出世間因果。滅諦を果とし、道諦を因とす。

ニシユノガケン　二種我見　〔名數〕人我見、法「我見を云ふ。

ニシユノクン　二種薰　〔名數〕薰習、資薰の二にして、前者は習慣によりて薰じつくるものにして、後者は資助して薰じつくるものなり。【翻譯名義集六】に「一熏習。謂熏二心體一。成二染淨等事一。二資熏。謂現行心境。及諸惑相資等。」【大藏法數四】に「熏資薰擊發之義也。蓋言。第八識雖レ含三藏一切善惡種子一。若無二染淨二緣熏發一則不レ能レ成二染淨等事一。如下穀麥等種雖レ有二生芽之能一。若不レ得二水土資薰一。芽亦不上レ生。故名レ熏也。熏即熏發。習即數習。謂數習二染淨之緣一。熏三發心體一。而成二染淨等事一。故名二熏習一。資猶レ助也。謂現對二塵境一所レ起之心。及諸惑相資熏發而成二染淨等事一。故名二資熏一。」

ニシユノサンシン　二種三心　〔名數〕淨土眞宗に於て、觀無量壽經に說ける至誠心、深心、廻向發願心の三心に二種ありとなす。又、愚禿鈔には自利の三心と利他の三心とを分つ。即ち、要門自力の行者の信心と、弘願他力の行者の信心とを云ふ。更に敎行信證の化身土の卷には定の三心と、散の三心とを分つ。即ち息慮凝心の行者の信心と、廢惡修善の行者の信心とをいふ。この定散の信心は即ち自力各別の三心也。

ニシユノシ　二種死　〔名數〕天命を全ふして死するを命盡死と云ひ、之に反して天命に順はずして自殺亦は殺害せらるるが如き横死を外緣死と云ふ。曇無識譯の【大涅槃經十二】にこの二死を細別して「命盡死者亦有二三種一。一者命盡非二是福盡一。二者福盡非二是命盡一。三者福命俱盡。外緣死者亦有二三種一。一者非レ分自害死。二者横爲レ他死。三者俱死。」と。

ニシユノシキ　二種色　〔名數〕「シキ」を見よ。

ニシユノシキ　二種識　〔名數〕「シキ」を見よ。

ニシユノジヤウ　二種常　〔名數〕智度論所說。一に菩薩が百歲より八萬劫を經て入滅するに至るが如き、長時間の變化なきを常といふ、眞の常に非ず。二に常住不壞を常と云ふ、眞の常也。

ニシユノジヤクジヤウ　二種寂靜　〔名數〕一に身寂靜、恩愛の家を捨離し喧鬧の世を避けて靜處に閑居すること。二に心寂靜、貪瞋癡等、諸の煩惱を離れ、禪定を修め、惡心を起さざること。

ニシユノジヤケン　二種邪見　〔名數〕一に破世間樂邪見。因果の理を無視して惡をなし、苦趣に墮して人天の樂を得ざる邪見。二に破涅槃道邪見。善を修すれども我に執着し、人天の樂を得れども涅槃を得ざる邪見。【中論四】に「邪見有二二種一。一者破世間樂。二者破二涅槃道一。破世間樂者。是麤邪見。言無レ罪無レ福。無二如來等賢聖一。起二是邪見一捨レ善爲レ惡。則破二世間樂一。破二涅槃道一者。貪三著於レ我。分三別有無一。起レ善滅レ惡。起善故得二世間樂一。分三別有無一故不レ得二涅槃一。是故若言レ無二如來一者。是深厚邪見。乃失二世間樂一。何況涅槃。若言二有如來一。亦是邪見。」

ニシユノセ　二種施　〔名數〕財施、法施の二なり。

ニシユノセンダイ　二種闡提　〔名數〕一に捨善根の闡提。之は先天的本來の闡提なり。二に方便闡提。菩薩が衆生攝化の爲に方便を以て假に闡提と

なれるもの。「イチセンダイ」參照。

ニシユノドクカク　二種獨覺　〔名數〕獨覺に二種あること。麟喩獨覺、部行獨覺を云ふ。

ニシユノビク　二種比丘　〔名數〕一に多聞比丘、經典を聞誦すること多しと雖も修行の是に併行せざるもの。二に寡淺比丘、經典を讀誦すること少しと雖も、修行に專心なるもの。

ニシユノフクデン　二種福田　〔名數〕「フクデン」を見よ。

ニシユノブツキヤウ　二種佛境　〔名數〕一に證境、諸佛所證の境界、即ち眞如法性の理なり。二に化境、諸佛所化の境界、即ち十方國土を云ふ。

ニシユノボサツ　二種菩薩　〔名數〕「ボサツ」「ン」を見よ。

ニシユノホフシン　二種法身　〔名數〕「ホフシン」を見よ。

ニシユノムチ　二種無知　〔名數〕染汚無知、不染汚無知を云ふ。「ムチ」を見よ。

ニシユノラカン　二種羅漢　〔名數〕「ラカン」を見よ。

ニシユノヱカウ　二種廻向　〔名數〕「ヱカウ」を見よ。

ニシユビヤウ　二種病　〔名數〕一に身病、一身四大の不調に依て生ずる所の病苦を身病と云ふ。二に心病、或は歡喜に堪へず或は憂愁に堪へず或は恐怖に依り或は愚痴に依る等、總て心の平和を失するより諸病を起すを心病と云ふ。【涅槃經十二】図一に先世行業病、先世に好で人を鞭打し種種の惡法衆生を惱害するに因て今世の多病を感ずるを云ふ。二に現世失調病、即ち上の身病なり。【智度論八】

ニシユリンシン　二種輪身　〔名數〕正法、敎令の二輪身なり。「ケウリヤウリンシン」を見よ。

ニシユヲンリ　二種遠離　〔名數〕佛道を修行するに際し、身器を淸淨ならしめんため、身心二種の惡を遠離すること。身遠離、心遠離を云ふ。

ニシヨウ　二證　〔名數〕一に事證、二に理證。三學の中戒學を修するを事證と云ひ、定慧二學を修するを理證と云ふ。【南山戒本疏一上】

ニシヨサンヱ　二處三會　〔術語〕法華經の說會を云ふ。二處とは靈山と虛空なり、三會とは初より寶塔品の半までは靈山にて說けば靈山會と云ひ、以大音聲普告四衆より神力品の終までは虛空の中の多寶塔中に坐し、又佛の神力を以て大衆も亦虛空に在れば虛空會と云ふ、囑累品已下は塔より出でて本座に還て說けば復靈山會と名く。

ニシン　二身　〔名數〕佛の二身なり、佛身の開合經論の諸說多端なれども、二身三身の二門を以て通會となす、二身に多種あり。

生化二身　〔名數〕一に生身、王宮に降生して修行成道する佛身なり。二に化身、佛の神通力を以て鬼畜等に變化する身なり。此は小乘に就て說く。大乘の四身に配すれば生身は應身にして化身は即ち化身なり。

生法二身　〔名數〕大小乘の別あり、小乘は王宮所生の身を生身とし、戒定慧等の功德を法身とす。大乘義章十九大乘は理智冥合の眞身を法身とし、隨機現生の應化身を生身とす、即ち法報應三身中の法報二身を合せて法身とし、應身を生身とす。【佛地論七】に「或處說三佛有二二種身一。一者生身。二者法身。」【智度論九】に「佛有二二種身一。一者法性身。二者父母生身。是法性身滿二十方虛空一。無量無邊色像端正相好莊嚴。無量光明、無量音聲。聽法衆亦滿二虛空一。此衆亦法性身非生死人所得常出二種種身、種種名號、種種生死、種種方便度二衆生一。常度二一切一無二須臾息時一。如レ是法性佛。能度下十方衆生受二諸罪報一者上是生身佛。生身佛次第說法如二人法一。」

眞應二身　〔名數〕生法二身と名異義同なり。【大乘義章十九】に「自德名レ眞隨化所現說以爲レ應。眞則是其法門之身。應則是其共二世間一身。」

實相爲物　〔術語〕曇鸞の所立なり。一に實相身是れ理佛即ち法性法身なり。又佛の光明なり。二に爲物身、是れ事佛、即ち方便法身なり。又佛の名號なり。【往生論註下】に「云何爲下不二如實修行一與二名義一不中相應上。謂不レ知二如來是實相身爲物身一。」【六要鈔三本】に「此有二二義一。一義云。實相身者此是理佛。即云二法性法身一是也。爲物身者此是事物。即云二方便法身一是也。一義云。實相爲物二種法身共是事佛。二種法身是約二自利利他之德一。即名與レ義。實相約レ義。即是光明攝法身故。爲物是名。即是名號攝衆生故。問且就二後義一既云二實相一。何爲二事佛一。答。所レ言實相非二無相義一。是虛實義。即約二生佛一。謂佛爲レ實衆生爲レ虛。以レ悟爲レ實以レ迷爲レ虛。問二義之中以レ何爲レ正。答二義俱存。用捨可レ在二學者之意一。但約二名義一猶親レ文歟。」鸞師亦法性方便の二法身を立つ。「ホフシン」を見よ。

眞化二身　〔名數〕一に眞身、佛所得の法報二身なり。二に化身、又應身と云ふ、佛所現の應身化身なり。見眞大師此二を以て佛の身土を明かす。

常無常二身　〔名數〕一に常身、即ち眞身なり。二に無常身、即ち應身化身なり。【涅槃經三十四】

實化二身　〔名數〕「ニシキシン」を見よ。

ニシン　二心　〔名數〕一に眞心、衆生本具の如來藏心眞淨明妙にして虛妄の想を離るるもの。二に妄

心、念を起して分別し一切種種の境界を生ずるもの。【楞嚴經】に「從二無始一來。生死相續皆由下不レ知二常住眞心性淨明體一。用中諸妄想上。此想不レ眞。故有二流轉一。」

ニシン 二心 〔名數〕一に定心、禪定の心なり、又は定善を修する心なり。二に散心、散亂の心なり、又散善を修する心なり。「ニゼン」を見よ。

ニシン 二身 〔名數〕一に分段身、分段生死の身を云ふ。二に變易身、變易生死の身を云ふ。「シヤウジ」參照。

ニシンニヨ 二眞如 〔名數〕「シンニヨ」を見よ。

ニジ 二字 〔名數〕一に半字、悉曇章の生字の根本にして文字の具足せざるもの。二に滿字、餘章の文字語法具足するもの。

ニジ 二字 〔雜語〕僧の實名は二字を以て古實とすれば僧名を二字と云ふ。師弟の契に實名を書て師に奉るを二字を呈すと云ふ。又他の實名を稱するに其人を敬するときは上は何下は何と二字を分て呼ぶを習とす。【後拾遺往生傳】に「須下以二今生結緣之力一必爲中當來引導之因上。今欲レ得二二字一。」【勅修傳四】に「二字を奉り、一期の間每年に供養をのぶ。」⦿(十訓抄四)「二字を僧正に奉りて」

ニジ 二時 〔名數〕朝夕の二時なり。【佛祖統紀智顗傳】に「二時慈霔。」【同註】に「此早晚兩講之明據。」法華八講の朝夕の二座之に基く。

ニジ 二時 〔名數〕一に迦羅時、梵語迦羅 Kala 實時と譯す、佛律中に於て諸弟子を誡めて時食を聽し非時食を遮する等、是れ實時なり。二に三昧耶時、梵語三昧耶 Samaya 假時と譯す、諸法の遷流する上に假に長短の時を立つるもの、諸經の初に一時 Ekasmin samaye(ある時に)と言ふ如き是なり。【智度論一】

ニジキ 二食 〔名數〕一に法喜食、法を聞て歡喜し、以て善根を增長し、慧命を資益すると猶世間の食の能く諸根を養て其身を支持する如きもの。二に禪悅食、禪定に入て安靜の悅樂を得、以て善根を增長し慧命を資益すると猶世間の食の能く諸根を養て其の命を支持する如きもの。【法華文句八】図一に正命食、出家の人常に乞食して自ら色身を資け淸淨に延命するを正命身と云ふ。一に邪命食、四邪或は五邪の法に依て活命するを邪命食と云ふ。

ニジヒギヤウ 二事非行 〔名數〕樗蒲圍碁と種種歌舞伎樂とを指す。律宗所談也。

ニジフイチジ 廿一寺 〔名數〕朝廷の恒例の御讀經を行ふ二十一箇寺を云ふ。即ち、廣隆寺、上出雲寺、常住寺、珍皐寺、淸水寺、法觀寺、聖神寺、東寺、西寺、延曆寺、法性寺、眞觀寺、極樂寺、元慶寺、仁和寺、下出雲寺、祇園寺、法成寺、鴨神宮寺、六角堂、佐井寺なり。

ニジフオクニ 二十億耳 〔人名〕Śroṇakoṭiviṃśa 比丘の名。佛の在世に阿羅漢果を證す。足下の毛の長さ二寸、足地を蹈まず、弟子中精進第一なり。【智度論二十二】に「沙門二十億耳鞞婆尸佛時作二一房舍一以レ物覆レ地供二養衆生一。九十一劫天上人中受二福樂果一。足不レ蹈レ地。生時足下毛長二寸。柔軟淨好。父兄歡喜與二二十億兩金一。見佛聞法。得二阿羅漢一。於二諸弟子中一精進第一。」【增一阿含經三】に「勇猛精進堪二任苦行一。所謂二十億耳比丘是。」

ニジフクウ 二十空 〔名數〕「クウ」を見よ。

ニジフクウ 二十九有 〔名數〕二十九生なり。「ウ」を見よ。

ニジフクシユシヤウゴン 二十九種莊嚴 〔名數〕「シヤウゴン」を見よ。

ニジフケンド 二十犍度 〔名數〕犍度とは梵語 Khaṇḍa 章篇と譯す。戒律にて作持門の戒を二十類に區別し、之を四分律三十一卷より五十三卷までに、二十篇として編集せるを云ふ。受戒犍度、說戒犍度、安居犍度、自恣犍度、皮革犍度、衣犍度、藥犍度、迦稀那衣犍度、俱睒彌犍度、瞻波犍度、呵責犍度、人犍度、覆藏犍度、遮犍度、破僧犍度、滅諍犍度、尼犍度、法犍度、房舍犍度、雜犍度なり。

ニジフゴウ 二十五有 〔名數〕「ウ」を見よ。【涅槃經二十五】に「被二無明枷一繫二生死柸一。達二二十五有一不レ能レ得レ離。」⦿(曲、春榮)「夫れ十二因緣より二十五有の沈淪」

ニジフゴシユシヤウジヤウヂヤウリン 二十五種淸淨定輪 〔術語〕一切菩薩圓覺を證せんとして禪定を修するに二十五種の差別あり。謂く、無礙淸淨慧は皆禪定に依て生ず、其の禪定に三種の別あり、一に奢摩他、此に止と譯す、靜行を云ふ。(無爲に安ずるなり。)二に三摩鉢提、此に觀と譯す、幻行を云ふ。(有爲の幻行を修するなり。)三に禪那、此に思惟と譯す、寂行を云ふ。(靜幻共に亡ずるなり。)此三行に於て單に一行を修する者三人あり、三行互に修する者二十一人あり、三行圓修する者一人あり、因て二十五人なり、此二十五人の所修の禪定を二十五種の淸淨定輪と云ふ。【圓覺經】に「一切諸菩薩。無碍淸淨慧。皆依二禪定一生。所謂奢摩他三摩提禪那。三法頓漸修。有二二十五種一。十方諸如來、三世修行者。無レ不下因二此法一而得上レ成二菩提一。」

ニジフゴシン 二十五神 〔名數〕五戒を持すれば二十五の善神ありて常に其身を擁護す。

護不殺戒五神
- 蔡芻毗愈他尼邪惡を除く
- 輸多利輸陀尼人の六根を完具す
- 毘樓遮那波五臟を平調す
- 阿陀龍摩坻人の血脈を通暢す
- 婆羅桓尼和婆爪指を保護す

護不盜戒五神
- 坻摩阿毘婆駄出入往來を安寧す
- 阿修輸婆羅陀飮食を甘香にす
- 婆羅摩亶雄雌人の睡夢を護る
- 婆羅門地鞞哆毒蟲を除く
- 那摩吁哆耶舍霧露の害を除く

護不邪婬五神
- 佛馱仙陀樓哆口舌の非を除く
- 鞞闍耶藪多娑惡疫鬼の害を除く
- 涅坻醯馱多耶縣官の害を除く
- 阿邏多頼都耶人の舍宅を護持す
- 波羅那佛曇舍宅の八神を平定す

護不妄語五神
- 阿提梵者珊耶耶塚墓鬼の害を除く
- 因臺羅因臺羅人の門戸を護る
- (三摩毗羅尸陀四大安隱を護る)
- 阿伽嵐施婆多外氣神の害を除く
- 佛曇彌摩多哆災火の害を除く

護不飮酒五神
- 多頼叉三察陀偷盜の害を除く
- 阿摩羅斯兜嘻虎狼の害を除く
- 那羅門闍兜帝死蠱の害を除く
- 薩鞞尼乾那波惡鳥惡狐の鳴きを除く
- 荼鞞闍毘舍羅犬鼠の變怪を除く
- 伽摩毘那闍尼佉冥官の注記を防ぐ

【灌頂經一、法苑珠林八十八】

ニジフゴダイ　二十五諦　「シユロン」を見よ。

ニジフゴダイジ　二十五大寺　〔名數〕東大寺、興福寺、元興寺、大安寺、藥師寺、西大寺、法隆寺、新藥師寺、大后寺、不退寺、法華寺、超證寺、龍興寺、招提寺、宗鏡寺、弘福寺、崇福寺、梵釋寺、檀林寺、延曆寺、貞觀寺、元慶寺、仁和寺、醍醐寺、淨福寺、勸修寺の稱。以上二十六寺を拾芥抄に二十五寺と云ふ。

ニジフゴダンベツソンホフ　二十五壇別尊法　〔修法〕二十五有を破する爲に各別に二十五尊を供養する護摩法なり。

ニジフゴテン　二十五點　〔雜名〕一夜五更の各更を五點に分ちしもの。「ゴカウ」を見よ。

ニジフゴデウ　二十五條　〔衣服〕袈裟の一種。大衣の中最大なるものにして、二十五條の布を横にならべて綴りあはせたるもの。各一條は、また長き布四、短き布一(四長一短)を竪に綴れり。

ニジフゴハウベン　二十五方便　〔名數〕台家修禪の法、方便と正修の二道を分ち、先づ方便行として二十五種あり、次に正く十乘觀法を修す。二十五種の方便行分て五科となす。一に具五緣、持戒清淨、三業の非を離る　衣食具足　形を蔽ひ飢を淩ぐ　閒居靜處　山林蘭若　息諸緣務　學問猶擾す況や俗事をや　近善知識　我身を資け我道を長ずるもの　二に訶五欲、訶色　色は熱鐵丸の如し　訶聲　聲は毒を塗る鼓の如し　訶香　香は惡龍の氣の如し　訶味　味は沸蜜湯の如し　訶觸　觸は臥師子の如し　三に棄五蓋、貪欲、瞋恚、睡眠、掉悔、疑、此五法心神を蓋覆して定慧をして發せざらしむれば蓋と名く、四に調五事、調レ心不沈不浮、調レ身不緩不急、調レ息不澁不滑、調レ眠不節不恣、調レ食不飢不飽、五事各中庸を要す。五に行法、欲、妄想顚倒を離れんと欲し禪定智慧を得んと欲す　精進　戒を持して初中後夜精進す　念　世法は賤しむべく禪定智慧は貴ぶべきを念ず　巧慧　世樂と禪定智慧樂との得失輕重を籌量す　一心　念慧分明世間の苦患と定慧との尊貴を見る　【止觀四】に「此二十五法通爲二一切禪慧方便一。諸觀不同故方便亦轉。」【四教儀】に「依二上四教一修行時。各有二方便正修一。謂二十五方便十乘觀法。乃至此二十五法爲二四教前方便一。故應須二具足一。若無二此方便一者世間禪定尙不可得。豈況出世妙理乎。」

ニジフゴブ　二十五部　〔術語〕金剛界の五智を五部とし、五智互に五智を具すれば二十五部となる。【秘藏記下】に「建二立二十五部一。如何五部即五智。一智所互具二五智一。所以成二二十五部一。如レ是展轉有二無量部一。」且く阿閦佛に約して之を言はば、阿閦佛は中台の法界體性智、薩王愛喜の四菩薩は餘の四智なり。更に金剛薩埵に約して之を言へば、金剛薩埵は中台の法界體性智、欲觸愛慢の四眷屬は餘の四智なり。金剛界理趣會の曼荼羅是なり。是の如く一一の法に皆五智を具すれば無盡無數の意あり。故に無量部と云ふ。

ニジフゴボサツ　二十五菩薩　〔名數〕十往生經に釋迦彌陀の二尊、二十五菩薩を遣はして念佛の行者を影護するを說く、善導の觀念法門に之を引き、惠心の往生要集に之を承け、爾來本朝に於て盛に二十五菩薩の來迎を唱ふ。但し周錄に此經を以て僞經とす。【觀念法門】に「又如二十往生經說一。佛告二山海慧菩薩及以阿難一。若有レ人專念二西方阿彌陀佛一。願二往生一者。我從レ今已去常使下二十五菩薩影二護行者一。不レ令三惡鬼惡神惱二亂行者一。日夜常得中安穩上。」【十往生經】に「若有二衆生一。念二阿彌陀佛一。願二往生一者。彼極樂世界阿彌陀佛。即遣二觀世音菩薩。大勢至菩薩。藥王菩薩。藥上菩薩。普賢菩薩。法自在菩薩。師子吼菩薩。陀羅尼菩薩。虛空藏菩薩。佛藏菩薩。菩藏菩薩。金藏菩薩。金剛藏菩薩。山海慧菩薩。光明王菩薩。華嚴王菩薩。衆寶王菩薩。月光王菩薩。日照王菩薩。三昧王菩薩。定自在王菩薩。大自在王菩薩。白象王菩薩。大威德王菩薩。無邊身菩薩。是二十五菩薩一。擁二護行者一。」【考信錄四】に「二十五菩薩來迎は慧心僧都

より盛に傳ふと見えたり、但し十往生の文は平生の擁護を說けり、平生に影護あれば臨終の引接は勿論なるべし、今宗に不來迎を立てて、其臨終に見佛等の瑞あるは平生常來迎の現前する所にして、臨終に初て來るに非ずと談ずる者は、素より二十五菩薩迎接の本說に符合せり、宗祖の卓見仰信せざるべけんや。」⦿（榮花、音樂）「阿彌陀佛を念じ奉る人をば二十五の菩薩も守り給ふなりと」

ニジフゴヱンヅウ　二十五圓通　［名數］　圓に法性の實に通ずるを圓通と云ふ、然るに衆生の機緣萬差にして圓通を得るに種種の法に依る、佛楞嚴會上に於て菩薩聲聞に對して何の法を本として圓通を得るやを問ふ、菩薩聲聞各自得の法を擧げて答ふ。二十五種あり、六塵六根六識七大なり。此中陳那の圓通聲塵を始とし觀音の圓通耳根を以て終とす、圓通を論ずれば優劣なけれども如來殊に文珠をして撰擇せしめて耳根の圓通を取る者は此方の人耳根聰明にして法に入ると易ければなり、而して聲と耳根と初後を爲すは首尾相貫の意なり。一に音聲、陳那の圓通、即ち聲塵なり。二に色因、優波尼沙陀比丘の圓通、即ち色塵なり。三に香因、香嚴童子の圓通、即ち香塵なり。四に味因、藥王藥上二法子等の圓通、即ち味塵なり。五に觸因、跋陀婆羅の圓通、即ち觸塵なり。六に法因、摩訶迦葉等の圓通、即ち法塵なり。七に見元、阿那律陀の圓通、即ち眼根なり。八に息空、周利槃特迦の圓通、即ち鼻根なり。九に味知、憍梵鉢提の圓通、即ち舌根なり。十に身覺、畢陵伽婆蹉の圓通、即ち身根なり。十一に法空、須菩提の圓通、即ち意根なり。十二に心見、舍利弗の圓通、即ち眼識なり。十三に心聞、普賢菩薩の圓通、即ち耳識なり。十四に鼻息、孫陀羅難陀の圓通、即ち鼻識なり。十五に法音、富樓那の圓通、即ち舌識なり。十六に身戒、優波離の圓通、即ち身識なり。十七に心達、目乾連の圓通、即ち意識なり。十八に火性、烏芻瑟摩の圓通、即ち火大なり。十九に地性、持地菩薩の圓通、即ち地大なり。二十に水性、月光童子の圓通、即ち水大なり。二十一に風性、瑠璃光法王子の圓通、即ち風大なり。二十二に空性、虛空藏菩薩の圓通、即ち空大なり。二十三に識性、彌勒菩薩の圓通、即ち識大なり二十四に淨念、大勢至菩薩等の圓通、是れ見大即ち根大なり。二十五に耳根、是れ觀音の圓通、即ち六根中の第二即ち耳根なり。【楞嚴經五六】

ニジフシシウゲンギヤウ　廿四周減行　［名數］　中忍位に於て減緣減行する時、一周每に一行を減じ、三十一周にて三十一の減行をすることとなれども、其うち四種目の減行は減緣に攝し收むる故に七減行を差引き、二十四周減行となすなり。

ニジフシチシユク　二十七宿　［名數］「シヤウシユク」を見よ。

ニジフシハイ　二十四輩　［名數］　ニジウヨハイ」と讀む。

ニジフシハウ　二十四皰　［名數］　九相の隨一皰相に二十四、皰に二十皰あり。

ニジフシフサウオウボフ　廿四不相應法　［名數］　俱舍宗が十四の不相應法を立てて實在のものとなせども、唯識宗にては不相應法を二十四に分類し、以て色心心所の分位に假立したるものなりとなす。得、命根、衆同分、異生性、無想定、滅盡定、無想事、名身、句身、文身、生、老、住、無常、流轉、定異、相應、勢速、次弟、方、時、數、和合性、不和合性是なり。

ニジフシリウ　二十四流　［名數］　榮西禪師が後鳥羽帝建久二年初めて吾朝に臨濟禪を傳へしより後村上帝正平六年東陵永璵禪師の渡來迄百六十年間に流傳せし禪宗の二十四流なり。今其派名と傳來者を示せば一、千光派（千光國師榮西）二、道元派（道元禪師永平）三、聖一派（聖一國師辨圓）四、法燈派（法燈國師心地覺心）五、大覺派（大覺禪師道隆）六、兀庵派（兀庵普寧禪師）七、大休派（大休正念禪師）八、法海派（法海禪師靜照）九、無學派（無學祖元禪師）十、一山派（一山一寧禪師）十一、大應派（大應國師南浦紹明）十二、西澗派（西澗子曇禪師）十三、鏡堂派（鏡堂覺圓禪師）十四、佛慧派（佛慧禪師靈山道隱）十五、東明派（東明慧日禪師）十六、清拙派（清拙正澄禪師）十七、明極派（明極楚俊禪師）十八、愚中派（愚中周及禪師）十九、竺仙派（竺仙梵仙禪師）二十、別傳派（別傳明胤禪師）二十一、古先派（古先印元禪師）二十二、大拙派（大拙祖能禪師）二十三、中岩派（中岩圓月禪師）二十四、東陵派（東陵永璵禪師）但し二十四流に就て多少の異說あれども虎關和尙の說による。此の內第二道元派、第十五東明派第二十四東陵派の三派は曹洞宗にして他は悉く臨濟宗に屬す。（傳來者の字傍に黑點を施せる十四師は支那より來航せるものにして他は皆日本人なり。）【本朝高僧傳四十四東寔傳】に「二十四流日本禪。惜哉大半失二其傳一。關山幸有二兒孫在一。續焔聯芳三百年。」（東寔禪師拈香偈）

ニジフテン　二十天　［名數］　一に大梵天王、二に帝釋尊天、三に多聞天王、四に持國天王、五に增長天王、六に廣目天王、七に金剛密迹、八に摩醯首羅、

九に散脂大將、十に大功德天、十一に大辯才天、十二に韋駄天神、十三に堅牢地神、十四に菩提樹神、十五に鬼子母神、十六に摩利支天、十七に日宮天子、十八に月宮天子、十九に娑竭龍王、二十に閻摩羅王、【諸天傳】「よ。

ニジフニコン　二十二根　〔名數〕「コン」を見よ。

ニジフニホン　二十二品　〔名數〕三十七道品の中四念處四正勤四如意足五根五力の二十二種を云ふ、是れ共に見道の前に在るを以て之を分つ。【仁王經上】に「二十二品。十一切入。」

ニジフニモン　二十二門　〔名數〕【俱舍界品】に二十二門を以て十八界を分別せり。一に有見無見、二に有對無對、三に善惡無記の三性、四に欲色無色の三界、五に有漏無漏、六に有尋有伺無尋無伺、七に有所緣無所緣、八に有執受無執受、九に大種所造、十に積聚非積聚、十一に能斫所斫、十二に能燒所燒、十三に能稱所稱、十四に五類分別、十五に得成就、十六に內外、十七に同分法同分、十八に三斷、十九に見非見、二十に六識內幾識所見。二十一に常無常、二十二に根非根。

ニジフニモン　二十二門　〔名數〕諸佛大仙自在三昧の力に依り一切衆生を安ぜんと欲し出生自在勝三昧の一切所行の諸功德無量の方便を以て衆生を度す、即ち其の三昧より二十二門を出生す。供養如來門、一切布施門、具足持戒門、無盡忍辱門、無量苦行精進門、禪定寂靜三昧門、無量大辯智慧門、一切所行方便門、四無量神通門、大慈大悲四攝門、無量功德智慧門、一切緣起解脫門、淸淨根力道法門、聲聞小乘門、緣覺中乘門、無上大乘門、無常衆苦門、無我衆生門、不淨離欲門、寂靜滅定三昧門、隨諸衆生起病門、一切對治諸法門を云ふ。

ニジフハチウ　二十八有　〔名數〕又二十八生と云ふ。欲惑九品にて二十八生を潤すを云ふ。「ウ」を見よ。

ニジフハチキヤウカイ　二十八輕戒　〔名數〕「カイ」を見よ。

ニジフハチケン　二十八見　〔名數〕二十八種の不正見なり。【雜集論十二】に大法鏡經中に二十八不正見を說くを引く。【因明大疏上】に「二十八見蟻二聚於五天一。」

ニジフハチコウ　二十八講　〔行事〕法華經二十八品を講ずる法會なり。西塔に於て之を行ふ。【釋家官班記下】に「東塔三十講於二常行堂一勤レ之。西塔二十八講。兩會遂業以レ之稱二竪者一。」

ニジフハチシヤウ　二十八生　〔名數〕二十八「有に同じ。

ニジフハチシユク　二十八宿　〔名數〕「シヤウシユク」を見よ。

ニジフハチシユクキヤウ　二十八宿經　〔經名〕舍頭諫太子二十八宿經の略名。

ニジフハチソ　二十八祖　〔名數〕台家は付法藏傳に依て摩訶迦葉より師子尊者に至るまで西天に於て二十三祖を立て、若し第三祖商那和須同時の末田地を加ふれば二十四祖あり、要するに金口の相承は師子尊者に至て窮盡すと云ふ。止觀一 然るに禪家は西天に二十八祖を立つ、此說慧炬の寶林傳に出でて明教の傳法正宗記に成る、明教は達磨多羅禪經の達磨多羅を以て菩提達磨の別名となして之を證し、付法藏傳を以て謬書燒く可しとなす。二十八祖は【傳燈錄一、傳法正宗記二】に一に摩訶迦葉、二に阿難尊者、三に商那和修、四に優婆毱多、五に提多迦、六に彌遮迦、七に婆須蜜、八に佛陀難提、九に伏馱蜜多、十に脇尊者、十一に富那耶舍、十二に馬鳴大士、十三に迦毘摩羅、十四に龍樹尊者、十五に迦那提婆、十六に羅睺羅多、十七に僧伽難提、十八に伽耶舍多、十九に鳩摩羅多、二十に闍夜多、二十一に婆修盤頭、二十二に摩拏羅、二十三に鶴勒那、二十四に師子尊者、二十五に婆舍斯多、二十六に不如蜜多、二十七に般若多羅、二十八に菩提達磨。是れ付法藏傳の二十三祖に第七の婆須蜜と婆舍斯多已下の四人を加ふるなり、然るに四明の【四教儀】に六義を以て之を難ず。【七帖見聞一末】を見よ。（南條目錄1340）參照。

ニジフハチダイヤシヤ　二十八大藥叉　〔名數〕「ニジフハチブシユ」を見よ。

ニジフハチテン　二十八天　〔名數〕欲界の六天と色界の十八天と無色界の四天となり、色界の天數に異論あり、薩婆多部は十六天と立て、經部は十七天と立て、上座部は十八天と立つ。大乘は上座部に據る。【四教儀集註中】

ニジフハチブシユ　二十八部衆　〔名數〕千手觀音に孔雀王の二十八部の大仙衆あり、二十八部は一方に四部あり四方上下の六方に二十四部あり四維に各一部あり通じて二十八なり。【千手經】に「我遣二金色孔雀王二十八部大仙衆一。常當レ擁二護受持者一。」【金光明文句七】に「孔雀王經云。一方有二四部一六方則二十四部。四維各一部。合爲二二十八部一。」「センジユクワンオン」參照。図 毘沙門等の四天王に各二十八部の鬼神衆あり。【金光明經三】に「散脂鬼神大將及二十八部諸鬼神等。即從レ座起偏袒右肩。右膝着レ地。白レ佛言。乃至隨下是經典所二流布一處上。我當與二此二十八部大鬼神一往二至彼所一。隱二蔽其形一隨逐擁二護是說法者一。」【最勝王經五】に「我等四王與二二十八部藥叉大將一。並

與二無量百千藥一。以三淨天眼過二於世人一觀三察擁三護此瞻部衆一。」⦿(曲、檀風)「二十八部衆の、風變舟を早めたり」

ニジフハチホン　二十八品　〔名數〕　法華經一部に二十八品あり、經論の篇章を品と名く。

ニジフブ　二十部　〔名數〕　小乘の分派二十あり。「セウジョウ」を見よ。

ニジフユヰシキ　二十唯識　〔書名〕　唯識二十論の異名。

二十唯識論疏　〔書名〕　又、二十述記と云ふ、二卷、法相宗慈恩の著、唯識二十論を釋す。

ニジフユヰシキジユンシヤクロン　二十唯識順釋論　〔書名〕　成唯識寳生論の異名。

ニジフヨハイ　二十四輩　〔名數〕　又、二十餘輩、覺師の【改邪鈔】に「本願寺の聖人御門弟の中に於て二十餘輩の流流の學者達、祖師の御口傳に非ざる所を禁制し自由の妄義を停廢あるべきものをや。」一說に餘輩は四輩の國音の誤なりと云ふ、但し二十四の數は即ち二十有餘なれば餘に作るも妨げなし。此二十四輩はもと祖師の定むる所と云ひ、或は三代の主、覺如師の定むる所と云ふ。先啓の【御遺跡記一】に「貞永元年壬辰八月六日御弟子を集め安心の正統を決し連署判形せしめ給ふ。之を二十四輩の御弟子と云ふ。乃至かの貞永元年より一百年の後、元弘元年の冬、覺如上人東關下向の砌り、元弘二年の春彼の二十四輩の門弟達の相承の僧侶を奥州大網の御坊に召集して、如信上人三十三回の法會を執行し給ふ、其時相傳の安心を聞し召され連署せしめ給ふ。」【眞宗法要典據七】に「有說に覺師大網にて二十四輩を撰び給ひ、如信の御孫空如に記され給へり。方今水戸願入寺に什寳とす。奥書の終に正慶元壬申年正月五日云云、是れ如信上人御法會結願の翌日記名し給ふなるべし、此を以て見れば何れ二十四輩の定は覺師にして、直弟の來會に非ず、其遺弟子孫の衆の集りしに相傳の旨を聞し召して記名せしめ給ふものなり、先啓の後說に照映して心得べし。」二十四輩は【眞宗法要典據七】に「一に常州鹿島の性信房、(武州淺草報恩寺下總左川野報德寺)二に下野眞壁の眞佛房(下野高田專修寺下總結城稱名寺)三に常陸の順信房、(常州富田無量壽寺同鳥巣無量壽寺)四に常陸の乘念房(常州柿岡如來寺)五に下總の信樂房(下總新提弘德寺)六に下總の成念房、(下總三村妙安寺上州廐橋妙安寺)七に西念房、(下總邊田西念寺信州布野長命寺)八に證性房、(常州水戸青蓮寺奥州棚倉蓮正寺)九に善性房、(下總大坊東弘寺)十に是信房、(奥州南部本誓寺信州松本本誓寺)十一に無爲信房、(奥州棚倉無爲信寺同仙臺稱念寺)十二に善念房、(常州水戸善重寺)十三に信願房、(下總鳥山慈願寺同武部慈願寺)十四に定信房、(常州額田阿彌陀寺)十五に道圓房、(常州川井枕石寺)十六に入信房、(常州大畠壽念寺)十七に念信房、(常州鷲子照願寺)十八に入信房、(常州大曾根常福寺)十九に明法房、(常州松原上宮寺)二十に慈善房、(常州石澤常弘寺)二十一に唯佛房、(常州湊村淨興寺)二十二に唯信房、(常州宍戸唯信寺)二十三に唯信房、(常州下金澤覺念寺同水戸信願寺)二十四に唯圓房、(常州矢川原西光寺)」

ニジモンジユ　二字文殊　〔菩薩〕「モンジユ」を見よ。

ニジユ　二受　〔名數〕　一に身受、眼等の五識の苦樂捨なり。二に心受、意識の憂喜捨なり。

ニジユギヤウ　二壽行　〔名數〕　一に留多壽行、是れ阿羅漢の福を捨てて壽を延長する法なり。阿羅漢、神通を成就し心自在を得るもの、若しは僧衆に於て若しは別人に於て諸の命緣たる衣鉢等を布施し、施し已て發願し、即ち第四禪定に入り、定より起り已て心念口言す、諸の我が能富の果報を感ずる業、願くば皆轉じて壽命の果報を招かんと。時に彼の能富の果を招く業則ち轉じて壽命の果を招くなり。二に捨多壽行、是れ阿羅漢の壽命を滅して富福を增長する法なり。阿羅漢前の如く僧衆に布施し了て發願し、即ち第四禪定に入り、定より起り已て心念口言す、諸の我が壽果を招く業、願くば皆轉じて富の果を招かんと、時に彼れの壽果を招く業則ち轉じて富果を招く。【俱舍論二】

ニジユゴフ　二受業　〔名數〕　一に色界の中間定より以上乃至有頂天の善を無尋業と名く、(二禪已上は伺もなきなり)此は唯心受を感じて身受を感ぜず、身受は必ず尋伺と俱生するが故に無尋の業は身受を感ぜざるなり。又、一切の惡業は唯身受の苦を招く、心と俱なる苦受を憂と名く、憂は異熟果に非ざるが故に惡は心受の憂を感ぜず。【俱舍論十五】

ニジヨ　二序　〔名數〕　諸經の首に通序別序あり、如是我聞等の六成就諸經に通ずるを通序と云ひ、本經特殊の緣起を別序と云ふ。「ジョ」參照。

ニジヨウ　二乘　〔術語〕　人を乘せて各其の果地に到らしむる敎法を乘と名く。一乘乃至五乘の別あり、其の中二乘に三種あり。

聲緣二乘　〔術語〕　一に聲聞乘、佛の聲敎を聞て四諦を觀じて空智を生じ、以て煩惱を斷ずるなり。二に緣覺乘、又獨覺乘と云ふ、機根銳利にして佛の聲敎によらず獨り自ら十二因緣を觀じて眞空智を生じ煩惱を斷ずるもの。此二乘に二類あり、一は愚法二乘とて現世の中に回心向大せずして涅槃に入るもの。二は不愚法二乘とて現世の中に回心して菩薩乘の人となるもの。天台の藏敎、華嚴の小敎の中の二乘は初の愚法二乘なり。又天台の通敎、華嚴の始敎に屬する大乘三乘中の二乘は即ち後の不愚法二乘なり。今は此二類を合して二乘

とせしなり。

二乘異同 【雜語】【法華玄贊五】に三同七異を論ず、「三同とは一に同じく煩惱障を斷ずるが故に、二に同じく生空の理を悟るが故に、三に同じく假の擇滅無爲を得るが故に、七異とは一に聲聞は根性鈍なり緣覺は根性利なり、二に聲聞は佛に依て出離し緣覺は自ら覺して出離す、三に聲聞は聲敎に藉り緣覺は法理を觀ず、四に聲聞は四諦を觀じ緣覺は十二因緣を觀ず、五に聲聞は四果を分ち緣覺は唯一果なり、六に聲聞は根を練ると三生乃至六十劫なり、緣覺は根を練ると四生乃至百劫なり、七に聲聞は說法を爲し緣覺は神通を現ず。」【大乘義章十七末】に五同六異を辨ず、「五同とは一に斷障同、同じく四住の惑を斷ずるが故に、二に斷障見理同、同じく生空の理を見るが故に、三に修行同、同じく三十七道品を修行するが故に、四に得果同、同じく盡智無生智の果を得るが故に、五に證滅同、同じく有餘無餘の涅槃を證するが故に。六異とは一に根異、利と鈍と、二に所依異、師に依ると依らざると、三に藉緣異、敎法に藉ると事相に藉ると、四に所觀異、四諦と十二因緣と、五に向果異、四向四果と一向一果と、六に通用異、神通の境界狹と廣と。」【法華嘉祥疏八】に七同十一異を判ず。七同とは一に斷惑同、同じく見思の二惑を斷ず、二に出義同、同じく三界を出づ、三に智同、大品に依らば同じく一切智を得小乘に依らば同じく盡智無生智を得、四に涅槃同、同じく有餘無餘の涅槃を得、五に見同、同じく四諦の理を見る。六に同知、同じく過去未來八萬劫の事を知る、七に同名、同じく小乘と名く。十一異とは一に根に利鈍あり、二に修因に短長あり、三に時に異あり聲聞は佛と同世緣覺は然らず、四に有悲無悲、聲聞は鹿の如し但自身を見る故に悲なし緣覺は羊の如し顧みて子を念ふ故に少悲あり、五に福德厚薄、聲聞の身に或は相好あり、或は相好なし、緣覺の身には必ず相好あり、六に印字有無、緣覺の手中には十二因緣の因字あり、聲聞の手中に四諦の印字なし、七に現通說法異、緣覺は人の爲に通を現じ聲聞は人の爲に法を現ず、八に利益淺深、聲聞の化度能く人をして七賢七聖を得しむ、緣覺の化度は人をして煖法已上の益を得しむると能はず、然る所以は聲聞は佛と同世衆生福德利根なり、緣覺は無佛世に出る衆生薄福鈍根なり、且つ多說に堪えざればなり。九に神通の境界、聲聞は狹く緣覺は寬し、十に出處異、聲聞は人世に出で緣覺は山林に隱處す、十一に漸頓異、聲聞は漸く四果を得、緣覺は頓に一果を證す。」【法華文句七】に六同十異を明かす、六同とは一に同じく三界を出づ、二に同じく盡智無生智を證す、三に同じく見思の正使を斷ず、四に同じく有餘無餘の涅槃を得、五に同じく一切智を得、六に同じく小乘と名く。十異とは一に行因の久近、二に根の利鈍、三に從師と獨悟、四に悲の有無、五に相好の有無、六に觀の略廣、謂く四諦とは十二因緣、七に利益の淺深、聲聞は人をして四果を得しめ緣覺は煖法を得しむる能はず、八に一は佛世に在り一は然らず、九に緣覺は一果を頓證し聲聞は四果を漸證す、十に緣覺は多く通を現じ少く法を說く、聲聞は不定なり。

二乘成佛 【術語】舍利弗等の二乘の人、既に阿含經の說時に二乘の極果を得せしも中間大乘諸經に緣て機に調熟し終に法華に至て小心を廻して大菩提心を發し、佛より未來成佛の記を受くるを云ふ。之に就て相性二宗の異義あり、法相宗は五姓各別と立てて定性二乘は永く涅槃に歸して成佛するとなし、法華に於て聲聞に成佛の記を授くるは一類の漸悟の機を引かん爲の方便なりと云ふ、華嚴天台等の法性宗は一切皆成佛と立てて一旦小果を得し者も又其身已に死して無餘涅槃に入りし者も更に廻小向大して萬行を成じ佛果を得す、法華の授記は方便にあらず眞實なりと云ふ。

大小二乘 【術語】一に大乘、二に小乘なり、大乘とは大人の乘なり、此中に一乘と三乘中の菩薩乘と不愚法と二乘を攝む。（此三即ち大乘の三乘）小乘とは小人の乘なり、即ち愚法の二乘なり、涅槃經に半字敎滿字敎と說き、智度論に聲聞藏、摩訶衍藏と判する者是なり。經本によらば四阿含經は小乘にして自餘の諸經は大乘なり、八宗を以て之を配すれば倶舍成實は小乘にして律宗已上は大乘なり、若し諸家の敎判に依らば天台の三藏經、華嚴の愚法小乘敎、法相の初時有敎、天台の通敎以上、華嚴の始敎以上、法相の第二時空敎已上は大乘なり。問ふ、四阿含經の中に六度萬行の菩薩乘あり、倶舍成實の宗中亦釋迦佛あり彌勒菩薩あり、何ぞ聲聞緣覺の二乘と爲すや。答ふ、小乘を本位として之を論ずれば固より三乘あり（サンジョウを見よ）然るに大乘より之を論ずれば彼の小敎の中に佛菩薩の大乘法を說くは實に菩薩の機に對して菩薩の法を說くにあらず、二乘をして能化の佛を信ぜしめんが爲に佛の自行即ち菩薩の大法を說くのみ、其の意唯二乘を度するにあり、故に其の說く所の佛果も二乘の所證に異ならず、彼等と同じく但見思二惑を斷

じて三界の生死を出離し、析空觀に依て但空偏眞の理を證するのみ、異なる所は長劫の修行に依て不染汚無知を斷じて自在に一切衆生を度するにあり、八十にして住世の緣盡くれば彼等と共に無餘涅槃に歸して法界中一有情を減ずるなり、是れ小乘中所說の大乘佛果なり。是の如き淺近の佛果を假說するも畢竟彼等二乘を度せん爲なれば之を所化の人に約就して總じて之を二乘即ち小乘と爲すなり。之を例するに天台の通敎、華嚴の始敎には、菩薩に兼て不愚法回心の二乘を化せん爲に聲緣の二乘を說くも、其の本意は菩薩を度し且つ彼の二乘をして向大せしめん爲なれば之を總じて大乘と名くる如し、問ふ、小乘敎の中に菩薩乘あれども二乘の爲の菩薩乘なれば之を二乘に從へて小乘敎となし、大乘敎中二乘あれども菩薩乘の爲の二乘なれば之を菩薩に從へて大乘敎となす、されば大小乘の別は所化の人に就ける差別に止まり敎義に就て淺深なきは如何。答ふ、敎義に於て大に淺深あり、瑜伽雜集論等に聲聞等の敎行住果及び斷惑の分齊を說くと婆沙、俱舍等と異なる是なり。又天台は觀法を以て之を判ぜり、凡そ大乘に獨菩薩法とあり、通三乘法とあり、通三乘法は即ち天台の通敎、獨菩薩法は天台の別圓二敎なり、此中獨菩薩法は中道を以て觀法とし、通三乘法は空理を以て觀法とす。而して此空理を觀ずるに於て析空と體空との二あり、諸法を分析して空理を悟るを析空とし　諸法は夢の如く幻の如しと知りて體を壞せずして其の空理を悟る　體空とす。此析體二空を以て小大の區別となす。小乘の聲緣菩は共に析空、大乘の聲緣菩は共に體空なり、以て敎義の淺深を知るべし。【止觀三】に「小者小乘也。智慧力弱但堪下修ニ析法止觀一析中於心色上。乃至大者大乘也。智慧深利修ニ不生不滅體法止觀一。大人所ㇾ行故名ニ大乘一。中論明ニ即空一者申ニ摩訶衍一。摩訶衍即大也。衍中云。欲ㇾ得ニ聲聞一當ㇾ學ニ般若一者。元此是菩薩法。大能兼ㇾ小傍挾ニ聲聞一。譬如下朱雀門天家所ㇾ立正通ニ王事一不ㇾ妨ニ群小由ㇾ之出入一。雖ㇾ通ニ小人一終是天門。今摩訶衍亦如ㇾ是。正爲ニ菩薩體法入空一。雖ㇾ有ニ小乘一終爲ㇾ大。例如下三藏析法雖ㇾ有ニ佛菩薩一終是小乘上。」

三一二乘

【術語】一に三乘、法華以前に聲緣菩の三乘證道の別ありと說く是なり。此三乘中聲緣二乘に愚法の二乘即ち小乘を攝む。二に一乘、法華に於て一切衆生悉く成佛すべし十方佛土中唯有一乘法と三乘を會して一佛乘に歸せしむるもの是なり。天台の四敎に配すれば藏通二敎は三乘にして別圓二敎は一乘なり。華嚴の五敎に配すれば小始二敎は三乘にして終頓圓の三敎は一乘なり。諸宗に配すれば三論、法相、成實、俱舍の四宗は三乘にして、華天已上は一乘なり。【五敎章上二】

ニジヨウサブツ　二乘作佛

【術語】法華已前は佛の方便說なる故聲聞緣覺の二乘の作佛するを說かず、法華に至て眞實の一乘を說くに於て始めて二乘の作佛を說き之に記別を與ふとなり。【輔行六】に「遍尋ニ法華以前諸敎一。實無ニ二乘作佛之文以明ニ如來久成之說一。故知並由ㇾ帶ニ方便一故。」

ニジヨウタンクウチニヨケイクワ　二乘但空智如螢火

【雜語】小乘の聲聞緣覺は、諸法を分析し、有法を滅して方に始めて空なれば空は眞の虛無なり、故に但空と云ふ、菩薩は如幻即空と體して幻法其のままの空なれば空中如幻の體を遮せず、故に之を不但空と云ふ。今此但空の智と不但空の智を螢火と日光とに譬ふなり。【止觀三】に「大論云。空有ニ二種一。一但空。二不但空。大經云。二乘之人但見ニ於空一不ㇾ見ニ不空一。智者非ニ但見ㇾ空能見ニ不空一。不空即大涅槃。二乘但空智如ニ螢火一。菩薩之人智慧如ㇾ日。」⦿（新古今）「道の邊の螢ばかりをしるべにてひとりぞ出づる夕やみの空」

ニセ　二世

【術語】今生と未來なり。二世の悉地、二世の安樂など。【法華經藥草喩品】に「現世安穩。後生ニ善所一。」⦿（曲、朝長）「實に是とても二世のちぎりの」

ニセケン　二世間

【名數】有爲法の過現未遷流するを世と云ひ、事事物物間隔するを間と云ふ。大別して二種とす、一に有情世間、五蘊假に和合して情識を有し以て鬼畜人天等の差別をなすもの。二に器世間、四大積聚して山河大地國土家屋等の別を爲し以て有情を容受するもの。即ち有情世間は有情の正報にして器世間は有情の依報なり。【俱舍論世間品】

ニセソン　二世尊

【名數】釋迦如來と多寶如來、是れ多寶塔中の二佛なり。⦿（榮花）「塔の内の二世尊」

ニセフ　二攝

【名數】一に自攝、自力を以て自ら攝取すること。二に他攝、他力を以て他に攝せらるること。【略論】に「一切萬法。皆有ニ自力他力自攝他攝一。」

ニセン　二詮

【名數】一に遮詮、二に表詮なり、遮は其の所非を遣るなり、表は其の所是を顯すなり。諸經に眞如の妙性は不生不滅不增不減不垢不淨無因無果無相無爲非凡非聖非性非相等と說く如き、之を遮詮と言ふ。知見覺照靈鑑光明朗朗昭昭と云ふ如き之を表詮と言ふ。鹽は不淡と言ふ如き是れ遮詮なり、

攄は鹹と言ふ如き是れ表詮なり。空宗は專ら遮詮を宗とし性宗は遮表二門を具す。【宗鏡錄三十四】に「今時人皆謂遮言爲㆑深表言爲㆑淺。故唯重ニ非心非佛無爲無相乃至一切不可得之言㆒。良由㆘只以㆓遮非之詞㆒爲㆑妙。不㆘欲㆔親自證㆓認法體㆒故如㆑此也。」

ニゼン　爾前　〔術語〕台宗常用の語。其れより以前と云ふ意にて法華經より已前を指す。【法華文句四之一】に「爾前非㆓無上㆒也。」

ニゼン　二善　〔名數〕一に定善、定心に修する善業なり、慮を息め心を凝らして淨土の依正二報を觀ずるなり。二に散善、散心に修する善業なり、身口意を策して惡を廢し善を修するなり。唐の善導觀經を釋するに此二善を以てし、十三觀を以て定善とし三福を以て散善とす。謂く一經の所明定散の二善を出でざるなり。【觀經疏玄義分】に「其要門者即此觀經ノ定散二門是也。定即息㆑慮以凝㆑心。散即廢㆑惡以修㆑善。廻㆓斯二行㆒求㆓願往生㆒也。」

ニゼン　二善　〔名數〕一に未生善、戒定慧等の諸善法未だ曾て修習せざるもの。二に已生善、戒定慧等の諸善法已に曾て修習するもの。【智度論四十八】又、事理善、藏教を界内の事善とし通教を界内の理善とし、別教を界外の事善とし圓教を界外の理善とす。是れ淺深相對して事理を分けしなり。【法華玄義五上】

ニゼン　二禪　〔名數〕色界の禪定に四重あり、是れ第二重の禪定なり、定心微細にして尋伺の心所なく、三受の中には喜樂の二受を感受するもの。「シゼン」を見よ。

ニゼンサンプク　二善三福　〔名數〕觀無量壽經所說の善根。二善とは定善散善にして、三福とは、世福、戒福、行福を云ふ。

ニゼンテン　二禪天　〔界名〕二禪を修成せしものの生ずる天處なり、色界天の第二重なり、新譯に二靜慮と云ふ。此中更に三天に別つ、一に少光天、二に無量光天、三に光音天なり、二禪の天人は既に尋伺の麁動を離るるを以て劫末の大火災を免るれども、猶喜樂の念あるを以て、劫末の大水災を免るるを得ざるなり、何となれば喜樂の身を潤すと水大の身を潤すに似るが故とぞ。【俱舍論十二】に「第二靜慮喜受爲㆓內災㆒。與㆓輕安㆒潤㆑身如㆑水故。」

ニソ　二鼠　〔譬喩〕黑白の二鼠以て晝夜或は日月に譬ふ。「ネヅミ」を見よ。

ニソ　二祖　〔人名〕禪宗東土の第二祖慧可禪師なり。二祖斷臂など。

ニソキ　二祖忌　〔行事〕達磨忌及び某寺の開山忌(又は百丈、本邦古來之を修せず)なり。十月五日は達磨忌なり、開山忌は諸山一ならず、永平寺の開山忌は八月二十八日なり。

ニソク　二足　〔術語〕福智の二を人の兩足に譬ふ。【義楚六帖一】に「智論云。佛積㆓萬行於三大劫㆒。福足智足無㆑間無㆑遺。」

ニソクソン　二足尊　〔術語〕又兩足尊と云ふ。二脚を有する生類中に於て最も尊きもの、以て佛の尊號とす。又、二足とは福智の二に譬ふ。前項を見よ。佛は福智の二足を圓滿すれば二足尊と云ふ。【法華經授記品】に「供㆓養最上二足尊㆒。」

ニソサンブツキ　二祖三佛忌　〔行事〕二祖は達磨と某寺の開山(又は百丈)なり。三佛忌は涅槃忌と誕生會と成道會なり。此中誕生と成道とは忌にあらざれども多に隨て忌と名く。

ニソダンピ　二祖斷臂　〔故事〕禪宗の二祖、慧可、達磨に道を求めて得ず、乃ち雪中に利刀を以て左臂を斷ちて其の堅固不動の志を示して遂に法を得たり。後世之を斷臂の慧可と稱す。

ニソン　二尊　〔名數〕釋迦と彌陀なり。【觀經玄義分】に「今乘㆓二尊教㆒廣開㆓淨土門㆒。」【觀經散善義】に「仰蒙㆔釋迦發遣指㆓向西方㆒。又籍㆓彌陀悲心招喚㆒。今信㆓順二尊之意㆒。不㆑顧㆓水火二河㆒。念念無㆑遺。」

ニソンイチケウ　二尊一致　〔術語〕觀無量壽經の流通分の說相。正宗分に於ては釋迦は要門を開き、彌陀は弘願を彰し、二尊の所教各自異別なりしが、流通分に至りて、釋迦は上來說き來りし要門の定散二善をすて、弘願の念佛のみを阿難に附屬したるが故に、釋迦の發遣と彌陀の招喚とは全く一致して、二尊の所教は同じく念佛の一道となれるを云ふ。

ニソンイツチ　二尊一致　〔術語〕「ニソンイチケウ」に同じ。

ニソンニケウ　二尊二教　〔術語〕觀無量壽經の正宗分の說相。二尊とは釋迦彌陀を云ひ、二教とは要門と弘願とを云ふ。此經の正宗分において、釋迦は顯に要門方便の定散諸善を說き、彌陀は隱に弘願眞實の實力念佛を彰せるが故にいふ。

ニゾウボサツ　二增菩薩　〔名數〕菩薩に二類あり一に智增菩薩、大智の性分增上にして斷惡證理の自利の善根多く、利生化物の善根少きもの。二に悲增菩薩、大悲の性分增上にして久しく生死に住して有情を利せんと欲し、疾く菩提の果に進むを欲せざるもの。故に智增の菩薩は初地に於て分段身を捨て變易身を取り、悲增の菩薩は第八地に至つて初めて分段身を捨つるなり。【百法問答鈔七】

ニタ 貳吒 〔界名〕Akaniṣṭha 天の名。譯、色究竟。色界の最頂なり。【玄應音義八】に「貳吒或作二阿伽尼沙託一。或言二尼師吒一。皆梵音輕重也。正言二阿迦尼瑟撼一。此言二色究竟天一也。」

ニタイ 二諦 〔術語〕一に俗諦、迷情所見の世間の事相なり、是れ凡俗の迷情に順ずる法なれば俗と云ひ、其の凡俗の法たる道理決定して動かざれば諦と云ふ。又此事相俗に於て實なれば諦と云ふ。二に眞諦、聖智所見の眞實の理性なり、是れ虛妄を離るれば眞と云ひ、其の理決定して動かざれば諦と云ふ。又此理性聖に於て實なれば諦と云ふ。而も經論の所說其の名稱一ならず、涅槃經仁王般若經には世諦、第一義諦と云ひ、金剛不壞假名論には眞諦俗諦と云ひ、瑜伽論唯識論には世俗諦勝義諦と云ひ、南海寄歸傳には覆俗諦勝義諦或は覆諦眞諦と云ふ。此中眞俗の名最も汎く行はる。而して二諦の法を出だすに諸家各異なり。【法華玄義二】に「夫二諦者。名出二衆經一而其理難レ曉。世間紛紜由來碩諍。」と云ひ、南山の【廣弘明集二十四】に二諦を明かすに古來の異說二十三家を列ぬ、而して淨影は大乘義章一に四宗を擧げて相宗の二諦を辨じ、天台は法華玄義二に藏通別圓の四敎に就て七種の二諦を辨じ、嘉祥は二諦章に三種の二諦を辨じ、慈恩は義林章二末に眞俗に於て四重を辨ず。蓋し眞俗の名は長短輕重と言ふ如し、所對に隨て重重不同なり。【大乘義章一】に「俗謂世俗。世俗所知。故名二俗諦一。眞者是其絕妄之稱。」【義林章二末】に「體相顯現目レ之爲レ俗。」【二諦章中】に「俗是浮虛義。眞眞實義。」【百論四諦品】に「諸物依二二諦一爲二衆生一說レ法。以二一世俗諦一。二第一義諦。」【百論下】に「諸佛說法常依二俗諦第一義諦一。」【智度論三十八】に「佛法中有二二諦一。一者世諦。二者第一義諦。爲二世諦一故說レ有二衆生一。爲二第一義諦一故說二衆生無所有一。」已上眞俗二諦は一切諸法に涉て事理の淺深を分別する義門也。然るに傳敎の【末法燈明記】に「夫範二衛一如一以流レ化者法王。光二宅四海一以垂レ風者仁王。然則仁王法王互顯而開レ物。眞諦俗諦遞因而弘レ敎。」是れ佛法世法を此二諦に對配せり。是れ經論になき所なるも亦二諦の定義を越へざるなり、何となれば世法は凡情の見る所、佛法は聖智の見る所なればなり。眞宗一家の諸祖、此旨を承けて佛法、王法を眞俗二諦として盛に之を鼓吹せり。梵、眞 Paramārtha-satya 俗 Saṁvṛti-satya

四重二諦 〔名數〕法相宗は世俗勝義の二諦に各四重を立つ。合せて八諦なり。「タイ」を見よ。

ニタイクワン 二諦觀 〔術語〕台家三觀中空觀の異名なり、空觀成就すれば啻に空諦を成ずるのみならず、復た俗諦歷然として顯現する故に二諦觀と云ふ。

ニタフ 二答 〔名數〕一に言答、言語を以て答解を與ふるもの。二に示相答、種種の形相を示して、答ふるを云ふ。

ニダイ 尼提 〔人名〕又、尼陀。除糞人の名。佛之を度して大阿羅漢となす。【賢愚經尼提度緣品】

ニダウ 二道 〔名數〕大小便の二處。【佛祖統紀三十】に「殘穢在レ身。爲レ欲二獨除一便在二二道一成二男女根一。」

ニダウ 二道 〔名數〕無礙道、解脫道を云ふ。新譯に無間道、解脫道と云ふ。斷惑證理の智慧の名なり。正しく惑を斷ずる智慧を無礙道とし、正しく理を證する智慧を解脫道とす。無礙とは正しく惑を對破して智が惑の爲に障礙せられざるを云ひ、無間とは智が惑の爲に間隔せられざるを云ふ。解脫とは智が惑の繫縛を離れて自在に理を證する義なり。凡そ一切の惑を斷ずる位に必ず此二道を存するなり。【俱舍論二十五】に「無間道者。謂此能斷二所レ應レ斷障一。解脫道者。謂已解二脫所レ應レ斷障一最初所レ生。道義云何。謂涅槃道。乘レ此能往二涅槃城一故。」

ニダウ 二道 〔名數〕一に難行道、難行を修して佛果を求むる法なり、謂く此娑婆世界に在て六度萬行を修して以て成佛せんと欲するなり、此法行じ難ければ難行道と云ふ。二に易行道、易行を修して佛果を求むる法なり、謂く阿彌陀佛を信じて淨土に往生し以て成佛するもの、此法行じ易ければ易行道と云ふ。是れ龍樹菩薩の所判にして淨土門諸家の敎判皆之に依る。【十住毘婆沙論易行品】に「至二阿惟越地一者。行二諸難行一久乃可レ得。乃至或有下以二信方便易行一疾至二阿惟越地一(Avaivartya)者上。」

ニダウ 二道 〔名數〕一に有漏道、三乘の行人見諦以前に於て修する所の一切の行法悉く有漏道と云ふ、二に無漏道、三乘の行人見諦已後に於て諦理に順じて修する所の一切の行法皆有漏道と云ふ。漏とは煩惱の異名なり、見諦已前は未だ一毫の煩惱を斷ぜず所修の行法悉く煩惱の垢染を雜ゆれば有漏と云ひ、見諦以後に於て已に一分の煩惱を斷じて煩惱の垢染を離れたる行法なる故に無漏と云ふ。

ニダウ 二道 〔名數〕一に敎道、方便敎示の道なり。二に證道、諸佛所證の實理なり。此敎證の二道は【十地論一】に「歎說者於レ中有二二種一。一者爲レ說二阿含義一。二者爲二證入義一。」と言ふに依て立つ。【大乘義章九】に「證敎兩行出二地經論一。所レ言證者乃是知得之別名也。實觀二平等一契レ如故名レ證。乃至上德下被爲レ敎。」

然るに天台一家は此教證二道を借て一は今昔の權實を判じ、二は別教の教權證實を釋す。今昔の權實を判ずとは前四時は隨他意の說なれば教道の方便なり、第五時は隨自意の說なれば證道の眞實なりと判ずるなり。(玄義三) 別教の教權證實を釋すとは凡そ四教共に教證の二道あれども、藏通の二教は界內の機情に隨つて說けば教は勿論所證の理も偏眞の空理なれば教證共に權なり、圓教は能入の教門所入の理共に佛の自意に隨へば教證共に實なり、獨り別教は能入の教門は界外鈍根の機情に隨て次第に九界二邊の法を斷破して佛界中道の理を顯はすと說けば隨情の權なり、然るに所入の理は中道に稱ふて九界即佛界にして中偏隔つる所なければ圓教に同じくして證實なり。此の教證の權實を釋せんが爲に彼の二道の名を借用するを云ふ。(輔行三) 此に就て輔行に約行約說の二種の教證を出す、約行の教證とは行人の觀行に就て教證を立つるなり、別教の行人地前の間は佛の隔歷次第の方便教に依て次第の三觀を修すれば之を教道とし、初地に至れば自ら圓融の三觀に證入すれば之を證道とす、即ち地前の觀行を教道方便とし、地上の觀行を證道眞實とするなり。約說の教證とは如來の說法に就て教證を別つなり、佛が地前の人に對して一教の始終即ち地前以上を通じて別教の當分に就て隔歷次第の法を說くを約說の教道となし、又佛が地前地上の人に對して己證のまま即ち中道を說くを約說の證道となすなり。されば別教に證道を論ずるは別教當分の說にあらず、乃ち是れ行人の親證隔歷を存せると(約行の證道)及び如來己證の圓融とを默示するのみ、以て別教の分際を知るべし。

ニダナ 尼陀那 [術語] Nidāna 譯、因緣、緣起。十二分經の一。佛の說法の緣起由序を說くもの。諸經多く通別の二序あり、所謂別序は尼陀那なり。【智度論三十三】に「尼陀那者。說二諸佛法本起因緣一。佛何因緣說二此事一。有レ人問故說二是事一。毗尼中有レ人犯二是事一故結二是戒一。一切佛語緣起事皆名二尼陀那一。」【慧苑音義上】に「尼陀那。此云二因緣一。然有二三類一。一說請而說。二因レ犯制レ戒。三因レ事說レ法也。」【開宗記一本】に「尼陀那。此云二緣起一。或云二因緣一。」

ニダナモクトカ 尼陀那目得迦 [術語] Nidānamātṛka 根本說一切有部尼陀那目得迦の略名。尼陀那の譯、因緣。目得迦の譯、本事。十二分經中の因緣經と本事經なり。

ニダン 二斷 [名數] 二種の斷惑。緣縛斷、不生斷の稱。

ニチ 二智 [名數] 一に如理智、佛菩薩の眞諦の理に如ふ實智なり、或は根本智と名け、無分別智と名け、正體智と名け、眞智と名け、實智と名く。二に如量智、佛菩薩の俗諦の事量に如ふ智なり、或は後得智と名け、有分別智と名け、俗智と名け、徧智と名く。【十八空論】に「如理智即是無分別智。如量智即是無分別後智。」【佛性論三】に「此二智有二二種相一。一無著。二無礙。言二無著一者。見二衆生界自性清淨一名爲二無著一。是如理智相。無礙者。能通二達無量無邊界一故是名二無礙一。是如量智相。」【行宗記一上】に「迷事者。障二俗諦一故。世出世法。唯佛通達名二如量智一。迷理者。障二眞諦一故。法性眞理唯佛盡證。境智相冥名二如理智一。」〔又〕一に根本智、如理智の異名なり、眞智初て起て眞理に契會する智なり。此眞理を證する實智は後の有爲の事相に通ずる俗智の本なれば根本智と云ふ。二に後得智、如量智の異名なり、眞智の後に有爲の萬法を照了する俗智なり、是れ根本智の後邊に生ずる智なれば後得智と云ふ。此二又無分別智、後得智と稱す、根本智の境は一切の分別を離るればなり。【唯識論十】に「緣二眞如一故是無分別。緣二餘境一故後得智攝。其體是一隨レ用分レ二。了レ俗由レ證レ眞故說爲二後得一。」【同九】に「前眞見道根本智攝。後相見道後得智攝。」〔又〕一に眞智、根本智の異名、眞諦の理性を照了する智なり。二に俗智、後得智の異名、俗諦の事相を照了する智なり。【眞諦譯攝大乘論下】に「眞俗二智。更互相違。」【佛性論二】に「般若有レ二。一無分別眞智。二有分別俗智。」〔又〕一に實智、佛菩薩の實理に達する智なり。二に權智、又方便智と云ふ、佛菩薩の權方便に通ずる智なり。【維摩經佛道品】に「智度菩薩母。方便以爲レ父。」【天台維摩經會疏九】に「智度是實智。實智有下能顯二出法身一之力上。方便是權智。權智外用能有二成辦一。」【往生論註下】に「般若者達レ如之慧名。方便者通レ權之智稱。」【大乘義章十九】に「知二於一乘眞實之法一名爲二實智一。了二知三乘權化之法一名二方便智一。」〔又〕一に一切智、一切法の實性に達する智なり、二に一切種智、一切法の種種の事相に通ずる智なり。聲聞緣覺は唯一切智を有し佛は二智を具す。【智度論二十七】に「一切智是聲聞辟支佛事。一切種智是佛事。聲聞辟支佛但有二總一切智一。無レ有二一切種智一。」

ニチクワウ 日光 [菩薩] 菩薩の名。月光と共に藥師如來の二脇士なり。【玄奘譯藥師經】に「於二其國中一有二二菩薩摩訶薩一。一名二日光遍照一。二名二月光遍照一。是彼無量無數菩薩衆之上首。」

日光菩薩月光菩薩陀羅尼 [經名] 一卷、【開帙十】

ニチクワウサマダイ 日光三摩提 [術語] 禪定の名。求聞持法なり。【婆藪槃豆法師傳】に「無著

法師。修二日光三摩提一。如レ說修學。即得二此定一。後昔所レ未レ解悉能通達。有レ所二見聞一。承憶不レ妄。」

ニチグウ　日宮　〔術語〕日天子の宮殿なり、佛說に世に所謂太陽は日天子の宮殿なりと云ふ。【立世阿毘曇論日月行品】に「從二閻浮提地一高四萬由旬。此處日月行。半二須彌山一等二遊乾陀山一。是日月宮殿團圓如レ鼓。乃至是日宮者。厚五十一由旬。廣五十一由旬。周廻一百五十三由旬。是日宮殿頗梨所レ成。赤金所レ覆。火大分多。下際火分復爲二最多一。其下際光亦爲二最勝一。是其上際金城圍繞。乃至人非人等。龍樹草木。及諸雜花莫レ不二必備一。乃至是宮殿說名二修野一。是日天子於二其中一住。亦名二修野一。」

ニチグワツトウミヤウブツ　日月燈明佛　〔佛名〕此佛の光明、天に在ては日月の如く地に在ては燈の如し依て名く、曾て過去に二萬の日月燈明佛あり同名相繼で出世し法華經を說く。【法華經序品】⊙（曲、九世戸）「空には日月燈明佛」

ニチグワツリン　日月輪　〔術語〕眞言行者果地の智德に約して日輪を以て月心の形を觀じ、因果の進修に約して月輪を以て自心の形を觀ずるなり。因果の進修とは月に十六分の漸明ある如く十六菩薩の十六三昧を漸修して從因至果するを云ふ。【菩薩心論】に「諸佛大悲以二善巧智一說二此甚深秘密瑜伽一。令下修行者於二內心中一觀中日月輪上。」【菩提心義一末】に「一字佛頂瑜伽及愛染王瑜伽等。並約二果地智德一以二日輪形一觀二本尊形一。今約二因果三昧進修一以二月輪形一觀二自心形一。」

ニチサウクワン　日想觀　〔術語〕觀經所說十六觀の第一。日沒に西方に向て日輪を觀想する法なり。【觀無量壽經】に「佛告二韋提希一。汝及衆生。應下當專レ心繫二念一處一想中於西方上。乃至當下起二正念一正坐西向。諦觀中於日上。令二心堅住專レ想不上レ移。見三日欲レ沒狀如二懸鼓一。」⊙（新續古）「山の端の入日をかへす袂にも西に心をかくるとぞ見し」（曲、弱法師）「日想觀なれば曇りも波の」

ニチザウ　日藏　〔人名〕三善淸行の弟、十二歲にして金峰山の椿山寺に入て出家し、精修六年、母の病を聞て歸省し、籍を東寺に隸して密敎を眞鄰法師に學ぶ。金峰に往來すると二十六年、天慶四年金峰の笙の窟に斷食祈念すると三七日、藏王菩薩を感見して延壽の法を得、且つ菩薩に引かれて地獄を觀る。後、室生の龍門寺に還り靈應甚だ多し、寬和元年一百餘歲にして終ふ。【本朝高僧傳四十八】⊙（十訓抄）「日藏上人」

ニチザウキヤウ　日藏經　〔經名〕大乘大方等「日藏經」の略名。

ニチシヤウマニ　日精摩尼　〔物名〕珠の名。盲者の眼に此珠を觸るれば其眼開けて光を見ることを得べしと云ふ。

ニチシユ　日種　〔雜名〕釋尊五姓の一。（「クドン」を見よ。）昔二莖の甘蔗日に炙られて二人の男女を生ず、是れ釋氏の先なり、由て日種と號す。【佛本行集經五】【智度論三】に「昔有二日種王一。名二師子頰一。其王有二四子一。第一名二淨飯一。二名二白飯一。三名二斛飯一。四名二甘露飯一。」梵 Sūrya-vaṃśa.

ニチシユツシユユモツ　日出須臾沒　〔雜語〕【罪業報應經】に「水流不二常滿一。火盛不二久然一。日出須臾沒。月滿已復缺。」⊙（法門百首）「いかにせんひまゆく駒の足はやみ引き返すべき方もなき世を」

ニチシユツロンシヤ　日出論者　〔人名〕經部宗の本師の別號なり。【唯識述記二本】に「日出論者即經部本師。佛去レ世後一百年中北天竺怛叉翅羅國有二鳩摩邏多一。此言二童首一。造二九百論一。時五天竺有二五大論師一。喩如二日出一。明導二世間一。名二日出者一。以レ似二於日一。亦名二譬喩師一。或爲下此師造二喩鬘論一集中諸奇事上。名二譬喩師一。經部之種族。經部以二此所說一爲レ宗。當時猶未レ有二經部一。經部四百年中方出レ世故。」

ニチシワウシヨモンキヤウ　日子王所問經　〔經名〕大乘日子王所問經の略名。

ニチセンサンマイ　日旋三昧　〔術語〕法華經妙音品所說十六三昧の一。【嘉祥法華疏十二】に「日旋三昧者如下天子乘二日宮殿一旋照二諸衆生一周復而始上。舊經名二日輪三昧一也。」

ニチテン　日天　〔天名〕日天子の略。

ニチテンシ　日天子　〔梵名〕Sūrya 蘇利耶、修利、修野など。異名、寶光天子、寶意天子。觀世音菩薩の變化身にして太陽の中に住

（日天子の圖）

す、太陽は彼が宮殿なりと云ふ。【立世阿毘曇論月行品】に「日宮者乃至是宮殿說名二修野一。是日天子於二其中一住。亦名二修野一。」【法華文句二】に「寶光是寶意日天子。觀世音應作。」【法華義疏一】に「寶光天子者謂日天子也。有經云。觀世音名二寶意一。作二日天子一。」【秘藏記末】に「日天赤肉色。左右手持二蓮華一。並乘二四馬車輪一。」

ニチテンシユ　日天衆　〔天名〕釋迦院の一衆なり。【大日經一】に「左置二日天衆一。在二於輿輅守一。勝無勝妃等。翼從而侍衞。」

ニチドウケゲンコ　日幢華眼鼓　〔雜名〕金剛界の五佛、大日、寶幢、華開敷、蓮華眼、天鼓雷音なり。【秘藏寶鑰上頌】に「日幢華眼鼓勃馱。」此中無量壽を蓮華眼と稱するは是れ蓮華部の主にして普眼蓮華を成ずればなり。

ニチニチゼンケ　日日漸加　〔雜語〕【菩提心論】に「凡月其一分明相。若當二合宿之際一。但爲二日光一奪二其明性一。所以不レ現。後起二月初一日日漸加至二十五日一圓滿無礙。所以觀行者。初以二阿字一起二本心之中分明一。只令二潔白分明一證二無生智一。」⦿（續千載）「日をそへて影はかはれど大空の月はひとつぞすみまさりける」

ニチホウ　日峯　〔人名〕妙心寺の宗舜、日峯と號す、大德寺宗因の法嗣なり、永亨の初妙心寺の主となり廢を興し中興の祖と稱せらる、文安五年寂、壽八十餘。【本朝高僧傳四十一】

ニチユウ　二柱　〔名數〕【續多論】に「佛法有二二柱一能持二佛法一。謂坐禪學問。」

ニチリン　日輪　〔術語〕世に所謂太陽なり、是れ日天子所居の宮殿の外貌なりと云ふ。日宮を見よ。【倶舍論十一】に「日輪下面。頗胝伽寶火珠所成。能熱能照。」【觀無量壽經】に「金蓮華猶如二日輪一。」

ニチレン　日蓮　〔人名〕父は貫名重忠、貞應元年二月十六日、房州長狹郡小湊に生る、十二歲郡の淸澄寺に入り、十六歲薙髮して蓮長と名く、後、今の名に改む、明年鎌倉に遊學す、二十一歲叡山に登り東塔の圓頓房に住し、三藏を閱覽し深く台宗の玄旨に達す。後、諸處に遊歷して諸家の法門を叩き、三十一歲に還る。建長五年鄕に歸て親を省し、四月二十八日山嶺に登り旭日に對して高く經題を唱ふると十遍、是の日に大緇素を會し四箇の格言を建つ、曰く、念佛無間、禪天魔、眞言亡國、律國賊。文應元年立正安國論を著して之を時賴に呈す、時賴之を斥く。蓮、諸宗を誹謗して止まず、建長八年時宗命じて之を龍口に斬る、故ありて之を赦し佐渡に流す、時に歲五十。建長十一年赦されて還る。甲州の身延山に住す。弘安五年武州池上に赴き十月十三日寂す、年六十一。上足六人あり六老僧と稱す、又十八中老僧あり、明年二月同門に告て遺文を結集す、一百四十八章、之を錄內と云ふ。後に集る者二百五十九章、之を錄外と云ふ。後、文和上皇（後光嚴）特に大菩薩の號を賜ふと云ふ。【三國高僧略傳下】

ニチレンシユウ　日蓮宗　〔流派〕能弘の人に就て日蓮宗と云ひ、所弘の經に就て法華宗と云ふ。事理不二なるを以て一心に妙法蓮華經の題目を唱ふれば一經所詮の諸法實相の功德自ら圓融して即身に常寂光の妙果を成ずと云ふ。謂く、天台傳敎は迹門迹化の理の法華を弘む、我は本門本化の事の法華を弘むと。

一致勝劣二派　〔名數〕祖師の在世中建治元年曾谷の敎信觀心本尊鈔の迹門未得道の說を謬解して一經の中本迹勝劣の僻解をなし、朝暮の課誦初の十四品を讀まず、之に和するもの亦多し。中山法華經寺の開基日常以て祖師に告ぐ、祖師書を與へて其謬を正す。（別頭統紀日常傳）然るに師の滅後五十餘年曆應年中豆州波多鄕の美濃阿闍梨天目鎌倉の品中の圓成寺を開いて盛に本迹勝劣の義を立つ、之を滅後勝劣派の嚆矢とす。其の後日什門徒、富士門徒各祖意に背て（一致派の言ふ所）勝劣の義に和し、現今に至りて八派中身延山の一派を除て餘は悉く勝劣派なり。而して勝劣派の中復た差別あり、日什門徒は本勝迹劣は唯法理上の分別として修行には本迹二門即ち一部二十八品を讀誦するなり。天目門徒は本迹を一向に分けて但本門の十四品を讀誦して迹門の十四品を讀誦せず、富士門徒は壽量品の一品を讀誦して他を讀誦せず。其他一品二半（涌出品の半品と壽量品の一品と分別功德品の半品）或は八品（涌出品より囑累品まで）等の別あり。（當家宗旨名目 點體同心鈔）

一宗八派　〔名數〕此宗現今八派に分かる、一に日蓮宗、甲州身延山久遠寺を本山として單に日蓮宗と稱す、高祖日蓮を初代とし、佐渡阿闍梨日向を第二代とす、末寺三千六百有餘あり。是れ一致派なり。二に妙滿寺派、顯本法華宗と稱す、奥州會津の人天台宗より改宗して日什と稱し、勝劣義を立つ、永德三年京都に妙滿寺を創し開基となる。是より先き眞間山の日宗に逢て勝劣義を彈斥せられ其の立義を改めしも、沒後門人師懷を知らず今に至て勝劣を唱へ師を推して妙滿寺派の祖となすと云ふ、（別頭統紀日什傳）末寺五百八十有餘あり。三に興門派、本門宗と稱す、又富士派と稱す、駿州富士郡富士多寶山大石寺の開基日興は六老僧の一なり、後に居を北山に移して一寺を創し本門寺と稱す、後代

其の門流一品勝劣義を立て師を以て派祖となす、本門寺等の八本寺あり輪次に管長となる、末寺二百九十有餘あり。四に八品派、本門法華宗と稱す、本能寺の開山日隆は妙顯寺日霽の弟子なり、師に背て勝劣義を立て唯涌出品巳下の八品を誦す、後に月明僧正に破せられて其の舊執を改めしも、門人其の意を知らず今に其の邪執を張ると云ふ。別頭統紀日隆傳 本能寺等の五本寺あり、互に管長となる、末寺三百三十餘あり。五に本成寺派、越後蒲原郡本成寺の開基日印は六老僧の一たる日朗の弟子なり。其の三代日陣盛に勝劣義を立て迹門未得道を唱へ、日印を推して其の派祖とす、末寺一百八十あり。六に本際寺派、本妙法華宗と稱す、京都本際寺の開基日眞を祖とす、眞始め妙顯寺の日具に學び後に勝劣義を立つ、本際寺は長亨年中の創造なり。末寺十餘あり。七に不受不施派、文祿年中京都妙覺寺日奥の主唱せし所、法華信者以外の施物を受けず、又他宗の三寳を供養せず、他宗の信者に施與せずと云ふに在り、是れ勝劣義の最も甚きもの、以て豊太閤の大佛殿の供養會に列するを峻拒せしに始まり、元祿年中其の派を禁止せられ、明治九年之を復さる、今の本寺は備前津高郡金川村に在り、龍華山妙覺寺と稱す、信徒の教會十餘あり。八に不受不施講門派、日奥の弟子日講を祖とす、講下總野呂妙興寺に住して盛に不受不施の義を主張す、寛文五年、身延山の日境等之を幕府に具して講を流謫す、明治十五年官許を得しも未だ寺院教會を組織せず。

本迹二門付屬 「ホンモンフゾク」を見よ。

ニチヰキ 日域 〔地名〕「じちゐき」と讀む。域は戈を以て一(いち 即地なり)を囗(圍なり)み土を從ふるなり。即守衞して區劃を保つなり、故に邦國の稱とし、延きて界局の稱とせり、即ち一局處を指すなり。日とは日本國の略稱。本來支那より日本國を指してよびし稱呼なりしを、後には我國人にして自國の事をよぶに至る。是れ中古以來盛に支那の制度文物に摸倣せし結果、彼を尊み、我を卑むの人情を養成し、竟に彼を稱するに其の自尊稱を用ゐて中華と稱へ、之に對して、省略卑下して、日域の如き稱を用ゐるに至りしなり。【教行信證】に「西蕃月支聖典。東夏日域師釋。」【佛法傳通記】に「無畏三藏應レ來二日域一。」

ニチヱンマン 二智圓滿 〔術語〕如來には實智、權智の二智圓滿せりとの意。

ニヂ 二持 〔名數〕戒の二方面なり。一に止持、止は制止なり、身口意を制止して諸の惡行を爲さしめざるを止と云ふ、五戒八戒等是なり。止に依て戒體を保持するを止持と云ふ。二に作持、作は造作なり、身口意を策勵して諸の善業を造作せしむるを作と云ふ、說戒安居布施禮拜等是なり。作に依て戒體を保持するを作持と云ふ。【行事鈔持犯方規篇】

ニテイ 尼抵 〔雜語〕Nidhi*(Praṇidhāna) 譯、願。【可洪音義二】に「尼抵或云二尼低一。或云二尼提一。此云レ願也。」

ニテウ 二鳥 〔譬喩〕迦提又は鴛鴦の雌雄二鳥は常に相遊して相離れず、以て常と無常と、苦と樂と、空と不空等の事理の二法常に相即して離れざるに譬ふ。【南本涅槃經鳥喩品】に「鳥有二二種一。一名二迦鄰提一。二名二鴛鴦一。遊止共俱不二相捨離一。是苦無常無我等法亦復如レ是。不レ得二相離一。」【章安會疏八】に「云二雙遊一者。生死具二常無常一。涅槃亦爾。在レ下在レ高雙飛雙息。即レ事而理即レ理而事。二諦即中中即二諦。非二二中一而二中。是則雙遊義成雌雄亦成。」

ニテウ 二超 〔名數〕竪超横超なり、聖道門の頓教即身是佛即身成佛等の教を竪超と云ひ、淨土門の頓教撰擇本願の念佛を横超と云ふ。「ニサウシジウ」を見よ。

ニテン 二轉 〔名數〕二轉依の略。

ニテン 二天 〔名數〕日天月天なり。又、一に同生天、二に同名天、此天其人と同時に生ずるなり、此二天常に其の人に隨逐して之を護る。【華嚴經六十】又、梵天と帝釋天なり。⦿(盛衰記)「二聖二天」

ニテンエ 二轉依 〔術語〕相宗は第八識を以て迷悟の所依とし、性宗は眞如を以て迷悟の所依とす。今第八識或は眞如の迷依を轉じて悟依となし以て菩提涅槃の二果を得るを二轉依と云ふ。【楞嚴經七】に「如來無上菩提及大涅槃二轉依。」「テンエ」を見よ。

ニテンサンセン 二天三仙 〔名數〕中論に二天を列ね、百論に二天三仙を列ぬ、合せて二天三仙と云ふ。二天は摩醯首羅天と毗紐天なり。三仙は第一迦毘羅仙、數論外道なり、第二優樓僧佉、勝論外道なり、第三勒沙婆、苦行外道なり。【輔行十】に「一切外人所計不レ過二二天三仙一。」【中論一】に「有人言。萬物從二大自在天一生。有言。從二韋紐天一生。」【百論一】に「有人言。韋紐天(秦言遍勝天)名二世尊一。又言。摩醯首羅天(秦言大自在天)名二世尊一。又言。迦毘羅。優樓迦。勒沙婆等仙人皆名二世尊一。」

三天四仙 〔名數〕二天に鳩摩羅天を加へて三天とし、三仙に若提子を加へて四仙とす。【智度論二】に「如二摩醯首羅天一。秦言二大自在一。八臂三眼騎二

白牛一。如二韋紐天一奏言二遍聞一。四臂ニシテ捉レ貝持レ輪騎二金翅鳥一。如二鳩摩羅天一。奏言二童子一。是天擎レ雞持レ鈴提二赤幡一騎二孔雀一。皆是諸天大將。」【入大乘論上】に「諸外道不レ解二因緣一。而起二四執一。僧佉所說有二計レ一過一。優樓迦計レ異。尼健陀計二一異一。若提子計二非一非異一。一切外道及摩他羅等異計皆悉不レ離二如レ是四種一。」愚案に印度に於て佛教外の宗計凡そ二あり、一は有神、二は無神なり、無神とは數論勝論等の如く萬有の中に唯一の神我を認めざるもの。有神とは唯一の天神を以て萬物の生因となすもの。此に三類あり、一は摩醯首羅天を以て生因となす、此天梵天と那羅延天とを生ず、梵天を以て萬物の因を造り那羅延天を以て萬物の果を造る。而して摩醯首羅は二者の所依たると猶地の如しと(提婆論の說)其の形相は八臂三眼にして白牛に騎ると(智度論二)是れ摩醯首羅論師の宗計にして六師の中の迦羅鳩馱迦旃延之を奉ずるなり、現今印度教の「シバ」派是也。二に韋紐天を以て生因となす、韋紐と名く、其劫初大海中に一千頭二千手の神を化生す、其の臍中より蓮華を生じ、蓮華の中に梵天を生じ、梵天の心中より八子を生じ、八子天地人民を生ずと。(智度論八)其の韋紐天の形相は四臂あり、貝を執り輪を持し金翅鳥に騎る。(智度論二)今の印度教の「ビシユヌ」派の稱之に本く。三に那羅延天を生因とす、那羅延の臍中より梵天を生じ、梵天の口中より婆羅門種を生じ、乃至其の脚跟より首陀羅種を生ず。(提婆論)是れ韋陀論師の說なり。

ニデン　二傳　〔雜語〕嵯峨淸涼寺の釋迦如來はもと優塡王の彫造にして印度より支那に一傳し、支那より本朝に再傳せしものと云へば二傳の如來と云ふ。【相國寺塔供養記】に「奝然上人二傳の御佛を淸涼寺にわたし奉りし」⊙(增鏡)「如來二傳の御かたみ」

ニトク　二德　〔名數〕一に智德、衆生所具の了因佛性果に至て智德となり、一切の事理を照了するもの。二に斷德、衆生所具の緣因佛性果に至て斷德となり、一切の妄惑を斷盡するもの、智德は是れ菩提、斷德は是れ涅槃なり。諸佛必ず此二德を具す。【觀音玄義上】

ニトク　二德　〔名數〕一に悲德、諸佛菩薩利他の德なり、二に智德、諸佛菩薩自利の德なり。

ニトク　二德　〔名數〕一に性德、本來性具の德なり、三因中の正因佛性、三德中の法身是なり。二に修德、修成の德なり、三因中の了因緣因の二佛性、三德中の般若解脫の二德是なり。小乘は此性修を知らず、大乘の權教は二德をして隔歷せしめ、大乘の實教は二德をして相即せしむ。【四教儀集註下】

ニトン　二頓　〔名數〕華嚴宗の淸涼國師澄觀はもと天台宗の荊溪尊者湛然の弟子なり、後に華嚴宗に入て頓教に漸頓、頓頓の二を分ち、圓教に漸圓、頓圓の二を分ち、華嚴經を以て頓頓頓圓とし、法華經を以て漸頓漸圓とす。其の故は法華は諸の聲聞人小乘より來て諸味を經歷し、法華の會に至て方に始めて頓圓を開す、故に知る、法華は是れ漸頓漸圓たり。華嚴は初に居て諸味を經ず、直に頓圓を開す、故に是れ頓頓頓圓なり。之に就て荊溪、止觀籤例の中に喩疑顯正の一科を設けて自問自答委しく之を破斥せり。

ニド　二土　〔名數〕一に性土、法性の理非穢非淨非廣非狹、猶虛空の如く、一切處に徧滿するもの、常寂光土の如き是なり。二に相土、或は淨土或は穢土、衆生の心行に隨つて種種の差別あるもの。【宗鏡錄八十九】

ニド　二土　〔名數〕一に淨土、金銀瑠璃の所成種に莊嚴し且つ四趣五濁等の雜穢なきもの、西方極樂世界の如きなり。此中報土、化土との二あり、報土は佛の果報にして自ら受用する淨土、化土は衆生の爲に變化せる淨土なり。極樂淨土或は報土と云ひ、或は化土と云ふ、諸家異論あり。二に穢土、瓦礫土石の所成、穢惡充滿し且つ四趣五濁の雜穢あるもの、娑婆世界の如きなり。此二土は相土中の差別なり。【華嚴疏鈔四】

ニド　二土　〔名數〕一に報土、報身所居の土なり。此中自受用、他受用の別あり。佛の自受用身の所居を自受用報土とし、初地已上の菩薩に對して現ずる報土を他受用報土とす。華嚴經所說の蓮華藏世界の如き是なり。二に化土、佛の化身住處なり。これに淨穢の別あり。釋迦佛の娑婆世界に於る如く、雜穢の國土に示現して、凡夫二乘を教化する如きは、是れ化土の穢土なり。阿彌陀佛の懈慢界に於る、觀音の補陀落山に於る如き、是れ化土の淨土なり。化土とは佛菩薩の凡夫二乘を度する爲に變現化作する國土なり。問ふ、娑婆國土の如きは衆生の實業所生穢土なり、何ぞ之を化土と云ふや。答ふ、娑婆國土はもとより衆生の實業所生なれども、佛此土に示現せんとするときは、佛の成所作智を以て彼の穢土に相似せる國土の變現にして之に住するなり。而して其の衆生の所變とは佛の所變と和合して一の國土に似るなり。故に衆生より之を言へば實業所感の有漏の實の穢土なれども、佛より之を言へば成所作智より變化せる穢土に似たる無漏の假の穢土なり。依て今は佛に從へて之を化土の穢土と稱するなり、淨土も亦然り。衆生の淸淨の實業の所感と佛の成所作智

の變現とより成れども、ただ佛の所變の邊に就て化土の淨土と云ふなり。【百法問答鈔八】

ニナンケ　極樂報化　〔術語〕彌陀の極樂國土は報土なりや化土なりや、諸宗異論あり、天台淨影は化土となし、道綽善導は報土とし、慈恩は或は唯報土とし或は報化二土に通ずとし、源信は極樂を以て報土とし、處胎經所說の極樂の邊地懈慢界を以て化土とす。【往生要集】見眞大師は源信の意に准じて、觀經所說の九品の淨土及び菩薩處胎經所說の懈慢界、並に無量壽經所說の疑城胎宮を以て總じて化土となし、無量壽經所說の極樂を以て報土となす。しかも此化土は報中の化にして、三土中第三の化土にあらず。報中に於て眞假二土を分つなり。されば眞假異なるも共に是れ大悲の願に酬報せしものなれば（報土は第十八願に酬ゐ化土は十九二十の願に酬ゆ）眞假共に報土なり。故に道綽善導の是報非化の定是にも背かざるなり。【敎行信證五】に「既以眞假皆是酬二報大悲願海一。故知報佛土也。良假佛土業因千差土復應二千差一。是名二方便化身化土一。」

ニナンケ　二難化　〔名數〕一に欲天難化、欲界の所天は上妙の五欲に執着するが故に敎化し難し。二に色天難化、色界の諸天は世間禪定の樂に報着するが故に敎化し難し。

ニニ　爾儞　〔雜語〕譯、仁者。人を呼ぶの稱。【大日經疏四】に「梵音爾儞。名爲二仁者一。」

ニニガフエン　二二合緣　〔術語〕別相念住位に於て、身、受、心、法の四法に就て觀ずる中、第四の法と他の三法とを二法づつ合して緣觀することを云ふ。即ち法と身、法と受、法と心を合して觀ずること。

ニニフ　耳入　〔術語〕十二入の一。耳根なり、耳根聲境と渉入すれば入と云ふ。新譯に耳處と云ふ。

ニニフ　二入　〔名數〕一に理入、衆生深く本具の理性を信じ理に於て疑ふ所なきを理入と云ふ。二に行入、理に依りて行を起し、行に依りて理に入るを行入と云ふ。【金剛三昧經上】又達磨の說として理行の二入あり。夫れ入道多途なるも要するに二種を出ず、一は理入、二は行入、なり。理入とは謂く、敎に籍りて宗を悟れば深く含生同一眞性なるとを信ずれども、倶に客塵妄想の爲めに覆はれて顯了すると能はず。若し妄を捨てて眞に歸すれば則ち聖凡等一にして理と冥符して分別あるとなし、寂然として無爲なるを理入と名く。行入とは乃ち四あり　一に報寃行、凡て修道の人若し寃苦を受くる時當に念ずべし、我れ往昔劫中より本を捨てて末を逐ひ諸有に流浪し、多く寃憎を起す、違害限り無し、今犯なしと雖も是れ我が宿殃惡業の果熟すと。甘心忍受して都て寃訴なし。此心生ずる時理と相應す。是れ寃を體して道に進むが故に報寃行と名く。一に隨緣行、衆生無我なり、皆業に緣て轉じ、苦樂齊しく受く、若し勝報榮譽の事を受くるも皆是れ過去宿因の所感なり、緣盡くれば還て無し、何の喜か之れ有らん、得失緣に隨つて心增減なければ八風動ぜずして冥に道に順ず、之を隨緣行と名く。三に無所求行、世人長く迷て處處に貪求する之を名けて求と爲す、智者は眞を悟て安心無爲萬有皆空希求する所なし、是れ無求は眞に道行に順ず、故に之を無所求行と名く。四に稱法行、性淨の理之を名けて法と名く、法體慳貪なし、之に順じて檀を行ず、乃至法體は明朗にして痴闇なし、之に順じて般若を行ず、是の如く法に稱ふて六度を行ずるを稱法行と名く。【少室六門第三門二種入】

ニニユウ　二乳　〔譬喩〕牛驢の二乳。「ゴロニニユ」を見よ。図新舊醫の二乳。「シンクイ」を見よ。

ニニヨ　二如　〔名數〕一に隨緣眞如、自性を守らず染緣に隨つて染法を生じ、淨緣に隨つて淨法を生ずるもの。二に不變眞如、緣に隨つて萬差の諸法となるも眞如の自性を失はざるもの。隨緣眞如は波の如く不變眞如は水の如し、不變の水、波相を起し隨緣の波、水性を失はず、故に隨緣眞如の故には眞如即萬法なり、不變眞如の故に萬法即眞如なり。小乘は總て二種の眞如を知らず、大乘の權敎は不變眞如を知つて隨緣眞如を知らず、大乘の實敎は二種共に知る。起信論一部正しく此義を明かす。【起信論義記上】に「繁興鼓躍未三始動二於心源一。靜謐虛凝未三曾乖二於業果一。故使下不レ變二於性一緣起染淨恒殊。不レ捨レ緣而即眞凡聖致一上。」【金剛錍論】に「萬法是眞如。由二不變一故。眞如是萬法。由二隨緣一故。」

ニニヨ　二如　〔名數〕一に離言眞如、眞如の本體唯觀智の境にして一切言說の相を離れたるもの。二に依言眞如、眞如の相狀の言說に依りて分別すべきもの。【起信論】

ニニヨ　二如　〔名數〕一に空眞如、眞如の自體眞空虛明にして一切の妄染を離れたるもの、猶虛空の空の如し。に不空眞如、眞如の自體に一切の性功德を具有するもの、猶虛空に一切萬象を含有する如し。【起信論】

ニニヨ　二如　〔名數〕一に在纏眞如、凡夫失に於て眞如の實性隱沒して無量の煩惱に纏縛せらるるもの。之を如來藏と云ふ。二に出纏眞如、佛菩薩に在て眞如の實性顯現して煩惱の纏縛を出づるもの、之を法身と云ふ。【勝鬘經】に「若於二無量煩惱藏所一レ纏如來

藏。不二疑惑一者。於下出二無量煩惱藏一法身上亦無二疑惑一。」【同寶窟下本】に「如來藏之與二法身一更無レ有レ二。只是隱顯之名。」【理趣分述讚下】に「如來藏者。即是眞如在纏之名。出纏之時名二法身一故。」

ニニヨ 二如 [名數] 一に垢有眞如、自性眞如の體は煩惱に覆はるれどももと清淨なり、譬へば泥中の蓮華の泥に汚がされざるが如し、之を自性眞如と名け、亦有垢眞如と名く即ち是れ在纏眞如なり。二に無垢眞如、佛果所顯の理體は清淨にして惑に覆はれず、譬へば望月の清淨圓滿なるが如し、之を清淨眞如と名け無垢眞如と名く。即ち是れ出纏眞如なり。眞諦譯の【攝論五】に「論曰。眞實性亦有二二種一。一自性清淨。釋曰。謂有垢眞如。論曰。二清淨成就。釋曰。謂無垢眞如。」

ニニヨ 二如 [名數] 一に安立眞如、眞如の體能く世間出世間の諸法を生ずるもの、即ち隨緣眞如なり。二に非安立眞如、眞如の體本未寂滅無爲にして諸相を離るるもの、即ち不變眞如なり。【華嚴大疏鈔六】

ニニヨ 二女 [名數] 一に功德天女、能く人をして財寶を盈ちしむるもの。二に黑闇女、能く人をして財寶を耗盡せしむるもの。此二女功德天を姉とし黑闇女を妹とし姉妹常に相離れず、功德天の到る處黑闇女必ず之に伴ふ。【涅槃經十二】

ニニヨライザウ 二如來藏 [名數] 「ニョライザウ」を見る。

ニニン 二忍 [名數] 一に衆生忍、忍は忍耐なり、諸の衆生種種の惡害を以て加ふるも我に於て能く忍耐して瞋恚を起さざるを衆生忍と云ふ。二に無生法忍、忍は安忍なり、理もと不生不滅なり、今但不生と言ひ又無生と名く、菩薩無生の法に於て安忍して心を動かさざるを無生法忍と云ふ。【智度論六】図一に安受苦忍、諸苦を安受して心を動かさざるもの、即ち衆生忍なり、二に觀察法忍、諸法の深理を觀察して安然忍可するもの、即ち無生法忍なり。【持地經五】

ニニングボン 二人倶犯 [術語] 台宗の用語。藏通別三教の人を麁人とし、圓教の人を細人とす、法華以前に在りては圓教の人前三教の人と倶住するを以て共に有過の人となるを云ふ。以て彼の圓教の法華の圓に若かざるを譬ふるなり。【釋籤一】に「總結下前四味不レ立二妙名一。爲二何所以一。以二兼等一故。判部屬上麁。如二麁人細人二倶犯一レ過。從二過邊一說倶名二麁人一。」

ニネハン 二涅槃 [名數] 有餘涅槃、無餘涅槃なり。「ネハン」を見よ。

ニハチ 二八 [雜語] 觀經所說の十六觀なり。【迦才淨土論上】に「二八弘規。盛二乎西土一。」

ニハトリノミネ 鷄の峰 [地名] 「ケイソクセン」を見よ。

ニハラ 尼波羅 [地名] 國の名。即ち Nepal(Nepala)なり。雪山の中に在り。【西域記七】

ニバク 二縛 [名數] 「バク」を見よ。

ニバシヤナ 泥縛些那 [衣服] Nivāsana 「ネハンソウ」を見よ。

ニヒヤクゴジフカイ 二百五十戒 [術語] 「グソクカイ」なり。

ニヒン 二貧 [名數] 財貧、法貧なり。財貧とは資生の財物に乏しきを云ひ、法貧とは邪見にして正法を信ずること能はざるを云ふ。【智度論九十八】に「貧有二二種一。一者財貧。二者功德法貧。功德法貧最大可恥。」と排す。

ニフ 入 [術語] 眞理をさとるを入と云ふ。【大乘義章一】に「證會名レ之爲レ入。」図事物を解知するを入と云ふ。【無量壽經上】に「入二衆言音一。」【淨影疏】に「入。謂解也。」図根境互に涉入して識を生ずるを入と云ふ、十二入の如し、新譯に十二處と言ふ。【大乘義章八末】に「根塵互相順入亦名爲レ入。」【止觀五】に「入者涉入。」

二入 [名數] 一に理入二に行入。「ニニフ」を見よ。

十二入 [名數] 新譯に十二處と云ふ。「サンクワ」を見よ。

ニフアビダツマロン 入阿毘達磨論 [書名] 二卷、塞建陀摩阿羅漢造、唐の玄奘譯。薩婆多宗の法數を略說す。【藏帙一】(129L)

ニフイチサイビヤウドウゼンゴン 入一切平等善根 [術語] 十廻向の第六位。「ヱカウ」を見よ。

ニフイチサイブツキヤウチバイルシヤナザウキヤウ 入一切佛境智陪盧遮那藏經 [經名] 證契大乘經の異名。

ニフオジンセンシユキブツダウ 入於深山思惟佛道 [雜語] 【法華經序品】に「又見下菩薩勇猛精進入二於深山一思中惟佛道上。」◉(玉葉)に「ひとりのみ尋ね入るさの山深みまことの道を心にぞ思ふ」

ニフオンジヤウダラニ 入音聲陀羅尼 [術語] 三陀羅尼の一。「サンダラニ」を見よ。

ニフガガニフ 入我我入 [術語] 如來の三密我に入り、我が三業如來に入り、即ち如來の三密と衆生の三業と彼此相應互入し以て一切諸佛の功德を吾身に具足するを云ふ。之を三平等と稱するなり。依て之を三平等觀と稱す。【秘藏記本】に「眞言印契等引二入諸佛於二吾身中一。是曰二入我一。引二入吾身於二諸佛身中一。是曰二我入一。入我我入故諸佛之無數劫中所二修集一功德具二足我身一。」之に本末の差あり。延命院の【金

剛界私記】に「本尊我が身中に入ては我を加持し、我れ本尊の御身の中に入ては本尊に歸命す」と是れ且らく本尊を本とし行者を末とする一門なり。若し行者を以て本とし本尊を以て末とせば・行者を體とし本尊を影とすると之に翻して觀ずべし。我は本有の如來、本尊は始有の如來なり。【秘藏記鈔四】この入我我入の觀を爲すには大圓鏡智の定に依るなり、依て又、大圓鏡智觀と稱す。

ニフガン　入龕　〔儀式〕俗に入棺と云ふ。亡者を浴して後之を龕中に入るるなり、入れ了て此に入龕の佛事を行ふ。

ニフク　二福　〔名數〕一に梵福、大梵天王の福德なり。二に聖德、三乘聖果の福德なり。【法華文句十】

ニフクウ　入空　〔術語〕諸法を分析し或は因緣の生義を了して諸法の實性無なる眞理に悟入するを云ふ。此中諸法を分析して初て空理を知るを析色入空として小乘人の空觀なり、因緣生の法は事體其まま空なりと知りて事體を分析するを要とするを體色入空と稱して大乘人の空觀なり。而して此二は總て虛假の境界を出でて眞諦の空理に入る觀法なれば從假入空觀と云ふ、即ち瓔珞經所觀の三觀の一なり。【四教儀】に「小析ㇾ色入ㇾ空故拙。乃至巧謂體ㇾ色入空。乃至用二從假入空觀一見二眞諦理一。」

ニフクワン　入棺　〔儀式〕入龕の俗語なり。

ニフケンダウ　入見道　〔儀式〕見道に悟入すること。

ニフコツ　入骨　〔儀式〕俗に納骨と云ふ。蓋し僧に入塔と云ひ、在家に入骨と云ふ。白骨を慕に入るるなり、此に入骨の佛事を行ふ。【象器箋十四】

ニフコンガウモンヂヤウイキヤウ　入金剛問定意經　〔經名〕弘道廣顯三昧經の異名。

ニフシツ　入室　〔術語〕禪規に久參の弟子師の室に入て道を參問するを云ふ、是れ弟子の得分を勘責するなり、故に久參の人に非ざれば之を許されず、上古に在ては機に臨んで之を行ふ、別に入室の規なし、馬祖百丈已後別に方規を立て日を定めて之を行ふ。世に師法を得るを入室の弟子と云ふ、然れども入室といへども未だ必しも師法を得ざるなり。【祖庭事苑八】に「祖師傳云。五祖大師至ㇾ夜。密令下侍者於二碓坊一召二盧行者一入上ㇾ室遂傳二衣法一。又法華云。著二如來衣一入二如來室一。阿含經云。佛告二苾芻一。吾兩月欲二宴坐一。汝等不ㇾ須二參問一。唯除二送食及灑地時可ㇾ至二於此一。應ㇾ知佛祖當時有二入室參問之儀一也。」【敕修淸規入室】に「入室者。師家勘二辯學子一。策二其未至一。擣二其虛亢一。攻二其偏重一。」【興禪護國論】に「入室謂遇二和尙間暇之日一建二立之一。此宗一大事也。」【僧堂淸規二】に「凡そ請益の翌日は入室なり」　図〔修法〕眞言宗に灌頂室に入りて受法灌頂するを入室の弟子と云ふ。⦿〈太平記一〉「梨本の門跡は御入室ありて」

ニフシヤウ　入聖　〔術語〕斷惑證理の人を聖と云ふ。入聖は聖の位に入るなり。【俱舍論十八】に「入ㇾ聖得ㇾ果。離ㇾ染漏盡。」【往生十因】に「三乘行人入聖之方便。」

ニフシヤウヂヤウジユノヤク　入正定聚益　〔術語〕現生十種の益の一。彌陀を信じて念佛する者は必ず淨土に往生すべしと定められたる人人の數に入る利益あるを云ふ。

ニフシヤウリロン　入正理論　〔書名〕因明入正理論の略名。ニッシャウリロンと讀む

ニフシユ　入衆　〔術語〕又交衆と云ふ。衆と共に起居するを云ふ。ニッシュと讀む。

ニフシユエ　入衆衣　〔衣服〕鬱多羅僧即ち七條袈裟の別名。禮拜、齋食、講經等の衆と共に事を行ふ時に着すればなり。【六物圖】に「鬱多羅僧。名二中價衣一。從ㇾ用名二入衆衣一。」

ニフシユジエ　入衆時衣　〔衣服〕入衆衣に同じ。

ニフシユツニモン　入出二門　〔名數〕入門と出門との稱。入門とは淨業を修して極樂の功德莊嚴の中に入る自利門を云ひ、出門とは慈悲心を以て苦惱の衆生のために出でて敎化を施す利他門をいふ。淨土論所說の五念門と五功德門との中、各各前四門は入門にして、後一門は出門也。

ニフシユツニモンゲ　入出二門偈　〔書名〕一卷、見眞大師著。或は往還偈と云ふ、七言百四十八句あり、天親所說の五念門中、初の禮拜讚嘆作願觀察の四を入門とし第五の廻向を出門とす、入出二門は即ち五念門なり。

ニフシユノゴホフ　入衆五法　〔名數〕戒律にて僧伽の中に入るに當に守るべき五種の規法を云ふ。【五分律】に「佛言入ㇾ衆應ㇾ以二五法一。一下意。二慈心。三恭敬。四知次第。五不說餘事。」

ニフシヨブツキヤウガイシヤウゴンキヤウ　入諸佛境界莊嚴經　〔經名〕具名、佛說大乘入諸佛境界智光明莊嚴經。五卷、宋の法護譯。妙吉祥菩薩問ふ、不生不滅は是れ何の增語。佛言く、不生不滅は是れ即ち如來の增語、因て爲に廣く種種の譬喩及び種種の法句を說く。【宇帙三】(1013)

ニフシン　入心　〔術語〕三乘行位の地地に入住出の三位を分ち、初て其の地に入る時を入心と云ふ。

ニフシン　入信　〔術語〕信仰に入ること。

ニフジ　入寺　〔雜語〕寺に入て住持するを云ふ。

ニフジヤク　入寂　〔術語〕寂滅に入るなり。梵語の涅槃、一に寂滅と譯す。煩惱を離るれば寂と云ひ、生死の苦果を絕てば滅と云ふ。故に證果の人の死を入寂と云ふ。

ニフセンガクダウ　入山學道　〔術語〕世尊出家の後六年の苦行を云ふ。【無量壽經上】に「棄二國財位一。入レ山學レ道。乃至端二坐樹下一。勤苦六年。」【普賢菩薩證明功德經】に「於二檀德山一苦行六年。」【五會讚】に「入二雪山一。」これ八相の一なり。

ニフセンブリンフキウヨカウ　入瞻蔔林不嗅餘香　〔譬喩〕【維摩經觀衆生品】に「如下人入二瞻蔔林一。唯嗅二瞻蔔一(Campaka)不上レ嗅二餘香一。」是れ天女が舍利弗を呵する文なり、維摩居士の丈室に入る者は唯大乘功德の法を聞て餘の小乘の法を聞かざるを譬ふるなり。⊙(法門百首)「春の夜の闇はいかにと尋ね來てただ此花の香をのみぞかぐ」

ニフタイサウ　入胎相　〔術語〕八相成道の一。「タクタイ」を見よ。

ニフタウノハチケ　入唐八家　〔名數〕平安朝時代に於いて入唐し密教を學びたる八人の高僧を云ふ。即ち傳教、弘法、慈覺、智證、常曉、圓行、慧雲、宗叡にして、傳教、慈覺、智證の三人は台密にして他は東密なり。

ニフタフ　入塔　〔儀式〕亡僧の遺骨或は全身を塔内に納ること。此に於て入塔の佛事あり。【象器箋十四】

ニフダイジヨウロン　入大乘論　〔書名〕二卷、堅意菩薩造、北凉の道泰譯。義品、入摩訶衍品、議論空品、順修諸行品の四品より成り、大乘敎の概論なり。【來帙二】(1243)

ニフダウ　入道　〔術語〕世法を捨てて佛道に入るなり、出家と言ふも同じ。其の人を入道人と云ふ、略して或は道人と云ひ、或は入道と云ふ。【寶積經三十六】に「以二淨信心一於二佛法中一出家入道。」【十住論七】に「或捨レ家入レ道。」【遺敎經】に「入道智慧人。」【智度論】に「見二needed蹦跌坐一魔王亦愁怖。何況入道人安坐不二傾動一。」然るに本朝の俗、在家にして佛法を崇め、剃髮したるを入道と云ひ、寺に入て僧となるを出家と云ふ。入道の稱は三位以上の人に用ふ。⊙(榮花、花山)「出家入道」

ニフダウ　入堂　〔儀式〕僧堂に入るなり。

ニフダウノゴホフ　入堂五法　〔名數〕戒律宗にて法堂に入るに當り守るべき五種の規法を云ふ。「ニフシユノゴホフ」參照

ニフダン　入壇　〔修法〕金胎の兩部、各法の如く諸尊を一處に集めしを曼陀羅と云ひ、壇と譯す、眞言の行者此壇場に入て灌頂を受くるを入壇と云ふ。⊙(盛衰記八)「朕が適入壇灌頂せんとするを障碍する事の無慙さよ」

ニフヂウゲンモン　入重玄門　〔術語〕佛果を成ずる前に更に重て無始凡夫地巳來の所作の事を修習して一一理に稱はしむるを入二重玄門一倒修二凡事一と云ふ。是れ何の爲とならば、等覺の菩薩元品の無明斷じ難きが故なり。凡そ輪廻生死の苦は一切衆生に於て悉く偏執の見を起し、自他彼此の隔異を存せり、此我執の念更に止み難く、初地より地地に無明を斷じて等覺の位に入て後元品の無明となりて現存す、此隔異の我執若し破れずんば妙覺智の無我の法體更に顯はるべからず、是の故に却て凡夫となりて一切衆生に交り、此行力を以て元品の無明自ら盡くるなり。後位の顯理明了なるに望めて凡夫の方を玄門と云ふなり。又此菩薩の究極する玄理をさして玄門と云ふなり。已に玄理を極めたる上に重て凡事の玄門を修すれば重玄と云ふなり。【瓔珞經上】に「第四十一地心者名二入法界心一。乃至修二行小法一。乃至六入重玄門。」【天台淨名經疏一】に「圓敎初從二初住一終至二法雲一。圓斷二諸見一猶有レ習。在二等覺一入二重玄門一。千萬億劫重修二凡事一。見理分明。」【法華文句九】に「從二初地一至二十地一名二善入一。十地入二重玄門一倒修二凡夫事一名二善出一。」【輔正記九】に「等覺證二極玄理一究竟。名爲二一玄一。從二等覺位一却漸次向二於下位一。次第修二集藥法一廣逕二衆病一。又爲二一玄一。欲レ受二妙覺佛職一理非二容易一。令二觀智深細一故須三却入倒修二於凡事一。」是れ別敎の意なり、若し圓敎の意に依らば遍く法界に應じて十界の身を現ずるを入重玄と爲す、是れ獨り等覺位にあらず、初住巳上乃至佛果に於て亦然りとす。【玄義釋籤三】に「來至二等覺一入二重玄門一。乃至觀二達無始無明源底一邊際智滿名爲二等覺一。即成二圓門一。遍應二法界一名二入重玄一。不レ同二別敎道重玄一。」【大日經疏六】に「黃是如來念處萬德開敷。爾時即入二重玄門一居二寂光土一。」

ニフヂヤウ　入定　〔術語〕禪定に入るなり。心を一處に定めて身口意の三業を止息するを入定と云ふ。【觀無量壽經】に「出定入定恒聞二妙法一。」⊙(榮花、疑)「大師の御入定のさま」

ニフヂヤウインス　入定印　〔印相〕三部の入定印あり、佛部は法界定印なり、蓮華部は妙觀察智定印なり、金剛部は縛定印なり。【胎藏曼陀羅大鈔一】

ニフヂヤウズヰ　入定瑞　〔術語〕法華六瑞の一。

佛法華經を說く前に無量義處三昧に入るを云ふ。【法華經序品】

ニフヂヤウフヂヤウインキヤウ　入定不定印經　〔經名〕一卷、唐の義淨譯。妙吉祥、菩薩の退行不退行を問ふ。佛言く、五種の行あり。一に羊車行、二に象車行。三に日月神力行、四に聲聞神力行、五に如來神力行。前の二は退あり不定と名く、後の三は退せず入定と名く、卽ち入定と不定との法印なり。【宙帙八】(131)

ニフヂユウシユツノサンシン　入住出三心　〔名數〕菩薩の階位たる十地の各地に入住出の三位あるを云ふ。地位に入ると、其地位に居ると、其地位を出でて次の地位に進むとの三位なり。

ニフネハン　入涅槃　〔術語〕「ニフメツ」に同じ。

ニフハツネハン　入般涅槃　〔術語〕般涅槃に入ること。「ハツネハン」を見よ。

ニフバラ　入嚩羅　〔雜語〕Jvala「ジンバラ」を見よ。

ニフビヤウ　入瓶　〔傳說〕沙彌通力を有し澡瓶の中に入る。【阿育王傳七】に「昔阿恕伽王。見ニ一七歲沙彌一。將至ニ屛處一而爲作レ禮。語ニ沙彌一言。莫三向レ人道ニ我禮一レ汝。時沙彌前有ニ一澡瓶一。沙彌卽入ニ其中一。從ニ澡瓶中一還來出。而語言。王愼莫下向レ人道中沙彌入ニ澡瓶中一復還來出上。王卽語ニ沙彌一言。我當ニ現向レ人說一。不ニ復得一レ隱。是以諸經皆云。沙彌雖レ小亦不レ可レ輕。王子雖レ小亦不レ可レ輕。龍子雖レ小亦不レ可レ輕。沙彌雖レ小能度レ人。王子雖レ小能殺レ人。龍子雖レ小能興レ雲致レ雨。」

ニフフニモン　入不二門　〔術語〕維摩經入不二法門品に說く所一實平等の理をさして不二と云ふ。理體の無異無別を明かすなり。此不二の義は法界中の一門なれば名けて門となし、此不二の法門に通入するを入不二門と云ふ。【大乘義章一】に「不二者無異之謂。卽是經中一實義也。一實之理妙寂離相。如如平等。亡ニ於彼此一。故曰ニ不二一。」

ニフブツ　入佛　〔儀式〕佛像を迎へ入ること。寺院に迎へると、寺院より檀家に迎へると共に云ふ。

ニフブツクヤウ　入佛供養　〔儀式〕入佛の爲に行ふ法會供養を云ふ。

ニフブツビヤウドウカイ　入佛平等戒　〔術語〕三種三昧耶の一、入佛三昧耶なり。【大疏九】に「世尊前入ニ法界胎生三昧一時。見下一切衆生悉有ニ菩提種一等中同諸佛上故。說ニ入佛三昧耶持明一。以ニ此持明一得ニ入佛平等戒一。卽是託ニ聖胎一義也。」

ニフホフカイ　入法界　〔術語〕華嚴に法界と云ひ法華に實相と云ふ、同體異名なり、諸法本眞の理諸佛所證の境なり、法界の理に證入するを入法界と云ふ。華嚴宗には三處の入法界を立つ。一に上根の菩薩は初住の位に於て無明を破して法界の理を證す、二に中根の菩薩は十廻向の終に於てし、三に下根の菩薩は初地に於てす。【華嚴大疏鈔七】

ニフホフカイタイシヤウキヤウ　入法界體性經　〔經名〕一卷、隋の闍那崛多譯。佛、寶積三昧に住して法界の義を說く。【地帙十二】(51)

ニフホフカイボン　入法界品　〔經名〕華嚴經の末品にて善財童子が法界の理を證入する始末を說く。

ニフホフカイムリヤウ　入法界無量　〔術語〕十廻向の第十位。「ヱカウ」を見よ。

ニフマンダラシヤ　入曼荼羅者　〔術語〕五種三昧耶中前四種の三昧耶を稱す。【義釋十二】に秘密印を指して「假令已入ニ曼荼羅一者。尙不レ得ニ於レ前輙爾而作一。況餘人耶。」【演奧鈔五十五】に「入曼荼羅者。指ニ前四種三昧耶一也。」

ニフムフンベツホフモンキヤウ　入無分別法門經　〔經名〕一卷、宋の施護譯。大乘無分別の法を說く。【宙帙一】(942)

ニフメツ　入滅　〔術語〕滅度に入るなり。梵語涅槃、滅度と譯す、惑を滅し、生死海を度る義なり。故に證果の人の死を云ふ。⦿(盛衰記一一)「定業猶醫術にかかはるべくば豈釋尊入滅あらんや」

ニフモンゲシヤク　入文解釋　〔術語〕凡そ經論を講ずるに先づ文前に於て一部の大意及び題號などを論じ了て後に本文を釋するを入文解釋と云ふ。⦿(榮花)「例の大意釋名入文解釋」

ニフリヤウガキヤウ　入楞伽經　〔經名〕十卷、元魏の菩提留支譯。更に舊譯四卷あり、新譯七卷あり、楞伽阿跋多羅寶經と題し、楞伽は師子國の山の名、佛彼の山に入て說きし經なれば入楞伽經と名く。【黃帙六】(176)

ニフワウグジユラクエ　入王宮聚落衣　〔衣服〕三衣の中の大衣卽ち僧伽梨の別名。王宮又は聚落に入て乞食又は說法する時に着すれば名く。【六物圖】

ニフヰ　入位　〔術語〕延曆七年に定めたる僧階五位の第一。朝官七位に相當す。僧位に入りし初なれば入位と名く。「ソウカイ」を見よ。

ニフヰン　入院　〔雜語〕禪僧出世して某院に入る「を云ふ。

ニブイロ　鈍色　〔雜語〕法衣喪服の色、黑色の壞色なり。【名目鈔】に「鈍色花田染也。」又「花田淺木色也。」又、ニビイロと云ふ。

ニブゴブ 二部五部 〔名數〕 印度の小乘敎佛滅の年結集の時に於て上座大衆の二部に分れ、佛滅百年優婆毱多の時に於て曇無德部、薩婆多部、彌沙塞部、迦葉遺部、婆麁富羅部の五部に分かるるを云ふ。【行宗記一上一】に「二部結集上座大衆二部。五部橫分二五部一者是。」【三論玄義】に「言二諸部異執一者。或二部。或五部。」第一結集の時上座大衆二部の分裂を來したりと云ふは、是れ迦葉を上首とせる五百聖者の群に洩れし青年比丘、多數窟外の別處に於て結集せりとの傳說に基因するものなれども、今日に於ては此別處結集より何等史的根據なきのみならず、根本佛敎が上座大衆二部に分裂せしは、佛滅百年迦羅阿育王の時、吠舍離に行はれし第二結集の際にあることは嚴たる史的事實存在す。「ケツジフ」參照。

ニブツシン 二佛身 〔名數〕「ニシン」を見よ。

ニブツチユウゲン 二佛中間 〔雜語〕 釋迦と彌勒との中間なり。釋迦既に入滅し彌勒未だ出世せず。⦿(新續古)「月は入り朝日はまだき中空のくらきに迷ふ人の悲しき」⦿(太平記一八)「二佛中間の大導師」

ニブツビヤウザ 二佛並坐 〔術語〕 法華の會座に迹門三周の說法已りて後に靈山の空中に涌出せる多寶塔中の二佛なり。初め寶塔涌出して空中にあり、大衆の請に依て釋迦佛其の塔門を開く、多寶佛の全身舍利結跏趺座して法界定印を結べり、其の時多寶佛寶塔の中に在て半座を分けて釋迦佛に坐せしむ、之を二佛並座と云ふ。多寶は法佛及び定を表し、釋迦は報佛及び慧を表し、並座は法報不二、定慧一如を表するなり。さて此二佛の左右に就て異義あり、但し多寶を左とし、釋迦を右とするを正とす。何となれば觀智の法華儀軌に「塔門西開」と云へり、されば釋迦未だ塔に入らざる以前は東に向て迹門を說く、迹門は因位の法なれば發心の東方に向ひて之を說く、多寶の塔は本門の壽量を表すれば、塔の門は西に開く。本門は果上の法なれば或は菩提の西方に向ふなり。されば法華の曼荼羅は東より西に向ひ中央の多寶塔中の二佛中、多寶佛は南方即ち左位に在て定印を結び、釋迦佛は北方即ち右位に在て轉法輪印を結ぶ、左は定位にして右は慧位なること顯密の通則なり、隨て定門に屬する多寶は左に位し、慧門に屬する釋迦は右に位すと云ふ。【法華秘略要鈔三】「タホウタフ」參照。

ニブンケ 二分家 〔流派〕 心識の二分說なり。即ち心識が認識作用を起す時は、相分(所緣の影像)、見分(能緣の主觀作用)の二種の差別を生ずとなす一派にして、難陀論師の所立。

ニヘン 二變 〔名數〕 一に因緣變、心心所が相分を變現するに於て能緣の分別力を借らず自己の種子の因緣より生じて心色の實體實用ある者を云ふ、即ち三類境中の性境是なり。二に分別變、能緣の分別力に依て反起せる相分を云ふ。此に就て二種あり、一は偏に能緣の分別力に隨て本質をも帶せず亦能生の種子をも具せず、即ち是れ三類境中獨影境の相分なり、龜毛兎角を緣ずる相分の如し。二は本質を帶し又能生の種子なきにあらざるも亦能緣の分別力を借るが故に境の自相に稱はず色心の實用を備へず即ち帶質境是なり。第七識は第八の見分を緣じ第六識が一切の心心所を緣ずる時の相分の如し。【唯識論二、百法問答鈔二】

ニヘン 二邊 〔名數〕 一に有邊、邊は邊際なり、世間一切の事物必ず衆緣の和合を假て生じ、自性あることなし、自性なけれども無と言ふを得ず、之を有邊と名く。二に無邊、世間一切の事物既に自性あるとなし、若し自性なければ則ち一切法皆空なり、有と言ふを得ず、之を無邊と名く。【中論四】

ニヘン 二邊 〔名數〕 斷常の二邊見なり。「ニケン」を見よ。

ニヘン 二邊 〔名數〕 一に增益邊、因緣所生の法、若し分別推求すればもと自性なし、衆生之を了せず之を固執して有となす、之を增益邊と名く。二に損減邊、因緣所生の法もと自性なけれども因果の功能なきにあらず、衆生之を了せず之を撥無して空となす之を損減邊と名く。【攝大乘論釋一】

ニホウ 二報 〔名數〕 一に依報、又依果と名く、即ち世界、國土、房舍、器具等なり。諸の衆生先業に因て之を感じ、其の身之に依て住すれば依報と名く。二に正報、又正果と名く、即ち五蘊の身なり、諸の衆生各先業に因て此身を感得す、是れ正しく彼が果報なれば正報と名く。【華嚴大疏一】

ニホフシフ 二法執 〔名數〕 一に俱生法執、無始時來熏習性を成して常に一切法に於て妄に執著を生ずるもの。此妄執は心に分別して起すにあらず、自ら身と俱に生ずれば俱生と云ふ。二に分別法執、邪敎及び邪師に誘導せられて故(ことさら)に分別計度して諸法の實有を固執するを分別起の法執と云ふ。分別の法執は菩薩見道に於て之を頓斷し、俱生の法執は修道に於て之を漸斷す。【法苑義林章二執章】

ニホフ 二法 〔名數〕 凡そ法門を明かすに擧數に約するは遍く攝せんが爲の故なり、一一の數の中無量に至ると雖も、行要を諳攝すると二法に過るなし。即ち行人の如き、若し能く總じて十重の二法を

識て始終闕くるとなければ方に道を論ずべし、所謂十重の二法、以て一切諸法を攝盡す。一に眞修、二に敎行、三に信法、四に乘戒、五に福慧、六に權實、七に智斷、八に定慧、九に悲智、十に正助なり。此十雙一を闕くも以て一切の諸增數を盡すべからず。「ソ」を見よ。【輔行六之二】

ニホフシン 二法身 〔名數〕 種種あり。「ホフシン」を見よ。

ニホンサンシヤウニン 日本三上人 〔名數〕 伊勢神宮の慶光院上人。尾張熱田の誓願寺上人。信濃善光寺の大本願上人を云ふ。

ニボン 二犯 〔名數〕 一に止犯、諸の善業に於て厭ふて修學せず、止に依て戒體を犯すを止犯と云ふ。二に作犯、諸の惡法に於て身口を策して之を作し、作に依て戒體を犯すを作犯と云ふ。

ニボン 二凡 〔名數〕 內凡外凡なり。三乘の行人見諦已前を凡位とし、凡位を二に分けて只敎法を聞て信ずる位を外凡とし、正しく其法を行じて聖位に近づく位を內凡とす。小乘の三賢大乘の十信の位是れ外凡なり、小乘の四善根大乘の十住已上は內凡なり。【法華玄義三】に「四敎並以二外凡一爲レ敎。內凡爲レ行。聖位爲レ證。」

ニボンノウ 二煩惱 〔名數〕 二種の煩惱。「ボンノウ」を見よ。

ニマラ 尼摩羅 〔界名〕 Nirmāṇarati 天の名【玄應音義三】に「尼摩羅天。或云二須密陀天一。此云二化樂天一。亦云二樂變化天一也。」六欲天の第五天なり。

ニマントウミヤウブツ 二萬燈明佛 〔佛名〕 「ニチグワツトウミヤウブツ」を見よ。

ニミ 二美 〔名數〕 定慧の二莊嚴なり。【吽字義】に「二美具足。四辯澄湛。」

ニミツ 二密 〔名數〕 台密に於て二密を立つ。一に理密、圓融不離の理を說くもの。北嶺の慈覺、法華涅槃を以て身口意の秘密を說くもの。二に事密、如來の身口意の秘密を說くもの。北嶺の慈覺、法華涅槃を以て理密とし、眞言部の諸經を以て事理俱密とす。【蘇悉地經疏中】に「世俗勝義圓融不二。是爲二理密一。若三世如來身語意密。是爲二事密一。問。華嚴維摩般若法華等諸大乘敎於二此顯密一何等攝耶。答。如二華嚴維摩等諸大乘敎一是密敎也。問。若如レ云二是密一者與二今所立眞言密敎一有二何等異一。答。彼華嚴等經雖二俱爲レ密而未レ盡二如來秘密之旨一。故與二今所立眞言一別。假令雖レ少二密言等一未レ及レ究二盡如來秘密之意一。今所立毘盧遮那金剛頂等經咸是究二盡如來事理俱密之意一。是故爲レ別也。」【天台學則下】に「法華涅槃の二部の理密の大圓敎、眞言の五部の俱密の大圓敎、之を一代五時の中第五時の二密の大圓と判す。北嶺の宗徒第一に心得て修學し尋究すべき所なり。」然るに東密には此の理密を許さず。

ニミヤウ 二明 〔名數〕 五明の中の二。一に內明、佛所說の大小乘の敎法なり、二に因明、古仙所說の宗因喩三支の論理法なり。

ニミルダ 尼彌留陀 〔術語〕 Vinirudha 譯、滅。四諦中の滅諦是なり。【大乘義章二】に「言二毘尼一者。是外國語。此翻爲レ滅。外國說レ滅凡有二三種一。一者涅槃。二尼彌留陀。謂四諦中滅諦名也。三曰毘尼。」

ニミンダ 尼民陀 〔地名〕 尼民陀羅の略。

ニシンダラ 尼民陀羅 〔地名〕 又、Nemiṃdhara 尼民達羅山の名。七金山の最外の山なり。【玄應音義二十四】に「尼民達羅。舊言二尼民陀羅一。此云二地持山一。又魚名。言海中有レ魚名二尼民達羅一。此山峯形似二彼魚頭一。復名也。」【慧苑音義下】に「尼民陀山。此翻爲二持邊一。以二彼山是七重金山中最外邊一故。」

ニムガ 二無我 〔名數〕 一に人無我、自主自在の我を我とす、凡夫五蘊假和合の義を了せず、實に自主自在の人體ありと固執するを人我とす、今五蘊假和合の義を了し、實の人體なしと達するを人無我とす、是れ小乘の觀道にして以て煩惱障を斷じて涅槃を得するなり。二に法無我、諸法に實體あり實用ありと固執するを法我とす、今諸法因緣生の義を了して實の自性なしと達するを法無我とす、是れ大乘菩薩の觀道にして以て所知障を斷じて菩薩を得するなり。小乘は唯人無我を悟り、菩薩は二無我共に悟る。【楞伽經一】に「大慧菩薩摩訶薩善觀二二種無我相一。云何二種無我相。謂人無我及法無我。」

ニムガチ 二無我智 〔名數〕 人無我、法無我の理を知る智なり。【楞伽經一】に「如二河流一如二種子一。如レ燈如レ風。乃至如二汲水輪一。生死趣有輪。種種身色。如二幻術神呪機發像起一。分善彼相知。是名二人無我智一。云何法無我智。謂覺二陰界入妄想相自性一。」

ニムキ 二無記 〔名數〕 體性羸弱にして善とも記すべからず惡とも記すべからざるものを無記性と云ふ。此無記に二種あり、一に有覆無記、惑障の極めて微弱なるもの、惑障は聖道を隱覆するが故に有覆と云ひ、苦果を感ずる程の惡性にあらざるが故に無記と云ふ。又染無記と名く。俱生の我見の如き是也。二に無覆無記、惑障を離れたる無記法なり、又淨無記と名く、宿世の業力に依て感じたる五蘊の色心及び山河草木等即ち一切の果報の如き是なり。【唯識論三、百法問答鈔三、七帖見聞三末】

ニムジヤウ 二無常 〔名數〕 一に念念無常、一切有爲の法は念念に生滅して停住せざるを云ふ。二に相續無常、若干の期限中相續する法が終に壞滅す

るを云ふ、人命の死、燈火の滅の如し。【智度論四十三】又此二を刹那無常、一期無常と名く。【析玄記】

ニムチ 二無知 [名數] 小乘有部の所說、一に染汚無知、即ち一切の煩惱なり、台家に所謂見思二惑なり、無明を以て體とす、無明は事理の法に執着して其の性分不淨なる故に染汚と云ひ、其の體昏闇にして四諦の眞理を知らざれば無知と云ふ。此無明一切の餘惑を俱起すれば無明を擧げて一切の煩惱を攝むるなり。二に不染汚無知、劣慧を體とす、劣慧は無始以來學問硏究を怠りし結果にして、事物の義理を解せざる下劣の智慧なり、是れ物に執着する不淨の性分にあらざれば不染汚と云ひ、事物の義理を知らざれば無知と云ふ。台家に所謂塵沙の惑なり。故に不染汚無知は事物に執着せざるを以て生死を出る障とならざれば、聲聞緣覺の二乘は之を斷ぜず、佛は衆生を濟度する上に於て一切の事物を知るの必要あれば此劣慧を斷じて一切種智を成ずるなり。【俱舍光記一】に「問染汚無知何爲レ體。解云。以二無明一爲レ體。所三以不レ言二餘煩惱一者。無明通與二諸惑一相應。若說二無明一亦顯二餘惑一。乃至不染無知以下未二成佛一來。所有一切有漏無染劣慧上爲レ體。」

ニメウ 二妙 [名數] 妙とは法華經題の妙なり、故に二義あり、一に相待妙、藏通別圓の四教相對して麁妙を判ずるなり、即ち爾前の諸經に說く藏通別の三教は麁法なり、法華經に說く圓教は妙法なりと斯の如く教體の上に就て彼此相待し以て今經を妙と名くるを相待妙と云ふ。二に絶待妙、三教の麁法を開會して一妙法となし、妙法の外に麁法の待望すべきなきを絶待妙と云ふ。是れ今經獨特の妙なり、前四時の間は所化の機根未だ熟せざれば圓教を說くも圓教を以て他の三教を開會すると能はず、圓教の外に他の三教を存すれば其の圓教は相待妙たるに過ぎず、今第五時に至ては所化の機根淳熟して前三教の權法を開して悉く一實の妙法に歸入せしむれば、法華獨り絶待妙たるを得るなり。されば爾前に說きし圓教は唯相待妙にして法華の圓教は相絶二妙を具す、即ち相待妙を以て法華は前四時中所說の藏通別三教の上に出るとを判じ、絶待妙を以て彼の三教を開會して皆圓妙とならしむるなり。之を相待に判を論じ、絶待に開を論ずと云ふ。【四教儀集註下】に「妙名一唱待絶俱時。故相待論レ判出二前三教四時之上一。絶待論レ開復能開レ前令二皆圓妙一。」 図福智の二莊嚴なり。【宗門無盡燈論上】に「剋苦盡二二妙一。」「サンムヰ」を見よ。

ニメツ 二滅 [名數] 一に擇滅、二に非擇滅なり。

ニメツ 二滅 [名數] 有餘涅槃と無餘涅槃なり。

ニモク 二木 [譬喩] 「サンサウニモク」を見よ。

ニモナクマタサンモナシ 無二亦無三 [雜語] 「イチジョウ」を見よ。

ニモン 二門 [名數] 唐の道綽の所判。一に聖道門、此土に於て凡より聖に至る道を修する教門なり、淨土の三經を除きし自餘の諸經是なり。二に淨土門、彌陀の淨土に往生して聖果を證する教門なり。三部經の所說是なり。【安樂集上】に「一謂聖道。二謂往生淨土。」【撰擇集本】に「道綽禪師。立二聖道淨土二門一。而捨二聖道一正歸二淨土一。」【教行信證六本】に「凡就二一代教一於二此界中一入聖得果名二聖道門一。云二難行道一。於二安養淨刹一入聖證果名二淨土門一。云二易行道一。」 図一に遮詮門、其の所非を遮遣するを云ひ、又自餘を揀却するを云ふ。涅槃は不生不滅眞空寂滅と說く如し、是れ空門の言詮にして遮情門なり、二に表詮門、其の所是を顯はすを云ひ、又自體を直示するを云ふ、涅槃は常樂我淨三德秘藏と說く如し。是れ有門の言詮にして表德門なり。而して此遮詮表詮の名は法相宗に出でて遮情表德の目は華嚴宗に出ず。【宗鏡錄三十四】に空宗性宗の相違を辨ずる十異の中の第六に「遮詮表詮異者。遮謂遣二其所非一。表謂顯二其所是一。又遮者揀二却諸經一。表者直示二當體一。」杜順の華嚴三昧に「一遮情二表德。言二遮情一者。問。緣起是有耶。答不也。即空故。乃至二表德者。問。緣起是有耶。答是也。幻有不レ無故。」是れ全く前の遮詮二門の意に同じ、故に此二種は顯教諸宗の通用する所なり。されば遮詮表詮は言詮に就き、遮情表德は法體に就く相違にて、其の意は即ち一なり。故に諸宗通じて之を用ゐるなり。然るに眞言宗には此中華嚴の遮情表德を用ひ、以て顯密二教を簡別する稱目とす。謂く、一切の顯教は遮情門なれば歸する所無相の一理のみ、密教は表德門なれば始より三密の事相を行ずと。【二教論】に「中觀等息二諸戲論一。寂滅絶離以爲二宗極一。如レ是之義意皆是遮情之門。不二是表德之謂一。」【秘藏寶鑰上】に「顯藥拂レ塵。眞言開レ庫」【聖財集中】に「遮詮表詮の法門眞言には遮情表德と言へり。」但し此は顯密相對の一往の判なり、若し自宗に就かば亦遮情表德の二門あり、即ち胎藏界は表德門にて性具の十界を體とす、即ち多法界の法門なり。金剛界は遮情にて無相の一智を體とす、即ち一法界の法門なり。【眞言廣名目六】故に眞言行者の觀行には此遮情を最要とし、本不生の言を始めとして或は不可得、大空、畢竟空無相、無自性、等の言、當教の諸書に瀰滿せり、然も其の意顯教中、台家に所謂別教以下の遮情に異なり、即ち圓教の圓融三諦の空諦即ち妙空の意なり。「サンタイ」を見よ。

【十住心廣名目六】に「此の二門淺略の義には遮情を行者の從因向果の時に之を用ゐ、表德を諸佛の從本垂迹の時に用ゆと云ふ。深密の義には遮表共に上下二轉に通ずるなり。凡そ淺略の義には先づ表德に住して後に遮情を觀じ、深秘の義には先づ遮情に住して後に表德を觀ず」と。図 一に迹門、法華經中前の十四品の所說を云ふ。二に本門、法華經中後の十四品の所說を云ふ。「ホンジヤク」を見よ。図 一に抑止門、佛衆生をして重罪を造らざらしめん爲に方便して惡逆の衆生は淨土に往生することを得ずと彼を抑止する敎門なり。是れ佛の大智なり。二に攝取門、極惡の衆生も佛を念ずれば往生を得と彼を攝取する敎門なり、是れ佛の大悲なり。是れ大觀二經の相違を會する善導の判釋なり。諸家種種に義を立てて之を會す【觀經散善義】に「問曰。如二四十八願中一。唯除二五逆誹謗正法一。不レ得二往生一。今此觀經下品下生中。簡二謗法一攝二五逆一者有二何意一也。答曰。此義仰就二抑止門一解。如二四十八願中一除二謗法五逆一者。然此二業其障極重。衆生若造直入二阿鼻一。歷劫周障。無レ由レ可レ出。但如來恐三其造二斯二過一。方便止言レ不レ得二往生一。亦不二是不レ攝也。」【群疑論三、探要六、散善記三】図 華嚴一經、行布圓融の二門を具して皆能く法界に通入するなり。一に行布門、行は行列、布は分布なり、經中廣く十住十行十廻向十地等覺妙覺の四十二位の法門を明かして淺より深に至り、行列分布次第するが故に行布門と云ふ。二に圓融門、經中又法界の理圓融無礙を明かして前の四十二位に於て一位を擧ぐるに隨て諸位を該攝するを圓融門と云ふ、初發心時便成正覺と說く如き是なり。天台は之を別敎圓敎の差別と見るなり。【華嚴大疏一】図 一に析伏門、惡を折し非を伏して假借せず、是れ佛の大智の德なり。二に攝受門、物と逆はず善惡共に之を攝取す、是れ佛の大悲の德なり。【止觀十】に「大經有二兩說一。一攝二折。如二安樂行一不レ稱二長短一是攝義。大經執二持刀杖一乃至斬レ首是折義。雖二與奪殊レ途倶令二利益一。」図 一に性起門、如來の果上に至れば眞如法性が自ら性に順じて淨法を起すを云ふ、所謂性海無レ風金波自涌なり。故に唯是れ淨法なり。二に緣起門、眞如法性が衆生の因中に在て染緣に隨て染法を起すを云ふ、故に緣起の法は染淨に通ずるなり。問ふ、佛果の功德豈に緣なくして起るべけんや。答、緣なしと云ふにあらず、緣に由つて起ると雖、起り已れば緣に違して性に順ず、故に緣を廢して但性起と云ふ。【探玄記十六】に「以三果海身體當二不可說不稱一。機感具レ緣。約レ緣明レ起。起已違レ緣而順二自性一。是故廢レ緣但名二性起一。」図 一に流轉門、無始の無明本覺の理性に達せず、惑を起し業を造て生死の苦果を感じ、以て三界六道に流轉するを流轉門と云ふ。二に還滅門、流轉の衆生生死の苦を厭ひて戒定慧の三學を修し、以て寂滅の涅槃に還歸するを還滅門と云ふ。苦集の二諦は流轉門の因果なり、滅道の二諦は還滅門の因果なり、釋摩訶衍論には之を下轉門上轉門と云ふ。図 一に眞如門、如來藏の一心、其體性に就かば平等一味にして差別の相を離れ眞實如常なり、之を眞如門と云ふ、即ち不變眞如なり、無明の緣に和合せざる眞如なり。二に生滅門、如來藏の一心、緣に隨つて生滅し差別の相を起すを生滅門と云ふ。眞如と無明と互に相熏ずればなり、即ち無明眞如に熏ずるを以て流轉の染法を生じ、眞如無明に熏ずるを以て還滅の淨法を生ず、是れ隨緣眞如なり、無明の緣に和合する眞如なり。されば眞如門は如來藏心の體なり、生滅門は如來藏心の相なり。一切の小乘敎は總て如來藏心の實性あるを知らず、大乘中の權敎は其の眞如門の一邊を知りて生滅門の一邊を知らず、大乘の實敎獨り二門を知る。【起信論】に「依二一心法一有二二種門一。云何爲レ二。一者心眞如門。二者心生滅門。」図 一に福德門、布施持戒忍辱精進禪定の五度を福德門とす、福德門に入れば一切の罪業皆除き所願皆得るなり。二に智慧門、諸法の實相を了知するを智慧門とす、即ち般若なり、智慧門に入れば生死を厭はず涅槃を樂ばざるなり。【智度論十五】図 一に戒門、二に乘門なり。佛涅槃經を說くに二意あり、一は單に常住の理を說て法華に漏れし機類を捃拾する爲なり、依つて之を常住涅槃と云ひ、捃拾敎と名く。二は末代の衆生戒を破り無常を執して法身の慧命を亡失する爲に戒乘二門を說て常住の命を贖ふなり、即ち涅槃經の中に滅後の衆生破戒無慚の爲に法身の慧命を夭傷するを贖はんとて戒律を說くを戒門とし、無常の見を固執して法身の常住を亡失するを贖はんとて佛性常住の理を說くを乘門とす、依て之を贖命涅槃と云ひ、扶律說常敎と名く。【釋籤】に「賴レ由二此經扶律說常一則乘戒見足。」図 一に悲門、諸佛菩薩利他の德なり、大悲の故に、永く衆生を度して涅槃に住せず。二に智門、諸佛菩薩自利の德なり。大智の故に自ら惑業を斷じて生死に住せず。是れ一雙不離の德なり。図 一に定門、智法界を照して心性常に湛然なり、之を照而寂と云ふ、是れ諸佛菩薩の定門なり。二に慧門、心性湛然動かざれども常に法界を照して謬るとなし、之を寂而照と云ふ、是れ諸佛菩薩の慧門なり、是れ一雙不離の德なり。【報恩記】に「觀音勢至は彌陀如來の悲智の二門なり」

ニヤク二益【名數】現當二世の利益を云ふ。眞宗にては、正定と滅度との二益を説く。前者は現益にして、信の一念に正定聚の位に入り、現生十種の益を受く、後者は當益にして、命終の後淨土に往生して滅度の證を開くこと。

ニヤクイシキケンガ　若以色見我【雜語】【金剛經】に「須菩提於レ意云何。可下以二三十二相一觀中如來上不。須菩提言。如是如是。以二三十二相一觀二如來一。佛言。須菩提若以二三十二相一觀二如來一者。轉輪聖王則是如來。須菩提白レ佛言。世尊如三我解二佛所説義一不レ應下以二三十二相一觀中如來上。爾時世尊而説レ偈言。若以レ色見レ我。以二音聲一求レ我。是人行二邪道一。不レ能レ見二如來一。」是れ眞如法身は色聲の外に在りて見聞の及ぶ所にあらず、唯證智と相應するのみなるを明かすなり。

ニヤクウモンボフシヤ　若有聞法者【雜語】【法華經方便品】に「一切諸如來。以二無量方便一。度二脱諸衆生一入二佛無漏智一。若有レ聞レ法者。無三一不二成佛一。」⊙(碧玉集)「袖の上にまちとる風の涼さもあはれみ法の心ならずや」

ニヤクオムチユウタンケンメウケ　若於夢中但見妙華【雜語】【法華經安樂行品】に夢中の得益を説く中に「若於二夢中一但見二妙華一。見下諸如來坐二師子座一諸比丘衆圍繞説法上。」⊙(碧玉集)「春は只妙なる色を見る夢もさながら法の花の下臥」

ニヤクガジヤウブツ　若我成佛【雜語】【無量壽經】の第十八願の句なり。【往生禮讃後序】に「若我成佛。十方衆生。稱二我名號一。下至二十聲一。若不レ生者。不レ取二正覺一。」⊙(曲、三山)「若我成佛十方世界、念佛衆生攝取不捨」

ニヤクガセイグワンダイヒチユウ　若我誓願大悲中【雜語】【寶物集三】に「如意輪經云。若我誓願大悲中。一人不レ成二二世願一。我墮二虚妄罪過中一。不レ還二本覺一捨二大悲一。難度衆生能度相現。悲二愛衆生一慈如二一子一。千手千眼觀世音。生生世世希有者。一聞二我名一滅二重罪一。無量佛果得二成就一。」⊙(榮花、鳥舞)「難度衆生。能度相現。悲二哀衆生一。慈如二一子一。」【撰集抄六】に「一人不レ成二二世願一。我墮二虚妄罪過中一。不レ還二本覺一捨二大悲一。」此等の古書に引用するを見れば所謂如意輪經なるもの古より行はれしものならんも、藏經中の數部の如意輪觀經を撿するに此文なく、文體を見るに本朝人の手に成りしものなり。

ニヤクサシヤウゲソクウイチブツマキヤウ　若作障礙即有一佛魔境【雜語】⊙(曲、善界)に引けり。文の出處詳ならず、文の意は坐禪觀念の時若し魔來りて障を作さば、一佛魔の境ありと觀ぜよとなり。一佛魔の境とは魔佛一如、魔境即ち佛境なるを云ふ。此の如く觀ずるときは魔怖れて退散す、魔はもと佛を怖るればなり。【止觀八】に「知下魔界如、佛界如。一如無二如一。平等一相上。不三以レ魔爲レ戚以レ佛爲レ欣。安二之實際一。若能如レ是邪不レ干レ正。惱亂設起。魔來甚善也。」

ニヤクザニヤクキヤウギヤウジヨスヰジヤウセフシン　若坐若經行除睡常攝心【雜語】【法華經分別功德品】に「又於二無數劫一住二於空閑處一。若坐若經行。除レ睡常攝心。以二是因緣一故。能生二諸禪定一。」⊙(詠藻)「をこたらず常に心をさめつついつか浮世の睡さむべき」

ニヤクザンヂシヤ　若暫持者【雜語】【法華經寶塔品】に「此經難レ持。若暫持者。我則歡喜。諸佛亦然。」⊙(詠藻)「卷卷をかざれる紐の玉ゆらもたもてば佛よろこび給ふ」

ニヤクシヤウミダ　若唱彌陀【雜語】念佛の功德を説く語。【止觀二】に「若唱二彌陀一。即是唱二十方佛一功德等。但專以二彌陀一爲二法門主一。」「略。」

ニヤクダイシ　若提子【人名】尼犍陀若提子の略。

ニヤクヂホフケキヤウゴシンジンシヤウジヤウ　若持法華經其身甚清淨【雜語】【法華經法師功德品】に六根清淨の功德を説く中の身根清淨の偈に「若持二法華經一其身甚清淨。如二彼淨瑠璃一。衆生皆喜レ見。」古今著聞集に此文を引て身を心に作るは謬。

ニヤクナ　若那【人名】「ジヤナ」を見よ。

ニヤクナセンダラ　若那戰陀羅【人名】「ジヤナセンダラ」を見よ。

ニヤクナバツダラ　若那跋陀羅【人名】「ジヤナバツダラ」を見よ。

ニヤクナン　若南【人名】「ジヤナ」を見よ。

ニヤクニフタケ　若入他家【雜語】【法華經安樂行品】に「菩薩摩訶薩。不レ應下於二女人身一取二能生二欲想一相上而爲中説法上。亦不レ樂レ見。若入二他家一。不下與二小女處女寡女等一共語上。」⊙(風雅集)「名にめでてまよひもぞする女郎花匂ふ宿をばよけてゆかなん」

ニヤクニングブツヱ　若人求佛慧【雜語】【菩提心論】に菩提心を讃して「若人求二佛慧一。通二達菩提心一。父母所生身。速證二大覺位一。」

ニヤクニンサンランシン　若人散亂心【雜語】【法華經方便品】に「若人散亂心。乃至以二一華一。供二養於畫像一。漸見二無數佛一。」⊙(玉葉集)「一ふさを折て手向くる花の枝にさとりひらくる身とぞなるべき」

ニヤクニンシユゼンゴン　若人種善根【雜

語】【十住毘婆沙論易行品】に「若人種二善根一疑則華不レ開。信心清淨者華開見レ佛。」佛力を疑つて自力心を以て善根を植うるものは彌陀淨土に往生し池中の華に托生するも長く華中に含まれて見佛聞法の益を得ず、若し信心清淨にして往生を樂ぶものは所生の花直に開きて佛を見ることを得となり。⦿（散木集）「植ゑおきし心のはちすひらけなん願ふ涙をうるほひにして」

ニヤクニンフシン　若人不信　〔雜語〕【法華經譬喩品】に「若人不レ信。毀二謗此經一。則斷二一切世間佛種一。」

ニヤクニンヨクレウチ　若人欲了知　〔雜語〕【六十華嚴經十夜摩天宮說偈品】に「若人欲レ了二知三世一切佛一。應レ當如レ是觀一。心造二諸如來一。」此は萬法唯心の理に依りて說けるものにて、若し人三世の一切諸佛は何れより出現せしやを知らんと欲せば、應に衆生各自の心より造作せし者と觀念せよとなり。【起信論】に「諸佛如來法身平等徧二一切處一。無レ有二作意一故說二自然一。但依二衆生心一現。衆生心者猶如二於鏡一。鏡若有レ垢色緣不レ現。如レ是衆生心若有レ垢法身不レ現故。」【觀無量壽經】に「諸佛如來是法界身。入二一切衆生心想中一。是故汝等心想レ佛時。是心即是三十二相八十隨形好。是心作佛。是心是佛。」

ニヤクフシヤウジヤ　若不生者　〔雜語〕彌陀如來四十八願中第十八願の誓言なり。【無量壽經】に「設我得佛。十方衆生。至心信樂欲レ生二我國一。乃至十念。若不レ生者不レ取二正覺一。」

ニヤマ　尼夜摩　〔雜語〕Niyāma 譯、決定。【慧琳音義十九】に「尼夜摩位是菩薩不退轉位也。」【瑜伽略纂十三】に「尼夜摩可レ言二決定一。」

ニユウカイシ　乳海子　〔雜語〕密教に金剛界大日の種子を 𑖪𑖽 鑁字とす。鑁は智にして五大の中には水大に當るなり、依りて鑁字の乳水を味ふ人を乳海子と云ふ。乳は即ち水大なり。【性靈集一】に「去來大空師。莫住莫住乳海子。」

ニユウカウ　乳香　〔物名〕薰陸香なり。【谷響集三】に「夢溪筆談云。薰陸。即乳香也。」梵 Kunduruka

ニユウキヤウ　乳經　〔譬喩〕天台五味を以て五味の經に配し、乳味を華嚴經に配す、依りて華嚴經を乳經と云ふ。【法華玄義二】に「乳經乃至一麁一妙。」

ニユウクワウ　乳光　〔佛名〕佛の名。過去に長者あり、利息を貪り復た好で他人に抵觸す、依て牛に墮し今生に罪畢て釋尊に乳を供す、此因緣に依りて未來成佛して乳香如來と名く。【乳香佛經】

ニユウクワウキヤウ　乳光經　〔經名〕乳光佛經の略名。

ニユウクワウブツキヤウ　乳光佛經　〔經名〕一卷、西晉の竺法護譯。佛風疾あるを示す、阿難に命じて乳を梵志の家に乞はしむ、梵志譏嫌す、維摩法を說て之を開悟す、帝釋化して童子となり牛を轂る、佛牛母牛子歡喜して布施す、阿難之を以て佛に白す、佛牛の往因を說き成道の記を授く。【宙帙七】（234）

ニユウシキ　乳色　〔譬喩〕生盲人に乳色を說く譬也。【涅槃經十四】に「如二生盲人不一レ識二乳色一。便問レ他言。乳色何似。他人答言。色白如レ貝。盲人復問。是乳色者如二貝聲一耶。答言不也。復問貝色爲二何似一耶。答言猶如二稻米末一。盲人復問。乳色柔軟如二稻米末一耶。稻米末者復何所レ似。答言。猶如二雨雪一。盲人復言彼稻米末冷如レ雪耶。雪復何似。答言猶如二白鶴一。是生盲人雖レ聞二如レ是四種譬喩一終不レ能三復識二乳眞色一。是諸外道亦復如レ是。終不レ能レ識二常樂我淨一。」【止觀五】に「若爲二盲人一說レ乳。若貝若粖若雪若鵠。若盲聞二諸說一即得レ解レ乳即二世諦一是第一諦義。」

ニユウスヰ　乳水　〔譬喩〕物の和合に譬ふ。

ニユウスヰゲン　乳水眼　〔譬喩〕鵝鳥の能く器の乳水を分て乳を啜て水を遺す如く、學者の擇法眼能く邪正を別くるを云ふ。「スヰニユウ」を見よ。

ニユウチユウサツニン　乳中殺人　〔術語〕台家の用語、乳等の五味を一代五時の經に配し、第一華嚴時を乳味時とす。此乳味時の中に華嚴經を說て別圓の機に對するは是れ頓敎の相也、之と同時に小乘の提謂經を說きて聞く者をして大乘の益を得しむるを乳中殺人と稱し、以て不定敎の相となすなり。乳中殺人とは乳中に毒を置けば毒氣發して能く人を毒すと云へる涅槃經の喩に取りしなり、毒は即ち實相の理なり。【法華玄義十】に「今依二大經二十七云。置二毒乳中一乳即殺レ人。酪蘇醍醐亦復殺レ人。此謂過去佛所嘗聞二大乘實相之敎一。譬レ之以レ毒。今値二釋迦聲敎一其毒即發結惑人死。若二如提謂波利經一乃至即是乳中殺人也。」

ニユウミ　乳味　〔飲食〕五味の一。「ゴミ」を見よ。

ニユウミ　乳糜　〔飲食〕乳を以て造れる粥也。【大日經疏七】に「乳糜者。西方粥有二多種一。或以二鳥麻汁一。以二諸豆並諸藥味一。如二十誦藥法等文廣明一。然最以二乳糜一爲レ上。」

ニユウモク　乳木　〔物名〕護摩に用ふる薪也、乳汁ある木を用ふれば乳木と云ふ、火勢の強きを欲すればなり、下に乾柴を置き上に乳木を置くなり、其の寸法格好は法に依りて差異あり。【大日經疏八】に「護摩薪當レ用二乳木一。謂桑穀之類。或用二牛膝莖一。截レ之劑十二指量一。皆須二濕潤新採者一。取二其條理端直一。當下觀二

上下一向置之。以香水灑淨令根本向身。」

ニユウヤク　乳藥　〔譬喩〕舊醫と新醫と同じく乳藥を用ゐて病に利害の不同あり、以て外道の常を說くと佛の常を說くと邪正異なるを譬ふ。「シンクイ」を見よ。

ニヨ　二餘　〔名數〕生身の苦果と煩惱との餘殘なり、之に業の餘殘を加へて三餘とす、最後身の菩薩に就て餘殘と云ふ。【無量壽經】に「生身煩惱二餘俱盡。」

ニヨ　如　〔術語〕如とは法の各各の相の如きなり、法の實相の如きなり。地の堅相の如く、水の濕相の如きを各各の相と云ふ、是れ事相の如なり。然るに此各各の事相は實有にあらず、其の實皆空なり、彼此の諸法空を以て實とす、空は是れ諸佛の實相なり、此實相の如きを如と稱す。故に實相即ち如なり。又此の如は諸法の性なれば法性と名け、此法性は眞實の際極なれば實際と曰ふ。故に如と法性と實際とは諸法實相の異名なり。又諸法の理性相同じきを如と云ふ、諸法は各各差別すれども理體は一味平等なればなり、故に如とは理の異名なり。此理眞實なれば眞如と云ひ、其の理一なれば一如と云ふ、但し其の理體に就て般若經の如きは空と立て、法華經の如きは中と立つ、是れ敎門の不同なり。【智度論三十二】に「諸法如有二種。一者各各相。二者實相。」又「佛弟子如法本相觀。」又「如法性實際。此三皆是諸法實相異名。」【維摩經菩薩品】に「如者不二不異。」【大乘義章一】に「如法性實際義出大品經。此三乃是理之別目。乃至如者是其同義。法相雖殊理實同等。故名爲如。」【大日經疏一】に「恒他是如義。」【止觀二】に「如空之異名耳。」【維摩經淨影疏】に「眞法體同名之爲如。」⊙（榮花、玉の臺）「有作無作の諸法の性を見ざる所、如なり、寂なり」

ニヨアントクトウ　如暗得燈　〔譬喩〕【法華經藥王品】に經の功力を嘆ずる十二喩の一。⊙（法文百首）「ゆきわたる光をまどにあつめても思ひしらるる法の燈」

ニヨイ　如意　〔物名〕僧具の一。世に所謂爪杖なり。手到らざる所、用ゐて搔抓するに意の如し、故に名く。【釋氏要覽中】に「如意之制蓋心之表也。故菩薩皆執之。狀如雲葉。又如此方篆書心字。」是亦一說なり。然るに比丘の百一資具及び曼陀羅諸尊の器仗を見るに如意に類するものなし、蓋し是れ支那に始まるなり。【佛祖統紀智者傳】に「南岳手持如意臨席讚之曰。可謂法付法臣。法王無事。」【釋氏資鑑五】に「周顯德三年五月武帝邕。惑於道士張賓等妖言。惡黑衣之讖。乃欲偏廢釋敎。命沙門道士辯其優劣。且云。長留短廢。乃至襄城公何妥。自行如意。座首少林寺行禪師。發憤而起。諸僧止曰。師爲佛法大海。衆咸仰知。可令末座對揚。共推如意付智炫。安祥而起。徐升論座。坐定執如意。折張賓理屈。」是れ論議に如意を執るの證なり。

ニヨイ　如意　〔人名〕西天論師の名。梵名、末笯曷剌他 Manoratha 世親菩薩の師なり。室羅伐悉底國の超日王、外道に朋附し火烟の義を說くに因て引證を許さず、衆辱を見るを耻ぢて舌を斷て死す、終る時世親を誡めて曰く、黨援之衆無競大義。群迷之中無辯正論。」【西域記二】

ニヨイシユ　如意珠　〔物名〕Cintāmaṇi 寶珠より種種の所求を出すと意の如くなるを以て如意と名く、龍王或は摩竭魚の腦中より出づと云ふ。或は佛舍利變じて成ると云ふ。【智度論十】に「如意珠生自佛舍利。若法沒盡時。諸舍利皆變爲如意珠。譬如過千歲冰化爲頗梨珠。」【同三十五】に「如菩薩先爲國王太子。見閻浮提人貧窮。欲求如意珠。乃至龍王宮。乃至龍即與珠。是如意珠能雨一由旬。」【同五十九】に「有人言。此寶珠從龍王腦中出。人得此珠毒不能害。入火不能燒。有如是等功德。有人言。是帝釋所執金剛。用與阿修羅戰時碎落閻浮提。有人言。諸過去久遠佛舍利。法既滅盡。舍利變成此珠。以益衆生。有人言。衆生福德因緣故自然有此珠。譬如罪因緣故地獄中自然有治罪之器。此寶名如意。無有定色。淸徹輕妙。四天下物皆悉照現。是寶常能出一切寶物。衣服飲食隨意所欲盡能與之。」【雜寶藏經六】に「佛言。此珠摩竭大魚腦中出。魚身長二十八萬里。此珠名曰金剛堅也。」【觀佛三昧經一】に「金翅鳥肉心爲如意珠。」【往生論註下】に「諸佛入涅槃時。以方便力留碎身舍利。以福衆生。衆生福盡此舍利變爲摩尼如意寶珠。此珠多在大海中。大龍王以爲首飾。若轉輪聖王出世以慈悲方便能得此珠。於閻浮提作大饒益。」

ニヨイシユワウ　如意珠王　〔物名〕如意珠の中に最勝なれば王と云ふ。【觀無量壽經】に「其寶柔輭。從如意珠王生。」

ニヨイシユシン　如意珠身　〔術語〕南方寶生佛の三摩地を成就し、身、如意寶珠と成りて一切衆生の希願を滿たすを云ふ。【大疏八】に「今於此中廣種無限善根故。即從今生以後盡未來際常作如意寶珠身虛空藏身。能滿自他一切希願。」

ニヨイシンダラニジユキヤウ　如意心陀羅尼呪經　〔經名〕觀自在菩薩如意心陀羅尼呪經

の略名。

ニヨイゼンハウベン　如醫善方便　〔雜語〕【法華經壽量品】に「如下醫善方便爲レ治二狂子一故實在而言上レ死。」是れ法華七喩中の醫子喩の結偈なり。「イシユ」を見よ。⊙(雪玉集)「おろかにも親のまもりをとどめおく藥をしらで身をうれへける」

ニヨイソク　如意足　〔術語〕「シニヨイソク」を見よ。

ニヨイチミウ　如一味雨　〔雜語〕【法華經藥草喩品】に「佛平等說如二一味雨一。隨二衆生性一所レ受不レ同。如二彼草木所レ稟各異一。」⊙(千載)「大空の雨はわきてもそそがねどうるふ草木はおのがまにまに」

ニヨイツウ　如意通　〔術語〕五通の一。又神足通とも神境通とも云ふ。變現自在意の如くなれば如意と名け、飛行自在なれば神足と名け、六塵の境を轉變する自在なれば神境と名く。「ゴツウ」を見よ。

ニヨイデン　如意殿　〔雜名〕兜率天中彌勒菩薩の宮殿如意珠を以て莊嚴せるもの。【續本朝文粹十二】に「四十九重之如意殿」

ニヨイビヤウ　如意瓶　〔物名〕吉祥瓶の異名。

ニヨイブツ　如意佛　〔術語〕行境十佛の一。如來は自在神力あるが故に如意佛と云ふ。

ニヨイホウ　如意寳　〔物名〕如意珠なり。

ニヨイホウジユ　如意寳珠　〔物名〕「ニヨイシユ」を見よ。

ニヨイホウジユホフ　如意寳珠法　〔術語〕如意寳珠轉輪秘密現身成佛金輪呪王經の所說、如意寳珠曼陀羅の祈念法なり。如意寳珠は如意輪觀音の三昧耶形なり、之を曼陀羅の中臺に安ず。

ニヨイホウソウヂワウキヤウ　如意寳總持王經　〔經名〕一卷、宋の施護譯。如意寳總持は神咒の名なり、此神咒を受持するも信心淸淨決定專注ならずんば諸佛を見聞すると能はざるを說く。【成帙八】(836)

ニヨイマニ　如意摩尼　〔物名〕摩尼は梵語 Maṇi 珠寳の總名、即ち如意珠なり。【探玄記二】に「摩尼是珠寳通名。簡レ通取レ別故云二如意摩尼一。」

ニヨイマニダラニキヤウ　如意摩尼陀羅尼經　〔經名〕一卷、宋の施護譯。雷除けの呪を說く。【成帙八】(829)

ニヨイリン　如意輪　〔菩薩〕如意輪觀音のこと。

ニヨイリンキヤウ　如意輪經　〔經名〕如意輪陀羅尼經の略名。

ニヨイリンクワンオン　如意輪觀音　〔菩薩〕Cintāmaṇicakra 六觀音の一。此觀音は手に如意寳珠を持して衆生の祈願を充たしめ、輪寳を持して法輪を轉ずるを幖すれば如意輪と名け、密號を持寳金剛と名く。【觀世音菩薩如意摩尼陀羅尼經】に「觀世音蓮華如意摩尼轉輪心陀羅尼。」此菩薩六臂を有して右の第一手頰を拄て思惟の相と爲す。【觀自在如意輪菩薩瑜伽】に「手持二如意寳一。六臂身金色。頂髻寳莊嚴。冠坐二自在王一。住二於說法相一。第一手思惟。愍二念有情一故。第二手持二意寳一。能滿二衆生願一。第三手持二念珠一。爲レ度二傍生苦一。左按二光明山一。成二就無傾動一。第二持レ蓮手。能淨二諸非法一。第三手持レ輪。能轉二無上法一。六臂廣博體。能遊二於六道一。」⊙(曲、弱法師)「金堂の御本尊は、如意輪の佛像」《第九十一圖參照》

(如意輪觀音の圖)

經軌　〔術語〕如意輪菩薩念誦法、一卷、觀自在如意輪瑜伽一卷、如意輪菩薩觀門義註秘決、一卷。【閏帙十】如意輪陀羅尼經一卷。【餘帙五】觀世音菩薩秘密藏如意輪陀羅尼神呪經一卷、觀世音菩薩如意摩尼陀羅尼經一卷、佛說觀自在菩薩如意心陀羅尼經一卷、【成帙十】觀自在如意輪菩薩瑜伽法要一卷、佛說如意輪蓮華心如來修行觀門儀一卷、【成帙十三】

ニヨイリンクワンジザイボサツネンジユホフ　如意輪觀自在菩薩念誦法　〔修法〕罪障消滅の爲に、如意輪觀音を本尊として行ふ修法を云ふ。眞言行者が必ず最初に修する所の行法なり。後三條帝の延久年中に始まる。

ニヨイリング　如意輪供　〔修法〕次項參照。

ニヨイリンコウ　如意輪講　〔行事〕如意輪供の法會。如意輪觀音の功德を講讚する法會なり。

ニヨイリンダラニキヤウ　如意輪陀羅尼經　〔經名〕一卷、唐の菩提流志譯。如意輪觀音の壇法を說く。【餘帙五】(324)

ニヨイリンボサツ　如意輪菩薩　〔菩薩〕如意輪觀音なり。

ニヨイリンボサツネンジユホフ　如意輪菩薩念誦法　〔經名〕一卷、唐の不空譯。如意輪觀音の念誦法を說く。【閏帙十】(1394)

ニヨイリンボフ　如意輪法　〔修法〕如意輪觀音を供養念誦する秘法なり。⊙(水鏡中)「道鏡内へまゐりて如意輪法を行ひ給ひし程に」

ニヨイリンユガ　如意輪瑜伽　〔經名〕觀自在

菩薩如意輪瑜伽の略名。儀軌の名。

ニヨイリンレンゲシンニヨライ　如意輪蓮華心如來　〔菩薩〕如意輪觀音の德號なり。總て觀音は蓮華部の中堅なれば蓮華心と云ひ、もと久成の古佛なれば如來と稱す。

ニヨイリンレンゲシンニヨライシユギヤウクワンモンギ　如意輪蓮華心如來修行觀門儀　〔經名〕一卷、宋の慈賢譯。如意輪觀音の修法を說く。【成帙十三】（1437）

ニヨウシヤウノキス　尿牀鬼子　〔雜語〕人を痛罵するの稱。「小便たれの餓鬼め」と言ふ如し。【臨濟錄】に「這尿牀鬼子。」

ニヨエン　如焔　〔譬喩〕大品經所說十喩の一。「エン」を見よ。

ニヨオキヤウチユウ　如於鏡中　〔雜語〕【涅槃經三】に「爾時。佛讃二迦葉菩薩一善哉善哉。如來身者即是金剛不可壞身。菩薩應三當如レ是善學二正見正知一。若能如レ是了了知見即是見二佛金剛之身不可壞身一。如下於二鏡中一見中諸色像上。」⊙（千載）「淸くすむ心のそこを鏡にてやがてぞうつる色も姿も」

ニヨカイグフウエン　如海遇風緣　〔雜語〕唯識論三】に「入楞伽經。亦作二是說一。如下海遇二風緣一起二種種波浪一。現前作用轉無上有二間斷時一。藏識海亦然。境等風所レ擊恒起二諸識浪一現前作用轉。」⊙（玉葉）「吹く風に波の立ゐはしげけれど水より外のものにやはある」

ニヨカンシヤトククワ　如寒者得火　〔雜語〕【法華經藥王品】に經の功德を叙する十二喩の一。⊙（新拾遺）「谷の水嶺の嵐をしのびきて法の薪にあふぞ嬉しき」

ニヨガシヤクシヨグワン　如我昔所願　〔雜語〕【法華經方便品偈】に「舍利弗當レ知。我本立二誓願一。欲レ令二一切衆如レ我等無上レ異。如二我昔所願一。今者已滿足。化二一切衆生一皆令レ入二佛道一。」⊙（拾玉集）「かつしかや法の道にぞ渡しける昔おもひしままのつぎ橋」

ニヨガフグダウ　如何不求道　〔雜語〕【無量壽經下】に「如何不レ求レ道。安所レ須レ待。」⊙（風雅集）「徒に老をまつにぞなりぬべき今年もかくて又暮しつつ」

ニヨキヤウ　如響　〔譬喩〕大品經所說十喩の一。【智度論六】に「若深山狹谷中。若深絕澗中。空大舍中。若語聲若打聲。從レ聲有レ聲名爲レ響。無智人謂爲レ有二人語聲一。智者心念。是聲無二人作一。但以二聲觸一故名爲レ響。響事空能誑二耳根一。乃至諸菩薩知二諸法如一レ響。」

ニヨク　二翼　〔譬喩〕二事相資の法に譬ふ、止觀の如し、眞俗の如し、福智の如し。

ニヨケ　如化　〔譬喩〕大品經十喩の一。神仙の通力、天龍の業力、或は禁呪禪定等を以て種種の物を變化し現出せしむるを化と名く、此化事化物は空にして無實なり、以て一切諸法の實無性に譬ふ。【智度論六】に「是變化復有二四種一。欲界藥草寶物幻術能變二化諸物一。是諸神通人力故能變二化諸物一。是天龍鬼神輩得二生報力一故能變二化諸物一。是色界生報修レ定力故能變二化諸物一。是如二化人一無二生老病死一。無レ苦無レ樂亦異二於人生一。以レ是故空無實。一切諸法亦如レ是。皆無二生住滅一。以レ是故說二諸法如化一。」「ケ」を見よ。

ニヨゲン　如幻　〔譬喩〕大品經十喩の一。西俗に多く工伎あり、種種の法を以て無實の象馬人物等を現出して人をして實の如く見聞せしむ、之を幻と云ふ、幻事は實の如く見聞すれども、實にあらざるなり、以て一切諸法の無實に譬ふ。【智度論六】に「一切諸行如レ幻欺二誑小兒一屬二因緣一不二自在一不中久住上。是故說二諸菩薩知二諸法如幻一。」【維摩經方便品】に「諸法如幻相無二自性一無二他性一。」「ゲン」を見よ。⊙（曲、谷行）「如夢幻泡影如露亦如電」

ニヨゲンケウ　如幻假有　〔術語〕まぼろしの如くにして、實體あることなく、ただかりに存在せること。

ニヨゲンサマヂ　如幻三摩地　〔術語〕如幻三昧に同じ。

ニヨゲンサンマイ　如幻三昧　〔術語〕一切諸法の如幻の理に達する三昧なり。又種種如幻の事を現作する三昧なり。【圓覺經】に「修二習菩薩如幻三昧一方便。漸次令二諸衆生得一レ離二諸幻一。」【智度論五十】に「如幻三昧者。如下幻人一處住。所作幻事遍中滿世界上。所謂四種兵衆宮殿城郭飲食歌舞殺活憂苦等。菩薩亦如レ是。住二是三昧中一能於二十方世界一變化遍二滿其中一。」

ニヨクウ　如空　〔術語〕如は平等の義、平等眞空を如空と云ふ。【吽字義】に「如空四智似二金埋一レ地。」

ニヨゲンソククウ　如幻即空　〔術語〕萬有はまぼろしの如くにして實體なしと云ふこと。

ニヨコ　如去　〔術語〕如來の別名なり。過去の諸佛の如く生死より涅槃の中に去る義なり。又眞如の道に乘じて佛果に往く義なり。【大日經疏一】に「梵本云二怛他掲多一者。但他是如義。掲多是來義、知解義、說義、去義。如下諸佛乘二如實道一來成中正覺上。今佛亦如レ是來。故名二如來一。乃至一切諸佛得二如レ是安樂性一直至二涅槃中一。今佛亦如レ是去。故名二如去一。釋論具含二四義一。然古譯多云二如來一。有部戒本云二如去一。阿闍梨意存二如去如說一。今且順二古題一也。」【秘藏記本】に「如去謂自二凡位一修行成二正覺一也。乘レ如而往故曰二如去一。如來謂成佛以後悲願力故垂レ化也。乘レ如而來故曰二如

來。」梵如來 Tathā-āgata 如去 Tathā-gata

ニヨコキヤクトクカイ　如賈客得海　〔雜語〕【法華經藥王品】に經の功德を說く十二喩の一。⦿（千五番歌合）「見ずしらぬもろこし舟の行方まで世をふる道は八重の塩風」

ニヨコクウムヘン　如虛空無邊　〔雜語〕【法華經分別功德品】に「世尊說ニ無量不可思議法一。多有レ所ニ饒益一。如ニ虛空無邊一。」⦿（玉吟）「かぎりなくさとれば空のうき雲を分て別るる有明の月」

ニヨコジ　女居士　〔術語〕女子亦居士と稱す、女丈夫と言ふ如し。【古尊宿語錄序】に「覺心居士。出ニ善女倫一。秉ニ烈丈夫志操一。」

ニヨコン　女根　〔術語〕男根の對。女の陰部。身根の一部分にして、女性の形類、音聲、作業、志樂、等が男性に異るはこの根に由る。梵 Yoni

ニヨコンガウサンマイ　如金剛三昧　〔術語〕金剛能く一切の事物を貫通する如く、智慧を以て一切諸法に通達する三昧なり。【智度論四十七】に「如金剛三昧者。得ニ是三昧一。以ニ智慧一能通ニ達一切諸法一。」

ニヨゴ　如語　〔術語〕實の如きの語、法の如きの語なり。眞實不虛の言說を云ふ。【金剛經】に「如來是眞語者實語者如語者。」

ニヨサ　女鏁　〔譬喩〕女色能く人を縛すれば之を鏁に譬ふ。【智度論十四】に「女鏁繫レ人。染固根深。無智沒レ之。難レ可レ得レ脫。」

ニヨシウハチガツム　如秋八月霧　〔雜語〕【瑜祇經】に「如ニ秋八月霧微細清淨光一。常住ニ此等持一。是名ニ微細定一。自性所生障無レ礙ニ此方便一。決定同ニ金剛一。三界無ニ能超一。」⦿（續千載）「霧に猶迷ひし程ぞ秋の夜の月をへだつる障とは見し」

ニヨシキ　女色　〔術語〕女子の色相なり。【訶欲經】に「女色者世間之枷鎖。凡夫戀著不レ能ニ自拔一。女色者世間之重患。凡夫因レ之至レ死不レ免。女色者世間之衰禍。凡夫遭レ之無ニ厄不一レ至。」【智度論十四】に「寧以ニ赤鐵一宛ニ轉眼中一。不下以ニ散心一視中女色上。」

ニヨシシユツヂヤウ　女子出定　〔公案〕【五燈會元一】に「昔文殊諸佛の集處に至つて諸佛に値ひ各本所に還る。唯一の女人あり、彼の佛座に近づいて三昧に入る。文殊乃ち佛に白して言く、何ぞ此女人佛座に近くことを得て而も我れ得ざる。佛文殊に告ぐ、汝但此女を覺して三昧より起たしめ、汝自ら之に問へ。文殊女人を遶ること三帀、指を鳴らすこと一下、乃ち其神力を盡せども出だすこと能はず。世尊云く、たとひ百千の文殊も此女人の定を出だし得ず。下方四十二億恒河沙の國土を過て罔明菩薩あり、能く此女人の定を出さん。須臾に罔明大士地より涌出して佛を禮拜す。佛罔明に敕して女人の定を出ださしむ。罔明女人の前に至て指を鳴らすこと一下、女人是に於て定より立つ。」是れ諸佛要集經の所說に依て例の公案的に變作せしなり。【經下】に「文殊師利、法を聞かんと欲して此娑婆世界より普光世界の天王如來の所に詣る。如來の右面に一の女人あり、離意と名く、普月離垢光明三昧に入る。文殊、如來に此女の發心修行の久遠を問ふ。如來、文殊をして自ら此女に問はしむ。文殊離意の所に到て彈指發聲乃至神力を盡せども定より起たしむること能はず。文殊如來に問ふ、誰か能く此女をして定より起たしむるに堪ふ。佛言く、唯如來あり能く興起せしむ、復た菩薩あり棄諸陰蓋と名く、亦能く起たしむと。時に此菩薩下方恒河沙等の刹土を過ぎて錦幢世界の師子鷹象頂吼如來の所に在り。天王如來光を放ちて之を召す。棄諸陰蓋菩薩如來の所に至る。如來命じて女子の定を出ださしむ。棄諸陰蓋言く、我れ佛前に於て己が功を興顯するに堪へず、願くは如來之を作せ。是に於て如來興定意三昧に入つて、一切世界の諸定人及び彼女をして定より起たしむ。」【智度論十】に此經文を引く。

ニヨシトクモ　如子得母　〔譬喩〕【法華經藥王品】に經の利益を說く十二喩の一。⦿（法文百首）「かかりけるみ法の花ぞ鷲よ梢をさして何思ひけん」（曲、碇潛）「如子得母、如渡得船」

ニヨシヤウ　女聲　〔術語〕三昧聲を云ふ。「シッタンシヤウ」を見よ。

ニヨシヤウスヰシユ　如清水珠　〔雜語〕【八十華嚴經七十八】に「如ニ水清珠能淸ニ濁水一。菩薩摩訶薩菩提心珠。亦復如レ是。能淸ニ一切煩惱垢濁一。」⦿（新後撰）「すみそめしもとの心の淸ければ濁もはてぬ玉の井の水」

ニヨシヤウニントクシユ　如商人得主　〔譬喩〕【法華經藥王品】に經の功德を敍する十二喩の一。⦿（法文百首）「里遠き市のちまたのとまびさし行かふ民にあふ心ちして」

ニヨジツ　如實　〔術語〕實相の如くなり、實性に如くなり。又如は平等の義、實は不虛の義、又眞如實相の義。共に理體に名く。【法華經安樂行品】に「觀ニ諸法如實相一。」【行宗記一上之二】に「眞如平等。體離ニ虛妄一。故云ニ如實一。」【法華文句九】に如實道を釋して「如如眞實之道。」【三藏法數十四】に如實空を釋して「眞如實相。體本空寂。」

ニヨジツイチダウシン　如實一道心　〔術語〕「イチダウシン」を見よ。

ニヨジツクウ　如實空　〔術語〕起信論所說二眞如の一。如實は眞如の異名なり、平等不二なれば如と云ひ、眞實不虛なれば實と云ふ。此眞如の體は空淨にして一切の妄染を離るる義邊を如實空と名く、明鏡の空淨なる如きなり。即ち空眞如なり。【起信論義記上本】に「言二如實空一者。此以二如實之中空無一レ妄染一故。云二如實空一。非レ謂二如實身空一。」

ニヨジツクウキヤウ　如實空鏡　〔術語〕起信論所說四鏡の一。「シキヤウ」を見よ。

ニヨジツシユギヤウ　如實修行　〔術語〕實相の如く行ずるなり。初地以上の菩薩眞如を證して行を起すを如實修行と云ふ。【往生論註下】に「眞如是諸法正體。體レ如而行則是不行。不行而行名二如實修行一。」【起信論義記上本】に「證レ理起レ行名二如實修行一。」

ニヨジツシユギヤウサウオウ　如實修行相應　〔術語〕其の修する所、信ずる所が、法の實義に相應するを云ふ。

ニヨジツチ　如實智　〔術語〕諸法の實相に如ふ智なり。是唯佛所得の智なり。【智度論二十三】に「如實智者。一切法總相別相如レ實正知無レ有二罣礙一。」【同八十四】に「如實智有二何等相一。答曰。有人言能知二諸法實相一。乃至此中說如實智唯是諸佛所得。何以故。煩惱未レ盡者猶有二無明一。故不レ能レ知二如實一。二乘及大菩薩習未レ盡故不レ能三遍知二一切法一切種一。不レ名二如實智一。但諸佛於二一切無明一盡無二貴餘一。故能如レ實知。」

ニヨジツチ　如實知　〔術語〕實相の如く知るなり。【往生論註下】に「如實知者如二實相一而知也。」

ニヨジツチケン　如實知見　〔術語〕實相の如く知見するなり。【法華經壽量品】に「如來如レ實知三見三界之相一。」

ニヨジツチシヤ　如實知者　〔術語〕佛の德號なり。【大日經疏一】に「一切諸佛如二法實相一知解。知已亦如二諸法實相一爲二衆生一說。今佛亦如レ是。故名二如實知者一。亦名二如實說者一。」

ニヨジツチジシン　如實知自心　〔術語〕如來の智見。如實に自己を知る見。【大日經一】に「秘密主。云何菩提。謂如レ實知二自心一。」【同疏一】に「如實知自心即是開三示如來功德寶所一也。如人雖下聞二寶藏一發意懃求上。若不レ知二其所在一無レ由二進趣一。乃至此法從二何處一得耶。即是行者自心耳。若能如レ實觀察了了證知。是名レ成二菩提一。其實不二由レ他悟一。不二從レ他得一。問曰。若即心是道者。何故衆生輪三廻生死一。不レ得二成佛一。答曰。以レ不二如レ實知一故。」⦿（續後撰）「うたがはで今こそ賴め僞のなき世は法のまことなりとも」

ニヨジツフクウ　如實不空　〔術語〕起信論所說二眞如の一。如實とは眞如の異名なり、眞如の體內に無量の性功德を具するを如實不空と云ふ。即不空眞如なり。【起信論】に「如實不空。以下有二自體一具中足無量性功德上故。」

ニヨジツロン　如實論　〔書名〕一卷、天親菩薩造、陳の眞諦譯。道理難無道理難を明かし且つ二十二種の墮負處を明かす。【暑帙五】（1252）

如實論疏　〔書名〕一卷、眞諦述。

ニヨジヤウ　女情　〔術語〕女子の愛情。【智度論十四】に「蚖蛇含レ毒。猶可二手捉一。女情惑レ人。是不レ可レ觸。」

ニヨセソンチヨク　如世尊勅　〔雜語〕【法華經囑累品】に「爾時釋迦牟尼佛。從二法座一起現二大神力一。以二右手一摩二無量菩薩摩訶薩頂一。而作二是言一。我於二無量百千阿僧祇劫一修三習是難得阿耨多羅三藐三菩提法一。今以付三囑汝等一。汝等應下當一心流三布此法一廣令中增益上。如レ是三摩二諸菩薩摩訶薩頂一。乃至若有二衆生一不二信受一者。當下於二如來餘深法中一示敎利喜上。汝等若能如レ是則爲三已報二諸佛之恩一。時諸菩薩摩訶薩。聞三佛作二是說一已。皆大歡喜徧三滿其身一。益加二恭敬一曲レ躬低レ頭。合掌向レ佛。俱發レ聲言。如二世尊勅一當二具修行一。唯然世尊。願不レ有レ慮。」⦿（拾玉）「三たびなでて契りし君の勅なれば今日まで誰もその示敎利喜」

ニヨセツ　如說　〔術語〕佛說の如く經說の如きなり。如說の修行、如說の往生など。

ニヨセツニシユギヤウ　如說而修行　〔術語〕法華經隨喜功德品に「何況一心聽。解三說其義趣一。如レ說而修行。其福不レ可レ限。」⦿（夫木）「から國や敎られしきつちはしもそのままをこそたがへざりけめ」

ニヨゼ　如是　〔雜語〕梵語、翳鑁 Evaṁ 物を指す詞なり。又印可の辭なり。【資持記上一之一】に「如是者指示之詞。」【勝鬘寶窟上本】に「印述之辭。如是如是誠如二聖敎一。如是如是如二汝所說一。乃至法稱三合道理一故言二如是一。」

ニヨゼイン　如是因　〔術語〕法華經所說十如是の一。因は即ち習因なり。下は地獄界より上は佛界に至るまで各善惡の性分を習成して善惡の果を生ずると法の如し、之を如是因と云ふ。⦿（新拾遺）「種しあれば佛の身ともなりぬべし岩にも松は生ひけるものを」

ニヨゼエン　如是緣　〔術語〕法華經所說十如是の一。緣は緣助なり、下は地獄界より上は佛界に至るまで善惡の業の緣助に依りて法の如く苦樂の報を得しむるを云ふ。苦樂の性分は習因なり、之をして果を感ぜしむるは善惡の業緣なり。⦿（新拾遺）「山川

の同じながれを結びても猶あさからぬ契をぞしる」

ニヨゼガモン　如是我聞　〔雜語〕如是とは經中所説の佛語を指す、我聞は阿難自ら言ふなり、佛經は佛入滅の後多聞第一の阿難の編集せしものなれば諸經の開卷に皆此四字を置く。又如是とは信順の辭なり。信ずれば如是と言ひ、信ぜざれば不如是と言へばなり。佛法は信を以て第一とすれば諸經の首に阿難の能信を擧げて如是と云ふ。又外道の經典に開卷に阿（無の義）偏（有の義）の二字ありて吉祥の表として之を置く、而も是れ諍論の本なり、故に佛教は諍論を避くる爲に如是等の六成就を列ぬ。如是の二字を信成就とし、我聞の二字を聞成就とす。凡そ諸經の初めに通別の二序あり、通序を證信序と稱し、中に六事を列ぬ。是れ佛入滅の時に阿難に告げて之を諸經の冠首に置かしむると集法藏經に出づ。〔佛地論一〕に「如是我聞者。謂總顯二已聞一。傳二佛教一者言。如レ是事我昔從レ佛聞如レ是。」〔探玄記三〕に「如是總擧二一部文義一。謂指二己所聞之法一故云二如是一。」〔理趣釋〕に「如是者所謂結集之時所レ指是經也。我聞者蓋表二親從レ佛聞一也。」〔智度論一〕に「問曰。諸佛經何以故初稱二如於語一。答曰。佛法大海信爲二能入一。智爲二能度一。如是者即是信也。乃至不信者言二是事不如是一。信者言二是事如是一。」〔註維摩經一〕に「肇曰。如是信順辭。經無二豐約一非レ信不レ傳。故建二言如是一。」〔法華文句一〕に「對二破外道阿偏二字不如不是一對治悉檀也。」〔法華義疏一〕に「立二此六事一爲レ简二外道一。外道經初皆標二阿偏二字一。如來教首六事貫。」⊙（柏玉集）「鹿の園鷲のみ山のその聲も聞くといひけん我に殘して」

如是我聞元起　〔雜語〕〔智度論二〕に「佛入滅の時、阿泥樓駄比丘、阿難をして四事を請問せしむ、一に佛滅度の後に諸比丘等何を以て師となす、二に諸比丘何に依りて住す、三に惡性の比丘云何か共に居らん、四に一切經首何の字を置く、佛答ふ、乃至一切經の首に如是我聞等の言を置くべし。」〔法華文句記一〕に「通序元起由三阿泥樓豆令二阿難問一レ佛。」〔私志記一〕に「摩耶。大悲。涅槃後分。及阿含經。皆明二此事一。而大悲經明下優婆離教二阿難一問上。其餘經論皆云二阿泥樓豆教問一。」（阿泥樓駄、阿泥樓豆、阿㝹樓駄　同一梵語なり）

ニヨゼクワ　如是果　〔術語〕法華經所説十如是の一。果は習果なり、下は地獄界より上は佛界に至るまで善因を習成して善果を生じ、惡因を習成して惡果を生じ、乃至草木に至るまで各自因を習成して自果を生ずると法の如くなるを如是果と云ふ。

ニヨゼゴキヤウ　如是語經　〔術語〕十二部經の一。本事經の別名。「イテイモクタカ」を見よ。

ニヨゼサ　如是作　〔術語〕法華經所説十如是の一。作は造作なり、下は地獄界より上は佛界に至るまで法の如く運動造作するを云ふ。⊙（新拾遺）「日をへつつ巣がくささかにひとすぢにいとなみくらすはてをしらばや」

ニヨゼサウ　如是相　〔術語〕法華經所説十如是の一。相は相貌なり、下は地獄界より上は佛界に至るまで法の如く外に顯はるる種種差別の相貌を云ふ。⊙（續古今）「朝ことの鏡の上にみる影のむなしかりける世にやどる哉」

ニヨゼシヤウ　如是性　〔術語〕法華經所説十如是の一。性は性分なり、内に在りて改まらざるもの。下は地獄界より上は佛界に至るまでの法の如く各十界の性を具して終始變るとなきを云ふ。⊙（續拾遺）「さまざまに生れきにける世世もみな同じ月とそ胸にすみけれ」

ニヨゼタイ　如是體　〔術語〕法華經所説十如是の一。體は體質なり、下は地獄界より上は佛界に至るまで法の如き十界各自の色身の體を云ふ。⊙（新勅撰）「春の夜の煙に消えし月影の殘る姿も世を照しけり」

ニヨゼチクシヤウ　汝是畜生　〔術語〕〔梵網經下〕に「若佛子。常起二大悲心一。若入二一切城邑舍宅一見二一切衆生一。應二當唱言一。汝等衆生盡應レ受二三歸十戒一。若見二牛馬豬羊一切畜生一。應二心念口言一。汝是畜生發二菩提心一。」是れ四十八輕戒中の第四十五戒なり。

ニヨゼテンデンケウ　如是展轉教　〔雜語〕〔法華經隨喜功德品〕に「若人於二法會一得レ聞二是經典一。乃至於二一偈一隨喜爲レ他說。如レ是展轉教至二於第五十一。最後人獲レ福今當レ分二別之一。」⊙（續拾遺）「傳へゆく五十の末の山の井にみ法の水を汲てしる哉」

ニヨゼホウ　如是報　〔術語〕法華經所説十如是の一。報は應報なり、下は地獄界より上は佛界に至るまで各法の如く過去の善惡の業因に依りて今生の苦樂の報を得、今生の善惡の業因に依りて今生の苦樂の報を得るを云ふ。⊙（續後拾）「過にける世世にや罪をかさねけんかなしき昨日むくひ今日哉」

ニヨゼホンマツクキヤウトウ　如是本末究竟等　〔術語〕法華經所説十如是の一。初の如是相を本とし、終の如是報を末とし、本の相より末の報まで究竟して平等一如なるを究竟等と云ふ。⊙（續拾遺）「末の露本の雫をひとつぞと思ひ果てしも袖はぬれけり」

ニヨゼリキ　如是力　〔術語〕法華經所説十如是

の一。力は力用なり、十界の衆生各法の如く力用功能あるを云ふ。⊙（續千載）「みなれざを岩間に波はちかへどもたゆまずのぼる宇治の川舟」

ニヨゾク　女賊　〔譬喩〕女人は愛着の根本にして法財を劫むれば譬へて賊となす。【智度論十四】に「執レ劍害レ人是猶可レ勝。女賊害レ人是不レ可レ禁。」

ニヨダンヲツ　女檀越　〔雜語〕女の施主なり。

ニヨテン　女天　〔術語〕女性の天人なり。欲界の天中に女天あり、色界已上にはなし。

ニヨデン　如電　〔譬喩〕世の有爲轉變にして、無常なるを、電光の疾きに喩へし語。【金剛般若經】に「如露亦如電。」

ニヨトウシヨギヤウ　汝等所行　〔雜語〕【法華經藥草喩品】に「汝等所行是菩薩道。漸漸修學悉當ニ成佛。」⊙（拾玉）「志賀のうらに春みし花の色ながら露もかはらぬ鷲のみ山路」

ニヨドトクセン　如渡得船　〔譬喩〕【法華經藥王品】に經の功德を嘆ずる十二喩の一。⊙（金葉）「うき身をし渡すときけば海士小船のりに心をかけぬ日ぞなき」（曲、兼平）「實に御經にも如度得船船待ち得たる旅行の暮」

ニヨニチグワツクワウミヤウ　如日月光明　〔雜語〕歌題。【法華經神力品】に「如ニ日月光明能除ニ諸幽冥一。斯人行ニ世間一能滅ニ衆生闇一。敎ニ無量菩薩一畢竟住ニ一乘一。」⊙（千載）「日の光月の影とぞ照しける闇き心のやみはれよとて」

ニヨニチコクウヂユウ　如日虛空住　〔雜語〕歌題。【法華經普門品】に「或在ニ須彌峰一爲レ人所ニ推墮一。念ニ彼觀音力一如レ日虛空住。」⊙（高野奉納）「中ぞらにゆくとも見えず閑にて仰げば高き日の光かな」

ニヨニヤクフノウネンシヤ　汝若不能念者　〔雜語〕歌題。【觀無量壽經】に「如レ此愚人。臨ニ命終時一。遇下善知識種種安慰爲說ニ妙法一敎令中念佛上。此人苦逼不レ遑ニ念佛一。善友告言。汝若不レ能レ念者應レ稱ニ無量壽佛一。如レ是至心令下聲不レ絕具ニ足十念一稱中南無阿彌陀佛上。稱ニ佛名一故於ニ念念中一除ニ八十億劫生死之罪一。」⊙（續現葉）「きえやすき露の命のかぎりまでこゑをばのこせのべの秋風」

ニヨニヨ　如如　〔術語〕楞伽經所說五法の一。法性の理體不二平等なるを如と云ひ、是れ正智所契の理體なり。【智度論一】に「人等世界故有。第一義故無。如如法性實際世界故無。第一義故有。」【大乘義章三】に「言ニ如如一者是前正智所契之理。諸法體同故名爲レ如。就ニ一如中一體備ニ法界恒沙佛法一。隨レ法辨レ如如義非レ一。彼此皆如。故曰ニ如如一。如非ニ虛妄一。故復經中亦名ニ眞如一。」【玄應音義二十三】に「如如歷レ法非レ一。故曰ニ如如一。」【無量壽經下】に「從ニ如來一生。解ニ法如如一。」【同淨願疏】に「空同故曰レ如。解ニ知一切萬法皆如一。名レ解ニ如如一。」【佛性論二】に「如者有ニ二義一。一如如智。二如如境。並不倒故名ニ如如一。」

ニヨニヨキヤウ　如如境　〔術語〕如如の理體が如如智の爲に所契の境となるもの。

ニヨニヨチ　如如智　〔術語〕如如の理體に契ふ智を如如智と云ふ。【佛性論二】に「言レ如者有ニ二義一。一如如智。二如如境。乃至以ニ如如智一稱ニ如如境一故。」

ニヨニヨニヨセツ　如如如說　〔術語〕【二教論上】に「不レ中之法離ニ於三相一。不レ見ニ處所一。如如如說。」是れ空と實と非空實の三相を離るる義に約して三種平等を顯はして三如を重ねしなり。【維摩經不二門品】に「如言說レ如。如耳聽レ如。」

ニヨニヨブツ　如如佛　〔術語〕如如の理體を覺悟せし佛なり。又佛體即ち如如の理なり。【宗鏡錄九】に「古偈云。識心達レ本如如佛。畢竟無依自在人。」【古靈神讚禪師錄】に「心性無染本自圓成。但離ニ妄緣一即如如佛。」

ニヨニン　女人　〔雜語〕初心の行人をして女色を厭はしめん爲に殊に女人を毀斥す。密敎には女人を以て三昧の幖幟とす。【涅槃經九】に「一切女人皆是衆惡之所住處。」【智度論十四】に「大火燒レ人是猶可レ近。清風無レ形是亦可レ捉。蚖蛇含レ毒猶亦可レ觸。女人之心不レ可レ得レ實。」【文句八】に「阿難問レ佛。如來滅後見ニ女人一云何。佛言。勿ニ與相見一。設見勿ニ共語一。設共語當ニ專心念レ佛。」【大日經疏五】に「女人是三昧像。男子是智慧像。」【同十五】に「男是智慧故爲レ首。女是三昧爲ニ次レ之也。」

ニヨニンキンゼイ　女人禁制　〔術語〕道場に女人の入るを禁ずること。修道の障害となるが故也。昔比叡山、高野山等にて規定せり。

ニヨニンケツカイ　女人結界　〔術語〕女人禁制の結界なり。「ケツカイ」を見よ。

ニヨニンケンゾクロンジ　女人眷屬論師　〔流派〕二十外道の一。摩醯首羅天女人と作りて一切の有情非情を生ずと計するもの。【外道小乘涅槃論】

ニヨニンコウ　女人講　〔行事〕婦人が佛道修行の爲、乃至信念談合のために結合せる會を云ふ。

ニヨニンジヤウブツグワン　女人成佛願　〔術語〕女人往生願の別名。

ニヨニンダイマワウ　女人大魔王　〔雜語〕

本邦古徳の偈に「女人《ハ》大魔王《ナリ》。能念二一切人一。現世《ニハ》作《リ》二纏縛一。後生《ニハ》爲《ル》二怨敵一。」

ニヨニンヂゴクシ　女人地獄使　〔雜語〕【法華題目抄】に「華嚴經云。女人地獄使。」【錄內啓蒙二十三】に「圓智註に糺せる如く、華嚴其外の經論にも本據を見ずと雖も、本朝古來經文に用ゐ來れる例あれば誤を以て誤を傳へ給ふ意なるべし。寶物集下に華嚴經にいはく、女人地獄使。能斷二佛種子一。外面似二菩薩一。內心如二夜叉一。とのたまへり。乃至康賴は源平の時の者なれば尤先例とすべし。」

ニヨニンヂヤウ　女人定　〔術語〕離意女の入定なり。「ニヨシシユツヂヤウ」を見よ。

ニヨニンパイ　女人拜　〔術語〕女人は立ながら拜して膝を屈するのみ。【傳燈錄南泉願章】に「師與二歸宗麻谷一同去。參二禮南陽國師一。師先於二路上一畫二一圓相一云。道得即去。師宗即於二圓相中一坐。麻谷作二女人拜一。」【傳燈一山解】に「女人拜《ハ》女人立拜屈レ膝而已。又曰。以二兩手一當二胸前一些子鞠躬。」

ニヨニンリンナンシヤウサンジ　女人臨難生產時　〔雜語〕【千手經】に「女人臨下難二生產一時上。邪魔遮障苦難《シ》レ忍。至心稱二誦大悲呪《セハ》一。鬼神退散《シテ》安樂《ニ》生《レン》。」是れ十難を除く中の第六難の偈文なり。

ニヨニンワウジヤウキキガキ　女人往生聞書　〔書名〕女人は男子に勝れて罪障深重なるを說き、彌陀の大悲は特に女人を正機とする旨を述ぶ。本願寺存覺の著なり。

ニヨニンワウジヤウグワン　女人往生願　〔術語〕阿彌陀佛四十八願中第三十五願、一切をして淨土に往生せしめて男子の身とならしめんと願ふなり。【無量壽經上】に「設我得レ佛。十方無量不可思議《ノ》諸佛世界《ニ》其有二女人一。聞二我名字一歡喜信樂發《シテ》二菩提心一。厭二惡《セン》女身一。壽終之後復爲《ラハ》二女像一者。不レ取二正覺一。」⊙（雪玉）「紫の雲の通ひ路へだてめやさこそ少女のうき身なりとも」

ニヨビヤウ　女病　〔譬喩〕女色人を害すれば以て病に譬ふ。【智度論十四】に「衆病之中女病最重。」

ニヨビヤウトクイ　如病得醫　〔譬喩〕【法華經藥王品】に經の功德を比ぶる十二喩の一。⊙（法文百首）「身につもる風の通路尋ぬればよもきが關をいかですゑまし」

ニヨヒントクホウ　如貧得寶　〔譬喩〕【法華經藥王品】に經の功德を敍する十二喩の一。⊙（法文百首）「わび人の心ばかりは通ひきて思ふにさこそうれしかるらめ」

ニヨフウンシユユヘンメツ　如浮雲須臾變滅　〔雜語〕【維摩經方便品】に「是身如二浮雲一。須臾變滅。」⊙（法門百首）「風に散るありなし雲の大空に漂ふほどや此世なるらん」

ニヨホフ　如法　〔術語〕法に如《かな》ひ、理に契《かな》ふを云ふ。【無量壽經下】に「應二當信順《シテ》如法《ニ》修行一。」【維摩經方便品】に「夫說法者。當二如法《ニ》說一。」【同觀衆生品】に「此華不二如法一。是以去レ之。」中古轉じて「たいそう」「全く」「眞實」などの意に用ふ。「如法夜更けて」「如法闇夜」「如法おびただしき大風」など⊙（大鏡二）「如法に行はせ給ひし」

ニヨホフアイゼン　如法愛染　〔修法〕次項を見よ。⊙（增鏡あすか川）「如法愛染など數しらず」

ニヨホフアイゼンボフ　如法愛染法　〔修法〕又大愛染法と云ふ、東寺流に云く、此の事東寺一流の大事なり、天台流に無き所なりと、凡そ如法愛染法とは如意寶珠を安置して行ずる秘法なり、是れ天台の如法佛眼法と所詮一致なり、尊の名を替へ主の名を替ふる許なり、即兩流兼學せり、其の一致なること知れり。又東寺には舍利法を駄都《ダト》と名く、極秘事なるが故に名字をも秘藏して後七日の法と名く、是れ如法愛染法と一體なり、天台流には熾盛光法金輪法と名く、東寺の大愛染と天台の大熾盛光法と一致なり。熾盛光法とは所詮駄都法なり。「キンリンホフ」を見よ。愛染明王の如意寶珠も熾盛光法三摩地より出生せり、當に其の一致なるを知るべし。」【溪嵐拾葉集六】

ニヨホフキヤウ　如法經　〔修法〕天長年中慈覺大師叡山の横川に於て一庵を結び、三年の間六根懺悔の行法を營む暇に石墨草筆を以て法華經を書寫して之を如法と云ふ、如法に經文を書寫するの謂なり。是れ其濫觴なり。【元亨釋書圓仁傳】に「天長十年。年四十。身疲眼昏。恐二命不一レ久。於二叡山北磵一結二草庵一屛居。三年修練待二溘然一。夜夢天人與レ藥。其形似レ瓜。割食二半片一。其味如レ蜜。有二一人一告曰。是忉利天《ノ》妙藥也。覺而口中有二餘味一。然後羸形更健。昏眸益明。於レ是以二石墨草筆一書二妙法華一。且修二四種三昧一。以二所レ書經一藏二小塔一置二一庵一。名二如法堂一。其庵今《ノ》首楞嚴院也。天下則レ之書二法華一號二如法經一。國俗至レ今傳二此儀一爲二精行一。」【如法堂銅筒記】に「爰《ニ》禪定國母。發二深重願一。如法書二寫法華一部一。奉二安置一。」⊙（著聞集）に「如法如說に法華經を書き給ひけるに」さて如法經の起りは慈覺大師一人の行法に成りしものなれども、後には之を大法事の一として種種の作法儀式を定て多人數を式場に集て之を書寫せしむる一種の法會となせり。又淨土宗の圓光大師は法華の如法經に準じて淨土三部經の如法經を始めらる。即ち土御

門帝元久元年三月に後白河法皇の十三年の御忌に當て蓮華王院に於て七日間に之を行ぜり、其儀式法則勅修傳第十に委し。

ニヨホフギヤウシユゴノサンジフバンジン　如法經守護三十番神　［名數］初一日伊勢、二日石淸水、三日加茂、四日松尾、五日平野、六日稻荷、七日春日、八日大比叡、九日小比叡、十日聖眞子、十一日客人、十二日八王子、十三日大原野、十四日大神、十五日石神、十六日大倭、十七日廣瀨、十八日龍田、十九日住吉、二十日鹿島、二十一日赤山、二十二日健部、二十三日三上、二十四日兵主、二十五日苗荷、二十六日吉備津、二十七日熱田、二十八日諏訪、二十九日廣田、三十日氣比、との三十神を云ふ。

ニヨホフクジヤクキヤウホフ　如法孔雀經法　［修法］孔雀經に說ける孔雀明王の修法なり。是れ大法の儀式を行へば殊に如法と云ふ。「クジヤクミヤウワウ」を見よ。⦿（水鏡下）「今年慈覺大師如法經をかき給ひき」

ニヨホフケキヤウ　如法華經　［修法］如法經なり。如法經は如法に法華經を書寫する法事なれば如法華經と云ふ。卽ち如法法華經の意なり。【東鑑三十六】に「如法華經十種供養。」

ニヨホフソンシヤウ　如法尊勝　［修法］尊勝陀羅尼を呪して尊勝佛頂尊に祈禱する修法なり。是れ大法の儀式を行へば殊に如法と云ふ。如法愛染、如法佛眼などに同じ。⦿（增鏡、むら時雨）「如法尊勝は桓守僧正」

ニヨホフダイニンワウヱ　如法大仁王會　［行事］一代一度の仁王會を云ふ。「ニンワウヱ」參照。

ニヨホフダイハンニヤキヤウ　如法大般若經　［修法］如法に大般若經を書寫する法事なり。法華の如法經に準じて言ふ。【本朝世紀久安五年紀】に「近日於二一院一有二如法大般若經書寫事一。」

ニヨホフダウ　如法堂　［堂塔］慈覺大師叡山橫川に小宇を建て四種三昧を行ずる暇に如法經を寫して小塔に納れ、之を堂內に安置して如法堂と稱す、國內に威德ある神明三十所を勸請して日番に之を守護せしむ、如法堂の三十番神と云ふ。【叡岳要記下】に「如法堂葺檜皮方五間。慈覺大師。天長年中。初入二堂院一。以二草庵一爲レ室。修二四種三昧坐禪一之際。以レ草爲レ筆以レ石爲レ墨。三箇年之間。手自書二寫妙法華經一部一。奉レ納二小塔一。」又「以二國內有勢有德神明三十箇所一爲二守護神一。結レ番定レ日。」⦿（盛衰記）「如法堂と申すも慈覺大師の御建立六根懺悔の行儀は此道場より始まれり、三十番神の守護こそ貴くは覺ゆれ」

ニヨホフチ　如法治　［術語］突吉羅 Duṣkṛta の異別なり、如法に治罰する罪科なるを云ふ。【資持記上一之五】に「如法治者突吉羅異名。」

ニヨホフニンワウヱ　如法仁王會　［行事］一代一度の大仁王會なり。「ニンワウヱ」を見よ。

ニヨホフネンブツ　如法念佛　［術語］別時念佛を云ふ。「ベツジネンブツ」を見よ。

ニヨホフブツゲン　如法佛眼　［修法］佛眼尊に向て祈禱を修する法なり、如法の二字は總て嚴儀の修法に名く。如法愛染、如法尊勝など。「ブツゲンソン」を見よ。⦿（增鏡、むら時雨）「如法佛眼は昭訓門院の御志にて慈勝僧正らけたまはりたまふ」

ニヨホフホクトホフ　如法北斗法　［修法］北斗星に祈禱する修法なり、二法ありて通途法に屬するを北斗尊星王法と云ひ、准大法に屬するを如法北斗法と云ふ。一切の修法を大法、准大法、秘法、通途法の四種に分つ

ニヨボン　女犯　［術語］僧が女子に對して不邪婬戒を犯すを云ふ。

ニヨミカイレンガフシヤウ　如未開蓮合掌　［術語］十二合掌の一。【大日經疏十三】に「以二十指頭一相合。指亦齊等。然掌內空令二稍穹隆一。名二竄滿囉合掌一。此云二如未開蓮一也。」

ニヨミントクワウ　如民得王　［譬喩］【法華經藥王品】に經の功德を敍する十二喩の一。⦿（法文百首）「難波津におのが物ゆゑ行歸りねをなくあまも春に逢ふところ」

ニヨム　如夢　［譬喩］大品經所說十喩の一。世法の實體なきと夢の如しとなり。【維摩經方便品】に「是身如夢。爲二虛妄見一。」【智度論六】に「如夢者。如二夢中無二實事一謂レ之爲レ實。覺已知レ無而還自笑。人亦如レ是。諸結使眠中實無而著。得二道覺一時乃知レ無レ實亦復自笑。以レ是故言二如夢一。」

ニヨムゲンハウヤウ　如夢幻泡影　［譬喩］【金剛般若經】に「一切有爲法。如二夢幻泡影一。如レ露亦如レ電。應レ作二如レ是觀一。」此中六喩あり、依て六喩般若と稱す。

ニヨライ　如來　［術語］梵語、多陀阿伽陀、Tathāgata 一に如來と譯す、佛十號の一。如は眞如なり、眞如の道に乘じ因より果に來りて正覺を成ずる故に如來と名く。是れ眞身如來なり。又眞如の道に乘じ三界に來りて化を垂るる故に如來と云ふ、是れ應身如來なり。又、諸佛の如くにして來る故に如來と名く、此釋二身に通ず。【成實論一】に「如來者乘二如實道一來成二正覺一故曰二如來一。」【轉法輪論】に「如實而來。」

故名二如來一。乃至涅槃名レ如。知解名レ來。正覺二涅槃一故名二如來一。」【智度論二十四】に「如實道來。故名爲二如來一。」【勝鬘寶窟上末】に「如來者體レ如而來。故名二如來一。又如二諸佛一來。故名二如來一。問。體レ如而來故名二如來一。此是應身。可レ有二來義一。眞如法身云何有レ來。答。如二本隱今顯一亦得レ稱レ來。」【大日經疏一】に「如下諸佛乘二如實道一來成中正覺上。今佛亦如レ是來。故名二如來一。」【行宗記一上之二】「眞如平等。體離二虛妄一。故曰二如實一。乘二履此法一出現利レ生。故得二此號一。」【秘藏記本】に「如來謂成佛以後悲願力故垂レ化也。乘レ如而來故曰二如來一。」【敎行信證四】に「眞如即是一如。然者彌陀如來從レ如來生示二現報應化種種身一也。」又梵に修伽陀（Sugata）と稱し如去、又は好去と譯す、是れ如實に生死を去る義なり、故に如來如去相對すれば如去は向上自利にして如來は向下利他なり、此の二名以て佛の無住涅槃を顯はす。如來の語義に於きては「タタアガド」を見よ。

二種如來 〔名數〕 一に出纏如來、一切諸佛の出障圓明の位に在るを稱す。二に在纏如來、一切有情の纏垢の中に在るを稱す。凡そ行者の供養は此二種如來を供養するなり。【秘藏記鈔一】

二如來 〔名數〕 天台一家は成實論の「乘二如實道一來成二正覺一」の語に依て眞應の二如來を解す。如實は是れ如如の境、乘は是れ如如の智、道は是れ因、覺は是れ果なり、境智契合して未だ窮滿せざる位を（是れ因）乘如實道と云ひ、已に窮滿せし位を（是れ果）來成正覺と云ふ、即ち眞身如來なり。又境智契合するを乘如實道と云ひ、三界に來至して八相成道を示現するを來成正覺と云ふ。是れ應身如來なり。前の眞身の釋は乘如實道の四字因に屬し、今は全く果に屬す、果上の境智冥合より三界に來生するなり。【法華文句九】に「道覺義成。即是乘二如實道一來成二正覺一。此眞身如來也。以二如實智一乘二如實道一來二至三界一。示レ成二正覺一者。即應身如來也。」

三如來 〔名數〕 又、天台は【智度論二】の「如二法相一解。如二法相一說」の文に依て三身如來を釋す。法相の二字は即ち法身如來なり、法相は如如の境なり、解は如如の智なり、如如の理が如如の智の爲に境たるなり、之を法身と名く、此法身は一切處に遍く異あるとなきを如となし、不動にて來り一切處に應ずるを來となす。次に解の一字は報身如來なり、如實の道に乘じて法相の如く解するなり、是れ如如の理に契ふ如如の智なり、此智法相の如くなるを如となし、法相の如く解するを來となす。後に說の一字は應身如來なり、既に果上に至て理智冥合する處無謀の權用を垂れて三界に來至し法輪を轉ずれば如法相說と云ふ、理智冥合するを如となし、三界に來至して說くを來となす。【文句九】に「徧二一切處一而無レ有レ異爲レ如。不動而至爲レ來。指レ此爲二法身如來一。乃至從レ理名レ如。從レ智爲レ來。即報身如來。故論云。如二法相一解。故名二如來一也。以二如如境智合一故能處處示レ成二正覺一。水銀和二眞金一能塗二諸色像一。功德和二法身一處處應現往。八相成道轉二妙法輪一即應身如來。故論云。如二法相一說故名二如來一也。」

ニヨライエ　如來衣 〔衣服〕 三軌弘經の一。忍辱衣に同じ。「サンキ」を見よ。

ニヨライオウグトウシヤウガク　如來應供等正覺 〔術語〕 又、如來應正徧智と云ふ。佛の三號なり。如來は即ち如來、應は應供、正遍智は等正覺なり。佛號を擧ぐるに或は一號を以てし、或は三號を以てし、或は十號を以てす。但し三號は十號中の初三なり。【往生論註下】に「諸佛如來德有二無量一。德無量故。德號亦無量。若欲二具談一筆紙不レ能レ載也。是以諸經或擧二十號一或騰二三號一。蓋存二至宗一而已。豈此盡耶。」

ニヨライオウグトウシヤウガクミヤウギヤウソクゼンセイセケンゲムジヤウシデウゴヂヤウブテンニンシブツセソン　如來應供等正覺明行足善逝世間解無上士調御丈夫天人師佛世尊 〔術語〕 佛の十號なり。「ジフガウ」を見よ。

ニヨライオウシヤウヘンチ　如來應正遍知 〔術語〕 又、如來應供等正覺と云ふ。佛の三號なり。【往生論註下】に「所レ言三號即是如來應正遍知也。」「ジフガウ」を見よ。

ニヨライクワウミヤウシユツイゲンニフ　如來光明出已還入 〔雜語〕 佛、涅槃の時阿修羅等に示せし奇瑞なり。【涅槃經一】に「爾時如來面門所レ出五色光明。其光明曜覆二諸大會一。令三彼身光悉不二復現一。所レ應レ作已還從レ口入。時諸天人及諸會衆阿修羅等。見二佛光明還從レ口入一。皆大恐怖身毛爲豎。復作二是言一。如來光明出已還入。非レ無二因緣一。必於二十方一所作已辨。將二是最後涅槃之相一。何其苦哉。」

ニヨライクワジヤウノホフモン　如來果上法門 〔術語〕 眞言宗に於て金胎兩部の密教を云ふ。諸宗の法門は如來の應化身が因位の凡夫二乘菩薩に對して彼等が行證する分際を說きしなり。是れ因人の法門なり。金胎兩部の密教は大日如來が內證の眷屬を集めて自受法樂の爲に自證のままを談ぜ

しものなれば是れ果上の法門なりと云ふ。【二教論上】に「如來應化身爲ニ地前菩薩及二乘凡夫等ー說ニ三乘教法。他受用身爲ニ地上菩薩ー說ニ顯一乘等。並是顯教也。自性受用佛自受ニ法樂ー故與ニ自眷屬ー各說ニ三密門。謂ニ之密教。此三密門所謂如來內證智境界也。等覺十地不レ能レ入レ室。何況二乘凡夫誰得レ昇レ堂。」⊙(正統記四)「如來果上の法門にして諸教に超えたる極秘密と思へり」

ニヨライケ 如來家 〔術語〕 眞如法界は如來の所住なれば如來の家と稱す。【唯識論九】に「菩薩得ニ此二見道ー時生ニ如來家。」【同述記九末】に「無性云。謂佛法界名ニ如來家。於レ是證會故名爲レ生。」

ニヨライケンイン 如來拳印 〔印相〕 又、智拳印と名く。金剛界大日如來の印契なり。「チケンイン」を見よ。

ニヨライゴシュセツポフ 如來五種說法 〔名數〕 如來說法の五種の方法。一に言說、言音を以て說法すると。二に隨宜、衆生の機根に隨順して說法すること。三に方便、善巧方便を以て導くこと。四に法門、妙法を說き、解脫の門を開きて清淨の地に入らしむること。五に大悲、大悲心を起し一念一刹那も衆生を捨てず說法すること。

ニヨライサンマヤ 如來三昧耶 〔術語〕 阿闍梨所傳曼荼羅徧知院の一尊なり、如來頂相を畫て其の幖幟と爲す。【大疏六】に「三昧耶當作ニ御頂相。如來頂相。具攝ニ一切功德。」

ニヨライザ 如來座 〔術語〕 三軌弘經の一。法空座に同じ。「サンキ」を見よ。

ニヨライザウ 如來藏 〔術語〕 眞如の煩惱中にあるを如來藏と云ひ、眞如の煩惱を出でたるを法身と云ふなり。佛性論如來藏品に依るに藏に三義あり、一に所攝の義、眞如、衆生の位に立てば和合不和合の二門を含で和合門の爲には一切の染法を生じ、不和合門の爲には一切の淨法を生じ、一切染淨の法悉く如來の性即ち眞如に攝せらるれば如來藏と云ふ。言を換ふれば眞如一切法を攝し、如來一切法を藏するなり。【楞伽經四】に「如來之藏是善不善因。能徧興ニ造一切衆生。」【勝鬘寶窟下本】に「一切衆生無レ有下出ニ如如境ー者上。並爲ニ如如所レ攝故名レ藏也。則衆生爲ニ如來所攝ー也。是如來藏ニ衆生。」【起信論義記上】に「如來藏心。含ニ和合不和合二門。以ニ其在ニ於衆生位ー故。若在ニ佛地ー則無ニ和合義。」二に隱覆の義、眞如が煩惱の中にあるときは煩惱の爲に如來の性德を隱覆して顯現せしめざれば如來藏と名く、是れ衆生の煩惱如來を藏するなり。【勝鬘經】に「無量煩惱藏所レ纏如來藏。」又「如レ是如來法身不レ離ニ煩惱藏ー名ニ如來藏。」【同述讚下】に「此眞性正實如來藏在シテ纏中ー名ニ如來藏。」【理趣般若經】に「一切有情皆如來藏。」【勝鬘寶窟下本】に「如來性住スルトキ在ニ道前ー爲ニ煩惱ー隱覆。衆生不レ見。故名爲レ藏。是衆生藏ニ如來ー也。」三に能攝の義、眞如煩惱中に在て如來一切の果地の功德を含攝すれば如來藏と名く。【占察經下】に「復次彼心名ニ如來藏。所謂具ニ足無量無邊不可思議無漏清淨之業。」【起信論】に「如來藏。具ニ足無量性功德ー故。」【述讚下】に「藏謂庫藏。諸佛所有一切功德皆在ニ其中ー名ニ如來藏。現行功德未レ能レ起故不レ名ニ法身。」【起信論義記下本】に「隱時能出ニ生如來ー名ニ如來藏。(能藏の故に出生する也)顯時爲ニ萬德依止ー名爲ニ法身。」梵 Tathāgata-garbha 図 如來所說の一切の經藏なり。【增一阿含經序品】に「其有ニ專心受ニ持增一。便爲レ總ニ持如來藏。正使今身不レ盡レ結。後生便得ニ高才智。」図 一切經の藏殿に名く。【元亨釋書良忍傳】に「忍建ニ一宇ー庋ニ大藏經律論。名曰ニ如來藏。」

二如來藏 〔名數〕 一に空如來藏、二に不空如來藏。空不空の二眞如に同じ。「ニニヨ」を見よ。

ニヨライザウエンギ 如來藏緣起 〔術語〕 眞如緣起に同じ。

ニヨライザウキヤウ 如來藏經 〔經名〕 具名、大方等如來藏經、一卷、東晉の佛陀跋陀羅譯。九喩を擧げて一切衆生皆如來藏性あるを說く。【宇帙三】(38ｲ)

ニヨライザウシヤウ 如來藏性 〔術語〕 一切衆生の性に如來の功德を隱藏するを如來藏性と云ふ。

ニヨライザウシン 如來藏心 〔術語〕 眞如心の異名なり。「シンニヨシン」を見よ。

ニヨライザウロン 如來藏論 〔書名〕 大乘法界無差別論の異名。

ニヨライシ 如來使 〔術語〕 佛の滅後に經法を弘通する者を如來の使と云ふ。【法華經法師品】に「善男子善女人。我滅度後能竊カハ爲ニ一人ー說ニ法華經乃至一句。當レ知是人則如來使。如來所レ遣行ニ如來事。」梵 Tathāgata-dūta, preṣya, kṛtyakara.

ニヨライシキ 如來識 〔術語〕 又佛識と云ふ。第八の阿賴耶識を一切衆生の根本識となし、第九の菴摩羅識を如來の清淨識となす。菴摩羅清淨と譯す、一切の無明煩惱を離るればなり。但し法相宗は菴摩羅耶識は阿賴耶識の淨分として別に第九識となさず、法性宗は立てて第九識となす。【光明玄】に「菴摩羅識。是第九不動。若分ニ別之ー即是佛識。」【宗鏡錄】に「摩羅淨識湛若ニ太虛。佛性明珠皎同ニ朗月。」

ニヨライシケウシヨウグンワウキヤウ　如來示敎勝軍王經　［經名］一卷、唐の玄奘譯。佛勝軍王の爲めに正法治國の道、幷に欲樂の無常を觀ずべきを説く。【宙帙六】(249)

ニヨライシシクキヤウ　如來師子吼經　［經名］一卷、元魏の佛陀扇多譯。大方廣師子吼經の同本先出。【宙帙二】(262)

ニヨライシツ　如來室　［術語］弘經三軌の一。慈悲室に同じ。「サンキ」を見よ。

ニヨライシヤウゴンチヱクワウミヤウニフイチサイブツキヤウガイキヤウ　如來莊嚴智慧光明入一切佛境界經　［經名］二卷、元魏の曇摩流支譯。佛説大乘入諸佛境界智光明莊嚴經の同本支出。【宇帙三】(245)

ニヨライシヤムシヨジウライ　如來者無所從來　［雜語］【金剛經】に「若有レ人言ニ如來若來若去若坐若臥。是人不レ解ニ我所説義。何以故。如來者。無レ所ニ從來。亦無レ所レ去。故名ニ如來。」是れ法身如來の常住不動を明かせるなり。◉(續後拾遺)「いづるとも入るとも見えで足引の山のをのへぞすめる月影」

ニヨライシヨセツシヤウジヤウデウブクキヤウ　如來所説淸淨調伏經　［經名］寂調音所問經の異名。

ニヨライシヨセツジゲンシユジヤウキヤウ　如來所説示現衆生經　［經名］須摩提長者經の異名。

ニヨライシヨトクホフ　如來所得法　［術語］【金剛經】に「如來所得法。此法如來實無レ虛。」如來所得の法は菩提なり、其の法體空寂にして相の得べきなければ無實と云ひ、而も中に洹沙の性徳を具すれば無虛と云ふ。◉(玉葉)に「いつはりもまこともげにはなかりけりまよひし程の心にぞわく」

ニヨライシン　如來身　［術語］解境十佛の一。佛身のこと。

ニヨライシンキヤウ　如來心經　［經名］佛頂放無垢光明入普門觀察一切如來心陀羅尼經の異名。

ニヨライジセイサンマイキヤウ　如來自誓三昧經　［經名］如來獨證自誓三昧經の略名。

ニヨライジヤウケシユ　如來淨華衆　［術語］【往生論】に「如來淨華衆。正覺華化生。愛ニ樂佛法味。禪三昧爲レ食。」彌陀如來の聖衆は悉く淸淨の蓮華の中に化生すれば如來淨華の衆と云ひ、其の蓮華は如來の本願成就して正覺を成ぜし結果なれば正覺の華と云ふ。◉(新千載)「露の身のおき所とて賴む哉さとりひらけし玉の臺を」

ニヨライジヤウヂユウ　如來常住　［術語］【涅槃經二十七】に「師子吼者名ニ決定説。一切衆生悉有ニ佛性。如來常住無有ニ變易。」◉(法門百首)「すみやらぬ心の水にしづめども佛の種はつくるよもなし」

ニヨライジユリヤウボン　如來壽量品　［經名］法華經二十八品中第十六品の名。四要品の一。釋迦如來は既に久遠の昔に成佛して其の壽量無數無量不可思議なるを説く、之を開迹顯本と稱して一經中此に始めて八相成道の垂迹の化身を開いて久遠實成の本身を顯はせるなり。

ニヨライジンリキボン　如來神力品　［經名］法華經二十八品中第二十品の名。如來、深法を菩薩に付囑せんが爲に十種の神力を現ずるを記す。

ニヨライゼン　如來禪　［術語］又、如來淸淨禪と名く。楞伽經所説四種禪の一。如來所得の禪定即ち首楞嚴定なり。此禪定に依て法身般若解脱の三德秘藏の大涅槃を窮竟して無作の妙用を起す、外道二乘菩薩所得の涅槃に簡で如來禪と云ふ。【楞伽經二】に「云何如來禪。謂入ニ如來地ニ得ニ自覺聖智相三種樂住。成ニ辨衆生不思議事。是名ニ如來禪。」【同經註解二】に「如來禪者即首楞嚴也。」【證道歌】に「頓覺了ニ如來禪。六度萬行體中圓。」【禪源都序上一】に「若頓悟ニ自心本來淸淨元無ニ煩惱。無漏智性本來具足。此心即佛畢竟無レ異。依レ此而修者。是最上乘禪。亦名ニ如來淸淨禪。亦名ニ一行三昧。亦名ニ眞如三昧。此是一切三昧根本。若能念念修習自然漸得ニ百千三昧。達磨門下展轉相傳者是此禪也。」【元亨釋書道璿傳】に「璿曰。我有ニ心法ニ曰ニ如來禪。昔三藏菩提達磨自ニ天竺ニ來付ニ此法于慧可。」此等皆如來禪を以て至極の心法達磨所傳の宗旨の名とせり。然るに唐の仰山初めて祖師禪の目を立て、祖師禪を以て達磨所傳の心印となし如來禪を以て未了の名となす。「ソシゼン」を見よ。

ニヨライタイシヤウムシヤウクワン　如來體性無生觀　［術語］五輪所成の法界塔婆の觀法なり、五輪は是れ法身如來の體性なれば如來體性と云ひ、本不生の阿字を體とすれば無生と云ふ。【三種悉地儀軌】

ニヨライチ　如來地　［術語］佛の位なり。【楞伽經二】に「如來禪者。入ニ如來地。得ニ自覺聖智相三種樂住。」【起信論】に「一切菩薩。皆乘ニ此法ニ到ニ如來地ニ故。」

ニヨライチインキヤウ　如來智印經　［經名］一卷、失譯。大乘智印經の異譯。【宙帙一】(1014)

ニヨライドクシヨウジセイサンマイキヤウ　如來獨證自誓三昧經　［經名］一卷、西晉

の竺法護譯。如來獨證自誓三昧は此時佛所住の道場の名なり。出家の法を說き、迦葉自誓して得戒す。【宙帙一】(283)

ニヨライニチ　如來日　〔術語〕又、實相日と云ふ。過現未の三時を越えたる無相平等の日時を云ふ。【大日經一】に「越二三時一如來之日。」【同疏一】に「以二淨眼一觀レ之。三際之相了不可得。無終無始。亦無去無來。此實相之日。圓明常住。湛若二虛空一。無レ有二時分修短之異一。然以二佛神力一故。令下瑜伽行者於二無量劫一謂レ如二食頃一。或演二食頃一以爲中無量劫上。延促自在無二定相可一レ得。故云二如來日一也。」

ニヨライハウベンゼンゲウジユキヤウ　如來方便善巧呪經　〔經名〕一卷、隋の闍那崛多譯。虛空藏菩薩問七佛陀羅尼經の異譯。【成帙八】(367)

ニヨライバイ　如來唄　〔儀式〕如來妙色身等の二偈八句を梵唄の調子に諷すれば如來唄と云ふ。單に梵唄とも云ふ。【勝鬘經】に「如來妙色身世間無二與等一。無比不思議。是故今敬禮。如來色無盡。智慧亦復然。一切法常住。是故我歸依。」是れ初の一偈は佛の應身を嘆じ、次の二句は佛の報身を嘆じ、一切法常住の一句は佛の法身を嘆ず。法會の常式多く此文を唱ふ。

ニヨライヒミツザウキヤウ　如來秘密藏經　〔經名〕大方廣如來秘密藏經の略名。

ニヨライヒミツヱキヤウ　如來秘密慧經　〔經名〕大疏一に除疑天女の因緣を引くに此の經名を出だす。【偏明抄五下】に「如來秘密慧經者。或云貞光開元錄不レ載レ之。是餘外經歟。或未廣經歟。或云勘二開元錄一。此經一部二卷。未レ得二其本一。」然るに義釋には但だ經云と擧げて經名を出ださず。

ニヨライフシギキヤウガイキヤウ　如來不思議境界經　〔經名〕大方廣如來不思議境界經の略名。

ニヨライフシギヒミツダイジヨウキヤウ　如來不思議秘密大乘經　〔經名〕二十卷、宋の法護等譯。大寶積經の第三金剛力士會の異譯。【地帙七】(1043)

ニヨライフシギホフシン　如來不思議法身　〔術語〕阿字本不生の理を稱す。【大日經五】に「說二如レ是音聲一已。還入二如來不思議法身一。」【義釋十二】に「此不思議。梵云二阿眞底一。有二阿聲一。意明下從レ阿而出又從レ阿而入上也。」

ニヨライブ　如來部　〔術語〕胎藏界三部の一。又佛部と云ふ。大日釋迦等の諸佛の部類なり。

ニヨライブ　如來舞　〔術語〕如來の種種善巧の神變衆心を悅可し之を攝化する作業を稱す。【大日經悉地出現品】に「佛又告二金剛手一。諸如來有三意生名二業作戲行舞一。廣演二品類一攝二持四界一。安二住心王一。等二同虛空一。成二就廣大見非見果一。出二生一切聲聞及辟支佛諸菩薩位一。令下眞言門修二行諸菩薩一切希願皆悉滿足具二種種業一。利中益無量衆生上。」

ニヨライミメウシヤウ　如來微妙聲　〔雜語〕【往生論偈】に「如來微妙聲。梵音聞二十方一。」法會の常式に梵音と稱して此句を諷詠す。⦿(散木)「いなづまの光の間にもなる神の聲にはづらん法を聞かばや」

ニヨライムヘンセイグワンジ　如來無邊誓願事　〔術語〕密宗所立五大願の第四。無邊の如來に奉事せんとの誓願なり。⦿(新勅撰)「數ならぬちの蓮にすむ月を心の水にうつしてぞ見る」

ニヨライメツゴゴゴヒヤクサイ　如來滅後後五百歲　〔雜語〕【法華經勸發品】に「若如來滅後。後五百歲若有二人見下受二持讀二誦法華經一者上。應レ作二是念一。此人不レ久當下詣二道場一破二諸魔衆一得二阿耨多羅三藐三菩提一。轉二法輪一擊二法鼓一。吹二法螺一雨中法雨上。」⦿(續後拾)「遙にも匂ひける哉法の花後のいをとせ猶さかりけり」　「一切種智なり。」

ニヨライヱ　如來慧　〔術語〕如來の智慧、即ち一切種智なり。

ニヨライヱ　如來會　〔術語〕無量壽如來會の略名。大寶積經第五會の名なり。

ニヨラシヤトクエ　如裸者得衣　〔譬喩〕【法華經藥王品】に經の功德を嘆ずる十二喩の一。⦿(法文)「今ぞ思ふ片岡山の旅人も身をつくしける紫の袖」　「し。」

ニヨリ　如理　〔術語〕理の如きなり、如實と云ふ如し。

ニヨリシ　如理師　〔術語〕佛の德號なり。【俱舍論一】に「敬二禮如レ是如理師一。乃至如實無倒敎授誠勗。名二如理師一。」

ニヨリチ　如理智　〔術語〕諸法の眞理に契ふ眞智なり。「ニチ」を見よ。

ニヨリヤウチ　如量智　〔術語〕諸法の事相に通ずる俗智なり。「ニチ」を見よ。

ニヨレンゲザイスヰ　如蓮華在水　〔譬喩〕【法華經涌出品】に「此諸佛子等。其數不レ可レ量。久已行二佛道一。住二神通力一。善學二菩薩道一。不レ染二世間法一。如二蓮華在一レ水。」是れ彌勒菩薩が地涌の菩薩を嘆ずる偈文なり。⦿(法門百首)「水の面に出づる蓮の色はみなこの世の外の物とこそ見れ」

ニヨロウニヨア　如聾如啞　〔譬喩〕華嚴頓敎の座に於て舍利弗等の聲聞、耳あれども圓頓の敎を聞くを得ざれば聾の如しと云ひ、眼あれども舍那の身を見るを得ざるを以て一語を讃すること能はざれ

ば啞の如しと云ふ。【六十華嚴經四十四】に「爾時諸大聲聞舍利弗目犍連。乃至富樓那彌多羅尼子。如レ是等諸大聲聞。在二祇洹林一。而悉不レ見二如來自在如來莊嚴一。乃至所以者何。無明障曀覆二淨眼一故。」【文句四】に此文を引て曰く「此即如聾如啞之文。」【妙玄十】に「若華嚴正隔レ小明レ大。於二彼初分一永無二聲聞一。後分則有。雖二復在レ座如レ聾如レ啞。非二其境界一。」【文句六】に「諸大乘經華嚴等明二麁妙相隔一。二乘不聞不解。如レ啞如レ聾。」

ニヨロヤクニヨデン　如露亦如電　〔譬喩〕【金剛經】に「一切有爲法。如二夢幻泡影一。如レ露亦如レ電。應レ作二如レ是觀一。」◉（法門百首）「いなづまの光のほどか秋の田のなびくほ末のつゆの命は」

ニラウハラ　尼羅烏鉢羅　〔植物〕Nīlotpala 譯、靑蓮華。「ウハラ」を見よ。

ニラケンタ　儞羅建他　〔菩薩〕Nīlakaṇṭha 靑頸と譯す。「觀音の梵名なり。」

ニラバ　尼藍婆　〔菩薩〕Nīlavajra* 譯、靑金剛。【圓覺經】に「尼藍婆金剛。」

ニラバダラ　尼羅婆陀羅　〔菩薩〕Nīlavajra*譯、靑金剛。【陀羅尼集經四】に「尼羅婆陀羅。唐云二靑金剛一也。」

ニラブダ　尼刺部陀　〔界名〕Nirarbuda*又、尼賴浮陀、八寒地獄の第二の名。【玄應音義二十四】に「尼刺。此云レ裂。言身皰裂也。」【俱舍光記十一】に「尼刺部陀。此云二皰裂一。嚴寒逼レ身。身皰裂也。」【四阿含暮抄下】に「尼賴浮陀。寒地獄名。此言二不卒起一。」

ニラヘイダ　尼羅蔽茶　〔職位〕Nīlapiṭa 譯、靑藏。史誥の名。【西域記二】に「至二於記レ言書レ事。各有司存。史誥總稱二尼羅蔽茶一。唐言二靑藏一。善惡具擧。災祥備著。」

ニリ　二離　〔名數〕煩惱障を離れ所知障を離るるなり。【義楚六帖二】に「佛地論云。佛者具二一切智一切種智一。離二煩惱所知二障一。」

ニリ　二利　〔名數〕自利と利他なり。上求菩提は自利なり、下化衆生は利他なり。小乘の行は唯自利なり、菩薩の行は利他を兼ぬ。【無量壽經上】に「自利利人。人我兼利。」【贊阿彌陀佛偈】に「自利利他力圓滿。」

ニリキ　二力　〔名數〕自力他力なり。淨土門の所談、衆生自身の三學を以て自力とし、彌陀の願力を以て他力とす、自力を捨てて他力に歸するを淨土門の至極とす。【略論】に「一切萬法。皆有二自力他力自攝他攝一。」図一に思擇力、正理を思擇して諸障を對治する力なり。二に修習力、一切の善行を修習して堅固決定ならしむる力なり。【華嚴經疏八】図有力無力なり。華嚴宗の所談。萬法の彼此相入を論ずるに此二力を以てす。【五教章中】に「由レ有二力無力義一故有二相入門一也。乃至自有二全力一所以能攝レ他。他全無力故所以能入レ自。他力自無力反レ上可レ知。」

ニリヤウ　二領　〔名數〕一に探領、二に齊領なり。法華經信解品に於て四大聲聞が自己の領解を陳ぶるに、如來未出世の先き法身地に於て聲聞の機を照さるる大悲のさまを領解するを探領と云ふ。是れ佛意の底を探て領解すればなり。一品の中、窮子歡喜得二未曾有一。從レ地而起。住至二貧里一。以求二衣食一已上の文是なり、齊領とは又齊敎領と云ふ。爾時長者將欲レ誘二引其子一。而設二方便一密遣二二人一。已下の文是なり、是れ聲聞の身に取て吾身の現に敎を受けし分齊に於て領解せし者なれば齊敎領と云ふ。「グウジ」を見よ。

ニリン　耳輪　〔物名〕耳朶を穿て金銀の輪を垂れしもの。【玄應音義二十二】に「彼國王等。或以二金銀一作二此耳輪一。舊經言二耳渠一者應レ是也。」

ニリン　二輪　定慧の二を車の二輪に譬ふ。【止觀五】に「馳二二輪一而致レ遠。翥二兩翅一以高飛。」【同輔行五】に「二輪遠運譬二定慧橫周一。」

ニリン　二輪　〔名數〕食輪と法輪となり。大會には必ず說法あり、說法は即ち轉法輪なり、又必ず齋食を行ふ、法輪に因みて食輪と云ふ。又此二必ず相屬して轉ず、猶車の兩輪の如し、故に二輪と云ふ。【元亨釋書會儀志】に「牟尼覺王之御二於西印一也。嘉都之大會也。一說也梵釋聖凡遝沓而聽矣。一餐也菩薩聲緣排列而食矣。是曰二二輪一。必於レ會焉二者相轉屬。所謂食輪法輪也。」

ニリンシン　二輪身　〔名數〕一に正法輪身、二に敎令輪身なり。「ケウリヤウリンシン」を見よ。

ニル　二流　〔名數〕一に順流、流は即ち生死の流なり、六道の衆生惑を起し業を造り生死の流に順じて涅槃の道に背くを云ふ。即ち流轉の因果なり。二に逆流、初果須陀洹より已後三界の惑を斷じて漸く生死の流に逆て涅槃の道に趣くを云ふ、即ち還滅の因果なり。【涅槃經三十六】

ニルヰカクシヤウ　二類各生　〔術語〕淨土宗の一義。彌陀の淨土に往生するは啻に念佛をなす一類のみに限らずして、念佛以外の諸行を修するものも亦往生することを得と立つる宗義を云ふ。鎭西流の說也。曰く、彌陀は其本願たる第十八願に於ては念佛を修するもののみを救濟すと誓へども、第十九、第二十の二願に於ては諸行を修する者も往生せしむと誓ひたり。故に本願の行たる念佛によりて淨土往生を得るは勿論なれども、亦非本願たる諸行によりても往生することを得べしと云ふにあり。

ニレンゼン 尼連禪 〔地名〕又、尼連禪那 Nairañjanā 河の名。佛成道せんとして先づ此河に浴し後に菩提樹下に坐す。【玄應音義三】に「尼連禪河。應レ云尼連禪那。或云熙連禪。此譯云。尼者不也。連禪那者樂着也。名不樂着河也。」

ニロ 二漏 〔名數〕一に有漏、漏は煩惱の異名なり、煩惱を有する法又は煩惱を增長する緣となる法を有漏と云ふ。二に無漏、煩惱を離れたる清淨の法及び他の煩惱を增長する緣とならざる法を無漏と云ふ。

ニロク 二六 〔雜語〕十二なり。

二六之緣 〔雜語〕十二因緣なり。

二六之願 〔雜語〕藥師如來の十二願なり。

二六之難行 〔雜語〕悉多太子の十二年の苦行なり。⊙（盛衰記二四）「二六の難行功畢へて」

二六時中 〔雜語〕一晝夜十二時なり。是れ支那の曆法なり。若し印度は六時或は八時なり。【虛堂錄】に「二六時中拋レ三作レ兩。」【應庵錄】に「二六時中。一動一靜。」

ニワ 二和 〔名數〕一に理和、二乘の聖者同じく見思の惑を斷じて同じく無爲の理を證するを云ふ。二に事和、二乘の凡僧に就て云ふ。之に六種あり、一に戒和、同修を云ふ、二に見和、同解を云ふ、三に身和、同住を云ふ、四に利和、同均を云ふ、五に口和、無諍を云ふ、六に意和、同悅を云ふ。此理事二和を以て僧伽と名く、僧伽は和合の義なり。【名義集一】

ニワウ 二往 〔名數〕又、再往と云ふ。再び詮義するを云ふ。【止觀七】に「一往然。二往不レ然。」

ニワウ 二王 〔圖像〕寺門の兩脇に立てる二人の金剛夜叉なり、略して金剛神とも夜叉神とも云ふ。其本名は密迹金剛にて法意王子の化身なり。【大寶積經密迹金剛力士會】に「昔轉輪聖王あり、勇群王と曰ふ、千子を具足す、二の夫人あり、二の孩童ありて自然に來て夫人の膝上に上る、一を法意と云ひ、二を法念と云ふ、父王諸子の道意を發せるを知り、當來成佛の次第を知らんと欲し、千子をして籌を探らしむ。太子あり淨意と名く、第一籌を得たり。拘留孫佛是なり。第四籌を得たる者釋迦佛なり、乃至最後の籌を得たる者樓由佛なり。（他經には樓至と云）時に後の二子、兄の法意は曰く、吾自ら誓らくは諸人佛を成得せん時に當に金剛力士となりて當に佛に親近し一切の諸佛秘要密迹の事を聞て信樂し疑結を懷かざらんと。弟の法念は曰く、願くば諸仁佛道を成ぜば身當に勸助して法輪を轉ぜしめんと。其時の勇群王は過去の定光如來是なり、其時の諸子は此賢劫の中の千佛是なり、其法意太子は今の金剛力士密迹と名くる者是なり、其法念太子は今の梵王是なり、彼時の聖王の中宮夫人婇女は今の諸の來會者是なり。」（金光明文句記六に正法念經出とあるは誤、七十卷の正法念經を撿するに此文なし。）此本緣に依れば金剛力士は唯一人なり。故に知禮の【金光明文句記六】に「據レ經唯一人。今狀於伽藍之門爲二像者。夫應變無方多亦無レ咎。」但し之を二像となすは亦佛說に據る。【毘奈耶雜事十七】に「給孤長者。施園之後作レ如レ是念。若不彩畫便不端嚴。佛若許者吾欲莊飾。乃至佛言。長者於門兩頰應レ作執杖藥叉。」（夜叉を新譯に藥叉と云ふ）然るに嘉祥の【法華義疏十二】に金剛力士を樓至佛の化身となし、又禪錄皆靑葉樓至二佛の化身となすは審に寶積經の文を見ざるの誤なり。禪錄の誤は陸遊の【入蜀記】に本くなり。【光明文句記六】に「世傳樓至化身非也。乃法意王子耳。」然るに【聖德太子天王寺御手印緣起】に「開口像名金剛。持獨古金剛故也。閉口像名力士。示强力勢故也。」と此に依れば金剛力士の名を金剛と力士の二力士に分けしなり。【秘藏記鈔三】に「凡そ社前には鳥居を立て寺門には金剛力士を安ず、是れ各表示あり、神は智を以て體とし、佛は理を以て體とす、而して理智互に能入所入となるが故に智に入るには理を以て門となし、理に入るには智を以て門となす、鳥居は方形𑖀字本不生の理を表し、金剛は寶智摧伏の智用を表す、是の故に神前に鳥居を立て佛前に金剛を安ず。例へば胎藏界には金剛門を立て金剛界には蓮華門を建る如し。問ふ、此二像の開閉其の意如何。答ふ、此に淺略深秘の二意あり、若し淺略の意に依らば開は是れ實相の門を開て自性の理に通ずる表示なり。閉は是れ惡趣の門を閉ぢて三業の罪を遮する表示なり、嘉祥の十二門論疏に具有二義。一者開通無レ滯。二者遮閉是非故、と准じて之を思ふべし。此の二像は字門の德を主る。口を而門と名くる故に口に寄せて門の開閉を顯はすなり。若し深密の意に依れば開口の像は𑖀字を唱ふ、𑖀は口を開く時音を發するが故なり。又𑖀は胎藏曼荼羅を表する故に此像東に居す。閉口の像は𑖮字を唱ふ、𑖮は唇を合する時音を發するが故なり。（或は言ふ金剛界大日の種子𑖀字を唱ふと、金剛界大日の種子に𑖮とあり。）又𑖮は金剛界の曼荼羅を表するが故に此像西に居す。今宗の意は後釋を以て至極となす、故に門前の二像直に兩部の源底を表示するなり。」図密宗に愛染明王と不動明王を並稱して二王と云ふ。愛染明王は煩惱即菩提を表し、不動明王は生死即涅槃を表す。

ニワク 二惑 〔名數〕一に見惑、見は推度の義、邪に推度して起す迷情を云ふ、我見邊見等是なり。又此等の惑は見道の位に理を見て斷ずる惑なれば見惑

と云ふ。二に思惑、新譯に修惑と云ふ、凡そ凡夫の思念に事事物物に對して起す惑なれば之を思惑と云ふ、貪瞋痴等是なり。又此等の惑は修道の位に屢眞理を思惟して斷ずる惑なれば思惑或は修惑と名く。図一に理惑、二に事惑なり。藏通二敎には見惑を以て理惑とし、思惑を以て事惑とす。謂く、見惑は四諦の眞理に迷ふ惑なり、思惑は世法の事相に迷ふ惑なり。別圓二敎には根本無明を以て理惑とし、塵沙及び見思を以て事惑とす。謂く、根本無明は中道の理を覆ふ惑なり、塵沙は化導を障ぐれば俗諦の法を覆ひ、見思は空寂を障ぐれば眞諦の法を覆ふ惑なり。又法相家所立の二障に依れば煩惱障を理惑とし、所知障を事惑とす。煩惱障は涅槃の理に迷ひ、所知障は俗諦の事相に迷ふ惑なればなり。

ニヱ　二會　〔名數〕後三條帝延久四年十月二十五日より圓宗寺に於て始めて五日間法華會を行ひ、爾後毎年十二月に日を撰て五日間之を修す。其の後、白河帝承暦二年十月六日法勝寺に於て大乘會を修し、之を二會と稱す。勅あり、今より二會の講師を經て當に僧綱に任ずべしと。其の後、永保二年二月二十九日圓宗寺に於て更に最勝會を行ひ之を天台の三會と稱す。【元亨釋書二十五】

二會八講　〔名數〕毎年圓宗寺に於て行はるる法華會の八講を云ふ。此法華會は所謂二會の隨一なれば二會と云ひ、又五日十講なれども八講は法華會の通稱なれば八講と云ふ。【扶桑略記後三條帝延久四年紀】に「十月二十五日庚子。行二幸圓宗寺一。修二二會八講一。」此時未だ二會あらず、二會の名は後より付けしなり。

園城寺二會　〔名數〕【濫觴抄下】に「宇多帝寛平二年。園城寺二會立義始置レ之。」二會不詳。

ニヱカウシグワン　二廻向四願　〔名數〕淨土眞宗に、衆生の往相、還相は彌陀の本願力より廻向し給ふ所なりといひ、往還二廻向を四願に配當す。

- 往相廻向
  - 往相大行　第十七願
  - 往相大信　第十八願
  - 往相證果　第十一願
- 還相廻向――還相證果　第二十二願

ニヱン　二圓　〔名數〕天台家の名數。一に今圓、二に昔圓なり。今圓は開顯圓、絶待圓と云ふ、今時の法華經に於て藏通別の三敎を開會して一實を顯揚せし絶待の圓敎なり。昔圓は相待圓と云ふ、昔時の諸經に於て藏通別の三敎に相待して説ける圓敎なり。故に昔圓は自ら圓なるも他をして圓ならしむると能はざるなり。又部圓敎圓の二あり。前四時部の圓は相待にして他を開會する用なく、法華部の圓は絶待圓にして他を開會するの用ありと、此の如く部意に就て今昔二圓の麁妙を判ずるを部圓と云ひ、今圓昔圓共に圓敎の體に於て異なしと敎體に就て今昔を同一の圓敎と見るを敎圓と云ふ。即ち敎圓に依て一切諸敎八敎を出でずと云ひ、部圓に依て法華を超八醍醐と云ふなり。図華嚴の淸涼圓敎に漸圓頓圓の二を分ち荊溪に破斥せらる。「ニトン」を見よ。

ニヱンツウ　耳圓通　〔術語〕觀音菩薩楞嚴會上に於て耳根を以て圓通を證せるを説く。【鎧庵賛】に「固是塵塵俱二法界。此方獨撰耳圓通。」釋門正統三に引く

ニン　忍　〔術語〕Kṣānti 忍耐なり。違逆の境に忍耐して瞋心を起さざるなり。又安忍なり、道理に安住して心を動かさざるなり。【瑜伽論】に「云何名レ忍。自無二憤勃一。不レ報二他怨一。故名レ忍。」【唯識論九】に「忍以二無瞋精進審慧及彼所レ起三業一爲レ性。」【大乘義章九】に「慧心安レ法名レ之爲レ忍。」【同十二】に「於二法實相一安住爲レ忍。」【三藏法數五】に「忍。即忍耐。亦安忍也。」

二忍　〔名數〕一に衆生忍、一切衆生に於て不瞋不惱、たとひ彼より種種の害を加ふるも我れ能く心に忍耐して瞋らず報ひざるを云ふ。二に無生法忍、無生の法理に安住して心を動かさざるを云ふ。【智度論六】図一に安受苦忍、疾病水火刀杖等の衆苦に逼らるるも能く安心して忍受し恬然動かざるを云ふ。即ち前の生忍なり。二に觀察法忍、法を觀察して心を實相の理に安ずるを云ふ。即ち前の法忍なり。【地持經五】図一に生忍、此に二あり、一は人の恭敬供養に於て能く忍んで執着せざるなり。二に人の瞋罵打害に於て能く忍んで瞋恨を生ぜざるなり。二に法忍、此に亦二あり、一は非心法の寒熱風雨飢渇老病死等に於て能く忍で惱怨せざるなり。二に心法の瞋恚憂愁等の諸煩惱に於て能く忍んで厭棄せざるなり。【法界次第下之上】

三忍　〔名數〕三忍に三種あり、一は無量壽經第四十八願に聲聞者の得三法忍の願を擧げて第一法忍第二法忍第三法忍と言ひ、其の法忍の名を擧げず。之に就て諸師の解不同なり。法位云く、是れ仁王經に説く五忍の初三、即ち伏忍信忍順忍なり。憬興云く是れ伏忍の中の下中上の三忍なり。玄一曰く、是れ下に説く音響忍柔順忍無生忍の三なり。図無量壽經に極樂に往生する人は七寶樹林の音聲を聞きて三種の忍を得。一に音響忍、音響に由つて眞理を悟解するとあるもの。二に柔順忍、慧心柔軟にして能く眞理に隨順するもの。三に無生

法忍、無生の實性を證りて諸相を離るるもの、是れ悟道の至極なり。【無量壽經鈔五】図 善導所說の三忍。一に喜忍、彌陀佛を念じて歡喜心を生ずるもの。二に悟忍、彌陀佛を念じて眞理を悟解するもの。三に信忍、彌陀佛を念じて正信に住するもの。善導は觀經中、韋提希夫人所得の無生法忍を解して此三忍となす。【觀經序分義二】に「因二此喜一故即得二無生之忍一。亦名二喜忍一。亦名二悟忍一。亦名二信忍一。」【淨土文類行卷】に「慶喜一念相應後。與二韋提一等獲二三忍一。」図 三種の忍波羅蜜。一に耐怨害忍、能く有情怨敵の惱害に耐忍するもの。二に安受苦忍、能く非情寒熱等の苦楚を安受するもの。三に諦察法忍、又無生法忍、不起忍など云ふ、諦に眞理を觀察して無生の理に安住するもの。前の二は耐忍の忍。後の一は信忍の忍、稍異なるに似たるも決定して心を動かさざる義は同じ。【唯識論九】に「忍有二三種一。謂耐怨害忍。安受苦忍。諦察法忍。」

四忍 [名數]【思益經四忍法品】に「菩薩四法あり毀禁の罪を出づ。一に得無生忍、一切諸法自性空寂本來不生なり、菩薩此法を證忍すれば則ち能く毀犯禁戒の罪を出づ。二に得無滅法忍、一切諸法もと無生なれば今亦無滅なり、菩薩此法を證忍すれば則ち能く毀犯禁戒の罪を出づ。三に得因緣忍、一切諸法は皆因緣の和合に依りて生じ自性あるとなし、菩薩此法を證忍すれば則ち能く毀犯禁戒の罪を出づ。四に得無住忍、諸法に住著せざるを無住と云ふ、菩薩此無住の法を證忍すれば則ち能く毀犯禁戒の罪を超出す。」案に是れ普賢觀經に說く實相懺悔の意なり。

五忍 [名數] 仁王經の所說なり。一に伏忍、別敎の菩薩十住十行十廻向の三賢の間にて未だ煩惱の種子を斷ぜざるも之を制伏して起らしめざる位に名く。二に信忍、初地より三地の間にて既に法性を見て正信を得たる位に名く。三に順忍、四地より六地の間にて菩提の道に順じて無生の果に趣向する位に名く。四に無生忍、七地より九地の間にて諸法無生の理に悟入する位に名く。五に寂滅忍、第十地及び妙覺の間にて諸惑斷盡して涅槃寂滅の位なり。忍可又は安忍の義にて其の理を決定し移動の念なきを云ふ。【舊譯仁王經敎化品】に「佛言。大王。五忍是菩薩法。伏忍上中下。信忍上中下。順忍上中下。無生忍上中下。寂滅忍上下。名三爲諸佛菩薩修二般若波羅蜜一。」【同嘉祥疏】に「伏忍上中下者。習忍下。性忍中。道種忍上。在二三賢位一。信忍上中下者。初地下。二地中。三忍上。順忍上中下者。四地下。五地中。六地上。無生忍上中下者。七地下。八地中。九地上。寂滅忍上下者。十地下。佛地上。」【大乘義章十二】に「慧心安レ之。名レ之爲レ法。忍行不レ同。一門說レ五。」

六忍 [名數] 一に信忍、別敎の菩薩十住位の中に於て一切心皆悉く空寂なりと信ず、能く空法に於て忍可信證する故に信忍と名く。二に法忍、十行位中に於て假觀を修習し一切法空無所有を知るも而かも能く一切法を假立して諸の衆生を化す、假法中に於て忍可信證する故に法忍と名く。三に修忍、十廻向位中に於て中觀を修習し一切法事理和融するを知る、中道に於て忍可信證する故に修忍と名く。四に正忍、十地位中に於て正しく十品の無明の惑を次第に破し、中道の理に於て忍可信證する故に正忍と名く。五に無垢忍、等覺位中に於て更に一品の無明を斷除し、無垢の自性淸淨心に於て忍可信證する故に無垢忍と名く。六に一切智忍、妙覺に於て更に一品の無明を斷じて一切智を得、徧く一切中道の法を知り此法に於て忍可信證する故に一切智忍と名く。【菩薩本業經上】

十忍 [名數] 一に音聲忍、上の音響忍に同じ。二に順忍、上の柔順忍に同じ。三に無生忍、上の無生法忍に同じ。四に如幻忍、諸法皆因緣に依りて生じ、猶幻化の性もと空寂なる如しと了達して信忍するを云ふ。五に如焰忍、一切の境界悉く陽焰の本性空寂なる如しと了達して信忍するを云ふ。六に如夢忍、一切の妄心は猶夢境の眞實なきが如しと了達して信忍するを云ふ。七に如響忍、一切世間の言語音聲は皆因緣和合に依りて生ず、猶谷響の眞實なき如しと了達して信忍するを云ふ。八に如影忍、色身は五陰の積集に依りて成り、本體なきこと猶影の如しと了達して信忍するを云ふ。九に如化忍、世間の諸法は無にして忽ち有り、有りて還つて無なり、體眞實なきこと化事の如しと了達して信忍するを云ふ。十に如空忍、世間出世間種種の諸法悉く虛空の色相なき如しと了達して信忍するを云ふ。【華嚴經指掌、三藏法數三十八】図 一に戒忍、色陰を觀じて禁制を犯さざるに由りて戒忍を得。作と無作との戒體皆是れ色の攝なるを以てなり。二に智見忍、識陰を觀じて一切諸法邪正の見皆識心より生ずと了知するに由つて知見忍を得。了別識と此の知見と相類せるを以てなり。三に定忍、想陰を觀じて亂思を起さざるに由つて定忍を得、顚倒の妄想より能く定に入るを以てなり。四に慧忍、受陰苦樂の相無しと觀じて智慧忍を得、

諸法皆悉く空寂なりと分別して智慧生ずるを以てなり。五に解脫忍、行陰造作の相無しと觀じて解脫忍を得、行は皆悉く無常なれば結縛の有ること無きを以てなり。六に空忍、三界の苦果實體無しと觀じて空忍を得、生死の苦諦性もと空寂なるを以てなり。七に無願忍、三界の苦因皆悉く空なりと觀じて無願忍を得、煩惱の集諦性もと淸淨なるを以てなり。八に無相忍、三界因果の法、皆空なりと觀じて無相忍を得、因果の相もと空にして無の故なり。九に無常忍、俗諦の境一切有爲の法悉く皆虛幻なりと觀じて無常忍を得、一切の諸法遷滅して停らざる故なり。十に無生忍、眞諦の境是れ無爲法なりと觀じて諸念生ぜず無生忍を得、眞空の理もと無生滅なる故なり。【仁王經天台疏三】

十四忍 〔名數〕 三賢十聖を十三忍として之に正覺忍を加へて十四忍となす。【仁王經十】

ニン 人 〔術語〕 欲界所屬の有情にして最も思慮多きもの、過去戒善の因にて人倫の果を感ず、現前の境界是なり。【俱舍頌疏世品一】に「言レ人者。多二思慮一故名レ之爲レ人。」【大日經一】に「云何人心。謂思二念利他。」【大乘義章八末】に「依二涅槃一以二多恩義一故名爲レ人。人中父子親戚。相憐名二多恩義。」【止觀四】に「作意得レ報名爲レ人。」

ニン 仁 〔雜語〕 人を指すの稱。「ニンシャ」を見よ。

ニンイン 人因 〔術語〕 人に生るる原因となる行爲。尊貴に生を享くるは施惠普く廣く、三寶及び長者に敬禮し、忍辱にして瞋らず、柔和謙下、博聞經戒なるが故なり。又、貧窮に布施し、持戒して十惡を犯さず、忍辱にして亂れず精進に勸化し、一心に孝を奉じ、忠を盡すが故に大富、長壽、端正、威德を具す。卑賤の生を受くるは、憍慢剛强にして恪まざると、放逸にして三寶を禮事せず、盜竊して以て生活をなし、負債して返納せざる爲にして、至誠にして欺かず、經を誦し戒を護り、人に惡を遠けて、善に就かしめ、人の長短を求めざれば口氣香潔身心安樂にして人に稱譽せられて、決して誹謗を受けず。至誠無くして人を欺き、衆中に於て說法者を罵詈し、諸同學を見て輕蔑し、他事を見ずして過を作すとし、鬪亂兩舌を爲せば常に誹謗及憎惡を受け、形醜惡にして心意安からず、常に恐怖を懷く。勇猛、憶念、梵至の三勝を以て人天に生ず。【釋氏要覽】に「人因乃至由三先造二增上下品身語意妙行一故生二人道。」

ニンウ 人有 〔術語〕 七有の一。

ニンウン 任運 〔術語〕 自然と言ふ如し、法の自ら運び動くに任じて人の造作を加へざる義なり。【行事鈔上二之一】に「人所レ至處任運界起。故曰二自然一也。」【同資持記】に「不レ假二造作一故曰二任運。」【止觀五】に「一念具二十法界。爲二作念具。爲二任運具。」

ニンカイ 忍界 〔界名〕 娑婆世界なり。娑婆を堪忍又は忍と譯す、此界の衆生は忍びて惡に堪ゆればなり。又菩薩此土に惡を忍びて敎化を爲せばなり。「カンニンセカイ」を見よ。

ニンカイ 仁海 〔人名〕 醍醐寺の沙門仁海、石山の元杲阿闍梨に從つて傳法灌頂を受け、醍醐の小野に曼陀羅寺を開きて盛に密宗を唱ふ、時に廣澤に寬朝あり、海と名を齊くす、世に之を小野廣澤の兩派と稱す、仁數數雨を祈りて驗あり、長歷二年僧正に補せらる、時俗雨僧正と呼ぶ、永承元年寂す、壽九十二。【本朝高僧傳四十九】ニンガイと濁て呼ぶ。

ニンガ 人我 〔術語〕 人身に常一主宰の我に實體ありと因執するを人我の見と云ふ。此執見より種種の過失を生ずるなり。【六祖壇經】に「無二人我貢高貪愛執着一爲二離欲尊。」

ニンガイ 人界 〔界名〕 人類は十界の第五なれば人界と云ふ。界は差別の義なり。⊙(曲、安達原)「あさましや人界に生をうけながら」

ニンガイ 忍鎧 〔術語〕 忍辱は一切の外難を防げば譬へて鎧となす。【智度論十】に「忍鎧心堅固。精進弓力强。」

ニンガケン 人我見 〔術語〕 二我見の一。我とは常一主宰の義なり、人に常一の主宰者ありと固執するを人我の見と云ふ。

ニンキ 人鬼 〔緣語〕 人間と鬼類なり。【無量壽經下】に「如レ是之惡著二於人鬼。」

ニンキホン 人記品 〔經名〕 授學無學人記品の略稱。法華經二十八品中第九品の名。學無學の聖人に成佛の記を授與するとを記するもの。⊙(續拾遺)「古はおのがさまざまありしかど同じ山にぞ今いはりぬる」

ニンギウクマウ 人牛俱妄 〔譬喩〕 十牛の一。

ニンギヤウ 忍行 〔術語〕 忍辱の行なり。【維摩經方便品】に「以二忍調行一攝二諸恚怒。」

ニンギヤウノゴトク 忍行五德 〔名數〕 堪忍を行へば、無根、無呵、衆人愛、有好名、生善道の五德あることを云ふ。

ニンクウ 人空 〔術語〕 又、生空、我空と云ふ。二空の一。人は五蘊の假和合又は因緣所生と觀じて中に常一の我體なきを知るを人空と云ふ。此人空の理を證するに依りて一切の煩惱を斷じ、終に涅槃果を得るなり、是れ小乘の至極なり。又、大乘は一切法

に眞如性ありと立るゆへ人我の執を空じたる處にて人空の眞如を顯はすと言ふなり。【孔目章三】に「我執無處所レ顯眞如名二人空一。」【唯識述記一本】に「智緣レ空起爲二所由門一。顯二眞如一名二空理一。乃至如是空性。即是二空所顯實性。」

ニンクウクワン　人空觀　〔術語〕人空の理を了する觀法なり。

ニンケ　人華　〔術語〕七方便人の法に就て人と云ひ、三草二木の喩に就て華と云ふ。【法華經藥草喩品】に「佛所說法。譬如下大雲以二一味雨一潤二於人華一各得中成實上。」

ニンケギヤウ　忍加行　〔術語〕四加行の一。「ケギヤウヰ」を見よ。

ニンケン　人見　〔術語〕實の人我ありと固執する見なり。又、人我見或は單に我見と云ふ。【楞伽經三】に「是故我說。寧取二人見一如二須彌山一。不レ起二無所得增上慢空見一。」

ニンゲン　人間　〔雜語〕人界にすむもの。間は俗に言ふ「なかま」なり。即ち人類なり。【法華經法師品】に「生二於此人間一。」

ニンゲンカイ　人間界　〔界名〕單に人間、人界と言ふに同じ。間は即ち界の義なり。

ニンゴフ　潤業　〔術語〕倶生起の煩惱を以て已造の業を潤漑して苦果を生ぜしむるを云ふ。倶生起の煩惱を以て潤漑せられ必ず、苦果を生ずるに定まりたる善惡の業を云ふ。「ニンジヤウ」を見よ。

ニンサウ　人相　〔術語〕「シサウ」を見よ。

ニンシ　仁祠　〔術語〕佛寺なり。【佛祖統紀三十五】に「詔報曰。楚王誦二黃老之微言一。尙二浮圖之仁祠一。」【釋門正統三】に「精舍所レ踞。號曰二仁祠一。」

ニンシ　人師　〔術語〕他人の師となるもの。【梵網經下】に「不レ解二一切法一。而爲二他人一作レ師。」【止觀五】に「自匠匠他。兼利具足。人師國寶。非レ此是誰。」又、佛菩薩等の大導師に對して尋常の師家を人師と云ふ。謂く凡人の師家なり。

ニンシシ　人師子　〔術語〕Nṛsiṃha〔佛の稱號なり。佛人中に於て勇雄なると猶師子の如きなり。【智度論八】に「佛名二人師子一。」

ニンシフ　人執　〔術語〕又、我執と云ふ。人の身は五蘊の假和合なるを了せず、常一の我體ありと固執するを云ふ。【菩提心論】に「二乘之人。雖レ破二人執一。猶有二法執一。」

ニンシヤ　仁者　〔術語〕又、仁と單稱す。人を呼ぶの稱。「きみ」「なんぢ」と訓す。【大日經疏四】に「梵音爾儞。名爲二仁者一。」【法華經序品】に「四衆龍神。瞻二察仁者一。」【中庸】に「仁者人也。」

ニンシヤウノゴフ　潤生業　〔術語〕迷界の生を潤す原因となる業を云ふ。

ニンシユ　人趣　〔術語〕六趣の一。人類の業因を有するものの趣向する所なり。

ニンシン　人身　〔術語〕人界の生なり。【梵網經序】に「一失二人身一。萬劫不レ復。」【涅槃經二十三】に「人身難レ得。如二優曇花一。」

ニンシンゴ　人身牛　〔譬喩〕無聞無智の者を人中の牛と名く。【智度論五】に「無聞亦無智。是名二人身牛一。」

ニンジヤウ　潤生　〔術語〕煩惱に分別起と倶生起の二種あり、邪師、邪敎、邪思惟の三緣に依りて故さらに起すを分別起と云ひ、習ひ性となりて自然に起るを倶生起と云ふ。八識中の意識主として此二種を起し、分別起の煩惱にて善惡の業を造り、倶生起の煩惱にて其の業種を潤して生を受けしむるを潤生と云ふ。倶生起の煩惱とは臨終の時に起す自體愛、境界愛、當生愛の三愛是なり。「アイ」を見よ。【唯識論八、百法問答鈔四】

九品潤生　〔名數〕三界九地の倶生の煩惱即ち修惑に各九品あり、其の中欲惑九品の修惑に七生を潤する作用あり、以て一來不還の二果を建立するなり。

上品	上上品	二生	
	上中品	一生	
	上下品	一生	
欲惑 中品	中上品	一生	
	中中品	半生	一生
	中下品	半生	

之を斷じ終れば一來果、

下品	下上品	半生	一生
	下中品 下下品	半生	

之を斷じ已れば不還果。九品七生相對すれば上三は四生、中三は二生、下三は一生なり。更に分別すれば上上は二生、上中、上下は共にして二生なり。中三品の如き亦然り、中上は一生なり、中中、中下は共して一生なり、下三品亦然り、下上品は半生なり、下中品、下下品は共して半生なり。以て惑の强弱に隨て潤生の勢力增減するを知るべし。此一生とは人天各一生なり、半生とは又は小生と云ふ。人或は天の一生なり、故に十四生なり、更に生有と中有とを分別すれば二十八生なり、七の數等しきを以て七生と云ふ。七葉樹七處善と言ふ如し。問ふ、第六識相應の倶生の煩惱は無始より一切有情の身中に在て生を潤すると無窮なり、何ぞ七生に限るや。答ふ、是れ聖位に入て倶生の煩惱

の勢力を云ふのみ、以前を云ふにあらず、見道に入れば其の身、無漏の聖道を成就する故に倶生の煩惱彼の聖道に押へられ勢力僅に七生に限るなり。【了義燈一、倶舍光記八】「を見よ。

ニンジユ　人樹　〔術語〕人林の樹なり。「ニンリン」を見よ。

ニンジヨウ　人乘　〔術語〕五乘の一。五戒の敎を云ふ。此に乘じて以て人趣に生ずればなり。

ニンスヰ　忍水　〔術語〕忍德の深廣なるを水に譬ふ。【大集經四十七】に「忍辱如二大地一。忍水常盈滿。」

ニンセン　人仙　〔術語〕佛の德號なり。佛は人中の仙なり。【涅槃經二】に「遠二離於人仙一。永無レ有二救護一。」

ニンセン　忍仙　〔術語〕忍辱仙人なり。佛、往昔仙人となりて忍辱を行ぜしとき歌利王の爲に身の支分を切る。「ニンニクセンニン」を見よ。

ニンセンキヤウ　人仙經　〔經名〕一卷、宋の法賢譯。頻婆娑羅王命終し毘沙門天王の太子となり人仙と名く、忉利天上の梵王說法の事を述ぶ。長阿含闍尼沙經と同本。【昃帙十】(901)

ニンゼン　忍善　〔術語〕忍耐して善事を爲すを云ふ。【法華經化城喩品】に「諸惡道減少。忍善者增益。」

ニンソン　人尊　〔術語〕佛の德號なり。人中の尊なり。【增一阿含經序品】に「人尊說二六度無極一。」

ニンソン　仁尊　〔術語〕佛の德號なり。釋迦を能仁と譯すればなり。

ニンゾクヰシ　認賊爲子　〔譬喩〕自家の妄想を認めて眞正の悟見と爲すに譬ふ。【楞嚴經一】に「由下汝無始至二于今生一認レ賊爲レ子。失中汝元常上。故受二輪轉一。」【圓覺經】に「認二一切我一爲二涅槃一故。有レ證有レ悟名二成就一故。譬如下有レ人認レ賊爲レ子。其家財寶終不中成就上。」

ニンタイ　仁體　〔術語〕人體と言ふに同じ。經論中、同輩を呼ぶに常に仁又は仁者と言ふ。

ニンタフ　仁塔　〔堂塔〕佛塔なり。佛寺を仁祠、佛を仁仙と言ふ如し。釋迦を譯して仁と言ふに依る。【東寺塔供養記】に「仁塔耀二長干寺之月一。」

ニンダウ　人道　〔界名〕六道の一。人界なり、人界は人の五戒の善因を以て趣く道途なれば人道と云ふ。【業報差別經】に「由三先造二增上下品身語意妙行一故生二人道一。」⊙(曲、大原御幸)「見聞くも同じ人道の苦しみとなりはつる」

ニンダラニ　忍陀羅尼　〔術語〕四陀羅尼の一。「ダラニ」を見よ。

ニンチ　忍地　〔術語〕無生法、忍の悟の地位なり。【大集經九】に「是人不レ久得二忍地一。」

ニンチ　忍智　〔術語〕慧心法に安ずるを忍と名け、境に於て決斷するを智と名く。小乘有部の說には忍を無問道舊譯に無礙道と云ふの觀知として因に屬し、智を解脫道の觀智として果に屬す。成實及び大乘は忍智共に通ず。但し義に就て之を分たば始觀を忍と名け、終成を智と名く。【倶舍論二十三】に「忍智者。忍是無問道。智是解脫道。已斷二惑一。無中能隔礙上故。得二與二離繫得一倶時起故。具二二次第一理定應レ然。猶如下世間驅レ賊閉レ戶。」【大乘義章九】に「慧心安レ法名レ之爲レ忍。於レ境決斷說レ之爲レ智。依レ如二毘曇一斷二見諦惑一忍爲二無礙一智爲二解脫一。成實法中一切治道通名爲レ忍。通名爲レ智。以二心安レ法故通名レ忍。決斷無著故通名レ智。大乘法中忍智亦通。加レ說二五忍一從レ始至レ終。二諦智等通二初及後一。隨レ義具分非レ無二義異一。始觀名レ忍終成名レ智。」

ニンチユウゴワウ　人中牛王　〔術語〕佛の德號なり。佛の大力を有する牛王の如きなり。【涅槃經十八】に「人中象王。人中牛王。人中龍王。人中丈夫。」

ニンチユウノサンアク　人中三惡　〔名數〕一闡提と、大乘を誹謗するものと、四重禁を犯すものとを名く。

ニンチユウシシ　人中師子　〔術語〕天竺の沙門佛陀斯那、天才特拔にして諸國に獨步す、世人號して人中師子と曰ふ。【治禪經後序】又、佛を人師子と稱す。【智度論八】

ニンチユウジユ　人中樹　〔術語〕諸佛の身業能く世人の熱惱を除けば人中の樹と云ふ。【仁王經中】に「法王無上。人中樹。普蔭二大衆一。」

ニンチユウソン　人中尊　〔術語〕佛の德號なり。佛は人中に於て最尊最勝なり。【法華經序品】に「有二佛人中尊一。號二日月燈明一。」

ニンチユウフンダリケ　人中分陀利華　〔術語〕佛の德號なり。【涅槃經十八】に「人中丈夫。人中蓮花分陀利華。」分陀利華は白蓮華と譯す。又、念佛者に名く。【觀無量壽經】に「若念佛者。當レ知此人是人中分陀利華。」

ニンヂヤウ　人定　〔雜名〕初更三點即ち亥の時なり。

ニンヅドウ　人頭幢　〔物名〕梵に壇茶 Danda と云ふ、人頭を幢上に置きしもの、琰摩王の三摩耶形なり。「ダンダ」を見よ。

ニンテウ　人鳥　〔雜名〕人と鳥なり。【顯密二敎論上】に「文隨二執見一隱。義逐二機根一現而已。譬如三天鬼見別二人鳥明暗一。」鳥は「フクロ」なり。

ニンテウ　忍調　〔術語〕忍心を以て瞋恚を調伏するなり。【維摩經方便品】に「以二忍調行一攝二諸恚怒一。」

ニンデン　人天　〔術語〕人趣と天趣なり。

ニンデンガンモク　人天眼目　〔書名〕六卷、宋の智昭著。禪宗諸家の要義を集む。

ニンデンケウ　人天敎　〔術語〕圭峯所立、五敎の第一。「ゴケウ」を見よ。

ニンデンシヨウメウノゼンクワ　人天勝妙善果　〔術語〕六趣のうち、人天二趣の果報を云ふ。他の四惡趣に對し勝妙の善果と云ふ也。

ニンデンジヨウ　人天乘　〔術語〕諸宗通途、五乘の一。五乘に通別の二あり「ゴジヨウ」を見よ。

ニンデンチキヤウグワン　人天致敬願　〔術語〕阿彌陀佛四十八願中の第三十七、人天をして念佛行者を恭敬せしめんとの願なり。【無量壽經上】に「設我得レ佛。十方無量不可思議諸佛世界諸天人民。聞二我名字一五體投地。稽首作禮。歡喜信行。修二菩薩行一。諸天世人。莫レ不レ致レ敬。若不レ爾者不レ取二正覺一。」⦿（雪玉集）「しらずその我を誰とてめぐむらん天の羽衣おほふばかりぞ」

ニンド　忍土　〔界名〕娑婆世界なり。娑婆を忍と譯す、又勘忍世界とも云ふ。「シヤバ」を見よ。

ニンニク　忍辱　〔術語〕梵語羼提 Kṣānti 忍辱と譯す。諸の侮辱惱害を忍受して恚恨なきなり。六波羅蜜の一。【法界次第下之上】に「羼提。秦言二忍辱一。內心能安二忍外所辱境一。故名二忍辱一。」【維摩經佛國品】に「忍辱是菩薩淨土。菩薩成佛時三十二相莊嚴，衆生來二生其國一。」【註】に「肇曰。忍辱和顏。故繫以二容相一。而豈直形報而已。」

忍辱第一　〔故事〕⦿（十訓抄）に「羅睺羅尊者は忍辱第一なり」羅睺羅は釋尊の實子にて十大弟子の一人なり。【法華經人記品】に「羅睺羅密行。唯我知レ之。」依て維摩經の羅什の註及び天台の疏には共に羅睺羅を十大弟子の中に密行第一とせり、然るに密行とは精密に戒行を持つことにて、戒行は總て忍辱を以て精神とするものなれば密行第一と云ふを忍辱第一と云ひしなるべし。經疏の上にて未だ密行第一と云ふ文を見ず。

ニンニクエ　忍辱衣　〔衣服〕忍辱の心は以て一切の外障を防げば以て衣に譬ふ。遂に袈裟の總名とす。【法華經法師品】に「如來衣者。柔和忍辱心是也。」【釋氏要覽上】に「如幻三昧經袈裟名二忍辱鎧一。」⦿（十訓抄八）「眞如珠上塵厭レ禮。忍辱衣中石法緣」

ニンニクガイ　忍辱鎧　〔譬喩〕忍辱は能く一切の外難を防げば以て甲鎧に譬ふ。【法華經勸持品】に「惡鬼入二其身一。罵二詈毀三辱我一。我等敬二信佛一。當レ著二忍辱鎧一。」「略。

ニンニクキヤウ　忍辱經　〔經名〕羅云忍辱經の名。

ニンニクサウ　忍辱草　〔植物〕雪山に生ずる草の名。【涅槃經二十七】に「雪山有レ草。名爲二忍辱一牛若食者則出二醍醐一。」⦿（十訓抄八）「雪山にある草を名けて忍辱草といふ文あり」

ニンニクサンリウ　忍辱山流　〔流派〕「トウジ」の項を見よ。

ニンニクセン　忍辱仙　〔術語〕釋迦如來、因位に忍辱仙となりて忍辱の行を修し、歌利王の爲めに身を支分せらる。【證道歌】に「我師得レ見二然燈佛一。多劫曾爲二忍辱仙一。」

ニンニクタイシ　忍辱太子　〔本生〕昔毘婆尸佛の時に波羅捺國王に太子あり、忍辱と名く、太子の父母病重し、醫の云く、不瞋の人の肉を以て藥と爲すべしと、太子自ら念ふ、我れ生來瞋らず因て忍辱と名く、此藥に充つべし、國中設ひ不瞋の者あるも豈に彼を以て我が親を救はんや。遂に自ら肉を割て藥に充つ、其の病即ち癒ゆ。【大方便佛報恩經二、經律異相三十一】

ニンニクチ　忍辱地　〔術語〕生法の二忍あり、生忍とは有情より蒙らす瞋罵捶打等の凌辱を忍ぶを云ひ、法忍とは寒熱風雨飢渴老病等の非情の禍害を云ふ。此二法に於て安然として動かざるを忍辱地と名く。【法華經安樂行品】に「菩薩摩訶薩。住二忍辱地一。柔和善順。而不二卒暴一。」

ニンニクハラミツ　忍辱波羅蜜　〔術語〕六波羅蜜の一。「ハラミツ」を見よ。⦿（十訓抄八）に「六度の中には忍辱波羅蜜とも稱す」

ニンニンホング　人人本具　〔術語〕人人本來佛性を具足するを云ふ。「見よ。

ニンハラミツ　忍波羅蜜　〔術語〕「ハラミツ」を

ニンバ　絍婆　〔植物〕Nimba 又、任婆、賃婆。樹の名。【玄應音義二】に「絍婆。古文絍同。女林如深二切。樹名也。葉若可二煮爲一レ飮。治二頭痛一也。如二此間苦楝樹一也。」【同二十四】に「賃婆果。女鴆反。形如二此苦楝樹一也。」【倶舍頌疏業品六】に「從二賃婆種一賃婆果生。其果太小。如二苦楝子一。其味極苦。」

ニンバチウ　絍婆蟲　〔動物〕絍婆の樹を食する蟲なり。【涅槃經三十二】に「無智人樂二生死一。如三絍婆蟲樂二絍婆樹一。」絍婆蟲に作るは誤り。

ニンヒニン　人非人　〔天名〕緊那羅の別名なり。人に似て人にあらざればなり。【法華文句二】に「緊那羅。亦云二眞陀羅一。此云二疑神一。似レ人而有二一角一。故號二人非人一。」図天龍等の八部衆を總稱す、彼等人にあらずして佛所に詣るには皆人體を現ずればな

り。【舍利弗問經】に「八部皆曰二人非人一。」【法華經義疏二】に「人非人者。八部鬼神本悉非レ人。而變作二人形一來聽二說法一。故云二人非人一也。」

ニンビヤウ　任病　〔雜語〕圓覺經所說四病の一。「ジビヤウ」を見よ。

ニンフダアクシユ　忍不墮惡趣　〔雜語〕忍位に至れば、再び惡趣に墮することなきを云ふ。

ニンホウ　人寶　〔術語〕佛は人中の寶なり。【維摩經佛國品】に「熟聞二人寶一不二敬承一。」【註】に「肇曰。在レ天爲二天寶一。在レ人爲二人寶一。寶ニ於天人一者豈天人之所レ能。故物莫レ不二敬承一也。」

ニンホフ　忍法　〔術語〕七賢位の第六、四善根の第三位の名なり。四諦の理を忍可決定して動かざる智を忍と云ひ、其の智をさして法と云ふ。【俱舍論二十三】に「此頂善根。下中上品漸次增長至二成滿時一。有二善根一生。名爲二忍法一。於二四諦理一能忍可中此最勝故。」

ニンホフヰ　忍法位　〔術語〕忍法は聲聞人の進趣する位の名なれば位と云ふ。（前項）を見よ。⦿（十訓抄八）に「七賢位の中には忍法位ともたて」

ニンボフ　人法　〔術語〕人は敎を受くる衆生なり、法は佛の敎法なり。又、一切の有情數を人と云ひ、之に對して一切の非情數を法と云ふ。

ニンマ　恁麽　〔雜語〕「インモ」を見よ。

ニンマウバ　人莽婆　〔雜名〕「マウバ」を見よ。

ニンミヤウダイイチ　人命第一　〔術語〕【智度論十三】に「一切寶中。人命第一。」

ニンミヤウフヂヤウ　人命不停　〔雜語〕人命の無常を云ふ。【涅槃經二十三】に「人命不レ停過二於山水一。今日雖レ存明亦難レ保。云何縱レ心住二惡法一。」⦿（山家集）「山川のみなぎる水の音きけばせむる命ぞ思ひしらるる」（十訓抄八）「作法文には人命不停過於山水」

ニンムガ　人無我　〔術語〕二無我の一。又、衆生無我、生空、人空、我空と云ふ。人體は五蘊の假和合にして其の中に眞實の我體なきを人無我と云ふ。

ニンムガチ　人無我智　〔術語〕二無我智の一。

ニンヤクワウシ　人藥王子　〔本生〕昔閻浮提に摩醯斯那王の時に夫人一子を生む、諸病人之に觸るれば眞に癒ゆ、故に字して人藥と曰ふ、是の如く千歲中病を治して後命終す。其の死骨を碎て身に塗れば則ち差ゆ、人藥王子は今の釋迦佛是なり。【菩薩藏經下、經律異相三十二】

ニンリキ　忍力　〔術語〕忍辱の力なり。【法華經序品】に「又見下佛子住二忍辱力一。增上慢人惡罵捶打皆悉能忍以求中佛道上。」

ニンリン　人林　〔雜語〕人樹の林なり。【阿毘曇論一】に「人林果形如レ人。」

ニンワウコウ　仁王講　〔行事〕仁王經を講讚する法會なり。⦿（盛衰記四）「十箇日の千座千僧の仁王講行はれ」

ニンワウキヤウ　仁王經　〔經名〕二本あり、舊本は羅什譯に佛說仁王經般若波羅蜜經と云ひ二卷あり。【月帙九】(17)新本は不空譯にて仁王護國般若波羅蜜多經と云ひ二卷あり。【閏帙七】仁王とは當時の十六大國の國王を指す、佛、諸王に對して各其の國を護て安穩ならしむる爲に般若波羅蜜多の深法を說きし經文なり。謂く此經を受持講說すれば七難起らず、災害生ぜず萬民豐樂なりと。故に古來之を護國三部經（法華經と金光明經とを加ふ）の一として公私共に禳災祈福の爲に讀誦するなり。

註疏　〔術語〕舊經に天台の疏五卷あり、（現本合疏三卷）嘉祥の疏三卷あり、（現本會疏六卷）新經に靑龍寺良賁の疏三卷あり、（現本會疏七卷）世に靑龍疏と稱す。弘法の開題一卷、智證の開題一卷あり。⦿（榮花、もとのしづく）「年頃賴み奉つる不動尊仁王經助け給へ助け給へと額をつきまどひ給ふ」

儀軌　〔術語〕舊本の仁王經には陀羅尼を說かず隨て其の念誦の作法備はらず、不空新經を出すに至て經中陀羅尼あり、且つ念誦の儀軌を別出す。仁王護國般若波羅蜜多經道場念誦儀軌二卷。仁王般若念誦法一卷、仁王般若陀羅尼釋一卷、共に不空譯【閏帙七】

感驗　〔傳說〕不空三藏仁王呪感驗【宋高僧傳不空傳、三寶感應錄中、今昔物語六】舊譯仁王經感驗【三寶感應錄中】⦿（今昔物語七）に「唐代宿二大山廟一誦二仁王經一僧語」代宗皇帝講仁王般若降雨感驗。【三寶感應錄中、今昔物語七】

ニンワウキヤウギキ　仁王經儀軌　〔書名〕仁王護國般若波羅蜜多經道場念誦儀軌の略名。

ニンワウキヤウボフ　仁王經法　〔修法〕仁王護國般若經を讀みて修する祈禱法を云ふ。日月、星辰、火水、大風、炎旱、兵賊の七難競ひ起る時に此法を行ひ、また平生に之を修行す。

ニンワウグ　仁王供　〔修法〕仁王經を供養する法會なり。

ニンワウゴコクハンニヤハラミツキヤウ　仁王護國般若波羅蜜經　〔經名〕二卷、羅什譯。仁王經を略稱す。「ニンワウキヤウ」を見よ。

ニンワウゴコクハンニヤハラミツタキヤウ　仁王護國般若波羅蜜多經　〔經名〕二卷、不空譯。仁王經と略稱す。「ニンワウキヤウ」を見よ。

ニンワウゴコクハンニヤハラミツタキヤウダウヂヤウネンジユギキ　仁王護國般若波羅蜜多經道場念誦儀軌　〔經名〕二巻、不空譯。略して仁王儀軌、仁王般若儀軌など云ふ。仁王經を念誦する秘密の作法を説く。【閏帙七】(1435)

ニンワウジユ　仁王呪　〔經名〕仁王經所説の陀羅尼なり。新本奉持品にあり。

ニンワウダラニ　仁王陀羅尼　〔經名〕仁王呪に同じ。

ニンワウダラニシヤク　仁王陀羅尼釋　〔書名〕仁王般若陀羅尼釋の略稱。

ニンワウネンジユホフ　仁王念誦法　〔經名〕仁王般若念誦法の略稱。

ニンワウハンニヤキヤウ　仁王般若經　〔經名〕仁王護國般若波羅蜜多經の略名。

ニンワウハンニヤゴダンホフ　仁王般若五壇法　〔修法〕五箇の壇を設けて五大力菩薩即ち五大明王を供養する法なり。是れ仁王經の佛説なり。◉(盛衰記八)「仁王般若五壇法朕に過ぎたる眞言師も希にこそあるらめ」

ニンワウハンニヤダラニシヤク　仁王般若陀羅尼釋　〔經名〕一巻、唐の不空譯。仁王經所説の陀羅尼を釋す。【閏帙七】(1406)

ニンワウハンニヤネンジユホウ　仁王般若念誦法　〔經名〕一巻、不空譯。仁王護國般若波羅蜜多經道場念誦儀軌と詳略の不同のみ。【閏帙七】(1419)

ニンワウハンニヤハラミツキヤウ　仁王般若波羅蜜經　〔經名〕仁王護國般若波羅蜜經の略稱。

ニンワウボサツ　仁王菩薩　〔菩薩〕仁王經所説の五大力菩薩なり、禪門祝聖の廻向に仁王菩薩摩訶薩の目あり。護國の益を得ん爲に之を擧ぐるなり。

ニンワウヱ　仁王會　〔行事〕仁王經護國品に、若し國に災難あるときは百座の講座を設けて仁王經を講讃し以て之を禳ふべきを説く。之に依て唐朝には唐の代宗の朝に始て不空三藏をして新翻の仁王經を以て百座の仁王會を行ひ、雨を祈て驗あり。(三寶感應錄中)吾朝齊明帝六年五月、宮中に於て一百の高座を造り、一百の袈裟を作て一百の沙門に賜ひ仁王經を講ぜしむ、是れ仁王會の濫觴なり。(元亨釋書二十一)其の後持統帝七年十月最勝講と共に立てて常式となす。(同卷)尋で聖武帝神龜六年六月一日、一代一度の仁王會を立てて常式となす。(同二十二)(公事根源二月の下)に「臨時の仁王會、吉日を撰で行はる、或は三月なり、大極殿、紫宸殿、清涼殿などにて此事あり、仁王護國般若經を講ぜしむ。ひとへに朝家の御祈の爲に齊明天皇六年五月に仁王會あり、聖武天皇神龜六年六月に宮中並に五畿七道に於て行はる、又一代一度の大仁王會と申すとも侍るにや、それは代代一度に行はるる事なり。」◉(曲、雷電)「やがて仁王會を取り行はばやと存じ」

一代一度仁王會　〔行事〕又、如法大仁王會と云ふ。一代一度の大法會なり、聖武帝神龜六年六月一日に之を修す。(濫觴抄上)其の作法江家次第十五に記す。

臨時仁王會　〔行事〕延暦十七年之を始む、崇道天皇廢流せられ給ふに由て、此年始めて之を行ふ。【初例抄下】

女院仁王會　〔行事〕後冷泉帝永平七年四月五日豐樂院に於て之を修す。【濫觴抄下】

ニンワジ　仁和寺　〔寺名〕眞言宗の門跡地なり、山城國葛野郡に在り、光孝帝の御願にして仁和年中に造營しければ仁和寺と號す、開基は眞然なり。又宇多天皇御出家の後、延喜元年十二月に御室を此に立てられければ御室と稱し、傍ら大内山あれば大内(おほうち)山(さん)と號す。【山城名勝志八】ニンナジと讀む。◉(大鏡)「仁和寺へ參らせ給ふゆきかへりの道を」

仁和寺高雄女詣　〔行事〕三月廿一日御影供を修す故に女人登山することを許す、いはゆる結緣の意なり。

仁和寺傳法會　〔行事〕天仁元年十月二十三日之を始む、七僧法服、此より恒例とす。【初例抄下】

「之を始め恒例とす。【初例抄下】

仁和寺舍利會　〔行事〕康治二年二月十四日

ニンヰ　忍位　〔術語〕七善根中忍法の位なり。「ニンホフ」を見よ。図總じて眞理を證する位を云ふ、忍は心眞理に住して動かざるなり。図仁王經所説の五位の位なり。【宋高僧傳不空傳】に「測二其忍位一莫レ定二高下一。」【本朝續文粹十】に「乾達城中拂二六塵一而昇二忍位一。」

ニンヲウシシ　人雄師子　〔術語〕佛の德號なり。佛は人中に於て最も雄健なれば人雄とも世雄とも云ふ、師子は其の雄健を譬へたるなり。【無量壽經上】に「人雄師子。神德無量。」

ぬ

ヌキデンジユ　拔傳授　〔雜語〕眞言の阿闍梨が弟子に事相を傳受する時、ある修法に關する全部を傳へず、特に肝要なる部分のみを敎ふるを云ふ。

ヌセキケン　笯赤建　[地名]　Nujkend　印度の西北方中央亞細亞の地なり。玄奘入竺の時此の地を過ぐ。【西域記一】

ヌヒ　奴婢　[雜名]　奴隸の男女なり。印度土著の蕃人にして征伏者の爲に使役せらるるもの。一個の財產として經中諸所に「奴婢錢財」の語あり。

ヌヒボトケ　縫佛　[圖像]　佛像又は曼荼羅を彩絲にて刺繡し或は織出せるもの。支那には唐代に日本には奈良朝時代に存したり。【唐詩選】の飲中八仙に「蘇晉長齋繡佛前醉中往往愛逃禪」とあるこれなり。

ヌボクザンマイ　奴僕三昧　[術語]　諸尊諸明王等の使者の辦事の三昧を云ふ。

ヌレボトケ　濡佛　[圖像]　露佛なり、厨子又は堂宇なき佛像なり。毘盧舍那佛の露佛は諸方にあり。鎌倉の大佛は最も有名なり。又里村の路傍に立つ地藏菩薩の露像をも呼ぶことあり。

ね

ネイイチサン　寧一山　[人名]　「イチネイ」を見よ。

ネウ　鐃　[物名]　「ネウハチ」を見よ。

ネウジ　鐃磁　[物名]　皿の名。禪家の稱。

ネウタウ　遶塔　[術語]　右に佛塔を遶るなり。歸敬の意遶佛に同じ。「ネウブツ」「ウネウ」を見よ。

ネウタフクドクキヤウ　遶塔功德經　[經名]　右遶佛塔功德經の略名。

ネウダツ　尿闥　[雜名]　小便處なり。

ネウドウハチ　鐃銅鉢　[物名]　鐃と銅鈸なり。「ネウハチ」を見よ。

ネウハチ　鐃鈸　[物名]　鐃と鈸とは二物にして、もと西戎南蠻の樂器なり。【三才圖會】に「金鐃如二火斗一。有レ柄以レ銅爲レ匡。疏二其上一。如レ鈴。中有レ丸。執二其柄一而搖レ之。其聲譊譊然。以止レ鼓。」【杜氏通典】に「銅鈸亦謂二之銅盤一。出二于西戎及南蠻一。其圓數寸。隱起如二浮漚一。貫レ之以レ韋。相擊以和レ樂也。」【法華經】に「琵琶鐃銅鈸」後に混じて一種となし以て法事の樂器とす。【正字通】に「鈸蒲活切。音拔。銅鈸今鐃鈸也。」是れ鐃鈸を一物とせる本據なり。【僧史略】に「初集鳴二鐃鈸一唱佛歌讚。」

ネウブツ　遶佛　[術語]　西天の法。長上を旋遶して恭敬愛慕の意を表するなり。【西域記二】に「隨二所宗事一多有二旋遶一。或唯一周。或復三帀。」【釋氏要覽中】に「遶佛亦云二旋遶一。此方稱二行道一。乃至歸敬至也。唯佛法右遶。」【法華經】に「頭面禮レ足。遶レ佛三帀。」「ウネウ」參照。

ネウヤク　饒益　[術語]　豐に人を利するなり。【法華經譬喩品】に「饒二益諸子等一與二大事一。」

ネウヤククウジヤウカイ　饒益有情戒　[術語]　三聚淨戒の一。

ネウヤククウジヤウホツシン　饒益有情發心　[術語]　「サンホッシン」を見よ。

ネウワウ　饒王　[佛名]　佛名なり。次項を見よ。

ネウワウブツ　饒王佛　[佛名]　Lokesvara　具には世饒王佛と云ふ。【無量壽經上】に初に世自在王佛と稱して後に世饒王佛といへり、饒は即ち自在の義なれば同名異譯なり。【同經憲遠疏】に「世饒王佛者。世自在王佛之別名也。」阿彌陀佛此佛に向て四十八願を立てしなり。

ネカラ　涅迦羅　[雜名]　Niskala*　譯、暫時。【唯識樞要上本】に「涅者暫也。迦羅時也。」

ネガタ　涅伽多　[雜名]　Nirgata*　天狗星なり。【大日經疏五】に「於二南緯之南一置二涅伽多一。謂天狗也。」

ネゴロジ　根來寺　[寺名]　紀州根來に在り、鳥羽帝天仁年中覺鑁上人之を創し眞言の新義を弘む、天正十三年秀吉の爲に滅され山衆離散す。

ネヂヤウハンナ　涅疊槃那　[術語]　Nirdhāpana*　又Nirdahana*譯、焚燒。「ダビ」を見よ。

ネツジエン　熱時炎　[雜語]　陽炎なり。炎熱の時、遠く曠野を望めば、風塵日光に映じて一種の幻影を生ず。之を陽炎とも野馬とも云ふ。渴鹿又は無智の人は之を見て水となす。以て一切有爲法の虛假不實なるに譬ふ。【智度論六】に「炤以二日光風動一塵故。曠野中如二野馬一。無智人初見謂爲レ水。男相女相亦如レ是。」【涅槃經二十】に「如二熱時炎一。愚痴之人。謂レ之爲レ水。」【維摩經觀衆生品】に「如二熱時炎一如二呼聲響一。」「カゲラウ」を見よ。

ネツテツヂゴク　熱鐵地獄　[界名]　熱鐵を以て造れる地獄なり。【智度論十六】に「熱鐵地獄。縱橫百由旬。驅打馳走足皆燋然。」

ネツノウ　熱惱　[術語]　劇苦に逼られて身熱し心惱むなり。【法華經信解品】に「以二三苦一故。於二生死中一受二諸熱惱一。」

ネヅミ　鼠　[動物]　梵語母蔗迦　Mūsika　又、婦佉羅、「Ākhu　[梵語雜名]

白黑二鼠　[譬喩]　或は晝夜に喩へ或は日月に譬ふ。【賓頭盧突羅闍爲優陀延王說法經】に「昔日有レ人。行在二曠野一。逢二大惡象一。爲レ象所レ逐。狂懼走突。無レ所二依怙一。見二一丘井一。即尋二樹根一。入二井中一藏。有二白黑鼠一。牙齧二樹根一。此井四邊。有二四毒蛇一。欲レ螫二其人一。而此井下有二大毒龍一。傍畏二四蛇一。下畏二毒龍一。所レ攀之樹其根動搖。樹上有二蜜三渧一。墮二其口

中一。于レ時動レ樹撐ニ壞蜂窠一。衆蜂散飛。唼ニ螫其人一。有ニ野火一起復來燃レ樹。乃至曠野者喩ニ於生死一。彼男子者喩ニ於凡夫一。象喩ニ無常一。丘井喩ニ於人身一。樹根喩ニ人命一。白黑鼠者喩ニ晝夜一。齧ニ樹根一者喩ニ念念滅一。四毒蛇喩ニ四大一。蜜者喩ニ五欲一。衆蜂喩ニ惡覺觀一。野火燒者喩レ老。下毒龍者喩レ死。」【名義集五】に「大集云。昔有ニ一人一。避ニ二醉象一。生死緣ニ藤命根入レ井無常有ニ黑白二鼠日月嚙レ藤將レ斷。傍有ニ四蛇四大欲レ螫。下有ニ三龍三毒吐レ火張レ爪拒レ之。其人仰ニ望スルニ二象一已臨ニ井上一。憂惱無レ託。忽有レ蜂過遺ニ蜜滴テ入レ口。五欲是人唼レ蜜全亡ニ危懼一。」大集經を檢するは此文を見ず。【性靈集四】に「四蛇相ニ鬪於身府一。兩鼠爭ニ伐於命根一。」⊙（太平記）「黑白二のねづみ」又「月の鼠の根をかぶる」

國王依ニ鼠護一勝ニ合戰一 〔傳說〕【西域記十二、今昔物語五】

僧房天井鼠聞レ經得レ益 〔傳說〕【今昔物語四】出據未詳。

迦蘭陀鼠救毘舍離王命 〔傳說〕「カランダ」を見よ。【善見律毘婆沙六、經律異相四十七】

鼠偸蘇死 〔傳說〕長者あり蘇瓶を安じて樓に置く一鼠蘇を食て瓶に入て食ふ。蘇盡きて身大瓶を出づると能はず。長者蘇瓶を取て之を凝結せりと思ひ火上に置く。鼠即ち死す。【經律異相四十七、義楚六帖二十四】

天帝化鼠 〔傳說〕戰遮婆羅門の女、木盂を以て腹を覆ひて佛所に詣り、大衆の中に於て、是れ佛の子なりと言ふ。天帝白鼠に化し、繩を咬斷して木盂を落す。大衆大に笑ふ。「センシャ」を見よ。

ネハン 涅槃

〔術語〕梵音 Nirvāṇa 又、泥曰、泥洹、泥畔、涅槃那など云ふ。舊譯の諸師は滅、滅度、寂滅、不生、無爲、安樂、解脫等と譯し、新譯は波利暱縛喃 Parinirvāṇa と云ひ、圓寂と譯す。滅とは生死の因果を滅する義なり。滅度とは、生死の因果を滅し、生死の瀑流を渡るなり。是れ滅即ち度なり。寂滅とは寂は無爲空寂安穩の義、滅は生死の大患滅するなり。不生とは生死の苦果再び生ぜざるなり。無爲とは惑業の因緣の造作なきなり。安樂とは安穩快樂なり。解脫とは衆果を離るるなり。此中單に滅と譯すが正翻にして、他は皆義翻なり。肇師の【涅槃無名論】に「泥曰、泥洹、涅槃。此三名前後異出。蓋是楚夏不同耳。云ニ涅槃一。音正也。乃至秦言ニ無爲一。亦名ニ度一。無爲者。取ニ於虛無寂寞一妙ニ絕於有爲一。滅度者。言ニ其大患永滅。超ニ度四流一。」と【涅槃玄義上】に「既可レ得レ翻。且擧ニ十家一。一竺道生。時人呼爲ニ涅槃聖一。翻爲レ滅。二莊嚴大斌。翻爲ニ安樂一。三白馬愛。翻爲ニ寂滅一。四長干影。五定林柔。翻爲ニ無累解脫一。六大宗昌。翻爲ニ解脫一。七梁武。翻爲ニ不生一。八肇論。云ニ無爲一亦云ニ滅度一。九會稽基。偏用ニ無爲一。十開善光宅。同用ニ滅度一。」【大乘義章十八】に「外國涅槃。此翻爲レ滅。滅ニ煩惱一故滅ニ生死一故名レ之爲レ滅。離ニ衆相一故大寂靜故名レ之爲レ滅。」【涅槃經四】に「滅ニ諸煩惱一名爲ニ涅槃一。離ニ諸有一者乃爲ニ涅槃一。」【圓覺經】に「以ニ因緣俱滅一故心相皆盡。名レ得ニ涅槃一。」【賢首心經略疏】に「涅槃此云ニ圓寂一。謂德無レ不レ備稱レ圓。障不レ無レ盡名レ寂。」【俱舍論二十四】に「通達言唯目ニ見道一。是證ニ圓寂一初加行故。」【唯識述記一本】に「西域梵音云ニ波利暱縛喃一。波利者圓也。暱縛喃言レ寂。即是圓滿體寂滅義。舊云ニ涅槃一。音訛略也。今或順レ古亦云ニ涅槃一。」【華嚴大疏鈔五十二】に「釋レ名涅槃正名爲レ滅。取ニ其義類一乃有ニ多方一。總以レ義翻稱爲ニ圓寂一。以下義充ニ法界一德備中塵沙上曰レ圓。體窮ニ眞性一妙絕ニ相累一爲レ寂。」

涅槃那 〔術語〕涅槃の具名。【涅槃玄義上】に「毘婆沙云ニ涅槃那一。今經無ニ那字一。蓋譯人存レ略耳。」【大乘義章十八】に「涅槃。此名レ滅。那者名レ息。究竟解脫シテ永蘇息故。」【華嚴疏鈔五十二】に「那ハ入義。」

二種涅槃 〔名數〕一に有餘涅槃、二に無餘涅槃なり。依とは有漏の依身なり。新譯に有餘依無餘依と云ふ。有餘涅槃とは生死の因たる惑業を盡して猶有漏の依身の苦果を餘すを云ふ。次に無餘涅槃は、更に依身の苦果を滅し、餘す所なきを云ふ。此二種の涅槃は同一體にして三乘の行人、初成道の時に之を證得するも、無餘涅槃の現はるるは命終の時に在るなり。【智度論三十一】に「涅槃。是第一法無上法。是有ニ二種一。一有餘涅槃。二無餘涅槃。愛等諸煩惱斷。是名ニ有餘涅槃一。聖人今世所レ受五衆。盡更不ニ復受一。是名ニ無餘涅槃一。」此の二種を大小乘に就て分別するに三門あり。一は單に小乘に就て分別す。生死の因を斷じて猶生死の苦果を餘すを有餘涅槃と云ひ、生死の因を斷ずると同時に、其當果をして畢竟不生ならしむるを無餘涅槃と云ふ。無餘涅槃の相を現ずるは命終の時に在るなり。即ち無餘涅槃は灰身滅智して一有情都滅なり。二に單に大乘に就て分別す。變易生死の因盡くるを有餘とし、變易生死の果盡くるを無餘とす。三に大小相對して分別す。小乘の涅槃を有餘とす、猶變易生死あればなり。大乘の涅槃を無餘とす、更に餘の生死なければなり。此一義は勝鬘經に出づ。【勝鬘經寶窟下本】又、身智永滅に就て大小乘に於て其說を異にす。小乘の宗義には三乘の聖人、無餘涅槃に入れ

ば身智永く亡じて無一物なり、法界中一有情を滅するなり。大乘中相性の二宗あり。相宗の唯識宗は定性二乘の無餘涅槃は畢竟都滅なり。不定性の二乘及び佛の無餘涅槃は實滅にあらず。二乘の人は分段生死を離るるを無餘涅槃と云ひ、佛は應身の化を息めて眞身の本に歸するを無餘涅槃と云ふ。性宗三論華嚴天台の諸家は定性の二乘あるとなく、畢竟成佛するなり。故に法界に實滅の無餘涅槃なるものあるとなし。只妄を息めて眞に歸し化を緝めて本に還るに就て無餘涅槃に入ると云ふ【大乘義章十八】に「入義有二三義一。一就レ實論。入息レ妄歸レ眞從レ因趣レ果。二眞應相對。息レ化歸レ眞故名爲レ入。三者唯就レ應。現下捨二有爲過一趣中入無爲上故名レ入。」

小乘涅槃と大乘涅槃 〔術語〕【大乘義章十八】に「大小相對すれば、大乘は法身般若解脫の三德涅槃を成ずるを得、小乘は成ぜず。此に五義あり、一に有無分別、小乘の三德は是れ有法、涅槃の體は是れ無法、有無別體なるが故に相成せず。大乘の三德は體是れ有法、大乘の涅槃亦是れ有法、有義相並ぶが故に相成を得。二に常無常分別、小乘の三德は體是れ無常、涅槃の體是れ常、常無常異なるが故に相成せず。大乘の三德は體性是れ常、大乘の涅槃亦是れ常、常義相順ずるが故に相成を得」餘の三義は略す 又、常樂我淨の四德に就きて大小を分別すれば、大乘の涅槃には具さに四德を具へ小乘の涅槃は四義不定なり。小に據て小を說けば小乘の涅槃には常樂淨の三ありて唯我の一なし。何となれば涅槃は無爲にして四相に遷されざれば說て常となし、又所斷の惑體永く滅して起らざれば常と名け、寂滅の體永く安きが故に樂と名け、垢染を離るるが故に淨と稱す。而かもかの涅槃の中には身智倶に滅して自在の大用なきが故に我と名くべきなし。倶舍論に滅諦の行相を說て滅、淨、妙、離と云ふ、以て我德なきを知るべし。 次に大に據て小を說けば或る時は全く四德を奪て悉く無しとす。或る時は樂淨の二を與へて我常の二を許さず。全く之を奪ふは彼れ尙變易生死を有すればなり。淨樂の二を許すは分段生死を離るる上に就て、一分淨樂の義あればなり。【法華玄論二】に「大小の涅槃に就て凡そ三義あり、一に本性寂滅非本性寂滅異、小乘の涅槃は生死を滅して涅槃なり、大乘の涅槃は生死本來涅槃なり。故に法華方便品に言ふ、諸法從レ本來常自寂滅相と。二に界內界外斷惑異、小乘の涅槃は唯界內の分段生死を斷ずるに止まり、大乘の涅槃は界外の變易生死をも斷ずるなり。三に衆德具不異、小乘の涅槃は無身無智なるが故に衆德を具せず、大乘の涅槃は身智を具するが故に法身般若の德を具す。」【法華玄贊二】に「眞如三德を具するを以て涅槃を成ず、一に眞如圓覺を生ずるを般若と名く、眞如の體覺性なるが故なり、小乘の涅槃は體覺性とならざる故に般若と名けず、二に眞如の體、所知障を出るを以て法身と名く、彼れ一切功德法の所依となればなり、小乘の涅槃は功德法の所依にあらざれば法身と名けず、三に眞如の體衆苦都て盡き分段變易の二死を離るるが故に解脫と名く、小乘の涅槃は分段の生死を離るるも未だ變易の生死を脫せざれば圓滿の解脫にあらず、然も分段の生死を離るるに就て三乘同坐二解脫之床一と云ふ。此に由て小乘亦涅槃を得と名く。而かも大涅槃にあらず、具足せざるが故に。」要するに分段變易の二生死を離れて、無邊の身智を有し、法般解の三德、常樂我淨の四義を具するは大乘の涅槃なり。唯分段の生死を離れて身智を滅無し、大乘より云へば變易生死の身智あり 三德の中僅に解脫の一分を具し、四義の中唯常樂淨の三を具するは小乘の涅槃なり。

涅槃字義 〔術語〕前に涅槃を滅等と言ふは是れ字釋なり、更に多くの義釋あり、涅槃 Nirvāṇa は【婆沙論二十八】に「槃名二稠林一涅名爲レ出。出二蘊稠林一故名二涅槃一。復次槃名レ織。涅名爲レ不。以二不織一故名爲二涅槃一。如下有レ縷者便有二所織一。無則不上レ然。如レ是若有二業煩惱一者便織二生死一。無學無レ有二業煩惱一。故不レ織二生死一。故名二涅槃一。復次槃名二後有一。涅名レ無。無二後有一故。名爲二涅槃一。復次槃名二繫縛一。涅名爲レ離。離二繫縛一故名爲二涅槃一。復次槃名二一切生死苦難一。涅名二超度一。超二度一切生死苦難一故名爲二涅槃一。」【涅槃經二十五】に「涅者言レ不。槃者言レ織。不織之義名爲二涅槃一。槃又言レ覆。不覆之義乃名爲二涅槃一。槃言二去來一。不去不來乃名二涅槃一。槃者言レ取。不取之義乃名二涅槃一。槃言二不定一。定無二不定一乃名二涅槃一。槃言二新故一。無二新故義一乃名二涅槃一。槃言二障礙一。無障礙義乃名二涅槃一。善男子有二優樓佉迦毘羅等弟子一言。槃者名レ相。無相之義乃名二涅槃一。善男子。槃者言レ有。無有之義乃名二涅槃一。槃名二和合一。無二和合義一乃名二涅槃一。槃者言レ苦。無二苦之義一乃名二涅槃一。」

小乘二家涅槃 〔術語〕有部宗は、涅槃は本來實有なり、煩惱を斷ずる時、離繫得と云へる繩を起して、之を行者の身に屬するなりと云ひ、成實宗は、涅槃は無法なり、生死の因果の無なる是れ涅槃なりと云ふ。【大乘玄論三】に「小乘二師者。

毘曇計㆓無爲㆒爲㆓涅槃㆒。是善是常本有。在㆓煩惱外㆒。斷㆓煩惱㆒起㆑得得㆑之屬㆓於行者㆒。成論明涅槃但是無法。」

四種涅槃　〔名數〕法相宗所立、一に本來自性清淨涅槃、客塵煩惱あれども、自性清淨にして湛たると虚空の如く、一切分別の相を離れて、言語道斷心行處滅なり、唯眞の聖者自ら内に證する所、其性もとより寂靜なれば涅槃と名く。二に有餘依涅槃、煩惱障を斷盡して顯す所の眞如なり。有餘依とは有漏の依身なり、所斷の煩惱に對して餘依と云ふ。此有漏の依身を餘すと雖、煩惱の障永く寂滅するが故に涅槃と名く。三に無餘依涅槃、生死の苦を出でたる眞如なり。是れ亦有餘依涅槃と共に煩惱障を斷じて得る所の眞理なれども、生死の苦果の斷謝する時即ち後時に顯はるるなり。故に却て苦果の依身なければ無障依と云ひ、衆苦永く寂滅すれば涅槃と云ふ。四に無住處涅槃、是れ所知障を斷じて顯はす所の眞如なり。所知障とは智の障なり。二乘の人は所知障あるが爲に、生死涅槃無差別の理を了せず、生死は厭ふべく涅槃は欣ぶべしと固執す。佛は所知障を斷じて菩提の眞智を得るとき、生死涅槃に於て厭欣の情を離れ、但大智あるが故に生死に住し、大悲あるが爲に涅槃に住せず。以て盡未來際有情を利樂すれば無住處と云ひ、利樂の用常に起るも而かも常に寂なれば涅槃と云ふ。此中一切の有情は初の一を有し、二乘の極聖は前の自證有餘無餘の三を有し、菩薩は初地巳上に於て第一と第四の二を有す、ただ世尊四を具するなり。問ふ、大乘の所說に依れば、如來の色身は總じて無漏清淨にして、生死の苦果にあらず、何ぞ有餘涅槃あらん、旣に有餘涅槃なし、無餘亦無かるべし。答ふ、佛身に就きて有餘無餘を論ずるは二義あり。一は如來の身には實の苦果なけれども、苦果に似たる依身を示現するに就きて有餘無餘を論ずるなり、八相成道の如きなり。二は無漏の色身の隱顯に就きて有餘無餘を論ずるなり。【唯識論十、百法問答鈔八】

五種涅槃　〔名數〕凡夫五種の現涅槃を計度す。一は欲界を證處として之を愛慕するが故に、二は初禪の性に愛なきを愛慕するが故に、三は二禪の心に苦なきを愛慕するが故に、四は三禪の極悅を愛慕するが故に、五は四禪の苦樂兩ら亡するを愛慕するが故に。此五處の現涅槃を計度するに由て外道に墮落して菩提の性に惑ふ。【楞嚴經】

ネハンイン　涅槃印　〔術語〕具さに涅槃寂靜印と云ふ。三法印の一。佛決定して涅槃寂靜の理を說きて衆生をして煩惱生死を離れしむるを涅槃寂靜の法印となし、經中此法印を有する者を眞實の佛說とす。猶世の印契の如きなり。又、涅槃の證果を得べきを保證する印契なり。【大集經五十三】に「若有㆓衆生㆒爲㆑我出家。剃㆓除鬚髮㆒。被㆓服袈裟㆒。設不㆑持㆑戒。彼等悉巳爲㆓涅槃印之所㆒㆑印也。」

ネハンカイ　涅槃界　〔術語〕界とは藏の義、涅槃は能く無爲の萬德を藏すれば界と云ふ。又因の義なり、涅槃能く一切の世間出世間の利樂の事を生ずれば界と云ふ。又界は界畔なり。涅槃に界畔なきも生死界に望めて涅槃界と云ふ。【唯識論十】に「界是藏義。此中含㆓容無邊希有大功德㆒故。或是因義。能生㆓五乘世出世間利樂事㆒故。」【增一阿含經十二】に「亦獲㆓智慧海㆒。漸至㆓涅槃界㆒。」

ネハンキ　涅槃忌　〔行事〕「ネハンヱ」を見よ。

ネハンキヤウ　涅槃經　〔經名〕小乘大乘の二部あり、小乘の涅槃經は西晉の白法祖譯、佛般泥洹經二卷、(552)東晉の法顯譯、大般涅槃經三卷、(118)失譯、般泥洹經三卷、【昃帙十】(119)是れ同本異譯にして八相成道の化身の釋迦が、拘尸那城に於て涅槃に入れる前法のさまを說けるもの。是れ化身佛の實錄なり。他に中阿含の中に涅槃經あり涅槃を得べき觀行を說く。次に大乘の涅槃經は西晉の竺法護譯、佛說方等般泥洹經二卷、(116)東晉の法顯譯、大般泥洹經六卷、(120)隋の闍那崛多譯、四童子三昧經三卷、【盈帙九】(121)此三本廣略同じからざるも共に大乘涅槃經の初の一分なり。其全經は北凉の曇無讖譯、大般涅槃經四十卷、北本涅槃と稱す【盈帙五六】(113)後に劉宋の慧觀等前經を再治せるもの大般涅槃經三十六卷、南本涅槃と稱す。【盈帙七八】(114)佛の涅槃は灰身滅智にあらず、佛今入滅の相を現ずるも佛身は常住にて不滅なるを說く。外に唐の若那跋陀羅譯、大般涅槃經後分二卷、【盈帙九】佛の附屬及び入涅槃、荼毘、分骨等の事を說く、是れ前經後分の補足なれば後分經と稱す。巳上數本の中常に涅槃經と稱するは南北二本の大般涅槃經にして、南本は台家章安の疏あるにも拘はらず、諸宗一般に通用するは北本涅槃なり。

經疏　〔書名〕大般涅槃經玄義二卷、章安尊者灌頂撰、大般涅槃經疏三十三卷、頂灌撰湛然再治、南本涅槃經の疏釋なり。【調帙六七】

涅槃物語　〔雜名〕佛入涅槃告衆會語。【今昔二】出據未詳。佛入涅槃時受㆓純陀供養㆒語。【今昔二】前半は【涅槃經二】後半は出據未詳。佛入㆓涅槃㆒

時遇二羅睺羅一語。【今昔二、大悲經二羅睺羅品】佛入涅槃入棺語。【今昔二、後分涅槃經上】佛涅槃後伽葉來語。【今昔二、長阿含經四】佛入涅槃後摩耶夫人下語。【今昔二、摩訶摩耶經下】

ネハンキヤウゴブン　涅槃經後分　【經名】大般涅槃經後分の略名。又後分涅槃經、後敎涅槃經と稱す。

ネハングウ　涅槃宮　【譬喩】涅槃は衆聖の遊ぶ所なれば以て宮殿に譬ふ、【倶舍論三十】に「此涅槃宮一廣道千聖所レ遊無我性。」【同光記三十】に「大涅槃衆聖所レ居。名二涅槃宮一。」

ネハンサウ　涅槃相　【術語】化身佛八相の一。世尊入滅の相なり。佛八十年の間衆生を敎化し、化緣既に盡て中天竺拘尸那城跋提河の邊沙羅雙樹の間にて一日一夜の間大般涅槃經を說き畢て、頭北面西右脇に臥し、逆順に四禪定四空定及び滅盡定に入り、又超越に諸禪定に入り、終に第四禪定に於て入滅す。時に二月十五日の中夜なり。爾の時四邊の雙樹白花を開き、白鶴群居する如し。即ち轉輪王の茶毘の式を以て金棺に移し、諸大力士金棺を奉じて拘尸那城を七帀して茶毘の所に至る。七日を過ぐ。時に大栴檀を積み、香燭を投じて之を燒かんとするに、火燃えず。阿㝹樓駄言く、是れ迦葉の至るを待つなりと。時に迦葉五百の弟子と耆闍崛山に在り、如來の涅槃を知て如來の最後を拜せんと欲し、更に七日を經て茶毘の所に詣る。如來金棺より雙足を出して之を見しむ。是に於て諸大力士七寶の大炬を以て投ずるに、亦悉く殄滅す。迦葉言く、人天の炬火何ぞ如來の寶棺を茶毘するを得んと。爾の時如來大悲力を以て自ら火光三昧に入り、心胷の中より火踊て棺外に出で、漸漸茶毘して七日に至り、香樓寶樓盡く焚盡す。八國の諸王競て舍利を取らんと欲し、既に兵を興す、既に徒盧那(香姓)婆羅門舍利を諸王に分ち、各塔を起して之を供養す。(後分涅槃經小乘大般涅槃經)【四敎儀七】に「於二第四禪中一入二火光三昧一。燒レ身滅度。唯留二舍利一爲二人天福用一。身智俱滅入二無餘涅槃一。」

涅槃夜阿闍世王夢　【故事】阿闍世王父王を害し、身に惡瘡を生じ、既に世尊の月愛光に遇て身瘡漸く愈え、即ち本宮に還り、都て如來の涅槃を知らず。涅槃の夜に於て、夢に月落ち、日地より出で、星宿雲雨續紛として隕ち、復た煙氣ありて地より出で、七彗星天上に現じ、復た天上大火聚あり遍空熾燃して地に墮つるを見る。【後分涅槃經下】

涅槃月日　【雜語】【大般涅槃經一】に「二月十五日臨二涅槃一。」【善見律一】に「二月十五日平旦時入二無餘涅槃一。」【長阿含經四】に「二月八日取二涅槃一。」【薩婆多論二】に「以二八月八日沸星出時一取二般涅槃一。」【西域記六】に「之を先記に聞く。曰く、佛生年八十、吠舍佉月後半十五日を以て般涅槃に入る。此三月十五日に當るなり。說一切部は則ち佛は迦剌底迦月後半八日を以て般涅槃に入る、此は九月八日に當るなり。」【涅槃經三十】に佛の二月十五日に涅槃するに就て十七義を列ね、其一義は二月は春陽の月なり、萬物生長す。此時衆生多く常想を生ず、衆生の是の如き常想を破して如來の眞常を顯はさん爲の故なり。又十五日は日に虧盈なし、諸佛の大涅槃亦虧盈なし、故に十五日を以て涅槃に入ると云ふ。」

拘尸那城涅槃　【傳說】佛が拘尸城に涅槃せし因緣なり。【涅槃經二十九】に「往昔此地に轉輪聖王あり。是の如き言を唱ふ、佛の所說の如きは一切諸法皆悉く無常なり、若し能く十善法を修習せば能く是の如き無常の大苦を斷たんと、我れ是の時始て佛の名號を聞き、菩提心を發し、是より已來是の法を以て無量の衆生に轉敎す。是の故に我れ今此處に於て亦諸法の無常變壞唯佛身是れ常住の法を說く。我れ往昔所行の因緣を憶ふが故に今此に來つて涅槃に入る。」

佛三從金棺出　【傳說】初は金臂を出して阿難の爲めに入胎の相を現ず、【菩薩處胎經一】次は起坐して摩耶の爲に說法す、【摩訶摩耶經下、西域記六】後は雙足を現じて迦葉に示す、【後分涅槃經下、西域記六】

ネハンサイ　涅槃際　【術語】「ニサイ」を見よ。

ネハンザウ　涅槃像　【圖像】佛の雙林樹下に頭北面西に橫臥して涅槃に入れる相なり。

涅槃像曼陀羅　【圖像】釋尊の寶牀に橫臥し五十二類の異衆之を圍繞して哀慟せる相を畵けるなり。虛空雲中に一僧あり、錫杖を携へて前に立ち、無數の天人後に從て降臨する相を畵くは、是れ尊者阿那律(又阿泥樓駄と云)如來の身を棺に入れ了つて後、忉利天に昇り、世尊入滅の事を摩耶夫人に告げ、摩耶之を聞て哀慕して天より下り、雙樹の間に趣くなり。【摩訶摩耶經下】佛北首の下の娑羅樹の枝に遙に錦囊及び錫杖を懸くるは、是れ佛の鉢盂、及び錫杖にして、佛入滅の時に手づから阿難に付與せしものなり。【菩薩處胎經一】佛の足下に二老婆あり、如來の足を撫して涕泣するは、身貧にして餘人

の如く前後の供養を爲すと能はざるを悲むなり。【小乘大般涅槃經下】佛前一比丘迷倒し餘僧手を垂れて之を慰むるは、阿難深く憂海に沒し、如來の前に投じて死人の如し、阿那律之を安慰して如來に四問を致さしむる狀なり。【智度論二】大力士の悲哽嗚咽の相は是れ金剛力士なり。【佛入涅槃密迹金剛力士哀戀經】（第九十二圖參照）

ネハンシウ　涅槃洲　〔譬喩〕涅槃を洲渚に譬ふるなり。【智度論七十一】に「涅槃是爲洲。衆生沒在四流水中。佛以八正道船引著涅槃洲上。」

ネハンシヤウ　涅槃聖　〔人名〕秦の道生略本の涅槃經（法顯譯の六卷本佛說大般泥洹經）を見て佛身常經の義を發明す、聞く者初め之を信ぜず、廣本出るに及んで果して然り、時人稱して涅槃聖と云ふ。【涅槃玄義上】に「竺道生。時人呼爲涅槃聖。」

ネハンシヤウ　涅槃聲　〔術語〕梵音に於て、[梵字]等の滿口聲の大涅槃の義を顯はすものを涅槃聲と云ひ、其の形は●●の二點、例へば[梵字]aḥの如くなれば之を涅槃點と云ひ、又五字五音轉生の義に依りて涅槃輪と云ふ。其の本字は[梵字]也[梵字]囉[梵字]羅[梵字]縛[梵字]奢[梵字]沙[梵字]娑[梵字]訶の八字なり。若し此等の字、上字に連なれば、以て上字の涅槃の義を成ずるなり。【悉曇藏二】又一說に[梵字]濫[梵字]訖叉の遍口聲を加へ十字を以て涅槃聲と爲す。【梵漢對映集上】に「往昔天竺に乾政師子あり。威勢餘に勝る。此の師子法師の近づくを恐れず。敕命に依つて獵師法師の形と成て射斃す。師子死する時、[梵字][梵字]等の十字を唱ふ。茲に因つて涅槃の十字と名く。」と。賢愚經及び報恩經に堅誓師子の法師の爲に死する因緣を詳記するも此の十字の事を說かず。是れ密部經軌の典據ありや又一の口傳なりや更に考ふべし。【智證疑問】に「問ふ、空點は一なり。涅槃は二なり。其の意如何。答ふ、之を案ずるに、空點は是れ成菩提の義、圓點は是れ自證圓滿の表示なり。其の旨、疏第十に釋する如し。涅槃點は除遣の義、二點は是れ急迅呵叱の表示なり。或は因果倶に是れ本不生なるが故に、又は理智究竟して同じく大寂に住するが故に、又衆生の涅槃と如來の涅槃と平等なるが故に、是の如き等の義を表するが故に重疊するなり。」

ネハンシユウ　涅槃宗　〔流派〕支那十三宗の一。北涼の曇無讖初めて佛性常住の旨を弘布する宗なり。涅槃經に依つて此經を譯せしより、宋の慧成、曇無成、僧莊、道汪、靜林、慧定、曇斌、超進、法瑤、道登、曇庋、道成の諸師、疏を製し章を作して弘布甚盛なり。隋に在りては淨影、智徽、法礪、道綽等多く涅槃を宗とす。唐朝に來りて道宣、法寶、各所弘あれども所歸涅槃にあり、法寶殊に五時敎を立てて大小乘を攝す。然るに天台宗盛なるに及びて、法華涅槃同醍醐味の說に壓せられ、此宗自ら彼に屬し、別に涅槃を宗とするものなし、本朝昔大安寺の眞言院に於て此宗を弘め本經を講敎す。常修多羅宗と稱す。【三國佛法傳通緣起上】

ネハンジキ　涅槃色　〔術語〕黑色なり。五轉の中涅槃は北方黑位に當ればなり。「ゴテン」を見よ。

ネハンジキ　涅槃食　〔譬喩〕涅槃を食に譬ふ。【南本涅槃經四】に「煩惱爲薪。智慧爲火。以是因緣。成涅槃食。」【北本涅槃經】に「涅槃飯。」

ネハンジヤウ　涅槃城　〔譬喩〕涅槃は聖者の所居、以て宮城に譬ふ。【長阿含經四】に「沸星得最上道。沸星入涅槃城。」【楞嚴經十】に「背涅槃城。生天魔種。」【楞伽經三】に「緣自覺了向涅槃城。」【智度論二十】に「諸法實相是涅槃城。城有三門。空、無相、無作。」

ネハンジヤクジヤウイン　涅槃寂靜印　〔術語〕三法印の一。一切衆生惑を起し業を作り三界に流轉す、この故に佛涅槃寂靜の法を說きて生死をはなれ、寂滅に至るを得しめ給ふを云ふ。

ネハンセン　涅槃山　〔譬喩〕生死の河に對して涅槃を山に譬ふ。【千手經】に「南無大悲觀世音。願我早登涅槃山。」又、佛の涅槃に入るは日の山に入る如くなれば涅槃を山に譬ふ。【涅槃經十四】に「佛日將沒大涅槃山。」【大日經疏二十】に「如是大涅槃迹極通本。衆生有緣薪盡。即如來方便之火息。故涅槃也。佛日既隱於涅槃山。故黑色也。」

ネハンソウ　涅槃僧　〔衣服〕Nivāsana 又、泥洹僧。新稱、泥嚩此那（にはしやな）。又厥修羅。（Kusūlaka）譯、內衣。即ち裙なり。【行事鈔下一之二】に「涅槃僧法（此云內衣）佛於僧前自著內衣。又、泥婆珊那。泥伐散那。泥婆娑、舊稱涅槃僧。敎諸比丘。因制式。」【資持記中三之四】に「涅槃僧。此云內衣。即是裙也。以西土裙法橫疊圍身。長繩四繞使正多致不齊。」【同下一之二】に「翻內衣西國本無視袴。即以此衣襯體著故。」【慧琳音義八十二】に「泥縛些那。僧方裙也。舊云涅槃僧。」【西域記二】に「泥嚩些那。既無帶襻。其將服也集衣爲襵。束帶以絛。襵則諸部各異色。則黃赤不同。」

ネハンダウ　涅槃堂　〔堂塔〕又、延壽堂、省行堂無常院など云ふ。病僧を送て入滅せしむる處なり。【佛祖通載三十】に「他日涅槃堂孤光獨照時。自驗看。」

ネハンヂウ　涅槃頭　〔職位〕涅槃堂の事を掌る

もの。

「見よ。

ネハンテン　涅槃點　〔術語〕「ネハンシャウ」を見よ。

ネハンナ　涅槃那　〔術語〕「ネハン」を見よ。

ネハンノシチユウ　涅槃四柱　〔名數〕「シシユツゲ」を見よ。

ネハンノハチミ　涅槃八味　〔名數〕涅槃に具備せる八種の法味。常住、寂滅、不老、不死、清淨、虛通、不動、快樂の八なり。【大藏法數】「涅槃梵語具云ニ摩訶般涅槃那一。華云ニ大滅度一。大即法身。滅即解脫。度即般若。是乃三德秘密理藏也。此之理藏在ニ諸佛一不レ增。在ニ衆生ニ不レ減。而有ニ八種法味一。故泥洹經立ニ此八味之名一。」

ネハンバク　涅槃縛　〔術語〕涅槃に樂着して衆生を利せざるもの。是れ小乘の境界なり。【金剛三昧經】に「無住菩薩言。心得ニ涅槃一。獨一無レ伴。常住ニ涅槃一。應ニ當解脫一。佛言。常住ニ涅槃一。是涅槃縛。」

ネハンフウ　涅槃風　〔譬喩〕涅槃の妙理、人を送て菩提に到らしむれば以て風に譬ふ。【涅槃經九】に「是時忽遇ニ大乘大涅槃風一。隨順吹向ニ於阿耨多羅三藐三菩提一。」

ネハンブツ　涅槃佛　〔術語〕華嚴經十佛の一。佛の應身、化事既に畢て滅度を示現するもの。又、涅槃像のこと。

ネハンブン　涅槃分　〔術語〕出處は曇鸞の論註に「不レ斷ニ煩惱一得ニ涅槃一。」と云ふにあり。此を解するに種種あり。一に分は分圓之義にして、極樂に往生して涅槃の一分を證したるを云ふ。涅槃の分得にして未だ證理の圓滿せざるを云ふ。二に分は因の義にして、涅槃に至るべき因分を云ふ。正定聚の身分なり。三に分は分齊の義。涅槃の證果の分齊をいふ。

涅槃其のものを云ふ。

「よ。

ネハンボン　涅槃飯　〔譬喩〕「ネハンジキ」を見よ。

ネハンモン　涅槃門　〔譬喩〕涅槃の城に入るの門戶なり。【無量義經】に「開ニ涅槃門一。扇ニ解脫風一。」【般舟讚】に「念佛即是涅槃門。」又、葬所四門の一。北方を涅槃門とす。北方は陰の極なれば以て寂靜の涅槃に配す。「シモン」を見よ。

ネハンラク　涅槃樂　〔術語〕三樂の一。生死の苦を離れて究竟安穩なるを涅槃の樂と云ふ。【法華經藥草喩品】に「皆令三離レ苦得ニ安穩樂、世間之樂、及涅槃樂一。」

ネハンロン　涅槃論　〔書名〕大般涅槃經論の略名。一卷、婆藪盤豆菩薩造、元魏の達磨菩提譯。經中迦葉菩薩所問の偈を譯す。【往帙六】(1206)

ネハンヱ　涅槃會　〔行事〕二月十五日に佛の入滅を追悼する法會なり。涅槃像を揭げて遺敎經を讀誦するなり。【釋氏要覽】に「二月十五日佛涅槃日。天下僧俗有ニ營會供養一。即忌日之事也。」

石山涅槃會　〔行事〕【濫觴抄下】に「桓武二十四年甲辰二月十五日始行レ之。」

山階寺涅槃會　〔行事〕又、常樂會と稱す。是れ吾朝涅槃會中の翹楚なり。【諸寺緣起集】に「賢璟大僧都は形貌美麗にて、見る人之を愛喜す。高野天皇の御時、御前の間に參上す。天皇頗る御懸念の氣色あり、御簾際に取り寄せ御物語あるの後、退出の時立たんと欲する處、御手を指し出し裳の端を捕へらる。退出する能はず。仍て僧都懷中より劔を抽き裳の端を切て退出す。仍て天皇此の事を恥ぢ給ひ、尾張國に配流せらる。僧都彼の國に於て一伽藍を建立し、長宣水寺と號す。供養の導師の爲め弟子修圓僧都を請下し、以て其の講師とす。上は國宰を首とし、下は田夫に至るまで、國中の男女老少雲の如く集り、首を傾け掌を合す。其の中國宰の子息一人あり。其の名を德庄と云ふ。其の人堂供養奉行す。諸事神妙なり。賢璟之を見て心に感じ思ふ樣、哀れ此の人を得て吾等の涅槃會を執行せしめばやと。法會事已て修圓僧都に告ぐ、此の德庄を乞ひ得て我等の常樂會を取り行はしめ給へと。修圓師命に隨て之を國宰に告て言く、吾本寺興福大伽藍に一大會あり、涅槃會と號す。滿寺の大衆之を營行す。今日行事の男奉行優美なり、願はくは之を賜ふて出家入道せしめ、かの法會の行事となさん。國宰即ち領し、德庄を召し寄せて永く以て僧都に付屬し奉る。德庄合掌して出家を企望す。僧都速に出家せしめ、其の名を壽廣と曰ふ。即ち具して本寺に歸り、大會の儀式を造らしむ。壽廣筆を下して大會の作法を作らんと欲する刻、化人出で來りて硯に向ひて墨を磨り、壽廣記し了つて乃ち去る。貞觀二年庚辰、始めて此の大會を行はる。熱田大明神來り給ふ事此の故なり。其より已來大會の嚴重日本無雙なり。」⊙(今昔物語十二)及び【常樂會緣起】に「常樂の事」あり。此の法會に兜率の內梵音といへる秘曲を奏する由、【聲明源流記】に見ゆ。⊙(榮花疑)「山階寺の涅槃會」

ネビナ　寧尾拏　〔術語〕十二合掌の一。譯、堅實心合掌。【大日經疏十三】

ネリ　行道　〔儀式〕敬禮の意を表する爲に佛邊を周市する儀式を行道と云ふ。其より轉じて總て式を作して道を行くを「ねり」と云ふ。

行道供養　〔行事〕大和の當麻寺行道供養の法

あり、毎年四月十三十四の兩日に行ふ。中將姫の忌日なりと云ふ。其の行裝は皆天龍八部の假面を蒙り、一見笑ふべし、此事唐代に創す。【通鑑綱目四十五】に「秋九月。置二百高座一講二仁王經一。内出二仁王經二寶輿一。以レ人爲二菩薩鬼神之狀一。導以二音樂鹵簿一。百官迎從。至二資聖西明寺一講レ之。」

ネリテイ　涅哩底　〔神名〕 Nirṛti 西南を掌る神の名、依て西南を涅哩底方と云ふ。【大日經疏五】に「西南涅哩底。」

(涅哩底の圖)

ネン　念　〔術語〕 所對の境を記憶して妄れざるなり。【唯識論三】に「云何爲レ念。於二曾習境一。令二心明記不一レ妄。」【法界次第】に「念者。内心存意之異名也。」【大乘義章十二】に「守境爲レ念。」又深く事を思ふなり。【法華經信解品】に「即作二是念一我財物庫藏今有二所付一。」又心の發動して三世に遷流するを念と云ふ。前念、後念、念念など。

ネンエ　拈衣　〔儀式〕 拈は撮なり。佛より傳法の信として法衣を付せらるるとき、弟子之を撮んで法語を下すを拈衣と云ふ、弟子初めて出世して開堂するときに之を行ふなり。【敕修清規受レ請人際坐】に「若新命是嗣法弟子住持付二法衣一。有二法語一被レ衣。」

ネンカイ　念戒　〔術語〕 六念の一。戒行の功德を憶念するなり。

ネンカイ　年戒　〔術語〕 年は生年、戒は戒臈なり。受戒せし巳後の年數を戒臈と云ふ。⊙(正統記)「年戒劣られける故にや」

ネンカウ　拈香　〔儀式〕 香を拈して之を燒くなり、開堂の日に香を拈して天子を祝するを祝聖拈香と云ひ、佛の爲に拈ずるを嗣法拈香と云ふ。【敕修清規開堂祝壽】に「拈レ香祝レ聖。次拈二帝師、省院、臺憲、郡縣、文武官僚香一。侍者逐一度レ香。法嗣香住持懷中拈出自挿二爐中一。」嗣法の拈香は住持自ら香を爐に挿み、餘の拈香は住持香を拈て侍者に付して侍者之を爐中に挿むなり。又、佛祖及び檀越等の爲に香を拈して後に法語を陳ぶるを拈香の佛事と云ふ。【備用清規達磨忌】に「住持擧二拈香佛事一。」⊙(太平記 二六)「陞座拈香の招請隙なく」

ネンキ　年忌　〔術語〕 人の亡後三年七年等に佛事を修して其の人に追薦するを年忌と云ひ、又年廻と云ふ。蓋し佛教に於て亡者を吊祭するは中陰七七日に止まるなり。大灌頂經梵網經等 故に支那には累七齋又は七七齋と稱して七日毎に齋會を修し、釋氏要覽下 吾朝には文武天皇大寶三年二月癸卯太上天皇の七七日に當れるを以て使を四大寺及び四天王寺等の三十三寺に遣して齋を設く、續日本紀三 又聖武天皇天平七年冬十月丁亥の詔に親王薨者。每二七日一供齋以二僧一百人一爲レ限。七七齋訖者停レ之。續日本紀十二 とあり。然るに百ケ日巳後の佛事は佛教に本據なし、其の中百ケ日と一周忌三年忌は支那の儒禮に依りしなり、百ケ日は即ち儒の卒哭、一周忌は小祥、三年忌は大祥なり。【釋門正統】に「若下百日與二大小祥一之類上。皆託二儒禮一因修二出世法一耳。」故に三年忌までは支那も一般に行ふなり、今の十王經は本朝人の作なれども、もと唐僧藏川の十王經に依りし者なれば十王を初七日より第三年忌に配して止み、七年巳後の事なし、本朝亦古より此の制に倣ふ。【續日本紀三】に「文武天皇大寶三年夏四月癸巳奉下爲二太上天皇一設二百日齋於御在所一上。」さて七年巳後の年忌を定むるとは獨り本邦の風なるが、其の初を知らず。二樣あり、一は七年、十三年、十七年、二十三年、二十七年、三十三年、四十年、五十年等なり、是れ先代舊事本紀に記する所なり。一は七年、十三年、十七年、二十五年、三十三年、五十年、百年等なり、是れ當時一般に用ゐる處、本願寺の如きも之に依る。此中七年は七七日の教に取り、十三年は十二辰の一周に取り、十七年、二十三年、二十七年、三十三年は七年と十三年とに各十年を隔てしめて十七年と二十三年を生じ、再度十年を隔てしめて二十七年と三十三年を生ぜしなり、四十年巳後は漸く遠きなり。又二十五年忌は再び先支に復する意にて十三年の意に同じ。【元亨釋書明遍傳】に「蓋國俗逢二亡者十三四之歲一營二追薦一者。十二支終而始。迎二先支一而寓二追慕一也。」【谷響集六】に下學集の、七年、十三年、三十三年逆修の說を引き畢て「七年巳後不レ知二誰定一。按二文粹及性靈集等達嚫願文一。上古無二定法一。想中古人效二道明藏川遺意一定レ之矣。」

ネンキヤウ　念經　〔術語〕 經意を思惟憶念するなり。【傳燈錄五法達章】に「六祖曰。汝今後。方可レ名二念經僧一。師從レ此領二玄旨一。亦不レ輟二誦經一。」

ネンクワンリヤウシユウ　念觀兩宗　〔術語〕 觀無量壽經の經宗に、觀佛爲宗と念佛爲宗との兩宗

あるを云ふ。念佛爲宗は觀無量壽經の顯義、釋迦教の經宗にして、觀佛爲宗は其の隱義、彌陀教の經宗也。善導の玄義分所說。

ネンゲミセウ 拈花微笑 〔傳說〕【聯燈會要釋迦牟尼佛章】に「世尊在二靈山會上一。拈レ華示レ衆。衆皆默然。唯迦葉破顏微笑。世尊云。吾有二正法眼藏、涅槃妙心、實相無相、微妙法門、不立文字、教外別傳一。付二囑摩訶迦葉一。」古來の禪宗の人之を宗門第一の口實として彼宗以心傳心の根據一宗の大事となす。然るに此事何の經に出で何人が之を傳ふるや、大藏所收の經論に此事を記せず、隋唐の宗匠に此事を言ふものなし、但唐の德宗の末に金陵の沙門慧炬寶林傳を撰し、其の宗を誇大にす、其の中初めて此事を記す。其の後、宋に至て人天眼目、無門關、五燈會元、廣燈錄、聯燈會要等の諸書に之を記し、其の他之を拈し之を頌するもの枚擧に暇あらず。而も景德傳燈錄、碧巖錄、傳法正宗記の如きは之を記せざるなり。但し宋の王安石の言として此事大梵天王問佛決疑經に出づと傳ふるなり、【宗門雜錄】に「王荊公問二佛慧《ノ》泉禪師一云。禪宗所レ謂世尊拈花。出在二何典一。泉云。藏經亦不レ載。公云。余頃在二翰苑一。偶見二大梵天王問佛決疑經三卷一。因閱レ之。所レ載甚詳。梵王至二靈山一以二金色波羅花一獻レ佛。捨レ身爲二床座一。請レ佛爲二衆生一說《カシム》レ法。世尊登レ座。拈レ花示レ衆。人天百萬。悉皆罔レ攝《クヿ》。獨有二金色《ノ》頭陀一。破顏微笑。世尊云。吾有二正法眼藏、涅槃妙心、實相無相一。分二付《スト》摩訶大迦葉一。此經多談二帝王事レ佛請問一。所以秘藏。世無二聞者一。」而して本朝の禪林所謂大梵天王問佛決疑經なる者を傳寫して之を秘藏せり。【和語雜錄四】に「大梵天王問佛決疑經の事、唐人さへ眞僞を決しかね候間、拙衲など中中眞僞を決し候事なり難き事に御座候、されども拜見は仕度候間、友梅は有馬へ湯治に被參候、歸り候はば賴可申と存候。」⊙（太平記二四）「摩訶迦葉一人破顏微笑して、拈花瞬目の妙旨を以レ心心に傳へたり」

ネンコ 拈古 〔術語〕古則を拈起し批評するなり。【碧巖第一則頌評】に「大凡頌古《ハ》只是繞路《ニ》說レ禪。拈古《ハ》大綱據レ疑結レ案而已。」

ネンコン 念根 〔術語〕五根の一。「コン」を見よ。

ネンゴ 拈語 〔術語〕禪門の宗匠拈起して人に示す語なり。古則、公案、機緣など云ふもの是なり。

ネンゴン 念言 〔術語〕心に念じ口に言ふなり。又念中の言、心念の中に作す所の言辭なり。【法華經信解品】に「覆《テ》自《ラ》念言。我若久住《セハ》或見二逼迫一。」

ネンサウゾク 念相續 〔術語〕憶念の心の間斷なく相續すること。彌陀一佛をたのむ心のかはりなくつづくこと。

ネンシ 念死 〔術語〕八念の一。人の身は一切時の中に死あることを斷じて忘れざるなり。【智度論二十二】に「念死者有二二種死一。一者自死。二者他《ノ》因緣死《ニテ》。是二種死。行者常念。是身若他不レ殺必當二自死一。乃至是身《ハ》一切時中皆有レ死。不レ待レ老。」

ネンシジシヨウサンボダイ 然此自證三菩提 〔雜語〕【大日經疏一】に「然《ニ》此自證《ノ》三菩提《ハ》出二過《シテ》一切《ノ》心地一。現《ニ》覺二諸法《ノ》本初不生一。是處《ハ》言語究竟《シ》心行亦寂《ス》。」⊙（續千載集）「三日月の雲ゐに高く出ぬれば霞も霧も立ぞへだてぬ」

ネンシヤウ 年星 〔術語〕古語にねんさうと讀む、人人其の年の當り星なり、若し其の星他に侵さるるとあらば其の人災害を蒙ると云ふ、密教に之を禳ふ法あり、俗に之を星祭と云ふ。「ホシマツリ」を見よ。

ネンシヤウゼイチ 念聲是一 〔術語〕無量壽經第十八願の文に乃至十念とあるを、善導の觀念法門及び往生禮讃に下至十聲と釋せり。念は意におもふなり、聲は口に稱ふるなり、何ぞ念を以て聲となせしやと云ふ疑問に對して法然の決答の語なり。【撰擇集上】に「問曰。經云二十念一。釋云二十聲一。念聲之義如何。答曰。念聲是一。何以得レ知。觀經下品下生《ニ》云。令下聲不レ絕具二足十念一。稱中南無阿彌陀佛上。稱二佛名一故。於二念念中一除《クト》二八十億劫《ノ》生死之罪一。今依二此文一。聲即是念。念則是聲。其意明矣。加レ之。大集月藏經《ニ》云。大念見二大佛一。小念見二小佛一。感師釋云。大念者大聲念佛。小念者小聲念佛《ト》。故知念即是唱也。」是に依て念佛とは口に出して稱ふる稱名の事と決するは淨土門一家の洪格なり。

ネンシヨ 念處 〔術語〕念とは能觀の智、處とは所觀の境なり、智を以て境を觀察するを念處と云ふ。梵 Smṛtyupasthāna

三念處 〔名數〕處とは法界平等の理不增不減なるを云ふ。佛、法を說くに當て法界平等の中には畢竟して減退の相なきを念ずる故に衆生一心に聽法せざれども以て憂となさざるなり、之を第一念處とす。又法界平等の中には增進の相畢竟して不可得なるを念ずるが故に衆生一心に聽法するも以て喜となさざるなり、之を第二念處とす。又法界平等の中には畢竟して生死涅槃の相不可得なるを念ずるが故に常に捨心を行じて一切時に衆生を利益しつつ衆生を利益せしとの念を有せず、之を第三念處とす。【法界次第下之下】

四念處 〔名數〕「シネンジョ」を見よ。

十念處 〔名數〕菩薩十種法に於て常に觀察す

之を十念處とす。一に身念處、身は不淨なりと觀ずるなり。二に受念處、六根六塵に對して領納する所あるを受と云ふ、受は悉く苦なりと觀ずるなり。三に心念處、心は一切善惡の本たるとを觀じて能く之を愛護し能く之を調伏するなり。四に法念處、法とは意根所起の法なり、貪瞋等の惡法に於ては之を斷除し慈悲等の善法に於ては之を愛樂するなり。五に境界念處、諸の可意不可意の境界に於て其の虛僞の相を觀察して貪恚を生ぜざるなり。六に阿蘭若念處、阿蘭若は閑靜處又は無諍處と譯す、比丘の住處なり、菩薩阿蘭若に住しては如理の寂靜行諍行を修せんとを念ふなり、七に都邑聚落念處、若し都邑聚落に入ては博奕酒肆歌舞等一切の非行を遠離せんとを念ふなり。八に名聞利養念處、名聞利養の處に於ては其の假相を觀じて一念も執着の心を起さざるなり。九に如來學門念處、如來所學の法門を念じて常に之を勸修するなり。十に斷諸煩惱念處、正智を修習して一切の煩惱を斷ぜんとを念ふなり。【除蓋障菩薩所問經十三】

ネンジキ　念食　〔術語〕九食の一。修行の人所得の善法を憶念して忘れざれば即ち善根を增長し慧命を資益するを得、猶世間の食の身を資益する如し、名けて念食となす。

ネンジヤウ　念常　〔人名〕元の沙門、念常、梅屋と號す、世世華亭に居る、十二歲平江の圓明院に出家し、博く群書を究む。後、佛智晦機和尙に參して省あり、五臺を禮し燕京に遊ぶ、帝師發思八尊寵して金書藏經の列衆に預からしむ、因て佛祖通載二十二卷を撰す、今三十四卷とす時に元の順帝至正元年なり。嘉興祥符禪寺に住持す。【佛祖通載序、續釋氏稽古略一】

ネンジユ　念誦　〔術語〕梵語瞿醯、念誦と譯す。意に念じ口に佛名又は經咒を誦するなり。【普賢觀行記】に「在レ心曰レ念。發レ言曰レ誦。言由ニ於心ー故曰ニ念誦ー。」【盂蘭盆經疏記上】に「念誦即通ニ佛名經咒ー。」【演密鈔】に「梵語瞿醯。此云ニ念誦ー。」図禪林の念誦は十佛名を稱ふるなり。每月三八の日に僧堂に於て念誦式あり、又每日齋粥の二時に念誦あり、皆十佛名を稱ふるなり。

四種念誦　〔名數〕一に音聲念誦、聲を發して念誦す。二に金剛念誦、口を合せ舌を動して默誦す。三に三摩地念誦、定心に住して眞言の文字を觀ずるなり。四に眞實念誦、是れ亦定心に住して文字の實相を觀ずるなり。【略出經四】図一に音聲念誦、二に三摩地念誦、三に金剛念誦、此三上に同じ、四に降魔念誦、內には悲心に住し外に威猛を現じ眉を顰め顧視瞋怒して聲を勵ますなり。【瑜伽供養次第法】

五種念誦　〔名數〕一に蓮華念誦、誦する聲自らの耳に聞ゆるなり、即ち音聲なり、之を蓮華と云ふは阿彌陀は蓮華部の主にして音聲說法の德を司るに因みて音聲と云ふ。二に金剛念誦、三に三摩地念誦、此二は上に同じ。四に聲生念誦、心蓮華の上に白貝を觀想し、其より妙音聲を出して持誦すと念想するなり。五に光明念誦、口より光明を出すと念想して持誦するなり。【秘藏記末】図一に聲念誦、二に金剛念誦、三に三摩地念誦、四に眞實念誦、又實相念誦と云ふ。此の四最初の四種に同じ。五に忿怒念誦、猛音を以て之を誦す、是れ上の降魔念誦に同じ。【安然金剛界對受記六】已上諸種の中三摩地念誦と眞實念誦の二は念にして誦にあらず、他は皆念なり、誦なり、今總じて念誦と名く。

ネンジユ　念珠　〔物名〕即ち數珠なり、又數珠を捻ずるを以て云ふ。⊙(太平記九)「水精の念珠手に持ちて」「ジユジユ」を見よ。

ネンジユキヤウ　念珠經　〔經名〕金剛頂瑜伽念珠經の略名。一卷、不空譯。佛、金剛手菩薩に敕して念珠の功德利益を說かしむ。【閏帙十五】(1036)

ネンジユダウ　念誦堂　〔堂塔〕念誦の行を修する堂宇なり。「して忘れざるなり。

ネンセ　念施　〔術語〕六念の一。布施の功德を憶持して忘れざるなり。

ネンソウ　念僧　〔術語〕六念の一。僧の功德を念持して忘れざるなり。

ネンヂ　念持　〔術語〕憶念し受持するなり。【八十華嚴經一】に「皆勤念ニ持一切諸佛所有名號ー。」【智度論四十八】に「念ニ持智慧ー。在ニ緣中ー不レ令ニ散惱ー。故名ニ念持ー。」

ネンヂヤウ　念定　〔術語〕正念と正定。【維摩經佛國品】に「念定總持。」【註】に「肇曰。念正念。定正定。」

ネンヂヤク　念著　〔術語〕妄念の心境を念じて執著するなり。【占察經下】に「但以ニ衆生無明痴闇熏習因緣現ニ妄境界ー令レ生ニ念著ー。」

ネンツイ　拈槌　〔術語〕槌を拈起するなり。

ネンテイ　拈提　〔術語〕禪林の說法に其結末に古則を拈起して法座を終ふるを拈提結座と云ふ、即ち拈提古則の略なり。

ネンテン　念天　〔術語〕六天の一。小乘には欲界天を念ずと說き、大乘には一切の三界の天を念ずと說く、是れ天の富樂を念じて施戒等の善業を修せしめん爲なり。【智度論二十二】に「聲聞法中說レ念ニ欲界

天一。摩訶衍中說レ念二一切三界天一。行者未レ得レ道時或心著二人間五欲一。以レ是故佛說二念天一。若能斷二婬欲一則生二上二界天中一。若不レ能レ斷二婬欲一生二六欲天中一。是中有二妙細清淨五欲一。佛雖レ不レ欲レ令三人更生受二五欲一。有二衆生不レ任レ入二涅槃一。爲二是衆生一說二念天一。如下國王子在二高危處一立不レ可二救護一。欲二自投一レ地。王使三人敷二厚綿薦一墮則不レ死差而墮中地。」

ネントウ　然燈　〔儀式〕燈燭を燃くなり。【無量壽經下】に「懸レ繒燃レ燈。散レ花燒レ香。」

ネントウキヤウ　然燈經　〔經名〕施燈功德經の異名。

ネントウブツ　然燈佛　〔佛名〕梵に Dīpaṅkara 提洹竭、提和竭羅と云ふ。瑞應經に錠光と譯し、智度論に然燈と譯す。錠は燈の足なり。釋迦如來の因行中第二阿僧祇劫の滿時に此佛の出世に逢ひて五華の蓮を買て佛に供養し、髮を泥に布きて佛をして之を蹈ましめ、以て未來成佛の記別を受けしなり。【智度論九】に「如二然燈佛一。生時一切身邊如レ燈。故名二然燈太子一。作レ佛亦名二然燈一。舊名二錠光佛一。」【四敎集解中】に「亦名二然燈一。亦名二錠光一。有レ足名レ錠。無レ足名レ燈。錠字或作二定字一非也。」【瑞應經上】に「錠光佛の時に釋迦菩薩儒童と名く、王家の女の瞿夷と曰ふ者七枝の青蓮華を持するを見て、五百の金錢を以て五莖の蓮を買ひ、彼女寄托する所の二枝を合せて七莖の蓮を佛に奉る、又地の泥濘を見て皮衣を解て地を覆ふに足らず、乃ち髮を解て地に布き佛をして之を蹈て過ぎしむ。佛因て記を授て曰く、是の後九十一劫、賢劫と名く、汝當に作佛して釋迦文如來と號す。」【心地觀經一】に「昔爲二摩納仙人一時。布レ髮供二養然燈佛一。以二是精進因緣一故。八劫超二於生死海一。」摩納（Mānava）儒童と譯す

ネンニヨイソク　念如意足　〔術語〕「シニヨイソク」を見よ。

ネンネン　念念　〔術語〕梵語の刹那、念と譯す、刹那は時の極少なり、凡そ物の極少時に變化するは心念に若くものなければ刹那を念と義翻せしなり。故に念念は刹那刹那なり。【勝鬘寶窟中末】に「外國刹那。此云レ念也。」【探玄記十八】に「刹那者。此云二念頃一。」【維摩經方便品】に「是身如レ電。念念不レ住。」【無量義經】に「諸法本來空寂。代謝不レ住。念念生滅。」【寶積經九十六】に「是身無量過患。微塵積集。生住異滅念念遷流。」又前後の心念を念念と云ふ。

ネンネンソウゾク　念念相續　〔術語〕行者の起す所の心念一處に繫住して散ぜず、後念、前念に繼ぎ、間に餘念を雜へざるなり、即ち一向專念なり。或は世に口稱の絕へざるをも云ふ。【楞伽經】に「譬如下心意於二無量百千由旬之外一憶中先所見種種諸物上。念念相續疾詣二於彼一。」【觀念法門】に「念念相續。畢命爲レ期者。十即十生。百即百生。」⊙（盛衰記三九）「念念ごとに御名を稱すなれば」

ネンネンシヨウミヤウジヤウザンゲ　念念稱名常懺悔　〔術語〕【般舟讚】に「念念稱名常懺悔。人能念レ佛佛還憶。凡聖相知境相照。即是衆生增上緣。」念念相續して彌陀の名號を稱ふるは即ち是れ不斷懺悔の法にして爲に所造の罪を消滅すとなり。⊙（盛衰記三八）「念念稱名常懺悔と宣て」

ネンネンムジヤウ　念念無常　〔術語〕二無常の一。一切有爲の法は刹那刹那に生滅して停住せざるを念念無常と云ふ。【智度論四十三】

ネンフタイ　念不退　〔術語〕三不退の一。菩薩既に根本無明の一分を斷じて永く中道の正念退失せざるを云ふ。

ネンブツ　念佛　〔術語〕念佛の言に總別あり。總に就かば此中に三種あり、一に稱名念佛、口に佛名を稱ふるなり。二に觀想念佛、靜坐して佛の相好功德を觀念するなり。三に實相念佛、佛の法身非有非空中道實相の理を觀ずるなり。之を往生要集には定散有相無相に配對して四種とせり。一に定業念佛、上の觀想念佛なり。二に散業念佛、上の稱名念佛なり。三に有相念佛、上の定業念佛と散業念佛の二なり。四に無相念佛、上の實相念佛なり。即ち定散事理有相無相の四なり。此中有相念佛は即ち定散の二なれば其の體を言へば定と散と實相との三種なり。さて是の如く總の念佛に就かば念佛の言は定散事理に通ずれども、淨土門に宗と勸むる所は散業に屬する稱名、事の念佛なり。次に別の言に就かば觀佛に對して念佛の言を別立するなり。この時は觀佛の中に觀想と實相との二種の念佛を攝め、之に對して稱名念佛を單に念佛と云ふなり。觀佛三昧念佛三昧と對稱する如き是なり。さて念佛を稱名のとに取り切るは淨土門一家の洪範なると念聲是一の釋にて知るなり。今念佛の言は諸佛に通ずれども諸大乘の說獨り阿彌陀佛に限るなり。「サイハウ」を參照せよ。【往生要集下末】に「明二尋常念相一者此有二多種一。大分爲レ四。一定業。謂坐禪入定觀レ佛。二散業。謂行住坐臥。散心念佛。三有相業。謂或觀二相好一。或念二名號一。偏厭二穢土一專求二淨土一。四無相業。謂雖下稱二念佛一欣中求淨土上。而觀二身土即畢竟空如レ幻如レ夢。即レ體而空。雖レ空而有二非有非空一。通二達此無二一眞入二第一義空一。是名二無相業一。」【觀無量壽經】に「若念佛者。當レ知此人是人中分陀利華。」【楞嚴經五】に「我本因地以二念佛心一入二無生忍一。」【起信論】に「以二專意念佛因緣一隨レ願得レ生二

他方佛土一。」【往生要集中本】に「往生之業念佛爲レ本。」

念佛の回向 〔術語〕念佛の後に唱ふる回向文なり。光明遍照十方世界念佛衆生攝取不捨の十六字觀無量壽經の文なり。⊙(榮花、玉村菊)「念佛懺法など」

ネンブツコウ 念佛講 〔行事〕念佛を行ずる爲の多人數の集會なり。講の名は法華八講などの多人數集會するより來る。八講の講は講演の義なり。

ネンブツクワン 念佛觀 〔術語〕五停心觀の一。惡業の障多きものは一心に佛の相好を觀じて之を治するなり。

ネンブツザンマイ 念佛三昧 〔術語〕二種あり、一は一心に佛の相好を觀じ或は一心に法身の實相を觀じ（此二は即ち觀想念佛）或は一心に佛名を稱ふる（稱名念佛）行法を修するを念佛三昧と云ふ。是れ因行の念佛三昧なり。二はかの三種の因行の成ずる所、心禪定に入りて或は佛身を現前し、或は法身の實相に如ふ。念佛三昧と云ふ。是れ果成の念佛三昧なり。因行の念佛三昧は之を「修す」と云ひ、果成の念佛三昧は之を「發得」と云ふ。【觀無量壽經】に「於二現身中一得二念佛三昧一。」又「見二此事一者即見二十方一切諸佛一。以レ見二諸佛一故名二念佛三昧一。」【念佛三昧經七】に「念佛三昧則爲レ總二攝一切諸法一。是故非二聲聞緣覺二乘境界一。」【智度論七】に「念佛三昧能除二種種煩惱及先世罪一。」図法華三昧、二十五三昧、彌陀三三昧の如く、法會の勤行式の名となす。⊙(源氏)「嵯峨の念佛三昧」(盛衰記)「念佛三昧の砌」(太平記二九)「或は念佛三昧の砌もあり」

ネンブツザンマイキヤウ 念佛三昧經 〔經名〕菩薩念佛三昧經の略名。

ネンブツザンマイホウワウロン 念佛三昧寶王論 〔書名〕三卷、唐の終南山飛錫撰、二十門を開て念佛を勸贊す。本邦古德の諸書に此寶王論の中に「一念彌陀佛即滅無量罪」の語ありと曰ふも論中此語なし。

ネンブツシヤ 念佛者 〔術語〕彌陀の名號を稱へて淨土の往生を願ふ人也。【觀無量壽經】に「若念佛者。當レ知此人是人中分陀利華。」

ネンブツシヤウシンゲ 念佛正信偈 〔書名〕親鸞の著。淨土文類鈔の中にあり。六十行百十二句より成る。正信念佛偈と少しく異なるも、義意全然同一なり。正信偈は第十八の因願の文「三信十念」によりて正信念佛と題し、此偈は其成就の文「聞名歡喜」によりて念佛正信と命名す。

ネンブツシユウ 念佛宗 〔流派〕彌陀の名號を稱へて往生を願ふ宗門なり。唐の道綽善導等の諸師の弘通する所、吾朝に來て遂に淨土宗淨土眞宗となるもの。【五會法事讃】に「持戒坐禪名二正法一。念佛成佛是眞宗。」図一宗名とはせずして此名を用ふることあり。又融通念佛宗の異名。

ネンブツシユジヤウセフシユフシヤ 念佛衆生攝取不捨 〔術語〕【觀無量壽經】に「一一光明。遍照二十方世界念佛衆生一。攝取不レ捨。」是れ彌陀の光明念佛の衆生を攝取すと云へる念佛宗の勸文。

ネンブツジヤウブツゼシンシユウ 念佛成佛是眞宗 〔術語〕法照の【五會法事讃】に「持戒坐禪名二正法一。念佛成佛是眞宗。」唐の法照禪師は善導の後身として後善導の名あれば、見眞の敎行信證、二門偈などには直に善導の言として之を引けり。

ネンブツダウ 念佛堂 〔堂塔〕念佛を修する爲に寺院内に建立せられたる堂を云ふ。

ネンブツダラニ 念佛陀羅尼 〔術語〕念佛と陀羅尼なり。念佛は南無阿彌陀佛なり。

ネンブツネンボフネンソウ 念佛念法念僧 〔術語〕佛を念じ、法を念じ、僧を念ずることにして、佛法僧三寶の恩德を憶念すること。

ネンブツノギヤウジヤ 念佛行者 〔術語〕念佛を修行する人。六字名號を唱ふる人。

ネンブツノヱカウ 念佛廻向 〔術語〕念佛して、其功德を淨土に廻向し、或は死者に廻向すること。亦念佛したる後に唱ふる廻向文を云ふ。其文は觀無量壽經の「光明遍照十方世界念佛衆生攝取不捨」の文なり。

ネンブツモン 念佛門 〔術語〕彌陀如來を專念して淨土に往生する法門なり。【往生要集上本】に「依二念佛一門一聊集二經論要文一。」【同下本】に「四十八願中。於二念佛門一。別發二一願一。」

ネンブツワウジヤウ 念佛往生 〔術語〕彌陀の大悲願力の回向により信心發得して念佛三昧に入り、一生造惡の凡夫身も直に極樂に往生するを云ふ。或は口稱念佛を行とし、心念不亂にして極樂に往生すと云ひ、或は定善散善の回向を以て往生すと云ふも、皆念佛を本とするを以て、彌陀佛國に往生するを概稱して念佛往生とも云へり。

ネンブツワウジヤウグワン 念佛往生願 〔術語〕阿彌陀佛四十八願中の第十八、念佛の衆生をして西方の淨土に往生せしめんとの願なり。【無量壽經上】に「設我得レ佛。十方衆生。至心信樂欲レ生二我國一。乃至十念。若不レ生者不レ取二正覺一。唯除二五逆誹二謗正法一。」⊙(雪玉集)「汲知ればその水上の濁なき流は四方の海もあさしな」

ネンブツキシユウ　念佛爲宗　〔術語〕念佛三昧を以て經の宗となすを云ふ。即ち彌陀教(弘願)の經宗なり。

ネンブツヰセン　念佛爲先　〔術語〕念佛は一切の餘行に勝れたる淨土往生の業因なりと云ふこと。【樂邦文類二】に「功高易レ進念佛爲レ先。」【選擇集】「往生之業念佛爲レ先。」

ネンブツヰホン　念佛爲本　〔術語〕極樂淨土に往生する業因には彌陀の本願の正定業たる稱名念佛の一行を根本と爲すと云ふこと。

ネンブツヲドリ　念佛踊　〔儀式〕六字念佛を唱へつつ衆人集りて踊る儀式なり。寳永年間より江戸にも流行せしが、夜間往來の妨害となる爲禁止せらる、俳諧歳時記には洛北、川合村、一乘寺村に行はると記し、俳諧五節句には賀茂の夜踊とせり。

ネンホフ　念法　〔術語〕六念の一。佛法の勝利妙徳を念ずるなり。

ネンマンジユグ　年滿受具　〔術語〕年二十歳に滿て比丘の具足戒を受くるを云ふ。二十歳已下は許さざるなり。【隨機羯磨】に「律本年滿二十者。能耐二寒熱風雨飢渇持戒一念。七十歳已下有レ所二堪能一。是丈夫位。」

ネンムゲン　念無減　〔術語〕十八不共法の一。「ジフハチフグホフ」を見よ。

ネンムシツ　念無失　〔術語〕十八不共法の一。「ジフハチフグホフ」を見よ。

ネンリキ　念力　〔術語〕五力の一。專念の力能く他の障礙に抗するとを得るを念力と云ふ。【遺教經】に「若念力堅强。雖レ入二五欲賊中一。不レ爲レ所レ害。」【普賢經】に「念力强故。得レ見二我身一。」

ネンロ　念漏　〔術語〕妄念横に漏泄するなり。【臨濟錄】に「把二捉念漏一不レ令二放起一。」

の

ノウアンジヤ　能行者　〔人名〕六祖大師名は慧能、初め五祖の下に行者たり、依て能行者と稱す。

ノウアンニン　能安忍　〔術語〕十乘觀の一。

ノウインシ　能引師　〔術語〕十二支中の無明、行の二支を云ふ。是れ、識、名色、六處、觸、受の五果の種子を引發するを以てなり。

ノウエ　能依　〔術語〕所依に對す。地の草木に於ける如き、地を所依とし草木を能依とす。

ノウエン　能緣　〔術語〕所緣に對す。緣は攀緣なり。眼等の心識聲等の外境を攀緣するを能緣と云ひ、聲等の外境を所緣と云ふ。攀緣とは心識獨り起らず、必ず外境に攀ぢて生ずると、恰も老人の杖に攀ぢ、猿の木に緣る如きを云ふ。【倶舍論光記二】に「緣謂攀緣。心心所法名二能緣一。境是所緣。乃至心心所法其性羸劣執レ境方起。猶如二羸人非レ杖不一レ行。」

ノウエンダン　能緣斷　〔術語〕斷惑四因の一。能緣の惑を滅して所緣の惑を自然に斷滅すること。見惑の内、苦集二諦下の他界緣の惑はこれに依りて斷ぜらる。即ち他界緣の惑は自界緣の惑に緣ぜらるるものなるが故に、其能緣たる自界緣の惑を斷ずれば他界緣の惑は自然に斷滅する也。

ノウキ　能歸　〔術語〕所歸の對、よられたのまるるものに對して、よりたのむ方を云ふ。

ノウギヤウ　能行　〔術語〕所行の對。行ぜらるることに對して行ずる方を云ふ。

ノウクセケンク　能救世間苦　〔術語〕【法華經普門品】に「衆生被二困厄一無量苦逼レ身。觀音妙智力能救二世間苦一。」

ノウクワツ　能活　〔人名〕梵語耆婆 Jīvaka 能活と譯す、大醫の名なり。「ギバ」を見よ。

ノウクン　能薰　〔術語〕所薰の對。能く薰習せしむるものを云ふ。例へば、第八識に種子を薰習する七轉識を能薰と云ふが如し。

ノウクンノシギ　能薰四義　〔名數〕種子を薰習せしむるものは下の四義を具備せざるべからず。所謂四義とは、一に有生滅、生滅の法たること。生滅あり、轉變ありて初めて作用あれば也。二に有勝用、緣慮する作用と、善か染汚かの强盛の勢用あるべきものなると。色法と無覆無記のものとは此義なし。三に有增減、增減するものならざるべからず、完全圓滿のものは能薰の作用なし。四に所薰と和合する性、所薰の第八識と同時同身たるべきもの、而してこの四義を具するものは因位の自身の七轉識のみ也。

ノウケ　能化　〔術語〕所化に對す。師位に在て他を教化する者を能化とし、弟子にして他に教化せらるる者を所化とす、即ち佛菩薩は能化なり、一切衆生は所化なり。【佛地論七】に「能化所化。相屬決定。」【婆沙論百七十八】に「衆生世間即所化機。智正覺世間即能化主。」◉(八犬傳八ノ八)「倶に能化の教主なり」図〔職位〕高野の門首に能化の稱あり、西本願寺の學頭を能化と稱す。【考信錄五】に「眞宗の學頭を能化と稱するは總即別名なり、高野にも寳性院無量壽院の

兩門主を能化として一山の衆徒みな麾下に屬す、家康公の條制に云く、兩門主ニ院者爲ニ天下之能化一間、必以ニ碩學中之器量一可レ爲ニ住持一事、又西鎮への條制にも能化の言あり。」

ノウケツヂゴク 膿血地獄 〔界名〕十六遊增「地獄の一。」

ノウケンサウ 能見相 〔術語〕三細の一。又九相の一。「サンサイ」「サウサウ」を見よ。

ノウケンシンフサウオウゼン 能見心不相應染 〔術語〕六染心の一。

ノウサイン 能作因 〔術語〕六因の一。「を見よ。

ノウザウ 能藏 〔術語〕藏識三義の一。「ザウシキ」

ノウシヤウシ 能生支 〔術語〕十二支中の愛、取、有の三支を云ふ。是此三支は近き當來の果たる生老死を生ずるものなればなり。

ノウシン 能信 〔術語〕所信の對。信ぜらるるものに對して、信ずる方を云ふ。

ノウジヤウイチサイゲンシツビヤウダラニキヤウ 能淨一切眼疾病陀羅尼經 〔經名〕一卷、唐の不空譯。佛迦毘羅城に在て長者の爲に大神呪を說て其眼病を治す。【閏帙十五】(982)

ノウジヤウクワンオン 能靜觀音 〔菩薩〕三十三觀音の一。岩に佇み海に向ひ、靜寂の相を示し給へる觀音なり。

ノウジヤウリフ 能成立 〔術語〕因明の宗因喩三支の中、宗法を所成立とし、因喩を能成立とす。

ノウジヤク 能寂 〔術語〕能仁寂默の略。釋迦能仁と譯し、牟尼寂默と譯す。「シヤカムニ」を見よ。

ノウジヨ 能所 〔術語〕二法を對待する時自ら働く法を能と云ひ、働かざる法を所と云ふ、能緣所緣能見所見等の如し。世に言ふ原告は即ち能告にして被告は即ち所告なり。【金剛經新註一】に「般若妙理亡ニ能所一。絕ニ待對一。」

ノウセタイシ 能施太子 〔本生〕釋迦牟尼佛因位の時に大醫王となり、一切の病を療す、病者甚だ多く力足らずして懊惱して死し忉利天に生ず。自ら思惟す、我れ今天に生れて福報を享くるも人に益なしと、自ら方便を以て天壽を捨て、娑伽陀龍王の宮中に生れて龍の太子となり、身已に長じて又方便して死し、閻浮提の中に生れて大國の太子となり、能施と名く。生れながらにして施を好み、年長大にして自身の所有皆盡く。乃ち父母に告て言く、龍王の頭上に如意寶珠あり、一切の財物を雨らす。我れ之を得て一切の貧窮を賑はさんと。父母之を許す。太子乃ち大海に入て龍王の所に至る、龍王神通力ありて其子なるを知り、太子亦宿命を知て其父母を識る。龍王大に喜んで其欲する所を與ふ、太子龍王に請て其頭上の如意珠を得、閻浮提に還り來り、意の如く一切の財物を出して人の所須に隨ふ。【智度論十二、止觀輔行一】

ノウセン 能詮 〔術語〕所詮に對す。詮は詮顯なり、經典の文句以て能く義理を顯はすを能詮と云ひ、顯はさるる所の義理を所詮と云ふ。【四敎儀一】に「夫敎是能詮。理是所詮。」【玄應音義二十三】に「能詮。詮ハ顯了義。說文詮ハ具也。案具說ニ事理一曰レ詮。」

ノウダイシ 能大師 〔人名〕禪宗の六祖慧能大師なり。

ノウダンコンガウキヤウ 能斷金剛經 〔經名〕能斷金剛般若波羅蜜多經の略名。梵 Vajra-cchedikā

ノウダンコンゴウハンニヤハラミツタキヤウ 能斷金剛般若波羅蜜多經 〔經名〕一卷、唐の玄奘譯、羅什譯の金剛般若波羅蜜經、菩提流支譯の金剛般若波羅蜜經、眞諦譯の金剛般若波羅蜜經、達摩笈多譯の金剛能斷般若波羅蜜經、義淨譯の能斷金剛般若波羅蜜經と同本異譯なり。【慈恩傳七】に「據ニ梵本一具云ニ能斷金剛般若一。舊經直云ニ金剛般若一。欲レ明下菩薩以ニ分別一爲ニ煩惱一。而分別之惑堅類ニ金剛一。唯此經所詮無分別慧乃能除斷上。故曰ニ金剛般若一。」

ノウヂ 能持 〔術語〕梵網經の授戒法に依るに戒和尙受者に向て十重禁の一一に其戒相を說て汝能く之を持つや否やと問ふ、受者能く持つと答ふ、此言下に戒を受得するなり。【梵網經義疏上】に「直說ニ十重相一問ニ能持不一。次第答レ能。」⦿(盛衰記)「法華一實の妙戒は能持の一言に戒珠を胷の間に研ぎ」

ノウヂジシヤウキシヤウモツゲ 能持自性軌生物解 〔術語〕法の定義にして、法は能く自己の性質を持ち、自ら軌範となりて、人をして物に對する了解心を生ぜしむといふ意味ありといふこと。

ノウヂゼキヤウシヤ 能持是經者 〔雜語〕法華經を受持するものはその功德によりて、說法時の瑞祥に逢ふに等しと云ふ。【法華經神力品】に「能持ニ是經一者。則爲ニ已見一レ我亦見ニ多寶佛及諸分身者一。又見ニ我今日敎ニ化諸菩薩一。」⦿(夫木)「あふぎおもふみ法の風に雲消えてわがためにすむ月を見る哉」

ノウヂムシヨヰ 能持無所畏 〔術語〕菩薩四無所畏の一。「シムシヨヰ」を見よ。

ノウトクニンダラニ 能得忍陀羅尼 〔術語〕「ニンダラニ」に同じ。

ノウニン 能忍 〔佛名〕釋迦一に能忍と譯す。能く忍びて五濁惡世に出現する義なり。【梵網經義疏

上」に「釋迦牟尼者。瑞應經譯爲二能儒一。亦云二能仁一又能忍一。亦云二直林一。牟尼者。身口意滿。或云二度沃焦一。此是異說。」⊙（十訓抄八）「釋尊をば能忍と名け奉る」

ノウニン　能仁　〔術語〕釋迦牟尼 Sākyamuni 一に能仁と譯す。【修行本起經上】に「釋迦文。漢言二能仁一。」【梵網經述記上】に「釋迦牟尼。大唐翻云二能寂一。舊翻亦云二能滿一。亦云二能仁一。」【金剛頂出生義】に「能仁如來。收二迹都史天宮一下ヲ生中印土一。」

ノウニン　能人　〔術語〕能化の人なり、佛を云ふ。【觀經玄義分】に「安樂能人。顯ヲ彰別意弘願一。」

ノウハ　能破　〔術語〕因明八門の一。敵論者、過非の量を立つる時、其過非を指斥し、或は其所立を難詰するを云ふ。【因明大疏上】に「敵申二過量一。善斥二其非一。或妙徵レ宗。故名二能破一。」

ノウビノホウ　能被法　〔術語〕所被の機に對す。能く衆生に被らしめて敎へ潤す敎法の事。

ノウヘン　能變　〔術語〕唯識論に萬法を識の所變と說くに對して、八識を能變と稱し之を三種に次第して說く。「サンノウヘン」を見よ。

ノウヘンゲ　能遍計　〔術語〕所遍計に對す。六七二識が遍く諸法を計度して實法を執するを能遍計と名け、所計の法を所遍計と云ふ。

ノウヘンムキ　能變無記　〔術語〕四無記の一。「シムキ」を見よ。

ノウベツ　能別　〔術語〕因明立宗の言に聲は無常と云ふ如き、聲を所別とし、無常を能別とす、聲とは自體なり、無常とは體の上の義理なり、今は聲は無常なりと無常を以て聲の體を分別するものなれば無常を能別とし、聲を所別とす。

ノウベツフゴクジヤウ　能別不極成　〔術語〕宗法九過の一。凡そ宗を立つるに所別聲能別無常の言は必ず立敵共許の者を用ふべし、是れ能別所別の言は宗の所依にして宗體にあらず（所別能別分離せしものを宗依とし所別能別關連せしものを宗體とす）而も立敵の諍ふ所は宗體にありて宗に依るにあらざれば也、然るに宗依に已に不共許の言を擧ぐれば此處に於て既に立敵の諍となるべし。故に之を能別不極成の過と名く。例へば耶蘇教者が佛教者に對して「人は（所別）永眠すべし（能別）」と云ふ如き永眠の言は佛者の許さざる所なれば是れ能別不極成なり。

ノウメツシヨウク　能滅諸有苦　〔雜語〕觀音の加被力を說く語。【法華經普門品】に「汝聽二觀音行一。善應二諸方所一。弘誓深如レ海。歷劫不思議。乃至聞レ名及見レ身。心念不二空過一能滅二諸有苦一。」⊙（高野奉納「我としる心のなくば人の身にうれひ歎もあらじとぞ思ふ」

ノウモン　能門　〔術語〕能入の門なり、理は所入の法にして敎は能入の門戶なり。【法華經文句五】に「執二所入之一理一。疑二於三敎之能門一。」

ノウライシヨライシヤウクウジヤク　能禮所禮性空寂　〔雜語〕【往生要集上末】に「能禮所禮性空寂。自身他身體無二。願共二衆生一體ヲ解道一。發二無上意一歸二眞際一。」是れ慈覺大師法華常行三昧の禮拜の文なり。

ノウランサウ　膿爛想　〔術語〕九想の一。

ノウリフ　能立　〔術語〕因明の法に正因正喩を具へて宗法を成立するを能立と名く。【因明大疏上】に「因喩具正宗義圓成。顯以二悟他一。故名二能立一。」古因明は宗因喩三支共に能立となし、陳那の新因明は宗を所立とし、因喩の二を能立とす。

ノウリフフケン　能立不遣　〔術語〕喩法十過の一。是れ異喩の過なり、能立とは因を指す、凡そ異喩を設くる所以は所立の宗と能立の因との反對に立て彼を遣去せんが爲なり、然るに聲論師宗を立てて、聲は常なるべし、無質礙の故に如虛空（同喩）如業（異喩）と云ふ。此時異喩に供したる業とは善惡の所作なれば是れ無常にして無質礙なること論なし、依て所立の常の義はなけれども能立の無質礙の義は有り、故に能立の反對に立て彼の無質礙の義を遣去すると能はざれば能立不遣の過と名く。

ノウリフホフフジヤウ　能立法不成　〔術語〕因明喩法十過の一。因喩が因の義を成就せざる過なり。聲は常なるべし（宗法）所作なるが故に（因法）虛空の如し（同喩）と云ふ如き、虛空の因喩に所作の義なければ以て因の所作の義を成就すると能はず、依て能立法不成と名く。

ノウレン　暖簾　〔物名〕禪語。綿布簾面を覆て風氣を防ぐが故に暖簾と云ふ。【勅修淸規月分須知】に「四月候二天氣一。僧堂內下二暖簾一上二涼簾一。」

ノフエ　衲衣　〔衣服〕「ナフ」を見よ。

ノブセ　野布施　〔術語〕又花錢とも云ふ。喪場にて分ち與ふる施物なり。

ノリノウキギ　法浮木　〔譬喩〕⊙（拾遺集、哀傷「ごふつくす御手洗川の龜なれば法の浮木にあはぬなりけり」「ウキキ」を見よ。

ノリノシ　法師　〔雜語〕「ホフシ」を見よ。

ノリノトモシビ　法燈　〔雜語〕「ホフトウ」を見よ。

ノリノフネ　法船　〔雜語〕「ホフセン」を見よ。

ノリノミチ　法道　〔雜語〕「ホフダウ」を見よ。

ノリノミヅ　法水　〔雜語〕「ホフスヰ」を見よ。

ノンジ　暖寺　〔儀式〕暖寮に同じ。

ノンセキ　暖席　〔儀式〕暖寮に同じ。

ノンリヤウ　暖寮　〔儀式〕禪語。又、暖寺、暖席など云ふ。入寮の人茶菓等を辨じて先きより居る人を饗するを暖寮と云ひ、又他人より入院を賀するを云ふ。【象器箋九】に「入寮人辨二茶菓等一。饗二先居人一曰二暖寮一。予聞大德寺亦曰二暖寮一。妙心寺此謂二暖席一。」【壒囊鈔四】に「入院を賀するを暖寺と云ふ、其席をかたむる心なり。」

は

ハ　跛　〔術語〕ㄐ Pa又、波、簸。悉曇五十字門の一。體文喉聲の第一なり。【金剛頂經】に「跛字門。一切法第一義諦不可得故。」【文殊問經】に「稱二跛字一時是勝義聲。」【智度論】に「若聞二波字一即時知三一切法入二第一義諦中一。波羅末陀(Paramārtha)秦言二第一義諦一。」

ハ　頗　〔術語〕ㄅ Pha又、叵、悉曇五十字門の一。體文喉聲の第二。【金剛頂經】に「頗字門。一切法不堅如二聚沫一故。」【文殊問經】に「稱二頗字一時是得果作證聲。」【智度論】に「若聞二頗字一即知二一切法因果空一故。頗羅 Phala 秦言レ果。」

ハ　頗　〔雜語〕經論中多く頗有の語あり。「モシアリヤ」と訓ず。【玄應音義六】に「頗諸書語辭也。」【應法記】に「頗者。有無未決之辭。」

ハアクケンロン　破惡見論　〔書名〕玄奘三藏印度に在て造る。世に傳はらず。【慈恩寺傳四】に「時法師欲レ往二烏荼一。乃訪ヲ得小乘所製破大乘義七百頌者一。乃至備得二其旨一。遂尋二其謬節一。用二大乘義一而破レ之。爲二一千六百頌一。名二破惡論一。將呈二戒賢法師一。」

ハアクゴフダラニ　破惡業陀羅尼　〔眞言〕請觀世音菩薩消伏毒害陀羅尼咒經所說、三種陀羅尼の一。三障の中に業障を破する陀羅尼なり。【止觀二】に「破惡業陀羅尼能破二業障一。」

ハアンマングワン　破闇滿願　〔術語〕阿彌陀佛の名號の功德なり。能く衆生の無明の闇を破り、成佛の志願を滿足せしむるなり。【往生論下】に「無㝵光如來名號。能破二衆生一切無明一。能滿二衆生一切志願一。」

ハイアクシユゼン　廢惡修善　〔術語〕惡事をやめて善事を行ふこと。所謂散善を云ふ。

ハイキ　杯器　〔譬喩〕土製の器物。以て人心の敗壞し易きに譬ふ。【止觀七】に「坏器易レ槌。菴華難レ實。」【歸敬儀】に「或比二行廁畫瓶一。或擬二危城坏器一。」【涅槃經】に「譬如二坏瓶不レ耐二風雨一。一切衆生心亦如レ是。不レ耐二寒熱飢渴風雨等一。」

ハイキヤウ　孛經　〔經名〕具名孛經抄。吳の支謙譯。佛祇園に住せしとき、孫陀利女が佛の子を懷胎せりと謗るあり。第八日に至りて波斯匿王其情を察知す。佛乃ち爲に說く、往昔菩薩の道を行ぜし時、其名を孛と曰ふ。國師となり四臣及び夫人の謗を受け、久しくして後に方に明なり。今復た是の如しと。【宿帙八】(379)案に字典に孛に佩と茀の二音あり、孛は梵語弗沙又は富沙の略にて、鬼宿の名なれば茀の音を取りて「フ」と呼ぶべし。

ハイコン　敗根　〔術語〕又敗種とも云ふ。聲聞、緣覺の二乘は永不成佛とて、法華以前に於ては灰身滅智の涅槃に入て、永く成佛せざる者と自認し、毫も菩提を求むる心を生ぜざるなり。依て之を腐敗せし草木の根又は種子に譬へしなり。【三論玄義】に「大品呵二二乘一爲二痴狗一。淨名貶二聲聞一爲二敗根一。」と【維摩經不思議品】に「於二此大乘一已如二敗種一。」【涅槃經如來性品】に「如二焦種一雖下遇二甘露一百千萬劫上。終不レ生レ芽。」【止觀八】に「焦種不レ生根敗難レ用。」【玄義九】に「墮二三無爲坑一。若死若死等苦。已如二敗種一。再不二還生一。智醫擲レ手方藥無レ用。」

ハイゴンリツジツ　廢權立實　〔術語〕台家の語。迹門法華の三喩の一、花落ちて蓮成る如く三乘の權敎廢し已れば獨り一乘の實敎のみ成立するを云ふ、法華開顯の能事玆に畢るなり。【四敎儀】に「開二前頓漸一會ヲ入非頓非漸一。故言二開權顯實一。又言二廢權立實一。又言二會三歸一一。」「カイケン」を見よ。

ハイサンケンイチ　廢三顯一　〔術語〕權敎の三乘を廢し實敎の一乘を顯はす、廢權立實に同じ。【法華玄義七】に「華落蓮成即喩二廢三顯一一。」「カイケン」を見よ。

ハイシ　背子　〔雜語〕「ホイシン」を見よ。

ハイシジリフ　廢師自立　〔術語〕師の說に背きて自己の說を主張すること。

ハイシヤ　背捨　〔術語〕八背捨なり。【淨心誡觀】に「背捨離欲順二菩提分一。」「ハチハイシヤ」を見よ。

ハイシヤウ　背正　〔術語〕佛法の正理に違背すること。

ハイシヤクケンホン　廢迹顯本　〔術語〕本門法華の一種顯本の第二。近迹の成佛を實成と說く敎を廢するなり、此門には方便品の我始坐道場、化城喩品の於娑婆成阿耨菩提、人記品の於空王佛所發阿耨菩提心等の敎までも廢するなり。【法華玄義九】に「廢

迹顯本者。亦就二說法一。昔爲二五濁障重一不レ得三遠說二本地一。但示二迹中近成一。今障除機動須レ廢二道樹王城迹中之說一。皆是方便。執近之心既斷。封近之敎亦息。」「カイケン」「ホンジヤク」參照。

ハイシユ　敗種　〔術語〕「ハイコン」を見よ。

ハイシユノニジヨウ　敗種二乘　〔術語〕「ハイコン」を見よ。

ハイジヤウシ　背上使　〔術語〕「ソメイワク」を見よ。

ハイセンダンジ　廢詮談旨　〔術語〕法相宗の語。彼宗所立の眞俗四重の二諦の中、第四重の眞諦即ち一眞法界は言語を以て詮顯すると能はず、須く言詮を廢して但正智を以て內心に其理旨を證會すべきを云ふ。起信論に所謂離言眞如なり。旨とは所證の眞理を指す。【義林章二末】に「勝義勝義諦。亦名二廢詮談旨諦一。」

ハイゼンケウ　廢前敎　〔術語〕戒律等の事に就て、涅槃經に於て以前の所說を廢するを廢前の敎と云ふ。以前に比丘に三淨肉を許して涅槃經に於て一切之を禁斷するが如し。【行事鈔下之二】に「諸律並明二魚肉一爲二時食一。此是廢前敎。涅槃云。從二今日一後。不レ聽二弟子食一レ肉。觀察如二子肉想一。」

ハイツダイ　波逸提　〔術語〕Pāyattika 又波逸底迦、波藥致、波羅逸尼柯、波羅夜質胝迦、波質胝柯、波夜提と云ふ。六聚罪の第四、墮と譯す、戒律を犯す罪の名なり、此罪に由て地獄に墮落すれば墮罪と名く。此中、尼薩耆波逸提 Naiḥsargika-pāyattika と波逸提との二數ありて、初の尼薩耆波逸提を捨墮と譯し、後の波逸提を單提、又は單墮と云ふ。捨墮に三十戒あり。何れも所犯の贓物を僧中に捨入すべきを以て捨墮と名け、後の單墮には九十戒あり、犯者捨入すべき贓物なく、但墮罪を結ぶのみなれば單墮と名くるなり。戒相を八段に分つ時は此の二を別にすれども、五篇又は六聚七聚と爲す時は、此二を合せて一の波逸提となす。【行事鈔中一】に「波逸提。義翻爲レ墮。十誦云。墮二在燒煮覆障地獄一故也。四分僧有二百二十種一。分取二三十一。因二財事一生レ犯。貪慢心强。制レ捨二入僧一。故名二尼薩耆一也。餘之九十單悔二別人一。若據二罪體一同一品懺。乃至出要律儀云。尼薩耆。舊翻二捨墮一。聲論云。尼翻爲レ盡。薩耆爲レ捨。波逸提。本名二波藥（夷割反）致一也。明了論解二波羅逸尼柯部一。有二三百六十罪一。正量部翻爲二應功用一（功用を作して之を對治すべき也）。薩婆多云二波羅夜質胝柯一。翻爲二應對治一。恒須二思惟一。若犯即覺。上座部云二波質胝柯一。翻爲二能燒熱一。此罪得二大叫喚地獄一。因レ時能焦二熱心一。因レ時能燒二燃衆生一。」【有部毘奈耶二十】に「波逸底迦法。」【瑜伽倫記十八】に「波逸底迦。舊云二波逸提一。亦名二波夜提一。此云二墮罪一。」

ハイツテイカ　波逸底迦　〔術語〕「ハイツダイ」を見よ。

ハイテイ　稗稊　〔譬喩〕稗は禾の穀に似て非なるもの、稊は稗に似て地に雜生する穢草なり、以て比丘の不德に譬ふ。【四分律六十】に「佛告二諸比丘一。應三審定問二彼人一。彼人於二佛法中一無二所住一無レ所二增長一。譬如下農夫田苗稊稗參生。苗葉相類不レ別而爲二妨害一。乃至二莠實一方知中非穀之異上。既知二非穀一即芸二除根本一。何以故。恐レ害二善苗一故。比丘亦復如レ是。」【元亨釋書序】に「寔緇田之稗稊禪林之樸樕者也。」

ハイド　杯度　〔人名〕宋の京師の杯度、姓名を知らず。常に木杯に乘て水を度る。因て目と爲す、初見冀州に在り、細行を修せず、神力卓越、世其の由來を測るなし。【梁高僧傳十】

ハイネン　背念　〔術語〕生死を厭背し、涅槃の念に安住するなり。【瑜伽倫記六下】に「念三求出世一違二背生死一。故言二背念一。所レ背二生死之心一。安二住無漏涅槃之念一。」

ハイブツキシヤク　廢佛棄釋　〔術語〕佛法を廢滅し、釋敎を棄絕すること。德川時代の末年より神儒二道の學者が、神國思想を鼓吹したるが爲、勤王の大義を唱ふるもの多く出で、其結果神國思想勃興し、神儒の徒、此時に乘じて寺院を破壞し、佛像を毀ち、所謂廢佛棄釋の運動を起したり。就中水戸地方最も盛なりき。

ハイヨセ　灰寄　〔雜語〕「するを俗に灰寄と云ふ。火葬して後に白骨を聚拾

ハイラ　波夷羅　〔神名〕藥師十二神將の名。梵 Vajra*

ハイリフ　廢立　〔術語〕存廢と言ふ如し、又有無の意。【解深密經二】に「思擇廢立而常安住。」【梁高僧傳明律篇】に「開遮廢立不レ無二小異一。」

ハイヱキヤウビヤウ　背繪經屛　〔術語〕空見の人非道無慚にして木像の背を以て魚鱠を切り、佛の經論を以て屛風に糊するを云ふ。【止觀十】に「背鱠經屛。天田尿レ井。逆レ父慢レ母。劇二於行路一。乃謂二無礙一。」

ハイヱボサツ　敗壞菩薩　〔術語〕菩薩の佛種を敗壞するもの。【智度論二十九】に「菩薩有二二種一。一者敗壞菩薩。二者成就菩薩。敗壞菩薩者。本發二阿耨多羅三藐三提心一。不レ遇二善緣一五蓋覆レ心。行二雜行一轉身受二大富貴一。或作二國王或大鬼神王龍王等一。以下本造二身口意惡業一不中淸淨上故。不レ得レ生二諸佛前及天上人中無罪處一。是名爲二敗壞菩薩一。」

ハウ　破有　〔術語〕有を破するなり、有とは三有又は二十五有、三界の生死を云ふ、如來は三界の生死を破壞せん爲の出世なれば破有の法王と云ふ。【法華經

藥草喩品】に「破有法王出二世間一。」【心地觀經一】に「破有法王甚奇特。」

ハウ 袍 【衣服】「ハウモ」を見よ。

ハウイツ 放逸 【術語】唯識論二十隨煩惱の一。規矩を守らざるなり。【大乘義章二】に「離二善方便一名二放逸一。」⦿(徒然草)「放逸無慙のありさま」

ハウエウ 泡影 【譬喩】世法の虛假不實に譬ふ。【金剛經】に「如二夢幻泡影一。如露亦如レ電。」

ハウキ 方規 【術語】方法規則なり。【文句八】に示二通經方規一。」【慈恩傳八】に「大明二立破方規一。」

ハウクジキ 方口食 【術語】四邪命の一。豪勢に曲媚し使を四方に遣して巧言令色以て自活するを云ふ。【智度論三】に「有下出家人曲二媚豪勢一。通二使四方一。巧言多求二不淨治命一者上。是名二方口食一。」

ハウクワウ 方廣 【術語】總じては大乘經の通名なり、別しては十二部經の第十を方廣經と云ふ。方は理の方正に名け、廣は言詞の廣博に名く。梵語、毘佛略。(Vaipulya巴 Vipula)【勝鬘寶窟中末】に「方廣者是大乘經之通名也。乃至理正爲レ方。文富爲レ廣。又一乘無二德不一レ包曰レ廣。離二於偏一稱レ方。古注云。眞解無レ偏爲レ方。理包無レ限稱レ廣也。」【大乘義章】に「理正曰レ方。義備曰レ廣。若依二小乘一語正曰レ方。言多曰レ廣。」【俱舍光記十八】に「言二方廣一者。謂以二正理一廣辨二諸法一。以二一切法性衆多一非二廣言詞一不レ能レ辨故。亦名二廣破一。由二此廣言一能破二極堅無知闇一故。故言二無比一。由二此廣言理趣幽博一餘無レ比故。」

ハウクワウキヤウ 放光經 【經名】放光般若波羅蜜多經の略名。

ハウクワウザンマイ 放光三昧 【術語】百八三昧の一。種種の色光を放つ三昧なり。【智度論四十七】に「放光三昧者。常修レ火。一切入故生二神通力一。隨意放二種種色光一。隨二衆生所一レ樂。若熱若冷。若不熱不冷。」

ハウクワウジ 方廣寺 【寺名】京都東山大佛殿の寺號なり、天正十四年秀吉公創立、古溪住持、次に聖護院門跡道澄法親王住持、次に妙法院門跡之を管し今に至る。【山城名勝志十五】

ハウクワウズヰ 放光瑞 【術語】法華六瑞の一。佛將に法華を說かんとして先づ毫光を放て此土及び東方萬八千の世界を照す。【序品】に「佛放二眉間白毫相光一。徧照二東方萬八千世界一。」

ハウクワウセツ 方廣說 【術語】大乘方廣の說なり。「ハウクワウ」を見よ。

ハウクワウダイシヤウゴンギヤウ 方廣大莊嚴經 【經名】十二卷、唐の地婆訶羅譯。佛祇洹に在て中夜に佛莊嚴三昧に入り頂髻の光を放て淨居天を照す、淨居天子來て法を問ふ、佛其請を受て晨朝に衆の爲に宣說す、二十七品あり、佛の住兜率天宮より降生乃至成道轉法輪に至る八相を說く。普曜經と同本、但品に開合あり。【宙帙四】(159)

ハウクワウダウニン 方廣道人 【術語】小乘中附佛法の外道を犢子道人とし、大乘中附佛法の外道を方廣道人とす、大乘方廣の空理を惡執して空見に墮するなり。【智度論一】に「更有二佛法中方廣道人一。言一切法不生不滅。空無二所有一。譬如二兎角龜毛常無一。」【止觀十】に「又方廣道人。自以二聰明一讀二佛十喩一。自作レ解云。不生不滅。如幻如化。空幻爲レ宗。龍樹斥云。非二佛法一方廣所作。亦是邪人法也。」【三論玄義】に「二學二大乘一者爲二方廣道人一。執二於邪空一不レ知二假有一。故失二世諦一。既執二邪空一迷二於正空一。亦喪レ眞矣。」

ハウクワウドウヂ 放光動地 【術語】佛深經を說く前に於て光明を放ち大地を震動せしむ、是れ大乘の通相なり。法華六瑞中の二瑞なり。

ハウクワウハンニヤキヤウ 放光般若經 【經名】放光般若波羅蜜多經の略名。

ハウクワウハンニヤハラミツタキヤウ 放光般若波羅蜜多經 【經名】二十卷、無羅叉譯。大般若第二分と同本、而も常啼法上の二品を加ふ、羅什譯の摩訶般若波羅蜜經(3)竺法護譯の光讃般若波羅蜜經(4)と同本なり。放光の義は光讃經の下に釋す。【月帙一、二】(2)

ハウクラン 袍休羅蘭 【術語】Bahularatna Prabhūtaratna 佛名、譯、多寶。【慧琳音義二十八】に「袍休羅蘭。梵語。佛名也。正梵云二駄羅歩多囉怛曩野一。唐言二多寶一。」

ハウケイ 方詣 【術語】方は方所、詣は所至なり、事物の方針を云ふ。【行事鈔上之一】に「薄知二方詣一。」【同資持記】に「方詣明レ有二所歸一。方謂方所。詣謂至詣。」

ハウゲ 放下 【術語】【諸錄俗語解】に「手を放して下に置く也。ほりすつるにあらず。手を放せば必ず下に置くものなり。故に手を放すと下に置くとの二義を含めり。」又放下着と云ふ。着の字意味なし、但物を強く言ふ時に語尾に置く辭なり。【五燈會元世尊章】に「黑氏梵志。擎二合歡梧桐華一供二養世尊一。佛召二梵志一。志應諾。佛言放下着。」【同嚴陽尊者章】に「初參二趙州一。問。一物不將來時如何。州曰。放下着。師曰既是一物不將來。放下箇甚麼。州曰。放不下擔取去。師於二言下一大悟。」

ハウゲソウ 放下僧 【雜名】世にはらがそうと呼ぶ。禪僧の姿にてこつきりこと云ふ竹片をうちて

種種のおどり戯を作して物を乞ふものなり。鎌倉の頃より始まれりと云ふ。放下は既に悟道に入りて萬事を放下せし禪僧が數奇に起り、空也のおどり念佛の類にやあらん。其の初は無下に卑きものにてもあらざりしならん。【貞丈雜記】に「放下僧と云ふは、是は出家にて歌ひ舞ひさまざまのたはぶれなどをするものなり。今のはうがつかひと云ふ者その流なり。」⦿(曲、放下僧)「御身は放下僧に御なり候へ」

ハウゴキヤウ　放牛經　〔經名〕一卷、秦の羅什譯。增一阿含經放牛品の別譯なり、放牛の十一法を以て比丘の十一法に譬ふ。【昃帙四】(627)

ハウサウ　方相　〔術語〕五種結界の一。方正に結界すること。流川、樹木、道路等を以て界となす、是等のものなきときは、四邊に石を立て、又は樹を植ゑて結界す。

ハウサン　放參　〔雜語〕禪林の語。住持事故あり、或は臨時の祈禱に晚參(夜の坐禪なり)を放免するを放參と云ふ、即ち鐘を鳴らすと三下、之を放參の鐘と云ふ。【象器箋九】

ハウシヤウ　放生　〔行事〕「ハウジヤウヱ」を見よ。

ハウシユボサツインミヤウ　寶手菩薩印明　〔印相〕【義釋十】に「右手を拳に作り、大指を以て諸指を壓し、無名指を直竪するなり。眞言、喃。囉怛怒(出世謂此聖者從寶而生從何寶生耶。謂從菩提心寶而生也)密怛婆嚩(成就)莎訶。」

ハウジヤウキ　放生器　〔物名〕比丘日常漉水囊を以て水を漉し、其囊底に羅りし小蟲を放ち置く器なり、以て之を河川泉池に送るなり、其製樣義淨譯の護命放生儀軌法に詳なり。

ハウジヤウギキキヤウ　放生儀軌經　〔經名〕護命放生儀軌法の略名。

ハウジヤウチ　放生池　〔雜名〕當に死すべきの魚介を放ちて食を施し、法を施す池なり。もと金光明經所說の流水長者の緣に依り、天台智者の立法に始まる。【佛祖統紀三十三】に「放生。光明經述二流水長者救レ魚十千天子報レ德。此緣起也。智者買二斷スルト滬梁一悉罷二江上採捕一。此立法也。赴二計クト詡獄中之難一。報二修善堂上之恩一。此顯驗也。(此三事並見智者紀)唐肅宗乾元二年詔二天下一置二放生池一。凡八十一所。(顏眞卿爲碑)本朝眞宗天禧元年詔復二天下放生池一。沿二江准州郡一上下水五里並禁二採捕一。(二事普見通塞志)慈雲奏二西湖一爲二放生池一。以二四月八日一會二郡人一縱二魚鳥一。法智於二南湖一以二佛生日一放二魚鳥一祝二聖人壽一。樞密劉均奉レ勅撰レ碑。此皆放生之梗概也。」吾朝持統天皇三年八月、攝州武庫海一千步、紀州耆野、加州身野各二萬頃を放生所と定めらる。又寺社の境內に私設の放生池多し。此等は殊に放生會を行ひ、又比丘の漉水囊に羅りし生類を放たん爲なり。

ハウジヤウヱ　放生會　〔行事〕佛比丘を制して放生器を貯へ、日常漉水囊に羅りし生類を之に容れ、以て泉池河水に之を放たしむ。未だ放生會の事あらず。支那に至りて天台の智者天台山の海曲を制して放生池となし、海上の漁人をして魚介を此に放たしむ。之を放つに當て爲に三歸戒を授け、大法を說き、法緣を結ばしむ。蓋し金光明經所說流水長者の救生の事緣に由るなり。之を放生會の濫觴とす。其の後天台の慈雲四明盛に之を行ひ、慈雲の金園集九、四明の教行錄に各放生の儀軌あり、(釋門正統三)吾朝敏達天皇七年、始めて天下に詔して六齋日に殺生を禁ぜしむ、(元亨釋書)其後天武天皇五年に放生會を修するの詔あり。又元正天皇養老四年、日向大隅の二國亂る。朝廷宇佐八幡に祈り之を平ぐ。大神託して曰く、交戰の間死傷多し、放生を諸州に行ふべしと。この歲九月始めて宇佐に放生會を行ふ。(元亨釋書公事根源)其後八幡を男山に請ずるに及んで、每年八月十五日に彼地に之を行ふ。後三條院延久二年より行幸に准ぜられ、六府已下供奉する事となれり。(公事根源)⦿(增鏡、今日の日蔭)「八月十五日都の放生會をまなびて行ふ」

三節放生　〔名數〕歲末と安居竟と父母の忌辰なり。【圭峯盂蘭盆經疏】に「儒則四時殺レ命。春夏秋冬。釋則三節放生。一歲終。二夏滿。三忌辰。」

ハウゼン　放禪　〔雜語〕禪林の語。坐禪を止めること。

ハウソウリン　飽叢林　〔雜語〕禪林の舊參を云ふ、少叢林の反對なり。【古尊宿三十九智門祚錄】に「所以趙州八十尙自行脚。秖是要二飽叢林一。又且不二擔板一。」

ハウタイ　胞胎　〔雜語〕四生中の胎生の者、母の胎中に受生するを云ふ。【觀無量壽經】に「不レ處二胞胎一。常遊二諸佛淨妙國土一。」

ハウタイキヤウ　胞胎經　〔經名〕一卷、西晉竺法護譯。入胎の因緣及び胎中三十八箇七日の生長の相貌、出胎七日後所生八萬尸蟲の名字を說き、末に五陰皆無常苦無我我所を說く。即ち大寶積經第十三佛爲阿難說人處胎會の異譯なり。【地帙十】(32)

ハウダン　方壇　〔術語〕四角の曼荼羅壇なり。

ハウヂヤウ　方丈　〔堂塔〕禪林の正寢、住持の住所なり、寺主を方丈と稱するは其處に住する人なればなり。古來の說に維摩居士の石室四方一丈あり、丈室の名之に基くと。【法苑珠林感通篇】に「吠舍釐國宮城周五里。宮正北六里有二寺塔一。是說二維摩經一處。寺東北四里許有レ塔。是維摩故宅基。尙多二靈神一。其

合疊レ甎。傳云。積レ石。即是說レ法現レ疾處也。於二大唐顯慶年中一勅使長吏王玄策。因レ向二印度一過二淨名宅一。以レ笏量レ基。止有二十笏一。故號二方丈之室一也。」【傳燈錄禪門規式】に「長老既爲二化主一。即處二于方丈一。同二淨名之室一。非二私寢之室一也。」案に方丈の名、唐の玄策に先ちて有り、文撰の王簡栖が【頭陀寺碑文】に「宋大明五年始立二方丈茅茨一。」【註】に「高誘曰。堵長一丈。高一丈。面環一堵。爲二方丈一。銑曰。宋孝武皇帝時也。言立二方丈之室一。覆以二茅茨之草一。以置二經家一也。」されば方丈とは唯僧坊の狹小なるを言ふのみ、必ずしも維摩の緣に由るにあらず。曇鸞の【往生論註上】に「如二維摩方丈一。苞容有レ餘。何必國號無レ貲。乃稱二廣大一。」

ハウテン　方典　【術語】方等の經典なり、方は方正、等は平等、方正平等の理を說く經典即ち大乘經の總稱なり。【觀無量壽經】に「讀誦大乘方等經典。」

ハウトウ　放燈　【行事】燈を點じて夜に放つなり もと支那に始まる。漢の明帝の時佛法初めて東漸し、摩騰竺法蘭道士と法力を角して之に勝ちしより、明帝勅して上元(正月十五日)に燈を點じて佛法の大明を表せしむ。後代之に倣ひて三元(正月十五日、七月十五日、十月十五日)共に放燈を爲すに至ると云ふ。【僧史略下】に「案二漢法本內傳一。曰。佛法初來與二道士一角試。燒二經像一無レ損而發レ光。又西域十二月三十日是此方正月十五日。謂二之大神變月一。漢明勅令レ燒レ燈。表二佛法大明一也。乃至唐先天二年西域僧沙陀。請以二正月十五日一燃レ燈。開元二十八年正月十四日勅。常以二二月望日一燒レ燈。乃至德宗貞元三年勅。正月十五日燃レ燈。是漢明帝因下佛法初來與二道士一角上法。勅令レ燭レ燈表レ破二昏闇一。乃至後歷二諸朝一或然不。大宋太平興國六年勅。下元亦放レ燈。三夜爲二軍民一祈レ福。供三養天地辰象佛道一。三元俱燃レ燈放レ夜、自レ此爲レ始。著二于格令一焉。」此中の中元放燈は即ち吾邦國の盆燈籠なり、七月十五日の夜は士民一般に燈籠を點じて先亡の靈を供養す、此事は後堀河天皇の寬喜年間に始まれる由、定家の明月記に見ゆ。【孝信錄四】に「中元の節、家に燈籠を點じ又他門に(眞宗より言ふ)聖靈祭の吊を爲す事は、もと是れ中夏の風なり。燈籠を佛前に供し、及び棚經の勤を爲すは轉用ならん。五雜俎二に國人最重二中元節一。家家設二楮柏冥衣一具三列先人號位一。祭而燎レ之。女家則具二父母冠服袍笏之類一。皆紙爲者。籠レ之以レ紗。謂二之紗箱一。送二父母家一。女死婿亦代送。至二莆中一則亦淸晨陳設甚嚴。子孫具二冠服一。出レ門望レ空。揖讓辭拆。導レ神以入。祭畢復送レ之出。雖レ出二孝子之誠一然亦近二於戲一矣。是れ吾國の聖靈祭なり。又云。宋初。中元下元皆張レ燈。如二上元例一。至二淳化間一罷レ之。又云。天下上元燈燭之盛無下逾二閩中一者上。是れ吾國の燈籠なり。」

ハウトカン　抱徒憨　【術語】Buddha 譯、事佛者。【唯識述記一末】に「言二佛陀一是覺者。若言二抱徒憨一是事レ佛者。」

ハウドウ　方等　【術語】台家に依るに三釋あり。一は理に約して釋す。方は方正、等は平等、中道の理の方正にして生佛平等なるを云ふ。此義に依れば一切大乘經の通名なり。【釋籤六】に「此以二理等一名二方等典一。」【四敎儀集解上】に「三諦共談理方等也。若理方等五時之中唯除二鹿苑一。餘皆有レ之。以三諸大乘經悉談二三諦一故。云二大乘方等經典一。」【閱藏知津二】に「方等亦名二方廣一。乃至是則始從二華嚴一終二大涅槃一。一切菩薩法藏皆稱二方等經典一。」【元照彌陀經疏】に「一切大乘皆以二方等實相一爲レ體。方謂方廣。等即平等。實相妙理橫徧二諸法一故名二方廣一。竪該二凡聖一故言二平等一。」二は事に約して釋す。方は廣の義、等は均の義。佛、第三時の諸經に於て廣く藏通別圓の四敎を說き、均しく利鈍の機を益するが故に方等と名く。これ台家に限る釋義にして、五時の方等部と種するもの是なり。【四敎儀集解上】に「今之方等者四敎俱說。事方等也。乃至若事方等正唯在二於第三時一也。」【僧史略下】に「方等者即周徧義也。」三は事理に約して釋す。方は方法の義、有門空門雙亦門雙非門の四門の方法を云ふ。等は平等の理體なり。四門の方法に依て各平等の理に契ふを方等と云ふ。即ち方は能契の行にして等は所契の理なり。【止觀二】に「方等者。或言二廣平一。今言方者法也。般若有二四種方法一。謂四門入二淸涼池一。即方也。所契之理平等大慧。即等也。」

ハウドウカイダン　方等戒壇　【術語】大乘方等の文に依て立てる戒壇を云ふ。南山所制の小乘戒壇に對立して人を攝する最も寬大なるもの。唐の代宗永泰元年始めて京城に之を建て、其後宣宗の朝に武宗破佛の後を承けて方等戒壇に於て盛に僧尼を度せしむ。【僧史略下】に「代宗永泰元年三月二十八日。勅二大興善寺一。方等戒壇所須、一切官給。至二四月一勅二京城僧尼一。臨壇大德各置二十人一。永爲二常式一。所レ言方等戒壇者。蓋以三壇法本出二於諸律一。律即小乘敎也。小乘敎中須二一一如レ法。片有二乖違一則令二受者不レ得レ戒。臨壇人犯レ罪。故謂二之律敎一也。若二大乘方等敎一即不レ拘二根缺緣差一並皆得レ受。但令レ發二大心一而領三納之一耳。方等者即周徧義也。乃至稟二順方等之文一而立二戒壇一。故名二方等壇一也。既不三細拘二禁忌一。廣大而平等。又可レ謂二之廣平一也。宣宗承二會昌沙汰之後一。僧尼再得二出家一。恐在二俗中一寧無二諸過一。乃令三先懺二

深罪ニ後得ニ戒品一。若非ニ方等一豈容ニ重テ入一。取ニ其周徧包容一故曰ニ方等戒壇一也。」

ハウドウキヤウ　方等經　［術語］大乘經の總稱なり。【觀無量壽經】に「讀ニ誦大乘方等經典一。」「ハウドウ」を見よ。

ハウドウサンゲ　方等懺悔　［術語］方等三昧を行じて六根の罪障を懺悔するを云ふ。

ハウドウサンマイ　方等三昧　［術語］天台大師が大方等陀羅尼經に依て制立せし一種の三昧行にして、法華三昧と共に四種三昧の中の半行半坐三昧なり。專ら其の法を行じて心を調直するを三昧と云ふ、止觀二及び方等三昧行法に其の儀軌作法を詳記す。

ハウドウザンマイギヤウボフ　方等三昧行法　［書名］一卷、隋の智者說、門人灌頂記。方等三昧を行ずる儀軌作法を說く。【調帙十】(1573)

ハウドウジ　方等時　［術語］台家所判五時の第三。成道已後十二年より八年の間維摩經金光明經等の諸の方等を說く時期なり。此諸經を方等と名くるは方等三義の中の事方等の義に由る。「ハウドウ」「ゴジ」を見よ。

ハウドウジフダウハンニヤジアイゼン　方等時不動般若時愛染　［術語］【溪嵐拾葉集八】に「方等時は彈呵の故に不動の三摩地なり。般若時は愛染王の三摩地なり。愛染は般若の總體なるが故に。是れ惠心一流相傳の義なり。」

ハウドウセン　方等懺　［術語］方等三昧の懺法(せんぽふ)なり。單に方等三昧とも又方等懺悔とも云ふ、懺悔と熟する時はさんげと讀み懺法の時はせんぼふと讀むが故實なり。

ハウドウダイウンキヤウ　方等大雲經　［經名］大方等無想經の異名。

ハウドウダラニキヤウ　方等陀羅尼經　［經名］大方等陀羅尼經の略稱。

ハイドウダン　方等壇　［術語］方等戒壇の略稱。

ハウドウナイヲンキヤウ　方等泥洹經　［經名］般泥洹經の異名、二卷、失譯。大乘家所傳の佛の涅槃記なり、而も法顯譯の大般涅槃經(小乘部中)と大同小異のみ。【晨帙十】(119)

ハウドウハツナイヲンキヤウ　方等般泥洹經　［經名］二卷、西晉の竺法護譯。大乘の大般涅槃經の前六品の譯に止まる。【盈帙九】(116)

ハウドウブ　方等部　［術語］方等時に說ける諸經の部類なり。

ハウドウホンギキヤウ　方等本起經　［經名］普曜經の異名。小乘部の修行本起經、中本起經等に對して立てし異名なり。

ハウハウ　方袍　［衣服］比丘の着する三種の袈裟(三衣とは皆方形なれば方袍と云ふ)。

ハウハチ　放鉢　［修法］長壽の秘法なり。【如意寶珠轉輪秘密現身成佛金輪呪王經放鉢品】に、佛、曼殊師利童子に告げて言く、若し善男子善女人ありて空鉢を飛ばして佛の正道を行じ、衆生を利益せんと欲せん者は、先づ高山及び深谷の、若は覆鉢の如く、若は仰鉢の如き寂寞無人最勝の境界を撰び、庵室を作し、唯好く獨り此の清淨の道場所に住し、斷語無言、五穀の粒を斷じ、松葉を食飡し、水を呑み、氣を吸ひ、禪定思ひ靜めて、八大龍王の陀羅尼及び龍王の名號を誦し、乃至次に空鉢を取て諸龍王及び迦樓羅鳥王を召請し、各一萬三千徧を呪すれば、空中に沒して大風輪を起す。爾の時金翅鳥王及び娑伽羅大龍王等其の風輪に乘じて空鉢を頂戴し、天上諸龍王宮及び阿修羅宮に至て即ち長年の仙藥を取り行人に施與す。行者服し已れば住壽一千歲、神通意の如し、能く佛の妙法道を修行するに堪ゆ。若し女色に親近し及び肉類を食はば鉢を飛ばすを得ず、神通頓に止まん、是れ則ち先佛修行の要術神仙の秘法なり。」

ハウハチキヤウ　放鉢經　［經名］一卷、失譯、即ち普超三昧經の奉鉢品の別譯なり。二百の天子大心を退せんとす、佛、一人を化作し百味の飯食を持して佛に獻ぜしむ、佛即ち鉢を地に置くに地中に下入して賴毗羅耶佛刹に至て空中に懸る、諸弟子をして之を索めしむるに得ず、最後に文殊師利之を索めて還り佛所に獻ず、賴毗羅耶佛因て諸弟子の爲に諸の菩薩娑婆世界に在りて苦道を行ずるを說く、二百の天子之を聞きて大心を發す。【宇帙八】(183)

ハウバツカ　抱跋迦　［雜語］譯、食邑。德者の尊稱なり。【唯識述記四本】に「有ニ大名居士一。德重智高。芳振ニ一時一。英流ニ八表一。時人不ニ敢斥ニ其尊號一。號曰ニ抱跋迦一。此云ニ食邑一。以ニ其學業有レ餘理當ニ食邑一。」

ハウブク　袍服　［衣服］台家に袍裳(はうも)と云ふ、世に法服に作るは誤、三衣を指して法服と名くればなり。「ハウモ」を見よ。

ハウブク　方服　［衣服］比丘の法衣(即ち三品の袈裟)は盡く方形なるを以て方服又は方袍と云ふ。葛城慈雲比丘の著に方服圖記あり。

ハウブツキヤウ　謗佛經　［經名］一卷、元魏の菩提流支譯。師子遊戲菩薩等の十大菩薩あり、已に七年の間陀羅尼の爲に精進修業すれども悉地を得せず。依て佛法に疑惑を生じ、戒を捨てて家に還り鄙劣の行を作す。時に阿闍世王大施を設け十大菩薩其

會座に在り、不畏行菩薩佛に十大菩薩の事を請問す、佛爲に過去世謗佛の因緣を明し、且つ惡業消滅の陀羅尼を說く。【宙帙八】(243)

ハウブツタンソ　烹佛煅祖 〔術語〕洪爐中に佛祖を烹煅するなり、宗匠の活作略を云ふ。【傳燈十六四江懷忠章】に「僧問、洪爐猛炎烹二煅何物一。師云。烹レ佛煅レ祖。曰佛祖作麼生烹。師云。業在二其中一。曰喚作二甚麼業一。師云。佛力不レ如。」【碧巖集普照序】に「秉二烹佛煅祖鉗鎚一。頌二出衲僧向上巴鼻一。」

ハウベン　方便 〔術語〕梵語傴和 Upāya 二釋あり、一は般若に對して釋し、二は眞實に對して釋す。一に般若に對して釋すれば眞如に達する智を般若と名け、權道に通ずる智を方便と云ふ。權道とは他を利益する手段方法なり、此の釋に依れば大小乘一切の佛敎を概して方便と稱するなり。方は方法なり便は便用なり、一切衆生の機に契ふ方法を便用するなり。又方は方正の理、便は巧妙の言辭なり。種種の機に對して方正の理と巧妙の言とを用ふるなり、又方とは衆生の方域なり便とは敎化の便法なり、諸機の方域に應じて適化の便法を用ふるを方便と云ふ、是れ皆一大佛敎に通ずる名なり。【往生論下】に「正直曰レ方。外レ己曰レ便。乃至般若者達レ如之慧名。方便者通レ權之智稱。達レ如則心行寂滅。通レ權則備省二衆機一。」【法華文句三】に「方者法也。便者用也。法有二方圓一。用有二差會一。三權是矩是方。一實是規是圓。若智詣二於矩一則善用二偏法一。逗二會衆生一。若智詣二於規一則善用二圓法一逗二會衆生一。」【嘉祥法華義疏四】に「一者就二理敎一釋レ之。理正曰レ方。言巧稱レ便。卽是其義深遠其語巧妙。文義合擧故云二方便一。此釋通二於大小一。二者衆生所緣之域爲レ方。如來適化之法稱レ便。蓋欲二因レ病授レ藥。籍レ方施レ便。機敎兩擧故名二方便一。此亦通二於大小一。」【法華玄贊三】に「施爲可レ則曰レ方。善逗二機宜一曰レ便。乃至方是方術。便謂穩便。便之法名二方便一。」【大集經十一】に「能調二衆生一悉令レ趣二向阿耨多羅三藐三菩提一。是名二方便一。」二に眞實に對して釋すれば、究竟の旨歸を眞實とし、假を設けて暫くして癈するを方便とす。故に又善巧とも善權とも云ふ。卽ち眞實に入る能通の法、俗に所謂てだてなるもの是れ方便なり。物を利して則あるを方と云ひ、時に隨て施すを便と云ふ、此釋に依れば小乘は大乘に入るの門なれば之を方便敎と名け、三乘は一乘に通ずる爲に設けしものなれば之を方便敎と名くるなり、依て一切法を判ずるに方便眞實の二となるなり。【法華文句三】に「又方便者門也。門名二能通一。通二於所通一。方便權略皆是弄引。爲二眞實一作レ門。眞實得レ顯功由二方便一。從レ能顯レ得レ名。故以レ門釋二方便一。如下開二方便門一示中眞實相上。」【法華義疏四】に「方便是善巧之名。善巧者智之用也。理實無レ三以二方便力一是故說レ三。故名二善巧一。」【法華玄贊三】に「權巧方便。實無二此事一應レ物權現。故言二方便一。謂以二三業方便一化也。此對二實智一名爲二方便一。利レ物有レ則曰レ方。隨レ時而濟名レ便。」天台更に一釋あり以て法華經方便品の二字を解す、方とは秘なり、便とは妙なり、秘密の妙義を云ふ。何となれば法華已前の方便は眞實に對する方便にして、方便の外に眞實あり。依つて之を體外の方便と云ふ。今は三乘の方便、卽ち一乘の實法なりと顯はす、是れ方便品中の所說なり、故に之を體內の方便又は同體の方便と云ふ。是れ秘密の妙義にして爾前に於ては一向之を明かさず、今に至つて初めて開說すれば之を秘妙と云ふ。【法華文句三】に「又方者秘也。便者妙也。乃至王頂上唯有二一珠一無二無別。指二客作人一是長者子亦無二無別。如レ斯之言是秘是妙。」

二種方便 〔名數〕一に體外方便、餘經所說の方便なり、眞實の體の外の方便なれば體外と云ふ。二に體內方便、又同體方便と云ふ、方便卽眞實、眞實卽方便なれば體內と云ふ、法華所說の方便是なり。【法華文句三】に「體外方便化物之權。隨他意語。乃至同體方便卽是自行權。隨自意權。」【輔行三】に「此權者。本是諸佛妙體。體內方便。故名二權謀一。」【垂裕記二】に「法華名レ權卽體內方便也。」

ハウベンインニフ　方便引入 〔術語〕方便てだてをめぐらして無緣の衆生を佛道に引入すると。

ハウベンウヨド　方便有餘土 〔術語〕台家所立四土の一。聲聞緣覺の二乘の證果を究竟せしもの、及び地前の菩薩の生ずべき界外の淨土なり。此等の人皆空觀の方便道を修して見思（四住を云ふ）の惑を斷ずれば方便と云ひ、未だ中觀を修せず隨て無明の惑盡きざれば有餘と云ふ。【天台觀經疏】に「修二方便道一斷二四住惑一。故曰二方便一。無明未レ盡故曰二有餘一。」

ハウベンケシン　方便化身 〔術語〕彌陀の報身中の化身を云ふ。第十九、第二十の方便の願に報いて邊地懈慢に化現する佛身也。

ハウベンキヤウ　方便經 〔經名〕慧上菩薩問大善權經の異名。

ハウベンケシンド　方便化身土 〔術語〕見眞大師所立二土の一。方便は眞實に對し、化身土は眞佛土に對す。自力を以て諸行を修し、又念佛を行じて淨土を願求する者を攝せん爲に、彌陀如來權に一種の淨土を現じてここに往生せしむるなり。其土眞實の報土にあらざれば方便と云ひ、化身佛を以て敎主とし報身所居の土にあらざれば化身土と云ふ。觀

經所說の十三觀所觀の淨土及び九品の土。又菩薩處胎經所說の懈慢界、無量壽經所說の疑城胎宮是なり。【敎行信證六本】に「謹顯二化身土一者。佛者如二無量壽佛經說一眞身觀佛是也。土者觀經淨土是也。復如二菩薩處胎經等說一即懈慢界是也。亦如二大無量壽經說一即疑城胎宮是也。」「略。

ハウベンケド 方便化土 〔術語〕方便化身土の

ハウベンケモン 方便假門 〔術語〕眞實の道に誘ひ導かんが爲に假に設けられたる敎。

ハウベンゲンネハン 方便現涅槃 〔術語〕如來は常住不滅なれども、佛世難値の想を起さしめ、追慕修道の念を惹かんが爲の方便に涅槃を示現するを云ふ。【法華經壽量品】に「爲レ度二衆生一故方便現二涅槃一。而實不二滅度一。常住レ此說レ法。」⦿(續千載)「しばしこそかげをもかくせ鷲の山高根の月は今もすむなり」(曲、身延)「凡そ方便現涅槃、星霜二千二百廻、後五百歲中今少し」

ハウベンザウ 方便藏 〔術語〕佛の方便に一切の功德を包藏すれば方便藏と云ふ。【敎行信證二】に「乘二一切知船一浮二諸群生海一。圓二滿福智藏一開二顯方便藏一。」

ハウベンシヤウ 方便聲 〔術語〕五轉中の方便究竟を顯はす〔梵字〕惡字の聲を云ふ。其の點畫は之を方便點と云ふ、又五字轉生の義に依て方便輪と云ふ。【悉曇藏二】

ハウベンジヨウネハン 方便乘涅槃 〔術語〕三涅槃の一。善巧の化益終りて應身また滅したる所を云ふ。

ハウベンズヰエンシ 方便隨緣止 〔術語〕三止の一。無明顚倒は實相の眞性なりと了得して、緣に隨ひて內外の變化に心を動かすことなく、安心不動なるを云ふ。【翻譯名義集】「止觀二字各開二三義一。一體心止。二方便隨緣止。」

ハウベンセツシヤウ 方便殺生 〔術語〕大菩薩方便の殺生は無量の福德を生ずるなり。【探玄記十九】に「梁論戒學中釋二甚深一云。菩薩由二如レ是方便勝智一行二殺生等十事一無二染濁過失一。生二無量福德一速得二無上菩薩一。要大菩薩堪レ行二此事一。此有二二種一。一實行。二變化。實行者。了二知前人必應三定作二無間等業一。無二別方便令レ離二此惡一。唯可二斷レ命使レ不レ作レ惡。又知三此人若捨命已必生二善道一。又菩薩自念。我行二殺業一。必墮二地獄一爲レ彼受レ苦。彼雖三現受二少輕苦惱一來世必受二樂果報一也。」⦿(曲、熊坂)「方便の殺生は菩薩の六度に勝れりとか」

ハウベンチ 方便智 〔術語〕又權智と云ふ、實智に對する稱、方便の法に達する智なり。又方便を行ずる智なり。「ゴンチ」を見よ。【大乘義章十九】に「知二一乘眞實之法一名爲二實智一。了三知三乘權化之法一名二方便智一。」

ハウベンド 方便土 〔術語〕方便有餘土、又は方便化身土の略稱。

ハウベンノギヤウシン 方便行信 〔術語〕彌陀の四十八願中、第十九、第二十の方便の願に誓ひたる要門、眞門の行者の行と信とを云ふ。第十九願要門の行は「修諸功德」信は「至心發願欲生」眞門の行は「植諸德本」信は「至心廻向欲生」なり。

ハウベンノグワン 方便願 〔術語〕彌陀の四十八願中の第十九願と第二十願とを云ふ。この二願は弘願(第十八願)眞如門に歸入せしむる方便として假に設けられたる要門、眞門の因果を誓ひたる願なるが故に名づく。第十九願は要門にして、第二十願は眞門なり。

ハウベンハラミツ 方便波羅蜜 〔術語〕十波羅蜜の第七、第七地の菩薩善巧の方便を以て機に隨つて物を利するを云ふ。

ハウベンハンニヤ 方便般若 〔術語〕方便智と般若慧なり、實理を證するを般若慧とし、權謀に通ずる智を方便智とす。【往生論下】に「般若者達レ如之慧名。方便者通レ權之智稱。達レ如則心行寂滅。通レ權則備省二衆機一。」

ハウベンホフシン 方便法身 〔術語〕二種法身の一。應身化身の總名なり。「ホフシン」を見よ。

ハウベンボダイ 方便菩提 〔術語〕三菩提の一。「サンボダイ」を見よ。

ハウベンボン 方便品 〔經名〕法華經二十八品中第二品の名。三乘方便、一乘眞實なるを說く故に名く。又維摩經の第二品の名。維摩居士が種種の方便を以て衆生を化し且つ現に方便を以て疾を毘耶離城に現ずることを叙すれば名く。⦿(榮花、本の雫)「方便品は土御門の御匣殿などの給はせつつ」「り。

ハウベンリキ 方便力 〔術語〕方便の力用な

ハウホフシユ 破有法主 〔術語〕佛のこと。佛は無碍智の善巧方便を以て、吾人の萬有實有(有法)の執着を破り給ふが故なり。【法華經藥草喩品】に「破有法主出二現世間一。隨二衆生欲一種種說レ法。」

ハウボフ 謗法 〔術語〕誹謗正法の略。正法をそしること。

ハウボフセンダイ 謗法闡提 〔術語〕二種闡提の一。又斷善闡提と云ふ、闡提は梵語一闡提の略、不成佛の人を云ふ、大乘を誹謗するに依て善巧を斷じ、爲に成佛すべからざるなり。「センダイ」を見よ。

ハウモ 袍裳 〔術語〕又、袍服と云ふ、法服に作るは非 袍

はもと祇支（左右衣）と覆肩衣（右胃衣）との二物なり、支那に來て此二物を合せ衫袖を加へて褊衫と稱す、是れ今の袍なり、裳は梵語涅槃僧即ち裙なり、此袍裳を上下離して着するが袍服にて上下を一に綴りしが直裰（ぢきとつ）なり。

ハウロン　破有論　［書名］　具名大乘破有論、一卷、龍樹造、趙宋の施護譯。諸法は無生なり分別より起ることを略說す。【暑帙一】(1304)

ハエンナ　波演那　［雜名］　Paryāyatana* 又、波衍那。譯、院。【玄應音義十六】に「波演那。梵言二波衍那一。此云二周圍郭舍一。院也。」

ハカイ　破戒　［術語］　一旦戒を受けし者の戒法に違反するを云ふ。破戒の者も所受の戒體は尙身中に現存するなり。【行事鈔之三】に「十輪云。破戒比丘。雖二是死人一。是戒餘力猶示二於人天導行一。猶如二牛黃麝香燒香等喩一。佛因說レ偈。瞻蔔華雖レ萎勝二於一切華一。破戒諸比丘猶勝二諸外道一。」【末法燈明記】に「若有二戒法一可レ有二破戒一。既無二戒法一由レ破二何戒一而有二破戒一。」⦿（太平記三七）「破戒の聲聞とぞなりにける」

ハカイノゴクワ　破戒五過　［名數］　戒律を破りしもののうくる過（こゝ）也。四分律所說。五過とは自害、爲レ智所レ訶、惡名流布、臨終生悔、死墮二惡趣一なり。

ハカマキリ　墓參　［行事］　七月朔日より十五日に至りて各各祖考の墓に詣るなり。是れ唐土の人淸明の日上墳祭掃するに同じ。⦿（源順家集）に「七月十五日ぼんもたせて山寺にまうづる所。けふのためをれる蓮の葉をひろみ露おく山に我はきにけり」是れ盆の墓まゐりなり。

ハカリ　波訶梨　［異類］　鬼神の名。譯、威武盛。【金光明文句七】に「波訶梨子翻二威武盛一。」

ハガラ　波伽羅　［衣服］　又、波利迦羅と云ふ。譯、助身衣。【十誦律六十二】に「優婆離問レ佛。佛聽（ルス）二諸比丘所二著衣一。覆身衣。拭身巾。拭面巾。僧祇支。泥洹僧。是衣名二何等一。佛言。名二波伽羅一。晉言助身衣也。」【羯磨疏四上】に「波利迦羅。唐譯二助身衣一也。」梵 Parikara

ハガンミセウ　破顏微笑　［故事］　靈山會上迦葉尊者得道の相なり。「ネンゲミセウ」を見よ。

ハキシユ　博吃蒭　［雜名］　Paksa 譯、魔軍。【大日經疏九】に「魔軍者。梵本正音博吃芻。是羽翼黨援之義。今依二古譯一會意言耳。」

ハキヤラ　薄佉羅　［地名］　國の名。【玄應音義四】に「月氏國。薄佉羅國應レ是也。在二雪山之西北一也。」梵 Bhuhkhāra

ハクウン　白雲　［人名］　宋の舒州白雲山の守端禪師は楊岐會の法嗣にして五祖演の師なり。【續傳燈錄十三】

ハクウンサイ　白雲菜　［術語］　白雲宗の徒衆を云ふ。菜とは菜を喫する道民なり。次項を見よ。

ハクウンシユウ　白雲宗　［流派］　宋白雲庵淸覺、禪門に於て一宗を立て所居を取て白雲宗と名け其の徒衆を白雲菜と云ふ。一種の邪黨なり。【釋門正統四】に「白雲者大觀間西京寶應寺僧孔淸覺。稱二魯聖之裔一。來居二杭之白雲庵一。涉二獵釋典一。立二四果十地一以分二大小兩宗一。造二論數篇一傳二於流俗一。從者尊レ之曰二白雲和尙一。名二其徒一曰二白雲菜一。亦曰二十地菜一。」【釋氏稽古略四】「靈隱圓明童禪師以二寺後白雲山庵一居（シム）レ覺。玄化開闡。乃自立レ宗。以二所居庵名一爲レ號曰二白雲宗一。」（釋古史略に記する所に依れば堂堂たる大宗師なり）

ハクカ　薄迦　［雜語］　薄伽梵の訛略なり。世尊の梵名。「バギヤバ」を見よ。

ハクカチ　薄迦地　［雜語］　薄迦梵即ち世尊の地位なり。

ハククラ　薄拘羅　［人名］　Vakkula 又、薄矩羅、薄俱羅、薄羅婆拘羅、縛矩羅、波鳩蠡と云ふ。羅漢の名。譯、善容、或は偉形。【法華文句二】に「薄拘羅者此云二善容一。或偉形。或大肥盛。乃至色貞端正。故言二善容一也。」【玄應音義二十五】に「薄俱羅。舊言二薄俱羅一。此云二善容一。持二一不殺戒一得二五不死一者也。」【俱舍寶疏二十二】に「縛矩羅。舊云二薄羅一。」【可洪音義二】に「波鳩蠡。即薄拘羅也。」【薄拘羅經】に「我於二此正法律中一學道以來八十年。未三曾有二病乃至彈指頃頭痛者一。未二曾憶レ服二藥乃至一片訶梨勒一。」

薄拘羅無病　［雜語］　【智度論二十九】に「如二薄拘羅阿羅漢一。以二一呵梨勒菓藥一布施。九十一劫不レ墮二惡道一。受二天人福樂一。身常無レ病。末後身得二阿羅漢道一。」【法華玄義】に「自有レ人。從レ生無レ病。如二薄拘羅一。生來不レ識二頭痛一。況餘病。」【中論疏十末】に「如二薄拘羅一。云我年過二八十一。未二曾頭病一。」

薄拘羅不偃臥　［雜語］　【薄拘羅經】に「薄拘羅作二是說一。諸賢。我結跏趺坐。於二八十年一未二曾倚レ壁倚レ樹。」

薄拘羅省事第一　［雜語］　【薄拘羅經】に「我於二此正法律中一學道以來八十年。未三曾憶レ畜二沙彌一。未下曾憶中爲二白衣一說上法。乃至四句頌亦不二爲說一。」【分別功德論四】に「阿難問二薄拘羅一。何以不三爲レ人說二法一耶。爲レ無二四辯一爲レ乏二智慧一而不二說法一乎。答曰。我於二四辯捷疾之智一非レ爲二不足一。唯自樂レ靜不レ喜二憒閙一。故不二說法一耳。」

長壽第一　［故事］　【增一阿含經三】に「我聲聞中第一比丘。壽命極長。終不二中夭一。所謂婆薄羅比丘

是。」

ハククラキヤウ　薄拘羅經　〔經名〕　中阿含經八未曾有品に收む。薄拘羅自ら種種未曾有法を説く。

ハクコツクワン　白骨観　〔術語〕　即ち九想中の骨想なり。無常を知て執着の念を拂はん爲めに白骨を觀ずるなり。慧心僧都の作に白骨觀一巻あり。「クサウ」を見よ。

ハクシヤ　博叉　〔人名〕　博叉般茶迦の略。

ハクシヤ　博叉　〔地名〕　Vaikṣu 又 Vakṣu 薄叉、河の名。「バシユ」を見よ。

ハクシヤウ　拍掌　〔儀式〕　又拍手に作る。眞言法に其の修法の初と終に於て拍掌を作す、其の初は本尊の來降を歡喜するなり、其の終は一座の事究竟するを歡喜するなり。【行法肝要鈔】神前の拍掌はもと是より起り、世に之を「かしはで」と云ふは拍を柏に見誤て斯く云ひ傳へしなり。

ハクシヤハンダカ　博叉般茶迦　〔人名〕　Pakṣapandaka 「ハンダカ」を見よ。

ハクシヤハンチヤカ　博叉半擇迦　〔人名〕　「ハンダカ」を見よ。

ハクシヨウ　薄證　〔術語〕　輕薄の證悟なり。【止觀七】に「那得二薄證片禪一而以爲レ喜。」

ハクシリミツタラ　帛尸梨蜜多羅　〔人名〕　Śrīmitra 又、帛尸梨蜜多羅。西域三藏の名。譯、吉友。【梁高僧傳一】に「帛尸梨蜜多羅此云二吉友一。」帛は西域國名の略なるべし。

ハクシレイミツタラ　帛尸黎蜜多羅　〔人名〕　「帛尸梨蜜多羅に同じ。

ハクヂ　薄地　〔術語〕　薄は逼なり、下地に逼るなり、諸苦に逼迫せらるる地位なり。凡夫の境界を云ふ。【淨心戒觀下】に「薄地凡夫晃身鄙陋。果報卑劣。」【同發眞鈔中末】に「文選注云。薄逼也。謂逼二下地一而居耳。此通收二四洲人一也。」【彌陀經元照疏】に「薄地凡夫業惑纏縛。流二轉五道一百千萬劫。」【同戒度記下】に「薄音博。逼也。」【大部補注十一】に「博地。博廣多也。下凡之地廣多故耳。」此説に依れば薄字は博の假借也　図　通敎の十地の第五地。欲界九品の思惑の中旣に前六品を斷じて後三品を餘す、欲惑輕薄なれば薄地と名く。【大乘義章十四】に「或須陀洹。或斯陀含。薄二欲結一故名二薄地一。」◉（盛衰記三七）「薄地底下の凡夫」

ハクテイ　柏庭　〔人名〕　宋の上天竺寺の善月字は光遠、柏庭と號す。月堂慧詢の法嗣なり。淳祐元年寂、壽九十三。著す所楞嚴玄覽、金剛會解、圓覺略疏、楞伽通義、因革論、簡境十策、三部格言、金錍義解、宗敎玄述、仁王疏記、附鈔箋要、皆世に行はる。自餘の雜製名けて緒餘集と云ふ。【佛祖統紀十九】

ハクバジ　白馬寺　〔寺名〕　漢の明帝初て白馬寺を創して齎來の佛經を置く、此時白馬經を負て來る故に名く。【佛祖統紀五十三】に「摩騰、竺法蘭。漢明帝時以二白馬一馱レ經自二天竺一來。後人有經來白馬寺之句」又「漢明帝。始造二白馬寺一。雒陽京城內外十寺。白馬寺東造二佛舍利塔一。」

ハクヒ　剝皮　〔本生〕　昔釋迦如來、愛法梵志又は樂法菩薩たりし時、身の皮を剝ぎて之を乾かして、佛所説の一偈を書せんとを請ふ。求法精勤の極なり。【秘藏寶鑰中】に「一句妙法億劫難レ遇。一佛名字憂曇非レ喩。是故雪童投レ身精進剝レ皮。」【性靈集八】に「仰二于塡刻檀之誠一。尙二精進剝皮之信一。」【智度論十六】に「如二愛法梵志一。十二歲遍二閻浮提一求レ知二聖法一而不レ能レ得。時世無レ佛。佛法亦盡。有二一婆羅門一言。我有二聖法一偈一。若實愛レ法當二以與一レ汝。答言。實愛レ法。婆羅門言。若實愛レ法當下以二汝皮一爲レ紙以二身骨一爲レ筆以レ血書上レ之。當二以與一レ汝。即如二其言一。破レ骨剝レ皮以レ血書レ偈。如法應二修行一。非法不レ可レ受。今世及後世。行レ法者安穩。」【同四十九】に「如下釋迦文佛本爲二菩薩一時上。名曰二樂法一。時世無レ佛。不レ聞二善語一。四方求レ法。精勤不レ懈。了不レ能レ得。爾時魔變作二婆羅門一。而語レ之言。我有二佛所説一偈一。汝能以レ皮爲レ紙以レ骨爲レ筆以レ血爲レ墨書二寫此偈一當二以與一レ汝。樂法即時自念。我世世喪レ身無數不レ得二此利一。即自剝レ皮曝レ之令レ乾欲レ書二其偈一。魔即滅レ身。是時佛知二其至心一即從二下方一涌出。爲説二深法一。即得二無生法忍一。」

ハクフク　薄福　〔術語〕　今世に福德薄き人なり、今世に福德薄きは宿世の善根なき故なり。【唐華嚴經十】に「苦多而樂少。薄福之所レ處。」【南本涅槃經九】に「薄福之人則不レ得レ聞。」【止觀二】に「一種衆生底下薄福。決不レ能下於二善中一修上レ道。」【戒疏一上】に「三寶薄福不レ遇。」

ハクラ　薄矩羅　〔人名〕　「ハククラ」を見よ。

ハクレイ　波鳩蠡　〔人名〕　又、波鳩羅。比丘の名。「ハククラ」を見よ。

ハケン　破見　〔術語〕　正見を破るなり、即ち六十二見等なり。【行事鈔上之二】に「破見者。謂六十二見。」

ハケン　破顯　〔術語〕　破邪顯正なり。

ハケンダイ　鉢建提　〔神名〕　天神の名。【慧琳音義二十六】に「鉢健提此云二跳躑一。此中力士甚勇健捷疾也。」【涅槃經疏七】に「鉢健提此云二堅固一。」巴 Pakkhandin

ハゲ　破夏　〔術語〕　安居を破るなり、安居禁足の制を守らず法界を出でて外遊するなり。【行事鈔上之四】に「准二此結成者一。從二初去日一即須三勸覓二安身處一。若未レ得已來雖レ經レ宿不レ破レ夏。以レ非二輕心一故。反レ

前不レ覓則破二安居一。若得二住處一夏法隨レ身。亦不レ得二無レ緣出一レ界。便破レ夏也。」

ハゲダウセウジヨウシシユウロン　破外道小乘四宗論　【書名】提婆菩薩破楞伽經中外道小乘四宗論の略名。

ハコンマソウ　破羯磨僧　【術語】二種破僧の一。「ハソウ」を見よ。

ハサイ　破齋　【術語】八齋戒は一日一夜の戒法にして不過中食の齋法を主とし、他に不殺等の八戒を受持するなり。然るに半途にして戒法を破り、食事を爲すを破齋と云ふ。破齋の罪は地獄或は龍畜等に墮す。法苑珠林に破齋篇あり。【盂蘭盆經疏記下】に「鍼咽鬼。謂腹大如レ山。咽如二鍼孔一。謂破齋夜食盜二竊衆僧之食一故。」

ハサウケウ　破相敎　【術語】具名、大乘破相敎、圭峰所立五敎の第二。「ゴケウ」を見よ。

ハサウサンマイ　破相三昧　【術語】百八三昧の一。一切諸法を悉く幻夢の如く觀じて、一法を見ざる三昧なり。【智度論四十七】に「破相三昧。得二是三昧一不レ見二一切法相一。何況諸三昧相。即是無相三昧。」

ハサウシユウ　破相宗　【術語】永明所立三宗の第二。又淨影所立四宗の第三。「シユウ」を見よ。又慧遠所立四宗の第二。「シシユウ」を見よ。

ハサツダイ　破薩提　【術語】Upaśānti* 譯、寂靜。【善見律十】に「波薩提。漢言二寂靜無有疲倦一。」巴 Pasādika

ハシ　波斯　【地名】又、波嘶。國の名。新に波剌私、波囉悉と云ふ。今の「ペルシヤ」なり。【玄應音義二十四】に「波剌私亦云二波嘶一。或云二波斯一。國名也。臨二近西海一最饒二其寶一。諸國商人皆取二其貨一。波斯以二龍威珠力一古昔推レ焉耳。」【西域記十一】に「波剌斯人。性躁暴俗無二禮儀一。無二學藝一多二工伎一。婚姻雜亂。死多棄レ屍。」【梵語雜名】に「波斯波囉悉。」図又波斯匿王の略。【本朝高僧傳六十五】に「波斯鑄二金像一賢天起レ塔。」梵 Pārasī

ハシ　波師　【植物】花の名。「ハリシカ」を見よ。

ハシ　橋　【雜名】梵語細覩 Setu【梵語雜名】◉（著聞集五）に「橋は勢至菩薩の尊形を表し給ふと云云」所據未だ考へず。

問橋　【故事】【方等陀羅經三】に佛往昔智者に對して愚問を發して智者を敎へたるを云ふ。【止觀十】に「方等云。種種問レ橋智者所レ呵。」

ハシカラナ　皤施迦羅拏　【術語】Vaśi-karaṇa 又、嚩舍、嚩誐羯嚩拏、嚩始迦魯拏と云ふ。敬意と譯す、四種壇法の第三なり。【妙吉祥平等觀門大敎王經略出護摩儀】に「三嚩舍。此云二敬愛一。」【千手千眼觀自在菩薩行儀軌】に「嚩誐羯囉拏法。敬愛也。赤。」【要略念誦經】に「皤施伽羅拏。」

ハシキシンロン　破色心論　【書名】唯識論の異名。

ハシフ　破執　【術語】實の我あり實の法ありとの執見を破するなり。

ハシシブ　皤雌子部　【流派】「バツサ」を見よ。

ハシノク　波斯匿　【人名】舍衛國の王名、和悅又は月光と譯し、新稱鉢邏犀那時多 Prasenajit 巴 Pāsenadi 玄奘は勝軍と、義淨は勝光と譯す、梵授王の子なり、佛と同日に生る。【有部毘奈耶雜事】に憍薩羅國王勝光王と云ふ是なり。王の第二の夫人末利（勝鬘と譯す勝鬘經の勝鬘夫人は此王夫人の女なり、母子名を同じくす。）と云ふ、もと劫比羅城（迦毘羅城なり）の婢女なり、歸佛の福力を以て王の爲に聘せられて夫人となり一子を生む、惡生 Virūḍhaka と名く、逆害自立の心あり、長行大臣之を諫止す、後に王長行大臣を將て佛所に至り法を聽きて久しく出でず、長行意變じ竊に車馬を引て城に還り、惡生太子を篡立して王となし、大王の二夫人行雨勝鬘を驅逐す。二夫人王所に詣て中途に王に遇ひ事を白す、王便ち勝鬘をして城に還らしめ、自ら行雨と共に王舍城に向ふ。城外に一園林あり、王此に停り行雨をして未生怨王（阿闍世王）に報ぜしむ、未生怨王之を聞て大に喜び駕を嚴りて自ら出でて之を迎ふ。時に勝光王久しく食を得ず、園主に乞て蘿菔五顆を得て、之を食ひ水邊に往きて過量に之を飮む、因つて霍亂を成し遂に仆れて死す。未生怨王後に來つて厚く之を葬る。」（有部毘奈耶雜事八）【仁王經上】に「舍衛國主波斯匿王。名曰二月光一。」【西域記六】に「如來在世之時。鉢羅犀那恃多王。唐言二勝軍一。舊曰二波斯匿一訛略也。」【毘奈耶雜事二十】に「室羅伐城（即ち舍衛國なり又憍薩羅國と云）王名二梵授一。乃至其梵授王告レ人曰。我子生時。光明殊勝普照二世間一。應下與二我子一名曰中勝光上。」【勝鬘經寶窟上本】に「波斯匿王者。此翻爲二和悅一。以二其情用弘和一故云二和悅一。又以三德接レ民能令二萬姓私悅一。又翻爲二月光一。如三仁王經云二月光王一。有人言。波斯匿王與レ佛同レ日生。佛號二日光一。國人言。佛既號二日光一。當下號二大王一爲中月光上也。因二國人稱一爲二月光一。若依二父母所立名一者字爲二勝軍一。以三其鬪戰無二敵不一レ勝故云二勝軍一。」

波斯匿王造金像　【傳說】【經律異相二十二】

波斯匿王造牛頭旃檀像　【傳說】【經律異相二十三】

波斯匿王見十夢請佛解之　【傳說】【增一阿含經四十一、經律異相二十八】

波斯匿王遊獵得末利夫人　【故事】【四分律十三、經律異相二十八】

波斯匿王女金剛醜女念佛改形　【傳說】【賢愚經二波斯匿王金剛品、經律異相三十四、雜寶

藏經二、百緣經】

波斯匿女發心 〔故事〕⦿(榮花、後悔大將)に「波斯匿王のむすめ心おこせる」「ショウマンブニン」を見よ。「經二」

波斯匿王女善光嫁乞人 〔傳說〕【雜寶藏經二】

波斯匿王女婆陀死王求贖命 〔傳說〕【經律異相二十八】

波斯匿王太后崩王求贖命 〔傳說〕「匿王太后崩塵土坌身經」

波斯匿王塗藥鼓 〔傳說〕⦿(野守鏡下)に「又波斯匿王敵國の戰に藥を鼓にぬりて打ちければその聲にひかれて毒の箭ぬけて害を爲さざりき」【波斯

ハシヤ 播捨 〔物名〕Pāśa 譯、羂索。【梵語雜名】「羂索。播捨。」

ハシヤ 波叉 〔天名〕四天王の中西方天王の名。【玄應音義七】に「波叉或言二毘留博叉一。訛也。具言二鼻溜波阿叉一。舊譯云二雜語一。一義也。正言二醜眼一。西方天王名也。」即ち廣目天なり。梵 Virūpakṣa 「見よ。

ハシヤウシユウ 破性宗 〔術語〕「シユウ」を

ハシヤウミヤウ 破正命 〔術語〕正命を破るなり、即ち邪命なり。非法を以て活命するを邪命と云ふ。【行事鈔上之二】に「破正命者。謂非法乞求。邪意治命。則有二五種四種一。」

ハシヤクケンホン 破迹顯本 〔術語〕十種顯本の一。迦耶の垂迹に迷執する情を拂て久遠の本地を顯はすなり。【法華玄義九】

ハシヤボン 破沙盆 〔物名〕「われすりばち」なり。【無寃錄】に「仍帶二一沙盆槌一以研二上件物一。」【註】に「沙盆研レ之器。」

ハシユハタ 播輪鉢多 〔流派〕Pāśupata 又、波輪鉢多、塗灰外道なり。【玄應音義二十二】に「波輪鉢多。此塗灰外道名也。遍身塗レ灰。髮則有二剃不剃一。衣纔蔽レ形。但非二赤色一爲レ異耳。事二魔醯首羅天一者也。」【同二十四】に「播輪鉢多。亦作二波輪一。」【倶舍光記九】に「播輪鉢多外道。此云二牛主一。謂事二天主一。摩醯首羅天乘レ牛而行。故云二牛主一。此外道學二彼天法一。從レ彼爲レ主。故名二牛主一。此外道持下受頂上持二一髻子一身體塗上レ灰。」【唯識述記一本】に「有二外道云二播輪鉢多一。翻爲二獸主一。如二一瞿曇別目二於牛一通名二於獸一。但言二牛主一者未レ善二方言一。非二但與レ牛爲レ主故。如二伏犧等一。」

ハジヤウ 破情 〔術語〕立法の對。すべて事理の本性を知らんとするに當り、先づ其の事理に對する迷情を破すること。破邪と其の意同じ。

ハジヤケンシヤウ 破邪顯正 〔術語〕邪道を破し正理を顯はすこと。

ハジヤケンシヤウセウ 破邪顯正鈔 〔書名〕三卷。本願寺存覺の著。當時異學邪見を稱ふるもの多く出でて、專修念佛を誹謗すること甚しかりしかば、其の讒說中主なる者十七條を提出して之を辨駁したるもの。

ハジヤソクケンシヤウ 破邪即顯正 〔術語〕邪計邪執を破することが、直に正道正見を顯すとなると。是れ三論宗の眼目にして、該宗にては八迷を破すること即ち八不が直ちに中道を顯すととなると云ふ。是れ三論一宗の綱要なり。【三論玄義】に「但論雖レ有レ三。義唯二轍。一曰二顯正一二曰二破邪一。破邪則下拯二沈淪一。顯正則上弘二大法一。」

ハジヤハダイ 波闍波提 〔人名〕Prajāpatī 又、波闍鉢提。「マカハジヤハダイ」を見よ。

ハジヤロン 破邪論 〔書名〕二卷、唐の法琳選。廣く博奕の邪說を破す。【露帙八】(1560)

ハジユ 波戍 〔術語〕Paśu 又、唓哩也遇庾爾 Tiryag-yoni と云ふ。譯、畜生。【梵語雜名】

ハジユン 波旬 〔術語〕又波旬踰、波卑面、新に波椽、波鞞と云ふ、梵音 Pāpīyas 又 Pāpīman 巴 Pāpimā の轉訛なり。慧琳師の說に波旬は波卑椽の卑を略して波旬とせしを、旬と誤りしなりと、茶毘闍毘を耶旬と作るに類す。波旬は惡魔の名、殺者惡者と譯す。【注維摩經四】に「什曰。波旬秦言二殺者一。常欲レ斷二人慧命一故名二殺者一。」【義林章六本】に「波卑夜此云二惡者一。天魔別名。波旬訛也。成二就惡法一懷二惡意一故。」【玄應音義八】に「言二波旬一者訛也。正言二波卑夜一。是其名也。此云二惡者一。常有二惡意一。成二就惡法一成二就惡慧一故名二波旬一。」【慧琳音義十】に「波旬。梵語正云二波俾椽一。唐云二惡魔一。佛以二慈心一呵責。因以爲レ名。古文譯爲二波卑一秦言レ好。略遂去二卑字一。旬字本從レ目。晉懸。誤書從レ日爲レ旬。今驗二梵本一無二巡音一。蓋書寫誤耳。傳レ誤已久。」【倶舍光記八】に「釋迦文佛魔王名二波旬一。羯洛迦孫駄佛魔王名二度使一。」【大部補注三】に「波旬亦云二波旬踰一。此云二惡者一。」【勝鬘寶窟中末】に「林公云。外國法。佛在世及滅後。共魔語皆悉喚レ之爲二波卑面一。此云二惡者且惡物一。」

ハジヤラ 波闍羅 〔物名〕Vajra 又、髮闍羅。「バセラ」を見よ。

ハセデラ 長谷寺 〔寺名〕豐山神樂院長谷寺、大和國城上三泊瀨山に在り、里の名に依りて泊瀨寺とも云ふ。弘福寺の道明、並に沙彌德道(乃ち法道仙人)二人相共に建つる所、其の佛木は近江國高崎郡三尾山より流出せる霹靂の木なり、木の至る所疾疫あり、漸く流れて和州の葛木郡神河浦に至る、爰に道明德道此木を取りて佛像を造らんと欲すれども貲財なし、專心木を

禮して祈求す、藤原房前之を奏聞し和州の租稲三千束を賜ふて十一面觀音の像を刻む、高さ二丈六尺、震雷岩石を破て座となす、方八丈、佛工稽首勳稽文會之を作り、聖武天皇神龜四年成る。三月廿日僧六十口を請して落慶す、行基菩薩導師となる。扶桑略記六 眞言宗にして新義派なり、學林あり京都智積院と對立す。⦿(枕草紙)「卯月の晦日に長谷寺にまうづとて」

ハソウ 破僧 [術語] 五逆罪の一、此に二種あり。一に破法輪僧、提婆達多が五種の邪法を立てて佛の法輪に對立して以て佛の法輪を聽聞する僧衆を分離せしむる如きを云ふ。二は破羯磨僧、同一界內に於て別種の羯磨作法を作して羯磨僧の和合を破るを云ふ。此中初は其の罪最も重くして佛在世に止まり佛滅後には轉法輪なきが故 次は其の罪輕くして在世滅後に通じて在り。【資持記上三之一】に「破法輪者。立二邪五法一。五種の邪法也 盡形乞食。納衣。樹下。不食酥塩及魚肉。破二如來四依八正一。犯二上品蘭一。破羯磨者。一界兩衆俱時作法。犯二中品蘭一。」

ハソウダ 破竈墮 [人名] 唐の嵩岳の破竈墮和尙、名氏を稱せず、言行測り難く、嵩岳の慧安禪師に奉事して老安と號す、山塢に廟あり甚だ靈なり、殿中唯一竈を安ず、物命を烹殺すると甚だ多し、師一日僧を領して廟に入り、杖を以て竈を敲くと三下して云く、咄此竈。只是泥瓦合成。聖從レ何來。靈從レ何起。恁麼烹二宰物命一。又打つと三下、竈乃ち傾破墮落す、須臾にして一人あり、青衣峨冠、忽然として拜を師の前に設く。師、曰く是れ什麼人ぞ。云く、我れもと此廟の竈神久しく業報を受く、今日師の無生法を說くを蒙つて此處を脫して天中に生在するとを得、特に來つて謝を致すと。師曰く、是れ汝が本有の性、吾が强言にあらずと、神再禮して沒す。此師素と名を稱せず、此に出つて全く他名を取て破竈墮と號す。【宋高僧傳十九、傳燈錄四】

ハソウケンド 破僧犍度 [術語] 二十犍度の一。破和合僧の事を明す。

ハソマ 鉢塞莫 [物名] 譯、數珠。【牟梨曼陀羅咒經】に「鉢塞莫此云二數珠一。」「ジュジュ」を見よ。巴 Pāsakamālā*

ハタ 幡 [物名] 梵語、波哆迦。Patākā【梵語雜名】「バン」を見よ。⦿(榮花、音樂)「所所に寶幢幡かけつらねたり」

ハタ 巴吒 [人名] 長者の名。【玄應音義二】に「巴吒。案二阿含經一。此長者因レ國爲レ名也。」梵 Pāṭa*

ハタ 波他 [雜語] Pada 譯、語言。【智度論四十八】

ハタ 鉢他 [雜語] 譯、一升。【楞迦經】巴 Pattha

ハタ 鉢吒 [衣服] Paṭṭa 絹の大幅にて條相なきもの。縵衣又は縵條と云ふ。【有部毘奈耶二十三】に「織作二鉢吒一。」【注】に「言二鉢吒一者。謂是大氎。與二袈裟一量同。總爲二一幅一。此方旣無。但言二衣氎一。前云レ衣者梵本皆曰二鉢吒一也。此云二縵條一。」【大日經三】に「鉢吒爲レ裙。」【同疏】に「用二極細絹一爲二下裙一。」【梵語雜名】に「絹鉢吒。」

ハタカ 波哆迦 [物名] Patākā 譯、幡。【梵語雜名】「バン」を見よ。

ハタカ 波多迦比丘 [人名] 【百緣經七】に「迦毘羅衛城中長者兒初生時。於二虛空中一有二一大幡一。徧覆二城上一。因爲立レ字名二波多迦一。後求レ佛出家。名二波多迦比丘一。得二羅漢果一。曾於二毘婆尸佛塔一懸二一長幡一。發レ願而去。故九十一劫不レ墮二惡道一。所生之處感レ有二大幡一。」略抄

ハタカ 發磔迦 [雜語] 譯、摧壞。【慧琳音義三十六】に「發磔迦眞言中摧壞句。」梵 Phaṭaka*

ハタシヤバ 鉢耽娑婆 [衣服] 「ハタランバ」を見よ。

ハタホタラ 鉢吒補怛囉 [人名] Pāṭaliputra 【華嚴疏鈔四十五】に「波吒補吒囉。此云二黃華子一。即黃華女之子也。」図 地名、補吒梨子城なり。「ハタリ」を見よ。

ニタラ 跋怛欏 [物名] Vitāna 譯、蓋。即ち幡蓋の蓋なり。【梵語雜名】

ハタラ 鉢多羅 [物名] Pātra 又、波多羅、波咀囉、鉢咀羅、播怛囉、鉢和羅、鉢和蘭と云ひ、略して鉢と云ふ。比丘六物の一、飯器なり、泥鐵の二種あり、應器又は應量器と譯す。體色量の三皆法に應ずるが故なり。又賢聖の人の供養を受くるに應ずる者を用ふれば也。【玄應音義十四】に「鉢多羅。又云二波多羅一。此云レ薄。謂治二厚物一令レ薄而作二此器一也。」【寄歸傳二】に「波咀囉鉢也。」【玄應音義十三】に「鉢和羅飯。獨證身誓經云二鉢和蘭一。亦梵言輕重耳。此譯云二自恣食一也。」【盂蘭盆經宗密疏】に「鉢和羅飯者鉢中飯也。梵云二鉢多羅一。此云二應器一。和字誤也。今時但云レ鉢者略也。」【六物圖】に「二釋レ名者。梵云二鉢多羅一。此名二應器一。有云。體量色三皆應レ法故。若準二章服儀云一。堪レ受二供者用レ之名二應器一。故知鉢是梵言。此方語簡省二下二字一。三明レ體者。大要有レ二。泥及鐵也。五分律中用二木鉢一犯二偸蘭遮一。僧祇云。是外道標故。又受二垢膩一故。」【諸儀軌訣影七】に「播多囉正翻云レ葉。爲レ鉢如レ葉令レ薄也。又金薄云二鉢多羅一。」

ハタラ 波吒羅 [植物] 又、鉢怛羅。樹の名。【梵語雜名】に「黃桐波吒羅。」【最勝王經七】に「蕾香鉢怛羅。」【慧琳音義二十五】に「波吒羅。此翻爲二重葉樹一也。」【慧苑音義下】に「波吒羅。其樹正似二此方楸樹一

也。然甚有二香氣一。其花紫色也。」梵 Pāṭala

ハタラ　波吒羅　〔地名〕國の名。天竺十六大國の一。「ハタリ」を見よ。

ハタラビンダハシンカ波怛囉賓荼波辰迦　〔術語〕Pātrapiṇḍapātika 譯、一揣食。【飾宗記五本】

ハタランバ　鉢耽嵐婆　〔衣服〕又、鉢耽婆婆。衣の名。【玄應音義十四】に「鉢耽嵐婆或作二鉢耽婆婆一。此國名也。從レ國名レ衣也。」梵 Pratilamba 又 Pratirasa

ハタリ　波吒釐　〔地名〕Pāṭaliputra 又、波吒釐子、波吒利弗、波吒羅、波吒梨耶、波羅利弗多羅、巴連弗に作る。もと樹の名。遂に城に名く。摩竭陀國の帝都なり。初め拘蘇摩補羅城と云ひ、後改めて波吒釐子城と名く。此城波吒釐樹の神子の爲に築けばなり。阿輸迦王ここに都す。【西域記】に「昔者人壽無量歲時。號二拘蘇摩補羅城一。（Kusāgārapura 巳 Kusumapura）唐言香花宮城王宮花多。故以名焉。逮二人壽數千歲一更名二波吒釐子城一。舊曰巴連弗邑訛也」【玄應音義二十五】に「波吒釐。亦云二波吒梨耶一。舊言二巴連弗一訛也。是一華樹花。因二此花樹一以目レ城。」【智度論三】に「佛涅槃後。阿闍世王以二人民轉少一故捨二王舍大城一。其邊更作二一小城一。廣長一由旬。名二波羅利弗多羅一。」【宗輪論述記】に「波吒釐子城者。波吒釐者樹名也。子者樹之兒也。城因二樹兒一以立。故名二波吒釐子一。」【慧琳音義十】に「波吒羅國。亦波吒釐。」【善見律二】に「波吒利弗國阿育王。」

波吒釐子城緣起　〔傳說〕【西域記八】に「初め婆羅門あり、高才博學門人數千業を受く。學徒一日遊觀す、一書生あり、徘徊悵望す。同儔謂て曰く、汝何をか憂ふ。曰く、盛色方に剛く學業未だ成らず、此を顧て憂心彌劇しと。學徒戲れて曰く、今將た子婷婚を求るかと。乃ち二人を假立して男の父母となし、二人を女の父母となして、遂に波吒釐樹の下に坐せしむ。謂く、女婚は樹なりと。時に時果を採り清流を酌んで婚姻の緒を陳ぶ。時に假女父華枝を擧て以て書生に授けて曰く、斯れ嘉偶なり、幸に辭する勿れと。書生の心欣然として自得す。日暮れて歸らんとするに懷戀して止まる。學徒曰く、前言は戲のみ、幸に同じく歸るべし。林中猛獸多し恐くは相ひ殘害せんと。書生遂に留りて樹側に往來す。夜に及んで異光野を燭し、管絃淸雅、俄に老翁杖を策して來り慰むるを見る。復一老嫗あり少女を引く。翁乃ち少女を指して曰く、是れ君の弱室なりと、酣歌樂讌七日を經、學徒疑んで獸に害せらると爲し、往て之を求む。乃ち樹蔭に獨坐して上客に對する若きを見、同じく歸るを告ぐれども辭して命に從はず、後自ら城に入り親故に謁して其始末を陳ぶ。聞く者驚駭し同じく林中に往くに、咸く華樹是れ一大第、僮僕役使驅馳往來し彼の老翁陳勝奏樂從容接對するを見る。暮歲の後一男子を生む。其妻に謂て曰く、吾れ今歸らんと欲す。其妻以て父に白す。翁書生に謂て曰く、人生行樂詎んぞ必ずしも故鄉のみならん。今將に室を築かんとす、宜しく異志なかるべしと。是に於て徒を役して日ならずして成る。拘蘇摩補羅の舊城遷て此に都す。彼の子に由るが故に樹神爲に築城す、爾れより後波吒釐子城と名く。」

ハタリシ　波吒釐子　〔地名〕波吒釐は梵語、樹の名。子は漢語兒なり。「ハタリ」を見よ。

ハタリホ　波吒利弗　〔地名〕「ハタリ」を見よ。

ハタリホタラ　波吒釐弗多羅　〔地名〕即ち波吒釐子なり。

ハタ　鉢陀　〔雜語〕Pada 又、播陀、波陀、鉢曇。譯、足、跡、句。【法苑義林章一本】に「梵云二鉢陀一。此翻爲レ跡。當二古之句一。」【唯識述記二末】に「鉢陀是跡。如下尋二象跡一以覓中象等上。此名爲レ句。理應レ名レ跡。義之跡故。尋レ此知レ義也。順二古所翻一稱レ之爲レ句。播陀是足。」【大日經疏一】に「梵云二鉢曇一。正翻爲レ足。聲論是進行義。住處義。如二人進步一擧足下足其跡所住處謂二之鉢曇一。言辭句逗義亦如レ是。故同一名耳。」【智度論四十四】に「天竺言二波陀一。秦言レ句。」【梵語雜名】に「跛娜。句。步。」又「播娜。足。」

ハダイ　波提　〔人名〕Gavāṁpati 憍梵波提の略。羅漢の名。「バダコフ」を見よ。

ハダコフ　波陀劫　〔術語〕Bhadra Kalpa 譯、賢劫。

ハダタ　鉢娜他　〔雜語〕又、末喇誐。Mārga 譯、道路。【梵語雜名】「見よ。

ハダラ　波陀羅　〔人名〕Bhadrapāla「バダバラ」を見よ。

ハダンサホフ　破壇作法　〔修法〕修法の壇を解く作法なり。先づ壇上の鈴杵及び內外の供養器等を取り去り、次に塗香を手に塗り、妙觀察智の印に住す。或は法界定印観ずべし、大壇の中に〔梵字〕字あり、是れ地輪の種子なり。此の字變じて壇と成る、法然の所作なり。又〔梵字〕字あり、變じて大風輪と成り、地輪を吹き散じて此の壇を破壞すと。所謂成者必壞なり。次に普印を作し、緣起法身偈を誦すると三度。誦し已つて印を以て左轉三返し、意に隨つて破壞す。【印田七】

ハチ　鉢　〔物名〕梵語鉢多羅 Pātra の略。比丘の飯器なり。【行事鈔下之二】に「十誦鉢是諸佛標誌。不レ得二惡用一。」「ハタラ」を見よ。

石の鉢 〔故事〕「イシノハチ」を見よ。⊙（竹取）「佛の御石の鉢」

鉢の油 〔故事〕「アブラ」を見よ。

ハチ 鈸 〔物名〕又、銅鈸、銅鈸子、銅盤など云ふ。もと西戎南蠻の樂器なり、僧家に採用し法會の樂器となす。又、鐃と鉢とはもと別物なるを後に混じて一となし鐃鈸と稱す。「ネウハチ」を見よ。

ハチイチウノウ 八一有能 〔術語〕倶舍論の法相なり。一切の有爲法に於て、四本相と四隨相との八相あり。此八相に於て八と一との功能あり、以て互に能生所生となるを八一有能と云ふ。「ウキ」を見よ。

ハチイン 鉢印 〔印相〕兩手の掌を仰ぎ其の頭指已下の四指の頭を左右各捻し、左右の大指を各其の頭指の側に著くるなり。飯食供養印と地神印、佛部三昧耶印、地藏菩薩の印共に此の鉢印なり。

ハチインノクドク 八印功德 〔術語〕胎藏界の中臺八葉四佛四菩薩の四智四行の智印を云ふ。【悉曇三密鈔上】

ハチウ 八有 〔名數〕又八生と云ふ。「ウ」を見よ。

ハチウ 鉢盂 〔物名〕鉢は梵語、盂は漢語、梵漢雙擧の名。【敕修清規辨道具】に「梵云二鉢多羅一。此云二應量器一。今略云レ鉢。又呼云二鉢盂一。即華梵兼名。」ハッウと讀む。

ハチウラ 鉢晝羅 〔飲食〕藥湯の名。【慧琳音義二十六】に「鉢晝羅亦名二優陀伽一（Udaka）此云二煮樹藥湯一。如二今時茶椇之類也。」梵 Pāthola*

ハチウン 八蘊 〔名數〕發智論に八品あり八犍度と稱す、八聚八蘊など譯す、大毘婆沙論は此八蘊の法門を解釋せしもの。【倶舍頌疏一】に「包二括六足一呑二納八蘊一。」

ハチエウイン 八葉印 〔印相〕八葉の蓮華の開敷せる印相なり、阿彌陀如來の印なり。又蓮華部の三昧耶印なり。「サンマヤイン」を見よ。【圖印集上】

ハチエウクソン 八葉九尊 〔術語〕「ハチエウノレンダイ」を見よ。

ハチエウチユウタイ 八葉中臺 〔術語〕「ハチエウクソン」に同じ。

ハチエウノチユウゾン 八葉の中尊 〔術語〕胎藏界の中臺を八葉院と稱す、即ち八葉の蓮華にして中胎八葉の九座ありて九尊住立す、其の中胎の尊は即ち胎藏界の大日如來なり。

ハチエウノニクダンシン 八葉の肉團心 〔術語〕密家の說に吾人の心臟を肉團心と名け、其形合蓮華の如し。若し瑜伽觀を修して三密相應すれば開敷して八葉となり、中胎及び八葉に胎藏界の九尊を顯現すと云ふ。【菩提心論】に「凡人心如二合蓮華一。佛心如二滿月一。」⊙（盛衰記八）に「八葉肉團の胸の間をば如何思はれけん」

ハチエウノホウクワン 八葉の寶冠 〔物名〕山伏の冠なり。八葉の蓮華に形り以て胎藏界の八葉九尊を表するなり。⊙（平家三）「八葉の中尊の寶冠」

ハチエウノミネ 八葉の峯 〔地名〕高野山なり。弘法大師彼山を以て金胎不二の曼荼羅に形り、金剛界に約しては金剛峯と云ひ、胎藏界に約しては八葉峯と云ふ。⊙（太平記二二）「八葉の峯空に聳へて」

ハチエウノレンザ 八葉の蓮座 〔術語〕「ハチエウノレンダイ」を見よ。

ハチエウノレンゲ 八葉の蓮華 〔術語〕「ハチエウレンゲクワン」を見よ。

ハチエウノレンダイ 八葉の蓮臺 〔術語〕胎藏界曼陀羅の第一院中臺なり。中央は大日四方の八葉に寶生、開敷華王、無量壽、天鼓雷音の四佛、普賢、文殊、觀音彌勒の四菩薩あり合せて九尊なり、是れ三密相應する時吾人肉團心臟の開敷せる相なり。【大日經二】に「內心大蓮華八葉及鬚蘂。」【同疏四】に「先觀二此蓮一。令二其開敷一。爲二八葉白蓮座一。此臺上應レ觀二阿字一。」【敎時義一】に「心中八分千栗馱心。開爲二八葉芬陀利華一。故現二中胎八葉一而已。」

ハチエウレンゲ 八葉蓮華 〔術語〕密敎に於て須彌山の異名とす。次項を見よ。

ハチエウレンゲクワン 八葉蓮華觀 〔術語〕吾人の肉團心臟に於て八葉の蓮華を觀想し胎藏界の九尊を示現せしむる觀法なり。【大日經疏十二】に「此心之處即是凡夫肉心。最在二於中一。是汗栗馱心也。將レ學レ觀者。亦於二此處一思二蓮華之形一。所以者何。一切衆生此心即是蓮華三昧之因。以レ未三能令二開敷一故爲二諸煩惱等之所二纏縛一。所以不レ能三自了二其心如實之相一也。是故先當下觀二此心處一。作中八葉蓮華觀上。令二開敷一諸蘂具足一。於二此臺上一思二想阿字一而在二其中一。乃至何故須レ觀二八葉一不レ多不レ少耶。此有二二義一。一者一切凡夫心處雖レ未二能自了一。然其上自然而有二八瓣一。如二合蓮華形一。今但觀二照此心一令二其開敷一。即是三昧觀而且便也。」【宗鏡錄二十六】に「問何故蓮唯八葉。答。一切凡夫。心處雖レ未二能自了一。其內心亦自然而有二八瓣一。合成二蓮華形一。今但視二照此心一令二其開敷一。即是三昧實故。若視二此心八葉之華一即得二與レ理相應一。此八葉者。四方即是表二四攝一。四隅即表二如來四智一。此華本來無生即是菩提心。當レ知一切法門皆是從レ心而所レ得也。」

ハチエウヰン 八葉院 〔術語〕胎藏界の中臺八葉院なり。「ハチエウノレンダイ」を見よ。

ハチエンクワチゴク 八炎火地獄 〔名數〕智

度論所説十六小地獄の八地獄なり。「チゴク」を見よ。

ハチエンネツヂゴク　八炎熱地獄　〔名數〕八炎火地獄に同じ。

ハチオカデラ　蜂岡寺　〔寺名〕太秦(うづまさ)寺の異名。⊙（水鏡中）「はちをか寺と申すは、今の太秦なり」

ハチオクシセンノネン　八億四千念　〔雜語〕一日一夜に八億四千の念ありと云ふ。「次項」を見よ。⊙（太平記一九）「一日一夜を經る間に八億四千の念あり」

ハチオクシセンマンノネン　八億四千萬念　〔雜語〕【安樂集下】に「淨度菩薩經云。人生ニ世間一。凡經ニ一日一夜一有ニ八億四千萬念一。一念起レ惡受ニ一惡身一。十念起レ惡得ニ十生惡身一。乃至惡法既爾。善法亦然。」

ハチオン　八音　〔名數〕如來所得八種の音聲なり。一に極好音、佛德廣大の故に皆好道に入らしむ。二に柔軟音、佛德慈善の故に喜悅せしめ、皆剛强の心を捨てて自然に律行に入らしむ。三に和適音、佛中道の理に居れば音聲能く調和し、皆和融せしめ自ら理に會せしむ。四に尊慧音、佛德尊高なれば聞者尊重し智解開明す。五に不女音、佛首楞嚴定に住し世欲の德あり、其音聲一切を敬異せしめ、天魔外道歸服せざるなし。六に不誤音、佛智圓明照了謬なし、聞者各各正見を得九十五種の邪非を離る。七に深遠音、佛智如實の際を窮め行位極めて高し、其の音聲臍より起り十方に徹至す。近く聞いて小に非ず、遠く聞いて大に非ず、皆甚深の理を證らしむ。八に不竭音、如來果を極め願行無盡以て無盡の法藏に住す。故に其の音聲滔滔無盡其の響竭きず。能く其の語義を尋ねて無盡常住の果を得しむ。【法界次第下之下】⊙（鴉鷺合戰九）「四辯八音の如來に親みて」

ハチカ　頗胝迦　〔物名〕頗梨に同じ。「ハリ」を見よ。梵 Sphaṭika

ハチカイ　八戒　〔名數〕「カイ」を見よ。

ハチカイ　八海　〔名數〕「クサンハチカイ」を見よ。⊙（太平記三七）「內外八海の間に」

ハチカク　八覺　〔名數〕八種の惡覺なり、覺は猶念と云ふ如し。一に欲覺、貪欲の念なり。二に瞋覺、瞋恚の念なり。三に惱覺、他を惱害する念なり。四に親里覺、常に親戚鄕里を憶ふ念なり。五に國土覺、常に國土の安危を憶ふ念なり。六に不死覺、多く財寶を有するに依て常に不死を憶ふ念なり。七に族姓覺、常に族姓の高貴を憶ふ念なり。八に輕侮覺、已が才德を恃で常に他を輕侮する念なり。【華嚴經十三】

ハチカクダウ　八角堂　〔堂塔〕法隆寺の夢殿及び興福寺の南圓堂を始として彌陀又は觀音の殿堂は多く八角なり。（夢殿は如意輪觀音南圓堂は羂索觀音法成寺の八角堂は丈六彌陀なり）蓋し八角八楞は阿彌陀の三昧耶形なり、八幡を彌陀の三昧耶と云ふも同じ。（彌陀觀音は同體也）又彌陀觀音の諸尊を蓮華部と稱す、蓮華を以て三昧耶形となすなり。蓮華は密教の意に依れば必ず八葉なり、觀音の淨土補陀落山（支那の南方にあり）は八角なりと云ふも此說に基くのみ。但し之を圓堂と稱するは八角は殆ど圓形なればなり。【觀無量壽經】に「下有ニ金剛七寶幢一。擎ニ瑠璃地一。其幢八方八楞具足。一一方面百寶所レ成。」⊙（盛衰記）「南圓堂と申すは八角寶形の伽藍なり」又「八角の幢は極樂の瑠璃を治む」

ハチカンヂゴク　八寒地獄　〔名數〕又、八寒氷地獄と云ふ。八熱地獄の傍に在る八處の寒地獄なり。「ヂゴク」を見よ。

ハチカンハチネツ　八寒八熱　〔名數〕八寒地獄と八熱地獄なり。

ハチカンヒヨウヂゴク　八寒氷地獄　〔名數〕八寒地獄に同じ。

ハチガイ　鉢蓋　〔物名〕鐵鉢のふたなり。【釋氏要覽中】に「律云。有レ塵坌レ鉢。聽レ作ニ鉢蓋一。」

ハチキ　鉢器　〔物名〕鉢は梵語鉢多羅の略、應器又は應量器と譯す、比丘の飯器を云ふ、世に鐵鉢と云ふ是なり。【無量壽經上】に「七寶鉢器自然在レ前。」【行事鈔下之二】に「鉢器制聽篇。」

ハチキ　八棄　〔名數〕比丘尼の八波羅夷罪なり。波羅夷を斷頭又は棄と譯す、此罪を犯せば佛法の邊外に棄てらるればなり。【楞嚴經八】に「持ニ聲聞四棄八棄一。執レ身不レ動。」【同長水疏】に「梵云ニ波羅夷一。此云レ棄。謂犯レ此者永棄ニ佛法邊外一。猶如ニ死屍一。大海不レ受。故名爲レ棄。」「ハチハライ」を見よ。

ハチキチジヨウキヤウ　八吉祥經　〔經名〕一卷、蕭梁の僧伽婆羅譯。八佛名號經と同本、八吉祥は即ち八佛の名號なり。【黃帙四】(301)

ハチキチジヨウシンジユキヤウ　八吉祥神咒經　〔經名〕一卷、吳の支謙譯。八吉祥經と同本異譯。【黃帙四】(299)

ハチキヤウ　八敬　〔名數〕比丘所持の八敬戒なり。

ハチキヤウカイ　八敬戒　〔名數〕又八敬法、八尊師法、八不可越法、八不可過法と云ふ。如來成道の十四年に姨母出家を求む、佛之を許さず、何となれば正法千年なるを若し女人を度すれば五百を減ずるを以てなり。阿難三たび請ふ、便ち八敬法を傳へ彼に向て說かしむ。若し能く行ぜば女に出家を聽さん、彼れ頂戴持と云ふ、彼れ乃ち得戒す、得戒の十緣によりて正法亦た千載に復すと云ふ。【四分律四十八】に「佛阿難に告ぐ、今女人の爲に八盡形壽の不可

過法を說く、若し能く行ぜば即ち是れ受戒なり。何等を八と爲す、(一)百歲の比丘尼と雖も新受戒の比丘を見れば應に起て迎逆禮拜し、淨座を與敷し請ふて坐せしむべし。(二)比丘尼は比丘を罵謗するを得ず。(三)比丘の罪を擧し其の過失を說くを得ず、比丘は尼の過を說くを得、(四)式叉摩那（學法女）巳に戒（六法なり）を學べば應に衆僧に從つて大戒を受くるを求むべし。(五)比丘尼、僧殘（罪の名）を犯さば應に半月の中に二部の僧（比丘比丘尼）の中に於て摩那埵を行ずべし。(六)尼半月內に當に僧中に於て教授の人を求むべし。(七)比丘なき處に在りて夏安居すべからず。(八)夏訖らば當に僧中に詣でて自恣（自恣とは懺悔の法）の人を求むべし。此の如きの八法應に尊重恭敬讚嘆して盡形違越すべからず。」（取意行事鈔下四に引く）【善見律十八】に「比丘尼犍度何以佛不ㇾ聽ニ女人一出家一。爲ㇾ敬ㇾ法故。若度ニ女人一出家正法但得ニ五百歲住一。由ニ佛制ニ比丘尼八敬一正法還得ニ千年一。」【中阿含三十八瞿曇彌經】に八尊師法を說くと此に同じ、但第五に比丘の聽許を得ずして輒く比丘に經律論の義を問ふを得ずと云ふ。尊師は即ち敬の異名なれば八尊師法即ち八敬なり。

ハチキヤウトク 八敬得 〔術語〕得戒十緣中の受重得なり。「グソクカイ」を見よ。「カイ」を見よ。

ハチキヤウボフ 八敬法 〔名數〕「ハチキヤウ」を見よ。

ハチク 八苦 〔名數〕「ク」を見よ。⊙（十訓抄一）「八苦の中には怨憎會苦」

ハチクギ 八句義 〔術語〕禪宗の根本眼目にして最も大切なる八句の義を云ふ。即ち、正法眼藏、涅槃妙心、實相無相、微妙法門、不立文字、教外別傳、直指人心、見性成佛の八句是也。

ハチクドクスヰ 八功德水 〔術語〕極樂の池中及び須彌山と七金山との內海には皆八功德水を盈滿す。【無量壽經上】に「八功德水湛然盈滿。清淨香潔。味如ニ甘露一。」【稱讚淨土經】に「何等名爲ニ八功德水一。一者澄淨。二者清冷。三者甘美。四者輕輭。五者潤澤。六者安和。七者飲時除ニ飢渴等無量過患一。八者飲已定能長ニ養諸根一四大增益。」【俱舍論十一】に「妙高爲ㇾ初。輪圍最後。中間八海。前七名ㇾ內七中皆具ニ八功德水一。一甘。二冷。三輭。四輕。五清淨。六不臭。七飲時不ㇾ損ㇾ喉。八飲已不ㇾ傷ㇾ腸。」⊙（榮花、玉の臺）「式は八功德水すみて」

ハチクドクスヰサウ 八功德水想 〔術語〕觀經所說十六觀の一。極樂の八功德水の相を觀想する行法なり。

ハチクドクチ 八功德池 〔雜名〕極樂の浴池なり。【無量壽經上】に「內外左右有ニ諸浴池一。（乃至）八功德水湛盈滿。」⊙（曲、初雪）「八功德池の汀に遊び」

ハチクニシキ 八九二識 〔術語〕法性宗所立九識の中に第八の阿梨耶識と第九の菴摩羅識となり。

ハチクボサツ 八供菩薩 〔名數〕次項を見よ。

ハチクヤウ 八供養 〔名數〕金剛界三十七尊中、內供の四菩薩と、外供の四菩薩なり。內供は中央大日如來より流出して、四方の如來を供養する菩薩にして、能現の佛に約して內供と云ひ、外供は四方如來より流出して、中央大日如來を供養する菩薩にして、是れ亦能現の佛に約して外供と云ふ。而して大日如來は四方如來所證の三摩地の德に應じて之を四方如來に供養し、四方如來は亦自已所證の三摩地の德を以て大日如來に供養するなり、是れ主從の分としてもとより然るべきなり。此八供は三十七尊中四攝菩薩と共に十六菩薩の慧門に對する定門なれば皆方形なり。

內四供養 〔名數〕先づ大日如來の心中より嬉戲菩薩を流出して東方の阿閦如來を供養す、嬉戲は衆生初めて生佛不二の菩提を得て自身即佛と照了し大歡喜する幖幟なり、而して是れ金剛部阿閦如來の三摩地なり故に今之に相應する嬉戲適悅形の菩薩を以て供養するなり。次に中心より鬘菩薩を出して南方寶生如來を供養す、華鬘は理智具足して萬德開發せる幖幟にして是れ寶部寶生佛三摩地也、故に之に相應する華鬘瓔珞形の菩薩を以て供養する也。次に心中より歌菩薩を流出して西方彌陀如來を供養す、歌は說法の幖幟にして是れ蓮華部彌陀如來の三摩地なり、故に之に相應する歌菩薩を供養するなり。次に心中より舞菩薩を流出して北方不空成就如來を供養す。旋舞は神通自在遊戲作業の幖幟なり、而して是れ羯磨部不空成就如來の三摩地なり、故に今舞菩薩を以て之に供養するなり。而して此四菩薩の中初の一は其の心身の愛嬌を取り第二は其の服裝の善美を取り後の二は其の技藝の精妙を取る。

外四供養 〔名數〕四方如來は之に應じて各一女菩薩を流出して中央如來を供養するなり。先づ東方の阿閦如來は香菩薩を流出して之を供養す、是れ東方は初發菩提心の方なり、又東方は初なり、是の故に妙香を以て供養す、其の故は東方は是れ三摩耶戒なり（理趣經意）戒を戒香と名く、戒は是れ三學の初なり、故に已が所證の香三摩地を以て大日を供養するなり。次に南方の寶生如來は華菩薩を流出して之を供養す、是れ胎藏界には此如來を開敷華王如來と名く、是れ南方福德門の幖幟なり、

即ち己が所證の香三摩地を供養するなり。次に西方の阿彌陀如來は燈菩薩を流出して之を供養す、是れ阿彌陀は智慧門なれば己が所證の智慧三摩地の燈を以て供養するなり。次に北方不空成就如來は塗香菩薩を流出して之を供養す、不空成就とは釋迦如來なり、又塗香とは五分法身の幖幟なり。戒定等の功德能く煩惱の汚穢を除けば塗香に譬ふるなり。而して北方は入涅槃門なれば五分法身を以て其の自證となす。即ち釋迦如來は穢土に出でて衆生を利益し濁亂の境界に親近す、故に此五分法身の塗香を以て穢濁を淸む、故に己が所證の塗香三摩地を以て供養するなり【辨惑指南三】

ハチクワンサイ　八關齋　〔術語〕八齋戒の異名。關は禁なり、八戒齋は殺盜等の八罪を禁閉して犯さしめざる法なれば關と名く。【三藏法數三十二】に「關者禁也。謂禁ニ閉盜殺婬等八罪一使ニ之不ㇾ犯故也。」「ハチカイサイ」を見よ。

ハチクワンサイキヤウ　八關齋經　〔經名〕一卷、劉宋の沮渠京聲譯。中阿含持齋經の別譯。【昃帙八】

ハチクワンザウ　八卷藏　〔書名〕悉曇藏の異名。

ハチグ　八供　〔名數〕金剛界三十七尊中の八供養の菩薩なり。「ハチクヤウ」を見よ。

ハチケ　八家　〔名數〕入唐して密敎を將來せしもの八師あり、眞言の八家と稱す。高野の弘法大師、安祥寺の慧運、禪林寺の宗叡、小栗栖の常曉、靈巖寺の圓行、此を東寺の五家と云ひ、傳敎慈覺智證の三師を台密の三家と云ふ、合せて八家なり、五大院安然の八家秘錄二卷あり。【密軌撮要】又俱舍宗等の八宗を八家と云ふ。八家九宗の如し。

ハチケウ　八憍　〔名數〕憍は憍慢なり、諸人自己の他に勝るを恃んで慢心を生ずると鳥の高を凌ぎて下を視るの槪あり、依りて、【法華文句六】に文殊問經を引て八憍を八種の鳥に配せり。一に盛壯憍、己が盛壯を恃んで他の劣弱を凌ぐこと鵄鳥の如し。二に姓憍、己が種姓を恃んで他を凌ぐと梟鳥の如し。三に富憍、己が財物を恃んで他を凌ぐと鵰鳥の如し。四に自在憍、己が長大爲す所意に適ふを恃んで他を凌ぐと鷲鳥の如し。五に壽命憍、己か壽高を恃んで他を凌ぐと烏鳥の如し。六に聰明憍、己が聰明を恃んで他を凌ぐと鵲鳥の如し。七に行善憍、己が少善を行ずるを恃んで他を凌ぐと鳩鳥の如し。八に色憍、己が顏容を恃んで他を凌ぐと鴿鳥の如し。

ハチケウ　八敎　〔名數〕台家所立の八敎なり。華嚴時乃至法華涅槃時の五時に於て說きし化法の四敎と化儀の四敎となり。化法の四敎とは一に三藏敎、經律論の三藏部類判然し因緣生滅の四諦を說きて正しく聲聞緣覺の二乘を敎へ傍ら菩薩を化するもの。二に通敎、即空無生の四眞諦を說き、三乘を通じて同學せしむるもの。但し菩薩を正機とし二乘を傍機とす。三に別敎、二乘の人に共同せず別して菩薩に對して大乘無量の法を說くもの。四に圓敎、最上利根の菩薩に對して事理圓融の中道實相を說くもの。別圓二敎の相違は唯隔歷ニ圓融とのみ已上の四敎は衆生を化益する法門なれば化法と名く。次に化儀の四敎とは彼の化法を衆生に說示する儀式作法なり、一に頓敎、頓大の機に對して頓に別敎圓敎の大法を說くもの、華嚴時の如し。二に漸敎、漸機に對して漸漸に次第して化法の四敎を說くなり、鹿園方等般若の三時の說相の如し。三に秘密敎、一種の機に對して秘密に法を說き一會の人をして自他互に知らしめざるもの、是れ如來身口意の不思議力に由る。四に不定敎、一會の中に一法を說き聞く者をして異解せしめ得益不得なるもの。蓋し化法の四敎は藥味の如く、化儀の四敎は藥方の如し、合せて八敎なり。【止觀義列】に「頓等四敎。是佛化儀。藏等四敎。是佛化法。」◉（曲、大會）「それ一代の敎法は、五時八敎をけづり」

〔三種四敎〕〔名數〕藏通別圓の化法の四敎に就て三種あり。一に方等の四敎、二に別敎の四敎、三に涅槃の四敎なり。此三種の差別如何と云ふに或は言く、方等の四敎は隔別して融せず、別敎の四敎は法は四にして人は一なり、涅槃の四敎は四人倶に常住を知ると。或は言く、涅槃の四敎は通じて佛性に入り、別敎の四敎は次第して佛性を見、方等の四敎は二乘は佛性を見ずと。【釋籤講述四上】

ハチケウタイイ　八敎大意　〔書名〕天台八敎大意の略名。

ハチケウダウ　八交道　〔雜名〕四方四維に通達する道路なり。【法華經譬喩品】に「有ニ八交道一。黃金爲ㇾ繩以界ニ其側一。」

ハチケクシユウ　八家九宗　〔名數〕八家は俱舍等の八宗なり、之に禪を加へて九宗と稱す。淨土門より他門を總稱する名目なり。

ハチケヒロク　八家秘錄　〔書名〕最澄、空海、常曉、圓行、圓仁、慧運、圓珍、宗叡の八師が支那より將來せし秘密儀軌錄を云ふ。

ハチケン　八乾　〔名數〕又八犍に作る。八犍度なり。【廣弘明集三十】に「五部橫流。九乾起ㇾ執。」

ハチケンド　八犍度　〔名數〕阿毘曇八犍度論所說の八種の犍度なり。「ケンド」の項を見よ。

ハチケンドロン　八犍度論　〔書名〕具名、阿毘曇八犍度論、三十卷、迦旃延子造、符秦の僧伽提婆等譯。阿毘達磨發智論の舊譯なり。所說の法聚を以て論に名く。【秋帙六】(1293)

ハチゲ　八解　〔雜名〕八解脫の略。【唯識述記序】に「澄二八解之眞波一遂浄二玉井一。」【維摩經佛道品】に「八解之浴池。定水湛然滿。」

ハチゲ　八偈　〔雜名〕仁王經所說の四無常偈總じて八頌なり、八偈の文と云ふ。

ハチゲダツ　八解脫　〔名數〕又、八背捨と云ふ。三界の煩惱に違背し之を捨離して其繋縛を解脫する八種の禪定なり。【觀無量壽經】に「三明六通具二八解脫一。」【同天台疏中】に「能脫二心慮一故名二解脫一。亦名二背捨一。背者背二彼淨潔五欲一也。捨者捨二是着心一也。」「ハチハイシヤ」を見よ。⊙(盛衰記一九)「八解脫あり」

ハチコウ　八講　〔行事〕妙法蓮華經八卷を八座に講ずるより八講と稱す。朝夕の二座に分ちて四日なり。もと支那に起る。【三寶感應錄中】に「釋慧明、何處の人なるを知らず。佛乘を頴悟して法華經を講ず。或る深山に入り石室に座して經を講ずるに、光明ありて漸く窟前に近づく、是れ則ち天人なり。自ら稱すらく、吾は是れ猿猴群の中に老弊して盲者たりしなり。公が講を聞くに依つて忉利天に生ず、師の恩を思ふが故に此に降臨す、願くは講說を聞かん。明云く、如何か講說せん。天曰く、吾れ怱怱として天に還らんと欲す、師一部の典を以て八座に分ちて講ぜよ。明云く、所持は七卷なり。(法華經の古本は七卷なり) 將に七座に分たんとす、何ぞ必しも八講にせん。天曰く、法華は是れ八年の說なり。若し八年に講ぜば實に久し、願くは八座を開いて八歲の說に擬せよ。よく佛旨に叶はん。明乃ち七卷を開いて八軸と爲して天人の爲に開講す。」取意日本には石淵寺の八講を嚆矢とす。【元亨釋書勤操傳】に「勤操が弟子榮好が母死す。操其の冥福を薦めん爲に同志七人と四日二座の講席を設けて之を修す。名けて法華八講會と曰ふ。時に延曆十五年なり。每歲缺かず、諸寺名けて石淵八講と云ふ。相ひ効ふて修す、十講三十講相ひ次で立つ、皆操に基けり。」取意禁中御八講の濫觴は【初例抄下】に「村上帝天曆九年正月四日。天皇奉二爲母后一。於二弘徽殿一宸筆御八講被二始行一之。」図後來法華八講に倣ひて最勝八講あり、金光明最勝王經の八講なり。「サイショウコウ」を見よ。⊙(枕草紙)「なにがしにてその人のせし八講」

結緣八講　〔行事〕死者の追薦の爲ならず生者の見佛聞法の結緣の爲に修する八講を云ふ。結緣灌頂の如し。

ハチコウヤ　八講屋　〔雜名〕奈良春日の社內にあり。【大和名所圖會一】に「直會殿は勅使上卿の事を行ふ處なり。八講屋とも號す。法華八講を修せられしよりの名なり。乃至古今集に大直日といへるも此所なり。」

ハチコクジキ　八斛食　〔故事〕八斛四斗の略、八萬四千を八萬と言ふ如し。佛涅槃に臨む時陶器師純陀最後の供養とし佛に摩竭陀國の粳米八斛四斗を奉る、佛神力を以て之を一切大會の衆に施して充足せしむ。【涅槃經十】に「爾時純陀所持粳粮成熟之食。摩伽陀國滿足八斛。以二佛神力一皆悉充二足一切大會一。」【釋門正統三】に「大經云。如來受二長者八斛四斗供一入レ滅。留二八斛四斗舍利一。」

ハチコンポンヂヤウ　八定根本　〔名數〕四禪四無色の八定に各根本と近分との二種あり、根本定とは欲界の修惑を離れて色界の初禪定を得、乃至無所有處地の修惑を斷じて非想非非想處の禪定を得る如し。總て下地の修惑を離れて得る上地の禪定なり。之に對して但下地の修惑を伏壓して得る所の禪定を近分定と云ふ、是れ根本に近似せる功能を有すれば近分と名くるなり。而して之を得る順序は先に近分定、後に根本定なり。【七十五法名目】に「根本定離二下地煩惱一得レ之。近分定伏二下地煩惱一得レ之。乃至上二界合八根本八近分也。」

ハチゴウチブツ　八恒値佛　〔雜語〕【涅槃經六】に佛、迦葉菩薩に對して凞連河及び八洹沙の諸佛の所に於て値佛發心の功德を說けり。

ハチゴサンニ　八五三二　〔雜語〕八識、五法、三性、二無我なり、是れ楞伽經唯識論の所明即ち法相宗の法門なり。

ハチゴフケ　八業家　〔流派〕倶舍宗にて、三時業を四業とし、猶各各二業を開きて、八業を立つる派の人を云ふ。即ち順現業、順生業、順後業の三を各各開きて、時報倶定業、時定報不定業の二種とし、順不定業を開きて報定時不定業、時報倶不定業の二業とするが故に合せて八業となるなり。

ハチゴン　八禁　〔名數〕即ち八戒なり。

ハチサイ　八齋　〔名數〕八支齋の略。即ち八戒なり。

ハチサイ　八災　〔名數〕八災患の略。

ハチサイカイ　八齋戒　〔名數〕八戒齋の異名。「サイカイ」を見よ。

ハチサイゲン　八災患　〔名數〕憂、喜、苦、樂、尋、伺、出息、入息の八法は禪定を妨害する者なれば之を八災患とす。彼の火水風の三災に對して彼を

外災と云ひ、之を內災と云ふ。此八種の內災を離れたるが卽ち色界の第四禪定なり、故に外の三災も第四禪に至らずと云ふ。【俱舍論二十八】に「下三靜慮名二有動一者有二災患一故。第四靜慮名二不動一者無二災患一故。災患有レ八。其八者何。尋伺四受入息出息。此八災患第四都無。故佛世尊說爲二不動一。」

ハチサウ　八相　【名數】如來成道の八相なり。「ハチサウジヤウダウ」を見よ。図 生住異滅に大小の二相あり、四本相、四隨相と云ふ。合せて八相あり。此八相を以て萬物を遷流するを八相遷物と云ふ。「シサウ」を見よ。

ハチサウジゲン　八相示現　【名數】世尊の八相の示現なり。次項に同じ。

ハチサウジヤウダウ　八相成道　【名數】佛陀が成道を中心として始より終に至る一期の相狀を示したる八相成道を云ふ、成道は八相中の一なれども八相中の主腦なれば別に成道の名を揭ぐ。而も八相に就て經論の所說存沒同じからず、要するに二說あり。大乘起信論の說は一に降兜率、先に兜率天に住すると彼の天の四千歲、時機の熟するを見て白象に乘じて彼天より降下する相なり。二に入胎、白象に乘じて摩耶夫人の右脇より入胎する相なり。三に住胎、母胎に在て行住坐臥し一日六時諸天の爲に說法する相なり。四に出胎、四月八日藍毘尼園に於て摩耶の右脇より出生する相なり。五に出家、十九歲（或は二十五歲）世の無常を觀じて王宮を出で入山學道する相なり。六に成道、六年の苦行を經て菩提樹下に成佛得道する相なり。七に轉法輪、成道以後五十年間法を說て普く人天を度する相なり。八に入滅、八十歲にして娑羅雙樹の下に涅槃に入る相なり。【起信論】に「隨二其願力一能現二八種一。利二益衆生一。所謂從二兜率天一退。入胎。住胎。出胎。出家。成道。轉二法輪一。入二於涅槃一。」二に天台大師の四敎儀に第三の住胎を除き第五に降魔の相を加へて八相となせり。【四敎儀四】に「釋二菩薩位一略爲二七位一。一發二菩提心一。二行二菩薩道一。三種二三十二相業一。四六度成滿。五一生補處。六生二兜率天一。七八相成道。乃至所レ言八相成道者。一、從二兜率天一下。二、託胎。三、出生。四、出家。五、降魔。六、成道。七、轉法輪。八、入涅槃。」古來此二說を以て大小乘の別とし、初を大乘の八相とし後を小乘の八相とす、然るに此二種の八相は開合の不同のみ、二乘を區別するは非なりと云ふ。【佛祖統紀二】に「述曰。大乘開二住胎一合二降魔於成道一。小乘開二降魔一合二住胎於託胎一。住胎見二起信一。降魔見二四敎儀一。此先達之論也。今觀二大小一皆有二住胎降魔之文一。如丁華嚴云丙菩薩住二母胎一已示乙現出家成道等相甲。此大乘住胎也。因果經菩薩在二母胎一行住坐臥。一日六時爲二諸天鬼神一說法。此小乘住胎也。華嚴離世間品菩薩出家成道降魔轉法輪等。妙樂云。四德各有二四降魔相一。此大乘降魔也。因果經既降魔已即便入定。明星出時得二最正覺一。此小乘降魔也。今欲レ順二八相之言一。且用二起信四敎儀二文一開合爲レ證。」

八相成道圖畫　【圖像】【有部毘奈耶雜事三十八】に「爾時世尊纔涅槃後。大地震動。時大迦攝波作二是念一。未生怨王。信根初發。彼若聞二佛入涅槃一者必歐二熱血一而死。我今宜レ設二方便一。作二是念一已即命二城中行雨大臣一。仁今知不。佛已涅槃。未生怨王信根初發。彼若聞二佛入涅槃一者必歐二熱血一而死。我今宜可下豫設二方便一即依二次第一而爲中陳說上。仁今疾可下詣二一園中一於二妙堂殿一如法圖中畫佛本因緣上。菩薩昔在二覩史天宮一將二下生一觀二其五事一。託二生母胎一。既誕之後踰レ城出家苦行六年。坐二金剛座一菩提樹下成二等正覺一。乃至於二諸方國一在レ處化レ生利益既周。將レ趣二圓寂一遂至二拘尸那城娑羅雙樹一。北首而臥入二大涅槃一。如來一代所有化迹既圖畫已。白レ王觀二其圖畫一。乃至行雨大臣一如二尊者所一レ敎之事一次第作已。乃至王至二園所一見二彼堂中一圖畫新異。始從二誕生一乃至倚二臥雙林一。王問レ臣曰。豈可三世尊入二涅槃一耶。是時行雨默然無レ對。王見レ是已知二佛涅槃一。即便號咷悶絕宛二轉于地一。」是れ八相成道を圓通する濫觴にして世に涅槃像なる者も此に基因す。◉（榮華、鶴の林）「八相成道の義果」

ハチサツ　鉢刷　【物名】ホイセツと呼ぶ。小板にて一頭圓形、漆ぬり、鉢門の粒粘を淸むる器なり。【象器箋二十】

ハチザウ　八藏　【名數】八部の法藏なり。「ザウ」を見よ。

ハチシ　鉢支　【物名】又、鉢枝、鉢鋑、鉢揩。鉢を支ふる臺なり。【四分律四十三】に「鉢若不レ正應レ作二鉢支一。」【五分律二十六】に「比丘以レ鉢盛レ食。著レ地翻レ之。佛言。聽レ作二鉢支一。用二銅鐵牙角瓦石竹木一。除二漆樹一。」【十誦律六十一】に「鉢枝法。」【僧祇律二十八】に「鉢鋑。」【傳燈錄道禪師章】に「鉢揩。」

ハチシ　八師　【名數】殺、盜、邪婬、妄語、飮酒、老、病、死、佛此八法を師として道を修せしと云ふ。【八師經】

ハチシ　八支　【名數】正見等の正道八種に支分すれば八支と云ふ。「ハチシヤウダウ」を見よ。図 無著所造の論八部あり八支と云ふ。【寄歸傳四】に「瑜伽畢學體窮無著八支。」「ハチロン」を見よ。図 齋戒八種に支分すれば八支と云ふ。「カイ」を見よ。

ハチシキ　八識　【名數】法相宗所立の眼等の八識なり。「シキ」を見よ。

ハチシキゴヂウ　八識五重　〔名數〕法相宗の觀門に八識に就いて五重唯識觀の法あり、萬法唯識を觀ずるに就いて淺より深に至る五重の觀想を爲すなり。「ゴヂウノユヰシキ」を見よ。⦿（太平記）「八識五重の明鏡」

ハチシキシンワウ　八識心王　〔名數〕眼等の八識に各心王と心所とあり、識の本體を心王とし之と相應して起る作意、觸、受等の別作用を心所有法とす、略して心所と云ふなり。

ハチシキタイイチ　八識體一　〔雜語〕八識體別に對す。諸八識の體性悉く同一なりと云ふこと。無性の攝論四卷、世親の攝論三卷に出づる一類の菩薩の主張する所にして、唯識宗の異義也。

ハチシキタイベツ　八識體別　〔術語〕八識體一に對す。諸八識の體性は各各別なりと云ふこと。唯識宗の正義也。

ハチシキノジフミヤウ　八識十名　〔名數〕第八阿賴耶識の異名十あり。「アラヤシキ」を見よ。

ハチシキヤウ　八師經　〔經名〕一卷、吳の支謙譯。梵志邪旬、佛の師を問ふ、佛八師を以て答ふ。【宿帙七】（710）「ハチシ」を見よ。

ハチシサイ　八支齋　〔行事〕八戒の異名。八戒實は八戒と齋法との九支あり、故に八戒齋と云ふ。「カイ」を見よ。然るに八戒は一の齋法を體となし餘の八戒を以て之を資助するに過ぎざれば九戒又は九支齋と言はず、八戒又は八支齋と云ふ。【行事鈔資持記下三之四】に「准スルニレ文九戒。而言レ八者。多論云。齋ハ以ニ過中不食一爲レ體。八事昭明。故成ス齋體一。共相支持名ニ八支齋一。故言ニ八齋一不レ言レ九也。」

ハチシヤ　八遮　〔名數〕三論宗所明の八不中道を云ふ。遮は遮遣なり不生不滅等と生滅等の八迷を遮遣するを云ふ。【性靈集六】に「八遮蕩レ穢。一眞簡レ淨。」

ハチシヤウ　八聖　〔名數〕聲聞乘の四向四果なり。【仁王經上】に「七賢八聖。」【同天台疏上】に「八聖謂四果四向也」図八聖道なり、即ち八正道に同じ。【三藏聖敎序】に「發ニ揮八聖一。固ニ先聖之丕業一。」

ハチシヤウ　八正　〔名數〕八正道なり。

ハチシヤウダウ　八聖道　〔名數〕八正道に同じ。【阿彌陀經】に「七菩提分。八聖道分。」【俱舍論二十五】に「七等覺支。八聖道支。」⦿（榮華、玉の臺）「八聖道をのぶときこえ」

ハチシヤウダウ　八正道　〔術語〕具さには八正道分と云ふ。俱舍には八聖道支に作る。聖は正なり、其道偏邪を離るれば正道と云ひ又聖者の道なれば聖道（Āryamārga 巴 Ariyamagga）と云ふ。【玄應音義三】に「八由行。又作ニ遊行一。又作ニ道行一。或作ニ直行一。或言ニ八直道一。亦言ニ八聖道一。或言ニ八正道一。其義一也。」一に正見 Samyak-dṛṣṭi 巴 Sammā-diṭṭhi 正はsamyak 及び sammāなり以下之を略す 苦集滅道の四諦の理を見て分明なるを云ふ。無漏の慧を體とす、是れ八正道の主體なり。二に正思惟（-saṁkalpa 巴 -saṁkappa）既に四諦の理を見て尙思惟籌して眞智を增長せしむるを云ふ、無漏の心所を以て體とす。三に正語（-vāc 巴 -vācā）眞智を以て口業を修め一切非理の語を作さざるを云ふ。無漏の戒を以て體とす。四に正業（-karmānta 巴 -kammanta）眞智を以て身の一切の邪業を除き淸淨の身業に住するを云ふ。無漏の戒を以て體とす。五に正命（-ājīva 巴 同）身口意の三業を淸淨にして正法に順ひて活命し五種の邪活法を離るるを云ふ。五邪命と云 無漏の戒を以て體とす。六に正精進（-vyāyāma 巴 -vāyāma）眞智を發用して强め涅槃の道を修するを云ふ。無漏の勤を以て體とす。七に正念（-smṛti 巴 -sati）眞智を以て正道を憶念し邪念なきを云ふ。無漏の念を以て體とす。八に正定（-samādhi 巴 同）眞智を以て無漏淸淨の禪定に入るを云ふ。無漏の定を以て體とす。此八法盡く邪非を離るれば正と云ひ、能く通じて涅槃に到れば道と云ふ。惣じて無漏なり有漏を取らず、是れ見道位の行法なり。七覺支は修道の行法なり、經に七覺八正と次第するは數の次第にして修の次第にあらず。此中正見の一は是れ八正道中の主體なれば道にして亦道分道支なり、餘の七は是れ道分道支にして道にあらず。⦿（正統記二）「八正とは內典に、正見、正思惟、正語、正業、正命、正精進、正定、正惠、之を八正道と云ふ」

ハチシヤウダウキヤウ　八正道經　〔經名〕一卷、後漢の安世高譯。雜阿含經二十八卷に八正道經あり、其の別譯なり。【辰帙六】（659）

ハチシヤウダウシ　八聖道支　〔名數〕又は聖道分と云ふ。「ハチシヤウダウ」を見よ。

ハチシユウ　八宗　〔名數〕吾朝弘傳の宗に就て云ふ。一に俱舍宗、二に成實宗、三に律宗、四に法相宗、五に三論宗、六に華嚴宗、七に天台宗、八に眞言宗なり。此中前の六宗は奈良朝に起り後の二宗は平安朝に起る、古來通じて八宗と稱す。【八宗綱要奧書】に「日本所レ傳自レ昔已來。共許所レ翫唯此八宗。」⦿（十訓抄一〇）「僧徒の勤には八宗の修學」

ハチシユウクシユウ　八宗九宗　〔名數〕八家九宗に同じ。

ハチシユシヤウフウ　八種淸風　〔名數〕四方四

維の八方の清風也。【觀無量壽經】に「八種清風從ニ光明一出。」【同傳通記】に「八種清風者。今家無レ判。天台云。八種清風者。彼處實無ニ時節一若寄ニ此八一謂除ニ上下一餘四方四維。故云レ八。亦可三以對ニ八卦一也。」

ハチシユシヨウホフ　八種勝法　[名數]　八齋戒を受持する者は八種の勝功德を得るを云ふ。一に不レ墮レ獄。二に不レ墮レ鬼。三に不レ墮レ畜。四に不レ墮ニ須羅。五に常生ニ人中一出家得道。六に生ニ欲天上。七に恒生ニ梵天一値レ佛請レ法。八得ニ菩提一なり。【十善戒經】

ハチシユセンダラニジモン　八種旋陀羅尼字門　[名數]「センダラニ」を見よ。

ハチシユヂヤウヤウクドクキヤウ　八種長養功德經　[經名]　一卷、趙宋の法護譯。發心して八齋戒を受くる功德を說く。【昃帙八】(969)

ハチシユノセ　八種施　[名數]　布施の八種類なり。即ち、隨至施、怖畏施、報恩施、求報施、習先施、希天施、要名施。爲莊嚴心等施なり。

ハチシユノタウ　八種塔　[名數]　如來塔、菩薩塔、緣覺塔、阿羅漢塔、阿那含塔、斯陀含塔、須陀洹塔、轉輪王塔なり。この八人の滅後には必ず塔を立つべきものなるが故に此名あり。【翻譯名義集】所說。

ハチシユノベツゲダツカイ　八種別解脫戒　[名數]　八種の別解脫を云ふ。一に比丘戒、二に比丘尼戒、三に正學戒、四に沙彌戒、五に沙彌尼戒、六に優婆塞戒、七に優婆夷戒、八に近住戒なり。

ハチシユホフ　八種法　[名數]　一に三三昧、二に四禪定、三に四無量心、四に四無色定、五に八背捨、六に八勝處、七に九次第定、八に十一切處、合せて五十法なり。

ハチシユミヤウ　八種謬　[名數]　一に性謬、若し色色相を作し乃至重ねて重想を作す是を性謬と名く。二に分別謬、若し色是れ色非色、是れ可見是れ不可見、是れ有對是れ無對と分別する、是を分別謬と名く。三に聚謬、色中に於て我が衆生、士夫の壽命を見るが如く、屋舍、四衆軍、旅、衣、食、蓮華、車乘、樹木、積聚、是の如き等の中に各一相を作す、是を聚謬と名く。四に我謬、五に我我所謬、有漏の中に於て我我所を取し、無量世の中に常に取著を生じ我我所を計す、是を我我所謬と名く。六に愛謬、淨物中に於て貪著心を生ず、是を愛謬と名く。七に不愛謬、不淨物中に於て瞋恚心を生ず、是を不愛謬と名く。八に非愛非不愛謬、一切淨不淨物中に於て貪恚心を生ず、是を非愛非不愛謬と名く。【菩薩善戒經二】

ハチシヨウシヨ　八勝處　[名數]　八背捨、八勝處、十一切處、此三は三界の貪愛を遠離する一具の禪定なり。「ハチハイシヤ」を見よ。

ハチシロン　八支論　[名數]　無著所造の八論あり瑜伽本論に對して八支論と云ふ。「ハチロン」を見よ。

ハチジ　八時　[名數]　印度の俗法に一日一夜を以て八時とす、那爛陀寺の如き亦此の俗法に依ると云ふ、然るに聖敎の所說は六時を法となす。【西域記二】に「居俗日夜分爲ニ八時。晝四夜四。於ニ一一時一各有ニ四分。」【寄歸傳三】に「夜有ニ四時。與レ晝相似。成ニ八時一也。乃至調御之敎但列ニ三時。謂分ニ一夜一爲ニ三分一也。」

ハチジ　八字　[雜名]　涅槃經聖行品所說の生滅滅已寂滅爲樂の八字なり。之を雪山の八字と云ふ。【三歸指歸二】に「雪山八字者。即聖行品。雪山大士從ニ羅剎一求ニ半偈一而捨ニ全身一也。八字即生滅滅已寂滅爲樂。」【涅槃經十四】に「誰當レ信ニ汝如レ是之言。爲ニ八字一故棄ニ所愛身。」

ハチジグシヤウズヰイチフゲン　八事俱生隨一不滅　[雜語]　欲界の微聚を說ける定言なり。「ゴクミ」を見よ。

ハチジザイ　八自在　[名數]「ハチダイジザイガ」を見よ。

ハチジズヰシン　八事隨身　[雜語]【行事鈔上三】に「善見云。佛度ニ五比丘一已。有ニ三衣、鉢盂、坐具、漉水袋、針線、斧子八事一隨身。」

ハチジダラニ　八字陀羅尼　[眞言]　八字文殊の眞言なり。大聖妙吉祥菩薩秘密八字陀羅尼修行曼荼羅次第儀軌法一卷あり。【餘帙二】

ハチジフイチクワ　八十一科　[名數]　大般若經所說の法門に八十一科あり、一に色、二に心、三に五陰、四に十二入、四に十八界、五に四諦、六に十二因緣、七に十八空、八に六度、九に四智總じて八十一法なり。【大藏法數六十八】

ハチジフイチホンノシワク　八十一品思惑　[名數]「シワク」を見よ。

ハチジフオクコフ　八十億劫　[雜語]　罪業に依て生死に流轉する劫量なり。【觀無量壽經】に「稱ニ佛名一故。除ニ八十億劫生死之罪。命終之時見ニ金蓮華猶如ニ日輪一住ニ其人前。」

ハチジフケゴンギヤウ　八十華嚴經　[經名]　唐の實叉難陀の新譯の華嚴經八十卷あり、八十華嚴經と稱す。

ハチジフシホフ　八十四法　[名數]　成實論の所立。

ハチジフシユカウ　八十種好　[名數]　又、八十隨形好、三十二の相を更に細別して八十種の好となす。隨形好とは三十二の形相に隨ふ好なり。一に無見頂相、佛頂上の內髻は之を仰げば愈高く遂に其頂上を見るとなきなり。二に鼻高くして孔現はれず。三

に眉初月の如し。四に耳輪垂埵せり。五に身堅實なると那羅延の如し。六に骨際鉤鎖の如し。七に身一時に廻はると象王の如し。八に行く時足地を去ると四寸にして印文現はる。九に爪は赤銅色の如くにして薄くて潤澤なり。十に膝骨堅くして圓好なり。十一に身清潔なり。十二に身柔軟なり。十三に身曲まず。十四に指圓くして纖細なり。十五に指文藏覆す。十六に脈深くして現はれず。十七に踝現はれず。十八に身潤澤なり。十九に身自ら持して逶迤せず。二十に身滿足す。二十一に容儀備足す。二十二に容儀滿足す。二十三に住する處安くして能く動かす者なし。二十四に威一切に振ふ。二十五に一切の衆生見るを樂ぶ。二十六に面長大ならず。二十七に容貌を正しくして色を撓まさず。二十八に面具に滿足す。二十九に唇は頻婆果の色の如し。三十に言音深遠なり。三十一に臍深くして圓好なり。三十二に毛右旋す。三十三に手足滿足す。三十四に手足意の如し。三十五に手文明直なり。三十六に手文長し。三十七に手文斷たず。三十八に一切惡心の衆生見る者和悅す。三十九に面廣くして殊好なり。四十に面淨滿なると月の如し。四十一に衆生の意に隨て和悅して與に語る。四十二に毛孔より香氣を出す。四十三に口より無上香を出す。四十四に儀容師子の如し。四十五に進止象王の如し。四十六に行く相は鵝王の如し。四十七に頭は摩陀那果の如し。四十八に一切の聲分具足せり。四十九に四牙白利なり。五十に舌色赤し。五十一に舌薄し。五十二に毛紅色なり。五十三に毛輭淨なり。五十四に眼廣長なり。五十五に死門の相具はる。五十六に手足赤白なると蓮華の色の如し。五十七に臍出でず。五十八に腹現はれず。五十九に細腹なり。六十に身傾動せず。六十一に身持重す。六十二に其身大なり。六十三に身長し。六十四に手足輭淨にして滑澤なり。六十五に四邊の光長一丈なり。六十六に光身を照して行く。六十七に等しく衆生を視る。六十八に衆生を輕ぜず。六十九に衆生の音聲に隨て不增不減なり。七十に法を說て着せず。七十一に衆生の語言に隨て法を說く。七十二に發音衆聲に應ず。七十三に次第因緣を以て法を說く。七十四に一切衆生盡く相を觀ると能はず。七十五に觀て厭足なし。七十六に髮長好なり。七十七に髮亂れず。七十八に髮旋好なり。七十九に髮色青珠の如し。八十に手足有德の相なり。【法界次第下之下、大乘義章二十末】⊙(榮花、鳥の舞)「三十二相八十種好」八十種好の梵名(名義大集十八)に出づ

ハチジフジ 八字布字 [修法] 大日經眞實智品に八字布字の法を說く。阿字純白を心中に布く佛部。娑字を膺(むね)の下に布く蓮華部。吽字を眉間に布く金剛部。阿字を腰以下に布く地輪第一命。縛字を臍に布く水輪。囉字を心に布く火輪。吽字を額に布く風輪忿怒。佉字を頂に布く空輪虛空同。

ハチジフジユリツ 八十誦律 [書名] 根本の律藏なり、如來滅後三藏を結集する時、優婆離比丘一夏九旬の間に於て八十番に之を誦出しければ八十誦律と名く、後に四分律五分律等の諸律之より分立するに至り此の根本律は遂に世に存せざるなり。【戒疏上】に「時接二利機一各體二權實一。雖レ聞二異制一不二相是非一。故但通爲二八十誦律大毘尼藏一。」【同行宗記一上】に「八十誦者即根本部。波離結集シテ一夏九旬ニ八十番誦。故以爲レ號。」又「根本部波離一夏ニ誦出ハ。逐レ座爲レ目。」

ハチジフズヰギヤウカウ 八十隨形好 [名數]「ハチジフシユカウ」を見よ。

ハチジフハチカシヨ 八十八箇處 [名數] 西國巡りの三十三番に對して四國巡りの八十八箇處あり、世に弘法大師の點示せし所といへど定かならず。案に八十八の數は八十八使の見惑の量に依りしもの歟。阿波に二十三箇處、土佐に十六箇處、伊豫に二十六箇處、讃岐に二十三箇處、第一處は阿波に在て靈山寺と云ひ、第八十八處は讃岐に在て大久保寺と云ふ。【和漢三才圖會七十九】

ハチジフハチシノケンワク 八十八使見惑 [名數] 八十一品の修惑に對して八十八使の見惑あり。「ケンワク」を見よ。⊙(鴉鷺合戰一)「八十八使の見あく」

ハチジフハチブツ 八十八佛 [名數] 世に五十三佛と三十五佛とを合せて八十八佛と稱す。五十三佛は觀藥王藥上二菩薩經に出で、三十五佛は大寶積經九十八卷優婆離會に出づ。又別に不空譯の三十五佛名禮懺文あり、觀虛空藏菩薩經には虛空藏の天冠の內に三十五佛の像ありと說く。

ハチジモンジユホフ 八字文殊法 [修法] 八字の眞言を誦する文殊法なり。「モンジユ」を見よ。⊙(太平記一)「八字文殊普賢延命金剛童子の法」

ハチジヤ 八邪 [名數] 八正道の反對なり。一に邪見、二に邪思惟、三に邪語、四に邪業、五に邪命、六に邪方便、七に邪念、八に邪定なり。【維摩經弟子品】に「不レ捨二八邪一入二八解脫一。」【同淨影疏二本】に「言二八邪一者。翻二八正一說二八邪一。邪見。邪思。邪語。邪業。乃至邪定。」【普賢觀經】に「八邪八難無レ不二經歷一。」

ハチジヤウ 八成 [名數] 八相成道の略。

ハチジヤウキヤウ 八城經 [經名] 阿難八城

居士の爲に十二禪を說く、居士信心して食及び房を施す。中阿含第十六に收む。

ハチジヤウリフイン　八成立因　〔術語〕一箇の命題を成立せしむる八種の因を云ふ。即ち、立宗、立因、立喩、合、結、現量、比量、聖敎量なり。阿毘達磨雜集論所說。「見よ。

ハチジンヘン　八神變　〔名數〕「ハチヘンゲ」を見よ。

ハチス　蓮　〔植物〕彌陀の淨土は蓮華を以て所居とすれば淨土を指して蓮と云ふ。⦿（源氏）「蓮の上の願」又「同じ蓮にとこそは」又「はちすの中の世界のまだ開けざらん心ちも」

ハチスヰ　八水　〔名數〕印度の八大河なり。【涅槃經長壽品】に「佛告二迦葉一。善男子。如二八大河一。一名二恒河一。二名二閻魔羅一。三名二薩羅一。四名二阿夷羅跋提一。五名二摩河一。六名二辛頭一。七名二博叉一。八名二悉陀一。是八大河及諸小河悉入二大海一。」【太宗三藏聖敎序】に「雙林八水味レ道餐レ風。」

ハチセ　八施　〔名數〕「フセ」を見よ。

ハチセフウ　八世風　〔名數〕八風なり。

ハチセンニチ　八專日　〔雜名〕俗に十二日の八專と稱し、此日に法事を作すを忌むと云ふ。【壒囊鈔十四】に「八專日とて三寶に忌む日は八箇日なり、但し壬子より癸亥に至る間總數にて十二日と云ふか、所謂壬子の日は炎魔天會、甲寅の日は地天歡喜會、乙卯の日は水天般若會、丁巳の日は火天諸天會、巳未の日は羅刹天不動會、庚申の日は風天歡喜會、辛酉の日は吉祥天豊樂會、癸亥の日は毘沙門天成佛會の右の八箇日を宿曜日に八專と稱するなり。件日は冥衆悉く天に上り下界にましまさぬが故に佛事を成すと雖も聖衆の影向なし、仍て大唐顯德四年丁巳歳より三寶の類に皆以て忌み來る所なり。」宿曜經を撿するに八專日の說なし。

ハチゼツノカギ　八舌鑰　〔物名〕傳敎大師根本中堂を創立するとき地下より之を掘り出し渡唐の時天台山に上て此鑰を以て智者の寶藏を開きしと云ふ。叡岳要記把手に梵文あり。其の外器に護良親王の銘記あり。今は延曆寺に寶藏す。蓋し師が天台より八世の孫に當て法華を日東に興隆せる讖なるべし。

ハチゼンゲ　八漸偈　〔雜名〕唐の白居易、觀、覺、定、慧、明、通、濟、捨の八言に就いて各一偈を頌す、此八言は入道の漸門なりとて八漸と稱す。【傳燈錄二十九】に載す。

ハチソク　八觸　〔名數〕身に感觸する所あるを觸と云ふ、將に初禪定を得んとする時に身中八種の感觸を生ずるを八觸となす。一に動觸、坐禪せる時俄に身が動亂する程となる。二に痒觸、俄に身が痒ゆくなりて身の置き處もなき程となる。三に輕觸、身が輕くなりて雲の如く塵の如く何くへも飛び行くべき程なり。四に重觸、俄に身が重くなりて大石の如く少しも身を動かすと能はざるなり。五に冷觸、俄に身が水の如く冷になるなり。六に暖觸、身が熱くして火の如くなるなり。七に澁觸、身がしぶりて木の皮の如くになるなり。八に滑觸、身が滑かになりて乳の如きなり。此の如き八觸の生ずる所以は初禪定を得んと欲する時は上界の極微來りて欲界の極微に入れ替る時、地水火風が狂亂して此の如く發動するなり。此法相を知らざる人は俄に驚動して身を惡く持ち成し、我は今發病せりと思ひて馳せ廻れば遂に血の道を亂し、眞に狂氣となるなり。是れ止觀九に依る止觀八には動痒の二なく輭麁の二あり【止觀八】に「八觸者。心與二四大一合則有二四正體觸一。復有二四依觸一。合成二八觸一。重如二沈下一。輕如二上昇一。冷如二冰室一。熱如二火舍一。澁如二挽逆一。滑如二磨脂一。輭如二無骨一。麁如二糠肌一。此八觸。四上四下(ハリハル)。入息順二地大一而重。出息順二風大一而輕。又入息順二水大一而冷。出息順二火大一而熱。又入息順二地水一而澁。出息順二風大一而滑。又入息順二水大一而輭。出息順二火大一而麁。」【七帖見聞四末】

ハチソサウジヨウ　八祖相承　〔名數〕眞言宗の相承を云ふ。第一大日如來、第二金剛薩埵、第三龍猛菩薩、第四龍智菩薩、第五金剛智、第六不空、第七惠果、第八弘法なり。「の異名。

ハチソンヂウホフ　八尊重法　〔名數〕八敬戒

ハチタイ　八諦　〔名數〕法相宗所立の眞俗八諦なり。「タイ」を見よ。

ハチタウ　八倒　〔名數〕凡夫二乘の迷執する八種の轉倒なり。常樂我淨を凡夫の四倒とし非常非樂非我非淨を二乘の四倒とす。【止觀五】に「止是淨水。蕩二貪婬八倒一。」

ハチタタキ　鉢敲　〔雜名〕【三才圖會七十二之末】に「鉢敲は頭髮尋常の俗と別なし、褊裰(へんてつ)を著て洛の內外を往來して瓢簟を敲き唱名念佛す、又茶筅を販くを業となす、十一月十三日より除夜に至るまで每夜半以後五處の尸陀林の墳墓を巡り、以て三界萬靈の廻向を爲す、空也上人の法流にして本寺は四條坊門油小路に在り、極樂院と號す、相傳す、往昔空也每夜修行して暫く貴船に寓す、時に每夜鹿來て侍坐す、啼くと友の如し。一夕來らず、蓋し平定盛の爲に殺さる、上人之を悲み其の骸を乞ひ皮を裘となし。角を杖頭となす。定盛殺生の罪を悔ゐ、念佛修行の徒となる、今極樂院十八家の鉢敲は彼の末裔なり、古は鉢を敲き今は瓢簟に代ふ。」【山城名勝志四】に

「鉢扣讃一休和尙書不レ著レ笠夜不レ茵。東西南北自由身。一瓢扣舉有ニ何益ニ。花發十方淨土春。」【俚言集覽下】に「霜月十三日空也忌、此夜より四十八夜曉ごとにつとめ仕る。」「クウヤネンブツ」を見よ。

ハチタツ 八達 〔人名〕高僧支學龍、學內外に達す、八達と稱す。【釋氏要覽中】に「高僧支學龍博通ニ內外ニ。阮噡等名士並爲ニ知己ニ。呼爲ニ八達ニ。」「よ。

ハチタフ 八塔 〔名數〕「ハチダイレイタフ」を見よ。

ハチタラジユ 八多羅樹 〔雜語〕多羅樹は丈高き樹なれば物の高さを形容するに八多羅樹と云ふ。【法華經分別功德品】に「以ニ赤栴檀ニ作ニ諸殿堂ニ。三十有二。高八多羅樹。」「タラ」を見よ。

ハチダ 八墮 〔名數〕比丘尼の八波羅夷なり。

ハチダイ 八大 〔名數〕八大地獄を云ふ。⊙(本朝文粹十一)に「下驚ニ八大ニ上振ニ四空ニ。」

ハチダイクワンオン 八大觀音 〔名數〕眞言宗の所立。三種あり、**一**は大本如意經の說。一に圓滿意願明王菩薩、二に白衣自在、三に髻羅刹女、四に四面觀音、五に馬頭羅刹、六に毘但眡、七に大勢至、八に陀羅觀音なり。**二**は義範の手跡本に引く所。一に不空羂索、二に毘俱眡、三に十一面、四に馬頭、五に忿怒鉤、六に如意輪、七に不空鉤、八に一髻羅刹なり。**三**には小野の一切明集に引く所。一に如意輪、二に觀自在、三に得大勢至、四に多羅、五に毘俱眡、六に白處、七に一髻羅刹、八に馬頭なり。【觀音靈驗抄一】

ハチダイコンガウ 八大金剛 〔名數〕八大金剛明王の略。又八大明王と云ふ。【大妙金剛大甘露軍荼利焰鬘熾盛佛頂經】に「八大菩薩各光明輪を現じ、各八大金剛を現作す。金剛手は降三世を現じ、妙吉祥は大威德を現じ、虛空藏は大笑を現じ慈氏は大輪を現じ、觀自在は馬頭を現じ、地藏は無能勝を現じ、降一切蓋障は不動を現じ、普賢は步擲を現ず。」能現は菩薩の正法輪身、所現は明王の敎令輪身なり。

ハチダイシンク 八大辛苦 〔名數〕八苦なり。「ク」を見よ。

ハチダイコンガウドウジ 八大金剛童子 〔名數〕不動明王の使者八大童子なり。一に慧光童子、二に慧喜童子、三に阿耨達多童子、四に指德童子、五に烏倶婆迦童子、六に淸德童子、七に矜羯羅童子、八に制吒迦童子なり。此童子共に手に金剛杵を持すれば金剛童子と云ふ。【八大童子儀軌】

ハチダイコンガウミヤウワウ 八大金剛明王 〔名數〕即ち八大金剛童子なり。

ハチダイシンシヤウ 八大神將 〔名數〕輪藏の周圍に安置する神將なり。【釋門正統三】に「又列ニ八大神將一運ニ轉其輪一。謂ニ天龍八部一也。」【象器箋四】に「今輪藏八面排ニ列八天像一。所謂密迹金剛分ニ二軀一。梵天。帝釋。四天王也。異ニ正統說ニ。」

ハチダイジザイガ 八大自在我 〔名數〕大般涅槃に淨樂我淨の四德あり、其我德とは自然を義とす、自在に八義あり、八大自在我と云ふ。一に能示ニ一身ニ爲ニ多身ニ。二に示ニ一塵身ニ滿ニ大千界ニ。三に大身輕舉遠到、四に現ニ無量類ニ常居ニ一土ニ。五に諸根互用。六に得ニ一切法ニ如レ無ニ法想ニ。八に身遍ニ諸處ニ猶如ニ塵空ニ。【涅槃經二十三】

ハチダイソウヂワウキヤウ 八大總持王經 〔經名〕持明藏八大總持王經の略名。

ハチダイヂゴク 八大地獄 〔名數〕八熱地獄を八寒地獄又は十六小地獄に對して八大地獄と云ふ。「ヂゴク」を見よ。⊙(曲、求塚)「八大地獄のかず」　「の四向四果なり。【諸儀軌訣影二】

ハチダイヂヤウブ 八大丈夫 〔名數〕聲聞乘

ハチダイドウジ 八大童子 〔名數〕不動明王の使者八人の金剛童子なり。図 文殊菩薩に八大童子あり「モンジユ」を見よ。

ハチダイドウジギキ 八大童子儀軌 〔經名〕聖無動尊一字出生八大童子秘要法品の異名。【餘帙二】

ハチダイナラク 八大奈落 〔名數〕八大地獄なり。奈落は地獄の梵語。⊙(盛衰記六)「八大奈落の底に入らんか」

ハチダイニンガク 八大人覺 〔名數〕八法あり。菩薩、聲聞、緣覺の大力量人の覺悟する所なれば八大人覺と名く。一に世間無常覺、二に多欲爲苦覺、三に心無厭足覺、四に懈怠墮落覺、五に愚痴生死覺、六に貧苦多怨覺、七に五欲過患覺、八に生死熾然苦惱無量覺なり。【八大人覺經】

ハチダイニンガクキヤウ 八大人覺經 〔經名〕一卷、後漢の安世高譯。【藏帙五】(512)

ハチダイブツチヤウ 八大佛頂 〔名數〕「ブツチヤウソン」を見よ。

ハチダイボサツ 八大菩薩 〔名數〕【般若理趣經】に八大菩薩を說く【經】に「所謂金剛手菩薩摩訶薩。觀自在菩薩摩訶薩。虛空藏菩薩摩訶薩。金剛拳菩薩摩訶薩。文殊師利菩薩摩訶薩。纔發心轉法輪菩薩摩訶薩。虛空庫菩薩摩訶薩。摧一切魔菩薩摩訶薩。與ニ如レ是等大菩薩衆ニ。恭敬圍繞而爲說レ法。」【東寺塔供養記】に「般若理趣經者。說ニ八大菩薩之內證ニ。示ニ十

七淸淨之本有。」又【八大菩薩曼荼羅經】に八大菩薩を說く。【經】に「觀自在菩薩。慈氏菩薩。虛空藏菩薩。普賢菩薩。金剛手菩薩。曼殊室利菩薩。除蓋障菩薩。地藏菩薩。」又藥師經に八大菩薩を說く。義淨譯の【七佛藥師經】に「有二八大菩薩一。其名曰二文殊師利菩薩。觀世音菩薩。得大勢至菩薩。無盡意菩薩。寶檀華菩薩。藥王菩薩。藥上菩薩。彌勒菩薩。」玄奘譯の【藥師經】に「若聞二世尊藥師瑠璃光如來名號一。臨二命終時一。有二八菩薩一乘二神通一來。示二其道路一。」又【八大菩薩經】に八大菩薩を說く。【經】に「復有二八大菩薩摩訶薩一。其名曰二妙吉祥菩薩摩訶薩。聖觀自在菩薩摩訶薩。慈氏菩薩摩訶薩。虛空藏菩薩摩訶薩。普賢菩薩摩訶薩。金剛手菩薩摩訶薩。除蓋障菩薩摩訶薩。地藏菩薩摩訶薩。」【大妙金剛大甘露軍荼利焰鬘熾盛佛頂經】の所說之に同じ、而して八大菩薩より八大明王を現ずるを說く。又【七佛八菩薩所說神呪經】に八大菩薩あり各神呪を說く。一に文殊、二に虛空藏、三に觀世音、四に救脫、五に跋陀和。六に大勢至、七に堅勇、八に釋摩男なり。【金剛頂經】に八大菩薩各光明輪を現じ各大金剛を現作す。「ハチダイミヤウワウ」を見よ。⦿（榮花音樂）「藥師如來八大菩薩をそへて」

ハチダイボサツキヤウ　八大菩薩經　【經名】一卷、趙宋の法賢譯。佛、八大菩薩に對して東方五佛の名を說く。【黃帙五】(997)

ハチダイボサツホフ　八大菩薩法　【修法】八大菩薩曼荼羅經の修法を指す。

ハチダイボサツマンダラキヤウ　八大菩薩曼荼羅經　【經名】一卷、唐の不空譯。大乘八曼拏羅經の譯なり。【閏帙九】(981)

ハチダイマンダラキヤウ　八大曼拏羅經　【經名】具名大乘八大曼拏羅經。一卷、趙宋の法賢譯。觀自在菩薩乃至地藏菩薩の八大菩薩の修法を說く。【成帙八】(880)

ハチダイミヤウワウ　八大明王　【名數】【大妙金剛經】に八大菩薩八大明王を現ずるを說く。一に金剛手菩薩は降三世を現作し、二に妙吉祥菩薩は兩臂六頭六足の大威德金剛明王を現作し、三に虛空藏菩薩は大咲金剛明王を現作し、四に慈氏菩薩は大輪金剛明王を現作し、五に觀自在菩薩は馬頭金剛明王を現作し、六に地藏菩薩は無能勝明王を現作し、七に除蓋障菩薩は不動尊金剛明王を現作し、八に普賢菩薩は步擲金剛明王を現作す。已上菩薩は大日の正法輪身、忿怒身の明王は大日の敎令輪身なり。又秘藏記末に上の五大明王（ゴダイミヤウワウを見よ）に三大明王を加へて八大明王となす。即ち第六に穢積金剛明王は不空成就佛の敎令輪身なり、其の自性論は金剛業なり。第七に無能勝金剛明王は釋迦の敎令輪身なり、其の自性輪身は慈氏菩薩なり。第八に馬頭明王は無量壽の敎令輪身なり、其の自性輪身は觀音なり。

ハチダイヤシヤ　八大夜叉　【名數】寶賢夜叉、滿賢夜叉、散支夜叉、衆德夜叉、應念夜叉、大滿夜叉、無比夜叉、密嚴夜叉なり。

ハチダイリユウワウ　八大龍王　【名數】【法華經序品】に「有二八龍王一。難陀龍王。跋難陀龍王。娑伽羅龍王。和修吉龍王。德叉迦龍王。阿那婆達多龍王。摩那斯龍王。優鉢羅龍王等。」⦿（曲、岩船）「八大龍王は海上に飛行し」

ハチダイレイタフ　八大靈塔　【名數】【八大靈塔名號經】に「一に佛生處、迦毘羅城龍彌儞園。二に成道處、摩迦陀國泥連河。三に轉法輪處、迦尸國波羅奈城鹿園。四に現神通處、舍衞國祇陀園。五に從忉利天下處、桑伽尸國曲女城。佛忉利天の安居竟り七寶の寶階より降下する處なり。六に化度分別僧處、王舍城に在り、提婆達多破僧を作して僧衆二處に分離す佛之を化度して一味に歸せしめし處。七に思念壽量處、毘耶離城、（廣嚴と譯す）佛此に於て壽量を思念し將に涅槃に入らんと欲す。八に入涅槃處、拘尸那城に在り。」又【心地觀經】に佛、光を放て光中に八大寶塔を現ず、之と大同小異。【經一】に「又此光中影二現如來不可思議八大寶塔一。拘娑羅國淨飯王宮生處寶塔。摩伽陀國伽耶城邊菩提樹下成佛寶塔。波羅奈國鹿野園中初轉法輪度人寶塔。舍衞國中給孤獨園與二諸外道一六日論議。得二一切智聲名一寶塔。安達羅國曲女城邊昇二忉利天一爲レ母說レ法。共二梵天王及天帝釋十二萬衆一從二三十三天一現二三道寶階一下二閻浮一時神異寶塔。摩竭陀國王舍城邊耆闍崛山說二大般若法華一乘心地經等大乘一寶塔。毘舍離國菴羅衞林維摩長者不可思議現レ疾寶塔。拘尸那國跋提河邊娑羅林中圓寂寶塔。如レ是八塔大聖化儀。人天有情所二歸依一。供養恭敬爲二成佛因一。」趙宋法賢譯の八大靈塔梵讚一卷あり。

ハチダイレイタフミヤウガウキヤウ　八大靈塔名號經　【經名】一卷、幷に梵讚一卷、共に趙宋の法賢譯。【宿帙八】(898)

ハチダウ　八道　【名數】八正道なり。

ハチダウギヤウ　八道行　【名數】八正道なり。此正道は聖者の行ふべき所なればなり。

ハチダウシ　八道支　【名數】八正道支に同じ。

ハチダウセン　八道船　【譬喩】八正道の船なり。【同性經上】に「勸レ行二八聖道一者。似三正疾風吹二於船舶一。」【寶積經六十八偈】に「斯諸世間天人衆。生死苦

惱之所ㇾ逼。願度ニ群生於有海一。演ニ說八正大船路一。」【往生要集上末】に「乘ニ彼八道船一能度ニ難ㇾ度海一。」

ハチダン 八段 【雜語】 律宗にては比丘、比丘尼の具足戒を八律に分つ。例へば比丘の二百五十戒を波羅夷、僧殘、不定、捨墮、單提、提舍尼、衆學、滅諍に分つが如し。「ヒンジュ」を見よ。

ハチチ 八智 【名數】 欲界及び上二界の四諦を觀ずる眞智なり、欲界の四諦を觀ずる四あり、四法智と云ひ、上二界の四諦を觀ずるに四あり、四類智と云ふ。「チ」を見よ。

ハチチユウシウ 八中洲 【名數】 四大洲に各二中洲ありて附屬す。南贍部洲の二中洲は一に遮末羅洲 Cāmara 此に猫牛と譯す。二に筏羅遮末羅洲 Varacāmara 此に勝猫牛と譯す。東勝身洲の二中洲は一に提訶洲 Deha 此に身と譯す。二に毘提訶洲 Videha 此に勝身と譯す。西牛貨洲の二中洲は一に舍諦洲 Śāṭhā 此に諂と譯す。二に嗢怛羅漫怛里拏洲、Uttaramantriṇa 此に上儀と譯す。北拘盧洲の二中洲は一に矩拉婆洲、Kurava 此に勝邊と譯す。二に憍拉婆洲、Kaurava 此に有勝邊と譯す。【倶舍疏頌】

ハチチツセウ 八袟鈔 【書名】 一切經の目錄なり、袟とは絹布類を以て之を卷くなり、八卷あり八袟鈔と名く。【因陀羅網十】

ハチヂウ 八重 【名數】 比丘尼の八波羅夷なり。「ハライ」を見よ。

ハチヂウノシンホウ 八重眞寶 【名數】 世に無上の福田たる者八種あり、八種の金屬を無價の眞寶となすに譬ふ。八種は金、銀、鍮石、假寶、赤白銅鐵、白鑞、鉛、錫なり。【大集經五十五】に「譬如ニ眞金一爲ニ無價寶一。若無ニ眞金一銀爲ニ無價一。若無ㇾ銀者鍮石爲ニ無價一。若無ニ鍮石一僞寶爲ニ無價一。若無ニ僞寶一赤白銅鐵、白鑞、鉛、錫爲ニ無價寶一。如ㇾ是一切諸世間中。佛寶爲ニ無上一。若無ニ佛寶一。緣覺爲ニ無上一。若無ニ緣覺一羅漢爲ニ無上一。若無ニ羅漢一諸餘聖衆爲ニ無上一。若無ニ聖衆一得定凡夫爲ニ無上一。若無ニ得定一淨持戒者爲ニ無上一。若無ニ淨戒一汚戒比丘爲ニ無上一。若無ニ汚戒一剃除鬚髮身著ニ袈裟一名字比丘爲ニ無上寶一。比ニ餘九十五種異道一最尊第一。應下受ニ世供一爲中物福田上。」【末法燈明記】に「如ニ所ㇾ引大集所說八重眞寶是其證也。」

ハチヂウムゲ 八重無價 【名數】 八重眞寶を云ふ。前項を見よ。

ハチヂキギヤウ 八直行 【名數】 八正道なり。是は正道の行法なればなり。

ハチヂキダウ 八直道 【名數】 八正道なり。

ハチヂク 八軸 【術語】 法華經八卷を云ふ。「八軸の妙文」「法華八軸」など。

ハチヂヤウ 八定 【術語】 色界の四禪定と無色界の四空定となり、四禪定とは第一に初禪定 新譯は初靜慮と云ふ次下同 初禪天に生を得べき禪定也、此定には尋と伺との二心所、喜と樂との二受を具せり。第二に第二禪定、第二禪天の生果を得べき禪定なり、此定は尋伺なく但喜樂の二受あり。第三に第三禪定、第三禪天の生果を得べき禪定なり、此定は但樂受あり。第四に第四禪定、第四禪天の生果を得べき禪定なり、此定は尋伺喜樂を離れて最も寂靜なり。四空定とは第一に空無邊處定、無色界の空無邊處に生ずべき禪定なり、空は無邊なりとの解を爲して一切の色相を破する禪定なれば無邊と名く。第二に識無邊處定、無色界の識無邊處に生ずべき禪定なり、識は無邊なりとの解をなして第一の空無邊の能觀の心相を破する禪定なれば識無邊と名く。第三に無所有處定、無色界の無所有處に生ずべき禪定なり。所觀能觀共に無所有なりとの解を爲す禪定なれば無所有と名く。第四に非想非非想處定、無色界の有頂天即ち非想非非想處に生ずべき禪定也、此禪定は極めて寂靜にして心想有れども無きが如くなれば非想非非想と名く。【倶舍論二十八】

ハチヂヨニフ 八除入 【名數】 八勝處の異名。八勝處の禪。定は能く煩惱を除去すれば除と云ひ、境觀涉入すれば入と云ふ。【仁王經上】に「八除入。八解脫。」「ハチハイシヤ」を見よ。

ハチテン 八天 【名數】 色界の四禪天と無色界の四空處なり。

ハチテン 八轉 【名數】 八轉聲なり。

ハチテン 八纒 【名數】 八種の根本煩惱にして、纒は纒縛の義にして煩惱を指す。八種とは無慚、無愧、嫉、慳、悔、眠、掉擧、惛沈なり。

ハチテンジヤウ 八囀聲 【名數】 梵語の名詞を蘇漫多聲 Subanta(Sup+anta)と云ひこの蘇漫多聲に八種の語格あるを八囀聲と稱す、一に體聲、又汎說聲と云ひ、梵語儞利提勢 Nirdeśa(-e)なり。此は主格にて物體を汎說する語なり、和語のテニヲハを以てせば「ハ」に相當す「人は」と云ふ如し。二に業聲、又所說聲と云ふ、梵名鄔波提舍泥 Upadeśana(-e)なり、此は賓格又目的格にて、主格の爲めの賓格又其の作業の目的の爲めに說く所の者にして、和語の「ヲ」に當り「人を憶ふ」と云ふ如し。三に具聲、梵名羯咥唎迦囉泥 Kartṛkaraṇa(-e)なり、此は具格にて能作者の具となるものを顯はす詞なり、和語の「ニ由テ」に當り「國は人に由て立つ」と云ふ如し。四に所爲聲、又所與聲と云ふ、梵名三鉢囉陀儞雞 Saṃpradāna(-ke)なり、此は與格にて能作者の所對を顯はす詞なり、和語の「ニ」又は「ヘ」に當り「人に話す」と云ひ「人へ贈る」と云ふ如し。五

に所從聲、梵名頞波陀泥 Apādāna なり、此は奪格にて其の物の從來する所を顯はす詞なり、和語の「ヨリ」に當り「人より物を受く」と云ふ如し。六に所屬聲、梵名莎弭婆者儞 Svāmivacana(-e) なり、此は物主格にて物の主を擧て所屬を示す格なり、和語の「ノ」又は「ガ」に當り「人の物」「我が家」と云ふ如し。七に所依聲、又所於聲と云ふ、梵名珊儞陀那囉梯 Saṃnidhānārtha(-e) なり、此は於格にて物の所依となり、（之を依の第七囀と云ふ即ち所依聲なり）所對となる（之を境の第七囀と云ふ即所依聲なり）を顯はす詞なり、和語の「ニ」に當り「に依て」「に於て」に當り「人に依て之を成す」と云ふ如きは依の第七囀の所依聲にて（即ち依の七囀）「人に於て之を論ず」と云ふ如きは第七囀の所於聲（即ち境の七囀）なり。八に呼聲、梵名阿曼怛囉泥 Āmantraṇa(-e) なり、此は但物を呼指する格なり、和語の「ヨ」に當り「君よ」と云ふ如し。已上八囀聲は各一言聲二言聲多言聲の三種の別ありて、二十四聲となり、又此二十四聲に各男聲女聲中聲の三性の別あれば七十二聲の變形あり、之を蘇漫多聲の變化の總數とす。而して此の蘇漫多聲の變化は名詞の語基に語尾を加へ其の語尾の變化より來るなり、而して語尾を加附するは前七囀に止まり、第八囀呼聲は變化の語尾あるにあらず、但語基の上に醯の字を加ふるのみ、因て正しく囀聲を示すには前七に止まり七囀聲七例句七言論句など稱するなり。【唯識樞要上本】に「蘇漫多聲說即八囀聲也。乃至瑜伽論第二卷七囀聲亦名二七例句一。乃至然有二別目一但唯七囀第八乃是汎爾呼聲更無二別詮一。」【寄歸傳四】に「言二七例一者。一切聲上皆悉有レ之乃至於二七例外一有二呼召聲一便成二八例一。」

ハチトク　八德　【名數】大海に八德あり、以て戒律に譬ふ。「ダイカイ」を見よ。

ハチドウジ　八童子　【名數】「ハチダイコンガウドウジ」を見よ。⦿（十訓抄七）「夢に八童子ありて、林懷が護法なりと」

ハチナン　八難　【名數】見佛聞法に就て障難ある八處なり、又八無暇と云ふ。道業を修するに間暇なきなり。一に地獄、二に餓鬼、三に畜生、四に鬱單越、（新に北拘盧洲と云）樂報殊勝にして總て苦なきが故なり。五に長壽天、色界無色界の長壽安穩なる處。六に聾盲瘖瘂、七に世智辯聰、八に佛前佛後、二佛の中間佛法なき處。【維摩經方便品】に「菩薩成佛時。國土無レ有二三途八難一。」【同天台疏三】に「言二八難一者。三惡道爲レ三。四北鬱單越。五長壽天。六盲聾瘖瘂。七世智辯聰。八佛前佛後。」【淨心誡觀法】に「四百四病以二夜食一爲レ本。三途八難以二女人一爲レ本。」【大乘義章八末】に廣く其の相を說く。⦿（榮花、玉の臺）「三途八難の恐を免れたり」

ハチニン　八忍　【名數】欲界と上二界との四諦の理を忍可印證する智なり、欲界の四諦を忍可印證するを四法忍と云ふ、一に苦法忍、二に集法忍、三に滅法忍、四に道法忍なり、色界無色界の四諦を忍可印證するを四類忍と云ふ、一に苦類忍、二に集類忍、三に滅類忍、四に道類忍なり、此八忍を以て正しく三界の見惑を斷ずるなり、而して既に見惑を斷じ已て觀照明了なるを八智とす、即ち八忍は無間道にして八智は解脫道なり、忍は智の因にして智は忍の果なり。此八忍八智を合せて見道の十六心と稱す。【止觀輔行六】に「忍者因也。」

ハチニンチ　八人地　【術語】通教十地の第三地なり。人とは忍なり、三乘の人同じく世第一法より十六心見道に入て正しく見惑を斷ずる八忍の位なり。【止觀六】に「八人者。八忍也。從二世第一法一入二無間三昧一。故名二八人一。」【大乘義章十四】に「具修二八忍一。名二八人地一。」

ハチニンハチクワン　八忍八觀　【名數】八忍八智なり。是れ見道の十六心なり。【慈恩寺傳】に「船筏者八忍八觀之淨業。」「ジフロクシン」を見よ。

ハチニンハチチ　八忍八智　【名數】見道に入り四聖諦を觀じて生じたる、無漏の法忍法智を云ふ。之を十六心と名づく。唯識宗にては十六心を悉く見道とし、倶舍宗にては前十五心を見道、後一心を修道とす。苦法忍、苦法智、苦類忍、苦類智、集法忍、集法智、集類忍、集類智、滅法忍、滅法智、滅類忍、滅類智、道法忍、道法智、道類忍、道類智是なり。

ハチネツヂゴク　八熱地獄　【名數】八大地獄に同じ。

ハチネン　八念　【名數】【智度論二十一】に「佛弟子閑靜處乃至山林曠野に於て善く不淨等の觀を修し其の身を厭患するに忽ち驚怖を生じ及び惡魔種種の惡事を作す爲に其の心を惱亂し、憂懼轉た增す、是の故に如來爲に八念法を說く、若し心を此に存せば恐怖即ち除くなり。一に念佛、佛は神德無量にして拔苦與樂なりと念ずるなり。二に念法、法力の廣大にして能く煩惱を滅するを念ずるなり。三に念僧、僧は佛弟子にして五分法身を具足す、世間無上の福田なりと念ずるなり。四に念戒、戒は諸惡を遮し無上菩提の本なりと念ずるなり。五に念捨、布施は能く大功德を生じ又煩惱を捨斷すれば大智慧を得と念ずるなり。六に念天、四天王乃至他化天は果報淸淨にして一切を利安すと念ずるなり。（已上六念）七に念出入息（又念阿那般那と云）出息入息を念ずるなり。（即ち數息觀）此は是れ散亂

を治するの良藥、禪定に入るの捷徑なり。八に念死、死に二種あり一に自死、命報盡て死す、二に他緣死、惡緣に遇て死するなり、此二種の死は生より以來常に身と俱なり、避くべき所なしと念ずるなり。」【法界次第中之上】に「通言レ念者。內心存憶之異名也。專心存二憶八種功德一故名爲二八念一。非三但能除二世間驚怖一。若能善修亦除二世間三界生死一切障難一也。」図大人の八念あり、佛阿那律の爲に大人の八念法を說く。一に道從二無欲一非二有欲得一。二に道從二知足一非二無厭得一。三に道從二遠離一非二聚會得一。四に道從二精勤一非二懈怠得一。五に道從二正念一非二邪念得一。六に道從二定意一非二亂意得一。七に道從二智慧一非二愚癡得一。八に道從二戲樂一非二戲二行得一。【八念經】

ハチネンキヤウ　八念經　〔經名〕具名阿那律八念經、一卷、後漢の支曜譯。中阿含八念經の別譯なり。【昃帙八】(563)

ハチネンモン　八念門　〔名數〕八念に同じ。

ハチノアブラ　鉢油　〔故事〕「アブラ」を見よ。◉（榮花、疑）「いとど戒律を守りて鉢の油を傾け」「り。

ハチノサホフ　鉢の作法　〔修法〕施餓鬼の法なり。

ハチハイ　八輩　〔名數〕四向四果の聖者を云ふ。

ハチハイシヤ　八背捨　〔名數〕新に八解脫と云ふ之に八勝處十一切處を加へて三法とし、此三法は三界の貪愛を遠離する一具の出世間禪也。【智度論二十一】に「背捨爲二初門一。勝處爲二中行一。一切處爲二成就一也。三種觀足。即是觀禪體成就。」故に此に合釋すべし。

八解脫　〔術語〕一に內有二色想一觀二外色一解脫、內身に於て色想の貪あり此貪を除くが爲に外の不淨青瘀等の色を觀じて貪をして起らざらしむ、故に解脫と名く。此の初解脫は初禪定に依て起り欲界の色を緣ずるなり。二に內無二色想一觀二外色一解脫。內身に於て色想の貪なけれども更に堅牢ならしめん爲に外の不淨青瘀等の色を觀じて貪を起らざらしむれば解脫と名く。此は二禪に依て起り初禪の色を緣ずるなり。已上の二は不淨觀なり。三に淨解脫身作證具足住。淨色を觀ずれば淨解脫と名く、定中に於て不淨相を除き唯八色の光明淸淨光潔妙寶の色の如きを觀ずるなり。淨色を觀じて貪を生ぜざるは觀の轉た勝ることを顯はす、此淨解脫を身中に證得すれば身作證と名け、具足圓滿して此定に住するを得れば具足住と名く。此第三解脫の位は第四禪に依て起り亦欲界の色を緣ずるなり、唯異なる所は初二は可憎の不淨色なり、此は可愛の淨色なり、故に是れ淨觀なり、四に空無邊處解脫、五に識無邊處解脫、六に無所有處解脫、七に非想非非想處解脫、此四は四無色定に依て起り各所得の定に於て苦空無常無我を觀じて厭心を生じ之を棄捨するが故に解脫と名く。八に滅受想定身作證具住、滅受想定とは滅盡定なり、是れ亦第四禪に依て前の非非想即ち一切の所緣を棄捨する故に解脫と名く。已上新譯の名稱舊譯少く異 問ふ、唯第三禪に於て解脫なきは云何ん、答ふ、第三定中には眼識所引の顯色貪なきが故に、二禪已上は五識皆無又自地の妙樂に動亂せらるるが故に彼地を離苦妙樂地と云解脫なきなり。

八勝處　〔名數〕勝知勝見を發し以て貪愛を捨つる八種の禪定なり。是れ勝知勝見を起す依處なれば勝處と名く。一に內有色想觀外色少勝處、內に色想を有すれば內有色想と云ひ又觀道未だ增長せざるを以て若し多色を觀ずれば恐らくは攝持し難し、故に少色を觀ずれば觀外色少と云ふ。但內身の不淨を觀じ或は少許の外色の淸淨を觀ずるなり。二に內有色想觀外色多勝處、內心に色想を有する義は上の如し、但行人の觀道漸く熟するを以て多く外色を觀ずるも亦妨なし、一死屍を諦觀して十百千萬の死屍に至る、若し一の肨脹を觀ずる時悉く一切の肨脹を觀じ、廣大の外色の淸淨を觀ずれば觀外色多と云ふ。三に內無色想觀外色少勝處、觀道漸く勝妙にして外色を觀ずるも內心に色想を存せざれば內無色想と云ふ、觀外色少の義は第一勝處の如く又淨不淨を觀ずると初の如し。四に內無色想觀外色多勝處、內心に色想を留めざれば內無色想と云ふ。觀外色多の義は第二勝處の如く淨不淨を觀ずる前の如し。已上の四、淨不淨雜觀なり倶舍說唯淨觀。五に青勝處、外の青色を觀じて轉變自在、少をして能く多ならしめ多をして能く少ならしむ、所見の青相に於て法愛を起さざるを云ふ。六に黃勝處、黃色を觀じて法執を起さざると青勝處の如し。七に赤勝處、赤色を觀ずると青勝處の如し。八に白勝處、白色を觀ずると青勝處の如し。今四色以て勝處となすは知度論倶舍論に依る、若し瓔珞經に依れば四大を以て四勝處とす、以下の四は唯淨觀なり、凡そ淨色を觀ずるは不淨色を遠離せんが爲なり。此八勝處の相は八解脫又八背捨と名くと同じく、即ち初の二勝處は第一解脫の如く、次の二勝處は第二解脫の如く、後の四勝處は第三解脫の如し。されば云何して之を重說すと云ふに、八解脫の觀心をして自在勝妙所緣に對して執惑を起さざらしめん爲に此八勝處を進修するなり、之を人の馬に乘りて能く前陣を破り八解脫亦能く自ら其馬を制するに八勝處譬ふ。【倶舍論二十九】に「勝處有レ八。一內有色想觀外色少。乃至觀外青黃赤白爲レ四。足レ前爲八。八中初二如二初解脫一。次二如二第二解脫一。後四如二第

三解脫。前修二解脫一唯能棄背。後修二勝處一。能制所緣隨レ所二樂觀一。惑終不起。」【法界次第中之下】に「大智度論作レ譬云。如下人乘レ馬能破二前陣一。亦能自制中其馬上。故名二勝處一也。亦名二八除入一。」

十一切處 〔名數〕新に十遍處と云ふ。青黃赤白地水火風空識の十法を觀じ其の一一に於て一切處に周遍せしむるなり。十の中に前八は前の第三淨解脫の如く、色の淸淨を觀ずるなり、其の所依の禪定亦前の如く、第四禪定に依て欲界の色を緣ずるなり。後の二は空無邊處識無邊處定を所依として自他の受想行識の四蘊を緣ずるなり。此中觀行を修する者は初の解脫より勝處に入り、勝處より一切處に入り後後に起すと前前に勝るなり。謂く解脫を修するは但所緣に於て總じて淨相を取る、未だ能く青黃赤白を分別せず、後の四勝處は能く青黃赤白を分別すと雖も未だ能く無邊の行相を作さず、又前の四一切處は青黃赤白一一に無邊なりと觀ず、而して此青等何をか所依と爲すかを思ふに大種に依るを知る、故に地水火風一一に無邊なりと觀ず。復た此の所覺の色何に依て廣大なるかを思ふに虛空に由るを知る、故に次に虛空無邊を觀ず。又此能覺の識何を所依と爲すかを思ふに識に依るを知る故に次に識無邊を觀ず、此所依の識は別の所依なきが故に更に第九の遍處なきなり。【智度論二十一、俱舍論二十九、同頌疏二十九、法界次第中之下】

ハチハウテン 八方天 〔名數〕東方因陀羅、帝釋天なり。南方の燄摩羅、燄摩天なり。西方嚩嚕拏、水天なり。北方毘沙門、毘沙門天なり。東北伊舍尼、伊舍那天なり。東南護摩、火天なり。西南涅哩底、羅剎天なり。西北嚩庾、風天なり。八方の天神に約して方の名を立つ。【大日經疏五】に「行者應レ知二護法八位一。凡所二造作一漫荼羅隨レ此而轉。東方因陀羅次第隨轉至。南方閻摩羅。西方嚩嚕拏。北方毘沙門。東南爲二護摩一。西南涅哩底。西北爲二嚩臾一。」

ハチハウジヤウゲ 八方上下 〔雜語〕四方、四維、上下の十方を云ふ。「なり。「ハライ」を見よ。

ハチハライ 八波羅夷 〔名數〕比丘尼の八重罪

ハチバツ 八筏 〔譬喩〕八正道を八箇の筏に譬ふるなり。【名義集五】に「智論云。筏是八正道。到二常樂涅槃之彼岸一。」

ハチヒテン 八臂天 〔天名〕那羅延天なり。【涅槃經二十四】に「八臂天摩醯首羅天。」【慧琳音義二十六】に「八臂天此云二那羅延天一。」「ナラエンテン」を見よ。

ハチヒヤククドク 八百功德 〔雜名〕六根中眼鼻身三根の功能の數量なり。「イチセンニヒヤククドク」を見よ。

ハチビジフデウ 八備十條 〔名數〕唐の彥琮法師翻譯に就て八備十條の法式を立つ。【義楚六帖九】に「彥琮法師云。夫預二翻譯一有二八備十條一。一誠心愛レ法志願レ益レ人。二將レ踐二覺場一先牢二戒足一不レ染二譏惡一。三文詮二三藏一學貫二五乘一不レ苦二暗滯一。四傍涉二墳史一工綴二典辭一不レ過二魯拙一。五襟抱平恒器量虛融不レ好二專執一。六要識二梵言一。七不レ墜二彼學一。八博閱二蒼雅一類二諳二篆隸一不レ昧二此文一。十條者。一句韻。二問答。三名義。四經論。五歌頌。六咒功。七品題。八專業。九本部。十字番。」

ハチフ 八不 〔術語〕ハップと讀む。三論宗所說八不中道なり。◉(盛衰記四五)「八不の湛水底澄めり」又「八不唯識の金言」

ハチフウ 八風 〔名數〕又八法と名く。世に八法あり。世間の愛する所憎む所能く人心を扇動すれば八風と名く。一に利、二に衰、三に毀、四に譽、五に稱、六に譏、七に苦、八に樂なり。【行宗記一上】に「智論云。衰利毀譽稱譏苦樂四順四違。能動二物情一名爲二八風一。」【法華文句一】に「佛無二食想一。久離二八風一不レ爲二損益一。」【止觀五】に「止是壁定。八風惡覺不レ能レ入。」【同輔行】に「八風只是四違四順。」【思益經一】に「利衰及毀譽。稱譏與二苦樂一。如レ此之八法常牽二于世間一。」

ハチフカヲツ 八不可越 〔名數〕八敬戒の異名。

ハチフクシヤウシヨ 八福生處 〔名數〕瑜伽師地論所說。布施等の福業をなし、其福の多少に應じて、左の八處に生ずるを云ふ。人中の富貴、四王天、忉利天、夜摩天、兜率天、化樂天、他化天、梵天これなり。

ハチフクデン 八福田 〔名數〕梵網經に八福田の目あり諸師解釋不同なり。【天台戒疏下】に「八福田者。一佛、二聖人、三和尙、受戒の本師 四闍梨、受戒の時威儀を敎授する阿闍梨なり 五僧、六父、七母、八病人。」諸家多く之を用ふ 此中佛と聖人と僧とを敬田とし、和尙、闍梨、父母を恩田とし、病人を悲田とす。若し人此八種に向つて能く恭敬供養慈愍惠施すれば皆能く無量の福果を生ずれば福田と名く。賢首の【梵網經戒本疏三】に更に三種の異說を擧ぐ。「八福田者。有人云。一造二曠路美井一。二水路橋梁。三平二治險路一。四孝二事父母一。五供二養沙門一。六供二養病人一。七救二濟苦厄一。八設二無遮大會一。未レ見レ出二何聖敎一。有云。供二養三寶一爲レ三。四父母。五師僧。六貧窮。七病人。八畜生。亦未レ見レ敎。賢愚經二云。施二五人一得レ福無量。一知法人。二遠行人。三遠去

人。四飢餓人。五病人。是以三寶一亦爲二八種一。」⊙（盛衰記一九）「八福田あり」

ハチフケンジツ　八不顯實　［術語］諸法實相の妙體は不生、不滅、不去、不來、不一、不異、不斷、不常の八不によりて顯はさるるものなるを云ふ。

ハチフシギ　八不思議　［名數］大海に八不思議あり、以て涅槃に譬ふ。「ダイカイ」を見よ。

ハチフシヤウクワン　八不正觀　［術語］三論宗所說の八不の正觀也。「ハチフチユウダウ」を見よ。

ハチフシヤウケン　八不正見　［名數］八種の不正見なり。一に我見、實の我體ありとの迷執なり。二に衆生見、五衆五陰和合の生あり即ち衆生と迷執す。三に壽命見、實に長短の壽命ありと迷執するなり。四に士夫見、衆生實に士夫の用ありて能く一切の營務を作すと迷執す。五に常見、我身今世に滅すと雖後世に復生じて相續不斷と迷執するなり。六に斷見、吾身は今世に滅し已れば更に再生せず則ち斷滅すと迷執するなり。七に有見、一切諸法實有なりと迷執するなり。八に無見、諸法皆空と迷執するなり。【大集經二十六】

ハチフジヤウ　八不淨　［名數］比丘の畜積すべからざる八種の不淨物あり。諸師の解一ならず。【涅槃經六】に「八種不淨之物。」【同疏六】に「八不淨者。畜二金、銀、奴、婢、牛羊、倉庫一。販賣、耕種。自作レ食不レ受而噉。汙レ道汙二威儀一。損妨處多。故名二不淨一。」【佛祖統紀四】に「案レ律云。八不淨者。一田園。二種植。三穀帛。四畜二人僕一。五養二禽獸一。六錢寶。七褥釜。八象金飾牀及諸重物。」「觀法なり。

ハチフチユウクワン　八不中觀　八不中道の

ハチフチユウダウ　八不中道　［術語］又八不正觀、八不中觀と云ふ。中道とは所作の理に就き、正觀中觀は能證の智に就く。又偏に對して中と云ひ邪に對して正と云ふ。三論宗は之を以て至極の宗旨となす也。八不とは不生不滅、不斷不常、不一不異、不來不出の八句四對也。之に反して生滅斷常一異去來を八迷又は八計と稱す、不門無量なれども今姑らく八不に寄せて一切を該攝するなり。此の八不は衆生の得源、是れ群生の失本なり、八不を悟るが故に即ち三乘の衆生あり、八不に迷ふが故に即ち六趣の紛然あり、但悟に高下あり、迷に淺深あるに由て六趣の別を爲し三乘の異を成すなり。何となれば諸佛の說法は眞世二諦を出でず、眞世の二諦一切の佛法を該攝す。佛此二諦を說くは衆生をして世諦に依て方便を成じ眞諦に依て般若を得しめん爲なり、然るに衆生此二諦に於て八迷を執するが故に方便般若を得ず、故に今眞世諦に就て各八迷を破し以て二諦の中道を顯はすなり。不とは泯の義、破の義なり、體に就て泯と云ひ、情に就て破と云ふ、是れ言は空門に屬すれども其の意は中を顯はすに在り。之に就て成論師の如きは單に世諦に就いて眞諦の中道を明かすとなし、嘉祥師は本業經に依て眞世二諦に就て各八不の中道を明かすと爲す。謂く、世諦の八迷を破し凡夫の有病を治し、眞俗八迷を破して大乘中方廣道人の空病を治すと。一に不生不滅、先づ俗諦の中道とは俗諦の生滅は實生實滅ならず、因緣に由て假生し因緣に依て假滅するのみ、故に不生不滅なり、之を世諦中道と名く、外道小乘の如きは此の不生不滅の中道に違して世諦は實生實滅なりと執す、故に世諦は有の偏邪に墮するなり、依て今日之を破して不生不滅と云ふ、是れ世諦の中道を顯はすなり。次に眞諦の不生不滅とは俗諦の假生假滅あるに對するが故に眞諦の假不生假不滅を說くなり。何となれば空が有を以て世諦なり、有が空を以て眞諦なり、二諦は相依相即なり。知るべし空が有を以て世諦とすれば眞諦は即ち假不生假不滅也。此中世諦の生に對して眞諦の不生を說き、世諦の不滅に對して眞諦の不滅を說く、故に世諦の生滅是れ假なると共に眞諦の不生不滅亦是れ假なり、此の假不生假不滅を指して眞諦の不生不滅となす。不生の言は假不滅を顯はし、不滅の言は假不生を顯はすなり、假不生假不滅即ち是れ眞諦の中道なり。大乘の方廣道人は此の眞諦の假不生假不滅を了せずして眞諦は世諦の假の生と假の滅を破して方に不生不滅なりと執するが故に眞諦は空の偏邪に墮するなり。依て今眞諦の不生は世諦の假生を破するを要す、假生其のまま假不生なり世諦の假滅そのまま假不滅なるを明かして眞諦の中道を顯はす也。故に經に云く、不レ壞二假名一而說二諸法實相一と。問ふ何が故ぞ初に不生不滅に就て中道を明かすや。答ふ、世諦は因果の相生を根本とす、因果若し成ずれば即ち一切皆成ず、因果若し壞すれば即ち一切皆壞す。今世諦の因果相生の義を正しくせんと欲す、是の故に初に不生不滅に就て世諦の中道を論ずるなり。問ふ、既に不生不滅を說くに便ち足りぬ、何が故ぞ復た斷常等の六事を說くや。答ふ、利根の者は初を聞きて即ち悟る、更に說くを須ひず、然る所以は世諦に性實の生滅なきを以て即ち病として破せざるなし、又因緣假名の生滅を了するを以て即ち正として顯はれざるなし、故に更に六事を說くを須ひず、但鈍根未悟の爲に宜しく轉勢して之を演ぶべし。

又根性不同にして受悟一に非らず、自ら不生不滅を聞きて悟らずして不常不斷を聽きて便ち了するあり、故に異緣に趣て宜しく別教を開くべし。二に不斷不常、巳下の六事世諦眞諦に就て中道を論ずると上の不生不滅の中道に准じて解すべし、今は但世諦に就て之を明かさん。不斷不常とは上の不生不滅に於て世諦の因果の相生は是れ假生滅にして實の生滅に非ずと了し、即ち性實の過を離ると雖猶未だ因中有果無果等の失を免れず、僧佉が因中に果あるが故に生ずと計する如き是れ常の義なり、衛世が因中に果なしと執する如き是れ斷の義なり、佛法內の薩婆多は三世常有を明かす、亦是れ常の義なり、大衆部は過未無の義なり、本無今有、已有還無なるを以て是れ斷の義なり、今明かす眞實妙有の因果は常なるべからず、斷なるべからず、故に不斷不常の中道を說くなり。三に不一不異、とは世諦性實の生滅及び決定の斷常を離ると雖猶一異に墮せんとを恐る、僧佉と大衆部の如きは因果の一體を明かし、衛世と上座部との如きは因果の異體を明かす、此の如きの一異は並に世諦因果の中道を壞す、故に不斷不常に次で不一不異を明かすなり。四に不來不出、は惑者上の六不を聞くと雖終に決定して果ありと謂へり、或は謂く外より來る、或は謂く內より出づと、外道の衆生の苦樂萬物の生滅皆自在天より來ると執する如き是れ外來の義なり、復た外道の苦樂の果は皆是れ我の自作なり我の自受なりと計する如き是れ內出の義なり、又、毘曇の木に火性ありと性火より以て事火を成ずと計する如き內出の義とす、成實論の木に火性なし但緣を待て生ずと明かす如き外來の義とす、今明かす如き來出は皆世諦の因果を壞すと、是の故に不來不出の中道を說くなり。【本業瓔珞經下】に「二諦義者。不一亦不二。不常亦不斷。不來亦不去。不生亦不滅。」八不なり【涅槃經二十七】に「十二因緣不出不滅。不常不斷。非一非二。不來不去。非因非果。」十不なり龍樹之を承けて【智度論五】に「如二說諸法相一偈。不生不滅。不斷不常。不一不異。不去不來。因緣生法。滅二諸戲論一。」八不なり【同七十四】に「觀二一切法一。不生不滅。不增不減。不垢不淨。不來不去。不一不異。不常不斷。非有非無。」十二不なり【中論歸敬頌】に「不生亦不滅。不常亦不斷。不一亦不異。不來亦不出。能說二是因緣一。善滅二諸戲論一。」末書多く八不を擧げて不生不滅不去不來不一不異不斷不常と云ふ。是れ智度論に依て而て其次第を變ぜしのみ【大乘玄論卷二八不義】に「八不者蓋是諸佛之中心。衆聖之行處也。乃至竪貫二衆經一橫通二諸論一也。」【中論疏二本】に「八不者。蓋是正觀之旨歸方等之心骨也。定二佛法之偏正一示二得失之根原一。迷レ之則八萬法藏冥若二夜遊一。悟レ之即十二部經如レ對二白日一。」【止觀六】に「橫門者。如二中論八不一。不生不滅。不常不斷。不一不異。不來不去。一論明二八門一。諸經論則無量ナリ。」【八宗綱要下】に「八不妙理之風拂二妄想戲論之塵一。無得正觀之月浮二一實中道之水一。」

ハチブ　八部　〔名數〕天龍等の八部衆又は乾闥婆等の八部鬼神なり。⦿（十訓抄一）「龍神八部」

ハチブキシユ　八部鬼衆　〔名數〕四天王所領の鬼衆なり。【仁王經合疏上】に「八部者。乾闥婆。毘舍闍二衆東方提頭頼吒天王領。鳩槃茶。薜荔多二衆南方毘留勒叉天王領。龍。富單那二衆西方毘留博叉天王領。夜叉。羅刹二衆北方毘沙門天王領。」一に乾闥婆、Gandharva 香陰と譯す、酒肉を食はず唯香を以て陰身を資く。二に毘舍闍、Piśāca 噉精氣と譯す、人及び五穀の精氣を食ふ惡鬼なり。三に鳩槃茶、Kumbhāṇḍa 甕形と譯す、其陰壼甕形に似たる厭魅鬼なり、四に薜荔多、Preta 餓鬼と譯す、常に飢渴に逼まる陰鬼なり、五に諸龍、Nāga 水屬の王なり、六に富單那、Pūtana 臭餓鬼と譯す、是れ主熱の病鬼なり、七に夜叉、Yakṣa 勇健鬼と譯す、地行夜叉虛空夜叉天夜叉の三種あり。八に羅刹、Rākṣasa 捷疾鬼と譯す。【名義集二】図 天龍等の八部衆を云ふ。【三藏法數三十三】に「八部鬼神。森然而翊衛。」

ハチブシユ　八部衆　〔名數〕二說あり一は舍利弗問經等の說にして通常之を用ふ。一に天衆、Deva 欲界の六天、色界の四禪天、無色界の四空處天なり、身に光明を具すれば天と名く、又自然の果報殊妙なれば天と名く。二に龍衆、Nāga 畜類にて水屬の王なり、法華經の聽衆に八大龍王を列ぬ。三に夜叉、Yakṣa 新に藥叉と云、空中を飛行する鬼神なり。四に乾闥婆、Gandharva 香陰と譯す、陰は五陰の色身なり、彼が五陰は唯香臭を嗅て長養すれば香陰と名く、帝釋天の樂神なり、法華經の聽衆に四人の乾闥婆を列ぬ。五に阿修羅、Asura 舊に無酒、新に非天、無端正など譯す、その果報天に類すれども天部にあらざれば非天と云ひ、又容貌醜惡なれば無端正と云ひ、彼の果報として美女あり、酒なければ無酒と云ふ、常に帝釋と戰鬪を爲す神なり。六に迦樓羅、Garuḍa 金翅鳥と譯す、兩翅相去ると三百三十六萬里あり、龍を撮て食となす。七に緊那羅、Kiṃnara 非人と譯し新に歌神と譯す、人に似て頭上に角あれば人非人と云ひ、帝釋天の樂神なれば歌神と云ふ、帝釋に二種の樂神あり、初の乾闥婆は俗樂を奏するもの、此は法樂を奏する天神なり。八に摩睺羅迦、Mahoraga 大蟒神、大腹行など譯す、地龍なり。【名義集二】此八

部總じて人眼を以て見ると能はざるものなれば冥衆八部と云ひ、八部の中に天龍の神驗殊に勝ぐれたれば天龍八部とも龍神八部とも云ふ。

ハチブツ 八佛 [名數] 一に東方難降伏世界の善說稱功德如來。二に東方無障礙世界の因陀羅幢星王如來。三に東方愛樂世界の普光明功德莊嚴如來。四に東方普入世界の善鬪戰難降伏超越如來。五に東方淨聚世界の普功德明莊嚴如來。六に東方無壽主世界の無礙藥樹功德稱如來。七に東方側塞香滿世界の歩寶蓮華如來。八に妙音明世界の寶蓮華善住沙羅樹王如來なり。【八佛名號經】

ハチブツミヤウゴウキヤウ 八佛名號經 [經名] 一卷、隋の闍那崛多譯。舍利弗の問に因て東方八佛の名號を說く、聞く者菩提を退せず。【黃帙四】(410)

ハチブハンニヤ 八部般若 [名數] 般若經の「部類に八部あり。「ハンニヤ」を見よ。

ハチブブツミヤウキヤウ 八部佛名經 [經名] 一卷、元魏の瞿曇譯。佛善作長者の爲に東方八佛の名號功德を說く。【黃帙四】(302)

ハチブンサイカイ 八分齋戒 [名數] 八支齋戒に同じ。【藥師經】に「受二持八分齋戒一。」

ハチヘン 八篇 [名數] 具足戒を八種に分類して八篇と云ふ。

ハチヘンゲ 八變化 [名數] 智度論に八神變と云ひ、涅槃經に八自在と云ふ是なり。八神變とは一に能小、變化力を以て自他身及び世界等をして極小微塵ならしむ。二に能大、變化力を以て自他身及び世界等をして極大虛空に滿ちしむ。三に能輕、變化力を以て自他身及び世界等をして極輕鴻毛の如くならしむ。四に能自在、變化力を以て大小長短等自在に轉化せしむ。五に能有主、變化力を以て自ら化して大人小人となれども心高下なく一切を降伏し一切を攝愛す。六に能遠至、變化力を以て能く遠く到る、四種あり、一に飛行遠至、二に此沒彼出、三に遠を移して近からしめ往かずして到る、四に一念に遍く十方に到る。七に能動、變化力を以て大地をして六種震動せしむ。八に隨意、變化力を以て一身多身山壁直に過ぎ水火を履み虛空を蹈み能く四大を轉じ地をして水とならしめ石をして金とならしむる等意の欲する所悉く得。(八自在我大同小異。)【玄義釋籤四】に「大論名二八神變一。大經名二八自在我一。言二神變一者。無而忽有。有而忽無。言二自在一者。不謀而運。一切無レ导。故與二大論一義同而名小異。」

ハチベン 八辯 [名數] 如來の八種辯。不斷喝辯。不迷亂辯、不怖畏辯、不憍慢辯、義具足辯、味具足辯、不拙澁辯、應時分辯なり。　「タフ」を見よ。

ハチホウタフ 八寶塔 [名數] 「ハチダイレイ

ハチホフ 八法 [名數] 利衰等の八風を云ふ。「ハチフウ」を見よ。図八法とは地水火風を名て四大となし、其の四種、處として有らざるとなきを以ての故なり。色香味觸を名て四微となす、其四種體性微細なるを以ての故なり、謂く人の身は四大の假合に因て有り、此の四大亦四微の所成に由るが故に總稱して八法となすなり。【楞嚴經義海十四】図八法とは一に敎、師所說の敎法なり。二に理、敎所詮の諦理なり。三に智、行人所發の觀解なり、四に斷、眞智所斷の煩惱なり。五に行、學人所修の行法なり。六に位、次第趣入の位次なり。七に因、正しく證果を感ずる因體なり。八に果、所得の聖果なり。凡そ一切の法門此八法に搭歸す。(若し之を略すれば敎理行果の四法なり。)故に天台大師此八法を以て藏通別圓四敎の義を詮量せり。【四敎儀、大藏法數四十六】又釋摩訶衍論の法相に八法八門の目あり。「サンジフサンクワホフモン」を見よ。

ハチホフベン 八方便 [名數] 妙吉祥菩薩秘密八字陀羅尼修行儀軌に持誦者當に八方便を具すべきを說く。【頌】に「淨浴著二淨衣一。塗香嚴二身體一。歸命念眞言。至誠恭敬禮。焚香懺二諸罪一。隨喜及難請。回向發弘誓。深起大慈悲如レ此八方便勤行勿二遺忘一。然後淨二三業一依レ法作二持念一。」

ハチボサツ 八菩薩 [名數] 「ハチダイボサツ」を見よ。

ハチボン 八梵 [名數] 八種の梵音なり。梵とは清淨の義、如來の淨梵を梵音と云ふ。【玄應音義一】に「八梵。八種梵音者。按二十住斷結經一云。一不男音。二不女音。三不强音。四不軟音。五不清音。六不濁音。七不雄音。八不雌音。」

ハチマ 八魔 [名數] 「マ」を見よ。

ハチマウザウ 八妄想 [名數] 宗鏡錄所出。自性妄想。妄執根塵等の法、各體性ありて相混濫せざること。差別妄想、差別なきに差別する妄想。攝受積聚妄想、五蘊和合して一切衆生を成ずと妄執すること。我見妄想、我ありと執ずる妄想。我所妄想、妄に我身及び所受用の物ありと執ずる妄想。念妄想、可愛の淨境を分別して斷ぜざる妄想。不念妄想、可憎の境を緣念せざる妄想。念不念俱相違妄想、愛憎の兩境に於て共に理に違する妄想。

ハチマン 八慢 [名數] 慢の八種類。慢、慢慢、不如慢、增上慢、我慢、邪慢、憍慢、大慢なり。

ハチマン 八幡 [菩薩] 「ハチマンダイボサツ」を見よ。　「式なり。【講勸拾要】

ハチマンカウ 八幡講 [行事] 八幡大菩薩の講

ハチマンゴフセウジヨウ　八萬劫小乘　【雜語】聲聞緣覺二乘の證果を開きしものも聲聞の初果は八萬劫、二果は六萬劫、三果は四萬劫、四果は二萬劫、緣覺は十千劫を經れば自ら發心して大乘に入ると云ふ。因て聲聞の初果即ち預流果を指して八萬劫の小乘と云ふ。【本朝續文粹】に「卅一位之大士不レ知二彼擧足下足一。八萬劫之小乘何窺二其一色一香一。」

ハチマンザイ　八萬歲　【雜語】八萬四千歲の略數なり。增減劫の中に八萬四千歲の人壽を最長とし十歲の人壽を最短とす。【俱舍論十二】に「從二十年一至二八萬一。復從二八萬一減至二十年一。」⦿（水鏡上）「人の命の八萬歲ありしが」

ハチマンザウ　八萬藏　【雜語】八萬四千の法藏なり、大數を擧て八萬と云ふ。「ホフザウ」を見よ。

ハチマンシ　八萬四　【雜語】八萬四千の略なり。

ハチマンシセン　八萬四千　【雜語】西天の法、物の多きを顯はすに常に八萬四千の數を擧ぐ、略して八萬とも云ふ、煩惱の多きを擧て八萬四千の塵勞と云ひ、敎門の多きを擧て八萬四千の法門と云ひ、須彌の高さにも深さにも八萬四千由旬と云ひ、非想天の壽命にも、劫初の人壽にも八萬四千歲と云ふ如し。猶吾朝の古語八百萬に同じ、必ずしも其實數を求むべからず、諸師動もすれば其法數を擧ぐるは一往の作略のみ。【華嚴經三十五】に「或說八萬四。乃至無量行。」【同四十四】に「爲レ發二大悲心一具說八萬四。」【般舟讚】に「門門不同八萬四。」

ハチマンシセンクワウミヤウ　八萬四千光明　【術語】無量壽佛の一一の相好に八萬四千の光明あり。【觀無量壽經】に「無量壽佛有二八萬四千相一。一一相各有二八萬四千隨形好一。一一好復有二八萬四千光明一。一一光明徧照二十方世界。念佛衆生一。攝取不レ捨。」⦿（平家三）「八萬四千の光を和げ」

ハチマンシセンケウモン　八萬四千敎門　【術語】八萬四千の法門なり。「ホフザウ」を見よ。

ハチマンシセンサウガウ　八萬四千相好　【術語】劣應身（即ち化身佛）の三十二相八十種好に對して勝應身に八萬四千の相と好とあり。【觀無量壽經】に「無量壽佛有二八萬四千相一。一一相各有二八萬四千隨形好一。」⦿（盛衰記二四）「八萬四千の相好は秋の月」

ハチマンシセンタフ　八萬四千塔　【故事】多數の塔婆を云ふ。【法華經藥王品】に「火滅已後收二取舍利一。作二八萬四千寶缾一。以起二八萬四千塔一。」佛滅後に阿輸迦王八萬四千の塔を作る。「アイク」を見よ。⦿（正統記二）「八萬四千の塔を立て」

ハチマンシセンノヂンラウ　八萬四千塵勞　【術語】八萬四千の煩惱なり、塵勞は煩惱の異名、煩惱は人の眞性を汚がし、人を煩勞せしむればなり。【止觀一】に「一一塵有二八萬四千塵勞門一。」これその大數を意味するなり。

ハチマンシセンノホフザウ　八萬四千法藏　【術語】衆生に八萬四千煩惱の病あるが爲、佛之を退治せん爲に八萬四千の經典を說くなり。【法華經見寶塔品】に「持二八萬四千法藏十二部經一。爲レ人演說。」「ホフザウ」を見よ。

ハチマンシセンノホフモン　八萬四千法門　【術語】能詮の敎に就て法藏と云ひ、所詮の義に就て法門と云ふ、共に八萬四千あり。【勝鬘經】に「廣大義者。則是無量得二一切佛法一。攝二八萬四千法門一。」「ホフザウ」を見よ。

ハチマンシセンノボンノウ　八萬四千煩惱　【術語】八萬四千塵勞に同じ。

ハチマンシセンビヤウ　八萬四千病　【術語】八萬四千の煩惱を病に譬ふるなり。【智度論】に「般若波羅蜜。能除二八萬四千病根本一。」

ハチマンシヨシヤウゲウカイゼアミダ　八萬諸聖敎皆是阿彌陀　【雜語】「阿字十方三世佛。彌字一切諸菩薩。陀字八萬諸聖敎。皆是阿彌陀佛。」是れ經文の成語にあらず、本朝淨土門古德の釋文なり。【見聞集一】に「密宗に一切衆生草木國土悉大日と談ず、扨又淨土門には八萬諸聖敎皆是阿彌陀佛と見奉る。」⦿（曲、當麻）「八萬諸聖敎皆是阿彌陀とも有りげに候」

ハチマンジフニ　八萬十二　【雜語】八萬四千の法藏と十二部經なり。【法華經見寶塔品】に「若持二八萬四千法藏十二部經一爲レ人宣說。」

ハチマンダイボサツ　八幡大菩薩　【菩薩】欽明天皇の御宇に於て始めて神として筑紫の肥後國菱形の池と云ふ處に顯れ給ふ、われは人皇十六代譽田の八幡丸なりと宣ひき。（神社考一に林道春云唯其曰我是譽田八幡麻呂者餘有信之。）應神天皇即ち譽田天皇が始て神明と現はれ給ひ、其後稱德光仁兩帝の頃に僧の開成に對する託宣に由て八幡大菩薩の稱號始て世に顯はる、神に大菩薩の尊號あるは此に始まるなり。而て此に由て本地は西方の阿彌陀佛にして人間として譽田天皇と生れ給ひ、神として八幡大菩薩と垂迹し給ひしを知るなり、八幡大菩薩は垂迹し給ふ神の名なり。この神が阿彌陀の垂迹たるは八方に幡を立つるは阿彌陀の三昧耶形（諸佛の本誓を標幟する器形を三昧耶と云ふ）なるを以てなり。【元亨釋書開成傳】に「得道以來不レ動レ性。自二八正道一垂二權迹一。能得レ解二脫苦衆生一。故號二八幡大菩薩一。」【神皇正統記】に「八方

に八色の幡を立るとあり、密敎の習ひ、西方阿彌陀佛の三昧耶形なり。【瞿醯經中】に「其幡竿者端直及長。各於二八方一去處不レ遠如レ法安置。東著二白幡一。東南紅幡。正南黑幡。西南烟色幡。西方赤色幡。西北方青色幡。正北黃色幡。東北赤白幡。如レ是八色隨レ方而置。」⊙（大鏡）「南無八幡大菩薩」（第九十三圖參照）

ハチマンダラ　八曼荼羅　〔經名〕師子莊嚴王菩薩請問經の異名。

ハチマンノサイギヤウ　八萬細行　〔術語〕行住坐臥の四威儀に各二百五十戒あれば一千となる、之を攝律儀戒等の三聚に對して三千となる、又之を殺、盜、婬身の三支兩舌、惡口、妄言、綺語口の四支の身口七支に對して二萬一千となる、又之を貪瞋癡の三毒及び等分の四煩惱に配すれば八萬四千となる、是れ即ち八萬四千の律儀なり、今八萬と言ふは大數を擧ぐるのみ。【大藏法數六十八】「サンゼンヰギ」を見よ。

ハチマンホフウン　八萬法蘊　〔術語〕八萬法藏に同じ。蘊は積聚の義、藏は包藏の義、包藏即ち積集なり。

ハチマンホフザウ　八萬法藏　〔術語〕八萬四千の法藏なり。⊙（盛衰記一九）「八萬の法藏を說給へり」

ハチマンホフモン　八萬法門　〔術語〕八萬四千の法門なり。

ハチミ　八味　〔名數〕如來所得の大涅槃に八種の法味あり、涅槃の八味と稱す。一に常住、二に寂滅、三に不老、四に不死、五に淸淨、六に虛通、七に不動、八に快樂なり。【方等般泥洹經二】又、甘、辛、鹹、苦、酸、淡、澁、不了の八種なり。【釋氏要覽上】

ハチミヤウキヤウ　八名經　〔經名〕秘密八名陀羅尼經の略名。

ハチミヤウサンマイ　八名三昧　〔術語〕八名普密陀羅尼經を念誦する勤行法なり。

ハチミヤウフミツキヤウ　八名普密經　〔經名〕八名普密陀羅尼經の略名。

ハチミヤウフミツダラニキヤウ　八名普密陀羅尼經　〔經名〕一卷、唐の玄弉譯。異譯あり、秘密八名陀羅尼經と云ふ。佛、金剛手菩薩に告ぐ、八名呪あり、之を受持するものは廣大の威德成り易くして秘密の神用損ずるなしと、依て八名呪を說く。八名とは神呪の八種德名なり、一に功德寶藏、二に莊嚴象耳、三に善勇猛、四に勝諦雲、五に成熾然、六に微妙色、七に嚴飾、八に金剛なり。【成帙八】（491）

ハチムカ　八無暇　〔名數〕八難の異名。八種の難處佛道を修する間暇なきなり。【玄應音義二十一】に「八無暇。言二八難之時無レ有二間暇可一レ修二善業一也。」

ハチムカウカキヤウ　八無暇有暇經　〔經名〕一卷、唐の義淨譯。八難處の有無を說く。【宿帙八】（728）

ハチムゲ　八無礙　〔名數〕十八界の中に眼耳鼻舌身意の六識と六根の中の意根と之を七心界と云ふ六境の中の法界との八なり、此八法は共に無障礙の法なれば無礙と云ふ。【倶舍論二】に「八無礙者。七心法界。」

ハチメイ　八迷　〔術語〕三論宗の正觀八不の所對治、生滅去來一異斷常の八種の迷見なり。【八宗綱要下】に「遣二八迷一故說二此八不一。此即今宗所顯理也。」

ハチメイケロン　八迷戲論　〔雜語〕八迷に同じ。戲論と云ふは、正理に違背する虛妄の見解なるが故なり。

ハチモン　八門　〔名數〕「ハチモンリヤウヤク」を見よ。

ハチモンニゴ　八門二悟　〔名數〕八門兩益なり。【春日權現驗記】に「三性五重の春をもてあそび、八門二悟の秋月をあざけり給ふ。」

ハチモンリヤウヤク　八門兩益　〔名數〕因明入正理論一部の所明なり。八門とは一に能立、因喩滿足して正しく宗義を圓成し他の正智を生ぜしむるもの。二に能破、他過失の量を出すに我れ能く其非を斥け之を顯過破と云ふ或は量を立てて之を破するもの。之を立量破と云ふ三に似能立、宗因喩の三支五に缺くるあり、或は三支具足するも陳ぶる所過ありて三十三過是なり自ら負に墮するもの、四に似能破、他の量圓滿なるに妄に彼を彈詰し或は量を立てて之を破するもの。五に現量、眼識の色に於る耳識の聲に於る定心の諸境に於る如く能緣の心親しく境の自體に符ふもの。六に比量、烟を以て火を知る如く已に極成せる因喩を以て決定して未許の宗義を比知するもの。七に似現量、目に玄黃を見て瓶を見ると謂ふ如く能緣の心妄に計度して境の自相に符はざるもの。八に似比量、妄に因喩を興し過て邪宗を成すもの。此八門の中に能立能破は共に立者自ら言を發して他の敵者及び證義者を開悟せしむる益あり、又似能立似能破は他の敵者を開悟せしめざるも、證義者の解を生ぜしむる益あれば共に之を悟他の益となし、次に眞似の現量比量は共に發言立量せん爲、立者の自智に就て分別せしもの、智は自に悟らしめて他を悟らしめざれば之を自悟の益となす。されば初の四門は言語の上に就き、後の四門は自智の上に就きしものなれば、當に自悟を先にし悟他を後にすべきなり、何となれば自ら證せざれば以て他に悟らしむると能はざればなり。然るに因明の法もと他を利するに在れば悟他を先にし自悟を

後にせしと云ふ。【因明入正理論開益頌】に「能立與二能破一。及似唯悟他。現量與二比量一。及似唯自悟。」

ハチヤウシンジユキヤウ　八陽神呪經　〔經名〕一卷、西晉の竺法護譯。八佛名號經の異譯なり。【黃帙四】(300)

ハチユ　八喩　〔名數〕「ヒユ」を見よ。

ハチユギヤウ　八由行　〔名數〕八正道なり。是れ聖者の由て行く所なればなり。

ハチユギヤウ　八遊行　〔名數〕八正道なり。是れ聖者の遊行する所なればなり。

ハチユヰム　八惟無　〔名數〕又、八惟務に作る。八背捨なり。八背捨復た八解脫と云ふ。八種の禪定にて此禪定を以て色心の空無を思惟すれば惟無と云ひ、思惟を勤行すれば惟務と云ふ。【玄應音義三】に「八惟無。或作二八惟務一。即八背捨也。」「ハチハイシヤ」を見よ。

ハチリユウ　八龍　〔名數〕「ハチダイリユウワウ」を見よ。

ハチリン　八輪　〔名數〕八正道なり。世間の輪に輻轂輞ありて互に相ひ資助し、以て輪體を成ずる如く、八支の正道互に相資助して正道を成ずれば譬へて輪と爲す。【名義集五】に「正理論云。如三世間輪有二輻轂輞一。八支聖道似レ彼名レ輪。正見正思惟正勤正念似レ輻。正說正業正命似レ轂。正定似レ輞。三事具足可三乘轉二通衢一也。」

ハチロクシニマンジフセンゴフ　八六四二萬十千劫　〔雜語〕小乘の聖者が、大乘に廻心して後、初僧祇の位に入る迄に費す修行の時間を云ふ。「ハチマンゴフセウジヨウ」を見よ。

ハチロン　八論　〔名數〕外道十八明處の中に八論あり、一に肩亡婆論、諸法の是非を簡釋す。二に那邪毘薩多論、諸法の道理を明かす。三に伊底呵婆論、傳記宿世の事を明かす。四に僧佉論、二十五諦を明かす。五に課伽論、攝心の法を明かす。六に陀菟論、兵杖を用ふる法を釋す。七に犍闥婆論、音樂の法を明かす。八に阿輸論、醫方を明かす。【百論疏上之下】

図〔名數〕無着の八支論あり、一に二十唯識論、世親の造、慈恩述記二卷あり。二に三十唯識論、世親の頌、十師の長行、慈恩の述記二十卷。三に攝大乘論、無着の論本、世親無性各釋あり、眞諦達磨笈多玄奘各之を譯す。四に對法論、無着の論本、師子覺の釋。安慧之を糅し慈恩疏を作る。五に辨中邊論、彌勒の頌、世親の釋。六に緣起論、藏中緣生論あり、鬱迦の道、達磨笈多の譯、恐くは是れか。七に大莊嚴論、無着の造、波羅頗迦羅蜜多羅譯。八に成業論、世親の造。此中餘人の造あるも功を無着に歸するなり。【寄歸傳四】図陳那の八論あり。一に觀三世論、未譯。二に觀總相論、義淨譯。三に觀境論、玄奘譯の觀所依論是なるべし。四に因明論、未譯。五に似因明論、未譯。六に理門論、玄奘譯。七に取事施設論、未譯。八に集量論、未譯。【寄歸傳四、解纜鈔四】

ハチワウジ　八王子　〔神名〕山王七社の第四社の名。【神祇宣令】に「天神國狹槌尊。崇神天皇即位元年。近江國滋賀郡小比叡東山金大嶽傍ニ天降。八人皇子引率。故言二八王子一。」【山門秘書記】に「八王子宮。本地千手觀音。」知新記に引く【法華經序品】に「其最後佛未二出家一時有二八王子一。」（己上日吉山王）

ハチワウニチ　八王日　〔雜名〕【法苑珠林八戒篇】に提謂經を引て「何等八王日。謂立春。春分。立夏。夏至。立秋。秋分。立冬。冬至。是爲二八王日一。天地諸神陰陽交代。故名二八王日一。」

ハチヰ　八位　〔名數〕圓教の位次也。法華の圓教は六即を以て位次となせども、分眞即の位長きを以て姑く別教の位を借て其の品秩を分つなり。八位の中初の一位は法華經に出り、後の七位は瓔珞經に依る。

一に　五品弟子位——外凡——觀行即
二に　十信位（六根淸淨）——內凡——相似即
三に　十住位——聖初
四に　十行位
五に　十廻向位
六に　十地位
七に　等覺位　因修
（三に至七に）——分眞即
八に　妙覺位——果位——究竟即

ハチヰタイザウ　八位胎臟　〔名數〕母胎中における小兒の八時期。一、羯羅藍 Kalala 二、頞部曇 Arbuda 三、閉尸 Peśī 四、健南 Ghana 五、鉢羅奢佉 Praśākhā 六、毛髮爪齒位。七、根位。八、形位。而して、受胎後七日間を羯羅藍と云ふ、凝滑と譯す。受胎二七日となれば其の形瘡疱の如くなるを、頞部曇と云ふ。疱と譯す。受胎三七日に至れば、其狀、聚血の如くなるを閉尸と云ふ。聚血亦は軟肉と譯す。受胎四七日となれば漸く堅固にして身意二根を有するに至るも、未だ眼耳鼻舌の四根具はらざるを健南と云ふ。凝厚と譯す。受胎五七日となれば肉團增長し四支及び身分の相、始めて現ず、之を鉢羅奢佉と云ふ。受胎後六七日となれば毛髮爪齒を生ずるに至る、之を毛髮爪齒位と云ふ。受胎七七日となれば眼耳鼻舌の四根圓滿に具備するを根位と云ふ。受胎八七日以後は胎藏中に在りて形相寬備するに至る此位を形位と云ふ。

ハチヱ　八會　〔名數〕華嚴一經七處八會の法なれ

ば八會の經と云ふ。【慈恩寺傳序】に「八會之經謂レ之爲レ本。」ハッテと音便す。「ケゴンキヤウ」を見よ。

ハチエン　八圓　[名數]　教理智斷行位因果の八種の圓融なり。「エンケウ」を見よ。

ハヂゴクゲモン　破地獄偈文　[術語]【宗鏡錄九】に「纂靈記に云ふ、京兆の人あり、姓は王、其の名を失す。もと戒行なし、曾て善因を修せず、病を患て死を致す。二人に引かれて地獄に至る。地獄の門前に、一僧を見る、云く、是れ地藏菩薩なり、乃ち偈を誦せしめて云く、若人欲レ了二知三世一切佛一。應レ觀二法界性一切唯心造一。（華嚴經夜摩天宮品覺林菩薩の偈）菩薩經を授け已り、之に謂て曰く、此偈を誦得せば能く地獄の苦を破せんと、其の人誦し已り遂に入て王を見る。王此人に問ふ、何の功德かある。答て云く、唯一の四句偈を受得す、具さに上に說く如し、王遂に放逸す、此偈を誦する時に當て聲の至る處受苦の人皆解脫を得。」又無量壽經の「其佛本願力。聞名欲往生。皆悉到彼國、自致不退轉。」の文を云ふ。漢朝の玄通律師破戒して閻魔の廳に到り、此文を誦したるに閻魔禮拜すと。又法華經譬喩品の「如來已離三界火宅。寂然閑居。安處林野。今此三界皆是我有。其中衆生悉是吾子。而今此處多諸患難。唯我一人能爲救護。」又は壽量品の「每自作是念以何令衆生得入無上道速成就佛身」を破地獄の文とす。又【密咒圓因往生集】に智矩如來心破地獄咒あり、陀羅尼なり。

ハヂゴクホフ　破地獄法　[術語]　地藏法なり。【元亨釋書智泉傳】に「智泉弘法大師之姪也。性至孝。母死哀毀甚。乃祈二諸聖一曰。願知二母氏之報一。數歲後感レ夢。曰汝母墮二地獄一。泉益悲泣。啓二弘法一曰。所生母在二地獄一。以二何方便一出二彼苦趣一。法曰。修二破地獄法一。必可レ拔矣。泉曰願受焉。法即授二地藏軌一。」

ハツウマノヒ　初午の日　[行事]　二月の初めの午の日を云ふ。稻荷社に詣ず。【眞俗佛事編一】に「問ふ、二十五、四十二の厄年に、二月初午の日、觀音に詣でて厄禳（やくはらひ）すと云ふ、本據ありや。答ふ、如意輪陀羅尼經の災厄除滅の文に依て厄を禳ふなるべし、午の日を取るは馬頭觀音の緣なるべし、如意輪陀羅尼曰。觀自在菩薩。白レ佛言。世有二大蓮華峰金剛秘密無障礙如意輪陀羅尼一。能於二一切勝福事業一所レ求皆如レ意成就。若有二能信受持者一一切疾病。種種災厄。皆得二除滅一。」◉（水鏡上）「二月の初午の日龍蓋寺へ詣で侍りて」

ハツキツテイ　鉢吉帝　[人名]　又、鉢吉蹄、波機提に作る。本性、志性と譯す。摩登伽種の婬女なり。阿難を見て婬心を生じ、之を母に請ふ、母神咒を誦して阿難を蠱惑せり。阿難將に行樂せんとして佛に救はれ、婬女出家す。【摩登伽經上】に「過去有二婆羅門一名二蓮華實一。女名二本性一。爾時女者今性比丘是也。」【舍頭諫經】に「有二猁咒女一名曰二波機提一。晉曰二志性一。」又「過去有二梵志一名二弗伽娑一有レ女名二志性一。弗伽娑女則志性比丘尼是。」【鼻奈耶三】に「佛舍衛國祇樹給孤獨園に在り、尊者阿難平旦城に入て乞食す、時甚だ熱し阿難中路に燋渴す。路上に旃茶羅女あり鉢吉蹄と名く、井に於て水を汲む。阿難井に詣りて水を請ふ。女曰く、我は是れ摩鄧伽種なり、君は貴種にして瞿曇第一の弟子、波斯匿王の敬する所、末利夫人の師なり。我れ敢て水を持て與へずと。阿難曰く、我れ汝が旃茶羅と非旃茶羅とを問はず、但我に水を施せ。女是に於て水を掬して阿難の手足に灌ぎ、ここに婬意を生ず。阿難水を飲で去る。鉢吉蹄女家に還り父母に啓す、願くは沙門阿難を以て夫婿とせん。母曰く、此阿難は轉輪王の家子、沙門瞿曇の弟子なり、我等旃茶羅種何ぞ阿難を女婿となすことを得ん。女曰く、若し阿難を得て婿となすことを得ずんば我れ毒を飲んで死すべしと。母是に於て祭壇を設け、摩鄧伽神を請じて摩鄧伽咒を誦す。阿難祇洹に在て恍惚として心此に牽かれ、其の家に至る。鉢吉蹄女阿難を見て踊躍して之を抱き床上に著く。暫くして阿難の道力自ら寤るを得て自ら念ふ。我れ今困厄す世尊何ぞ我を慈愍せざる。佛乃ち之を知り阿難の爲に佛語を誦す。（摩登伽經、舍頭諫經には佛爲に神咒を誦す、但し其咒語異なり、）是に於て阿難幻術を脫するを得て佛所に至る。婬女阿難を逐うて詣り、佛に請ふに阿難を以てす。佛言く、汝阿難を得んと欲せば阿難既に比丘なり汝亦比丘尼となるべし。婬女乃ち家に還りて父母に白して髮を剃りて祇洹に至る。婬女即ち佛道を思惟して阿羅漢果を得たり。」更に摩鄧伽經二卷、摩鄧女經一卷、摩鄧女解形中六事經一卷、舍頭諫經一卷、此四經同本異譯にして共に摩鄧伽女の事を記す、但し並に小乘部なり。大乘部には首楞嚴經是なり、阿難乞食の途次婬室を經歷するに、摩鄧伽娑毘羅先梵天咒を以て婬席に攝入するに遭ふ、如來頂光神咒を宣說し、文殊師利に勅し將て往て阿難を護らしめ、惡咒消滅す。即ち阿難及び摩鄧伽佛所に歸來すと。大小二部記す所不同なり。梵 Prakṛti 巴 Pakati

ハツケン　撥遣　[術語]　又、發遣。眞言法に修法の事已つて解界の後、召請の佛を本宮に奉送し、又自心所觀の佛を心內の本土に奉還するを撥遣と云ふ。【輪王經二】に「合掌頂禮。依レ方撥遣。」【行法肝要鈔中】図　釋迦如來は此土の衆生を彌陀の淨土に

往生せしむるを發遣と云ふ。【觀經玄義分】に「仰惟釋迦此方發遣。彌陀即彼國來迎。」

ハツケン　法眷　〔雜名〕禪林の目。法中の眷屬、或は同じく道を修する者を云ふ。【象器箋五】

ハツケンシヤカ　撥遣釋迦　〔術語〕嵯峨の二尊院に撥遣釋迦と來迎彌陀の二尊の像あり、故に二尊院と名く。【天台史略下】

ハツコウ　發講　〔雜語〕又、開講と云ふ。講義の初日なり。「ウセンフ」を見よ。

ハツサウサンゲン　撥草參玄　〔術語〕「ハツサウセンプウ」を見よ。

ハツサウセンプウ　撥草瞻風　〔術語〕又、撥草參玄と云ふ、無明の荒草を撥きて佛祖の玄風を瞻望するなり。又險路を渉て知識の德風を瞻仰するなり。【洞山錄】に「此去澧陵攸縣石室相連。有二雲巖道人一。若能撥草瞻風必爲二子之所重一。」【無門關】に「兜率悅和尙。設二三關一問二學者一。撥草參玄只圖レ見性一。」【碧巖十七則評唱】に「古人行脚。結レ交擇レ友。爲二同行同伴一。撥草瞻風。」【同種電鈔】に「涉二險路一瞻二仰知識之德風一也。」

ハツセデラ　泊瀨寺　〔寺名〕「ハセデラ」を見よ。

ハツタ　鉢多　〔物名〕鉢多羅の略。

ハツタ　發吒　〔術語〕Phat は破壞の義なり。一切の魔障を破壞するなり、故に四種法の中降伏法の眞言の終に必ず此句を用るなり。【大日經七】に「初後吽發降伏用。」【同疏七】に「發吒也是撲義。」【秘藏記末】に「降伏初吽後發吒。」【同私鈔九】に「吽字其音如二牛吠一。是降伏聲也。又風輪種子也。風有二摧破能一。故爲二降伏加句一。發吒者破壞義。是又與二調伏一相應。」

ハツタイ　鉢袋　〔物名〕「ハツナウ」を見よ。「よ。

ハツタン　鉢單　〔雜名〕禪林の目。ホイタンを見

ハツヅマ　鉢頭摩　〔植物〕次項に同じ。

ハツトクマ　鉢特摩　〔植物〕又、波頭摩、鉢頭摩、鉢曇摩。梵語、Padma 譯、紅蓮華。又、八寒地獄の第七。此地獄の衆生は寒苦の爲めに肉割けて紅蓮に似たるが故に此名あり。「ハドマ」を見よ。

ハツドン　鉢曇　〔術語〕Pada 又、鉢陀と云ふ。譯、句。【大日經疏一】に「句者梵云二鉢曇一。正翻爲レ足。聲論是進行義。信處義。如三人進步擧足下足其迹所住處謂二之鉢曇一。言辭之句逗之義亦如レ是。故同一名耳。」【三論大義鈔序】に「貽二鉢曇一施二將來之人一矣。」「ハダ」を見よ。図〔植物〕花に鉢曇あり、赤蓮華なり。「ハドマ」を見よ。

ハツドンマ　鉢曇摩　〔植物〕Padma 花の名。「ハドマ」を見よ。

ハツナウ　鉢囊　〔物名〕又、鉢袋と云ふ。鐵鉢を盛る囊なり。【四分律五十二】に「手提レ鉢難二護持一。佛言。聽下作二鉢囊一盛上。不レ繫二囊口一。鉢出。佛言。應レ繫。手捉二鉢囊一護持。佛言。應作レ帶絡レ肩。」【毘奈耶雜事四】に「時有二苾芻一手擎レ鉢去。在レ路脚跌。鉢墮遂破。因レ斯闕レ事。以レ緣白レ佛。佛言。苾芻不レ應三手擎二其鉢一。便以二衣角一裹レ鉢而去。廢闕同レ前。佛言。應下作二鉢袋一盛去上。苾芻手攜。招レ過如レ上。佛言。不レ應二手持而去一。應二可作レ襻掛レ肩持行一。」

ハツナイヲン　般泥洹　〔術語〕Parinirvāṇa 般涅槃に同じ、入滅なり。

ハツナイヲンキヤウ　般泥洹經　〔經名〕二卷、失譯。佛般泥洹經と同本異譯なり。【昃帙十】(119)

ハツナイヲンゴクワンラフキヤウ　般泥洹後灌臘經　〔經名〕般涅槃後灌臘經の本名。

ハツネハン　般涅槃　〔術語〕入滅と譯す。常に略して涅槃と云ふ。「ネハン」を見よ。【俱舍光記二十三】に「梵云二般涅槃一。槃此云レ圓。涅槃此云レ寂。」

ハツネハンゴクワンラフキヤウ　般涅槃後灌臘經　〔經名〕般泥洹灌臘經の異名。一卷、西晉の竺法護譯。佛滅後に於て四月八日七月十五日浴佛陳供の法を說く。【辰帙十】(125)

ハツネハンナ　般涅槃那　〔術語〕入滅息と譯す。常に略して涅槃と云ふ。「ネハン」を見よ。

ハツピ　法被　〔物名〕禪林に椅子を覆裹する被布を法被と云ふ。【象器箋十九】法被は佛前の斗張たれきぬの類をいふ歟。【庭訓往來精註鈔】【壒囊鈔四】

ハツピ　撥非　〔雜語〕禪家に俗氣を撥非と云ふ。

ハツピン　法兄　〔雜語〕禪林の稱。業を師に受くると己より先きなる者を喚で法兄となす。【大集經十八】に「寶女語二無畏一言。法兄如來出世不可思議。」ホフヒンとも讀む。

ハツフク　鉢袱　〔物名〕鐵鉢を包む袱紗なり、又袱帕と云ふ。【象器箋二十】

ハツム　撥無　〔術語〕次項を見よ。

ハツムイングワ　撥無因果　〔術語〕撥は絕なり除なり、其の事なしと除遣するを撥無と云ふ。撥無因果は因果の道理を否定するなり、是れ五見中の邪見なり。【地藏十輪經七】に「撥二無因果一斷三滅善根一。」【楞嚴經九】に「撥二無因果一。一向入レ空。」【廣百論釋五】に「若無二善惡一者苦樂亦無。是則撥二無一切因果一。」【俱舍論十七】に「緣二何邪見一能斷二善根一。謂定撥二無因果一邪見。」【慧琳音義七十二】に「左傳云。撥猶レ絕也。考聲云。撥却也除也。」

ハツラウハツライ　撥郎撥賴　〔雜語〕わるものを云ふ、潑才潑賊潑皮など云ふ。賴は人をねだるなり。【諸錄俗語解】

ハツラニヤテイバナナブ　鉢攞若帝婆那部　〔流派〕又、般羅若底婆拖部。Prajñaptivādinaḥ

譯、説假部。「セッケブ」を見よ

ハツリハンツウリスキ　鉢裏飯桶裏水　〔公案〕【碧巖五十則】に「僧問二雲門一。如何是塵塵三昧。門云。鉢裏飯桶裏水。」

ハツワラ　鉢和羅　〔術語〕Pravārana 又、盋和羅、鉢和蘭に作る。玄應師の説に安居の竟りを自恣日と云ふ。即ち七月十五日なり。此日三寶に供養する飯食を鉢羅と云ふ、自恣食と譯す。宗密師の説に鉢和羅は鉢多羅の誤なりと云ふ。【玄應音義五】に「鉢和羅。亦言二鉢和羅一。梵音訛轉。此云二自恣食一也。」【盂蘭盆經】に「在二大衆中一。皆同一心受二鉢和羅飯一。」【同宗密疏】に「鉢和羅飯者。鉢中飯也。梵云二鉢多羅一。此云二應器一。和字訛也。今時但云レ鉢者略也。」兩解共に誤れり。「ジシ」を參照せよ。

ハツヰ　鉢位　〔雜語〕「ホヰ」を見よ。

ハテイ　波帝　〔雜語〕Pati 鉢底、譯、主。【梵語雜名】に「主。波底。」【名義集二】に「波帝。此云二夫主一。」【起世經十】に「諸惡法中。即得二如レ是波帝波帝之名字一也。梵語波帝隋言人主」

ハテイカ　頗胝迦　〔物名〕Sphaṭika「ハリ」を見よ。

ハテイバ　鉢底婆　〔雜語〕Pratibhāna 譯、辯才、辯説。【名義集四】

ハテコウ　果講　〔雜語〕八講等の最終日なり。

ハト　鴿　〔動物〕梵語、播羅縛多 Pārāvata【梵語雜名】【西域記九】に「迦布徳迦。Kapotaka 唐言レ鴿。」

鴿隱佛影　〔傳説〕【涅槃經二十八】に「佛昔摩伽陀國瞻婆大城に止住する時、獵師あり、一鴿を逐ふ、是の鴿惶怖して舍利弗の影に至る、猶ほ故の如く戰慄して芭蕉樹の動くが如し。佛の影中に至り身中安穩にして恐怖除くを得。是の故に常に知るべし世尊戒を持し乃至身影猶是の力あり。」【智度論十一】にも出づ。

釋迦作鴿救飢人　〔本生〕【智度論十一】に「釋迦文佛もと一の鴿と作り、雪山の中に在り。時に大に雪ふる。一人あり道を失ひ、窮厄辛苦し飢寒に至り、命須臾に在り。鴿此の人を見、即ち飛んで火を求め、薪を集め之を燃き、身を以て火に投じて此の飢人に施す。」

ハトギヤ　鉢蹬伽　〔人名〕仙人の名。譯、蛾。【二十唯識述記下】「マトギヤ」を見よ。

ハトナハタ　盋兜那波吒　〔物名〕譯、絹。【善見律六】巴 Pattunna-patta

ハド　波奴　〔雜語〕Vidhu 月の名。【大威德陀羅尼經六】に「月名二波度一。隋言二光者一。」

ハド　鉢特　〔植物〕鉢特摩の略。

ハドマ　鉢頭摩　〔植物〕Padma 又、鉢特忙、鉢弩摩、波頭摩、鉢納摩、波曇、波曇摩、鉢曇摩に作る、赤蓮華なり、眞言家はハンドマと云ふ。【玄應音義三】に「波曇。又云二波頭暮一。或云二波頭摩一。正言二鉢特摩一。此譯云二赤蓮華一也。」【慧苑音義上】に「波頭摩。正云二鉢特忙一。此曰二赤蓮花一也。其花莖有レ刺也。」【大疏七】に「鉢頭摩。是紅蓮華。」【同十五】に「鉢頭摩。復有二二種一。一者赤色。即此間蓮華也。二者白色。今此間有二白蓮花一是也。非二芬陀利一。」【慧琳音義三】に「鉢弩摩。正云二鉢納摩一。此人間紅蓮華之上ナル者。或云二赤黄色花一。」

ハドン　波曇　〔植物〕又、鉢曇。花の名。「ハドマ」を見よ。

ハナ　花　〔雜語〕梵語、補逝波。Puṣpa【梵語雜名】花は六種供物の一にして萬行開敷して佛果を莊嚴するを表す。【大日經疏八】に「花者是從二慈悲一生義。即是淨心種子於二大悲胎藏中一。萬行開敷莊二嚴佛菩提樹一。故説爲レ花。」六種供具を六波羅蜜に配すれば花は忍辱波羅蜜に當る、華は柔軟の德なり、人心をして緩和せしむればなり。【諸經要集四華香緣】に花を供養する功德を詳説す。

二花　〔名數〕一に草木花、凡そ草木の花皆開敷結實の義あり、以て萬行の因、則ち佛果を成就するの能あるに譬ふ。二に嚴身花、世間金玉等の花皆能く其身を嚴飾す、以て神通相好則ち能く法身を莊嚴するに譬ふ。【華嚴經疏三】

四華　〔名數〕一に分陀利華、白蓮華なり。二に優鉢羅華、靑蓮華なり。三に鉢特摩華、紅蓮華なり。四に拘勿投華、黃蓮華なり。「レンゲ」を見よ。

図　一に曼陀羅華、白蓮華なり。二に摩訶曼陀羅華、大白蓮華なり。三に曼殊沙華、赤蓮華なり。四に摩訶曼殊沙華、大赤蓮華なり。【法華經序品】

寄花五淨　〔雜語〕花を色界第四禪の五淨天に寄すれば恒に萎まざるを云ふ。世界の大風災も此天に至らざればなり。【安樂集】に「譬如下寄二花五淨一。風日不レ萎。附二水靈河一。世旱ニモ不上レ竭。」

第一華　〔雜名〕【智度論二十七】に「一切蓮華中靑蓮爲二第一一。一切陸生華須曼色第一。」

ハナグ　花供　〔行事〕「カウヤハナグ」を見よ。

ハナゴ　花籠　〔物名〕又、花筥。又、ケコケラウと云ふ。「ケコ」を見よ。

ハナザラ　華皿　〔物名〕花筥ケコ。金屬にて製し、これに楮の葉、または蓮華の花瓣に摸したる金銀の紙片を盛り、行道しつつ散らす。散華と名く。

ハナシヤ　波那娑　〔植物〕Panasa 又、半樣娑、半娜娑と云ふ。果の名。【玄應音義二十四】に「半樣娑。」

乃可切。舊言波那娑。果形如冬瓜。其味甚甘也。」【慧琳音義四】に「半娜娑果。此國並無。」(Jack-fruit)

ハナタカ 鼻高 〔物名〕又、鼻廣鼻荒と書す。されば びがうと音讀するを正とす。「ビガウ」を見よ。

ハナダボウ 縹帽 〔物名〕縹は花田色なり、花田色の帽子なり。【俚言集覽】に「正花にあらず露草にて染めたるを花田色と云ふ、花田は淺木色也。」天台眞言の僧其位を得るもの縹帽子を着す、一幅の輪形にて常には首に掛く、台家は傳敎の勅許に始まり、言家は信堅の勅賜に由る。【象器箋十七】に「燕南紀談云。台家密家。有縹帽子。又名裹頭。宗鳳雜集云。隋煬帝請天台大師受菩薩戒。時祁寒。帝解御衣縹袖。令裹大師頭。又日本桓武帝請叡山傳敎大師受圓頓菩薩戒。帝准隋帝故事賜縹帽。自此台家得其位者披之。未得位者則不得著之。忠曰煬帝解衣袖裹智者頭中華紀傳未見所載」【本朝高僧傳十六信堅傳賛】に「堅公當此時。龍袖分寵。著於宗美焉。後之敎學者襲爲帝服而榮倣之。今呼縹帽子者也。」

ハナフマ 鉢納摩 〔植物〕Padma 敎家にハドマと讀み密家にハンドマと讀む。蓮華なり。「ハドマ」を見よ。

ハナミダウ 花御堂 〔物名〕「ブッシャウヱ」を見よ。

ハナワダイ 波那和提 〔界名〕天の名。【玄應音義三】に「波那和提天。新道行經云自在天也。亦即梵天也。」

ハニ 波尼 〔雜語〕又、波抳。譯、水。【涅槃經十三】に「如有一人善解雜語。在大衆中。是諸大衆熱渴所逼。咸發聲言。我欲飲水我欲飲水。是人即時以淸冷水隨其種類說言是水或言波尼。或言鬱持。或言娑利藍。或言婆利。或言婆耶。或言甘露。或言牛乳。以如是等無量水名爲大衆說。」【梵語雜名】に「水。波抳。又烏娜迦。」梵 Pāniya 俗 Pāni

ハニ 播尼 〔雜語〕Pāṇi 譯、手掌。【大日經疏一】

ハニ 波泥 〔雜語〕Maṇi* 譯、玉。【秘藏記本】に「波泥玉也。月曰水波泥。日曰火波泥是意也。」

ハニタ 頗尼多 〔飮食〕Phāṇita 甘蔗の汁を煎たるもの。【正法念經三】に「如甘蔗汁器中火煎。初離垢名頗尼多。」

ハニニ 波儞尼 〔人名〕Pāṇini 梵語の文典を造りし古仙の名。【西域記二】に「人壽百歲之時有波儞尼仙。生知博物愍時澆薄。欲削浮僞刪定繁猥。遊方問道。遇自在天。遂伸述作之志。自在天曰。盛矣哉。吾當祐汝。仙人受敎而退。於是硏精覃思採摭群言。作爲字書備有千頌。頌三十二言矣。究極古今總括文言。」

ハニヤ 波若 〔雜語〕Prajñā 般若に同じ。

ハニラン 波尼藍 〔雜語〕Pāniya* 譯、水。【智度論四十二】に「三字名者如水名波尼藍。如是等種種字門。」

ハハ 波頗 〔人名〕Prabhākaramitra 三藏法師の名。【續高僧傳三】に「波羅頗迦羅蜜多羅。此言作明知識。或一云波頗。此云光智。中天竺人也。」【大莊嚴經論序】に「摩訶陀國三藏波羅頗迦羅蜜多羅。唐言明友即中天竺刹利王之種姓也。」唐の高宗武德九年京に達し、興善寺に住し、大莊嚴經論等を譯す。太宗貞觀七年寂、壽六十九。

ハハ 波波 〔地名〕Pāvā 準陀の住せる聚落の名。譯、罪惡。今の Padrama なり。【毘奈耶雜事三十七】に「世尊告阿難陀曰。我今欲往波波聚落。波波此云罪惡 答曰。如是世尊。是時欲往倶尸那城壯士生地漸至波波邑。乃至時此衆中有鍛師之子。名曰準陀。亦坐聽法。」

ハハ 波波 〔雜語〕奔波忽擾の貌。【六祖壇經】に「離道別覓道。終身不見道。波波度一生。到頭還自懊。」

ハハコフコフ 波波劫劫 〔雜語〕波波は奔波流浪なり、劫劫とは汲汲として息まざるなり。【類書纂要九】に「波吒勞苦也。勞碌奔波也。」【叢林盛事下】に「我波波吒吒出嶺來。」

ハハタ 波鉢多 〔飮食〕餅餤の名。【大日經疏七】に「播鉢吒食。是不起麪餑餉。」【梵語雜名】に「蕎麪。波播吒。」「ハハ」を見よ。

ハハミツタラ 波頗蜜多羅 〔人名〕三藏の名。「ハハ」を見よ。

ハハンナケシハ 播般曩結使波 〔神名〕譯、步擲。金剛神の名なり。播般曩結使波金剛念誦儀一卷あり。【餘帙二】

ハバカ 鉢婆叮 〔異類〕龍王の名。譯、忍龍。【正法念經十八】

ハバガリ 婆婆伽梨 〔人名〕太子の名。譯、惡事。【賢愚經十】梵 Pāpa-kārin

ハバシヤタ 波婆遮吒 〔人名〕比丘の名。譯、惡諂。【大威德陀羅尼經十】梵 Pāpacāṭa

ハバタ 鉢伐多 〔地名〕國の名。北印度に在り、都城の傍に大伽藍あり、僧徒數百、並に大乘を學ぶ。昔最勝子論師此に瑜伽師地論釋を作り、又賢愛論師德光論師の出家處なり。【西域記十一】梵 Parvata

ハバダイカ 波婆提伽 〔雜語〕譯、淸淨。【名義集四】に「婆婆提伽。或云梵摩。此云淸淨。」

ハバリ 波婆離 〔人名〕又、波婆利。如來在世の彌勒菩薩の舅の名、波梨弗多羅國に在て國師となり數多の弟子を有す、年百二十、佛に歸して阿那含果

を證す。【賢愚經十二波婆離品】梵 Pravārī*

ハバリ　波婆利　［地名］又、波和利と云ふ。園の名。譯、毛衣。【翻梵語九】に「波和利應レ云二波婆利一。譯曰二毛衣一。中阿含第五十五。」梵 Pravārī

ハバリアンバ　波婆梨奄婆　［地名］又、波婆梨庵婆羅と云ふ。林の名。【翻梵語九】に「波婆梨菴婆林。應レ云二波婆梨菴婆羅林一。譯曰。波婆梨者衣。菴婆羅者果名。長阿含經十二。」梵 Pravārī-āmravana

ハヒ　波卑　［異類］Pāpīyas 舊稱波旬なり。【毘奈耶雜事三十六】に「惡魔波卑。來二詣佛所一頂二禮佛足一。」「ハジュン」を見よ。

ハヒギ　鉢披祇　［雜語］又、波吠儞野。譯、棄家。【舍頭諫經】に「有レ人棄レ家。除二玄鬚髮一。是故世間有二靈道沙門鉢披祇一。」【註】に「鉢披祇者晉云二棄家一。」【梵語雜名】に「出家。波吠儞野。」巴 Pabbajita, Pabbajīya*

ハヒエン　波卑椽　［異類］舊稱波旬なり。【大寶積經二十八】に「善哉波卑椽。」【可洪音義二】に「波卑椽。下以絹反。或云二波卑夜一。此云二惡者一。」「ハジュン」を見よ。

ハヒヤ　波卑夜　［異類］舊稱、波旬なり。【法華玄贊二】に「魔羅云二破壞一號也。略云レ魔。名二波卑夜一。云二惡者一。波旬訛也。」「ハジュン」を見よ。

ハヒエン　波卑緣　［異類］舊に波旬と云ふ是なり。【慧琳音義十二】に「波卑緣。悅絹反。梵語天魔名。相傳誤云二波旬一。梵語元無二波旬一。古譯書二波旬一。音懸。略也。後人誤書レ旬爲二句字一。」「ハジュン」を見よ。

ハビ　巴鼻　［雜語］又巴臂に作る。巴は把なり、巴鼻はとらまへどころなり、とらまへどころなきを沒巴鼻と云ふ。【碧巖集普照序】に「頌二出衲僧向上巴鼻一。」【同種電鈔】に「宗門方語云。巴鼻之巴如二鼻準之可一レ弃撮一也。猶二可レ把レ之者獨立一。唐人常談也。類書纂要十二云。沒巴臂作レ事無二根據一也。」【諸錄俗語解】に「巴鼻はとらまへどころと譯す、又證據の意にも云ふ。巴は器物の持つところ、把と同じ、柄なり、圓悟錄臨睡歌に懵懵憧憧無レ巴無レ鼻。」【韻府】に把鼻に作る。

ハベイニヤ　波吠儞野　［雜語］「ハヒギ」を見よ。

ハホフ　破法　［術語］邪見を以て如來の正法を破斥するなり。【法華經】に「若聞二此語一。或不二信受一而起二破法罪業因緣一。」

ハホフヘン　破法遍　［術語］十乘觀法の第四。空假中三觀を以て遍く諸惑を破するなり。

ハホフリンソウ　破法輪僧　［術語］破僧二種の一。提婆が五種の邪法を以て如來の法輪僧を二分せしを云ふ。「ハソウ」を見よ。

ハボンブ　破凡夫　［術語］根性の破壞せる凡夫なり。【祖庭事苑一】に「破音撥。」【諸錄俗語解】に「破は役に立たたぬむだな者を云ひ、潑は水をまき散らす事にてすたれ物と云ふ意なり。」

ハマ　播磨　［術語］Upamā 譯、喩。【因明論纂要】に「喩者西方云爲二播磨一。此譯爲レ喩。今因明中後同異支。準二西方一云二達利瑟致案多一。Dṛṣṭānta　此云二見邊一。爲レ順二此方一故義言レ喩。」

ハマ　破魔　［術語］四種の惡魔を破滅するなり。

ハマインミヤウ　破魔印明　［印相］右手五指を舒べ以て地を按じ、左手の五指衣角を執り、東方不動如來の三昧に入り、當に𑖀字を觀ずべし、字及び我が身十方界を盡して皆青色なり、此の印能く諸魔鬼神一切の煩惱をして悉く皆動かざらしむ、是を能滅毘那夜迦及諸惡魔の印と名くる也。【攝眞定經中】

ハマダラニキヤウ　破魔陀羅尼經　［經名］無量門破魔陀羅尼經の略名。

ハマナ　波摩那　［界名］天の名。【可洪音義四上】に「波摩那亦云二阿摩那天一。此云二無量光一。」

ハマバテイ　鉢摩婆底　［人名］夫人の名。【阿育王經四】に「日中王夫人名二鉢摩婆底一。翻云二芙蓉花一。」梵 Padmavatī*　「三」

ハマラガ　鉢摩羅伽　［物名］譯、赤光珠。【名義集三】

ハムミヤウサンマイ　破無明三昧　［術語］除一切蓋障菩薩の自他の惑障を淨除する三昧なり。又金剛三昧と稱す、即ち第二轉の 𑖀 字なり。【大疏十】

ハモン　破門　［術語］門下を擯出して師弟の緣を絕つなり。

ハヤ　波耶　［雜語］Paya 譯、水。【慧琳音義二十六】に「波耶此云レ水也。即罽賓國人呼レ水名也。」

ハヤセンボフ　早懺法　［儀式］忽忽に懺法を誦する法式の名なり。

ハヤタイ　波夜提　［術語］「ハイツダイ」を見よ。

ハヤチ　波藥致　［術語］「ハイツダイ」を見よ。

ハヤビキ　早引　［儀式］本願寺に念佛を略して和讚を忽忽に續け誦するを早引と云ふ、七高僧の命日に各其讚を引く。

ハヨラ　鉢朶羅　［植物］花の名。【大日經疏十三】に「鉢孕羅花。西方出二此花一。如二此間粟穀之類一。花房赤如二穀穗一。甚香也。」

ハラ　頗羅　［雜名］Phala 譯、果。【智度論四十六、「梵語雜名」】

ハラ　鉢羅　［雜語］波羅又は波賴他と云ふ、譯、四兩分。【戒本疏三下】に「鉢羅。多論云二波羅一。此云二四兩一。」【飾宗記五末】に「多論第五云二四兩一。立世阿毘曇論云レ兩。稱二一兩一名二一鉢羅一。蓋多論約レ少稱。毘曇

就二大稱一說レ之也。今解。鉢羅翻爲レ分。如二鉢羅奢佉翻シテ爲ニ支。支豈是四兩也。」【梵語雜名】に「兩。波羅。」【解脫道論七】に「一顙賴他。梁言二四兩一。」梵 Palārdhaa

ハライ　波羅夷　〔術語〕Pārājika 六聚罪の第一、戒律中の嚴重罪なり。新に波羅闍已迦、波羅市迦と云ふ。戒經に棄（犯者を內法に收めず外に棄つる意也）と云ひ、僧祇律に退沒（道果を退沒する也）不共住（僧數に入らざる也）墮落（阿鼻地獄に墮するなり）と云ひ、十誦律に墮不如意處（此戒を犯すに由て魔と戰て負處に墮するなり）如何なる行法も用を爲さず、之を救て、再び比丘となすを得ざればなり、不無餘（一切僧中の行務の分限を絕ち永く淸衆に棄てらる、）共住（僧中に共住するを得ず）と云ひ、俱舍論に他勝（惡法に勝たれたるなり）と云ふ、常途には四分律の斷頭の義を用ふ。【玄應音義二十三】に「波羅闍已迦。此云二他勝一。謂破戒煩惱爲レ他勝二於善法一也。舊云二波羅夷一。義言二無餘一。若犯二此戒一。永棄二淸衆一故曰二無餘一也。」【行事鈔中之一】に「言二波羅夷一者。僧祇義當二極惡一。三意釋レ之。一者退沒。由レ犯二此戒一道果無レ分故。二者不共住。非二失レ道而已一。更不レ入二二種僧數一（說戒と羯磨との僧衆なり）。三者墮落。捨二此身一墮二在阿鼻地獄一故。十誦云二墮不如意處一。薩婆多解云。由與レ魔鬪以下犯二此戒一便墮中負處上。四分云。波羅夷者。譬如下斷二人頭一不上レ可二復起一。若犯二此法一不三復成二比丘一故。此從二行法非用一爲レ名。又云。波羅夷者無餘也。此從二衆法絕分一爲レ名。故偈云。諸作二惡行一者。猶如二彼死尸一。衆所所レ不二容受一。以レ此當レ持レ戒。又名二不共住一者。不レ得下於二說戒羯磨二種僧中一共住上故。」【俱舍論十五】に「薄伽梵說下犯二四重一者不レ名二苾芻一。不レ名二沙門一。非二釋迦子一。破二苾芻體一。害二沙門性一。壞滅墮落立中他勝名上。」【同光記十五】に「梵云二波羅夷一。此云二他勝一。善法爲レ自惡法爲レ他。若善勝二惡法一名爲二自勝一。若惡法勝レ善名爲二他勝一。故犯重人名爲二他勝一。」【玄應音義二十三】に「波羅闍已迦。此云二他勝一。謂破戒煩惱爲レ他勝二於善法一也。舊曰二波羅夷一。義言二無餘一。若犯二此戒一。永棄二淸衆一故曰二無餘一也。」【有部毘奈耶一】に「波羅市迦者是極重罪。極可二厭惡一可二嫌棄一。不レ可レ愛。若苾芻亦纔犯時即非二沙門一非二釋迦子一。失二苾芻性一乖二涅槃性一。墮落崩倒。被二他所ニ勝。不レ可二救濟一。如下截二多羅樹頭一更不二復生一。不上レ能二鬱茂增長廣大一。故名二波羅市迦一。」

四波羅夷　〔名數〕又四重、四棄、四極重感墮罪と云ひ、比丘にして四戒を犯す罪なり。一に婬戒、梵に非梵行 Abrahmacarya と云ふ。人、畜生、鬼神等に向て婬事を行ふなり、男は大便處及び口の二道、女は大小便處及び口の三道是れ婬處なり。二に盜戒、梵に不與取 Adattādāna と云ふ。人、畜生及び三寶等の五錢（五錢と限りしは彼の王法五に滿れば死に至るを以て佛之を制せしなり）及び直五錢の餘の雜物を盜取するなり。三に殺人戒、Vadha(Ahiṁsā) 人命を殺害するなり、畜生を殺すは殺畜生戒と名け九十單提の中第六十一なり。四に大妄語戒、梵に妄說上人法 Uttaramanusya-dharma と云ふ。利養を貪り自ら聖法を得たり我は聖人なりと欺言するなり、他の妄語は之を小妄語戒と名け九十單提中の第一なり。已上四重罪は五篇中の第一なれば初篇と云ふ。【行事鈔中之一】

密敎四波羅夷　〔名數〕一に不捨正法戒、如來一切の聖敎皆當に修行すべし。二に不捨離菩提心戒、菩提心は菩薩萬行の幢旗なり、若し之を喪失すれば萬行何に依て示導せられん。三に不應慳悋法戒、諸の勝法は大聖の遺財なり、若し慳悋して與へずんば三寶物を盜むに同じ。四に不饒益行戒、一切衆生に於て不饒益の行を作すべからず、普く一切衆生を攝して入道の因緣となすべし。大日經具緣品に此の四波羅夷の偈を說て三昧耶偈と名け、同學處品に四種根本罪と云ひ、經疏九に四波羅夷と云ふ。【大日經疏九】に「佛子汝從レ今不レ惜二身命一故。不レ應下捨二正法一捨中離菩提心上慳中悋一切法上不レ利二衆生一行上。佛說二三昧耶一。汝善住戒者。如レ護二自身命一。護レ戒亦如レ是。乃至今此四夷戒是眞言乘命根。亦是正法命根。若破壞者。於二眞言藏中一猶如二死屍一。雖三具修二種種功行一不レ久敗壞也。」又【同十七】に不捨三寶と不退菩提心とを以て四波羅夷とす。（不捨三寶を分て三とす）「如二前三世無障礙中一。先令レ不レ捨二三寶一。又令レ不レ退二菩提之心一。此即菩薩眞四重禁也。」

八波羅夷　〔名數〕小乘比丘の初篇に四波羅夷を說くに對して比丘尼の初篇に八種の波羅夷を說く。初の四は比丘戒の如し。五に摩觸戒、婬心を以て男子の身分を摩觸するなり。六に八事成重戒、婬心ありて一に男子の手を捉り、二に衣を捉り、三に屛處に入り、四に共に立ち、五に共に語り、六に共に行き、七に身相ひ倚り、八に共に婬處に行くを期す、此八事滿足して方に波羅夷を成ずるなり。七に覆藏他重罪戒、同輩の重罪を犯すを知て故らに之を覆藏して衆に發露せざるなり。八に隨順被擧比丘戒、惡見を持する爲に僧衆に其の罪を擧げられて（之を被擧と云ふ）比丘に隨順して或は所須を供給し或は言語を共にするなり。比丘尼は比丘に比して妄情深きが故に更に後の六戒を加へしなり。【行事鈔下之四】

顯敎十波羅夷　〔名數〕大乘は小乘の四波羅夷八波羅夷に對して菩薩の十波羅夷を說く。一に殺戒、人畜一切の殺生なり。二に盜戒、一針一草の微も與へざるを取るなり。三に婬戒、人畜一切の婬

事なり。四に妄語戒、大小一切の妄語なり。五に酤酒戒、酒を販賣するなり、六に說四衆過戒、四衆（在家菩薩と出家菩薩と比丘と比丘尼なり）の罪過（七逆十重なり）を擧げて之を說くなり。七に自讚毀他戒、自ら己が功德を稱し他の過惡を譏るなり。八に慳惜加毀戒、他人財を求め法を請するに慳惜して與へずまた毀辱を加ふるなり。九に瞋心不受悔戒、他に向つて瞋心を生じ、加ふるに罵辱打擊を以てして猶息まず、他悔を求め善言懺謝するをも容受せざるなり。十に謗三寶戒、三寶を誹謗するなり。【梵網經戒疏下】

密敎十波羅夷 〔名數〕二種あり一は大日經疏所說一は無畏三藏禪要所說なり。經疏所說は一に不レ捨二佛寶一、二に不レ捨二法寶一、三に不レ捨二僧寶一、四に不レ捨二菩提心一、五に不レ謗二一切三乘經法一、六に不レ慳二悋一切法一、七に不レ起二邪見一、八に不レ沮二止他發二大心一亦不レ得下見二其懈怠一而不中勸發上、九に不レ差レ機說レ法、十に不レ施下一切不レ饒二益他一物上。【大日經疏十七、三昧耶戒儀資稟記】禪要所說は一に不レ應レ退二菩提心一、二に不レ應レ捨二三寶一、三に不レ應レ譏二謗三寶及三乘敎典一、四に於二甚深大乘敎典一不二通解一處不レ應レ生二疑惑一、五に若有二衆生一已發二菩提心一者不レ應下說二如レ是法一令丙退二菩提心一趣乙向二二乘甲、六に未レ發二菩提心一者亦不レ應下說二如レ是法一令丙彼發乙於二二乘之心甲、七に對二小乘人及邪見人前一不レ應三輒說二深妙大乘一、八に不レ應レ發二起諸邪見等法一、九に於二外道前一不レ應四自說三我具二無上菩提妙戒一、十に但於二一切衆生一有レ所二損害一及無二利益一皆不レ應下作及敎、人作見レ作隨喜上。【無畏三藏禪要】（弘法の三昧耶戒儀に之を引く）

ハライツニカ 波羅逸尼柯 〔術語〕「ハイツダイ」を見よ。

ハラエイカブダ 鉢刺翳迦佛陀 〔術語〕Pratyekabuddha 舊に辟支佛と云ふ是なり。獨覺と譯す。【瑜伽倫記八上】に「獨覺地。若作二梵語一名二鉢刺翳迦佛陀一。舊云二辟支一。訛也。此云二獨覺一。初發心時亦值二佛世一。聞レ法思惟。後得道身出二無佛世一。性樂二寂靜一不レ欲二雜居一。修二加行一滿無二師友敎一自然獨悟。永出二世間一。中行中果故名二獨覺一。或觀二待緣一而悟二聖果一。亦名二緣覺一。」

ハラガ 波羅迦 〔術語〕Pāraga 佛の別號。譯、度彼岸。【智度論二】

ハラカラ 波羅加羅 〔雜名〕Prākāra 又、鉢囉迦羅、譯、墻。【陀羅尼集經五】に「結二四方界法一。」【注】に「梵音波羅迦羅。」【梵語雜名】に「墻、鉢羅迦羅。」

ハラカラ 頗羅訶羅 〔異類〕Phalāhāra 夜叉の名。譯、食果。【孔雀王呪經上】

ハラカラ 鉢刺迦羅 〔雜語〕Prakalā 譯、章。【義林章一本】に「梵云二鉢刺迦羅一。此云レ章也。章即章段。一章一段以明二諸義一。」

ハラカラバタナ 波羅羯羅伐彈那 〔人名〕Prabhākaravardhana 國王の名。譯、作光增。【西域記五】

ハラキナ 鉢羅枳孃 〔術語〕Prajñā「ハンニャ」を見よ。

ハラガフボダイ 鉢羅笈菩提 〔地名〕Prāgbodhi 山の名。譯、前正覺。【西域記八】に「鉢羅笈菩提山。唐言二前正覺山一。如來將レ證二正覺一先登二此山一。故云二前正覺一也。」

ハラクソウ 破落僧 〔雜名〕身分を持ち崩す僧なり、身代を持ち崩すを破落戶と言ふ如し。

ハラグナマセン 叵囉虞那麼洗 〔雜名〕Phalgunamāsa 又、頗攞遇抳、叵勒拏、頗勒窶拏と云ふ。十二月なり、叵羅虞那は星宿の名、麼洗は月と譯す、【西域記二】に「頗勒窶拏月。十二月也。」【梵語雜名】に「十二月。頗攞遇抳。」【飾宗記六末】に「叵勒那月。十二月也。」

ハラグニ 頗攞遇抳 〔雜名〕「パラグナマセン」を見よ。

ハラサイナチタ 鉢邏犀那恃多 〔人名〕Prasenajit「ハシノク」を見よ。

ハラサタ 鉢羅薩他 〔雜語〕譯、斤、量目なり。【菩提資糧論一】に「譬如下量物有二鉢羅薩他一有中阿宅迦上。」【經注】に「如二此間合升斗斛之類一。」【梵語雜名】に「斤。鉢羅薩他。」梵 Prastha

ハラシ 波刺斯 〔地名〕Pārasa 又波刺私、波囉悉。國の名。「ハシ」を見よ。

ハラシカ 波羅市迦 〔術語〕舊稱波羅夷、義淨三藏波羅市迦と云ふ。「ハライ」を見よ。

ハラシヤ 鉢囉惹 〔天名〕Prajāpati 譯、生主、梵王の別名。「ハラジヤハタエイ」を見よ。

ハラシヤ 波羅奢 〔植物〕樹の名。譯赤花樹。【玄應音義二十三】に「波羅奢樹。此云二赤華樹一。樹汁滓極赤。用レ之爲レ染。今紫礦是也。」【同二十四】に「紫礦波羅奢汁也。其色赤。用染二皮氈一也。其樹至大。亦名二甄叔迦一。一物也。花大如レ升。極赤葉至堅靭。商人縫以爲レ袋者也。」【慧琳音義二十五】に「波羅奢花。此云二赤色花一。」又、藥の名。【寶樓閣經中】に「波羅奢赤藥也。」梵 Palāśa

ハラシヤイカ 波羅闍已迦 〔術語〕舊稱波羅夷なり。「ハライ」を見よ。

ハラシヤキヤ 鉢羅奢佉 〔術語〕Praśākhā 又鉢羅賒佉。胎內五位の第五、托胎後第五の七日より產出に至るまでの位なり、支節又は支分と譯す、眼耳手足の支分差別するなり。【玄應音義二十三】に「鉢羅奢佉。亦云二婆羅舍佉一。此云二枝枝一。第五七日時上有二形相一。若至二第六七日一從二五處一更生二耳鼻手足等一。故有二

重枝名。有㆑風生㆓眼耳等孔㆒。亦云㆓生苦㆒也。」【俱舍頌疏世品二】に「鉢羅奢佉。此云㆓支節㆒也。」

ハラジジヤ　鉢羅腎禳　〔雜語〕Prajñā 譯、智慧。【慧琳音義四十七】

ハラジヤハタエイ　鉢囉若鉢多曳　〔天名〕Prajāpati 梵天の名即ち其の眞言なり、鉢囉若は一切生の義、鉢多は主の義、曳 ye は助聲（語尾變化與格なり）なり、所謂一切衆生の主なり。一切衆生梵天に因て生ずるが故に一切生主と名く。而も實には衆生の始なし、是れ梵天の生ずる所にあらず、如來も亦た是の如し。世間一切の善皆佛心より生ずるを以ての故に、又如來の終始を見ざるが故に名けて世間の父となすも、實には衆生の佛性前際始なし。是れ如來の生ずる所に非ざるなり。最初の鉢囉字を以て眞言の體とす。鉢は是れ第一諦最勝の義、囉は塵垢の義にて、阿字門に入れば淨法界を成ず。即ち塵垢の爲に染せられず、即ち是れ蓮華胎藏なり。一切の佛子も亦是の如く最勝の胎藏より生ず、是の故に最勝子と名く。末句曳の字を加ふ故に名けて梵天乘と。【大日經義釋七】【演密鈔七】に「此鉢羅。疏主義譯爲㆓一切生㆒。謂一切世間計。無㆑不㆓從㆑彼生㆒故。若敵對譯時或云㆑勝。或云㆑他。謂一切世間中爲㆑尊爲㆑主故名爲㆑勝。又西方外道計。梵王能生㆓一切㆒。即是他我故名爲㆑他。是故亦得㆓名爲㆓勝生主他生主㆒。」

ハラソ　波羅塞　〔雜名〕戲伎の名。【梵網法藏疏六】に「波羅塞戲。是西域兵戲法。謂二人各執㆓二十餘小玉㆒。乘㆓象或馬㆒。於㆓局道所㆒爭得㆓要路㆒。以爲㆑勝也。」【同智周疏】に「波羅塞戲者此翻㆓象馬鬪㆒。是西國象馬戲法。」梵 Prāsaka

ハラソケンダイ　鉢羅塞建提　〔神名〕Praskan-dha 神の名。譯、勝蘊。【俱舍光記二十七】に「鉢羅塞建提神名。鉢羅此云㆑勝。塞建提此云㆑蘊。」

ハラタ　頗羅吒　〔雜語〕「ハラダ」を見よ。

ハラタ　波賴他　〔雜語〕斤兩の名。「ハッラ」を見よ。

ハラダ　頗羅墮　〔雜名〕Bharadvāja 又頗羅吒と云ふ。婆羅門六姓の一姓なり。【本行集經四十】に「頗羅吒。隋云㆓重瞳㆒。」【法華文句三】に「頗羅墮此翻㆓捷疾㆒。亦云㆓利根㆒。亦云㆓滿語㆒也。」【法華義疏三】に「頗羅墮俗姓也。眞諦三藏云。翻爲㆓利根仙人㆒。六姓婆羅門中一姓也。又翻爲㆓辯才㆒。又翻爲㆑滿。滿正也。」【法華玄贊二】に「頗羅墮者。婆羅門十八姓中之一姓也。」

ハラダ　波羅陀　〔術語〕菩薩行位の名。譯、性種性。【仁王經下】に「以㆓二阿僧祇劫㆒行㆓正道法㆒。住㆓波羅陀位㆒。」【同嘉祥疏五】に「波羅陀位者。此名㆓性種性㆒。三藏師云。義翻爲㆓守護度㆒。所㆑習諸行能堅守不㆑失也。」梵 Pālatā*Pāla-gotra*

ハラダイシヤニ　波羅提舍尼　〔術語〕波羅提「提舍尼の略。

ハラダイシヤニ　波羅提提舍尼　〔術語〕Pratideśanīya 又波胝提舍尼、鉢喇底提舍那、鉢喇底提舍尼に作り、略して波羅提舍尼、波羅舍尼、提舍尼など云ふ。六聚罪の第四、戒律を犯す罪名なり。向彼悔と譯す。此中に四戒あり、此戒を犯す者は必ず餘の一人の比丘に對して懺悔すべし、懺悔すれば其罪消滅す故に向彼悔罪と名く。【行事鈔中一】に「波羅提提舍尼。義翻㆓向彼悔㆒。從㆓對治境㆒以立㆑名。僧祇云。此罪應㆓發露㆒也。即此律戒本中具明㆓悔過之辭㆒。僧有㆓四種㆒如㆓下具陳㆒。尼有㆓八種㆒與㆑僧全別。明了論解第四波胝提舍尼部有㆓十二罪㆒。翻爲㆓各對應說㆒。謂對㆑人說㆓所作罪㆒也。」【飾宗記六末】に「鉢喇底提舍那。正翻爲㆓對他說㆒也。或云㆓鉢喇底提舍尼㆒。義是一也。」【寄歸傳二】に「梵云㆓痾鉢底鉢喇底提舍那㆒。痾鉢者罪過也。鉢喇底提舍那對㆑他說也。說㆓已之非㆒冀令㆓清淨㆒。」

ハラダイビ　波羅提毘　〔雜名〕Pṛthivī 譯、地。【翻梵語九】に「波羅提毘。應㆑云㆓波羅梯毘㆒。譯曰㆑地也。」【梵語雜名】に「地。鉢里體尾。」

ハラダイビシヤ　波羅提毘叉　〔飲食〕Prativiṣa 藥の名。【華嚴探玄記二十】に「波羅提毘叉藥者。此云㆓登照藥㆒。」

ハラダイモクシヤ　波羅提木叉　〔術語〕Prātimokṣa 又、婆羅提木叉、鉢喇底木叉に作る。戒律三名の一。別解脫又は處處解脫と譯す。七衆所受の戒律は別別に身口七支の惡を解脫する義に就て定共戒道共戒に簡異して別解脫戒と稱するなり。又隨順解脫と翻す、戒律は有爲無爲二種の解脫の果に隨順すればなり。【行事鈔中之一】に「波羅提木叉此云㆓處處解脫㆒。」【戒本疏一上】に「波羅提木叉。此翻㆓別解脫㆒乃至戒行名㆓解脫㆒。」【大乘義章一】に「木叉者此名㆓解脫㆒。一者戒行能免㆓業非㆒故名㆓解脫㆒。二能得㆓彼解脫之果㆒故名㆓解脫㆒。」【義林章三末】に「別別防㆑非名㆑之爲㆑別。能防所防皆得㆓別稱㆒。戒即解脫。解㆓脫惡㆒故。」【華嚴探玄記三】に「波羅提木叉此云㆓別解脫㆒。此就㆑因得㆑名。然有㆓二義㆒。一揀㆓異定道㆒（定共戒と道共戒）二三業七支各各防㆑非故名爲㆑別。亦翻爲㆓隨順解脫㆒。此據㆑果立㆑名。隨㆓順有爲無爲二種解脫㆒故。」【希麟音義八】に「鉢喇底木叉。舊云㆓波羅提木叉㆒。此云㆓別解脫㆒。即七衆別解脫律儀也。」巴 Pātimokkha 戒律の項目を列記せる書なり。普通戒本と呼ぶ。布薩の日僧衆の現前にてこの條條を讀みて比丘の犯非を懺悔せしむるなり。

ハラダイモクシヤソウギカイホン　波羅

提木叉僧祇戒本 〔書名〕摩訶僧祇律大比丘戒本の異名。

ハラダツマ 鉢剌闥摩 〔雜語〕Prathama 譯、第一。通常第一第二の第なりとす。【瑜伽倫記一上】

ハラテイ 鉢剌底 〔雜語〕Prati 譯、順。至。【唯識述記四末】に「鉢剌底是順義。」【俱舍論九】に「鉢剌底是至義。」

ハラテイカラダ 鉢剌底羯爛多 〔雜語〕Pratikrānta 譯、順次第。【唯識述記四末】に「逆次第云二阿奴羯爛多一。阿奴是逆義。羯爛多云二次第一。順次第云二鉢剌底羯爛多一。鉢剌底是順義。」

ハラテイダイシヤナ 鉢喇底提舍那 〔術語〕Pratideśaniya 「ハラダイダイシヤニ」を見よ。

ハラテイダイシヤニ 鉢喇底提舍尼 〔術語〕前項に同じ。

ハラテイダイシヤヤビ 鉢囉帝提舍耶寐 〔術語〕Pratideśayāmi 梵語、布薩說戒の具名なり。【玄應音義十六】に「布薩是訛略也。應レ言二鉢囉帝提舍耶寐一。此云二我對說一。謂相向說レ罪也。舊云二淨住一者義翻也。」

ハラテイバダバテイ 鉢囉底婆娜嚩底 〔雜語〕Pratibhānavatī 譯、具辯才。【仁王護國經道場念誦儀軌】に「鉢囉底婆娜此云二辯才一。嚩底此云レ具也。順二此方言一具辯才也。」

ハラテイモクシヤ 鉢喇底木叉 〔術語〕Pratimokṣa 「モクシヤ」を見よ。

ハラテイヤ 鉢羅底也 〔術語〕Pratyaya 譯、緣。【大日經疏十】に「醯都(Hetu)因也。鉢羅底也。緣也。」

ハラドキナ 鉢喇特奇拏 〔術語〕Pradakṣiṇa 譯、旋右、即ち右に遶りて行くなり。【寄歸傳三】に「言二旋右一者。梵云二鉢喇特奇拏一。鉢喇字緣。乃有二多義一。此中意趣。事表二旋行一。特奇拏即是其右。總明二尊便一之目。故時人名二右手一爲二特奇拏手一。意是從二其右邊一爲レ尊爲レ便。方合二旋繞之儀一矣。」「ウネウ」を見よ。

ハラナ 波羅那 〔地名〕河の名。譯、斷除。【本行集經三十五】梵 Vāraṇa*

ハラナ 波羅奈 〔地名〕Vārāṇasī 又、波羅捺、波羅奈斯、婆羅痆斯、婆羅捺寫。國名。江繞と譯す、恒河の流域にあればなり。鹿野園此中に在り。今の Benares なり。【玄應音義二十一】に「波羅痆斯。拏黠反。舊言二波羅奈一。或作二波羅奈斯一。又作二婆羅捺寫一。皆一也。」【同二十三】に「婆羅痆。女黠切。國名也。舊云二波羅奈一。譯云二江繞城一。」【西域記六】に「波羅痆(女黠反)斯國。舊曰二波羅奈國一。訛也。中印度境。」【法華義疏四】に「波羅捺此云二鹿林一。又翻爲二繞河城一。城有レ水遶。今謂波羅捺是其通處。鹿林是其別處。」【毘婆沙論一百八十三】に「何故名二婆羅痆斯一。答。此是河名。去レ其不レ遠造二立王城一。是故是城亦名二婆羅痆斯一。」

ハラナシ 波羅奈斯 〔地名〕「ハラナ」を見よ。

ハラナシヤバリ 鉢蘭那賒嚩哩 〔經名〕Praṇāśabalin 陀羅尼の名。譯義詳ならず。鉢羅那賒嚩哩大陀羅尼經一卷あり、宋の法賢譯、惡魔鬼神を除き及び災害疾疫を消除す。【成帙八】(888)

ハラナチヤ 褒羅那地耶 〔雜名〕Purāṇa-dvitīya 又 Pūrva。故二、又は第二と譯す、比丘の舊妻を云ふ。【玄應音義十四】に「律中故二。梵本云二褒羅那地耶一。譯言二舊第二一。雜心論云二衆具及第二一是也。」

ハラナマ 鉢囉拏摩 〔印相〕十二合掌の第七譯、歸命合掌。【大日經疏十三】に「合二十指頭相叉一皆以二右手指一加二於左手指上一。如二金剛合掌一也。此云二歸命合掌一。梵音云二鉢囉拏摩合掌一。」梵 Praṇāma

ハラニミ 波羅尼蜜 〔界名〕Paranirmita-vaśavartin 天の名。譯、他化自在。【玄應音義三】に「波羅尼蜜天。或云二婆舍跋提天一。此云二他化自在天一。」

ハラニヤ 鉢羅若 〔術語〕Prajñā 般賴若、般羅若。「ハンニヤ」を見よ。

ハラニヤテイバヤナ 鉢蠟若帝婆耶那 〔流派〕Prajñaptivādinaḥ 小乘部宗の名。說假部なり。【四分律開宗記一本】

ハラハカラミツタラ 波羅頗迦羅蜜多羅 〔人名〕「ハハ」を見よ。

ハラハシヤラ 波羅頗莎羅 〔異類〕Prabhāvara 夜叉の名。譯、最光明。【孔雀王呪經上】

ハラハバテイ 波羅頗婆底 〔異類〕Prabhāvatī 阿修羅王の妹の名。譯、明妃。【婆藪槃豆法師傳】に「阿修羅有レ妹。名二波羅頗婆底一(知履反)。波羅頗譯爲レ明。婆底譯爲レ妃。」

ハラハミツタラ 波羅頗密多羅 〔人名〕「ハハ」を見よ。

ハラバダトバラ 鉢囉嚩娜覩嚩囉 〔雜語〕譯、最無上。【大日經疏九】に「鉢囉嚩娜覩嚩囉。是上妙義。殊勝義。即是世間第一更無二過上一故云二最無上一。」梵 Pravanatuvara*

ハラバラナ 鉢剌婆剌拏 〔術語〕Pravāraṇa 巴 Pavāraṇā 譯、隨意自恣。安居の末日に當て他をして隨意に見聞疑の三事に於て安居中の自己の過罪を擧發せしめ、以て懺悔するを云ふ。舊譯に自恣と云ふ。他をして恣に己が愆を擧げしむるなり。【寄歸傳二】に「凡夏罷歲終之時。此日當レ名二隨意一。即是隨レ他於二三事之中一任意擧發說レ罪除レ愆之義。舊云二自恣一者義翻也。乃至鉢剌婆剌拏譯爲二隨意一。亦是飽足義。亦是隨二他人意一擧二其所犯一。」

ハラブタ　簸蔥復多　〔異類〕夜叉の名。【無量門破魔陀羅尼經】に「簸蔥復多此云二衆多一」【名義集二】に「波羅赴。亦云二鉢剌部一。此翻二自在一。」梵 Prabhūta

ハラブタラタナヤ　鉢羅歩多囉怛曩野　〔佛名〕Prabhūtaratna 多寶佛の梵名なり。【慧琳音義二十六】に「抱休蘭。佛名也。正音鉢羅歩多囉怛曩野。(與格)唐云二多寶一。」【薩曇分陀利經】に「抱休羅蘭。漢言二大寶一。」

ハラベイシヤ　鉢羅吠奢　〔術語〕Praveśa 譯、入。十二入の入なり。【因明大疏一】に「鉢羅吠奢。翻レ入。」【梵語雜名】に「入。鉢羅尾捨。」

ハラマクワラ　鉢羅摩禍羅　〔物名〕譯、珊瑚。【慧苑音義上】に「珊瑚梵本正云二鉢羅摩揭羅一。寶樹之名。其樹身幹枝葉條華皆紅色。」

ハラマダ　波羅末陀　〔雜語〕譯、第一義。Paramārtha【智度論四十七】に「波羅末陀。秦言二第一義一。」図〔人名〕眞諦三藏の梵名。【續高僧傳一】に「拘那羅陀。陳云二親依一。或云二波羅末陀一。譯云二眞諦一。並梵文之名字也。」

ハラミ　鉢羅弭　〔雜語〕Parami 譯、第一。【大日經疏十三】に「鉢羅弭。譯爲二第一一也。以二無等一故即是第一。更無二過上一也。」

ハラミタ　波羅蜜多　〔術語〕又、播囉弭多、「ハラミツ」を見よ。

ハラミツ　波羅蜜　〔術語〕Pāramitā 又波羅蜜多、播囉弭多と云ふ。究竟、到彼岸、度無極、又は單に度と譯す。菩薩の大行に名くるなり、菩薩の大行能く一切自行化他の事を究竟すれば事究竟と名け、此大行に乘じて能く生死の此岸より涅槃の彼岸に到れば到彼岸と名け、此の大行に因て能く諸法の廣遠を度れば度無極と名く。【法華次第下之上】に「此六通云二波羅蜜一者。並是西土之言。秦翻經論多不レ同。今略出二三翻一。或翻云二事究竟一。或翻云二到彼岸一。或翻云二度無極一。菩薩修二此六法一。能究二竟通別二種因果一切自行化他之事一故云二事究竟一。乘二此六法一能從二二種生死此岸一到二二種涅槃彼岸一。謂二之到彼岸一。因二此六法一能度(ワタル)二通別二種事理諸法之廣遠一故云二度無極一也。若依二別釋一三翻各有二所主一。若依二通釋一則三翻雖レ異意同無別也。」【大乘義章十二】に「波羅蜜者。是外國語。此翻爲レ度。亦名二到彼岸一。(乃至)波羅者岸。蜜者是到。」【倶舍光記十八】に「波羅此云二彼岸一。蜜多此云レ到。菩薩能到二自乘所往圓滿功德彼岸處一故。」【智度論十二】に「問曰。云何名二檀波羅蜜一。答曰。檀義如二上説一。波羅(秦言彼岸)蜜(秦言到)是名下渡二布施河一得上レ到二彼岸一。復次此岸名二慳貪一。檀名二河中一彼岸名二佛道一。」【慧琳音義一】に「播囉弭多唐云二彼岸到一。今廻レ文云二到彼岸一。」【仁王經良賁疏上一】に「言二波羅一者梵語也。此云二彼岸一。對レ彼説レ此。此岸者何。於二四諦中一已起苦集而爲二此岸一。未起苦集而爲二中流一。涅槃菩提即滅道諦而爲二彼岸一。(乃至)言二蜜多一者梵語也。此具二二義一。離義到義。於二生死中一離レ此到レ彼。」

六波羅蜜　〔名數〕一に檀波羅蜜、檀は檀那の略。布施と譯す、財施、無畏施、法施、の大行なり。二に尸羅波羅蜜、尸羅は戒と譯す、在家出家小乘大乘等の一切の戒行なり。三に羼提(せんだい)波羅蜜、羼提は忍辱と譯す、一切有情の罵辱撃打等、及び非情の寒熱飢渇等を忍受する大行なり。四に毘梨耶波羅蜜、毘梨耶は精進と譯す身心を精勵して前後の五波羅蜜を進修するなり。五に禪波羅蜜、禪は禪那の略、惟修と譯し、新に靜慮又は三昧と名け、定と譯す、眞理を思惟して散亂の心を定止する要法なり。四禪八定乃至百八三昧等の別あり。六に般若波羅蜜、般若は智慧と譯す、諸法に通達する智及び斷惑證理する慧なり、菩薩此六法を修し自利利他の大行を究竟して涅槃の彼岸に到れば六波羅蜜と稱す。【法界次第下之上】に出す(梵名次條)

十波羅蜜　〔名數〕唯識論に十波羅蜜を立て十勝行と稱して菩薩十地の行法となす。一に施波羅蜜 Dānapāramitā 二に戒波羅蜜 Śīlapāramitā 三に忍波羅蜜 Kṣāntipāramitā 四に精進波羅蜜 Vīryapāramitā 五に靜慮波羅蜜 Dhyānapāramitā 六に般若波羅蜜 Prajñāpāramitā 七に方便善巧波羅蜜 Upāyapāramitā 廻向方便善巧と拔濟方便善巧との二種あり。八に願波羅蜜 Praṇidānapāramitā 求菩提願と利樂他願との二種あり。九に力波羅蜜 Balapāramitā 修習力と思擇力との二あり。十に智波羅蜜 Jñānapāramitā 受用法樂智成熟有情智の二あり。此れ六波羅蜜の第六を開いて後の四波羅蜜となせるなり。【唯識論九】

ハラミツギヤウ　波羅蜜形　〔術語〕明妃の表相即ち女形なり。明妃は即ち三昧の形なり。【秘藏記鈔一】

ハラミテイ　般剌蜜帝　〔人名〕梵僧の名。譯、極量、中印度の人、唐の神龍元年、廣州の制旨道場に於て首楞嚴經十卷を譯す。【宋高僧傳二】梵 Paramiti* (Pramiti)「イッダイ」を見よ。

ハラヤシテイカ　波羅夜質胝柯　〔術語〕「ハ

ハラユタ　鉢羅由他　〔雜語〕Parāyuta* 又、波羅由他、數量の名。【倶舍頌疏世品五】に「十那庾多爲二鉢羅由多一。」【本行集經十二】に「波羅由他隋言二數十萬億一。」

ハララユ　波羅羅油　〔植物〕花の名。譯、重華。【法華義疏十二】に「波羅羅油此云レ重。」【名義集三】に「波羅羅此云二重生華一。」「ハタリ」を見よ。

ハラリホタラ　波羅利弗多羅　〔地名〕城の名。

ハラヲツ　波羅越　〔雜語〕Parāvata譯、鴿。【法顯傳】に「波羅越者天竺名レ鴿也。」

ハリ　波利　〔雜語〕Pari 譯、圓。圓滿の義なり。又皆なり、徧なり。【唯識樞要上本】に「波利圓也。」【華嚴經疏鈔十四】に「波利此云二皆也徧也一。」

ハリ　波離　〔人名〕Upāli 鄔波離の略。

ハリ　波利　〔雜語〕「テイハリ」を見よ。図〔人名〕佛陀波利の略。唐の儀鳳元年西國より來りて五臺山に至り、文殊の告命を受けて更に西天に還り、尊勝陀羅尼經の梵本を齎して之を譯出せし婆羅門僧なり。【尊勝陀羅尼經序】

ハリ　皤唎　〔印相〕印契の名。施與一切食法印なり。【陀羅尼集經五】に「施與一切食法印。」【註】に「雜音皤唎。」梵 Bali

ハリ　玻璃　〔物名〕又、頗梨、頗黎に作り、新譯に頗胝迦、頗置迦、娑波致迦、塞頗致迦、颯破樾迦、窣坡致迦 Sphaṭika と云ふ。此方の水精に當る。紫白紅碧の四色あり。【玄應音義二】に「頗梨力私切。又作レ黎。力奚切。西國寶名也。梵言二塞頗胝迦一。又言二頗胝一。此云二水玉一。或云二白珠一。大論云。此寶出二山石窟中一。過二千年一氷化爲二頗梨珠一。此或有也。胝音竹尸切。」【同二十四】に「頗胝迦。陟尸切。亦言二娑波致迦一。西國寶名也。舊云二頗梨一者訛略也。」【慧琳音義四十一】に「頗胝迦。古譯或云二頗黎一。或云二頗胝一。皆訛轉也。正梵音云二颯破樾迦一。形如二水精一。光ヨ瑩精ヨ妙於水精一。有二黃碧紫白四色差別一。」【慧苑音義上】に「頗梨色。正云二窣坡致迦一。其狀少似二此方水精一。然有レ赤有二白等一也。」【智度論十】に「若法沒盡時。諸舍利皆變爲二如意珠一。譬如下過二千歲一氷化爲中頗梨珠上。」【梵語雜名】に「頗梨。薩頗置迦。」

ハリ　波利　〔植物〕波利質多の略、樹の名。

ハリカラ　波利迦羅　〔衣服〕衣の名。「ハキヤラ」を見よ。

ハリゴロモ　張衣　〔衣服〕【甕驢嘶餘】に「はり衣、重ね衣とも云ふ、裡衣は僧綱のあるあり。」

ハリサラバナ　鉢里薩囉伐拏　〔物名〕Parisrāvaṇa 六物の一。濾水囊なり。【寄歸傳二】に「鉢里薩囉伐拏。濾水羅也。」「を見よ。

ハリシカ　波利師迦　〔植物〕花の名。「バシカ」

ハリシタラ　波利質多羅　〔植物〕Pariccitra 又、波利質羅、波疑質姤と云ふ。具名、波利耶怛羅拘陀羅。忉利天上の樹の名。譯香遍樹、又天樹王と稱す。【慧苑音義下】に「波利質多羅。具云二波利耶怛羅拘陀羅一。此云二香遍樹一。謂此樹根莖枝葉華實皆能遍熏二忉利天宮一。」又「波利此曰レ遍也。亦曰二周市一。質多羅云二間錯莊嚴一也。言此樹衆雜色花周市嚴飾。或云二圓妙莊嚴一也。」【華嚴探玄記二十】に「波利質多樹。正云二波唎耶怛羅拘毘陀羅一。此云二香徧樹一。謂此樹枝葉實一切皆香。故立二此名一。」

ハリシバ　波栗濕縛　〔人名〕Pārśva 比丘の名。譯、脇。【西域記二】に「波栗濕縛尊者。唐言二脇尊者一。」「ケウソンジヤ」を見よ。

ハリシヨウ　波梨鐘　〔物名〕祇園精舍の無常院の鐘なり。「カネ」を見よ。⊙(榮華)に「天竺の祇園精舍の玻璃珠の鐘の音に諸行無常是生滅法生滅滅已寂滅爲樂とこそ聞ゆるれ」(曲、三井寺)に朝夕の四時の鐘の音に四句を配するは此の鐘の傳說より來りたるなり。

ハリジユホフモン　波利樹法門　〔術語〕涅槃經三十二に忉利天宮の波利質多樹を引いて、菩薩の出家して具足戒を受け、乃至諸行を具足して大般涅槃を得る功德に譬へしを云ふ。⊙(榮華、音樂)「玻璃樹のたをやかなる枝」

ハリタラクカ　波利呾羅拘迦　〔流派〕又、般利伐羅多迦、般利伐羅勺迦、簸利婆羅闍迦と云ふ。外道の一類、出家外道なり。【唯識述記一】に「有二外道一。名二波利怛羅拘迦一。翻爲二遍出一。遍能出ヨ離諸俗世間一。此是出家外道之類。」【俱舍光記九】に「般利伐羅多迦外道。此云二遍出一。即顯二出家之義一。是出家外道。此持下執二三杖一行キ擬レ護二衣服瓶鉢等一。並剪二鬢髮一無義苦行上。」【玄應音義二十四】に「般利伐羅勺迦亦言二簸利婆羅闍迦一。此云二普行一。事二那羅延天一。頂留二少髮一。餘盡剃去。內衣在レ體纔蔽二形醜一。其衣染以二赤土之色一也。」

ハリチベイ　鉢哩體吠　〔天名〕Pṛthivī 地神の名即ちその眞言なり、體字を以て眞言の體とす、正音は是れ他字門なり、一切の法皆所依住處あるが故に如來藏は猶ほ大地の如し、今阿字門に入るを以ての故に一切法所依住處不可得なり、上に伊點を加ふ是れ三昧聲なり云云【大日經義釋七】「ケンラウ」の項を見よ。

ハリヂバナン　波利暱縛喃　〔術語〕Parinirvāṇa 舊稱の涅槃なり。【唯識述記一本】に「西域梵音云二波利暱縛喃一。波利者圓也。暱縛喃言レ寂。即是圓滿體スル寂滅義。舊言二涅槃一。者訛略也。今或順レ古亦云二涅槃一。」

ハリツシフバ　波栗濕縛　〔人名〕脇と譯す。馬

鳴の師脇尊者の梵名なり。「ケウソンジヤ」を見よ。

ハリバシヤ 波利婆沙 〔術語〕律中の罰名。譯、別住。犯戒者をして別房を與へて獨住せしめ僧と同住せしめざるなり。【羯磨疏四下】に「波利婆娑此名二別住一。別與二下房下臥具一宿。不レ同二僧住一故名也。」【四分戒本定賓疏上】に「準二明了論一翻爲二宿住一。準二僧祇律一翻爲二別住一。準二四分律一翻爲二覆藏一。覆藏者就レ過翻レ名也。別住者罰令三獨宿靜二思其過一故。律文不レ得二二人三人同レ室宿一也。繹レ宿住也。」

ハリフ 破立 〔術語〕又遮照と云ふ。萬法を破して眞空の理を顯はすを破と云ひ、萬法の緣起を論じて妙有の義を顯はすを立と云ふ、即ち是れ空有の二門なり。三論宗の如きは空門に依て諸法を破し、法相宗の如きは有門に依て諸法を立つるなり。【宗鏡錄八】に「破立一際。遮照同時。」

ハリマンダラ 鉢履曼荼羅 〔雜語〕Pari-maṇḍala 又、鉢哩曼荼羅。譯、圓。【寄歸傳二】に「鉢履曼荼羅著二泥婆娑一。即其眞也。譯爲二圓整著一レ裙。」【梵語雜名】に「圓。鉢哩曼荼羅。」

ハリヨウ 巴陵 〔人名〕岳州巴陵の顥鑑、雲門の法嗣なり。【傳燈錄二十二】

巴陵三轉語 〔公案〕【碧巖第十三則評唱】に「巴陵を衆中に之を鑑多口と謂ふ。常に坐具を縫ふて行脚す。深く他の雲門脚跟下の大事を得たり。所以に奇特なり。後に出世して雲門に法嗣す。先づ岳州の巴陵に住し、更に法嗣の書を作さず、只三轉語を得て雲門に上る。如何是道。明眼人落レ井。如何是吹毛劍。珊瑚枝枝撐二著月一。如何是提婆宗。銀椀裏盛レ雪。雲門云く、他日老僧が忌辰に只此三轉語を擧せば恩を報すると足れり。自後果して忌辰の齋を作さず、雲門の囑に依つて只此三轉語を擧す。」

巴陵銀椀裏 〔公案〕碧巖第十三則。上の三轉語に註す。「ギンワンリセイセツ」を見よ。

巴陵吹毛劍 〔公案〕碧巖一百則。上の三轉語に註す。

ハリラゴ 波利羅瞧 〔異類〕鬼神王の名。譯、「勇猛進。【金光明文句七】

ハリン 波崙 〔菩薩〕又、波倫、薩陀波崙の略。菩薩の名。譯、常啼。般若を求むる爲に七日七夜啼哭せし菩薩なり。【玄應音義三】に「波崙又作二波倫一。此云二常啼一。明度經云二普慈一。皆一義也。」【慈恩寺傳八】に「聞レ道必猶三波崙之歸二無羯一。」「シヤウタイ」を見よ。

ハレイ 頗黎 〔物名〕「ハリ」を見よ。

ハレンホツ 巴連弗 〔地名〕城邑の名。「ハタリ」を見よ。

ハロクナ 頗勒窶拏 〔雜語〕Phālguna 又、叵勒拏。十二月の稱。

ハログナ 頗勒具那 〔人名〕Phālguna 比丘の名。十二月の星に因て名く。【玄應音義二十四】に「頗勒具那。此十二月星也。此人從レ此爲レ名。」

ハロシヤ 鉢嚕灑 〔飲食〕八種漿の第六。【百一羯磨五】に「鉢嚕沙漿。其果狀如二蘡薁子一。」「カウヤク」の項、八種更藥を見よ。

ハロシヤカ 波樓沙迦 〔雜名〕忉利天の四苑の一。譯、麁澁園。【起世因本經六】梵 Parūṣaka

ハワガフソウ 破和合僧 〔術語〕略して破僧と云ふ、五逆罪の一。邪方便を以て一味の聞法衆及び一味の作法衆を乖離せしめ、以て佛の轉法輪を息止し僧中の法事を阻害するなり。五逆の中其の罪最重。

ハワリ 波和利 〔雜語〕「ハバリ」を見よ

ハヱイチサイシンシキ 破壞一切心識 〔經名〕決定毘尼經の異名。

ハン 板 〔物名〕はんぎ、響板。時間を報ずる爲に「うちならす板也。

ハン 判 〔雜語〕刀を用ゐて一物體を半截する象形なり。彼此相對して明瞭の區別を爲して顯示判別せしむるなり。【法華經科註】に「譬般若已後判二天性一定二父子一。會レ三歸レ一付レ財與レ記。」

ハンエン 攀緣 〔術語〕心は獨り起らず必ず所對の境ありて彼に攀ぢ緣りて起ると、恰も老人の杖に攀ぢて起つ如きを攀緣と云ひ、又心が彼や此やと外界の事物を馳せ廻る樣を猿が木の枝を彼處此處と攀ぢあるくにも譬へて攀緣と云ふ。常に略して只緣の一字を以て之を說き、心を能緣とし境を所緣とし心が境に涉るを緣ずと云ふ。【楞伽經一】に「法佛者離二攀緣一。攀緣離一切所作根量相滅。」【楞嚴經一】に「諸衆生以二攀緣一爲二自性一。」【維摩經問疾品】に「何謂二病本一謂有二攀緣一。乃至云何斷二攀緣一。以二無所得一。若無所得則無二攀緣一。」⊙(榮花、初花)「さて萬に攀緣しつつ」

ハンカク 攀覺 〔術語〕散亂の心、外境を攀緣し覺知するなり。【止觀五】に「攀覺流動皆從レ妄生。如二旋火輪一輟レ手則息。洪波鼓怒風靜則澄淨。」

ハンカザ 半跏坐 〔術語〕半跏趺坐なり。

ハンカシヤマテイ 般迦舍末底 〔術語〕Pra-kāśamati 沙門の名、照慧。【求法高僧傳二】

ハンカフ 半跏趺 〔術語〕半跏趺坐なり。

ハンカフザ 半跏趺坐 〔術語〕兩足を兩髀に加するを結跏趺坐と云ひ全跏坐と云ふ、一足を一髀に加するを半跏趺坐半跏趺と云ふ、而して全跏坐に吉祥降魔の二坐ある如く、半跏坐に亦吉祥降魔の二種あり。右の單足を以て左の髀上に加するを吉祥の半跏とし、左の單足を以て右の髀上に加するを降魔の半

跏とす。全跏坐を如來坐とし、半跏坐を菩薩坐とす。禪苑の半跏は降魔の方也。【釋氏要覽】に「念誦經云。全加趺是如來坐。半加趺是菩薩坐。」「ケッカフザ」を見よ。

ハンギヤウハンザサンマイ　半行半坐三昧 〔術語〕天台所立四種三昧の一。或は行道して經文を誦し、或は安坐して實相を思惟する三昧法なり。法華經は此三昧法に依て修行するなり。三昧とは定と譯し、心を其の境に定めて妄念を止息するを云ふ。「シシユサンマイ」を見よ。

ハンクワ　半果 〔故事〕阿育王死する時半分の菴摩勒果を衆僧に施して最後の供養となす。「アイクワウ」を見よ。

ハンケウ　判敎 〔術語〕釋迦一代の敎相を判釋するなり、天台の五時八敎、華嚴の五敎の如き是なり。大乘の諸宗各敎相の判釋あり。【法華玄義十】に「聖人布敎各有二歸從一。然諸家判敎非レ一。」ハンゲウと讀む。

ハンゲ　半夏 〔雜語〕結夏と解夏との中間なり。【臨濟錄】に「師因半夏上二黃蘗一。」

ハンゲ　半偈 〔本生〕諸行無常、是生滅法、生滅滅已、寂滅爲樂の後半偈なり、涅槃經十四に釋迦如來往昔雪山に入て菩薩の行を修せし時、羅刹より前の半偈を聞き、歡喜して更に後半を欲求す。羅刹聽かず、乃ち身を捨てて彼に與ふるを約して之を聞くを得たり。依て雪山の半偈とも雪山の八字とも云ふ。【心地觀經一】に「時佛往昔在二凡夫一。入二於雪山一。求二佛道一。攝心勇猛勤精進。爲レ求二半偈一捨二全身一。」【涅槃經十四】に「爲レ求二八字一故棄二所愛身一。」

ハンゲツギヤウサウ　半月形相 〔雜語〕五種結界の一。結界の地形を水、石、路等によりて半月の形に作ること。

ハンサイ　半齋 〔術語〕半日の齋なり、齋法は一日一夜にして今日の明相より翌日の明相を限りとすれば、今日の正午を過ぐれば明日の夜明けまで一物をも食すべからざるなり、然るに夜分に至つて食事を爲し齋を破るを半齋と云ふ。正午より暮に至る半日の齋を持し夜分に至つて齋を破るなり。故に晝食に就て半齋と云ひ、夜分に就て破齋と云ふ。半齋破齋同意なり。【經律異相四十四】に「破齋猶得レ生レ天第九。昔有二迦羅越一。興二設大檀一請二佛及僧一。時一人賣レ酪主人留食。勸令二持齋聽一レ經。至レ暝乃歸。婦語レ之言。我朝來不レ食。相待至レ今。敗二壞夫齋一。半齋之福猶生二天上一。七世生二人間一常得二自然一。一日持レ齋六十萬歲自然之糧。」【舊雜譬喩經上】に「昔有二四姓一請レ佛飯。時有二一人賣牛湩一。大姓留止飯。敎下持二齋戒一止聽上レ經。賓乃歸。婦言。我朝相待未レ飯。便强令三夫飯壞二其齋意一。雖レ爾七生二天上一七生二世間一。」図禪門の諸規に半齋の語あり、諸解多端なり。或は言ふ、早朝の粥時と正午の齋時との中間を半齋と云ふ、半齋とは時の名なり、即ち粥齋の中間に點心するを半齋の點心と云ひ、粥齋の中間に法事するを半齋の諷經と云ひ、半齋を誦すとも云ふ、半齋は時に名くと。【象器箋三】に「舊說云。在二粥與レ齋之半一。故曰二半齋一。乃至半齋者時名也。」或は言ふ、半齋とは正午の齋なり、日中午の刻は一日の正半なればなりと。【宋高僧傳一貞誨傳】に「半二齋僧一訖。望レ空合掌而卒。」或は言ふ、半齋とは午前に少しく物を食ふとなりと。是れ點心と混同すれば此說非なり。或は言ふ半齋一に判齋に作る。半判音同じければ判齋を以て半齋とせしなり、判は即ち判釋の意にて獻齋の意を判斷し疏通するなり、されば半齋とは禪家に所謂獻齋の回向文を云ひ、又獻齋回向の法事を指して云ふ、即ち半齋點心と云ふは獻齋回向の法事のあとに點心の饗應あるなりと。靈空の【和語雜錄三】に「集古錄有二判齋字一。曰。絢父子爲二唐顯人一。仍世宰相而楚尤以二文章一見レ稱。世傳絢爲レ文喜以二語簡一爲レ工。常飯レ僧。僧判齋。絢於二佛前一跪レ爐諦聽。而僧唱言。曰。令狐絢設レ齋。佛知。蓋以レ此譏二其好一レ簡。夷堅志有二一僧人一。爲レ人判二水陸齋一。意半判音同義亦通。故以二判齋一爲二半齋一。判則與レ疏相近。」

ハンサイフギン　半齋諷經 〔儀式〕早粥已に過て午齋未だ及ばず、其の中間に在て諷經するを云ふ。前項を見よ。

ハンザ　半座 〔雜語〕世尊嘗て半座を迦葉に分て坐せしむ、是れ二乘と佛と解脫の床を同ずる義なり。【華手經一】に「世尊遙命レ之曰。善來迦葉。久乃相見。汝當レ就二此如來半座一。佛移時大千世界六反震動。」【雜阿含四十一】に「告二摩訶迦葉一。善來迦葉。於二此半座一。我今竟知誰先出家汝耶我耶。」【佛本起經下】に「善來迦葉。豫分二半牀一。」又多寶如來多寶塔中の半座を分けて釋迦如來をして之に坐せしむ。【法華經見寶塔品】

ハンシカ　半只迦 〔異類〕Pañcika* 又半支迦、般止柯、散支、散支迦、般闍迦、德叉迦と云ふ。八大夜叉の第三、鬼子母の夫なり。【大日經疏五】に「半只迦。舊曰二散支一。」【毘奈耶雜事三十一】に「昔王舍城內一山邊有二藥叉神一。名曰二娑多一。北方犍陀多羅國復有二藥叉一。名二半遮羅一。娑多娶レ妻生レ女。容貌多嚴見者愛樂。其生之時諸藥叉衆咸皆歡慶。諸親立レ字名曰二歡喜一。即ち鬼子母神なり半遮羅婦有レ娠。月滿生レ兒。名曰二半支迦一。昔曾二人指レ腹爲レ親。半支迦即娶二歡喜一爲レ妻。」【呵哩底母經】に「有二大藥叉女一名曰二歡喜一。容貌端嚴

有二五千眷屬一。常住二支那國一護二持世界一。是娑多大藥叉將之女。嫁二半支迦大藥叉將一（昔云散脂者訛）生二五百子一。」【大藥叉女歡喜母幷愛子成就法】に「佛至二王舍城竹林精舍一爲二諸人天一演二說法要一。時有二大藥叉女一名曰二歡喜一。容貌端嚴。有二五千眷屬一。常在二支那國一護二持世界一。是沙多大藥叉將之女。聘二半支迦大藥叉將一（名散指者訛）生二五百子一。」【雜寶藏經七】に「鬼子母者是鬼神王般闍迦妻。」【陀羅尼集經七】に「鬼子母夫字二德叉迦一。」【孔雀王咒經下】に「般止柯大藥叉軍主。訶梨底藥叉女。及五百子等所二隨喜一。」【孔雀明王經】に「散指迦大將訶利帝母。及五百子。」「サンシ」を見よ。

ハンシシリ 畔徒室利 〔人名〕 論師の名。譯、親勝。成唯識論十大論師の一。【唯識述記一本】に「梵云二畔徒室利一。唐言二親勝一。天親菩薩同時人也。本頌初行先作二略釋一。妙得二作者之意一。後德因而釋焉。」梵Bandhuśrī 徒は徒の誤。

ハンシヤ 般遮 〔天名〕 「ハンシヤウジユン」を見よ。

ハンシヤ 般遮 〔雜語〕 Pañca 又、半者。譯、五。【瑜伽倫記一上】に「梵言二般遮一。此云レ五。」【梵語雜名】に「五。半者。」

ハンシヤ 般遮 〔行事〕 「ハンシヤウシ」を見よ。

ハンシヤ 槃遮 〔雜語〕 Vāc 又婆娑 Bhāṣā と云ふ。譯、說。【觀經嘉祥疏】に「胡云二槃遮一。此云レ說。說是吐レ敎彰レ理。名レ之爲レ說。」

ハンシヤウシ 般遮于瑟 〔行事〕 Pañcavārṣika 般闍于瑟、般遮婆瑟、般遮跋瑟迦、般遮越師と云ふ。具には般遮跋利沙、又は般遮婆栗迦史と云ふ。直譯すれば五年會なり、五年每に設くる大齋會なり。義譯して無遮會と云ふ、一切の人を容受して遮遣せざればなり。【玄應音義十七】に「般闍于瑟。或作二般遮于瑟一。皆訛略也。應レ言二般遮跋利沙一。又言二般遮婆栗史迦一。般遮此云レ五。婆栗史迦此云レ年。謂五年大會也。佛去レ世一百年後。阿輪迦王設二此會一也。」【十誦律五】に「般遮婆瑟會。」【註】に「云二五歲會一也。」【法顯傳】に「般遮越師。漢言二五年大會一也。國王作二大會一也。」【文句私記二】に「育王經云二五年功德會一。開元錄云二五年一切大集會一。探玄記云二無遮大會一。」

ハンシヤウジユン 般遮于旬 〔天名〕 樂神の名。【大部補註五】に「諸經亦云二般遮于旬一。乃以二其琴一歌二頌佛德一。般遮于旬即五神通人也。」【文句私記二】に「瑞應云。般遮彈レ琴而歌。又云。帝釋般遮伎。」【高僧傳十三】に「般遮絃二歌於石室一。請レ開二甘露之初門一。淨居舞二頌雙林一。奉レ報二一化之恩德一。」

ハンシヤウヅクジユジユ 半裝束數珠 〔物名〕 全分水精の數珠を本裝束と云ひ、半分水精なるを半裝束と云ふ。

ハンシヤカ 半釋迦 〔異類〕 「ハンチヤカ」を見よ。

ハンシヤカタニ 半者珂但尼 〔飮食〕 Pañcakhādanīya 又、半者佉闍尼、半者佉但尼と云ふ。譯、五嚼食、五不正食齧嚼して食ふべき五物也。【寄歸傳一】に「呵但尼即齧嚼受レ名。半者謂五也。（乃至）半者呵但尼應三譯爲二五嚼食一。一根。一莖。三葉。四華。五果。」【餝宗記五末】に「五種佉闍尼。（此謂不正食）謂枝、葉、花、果、細末磨食。」

ハンシヤキヤジヤニ 半者佉闍尼 〔飮食〕 前項を見よ。

ハンシヤシ 般遮尸 〔人名〕 次項を見よ。

ハンシヤシキ 般遮尸棄 〔人名〕 Pañcaśikhin 仙人の名。譯、五頂、五髻。【唯識述記一末】に「婆羅痆斯國有二婆羅門一。名二摩納縛迦一。此云二儒童一。其儒童子名二般遮尸棄一。此言二五頂一。頂髮五旋。頂有二五角一。」【慧琳音義二十六】に「般遮尸此云二五髻一。」

ハンシヤジユン 般遮旬 〔雜名〕 Pañcābhijñāna 譯、五神通。又五旬と云ふ、般遮は五なり。【玄應音義三】に「五旬。或言二般遮旬一。即五神通也。按二阿闍世王女阿術達經一云。悉得二五旬一是也。大品等經云二五神通一同義也。」又「般遮旬。般遮此云レ五。猶五神通也。經中或作二五旬一。存二二音一。」

ハンシヤバシ 般遮婆瑟 〔行事〕 「ハンシヤウシ」を見よ。

ハンシヤバリシカ 般遮婆栗史迦 〔行事〕 「ハンシヤウシ」を見よ。

ハンシヤホジヤニ 半者蒲闍尼 〔飮食〕 次項を見よ。

ハンシヤホゼンニ 半者蒲膳尼 〔飮食〕 Pañcabhojanīya 舊に半者蒲闍尼と云ふ。譯、五噉食、五正食。【寄歸傳一】に「半者蒲膳尼。應譯爲二五噉食一。舊云二五正一。准レ義翻也。一飯。二麥豆飯。三麨。四肉。五餠。」

ハンシヤラ 般遮羅 〔人名〕 Pañcāla 又、般沙羅。國王の名。五執と譯す。此王仁慈、死刑を廢し但罪人の五體を縛して之を山林に捨つるのみ、依て國人般遮羅と稱す。王妃五百子を卵生す、各他國に於て生長し還て父王に寇せんとす。王妃出でて之を鎭す。【慧琳音義十八】に「般遮唐云レ五。數名也。羅名爲レ執。此乃國名王之美稱也。言彼國王性多二慈愛一。縱有下犯二死刑一者上不レ忍レ殺レ之。但縛二五體一送二於曠野山林一。時人嘉レ之。因爲二國號一也。」【俱舍光記八】に「婆沙一百二十四云。毘舍佉。鹿子母。般遮羅是地名。唐言二執五一。此王從レ地爲レ名。妃生二五百卵一。羞愧恐レ爲二災變一。以二小函一盛棄二殑伽河一。隨レ流而去下。有二隣國王一。因レ觀レ水遣レ人取。見レ卵將歸。經二數日一開。各出二一子一。養大饒勇。所レ往皆伏。無二敢敵者一。彼隣國王與二彼父王一久來怨讎。欲レ遣二征罰一。先作レ書告。今欲レ決レ戰。

尋後兵至圍二繞其城一。即欲二摧破一。般遮羅王極生二忙怖一。王妃聞レ委慰二諭王一言。王不レ須レ愁。此五百子皆是吾兒。具陳二上事一夫子見レ母惡心必安息。妃自登レ城告二五百子一說二上因緣一。如何今者欲レ造二逆罪一。若不レ信皆應レ張レ口。妃按二兩乳一有二五百道乳汁一各注二一口一。應レ時信伏。因即和好各起二慈心一。兩國交通永無二征伐一。」⊙(今昔物語)に「般沙羅王五百卵初知父母語」

ハンシヤラ　半遮羅　〔天名〕Pañjala* 譯、籠。【慧琳音義二十六】　㊁〔人名〕長者の名。譯、籠又は獄。卵生の人なり。【慧琳音義二十六】

ハンシヤラケンダ　般遮羅犍茶　〔異類〕Pañcalacaṇḍa 又、般遮羅旃陀と云ふ。夜叉の名。譯、五可畏、五處。【大雀王咒經上】に「般遮羅旃陀。梁言二五可畏一。」【天孔雀經】に「般遮羅犍茶翻曰二五處一。」

ハンシヤヲツシ　般遮越師　〔行事〕「ハンシヤウシ」を見よ。

ハンジ　半字　〔術語〕梵語の悉曇章の生字の根本を半字とす、摩多の十二字、體文の三十五字是なり。毘伽羅論餘章の文字義理共に具足するを滿字とす。是也、以て半字を小乘に譬へ滿字を大乘に譬ふるなり。【涅槃經五】に「譬如三長者唯有二一子一。心常憶念憐二愛無一レ已。將詣二師所一欲レ令レ受レ學。懼レ不二速成一尋便將還。以二愛念一故晝夜慇懃敎二其半字一。而不レ敎二誨毘伽論一。何以故。以二其幼稚力未一レ堪故。」乃至「半字者謂九部經。毘伽論者所謂方等大乘敎典。」【同八】に「云何如來說二字根本一。佛言。善男子。說二初半字一以爲二根本一。持二諸記論咒術文章諸陰實法一。凡夫之人學二此字本一然後能知二是法非法一。(此下十四音五十字の義を說く)乃至半字者皆是煩惱言說之本故名二半字一。滿字者是一切善法言說之根本也。譬如下世間爲レ惡之者名爲二半人一。修善之者名爲中滿人上。」【行宗記一上】に「涅槃論云。半字者漸敎。滿字者涅槃滿足敎。」【止觀輔行六】に「半字者引證二唯小一。」

ハンジケウ　半字敎　〔術語〕曇無讖所立二敎の一。一切の小乘敎を判じて半字敎となす。「ハンジ」を見よ。

ハンジヤク　判釋　〔術語〕經論の旨趣を判斷し其義理を解釋するなり。又如來一代所說の敎義の大小淺深を裁斷するを敎相判釋と云ふ。【四敎儀】に「天台智者大師。以二五時八敎一判二釋東流一代聖敎一。罄無レ不レ盡。」

ハンジユ　般舟　〔術語〕「ハンジユザンマイ」を見よ。

ハンジユキヤウ　般舟經　〔經名〕般舟三昧經の略名。

ハンジユサン　般舟讚　〔書名〕一卷、唐の善導作。般舟三昧樂を讚嘆せる偈頌なり。

ハンジユザンマイ　般舟三昧　〔術語〕Pratyutpannasamādhi 般舟は佛立と譯す、此三昧を行ずれば諸佛現前すればなり。大集賢護經には思惟諸佛現前三昧と云ふ。又常行道と譯す、此三昧を行ずるには七日或は九十日を期して間斷なく修行すればなり。天台は之を常行三昧(此時は行は行旋の義、座三昧法に對す)と稱す、四種三昧の一なり。【止觀二】に「常行三昧者。此法出二般舟三昧經一。翻爲二佛立一。佛立有二三義一。一佛威力。二三昧力。三行者本功德力。能於二定中一見下十方現在佛在二其前一立上。如二明眼人淸夜觀一レ星。見二十方佛一亦如レ是。故名二佛立三昧一。」乃至「唯專行旋九十日爲二一期一。」乃至「九十日身常行無二休息一。九十日口常唱二阿彌陀佛名一無二休息一。九十日心常念二阿彌陀佛一無二休息一。」乃至「若唱二彌陀一即是唱二十方佛一功德等。但專以二彌陀一爲二法門主一。擧レ要言レ之。步步聲聲念念唯在二阿彌陀佛一。」【般舟讚】に「梵語名二般舟一。此翻爲二常行道一。或七日九十日。身行無間總名二三業無間一故云二般舟一也。」

ハンジユザンマイキヤウ　般舟三昧經　〔經名〕三卷或は一卷、後漢の支婁迦讖譯。大方等大集賢護經の舊譯なり。賢護菩薩の請に由つて佛立三昧の法を說く。【玄帙九】(73)

ハンセン　半錢　〔譬喩〕貧人隣人の寶を數ふるも已に於て半錢の分なし、以て如來の聖敎を聞くも之を行ぜざれば已に於て少益なきに譬ふ。【華嚴經十三】に「如下人數二多寶一自無中半錢分上。於レ法不二修行一多聞亦如レ是。」

ハンゼンラマ　班禪喇嘛　〔職位〕Panchen-blama 達賴喇嘛の次に位する喇嘛にして、タシルンポ Tashilum-po 寺に住す。禪定佛阿彌陀の化身と信ぜらる。

ハンソウガテイ　般僧伽胝　〔衣服〕Parisaṅghāṭī* 佛の僧伽梨なり。「ソウガリ」を見よ。

ハンソクワウ　斑足王　〔人名〕【賢愚經十一】に迦摩沙波陀と云ひ斑足と譯し、智度論四に劫磨沙波陀に作り、鹿足と譯す。足に斑駁あればなり、是れ天羅國王の太子なれば斑足太子と云ひ、後に王となれば斑足王と云ふ。嘗て邪師の敎に從て千王の頭を得んとし、既に九百九十九王を得て一人を缺く、後普明王を得たり、普明王一日の間を請て百座仁王會を設く、第一法師爲に四非常偈を說く、普明王之を聞きて虛空等定を證し、斑足王は空三昧を得たり。此斑足王は即ち佛在世の鴦崛摩羅 Aigulimālya の前身なりと。【仁王經護國品】に「昔有二天羅國王一。有二一太子一欲レ登二王位一。一名二斑足一。太子爲二外道羅陀師一受レ敎。應下取二千王頭一以祭中家神上。自レ登已得二九百九十九王一少二一王一。即北行萬里。即得二一王一。名二普明王一。其

普明王白㆓斑足王㆒言。願聽㆓一日㆒飯㆓食沙門㆒頂㆓禮三寶㆒。斑足王許㆓之一日㆒。時普明王。即依㆓過去七佛ノ法㆒。請㆓百法師㆒敷㆓百高座㆒。一日二時講㆓般若波羅蜜八十億偈㆒竟。其第一法師爲㆓普明王㆒說㆑偈言。（即ち四非常偈なり）時普明王眷屬得㆓法眼空㆒。王自證㆓虛空等定㆒。還至㆓天羅國斑足王所衆中㆒。即告㆓九百九十九王㆒言。就命時到。人人皆應㆑誦㆓過去七佛仁王問般若波羅蜜經中偈句㆒。時斑足王問㆓諸王㆒言。皆誦㆓何法㆒。時普明王即以㆓上偈㆒答㆑王。王聞㆓此王㆒得㆓空三昧㆒。九百九十九王亦聞㆑法已皆證㆓三空門定㆒。」【七卷楞伽經六】に「昔有㆓一王㆒。乘㆑馬遊獵。馬驚奔逸入㆓於山險㆒。既無㆓歸路㆒。又絕㆓人居㆒。有㆓牝師子㆒與同遊處。遂行㆓醜行㆒。生㆓諸子息㆒。其最長者名曰㆓斑足㆒。後得㆑作㆑王領㆓七億家㆒。食肉餘習非㆑肉不㆑食。初食㆓禽獸㆒後乃至㆑人。所生男女悉是羅剎。」【賢愚經十一】に「過去久遠阿僧祇劫此閻浮提有㆓一大國㆒。名㆓波羅摩達㆒。爾時國王將㆓四種兵㆒。入㆓山林中㆒遊行獵戲。王時疲極。王到㆓澤上㆒馳㆓逐禽獸㆒。單隻一乘獨至㆓深林㆒。王下㆑馬小休。爾時林中特師子。懷㆓欲心㆒盛。行求㆓其偶㆒。因㆑不㆑能㆑得。值於㆓林間㆒見㆓王獨坐㆒。婬意轉盛。思㆓欲從㆑王近到㆓其邊㆒。舉㆑尾背住。王知㆓其意㆒。而自思惟。此是猛獸。力能殺㆑我。若不㆑從㆑意儻見㆓危害㆒。王以㆑怖故即從㆓師子㆒。成㆓欲事㆒已師子還去。諸兵群從已復來到。王與㆓人衆㆒即還㆓宮城㆒。爾時師子從㆑是懷胎。日月滿足便生㆓一子㆒。形盡似㆑人。唯足斑駮。師子憶識知㆓是王有㆒。便銜擔來著㆓於王前㆒。王亦思惟。自憶㆓前事㆒。知㆓是己兒㆒。即收取養。以㆓足斑駮㆒字爲㆓迦摩沙波陀㆒。（Kalmāṣa-pāda）晉言㆓駮足㆒。」（此下王が人肉を食ふを說き最後に須陀素彌王の爲に得道するを記す。（法華文句一）にも王の事を敍す二經と稍異なる「シュダシュマ」參照。

ハンタ　般吒　〔人名〕半擇。「ハンダカ」を見よ。

ハンタイシ　槃太子　〔雜名〕四卷楞伽經に槃太子と云ひ、七卷楞迦經に石女兒と云ふ。蓋し槃所生の太子、石女所生の兒、槃と石女と非情の義同じ。「セキジョ」を見よ。

ハンタイス　飯袋子　〔雜語〕無用の人を斥する言。その身體只飯食を盛る袋囊のみ。【無門關十五則】に「飯袋子江西湖南便恁麼去。」【天中記三十九】に「江胡近事馬氏驕奢。諸院王子僕從烜赫。文武之道未㆓曾留意㆒。時謂㆓之酒囊飯袋㆒。」

ハンタカ　半託迦　〔人名〕Panthaka 又、半他迦、槃陀伽、般陀、槃特と云ふ。羅漢の名。譯、路邊生、又は路。兄弟二人あり、兄を大路邊生、大路と云ひ弟を小路邊生、愚路と云ふ。共に路上に於て生れたればなり。兄は聰明にして弟は愚鈍なり。然も共に出家して羅漢果を證す。【善見律十六】に「般陀は漢に路邊生と云ふ、般陀の母もと大富長者の女、其家奴と通じ他國に逃れ、久くして孕み、產に垂として歸を思ひ中路に子を產む、是の如く復た弟を生む。長を莫訶般陀（Mahā-）と名け弟を周羅般陀（Cūḍa-）と名く」と。【有部毘奈耶三十一、大毘婆沙一百八十】にも亦出生及び出家の因緣を記す。（大同小異）【分別功德論五】に般吔を道生とし、祝利般吔を極闇道生と名く。「祝利者極也。此比丘精神疎鈍。佛敎使㆑誦㆓掃箒㆒。得㆑箒妄㆑掃。得㆑掃忘㆑箒。六年之中專心誦㆑此。意遂解悟。而自惟曰。箒者篲。掃者除。箒者即喩㆓八正道㆒。糞者三毒垢也。以㆓八正道篲㆒掃㆓三毒垢㆒。所謂掃箒義者正謂此耶。深思㆓此理㆒心即開解。得㆓阿羅漢道㆒。」【增一阿含經十一】に「是時周利槃特誦㆑得㆑掃忘㆑篲。若誦㆑得㆑篲復忘㆑掃。」⦿（曲、率都婆小町）「槃特が愚痴も」

槃特神變　〔故事〕【增一阿含經三】に「以㆓神足力㆒能自隱翳。所謂槃特比丘是。能化㆓形體㆒作㆓若干變㆒。所謂周梨槃特是。」【法句譬喩經二】に「賢者槃特は一偈の義を解して理に精しく神に入る、身口意寂にして天の如し。」と

ハンタラ　般呾羅　〔雜名〕悉怛多般怛羅 Sitāta-pattra の略名、白傘蓋咒の梵名なり。【首楞嚴經七】に「一向持㆓佛般怛羅咒㆒。」【同長水疏七】に「悉呾多般怛羅云㆓白傘蓋㆒。即指㆓藏心㆒。」「見よ。

ハンタンナ　吽憚南　〔雜語〕Vandana「ワナ」を

ハンダ　槃陀　〔雜語〕尺量の名。【行事鈔上之一】に「般陀二十八肘。」【業疏一下】に「般陀者量之總名。一般陀有㆓二十八肘㆒。」

ハンダ　般陀　〔人名〕比丘の名。「ハンタカ」を見よ。

ハンダ　半娜　〔植物〕果の名。「ハンダバ」を見よ。

ハンダ　槃茶　〔人名〕婆修槃茶の略。比丘の名。付法藏第二十祖なり。【佛祖統紀五】

ハンダカ　槃陀迦　〔人名〕比丘の名。「ハンタカ」「を見よ。

ハンダカ　般茶迦　〔術語〕Paṇḍaka 又、般吒、半托、半擇迦、半釋迦と云ふ。譯、黃門、不男。男根の不具者なり。【玄應音義十七】に「般吒。此訛略也。應㆑言㆓般茶迦㆒。此云㆓黃門㆒。其類有㆑五。般茶迦總名。」【飾宗記七末】に「梵云㆓半釋伽㆒。此云㆓黃門㆒。」此に五類あり。「ゴシュフナン」を見よ。

ハンダカ　槃陀伽　〔人名〕比丘の名。「ハンタカ」を見よ。

ハンダバ　半娜婆　〔植物〕果の名。【可洪音義一】に「半娜。奴可反。亦名㆓半娜婆㆒。亦云㆓般捺婆㆒。亦云㆓波那婆㆒。西域記云。其菓大如㆓冬瓜㆒。熟則黃赤。剖㆑之中有㆓數十小果㆒。大㆓於雞卵㆒。又更剖㆑之。其汁黃赤。其味甘美。」【玄應音義二十四】に「半娜婆。舊㆓波那婆㆒。」

果形如冬瓜。其味甚甘也。」婆は婆の誤。梵 Panasa

ハンダミ　盤荼味　〔雜語〕 Vandāmi「ワナ」を見よ。

ハンダラ　般陀羅　〔人名〕 過去世波羅奈國の長者の婦の名。嘗て大便器を以て辟支佛に施し、爲に無量世臭餓鬼の報を感ず。【百緣經五】梵 Pandara*

ハンダラバジニ　伴陀羅縛字尼　〔菩薩〕「ハンダラバシネイ」を見よ。

ハンダラバシネイ　半拏囉嚩悉寧　〔菩薩〕 Pāṇḍara-vāsinī 又伴陀羅縛子尼に作る、白處觀音又は白衣觀音の梵名なり。【大日經疏五】に「半拏羅縛悉寧。譯云白處。以此尊常在白蓮華中。故以爲名。」【海軌】に「伴陀羅縛子尼。是白衣觀音也。」【秘藏記鈔八】に「約住處名白處。約衣服名白衣。疏第五云。襲純素衣。是白衣義也。」【秘藏記末】に「蓮華部馬頭觀音爲主。伴陀羅縛字尼是白衣觀音也。此爲母。」

ハンダロガホフ　般荼盧伽法　〔術語〕 般荼と盧伽は二比丘の名。此二比丘好んで他と鬪諍を爲す。佛因て呵責羯磨の法を制す、【十誦律三十一】に之を般荼盧伽法と題す。一に苦切羯磨法と云ひ、【四分律四十四】に之を呵責犍度と題す。巴 Paṇḍuka, Lohitaka を見よ。

ハンダン　槃淡　〔雜語〕 Vandana 煩淡。「ワナ」

ハンヂウ　飯頭　〔職位〕 禪家の役名。大衆の粥齋を司るもの。【僧堂淸規五】に「此職は典座と分勞し、粥飯を掌る、常に菜頭監糧等と和合して常住を護惜する用心典座と同じ。飯糧の過不足を愼み、常に典座の敎訓を熟讀すべし。」【臨濟錄冠註】に「百丈淸規有典座無飯頭。此典座也。典座者職掌大衆齋粥一切供養。」

ハンテウ　半超　〔術語〕 樂慧の不還果の聖者にして、色界十六天の中、或は一天を超越し或は二天乃至十三天を超越するものを云ふ。「義六十九」

ハンテウバ　畔喋婆　〔雜名〕 譯、大災風。【慧琳音義六十九】

ハンテンバラモン　半天婆羅門　〔雜名〕 餓鬼の種類なり。【焰羅王供養法次第】に「五百餓鬼。半天婆羅門。諸餓鬼衆。」

ハントウ　飯頭　〔職位〕「ハンヂウ」を見よ。

ハンドカ　槃特迦　〔人名〕 比丘の名。「ハンタカ」を見よ。

ハンドク　槃特　〔人名〕「ハンタカ」を見よ。

ハンドマ　鉢納摩　〔植物〕 Padma 譯、蓮華。「ハドマ」を見よ。

ハンナ　飯那　〔雜語〕 Vana 又、婆提、婆那、縛尼と云ふ。譯、林。【玄應音義一】に「飯那此云林也。」【華嚴探玄記十九】に「婆提者正婆那。此云林也。」【梵語雜名】に「林。縛尼。」

ハンナマ　般那摩　〔植物〕 鉢納摩に同じ。譯、蓮華。【陀羅尼集經四】に「般那摩印。唐云蓮華印。」梵 Padma*「む」「ワナ」を見よ。

ハンナミ　槃那寐　〔術語〕 Vandāmi ハダヒと讀

ハンナラバシネイ　半拏囉嚩悉寧　〔菩薩〕「ハンダラバシネイ」を見よ。

ハンニヤ　般若　〔術語〕 Prajñā 又、班若、波若、鉢若、般羅若、鉢剌若、鉢羅枳孃、般賴若、波賴若、鉢腎禳、波羅孃。譯、慧、智慧、明。【智度論四十三】に「般若者。秦言智慧。一切諸智慧中。最爲第一。無上無比無等。更無勝者。」【同八十四】に「般若名慧。波羅蜜名到彼岸。」【大乘義章十二】に「言般若者。此方名慧。於法觀達。故稱爲慧。」【往生論註下】に「般若者。達如之慧名。」【法華義疏四】に「無境不照名爲波若。」【慧琳音義十二】に「般羅若。正云鉢羅枳孃。唐云慧或云智慧。」【慧苑音義上】に「般若、此云慧也。西域慧有二名。一名般若。二名末底。智唯一名謂之諸般。即是第十智度名也。」【瑜伽倫記九】に「梵云般若。此名爲慧。當知第六度。梵云若那。此名爲智。當知第十度。」【楞嚴經四】に「鉢剌若。」【慧琳音義四十七】に「鉢羅腎孃。唐言智慧。」

二般若　〔名數〕 一に共般若、即ち台宗の通敎なり。聲緣菩の三乘に通じて之を說き、三乘共に之を修證すれば共般若と云ふ。二に不共般若、台宗の別圓二敎なり。唯別圓の二菩薩に對して之を說き聲緣の二乘に共せざれば不共般若と云ふ。【智度論百】図一に世間般若、未だ寂靜眞實の般若を行ぜず、常に有見有相の般若を行ずるを云ふ。二に出世間般若、其の中心に於て虛空の如く平等寂滅にして諸の名相を離るるを云ふ。【地藏經十】

若中の前二なり【華嚴大疏一】 図 一に實相般若、二に觀照般若。此れ下の三般

三般若　〔名數〕 般若は圓常の大覺なり。一覺に三德あり。一に實相般若、般若の理體なり、本來衆生に具して一切虛妄の相を離れたる般若の實性なり。是れ所證の理體なり。二に觀照般若、實相を觀照する實智なり。三に方便般若、諸法を分別する權智なり。【金光明玄義上】図 一に實相般若如上二に觀照般若如上三に文字般若、上の二般若を詮する言敎五部八部及び大般若等の般若經是なり。【肇論、法藏般若心經略疏】【仁王經良賁疏上一】に「明此經一者題云般若。即以爲宗。觀如來品別明三種。實相觀照及以文字。慈恩三藏更加二種。境界眷屬。通前五法。般若性故。般若相故。般若

因故。般若境故。般若伴故。」

五種般若 〔名數〕更に五種を開て般若の諸法を該收す。一に實相般若如上二に觀照般若如上三に文字般若如上四に境界般若、般若の所緣となす一切諸法是なり、般若の眞智は一切諸法を以て境界とすれば之を境界般若と名く。五に眷屬般若、煖、頂、忍、世第一法等の諸智及び戒、定、慧、解脫、解脫知見等是れ皆觀照般若、即ち慧性の眷屬なれば眷屬般若と名く。【金剛經刊定記二、三藏法數二十】

般若の十六善神 〔名數〕「ジフロクゼンシン」を見よ。

般若は佛の母 〔雜語〕【智度論三十四】に「般若波羅蜜。是諸佛母。父母之中母之功最重。是故佛以二般若一爲レ母。」【同百】に「般若波羅蜜。是諸佛母。諸佛以レ法爲レ師。法者即是般若波羅蜜。若師在母存不三名爲二失利一。」【大品般若薩陀波崙品】に「摩訶般若波羅蜜。是諸菩薩摩訶薩母。能生二諸佛一攝二持菩薩一。」

般若無知 〔術語〕肇論に般若無知論あり。【維摩經序】に「聖智無知。而萬品俱照。法身無象。而殊形並應。」【砂石集四上】に「正智は必ず無念無分別なり、是の故に大智無分別とも云ひ、般若無知とも云へり。無緣の智を以て無相の境を緣ずる故なり、觀照般若の眞實の智慧なり。」

ハンニヤ　般若 〔人名〕Prajñā 又、般賴若と云ふ。三藏法師の名。譯、智慧。【宋高僧傳二】

ハンニヤカラ　般若羯羅 〔人名〕Prajñākara 小乘三藏法師の名。譯、慧性。【慈恩寺傳二】

ハンニヤキヤウ　般若經 〔經名〕般若波羅蜜の深理を說ける經典の總名なり。舊譯に般若波羅蜜經と云ひ、新譯に般若波羅蜜多經と云ふ、數十部あり、其の中仁王般若經の一部を除き其他は皆玄奘所譯の大般若波羅蜜多經六百卷の支流重譯なり。「ダイハンニヤキヤウ」參照。

十六會般若 〔經名〕大般若經に十六會あり。「ダイハンニヤキヤウ」の部を見よ。

五部般若 〔名數〕一に摩訶般若、二に金剛般若、三に天王問般若、四に光讚般若、五に仁王般若なり。【仁王經上】に「五眼法身大覺世尊。前已爲二我等大衆一。二十九年說二摩訶般若波羅蜜。金剛般若波羅蜜。天王問般若波羅蜜。光讚般若波羅蜜一。今日如來放二大光明一。斯作二何事一。」【天台仁王經疏上】に「從二得道一後二十九年。說二四般若一。」【嘉祥仁王經疏一】に「五部如二此經說一。」此中第一に摩訶般若は羅什譯の摩訶般若波羅蜜經又大品般若と云二十七卷(3)是れ大般若の第二會なり。西晉の無羅叉の譯放光般若三十卷(2)及び西晉の竺法護譯の光讚般若十卷、經文未盡(4)之と同本なり。第二に金剛般若とは羅什譯の金剛般若經一卷(10)是なり。元魏の菩提留支譯の金剛般若一卷(11)陳の眞諦譯の金剛般若一卷(12)隋の達磨笈多譯の金剛能斷般若一卷(15)唐の玄奘譯の能斷金剛般若一卷(13)大般若の別抄義淨の能斷金剛般若一卷(14)皆同本也。是れ大般若の第九會なり。第三に天王問般若とは月婆首那譯の勝天王般若波羅蜜經七卷(9)是なり、大般若の第六會なり。第四に光讚般若とは梵本未渡なり、今の藏中に在る所の光讚經と放光般若とは共に什譯の摩訶般若と同本にして三部共に大般若の第二會なり。第五に仁王般若とは佛最後に說く所の本經是なり、什譯仁王般若波羅蜜經二卷(17)あり、大般若とは別部なり。

八部般若 〔名數〕又八部を以て般若を總該す。【金剛仙論一】に「有二感應一。應レ世故說二八部般若一。以二十種義一。釋二對治十一。其第一部十萬偈大品是第二部二萬五千偈放光是第三部一萬八千偈光讚是第四部八千偈道行是第五部四千偈小品是第六部二千五百偈天王問是第七部六百偈文殊是第八部三百偈金剛般若」と。經本に見るに閱藏知律に云ふ如く大品、放光、光讚は文に具異あるも同一經本にして、之を三部に配當するは非なり。故に天台の金剛疏及び嘉祥の仁王經疏には共に八部中の第一第二の經本は未渡なりとし、第三の光讚を取りて亦之を大放光と名づくと曰て之を第三部とせり。又八部中第四の道行と第五の小品は同本異譯にして大般若の第四分なり、故に嘉祥は第四分を小品又は道行と名づくと云ふ。

般若轉教 〔術語〕般若經は佛の自證少く、多く須菩提舍利弗等の聲聞弟子をして諸菩薩に對して諸法皆空の理を說かしめたれば、之を轉教と云ふ。是れ佛が彼等聲聞に大乘の法財を附屬せん爲の密意なれば轉教付財と云ふ。【四教儀】に「次說二般若一轉教付財。」

般若淘汰 〔術語〕天台所立の教判に依るに般若經に諸法皆空の理を說くは聲聞の法執を遺蕩し淘汰せんが爲なり、又一切法悉く摩訶衍大乘なりと會するは二乘の執情を融通せんが爲なりと云ふ。依りて般若の部意を釋するに融通淘汰の四字を以てす。【四教儀集註上】に「以二空慧水一蕩二其執情一。故曰二淘汰一。」

般若の盡淨虛融 〔術語〕般若經の所說諸法皆空の理を云ふ。「ジンジヤウコユウ」を見よ。

般若の夕〔雜語〕天台所立五時の釋に依れば第一時の華嚴經より第四時の般若經に至るまでを化儀の方便說となし、第五時の法華經涅槃經を出世本懷の眞實說となす、即ち般若經は方便說の終なれば般若の夕と云ふ。⊙(曲、七面)「華嚴の朝より般若の夕」

ハンニヤキクタ 般若毱多〔人名〕Prajñāgupta* 比丘の名。譯、慧藏。【唯識述記四本】に「南印度羅羅國正量部僧。般若毱多。此云二慧藏一。安慧之學徒。三代帝王師。造二七百頌一誹二謗大乘一。」

ハンニヤクラ 般若拘羅〔菩薩〕Prajñākūṭa 菩薩の名。譯、智積。【慧琳音義二十八】に「般若拘羅。正梵云二鉢羅(ハラ)吉(キ)孃(ナ)拘(ク)一。唐云二智積一。菩薩名也。」

ハンニヤシヤカラキ 般若斫羯囉軌〔經名〕摩訶吠室囉末那也提婆喝囉闍陀羅尼儀軌の別名。此毘沙天王の儀軌は般若斫羯囉の譯なればなり。梵 Prajñācakra(智慧輪)

ハンニヤシンギヤウ 般若心經〔經名〕數本あり、一に羅什の譯、摩訶般若波羅蜜大明經一卷あり、(閏帙八 19)弘法の心經秘鍵は此本の解釋なり、但し其題號は佛說摩訶般若波羅蜜多心經と爲す。二に玄奘の譯、般若波羅蜜多心經一卷あり。(月帙九 20)華嚴の賢首之が釋を造り、心經略疏と云ふ。及び慈恩の般若心經幽贊一卷あり。其他唐の利言譯の般若波羅蜜多心經一卷、唐の法月の重譯普遍智藏般若波羅蜜多心經一卷、宋の施護譯の佛說聖佛母般若波羅蜜多經一卷あり。(月帙九 935)此中擧世流通するは羅什譯の本なり。般若の心要を說きしものなれば心經と題す。【略疏】に「般若等是所顯之法。心之一字是能顯之喩。即大般若內統二攝(スルヲ)要妙之義一。況(ハ)二人之心藏一。」⊙(著聞集、釋敎)「奉レ寫二般若心經一卷一」「ゴジ」を見よ。

ハンニヤジ 般若時〔術語〕天台所立五時の一。

ハンニヤセン 般若船〔譬喩〕般若の智慧は生死海を渡る船筏なり。【千手經】に「願我速乘般若船。」

ハンニヤタウ 般若湯〔雜名〕禪林酒の隱辭なり。【東坡志林】に「僧謂レ酒爲二般若湯一。魚爲二水梭花一。雞爲二鑽籬菜一。」

ハンニヤタフ 般若塔〔堂塔〕「ハチダイレイタフ」を見よ。

ハンニヤタラ 般若多羅〔人名〕Prajñātāra 禪家所立西天二十八祖中の第二十七祖なり、東天竺の人なり、已に道を得て南天竺香至國に至り、王の第三子菩提多羅(後に菩提達磨と改む)を度して付法す。【五燈會元達磨章】に「路行跨レ水復逢レ羊。獨自栖栖暗渡レ江。日下可レ憐雙象馬。二株嫩桂久昌昌。」此四句偈は達磨の東來化益に對する讖なり。⊙(羅山文集二十五山王論)に「般若多羅路行跨水之讖。幸字脚邏沙之謎。」

ハンニヤダイバ 般若提婆〔人名〕Prajñādeva 高僧の名。譯、慧天。【求法高僧傳上】

ハンニヤダウギヤウキヤウ 般若道行經〔經名〕道行般若經の異名。

ハンニヤヂウ 般若頭〔職位〕禪林に般若經を「司どる役名なり。

ハンニヤトウロン 般若燈論〔書名〕又、般若燈論釋と云ふ。十五卷、波羅頗迦羅蜜多羅の譯、分別明菩薩龍樹の中論五百偈を釋せしもの。青目の五百偈を釋せしもの(即ち中論也)に比すれば詳悉なり。【暑帙一】(1185)

ハンニヤハラミツ 般若波羅蜜〔術語〕Prajñāpāramitā 新譯家は般若波羅蜜多と云ふ。六波羅蜜及び十波羅蜜の中に共に第六波羅蜜なり。般若波羅蜜經の中には六波羅蜜を說けども般若を以て諸波羅蜜中の最第一となせば殊に般若波羅蜜の名を標するなり。般若を智慧と譯し波羅蜜を度又は到彼岸と譯す。實相を照了する智慧は生死の此岸を度りて涅槃の彼岸に到る船筏なれば之を波羅蜜と云ふ。【智度論十八】に「問曰。云何名二般若波羅蜜一。答曰。諸菩薩從二初發心一求二一切種智一。於二其中間一知二諸法實相一慧。是般若波羅蜜。」⊙(榮花、玉の臺)「般若波羅蜜なり」

ハンニヤハラミツタ 般若波羅蜜多〔術語〕前項を見よ。

ハンニヤハラミツタザウ 般若波羅蜜多藏〔術語〕六波羅蜜經所說五藏の第四。「ゴザウ」を見よ。

ハンニヤハラミツタシンギヤウ 般若波羅蜜多心經〔經名〕「ハンニヤシンギヤウ」を見よ。

ハンニヤハラミツタジユ 般若波羅蜜多咒〔眞言〕般若心經中所說の陀羅尼を云ふ。【陀羅尼集經第三】に亦此咒を說く。「シンギヤウ」を見よ。

ハンニヤハラミツタリシユキヤウ 般若波羅蜜多理趣經〔經名〕大樂金剛不空眞實三麼耶經の異名。

ハンニヤバツマ 般若跋摩〔人名〕Prajñāvarman 高僧の名。譯、慧甲。【求法高僧傳上】

ハンニヤブ 般若部〔術語〕一切經を大別するに諸種の般若經を總稱して般若部と云ふ。

ハンニヤホフ 般若鋒〔譬喩〕般若の空慧能く煩惱を斷盡すれば之を鋒刄に譬ふ。【證道歌】に「大丈夫秉二慧劍一。般若鋒兮金剛焰。」

ハンニヤボサツ 般若菩薩〔菩薩〕Prajñā-bodhisattva 胎藏界の持明院(又五大院と云)五尊中の中尊なり。天

女の形にて六臂あり、其左の一手に梵篋を持し之に般若の眞文を納れ、其の法味を開いて餘の四大明王（五尊中の四尊）に與ふれば般若を以て名となす。密號は智慧金剛なり。是れ大日の四波羅蜜中の金剛波羅蜜と同體にして大日の正法輪身なり。【仁王經儀軌】に「金剛般若波羅蜜者。即般若菩薩也。」【秘藏記末】に「五大院中坐般若菩薩。天女貌。白肉色。並有二六手一。左一手持二梵篋一。五手信二契印一。」修習般若波羅蜜菩薩觀行念誦儀軌一卷【閏帙九】並に陀羅尼集經三に般若波羅蜜多大心經あり、具に印呪壇法を説く。

般若波羅蜜多菩薩像　〔圖像〕白蓮華等の上に結跏趺坐し、身黄金色、衆寶の瓔珞遍身莊嚴し、首に寶冠を戴き、冠に白繒を繋け、兩邊垂下す、左手心に當てて般若の梵篋を持し、右手乳に當てて説法印を作す、大拇指を以て無名指の頭を壓す是なり、即ち想ふ菩薩頂より足に至る身の諸の毛孔光明を流出し種種の色を作し、法界に徧滿し、一一の光中無量の佛を化し、虚空界の諸の世界中に徧くして、普く衆生の爲に般若波羅蜜多甚深の法を宣説し皆悟解せしむと。【仁王般若念誦法】【陀羅尼集經三書大般若像法】に「其菩薩身除二天冠一外身長一肘。通身白色。面有二三眼一似二天女相一。形貌端正如二菩薩形一。師

（般若波羅蜜多菩薩像の圖）

子座上結跏趺坐。頭戴二天冠一。作二鍰箕光一。其耳中著二眞珠寶璫一。於二其項下一著二七寶瓔珞一。兩臂作レ屈。左臂屈レ肘側ニ在胸上一。其左手仰二五指一申展。掌中畫ニ作七寶經函一。其中具有二十二部經一。即是般若波羅多藏。右手垂著二右膝之上一。五指舒展。即是菩薩施無畏手。乃至菩薩右廂安二梵摩天一。通身白色。耳著二寶璫一。其頂上著二七寶瓔珞一。立二氍毹上一。乃至菩薩左廂安二帝釋天一。通身白色。耳著二寶璫一。其項上著二七寶瓔珞一。立二氍毹上一。」第九十四圖第九十五圖參照）

般若波羅蜜多根本印　〔印相〕兩手の背を以て相ひ附して二頭指を收め、二小指を以て掌中に屈し、二大拇指を以て各二指の頭を壓して心上に置き、經中の陀羅尼を誦すると七徧す、此の印を結び此の陀羅尼を誦するに由て法を行ずる行者即ち變じて般若波羅蜜菩薩と成りて一切諸佛の母と爲る。【仁王般若念誦法】

ハンニヤリシユキヤウ　般若理趣經　〔經名〕大樂金剛不空眞實三昧耶經の異名、般若理趣釋は此經を解釋せしなり。

ハンニヤリシユシヤク　般若理趣釋　〔經名〕大樂金剛不空眞實三昧耶般若波羅蜜多理趣釋の略名。是れ不空の譯なり。又金剛智譯の理趣般若經あり、其の異譯なり。【閏帙八】（1407）

ハンニヤリシユブン　般若理趣分　〔經名〕大般若十六會中第十會を般若理趣分と云ふ。（第五百七十八卷）是れ實相般若の深旨を説きしものなれば理趣分と名く。之を別行して敎宗の課誦となす、慈恩の釋三卷あり、理趣分述贊と名づく。此經密藏中の般若理趣經と其の説相酷似せり、故に密家は言ふ、理趣分は理趣經中の淺略の行相を説くと。

ハンニヤジ　般若字　〔術語〕悉曇の文字に般若字、三昧字、般若三昧共通の三種あり。

ハンニヤルシ　般若流支　〔人名〕Prajñāruci 三藏法師の名。譯、智希、慧愛。【續高僧傳一】に「般若流支。魏言二智希一。」【二十唯識上】に「魏時有二居士一名二般若流支一。此云二慧愛一。」

ハンニヤロン　般若論　〔書名〕金剛般若論の略名。

ハンニヤヱ　般若會　〔行事〕大般若經を讀誦する法會なり。【初例抄下】に「般若會は延暦二十三年大安寺始レ之。」

ハンテンバラモンタモンテンソウシンホフ　半天婆羅門多聞天雙身法　〔修法〕【溪嵐拾葉集九】に「一義に云く雙身法は半天婆羅門と多聞天と不二一體の意なり、其の緣起に云く、此の多聞天往昔に此の半天婆羅門と同時に發心す、多聞天は精進苦行の故に速に福智を成じ、半天婆羅門は懈怠樂行の故に今に凡地に在り。之に於て猛利强盛の瞋恚を起して多聞天の法を修する處に行きて障碍神と成らんと發誓せり。所詮多聞天は法性を表し、半天は無明を表するなり。無明法性は相違の法なるが故に此の雙身は相ひ背けり、無明法性同體の惑なるが故に相ひ離れざるなり。法性無體全依二無明一。無明無體全依二法性一と深くこれを思ふべし。」

ハンバン　半晩　〔雜語〕禪家に齋了と晡時との中半の時を云ふ。【備用淸規知浴】に「半晩浴頭覆ニ首座方丈維那一鳴レ鼓三下。」

ハンフナン　半不男　〔術語〕五種不男の一。

ハンプク　盤袱　〔物名〕盤と袱との二物なり、盤の上に小袱を鋪き、疏印等の物を盛るなり。【勅修淸規受法衣】に「以二盤袱一托ニ呈法衣信物一。」

ハンマンケウ 半滿敎 〔術語〕涅槃經に梵書の悉曇章の阿阿引等の半體字を小乘經に譬へ、毘伽羅論の成字を大乘の經典に譬へたり。（半字の下に引く）曇無讖三藏之に依て一代敎を判ずるに半滿の二敎を立つ、即ち小乘は半字敎にして大乘は滿字敎なりと云ふ。【大乘義章一】に「此二亦名二大乘小乘半滿敎一也。聲聞藏法狹劣名レ小。未レ窮名レ半。菩薩藏法寛廣大。圓極名レ滿。」【華嚴玄談四】に「曇無讖三藏立二半滿敎一。隋遠法師亦同此立。」【止觀三】に「明二半滿一。半者明二九部法一也。滿明二十二部法一也。乃至半滿之語直是扶レ成大小。」【同輔行】に「半唯在レ小。永隔二於大一。方等則具存二半滿一。般若法華涅槃華嚴唯滿不レ半。鹿苑唯半不レ滿。」

ハンラク 半酪 〔譬喩〕小乘九部の修多羅は半滿二者の中には半字敎にして五味の中には酪味なれば半酪と云ふ。【法華玄義十】に「若修多羅半酪之敎。別論在二第二時一。通論亦至二於後一。」

ハンロウ 樊籠 〔譬喩〕木作を樊と云ひ、竹作を籠と云ふ。禽獸を容るるもの、以て業煩惱の繫縛又は三界の苦域に譬ふ。【寶積經九十二】に「是人多二愛染一。往二來婬女家一。如三鳥入二樊籠一。」【大日經義釋十一】に「爲三業煩惱之所二樊籠一。繫二屬生死一不レ能レ得二自在之力一。」【往生要集上本】に「樊籠未レ出。隨レ事有レ礙。」【通眞記上】に「樊籠囚二衆生一之具也。木作曰レ樊。竹作曰レ籠。」又、燓籠に作る。【演密鈔九】に「燓籠者火籠也。西京雜記曰。天子以二象牙一爲二火籠一。謂二之燓籠一也。一切衆生恒處二三界一。爲三業煩惱之所二燒逼一。不レ得二出離一。如レ籠二飛禽一。故云二燓籠一也。」又煩籠に作る。【法事讚下】に「萬中無三一出二煩籠一。」【般舟讚】に「獨超二三界一出二煩籠一。」

ハンワウキヤウ 旛王經 〔經名〕無能勝旛王如來莊嚴陀羅尼經の略名。

ハンヱ 範衞 〔雜語〕範は軌範、衞は護衞なり、其法を軌範とし其法に護衞せらるるを云ふ。【末法燈明記】に「範二衞一如一以流レ化者法王。光二宅四海一以乘レ風者仁王。」

バ 婆 〔術語〕 Ba 又、麼。悉曇五十字門の一、體文の喉聲第三、【金剛頂經】に「麼字門。一切法縛不可得故。」【文殊問經】に「稱二麼字一時。是解二脫繫縛一聲。」【智度論】に「若聞二婆字一即知二一切法無縛無解一。婆陀。秦言レ縛。」解脫繫縛は Bandha（縛）より釋せるなり。

バ 婆 〔術語〕 Bha 又、嘙、潑。悉曇五十字門の一。體文の喉聲第四。【金剛頂經】に「婆重字門。一切法有不可得故。」【文殊問經】に「稱二婆去字一時是出二三有一聲。」【智度論】に「若聞二婆字一即知二一切法不可得破相一。婆伽。秦言レ破。」これ語根 Bhū（有）より釋したるなり。

バ 嚩 〔術語〕 Va 又、婆、和、啝。悉曇五十字門の一。體文遍口聲の第四。【金剛頂經】に「嚩字門。一切法語言道斷故。」【文殊問經】に「稱二嚩字一時是最上乘聲。」【智度論】に「若聞二和字一即知三一切諸法離二諸言相一。和波他。秦言二語言一。」これ Vākpatha（語言道）及び Varayāna（最上乘）より釋したるなり。又、五大の中には水大の種子とす。【大日經疏一】に「嚩字門爲レ水。」

バイ 貝 〔物名〕即ち法螺なり。吹て以て法事の時期を報じ大衆を招集す。【法華經】に「擊鼓吹二角貝一。」

バイ 唄 〔雜語〕唄匿の略。梵音の歌詠なり。「バイノク」を見よ。

バイアシユラ 跋移阿修羅 〔異類〕「バチアシユラ」を見よ。

バイエウ 貝葉 〔物名〕貝多羅葉なり。印度の人以て經文を寫す。【慈恩寺傳三】に「經二雨三月安居一、中二集三藏一訖。書二之貝葉一。方徧流通。」【唯識樞要上本】に「雖三文具傳二於貝葉一。而義不レ備二於一本一。」「バイタラ」を見よ。

バイキ 唄器 〔物名〕錫杖、磬鈴など、總て法會の諷誦に用ふる道具を云ふ。唄とは歌詠なり。

バイキヤウ 焙經 〔儀式〕禪林に火爐を設けて藏經を焙り其の蒸濕を去るを云ふ。ホイキンと讀む。

バイサク 唄策 〔物名〕梵唄を記せる册子なり。

バイサン 唄讚 〔儀式〕佛德を歌頌し讚嘆するなり。梵語に歌頌を唄匿と云ふ。諸經要集四に唄讚篇あり。

バイシ 唄士 〔雜名〕又、唄師、法會に如來唄、云何唄等の梵唄を唱ふる役なり。講勸拾要に唄士の作法を記す。

バイシカ 貝支迦 〔雜語〕辟支迦の變音。

バイシン 陪襯 〔雜語〕「ホイシン」を見よ。

バイジキ 陪食 〔雜語〕「ホイジキ」を見よ。

バイセウ 賣峭 〔雜語〕物を高く賣るなり。【虛堂延福錄七】に「釋迦老子。一生賣峭。」【方語抄】に「言下守二向上一不レ爲二落草談一也。」

バイゼン 陪禪 〔雜語〕「ホイゼン」を見よ。

バイタ 貝多 〔雜語〕貝多羅の略。

バイタラ 貝多羅 〔物名〕Pattra 葉、但し傳說には貝は葉の義、多羅（Tāla）樹の葉を貝多羅と云ふ。三藏の經典皆之に記す、多羅樹の形は棕櫚の如く葉亦相似たり、或は岸と翻するは直然脫出の義歟。古師之を以て菩提樹となすは訛なり。【翻梵語】に「貝多羅譯曰レ脫也。」【名義集三】に「多羅。舊云二貝多一。此翻レ岸。如二此方棕櫚一。」【法顯傳】に「菩薩前到二貝多羅樹

下一。敷二吉祥草一東向而坐。」【天台戒經義疏上】に「坐二菩提樹下一得レ道。因名二道樹一。亦曰二思惟一。梵音貝多也。」と（誤なり。）「タラ」を參照せよ。

バイタラエイニ　梅呾囉曳尼　〔菩薩〕「バイタリヤ」を見よ。

バイタリ　梅呾利　〔菩薩〕梅怛利耶の略。

バイタリエイナ　梅呾利曳那　〔菩薩〕「バイタリヤ」を見よ。

バイタリヤ　梅呾利耶　〔菩薩〕Maitreya　舊に訛略して彌勒と云ふ、慈と譯す。當來釋迦に嗣で出世成佛する菩薩の名なり。又、梅怛麗藥、梅怛梨、梅呾囉曳尼、梅呾利曳尼、梅呾利曳那に作る。【玄應音義二十五】に「梅怛麗藥。此云レ慈。即舊云二慈氏一者也。慈有二二因緣一。一値二慈佛一發心。二初得二慈心三昧一。因以名焉。言二彌勒一。或云二梅怛梨一。並訛。」【唯識述記四本】に「梅呾利耶。此翻云二慈氏一。梅呾囉曳尼是聲轉之異。」【彌勒上生經疏上】に「依二正梵本一應レ云二梅呾利耶一。此翻爲レ慈。古云二彌帝疑一。或云二彌勒一者皆語訛也。乃至若釋レ名應レ云二梅呾利曳尼一。梅呾利曳尼是女聲。母性慈故因名二慈氏一。乃至若依二此姓一名爲レ慈者。應レ云二梅呾利曳那一。是男聲也。」【俱舍光記十八】に「梅怛儷藥。梅怛此云レ慈。儷藥此云レ氏。菩薩在二慈姓中一生。從レ姓立レ名。故名二慈氏一。舊云二彌勒一訛也。」

バイタレイ　梅怛黎　〔術語〕前項を見よ。

バイタレイヤ　梅怛黎藥　〔術語〕同上。一「見よ。

バイダウ　陪堂　〔雜名〕禪林の語。「ホイダウ」を見よ。

バイテフ　貝牒　〔物名〕貝多羅の牒册なり。經典を云ふ。【大周三藏聖敎序】に「窮二貝牒之遺文一。」

バイテン　陪貼　〔雜語〕禪林に人を供養するに本飯本菜の外に供物を陪增貼附するを云ふ。【敕修淸規尊宿遷化】に「陪貼供養。」ホイテンと讀む。

バイノク　唄匿　〔儀式〕單に唄と云ひ、又婆陟、婆師と云ふ、梵音の歌詠なり。聲を引いて偈頌を詠ずるなり、是れ三寶の功德を讚嘆する爲なれば唄讚と云ふ、佛在世に最も唄道に巧なる者あり、唄比丘又は鈴聲比丘と稱す。佛敎漢土に來て人未だ唄道の音調を知らず、魏の陳思王曹植、魚山に遊で巖谷の水聲を聞て自ら之を感得し、遂に曲譜を制すと云ふ。（「ギョサン」を見よ）【文句記四】に「經云レ唄者。或云二唄匿一云二讚頌一。」【行事鈔上四】に「出要律儀云三如レ是鬱鞞國翻爲二止斷一也。又云二止息一。由レ是外緣已止已斷。爾時寂靜任レ爲二佛事一也。」【法華玄贊四】に「梵云二婆陟一。此言二讚嘆一。唄匿訛也。」【玄應音義十四】に「梵言二婆師一。此言二讚嘆一。言二唄匿一者疑訛也。」【高僧傳十三】に「天竺方俗。凡是歌詠法言稱レ唄。至二於此土一。詠レ經則稱爲二轉讀一。歌讚則號爲二梵唄一。昔諸天讚唄。皆以レ韻入二絃綰一。五衆既與レ俗違。故宜下以二聲曲一爲上レ妙。」【薩婆多毘尼勒迦六】に「瓶沙王信二佛法一。往詣二佛所一白レ佛言。世尊。諸外道八日十四日十五日。集二一處一唄誦。多得二利養一。眷屬增長。願世尊聽二諸比丘一。乃至佛言。聽二諸比丘一。八日十四日十五日。集二一處一唄誦說法。」梵 Pāṭhaka

バイビク　唄比丘　〔人名〕又鈴聲比丘、妙聲尊者と稱す。其の形極めて醜陋にして音聲最も好し。其の梵唄の聲能く人畜を感動せしむれば唄比丘と稱し、曾て過去世に佛塔に金鈴を供養せしに由て此妙聲を感ぜしに由り、鈴聲比丘と稱す。【賢愚經無惱指鬘品】に「時に波斯匿王鴦仇摩羅を征討せんとして路祇洹に由る、時に祇洹中一比丘あり、形極めて醜陋、音聲異妙、聲を振て高く唄す、軍衆耳を傾く、象馬肯て行かず。王乃ち祇洹に還り象を下りて佛所に至り、敬禮問訊す、云云」と、唄比丘の因緣を談ず。【毘奈耶雜事四】に「憍閃毘城に一長者あり、一男兒を誕す、善和と名く。形貌羸瘦、其の聲和雅なり。」と

バイモ　貝母　〔譬喩〕一の邪見に諸惑の隨逐するを魚王貝母に衆魚衆貝の隨從するに譬ふ。【止觀五】に「一切凡夫未レ階二聖道一。介爾起レ計悉皆是見。以レ有見故三假苦集煩惱隨從。魚王貝母。衆使具足。」

バイモン　貝文　〔雜語〕貝多羅葉に記する經文なり。【大唐三藏聖敎記】に「恩加二朽骨一。石室歸二貝葉之文一。」【性靈集八】に「貝文連レ珠。龍章金響。」

バイラギヤホフ　娟羅誐法　〔修法〕如寶愛染法なり。【諸宗章疏三】に「娟羅誐法。（娟は如寶の略字。羅誐(Rāga)は愛染の語）」

バイリヤウセン　陪寮錢　〔雜名〕ホイリヤウセンと讀む。

バイリヨクトン　倍離欲貪　〔術語〕欲界の煩惱の總稱を欲貪と云ふ。凡夫の位に於て、欲界見修二惑の九品の中、前六品を斷じたるものを倍離欲貪と云ふ。分離欲貪の三品を斷ずるに倍するが故に倍と云ふ。

バイラバ　陪囉嚩　〔天名〕「バラバ」を見よ。

バイロ　陪臚　〔天名〕Bhairava 自在天の一形なり、陪臚（バイロ）破陣曲は天平時代に行はれたる舞樂にして、唐招提寺の陪臚（ヘロ）會に之を奏す、その蹈舞の際の走り方を稱して陪臚（ヘロ）走りと云ふ。「バラバ」の項參照。「抄」

バイロウ　賣弄　〔雜語〕自ら誇るを云ふ。【方語】

バウ　坊　〔雜名〕【釋氏要覽上】に「僧坊。韻林云。坊區也。苑師云。坊區院也。僧寺曰二寶坊一。」區とは【字典】に「邑里之名。」即ち邑里の方面を區別する名なり、何町と云ふ如し。本朝古時京師の街衢方四町を一坊とせり、又皇子親王の宮を坊と稱せり、後轉じて寺中な

る區院の稱とせり、即ち禪家に塔頭と云ひ、教家に坊と云ふ。因て其の住僧を呼て何何坊と稱す、又房に作り互に通用すれども人を呼ぶには房を用ふべきか。但し漢土には僧徒に坊號も房號もなし。⊙（增鏡序）「坊へ行きてみあかしの事などいへとて」

バウ　房　〔雜名〕【釋氏要覽上】に「房旁也。在二堂兩旁一故。十誦云。房者或屬レ僧。或屬二一人一。」されば坊は一坊の總名にして房は僧坊の中の別房、即ち俗に云ふ部屋なり、多人一房に同居するを屬僧と云ひ、一人獨居するを屬一人と云ふ。さて坊號又は房號には古來官許に係るものなく、遁世の行人所帶の寺院なきもの多く此號を稱す。

バウクワン　坊官　〔職位〕門跡に奉仕する俗役なり、一坊を支配する長官なれば坊官と云ふ、坊號あり法印等の位に敍し、院家の等輩なり。【蹇驢嘶餘】に「坊官。妻帶。齒黑。坊號。公名。敍位。不二任官一也。僧正等の官御門主に奉公給仕する也。出世等輩也。不レ禁二四足二足類一。以下輩同。兒時水干。」⊙（平治三）「坊官法師にてぞおはしける」

バウコン　亡魂　〔雜語〕亡者の靈魂なり。

バウゴリツギ　坊護律儀　〔術語〕受戒の後、戒體に順じて能く戒相を受持するを云ひ、又離飮酒戒の諸餘の律儀を保護するを云ふ。【大乘義章十】に「始心納レ法名レ之爲レ受。順レ法防護説以爲レ持。」【義林章三本】に「於レ罪不レ作名二防護律儀一。」【婆沙論百廿三】に「離飮酒戒能總防二護諸餘律儀一。如二塹垣城能總防護一。」

バウサン　望參　〔職位〕禪林の職名。副參の候補者なり。モウサンと讀む。

バウシ　帽子　〔物名〕禪家には「まらす」と呼び、台密、淨土宗には「ばうし」と呼ぶ。「ヅキン」を見よ

バウシヤウ　傍生　〔術語〕舊に畜生と云ふを新に傍生と云ふ、傍行の生類なり。【玄應音義二十二】に「傍生。梵言二吉利藥住尼一。又云二帝利耶瞿揄泥伽一。此云二傍行一。舊翻爲二畜生一。或言二禽獸一者分得。仍未二總該一也。」【倶舍頌疏世間品一】に「言二傍生一者以二傍行一故。」梵 Tiryagyoni

バウシヤウシユ　傍生趣　〔術語〕五趣の一。

バウシヤケンド　房舍犍度　〔術語〕四分律所説。二十犍度の一。諸の資具の中、房舍に關する種種の作法を明にしたる章篇なり。

バウズ　坊主　〔雜名〕一寺一坊の主宰たる人の稱なり。住持と云ふ如し、今時僧の通稱とせるは展轉せるなり。

バウセイセウ　望西鈔　〔書名〕淨土鎭西派の望西樓道光（字は了慧）の無量壽經鈔七卷あり、望西鈔と云ふ。

バウセイロウ　望西樓　〔人名〕淨土宗鎭西派の開祖良忠の弟子道光（字は了慧）居處を望西樓と稱し、一に蓮華堂と號す。京都悟眞寺の開山、世に三條流と稱す。

バウナ　防那　〔雜語〕譯、裁縫女。【可洪音義十一上】に「防那此云レ女。刺繡裁縫等業也。」梵 Vāna*

バウナン　妨難　〔雜語〕他人の説を妨害し批難すること。

バウナン　防難　〔雜語〕難問を解釋すること。

バウハイシユ　榜排手　〔圖像〕千手觀音四十手の一なり。榜は盾を以て敵を排禦する義なり。【觀音纂玄記】に「榜木片標榜。牌與レ牓同。俗呼レ盾爲レ牌。案二釋名一云。彭排。彭旁也。在レ旁排レ敵禦レ攻。」

バウバウロクダウ　忙忙六道　〔雜語〕【往生禮讃】に「忙忙六道無二定趣一。未レ得三解脱出二苦海一。」

バウヒシアク　防非止惡　〔術語〕非法を防ぎ、惡事を止むること。戒律の止持門の方面なり。

バウモリ　坊守　〔雜名〕本願寺の一門には寺院の妻室を坊守と稱す。【考信錄二】に「吾門諸寺の室人を坊守と稱するとは御因緣秘傳鈔（文和三年甲午三月存覺上人撰）云、法然上人玉日御方を御覽じて子細なき坊守なりと仰せそめしより以來、一向眞宗の一道場の家主をば坊守と申し傳へたり。」

バウモリコウ　坊守講　〔行事〕眞宗僧侶の妻女が集りて教を聞き道を談じ合ふ會合を云ふ。

バウラ　防邏　〔異類〕地獄内の巡邏なり。雜阿毘曇心論倶舍論等に防邏に作り、十王經に訪羅に作る。【玄應音義十八】に「防邏。戌屬也。謂遊兵以禦レ寇者也。亦循二行非違一也。」又獄卒に阿傍と名くるあり。「アボウ」を見よ。

バウレウ　望寮　〔堂塔〕禪家に寮主の下に副寮あり、副寮の下に望寮の職あり、望寮とは副寮若し闕くれば上に轉じて之を補ふべし、故に名く。【象器箋六】マウレウと讀む。

バカ　婆訶　〔物名〕Vāha 譯、笮又は篅。【玄應音義二十四】に「婆訶麻。婆訶此言レ笮。或言レ篅。麻則胡麻也。」【倶舍光記十一】に「佉梨受二一斛一。婆訶此云レ篅。受二二十佉梨一。」

バカ　縛迦　〔雜語〕又薄迦に作る、譯、章。又は言。【倶舍光記五】に「梵云二縛迦一。唐言レ章。詮レ義究是。如レ説二諸行無常等章一。」【義林章一本】に「梵云二縛迦一。此云レ言也。」【寄歸傳四】に「薄迦論。頌有二七百一。釋有二七千一。亦是伐檄呵利所造。敍二聖教量及比量義一。」「バク」に同じ、參照。梵 Vākya

バカセン　跋伽仙　〔人名〕梵音 Bhārgava 又 Bhagava 又 Bhaga 佛二十九歳出家求道の時、最初に師事

せし仙人。苦行婆羅門なり。

バカマ　婆訶麻　〔雜名〕婆訶は器の名、麻は胡麻なり。「バカ」を見よ。

バガバ　婆伽婆　〔術語〕「バギヤバ」を見よ。

バガバテイ　婆誐嚩帝　〔術語〕薄伽梵の與格。(Bhagavate)にして世尊の意也。

バガボン　薄伽梵　〔術語〕又婆伽婆とも云ふ。梵音Bhagavat譯、世尊。「セソン」を見よ。

バキシク　婆疑質垢　〔植物〕樹の名。「ハリシツタラ」を見よ。

バギヤ　婆誐　〔雜語〕Bhaṅga　又、婆伽、薄伽。譯、破。【智度論四十八】に「婆伽。秦言レ破。」【大日經疏一】に「釋論亦云。婆伽名レ破。」【梵語雜名】に「破。婆誐。」

バギヤ　伐伽　〔雜名〕Bhāga「バク」を見よ。

バギヤカラナ　嚩誐羯囉拏　〔雜名〕「ハシカラナ」を見よ。

バギヤバ　跋伽婆　〔人名〕Bhārgava　仙人の名。譯、瓦師。佛出家して始めて此仙人の處に到る。【佛本行集經二十】

バギヤバ　婆伽婆　〔術語〕Bhagavat　婆伽伴、婆誐鑁、婆伽梵、薄伽梵、薄阿梵、Bhagavān(體聲、一言聲男聲)佛地論に自在と熾盛と端嚴と名稱と吉祥と尊貴との六義を擧げ、智度論に有德と巧分別と有名聲と能破との四義を出だす。又密教には女人を稱するの秘釋あり。經中多く單に世尊と譯す。【佛地論一】に「薄伽梵者。謂薄伽聲依二六義一轉。一自在義。二熾盛義。三端嚴義。四名稱義。五吉祥義。六尊貴義。」【智度論二】に「云何爲二婆伽婆一。天竺語。婆伽秦言レ德。婆言レ有。是名二有德一。復次婆伽名二分別一。婆名レ巧。巧分三別諸法總相別相一故名二婆伽婆一。復次婆伽名二名聲一。婆名レ有。是名二有名聲一。無レ有下得二名聲一如レ佛者上。復次婆伽名レ破。婆名レ能。是人能破二婬怒痴一故稱二婆伽婆一。」【玄應音義三】に「婆伽婆。舊云二大功德一。至聖之名。正言二薄伽梵一。」【慧琳音義十】に「薄伽伴。或云二薄伽梵一。或云二婆伽婆一。或云二薄伽跋帝一。皆佛第十號也。」【餙宗記三本】に「本音薄伽梵。此方義釋爲二世尊一。或名二婆伽婆一音之轉也。」【仁王念誦儀軌】に「婆誐嚩沒馱引 麼引諦。婆議嚩底敵對翻云二具福智者一。會意釋云二世尊一。沒馱此云レ覺。麼諦此云レ母也。順二此方言一言二佛世尊母一。婆伽梵者男聲呼也。婆議嚩底女聲呼也。二俱會意釋云二世尊一。若依二聲明一敵對釋者婆伽云レ破。梵翻爲レ能。能破二四魔一名二婆伽梵一。又云二薄阿梵一依二聲明論一云。薄名爲レ破。阿名二無生一。梵名爲レ證。智能證レ阿名爲二阿梵一。由二阿梵一故能破二煩惱一。故佛世尊不生不滅不來不去不一不異不斷不常不增不減。具二如レ是德一名二薄阿梵一。又云二薄伽梵一。薄伽云二福智一。梵名爲レ具。會意釋云。由レ具二福智一莊嚴滿足。故名二薄伽梵一。又薄伽梵亦是男聲。」【大日經疏一】に「薄伽梵者。論師所解具有二六義一。今此宗中。薄伽梵是能破義。如三人執二持利器一多レ所二摧伏一。乃至復次帝釋聲論謂二女人一爲二薄伽一。是欲求因緣能息二煩惱一義。又是所從生義。金剛頂宗即翻二此義一云。女人者即是般若佛母。無礙知見人皆悉從レ是生。有二其志求因緣一得二與相應一煩惱戲論皆悉永息。非レ如下世間欲熱雖二小止息一而實更增上也。以二密數不一レ可二直宣一故多有二如レ是隱語一。學者當二觸レ類思一レ之。乃至經中多釋爲二世尊一。是歎德之總稱。西法語法。言及二尊者一不三敢直斥二其名一。必先歎二其功德一。如レ云二大智舍利弗。神通目犍連。頭陀大迦葉。持律優婆離等一。故此經中例云二薄伽梵毗盧遮那一。今順二此方文勢一或以二世尊一居レ下也。」

バギヤバテイ　婆誐嚩底　〔術語〕Bhagavatī　婆誐嚩帝又薄伽跋帝に作る。「バギヤバ」を見よ。但し其女聲の形なり。

バギヤバン　婆伽伴　〔術語〕又、婆誐鑁、薄伽伴「に作る。「バギヤボン」を見よ。

バギヤボン　婆伽梵　〔術語〕又、薄伽梵に作る。體聲一言聲男聲(主格單數男性なり)に婆伽梵と云ひ、女性に婆伽婆底と云ふ。「バギヤバ」を見よ。◉(榮花、疑)「薄伽梵うせて人すまずなり」梵 Bhagavān

バク　縛　〔術語〕煩惱の異名。煩惱能く人を繫縛して自在を得しめざれば縛と云ふ。【大乘義章五本】に「羈二繫行人一故曰爲レ縛。」【梵語雜名】に「縛。滿馱。又縛訶。」

二縛　〔名數〕一に相應縛、諸の煩惱彼の同時の心心所の法を縛して所緣に於て自在を得ざらしむるを云ふ。二に所緣縛、惑境を緣ずるに毒の勢力ありて此所緣を縛して自在を得ざらしむるを云ふ。【俱舍光記二】

三縛　〔名數〕貪瞋痴の三なり。【俱舍論二十一】に「縛有二三種一。一貪縛、謂一切貪。二瞋縛、謂一切瞋。三痴縛、謂一切痴。何緣唯說二此三一爲レ縛。由下隨二三受一說上縛有レ三。謂於二樂受一貪縛隨增。所緣相應俱隨增故。於二苦受一瞋。於二捨受一痴。應レ知亦爾。」

五縛　〔名數〕相應所緣二縛の中に於て更に所緣を開て四縛とし、相應縛に合せて五縛なり。四縛とは一に同部同品縛、二に同部異品縛、三に異部同品縛、四に異部異品縛なり。部とは四諦修道の五部を云ひ、品とは貪瞋等の各種を云ふ。【俱舍光記二】

バク　嚩　〔術語〕व: Vaḥ　是れ緣覺の眞言なり。व: は是れ言語道斷の義、辟支佛は智慧深利にして一切の集法は皆是れ滅法なりと見るを以て名けて寂然界を證すと爲す。此の三昧に住する時諸法を觀ずるに

涅槃の相の宣說すべきなきを以て名けて極滅語言三昧となす。此の因緣を以て諸法を樂ばず、衆生の願を滿さんと欲するが故に但だ神力を以て此の一字を加して眞言となすなり。【大日經義釋七】

バク 跋渠 〔雜語〕Varga 譯、部、品 ○經論中の篇章なり。【玄應音義十五】に「跋渠此言訛也。正言二伐伽一。譯云レ部。謂部類也。或言レ群。同二其義一也。」【同十七】に「跋渠亦言二伐伽一。此譯云レ部。亦品之別名也。」【法華文句一】に「跋渠此爲レ品也。品是義類義。此中文句氣類相從。節レ之爲二跋渠一。例如下律中有二篇聚一毘曇有中犍度上爾。」

バクダツ 縛脫 〔術語〕縛は煩惱の繫縛を受くるなり、脫は之を解脫するなり。【楞嚴經五】に「根塵同源。縛脫無二。」

バクヂヤウイン 縛定印 〔印相〕金剛部の入定印なり。「ヂヤウイン」を見よ。

バクノイシ 縛石 〔物名〕修驗者が驗くらべを爲すに護法神を石につけて種種の奇變を現ぜしむるを縛の石と云ふ。◉(著聞集)に「其の時ばくの石とび出でておちあがること鞠の如し」

バクハクキ 縛魄鬼 〔雜名〕十王經所說鬼の名。

バクメタフ 縛馬答 〔雜語〕順環答にして要領を得ざる喩なり。【倶舍論八】に「今此所レ言。問二縛馬答一。猶如二有レ問縛レ馬者誰。答言馬主。即彼復問馬主是誰。答言縛者。如レ是二答皆不レ令レ解。」【倶舍光記八】に「外道殺レ馬祀レ天。縛レ馬著レ柱。有レ人問言。縛レ馬者誰。答言馬主。馬主是誰。答言縛者。如レ是二答皆不レ令レ解。不レ知二何人姓名一。」

バクラ 婆拘羅 〔人名〕Vakkula 比丘の名、「ハククラ」を見よ。

バサタラ 縛薩怛羅 〔雜名〕Vastra 又婆參に作る、譯、衣。【瑜伽倫記六下】に「婆參此云レ衣。」【梵語雜名】に「衣婆薩麼。」

バサバ 婆薩婆 〔人名〕往昔閻浮提の國王なり。韋羅摩婆羅門の敎を受けて十二歲の間大施を設け、最後に一婆羅門に對して身上の肉を破りて燈炷となして供養して佛法の一偈を聞けり。【智度論十一】梵 Vāsava

バサンバエンテイ 婆珊婆演底 〔神名〕Vasanta-vayantī 主夜神なり、善財童子五十三參中の一、俗に惡夢を厭するに此神名を咒すべしと云ふ。【華嚴經六十八】に「摩竭提國迦毘羅城有二主夜神一。名二婆珊婆演底一。乃至我於下夜闇人靜。鬼神盜賊諸惡衆生所二遊行一時上。乃至我時即以二種種方便一而救二濟之一。」(經中廣く海難を除くを說く等)【慧苑音義下】に「婆珊婆演底具云二婆傘多婆演底一。言二婆傘多一者此云レ春也。婆演底主當也。謂於二春時一此神主當レ守二護衆生及諸苗稼一也。乃至又中天竺本云二跋僧多一。此云二乔生一。謂能生二物善一故。借レ喩名耳。」【酉陽雜俎】に「雍益堅云。主夜神咒持レ之有二功德一。夜行及寐可レ已二恐怖惡夢一。咒曰。婆珊婆演底。」【探玄記十九】に「婆娑婆陀者正云二婆羅薩那一。此名二依止不畏一。即下文廣與二怖畏衆生一而作二依止一故也。」

バザラ 縛曰羅 〔物名〕Vajra 又、嚩馹囉、跋曰羅、伐折羅、跋折羅、跋闍羅、伐闍羅、髮闍羅、伐折羅、跋折多、(斫迦羅)に作る。譯、金剛。金剛杵。【陀羅尼集經二】に「跋折囉唐云二金剛杵一。」【大日經疏一】に「伐折羅即金剛杵。」【孔雀王咒經上】に「髮闍羅夜夜。」【賢愚經二】に「波闍羅女。晉云二金剛一。」【西域記九】に「伐闍羅王子。唐言二金剛一。」【開元錄九金剛智傳】に「縛曰羅。」【宋僧傳一不空金剛傳】に「跋折多。」【大日經疏八注】に「嚩馹囉。」【金剛經天台疏】に「西云二跋闍羅一。亦云二斫伽羅一此翻二金剛一。」【金剛經纂要】に「金剛者梵云二跋折羅一。力士所執之杵。是此之寶也。金中最剛故名二金剛一。」もと印度の武器、三股鎗の如きなり。寶也とあるは天授の武器の意にして、金中最剛の解を最適とす。【天台疏】に斫迦羅とあるは金剛輪寶にて杵とは多少その制を異にす。後諸魔降伏碎破障礙の象徵として用ひらるるに至る。曰字日字と通用す。

バサラアヒユ 嚩馹囉阿避庾 〔經名〕【大日經疏八注】に「嚩馹囉阿避庾經。譯云二金剛起經一也。」梵 Vajra-abhyudaya.*

バサラウン 縛曰羅吽 〔菩薩〕Vajra hūṃ 胎藏界持明院の五大尊中の第二尊。金剛名を縛曰羅吽金剛と云ひ、密號を勝三世金剛と云ふ。【秘藏記末】に「縛曰羅吽金剛。黑色四面八臂。面上三目。頭有二火焰鬘一。極忿怒之相。左右二手作二契印一。左手取レ鉾。次手弓。次手索。右手持二三鈷鈴一。次手劍。并在二熾盛火炎中一坐二白蓮華一。五大皆白色也。」

バサラボダイ 跋曰羅菩提 〔人名〕Vajrabodhi 又、縛曰羅冐地に作る。三藏法師の名。譯、金剛智。【開元錄九、宋僧傳一】

バサラボヂ 縛曰羅冐地 〔人名〕前項に同じ。

バシ 婆師 〔植物〕花の名。「バシカ」を見よ。

バシ 婆師 〔雜語〕唄匿の轉音。「バイノク」を見よ。

バシ 馬師 〔人名〕唐の江西道一禪師、姓は馬氏、因つて馬祖又は馬師と稱す。【傳燈錄六】

バシ 馬祀 〔修法〕Aśvamedha 外道の邪法なり、馬を殺して五臟を除去し、七寶を以て之に納れて婆羅門に施し、以て福祉を祈るなり。【文殊問經、止觀輔行十】

バシ 婆私 〔人名〕婆私吒の略。婆羅門の名。「バシタ」を見よ。

バシカ 婆師迦 〔植物〕 Varṣika 又、婆使迦、婆利師迦、婆利史迦羅、婆師波利と云ふ。花の名。雨時花、夏生花など譯す。【慧苑音義上】に「婆利師迦。此云二雨時生花一。按梵語云二婆利師一此云レ雨也。迦者時也。其花要至二雨時一方生故名也。」【同下】に「婆師迦具云二婆利史迦羅一。婆利史者此云レ雨也。伽羅此云レ時也。西域呼レ夏爲レ雨。其花生二於夏時一故名也。」【玄應音義二十一】に「婆使迦。舊云二婆師迦一。或云二婆師波利花一。此云二夏生護花一也。」梵 Varṣikala*, Varṣipālī*

バシカロナ 縛始迦魯拏 〔雜名〕 四種檀法の一。敬愛法なり。「ハシカラナ」を見よ。

バシシブ 婆雌子部 〔流派〕 「トクシブ」のこと。

バシセウアン 婆子燒庵 〔公案〕 昔婆子あり、一菴主を供養して二十年を經、常に一の二八の女子をして飯を送りて給侍せしむ、一日女をして抱宜して曰はしむ、正與麽の時如何、主曰く枯木倚二寒巖一三冬無二暖氣一と、女子歸り婆に擧似す。婆曰く、我れ二十年祇箇の俗漢を供養すと、遂に遣去せしめて庵を燒却す。【五燈會元六】

（縛斯仙の圖）

バシセン 縛斯仙 〔天名〕 Vasiṣṭha 又、婆藪。胎藏界外金剛部東方にあり、六火天の一、赤肉色仙形にして右に蓮華を持し、左膝を竪て、筵に座し、右に天后あり。又虚空藏院に住するものあり、肉色苦行仙人形、右手彈指形の如く、右手仙杖を持して立つ。

バシタ 婆私吒 〔人名〕 又、婆私瑟擺に作る。婆羅門の名。此婆羅門の母六子を喪て狂亂し、露形馳走す、世尊を見て本心に還り、三歸戒を受く。雜阿含經三十四、經律異相卅三。【俱舍論十五】に「愁毒纏レ懷。心逐發レ狂。」【俱舍光記十五】に「婆沙一百二十六曰。如二契經說一。婆私瑟擺婆羅門女喪二六子一故。心發二狂亂一露形馳走。見二世尊一已。還得二本心一。」梵 Vasiṣṭha

バシタ 私婆吒 〔人名〕 梵志の名。略して婆吒と云ふ。譯、最勝。邪見外道にして涅槃の無常を執し、且つ草木有命を計す。【涅槃經三十九】に「復有二梵志一姓婆私吒。復作二是言一。瞿曇。所說涅槃常耶。」已下廣く佛と涅槃の常無常を對論す。【慧琳音義二十六】に「婆私吒此云二最勝一。或云二無上一。亦同二闍提一。邪見宗也。」【楞嚴經十】に「是人則墮下知二無知一執上。婆吒霰尼執二一切覺一。成二其伴侶一迷二佛菩提一亡二失知見一。」【同長水疏】に「草木無レ知而執レ有レ知。故云下知二無知一執上。婆吒霰尼二外道也。涅槃云二婆私吒及先尼一。梵音小轉。既執二一切覺一。即草木有レ命也。」前項を見よ。

バシハ 婆師波 〔人名〕 Vāṣpa 又、婆師婆、婆濕婆、婆沙波に作る。五比丘の一。譯、起氣、涙出、氣息。佛滅後、窟内窟外結集の時、窟外に於て界外の大衆を領して三藏を結集せしもの即ち大衆部の祖なり。【佛本行集經三十四】に「次長老婆沙波。隋言二起氣一。」【三論玄義】に「界外大衆乃有二萬數一。婆師波羅漢爲レ主。此云二涙出一。常悲二苦衆生一而涙墮也。即五比丘中之一人。而年大二迦葉一。敎二授界外大衆一。」【中論疏記二下】に「言二婆師婆一者。案二最勝王經一云二婆濕婆一也。照法師云。婆濕婆此云二氣息一。」【義林章二本】に「有二阿羅漢一。念二佛法恩一念二衆生苦一。自恒垂レ涙。故名二婆師婆一。爲二大衆主一敎二授諸人一。」【唯識了義燈一本】に「佛涅槃後。大迦葉波及婆師波雖下分二二處一結中集三藏上。然一百年中佛法一味。」

バシホタラ 跋私弗多羅 〔流派〕 Vatsī-putra 犢子部の梵名。「トクシブ」を見よ。

バシヤ 婆沙 〔雜語〕 Vibhāṣā 譯、説。「ビバシヤ」を見よ。

バシヤ 嚩舍 〔雜語〕 四種檀法の一。敬愛法の梵名。「ハシカラナ」を見よ。

バシヤ 婆蹉 〔人名〕 Vatsa 筏蹉梵志又は筏蹉子と云ふ。犢子部外道なり。

バシヤ 婆蹉 〔人名〕 Vatsa 比丘の名。苦行第一なり。【增一阿含經三】に「苦身露坐不レ避二風雨一。所謂婆蹉比丘是。」

バシヤ 婆叉 〔地名〕 Vakṣu又Vaikṣu 河の名。「バシユ」を見よ。

バシヤウバシヤ 婆差優婆差 〔雜語〕 Upāsaka-upāsikā 在家の二衆、優婆塞優婆夷の轉訛なり。【仁王經下】に「在家婆差優婆差。」【同嘉祥疏五】に「在家二衆名二優婆塞優婆夷一。有本云二婆差優婆差一。外國語音不同有二此異一耳。」

バシヤキヤウ 筏蹉經 〔雜名〕 犢子部の經典なり。

バシヤゲダウ 筏蹉外道 〔流派〕 筏蹉子に同じ。犢子部の部祖を筏蹉 Vatsa と云ふより名く。

バシヤシ 筏蹉子 〔流派〕 前項を見よ。

バシヤナバ 婆蹉那婆 〔雜語〕 毒藥の名。【大寶積經一百十三】に「如レ有二一毒一。名二婆蹉那婆一。隋言牛犢子復

有㆓毒藥㆒名㆓訶羅訶羅㆒。(隋言速殺)將㆑如㆓芥子㆒食。即速疾命終。」梵 Vatsanābha, Halahala

バシヤノシダイロンジ 婆沙四大論師 【名數】又婆沙の四評家ともいふ。世友、法救、妙音、覺天、の四論師なり。此の四論師は脇尊者と共に大毘婆沙論の主なる編纂者なるが故に此名あり。

バシヤハ 婆沙波 【人名】Vāṣpa 羅漢の名。「バシハ」を見よ。

バシヤバ 婆蹉婆 【雜語】帝釋天の別名なり。【慧琳音義二十六】に「婆蹉婆。此云㆓執金剛寶㆒。亦云㆓嚴飾㆒也。」【大部補注一】に「婆蹉婆。河西云。翻爲㆓好嚴飾㆒。昔日好衣布施。今得㆓麗服㆒也。」

バシヤバダ 婆娑婆陀 【天名】主夜神なり。「バサンバエンテイ」を見よ。

バシヤバダイ 婆舍跋提 【界名】又、婆羅尼蜜と云ふ。他化自在天の梵名。Paranirmita-vaśavartin 六欲天の第六。【智度論】に「婆舍跋提。秦言㆓他化自在天㆒。此間一梵王名㆓尸棄㆒。秦言㆑火。」【玄應音義三】に「婆羅尼蜜天。或云㆓婆舍跋提天㆒。此云㆓他化自在天㆒也。」

バシヤバツダイテン 婆舍跋提天 【界名】前項を見よ。

バシヤフタラ 婆蹉富多羅 【流派】犢子部の異名なり。「トクシブ」を見よ。

バシヤフラ 婆蹉富羅 【流派】婆蹉富多羅に同じ。

バシヤボンシ 婆蹉梵志 【流派】犢子部外道なり。「トクシブ」を見よ。

バシヤラ 跋折羅 【物名】筏折羅 Vajra 金剛なり。「バサラ」を見よ。

バシヤラカシヤ 跋折羅吒訶沙 【菩薩】譯、大笑金剛。【陀羅尼集經八】に「跋折羅吒訶沙身。唐云㆓大笑金剛㆒。」梵 Vajra-aṭṭahāsa

バシヤラダイシヤウ 伐折羅大將 【天名】藥師經所說十三神將の一。譯、金剛大將。

バシヤラダラ 伐折羅陀羅 【雜名】Vajradhāra 譯、執金剛。持金剛。手に金剛杵を執持する神部の總名。【大日經疏一】に「伐折羅即金剛。陀羅是執持義。舊譯云㆓執金剛㆒。今謂㆓持金剛㆒。」

バシヤラジンバラ 伐折羅人嚩羅 【菩薩】Vajrajvala 譯、金剛光。【大日經疏九】

バシヤラモシチ 跋折羅母瑟知 【印相】Vajramuṣṭi 譯、金剛拳印。【陀羅尼集經四】

バシヤロン 婆沙論 【書名】阿毘達磨大毘婆沙論の略名。

バシユ 縛芻 【地名】Vakṣu Vaikṣu 又、婆輸、婆叉、婆槎、薄叉、博叉と云ふ。閻浮提四大河の一なり。阿耨達池の西面より出でて西北海に入ると云ふ。【西域記一】に「池西面瑠璃馬口流㆓出縛芻河㆒。(舊曰博叉河訛也)繞㆑池一市入㆓西北海㆒。」【玄應音義二十四】に「縛芻河。舊言㆓博叉河㆒。或作㆓薄叉㆒。又亦云㆓婆叉河㆒。又言㆓嚩叉河㆒。皆一也。此云㆓青河㆒。」今のバクスス河なり。

バシユダツタ 婆須達多 【雜語】Vasudatta 譯、財施。【華嚴經六十二】に「須達多優婆塞。婆須達多優婆塞。」【同慧苑音義下】に「婆須達多。云㆓財施㆒。或云㆓有善施行㆒。」

バシユミタ 婆須蜜多 【人名】婆須蜜に同じ。

バシユミタラ 婆須蜜多羅 【人名】婆須蜜に同じ。

バシユミツ 婆須蜜 【人名】Vasumitra 菩薩の名。「バソミタラ」を見よ。

バシユミツタ 婆須蜜多 【菩薩】Vasumitrā 華嚴五十三知識の第二十五の知識なり。險難國寶莊嚴城の婬女なり。善財童子之に詣で欲を以て欲に處する衆生を化する深法を聞く。【華嚴經六十七】に「於㆓此南方㆒有㆓一國土㆒。名曰㆓險難㆒。此國有㆑城名㆓寶莊嚴㆒。中有㆓女人㆒名㆓婆須蜜多㆒。汝詣㆑彼問。」【同探玄記十九】に「婆須蜜多此云㆓世友㆒亦名㆓天友㆒。以㆔巧能引㆓攝諸世間㆒故。」又「バソミタラ」を見よ。

バシルタカ 婆收婁多柯 【流派】Bahuśrutīyāḥ 十八部中の多聞部なり。

バジヤ 跋闍 【地名】Vṛji 毘舍離國 Vaiśāli の地名なり、佛滅後百年此の地の比丘十事を行ず。「バジヤシビク」を見よ。

バジヤウ 婆城 【雜名】乾闥婆城なり。西域の伎人を乾闥婆 Gandharva と名く、城郭を幻作して須臾に滅するを乾闥婆城と名く、又海上の蜃氣樓を乾闥婆と名く。不實の法に譬ふるなり。【往生十因】に「水鏡像。(乃至)陽炎婆城。」

バジヤシ 跋闍子 【雜名】「バジヤシビク」を見よ。

バジヤシビク 跋闍子比丘 【雜名】Vṛjiputra-bhikṣu 毘舍離の跋闍の人人の出家せしを云ふ。此の地の僧。佛滅後百年、十事の非法を起す。長老耶舍陀比丘七百の賢聖を毘舍離城に集めて第二結集起りたるなり。この事件は些細なる習慣上の異見の如くなれ共、佛の制戒が嚴然として權威を有したる時に、それ等の小變遷が如何にして後世の面影を導きたるかをうかがふ上に於て、又佛教史上に於て變動を許すべからざる戒律の最初の異論として最も重大なる事件たるを失はず。

跋闍子比丘十事非法 【名數】【毘奈耶雜事四十】に「一、高聲共許淨法(四分「得寺內」十誦「如是淨」五分「求聽淨」)比丘寺內に在りて別衆非法の羯磨を作すに大衆高聲に共許すれば其の法成ずと。二、隨喜淨法(四「後聽可」十「證知淨。」五(求聽淨中に合す))比丘非法の羯磨を作すに其座の大衆隨喜

し又界內に於て先に別衆の羯磨を作し、然る後來人の聽可を求むれば其の法成ずと。三、舊事淨法、四「得常」十「行法淨」五「習先所習淨」比丘自ら地を掘り人を敎へて掘らしむる等舊作の事は之を作すも違法にあらずと。四、攎事淨、四「得與鹽共宿」十「鹽淨」五「鹽薑合共宿淨」筒を以て壚を盛り身に帶して常に受用するも非法にあらずと。五、道行常法 四「得聚落間」十「近聚落淨」五「越聚落淨」比丘一處に食し已て未だ一驛半驛を行かざるに便ち別衆食を作すも違法に非ずと。六、二指淨法 四「兩指抄食」十「指淨」五「兩指抄食淨」比丘足食し已て殘食の法を受けずして更に食を得て兩指を以て之を食ふも違法にあらずと。七、必治病淨法、四「得飮闍樓羅酒」十「貧住淨」五「飮闍樓伽酒淨」水に和して酒を飮むも治病の爲なれば非法にあらずと。八、酪漿淨法、四「得和」十「生和合淨」五「酥油蜜和酪淨」乳酪一升を以て水に和し之を攪すれば非時に飮用するも違法に非ずと。九、座具淨法、四「得畜不截坐具」十「褸邊不益尼師檀淨」五「佃坐具大小隨意大小淨」新坐具を作るに故物を著けず、且つ大小隨意に之を作して受用するも非法にあらずと。十、金寶淨法。四「得受金銀」十「金銀寶物淨」五「受畜金銀錢淨」金銀寶玉の施物を受けて之を畜ふるも違法にあらずと。」五分は一と二を合せ更に復坐食淨を加へて十事とす 南傳律本多少の相違と古來の解を異にす。即ち一に鹽淨、角に鹽を蓄へて所持すること。二に二指淨、午下二指に至るまでは食を取り得ること。三に聚落間淨、一村より他村に行く時は時間外の食を取り得ること。四に住處淨、同一境界內に住して別別に齋日說戒をなし得ること。五に隨意淨、又、後聽淨。裁斷の權利なき衆僧が事を行ひて、事後に大衆の承認を乞ふを得ること。即ち隨意に事務を行ひ得ること。六に習先所習淨、又久住淨。もし慣例あらば何事をもなし得ること。七に生和合淨、午時過には新らしき乳を飲むを許されず、ただ飲み殘したる乳はこの限りにあらずと云ふことあり。故に少しく變質せる生和合 Amathi は飲むを得ること。八に水淨、又、飮闍樓伽酒淨。闍樓伽 Jalogi 濁なり。白酒（シロザケ）、甘酒（アマザケ）の類か。耶樹の汁の醱酵したるものを云ふ。要するに酒精分の少なき酒を飲むことなり。九に不益樓尼師壇那淨、飾縷をとらざる(Adasakam)蓆布ならば、定量の大さを越ゆるも罪とならず。十に金錢淨、金錢を手に捉るも罪とならず。以上は南傳の巴利律によりたるものなり。西藏所傳は大體に於て前條に同じ。

バジヤラ　跋闍羅　[物名] 伐闍羅。Vajra 譯、金剛。「バザラ」に同じ。

バジヤラホタラ　伐闍羅弗多羅　[羅漢] Vajraputra 十六羅漢の一。譯金剛。

バジヤラハニ　跋闍羅波賦　[菩薩] Vajrapāṇi 譯、金剛手。【名義集二】に「應法師云。跋闍羅此云二金剛一。波膩此云レ手。謂手執二金剛杵一。以立レ名。」

バジヤラハニバリビ　婆闍羅波尼婆里卑　[天名] Vajrapāṇibalin 譯、金剛力士。【戒壇經】に「跋闍羅波尼梁言二金剛一。婆里卑梁言二力士一。」「ニワウ」を見よ。

バジヤラバラ　跋闍羅婆羅　[人名] Vajrabala* 「三藏法師の名。譯、金剛堅。【續高僧傳二】

バセイ　婆栖　[動物] 鳥の名。【大日經疏十六】に「婆栖鳥似レ鵄小。黃土色。觜亦黃。是鶚類也。此鳥有二秘身法一也。」

バセラ　伐折羅　[物名] 「バサラ」を見よ。

バセラ　婆施羅　[菩薩] 華嚴五十三知識の一、樓閣城の船師なり。【疏鈔六十七】に「婆施羅者此言二自在一。謂於二佛法海一已善通達。於二生死海一能通達。」梵 Vairocana

バソ　馬祖　[人名] 唐の江西道一禪師、南岳讓の法嗣なり、姓は馬氏、時に馬祖と稱す、元和中大寂と諡す。【傳燈錄六】に「六祖能和尙謂レ讓曰。向後佛法從二汝邊一出。馬駒蹈二殺天下人一。厥後江西法嗣布二於天下一。時號二馬祖一焉。」

バソ　婆藪　[雜名] 「バソハンド」を見よ。

バソ　婆藪　[人名] Vasu 又、婆薑。仙人の名。婆羅門の中に始めて殺生をなし、天を祀り、生ながら地獄に墮ち、無量劫を經て華聚菩薩の大光明力に由つて地獄を脫して釋迦佛の所に詣る。佛之を讃嘆し衆の爲に其の大方便力を說く。【智度論三、方等陀羅尼經一】

(婆藪の圖)

バソカラバツマ　婆塞羯羅伐摩　[人名] Bhāskaravarman 國王の名。譯、日胄。【西域記十】

バソキ　筏蘇枳　[異類] Vāsuki 龍王の名。「ワシュキツ」を見よ。

バソト　跋窣堵　[術語] Vastu 又、婆藪斗、律藏の名。【飾宗記二末】に「婆藪斗律者眞諦三藏云。此翻二品類律一也。此律多說二緣起一制二諸輕戒一。」【開元錄九義淨傳】に「跋窣堵即諸律中犍度跋渠之類也。梵有二楚夏一耳。」「バソハンド」を見よ。

バソハンダ　婆藪槃陀　[人名] 天親菩薩の梵名。

バソハンド　婆藪盤豆　[人名] 又、婆藪盤豆、筏蘇盤豆、伐蘇畔度、筏蘇畔徒、婆藪槃陀 Vasubandhu と云ふ。世親 舊に天親 菩薩なり。【西域記五】に「筏蘇畔度菩薩。唐言二世親一。舊曰二婆藪盤豆一。譯曰二天親一。訛謬

也。」【唯識樞要上本】に「伐蘇畔徒菩薩。唐言二世親一。無著菩薩同母弟也。」【俱舍光記一】に「俱舍論者筏蘇槃豆之所作也。筏蘇爲レ世。槃豆爲レ親。印度有レ天俗號二世親一。世人親近供養。故以名焉。菩薩父母從二所乞所一爲レ名也。舊譯爲レ天。此翻謬矣。若言レ天應レ號二提婆一也。」【百論疏一】に「婆藪。外國亦名二和順一。付法藏經云。婆藪槃陀善解二一切修多羅義一。婆藪云二天親一。天親者本是天帝弟。遣三其生二閻浮提一伏二修羅一也。」図 天神の名、外道所事の毘瑟拏等の天神能く世を救ひ世に住するが故に世天と名け、又世人親近供養するが故に世親天と稱す。【宗輪論述記上】に「筏蘇者世義。外道所レ事毘瑟拏天亦名二筏蘇一。能救レ世故。世間父故。世導師故。住二於世一故。」【俱舍神泰疏一】に「斐法師譯二婆藪一此云レ世槃豆此云レ親。謂西方有二天廟一是婆藪天廟也。其婆藪天像多爲二世人一親近供養。西方呼爲二世親天一。」

バソバンドホフシデン **婆藪槃豆法師傳** 【書名】一卷、陳の眞諦譯。天親菩薩傳なり。【藏帙九】(1463)

バソフラ **婆龜富羅** 【派流】Vatsaputra 又、婆蘇富羅。「トクシブ」を見よ。

バソミタラ **筏蘇蜜呾羅** 【人名】Vasumitra 又、伐蘇蜜多羅。婆須蜜、婆須蜜多、婆須蜜多羅。世友菩薩の梵名。舊に和須蜜、舊に天友と云ふ。佛滅後四百年有部宗に出家せし小乘の菩薩なり。五百の阿羅漢大毘婆沙論を結集せし時、其の上首となり、且つ婆沙論四評家の隨一と稱す。宗輪論を著す。【宗輪論述記上】に「異部宗輪者。佛圓寂後四百許年。說一切有部世友菩薩之所レ作也。乃至言二世友一者。梵云二筏蘇蜜多羅一。筏蘇者世義。蜜多羅友也。外道所レ事毘瑟拏天亦名二筏蘇一。乃至住二於世一故。今此論主從レ彼乞得。彼天之友故云二世友一。友者朋友。如レ云二世親一世天親也。世天友故名二世友一。」【俱舍光記二十】に「梵名二筏蘇蜜呾羅一。筏蘇名レ世。蜜呾羅名レ友。舊曰二和須蜜一訛也。」【慧苑音義下】に「婆須蜜多此云二世友一。亦曰二天友一。或曰レ寶。亦曰レ財也。」図 一人あり筏蘇蜜呾羅と名け有部宗の阿羅漢なり。佛滅後三百年に出世して品類足論等を作る。【俱舍光記一】に「至二三百年初一筏蘇蜜多羅。造二品類足論一。六千頌。即是蜜衆事分阿毘曇也 又造二界身足論一。伐蘇蜜多羅。此云二世友一。」【西域記二】に「伐蘇蜜呾羅論師。唐言二世友一。舊曰二和須蜜多一訛也。於レ是製二衆事分阿毘達磨論一。」図 一人あり經部の異師なり。【俱舍光記五】に「世友梵名云二伐蘇蜜多羅一。舊云二和須蜜一訛也。印度國名二世友一者非レ一。非二是婆沙會中世友一。」「セウ」を見よ。

バタ **婆吒** 【人名】外道の名。「バシタ」を見よ。

バタ **婆哆** 【人名】長者の名。譯、軍。【阿育王經七】

バタセンニ **婆怛霰尼** 【人名】婆吒と霰尼(又先尼に作る)と二人の外道なり。「バシタ」を見よ。

バタナ **婆怛那** 【地名】城の名。【慧苑音義下】に「婆怛那。具云二難陀婆怛那一。(Nandavardhana)言二難陀一者此云レ嘉也。婆怛那者增益也。其城在二摩竭國內一。」

バタラ **婆吒羅** 【植物】樹の名。「バダラ」を見よ。

バタリ **婆柁梨** 【人名】比丘の名。【俱舍光記三十】に「婆陀梨。是西方小棗名。父母憐レ子以レ此標レ名。」梵 Badari

バタリ **颰柁梨** 【植物】果の名。【玄應音義二十四】に「婆柁梨。是西方一類小棗者也。」前項を見よ。

バダ **颰陀** 【菩薩】又、跋陀、軷陀。颰陀和羅 Bhadrapāla の略。菩薩の名。「バダバラ」を見よ。【玄應音義五】に「颰陀。經中或作二軷跋拔一。三形同蒲沫切。此譯云二仁賢一。或云二賢護一。」

バダ **婆達** 【雜語】多言聲なり。【因明大疏一】に「依二聲明一。一言云二婆達南一。二言云二婆達泥一。多言云二婆達一。」梵 Vadana

バダ **婆陀** 【雜語】Baddha Bandha 又、縛駄。譯、縛。【智度論四十八】に「婆陀。秦言レ縛。」【演密鈔八】に「梵云二縛駄一。或云二滿駄一。此譯爲レ縛。」

バダ **婆陀** 【術語】阿波陀那 Avadāna の略。十二部經中の第八、譬喩經なり。

バダイ **婆提** 【人名】Bhadrika 釋姓中の王なり、跋提釋王と稱す。跋提は賢と譯す。佛初て迦毘羅城に還りし時、五百餘人と共に出家し、家奴たりし優婆離比丘を禮して剃頭受具、遂に阿羅漢果を證せり。【百緣經九】

バダイ **跋提** 【人名】貧人の名。一雉木を佛に供養して當來辟支佛と成る記別を受く。【百緣經三】梵、前項と同じ。

バダイ **婆提** 【雜語】Vana 譯、林。【探玄記十九】に「婆提者正云二婆那一。此云レ林也。」【梵語雜名】に「林。縛尼。」

バダイ **跋提** 【地名】又、伐提、跋提、跋底、嚩底に作る。河の名。「アヂタバッテイ」を見よ。

バダイ **跋提** 【人名】婆提比丘の名。「バダイリカ」を見よ。

バダイシ **馬大師** 【人名】馬祖道一禪師なり。「バソ」を見よ。

馬大師不安 【公案】「馬大師病あり、院主問て曰く、近日尊候如何、大師云く日面佛月面佛。」【碧巖第三則、從容錄】

馬大師野鴨子 【公案】「馬大師其の弟子百丈

と行く次に野鴨子の飛び過ぐるを見る、大師云く、是れ什麽ぞ。丈云く、野鴨子。大師云く、什麽の處にか去る。丈云く飛び過ぎ去れり。大師遂に百丈の鼻頭を扭る。丈忍痛の聲を作す。大師云く、何ぞ曾て飛び去らん。」【碧巖五十三則】

バダイダツタ 拔提達多 【人名】 Bhadradatta 王の名。譯、賢授。【慧琳音義二十五】に「拔提言レ賢。達多名レ授。即賢授王也。」

バダイリカ 跋提梨迦 【人名】 婆提唎迦 Bhadrika巴 Bhaddiya 五比丘の一。中本起經に跋提と云ひ、四分律に婆提と云ひ、最勝王經に婆帝利迦と云ひ、本行集經に跋提梨迦と云ひ、小賢と譯す。【本行集經十一】に「白飯王亦有二二子一第一名二難提迦一。第二名爲二婆提唎迦一。」【同三十四】に「次二一長老跋提梨迦隋言小賢」

バダカビラ 跋陀迦毗羅 【人名】 Bhadrakapilā 比丘尼の名。曾て波斯匿王の爲に逼られて其心染愛なく、脫して祇洹に詣る。佛言く、心に愛染なくんば罪なしと。【十誦律二、經律異相廿三】

バダギバ 跋陀耆婆 【地名】 Bhadrajīva 城の名。譯、賢壽。【賢愚經二】

バダコフ 颰陀劫 【術語】 Bhadrakalpa又、波陀劫に作る。颰陀劫簸の略。劫簸とは世界の成壞を分別する時量にて今は即ち成劫なり、常に略して劫と云ふ。颰陀とは賢又は善と譯し、この一劫中に千佛出世すれば賢劫と名くるなり。【智度論三十八】に「劫簸秦言二分別時分一。颰陀者秦言レ善。有二千萬劫過去空無レ有レ佛。是一劫中有二千佛興一。諸淨居天歡喜故名爲二善劫一。」【修行本起經上】に「劫名二波陀一。漢言爲レ賢。」【法華文句八】に「颰陀此云レ賢。劫之異名耳。」【賢劫經一】に「颰陀劫三昧晉曰二賢劫定意一。」

バダコフサンマイキヤウ 颰陀劫三昧經 【經名】 賢劫經の異名。

バダシンジユキヤウ 颰陀神呪經 【經名】 幻師颰陀神呪經の略名。

バダハラ 颰陀波羅 【菩薩】 又、跋陀波羅。菩薩の名。次項を見よ。

バダバラ 跋陀婆羅 【菩薩】 又、軷陀、颰陀波羅、颰陀和、颰陀和羅、跋陀羅波黎、跋陀羅波梨に作る。賢護菩薩の梵名なり。【法華文句二】に「跋陀婆羅菩薩。此云二善守一。亦云二賢守一。思益經云。若衆生聞レ名者畢定得二三菩提一。故名二善守一。」「ケンゴ」を見よ。

バダラ 跋陀羅 【雜名】 Uttarabhādrapadā 星の名。譯、壁宿。【寶星陀羅尼經二】

バダラ 跋陀羅 【人名】 Bhadrā 比丘尼の名。自ら宿命を識て佛に遇て成道す。【跋陀羅比丘尼經、經律異相二十三】

バダラ 跋陀羅 【人名】 Guṇabhadra 求那跋陀羅の略。三藏法師の名。

バダラ 跋陀羅 【羅漢】 十六羅漢の一。

バダラ 跋陀羅 【異類】 Bhadra 龍王の名。譯、賢龍。【正法念經十八】

バダラ 跋陀羅 【植物】 Bhadra 樹の名。譯、賢樹。【慧苑音義上】

バダラカビリヤ 跋陀羅迦卑梨耶 Bhadra-kapilā 婆羅門女の名。譯、賢色黃女。【本行集經四十五】

バダラシリ 跋陀羅室利 【人名】 Bhadraśrī 又、跋捺羅室利、賢首菩薩の梵名。【華嚴探玄記四】に「跋陀羅此云レ賢。室利此云二吉祥一。或云レ德。或云レ勝。是故非二初首之首一。亦非二上首之首一。此等梵語皆有二別名一故。此但爲レ顯二吉祥勝德超絕一爲レ首。當體至順調柔曰レ賢。賢約二體性一。首約二德用一。是持業釋也。」

バダラハダ 婆達羅鉢陀 【雜語】 Bhādrapada 六月の梵名。

バダラハリ 颰陀羅波梨 【菩薩】「ケンゴ」を見よ。

バダラバダ 颰陀羅跋陀 【雜名】 Pūrvabhādrapadā 星の名。譯、室宿。【寶星陀羅尼經四】

バダラバダ 跋捺羅婆娜 【雜語】 Bhādrapada 六月の梵名。【梵語雜名】

バダラバダイ 跋陀羅婆提 【雜名】 Bhadrapati 城門の名。譯、賢主。【本行集經三十五】

バダラバダマセン 婆捺囉婆捺麼洗 【雜語】 Bhādrapadamāse 又、跋捺囉婆娜麼洗。又、婆達羅鉢陀、跋陀娜婆娜と云ふ。譯、六月。婆捺囉婆捺は星宿の名、麼洗は月の義なり。【飾宗記六末】に「婆達羅跋陀。六月也。」

バダラヤニ 跋陀羅耶尼 【流派】 Bhadrayānīkāḥ 譯、賢胄部。小乘十八部の一。【飾宗記一本】

バダラロシ 跋陀羅樓支 【人名】 Bhadraruci 論師の名。譯賢愛。大慢の婆羅門を摧いて生ながら地獄に陷らしむ。【西域記十一】に「西印度有二苾芻一。跋陀羅樓支。唐言二賢愛一。妙極二因明一。深窮二異論一。」

バダワ 颰陀和 【菩薩】 又、婆陀和、跋陀婆羅、跋陀羅婆梨に作る。菩薩の名。譯、賢護。「ケンゴ」を見よ。

バダワリ 跋陀和利 【人名】 巴 Bhaddāli 比丘の名。佛一座食の法を讃嘆す、跋陀和利堪へずと固辭す、夏三月竟て復た來て世尊を見る、佛種種に之を呵し爲に出要を說く。【中阿含五十一跋陀和利經】

バダンダ 婆檀陀 【雜語】 Bhadanta 譯、大德。佛の別號なり。【智度論二】に「婆檀陀。秦言二大德一。」

バチアシユラ 婆稚阿修羅 【異類】 Bhandhi-asura 又、跋墀、跋稚跋移、末利、婆梨に作る、阿修羅王の名。法華經序品に列次せり。【法華文句二】に「婆稚者此云二被縛一。或云二五處被縛一。或云二五惡一。物繫レ

物不レ得レ脫。故云二被縛一。亦云二有縛一。爲二帝釋所一レ縛。」【法華玄贊二】に「婆稚者。舊云二被縛一。非天前軍爲レ天所レ縛。正云二跋稚迦一。此云二團圓一。正法華中最勝是。即當二勇健一。次二執日一後與レ天鬪時有二勇健力一。跋陀縛義。此非二被縛一。」【華嚴大疏鈔三】に「大力婆稚華梵異耳。」【慧苑音義上】に「婆稚正云二末利一。此云二有力一。」◉(曲、春日龍神)「婆稚阿修羅王」

バチ　婆陟　〔人名〕「バイノク」を見よ。

バチカリ　伐檄呵利　〔書名〕Bhartṛhari 論の名。【寄歸傳四】に「伐檄呵利論。是前朱儞議釋。即大學士伐檄呵利所造。」

バチマニ　婆雉末儞　〔異類〕Balimaṇi 又、婆利摩尼、夜叉の名。譯、力珠。【大孔雀經】に「婆雉末儞。翻曰二力珠一。」【孔雀王呪經上】に「婆利摩尼。梁言二珠力一。」

バツイチサイゴフシヤウコンボントクシヤウジヤウドダラニ　拔一切業障根本得生淨土陀羅尼　〔經名〕一卷、劉宋の求那跋陀羅重譯。阿彌陀經不思議神力傳之に附す。【地帙十二】(201)

バツクヨラク　拔苦與樂　〔術語〕拔苦は悲の德、與樂は慈の德なり。【智度論二十七】に「大慈與二一切衆生樂一。大悲拔二一切衆生苦一。」

バツゴフインシユシン　拔業因種心　〔術語〕眞言宗所立十住心の第五、緣覺の住心なり。業とは善惡の二業なり、因とは十二因緣なり、種とは無明なり、無明は一切煩惱の根本なれば種と云ふ、即ち惑業苦(無明 業 十二因緣)の三法を拔除して涅槃に入るを云ふ。

バツサ　筏蹉　〔人名〕又、跋私。梵音 Vatsa 小乘犢子部の祖。佛當時の外道なりしが、後歸佛して出家す。

バツサイ　拔濟　〔雜語〕苦を拔き難を濟ふなり。【法華經譬喩品】に「但以二智慧方便一。於二三界火宅一。拔二濟衆生一。」

バツサイクナンダラニキヤウ　拔濟苦難陀羅尼經　〔經名〕一卷、一に滕福往生淨土經と名く、唐の玄奘譯。不可說莊嚴菩薩の請問に依て不動如來と滅惡趣王如來との二呪を說く。【成帙七】(490)

バツシプタラブ　跋私弗多羅部　〔流派〕亦婆蘇富羅部、婆蹉富多羅部とも云ふ。梵音 Vatsiputrīyāḥ 譯、犢子部、可住子部。「トクシブ」を見よ。

バツゼツヂゴク　拔舌地獄　〔界名〕口業の惡を作る者の墮する地獄なり。【往生要集上本】に「瑜伽四云。從二其口中一拔二出其舌一。以二百鐵釘一而張レ之。令レ無二皺襵一。如レ張二牛皮一。」◉(鴉鷺合戰一)「誹謗起らねば拔舌地獄の恐れなし」「を見よ。

バツダイ　跋提　〔人名〕比丘の名。「バダイリカ」

バツダイ　拔提　〔地名〕河の名。涅槃林の測なる尸賴拏拔提 Hiraṇyavatī の拔提のみを取りて支那にて河の名とす。阿夷羅拔提 Ajiravatī と混同せり、阿夷羅拔提は舍衛城側の河なり。「アヂタバツテイ」を見よ。◉(曲、白髭)「拔提の波と消え給ふ」と云ふは尸賴拏拔提なり。

バツダイリカ　跋提唎加　〔人名〕梵音 Bhadrika 佛成道後、鹿野園に於て濟度せし五比丘の一人。甘露王の子なり。「バラ」を見よ。

バツダバラ　跋陀婆羅　〔菩薩〕菩薩の名。「バダ

バツダラヤニブ　跋陀羅耶尼部　〔流派〕梵音 Bhadrayāniyāḥ「ケンチウブ」を見よ。

バツヂヨザイシヤウジユワウキヤウ　拔除罪障呪王經　〔經名〕一卷、唐の義淨譯。曼殊菩薩の請に由て末代不信の人の爲に此一大呪王を說く【成帙八】(499)

バツトウノマヒ　拔頭舞　〔雜名〕拔頭、又髮頭とも書す。梨俱吠陀、阿闥婆吠陀に見ゆる拔頭(Pedu)王の神話より出づ。アシュヴィン神この王に殺蛇(Ahihan)の白馬を授く。これを拔頭の馬(Paidva)と稱す。白馬が蛇を見て狂喜する狀を顯はしたる勇壯の樂なり。今尙拔頭還城樂として宮中雅樂の一に位し、時に舞奏せらる。【元亨釋書二十二】に「沙門佛哲解レ音。今茲詔二樂部一學二林邑舞一。所謂菩薩舞拔頭舞也。」

バツナンコク　跋南國　〔地名〕扶南國の異稱。【寄歸傳一】に「跋南國舊曰二扶南一。先是裡國。人多事レ天。後乃佛法盛流。惡王今幷除滅。迥無二僧衆一。外道雜居。斯乃贍部南隅。非二海洲一也。」

バツナンダ　跋難陀　〔人名〕Upananda 比丘の名。譯、善喜、賢喜、佛の涅槃を聞て歡喜せし惡比丘なり、善見論に須跋陀羅摩訶羅と云ふ。【長阿含經四】に「時彼衆中有二釋種子一。字二跋難陀一。止二諸比丘一言。汝等勿レ憂。世尊滅度。我得二自在一。彼老常言。當二應行一レ是。不レ應レ行レ是。自今已後隨二我所爲一。」【四分律五十四】に「爾時有二跋難陀釋子一。在二衆中一。語二比丘一言。長老且止。莫二大憂愁啼哭一。我等於二彼摩訶羅邊一得二解脫一。彼在時。數數二我等一。是應是不應。當レ作レ是。不レ應レ作レ是。我等今得二自在一。欲レ作便作。欲レ不レ作便不レ作。」【善見律一】に「時有二比丘一名二須跋陀羅摩訶羅一。言止止。何足二啼哭一。」巴 Subhaddo

バツナンダ　跋難陀　〔異類〕Upananda 龍王の名。難陀龍王の弟なり。共に摩竭陀國を保護して飢饉なからしむと云ふ。【法華文句二】に「難陀名二歡喜一。跋難陀名レ善。兄弟常護二摩竭提一。雨澤以レ時國無二饑年一。瓶沙

王年爲二一會一。百姓聞皆歡喜。從レ此得レ名。」【法華玄贊二】に「第一名レ喜。第二名二賢喜一。此二兄弟。善應二人心一。風不レ鳴レ枝雨不レ破レ塊。初能令二人喜一。後性賢令レ喜。故以爲レ名。」⦿(榮花、音樂)「難陀跋難陀二の龍」

バツハ　拔波　〔菩薩〕「バハ」を見よ。

バツマ　跋摩　〔人名〕Harivarman 訶利跋摩の略。成實論主の梵名なり。

バツマシユウ　跋摩宗　〔流派〕成實宗と云ふ。其の論主の名に從へて跋摩宗と稱す。

バツモクテウ　拔目鳥　〔異類〕十王經所說二鳥の一。鴉なりと云ふ。【經】に「一名二無常鳥一。二名二拔目鳥一。乃至我汝舊里化成二烏鳥一。示二怪語一鳴二阿和薩和一。」【同抄一】に「無常鳥者杜鵑也。拔目鳥鴉也。」

バツユ　筏喩　〔譬喩〕佛の敎法は筏の如し、河を渡り了れば筏捨つべし、涅槃の岸に到れば正法も尙捨つべし、依て一切所說の法を筏喩の法と名く。即ち法に執着すべからざるを示すなり。【五大品阿梨吒經】に「山水甚だ深くして船橋あるとなし、人ありて此より彼の岸に到らんと欲し筏を結で之に乘じて度り、岸に至り訖て此の念を作す、此筏我を益す此に捨つべからず當に擔戴して去るべしと。意に於て云何。筏彼の人更に此筏を以て水中に還し或は岸邊に於て捨て去らば云何。比丘曰く、益あり。佛言く、如是、我汝等が爲めに長夜に筏喩の法を說くは棄捨せしめんと欲し受けしめんと欲せず、若し汝等我が長夜に筏喩の法を說くを知らば當に以て是法を捨つべし、況んや非法をや。」【金剛經】に「是故不レ應レ取レ法。不レ應レ取二非法一。以二是義一故。如來常說。汝等比丘知二我說法如筏喩一者。法尙應レ捨。何況非法。」

バツユキヤウ　筏喩經　〔經名〕中阿含五十五阿梨吒經を指す、經中阿吒梨比丘の爲に筏喩を說く。

バテイ　縛底　〔雜語〕Patnī 譯、女。【性靈集八】に「心似二四波之縛底一。」【同便蒙】に「四波四波羅蜜菩薩。縛底女梵語也。亦云二波帝一此云二夫主一。秘藏記曰。四波羅蜜爲レ定。定門爲レ女。」

バテイヤ　拔底耶　〔術語〕Upādhyāya 正音鄔波馱耶。譯、親敎師。常に和尙と云ふ是なり。【秘藏記本】に「天竺呼下有智僧爲二人師一者上。爲二拔底耶一。拔底耶者親敎義也。」

バトウクワンオン　馬頭觀音　〔菩薩〕梵名、何耶揭梨婆 Hayagrīva 胎藏界觀音院の一尊、六觀音の一とす。止觀所說六觀音の師子無畏觀音に配し、畜生道の敎主となす。是れ無量壽の忿怒身にして觀音を以て自性身とし、馬を以て頭に置けば馬頭觀音とも馬頭大士とも云ひ、大忿怒威猛摧伏の形なれば馬頭明王と稱す。五部の明王中蓮華部の明王なり。馬を戴くは轉輪聖王の寶馬が四方を馳驅して之を威伏する如く、生死の大海を跋涉して四魔を摧伏する大威勢力大精進力を表するなり。又無明の重障を噉食する意なり。【大日經疏五】に「何耶羯梨婆。譯云二馬頭一。其非黃非赤。如二日初出之色一。以二白蓮華一爲二瓔珞等一。莊二嚴其身一。光焰猛盛。赫奕如レ鬘。指甲長利。雙牙上出。首髮如二師子頂毛一。作二極吼怒之狀一。此是蓮華部忿怒持明王也。猶如下轉輪王寶馬巡二履四洲一。

(馬頭觀音の圖)

於二一時一切處一去心不レ息。諸菩薩大精進力。亦復如レ是。所下以得二如レ是威猛之勢一於二生死重障中一不レ顧二身命一。多レ所二摧伏一者正爲二白淨大悲心一故。故以二白蓮瓔珞一而自嚴レ身也。」【大日經義釋七】に「蓮華部眷屬以二馬頭一爲二忿怒明王一。」【義軌】に「馬頭明王。賀野紇里嚩。噉二食無明諸障一盡也。」【秘藏記末】に「馬頭。無量壽忿怒。自性輪觀音。」又「馬頭觀音菩薩。赤肉色。大忿怒之相。幷三面。在二唇上牙一。頭在二白馬之形一如二輪王寶馬一。」【經軌】訶耶揭唎婆觀世音菩薩法印咒品(陀羅尼集經第七に出づ闕帙四)何耶揭唎婆像法、何耶揭唎婆觀世音菩薩受法壇、各一卷あり。(餘帙二)

バトウクワンジザイボサツシンゴンイン　馬頭觀自在菩薩眞言印　〔印相〕十八契印の一。諸の魔障を辟除する印契なり。

バトウダイシ　馬頭大士　〔菩薩〕馬頭觀音なり。

バトウミヤウワウ　馬頭明王　〔菩薩〕馬頭觀音なり。

バトシヤクシソウ　婆兜釋翅搜　〔地名〕伽毘羅城の異名なり。「カビラバソツ」を見よ。

バナ　婆那　〔雜語〕Vana 又飯那、嚩泥、と云ふ。譯、林。【名義集二】に「婆那正言二飯那一。此云レ林。」【梵語雜名】に「林。嚩泥。」

バナバシ　伐那婆斯　〔羅漢〕Vanavāsin* 十六羅漢の第十四を伐那婆斯尊者と稱す。翻名不詳。

バナン　婆南　〔術語〕Vandana 和南の異稱。【玄應音義十八】に「婆南或云二和南一。皆訛也。正言二槃談一。此譯云二我禮一也。」「ワナ」を見よ。

バナンダ　跋難陀　〔人名〕Upananda 比丘又は龍王の名。「バツナンダ」を見よ。

バニ　婆尼　〔人名〕Bāṇi 大臣の名。譯、辭了。【西域記五】

ババ 跋陂 〔菩薩〕 Bhadrapāla 又、颰陂陀に作る。賢護菩薩の梵名、颰陀婆羅の略稱なり。

ババシヤ 婆頗娑 〔雜語〕 Prabhāsa 譯、光明。【金光明玄義】に「婆頗娑。此言レ光。」【梵語雜名】に「光明。縛婆娑。」

ババボサツキヤウ 跋陂菩薩經 〔經名〕 一卷、失譯。般舟三昧經の異譯。般舟經は拔波菩薩の請に由て說けるなり。拔陂は跋陀婆羅の略稱、賢護と譯す。【玄帙九】(76)

ババ 拔婆 〔雜語〕 Vatsa 譯、子。【婆藪槃豆傳】に「跋婆譯爲レ子。亦曰レ兒。此名通二人畜一。如二牛子一亦名二跋婆一。」婆字宜しく娑字なるべし。

バビ 婆毘 〔術語〕 韋陀經中の篇章の名。【雜阿含經五】に「於二諸大會中一奉火爲二其最一。闡陀經典中婆毘諦爲レ最。」

バビベイギヤ 婆毗吠伽 〔人名〕 Bhavaviveka 菩薩の名。譯、淸辨。明辨。【西域記十】に「婆毘吠伽。」【釋迦方誌下】に「婆毘吠伽論師。此云二明辯一。」般若燈論の作主なり。此菩薩阿素羅宮に住して慈氏の出世を待つ因緣西域記十に記す。

バマ 跋摩 〔人名〕 「バツマ」を見よ。

バマロカヤテイカ 縛摩路迦也底迦 〔流派〕 Vāmalokāyatika 又、逆路迦耶と云ふ。左順世外道なり。「ギヤクロカヤダ」を見よ。

バヤ 婆耶 〔雜語〕 Payas 水の異名。【涅槃經十三】に「言二是水一。或言二波尼一乃至或言二婆耶一。」

バヤベイ 縛野吠 〔人名〕 Vāyave 風神の名、(與格)初の縛字を以て眞言の體とす、嚩は縛の義、阿字門に入るを以て本來縛なし、縛なきが故に即ち眞の解脫なり、眞の解脫とは即ち是れ如來なり、又是れ乘の義なり、又是れ一種の風天乘なり、末後の吠字は是れ無言三昧なり、亦た是れ畢竟空の義、此の解脫の風乘は畢竟空の中に於て旋轉無碍なり、是の故に往返迅速能く普く衆生を度するなり。【大日經義釋七】次項參照。

バユ 婆瘦 〔天名〕 Vāyu 縛臾、婆牖に作る。譯、風。又風神の名。西北方を司る。【梵語雜名】に「風。婆瘦。」【孔雀王咒經上】に「婆牖。梁言レ風。」

バユハウ 縛臾方 〔雜語〕 Vāya 西北方なり。【慧琳音義三十】に「縛臾唐云レ風。即西北方是也。」【大日經疏五】に「西南涅哩底。西北爲二嚩庾一。」

バラ 婆羅 〔職位〕 Vihārapāla 維那の別名。譯、次第。僧中の次第順序を司るなり。【行事鈔下二】に「維那出要律儀翻爲二寺護一。又云二悅衆一。本正音婆邏。云二次第一。」

バラ 婆羅 〔雜語〕 Bāla 譯、愚夫。舊に毛道生と翻するは婆羅を縛羅に誤りて譯せしなりと云ふ。【唯識樞要上本】に「金剛經云二毛道生一。今云二愚夫生一。梵云二婆羅一。此云二愚夫一。本錯云二縛羅一乃言二縛羅一也。」

バラ 縛羅 〔雜語〕 Bāla 譯、毛。【名義集二】に「應法師云。梵語縛羅此云レ毛。婆羅此云レ愚。」

バラ 婆羅 〔雜語〕 又、婆羅訶 Bālaha と云ふ。馬王の名。輪王の馬寶なり。【華嚴探玄記八】に「婆羅馬王者。三藏說正音具云二婆羅訶一。此云二雲馬一。謂遊二行空雲一迅速無礙。因以爲レ名。」【玄應音義十二】に「婆羅訶此譯言二長毛一。」

バラアイツタ 婆羅阿迭多 〔人名〕 Bālāditya 王の名。譯、幼日。摩竭陀國の王なり、磔迦國大族王の暴逆を制して之を服し、厚く佛法を信じて堂塔を建立し後に出家して沙門となる。【西域記四】に「摩揭陀國婆羅阿迭多王。唐言二幼日一。」

バラウフ 馬郎婦 〔人名〕 「メラウフ」を見よ。

バラカ 婆羅訶 〔雜名〕 Bālaha 馬王の名。「バラ」を見よ。

バラカ 伐浪伽 〔天名〕 Varāṅga 神の名。譯、妙支。【俱舍光記二十七】

バラカハテイ 婆羅可波帝 〔經名〕 經の名。譯、廣主。【百論一】梵 Bārhaspatya

バラカマ 婆羅賀摩 〔天名〕 Brahman 天の名。譯、淨。即ち梵天なり。又造書天と譯す、義譯なり。【玄應音義二】に「婆羅賀摩此云二淨天一。舊云二梵天一。訛略也。」【慧琳音義二十六】に「婆羅賀摩天。此云二造書天一。即造二悉曇章一是。」「ダイボンテン」を見よ。

バラカマダツタ 跋羅哈摩達多 〔人名〕 Brahmadatta 王の名。譯、淨授。【俱舍光記八】に「昔有二王一名二跋羅哈摩達多一。唐言二淨授一。於二王腋下一有レ皰生二一女子一。名爲二鴿鸞一。」

バラカマナ 婆羅賀摩拏 〔雜名〕 又、婆羅欲末拏。Brāhmaṇa 婆羅門の具稱なり。「バラモン」を見よ。

バラシ 婆羅翅 〔植物〕 Balāka Balākikā 樹の名。譯、白鷺。【慧琳音義二十五】

バラシヤダイカ 婆羅娑提伽 〔雜語〕 又、波羅娑提伽。譯、淸淨經。【十誦律二十四】に「婆羅娑提伽。晉云二淸淨經一。」【飾宗記八本】に「波羅娑提伽修妒路。晉言二淸淨經一。」梵 Prāsādika-sūtra

バラシヤ 婆羅奢 〔植物〕 樹の名。赤花樹。【慧琳音義二十五】梵 Phalasa

バラシヤキヤ 婆羅捨佉 〔雜語〕 Praśākha 託胎後第五七日の名。「ハラシヤキヤ」を見よ。

バラシヤマラ　筏羅遮末羅　[地名] Aparacāmara 八中洲の一。【倶舍光記十一】に「邏遮末邏。此云二猫牛一。筏邏遮末邏。此云二勝猫牛一。」

バラダイモクシヤ　婆羅提木叉　[術語] 別解脱戒の梵名。「ハラダイモクシヤ」を見よ。

バラダバジヤ　婆羅墮跋闍　[界名] Bhāradvāja 天の名。譯、重語天。【慧琳音義二十六】

バラチテイヤ　婆羅袟底也　[人名] Bālāditya 太子の名。譯、新日。【婆藪槃豆傳】に「正勤日王太子名二婆羅袟底也一。婆羅譯爲レ新。袟底也譯爲レ日。」

バラナ　婆剌拏　[人名] Vāraṇa 婆羅那、國王の名。譯、流轉。【唯識樞要上末】に「婆剌拏者。此云二流轉一。即先婆羅那訛也。」是れ眉稀羅國の王にして容貌端正なり、迦旃延比丘の宿因を聞て發心し、出家して阿般地國の山中に入て道を修す、時に國王宮人を將て山に入て遊獵す、宮人流轉王の美貌を見て圍繞して之を看る、國王之を見て大に瞋り、流轉王を鞭て殆んど死に至らしめて去る。流轉王國に還つて仇を報ぜんと欲す、迦旃延請て一宿を停め、方便力を以て惡夢を感ぜしめ、遂に其の心を止めて道に入り證果を得しむ。【唯識樞要上末、二十唯識述記下】

バラナ　波羅奈　[地名] Vārāṇasī 具稱、婆羅痆斯、波羅柰斯、婆羅㮈寫。中印度恒河流域の國の名。今のベナレスを中心とせる地方なり。佛初轉法輪の地鹿野苑のある地にして有名なり。【十二遊經】に「波羅柰。此云二鹿野一。一名諸佛國。」【法華科註】に「婆羅痆斯國都城東北有レ河。同名二婆羅痆河一。河東北十餘里。至二鹿野伽藍一。其側大林名二施鹿林一。亦鹿苑。」◎（盛衰記八）「波羅柰國月蓋王に二人の太子御座す」

バラナシ　婆羅痆斯　[地名] Vārāṇasī 國の名。「バラナ」を見よ。

バラナシヤ　婆羅捺寫　[地名] 前項に同じ。

バラナダ　婆羅那駄　[異類] Varanāda 夜叉の名。譯、大聲。【孔雀王咒經上】

バラニミツ　婆羅尼蜜　[界名] Paranimmitavasavartin 天の名。譯、他化自在天。【玄應音義三】に「婆羅尼蜜天。或云二婆舍跋提天一。此云二他化自在天一也。」

バラハダイ　婆羅波提　[地名] Dvāravatī* 城の名。譯、有門城。【探玄記十九】に「婆羅波提者正云二墮羅拔提一。此云二有門城一。謂城有二端嚴之門一故名也。」

バラバ　陪囉嚩　[天名] 金剛神の名なり。【妙吉祥瑜伽大敎金剛陪囉嚩輪觀想成就儀軌經畵像儀軌分】に「方可レ求二彼勇猛正直人衣一。或求二女人隱觸之衣一。或求二女人產生衣一。若無二如レ是等衣一即用二屍衣一。求ニ得衣一已。即於下寂靜無二人到一處上。令二彼畵人擇レ日起首一。乃至大金剛陪囉嚩相者。一身九面。裸形黑色。三十四臂。一十六足。乃至於二像前一畵二尸陀林一。中有二種種囉叉婆鬼神吠多拏等一。又畵二尼倶陀樹一。樹上有レ懸ニ掛人屍一及有二籤屍一。復於二林下一畵二衆人屍一。乃至於二本尊前一畵二持明人一。裸身被レ髮。以二髑髏一爲レ冠。以二五種甘露藥一塗レ身。乃至如レ是畵像畢已。將二此幢一安二於深密寂靜之處一。常燒二人肉一爲レ香供養。持明人用二人骨一爲二數珠一。於二此像前一以二虔心一專注。一口三時持ニ誦大明一滿二三洛叉一。然後隨意作法成就。此畵幢像不レ得レ寄二於他人一。亦不レ得下輙於二人前一開展令中人瞻見上。持明人以二酒食一爲レ食。又復一日三時以二吠嚕左曩及人血一相和爲レ香。於二幢前一焚燒。以爲二供養一。如レ是至誠不レ退者。決定獲ニ得最上成就一。」梵 Bhairava

バラバシヤ　婆羅婆叉　[異類] Balabhakṣa 餓鬼の名。譯、食小兒。【正法念經十七】

バラバダウ　跋羅婆堂　[人名] 巴 Bhāradvāja 梵志の名。婆私吒と婆羅婆との二人、皆梵志の種姓にして出家し、諸の梵志に呵責せらる。佛爲に刧初漸く四姓を立つる事を說き、及び善惡業報差別なきを說く。【中阿含婆羅婆堂經】

バラヒリタキナ　婆羅必栗託仡那　[雜語] 又、婆羅必哩他仡那、婆羅必利他伽闍那。譯、愚異生、小兒別生。凡夫の別稱なり。凡夫は愚痴にして而も生死の果報各別異なれば愚異生と名け、凡夫の愚痴なるは恰も小兒の如くして聖者の生に別異なれば小兒別生と云ふ。舊譯に婆羅を縛羅に誤て毛道生と譯し（縛羅は毛の義なり）凡夫の根性輕軟なる鴻毛の如しと解す。【玄應音義三】に「正言二婆羅必栗託仡那一。婆羅此云レ愚。必栗託此云レ異。仡那此云レ生。應レ言二愚異生一。以下愚痴闇冥無レ有二知慧一。但起二我見一不中生二無漏一故。」又「舊譯云二婆羅必利他伽闍那一。此言二小兒別生一。以下痴如二小兒一不中同二聖生一也。」「マウドウ」を見よ。梵 Bāla-pṛthag-jana

バラマラ　拔羅摩囉　[雜語] Bhrāmara 譯、黑蜂。「【大威德陀羅尼經七】

バラマラギリ　跋羅末羅耆釐　[地名] Bhrāmaragiri 山の名。譯、黑蜂。中印度にあり。【西域記十】

バラモン　婆羅門　[雜名] Brāhmaṇa 天竺四姓の一。具に婆羅賀摩拏、又沒囉憾摩と云ふ。外意、淨行、淨志、靜志など譯す。大梵天に奉事して淨行を修する一族なり。【玄應音義十八】に「婆羅門。此言訛略也。應レ云二婆羅賀摩拏一。此義云二承習梵天法者一。其人種類自云。從二梵天口一生。四姓中勝故獨取二梵名一。唯五天竺有。諸國即無。經中梵志亦此名也。正言二靜胤一。言是梵天之苗胤也。」【慧琳音義二十六】に「婆羅門此俗人也。謂淨行高貴捨二惡法一之人。博學多聞者也。」【希

麟音義八】に「婆羅門。不正梵語也。應レ云二沒囉憾摩一。此云二淨行一。或云二梵行一。自相傳云。我從二梵王口一生。獨取二梵名一。世業相傳習二四圍陀論一。」【俱舍頌疏賢聖品三】に「此云二淨志一。遠二煩惱一故。同二勤息義一。」【仁王經良賁疏中二】に「婆羅門此云二靜志一。」【俱舍光記一】に「婆羅門法。七歲以上在レ家學問。十五巳去學二婆羅門法一遊方學問。至二年四十一恐二家嗣斷絕一歸レ家娶レ妻。生レ子繼嗣。年至二五十一入レ山修レ道。」【智度論十】に「在家中七世法淨。生滿二六歲一皆受レ戒。名二婆羅門一。」【寄歸傳四】に「五天之地皆以二婆羅門一當二貴勝一。凡有二座席一並不下與二餘三姓一同行上。」【註維摩二】に「肇曰。婆羅門。秦言二外意一。」【毘奈耶雜事一】に「見二諸婆羅門一。以二自三指一點二取白土一。或以二白灰一抹二其額上一。以爲二三畫一。」⊙(榮花、疑)「香姓婆羅門」

婆羅門依醉出門 〔傳說〕⊙(今昔物語一)に「婆羅門依醉不意出家語」「スヰバラモン」を見よ。

婆羅門貫髑髏賣 〔傳說〕【法苑珠林十七聽法部】に婆羅門あり、多の髑髏を貫て華氏城に賣る、有信の優婆塞之を買ひ、兩耳貫通する者を以て妙法を聽きし者として高く價を拂ひ、塔を起して之を供養し、爲に上天の福を得たり。⊙(今昔物語四)に「天竺婆羅門貫死人頭賣語」

バラモンケウ　婆羅門敎 〔術語〕古昔婆羅門種の專ら奉ぜし敎法なり。中に種種の別派あれども要するに梵王を以て主とし四圍陀論を以て經となすなり。今は大別「シバ」「ビシヌ」の二派あり。【大日經疏二】に「於二彼部類中一。梵王猶如レ佛。四韋陀典猶如二十二部經一。傳二此法一者猶如二和合僧一。時彼聞二如レ是等世間三寶一。歡喜歸依隨順修行。」

バラモンゴク　婆羅門國 〔地名〕印度の別名なり。【西域記二】に「印度種姓。族類群分。而婆羅門殊爲二清貴一。從二其雅稱一傳以成レ俗。無レ云二經界之別一。總謂二婆羅門國一焉。」【釋迦方誌上】に「雪山以南名二婆羅門國一。與レ胡隔絕。書語不レ同。」【寄歸傳三】に「五天之地皆曰二婆羅門國一。北方速利總號二胡疆一。」

バラモンシミヤウジユアイネンフリキヤウ　婆羅門子命終愛念不離經 〔經名〕一卷、後漢の安世高譯。中阿含愛生經の別譯なり。梵志の兒死す、愁憂して佛を見る。佛言く、愛生ずれば便ち愁憂を生ずと。後に波斯匿王の請に因て、廣く其の義を說く。【昃帙八】(582)

バラモンジヤウ　婆羅門城 〔地名〕佛、婆羅門城に到て乞食し鉢を空して還る、佛九惱の一。【智度論八】「クナウ」を見よ。

バラモンセン　婆羅門仙 〔異類〕又、牛天婆羅門と云ふ。鬼趣の一仙なり。【釋門正統四】に「曠野鬼幷訶利帝母爲二佛弟子一。每レ食必出二生飯一者是也。所謂焔口鬼及婆羅門仙者爲二佛弟子一。至心所レ辨斛食者是也。」

バラモンソウ　婆羅門僧 〔雜語〕婆羅門の本形にて佛道を行ずるもの。【尊勝經序】に「婆羅門僧佛陀波利。」

バラモンソウジヤウ　婆羅門僧正 〔人名〕天平年中天竺の婆羅門僧、釋菩提仙那來朝す、天平勝寶元年東大寺の銅像成り、菩提に詔して開眼の導師と爲し、三年僧正となす、時に婆羅門僧正と號す。【元亨釋書十五】⊙(正統記)「南天竺の婆羅門僧正」

バラモンヒシキヤウ　婆羅門避死經 〔經名〕一卷、後漢の安世高譯。四人の梵志あり各五通を得て死を免れんと欲し、一は空に上り、一は大海に入り、一は山腹に入り、一は大地に入り、皆死を免れず、佛因て苦空無常無我の四法を說く。「サンカイクウシ」參照。增一阿含增上品に出づ。【昃帙四】(617)

バラルシ　婆羅留支 〔人名〕阿闍世王の別名なり。此に折指又は無指と云ふ。「アジヤセ」を見よ。

バラン　婆嵐 〔雜名〕風の名。「ビラン」を見よ。

バラン　跋藍 〔雜語〕數量の名。【俱舍頌疏世品五】に「十大姥達羅爲二跋藍一。」梵 Bala*

バリ　婆利 〔雜名〕又盋句奢 Vadiśa, Valiśa, Aṅkuśa と云ふ。譯、曲鉤。【名義集三】

バリ　婆梨 〔雜名〕Vāri 又、婆利、波利。水の別名。【涅槃經十三】に「或言二婆利一。」【慧琳音義二十六】に「婆梨此云二雜藥和一。水名也。」【翻梵語】に「波利。譯曰レ水也。」

バリアシユラ　婆利阿修羅 〔異類〕Vadiśa asura 阿修羅王の名。婆利、鈎と譯す。【佛本行集經二十四】

バリカ　跋梨迦 〔人名〕商主の名。譯、金挺。【佛本行集經三十二】

バリカアンラ　婆利迦菴羅 〔地名〕Pālikāmra 林の名。【翻梵語九】に「婆利迦菴羅林。譯曰。婆利迦守也護也。菴羅果也。」

バリカラ　跋利訶羅 〔異類〕夜叉の名。譯、食藤。【孔雀王呪經上】

パーリーゴ　巴利語 Pali 南方佛敎の聖典語。古南天竺の一地方語にして、北方佛敎の聖典語たる梵語と比較するに、音調の變化少なく、文法亦簡易にして彼の如く繁雜ならず、極めて通俗の語に富む。後錫崙に入りて行はれ、現今存在する小乘經の原本は殆んど之の語を以て記さる。南方佛敎徒はこれを以て古摩迦陀語とせり。

バリシ　婆利師 〔植物〕花の名。「バシカ」を見よ。

バリシカ　婆利師迦　〔植物〕又、婆栗史迦。花の名。「バシカ」を見よ。

バリシカラ　婆利史迦羅　〔植物〕花の名。「バシカ」を見よ。

バリシタラ　婆利質多羅　〔植物〕又、婆利質羅、婆疑質垢、婆利耶怛羅拘陀羅、婆唎耶咀羅拘毘陀羅と云ふ。忉利天上の樹の名。譯、香遍樹。「ハリシッタラ」を見よ。

バリシヤ　伐里沙　〔流派〕Varṣa 數論外道の部主の名。譯、雨。【唯識述記一本】に「十八部中部主者名二伐里沙一。此翻爲レ雨。雨時生故。即以爲レ名。其雨徒黨名二雨衆外道一。」

バリシヤケンナ　跋利沙鍵拏　〔流派〕又、伐里沙鍵拏、縛利沙鍵拏。Varṣagaṇa 雨衆外道の梵名。【玄應音義二十三】に「梵云二縛利沙一。亦云二跋利沙一。此云レ雨。外道名也。鍵拏此云レ衆。謂雨等師徒之名。故云二雨衆一。」「ラ」を見よ。

バリシラ　婆利質羅　〔植物〕樹の名。「バリシタラ」を見よ。

バリジヤタカ　婆利闍多迦　〔植物〕Pārajātaka 天花の名。譯、彼岸生。【本行集經四十二】

バリビ　婆里卑　〔雜語〕譯、力士。【戒壇圖經】に「婆里卑。梁言二力士一。」【名義集二】に「婆里卑。梁云二力士一。又梵云二末羅一。(Malla) 此云レ力。」梵 Balin*

バリマニ　婆利摩尼　〔異類〕Balimaṇi 夜叉の名。譯。力珠。【孔雀王咒經上】

バリヤ　婆哩野　〔雜語〕又婆梨耶、婆庚。譯、婦。【起世經十註】に「梵語婆梨耶。隨言レ婦也。」梵 Bhāryā

バロカリ　伐勒迦梨　〔人名〕Balakṛti 比丘の名。譯、闘力。【玄應音義二十三】

バロキテイ　嚩盧枳諦　〔雜語〕Avalokita 譯、所觀。即ち所觀の理體を指す。【仁王經良賁疏下三】に「嚩盧枳諦者此云二所觀一。即一切佛所觀實相也。」

バロキテイシバラ　婆盧枳底濕伐羅　〔菩薩〕Avalokiteśvara の訛。「クワンオン」を見よ。

バロナ　婆樓那　〔異類〕Varuṇa 龍王の名。譯、水。【探玄記二】に「婆摟那龍王此云レ水。爲二一切魚形龍王一。」

バロナ　嚩嚕拏　〔天名〕Varuṇa 水天の梵名。西方を司る。【大日經疏五】に「南方餤摩羅。西方嚩嚕拏。」

バロナ　波樓那　〔雜名〕Vātyā 風の名。譯、迅猛風。【華嚴疏七十八】に「婆樓那風此云二迅猛風一也。」【慧苑音義下】に「此云二迅猛風一也。其風堅密如下持二世界一風輪上。」

バワ　婆啝　〔雜語〕小兒の發聲なり。【涅槃經二十】に「嬰兒者能說二大字一。如來亦爾說二於大字一。所謂婆啝。啝者有爲。婆者無爲。是爲二嬰兒一。」

バン　旛　〔物名〕梵語、波哆迦 Patākā 佛世尊の威德を標幟せん爲に莊嚴の具となすと猶大將の旌旗の如きなり。又福を祈る爲に之を立つるなり。【梵語雜名】に「幡。波哆迦。」

五色旗　〔物名〕【止觀輔行】に「五色幡者總擧二五色一。繡畫間レ色亦應レ無レ在。字應レ作レ旛。旛者旌旗之總名也。經中多作二此幡一。幡袼字耳。今佛法供具。相狀似レ彼。故云レ旛耳。凡造レ旛法。切不レ得レ安二佛菩薩像一。旛是供具。供二於所供一。如何復以二形像一爲レ之。」

五種旗幡　〔名數〕【有部尼陀那五】に「給孤獨長者。來至二佛所一而白レ佛言。我今欲レ作二贍部影像一。唯佛聽許。佛言應作。欲レ安二幡蓋一。佛言隨意。時彼長者不レ知レ欲レ造二何幡一。佛言。有二五種旗幡一。謂師子幡。莫羯羅幡。龍幡。揭路荼幡。牛王幡。」已上供具の幡なり

灌頂旛　〔物名〕眞言宗の說に旛に無量の佛德を具す、頂を以て之に觸るれば先づ輪王の灌頂を受け、終に佛位の灌頂を受く。故に因中に果を說て旛を灌頂と名くと云ふ。之を菩薩形幡と名く。【秘藏記末】に「世人皆以レ幡號二灌頂一。是以二幡功德一先爲二輪王一。終成レ佛以レ致二佛果一名爲二灌頂一。是故知以レ果名レ因也。」「クワンチヤウ」の項參照。

續命神幡　〔物名〕是れ壽命の延長を祈る神旛なり。【藥師經】に「時彼病人親屬知識。若能爲レ彼歸二依世尊藥師瑠璃光如來一。請二諸衆僧一轉二讀此經一。燃二七層之燈一懸二著五色續命神幡一。或有二是處一彼識得レ還。如下在二夢中一明了自見上。」【釋迦譜十】に阿育王八萬四千の塔を造て未だ成らざるに病を得たり、幡を造て之を懸けし功力に因て十二年の命を延ぶ。」經律異相六亦同じ又【諸經要集十】に迦葉語阿難經を引て「阿育王二十五年延レ壽。故名二續命神幡一。」

薦亡幡　〔物名〕命過旛と名く、命過の時に建つればなり。【隨願往生經】灌頂經とも普廣經とも名くに「普廣菩薩。語二四輩一言。若人臨命未終日。當二爲燒香燃燈續明一。於二塔寺中表剎之上一懸二命過幡一。轉二讀尊經一竟三七日。所三以然一者。命終之人在二中陰中一身如二小兒一。罪福未レ定。應二爲修一レ福。願亡者神生二十方無量剎土一。承二此功德一必得二往生一。」又「若四輩男女。若臨終時。若已過命。是其亡日我今亦勸。造二作黃幡一。懸二著剎上一。使下獲二福德一離中八難苦上。得レ生二十方諸佛淨土一。幡蓋供養隨二心所願一至レ成二菩提一。幡隨レ風轉。破碎都盡至レ成二微塵一。風吹二幡塵一其福無量。幡一轉時轉輪王位。乃至吹レ塵小王之位。其報無量。」【釋氏要覽十】に「齋七幡子。北俗亡。累七齋日皆令下

主齋僧剪ニ紙齋子一首一隨レ紙化セ之。」

命過幡 〔物名〕即ち薦亡幡なり。

信幡 〔物名〕信號の爲の幡なり。【祖庭事苑三】に「今晉朝。唯白虎示レ信。用レ鳥取ニ其飛騰輕疾一也。一日ニ鴻雁燕乙一。有ニ去來之信一是也。」

造旛功德 〔雜語〕【百緣經七】に波多迦比丘の緣を擧ぐ。「ハタカ」を見よ。

バン 鍐 〔術語〕Vaṁ・वं 智慧の標示にて金剛界の大日如來の種子なり。【三種悉地軌】に「鍐字即大日如來智海。水大種子。神通自在法。名爲ニ智法身一。」【秘藏記本】に「阿字者毘盧遮那理法身種子。鍐字者智法身種子。」⦿（十訓抄五）「同心契變ニ蓮華偈一匪石詞入ニ鍐門一」

バンガイ 幡蓋 〔物名〕幡と蓋なり。各項に詳釋す

バンサン 晚參 〔儀式〕晚刻の參禪又は晚刻の念誦を云ふ。早參に對して言を爲す。【敕修淸規晚參】に「凡集レ衆開示般謂ニ之參一。古人匡レ徒。使ニ之朝夕咨扣一。無ニ時而不レ激ニ揚此道一。故每晚必參。則在ニ晡時一。」【祖庭事苑七】に「日晡念誦謂ニ之晚參一」

バンシウラク 萬秋樂 〔雜名〕源平盛衰記十五に記する所盡く虛說なり、一も經論傳記の依憑なし。中に引く迦毘相經の如き亦誣妄なり。

バンシヤウニン 鍐上人 〔人名〕傳法院の覺鍐「上人なり。

バンシユク 晚粥 〔雜名〕晡時の粥食なり、律法には不過中食の戒に觸るれども、禪院には之を藥石と稱して用ゐるなり。【象器箋十六】に「唐闕和尙日。唐檬非時煮レ粥。二百年來事也。」

バンシンタウ 伴眞湯 〔儀式〕禪林の語。法忌の前晚に眞像に對して相伴喫湯するを云ふ。

バンジ 鍐字 〔術語〕「バン」を見よ。

バンジモン 鍐字門 〔術語〕鍐字の法門なり「バン」を見よ。

バンジヤクコフ 盤石劫 〔術語〕劫の長遠を量るに磐石の喩を以てするを磐石劫と云ふ。「コフ」を見よ。

バンゼン 伴禪 〔雜語〕禪林の語。住持五更に行香する次に僧堂に入て大衆の坐禪に伴するを伴禪と云ふ。【象器箋九】

バンソウ 伴僧 〔雜名〕導師に伴ふ從僧なり。

バンソウ 番僧 〔職位〕堂宇を輪番に守護する僧なり。又堂守と云ふ。⦿（十訓抄一）「番僧つたはりて」

バンダイ 伴題 〔雜語〕和南の異稱なり。「ワナ」を見よ。

バンダイヒシンジユ 番大悲神呪 〔經名〕一卷。純梵語の大悲咒なり、番は西番の義即ち西域を指す。【成帙十二】　「ワナ」を見よ。

バンダン 伴談 〔雜語〕Vandana 和南の異稱なり。

バンダラバシニ 伴陀羅縛子尼 〔菩薩〕白衣觀音の梵名なり。「バンダラバシネ」を見よ。

バンニユウ 鍐乳 〔術語〕鍐字を以て今は法味の厚を喩へて乳と云ふ、即ち眞言の法味なり。【性靈集六】に「同飽ニ鍐乳之味一齊遊ニ阿字之閣一。」

バンバンバン 鍐鍐鍐 〔術語〕佛頂尊の眞言なり、最初の鍐字を以て眞言の體とす。縛は是れ心智の行ぜざる處、言語の及ばざる處なり、又大空を加ふるは即ち是れ一切處に遍して邊際あることなきなり、三乘の萬行究竟して歸會する處なるを以ての故に三轉して之を言ふ。又三部に於て最無上なるが故に、三諦の中に於て最も眞實際の故に、三德の頂に在るが故に、所目に三轉して之を言ふなり。【大日經義釋七】

バンヤ 伴夜 〔雜語〕茶毘の前夜を大夜とも伴夜とも云ふ。終夜寐ねず靈に伴へばなり。【大鑑淸規】に「入滅第三日茶毘。先第二日晚夜。此時名ニ大夜一。大夜之義謂只此一夜之留。明日出而不レ歸也。故慇懃供養。小師閤繞終夜不レ寐。名曰ニ伴夜一。唯誦ニ金剛經一鳴レ磬。」

バンロンギ 番論義 〔儀式〕ツガヒロンギと讀む。其項を見よ。

ひ

ヒ 悲 〔術語〕梵語 Karuṇā 又は、跛哩泥嚩（はりでいば）。Paride-va 他人の苦を惻愴して之を救濟せんと欲する心なり。【大乘義章十一】に「愛憐名レ慈。惻愴曰レ悲。」又「慈能與レ樂。悲能拔レ苦。」【梵語雜名】に「悲。跛哩泥嚩。」

ヒ 妃 〔術語〕梵語、羅逝。Rājñī 妃に能生の德あるを以て、密敎には之を假て三昧の異名とし、又陀羅尼の別目とす。三昧及び陀羅尼の一切の功德を生長すると、女性の能く男女を生じて種胤をして斷絕せざらしむる如きなり。【大日經九】に「妃是三昧義。所謂大悲胎藏三昧也。」【同十二】に「妃者如下世女人能生ニ男女一。令中種胤不上レ絕。此明陀羅尼を指す能生ニ一切如來所有功德一故。義云レ妃也。」「ミヤウヒ」を見よ。

ヒ 碑 〔物名〕死したる人の功積を永久に知らしめんが爲に、その事蹟又は讚辭等を石等に刻して、これを衆人の見る場處に建てたるもの。「と云ふ。

ヒ 被 〔衣服〕臥時に身を覆ふ物なり、章服儀に被單

ヒアンリフ 非安立 〔術語〕安立に對するの稱。諦理に就て差別と名義との施設あるを安立と云ひ、

差別もなく名言もなきを非安立と云ふ。眞如の諦理に於て此二門を立つるなり。【唯識述記九末】に「有二差別名言一者名二安立一。無二差別一離二名言一者非安立也。安立者施設義也。」

ヒアンリフシンニヨ　非安立眞如〔術語〕唯識論所說、二眞如の一。眞如に就て眞如如常等の種種の義理差別の施設あるを安立眞如又は安立諦と云ひ、眞如の體性固より名字の相を離れ、心緣の相を離れて寂滅無爲なるを非安立眞如又は非安立諦と云ふ。即ち安立眞如は眞如の相狀にして非安立眞如は眞如の體性なり。起信論には之を依言眞如、離言眞如と稱せり。

ヒアンリフタイ　非安立諦〔術語〕非安立眞如と云ふ。諦とは眞如の理の誠實なるなり。「り。」

ヒイン　秘印〔術語〕密敎に傳ふる秘密の印契なり。

ヒイン　悲引〔術語〕大悲の引導なり。【敎行信證六本】に「濁惡群萠齊悲引也。」

ヒウサウヒムサウシヨ　非有想非無想處〔界名〕Naivasaṁjñānāsaṁjñāyatana 智度論に非有想非無想と云ひ、俱舍論に非想非非想と云ふ。無色界の第四處、即ち三界の最頂なり。此の處に生ずる者は下地の如き麁想の煩惱なければ、非有想又は非想と云ひ、細想の煩惱なきに非ざれば非無想又は非非想と云ふ。非有想なる故に外道は此處を以て眞の涅槃處となし、非無想なる故に佛者は尙生死の境と知るなり。

ヒウサウヒムサウヂヤウ　非有想非無想定〔術語〕非有想非無想處の禪定なり。新譯には非想非非想定と云ふ。

ヒウサウヒムサウテン　非有想非無想天〔界名〕非有想非無想處は六趣の中、天趣に屬すれば非有想非無想天と云ふ、新譯には非想非非想天と云ひ、略して非想天と云ふ。又有頂天と名く。是れ三界の最頂處なればなり。

ヒウヒクウ　非有非空〔術語〕唯識論所說の中道なり。一切諸法に遍計所執性（凡夫の迷悟に現ずる虚妄の相なり繩に於て蛇を見る如し）と依他起性（因緣所生の法なり繩の相の如し）と圓成實性（諸法の實性即ち眞如なり繩の麻に於る如し）との三性あり。此三性に就て遍計は空にして有にあらざれば非有なり、依他圓成は有にして空にあらざれば非空なり、要するに心外の法（遍計）は非有にして心內の法（依他圓成）は非空なり、非有非空なれば即ち中道なりと、是れ唯識論所明の中道の意なり。【觀心覺夢鈔下】⊙（盛衰記三）「非有非空の響」

ヒウヒクウモン　非有非空門〔術語〕四門の一。諸敎各四門ありて涅槃に入るべし。「シモン」を見よ。

ヒウヒムク　非有非無句〔術語〕有無四句の一。我及び五蘊に就いて、有にもあらず、無にもあらずと執する外道の見解なり。

ヒエイザン　比叡山〔地名〕もと日枝に作り此山に祀れる神社の名なるを、後の台徒比叡の文字に改め、說を爲して曰く、傳敎桓武帝の叡慮と心を合せて佛法を此處に興隆せし故に名くと、（叡岳要記源平盛衰記等）延曆四年傳敎大師始めて此山に上り、法華經を念誦し、同七年一宇を建立して藥師如來を安置し一乘止觀院と稱す、是れ本朝天台宗の根本道場なり。世に稱す傳敎平安の王城の鬼門を鎭護する爲に叡山を開創すと、愚案に傳敎の創意恐らく此にあらず、何となれば叡山は近江の西境に在て平安城を背にし又根本中道も東面して王城に向はず、鎭守の山王神社も江州の坂本に在ればなり。蓋し傳敎は當國坂本の產にして其の山の幽勝を探つて一の道場を建てしのみ、何ぞ初めより王城の鬼門鎭護の念あらんや。⊙（正統記）「比叡といふ事桓武傳敎と心を一にして興隆せし故に名づく」

ヒエウ　秘要〔術語〕妄に人に示さざる肝要の法門なり。【法華經方便品】に「當レ知是妙法。諸佛之秘要。」【同法師品】に「此經是諸佛秘要之藏。不レ可三分布妄授二與人一。」【維摩經觀衆生品】に「廣說二諸佛秘要法藏一。」【法華文句五】に「四十餘年蘊在二佛心一。他無レ知者爲レ秘。一乘直道總二攝萬途一故言レ要也。」【法華嘉祥疏二】に「秘者蓋稱歎之辭也。如二世秘方千金不一レ傳。今亦爾也。所レ言要者宗歸レ一也。」【同九】に「言約理周故稱爲レ要。昔來隱而不レ傳目レ之爲レ秘。」

ヒオウ　秘奧〔術語〕秘密深奧の法門なり。【寶積經六十二】に「吼二說秘奧甚深法一。」【顯密二敎論上】に「法佛談話謂二之密藏一。言秘奧實說。」

ヒカクケンド　皮革犍度〔術語〕Carmavastu-skhanda 四分律所說。二十犍度の一。皮屐、皮臥具等の制戒を明にしたるもの。

ヒカクロス　皮殼漏子〔譬喩〕ヒカロスとも讀む。又皮可漏子に作る。殼可音通に取る、殼は卵殼なり、人の身骸に比す、漏は屎尿を漏らすなり。任運自在を意味す。又書束袋を可漏子又は殼漏子と云ふ。【圓悟錄十三普說】に「參時須レ參二皮可漏子禪一。」【碧巖錄十】に「但參二皮漏子禪一。」

ヒカフゴシン　被甲護身〔印相〕又、護身三昧耶と云ふ。十八道の一。眞言の念誦法に於て行者の身に金剛の甲冑を被て邪神惡魔の怨害を防護せん爲に結ぶ印契なり。依て又甲冑印とも云ふ。【十八契

印】に「由下結二此印一及誦二眞言一加持上。即成レ被二金剛甲冑一。所有毘那夜迦及諸天魔作二障碍一者。退散馳走悉見二行者光明被レ身威德自在一。若居二山林一及在二險難一皆悉無レ畏。」

ヒカラマアチタ　醯柯羅摩訶秩多　【人名】Vikramāditya 王の名。譯、正勤日。【婆藪槃豆傳】「よ。

ヒカロシ　皮可漏子　【譬喩】「ヒカクロス」を見よ。

ヒガクシヤ　非學者　【雜語】學者に對するの稱。大小乘の學を作す者を學者と云ひ、然らざるものを非學者と云ふ。

ヒガクセケン　非學世間　【術語】大小乘の學者の部類を學者世間と云ひ、他を總じて非學者世間と云ふ。【因明疏後記】に「學者世間者。三乘教法總名二學者世間一。世間耕稼等工巧等事總名二非學世間一。以レ對二三乘出世之法一總名二非學世間所攝一。」

ヒガシオホタニベツヰン　東大谷別院　【寺名】京都東山にあり、大谷派の別院にして親鸞の廟あり。「オホタニ」を見よ。

ヒガシホングワンジ　東本願寺　【寺名】淨土眞宗の一派にして、大谷派の本山。「ホングワンジ」を見よ。

ヒガシヤマリウ　東山流　【流派】淨土宗西山派の一流。證入を祖とす。證入、東山宮の辻に阿彌陀院を建立して淨土の教義を弘布せしより起る。また宮辻義ともいふ。

ヒガン　彼岸　【術語】梵語、波羅 Pāra 彼岸と譯す。生死の境界を此岸に譬へ、業煩惱を中流に譬へ、涅槃を彼岸に譬ふるなり。【智度論十二】に「波羅。秦言二彼岸一。」又「以二生死一爲二此岸一。涅槃爲二彼岸一。」【維摩經佛國品】に「稽首已到二彼岸一。」【注】に「肇曰。彼岸ハ涅槃岸也。彼涅槃豈崖岸之有。以三我異二於彼一借レ我謂レ之耳。」【思益經一】に「世尊誰住二彼岸一。佛言。能知二諸道平等一者。」図 總じて事物の究竟を彼岸と云ふ。【智度論一】に「於二事成辦一亦名二到彼岸一。天竺俗法凡造事成辦皆言到彼岸」【智度論三十三】に「彼岸者。於二有爲無爲法一盡到二其邊一。」【法華嘉祥疏二】に「以レ究二了眞俗之原一稱レ到二於彼岸一。故大品云。到二有爲無爲彼岸一。即其事也。」⊙(曲、遊行柳)「すなはち彼岸に至らんこと」

ヒガンジヨ　彼岸所　【堂塔】山王二十一社の社内に各彼岸所あり、彼岸會の佛事を修する所なり。

ヒガンヱ　彼岸會　【行事】春秋二分に、一七日の法事を修するを彼岸會と稱す。是れ經論の本據なく、又支那天竺に行はれしとなく、本朝の古代に始まれるなり。按ずるに攝州四天王寺の西門に聖德太子自筆の額とて、「釋迦如來轉法輪處、當極樂土東門中心」とあり、又善導の觀經疏日想觀の下に「唯取二春秋二際一。其日正東出直西沒。彌陀佛國當二日沒處一。直西超二過十萬億刹一即是。」又【平氏太子傳】に「四天王寺寶塔金堂。相當極樂中心。」とあり。此等の義說事緣に依て二季の時正に天王寺の西門に集りて落日を拜する事古來盛なり。天王寺の西門に落日を拜して往生を願ふと代代の撰集に其の類多し、源氏物語總角卷にも廿六日は彼岸の果にて吉日なりければとあり 是れ彼岸會の起因ならんと云ふ。彼岸の名は波羅蜜の譯、到彼岸に取り、此日に佛道を修して穢土の此岸を去て淨土の彼岸に到るの謂なり。一七日は別時修行の普通の日數に據りしのみ。されば彼岸會はもと念佛門の人の遺法にして、或は聖德太子の遺法と云ふ後に諸宗一般の通規となれるなり。さて彼岸は本朝の隨方毘尼なれども、之を佛說に案ずるに、【報恩經五】に「時憍曇彌告二諸比丘尼及一切諸善女人一言。當三至心歸二命阿難大師一。若有二女人一欲レ求二安穩吉祥果報一。常當下於二二月八日、八月八日一著二淨潔衣一至心受二持八戒齋一。晝夜六時建中大精進上。阿難即以二大威神力一應レ聲護助如レ願即得。」是れ二季修法の一證なり。

ヒキ　非器　【術語】佛法を受持するに堪へざる器なり。【法華經提婆品】に「女身垢穢非二是法器一。」

ヒキシキ　引敷　【物名】修驗道にて、鹿又は熊の皮に紐をつけたるものにて、山岳などを通行する時、何處にても腰かけて休息するに用ふるもの。

ヒキヤウ　秘經　【術語】秘密の經典なり、眞言宗の經典を總稱す。

三部の秘經　【名數】一に大日經、二に金剛頂經、三に蘇悉地經なり。

五部の秘經　【名數】台東二密の別あり。東密には大日經、金剛頂經、蘇悉地經、瑜祇經、の四部に要略念誦を加へて五部となし、台密には上の四部に菩提場經を加へて五部となす。【台宗學則上】

ヒキヤウ　非境　【術語】邪非の境界なり。【戒本疏一上】に「依レ月再說。用誇二非境一。」

ヒキヤウニデン　悲敬二田　【名數】悲田と敬田となり。之に恩田を加へて三福田とす。「フクデン」を見よ。

ヒキン　被巾　【衣服】夜具のつつみなり。【を見よ。

ヒギダセンナ　比耆陀羡那　【人名】皃の名。譯、勝軍。【賢愚經六】

ヒギヤウ　飛行　【術語】自在に虛空を飛行すること。六通中の如意通に攝し、神通業としては經行虛空猶如飛鳥として法蘊足論に說く。

ヒギヤウクワウテイ　飛行皇帝　【術語】轉輪聖王の別名なり。輪王能く空中を飛行すればなり。

ヒギヤウセン　飛行仙　【術語】楞嚴經所說十種仙の一。空中を飛行する仙人なり。【楞嚴經八】に「堅二

固草木二而不レ休息一。藥道圓成名二飛行仙一。」

ヒギヤウヒザサンマイ 非行非坐三昧 〔術語〕天台所立四種三昧の一。行住坐臥の四威儀に關せず、一切の事に通じて意の起るに隨て禪定を修するを云ふ。故に復た隨自意三昧と名く。【止觀二】に「非行非坐三昧者。上一向用二行坐一。此既異レ上。爲レ成二四句一故名二非行非坐一。實通二行坐及一切事一。南岳師呼爲二隨自意一。意起即修二三昧一。」

ヒギヤウヤシヤ 飛行夜叉 〔異類〕空中を飛行する夜叉神。【楞嚴經八】に「大力鬼王。飛行夜叉。」

ヒクワラクエウ 飛花落葉 〔術語〕獨覺乘の人は獨り山林に入て飛花落葉を見て世の無常を知り以て涅槃の悟を開くと云ふ。⦿（曲、夜討曾我）「飛花落葉のことはりと思し召されよ」

ヒクワン 非觀 〔術語〕五觀の一。

ヒクン 臂釧 〔物名〕眞言、修法者の臂に懸る環釧なり。【蘇悉地供養法下】に「其臂釧者作二十五金剛之結一。中置二一珠一。兩頭各一。」

ヒグワン 悲願 〔術語〕佛菩薩の大慈悲より發する誓願なり。阿彌陀佛の四十八願藥師如來の十二願など。【唯識論四】に「悲願相應善心。」【大日經疏四】に「勸二囑阿闍梨一。令レ興二平等悲願一。」⦿（十訓抄三）「佛菩薩の悲願」

ヒグワンコンガウ 悲願金剛 〔菩薩〕地藏菩薩の密號なり。覺鑁の【地藏講式】に「秘密亦號二悲願金剛一。今號二地藏薩埵一。」

ヒグワンセン 悲願船 〔譬喩〕佛菩薩の悲願は生死の海に人を度する船筏なり。【心地觀經一】に「應レ念我何時。乘二悲願船一去。」

ヒケ 飛化 〔術語〕飛行遊化なり、化は神出鬼沒の變化を云ふ。【無量壽經下】に「飛化徧二諸刹一。」

ヒケウ 秘敎 〔術語〕秘密の敎法なり。顯露に說示すべきにあらざれば秘とも密とも云ふ。又密敎と云ふ。大日如來の敎法を總稱す。【二敎論】に「他受用應化身隨機之說謂二之顯一也。自受用法性佛說二內證智境一是名レ秘也。」又「唯有二自性法身一以二如義眞實言一能說二是絕離境界一。是名二眞言秘敎一。金剛頂等經是也。」

ヒケキヤウ 悲華經 〔經名〕十卷、北涼の曇無讖譯。寶海梵志、無諍念王及び其千子を勸めて寶藏如來の所に詣て無上心を發し、各淨土を取らしむ、即ち無諍念王は無量壽佛の記を受け、第一子は觀世音の記を受け、第二子は大勢至の記を受け、乃至千子悉く記を受く。【宙帙二】(142)

ヒケツ 秘決 〔術語〕決また訣に作る。秘密の口決なり、【五輪九字秘釋】に「因レ玆弟子得レ聞二此秘決一。」

ヒゲマン 卑下慢 〔術語〕「シマン」を見よ。

ヒコ 比呼 〔術語〕Bhikṣu（巴 Bhikkhu）比丘の別音なり。【探玄記十八】に「梵有二三名一。或云二比呼一。或云二苾芻一。或云二比丘一。此無二正譯一。」

ヒコウ 罷講 〔術語〕經文などの講義を終了する「こと。

ヒコウサイ 罷講齋 〔儀式〕敎家の人、禪に參して省悟の分あれば即ち講敎を罷めて齋を辦じ大衆を供養するを云ふ。【象器箋十四】ハコウサイと讀む。

ヒコクヒビヤクゴフ 非黑非白業 〔術語〕無漏業のこと。無漏業は性染汚にあらざるが故に非黑といひ、有漏の善果を招致せざるが故に非白といふ。

ヒゴク 秘極 〔術語〕秘要窮極なり。【續高僧傳僧範傳】に「乃知佛敎之秘極也。」

ヒゴフ 非業 〔術語〕前世の業因に由るにあらず、現在の災橫に由つて死するを非業の死と云ふ。所謂橫死なり。又閻浮の人壽に普通の定命あり、其定命を得ずして夭死するを非業の死と云ふ、是れ非命の業なれば非業と名く。是れ亦前世に於ける惡業の故なり、依りて此惡業を轉ずれば普通の定命を得べし。【金剛壽命陀羅尼經】に「今我以二一切如來威神力一故。悉令二一切衆生一轉二非命業一。使レ增二壽命一。」

ヒサイヱ 悲濟會 〔行事〕施餓鬼會のこと。

ヒサウ 非想 〔界名〕非想非非想天の略。⦿（曲、和布刈）「上は非想の雲の上」

非想の快樂 〔雜語〕非想天は三界の頂上に在りて果報の最も勝れたる處、外道は以て究竟の涅槃となす。

非想の八萬劫 〔雜語〕非想天の定命は八萬劫なり。【俱舍論世間品】に「無色四天。從レ下如レ次。二四六八萬劫。」

ヒサウヒヒサウシヨ 非想非非想處 〔術語〕非想非非想天を享有すべき禪定なり。非有想非無想に同じ。

ヒサウヒヒサウテン 非想非非想天 〔界名〕舊非有想非無想と云ふ。無色界に四天ある中の第四天にて三界の最頂なり、依りて有頂天とも云ふ。非想非非想とは此天の禪定に就て名けしなり。此天の定心は至極靜妙にして下地の如き麁想なければ非想と云ひ、尙細想なきにあらざれば非非想と云ふ。【俱舍頌疏世間品三】に「悲想非非想天。謂此定體非二前七地麁想一名爲二非想一。若想全無便同二痴闇一。有二細想一故名二非非想一。」⦿（太平記一六）「其聲天に響きて非想非非想天まで聞えやすらん」

ヒサク 臂索 〔物名〕眞言修法者の手臂に懸くる珠索なり。之を眞言索と云ふ。【蘇悉地經一】に「作二

諸事一時。常須下右手臂常以二眞言索一帶上。右手持二珠索一以レ香而塗。持二誦眞言一或一百遍。或一千遍。帶二持此等索一者。毘那夜迦不レ能レ爲レ障。身得二淸淨一速得二成就一滿二所求願一。」鈔略

ヒサン　罷參　〔雜語〕禪林の語。大事を了畢して參禪を罷休するなり。【象器箋十二】ハサンと讀む。

ヒサンサイ　罷參齋　〔儀式〕參禪了畢して齋を設て大衆を供養するなり。【象器箋十四】ハサンサイと讀む。

ヒサンヒイチ　非三非一　〔術語〕法般解の三德の如き、空假中の三諦の如き、圓敎の所談によれば三德三諦各義理德用を異にすれども固より圓融相即して不離一味なりと云ふ、即ち一即三なれば三にして三にあらず、三即一なれば一にして一にあらざるを非三非一と云ふ。是れ圓敎至極の深義なり。⦿(太平記八)「須レ有二非三非一之深理一矣」

ヒザウ　祕藏　〔術語〕隱して人に傳へざるを祕と云ひ、內に蘊蓄するを藏と云ふ、祕藏とは諸佛の妙法を稱するなり、諸佛之を守護して妄に宣說せざればなり。器にあらずして妄に傳ふれば便ち法を破すればなり。【法華經信解品】に「一切諸佛祕藏之法。但爲二菩薩一演二其實事一。」【同嘉祥疏九】に「昔來隱而不レ傳。目レ之爲レ祕。如三人妙寶蘊二在於內一。故名爲レ藏。」【維摩經問疾品】に「諸佛祕藏無レ不二得入一。」【注】に「肇曰。祕藏諸佛身口意祕密之藏。」【涅槃經】に「愚人不レ解謂二之祕藏一。智者了達則不レ名レ藏。」又、眞言を總じて祕藏と稱す。【大日經疏三】に「聲聞經中以二毘尼一爲二祕藏一。要揹レ人簡方便授レ之。若未レ發二律儀一不レ令二聽聞修習一。摩訶衍中亦爲以二持明一爲二祕藏一。未レ入二漫荼羅一者。不レ令二讀誦受持一。」【同七】に「所謂甚深祕藏者衆生自祕レ之耳。非二佛有一レ隱也。」【演密鈔序】に「密者。總持祕藏是也。」

ヒザウキ　祕藏記　〔書名〕二卷、弘法大師在唐の記なりと云ふ。

ヒザウキヤウ　祕藏經　〔經名〕大方廣如來祕密「藏經の略名。

ヒザウホウヤク　祕藏寶鑰　〔書名〕一卷、空海の撰。眞言宗に立つる十住心を釋す。祕密曼荼羅十住心論の要略なり。

ヒシ　皮紙　〔物名〕身の皮を以て紙となし以て經文を書するなり。【宗鏡錄二十六】に「皮紙骨筆繕寫受持。」

ヒシ　箄尸　〔雜名〕Peśī「ヘイシ」を見よ。

ヒシキ　非色　〔術語〕四大所成及び四大所生の法を色とし、然らざるを非色とす、五蘊の中色蘊を除き受想行識の四蘊是なり、因つて之を非色の四蘊と稱す。

ヒシキヒシン　非色非心　〔術語〕一切の有爲法を分別して三聚となす、一に色法、二に心法、三に非色非心法なり。俱舍の七十五法中不相應行の十四法の如き、是れ四大所成にあらざれば非色なり、是れ心と相應する法にあらざれば非心なり、依りて非色非心法と名く、又成實論の如きは無作色俱舍に無表色と云ふを以て非色非心となす。

ヒシキヤウ　蜱肆經　〔經名〕鳩摩羅迦葉種種の喩を以て蜱肆王(巴 Pāyāsi)の無後世の見を斷じ、又種種の喩を以て邪見三毒を捨てて三歸を受けしむ。【中阿含十六】

ヒシキヤウ　避死經　〔經名〕婆羅門避死經の略名。

ヒシセフヂ　彼此攝持　〔術語〕眞言の所談、佛の三密と衆生の三密と互に相映じて攝め持つことを云ふ。即ち入我我入なり。

ヒシヤウゲンイン　悲生眼印　〔印相〕攝大儀軌二に出づ。灌頂の時に壇の前にて此印を結び弟子の眼を開眼するなり。【諸儀軌訣影五】

ヒシヤウヒメツ　非生非滅　〔術語〕釋迦如來の出世滅度は實の生滅にあらず、其の本身の壽量は無量無數なれども、衆生化益の爲に非生に生を現じ、非滅に滅を現ずるを云ふ。【法華經壽量品】に「諸善男子。若有二衆生一來二至我所一。我以二佛眼一觀二其信等諸根利鈍一隨レ所レ應レ度。處處自說二名字不同年紀大小一。亦復現言レ當レ入二涅槃一。」【同文句九】に「非生現レ生。非滅現レ滅。」⦿(榮花、鶴の林)「ただしこれは非生に生を唱へ非滅に滅を現じ給ひしが如く誠に滅し給はずばいかにうれしからんや」

ヒシヤウマンダラ　悲生曼荼羅　〔術語〕三重の曼荼羅は中胎八葉の大悲より生ずるが故に此稱を立つ。【大日經一】に「胎藏正均等。藏中造二一切悲生曼荼羅一。」

ヒシヤク　飛錫　〔術語〕比丘の旅行を云ふ。【釋氏要覽下】に「今僧遊行嘉二稱飛錫一。此因下高僧隱峰遊二五臺一。出二淮西一擲レ錫飛レ空而往上也。若二西天得道僧一往來多是飛レ錫。」

ヒシヤシヤ　畢舍遮　〔術語〕Piśāca 又、臂奢拓、毗舍闍、毘舍遮。食肉鬼の名なり。【孔雀王咒經下】に「毗舍闍。梁云二顚鬼一。」【玄應音義二十一】に「畢舍遮舊言二毗舍闍一。又作二毘舍遮一。鬼名也。餓鬼中勝者也。亦言二癲狂鬼一也。」【慧苑音義下】に「此云二噉精鬼一。東方天王所領鬼神也。」【唯識演祕二本】に「畢舍遮者。唐云二食血肉一。鬼之異名也。」

ヒシユ　悲手　〔術語〕慈悲心を表する手相なり。【大日經疏十七】に「救意菩薩。作二悲手一置二心上一。謂

水空相捻。當レ心。餘令二申散一也。其捻指向レ心。」（水は無名指、空は母指なり）

ヒシユウ　秘宗　〔流派〕眞言秘密宗なり。

ヒシユエンジン　非數緣盡　〔術語〕又非智緣盡と云ふ。無爲法の一。新に非擇滅無爲と云ふ。數とは新に所謂心所法なり、善惡の心所法、其の數許多なれば數法と云ふ、今は智慧の數法なり、智慧の數法に緣りて煩惱を斷じて得る所の盡滅を數緣滅と云ふ。即ち涅槃なり、智慧の數法の緣に依るにあらず、只能生の緣を見るに依りて諸法の盡滅に歸するを非數緣盡と云ふ。【智度論九十八】に「如二阿毘曇言一。一切有爲法及虛空非數緣盡名爲二有上法一。數緣盡是無上法。數緣盡即是涅槃之別名也。」

ヒシユドクギヤウムミヤウ　非主獨行無明　〔術語〕五種無明の一。「ムミヤウ」を見よ。

ヒシユヒガク　非修非學　〔術語〕修行もせず學問もせざる人とて學生間には深く他を辱めたる詞なり。◉（徒然草）「非修非學の男」

ヒシユメツ　非數滅　〔術語〕三無爲の一。新に非擇滅と云ふ。【大乘義章】に「三無爲者。一虛空無爲。二數滅無爲。三非數滅無爲。」「ヒシユエンジン」を見よ。

ヒシヨダン　非所斷　〔術語〕三所斷の一。見惑の有漏法を見所斷とし、修惑の有漏法を修所斷とし、有爲無爲の無漏法を非所斷とす。

ヒシン　悲心　〔術語〕他の苦を悲むの心なり。【止觀四】に「悲心徹レ骨如二母念一レ子。」

ヒシンヒブツ　非心非佛　〔公案〕是心是佛の語を翻案して一箇の公案となせるもの。【無門關三十二則】に「馬祖因僧問。如何是佛。祖曰。非心非佛。」【碧巖四十四則】に「僧問二禾山一。即心即佛即不レ問。如何是非心非佛。山曰。解打鼓。」【宗鏡錄二十五】に「心之與レ佛皆世間之名。是之與レ非乃分別之見。空論妄想曷得二眞歸一。所以祖師云。若言二是心是佛一如二牛有一レ角。若言二非心非佛一如二兎無一レ角。並是對待强名邊事。」

ヒシリヤウテイ　非思量底　〔術語〕敎家に無分別と云ふを禪家に非思量底と云ふ、邪思妄念を拂へとなり、之を坐禪の要術とす。【普勸坐禪儀】に「兀坐定思二量箇不思量底一。不思量底如何思量。非思量。此乃坐禪之要術也。」

ヒジ　非時　〔術語〕律に晨朝より日中に至るを時とし、日中より後夜の後分に至るを非時とす。【薩婆多毘婆沙七】に「非時者從二日中一至二後夜後分一。名爲二非時一。從レ晨至二日中一名レ時。何以故。以下日初出乃至二日中一明轉盛中則滿足上故。名爲レ時。從レ中至二後夜後分一明轉減沒。故名二非時一。」この解不可なり。非時は正時にあらざる意なり。食時の制より起りたる稱なり。

ヒジキ　非食　〔術語〕非時食の略稱。

ヒジキヤウ　非時經　〔術語〕時非時經の略名。

ヒジシヤウ　非時漿　〔飮食〕比丘の非時に食するを得る漿類なり。即ち四藥中の非時藥なり。【行事鈔下二】に「非時漿者。僧祇一切豆穀麥煮レ之頭不二卓破一者之汁。若蘇油、蜜、石蜜、十四種果漿。」

ヒジジキ　非時食　〔術語〕非時の食なり、日中を過ぎて食するを云ふ、律中之を制して戒法となす、八齋戒及び十戒の中の不過中食戒、比丘戒の非時食戒是なり、蓋し佛道修行の爲に食欲を節せしむるなり。

ヒジジキカイ　非時食戒　〔術語〕比丘の九十波逸提の第三十七戒なり、總じて午を過て食するを禁ずる戒法なり。【五分律八】に「佛在二王舍城一。爾時未下爲二比丘一制中非時食上。迦留陀夷。著二雜色衣一面黑眼赤。闇中乞食。懷妊婦人電光中見大驚喚言。毘舍遮毘舍遮（鬼の名）。迦留陀夷言。我是沙門。非二毘舍遮一。便罵言。汝何冥夜乞食。餘沙門波羅門一食便足。汝云何食無二晝夜一。長老比丘白レ佛。佛呵責結戒。若比丘非時食波逸提。」【行事鈔中三】に「經中說云。早起諸天食。日中三世諸佛食。日西畜生食。日暮鬼神食。佛制斷二六趣因一令レ同二三世佛一故」。（法苑珠林五十五に此文を引て毘羅三昧經の說とす、此經今傳はらず）

ヒジホフモン　秘事法門　〔流派〕親鸞の子、善鸞の唱導せし、眞宗異安心の一類。一實眞如の理談を淨土門に採用するより起る。秘に秘要と秘密の二意あり。十劫秘事、不拜秘事、御庫秘事等種種あり。

ヒジヤウ　非常　〔雜語〕無常と言ふ如し。世相の常なきを云ふ。【無量壽經上】に「見二老病死一悟二世非常一。」【四十二章經】に「佛言。觀二天地一念二非常一。觀二世界一念二非常一。」又、俗に高貴の死を非常と云ふ。

ヒジヤウ　非情　〔術語〕有情に對するの稱。草木土石等の情識なきもの。◉（曲、高砂）「有情非情のその聲」

ヒジヤウククウヒガ　非常苦空非我　〔術語〕十六行相中の四行相。苦諦の境を觀じて起す四種の觀解。即ち苦諦は三界迷妄の果報にして一切世間の法なり。此の世間の法は衆緣の和合によりて存在するものなれば因緣散ずると共に忽ち滅す、故に非常也。また有情の心身を逼迫し惱害するが故に苦也。また諸法は我が心身を初め妻子眷族に至る迄、一も我が所有と定むべきものなきが故に空也。又諸法には常住の義も常一主宰の義もなく、執して我とすべきものなし、故に非我なりと觀ずるなり。

ヒジヤウジヤウブツ　非情成佛　〔術語〕圓敎

の極說には草木國土悉皆成佛の義を立つ、是を非情成佛と云ふ。圓敎の意は中道佛性は法界に遍するが故に有情無情を問はざるなり、但迷情に由るが故に二法の差別を見れども、色心依正只一の大覺にして一佛成道すれば此佛の依正に非ざるなし、故に草木の非情亦成佛の義ありと云ふ、若し成佛得道は發心修行に由る、草木の非情此義なしと云ふは是れ色心依正の差別を見る權敎の意なり。金錍論一部盛に此義を論じ、又天台二百題の中に草木成佛の題目を以て詳に此義を問答す。密敎には萬有本來六大所成として有情非情の別を見ず。非情成佛當然なりと立つるなり。

ヒジヤク　非時藥　〔飮食〕　四藥の一。病軀を養ふ爲に非時に食するを得るより、米汁菓汁等なり。【行事鈔下二】に「言二非時藥一者。諸雜漿等。對レ病而設。時外開レ服。」

ヒジリ　聖方　〔流派〕　高野山の念佛者の一派なり。【考信錄五】に「高野本は學侶の一派なりしが大治五年庚戌より行人方始まり、貞應三年甲申より聖方 聖或は非事史に作る公府の書付に聖方とあり 起れり、乃至聖方 又念佛者とも萱堂とも云ふ は大德院を魁首として次に三十六院あり、乃至大德院の中に東照台院の兩院を建てられしより稍勢を張り、時時僭踰の擧動ありて學侶方に抗立して公所に及ぶともあり、總て格式は行人より一等劣れり。」

ヒセフ　被接　〔術語〕　接は中途にて前後を寄せてつぎ合はすとなり、通敎の人が中途にて別敎圓敎の人となり、別敎の人が中途にて圓敎の菩薩となる如く、旣に前敎の修證を成就したる者が未だ其の極果に至らぬ内に其の位の分際に隨つて後敎の人となれば前敎は前ありて後なく、後敎は後ありて前なし。是の是く中間に前後を接ぎ合すを接と云ふ。之を佛の方より言ひて受接と云ふ。別圓中道の理を被らしめて彼に接がしむるに由つて我は之を受て別圓に接ぎ合ふなり。

ヒセン　臂線　〔修法〕　五色の線を臂に懸て次て病を除く、是れ婆羅門の法なり、佛亦病緣の爲めに諸の弟子に之を開るす。【毘奈耶雜事一】に「六衆乞食して諸の婆羅門の妙香華を以て形體を莊嚴し、五色の線を將て臂上に繫くるを見て、六衆亦五色の線を臂上に繫て城に入て乞食す、諸人之を見て之を譏弄す、佛因て之を制して言く、若し繫くる者は越法罪を得と。時に苾芻あり病に嬰る、醫に詣で處方を問ふ、答て言く、聖者五色の線を取り之を咒して臂に繫くれば即ち病愈えんと。曰く、世尊聽さず。彼言く、仁の大師は慈悲を本とす、病に緣て開許せんと疑なしと。時に諸苾芻佛に言す、佛言く、我今諸の苾芻に聽るす、病の因緣の爲に醫人敎うる者は線を繫くるも犯なしと。」

ヒセン　飛仙　〔術語〕　空中を飛行する仙人なり。【楞嚴經八】に「情少想多輕擧非レ遠。即爲二飛仙大力鬼王一乃至地行羅刹一。」

ヒセンノク　卑先匿　〔人名〕　Prasenajit　王の名。「波斯匿の變音なり。【索經】

ヒゼンゴグトク　非前後俱得　〔術語〕　四種得の一。擇滅無爲、非擇滅無爲を得する時の得。この二無爲は不生不滅の無爲なるが故に、過去、現在、未來、三世の時間に拘束せらるるものにあらず。從つて能得が、法の前、法の後、法と俱時との事なきが故に非前後俱得と云ふ。

ヒソクヒリウンノガ　非卽非離蘊我　〔術語〕　小乘二十部の中犢子部の所說。常一主宰の義ある我は確に存在すれども、五蘊和合の肉體に離れたるに非ず、離れざるにもあらず、非即非離蘊の關係にありと執着する我見なり。

ヒソリシヤ　仳踈梨沙　〔眞言〕　陀羅尼の名。譯、無染着。【金光明經慧沼疏五】梵 Viśleṣa.

ヒゾウボサツ　悲增菩薩　〔菩薩〕　二增菩薩の一、「ニゾウボサツ」を見よ。

ヒタイ　皮袋　〔譬喩〕　人畜の身體を云ふ。【趙州錄下】に「僧問狗子還有二佛性一無。州曰有。僧曰。旣有爲二什麼一撞二入這箇皮袋一。」

ヒタカ　必栂家　〔術語〕　Piṭaka　又、比摘迦。譯、藏。三藏の藏即ち庫藏の義なり。【求法高僧傳下】に「必栂家。是藏。」【開宗記一本】に「梵曰二比摘迦一。此譯爲レ藏。」

ヒタカクシヤ　比吒迦俱舍　〔雜語〕　Piṭakakośa　譯、藏。刀鞘丞樻の類を云ふ、三藏の藏是なり。【演密鈔七】に「梵語比吒迦俱舍。此譯爲レ藏。即是鞘韞樻之藏爲レ要。揀二異中心之藏一故。」

ヒタクハラ　苾吒瞿波羅　〔異類〕　Pṛthukagopāla　夜叉の名。譯、護兒。【大孔雀經中】

ヒタケンチ　臂吒犍稺　〔物名〕　Piṭaghaṇṭikā　譯、打犍椎なり。【比丘尼鈔一】に「西域傳云。時至應二臂吒犍稺一。臂吒此云レ打。犍稺者所打之木。或用二檀桐木等一。彼無二鐘磬一。故多打レ木集レ人也。」「カンチ」を見よ。

ヒタン　披袒　〔術語〕　披は袈裟を掛くるに通じて兩肩を覆ふなり、通肩と云ふ、袒は偏袒右肩なり。【釋氏要覽上】に「舍利弗問經云。於二何時一披袒。佛言。隨二供養一時應二偏袒一。以レ便二作事一故。作二福田一時應レ著二兩肩一。現二福田相一故。」記云隨供養者如見佛禮佛同評三師入衆等時也。作福田者謂計齋坐禪誦經入聚落樹下坐時。使人見福田端嚴。若對佛者通被者五百生墮鐵甲地獄。

ヒタン　飛單　〔雜語〕禪林の語。副寺の役人每日收支を僉定して方丈に呈するを日單とも飛單とも云ふ。飛單とは一日記する所條目多からず、數帋往來飛ぶが如き故に名く。【象器箋十六】

ヒダ　費陀　〔雜語〕Vidyā 又、皮陀。譯、明。【因明大疏一】に「醯都言レ因。費陀云レ明。」又、知法。即ち四吠陀論。【百論疏上之下】に「本云二皮陀一(Veda) 此間語訛。故云二韋陀一。」

ヒダウ　非道　〔術語〕邪行の正道に違ふもの。【維摩經佛道品】に「文殊師利問二維摩詰一言。菩薩云何通二達佛道一。維摩詰言。若菩薩行二於非道一。是爲レ通二達佛道一。乃至示レ行二貪欲一離二諸染着一。示レ行二瞋恚一於二諸衆生一無レ有二恚礙一。示レ行二愚痴一而以二智慧一調二伏其心一。」

ヒチ　比智　〔術語〕新に類智と云ふを舊に比智と云ふ。「ルヰチ」を見よ。

ヒチ　悲智　〔術語〕慈悲と智慧なり。之を佛菩薩所具の一雙の德として悲智二門と稱す。智は上求菩提にして自利に屬し、悲は下化衆生にして利他に屬す。之を人身の兩手に配すれば悲は左手にして智は右手なり。又眞言の兩部に就かば悲は胎藏界にして、智は金剛界なり、彌陀の兩脇士に就かば悲は左脇の觀音にして智は右脇の勢至なり、是の如く無盡の對配あり。【法事讚上】に「釋迦諸佛皆乘二弘誓一。悲智雙不レ捨二含情一。」「爲と云ふ。「ヒシユエンジン」を見よ。

ヒチエンジン　非智緣盡　〔術語〕新に非擇滅無爲と云ふ。

ヒチエンマン　悲智圓滿　〔術語〕慈悲と智慧とが完全に具足するを云ふ。

ヒチヤクメツムヰ　非擇滅無爲　〔術語〕三無爲の一。滅とは有爲法を滅盡するなり、滅盡し了りて畢竟不生なるを無爲と稱す。此の滅に二種ありて智慧の簡擇力を以て煩惱を斷滅して再び生ぜしめざるを擇滅無爲と云ふ、即ち涅槃なり。又擇力に依るにあらずして只有爲法の自ら生緣を缺くに由て畢竟不生なるあり、之を非擇滅無爲と名く。即ち擇滅は聖道所得、非擇滅は緣缺所得なり。【俱舍論一】に「永礙二當生一得二非擇滅一。謂能永礙二未來法生一得レ滅異レ前擇滅名二非擇滅一。得不レ因レ擇。但由二闕緣一。」【唯識述記二末】に「而此本性不レ由二慧能一而性淸淨名二非擇滅一。或有爲法緣闕不レ生。不生之滅顯眞理故名二非擇滅一。離二無漏慧一而自滅故。」

ヒツキヤウ　畢竟　〔雜語〕物の至極最終なり。

ヒツキヤウエ　畢竟依　〔術語〕佛の德號なり。佛は衆生の究竟の依處なれば畢竟依と稱す。【讃阿彌陀佛偈】に「淸淨光明無レ有レ對。故佛又號二無對光一。遇二斯光一者業垢除。是故稽二首畢竟依一。」

ヒツキヤウカク　畢竟覺　〔術語〕佛の證にして、他に類比するものなき證なり。無上覺と云ふに同じ。

ヒツキヤウクウ　畢竟空　〔術語〕一切の有爲法も無爲法も畢竟して空なるを畢竟空と名く。【智度論三十一】に「畢竟空者。以二有爲空無爲空一破二諸法一無レ有二遺餘一。是名二畢竟空一。」又「問曰。畢竟空無所有。則是性空。今何以重說。答曰。畢竟空者名爲レ無レ有二遺餘一。性空者名爲二本來常爾一。」【仁王經良賁疏中一】に「畢竟空者謂諸法究竟不レ可レ得。」【法華嘉祥疏九】に「畢竟空是諸空中之王。故智度論云。性空菩薩所行。畢竟空是佛所行。」【華嚴經離世間品】に「菩薩淸凉月遊二於畢竟空一。放レ光照二三界一。心法無レ不レ現。」

ヒツキヤウクウギヤウ　畢竟空行　〔術語〕「シアンラクギヤウ」を見よ。

ヒツキヤウジヤウブツノダウロ　畢竟成佛道路　〔術語〕絕對不二の一乘法をいふ。成佛の道多しと雖も、結局は唯一の道路に歸入すべきもの也。其終局の成佛すべき一道を云ふ。

ヒツキヤウダン　畢竟斷　〔術語〕損伏斷に對す。無漏道の力にて煩惱の種子を斷滅して再び生ぜざらしむること。經量部の所說。

ヒツキヤウチ　畢竟智　〔術語〕法界の理性を究むる智なり。【涅槃經四十】に「一切諸法皆是虛假。隨二其滅處一。是名爲レ實。是名二實相一。是名二法界一。名二畢竟智一。」

ヒツキヤウム　畢竟無　〔術語〕龜毛兎角の如き畢竟して無なるもの。畢竟空と同じからず。畢竟空は理性の談なれば畢竟有を遮せざるなり。【唯識述記二本】に「畢竟無者。即龜毛等。」

ヒツキヤウムジヤウヂユウ　畢竟無常住　〔術語〕宇宙の萬有は其體空無にして、畢竟して常住の法なしと云ふこと。吾人が萬象の體形を認めて常なり住なりと思ふは假想妄想に過ぎず。

ヒツシフシヨグワン　必至補處願　〔術語〕四十八願中第二十二願。淨土に往生せん者をして必ず一生補處の位に至らしめんとの願なり。【無量壽經上】に「設我得レ佛。他方佛土諸菩薩衆來二生我國一。究竟必至二一生補處一。乃至若不レ爾者不レ取二正覺一。」◉〈雪玉集〉「親と子のあとをうけつつためしをも佛の道に思ひ入ぬる」

ヒツシメツドグワン　必至滅度願　〔術語〕彌陀の四十八願中の第十一願。又證大涅槃の願と名づく。淨土に往生すれば必ず涅槃の大果に到達することを誓ふ。

ヒツシヤシヤ　畢舍遮　〔異類〕Piśāca 唐に食血

肉と云ふ。鬼の異名なり。【倶舍光記二】ヒシヤシヤ參照。

ヒツシユ　苾芻　[術語] Bhikṣu 又、煏芻。舊譯の比丘に同じ。乞士、除士、除饉男、熏士、道士など譯す。出家して佛弟子となり具足戒を受けし者の都名なり。此方に正翻の語なきを以て經論中多く比丘、苾芻の梵名を存するなり。或は乞士、破煩惱の二義を以て之を解し、或は淨乞食、破煩惱、淨持戒、能怖魔の四義を以て之を釋す。乞士とは彼れ自ら住營することなく人の信施を乞て清淨に活命すればなり。破煩惱とは聖道を修して煩惱を破すればなり。淨持戒とは盡形淨戒を受持すれば也。能怖魔とは必ず涅槃に入るべきを以て魔をして怖れしむればなり。【智度論三】に「云何名二比丘一。比丘名二乞士一。清淨活命故名爲二乞士一。復次比名レ破。丘名二煩惱一。能破二煩惱一故名二比丘一。復次受戒時自言我是某甲比丘盡形受二持戒一。故名二比丘一。復次比名レ怖丘名レ能。怖二魔王及魔人民一。當下出家剃頭著二染衣一受戒上。是時魔怖。何以故怖。魔言是人必得レ入二涅槃一。」【維摩經佛國品注】に「肇曰。比丘秦言或名二淨乞食一。或名二破煩惱一。或名二淨持戒一。或名二能怖魔一。天竺一名該二此四義一。秦言無二一名以譯一レ之。故存二本名一焉。」【玄應音義八】に「除饉舊經中或言二除士除女一。亦言二熏士熏女一。今言二比丘比丘尼一也。案梵言比丘此言二乞士一。即與二除饉一義同。除二六情飢一斷二貪欲染一也。以二善法一熏修即言二熏士熏女一。」【釋迦譜七】に「凡夫貪二染六塵一。猶二餓夫飯不一レ知二厭足一。聖人斷二貪染六情餓飢一。故號二出家一爲二除饉一。」【南山業疏三】に「中梵本音號曰二煏芻一。此傳二訛失一轉比丘也。」【探玄記十八】に「比丘者梵有二三名一。或云二比呼一。或云二苾芻一。或云二比丘一。此無二正譯一。義翻有レ三。謂怖魔破惡及乞士。」然るに苾芻を以て草の名となす一說あり。【妙吉祥平等秘密最上觀門大敎王經一】に「五吉祥草。矩舍。(此言草)摩賀矩舍。室哩矩舍。世尊因地修行時。常臥二此三草一也。苾芻矩舍。悉黨矩舍。(此言白)世尊因地修行時。常枕二此二草一也。」【慧琳音義二】に「苾芻草名也。僧肇法師義苾芻有二四勝德一。」(四義は上に引く如し)【倶舍慧暉鈔、翻譯名義集、釋氏要覽】等皆草名とせり。(業疏濟緣記三之一に而世中妄傳是草名者訛也)◉(盛衰記一一)「佛は苾芻の勢に御座せども」

二苾芻　[名數] 一に世俗苾芻、凡夫の苾芻なり。二に勝義苾芻、聖者の苾芻なり。【倶舍光記十五】

四苾芻　[名數] 一に名想苾芻、身は俗人にして未だ具足戒を受けず、自ら稱して苾芻と號するを名想苾芻と言ふ、名は想より生じ或は能く想を生ずれば名想と言ふ。二に自稱苾芻、犯重の人實に苾芻に非ざるに自ら稱して自ら是れ苾芻と言ふを自稱苾芻と名く。三に乞食苾芻、出家の人乞食を以て自活すれば乞食苾芻と名く。四に破惑苾芻、諸の阿羅漢惑を破し盡すものを云ふ。【倶舍論十五】

ヒツシユカシカジフホフキヤウ　苾芻迦尸迦十法經　[經名] 一卷、趙宋の法天譯。佛、迦尸迦に對して慚愧多聞等の十法を具足すれば人の師となるを得るを說く。【寒帙十】(824)

ヒツシユゴホフキヤウ　苾芻五法經　[經名] 一卷、趙宋の法天譯。新比丘五法ありて師の依止を離るるを得、及び戒に七種の別あるを說く。【寒帙十】(823)

ヒツシユシフガクリヤクホフ　苾芻習學略法　[經名] 根本說一切有部苾芻習學略法の略名。

ヒツシユニ　苾芻尼　[術語] 煏芻尼 Bhikṣuṇī 即ち比丘尼なり。尼は女聲なり。男僧を苾芻と云ひ、女僧を苾芻尼と云ふ。「ヒツシユ」を見よ。

ヒツシユニカイキヤウ　苾芻尼戒經　[經名] 根本說一切有部苾芻尼戒經の略名。

ヒツシユニビナヤ　苾芻尼毘奈耶　[經名] Bhikṣuṇīvinaya 根本說一切有部苾芻尼毘奈耶の略名。

ヒツシユバダ　邲輸跋陀　[菩薩] 普賢菩薩の梵名。【名義集一】に「邲輸跋陀 Viśva-bhadra, 或三曼跋陀 Samanta-bhadra 此云二普賢一。」

ヒツシユリツギ　苾芻律儀　[術語] 苾芻の受持すべき戒律を云ふ。即ち二百五十の具足戒なり。

ヒツジノアユミ　羊の步　[譬喩] 屠所に趣く羊なり、人の日夜に死地に近づくに譬ふ。「トシヨノヒツジ」を見よ。

ヒツジユ　筆受　[雜語] 譯場に於て譯主の言を受て之を漢言に筆するを云ふ。◉(徒然草)「謝靈運は法華の筆受なりしかども」

ヒツタウトクサブツ　必當得作佛　[雜語] 【法華經譬喩品】に「大智舍利弗。今得レ受二尊記一。我等亦如レ是。必當レ得二作佛一。於二一切世間一。最尊無レ有レ上。」是れ諸天子が舍利弗の授記を蒙るを見て讚せし偈頌なり。◉(拾玉集)「高き嶺に先だつ人を見るからに我も行くべき道をしる哉」

ヒツダムケン　必墮無間　[雜語] 罪惡深重の者は必づ無間地獄に墮つべしと。

ヒツヂヤウ　必定　[術語] 梵語阿鞞跋致 Avaivartika 不退轉と譯し、又必定と翻す。大道を退轉せず必定して涅槃に入る位なり。【大智度論九十三】に「阿鞞跋致即是必定。」【十住毘婆沙論易行品】に「人能念二是佛無量力功德一即時入二必定一。」

ヒツハ　畢鉢　〔植物〕畢跛。畢波羅の略。畢鉢羅樹或は畢鉢羅窟なり。

ヒツハクゲウハウベン　逼迫巧方便　〔術語〕六種巧方便の一。惡事をなすものを擯斥逼迫して善に就かしむる方便なり。

ヒツハラ　畢鉢羅　〔植物〕Pippala 又、必鉢羅、痺鉢羅。樹の名。即ち菩提樹なり。佛此樹下に菩提を證すれば菩提樹と稱す。【西域記八】に「金剛座上菩提樹者。即畢鉢羅之樹也。昔佛在世高數百尺。屢經二殘伐一。猶高四五丈。佛坐二其下一成二等正覺一。因而謂二之菩提樹一焉。莖幹黃白。枝葉青翠。冬夏不レ凋。光鮮無レ變。毎レ至二如來涅槃之日一葉皆凋落。頃之復レ故。」【探玄記二十】に「畢鉢羅樹。此云二榕樹一。在二嶺南一亦有二此類一。」【慧琳音義八】に「庳鉢羅樹名也。或云二畢鉢羅一。」

ヒツハラ　畢鉢羅　〔人名〕大迦葉の實名なり。【法華文句一】に「摩訶迦葉。此翻二大龜氏一。乃至名二畢鉢羅一。或畢鉢波羅延。或睇毘羶(Sthavira*)畢鉢羅樹也。父母禱二樹神一求二得此子一。以レ樹名レ之。」梵 Pippalāyāna

ヒツハラクツ　畢鉢羅窟　〔地名〕巴 Vebhāra-guhā 梵 Vaibhāra 又卑鉢羅窟、賓鉢羅窟に作る。窟上、畢鉢羅樹繁生すれば名く、或は言く、畢鉢羅は大迦葉名のなり、(父母樹神に祈て生む故に名く。迦葉所居の窟なれば畢鉢羅窟と名くと云ふ、古來の釋なれども非なり。)摩竭陀國王舍城竹林精舍の西に在て大迦葉三藏を結集せし處なり。【付法藏傳一】に「迦葉辭二如來一往二耆闍崛山賓鉢羅窟一。」【佛祖統紀四】に「如來滅後。於二畢鉢羅窟一立二三座部主一結爲二三藏一。」更に一處あり。【西域記九】に「溫泉西有二卑鉢羅石窟一世尊在昔恒居二其中後壁洞穴是阿索洛宮也。習定比丘多居二此室一。」【法顯傳一】に「南山西行二三百歩一有二一石室一名二賓波羅窟一。佛食後常於レ是座禪。又西行二五六里一。山地陰中有二一石室一名二車帝一。佛泥洹後。五百阿羅漢結二集經一處。」

ヒツメツ　必滅　〔術語〕生ある者は必ず滅するを云ふ。

ヒツリツタキツナ　必栗託仡那　〔術語〕梵音。Pṛthagjana 譯、獨生、異生。即ち凡夫を云ふ。

ヒツリヨウ　畢陵　〔人名〕毘陵伽婆蹉の略。比丘の名。

ヒツリヨウガ　畢陵伽　〔人名〕又、必陵伽。畢陵伽婆蹉の略。

ヒツリヨウガバシヤ　畢陵伽婆蹉　〔人名〕Pilinda-vatsa に作る。比丘の名。又、畢蘭陀筏蹉譯、餘習。高慢の餘習あればなり。【法華文句二】に「畢陵伽婆蹉。此翻二餘習一。五百世爲二波羅門一。餘氣猶高。」【法華玄贊一】に「畢蘭陀筏蹉。此云二餘習一。言二畢陵伽婆蹉一訛也。五百世中爲二波羅門一。惡性麁言。今雖レ得レ果餘習猶在。如レ罵二恒河神一。故名二餘習一。」

畢陵慢心　〔故事〕【智度論二】に「長老畢陵伽婆蹉。常患二眼痛一。是人乞食常渡二恒水一。到二恒水邊一彈指言。小婢住莫レ流。水即兩斷得二過乞食一。是恒神到二佛所一白レ佛。佛弟子畢陵伽婆蹉常罵レ我言。小婢住莫レ流。佛告二畢陵伽婆蹉一懺二謝恒神一。畢陵伽婆蹉即時合レ手語二恒神一言。小婢莫レ瞋。今懺二謝汝一。是時大衆笑レ之。云何懺謝而後罵耶。佛告二恒神一。汝見二畢陵伽婆蹉合レ手懺謝一不。懺謝無レ慢。而有二此言一。當レ知非レ惡。此人五百世來常生二婆羅門家一。常自驕貴輕二賤餘人一。本來所習口言而已心無レ憍慢。如レ是諸阿羅漢雖レ斷二結使一猶有二餘習一。」【止觀二】に「又道不レ妨レ惡。須陀洹人婬欲轉盛。畢陵尙慢身子生レ瞋。於二其無漏一有二何損益一。」

ヒテイ　飛帝　〔雜名〕飛行皇帝の略。即ち轉輪聖王なり。

ヒテイリ　卑帝利　〔異類〕Pitṛ 又、畢帝黎。餓鬼の梵名。「ヘイレイタ」を見よ。

ヒテリヤ　卑帝梨耶　〔異類〕Pitrya「ヘイレイタ」を見よ。

ヒテン　非天　〔異類〕梵語。阿修羅 Asura 舊に無酒と譯す。果報天趣に似て而も天趣にあらざればなり。「アシュラ」を見よ。

ヒデン　悲田　〔術語〕三福田の一。悲愍すべき苦難貧窮の境界なり、此境界に向て惠施すれば無量の福を得る故に悲田と名く。「フクデン」を見よ。

ヒデンヰン　悲田院　〔堂塔〕四天王寺四箇院の一。東北の方に在て鰥寡孤獨の窮民を養ふ處なり。【太子傳略備講十三】⦿(徒然草)「悲田院堯蓮上人は俗姓は三浦の何がしとかや」

ヒトク　非得　〔術語〕法を吾身に獲得し成就せしむる一種の實物を得と名け(之を喩て得の繩と云ふ。)之に反して法をして吾身より捨離し間隔せしむる一種の實物を非得と名く。たとへば煩惱を斷ずと云へば所斷の煩惱と我身との間に一種の非得生じて二者を間隔する故に煩惱は永く吾身に會すると能はずと云ふ。是れ倶舍論の法相なり。彼の七十五法中不相應法に得と非得を攝む。梵 Aprāpti

ヒドウ　悲幢　〔物名〕大悲の摩竭幢なり、幢頭に摩竭幢を安ずるを摩竭幢と名く、以て愛金剛の三昧を標するなり。【五秘密軌】に「愛金剛摩竭幢爲二大悲金剛鏁一。度二一切衆生一以爲二其道一。」【性靈集七】に「慾箭射二厭離之意一悲幢吸二愛縛之心一。」

ヒドウブン　彼同分　〔術語〕十八界を分別するに同分彼同分の二門あり、根境識の三互に相ひ交渉して自業を作すを同分とし、然らざるを彼同分とす、彼同分とは彼の同分の類なる故に彼同分と名く。而して十八界の中に法界の一は唯同分にして餘の十七

界は同分彼同分の二に通ずと云ふ。【倶舍論二】に「根境識三更相交揚故名爲レ分。或復分者是巳作用。或復分者是所生觸。同有二此分一故名二同分一。與レ此相違名二彼同分一。由下非二同分一與二彼同分一種類分同上名二彼同分一。」

ヒナ　比那　［地名］ Vinata 比那多の略。山の名。譯、不高。【翻梵語九】

ヒナ　費拏　［印相］妙音天の印相の名。樂を奏する形を作すなり。【廣大儀軌中】に「辯才即妙音。慧風持レ空。定仰在レ臍舒。運動如レ奏レ樂。名爲二費拏印一。」（慧とは右手なり、風とは人差指なり、空とは拇指なり。定とは左手なり。）梵 Vīṇā

ヒニ　肥膩　［植物］草の名。【涅槃經八】に「雪山有レ草名曰二肥膩一。牛若食者純得二醍醐一。」梵 Pinodhni*

ヒニジユ　非二聚　［術語］諸法を色聚、心聚、非色非心聚の三聚に分けて、非色非心聚を非二聚と云ふ。成實論の法相なり。

ヒニン　非人　［雜名］人に對して天龍八部及び夜叉、惡鬼の冥衆を總て非人と云ふ。【法華經提婆品】に「天龍八部。人與二非人一。」【藥師經】に「無下有二非人一奪中其精氣上。」俗に遁世の沙門或は窮民乞兒をさして非人と云ふは常人にあらざる義なり。⦿（十訓抄一〇）「山田法師は非人にして」

ヒニンセギヤウ　非人施行　［雜語］窮民乞兒に米錢などを施し行るを云ふ。

ヒニンボフシ　非人法師　［雜語］俗に世すて人を云ふ。【一言芳談章冠註】に「和俗に遁世の僧を非人と云ふなり、金剛寶戒章にもあり。」

ヒノイン　火の印　［印相］「クワイン」を見よ。

ヒノイヘ　火の宅　［譬喩］「クワタク」を見よ。

ヒノグチユウ　日禺中　［術語］禺中とは午前十時にして巳の時なり。天台宗にては之を五時の中の般若時に配す。【法華經科註】に「如二日禺中時一。」

ヒノヲノキ　檜尾記　［書名］阿字觀用心口決一卷。檜尾僧都の記、世に檜尾記と云ふ。

ヒノヲノソウヅ　檜尾僧都　［人名］檜尾山は觀心寺と號す、河内國錦郡に在り、道興大師實慧僧都の墓寺に在り、故に檜尾僧都と呼ぶ。【元亨釋書三】

ヒバウシヤウボフ　誹謗正法　［術語］正法とは佛法なり、佛法を誹謗するなり、其の罪最も重く永く成佛すべからず、故に謗法闡提（闡提とは不成佛の義）と云ふ。【無量壽經上】に「若不レ生者不レ取二正覺一。唯除二五逆誹謗正法一。」【淨土論上】に「經云。五逆罪人墮二阿鼻大地獄中一。具受二一切重罪一。誹謗正法人墮二阿鼻大地獄中一。此劫若盡復轉至二他方阿鼻大地獄中一。如レ是展轉經二百千阿鼻大地獄一。佛不レ記二得レ出時節一。以二誹謗正法罪極重一故。又正法者即是佛法。」

ヒハラ　蓽鉢羅　［植物］「ヒツハラ」を見よ。

ヒバリ　蓽茇利　［飮食］Pippala 又、卑鉢羅樹の名。

　五種果の一。【百一羯磨八】に「蓽茇利即蒟醬也。舊云二蓽茇一略也。」梵 Pippalī

ヒヒサウシヨ　非非想處　［術語］非想非非想處の略名。

ヒヒサウテン　非非想天　［界名］非想非非想天の略。【心地觀經五】に「三界之頂非非想天。八萬劫盡退二生下地一。」

ヒヒリヤ　臂卑履也　［動物］Pipili（多）Pipīlikā 又、比臂里迦に作る。譯、蟻子。【大威德經六】に「臂卑履也蟻子也。」【梵語雜名】に「蟻子。比臂里迦。」

ヒフロン　秘府論　［書名］六卷。弘法大師空海の作。詩文の作法を說けるもの也。

ヒブツリヤク　裴佛略　［術語］梵音 Vaipulya の訛。十二部經中の方廣經の梵名。「ビフラ」を見よ。

ヒホフ　秘法　［術語］通別の二稱あり、通稱は密教に行ふ、護摩念誦の總名なり、顯露に人に示さざれば秘法と云ふ。別稱は大法、准大法、秘法、通途法の四段に分けて第三段の別目なり。蘇悉地法、五秘密法等の傳法、灌頂巳後に許すものを總じて秘法と云ふ。⦿（增鏡、内野雪）「秘法とり行はせらる」

ヒボサツ　羆菩薩　［菩薩］昔一人あり山に入て薪を採り雪に遇て飢寒す、羆將て收養し餘命存するを得たり。天晴れ路通じて其の人山を下る、獵師に遇見して彼の羆の處を示し共に來て害を加へ、肉を分取する時、身大患を著け現報を受く。【毘婆沙論一百十四、倶舍光記十八】

ヒボンギヤウ　非梵行　［術語］又不淨行と云ふ。梵は梵語にて清淨の義、非梵行とは不淨の行即ち婬事を指す、依て婬を斷ずるを梵行と稱し、色界の諸天は婬事なければ梵天と稱す。【戒疏二上】に「梵者天音。唐言爲レ淨。淨者聖也。出家所爲求レ聖興レ行。今汚二淨戒一退二失聖法一。故云二非梵行一也。」

ヒマラシヤ　卑摩羅叉　［人名］Vimalākṣa 三藏法師の名。譯、無垢眼。【梁僧傳三】

ヒマン　卑慢　［術語］七慢の一。「マン」を見よ。

ヒミツ　秘密　［術語］秘は秘奧の義、其の法門の深奧なるを云ひ、密は隱密、容易に人に示さざるを云ふ。佛、諸經に於て各秘密の法ありと說く。【圓覺經】に「爲二諸菩薩一開二秘密藏一。」【涅槃經】に「此經名二如來秘密藏一。」【秘藏記末】に「秘密義。秘者秘奧。密者隱密也。凡於二一切物一皆有二秘密一。何者色顯心隱。大小乘乃至外道等。如レ此有二秘密一。」然るに眞言宗には顯密二教を以て一切經を判じ、殊に自宗を以て秘密となす、

此より秘密の名殊に彼宗の占有となる。

ヒミツオンケンクジヤウモン　秘密隱顯倶成門　[術語]　華嚴宗所談十玄門の一。「ゲンモン」を見よ。

ヒミツカイ　秘密戒　[術語]　密教の戒律を云ふ。即ち三昧耶戒なり。

ヒミツガウ　秘密號　[術語]　陀羅尼の異名なり。陀羅尼は總て秘密の文言なれば秘密號と名く。【大日經疏一】に「眞言。梵曰ニ漫怛攞一。即是眞語如語不妄不異之音。龍樹釋論謂ニ之秘密號一。舊譯云レ咒。非ニ正翻一也。」

ヒミツキヤウ　秘密經　[術語]　眞言宗の經典を云ふ。

ヒミツクワンチヤウ　秘密灌頂　[修法]　總じては眞言宗一切の灌頂法を云ひ、別しては五種三昧耶の中の第五の三昧耶なり、是れ傳法阿闍梨位を受けて後の秘密の灌頂なり。此灌頂は見諦阿闍梨の灌頂にして今時に於て斷じて無しと云ふ。【諸儀軌訣影九】に「秘密灌頂と云ふとは見諦の阿闍梨の事なり、法則の阿闍梨も能はず、況んや今時は斷じて無き灌頂なり、兩部の外に瑜祇灌頂と云ふを立つる流には此を指して瑜祇灌頂なりと云ふ。然るに兩部の傳法灌頂の外に兩部不二の灌頂とて別に瑜祇灌頂を立るは台密の兩部の外に蘇悉地灌頂を立つるに似て非なり。」⊙（著聞集、釋敎）「秘密灌頂をつたへ給へり」

ヒミツケウ　秘密敎　[術語]　天台所立化儀の四敎の一。「シケウ」を見よ。図　眞言宗の總名とす。図　圓敎の別名とす、圓敎は甚深にして二乘の見聞せざる所なればなり。【五敎章上】に「四名ニ圓敎一。謂法界自在具ニ足一切無盡法門一。一即一切。一切即一等。華嚴是也。亦名ニ秘密敎一。以ニ聲聞等不ニ見聞一故。」

ヒミツケフインシンキヤウ　秘密篋印心經　[經名]　一切如來正法秘密篋印心陀羅尼經の略名。

ヒミツサウキヤウ　秘密相經　[經名]　三卷、趙宋の施護譯。世尊一切如來三昧界中に住す、金剛手菩薩要略の修法を請問す、佛爲に之を說く。【成帙三】(1026)

ヒミツサンマイキヤウ　秘密三昧經　[經名]　秘密三昧大敎王經の略名。

ヒミツサンマイダイケウワウキヤウ　秘密三昧大敎王經　[經名]　四卷、趙宋の施護譯。【成帙十】(1029)

ヒミツサンマヤカイ　秘密三昧耶戒　[術語]　略して三昧耶戒と云ひ、又佛戒と云ひ、一道戒と云ひ、三世無障碍戒と云ふ。密敎の戒律の名なり。三昧耶とは平等の義、身語意の三業平等不二を以て戒の本義とすれば三昧耶戒と云ひ、顯敎の諸戒に簡異せん爲に秘密と云ふ。

ヒミツザウ　秘密藏　[術語]　秘密の法藏なり、甚深秘奥にして唯佛與佛の境界、凡常の了知すべからざる法門なれば密と云ひ、又如來能く深法を護念し苟も其の器に非ざれば之を秘して說示せざれば秘と云ふ。故に秘密藏の名は諸經に在て其深甚秘極を顯はす通名たるなり。【圓覺經】に「惟願不レ捨ニ無遮大悲一。爲ニ諸菩薩一開ニ秘密藏一。」【涅槃經二】に「我今當レ令ニ一切衆生及以我子四部之衆悉皆安ニ住秘密藏中一。我亦復當下安ニ住此中一入中於涅槃上。何等名爲ニ秘密之藏一。猶如ニ伊字三點一。若並則不レ成レ伊。縱亦不レ成。如ニ摩醯首羅面上三目一。乃至我亦如レ是。解脫之法亦非ニ涅槃一。如來之身亦非ニ涅槃一。摩訶般若亦非ニ涅槃一。三法各異亦非ニ涅槃一。我今安ニ住如レ是三法一。爲ニ衆生一故名レ入ニ涅槃一。如ニ世伊字一。」是れ法般解三德の不一不異を以て秘密藏と爲す也。然るに若し眞言宗の意に依らば總じて釋迦化身所說の敎法を顯敎となし、獨り大日法身の所說を秘密藏となす。即ち眞言一乘の總名とす。是れ其の法門の深奥なるのみならず內證極秘の法、未灌頂の人には決して宣示せざればなり、猶聲聞乘に在て未授戒の人には戒經を說かず、故に戒經を秘密藏と稱するが如しと云ふ。【聖位經】に「眞言陀羅尼宗者。一切如來秘奥之敎。自覺證智修證法門。」【大日經疏三】に「聲聞經中。以ニ毘尼一爲ニ秘藏一。要擇レ人簡レ衆方乃授レ之。若未レ發ニ律儀一不レ令ニ聽聞修習一。摩訶衍中亦以ニ持明一爲ニ秘藏一。未レ入ニ漫荼羅一者不レ令ニ讀誦受持一。」【同十五】に「秘密者即是如來秘奥之藏敎。苟非ニ其人一則不ニ虛授一。不レ同ニ顯露常敎一也。」【大日經開題】に「樹レ藏秘密稱レ名。彰レ乘神通寄レ喩。」

ヒミツシザウキヤウ　秘密四藏經　[經名]　存覺の【法華問答下】に引く、僞經なり。

ヒミツシヤウゴンシン　秘密莊嚴心　[術語]　眞言宗所立十住心の第十。如來秘密の三業を以て衆生本具の無盡の功德を開顯し莊嚴する住心なり。是れ即ち眞言一乘の住心なり。

ヒミツシユ　秘密主　[菩薩]　具さに金剛手秘密主と云ふ。即ち金剛薩埵なり、之を解するに淺深の二釋あり。若し淺略釋に依れば秘密主とは夜叉王の異名なり。夜叉の身口意は隱密にして了知すべからざれば西土の俗に秘密主と云ふ、今、金剛薩埵は此夜叉王の身を現じて手に金剛を持して常に諸佛に侍衛すれば金剛手秘密主と云ふ。次に深秘釋によれば諸佛の三業は秘密なり。金剛薩埵其の秘密を執持すれば秘密主と云ふ。大日經に於て諸金剛衆の上首と

して一經の對揚主となる。【大日經疏一】に「金剛秘密主者。梵云二播尼一即手掌。掌持二金剛一與二手執一義同。故經中二名互出也。西方謂二夜叉一爲二秘密一以二其身口意速疾隱秘難一レ可二了知一故。舊翻或云二密迹一。若淺略明レ義秘密主即是夜叉王也。執二金剛杵一常侍二衛佛一故曰二金剛手一。然是中深義。言二夜叉一者即是如來身語意密。唯佛與レ佛乃能知レ之。乃至彌勒等猶於二如レ是秘密神通一力不レ能レ及。秘中最秘。所レ謂心密之主故曰二秘密主一。能持二此印一故曰二執金剛一也。」【義釋一】に「金剛手者梵云二縛日羅馱囉一。馱囉是執持義。此菩薩手執二持金剛一故名二金剛手一也。秘密主者。若淺略義即夜叉王。其性速疾。今深秘釋。此菩薩執二持大日如來身口意密一故名二秘密主一。」　「ち東台二密なり。

ヒミツシユウ　秘密宗　〔流派〕密教の宗旨。即

ヒミツシユサンマイ　秘密主三昧　〔術語〕金剛部の三昧なり。【大疏六】に「於二金剛慧印一一心不亂。是秘密主三昧。」

ヒミツシンジユキヤウ　秘密神咒經　〔經名〕慈俊の慕歸繪詞に引く、僞經なり。

ヒミツジヤウジヨウ　秘密上乘　〔術語〕眞言の教法を稱す。秘密最上の乘教なり。

ヒミツジユ　秘密咒　〔術語〕眞言陀羅尼の總名なり。陀羅尼は秘密の咒文なり。⦿（太平記二）「一持秘密咒、生生而加護」

ヒミツジヨウ　秘密乘　〔術語〕眞言の教法を云ふ。【大日經疏九】に「略說レ法有二四種一。謂三乘及秘密乘。」　「金剛秘密善門陀羅尼經の略名。

ヒミツゼンモンキヤウ　秘密善門經　〔經名〕

ヒミツダイケウワウキヤウ　秘密大教王經　〔經名〕一切如來金剛三業最上秘密大教王經の略名。　「名」如來不思議秘密大乘經の略名。

ヒミツダイジヨウキヤウ　秘密大乘經　〔經

ヒミツダン　秘密壇　〔術語〕秘密の法を修する壇場なり、護摩を修するを護摩壇と云ひ、灌頂を作すを灌頂壇と云ひ、曼荼羅を布置するを曼荼羅壇と云ふ。　「名」八名普密陀羅尼經の異名。

ヒミツハチミヤウキヤウ　秘密八名經　〔經

ヒミツハチミヤウダラニキヤウ　秘密八名陀羅尼經　〔經名〕一卷、趙宋の法賢譯。玄奘譯の八名普密陀羅尼經と同本。【成帙八】(909)

ヒミツバコ　秘密箱　〔物名〕灌頂式の時に大阿闍梨の受用する金剛杵、散杖、寶冠、臂釧、白拂、扇、塗香器等の器具を容るる箱なり。【金剛界式幸聞記】

ヒミツフボン　秘密不翻　〔術語〕五種不翻の一。陀羅尼の如き秘密の故に翻譯せざるを云ふ。

ヒミツブツジヨウノジフヂユウシン　秘密佛乘十住心　〔術語〕十住心に優劣深淺を立てず、眞言實義によりて、人天鬼畜等皆悉く平等の法身なりとする十住心。之を横の十住心と云ふ。之に二あり、曼荼羅種性の十住心と、普門萬德の十住心と也。前者は衆生本具の心が平等にして悉く法身なることを表はす十住心にして、後者は大日所證の普門萬德の有樣を顯はしたるものとする十住心なり。

ヒミツマンダラ　秘密曼荼羅　〔術語〕總じては一切の曼荼羅を云ふ。曼荼羅は總じて秘密の法なれば也。別しては諸尊の三昧耶形を壇に立てて行ずるを秘密曼荼羅と云ふ。【金剛界曼荼羅大鈔一】に「秘密曼荼羅者。諸尊三昧耶形何ナリトモ隨レ意ニ壇ニ立テテ行故。」

ヒミツミヤウギギキ　秘密名義儀軌　〔經名〕一切秘密最上名義大教王儀軌の略名。

ヒミツユガ　秘密瑜伽　〔術語〕總じて眞言の法に名く、瑜伽は相應と譯す、眞言の法は三密の相應を旨とす、三密相應すれば所期の悉地を得と說けば總じて瑜伽と名く、而も瑜伽の名は顯密に涉る通名なり、今は密教の瑜伽なれば秘密瑜伽と云ふ。

ヒミツユガダン　秘密瑜伽壇　〔術語〕秘密の瑜伽法を行ふ壇場なり。金胎兩部の曼荼羅壇を云ふ。⦿（盛衰記三八）「秘密瑜伽壇を立てて七日加持して」

ヒミツワウサンマイ　秘密王三昧　〔術語〕圓覺經五名の一。圓覺經所說の行法は甚深秘奧にして萬行を統攝すれば秘密王と名く、三昧とは所修の行法に就て名となすなり。

ヒムリヤウシン　悲無量心　〔術語〕四無量心の一。一切衆生に於て悲心を起すと量なきなり。

ヒメツ　非滅　〔術語〕釋尊の入滅は非滅に滅を現ぜしものにて實の滅にあらざるを云ふ。法華經壽量品に釋迦の本身は常住なりと說けばなり。されば出世亦化現なり。【法華文句九】に「非生現レ生。非滅現レ滅。」⦿（盛衰記）「昔釋尊の非滅を唱へしに」（榮花、鶴の林）「非滅に滅をげんじ給ひしが如く」

ヒモ　悲母　〔術語〕我に悲を垂るる母なり。【心地觀經二】に「慈父恩高如二山王一。悲母恩深如二大海一。」⦿（盛衰記四）「心地觀經に悲母恩深如大海と說き給ひけるも」　「見よ。

ヒモクタラ　比目多羅　〔術語〕「ビモクシヤ」を

ヒモン　悲門　〔術語〕智門に對するの稱。「ヒチ」を見よ。

ヒヤウグワツ　標月　〔術語〕標は表なり、經文を月を表示する指に譬へて標月と云ふ。【圓覺經】に「修多羅教如二標レ月指一。若復見レ月了二知所標畢竟非一レ月。」

ヒヤウコ　平擧　〔雜語〕「ヒンコ」を見よ。

ヒヤウシ　標幟　〔術語〕幖幟。標は表なり、又旌旗なり、標幟とは彰表の義。眞言の法に身印器具等を以て如來內證の德を彰表するを云ふ。【大日經五】に「秘密主有レ造二漫荼羅聖尊分位種子標幟一。汝當二諦聽善思念レ之。」【同疏四】に「種種世諦門皆是法界標幟。」【同演密鈔九】に「標幟者彰表之義也。謂彰二表如來內證之德一也。」【玄應音義二十五】に「幖幟。通俗文徽號曰レ幖。私記曰レ幟。字皆從レ巾。或從レ木作レ標。謂以レ木爲レ標。標而記レ之。此亦兩通。」

ヒヤウシヤウ　評唱　〔術語〕古人の說を品評し提唱するなり。【碧巖錄題下】に「評二唱雪竇顯和尙頌古一語要。」

ヒヤウセン　表詮　〔術語〕表遮二門の一。「ニモン」を見よ。

ヒヤウボウ　縹帽　〔物名〕ハナダボウと讀む。

ヒヤウリヤウ　標領　〔術語〕物に秀でて標幟首領たるを云ふ。【高僧傳六僧叡傳】に「姚興問レ嵩。叡公何如。崇答。實鄴衞之松栢。興敕見レ之。乃至興後謂レ崇曰。乃四海之標領何獨鄴衞之松栢。」

ヒヤクイチグシン　百一供身　〔名數〕又、百一物、百一衆具など云ふ。三衣六物の外に一切道を資くる什具なり、百とは多數を概稱せる名にして百に限るにあらず、比丘たる者三衣六物の外に於て種種の什器を唯一箇づつ蓄ふるを得、之を百一供身と云ふ。其の一箇の外は長物と名け、長物は更に說淨と名くる一種の法を行はざれば蓄ふるを得ざるなり。さて比丘の根性に三品ありて上品は但三衣のみ、中品は更に百一を蓄へ、下品は更に長物を蓄ふと云ふ。【行事鈔下】に「百一供身令レ受二持之一。長物及餘令二說淨蓄一。薩婆多云。百一物各得レ蓄レ一。百一之外皆是長物。」【同資持記】に「百一供身謂時須要用者。長物局レ衣。更收二錢穀等物一故云二及餘一也。」【釋氏要覽中】に「百一物大概之辭也。薩婆多論云。百物各可レ蓄レ一也。」

ヒヤクイチコンマ　百一羯磨　〔書名〕百一の義は百一供身の百一の如し、其法數多なれば百と云ひ、其數多の法に就て各一種の羯磨あれば百一羯磨と云ふ。羯磨とは僧中の事を作すに衆の同意贊成を求て其事を成就せしむる作法なり。根本說一切有部百一羯磨、大沙門百一羯磨法の二部あり。

ヒヤクイチシユグ　百一衆具　〔名數〕百一供身に同じ。

ヒヤクイチビヤウノウ　百一病惱　〔名數〕一大增損すれば百一病生じ、四大增損すれば四百四病生ずるなり。【維摩經方便品】に「是身爲レ災。百一病惱。」

ヒヤクイチモツ　百一物　〔名數〕百一供身に同じ。

ヒヤクエンキヤウ　百緣經　〔經名〕撰集百緣經の略名。

ヒヤクカイ　百界　〔名數〕天台所說。地獄、餓鬼、畜生、修羅、人間、天上、聲聞、緣覺、菩薩、佛の十界中の各界に夫れ夫れ皆十界を具有するを以て、十界に十界を乘じて百界となるなり。

ヒヤクカイセンニヨ　百界千如　〔術語〕一切迷悟の境を差別して十界となし、而して此の十界互に相ひ具すれば百界となる、其の一一の界に具する所の事理に十種あり、十如と云ふ、即ち一界に十如なれば百如、百界に千如なり、之に三世間を乘ずれば三千となる、台家に所謂三千の諸法是なり、此三千の法一念に具足すと觀ずるが即ち一念三千の觀法なり。故に所觀の境を擧げて或は百界千如と云ひ、或は三千の性相と云ふ、具略の異のみ。【法華玄義二】に「廣明二佛法一者。佛豈有二別法一。祇百界千如。如レ是佛境界。唯佛與レ佛究二竟斯理一。」【法華玄義二】に「此一法界具二十如是一。十法界具二百如是一。又一法界具二十法界一則有二百法界千如是一。」「イチネンサンゼン」を參照せよ。

ヒヤククワウヘンゼウワウ　百光遍照王　〔佛名〕大日如來を稱す。【大疏四】に「首中置二百光遍照王一而以二無垢眼一觀レ之。以二此自加持一故即成二毘盧遮那身一也。」

百光王遍照眞言　〔眞言〕南摩三曼多勃馱喃。

ヒヤククワンセウ　百卷鈔　〔書名〕百十卷。亦覺禪鈔と云ふ。著者覺禪の名に因みしなり。廣く諸佛菩薩明王天部の圖像及び經軌の說を記したるもの。

ヒヤクコウ　百講　〔行事〕百座の仁王講を云ふ。「ヒヤクザニンワウコウ」を見よ。

ヒヤクコフ　百劫　〔術語〕小乘の菩薩は三大阿僧祇劫の行を終へて等覺の位に至り、此位に於て猶百大劫の間佛果に至るまで三十二相を感ずべき福業を種うるを云ふ。依て菩薩修行の年時を三祇百大劫と云ふ。而して大乘の菩薩は初めより福智の二業を兼修すれば三大阿僧祇劫の外に別に百劫の修福を要せざるなり。小乘の說には百劫の初めに足を翹げ、七日間一偈を以て弗沙佛を讚嘆せし功德によりて九劫を超越し、（「テイシヤブツ」を見よ。）九十一劫にて成佛すと云ふ。又大乘には四處の超劫を集めて四十劫の超劫とす。これ俱舍論の說なり。【涅槃經】に雪山童子たりし時、半偈の爲めに全身を捨て、此功德に依りて十二劫を超ゆるを說く。これ初僧祇中の事なり。（「セツサンドウジ」を見よ。）

又【瑞王經】に摩納仙人たりし時髮を布き泥を掩ひて燃燈佛を供養し、此功德に依りて八劫を超ゆるを說く、これ二僧祇中の事なり、「ネンタウブツ」を見よ。又【金光明經】に薩埵王子たりし時、身を捨てて餓虎に投じ、其の功德に依りて十一劫を超ゆるを說く。これ第三僧祇中の事なり。「サツタワウジ」を見よ。而して大乘は三祇の外に百劫を立てざるを以て、この九劫を第三劫の中に攝むるなり。【心地觀經一】に「時佛往昔在二凡夫一。入二於雪山一求二佛道一。攝心勇猛勤精進。爲レ求二半偈一捨二全身一。以下求二正法一因緣上故。十二劫超二生死苦一。昔爲二摩納仙人一時。布レ髮供二養燃燈佛一。以二是精進因緣一故。八劫超二於生死海一。昔爲二薩埵王子一時。捨二所愛身一投二餓虎一。自利利他因緣故。十一劫超二生死因一。七日翹レ足讚二如來一。以二精進一故超二九劫一。」

ヒヤクザツスヰ　百雜碎　〔雜語〕物を細かに碎くこと。【傳灯錄七大梅章】に「龐居士因問二大梅常和尙一。久聞二大梅一。未審梅子熟未也。師云。何處著レ觜。居士云百雜碎。師展レ手云。我還二核子一來。居士無レ語。」

ヒヤクザニンワウコウ　百座仁王講　〔行事〕一日に百座を設けて仁王經を講ずるなり。百座の法は經中の所說なり。【濫觴抄下】に「百座仁王講淸和三年四月廿九日巳酉。設レ齋講二仁王經一。京中六十九所。諸國三十一所。總百座也。」

ヒヤクザフドウホフ　百座不動法　〔修法〕百座を設けて不動を念誦する修法なり。

ヒヤクザモンジユホフ　百座文殊法　〔修法〕百座を設けて文殊を念誦する修法なり。

ヒヤクザヤクシコウ　百座藥師講　〔修法〕百座を設けて藥師經を講ずるなり。

ヒヤクシジフフグホフ　百四十不共法　〔名數〕三十二相、八十種好、四淨、十力、四無畏、三念處、三不護、大悲、常不妄失、斷煩惱習、一切智となり。四淨とは具さに四一切行淨と云ふ。一に身淨、永く習氣を斷じて淸淨の氣を得、無上菩提を成じ、身自在を得て生滅自由なるを身淨と名く。二に緣淨、神通自在なるを緣淨と名く。三に心淨、善法を修集し、心煩惱を離るるを心淨と名く。四に智淨、一切法を知りて罣碍あることなく、自在智を得て一切法行を知るを智淨と名く。三念處とは、一に衆生が如來の說法を至心に聽受し、心に歡喜を得て諸の安樂を受け、法の如く住して佛敎に違せざるを佛以て喜とせず、捨心を修集して正念を失はず亦た放逸ならざること。二に衆生が如來の說法を信受せず、所說に違反すると有るも、佛以て瞋らず、愁惱あるなし、捨心を修集し正念を失はず亦放逸ならざること。三に衆生中如來の說法を聽く者あり、或は聽かざる者あり、聽く者を喜ばず聽かざるものを愁へず、捨心を修集し正念を失はず放逸ならざることなり。【菩薩戒經九】三十二相、八十種好、三不護以下各項を見よ。

ヒヤクシユガク　百衆學　〔名數〕突吉羅 Duṣkṛta 罪の戒法なり。突吉羅は惡作と譯す、所防の過に就て名を立つ。梵に式叉迦羅尼、此に應當學と譯す、能治の行に就て目を立つるなり、此戒は輕微にして持し難く犯し易ければ常に須く念學すべきなり。故に殊に學を以て之に名くるなり、而して其の戒相無量なれば衆と云ひ、其の中今は百戒を擧ぐれば百衆學と云ふのみ。【行事鈔中一】に「四分律戒本云二式叉迦羅尼一。義翻爲二應當學一。胡僧云二守戒一也。此罪微細。持レ之極難。故隨レ學隨レ守以立レ名。」【同資持記】に「善見云。式叉云レ學。迦羅尼云二應當一。今迴二其語一順二此方言一。乃至疏云。若就二所防一應レ名二衆突吉羅一。今就二能治行一以立レ目也。」【同中三之四】に「罪無二限量一故云レ衆。易レ犯難レ持故令レ學。」梵 Śikṣākaraṇīya

ヒヤクジヤウ　百城　〔傳說〕善財童子の故事なり。華嚴經入法界品に善財童子彌勒菩薩の敎に依て漸次南方に於て百十餘城を經由して五十三善知識に參して法を問ふを明かす、是なり。【性靈集七】に「故能訪二朋百城一勇銳之心彌勵。」【續日本高僧傳普寂傳】に「南詢二百城一。」

ヒヤクジロン　百字論　〔書名〕一卷、提婆菩薩造。後魏の菩提流支譯。一論百字あれば百字論と名く。我見等を破す。譯師の歸敬頌に我今歸二依聽叡師一。厥名提婆有二大智一。能以二百字一演二實法一。除二諸邪見一向二實相一。」【暑帙二】(1254)

ヒヤクセンインダラニキヤウ　百千印陀羅尼經　〔經名〕一卷、唐の實叉難陀譯。三呪あり書して塔中に供すべしと云ふ。【成帙八】(503)

ヒヤクセンマンゴフ　百千萬劫　〔術語〕劫とは世界の成壞を分別する時量の名、其の劫を經ると百千萬なれば百千萬劫と云ふ。【白樂天句】に「百千萬劫菩提種。八十三年功德林。」

ヒヤクソウ　百僧　〔儀式〕法華講などの大法會には七僧とて講師讀師等の七役を要し、他に伴僧を加へて一百四となして法事を勤むるを百僧と云ふ。⦿(榮花、疑)「七僧百僧」

ヒヤクソウグ　百僧供　〔儀式〕百人の僧を請じて齋を供するなり。

ヒヤクソクヒヤクシヤウ　百即百生　〔術語〕專修念佛の行者は百人は百人ながら往生するを云ふ。【往生禮讚】に「應レ知若能如レ上念念相續畢命爲レ期者。十即十生百即百生。何以故。無二外雜緣一得二正

念ニ故。與ニ佛本願一得ニ相應一故。不レ違レ敎故。隨ニ順佛語一故。」

ヒヤクダイコフ　百大劫　〔術語〕三大阿僧祇劫の後に更に三十二相を感ずる爲の福業を種うる時量なり。「ヒヤクコフ」を見よ。

ヒヤクヂヤウ　百丈　〔人名〕唐の洪水百丈山の大智禪師懷海、馬祖道一禪師の法嗣なり。師始めて禪門の規式を創す、所謂百丈淸規是なり。【傳燈錄六、會元三】

百丈野狐　〔公案〕百丈上堂、常に一老人ありて法を聽きて衆に隨つて散じ去る。一日去らず、丈乃ち問ふ、前に立つ者は何人ぞ。老人云く、某甲、過去迦葉佛の時に於て曾て此山に住す、學人ありて問ふ。大修行底の人還つて因果に落するや、また無きやと。某甲他に答へて道ふ、不落因果と。後五百生野狐身に墮す。今請ふ和尙某甲に代りて一轉語を下し、野狐身を脫せしめよ。丈曰く、不昧因果と。老人言下に於て大悟し禮拜して曰く、某甲既に野狐身を脫して山後に住在せん、亡僧の事例に依れと。師維那をして白槌して衆に告げて曰はしむ、食後に亡僧を送れと。大衆言議すらく、一衆皆安し涅槃堂亦病人なし、何が故ぞ是の如くなると。食後只見る師の衆を領して山後の巖下に至りて拄杖を以て一の死狐を指出し、法に依て火葬するを。師晩に至つて上堂。前の因緣を擧す。黃檗便ち問ふ、古人錯つて一轉語を祇對して五百生野狐身に墮す。轉轉錯らずんば箇の什麼とか作ると。師曰く、近前來、儞が與（ため）に道はん。檗遂に近前して師に一掌を與ふ。師手を打て笑て曰く、將に謂へり、胡鬚赤し、更に赤鬚胡あり。」【會元三、大智章、從容錄八則、無門關二則】

百丈三日耳聾　〔公案〕百丈再び馬祖に參する頃、祖、丈の來るを見て禪床角頭の拂子を拈て竪起す。丈云く、これ用に卽するか、これ用に離するか。祖拂子を舊處に掛く、侍立すること片時、祖曰く、儞已後什麼（なに）を將て人の爲にするや。丈拂子を舊處に掛く。祖卽ち威を振つて一喝す。丈大悟す。後來黃檗に謂て云く、我れ當時に馬祖に一喝せられて直に得たり三日耳聾すると。黃檗覺えず悚然として舌を吐く。【傳燈錄六、百丈傳、會元三大智章】

ヒヤクヂヤウキ　百丈忌　〔行事〕正月十七日なり。百丈懷海禪師始めて禪林の淸規を創し、住持の職これより創まる、故に殊に百丈忌を修す。

ヒヤクヂヤウシンギ　百丈淸規　〔書名〕唐の百丈山懷海禪師の禪門の規式を書せしもの古淸規と稱して今傳はらず、後に元の百丈山の德輝禪師勅を奉じて改修し敕修百丈淸規と稱す。八卷あり、世に傳ふるは是なり。

ヒヤクニジフサイノジユミヤウ　百二十歲壽命　〔傳說〕⦿（正統記）に「百二十歲に當れりし時釋迦佛出で給ふ」と。凡そ經論の所說に據れば釋尊が出世は人壽百歲の時なり。【智度論四】に「人壽百歲佛出時到。」【彌勒上生經疏上】に「釋迦滅劫百歲出世。彌勒增劫出世。」然るに佛壽に就て二說あり、一は人壽百歲の時なれば佛壽も百歲なり、未來の弟子に其の福分を與へんが爲に壽の第五分を減じて（百歲を五分せる也）八十にして入滅すと、二は時の人壽は百歲なれども佛は衆人に過ぐるれば其の壽命も超過して百二十歲なり、只末世の弟子の爲に第三分を滅じて（百二十歲を八十にして三分す。）八十にして入滅すと。【大集月藏經第十法滅盡品】に「我今爲ニ衆生一棄ニ捨身壽命一。爲レ增ニ三精氣一。悲ニ愍衆生一故捨ニ壽第三分一。令三我法海滿洗ニ浴諸天人一。」【大毘婆沙論百二十六】に「有作ニ是說一。諸佛世尊捨ニ第五分壽一。有作ニ是說一。諸佛世尊捨ニ第三分壽一。若說ニ諸佛捨ニ第三壽一者釋迦牟尼佛壽量應レ住ニ百二十歲一。捨ニ後四十一但受ニ八十一。乃至若說ニ諸佛捨ニ第五壽一者釋迦牟尼世尊所レ感壽量應レ住ニ百歲一。捨ニ後二十一但受ニ八十一。」されば正統記は百二十歲の佛壽に寄せて言へるなり。猶世俗の祝言に百二十年の壽命なりと言へるは此佛壽に寄せし者か。【壒囊鈔一】に「百二十年の壽命など祝言にもいふは、さるべきいはれあるか如何」

ヒヤクニジフハチコンポンボンノウ　百二十八根本煩惱　〔名數〕大乘所說の見思の惑數なり。「ケンシ」を見よ。

ヒヤクニジフハチソン　百二十八尊　〔名數〕「サンジフシチソン」を見よ。

ヒヤクニジフハチシ　百二十八使　〔名數〕百二十根本煩惱に同じ。

ヒヤクニジフメウ　百二十妙　〔名數〕本迹の二門に各十妙あり。心と佛と衆生を經て六十となり、之に相待絕待を加へて乃ち百二十妙なり。

ヒヤクニチキヤウ　百日經　〔行事〕百日の期を限て經文を書寫するなり。

ヒヤクハチク　百八句　〔雜名〕楞伽經の首に於て大慧菩薩百八句を以て一切大乘の法門を問ひ、佛百八句を以て之に答ふ。【楞伽經註解一】に「此一百八義。文有ニ三段一。始則大慧請問。中則如來領釋。然ニ

所問所領皆無二倫次一。故不レ可下以二定數一開合而論上レ之。至レ後乃結指顯二示一百八句一。句句遣レ著。然而不レ多不レ少數至レ此者。蓋表下對二百八煩惱一成中百八法門上也。」

ヒヤクハチケツゴフ 百八結業 〔名數〕又、百八煩惱と云ふ。百八種の煩惱なり。結は煩惱の異名。（煩惱は生死を結集すれば結と名く。）煩惱より種種の惡業を生ずれば結業と云ふ。百八とは三界の見惑に八十八使あり。同く修惑に十使あり、之を九十八隨眠と稱す。之に無慚、無愧、昏沈、惡作、惱、嫉、掉擧、睡眠、忿、覆の十纏を加へて一百八なり。【釋氏要覽中】に「百八結者。小乘見修合論煩惱共有二一百八數一。且明二見惑一。三界四諦下煩惱共有二八十八一。乃至修道所斷惑欲界有レ四。謂貪瞋痴慢。上二界各除レ瞋一。共有レ六。已上成レ十。計九十八。更加二十纏一合レ前都有二一百八一也。」【木槵子經】に「當レ待レ斷二除百八結業一。」

ヒヤクハチザンマイ 百八三昧 〔名數〕佛大品般若經、摩訶衍品に百八種の三昧を說く「一に首楞嚴三昧乃至百八に離着虛空不染三昧なり」【智度論五】に「般若波羅蜜摩訶衍品中略說則有二一百八三昧一。初名二首楞嚴三昧一。乃至虛空不染不著三昧。廣說則無量三昧。」【同四十七】に「百八三昧佛自說二其義一。是時人利根故皆得二信解一。今則不レ然。論者重釋二其義一令レ得レ易レ解。」（已下委く一一の三昧を釋せり。）

ヒヤクハチシヨウ 百八鐘 〔儀式〕昏曉兩時に大鐘を鳴らすと一百八聲、百丈の淸規に始まる。後世之を略して唯曉時に百八聲を鳴らすもあり、昏曉に鳴らすもあり。但し元朝の曉は一般に一百八を鳴らす。是れ百八尊の功德を稱讚し、又百八煩惱の迷夢を覺醒する表示なり。【敕修淸規】に「大鐘。曉擊則破二長夜一警二睡眠一。暮擊則覺二昏衢一疏二冥昧一。引レ杵宜レ緩。揚レ聲欲レ長。凡三通。各三十六下。總一百八下。起止三下稍緊。」さて百八の數に就て百八煩惱の睡を醒すと云ふは通說なり。道忠之を破す。【象器箋十八】に「忠曰。俗說佛寺朝暮百八鐘。醒二百八煩惱睡一非也。天竺作相。一百二十下。（見事鈔及資持記。）未レ聞二百八下一。其百八數出二中華世典一。所謂十二月二十四氣七十二候。合成二百八一。乃應レ知レ覺二百八煩惱睡一者擧燭燕說也。」

ヒヤクハチジユジユ 百八數珠 〔物名〕【木槵子經】に木槵子一百八顆を貫きて數珠となし之をつまぐりて三寶を念ずれば百八の結業を退治して無上の勝果を得ると說く、是れ數珠の起因なり、されば百八の數は百八の結業即ち百八の煩惱に對する爲なり、又百八尊の功德を表示するなり、又百八三昧の功德を表示するなり、又本有修生の五十四位を表示するなり。「ジユジユ」を見よ。【木槵子經】に「佛告之言。若欲レ滅二煩惱障報障一者當貫二木槵子一百八一以常自隨。若行若坐若臥。但當下至レ心無二分散意一。稱二佛陀達磨僧伽名一。乃過中一木槵子上。乃至若復能滿二一百萬遍一者。當得レ斷二除百八結業一。」

ヒヤクハチセウサイ 百八消災 〔修法〕消災咒一百八遍誦するを云ふ。

ヒヤクハチソン 百八尊 〔名數〕金剛界曼荼羅中の一百八尊なり。五佛、四波羅蜜、十六大菩薩、十二供養、之を三十七尊と云ひ、之に賢劫の十六菩薩を加へて五十三尊となし、之に外金剛部の二十天を加へて七十三尊とし、之に五頂輪王、十六執金剛、十波羅蜜、地水火風の三十五尊を加へて百八尊となす。出生義に出づ。【秘藏記本】

ヒヤクハチホフミヤウモン 百八法明門 〔名數〕明とは智慧の異名なり、衆生の昏闇を除き一切法に通達せしむる法門百八種あり、第一に正信法明門、乃至第百八に不退轉地法明門なり。【佛本行集經六、三藏法數五十】

ヒヤクハチボンノウ 百八煩惱 〔名數〕百八結業に同じ。又、五十校計經に眼根の好色に對する中に陰果あり、集因あり、惡色に對する中に陰あり集あり平平色に對する中に陰あり集あり、一根に六あり六根合して三十六あり、之を心意識の三世に配して百八あり之を百八煩惱となし、經中五十法に就て一一に此の百八煩惱を擧ぐ。【智度論七】に「煩惱名二一切結使一。結有レ九使有レ七。合爲二九十八結一。如二迦旃延子阿毘曇義中說一。十纏九十八結。爲二百八煩惱一。」【七十五法】に「本惑九十八隨眠加二十纏一云二百八一也。」⊙（曲、三井寺）「百八煩惱の眠りの、驚く夢の世の迷も」「ボンノウ」の項參照。

ヒヤクハチミヤウサン 百八名贊 〔雜名〕金剛界の儀軌に出る十六大菩薩の贊なり、阿閦如來念誦供養法にも出づ。又別尊の百八名贊あり、金輪の百八名贊、毘俱底の百八名贊、聖觀音の百八名贊等なり。

ヒヤクヒ 百非 〔術語〕百は大數を擧ぐるなり、非とは非有非無等と非認するを云ふ。【涅槃經二十二】に「如來涅槃非レ有非レ無。非二有爲一非二無爲一。乃至非二十二因緣一。非二不十二因緣一。」（此中三十一非を列ぬ。）【三論玄義】に「牟尼之道。道爲二眞諦一。體絕二百非一。」【同上】に「若論二涅槃一。體絕二百非一。理超二四句一。」【演密鈔二】に「離二諸過罪一者。離二四句百非一也。」涅槃經金剛身品に如來の金剛身に就て實數の百非を出す。孤山の著に百非鈔一卷あり。

ヒヤクヒキヤウ　百譬經　〔經名〕百喩經の異名。

ヒヤクフクサウキヤウ　百福相經　〔經名〕具名。佛說大乘百福相經、一卷、唐の地婆訶羅譯、文殊師利、如來に福德三量を請問す。佛爲に十善福、輪王福、帝釋福、自在天福、乃至如來三十二相福、大法言音福を明かす、展轉增勝なり。【宙帙七】(264)

ヒヤクフクシヤウゴン　百福莊嚴　〔術語〕菩薩三大阿僧祇劫の後に更に百大劫の間に佛果に至りて三十二相を感ずべき福業を種うるを云ふ。一一に就て各一百福を種うるを百福莊嚴と云ふ。即ち一百を以て一相を莊嚴するなり。【智度論四】に「若し三阿僧祇劫を過ぐれば是の時菩薩三十二相の業因緣を種う。問ふて曰く、三十二相の業何處に種うべきや。答へて曰く、人道の中閻浮提の男子の身に在りて佛の出世に遇ひて種う。佛出世せずんば種緣を得ず。問て曰く、幾許を一の福德となす。答て曰く、有人の言く、轉輪聖王の四天下に於て福樂を受くる業を一福業と名け、如レ是百福一一相を成す。問て曰く、菩薩幾時に能く三十二相を成滿す。答へて曰く、極遲は百劫、極疾は九十一劫なり。釋迦牟尼菩薩は九十一大劫行じて三十二相を辨ず。」⊙(太平記三三)「只百福莊嚴の床の上に」

ヒヤクフクシヤウゴンサウ　百福莊嚴相　〔術語〕如來の三十二相は一一に百福の業因を以て感得せしものなれば百福莊嚴の相と云ふ。【法華經方便品】に「彩畫作ニ佛像百福莊嚴相ー。」【心地觀經一】に「金光百福莊嚴相。發ニ起衆生愛樂心ー。」

ヒヤクフクシヤウゴンサウキヤウ　百福莊嚴相經　〔經名〕具名。佛說大乘百福莊嚴相經、一卷、唐の地婆訶羅譯。同人譯の百福相經と同本。字稍增減あり。【宙帙七】(265)

ヒヤクフチ　百不知　〔術語〕又、百不會と云ふ。一切不知不會なり、所謂非思量底。莫妄想なり。【大慧普說上】に「彌要ニ眞箇參ー。但一切放下。如ニ水死人ー相似。百不知百不會。驀地向ニ不知不會處ー得ニ箇一念子ー破。佛也不レ奈ニ彌何ー。」

ヒヤクフヱ　百不會　〔術語〕「ヒヤクフチ」を見よ。

ヒヤクブシヨシユ　百部疏主　〔人名〕百本疏「主に同じ。

ヒヤクブツミヤウキヤウ　百佛名經　〔經名〕一卷、隋の那連提耶舍譯。【黃帙三】(411)

ヒヤクホウリンシヤウ　百寶輪掌　〔術語〕百寶とは貴重の稱、輪掌とは佛の手足の中心に各一の千輻輪相あり、故に云ふ。

ヒヤクホフ　百法　〔名數〕唯識宗に於て世間出世間の萬象を說明するに用ふ。俱舍の七十五法に於ける如し。一に心法八は即ち八識なり。(俱舍は一とす各項を參照せよ)二に心所有法中に於て遍行と別境とは俱舍の大地法なり。次下兩者に於て多少の廣略あり。「シチジフゴホフ」を參照せよ。

五位百法

一、心法(八)		眼識、耳識、鼻識、舌識、身識、(以上前五識) 意識(第六識) 末那識(第七識) 阿賴耶識(第八識)
二、心所有法(五十一)	遍行(五)	觸、受、思、想、作意。
	別境(五)	欲、勝解、念、定、慧。
	善(十一)	信、慚、愧、無貪、無瞋、無癡、精進、輕安、不放逸、行捨、不害。
	煩惱(六)	貪、瞋、癡、慢、疑、惡見。
	隨煩惱(二十)	忿、恨、覆、惱、嫉、慳、誑、諂、害、憍、無慚、無愧、掉擧、惛忱、不信、懈怠、放逸、失念、散亂、不正知。
	不定(四)	悔、睡、尋、伺。
三、色法(十一)		眼、耳、鼻、舌、身、色、聲、香、味、觸、法處所攝色。
四、不相應行(二十四)		得、命根、衆同分、異生性、無想定、滅盡定、無想事、名身、句身、文身、生、老、住、無常、流轉、定異、相應、勢速、次第、方、時、數、和合性、不和合性。
五、無爲(六)		虛空無爲、擇滅無爲、非擇滅無爲、不動無爲、想受滅無爲、眞如無爲。

ヒヤクホフカイ　百法界　〔術語〕地獄乃至佛の十法界互に相具すれば即ち百法界なり。而して一法界に各十如是を具すれば百法界に千如是あり、即ち百界千如なり。【法華玄義二】に「又一法界具ニ九法界ー則有ニ百法界十如是ー。」

ヒヤクホフゴヰ　百法五位　〔名數〕大乘唯識宗には一切法を百法と立てて之を五位に分別す。

ヒヤクホフミヤウモン　百法明門　〔名數〕菩薩初地に於て得る所の智慧門なり。明とは慧なり、門とは入なり、又差別なり。慧能く百法の眞性に通入すれば明門と云ひ、又百法の慧各差別すれば明門と云ふ、其の百法に二解あり、一は菩薩瓔珞經所說の十信の百法、一は百法明門論所說の五位の百法なり。十信の百法とは菩薩初住の位に於て互具の十信を修す、之を百法明門と名く、五位の百法は心心所

等の百法なり。【瓔珞經上】に「未レ上レ住前有二十順名字菩薩一常行二十心一。所謂信心念心精進心定慧心戒心回向心護法捨心願心。佛子修二行是心一。若經二一劫二劫三劫一乃得レ入二初住位中一。住二是位中一增二修百法明門一。所謂十信心心心各有レ十。故修二行百法明門一。」【觀經妙宗鈔下】に「三劫遊二歷十方一。供レ佛聞レ法。進入二道種一。登二於初地一。此地即得二百法明門一。言二百法一者如二百法論所レ出名數一。」洞空の【觀經會疏】に「入二初地心一明了二五位百法明門一。乃至若依二瓔珞一。初住所得百法明門別有二名數一。」此中瓔珞經に說く初住は圓位にて即ち別敎の初地なり。【秘藏記鈔十】に「諸尊の三摩地多しと雖も因果の二に過ぎず、圓位の德を立つるは金剛薩埵なり、金剛薩埵は是れ初地の菩薩にして初地の位には百法明門を了す、大日は因果の德を主る、百光遍照を所在の三昧とす、今百法は彼の百法明門百光遍照等の功德を表するなり。眞興僧都の儀軌解釋の意に法相宗の意を以て大日經の百字輪に配するも即ち此意なり。

ヒヤクホフミヤウモンロン　百法明門論

〔書名〕具名、大乘百法明門論。一卷、唐の玄奘譯。瑜伽論本事分中より百法の名數のみ略錄せしもの。「略稱。【來帙十】(1213)

ヒヤクホフロン　百法論

〔書名〕百法明門論の

ヒヤクホンシヨシユ　百本疏主

〔人名〕又、百本論師と云ふ、慈恩大師窺基百部の疏を造る。時人百本疏主と稱す。【宋僧傳四窺基傳】に「造レ疏計可二百本一。乃至凡今天下佛寺圖レ形號曰二百本疏主眞一。」【佛祖統紀二十九】に「撰二述疏鈔一及二於百部一。時號二百部論師一。」

ヒヤクホンロンジ　百本論師

〔人名〕百本疏「主に同じ。

ヒヤクマンベン　百萬遍

〔行事〕彌陀の名號を百萬遍唱ふるなり、百萬遍に滿る者は必ず往生を得と、唐の道綽禪師木槵子經に依て百萬遍の文を撿得し、之を阿彌陀經の七日念佛に會し、七日不斷なれば百萬遍に滿つとて自ら之を修せしとなり。【伽才淨土論上】に「如二經說一。若人念二阿彌陀佛一得二百萬遍已去一。決定得レ生二極樂世界一。綽禪師撿二得此經一。若能七日念佛即得二百萬遍一也。由二此義一故經中多遵二七日念佛一也。」【同下】に「問曰。經雖レ說二七日念佛即得二往生一。未レ知レ念二幾許佛名一得二往生一也。答曰。如二綽禪師撿二得經文一。但能念佛一心不レ亂得二百萬遍已去一者。定得二往生一。又綽禪師依二小阿彌陀經七日念佛一。是故大集經藥師經小阿彌陀經。皆勸二七日念佛一者此意明矣。」⊙(榮花、玉の飾)「百萬遍の念佛」

ヒヤクミ　百味

〔飮食〕百種の好味なり、百は大數に就て言ふ。【無量壽經上】に「如レ是諸佛隨レ意而至。百味飮食自然盈滿。」【梵網經下】に「日日三時供二養三兩金百味飮食一。」

ヒヤクモク　百目

〔物名〕土製の燈籠なり、多く小孔を穿てば百目と云ふ。【毘奈耶雜事十三】に「苾芻夏月然レ燈損レ蟲。佛言。應レ作二燈籠一。乃至應レ作二百目瓶一。苾芻不レ知云何應レ作。佛言。令下瓦師作中如二燈籠一形上。傍邊多穿二小孔一。」

ヒヤクモンガクシヨ　百門學處

〔術語〕百光偏照眞言王 [illegible] 暗字所生の百字を一身に偏布するを云ふ。【大日經六】に「此一切無上覺者句於二百門學處一諸佛所說心。」

ヒヤクユカタキヤウ　百喩伽陀經

〔經名〕「勝軍化世百喩伽陀經の略名。

ヒヤクユキヤウ　百喩經

〔經名〕二卷、蕭齊の求那毘地譯。一百喩を設て道法邪正等の事に喩ふ。末結に「尊者僧伽斯那。造二作痴華鬘一竟。」と【藏帙八】(1364)

ヒヤクロク　百錄

〔書名〕國淸百錄の略稱。

ヒヤクロン　百論

〔書名〕二卷。提婆菩薩造、天親菩薩釋、鳩摩羅什譯、三論の一なり、もと提婆の梵本に依らば二十三品あり、一品每に五偈(三十二字を一偈とす。)合せて百偈あり。故に百論と稱す。然に譯者後の十品を略して現本只前の十品を存し、且つ、天親の註解羅什の翻譯に依て句數に多少增減を爲し、現品の偈數は定りなしと云ふ。【百論僧肇序】に「論凡二十品。品各五偈。後十品其人以爲レ無レ益二此土一。故闕不レ傳。」【百論嘉祥疏一】に「依二提婆梵本一。品皆五偈無二多少一也。而有二多少一者三義。一注人釋有二廣略一。二翻論人復重增減。三方言不同。故多少者不定也。」

ヒヤクヱ　百會

〔雜名〕人の頂上を云ふ。一身の精要此の處に歸するが故に百會と名く。図釋迦の異名なり。大師の釋に「百會誕二華胥一」と。時處軌に五佛の身の五處に布く時釋迦を以て頂上に布く、而して百會は頂上の異名なれば彼に寄せて釋尊を百會と云ふ。【秘藏記鈔三】

ヒユ　譬喩

〔術語〕梵に阿波陀那 Avadāna と云ふ。了知の法を以て未了知の法を顯はすを云ふ。【法華文句五】に「譬者比況也。喩者曉訓也。託レ此比レ彼。寄レ淺訓レ深。乃至動レ樹訓レ風舉レ扇喩レ月。故言二譬喩一。」【涅槃經二十九】に八種の喩法を說く。一に順喩、世諦に隨順して次第に小より大に向て喩となすなり、天大雨を降せば小坑滿ち、小坑滿つるが故に大坑滿つ、大坑滿つるが故に乃至大海滿つ、如來の法雨も亦是の如し、衆生の戒滿ち乃至解脫滿ち、解脫滿つるが

故に涅槃滿つと、之を順喩と名く。二に逆喩、世諦に逆ふて次第に大より小に向て喩を爲すなり、大海本あり大河なり、大河本あり小河なり、乃至溝澮本あり大雨なり、是の如く如來の涅槃本あり解脫なり、乃至持戒本あり法雨なりと、是を逆喩と名く。三に現喩、現前の事を以て喩と爲すなり、衆生の心性猶獮猴の如しと說く如し。四に非喩、實事に非ざる事を假設して喩と爲すなり、佛、波斯匿王に告て大山あり四方より來て人民を害せんと欲せば王之を云何すべきと說く如き、是れ四山を假設して老病生死を譬ふるなり。五に先喩、先づ譬喩を設けて後に法を以て合するなり、人あり妙花に貪着して之を採取する時水の爲に漂流せらる、衆生是の如く五欲を貪愛して生死の水に漂沒せらると說く如し。六に後喩、先づ法を說て後に喩を設けて之を顯はすなり、經に小罪を輕じて以て無殃となす勿れ、水滴微なりと雖も漸く大海に滿つと說く如し。七に先後喩、先後說く所皆是れ譬喩の意なり、經に譬へば芭蕉の如し、果を生ずれば則ち死す、愚人養を得る亦復是の如し、騾の懷妊せば命久しく全からざるが如しと說く如し。八に徧喩、始末皆喩を假て之を顯はすなり。忉利天の質多羅樹の生長の狀を具說して徧く佛弟子等に喩ふる如きを云ふ。

波羅夷四喩 【名數】佛、比丘の波羅夷に就て殊に四喩を說て之を戒む。【五分律一】に「犯レ婬者。如二針鼻缺不レ可二復用一。如二人命盡不レ可二復活一。如二石破不レ可二復合一。如下斷二多羅樹心一不上レ可二復生一。」

佛壽四喩 【名數】王舍城中に一菩薩あり。信相と名く。(最勝王經に妙幢と曰ふ。)一時是の思惟を作す。何の因、何の緣ぞ、釋迦如來壽命短速、方に八十年なるや。復た更に念ず、佛の所說の如き二の因緣ありて壽命長きを得と、一は不殺、二に施食なり、而して我世尊無量百千萬億那由陀阿僧祇劫に於て不殺戒を修し、十善を具足して飮食惠施限量すべからず、乃至已が身の骨髓肉血を以て饑餓の衆生を充足飽滿せしむ、況んや餘の飮食をや。菩薩是の念を作す時、其の室廣博莊嚴淨妙の寶室を成し室の四面に於て各四寶上妙の高座ありて自然に出づ、是の妙座の上に蓮華あり、蓮華の上に四如來あり、東方を阿閦と名け、南方を寶相と名け、西方を無量壽と名け、北方を微妙聲と名く。是の四如來、師子座の上に坐し大光明を放ちて三千大千世界を照らす、欲色界の諸天八部衆及び無量百千萬億の諸大菩薩佛の神力を以て一時に來集す。爾の時四佛大衆の中に於て略偈を以て釋迦如來所得の壽量を說く。曰く、一切の諸水幾滴を知るべきも能く釋尊の壽命を數ふると有るなし、(是を海滴喩と云ふ。)諸の須彌山其の斤兩を知るべきも能く釋尊の壽命を量ると有るなし、(是を山斤喩と云ふ。)一切の大地其の塵數を知るべきも能く釋尊の壽命を算すると有るなし、(是を地塵喩と云ふ。)虛空の分界尙邊を盡すべきも能く釋尊の壽命を計ると有るなし。(之を虛空界喩と云ふ。)【金光明經一】(最勝王經には第二の山斤喩を說て諸の妙高山を析て芥の如くし、其の數を知るべきも能く釋迦の壽量を數へ知ることあるなしに作る、然れば之を山芥喩と云ふべし。)

金剛經六譬 【名數】【金剛經】に「一切有爲法。如二夢幻泡影一。如レ露亦如レ電。應レ作二如レ是觀一。」

觀佛三昧海經六譬 【名數】念佛三昧の勝德を示すに六譬を以てす。一に長者の閻浮檀那紫金の喩、二に王の寶印の喩、三に長者の如意珠の喩、四に仙人の善況の喩、五に力士の髻珠の喩、六に劫末の金剛山の喩。【往生要集下末】

法華經七喩 【名數】一に火宅喩、第二卷譬喩品に出づ。二に窮子喩、第二卷信解品に出づ。三に藥草喩、第三卷藥草喩品に出づ。四に化城喩、第三卷化城喩品に出づ。五に衣珠喩、第四卷授記品に出づ。六に髻珠喩、第五卷安樂行品に出づ。七に醫子喩、第六卷壽量品に出づ。

如來藏經十喩 【名數】一切衆生皆如來藏性あるを顯はさん爲に九喩を說き、所喩の法を合せて十喩と稱す。一に萎花中の佛。二に巖樹の蜂蜜。三に稻中の秔粱。四に不淨處の金。五に貧家の寶藏。六に菴羅果の種。七に弊物中の金像。八に貧女の貴胎。九に模中の金像。【大方等如來藏經、名義集五】

般若經十喩 【名數】大乘に諸法の空性を顯はすに十喩あり。【智度論六】に「解下了諸法如レ幻、如レ焰、如二水中月一、如二虛空一、如レ響、如二犍闥婆城一、如レ夢、如レ影、如二鏡中像一、如レ化。」

維摩經十喩 【名數】人身の無實を顯はすに十喩を以てす。一に是身如二聚沫一。二に是身如レ泡、三に是身如レ焰、四に是身如二芭蕉一、五に是身如レ幻、六に是身如レ夢、七に是身如レ影、八に是身如レ響、九に是身如二浮雲一、十に是身如レ電。【維摩經方便品】

仁王經八喩 【名數】一に一切衆生心識之神本、神本とは神髓根本なり、般若は一切衆生の心識の實相を明かせば心識の神本と稱す、是れ實相般若なり。新譯經に能出二生一切諸佛法一切菩薩解脫法一と言ふ是なり。二に一切國王之父母、般若は王の慧解の心を生ずれば國王の父母と稱す、是れ

觀照般若なり、新譯經には能出二生一切國王無上法、一切衆生少離法一と言ふ是なり。三に神符、是れ般若に依て能く實相の境界に達すれば能く天魔外道を伏す是れ世出世の善根皆能く守護するが故に神符に譬ふるなり、新譯經に能鎭二毒龍諸惡鬼神一と言ふ是なり。四に辟鬼珠、般若は能く鬼神の難を辟くる故に辟鬼と名く。新譯經には之を上の神符と攝して一となせり。五に如意珠、能く人心の所求に稱ひて滿足せしむれば如意珠に譬ふるなり。新譯經に摩尼寶體具二衆德一と言ひ、能遂二人心所求一滿足能應二輪王一、名二如意珠一と言ふ是なり。六に護國珠、般若の力能く七難を拂ひ國土をして安穩ならしむれば護國珠と名く、鎭護國家の經と爲す所以なり。七に天地鏡、般若は能く一切衆生の迷闇を照せば天地鏡と稱す。新譯經に若於二闇夜一置二高幢上一、光照二天地一明如二日出一と言ふ是也。八に龍寶神王、此の經に依て能く甘雨をふらすを得れば稱して龍寶神王となす。新譯經に能令下難陀跋難陀等諸大龍王降二霔甘雨一潤中澤草木上と言ふ是なり。神符以下の六種の功德は文字般若なり。【仁王經受持品、天台疏下、嘉祥疏六、良賁疏下】

二十種喩法 【名數】一に般若を母となし、二に方便を父と爲し、三に檀を乳母と爲し、四に尸羅を養母と爲し、五に忍を莊嚴の具と爲し、六に勤を養育の者と爲し、七に禪を浣濯の人と爲し、八に善知識を教授の師と爲し、九に一切菩提分を伴侶と爲し、十に一切の善法を眷屬と爲し、十一に一切の菩薩を兄弟と爲し、十二に菩提心を家と爲し、十三に理の如く修行するを家法と爲し、十四に諸地を家處と爲し、十五に諸忍を家族と爲し、十六に大願を家教と爲し、十七に諸行を滿足するを順家の法と爲し、十八に大乘を勸發するを家業を紹ぐと爲し、十九に法水灌頂一生所繫の菩薩を王の太子と爲し。二十に菩提を成就するを能く家族を淨むと爲す。

ヒユ 非喩 【術語】八種喩の一。實事にあらざると「を假設して喩と爲すなり。

ヒユキヤウ 譬喩經 【術語】十二部經の一。梵に阿波陀那と云ふ。經中譬喩を說て義宗を曉悟せしむる所なり。【正理論四十四】に「言二譬喩一者。爲レ令レ曉二悟所說義宗一。廣引二多門一比例開示。如二長喩等契經所說一。」【法華經方便品】に「亦說二於因緣譬喩幷祇夜一。」

ヒユキヤウ 譬喩經 【經名】藏經中譬喩經と題するもの五部あり、一は比丘道略集の雜譬喩經一卷、二は失譯の衆經撰雜譬喩經二卷、三は吳の康僧會譯の舊雜譬喩經二卷、四は失譯の雜譬喩經二卷、五は後漢の支婁迦讖譯の雜譬喩經一卷、已上五部同名別本なり。又經律異相等に十卷譬喩經を引けども今傳はらず。【往生要集記五】に「十卷文。唐法遂造。賢聖集也。」此外湮滅せる同名の經十部ばかり出三藏記に載す。図 佛說譬喩經、一卷、唐の義淨譯。佛、勝光王の爲に空井、樹根、二鼠、四蛇、毒龍、蜜滴、蜂螫、火燒の喩を說く。

ヒユシ 譬喩師 【人名】又、日出論者と云ふ。小乘十八部中經量部の元祖なり。【唯識述記二本】に「日出論者即經部本師。佛去レ世後一百年中。北印度怛叉翅羅國有二鳩摩邏多一。此言二童首一。造二九百論一。時五天竺有二五大論師一。喩如三日出明導二世間一。名二日出者一。以レ似二於日一亦名二譬喩師一。或爲下此師造二喩鬘論一集中諸奇事上名爲二譬喩師一。經部之種族。經部以二此所說一爲レ宗。當時猶未レ有二經部一。經部四百年中方出レ世故。」依て古攝論に經部師と云ふを新攝論に譬喩師と云へり。

ヒユシウ 譬喩周 【術語】法華の迹門三周說法の一。火宅の譬喩を說て中根を化する一周なり。「サンシウ」を見よ。

ヒユセツ 譬喩說 【術語】十二部經の一。「ヒユキヤウ」を見よ。

ヒユブ 譬喩部 【術語】譬喩師の部宗即ち經部なり。「ヒユシ」を見よ。

ヒユボン 譬喩品 【經名】法華經二十八品中の第三、經の第二卷に出づ。火宅の喩を說く。

ヒユロンジ 譬喩論師 【人名】譬喩師に同じ。

ヒユワウキヤウ 譬喩王經 【經名】大集譬喩王經の略名。

ヒヨウカラ 氷揭羅 【天名】又、氷伽羅。訶哩底母（鬼子母神）の愛子の名。又氷揭羅天童子と云ふ。新に畢哩孕迦と云ふ。【愛子成就法】に「其母左手於二懷中一抱二一孩子一名二畢哩孕迦一。極令二端正一。乃至時歡喜母復白レ佛言。世尊我今復說二愛子畢哩孕迦陀羅尼法一。爲レ利二益護二持諸有レ求者一。乃至我今復說二畢哩朶迦刻像法一。取下白旃檀香木無二瑕隙一者上。長六指或一磔手。令三巧匠彫二作童子形一。頂上有二五朱紫髻子一。相好圓滿。以二種種瓔珞一莊二嚴其身一。於二荷葉上一交レ脚而坐。右手掌二吉祥果一作二與レ人勢一。左手揚レ掌向レ外垂二展五指一。此名二滿願手一。」【氷揭羅

（氷揭羅の圖）

天童子經】に「造像法。其像用二白檀香木一。長六指作二童子形狀一。左手把レ果。右手垂作二滿願掌一向レ外。置二道場中一作二種子飮食乳粥香花一供養。」【孔雀王咒經上】に「氷伽羅。梁言二蒼色一。」【大孔雀經中】に「此云二靑色一。」梵 Piṅgala

ヒヨウカラテンドウジキヤウ　氷掲羅天童子經　〔經名〕一卷、唐の不空譯。氷掲羅天童子念誦の法を說く。【閱帙十四】

ヒヨウサウ　氷想　〔術語〕堅氷の觀想なり。【觀無量壽經】に「見二水澄淸一亦令三明了無二分散意一。既見レ水已當レ起二氷想一。見二氷映徹一作二瑠璃想一。」

ヒラ　避羅　〔植物〕果の名。「ビンバ」を見よ。

ヒラガタネンジユ　平形念珠　〔物名〕珠を方形にしたる數珠なり、念佛者の中に用ゐし者ありと見ゆ。【錄內御書三十四念佛者無間地獄事】に「而間每レ人以二平形念珠一唱二彌陀名號一。」【同啓蒙三十四】に「四宗要文、淨土宗下引二大勢至經一云。以二平形念珠一者此是外道弟子也。非二我弟子一。我遺弟必可レ用二圓形念珠一。此文義を以て引ける歟、」案に藏中大勢至經なし。【修驗故事便覽五】に「問ふ、傳へ聞く平形の念珠は外道の法なりと、然るに當今多く此念珠を持て稱名し、或は河水に浴して祈念するを見る、俗にいらたか珠數と呼ぶと、本據之ありや。答ふ、未だ平形いらたかの珠數を知らず、乃至凡そ一切の菓蓏其の形皆團圓にして平形いらたかなるはなし、然ば則ち平形の念珠は佛敎の外なれば外道の法なりと云へるも其義なきにあらず。」

ヒラクシユ　非樂修　〔術語〕劣三修の一。非樂は即ち苦也。聲聞の人は、本來諸法中に、涅槃寂滅の樂を具する所以を知らず、一圖に一切諸法は悉く是れ苦なりと觀ず、これを名けて、非樂修と云ふ。

ヒラゲサ　平袈裟　〔衣服〕叉、一色七條と云ふ、錦或は金襴或は金紗或は織物等にて作る、衲袈裟の如く他色を雜へず、只一色なれば平袈裟と云ふ、尊卑を論ずれば平袈裟は尊く衲袈裟は卑しきなり。【法中時用裝束集】

ヒラシヤ　畢洛叉　〔植物〕叉、畢剌叉。樹の名。譯、高顯。阿輸迦樹の異名なり。佛此樹下に誕生すと云ふ。【探玄記二十三】に「畢剌叉者。具云二鉢剌叉一。義翻云二高顯樹一也。有處名二阿輸迦樹一。此云二無憂樹一也。」【慧苑音義下】に「畢洛叉樹。或曰二畢剌叉一。此云二高顯一。佛於レ此降誕則爲二高顯一。名顯二人天一故曰二高顯一也。或有處云下佛於二阿戌迦樹下一生上者也。」梵 Vilakṣa

ヒラダ　比羅達　〔人名〕Vīra-datta　長者の名。譯、「威施。【菩薩修行經】

ヒラバラ　比羅婆洛　〔地名〕Pīlusāra 山の名。譯、象堅。【西域記一】に「比羅婆洛山。唐言二象堅一。山神作二象形一。故曰二象堅一也。昔如來在世。象堅神奉レ請世尊及千二百大阿羅漢一。山嶺有二大盤石一。如來即レ之受二神供養一。其後無憂王。即盤石上起二窣堵波一。高百餘尺。今人謂二之象堅窣堵波一也。」婆字娑の訛なるべし。

ヒリカ　畢力迦　〔物名〕又、必栗迦。香の名。譯、目蓿香。又は觸香。【大寶廣博樓閣善住秘密陀羅尼經中】に「必栗迦香。注云二目蓿香一也。」【慧琳音義十二】に「畢力迦。香名也。」【同二十六】に「此云二觸香一也。」梵 Pṛkkā, Spṛkkā

ヒリシヤ　卑栗蹉　〔地名〕Mleccha 邊地の名。

ヒリシヤボリカ　苾力叉慕里迦　〔雜語〕Vṛkṣamūlika 譯、樹下坐。【飾宗記五本】に「苾力叉慕里迦、此云二樹下坐一也。智論云。樹下思惟。如二佛生時、轉法輪時、涅槃時一。皆在二樹下一。行者隨二諸佛法一常處二樹下。」

ヒリツギヒフリツギ　非律儀非不律儀　〔術語〕三種無表色の一。律儀即ち善戒にもあらず不律儀即ち惡戒にもあらざる非戒律的の善惡の無表色を云ふ。律儀は極善なり不律儀は極惡なり、其の他の善惡は善惡共に勢用微劣なれば之を處中の善、處中の惡と稱して共に非律儀非不律儀となす、即ち非戒律的の善と惡なり。「ムヘウシキ」を見よ。

ヒリテイクマイ　畢哩體瞿摩夷　〔物名〕Pṛthvī-gomaya* 譯、牛糞。【慧琳音義十】

ヒリヤウ　比量　〔術語〕因明、三量の一。又心識上三量の一。比は比類なり、分別の心を以て已知の事に比類して未知の事を量知するを云ふ。煙を見て彼に火あるを比知する如し。因て因明法は因と喩とを以て主義を比知する軌式なり。總て比量と稱するはこれ八識中唯意識の用なり。【因明入正理論】に「言二比量一者。謂藉二衆相一而觀レ義。」

ヒリヤウサウヰ　比量相違　〔術語〕因明三十三過中宗法九過の一。「瓶は常なるべし宗所作性の故に因」と云ふ如き、所立の宗比量の因に相違するを比量相違と云ふ。

ヒリユウダイサツタ　飛龍大薩埵　〔雜名〕龍神の尊稱なり。薩埵は士と譯す、大薩埵は即ち大士なり。「見よ。

ヒリヨウカ　畢里孕迦　〔天名〕「ヒヨウカラ」を見よ。

ヒリヨウガバシヤ　畢陵伽婆蹉　〔人名〕「ヒツリヨウガバシヤ」を見よ。

ヒリヨウキリチ　苾嚩吃㗚知　〔天名〕摩醯首羅天の子の名。【大日經疏五】に「苾嚩吃㗚知。是摩醯首羅子。身極枯瘦。以下常降二伏怨敵一。假使骨肉消

盡要セ令レ得レ勝。故爲二此形一。私謂即是智度所レ云常修二苦行一。割レ肉祀レ火。感二生諸惡神一者也。所以住二在南方一。」梵 Bhṛṅgiriṭi

ヒリンダバシヤ 畢蘭陀筏蹉 〔人名〕畢陵伽婆蹉比丘に同じ。「ヒツリヨウガバシヤ」を見よ。

ヒレイタ 俾禮多 〔異類〕Preta 餓鬼の梵名。「ヘイレイタ」を見よ。

ヒロクシヤウ 非六生 〔術語〕第六の意根より生ずるにあらず眼耳等の五根より生ずる法を云ふ。即ち眼耳等の五識なり。【倶舍論二】に「六謂意處。異レ此而生。名二非六生一。是從二眼等五根一生ズル義。即五識等。」

ヒロクシチカ 畢勒支底迦 〔術語〕Pratyeka 佛世に逢はずして悟るを以て獨覺と云ひ、十二因緣を觀じて覺悟する故に緣覺と云ふ。【慧苑音義上】に「辟支梵音。具ハ云二畢勒支底迦一。此云二各各獨行一。佛者覺也。舊翻爲二獨覺一正得二其意一。或翻爲二緣覺一譯人謬。以下梵語云二鉢攞底迦一此翻爲ス緣故。智論第十八中通二上二類一也。」【玄應音義三】に「緣一覺ハ又云二獨覺一。舊經云二古佛一。又云二辟支佛一。又言二辟支迦一。或云二貝支迦一。皆梵言訛轉也。此云二獨覺一是也。」

ヒロシテイカブツ 畢勒支底迦佛 〔術語〕Pratyekabuddha 舊に辟支佛と云ふ。譯、獨覺。又鉢攞底迦佛と云ふ。譯、緣覺。三乘の中乘なり。「ヒロクシチカ」を見よ。

ヒロサハソウジヤウ 廣澤僧正 〔人名〕遍照寺の寬朝廣澤に居て盛に眞言宗を弘め、眞言宗廣澤流の名義此より起る、寬和二年大僧正に任ず、依て廣澤僧正と稱す。⊙(十訓抄一)「廣澤僧正寬朝」

ヒロサハリウ 廣澤流 〔流派〕眞言宗根本の派別野澤二流の一。廣澤僧正寬朝よりの稱號なり。⊙(正統記)「弘法の流に小野廣澤の二流あり」

ヒロチ 比盧持 〔人名〕外道の名。「ビロチ」を見よ。

ヒヰ 被位 〔雜名〕僧堂中大衆の坐禪する坐席を被位と云ふ。被は坐禪の時に座に敷く單(ひとへ)の敷物なり。

ヒンキモンダホツ 邠祁文陀弗 〔人名〕Pūrṇamaitrāyaṇīputra 比丘の名。「フルナ」を見よ。

ヒンクカイ 貧窮海 〔譬喩〕貧窮の苦難深廣なれば之を海に譬ふ。【智度論二十二】に「施爲二堅牢船一。能度二貧窮海一。」

ヒンクフクデン 貧窮福田 〔術語〕優婆塞戒經所說、三福田の一。貧窮の人來りて乞ふ時之に給施すれば報を求めざれども自然に福を獲、是を貧窮福田と名く。

ヒンクリ 敏倶理 〔術語〕高麗國の梵稱。【梵語雜名】梵 Hiṅguli*

ヒングラウコウキヤウ 貧窮老公經 〔經名〕一卷、劉宋の慧簡譯。年百二十にして貧窮なり、來て佛を見んと欲す、釋梵之を斷絕す。佛阿難をして之を喚來せしめ其の往因を說き、出家證果す。【宿帙七】(692)

ヒンコ 秉炬 〔儀式〕禪林の語。通じては下火(あこ)と同じ、別しては秉炬は語長く、下火は語短く、下火は一人之を行ひ、秉炬は數人かはるがはる之を行ふ。荼毘式を行ふ時、炬火を秉て法語をなす佛事なり。若し眞火を用うれば刻を移して燼し易し、故に木炬を刻て朱を塗て火の狀に擬し、或は紅なる綿繒にて花を造り、之を炬首に著て火を點ぜず、更る更るに備ふ、故に其の語の落句に火と言ふ可き處に或は花と言ふのみ。【象器箋十四】

ヒンコ 平擧 〔儀式〕禪林の語。葬禮に維那啓請を擧せず直に南無薩怛他を擧するを平擧と云ふ。啓請を擧せざるを以て亦摩訶梵(まかぼん)を擧せず、蓋し諸方人の結緣諷經を妨ぐるを恐るなり。【東漸清規送亡式】に「維那平二擧楞嚴呪一。不二啓請一曰二平擧一。」

ヒンゴウタウ 平江條 〔物名〕禪林に兩頭に總ある帶を云ふ、支那の平江より產するに由て名けしものならんと云ふ、平江は臨安府に在て彼土の五山多く此土に在り。【象器箋十七】

ヒンシユツ 擯出 〔術語〕又、驅遣と云ひ、驅擯と云ふ。比丘七種治罰法の一。惡比丘に對し之を折伏する爲に本處を擯出するなり、若し隨順懺悔して解を乞へば還來を許す。其の之を擯出するに僧衆相集て白四(びやくし)の羯磨(こんま)を行ふを擯出羯磨と云ふ。【行事鈔上之三】

ヒンジヤイノチトウ 貧者一燈 〔故事〕「ヒンニヨ」の項を見よ。

ヒンジユ 篇聚 〔術語〕比丘比丘尼の具足戒を類別する稱目なり。之に篇門と聚門との別ありて、篇門は結成せし罪果と、及び急要の義に依つて五篇に區別し、聚門は其の罪性及び因罪(波羅夷僧殘の二罪を犯さんとして成らざるもの之を偷蘭遮と云ふ)を類聚して六聚七聚八聚と爲すなり。

五篇 〔名數〕一に波羅夷罪 Pārājika 斷頭と譯す。其の罪最も重く頭を斷られて再び生くべからざるが如く、復た比丘たるを得ざるなり。比丘に四戒、比丘尼に八戒あり。二に僧殘罪、梵名、僧伽婆尸沙 Saṅghāvaśeṣa にて僧は僧伽の略、殘は婆尸沙の譯なり、殘とは比丘、此罪を犯せば殆んど死に瀕して僅に殘餘の命あるを云ふ。依て僧衆に向つて此罪を懺悔し、以て殘命を全ふすべければ僧殘と名く。比丘に十三戒、比丘尼に十七戒あり。三に波逸提罪、Pāyattika 墮と譯す、墮獄の人となるを云ふ、之に捨墮と捨との二種ありて二種合

して比丘に一百二十戒、比丘尼に二百八戒あり、八聚を見よ。四に提舍尼罪、具に波羅提提舍 Pratideśanīya と云ふ。向彼悔と譯す、他の比丘に向つて懺悔すれば便ち除滅を得る罪なり。比丘に四戒、比丘尼に八戒あり。五に突吉羅罪 Duṣkṛta 惡作と譯す、其の所作の惡しきを云ふ、其の罪尤も輕し、比丘に二不定、百衆學、七滅諍、合して一百九戒あり、比丘尼亦同じ。【行事鈔資持記中一之一】に五篇名者。一波羅夷。二僧殘。三波逸提。四提舍尼。五突吉羅。」

六聚 〔名數〕 上の五篇に第三位に偸蘭遮罪。Sthūlātyaya の一を加ふるなり。偸蘭遮とは大障善道と譯し、波羅夷と僧殘との二罪を犯さんとして成就せざりし罪なり、依て之を二罪の次に置く。【行事鈔中一】に「五篇七聚約レ義差別。正結二罪科一止樹二六法一。今依二テノ聚一且釋二其名一。一波羅夷。二僧伽婆尸沙。三偸蘭遮。四波逸提。五波羅提提舍尼。五突吉羅。」

七聚 〔名數〕 前の六聚の中に於て突吉羅罪の一を惡作惡說即ち身口二業に分ちて第六を突吉羅とし、第七を惡說とす。【行事鈔中一】に「言二七聚一者。一波羅夷。二僧殘。三偸蘭遮。四波逸提。五提舍尼。六突吉羅。七惡說。」

八聚 〔名數〕 此は凝然師の便宜に立てし類聚なり。一に波羅夷、上の如し。二に僧殘、上の如し。三に二不定、篇門の突吉羅罪より別開す。四に捨墮、梵に尼薩耆波逸提 Naiḥsargikapāyattika と云ふ。尼薩耆とは盡捨と翻す。今は略して捨と云ふ。盡く所犯の財物を僧中に捨與するを云ふ。波逸提は墮と翻す、是れ墮獄の罪を結すればなり、之に三十戒あり。五に波逸提。墮と譯す、此の罪は所犯の財物なきなり、故に單提とも單墮とも云ふ。九十戒あり。六に提舍尼、上の如し。七に百衆學、篇門の突吉羅罪より別出す。八に七滅諍、亦篇門の突吉羅罪より別出す。【八宗綱要上】

九聚 〔名數〕 愚案に凝然師の意に准ずるに八聚の上に更に偸蘭遮の一聚を加へて九聚となすべし。

ヒンダウ 貧道 〔術語〕 又、乏道と云ふ。梵語沙門那（略して沙門と云ふ。）の古譯なり、正道を修して生死の貧乏を斷ずる義なり。【涅槃經】に「沙門名レ乏。那名レ道。斷二一切乏一斷二一切道一。道以二是義一故名二沙門那一。」【百論疏】に「沙門者云二乏道一。亦云二息心一。乏道者以レ道斷二貧乏一也。」図 貧道とは聖道に乏しき義なり、是れ沙門自謙の稱なり。【善見論十五】に「若有下賣二衣鉢一人上。比丘喚來。示二金錢一語下賣二衣鉢一人上言。貧道須二此衣鉢一。有二此金錢一。居士自知。」【行事鈔下三】に「五分還レ寺去時。乃至請二門首一告云。檀越好施如法。貧道何德堪レ之。」【業疏三下】に「沙門者或云二乏道貧道一以譯レ之。皆謙虛自收不レ伐レ德也。今譯爲二息惡一者取二其意一也。」【行持鈔資持記下三之三】に「貧道亦云二乏道一。皆謙收之稱。」【梁僧傳十三法獻傳】に「中興僧鍾於二乾和殿一見レ帝。齊の武帝帝問二鍾所レ宜。鍾答。貧道比苦レ氣。帝嫌レ之。乃問二尙書王儉一。先輩沙門與二帝王一共語何所レ稱。正殿坐不。儉答。漢魏佛法未レ興。不レ見二其記傳一。自二僞國一稍盛。皆稱二貧道一亦預レ坐。」【僧史略下】に「若三此方對二王者一。漢魏兩晉或稱レ名。或曰レ我。或曰二貧道一。故法曠上二書於晉簡文一稱二貧道一。支遁上レ書乞レ歸レ剡亦稱二貧道一。道安諫二苻堅一自稱二貧道一。呼レ堅爲二檀越一。于レ時未レ爲二定戒一。」⊙（盛衰記八）「貧道破壞の伽藍を助け給はざらん」

ヒンタバナ 貧陀婆那 〔寺名〕 寺の名。譯、叢林。【阿育王經七】梵 Piṇḍavana*

ヒンチ 賓坻 〔人名〕 Piṇḍada 給孤獨長者の梵名なり。【玄應音義十四】に「賓坻。直飢切。或作二邠坻一。音府旻切。案二梵本一云二阿那他賓荼揭利呵跛底一。Anāthapiṇḍadagṛhapati 此云二給孤獨長者一也。」

ヒンチ 擯治 〔術語〕 惡比丘を擯斥し之を治罰するなり、此に三種あり、一は擯出、本處より之を驅出し彼が懺悔を待て還來を許すなり。二は默擯、一切の人之と語を交へざるなり。三は滅擯、極惡の比丘重罪を犯して懺せず、彼が名を滅除して永く本處より驅出するなり。

ヒンデイ 兄弟 〔雜語〕 禪林の語。少壯より叢林に居り清規を諳熟する者を山中の兄弟と曰ふ、便ち晚達の人に反す。又法中同門の總稱なり。【象器箋五】

ヒンナヤカ 頻那夜迦 〔天名〕 Vināyaka 鬼神の名。即ち歡喜天なり「クワンギデン」を見よ。

ヒンニヨ 貧女 〔雜語〕 貧窮の女人なり。

貧女寶藏 〔譬喩〕 一切の凡夫佛性を具するを貧女の寶藏を有するに譬ふるなり。【涅槃經七】に「我者即是如來藏義。一切衆生悉有二佛性一。即是我義。如レ是我義從レ本已來常爲二無量煩惱所一レ覆。是故衆生不レ能レ得レ見。善男子。如三貧女人舍內多有二眞金之藏一。家人大小無レ有二知者一。時有二異人一。善知二方便一語二貧女人一。我今雇レ汝。汝可三爲レ我芸二除草穢一。女即答言。我不能也。汝若能示二我子金藏一然後當二速爲レ汝作一。乃至是人即於二其家一掘二出眞金之藏一。女人見已心生二歡喜一。生二奇特想一。宗二仰是人一。」【同三十四】に「我又說二衆生佛性一。猶如二貧女宅中寶藏一。力

士額上金剛寶珠。轉輪聖王甘露之泉。」

貧女獻潘澱作辟支佛 〔故事〕【智度論八】に「佛婆羅門城に入て乞食す。婆羅門城の王制限を立て、若し佛に食を施さば五百の金錢を制限とすと。佛其の國に到るに皆門を閉ぢて應ぜず、佛空鉢にして出づ。時に一家一老母あり、破れたる瓦器を持し、臭き潘澱を盛りて門に出で之を棄てんとし、佛世尊の空鉢にて來るを見る。佛の相好を見て意に思へらく、此の如きの神人應に天厨を食ふべし、今身を降して乞を行ずるは一切を慈愍するが故なりと。佛に白さく、供を設けんと欲すれども得ると能はず、今此の弊食佛須ゐば取るべしと。佛其の心の信敬清淨なるを知り、手を申べ鉢を持して其の施食を受く。因て記す。是の老女佛に食を施す故に十五劫の中天上人間の中に於て快樂を受け、後に男子の生を得て出家學道して辟支佛と作らんと。」【萬善同歸集六】に「貧女献二潘澱一而位登二支佛一。童子進二土麨一而福受二輪王一。」

貧女一燈 〔故事〕【阿闍世王授決經】に「阿闍世王、佛を請じ、飯食し已て佛祇洹に還る。王祇婆と議して曰く、今日佛を請じ佛飯し已る、更に復た宜き所ありや。祇婆曰く、惟多く燈を燃せんと。是に於て王乃ち勅して百斛の麻油膏を具へ、宮門より祇洹精舍に至らしむ。時に貧窮の老母あり、常に至心ありて佛を供養せんと欲して資財なし。王が此功德を作すを見て乃ち更に感激し、行いて乞ひて兩錢を得、以て麻油家に至りて膏を買ふ、膏主曰く　母人大貧窮なり、兩錢を乞得す、何ぞ食を買ひて以て自ら連繼せずして此膏を用ゐるとを爲すや。母曰く、我れ聞く、佛世値ひ難し百劫に一たび遇ふと、我れ幸に佛世に逢ひて供養なし、今日王が大功德を作すを見て巍巍無量我が意を激起す。實に貧窮なりと雖も故らに一燈を燃して後世の根本と爲さんと欲する者なり。是に於て膏主其の至意を知り、兩錢に與ふるに膏應に二合を得べきに特に三合を增して凡そ五合を得しむ。母則ち往いて佛前に至りて之を燃し、心に計るに此膏半夕に足らず、乃ち自ら誓て言く、若し我れ後世道を得ると佛の如くならば膏當に通夕光明消えざるべしと、禮を作して去る。王燃する所の燈或は滅し或は盡く。人ありて侍すと雖恒に周市せず。老母燃する所の一燈光明特に朗に殊に諸燈に勝れて通夕滅せず、膏も又盡きず。佛目連に告ぐ。天今已に曉す、諸燈を滅すべし、目連、敎を承て次を以て諸燈を滅す、燈皆已に滅するに唯唯此の母の一燈三たび滅するも滅せず、便ち袈裟を擧げて之を扇げば燈光益明かなり、乃ち威神を以て隨藍風を引て次を以て燈を吹くに老母の燈實に盛猛、乃ち上梵天を照し、傍三千世界を照して悉く其光を見る、佛目連に告ぐ、止めよ止めよ、此は當來佛の光明の功德、汝が威神の毀滅する所に非ず、此母却後三十劫當に作佛を得て須彌燈光如來と曰はんと。」【賢愚經貧女難陀品】に貧女の名を難陀と稱して記する所略ぼ之に同じ。

貧女以氎衣施生天 〔傳說〕【雜寶藏經四】に「須達長者、三寶に供養せんと欲して一切人民に勸化乞索す、時に一貧女あり、辛苦して價を求め唯一氎を得たり、以て身體を覆ふ、須達の乞ふを見て即ち施與す、須達得已て其の所能を奇とし、便ち錢財穀帛衣食を以て意の欲する所を恣にして供給す、貧女壽盡て命終し、天上に生る、後、佛邊に來至す、佛爲に法を說て須陀洹果を得」◉（曲、自然居士）「彼西天の貧女が一衣を僧に供せしは」【賢愚經五貧人夫婦氎施得現報緣品】に「過去久遠毘婆尸佛の時に一貧女あり、檀膩伽と名く、比丘の勸化に因て其夫を勸め、唯一の氎を施す、此の功德に由て檀膩伽九十一劫所生の處白氎身と俱に生じ、今世に長者の家に生れて叔離と名け、遂に出家して阿羅漢果を得。」

貧女以兩錢施身成后 〔傳說〕【雜寶藏經五】に「貧女あり、長者が耆闍崛山中に於て衆僧を供養するを見て隨喜の念を生じ、嘗て兩錢を糞中に於て拾得て僧衆に供養す、爾の時上座維那に代て呪願し、且つ半分の食を留めて彼の女に與ふ、女食を得て大に喜び還て樹下に眠臥す、時に國王の夫人亡し、王、國內に令して福德の女を占相せしむ、占師此の女を將て宮に到る、王喜で夫人と爲す。是に於て王夫人前の恩を報ぜんとして車に飲食珍寶を戴せて彼の山に至り、僧衆に供養す。上座起たず、維那をして呪願せしむ、諸の年少比丘之を疑ふ。上座言く、我が佛法中珍寶を貴ばず、唯善心を貴ぶ、夫人先に兩錢を施すの時、善心極て勝ぐる、後に珍寶を施すに吾我貢高す、是を以て我れ呪願を與へずと。」

貧女施米汁生天 〔傳說〕【諸經要集六】に「貧女あり臭米汁を迦葉尊者に施して上天の報を得。」

ヒンノクモンダニ　邠耨文陀尼 〔人名〕Pūrṇa-maitrāyaṇī-putra　富樓那尊者の母を邠耨文陀尼と云ひ、富樓那を邠耨文陀弗又は邠耨文陀尼子と云ふ。

弗は子の義なり。「フルナ」を見よ。

ヒンノクモンダホツ　邠耨文陀弗　【人名】「前項を見よ。

ヒンバツ　擯罰　【術語】擯出に同じ。

ヒンポツ　秉拂　【術語】禪林の語。一寺の首座の住持に代て拂子を秉り法座に上りて衆を開示するを云ふ。前堂首座、後堂首座、東藏主、書記を秉拂の五頭首と稱し、各秉拂の資格あるものとす。【象器箋六】

秉拂侍者　【役名】秉拂者の爲に白拂を捧ぐる侍者なり、聖僧侍者之に任ず、其の班位なし、方丈侍者の下位に立つ。【象器箋六】

ヒンポツレウ　秉拂寮　【堂塔】秉拂を勤むる頭首の寮舍なり。

ヒンライクワ　頻來果　【術語】梵名、斯陀含、Sakṛdāgāmin 一來果又は頻來果と譯す、聲聞四果中の第二果なり。一來とは欲界の人と天とを一往來する義なり。玄應師云く、頻は頓の誤なるべし、頓は即ち一の義なり。【玄應音義三】に「頻來言斯陀含也。此云二一往來一。頻字應レ誤也。字宜レ作レ頓。」

ビオンテン　美音天　【天名】又妙音天と名く、辯才天の異名なり。梵名、薩囉薩筏底。Sarasvatī【大日經疏十】に「美音天是諸天顯二詠美一者。與二乾闥婆一稍異。彼是奏レ樂者也。薩囉薩筏底曳即美音之名也。」【大日經義釋七】に「美音天亦名二辯才天一。」「ダイベンザイテン」を見よ。

ビオンテンニヨ　美音天女　【天名】美音天即ち辯才天女なり。

ビカウ　鼻高　【物名】僧の着する履にて木地に漆塗りたるを鼻高と云ひ、帛を張りたるを草鞋（きうかい）と云ふ。鼻高は堂外に穿き草鞋は內陣に穿くを例とす。【壒囊鈔十一】に「鼻廣事。順和名に高履と書て注には鼻高履と云へり、されば鼻高と書くべきなり、はなのうへにさし出たる物あれば高の字の義もかなふべきを、世の人廣の字に書きなしたるは正字に非ざる歟。」【考信錄一】に「沓を鼻高と名くるは延喜式二十一玄蕃寮下云、講師高鼻履一兩と、內陣にて着る沓を草鞋と云ふと疑ふべし、草鞋は葦草履の類なるべし。」

ビカ　毘訶　【術語】毘訶羅 Vihāra の略。僧坊の梵名なり。「ビカラ」を見よ。

ビカダイ　毘訶提　【衣服】衣の名。舍衛國の波斯匿王阿難の說法を聞て歡喜し家中第一毘訶提衣を施して三衣と作さしむ。中阿含毘訶提經是なり。【戾帙七】梵 Vihatī* 巴 Bāhitikā*　「ガラ」を見よ。

ビカカラナ　毘何羯喇拏　【雜名】Vyākaraṇa「ビガラ」を見よ。

ビカラ　毘訶羅　【術語】又、鼻訶羅、鞞訶羅、尾賀羅。Vihāra 譯、住處、寺、僧坊。【玄應音義六】に「毘訶囉。此云二遊行處一。謂僧所二遊履一處也。今以レ寺代レ之。言レ寺者說文廷也。有二法度一者也。」【倶舍光記十五】に「毘訶羅義翻爲レ寺。」【大日經疏三】に「僧坊梵音毘訶羅。譯爲二經處一。即是長レ福住處也。白衣爲レ長レ福故爲二諸比丘一造レ房。令三持戒禪慧者得疵三禦風寒暑濕種種不繞益事一。安心行レ道。」【同十一】に「寺者毘訶羅。此方譯爲二住處一。」【求法高僧傳上】に「毘訶羅是住處義。此云レ寺者不二是正翻一。」【玄應音義二十四】に「毘訶羅。亦云二鼻訶羅一。」【梵語雜名】に「尾賀引囉。」

ビカラ　毘羯羅　【神名】藥師經所說十二大將の一。

ビカラシヤミ　毘訶羅莎弭　【雜名】Vihārasvāmin 譯、寺主。造寺の人を云ふ。【求法高僧傳上】に「造寺之人名爲二寺主一。梵云二毘訶羅莎弭一。」

ビカラハラ　毘訶羅波羅　【職位】Vihārapāla 譯、護寺。一寺を守護し及び僧を和集して事を白すもの。【求法高僧傳上】に「若作二番直一典三掌寺門一。及和レ僧白レ事者名二毘訶羅波羅一。譯爲二護寺一。」

ビガマ　毘伽摩　【藥名】雪山中の艮藥の名。【慧琳音義十三】梵 Vigama

ビガラ　毘伽羅　【雜名】Vyākaraṇa 新譯に毘耶羯剌諵、又毘何羯喇拏と云ふ。聲明記論と譯す、五明中の聲明即ち語學に關する俗書の總名なり。【慈恩寺傳三】に「印度梵書名爲二記論一。其源無レ始莫レ知二作者一。每於二劫初一梵王先說傳テ授二天人一。以二是梵王所說一故曰二梵書一。其言極廣有二百萬頌一。即舊譯云二毘伽羅論一者是也。然其音不レ正。若正應レ云二毘耶羯剌諵一。音女咸反 此翻爲二聲明記論一。以三其廣記二諸法能詮一故名二聲明記論一。昔成劫之初梵王先說具二百萬頌一。後至二住劫之初一帝釋復略爲二十萬頌一。其後北印度健駄羅國婆羅門覩羅邑波膩尼仙又略爲二八千頌一。即今印度現行者是也。近又南印度婆羅門爲二南印度王一。復略爲二二千五百頌一。邊鄙諸國多盛流行。印度博學之人所レ不二遵習一。此並西域音字之本。其支分相助者。復有二記論略經一有二一千頌一。又有二字體三百頌一。又有二字緣兩種一。一名二間擇迦三千頌一。二名二溫那地二千六百頌一。此別辯字緣字體。又有二八界論八百頌一。此中略合二字之緣體一。」又【寄歸傳四】に「一に創學悉曇章、又悉地羅窣覩 Siddhir astu と名く、此に成就吉祥章と云ふ、もと四十九字あり、共に相ひ乘轉して十八章と成す、總て一萬字あり、合して三百餘頌なり、（三十二字を以て一頌となす。）相傳す、是れ大自在天の所說なり、六歲の童子之を學び六月にして之を了ふ。二に蘇呾羅、Sūtra 一切聲明の根本經なり、略詮と譯す、略して要義を詮するを謂ふなり、一千頌あり、是れ波尼儞、Pāṇini 仙の所造なり、八歲の童子八月にして誦す。三に馱覩章、Dhātu 一千頌あり、專ら字

文を明かす、功用上經の如し。四に三棄羅章、Khila 棄羅は荒梗の義、田夫の創て疇畎を開く如し、故に三荒章と云ふべし、一に頞瑟吒駄覩 Aṣṭadhātu 一千頌あり、七例（即ち八轉聲なり、即ち蘇槃多聲 Subanta なり。）十羅聲（十種の羅字ありて三世の異を明かす）を曉らしめ、二九の韻（丁彥多聲の十八轉なり）を述ぶ。二に文茶、(Maṇḍa.Muṇḍa) 凡一千頌あり、合成の字體を明かすなり、樹の一目の如き、梵に苾力叉 Vṛkṣa と云ふ、二十餘句の經文を引て共に相雜糅して方に一事の號を成すなり。三に鄔拏地、Uṇādi 則ち上の文茶と大同なり、廣略を異となす、此の三荒章は十歲の童子三年勤學して其の義を解す。五に苾栗底蘇呾羅、Vṛtti-sūtra 即ち前の蘇呾羅の釋なり。上古に釋を作る其の類多し、中に於て妙なる者十八千頌あり、中天竺の那蘭寺の學士闍耶昳底、Jayāditya の所造なり、沒して今に三十載なり、已上聲明論の五經猶支那の如し。六に朱儞、Cūrṇi 二萬四千頌あり、苾栗底蘇呾羅を釋す、學士鉢顚杜羅 Patañjali の所造なり。前經を明習して之を學べば三年にして方に了す。七に伐欏呵利論、Bhartṛhari-śāstra 二萬五千頌あり、前の朱儞を釋す、大學士伐欏呵利の所造なり。是れ護法 Dharmapāla 同時の人なり。沒して今に四十年なり。八に薄伽論、Vākyapadīya 頌七千釋七千頌あり。聖敎量及び比量の義を述ぶ、作者上に同じ。九に萆陀、本頌三千あり伐欏呵利の所造釋一萬四千頌あり、護法菩薩の所造なり。天地の奧秘を極め人倫の精華を窮む。若し人學で此に至る、方に善く聲明を解すと曰ふ。」又、【唯識樞要上末】に「劫初に梵王創て一百萬頌の聲明論を造る、後に帝釋略して十萬頌と爲す、次に迦多沒羅仙あり、略して一萬二千頌となす、次に波膩尼仙あり、略して八千頌となす、巳上の四論を總じて處所と名く、根本の聲明なればなり。今現行する者は後の二經のみ、又聲明論三百頌あり、波膩尼仙の所造なり。聲明略本頌一千頌あり、後に八界論八百頌あり、又、聞釋迦論一千五百頌あり、又溫那地論二千五百頌あり。此の五聲明並に根栽と名く、根本の處所聲明のために智解を生ずる所依となればなり。然るに護法菩薩二萬五千頌を造り雜寶聲明論と名く、（寄歸傳に所謂薜陀なり）西方に以て聲明究竟の極論と爲す、盛に世に行はる。」【百論疏上之下】に「毗伽羅論釋二諸音聲法一。」【涅槃經疏五】に「毗伽羅論者。此云二字本論一。」【婆藪槃豆法師傳】に「八部毘伽羅論及四皮陀六論。」

ビガフマ　毘笈摩　[飲食] 藥の名。「ビンカダ」を見よ。

ビガユ　鞞羯俞　[佛名] 佛の名。譯、離愁。【可洪音義二】

ビキヤクゼンジ　鼻隔禪師　[雜名] 六根を閉息して前境を隔離するを云ふ、鼻の一に約して六根を總稱す、空見に住する枯木闇坐の禪人を云ふ、闇證禪師と言ふ如し。【止觀十】に「鼻隔禪師發二得空見一。多墮二網中一不レ能二自拔一。」【同轉行】に「鼻隔無二深觀行一唯止心鼻隔。因二此觀一故發二得空見一。此人尙不レ識二小乘眞諦一。豈能觀二於空見之心一令レ成二妙境一。但隨二見轉一墮二於見網一。」

ビキヤラ　毘佉羅　[人名] 須達長者の家の老婢の名。長者の庫藏の財寶を掌り常に腰に數百の鍵鑰を繫ぎ、出納取與一切之に委す、性慳貪にして佛法を嫌ひ此言を作す、吾家の長者愚迷にして沙門の術を受け供給止むなしと。遂に惡願を發して三寶を見聞せざらんと欲す。末利夫人之を聞き須達と共に謀り佛力を以て彼を調伏せんと欲し、一日佛を宮中に請じ彼をして珍寶を持して宮中に至らしむ、老婢宮中に於て佛に遭ひ扇を以て面を掩て佛を見ざらんと欲す、佛神力を以て無數の佛を現じ扇を徹して之を見しむ、彼既に佛を見て疾く走て家に歸り、白氈を以て頭を纒ひ木籠の中に入て臥す。佛曰く、此女我に於て緣なし羅睺羅に於て因緣あり、彼能く之を化せんと。乃ち祇洹に還て羅睺羅に告て彼女を度せしむ。羅睺羅身を轉輪聖王に變じて須達の家に至り、老婢を變じて玉寶女となす、老婢大に喜で聖王の十善戒を受け心既に調伏す、是に於て羅睺羅本身に復し爲に三歸を說き五戒を授く、老婢法を聞て未だ頭を擧げざる頃に須陀洹果を證す。【觀佛三昧海經六、法苑珠林九十六】梵 Vikārā

ビキラナ　微吉羅拏　[菩薩] 五佛頂尊の第五。譯、捨除頂。【大日經疏五】に「微吉羅拏譯云二捨除頂一。是棄二捨一切煩惱一義。是摧碎義也。」梵 Vikīrṇa

ビキラマアチタ　毗訖羅摩阿迭多　[人名] Vikramāditya 國王の名。譯、超日王。【西域記二】に「室羅伐悉底國毘訖羅摩阿迭多王。唐言二超日一。」

ビキリニタ　微吃哩抳多　[雜語] Vikrīḍita 譯、踴躍。【大日經疏一】に「梵云二微吃哩抳多一是踴躍義。遊戲義。神變義。」

ビク　比丘　[術語] Bhikṣu 苾芻 又は煏芻と云ふ。出家して具足戒を受けし者の通稱なり。男を比丘と云ひ、女を比丘尼と云ふ。多義なれども乞士の翻を本義とす。【嘉祥法華義疏一】に「比丘名爲二乞士一。上從二如來一乞レ法以練レ神。下就二俗人一乞レ食以資レ身。故名二乞士一。世之乞人但乞二衣食一不レ乞二於法一。不レ名二比丘一。」乃至「餘怖魔破惡淨命如二智度論中廣說一也。」「ヒツシユ」を見よ。◉（十訓抄三）「帝既に比丘たり」

ビクチ　毘倶胝　〔菩薩〕Bhrukuṭī 又、毘倶知。胎藏界觀音院三十七尊中の一尊なり、毘倶胝菩薩と云ひ、又毘倶胝觀音と云ひ、又毘倶胝天女と云ふ。八大觀音の一とす　毘倶胝は皺の義、此天女は觀音の額上の皺の中より生じたれば毘倶胝と名く。瞋目と譯す、三目四手の忿怒形の天女なり。【不空羂索心咒王經下】に「毘倶胝天女。毘倶胝周言二瞋目一。」【大日經疏五】に「觀音左邊置二聖者毘倶胝一。其身四手。右邊一手垂二數珠鬘一。一手作二施願印一。左邊一手持二蓮華一。一手持二軍持一。而有二三目一。如二摩醯首羅像一。首戴二髮冠一。如二毗盧遮那髮髻冠形一。」【同十】に「佛大會中。時諸金剛現二大可畏降伏之狀一。狀如レ無レ有二能伏レ之者一。時觀音額皺中現二此菩薩一。西方謂二額上皺文一爲二毘倶胝一。如二今人忿時額上有レ皺也。此菩薩現レ身作二大忿怒之狀一。時諸金剛皆有二怖心一。入二金剛藏身中一。時彼毘倶胝進至二執金剛藏前一。時彼亦大怖畏。入二如來座下一而言。願佛護レ我。時佛謂二彼毘倶胝一言。姉汝住。時毘倶胝即住已白レ佛。唯佛所二敎勅一我當二奉行一。」【蘇婆呼經下】に「苾唎倶胝此云二忿像一也。」【陀羅尼集經六】に觀自在毘倶胝菩薩三昧法印咒品あり、念誦の法を具說す。

（毘倶胝の圖）

ビクチクワンオン　毘倶胝觀音　〔菩薩〕八大觀音の一。毘倶胝天女は觀音の額上より生ぜし忿怒身なり。「ビクチ」を見よ。

ビクチボサツ　毘倶胝菩薩　〔菩薩〕毘倶胝天女を尊稱して菩薩と云ふ。「ビクチ」を見よ。

ビクチボサツイチヒヤクハチミヤウキヤウ　毘倶胝菩薩一百八名經　〔經名〕一卷、趙宋の法天譯。佛、毘倶胝菩薩の一百八名の咒を說く、持する者は極樂世界に生ずるを得。【成帙八】(819)

ビクチヤウセキヤウ　比丘聽施經　〔經名〕一卷、東晋の曇無蘭譯。聽施比丘法を樂まず、將に道を廢せんとす。佛方便して旅人の道を知らざる者之を知る者に問ふの喩を說て之に化す。【宿帙八】(736)

ビクニ　比丘尼　〔術語〕Bhikṣuṇī 女子の出家して具足戒を受けし者の通稱なり、新に苾芻尼と云ふ、梵語に於て尼は女性を顯す聲なり、依て比丘と云へば男僧にて比丘尼は女僧なり。和俗に「あま」又は「びく」と云ふ是なり。【倶舍光記十四】に「苾芻。唐言二乞士一。舊云二比丘一訛也。苾芻尼苾芻如二前解一。尼是女聲。」【慧琳音義二】に「苾芻尼義說同レ上。出家女之總名。尼例二聲明一即女聲也。」阿難の懇請に依て初めて佛の姨母大愛道を度して僧となす、是れ比丘尼の最初なり。「ヒッシュ」參照。

ビクニアイ　比丘尼阿姨　〔人名〕Bhikṣuṇī Āryā 阿姨は阿梨夷の畧、梵語阿梨耶、聖者と譯す、今女聲に依て阿梨夷と云ふ、即ち比丘尼聖者の意にて佛の姨母大愛道の尊稱なり、或は言ふ、阿は漢語にて阿爺阿孃の阿なり、姨は即ち姨母なりと。

ビクニカイ　比丘尼戒　〔術語〕比丘尼の具足戒即ち五百戒並に八敬戒なり。

ビクニカイホン　比丘尼戒本　〔書名〕比丘尼の五百戒を揭げたる本經なり。毎月の比丘尼の布薩日に之を誦す。

ビクニゴシヨ　比丘尼御所　〔雜名〕亦女王御所とも云ふ。德川時代に制定せられし尼寺の資格なり。皇女又は女王の出家して住持せる寺院をいひ、又是に准じて、公卿の女の住持せる寺院をも云ふ。京都東山の靈鑑寺、修學院村の林丘寺等是也。

ビクニソウギリツカイキヤウ　比丘尼僧祇律戒經　〔經名〕摩訶僧祇比丘尼戒本の異名。

ビクニダイカイ　比丘尼大戒　〔書名〕十誦比丘尼大戒の略名。「撰。【致帙十一】(1499)

ビクニデン　比丘尼傳　〔書名〕四卷、梁の寶唱

ビクニハチキキヤウカイ　比丘尼八歸敬戒　〔術語〕「カイ」を見よ。

ビクノゴトク　比丘五德　〔名數〕怖魔、乞士、淨戒、淨明、破惡なり。「ヒッシュ」參照。

ビクヒニヨアクミヤウヨクジセツキヤウ　比丘避女惡名欲自殺經　〔經名〕一卷、西晋の法炬譯。比丘あり惡名に由て林中に住して自殺せんと欲す、正住天神偈を說て之を曉し、即ち道果を得。【宿帙八】(8.725)

ビケトキ　鞞醯得枳　〔飮食〕藥の名。【慧琳音義六十三】に「鞞醯得枳藥名也。」梵 Vihethaka*

ビケロク　毘醯勒　〔植物〕又、鞞醯勒、毘梨勒と云ひ、新に毗鞞得迦、尾吠怛迦と云ふ。【善見律十七】に「鞞醯勒其形如二桃子一。其味甜。服能治レ癩。」【慧琳音義十六】に「毘醯勒西方菓樹名也。今毘梨勒是也。」【百一羯磨八】に「毘鞞得迦。舊云二鞞醯勒一者訛也。」【梵語雜名】に「毘醯勒尾吠怛迦。」前項を見よ。

ビコ　比呼　〔雜語〕比丘の變音なり。「ヒッシュ」を見よ。

ビコン　鼻根　〔術語〕六根の一。梵語、揭邏拏。鼻と譯す。鼻識を生ずる所依を鼻根と爲す。【義林章三本】

に「鼻者能齅義。梵云ニ揭羅拏ヿ此云ニ能齅ヿ」

ビサシヤ　鞞殺社　[雜語] Bhaiṣajya 譯、藥。【寄歸傳三】に「鞞殺社譯レ之爲レ藥。即是陳棄藥也。」【梵語雜名】に「藥。毘𢿘社。」

ビサシヤハリシカラ　毘殺社鉢利色迦羅　[衣服] Bhaiṣajya-pariṣkāra 比丘十三資具衣の一。【百一羯磨十】に「吡殺社鉢利色迦羅。藥資具衣也。」

ビシカ　鼻致迦　[雜語] Bījika 譯、種。「エイカビシカ」を見よ。

ビシキ　鼻識　[術語] 六識の一。鼻根に依て生じ香境を了別する心識なり。

ビシキシヤ　毘職吉蹉　[術語] Vicikitsā 譯、疑。【唯識述記六末】に「又如ニ職吉蹉ニ是治療義。毘職吉蹉是疑義。」

ビシシヤ　毘尸沙　[術語] Viśeṣa 勝論六句義の第五句義の梵名。舊に別相諦と云ひ、新に同異句義と云ふ。【百論疏上之中】に「五毘尸沙諦。此云ニ別相諦ヿ謂瓶ト衣ト不同也。」

ビシタバタ　毘指多婆多　[雜名] Vijitavat* 日の別名。譯、勝者。【大威德陀羅尼經六】

ビシタバラバ　毘職多鉢牕婆　[人名] Vijitaprabha 北印度王子の名。譯、調伏光。【慈恩傳二】

ビシタラ　毘質多羅　[雜語] Bicitra 譯、善。【大日經疏二】に「此善字梵云ニ毘質多羅ヿ有ニ端嚴義種子義ヿ譬如下已得ニ果實一復還爲中種子上也。」

ビシチラコジ　鞞瑟氏羅居士　[菩薩] 華嚴經五十參善知識の第二十六。「ゴジフサンチシキ」を見よ。

ビシチユ　微瑟紐　[天名] Viṣṇu 又、毘瑟紐、毘紐、韋紐、毘瑟笯、毘瑟怒、毘搜紐、毘瘦紐と云ふ。那羅延天の別名なり。又自在天の別名とす。【大日經疏五】に「微瑟紐舊譯謂ニ之毘紐ヿ此是那羅延天也。」【同十七】に「韋紐天自在天別名。正云ニ毘瑟紐ヿ」【玄應音義二十二】に「毘瑟笯天。舊云ニ毘搜紐ヿ或云ニ毘紐ヿ皆訛也。此當ニ幻惑義ヿ是伐藪天別名也。舊言ニ婆藪天ニ也。」【同二十三】に「此天有ニ大威德ヿ乘ニ金翅鳥ニ行。行時有レ輪以爲ニ前導ヿ欲レ破則彼無レ有ニ能當ニ也。」【不空羂索經二】に「毘瑟怒。」【瑜伽倫記十七上】に「毘瑟笯世界者。毘紐天處也。毘瑟笯者名爲ニ幻惑ヿ」「キチウテン」を見よ。

ビシヌ　毘瑟怒　[天名] 又、毘瑟笯。天神の名。前項を見よ。

ビシハ　毘濕波　[雜名] Viśva 又、毘濕婆と云ふ。風の名。譯、不巧。【玄應音義二十二】に「毘濕婆風又云ニ毘濕波風ヿ此譯云ニ不巧風ニ也。」【瑜伽倫記七上】に「毘濕婆風者此云ニ種種巧莊嚴風ヿ如下說ニ毘濕羯摩天等ニ名中巧天上。」

ビシハンタラ　毘濕飯怛囉　[人名] Viśvāntara 須達拏太子の別名なり。譯、衆異。【唯識演秘四末】に「毘濕飯怛囉此云ニ衆異ヿ有ニ多德技ニ異ニ衆人ニ故。即須達拏太子別名也。」「ビシユアンタラ」參照。

ビシバ　毘濕婆　[雜名] 風の名。「ビシハ」を見よ。

ビシバ　毘濕縛　[飮食] 藥の名。【玄應音義二十二】に「毘濕縛藥。此云ニ有種種功能藥ニ也。」梵 Viśva

ビシバブ　毘濕婆部　[佛名] Viśvabhū 又、鞞舍。「ビシヤフ」を見よ。

ビシヤ　毘舍　[雜名] Veśa 又、鞞舍。天竺四姓の一。譯、商。「ベイシヤ」を見よ。

ビシヤカ　毘灑迦　[異類] 毘沙門所屬八大夜叉將の一。【大日經疏五】に「六名ニ毘灑迦ヿ」【大疏演奧鈔十五】に「毘舍迦此云ニ大滿大將ヿ或云ニ持法ヿ」梵 Viṣaka

ビシヤキヤ　毘舍佉　[雜名] Viśākhā 又、鼻奢佉。星の名、二月に當る。或は言ふ黑鹿。【俱舍光記八】に「毘舍佉是二月星名。此云ニ長養ヿ即功德生長也。」【釋迦譜一】に「毘舍佉漢云ニ沸星ヿ」【玄應音義十八】に「毘舍佉或云ニ鼻奢佉ヿ此譯云ニ別枝ヿ即是氐宿。」【彌勒上生經疏上】に「梵云ニ毘舍佉ヿ此云ニ黑鹿ヿ」

ビシヤキヤウバイ　毘舍佉優婆夷　[人名] Biśākhā upāsikā 又毘舍佉鹿母と云ひ、毘舍佉母と云ひ、單に鹿母又は鹿子母と云ふ。夫人の名なり。毘舍佉は星の名。此夫人の生日此星に當るを以て名となす、優婆夷は總じて女子の信者に名く、由て子に從へて又鹿母又は鹿子母と稱す。【俱舍光記八】に「鹿母者毘舍佉夫人ナリ。毘舍佉是二月星名。從レ星爲レ名。此云ニ長養ヿ即功德生長也。是彌伽羅長子兒婦。有レ子名レ鹿。故云ニ鹿母ヿ從レ子爲レ名。生ニ三十二卵ヿ卵出ニ一兒ヿ故婆沙一百二十四云ニ毘舍佉鹿母ヿ」【慧琳音義二十五】に「是星名也。此女因レ星得レ名。五分律云ニ鹿子母ニ是也。」

ビシヤキヤモ　毘舍佉母　[人名] 即ち鹿子母なり。「前項」を見よ。

ビシヤジヤ　毘舍闍　[異類] Piśāca 又、毘舍遮。辟舍柘、畢舍遮に作る。持國天の所領の鬼の名稱。

(毘舍闍の圖)

【孔雀王咒經下】に「毗舍闍梁云顚鬼。」【玄應音義二十一】に「畢舍遮。舊云毘舍闍。又作毘舍遮。鬼名也。餓鬼中勝者也。亦言顚狂鬼也。」【同二十四】に「畢舍遮舊經中名毘舍闍。亦言辟舍拓。」【慧苑音義下】に「毗舍闍王。毘舍闍之王。即是東方提頭賴吒此云持國。謂護持國土領二部鬼。一名毘舍闍。此云噉精鬼。二名乾闥婆。此云尋香也。」

ビシヤシヤラシヨ　俾沙闍羅所　〔佛名〕Bhaiṣajyarāja 佛の名。【維摩詰經下】に「有佛名俾沙闍羅所如來。漢言藥王。」

ビシヤバ　毘舍婆　〔佛名〕佛の名。「ビシヤフ」を見よ。

ビシヤフ　毘舍浮　〔佛名〕Viśvabhū又、毘舍符、毘濕婆部、鞞恕婆附、毘攝羅、毘恕沙付、毘舍婆、鞞舍、隨葉、浮舍に作る。第三十一劫中の第二佛の名。【智度論九】に「鞞恕婆附。秦言一切勝。」【慧苑音義上】に「毗舍浮正云毘濕婆部。言毘濕婆者此云遍一切也。部者自在也。言遍一切皆得自在。或翻爲一切有也。」【華嚴疏鈔十六】に「上云毘舍浮。又云遍勝。」【玄應音義二十一】に「毘攝浮。舊言毘攝羅。亦云隨葉佛。此云種種變現也。」【梵網述記上】に「毗恕沙付者亦名毘舍婆。亦言鞞舍。亦言浮舍。亦言隨葉。此云一切勝。亦云廣生。」

ビシヤミタラ　毘奢蜜多羅　〔人名〕梵音 Viśvāmitra 紀元前六世紀頃の人。釋尊幼年時師事せし人。

ビシヤモン　毘沙門　〔天名〕鞞沙門四天王の一。「ビシヤモンテン」を見よ。

ビシヤモンキヤウ　毘沙門經　〔經名〕二本あり。一は唐の不空譯、毘沙門天王經と題す。【閏帙十四】(974)一は趙宋の法天譯、佛說毘沙門天王經と題す。【成帙十二】(849)

ビシヤモンギキ　毘沙門儀軌　〔經名〕一卷、唐の不空譯。【餘帙四】

ビシヤモング　毘沙門供　〔修法〕毘沙門天王を供養して福を祈るなり。立坊の御祈に用ふ。【密門雜鈔】

ビシヤモンコウ　毘沙門講　〔修法〕毘沙門天王を講讃する法事なり。⊙(盛衰記四二)「貌は毘沙門講」

ビシヤモンゴセダウ　毘沙門護世堂　〔堂塔〕毘沙門天王を安置して護世の益を祈る堂なり。四天王共に世を護り國を護る本誓あれば護世天とも護國天とも云ふ、即ち毘沙門は四天王の隨一にして須彌山の北腹に住し、夜叉羅刹の二鬼を領して人を惱まさしめず、以て世を護ると云ふ。「ビシヤモンテン」を見よ。【元亨釋書圓珍傳】に「初傳教於叡山構三字。北置多聞天王像。號毘沙門護世堂。」

ビシヤモンダウリウ　毘沙門堂流　〔流派〕檀那院四流の一。慧光房澄豪の弟子、智海の門流を云ふ。

ビシヤモンテン　毘沙門天　〔天名〕Vaiśravaṇa 又、多聞天。四天王中毘沙門天の王なり。もと金毘羅Kuberaとして暗黒の屬性なりしが次第に光明神と化してマハーバーラタ物語に入りては施福の大神として尊重せらるるに至る。佛敎中には護法の天神と施福の神性とを兼ぬ。法華義疏には恒に如來の道場を護りて法を聞く故に多聞天と名くと云ふ。胎藏界曼荼羅には外金剛部院北方の門側にあり、金剛界曼荼羅には西方に位する夜叉主たり。此の天と吉祥天とは古神話時代より常に相關連して夫妻とせられ、台密には歡喜天の如く双身毘沙門法もあり、但し阿婆縛抄に出す双身は共に男天なり。その形像は多種あり。胎藏界曼荼羅の像は甲冑を着て左掌に塔あり、右に寶棒を持する坐像なり。或は傳によりて立像のものもあり。金剛界曼荼羅も亦之と同じ。【北方毘沙門天王隨軍護法眞言】にこの勝利神の加被を乞ふべき修法を記し、その畫像に就て「於彩色中並不得和膠。於白氎上畫一毗沙門神。七寶莊嚴衣甲。左手執戟矟。右手托腰上。其神脚下作二夜叉鬼。並作黑色。其毗沙門面。作甚可畏形。惡眼視一切鬼神勢。其塔奉釋迦牟尼佛。」云云と云ふ。【毘沙門儀軌】には唐の天寶元年、不空三藏この法を修して玄宗のために五胡の亂の平定せし始終を記し、我朝には【金光明經】所說によりて鎭護國家の四天王の一として尊崇し、興敎大師は大和志貴の毘沙門より寶珠をうけたりと傳へ。正成は多聞丸の幼名の意味する如く、毘沙門に祈りて授かりし者なりとす。台密には鎭城夜叉法と稱して大安鎭法に用ふ。⊙(大鏡七)「いはば毘沙門のいきほひ見奉るがやうに」(第九十六圖、第九十七圖參照)

(毘沙門天の圖)

ビシヤモンテンワウズヰグンゴホフギキ　毘沙門天王隨軍護法儀軌　〔經名〕北方毘沙門天王隨軍護法儀軌の略名。

ビシヤモンテンワウズヰグンゴホフシンゴン　毘沙門天王隨軍護法眞言　〔眞言〕

北方毘沙門天王隨軍護法眞言の略名。

ビシヤモンノクドクギヤウ　毘沙門功德經　〔經名〕昔、元曉に、陰陽師、都下家家の門に高聲に其の功德を唱ふ。大略佛說毘沙門天王經の金銀無盡福德壽命無量の說を述るに似て、後は俗語に當時目出度事を集め云立しなり。一說に禁裏日華門の外に來唱レ之、後都下を步行す、今は絕てなし。【俚言集下】

ビシヤモンノゴドウジ　毘沙門五童子　〔名數〕毘沙門天王隨從の五童子。禪尼只、獨鍵、那吒、鳩跋羅、甘露なり。

ビシヤヤ　毘舍耶　〔天名〕Vijaya 微舍耶、毘社耶。「ビセイヤ」を見よ。

ビシヤヤ　毘舍也　〔雜語〕Viṣaya 又、毘沙耶。譯、境界、國。【大日經疏十】に「怛他竭多如來也。毘舍也境界也。如來之境界所謂如如。」【梵語雜名】に「國。尾沙耶。」

ビシヤラ　毘遮羅　〔雜語〕Vicāra 譯、伺。尋伺の伺なり。「ビタカ」を見よ。

ビシヤラ　毘舍羅　〔神名〕Viśāla 神王の名。【佛祖統紀三十七】に「梁武帝天監元年。帝夢三釋迦檀像入レ國。乃遣二郝騫等一往二西竺一求レ之。乃至郝騫謝文華等八十餘人。應レ詔西行求レ像。至二舍衛國一。從レ王乞レ像。王曰。此中天正像不レ可レ適レ邊。乃令下三十二匠更刻二紫檀一人圖中一相上。卯時運レ手午時既就。頂放二光明一際霔二香雨一。騫負レ像東還。乃渡二大海一。嘗聞二甲胄之聲在レ後。忽異僧禮レ像而言曰。毘舍羅神王護レ像至レ彼。廣作二佛事一。言訖而隱。」

ビシヤラバナ　毗舍囉婆拏　〔天名〕又、毘舍羅。Vaiśravaṇa 毘沙門の具稱。

ビシヤリ　毘舍離　〔地名〕Vaiśālī 又、毘耶離、鞞舍離、維耶、維耶離。鞞舍隸夜に作る。新に吠舍釐と云ふ。國の名。譯、廣嚴。中印度なり。維摩大士此國に住す。又、佛滅一百年、七百賢聖第二の結集を爲せし處なり。此國內の種族を離車とも跋闍子とも云ふ。（此國の鼻祖を離車と名け、當時三たび城郭を開攘莊嚴せしを以て毘舍離と名くるを善見律中に詳說す、離車の部に載す。）【吉藏維摩經疏一】に「毘耶離城亦云二毘耶離國一。此是六大城中一大城。十六大國中一大國也。毘耶離或云二毘舍離一或云二鞞舍離一。此云二廣博嚴淨一。亦云二好稻一。復云二好成一。」【西域記七】に「吠舍釐國。舊曰二毘舍離國一訛也。中印度境。」【四分戒疏二上】に「毗舍離者。多論云二廣嚴城一也。」【玄應音義四】に「毘耶離或作二毘舍離一。或云二維耶離一。亦云二鞞奢隸夜一。皆梵言訛轉也。正言二吠舍釐一。在二恒河南、中印度境一。七百賢聖於レ中結集處所也。」⊙（盛衰記三）「毗舍利國尋二佛跡一」

ビシヤレイヤ　毘奢隸夜　〔地名〕城の名。「ビシヤリ」を見よ。

ビシユ　毘首　〔天名〕毘首羯磨の略。「ビシユカツマ」を見よ。

ビシユアンタラ　毘輸安呾囉　〔人名〕Viśvantara 太子の名。舊に蘇達拏太子と云ふ是なり。【寄歸傳四】に「東印度月官大士作二毘輸安呾囉太子歌一。詞人皆舞詠遍二五天一矣。舊云二蘇達多太子一者是也。」

ビシユカツマ　毘首羯磨　〔天名〕Viśvakarman 毗守羯磨。新に毘濕縛羯磨と云ふ。帝釋の臣にして種種の工巧物を化作し又建築を司る天神なり。種種工業と譯す。依て西土の工巧者は此天を祭ると云ふ。【智度論四】に「巧變化師毘首羯磨天。」【順正理論十二】に「毗濕縛羯磨天。」【玄應音義二十五】に「毘濕縛羯磨天。此譯二種種工業一。案西國工巧者多祭二此天一也。」【起世因本經七】に「時帝釋天王欲レ得二瓔珞一。即念二毘守羯磨天子一。時彼天子即便化二作衆寶瓔珞一奉二上天王一。若三十三天眷屬等須二瓔珞一者。毘守羯磨悉皆化作而供二給之一。」【止觀五】に「譬如二毘首羯磨造二得勝堂一。」【同輔行】に「毘首是天家巧匠也。」⊙（榮花、音樂）「毗首羯摩もいとかくはえやつくり奉らざりけんとみえさせ給ふ」

毘首羯磨化人造佛像　〔傳說〕【止觀輔行一】に「如二阿含云一。佛昇二忉利一以二神足力一制二諸弟子一不レ令レ知レ處。二王（優塡王と波斯匿王）憶レ佛。因成二大患一。大臣白レ王。造レ像供養。優塡王以二栴檀香一作。匿王以二紫磨金一作。悉高五尺。初召二工匠一與二重寶一償無二能造者一。毗首羯磨化爲レ人。來爲レ王造レ像。下レ斧之聲。上至二忉利一。聞者解脫。」（二王造佛の事增一阿含經二十八に出づ、而も毘首羯磨造佛の事なし、）

毘首羯磨化身鴿　〔傳說〕天帝釋尸毘王の檀波羅蜜を試みんと欲し毘首羯磨をして身を鴿に變ぜしめ、自ら鷹に變じて之を逐ふ、鴿飛び來て王の腋下に入る、王身を鷹に施して鴿の命を救ふ。【智度論四】

毘首羯摩三昧耶　〔術語〕大日如來の工巧の三摩地なり。【瑜祇經】

ビシユシヤラナ　毘輸遮囉那　〔雜名〕日の別名。譯、觀者。【大威德陀羅尼經六】梵 Viśvacarana*

ビシユタ　毘輸馱　〔雜語〕Viśuddha 譯、淸淨。【大日經疏九】に「毗輸馱是淸淨。達摩濕闍多法界生義。此言二如來頂相一。」

ビシユヌ　毘紐笯　〔天名〕「ビシチユ」を見よ。

ビシラマナ　毘室羅懣拏　〔天名〕毘沙門の具稱。「ビシヤモンテン」を見よ。

ビジヤウ　毘城　〔地名〕毘耶離城なり、維摩居士之に居る。

ビジヤカ　毘闍柯　〔人名〕Bījaka 比丘の名。譯、

種子。【法礪四分律疏二末】

ビジヤチ　毘若底　〔術語〕Vijñapti 譯、識。了別の義なり。【義林章一末】に「梵云二毘若底一此翻爲レ識。識者了別義。」【唯識樞要上本】に「梵云二毘若底一。丁儞反。識也。」

ビジヤチマタラタ　毘若底摩呾刺多　〔雜語〕Vijñaptimātratā 譯、唯識。【二十唯識述記上】に「毘若底此云レ識。摩呾刺多此云レ唯。」

ビジヤナ　毘闍那　〔雜語〕Vijñāna 又、毘若南と云ふ。譯、識。了別の義なり。【毘婆沙論七】に「毘闍那秦言レ識。」【瑜伽倫記一上】に「毘若南此云レ識。了別爲レ義。」

ビジヤナン　毘若南　〔雜名〕「ビジヤナ」を見よ。

ビジヤヤ　毘闍耶　〔人名〕Vijaya 大臣の名。譯、難勝。【本行集經四十三】

ビジヤヤタ　毘闍耶多　〔雜語〕Vijayārtha* 譯、最勝好事。【起世經二】に「其轉輪王坐二毘闍耶多一。隋言二最勝好事一。」

ビジユダ　微戍陀　〔雜語〕Viśuddha 譯、清淨。【大日經疏七】に「眞言中或有二扇多是寂義微戍陀是淸淨義等字一。當レ知是成二滿一切諸願一眞言。」

ビジユダソウカ　毗戍陀僧訶　〔人名〕Viśuddha-siṁha 比丘の名。譯、淨師子。【慈恩傳二】

ビセイ　毘世　〔流派〕又、鞞世、鞞世師、衞世に作る、新に吠世史迦と云ふ。勝論師の梵名なり。「ベイセイシカ」を見よ。

ビセイシ　鞞世師　〔流派〕Vaiśeṣika 前項を見よ。

ビセイヤ　微誓耶　〔天名〕Vijayā 又、微惹耶、毘社耶に作る。日天の妃なり。無勝と譯す、誓耶は勝、微誓耶は最極無勝なり。【大日經疏五】に「釋天眷屬之南置二日天衆一。在二八馬輅車中一。並二妃在二其左右一所謂誓耶。微誓耶。譯云二勝無勝一也。」【秘藏記末】に「微舍耶天。肉色持二弓箭一。」図五佛頂尊の第二を誓耶と云ひ、第三を微誓耶と云ふ。【大日經疏五】に「第二誓耶譯爲二勝頂一。第三微誓耶。此用二多聲一呼也。譯爲二最勝頂一。」

(微誓耶の圖)

ビセイシヤミツタラ　毗世沙蜜多羅　〔人名〕Viśeṣamitra 成唯識論十大論師の一。譯、勝友。【唯識述記一本】

ビセフフ　毘攝浮　〔佛名〕「ビシヤフ」を見よ。

ビセフラ　毘攝羅　〔佛名〕Viśvabhū「ビシヤフ」「毘瑟紐の變音。「ビシチユ」を見よ。

ビソウチユ　毘捜紐　〔天名〕Viṣṇu 又、毘痩紐、麈心境に於て尋求するを尋と云ひ、細心境に於て伺察するを伺と云ふ、此尋伺の二を舊に覺觀と名く。【玄應音義二十三】に「梵云二毘怛迦一此云レ尋。毘遮羅此云レ伺。尋謂尋求。伺謂伺察。或思或慧於レ境推求麁位名レ尋。於レ境審察細位名レ伺。故言二尋伺一。舊名二覺觀一者案二梵本一菩提名レ覺。毘鉢舍那名レ觀。譯人不レ尋二梵語一致二斯乖失一也。」

ビタカ　毘怛迦　〔術語〕Vitarka 譯、尋。

ビタキヤ　毘鐸佉　〔寺名〕Piṭṭaka* 鞞鐸佉。伽藍の名。譯、嚼楊枝。【西域記一】に「象堅窣堵波北山巖下有二一龍泉一。是如來受二神飯一已。及阿羅漢。於レ中漱レ口嚼二楊枝一。因即種レ根。今爲二茂林一。後人於レ此建二立伽藍一。名二鞞鐸佉一。唐言二嚼楊枝一。」

ビタシヤラ　毗侈遮羅　〔術語〕鞞侈遮羅那三般那の略。次項を見よ。

ビタシヤラナサンパンナ　鞞侈遮羅那三般那　〔術語〕Vidyā-caraṇa-saṁpanna 又、鞞多遮羅那に作る。譯、明行足。佛十號の一。【智度論二】に「鞞侈遮羅那三般那。秦言二明行足一。云何爲二明行足一。宿命天眼漏盡名二三明一。乃至行名二身業口業一。唯佛身業口業具足。餘皆有レ失。是故名二明行足一。」【坐禪三昧經上】に「鞞侈奏言レ明。遮羅那言二善行一。明三明也。行淸淨之行。」【玄應音義三】に「鞞侈遮羅那。蒱迷切。此譯云二明行足一。」

ビタシユ　毘多輸　〔人名〕阿育王の弟の名。譯、「除憂。【行願品疏鈔四】梵 Vītāśoka

ビダ　毘陀　〔術語〕Veda 鞞陀、又、皮陀、韋陀、圍陀等に作り、新に吠陀、鞞陀と云ふ。婆羅門の經書の名。明又は智と譯す。【觀無量壽經】に「臣聞二毘陀論經說一。」「キダ」を見よ。

ビダ　費拏　〔印相〕妙音天の印契なり。「ヒナ」を見よ。

ビダイカ　毘提訶　〔地名〕Videha 舊に弗婆提、弗于逮と云ふ。四大洲の中、東大洲の名。故に東毘提訶と云ふ。毘は勝の義、提訶は身の義、勝身と譯す。又前と譯す、此洲諸方の前に在ればなり。東方を前とす【西域記二】に「東毘提訶洲。舊曰二弗婆提一。又曰二弗于逮一訛也。」【法華玄贊二】に「吠是勝義。題呬云レ身。即東毘提訶之名。彼毘提訶男聲中呼。此吠題呬女聲中呼。」【瑜伽倫記一下】に「毘提訶此云二勝身一。」【玄應音義二十三】に「東毘提訶。此云レ前。在二諸方之前一也。」【倶舍論十一】に「東勝身洲。東陜西廣。三邊量等。形如二半

月一。東三百五十。三邊各二千。」又毘提訶洲に二中洲の附屬あり、本洲と名を同くし、一を提訶と云ひ、二を毘提訶と云ふ。即ち身洲、勝身洲と譯す。【倶舍論十一】に「勝身洲邊二中洲者。一提訶洲。二毘提訶洲。」【倶舍光記十一】に「提訶此云レ身。毘提訶此云二勝身一。」

ビダラ 毘陀羅 〔異類〕又、迷怛羅に作る。西土に呪法あり、死屍を起たしめ去て人を殺さしむ之を毘陀羅法と名く。【十誦律二】に「有二比丘一。以二二十九日一。求二全身死人一。召レ鬼呪レ尸令レ起。水洗著レ衣著二刀手中一。若心念若口説。我爲レ某故作二毘陀羅一。即誦二呪術一。是名二毘陀羅成一。若所レ欲レ殺人。或入二禪定一。或入二滅盡定一。或入二慈心三昧一。若有二大力呪師護念救解一。若有二大力天神守護一。則不レ能レ害。是作レ呪比丘。當先辨二一羊一。若得二芭蕉樹一。若不レ得レ殺二前人一者。當殺二是羊一若殺二是樹一。如是作者善。若不レ爾者還殺二是比丘一。是名二毘陀羅一。」（優婆塞五戒相經の所説同じ）【梵網經下】に「咒殺謂毘陀羅等。」【同與咸疏註中】に「毘陀羅者西土有二咒法一。咒二死屍一令レ起。謂使二鬼去殺レ人。」【鼻奈耶一】に「鞞陀路婆。鬼著レ尸也。使二起殺レ人。」【慧琳音義三十五】に「迷怛羅。唐言二起屍鬼一也。」案に毘陀羅は起屍鬼の名なり、法衆經陀羅尼品に韋陀羅と云ひ、灌頂經に彌栗頭韋陀羅と云ふ是なり。梵 Vetāla

ビダリ 鞞陀梨 〔地名〕 Vidhāra* 山の名。【慧苑音義上】に「鞞此云二種種一也。陀梨亦曰二陀羅一。此云レ持也。謂此山中能持二種種衆寶及諸華葉一故名レ之。」

ビダロバ 鞞陀路婆 〔異類〕起屍鬼なり。「ビダラ」を見よ。

ビダン 毘壇 〔地名〕 毘陵なり。荊溪の湛然之に居る。【止觀輔行序讚】に「毘壇者即毘陵也。亦云二晉陵一。今常州也。浙西八州中也。」

ビチウ 鼻蟲 〔傳説〕【經律異相三十七】に「居士物故爲婦鼻中蟲經」を引き、「淸信士あり、持戒精進なり。一沙門あり、道友たり。時に淸信士病を得、將に死せんとす、其の婦傍に在て大に之を悲む。淸信士愛戀を增し、死して魂神婦の鼻中に在りて蟲となる。婦啼哭して自ら止むと能はず、沙門往て婦を見る、蟲鼻涕より地に墜つ。婦慚愧して脚を以て之を蹈まんと欲す。沙門告て曰く、殺す勿れ、是れ汝が夫婿化して此蟲と作ると。沙門蟲の爲に説て曰く、卿精進戒を持す、福應に天に生じて諸佛を見るべし、但し恩愛戀慕の想に坐して此蟲中に生ず、即ち慚愧すべし。蟲聞きて意解く。便ち自ら尅責し、俄に命終して即ち生天を得。」【往生拾因】に「四禪比丘謗二解脱一墮二地獄一。五戒優婆塞由二愛心一爲二鼻蟲一。」

ビチユ 毘紐 〔天名〕 Viṣṇu 「ビシチユ」を見よ。

ビチユバナ 鞞紐婆那 〔地名〕 Veṇuvana 譯、竹林。「カランダ」を見よ。「見よ。

ビチリヤ 鞞稠利夜 〔物名〕 Vaidūrya 「ルリ」を見よ。

ビツシユ 煏芻 〔術語〕 Bhikṣu 比丘、新に苾芻又は煏芻と云ふ。「ヒツシユ」を見よ。

ビテイ 毘睇 〔術語〕 Vidyā 譯、明呪。眞言の陀羅尼なり。陀羅尼能く衆生の煩惱の闇障を破すれば明と名く。【求法高僧傳四】に「毘睇譯爲二明呪一。陀羅是持。」

ビテイラ 毘低羅 〔人名〕 須達長者の家の老婢の名。高麗本の觀佛三昧經に毘佉羅に作る。「ビキヤラ」を見よ。◉（今昔物語）に「須達家老婢得道語」

ビドン 毘曇 〔術語〕 Abhidharma 巴 Abhidhamma 阿毘曇の略。新に阿毘達磨と云ふ。無比法と譯し、新に對法と翻す、論藏の總名なり。無比法又は對法とは智慧の別名なり。（智慧は無比の勝法なれば無比法と云ひ、又智慧を以て法を對觀すれば對法と名く）三藏の中の論藏は學者の智慧を詮顯すればなり。されば毘曇の名は大小乘に涉る論藏の通名なれども、常には小乘薩婆多部の論藏即ち發智、六足、婆沙、倶舍等の諸論をさして毘曇となす、總即別名なり、依て此の論旨を毘曇宗と名く。即ち小乘二十部中の薩婆多部なり。天台淨影等の古師は常に成實宗に對して毘曇と稱す。

ビドンウモン 毘曇有門 〔術語〕小乘薩婆多部の阿毘曇論の宗旨は一切諸法實有なりと立つるを以て成實宗の空門に對して有門と云ふ。【三論玄義】に「毘曇已有二無義一而執二法有性一。」

ビドンコウシ 毘曇孔子 〔雜語〕【釋氏要覽下】に「西秦慧嵩。善二阿毘曇論一。時重號二毘曇孔子一。」

ビドンシユウ 毘曇宗 〔術語〕小乘二十部中の薩婆多部なり、此部、發智、六足等の諸の阿毘曇論最も具足するを以て毘曇宗と稱す。我は無なれども法は有なりと立つるなり。八宗の中の倶舍宗は之に屬するなり。

ビドンジヤウジツ 毘曇成實 〔雜名〕小乘の毘曇宗と成實宗なり、倶舍成實と云ふも同じ。

ビナタカ 毘那怛迦 〔天名〕毗那吒迦。又、毘那夜迦と云ふ。鬼神の名。「ビナヤキヤ」を見よ。

ビナタカ 毘那怛迦 〔雜名〕 Vināyaka 七金山の第六。象頭。Gayāśīrṣa 山の別名。【玄應音義二十四】に「毗那怛迦。此云二有障鬼神一。有二鬼神一。人形象頭。凡見二他事一皆爲二障礙一。山峰似二彼神頭一故以名也。」

ビナヤ 毘奈耶 〔術語〕 Vinaya 鼻那夜、毘那耶、又、毘尼、鞞尼迦と云ふ。三藏の一、佛所説の戒

律を云ふ。滅或は律と譯し、新に調伏と譯す。戒律は諸の過非を滅すれば滅と云ひ、世間の律法の如く輕重の罪を斷決するものなれば律と云ひ、身語意の作業を調和し諸の要行を制伏すれば調伏と云ふ。【毘尼母論一】に「毘尼名レ滅滅二諸惡法一故名二毘尼一。」【大乘義章一】に「言二毘尼一者是外國語。此翻爲レ滅。」【行事鈔中一】に「毘尼或云二毘奈耶一。或云二毘那耶一。此翻爲レ律。或以レ滅翻從二功能一爲レ號。終非二正譯一。故以レ律翻レ之乃當二正義一。」【義林章二本】に「毘奈耶者此云二調伏一。」【探玄記一】に「毘奈耶此云二調伏一。調者和御。伏者制滅。調二和控二御身語等業一。制二伏除二滅諸惡行一故。」【玄應音義十四】に「毘尼或言二鞞泥迦一。或言二毘那耶一。或云二鼻那夜一。或云二毘奈耶一。皆由二梵音輕重一聲之訛轉也。此譯云二離行一。行並道也。謂此行能離二惡道一。因以名焉。」

ビナヤ　毘奈耶　[書名]　根本說一切有部毘奈耶の略名。

ビナヤカガナバチユガシツチホンヒエウ　毘那夜迦誐那鉢底瑜伽悉地品秘要　[經名]　一卷、唐の含光記。大聖歡喜天の秘法を記す。【餘帙四】

ビナヤカガンクワウキ　毘那夜迦含光軌　[經名]　毘那夜迦誐那鉢底瑜伽悉地品秘要の異名。是れ含光師の記なればなり。

ビナヤカヒエウ　毘那夜迦秘要　[經名]　毘那夜迦誐那跛底瑜伽悉地品秘要の略名。【餘帙四】

ビナヤキヤ　毗那夜迦　[天名]　Vināyaka　毘那耶迦、毗那也迦、頻那夜迦、毘那耶怛迦、毘那吒迦、吠那野怛迦に作る。譯、常隨魔、障礙神。人身にして象鼻常に人に隨侍して障難を爲す惡鬼神なり。【大日經疏七】に「毗那夜迦即是一切爲レ障者。此障皆從二妄想心一生。」【毘那夜迦含光軌】に「毘那夜迦。常隨作二障難一。故名二常隨魔一也。乃至毘那夜迦亦名二毘那怛伽一。此云二象鼻一也。其形如レ人但鼻極長。即愛二香塵一故也。」【玄應音義二十四】に「毗那怛迦此云二有障礙神一。有二一鬼神一人形象頭。凡見二他事一皆爲二障礙一。」【希麟音義七】に「毗那夜迦。舊云二頻那夜迦一。皆不正梵語也。應レ云二吠那野怛迦一。此云二障礙神一。謂現二人身象頭一。能障二一切殊勝事業一故。」此實類の毘那夜迦を退治する法を誐那鉢底即歡喜天と稱す、人身象頭の雙身抱合にして男神は實の毘那夜迦、女神は觀音菩薩が彼を退治せん爲に毘那夜迦の女形を現じて彼と抱合し歡喜心を生ずる相なり。之を大聖歡喜天と云ふ。「クワンギデン」を見よ。

ビナヤザウジ　毘奈耶雜事　[書名]　根本說一切有部毘奈耶雜事の略名。

ビニ　毘尼　[術語]　Vinaya　新に毘奈耶と云ひ、舊に毘尼と云ふ。律藏の梵名なり。「ビナヤ」を見よ。

ビニザウ　毘尼藏　[術語]　Vinayapiṭaka　新に毘奈耶藏と云ひ、舊に毘尼藏と云ふ。三藏の一、如來所說の戒律の經典を攝稱す。藏は包藏の義。此經典の中に一切戒律の法を包藏すれば藏と云ふ。【善見律一】に「毘尼藏者是佛法壽。毘尼藏住佛法亦住。」

ビニタルシ　毘尼多流支　[人名]　Vinītaruci　梵僧の名。譯、滅喜。【續高僧傳三】

ビニハウクワウキヤウ　毘尼方廣經　[經名]　清淨毘尼方廣經の略名。

ビニハタ　毘尼波啄　[經名]　Vinītapaṭṭa*　咒の名。譯、斷結。【陀羅尼雜集二】

ビニフ　鼻入　[術語]　十二入の一、鼻根なり。

ビニマトロカ　毘尼摩得勒迦　[經名]　薩婆多毘尼摩得勒迦の略名。摩得勒迦は行境界と譯す。論の別名なり。

ビニモキヤウ　毘尼母經　[經名]　又、毘尼母論と名く、八卷、失譯。母經とは梵に摩夷と云ひ行母と譯す、行法を詮顯し能く行を生ずると母の子を生む如くなれば行母と云ふ、論藏の別名なり、今は毘尼の論釋なれば毘尼母經と名く。【寒九】(1138)

ビニモロン　毘尼母論　[經名]　毘尼母經の異名。

ビニヤ　尾儞也　[術語]　Vidyā　譯、明。眞言の別稱なり。眞言能く衆生の煩惱の闇障を破すれば明と名く。【演密鈔一】に「明者明呪。眞言之別稱。梵語尾儞也。二合此譯云レ明。破闇爲レ義。梵語漫怛羅。此云二眞言一。或名二神呪一。謂此眞言能破二衆生煩惱闇障一。義翻爲レ明。」

ビネカ　毘泥迦　[術語]　「ビニ」を見よ。

ビハ　琵琶　[物名]　世俗の樂器なり、以て佛菩薩を供養するなり。【法華經】に「琵琶鐃銅鈸。」

ビハ　毘鉢　[雜語]　毘鉢舍那　Vipaśyana　の略、觀と譯す。眞理を觀想すること。【性靈集二】に「持二三秘密一達二毘鉢一。」

ビハカ　毘播迦　[術語]　Vipāka　譯、異熟。第八識の異名なり。第八識は無記性にして業因の善性又は惡性に異なりて成熟するものなれば異熟識と云ふ。【唯識述記二末】に「毘播迦此云二異熟一。毗者異也。播迦者熟義。」

ビハシ　毘鉢尸　[佛名]　微鉢尸　Vipaśyin　佛の名。「ビバシ」を見よ。

ビハシヤ　毘頗沙　[雜語]　Vibhāṣā　論の名。「ビバシヤナ」を見よ。

ビハシヤナ　毘鉢舍那　[雜語]　譯、觀。「ビバシヤナ」を見よ。

ビハホフシ　琵琶法師　[雜名]　平家物語を琵琶にて和する盲僧なり。

ビハラリエイサタ　毘鉢囉哩曳薩多　[印相]

十二合掌の一。反背互相着合掌と譯す。【大日經疏十三】に「以㆓右手㆒仰㆓左手上㆒。以㆓左手㆒覆㆓左右手下㆒。稍似㆓坐禪人手相加之形㆒。此名㆓毘鉢囉哩曳薩哆合掌㆒。此云㆓反背互相着合掌㆒。」梵 Viparyasta*

ビバカラ 鞞婆訶羅 〔流派〕 Ekavyāvahārikāḥ 譯、一說部。小乘十八部の一。【四分開宗記一本】

ビバシ 毘婆尸 〔佛名〕 Vipaśyin 又、毘鉢尸、微鉢尸、鞞婆尸、毘婆沙、維衛に作る、過去七佛の第一佛なり。譯、勝觀、種種觀、種種見など。又、弗沙或は底沙と名く。釋迦菩薩第三阿僧祇劫の滿時に此佛に遭ふて初て百大劫種相の福を修するを以て七佛の首となす。又其の佛を讚する精進力に由て九劫を超て成佛せしを以て此佛の出世は九十一大劫前なるを知るなり。【智度論九】に「賢劫之前九十一劫初有㆑佛名㆓鞞婆尸㆒。秦言㆓種種見㆒。」【慧琳音義十八】に「毗鉢尸。或云㆓微鉢尸㆒。前劫中佛名也。唐云㆓勝觀㆒。」【慧苑音義上】に「毘婆尸此云㆓淨觀㆒。或云㆓勝觀㆒。亦云㆓勝見㆒。或曰㆓種種觀㆒也。」【梵網經述記下】に「毘婆尸亦名㆓毘婆沙㆒。亦名㆓維衛㆒。即是梵音有㆑輕有㆑重故有㆓不同㆒。其義一也。此云㆓勝見㆒。亦云㆓種種見㆒。亦云㆓廣見㆒。」【慧沼最勝王經疏】に「第三祇滿修㆓相好㆒。初逢㆓勝觀㆒。亦云㆓弗沙㆒。翹㆑足讚㆑佛超㆓於九劫㆒。」七帖見聞五末に引く。

ビバシブツキヤウ 毘婆尸佛經 〔經名〕 二卷、趙宋の法天譯、佛、苾芻の爲に過去毘婆尸佛の四門遊觀、出家轉法輪の事を說く、長阿含の大本緣經の後分と同本なり。【昃帙十】(805)

ビバシヤ 毘婆沙 〔佛名〕 佛の名。「ビバシ」を見よ。

ビバシヤ 毘婆娑 〔雜語〕 數量の名。譯、數十萬兆。【本行集經十二】

ビバシヤ 毘婆沙 〔術語〕 Vibhāṣā 又、鼻婆沙、鞞婆沙、毗頗沙に作る。譯、廣說、勝說、異說。【倶舍光記一】に「毗者名爲㆑廣。或名爲㆑勝。或名爲㆑異。婆沙名㆑說。」【玄應音義二十四】に「毗婆沙 或言㆓鼻婆沙㆒。隨相論作㆓毗頗沙㆒。此云㆓廣解㆒。或言㆓廣說㆒。亦云㆓種種說㆒。或言㆓分分說㆒。同一義也。」

ビバシヤシ 毘婆沙師 〔術語〕 毘婆沙論中の諸師なり、五百の阿羅漢各異義を立てて發智論を釋す、之を毘婆沙論と名く、依て彼の諸阿羅漢を指して毘婆沙師と稱す。

ビバシヤナ 毘婆舍那 〔術語〕 Vipaśyanā 又、毘鉢舍那に作る。譯、觀、見、種種觀察など。事理を觀見するなり。【起信論元曉疏下】に「奢摩他。此云㆑止。毘鉢舍那。此云㆑觀。」【慧琳音義十八】に「毘鉢舍那唐云㆑觀。」【涅槃經疏十二】に「毗婆舍那。此翻爲㆑觀亦云㆑見。」【慧苑音義上】に「毘鉢舍那。此云㆓種種觀察㆒。謂正慧決擇也。」

ビバシヤリツ 毘婆娑律 〔書名〕 善見律毘婆沙の異名。

ビバシヤロン 毘婆沙論 〔書名〕 Vibhāṣā-śāstra 經論の義を廣解廣說せしものを總じて毘婆沙論と名く、是れ通名なり、然るに別して毘婆沙論と題するもの藏中四部あり、一に阿毘達磨大毘婆沙論、二に鞞婆沙論、三に五事毘婆沙論(已上小乘)、四に十住毘婆沙論(是れ大乘)なり。其他律部に善見律毘婆沙あり。

ビバシヤロン 鞞婆沙論 〔書名〕 十四卷、尸陀般尼阿羅漢造、符秦の僧伽跋澄譯。有部の法相を廣說せしもの。【收帙九】(1279)

ビバジヤバダイ 毘婆闍婆提 〔流派〕 Vibhajya-vādin 譯、分別說部、分別論師。其の部の所說、是あり、非あり、更に分別を要する故に分別說部と名く。是れ他より附する名稱なり。【倶舍光記二十】に「說非㆓盡理㆒半是半非。更須㆓分別㆒。故名㆓分別說部㆒。舊云㆓毘婆闍縛地㆒。毘婆爲㆓分別㆒。縛地爲㆑部。舊云㆓毘婆闍婆提㆒者訛也。」

ビバチ 鞞跋致 〔術語〕 Vaivartika 譯、退。初心の菩薩所修の行を退失するなり。阿鞞跋致は即ち不退なり。【智度論四】に「菩提薩埵有㆓兩種㆒。有㆓鞞跋致㆒有㆓阿毘跋致㆒。」

ビバビバシヤナ 毘婆毘婆舍那 〔術語〕 Vipaśyana-vipaśyana 毘婆舍那毘婆舍那の重言なり、重重に眞理を觀ずるを云ふ。【善見律十】に「毘婆毘婆舍那。漢言㆓觀苦空無我㆒。」

ビバヤシ 毘跋耶斯 〔術語〕 譯、念處。即ち四念處なり。【名義集四】前項と同語。

ビバラ 鞞跋羅 〔地名〕 Vaibhāra* 山の名。王舍城に在り。

ビバレイリヨウギ 鞞婆麗陵耆 〔地名〕 巴、Vebhaliṅga 往昔迦葉佛の時の村邑の名。佛阿難と共に道を行き此處に到りて微笑す、阿難故を問ふ、佛因て昔迦葉佛の時此村邑の長者に優多羅童子あり、難提婆羅陶師と親友なり、難提婆羅優多羅を勸て見佛出家せしめし事を說く。中阿含鞞婆麗陵耆經是なり。【昃帙五】

ビフ 尾扶 〔雜語〕 佛の別名。【大日經疏十七】に「尾扶是佛之別名。亦是法王義。謂聲便故用㆓此音㆒說也。」梵 Vibhū

ビフラ 毘富羅 〔術語〕 Vipula 尾布羅。譯、廣大。【大日經疏九】に「梵音毘富羅。是廣大義。謂深廣無際不㆑可㆓測量㆒。如㆑是諸法自體名㆓毘富羅法界㆒。」

ビフラ 毘富羅 〔地名〕 Vipula 又、毘布羅、鞞浮羅山の名。譯、廣博脇山。摩竭陀國に在り、常に人の見る所、故に佛處處に引て喩となす。【瑜伽倫記三上】

に「廣博脇山者。舊云二毘富羅山一。其形如二非天脇一也。」【翻梵語】に「鞞浮羅山譯曰レ大也。」【智度論二十八】に「計二一劫中一人積骨一過二於鞞浮羅大山一。此山天竺人常見以易信故說」【涅槃經二十二】に「一一衆生一劫之中所レ積身骨。如二王舍城毘富羅山一。」【月藏經八】に「毘福羅山。」【西域記九】に「山城北門西有二毘布羅山一。」

ビブツリヤク　毘佛略　〔術語〕Vaipulya 又、鞞佛略、斐佛略に作る、新に毘富羅と云ふ是なり。十二部經の第十。方廣經と譯す。方正廣大の經典を稱す、小乘の長阿含經、大乘の華嚴法華等の諸經是なり。若し小乘に對せば一切の大乘經は悉く方廣經なり。【大乘義章一】に「毘佛略經此名二方廣一。理正曰レ正。義備名レ廣。若依二小乘一。諸正爲レ方。言多曰レ廣。」【慧琳音義二十六】に「毗佛略此云二方廣一。」【大日經疏九】に「梵音毘富羅是廣大義。謂深廣無レ際不レ可二測量一。如レ是諸法自體名二毘富羅法界一。」然るに【智度論三十三】に「廣經者名二摩訶衍一。乃至鞞佛略力夜反秦言二未曾有經一。」是れ上に所謂毘佛略即ち方廣經を摩訶衍と稱して廣經と譯し、毘佛略を第十一部の未曾有經と譯す。然に他の經論には未曾有經の梵名を阿浮達磨と爲す。二者の相異考ふべし。

ビベイタカ　毗鞞得迦　〔植物〕又、尾吠怛迦。果の名。舊に毘醯勒と云ふ。「ビケロク」を見よ。

ビマ　毘摩　〔天名〕Vimalā 譯、無垢。【最勝王經八】に「毘摩天女妙辯才。」

ビマ　毘摩　〔地名〕Vimalā 江の名。譯、無垢。【翻梵語九】に「毗摩應レ曰二毗磨羅一。譯曰二無垢一。善見律十二。」

ビマシツタ　毘摩質多　〔異類〕毘摩質多羅の略。次項を見よ。

ビマシツタラ　毘摩質多羅　〔異類〕Vimalacitra 新に吠摩質呾利と云ふ。阿修羅王の名。譯。淨心。綺畫、寶飾など。乾闥婆の女を娶て舍脂夫人を生み帝釋に嫁せしむ、即ち帝釋の舅なり。【法華文句二】に「毗摩質多。此云二淨心一。亦云二種種疑一。波二海水一出レ聲。名二毗摩質多一。即舍脂父也。觀佛三昧云。索二乾闥婆女一生二舍脂一。帝釋業力令二其父居二七寶殿一納爲レ妻。」【法華玄贊二】に「梵云二吠摩質呾利一。此云二綺畫一。明文二其身一。或云二寶飾一。用冠二其服一。云二毘摩質多羅一訛也。此爲二最大一。天帝釋之婦公舍支之父也。說二此因緣一如二宗輪疏一。」【二十唯識述記下】に「吠摩質呾利王者舊云二毗摩質多羅阿修羅王一者也。天帝釋設支夫人之父也。此云二綺飾一。或云二綵畫一。」

ビマシユクキヤウ　鞞摩肅經　〔經名〕一卷、宋の求那跋陀羅譯。即ち中阿含の鞞摩那修經なり。【昃帙八】(58L) 次項を見よ。

ビマナシユ　鞞摩那修　〔人名〕巴、Vekhanasa* 外道の名。佛爲に法を說て悟道出家す。中阿含鞞摩那修經是なり。

ビマラ　毘摩羅　〔天名〕Vimalā 天女の名。大自在天の婦なり。【西域記二】に「跋虜沙城東北。五十餘里。至二崇山一。山有二青石大自在天婦像一。毘摩羅天女也。聞二之土俗一。曰此天像者自然有也。靈異既多祈禱亦衆。」

ビマラキツ　毘摩羅詰　〔菩薩〕Vimalakīrti 舊稱維摩詰、新に毘摩羅詰、鼻磨羅難利帝と云ふ、無垢稱と譯す。【西域記七】に「毘摩羅詰。唐曰二無垢稱一。舊曰二淨名一。然淨則無垢。名則是稱。義雖レ取レ同名乃有レ異。舊曰二維摩羅詰一訛略也。」【玄應音義八】に「鼻磨羅雞利帝。此譯云二無垢稱一。稱者名稱也。」

ビマラジヤ　毘摩羅闍　〔人名〕Vimarāja 譯、無垢王。【玄應音義二十六】

ビマラミツタラ　毘末羅蜜多羅　〔人名〕Vimalamitra 論師の名。譯、無垢友。【西域記四】「五」

ビマレイ　微摩麗　〔雜語〕譯、無垢。【大日經疏

ビモクシヤ　毘目叉　〔術語〕Vimokṣa 巴、Vimukti 又、毘木叉、毘木底と云ふ。譯、解脫。惡法を離るるなり。【探玄記十八】に「毘目叉此云二解脫一。」【華嚴疏鈔五十四】に「梵云二毘木底一。此云二解脫一。」【大乘義章一】に「無爲解脫直名二木叉一。又有爲解脫爲二毘木叉一。」

ビモクシヤ　毘目瞿沙　〔術語〕又、毘目多羅と云ふ。如來所出の音聲なり。【慧苑音義下】に「毗目瞿沙。具云二毘沙摩烏多羅毗目瞿沙一。言二毘沙摩一者此云二無怖畏一也。烏多羅者最上也。毘目瞿沙者出聲也。」【探玄記十八】に「毘目多羅者。天竺本名毘目多羅涅懼沙。此翻爲二最上無恐怖聲一。」梵 Vimuktaghoṣa*

ビモクタラ　毗目多羅　〔術語〕前項に同じ。

ビモクチ　毗木底　〔術語〕梵音、Vimukti 譯、解脫。「ビモクシヤ」を見よ。

ビヤ　毘耶　〔地名〕Vaiśālī 毘耶離城なり、維摩居士の居處。【肇論】に「釋迦掩二室於摩竭一。淨名杜二口於毘耶一。」◉(八犬傳、七の一)「維摩の室に毘耶の城」

ビヤウカ　病暇　〔雜語〕病を養ふ爲に暇を請ふなり。

ビヤウギヤウ　病行　〔術語〕涅槃經所說五行の一。菩薩の大悲を以て衆生の罪業を治する大行を云ふ。病とは衆生の罪業に喩へしなり。【大乘義章十二】に「言二病行一者。從二所治一爲レ名。罪業是病。治病之行故名二病行一。」

ビヤウク　病苦　〔術語〕四苦の一。梵語弭也地、

病と譯す。病に二種あり、一は先世の惡業に依て招くもの、二は今世の風熱等に依て感ずるもの。【智度論八】に「病有二二種一。先世行業報故得二種種病一。今世冷熱風發故亦得二種種病一。」

ビヤウシ　病子　[譬喩]　極惡の衆生に喩ふ。母の子を憶ふ最も病子に深し。佛の衆生に於る亦如是と云ふ。【涅槃經三十】に「譬如三一人而有二七子一。是七子中一子遇レ病。父母之心非レ不平等一。然於二病子一心則偏多。」

ビヤウシヤ　萍沙　[人名]　又、瓶沙、洴沙。頻婆娑羅 Bimbisāra の訛略。王の名なり。「ビンバシヤラ」を見よ。

ビヤウシヤワウゴグワンキヤウ　萍沙王五願經　[經名]　一卷、吳の支謙譯。先づ萍沙王の五願を叙し、後に弗迦沙王の出家を叙し、佛爲に法を說く。【宿帙七】(670)

ビヤウドウ　平等　[術語]　差別に對するの稱。高下淺深等の別なきを平等と云ふ。

三平等　[名數]　眞言の三密平等なり。「サンビヤウドウ」を見よ。

ビヤウドウイシユ　平等意趣　[術語]　四意趣の一。如來秘密の意趣平等の理に據て法を說くを云ふ。譬へば過去の諸佛を指して我身是なりと云ふ如き佛佛平等の理に據ればなり。

ビヤウドウカク　平等覺　[術語]　如來の正覺なり。正覺は高下淺深の別なきが故に平等覺と云ふ。又理智冥合して平等なるを云ふ。新譯【仁王經上】に「實智平等永斷二惑障一。」

ビヤウドウカクキヤウ　平等覺經　[經名]　無量淸淨平等覺經の略名。

ビヤウドウギ　平等義　[術語]　性虛空十義の一。眞如は體性平等にして、一切法に於て等しくして異なることなきを云ふ。

ビヤウドウクワン　平等觀　[術語]　台宗三觀中假觀の異名なり。若し一假(即ち空)を破して一空(即ち假)を用ふれば平等と名けず、前觀に於て假は假にあらずと知て假を破して空に入り、今空は空にあらずと知て空を破して假に入る、空假共に破し互に用ふ故に平等と名くるなり。(前の空觀にて假を破し、今の假觀にて空を破し、前の空觀にて空を用ひ、今の假觀にて假を用ふるなり。)【止觀三】に「從レ空入レ假名二平等觀一。」図空觀の異名なり、空は平等にして一一別相なければなり。

ビヤウドウケウ　平等敎　[術語]　唐初印法師所立の二敎の一。盧舍那所說の華嚴經なり。衆生の機を逐て委曲に權實の法を說くにあらず、法性の理に稱ひて平等に一實の理を頓說するを以て平等敎と名く。

ビヤウダウシ　病導師　[術語]　凡師の化導反て衆生の病を增せば病導師と名く。【止觀五】に「身子聖德亦復差レ機。凡夫具縛稱二病導師一。」

ビヤウドウシヤウ　平等性　[術語]　眞如は一切諸法に周徧して平等なるを以て平等性と名く。【往生論註上】に「平等是諸法體相。」

ビヤウドウシヤウチ　平等性智　[術語]　如來四智の一。凡夫の第七識の我見を轉じて此智慧を得、以て自他平等の理を證し、初地以上の菩薩に對して他受用の身土を現じ常恒に大慈大悲の化益を行ずるなり。【心地觀經二】に「平等性智轉二我見識一得二此智慧一。是以能證二自他平等二無我性一。如レ是各爲二平等性智一。」【佛智論三】に「平等性智者。謂觀二自他一切平等一。大慈大悲恒共相應。常無二間斷一建二立佛地無住涅槃一。隨二諸有情所樂一示二現受用身土種種影像一。妙觀察智不共所依。如是名爲二平等性智一。」密敎には五智を建立し平等性智を以て亦灌頂智と名け、南方の寶生佛の智となす。【菩提心論】に「南方寶生佛由レ成二平等性智一亦名二灌頂智一也。」【秘藏記本】に「平等性智淸淨智水。不レ簡二情非情一故。彼此同如故。常住不變故。名曰二平等性智一。」

ビヤウドウシン　平等心　[術語]　諸法平等の理を證りて、一切衆生の上に、怨親等の差別の見を起さず、等しく憐愍を垂るるを云ふ。

ビヤウドウダイヒ　平等大悲　[術語]　一切衆生を普遍平等に憐愍する佛菩薩の慈悲なり。

ビヤウドウダイヱ　平等大慧　[術語]　佛の法華經を說きし實智に名く、是れ即ち諸佛の實智也。能く平等の理性を證すれば平等と云ひ、衆生齊しく此智慧を得れば平等と云ふ。【法華經見寶塔品】に「爾時寶塔中出二大音聲一歎言。善哉善哉。釋迦牟尼世尊。能以二平等大慧敎菩薩法佛所護念妙法華經一爲二大衆一說。」【法華科註四】に「平等有レ二。一者法等。即中道理。二者衆生等。即一切衆生同得二佛慧一也。」

ビヤウドウホフ　平等法　[術語]　一切衆生平等に成佛する法なり。【法華經方便品】に「自證二無上道大乘平等法一。」

ビヤウドウホフシン　平等法身　[術語]　八地以上の菩薩平等寂滅の眞如を證すれば自然に任せて功用を加へざれども能く一時に十方世界に遍して種種の敎化を示現し、種種の佛事を作す、而も往來の想なく作無作の想なきを平等法身と云ふ。七地以下の菩薩は眞如を證するも尙功用を要して初て然るなり。【往生論】に「未レ證二淨心一菩薩得レ證二平等法身一。」

【同論註下】に「平等法身者。八地已上法性法身菩薩也。寂滅平等者即此法身菩薩所レ證寂滅平等之法也。以レ得ニ此寂滅平等法一故名爲ニ平等法身一。以ニ平等法身菩薩所得一故名爲ニ寂滅平等法一也。」

ビヤウドウリキ　平等力　〔術語〕如來の尊稱なり。平等に一切衆生を度する力用を具すればなり。【贊阿彌陀佛偈】に「虛無之身無極體。是故頂ニ禮平等力一。」

ビヤウドウワウ　平等王　〔異類〕閻魔王の別稱なり、公平に罪福の業を司ればなり。【慧琳音義五】に「梵音燗魔。義翻爲ニ平等王一。此司ニ典生死罪福之業一。」【演密鈔】に「炎魔王此云ニ平等王一。」【五會法事讚本】に「若得ニ念佛深三昧一不レ怕ニ三途平等王一。」【佛祖統紀三十三】に「華嚴感應傳、郭神亮爲ニ使者一。追至ニ平等王所一。因レ誦ニ若人欲了知四句偈一得ニ放回一。」此等の說に依れば閻魔王の外に平等王あり。図〔人名〕劫初に始て民主を立て平等王と稱す、是れ刹帝利種の大祖なり。【佛祖統紀三十】に「議立シテニ一平等王一。賞レ善罰レ惡。」⦿(正統記一)「平等王を立つ」

ビヤウドウヰン　平等院　〔寺名〕宇治橋の南にあり、宇治關白賴通公永承七年自の別業を捨てて寺となし、平等院と號し、法華三昧を修せしむ。佛殿は鳳凰を形り左右の高樓回廊を兩翼とし、後背の樓を尾とす。棟の上に雌雄の鳳凰あり、風に隨て舞ふ、鳳凰堂と稱す。本尊阿彌陀佛は丈六の坐像なり、當院は天台淨土の二流ありて台家は三井寺に屬し、寺務は圓滿院門主なり。淨家は宇治關白の菩提所にして心譽上人より世世淨土宗を以て當院を守る。【都名所圖會五】⦿(增鏡、內野雪)「平等院に中一日わたらせ給ひて」

ビヤウマ　病魔　〔異類〕四魔又は十魔の一。

五臟脉相　〔名數〕若し脉の洪直なるは肝病の相、輕浮たるは心病の相、尖銳衝刺なるは肺病の相、連珠の如くなるは腎病の相、沈重遲緩なるは脾病の相なり。

四大病相　〔雜語〕若し身體苦重くして堅結疼痛し枯痺痿瘠するは是れ地大の病相、若し擧身洪熱骨節酸楚し呼吸缺乏なるは是れ火大の病相、若し心懸かに忽悅、懊悶、忘失なるは是れ風大の病相なり。

五臟病相　〔雜語〕面に光澤なく手足に汗なきは是れ肝の病相、面青皓なるは是れ心の病相、面黑色なるは是れ肺の病相、身に氣力なきは是れ腎の病相、體澁きこと麥糠の如くなるは是れ脾の病相なり。

六神病相　〔雜語〕若し多く惛惛たるは是れ肝中に魂なきなり、多く前後を忘失するは是れ心中に神なきなり、若し多く恐怖顚病なるは是れ肺中に魄なきなり、若し悲哭するは是れ腎中に志なきなり、若し多く廻惑するは是れ脾中に意なきなり、若し悵快なるは是れ陰中に精なきなり、之を六神病と名く。

病起六緣　〔雜語〕一に四大不順故、二に飮食不節故、三に坐禪不調故、四に鬼神得レ便故、五に魔神偽故、六に業所起故。【止觀八之一】

ビヤクイチコンマ　白一羯磨　〔術語〕又、白二羯磨と云ふ。戒律の法に、寺中に於て法務を行はんとするに、事に隨つて寺中の僧衆を集め、先づ其の事を示して其の次第を表陳するを白と云ひ、更に事の可不を量つて方に能く成立せしむるを羯磨と云ふ。羯磨は作業と譯す、作業の功あらしむる言辭を云ふなり。是の如く一の白辭と一の羯磨辭とを以て事を成ずれば白一羯磨と云ふ。又白と羯とを合すれば白二羯磨とも云ふ。白一白二其の意一なり。【業疏上】に「初牒ニレ事表陳。勸レ僧和忍。名レ之爲レ白。即是成遂有ニ作業之功一。名爲ニ羯磨一。乃至須ニ一白一牒レ事陳レ情。一羯磨量ニ其可不一方能成遂。故曰ニ白二羯磨一。計又應ルニ名ニ白一羯磨一。以下白與ニ羯磨一雙建中其功上故曰ニ白二一也。」梵 Jñaptidvitīya-karmavacanā

ビヤクウンサイ　白雲菜　〔公案〕「ハクウンサイ」を見よ。

ビヤクルサンマイ　白縷三昧　〔術語〕五種三昧の一。「サンマイ」を見よ。

ビヤクエ　白衣　〔雜名〕俗人の別稱なり。天竺の波羅門及び俗人は多く鮮白の衣を服すればなり。之に對して沙門を緇衣又は染衣と云ふ。【西域記二】に「衣裳服玩無レ所ニ裁製一。貴ニ鮮白一輕ニ雜彩一。」【道宣律師感通錄】に「白衣俗服佛嚴制斷。」【涅槃經疏十四】に「西域俗尙ニ穿白一。故曰ニ白衣一。」【遺敎經】に「白衣受欲非行道人。」【維摩經方便品】に「雖レ爲ニ白衣一奉ニ持沙門清淨律行一。」【智度論十三】に「白衣雖レ有ニ五戒一不レ如ニ沙門一。」

ビヤクエクワンオン　白衣觀音　〔菩薩〕Pāṇḍaravāsinī 又、大白衣と云ひ、又白處觀音と云ふ。此尊常に白衣を着け白蓮の中にあるを以て被服に就て白衣と名け、住處に就て白處と名く、白は淳淨の菩提心を表するなり。梵名は半拏囉嚩悉寧(はんならはしねい)、胎藏界觀音院の一尊、蓮華部の部母なり。【大日經疏五】に「半拏囉嚩悉寧。譯云ニ白處一。以ニ此尊常在ニ白蓮華中一故以爲レ名。亦戴ニ天髮髻冠一襲ニ純素衣一。左手持ニ開敷

蓮華。從此最白淨處出生普眼。故此三昧名爲蓮華部母也。」【同十】に「鉢頭摩白花也。摩利儞以波頭摩爲鬘。因以爲名也。即是此摩利儞是處義住義也。乃至白者即是菩提之心。住此菩提之心即是白住處也。此菩提心從佛境界生。常住於此能生諸佛也。此是觀音母。即蓮華部主也。」【蘇婆呼經下】に「半拏羅嚩徙寧。此云服白衣。」【不空羂索經二十二】に「半拏羅婆徙儞白衣觀世音菩薩。手執蓮華。」【秘藏記末】に「伴陀羅縛字尼是白衣觀音也。此爲母。」⊙（鴉鷺合戰四）「佛に白衣觀音」

（白衣觀音の圖）

ビヤクエコンドウニバラモンエンギキヤウ　白衣金幢二婆羅門緣起經　〔經名〕三卷、趙宋の施護譯。佛二婆羅門に對して四姓の緣起を說く、即ち出家證果す。長阿含四姓經と同本なり。【昃帙十】（952）

ビヤクエダイヒジユ　白衣大悲咒　〔雜語〕白衣觀音の陀羅尼なり。【大日經普遍眞言品】に白處尊眞言として之を出す。

ビヤクカウカウ　白膠香　〔物名〕娑羅樹の膠乳なり。【大日經疏七】に「白膠香是娑羅樹汁。」

ビヤクガイ　白蓋　〔物名〕金剛界には白蓋、胎藏界には赤蓋、共に白紅の絹にて張れる天蓋なり。

ビヤクガウ　白毫　〔術語〕如來三十二相の一。世尊の眉間に白色の毫相あり、右に旋て宛轉せると日の正中する如し、之を放てば光明あり、初生の時長さ五尺、成道の時一丈五尺あり。白毫相と名く。【大般若三十一】に「世尊眉間有白毫相。右旋柔軟。如觀羅綿。鮮白光淨踰珂雪等。是三十一。」【嘉祥法華義疏三】に「智度論出小乘人解白毫相云。舒之即長五尺。卷之即如旋螺。觀佛三昧經云。爲太子時長五尺。樹下時長一丈四尺五寸。成道時一丈五尺。舒之表裏有清徹白淨光明。置之便失淨光而卷縮在兩眉之間。經或言。右旋宛轉如日正中。或言。如天白寶。」佛、實經を說くに白毫の光を放つは理の顯明と白淨とを表し、且つ其の法の諸敎の源たるを表するなり。【法華經序品】に「爾時。佛放眉間白毫相光。」【嘉祥法華義疏二】に「白毫者表理顯明稱白。敎無纖隱爲毫。」【探玄記三】に「眉間表中道一乘法也。白毫表無流證道白淨法也。又白爲衆色本故表此一乘爲諸敎源也。」

白毫の賜　〔術語〕僧の受用する物を白毫の賜と云ふ。【佛藏經下】に「或有比丘。因以愛我法出家受戒。於此法中勤行精進。雖諸天神諸人不念但能一心勤行道者。終不念衣食所須。所以者何。如來福藏無量無盡。舍利弗。如來滅後。白毫相中百千億分。其中一分供養舍利及諸弟子。舍利弗。設使一切世間人皆共出家隨順法行。於白毫相百千億分不盡其一。舍利弗。如來如是無量福德。若諸比丘所得飲食及所須物輒得皆足。」【釋門正統三】に「如來留白毫一分功德供養末世弟子。」

ビヤクク　白瞿　〔雜語〕瞿は梵語にて九義に轉ず、中に獸の一義あり、（瞿を見よ）白瞿は即ち白獸なり。【性靈集六】に「白瞿風疾。」此は白牛を指す法華の大白牛車なり。

ビヤククワク　白鶴　〔雜語〕娑羅樹の白きを譬ふ。【涅槃經一】に「爾時拘尸那城娑羅樹林變白。猶如白鶴。」

ビヤクグワツ　白月　〔雜語〕又、白分 Śuklapakṣa と云ふ。印度の曆法は月の盈缺を以て白黑の名を立て、月の盈より滿に至る間を白月となし、白月一日乃至白月十五日と稱す。十六日よりは黑分即ち Kṛṣṇapakṣa 又、黑月一日乃至十五日なり。而して前の黑月と後の白月とを合せて一月となすなり。【西域記二】に「月盈至滿謂之白分。月虧至晦謂之黑分。黑分或十四日十五日。月有大小故也。黑前白後合爲一月。」

ビヤクケシ　白芥子　〔故事〕龍猛菩薩は白芥子七粒を以て南天の鐵塔を打開いて密敎を傳授し、（金剛頂經義訣）清辨論師は白芥子七粒を以て南印度執金剛神の巖窟を打開いて其の中に入り彌勒の出世を待つ。（西域記十）蓋し芥子は梵名嚩爾迦、罌子粟にあらず、蔓菁子（なたね）にあらず、加艮志（からし）なり。加艮志は其の性辛く且く堅くして降伏の德用を備ふれば鐵石を打開くの相應物なり。【大日經義釋】に「嚩爾迦此云芥子。其味辛辣。是降伏相應性類。」

ビヤクゲ　白夏　〔術語〕夏安居の中に日日大衆に警告して精進を勸むるを云ふ。【行事鈔上四之二】に「安居上座於一切僧集時、食時、粥時、槃時。應白言。爾許時已過。餘有爾許時在。若行此等行法者。是名僧父母。亦名僧師。」【同資持記】に「於小食上維那打槌告云。白大衆。安居已過一日。餘有八十九日在。當勤精進。謹愼莫放逸。餘日準此加減。」【禪林類集十四】に「世尊在摩羯陀國。爲衆說法。是時將欲白夏。」

ビヤクコクノニゴフ　白黑二業　〔名數〕善業

を白と云ひ、惡業を黑と云ふ。

ビヤクコクノフサツ 白黑布薩 〔行事〕 白月の十五日即ち陰曆の十五日黑月の十四日又は十五日即ち晦日兩度の布薩なり。白黑月の終ごとに戒經を說て僧衆を淸むるを布薩と云ふ。律院の嚴制なり。

ビヤクゴ 白牛 〔譬喩〕 法華經所說三獸の一。以て一乘法に譬ふ。「ダイビヤクゴシヤ」を見よ。

ビヤクゴフ 白業 〔術語〕 黑業に對するの稱、總じて善業を云ふ、善は淸白の法にして又淸白無垢の果を感すればなり。【大乘義章七】に「善法鮮淨名レ之爲レ白。」【毘奈耶雜事八】に「大王當レ知白業白報。黑業黑報。雜業雜報。是故應レ捨二黑雜二業一。當レ修二白業一。」◉（盛衰記三）「先捧白業」 「【風穴衆吼集】

ビヤクゴムカク 白牛無角 〔雜語〕 馬なり。

ビヤクサン 白贊 〔術語〕 白は表白、贊は贊嘆なり。佛德を贊する語を白贊と名く、又白佛嘆佛贊なりと云ふ。【象器箋十三】

ビヤクサンガイシンジユ 白傘蓋神咒 〔眞言〕 又、佛頂咒と云ふ。白傘蓋は佛頂尊の名なり。白傘蓋佛頂尊の所說の陀羅尼なれば白傘蓋神咒と名く。首楞嚴經に說く所總じて四百二十七句あり、其の中最後の八句を心咒と稱して殊に之を念誦す。梵名薩怛多般怛羅と云ふ。白傘蓋と譯す、妄染と相應せざるを白と爲し、一切を偏覆するを蓋となす、即ち如來藏心なり。【楞嚴經七】に「一心誦二我佛頂光明摩訶薩怛多般怛羅無上神咒一。斯是如來無間頂相無爲心佛從レ頂發輝。坐二寶蓮華一所レ說心咒。」【同長水疏】に「薩怛多般怛羅云二白傘蓋一。即指二藏心一。不下與二妄染一相應上。故曰レ白。徧二覆一切法一。故云レ蓋。從レ此流二演秘密神咒一。故云二咒心一。」

ビヤクサンガイブツチヤウ 白傘蓋佛頂 〔菩薩〕 Sitātapatroṣṇīṣa 五佛頂尊の第一なり、大日經及び疏には略して白傘と云ふ、釋迦如來の頂上より化現して輪王の形を作し、頂に重髻を有する尊體を佛頂尊と云ふ。白傘蓋は佛の淨德一切を覆ふ義也。黃色にして蓮華を持し、上に白傘蓋あり、異相金剛と號す。【大日經疏五】に「如來五頂。第一白傘。」【軌】に「白傘堅慧風鎭。定常覆如レ蓋。」【大日經義釋七】に「此則如來衆相之頂。以二白淨大慈悲一遍二覆法界一。」白傘蓋大佛頂王最勝無比大威德金剛無礙大道場陀羅尼念誦法要一卷あり。【餘帙一】

（白傘蓋佛頂の圖）

ビヤクサンブツチヤウ 白傘佛頂 〔菩薩〕 又、白繖佛頂、大日經疏五に白傘に作り、同十六に繖に作る。【字典】に「繖蓋也。」即ち白傘蓋佛頂なり。

ビヤクザウ 白象 〔故事〕 象は大威力ありて而も其の性柔順なり、故に菩薩兜率天より降下するや、或は六牙の白象に乘じ或は自ら白象に化して摩耶夫人の胎に入る。【瑞應本起經上】に「菩薩初下。化シテ乘二白象一。貫二日之精一。因二母晝寢一。而示レ夢焉。從二右脇一入。」【因果經一】に「爾時菩薩。觀二降胎時至一。即乘二六牙白象一。發二兜率宮一。無量諸天作二諸伎樂一。燒二衆妙香一。散二天妙華一。隨二從菩薩一。」【普曜經】に「菩薩便從二兜率天上一垂二降威靈一。化作二白象一。口有二六牙一。」【宗輪論】に「一切菩薩。入二母胎一時。作二白象形一。」【同述記】に「以下象調順性無二傷暴一有二大威力一如中善住龍上。故現二此儀一。意表三菩薩性善柔和有二大勢力一。然多二殺傷一。故聖不レ現二師子形一。」又象は普賢菩薩の所乘なり、是れ菩薩の大慈力を表するなり。【法華經普賢勸發品】に「是人若行若立讀二誦此經一。我爾時乘二六牙白象王一。與二大菩薩衆一。俱詣二其所一。而自現レ身。」【普賢觀經】に「六牙表二六度一。四足表二四如意一。」【止觀二】に「言二六牙白象一者是菩薩無漏六神通。牙有二利用一如二通之捷疾一。象有二大力一表二法身荷負一。無漏無染稱レ之爲レ白。頭上有二三人一。一持二金剛杵一。一持二金剛輪一。一持二如意珠一。表三三智居二無漏頂一。」

ビヤクシ 白四 〔術語〕 白四羯磨なり。

ビヤクシ 辟支 〔術語〕 辟支迦佛陀の略。

ビヤクシカブツ 辟支迦佛 〔術語〕 辟支迦佛陀の略。

ビヤクシカブツダ 辟支迦佛陀 〔術語〕 Pratyekabuddha 略して辟支、辟支迦佛、辟支佛と云ひ、又、鉢羅翳迦佛陀に作る。舊に緣覺と譯し、新に獨覺と譯す、智度論には二名俱に存す、蓋し辟支佛に此二義を具するなり。初發心の時に佛に値ひて世間の法を思惟し、後に得道す、身無佛世に出でて性寂靜を好み加行滿じて師友の敎なく自然に獨悟すれば獨覺と名く。又內外の緣を觀待して（内は飛花落葉外は十二因緣）聖果を悟れば緣覺と名く。但し天台一家の義は之を別種とし無佛世の悟道を獨覺とし、佛世に十二因緣を觀じて得道するを緣覺とす。【智度論十八】に「辟支佛有二二種一。一名二獨覺一。二名二因緣覺一。」【同七十五】に「辟支佛地者。先世種二辟支佛道因緣一。今世得二少因緣一出家。亦觀二深因緣法一成道。名二辟支佛一。辟支迦秦言二因緣一。」

【大乘義章十四】に「辟支胡語。此方翻譯名二因緣覺一。藉二現事緣一而得二覺悟一。不レ假二他敎一。名二因緣覺一。又於二十二因緣法中一而得二覺悟一。亦名二緣覺一。」【法華玄贊二】に「辟支迦佛陀者此云二獨覺一。略云二辟支佛一。」【瑜伽倫記八】に「獨覺地。若依二梵語一名二鉢剌翳迦佛陀一。舊云二辟支一訛也。此云二獨覺一。初發心時亦値レ佛。乃至修二加行一滿。無二師友敎一自然獨悟。」辟支佛因緣論二卷あり。八人の辟支佛出家悟道の相を說く。

ビヤクシコンマ　白四羯磨　〔術語〕Jñaptica-turthaṁ 僧中の事務を行ふに授戒の如き重法に就ては僧衆に向て先づ其の事を告白するを白と云ひ、次に三たび其の可否を問て其の事を決するを三羯磨 Tṛtīya karmavācanā と云ふ。即ち一度の白と三度の羯磨とを合せて白四羯磨と云ふ。是れ最重の作法なり。【羯磨疏一上】に「若情事殷重和擧轉難。如二受懺大儀治擯重罰一。故須二一白一牒陳。三羯磨量可方能成遂。故曰二白四一。亦以二一白三羯磨一通爲レ四也。」【行事鈔資持記上一之五】に「白四受戒。懺重。治擧。訶諫等。事通二大小一。情容二乖舛一。自レ非二一白告知三法量可一焉能辨得。以二三羯磨一通二前單白一故云二白四一。」

ビヤクシヂ　辟支地　〔術語〕通敎十地の一。辟支佛の地位なり。

ビヤクシブツ　辟支佛　〔術語〕辟支迦佛陀の略。

ビヤクシブツインエンロン　辟子佛因緣論　〔書名〕二卷、失譯、波羅捺國王等の八位の辟支佛覺悟の因緣を說く。【藏帙四】(1226)

ビヤクシブツジヨウ　辟支佛乘　〔術語〕三乘の中の中乘なり、辟支佛の覺悟を開く因行を云ふ。【法華經譬喩品】に「若有二衆生一。從二佛世尊一聞レ法信受。慇懃精進。求二自然慧一。樂二獨善寂一。深知二諸法因緣一。是名二辟支佛乘一。」從佛世尊聞法信受とは最初の發心は必ず佛に依るを聲聞乘に同じきなり、求自然慧樂獨善寂とは獨覺の義を示し、深知諸法因緣とは緣覺の義を示す、辟支佛に此二義を具するなり。

ビヤクシヨクワンオン　白處觀音　〔菩薩〕又、白住處菩薩と云ふ。白衣觀音の異名なり。「り。

ビヤクシヨソン　白處尊　〔菩薩〕白處觀音な

ビヤクシン　白眞　〔儀式〕又、嘆眞と云ふ。祖師忌の回向文の首に儷語或は偈文を唱ふるを白眞と云ふ。眞影に表白する義なり。【備用清規達磨祖師忌】に「維那白眞宣レ疏。」

ビヤクシン　白心　〔術語〕清淨の苦心なり。

ビヤクシンクワンオン　白身觀音　〔菩薩〕Śvetabhagavatī 胎藏曼荼羅觀音院中の一尊なり。【秘藏記末】に「白身觀自在菩薩淺黃色。左手持二蓮華一。」「【印田】

（白身觀音の圖）

ビヤクジヤイン　白蛇印　〔印相〕諸龍印なり。

ビヤクゾク　白俗　〔雜語〕白衣の俗人なり。印度の俗人多く白服を著く、故に白衣とも稱す。「ビヤクエ」參照。

ビヤクソクシヤモン　白足沙門　〔術語〕沙門曇始は關中の人鳩摩羅什を師とす、多く異迹あり、足白く泥水を跣渉するもまた嘗て沾濕せず、天下稱して白足和尚と云ふ。【高僧傳十】

ビヤクタフ　白塔　〔雜名〕白色の塔なり。支那の北京に白塔寺あり。「ビヤクダウ」を見よ。

ビヤクダウ　白道　〔譬喩〕淸白の道路なり。「ニガ

ビヤクダン　白檀　〔植物〕白色の旃檀なり、香木なり。旃檀に赤白黑紫等の別あり。【大日經疏七】に「白檀香西方名爲二摩羅度一。是山名。即智論。所レ云下除二摩梨山一更無中出二旃檀一處上是也。」「センダン」を見よ。

ビヤクヂヨシヨアクダラニキヤウ　辟除諸惡陀羅尼經　〔經名〕一卷、趙宋の法賢譯。此陀羅尼能く毒蟲等の難を除く。【成帙十二】(895)

ビヤクヂヨゾクガイジユキヤウ　辟除賊害呪經　〔經名〕一卷、失譯、能く劫賊の難を除く。【成帙十二】(480)

ビヤクツイ　白槌　〔儀式〕又、白椎。凡そ槌を鳴して事を白するは皆是れ白槌なり、然るに禪林獨り開堂に於て白槌と稱す、乃ち槌を鳴らすこと一下して群喧を息靜し、方に衆に白して法筵龍象衆當觀第一義と云ふ、之を白槌と稱し、次に長老の對說終て白椎の人更に槌を一下して諦觀法王法。法王法如是と白す、之を結槌と稱す。【祖廷事苑八】に「白槌世尊律儀欲レ辨二佛事一必先秉白。爲二穆レ衆之法一也。今宗門白槌必命二知法尊宿一。以當二其任一。長老才據レ座已而秉白云。法筵龍象衆。當觀第一義。長老觀レ機法會酬唱既終。復秉白曰。諦觀法王法。法王法如是。此蓋先德之眞規皆不レ失二佛意一。且見二叢林一。多擧二世尊升座文殊白槌一。」

ビヤクナフ　白衲　〔衣服〕白色の僧衣なり。是れ非法なり。【僧史略上】に「近有二衣白色者一。失レ之大甚。佛記袈裟變レ白不レ受二染色一。此得レ非レ是乎。乃至南方禪客多搭二白衲一。」

ビヤクニコンマ　白二羯磨　〔修法〕衆僧法三種の一。僧中事を辨ずるに一の表白と一の羯磨をなすなり。白及び羯磨を合せて白二と云ふ。又一の白と

一の羯磨なれば白一羯磨とも云ふ。【資持記上一之五】に「一白牒レ事告知。一羯磨量ニ處可不一。僎辨ニ前務一。通ニ白及羯磨一故曰ニ白二一。」「ビヤクイチコンマ」參照。

ビヤクネン　白拈　〔雜名〕　白拈賊の略。

ビヤクネンゾク　白拈賊　〔雜名〕　白は空の義なり拈は指にて物を取るなり。手に一物を持たず、指先にて巧に人の物を盗み拈り、更に盗みたる形跡を留めざるを白拈賊と云ふ。即ち世に言ふすりなり。賊の最も巧手なる者なり。又物を持たず戰ふを白戰と云ひ、柔道にて人を殺すを白折と云ふ如し。【聯燈九】に「雪峰云。臨濟大似ニ白拈賊一。雪竇云。夫善竊者鬼神不レ知。既被ニ雪峰覷破一。臨濟不ニ是好手一。」【無準錄臨濟贊】に「竊不レ見レ蹤。敗不レ見レ贓。是眞白拈。其誰與當。」

ビヤクビヤクゴフ　白白業　〔術語〕　色界の善業はその業の性も善にして果も亦清淨なれば白字を重ねて白白業と云ふ。

「あさましきに譬ふ。

ビヤクフク　薜服　〔衣服〕　薜蘿の服なり、僧衣の

ビヤクブツ　白佛　〔儀式〕　白は表白の義、疏及び回向の首に佛を嘆する語を白佛と云ふ。【象器箋十三】

ビヤクブン　白分　〔雜名〕　白月を云ふ。「ビヤクグワツ」を見よ。

ビヤクホツ　白拂　〔物名〕　白毛の拂子なり。【法華經信解品】に「手執ニ白拂一。」【和合類鈔十三】に「白拂」「ホツス」を見よ。

ビヤクホウ　白報　〔術語〕　善業を白業と云ひ、善業に依て感じたる清淨の果報を白報と云ふ。

ビヤクホフ　白法　〔術語〕　表白の作法なり。【行事鈔上之三】に「不下如ニ白法一作上白。不下如ニ羯磨法一作上。」

ビヤクホフ　白法　〔術語〕　白淨の法なり。一切の善法を總稱す。【大集經五十二】に「後五百年。鬪諍堅固。白法隱沒。」

二種白法　〔名數〕　漸と愧なり、此ニ能く一切の諸行をして光潔ならしむれば白法と名く。

「破れ袈裟を形容せし語なり。

ビヤクボンワウ　白飯王　〔人名〕　梵音 Śuklo-dana-rāja　師子頰王の第二子、淨飯王の弟、釋尊の叔父なり。

ビヤクラ　薜蘿　〔雜語〕　又薜茘と云ふ、蔓草なり。

ビヤクリン　白林　〔地名〕　白鶴林なり。娑羅林を云ふ。【廣弘明集二十】に「白林將レ謝青樹巳列。」「ビヤククワク」を見よ。

ビヤクレン　白蓮　〔植物〕　梵名分陀利。Puṇḍa-rika　此に白蓮華と云ふ。

白蓮の交　〔雜語〕　白蓮華社を云ふ。

ビヤクレンゲザ　白蓮華座　〔物名〕　胎藏界曼茶羅の第一院の中胎法界蓮華の藏を稱す。

ビヤクレンゲシヤ　白蓮華社　〔雜名〕　略して白蓮社とも蓮社とも云ふ。晉の慧遠法師廬山の虎溪東林寺に於て慧永慧持道生等の名德、劉遺民宗炳雷次宗等の名儒緇素一百二十三人を集め、無量壽佛の像前に於て誓を建てて西方の淨業を修す。寺に多く白蓮を植うるを以て蓮社と名く。又、蓮邦を願求する社團なれば名く。【釋氏要覽上】に「彼院多植ニ白蓮一。又彌陀國以ニ蓮華一分ニ九品次第一接レ之。故稱ニ蓮社一。有云。嘉ニ此社一人。不レ爲ニ名利淤泥所一レ汚。喩如ニ蓮華一。故名レ之。」【正字通】に「圑結共レ事者亦曰レ社。」【僧史略下】に「晉宋間有ニ廬山慧遠法師一。化行ニ潯陽一。高士逸人輻ニ輳東林一。皆願レ結ニ香花一。時雷次宗。宗炳。詮張。劉遺民。周續之等。共結ニ白蓮華社一。立ニ彌陀像一。求ニ願往ニ生安養國一。謂ニ之蓮社一。社之名始ニ於此一也。」

白蓮社七祖　〔名數〕　宋の四明石芝の曉法師、異代に同じく淨業を修せし高德を取て蓮社の七祖を立つ。始祖廬山辨覺正覺圓悟法師（慧遠）二祖長安光明法師（善導）三祖南岳般舟法師（承遠）四祖長安五會法師（法照）五祖新定臺岩法師（少康）六祖永明智覺法師（延壽）七祖照慶圓淨法師（省常）【佛祖統紀二十六】

白蓮社十八賢　〔名數〕　白蓮社の中緇白の翹楚十八人あり、十八賢と稱す。一に東林慧遠法師、二に西林慧永法師、三に慧持法師、四に道生法師、五に曇順法師、六に僧叡法師、七に曇恒法師、八に道昺法師、九に曇詵法師、十に道敬法師、十一に覺明法師、十二に佛駄跋陀三藏、十三に劉程之、十四に張野、十五に周續之、十六に張詮、十七に宗炳、十八に雷次宗なり。【佛祖統紀二十六、蓮宗寶鑑四】然るに【類雜集七】に記載する十八賢の名目は多少是と相違せり。

ビヤクレンサイ　白蓮菜　〔雜名〕　宋の高宗紹興の初、吳郡延祥院の沙門茅子元、曾て北禪梵法王の會下に學し、天台に依倣して圓融四土圖、晨朝禮識文、偈歌四句、佛念五聲を出して諸の男女に勸め、同じく淨業を修し白蓮導師と稱す。其徒を白蓮菜と號す。（但菜を喫して肉を茹はされば菜と云ふ。）亦茹茅闍梨菜と曰ふ。護生の一戒最も之を謹む。【釋門正統四、佛祖統紀五十四】

ビヤクレンシヤ　白蓮社　〔雜名〕　「ビヤクレンゲシヤ」を見よ。

ビヤクロチ　白鷺池　〔地名〕　大般若經四處十六會の一處なり。王舍城竹林園中に在り、五百九十三卷より六百卷に至るまで此處に說く、即ち十六會中の第十六會なり。【大般若五百九十三】に「如是我聞。一時。薄伽梵。住ニ王舍城竹林樹中白鷺池側一。與ニ大

苾芻衆千二百五十人一俱。」

ビヤクロチキヤウ　白鷺池經　〔經名〕般若經の異名。大般若經の第十六會を白鷺池の側に於て說けばなり。

ビヤクワ　白和　〔術語〕將に僧事を成さんとして、僧を集め事を告白して衆を和せしむるを云ふ。

ビヤシヤモンギヤウ　毘耶娑問經　〔經名〕二卷、元魏瞿曇般若流支譯。大寶積經廣博仙人會の別譯なり。【地帙十二】(60)

ビユダギヤテイ　毘庾娜蘖帝　〔雜語〕譯、生。生出なり。【大日經疏九】

ビヤリ　毘耶離　〔地名〕Vaiśālī 城の名。「ビシヤリ」を見よ。

ビラシ　蜱羅尸　〔地名〕Peśī「ヘイシ」を見よ。

ビラセン　鞞羅羨　〔人名〕鞞羅羨那の略。國王の名。

ビラセンナ　鞞羅羨那　〔人名〕Vīrasena 國王の名。譯、勇軍。一日一夜出家持戒して天上に生れ永く富樂を受け、遂に道を修して辟支佛となる。【出家功德經、諸經要集四】「nakacchapa 譯、龜。【名義集二】

ビラナカシヤバ　毘囉拏羯車婆　〔動物〕Vīra-

ビラニ　毘羅尼　〔地名〕河の名。譯、難度。衆生の愛欲に譬へしなり。【寶積經百十】に「若有二衆生一染二著毘羅尼河一^隋言難度^彼等身體即生二不白不黑雲色。」梵 Viraṇī*

ビラバ　毘羅婆　〔植物〕果の名。「ビンバ」を見よ。

ビラリ　毘囉梨　〔動物〕野狐の類、人を取て食ふ。【大威德陀羅尼經十五】に「毗囉梨、此野狐類。殺レ人食噉獸也。」

ビラン　毘嵐　〔雜名〕又、毘藍、鞞嵐、毗藍婆、鞞藍婆、吠藍婆、吠嵐婆、吠嵐僧伽。譯、迅猛風、暴風の名。【玄應音義一】に「毗嵐或作二毘藍婆一。或作二鞞嵐一。或云二吠藍一。或作二隨嵐一。或言二旋藍一。皆是梵之楚夏耳。此譯云二迅猛風一也。」【慧苑音義上】に「毗藍風。正云二吠藍婆一。吠者散也。藍婆者所至也。曰此風所レ至之處悉皆散壞也。又云。毗者不也。藍婆者遲也。謂此風行最極迅急也。舊翻爲二迅猛風一是也。其水輪下風輪亦與二此風輪一同名也。」【慧林音義十三】に「吠嵐僧伽。劫災時大猛風名也。此風猛暴能壞二世界一。」梵 Vairambhaka

ビランタ　毘蘭多　〔地名〕又、毘蘭に作る。國の名。佛此國に於て毘蘭若婆羅門の請を受て三月安居し、但、馬麥を食ふ。即ち如來九惱の一なり。【大寶積經二十八】に「如來昔在二毘蘭多國一。受二毘蘭若婆羅門請一。三月安居而食レ麥。」【興起行經下】に「我及卿等於二毘蘭邑一。故食二浮麥一九十日。」梵 Vairantya

ビランニヤ　毘蘭若　〔人名〕婆羅門の名。佛を請じて安居せしめ、廢忘して佛の至るを知らず、如來三月に於て唯馬麥を食ふなり。^寶積經の文毘蘭多の下に引けり。^然るに智度論等には阿耆達婆羅門と云ふ。是れ毘蘭若は其の國邑に取りて名け、阿耆達多は其の本名なるべし。

ビランバ　毗藍婆　〔雜名〕又、鞞藍婆。暴風の名。「ビラン」を見よ。巴 Verañja

ビランヱン　毘藍園　〔物名〕佛生會に誕生佛を安置する爲に衆花を以て莊飾せる屋形を禪林に花亭と稱し、又毘藍園と名く。花亭の南面に額を揭げて毘藍園の二字を題するなり。毘藍園の名は迦毘羅城の藍毘尼園の省略なるか。

ビリ　毗梨　〔術語〕Vīrya 毗梨耶の略。

ビリシヤ　毘利差　〔異類〕Vṛkṣa 餓鬼の名。譯、樹。【正法念經十七】

ビリシヤガナ　毘梨沙伽那　〔異類〕龍王の名。頻闍訶山下の池中に住し、能く僧佉論を解す、頻闍訶婆娑外道之に就て僧佉を學ぶ。【天親傳】梵 Vṛsagaṇa, Vārsagaṇya

ビリヤ　毘梨耶　〔術語〕Vīrya 又、毘離耶、尾唎也。六度の一。精進又は勤と譯す。【大乘義章十二】に「毘離耶者此云二精進一。練二心於法一故說爲レ精。精心務レ達故稱爲レ進。」【法界次第下之上】に「毗梨耶。秦言二精進一。欲三樂勤二行善法一不二自放逸一。謂二之精進一。」【梵語雜名】に「勤。尾唎也。」

ビリヨウ　毘陵　〔地名〕又、毘壇と云ふ。荊溪大師の住地なり。因て毘陵師、毘陵尊者など稱す。「ビダン」を見よ。

ビリヨウカリ　毘楞羯梨　〔人名〕國王の名。勞度差婆羅門に對して一偈を請ひ、爲に千釘を以て身に釘す。【賢愚經一、經律異相二十五】

ビリヨウガ　毘楞伽　〔物名〕具には釋迦毘楞伽Śakrābhilagnamaṇiratna と云ふ。寶玉の名。【觀無量壽經】に「釋迦毘楞伽寶以爲二其臺一。」【名義集三】に「釋迦毘楞伽寶此云二能勝一。」⊙(榮花、音樂)「毗楞伽寶臺をなし」「を見よ。

ビリロク　毘梨勒　〔植物〕果物の名。「ビケロク」

ビル　毘盧　〔佛名〕Vairocana 毘盧舍那の略。法身佛の通稱なり。密敎の大日如來なり。【碧巖九十九則】に「肅宗皇帝問二忠國師一。如何是十身調御。國師云。檀越踏二毘盧頂上一行。帝云。寡人不會。國師云。莫レ認二自己清淨法身一。」【大慧普說二】に「高步二毘盧頂一。不レ禀二釋迦文一。」【普燈錄十八】に「坐斷二毘盧頂顊一須二是沒量大人一。」

ビルイン　毘盧印　〔印相〕毘盧遮那即ち大日如來の印相なり。【元亨釋書空海傳】に「作二毘盧印一泊然

入定」此は大日の入定印なり。「ジャウイン」を見よ。大日の入定印は法界定印なり、印相は左手を仰ぎ右手を其の上に重ね、二大指相ひ柱て頭指を舒べ着くるなり。左右の頭指の中節上下合ふ程重ぬるなり。深く禪定に入て法界の衆生を觀見する相なり。【胎藏界曼陀羅大鈔一】

ビルカクワウ　毘盧覺王　〔佛名〕毘盧舍那佛なり。

ビルシヤ　毘盧遮　〔人名〕比丘の名。【増一阿含經三】に「降二乾沓和一勸二行善行一。所謂毘盧遮比丘是。」梵 Viruca＊

ビルシヤカ　毘盧釋迦　〔人名〕Virūdhaka 國王の名。舊に毗琉離王と云ふ。【西域記六】に「毘盧釋迦王。舊曰二毘琉離一訛也。」「ビルリ」を見よ。

ビルシヤナ　毘盧舍那　〔佛名〕Vairocana 又、毘盧遮那、鞞嚧杜那、毘盧折那、吠嚧遮那に作る。佛の眞身の尊稱なり。之を解するに諸家一準ならず。先づ天台は毘盧舍那と盧舍那と釋迦とを次第の如く法報應の三身に配して、毘盧舍那を徧一切處と譯し、盧舍那を淨滿と翻す。【法華文句會本二十五】に「法身如來名二毘盧一。此翻二徧一切處一。報身如來名二盧遮那一。此翻二淨滿一。應身如來名二釋迦一。」【法華玄義六】に「境妙究竟顯名二毘盧遮那一。智妙究竟滿名二盧舍那一。行妙究竟滿名二釋迦牟尼一。」已上天台の釋義は毘盧舍那と盧舍那とを法報の二身即ち理智の二に分配するなり。次に華嚴は此二を梵名の具略として報身佛の稱號とし、光明遍照或は單に遍照と譯す。其の故は舊經晉譯には盧舍那と說き、新經唐譯には毘盧遮那と說けばなり。【華嚴探玄記三】に「盧舍那者。古來譯或云二三業滿一。或云二淨滿一。或云二廣博嚴淨一。今更勘二梵本一。具言二毘盧舍那一。盧舍那者此翻名二光明照一。毗者此云レ遍。是謂二光明遍照一也。」【慧苑音義上】に「按二梵本一。毗字應二音云二無廢反一。此云二種種一也。盧遮那云二光明照一也。言佛於二身智一以二種種光明一照二衆生一也。或曰。毘遍也。盧遮那光明也。謂佛以二身智無礙光明一遍照二理事無礙法界一也。」法相家亦天台と同じく三身配屬の說なり。【義林章七末】に「瓔珞經云。毘盧舍那佛是受用身。釋迦牟尼佛是化身也。」次に密家は毘盧舍那を理智不二の法身佛の稱號とし、或は大日或は遍照或は最高顯廣眼藏と翻す。【大日經疏一】に「梵音毘盧遮那者是日之別名。即除闇遍明之義也。」【同十六】に「所謂毘盧遮那者日也。如二世間之日一。能除二一切暗冥一。而生二長一切萬物一。成二一切衆生事業一。今法身如來亦復如レ是。故以爲レ喩也。」【即身成佛義冠註下】に「金剛頂義訣上云。毘盧遮那。此翻二最高顯廣眼藏一。毗者最高顯也。盧遮那者廣眼也。先有翻爲二遍照王如來一。指玄卅十一面經。又有翻爲二大日如來一。」然るに密敎中に亦分不の兩說あり。【千臂千鉢大敎王經一】に「說一切法一。金剛三摩地爲レ宗。二者盧遮那法身。出二聖性一普賢願行力爲レ宗。三者千釋迦化二現千百億釋迦一。顯二現聖慧身一。流二出曼殊室利身一。作二般若母一爲レ宗。」敎之根宗。本有レ三。一者毘盧遮那法身。本性淸淨出二此二身分屬の義なり。【般若理趣釋上】に「毘盧遮那如來名二遍照報身佛一。於二色界頂第四禪色究竟天一成二等正覺一。」これ二身不分の義なり。「イ」を見よ。

ビルシヤナ　密敎毘盧遮那佛　〔佛名〕「ダイニチニヨライ」を見よ。

ビルシヤナ　毘盧折那　〔人名〕Vairocana 國王の名。譯、遍照。

ビルシヤナキヤウ　毘盧遮那經　〔經名〕大毘盧遮那神變加持經の略稱。即ち大日經なり⦿（盛衰記二四）「三藏の所持の毗盧遮那經」

ビルシヤナゴシヤウ　毘盧舍那五聖　〔名數〕金剛界の五智如來なり。五聖の中毘盧舍那如來を中心とすれば之を標擧す。⦿（著聞集、釋敎）に「毘盧舍那五聖に向ひ奉りて」

ビルシヤナゴジケンインミヤウ　毘盧遮那五字劍印明　〔印相〕【毘盧遮那五字眞言修習儀規】に「二手合掌し二頭指を屈して相ひ著け、劍の形の如くす。眞言曰。那謨三曼多勃馱喃。阿尾囉吽欠。」

ビルシヤナゴジシンゴン　毘盧遮那五字眞言　〔眞言〕阿、尾、囉、吽、欠の五字なり。不空譯の毘盧遮那五字眞言修習儀軌一卷あり。【餘帙一】

ビルシヤナサマヂホフ　毘盧遮那三摩地法　〔經名〕金剛頂經瑜伽修習毘盧遮那三摩地法の略名。

ビルシヤナジヤウダウキヤウ　毘盧遮那成道經　〔經名〕大日經の異名。【諸部要目】

ビルシヤナニヨライボダイシンサン　毘盧遮那如來菩提心讚　〔雜名〕大日經轉字輪品の金剛手所說の六句を稱す。「歸命菩提心。歸命發菩提。稽首於行體。地波羅蜜等。恭禮先造作。歸命證空者。」【演奥鈔四十二】に「以下六句の讚の梵本小野僧正の大日劍印の中に出せり。最極秘なり。慈覺、慧運、宗叡三師の錄に載する所の毗盧遮那如來菩提心讚是れなり。私に云く、今此の六句の中に、初の二句は菩提心爲因の句を歸命す、中に就て初の句は本有の菩提心、後の句は修生の菩提心なり。次の二句は大悲爲根本の句を歸命し、後の二句は方便爲究竟の句を歸命す。中に就て初の句は因方便、後の句

は果方便なり。又義に云く、今の六句に五箇の歸命あり。次第の如く中東南西北の五轉なり。初の三は知り易し。先造作とは西方の證菩提なり、是れ先成就の果人なるが故に先造作と云ふなり。證空とは即ち北方の入涅槃なるが故に證空と云ふなり。」

ビルシン　毘婁眞　〔人名〕王の名。譯、愛樂。【慧琳音義二十六】梵 Virucin

ビルタカ　毘盧宅迦　〔人名〕王の名。舊に毘流離王と云ふ、是なり。【玄應音義二十三】

ビルタカ　毘盧擇迦　〔天名〕又、鼻溜荼迦に作る。舊に毘瑠璃と云ふ。四天王中南方天王の名、秦に增長と譯す。「シテンワウ」を見よ。

（毘盧擇迦の圖）

ビルナ　毘樓那　〔雜名〕風の名。【探玄記二十】に「毗羅那風者。應二是毗嵐風一。此云二旋猛風一也。」「ビランン」を見よ。

ビルハシヤ　毘流波叉　〔天名〕Virūpakṣa 四天王の一、廣目天の梵名なり。

ビルボウ　毘盧帽　〔物名〕黃檗僧所用の帽子なり。「ヅキン」を見よ。

ビルリ　毘瑠璃　〔天名〕Virūḍhaka 四天王の一。「增長天の梵名なり。

ビルリ　毘琉璃　〔人名〕Virūḍhaka 國王の名。又、流離王、瑠璃王、婁勒王、維樓黎王、樓黎王、毘婁勒王など稱し、新に毗盧擇迦王、毘盧宅迦王に作る。生ずる時、琉璃寶と倶なれば毘琉璃と號し、又大夫人の讖に由つて惡生王と名く。舍衞國新に室羅伐悉地國と云の波斯匿王新に勝軍王と譯すの子、末利夫人の所生なり。父王を弑して位を嗣ぎ、又舊怨を以て迦毘羅城の釋種を滅す。【西域記六】に「毘盧擇迦王舊云二毘流離王一訛也。」【玄應音義二十三】に「毘盧宅迦王舊言二毘流離一也。」【琉璃王經】に「舍衞國王。時有二太子一。名二維樓黎一。產育之初與二琉璃寶一俱。因以爲レ號。」【毘奈耶雜事七】に「勝鬘夫人至二九月一滿。便誕二一男一。容貌端嚴。人所二樂見一。經二三七日一聚二會宗親一欲下爲二其兒一施中立名字上。乃至時大夫人謂二群臣一曰。我豈先時不レ作二是語一。觀二斯婢女一勝鬘即ち末利夫人を指す身形美觸。必當レ喪二我憍薩羅城一。大臣白言。誠有二斯語一。此子未レ生國大夫人已爲作二不祥之記一。應下與二此兒一名爲中惡生上。」

惡生王逆害　〔故事〕【西域記六】に「初勝軍王波斯匿王位を嗣ぐや、婚を釋種に求む、釋種其の非類を鄙しみて欺て 家人の女を 以て禮を重くして媿す。勝軍王立てて正后となす。其產生の男を毘盧擇迦王とす。毘盧擇迦舅氏に就いて業を受けんと欲し、此城に至て新講堂を見て中に就て駕を憩ふ。諸釋之を聞て逐ひ罵つて曰く、卑賤の婢子敢て此室に居るや、此室は諸釋の建つる所なり、佛の居るに擬すと。毘盧擇迦位を嗣ぐの後、先辱を追復し、便ち甲兵を興す。云云」【經律異相七】に釋迦畢罪經今不傳を引て「波斯匿王新に王位を紹ぎ、使を迦毘羅衞に遣て婚を求む、諸釋五百集會し皆大に瞋恚して曰く、吾家大姓、何に緣つて婢子と婚を結ばんと。時に摩訶男、諸釋に告げて曰く、波斯匿王人となり暴惡、或は能く吾國界を壞せん、時に摩訶男の婢一女を生む、面貌端正、沐浴衣被して彼の波斯匿王に與ふ、此れ我女なり、以て親を成すべしと。王喜んで此女を拜して第一夫人となす、即ち末利夫人なり後、一男兒を生む。相師を集めて名を作らしむ。相師曰く、夫人を求むる時、諸釋共に議し、與ふと、與へずと、彼此流離す、今太子を以て流離と名けんと。」此說に依れば流離は漢語なり【奈毘耶雜事七】に「劫毘羅城の釋子大名即ち摩訶男なり一婢あり、明月と名く、常に園中に出でて事を採らしむ。日日常に多華を採て鬘を結び大名に獻ず。大名之を褒し此女を號して勝鬘と曰ふ、後に此女佛世尊の城に入て乞食するに遇ひ、深く敬心を起し、自の飯食を以て之に奉施し、誓願して言く、願くば我が此福婢身を捨てて永く大富貴を獲んと。後時に彼の勝光王即ち舍衞國の波斯匿王なり出でて遊獵し、乘馬奔逸して遂に劫毘羅國に至り、彼の大名の園に入る。勝鬘之を見て種種方便して王に給事す。王其の機智に感じ之を大名に請ひて將て歸り、立て第二夫人と爲す。後に一子を生む即ち惡生太子なり。惡生王の文名前に引く後に惡生太子、大臣の子苦母太子と同日に生ると城を出てて遊獵し、劫毘羅城に至り釋迦園に入る、諸釋子大に之を辱しむ。惡生憍薩羅城に還つて左右に告げて曰く、汝等憶持し、父王沒後我れ位を紹ぐ時我に此事を告げよ。苦母曰く、善哉太子快く此語を出だす、願くば心を堅くせよ。位を紹ぐ時我當に爲に說くべし。後、惡生太子逆害の心を起し長行大臣と謀りて父波斯匿王を放逐し、自ら位を紹ぐ。此事波斯匿王の下に引く 時に苦母王に白して言く、大王諸釋子の怨を顧念するや不や。王是に於て兵を興して諸釋を滅す。【涅槃經十六】に「瑠璃太子。以二愚痴一故廢二其父王一自立爲レ主。復念二宿嫌一多害二釋種一。取二萬二千釋種諸女一。刵二劓耳鼻一斷二截手足一。推二之坑塹一。」

惡生王滅釋種往昔因緣　〔本生〕【毘奈耶雜事九】に「過去久遠世。於二羅閱祇大城中一時穀貴飢饉。乃至其時羅閱祇有二大村數百家一。名曰二吱越一。村東不レ遠有レ池名曰二多魚一。吱越村人將二妻子一詣二多魚池一。止二於池邊一捕レ魚食レ之。時捕魚人採レ魚著二岸上一。在二於陸一跳。我爾時爲二小兒一。年適四歲。見二魚跳一而喜。時池中有二兩種魚一。一種名レ㹠。一種名二多舌一。此自相謂曰。我等不レ犯レ人。橫被レ見レ食。我等後世要當レ報レ此。佛語二舍利弗一。汝識二爾時吱越村人男女大小一不。則今迦毘羅越國諸釋種是。爾時小兒者我身是。爾時㹠魚者毘樓勒王是。爾時多舌魚者今毘樓勒王相師婆羅門名二惡舌一者是。」即ち苦母なり

惡生王生入地獄　〔傳說〕【毘奈耶雜事九】に「佛、惡生王を記す、七日の後に於て猛火に焚燒せられ無間大地獄の中に墮在せんと、惡生之を聞きて大に懼怖す。苦母曰く、乞索婆羅門の如き、舍に入て乞求し物を得ざる時は其家をして種種不吉祥の事を生ぜしめんと欲す。何ぞ況や沙門喬答摩所有の親族王に誅盡せらる、寧ろ深重怨恨の言なからんや。其の惡心に隨って呪詛を爲すのみ。王若し懼るれば後園中池水の內に於て一柱樓を造り、王應に彼に詣て七日居住し日滿るの後方に城に入るべし。王便ち樓を造らしむ諸の宮人及び苦母を將て樓に昇て住す、一夜を過ぎ已り苦母王に白して言く、大王一夜已に過ぐ餘六夜在り、當に共に城に入るべしと、是の如く二三乃至七日、苦母言く、今日安穩共に城中に入らんと、時に四面忽ち雲起る諸宮人相謂て曰く、莊嚴結束して城中に往くべしと。一女あり日光珠を以て假枕の上に安じ自ら嚴飾す、雲去り天晴て日光忽ち現じ、寳珠を照觸す、便ち火出でて其の假枕を燒き、猛炎上騰し即ち樓閣を燒く。諸宮人等四散馳走し惡生苦母皆火に燒かる、身皆爛熟し俱に大號叫し、便ち無間大地獄中に墮ち、諸の極苦を受く。」【涅槃經二十】に「阿闍世王。復於二前路一聞二舍婆提毗流離王乘レ船入レ海遇レ火而死一。」【琉璃王經】に「佛言二諸比丘一。彼琉璃王。肆意惡逆。罪盛乃爾。却後七日有二地獄火一當二燒殺レ之。現世作罪便現世受。大使奏レ讖怪與レ佛同。王大恐怖乘シテレ船入レ海。冀得二自免一。停二住海中一。至二七日期盡一水中則有二自然火一出。燒二船及王一一時灰滅。」【楞嚴經八】に「琉璃大王善星比丘。琉璃爲レ誅二瞿曇族姓一。善星妄ハ二說二一切法空一。生身陷二入阿鼻地獄一。」

ビルロカ　毘樓勒迦　〔天名〕 Virūḍhaka 增長天の梵名。「「シテンワウ」を見よ。

ビルロシヤ　毘留勒叉　〔天名〕 增長天の梵名。

ビレイタ　鞞禮多　〔異類〕 Preta 餓鬼の梵名。「ヘイレイタ」を見よ。

ビロダカ　尾嚕茶迦　〔天名〕 毘瑠璃に同じ。增長天の梵名。「シテンワウ」を見よ。「廣目天の梵名。

ビロハキシヤ　尾嚕博乞叉　〔天名〕 Virūpakṣa

ビンガ　頻伽　〔動物〕 Kalaviṅka 迦羅頻迦、又は迦陵頻迦の略。鳥の名。「カリヤウビンガ」を見よ。

ビンガダ　頻伽陀　〔飲食〕 又、毘笈摩と云ふ。藥の名。【探玄記二十】に「頻伽陀藥者。具云二毘笈摩一。此云二除去一。謂能除二去毒惡一故。」【慧苑音義下】に「毗笈摩此云二普去一。謂能普二去一切疾病一也。」梵 Vigata, Vigama

ビンガビヤウ　頻伽缾　〔物名〕 缾の形頻伽鳥に似たれば名く、佛以て空の去來なく識の生滅なきに譬ふ。【楞嚴經二】に「阿難。譬如下有レ人取二頻伽缾一塞二其兩孔一。滿テレ中擎テレ空千里遠行用テ餉中他國上。識蘊當レ知亦復如レ是。阿難如レ是虛空非二彼方來一。非二此方入一。如是阿難。若彼方來者則本瓶中既貯ヨリレ空去。於二本瓶地一應レ少二虛空一。若此方入開ニシテラハレ孔倒レ瓶應レ見ノ二空出一。是故當レ知識蘊虛妄。本非二因緣一非二自然性一。」【同長水疏】に「頻伽好聲ハ鳥也。瓶形似レ彼。識陰無レ形在二有情身一如二空盛レ空。」【本朝高僧傳懷弉傳】に「晏ハ大日忍公之嗣。示以二首楞嚴頻伽瓶之喩一。弉即知レ無二空之去來一。明レ無二識之生滅一。」

ビンガラ　賓伽羅　〔人名〕 Piṅgala(Nīlanetra*) 梵志の名。譯、青目。龍樹の中觀論を釋す。【中論序】に「今所レ出者。是天竺ノ梵志。名二賓伽羅一。秦言二青目一。之所釋也。」

ビンジヤカハシヤ　頻闍訶婆娑　〔人名〕 數論外道の名。龍王より數論の義を承けて大に佛法を破し、後に頻闍訶山の石窟の內に化して石となる。【天親傳】に「佛滅後九百年中有二外道一。名二頻闍訶婆娑一。頻闍訶是山名。婆娑譯爲レ住。此外道住二此山一因以爲レ名。」梵 Vindhyavāsa

ビンダハタ　儐茶波多　〔術語〕 Piṇḍapāta 又、賓茶波底迦。賓茶夜に作る。譯、常乞食。「ブンヱ」を見よ。

ビンダハテイカ　賓茶波底迦　〔術語〕 Piṇḍa-pātika 賓茶波多に同じ。

ビンダラ　賓吒羅　〔界名〕 Piṇḍāra* 又、賓跎羅。地獄の名。譯、集欲。【普超經下】に「舍利弗。王阿闍世所レ入地獄名二賓吒羅一。秦曰二集欲一。適入尋テ出。其身不レ遭二苦惱之患一。」【可洪音義六下】に「賓跎羅地獄名也。晉云二集欲一。又云二賓頭一。」

ビンヅ　賓頭　〔界名〕 地獄の名。「ビンダラ」を見よ。

ビンヅ　賓頭　〔人名〕賓頭盧の略。羅漢の名。

ビンヅシヤラ　賓頭沙羅　〔人名〕Bindusāra 王子の名。譯、遍實。【阿育王經一】

ビンヅル　賓頭盧　〔人名〕Piṇḍola 羅漢の名。「ビンヅルハラダ」を見よ。

ビンヅルガ　賓頭盧伽　〔異類〕鬼王の名。譯、立不動。【金光明文句七】

ビンヅルキヤウ　賓頭盧經　〔經名〕請賓頭盧經の略名。

ビンヅルトラジヤキウダエンワウセツポフキヤウ　賓頭盧突羅闍爲優陀延王說法經　〔經名〕一卷、宋の求那跋陀羅譯。賓頭盧はもと優陀延王（又優塡王と云ふ。）の臣なり、旣に出家して阿羅漢果を證し、國に還て國王の爲に種種の譬喩を說て五欲の厭惡すべきを明かす。【宿帙八】（1347）

ビンヅルハラダ　賓頭盧頗羅墮　〔人名〕Piṇḍola bhāradvāja 具には賓頭盧頗羅墮誓と云ふ、略して賓頭盧又は賓頭と云ふ、十六羅漢中の第一賓頭盧尊者なり。永く世に住して白頭長眉の相を現じ名は賓頭盧姓は頗羅墮なり、又賓頭盧突羅闍と云ひ、賓度羅跋羅惰闍と云ふ。賓頭盧は不動と翻し、頗羅墮は捷疾、利根、重瞳など譯す。婆羅門十八姓中の一なり。此人もと拘舍彌城優陀延王（又優塡王と云ふ。）の臣なり、王其の精勤なるに由て出家せしめ阿羅漢果を證す、而して白衣に對して妄に神通を弄せしに依て佛の呵責を蒙り閻浮提に住するを得ず、往て西瞿耶尼洲を化せしむ、後閻浮の四衆見んとを思て佛に白す、佛還るを聽して涅槃に入るを聽るさず、永く南天の摩梨山に住して滅後の衆生を度せしむ。【元照彌陀經疏】に「賓頭盧此翻二不動一。頗羅墮眞諦翻二捷疾一。或利根。或廣語。婆羅門中一姓也。」【名義集一】に「賓頭盧翻二不動一。字也。頗羅墮姓也。本行集經翻二重瞳一。」【法住記】に「第一尊者賓度羅跋囉墮闍。乃至與二自眷屬千阿羅漢一多分住二西瞿陀尼洲一。」【雜阿含經二十三】に「時王二（阿育王なり。）見二尊者賓頭盧一。頭髮皓白。辟支佛體ナリ。乃至尊者賓頭盧以レ手舉二眉毛一視レ王言。我見二如來一於レ世無二譬類一。」《第九十八圖參照》

賓頭盧住世因緣　〔本生〕【法苑珠林四十二】に「昔有二樹提伽長者一。造二旃檀鉢一著二絡嚢中一。懸二高象牙杙上一作二是言一。若沙門婆羅門不レ以二梯杖一能得者即與レ之。諸外道知レ欲レ現二神通一挑レ頭而去。賓頭盧聞二是事一曰二目連一言。實爾不。答言實爾。汝師子吼中第一。便往取レ之。其目連懼二佛敎一不二敢取一。賓頭盧即往二其舍一入二禪定一。申レ手取レ之。依二四分律一。當時坐二於方石縱廣極大一。逐レ身飛レ空得レ鉢已テ還去。佛聞テ呵責。云何比丘爲二外道鉢一（旃檀鉢は比丘の持すべき物にあらず。）而於二未受戒人前一現二神通力一。從レ今盡形擯レ汝。不レ得レ住二閻浮提一。於レ是賓頭盧如二佛敎勅一往二西瞿耶尼一。敎二化四衆一。廣宣二佛法一。閻浮提四部弟子思レ見二賓頭盧一白レ佛。佛聽二還坐一。現二神足一故不レ聽二涅槃一。勅令下爲二末世四部衆一作中福田上。其亦自誓テ三天下有レ請悉赴。」（十誦律三十七、四分律五十一に依る。）【雜阿含經二十三】に賓頭盧自ら說て「世壽住二舍衛國一。五百阿羅漢俱。時給孤獨長者女。適在二富樓那跋陀那國一。時彼女請二佛及比丘僧一。時諸比丘各乘レ空而往レ彼。我爾時以二神力一合二大山一往受二彼請一。時世尊責レ我。汝那得レ現二神足一如レ是。我今罰レ汝。常在二於世一不レ得レ取二涅槃一。護二持我正法一勿レ令レ滅也。」【請賓頭盧經】に「賓頭盧者字也。頗羅墮誓者姓也。其人爲二樹提長者一現二神足一故。佛擯レ之不レ聽レ入二涅槃一。敕令下爲二末法四部衆一作中福田上。」

賓頭盧住處　〔雜語〕【雜阿含二十三】に「時王二（阿育王なり。）白二尊者一曰。尊者今住二在何處一。尊者答レ王曰。在二於北山一。山名二揵陀摩羅一。共二諸同梵行僧一。」【請賓頭盧經】に「請時於二靜處一燒香禮拜。向二天竺摩梨山一至心稱名言云云。」

小乘寺賓頭盧爲上座　〔故事〕【梵網經法藏疏一】に「又聞。西國諸小乘寺以二賓頭盧一爲二上座一。諸大乘寺以二文殊師利一爲二上座一。」支那の寺院もと憍陳如或は賓頭盧を以て上座とせしを、不空三藏の奏請に依て一般に文殊を以て上座とせり。【表制集二】に「伏望自レ今已後令二天下一。食堂中於二賓頭盧上一特置二文殊師利形像一以爲二上座一。詢二之聖典一具有二明文一。乃至斯乃天竺國皆爾。非二僧等鄙見一。仍請永爲二恒式一。」【一心戒文上】に「凡佛寺上座置二大小二座一。一者一向大乘寺。置二文殊師利菩薩一以爲二上座一。二者一向小乘寺。置二賓頭盧和上一以爲二上座一。三者大小兼行寺。置三文殊與二賓頭盧一兩上座一。小乘布薩日賓頭盧爲二上座一。坐二小乘次第一。大乘布薩日文殊爲二上座一坐二大乘次第一。」

食堂安置賓頭盧　〔雜語〕禪林僧堂の中央に安置する所の像を聖僧と稱す、每日食を設けて之を供す。其の像に文殊あり、憍陳如あり、空生ありて一準ならざれども多く賓頭盧を以て聖僧となす、是れ秦の道安より始まり、正しく形像を安置せしは宋末の法願法鏡等に由ると云ふ。【釋氏要覽下】に「傳云。中國僧寺立二鬼廟一。次立二伽藍神廟一。次立二賓頭盧廟一。即今堂中聖僧也。始因三道安法師夢二一胡僧頭白眉長一。語レ安云。可二時設レ食。後十誦律至。慧遠方知。和尙所レ夢即賓頭盧也。於レ是立レ座飯レ之。寺寺成レ則。法苑云。聖僧元無二形像一。至二宋

泰初末一。正勝寺僧法願。正喜寺僧法鏡等。始圖二形像一矣。今堂中聖僧多云二憍陳如一非也。緣二經律一不レ令二爲立一レ廟故。不レ赴二四天供一故。又安法師夢是賓頭盧故。」【高僧傳五道安傳】に「安常註二諸經一。恐レ不レ合レ理。乃誓曰。若所レ說不二甚遠一レ理願見二瑞相一。乃夢見二梵道人頭白眉毛長一。語レ安曰。君所レ註經殊合二道理一。我不レ得レ入二泥洹一。住二在西域一。當二相助弘通一。可二時時設一レ食。後十誦律至。遠公乃知。和尚所レ夢賓頭盧也。於レ是立レ座飯レ之。處處成レ則。」然るに吾朝に何時の頃よりか伽藍の前に之を安置し、此像を撫でて病の平癒を祈願する事となれり。【眞俗佛事偏一】に「問ふ、俗說に此像を撫でて病願を念ずと云ふ、此事ありや。答ふ賓頭盧は十六羅漢第一の尊者なり、乃至衆生の病願のみに限らん、一切の求願を遂げしめんとの本誓なり。」

賓頭盧迎王王七年失國 【故事】【四分律五十三】に世尊拘睒彌國に在り、王優陀延是れ賓頭盧の親厚の知識なり、王朝晡に常に往て問訊す、時に不信樂の婆羅門大臣あり、賓頭盧の起て王を迎へざるを見て惡心を以て王を諫止す。王曰く、明日淸且當に往くべし、若し起たずんば當に其の命を奪ふべしと。明且賓頭盧遙に王の來るを見て便ち遠く迎へ、先意問訊して言く、善來大王。王問て言く、汝今何の意を起して我を迎ふるや。答へて言く、汝の爲の故に起つ。王言く昨日何が故ぞ起たざるや。答て言く、亦汝の爲の故なり。王問ふ、云何ぞ我が爲なるや。答へて言く、汝昨日善心に來る、今日惡心を懷て來る、若し我れ起たずんば當に我が命を奪ふべし、若し我が命を奪はば必ず地獄に墮せん。若し起て王を迎へば彼れ王位を失はん、然も寧ろ王位を失はしめん、地獄に墮せしむべからず。是の故に起つのみ。王曰く、幾日か王位を失ふや。言く、却後七日必ず王位を失はん。即ち記する如く、第七日に至つて慰禪王國の波羅殊提王來て王を捉らへ七年脚を鎖して囚禁す。」【法華文句記】に「賓頭盧知二七年失一レ國。及稠禪師進否爲レ王。」

請賓頭盧法 【書名】宋の慧簡譯一卷あり、又南山の感通傳に賓頭盧を請ずる法を說く。

ビンテイ 賓抵 【人名】「ヒンチ」を見よ。

ビンナヤカ 頻那夜迦 【異類】Vināyaka 惡鬼の名。「ビナヤキヤ」を見よ。

ビンナヤカテンギキキヤウ 頻那夜迦天儀軌經 【經名】金剛薩埵說頻那夜迦天成就儀軌經の略名。

ビンバ 頻婆 【植物】Bimba 又、頻螺、頻羅婆、避邏、頻蠡に作る。赤色の果實なり。【華嚴入法界品】に「脣口丹潔如二頻婆果一。」【慧苑音義下】に「頻婆果者。其果似二此方林檎一。極鮮明赤也。」【玄應音義】に「頻婆果此譯曰二相思一。」【同二十三】に「毗羅婆果。亦云二頻螺果一。或言二避邏果一。皆訛也。果形金色如二甘子一。大西國祠レ天多用二此木一作レ幢莊嚴供養也。」【瑜伽畧纂二】に「頻螺果者頻婆果也。此吉祥果也。」【同倫記二上】に「頻蠡果者。頻婆果也。其形似レ枳。其中囊內如二髆金色一。」⊙(榮花、玉の臺)「御脣は頻婆果のごとし」

ビンバ 頻婆 【雜語】Vimvara 頻婆羅の略。數量の名。譯、十兆。【大集日藏經三】に「頻婆人。」

ビンバクワ 頻婆果 【植物】頻婆樹の果實。

ビンバシヤラ 頻婆娑羅 【人名】Bimbisāra 佛在世摩竭陀國王の名。又洴沙、瓶沙、萍沙に作る。新に頻毘娑羅と云ふ。古に顏色端正模實など譯す、模實は身模充實の義なり、又形牢と譯す。玄奘は影堅、義淨は影勝と譯す。深く佛法に歸し善根を積むと多かりしも、終に逆子阿闍世王の爲めに幽囚せられ、幽中佛の光明に照らされて阿那含果を證して死せり。【頻婆娑羅王請佛供養經】に「摩竭國王頻婆顏色娑羅端正。」【阿育王經二】に「頻毘娑羅翻二模實一。」【玄應音義三】に「洴沙。正言二頻婆娑羅王一。或言二頻毘一。此譯云二形牢一。一云。頻毘此云二顏色一。娑羅此云二端正一。或云二色像殊勝一。」【同十四】に「瓶沙王此言訛也。是摩伽陀國王也。」【西域記七】に「頻毘娑羅唐言二影堅一。舊曰二頻婆娑羅一訛也。」【毘奈耶雜事二十】に「影勝。梵云二頻毘娑羅一。」【有部毘奈耶四十五】に「摩揭陀國王舍城王名曰二影勝一。」【毘奈耶雜事二十】に「王舍城中有レ王名曰二大蓮華一。乃至大蓮華王告二衆人一曰。我子生時。如二日光影一。乾坤洞照。勝妙希奇。應下與二我子一名曰中影勝上。梵云頻毘娑羅」

頻婆娑羅王爲佛最初檀越 【故事】【涅槃經二十九】に「善男子、我れ初めて出家して未だ阿耨多羅三藐三菩提を得ざる時に頻婆娑羅王使を遣して言く、悉達太子若し聖王とならば我當に臣屬すべし、若し家を樂はず阿耨多羅三藐三菩提を得ば願くは先づ此王舍城に來至して法を說き人を度して我が供養を受けよと。我れ時に默然として已に彼の請を受く。乃至我れ時に信に赴き彼の王の請を受け王舍城に詣る、未だ中路に至らざるに王無量百千の衆と悉く來て奉迎す、我れ爲に法を說く、法を聞き已て欲界の諸天八萬六千阿耨多羅三藐三菩提心を發し、頻婆娑羅王將る所の管從十二萬人須陀洹果を得、無量の衆生忍心を成就す。」

【智度論三】に「頻婆娑羅王伽耶祀舍中に至り佛及び結髪を除ける千の阿羅漢を迎ふ、佛此中に於て王の爲に法を説き、須陀洹道を得たり。即ち佛を請して言く、願くは佛及び僧我が王舍城に就き形壽を盡して衣服飲食臥具醫藥を受けよ、佛即ち請を受く。」

毘婆娑羅王幽死 【故事】【增一阿含經八】に「提婆達兜惡人便ち婆羅留支（阿闍世の別名）の所に往き告て言く、昔民崩の壽命極めて長く、如今の人壽は百年に過ぎず、王子當に知るべし人命無常なり、終に位に上らずして中ろ命終せば亦痛しからずや、王子時に父王の命を斷て國人を統領すべし、我れ今當に沙門瞿曇を殺して無上至眞等正覺となるべし。摩竭陀國界に於て新王新佛とならば亦快からずや、日の雲を貫て照さざる所なきが如く、月の雲消て衆星の中に明かなるが如しと。爾の時婆羅留支王子即ち父王を收めて鐵牢の中に著け更に臣佐を設て人民を統領す。又、【十誦律三十六、毘奈耶雜事十七、涅槃經三十四】等に出づ。【觀無量壽經】に「王舍大城有二一太子一。名二阿闍世一。隨二順調達惡友之敎一。收二執父王頻婆娑羅一。幽閉置二於七重室內一。制二諸群臣一。一不レ得レ往。乃至有二五色光明一從二佛口一出。一一光照二頻婆娑羅頂一。爾時大王雖レ在二幽閉一。心眼無レ障。遙見二世尊一。頭面作禮。自然增進成二阿那含一。」

頻婆娑羅夢 【傳説】【寄歸傳一】に「頻婆娑羅王。夢見下一氎裂爲二十八片一。一金杖斬爲中十八段上。怖而問レ佛。佛言。我滅度後一百餘年。有二阿輸迦王一。威加二贍部一。時諸苾芻。敎分二十八一。趣二解脱門一。其致一也。此即先兆。王勿レ見レ憂耳。」

ビンバシヤラワウキヤウ 頻婆娑羅王經 【經名】一卷、趙宋の法賢譯。王來て佛を見る、佛優樓頻螺迦葉をして衆の疑事を釋せしむ。即ち中阿含頻鞞娑邏王迎佛經の別譯なり。【昃帙八】(900)

ビンバチヤウ 頻婆帳 【物名】頻婆は身影の義又頻婆は果の名、此の帳の色彼に似たるなり。【慧苑音義上】に「頻婆此云二身影質一。此帳上莊嚴具中能現二一切外質之影一也。或曰。頻婆鮮赤果名。此帳似レ之故以名レ之。」

ビンバラ 頻婆羅 【雜語】頻跋羅。新に毘婆訶と云ふ。數量の名。此方の十兆に當る。【玄應音義一】に「頻婆羅。按二佛本行經一云。頻婆羅此數當二十兆一也。」【同二十一】に「頻跋羅。」【俱舍頌疏世品五】に「十大阿芻婆爲二毗婆訶一。」梵 Vimvara

ビンバラ 頻婆羅 【物名】香の名。【慧苑音義上】に「頻婆羅香。或色鮮赤。或能現レ影。準二前釋帳一。」「ビンバチヤウ」を見よ。

ビンバラ 賓鉢羅 【植物】Pippala 畢鉢羅の異稱、樹の名なり。【付法藏傳一】に「迦葉辭二如來一往二耆闍崛山賓鉢羅窟一。」「バシヤラ」を見よ。

ビンビシヤラ 頻毘娑羅 【人名】王の名。「ビンバシヤラ」を見よ。

ビンビシヤラ 頻毘娑羅 【經名】經名なり、俱舍論三十卷に出づ。【同光記三十】に「頻毘此云レ圓。娑羅此云二員實一。」

ふ

ビンラ 頻螺 【植物】又、頻蠡。果の名。「ビンバ」を見よ。

ファクシ 不惡口 【術語】十善の一。麁獷の惡言を發して他人を罵辱せざるなり。

ファン 普菴 【人名】禪林或は普菴の像を佛殿の背後に安ず。普菴は臨濟十二世の孫、牧菴忠禪師の法嗣なり、名は印肅、普菴と號す、宋の孝宗乾道五年入寂、初め師、化を袁洲の南泉山に振ふ、道場の盛なる天下に甲たり。沒後靈あり、凡そ禱るとあればその應、響の如し。元朝に大德慧慶の號を加贈す、依て慧慶禪師と號す。後に元の仁宗延祐年中南康の沙門宗璁姑蘇城の西五里許を相して慧慶禪寺を創す、無量壽閣を建てて佛及び五百尊者の像を祠り、閣後に普光明殿を作り、此に普菴の像を安ず、士民翕然として冥應を求むと云ふ。【普菴肅禪師錄、天如則禪師錄、吳郡慧慶禪寺記】（象器箋三に引く。）

ファンワウ 普安王 【人名】昔五王あり共に相ひ往來す、其最大なる者を普安と字し、菩薩の行を習ふ、餘の四小王は常に邪行を習ふ。大王之を度せんと欲し四王を呼で共に娛樂すると七日、還るに及んで四王に語て言く、卿等各所樂の事を說け。一王言く、我願欲レ得三陽春三月樹木榮華遊二戲原野一。一王言く、我願得レ欲下常作二國王一。鞍馬服飾樓閣殿堂、官屬人民圍二繞左右一。晃晃昱昱推レ鐘鳴レ鼓出入行來路人傾上目。一王言く、願得二好婦好兒端正無雙。互相娛樂。極情快樂一。一王言く、願我父母常在多有二兄弟妻子一羅二列好衣美食一以恣二其口一。素琴淸衣共相娛樂。四王俱王一一に其の長久の樂事にあらざるを說く。四王俱に問ふ、王何事を樂む。王言く、我樂二不生不死不苦不樂不饑不渴不寒不熱存亡自在一。此是我樂と。是に於て五王共に佛所に詣る、佛爲に、八苦を說く、諸王及び侍從百千萬人皆須陀洹果を證す。【五王經、法

華文句記三」

ファンヲンゴフ 不安穩業 [術語] 安穩業の對。不善業のこと。好ましからぬ苦報を受くる因なるが故に此名あり。

フイチサイキシヤウシヤイン 怖一切爲障者印 [印相] 右手を以て拳を作り、風指(第二指)を舒べて之を直竪し、此印を以て眉間に當つるなり、即ち毘俱胝の形を作す。其の面忿怒の如くして心一境に住して動かざるなり。故に經に以二毘俱胝形一住二於等引一と云ふ。此一切佛の大印能く如來威猛一切の力を現ず、一切の障難を爲す者を恐怖して其をして降服せしめ、亦能く一衆生の所願を與ふ、如來菩提道場にして此印を以て能く諸魔を降すなり。

フイン 普印 [印相] 金剛合掌の異名なり。綏く兩掌を合して十指の頭を交叉するを金剛合掌とす、此合掌は一切の印相に代用すれば普印と名く。又五指は即ち五智なり、一切の印は五智印を出でざれば普印と名くと云ふ。【行法肝要鈔上】に「鑁口決云。普印者師云。一切印代二用此印一。故云二普印一也。又五指即五智也。一切印不レ出二五智印一。故云二普印一也。」

フインカイ 不婬戒 [術語] 在家の八戒及び諸の出家の中に皆之あり。一切婬事を離るるなり。在家の五戒の中に在るは不邪婬戒にして、只邪婬を禁ずるのみ。

フウカイ 風界 [術語] 四界の一。風の自性を風界とす、界とは性の義、持の義、差別の義なり。一切の物質を造作する四元素の一なり。動を性とし他を增長せしむるを業とす。【俱舍論一】に「地水火風能持二自相及所造色一。故名爲レ界。乃至風界能長。乃至風界動性。」

フウカウ 風航 [譬喩] 順風に乘ずる船なり。以て淨土門の易行に譬ふ。【往生論註上】に「此無量壽經優婆提舍、蓋上衍之極致不退之風航者也。」

フウサイ 風災 [術語] 大の三災の一。一大劫中の第三期壞劫の末に(成住壞空の四中劫を合して一大劫とす。)起て世界を蕩盡する大風災なり、三災中最も災害の廣大なるもの。下は無間地獄より上は色界の第三禪天に至る。

フウサイ 風際 [雜名] 風輪の際底なり。風輪は即ち世界の最底なり、凡そ一世界の成立は虛空の上に風輪を生じ風輪の上に水輪を生じ、水輪の上に金輪を生じ、以て漸く須彌四洲を生ずるなり。「フウリン」を見よ。

フウサンマイ 風三昧 [術語] 具に風奮迅三昧と云ふ。大風を起す禪定なり。【止觀一】に「阿難入二風三昧一。四二派其身一。」【同輔行】に「尊者默然即入二三昧一。名二風奮迅一。」

フウシキ 風色 [譬喩] 風に色なし以て物の無なるに譬ふ。【成實論二】に「世間事中。兎角龜毛壚香風色等是名レ無。」

フウゼンノソク 風前燭 [譬喩] 「フウソク」を見よ。

フウゼンノトウ 風前燈 [譬喩] 「フウトウ」を見よ。

フウソク 風燭 [譬喩] 風前の燈燭なり、以て物のはかなきを譬ふ。【西域記八】に「世間富貴。危甚二風燭一。」【往生講式】に「一生是風前之燭。萬事皆春夜之夢。」

フウタイ 封體 [術語] 或る物體に秘法を以て神佛の神靈を封じ込めし者を云ふ。

フウダイ 風大 [術語] 四大の一。物質を造作する四元素の一なり。動を性とし、長を業とす。

フウダン 風壇 [術語] 風は動の義、隨處本尊となすを風壇と云ふ。【密門雜抄】

フウチユウトウ 風中燈 [譬喩] 世間の轉壞人命の無常を風中の燈火に譬ふる也。【智度論二十三】に「無レ有二世間轉壞如二風中燈一。」【方廣大莊嚴經五】に「無二堅實一如二風中燈一。如二水上泡一。」【坐禪三昧經】に「誰能知二死時一。所趣從二何道一。譬如二風中燈不レ知二滅時節一。」

フウヂヤウ 風定 [術語] 風三昧なり。

フウテン 風天 [天名] 金剛界曼荼羅中四執金剛神の一。曼荼羅の西南角に位す、幢幡を三摩耶形とし、𑖪字を種子とす、𑖪字は風大の種子なり。図金剛界曼荼羅の外金剛部二十天の一衆なり。西方に位す。図胎藏界曼荼羅の外金剛院中の一衆、最西北に位す。【大日經疏五】に「最西北隅置二護方風天眷屬一。」【同十】に「風神眞言曰。嚩也吠。即以二本名一爲二眞言一也。以二嚩字一爲レ體也。」【同義釋七】に「嚩、野吠。野吠即是風之正音。以二嚩字一爲二眞言體一。」(眞言體とは種子の事。)【秘藏記末】に「風天赤黑色。持二幢幡一。右手持レ杖。上半月形。左手安レ腰。」【陀羅尼集經十二】に風天の印咒法あり。

(風天の圖)

フウトウ 風刀 [譬喩] 命終の時、體中の風大動搖して身を支解す、其の苦利刀を以て刺すが如きを風刀と云ふ。【止觀四】に「年時稍去。風刀不レ奢。豈可三晏然坐待二酸痛一。」【同輔行】に「言二風刀一者。人命欲レ

盡。必爲二業力散風所一レ解。如レ解二精嚢一使二息風不一レ續。如レ解二溝瀆一使二血脉不一レ流。如レ解二機關一使二筋節不一レ應。如レ解二火炬一使二煖氣滅盡一。如レ解二坏器一使二骨内分離一。」【釋氏要覽下】に「正法念經云。命終時刀風皆動。如三千尖刀刺二其身上一。顯宗論云。爲レ人好發レ言。譏三刺他人一。隨二實不實一傷三切人心一。由レ此當レ招二風刀之苦一。」

フウトウ　風燈　〔譬喩〕風中の燈火なり、以て世相の無常に譬ふ。【止觀七】に「口若二春蛙一。心如二風燈一。」【萬善同歸集五】に「無常迅速念念遷移。石火風燈。逝波殘照。露華電影。不レ足レ爲レ喩。」

フウバン　風幡　〔地名〕【傳燈錄五六祖章】に「儀鳳元年南海に屆り、印宗法師法性寺に於て涅槃經を講ずるに遇ふ。師廊廡の間に寓止す、暮夜、風刹幡を颺ぐ、二僧の對論を聞く。一は云く幡動、一は云く風動、往復酬答未だ曾て理に契はず。師曰く、風幡動に非ず、動は自心耳、印宗竊に此語を聞き竦然として之を異とす。【無門關第二十七則】に「非風非幡。」依て世俗、僧德を稱するに「論妙二風幡一。法傳二衣鉢一。」と云ふ。妙立の寫懷の詩に「不下以二風幡一屬中死灰上。由レ何昔日上二天台一。」（和語雜錄八）

フウフンジンザンマイ　風奮迅三昧　〔術語〕猛烈の風を起して支體を分散する三昧なり。【止觀一】に「阿難河中入二風三昧一。四派二其身一。」【同輔行】に「尊者默然即入二三昧一。名二風奮迅一。分レ身四派。」【法華文句二】に「於二恒河中一入二風奮迅三昧一。分レ身爲二四分一。」

フウホフウ　普雨法雨　〔譬喩〕普く法雨を雨して諸の草木を潤すなり、佛の說法を雨に譬ふるなり。【法華經化城喩品】に「唯願天人尊。轉二無上法輪一。擊二于大法鼓一。而吹二大法螺一。普雨二大法雨一。度二無量衆生一。」⊙（拾玉）「それも霑あまねき法の雨なればえぞが千島の松の下草」

フウリヤウ　風鈴　〔物名〕第十八祖伽耶舍多、十七祖僧伽難提に就て出家す、他時風殿前の銅鈴吹く聲を聞く、難提迦耶に問て曰く、鈴鳴る耶風鳴る耶、伽耶答て曰く風に非ず鈴にあらず我心鳴る耳。【傳燈錄二僧伽難提章】此事六祖の風幡と意同じ。

フウリン　風輪　〔雜名〕此世界の最下底にて、風輪の下は何もなき虛空なり、但し後の三輪に準じて之を空輪と名け、合せて四輪となす。【俱舍論十一】に「先於二最下一依三止虛空一有二風輪生一。廣無數。厚十六億踰繕那。」虛空とは即ち空輪なり、此空輪の上に風輪生じ、風輪の上に水輪生じ、水輪の上に金輪生じ、上に九山八海あるなり。輪とは其形の横に圓く且つ其體質の堅實なるに取て名けしなり。【俱舍論十二】に「如レ是風輪其體堅密。假令有二一大諾健那一以二金剛輪一奮レ威懸擊。金剛有レ碎風輪無レ損。」⊙（盛衰記十四）「風輪の上に水輪あり」

フウリンサイ　風輪際　〔雜名〕風輪の際限なり、是れ一世界の最底下なり。

フウリンザンマイ　風輪三昧　〔術語〕五輪三昧の一。行者禪定を修めて、相似智慧を起すに、風の空をゆきて、礙りなく、萬物を動かし、又破壞するが如く、智慧礙りなく、出世の善根を發し、又一切の煩惱を破するが故に此名あり。

フウリンダン　風輪壇　〔雜名〕壇場の半月形なるを云ふ。【諸部要目】

フウン　浮雲　〔譬喩〕維摩經十喩の一。【經方便品】に「是身如二浮雲一。須臾變滅。」

フエウキヤウ　普曜經　〔經名〕八卷、西晉の竺法護譯。方廣大莊嚴經と同本にして品に開合あり。【宙帙四】（160）

フエツ　不悅　〔術語〕有情の異名。【俱舍光記三十】に「或謂二有情一。有二情識一故。或名二不悅一。劫初時人見二地味等沒一心不レ悅故。從レ此爲レ名。」

フオウシユホフ　不應取法　〔雜語〕金剛般若經に「不レ應レ取レ法。不レ應レ取二非法一。」是れ共に一片に打成して之を放下するを佛道の至極とす。⊙（新後撰）「吉野山分きて見るべき色もなし、雲も櫻も春風ぞ吹く」

フオウシユホフフオウシユヒホフ　不應取法不應取非法　〔雜語〕法をも取るべからず非法をも取るべからずとなり、不可得の正見を明かすなり。【金剛經】に「是故不レ應レ取レ法。不レ應レ取二非法一。以二是義一故如來常說。汝等比丘知三我說法如二筏喩一者。法尙應レ捨何況非法。」⊙（續拾遺）「人の身も我身も空し空蟬のたが浮世とて音をば鳴くらん」

フオンジユカイ　不飲酒戒　〔術語〕在家出家比丘菩薩等の一切の戒中に必ず此戒を列ぬ。茅尖の滴だも之を制するなり。

フカイビヤウドウ　普皆平等　〔雜語〕佛眼を觀ずれば一切衆生普く皆平等なりとなり。【法華經藥草喩品】に「我觀二一切一普皆平等。無レ有二彼此愛憎之心一。」⊙（拾玉）「けふの空にあまねくそそぐ雨の色はみな人ごとに心にぞしむ」

フカウ　不可有　〔術語〕七有の一。地獄有の異名。不可は即ち不是と言ふ如し、地獄の果報不是なれば名く、有とは果報の總名なり。「ウ」を見よ。

フカウセカイ　浮香世界　〔界名〕⊙（太平記）

に「浮香世界」衆香世界の誤。

フカキ　不可棄　〔人名〕小乘化地部の祖。傳說によれば、生時母之を井中に棄てしを父に救はれたるが故に名づくと。初め波羅門にして外道の諸義に通じ、後、佛敎に入りしと。

フカク　不覺　〔術語〕一切衆生、自己心性の平等覺悟を不覺と名く。一切の凡夫地是なり。不覺の爲の故に業を造り、生死の果を受くるなり。【起信論】に「所レ言不覺義者。謂不三如レ實知二眞如法一一。故不覺心起而有二其念一。」

フカクゲンギヤウヰ　不覺現行位　〔術語〕十地の中の前二地を云ふ。この位は聖者の位なれども、なほ自然任運に煩惱起るが故に此名あり。

フカクサリウ　深草流　〔流派〕淨土宗、西山派の一流。圓空を派祖とす。圓空、深草に眞宗院を創して念佛を弘む。故に其の系統を深草流と云ふ。

フカクナイエリウムゲホウジユ　不覺內衣裏有無價寶珠　〔雜語〕法華經七喩の一。衆生本有の佛性を知らざるに譬ふるなり。【法華經五百弟子授記品偈】に「譬如二貧窮人一。往至二親友家一。其家甚大富。具設二諸餚饍一以二無價寶珠一繫二著內衣裏一。默與而捨去。時臥不二覺知一。乃至更不レ覺三內衣裏有二無價寶珠一。與レ珠之親友。後見二此貧人一苦切責レ之已。示以二所レ繫珠一。貧人見二此珠一其心大歡喜。」◉（後拾遺）「さきがたきみ法の花に置露やがて衣の玉となるらん」

フカクフチフキヤウフフ　不覺不知不驚不怖　〔雜語〕法華經七喩の中の火宅喩に宅內の小子宅の焚燒を知らざるを說ける文なり。【法華經譬喩品】に「而諸子等於二火宅內一樂二著嬉戲一。不レ覺不レ知不レ驚不レ怖。火來逼レ身。苦痛切レ已。心不二厭患一。無二求レ出意一。」◉（風雅）「おどろかでけふも空しく暮れぬなり哀らき身の入相のそら」

フカケンウタイシキ　不可見有對色　〔術語〕三種色の一。色法十一の中に眼等の五根（內の勝義根を指す。）と聲香味觸の四塵との九法は眼所見にあらざれば不可見と云ひ、極微所成なれば有對色と云ふ、對とは對待障礙の義なり。

フカケンムタイシキ　不可見無對色　〔術語〕三種色の一。色法十一の中に無表色の一法あり、是れ眼見にあらざれば不可見と云ひ、極微所生の法なれども極微所成の法にあらざれば無對と云ふ。

フカシギ　不可思議　〔術語〕或は理の深妙、或は事の希奇、心を以て思ふべからず、言を以て議すべからざるなり。【法華玄義序】に「所レ言妙者。妙ハ名二不可思議一也。」【維摩經慧遠疏】に「不可思議者。經中亦名二不思議一也。通釋是一。於レ中分別非レ無二差異一。據レ實望レ情名二不思議一。據レ情望レ實名二不可思議一。」【嘉祥法華義疏三】に「智度論云。小乘法中無二不可思議事一。唯大乘法中有レ之。如下六十小劫說二法華經一謂中如二食頃一。」【維摩經序】に「罔レ知レ所二釋然一而能然者不思議也。」【同注經一】に「生曰。不可思議者。凡有二二種一。一曰理空。非二惑情所レ測。二曰神奇。非二淺識所レ量。」

四種不可思議　〔名數〕【增一阿含經十八】に「有二四不可思議事一。非三小乘所二能知一。云何爲レ四。世界不可思議。衆生不可思議。龍不可思議。佛土境界不可思議。」

五種不可思議　〔名數〕【智度論三十】に「經說二五事不可思議一。謂衆生多少。業果報。坐禪人力。諸龍力。諸佛力。於二五不可思議中一佛力最不可思議。」【淨土論註下】に「諸經統言有二五種不可思議一。一者衆生多少不可思議。二者業力不可思議。三者龍力不可思議。四者禪定力不可思議。五者佛法力不可思議。」

フカシギ　不可思議　〔人名〕唐の靈妙寺の沙門名は不可思議、善無畏三藏の弟子なり、大日經第七卷供養次第法を釋す。世に不思議疏と云ふ。【不思議疏上】に「小僧不可思議。多幸面二諮和上一。所レ聞法要隨レ分抄記。」

フカシギキヤウ　不可思議經　〔經名〕不可思議解脫經に同じ。華嚴經の異名なり。【智度論三十三】に「佛爲二諸大菩薩一說二不可思議經一。舍利弗目連在二左右一而不レ得レ聞。以レ不レ種下聞二大乘行法一因緣上故。」

フカシギクワウニヨライ　不可思議光如來　〔佛名〕阿彌陀如來の德號なり、無量壽經の十二光佛の中の難思無稱の二種を取て不可思議光佛の名を立つ。鸞師の【讚彌陀偈】に「南無不可思議光。一心歸命稽首禮」是れ立名の初なり。【寶積經如來會上】に十四光を列ぬる中に不可思議の名あれども、此は唐代の譯なれば讚彌陀偈より後の事なり。【敎行信證五】に「謹按二眞佛土一者。佛者則不可思議光如來。土者亦是無量光明土也。」

フカシギゲダツキヤウ　不可思議解脫經　〔經名〕維摩經の異名なり、此經不可思議解脫の法門を明かせばなり。【經首】に「維摩詰所說經。一名二不可思議解脫一。」図　華嚴經の異名なり。【智度論三十三】に「不可思議解脫經中廣說。」【同一百】に「又有二不可思議解脫經十萬偈一。」【探玄記一】に「良爲下此經所說之法皆一攝二一切一。無中不二悉是不思議解脫一。故以爲レ名。」【華嚴經大疏鈔三】に「四從レ法彰レ名。如二智

論釋囑累品一名二此經一爲二不思議解脫經一」

フカシギゲダツホフモン　不可思議解脫法門　〔術語〕解脫とは三昧の異名なり、三昧の神用互細相ひ容れ變化に隨ひ法に於て自在無礙、一切の繫縛を離るれば解脫と云ふ。維摩經不思議品に明かす所の一端なり。又華嚴一部の所明ニ多無礙の法相總て是なり。【維摩經不思議品】に「維摩詰言。唯舍利弗。諸佛菩薩有二解脫一名二不可思議一。若菩薩住二此解脫一者。以二須彌之高廣一內二芥子中一無レ所二增減一。須彌山本相如レ故。而四天王忉利諸天不レ覺不レ知二己之所一レ入。唯應レ度者乃見三須彌入二芥子中一。是名二不可思議解脫法門一。又以二四大海水一入二一毛孔一。不レ嬈二魚鼈黿鼉水性之屬一。而彼大海本性如レ故。」【註一】に「什曰。解脫亦名二三昧一。亦名二神足一。或令二脩短改一レ度。或互細相容。變化隨レ意。於レ法自在。解脫無礙。故名二解脫一。能者能然。物不レ知二所以一。故曰二不思議一。」

フカシギソン　不可思議尊　〔佛名〕阿彌陀如來の德號なり。【贊阿彌陀佛偈】に「稽首不可思議尊。」「フカシギクワウニヨライ」を見よ。

フカシヤ　補羯娑　〔雜名〕Pulkasa, Paulkasa 又、卜羯娑に作る、婆に作るは誤なり。賤種族の名。糞穢を除く賤人なり。不信因果の邪人なり。【慧琳音義五】に「補羯娑。上博母反。中居謁反。下桑何反。此譯云下邊地下類不信因果殺生劫盜愛二樂邪見一人上也。」【同二】に「補羯娑。梵語此云二垢濁種一。即邊鄙惡業不信因果之人。」【瑜伽倫記三上】に「卜羯娑者亦云二補羯娑一。除二糞穢一家也。」【可洪音義一】に「補羯娑亦云二卜羯娑一。唐言二除糞擔死屍等一。鄙賤種類也。」【唯識了義灯二本】に「補羯娑典獄也。」

フカシヨウチ　不可稱智　〔術語〕佛の智慧を云ふ。衆多無量にして說き盡す能はざるが故に稱す。

フカセツ　不可說　〔術語〕眞理は證知すべし、言說すべからず、涅槃經に四種の不可說を說く、天台以て四敎の理を明かす。「シフカセツ」を見よ。

フカトク　不可得　〔術語〕空の異名なり。諸法の空無にして所得の實體なきを云ふ。【智度論五十二】に「空中前際不可得。後際不可得。中際不可得。」【涅槃經德王品】に「一切諸法本性自空。何以故。一切法性不可得故。」【釋籤二】に「不可得即是理也。」

三世心不可得　〔名數〕【金剛經】に「須菩提。過去心不可得。現在心不可得。未來心不可得。」【同略疏】に「過現未三俱不可得。蓋過去已滅。未來未生。現在不住。」密敎には之に遮情表德の二義を立つ。其の遮情の義は上の顯敎の所說の如し。其の表德の義は諸法は迷悟不二萬德輪圓の故に一として別相なければ不可得と云ふ。故に是れ中道實相の異名なり。所謂台家の妙空圓空なり。【大日經疏七】に「一一字門皆言二不可得一者。爲明二中道實相義一故。」

フカトククウ　不可得空　〔術語〕十八空の一。言亡慮絕のところに立てたる空の義。萬有の眞相は有にもあらず、また吾人の思惟するが如き空にもあらず、言語思慮を超へたる所を假に空と名くるなり。之を不可得空と云ふ。

フガイ　不害　〔術語〕大善地法の一。十一善心所の一。心所の名。他の不利なることをなさず、他を損惱せざる精神作用を云ふ。唯識宗にては、無瞋の作用の上に假に名けたるものとす。

フガラ　富伽羅　〔術語〕Pudgala「フトガラ」を見よ。

フキ　赴機　〔術語〕衆生の機根に應じて法を說くを云ふ。應病與藥に同じ。

フキゴ　不綺語　〔術語〕十善の一。汚雜の語、巧佞の辯を作さざるなり。

フキホフニン　不起法忍　〔術語〕又、無生法忍と云ふ。不起は即ち無生なり。見惑を斷じて空理を生ずるを無生法忍を得ると云ふなり、空理は無生無起なれば無生法又は無起法と云ひ、忍とは此無生無起の空理を忍可決定するなり。【維摩經佛國品】に「逮二無所得不起法忍一。」【同注】に「肇曰忍即無生慧也。以三能堪二受實相一故以レ忍爲レ名。得二此忍一則無レ取無レ得心相永滅。故曰二無所得不起法忍一也。」【幻士仁賢經】に「離二八十垢一得二不起法忍一。」

フキヤウ　諷經　〔儀式〕音聲を調へて經文を諷誦するなり、もと婆羅門の法なりしを佛亦比丘に之を許す、即ち梵唄是なり。之を能くする者を經師と稱し、梁の僧傳に經師の一科を設けたり、元亨釋書音藝志中に亦經師の一科を存せり。禪家に諷經と云ふ。「フギン」を見よ。

フキヤウ　不輕　〔本生〕不輕比丘又は不輕菩薩と云ふ。出家沙門の形相なれば比丘と云ひ、大乘菩薩の根性なれば菩薩と云ふなり。具には常不輕と名く。此比丘常に不輕の行を修せしに依て常不輕の稱を受く、即ち釋迦佛往古の前身なり。「ジヤウフキヤウボサツ」を見よ。

不輕の行　〔術語〕常不輕比丘の行に倣ひて途中の人を禮拜し「己我不敢輕慢汝等皆當作佛」と唱ふるを不輕の行と云ふ。古代吾朝の僧此行を修せし者多かりき。

フキヤウアクシユグワン　不更惡趣願　〔術語〕阿彌陀佛四拾八願中の第二、彼國に生るる者をして更に惡道に墮せしめずとの願なり。【無量壽經

上】に「設我得レ佛。國中人天。壽終之後。復更二三惡道一者不二取正覺一。」

フキヤウホン 不輕品 [經名] 常不輕菩薩品の略稱。

フキヤウボサツホン 不輕菩薩品 [經名] 常不輕菩薩品の略稱。法華經二十八品中第二十品の名。不輕菩薩の行績を說く。

フギ 賻儀 [雜語] 他家に死人ある時、費用を補助する爲に贈る錢財。俗に云ふ葬式見舞なり。

フギキヤウ 普義經 [經名] 普法義經の略名。

フギセツ 不疑殺 [術語] 三淨肉の一。此肉は我が爲に殺せしに非ざる歟の疑念なき淨肉なり。

フギヤウニギヤウ 不行而行 [術語] 故さらに行ずる心なくして自ら行に契ふを不行而行と云ふ。【大日經疏一】に「住二此乘一者。以二不行一而行。以二不到一而到。」【往生論註下】に「眞如是諸法正體。體レ如而行則是不行。不行而行名二如實修行一。」

フギヤラ 補伽羅 [術語] Pudgala 又、福伽羅。「フトガラ」を見よ。

フギン 諷經 [儀式] 禪家に佛前の勤行を諷經と云ふ。總て祈禱回向の爲なり。

六諷經 [名數] 每月兩回六度の諷經あるなり。初二日は土地堂、初三日は祖師堂、初四日は火德神、初五日は韋天將軍、初六日は普菴禪師、初七日は鎭守堂なり。十六日より二十一日に至る亦上の次第の如し、是れ皆其の恩を報ぜん爲なり、此方禪林の通規なれども何人が創制せしかを知らず。【象器箋十三】

每日三時諷經 [儀式] 即ち三時の勤行なり。粥罷と齋罷と放參罷との三時に佛殿に上て諷經す、是れ天下太平檀信安穩を祈る爲なり。

日中諷經 [儀式] 即ち三時諷經の日中なり。【日工集】に「府君赴二西芳精舍一。臨齋。君就二于僧堂一。聽三衆僧誦二金剛經一云。每寺如レ是乎。余曰。日本號二日中諷經一者。昔爲二外國敵來襲一建長寺始誦二法華普門品一。爾來每寺或誦二金剛、法華、圓覺等經一。今天龍臨川等則以二南禪一爲レ準。等持則讀二圓覺經一。君信心增發形二於面貌一。」

半齋諷經 [儀式] 早粥已に過て午齋未だ及ばず、其の中間に在て諷經するを半齋諷經と云ふ。

臨齋諷經 [儀式] 午齋の時に臨で諷經するなり。祖師の諷經は半齋に行ひ、亡者の爲の諷經は臨齋に之を行ふと云ふ。

結緣諷經 [儀式] 開山忌及び歷代の祖忌に鄕人或は江湖の僧來て經咒を擧ぐるを結緣諷經と云ふ。今時僧俗の葬式に他僧の參加するを諷經と稱するは結緣諷經に就て言ふなり。

フク 諷供 [儀式] 經を諷し僧を供養するなり。

フク 浮孔 [譬喩] 浮木の孔なり。【止觀五】に「盲龜由レ何上値二浮孔一。墜芥豈得三下貫二針鋒一。」「カメ」を見よ。

フク 普供 [儀式] 普供養の略稱。

フク 覆 [術語] 小煩惱地法の一。廿隨煩惱の一。心所の名。名譽の墮ちんことを恐れて自ら造りし罪を、覆ひかくす精神作用を云ふ。

フクイン 福因 [術語] 福德の果を感ずる業因なり。即ち布施等の善根功德を該稱す。【福力太子因緣經一】に「若諸有情修二福因一。所獲福果又極勝。」

フクウ 不空 [人名] 三藏法師の名。梵名阿目佉跋折羅 Amoghavajra 此に不空金剛と言ふ、略して只不空と云ふ、もと北天竺の婆羅門族なり、幼にして父を失ひ、叔父に隨て東海に來り住す、年十五、金剛智三藏に師事し、遂に五部の灌頂を受く。開元二十年金剛智示寂するに及で遺旨を奉じて五天幷に師子國に往き、廣く密藏を求て天寶五年京に還る。內に入て壇を立て帝の爲に灌頂す、後、雨を祈り風を止て驗あり、號を賜ひて智藏と云ふ。天寶八年國に還るを許す、南海郡に至る、勅ありて再び留む。十五年詔ありて京に還し大興善寺に住せしむ。天寶より大曆六年に至るまで密部の經軌を譯出すると凡そ七十七部一百二十餘卷、密教の盛なる此時を最とす。代宗の永泰元年特進試鴻臚卿を授け、號大廣智三藏を加ふ、大曆九年疾を示す、敕使勞問して開府儀同三司を加へ肅國公食邑三千戶に封す、六月十五日寂、壽七十、司空を贈り大辯正廣智三藏と諡す。【宋僧傳一不空傳】◉(太平記二九)「不空三藏を召して毘沙門の法を行はせられけるに」

フクウケンサクキヤウ 不空羂索經 [經名] 「不空羂索神變眞言經」の略名。

フクウケンサククワンオン 不空羂索觀音 [菩薩] 梵名阿牟伽皤賖 Amoghapāśa 不空羂索と譯す。胎藏界觀音院の一尊なり。或は六觀音の一に列ぬ。此尊は不空の羂索を持して人天の魚を菩提の岸に釣り取るを幖幟するより名を立つるなり、即ち羂索は菩薩の四攝法に譬へ、其の羂索には必ず所獲あれば不空と云ふ。【陀羅尼集經四】に「阿牟伽皤賖。唐言二不空羂索一。」【大日經疏五】に「羂索是菩提心中四攝方便。」玄弉譯の【不空羂索咒心經後序】に「題二不空等一者別二衆經一之殊號也。至レ如二擲レ羂取レ獸。時或索空。玆教動桴罔レ不二玄會一。故立二斯目一也。」【演密鈔五】に「四攝是法。羂索是喩。諸佛菩薩以二四攝法一攝二取衆生一。無二空過者一。世間羂索索二取諸獸一少レ有レ所レ失。故以爲レ喩。又此羂索名二不空一。世間羂索索二取獸一時。或中或不レ中。四攝羂索攝二取衆

生一無二不レ中者一故。」⦿〈公事根源〉「さても興福寺南圓堂の本尊不空羂索觀音の像」

形像　〔圖像〕　不空羂索觀音の像法は不空羂索神變眞言經に依るに三說あり。一は三面十臂、一は三面六臂、一は一面四臂なり。今世間の像を見るに多くは三面六臂なり。三面六臂は三面各三眼あり。【經二十二】に「不空王觀世王音菩薩。身量橫量十六指數。三面六臂。正中大面慈悲熈怡。如二首戴二大梵天面一。眉間一眼。首戴二天冠一冠有二化阿彌陀佛一。左面怒目可レ畏。眉間一眼。鬢髮聳竪。月冠二冠有二化佛一。右面嚬眉怒レ目。狗牙上出。極大可レ畏。眉間一眼。鬢髮聳竪。首戴二月冠一冠有二化佛一。一手持二羂索一。一手持二蓮華一。一持二三叉戟一。一手執二鉞斧一。一手施無畏。一手把二如意寶杖一。結跏趺坐。佩二身光焔一。」又【秘藏記末】に三面四臂の像を記す。「不空羂索菩薩。白肉色。有二三目并三面一。左右二面大青色。著二鹿皮裙一。有二四手一。左一手取二開蓮一。次手羂索。右一手說法相。次手取二軍持瓶一。」《第九十九圖參照》

(不空羂索觀音の圖)

經軌　〔經名〕　不空羂索神變眞言經、三十卷、唐の菩提流志譯。閏帙十一十二佛說不空羂索呪經一卷、隋の闍那崛多譯。不空羂索神咒神經、一卷、唐の玄奘譯。不空羂索咒心經、一卷、唐の菩提流志譯。佛說聖觀自在菩薩不空王秘密心陀羅尼經、一卷、趙宋の施護譯。已上閏帙十已上四經皆前經の第一品なり。又、佛說不空羂索陀羅尼儀軌經、二卷、師子國三藏阿目佉譯。餘帙三是れ三十卷經の一二兩卷の異譯なり。又、不空羂索陀羅尼自在王呪經、三卷、唐の寶思惟譯。成帙十三不空羂索陀羅尼經、二卷、北天竺の婆羅門李無諂譯。餘帙五二經同本なり。

フクウケンサクジンペンシンゴンキヤウ　不空羂索神變眞言經　〔經名〕　三十卷、唐の菩提流志譯。羂索觀音の本經軌なり。【閏帙十一十二】(317)

フクウケンサクビルシヤナブツダイクワンヂヤウクワウシンゴン　不空羂索毗盧遮那佛大灌頂光眞言　〔眞言〕　一卷、唐の不空譯。不空羂索神變眞言經の第二十八卷より抄譯せしもの。世に所謂光明眞言とは此中の陀羅尼を云ふ。

フクウケンサクホフ　不空羂索法　〔修法〕　不空羂索觀音を本尊として修する密法。

フクウケンサクボサツ　不空羂索菩薩　〔菩薩〕　不空羂索觀音なり。

フクウケンサクワウ　不空羂索王　〔菩薩〕　不空羂索觀音なり。

フクウコウエボサツホフ　不空鈎依菩薩法　〔修法〕　不空鈎觀音の修法なり。【宋僧傳一金剛智傳】に「用二不空鈎依菩薩法一。在二所住處一起レ壇。」

フクウコウクワンオン　不空鈎觀音　〔菩薩〕　梵名、央倶捨 Amoghāṅkuśa、不空羂索觀音と同體なり。胎藏界の觀音院に在りて不空羂索と云ひ、虛空藏院に在りては不空鈎觀音と云ふ。鈎は「つりばり」の如きもの。標幟の意羂索と同じ。【不空羂索神變眞言經】に淸淨蓮華明王央倶舍と云ふ是なり。

形像　〔圖像〕　【不空羂索神變眞言經二十八】に「臺中出二現不空羂索心王淸淨蓮華明王一。三面四臂。首戴二寶冠一冠有二化佛一。當中正面圓滿熈怡。眉間一目。左右二面如二不空羂索觀世音左右面目一。一手持二開蓮華一。一手持二羂索一。一手持二寶幢一。一手把二三叉戟一。」【秘藏記末】に「不空鈎觀自在菩薩。四面四手。肉色。左右二面青色。左一手蓮華上有レ鈎。一手羂索。右上手捧レ鈎。次一手三股跋折羅。」

(不空鈎觀音の圖)

フクウコンガウボサツ　不空金剛菩薩　〔菩薩〕　胎藏界蘇悉地院の一尊なり。

(不空金剛菩薩の圖)

フクウサンマイダイケウワウキヤウ　不空三昧大敎王經　〔經名〕　最上根本大樂金剛不空三昧大敎王經の略名。

フクウジヤウジユニヨライ　不空成就如來　〔佛名〕　Amoghasiddhi　金剛界五智如來の第五、五大月輪中北方月輪の中尊にて業護牙拳の四金剛を隨ふ。金色にして左手は拳印、右手は五指を舒べて

胸に當つ。成所作智の所成にして自利利他の事業を成ずれば不空成就と名く。五部の中には羯磨部なり、羯磨とは成就と譯す、不空成就と其の義同じ。羯磨を以て三昧耶形とし अः 字を以て種子とし、密號を不動金剛と云ふ。胎藏界には天鼓雷音と云ひ、其の密號を同くす。【菩提心論】に「北方不空成就佛由ㇾ成二成所作智一。亦名二羯磨智一也。」【秘藏記末】に「北輪不空成就如來。金色。左手拳。右手五指舒開當ㇾ胸。」

（不空成就如來の圖）

フクウニヨライザウ　不空如來藏　[術語]　二如來藏の一。亦不空眞如と云ふ。如來藏即ち眞如の性に一切の萬德を具足し、德として備はらざるなく、法として現ぜざるなきを云ふ。

フクウワウサンマイ　不空王三昧　[術語]　大樂金剛不空三昧なり。大日如來所入の三昧なり。【金剛頂經出生義】に「住二自受用身一。據二色究竟天一。入二不空王三昧一。普集二諸賢聖一。削二地位之漸階一。開二等妙之頓旨一。」

フクエンサンキヤウ　福緣讃經　[修法]　⊙（太平記）に「福緣讃經一千卷」未來の福德のために一千卷の經を讀むなり。

フクガイ　福蓋　[雜語]　福德身を蓋ふを福蓋と云ふ。【福蓋正行所集經 一】に「汝諸比丘於二其福蓋一速得二圓滿一。」

フクガイシヤウギヤウシヨシフキヤウ　福蓋正行所集經　[經名]　十二卷、龍樹菩薩集、趙宋の日稱等譯。福蓋を成就する正行の法を撰集せしなり。【藏帙九】

フクキ　覆器　[譬喩]　轉覆せる器には水を注ぐも水入らず、以て無慚無愧の人は心既に轉覆すれば道法の入らざるに譬ふるなり。【智度論十五】に「佛子、羅云其の年幼稚にして未だ口を愼むを知らず、人來て之に問ふ、世尊ありや否や、詭て在らずと言ふ、若し在らざる時は詭て佛在りと言ふ。有人佛に白す、佛羅云に語ぐ、澡盤に水を取て吾が與に足を洗ふべし、說き已て語て言く、此澡盤を覆せと勅の如く即ち覆へす。佛曰く、水を以て之に注げ、注ぎ已て問て曰く、水中に入るや否や、答て曰く入らず。佛羅云に語ぐ、慚愧なきの人は妄語して心を覆せるを以て道法の入らざること亦復た是の如しと。」【釋門歸敬儀上】に「覆器之喩。塵露二於目前一。」

フクキヤウ　福慶　[雜語]　福利の慶喜すべきもの。【法華經化城喩品】に「我等宿福慶今得ㇾ値二世尊一。」

フクギ　副義　[雜名]　正音フなれどもフクと讀む。論義の問題を業義と云ひ、次の問題を副義と云ふ、即ち正副の二問なり。一人の講師に對し問者五人を立て、五人各業副二題を發すれば十題となる、之を五問十題と稱す。【武峯論話】

フクギヤウ　福行　[術語]　三行の一。五戒十善等の人天の福利を感ずる行法なり。

フククワ　福果　[術語]　善業に依て獲たる福德の果報なり。【福力太子因緣經 一】に「若諸有情修二福因一。所ㇾ獲福果又極勝。」

フククワン　福觀　[術語]　又、福慧と云ふ。即ち福智の二莊嚴なり。福は布施等の善業を修するなり。觀とは眞理を觀念するなり、福は利他に屬し觀は自利に屬す。【淨土源流章玄叙】に「福觀雙修。」

フクケイダウヂヤウ　不久詣道場　[雜語]　久しからずして成佛するを云ふ。【法華經分別功德品】に「又應ㇾ作二是念一。不ㇾ久詣二道場一得二無漏無爲一廣利二諸人天一。」⊙（拾玉）「いそぎ行く宿しかはらぬ道なれや五の品も四のまことも」五品と四信なり。

フクコウ　覆講　[雜語]　師の講ぜしを弟子の更に反覆して講ずるを云ふ。【法華經化城喩品】に「十六王子の法華經を覆講するを說く。【法華玄義六】に「十六王子覆二講法華一。」

フクゴフ　福業　[術語]　福德を感ずる行業なり。三福業あり。「サンフク」を見よ。【百論疏上之上】に「福是富饒爲ㇾ義。起二善業一招二人天樂果一。故稱爲ㇾ福。」

三福業　[名數]　一に施福業、貧窮の人に施與し、施に由て世出世の福利を獲るを施福業と云ふ。二に平等福業、平等の慈悲心を以て一切衆生を愛護し以て世出世の福利を成ずるを平等福業と云ふ。三に思惟福業、智慧を以て出離の法を思惟觀察し出世福善の業と爲すを思惟福業と云ふ。【增一阿含經十二】

フクゴン　福嚴　[名數]　福智二莊嚴の一、福莊嚴なり。施等の福業を以て身を莊嚴するを云ふ。

フクサウホフシン　福相法身　[術語]　二法身の一。智相法身の對。敎法をたもちて人のためにとくこと。大千世界の七寶を施すよりも、四句の偈文を說く福德は大なり。この福相によりて法身の住處

に到るを得るが故に此名あり。

フクサン　副參 〔職位〕 禪寺にて參頭に從屬して、其役務を助くる役僧。

フクザウケンド　覆藏犍度 〔術語〕 二十犍度の一。あやまちを覆藏したる罪を治することを明す章篇。四分律所說。

フクシ　複師 〔職位〕 華嚴宗の僧職。講師の講述せし所を再び講じて義理を明かにする役。

フクシジヤウクワウホフ　複熾盛光法 〔修法〕 北斗七星護摩法の略名。

フクシヤウテン　福生天 〔界名〕 色界第四禪「天の第二なり。

フクシユカウゲガフシヤウ　覆手向下合掌 〔印相〕 十二合掌の一。【大日經疏十三】に「第十一次又俱覆二二掌一。亦以二二手中指一相接。名二阿馱囉合掌一。此云二覆手向下合掌一。第十二次又雙覆二兩手一。以二二大指一並而相接。十指頭向レ外。亦同名也。亦名二覆手合手一也。」

フクシユガフシヤウ　覆手合掌 〔印相〕 前項「を見よ。

フクシヨク　復飾 〔雜語〕 還俗すること。一度落飾して出家したるものが、再び蓄髮して俗人となること。

フクジヤウ　福城 〔雜名〕 華嚴經入法界品に善財童子が文殊菩薩に參見せし所なり。善財此時根本智を悟了し、更に差別智を得ん爲に文殊の指南に依て南遊し、一百一十城を經て五十三の善智識に參見するなり。【六十華嚴經四十九】に「覺城婆羅林中。」【八十華嚴經六十二】に「福城婆羅林中。」【四十華嚴經四】に「福生城婆羅林中。」

フクジユカイムリヤウ　福壽海無量 〔術語〕 福德の聚、廣大なると海の如し。觀音の福德の無量を讚嘆せし語なり。【法華經普門品】に「具二一切功德一。慈眼視二衆生一。福聚海無量。是故應二頂禮一。」⦿（曲、籠祇王）「南無や大慈大悲の觀世音、福壽海無量の誓ひのままに」

フクスヰロンジ　服水論師 〔流派〕 二十種外道の一。此外道師說く、水は是れ萬物の根本、水能く天地を生じ、又能く萬物を壞すと。即ち水を以て究竟の涅槃と爲す。

フクソク　福足 〔術語〕 二足の一。足は進修の義、施等福德の行を修して應身の相好を莊嚴するを福足と名く。

フクダウ　福道 〔術語〕 福は福德、道は道觀なり。即ち福智の二莊嚴なり。【釋門歸敬儀中】に「福道交加。」「フクチ」を見よ。

フクチ　福智 〔術語〕 一に福德、二に智慧。即ち二種莊嚴なり。此二德法身を莊嚴するなり。菩薩初發心より六度萬行を修して所有の福德を具足して能く法身を顯現するを福德莊嚴と云ひ、正智見を修習して無明を淨盡し能く法身を顯現するを智慧莊嚴と云ふ。六度の中に布施等の六度は福德莊嚴にして第六の般若は智慧莊嚴なり、又は福德は利他に屬し智慧は自利に屬す、菩薩一切の萬行は此二に攝在するなり。【涅槃經二十七】に「二種莊嚴。一者智慧。二者福德。若有二菩薩一具二足如レ是二種莊嚴一者則知二佛性一。」⦿（太平記二四）「悉く福智二報を成就して濟度利生の道を廣くせし事」

フクチザウ　福智藏 〔術語〕 福德智慧の二莊嚴を含攝する法藏なり。【教行信證二】に「圓二滿福智藏一。開二顯方便藏一。」

フクチユウニヨチヤウキヤウ　腹中女聽經 〔經名〕 一卷、北凉の曇無讖譯。轉女身經と同本。【宇帙九】（236）

フクヂ　福地 〔雜名〕 寺院の德號なり。福德を生ずる地域なり。

フクテイ　福庭 〔雜名〕 寺の尊稱なり。寺は福を生ずる園庭なり。

フクデン　福田 〔術語〕 田は生長を以て義となす、應に供養すべき者に於て之を供養すれば能く諸の福報を受く、猶農夫の田畝に播種して秋收の利ある如し、故に福田と名く。【探玄記六】に「生二我福一故名二福田一。」【無量壽經淨影疏】に「生二世福善一如二田生レ物。故名二福田一。」

二福田 〔名數〕 一に學人田、小乘の見道位已後聖道を修學する聖者なり、之に十八人あり、一に信行、二に法行、三に信解、四に見到、五に身證、六に家家、七に一種、八に向須陀洹、九に得須陀洹、十に向斯陀洹、十一に得斯陀洹、十二に向阿那含、十三に得阿那含、十四に中般涅槃、十五に生般涅槃、十六に行般涅槃、十七に無行般涅槃、十八に上流色究竟涅槃なり。（已上聖位の差別也十八有學と云ふ。）二に無學人田、極果を得て更に修學すべきとなき聖者即ち阿羅漢なり、之に九人あり、一に思法、二に昇進法、三に不動法、四に退法、五に不退法、六に護法、七に實住法、八に慧解脫、九に俱解脫なり。（是れ根性の差別に依て名く九種羅漢と云ふ。）【中阿含三十福田經】図二福田あり一に悲田、貧窮困苦の人なり、是れ慈哀の心を施與すべき艮田なり、二に敬田、三寶なり、是れ恭敬の心を以て供養すべき艮田なり。【智者大師別傳】に「廻二施悲敬兩田一使二福德增多一。」

三福田〔名數〕一に報恩福田、父母師長なり。二に功德福田、佛法僧の三寶なり。三に貧窮福田、貧窮困苦の人なり。【優婆塞戒經二】**四福田**〔名數〕一に趣田、畜生。二に苦田。貧窮困苦の人なり。三に恩田、父母等なり。四に德田、三乘の賢聖なり。【俱舍論十八】**八福田**〔名數〕「ハチフクデン」を見よ。**眞福田十法行**〔名數〕【首楞嚴三昧經下】に「十法行あり名けて眞の福田と爲す。一に空無相無願の解脫門に住して而も法位に入らず。云々」

フクデンエ　福田衣〔術語〕袈裟の德名なり。世の福田となり功德を生ずるが故に。又、袈裟の條相世の田疇に等しきが故なり。

フクデンキヤウ　福田經〔經名〕諸德福田經の略名。又中阿含三十に福田經あり。

フクトウノサンゴフ　福等三業〔名數〕福業、非福業、不動業なり。一に福業とは、欲界の善業にして、可愛の果を感生して有情を利益するが故に福業と名く。二に非福業とは、欲界の不善業にして、非愛の果を感生して有情を損害するが故に非福業と云ふ。三に不動業とは色無色兩界の善業にして不動の果を感ずるが故に不動業と云ふ。

フクトク　福德〔術語〕一切の善行に名け、又善行所得の福利に名く。【無量壽經下】に「福德自然。」

フクトクシヤウゴン　福德莊嚴〔術語〕二種莊嚴の一。福德の善行を修して佛果を莊嚴するなり。

フクトクシリヤウ　福德資糧〔術語〕二種資糧の一。布施の善行を修して佛果の資糧となすなり。

フクトクザウ　福德藏〔術語〕觀無量壽經に說ける定散の諸行を云ふ。これ淨土要門の方便藏也。

經に三福を往生の正因と說けるより、淨土に廻向したる諸善萬行を福德と名く。

フクトクモン　福德門〔術語〕二門の一。智慧に差別して門と云ふ。

フクフラクジユ　不苦不樂受〔術語〕三受の一。又捨受と云ふ。不違不順の境に於て不苦不樂に領納する心意なり。

フクブン　福分〔術語〕二分の一。世福を感ずる五戒十善行法を福分と云ひ、出世の果を感ずる發菩提心の行を道分と云ふ。

フクホウ　福報〔術語〕福利の果報なり。六趣中に人天の如き福報なり。【增一阿含經一】に「雖レ受二梵天福一猶不レ至二究竟一。」【百論上】に「福報滅時離二所樂事一。」【大乘義章九】に「依レ智起レ福依レ福起レ報。」

フクボ　覆墓〔雜語〕墓を省みるなり。【釋氏要覽下】に「殯後三日。再往二墓所一。謂二之覆墓一。」

フクメン　覆面〔雜語〕正音「フメン」なり、世に「フクメン」と呼ぶ。口を覆ふ布帛なり。【瞿醯經下】に「持二誦新帛一繫二其面門一。」餘軌には淨帛と云ふ。

フクヤウインミヤウ　普供養印明〔印相〕無盡の供養を出して無邊の聖衆を供養する印と眞言となり。香華等の五供は別供なり、此の普供は總供なり。【肝要鈔中】に「上五供別供。此普供總供也。謂從二此印明一流二出無量無邊微塵數廣大供養雲海一普供二養法界道場一切海會聖衆一。」【十八契印】に「二手合掌。以レ右押レ左。交レ指即成。誦二眞言三遍一。想二無量無邊塗香雲海。花鬘雲海。燒香雲海。飯食雲海。燈明雲海。即ち是れ五供皆成二清淨廣多供養一。普供養眞言曰云云。」

フクラ　福羅〔物名〕又、腹羅。「フラ」を見よ。

フクリキタイシ　福力太子〔人名〕往古眼力王の最後の一子なり、生ぜし時無量の吉祥の福德の祥瑞ありしを以て福力と名く。【福力太子因緣經二】

フクリキタイシインエンキヤウ　福力太子因緣經〔經名〕三卷、趙宋の施護譯。諸苾芻共に會して相ひ謂ふ、何の行業最も多く義利を獲る。阿難言く、色相行業、阿難容貌美なる故に言ふ。聞二百億言く、精進行業、阿尼樓陀言く、工巧行業、舍利弗言く、智慧行業、各自己の所得に就て言ふ也。以て佛に問ふ。佛言く其の中智慧最勝たり、而も福因緣を修するを極勝とすと、因て福力太子の因緣を說て之を證す。【宿帙六】(953)

フクリン　福林〔雜語〕福德の樹林なり。【西域記贊】に「馨欬之所二霑被一馳二鶩福林一。風軌之所二鼓扇一輙驅二壽域一。」

フクレウ　副寮〔職位〕禪林の職名。此職は寮主（れうす）に副て扶持し、寮內の掃除、又道具の有無を點檢する等の事を作す。【僧堂淸規五】

フクロク　福祿〔雜語〕世出世の福利功德を總稱す。【無量壽經下】に「福祿巍巍。」

フクロクワンヂヤウ　袋灌頂〔術語〕【天台學則上】に「書寫山の性空上人は金剛薩埵より兩部の大法を直受し給ひて、彼山には葉上流の傳法の外又一流の直受の傳ありて、寫獄灌頂と云ふ由なり。是を俗稱して袋灌頂と云ふ。深く之を秘藏して他寺へ出さざる故なりとぞ。」

フクワウキヤウ　普廣經〔經名〕隨願往生經の異名。

フクワウサンマイ　普光三昧〔術語〕普く光明を放て十方界を照らす三昧なり。【大寶積經八十九】に「得二普光三昧一具二大光明一。」【華嚴經十定品】に十大三昧を說く中に、第一を普光三昧と云ふ。

フクワウチ　普光地　〔術語〕圓因果滿の佛地を稱す。【五秘密軌】に「毘盧遮那三身普光地位。」

フクワウテンシ　普光天子　〔天名〕三光天の一。星天なり。即ち明星なり。虛空藏菩薩の化現なりと云ふ。【法華文句】に「普光是明星天子。虛空藏應作。」【嘉祥法華義疏二】に「普光天子者謂星天也。」

フクワウニヨライ　普光如來　〔佛名〕勝鬘夫人當來正覺の佛號なり。【勝鬘經】に「過二二萬阿僧祇劫一當レ得レ作レ佛。號二普光如來一。」

フクワウホフダウ　普光法堂　〔堂塔〕普光明殿の異名。佛此堂に於て法を說けば法堂と云ふ。

フクワウボサツキヤウ　普廣菩薩經　〔經名〕隨願往生經の異名。【眞宗經典志一】

フクワウミヤウデン　普光明殿　〔堂塔〕摩竭陀國菩提道場の側に在りと云ふ、佛此殿內に於て華嚴經九會中の第二會、第七會、第八會の三會を說く。若し舊經の八會に依れば第二會と第七會との二會なり。【華嚴經如來名號品】に「爾時世尊在二摩竭提國阿蘭若法菩提場中一。始成二正覺一。於二普光明殿一。坐二蓮華藏師子之座一。」【同十定品】に「爾時世尊。在二摩竭提國阿蘭若法菩提場中一始成二正覺一。於二普光明殿一入二剎那諸佛三昧一。」【同離世間品】に「爾時世尊。在二摩竭提國阿蘭若法菩提場中普光明殿一。坐二蓮華藏師子之座一。」【同疏鈔十二】に「處在下菩提道場東南可二三里許一。凞連河曲上。彼河之龍爲レ佛造レ此。」

フクワゲダウ　赴火外道　〔流派〕六苦行外道の一。火に赴て死し、此苦行を以て得果の因となすもの。「ゲダウ」を見よ。

フクワスヰシヤグワン　不果遂者願　〔術語〕彌陀の四十八願中の第二十願を云ふ。念を淨土に係けて諸の德本をうゑ、至心に之を廻向すれば、其の願望を遂げ、必ず淨土に往生すべきを誓ふ。故に之の願を植諸德本願。係念定生願。至心廻向の願と名く。

フクワツヰ　不活畏　〔術語〕五怖畏の一。初學の菩薩が布施を爲すも、自己の全所有物を施すこと能はず、爾後の己の生活を畏るること。

フクワン　普觀　〔術語〕觀無量壽經十六觀の中第十二觀の一。普く無量壽佛と極樂世界を觀想する禪定なり。【經】に「見二此事一已。名レ見二無量壽佛極樂世界一。是爲二普觀想一。名二第十二觀一。」⦿（草庵集）「露の身のまだ消えぬより心こそ花の臺にまづやどりけれ」

フクワンサウ　普觀想　〔術語〕前項に同じ。

フクワンサンマイ　普觀三昧　〔術語〕觀自在菩薩の三昧なり、即ち是れ普眼三昧なり。此の三昧に入る時、即ち能く念念の中に於て普眼を以て徧觀すると具足して明了なり、故に普觀三昧と名く。【大日經義疏七】

フクワンザゼンギ　普勸坐禪儀　〔書名〕一卷。曹洞宗の開祖、道元の著。佛祖嫡傳の坐禪の法規を萬人に知らしめんが爲に撰述せるもの。

フクヱ　福慧　〔術語〕福德と智慧の二種莊嚴なり。【法華經方便品】に「見二六道衆生一。貧窮無二福慧一。」【華嚴經十一】に「法界悉充滿。福慧咸廣大。」【止觀六】に「菩薩者。福慧深利。道觀雙流。」

フグ　敷具　〔物名〕袈裟の異名。袈裟の形相敷き物に同じければなり。【十誦律七】に「六群比丘以二純黑羊毛一作二敷具一。」【六物圖】に「通名者總二括經律一。名二袈裟一。乃至或名二臥具一。或云二敷具一。皆謂相同衣褥」

フグウゴフ　不共業　〔術語〕二業の一。人人各別の業因にて各自の果を感ずるもの。各自の五根の如き是なり。

フグウサウ　不共相　〔術語〕他に共通せず、自己のみに屬する相狀、所謂特性なり。

フグウチユウノグウ　不共中共　〔術語〕不共法中の共法。人間の身體の如き、一個人の感生したるものなれども（不共）尙衆人共通して受用しうるもの（共）をいふ。

フグウハンニヤ　不共般若　〔術語〕佛般若經を說くに共と不二との二あり、聲聞緣覺菩薩の三人に共通する法を說くを共般若と云ひ、唯菩薩所行の法を談じて聲聞緣覺に共通せざるを不共般若と云ふ。天台は共般若を以て通教となし、不共般若を以て別圓二教と爲すなり。【智度論百】に「如三先說二般若一。有二二種一。一者共二聲聞一說。二者但爲下十方住二十地一大菩薩上說。乃至般若波羅蜜總相是一。而深淺有レ異。」

フグウフヂヤウ　不共不定　〔術語〕因明六不定因の一。因を立てて其の因同喩にも異喩にも通じ以て宗をして不定ならしむるを共不定と云ひ、同喩にも異喩にも通ぜず以て宗をして不定ならしむるを不共不定と云ふ。例へば聲は常なるべし宗所聞性なるが故に因虛空の如し同喩瓶の如し異喩是れ所聞性の因、同喩にも通ぜず異喩にも通ぜず、宗如何か決すべき。

フグウヘン　不共變　〔術語〕各人不共の業を以て各人不共の境を變現するもの、五根の如し。「シヘン」を見よ。

フグホフ　不愚法　〔術語〕二種小乘の一。「グホフ」を見よ。

フグホフ　不共法　〔術語〕如來の功德他と同ぜざるを不共法と名く、通じて之を論ずれば一切の功德悉く不共と名く、故に地持論の中に百四十の不共

法を説く、今一門に依て十八の不共法を説く、而も大小乘其の法を異にす。梵 Avenika-buddhadharma

小乘十八不共法 〔名數〕佛の十力と佛の四無畏と佛の三念住と佛の大悲と合せて十八なり。【倶舍論廿七】に「成佛盡智位修不共佛法。有十八種。乃至佛十力。四無畏。三念住。及大悲。如是合名爲十八不共法。唯於諸佛盡智時修。餘聖所無故名不共。」【無量壽經下】に「十力無畏不共法聲。」

大乘十八不共法 〔名數〕【智度論二十六】に「一に身無失、二に口無失、三に念無失、四に無異想、一切衆生に於て平等異想なきなり。五に無不定心、行住坐臥禪定を離れざるなり。六に無不知已捨、佛は一切法を照了し而も之を捨離して執着せざるなり。七に欲無減、諸の衆生を度せんと欲して心厭足なきなり。八に精進無減、九に念無減、十に慧無減、十一に解脱無減、十二に解脱智見無減、十三に一切身業隨智慧行、佛清淨の勝相を以て智に隨て行じ一切衆生を利益するを云ふ。十四に一切口業隨智行、十五に一切意業隨智行、十六に智慧知過去世無礙、十七に智慧知未來世無礙、十八に智慧知現在世無礙なり。」次下の結文に「問曰。若爾者。迦旃延尼子(小乘師)何以言十力四無所畏大悲三不共意止。名爲十八不共法。若前說十八不共法是眞義者迦旃延尼子何以故如是說。答曰。以是故名迦旃延尼子。若釋子則不作是說。釋尊說者是眞不共法。」【大乘義章二十末、法界次第下之下、止觀七】

フグムミヤウ 不共無明 〔術語〕又、獨頭無明と云ふ。二種無明の一。「ムミヤウ」を見よ。

フケ 普化 〔人名〕唐の鎭州の普化和尙、何處の人なるを知らず、盤山の寶積禪師に事へて密に眞訣を受く、唯一鐸を振て佯狂し其の由を測るなし、感通元年鐸を振り空を淩で隱隱として逝く。【宋僧傳二十、傳燈錄十】

普化驢鳴 〔故事〕【傳燈錄普化章】に「嘗暮入臨濟院。喫生菜飯。臨濟曰。這漢大似一頭驢。師便作驢鳴。臨濟乃休。師曰。臨濟小厮兒。只具一隻眼。」

フケウ 布敎 〔雜語〕教法を弘布するなり。【法華玄義十】に「如來布敎之元旨。」又「聖人布敎各有歸從。然諸家判敎非一。」

フケシユウ 普化宗 〔流派〕虛無僧なり、京都大佛の南妙安寺を以て本寺とす、達磨和尙と唐の普化禪師とを祖師とし、殊に普化禪師の振鐸の作略に擬すとて尺八を吹て巷里に遊行すれば普化宗と稱す。世に言ふ、唐の普化禪師遊步の際、風來て其の竹杖を鳴らす、豁然として悟る所あり、是に於て笛を吹て佛事を修す。吾朝紀州由良の興國寺の開山法燈國師覺心、建長の初め入宋し普化禪師の風を聞て大に悟る所あり、歸朝の後此の韻事を傳ふ、依て法燈國師を以て吾朝普化宗の第一祖とすと。案に僧傳傳燈等の普化の傳を檢するに普化に振鐸の事あるも吹笛の事なし、又法燈國師の諸傳記を檢するに亦吹笛遊行の事を見ず、更に考ふべし。又、【都名所圖會拾遺四】に「普化墓、黄檗門前の南二町に在り、傳云、中頃虛無僧の祖普化良庵といふ者の墳なり。古此地は竹林にして都鄙の虛無僧等竹を爭ひ截て尺八を造る故に今荒廢す、もと普化師は異國の人なり、此良庵といふ者其宗風を慕ふて專ら尺八を愛し四方に遊ぶ、世の人之を呼で和朝普化と稱すと。」

フケソウ 普化僧 〔雜名〕普化宗の僧、即ち虛無僧なり。

フケン 不見 〔術語〕眼見すべからざるもの四種あり。「シフケン」を見よ。

フケンエ 覆肩衣 〔衣服〕南山の舊律家に依れば覆肩衣と祇支とは二物にして、覆肩衣は右肩を覆ふもの、祇支は左肩を覆ふもの、是れ比丘尼の受持すべき五衣中の二衣なり。其の本制は比丘尼に興る。但し智度論に、佛、阿難に對して殊に覆肩衣を聽るせしは別に緣由あり。又漢地の風、露體を好まざるを以て阿難に倣ひて祇支と覆肩衣を兩用し、遂に兩衣を縫合して褊衫なるものを製出せしと云ふ。是れ四分律に三衣と祇支と覆肩衣を以て五衣となし、以て比丘尼の受衣となせばなり。又義淨の新律家は此二を以て梵漢の異名とし、二物にあらず、覆肩衣即ち祇支なり、正音僧脚崎と名くと。智度論に所謂覆肩衣も左肩を覆ふ祇支の事なりと云ふ。(然るに四分律に別衣となせしは如何と云ふに一重の物を祇支と云ひ二重三重の物を覆肩衣と云ふと、十八物圖に僧祇律を引て會釋す。)【智度論三】に「阿難端正淸淨如好明鏡。乃至女人見之欲心即動。是故佛聽阿難著覆肩衣。」【行事鈔下之一】に「僧祇支法。此是中國梵音。此翻云上狹下廣衣。乃至僧祇祇支覆肩衣。長四肘廣二肘。如是受持。」又「是衣厥修羅。長四肘廣二肘半。(準似祇支、國語不同)是衣覆肩衣。長四肘廣二肘。」【六物圖】に「初制意者。尼女報弱。故制祇支披左肩以襯袈裟。又制覆肩掩於右膊開遮形醜。是故尼衆用五衣。大僧又有畜用。但是聽衣耳。(制衣にあらず。)二釋名者。梵語僧祇支此云上狹下廣衣。覆肩華語。未詳梵音。」

フケンコ 不見擧 〔術語〕三擧の一。比丘罪を犯して犯さずと云ふを不見と云ふ。不見擧は不見を擧

治するなり。「サンコ」を見よ。

フケンドンカイ 不慳貪戒 〔術語〕梵網經十戒の一。心に鄙悋なく、悉く所有を捨つるなり。

フケンフジヤウ 普建普成 〔人名〕傅大士の二子なり。「フダイシ」を見よ。

フゲン 不還 〔術語〕不還向又は不還果を云ふ。

フゲン 普眼 〔術語〕觀世音の慈眼普ねく一切衆生を觀ずるを普眼と云ふ。【大日經疏五】に「如來究竟觀二察十緣生句一。得レ成二此普眼蓮華一。故名二觀自在一。約二如來之行一故名二菩薩一。」【同十】に「以二此普眼一而觀二衆生一故名二觀自在者一。」図 一に一切を具するを普法と云ひ、普法を觀るを普眼と云ふ。【宗鏡錄九】に「以二是圓滿之宗普門之法一見二普法一。故名爲二普眼一。乃至眼外無レ法乃稱二普眼一。」

フゲン 普現 〔術語〕「フゲンサンマイ」を見よ。

フゲン 普賢 〔菩薩〕梵に邲輪跋陀 Viśvabhadra 又は三曼多跋陀羅 Samantabhadra と云ひ、或は普賢と譯し徧吉と譯す。一切諸佛の、理德、定德、行德を主り、文殊の智德、證德と相對す。即ち理智一雙、行證一雙、三昧般若一雙なり。故に以て釋迦如來の二脇士となす。文殊は師子に駕して佛の左方に侍し、普賢は白象に乘じて佛の右方に侍す。(知は右にして理は左の筈なるを今之を違へしは理智融通の義を示すなり、又胎藏界の次第右蓮左金なり。) 此理智相即し行證相應し、三昧と般若を全くせるもの、即ち毘盧舍那法身佛なり。華嚴一經の所明此一佛二菩薩の法門に歸すれば之を華嚴の三聖と稱するなり。一切行德の本體なるが故に華嚴の席に十大願を說き、又諸法實相の理體なるが故に法華の席に法華三昧の道場に其の身を現ずべしと誓ふ。【嘉祥法華義疏十二】に「普賢者。外國名二三曼多跋陀羅一。三曼多者此云レ普也。跋陀羅此云レ賢也。此土亦名二遍吉一。遍猶是普。吉亦是賢也。乃至註經解云。化無レ不レ周曰レ普。隣レ極亞レ聖稱レ賢。」【探玄記二】に「德周二法界一曰レ普。至順調善曰レ賢。」【大日經疏一】に「普賢菩薩者。普是遍一切處。賢是最妙善義。謂菩提心所起願行。及身口意。悉皆平等遍二一切處一。純一妙善。備具二衆德一。故以爲レ名。」【楞嚴經】に「普賢菩薩言。我已曾與二恒沙如來一爲二法王子一。十方如來敎二其弟子菩薩根者一修二普賢行一。從レ義立レ名。」【法華經普賢勸發品】に「是人若行若立。讀二誦此經一。我爾時乘二六牙白象王一。與二大菩薩一。俱詣二其所一而自現レ身。供養守護。安二慰其心一。」【晋華嚴經入法界品】に「爾時佛在二舍衛國祇樹給孤獨園大莊嚴重閣堂一。與二五百菩薩摩訶薩一俱。普賢菩薩文殊師利菩薩而爲二上首一。」【探玄記十八】に「名中先標二上首二人一。以三其是助二化主一故。釋有二三義一。一普賢當二法界門一是所入也。文殊當二般若門一是能入門也。二普賢三昧自在。文殊般若自在。三普賢明二廣大之義一。文殊甚深之義。深廣一對故。」(第百圖、第百一圖參照)

密敎の普賢 〔菩薩〕二體あり。一は大日內眷屬中の上首金剛菩薩なり。(金剛薩埵を見よ。) 一は大日眷屬中の上首なり、是れ顯敎の普賢菩薩と同體なり。先づ金剛界に在ては賢劫十六尊中、第十六にして釋迦本有の智を主る大菩薩とす、以て文殊の修生の智德に對するなり。依つて文殊と同じく劍を以て三昧耶形となすも、此は以て本有の智を幖し、文殊の劍は始成の智を幖す、即ち本始の異あり。而して本有の智は即ち理なれば文殊に對して理智相對の常法を越へざるなり。【理趣經】に「大樂金剛薩埵(即ち金剛薩埵なり。)即是普賢金剛薩埵。」【金剛界曼荼羅大鈔三】に「普賢菩薩。左拳。右蓮。上有レ劍。密號。眞如金剛。」又胎藏界に在りては八葉院中の四菩薩の第一は普賢菩薩なり。東南方に位し、智劍を以て三昧耶形とし、密號は眞如金剛なり。【秘藏記末】に「東南方普賢菩薩。白肉色。左手執レ蓮。華上有二利劍圍炎一。」【胎藏界曼荼羅大鈔一】に「或記云。胎藏八葉中普賢頭戴二五佛寶冠一。左手執レ蓮。上有レ劍。右手伸レ掌屈二地水一向レ上也。」又「普賢有二重重一。法華所レ明普賢曰下乘二白象王一現中其人前上。今八葉中普賢異レ此。不レ乘レ象不レ持二鈴杵一。金剛薩埵名二普賢一時持二鈴杵一也。」又第一金剛手院の中尊金剛薩埵なり。白肉色にして左手は金剛拳右手に五貼金剛杵を持し、密號は眞如金剛なり。【胎曼陀羅大鈔二】已上の二菩薩は門眷屬の普賢なり。其の大眷屬の普賢は第二の文殊院普賢菩薩是なり、中尊文殊の左脇に侍す、三鈷杵を以て三昧耶形とし密號は示現金剛なり。【秘藏記末】に「大聖普賢菩薩。肉色。青蓮華上有二三股一。折羅。」【胎藏曼茶羅大鈔四】に「乘二白象一兩手合掌。華嚴法華等所レ明普賢也。又當界八葉中普賢頭戴二五佛寶冠一。左手執二蓮華一上有レ劍。右手伸レ掌屈二地水一向レ上也。今當院普賢。頭無二寶冠一。如二秘藏記一。」又、密敎三輪身に依れば大日は自性輪身、普賢は正法輪身、步擲明王又は六足尊明王は敎令輪身なり。(仁王經儀軌意)二輪身に依れば大日、普賢共に自性輪

(密教の普賢の圖)

身、歩擲六足尊は敎令輪身なり。秘藏記「ゴダイミヤウワウ」を見よ。⦿(源氏、未摘花)「普賢菩薩の乘物（象を指す、鼻の惡口なり。）とおぼゆ」

普賢の十願 〔名數〕【四十華嚴經、普賢行願品】に「應レ修二十種廣大行願一。何等爲レ十。一者敬二禮諸佛一。二者稱二讚如來一。三者廣修二供養一。四者懺二悔業障一。五者隨二喜功能一。六者請レ轉二法輪一。七者請二佛住世一。八者常隨レ佛學。九者恒順二衆生一。十者普皆廻向。」

普賢の願海 〔雜語〕上の十願を指す、此十願は一切菩薩の行願を代表せしものなれば總て他の菩薩の發心修行するを普賢の願海に入ると云ふ。【無量壽經上】に「現前修二習普賢之德一。」【往生要集上本】に「開二一實道一。入二普賢之願海一。」【華嚴經一】に「恒以二所得普賢願海一。令二一切衆生智身具足一。」

三種普賢 〔名數〕一に實相普賢、本地の理體なり。二に究竟普賢、智を以て法身の理を究竟す、即ち是れ本覺なり。三に賢現普賢、顯敎には法華經に說く東方寶威德王佛國より來至する普賢、又密敎には大日如來の補處の菩薩是なり。顯敎には彌勒を以て釋迦の補處と爲す如く密敎には普賢を以て大日の補處と定むるなり、此の三種の義は文殊觀音等の諸菩薩に通ずるも獨り普賢に就て之を明かすは大日の補處たるによるなり。【溪嵐拾葉集十一】

普賢の經軌 〔經名〕觀普賢菩薩行法經、一卷。【盈帙三】普賢菩薩陀羅尼經、一卷。【成帙八】普賢金剛薩埵略瑜伽念誦儀軌、一卷。【閏帙九】普賢曼拏羅經、一卷。【成帙六】

フゲンエンメイ 普賢延命 〔菩薩〕普賢菩薩に延命の德あり、普賢菩薩に向て延命を祈禱する法を普賢延命と云ふ。凡そ延命の修法に二種あり、一は普賢延命、二は延命菩薩なり、延命菩薩は即ち金剛薩埵なり。【金剛壽命經略讚】に「問延命法有レ幾。答。於二我宗一所レ行法有レ二。一普賢延命。二延命菩薩。同別沙汰及學法傳授如二薄草決一。此經本尊延命菩薩。延命菩薩即金剛薩埵。」【百餘尊要訣】に「問。延命普賢延命其差別如何。師云。延命者略行。普賢延命廣行。廣略異也。其心全同也。此二法以二普賢一爲二本尊一。普賢菩薩有二延命德一故如レ此名也。」⦿(増鏡、あすか河)「普賢延命金剛童子」

フゲンカ 普賢跏 〔術語〕半跏なり。【時處念誦儀軌】に「或作二普賢跏一。左掌承二右腿一右趺鎭二左髀一。普賢跏乃戍。」然るに【普賢金剛薩埵儀軌】に依れば半跏の外に普賢跏あり。曰く「端身結跏趺坐。或半跏趺坐。或普賢跏。或隨意坐。」梵 Bhadrāsana

フゲンカウ 不還向 〔術語〕聲聞乘四向の一。不還果に向ふ行法を修する位なり。即ち欲界の修惑九品の中、第七品、第八品を斷ずる位なり、不還とは欲界に還り來らざる義にて、第九品を斷じ已れば再び欲界に生ぜず、必ず色界無色界の上界に生ずれば之を不還果と云ふ。今は七八品斷にて其の不還果に向ふ行位なれば不還向と云ふ。【俱舍論二十四】に「即斷二修惑七八品一者。應レ知亦名二不還果向一。」

一間聖者 〔術語〕不還向の中に一間聖者あり、十八有學の一なり。「イチケン」を見よ。

フゲンキヤウ 普賢經 〔經名〕佛說觀普賢菩薩行法經の略名。普賢菩薩を本尊として法華三昧を修する法を說けば天台には之を法華の結經として法華三十講の末日に之を講ず。⦿(榮花、疑)「無量義經よりはじめて、普賢經に至るまで」

フゲンギヤウグワンホン 普賢行願品 〔經名〕大方廣佛華嚴經入不思議解脫境界普賢行願品の略名。即ち四十華嚴經の第四十卷なり。

フゲンギヤウジヤ 普賢行者 〔雜名〕普賢三昧を修する人なり。

フゲンクワ 不還果 〔術語〕聲聞乘四果の一。梵名阿那含 Anāgāmin 欲界九品の修惑を斷じ盡して再び欲界に還生せざる聖者の位なり、此不還果の聖者に就いて五種、七種、九種の差別あり。

五種不還 〔名數〕五種那含と云ひ、五種般と云ふ。般は般涅槃の略、入涅槃の義なり。一に中般、不還の聖者、欲界に死して色界に往き、其の中有の位に於て餘の煩惱を斷じて般涅槃するなり。二に生般、色界に生じ已つて久しからずして餘惑を斷じて般涅槃するなり。三に有行般、生じ已つて其の天處に於て長時に加行勤修して餘惑を斷じ方に般涅槃するなり。四に無行般、生じ已つて其の天處に於て加行なく、懈怠にして長時を經、餘惡自ら解脫して般涅槃するなり。（此二は生般の中より別開せしのみ。）五に上流般、流とは進行の義、色界に於て必ず下天より上天へ進行し、其の間に餘惑を斷じて般涅槃するなり。此に樂慧、樂定の二種あり。樂慧は色究竟に生じて餘惑を斷じて般涅槃し、樂定は無色界の有頂天に生じて餘惡を斷じて般涅槃す、是れ無色に生ずるも色界の生を經るを以て色界の生に攝むるなり。

六種不還 〔名數〕五種は前の如し。第六に現般を加ふるなり。現般とは不還の聖者上界に生

ぜずして欲界の現身に於て餘惑を斷じて般涅槃するなり。

七種不還　〔名數〕　六種は前の如し。第七に無色般を加ふるなり。無色般とは欲界に沒して色界に生ぜず、無色界に生じて此に餘惑を斷じて般涅槃するなり。

八種不還　〔名數〕　七種は前の如し、更に不定般を加ふるなり。不定般とは三界中何れかに於て餘惑を斷じて般涅槃すとも決定せざる種性なり。但し是れ台宗一家の所立にして性相家の釋になし。

九種不還　〔名數〕　前の五種不還中、中般、生般、上流般の三種般に於て各三種を分つなり。是れ色界に於て入滅する聖者の區別なり。中般の三種は一に速般、中有に於て餘惑を斷じて般涅槃するなり。二に非速般、中有に於て暫らく時を經て般涅槃するなり。三に經久般、中有に於て久しく時を經て般涅槃するなり。生般の三種は一に生般、色界に生じて速に餘惑を斷じて般涅槃するなり。二に有行般、色界に生じて加行勤修して幾許の時を經て般涅槃するなり。三に無行般、色界に生じて懈怠にして加行を成さず、久しく時を經て漸く般涅槃するなり。上流般の三種とは一に全超般、先づ色界の最下梵衆天に生じ、梵衆天より中間の十四天を超えて色究竟天に至りて般涅槃するなり。二に半超般、先づ梵衆天に生じて後、一天二天乃至十三天を超えて色究竟天に至りて般涅槃するなり。超ゆると全にあらざるが故に半と云ふ、等分の半にあらず。三に遍沒般、色界の十六天を遍く經歷して色究竟天に於て般涅槃するなり。【俱舍論二十四、七帖見聞四末】

十一種不還　〔名數〕　是れ成實論の所明なり、一に現般。是れ俱舍七種不還中の現般なり。二に轉世、既に預流果を得て多生欲界の生を經て那含を得、即ち羅漢を得するもの。俱舍には之なし。三に中般、五種不還中の中般なり。四に生般、五種不還中の生般なり。五に有行般、五種不還中の有行般なり。六に無行般、五種不還中の無行般なり。七に樂定、八に樂慧、此二は五種不還中の上流般の樂定、樂慧の二なり。九に信解、十に見到、新に見至と云ふ。是れ修道中の鈍利の二根にして俱舍七聖中の第三、第四なり。十一に身證、前人の中に於て滅盡定を得る者を云ふ。俱舍には之を有學に攝せず。大乘義章十一本

フゲンコウ　**普賢講**　〔術語〕　普賢菩薩の功德を講讃する法會なり。常に法華三昧堂にて之を行ふ。法華三昧の道場に普賢菩薩の示現すると法華經普賢勸發品の所說なればなり。三昧堂には普賢講行はせ給ふを」四日なれば、三昧堂には普賢講行はせ給ふを」

フゲンコンガウサツタ　**普賢金剛薩埵**　〔菩薩〕　顯教の普賢菩薩、密教に普賢金剛薩埵と云ふ、三股の金剛杵を持ちて密號を眞如金剛或は示現金剛と稱すればなり。「フゲン」を見よ。

フゲンコンガウサツタギキ　**普賢金剛薩埵儀軌**　〔經名〕　普賢金剛薩埵略瑜伽念誦儀軌の略名。

フゲンコンガウサツタリヤクユガネンジユギキ　**普賢金剛薩埵略瑜伽念誦儀軌**　〔經名〕　一卷、唐の不空譯。普賢三昧を修して普賢の身と成るを明かす。【閏帙九】(1442)

フゲンコンガウシユ　**普賢金剛手**　〔菩薩〕　普賢菩薩即ち金剛手なり、智に約して普賢と云ひ、理に約して金剛手と云ふなり。「コンガウサツタ」を見よ。

フゲンサンマイ　**普現三昧**　〔術語〕　普現色身三昧の略稱。

フゲンサンマイ　**普賢三昧**　〔術語〕　普賢菩薩の修法なり、顯密の二法あり、顯教は普賢觀經の所說にして、普賢菩薩を本尊として諸法實相の理を觀じ、六根の罪障を懺悔するを云ひ、又法華三昧と云ふ。此三昧成ずれば普賢菩薩六牙の白象に乘じて道場に示現すべし。密教は普賢金剛薩埵念誦儀軌の所說にして、身口意の三密相應すれば現に普賢の身を成ずべし。之を普賢三昧と云ふ。図 普賢文殊の二大士は一雙の法門にして普賢は一切の三昧を主り、文殊は一切の般若を主りて佛の敎化を助くれば、文殊般若に對して普賢三昧と云ふ。【探玄記十八】に「普賢三昧自在。文殊般若自在。」

フゲンサンマイモン　**普眼三昧門**　〔術語〕　大日如來普門示現の諸大衆を普門大衆と云ひ、此普門大衆を一心に觀ずるを普眼三昧門と云ふ。【大日經疏六】に「若總ニ觀如レ是普門大衆ノ一心住レ縁而不ニ馳散ニ即是普眼三昧門。亦名ニ普門世界三昧門ニ」

フゲンサンマヤ　**普賢三昧耶**　〔術語〕　密教の普賢三昧なり。

フゲンサンマヤイン　**普賢三昧耶印**　〔印相〕　是れ普賢如來即ち大日如來の三昧耶印なり。【瑜祇經】に「普賢三昧耶。屈ニ進力ニ（左右頭指）如レ鈎。檀慧（左右小指）禪智（左右大指）合是名ニ彼大印ニ」是れ外五股印なり。

フゲンサンマヤインシンゴン　**普賢三昧耶印眞言**　〔雜名〕　密教所傳の普賢菩薩の印と眞言なり。

フゲンサンマヤインミヤウ　普賢三昧耶印明　〔眞言〕兩手外縛して二中指を竪て合はすなり。眞言に曰く、唵(歸命)三昧耶(平等)薩怛鑁(入我我入)【眞言句義鈔中】

フゲンシキシン　普現色身　〔術語〕觀音が三十三身を現ずる如く、佛菩薩が普く種種の身を示現して衆生を濟度するを云ふ。【大日經疏二】に「當レ念ニ我當下得ニ門證自然之慧一、然後普現ニ色身一而演中說之上。」【法華經科註八】に「普現色身形無ニ定准一。不レ可ニ斗羊眼看一。不レ可下以ニ凡愚識一度上。」⦿(榮花)「普賢色身無邊にして」普現色身の誤。

フゲンシキシンサンマイ　普現色身三昧　〔術語〕菩薩此三昧を得れば、種種の色身を現じて衆生を化益するを得れば普現色身三昧と名く。即ち妙音觀音の諸身を現ずる如き此三昧の力用に依る。【同經妙音菩薩品】に「華德菩薩白佛言。世尊是妙菩薩。深種ニ善根一。世尊住ニ何三昧一。而能如レ是在所顯現度ニ脫衆生一。佛告ニ華德菩薩一。善男子。其三昧名ニ現一切色身一。妙音菩薩住ニ是三昧中一能如レ是饒ニ益無量衆生一。」

フゲンシヨセツキヤウ　普賢所說經　〔經名〕大方廣普賢所說經の略名。

フゲンジフグワン　普賢十願　〔名數〕華嚴經普賢行願品に說く普賢菩薩の十大願なり。「フゲン」を見よ。又行願品を指して普賢十願と云ふ。

フゲンダイシ　普賢大士　〔菩薩〕普賢菩薩なり。「フゲン」を見よ。

フゲンニヨライ　普賢如來　〔佛名〕金剛界に於て或は果上の大日如來に名け、或は因位の普賢菩薩に名く。大日に名くるは大日は普く賢善の願行を證成する義に依り、普賢如來又は普賢法身と名く。若し主伴互具の義によれば三十七尊を總じて普賢如來と稱する也。安然の瑜祇經疏は此義に依りて三十七尊を總じて普賢如來と稱せり。【瑜祇經】に「金剛界普賢如來。」【同疏】に「三十七尊。皆名ニ普賢一。」【略出經四】に「普賢法身。偏ニ一切一無始無終無ニ生滅一。」【菩提心論】に「其圓明則普賢身也。亦是普賢心也。與ニ十方諸佛一同レ之。亦乃三世修行。證有ニ前後一。及ニ達悟已一無ニ去來今一。」【同初心鈔下】に「普賢身心者約レ之可レ指ニ大日身心一。大日名ニ大普賢一故。」又、普賢に名くるは大日如來は久しき以前成道すれども諸の衆生の爲に今始めて成道するを示さん爲に、又因中に果あれば因中說果して普賢の身を如來と稱するなり。【金剛頂經疏一】に「婆伽梵大菩提心。普賢大菩薩。」【同疏三】に「婆伽梵者果號也。大菩提心大菩薩者是即因號。今以ニ果號一號ニ因種一者爲レ顯下毘盧遮那雖ニ久成道一爲ニ諸衆生一示中適(ハジメテ)今證上故號ニ因位一。又云因必有レ果故以爲レ名。」

フゲンニヨライ　普現如來　〔佛名〕又、普見如來と云ふ。文殊菩薩の當來成佛の號なり。「モンジユ」を見よ。

フゲンノキヤウガイ　普賢境界　〔術語〕普くまどかなる教を信受し得る人の通曉せる悟境也。

フゲンノトク　普賢德　〔術語〕菩薩が慈悲を以て、普く一切衆生を濟度するを。即ち衆生化益の行德を云ふ。

フゲンボサツ　普賢菩薩　〔菩薩〕又普賢薩埵と云ひ、普賢大士と云ふ、同一體なり、「フゲン」を見よ。

フゲンボサツギヤウグワンサン　普賢菩薩行願讚　〔經名〕一卷、唐の不空譯。四十華嚴經普賢行願品中の最後の偈文の異譯なり、後に速疾滿普賢行願陀羅尼一呪あり。本朝梵本を存す。【閏帙十五】(1142)

フゲンボサツクワンホツボン　普賢菩薩勸發品　〔經名〕法華經二十八品中第二十八品の名。法華の終に普賢菩薩東方より來て末世の行者に法華を勸發するを說く。

フゲンボサツダラニキヤウ　普賢菩薩陀羅尼經　〔經名〕一卷、趙宋の法天譯。根本呪一と治病呪六を說く。【成帙八】(841)

フゲンボサツヂヤウイキヤウ　普賢菩薩定意經　〔經名〕等月菩薩所問三昧經の異名。

フゲンボン　普賢品　〔經名〕普賢菩薩勸發品の略稱。

フゲンマンダラキヤウ　普賢曼拏羅經　〔經名〕一卷、趙宋の施護譯。佛鷲峰に在て金剛薩埵の秘密相應法を說く、種種の觀想あり。【成帙六】(853)

フコシユカイ　不酒酤戒　〔術語〕梵網經所說十戒の一。酒は人の心性を昏亂する者なれば一切之を賣らざるなり。

フコマウシヤウ　不虛妄性　〔術語〕眞實性を「云ふ。

フコロンシユウ　不顧論宗　〔術語〕因明四宗の一。他を顧みず自の意樂に隨て成立する所の宗法を云ふ。

フコン　扶根　〔術語〕扶塵(ふぢんこん)根の略。

フコン　浮根　〔術語〕又、扶塵根と云ふ。五根に二種あり、內に在て正しく發識取境の用ある者を勝義根と名け、眼の葡萄の如く耳の卷葉の如き、外形を浮根扶根又は扶塵根と云ふ。浮は浮虛不實の義なり。【楞嚴經一】に「我觀ニ此浮根四塵一祇在ニ我面一。」

フサ 普茶 【儀式】廣く一般大衆に茶を饗すること。

フサウ 浮想 【術語】虚妄不實の思想なり。【圓覺經】に「衆生壽命皆爲二浮想一。」

フサイジヤウ 不才淨 【術語】不才不淨なり、言句葛藤を指斥す。【臨濟錄】に「山僧今時。事不レ獲レ已。話二度說三出許多不才淨一。儞且莫レ錯。」

フサウオウギヤウ 不相應行 【術語】「シンフサウオウギヤウ」を見よ。

フサウオウシン 不相應心 【術語】根本無明靜心の體を動して業轉現の三細相を生ず、此位の惑心微細にして未だ心王心所の相應なきを不相應心と云ふ。【起信論】

フサウクワン 普想觀 【術語】觀無量壽經十六觀の第十二觀なり。普く佛身佛土を觀想する觀法なれば普想觀と名く。【經】に「是名二普觀想一。名二第十二觀一。」

フサダバ 布薩陀婆 【雜語】「フサツ」を見よ。

フサツ 扶薩 【術語】「ボサツ」を見よ。

フサツ 布薩 【行事】もと梵語 Upavasatha が巴利 Uposatha に變じ、梵語の原形を失ひて Posadha となる。具には布沙他、布灑他、逋沙他、褒沙陀、布薩陀婆と云ふ。淨住、善宿、又は長養と譯す。出家の法には半月毎に（十五日と廿九日或は三十日と。）衆僧を集めて戒經を說き比丘をして淨く戒中に安住せしめ能く善法を長養せしめ、又在家の法には六齋日に八戒を持して善法を增長するを布薩と云ふ。依て所作の法に就て說戒又は八戒と云ひ、其の功能に就て布薩と云ふ。又優補陀婆と云ふ、斷增長と譯す。惡を斷じ善を長ずる義なり。又鉢羅帝提舍耶寐 Pratideśayāmi と名け我對說と譯す。此日人に向つて所犯の罪を懺悔するなり。【智度論十三】に「今日誠心懺悔身清淨口清淨意清淨。受二行八戒一是則布薩。秦言二善宿一。」又「我某甲受二行八戒一隨二學諸佛法一。名爲二布薩一。願持二此布薩一福報生生不レ墮二三惡八難一。」【玄應音義十八】に「布沙他。或作二逋沙一。此云二增長一。謂半月叉磨增二長戒根一。叉磨此云レ忍。謂容二恕戒罪一。舊名レ懺者訛略也。」【同二十四】に「布灑他此云二增長一。謂半月叉磨增二長戒根一也。或言二逋沙他一。亦布薩皆訛略也。」【寄歸傳二】に「半月半月爲二褒灑陀一。朝朝暮暮憶二所犯罪一。」【注】に「褒灑是長養義。陀是淨義。意明下長二養淨一除中破戒之過上。昔云二布薩一者訛略也。」【行事鈔上四】に「布薩此云二淨住一。出要律儀云。是憍薩羅國語。六卷泥洹云。布薩者長養。義二義。一清淨戒住。二長增功德。雜含云二布薩陀婆一。若正本音優補陀婆。優云レ斷。補陀婆云二增長一。國語不同。亦呼爲レ集。爲レ知、爲レ宜、爲レ同、爲二共住一、爲レ轉、爲レ常也。三千威儀云。布薩者秦言二淨住一。義言二長養一。又言二和合一也。」【玄應音義十四】に「逋沙他此云二增長一。或名二鉢羅帝提舍耶寐一。此云二我對說一。謂相向說レ罪也。舊名二布薩一者訛略也。譯云二淨住一者義翻也。」布薩は安居と共にもと婆羅門敎徒の行事にして、（安居は雨期の不健康なる時期に外出して草木小蟲を殺すを防ぎ、且つ各自の修養に資す）王舍城の諸外道梵志が月三時に集會をなし、衆人群り來りて周旋し、共に知友となり飮食を供養するを見、瓶沙王が佛に勸めて制せしものにして、比丘は白衣に對して經を說き、白衣は比丘に食を施す等のことあり。これもと月二回が次第に增して六齋八齋等となり。これに八戒を結びつけたる如き觀あり。

本朝布薩始 【故事】【元亨釋書二十二】に「天平勝寶八年八月詔曰。執二持佛法一無レ尙二木叉一。尸羅之制協二我禮經一。自レ今諸寺勸行二布薩一。因而每寺納二田一百畝一。」

フサツケンド 布薩犍度 【術語】Posadhakhanda 犍度は篇聚の名、律の中に布薩の法を一處に集て布薩犍度と云ふ、四分律二十犍度の中には說戒犍度と云ふ、說戒は其の作法に就き、布薩は其の功能に就いて名くるのみ。

フサツゴ 布薩護 【術語】八戒齋の異名。在家の人に就て言ふ、在家の優婆塞優婆夷は八戒を受持するを以て布薩となせばなり。護とは心に在るを護と云ひ、身口に在るを戒と云ふ、即ち戒の別名なり。【智度論十三】に「受二持八戒一是則布薩。」【行事鈔上四】に「倶舍論名二八戒一爲二布薩護一也。明了言。在レ心名レ護。在二身口一名レ戒也。」

フサツジキ 布薩食 【雜名】齋日の淨食なり。【羯磨疏四上】に「布薩食者亦是淨齋之食耳。」

フサツニチ 布薩日 【雜語】毎月十五日と廿九日又は三十日との兩日は布薩の法を行ふ日なり。

フサンコ 不懺擧 【術語】三擧の一。惡比丘戒を破して肯て懺せず、衆僧之を諭せども妄に濫說を陳べて我れ懺悔せずと言ふ、此不懺の人は極惡なり、因つて之を擧治して僧外に擯するを不懺擧と云ふ。【行事鈔上二】

フザ 趺坐 【儀式】字典に趺は跗と同じ足背なりと、足背を䏶上に置くを趺坐と云ふ。全跏趺坐、半跏趺坐の別あり。「ケッカフザ」を見よ。

フザイ 付財 【術語】佛、般若時に於て、須菩提等の小乘の比丘に加被して大乘の菩薩に對して般若の大乘を說かしむるを轉敎と云ひ、轉敎の意小乘の比丘に大乘の法財を附與するに在るを以て、法華の窮

子に長者が財物を管領せしむる喩に寄せて付財と云ふ。【四教儀集註上】に「所四以令三其轉二教菩薩一。意在三二乘領二知法門一。故曰二付財一。二乘本所レ不レ知。但謂二加被令レ說。故曰二轉教一。」

フシ 布史 【雜名】 Pausa 十月の梵名。【梵語雜名】

フシカ 補瑟迦 【術語】「フシチ」を見よ。

フシカク 不死覺 【術語】八覺の一。多財榮花に因て常に不死を念ずる惡覺なり。

フシカンロ 不死甘露 【雜名】眞言兩部不二の灌頂水を稱す。不死は甘露の譯なり。【大疏五】に「明日當下貽二內不死甘露一皆令中充足上也。」【演奧鈔十二】に「不死甘露者或口傳云。不死者[梵字]字。甘露者[梵字]字。示二兩部密言不二義一也。」

フシギ 不思議 【雜語】甚深の理及び希奇の思慮言議の外に在るを不思議と云ふ。「フカシギ」を見よ。

フシギエンギ 不思議緣起 【術語】曼荼羅の法は三密の方便を緣となし行者の觀心を因となして普門海會の諸佛の境界を現ず。曾て思議の境に非ざるが故に不思議緣起と云ふ。

フシギカイ 不思議界 【術語】眞如の異名なり。眞如は思慮言議を絕する法界なればなり。

フシギキヤウ 不思議經 【經名】或は華嚴經を指し或は維摩經を指す、二經共に不可思議解脫の法門を明かせばなり。「フカシギゲダツキヤウ」を見よ。

フシギキヤウガイキヤウ 不思議境界經 【經名】大方廣如來不思議境界經の略名。

フシギキヤウガイブン 不思議境界分 【經名】大方廣佛華嚴經不思議境界分の略名。

フシギクウ 不思議空 【術語】又、第一義空と云ふ。佛菩薩所得の空は有無を絕する空にして二乘凡夫の測知する所にあらざれば不思議空と名く。【勝鬘經寶窟】に「龍樹云。空有レ三。一外道邪道空。二者但空。謂二乘空智。三者無所得空。謂菩薩空智也。今此無所得空智非二二乘所レ知。故言二不思議一。」図大日如來の大空三昧なり。此の大空微妙にして思量すべからざれば不思議空と云ふ。【大日經二】に「知三空等二虛空一。」【同疏六】に「知三空等二虛空一者。本來不生即是畢竟空義。以二自性淨無際無分別一故。同二於大空一。是故以二世間易レ解空一譬二不思議空一也。」

フシギクウチ 不思議空智 【術語】不思議空の理を證する實智なり、佛此智を以て煩惱を斷ずるなり。【勝鬘經】に「不思議空智斷二一切煩惱藏一。」

フシギクドクシヨブツシヨゴネンキヤウ 不思議功德諸佛所護念經 【經名】二卷、失譯。千一百二十佛の名あり。【黃帙三】(412)

フシギクワウボサツシヨセツキヤウ 不思議光菩薩所說經 【經名】一卷、秦の羅什譯。佛祇陀林中に在り、婬女一小兒を路邊に棄つ、衆皆往て觀る、佛其所に詣て種種問答す、次に通を現ぜしむ、諸天光を蒙て皆來集す、因て不思議光と名く。佛波斯匿王の爲に其の往因を說き、並に其に記を授く。【黃帙十】(396)

フシギクワウボサツシヨモンキヤウ 不思議光菩薩所問經 【經名】不思議光菩薩所說經の異名。

フシギクン 不思議薰 【術語】無明眞如に薰炙して妄法を生ずるを不思議薰と云ふ。是れ眞如は無爲堅實の法なるが故に薰ずべからざるに薰を受くるが故に不思議と云ふ。【楞伽經一】に「不思議薰。不思議變。是現識因。」【同註解】に「薰謂薰炙。變謂轉變。言二不思議薰一者。全眞成レ妄也。言二不思議變一者。全理成レ事也。」【起信論義記下本】に「不思議薰者。謂無明能薰二眞如一。不レ可レ薰處而能薰故名二不思議薰一。又薰即不薰。不薰之薰名二不思議薰一。」

フシギゲダツ 不思議解脫 【術語】華嚴經、維摩經の所明の法門を云ふ。「フカシギゲダツホフモン」を見よ。

フシギゲダツキヤウ 不思議解脫經 【經名】華嚴經の異名、又維摩經の異名なり。「フカシギゲダツキヤウ」を見よ。

フシギコフ 不思議劫 【雜語】劫數多量にして思議すべからざるなり。

フシギゴフサウ 不思議業相 【術語】智淨相の對。清淨本覺に還りたる上の業用を云ふ。智淨相に依りて本覺の德用現はれ、能く一切の勝妙なる境界をなすを云ふ。即ち無量功德の相常に斷絕することなく、衆生の機類に應じて種種の利益を得しむる業用の不可思議なるをいふ。

フシギシヨ 不思議疏 【書名】大日經の第七卷を解釋せる唐の靈妙寺の沙門不可思議法師の疏を云ふ、二卷あり、大日經疏の後に附す。

フシギシン 不思議身 【術語】不思議變易生死の身を云ふ。

フシギシンゴンサウダウホフ 不思議眞言相道法 【術語】無相の法身加持して種種の聲字を作り、種種の聲字無相法身を成ずるが故に不思議眞言相の道法と云ふ。【大日經二】に「佛說二不思議眞言相道法一。」【同疏七】に「佛說二不思議眞言相道法一者。如二聲聞法一。解脫之中無レ有二文字一。而維摩詰。不レ離二文字一說二解脫相一。故名二不思議解脫一。今此字輪亦爾。即以二無相法身一作二種種聲字一。種種聲字作二無相法身一。故名二不可思議眞言相一也。」

フシギジヨウ 不思議乘 【術語】佛乘に同じ。

フシギジンヅウキヤウガイキヤウ 不思議神通境界經 【經名】具名、佛說大乘不思議境界經、三卷、趙宋の施護譯。佛法界光明菩薩宮に住し、普遍光明三摩地に入て大光明を放ち、殑伽沙の菩薩雲集す、妙吉祥菩薩無垢普光三摩地に入て大神變を現じて來る、普華幢天子何法を修して如是神通を得るを問ふ、佛四種の四法を以て之に答へ、又妙吉祥の最初發心轉女成男の因緣を說く。【宙帙二】(936)

フシギチ 不思議智 【術語】佛の智慧。深廣にしてはかるべからざるが故に云ふ。

フシギヘン 不思議變 【術語】眞如の妙理轉變して萬法の事相を成ずるを云ふ。「フシギクン」參照。

フシギヘンヤクシ 不思議變易死 【術語】次項を見よ。

フシギヘンヤクシヤウジ 不思議變易生死 【術語】二種生死の一。三界生死の身を離れたる後、成佛に至るまでの界外の生死を云ふ。煩惱の力に由て有漏の善惡の業を起し、此業に由て感ずる所の三界五趣の果報を分斷生死と云ひ、求むべき菩提は實に在り、度すべき衆生は實に在りと云へる法執即ち所知障を助緣として無漏の大願大悲の業を起して感得する所の細妙殊勝の果報を不思議變易生死と云ふ。無漏の悲願力に由て分段生死の麁身を改轉して細妙無限の身を受くる故に變易と云ひ、無漏の定願力に助けられて、妙用測り難きが故に不思議と名く。大悲の意願によりて成ずる身なる故に意識身とも云ふ。或は無漏身と云ひ、出過三界身とも云ふ。若し相宗の判は二乘の無學廻心して大乘に入れば涅槃の後、直に變易身を受け、有學の聖者大乘に轉向するは初地已後に於て亦變易身を受くるを得、若し菩薩は八地已上變易身を受け、一類智增の菩薩は初地已上變易身を受く。若し性宗の制は二乘の無學及び菩薩の種性已上應に隨て受くるを得と。【唯識論八】に「不思議變易生死。謂諸無漏有分別業由ニ所知障緣助勢力一所レ感殊勝細異熟果。由ニ悲願力一改ニ轉身命一無ニ定齊限一故名ニ變易一。無漏定願正所ニ資感一妙用難レ測名ニ不思議一。」

フシゼンフシアク 不思善不思惡 【術語】善惡の思量を絕つなり。【無門關廿三則】に「六祖因明上座趁至ニ大庾嶺一。祖見ニ明至一即擲ニ衣鉢於石上一云。此衣表レ信。可ニ力爭一耶。任ニ君將去一。明遂擧レ之如レ山不レ動。踟蹰悚慄。明曰。我來求レ法。非レ爲レ衣也。願行者開示。祖云。不思善不思惡正與麼時那箇是明上座本來面目。明當下大悟。遍體汗流。」

フシチ 補瑟置 【修法】Puṣṭi 又補瑟迦 Pauṣṭika と云ふ。護摩法四種の中の增益なり。【略出護摩儀】に「補瑟置此云ニ增益一。或云ニ富貴一。」【眞言修行鈔五】に「梵補瑟迦。云ニ增益一。」

フシツル 不唧嚠 【術語】唧嚠は秀又は就の反切語なり、秀は唧嚠の切、就は唧嚠の切と云ふ如し、即ち不唧嚠は不秀不就の義なり、不秀不成就の鈍漢を指して不唧嚠と云ふなり。【類書纂要】に「杭州人以レ秀爲ニ唧嚠一。」【俗呼小錄】に「說ニ人之不慧一曰ニ不唧嚠一。」【宗子京筆記】に「孫炎作ニ反切一。語本出ニ於俚語常言一。故謂レ就曰ニ唧嚠一。凡人不慧者曰ニ不唧嚠一。」【中峯錄一下】に「除夜示レ衆曰。不レ如念ニ一道眞言一。消ニ遣殘年不唧嚠一。」【碧巖第一則著語】に「說ニ這不唧嚠漢一。」

フシハ 補澁波 【雜語】布瑟波。Puṣpa 譯、花。【大日經疏八】に「梵云ニ枳娑攞瑜一。是林樹上兼ニ帶條葉一之花。次云ニ補澁波一。正目ニ花體一。如ニ花鬘散花之類一皆用ニ此名一。」【禪宗正脉序】に「布瑟波印ニ於飲光一。」【名義集三】に「布瑟波此云レ華。」

フシビカ 補瑟徵迦 【修法】五種護摩法の中の鈎召法の梵名。【眞言修行鈔五】に「梵、補瑟徵迦此云ニ鈎召一。」諸尊を請知する修法なり。（徵或は徵の字にして增益法を指すか）

フシフニンシヤウ 扶習潤生 【術語】天台宗にて、通教の菩薩が誓願力を以て餘殘の習氣を扶け、三界に生をうけて衆生を利益すること。藏教の菩薩は伏惑行因なるが故に、この事なく、別教圓教の菩薩は中道の應本あるが故に之をなさず。

フシモン 不死門 【術語】不死は涅槃なり、涅槃に入る道を不死門と云ふ。【無常經】に「共捨ニ無常處一。當レ行ニ不死門一。」

フシヤ 補沙 【雜名】Puṣya 又、富沙、布灑、弗沙、佛星、孛星に作る。星の名。二十八宿中の鬼宿なり。【玄應音義八】に「沸星或云ニ佛星一。或作ニ孛星一。或言ニ弗沙星一。皆音字訛也。正音富沙。依ニ諸經ニ云。如來成道出家皆用ニ二月八日鬼宿合時一。依ニ日藏分經ニ二月九日。曙夜屬ニ九日一故。」【寶星陀羅尼經四】に「富沙鬼宿（唐言）星生者有ニ最上相一。手中輪相猶如ニ日輪一。」【可洪音義五】に「弗沙此云ニ鬼宿一。」【最勝王經七】に「布灑星日。」【蘇悉地經中】に「若作ニ最上成就一應レ取ニ上宿曜時一。其中下法類レ之應レ知。然諸宿中鬼宿爲レ最。若作ニ猛利成就一還依ニ猛利宿曜時一。」【護摩法略鈔】に「當レ知若値ニ補灑星合日一。作ニ一切法一皆得ニ速成一。」

フシヤウ 普請 【雜語】禪林の語、ふしんと讀む。

フシヤウ 赴請 【雜語】施主の請に由て齋會に赴

くなり。【行事鈔下】に赴請設則篇あり。

フシヤウ 不生 〔術語〕阿羅漢、不生と譯す。畢竟して三界五趣の中に生ぜざればなり。又涅槃の涅を不生と言ふ、諸法常住にして始て生ぜざるなり。又梵に阿耨波陀と云ふ。不生と譯す。眞言の阿字の不生なり、諸法の本初不生なればなり。又不生を如來の異名とす。如來は常住不生不滅なればなり。凡そ諸法不生と觀ずるは佛道の樞鍵なり。【智度論三】に「阿名レ不。羅漢名レ生。後世中更不レ生是名二阿羅漢一。」【涅槃經】に「涅言二不生一。槃言二不滅一。不生不滅名二大涅槃一。」【智度論四十八】に「菩薩若一切語法中聞二阿字一。即時隨レ義。所謂一切法從レ初來不生相。阿提(Ādi)秦言レ初。阿耨波陀秦言二不生一。」【楞伽經四】に「不生即如來異名」

四不生 〔名數〕一に不自生、法は自因より生ぜざるなり。二に不他生、法は他因より生ぜざるなり。三に不共生、法は自他の共因より生ぜざるなり。四に不無因生、法は無因より生ぜざるなり。【中觀論偈】に「諸法不二自生一。是不レ從レ他生一。不二共不二無因一。是故知無生。」

フシヤウ 不請 〔雜語〕請求せざること。

不請の友 〔雜語〕衆生の請求なきも菩薩の大悲を以て我が爲に友となりて利益するを云ふ。【無量壽經上】に「爲二諸庶類一作二不請之友一荷二負群生一。」【勝鬘經】に「普爲二衆生一作二不請之友。大悲安二慰哀二愍衆生一。」【同寶窟上末】に「四乘衆生雖レ有二根性一樂欲未レ生。不レ能二請求一。菩薩照レ機。知二其堪受一。即便爲說。故言二不請一。聞必得レ益目レ之爲レ友。」

不請法 〔雜語〕彼より請はざれども其機を鑑みて利益の法を說くなり。【無量壽經上】に「以二不請之法一施二諸黎庶一。」

不請の念佛 〔雜語〕⦿(方丈記)に「不請の念佛兩三返を申してやみぬ」此は俗語なり、本義と稍異なれり。俗に不請不請(ふしやうぶしやう)と云ひ、いやながら事を作す時に用ふ。已が心にさほど請ひ望まず、但口ずさみに念佛するを云ふ。これ心の深かからぬを卑下して云ひしなり。

フシヤウケウニヨキヤウ 不莊校女經 〔經名〕腹中女聽經の異名。

フシヤウケン 不正見 〔術語〕八邪の一。正見に反するなり。

フシヤウゴンドウジ 普莊嚴童子 〔術語〕華嚴宗所談四勝身成佛の一人なり。過去に王あり愛見善慧と名く、(新經に喜見善慧と云ふ。新經に大威光太子と云ふ。)その第二王子を普莊嚴童子と名く。三生の中の解行生の勝身を以て解行生の終心に於て果海に入る。【舊經四、新經十一】

フシヤウジキ 不正食 〔術語〕佛制十食中の後半、果實の類の如き嚼嚙して食ふべき五種の食物。

フシヤウジヤウセ 不請淨施 〔術語〕布施をなすに、未だ、施者、受者、施物の三輪相において、實有の見を離るると能はず、麁細の執心あるものを云ふ。

フシヤウダン 不生斷 〔術語〕三斷の一。煩惱盡くる時、三途惡道の苦果永く生ぜず、不生即ち斷滅なり。之を不生斷と云ふ。

フシヤウチ 不正知 〔術語〕所觀の境を誤解するなり。【唯識論六】に「不正知於二所觀境一謬解爲レ性。」

フシヤウフシヤウフカセツ 不生不生不可說 〔術語〕涅槃經所說四不可說の一。理もと不生なり、事は理に即する故に事亦不生なり、是を不生不生と名く。此理玄妙なれは不可說なり。天台之を以て圓教所詮の理となす。

フシヤウフメツ 不生不滅 〔術語〕生滅に對する語、常住の異名なり。小乘は獨り涅槃の理に就て不生不滅を觀じ、大乘は有爲の事相の上に於て不生不滅の義を論ず。【維摩經不二門品】に「法本不レ生今則無レ滅。」【涅槃經】に「涅言二不生一。槃言二不滅一。不生不滅名二大涅槃一。」

フシヤカ 普莎訶 〔雜語〕譯、吉祥。【倶舍論三十】に「如下藥事成能除二痾痾一。誑醫矯說中普莎訶言上。」【同光記】に「普莎訶此云二吉祥一。」梵 Pusjaka

フシヤカワウキヤウ 弗沙迦王經 〔經名〕萍沙王五願經の異名。梵 Puṣka*

フシヤク 不死藥 〔物名〕雪山に上香藥あり、人之を見れば壽無量なり、不死藥と名く。【涅槃經二十五】に「雪山之中有二上香藥一名曰二娑訶一。有二人見レ之得二壽無量一。無レ有二病苦一。」【往生十因】に「雪山不死藥。」

フシヤクシンミヤウ 不惜身命 〔術語〕菩薩の大心菩提の爲に身命を惜まざるなり。【法華經譬喩品】に「若人精進常修二慈念一。不レ惜二身命一。乃可二爲說一。」

フシヤタ 布沙他 〔行事〕又、逋沙他。布灑他。「フサツ」を見よ。

フシヤダ 布沙陀 〔行事〕「フサツ」を見よ。

フシヤノセイヤク 不捨誓約 〔術語〕阿彌陀佛の誓願の約束を云ふ。彌陀の第十八願には念佛往生を誓ひて「若不生者不取正覺」といふ。是れ即ち他力信心の念佛者を攝取して捨てずと云ふ誓なるが故に、不捨の誓約と稱す。

フシヤブツ 弗沙佛 〔行事〕「フシヤ」を見よ。

フシヤミタラ 弗沙蜜多羅 〔人名〕Pusyamitra 阿育王より四世の王なり。諸臣に問ひて曰く、我れ當に何等の事を作して我が名をして永く世に留むべきや。諸臣答へて曰く、先王阿育、八萬四千の如來の塔を造りて名德世に傳ふ。今、王塔を壞せば二つながら俱に朽ちずと、是に於て八萬四千の塔を壞して悉く比丘僧を殺害す。【雜阿含經二十五】

フシユ 溥首 〔菩薩〕又、普首。文殊師利一に溥首、又は普首と譯す。溥は梵語なりと云ふ。【大乘法門經】に「文殊師利者晉言二溥首童眞一。」【同經慧琳音義三十二】に「溥首。上音普。梵語。經以二晉音一翻二文殊師利一爲二溥首童眞一。今唐言翻二妙吉祥一。」【圓覺大鈔四下】に「觀察諸法三昧經云二普首一。阿目佉經云二濡首一。無量門微密經云二敬首一。」然るに玄應の說に溥は濡字の誤と云ふ。【玄應音義三】に「經中有レ作二溥首一。案溥此古文普字。疑爲レ誤也。應レ作レ濡。音而未反。但字形相濫。人多惑耳。」【可洪音義一】に「溥首。按二出三藏記一。作レ濡。而未反。古維摩經云。文殊師利晉言二濡首一是也。又音普。經中亦作レ普。」

フシユゲダウ 不修外道 〔流派〕十種外道の一。六師の中の删闍夜毗羅胝子の所計なり。謂く、道は求むべからず、生死劫數を經れば苦盡きて自ら涅槃を得、縷丸を高山に轉じて縷盡くれば自ら止むが如しと、而して此外道五通を得るに由つて過去八萬劫の事を見、八萬劫の外見る所なし。依て八萬劫以前を指して冥諦涅槃となす。【注維摩經三】に「肇曰。其人謂道不レ須レ求。逕二生死劫數一苦盡自得。如下轉二縷丸於高山一縷盡自止上。何假レ求耶。」【行事鈔下四之二】に「不修外道。以二却順觀一見二八萬劫一。外更不レ見レ境。號爲二冥諦涅槃一。如下轉二縷丸高山一縷盡丸止上。何須レ修レ道。」

フシユシヤウガク 不取正覺 〔術語〕無量壽經の說に、阿彌陀佛、法藏比丘たりしとき四十八願を立て一一の願に此願若し成就せずば我れ正覺を取らず、即ち成佛せずとの誓言を以て之を結べり。即ち第一の願に「設我得レ佛。國有二獄餓鬼畜生一者。不レ取二正覺一。」乃至第四十八願の結句皆然り。依つて之を不取正覺の誓願と云ふ。⦿（曲、鵜羽）「或は不取正覺の臺の玉」

フシヨ 補處 〔術語〕前佛既に滅して後、成佛して其の處を補ふを補處と云ふ。即ち前佛に嗣ぎて成佛する菩薩を云ふなり、而かも一生を隔てて成佛すれば一生補處と云ふ。又此位を等覺と名く、彌勒は即ち釋迦如來に於ける補處の菩薩なり。【維摩經】に「彌勒在二一生補處一。」【智度論七】に「彌勒菩薩應レ稱二補處一。」【觀音玄義中】に「補處者。前佛既滅。而此菩薩即補二其處一。故云二補處一。」【四教儀集註下】に「一生補處者。猶有二一品無明一故有二一生一。過二其一生一。即補二妙覺之處一。」【無量壽經上】に「諸菩薩衆來二生我國一。究竟必至二一生補處一。」

フシヨ 扶疏 〔雜語〕本書を助成する註釋書を云ふ。

フシヨウ 鳧鐘 〔雜名〕【周禮】に「鳧氏鑄レ鐘。」と云ふより鳧鐘又は鳧鈴の語あり。【字彙】に「考工記二鳧氏爲レ鐘。鳧入レ水不レ溺。以名二鐘工一。取二其浮虛之義一。」

フシヨノミロク 補處彌勒 〔菩薩〕一生補處の彌勒と云ふに同じ。彌勒は五十六億七千萬年の後に成道して、釋迦如來の跡を繼ぎて、佛處を補ふべき菩薩なるが故なり。「フシヨ」を見よ。

フシン 普請 〔雜語〕禪林に衆を集て作務するを普請と云ふ。【僧史畧上】に「共作者謂二之普請一。」【傳灯錄禪門規式】に「行二普請之法一上下均レ力也。」図但衆を集むるを普請と云ふ。【敕修淸規送亡】に「白二大衆一。粥罷普請送亡。」

フシン 不信 〔術語〕心念澄淨ならず、三寶の實德に於て樂欲せざるなり。【俱舍論四】に「不信謂心不二澄淨一。是前所說信所對治。」【唯識論六】に「不信。於二實德能一不二忍樂欲一。心穢爲レ性能障二淨心一惰依爲レ業。」

フシン 不審 〔雜語〕比丘相見の禮話なり。不審尊候如何等の語あり。【僧史略】に「如二比丘相見一。曲躬合掌口曰二不審一者何。此三業歸仰也。曲躬合掌身也發言不審口也心若不生崇重豈能動身口乎。謂二之問訊一。其或卑問レ尊則不審。起居輕利不。上慰レ下則不審。無二病惱一乞食易レ得。住處無二惡伴一。水陸無二細蟲一不。後人省二其辭一止曰二不審一也。大如二歇後語一乎。」いぶかしと讀む。

フシンシユウ 不眞宗 〔術語〕大衍法師所立四宗の第三。「シユウ」を見よ。

フシンヰカイ 不瞋恚戒 〔術語〕梵網經所說、菩薩十戒の一。一切忿怒の心を生ずるを制するなり。

フジクワン 布字觀 〔術語〕眞言の法に阿字等を自己の身分に布置して其の理義を觀想するを布字觀又は布字嚴身觀と云ふ。【大日經疏十七】に「以二阿字一布二於行者之心一。乃至心是一切支分之主。阿字亦爾。是一切眞言之主。既布レ此竟。其餘諸字則布二於一切支分一。如二下品說一也。布字品を指す。然此布二阿字一法即是前文所說。先觀二其心八葉開敷一。置二阿字其上一。此阿字即有二圓明之照一也。將二行者染欲之心一與二眞實慧心一而相和合。即同二於眞一而共一味也。」

フジゲダツ 不時解脫 〔術語〕二種羅漢の一。阿羅漢の根性愚鈍にして好時好緣を待て煩惱を解脫するを時解脫と云ひ、根性鋭利にして好時好緣を待つを要せず隨意に定に入り煩惱を解脫するを不時解脫と云ふ。六種羅漢の中に前五を時解脫とし後一を不時解脫とす。【俱舍頌疏二十五】に「後不動種性名二不時解脫一。謂是利根以レ不レ待レ時。便能入レ定。入心心解脫一故。」【同逅麟記】に「食等盡故名二心解脫一。不レ待二好衣等時一。故名爲二不時一。」

フジゴモン 富士五門 〔名數〕日蓮宗富士派（興門派）の五箇本山の稱。即ち上野の大石寺、妙蓮寺、北山の本門寺、西山の本門寺、小泉の久遠寺これなり。

フジゴリ 富士垢離 〔儀式〕富士山に參詣せんとして水に浴して身を淸むるを富士垢離と云ふ。「コリ」を見よ。

フジザイ 不自在 〔雜語〕梵語、阿伊濕伐羅(アイシフバラ)。Esvara【中阿含經三十六梵志品】に「佛言。在家者以二自在一爲レ樂。出家學道者以二不自在一爲レ樂。」

フジサンキタカイ 不自讚毀他戒 〔術語〕梵網經所說菩薩十戒の一。自ら德を讚して他人を誹毀するを制するなり。

フジシヤクシンミヤウ 不自惜身命 〔雜語〕法の爲に自の身命を捨つるなり。【法華經壽量品】に「一心欲レ見レ佛。不三自惜二身命一。時我及衆僧。俱出二靈鷲山一。」

フジシユイキヤウ 不自守意經 〔經名〕一卷、吳の支謙譯。自守不自守の法を說く。【辰帙六】

(656)

フジハ 富士派 〔流派〕「コウモンハ」に同じ。

フジホン 布字品 〔經名〕大日經三十一品中第十七品の名、迦佉等の種子を自己の身分に布置して妙觀を成ずるを說く。【演密鈔九】に「布字品者。布謂安布。字即字門。謂此從二迦佉一乃至二暗噁等一。一一皆是入法界門。故曰二字門一。行者將二一一字一從二唯下腭上一乃至頂十字處分明安布。心常現前如レ是行者即得下名爲二成等正覺一。乃至名爲中一切智者上。故曰二布字品一也。」

フジヤインカイ 不邪婬戒 〔術語〕五戒の一。在家の二衆に對して他妻を姦する等の不正の婬事を制するなり、若し出家戒なれば正邪共に之を制すれば不婬戒と云ふ。梵網經の十戒の如し。【梵網經疏下】に「五衆邪正倶制。二衆但制二邪婬一。」

フジヤウ 父城 〔雜名〕迦毘羅城なり、是れ佛の父王の城なり。【寄歸傳一】に「酬二恩惠於父城一。」

フジヤウ 不淨 〔術語〕汚穢なり、鄙陋なり、醜惡なり、過罪なり。

フジヤウギヤウ 不淨行 〔術語〕又、非梵行と云ふ。梵は淸淨の義なり。婬事を云ふ。愛染、心を汚がせば不淨行と名く。【梵網經疏下】に「婬戒名二非梵行一。鄙陋之事故言二非淨行一。」【大經望西樓鈔】に「愛染汚レ心。名爲二不淨行一。」

フジヤウクワン 不淨觀 〔術語〕五停心觀の一。貪心を治する爲に身の不淨を觀ずるなり。此中二あり、一は自身の不淨を觀じ二は他身の不淨を觀ず。自身の不淨を觀ずるに九相あり、一に死想、二に脹想、三に青瘀想、四に膿爛想、五に壞想、六に血塗想、七に蟲噉想、八に骨鎖想、九に分散想なり。智度論中には一の燒想を加へて一の死想を缺く。「クサウ」を見よ。他身の不淨を觀ずるに五不淨あり、一に種子不淨、是の身は過去の結業を種とし現には父母の精血を種とす。二に住處不淨、母胎不淨の處にあり。三に自相不淨、是の身具に九孔あり常に唾涕大小便等の不淨を流出す。四に自體不淨、具さに三十六種の不淨物より合成する所。五に終竟不淨、此身死し竟て、埋むれば則ち土と成り、蟲噉へは糞と成り、火燒けば灰となる、究竟推求するに一の淨相なし。【智度論十九、俱舍論二十二、大乘義章十二】

フジヤウクワンキヤウ 不淨觀經 〔經名〕達磨多羅禪經の異名。

フジヤウコク 不淨國 〔雜名〕【智度論二十三】に說く不淨國の老母白髓餅を賣る故事なり。

フジヤウコンガウ 不淨金剛 〔明王〕Ucchusma 烏芻沙摩(うすさま)、不淨金剛と譯し、又觸金剛と云ふ。此の明王は不動明王の化現にして一切の不淨鬼を調伏すれば東司(とうす)に之を安置し、東司に上る時に此明王の眞言を誦ずるなり。【大威力烏樞瑟摩明王經下】に「烏樞瑟摩明王敎法不レ拘二淨穢一。恒示二忿怒相一。誦滿二三十萬徧一得レ驗。」【大日經疏九】に「時。不動明王。受二佛敎命一召レ彼。見三共作二如レ是事一。即化受二觸金剛一。即是不淨金剛也。令二彼取一レ之。爾時不淨金剛須臾悉噉二所有諸穢一。令二盡無一レ餘。」【陀羅尼集經九】に「烏樞沙摩。唐言二不淨潔金剛一。」【雜談集七】に「烏芻沙摩の眞言は東司にて殊に誦咒すべきなり、是は別段の事なり、不動明王の垂迹として不淨金剛と號して東司の不淨の時、鬼若し人を惱ます事あらば守護せん爲の御誓なり、行ずべき事なり。」

フジヤウシ 不淨紙 〔雜名〕不淨を拭ふ紙なり。【臨濟錄】に「三乘十二分敎。皆是拭二不淨一故紙。」

フジヤウセ 不淨施 〔術語〕二種布施の一。妄

心を以て福報を求めて布施を行ずるもの。【智度論十一】

フジヤウセツポフ　不淨說法　〔術語〕又、邪命說法と云ふ。或は邪法を說き、或は正法を說くも其の心邪ならば總て之を不淨說法と云ふ。【佛藏經三】に「不淨說法者。有五過失。一者自言盡知佛法。二者說佛經時出諸經中相違過失。三者於諸法中心疑不信。四者自以所知非他經法。五者以利養故爲人說法。」此中佛藏經所說中第五の過失に就て邪命說法の名あり。法を賣て己を利養す、是れ不正の活命なればなり。不正の活命を邪命と云ふ。【優婆塞戒經二】に「能說法者復有二種。一者清淨。二者不淸淨。不淸淨者復有五事。一者爲利故說。二者爲報故說。三者爲勝他說。四者爲世報說。五者疑說。乃至不淨說者名曰垢穢。名爲賣法。」【說法明眼論】に「不淨說法有五科。一以有所得心說虛妄言令他發信墮惡道故。二不說佛法徒說世事故。三食酒食五辛犯非姪正姪。即身著法衣及入堂中穢三寶故。四誹他有德讃自無德故。五不悟二乘一實法而耽著權門有相之敎故。」【觀經妙宗鈔下】に「不淨說法者。但求名利非益物也。」【觀經散善義傳通記三】に「邪命說法者以邪因緣不淨說法。利養活命。故不淨說法名曰邪命說法。」

フジヤウニク　不淨肉　〔術語〕小乘律中には見聞疑の肉を不清淨となし、之を食ふを制す。大乘敎には淨不淨を論ぜず總じて之を制す。「ジキ」參照。

フジヤウフンヌ　不淨忿怒　〔術語〕烏樞沙摩明王なり。【諸軌儀訣影二】

フジヤウリン　不淨輪　〔術語〕三輪の一。無常と不淨と苦と此三法輪轉じて相依れば三輪と云ふ。

「サンリン」を見よ。

フジヤニ　蒲闍尼　〔術語〕Bhojanīya 又、蒲膳尼、蒲膳尼に作る。正食と譯す。新に噉食と譯す、米飯等の噉食すべき五種の正食なり。【行事鈔下二】に「四分中有五種蒲闍尼。此云正食謂麨。飯。乾飯。魚。肉也。」【玄應音義四】に「蒲闍尼食。譯云可食。」【有部毘奈耶三十六】に「有五種蒲膳尼食是含噉義也。成足食。云何爲五。一餅。二麥豆飯。三麨。四肉。五飯。噉此五時名爲足食。」【寄歸傳一】に「律云。半者蒲膳尼。半者蒲膳尼以含噉爲義。半者謂五也。半者蒲膳尼應譯爲五噉食。舊云五正者准義翻也。一飯。二麥豆飯。三麨。四肉。五餅。」

フジユ　諷頌　〔儀式〕梵語の伽陀を一に諷頌と譯す、是れ諷詠して深妙の義理を讃し、三寶の功德を頌する言句なればなり。【名義集四】に「伽陀。亦曰諷頌。」【俱舍光記十八】に「言諷頌者。謂以勝妙緝句言詞而爲讃詠。或二三四五六句等。」

フジユ　諷誦　〔儀式〕經文、或は偈頌を揚誦するを諷誦と云ふ。【無量壽經上】に「受讀經法。諷誦持說。」図請諷誦文を略して諷誦と云ふ。諷誦願文など熟する是なり。

フジユイチサイホフ　不受一切法　〔雜語〕心意解脫して一切法を取受せざるなり。【法華經化城喩品】に「以不受一切法故。而於諸漏心得解脫。」【嘉祥法華義疏】「心無愛着故名不受。」

フジユサンマイ　不受三昧　〔術語〕【法華經普門品】に無盡意菩薩佛勅を奉じて珍寶の瓔珞を觀世音菩薩に供養す、觀世音菩薩肯て之を受けず。天台之を解して云く、若し事に約して解せば無盡意は佛の命を奉じて供養を爲す、我は未だ命を奉ぜず、何ぞ輙く受くべけんや、若し理に就て解せば是れ不受三昧の廣大の用なりと。【觀音義疏下】に「不肯受者。事解無盡意奉命供養。我未奉命。那忽輙受。亦是事須遜讓。觀解者不受三昧廣大之用故無所受。」【秘略要鈔九】に「不受三昧とは畢竟空なり、一心三觀を以て空ずるに遍からざるなく、即空の故に有を受けず。即假の故に空を受けず。即中の故に二邊を受けず。雙べて空假を照すが故に中道をも受けず。此は但空藏通二敎にあらず次第空別敎にあらず正しく圓空圓敎なり。之を不受三昧と云ふ。」

フジユフセコウモンハ　不受不施講門派　〔流派〕日蓮宗八派の一。「ニチレンシユウ」を見よ。

フジユフセハ　不受不施派　〔流派〕日蓮宗八派の一。「ニチレンシユウ」を見よ。

フジユモン　諷誦文　〔雜名〕請諷誦文なり、亡者に追薦する爲に三寶に施物を供へて僧に誦經を請ふ文書を云ふ。首に請諷誦事と題して、次に供養物を揭げ、文中に其の志の程を書くなり。法會の導師之を讀み擧ぐるなり。

フセ　布施　〔術語〕梵語、檀那 Dāna 布施と譯す、福利を人に施與し與ふるなり。施行種種なれども財物を施與するを本義とす、大富樂の果を得。【法界次第】に「檀那秦言布施。」【無量壽經】に「布恩施惠。」【大乘義章十二】に「言布施者。以己財事分布與他。名之爲布。惙己惠人目之爲施。」【維摩經佛國品】に「布施是菩薩淨土。」

二種布施　〔名數〕一に財施、財を捨てて貧を濟ふなり。二に法施、法を說て他を度するなり。【智度論三十三】図一に淨施、布施の時に世間の名譽福利等の報を求めず、但だ出世の善根及び涅槃

の因を資助する爲に清淨心を以て布施するを云ふ。二に不淨施、妄心を以て福報を求めて布施を行ずるを云ふ。【智度論三十三】

三種布施 [名數] 一に財施、上の如し。二に法施、上の如し。三に無畏施、無畏を人に施すなり。人の厄難を救ふを云ふ。【智度論十四】

四種布施 [名數] 一に筆施、人の發心して經典を書寫するを見て筆を以て之に施し善緣を助成するなり。二に墨施、人の經典を書寫するを見て墨を以て之に施し善緣を助成するなり。三に經施、經板を刋造し人に施與して之を讀誦せしむるなり。四に說法施、法を說いて人に聞かしめ修因證果せしむるなり。【菩薩善戒經一】

五種布施 [名數] 一に施遠來者、二に施遠去者、三に施病瘦者、四に施飢餓者、五に施智法人。【賢愚經諸經要集十一】

七種布施 [名數] 一に施客人、他鄉に羇旅たるもの。二に施行人、旅行するもの。三に施病人、染疾のもの。四に施侍病、看病のもの。五に施園林、園林を以て諸寺に施すなり。六に施常食、錢財或は莊田等を布施して現住僧或は十方僧の爲に常に食を供するなり。七に隨時施、寒時風時熱時に於て其の所應に隨ひて衣食等を施すなり。之を七有依福業事と云ふ。【俱舍論十八】

八種布施 [名數] 一に隨至施、已に近づき至るに隨ひて能く施與するなり。二に怖畏施、災厄を畏怖し之を靜息せん爲に惠施を行ずるなり、又此財の壞相の現前するを見て寧ろ施して失せずとなり。三に報恩施、昔他の施を得て今還つて彼に施すなり。四に求報施、今彼に物を施して他の返報を希ふなり。五に習先施、先人父祖の家法に習て惠施を行ずるなり。六に希天施、彼の天に生ぜんと希て惠施を行ずるなり。七に要名施、美名を希て布施するなり。八に爲レ莊二嚴心一爲レ賢二助心一爲レ資二瑜伽一爲レ得二上義一。瑜伽とは禪定なり。上義とは涅槃なり。【俱舍論十八】

フセガネ 伏鉦 [物名] 叩鉦(たたきがね)なり。

フセキヤウ 布施經 [經名] 二本あり、一は趙宋の法賢譯、一卷。【宿帙八】(810) 二に分別布施經、趙宋の施護譯、一卷。【辰帙八】(930)

フセゲ 布施偈 [雜名] 又、三輪清淨偈と名く。三輪とは能施、所施、施物なり、清淨とは此三輪に無念無所得なるを云ふ。【心地觀經】に「能施所施及施物。於二三世中一無所得。我今安住最勝心。供養一切十方佛。」是なり。

フセセフ 布施攝 [術語] 四攝の一。布施を以て「他を攝受するなり。

フセツ 普說 [雜語] 禪家の說法なり、普說とは普ねく正法を說いて衆を開宗する意なり。【象器箋十一】に「舊說曰。普說卽陞座也。上堂亦陞座也。但普說不レ炷二祝香一。不レ搭二法衣一。以爲レ異。自二眞淨一始。三佛亦行レ之。到二大慧一方盛。普說須二是知見廣博人而始得一。」【華嚴經離世間品】に「普說二正法一智慧觀察。」

フセツシシユクワザイカイ 不說四衆過罪戒 [術語] 梵網經所說菩薩十戒の一。優婆塞優婆夷比丘比丘尼の四衆の過罪を說くを制するなり。

フセツシヤウカイ 不殺生戒 [術語] 在家出家小乘大乘の一切の戒中にあり、有情の生命を殺害するを制するなり。

フセツボサツ 不說菩薩 [雜名] 維摩居士なり。默不二の故事に取りて名づく。梁武の【金剛般若經懺文】に「無言童子妙得二不言之妙一。不說菩薩深見二無說之深一。」

フセハラミツ 布施波羅蜜 [術語] 六波羅蜜中檀波羅蜜なり。「ハラミツ」を見よ。

フセモツ 布施物 [雜語] 布施になす料物なり。

フゼン 不善 [雜語] 理に違して現世と及び未來世とを損害するものを不善と名づく、五逆十惡是なり。是れ現在に在て自他を損害し、未來に在ては苦果を感じて吾心身を損害する故に不善なり。三途の苦果の如きは彼れ現在に在て身心を損害すれども更に之が爲に未來世の損害を招くとなければ不善にあらざるなり。【唯識論五】に「能爲二此世他世違損一故名二不善一。惡趣苦果雖下於二此世一能爲中違損上。非レ於二他世一故非二不善一。」【大乘義章七】に「惡法違損稱曰二不善一。」【勝鬘寶窟上末】に「十惡破レ戒違レ理名爲二不善一。」

四種不善 [名數] 一に勝義不善、眞諦の實義より不善の義を定むるなり。此義に依れば一切の有漏法卽ち生死法を以て總じて不善となすなり、此中に善あり不善あるも皆苦を以て自性となし、極めて安穩ならざると猶痼疾の如くなればなり。二に自性不善、無慚無愧と及び貪瞋痴の三不善根なり。有漏法中に於て此五法自體不善なると猶毒藥の如くなればなり。三に相應不善、彼と相應して同時俱生する一切の心心所なり。他の心王及び心所は、必らず無慚無愧三不善根と相應して方に不善の性を成じ、若し相應せざれば然らざると、毒藥に雜る水の如くなればなり。四に等起不善、身業と語業なり、是れ自性不善と相應不善との不善より引起せる不善なればなり、善に依て善を起し惡に依て惡を起し能起所起同等なるを等起と云ふ。毒藥汁の引生する乳の如きなり。【俱

舍論十三」

フゼンセケンホフ　不染世間法　［雜語］世間塵欲の法に染着せざるなり。【法華經涌出品】に「住二於神通力一。善學二菩薩道一。不レ染二世間法一。如二蓮華在一レ水。」◉（法門百首）世の中のにごりになにかけがるべき御法の水にすすぐ心は」「フジャニ」を見よ。

フゼンニ　蒲膳尼　［術語］蒱繕尼。Bhojaniya

フゼンヂヤクシヨホフサンマイ　不染著諸法三昧　［術語］文殊院の文殊は其の左手に青蓮華を持す、是れ不染著諸法三昧の幖幟なり。文殊無相の妙慧諸法に著せざるを不著諸法と云ふ。【大疏五】に「青蓮是不染著諸法三昧。以二心無一レ所レ住故即見二實相一。」

フゼンマムチ　不染汚無知　［術語］二無知の一。根性闇昧にして事物の道理、法門の義理を知らざるを云ふ、即ち智慧の劣りたる者なり、是れ無始以來不學の結果なり。但し此無知は物に執着する不淨の性分にあらざれば不染汚と云ふ、故に此無知は諦理を悟りて生死を離るる自行の障とはならず、但だ一切法を了知して一切智人となり、普く人を敎化する化他の障となるなり、依て之を化導障の惑とも云ふ、阿羅漢は獨り染汚無知を斷じて不染汚無知を斷ぜざれば阿羅漢にして赤鹽だも知らざる愚者あるなり。佛は倂て不染汚無知を斷ずれば即ち一切智人と稱するなり。天台の三惑には之を塵沙惑と云ふ。

フゼンリツギ　不善律儀　［術語］非律儀に同じ。

フソク　蒲塞　［雜語］伊蒲塞の略。

フソクフリ　不即不離　［雜語］即かず離れずなり。水と波との如き水波の二相別なるを不即と云ひ、水波の二性一なるを不離と云ふ。不一不異と云ふ如し。【圓覺經】に「不即不離。無縛無脫。」

フソクライ　普觸禮　［儀式］衆人一時に觸禮するを云ふ。觸禮とは坐具を以て地に觸れて三たび叩頭するなり。

フゾウゲンシンニヨ　不增減眞如　［術語］十眞如の一。十地の中、第八不動地にありては、染法を減じて淨法を增すと雖も、更に其增減に就て執著を起さず、故に此地にて證する眞如を不增減眞如と云ふ。

フゾウフゲン　不增不減　［術語］凡そ佛敎に不增不減を說くに二門あり、一は實相の空理に就き、一は法の無盡に就く。般若經の如きは空理に就き、不增不減經の如きは無盡に就くなり。【般若心經】に「諸法空相不生不滅。不垢不淨。不增不減。」是れ諸法は眞空なり、眞空なれば增減なしとなり。然るに生佛二界の不增不減を說く如きは生界の無盡佛界の無盡に就て二界の增減なきを云ふ。【起信論義記上】に「況二衆生界一如二虛空界一。設如下一鳥飛二於虛空一從レ西向レ東。經二百千年一終不上レ得レ說二東近而西遠一。何以故。以二虛空無一レ分齊一故。」

フゾウフゲンキヤウ　不增不減經　［經名］一卷、元魏の菩提留支譯。衆生念念に成佛するも生佛二界共に增減なきを明かす。【宙帙一】(524)

フゾク　付屬　［雜語］又、付囑。付は物を付與するなり、屬は事を付托するなり、囑は言語を以て所思を托するなり。【法華經見寶塔品】に「佛欲下以二此妙法蓮華經一付屬有上レ在。」【同囑累品】に「我於二無量百千萬億阿僧祇劫一。修二習是難得阿耨多羅三藐三菩提法一。今以付二囑汝等一。」

忉利の付屬　［故事］地藏菩薩忉利天に於て釋迦如來の付屬を受けて六趣の衆生を救濟す。「ヂザウ」を見よ。

フゾクタイ　覆俗諦　［術語］世俗諦と云ふを新に覆俗諦と云ふ。覆は眞を覆ふの義、眞理を覆ふ世俗の事相を云ふ。【寄歸傳四】に「覆俗諦者。舊云二世俗諦一。義不レ盡也。意道俗事覆二他眞理一。色本非レ瓶。妄爲二瓶解一。聲無二歌曲一。漫作二歌心一。乃至由レ此覆レ眞。名爲二覆俗一矣。此據レ覆即俗。名爲二覆俗一。或可レ但云二眞諦覆諦一。」

フゾクノイチネン　付屬一念　［術語］無量壽經の流通分に於て、釋尊は彌勒菩薩に對し、慇懃に彌陀の名號を付屬し、一念の稱名に無上大利の功德あることを告げて、此法門を永く傳持すべき旨を命じ給へり。此「一念」とは行の一念にして、一聲の稱名念佛をいふなり。

フタイ　覆諦　［術語］覆俗諦の略稱。

フタイ　不退　［術語］梵語、阿毘跋致、Avinivartaniya 又 Avaivartika 不退と譯す。功德善根、愈增進して退失退轉することなきなり。不退の土、不退の位など。又、退轉なく、勤行修習するを云ふ。不退の念佛、不退の勤行など。◉（曲、實盛）「所は不退のところ」

三不退　［名數］一に位不退、既に修得せし位次を退失せざるなり。二に行不退、所修の行法に於て退失せざるなり。三に念不退、正念に於て退轉せざるなり。さて此三不退を菩薩の行位に配當するに諸宗に依て異也。先づ法相大乘に依れば萬劫の修因に依て十住の位に入り、唯識觀成就し復た惡業に退墮して生死に流轉するとなき位を位不退と云ひ、既に初地に入て眞の唯識觀を成就し利他の行に於て退失せざるを行不退と云ひ、八地巳

去無功用智を得て念念眞如海に入るを念不退と云ふ。西方要決に十住毘婆沙論を引く。又天台一家には別教の初住より第七住までを位不退とす、此間に見思の惑を斷じて永く三界の生死を超ゆる也。第八住より十廻向の終までを行不退とす、此間に塵沙の惑を破して利他を退失せざるなり。初地以上を念不退とす、無明の惑を斷じて中道の正念を失せざるなり。之を圓教に配すれば初信より第七信までを位不退とし、第八信より第十信の終までを行不退とし、初住已上を念不退とす。【觀經妙宗鈔下】に「若破二見思一名二位不退一。則永不レ失二超凡假一。伏二斷塵沙一名二行不退一。則永不レ失二菩薩之行一。若破二無明一名二念不退一。則永不レ失二中道正念一。」

四不退　〔名數〕淨土門に於て四不退を立つ、上の三不退の上に處不退を加ふるなり。即ち西方淨土に生ずれば更に穢土に退墮せざるをいふ。【西方要決、迦才淨土論上】図　法相宗に四不退を立つ。一に信不退、十信位の第六信なり。自後退て邪見を生ぜざるが故なり。二に位不退、十住位の第七住なり、自後退て二乘に入らざるが故なり。三に證不退、初地以上なり、證得するの法を退失せざるが故なり。四に行不退、八地以上なり、有爲と無爲との行皆能く修するが故なり。【法華玄贊二】

五種不退　〔名數〕淨土門所立四不退の中第四の處不退に就て五種の不退を立つ。一に大悲攝持不退、衆生淨土に生ずる者阿彌陀佛の大悲願力を以て攝持せらるるが故に一生の後菩提心を轉退せざるなり。二に佛光照觸不退、淨土に生ずる者、常に佛光に照觸せらるるが故に一生の後菩提心を轉ぜざるなり。三に常聞法音不退、淨土に生ずる者常に水鳥樹林の法音を說くを聞くが故に一生の後菩提を退失せざるなり。四に善友同居不退、淨土に生ずる者、彼の國の諸菩薩と勝友たるが故に內に煩惱惑業の累なく、外に邪魔惡緣の境なし、一生の後菩提を退失せざるなり。五に壽命無量不退、淨土に生ずる者壽命無量なるが故に一生の後菩提を退失するとなきなり。【淨土十疑論】「云ふ。

不退の淨土　〔雜名〕五種不退の極樂淨土を云ふ。

不退の願力　〔術語〕盡未來際退轉するとなき佛の願力なり。

フタイサウ　不退相　〔術語〕九無學の一。二十七賢聖の一。性來利根にして、得る所の功德を悉く失はざる無學の聖者を云ふ。

フタイヂ　不退地　〔術語〕阿毘跋致、即ち不退の位地なり、不退に三種四種の別あり、又諸宗に依りて位次不同なれども常には菩薩初地の位を云ふ。即ち三不退中の行不退。四不退中の證不退なり。【法華經分別功德品】に「或住二不退地一。或得二陀羅尼一。」

フタイヂユウ　不退住　〔術語〕十住の第七位。「ジフヂユウ」を見よ。

フタイテン　不退轉　〔術語〕所修の功德善根に於て愈愈增進し、更に退失し轉變せざるなり。略して不退と云ふ。即ち梵語の阿毘跋致なり。【無量壽經上】に「聞二我名字一不三即得至二不退轉一者不レ取二正覺一。」【十住毘婆沙論】に「若人疾欲レ至二不退轉地一。者應下以二恭敬心一執持稱中名號上。」【法華經序品】に「此於二阿耨多羅三藐三菩提一不二退轉一。」

フタイテンキヤウ　不退轉經　〔經名〕不退轉法輪經の略名。

フタイテンボフリン　不退轉法輪　〔術語〕略して不退輪と云ふ。佛菩薩の說法を法輪と云ふ、菩薩此法輪を得れば愈愈增進して退失するとなければ不退轉と云ひ、又所說の理進むとありて退くとなければ不退轉と云ひ、又不退の法を證して轉ずる法輪なれば不退轉と云ひ、又衆生をして不退轉を得しむれば不退轉の法輪と云ふ。【法華經序品】に「樂說辯才轉二不退轉法輪一。」【法華經嘉祥義疏二】に「無生正觀。體可二楷模一。故名爲レ法。流演圓通不レ繫二于一人一。故稱爲レ輪。又無生正觀無二累不レ摧。亦是輪義。一得不レ喪名爲二不退一。」【註維摩經一】に「肇曰。無生之道無レ有二得而失一者不退也。流演圓通無レ繫二于一人一輪也。」

フタイテンボフリンキヤウ　不退轉法輪經　〔經名〕四卷、失譯。廣博嚴淨不退轉法輪經の異譯。【盈帙三】(157)図　廣博嚴淨不退轉法輪經の略名。

フタイド　不退土　〔雜名〕不退の淨土なり、西方の極樂を云ふ。彼土は淨土門所立四不退中の處不退なればなり。【往生拾因】に「出二輪廻之鄕一至二不退之土一。」「フタイ」を見よ。

フタイボサツ　不退菩薩　〔術語〕阿毘跋致の菩薩なり。阿毘跋致、不退と譯し、無上菩提に於て退轉せざるなり。之を分別する三種四種の異あり。【法華經序品】に「不退諸菩薩。其數如二恒沙一。」【同譬喩品】に「緣覺。不退菩薩。」「フタイ」を見よ。

フタイリン　不退輪　〔術語〕不退轉の法輪なり。【維摩經佛國品】に「已能隨順轉二不退輪一。」【法華經藥草喩品】に「安二住神通一轉二不退輪一。」【同分別功德品】に「復有二三千大千世界微塵數菩薩摩訶薩一。能轉二不退法輪一。」「フタイテンボフリン」を見よ。

フタ　歩他　〔雜語〕「フト」を見よ。

フタゲダウ　餔多外道　〔流派〕天竺外道の一種。塗灰外道なり。【慈恩寺傳四】に「餔多之翟。以レ灰塗レ體。用爲二修道一。遍身艾白。猶二寢レ竈之猫狸一。」梵 Bhūtika*

フタシヤウ　不他生　〔術語〕四不生の一。

フタツワウキヤウ　普達王經　〔經名〕一卷、失譯。夫延國の王普達、命じて一切の頭を賣らしめんとすれども人賣る者なし、因て人を勸て信心を生ぜしむ、佛王の夙緣を說く。【宿帙七】(758)

フタナ　布怛那　〔異類〕Pūtana 又、富多那、富單那、布單那、富陀那に作る。臭餓鬼と譯す。餓鬼中の最勝なるもの。【玄應音義二十一】に「布怛那舊云二富單那一。或作二富多那一。此義云レ臭。是餓鬼中勝者也。」【慧琳音義十二】に「布單那或富陀那。皆不正音也。此云二臭穢一。雖二身形臭穢一是餓鬼中福之最勝者。」

フタマノグ　二間供　〔儀式〕【壒囊鈔十二】に「二間供とは仁壽殿の觀音供なり、是も弘法大師の奏聞に依て承和元年始るなり、東寺の長者之を勤む、每月十八日、阿闍梨參内して仁壽殿に於て觀音供を勤むるなり、是も内侍所に付て御神體を觀ずる秘傳ありとかや、但近き頃は清涼殿にて有る也、其の故は承曆四年大内失火ありて仁壽殿觀音供絕えたりければ寬治六年經範僧都の奏請に依て更に清涼殿にて復興せし也、是れ清涼殿は當時御座所なればなり。依て永長元年より觀音供を清涼殿に置かる、之を二間と云ふは彼の所に二間ある故にふたまと云ふと、或說に主上の御座の次の間には御身近く修せらるる故に二間の觀音供と云ふと、是れ常の御座を一間とする心なり、二をつぎと讀で次の字の心に用ふるなり。」

フタマノゴホンゾン　二間御本尊　〔雜名〕觀音なり。

フタマノヨキ　二間夜居　〔雜語〕二間に奉仕して夜すがら加持するなり。

フタラ　逋多羅　〔地名〕山の名。「フダラカ」を見よ。

フタラカ　布咀洛迦　〔地名〕「落迦。山の名。「フダラカ」を見よ。

フタラカ　布咀洛迦　〔地名〕又、補怛洛迦、補但洛迦。

フタンクウ　不但空　〔術語〕二乘の人、一切法皆悉く空なりと觀じ、但空を見て不空を見ざれば但空と名く、即ち偏空なり。菩薩は但空を見るのみならず兼て不空を見れば不但空と名く、即ち中道空なり。天台四教中通教の空觀なり。

フタンチユウ　不但中　〔術語〕空假の外に不二の中ありと觀ずるを但中と云ふ。別教の中觀なり。即空即假即中と空假を收めて中なりと觀ずるを不但中と云ふ。圓教の中觀なり。

フタンナ　富單那　〔異類〕又、布單那。餓鬼の名。「フタナ」を見よ。

フダ　浮陀　〔雜語〕「ブツダ」を見よ。

フダイシ　傅大士　〔人名〕姓は傅、名は翕、字は玄風。南齊の建武四年に生れて陳の宣帝大建元年に卒す。有髮の道士なり。姓に取りて傅大士と云ひ、又は地に取て東陽大士と云ひ、自ら稱して善慧大士と云ふ。大士は菩薩の翻名なり。此大士輪藏を創始す、依て今藏内に安ず。傅大士傳あり、龍華懺法の後に付す、又傅大士錄四卷あり、現行す。「ゼンヱ」を見よ。⊙(曲、輪藏)「傅大士童子顯はれたり」「よ。

フダナ　富陀那　〔異類〕餓鬼の名。「フタナ」を見よ。

フダバツマ　浮陀跋摩　〔人名〕又、佛陀跋摩 Buddhavarman に作る。西域の人。譯、覺鎧。【歷代三寶記八、梁僧傳三】

フダラカ　補陀落迦　〔地名〕Potalaka 又、補陀落伽、逋多、逋多羅、補怛洛迦、布咀洛迦、補但落迦、補陀落に作る。山の名、光明山、海島山、小花樹山など譯す。印度の南海岸に在て觀音の住處なり。其の山の形八角なり。興福寺、南圓堂の圓形はこれに本く。【舊華嚴經入法界品】に「於二此南方一有レ山曰二光明一。彼有二菩薩一名二觀世音一。」【同探玄記十九】に「光明山者彼山樹華常有二光明一。表二大悲光明普門示現一。此山在二南印度南邊一。天竺本名二逋多羅山一。此無二正翻一。以レ義譯レ之名二小樹蔓莊嚴山一。又十一面經在二此山一說。」【新華嚴經入法界品】に「於二此南方一有レ山名二補怛洛迦一。彼有二菩薩一名二觀自在一。」【千手經】に「一時釋迦牟尼佛在二補陀落山觀世音宮殿寶莊嚴道場中一。」【西域記十】に「秣剌耶山東有二布咀洛迦山一。山徑危險。巖谷欹傾。山頂有レ池。乃至池側有二石天宮一。觀自在菩薩。往來遊舍。」【陀羅尼集經二】に「補陀落伽山此云二海島一也。」【慧苑音義下】に「補怛洛迦山此翻爲二小花樹山一。謂此山中多有二小白花樹一。其花甚香。香氣遠及也。」⊙(公事根源十月)「補陁落の南の岸に堂たてて、北の藤なみ今ぞさかえん」

フダラカイヱキ　補陀羅海會軌　〔經名〕攝無礙大悲心大陀羅尼經計一法中出無量義南方滿願補陀羅海會五部諸尊等弘誓力方位及威儀形色執持三摩耶幖幟曼荼羅儀軌の略名。一卷、唐の不空譯。【餘帙二】

フダラク　補陀落　〔地名〕普陀落。補陀落迦の略。

フダン　不斷　〔雜語〕日日間斷なく相續して勤むるを云ふ。不斷の御讀經、不斷の念佛など。

フダンギヤウ　不斷經　〔行事〕日日平常に讀む經を云ふ。藥師經の不斷經、法華經の不斷經など。⊙(枕草紙)「經はふだんきやう」

フダンクワウ　不斷光　〔術語〕十二光の一。阿

彌陀佛の光明。彌陀の光明は三世にわたり、恒常に世間を照益して斷絶することなきが故に云ふなり。

フダンクワウブツ　不斷光佛 [佛名] 十二光佛の一。

フダンサウオウゼン　不斷相應染 [術語] 「六染心の一。」

フダンジヤウ　不斷常 [術語] 相續常に對す。常の語が暫くも間斷なき意味に用ひられたるをいふ。絶間なく續くと云ふ意。

フダンボンノウトクネハン　不斷煩惱得涅槃 [術語] 天台、眞言及び淨土門の所立なり。而して各其の義を殊にす。「ソク」を見よ。

フダンリン　不斷輪 [行事] 禪林の語。祈禱の爲に僧員を定め、日日相續して經咒を諷誦し、輪環して感應を期するを不斷輪と云ふ。【敕修淸規祈禱】に「如二祈レ晴祈一レ雨。則輪二僧十員二十員一。或三五十員。分爲二幾引一。接續諷誦。每引諷二大悲咒消災咒大雲咒一各三七遍。謂二之不斷輪一。終日諷誦。必期二感應一方可二滿散懺謝一。」

フチソクシヤ　不知足者 [雜語] 强慾にして足るを知らざる者なり。【遺敎經】に「不知足者雖レ富而貧。」

フチソン　普知尊 [術語] 佛の尊號なり、普く諸法を知るなり、十號の中の正遍知なり。【法華經譬喩品】に「舍利弗來世成二佛普知尊一。號名曰二華光一。」

フチテンニンソン　普知天人尊 [術語] 佛の尊號なり。普く事理を照らせば普知と云ひ、天と人との中の尊なれば天人と云ふ。【法華經化城喩品】に「普知天人尊。哀二愍群萠類一。」

フヂヤウケウ　不定敎 [術語] 台家所立、化儀の四敎の一。如來不思議の力能く衆生をして小乘を說く中に於て大乘の益を得しめ、大乘を說く中に於て小乘の益を得しむ。是の如く得益不同なるものを不定敎と云ふ。即ち同聽異聞得益不同の敎法なり。

フヂヤウクワン　不定觀 [術語] 台家所立三種觀門の一。初より實相を觀ずるにもあらず、又次第を逐て淺より深に至るにあらず、何れの法を修するも過去宿習の發する所豁然として開悟し實相を證するを不定觀と云ふ、天台大師陳の佝書令毛喜の爲に著す所、修禪六妙門是れ不定觀の法なり。【法華玄義十】に「不定觀者。從二過去佛一深種二善根一。今修二證十二門一。豁然開悟得二無生忍一。即是毒在二乳中一。即能殺レ人也。乃至學二無作四聖行諦法華般舟等四種三昧一。豁然心悟得二無生忍一。即是醍醐行中殺レ人也。」

フヂヤウシクワン　不定止觀 [術語] 天台三種止觀の一。前項を見よ。

フヂヤウシヤウ　不定性 [術語] 法相宗所立五性の一。聲聞、獨覺、菩薩の三乘の種子共に具して或は阿羅漢となるべく、或は辟支佛となるべく、或は佛となるべく、定て一向にあらざれば不定性と名く。此に四類あり、一は菩薩聲聞の二性を具して果を開くに不定なり。二は菩薩獨覺の二性を具して果を開くに不定なり。三は聲聞獨覺の二性を具して果を開くに不定なり。四は三乘共に具して果を開くに不定なり。此中第三は永く成佛の期なく餘は時至て成佛するなり。【菩提心論】に「若不定性者。無レ論二劫限一。遇レ緣便廻心向大。從二化城一起以爲レ超二三界一。謂宿二信レ佛故乃蒙二諸佛菩薩加持力一。而以二方便一遂發二大心一。」

フヂヤウシヤウジユ　不定性聚 [術語] 三聚の一。此性或は邪となるべく、或は正となるべく、定まりて一向にあらざれば不定性聚と名く。諸の聖人を正性定聚と名け、五無間業を造りし者を定性邪聚と名け、之を除て自餘の凡夫是れ不定性聚なり。【俱舍論九】に「正邪定餘名二不定一。彼待二二緣一可レ成二故。」【同頌疏】に「不定性者除二正邪一外所餘有情。遇レ聖入レ聖。遇レ邪入レ邪。名二不定性聚一。」

フヂヤウシユシヤウ　不定種性 [術語] 不定性に同じ。

フヂヤウジユ　不定聚 [術語] 不定性聚に同じ。【無量壽經下】に「彼佛國土中無二諸邪聚及不定聚一。」

フヂヤウジユゴフ　不定受業 [術語] 四業の一。果報を受くるとの決定せざる業なり。

フヂヤウヂホフ　不定地法 [術語] 心所六品の一。其の性質善にもあらず、惡にもあらず、廣く善惡無記の三性に通じて、而も亦彼の大地法の如く一切の心に必ず伴隨して起るにもあらざる心所の總稱。尋、伺、睡眠、惡作、貪、瞋、慢、疑の八これに屬す。

フヂユウハイ　不住拜 [儀式] 禮拜して止まず、百千拜に至るを云ふ。【象器箋十】に「永平元和尙曰、法益之時亦有二不住拜一。謂禮拜而不レ止也。可レ到二百千拜一。是皆佛祖之會所二用來一拜也。」

フヂン　浮塵 [雜語] 一切有爲の諸法は浮塵不實にして眞性を塵翳すれば浮塵と云ふ。【楞嚴經二】に「阿難汝未レ明二一切浮塵幻化相一。」【同長水疏】に「虛假不實汚二染眞性一。故曰二浮塵一。」

フツウイン　普通印 [印相] 次項を見よ。

フツウキチジヤウイン　普通吉祥印 [印相] 空水の二指（第一指第四指）を以て頭相ひ捻て餘の三指皆舒散するなり。此の印を以て諸物を加持し及び其の壇中一切供養の具悉く用ゐて之を加す、皆成ずるを得る

なり。【義釋十二】

フツウタフ 普通塔 〔雜名〕 普同塔に同じ。

フツウモンジン 普通問訊 〔雜語〕 普同問訊に同じ。「を見よ。

フツシヤ 弗沙 〔雜名〕 Puṣya 星の名。「フシヤ」

フツシヤウ 孛星 〔雜名〕 孛は晉弗、弗沙の略。鬼宿の名。「フシヤ」を見よ。「見よ。

フツシヤブツ 弗沙佛 〔佛名〕 「フシヤブツ」を

フツシヤク 拂石 〔雜語〕 拂石劫なり。一劫の時量を顯はすに天衣を以て磐石を拂ふを以てするを拂石劫又は磐石劫と云ふ。【大周新翻三藏聖教序】に「芥城数極鳥筆猶傳。拂石年窮樹經無泯。」【四教儀集註中】に「諸經更有拂石劫芥子劫。具如輔行一上。」「コフ」を見よ。

フテウサンマイキヤウ 普超三昧經 〔經名〕 三卷、西晉の竺法護譯。文殊師利普超三昧經の略名。

フト 浮圖 〔雜語〕 Buddha, 又 Stūpa 又、浮頭、浮屠、佛圖に作る。舊譯家は以て佛陀の轉音とす。【廣弘明集二】に「浮圖或言佛陀。聲明轉也。譯云淨覺。滅穢成明覺。爲聖悟也。」【南山戒疏一上】に「言佛者。梵云佛陀。或言浮陀佛駄步陀浮圖浮頭。蓋傳音之訛耳。此無其人。以義翻之名爲覺。」【秘藏記本】に「浮圖佛也。新人曰物他也。古人曰浮圖也。」新譯家は以て窣堵波即ち塔の轉音とす。【智度論十六】に「諸聚落佛圖精舍等。」【西域記一】に「窣堵波即舊所謂浮圖也。」【瑜伽倫記十一上】に「窣堵波者。此云供養處。舊云浮圖者音訛也。」【梵語雜名】に「浮圖素覩波。塔制怛里。」世多く後義を通用す。

フトウカイ 不盜戒 〔術語〕 不偸盜戒に同じ。

フトウサンマイ 普等三昧 〔術語〕 普は普遍、等は齊等なり、此三昧に住すれば普く一切諸佛を見れば普等三昧と名く。【無量壽經上】に「逮得普等三昧。住是三昧。至于成佛常見無量不可思議一切諸佛。」悲華經には之を遍至三昧と云ひ、分陀利經には普至三昧と云ひ、莊嚴經には普遍三摩地と云ふ。【六要鈔一、望西鈔四】

フトウロク 普燈錄 〔書名〕 五燈錄の一。

フトガヤ 富特伽耶 〔術語〕 「フトガラ」を見よ。

フトガラ 補特伽羅 〔術語〕 Pudgala 又、富特伽羅、舊に福伽羅、補伽羅、富伽羅、弗伽羅、富特伽耶に作る。舊に人又は衆生と譯す。新に數取趣と譯す。數は五趣を取て輪廻する義なり。【唯識述記一本】に「補特伽羅數取趣也。」【玄應音義一】に「福伽羅。經論中或作富伽羅。或作富特伽耶。舊譯云人。應云補特伽羅。此云數取趣也。言數數往來諸趣也。」【同二十二】に「案梵本。補此云數。特伽此云取。羅此云趣。云數取趣。謂數數往來諸趣也。舊亦作弗伽羅。翻名爲人。言捨天陰入人陰。捨人陰入畜生陰。是也。」【慧苑音義上】に「補伽羅。正云補特伽羅。此云數取趣。謂造集不息。數數取苦果也。」

フトクジヤウクワウヤジン 普德淨光夜神 〔神名〕 五十參善知識の第三十二。

フドウ 不動 〔菩薩〕 「フドウミヤウワウ」を見よ。

フドウアラカン 不動阿羅漢 〔術語〕 六種阿羅漢の一。阿羅漢中根性最も利根にして決して煩惱の爲に動亂せられざるもの。

フドウアンチンホフ 不動安鎭法 〔修法〕 不動尊を祈念して家宅を安鎭する法なり。⦿（盛衰記二十三）「將門調伏の爲に不動安鎭の法を修す」

フドウエンメイロクグワツホフ 不動延命六月法 〔修法〕 不動尊を祈念して六月の壽命を延ばす法なり。【元亨釋書俊芿傳】に「密法中不動深悲之尊。猶回定業者十八旬。」

フドウコウ 不動講 〔行事〕 不動明王の功德を講讚する法會なり。

フドウキヤウ 不動經 〔經名〕 世に聖無動尊大威怒王秘密陀羅尼經と題し、（外題に不動尊秘密陀羅尼經）三藏般若遮加羅譯として折本を以て刊行し、且つ隆光の慈怒鈔あり、俗に不動經と稱するもの是なり、然るに經目及び諸の請來錄に之を載せず。「軌なり。

フドウキリフイン 不動軌立印 〔經名〕 立印

フドウギ 不動義 〔術語〕 性虛空十義の一。眞如の體性の常住にして不變不動なるものを云ふ。

フドウグ 不動供 〔修法〕 不動尊の供養法なり。

フドウゲサ 不動袈裟 〔衣服〕 山伏の袈裟を云ふ。【溪嵐拾葉集二】に「山伏の形體は不動の形體なり、所以に袈裟を不動袈裟と名く。」【資道十物記上】に「此袈裟之中結構九界衆生。故行者即佛界。故名十界具足法衣。稱不動袈裟也。不動明王者周遍法界總體。凡聖不二之總體也。」

フドウゲダツ 不動解脫 〔術語〕 時愛心解脫の對。六種阿羅漢のうち、後の不動阿羅漢の稱。煩惱に退動せられず、煩惱の羈縛を解脫する故に名く。

フドウコンガウミヤウワウ 不動金剛明王 〔菩薩〕 不動明王なり。【安鎭軌】に「毘盧遮那如來。爲拔濟一切有情。於三界中現威德光明自在之身。號曰不動金剛明王。」

フドウゴマグ 不動護摩供 〔修法〕 不動尊に對して護摩を修して供養するなり。

フドウシシヤ　不動使者　［雜名］不動尊の童子形を不動使者と云ふ。行人に給使する意なり。「フドウミヤウワウ」を見よ。

フドウシシヤダラニヒミツホフ　不動使者陀羅尼秘密法　［經名］一卷、唐の金剛菩提譯。使者は即ち毘盧遮那の化身にして能く種種の願を滿たすことを明かす。【閏帙十三】(1426)

フドウシシヤヒミツホフ　不動使者秘密法　［修法］不動使者陀羅尼秘密法の略名。

フドウシシヤホフ　不動使者法　［修法］不動使者を祈念する法なり。不動使者秘密經に説く。不動使者陀羅尼秘密法の略名。図儀軌の名。

フドウジクジユ　不動慈救呪　［眞言］不動尊の慈救呪なり。「フドウミヤウワウ」を見よ。

フドウシヤウジ　不動生死　［術語］生死即涅槃の義なり。【大日經疏一】に「初發心時便成ニ正覺一。不レ動ニ生死一而至ニ涅槃一。」【聖財集二】に「或師渡宋して或る禪師に遇ふ、曰く日本に眞言宗盛なりと聞く、其の宗旨如何、師此の語を擧て答ふ、禪師云く我宗と同じきなりと。」

フドウソンギキ　不動尊儀軌　［經名］立印儀軌の異名。

フドウジゴジユ　不動慈護呪　［眞言］慈救呪なり。

フドウジユ　不動呪　［眞言］慈救呪なり。

フドウソン　不動尊　［菩薩］「フドウミヤウワウ」を見よ。

フドウタフ　普同塔　［雜名］禪林の語。凡そ亡僧の骨を一處に藏むる故に普同塔と云ふ。又普通塔、海會塔と云ふ。

フドウダラニ　不動陀羅尼　［眞言］慈救呪なり。

フドウヂ　不動地　［術語］十地の第八なり。

フドウヂヤウ　不動定　［術語］不動尊所住の禪定なり。大菩提心を體とす、大菩提心本性清淨無爲寂定なるを不動定と云ふ。【底哩三昧耶經】に「不動者是菩提大寂定義也。」

フドウテン　不動點　［術語］涅槃點の異名なり。

フドウニヨライ　不動如來　［佛名］東方阿閦如來なり、阿閦、不動又は無動と譯す。【大敎王經】に「結ニ破魔印一。右手舒ニ五指一。以按レ地。左手五指執ニ持衣角一。入ニ東方不動如來三昧一。」【略出經】に「由レ結ニ阿閦佛觸地契一故得ニ心不動一。」【拔濟苦難陀羅尼經】に不動如來淨除業障呪あり。

フドウブツ　不動佛　［佛名］東方世尊の阿閦如來なり。前項を見よ。【楞嚴經五】に「見ニ東方不動佛國一。」【維摩經見阿閦佛品】に「有レ國名ニ妙喜一。佛號ニ無動一。」

フドウホフ　不動法　［修法］不動明王を本尊として息災增益のために修する祈禱法。延喜七年春、惡疫を除く爲めに豐樂院にて修せしを始めとす。

フドウミヤウワウ　不動明王　［菩薩］Ārya-acalanātha 梵名、阿遮羅囊他。不動尊又は無動尊と翻す。又、阿奢囉逝吒 Acalaceṭa 不動使者とも云ふ。密敎の諸尊を三輪身の分類に依て總判するときは大日如來を一切諸尊の總體として、これを自性輪身と爲すに對して、この尊を一切諸佛の敎令輪身と爲す。故にまた、諸明王の王、五大明王の主尊と稱せられ、密敎諸尊中大日如來と相並んで最も廣く多數の祭祀を享く。金胎兩部に約して、其の德を分別すれば五方の五佛に各三輪身あり、中央は毘盧遮那如來を自性輪身と爲し、金剛波羅蜜多菩薩を正法輪身と爲し、不動明王を敎令輪身と爲す。是れ大日如來の敎令を奉じて忿怒の形を示現し、一切の惡魔を降伏する大威勢を有する眞言王なるがゆへに明王と稱す。明王とは眞言王と云ふに同じ。是れ金剛界に約す、敎令輪身を見よ。又、此の尊は大日の華臺に於て已に久しく成佛すれども其の本誓を以ての故に、初發心の形を現じ、如來の童僕と成て諸務に給使し、且つ眞言行者に給仕する故に使者と稱す。使者とは使役せらるるものの義なり。不動使者とは、不動即ち使者にして不動の者にあらず、不動の使者は二童子、八大童子等なり。是れ胎藏界に約す。【大疏五】に「此尊於ニ大日華臺一久已成佛。以ニ三昧耶本誓願一故。示ニ現初發ニ大心一。諸相不備之形上。爲ニ如來僮僕給使一執ニ作諸務一。」【立印軌】に「無動尊現レ身。奉ニ事修行者一猶如ニ婆誐鑁一。」【諸部要目】に「此經中不動尊等四十二地如來僮僕使者。」この尊の蜜號は常住金剛と云ひ。其の本地は大體に於て大日尊なること勿論なれども釋迦不動と稱するものに在ては釋尊を直接の本地佛と云ふべし。不動、愛染の二明王は密敎的本尊として、最も廣多の祭祀を受くれども、就中不動は東台兩密に亘りて廣く重んぜらる。行法の祈禱的目的に至りては降伏、愛敬、鉤召等の一切に通ず。◎(盛衰記一八)「我は是れ大聖不動明王の御使」

名字殊異　［雜語］無量力神通無動使者（底哩三昧耶不動念誦法、）不動尊（同上、又、立印軌、大日經一、同經七、同疏九。）大威怒王聖者無動（立印軌。）無動尊（同軌、大日經七）アシヤラセーダ（同軌）不空聖者無動威怒（同軌）聖無動（同軌）無動使（同軌）無動大威怒金剛（同軌）不動使者（五佛頂經使者法。）不動如來使（大日經一）不動摩訶薩（同經二）大猛不動大力者（同上）大摧障不動王（同上）聖者不動尊（同經七）聖不動（同經）大力不動明王（同經疏九）不動大有情（同上）眞言尊（瞿醯經）不動忿怒王（護天八供法）威怒不動金剛（仁王念誦軌）此の中通稱不動又は無動は

菩提心の堅固不動、又金剛智の中實に安住して有空の二邊に動ぜざる義なり。下の種子三形に依て其の深義を知るべし。

種子 【術語】多種あり。**一**に〔梵字〕唅字。〔梵字〕〔梵字〕〔梵字〕·〔梵字〕の四字合して此の一字を成す、是れ即ち中央の佛に四智を具するを表す。謂く〔梵字〕字の最初の横の點は即ち〔梵字〕字東方發心大圓鏡智阿閦佛なり、右の傍點は則ち〔梵字〕字南方修行平等性智寶生佛なり、上の點は是れ〔梵字〕字即ち西方證菩提妙觀察智無量壽佛なり。本體の〔梵字〕字は風大北方入涅槃成所作智不空成就佛なり（善無畏は風大を以て此の北方の佛と爲す。）。〔梵字〕の一字成ずれば則ち中央の大日方便善巧智具足し圓滿するなり。（不動の降魔は大方便善巧なり。）上は東因の義に約す。若し中因の義に約せば〔梵字〕は是れ本不生の義、是れ中央本有の因なり、〔梵字〕は是れ行因東方なり、〔梵字〕は是れ寂靜南方證菩提なり、〔梵字〕は眞如圓寂法身涅槃の故に（略出經四）西方なり、〔梵字〕字は是れ北方便究竟の果德也、この種子の義によりてこの明王の德諸尊の通體大日の敎令輪身なる所以を知るべし。**二**に〔梵字〕漫字。【大疏十】に云く、「〔梵字〕漫字〔梵字〕摩是我義。入二阿字門一即無我也。又以二此大空三昧一而怖二畏衆魔一。以三此字亦有二阿聲及點一也。」と。以上の二種子最も通用す。**三**に〔梵字〕路字。（底哩三昧耶經上卷に、〔梵字〕の四字を以て種子と爲すが故に。）此の字は離塵の〔梵字〕字に〔梵字〕の三昧點を加ふ、塵垢は即ち煩惱魔なる故に離塵三昧の〔梵字〕字は即ち降魔三昧なり。**四**に〔梵字〕吽（ウン）字。【演密鈔七】に云く、「疏此是中胎吽字義者。此不動明王、是毘盧遮那成辨諸事之智。爲レ欲三善護二一切菩提心一故。以二畢竟無相之身一作二如來使者之形一。行二如來事一。故此明王即是淨菩提心大日心王。」と。其義を釋せば、凡そ此の〔梵字〕字は菩提心の體也、衆生の心動轉するときは即ち息風ありて鼻より出入し、口より出入すれば自ら〔梵字〕の響を成し、鼻より出入すれば自ら〔梵字〕の響を成す。此の故に〔梵字〕〔梵字〕の二字倶に菩提心の體と爲す。謂く胎の東方寶幢佛〔梵字〕字を以て種子とすれば、金の東方阿閦佛〔梵字〕字を以て種子となし、又金の大日〔梵字〕字を以て體とすれば、（五佛灌頂の大日眞言の終の句是なり。）薩埵は〔梵字〕字を以て種子となし（〔梵字〕字の本體〔梵字〕字なるが故に）胎の大日〔梵字〕字を以て種子とすれば薩埵は〔梵字〕字を以て種子となす。是れ大日は自心の體性、薩埵また菩提心の體なるが故也。而して不動また衆生本有の體性なるが故に〔梵字〕字を以て其の種子となすなり。又〔梵字〕字は〔梵字〕〔梵字〕〔梵字〕〔梵字〕の四字合成なり、〔梵字〕は東方阿閦發心、〔梵字〕は南方寶生の行因、（寶珠は萬法能生の因なるが故に。）〔梵字〕は西方彌陀の菩提（〔梵字〕絶滅の義、無明を絶滅して功德を圓滿する故に。）〔梵字〕は上の空點即ち北方不空成就の涅槃なり。故に此の一字に四智四佛四轉四部を具す。不動即ち大日なる所以なり。**五**に〔梵字〕阿字。（〔梵字〕字の下に引く、底哩三昧經に依る。）即ち是れ大日の種子なるが故に、又自心本有の薩埵の種子なるが故に、又阿字は一切諸法本不生なれば諸法の各各當位を動ぜず常恒に湛寂なれば是を不動尊となす。不動尊の種子として尙別に秘訣ありと雖今其の主要なるもの五個を示して餘を略す。

標幟 【雜語】**一**に利劍、此に二義あり、一は中智の義、密宗の中道とは諸法本不生、有（表）空（遮）不二にして有の邊も本不生、空の邊も本不生なるが故に本不生中道の劍を以て標幟と爲す、即ち中道の智は有の邊にも動ぜず、空の邊にも動ぜず故に不動尊とも名く。兩部の辨事眞言に不動を通用すると深義斯に在り。二に降魔の義、魔は無始の間隔を以て其の體と爲すが故に盡不二中道の智劍を揮ふときは即ち無量の魔軍攻めずして自ら降る、この義を表して智劍を標幟と爲す。**二**に羂索、此に四義あり。一に繫縛の義、四魔を縛する意なり。二に引攝の義、大悲方便能く一切の迷徒を引て法界曼荼羅に入らしむるが故に。三に大寂靜不動の義、何となれば、三學を喩ふれば戒は賊を撲つが如く、定は賊を縛するが如く、慧は賊を殺すが如しと。右手の劍は是れ風大の動にして能殺の慧なり、左手の索は是れ空大の不動にして能縛の定なり、是の故に兩手の所持合して動即不動の義を表す。今大寂靜は大定と云ふに同じ。四に不動即動の義、索を以て散動の魔を縛住するは是れ不動の義、沈淪を引攝するは是れ動の義なるがゆへなり。**三**に獨股杵、此に四義あり。一に菩提心の義、二中一股杵の印（左右の二中指を立つ。）は是れ最初發心三昧耶戒の印なるが故に、又阿閦佛の三昧耶の印なるが故に。二に能破の義、一股は上下銳利にして能破の相あり、外道凡夫は生死に著し聲聞緣覺は涅槃に著す、今焉捨焉取の不二の實德に住すれば生死涅槃の二執皆息で二邊に倚らざるが故に不動なり、即ち能く二執を破する故に上（涅槃の執を破す。）下（生死の執を破す。）銳利の獨股を以て之を表す。三に二利具足義、劍は上求菩提の智、索は下化衆生の悲なり、獨股杵は上下に通徹して二利を具足するを表す、即ち勝義（上求）行願（下化）三摩地（二利本體）三種の菩提心なり。不動は菩提心を以て其の體となすが故に獨股を以て標幟と爲す。四に三十七尊住心城義、獨股は是れ一心法界なり、四處に各八葉の蓮華を鑄るは四波羅蜜十六菩薩八

供四攝なり、最中所把の處の四處に四の寶珠を彰はし、中心に一の寶珠を埋むは是れ五佛なり、故に是を以て三十七尊住心城の中道一實本不生の妙慧を表す。(若し立印軌及び底哩三昧耶經下卷に依れば、また應に三股杵縛日羅寶棒を以て幖幟と爲すべし、何となれば尊の所持なるが故に、但し古來多く上の三種を用ふる故に略して註せず。)

形像　[圖像] 經軌の所說種種あり。**第一像**。是れ世に流布の像にして立印軌と底哩三昧耶經と使者法との各の初章の所說、大日經具緣品の說相と相同じ。但し身色は諸說異なるあり、大疏六には黑色とし、立印軌には青色とし、使者法には赤黃色とし、底哩經には身色を說かざるも其の說相使者法に大同なれば身色また彼に同じかるべし。【大日經二】に「不動如來使。持二慧刀羂索一。頂髻垂二左肩一。一目而諦觀。威怒身猛焰。安住在二磐石一。面門水波相。充滿童子形。」【同疏五】に「畫二不動明王一。如來使者。作二童子形一。右持二大慧刀印一。左持二羂索一。頂有二莎髻一。屈髮垂在二左肩一。細閉二左目一。以二下齒一嚙二右邊上脣一。其左邊下脣稍翻外出。額有二皺文一猶如二水波狀一。坐二於石上一。其身卑而充滿肥盛。作二奮怒之勢極忿之形一。是其密印幖幟相也。乃至所下以持二利刄一以中羂索上。承二如來忿怒之命一盡欲レ殺二害一切衆生一也。羂索是菩提心中四攝方便。以レ此執二繫不降伏者一。以二利慧刄一斷二其業壽無究之命一。令レ得二大空生一也。若業壽種除則戲論語風亦皆息滅。是故緘二閉其口一。以二一目一視之意明下以二等目一所レ觀一切衆生無レ可レ宥者上。故此尊凡有二所爲事業一唯爲二此一事因緣一也。鎭二其重障磐石一使二復不一レ動。成二菩提心妙高山王一故。云三安住在二磐石一也。」【同九】に「不動明王。此是如來法身以二大願一故於二無相中一而現二是相一。護二一切眞言行者一。若行者常能憶念能離二一切障一也。所謂不動者即是眞淨菩提之心。爲レ表二此義一故因レ事立レ名也。此明王閉二一目一者有二深意一也。以二佛眼一明鑑唯一而已。無二無三也。」【立印軌】に「左垂二一索髮一。左目而視眇。右手操二銳劍一。左手執二羂索一。安二置寶盤上一。現二叱吒暗嗚一。現下怖二三界一相上。」【安鎭軌】に「坐二金盤上一。光焰熾盛。其焰多有二伽樓羅狀一。」【聖無動尊念誦儀軌】に「頭上七髻左肩。」以上の諸書に述ぶる意義を釋せば、一に右手の利劍、上の幖幟の下に委說する如し。二に左手の羂索、是れ亦た上の如し。三に左頭垂一辮髮、一子の慈悲を表するなり、頭は一身の中最上なるが故に佛界を表し、左は衆生界を表し、母の一子を愛念する如き大悲を衆生界に垂るるなり、又左は慈悲の幖幟なり。四に一目諦觀、疏に自ら釋する如し、而して左の一目を閉ぢて右の一目を開く所以は左道を掩閉して𑖮𑖯𑖽字の一乘に入らしむるを表するなり、而して世間の不動多く兩目を開く、或る鈔に云く、兩目を開くは安鎭軌に目口皆張と云ふに依る。又口傳に釋迦所現の不動は一目を開きて一目を閉づ、何となれば釋迦五濁惡世に出世して三乘六道をして悉く一佛乘に入らしむるが故なり。大日所變の不動は兩眼俱に開く、是れ即ち本不生の智眼は生死涅槃皆是れ心德にして棄つべきものなしと諦觀するが故なりと。五に住迦樓羅焰、迦樓羅焰の身上に徧するは是れ智火の金翅鳥身惡毒龍を噉食するを表するなり、金翅鳥は諸龍を噉食するが故に不二中道の大智火九十六種の外道邊見を降伏する義なり。六に坐磐石、疏に自ら釋する如し。問ふ、疏文に依るに磐石を初は重障に譬へ後は淨菩提心に譬ふ、其の相違如何。答ふ、是れ煩惱即菩提の意、迷へば則ち重障、悟れば則ち淨菩提心、本とより二體なければなり。七に閉其口、是れ亦た疏釋分明なり。八に下齒嚙二右上脣一、是れ天魔を怖畏せしむる智力を表す。右は智の方の故に、天は上なるが故に右齒を以て上脣を咬むなり。九に左邊下脣稍翻外出、是れ慈悲の用を起すを表す、左は悲の方の故に、悲は下化の故に左脣を外に翻へすなり。十に額上小波相、範俊僧正云く、額は四處加持の時は南方の寶生如來灌頂作佛の位にして因に在ては第七識なり、仍て一切衆生の七識の波浪並に第七識と相應する我痴我見我慢我愛の四煩惱水波を起す位なり。又實義に依れば額上は即𑖪𑖽字の智水を以て灌頂作佛する位なり。此の染淨の水波を表して額上に皺を印するなりと。十一に頂上七莎髻、髻の形七に分れて莎草の分れたる形の如きなり、底哩軌頌に云く、頂上七種髮表二七菩提分一と、頂上は大空の果なり、七覺支に依りて能く果を證するが故也、又髮は是れ心の條、覺悟は亦心の用なるが故に髮を以て之を表する也。十二に身青黑赤黃。青黑共に風大の色にして大能破の色即ち調伏の相を表す。(是れ不空と善無畏との相違五大を見よ。)使者法に赤黃色者。黃是地大阿字諸法本不生理所證之色。赤是火大本不生智能證之色。理智不二能證一體故現二赤黃色一也」と。十三に充滿肥盛、其の身卑くして充滿

(不動明王の圖)

肥盛なるは是れ僮僕承事の相なり。**第二像**。立印軌、底哩共に第三章の所說也。底哩經に云く、他の軍陣の衆を禁じて動ぜざらしめんと欲せば自の旌の上に於て不動尊を畫け、四面四臂にして身黃色に作せ、上下に牙を出し大忿怒瞋畏の狀に作せ、徧身に火光あり兵を呑む勢に作せ。兵は是れ武器の總名なり、立印に他刀を呑む相に作れと云ふ。四臂の所持未だ詳ならず。安鎭法及び護世八天の法に准ずれば上二の手は金剛拳を作し、頭指と小指を曲げて鉤の如くし、以て口の兩邊に安じ、下の二手は常の如く劍索なり。其の身の黃色なるは攝領の義勝他の義なり、何となれば黃は是れ眞金及び中央の土色なり、土は金木水火の主たり、中は亦四方の宗なり、是れ攝領の義 眞金は是銀銅鉛鐵等の中の最なり、是れ勝他之義 四面は、四方の敵の兵を呑むの義なり、上の二手の利牙の相は是れ怨敵を噉食する相なり、劍索は上の如し。**第三像**。立印軌に云く、又法あり、釋迦牟尼佛の像を畫き、右邊に文殊童子、左に金剛手菩薩を畫き、微笑の形なり、下に於て無動大威怒金剛を畫き種種の瓔珞を著け身の支分を嚴飾すと。此の中の不動の像は第一の像に同じ、但だ三尊を加ふるを異と爲す、此の中に中央の釋迦は不動の本身なるが故に底哩經意金剛手は亦た是れ本身なるが故に立印軌意文殊は智の尊なり明王は智を主るが故に此の三尊を加ふるなり。**第四像**。立印軌に云く、復た次に畫像の法あり、袈裟の上に於て畫け、應に青黑色を作るべし、髮左邊に向て垂れ、童眞の形狀を作り、鑠訖底シャキチ三叉戟を操り、或は嚩日羅を執る、眼睛の色微く赤く威焔あり赫赫たり、磐山の上に坐す、其の山の色赤黃なり、青色の衣を著ると。此の中の鑠訖底は三部の智を表す、不動は佛部の持明使者なり、佛部は蓮金二部の總體なるが故なり。**第五像**。立印軌に出づ、また第一像に同じ、但だ死人の衣服を取り自身の血を刺し取て之を圖す、持明仙中の王と成らんと欲せば、此の像に對して持誦せよと。**第六像**。安鎭國家法に云く、四臂の大忿怒身を作し紺青色にして湛滿し、端嚴にして目口皆張り、狗牙上に出で右に劍、左に索、其の上の二臂は口の兩邊に在て忿怒印を作る、身八輪の金剛輪內に處し、其の輪の內外に八の三股金剛杵の頭を現はす、後に迦樓羅炎あり、大なる四寶の須彌山上に坐し、及び八天王並に眷屬ありと。**第七像**。瑜伽大敎王二に云く、阿闍梨觀想せよ [illegible] 坎字變じて大智印となり、大智化して不動尊忿怒明王と爲ると。眇眼の童子の相を作し身口翡翠の色にして頂に冠を戴き、內に阿閦佛あり、六臂にして四面なり、各面三目あり、正面は微笑、右面は黃色にして忿怒の相を現じ、左面は白色にして齒を以て唇を咬み大忿怒の相を現ず。右の第一手は劍、第二手は金剛杵、第三手は箭を持し、左の第一手は羂索を持し、及び期剋の印頭指を竪るなりを作す、第二手は般若經、第三手は弓を持す、赤色の光を放ちて徧滿照耀し、蓮華の上に坐して一足を垂る。而して彼の座の下に大寶山あり、心に吽字を念ずれば能く諸魔を除き無邊の神通を具し、化雲の如く虛空に徧滿す。此の如く法に依て觀想せよ、彼の人已に聖道を踐むこと久しからずして成佛すべし、此を一切如來證覺不動智變化金剛三摩地と名くと。**第八像**。大聖無動明王守護國界法に云く、復た次に畫像の法を說かん、白氈或は淨衣を取りて聖尊を畫け。四面忿怒、身色日輪の如く、火髮上に聳へ六臂に各器杖を持す。右の手に利劍、左に索、次の右手に金剛箭、左手に寶弓を持し、次の右手に金輪、左手に金剛杵を執る。金色の師子王を座と爲して之に坐し左右に八大童子侍立せりと。《第百二圖第百三圖參照》

五部不動形像

〔名數〕小野仁海僧正の口傳として佛金蓮寶羯の五部に約して五種の不動尊を沙汰することあり。その所傳の文に曰く。一に佛部不動。白色著㆓天寶冠㆒在㆓立佛㆒持㆓劍索㆒坐㆓瑟瑟石座㆒白色二童子侍。二に金剛部不動。赤色頂上七莎髻。持㆓劍縛日羅㆒坐㆓磐石㆒赤色二童子侍立。三に寶部不動。黃色持㆓金剛索㆒頂有㆓七莎髻㆒坐㆓大磐石㆒黃色童子侍。四に蓮華部不動。綠色頂有㆓五佛冠㆒持㆓劍索㆒坐㆓須彌山㆒五に羯磨部不動。黑色頂有㆓八葉白蓮華㆒持㆓劍索㆒坐㆓磐石㆒是れ最深秘なり、努々他門に傳ふべからずと云ふ。

不動尊十四印明

〔印相〕此の十四印は立印軌、底哩經の所說なり。一に根本印、獨股印なり、立印軌に云く、次に無動尊の根本秘密印を結ぶ、二羽內に相叉し輪輪各環の如くし、之を內縛と稱し佛心に形る。二空二大指水無名指側に住し、火峯中指空の面に住し、是れ二空指を以て二水を押すなり。二風左右頭指和合して竪つ。印母の內縛は佛心なり、此の尊は佛部の敎令輪身なれば佛心を以て印母と爲す。次に空指を以て二火二水の四指を押すは即ち四魔を降服する義なり。次に二風竪てて合するは即ち獨股杵の形なり。凡そ三種の杵を以て三部の智となす、三股は胎の三部を表し五股は金の五部を表し一股は是れ蘇悉地不二の本誓三昧耶なり。不動尊は不二一實の法界體なるが

故に一股の印を以て根本契と爲すなり。此の印に一字の明𑖮字を用ふるなり。立印軌に云く用此一字心眞言。能成辦一切事業。通用一切印と。是れ𑖮の一字を主と爲すが故に一股の印に相應する也。二に寶山印、軌に云く次に寶山。印、相。定慧門相叉。二空入滿月（掌中）と、是れ内縛印なり、三に頭秘密印、軌に云く以二金剛拳定置慧眷屬上。名頭秘密印と。四に眼密印、軌に云く、二羽内相叉。二空入滿月。風輪和合竪。印眼及眉間是名眼密印と。五に口密印、軌に云く、次結口密印。地輪（小指）内相叉。水（無名）押地叉間。二火（中指）並申直。二空各加水甲。二風加火甲。此印置於口と。六に心密印、軌に云く、復次密印想。二羽三補吒。（虚心合掌）風空如彈指。是名心密印と。七に甲印、又五處加持印と云ふ。軌に、復次三補吒。二火建如幢。風住火初節。二水如寶形。二地及二空各各而建立。印心及兩有喉位。頂上散と。八に師子奮迅印、軌に云く、次作惡叉波（譯奮迅）名師子奮迅。不改前密印。開竪慧風輪と。九に火焔印、軌に云く、次結火焔印。以慧手空輪加於水火甲。風竪拄定掌右旋成界方。左轉名解散と。十に火焔輪止印、使者法に遮火印と云ふ、軌に云く、定慧各爲拳。空出風火間二拳背相合。能制止諸火と。十一に商佉密印、軌に云く、次商佉密印。定空（左の大指）加地水。慧羽亦如是。二火甲如針。觀風（右の頭指）附火節。止風（左の頭指）開竪之と。十二に渇識印、軌に云く不動渇識印。止空加地水風。火並申直。是名三昧鞘。慧手亦如是。觀風輪入定空水地環。輪面與月合。即劒住定鞘。抽出辦諸事。斷結辟護等と。十三に羂索印軌に云く、次結羂索印。慧空加火水及地等三輪。風建入定月。止地水火拳空風如環。是名索蠉幟と。十四に三股金剛印、軌に云く三鈷金剛印。觀空加風甲。三輪如金剛。所有請供具散灑作淨除と。これを不動十四根本印と名く。その最も主要の地位を占むるものは根本印と劍印とにして行法上に通用す。

陀羅尼　【眞言】　この尊の眞言に最も重要なるもの三種あり。火界呪と慈救呪と心呪となり。これ序の如く不動の大呪と中呪と心呪となり。大呪即火界呪とは南謨（歸命）薩縛（一切）怛他孽帝弊（如來等）薩縛目契弊（門）薩縛他（處）怛羅吒（叱）戰拏（暴惡）摩訶路灑拏（大忿怒）欠（空）佉呬佉呬（噉食噉食）薩縛尾覲南（一切障）吽（恐怖）怛羅吒（叱）憾鉿（種子） Namas sarva-tathāgatebhyas sarvamukhebhyas sarvatā trāṭa caṇḍa mahāroṣaṇa khaṁ khāddhi* khāddhi* sarvavighnaṁ hūṁ traṭa haṁ maṁ 慈救咒は、曩莫三曼多縛日羅、赧戰拏（極惡謂暴惡之中又甚暴惡也）摩訶路灑拏（大忿怒也）娑破吒也（破壞也）吽（恐怖）怛羅吒（堅固也）悍（引）鉿（引）（二字種子。已上句義出青龍軌中卷。） Namas samanta-vajrāṇāṁ caṇḍa mahāroṣaṇa sphaṭaya hūṁ trāṭa haṁ maṁ 小呪即心呪とは南謨三曼多（普遍）縛日羅赧（諸金剛）憾（種子） Namas samantavajrāṇāṁ hāṁ.

二童子　【名數】　矜羯羅 Kiṁkara 童子、二に制吒迦 Cetaka 童子なり。次項參照。

八大童子　【名數】　又、八大金剛童子と云ふ、不動尊の使者なり。【八大童子儀軌】に「一慧光菩薩。二慧喜菩薩。三阿耨達菩薩。四指德菩薩。五烏倶婆誐。六清淨比丘。七矜羯羅。八制吒迦。是等使者。四智四波羅蜜。爲親隨順大日敎令故顯現此形。圍繞聖無動尊也。」一に慧光童子、面貌少しく忿怒、天冠を著し、身色黃白色なり。右手に五智の金剛杵を持し、左手に蓮華を執り、其上に月輪を安ぜり。身に袈裟を着し、耳璫環釧臂脚釧あり、種種の瓔珞身を莊嚴す。二に慧喜菩薩、左手に摩尼寶珠を持し、右手に三股鉤を把る、天衣珠瓔、其身を莊嚴す。三に阿耨達菩薩、無上と譯す、尊形は梵天王の如く身眞金色なり、頂に金翅鳥王を戴けり。左手に紅蓮華を執り、右手に獨股杵を持す、青龍の背に乘ぜり。四に指德菩薩、（或は忠德に作る。）尊形は藥叉の如く、色は虚空の如く、面に三眼あり、甲冑を着す。左手に羯磨金剛を把り右手に三叉鋒を把る。五に烏倶婆誐童子（亦憂丘婆丘に作る。）越三世と譯す。身色金剛の如くにして暴惡の相を現じ、五股冠を戴く。左手に三股の嚩日囉を把り、左手を金剛拳に作して腰を押す。六に淸淨比丘。頭髮を剃て比丘の像の如し、袈裟を着し、左肩に於て結び垂る。左手に梵篋を把り、右手心に當てて五股杵を持す。右肩偏袒にして恭敬の相を示し、腰に赤き裳を纏ふ。面貌非少非老、眼目青蓮の如く、其の口の上牙下脣に顯出せり。七に矜羯羅童子、尊形滿月童子の如し、蓮華冠を著し面目少しく虚空を視て愛念の貌あり、身相白肉色、兩手合掌して其の二大二頭の間に獨股の金剛杵を橫挿す。八に制吒迦童子、身は紅蓮華色にして頭上の五處に各一髻を結ぶ、天衣を以て肩上に纏ひ、袈裟を着せず、不柔軟忿怒の相なり。左手に三股杵、右手に金剛杵なり。或は云く面目忿怒にして四臂を具して七結の髻髮左の肩に垂れたり、頂上に八葉の白蓮あ

り、二手は心の前に當て合掌して聖者を恭敬する相なり、左の第二の手に弓を持し、右の第二の手に箭を把る、袈裟なし、其腰に襬を纏へり。身相青黒にして磐石の上に立つ。又、面貌十五歳の童子の如く、身に緋衣を著し珠瓔を以て莊嚴し、白馬に乘じ、其の馬騾る勢あり、馬頸に鈴子を懸く。

八大童子印言 〔眞言〕第一慧光童子。種子は〔梵字〕三昧耶形は五股金剛杵。印は金剛合掌にして忍願(左右中指)竪て合せて針の如くす。眞言に曰く「唵(歸命)嚩日囉摩帝入嚩囉(金剛慧光)菩地質多(菩提心)曩(種子)」第二慧喜童子。種子は〔梵字〕三形は三股鉤、印は金剛合掌にして忍願(中)指竪合すると寶形の如くす。眞言に曰く「唵(歸命)囉怛曩(寶)摩底(慧)娑度(喜)摩訶摩尼(大寶)莫(種子)」第三阿耨達菩薩。種子は〔梵字〕三形は開敷蓮華、印は金剛合掌にして忍願(中)指竪合すると蓮華の形の如くす。眞言に曰く「唵(歸命)鉢納摩(蓮華)薩嚩娜賀(一切熱)鉢羅捨弭曩(除)摩訶達磨(大法)三(種子)」第四志德菩薩。種子は(或作指德)〔梵字〕三形は羯磨輪、印は金剛合掌にして忍願(中)指掌に入れて面を合せ四處を加持す。眞言に曰く、「唵(歸命)羯磨(業)摩訶吠哩耶(大精進)鉢哩布囉迦(滿足)(種子)」第五烏倶婆誐童子。(亦名優婆丘)種子は〔梵字〕三形は三股金剛杵印は金剛合掌、眞言に曰く、「唵(歸命)嚩日囉(金剛)薩怛嚩(薩埵)烏倶婆誐。(住三世)摩訶燥企耶(大樂)多(種子)」第六淸淨比丘。種子は〔梵字〕三形は梵篋、印は梵篋印、左手を仰ぎて心下に置き右手を以て左手の上を覆ふ是なり。眞言に曰く、「唵(歸命)摩尼(寶)尾輸駄達磨(淸淨法)倶嚕囉乞叉達磨(作擁護法)嚩(種子)」第七矜羯羅童子。種子は〔梵字〕三形は獨股杵、印は蓮華合掌、眞言に曰く、「唵(歸命)達磨(法)矜羯囉(能作者)底瑟吒(安住)曰囉(種子)」第八制吒迦童子。種子は〔梵字〕三形は三股金剛杵、印は外縛五股印なり、又蓮華合掌なり。眞言に曰く、「唵(歸命)羯磨(業)制吒迦(使者)吽(恐怖)發吒(破壞)喃(種子)」

フドウムヰ 不動無爲 〔術語〕六無爲の一。色界の第四靜慮に生じて苦樂の二受を離るる際にあらはるる眞如のこと。苦樂の麁動を離れて得る眞如なるが故に不動無爲と云ふ。

フドウモンジン 普同問訊 〔雜語〕禪林の語。大衆と一時に問訊するを云ふ。

フドンマ 浮曇末 〔人名〕Bhūtamati* 比丘の名。譯、至誠意。【月明菩薩經】

フナウ 浮囊 〔物名〕海を渡る人の帶びて沒溺を免るる物なり。【名義集七】に「五分云。自今聽三諸比丘畜二浮囊一。若羊皮若牛皮。傳聞。西域渡海之人多作二鳥翮毛袋一。或齊二互牛脬一。海船若失吹レ氣浮レ身。」【慧琳音義三】に「浮囊者氣囊也。欲レ渡二大海一憑二此氣囊輕浮之力一也。」經中以て戒律に譬ふ。菩薩の戒を護持すると猶海人の浮囊に於ける如きなり。【涅槃經十一】に「譬如下有レ人帶二持浮囊一欲上レ渡二大海一。爾時海中有二一羅刹一。即從二其人一乞二索浮囊一。其人聞已即作二是念一。我今若與必定沒死。答言。羅刹汝寧殺レ我浮囊叵レ得。乃至菩薩摩訶薩護二持禁戒一亦復如レ是。如三彼渡人護二惜浮囊一。」

フナキ 富那奇 〔人名〕Pūrṇeccha 比丘の名。放鉢國の長者曇摩美、Dharmasena 此に法軍と譯す、二子あり、兄を美那と名く此に軍と譯す、弟を富那奇と名く、此に滿願と譯す、後に出家して阿羅漢を證し、兄の美那を化して旃檀の堂を造りて佛を請ぜしむ、各香爐を持ちて高樓に登りて遙かに祇洹を望で燒香歸命して佛及聖僧を念ず、香烟空に乘じて佛の頂上に至り一の烟蓋となる、佛知りて即ち神足の比丘に語て同じく往く。【賢愚經六】

フナキ 富那奇 〔異類〕餓鬼名。佛王舍城竹林精舍に在り、時に尊者目連一の餓鬼を見る、身は燋柱の如く、腹は大山の如く、咽は細針の如く、呻吟大喚して四方に馳走し、屎尿を求索して飲食となす。目連佛所に詣りて之を問ふ、佛曰く、此賢劫の中に舍衛城に長者あり、甘蔗汁を壓して大富を致す、時に辟支佛あり、渴病を患へ長者の家に詣りて甘蔗汁を乞ふ、長者心に歡喜を生じ其婦富那奇に告げて曰く、我れ急緣あり出でんと欲す、汝後に在つて甘蔗汁を取り辟支佛に施せと。夫出でて婦辟支佛の鉢を取りて屛處に於て鉢中に小便し甘蔗汁を以て其上を覆ひ辟支佛に與ふ、佛受け已りて是に非ざるを知り地に投棄し空鉢にして還る。彼の婦命終して餓鬼の中に墮し常に饑渴の爲に逼却せらる、即ち今の富那奇餓鬼是なり。【百緣經五】

フナゴクワウ 船後光 〔雜名〕佛像の後にある後光の形の船を竪にしたるが如きを云ふ。

フナシヤ 富那奢 〔人名〕又、富那夜奢 Puṇyayasas に作る。脇尊者の弟子にして馬鳴の師なり。【付法藏傳五】

フナダツタ 奮拏達多 〔人名〕Guṇadatta 三藏法師の名。譯、德施。【續高僧傳二】

フナヅツミ 舟裹 〔雜語〕【年中行事大概】に「佛布施をば舟裹と名けて鵝眼を紙につつみ白木の枝につけて公卿以下次第に持參して佛前に置くとあり。」

フナバソ 富那婆蘇 〔雜名〕Punarvasu 星の名。唐に弗宿と云ふ。【寶星陀羅尼經四】に「富那婆蘇(唐言弗宿)星生者。於二左脇下一。當レ有二黑疵一。財穀具足而少二知慧一。」図〔人名〕補捺伐素。分那婆素。比丘の名、星宿に依て名く。【本行集經七十】に「有二長老分那婆素一。」

隋言二弗宿一。」【慧琳音義六十】に「補拏伐素。」

フナバツダ 富那跋陀 [神名] Pūrṇabhadra 神將の名。譯、滿賢【慧琳音義二十六】

フナマンダホタラ 富那曼陀弗多羅 [人名] Pūrṇamaitrāyaṇīputra 比丘の名。譯、滿慈子。「フルナ」を見よ。

フナヤシヤ 富那夜奢 [人名] 比丘の名。「フナ」「シヤ」を見よ。

フナン 不男 [術語] 男根の不具なるもの。「ゴシユフナン」を見よ。

フニ 不二 [術語] 一實の理如如平等にして彼此の別なきを不二と云ふ。菩薩一實平等の理に悟入するを入不二法門と云ふ、維摩經入不二法門品に三十三人の所得の不二法を說く是なり。【維摩經入不二法門品】に「什曰。有之緣起極二于二法一。二法已廢則入二玄境一。肇曰。離レ眞皆名レ二。故以二不二一爲レ言。」【大乘義章一】に「言二不二一者無レ異之謂也。即是經中一實義也。一實之理妙寂離レ相如如平等亡二於彼此一故云二不二一。」【十二門論疏上】に「一道清淨。故稱二不二一。」

迷悟不二 [術語] 迷悟の相異なるも其實性は一なり、淸濁異なるも水性一なる如し。【往生拾因】に「心性一味迷悟不二。」

止觀不二 [術語] 法性寂然たるを止と云ひ、寂にして常に照すを觀と云ふ、止は明鏡止水の如く、觀は明鏡止水に萬像を影現する如し、故に止と觀とは不二一體なり。【輔行一】に「中道即法界。法界即止觀。止觀不二。境智冥一。」

有空不二 [術語] 有相其ままが空性にして空性其ままが有相なるを云ふ。【般若心經】に「色即是空。空即是色。」

善惡不二 [術語] 善に善の實性なく、惡に惡の實性なし、空性共に平等なり故に不二と云ふ。

フニアカ 布儞阿偈 [雜名] 譯、腐爛食藥。即ち陳棄藥なり。【四分開宗記七本】に「布儞阿喝。此云二腐爛食藥一。即是所レ棄之物。故五分律第十六云二殘棄藥一。」梵 Pūti-agada*

フニフイ 不二不異 [雜語] 不二は只だ是れ不異なり。亦た言ふべし、不二は性に從ひ不異は相に從ふと。【輔行五之四】

フニホフモン 不二法門 [術語] 不二の法門なり、不二の理佛道の軌範なり故に法と云ひ、衆聖之に由て趣入す故に門と云ふ。【維摩經入不二法門品】に「肇曰。言爲レ世則謂二之法一。衆聖所レ由謂二之門一。」【十二門論疏上】に「淨名以レ理爲レ門。一道淸淨故稱二不二一。眞極可レ軌所以云レ法。至妙虛通故云レ門。」「フニ」を見よ。

フニヤタラ 弗若多羅 [人名] Puṇyatara 比丘の名。譯、功德華。罽賓國の人、十誦律を譯す。【梁僧傳二】

フニヨダン 弗如檀 [人名] 放光般若の譯主無羅叉の弟子、晉に法鏡と言ふ。【貞元錄四】梵 Puṇyādarśa*

フニヨホフ 不如法 [術語] 法の正理に如かなふを如法と云ひ、如かなはざるを不如法と云ふ。【維摩經觀衆生品】に「此華不如法。是以去レ之。」

フニヨムシ 不如無子 [雜語] 惡子を有するは子なきに如かずとなり。【無量壽經下】に「父母教誨。瞋月怒嚮。言令不和。違戾反逆。譬如二怨家一。不レ如レ無レ子。」⦿(盛衰記)に「無量壽經に不如無子と云へり」

フニヨヰバナ 不如爲伐那 [雜語] 「ナダイ」を見よ。

フニン 婦人 [雜語] 比丘の淨行を害する者婦人に過ぐるなし故に經中最も婦人を排斥す。【大寶積經四十四】に「當レ知婦人是衆苦本。是障礙本。是殺害本。是繫縛本。是憂愁本。是怨對本。是生盲本。當レ知婦人滅二聖慧眼一。」

フニングウコキヤウ 婦人遇辜經 [經名] 一卷、乞伏秦の聖賢譯。婦人の親戚一時に亡絕す。佛之を見て得道す。【宿帙七】(721)

フハイ 不拜 [雜語] 三歸を受けし優婆塞優婆夷は餘道の天神地祇を拜するを得ず。具足戒を受けし比丘比丘尼は國王父母をも拜するを得ざるなり。【般舟三昧經四輩品】に「自歸二命佛一。歸二命法一。歸二命比丘僧一。不レ得レ事二餘道一。不レ得レ拜二於天一。不レ得レ祠二鬼神一。」【梵網經下】に「出家人法。不下向二國王一禮拜上。不下向二父母一禮拜上。六親不レ敬。鬼神不レ禮。」唐の彥悰の撰せる集沙門不應拜俗等事六卷あり。

フハウイツ 不放逸 [術語] 一心專注して諸の善法を修するを云ふ。【俱舍論四】に「不放逸者。修二諸善法一離二諸不善法一。」

フハウサンボウカイ 不謗三寶戒 [術語] 梵網經所說十戒の一。佛法僧に於て常に恭敬尊重して謗毀すべからざるなり。

フハク 覆帛 [物名] 佛像を覆ふ布帛なり。【準提儀軌】に「將モテレ像於二靜室一秘密供養。以レ帛覆ヘレ像。念誦時去二覆帛一。瞻禮供養。念誦畢ラハ卻以レ帛覆。愼勿レ令二人見一。」

フハダイ 弗波提 [雜名] Puṣpadeva 華の名。「譯、天華。【名義集三】

フハツ 覆鉢 [雜名] 塔の頂に鉢を覆ひかぶせたる形を爲し九輪の基となすもの、之を覆鉢と云ふ。俗

に斗形と名くるもの是なり。【玄應音義】に「案二西域一別無二旛竿一。即於二塔覆鉢柱頭一懸レ旛。」

フバカラ 弗婆呵羅 〔異類〕 Puṣpāhāra* 夜叉の名。譯、食花。【孔雀王咒經上】

フバセイラ 弗婆勢羅 〔雜名〕 Pūrvaśaila 伽藍の名。譯、東山。【西域記十】

フバダイ 弗婆提 〔地名〕 Pūrvavideha 新に毘提訶Videha と云ふ。東大洲の名なり。【西域記一】に「東毘提訶洲。舊曰二弗婆提一又曰二弗于逮一訛也。」【玄應音義十八】に「弗婆提或云二弗于逮一或言二弗毘提訶一或云二逋利婆鼻提賀一逋利婆此云レ前。鼻提賀此云二離體一也。」【中阿含四洲經】に「東方有レ洲名二弗婆鞞陀提一」

フバビダダイ 弗婆鞞陀提 〔地名〕 東大洲の名。「フバダイ」を見よ。

フヒクワンオン 普悲觀音 〔菩薩〕 三十三觀音の一。兩手を衣に覆ひて前に垂れ、丘の上に立てる相をなす。

フビダイカ 弗毘提訶 〔地名〕 東大洲の名。弗は弗利婆の略。東又は前と譯す、毘提訶は正しく洲名なり。「フバダイ」を見よ。

フヒツヂヤウニフヂヤウニフインキヤウ 不必定入定入印經 〔經名〕 一卷、元魏の般若流支譯。入定不定印經の舊譯なり。【宙帙八】(132)

フブツホフゲダウ 附佛法外道 〔術語〕 小乘の犢子部、大乘の方廣道人の如き佛法內の外道を云ふ。【止觀十】に「邪人不同又爲レ三。一佛法外外道。二附佛法外道。三學佛法成外道。」【華嚴玄談八】に「一我法俱有宗。謂犢子部。乃至呼爲二附佛法外道一」

フヘンクワウミヤウエンマンシヤウジヤウシジヤウニヨイホウインシンムノウシヨウダイミヤウワウダイズキグダラニキヤウ 普遍光明談鬘淸淨熾盛如意寶印心無能勝大明王大隨求陀羅尼經 〔經名〕 二卷、唐の不空譯。大隨求陀羅尼經、隨求陀羅尼經、大隨求經、隨求經など略稱す。佛、大金剛須彌峰樓閣に在て一切大衆を集め、頂毫の光を放ち、十方一切の佛刹を照して大神呪を說く、普遍光明乃至大隨求陀羅尼と名く、並に種種靈驗の事を說く。【閏帙九】(1042)更に寶思惟譯の隨求即得大自在陀羅尼神呪經一卷あり、同本抄略なり。【成帙五】(497)

フヘンザンマイ 普遍三昧 〔術語〕「フトウザンマイ」を見よ。

フヘンシンニヨ 不變眞如 〔術語〕 隨緣眞如に對する稱。眞如の體は畢竟平等にして變異あることなきを不變眞如と云ひ、即ち本性の眞心常住の佛性なり。而して此不變の體、緣に隨て三界六道の相を生ずるを隨緣眞如と云ふ。權大乘は眞如の緣起を許さざるを以て隨緣眞如の義を立てず、實大乘に於て眞如に不變隨緣の二義を立てて不變の眞如有爲の萬法を造作するを明かすなり。【金錍論】に「萬法是眞如由二不變一故。眞如是萬法由二隨緣一故。」

フヘンズヰエン 不變隨緣 〔術語〕 隨緣不變に對す。現象のこと。即ち所緣に觸れて萬有を現ずと雖も其本體を變ぜざるを云ふ。【翻譯名義集】「未レ了二不變隨緣不變之義一而生二二執一」

フヘンヤクシヤウ 不變易性 〔術語〕 眞如の異名。眞如は一切時に於て變易なきが故なり。

フホフ 普法 〔術語〕 法界の諸法一に一切を具して普遍圓融するを普法と云ふ。此普法を見るを普眼と云ふ、華嚴經所說の法門是なり。【五敎章上】に「依二此普法一一切佛法並於二第二七日一一時前後說。前後一時說。」【宗鏡錄九】に「見二普法一故名二普眼一普法者一具二一切一一一稱レ性。同時具足。」

フホフ 付法 〔雜語〕 法門を付屬するなり。「なり。

フホフ 不法 〔術語〕 佛法に背き非道の行を爲す

フホフギキヤウ 普法義經 〔經名〕 一卷、後漢の安世高譯。眞諦譯の廣義法門經と同經。【宿帙七】(586)

フホフクワン 附法觀 〔術語〕 三種觀法の一。四諦等の法相を我心に附托して之に向つて觀念をこらすこと。「法義をうけつぐこと。

フホフサウジヨウ 付法相承 〔雜語〕 付屬の

フホフザウ 付法藏 〔術語〕 如來滅後迦葉尊者法藏を結集し、二十年受持して之を阿難に付囑し、阿難之を商那和修に付囑し乃至展轉して師子尊者に至る、之を付法藏と云ふ。付法藏因緣傳の所記これなり。

フホフザウインエンデン 付法藏因緣傳 〔書名〕 六卷、元魏の吉迦夜等譯。迦葉等二十四人の付法の因緣を記す。【藏帙九】(1340)明敎大師契嵩小乘の禪經慧炬の寶林傳等に准じて定祖圖正宗記を作り、西天の二十八祖を定め、付法藏傳焚くべしと云ふ。【釋門正統四】

フホフザウキヤウ 付法藏經 〔書名〕 付法藏因緣傳の異名。

フホフザウデン 付法藏傳 〔書名〕 付法藏因緣傳の略名。「名。

フホフデン 付法傳 〔書名〕 付法藏因緣傳の略

フホフノハチソ 付法八祖 〔名數〕 眞言宗にて傳持八祖の對。敎法を次第相承せし八人の祖師。即大日如來、金剛薩埵、龍猛、龍智、金剛智、不空、

慧果、空海なり。

フボシヨシヤウシンソクシヤウダイカク 父母所生身即證大覺位 〔術語〕 密教の所說。地水火風空識の六大所成身も、大日果德の三密を修行すれば、即身成佛の證を得となり、即ち父母所生の肉身其儘を以て直に佛果を證悟すると云ふこと。【菩提心論】「若人求二佛慧一通二達菩提心一。父母所生身即證二大覺位一。」

フマ 怖魔 〔雜語〕 梵語比丘、一に怖魔と譯す。「ビク」を見よ。

フマウカイ 不妄戒 〔術語〕 不妄語戒なり。

フマウゴカイ 不妄語戒 〔術語〕 在家出家小乘大乘一切の戒中に之を制す、一切虛妄不實の言を禁止するなり。

フマウゼン 不忘禪 〔術語〕 記臆を練習する禪定なり。【維摩經天台疏一】に「舍利弗問經云。阿難修二不忘禪一。得二佛覺三昧一。」

フミヤウワウ 普明王 〔人名〕 【智度論四】に須陀須摩王と曰ひ、【仁王經下】に普明王と云ふ。鹿足王の爲に捉へられ七日の命を請て國に歸り期に至り不妄語戒を持するを以ての故に身を以て死に就く。【止觀一】に「藥王燒レ手。普明刎レ頸。」【觀音玄義下】に「如二須摩提王一。以レ身就レ死。持二不妄戒一。是尸滿相。」「シユタシユマ」を見よ。図 仁王經に此王斑足王の爲に捉はれて七日の間を請ひ、國に還て仁王會を修するを說く。「ハンソクワウ」を見よ。

フモ 父母 〔雜語〕【梵語雜名】に「父比多。母莽多。」Pitr (N. sg. pitā) Mātṛ (N. sg. mātā)【梵網經下】に「孝二順父母師僧三寶一。」【觀無量壽經】に「孝二養父母一奉二事師長一。」【心地觀經三】に「慈父悲母長養恩。一切男女皆安樂。慈父恩高如二山王一。悲母恩深如二大海一。」

一切男女我父母 〔雜語〕 【心地觀經二】に「一切衆生輪二轉五道一。經二百千劫一。於二多生中一互爲二父母一。以二互爲二父母一故。一切男子即是慧父。一切女人即是悲母。」

無明父貪愛母 〔雜語〕 貪愛諸業を長養すれば母に譬へ無明諸惑を發生すれば父に譬ふ。【入楞伽經四】に「貪愛名爲レ母。無明名爲レ父。」

三昧父般若母 〔雜語〕 【智度論三十四】に「般若波羅蜜多是諸佛母。父母之中母功最重。是故佛以二般若一爲レ母、般舟三昧爲レ父。三昧 能攝二持亂心一。令二智慧得一レ成。而不レ能レ觀二諸法實相一。般若波羅蜜能遍觀二諸法一。分二別實相一。無二事不一レ達。無二事不一レ成。功德大故名レ之爲レ母。」

フモウジシヤ 布毛侍者 〔人名〕 杭州招賢寺の會通。唐の德宗の時六宮使たり、乞ふて僧となり、鳥窠道林禪師を禮して落髮す。通一日辭し去らんと欲す、師曰く、汝今何くにか往く。曰く、會通は法の爲に出家す、和上慧誨を垂れざるを以て今諸方に往て佛法を學び去らん。師曰く、若し是れ佛法ならば吾が此間にも亦少許あり。曰く、如何か是れ和上の佛法。師身上に於て布毛を拈起して之を吹く。會通遂に玄旨を領悟す。時に布毛侍者と謂ふ。【傳燈錄四】

フモオン 父母恩 〔術語〕 四恩の一。

フモオンヂウキヤウ 父母恩重經 〔經名〕 世に同名三本あり、文各不同、共に僞經なり。【開元錄十八疑惑再詳錄】に「經引二丁蘭董黯郭巨等一。故知人造。」然るに圭峰靈芝は盂蘭盆經の疏記に之を引く、雲棲は竹窓三筆に其の僞妄の失を論ぜり。 ブモウンジユーギヨーと呼ぶ。

フモオンナンホウキヤウ 父母恩難報經 〔經名〕 一卷、後漢の安世高譯、孝子經と大同小異。【宿帙八】(762)

フモク 浮木 〔譬喩〕 盲龜の浮木に遇ふ、物の値ひ難きに譬ふ。「マウキ」を見よ。

フモシヨシヤウシンソクシヨウダイガク 父母所生身速證大覺位 〔術語〕 密教の法に行者の三業如來の三密と相應すれば父母所生の肉身速疾に大日の果德を證悟するを云ふ、即ち即身成佛なり。【菩提心論】に「若人求二佛慧一通二達菩提心一。父母所生身。速證二大覺位一。」

フモン 普門 〔術語〕 華嚴經の所明一門の中に一切法を攝入するを普門又は普法と云ふ。【探玄記二】に「入二緣起陀羅尼一。一門中即攝二圓融法界一。故云二普門一。」又「一門有二一切門一名二普門一。又若依二普門一一位即一切位。」図 佛菩薩の神通の力無量の門を開通し種種の身を示現して一切衆生を圓通せしむるを普門と云ふ、觀音の普門示現大日の普門三昧の如き是なり。【普門品】に「聞二是觀世音菩薩品自在之業普門示現神通力一。」【往生論註下】に「示應化身者如二法華經普門示現之類一。」【大日經疏四】に「法界圓壇。普門無限。」【同六】に「如來以二普門善巧一。圖二作悲生漫荼羅一。乃至出二生世界微塵數隨類之形一。猶不二窮盡一。」

フモン 普門 〔人名〕 京都南禪寺開山。無關と號す。初め榮朝に就いて受戒、更に京師に聖一國師に從ふこと五年、後、宋に航し十二年にして歸る。正應四年東福寺に寂、壽八十。賜號を佛心禪師、大明國師と言ふ。

フモン 負門 〔術語〕 他と對論して敗に歸するを負門に墮すとも負處に墮すとも云ふ。【知度論一】に「佛置レ我著二二處負門一。」

フモンアクミヤウグワン　不聞惡名願〔術語〕阿彌陀佛、四十八願中、第十六願、懷感は無諸不善願と云ひ、靜照は不聞惡名願と云ふ。極樂には不善の名だもあらしめじとの願なり。【無量壽經上】に「設我得レ佛。國中人天。乃至聞レ有二不善名一者不レ取二正覺一。」

フモンセカイサンマイモン　普門世界三昧門〔術語〕普眼三昧門の異名。

フモンダン　普門壇〔雜名〕眞言行者所入の壇場に二種の別あり、一を普門壇と云ひ、一を一尊壇と云ふ。普門壇とは大日如來を中心として無盡の諸尊を都會する金胎兩部の曼荼羅是なり、依て都會曼荼羅とも云ふ。大日經二具緣品略出經四、敎王經三大曼荼羅廣大儀軌品蘇悉地經三灌頂壇品瞿醯經下、陀羅尼集經十三都會道場品等に詳說せり。其の一尊壇とは有緣の一尊を念誦する壇法なり。之を都外壇曼荼羅とも云ふ。卽ち降三世大儀軌、金剛童子經下の如し。【秘密眞言觀行要覽】

フモンヂジユ　普門持誦〔術語〕普く曼荼羅海の諸尊の眞言を持誦するを云ふ。【大疏八】に「然後住二瑜伽座一。以二五輪字一持レ身。首置二百光遍照王一。以二無垢眼一觀二自心華臺本不生字一。方作二普門持誦一。先於二毘盧遮那心月中一炳二現眞言一。而後持誦幷示二密印一。周二遍中胎藏一已。次及二第二院諸尊一。乃至終竟。或一一現前觀レ之而作二持誦一。或自身作二彼本尊一。於二其心月一現二眞言字一而作二持誦一。乃至頓作二曼荼羅身一而作二持誦一。隨二行者觀心勢力一。若不レ能レ爾者。當下以二一心一誦二部主眞言一百遍上。隨二所餘上首諸尊一各誦七遍。並作二彼印一也。」

フモンホフカイシン　普門法界身〔術語〕一切衆生の機に應じて各所喜見の身を現じ應機の法を說くを普門示現の身と云ふ。【大疏八】に「爾時弟子都成二曼荼羅身一。若更深釋卽是普門法界身也。」

フモンボン　普門品〔經名〕觀世音菩薩普門品の略名。法華經二十八品中第二十五品なり。觀音菩薩が普門圓通の德を說きし者なれば普門品と名く。三十三身を示現して普く一切衆生を佛道に圓通せしむるなり。【法華科註八】に「普門卽圓通之門也。」【嘉祥法華義疏十二】に「普門者。普以二周普一爲レ義。門覺開通無滯之名。能通レ道令二物悟入一。故稱爲レ門。」

フモンボンキヤウ　普門品經〔經名〕一卷、西晉の竺法護譯。大寶積經第十文殊師利普門會の異譯。【地帙八】(30)

フモンマンダラ　普門曼荼羅〔術語〕又、都壇と云ふ。大日經具緣品所說。大悲の胎藏より出現する四重の曼荼羅を稱す。【大疏六】に「佛如レ所二示現一。普門曼荼羅演二說諸尊開圖位一竟。」

フユウノサンタイ　不融三諦〔名數〕「キヤクリヤク」の項を見よ。

フヨウダウカイ　芙蓉道楷〔人名〕宋の左街十方淨因禪院の禪師道楷。洞上の宗を投子山の義青禪師に得、徽宗紫衣を賜ふ、固辭して受けず、帝怒て獄に下す、後、放逐せられて芙蓉湖上に庵す、依て芙蓉と號す。政和八年寂す、鄧州の丹霞子淳之に嗣ぐ。淳に二弟子あり、一を淸了と云ふ、眞歇なり。一を正覺と曰ふ、天童の宏智なり。【五燈會元十四、稽古史略四】

フヨシユ　不與取〔術語〕他の與へざるを取るなり、卽ち偸盜なり。五戒中の第二戒なり。【智度論十三】に「不與取者。知二他物一生二盜心一。取レ物去。離二本處一物屬レ我。是名レ盜。」

フラ　富羅〔物名〕Pula 又、福羅、布羅、腹羅。莊飾せる短靴なり。【玄應音義十五】に「福羅正言二布羅一。此譯云二短靿靴一也。」【同十六】に「腹羅或作二福羅一。或云二富羅一。正言二布羅一。此云二短靿靴一也。」【寄歸傳一】に「富羅勿レ進二香臺一。」「フラバダラ」を見よ。

フラ　富羅〔雜語〕譯、土。國土なり。【婆藪槃豆法師傳】梵 Para*

フライ　普禮〔儀式〕一切如來を禮敬するなり。眞言法に檀前普禮着座普禮の二あり、普禮の印を結び、普禮の眞言を唱へて禮拜するなり。普禮の眞言、不空の戒儀に出づ。

フライガウ　不來迎〔術語〕淨土門中多くは臨終の正念、佛の來迎を期して往生極樂を願へども、獨り淨土眞宗の極意は平生業成と談じて、平生に彌陀の本願を信受する一念に往生の業事成辨し己れば更に臨終の正念、佛の來迎を期せずと見るなり。但し平生業成の念佛行者には決して來迎なしとにはあらず、因緣あれば固より來迎に預る人もあれども、他力金剛の信心を獲得せし者は決して其の來迎を期待せざるを不來迎と云ふなり。「ライガウ」參照。

フライフコ　不來不去〔雜語〕諸法の本性去來往復なきを云ふ。【智度論】に「卽知一切法。不得不失。不來不去。」

フラウフシ　不老不死〔雜語〕諸法實相に悟入すれば生老病死本來空寂なり、何の老死か是れあらん。故に妙經を聞く者は不老不死を得と云ふ。【法華經藥王品】に「衆人有レ病。得レ聞二是經一。病卽消滅。不老不死。」【嘉祥義疏十一】に「不老不死者。聞二此經一知二老病死一。死本來寂滅。故云二不老死一也。」

フラクイングワ　不落因果　〔雜語〕【從容錄第八則】に「有二學人一問。大修行底人還落二因果一也無。對レ佗道不落因果。」【砂石集一】に「未だ聞かずや、彼の不落因果の一句既に五百生の狐身を得ることを」百丈野狐の因緣なり。「ヒヤクジヤウ」を見よ。

フラナ　布剌拏　〔人名〕Pūrṇa 論師の名。譯、圓滿。釋毘婆沙論を作る。【西域記三】

フラナ　布剌拏　〔人名〕Pūraṇa-kāśyapa 又、哺剌拏、棓剌拏。外道の名。舊に富蘭那と言ふ。「フランナカセフ」を見よ。

フラナカセフ　補剌拏迦葉　〔人名〕布賴那迦葉。外道の名。「フランナカセフ」を見よ。

フラナカセフハ　布剌那迦葉波　〔人名〕外道の名。「フランナカセフ」を見よ。

フラナバツマ　補剌拏伐摩　〔人名〕Pūrṇavarman 無憂王の末孫なり、譯、滿胄。【西域記八】

フラナマイタリエイニフタラ　補剌拏梅咀利曳尼弗多羅　〔人名〕Pūrṇamaitrāyaṇī-putra 比丘の名。譯、滿慈子。「フルナ」を見よ。

フラバダラ　富羅跋陀羅　〔物名〕靴の飾なり。【四分開宗記八本】に「富羅跋陀羅者。以二木綿及諸雜物一與レ皮合縫。使二中央起一也。」「フラ」を見よ。梵 Pula-pādatra

フラビデイカ　補囉嚩尾禰賀　〔地名〕Pūrva-videha 東大洲の名。【慧琳音義一】に「補囉嚩尾禰賀翻云二身勝一。此洲人身形殊勝故爲レ名。古云二弗于逮弗婆提一。」

フラフシ　不臘次　〔雜語〕禪林の語。胡亂坐の異名なり。

フランカセフ　不蘭迦葉　〔人名〕外道の名。「フランナカセフ」を見よ。

フランダラ　富蘭陀羅　〔天名〕Pūrandhara 帝釋の一名なり。【雜阿含經四十】に「釋提桓因復名二富蘭陀羅一。佛告二比丘一。彼釋提桓因本爲レ人時。數數行レ施。衣服飮食乃至燈明。以二是因緣一故名二富蘭陀羅一。」【涅槃經三十三】に「如二帝釋一亦名二憍尸迦一。亦名二富蘭陀羅一。」【慧琳音義二十八】に「富蘭云レ城。陀羅云レ破。」

フランナカセフ　富蘭那迦葉　〔人名〕Pūraṇa kāśyapa 又、棓剌拏、布剌拏、不蘭迦葉、補剌那迦葉、布賴那伽葉、布剌拏迦葉波、哺剌拏迦攝波子に作る。六師外道の一。富蘭は滿と譯す、是その實名、迦葉波は飮光と譯す、是れ母氏の姓なり、母姓に從へて迦葉波と稱す、依て又迦葉波子と云ふ。空見外道なり。【註維摩經三】に「什曰。迦葉母姓也。富蘭那字也。其人起二邪見一。謂一切法無二所有一。如二虛空不一生滅一也。」【飾宗記七末】に「不蘭迦葉。正梵音云二布剌拏迦葉波一也。布剌拏此云レ滿也。是名也。迦葉波此云二飮光一。此是姓也。」【玄應音義二十三】に「棓剌拏。外道六師中一人名也。舊言二富蘭那迦葉一。迦葉是姓。富蘭那是字。即空見外道也。」【毘奈耶雜事三十八】に「哺剌拏迦攝波子。」

フランヤク　腐爛藥　〔雜名〕又、大黃湯、龍湯。黃龍湯と云ふ。大小便なり。【南山羯磨疏三下】に「腐爛藥者。世所二同棄一而實可レ收。即大小便也。」【濟緣記三下】に「小便治レ勞。大便解レ熱。名二黃湯一。」

フリカ　布利迦　〔飮食〕Pūrikā 餅の名。【大日經疏七】に「布利迦譯云二著鑑餅一。以二種種上味一和合。爲レ鑑作レ之。」

フリツギ　不律儀　〔術語〕三種律儀の一。惡戒なり、戒律に善惡の二種あり、要誓して善を作し惡を止むるは善戒にして律儀と稱し、要誓して惡を作し善を止むるは惡戒にして不律儀と稱す。外道諸種の邪戒是なり、惡戒は戒律の部類なれども是れ顚倒の戒律なれば不律儀と云ふ。律儀には善の無表色を發し、不律儀には惡の無表色を發す。「ムヘウシキ」を見よ。

フリツダンジジヤウケウ　扶律談常敎　〔雜語〕戒律をたすけ佛性常住を說く敎法といふ意。天台宗にて、涅槃經の敎說を云ふ。世尊末代に惡比丘ありて、戒律を破り、如來は無常なりなどいふ誤解を生ずるものあるを誡めんため、本經を說き給へるが故に名く。

フリムジシヤ　不釐務侍者　〔職位〕實務を執らずして侍者の職にあること。即ち名譽侍者。

フリフモンジ　不立文字　〔術語〕禪家の悟道は文字言句に渉らず、單に心を以て心に傳ふる玄旨なりとて不立文字敎外別傳と云ふ。【五燈會元世尊章】に「世尊在二靈山會上一拈レ華示レ衆。此時人天百萬。悉皆罔レ措。獨有二金色頭陀一破顏微笑。世尊言。吾有二正法眼藏涅槃妙心實相無相微妙法門不立文字敎外別傳一。付二囑大迦葉一。」【碧巖第一則評唱】に「達磨遙觀二此土有二大乘根器一。遂泛レ海得得而來。單二傳心印一開二示迷途一。不立文字直指人心見性成佛。」【祖庭事苑五】に「傳法諸祖。初以二三藏敎乘一兼行。後達磨祖師單二傳心印一破レ執顯レ宗。所謂敎外別傳不立文字直指人心見性成佛。然不立文字失レ意者多。往往謂屛二去文字一以二默坐一爲レ禪。斯實吾門之啞羊爾。且萬法紛然何止文字不レ立者哉。殊不レ知道猶レ通也。豈拘二執於一隅一。故即二文字一文字不可得。文字旣爾餘法亦然。所三以爲二見性成佛一也。豈待レ遣而後已。」【釋門正統

三】に「禪宗者。始菩提達磨。遠越二葱嶺一。來二於此土一。初無二不立文字之說一。南泉普願。始唱二別傳不立文字見性成佛一。」⊙（鴉鷺合戰）「不立文字とて蒲團の上に偏執す」

フリヤウ　鳬鈴　〔物名〕鳬氏の造れる鈴なり。「フ」「シヤウ」を見よ。

フリヤウゼツ　不兩舌　〔術語〕十善の一。兩舌とは兩邊に向て是非を說き相闘諍せしむるなり。

フルカチセフバラ　逋盧羯底攝伐羅　〔菩薩〕Avalokiteśvara　觀自在菩薩の梵名なり。【探玄記十九】に「觀世音者。有名二光世音一。有名二觀自在一。梵名二逋盧羯底攝伐羅一。逋盧羯底此云レ觀。毘盧此云レ光。以二聲字相近一。是以有翻爲レ光。攝伐羅此云二自在一。攝多此云レ音。勘二梵本一諸經中有作二攝多一。或攝伐羅。是以翻譯不同也。」

フルサイ　補盧鎩　〔雜語〕Puruse　補盧沙 Puruṣa 又依聲と云ふ即ち丈夫と云へる語の第七囀聲即ち於聲なり。又依聲と云ふ「丈夫に於て」なり。【玄應音義二十二】に「補盧鎩。所戒切。所依士。聲明中七轉呼召聲也。」「ハチテンジヤウ」を見よ。

フルサシヤ　補盧殺沙　〔雜語〕Puruṣasya　補盧沙即ち丈夫と云へる語の第六囀即ち屬聲なり。「丈夫の」なり。「ハチテンジヤウ」を見よ。

フルサン　補盧衫　〔雜語〕Puruṣam　補盧沙即ち丈夫と云へる語の第二囀即ち業聲なり、「丈夫を」なり。「ハチテンジヤウ」を見よ。

フルシヤ　補盧沙　〔雜語〕Puruṣa 又、富樓沙、補妻沙、富妻沙、浮溜沙、布路沙、逋沙、甫沙、哺沙に作る。譯、丈夫。又は人。【瑜伽論二】に男聲の八囀を說くに補盧沙の語を用ひ、之を以て第一囀即ち體聲の例とせり。「大夫は」なり。【玄應音義二十二】に「補盧沙。舊言二富樓沙一。此云二士夫一。或云二丈夫一。談レ體也。」【慧琳音義四十五】に「浮溜沙。唐言二丈夫一也。」【寄歸傳二】に「言二布路沙一者譯爲レ人也。」

フルシヤタ　補盧沙頞　〔雜語〕Puruṣāt　補盧沙即ち丈夫と云へる語の第五囀即ち所從聲なり。「丈夫より」なり。「ハチテンジヤウ」を見よ。

フルシヤドンミヤクバラダイ　富樓沙曇藐婆羅提　〔術語〕Puruṣa-damya-sārathi　佛十號中の調御丈夫の梵名なり。【智度論二】に「富樓沙秦言二丈夫一。曇藐秦言二可化一。婆羅提言二調御師一。是名二可化丈夫調御師一。佛以二大慈大智一故。有時耎美語。有時苦切語。有時雜語。以二此調御一令レ不レ失レ道。」

フルシヤナ　補盧沙拏　〔雜語〕Puruṣeṇa　又、補盧崽拏に作る。補盧沙即ち丈夫と言へる語の第三囀即ち具聲なり。「丈夫に由て」なり。「ハチテンジヤウ」を見よ。

フルシヤフラ　富婁沙富羅　〔地名〕Puruṣapura　國の名。譯、丈夫土。北天竺にありて天親菩薩の生國なり。【天親傳】に「婆藪槃豆法師者。北天竺富婁沙富羅國人也。富婁沙譯爲二丈夫一。富羅譯爲レ土。」【法顯傳】に「從二犍陀衛國一南行四日到二弗樓沙國一。」【續高僧傳二】に「富留沙富邏。此言二丈夫宮一。」

フルシヤヤ　補盧沙耶　〔雜語〕Puruṣāya　補盧沙即ち丈夫と言へる語の第四囀即ち所爲聲なり。「丈夫にまで」なり。「ハチテンジヤウ」を見よ。

フルナ　富樓那　〔人名〕富婁那。Pūrṇa　具には富樓那彌多羅尼子、Pūrṇamaitrāyaṇī-putra　富樓那、彌窒那尼子と云ひ、又、富囉拏梅低梨夜富多羅、富羅拏迷低梨夜尼弗多羅、布剌拏梅呾利曳尼子、富那曼陀弗多羅に作り、新に布剌拏梅呾麗衍弗呾羅、補剌拏梅呾利曳尼弗呾羅に作る。富樓那又は富剌拏は滿と譯し、これ名なり。彌多羅尼又は梅呾麗衍尼は慈と譯し、これ母の姓なり、富多羅又は弗呾羅は子と譯す、此の滿なる人は慈氏の子なれば譯語を擧て子と云ひ、梵語を擧て弗呾羅と云ふ。母の姓に從へて名となすが印度の風習なり。依て總名を翻して滿慈子、滿願子、滿祝子、滿見子など云ふ。彌多羅の語に祝、見等の異義あればなり。是れ釋迦の十大弟子中說法第一の阿羅漢なり。初め出家して阿羅漢果を證し、後に法華の因緣周の說法を聞て回小向大し、五百弟子授記品に於て未來に成佛して法明如來と號すと授記せらる。【玄應音義三】に「富囉那彌多羅尼子。又作二彌窒那尼子一。正言二富囉拏梅低梨夜富多羅一。富羅拏此云レ滿。是其名也。梅低梨夜此云レ慈。是其母姓。富多羅者子也。皆飡從二母姓一爲レ名故此云二滿慈子一。或譯云二滿願子一。皆一義也。與レ佛同日而生。」【注維摩經三】に「什曰。富樓那秦言レ滿。彌多羅尼秦言二善知識一。善智識是其母名也。」【法華光宅疏一】に「富樓那姓也。彌多羅尼子者此翻爲二願子一。是故無量壽尊者滿願子。即其人也。」【西域記四】に「布剌拏梅呾麗衍尼弗呾羅。唐言二滿慧子一。舊曰二彌多羅尼子一訛略也。」【法華玄贊一】に「補剌拏梅呾利曳尼弗呾羅。此云二滿慈子一。云二富樓那彌多羅尼子一訛也。滿是其名。慈是母姓。其慈今取二母姓一。此滿尊者是慈女之子。或滿及慈俱是母號。名二滿慈子一。」【大明度經二】に「滿祝子。」【玄應音義三】に「滿祝子。即富樓那是也。」⊙（增鏡老の波）「今の世には富樓那尊者のごとくいはるるものなれば」

富樓那說法第一　〔故事〕【增一阿含經三】に「能廣說法分二別義理一。所謂滿願子比丘是。」【法華經授記品】に「佛告二諸比丘一。汝等見二是富樓那彌多

羅尼子ニ不。我常稱下其於二說法人中一最爲第一上。」

富樓那成佛 〔雜語〕【法華經五百弟子品】に「過二無量阿僧祇劫一當下於二此土一得中阿耨多羅三藐三菩提上。號曰二法明如來一。」

フレウギキヤウ 不了義經 〔經名〕 實義を隱覆して方便の說を爲し、明了に法性の實義を開顯せざる經典を云ふ。小乘及權大乘の諸經是なり。【涅槃經六】に「依二了義經一不レ依二不了義經一。乃至不了義經是聲聞乘。」

フレウブツチ 不了佛智 〔術語〕 無量壽經の所說。佛智の不可思議なるはたらきを疑ひ、如來のはからひの大なるとをさとらざるを云ふ。

フロシヤ 布路沙 〔雜語〕 布嚕沙 Puruṣa. 又、補盧沙に作る。譯、人、丈夫。【寄歸傳二】に「言二布路沙一者譯爲レ人也。」【梵語雜名】に「丈夫。布嚕沙。」

フロナバダラ 布嚕那跋陀羅 〔異類〕 Pūrṇabhadra* 夜叉八大將の一。譯、滿賢。【大日經疏五】

フワガフシヤウ 不和合性 〔術語〕 廿四不相應行の一。色心の諸法が衆緣和合せざるを云ふ。

フワクニンシヤウ 扶惑潤生 〔術語〕 煩惱の扶けによりて生をうくると。菩薩が衆生を濟度せんが爲に、わざと煩惱を斷ぜず、これによりて三界に生を享くるを云ふ。即ち大悲闡提の行なり。

フヰジヨウケウ 普爲乘敎 〔術語〕 法相宗のこと。詳くは普爲一切乘敎と云ふ。五乘即ち人間、天上、聲聞、緣覺、菩薩の全體に利益を與ふる敎といふこと。蓋し、法相宗は五性各別を立て、成佛不成佛を主張すと雖、而も五乘の各に相應の利益を授くるが故にこの名あるなり。

フヰセ 怖畏施 〔術語〕 八種施の一。「フセ」を見よ。

フヱカウ 普回向 〔術語〕 禪林夏安居中楞嚴會を行ふ、每日粥罷に衆を集て楞嚴呪を誦し畢り楞嚴頭普回向の偈を擧ぐ、大衆同聲に念ず、普回向の偈は眞歇禪師の製する所、敕修淸規楞嚴會に載す。

フヱカウ 不回向 〔術語〕 淨土門に於て二種の回向を立つ、一に往相回向、所修の功德を菩提に回向して淨土に往生せんと願ふなり、二に還相回向、成佛して後に生死に廻入して一切衆生を敎化せんと願ふなり、此二種の回向は菩提心に具する通相にして行者の自力に依て勸修するが佛敎通途の義なれば、淨土一門に於ても餘流は皆自力に依て此回向を成就せんとすれども、獨り淨土眞宗の一派に於ては此二種の回向を信の一念に彌陀の方より行者に回向せられ、行者の方より更に回向を成ずるを要せずと談ずれば、之を不回向と名く、不回向の言は他力の極致を顯せるなり。【敎行信證二】に「明知。是非二凡聖自力之行一。故名二不回向之行一也。」【正像末和讚】に「眞實信心の稱名は彌陀回向の法なれば不回向と名けてぞ自力の稱念きらはるる」【御文第三帖第八通】に「凡夫のなす所の回向は自力なるが故に成就し難きに由て、阿彌陀如來の凡夫の爲に御身勞ありて此回向を我等にあたへんが爲に回向成就し給ひて、一念南無と歸命する所にて此回向を我等に與へましますなり、故に凡夫の方よりなさぬ回向なるが故に、是を以て如來の回向をば行者の方よりは不回向とは申すなり。」

フヱク 不壞句 〔術語〕 阿の一字を稱す、是れ金剛不壞の體性なればなり。【大日經二】に「行者諦思惟當レ得二不壞句一。」

フヱコンガウ 不壞金剛 〔雜名〕 金剛寶は堅固にして破壞すべからざれば不壞の金剛と云ふ。

フヱコンガウクワウミヤウシンデン 不壞金剛光明心殿 〔術語〕 金剛界の大日如來說法の處なり、不壞金剛とは諸尊の身の常住堅固なるを嘆じ、光明心とは其の心の覺德を嘆ず、之を五智に配すれば成所作智に當り三密の業用皆此より生ずと云ふ。【瑜祇經】に「一時薄伽梵金剛界遍照如來。以二五智所成四種法身一。於二本有金剛界。乃至不堅金剛光明心殿中一。與二自性所成眷屬一。」【二敎論】に「謂不壞金剛者總歎二諸尊常住身一。光明心者歎二心之覺德一。殿者明二身心互爲二能住所住一。乃至亦是成所作智。三密業用皆從レ此生。」

フヱシゼン 不壞四禪 〔術語〕 四禪天には內には覺觀の定心を壞するなく、外には三災の器界を壞するとなければ不壞と云ふ。

フヱホフ 不壞法 〔術語〕 白骨觀を成就する阿羅漢に二種あり、鈍根の人は更に白骨に執着せんとを恐れて骨人を燒きて灰となすの想を爲す。之を壞法と名く。利根の人は骨人を燒くの想を爲さず、彼の眉間より八色の光明を出だす樣に修鍊し神通等を得るを不壞法と名く、此二慧解脫俱解脫の二に當るなり。【半字談四】

フン 忿 〔術語〕 小煩惱地法の一。廿隨煩惱の一。心所の名。有情非情の心に向つて、自心をして憤怒せしむる精神作用を云ふ。

フンクワ 糞果 〔譬喩〕【涅槃經十二】に「婆羅門の幼稚童子の如き、飢の爲に逼られ人糞中に菴羅果あるを見て即ち之を取る。有智の人之を見て呵責して言く、汝婆羅門種姓淸淨なり、何が故ぞ是の糞中の穢果を取るや。童子聞き已て赧然愧るあり、即ち答て言く、我れ實に食はず、洗除して還て之を棄捨

せんと欲する爲なりと。智者語て言く、汝大愚痴なり、若し還て棄つるならばもと取るべからずと。善男子、菩薩摩訶薩亦た復た是の如し、此の生分に於て受けず捨てず、彼の智者の童子を呵責する如し、凡夫の人生を欣び死を惡むは彼の童子の果を取て還て棄るが如し。」生を欣ぶは果を取るが如し、遂に死に歸するは果を捨つるが如し、故に始より生を欣ばざるに如かざるなり。

フンケツ　忿結　〔術語〕忿恨の心結で解けざるなり。【長阿含經十三】に「喜テ惱二他人一。令レ生二忿結一。」【菩薩本行經中】に「人起二瞋恚一忿結不レ解。」

フンコツサイシン　粉骨碎身　〔雜語〕法恩の爲に身をも碎き骨を粉にするを云ふ。【證道歌】に「粉骨碎身未レ足レ酬。」【止觀五】に「香城粉レ骨。雪嶺投レ身。」粉骨は常啼菩薩香城に於て般若を學ぶ時の如し。【大品般若菩薩陀波崙品】に「常啼既に法を得已て自ら世尊に供するもののなきを恨む、忽ち城中豪富の長者不安にして人の骨髓を藥に合せんと欲するに遇ふ、即時に骨を敲き髓を出し長者に賣與し、得る所の金を以て種種の花香を買ひ佛に供養す。」碎身は釋迦因中に雪山に於て羅刹の爲に全身を捨てて半偈を求むる如し、涅槃經十四に出づ。「セッサンドウジ」を見よ。

フンザウエ　糞掃衣　〔衣服〕又衲衣とも云ふ。火燒牛嚼鼠嚙死人衣月水衣等此の如き等の衣天竺の人は之を巷野に棄つ。糞を拭ひし穢物に同じければ糞掃衣と名く、之を浣洗縫濯して外に着するなり。又糞掃の衣片を補納して着用すれば納衣とも名く、比丘、此糞掃衣を着して更に檀越の施衣を用ゐざるを十二頭陀行の一とす。糞掃衣の功德は貪著を離るるにあり。【行事鈔下一】に「糞掃衣。制レ著意此乃世人所レ棄。無二復任用一。義同二糞掃一。」【大乘義章十五】に「糞掃衣者。所謂火燒牛嚼鼠嚙死人衣等。外國之人。此等之衣棄二之巷野一。事同二糞掃一。名二糞掃衣一。行者取レ之。浣洗縫治用以供レ身。」【行事鈔下三】に「納衣者。四分云。捨二檀越施衣一著二糞掃衣一。」梵Paṁsukūlika.

フンジンサンマイ　奮迅三昧　〔術語〕師子奮迅三昧なり。

フンダリ　分陀利　〔植物〕Puṇḍarīka 又、芬陀利、分陀利迦、分茶利華、奔茶利迦に作る。正しく開敷せる白色の蓮華なり、西土の蓮に青黃赤白の四種あり、又未敷、開、落の三時に隨つて名を異にす、蓮華の部に詳說す。分陀利は白蓮華の正しく開敷せるなり、又此華の最も大なるは花瓣數百もあれば百葉華と云ふ、即ち妙法蓮華經の蓮華は此の白蓮華にして八葉の分陀利華なりと云ふ。大日經疏に說く蓮華の部に引けり。又此華は多く阿耨達池に出でて人間に有るとなければ人中好華、希有華等と稱す。【玄應音義三】に「分陀利。又作レ芬。此云二白蓮華一。」【慧苑音義上】に「芬陀利、此云二白蓮華一。亦曰二百葉花一也。」【慧琳音義三】に「奔茶利迦。古云二芬陀利一。正音本拏哩迦花。唐云二白蓮花一。其色如レ雪如レ銀。光奪二人目一。甚香亦大。多出二彼池一。人間無レ有。」【華嚴疏鈔八】に「芬陀利者即白蓮華。無熱亦是正敷榮時也。」【大日經疏十五】に「分陀利迦。花可レ有二百葉一。葉葉相承。圓整可レ愛。」【觀經散善義】に「言二分陀利一者。名二人中好華一。亦名二希有華一。亦名二人中上上華一。亦名二人中妙好華一。此華相傳名二蔡華一是。」

フンダリカ　分茶利迦　〔植物〕又、分陀利迦、芬茶利迦、奔茶利迦、本拏哩迦に作る。「フンダリ」を見よ。

フンダリケ　分陀利華　〔植物〕釋迦如來念佛者を稱譽して人中の分陀利華となす。【觀無量壽經】に「若念レ佛者。當レ知二此人一。是人中分陀利華。」⊙（鴉鷺合戰四）「又花嚴法花の芬陀利華は白色の蓮花なるが故なり」

フンヂヨ　糞除　〔譬喩〕長者窮子をして家に置きて奴となし價を拂ひて糞尿を除かしむ、佛小乘教を置きて小機をして三界の見思を除かしむるに譬ふ。法華經信解品に出づる窮子の譬なり。【三十七尊出生義】に「起二化城一以接レ之。由二糞除一而誘レ之。」

フンヌ　忿怒　〔術語〕不動尊の如く忿怒威猛の相を現ずる尊體を忿怒とも明王とも云ふ。凡そ諸佛菩薩に二輪身あり、一は正法輪身、所修の行願に由て報得する所の眞實身なり、二に敎令輪身、大悲に由て威猛の相を現じ大日の敎令を奉行する明王の身なり。【希麟音義六】に「案忿怒像。金剛頂瑜伽經云。諸佛菩薩。依二二種輪一現レ身有レ異。一者正法輪。現二眞實身一。所修行願報得身故。二者敎令輪。現二忿怒身一。由レ起二大悲一現二威猛一故也。」【祕密瑜伽學習捷圖上】に「其忿怒者猶如二奴僕一也。諸軌之中多稱二明王一。雖二是奴僕一奉二行敎勅一即猶二君王一。故呼二忿怒一。亦名二明王一。」

三種忿怒　〔術語〕胎藏界の三部に就て忿怒王を分別せしなり。【諸部要目】に「不動尊爲二佛部忿怒一。忿怒鉤蓮華部忿怒。軍茶利金剛部忿怒。」【大日經義釋七】に「蓮華部眷屬以二馬頭一爲二忿怒明王一。金剛眷屬以二月饜一爲二忿怒明王一。已上金剛部と蓮華部。釋迦眷屬以二無能勝一爲二忿怒明王一。今毘盧遮那自敎迹中以二聖不動降三世一爲二忿怒明王一。」已上は佛部。【演密鈔十】に「如二大悲漫茶羅一。從二中胎一流二出外第三院一。如來部以二不動尊一爲二忿怒一。金剛部月饜尊爲二忿怒一。蓮華部

毗倶胝爲忿怒。以此等忿怒之火降伏無始無明等魔。引入中胎皆見遮那。」

五忿怒 〔名數〕 金剛界の五智如來に就て各忿怒王を分けしなり。【補陀落海會軌】に「以五智忿怒相配五智。不動尊毘盧遮那忿怒。降三世尊阿閦佛忿怒。軍荼利寶生佛忿怒。六足尊無量壽佛忿怒。金剛藥叉不空成就佛忿怒。」

フンヌゲン 忿怒眼 〔術語〕 瑜伽法中三種眼の一。明王の忿怒威猛の眼目、以て煩惱を降伏するもの。【諸部要目】に「忿怒眼降伏心。殺害煩惱也。」

フンヌグワツエンボサツ 忿怒月黶菩薩 〔菩薩〕 又、月黶忿怒と云ふ。月黶尊大忿怒の形なれば忿怒月黶と云ふ。「グワツエンソン」を見よ。

（忿怒月黶菩薩の圖）

フンヌケン 忿怒拳 〔雜名〕 六種拳の一。「」を見よ。

フンヌコウ 忿怒鉤 〔菩薩〕 觀音の一種なり。忿怒鉤觀世音と稱す、正觀音が忿怒の三摩地に入りて虚空藏の化道を助くる形なり。密號を持鉤金剛と云ふ、鉤輪を持すればなり。【秘藏記中】に「忿怒鉤觀世音菩薩。四面。明王之像。肉色。左右面青黑色。有四手。左上手取蓮華。次一手取羂索。次右上手持鐵鉤。次一手與願契。」

（忿怒鉤の圖）

フンヌヂコンガウボサツ 忿怒持金剛菩薩 〔菩薩〕 胎藏界金剛手院の一尊なり。【秘藏記下】に「忿怒持金剛菩薩。赤肉色。左手取三股跋折羅。目視上之勢。」

（忿怒持金剛菩薩の圖）

フンヌミヤウワウ 忿怒明王 〔術語〕 忿怒尊即ち明王なり、不動尊の如き奮怒の形相を現じて法界に敎命すれば明王と稱す。

フンヌワウ 忿怒王 〔術語〕 忿怒明王なり。

フンヌワウギキホン 忿怒王儀軌品 〔經名〕 大方廣曼殊室利童眞菩薩華嚴本敎讚閻曼德迦忿怒王眞言阿毘遮嚕迦儀軌品第三十一の略名。

フンベツ 分別 〔雜語〕 諸の事理を思量し識別するを分別と云ふ、是れ心心所の自性作用なれば以て心心所の異名となす。【法華經】に「思量分別之所能解。」【發智論一】に「法歸分別。聖歸涅槃。」【成實論三】に「法歸分別。眞人歸滅。」【唯識述記七末】に「言分別者。有漏三界心心所法。以妄分別爲自體故。」【倶舍光記二十】に「毘婆闍(Vibhajya)名分別。」三界の心心所は虚妄の分別を以て自性となす、即ち無我無法の上に妄りに我法を分別するなり、故に之を分別の惑と稱し、此分別の惑を斷ずるを無分別慧と稱す。【慈恩寺傳七】に「菩薩以分別爲煩惱。而分別之惑堅類金剛。唯此經所詮無分別慧。乃能除斷。故曰能斷金剛般若。」

三分別 〔名數〕 一に自性分別、心心所の自性現前の境に對し尋求動躍す、眼識の色を識別し、耳識の聲を識別する如し、之を自性分別と云ふ。是れ現量なり。二に計度分別、種種差別の事を猛利に思量推度するなり。三に隨念分別、經歷せし事を追念思惟するなり。後の二は意識に限りて比量非量なり。【倶舍論二】に「分別略有三種。一自性分別。二計度分別。三隨念分別。」

フンベツエンギシヨシヨウホフモンキヤウ 分別緣起初勝法門經 〔經名〕 二卷、唐の玄奘譯。十一種の殊勝の事を以ての故に十二緣起の初に於て無明支を説くを明かす。一に所緣殊勝、二に行相殊勝、三に因緣殊勝、四に等起殊勝、五に轉異殊勝、六に邪行殊勝、七に相狀殊勝、八に作業殊勝、九に障礙殊勝、十に隨縛殊勝、十一に對治殊勝なり。【宙帙七】(140)

フンベツエンシヤウキヤウ 分別緣生經 〔經名〕 一卷、趙宋の法天譯。十二緣生の法を説く。【宿帙七】(931)

フンベツキ 分別記 〔術語〕 四種記の一。

フンベツキ 分別起 〔術語〕 一切の惑に分別起と倶生起の二種あり。一切の凡夫無始以來の熏習力に依て身と倶に生じて自然に起す諸惑を倶生起と云ひ、邪師邪敎邪思惟の三緣に由て起す諸惑を分別起と云ふ。分別起は斷じ易し、故に最初に頓に之を斷ず、見惑是なり、倶生起は斷じ難し故に後に漸く之を斷ず、思惑是なり。

フンベツキヤウ 分別經 〔經名〕 一卷、西晉の

竺法護譯。受戒して福を得或は反つて墮するあり、佛に事ふるに三曜の不同あり、及び支那國に非法者多き事等を說く。【宿帙八】(690)図阿難分別經の略名。

フンベツクドクキヤウ　分別功德經　［經名］「分別功德論の異名。

フンベツクドクホン　分別功德品　［經名］法華經二十八品中第十七品の名。佛前品に於て本門の法華を說けり、之を聞きて一會の大衆種種の功德利益を得たり、其の功德の淺深不同を分別せしなり。

フンベツクドクロン　分別功德論　［書名］三卷、失譯人名、增一阿含經序品中の偈及び念佛等の十種の一法を釋し、次に弟子品の各第一と稱する因緣を釋せり。【藏帙四】(1290)

フンベツゴフホウリヤクキヤウ　分別業報略經　［經名］一卷、大勇菩薩撰、宋の僧伽跋摩譯。一經悉く偈頌、五趣の業報を分別す。【藏帙八】

フンベツサウジクワルヰ　分別相似過類　［術語］十四過の一。立者の論法にありては同品となれるものを、敵者が强て異品なりとして攻擊する過誤を云ふ。

フンベツシキ　分別識　［術語］第六意識のこと。【大藏法數】「於二六塵等種種諸境一而起二分別一也。此言由二第七末那識傳送一第六意識能起二分別一。故名二分別識一也。」又「分別識即第六意識。謂於二顯識中一分二別五塵好惡等相一。故名二分別識一。」

フンベツシヤウヰキヤウ　分別聖位經　［經名］略述金剛頂瑜伽分別聖位修證法門經の略名。

フンベツジシキ　分別事識　［術語］楞伽經所說三識の一。八識中阿賴耶識を除き餘の末那等の七識を總稱す、種種の境に對して虛妄の分別を起せばなり、眞識に對して事識と云ふ。【楞伽經一】に「略說有二三種識一。廣說有二八相一。何等爲レ三。謂眞識現識分別事識。」【起信論】に「依二諸凡夫取著轉深一。計二我我所一。種種妄執。隨レ事攀緣。分二別六塵一。名爲二意識一。亦名二離識一。又復說名二分別事識一。」【同義記中末】に「又能分二別去來內外種種事相一故。彼說爲二分別事識一也。」又第八識十八名の第十五名なり。第八阿賴耶識は一切の分別事識を生ずる根本なればなり。【唯識了義燈四本】に「十五名レ識。無相論云。分別事識也。」

フンベツセツサン　分別說三　［雜語］鈍根の人の爲に、一乘敎を一段降して三乘に分別し、各自根機に適する樣に說くこと。

フンベツセツブ　分別說部　［流派］Vibhajya-vādinaḥ 部計の名なり。此部の說く所是あり非あり、能く分別簡擇すべし、故に分別說部と名く。是れ小乘二十部等の部計にあらず、論者の假定せる名なり。【俱舍光記二十】に「說非二盡理一。半是半非。更須二分別一。故名二分別說部一。梵云二毘婆闍縛地一。毘婆闍名二分別一。縛地名レ部。舊云二毘婆闍婆提一者訛也。」

フンベツゼンアクシヨキキヤウ　分別善惡所起經　［經名］一卷、後漢の安世高譯。十善十惡の果報を明かす中に飮酒の三十六失あり。【宿帙六】(685)

フンベツゼンアクホウオウキヤウ　分別善惡報應經　［經名］一卷、趙宋の法天譯。中阿含鸚鵡經の別譯なり。【昃帙八】(783)

フンベツタフ　分別答　［術語］四答の一。

フンベツチ　分別智　［術語］有爲の事相を分別する智なり、佛に在ては後得の權智、凡夫に在ては虛妄の計度なり。此虛妄の計度を離れて眞理と冥符せるを無分別智と名く、即ち佛の根本の實智なり。

フンベツチダラニ　分別智陀羅尼　［雜名］智度論所說三陀羅尼の一。此陀羅尼を得れば一切衆生一切法に於て分別して錯らざるなり。

フンベツチサウオウゼン　分別智相應染　［術語］起信論所說六染心の一。六麁中の智相なり、境界に依て智起り、能く世出世の法を分別すれば分別智と名け、此智、心と相應して心性を染汚すれば相應染と名く。

フンベツフセキヤウ　分別布施經　［經名］一卷、趙宋の施護譯。中阿含瞿曇彌經の別譯なり。【昃帙八】(930)

フンベツヘン　分別變　［術語］心識所變の境に於て因緣變分別變の二種あり。「ニヘン」を見よ。

フンワウ　忿王　［術語］忿怒王なり。

ブイシフロン　部異執論　［書名］部執異論の異名。

ブカン　豐干　［人名］豐、一に封に作る。もと天台山國淸寺に居る、髮を剪て眉に齊しくし、布裘を衣る、身量七尺ばかり。餘人或は借問すれば止だ對へて隨時の二字を曰ふのみ、更に他語なし。嘗て虎に乘じて直に松門に入る。衆僧驚懼す。口に道歌を唱ふ。時衆方に崇重す。終る後先天年中に於て京兆に在て行化す、恒人の常調にあらず。士庶之を見て敬禮せざるなし。嘗て二士を養ふ、寒山拾得と云ふ。【宋僧傳十九、傳燈錄二十七】

ブキ　舞戲　［雜名］金剛界曼陀羅に嬉鬘歌舞の四供養の菩薩あり。【大日經義釋六】に「一一歌詠皆是眞言。一一舞戲無レ非二密印一。」

ブギヤウ　奉行　［雜語］敎命を奉承し行持するな

り。【仁王經末】に「一切大衆聞二佛所說一。皆大歡喜。信受奉行。」【勝鬘經末】に「聞二佛所說一歡喜奉行。」【往生論註下】に「經始稱二如是一。彰二信爲一能入一。末言二奉行一。表二服膺事已一。」

ブギヤウ 部行 [術語] 部行獨覺なり。

ブギヤウドクカク 部行獨覺 [術語] 二種獨覺の一。聲聞乘中の預流一來不還の三果の人或は四善根の人の最、利根にして、最後に第四の阿羅漢果を證する時、佛邊を離れて飛花等の外緣又は十二因緣の道理を觀じて獨り自ら覺る者を云ふ。此種の獨覺者は修行中數多の部黨を組織すると聲聞人の如くなれば部行と云ひ、證果に至りて獨悟するが故に獨覺と云ふ。「ドクカク」を見よ。

ブク 伏 [雜語] 惑を對治するに伏と斷との別あり。「ブクダン」を見よ。

ブクインキヤウ 伏婬經 [經名] 一卷、西晋の法炬譯。即ち中阿含行欲經なり、給孤獨長者の爲に求財及び受用の勝劣の不同を分別す。非法に財を求めて蕩然禮なきを婬と云ふ、色欲の謂にあらず。【昃帙八】(572)

ブクザウ 伏藏 [譬喩] 土中に埋伏せる寶藏なり。貧女の家中に伏藏あり、貧女之を知らず、智者之を敎へて發掘せしむ、以て一切衆生佛性を具して三界に流浪す、佛法を說いて之を開示せしむるに譬ふ。【涅槃經七】に「善男子。如三貧女人舍內多有二眞金之藏一。家人大小無レ有二智者一。」【無量壽如來會】に「最勝丈夫修行已。於二彼貧窮一爲二伏藏一。」

ブクダン 伏斷 [雜語] 伏は制伏、斷は斷絕なり、所起の惑を制伏して一時起らしめざるを伏惑と云ひ、惑種を斷絕して畢竟不生ならしむるを斷惑と云ふ。有漏道の對治は伏惑に止まり、無漏道に依て斷惑を得るなり。

ブクニン 伏忍 [術語] 仁王經所說五忍の第一。地前三賢の人未だ無漏智を得ざれば煩惱を斷ずると能はず、只有漏の勝智を以て煩惱を制伏して起らしめざる位なり。忍とは慧心法に安住するなり。【大乘義章十二】に「言二伏忍一者。就レ能爲レ名。始習二觀解一能伏二煩惱一。故名二伏忍一。」

ブクワクギヤウイン 伏惑行因 [術語] 藏敎の菩薩が見思の惑を伏すれども、三祇の因を修行して、惑を斷盡せざるを云ふ。これ三界の惑を斷ずれば、再び三界に生じて衆生を化益すること能はざればなり。

ブケウ 部敎 [術語] 部と敎とを云ふ。天台宗の所說。部とは釋尊の敎說を時間的に竪に順序を立てたるものにして、敎とは空間的に橫に敎義の淺深を區別せるものを云ふ。化儀の四敎は部につきたる敎判、化法の四敎は敎につきたる敎判なり。

ブコン 扶根 [術語] 「ブヂンコン」を見よ。

ブシフ 部執 [雜語] 各部の執見なり、小乘二十部の類の如し。【唯識樞要上本】に「佛涅槃後。因二彼大天一。部執競興。」【唯識了義燈一本】に「部是衆義。名二聖弟子一爲レ部。執是取義。皆取二佛說三藏之中所說法義一。」

ブシフイロン 部執異論 [書名] 一卷、世友大菩薩造、陳の眞諦譯。異部宗輪論と同本異譯。【藏帙四】(165)

ブシフニンジヤウ 扶習潤生 [雜語] 「セイ「ブジフシヤウ」を見よ。

ブシユ 部主 [雜語] 小乘の二十部各其の開祖を部主と云ふ。図眞言胎藏界の三部に各部主を立て、金剛界の五部に各部主あり、部主とは二義あり、一は國主の義、一は執權の義なり。【秘密瑜伽學習上】に「部主者此有二二說一。一如二國主一。大疏義是。一如二執權一。是管領義。以レ名レ主也。諸部要目義是。」

ブシヨ 扶疏 [雜名] 涅槃經の異名。天台の意に謂く、涅槃は法華を扶助する義疏なりと。【止觀義例】に「所レ用義旨。以二法華一爲二宗骨一。以二智論一爲二指南一。以二大經一爲二扶疏一。以二大品一爲二觀法一。」

ブジ 奉事 [雜語] 命を奉じ給侍するなり。【無量壽經上】に「釋梵奉事。天人歸仰。」【觀無量壽經】に「孝二養父母一。奉二事師長一。」

ブタ 部多 [術語] Bhūta 已生の有情を部多と名く。【倶舍論十】に「又契經說。食有二四種一。能令二部多有情安住一。乃至言二部多一者顯二已生義一。諸趣生已皆謂二已生一。」【玄應音義二十四】に「部多已生義。含二多解一故仍置二本名一。」図鬼類の一種に名く。【慧苑音義下】に「部多宮。部多此云二自生一。謂此類從二父母一生者名二夜叉一。化生者名二部多一也。」

ブタ 步他 [雜語] 「ブツダ」を見よ。

ブチヤクコンガウ 步擲金剛 [菩薩] 播般囊結使波、唐に步擲と云ふ。普賢菩薩所現の明王なり。【大妙金剛大甘露軍荼利焰鬘熾盛佛頂經】に「善賢菩薩。現二作步擲金剛明王一。以二右手一把二一旋蓋一。左手把二金剛杵一。遍身作二虛空色一。放二火焰一。」步擲金剛修行儀軌一卷あり。

ブチヤクコンガウシユギヤウギキ 步擲金剛修行儀軌 [書名] 播般囊結使波金剛念誦儀の異名。

ブチヤクミヤウワウ 步擲明王 [菩薩] 步擲「金剛に同じ。

ブヂンコン 扶塵根 [雜語] 扶又浮に作る。五根

の外形眼見すべきもの。是れ正根を扶助する五塵なれば扶塵根と云ひ、又此塵根は浮虛の法なれば浮と云ふ。此扶塵根を所依として別に淨色の眼耳根等あり、之を正根又は勝義根と云ふ。即ち發識取境の實用を有す。

ブツ　佛

〔術語〕Buddha 佛陀の略。又、佛陀、浮陀、浮圖、浮頭、勃陀、勃駄、部陀、母陀、沒駄。覺者又は智者と譯す、覺に覺察覺悟の二義あり、煩惱を覺察して害を爲さしめざると世人の賊あるを覺知する如きを覺察と云ひ、之を一切智と名く。諸法の事理を覺知して了了分明なると睡夢の寤むる如きを覺悟と云ひ之を一切種智と名く。自ら覺し復た能く他を覺せしめ、自他の覺行窮滿するを佛と名く、自覺は凡夫に簡び、覺他は二乘に簡び、覺行窮滿は菩薩に簡異す。何となれば凡夫は自覺する能はず、二乘は自覺するも覺他の行なし、菩薩は自覺覺他なるも覺行圓滿せざればなり。又知者とは既に二智を具足して一切諸法を覺知すると了了分明なればなり。和に「ほとけ」と訓し、神祇の忌詞に「中子」と稱す。「ほとけ」の訓には異說あれども或は漢語の轉訛にて浮圖家ならん。【南山戒本疏一】に「佛梵云二佛陀一。或云二浮陀、佛駄、步他、浮圖、浮頭一。蓋傳者之訛耳。此無二其人一。以レ義翻レ之爲レ覺。」【宗輪論述記】に「佛陀梵音。此云レ覺。覺者。隨二舊略語一但稱曰レ佛。」【佛地論一】に「於二一切法一切種相一能自開覺。亦開二覺一切有情一。如二睡夢覺一。如二蓮華開一故名レ佛。」【智度論二】に「佛陀秦言二知者一。有常無常等一切諸法。菩提樹下了了覺知。故名二佛陀一。」【同七十】に「佛名爲レ覺。於二一切無明睡眠中一最初覺故。名爲レ覺。」【法華文句一】に「西竺言二佛陀一。此言二覺者、知者一。對レ迷名レ知。對レ愚名レ覺。」【大乘義章二十末】に「佛者就レ德以立二其名一。佛是覺知。就レ斯立レ稱。覺有二兩義一。一覺察。名レ覺。如二人覺レ賊。二覺悟。名レ覺。如二人睡寤一。覺察之覺對二煩惱障一。煩惱侵害事等如レ賊。唯聖覺知不レ爲二其害一。故名爲レ覺。涅槃云。如三人覺レ賊賊無二能爲一。佛亦如レ是。覺悟之覺對二其知障一。無明昏寢事等如レ睡。聖慧一起朗然大悟如二睡得レ寤。故名爲レ覺。既能自覺。復能覺レ他。覺行窮滿。故名爲レ佛。言二其自覺一簡二異凡夫一。云二覺他一者明レ異二二乘一。覺行窮滿彰レ異二菩薩一。」【善見律四】に「佛者名二自覺亦能覺レ他。又言レ知。何謂爲レ知。知レ諦故。故名爲レ佛。」【仁王經上】に「一切衆生斷二三界煩惱果報一盡者名爲レ佛。」

四種佛

〔名數〕一に三藏佛、摩羯陀國の菩提樹下に坐して生草を座とし、三十四心に見思の惑を斷じて正覺を成じ、身の長丈六、三乘の根機に對して生滅の四諦を說き、八十の老比丘にして雙樹の下に灰身滅盡す、而して唯此佛あり十方の佛なし、三世の佛は悉く是れ他佛なり。二に通佛、既に因位に於て三惑の正使を斷じ、摩竭陀國の七寶菩提樹の下に於て天衣を以て座とし、一念相應の慧を以て餘殘の習氣を斷じて正覺を成ず。而して其の本身は藏佛の如く丈六の劣應身なるも、時に或は神力を以て尊特の勝應身を現ず、故に之を帶劣勝應身と云ふ。通教に利鈍の二機あり其の鈍根の者は但空の理を觀ずれば前の藏教の如く丈六の劣應身を見、其の利根の者は不但空の理を觀ずれば後の別教の如く尊特の勝應身を見るなり。（總て天台の趣意は衆生の感見する機に約して佛身を判ずるなり、故に丈六の一身にして四教の機に對して或は劣應或は勝應或は法身となるなり。）是れ亦三乘の根機に對して無生の四諦を說き、八十の老比丘にして雙樹の下に入滅すると藏佛の如し。是れ亦自身一佛にて他佛は吾が分身に非ざるなり。三に別佛、十二品の無明を斷じて妙覺の位に入り、蓮華藏世界の七寶の菩提樹下の大寶華王座に坐し、或は色究竟天に於て受職灌頂を受けて圓滿の報身（他受用身）を現じ、唯菩薩衆の爲に無量及び無作の四諦の法輪を轉ず。即ち是れ華嚴經、梵網經所說の盧舍那佛なり。四に圓佛、四十二品の無明を斷じて淸淨法身を成じ、常寂光土に居て虛空を座となす。即ち是れ華嚴經、普賢觀經所說の毘盧舍那佛なり。（台家は盧舍那を報身とし、毘盧舍那を法身とす。）【晉華嚴經】に「佛在二摩竭提國寂滅道場乃至師子之座一。於二一切法一成二最正覺一。智慧行處猶如二虛空一。其身遍坐二一切道場一。」【唐經】に「世尊處座譬如二虛空一。偏二一切處一。又佛師子座是同二法界一。」又「法性如二虛空一。諸佛於レ中住。」【普賢觀經】に「釋迦牟尼名二毘盧舍那遍一切處一。其佛住處名二常寂光一。」【唯識論七】に「諸異生求二佛果一者。定色界後必生二在淨居天上大自在天宮一得二菩提一。」【釋籤一之二】に「若云レ坐二蓮華藏一。或云三三世諸佛皆色究竟成二無上道一。並別佛相。」此佛は法報應の三佛相即して一身に具足す、法華經に微妙淨法身具相三十二と云ふ是なり。【法華玄義七、四敎儀下、增暉記七】

一佛多佛

〔術語〕大乘は一時に多佛出世を許すは論なく小乘に於ては【俱舍十二】に二說あり、薩婆多師の義は無邊の世界に唯一佛出世して二佛同時に出世することなし、餘師の義は一三千大千世界には二佛同時に出世するとなきも他の三千大千世界に之と同時に佛の出世なきにあらず、故に無量の世界に同時に無量の多佛ありて出世す。【智度論九】に同じく此二義を擧げて初の義を

不了義となし、後の義を了義となす。

ブツイキヤウ　佛醫經　〔經名〕一卷、吳の竺律炎譯。人身中の四大病を得る因緣及び九橫四飯多食等の五罪を說く、【宿帙八】(1327)

ブツイツピヤクハチミヤウサン　佛一百八名讚　〔書名〕一卷、趙宋の法天譯、釋迦佛の一百八名を集む。【藏帙九】(1067)

ブツイワウキヤウ　佛醫王經　〔經名〕佛醫經の異名。

ブツイン　佛因　〔術語〕佛果を得る因なり。一切の善根功德是なり。

ブツイン　佛印　〔術語〕印は決定不變の義、諸法實相は諸佛の大道にして決定不變なれば佛印と名く。【止觀二】に「有レ解レ此者成二大道一。是名二佛印一。」【同輔行】に「旣是實相故名二佛印一。」又、佛心印の略。図佛の印相なり、凡そ佛界は相好異なく面貌齊しければ但兩手の印相を以て之を差別するを法とす、但し印相の事は密敎の儀軌傳來已後に於て其精細を極めしもの、其の已前の佛像に於ては一概すべからざるなり。

ブツイン　佛印　〔人名〕佛印禪師、名は了元、字は覺老、開先の善暹に嗣ぐ、雲居に住すること四十餘年、德緇素に洽し。翰林蘇軾黃州に謫せらる。師廬山に住し、相與に章句を酬作す、哲宗元符元年寂、壽六十七。【續傳燈錄】

ブツインサンマイキヤウ　佛印三昧經　〔經名〕一卷、後漢の安世高譯。佛耆闍崛山に在て三昧に入り光十方を照す、大衆雲集す、彌勒舍利弗、文殊に佛身の所在を問ふ。文殊三昧に入りて之を覩ぜしむ、皆見ること能はず。須臾にして佛現ず、乃ち其の義を問ふ、佛言く深般若佛印三昧に住する故なり。

【宙帙八】(451)

ブツカイ　佛戒　〔術語〕梵網經所說の大乘戒なり、又佛性戒とも佛乘戒とも云ふ。此戒は衆生本具の佛性を體とし、且つ此戒を受持して佛果に至るべければなり。図諸佛の住する一實相の淨戒なればなり。【梵網經下】に「一切衆生皆有二佛性一。一切意識色心是情是心。皆入二佛性戒中一。」又「一切有レ心者皆應レ攝二佛戒一。衆生受二佛戒一即入二諸佛位一。」【大日經疏十七】に「佛離二一切相一而住二淨戒一。所謂離二諸相一一味。若能如レ是離二一切相一而住二於戒一。此戒即是佛戒。」図又密敎の三摩耶戒なり。【時處軌】に「致發二菩提心一。授二與佛性戒一。」図通じて佛所說の戒法に名く。

ブツカイ　佛界　〔界名〕十界の一。諸佛の境界なり。【梵網經上】に「能轉二魔界一入二佛界一。佛界入二魔界一。」図佛の國土なり。

ブツカイ　佛海　〔譬喩〕佛界の廣大無邊なること海の如し。【探玄記三】に「佛海者能化之佛。非レ一如レ海。謂遍二一切處一而轉二法輪一故。」

ブツカク　佛閣　〔堂塔〕佛寺、佛堂、伽藍、てら「なり。

ブツカクサンマイ　佛覺三昧　〔術語〕佛の加被に依て覺力佛の如くなる三昧なり、阿難此三昧を得。【法華文句一】に「舊解云。阿難得二佛覺三昧力一。自能聞。」【同記】に「言二佛覺一者。只是佛加覺力如レ佛。故名二佛覺一。」【往生要集中本】に「應レ念四願令三我得二佛覺三昧一。」【大部補註四】に「準二淨名疏一云。舍利弗問經說。阿難修二不忘禪一。得二佛覺三昧一。以二三昧力一自能聞也。」

ブツガン　佛龕　〔物名〕御厨子に同じ。

ブツキ　佛記　〔術語〕佛の懸記又は佛の記別なり。當來の事を預言するを懸記と云ひ、弟子の身上に就て未來の果報を分別するを記別と云ふ。「を云ふ。

ブツキ　佛器　〔物名〕佛に供する米飯を盛る器具

ブツキヤウ　佛經　〔雜名〕佛敎の經典なり。又佛像と經典となり。

ブツキヤウ　佛境　〔術語〕佛の境界なり。【華嚴經二】に「諸佛境界不思議。一切法界皆周遍。」【中阿含經十三】に「我今獲二此義一。得レ入二佛境界一。」

ブツキヤウガイシヤウゴンサンマイ　佛境界莊嚴三昧　〔術語〕普賢菩薩の三昧なり。【大疏十】に「佛境界とは是れ諸佛自證の眞實の境界聲聞等の能く及ぶ所にあらず、法華方便品中の所說の如し、莊嚴とは即ち是れ如來自證の體に無量の德ありて自ら莊嚴するなり。」【義釋七】に「此の佛の境界は即ち是れ諸佛の自證不思議平等の心地の莊嚴なり、謂く大悲胎藏曼陀羅普現色身より虛空法界に徧滿して一時に菩薩の行を行じ、種種の佛刹を莊嚴し一切衆生を成就す、一種の善根を起すに隨つて皆萬德を具す、故に名けて普賢菩薩と爲す、普賢は即ち是れ大日の圓因にして佛は是れ圓因の果なり。

ブツク　佛吼　〔雜語〕佛の師子吼なり、佛の說法を師子吼と云ふ、大衆に於て怖るる所なきを譬ふるなり。【無量壽經上】に「佛吼而吼。」【同嘉祥疏】に「擧二師子王哮吼一爲レ譬耳。」

ブツクワ　佛果　〔術語〕佛は萬行の所成なるが故に佛果と云ふ、能成の萬行を因とし所成の萬德を果とす。◉(曲、遊行柳)「功力にひかれて草木までも、佛果に至る老木の柳の」

ブツクワウ　佛光　〔術語〕佛の光明なり。【讚阿彌陀佛偈】に「佛光照耀最第一。」

ブツクワウジ 佛光寺 〔寺名〕 澁谷山佛光寺、今は京都五條坊門通に在り、佛光寺派の本寺なり。もと興正寺と稱し、建曆二年開祖親鸞の草創にして山科鄕東野村に在り、上足の弟子眞佛上人に付す、其の後五條西洞院に九條殿下兼實公の別莊花園亭を親鸞に寄附し花園院と號す、これ又眞佛に附與し興正寺の院號とせり、其の後九十四代花園院の時、華恩院に改む。後醍醐天皇の元應元年當寺を比叡竹中庄澁谷に移す、依て澁谷山と號す。其の後足利尊氏公の祈願所として佛供田を寄附せられ、宗門繁盛を極む。然るに文明年中當寺十四代の住職經豪上人本願寺の蓮如上人に歸屬し、諸國の門徒多く之に從ふ、經豪上人の舍弟經譽上人當時の住職として十四世を相續し、秀吉公の時大佛殿建立に依て今の地に移さる。〔山城名勝志、山城名所圖會〕

ブツクワウジハ 佛光寺派 〔流派〕 眞宗十派の一。佛光寺を本寺とし、親鸞の弟子眞佛を第一世として一派を獨立す、現今の末寺は三百三十餘あり。

ブツクワウワウジ 佛光王子 〔人名〕 唐の高宗の中宮產に惱む、法師玄芳を請じて之を加護せしむ。正月一日中宮袈裟等を施納し、尋で王子生れ光明殿に盈つ、依て佛光王子と號し、許して出家せしむ。〔慈恩寺傳九〕

ブツクワンギニチ 佛歡喜日 〔雜語〕 七月十五日の異名なり。此日比丘の安居結了して諸佛の歡喜する日なればなり。〔盂蘭盆經〕に「於二七月十五日佛歡喜日、僧自恣日一。以二百味飮食一安二盂蘭盆中一。施二十方自恣僧一。」なり。

ブツグ 佛供 〔雜語〕

ブツグ 佛具 〔物名〕 香花燈明など佛に奉る供物花瓶、香爐など佛壇を莊嚴する道具なり。

ブツグワツ 佛月 〔譬喩〕 佛の光明を月に譬ふ。佛日と云ふに同じ。〔大集經五十八〕に「佛月滅度後。煩惱癡諍闇二世間一。」

ブツグワツ 佛月 〔譬喩〕 衆生の心水淸ければ佛之に應現すると水中の月の如し、故に佛月と云ふ。〔金光明經二〕に「佛眞法身。猶如二虛空一。應レ物現レ形。如二水中月一。無レ有二障碍一。如レ𦦨如レ幻。是故我今。稽二首佛月一。」

ブツグワン 佛願 〔術語〕 佛の誓願なり。

ブツグワンノシヤウキホンマツ 佛願生起本末 〔術語〕 彌陀の本願の謂れを云ふ。生起とは生即起にして佛願の因て起りし源を云ふ。彌陀、因位の昔、苦惱の衆生を見給ひ、大悲心を以て願行を起し給へり、故に佛願の生起は衆生流轉の苦相也。本とは因位の本願修行、末とは果上の名號なり。或は本とは第十八願にして末とは餘の四十七願なりと云ひ、又、本は眞實の第十八願にして、末は方便の十九、二十の願なりともいふ。

ブツケ 佛化 〔雜語〕 佛の敎化なり。

ブツケ 佛家 〔術語〕 佛の淨土なり。〔觀無量壽經〕に「當下坐二道場一生中諸佛家上。」〔觀經散善義〕に「即入二諸佛之家一。即淨土是也。」図初地以上を佛家となす。〔觀經慧遠疏〕に「不思議佛法是佛住處。名爲二佛家一。初地已上入二佛家中一。依レ之趣レ行名レ生二佛家一。」

ブツケウ 佛敎 〔術語〕 佛の敎法なり。

ブツケゴンサンマイ 佛華嚴三昧 〔術語〕 「ケゴンサンマイ」を見よ。

ブツケン 佛見 〔術語〕 佛の正知見なり。〔梵網經上〕に「轉二一切見一入二佛見一。佛見入二一切見一。」

ブツゲ 佛牙 〔雜語〕 佛身を茶毘せし時全身悉く細粒の舍利となりしも其の一分の牙は現形を損せず灰燼の中に在りき、之を佛牙舍利と云ふ。其の時捷疾鬼佛牙を盜み去り、其の後毗沙門天の那吒太子其の佛牙を南山の道宣律師に授くと云ふ。〔後分涅槃經〕に「帝釋佛口の中の右畔の上頷に於て牙舍利を取り、即ち天上に還て塔を起して供養す。爾の時二の捷疾羅刹あり、身を隱して帝釋の後に隨ふ。衆皆見ず。一雙の佛牙舍利を盜取す。」〔宋高僧傳〕に「道宣律師西明寺に於て夜行道す、足前階に趺く、物あり扶持し空を履で害なし、之を顧禮すれば乃ち少年なり、宣問ふ何人ぞや、少年曰く某は毘沙門天王の子那吒なり、護法の故に和尙を擁護すると久し、太子曰く某佛牙あり寶掌すると久し、頭目だも猶捨つべし、敢て奉獻せざらんやと、俄に宣に授く。」〔釋門正統〕に「唐宣律師。天神密授二釋迦文佛靈牙一。隨身供養。」

ブツゲン 佛眼 〔術語〕 五眼の一。佛を覺者と名く、覺者の眼を佛眼と云ふ、諸法實相を照了する眼なり、又前の四眼は別なり四眼佛に至れば總じて佛眼と名く。〔無量壽經下〕に「佛眼具足覺二了法性一。」〔同慧遠疏〕に「前四是別。佛眼是總。」〔法華文句四〕に「佛眼圓通。本レ勝兼レ劣。四眼入二佛眼一。皆名二佛眼一。」

ブツゲング 佛眼供 〔修法〕 佛眼尊の供養法。

ブツゲンキンリンゴダンノホフ 佛眼金輪五壇法 〔修法〕 五箇處の壇場を設けて佛眼尊の所變の金輪佛頂尊を祈念する法なり。金輪佛頂に大日所變と釋迦所變と佛眼所變との三種あり、佛眼所變は瑜祇經金剛吉祥大成就品に說く。「ブツゲンソン」を見よ。

ブツゲンシンゴン 佛眼眞言 〔眞言〕 佛眼尊

の陀羅尼なり。【瑜祇經金剛吉祥大成就品】に出づ。

ブツゲンジユ　佛眼咒　〔眞言〕佛眼眞言なり。

ブツゲンソン　佛眼尊　〔菩薩〕佛眼部母又は佛眼佛母の畧名。「ブツゲン」を見よ。

ブツゲンソン　佛眼尊　〔菩薩〕具には一切佛眼大金剛吉祥一切佛母と云ひ、略して佛眼部母、又は佛眼佛母と云ひ、更に略して佛眼尊又は佛母身、佛母尊と云ふ。密敎所立の尊體の名。又、虛空佛と名く。虛空は佛の異名なればなり。密敎の三部五部に各部主部母あり、佛眼尊は佛部の功德を生ずる母なれば佛母又は部母と云ひ、五眼を具すれば佛眼と云ふ。【秘藏記末】に「佛部金輪佛頂爲レ主。虛空眼爲レ母。又云二佛眼一也。」【同私鈔八】に「虛空眼即佛眼故。又云二佛眼一也。仁王經舊譯觀空品新譯云二觀如來品一。是即證二大空三昧一名レ佛故。虛空即佛也。」◉（太平記八）「禁裏に壇を立てて佛眼の法を行はせ給ふ」

三種佛眼　〔名數〕佛眼に三種あり、一は金剛薩埵所變の佛眼尊、瑜祇經に之を說く。【瑜祇經金剛吉祥大成就品】に「時金剛薩埵對二一切如來前一。忽然現二作一切佛母身一。住二大白蓮一。身作二白月暉一。兩目微笑。二手住レ臍。如レ入二奢摩他一。從二一切支分一出二生十凝誐沙倶胝佛一。一一佛皆作レ禮二敬本出生一。於二剎那間一。一時化二作一字頂輪王一。皆執二輪印一。頂放二光明一。倨傲目視。現二大神通一。還來禮二敬本所一。出二生一切佛母一。」二は大日所變の佛眼尊、胎藏界遍智院に安置するもの是なり。【大日經】に「次於二其北維一。導師諸佛母。晃曜眞金色。縞素以爲レ衣。遍照如二日光一。正受住二三昧一。」【大日經疏五】に「次於二大勤勇北一。至二北維一置二虛空眼一。即毘盧遮那佛母也。」三に釋迦所變の佛眼尊。胎藏界の釋迦院に圖する所の能寂母と稱する者是なり。【大日經疏五】に「次於二世尊北邊一。安二置佛眼一。亦是釋迦牟尼佛母。此方譯爲二能寂母一也。」此中常に佛眼法として修するものは瑜祇經所說の金剛薩埵變身の佛眼尊に依る。

（胎藏界遍智院佛眼尊の圖）

ブツゲンノホフ　佛眼法　〔修法〕佛眼尊を祈念する修法なり。

儀軌　〔雜名〕瑜祇經金剛吉祥大成就品第九、「大毘盧遮那佛眼修行儀軌。」

ブツゲンブツモ　佛眼佛母　〔菩薩〕佛眼尊は釋迦の佛母なれば佛母と云ふ。「ブツゲン」を見よ。

ブツゲンブモ　佛眼部母　〔菩薩〕佛眼尊は佛部の母なれば部母と云ふ。「ブツゲン」を見よ。

ブツゲンマンダラ　佛眼曼陀羅　〔圖像〕【瑜祇經金剛吉祥大成就品】に「大金剛吉祥佛母復た畫像曼拏羅の法を說く、白淨の素絹を取て自身の量に等くして之を圖畫す、凡そ一切瑜伽中の像皆自ら坐する等量に之を畫く、中に於て應に三層の八葉蓮華を畫くべし、中に我身を畫く、我前に當て一蓮華の上に一切佛頂輪王を畫く、手に八輪の金剛寶輪を持す、此次に於て右旋し七曜の使者を布く。次に第二華院に頂輪王の前に當て金剛薩埵を畫く。次に右旋して八大菩薩を畫く、各本幖幟を執る。次に第三華院に右旋して各八大金剛明王を畫く、又華院の外の四方面に於て八大供養及び四攝等の使者を畫く、皆師子冠を戴く、是を畫像法と名く、曼拏羅亦是の如し。」

ブツゲンミヤウヒノホフ　佛眼明妃法　〔修法〕佛眼尊の修法なり。佛眼尊は佛母なれば明妃と云ふ。大毘盧遮那佛眼修行儀軌に佛眼明妃の目あり。【元亨釋書高辨傳】に「常修二佛眼明妃法一。一時、初夜供已。出二堂外一行道念誦。忽見二西方一群猪行レ東。其先者背負二大星一。其數五。光明爛然。其夜甚黑。因二星光一群猪皆見。」瑜祇經佛眼尊の所說に五大虛空藏の法あり、虛空藏は明星の本地にして猪は其の使者なり、今五猪大星を負ふを見るは佛眼尊所說の五大虛空藏の法を成就せし兆なり。唐の一行禪師七匹の豕を甕に閉ぢて北斗の七星を滅沒せしとあり。（一行傳。）

ブツゲンヱ　佛眼會　〔儀式〕開眼會の異名。【元亨釋書資治表持統天皇】に「秋七月設二佛眼會于藥師寺一。」又、「七月像成。於二藥師寺一設二開眼會一。」

ブツコク　佛國　〔術語〕佛所住の國土、又佛所化の國土なり。淨土は固より佛國なり、穢土も佛の所化に就かば亦佛國と云ふべし、娑婆世界は釋迦如來の佛國なる如し。【維摩經嘉祥疏一】に「淨穢等土無レ非二佛國一。若言二淨土一但得レ淨不レ兼レ穢。」【大乘義章十九】に「言二佛國一者。攝レ人之所目レ之爲レ國。約レ佛辨レ國故名二佛國一。」

ブツコツ　佛骨　〔雜語〕佛の舍利なり。【佛祖統紀五十三】に「唐の高宗詔して岐州法門寺の護國眞身塔の釋迦佛の指骨を迎へて洛陽大內に至らしめ供養す、皐后金函九重を以て宣律師に命じて送て岐山に還らしむ、肅宗詔して法門寺の佛骨を迎へ、禁中に至て禮敬し、傳へて諸寺に至て瞻禮せしむ、德宗詔して法門寺の佛骨を迎へ禁中に入て禮敬す、京城の十寺

に歴遂す、世に傳ふ三十年に一開すべし、則ち歲豊に人安しと。韓愈上表して諫む、潮州に貶せらる、懿宗詔して佛骨を迎ふ、三百里間車馬絕えず公私音樂儀衛の盛なる南郊に過ぐ、上樓を降て拜す。」

ブツゴ　佛語　〔雜語〕佛の言語なり。佛語法門經に佛語非佛語の法門を分別す。【金剛經】に「如來是眞語者。實語者。不誑語者。不異語者。」

三佛語　〔名數〕一に隨自意語、佛自意に隨順して自己所證の一實等の法を說きし語なり。二に隨他意語、佛一向に他機に隨順して方便の法を說て衆生を引導する語なり。三に隨自他意語、佛衆生の爲に法を說くに、半ば自證の意に隨ひ、半ば他機の意に隨ふ語なり。【涅槃經三十五】に「如ニ我所說十二部經一。或隨自意說。或隨他意說。或隨自他意說。」

ブツゴキヤウ　佛語經　〔經名〕佛語法門經の略名。

ブツゴシン　佛語心　〔術語〕佛所說の如來藏心なり。楞伽經一部の所明は如來藏心を宗とすれば經の品名を佛語心品と名く。【楞伽經註解一】に「佛語心者即諸佛所說心法也。」【宗鏡錄五十七】に「楞伽經云。佛語心爲レ宗。無門爲ニ法門一。」三部の楞伽經を撿するに此文を見ず。

ブツゴノフゲン　佛後普賢　〔術語〕已に成佛して後更に利他敎化の菩薩の行を修するを云ふ。亦佛果を證得して後、普賢菩薩の德に遵じて、衆生化益の行を修すること。

ブツゴヒヤクデシジセツホンギキヤウ　佛五百弟子自說本起經　〔經名〕一卷、西晉の竺法護譯。前二十九品諸弟子各本因を說き、第三十品佛九惱の本因を說く。經文未完なり。【宿帙六】(729)

ブツゴホフモンキヤウ　佛語法門經　〔經名〕一卷、元魏の菩提留支譯、龍威德上王菩薩に對して是れ佛語是れ非佛語の法門を分別す。【宙帙八】(391)

ブツゴンリヤウ　佛言量　〔術語〕又聖敎量と云ふ。佛の聖語を定量として是非を決するなり。

ブツサウ　佛葬　〔儀式〕佛敎の葬禮なり。「サウホフ」を見よ。

ブツサウケ　佛桑花　〔植物〕花種不明。【祖庭事苑】に「幹葉如レ桑。花房如レ桐。長寸餘。似ニ重臺蓮一。其色淺紅。故得ニ佛桑之名一。見ニ西陽雜俎一。」

ブツサン　佛讚　〔儀式〕法會に諷誦する讚文の名。漢語は蘇悉地經に出づ。梵語は相傳なり。魚山集略に載す。

ブツサンシンサン　佛三身讚　〔經名〕西土賢聖の撰、心行の偈文、趙宋の法賢譯。法報化の三身各二行、回向二行。【成帙十三】(1066)

ブツザウ　佛像　〔圖像〕佛の眞影なり、雕像鑄像畫像に通ず、佛優塡王をして始めて之を造らしめ、住持の佛寶と爲さしめ、在世滅後の四衆をして眞身の想を以て之を信敬せしむ。大乘造像功德經、佛說作佛形像經、佛說造立形像福報經、造塔功德經、佛說造塔延命功德經等に造像の功德を詳說す。【圓覺經】に「若復滅後。施ニ設形像一。心存目想。生ニ正憶念一。還同ニ如來常住之日一。」【釋氏要覽中】に「宣律師云。造ニ像梵相一。宋齊間皆脣厚鼻隆。目長頤豊。挺然丈夫之相。自レ唐以來。筆工皆端嚴柔弱似ニ妓女之貌一。故今人誇ニ宮娃一如ニ菩薩一也。」⦿(水鏡)「佛像を燒きし罪によりこのやまうおこれりしなり」

雕像始　〔故事〕【增一阿含經二十八】に「佛一夏忉利天に昇て母の爲に說法す、拘翼國の優塡王佛を思念し旃檀を以て如來の像を造る高さ五尺。」【西域記五】に「鄔陀延王即ち優塡王尊者沒特伽羅子即ち目連に請て神通力を以て工人を接して天宮に上り親しく妙相を觀て旃檀を彫刻せしむ、如來天宮より還るや刻檀の像起て世尊を迎ふ、世尊慰て曰く敎化勞する耶、末世を開導する寔に此を冀とす。」

鑄像始　〔故事〕【增一阿含經二十八】に「波斯匿王優塡王の彫像を聞て乃ち紫磨黃金を以て佛像を造る、亦た高さ五尺、時に閻浮提內始て二像あり。」【根本說一切有部尼陀那目得迦五】に「若し佛世尊自ら衆首に居り上座と爲さば便ち威肅ありて衆皆嚴整、世尊在らざれば即ち上事なし。是の時給孤獨長者佛所に來至し雙足を禮し已て退て一面に坐して佛に白して言く、我れ今贍部の影像を造らんと欲す、唯願くは聽許せよ。佛言く、應に作るべし。旛蓋を安ぜんと欲す、佛言く隨意。」

畫像始　〔故事〕【大唐內典錄一】に「漢の秦景使して月支國に還り、優塡王の旃檀像を得、第四の畫像樣を師とし來て洛陽に至る、帝勅して之を圖せしめ、西陽城門及び顯節陵上に於て供養す、爾より素丹今に流演す。」第四畫像の事瑞像の部に委し

ブツザウ　佛藏　〔術語〕八藏の一、佛所說の大乘經に一切諸佛所說の法及び佛の神通變現利導衆生の事等を明かすもの。図一切の佛說を總稱す。【仁王經中】に「恒沙佛藏一念了。」

ブツザウキヤウ　佛藏經　〔經名〕四卷、秦の羅什譯。三念の法及び淨戒淨法等を說く、戒律の部に屬す。【列帙二】(1095)

ブツシ　佛子　〔術語〕衆生佛戒を受くれば佛子と

稱す。必ず當に作佛すべければなり。又菩薩の通名なり。佛の聖敎に依て聖道を生ずればなり、又佛種を紹繼して斷絕せしめざればなり。又一切衆生を總稱す、悉く佛性を具すればなり。【梵網經下】に「衆生受二佛戒一即入二諸佛位一。位同二大覺一已。眞是諸佛子。」【法華經譬喩品】に「今日乃知眞是佛子。從二佛口一生。從レ法化生。得二佛法分一。」【佛地論一】に「由二佛敎力一彼聖道生故名二佛子一。乃至能紹二佛種一不レ令二斷絕一。故名二佛子一。」【嘉祥法華疏四】に「大機旣發有二紹繼之能一。爲二佛子義一。」【法華文句九】に「一切衆生皆有二三種性一得佛性一。即是佛子。故云二其中衆生悉是吾子一。」

三佛子 一に外子、諸の凡夫未だ佛家の事を紹繼すると能はざるもの。二に庶子、諸の二乘如來の大法より生ぜざるもの、三に眞子、諸の菩薩正しく佛の大法より生ずるもの。【華嚴大疏五】

ブツシ 佛師 〔雜名〕佛像を彫刻し圖畫するもの。古は僧綱僧位に任ずるあり。【初例抄上】「木佛師定朝。大佛師康成子。永承三年三月二日轉二法眼一。山階寺造佛賞。凡外方者任二僧綱一之爲レ始。」又「木佛師長勢承歷元年十二月十八日轉二法印一。」又「繪佛師法橋敎禪。治歷四年三月二十八日敍。繪佛師僧綱以レ之爲レ始。」又「大法師圓眞保延三年三月十五日補二阿闍梨一。佛師補二阿闍梨一初例。」⊙(宇治拾遺)「この僧は佛師かと問へばさに候といふ」

ブツシ 佛使 〔術語〕如來の使者なり。【法華經法師品】に「我滅度後。能竊爲二一人一說二法華經乃至一句一。當知是人即如來使。如來所レ遣行二如來事一。」

ブツシビクカセンエンセツホフモツジンゲ 佛使比丘迦旃延說法沒盡偈 〔經名〕一卷、失譯。百二十章あり、當來法滅の事を記す、【藏帙八】(1333)

ブツシヤ 佛舍 〔雜語〕佛堂なり。

ブツシヤウ 佛餉 〔雜名〕佛に供する飯食を云ふ。世に佛供と云ふ是なり。【壒囊鈔十】に「佛餉作二聖淸一非也。」「ブッシャウレウ」參照。

ブツシヤウ 佛聖 〔雜語〕佛聖料の略。⊙(保元)「佛聖に寄せらる」

ブツシヤウ 佛性 〔術語〕佛とは覺悟なり、一切衆生皆覺悟の性あるを佛性と名く、性とは不改の義なり、因果に通じて自體改まらざるを性と云ふ、麥の因麥の果麥の性改まらざる如し。【華嚴經三十九】に「佛性甚深眞法性。寂滅無相同二虛空一。」【涅槃經二十七】に「一切衆生悉有二佛性一。如來常住無レ有二變易一。」

二佛性 一に理佛性、不生不滅の法性の妙理を理佛性と名く。二に行佛性、大圓鏡智等の四智の種子を行佛性と名く。此中に理佛性は一切有情皆具す、行佛性は具と不具とあり、具せざる者は永不成佛なりと云ふ、是れ法相宗が涅槃經の一切衆生悉有佛性の言を會して無性有情を成立する法門なり。【唯識樞要上本】に「總而言レ之。涅槃據二理性及行性中少分一切一。」

三佛性 〔名數〕一に自性住佛性、眞如の理、自性常住にして變改あるとなし、一切衆生本と此性あり、自性住佛性と名く。二に引出佛性、衆生必ず智慧禪定を修習する力を假て方に能く本有の佛性を引發するを引出佛性と名く。三に至得果佛性、修因滿足して果位に至る時、本有の佛性了了顯現するを至德果佛性と名く。【華嚴孔目章】「よ。

三因佛性 〔名數〕「サンインブッシャウ」を見

五佛性 〔名數〕一に正因佛性、二に了因佛性、三に緣因佛性、四に果佛性、五に果果佛性、菩提の果なり、正覺の智を菩提と云ふ。(此三即ち三因佛性なり) 五に果果佛性、大涅槃なり、菩提の智を以て涅槃の理を顯はせば果の果と云ふ。【法華文句十】に「佛性有レ五。正因佛性通亙二本當一。緣了佛性種子本有。非レ適レ今也。果性果果性定當得レ之。」

ブツシヤウ 佛星 〔雜名〕佛は弗沙又は富沙の訛略。鬼宿の名。「フシャ」を見よ。

ブツシヤウカイ 佛性戒 〔術語〕一切衆生佛性を具す、佛性無染にして一切の諸過を離る、此の佛性に隨順して戒を制す佛性戒と名く。又此戒能く佛性を顯現すれば佛性戒と名く、大乘戒の都名なり。【梵網經下】に「一切衆生皆有二佛性一。一切意識色心是情是心。皆入二佛性戒中一。」

ブツシヤウカイ 佛性戒 〔術語〕「ブッカイ」を「見よ。

ブツシヤウコク 佛生國 〔地名〕印度なり。⊙(盛衰記九)「玄弉三藏流沙葱嶺を凌ぎて佛生國へ渡り」

ブツシヤウサンマヤ 佛性三摩耶 〔術語〕密敎の戒法なり。佛性戒とも三摩耶戒とも云ふ。

ブツシヤウシンニヨ 佛性眞如 〔術語〕佛性と眞如なり、覺悟の性なれば佛性と云ひ、不生不滅の實體なれば眞如と云ふ、異名同法なり。⊙(盛衰記四〇)「佛性眞如の月影に生死の闇も晴れぬらん」

ブツシヤウジヤウヂユウ 佛性常住 〔術語〕涅槃經の所說に乘戒の二門あり、乘門の所說は即ち佛性常住なり、如來の涅槃に入るを見て佛性無常なりと迷執するを以て、今化身の涅槃に寄せて佛性の常住法身の圓常を說く、謂く「如來常住無有變易」性に就て佛性と云ひ相に就て如來と云ふ、同體なり。【止觀八】に「涅槃寄レ滅談レ常。」【同輔行】に「寄二應迹

滅度。談二法身圓常一。」

ブツシヤウタウリテンヰモセツポフキヤウ　佛昇忉利天爲母說法經　〔經名〕三卷、西晉の竺法護譯。一夏三月、佛忉利天に昇て母摩耶夫人の爲に大乘法を說く。【宙帙六】(153)

ブツシヤウニチ　佛生日　〔雜語〕釋迦如來誕生の日なり。經論に佛生の月日を記する二月八日と四月八日の異說あり、中に就て多く周曆の建卯四月八日を以て正當となす。【長阿含經四】に「二月八日佛出生。」【灌佛經】に「十方諸佛皆用二四月八日夜半時一生。」【薩婆多論】に「二月八日生。」【瑞應經】に「四月八日生。」【俱舍寶疏二】に之を會して「正を立つる異を以ての故に、婆羅門國には建子を以て正となす、此方には先時に建寅を以て正と立つ、建子の四月は即ち建寅の二月なり。」と是れ印度は周正と同じく子月を以て正とすれば彼の四月は即ち此方の古代の寅月を正となせし夏正の二月に當る、故に月日同時なりと云ふ。而して爾來和漢共に周曆正建子を用ひしより建卯四月八日を以て佛生日と定めしなり。

ブツシヤウビヤウドウノイチジヨウ　佛性平等一乘　〔雜語〕五種一乘の一。一切衆生は凡て佛性を有すと說く涅槃經の如き敎を云ふ。

ブツシヤウレウ　佛聖料　〔雜名〕又は佛餉と云ふ。佛聖に供する飯米なり、佛聖とは佛菩薩の總稱。【續谷響集十】に「俗語佛供稱二佛餉一。或謂延喜式有二佛聖料目一。蓋以二音近一誤耶。主稅式云。金剛峰寺料五千六百十六束。燈分幷佛聖料二千八百束。」案に字書に「餉饁也。又今俗軍糧曰レ餉。」とあれば佛餉の言必ずしも誤ならず。

ブツシヤウロン　佛性論　〔書名〕四卷、天親菩薩造、眞諦譯。佛性の義を詳論す。【暑帙二】(1220)

ブツシヤウヱ　佛生會　〔行事〕四月八日釋迦の誕生會なり。「ブツシヤウニチ」を見よ。「キ」を見よ。

ブツシヤク　佛迹　〔雜名〕佛の足迹なり、「ブツセキ」を見よ。

ブツシヤリ　佛舍利　〔雜名〕佛の遺骨なり、「シヤリ」を見よ。⦿(榮花、玉の臺)「しろがねの多寶の塔おはします。それは佛舍利おはすべし」

ブツシユ　佛種　〔術語〕佛果を生ずる種子なり。菩薩の所行を佛種と名く。【舊華嚴經三十二】に「下二佛種子於衆生田一。生二正覺芽一。」【法華經方便品】に「佛種從レ緣生。是故說二一乘一。」【探玄記十一】に「菩薩所行名爲二佛種一。」【維摩經佛道品】に「以レ要言レ之。六十二見及一切煩惱皆是佛種。」【同註】に「肇曰。塵勞衆生即成二佛道一。更無二異人之成佛一。故是佛種也。」

ブツシユウ　佛宗　〔雜語〕佛法の宗旨なり。【三論玄義】に「唯有二佛宗一。乃盡二其致一。」

ブツシユシヤウ　佛種姓　〔術語〕佛の種族なり、佛道を繼紹する者に名く。【維摩經佛道品】に「示レ入二下賤一而生二佛種姓中一。具二諸功德一。」【同註】に「什曰。佛種姓即是無生忍。肇曰。得二無生忍一必繼二佛種一。名レ生二佛種姓中一也。」【無量壽經上】に「護二佛種性一常使レ不レ絕。」【同淨影疏】に「法界諸度是佛種姓。」

ブツシユツセ　佛出世　〔術語〕一世界に一佛出世と多佛出世との異議あり。「ブツ」の項を見よ。

ブツシヨギヤウサン　佛所行讚　〔書名〕五卷、馬鳴菩薩造、北凉の曇無讖譯。偈頌を以て佛一代の所行を讚す。【藏帙七】(1351)梵本現存す。

ブツシヨゴネン　佛所護念　〔雜語〕大乘甚深の經典に名く、護持憶念して濫に開演せざればなり。【法華經序品】に「爲二諸菩薩一說二大乘經一。名二無量義。敬菩薩法。佛所護念一。」【阿彌陀經】に「汝等衆生。當レ信二是稱讚不可思議功德。一切諸佛所護念經一。」

ブツシン　佛心　〔術語〕如來の心なり。覺悟の心なり。【觀無量壽經】に「佛心者大慈悲是。」

ブツシン　佛身　〔術語〕Buddhakāya　無上正覺を證得せる佛陀の身體なり。中に就て法身化身等の別あり、總じて佛身と名く。

十箇量等身　〔名數〕佛の法身は其の量一切有爲無爲の諸法に等し、今之を十三箇に統收して之を示す、而して之を十箇と云ふは探玄記三に云く、但此經所レ明皆應二十種一。以レ顯二無盡一故。有二七八十二等數一。皆將減云レ十と。又慧影智論疏に云く、少過少減皆存二大數一と、今十三量等身を十と言ふは此の意に依るなり。(一)一切衆生量等身(二)一切法量等身(三)一切刹界等身(四)一切三世量等身(五)一切佛量等身(六)一切語言量等身(七)眞如量等身(八)法界量等身(九)虛空界量等身(十)無等界量等身(十一)一切願量等身(十二)一切行者量等身(十三)寂滅涅槃界量等身なり。

一身　〔名數〕法相宗總門の法身なり、又眞言の法界身なり。「ホフシン」を見よ。

二身　〔名數〕眞身、應身の二身。常身、無常身の二身。生身、法身の二身。實色身、化色身の二身。眞身、化身の二身。實相身、爲物跡の二身の六種あり。「ニシン」を見よ。図 二法身に五種あり。「ホフシン」を見よ。

三身　〔名數〕法報應の三身。自性、受用、變化の三身。法應化の三身。法報化の三身の四種あり。「サンシン」を見よ。図 三法身に二種あり。「ホフシン」を見よ。

四身〔名數〕化佛、功德佛、智慧佛、如如佛の四身。自性、自受用、他受用、變化の四身。法身、報身、應身、化身の四身の三種あり。「シシン」を見よ。又四種の法身あり。「ホフシン」を見よ。

五身〔名數〕五種法身に四種あり。「ホフシン」を見よ。

六身〔名數〕新譯の心地觀經の所說なり。一に理法身、本有の理なり。二に智法身、性德の智なり。三に自受用身、修德の四智の圓明にして常に報土に住して自ら法樂を受くるもの。四に他受用身、十地の菩薩に對して十種の身を現じ自己の報德を他に受用せしむるもの。五に勝應身、地前の菩薩に對して示現する應身なり。六に劣應身、二乘凡夫に對して示現するもの、即ち丈六の化佛是なり。已上初の二身は法身なり、中の二身は報身なり、後の二身は應身なり。（七帖見聞二末）

融三世間十身〔名數〕華嚴經に二種の十身を說く、一を融三世間の十身と云ひ、二を佛具の十身と云ふ。融三世間の十身とは一に衆生身、六道の衆生なり。二に國土身、六道衆生の依處なり。三に業報身、上の二身を生ずる業因なり。（已上の三身染分に屬す）四に聲聞身、四諦を觀じて涅槃を求むるもの。五に獨覺身、十二因緣を觀じて涅槃を求むるもの。六に菩薩身、六度を修して菩提を求むるもの。七に如來身、因圓果滿の妙體、即ち佛當分の身なり。八に智身、佛身所具の能證の實智なり。九に法身、佛身所具の所證の眞理なり。（已上六身淨分に屬す）十に虛空身、染淨二分の相を離れ而も染淨二分の所依たる周遍法界無形靈の實體なり、染淨有無の諸相を離れたるを表して虛空と云ふなり。此十身の第二の國土身は即ち國土世間、第一の衆生身及び第三業報身乃至第六菩薩身は衆生世間、後の四身は智正覺世間なり。即ち此十身は三世間の諸法を融攝して毘盧正覺の體と爲すが故に融三世間の十身と云ふ。又之の解境の十身と云ふ、此十身は毘盧舍那佛の覺體なりと解知する所知の境なればなり。（舊華嚴經二十七、探玄記十四、華嚴玄談三十、大疏鈔三十八）

佛具の十身〔名數〕前の十身中の第七如來身の上に於て十身を立つるなり、此十身に就て經中三處に之を說き名字稍異なれり。【舊經二十六】に「菩提身。願身。化身。住持身。相好莊嚴身。勢力身。如意身。福德身。智身。法身。」【同三十七】に「正覺佛。願佛。業報佛。住持佛。化佛。法界佛。心佛。三昧佛。性佛。如意佛。」【同四十二】に「無著佛。願佛。業報佛。持佛。涅槃佛。法界佛。心佛。三昧佛。性佛。如意佛。」一に菩提身、後に正覺佛と云ふ、是なり、梵漢の相異のみ、八相成道の正覺を示現する佛身なり、又無著佛と云ふ、世間に安住するが故に涅槃に著せず、正覺を成ずるが故に生死に著せず、無著の道に乘じて正覺を成ずるを示す、故に無著と云ふ、即ち正覺佛と其の意同じ。二に願身、後に願佛と云ふ之なり、兜率天に生ずるを願ふ佛身なり。三に化身、後に化佛と云ひ、涅槃佛と云ふ是なり、王宮に生ずる化身なり、化は必ず滅を示すが故に涅槃佛と云ふ。四に住持身、後に住持佛又は持佛と云ふ是なり。滅後自身の舍利を止めて佛法を住持する身なり。五に相好莊嚴身、後に業報佛と云ふ是なり。無邊の相好を以て莊嚴する佛身なり、是れ萬行の業因に酬報せし功德なれば業報身と云ふ。六に勢力身、後に心佛と云ふ是なり、佛の慈心を以て一切を攝伏すれば勢力身とも心佛とも云ふ。七に如意身（新經に意生身と云ふ）後に如意佛と云ふ是なり、地前地上の菩薩に對して意の如く現生する佛身なり。八に福德身、後に三昧佛と云ふ是なり、常に三昧に住する身なり、三昧は福の最なれば福德と云ふ。九に智身、後に性佛と云ふ是なり、大圓鏡智等の四智なり、是れ本有の性德なれば性佛と云ふ。十に法身、後に法界佛と云ふ是なり。智身所了の本性なり、之を通途の三身に配すれば菩提心より住持身に至る四身は應身、相好身より智身に至る五身は報身、最後の法身は即ち法身なり。此十身は上の解境の十身と云ふに對して行境の十身と云ふ、行じて感得すべき佛身なればなり。（探玄記十四、同十七、大疏鈔三十八上、同五十三、同五十八。）

ブツシンイン　佛心印〔術語〕衆生本具の一心は大覺の妙體なり、之を佛心と云ふ。此心決定不改なれば印と云ふ、猶世間の印契の如し、此心印を禪の體として窮明するを達磨の禪宗とす、所謂直指人心見性成佛是なり。故に佛心宗の名あり。【六祖壇經】に「師曰。吾傳二佛心印一。安放違二於佛經一。」【碧巖初則】に「誌公曰。此是觀音大士傳二佛心印一。」図元の天台の沙門懷則云く、三諦圓具の一心是れ佛心印なり、直指人心見性成佛の旨此に在りと、依て天台所傳佛心印記を著す。是れ禪家に對抗せんが爲のみ。

ブツシンインキ　佛心印記〔書名〕天台所傳佛心印記の畧名。

ブツシンシユウ　佛心宗〔流派〕禪宗の別名。直に佛心を覺悟するを禪の體となせばなり。佛心何物かこれ、心の自性是なり、故に直指人心見性成佛と云ふ。人心の性即ち佛性なり。佛性を發見するを成佛

と云ふのみ。【宗鏡錄三】に「達磨大師云。明二佛心宗一了無二差悞一。名レ之曰レ祖。」【中峰錄五下】に「禪何物。乃吾心之名也。心何物。即我禪之體也。乃至惟禪與レ心異名同體。」

ブツシンテンシ　佛心天子　〔人名〕梁の武帝の德號なり。【碧巖第一則評唱】に「武帝嘗披二袈裟一。自講二放光般若一。乃至人謂二之佛心天子一。」

ブツジ　佛事　〔雜語〕凡そ諸佛の敎化を指して佛事と云ふ。【觀無量壽經】に「於二肉髻上一有二一寶瓶一。盛二諸光明一。普現二佛事一。」【維摩經入不二法門品】に「於二娑婆世界一。施二作佛事一。」【同註】に「什曰。佛事謂レ化二衆生一。」【同菩薩品】に「諸佛威儀進止。諸所二施爲一無レ非二佛事一。」【同註】に「肇曰。佛事者以二有益一爲レ事耳。」又、佛道を害するを魔事と云ひ之れに反するを佛事と云ふ。【放光般若經不和合品】に魔事を說き畢て「若有二是善男子善女人一。書二持諷誦般若波羅蜜一者。便具二足五波羅蜜及薩云若一已。當知是爲二佛事一。」図〔儀式〕佛忌、年回、祈禱、追福等の法會を佛事と云ふ。是れ事に託して佛法を開示する所作なればなり。◉(徒然草)「御佛事などさぶらふにやといふ」

ブツジフチキヤウ　佛十地經　〔經名〕大乘同性經の略名。

ブツジフリキキヤウ　佛十力經　〔經名〕一卷、趙宋の施護譯、佛の十力を說く。【宿帙七】

ブツジモン　佛事門　〔術語〕禪林の語に敎道の方便を佛事門又は莊嚴門と云ふ。

ブツジヤウダウヱ　佛成道會　〔行事〕十二月八日より支桑の禪林此日を以て佛の成道となし佛事を修して佛成道會と云ふ。是れ臘月八日なるを以て臘八の佛事とも云ふ。然るに佛の成道は經論の說不同なり、長阿含經四及び因果經に二月八日、灌佛經及び方等泥洹經に四月八日、西域記に三月八日、又三月十五日と云ふ。此中俱舍寶疏、正宗記、佛祖統紀等皆二月八日の說を取る。然るに支那日本古今十二月八日を用ゐるは僧史略上に之を會して「臘月乃周之二月也」と周曆建子の二月は即ち夏曆建寅の十二月に當るなり。

ブツジユ　佛壽　〔雜語〕佛の壽命なり、釋迦佛化身の壽命は八十を限とし、報身の壽命は無量なり、法華經壽量品に說く如し。

ブツジユ　佛樹　〔雜語〕菩提樹なり、佛此樹下に成佛すれば佛樹とも道樹とも菩提樹とも云ふ。【維摩經佛國品】に「始在二佛樹一力降レ魔。」【無量壽經上】に「受二施草一敷二佛樹下一。」【輔行一】に「佛樹者亦曰二元吉樹一。亦曰二道樹菩提樹等一。從レ此得二道等一故。」

ブツジユワウ　佛樹王　〔譬喩〕菩提心の崩芽發生して遂に佛果を成ずるを譬に寄せて佛樹王と云ふ。【大日經疏五】に「下二菩提心種子於一切智心地中一。潤以二大悲水一。照以二大慧日一。鼓以二大方便風一。不レ礙以二大空空一。能令二不思議法性芽次第滋長一。乃至彌二滿法界一成二佛樹王一。」

ブツジヨウ　佛乘　〔術語〕華嚴所立。一切衆生悉く成佛すべき道を說ける敎法を佛乘と云ふ。此法は二乘三乘等を分たず、唯一成佛の法のみありと說けば又一乘とも云ふ。華嚴法華所說の圓敎是なり。【法華經方便品】に「如來但以二一佛乘一故。爲二衆生一說レ法。」又「佛以二方便力一。於二一佛乘一分別說レ三。」【三藏法數三十二】に「如來以二一乘實相之法一。運二諸衆生一。到二涅槃彼岸一。故名二佛乘一。」【法華玄義一】に「大法東漸僧史所レ載。誰有二幾人一不二曾聽講一。自解二佛乘一者乎。」【同釋籤一】に「佛乘者即是今典。永異二餘敎一。不レ同二三五七九等乘一。仍開二會之一使レ歸二于一極一。故言二佛乘一。」図三乘の一。三乘中の菩薩乘を他の聲聞獨覺の二乘に對して佛乘と云ふ。菩薩乘は成佛の法なればなり。【法華經譬喩品】に「當レ說二三乘聲聞辟支佛佛乘一。乃至此三乘法皆是聖所二稱嘆一。」◉(鵝鷺合戰)「佛乘のたへなる道に至るべきものなり」

ブツジヨウカイ　佛乘戒　〔術語〕佛果を志求する人の戒律なり、梵網經所說の戒法是なり。【大日經學處品】に「所謂一道戒亦是佛乘戒。以下離二無量見網一住中一實相之道上故。」

ブツスヰハツネハンリヤクセツケウカイキヤウ　佛垂般涅槃略說敎誡經　〔經名〕佛遺敎經の本名。佛垂はブッシと讀む。

ブツセ　佛世　〔雜語〕佛在生の時を云ふ。

ブツセカイ　佛世界　〔異名〕佛所住の國土なり。穢土あり淨土あり。

ブツセキ　佛跡　〔雜名〕佛の古跡なり。又佛の足跡なり。「ブツソクセキ」を見よ。

ブツセソン　佛世尊　〔術語〕成實論に依れば佛は十號中の第九號、世尊は第十號、合して佛世尊と云ふ。智度論に依れば佛は第十號とし、世尊を十號を具する尊德の總號とせり。世尊の梵名は薄伽梵なり。「ジフガウ」を見よ。

ブツセツ　佛剎　〔術語〕Buddhakṣetra 剎は土の義、佛剎は佛土佛國なり。【大乘義章十九】に「剎是其天竺人語、此方無レ翻。蓋乃處處之別名也。」【慧苑音義上】に「剎。具正云二紇差怛羅一。此曰二土田一也。」

ブツセツ　佛說　〔術語〕凡そ佛敎の經典に五人の說者あり、佛說は其の一なり佛說とは佛の金口自ら法を宣說するなり。【法華經藥草喩品】に「如來是諸法

之王。若有二所說一皆不レ虛也。」

ブツセフサウオウキヤウクワンジザイギキ 佛攝相應經觀自在儀軌 [書名] 一切佛攝相應大教王經聖觀自在菩薩念誦儀軌の略名。

ブツソ 佛祖 [術語] 佛と祖師なり、祖は各宗に依て異なれり、又は佛即ち祖なり。

ブツソクセキ 佛足石 [物名] 石上に佛足を印せるなり。佛將に入滅せんとして摩揭陀國に於て足迹を留む。【西域記八】に「窣堵波側不レ遠精舍中有二大石一。如來所レ履雙迹猶存。其長尺有八寸。廣餘二六寸一矣。兩迹俱有二輪相一。十指皆帶二花文一。魚形映起。光明時照。昔者如來將レ取二寂滅一。北趣二拘尸那城一。南顧二摩揭陀國一。蹈二此石上一。告二阿難一曰。吾今最後留二此足迹一。將レ入二寂滅一顧二摩揭陀一也。」【義楚六帖一】に「西域記云。佛在二摩竭陀國波吒離城一。石上印留シテメ跡記。弉法師親禮二聖迹一自印シテ將來。今在二坊州玉華山一。鐫レ碑記レ之。其佛足下五足指端有二卍字文一相次各有レ如レ眼。又指間各有網鞔。中心上下有二通身文一。大指下有二寶劍一。又第二指下有二雙魚王文一。次指下有二寶花瓶文一。次傍有二螺王文一。脚心下有二千輻輪文一。下有二象牙文一。上有二月王文一。跟有二梵王頂相文一。」【西域記三烏仗那國】に「阿波邏邏龍泉西南三十餘里。水北岸大磐石上有二如來足所レ履迹一。隨二人福力一量有二短長一。是如來伏二此龍一已留レ迹而去。後人於レ上積レ石爲レ室。遐邇相趍花香供養。」【同一屈支國】に「東昭怙釐佛堂中有二玉石一。而廣二尺餘。色帶二黃白一。狀如二海蛤一。其上有二佛足履之迹一。長尺有八寸。廣餘二六寸一矣。每レ有二齋日一照燭光明。」【觀佛三昧海經一】に「如來足下平滿不レ容二一毛一。足下千輻輪相。轂輞具足。魚鱗相次。金剛杵相者。足跟亦有二梵王頂相一。衆蠡不異。」【同六】に「佛滅度後造二好形像一令二身相足一、亦造二無量化佛色像一通身光。及畫二佛跡一。乃至此人除二却百億那由他恒河沙劫生死之罪一。」吾朝に有名なるは藥師寺の佛足跡なり。元と百濟國より傳來し、山州の山科寺に在りしなり。藥師寺の如來は此佛足を基として丈六の像を鑄りしなり(藥師寺記)。

ブツソツウサイ 佛祖通載 [書名] 具名、佛祖歷代通載。三十六卷、元の念常集。佛教の編年史なり。【致帙十、十一】(1637)

ブツソクチヤウライ 佛足頂禮 [術語] 佛の足にぬかづきて禮拜すること。佛教に於て最も丁重なる敬禮法なり。

ブツソトウキ 佛祖統紀 [書名] 五十四卷、宋の志磐撰。天台一家の正史なり。【致帙八、十】(1661)

ブツタイシキシヤウノソトバ 佛體色性率都婆 [雜語] 密教の法に率都婆を以て大日如來の三昧耶形となせば佛體と云ひ、是れ四大所成の法なれば色性と云ふ。【見聞集一】に「佛體色性の率都婆を打折りて捨つる事惡逆無道甚し。」⦿(率都婆小町)「かたじけなくも佛體色性の率都婆にては無きか」

ブツタフ 佛塔 [雜名] 如來の塔婆なり。

ブツタンジヤウヱ 佛誕生會 [行事] 又、灌佛會とも降誕會とも云ふ。佛生日即ち四月八日を以て灌佛の式を行ふなり。「カンブツ」を見よ。

ブツダ 佛陀 [術語] 佛駄。如來十號の一。常に略して佛と云ふ。「ブツ」を見よ。⦿(曲、東北)「神明佛陀の冥感に至る」

ブツダイソウダイキヤウ 佛大僧大經 [經名] 一卷、劉宋の京聲譯。王舍城の富者二子あり長を佛大と云ひ弟を僧大と云ふ、僧大出家す、佛大其の婦に貪染す。婦從はず、佛大賊を遣はして僧大を殺さしむ。僧大死に臨で四果を得、婦哭して死し生天を得、佛大遂に地獄に墮す。【宿帙七】(744)

ブツダウ 佛道 [術語] 佛所說の道法なり、又成佛の道なり。⦿(徒然草)「佛道を勸むる心もまめやかならざらん」

ブツダウ 佛堂 [經名] 佛を安置する殿堂なり、梵名、設怛縛矩里(しやたはくり)然るに直に佛を指稱するは非なり宜く香堂と呼ぶべしと云ふ。【毘奈耶雜事二十六】に「西方名二佛所レ住堂一爲二健陀俱知一。健陀是香。俱知是室。此是香室香臺香殿之義。不レ可三親觸二尊顏一。故但喚二其所住之處一。即如二此方玉階陛下之類一。然名爲二佛堂佛殿一者斯乃不レ順二西方之意一也。」

ブツダウ 佛道 [術語] 梵語の菩提新に覺と譯し舊に道と翻す、道とは通の義。佛智圓通し壅るとなき之を名て道となす、道に三種あり、一に聲聞の所得、二に緣覺の所得、三に佛の所得、今は佛の所得の無上の菩提なれば佛道と云ふ。【法華經序品】に「恒沙菩薩。種種因緣。而求二佛道一。」【同方便品】に「是諸世尊。皆說二一乘法一。化二無量衆生一。令レ入二於佛道一。」【同信解品】に「我等今者眞是聲聞。以二佛道聲一。令二一切聞一。」【大乘義章十八】に「菩提胡語。此翻爲レ道。果德圓通名レ之爲レ道。」又「菩提偏在レ果故證二成佛道一。名レ得二佛道一。」【嘉祥法華疏二】に「菩提云レ道。是無上正遍知果道也。」図 因行を道と名く。佛道は佛に到るの萬行なり。【大乘義章十八】に「地論言。道者是因。修二行此道一。能到二聖處一。名爲二聖道一。」

ブツダウシヤウモン 佛道聲聞 [術語] 台家所立、五種聲聞中の大乘聲聞なり。「シヤウモン」を見よ。

ブツダウムジヤウセイグワンシヨウ 佛

道無上誓願證 〔術語〕 四弘誓願の一。無上の佛道を證せんと誓ふなり。

ブツダキクタ 佛陀毱多 〔人名〕 Buddhagupta 王の名。譯、覺護。【西域記九】

ブツダキフタ 佛駄笈多 〔人名〕 Buddhagupta 三藏法師の名。譯、覺密。【續高僧傳二】

ブツダシナ 佛駄斯那 〔人名〕 Buddhasena 三藏法師の名。譯、覺將。【開元錄三】

ブツダジフ 佛駄什 〔人名〕 Buddhajīva 又、佛陀什。三藏法師の名。譯、覺壽。【梁僧傳三】

ブツダセンタ 佛陀扇多 〔人名〕 Buddhaśānta 三藏法師の名。譯、覺定。【續高僧傳一】

ブツダソウカ 佛陀僧訶 〔人名〕 Buddhasiṁha 論師の名。譯、師子覺、無著菩薩の弟なり。【西域記五】

ブツダタラ 佛陀多羅 〔人名〕 Buddhatrāta 佛駄多羅。三藏法師の名。譯、覺救。【梁高僧傳三】

ブツダダイバ 佛陀提婆 〔人名〕 Buddhadeva 婆沙四評家の一。譯、覺天。【俱舍光記二十】

ブツダダイヱ 佛陀大會 〔儀式〕 給孤獨長者閻浮檀金を以て佛像を造り、大齋を設け、佛陀大會と云ふ。【一切有部目得迦五】に「給孤獨長者言。世尊我欲下爲作二瞻部影像一。作中佛陀大會上。佛言應レ作。」

ブツダダサ 佛陀駄沙 〔人名〕 Buddhadāsa 西天論師の名。譯、覺使。【西域記五】

ブツダハリ 佛陀波利 〔人名〕 Buddhapāli 罽賓國沙門の名。譯、覺護。尊勝陀羅尼經を譯す。【開元錄九、宋僧傳二】

ブツダハンシヤ 佛陀槃庶 〔雜語〕 Buddhavāca 譯、佛說。【觀經嘉祥疏】に「佛陀此云レ覺。槃遮此云レ說。即佛說也。」

ブツダバツダラ 佛陀跋陀羅 〔人名〕 Buddhabhadra 佛駄跋陀羅、又、佛度跋陀羅に作る。三藏法師の名。譯、覺賢。華嚴經を譯す。【梁僧傳二、貞元錄五】

ブツダミツタラ 佛陀蜜多羅 〔人名〕 Buddhamitra 論師の名。譯、覺親。婆藪槃豆法師の師なり。【婆藪槃豆法師傳】

ブツダヤ 佛駄耶 〔雜語〕 Buddhāya 譯、覺者。【演密鈔二】に「耶是假者。即目二覺者一。」與格なるべし。

ブツダヤシヤ 佛陀耶舍 〔人名〕 Buddhayaśas 罽賓國沙門の名。梁僧傳二、出三藏記十四、三寶記八に覺明と翻し、開元錄四、飾宗記三本等に覺名と翻す、耶舍は名稱の義なれば覺名を是とす。四分律の譯主なり。

ブツダリ 佛陀里 〔地名〕 吳の孫權、康僧會に依て佛を信じ、始て寺を建てて建初寺と號し、其の地を佛陀里と名く、是より江左大法興る。【梁僧傳二康僧會傳】

ブツダン 佛壇 〔雜名〕 佛を祭る壇場なり。俗家の居室、或は寺院の方丈に設くる佛龕を佛壇と云ふ。

ブツダン 佛檀 〔雜語〕 檀は布施なり、布施に二種あり、施法淸淨にして佛道に近づくを佛檀と云ひ、之に反するを魔檀と云ふ。【智度論十二】に「檀有二二種一。一者魔檀。二者佛檀。」

ブツチ 佛地 〔術語〕 通敎十地の第十位。第九地の菩薩が最後に煩惱所知の二障の習氣を頓に斷じて成道せし位を云ふ。

ブツチ 佛智 〔術語〕 佛陀の智慧なり。梵に阿耨多羅三藐三菩提 Anuttarasamyaksaṁbodhi と云ふ。舊に無上正等覺と翻す。又薩般若 Sarvajña と云ふ。舊に一切種智と譯す。是れ佛智の別號なり。其の眞智正にして之に過ぐるものなければ無上正智と云ひ、法として知らざるなければ一切種智と云ふ。【智度論四十六】に「佛智慧有二二種一。一者無上正智。名二阿耨多羅三藐三菩提一。二者一切種智。名二薩般若一。」【同八十五】に「唯佛一人智慧名二阿耨多羅三藐三菩提一。」【宗鏡錄三十三】に「佛智者即無障礙解脫智。此是果智。約二圓明決斷一爲レ智。」【十住毘婆沙論十五】に「佛智是一切功德住處。」【法華經方便品】に「諸佛智慧甚深無量。其智慧門難解難入。」

二智 〔名數〕 佛智を開きて二種となす。曰く如理智、如量智。曰く根本智、後得智。曰く眞智、俗智。曰く實智、權智。曰く一切智、一切種智等なり。要するに事理一雙の相對にして諸義相通ずれども華嚴宗は多く如理如量、法相宗は根本後得、天台宗は權智實智の目を通用す。「ニチ」を見よ。

四智 〔名數〕 或は佛智を開て四種となす、一に大圓鏡智二に平等性智、三に妙觀察智、四に成所作智なり、是れ凡夫の第八識と第七識と第六識と餘の五識とを轉じて次第の如く成就せし佛心と相應する智慧なり。「シチ」を見よ。

五智 〔名數〕 或は佛智を開て五智となす、前の四智に法界體性智の一を加ふるなり、是れ密敎特有の說なり。「ゴチ」を見よ。

ブツチケン 佛知見 〔術語〕 まのあたり諸法實相の理を了知し照見する佛の智慧なり、是れ二智の中の一切種智の用なれば智體に就て知と云ひ、又五眼中の佛眼の用なれば眼に就て見と云ふ。此佛知見を得るに開示悟入の次第ありて初め十住の位に於て一分の無明を斷じ少分の知見を得するを開佛知見と云ひ、乃至十地の終に於て全く無明を斷じ盡して知見圓明なるを入佛知見と云ふ。而して釋迦佛出世の

一大事因緣は此佛智見を開示悟入せしめん爲なりと云ふ。【法華經方便品】に「諸佛世尊。欲下令三衆生開二佛知見一使上得二清淨一。故出二現於世一。欲レ示二衆生佛之知見一。故出二現於世一。欲レ令三衆生悟二佛知見一。故出二現於世一。欲レ令三衆生入二佛知見道一。故出二現於世一。」【法華文句四】に「佛以二一切種智一知。佛以二佛眼一見。開二此智眼一乃名二佛知見一。」【法華玄義九】に「靈智寂照名二佛知見一。」

ブツチヤウイン　佛頂印　〔印相〕佛の頂髻の狀を畫きしを云ふ。【義釋十二】に「佛頂印如二佛頂髻形一。令二頂高隆一。」更に手印あり。「ニヨライチヤウインミヤウ」を見よ。

ブツチヤウクワウジユシツタタハンタラ　佛頂光聚悉怛多般怛羅　〔眞言〕首楞嚴經所説の大佛頂咒の名なり。悉怛多般怛羅、白傘蓋と譯す。大悲の光明遍く法界を覆ふに譬ふ。【經七】に「若有二宿習一不レ能二滅除一。汝敎二是人一一心誦二我佛頂光明摩訶薩怛多般怛羅無上神咒一。斯是如來無見頂相、無爲心佛從レ頂發揮。坐二寶蓮華一所レ説心咒。」又「佛頂光聚悉怛多般怛羅秘密伽陀微句出二生十方一切諸佛一。十方如來因二此咒心一得レ成二無上正遍知覺一。」

ブツチヤウゴフ　佛頂業　〔術語〕又、一字業と云ふ。台家五業の一。一字佛頂輪王法の經軌を習修する學業なり。

ブツチヤウサイシヨウダラニキヤウ　佛頂最勝陀羅尼經　〔經名〕一卷、唐の地婆訶羅譯。尊勝陀羅尼經の第二譯なり。【成帙五】(352)

ブツチヤウジユ　佛頂咒　〔眞言〕又、楞嚴咒と云ふ。首楞嚴經所説の白傘蓋佛頂咒なり。

ブツチヤウソン　佛頂尊　〔菩薩〕胎藏界第三院の釋迦如來が轉輪王三摩地に入て四天下を統領する輪王の形を現じ、以て佛智の最勝を標幟する尊形を佛頂尊と名く。頂は最勝の義、智は是れ一切功德中に最勝なれば佛頂と云ふなり、其の部類に五佛頂三佛頂あり。

五佛頂　〔名數〕五佛頂は釋尊の左方に在て五智を表するなり。【大日經一】に「救世釋師子聖尊之左方。如來之五頂。最初名二白傘一。勝頂最勝頂。衆德火光聚。及二與捨除頂一。是名二五大頂一。大我之釋種。應下當依二是處一精進造中衆相上。」一に白傘佛頂、又白繖佛頂に作り、白傘蓋佛頂輪王と名く、白色の傘蓋を三昧耶形とする佛頂尊なり、是れ白淨の大慈悲を以て遍く法界を覆ふ標幟なり。【大日經疏五】に「次於二釋迦師子之南一置二如來五頂一。第一白傘佛頂。」【同義釋七】に「此則如來衆相之頂以二白淨大慈悲一遍覆二法界一。」【秘藏記末】に「白傘蓋佛頂黃色持二蓮華一。上有二白傘蓋一。」【調定圖】に「黃色。左手持二蓮華一。上有二傘蓋一。右手仰屈二地水火風一舒レ空。坐二赤蓮華一。」二に勝佛頂。又殊勝佛頂に作る、寶劍を三昧耶形となし、殊勝の大慧を主る尊なれば勝佛頂と名く。【大日經疏五】に「第二誓耶。譯爲二勝頂一。」【秘藏記末】に「勝佛頂。黃色。左手持二蓮華一上有二寶劍一。圍二火焰一。右手執二未開蓮華一。」三に最勝佛頂、又一字最勝佛頂輪王、最勝金輪佛頂、轉輪王佛頂、金輪佛頂と云ふ。（此に釋迦金輪と大日金輪とあり今は釋迦金輪なり。）此尊は如來八相中轉法輪の德を主るなり、轉法輪の德無比無上の故に最勝佛頂と名く、又法輪を世間の金輪に擬して金輪を以て三昧耶形となす故に金輪佛頂と云ふ。【大日經疏五】に「第三微誓耶。此用二多聲一呼也。譯爲二最勝頂一。」【秘藏記末】に「最勝佛頂。黃色。左手取二蓮華一。上有二金輪一。」四に火聚佛頂、又光聚佛頂、放光佛頂、火光佛頂に作る。此尊は光明を以て衆生を攝聚する德を主れば名く、秘藏記に高佛頂に作る。【大日經疏五】に「第四諦殊羅施。譯云二火聚頂一。」【秘藏記末】に「高佛頂。黃色。左手執二蓮華一。上有二如意寶一。」五に捨除佛頂、又除障佛頂、摧碎佛頂、除業佛頂、除蓋障佛頂、尊勝佛頂等に作る。一切の煩惱を摧破する德を主るなり。【大日經疏五】に「第五微吉羅拏。譯云二捨除頂一。是棄二捨一切煩惱一義。亦是摧碎義也。」此五佛は釋迦如來の五智の最勝を表せしものにて尊形は何れも轉輪王の形なり。【大日經疏五】に「此是釋迦如來五智之頂。於二一切功德中一猶如三輪王具二大勢力一。其狀皆作二轉輪聖王形一。謂頂有二肉髻形一。其上復有二髮髻一。即是重髻也。餘相貌皆如二菩薩一。令二極端嚴歡喜一。」【同十六】に「五佛頂。其白繖佛頂以レ繖爲レ印。勝佛頂以レ刀圍普。最勝佛頂以レ輪爲レ印。除障佛頂以レ鉤爲レ印。摧碎火聚佛頂畫二佛頂髻形一。」梵 1Sitātapattra. 2Jaya. 3Vijaya. 4 Tejorāśi. 5 Vikīrṇa.

三佛頂　〔名數〕釋尊の右方に在て胎藏界の三部の衆德を表して三佛頂を立つ。【大日經一】に「於二毫相之右一。復畫二三佛頂一。初名二廣大頂一。次名二極廣大一。及無邊音聲。皆應二善安立一。」一に廣大佛頂、又廣生佛頂、黃色佛頂、高佛頂、大轉輪佛頂に作る。【秘藏記末】に「大轉輪佛頂。黃色。右手持二蓮華一。上有二一股跋折羅一。」二に極廣大佛頂、又發生佛頂、廣大發生佛頂、阿毘發生佛頂、發生一切佛頂、光聚佛頂に作る。【秘藏記末】に「光聚佛頂。黃色。左手持二蓮華一上有レ寶。」三に無邊音聲

佛頂、又無量音聲佛頂、無邊聲佛頂に作る。【秘藏記末】に「無量音聲佛頂。黄色。左手持二蓮華一。上有二螺貝一。」此三佛頂の形相は前の五佛頂の如きなり。【大日經疏五】に「第一名二廣大佛頂一。第二名二極廣大佛頂一。第三名二無邊音聲佛頂一。其形相皆同二五頂一。是如來三部衆德之頂也。」

八大佛頂 [名數] 五佛頂と三佛頂となり、胎藏界釋迦院の釋迦の左に五佛頂を圖して五智を表し、其の右に三佛頂を圖して三部を表す、即ち八佛頂なり。【大日經疏五】に「此八佛頂、皆周身有レ光。光極廣厚以二諸瓔珞一嚴レ身。由二如來本誓願力一故。悉能滿二足一切願一也。」

ブツチヤウソンシヨウシン 佛頂尊勝心 [眞言] 尊勝佛頂尊の心咒なり。要略の咒を心呪と云ふ。尊勝陀羅尼經には「唵沒隆渉訶」(ヲンボリソワカ)の三語を以て心呪とし、佛頂尊勝心儀軌には「阿鑁覽唅欠」の五字を以て心呪として破地獄の功能ありと說く。

ブツチヤウソンシヨウシンギキ 佛頂尊勝心儀軌 [經名] 具名、佛頂尊勝心破地獄轉業障出三界秘密三身佛果三種悉地眞言儀軌、一卷、唐の善無畏譯。尊勝佛頂の心呪を說く。【餘帙三】

ブツチヤウソンシヨウダラニキヤウ 佛頂尊勝陀羅尼經 [經名] 前後通じて五譯あり。「ソンシヨウダラニキヤウ」を見よ。

ブツチヤウソンシヨウダラニネンジユギキ 佛頂尊勝陀羅尼念誦儀軌 [經名] 二卷、唐の善無畏譯。尊勝陀羅尼の曼荼羅及び念誦の規則を說く。【閏帙六】(1421)

ブツチヤウダイビヤクサンガイダラニキヤウ 佛頂大白傘蓋陀羅尼經 [經名] 一卷、元の沙囉巴譯。白傘佛頂尊の本經なり。【成帙六】(1016)

ブツチヤウダン 佛頂壇 [雜名] 佛頂尊の壇場なり。又佛頂は最勝の義、最勝至極の壇場を佛頂壇と云ふ。又三部五部の中佛部の壇場なり。

ブツチヤウヅラ 佛頂面 [雜語] 俗に無愛嬌の顏貌を云ふ、蓋し佛頂尊の面相の威嚴畏るべきに喩へしなり。

ブツチヤウハウムクワウミヤウニフフモンクワンザツイツサイニヨライシンダラニキヤウ 佛頂放無垢光明入普門觀察一切如來心陀羅尼經 [經名] 二卷、趙宋の施護譯。佛覩史多天に在て法を說く、時に忉利天の摩尼藏無垢天子あり、炬口天藥叉に警告せらる、七日後必定死すべしと。惶怖して救を帝釋に求む、帝釋彼を伴ひて佛に見ゆ、佛爲に此呪を說く。尊勝陀羅尼の緣起と略同じ。【成帙五】(790)

ブツチヤウモウセウ 佛頂蒙鈔 [書名] 楞嚴經疏解蒙鈔の異名。

ブツチヤウリウ 佛頂流 [流派] 台密一流の名。佛頂房行嚴の創する所。

ブツヂ 佛地 [術語] 正覺を成就せし位地なり。「ブッチ」を見よ。

ブツヂキヤウ 佛地經 [經名] 一卷、唐の玄奘譯、佛、妙生菩薩の爲めに佛地の五相を說く、謂く淸淨法界と及び四智となり、一一細釋す。【黃帙八】(502)

ブツヂキヤウロン 佛地經論 [書名] 七卷、親光菩薩造、唐の玄奘譯。【暑帙十一】(1195)

ブツテツ 佛哲 [術語] 林邑國の人、婆羅門僧正と俱に來り林邑樂などを傳ふ。【元亨釋書十五】

ブツテン 佛天 [術語] 佛者の佛を尊崇すると世人の天に於ける如くなれば佛天と云ふ、佛即ち天なり。又佛と天神となり。◉(平家五)「尤佛天を崇むべし」

ブツデン 佛田 [譬喩] 佛に向て善根を植うれば無量の福果を生ずれば佛田と名く、佛は即ち衆生の爲に福を生ずる田地なり。【智度論三十】に「佛田者。一切三世諸佛。」乃至「雖レ有二種種福田一佛爲二第一福田一。」

ブツデン 佛殿 [堂塔] 佛像を奉安する殿堂なり、西竺には香殿と云ふ。「カウデン」を見よ。

ブツトク 佛德 [術語] 如來所具の功德なり。【俱舍論二十七】に「佛德者。諸有智者思二惟如來三種圓德一。深生二愛敬一。其三者何。一因圓德。二果圓德。三恩圓德。」

ブツトチヤウ 佛圖澄 [人名] Buddhacinga* 天竺の人なれば竺佛圖澄と云ふ、佛圖澄は梵語なり、翻名なし。晉の懷帝永嘉四年洛陽に來り、種種の神異を現じて大法を弘む。【梁高僧傳九】佛圖澄章に「澄或言二佛圖磴一。或言二佛圖橙一。或言二佛圖蹬一。皆取二梵音一之不同耳。」Buddha-utanka*

ブツド 佛土 [術語] 佛所住の國土。佛所化の領土なり。淨土、穢土、報土、法性土等の別あり。【法華經方便品】に「十方佛土中。唯有二一乘法一。」【大乘義章十九】に「安身之處號レ之爲レ土。約レ佛辨レ土名爲二佛土一。」

二種佛土 [名數] 一に眞土、眞佛の住處なり。二に應土、應佛の住處なり。【大乘義章十九】に「佛土或分爲レ二。唯眞與レ應。自所レ託名レ之爲レ眞。隨レ他異現說以爲レ應。」図 一に眞佛土、上の眞土に同じ。二に方便化身土、上の應土に同じ。見眞大師

此二土を以て西方の彌陀の淨土を分別せり。【教行信證五、六】

三種佛土 〔名數〕【佛地論七】に法性土、受用土、變化土の三を立て次第の如く法性身受用身變化身の住處となす。此中法性土は理土にして受用變化の二は事土なり、又法性受用の二は唯淨にして變化土は淨と穢に通ず。【大乘義章十九】に「一法性土。二實報土。三圓應土。」前と異名同體なり。

四種佛土 〔名數〕【唯識論十】に自性身、自受用身、他受用身、變化身の四佛身を立つるを以て佛土亦四あり、一法性土、二自受用土、三他受用土、四變化土なり。此中法性土は無色無相の理土なり、自受用土は實佛自託の報土なり、他受用土は初地已上の菩薩に對して示現する淨土なり、變化土は地前の菩薩及び二乘凡夫に示現する佛土なり、依て此中淨土あり穢土あり。義林章佛土章台家亦四種の佛土を建立す。「シド」を見よ。

ブツドゴンジヤウキヤウ 佛土嚴淨經 〔經名〕 文殊師利佛土嚴淨經の略名。

ブツニチ 佛日 〔譬喩〕 佛能く衆生の痴闇を破れば以て日に譬ふ。【涅槃經十九】に「佛日將沒大涅槃山。」【觀無量壽經】に「唯願佛日教我觀清淨業處。」【同天台疏】に「佛能破壞衆生痴闇。如日除昏。故言佛日。」⦿（曲、弱法師）「佛日西天の雲にかかる」

ブツニフネハンミツシヤクコンガウリキシアイレンキヤウ 佛入涅槃密迹金剛力士哀戀經 〔經名〕 一卷、失譯人名。金剛力士哀戀して息まず、帝釋之を慰止す。【辰帙十】(1331)

ブツネハンキ 佛涅槃忌 〔行事〕「ネハンヱ」を見よ。

ブツノゴシヤウ 佛五姓 〔名數〕 出家前の釋尊の俗姓に五種あり、瞿曇、甘蔗、日種、舍夷、釋迦これなり。「クドン」を見よ。

ブツハツ 佛鉢 〔物名〕 佛の受用せし食鉢なり。銅鐵等種種あれども石鉢を以て至重とす。「イシノハチ」を見よ。

ブツハツイン 佛鉢印 〔印相〕 釋迦の印相の一。【大日經密印品】に「住瑜伽座。持鉢相應。以定慧手俱在臍間。是名釋迦牟尼大鉢印。」【同疏】に「左手執袈裟兩角。仰臍前。右手重其上。」

ブツハツナイヲンキヤウ 佛般泥洹經 〔經名〕 二卷、西晉の白法祖譯。佛の入涅槃の事を記す。長阿含遊行經と同本。【昃帙十】(552)

ブツフセ 佛布施 〔雜語〕 所事の本尊に衣服等を奉るを云ふ。【瞿醯經中】に「諸尊一一奉施上妙新淨衣服。」

ブツブ 佛部 〔術語〕 胎藏界の三部の一。又金剛界の五部の一。曼荼羅の諸尊中佛の形像を爲せる部屬を總該して佛部と稱す。

ブツブシンゴン 佛部眞言 〔術語〕 諸佛の說ける神呪なり。

ブツブヂヤウイン 佛部定印 〔印相〕 三部定印の一。佛部の入定印なり。「ヂヤウイン」を見よ。

ブツポウ 佛寶 〔術語〕 三寶の一。佛とは覺の義。能く自ら覺し、又他を覺せしめ、自他の覺行窮滿する者を佛と名く。是れ世の眞寶なれば佛寶と稱す。佛寶に同體別相、住持、大乘、小乘等の別あり。「サンボウ」を見よ。

ブツポフ 佛法 〔術語〕 佛所說の法なり。八萬四千の法藏是なり。【勝鬘經】に「一切佛法攝八萬四千法門。」【法華經序品】に「照明佛法。開悟衆生。」【無量壽經上】に「光融佛法。宣流正化。」図 佛所得の法なり。法界の眞理是なり。【止觀二】に「法界法是佛眞法。」図 佛所知の法を佛法と名く一切諸法即ち佛法なり。【大寶積經四】に「如來嘗說一切諸法皆是佛法。以於諸法能善了知名爲佛法。」【俱舍頌疏界品一】に「佛法者佛所知法。即極遠時等是也。」【金剛經】に「如來說一切法皆是佛法。」【大集經九】に「佛法者名一切法。」【大寶積經四】に「諸法本性與佛法等。是故諸法皆是佛法。」

ブツポフザウ 佛法藏 〔術語〕 如來藏なり、如來藏の中に恒沙の佛法を藏すれば佛法藏と名く、即ち眞如の理體なり。【維摩經法供養品】に「能令衆生入佛法藏。」【無量壽經上】に「入佛法藏。究竟彼岸。」【同淨影疏】に「如來藏中。過恒沙法。名佛法藏。」

ブツポフシヤ 佛法者 〔雜名〕 佛道を學修する人なり。【改邪鈔本】に「たとひ牛盜人とはいはるとも若しは善人若しは後世者若しは佛法者と見ゆるやうに振舞ふべからずとおほせあり」

ブツポフソウ 佛法僧 〔術語〕 三寶なり。「サンボウ」を見よ。

ブツポフノシニン 佛法の死人 〔雜語〕 小乘の比丘、婬盜殺妄の四重禁の隨一を犯したる者を云ふ、懺悔救濟の法なければなり、故に之を斷頭罪と稱す。【止觀】に「若犯重者佛法死人。小乘無懺法。若依大乘許其懺悔。」

ブツポフノジユミヤウ 佛法壽命 〔雜語〕 佛、戒律を稱して佛法の壽命となす、謂く戒律世に

行はるれば佛法滅せざるなり。【善見律一】に「毘尼藏是佛法壽。毘尼藏住佛法亦住。」

ブツポフニフダウモンサンマイキヤウ 佛法普入道門三昧經 【經名】 維摩經の異名。

ブツポフメツジンキヤウ 佛法滅盡經 【經名】 佛說法滅盡經の略名。

ブツホンギヤウキヤウ 佛本行經 【經名】 一に佛本行讚傳と名く、西土賢聖の撰集、劉宋の寶雲譯、七卷。佛一代の行狀を讚偈せし偈文なり。【藏帙七】(1323)

ブツホンギヤウジフキヤウ 佛本行集經 【經名】 六十卷、隋の闍那崛多譯。佛一代の化迹を詳悉せし本紀なり。【經末】に「或問曰。當三何名二此經一。答曰。摩訶僧祇師名爲二大事一。薩婆多師名二此經一爲二大莊嚴一。迦葉維師名爲二佛生因緣一。曇無德師名爲二釋迦牟尼佛本行一。彌沙塞師名爲二尼藏根本一。」

ブツボンイチタイ 佛凡一體 【術語】 佛心と凡心と一體になりたること。他力の信心を獲得したる行者の上にていふ。他力の信心を體得したる行者の心を佛凡一體と云ふ、即ち他力の信心は行者のはからひにて得たるにあらず、如來よりたまはりたるものにして、其の體佛智なるが故に、これ清淨眞實の佛心なり。其の佛心が行者の貪嗔煩惱の凡夫心の中に宿れば、佛心と凡心と結合して、一體となるなり。

ブツマ 佛魔 【雜語】 佛陀と惡魔となり。【梵網經上】に「轉二魔界一入二佛界一。佛界入二魔界一。」

ブツミヤウ 佛名 【行事】 歲暮に佛名を唱へて罪障を懺悔するを佛名懺悔と云ひ、略して佛名と云ふ。「ブツミヤウヱ」を見よ。⦿(榮花、疑)「十二月公私の御佛名御讀經のいとなみ」

ブツミヤウ 佛鳴 【人名】 梵音、Buddhaghosa、中印度、摩伽陀の人。紀元五世紀頃錫崙に渡航し、大寺の藏經を閱讀して往昔阿育王布敎師を各地に派遣せし時摩哂陀が此島へ傳へたりし三藏のシンハリス語にて存せしを、新にパーリー語に再飜し、是に註釋を施したり。彼は又この翻譯の爲に緬甸に至りて佛典を將來せりと傳ふ。錫崙の佛徒は其の學德に服し彌勒の再來として之を尊崇すること極めて深し。

ブツミヤウキヤウ 佛名經 【經名】 藏中に數部あり、一は元魏の菩提流支譯、佛名經、十二卷あり、一萬一千九十三尊を擧ぐ。二は失譯人名の佛名經、三十卷あり。三は隋の闍那崛多譯の五千五百佛名神呪除障滅罪經、八卷あり。四は失譯人名の三劫三千諸佛名經、三卷あり。五は隋の那連提耶舍譯の百佛名經、一卷あり。此中第四の三劫三千諸佛名經を三千佛名經と略稱し、佛名會に之を誦するなり。然るに本朝古代更に十六卷の佛名經ありて、一萬三千餘の佛名を列ぬ、玄鑑內供以前には佛名會に之を修せしと云ふ。⦿(榮花、日蔭の葛)「例の佛名經など誦する聲もをかしきに」

ブツミヤウサンゲ 佛名懺悔 【行事】 歲暮に佛名を唱へて罪障を懺悔する佛事なり。「ブツミヤウヱ」を見よ。⦿(太平記三五)「大極殿にして佛名懺悔の法を修すべし」

ブツミヤウサンライ 佛名懺禮 【行事】 佛名懺悔に同じ。

ブツミヤウセン 佛名懺 【行事】 佛名懺悔なり。但し懺に二音あり懺悔と熟すれば「サン」と讀み、懺法と熟すれば「セン」と懺む、法華懺法、吉祥懺法等の如し。

ブツミヤウヱ 佛名會 【行事】 毎年十二月十九日より二十一日に至る三夜の間(或は一夜もあり。)清涼殿に於て過去未來現在の三千佛の御名を唱へて年內の罪惡を懺悔し消滅する法會なり。是れ三千佛名經の所說に據る。吾朝は淳和天皇の天長七年十二月始めて之を宮中に修し、其後仁明天皇承和五年律師靜安等を導師として之を修し、且つ立てて恒式となす。(元亨釋書二十三)又古來諸寺に之を行ふに或は三千佛の畫像三幅を掛けて唯彌陀一佛名を唱へて三千禮するあり。【公事根源下】に「御佛名、十九日、けふより二十一日まで三箇日なり、或は一夜も例あり、仁壽殿の御本尊をうつして御帳の中にかけて南の閣の間に又南北に机を立てて佛像塔形をおく。佛前に香華などを供ふ。各導師かはる。さしあぶら藏人是をつとむ、中かづけひさしに地獄變の御屛風を立つ。(乃至)初夜、中夜、後夜錦の事あり、衣箱のふたに錦を入れてすのこの北に內侍の簾下といひてみすをかけて出す、藏人御導師の肩にかづくるなり。事はてて名謁あり、所の衆識にまでみなのる。柏梨の勸盃などいふ事あり。それは左近衛府の領に攝津國柏梨庄といふ所より御酒を奉りて殿上にて勸盃のあるなり。(乃至)佛名の御導師は昔は夜もすがら唱へければ延喜の御代などは夜御殿にて和琴とかきあはせ給ひけるとかや。此佛名といふは三世の諸佛の名號を唱へて六根の罪を滅する心なり。誠に佛名經に說かるる所の功德はかりなきにや。(乃至)承和の頃は毎年佛名三箇日の間は諸國にて殺生禁斷の由、格に見えたり。」

ブツムゲヱ 佛無碍慧 【術語】 如來の大空慧を稱す。【大疏六】に「畢竟無相而具二一切相一。故名二大空一。住二此三昧一者。即是住二佛無碍慧一。」「ダイクウサ

ンマイ」を見よ。

ブツムシヤベツ　佛無差別　〔術語〕三無差別「の一。

ブツメツ　佛滅　〔術語〕佛の涅槃なり、凡夫に在て死と云ふを佛に於て涅槃と云ひ、滅又は滅度と譯す。煩惱を滅し苦海を度る義なり。【法華經序品】に「佛此夜滅度。如ニ薪盡火滅一。」

ブツメツド　佛滅度　〔術語〕佛の滅度なり佛滅「に同じ。

ブツメツドゴクワンレンサウソウキヤウ　佛滅度後棺斂葬送經　〔經名〕一卷、失譯。阿難荼毘の法を請問す、佛言く應に轉輪聖王の如くすべしと、又千年の後佛體神變を顯はす事を懸記す。【辰帙十】(124)

ブツモ　佛母　〔雜語〕佛は法より生ずれば法を以て佛母と名く。【大方便佛報恩經六】に「佛以レ法爲レ師。佛從レ法生。法是佛母。」図 般若波羅蜜は諸佛を生ずる母なれば佛母と稱す。故に禪家に摩訶般若波羅蜜を摩訶佛母と云ふ。【大品般若經十六】に「般若波羅蜜是諸佛母。乃至何以故。是般若波羅蜜出ニ生諸佛一。」【智度論三十四】に「般若波羅蜜是諸佛母。父母之中母之功最重。是故佛以ニ般若一爲レ母。般舟三昧爲レ父。」【勅修清規】に「繞旋行道稱ニ念摩訶佛母聖號一。」図 釋尊の母即ち摩耶夫人或は佛の姨母大愛道を稱して佛母と云ふ。図 諸佛如來の隨類の形を出生する能生の母の德を主どる尊體を佛母尊と云ふ、即ち佛眼佛母、准提佛母、孔雀佛母等あり。但し常に佛母と稱するは多く大日の佛母即ち佛眼佛母尊を指す。

ブツモキヤウ　佛母經　〔經名〕佛母大孔雀明王「經の略名。

ブツモシユツシヤウサンホフザウハンニヤハラミツタキヤウ　佛母出生三法藏般若波羅蜜多經　〔經名〕二十五卷、趙宋の施護譯。三十二品あり、道行般若經と同本なり。【月帙七】(927)

ブツモシンサンマイ　佛母眞三昧　〔術語〕三世の如來此三昧より出生すれば佛母眞三昧と云ふ。【楞嚴經六】に「金剛王如幻不思議佛母眞三昧。」

ブツモジユンデイ　佛母准提　〔菩薩〕「ジユンテイクワンオン」を見よ。

ブツモダイクジヤクミヤウワウ　佛母大孔雀明王　〔菩薩〕或は佛母大金曜孔雀明王、大金色孔雀王、大孔雀明王、孔雀明王、佛母明王と云ふ、共に同尊なり。能く諸佛の神變を生ずる德を主どれば佛母と云ひ、金色の孔雀に乘ずれば大金曜孔雀明王と云ふ。「クジヤクミヤウワウ」を見よ。

ブツモダイクジヤクミヤウワウキヤウ　佛母大孔雀明王經　〔經名〕三卷、唐の不空譯。佛祇園に在り、莎底苾蒭、衆の爲に樵を破り黑蛇にさされ苦痛に堪へず。阿難佛に白して救を求む、佛爲に大孔雀明王の神咒を說いて之を救ふ。前後數譯あり。世間此本を流通す。「クジヤククキヤウ」を見よ。

ブツモツ　佛物　〔術語〕三寶の供物各所屬を異にし、佛に屬する供物を佛物と云ふ。今の佛徒は多く佛物を拜受するなり。

ブツモハツナイヲンキヤウ　佛母般泥洹經　〔經名〕一卷、劉宋の慧簡譯。即ち大愛道般涅槃經の異譯。佛母は佛の姨母なり。【昃帙四】(651)

ブツモハンニヤキヤウ　佛母般若經　〔經名〕佛母出生三法藏般若波羅蜜多經の略名。

ブツモハンニヤハラミツタ　佛母般若波羅蜜多　〔術語〕諸佛如來は般若波羅蜜多より生じ般若波羅蜜多は諸佛の母なれば佛母と稱す。「ブツモ」を見よ。

ブツモホウトクザウハンニヤハラミツキヤウ　佛母寶德藏般若波羅蜜經　〔經名〕三卷、趙宋の法賢譯。即ち佛母般若經の攝頌なり。【月帙八】(864)

ブツモミヤウワウ　佛母明王　〔菩薩〕孔雀明王なり。「クジヤクミヤウワウ」を見よ。

ブツモヰン　佛母院　〔術語〕胎藏界の遍知院の異名、此院に佛母の諸尊を安置すればなり。

ブツユヰケウギヤウ　佛遺敎經　〔經名〕佛垂般涅槃略說敎誡經の略名。

ブツラフニチ　佛臘日　〔雜語〕七月十五日の夏滿日を佛臘日と名く。臘とは歲末の稱、佛家は一夏九旬の安居の竟るを歲末となせば此日を佛の臘日と云ふなり。【僧史略下】に「所レ言臘者。經律中以ニ七月十六日是比丘五分法身生來之歲首一。則七月十五日是臘除也。比丘出レ俗。不下以ニ俗生一爲上レ計。乃數ニ夏臘一耳。經律又謂ニ十五日一爲ニ佛臘日一也。」

ブツリフサンマイ　佛立三昧　〔術語〕般舟三昧此に佛立三昧と翻す。此三昧成就すれば十方の諸佛其の前に立つを見ればなり。【般舟三昧經】に「有ニ三昧一名ニ十方諸佛悉在前立一。」【止觀二】に「此法出ニ般舟三昧經一。翻爲ニ佛立一。」

ブツリンネハンキホフヂユウキヤウ　佛臨涅槃記法住經　〔經名〕一卷、唐の玄奘譯。佛涅槃に臨みて滅後の初百年より乃至第十の百年の事を懸記す。【辰帙十】(123)

ブツリンハツネハンキヤウ　佛臨般涅槃經　〔經名〕佛垂般涅槃略說敎誡經の略名。

ブツロウ　佛隴　〔人名〕唐の天台山の西南隅に一峰あり佛隴と名く。故に天台の智者大師を稱して亦佛隴と曰ふ。【釋門正統三】に「及二佛隴一出一則南北風靡。」【大部補註一】に「天台山西南隅一峰名爲二佛隴一。遊二其山一者多見二佛像一。是故云也。」

ブツワキヤウ　佛話經　〔經名〕經錄に是なし。【金剛仙論】に「佛在二鐵圍外二界中間一。說二佛話經一。」

ブツヰ　佛位　〔術語〕佛果の位なり。

ブツヰアシラカセフジタサクキヤウ　佛爲阿支羅迦葉自他作苦經　〔經名〕一卷、後漢の安世高譯。佛、阿支羅迦葉の爲に苦の自作にあらず他作にあらず共作にあらず無因作にあらざるを說く、迦葉依て見諦得道し牛に觸れて死し入滅す。【宿帙七】(705)

ブツヰウテンワウセツワウボフシヤウロンキヤウ　佛爲優塡王說王法正論經　〔經名〕一卷、唐の不空譯。帝王十種の過失、十種の功德、及び五種の哀掖法、五種の愛樂法を說く。【閏帙十五】(1006)

ブツヰカイリユウワウセツホフインキヤウ　佛爲海龍王說法印經　〔經名〕一卷、唐の義淨譯。無常、苦、無我、寂滅の四法印を說く。【宿帙八】(357)

ブツヰシヤガラリユウワウシヨセツダイジヨウホフキヤウ　佛爲娑伽羅龍王所說大乘法經　〔經名〕一卷、趙宋の施護譯。十善業道經と同じ。【列帙九】(840)

ブツヰシヨウクワウテンシセツワウボフキヤウ　佛爲勝光天子說王法經　〔經名〕一卷、唐の義淨譯、勝軍王所問經と同本なり。【宙帙六】(250)

ブツヰシユカチヤウジヤセツゴフホウシヤベツキヤウ　佛爲首迦長者說業報差別經　〔經名〕一卷、隋の瞿曇法智譯。善惡業報の差別を說く。【宿帙六】(739)

ブツヰダ　佛圍陀　〔雜語〕Buddhaveda 佛の三藏は猶婆羅門の圍陀經の如くなれば佛圍陀と云ふ。【善見律一】に「此沙門知二佛圍陀一。」

ブツヰネンセウビクセツシヤウジキヤウ　佛爲年少比丘說正事經　〔經名〕一卷、西晉の法炬譯。上座比丘如法に年少比丘を攝受するに因て佛之を讚嘆す。【宿帙八】(748)

ブツヰワウチクヲンラウバラモンセツガクキヤウ　佛爲黃竹園老婆羅門說學經　〔經名〕一卷、失譯。即ち中阿含黃蘆園經の別譯なり。【昃帙八】(607)

ブツヱ　佛慧　〔術語〕諸佛平等の大慧即ち一切種智なり。無上正覺なり。【法華經方便品】に「如來所三以出一。爲レ說二佛慧一故。」【無量壽經下】に「佛慧無二邊際一。」【維摩經菩薩品】に「趣三向佛慧一。起二於宴坐一。」

ブツヱ　佛會　〔雜名〕佛菩薩聖衆の會する處、即ち淨土なり。【般舟讚】に「一念之間入二佛會一。」

ブッテと音便す。

ブツヱシヨシン　佛慧初心　〔術語〕又、初法明道とも云ひ、入淨菩提心門とも云ふ。眞言行者の初めて初地に入る位なり。【大疏二】に「更越二百六十心等一重極細妄執一。得レ至二佛慧初心一。故云二三阿僧祇劫成佛一也。」

ブニフリユウケキヤウ　奉入龍華經　〔經名〕佛藏經の異名。

ブニン　夫人　〔雜語〕西土國王の后妃を弟脾Devī と稱す、直譯すれば天后なり、義譯して夫人と云ふ。

ブブシヤウシヤウネンネン　步步聲聲念念　〔雜語〕常行三昧のさまなり。步行しつつ專ら彌陀を念じて名號を唱ふるなり。【止觀二】に「步步聲聲念念唯在二阿彌陀佛一。」【同輔行】に「步步身業聲聲口業。念念意業。」

ブボサツ　舞菩薩　〔菩薩〕金剛界曼荼羅中、內の「四供養菩薩」の一

ブモ　部母　〔術語〕密敎の三部五部に各部主と部母を立つ。「タイザウカイ」「コンガウカイ」を見よ。

ブリツダンジヤウ　扶律談常　〔術語〕涅槃經二敎の一。「ニケウ」を見よ。

ブンカウ　文夾　〔物名〕禪林の語。書札を入るる「り」手箱なり。

ブンサイ　分歲　〔雜語〕又、歲夜と云ふ。除夜なり。

ブンサウモン　分相門　〔術語〕華嚴の賢首別敎一乘を明かすに分相門該攝門の二を以てす、三乘と一乘の差別を明かすを分相門とし、三乘もと是れ一乘なるを明かすを該攝門とす。【五敎章上】

ブンサン　分散　〔雜語〕禪林の語。大衆一同に退去するを云ふ。

ブンザ　分座　〔雜語〕禪林の首座住持に代つて接化するを分座と云ふ。如來迦葉に半座を分つ緣にもとづくなり。【勅修淸規】に「前堂首座。表三率二叢林一。人天眼目。分座說法。開三鑿後昆一。」「ハンザ」を見よ。

ブンシユザンマイ　分修三昧　〔術語〕三三昧の一。定慧二者何れか其一を修する三昧なり。

ブンシヨウ　分證　〔術語〕菩薩の初地以上少分づつ斷惑證理するを云ふ、起信論に之を隨分覺と云ひ、台家に之を分證即と云ふ。

ブンシヨウソク　分證即　【術語】台家所立六即位の一。【止觀一】に分眞即と云ひ、觀經疏に分證即と云ふ。分に無明を斷じ、分に中道を證する位なり。「ロクソクキ」を見よ。

ブンシヨジヨウ　分諸乘　【術語】融本末の體にして、同教一乘の體に、一乘、二乘、三乘等の諸乘教あることを示す法門を云ふ。

ブンシン　分身　【術語】諸佛方便力を以て處處有緣の衆生を化せん爲に身を十方に分ちて成佛の相を現ずるなり。【法華經見寶塔品】に釋迦如來の分身を集めん爲に土田を三變するを說く。【法華玄義七】◎（曲、三輪）「伊勢と三輪の神、一體分身の御事」

ブンシンソク　分眞即　【術語】分證即に同じ。

ブンダン　分段　【術語】分段生死の身なり。凡夫六道に輪廻して分分段段の果報を受くる身を云ふ。「分段の有爲」「分段のあらき波」「分段の鄉」「分段無常の境」「分段のことはり」「分段輪廻の境」など。「ブンダンシヤウジ」を見よ。

ブンダンドウゴ　分段同居　【術語】分段は分段生死の身、即ち吾人の體なり。同居は台家所立四土中の凡聖同居土の略稱にて、吾身の住する娑婆世界の如きを云ふ。此娑婆世界の如きは凡夫も聖者も同一に居住すれば同居と稱す、即ち分段は凡夫の身、同居は其の所住處なり。「分段同居の塵に交はり」「分段同居の闇」など。◎（曲、嵐山）「我本覺の都を出でて、分段同居の塵に交はり」

ブンダンシ　分段死　【術語】分段生死の略。

ブンダンシヤウジ　分段生死　【術語】二種生死の一、六道に輪廻する凡身の生死を云ふ。六道に輪廻する身は各其の業因に隨ひて壽命に分限あり、形體に段別あれば分段と云ふ。【大乘義章八本】に「言二分段一者。六道果報三世分異名爲二分段一。分段之法始起爲レ生。終謝爲レ死。」【勝鬘寶窟中末】に「分段生死者。謂色形區別。壽期長短也。」【唯識了義燈六末】に「言二分段一者。分謂齊限。即謂命根。段謂差別。即五蘊體。捨レ此受レ餘有二差別一故。乃至皆隨二因緣一有二定齊限一。故名二分段一。」

ブンダンシン　分段身　【術語】分段生死の身なり。

ブンダンノサンダウ　分段三道　【名數】迷界の三道を云ふ。即ち惑業苦の三道なり。

ブンダンヘンヤク　分段變易　【術語】分段生死と變易生死なり。「ニシユシヤウジ」を見よ。

ブンダンリンヱ　分段輪廻　【術語】分段生死に輪廻すること。生生世世三界の巷をへめぐること。

ブンナカ　分那柯　【異類】Pūrṇaka 夜叉の名。譯、滿。【孔雀王咒經上】

ブンナバソ　分那婆素　【人名】Punarvasu 長老の名。譯、井宿。【本行集經七十】

ブンユ　分喩　【術語】凡そ譬喩は其の法の全分を喩顯すべきにあらず、但其の一分の義を比況するに止まるを云ふ、例へば面は月の如しと云ふ如き、月の端正の一邊を以て面貌の端正の一分を比顯するが如し。【涅槃經五】に「面貌端正猶二月盛滿一。白象鮮潔猶如二雪山一。滿月不レ得三即同二於面一。雪山不レ得三即是白象一。」

ブンヰ　分位　【術語】時分と位地とを云ふ。事物に於て或る變化を生ぜし其の時分と位地とを云ふ。是れ假立の法を顯はす詞なり。例へば波は水の分位なれば波は水の鼓動する分位に假立するもの、水を離れて波の實法なしと言ふ如し。【百法論】に「三分位故。」是れ百法中二十四不相應法は色と心と心所との三法の或る變化を生ずる分位に假立せしものなれば是れ別の體性なきを云ふなり。

ブンヱ　分衞　【術語】Piṇḍapāta 或は乞食と翻し或は團墮と翻す。乞食とは比丘行て食を乞ふなり、團墮とは乞得せる食に就て釋す、西竺の法多く食を團圜に摶て鉢中に墮疊するを以てなり。【善見論】に「分衞者乞食也。」【玄應音義五】に「分衞此言訛也。正言二儐荼波多一。儐多此云レ團。波多此云レ墮。言三食墮二在鉢中一也。團者食團。謂乞食。」【行事鈔資持記下三之一】に「梵云二分衞一。此翻二摶墮一。以三西竺多摶レ食墮二盆中一故。」或は漢語とあり、乞得せる食物を僧尼に分與し之を衞護して道を修せしむる義なりと云ふ、是れ乞食の義なり。又佛、身を分ちて衆生を保護する義なりと云ふ、是れ乞食の事にあらず。【僧祇律】に「乞食分二施僧尼一。衞護令レ修二道業一。故云二分衞一。」【嘉祥大經疏】に「能分レ身護二物機一。故言二分衞一。」

ブンヱキヤウ　分衞經　【經名】過去佛分衞經の略名。

ヘ

ヘイカウ　平交　【雜語】禪林の語。上下なく平等に交際するもの、道德位年我と齊等なるもの。

ヘイクワン　閉關　【雜語】禪林の語。閉居して道念を養ふなり。【禪餘內集】に「閉關守寂。」又「閉關學道。」

ヘイコ　秉炬　【儀式】「ヒンコ」を見よ。

ヘイゴ　柄語　【術語】禪林の語。山門洞門等の疏の

小序を云ふ。器の柄ある如きなり。【象器箋十五】

ヘイザ 平座 〔雜語〕平僧の坐次なり。

ヘイシ 蔽尸 〔雜語〕Peśī 又閉尸、箆尸、蜱羅尸、譯、肉團、結。胎内五位の第三。【玄應音義一】に「蜱羅尸。或作二閉尸一。此譯云二肉團一也。至二第三七日一。結集成二肉團一。若男則上闊下狹。若女則上狹下潤。成二肉團一。猶未レ堅。」【瑜伽略纂一】に「閉尸。此名レ結。雖二已成完一仍柔軟故。西域呼二熟血一亦名二閉尸一。彼相類也。」

ヘイシヤ 薜舍 〔地名〕Vaiśālī「ビシヤリ」を見よ。

ヘイシヤ 屛莎 〔人名〕Bimbisāra 又萍沙、洴沙、瓶沙、「ビンバシヤラ」を見よ。

ヘイシヤリ 薜舍離 〔地名〕「ビシヤリ」を見よ。

ヘイシユク 弊宿 〔人名〕又、蜱肆。婆羅門の名。拘薩羅國斯婆醯婆羅門村に婆羅門あり、弊宿と名く、童女迦葉已に羅漢を證し五百比丘と共に遊行して彼處に詣り、種種說法して其の斷見を破し、歸正翻邪せしめ死して天に生ぜしむ。【長阿含經七弊宿經、中阿含經十六肆蜱經】巴 Pāyāsi

ヘイシラマナ 薜室羅末拏 〔天名〕Vaiśravaṇa「ビシヤモン」を見よ。

ヘイジヤウシンコレダウ 平常心是道 〔公案〕趙州南泉に問ふ、如何なるか是れ道、泉云く平常心是道。【會元四趙州章、光明藏中、無門關】。⊙（續古今）「まことしく佛の道を尋ぬればただよのつねの心なりけり」

ヘイゼイゴフジヤウ 平生業成 〔術語〕淨土眞宗の名目。平常の時に於て他力の安心を獲得し往生淨土の業事成辨すると。業成の目は【往生論註七】に「業事成辨。」【安樂集下】に「業道成辨。」と云ふに依り、改邪鈔、眞要鈔等に於て平生業成の義を立つ。

ヘイソウ 平僧 〔雜語〕無官無位の凡僧(ぼんそう)なり。

ヘイダ 薜陀 〔雜名〕Veda 吠陀に同じ。「ヰダ」を〔見よ。

ヘイヂ 秉持 〔術語〕持律堅固なると。

ヘイテイドウジ 丙丁童子 〔職位〕燈火を司る童子なり。【碧巖第七則評唱】に「則監院の如き法眼の會中に在て未だ曾て參請入室せず、一日法眼問て云く、則監院何ぞ來て入室せざる、則云く、和尙豈に知らずや、某甲青林の處に於て箇の入頭あり。法眼云く、汝試に我が爲に擧せよ看ん。則云く、某甲問ふ、如何か是れ佛。林云く、丙丁童子來求火。法眼云く、好語、恐くは儞錯て會せんとを、更に說くべし看ん。則云く、丙丁は火に屬す、火を以て火を求む、某甲の如きは是れ佛、更に去て佛を求むと。法眼云く、監院果然錯り會し了れりと。則不憤便ち去る。法眼云く、此人回らば救ふべし、若し回らずんば救ひ得ず。則中路に到て自ら忖て云く、他は是れ五百人の善知識豈に我を賺すべけんや。遂に回て再び參す。法眼云く、儞但我に問へ我れ儞が爲に答へん。則便ち問ふ、如何か是れ佛。法眼云く、丙丁童子來求火、則言下に於て大悟す。」ヒヤウヂヤウドウジと讀む。

ヘイフツ 秉拂 〔儀式〕「ヒンポツ」を見よ。

ヘイホフ 秉法 〔術語〕羯磨法四種の第一なり。羯磨の法を行ふべき受戒懺悔等の法を云ふ。「コンマ」を見よ。

ヘイマシモクレンキヤウ 弊魔試目連經 〔經名〕一卷、吳の支謙譯、中阿含降魔經の別譯。【昃帙八】(574)

ヘイヤガラ 弊耶伽羅 〔雜名〕Vyāghra 譯、虎氏。天竺の姓【續高僧傳三】

ヘイヨク 弊欲 〔術語〕世間弊惡の五欲なり。【法華經信解品】に「我等心著二弊欲一。樂二於小法一。」

ヘイラシヤカラ 薜攞斫羯羅 〔物名〕Velācakra 譯、時輪。時を計る器なり。【寄歸傳三】に「於二要處一安二小土臺一。圓闊一尺。高五寸。中挿二細杖一。或時石上豎レ丁。如二竹箸許一。可二高四指一。取二其正午之影一。西方在處。多悉有レ之。名爲二薜攞斫羯羅一。譯爲二時輪一矣」

ヘイラバ 蘗喇婆 〔雜語〕Garbha 譯、中心。【大日經疏八】に「梵音蘗喇婆。是中心之藏。中胎藏之藏。與二比吒迦、俱舍等一其義各殊也。」

ヘイレイ 薜荔 〔異類〕薜荔多の略。

ヘイレイタ 薜荔多 〔異類〕Preta 又薜荔多、閉黎多、閉麗多、閉戾多、鞞禮多、卑帝黎。(Pitṛ) 新稱、彌荔多、俾禮多。譯、祖父。餓鬼の總名なり。【玄應音義三】に「薜荔。上、蒲計功。下力計切。或言二卑帝黎一。或云二帝黎耶一。或言二閉黎多一。皆訛也。正言二彌荔多一。此譯云二祖父鬼一。舊譯云二餓鬼一。於レ中最劣者也。」

ヘイロ 閉爐 〔儀式〕禪宗の行事。每年三月三十一日に煖爐を閉づる行事を云ふ。

ヘウカイ 表戒 〔術語〕舊に作戒無作戒と云ひ、新に表戒無表戒と云ふ。受戒者戒壇に登て身口意の三業を發表して正しく戒法を受得するを表戒と名け、此時受者の體内に發得して三業に表顯せざる戒體を無表戒と名く。【元亨釋書二十四】に「夫得二表無表戒一名曰二受戒一。於二三師七證前一慇懃至誠作禮。乞戒之下發二得防非止惡之功德一。名曰二表戒一。羯磨之下發二得非色非心成佛殊勝之功能一。名曰二無表戒一。」

ヘウギミヤウゴン 表義名言 〔術語〕顯境名言に對す。名句文のこと。名句文は能くものの義理を詮表するが故に名言と名づく。

ヘウギミヤウゴンシユジ 表義名言種子

〔術語〕顯境名言種子の對。名言種子の中、自他の名言によりて色心諸法の體を顯はし、心の前に其相分を變現して其種子を第八識の自體に薰習するを云ふ。即ち、一切諸法の語言音聲等の名言より傳へて薰習する種子のこと。「フ」を見よ。

ヘウゴフ 表業 〔術語〕身口意の三表業あり。「ゴ

ヘウシ 表示 〔雜語〕發表して他に示すなり。【寶積經三十四】に「諸佛無二能說稱歎及表示一。」【大日經疏七】に「一切法離二一切法一。故不レ可二表示一。不レ可レ授レ人。」

ヘウシキ 表色 〔術語〕唯識所立三種色境の一。行住坐臥取捨屈伸等顯然として人に表示すべきものを表色と名く。是れ可見の義に依て色と名く。俱舍には表色を立てず。

ヘウシン 俵䞋 〔雜語〕禪林の語。俵は分與の義、人に分ち與ふる施物を俵䞋と云ふ。【品字箋】に「俵俵散也。以二應得之物一而照レ人分散爲レ俵。」

ヘウス 俵子 〔物名〕禪林の目。印紙の類なり。小片紙を以て其寺號を朱印するを印紙と云ふ。【象器箋十六】

ヘウセイシフ 表制集 〔書名〕六卷、唐の不空三藏三朝の國師となり謝表答制凡そ一百四十四首、西明寺圓照編集して不空表制集と名く。

ヘウセツ 表剎 〔雜名〕剎は剎多羅 Kṣetra の略、幢竿の類にて、塔上に高く表出する幢竿を表剎と云ふ。【法華經分別功德品】に「表剎甚高廣。」【維摩經法供養品】に「起二七寶塔一。縱廣一四天下。高至二梵天一。表剎莊嚴。」

ヘウセン 表詮 〔術語〕二詮の一。具德を表示するを表詮と云ひ、過非を遮止するを遮詮と云ふ。「ニセン」を見よ。

ヘウトク 表德 〔術語〕二門の一。遮情の稱に對して表德と云ふ。遮詮表詮と言ふに同じ。但表詮遮詮の目は法相宗に出で表德遮情の稱は華嚴宗に本き、眞言宗に於て盛に之を用ふ。「ニモン」を見よ。

ヘウビヤク 表白 〔儀式〕法事の旨趣を表顯して三寶及び大衆に白告するを表白と云ふ。表白に願文を兼ぬるあり、更に願文を設くるあり。【僧史略中】に「唱導者。始則西域上座凡趣レ請。咒願曰。二足常安。四足亦安。一切時中皆吉祥等以悅二可檀越之心一也。舍利弗多二辯才一。曾作二上座一。讚導頗佳。白衣大歡喜。此爲二表白之推輪一也。」【說法明眼論表白品】に「表二白三寶境同別住持佛一。先讚二修善體一。次歎二施主意一。聖靈成二菩提一。聽衆願成就。廻二向法界衆一。諸天增二威光一。次有二願文一可レ讀レ之矣。」

ヘウムヘウカイ 表無表戒 〔術語〕表戒と無表戒なり。「ヘウカイ」を見よ。

ヘウムヘウシキ 表無表色 〔術語〕表色と無表色なり、「ムヘウシキ」を見よ。

ヘキガンコ 碧眼胡 〔雜語〕碧眼の胡人、達磨を指す。【祖庭事苑四】に「初祖達磨大師眼有二紺青色一。故稱レ祖曰二碧眼一。」

ヘキガンシフ 碧巖集 〔書名〕碧巖錄の異名。

ヘキガンロク 碧巖錄 〔書名〕又碧巖集と名く。十卷、宋の圜悟澧州夾山靈泉院の碧巖方丈に於て雪竇の頌古百則を提唱せしもの、然るに圜悟の弟子大慧宗果あり、敎外別傳不立文字の眞趣を提起して一旦之を燒棄せしを、後人更に其燼餘を拾集して今に傳はれるなりと云ふ。吾朝道元齎來し黃檗宗大智之が註釋を作り種電鈔と名く。

ヘキキジユ 辟鬼珠 〔物名〕惡鬼を避くる寶珠なり。仁王經の功德を稱す。【仁王經受持品】

ヘキクワン 壁觀 〔故事〕達磨嵩山の少林寺に在て九年面壁す、世人壁觀婆羅門と稱す。【會元達磨章】に「達磨寓二止嵩山少林寺一。面壁而坐。終日默然。人莫レ測レ之。謂二之壁觀婆羅門一。」図直に禪門の觀を以て壁觀と曰ふ。【釋門正統八】に「獨以二眞法一如レ是安レ心。謂壁觀也。」【註】に「客塵僞妄不レ入曰レ壁。」

ヘキクワンコソウ 壁觀胡僧 〔人名〕初祖達磨を云ふ。「ヘキクワン」を見よ。

ヘキケン 僻見 〔雜語〕邪僻にして理に中らざる惡見なり。身等の五見に名く。【俱舍論十八】に「就二五僻見一。說二邪見重一。」

ヘキジヤホフ 辟蛇法 〔修法〕もと室生山に修する所、後に眞言院に之を修すと云ふ。【御遺告釋疑鈔下】に「或記云。於二眞言院一修二時御念誦一。尋二其根源一者於二室生山一所レ修辟蛇法也。所謂如意輪並大威德等法也。於二彼山中央一有二峻嶮處一。其上有二龍池一。爲レ令レ守二護彼如意寶珠一。下二其池邊一安二置珠一也。其處鎭守神善女龍王也。末代眞言僧徒參詣不レ易。故被レ移三彼法於二眞言院一。是則鎭護國家大本也。」

ヘキセンキフ 劈箭急 〔譬喩〕劈箭は物を劈く箭なり、事の迅きを譬へて劈箭急と云ふ。

ヘキヂヤウ 壁定 〔譬喩〕惡覺を風に譬へ、定を壁に比す、壁定堅固なれば覺風入ると能はざるなり。【止觀五】に「止是壁定。八風惡覺。所レ不レ能レ入。」【同輔行】に「壁定者室有二四壁一。則八風不レ入。」

ヘキライデンホフ 辟雷電法 〔修法〕最勝王經七如意寶珠品に出づ。

ヘビ 蛇 〔動物〕梵語、薩跛 Sarpa【梵語雜名】

無禁捉蛇 〔譬喩〕禁は禁制也、毒蛇を捉ふるに

制法あり、鐵杖を以て先づ其頭を押へ、次に手を以て其の項を捉るべし、此制法に依らずして卒爾に蛇を捉れば螫れて死すべし。是れ比丘の觀智の制法なくして漫に空理を談じ、五欲を放恣するに譬ふ。阿梨吒經に出づ。【止觀二】に「淮河之北有下行二大乘空一人上。無レ禁捉レ蛇者。」【同輔行】に「淮北河北邪空之人。濫稱二大乘一。入レ惡無レ觀。故以二無禁捉蛇一喩レ之。禁者制也。術法制レ物故也。貪欲如レ蛇。觀法如レ禁。以レ觀觀レ欲如レ捉レ蛇。不レ善二四句一如レ無レ禁。」

蛇知蛇足 〔譬喩〕【智度論十】に「如二偈說一。智人能敬レ智。智論則智喜。智人能知レ智。如三蛇知二蛇足一。」邦諺の「ぢやの路はへび」此に本くか。

黑蛇抱珠 〔譬喩〕衆生業報の因緣不同なるに譬ふ。【智度論八】に「業報因緣各各不同。乃至譬如二黑蛇一。而抱二摩尼珠一臥。有二阿羅漢人一乞レ食不レ得。」

納蛇於筒 〔譬喩〕禪定能く人の邪曲を正すに譬ふ。【智度論】に「是心從二無始一來常曲不レ正。得二是正心行一處スレハ心則端直。譬如下蛇行常曲入二竹筒一則直上。」

比丘化爲蛇 〔傳說〕【行事鈔資持記下一之三】に「比丘あり衣服を喜樂して病に因て死を致す、後に化して蛇となり來て衣を纏ふ。」

一蛇首尾 〔譬喩〕【雜譬喩經】に「昔一蛇あり、頭と尾と自ら諍ふ、頭尾に語て曰く、我應に大たるべし。尾頭に語て曰く、我れ應に大たるべし。頭の曰く、我れ耳ありて能く聽き、目ありて能く視、口ありて能く食ひ、行く時に前にあり、故に大たるべし、汝此術なし。尾の曰く、我れ汝をして去らしむ、故に去るを得るのみ、若し我れ去らずんば汝去るを得ずと。身を以て木に繞ると三帀して三日已まず、食を求むるとを得ず、飢餓して死に垂んとす。頭尾に語て曰く、汝我を放つべし、汝を聽るして大となさん、尾其の言を聞て即時に之を放つ、後に尾に語て曰く、汝に聽さん前に行け。尾前に在て行く、未だ數步ならず大深坑に墮て死す。衆生無智にして人我の爲に終に三途に墮するに喩ふるなり。」

ヘンイチサイシヨ 徧一切處 〔術語〕法身佛の梵名を毘盧舍那と名く、一に徧一切處と名く、虛空の如く邊際なく一切處に遍滿すればなり。【普賢觀經】に「毘盧遮那遍一切處。」

ヘンイチサン 遍一山 〔雜名〕室生山の室生の二字上下の畫を去て宀一となし、古は宇山と讀み後に遍一山と讀む。【御遺告釋疑鈔下】に「御口決云。古字一山讀レ之。然覺洞院撿二字書一遍一山被レ讀二直之一。從レ爾此降三寶院流讀二遍一山一。」

ヘンウノシフ 偏有執 〔術語〕萬有の有の一邊に偏して執着する見解を云ふ。

ヘンエン 遍依圓 〔術語〕遍計所執性、依他起性、圓成實性の三性を云ふ。

ヘンカイ 邊界 〔界名〕邊地懈慢界の略。

ヘンカイ 偏界 〔雜語〕偏く三千世界なり。【碧巖五十三則垂示】に「偏界不レ藏。全機獨露。」

ヘンカク 偏覺 〔術語〕周遍圓滿の覺悟なり。【止觀五】に「乃至成佛。正覺大覺偏覺。皆是觀慧異名。」

ヘンキツ 偏吉 〔菩薩〕普賢菩薩の異譯なり。普は遍、賢は吉、言別異同なり。【智度論九】に「一佛圖中有二人癩風病一。來下至遍吉菩薩緣邊一。一心自歸。」【釋門正統三】に「妙德現二於清涼一。偏吉彰二於峨嵋一。」

ヘンギヤウイン 遍行因 〔術語〕六因の一。「ロクイン」を見よ。

ヘンギヤウシンニヨ 遍行眞如 〔術語〕十眞如の一。十地の中、初地に於て證する所の二空の眞理を云ふ。この眞理は一切の諸法にあまねきが故に遍行眞如と云ふ。

ヘンギヤウノワク 遍行惑 〔術語〕一切煩惱の起る原因となる根本煩惱を云ふ。

ヘンクウ 偏空 〔術語〕小乘所談の空理を云ふ、空の一邊に偏ればなり。

ヘンクワンイチサイシキシンサウ 偏觀一切色身想 〔術語〕觀經十六觀中の第九觀。阿彌陀佛の身相光明を觀想すること。この觀を成就すれば十方諸佛の身相を見ることを得、第八觀に對して、此觀を眞身觀と云ふ。

ヘンケン 邊見 〔術語〕五見の一、或は斷見或は常見の一邊に偏する惡見なれば邊見と名く。又身見を起し、其の後邊に起す斷常の惡見なれば邊見と名く。「ゴケン」を見よ。

ヘンゲ 偏計 〔術語〕凡夫の妄情遍く諸法を計度するを云ふ。【唯識論八】に「周遍計度故名二遍計一。」

ヘンゲ 變化 〔術語〕舊形を轉換するを變と名け、無にして忽ち有なるを化と名く。佛菩薩の通力能く有情非情の一切を變化せしむ。【法華經】に「神通變化不可思議。」【義林章七本】に「轉二換舊形一名レ變。無而忽有名レ化。變與レ化異。是相違釋。」

ヘンゲ 變礙 〔術語〕形體ありて互に礙へつ礙へられつすること。

ヘンゲウ 偏敎 〔術語〕一方にかたよりたる敎。「即ち權敎を云ふ。」

ヘンゲシヤウ 變化生 〔術語〕四生の中の化生なり。胞胎に處せずして忽然として生ずるなり。【法

華經】に「其國諸衆生。婬欲皆已斷。純一變化生。」

ヘンゲシヨキシキ　遍計所起色　[術語]　法處所攝色五種の一。第六意識の妄分別に依て變起する所の空華水月等の實事なき諸の色相を云ふ。

ヘンゲシヨシフジヤウ　遍計所執性　[術語]　三性の一。凡夫の妄情遍く一切法を計度するを遍計と名く。此遍計の妄情を以て無我を計して我となし、無法を執して法と爲すと、恰も暗中繩を謬て蛇と爲す如きを遍計所執性と名く。此の所執性は當情現の妄相にして體性都無也。【唯識論】に「由二彼彼遍計一遍計二種種物一。此遍計所執自性無所有。」「サンシヤウ」を見よ。

ヘンゲシン　變化身　[術語]　諸佛三身の一。衆生濟度の爲に六趣の有情に變現する化身を云ふ。【佛地論七】に「變化身。爲レ欲レ利二益安二樂衆生一。示二現種種變化事一故。」「サンシン」を見よ。

ヘンゲド　變化土　[術語]　三土の一。變化身所住の土なり。此中淨土穢土の別あり。【唯識論十】に「變化身依二變化土一。」【義林章七末】に「身既有レ三。土隨亦爾。乃至三變化土。通二淨及穢一。」「サンド」を見よ。

ヘンゲニン　變化人　[雜名]　佛菩薩の人身に化せしもの。【法華經】に「即遣二變化人一爲レ之作二衞護一。」

ヘンゲホフシン　變化法身　[術語]　五種法身の一。「ホフシン」を見よ。

ヘンゴトク　邊五得　[術語]　十種得戒緣の一。邊國には僧侶少きを以て正式に從て三師七證の十人受を行ふこと能はざるが故に、人數を減じて、四人の僧衆と一人の羯磨師との五人を以て作法授戒し、これに依りて具足戒を得るを云ふ。

ヘンサウ　變相　[術語]　所謂圓輪具足の曼荼羅に對して諸尊極樂地獄等の曼荼羅を云ふ。二義あり。一は運斂の說に變動也。「畫二極樂或地獄種種動相一。故曰二變相一。」（谷響集）二は亘定の說に「轉二變其形相一。寫レ此之義也。」（當麻變相自記）又忍徵の說に「轉二變本質一爲二畫圖相一也。」（先明大師別傳纂註）【毘奈耶雜事十七】に「浴室火堂依二天使經法式一畫二少多地獄變一。」【觀念法門】に「畫二造淨土莊嚴變一。」【西方要決】に「造二西方彌陀像變一。」【瑞應傳】に「見二西方變相一。」

ヘンサン　偏參　[雜語]　禪僧行脚して徧く天下の知識に參學するを云ふ。

ヘンサン　偏衫　[衣服]　南山舊律家の說に三衣の下に左肩を覆ふ片衣を祇支と云ひ、左肩を覆ふ片衣を覆肩衣と云ふ。（義淨新律家は祇支覆肩は梵漢の兩語にて一物也と云ふ。）魏代に此二物を縫ひ合せて之を偏衫と名く。領を截り裾を開くは猶本相を存する也と。資持記に褊衫に作る、說文に褊衣也。【六物圖】に「此方往古並服二祇支一。至二後魏時一始加二右袖一。兩邊合謂二之褊衫一。截レ領開レ裾猶存二本相一。故知偏衫左肩即本祇支。右邊即覆肩也。」【僧史略】に「後魏宮人見三僧自恣偏二袒右肩一。乃一施二肩衣一。號曰二偏衫一。全二其兩肩兩袖一。失二祇支之體一。自レ魏始也。」【釋氏要覽】に「偏衫。古僧依二律制一。只有二僧祇支一。（此名覆膊亦名掩腋衣）此長覆シテ二左膊一及掩二右腋一。蓋襯二三衣一。故即天竺之儀也。（案に已上新律家の義に準ず）竺道祖魏錄云。魏宮人見三僧祖二一肘一不二以爲レ善。乃作二偏袒一。縫二於僧支祇上一相從。因名二偏衫一。今開レ脊接レ領者蓋遺二魏制一也。」（偏衫の偏の義偏袒の二字に依て解すべし。）

ヘンザイ　邊際　[術語]　物の窮極を云ふ。【唯識述記二本】に「邊際者是窮盡義。」

ヘンザイ　邊罪　[術語]　比丘にして婬等の四重罪を犯すもの之を邊罪と爲す、此人罪重く、佛法邊外の人となり、更に重ねて淨戒の海に入るに堪へざるなり。【行事鈔上三】に「邊罪難者。謂先受二具戒一。毀二破重禁一。捨レ戒還來欲二更受一レ具。此人罪重。名二佛法邊外之人一。不レ堪三重入二淨戒海一也。」

ヘンザイチ　邊障智　[術語]　等覺菩薩の智慧を云ふ。是れ妙覺位の邊際に居ればなり。【四敎儀四十】に「邊際智滿入二重玄門一。」

ヘンシウ　邊州　[雜名]　佛敎には印度を閻浮提大州の中地となせば日本を指して邊州と云ふ。

ヘンシウホフカイ　遍周法界　[術語]　法とは有形無形事理色心の通稱にして、法のあるかぎりを法界と云ふ、其の法界に瀰滿して至らざるなきを遍周法界と云ふ。法身の功德に名く。

ヘンシフ　偏執　[術語]　偏に一邊を固執して他に通ぜざるなり。【廣百論釋十】に「偏二執如來破相空敎。」【梁傳三求那跋摩偈】に「諸論各異端。修行理無レ二。偏執有二是非一。達者無二違諍一。」

ヘンシフケン　邊執見　[術語]　五見の一。略して邊見と云ふ。「ゴケン」を見よ。

ヘンシホフカイ　遍至法界　[術語]　燒香の眞言を譯して遍至法界と云ふ。燒香の功德遍く法界に周遍すとなり。【大日經疏九】に「達摩馱睹孥糵帝。譯云二遍至法界一也。」

ヘンシユツゲダウ　遍出外道　[流派]　出家外道の一類、遍く世俗を出離する義に名く。【唯識述記一本】に「有二外道一名二波利呾羅拘迦一。翻爲二遍出一。遍能出二離諸俗世間一。即是出家外道之類。」

ヘンシユツシヤウジ　反出生死　[術語]　七種生死の一。衆生發心修行して生死を反出し涅槃に至るを云ふ。「しじ。「ハチハイシヤ」を見よ。

ヘンシヨ　遍處　[術語]　觀法の名。十一切處に同

ヘンシヨコシユウ　遍所許宗　〔術語〕因明所立四宗の一。眼の色を見ると言ふ如き、彼此共に許す所なるを云ふ。

ヘンシン　偏眞　〔術語〕小乘所說の眞理は空の一邊に偏りたるものなれば偏眞とも單空とも云ふ。

ヘンシンノクウリ　偏眞空理　〔術語〕同上。

ヘンジヤウジユノホフ　變成就法　〔術語〕眞言の末派に立川流と云ふもの起りて變成就等と唱へて男女の染着を以て理智冥合の至極なりと云ふ、邪法なり。【砂石集六】に「近世變成就なんど云ふ眞言世に多く侍れり、あやまりの法なり。乃至凡情の染著を以て定慧冥合なんどと名けて不思議の非法邪行をはばからぬも文の料簡の惡き故なり。」図變成男子のこと。⦿（曲、合浦）「龍女は如意の寳珠を釋尊に捧げ、變成就の法をなし」

ヘンジヤウテン　遍淨天　〔界名〕色界第三禪天の第三天の名。此天の淨光周遍するが故に名く。【法華經法師功德品】に「光音及偏淨。」【可洪音義一】に「偏淨天。三禪天王也。長阿含云。偏淨天王名二淨智一。四臂捉レ貝。持レ輪御二金翅鳥一。」

ヘンジヤウナンシ　變成男子　〔術語〕女性變じて男子と成るなり、女子に五障ありて佛道の器にあらざればなり、或は現身に之を得、或は淨土に生じて得。諸佛各變成男子の願あり。【法華經提婆達多品】に「當時衆會。皆見二龍女。忽然之間變成男子一。」【智度論四】に「初僧祇中永離二女身一。」⦿（平家三）「同じく參らせ給ひて變成男子の法を修せられけり」

ヘンジヤウナンシノグワン　變成男子願　〔術語〕諸佛一切女人の各の變成男子の願あり。【無量壽經上】に「其有二女人一聞二我名字一。歡喜信樂。發二菩提心一。厭二惡女身一。壽終之後復爲二女像一者不レ取二正覺一。」【藥師經】に「聞二我名一已。一切皆得二轉女成男一。」【法華經】に「盡二此女身一後不二復受一。」諸敎中密敎獨り女身成佛を許すと云ふ。

ヘンジヤウノシヨギヤウ　偏成諸行　〔術語〕頓成諸行の對。行布門によりて修行する菩薩が、始めの發菩提心より、終り等覺位に至る迄、次第に諸の法門階級を經過して偏く諸行を修するを云ふ。

ヘンジヤウワウ　變成王　〔異類〕地獄十王の一。「ジフサンブツ」を見よ。

ヘンジユ　篇聚　〔術語〕「ヒンジユ」を見よ。

ヘンセウ　偏小　〔術語〕佛成道後十二年間の說法を大乘家より貶して偏小と名く。所說の理空に偏り、法門狹小なればなり。

ヘンセウ　反抄　〔雜語〕袈裟を裏取しに掛ること。【寄歸傳二】に「屛私執務隨意反抄。」

ヘンセウ　反照　〔譬喩〕日西山に懸りて反て東方を照すを反照と云ふ。以て往古の事を鑑み又自心の本源を窮明するに譬ふ。【仁王經菩薩敎化品】に「圓照二三世恒劫事一反照。」【止觀二】に「以二無住著智一反照觀察也。」【臨濟錄】に「儞祇有二一箇父母一。更求二何物一。儞自反照看。」

ヘンセウ　偏照　〔術語〕法身の光明遍く世界を照すなり。大日如來の密號を遍照金剛と云ふ。【瑜祇經】に「薄伽梵金剛界遍照如來。」

ヘンセウノジヤウ　偏小情　〔術語〕人法二空中、只人空の一邊のみを知りて未だ法空を知らざる小乘の淺薄なる偏見を云ふ。

ヘンセウハンニヤハラミツキヤウ　偏照般若波羅蜜經　〔經名〕一卷、趙宋の施護譯。佛他化自在天に在りて金剛手の爲に諸字の義門幷に神咒を說く。【成帙三】（862）

ヘンゼウコンガウ　偏照金剛　〔佛名〕大日如來の密號なり。又空海の金剛名なり。三摩耶戒を受くる時に阿闍梨より授りたる戒名を金剛名と云ふ。⦿（盛衰記三一）「今遍照金剛としては日本に住して金輪聖王の福を增し」

ヘンゼウニヨライ　遍照如來　〔佛名〕大日如來の異名。【瑜祇經】に「薄伽梵金剛界遍照如來。」

ヘンゼウシヤナ　遍照遮那　〔雜語〕毘盧遮那佛のこと。此佛を遍照と譯し、また略して遮那と稱す。遍照遮那とは二を合して一佛をあらはせしなり。

ヘンゼシユウホフシヤウ　遍是宗法性　〔術語〕因明三相の一。三支の中、因を宗に望めて其關係を示したるもの。即ち、因は必ず宗の前陳名辭其物の中に元來偏く固有せられたる事件ならざるべからず。故に因は（宗の前名辭の中に）遍して、是れ宗が法たる性と云ふ意にて、遍是宗法性と云ふ。例へば聲は無常也（宗）所作性なるが故に（因）と云ふ場合に、因たる「所作性」が宗の前名辭「聲」の中に遍ねく固有せらるるが如き是なり。

ヘンゼン　片禪　〔術語〕少許の禪定なり。【止觀七】に「那得二薄證片禪一即以爲レ喜。」

ヘンタン　褊袒　〔衣服〕偏衫の異名。【章服儀】に「褊袒椅支。」

ヘンタンウケン　偏袒右肩　〔術語〕袈裟を掛くるに偏に右肩を袒ぐなり、是れ比丘が尊者に恭敬を表する相なり。【釋氏要覽】に「律云。一切供養。皆偏袒。示レ有レ便二於執作一也。」【法華經】に「偏袒右肩。右膝着地。」

ヘンチ　遍智　〔術語〕遍く一切法を知る智慧なり。

ヘンチシヨエンダン　遍知所緣斷　〔術語〕斷惑四因の一。所緣の境を遍知することに依りて煩惱を斷ずること。見惑のうち、苦集二諦の下の自界緣の惑と、滅道二諦の下の無漏緣の惑とは之に依て斷ぜらる。即ち其煩惱の所緣の境たる四諦の理を觀じて遍知するに至れば能緣の煩惱は自然に斷滅す。

ヘンチヰン　遍地院　〔術語〕胎藏界曼荼羅の東方第一重なり。また佛母院とも云ふ。是れ三世諸佛能生の德を主どるが故也。之に七尊（主五尊、伴二尊）あり、中央一切如來智印（左右脇侍、優盧頻螺迦葉、伽耶迦葉）左邊大勇猛菩薩、左傍大安樂不空金剛眞實菩薩、右邊佛眼佛母、右傍七俱胝佛母尊是なり。而して此院は降魔の印なるが故に中尊は白蓮華の上に三角形をなし光焰之を圍めり、即ち三角の智火を以て四魔を降伏することを表せり。

ヘンヂ　邊地　〔雜名〕本邦の如き閻浮提洲の邊隅に居れば邊地と云ふ。又彌陀の淨土に邊地あり、五百歲中三寶を見聞するを得ず、懈慢界とも胎宮とも名く。【略論】に「五百歲中常不レ見二聞三寶一。安樂國土謂二之邊地一。亦曰二胎生一。」

ヘンヂケマン　邊地懈慢　〔術語〕彌陀の化土。邊地と懈慢國土となり。邊地とは疑城胎宮の事にして、眞門自力念佛の人の生るる處、懈慢とは懈慢界にして要門諸行往生の人の入るべき土なり。【敎行信證】「顯二化身土一者。佛者如二無量壽佛觀經說眞身觀佛一是也。土者觀經淨土是也。復如二菩薩處胎經等說一。即懈慢界是也。亦如二大無量壽經說一。即疑城胎宮是也。」

ヘンツイ　遍椎　〔雜語〕禪林の目。食粥の時椎を「打て遍く大衆を集むるを云ふ。

ヘントツ　褊裰　〔衣服〕空也堂の鉢叩の着する法衣を云ふ。褊は禪家の褊衫、裰は台家の直裰より其名を得しもの、蓋し此二に依て制せしなり。「テツ」と讀むは俗訛なり。

ヘンプクソウ　蝙蝠僧　〔雜名〕又鳥鼠僧と云ふ。「テウソソウ」を見よ。

ヘンホツセンニン　編髮仙人　〔雜名〕螺髻梵志とも云ふ。印度の梵志髮を編んで螺形の如くす。【文殊師利問經】に「與二大比丘衆千人一俱。其先悉是編髮仙人。」これ三迦葉等の弟子を指すなり。

ヘンホフカイシン　遍法界身　〔術語〕佛の眞身なり、眞身無邊にして法界に周遍するを稱す。【華嚴經世界成就品】に「願我當レ見二遍法界身一。」

ヘンモク　篇目　〔術語〕標題箇條なり。【羯磨疏一之三】に「前標二釋篇目一。」【梁僧傳明律編】に「隨レ有二犯緣一乃製二篇目一。」

ヘンモツ　返沒　〔術語〕生死海に往返沈沒する「と。

ヘンモツフゲン　遍沒不還　〔術語〕九種不還の一。「フゲン」を見よ。

ヘンモン　偏門　〔雜名〕正門にあらず、犯罪者あれば此門より驅出す。【象器箋一】

ヘンヤク　變易　〔術語〕其形體狀況の異物の如くなるを變と云ひ、恰も他物と代りたる如きを易と云ふ。図變易生死のこと。【法華科註】に「雖レ離二分段一。而未レ離二變易一。故非二自在一。」「ウジ」を見よ。

ヘンヤクシヤウジ　變易生死　〔術語〕「シヤ

ヘンヤクシン　變易身　〔術語〕變易生死の身なり、三乘の聖人界外の淨土に於て受くる正報なり。

ヘンヱ　變壞　〔術語〕變は有形の物が其相を異にするを云ひ、壞は外物に對して抵抗することを得ずして忽ち形體を變ずるを云ふ。即ち色法有性の一義にして、形色體質有る物は外物に觸るれば變化破壞するを以て言ふなり。例へば肉體が他人の手乃至蚊蛇の類に觸れて壞らるるが如きこれなり。

ヘンヱン　偏圓　〔術語〕敎理の勝劣を判ずる稱目なり。偏は偏僻所說の理、空乃至中に偏するなり、圓は圓滿一切具足するなり。一往之を配すれば小乘は偏にして大乘は圓なり。然るに再往之を論ずれば大乘中に亦偏圓あり、華天に所謂圓敎獨り圓にして他の通別二敎台家終頓二敎嚴家の如きは偏敎なり。【止觀三】に「偏名二偏僻一。圓名二圓滿一。」

ベイ　圓　〔雜語〕魔障を攘ひ除く符字。【釋摩訶衍論】に「圓字治二魔事一。」道敎より出でたる如し。

ベイサイ　米齋　〔人名〕食米齋仙なり、勝論外道の鼻祖なり。「ベイセシカ」「ウルカ」を見よ。

ベイシヤ　吠舍　〔雜語〕Vesa　又、吠奢。舊に鞞舍、毘舍に作る、天竺四姓の第三商賈の族なり。【西域記二】に「吠奢舊曰二毘舍一。訛也。商賈也。貿二遷有無一。逐レ利遠近。」【玄應音義十八】に「鞞舍陛受反。正言二吠舍一。此言レ坐。謂坐估也。案天竺士俗。多重二寶貨一。此等營求積レ財巨億。坐而出納。故以名焉。」【俱舍光記八】に「吠舍此是興事種。」

ベイシヤ　洴舍　〔人名〕又、萍沙、瓶沙、頻婆娑羅に作り、新に頻毘娑羅 Bimbisāra と云ふ。「ビンバシヤラ」を見よ。

ベイシヤキヤ　吠舍佉　〔雜語〕Vaiśākha　又薜舍佉に作る。二月の名、佛の生月なり。唐曆二月十五日より三月十六日に至るなり。【西域記二】に「春三月。謂制呾羅 Caitra 月。吠舍佉月。逝瑟吒 Jyeṣṭha 月。」【有部目得迦六】に「佛告二長者一。薜舍佉月。日月

圓時。是我生日。」「ビシヤリ」を見よ。

ベイシヤリ 吠舍釐 〔地名〕 Vaiśālī 又、吠舍離。

ベイシラマナ 吠室囉末拏 〔天名〕 Vaiśravaṇa 又、鞞室羅懣囊、鞞舍羅婆拏に作る。舊に毘沙門と曰ふ。「ビシヤモン」を見よ。

ベイセシ 吠世師 〔流派〕 又、鞞世師、衛世師に作る。新に吠世史迦と曰ふ。「ベイセシカ」を見よ。

ベイセシカ 吠世史迦 〔流派〕 Vaiśeṣika 又、吠世師迦。具には吠世史迦奢薩怛羅と云ふ、勝論と譯す。論中六句義を立て稱して他に勝るとす、故に勝論と名く。論師の名を嗢露迦 Ulūka 此に鵂鶹と譯し、又羯拏僕。此に食米齋と譯す。佛の出世に先つと久遠なり。「ウルカ」を見よ。

ベイソド 吠率怒 〔天名〕 天神の名。「ベダナ」を見よ。

ベイダ 吠陀 〔書名〕 Veda 又、薜陀と曰ふ。舊に皮陀、韋陀、鞞陀に作る、婆羅門の經書なり。「キダ」を見よ。

ベイダイキホタラ 吠題呬弗怛羅 〔人名〕 Vaidehīputra 韋提希子なり。阿闍世王の別稱。

ベイヂウ 米頭 〔職位〕 禪林の目。米穀を司る役。

ベイドリヤ 吠努璃耶 〔物名〕 Vaiḍūrya 「ルリ」を見よ。

ベイマシタリ 吠摩質怛利 〔雜語〕「ビマシツタ」を見よ。

ベイラン 吠嵐 〔雜名〕 風の名。「ビラン」を見よ。

ベイランソウガ 吠嵐僧伽 〔雜名〕「ビラン」を見よ。

ベイランバ 吠嵐婆 〔雜名〕 又、吠藍婆。舊に毘藍と曰ふ。劫災の時の猛風の名。「ビラン」を見よ。

ベイルリ 吠瑠璃 〔物名〕 舊に毘瑠璃、瑠璃、鞞頭梨、鞞稠梨夜等に作る。寶珠の名。「ルリ」を見よ。

ベイロシヤナ 吠嚧遮那 〔佛名〕 Vairocana 又、吠路者那。舊に毘盧舍那に作る。法身佛の梵名。大日如來の稱。「ダイニチニヨライ」を見よ。

ベウキ 竝起 〔術語〕 二法以上が同時に竝びて生起するを云ふ。「如きを云ふ。

ベウザ 廟坐 〔雜語〕 南面中位に坐すると、廟位の如きを云ふ。

ベウタイムジツ 瓶體無實 〔譬喩〕 諸法無我を喩ふる語。五蘊の諸法は凡て假に和合するものにして、決して凡夫の思惟するが如く實體あるものにあらずとの義を喩へたるもの。成實家の用語なり。

ベウリフ 廟立 〔雜語〕 南面中立すると廟位の如きを云ふ。

ベウチユウムスヰ 瓶中無水 〔雜語〕 三論宗の用語にして、空觀に喩ふ。五蘊の中に人我あることなしとの意なり。

ベタナ 別他那 〔天名〕 天の名。又、吠率怒天。Veṣṭana* と云ふ。圍と譯す。【名義集二】に「別他那。梁言レ圍。亦云ニ吠率怒天一。」

ベツエ 別依 〔術語〕 總依に對する語。凡そ宗義が總じて諸經を所依とするを總依と云ひ、別して一經を所依とするを別依と云ふ。淨土眞宗に總依三經別依大經と言ふ如し。

ベツカウヱンシユ 別向圓修 〔術語〕 天台四教の判に依るに別教の菩薩は十回向の位に至れば所修の行德事理和融して漸やく圓教の性德に稱ふを別向圓修とも十向圓修とも云ふ。【四念處三】に「別向圓修。」【雜編五】に「十向圓修。」「亦別境心所のと。

ベツキヤウ 別境 〔術語〕 各各別別の境界なり。

ベツキヤウノシンジヨ 別境心所 〔術語〕 遍行心所の對。一切の心に遍して起らず、各各別別の境に對して起る心所なり。之を例へば、所樂の境に向へば欲の心所起り、決定の境に向へば勝解の心所起るが如きこれなり。「見よ。

ベツギイシユ 別義意趣 〔術語〕「シイシユ」を

ベツギヤウゲン 別行玄 〔術語〕 觀音玄義の異名。法華玄義に對して別行と云ふ。法華本經中殊に觀世音普門品に於て法華玄義の外別に玄義を作りて流行せしむればなり。

ベツギヤウシヨ 別行疏 〔書名〕 觀音義疏の異名。本經文句の外、觀世音普門品に於て別して義疏を造りしもの。

ベツグワン 別願 〔術語〕 總願に對する語。四弘誓願の如き諸菩薩の通願なれば總願と云ひ、阿彌陀の四十八願、藥師の十二願の如き、各自特殊の誓願なれば別願と云ふ。【止觀七】に「二乘生盡。故不レ須レ願。菩薩生生化レ物。須ニ總願別願一。四弘是總願。法華華嚴所說一一善行陀羅尼。皆有ニ別願一。」

ベツケウ 別教 〔術語〕 華嚴宗の判に一乘を開きて別教同教の二門とす、三乘の機に共同する一乘法を同教とす、法華等是なり。永く三乘の機に別異して獨り圓頓の大機に被むる一乘法を別教とす。華嚴經の所說是なり。其別異に十門あり。「ドウベツニケウ」を見よ。

ベツケン 別見 〔術語〕 無明の一法界の理に違して能所を隔つるを別見と云ひ、眞言宗に無始の間隔と言ふ是なり。別教の菩薩初地に入りて始めて其一分を斷ず。【四教儀集註下】に「初地斷ニ無明別見一。發ニ眞中道一。故云ニ見道一。乃至兩教三乘。別教地前。未レ見ニ中道一。未レ斷ニ別見一。皆名ニ邪見人一也。」

ベツゲ 別偈 〔術語〕 二種偈の一。「ゲ」を見よ。

ベツゲダツカイ　別解脫戒　〔術語〕又、別解脫律儀と云ふ。三種戒の一。受戒の作法に依て五戒乃至具足戒を受けて身口の惡業を別別に解脫する戒法なり。【義林章三末】に「別別防レ非名レ之爲レ別。乃至戒即解脫。解二脫惡一故。乃至別解脫者是戒別名。」

ベツゲダツキヤウ　別解脫經　〔術語〕戒本なり、戒本中別解脫律儀を說けばなり。

ベツゲダツリツギ　別解脫律儀　〔術語〕別解脫戒に同じ。【俱舍論十四】に「別解脫律儀。由二他敎一得。」

ベツゲベツギヤウ　別解別行　〔術語〕我と見解を別にし、我と行法を異にするなり、聖道淨土二門相對する如し。【觀經散善義】に「一切異見異學別解別行人。」

ベツゲリツギ　別解律儀　〔術語〕別解脫律儀「の略。

ベツゴ　別語　〔術語〕禪林の目。古則を擧する中に他の古人語あれども我れ復た別に一轉語を下すを別語と云ふ。諸錄に見ゆ。【象器箋十一】

ベツゴフ　別業　〔術語〕總業に對する語。衆生殊別の業因なり、隨つて衆生各異の果を感ず。

ベツサウ　別相　〔術語〕六相の一。事事物物各別の相なり。

ベツサウサングワン　別相三觀　〔名數〕別敎所明の三觀。空假中隔歷して融合せざればなり。

ベツサウネンジヨ　別相念處　〔術語〕七方便の第二。身は不淨なり、受は苦なり、心は無常なり、法は無我なりと身受心法の四を各別に觀じて淨樂我常の四顚倒見を破するを云ふ。「シネンジヨクワン」を見よ。

ベツシヤウ　別請　〔術語〕衆比丘の中に於て特に一人を請じて供養するなり、但し如法の比丘は別請を受けざるなり。【行事鈔下三】に「請有二二種一。即僧次別請也。律開二別請一。然諸經論制者不レ少。」【首楞嚴經一】に「唯有二阿難一。先受二別請一。遠遊未還。」【往生要集中末】に「常乞食不レ受二別請一。」

ベツシユ　別衆　〔術語〕比丘あり衆比丘と同一界に住して而も自ら乖離して法事を同ぜざるを別衆と云ふ。別衆は突吉羅罪なり。【行事鈔上一】に「別衆。謂同一界住相中。有レ乖不レ同二僧法一。故云二別衆一也。」

ベツシンロン　別申論　〔術語〕三論宗の判。通申論に對する稱。中、百、十二の三論の如き汎ねく一代諸經の佛意を申ぶるを通申論と云ひ、智度論の如き別して一經の意を申ぶるを別申論と云ふ。【三論玄義】

ベツジイ　別時意　〔術語〕別時意趣の略。

ベツジイシユ　別時意趣　〔術語〕「シイシユ」を見よ。

ベツジネンブツ　別時念佛　〔術語〕又、如法念佛と云ふ。淨土の行者日日の行法に於て常に勇進すると能はざるを以て或は一日二日三日乃至七日或は十日乃至九十日を期して念佛を勤行するを別時念佛と云ふ。【觀念法門、往生要集中末】

ベツジユ　別受　〔術語〕受戒の法に通受別受の二規あり。「ツウジユ」を見よ。

ベツセフツウ　別接通　〔術語〕別入通とも云ふ。通敎利根の菩薩が被接して別敎に接入すると。

ベツセンシヨグ　別選所求　〔術語〕觀無量壽經の會座において、韋提希夫人が釋尊によりて顯示されたる十方諸佛の淨土中より特に自己所願の淨土を撰擇して。「我いま極樂世界の阿彌陀佛の所に生れんと願ふ」といひしを云ふ。

ベツソンホフ　別尊法　〔修法〕別に一尊を請ひて修法するなり。「ベツダンマンダラ」を見よ。

ベツタウ　別當　〔職位〕一寺の貫主にて叡山には座主と云ひ、三井寺には長吏と云ひ、東寺には長者と云ひ、興福寺には別當と云ふ。何れも公の補任なり。但し別當の職他寺にも通ず、仁壽四年大師光定延曆寺戒壇院の別當に任ず、別當の官牒天台霞標第二編に出づ。⊙（榮花、疑）「左右に僧坊を建てさせ給ひ、別當所司をさだめて」

ベツタウダイシ　別當大師　〔人名〕光定の別號。叡山戒壇院の別當に任ぜられたるより名く。

ベツダンマンダラ　別壇曼陀羅　〔術語〕又諸尊曼荼羅と云ふ、一門の尊を中胎として自部の眷屬を以て第二重第三重となす法なり。【演奥鈔十】に「諸尊別壇曼陀羅者。一門尊爲二中胎一。以二自部眷屬一爲二第二重第三重一也。」

ベツチ　瞥地　〔雜語〕速急なり、瞥見はチヨツト見るなり。

ベツヅ　別途　〔雜語〕主義の別異なるを云ふ。【法華文句記三之二】に「文雖二廣略一事無二別途一。」

ベツデン　別傳　〔雜語〕禪宗の極意は敎外に於て別して其機に對して以心傳心すれば別傳とも單傳とも云ひ、敎外別傳不立文字など云ふ。【梁僧傳慧遠】に「禪宗別傳之旨。」

ベツデンハ　別傳派　〔流派〕禪宗二十四流の一。建仁寺の別傳妙胤の一派を云ふ。

ベツトンギス　別都頓宜壽　〔雜名〕僞作の【十王經】に「我汝舊里化成二鴟鵂鳥一。示二怪語一鳴二別都頓宜壽一。」是れ杜鵑の和名。「ほととぎす」を冥土の鳥と爲す和俗の巷語に依りしなり、依て知る此經は和人の僞撰なるを。

ベツネンブツ　別念佛　〔術語〕ただ一佛の名號のみを稱ふるを云ふ。通念佛の對。

ベツホウ　別報　〔術語〕別業所感の各人殊別の果報なり。同じ人間に於て貧富壽夭等の差別是なり。【往生論註下】に「衆生爲二別報之體一。國土爲二共報之用一。」

ベツヤクザフアゴンキヤウ　別譯雜阿含經　〔經名〕二十卷。失譯、五十卷の雜阿含經より撮要別行せしもの。【辰帙五】(546)

ベツリズヰエン　別理隨緣　〔術語〕又、但理隨緣と云ふ。理とは眞如なり。別教の眞如隨緣して一切萬法となると云ふを別理隨緣と云ひ、圓教の眞如が性に諸法を具して一切諸法となるに異なり、純一の眞如が無明の和合に依て隨緣すとの義に取りて但理隨緣と云ふ。此別教隨緣の義は四明尊者の嚴家に對して盛に唱導する所なり。抑も眞如隨緣の義はもと起信論の詳說する所、嚴家の賢首起信論の疏を作るに此眞如隨緣を以て自家所判五教中の漸頓圓三教の分際となし、眞如不隨緣を以て始教即ち唯識論等の所明となす。依て眞如の隨緣と不隨緣を以て大乘の權實を判じ、自家所立圓教の極致も此眞如隨緣の義に過ぎずとなす。然るに四明の意は謂く、眞如隨緣の義何ぞ大乘の極致とせん、凡そ隨緣に二種あり、但理隨緣と理具隨緣となり。自家の所判に依れば但理隨緣は別教の分にして、理具隨緣は圓教の分なり。而して起信論の所明は此の二種を含むを察せず、賢首は單に但理隨緣を以て之を釋し、且つ唯識論等を以て隨緣の義を明かすとなしとなす、是れ大なる謬なり、唯識論の所明何ぞ眞如隨緣の義無からん、彼れ亦眞如隨緣の義あり、（但し法相宗は之を許さず還て賢首と同じ。）但彼は別教なるを以て單理隨緣に止まりて理具隨緣に及ばざるのみ、且つ性具の深義を知らざるを以て本論を釋するに理具隨緣を開闡すると能はず、但理隨緣を以て至極とす、故に只是れ別教の隨緣にして圓教の隨緣にあらず誠に惜むべしとなり。【指要鈔下、教行錄二、起信論融會章、同三別理隨緣章】

ベツレイシヤ　蔑戾車　〔雜名〕Mleccha 又、篾隸車、畢嘌車に作る。舊に彌離車と云ふ。譯、邊地。下賤種なり。「ミリシヤ」を見よ。

ベツワク　別惑　〔術語〕又別見と云ふ。性にわけ隔てをなす妄見なり、別教の菩薩入地以後漸く之を斷ず。

ベツヱン　別圓　〔術語〕天台四教中の別教圓教なり。共に中道を極理とす。「シケウ」を見よ。

ベンイチヤウジヤシシヨモンキヤウ　辨意長者子所問經　〔經名〕一卷。元魏の法場譯。佛長者子の問に應じて生天乃至佛會に各五事あるを答ふ。【宙帙八】(769)

ベンカウ　瓣香　〔物名〕香の形瓜瓣に似たり、依て名く。其の製上圓下方にして表裏條條竪てて哇と成す。【祖庭事苑】に「古今尊宿。拈レ香多云二一瓣一。瓣皮莧切。瓜瓣也。以二香似一レ之故稱焉。」

ベンサイ　辯才　〔雜語〕善巧に法義を說く才能なり。之を分別するに四種あり四無礙辯と云ふ。【淨影大經疏上】に「言能辯了。語能才巧。故曰二辯才一。」【嘉祥法華疏二】に「速疾應レ機名レ辯。言含二文采一曰レ才。」

ベンザイテン　辯才天　〔天名〕大辯才天女とも大辯天神とも云ふ。「ダイベンサイテン」を見よ。⊙（曲、竹生島）「辨財天は女體にて、その神德もあらたなる」

ベンザイメウオン　辯才妙音　〔天名〕辯才天即ち妙音天なり。⊙（盛衰記一）「財寶を得んこと辨才妙音にはしかず」

ベンシヤウロン　辨正論　〔書名〕八卷、唐の沙門法琳撰。道儒二教と佛教とを對比して佛教の正直なることを辯じたる書なり。三教治道篇以下十一品に分ち、終に撰者が尙書右僕射蔡國公に與へし書をも載す。

ベンシヤナ　便社那　〔術語〕「ベンゼンナ」を見よ。

ベンジシンゴン　辨事眞言　〔術語〕事業を成辨する神呪なり。【大日經疏八】に「凡欲二灌頂一時。用二辨事眞言一。加二持座物一。安二置蓮華臺上一。」図諸尊に供物を奉る時に誦する眞言なり。部に隨ひて不定なり。【栂尾護摩鈔】に「辨事眞言者。於二佛部中一以二難勝忿怒王一爲二辨事一也。於二蓮華部一以二訶耶訶利婆眞言一爲二辨事一也。於二金剛部中一以二軍茶利眞言一爲二辨事一也。難勝忿怒眞言曰。唵戶魯戶魯旃茶利、摩登祇、莎波訶。馬頭明王（即訶耶訶利婆王）眞言曰。唵阿密哩、姤姤皤婆、娑婆賀。軍茶利明王眞言曰。唵阿密哩底、吽吽。」此は三部に約す、若し五部に約せば【高雄口決】に「佛部忿怒尊（不動）。蓮華部忿怒尊（馬頭）。金剛部忿怒尊（軍茶利）。寶部忿怒尊（降三世）。羯摩部忿怒尊（無能勝）。」

ベンジヤウシヤウガク　便成正覺　〔雜語〕「ショホッシンジベンジヤウシヤウガク」を見よ。

ベンセン　便旋　〔術語〕速疾容易の義。【無量壽經下】に「便旋至レ竟年終壽盡。」

ベンゼンナ　便膳那　〔術語〕Vyañjana 又、便善那、鼺膳那、便社那に作る。舊譯、味。新譯、文。能顯の義、文能く義を顯はせばなり。【俱舍光記五】に「梵云二便膳那一。唐言レ文。是能彰顯義。近顯二名句一遠顯二

於義一。西國俗呼二扇鹽酢等一。亦名二便膳那一。亦是能顯義。扇能顯レ風。鹽等能顯二食中味一也。舊譯爲レ味。譯者訛也。」【唯識述記二末】に「梵云二便膳那一。此有二四義一。一扇。二相好。三根形。四味。此即是鹽。能顯二諸物中味一故。味即是文。如下言二文義巧妙等一目レ之爲中便膳那上。此中四義總是一顯義。古德說名爲レ味。」【飾宗記六本】に「便社那此云レ文也。」【玄應音義二十三】に「文身梵言二䶄膳那一。此言二顯了一。但以二文能顯一レ義故代レ之。舊言二味身一。或言二字身一一也。」

ベンダウ　辨道　【術語】修行を云ふ。【勅修淸規侍者進退】に「隨レ衆辨道。」

ベンチヤウ　辨長　【人名】淨土宗西山派の開祖なり、號は聖光、筑前香月の人、叡山に登りて圓敎を學ぶ、建久八年圓光大師に見えて淨土門に入る、元久年中筑紫の善導寺を創す、嘉禎四年閏二月二十九日寂、壽七十七。【本朝高僧傳】

ベンテン　辯天　【天名】大辯才天の略稱。「ダイベンザイテン」を見よ。

ベンドウミロク　便同彌勒　【雜語】淨土の行者は信の一念に便ち彌勒菩薩に同じく阿惟越致の位に到るを云ふ。【敎行信證信卷末】に「王日休云。不退轉者。梵語謂二之阿惟越致一。法華經謂。彌勒菩薩所得報地也。一念往生便同二彌勒一。佛語不レ虛。」

ベンハツ　辨髮　【雜名】不動明王の頂髻なり。

ベンムゲゲ　辯無礙解　【術語】四無礙解の一。

ベンヤク　便易　【雜名】大小便をなすこと【諸軌儀決影三】

ベンリ　便利　【雜名】大小便なり。【法華經授記品】に「便利不淨。」

ほ

ホイシン　陪䞋　【雜語】禪林の目、陪は重なり、功勞非常の者に其の䞋を一陪するなり。

ホイジキ　陪食　【儀式】禪林の目、達磨忌に住持僧堂の粥に趣かず、法堂に於て祖師と相伴して粥を喫す、之を陪食と曰ふ。【象器箋十七】

ホイゼン　陪禪　【雜語】禪林の語、伴禪の義に同じ。道話を陪禪と曰ふは訛名なり。【象器箋九】

ホイタン　鉢單　【物名】　禪林の目、鐵鉢の敷物。【日用軌範】に「先展二鉢單一。仰二左手一取レ鉢安二單上一。」其の製、柿汁を以て厚紙を累合して之を造る、横に之を三摺し更に竪に之を三摺すると乙字の如くす。ハッタンとも讀む。【象器箋二十】

ホイダウ　陪堂　【堂塔】禪林の目、客僧僧堂の外堂に陪して食を受くるを陪堂と曰ふ。【象器箋九】

ホウイン　報因　【術語】習因に對する稱。報は果報なり、苦樂の果報を感ずる善惡の因を報因と云ふ。新譯家之を異熟因と云ふ。

ホウイン　寶印　【術語】三寶中の法寶なり、又三法印なり、是れ諸寶中の實寶、堅固不壞なれば寶印と名く。【智度論四十七】に「於二諸法中一法寶是實寶。今世後世乃至涅槃。能爲二利益一。如二經中說一。佛語二比丘一。爲レ汝說レ法。所說法者所謂法印。法印即是寶印。寶印即是解脫門。復次三法印名爲二寶印三昧一。」【楞嚴經】に「此經名二大佛頂悉怛多槃怛羅無上寶印一。」【寶悉地成佛陀羅尼經】に「常住眞如寶王大印。」図【術語】諸佛菩薩の種種の印契を美稱して寶印と云ふ。図【印相】寶生印又は菩薩印の財寶を生ずる寶形印を略稱して寶印と云ふ。【本朝高僧傳六慧安】に「左手與願。右手寶印。」図【術語】佛の種子、眞言等を印するものを寶印と云ふ。【烏樞瑟摩經】に「以二莽麌迦木一刻二其印一。一內二木印於蘇密一燒レ之。及レ出以レ印印レ山山碎。印レ海海竭。」図【譬喩】念佛の心印堅固不壞なるを國王の寶印に譬ふるなり。【觀佛三昧經十觀佛密行品】に「譬へば貧人あり、豪貴に依つて衣食す、時に王子あり、出遊して、大寶瓶を執り瓶内に王の寶印を藏す。貧者詐り來つて親附し、寶瓶を擎て逃走す。王子覺めて六大兵を六黑象に乘せて之を追はしむ。持瓶の人走つて空野澤中に入るに、毒蛇四面より來つて持瓶者を嚙まんと欲するを見、惶懼して東西馳走し、空澤中に一大樹蓊鬱たるを見て頭に寶瓶を戴き樹に攀ぢ上る。時に六兵馳疾して樹の下に至る。貧人見て王の寶を吞み、手を以て面を覆ふ。六黑象鼻を以て樹を絞て之を倒し、貧人地に墜ちて身體散壞す。唯金印寶瓶に在つて光を放ち、毒蛇光を見て四散す。佛阿難に告ぐ、念佛に住する者心印壞せざると亦復是の如し。」【宗鏡錄九十五】に釋あり。

ホウインサンマイ　寶印三昧　【術語】百八三昧の一。法の實相を觀じ、又諸法無我、諸行無常、涅槃寂滅の三法印に入るを寶印三昧と云ふ。【智度論四十七】

ホウインシユボサツ　寶印手菩薩　【菩薩】維摩經同聞衆の一。【經註】に「什曰印者相也。手有二出レ寶之相一。亦曰。手中有二寶印一。」又胎藏界地藏院の一尊なり。

ホウウキヤウ　寶雨經　［經名］十卷、唐の達摩流支譯、一に顯授不退轉菩薩記と名く。佛伽耶山に於て頂の光明を放ち、遍く十方を照し面門に攝入し、月光天子に記を授く、當に支那國に於て女王と作るべしと。東方蓮華眼佛世界の止一切蓋菩薩來て一百一事を問ふ佛事ごとに十法を以て答ふ。【宇帙六】(151)

(寶印手菩薩の圖)

ホウウン　寶雲　［人名］西凉州の人、晋の隆安の初を以て遠く西域に遊び、法顯智嚴と前後相隨ふ、天竺の諸國に備に靈異を覩、諸國の音字詁訓皆解す。長安に還つて禪師佛駄跋陀羅に隨て禪道を策進し、後江左の道場寺に止つて諸經を譯出す。初め關中の竺佛念符秦二代に於て衆經を出す、江左の譯梵雲に過ぐるなし、元嘉二十六年寂、壽七十四。其の外國に遊履する別に紀傳あり。【梁僧傳三】

ホウウンキヤウ　寶雲經　［經名］七卷、蕭梁の沙門曼陀羅仙譯。寶雨經の舊譯、月光天子女王と作る事を缺く。【宇帙六】(152)

ホウエウギロン　寶要義論　［書名］具名大乘寶要義論、十卷、宋の法護等譯。諸經論中の菩薩の發心修行の功德を集む。【暑帙三】(1911)

ホウエン　報緣　［術語］果報の因緣なり。一期の壽命を云ふ。

ホウオウ　報應　［術語］佛の三身中報身應身の二

ホウオウ　蓬瓫　［故事］周利槃特愚蒙にして婆羅門師之に蓬瓫の二字を敎ふるに蓬を道へば瓫を忘れ、瓫を道へば蓬を忘る。此の二字吠陀論中の秘密語なりと。「ハンダカ」參照。

ホウオン　報恩　［術語］世に四恩あり、之に報酬せん爲に心を盡し力を致すなり。報恩經あり。

ホウオンキ　報恩記　［書名］二卷。本願寺存覺の撰。本卷に於て父母の恩を明し、末卷に於て師長の恩を說く。

ホウオンキヤウ　報恩經　［經名］大方便佛報恩「經の略名。

ホウオンゲウハウベン　報恩巧方便　［術語］六種巧方便の一。衆生に德を施し、衆生其恩を報ぜんと思ふ時、衆生をして道を行はしむる方便なり。

ホウオンコウ　報恩講　［行事］淨土眞宗一家に禪師忌の法會を指して報恩講と名け、お七晝夜と云ふ。在家末寺に修するをお講又はおとりこしと云ふ。天台家に舍利報恩會の名あり。

ホウオンコウシキ　報恩講式　［書名］一卷。本願寺三世覺如宗昭の作、報恩講に誦する式文なり、

ホウオンセ　報恩施　［術語］八種施の一。報恩の意思によりて布施すること。

ホウオンデン　報恩田　［術語］三福田の一。父母師長等の養育敎誨の恩あるもの、之に報答すれば自ら無量の福を獲れば福田と名く。

ホウオンブボンキヤウ　報恩奉盆經　［經名］一卷、又報緣功德經と名く、失譯。佛說盂蘭盆經の異譯。【宙帙六】(304)

ホウオンヱ　報恩會　［行事］顯密兩宗に通じて其の名あり【拾玉集七】に舍利法報恩會とも單に報恩會ともあり。【天台史略下】に「慈眼大師百年聖忌に坂本慈眼堂に於て報恩會を修す。」【雍州府四】に「智積院十二月二日。修二法事一。是謂二報恩會一。所化僧來集者及二七百人一。」

ホウカイ　寶界　［雜名］七寶の世界即ち諸佛の淨土なり。【迦才淨土論上】に「彌陀寶界凡聖開欣。」

ホウカイ　寶海　［譬喩］功德の寶珠甚多無數測量すべからず喩ふるに海を以てす。【淨土論偈】に「功德大寶海。」

ホウカイ　寶階　［雜名］七寶を以て作れる階段。佛が忉利天より下りし階段なり。【西域記四】に「劫比他國城西二十餘里有二大伽藍一。伽藍大垣內有二三寶階一。南北列東面下。是如來自二三十三天一降還也。」

ホウカイタフ　寶階塔　［雜名］八塔の一。【心地觀經一】に「曲女城邊寶階塔。」然るに西域記に依れば劫比他國なり。前項を見よ。

ホウカイボンシ　寶海梵志　［本生］釋迦如來の前身なり。「ムジヤウネンワウ」を見よ。

ホウカウガフジヤウノグワン　寶香合成願　［術語］彌陀の四十八願中の第三十二の願。淨土の萬物が無量の雜寶と百千種の香とを以て合成せることを誓ひし願なり。

ホウガ　奉加　［雜語］又奉納と云ふ。神佛に供物「を加納すると。

ホウガイ　寶蓋　［物名］寶玉を以て飾れる天蓋にて佛菩薩及び講師讀師の高座の上に懸くるなり。【維摩經佛國品】に「毘耶離城有二長者子一。名曰二寶精一。與二五百長者子一。持二七寶蓋一。來二詣佛所一。」

ホウガウ　寶號　［術語］佛菩薩の名字を云ふ。

ホウガウキヤウ　寶號經　［經名］淨土眞宗一家の諸書に多く引用すれども此經名經錄に載せず。

ホウガチヤウ　奉加帳　［物名］又緣簿と云ふ。神佛に納むる金財を記する簿冊なり。

ホウキ　寶器　〔雜名〕寶玉の器なり。【維摩經弟子品】に「無下以二穢食一置中於寶器上」

ホウキチジヤウテン　寶吉祥天　〔菩薩〕月天なり。月天の名を寶吉祥と云ふ。勢至菩薩の應現なり。【法華經文句二】に「名月是寶吉祥月天子。大勢至應作。」【嘉祥法華經疏二】に「有經云。大勢至名二寶吉祥一。作二月天子一。」

ホウキヤウ　寶鏡　〔物名〕至寶の明鏡なり。【千手千眼觀世音菩薩大悲心陀羅尼經】に「若爲レ求二大智慧一者。當レ於二寶鏡手一。」般若軌の廿一種の供物中第十八は寶鏡なり。又神前に寶鏡を置く之れ壇鏡なり。

ホウキヤウザンマイカ　寶鏡三昧歌　〔書名〕洞山大師の作なりと云ふ。心を明鏡に比するなり。【會元十三洞山章】に「因曹小辭。師遂囑曰。吾在二雲巖先師處一。親印二寶鏡三昧一。事窮的要。今付二囑汝一。」【寶鏡才命論】に「心徹二寶鏡一。」【注】に「夫心以レ鑑レ物庶品不レ遺。洞二徹幽明一同二乎寶鏡一。」

ホウクワ　報果　〔術語〕善惡の業因に酬報せる苦樂の結果なり。新譯家は之を異熟果と云ふ。【釋門歸敬儀】に「形纒二桎梏一。報果不レ可二頓銷一。」

ホウクワウテンシ　寶光天子　〔菩薩〕三光天子の一。日天子なり、名は寶意。觀音の應現なり。【法華文句二】に「寶光是寶意日天子。觀世音菩薩應作。」【嘉祥法華經疏二】に「寶光天子者謂日天子也。乃至有經云。觀世音名二寶意一。作二日天子一。」

ホウクワウミヤウチ　寶光明池　〔地名〕摩伽陀國に在り、佛此池邊に在て寶篋印陀羅尼經を說く。【寶篋印陀羅尼經】に「一時佛在二摩伽陀國無垢園中寶光明池一。」

ホウクワンシヤカ　寶冠釋迦　〔圖像〕頂に寶冠を莟くる釋迦像なり。菩提樹下初成道の佛像に寶冠瓔珞あると西域記八に詳記する如し。又南山の【三寶感通錄】に「東晋楊都金像。華臺有二西域書一。三藏求那跋摩曰。此古梵書也。是阿育王第四女所レ造。其像有二七寶冠一。飾以二珠玉一。可二重三斤一。」是れ蓋し造立者尊重恭敬の爲の故に寶冠瓔珞を飾りしのみ、別意あるにあらざるべし。然るに後世說を作して曰く、寶冠釋迦は大乘の佛轉輪聖王の相なり、小乘の厭俗出家の相に同じからずと。十六羅漢の中尊は必ず寶冠釋迦なり。【華嚴合論】に「略說大相在二九十七種大人之相一。隨好無盡頂有二華冠一。頂著二瓔珞一。手著二環釧一。非レ同二三乘厭俗出家一。」

ホウグワツチゴンオンジザイワウニヨライ　寶月智嚴音自在王如來　〔佛名〕七佛藥師の一。東方五恒伽沙佛土を過ぎて、妙寶國に在す佛の名。八大願を發す。

ホウグワツドウジモンボフキヤウ　寶月童子問法經　〔經名〕具名、大乘寶月童子問法經。一卷、趙宋の施護譯。頻婆娑羅王子佛號の功德を問ふ、佛十方各一佛の名を以て之に答ふ。【黃帙四】(826)

ホウケ　寶華　〔雜名〕至寶の妙華なり。【法華經譬喩品】に「寶華承レ足。」

ホウケイキヤウシホフウバダイシヤ　寶髻經四法優婆提舍　〔書名〕一卷、天親造、元魏の毘目智仙譯。大方等大集經の第十分を釋す。【暑帙十一】(1241)

ホウケイダラニキヤウ　寶契陀羅尼經　〔經名〕消除一切灾難寶髻陀羅尼經の略名。　「り。

ホウケウイン　寶篋印　〔眞言〕寶篋印陀羅尼なり。

ホウケウインタフ　寶篋印塔　〔堂塔〕寶篋印陀羅尼を納むる塔なり。經中其の功德を說て曰く、像を造り塔を作る者此呪を奉安せば即ち七寶所成の塔と成る、即ち是れ三世如來の全身舍利を奉藏するなりと。【佛祖統紀四十三】に「吳越王錢俶。天性敬レ佛。慕二阿育王造塔之事一。用二金銅精鋼一造二八萬四千塔一。中藏二寶篋印心咒經一。布二散部內一。凡十年而訖レ功。」「タフ」を見よ。

ホウケウインダラニ　寶篋印陀羅尼　〔眞言〕寶篋印陀羅尼經所說の神咒なり。【經】に「若有二惡人一死墮二地獄一。受レ苦無レ間。免脫無レ期。有二其子孫一。稱二亡者名一。誦二上神咒一。纔至二七遍一。洋銅熱鐵忽然變爲二八功德池一。」

ホウケウインダラニキヤウ　寶篋印陀羅尼經　〔經名〕具名、一切心如來秘密全身舍利寶篋印陀羅尼經、一卷、唐の不空譯。此陀羅尼は三世諸佛の全分の法身舍利を藏すれば寶篋と云ひ、堅固不壞なれば印と云ふ。【閏帙八】(957)

ホウケタイシ　寶華太子　〔人名〕【智度論九】に「寶華佛生時。一切身邊有二種種光明華色一。故名二寶華太子一。」

ホウケニド　報化二土　〔名數〕報土と化土とにして、眞宗にて、報土の中に、眞實報土と方便化土とを分ちたるを云ふ。「ケド」を見よ。

ホウケンダイシヤウ　寶賢大將　〔異類〕夜叉王の名。【最勝王經四天王品】に彼れ佛に陀羅尼を獻ず、寶賢陀羅尼經と名く。

ホウケンダラニキヤウ　寶賢陀羅尼經　〔經名〕一卷、趙宋の法賢譯。佛祇園に在り、寶賢大夜叉王、咒を獻じて貧苦の衆生を安樂せしむ。【成帙十二】(909)

ホウゲ　寶偈　〔雜語〕至寶の偈頌なり。【唯識述記序】に「此寶偈南ニス贊。」

ホウコク　寶國　〔雜名〕極樂淨土の異名。

ホウコジ　龐居士　〔人名〕馬祖に嗣ぐ、好雪片片不落別處の機語あり。【碧巖四十二則】

ホウゴンキヤウ　寶嚴經　〔經名〕摩訶衍寶嚴經の略名。

「るなり。

ホウサイ　報賽　〔雜語〕恩に報ゆる爲に財物を奉るなり。

ホウサン　寶山　〔雜名〕珍寶の累積せる山なり。【心地觀經六】に「如下人無レ手雖レ至ニ寶山一終無中所得上。無ニ信手一者雖レ遇ニ三寶一無ニ所得一故。」【智度論一】に「信爲レ手。如下人有レ手入ニ寶山中一自在能取。若無レ手不レ能レ有ニ所有一。」

ホウザ　寶座　〔物名〕珍寶の座牀なり。【法華經】に「生ニ蓮華中寶座之上一。」

ホウザウ　寶藏　〔譬喩〕珍寶を累積せる庫藏なり、妙法能く衆生の苦厄を濟へば以て喩となす。【無量壽經】に「無量寶藏自然發應。敎ニ化安ニ立無數衆生一。」【法華經信解品】に「今此寶藏自然而至。」

貧女寶藏喩　〔譬喩〕貧女寶藏の埋伏するあるを知らず自ら困窮貧苦す。智者之を敎へて發掘し、大安樂を得しむ。以て衆生佛性あるを知らず、自ら生死に沈淪するを佛が敎へて悟道成佛せしむるに喩ふ。【涅槃經七、同二十七】

ホウザウ　寶像　〔雜名〕珍寶を以て造れる佛像なり。【法華經方便品】に「寶像及畫像。」

ホウザウクドクキヤウ　報像功德經　〔經名〕報恩奉瓫經の異名。

ホウザウシン　寶藏神　〔異類〕無盡の財寶を司る大夜叉王なり、衆生敬信する者能く一切の財寶に安住するを得。【寶藏神大明曼拏羅儀軌經】

ホウザウシンダイミヤウマンダラギキヤウ　寶藏神大明曼拏羅儀軌經　〔經名〕二卷、趙宋の法天譯。佛楞伽國に在て寶藏神大夜叉王の陀羅尼及び修法を說く。【成帙十二】(1046)

ホウザウテンニヨ　寶藏天女　〔天名〕天女吒羅佉と名く、能く金寶を藏すれば寶藏と號す。能く之を祈禱する者は無盡の寶財を獲べし。【寶藏陀羅尼法】

ホウザウテンニヨダラニホフ　寶藏天女陀羅尼法　〔經名〕一卷、失譯。寶藏天女の陀羅尼及び修法を說く。【餘帙二】

ホウザウニヨライ　寶藏如來　〔佛名〕寶海梵志の子にして出家成道して寶藏如來と號す、阿彌陀佛乃至釋迦牟尼佛皆此佛に依て發心成道す。「ホウカイボンシ」を見よ。

ホウザウロン　寶藏論　〔書名〕一卷、姚秦の僧「肇著。一に肇論と云ふ。

ホウシ　寶誌　〔人名〕金城の人、砂門僧儉に師事して禪業を修習し、宋梁の間多く神異を現はし、讖記を爲す。梁僧傳に保誌に作る。【梁僧傳十】

ホウシウ　寶洲　〔譬喩〕佛果の大妙地に譬ふ。【華嚴經三十五】に「離染寂靜。住ニ於一切智慧寶洲ノ一。」

ホウシウ　寶洲　〔人名〕沙門覺岸、寶洲と號す、元朝の人、釋氏稽古史略を著はす。【續稽古史略一】

ホウシツチジヤウブツダラニキヤウ　寶悉地成佛陀羅尼經　〔經名〕一卷、唐の不空譯。佛摩伽陀國淸淨園の白蓮池側七寶如意樹王下に在て如意寶珠王三摩地に住して佛設利（しやり）の神咒及び修法を說く。經題の寶は即ち如意寶珠にて衆生心性の寶珠且つ佛舍利の寶印を幖するなり。【餘帙二】

ホウシヤ　寶車　〔譬喩〕衆寶を以て莊嚴せる大白牛車なり。以て一乘の法に譬ふ。【法華經譬喩品】に「以ニ衆寶物一造ニ諸大車一。乃至有ニ大白牛一。肥壯多力。形體姝好。以駕ニ寶車一。」

ホウシヤ　報謝　〔術語〕恩を報じ德を謝するなり。【敎行信證】に「深知ニ佛恩一。爲報ニ謝至德一。」図一期の果報謝し去るなり。【法華文句記七】に「一期報謝無レ付故惜。」

ホウシヤウ　寶唱　〔人名〕梁の沙門僧祐律師の弟子なり、敕を奉じて僧旻等と共に經律異相等を撰す。【唐僧傳一】

ホウシヤウ　報障　〔術語〕三障の一。報は果報なり。煩惱惑業に依て地獄餓鬼畜生等の惡趣の果報を得、及び人天に生を受くるも、生來不信の者之に由て聖道の善根を障礙するを報障と云ふ。【涅槃經十一】に「報障者生ニ在地獄畜生餓鬼一。誹ニ謗正法一。及一闡提。是名ニ報障一。」

ホウシヤウ　寶性　〔術語〕如來藏の異名なり。糞穢の中に在て眞金の性變せざる如く、如來藏性衆生の煩惱中に在て眞如淸淨の性を失はざるを寶性と云ふ。寶性論の名此に本く。【寶性論】に「塵勞諸境中。皆有ニ如來藏一。下至ニ阿鼻獄一。皆有ニ如來身一。眞如淸淨法。名爲ニ如來體一。」

ホウシヤウ　寶掌　〔人名〕千歲寶掌和尙と云ふ。中印度の人なり、周の威烈十二年丁卯に神を降して左の手に拳を握り、七歲祝髮して乃ち展ぶ、因て寶掌と名く。魏晉の間に此土に來遊して蜀に入る。一日衆に謂て曰く、吾れ願ありて住世千載、今年六百二十有六と、後海內を歷遊し唐の顯慶二年浦江の寶巖寺に寂す。【五燈會元】

ホウシヤウ　報生　〔術語〕亦生得、果報とも云

ふ。習修によらず、先天的に得たるはたらき。

ホウシヤウイン　寶生印　[印相]　寶生如來の寶形印なり。金剛縛を成し、左右の中指を以て寶形の如くす。【圖印集二】に「寶生印金剛縛。忍願如二寶形一。」

ホウシヤウキヤウ　寶生經　[經名]　寶生陀羅「尼經の略名。

ホウシヤウキヤウ　寶星經　[經名]　寶星陀羅尼經の略名。

ホウシヤウクドクサウ　寶性功德草　[雜名]　淨土を莊嚴せる七寶は柔軟なると草の如くなれば寶性功德草と云ふ。草は喩なり。【淨土論偈】に「寶性功德草。柔軟左右旋。觸者生二勝樂一。過二迦旃隣陀一。」【同論註】に「此間土石草木各有二定體一。譯者何緣目二彼寶一爲レ草耶。當以二其䕺能䕺莎一故。以レ草目レ之耳。余若參レ譯當二別有一レ途。」

ホウシヤウクワウキ　寶尙光基　[雜名]　玄奘門下の四哲なり。大慈恩寺の法寶、嘉尙、普光、窺基なり。【宋僧傳四】

ホウシヤウサンマイ　報生三昧　[術語]　八地以上の法身菩薩常入三昧にして、此の三昧に住すれば人の色を見るに心力を用ひざる如く、此三昧の力自然に事を作して功用を加へず其身の果報として種種の形を現じ、種種の功德を生ずれば報生三昧と云ふ。【智度論五十】に「經曰。云何菩薩常入二三昧一。菩薩得二報生三昧一故。論曰。得二報生三昧一如二人見一レ色不レ用二心力一。住二是三昧一度二衆生一。安穩勝二於如幻三昧一。自然成レ事無レ所二役用一。如下人求レ財有二役レ力得者一有中自然得者上。」

ホウシヤウダラニキヤウ　寶生陀羅尼經　[經名]　一卷、趙宋の施護譯。經に說く、持誦する者は能く一切の罪を滅し清淨の天眼を得と。【成帙八】(838)

ホウシヤウダラニキヤウ　寶星陀羅尼經　[經名]　八卷、唐の波羅頗蜜多羅譯、即ち大方等大集經中の寶幢分の同本別譯なり。魔王を調伏し國土を護持するとを說く。寶星とは三昧の名、舊經に寶幢三昧と云ふ。此三昧を得れば一切法を觀見すると寶星の如く、猶高幢に在て下觀する如くなれば寶星とも寶幢とも云ふ。【經四】に「時光味仙人。即得二菩薩三昧一。名曰二寶星一。所得三昧於二菩薩三昧一一切觀見。如レ在二高幢一。」【玄帙六】(84)

ホウシヤウニヨライ　寶生如來　[佛名]　金剛界曼陀羅の五智如來の第三、南方月輪の中尊なり。大日如來の平等性智より流出し、寶光幢咲の四金剛菩薩を從へ、一切の財寶を司る。金色にして左手は拳、右手外方に開き、無名指と小指を屈し、中指と頭指と大指を劔にす。或は曰く、左手衣の兩角を執り、右手掌を仰ぎ滿願印を成ず。密號を平等金剛と云ふ。其の種子は त्राः なり。胎藏界には開敷華王如來と云ひ、其密號を同くす。【秘藏記末】に「南方中臺寶如來。金色。左手拳。右手開レ外。無名小指屈。中指大指劔立。」【守護經】に「復於二南方一面向レ北坐。亦作二如レ上金剛結跏一。端身正坐。左手如レ前執二衣兩角一。右手仰レ掌。名二滿願印一。此即寶生如來之印。」「ゴチニヨライ」參照。

(寶生如來の圖)

ホウシヤウボサツ　寶掌菩薩　[菩薩]　法華經の同聞衆なり。【知度論四十五】に「如二寶掌菩薩等一。七寶從二手中一出。給二施衆生一。」【嘉祥法華經疏二】に「寶掌者。掌出二衆寶一。惠施無レ竭也。」

ホウシヤウロン　寶性論　[書名]　究竟一乘寶性論の略名。

ホウシヤウロン　寶生論　[書名]　成唯識寶生論「の略名。

ホウシヤクキヤウ　寶積經　[經名]　大寶積經の略名。

ホウシヤクキヤウロン　寶積經論　[書名]　「大寶積經論の略名。

ホウシヤクサンマイ　寶積三昧　[術語]　摩尼寶珠の一切を映徹する如く、此三昧に入れば能く諸法の本際を觀見すれば寶積三昧と名く。【寶積三昧文殊師利菩薩問法身經】に「何故名二寶積一。佛言。譬如二摩尼珠一。本自淨好。復以レ水洗。置二其平地一。轉更明徹。無二不レ見者一。乃至住二是三昧中一。無レ不レ見二諸法本際一。其有レ住者以爲レ得レ印。」

ホウシヤクサンマイモンジユシリボサツモンホウシンキヤウ　寶積三昧文殊師利菩薩問法身經　[經名]　一卷、後漢の安世高譯。佛寶積三昧に入り、三昧より起て文殊と法身不生不滅の深議を問答し、後に舍利弗文殊と應答す。【地帙十二】(251)

ホウシヤクチヤウジヤシ　寶積長者子　[人名]　毘耶離城の長者子なり、五百の長者子と共に七寶の寶蓋を持して佛に獻じ、偈を以て佛を贊し、菩薩淨土の行を請問す。【維摩經佛國品】

ホウシヤクブツ　寶積佛　[佛名]　無漏聖道の法寶を以て積集莊嚴する故に名く。【智度論九】に「寶

積。以二無漏根力覺道等法寶集一名爲二寶積一。」

ホウシヤクボサツ　寶積菩薩　［菩薩］法華經の同聞衆なり。【嘉祥法華經疏二】に「寶積者財法二寶積累弥充也。」を見よ。

ホウシヤダ　褒灑陀　［行事］Poṣadha「フサツ」

ホウシヤマセン　寶沙麼洗　［雜語］Pausamā-sa 又、報砂麼洗。十月の梵名。【飾宗記六】又、布史に作る。【梵語雜名】

ホウシヤラクイン　寶車輅印　［印相］十八契印の一。「ジフハチダウ」を見よ。

ホウシユ　寶手　［雜名］手より財寶を出すを寶手と名く。【維摩經佛道品】に「示レ入二貧窮一而有二寶手一功德無盡。」

ホウシユ　寶主　［地名］四主の一。雪山の西より西海に至る間多く財寶を出せば寶主と曰ふ。【釋迦方志上】

ホウシユビク　寶手比丘　［人名］舍衞國に長者あり財寶無盡なり、一子を生む、其兩手中より金財を出だす、依て寶手と名く、幼歳佛に詣で出家し遂に阿羅漢を證す、佛其の往因を說く。【百緣經九】

ホウシユボサツ　寶手菩薩　［菩薩］又寶常と名く。胎藏界地藏院九尊中の一。肉色にして左手蓮華を取り、上に三股杵あり、右手の上に寶珠華鬘あり。【胎曼大鈔四】

(寶手菩薩の圖)

ホウシユヰ　寶思惟　［人名］北印度迦濕蜜羅國の人、梵に阿儞眞那、此に寶思惟と云ふ。唐の天台の長壽二年洛京に至り、不空羂索經等を譯出す。後龍門山に於て天竺寺を創し、制度皆西域に依る。開元九年寂、壽百有餘歲。【宋僧傳三】

ホウシヨ　寶所　［譬喩］珍寶の所なり。【法華經化城喩品】に以て究竟の涅槃に譬ふ。【經】に「欲下過二此道一至中珍寶所上。乃至前至二寶所一。」又「寶所在レ近。此城非レ實。」【止觀一】に「如レ是道品。直通二寶所一。」【戒本一上】に「利者以レ慧資成。便至二寶所一。」

ホウシヨ　寶渚　［譬喩］珍寶の洲渚なり、涅槃經に以て究竟の涅槃に譬ふ。法華經の寶所の喩に同じ。【經二十五】に「譬如二估客一。欲レ至二寶渚一不レ知二道路一。有レ人示レ之。其人隨語即至二寶渚一。多獲二諸珍一。不レ可二稱計一。一切衆生亦復如レ是。欲下至二善處一採中取道寶上。不レ知二其路通塞之處一。菩薩示レ之。衆生隨巳得レ至二善處一。獲三得無上大涅槃寶一。」

ホウシヨ　寶疏　［書名］神寶師の倶舍論疏を指す。「クシヤ」の項を見よ。

ホウシヨ　方所　［雜語］方角と所處なり。【法華經】に「善應二諸方所一。」

ホウシヨウニヨライ　寶勝如來　［佛名］施餓鬼法に於ては五智如來の南方寶生如來を寶勝如來と稱す。【敎行錄一放生文】に「釋迦本師。彌陀慈父。寶勝如來。」【秘藏記本】に「施餓鬼義。寶勝如來南方寶生佛。」禪家にホウシンジライと讀む。

ホウシヨザンマイ　寶處三昧　［術語］釋迦世尊の三昧なり、世尊此の三昧に住して天部八部の第三院の諸衆を化現して功德の寶財を一切に施與すれば寶處三昧と名く。【大日經疏十】に「次釋迦入二于寶處三昧一。寶從彼出。名爲寶處。乃至佛入此三昧巳。從其面門出二種種光一。光中現二此眞言一。乃至普遍二一切佛刹一。」【同義釋七】に「巳上皆是釋迦眷屬。寶三昧中一種法界門。」

ホウシン　報身　［術語］「サンシン」を見よ。

ホウジヤウ　寶城　［譬喩］珍寶の充滿せる城廓なり、以て佛の正法に譬ふ。【涅槃經二】に「汝等比丘。云何莊三嚴正法寶城一。具三足種種功德珍寶戒定智慧一以爲二墻塹埤堄一。汝今遇二是佛法寶城一。不レ應レ取二此虛僞之物一。」

ホウジユ　寶珠　［物名］摩尼珠なり。譯して如意珠と云ふ。【法華經】に「淨如二寶珠一。以求二佛道一。」【寶悉地成佛陀羅尼經】に「心性寶性無レ有二染汚一。」【智度論五十九】に「如意珠能除二四百四病一。」

衣裏の寶珠　［譬喩］「エシユ」を見よ。

龍王の寶珠　［物名］「タマ」を見よ。

住水の寶珠　［物名］奇特の寶珠あり之を帶びて水に入れば陷溺せず。【舊華嚴經五十九】に「有レ人得二水寶珠一瓔三珞其身一。入二深水中一而不二沒溺一。」

ホウジユ　寶聚　［譬喩］珍寶の積聚なり。以て無上道に譬ふ。【法華經信解品】に「無上寶聚不レ求自得。」

ホウジユ　寶樹　［雜名］珍寶の樹林なり。淨土の草木を云ふ。【法華經壽量品】に「寶樹多二華樹一。衆生所二遊樂一。」觀經の寶樹觀に詳說す。

ホウジユクワン　寶樹觀　［術語］觀經所說十六觀中の第四、淨土寶樹の相を觀ずるなり。【經】に「地想成巳次觀二寶樹一。乃至觀三見樹莖枝葉華菓一。皆令二分明一。是爲二樹想一。名二第四觀一。」

ホウジユザンマイ　寶珠三昧　〔術語〕百八三昧の一。此三昧に入れば一切の境土悉く世寶となれば名く。【智度論四十七】に「寶聚三昧者。得二是三昧一。所有國土悉成二七寶一。」

ホウジユビクニ　寶珠比丘尼　〔人名〕舍衛國に長者あり一女を生む、頂上自然に一寶珠あり、因て字して寶珠と云ふ。來り乞ふ者あれば即ち取て施與す、尋で復た生ず、年長じて佛所に詣で出家し遂に阿羅漢を證す。佛其の往因を說く。【百緣經八】

ホウジユホフ　寶珠法　〔修法〕寶珠は舍利の幖幟なり、寶珠法は即ち舍利法なり。【寶悉地成佛陀羅尼經】に「大寶陀羅尼。名曰二法身馱都如意寶珠甘露藥王金剛精進常經眞如寶王大印一。」

ホウジユボサツ　寶授菩薩　〔菩薩〕三才の童子にして大乘の深義を說く。【寶授菩薩菩提行經】

ホウジユボサツボダイギヤウキヤウ　寶授菩薩菩提行經　〔經名〕一卷、趙宋の法賢譯。寶授童子年始て三歲、金蓮を以て佛に供す、遂に目連舍利弗と互に問答して大乘の法義を明かす。又妙吉祥菩薩と問答す。寶授次に一器の飲食を以て徧く佛僧に供して盡くるとなし。【宙帙七】(917)

ホウジヨウ　寶乘　〔譬喩〕又、寶車と云ふ、大白牛車なり、以て法華經所說の一乘の法に譬ふ。【經譬喩品】に「乘二此寶乘一。直至二道場一。」

ホウセツ　寶刹　〔雜名〕佛土の尊稱なり、又佛寺の美稱とす。刹は梵語 Kṣetra の略、土田と譯す。【莊嚴經下】に「徧覆二如來寶刹中一。」

ホウセツ　鳳刹　〔雜名〕佛寺の美稱なり。鳳は瑞鳥なれば取て美稱とす。

ホウタイダラニキヤウ　寶帶陀羅尼經　〔經名〕一卷、趙宋の施護譯。佛說聖莊嚴陀羅尼經の別譯。童子の帶佩して惡鬼を避くる神咒なれば寶帶と名く。【成帙八】(940)

ホウタク　寶鐸　〔物名〕又、風鐸、簷鐸と云ふ。今堂塔の擔端に懸けたる大鈴なり。【法華經】に「金鐸琴箜篌。」【元亨釋書廿一】に「天智七年。帝創二建福寺于志賀郡一。冨レ平二基趾一得二寶鐸一。長五尺五寸。」

ホウタフ　寶塔　〔雜名〕珍寶を嚴飾せる塔なり。【法華經寶塔品】に「爾時多寶佛。於二寶塔中一分二半座一。與二釋迦牟尼佛一。」【佛祖統紀四十一】に「無著禪師入二五臺一。至二金剛窟一見二山翁一。翁說レ偈曰。一念淨心是菩提。勝レ造二恒沙七寶塔一。寶塔畢竟化爲レ塵。一念淨心成二正覺一。」「タホウタフ」を見よ。

ホウタフボン　寶塔品　〔經名〕具に見寶塔品と云ふ。法華經二十八品中第十一品の名。法華の所說を證明せん爲に多寶如來の寶塔忽ち地より涌出す。一會の大衆悉く之を見る。品中此事を叙するを以て名く。「タホウタフ」を見よ。

ホウダイ　寶臺　〔雜名〕珍寶の臺閣なり。【法華經】に「其土人民皆處二寶臺珍妙樓閣一。」

ホウダイ　蜂臺　〔雜語〕佛塔の檦遠方より見れば蜂の巢の如き故に名くるか。【集沙門不應拜俗等事序】に「構二蜂臺於勝壤一。」【大周新翻三藏聖教序】に「窮二具牒之遺文一。集二蜂臺之秘藏一。」

ホウダガン　寶陀巖　〔地名〕觀音の住處、寶陀洛迦山 Potalaka なり。又、補陀洛迦、布呾洛迦補陀洛に作る。【祖英集】に「寶陀巖上客。應レ笑二未歸人一。」【冷齋夜話二】に「有レ如三世畫二寶陀巖一竹今猶在。」「フダラカ」を見よ。

ホウタン　鳳潭　〔人名〕僧濬字は鳳潭、華嶺道人と號す、越中西礪波の人、華嚴を宗とし、山城松尾華嚴寺を創す。然るに師深く天台性惡の說に服し其の解する所動もすれば一宗の軌轍に違越す、因て師を本宗の異轍とす、一代の著書頗る多し。往往諸宗家を攻擊し覇氣汪勃たり。元文三年寂、壽八十有五。

ホウチ　寶池　〔雜名〕淨土の八功德地なり。【觀無量壽經】に「極樂世界寶樹寶地寶池。」

ホウチクワン　寶池觀　〔術語〕觀經所說十六觀中の第五。極樂淨土の八功德池の相を觀見するなり。【經】に「次當レ想レ水。想レ水者。極樂國土有二八池水一。乃至是爲二八功德水想一。名二第五觀一。」

ホウチバウ　寶池房　〔人名〕叡山の學僧澄眞の房號なり、三大部私記を著して名あり。

ホウツウ　報通　〔術語〕五種神通の一。鬼神龍王等が自己生得の果報として有する神變。

ホウテン　寶典　〔雜名〕經典の美稱なり。【敎行信證六末】に「無上甚深之寶典。」

ホウテンビク　寶天比丘　〔人名〕舍衛國の長者に一子あり、生るる時天七寶を雨らす、依て勒那提婆 Ratnadeva と名く、此に寶天と譯す。長じて佛所に詣り、出家して比丘となり阿羅漢果を得、佛其の往因を說く。【賢愚經二】

ホウトク　報得　〔術語〕其人の果報として自然に得るものを云ふ。修得に對す。

ホウトクザウキヤウ　寶德藏經　〔經名〕佛母寶德藏般若波羅蜜經の略名。

ホウド　報土　〔術語〕四土の一。萬行の因に酬て得たる萬德莊嚴の淨土なり。「シド」を見よ。

ホウドウ　寶幢　〔物名〕寶珠を以て莊嚴せる幢竿なり。【大日經疏五】に「上置二如意珠一故曰二寶幢一。」

図　天神の名、音樂を司る。【彌勒上生經上】に「兜

率天宮有二五大神一。第一大師名曰二寶幢一身雨二七寶一。散二宮牆內一。一一寶珠化成二樂器一。懸レ處虛空。不レ鼓自鳴。」【觀無量壽經】に「又有二樂器一。懸二處虛空一。如二天寶幢一。不レ鼓自鳴。」

ホウドウジキヤウ　寶童子經　〔經名〕寶網經の異名。

ホウドウニヨライ　寶幢如來　〔佛名〕胎藏界の中臺八葉院の東方の尊なり、赤白色、即ち日の初て出づる色なり。寶幢は菩提心を以て萬行を統率し四魔の軍衆を降伏する標幟なり。密號は福聚金剛、是れ此如來は第八識を轉じて得る所の大圓鏡智所成にして此鏡智は一切の智德を含藏すれば福壽とも云ふなり。左手を拳にして脇に安じ、右手垂れて地に觸る。種子は無點の 𑖀 字にして、是れ初發の菩提心なればなり。金剛界には阿閦如來と稱す。其の密號同じ。是れ四種法身中の自受用身なり。【大日經一】に「東方號二寶幢一。身色如二日暉一。」【同疏四】に「次於二四方八葉上一觀二四方佛一。東方觀二寶幢如來一。如二朝日初現一。赤白相輝之色。寶幢是發菩提心義也。譬如下軍將統二御大衆一要ス得二幢旗一。然後部分齊一能破二敵國一成中大功名上。如來萬行亦復如レ是。以二一切智願一爲二幢旗一。於二菩提樹下一降二伏四魔軍衆一。故以爲レ名也。」

(寶幢如來の圖)

ホウドノシンシン　報土眞身　〔術語〕化土の化身に對す。眞實報土に住する佛の眞報身をいふ。

ホウニヨ　寶女　〔雜名〕又玉女と云ふ。轉輪王七寶の一。【法華經】に「轉輪王ノ寶女モ聞レ香知二所在一。」【智度論】に「瞿毘耶是寶女。故不レ孕レ子。」「略名。

ホウニヨキヤウ　寶女經　〔經名〕寶女所問經の異名。

ホウニヨサンマイキヤウ　寶女三昧經　〔經名〕寶女所問經の異名。

ホウニヨシヨモンキヤウ　寶女所問經　〔經名〕四卷、西晉の竺法護譯。大方等大集經寶女品第三の別譯、分ちて十三品となす。寶女あり舍利弗の爲に大乘の深義を說く。佛其の往因を明かす。【玄帙五】(80)

ホウニヨライサンマイキヤウ　寶如來三昧經　〔經名〕二卷、東晉の祇多蜜譯。佛說無極寶三昧經の別譯。【宙帙一】(258)

ホウハラミツ　寶波羅蜜　〔術語〕金剛界大日如來の四親近菩薩の第二。白黃色にして左手の蓮華上に寶珠あり、右手四角の金剛輪を持す、密號は平等金剛なり。【胎曼大鈔一】

ホウバウ　寶坊　〔雜名〕寺院の美稱なり。欲界色界の中間に大寶坊あり、佛此に於て大集經を說く。【大集經一】に「爾時如來示二現無量神通力一。漸漸至二彼七寶坊中一。」又「諸大菩薩俱共發。來二至娑婆世界大寶坊中一。」【六祖壇經】に「重建二梵字一。延レ師居レ之。俄成二寶坊一。」

ホウバツ　寶筏　〔譬喩〕佛の妙法以て生死を渡るに譬ふ。

ホウビヤウ　寶瓶　〔物名〕梵に軍持 Kuṇḍika と云ふ。佛具法具の瓶器を尊稱して云ふ。華瓶水瓶等數種あり。【觀無量壽經】に「有二一寶瓶一。盛二諸光明一。」

図　密法に灌頂の誓水を容るる器を寶瓶と云ふ。

ホウビヤウ　寶幖　〔物名〕法螺の貝なり。

ホウビヤウイン　寶瓶印　〔印相〕寶瓶を形どる印契なり。初に合掌を成し左右の頭指を屈して中指の根下に至らしめ、左右の拇指並に之を壓して瓶の如くならしむ。【圖印集二】に「寶瓶印。作二三補吒一。屈二二風指一。令三指頭至二火指根下一。二空指並壓レ之。」【十八道事鈔上】に「塔印寶瓶印大慧刀印。此三印同印別名也。隨二其所用一改二阿閦梨觀心一也。」

ホウブ　寶部　〔術語〕密敎五部の一。佛の自利圓滿して無邊の福德を具する方面を云ふ。

ホウブツ　報佛　〔術語〕「ホウシンブツ」に同じ。

ホウボサツイン　寶菩薩印　〔印相〕金剛寶菩薩の寶印なり。金剛縛を成じ、左右の頭指を以て寶形の如くし、左右の拇指を普立す。【圖印集一】に「寶菩薩寶。金剛縛。進力如二寶形一。禪智並立。」

ホウマウ　寶網　〔物名〕珍寶の羅網なり。帝釋宮の羅網を帝網とも因陀羅網とも云ふ。【無量壽經上】に「珍妙寶網。羅覆二其上一。」

ホウマウキヤウ　寶網經　〔經名〕一卷、西晉の竺法護譯。寶網童子の請問に依て六方佛の功德を說く。【黃帙四】(385)

ホウミヤウ　報命　〔術語〕過去の業因に報ひて受けたる一期の壽命なり、依て報命は增減すべからず、即ち定命なり。

ホウヤク　寶鑰　〔書名〕秘藏寶鑰の略稱。

ホウラ　寶螺　〔物名〕螺貝なり、法具なれば法螺と云ひ、尊重して寶螺と云ふ。【千手經】に「若欲レ召二呼一切諸天善神一者。當レ手二寶螺一。」「ホフラ」參照。

ホウリヤウ　寶鈴　〔物名〕珍寶の風鈴ふうりん、又は鈴子すずなり。【無量壽經上】に「垂以二寶鈴一。光色晃曜。」

ホウリン　寶林　〔植物〕極樂淨土の七寶の樹林なり。【無量壽經上】に「七寶諸樹周二滿世界一。」又觀經

寶樹觀の所說是なり。

ホウリンデン　寶林傳　[書名] 唐の德宗貞元十七年建康の沙門慧炬天竺三藏勝持と禪宗の諸祖傳法の識記及び宗師の機緣を編項して寶林傳と名く。（稽古略三）七佛の說偈、世尊の枯華の如き皆寶林の揑造なり。而して傳燈廣燈等の諸錄皆之を因襲して之を口實となす。【釋門正統四】に「德宗之末。乃有下金陵沙門慧炬。撰二寶林傳一誇中大其宗上。至下與二僧傳所一記如丙皂白氷炭之不乙相入甲。乃至鎧庵論レ之曰。寶林說詭。非下特達磨慧可事跡與二僧傳一不上レ同。其最虛誕無稽而流俗至レ今猶以爲レ然者。七佛說偈世尊拈華是也。」

續寶林傳　[書名] 五代の梁朝に南嶽の維勁、唐の昭宗光化年中以後の宗師の機緣を集て續寶林傳四卷を作る。【稽古略三】

ホウロウカクキヤウ　寶樓閣經　[經名] 大寶廣博樓閣善住秘密陀羅尼經の略名。

ホウロウカクホフ　寶樓閣法　[修法] 寶樓閣經の御修法なり。道場觀に千葉の大蓮華あり、七寶莊嚴せり、中に於て曼荼羅あり、曼荼羅の中心にバク字あり、字變じて佛鉢と成る、鉢變じて釋迦如來と成る。說法印に住して相好圓滿し大衆圍繞す。根本陀羅尼あり、能く之を誦持すれば一切の所願を成就す。【寶樓閣經、百二十尊法】

ホウロウクワン　寶樓觀　[術語] 觀經所說十六觀法の中第六、極樂の寶樓珠閣の相を觀ずるなり。【經】に「衆寶國土一一界上有二五百億寶樓閣一。其樓閣中有二無量諸天一。作二天伎樂一。」

ホウロシン　捧爐神　[圖像] 茶釜の足の鬼形を云ふ。

ホウワウ　寶王　[術語] 佛陀の尊稱なり。佛は諸の功德を以て莊嚴すれば寶王と云ふ。【楞嚴經三】に「願今得レ果成二寶王一。度二知是恒沙衆一。」【往生論註上】に「華嚴經寶王如來。」

ホウワウサンマイ　寶王三昧　[術語] 念佛三昧の美稱なり。念佛は即ち三昧中の至寶なれば寶王三昧と名く。【大集經菩薩念佛三昧分九】に「善男子善女人。雖下能以二上一切世界盛滿七寶衆具一供中施一切衆生上。功德雖レ廣。然故不レ及三前善男子善女人等聞二此三昧寶王名字一。」【寶王論下】に「法華三昧者念佛三昧也。是以如來名二此勝定一爲二三昧寶王一。爲二光明藏一。爲二除罪珠一。爲二邪見燈一。」

ホウワウニヨライ　寶王如來　[術語] 佛の名にあらず、佛を尊稱して寶王如來と云ふ。「ホウワウ」を見よ。

ホウワウロン　寶王論　[書名] 念佛三昧寶王論の略名。

ホウヲンギヤウ　報寃行　[術語] 行入四種の一。「ニニフ」を見よ。

ホキヤウシヤウグン　保境將軍　[圖像] 大經藏中に保境將軍の像を列するあり、是れ傅大士の烏傷の宰たりし時の形を取りしなりと云ふ。【釋門正統三】に「又立二保境將軍一。助二香火之奉一。謂二是在日烏傷宰一也。」

ホクウツタンヲツ　北鬱單越　[雜名] Uttara-kuru 又、北鬱怛越、四大洲の一。鬱單越洲は須彌山の北方に位するを以て北と以ふ。「ウツタラクル」を見よ。

ホクキヤウノサンダイヱ　北京三大會　[名數] 南都三大會の對。圓宗寺の法華會、法勝寺の大乘會、圓宗寺の最勝會を云ふ。

ホクキヤウリツ　北京律　[流派] 律宗の一傳。建久十年俊芿律師入宋して南山の第十八世了宏に就きて南山律を受けて歸朝し、京都に泉涌寺を創して之を弘む。俊芿の後に定舜等ありて鎌倉時代に盛なりしが、後、室町時代に至りて衰ふ。この一傳を鑑眞覺盛等の南京律に對して北京律と云ふ。

ホククルシウ　北倶盧洲　[雜名] 又、北拘盧洲。舊に鬱單越と云ふ。「ウツタラクル」を見よ。

ホクサンヂユウブ　北山住部　[流派] 小乘二十部の一。佛滅後第二百年の末に制多山部に對して起り制多山の北部に住すれば北山住部と稱す。【宗輪論述記】

ホクシウ　北洲　[雜名] 北倶盧洲なり。此洲の定命千歲なれば北洲の千年と云ふ。【倶舍論十一】に「北洲定千歲。西東半半減。此洲壽不定。」◉(曲、揚貴妃)「須彌の四州のさまざまに、北州の千年つひに朽ちぬ」

ホクシチ　北七　[名數] 「ナンサンホクシチ」を見よ。

ホクシユウ　北宗　[流派] 禪は初祖達磨より五祖弘忍までは一味なりしが、弘忍の下に南北二宗を分ち、六祖慧能の宗風は江南に行はれければ之を南宗の祖とし、神秀禪師の行化は北京に盛なりければ之を北宗の禪と云ふ。此中後代に至り隆盛を極めしは南宗にて五家七宗の分派も此下に屬するなり。

ホクシンボサツ　北辰菩薩　[菩薩] 北辰とは北極星なるを、密教には之を北斗七星の事となし、以て妙見菩薩の化現なりと云ふ。「ミヤウケン」「ホクトソンシヤウホフ」を見よ。

ホクセイソンジヤ　北齊尊者　[人名] 北齊の慧文禪師、中觀論を讀で始めて一心三觀の妙旨を證明す。是れ東土台家の鼻祖なり。彼の徒師を北齊尊者と稱す。

ホクタンヲツ　北單越　〔雜名〕北鬱單越の略。

ホクダイ　北臺　〔地名〕支那の五臺山北地に在ればば北臺と云ふ。

ホクト　北斗　〔雜名〕北斗七星なり。妙見菩薩の化現なり。「ホクトソンシヤウホフ」を見よ。

ホクトゴマ　北斗護摩　〔修法〕北斗尊星王に對して護摩供を修するなり。一行の北斗七星護摩法一卷、大興善寺阿闍梨の北斗七星護摩秘要儀軌一卷あり。

ホクトシチシヤウ　北斗七星　〔名數〕一に貪狼星、二に巨門星、三に祿存星、四に文曲星、五に廉直星、六に武曲星、七に破軍星なり。此七星北方に在て斗の形を成せば北斗七星と云ふ、尊星王の法とは此七星を祈念するなり。【北斗七星延命經】

ホクトシチシヤウエンミヤウキヤウ　北斗七星延命經　〔經名〕一卷、婆羅門僧唐朝に到て此經を受持す。【餘帙四】

ホクトシチシヤウゴマヒエウギキ　北斗七星護摩秘要儀軌　〔經名〕一卷、唐の大興善寺の阿闍梨述。【餘帙一】

ホクトシチシヤウゴマホフ　北斗七星護摩法　〔書名〕一卷、唐の一行撰。【餘帙四】

ホクトシチシヤウネンジユギキ　北斗七星念誦儀軌　〔經名〕一卷、唐の金剛智譯。【餘帙一】

ホクトソンシヤウワウホフ　北斗尊星王法　〔修法〕北斗の七星を祈念する法なり。北斗は妙見大士の垂迹なり、除災延命の秘法とす。多く息災或は天變地妖を除く爲に修し、本朝には平安朝の頃大原僧都長宴が賀陽院に於て修せしに始まる。園城寺に於て殊に之を深秘とす。【百二十尊法】⦿（盛衰記二七）「金堂にして北斗尊星法」

經軌　〔經名〕北斗七星護摩法一卷、北斗七星護摩念誦儀軌一卷、北斗七星延命經一卷、北斗七星念誦儀軌一卷。【餘帙一及四】「なり。

ホクトダウ　北斗堂　〔塔堂〕北斗七星を祀る堂

ホクド　北度　〔雜語〕師北位に居て弟子を度し、弟子北に面して禮を作す、即ち師弟の禮を北度と云ふ。【智者別傳上】に「導以二律儀一。攝以二北度一。」

ホクハウビシヤモンテンズヰグンゴホフギキ　北方毘沙門天隨軍護法儀軌　〔經名〕一卷、唐の不空譯。敵國を降伏する爲に毘沙門天を祈念する法式なり。【儀軌】に「昔五國大亂。有二八箇月一。經レ月行二多法一遂無二法驗一。行二此法一降二伏五國五萬軍一。自平安故名二隨軍護法一。」【餘帙二】

ホクハウビシヤモンテンズヰグンゴホフシンゴン　北方毘沙門天隨軍護法眞言　〔經名〕一卷、唐の不空別行翻譯して正經に入らず。【餘帙四】

ホクハウブツケウ　北方佛敎　〔術語〕南方佛敎の對。紀元前三世紀阿育王の傳道師派遣後、印度の北部に發達して、西藏、支那、日本等に傳播せる佛敎の總稱。此等の地に現存せる經典は錫崙、緬甸等所謂南方佛敎國の經典が小乘敎なるに反し、大乘經典を含むこと多く、兩者著しく相異の點を有するよりして、地理上の區分に從ひて北方佛敎と稱す。

ホクホンネハンキヤウ　北本涅槃經　〔經名〕四十卷の大般涅槃經の異名。北梁の曇無讖の譯。

ホクレイ　北嶺　〔地名〕比叡山は京師の東北方に在れば北嶺と云ふ。

ホクヱンダウ　北圓堂　〔堂塔〕南圓堂に對して北圓堂と云ふ、興福寺に在り、本尊は彌勒菩薩なり。養老五年八月元明元正の兩帝草創し給ふ。【水鏡】

ホケウヘン　補敎編　〔書名〕三卷、宋の契嵩撰。【露帙十一】(153)

ホゴ　反故　〔物名〕表面に字を書きし故紙を裏反へし字を書きたる者を反故裏書と云ひ、略して反故とも云ふ。【圓機活法韻學十一】に「披二反故紙一」の句あり。但し是れ文字の曲據に止まり、裏書の證とはならず。

ホゴノウラ　反古裏　〔書名〕一卷、眞宗光闡坊顯誓の撰。法然、親鸞より證如、顯如に至る上代本願寺の歷史を記載す。

ホシチ　補瑟置　〔修法〕Paustika 又、報瑟置迦に作る、此に增益と云ふ。四種法の第二、即ち增益法。

ホシマツリ　星祭　〔行事〕宿曜經に人人の當年星本命星の侵さるるを以て其人に災ありと說く。然るに如來の大悲陀羅尼を說て之を消除す。大威德金輪佛頂熾盛光如來消除一切災難陀羅尼經と名く。閏帙六【經】に「我有二大吉祥眞言一。名二破宿曜一。若能受持至心憶念。其災自滅。變レ禍爲レ福。」且つ【大集經二十三昧神足品】に「二十八宿日月隨行。一切衆生日月年歲皆悉繫屬。若人生日於二角星一者。多財富貴聰明多智。眷屬熾盛壽命。」乃至一一之を說く。之に依て邦俗星祭とて其人の當年星又は本命星を祀るなり。然るに消除一切災難陀羅尼經は大悲隨情の方便にして佛敎に非ず、又大集經の說は光味仙人の言にして佛說にあらず、故に佛之を破して【經】に「佛言。衆生闇行。著二於顛倒一。煩惱繫縛隨二逐如レ是宿書籍一。仙人星宿雖レ好亦復生二於牛馬豬狗一。亦有下同於二一星一

即是歸命。亦是發願回向之義。」此に就て淨土門の他流は但衆生の機に就て之を釋す。謂く、淨土に往生せ生者而有中貧富貴賤參差上。是故我知是不定法。」又【涅槃經梵行品】に「諸佛世尊。於二諸衆生一不レ觀二種姓老少中年貧富日月星宿工巧下賤卑僕婢使一。唯觀下衆生有二善心一者上。若有二善心一則便慈念。」

ホシヤ　逋沙　[雜語] Puruṣa 又、甫沙、補沙、晡沙。新に富盧沙。譯、丈夫、士夫。【玄應音義一】に「逋沙又作二補婁沙一。或言二富留沙一。皆訛也。正言二富盧沙一。此言二士夫一。或言二丈夫一。經中或作レ甫訛也。」「フルシヤ」を見よ。「ホゼンニ」を見よ。

ホゼンニ　蒲膳尼　[術語] Bhojanīya「ハンシヤ

ホソ　捕鼠　[譬喩] 破戒僧を毀る譬なり。【佛藏經】にある鳥鼠僧の譬喩を指す。「テウソウ」を見よ。【釋門歸敬儀】に「捕鼠之證頻繁二於胸臆一。」

ホタ　逋多　[地名] Potalaka 山の名。逋多羅山なり。「フダタカ」を見よ。

ホツイ　發意　[術語] 發心に同じ。【無量壽經上】に「發二無上正眞道意一。棄レ國捐レ王。行作二沙門一。」

ホツウタイ　弗于逮　[雜名] 洲の名。「ビタイカ」を見よ。

ホツウバビダイカ　弗于毘婆提訶　[雜名] Pūrva-videha 洲の名。「ビダイカ」を見よ。

ホツカイ　發戒　[術語] 授戒の法に依て受者の身中に戒を發得するを云ふ。【法華玄義六】に「受戒之時。說二此戒法一授二於前人一。前人聽聞即得二發戒一。」

ホツカクジヤウシンキヤウ　發覺淨心經　[經名] 二卷、隋の闍那崛多譯。大寶積經發勝志樂會第二十五の異譯なり。【地帙十一】(37)

ホツガキシン　發餓鬼心　[術語] 十種發心の

勝義。是增盛也。提沙又云二底沙一。西域訓字。底邏那此云レ度也。沙是皤沙。此云二說他一。謂說レ法度レ人。」之に一。衆生刹那刹那に名利の心を起し、下品の十惡を作り、以て餓鬼道の種子を植うるを云ふ。

ホツキ　發起　[雜語] 物の初て起ること。【蓮師御文初帖二通】に「釋には一念發起入正定之聚ともいへり。」釋とは曇鸞の論註を指すなり、而して論註に此全文なし、但其文意を撮取せしのみ。図他を發揚し鼓動するを云ふ。【註維摩經二】に「顯二維摩詰辯才殊勝一。發二起衆會一。」

ホツキシユ　發起手　[印相] 發起の相を爲す印相なり。【大日經疏十六】に「除惡趣菩薩畫作二發起手一。謂舒レ手仰レ掌。從レ下向レ上擧レ之。」

ホツキシユ　發起衆　[術語] 四衆の一。法華經の會座に舍利弗の三請して本經の說法を發起する如きを發起衆と云ふ。【法華文句二】に「發起者權謀智鑒。知レ機知レ時。擊揚發動成二辨利益一。如二大象蹴一レ樹使二象子得一レ飽。」

ホツキジヨ　發起序　[術語] 二序の一。證信序「に對す。「ジヨブン」を見よ。

ホツクワウヂ　發光地　[術語] 菩薩十地の第三地。本覺の慧光開發する位なり。

ホツグワン　發願　[術語] 誓願を發起するなり。【阿彌陀經】に「應三當發願生二彼國土一。」「略。

ホツグワンシン　發願心　[術語] 回向發願心の

ホツグワンノカネ　發願の鐘　[儀式] 法會の時に導師の發願文を誦する時の相圖の鐘なり。

ホツグワンモン　發願文　[雜名] 畧して願文と云ふ。法事の時施主の願事を述べし表白なり。

ホツグワンヱカウ　發願回向　[術語] 唐の善導南無の二字を釋して【觀經玄義分】に「言二南無一者

んと發願し稱名の功德を淨土に回向するなりと。然るに淨土眞宗の一流は開祖見眞及び覺如蓮如等の諸祖、行者の機に約すると如來の他力に約するの二意を釋するなり。初に行者の發願回向とは往生せんと願を發して心を回して淨土に向ふなり。【尊號銘文本】に「發願回向といふは南無阿彌陀佛を稱ふるは即ち安樂淨土に往生せんと思ふ心になるなり。」【同末】に「亦是發願回向之義といふは二尊の召に從ふて安樂淨土に生れんと願ふ心なり。」是れ釋意に於て他流と自力心他力心の別あるも其の釋相は一なり。次に如來の發願回向とは阿彌陀如來が念佛の衆生に無上大利の功德を與へんと發願し其の願の如く之を衆生に回施するを云ふ。【敎行信證】に「言二發願回向一者。如來已發レ願回二施衆生行一之心也。」【蓮師御文五帖十三通】に「されば一念に彌陀をたのむ衆生に無上大利の功德を與へ給ふを發願回向とは申すなり。」是れ他宗不共一家獨特の釋義なり。

ホツケン　發遣　[術語] ハッケンと讀む。人を勸めて他處に遣すなり「シヤカ」を見よ。

ホツゲボンジフゼンシン　發下品十善心　[術術] 十種發心の一。衆生念念に勝他の心を起し、下品の十善を行ひて修羅道の種を植うること。

ホツコウ　發講　[儀式] 開講に同じ。講經を始むるを云ふ。

ホツシヤ　弗沙　[雜名] Puṣya 星の名。「フシヤ」を見よ。

ホツシヤ　弗沙　[佛名] 又、勃沙、富沙、逋沙、補沙に作る。【華嚴經昇須彌頂品】に「弗沙明二達第一義一。諸吉祥中最無上。乃至提沙如來。辯無礙。諸吉祥中最無上。」【同疏】に「弗沙又云二勃沙一。此云二增盛一。明二達

依れば弗沙はこの底沙とは別佛なり。然るに他師の解に依れば弗沙と底沙とは同體異名とす、是れ釋迦が百劫修相の中に七日間翹足讃偈して九劫を超過せし佛なりと云ふ。【倶舍光記十八】に「底沙(Tisya)此云二圓滿一。是星名。從レ星爲レ名。乃至過去有レ佛號曰二底沙一。或曰二補沙一。」【四教儀集解中】に「底沙弗沙梵音不同。云二富沙一。又云二底迦一。」【名義集一】に「什師解二弗沙菩薩一云。二十八宿中鬼星名也。生時相二應鬼宿一。因以爲レ名。或名二沸星一。或名二孛星一。」「チシヤブツ」を見よ。梵 Pusya

ホツシヤクケンポン　發迹顯本　[術語] 本門法華の開顯の意なり。伽耶成道の釋迦如來は垂迹なりと開放して更に久遠實成の本地を顯示するを云ふ。【法華玄義七】に「發迹顯本者。還指二最初一爲レ本。中間示現發迹顯本。」

ホツシヤクニフゲン　拂迹入玄　[術語] 又、發迹入源。【圓覺經】に「是故我說二身心幻垢一。對レ離二幻垢一說名二菩薩一。垢盡對除即無二對レ垢及說レ名者一。」圭峰の【圓覺略疏上】に此文を科して拂迹入玄と云ひ、【同鈔四之一】に釋して「拂迹入玄者。爲レ欲レ入二生佛平等稱レ性圓滿究竟之法一。故宜レ拂二前垢淨迷悟始終分限之迹一也。」と云ふ。是れ法に執垢離垢等の差を見、人に衆生菩薩等の別を立つる因分可說の敎門を指して迹と云ひ、染淨不二、生佛平等の一眞法界を指して玄と云ふ。是れ果分不分不可說の妙境なれば玄と名くるなり。佛今此玄に入らしめん爲に彼の迹を拂ふを拂迹と云ふ。其の要は幻垢を去るに在り。佛の敎迹あるは衆生の幻垢あるが爲なり、衆生の幻垢去れば迹を拂ふて玄に入るを得るなり。然るに淨家の良忠【觀經玄義分記三】に此語を轉用して「果位難思發迹入源」と云ふ。發に拂の義あり、源に玄の義あれば拂迹入玄と其の語は則ち一なり。但良忠の意は釋迦の要門施化利生の一切の法を指して迹となし、彌陀の別意弘願他力の法を指して本とす、要門の敎迹を捨てて彌陀の弘願に歸入するを發迹入源と云ふ。

ホツシヤミツタ　弗沙蜜多　[人名] Pusyamitra 阿育王の子なり、大に佛法を破却す。【雜阿含經二十五】

ホツシン　發眞　[術語] 自己本有の眞性を發起するなり。【楞嚴經九】に「一人發眞。」

ホツシン　發心　[術語] 菩提心を發すなり。無上菩提を願求する心なり。【涅槃經三十八】に「發心畢竟二不レ別。如レ是二心前心難。」【華嚴經】に「初發心時便成二正覺一。」【無量壽經下】に「捨レ家棄レ欲而作二沙門一。發二菩提心一。」【維摩經慧遠疏】に「期二求正眞道一名爲二發心一。」⊙(平家九)「それよりしてこそ、熊谷が發心の心は出で來にけり」

ホツシンヂユウ　發心住　[術語] 菩薩十住の第一位なり。

ホツシンモン　發心門　[術語] 四門の一。東門に名く。高野山の東の大門を發心門と稱す。「シモン」を見よ。

ホツス　拂子　[物名] 蟲を拂ふ具なり、線拂、羊毛拂、樹皮拂等を聽して猫牛尾馬尾等の類を制す。【毘奈耶雜事六】に「緣在二廣嚴城獼猴池側高閣堂中一。時諸苾芻爲二蚊蟲所一レ食。身體患レ痒爬搔不レ息。俗人見。時問言。聖者何故如レ是。以レ事具答。彼言。聖者何故不レ持下拂二蚊子一物上。答言。世尊不レ許。乃以レ緣白レ佛。佛言。我今聽下諸苾芻畜中拂二蚊子一物上。是時六衆聞二佛聽一已。便以二衆寶一作レ柄。用二犛牛尾一而爲二其拂一。俗人既見廣說如レ前。乃至佛言。有下其五種祛二蚊子一物上。一者撚二羊毛一作。二用レ麻作。三用二細裂氎布一。四用二故破物一。五用二樹枝梢一。若用二寶物一得二惡作罪一。」

ホツタ　發吒　[術語] Phat 「ハッタ」を見よ。

ホツタフ　髮塔　[堂塔] 佛髮を供養する塔なり。【十誦律五十六】に「起塔法者。給孤獨居士白レ佛言。世尊遊二行諸國土一時。我不レ見二世尊一。故甚渴仰。願賜二一物一我當二供養一。佛與二爪髮一。居士即時白レ佛言。願世尊聽三我起二髮塔爪塔一。佛言。聽レ起二髮塔爪塔一。是名二起塔法一。」是れ佛塔の嚆矢なりと云ふ。

ホツチロクソク　發智六足　[書名] 發智論と六足論なり、薩婆多宗の根本論に七論あり、其中發智論最も該博なれば之を身論と名け、他の六論を足論と名く。「アビダツマ」の項を見よ。

ホツチロン　發智論　[書名] 阿毘達磨發智論の略名。

ホツトク　發得　[術語] 禪定智慧等の吾身中に發生し獲得するを云ふ。【往生十因】に「一心稱二念阿彌陀佛一。三昧發得故。必得二往生一。」

ホツバダイ　弗婆提　[雜名] Pūrva-videha 洲の名。「ビダイカ」を見よ。

ホツボダイシン　發菩提心　[術語] 菩提は無上正眞道なり、無上正眞道を求むる心を發すを發菩提心と云ふ。【觀無量壽經】に「三者發二菩提心一。深信二因果一。」【無量壽經下】に「捨レ家棄レ欲而作二沙門一。發二菩提心一。一向專念二無量壽佛一。」【觀經玄義分】に「同發二菩提心一。往二生安樂國一。」【大乘義章九】「發菩提心者。菩提胡語。此翻名レ道。果德圓通故曰二菩提一。於二大菩提一起レ意趣求名二發菩提心一。」

ホツボダイシンハシヨマキヤウ　發菩提心破諸魔經　[經名] 二卷、趙宋の施護譯。出生菩提心經の新譯。【宙帙二】(934)

ホツボダイシンロン　發菩提心論　[書名]

具に發菩提心經論と云ふ。二卷、天親菩薩造秦の羅什譯。十二品あり、發心誓願及び六度の相を具說す。【來帙十】(1218)

ホツロ 發露 ［術語］ 所犯の罪を發き露はして隱す所なきなり。【四教儀】に「一切隨レ意發露。更不ニ覆藏ー。」

ホツロン 髮論 ［書名］ 黃髮外道の論、即ち勝論なり。【名義集二】に「婆毘迦羅亦云ニ劫毘羅ー(Kapila)此云ニ金頭ー。或云ニ黃髮ー。食米齋外道。」【性靈集六】に「爪章髮論冥絕有レ涯。」

ホテイ 布袋 ［人名］ 五代梁の時の僧にして自ら稱して契此と名け、又長汀子、布袋師と號す、【傳燈錄二十七】布袋和尙傳、明の如惺の龍華懺法の後に附す。續藏中に收む。「カイシ」を見よ。⦿(十訓抄)に「布袋和尙の十無益。」あり、類雜集七に出づ。

ホテイボチビサシヤ 脯提木底鞞殺社 ［飲食］ Pūtimukta-bhaiṣajya 陳棄藥の梵名。「チンキヤク」を見よ。

ホトケ 佛 ［雜名］ 瘧氣(ほとほりけ) 佛教初て吾邦に傳來せし時疫癘盛に行はれしより佛を謗りて付けし名なりと云ふ。解け(ほどけ) 煩惱を解脫する意にて尊稱なり。などの說あれど余は漢語の訛にして浮圖家ならんと思はる。

ホトトギス 郭公 ［動物］ 和俗郭公を指して冥土の鳥と言ひなすに至りしは僞撰十王經の別都頓宜壽(べつとこんぜす)より來れるならん。「ベツトトンギス」を見よ。

ホフ 法 ［術語］ 法とは梵に達磨 Dharma と云ふ。一切に通ずる語なり。小なる者も大なる者も、形ある者も形なき者も、眞實なる者も、虛妄なる者も、事物其物も、道理其物も、ありとあらゆる者皆悉く法といはるる也。唯識論に依るに自體任持と軌生物解の二義を以て法を解す。自體任持とは竹は竹の自體あり、梅は梅の自體あり、形ある者は形の自體あり、形なき者は形なきの自體ありて、各其の自體を保任し維持するを云ふ。軌生物解とは是の如く既に各自體あればみな自體任持の樣なれど然るときは只有體に限りて無體を容るる能はず、法といへば無體をも攝ねて一切を該ね盡すなり。【唯識論一】に「法謂軌持。」【同述記一本】に「法謂軌持。軌謂軌範可レ生ニ物解ー。持謂任持不レ捨ニ自相ー。」【俱舍論光記一】に「釋ニ法名ー有ニ二ー。一能持ニ自性ー。謂一切法各守ニ自性ー。如ニ色等性常不ニ改變ー。二軌生ニ勝解ー。如ニ無常等生ニ人無常等解ー。」【大乘義章十】に「法者外國正音名爲ニ達磨ー。亦名ニ曇無ー。本是一音傳レ之別耳。此翻名レ法。法義不同。汎釋有レ二。一自體爲レ法。二者軌則名レ法。」【唯識述記二末】に「法者道理義也。有ニ般涅槃之義ー名ニ般涅槃法ー。」

ホフアイ 法愛 ［術語］ 愛に二種あり、一に欲愛、凡夫の愛着なり。二に法愛、菩薩已上の善法を愛樂するなり。此法愛に又二種あり。一は小機の涅槃を愛するもの又は菩薩未だ法執を斷ぜずして善を愛するもの此法愛必ず斷ずべし、二に如來の大悲を法愛と云ふ、是れ無上の眞愛なり。【圓覺經】に「善能歸ニ悟刹ー先去ニ貪瞋痴ー。法愛不レ存レ心漸次可ニ成就ー。」【同註】に「法愛者愛ニ涅槃ー也。」【仁王經中】に「順逆法愛無明習。遠行大士獨能斷。」【同良賁疏】に「順道法愛者愛ニ善法ー也。婆沙論中名ニ善法欲ー。」【涅槃經五】に「愛有ニ二種ー。一者餓鬼愛。二者法愛。眞解脫者離ニ餓鬼愛ー。憐ニ愍衆生ー故有ニ法愛ー。如レ是法愛眞解脫。」

ホフアイボンシ 法愛梵志 ［本生］ 【名義集偈頌】に「雪山大士求ニ半偈ー而施レ身。法愛梵志敬ニ四句ー而折レ骨。」智度論に所謂愛法梵志なり。

ホフイン 法印 ［術語］ 妙法の印璽なり、斯法眞實にして不動不變なれば稱して印と云ふ。又王印の如く通達無礙なれば印と云ふ。又是れ佛の正法たることを證明するものなれば印と云ふ。又諸佛諸祖互に印可して心心相傳する法なれば法印と云ふ。佛法を該攝して三種の法印を立つ、三法印と稱す。【智度論二十二】に「得ニ佛法印ー故通達無礙。如下得ニ王印ー則無ヒ所ニ留難ー。問何等是佛法印。答曰。佛法印有ニ三種ー。一者一切有爲法念念生滅皆無常。二者一切法無我。三者寂滅涅槃。」【同二十】に「若分別憶想則是魔羅網。不動不依止是則爲ニ法印ー。」【嘉祥法華疏六】に「通言レ印者。印ニ定諸法ー不レ可ニ移改ー。」【法華經譬喩品】に「汝舍利弗。我此法印爲レ欲レ利ニ益世間ー故說。」【證道歌梵天琪註】に「古人云。諸佛法門遞相印可。一印印定。起畢同時更無ニ前後ー。故云レ印。」図 密教の印相を云ふ。【性靈集二】に「結ニ法印ー而攝念。」図 ［職位］ 本朝僧位の名なり。具には法印大和尙位と云ふ。「ソウヰ」を見よ。

ホフインキヤウ 法印經 ［經名］ 一卷、趙宋の施護譯。三解脫門を說いて聖法印となす。雜阿含經第三卷に出づ。【辰帙六】(652)

ホフインダイクワシヤウヰ 法印大和尙位 ［職位］ 「ソウヰ」を見よ。

ホフウ 法宇 ［雜名］ 寺院の通稱なり。【毘奈耶雜事四】に「今此伽藍先爲ニ法宇ー。今日變作ニ乾闥婆城ー。」

ホフウ 法雨 ［譬喩］ 妙法能く衆生を滋潤すれば譬へて雨と云ふ。【無量壽經上】に「澍ニ法雨ー演ニ法施ー。」【法華經序品】に「雨ニ大法雨ー吹ニ大法螺ー。」【同普門品】に「澍ニ甘露法雨ー。滅ニ除煩惱焰ー。」【涅槃經二】に「無上法雨雨ニ汝身田ー。令レ生ニ法芽ー。」【嘉祥無量壽經疏】に「澍雨有ニ潤澤之功ー。譬ニ說法能沾ニ利衆生ー也。」

ホフウ　法有　〔術語〕法は實有なりと固執する小乘の卑見を云ふ。【唯識述記一本】に「世尊爲レ除ニ彼法有執一。次於ニ鷲嶺一說ニ諸法空一。」

ホフウガムシユウ　法有我無宗　〔術語〕嚴家所判十宗の第二。小乘の薩婆多宗等なり、諸法の體は因緣所生にして實體あり、我は諸法の假和合に名けしもの、其性虛無なりと立つるを云ふ。【五教章上】

ホフウン　法蘊　〔術語〕法藏に同じ。諸種の法門蘊積するを法蘊と云ふ。【俱舍論一】に「所化有情有ニ貪瞋等八萬行別一。爲レ對ニ治彼八萬行一故。世尊宣ニ說八萬法蘊一。」

ホフウンチ　法雲地　〔術語〕菩薩十地の第十。大法の智雲徧ねく甘露の雨を注ぐ位なり。

ホフウントウガク　法雲等覺　〔菩薩〕十地の第十位を法雲地となし、法雲地を越ゆれば即ち等覺、等覺を越ゆれば即ち妙覺なり。

ホフエ　法衣　〔雜名〕三衣の通名なり、法に應じ作るが故に法衣と名く。【釋氏要覽上】に「西天出家者衣。律有ニ制度一。應レ法而作。故曰ニ法衣一。」【六物圖】に「或名ニ袈裟一或名ニ道服一。或名ニ出世服一。或名ニ法衣一。」然るに禪林には殊に傳法の信を表する金襴衣を稱して法衣と名く、但說法の時に此衣を被る故に法衣と曰ふなり、即ち九條より二十五條に至る大衣なり。【象器箋十七】

ホフエウ　法要　〔術語〕簡約に法の樞要を說きしもの、即ち樞要の法義なり。【維摩經弟子品】に「佛爲ニ諸比丘一略ニ說法要一。」【心地觀經七】に「是名爲ニ出世法要一。」【大日經疏一】に「於ニ此眞言法要一方便修行得レ至ニ初地一。」【註維摩經五】に「什曰。以ニ要言一說レ法。謂簡要之言折ニ繁理一也。肇曰。善以ニ約言一而擧ニ多義一。美ニ其能得ニ說法之要趣一也。」図 法會を法要と稱す。

ホフエツ　法悦　〔術語〕法を聞き、又は思惟することによりて生ずる悦喜を云ふ。

ホフエン　法筵　〔雜名〕法事の筵席なり。【楞嚴經一】に「法筵情衆得ニ未曾有一。」

ホフエン　法緣　〔術語〕三緣の一。人我の相を離れたる一味平等の法理を思惟するなり。例へば慈悲の如き、深く諸法因緣生の理を見て平等に起す慈悲を法緣の慈と云ふ。【涅槃經十四】に「法緣者不レ見ニ父母妻子親屬一。見ニ一切法皆從因緣生一。是名ニ法緣一。」

ホフエンノジヒ　法緣慈悲　〔術語〕三種慈悲の第二。前項を見よ。

ホフオウ　法應　〔術語〕法身冥に衆生の機に應ずるなり。【法華玄義六】に「法應則冥益。」

ホフオン　法音　〔術語〕說法の音聲なり。【無量壽經上】に「常以ニ法音一覺ニ諸世間一。」【法華經譬喩品】に「聞ニ此法音一心懷ニ踊躍一。」

ホフオン　法恩　〔術語〕四恩中の三寶恩なり。

ホフオンマウク　法音毛孔　〔雜語〕「法音入ニ毛孔一遠爲ニ菩提因一。」の語あり、是れ【涅槃經九】に「佛所說大涅槃光。入ニ於一切衆生毛孔一。衆生雖ニ無菩提之心一而能爲作ニ菩提因一。」の文の取意なりと云ふ。

ホフカ　法河　〔譬喩〕佛法の甚深を大河に譬ふるなり。【涅槃經十九】に「甚深法河於レ今欲レ涸。」【大集經五十六】に「法水止不レ流。法河永枯涸。」

ホフカイ　法海　〔譬喩〕佛法廣大にして測り難し、譬ふるに海を以てす。【維摩經佛國品】に「當レ禮ニ法海德無邊一。」【無量壽經上】に「深諦善念ニ諸佛法海一。」【大集經五十六】に「法山欲ニ崩頹一。法海當ニ復竭一。」

ホフカイ　法界　〔術語〕梵に達磨馱都 Dharma-dhātu 此に法界と云ふ。又法性とも實相とも云ふ。法界の義多種なり、且らく二義を以て釋す。一は事に就き、一は理に約す。初に事に就かば、法とは諸法なり、界とは分界なり。諸法各自體ありて分界不同なる故に法界と名く。されば法界とは法の一一を法界と名け、萬有を總該して一の法界とも云ふ。是れ嚴家所判の四種法界の中の事法界にして台家に俗諦に約して十法界を釋する時此義なり。【菩薩瓔珞本業經上】に「無明者名ニ不了一切法一。迷ニ法界一起ニ三界業果一。」【止觀五】に「此十法各各因各各果。不ニ相濫一故言ニ十法界一。」【同輔行】に「言ニ法界一者。法即諸法。界謂界分。相不同故。」【資持記上一之三】に「法界者十界依正也。塵沙者喩ニ其多一。」【行事鈔上之一】に「法界塵沙。」図 界とは邊際の義、法とは法の邊際を極めたる言なり。廣大深遠此に過ぐる語なし、法界萬靈、周遍法界など云ふ如し。【止觀三】に「出ニ法界外一何處更別有レ法。」【同五】に「當レ知法界外。更無ニ復有レ法而爲ニ次第一也。」【四教儀集註半字談五】に「事の邊際を窮むるを法界と云ふ。」【往生要集上】に「周ニ遍法界一。拔ニ苦衆生一。」又「佛光明照ニ法界念佛衆生一。攝取不レ捨。」次に理に約せば法相華嚴の釋意に眞如の理性を指して法界と云ふ。或は眞如法性、實相、實際と云ふ。其體一なり。界とは因の義、依て諸の聖道を生ずるが故に法界と名く。又界は性の義なり、是れ諸法の所依の性なるが故に。又諸法同一性なるが故に法界と名く。【唯識述記九末】に「三乘妙法所依相故名爲ニ法界一。」【勝鬘經寶窟下末】に「法界者。界即境界。即是因義。聖人四念處等。皆取ニ此性一作レ境故。」【探玄記十八】に「界有ニ三義一。一是因義。依生ニ聖道一故。攝論云。法界者一切淨法因故。

又中邊論云。聖法因爲レ義故。是故說二法界一。二是性義。謂是諸法所依性故。此經上文云二法界法性一。並亦然故也。三是分齊義。謂諸緣起相不レ雜故。」是れ四種法界中の理法界の義なり。而して更に嚴家台家は一一の法に法爾として一切諸法を圓融具足するを指して法界と云ふ。【大乘止觀】に「法者法爾故。界者性別故。以三此心體法爾具二足一切法一。故言二法界一。」【四教儀集註半字談五】に「性惡融通するを法界と云ふ。」【止觀五】に「又此十法。一一當體皆是法界。故言二十法界一。」是れ四種法界中の事事無礙法界なり。又因果の理に支配せらるる法相の範圍を法界と名く。佛は此の範圍を超脫せし者なれば佛獨り法界の外に屹立す。【菩薩瓔珞本業經上】に「於二一法界一有二三界報一。一切有爲法。若凡若聖。若見著。若因若果。不レ出二法界一。唯佛一人在二法界外一。」と。又十八界の一。意識所緣の境を法界と云ふ、即ち六塵中の法塵なり。此中有爲無爲の一切法を總該す、悉く意識の所緣となればなり。【行宗記二下】に「法塵一界。兼二通色心一。」

三法界

〔名數〕 嚴家四法界中の第一事法界を除き他の三法界に就て三重の法界觀を立つる故に三法界の目あり。

四種法界

〔名數〕 一眞如法界は萬有を總該する窮極の眞理なり、其義相を分別するに四種あり、四種法界と云ふ。一に事法界、事は色心萬差の事物なり。即ち松は松、竹は竹と差別して眼前に現はるるもの、即ち緣起を以て其相となす。此時は法界の界は分の義にして萬差の諸法分分に別れたるを法界と云ふ。二に理法界、理とは眞如平等の理にして彌勒に在ても如なり、凡夫に在ても如なり。法界平等にして一眞如の理なり。即ち無相を以て其相となす。此の時は界は性の義にして眞如は是れ萬法の體性なれば法界と云ふ。三に事理無礙法界、色即是空空即是色にして事理交徹すると水即波波即水なるが如きを云ふ。即ち五融を以て其相となす。此時は界に分と性との二義を具し、分かてる事相と體性の眞如と無礙圓融せるを法界と云ふなり。四に事事無礙法界、萬法は理性より緣起せる者なれば理性の融通する如く所起の事相も亦圓融すると一父母より生ぜし兄弟姉妹の血肉相通じて和融一味なる如し、差即涉入を以て其相となす。此時も界に分性の二義を具し別別の事相が理性の如く事事無礙涉入するを法界と云ふなり。さて一眞法界より此四法界を義分する所以の者は一眞法界に眞如生滅の二門あり、即ち不變隨緣の二義なり。依て其の隨緣の義邊を取りて事法界を立て、其の不變の義邊を取りて理法界を立て、二門涉入する義邊を取りて事理無礙法界を立て、更に生滅門に於て事事涉入する義邊を取りて事事無礙法界を立つ。而して眞如門に於て理理涉入する義邊を取りて理理無礙法界を立てざるは、理は本來平等にして更に涉入を論ずべき差別理なければなり。（但し眞言一家は理理無礙法界を立つ。）以上四法界中第一法界を除き後の三法界に於て三種の觀法を立つ。一、眞空絕相觀（理法界）二、理事無礙觀。三、周遍含容觀。（事事無礙法界。）之を華嚴法界の三觀と稱し、本宗行者の觀法として漸次修習して事事無礙法界の境に入るを其至極となす。即ち華嚴の入法界是なり。【註法界觀門】に「清凉新經疏云。統唯一眞法界。謂總二該萬有一即是一心。然心融二萬有一便成二四種法界一。一事法界。界是分義。一一差別有二分齊一故。二理法界。界是性義。無盡事法同一性故。三理事無礙法界。具二性分義一。性分無礙故。四事事無礙法界。一切分齊事法。一一如レ性融通重重無盡故。」と。【法界觀門、法界玄鏡上】

五種法界

〔名數〕 又嚴家に於て所入の法界に就て五門を立つ、一に有爲法界、是れ前の事法界なり。二に無爲法界、是れ前の理法界なり、三に亦有爲亦無爲法界、是れ前の事理無礙法界なり。四に非有爲非無爲法界、是れ亦事理無礙法界なり、事即ち理なれば有爲にあらず理即事なれば無爲にあらざればなり。五に無障礙法界、是れ前の事事無礙法界なり。已上の五法界は有爲無爲の二に就て四句を分別し更に四句を該收する一門を加へて五門となせしなり。【探玄記十八、大疏鈔六十】

十法界

〔名數〕 嚴家は圓融無礙の義相を分別する爲に四法界を立て、台家は塵沙の事相を差別する爲に十法界を立つ、之を對配すれば即ち橫竪の二門なり。（四は橫十は竪）十法界とは。一、佛法界、自覺覺他覺行共滿の境界なり。二、菩薩法界、無上菩提の爲に六度萬行を修する境界なり。三、緣覺法界、入涅槃の爲に十二因緣觀を修する境界なり。四、聲聞法界、入涅槃の爲に佛の聲教に依て四諦の觀法を修する境界なり。五、天法界、上品の十善を修し兼て禪定を修し天界に生じて靜妙の樂を受くる境界なり。六、人法界、五戒又は中品の十善を修し人中の苦樂を受くる境界なり。七、阿修羅法界、下品の十善を行じて通力自在を得る非人の境界なり。八、鬼法界、下品の五逆十惡を犯して飢渴の苦を受くる惡鬼神の境界なり。九、畜生法界、

中品の五逆十惡を犯して呑噉殺戮の苦を受くる畜類の境界なり。十、地獄法界、上品の五逆十惡を犯して寒熱叫喚の苦を受くる最下の境界なり。要するに感報の界分十種不同なれば十法界と云ふなり。十法界の事經論の明説なきも天台大師經論の意に依て立て、一切の有情界を該收せし一種の法門なり。十法界の字を釋して【止觀五】に「法界者三義。十數是能依。法界是所依。能所合攝故言二十法界一。又此十法各各因各各果。不二相混濫一。故言二十法界一。又此十法一一當體皆是法界。故言二十法界一。」

觀門十法界〔名數〕天台正修止觀の法に所觀に十境を立てて十法界とす。一、陰界入法界、五陰、十二入、十八界の諸法悉く中道不可思議の法界なり。二、煩惱法界、無行經に貪欲即是道と說き、維摩經に「行二於非道一通二達佛道一」と說く如き、煩惱即不可思議の法界なり。三、病患法界、維摩の託疾、雙林の現病の如き、病患即不可思議法界なり。四に業相法界、法華に「深達二罪福相一」と說く如き、罪福の諸業即ち不可思議の法界なり。五、魔事法界、首楞嚴經に「魔界如佛界如。一如無二如一」と說く如く、魔事即不可思議の法界なり。六、禪定法界、首楞嚴に「不昧不亂入二王三昧一」と說く如く、禪定即ち不可思議の法界なり。七、諸見法界、維摩經に「以二邪相一入二正相一。於二諸見一不レ動而修二三十七品一」と說く如き、諸見即ち不可思議の法界なり。八、增上慢法界、還た是れ煩惱なり、前の煩惱法界諸見法界の例にて知るべし。九、二乘法界、智者は二乘の空に即して不空を觀じ中道に達す、是れ二乘不可思議の法界なり。十、菩薩法界、底惡の生死第八境下劣の小乘第九境尙即是法界なり、況んや菩薩の法寧ぞ佛道にあらざらむや、則ち知る菩薩の境即ち不可思議の法界なり。【止觀五】

密敎十法界〔名數〕密敎の十法界は顯敎に異なりて五凡五聖を十法界とす、五凡は地獄、餓鬼、畜生、人、阿修天なり、五聖は聲聞、緣覺、菩薩、權佛、實佛なり。【秘藏記鈔六】

ホフカイイチサウ　法界一相〔術語〕四法界の中の事事無礙法界即ち一眞法界の一相一味なるを云ふ。【文殊般若經】に「法界一相。繫二緣法界一。是名二一行三昧一。」

ホフカイエンギ　法界緣起〔術語〕四種緣起の一。「エンギ」を見よ。

ホフカイカイヱ　法界海慧〔術語〕法界を觀ずる平等の大慧深廣にして海の如し、依て名く。【圓覺經】に「法界海慧照二了諸相猶如二虛空一。」

ホフカイカヂ　法界加持〔術語〕諸佛、眞言、衆生の實相互に相加持するを法界加持と云ふ。【演密鈔二】に「疏釋云。毘富羅是廣大義。謂深廣無際不レ可二測量一。如レ是諸法自體名爲二毘富羅法界一。諸佛實相眞言實相衆生實相。皆是毘富羅法界。以レ此更相加持。故名二法界加持一也。」

ホフカイキヤウ　法海經〔經名〕一卷、西晉の法炬譯。海八德經の別譯。【宿帙七】(673)

ホフカイクワン　法界觀〔術語〕華嚴經所說の法界に證入する觀法なり。嚴家の初祖杜順之を修するに三重を立つ。一に眞空觀、二に理事無礙觀、三に周遍含容觀なり。【法界觀門】

ホフカイクワンモン　法界觀門〔書名〕一卷、華嚴の初祖終南杜順の著。三重の法界觀を明かす、是れ華嚴宗觀門の創始なり。【文】に「修二大方廣佛華嚴法界觀門一。略有二三重一。眞空第一。理事無礙第二。周遍含容第三。」此本の全文今は圭峯の註法界觀門に依て見るべし。

ホフカイグウ　法界宮〔雜語〕胎藏大日如來の宮殿なり、依處は摩醯首羅天に在り、是れ古佛成菩提の處、具には廣大金剛法界宮と云ふ。金剛は實相智に譬へ、法界とは智性即の理體なり、即ち理智妙合の處なり。【大日經一】に「一時薄伽梵住二如來加持廣大金剛法界宮一。」【同疏一】に「金剛譬二實相智一。乃至法界者金剛廣大智體也。乃至妙住之境心王所レ都故曰レ宮。此宮是古佛成菩提處。所謂摩醯首羅天宮。」

ホフカイグウミツゴンコク　法界宮密嚴國〔雜名〕大日法身の所都を法界宮とも密嚴國とも云ふ。常には第四禪の摩醯首羅天に在りと云ふも(法界宮を見よ。)深秘の意には欲界の都率天をも此依處なりと云ふ。【砂石集一】に「眞言の意には都率をば內證の法界宮密嚴國とこそ申すなれ。」

ホフカイケフ　法界敎〔術語〕法界の理を說く敎法なり。【佛地論六】に「空無相理。說二法界理一。名二法界敎一。」

ホフカイゲンキヤウ　法界玄鏡〔書名〕具名、華嚴法界玄鏡。澄觀著。杜順の法界觀門を釋す。【陽帙三】(1598)

ホフカイサンクワン　法界三觀〔名數〕華嚴宗所立の眞空觀、理事無礙觀、周偏含容觀の三觀なり。「サンクワン」を見よ。

ホフカイサンマイ　法界三昧〔術語〕華嚴經所明の一眞法界の玄理を觀見する三昧なり。之を華嚴の三聖に配すれば普賢菩薩の所得なり、又、密敎に𑖀等の五字を觀ずるを法界體性觀とも法界三昧とも云ふ。【蓮華部心軌】に「結二三摩地印一。入二法界

三昧。」◉(源氏、葵)「經忍びやかに讀み給ひつつ、法界三昧普賢大士とうちのたまへる」

ホウカイザウ　法界藏　[術語] 五藏の一。一切染淨の有爲法を持する故に法界と名け、内に一切功德の性德を含む故に藏と名く。「ゴザウ」を見よ。

ホフカイシダイ　法界次第　[書名] 具名、法界次第初門、六卷、隋の智者撰。義理の次第を追ひて法數を解釋せるなり。【陽帙八】(1572)

ホフカイシヤウ　法界性　[術語] 單に法界又は法性と云ふを合せて法界性と云ふ。法界即法性なり。【圓覺經】に「法界性。究竟圓滿。徧二十方一。」【華嚴經十九】に「若人欲レ了二知三世一切佛一。應レ觀二法界性一切唯心造一。」

ホフカイシユウ　法界宗　[術語] 護身寺の自軌法師所立の五教の第五、華嚴に明かす所の法界自在無礙の法界を指して法界宗となす。【五教章上】

ホフカイシン　法界身　[術語] 佛三身中の法身なり。即ち佛の法身は法界の衆生に周遍して感應する佛身なれば法界身と名く。一身即ち一切身を現ずるなり。【探玄記二】に「現二一身即一切身一。名二法界身一。」【觀經定善義】に「言二法界一者是所化境。即衆生界也。言レ身者是能化之身。即諸佛身也。」【觀無量壽經】に「諸佛如來是法界身。入二一切衆生心想中一。」【天台觀經疏】に「法界身者報佛法性身也。衆生心淨法身自在。故言レ入二衆生心想中一。」図 法界とは衆生の心法なり、此心能く諸法を生ずれば法界と名く、而して今此法界心萬法の佛身を生ずれば佛身を稱して法界身と云ふ。即ち法界所生の身なり。【往生論註上】に「法界是衆生心法也。以二心能生二世間出世間一切諸法一。故。名レ心爲二法界一。法界能生二諸如來相好身一。亦如二色等能生二眼識一。是故佛身名二法界身一。」

ホフカイジツサウ　法界實相　[術語] 法界と實相なり、是れ一體異名、今は重言するのみ。【四教儀】に「上達根性味味得レ入二法界實相一。」更に一義あり、實相は別名の理に名け、法界は圓教の理に名く。【涅槃經四十】に「説二是法時一。十千菩薩得二一生實相一。萬五千菩薩得二二生法界一。」【輔行三】に「實相是法理。法界是圓理。」

ホフカイタイザウサンマイ　法界胎藏三昧　[術語] 法界に周遍する大悲胎藏三昧なり。【大日經二】に「住二法界胎藏三昧一。從二此定一起。説二入佛三昧耶持明一。」

ホフカイタイシヤウクワン　法界體性觀　[術語] 密家に於て阿毘羅吽欠の五字を觀ずるを字觀輪を云ふ。字輪觀に用ゐる所の阿等の五字は即ち法界の體性なるが故なり。【三摩地儀軌】に「結二三摩地印一。入二法界體性三昧一。修二習五字旋陀羅尼一。乃至旋復諦思惟。字字悟二眞實一。初後雖二差別一。果證皆歸レ一。」

ホフカイタイシヤウチ　法界體性智　[術語] 密家所立五智の一。無盡の諸法を法界と名け、其の諸法の所依たる體性を法界體性と名く、智は之に對して決斷分明なるなり。五如來中之を大日如來に配す。【菩提心論】に「中方毘盧遮那佛。由レ成二法界智一爲レ本。」【秘藏記本】に「法界體性智三密差別。數過二刹塵一。名二之法界一。諸法所依故曰レ體也。法然不壞故名爲レ性。決斷分明得二以爲レ智。」

ホフカイタフイン　法界塔印　[印相] 佛部の三昧耶印なり。「サンマヤイン」を見よ。

ホフカイタフバ　法界塔婆　[術語] 塔婆は大日如來の法界體性智を表する三昧耶形なれば法界塔婆と云ふ。【東寺塔供養記】に「法界塔婆者。諸佛妙相衆生色心。」

ホフカイダウヂヤウゲ　法界道場偈　[雜名] 【法華經壽量品】に「常在二靈鷲山及餘諸住處一。衆生見二劫盡大火所燒一時。我此土安穩。天人常充滿。」【秘略要鈔】に「昔傳教大師渡唐せし時道邃和尚より法界道場の一偈と稱して此の常在靈鷲山及餘諸住處我此土安穩天人常充滿の四句を授かり、又日本にては伊勢の大廟に詣りし時、天照大神より俗諦常住の明文として授かり給ふと相傳せり。」此四句の中に四土を具すとて又壽量四土偈とも云ふなり。

ホフカイチ　法界智　[術語] 即ち法界體性智なり。「ホフカイタイシヤウチ」を見よ。

ホフカイヂヤウ　法界定　[術語] 兩部の大日同じく六大法界を以て自證の三昧と爲すが故に法界定と名く。金剛界の大日印を金剛頂に智拳印と云ふは是れ兩部差別門なり、若し通門に依れば金剛界の大日亦た法界定印と名く、無畏の尊勝軌に此智拳印を法界印と名く、依て法界定は兩部の大日に通ずるなり。【秘藏記鈔三】

ホフカイヂヤウイン　法界定印　[印相] 胎藏界大日の入定印、金剛界大日の智拳印總じて法界定印と云ふ。前項を見よ。

ホフカイトウル　法界等流　[術語] 無盡の法を持して無量の性功德を生ずるを法界と名く、此法界より衆生の機に應じて等しく流出するを法界等流と云ふ。如來の教法に名くるなり。

ホフカイハ　法海派　[流派] 禪宗二十三流の一。佛心寺派とも云ふ。京都佛心寺の無象法海禪師より出づ。

寶塔扉開 【故事】法塔涌出、四衆多寶如來を見んと欲す、佛言く、多寶如來の本願に若し諸佛の前に於て我身を見んと欲するときは彼佛の分身十方より還來して其前に在るべしと云ふ、我今十方の分身を招集せざるべからずと。乃ち、佛の神力を以て娑婆國土を變じて淨土となし三變土田十方の分身を招集して如來自ら門扉を開く。【見寶塔品】に「爾時釋迦牟尼佛。見所分身佛已來集各坐師子之座。乃至以右指開七寶塔戸。出大音聲。如却關鑰開大城門。」

塔中二佛 【故事】其時塔中の舍利身の多寶釋迦如來をして塔内に入らしめ二佛幷坐す。【見寶塔品】に「爾時。多寶佛。於寶塔中分半座與釋迦牟尼佛。而作是言。釋迦牟尼佛可就此座。即時釋迦牟尼佛入其塔中。坐其半座結跏趺坐。」

塔中付屬 【故事】此時釋迦牟佛塔中に在つて大音聲を放ち妙法を附囑する人を勸募す。【見寶塔品】に「以大音聲普告四衆。誰能於此娑婆國土廣說妙法華經。今正是時。如來不久當入涅槃。佛欲以此妙法華經付屬有在。」此の勸募に應じて地下より無量の大菩薩衆現じ、其中上行等の四菩薩を上首として佛の付屬を脣受せんことを請ふ、是に於て佛塔内に居て壽量品を說く、是れ本門法華の正宗なり。之を日蓮宗に多寶塔中本門內證眞實相傳と云ひ、日蓮上人を以て上行菩薩の後身となすなり。⊙（盛衰記）「多寶塔中の釋迦より此法を傳へ給ふべき」

寶塔扉閉 【故事】其より囑累品の終に至つて十方の分身各本土に還り、釋尊は塔より出でて靈山に還り、寶塔自ら戸を閉ぢて故の如く住し、尙藥王品以下の所說を聞く。【囑累品】に「爾時釋迦牟尼佛。令十方來分身佛各還本土而作是言。諸佛各隨所安。多寶佛塔還可如故。」

タホウニヨライ 多寶如來 【菩薩】東方寶淨世界の佛入滅の後本願を以て全身舍利となり、諸佛法華經を說く前に於て必ず出現す。「タホウタフ」を見よ。【智度論七】に「有諸佛無人請者。便入涅槃而不說法。如法華經中多寶世尊無人請故便入涅槃。後化佛身及七寶塔證說法華經故一時出現。」

タマ 珠 【物名】實相の妙理を喩へて珠となす。

衣の珠 【譬喩】【法華經五百弟子授記品】に出づ。「エシユ」を見よ。

髻の珠 【譬喩】【法華經安樂行品】に「有勇健能爲難事。王解髻中明珠賜之。」「ケシユ」を見よ。

龍女の珠 【物名】【法華經提婆品】に「爾時龍女有一寶珠。價直三千大千世界。持以上佛。」

一乘の珠 【譬喩】上の諸珠皆以て一乘の妙法に譬へしもの。

タマ 怛麼 【術語】Ātman 譯、我。【吽字義】に「梵云怛麼。此翻爲我。我有二種。一人我。二法我。」

タママツリ 魂祭 【行事】儒に招魂法、密教に去識還來法、神道に魂祭なり。禮綱本義二に綏靖天皇の御宇に三輪大師の告に由つて十二月三十日の夜魂祭の禮を行ふことを記す。此事顯敎の佛名懺に似たり。⊙（後拾遺哀傷部）に「十二月つごもりの夜よみける　和泉式部の歌に、なき人のくる夜ときけど君もなしわがすむ宿や玉なきの里」（徒然草）「大晦の夜はなき人のくる夜とて魂祭る」此事諸鈔に報恩經の說と云ふも更に其文なし。

タマムカヘ 魂迎 【行事】盂蘭盆會なり。

タマラバ 多摩羅跋 【植物】Tamāla-pattra 香草の名。【玄應音義一】に「多摩羅跋香。此云藿葉香。」【慧琳音義三】に「多摩羅跋。香名也。唐云藿香。古云根香訛也。」【嘉祥法華義疏八】に「多摩羅跋者。草葉香名。此云芬香也。」

タマラバセンダンカウブツ 多摩羅跋旃檀香佛 【佛名】多摩羅跋は性無垢賢と譯す、性無垢賢栴檀香佛なり。性無垢賢は栴檀の形容詞なり。【法華玄贊七】に「多是性義。阿摩羅是無垢義。摩勢合故遂略去阿字。䟦陀羅是賢義。略但云跋。」梵 Tamāla-bhadra

タミンエ 打眠衣 【衣服】禪林の稱。タメンゴロモと云ふ。禪僧の寢衣。

タモン 他門 【雜語】他の宗門。

タモン 多聞 【術語】多く法文を聞いて受持すること。【維摩經菩薩品】に「多聞是道場。如聞是行故。」【圓覺經】に「末世衆生。希望成道。無令求悟唯益多聞增長我見。」

タモンキヤウ 多聞慶 【術語】多く妙法を聞いて心に歡喜を生ずるを云ふ。【大疏八】に「由多聞此法行與法契。是大慶故曰多聞慶。」

タモンケンゴ 多聞堅固 【術語】五堅固の一。佛滅後第三の五百年多聞の堅固なる時期。

タモンザウ 多聞藏 【術語】多聞の庫藏。【涅槃經四十】に「是故我稱阿難爲多聞藏。」

タモンシツ 多聞室 【雜語】多聞天の宮殿。

タモンダイイチ 多聞第一 【術語】十大弟子の中に阿難は多聞第一なり。【增一阿含經三】に「知時明物。所至無疑。所憶不忘。多聞廣遠。堪任

ホフカイヒヤウシ　法界嫖幟　〔術語〕密敎の意、一切種種の俗事は皆悉く無上菩提の嫖幟なるを云ふ。【大日經疏四】に「種種世諦門皆是法界嫖幟。所謂賏日晨者意在ニ菩提心嘉會之晨一也。乃至定ㇾ日者。日喩ニ本尊身一。月喩ニ修習瑜伽行一。」【演密鈔五】に「謂軍旅既行。幢旗爲ニ前導一。則識ニ其主一也。法界嫖幟亦復如ㇾ是。諸佛如來於ニ一切大會曼荼羅中一。建ニ此無上菩提嫖幟一。能令ド八部等類善根性者觀ニ此種種像類一。則識ニ法界主一親近修行ㇾ。故曰ニ皆是法界嫖幟一也。」

ホフカイブツ　法界佛　〔術語〕華嚴經所說十種佛の一。佛、一眞法界を證し、大智慧大光明一切を遍照すれば法界佛と云ふ。

ホフカイバウ　法界房　〔雜名〕慈覺の房號なり。【叡岳要記下】

ホフカイムエン　法界無緣　〔術語〕法界無緣の衆生、法界無緣の功能など云ふ。法界中の佛道に緣なき衆生なり。法界に周遍して無緣の大悲を起す佛の功力なり。⊙（曲、東岸居士）「法界無緣の功力を以て渡し給ひし橋なれば」

ホフカイムゲチ　法界無礙智　〔術語〕華嚴經所說十種智の一。法界無礙の理を證する智なり。

ホフカイムシヤベツロン　法界無差別論　〔書名〕具名、大乘法界無差別論、一卷、堅慧菩薩造、唐の提雲般若譯。菩提心を明かす、華嚴の法藏の疏あり。【暑帙一】(1918)

ホフカイムヘンチ　法界無邊智　〔術語〕十種智の一。衆生色心の諸法は即ち是れ法界なり、此法界廣大にして邊際なし、之を法界無邊と云ふ。此の法界に周遍する智を法界無邊智と稱す。

ホフカイユヰシン　法界唯心　〔術語〕萬有を總該して法界と名く、此法界悉く自己一心の變造なるを法界唯心と云ふ。華嚴一經の所明是なり。【華嚴經十九】に「若人欲ㇾ了ニ知三世一切佛一。應ㇾ觀ニ法界性一切唯心造一。」

ホフカイヱンユウ　法界圓融　〔術語〕法界の諸法事事涉入交徹するを云ふ。是れ華嚴の無礙、天台の性具なり。「に「廣施ニ法綱之目一。捕ニ心行之鳥一。」

ホフカウ　法綱　〔術語〕大法の綱なり。【止觀五】

ホフガ　法我　〔術語〕二我の一。法執なり。色心等の法に實の體性ありて自在を得と執するを云ふ。

ホフガイ　法蓋　〔物名〕禪林の器、繡羅三簷の大傘なり、新住持の入院に行者（あんぢや）執て之を覆ふ。【象器箋十九】

ホフガウ　法號　〔術語〕又戒名と云ふ。受戒の時「に師より授かる名なり。

ホフガクウシユウ　法我俱有宗　〔術語〕我法俱有宗に同じ。「フガ」を見よ。

ホフガケン　法我見　〔術語〕二種我見の一。「ホ

ホフキ　法器　〔術語〕佛道を行ずるに堪ゆるを法器とす。【法華經提婆品】に「女人垢穢非ニ是法器一。」

ホフキ　法喜　〔術語〕法を聞き或は法を味ひ、法に依て喜を生ずるを法喜と云ふ。【法華經寶塔品】に「聞ニ塔中所出音聲一。皆得ニ法喜一。」【讃阿彌陀佛偈】に「光所ㇾ至處得ニ法喜一。」

ホフキジキ　法喜食　〔術語〕二食の一。法を聞て歡喜し善根を增長し以て慧命を資益すると猶世間の食の如くなれば法喜食と云ふ。【法華經五百弟子授記品】に「其國衆生常以ニ二食一。一者法喜食。二者禪悅食。」

ホフキゼンエツ　法喜禪悅　〔術語〕法喜食と「禪悅食なり。前項を見よ。

ホフキボサツ　法喜菩薩　〔菩薩〕法起菩薩の誤。

ホフキボサツ　法起菩薩　〔菩薩〕華嚴經菩薩住處品の所說に據れば吾邦大和國金剛山を住處とする菩薩是なり。「コンガウザン」を見よ。

ホフキヤウ　法鏡　〔譬喩〕大法能く物を照せば鏡に譬ふ。【智度論五】に「法之大將持ニ法鏡一。照ニ明佛法智慧藏一。」

ホフキヤウキヤウ　法鏡經　〔經名〕二卷、後漢の嚴佛調等譯。大寶積經郁伽長者會第十九の異譯。【地帙十一】(33)

ホフキンナラワウ　法緊那羅王　〔天名〕法華經の會座に列なる四緊那羅王の一。法は其の名なり。

ホフギ　法義　〔術語〕法とは敎法、能詮の敎文なり、義とは所詮の義理なり。【法華經序品】に「演ニ大法義一。」【佛說譬喩經】に「如來大慈爲說ニ如是微妙法義一。」【嘉祥法華經疏二】に「敎法但稱爲ㇾ法。敎所表理即稱爲ㇾ義。」

ホフギヤウ　法行　〔術語〕二行人の一。自ら思惟して法の如く行ずるを法行の人と云ふ。【玄義十】に「敎門爲ニ信行人一。觀門爲ニ法行人一。」

ホフク　法鼓　〔譬喩〕鼓を扣て兵を誡め、衆を進む、佛の說法以て衆を誡め善に進むに譬ふ。【法華經序品】に「吹ニ大法螺一。擊ニ大法鼓一。」【無量壽經上】に「扣ニ法鼓一吹ニ法嬴一。」【大集經五十六】に「法幢當ニ摧折一。法鼓聲亦絕。」【大經慧遠疏】に「嚴鼓誡ㇾ兵。說教誡ㇾ人。」【同嘉祥疏】に「扣ㇾ鼓誡ㇾ兵。合ニ佛說法以集ㇾ衆。欲ㇾ進ニ趣於善一。」図 禪林の器。法堂に二鼓を設け、其東北角のものを法鼓となし西北角のものを茶鼓（さく）となす。【象器箋十八】

ホフク　法救　〔術語〕梵名達磨多羅。Dharmatrāta 四人あり。「ダルマダラ」を見よ。

ホフクウ　法空　〔術語〕二空又は三空の一。色心の諸法は因緣生の俗法にして實體なきを法空と云ふ。【法華經】に「如來座者一切法空是。」【同安樂行品】に「菩薩觀二一切法空一。」【十地論一】に「無我智者有二二種一。我空法空。」法藏の【心經鈔】に「般若妙行有二其二種一。一淺即人空般若。二深即法空般若。」図有に對する空を虛空に比することあり。⦿（榮花、鳥のまひ）「あふぎ見れば法性の空晴れぬとて」

ホフクキヤウ　法句經　又、曇鉢偈。Dhammapada と名く。二卷、法救尊者造、吳の維祇難等譯。即ち法句譬喩經中の三十九品の法句、凡そ七百五十二偈あり。【藏帙六】(1365)巴利語の原本現存す。「名。」

ホフクキヤウ　法鼓經　〔經名〕大法鼓經の略

ホフクウクワン　法空觀　〔術語〕二空觀の一。色心等の諸法は因緣生にして自性なしと觀見するなり。是れ大乘菩薩の觀見、小乘比丘の分にあらず。

ホフクツ　法窟　〔雜名〕修法の道場を稱す。【元亨釋書普章傳】に「東方叢社指爲二法窟一。」

ホフクヒユキヤウ　法句譬喩經　〔經名〕四卷、西晉の法炬譯。三十九品あり、大意出曜經に同くして次第不同、且つ少しく解釋あり。【藏帙六】(1353)

ホフクヤウ　法供養　〔術語〕二種供養の一。佛、百千の法門を說く、衆生隨て信解修行して法身を長養し、大法を守護するを法供養と名く。【維摩經法供養品】に「空中有レ天曰。善男子。法之供養勝二諸供養一。乃至若聞二如レ是等經一。信解受持讀誦。以二方便力一。爲二諸衆生一分別解脫顯示分明。守二護法一故。是名二法之供養一。」【同註】に「肇曰。如是等經盡諸佛法身也。若聞二斯經一能信解護持宣示分別令二大法增廣一者。名二法之供養一。養二成法身一也。」【金光明文句二】に「供養有二二義一。一財供養。可レ解。二法供養。佛說二百千法門一。隨而修學。名二法供養一。」

ホフクワ　法果　〔人名〕後魏の沙門法果戒行精至なり、太祖徵して沙門統となす、太宗崇信彌深し、永興中前後に輔國宜城子忠信侯又安城侯を加ふ、俗官僧に加はる此に始まる。【僧史略中、佛祖統紀五十一】

ホフクワウヂヤウ　法光定　〔術語〕初地の菩薩此定を證し大法の慧光を放てば法光定と名く。【唯識樞要上本】に「無著菩薩亦登二初地一。證二法光定一得二大神通一。」

ホフクワンキヤウ　法觀經　〔經名〕一卷、西晉の竺法護譯。數息觀等の法を說く。【藏帙八】(1362)

ホフグトク　法俱得　〔術語〕三種得の一。如影隨身得とも云ふ。能得と所得の法と俱時に來るを云ふ。無記の諸法は凡て力弱きが故に、法前法後の二得なく、只此法俱得によりて、我が身に得らるるなり。

ホフケ　法化　〔術語〕正法の敎化なり。【法華經化城喩品】に「宣揚助二法化一。」【華嚴經二十六】に「獨居二其上一。宣二布法化一。」【涅槃經七】に「光二揚如來無上大事一。開二顯方等大乘法化一。」図吾弟子を法化と云ふ。法を以て化する意なり。【大廣智三藏願讚】に「金剛智之法化也。」【性靈集八】に「我法化金剛子智泉。」

ホフケ　法家　〔雜語〕佛門と云ふ如し。

ホフケ　法華　〔雜語〕法華經又は法華宗なり。

ホフケ　法華　〔雜語〕【元亨釋書榮西傳】に「天台座主明雲謂レ西曰。子在レ宋揄二揚台敎一。亦我國法華也。」古來僻す、法華とは佛法の光華なりと。又、運敞の谷響集一に天台の六祖智威禪師を法華尊者と號するあり、之に對して子は我國の法華尊者なりと云ふ意なりと。然るに諦忍の空華叢談四に瓶沙王の故事を引て之に充つ。【法句譬喩經一】に「昔佛在世時。弗加沙王與二瓶沙王一親友。弗加沙王未レ知二佛道一。作二七寶花一以遣二瓶沙一。瓶沙得レ之轉奉二上佛一。白レ佛言。弗加沙王與レ我親友。遣二我此花一。今以上レ佛。願令下彼王心開意解。見レ佛聞レ法奉中敬聖衆上。當下以二何物一以報上レ所レ遣。佛告二瓶沙一。寫二十二因緣經一送持與レ之。彼王得レ經心必信解。便寫二經卷一。別書レ文曰。卿以二寶華一見レ遺。今以二法華一相上。詳思二其義一果報深美。」

ホフケイチジツ　法華一實　〔術語〕法華經に明かす一乘眞實の法なり。

ホフケウ　法敎　〔術語〕佛法の敎なり。【觀佛經十】に「讀二誦經一。廣演二法敎一。」【中阿含經四十一】に「以二法敎一令レ得二安穩一。」

ホフケウ　法橋　〔譬喩〕大法能く人をして生死の大河を渡らしむれば以て橋に譬ふ。【長阿含經二】に「佛爲二海船師一。法橋渡二河津一。大乘道之轝。一切渡二天人一。」【華嚴經十三】に「衆生無レ知不レ見レ本。迷二惑痴狂險難中一。佛哀愍彼建二法橋一。」【涅槃經十九】に「法船欲レ沈法橋欲レ壞。」図〔職位〕ホツケウと讀む。本朝以て僧位の名とす。具名、法橋上人位。「ソウヰ」を見よ。

ホフケウシヤウニンヰ　法橋上人位　〔職位〕「ソウヰ」を見よ。

ホフケカイダイ　法華開題　〔書名〕一卷、山王院智證撰。

ホフケキヤウ　法華經　〔經名〕妙法蓮華經の略名。【經法師品】に「是法華經藏。深固幽遠。無二人能到一。」【同安樂行品】に「此法華經。諸佛如來秘密之藏。於二諸經中一最在二其上一。」

ホフケキヤウカイダイ　法華經開題　〔書名〕「五卷、空海撰。

ホフキヤウシユジ　法華經種子　〔術語〕孔字を説くなり。故に山王院の釋に曰く「始從妙法。終至而去。無レ非ニ阿字不生三觀一」と。又一義に此の經中の神呪を説く即ち是れ種子なり。

ホフキヤウセツサンマヤ　法華經説三昧耶　〔術語〕經中三種の三昧耶を説く、自ら三部三身の三昧耶なり、所謂蓮華は蓮華部口業の應身三昧耶なり、寶塔は佛部身業の法身三昧耶なり、寶珠は金剛部意業の報身三昧耶なりと。案ずるに寶塔は佛部、一地は金剛部、寶珠は寶部、蓮華は蓮華部、長者は羯磨部なり。

ホフキヤウロン　法華經論　〔書名〕妙法蓮華經論優婆提舍の異名。

ホフキヤウヱ　法華經會　〔行事〕常に略して法華會と云ふ。法華經を講讃する法會なり。【元亨釋書延久皇帝紀】に「延久四年冬十月。置ニ法華經會于圓宗寺一。」

ホフキヤウヱギ　法華經會儀　〔書名〕十六卷。明の智旭撰。

ホフケギキ　法華儀軌　〔書名〕成就妙法蓮華經主瑜伽觀智儀軌經の略名。

ホフケギシヨ　法華義疏　〔書名〕妙法蓮華經義疏、十二卷。隋の嘉祥寺胡吉藏撰。

ホフケクワチユウ　法華科註　〔書名〕妙法蓮華經科註、十卷、倫柯山著。

ホフケゲンギ　法華玄義　〔書名〕妙法蓮華經玄義の略名。

ホフケゲンギシヤクセン　法華玄義釋籤　〔書名〕二十卷、唐の湛然著、法華玄義の釋義なり。釋籤とは疑義に籤を付し之を釋する意なり。【呂帙十】(1535)

ホフケゲンザン　法華玄贊　〔書名〕具名、妙法蓮華經玄贊、十卷、唐の慈恩撰。

ホフケゲンロン　法華玄論　〔書名〕十卷、隋の吉藏撰。

ホフケコウ　法華講　〔行事〕法華經を講讃する法會なり。

ホフケゴマ　法華護摩　〔修法〕【溪嵐拾葉集十六】に「靜明法印云く密敎の護摩は圍陀梵志の行なり、藥王の燒臂燒身は眞實の護摩なりと。法華藥王菩薩の燒臂燒身の行は最上乘の大行、眞法供養の密行なり。所謂兩臂を燒くは二偏を空じて中道に歸する意なり、身を燒くは別敎の假中を燒て圓融の三諦を顯はす意なり。又迹門の意は不變眞如を以て本と爲すが故に燒臂燒身と云ひ、本門の意は隨緣眞如を以て本と爲すが故に還復如故と云ふ。又色法の五大を燒盡する是れ燒臂燒身の義、法性の五大を成ずる是れ還復如故の義なり。又萬法を混じて一如に歸するは是れ燒臂燒身の意、蘇生して三千並に成じ俱體俱用と顯はるるは是れ還復如故の意なり。甚深甚深。」

ホフケサイダイイチ　法華最第一　〔雜語〕法華經は諸經の首位なりとの語。【法華經法師品】に「我所レ説而於ニ此經中一。法華最第一。」

ホフケサンシウ　法華三周　〔名數〕法華經迹門の説法を分括して三周となす。「サンシウ」を見よ。

ホフケサンマイ　法華三昧　〔術語〕三諦圓融の妙理分明に現前し、障中道の無明止息するを法華三昧と云ふ。此法華三昧の名は法華經妙音菩薩品所説の十六三昧の異名なりとす。法華三昧とは天台の意に三諦圓融して一實なるを權實不二なる花に譬へ、（花實は實にて花瓣は權法なり）一切法を攝して一實相に歸せしむるなり。嘉祥云く、三一に於て自在にして長短無碍なるを法華三昧と云ふ。慈恩云く、一乘の理に達するなり。【文句記二】に「實道所證。一切名ニ法華三昧一。」【法華文句記十】に「此十六並法華三昧異名耳。隨レ義説レ之。」【大部輔註十】「法華者。慈恩云。達ニ一乘理一。今謂三諦圓融名レ法。譬ニ喩奇特一名レ華。」【嘉祥法華義疏十二】に「於ニ三一一自在長短無碍。道ニ法華三昧一也。」【佛祖統紀慧恩傳】に「將ニ於レ身侍レ壁。豁然大ニ悟法華三昧一。自レ是之後所聞之經不疑自解。」【同智顗傳】に「南岳歎曰。非レ汝弗レ證。非レ我莫レ識。所入定者法華三昧前方便也。」又、法華三昧を證得せんとて別に道場を設けて法華を讀誦する行法を法華三昧を行ふと云ひ、又法華懺法を修すとも云ふ。智者大師の法華三昧懺儀、荊溪の法華三昧行事運想補助儀各一卷あり。◉（盛衰記）「法華三昧の道場」（源氏、若紫）「法華三昧行ふ堂の懺法の聲、山おろしにつきて聞えくる」

ホフケサンマイキヤウ　法華三昧經　〔經名〕法華三昧經。一卷、劉宋の智嚴譯、衆會佛に問はんと欲す、佛口光を放ち十方に遍し、即ち佛を見ず、大衆各三昧に入るも觀察不可得なり。羅閱王辯通及び女利行等來る、佛地より涌出し蓮華の上に坐す。利行佛に問ひ、乃至道を得て衆と問答す。諸女發心して皆出家す、王亦出家授記を得。【盈帙二】(135)

ホフケサンマイギヤウジウンサウフジヨギ　法華三昧行事運想補助儀　〔書名〕一卷、唐の荊溪湛然撰。智者大師の法華三昧懺儀を補助する式法なり。運想とは香華等の偈を作て運想供養するを云ふ。【調帙十】(1511)

ホフケサンマイギヤウボフ　法華三昧行法　〔書名〕「ホフケサンマイセンギ」を見よ。

ホフケサンマイセンギ　法華三昧懺儀　〔書名〕一卷、隋の智者撰。法華、普賢觀經、及び諸大乘經の意を取て法華三昧を修する行法儀式を記す。【調

帙十】(1510)然るにこれは宋人の刪定本にして、已に其眞を失ふ、我土に存し法華三昧行法と題するもの是れ其眞本にして今日用ふる所の法華懺法は此本より抄出する所なり。

ホフケサンマイヱ　法華三昧會　〔行事〕法華三昧の行法を修する法會なり。

ホフケシチユ　法華七喩　〔名數〕「ヒユ」を見よ。

ホフケシユ　法華衆　〔雜名〕日蓮宗の信者なり。

ホフケシユウ　法華宗　〔流派〕もと天台宗の本名なり。彼の宗法華經を本經とすればなり。【釋書最澄傳】に「二十有五年。奏加二新天台法華宗一。」然るに後世日蓮宗起り、盛に法華經を弘通せしより、俗に彼宗を指して法華宗と稱し、以て一向宗の名に對す。日蓮宗を法華宗と云ふも淨土眞宗を一向宗と云ふも共に俗稱にて宗の正名にあらず。

ホフケシユゴサンジフバンジン　法華守護三十番神　〔名數〕「サンジフバンジン」を見よ。

ホフケジ　法華寺　〔寺名〕奈良東大寺の西にあり。尼寺にて總國分尼寺なり、以て東大寺の總國分寺に對す。具には法華滅罪之寺と云ふ。滅罪生善の爲に法華經を念誦する處なり。光明皇后の御願建立なり。【釋書聖武皇帝紀】に「天平十三年。尼寺名二法華滅罪之寺一。擇二淨尼一十人一爲二居者一。田一百畝。」

ホフケジフラセツホフ　法華十羅刹法　〔經名〕一卷、失譯、法華經陀羅尼品に列ぬる十羅刹女の修法なり。【餘帙二】

ホフケジヤウギヤウ　法華常行　〔儀式〕法華三昧と常行三昧なり、常行三昧とは念佛三昧なり。

ホフケセンブヱ　法華千部會　〔行事〕僧一千人を集めて法華經一千部を讀誦する法會なり。聖武帝天平二十年七月法華經一千部を書寫して大行上皇の冥福に薦めたるを始とす。【元亨釋書】

ホフケセンボフ　法華懺法　〔修法〕天台智者行者の爲に法華三昧を修する儀式作法を制して法華三昧行法と云ふ。

ホフケソンジヤ　法華尊者　〔人名〕天台東土の第六祖智威禪師、禪居を台州普通山にトし、其地を法華と名け、習禪者三百人聽講者七百あり。依て法華尊者と號す。【佛祖統紀七】

ホフケダウ　法華堂　〔堂塔〕具には法華三昧堂と云ふ。普賢菩薩を本尊とし法華三昧を修する所なり。後世貴人の納骨堂を法華堂と名くるは是亦亡靈の爲に法華懺法を修すればなり。◉(徒然草)「法華堂などもいまだ侍るめり」

ホフケヂシヤ　法華持者　〔雜名〕一心に法華經を受持し讀誦するものを云ふ。

ホフケニフシヨ　法華入疏　〔書名〕七卷、四明の智威天台の文句を撮略して本經に合入せしもの。

ホフケニメウ　法華二妙　〔名數〕相對妙と絕對妙を云ふ。

ホフケネハンジ　法華涅槃時　〔術語〕台家五時の一。法華涅槃の二經は同醍醐味なれば合せて一時となす「ゴジケウ」を見よ。

ホフケノロクズヰ　法華六瑞　〔名數〕「ロクズヰ」を見よ。

ホフケハチエウ　法華八葉　〔術語〕密敎の意に依れば妙法の蓮華は即ち衆生の肉團を標せしものなれば、肉團心の八瓣なる如く、妙法の蓮華亦八葉の白蓮華なりと云ふ。且つ云ふ、法華の八軸は八葉を表すと。【法華秘略要妙一】

ホフケハチコウヱ　法華八講會　〔行事〕八座に法華經八卷を講讚する法會なり。

ホフケハチヂク　法華八軸　〔雜名〕もと七軸なりしを後世八講の便により八軸となす。

ホフケハチネン　法華八年　〔雜語〕三論法相兩家の說に依れば法華は佛の七十五歲以後の說法にして、八十入滅とすれば滿五箇年の說法となる。法華義疏七、法華玄贊九　然るに台家は七十二歲より說き始めて八十歲に至れば滿八箇年なりと云ふ。是れ法界性論に十二年說阿含。三十年說二大品等一。八年說二法華一と云ふ說に據れるなり。但し法界性論は菩提流支の著にして今は傳はらず。

ホフケホフ　法華法　〔修法〕法華經を轉讀して修する法。息災を祈らんが爲に修し、または常時之を修す。此法は書寫山の性空、金剛薩埵より口訣相傳せりと云ふ。

ホフケマンダラ　法華曼陀羅　〔術語〕法華の會座を形りし畵像なり。頌に「右釋迦左多寶。八大菩薩四聲聞。次八菩薩八供養。五大明王四天王。梵釋二天五部衆。」八大菩薩とは東方文殊、東南藥王、南方妙音、西南精進、西無盡意、西北觀音、北方普賢、東北彌勒なり。四大聲聞とは東北迦葉、東南善吉、西南身子、西北目連なり。已上內院　次に八菩薩とは東方勢至、東南寶手、南方寶幢、西南星宿、西方寶月、西北滿月、北方勇施、東北一切義成就等なり。八供養菩薩とは東鎖、巽燈、南鈴、坤塗、西鉤、乾香、北索、艮華なり。已上次院　次に五大明王とは、艮烏瑟沙、巽軍荼利、坤不動尊、乾降三世なり。四大明王のみ　四大天王とは東方持國、南方勒叉、西方廣目、北方多聞なり。二天五部とは寅梵天王、辰帝釋、未難陀龍、申緊那羅、戌樂乾闥婆、亥羅睺羅、丑如

意迦樓羅王なり。己上外一院【二中歴第三】

ホフケメツザイノテラ　法華滅罪之寺　〔寺名〕「ホフケジ」を見よ。

ホフケモングキ　法華文句記　〔書名〕十卷、唐の湛然、法華文句を釋す。【調帙二、三】(1537)「撰。

ホフケモンダフ　法華問答　〔書名〕三卷、傳敎

ホフケモンダフコウ　法華問答講　〔行事〕法華經に就て論題を立て之を問答する講會なり。⊙(平家一)「八王子の御社にて法華問答講每日怠轉なく行はすべしとなり」

ホフケロン　法華論　〔書名〕妙法蓮華經論優婆提舍の略名。

ホフケヱ　法華會　〔行事〕法華經を講讚する法會なり。八講十講三十講等の別あり。本朝には延暦十五年勤操僧正始めて法華八講を石淵に創す。釋書勤延操傳 延暦十七年十一月十四日より、最澄七大寺の名德十人を請じて本經八卷及び開結二經に就き各一軸を講ぜしむ、即ち法華十講なり。十一月は天台智者大師の祥月なればなり、之を霜月法華會と云ふ。【扶桑略記】

ホフケン　法眷　〔雜語〕「ハッケン」を見よ。⊙(太平記二六)「是れ妙吉侍者と申す法眷の僧の候を」

ホフケン　法劍　〔譬喩〕佛の說法能く煩惱を斷ずるの用あるに譬へて劍と云ふ。【無量壽經上】に「執ニ法劍一建ニ法幢一。」【同嘉祥疏】に「劍有ニ斬斫之用一。內合下佛說法以生ニ物解一。有中斷レ結之用上。」

ホフケン　法驗　〔術語〕妙法秘法の効驗なり。⊙(著聞集、變化)「かく皇威も法驗も嚴重なりける、めでたき事なり」「ケクンラベ」を見よ。

ホフケン　法慳　〔術語〕二慳の一。佛法を慳惜して他を敎導するを肯んぜざるなり。

ホウケン　法見　〔術語〕一法に執着して一を是して他を非するを法見と云ふ。

ホフケン　法顯　〔人名〕平陽武陽の人姚秦の弘始二年已亥同學慧景道整等と長安を發して西流沙を渡り、六年にして中印度に到り、停住六年、戒律梵語を學び、還た三年を經て靑州に達す。後京師の道場寺に就て經律を譯出す。遂に荊州の辛寺に寂す。壽八十有六。自著の旅行記あり法顯傳と云ふ。【梁僧傳三】⊙(徒然草)「法顯三藏の天竺にわたりて」

ホフケンデン　法顯傳　〔書名〕一卷、東晉の沙門釋法顯自ら天竺に遊ぶ事を記す。【致帙六】(1496)⊙(徒然草)「江師の說といひ傳へたれど西域傳法顯傳などにも見えず」

ホフケンド　法犍度　〔術語〕二十犍度の一。僧の行法にして行來進止に關して規定せるもの、四分律四十九卷所說。

ホフゲ　法夏　〔術語〕法臘なり。比丘の年を計るに法夏幾十、法臘幾何と云ふ。「ホフラフ」を見よ。

ホフゲ　法芽　〔雜語〕佛法の苗芽なり。【華嚴經二十二】に「智山法芽悉已淸淨。」

ホフゲン　法眼　〔術語〕五眼の一。分明に緣生の差別の法を觀察するを法眼と云ふ。【無量壽經下】に「法眼觀察究ニ竟諸道一。」【大集經五十六】に「以ニ一切法一付ニ囑天龍諸鬼神等一。爲レ令ニ法眼久住熾然一故。」【大經慧遠疏】に「智能照レ法故名曰ニ法眼一。」図 本朝以て僧位の名とす。具には法眼和尙位と云ふ。「ソウヰ」を見よ。

ホフゲン　法眼　〔人名〕建康淸凉寺の文益、餘杭の人、姓は魯氏、羅漢琛に嗣ぐ、周の顯德五年大法眼禪師大智藏大導師と諡す。【傳燈錄二十四】

ホフゲンクワシヤウヰ　法眼和尙位　〔職位〕「ソウヰ」を見よ。

ホフゲンシユウ　法眼宗　〔流派〕禪宗五家の一。建康淸凉寺の大法眼禪師文益、羅漢の桂琛に嗣ぐ、琛は玄沙の師備に嗣ぐ。備は雪峯の義存に嗣ぐ。宗門其道を尊仰して法眼宗と曰ふ。

ホフゲンジヤウ　法眼淨　〔術語〕分明に眞諦を見るを法眼淨と云ふ。大小乘に通ず。小乘は初果に四眞諦の理を見るを云ひ、大乘は初地に無生法忍を得るを云ふ。【增一阿含經一】に「三萬天人得ニ法眼淨一。」【維摩經佛國品】に「遠塵離垢得ニ法眼淨一。」【大經慧遠疏】に「見ニ四眞諦一名ニ淨法眼一。」【註維摩經一】に「肇曰。法眼道須陀洹道也。始見ニ道跡一。故得ニ法眼名一。」【同嘉祥疏】に「云ニ法眼淨一者。小乘亦法眼。大乘亦法眼。小乘法眼即初果見ニ四諦法一名ニ法眼一。大乘法眼初地得ニ眞無生法一故云ニ法眼一。」

ホフコ　法炬　〔譬喩〕法能く物を照らせば之を火に譬ふ。【大集經五十六】に「法炬當ニ散滅一。」

ホフコウ　法公　〔佛名〕沙彌の別名。應法沙彌の法に取る。【釋氏要覽上】に「若年十四至ニ十九一。名ニ應法沙彌一。今呼ニ沙彌一爲ニ法公一也。」

ホフコウジ　法興寺　〔寺名〕崇峻帝元年十月、蘇我馬子法興寺を飛鳥地に創す、推古四年成る、後に元興寺と改む。【釋書二十八】

ホフコウヰン　法興院　〔寺名〕京師二條の北、京極の東に在り、正曆元年太政大臣兼家公其第宅を改めて寺となし、二條院と號し、後三年法興院と改む。依て兼家公を法興院關白と云ふ。【山城名勝志三】

ホフコンガウヰン　法金剛院　〔書名〕【拾芥抄】に「法金剛院、本名天安寺。待建門院御建立也。」太秦の東に舊跡あり。⊙(徒然草)「法金剛院の鐘の聲、

また黄鐘調なり」

ホフゴ　法語　〔術語〕正法を說ける言語なり。【涅槃經三十四】に「爲二利根人一廣ニ說法語一。」【成實論】に「雖ニ是法語一說不レ應レ時。名爲ニ綺語一。」【讚阿彌陀佛偈】に「隨ニ其所應一聞ニ法語一。」

ホフゴトク　法後得　〔術語〕三種得の一、犢子隨後得とも云ふ。牛の子が母牛に附隨するが如く、能得が所得の後に隨ひ來るを云ふ。善惡の諸法が過去へ滅し去りたる後、其諸法を我が身に得するは此得の力に依るなり。

ホフゴフ　法業　〔術語〕如法の所作なり。【中阿含經五十二】に「是不レ如ニ法業一。不レ如ニ律業一。」

ホフゴブ　法護部　〔流派〕法藏部に同じ。

ホフサイ　法歲　〔術語〕又夏臘と云ふ。四月十六日より七月十五日に至る一夏九旬の安居を竟りたるを以て比丘の一法臘とす。法歲幾何等云ふ。【釋氏要覽】に「夏臘即釋氏法歲也。」

ホフサイニチ　法齋日　〔術語〕每半月の末日又は六齋日の八戒齋日を受持すべき日を云ふ。【雜阿含經四十一】に「於ニ法齋日及神足月一受ニ持齋戒一。」

ホフサウ　法想　〔術語〕法を思惟する想念なり。【維摩經問疾品】に「即除ニ我想及衆生想一當レ起ニ法想一。」

ホフサウ　法相　〔術語〕諸法性を一にし相を殊にす、殊別の相外より見るべきを法相と名く。【維摩經佛國品】に「善解ニ法相一。知ニ衆生根一。」【大乘義章二】に「一切世諦有爲無爲。通名ニ法相一。」図　法相宗の略稱。

ホフサウケウ　法相敎　〔術語〕具名、大乘法相敎。圭峯所立五敎の一。「ゴケウ」を見よ。

ホフサウシユウ　法相宗　〔流派〕八宗の一、萬法の性相を窮明する宗なるが故に法相宗と名く。又唯識論に依て萬法唯識の理を明かす故に唯識宗と名く、此目は解深密經分別瑜伽品の意に取る。此二は通稱なり。更に應理圓實宗と名く、所詮の理空有の二邊を離れ能く理に應じて圓滿眞實なればなり。此目は解深密經勝義諦相品の意に取る。又普爲乘敎宗と名く。本宗は是れ佛第三時の敎、普ねく五乘の機に被ればなり。此目は解深密經無自性相品の意に取る。此中初の二名は法相門に約する稱、次の名は觀心門に約する稱、次は敎相門に約するの稱なり。又支那に在て慈恩寺の窺基此宗を大成せしかば慈恩宗の名あり。經には解深密經、論には瑜伽論唯識論等を所依とす。もと印度に在て佛滅後一千年中無著菩薩阿踰陀國講堂より夜夜兜率天に昇り、彌勒菩薩に瑜伽論を聽受し、晝日之を大衆に宣說す、瑜伽論百卷是なり。其後無著の弟世親唯識論を造りて其の義を助成す、彼土之を瑜伽宗と名く。玄奘渡天して之を那蘭陀寺の戒賢に受け、支那に傳ふ、弟子慈恩之を大成し初めて法相宗、慈恩宗の名あり。本朝に傳來せしは四傳あり。第一傳道昭、第二傳智通智達、第三傳智鳳智鸞智雄、第四傳玄昉なり。此中第一第四を翅楚とす。第一傳は孝德帝白雉四年道昭和尙入唐して玄奘に就て傳受す、所謂南寺の傳元興寺是なり。第四傳は元正帝靈龜二年玄昉僧正渡唐して慈恩の弟子知周に就て傳受す、所謂北寺の傳興福寺是なり。北寺を以て正傳とすと【傳通要錄上、七帖見聞一上】⊙（太平記二四）「我氏寺の法相宗こそすぐれたれ」図〔術語〕永明所立三宗の一。「シユウシ」を見よ。

ホフサウサンロン　法相三論　〔術語〕法相宗と三論宗なり。華天兩家は此の二宗を權大乘と貶す。

ホフサウダイジヨウ　法相大乘　〔術語〕法相宗は大乘敎なれば法相大乘と云ふ。⊙（盛衰記三十）「此寺興福は法相大乘の砌なり。」

ホフサンギ　法參議　〔職位〕僧位の名。天平神護二年山階寺基眞を之に任ず。爾後絕ゆ。

ホフサン　法山　〔寺名〕正法山の略。京都妙心寺「なり。

ホフザ　法座　〔雜語〕禪林に演法の座即ち須彌座を法座と云ふ。【法華經序品】に「即於ニ法座上一跏趺坐ニ三昧一。」

ホフザイ　法財　〔術語〕法能く利潤すると財の如し、法財と云ふ。【維摩經佛國品】に「常以ニ法財一施ニ一切一。」【同慧遠疏】に「法能資潤名爲ニ法財一。」

ホフザイイチシンセツヒツシダイ　法在一心說必次第　〔術語〕荊溪の止觀輔行第三の文なり。空假中三諦の如き法は一時に在るも之を說くには必ず空假中次第すべきを云ふ。世に之を直に天台の釋と云ふは攝末歸本なり。

ホフザウ　法藏　〔術語〕又佛法藏とも如來藏とも云ふ。法性の理を云ふ。法性無量の性德を含藏すれば法藏と曰ふ。【無量壽經上】に「行ニ權方便一入ニ佛法藏一。究ニ竟彼岸一。」【同】「受ニ持如來甚深法藏一。護ニ佛種性一。」【同】「爲レ衆開ニ法藏一。廣施ニ功德寶一。」【同嘉祥疏】に「名レ理爲レ藏。解契ニ宗源一。故云ニ入佛法藏一。」【同慧遠疏】に「如來藏性。是如來甚深法藏。闇障既除。明現ニ己心一。故曰ニ受持一。」図〔術語〕佛所說の敎法なり、敎法に多義を含藏すれば法藏と名く。多法集積すれば又法蘊とも云ふ、其數八萬四千あり、之を釋するに多義あり【法華經序品】に「此妙光法師奉ニ持佛法藏一。」【同寶塔品】に「持ニ八萬四千法藏一。爲レ人演說。」【賢劫

經】に「佛初發より舍利を分つに至るまで凡そ三百五十の度門あり、一一に皆六度あり、合せて二千一百なり、又四分に對して合せて八千四百なり、一變して十となせば合せて八萬四千なり。」【俱舍論一】に「有る師の言く如來八萬部の法蘊經を說く、一一の法蘊に六千頌あると法蘊足論に六千頌あるが如し。又有る師の說に所詮の法義に就て五蘊十二處十八界等共數八萬四千あり、依て一法門を顯はす敎門を一法蘊として其數八萬なりと。然るに如實の說は所化の有情に貪瞋等の八萬の煩惱あり、之を對治せん爲に世尊八萬の法蘊を說く。」【多論一】に「八萬の法藏とは樹の根鬚枝葉多き名けて一樹と爲す、佛一衆生の爲に始終の說法を一藏と名く、是の如き八萬あり。有が曰く佛一座の說法を名けて藏となす、是の如き八萬あり。有が云く十六字を半偈となし、三十二字を一偈となす、是の如き八萬あり。有が云く、半月每に說戒するを一藏となす、是の如き八萬あり。有が云く、佛自ら六萬大千偈を說て一藏となす、是の如き八萬あり。有が云く佛塵勞を說く八萬あり、法藥亦八萬あり、八萬の法藏と名く。」図【雜名】經を納る庫藏を法藏とも寶藏とも云ふ。

ホフザウ　法藏　〔人名〕支那華嚴宗の第三祖、名は法藏、字は賢首、康藏國師と號す「ゲンジユ」を見よ。

ホフザウビク　法藏比丘　〔菩薩〕阿彌陀佛の因位に世自在王佛の所に出家修行せし時の名なり。無量壽經には法藏と曰ひ、平等覺經には曇摩迦留 Dharmākara と云ひ、法寶藏と翻し、大阿彌陀經には曇摩迦と曰ひ、無量壽經には作法と云ひ、如來會には法處と云ひ、智度五十には法積と云ふ。【嘉祥大經疏】に「能蘊二畜佛法一。故曰二法藏一。」⊙(曲、竹雪)「又西方極樂の敎主法藏比丘は」

ホフシ　法師　〔術語〕能く佛法に精通して人の師となる者を云ふ。又法を行ずるの師なり。【法華經序品】に「常修二梵行一。皆爲二法師一。」【法華文句】に「法者軌則也。師者訓匠也。乃至 師二於妙法一自行成就。乃至 能以二妙法一訓二匠於他一。故擧レ法目レ師。」【嘉祥法華經疏九】に「以下人能上弘二大法一。下爲中物師上。故云二法師一。如下世藥師以レ藥治二人病一。名爲中藥師上。」【三德指歸一】に「精二通經論一曰二法師一。」【因明大疏上】に「言二法師一者行レ法之師也。」

五種法師　一に受持、二に讀經、三に誦經、四に解說、五に書寫、此五種を爲して法華を弘通する者を五種法師と云ふ。【法華經法師品】に「若復有レ人受二持讀三誦解四說書五寫妙法華經一。」

十種法師　〔名數〕【辯中邊論】に十種の法師あり。頌に「謂書寫供養。施他聽披讀。受持正開演。講說及思修。」

ホフシ　法子　〔雜語〕佛道に隨順して法に資養せられし者を法子と云ふ。【觀無量壽經】に「法子汝乘二大乘一。解二第一義一。」

ホフシキ　法式　〔術語〕作法儀式なり。【維摩經問疾品】に「一切菩薩法式悉知。」

ホフシクドクホン　法師功德品　〔經名〕法華經二十八品中第十九品の名。五種の法師が道力增進して六根清淨の功德を得るを明かせるなり。依て法師功德品と名く。

ホフシサイキヤウ　法志妻經　〔經名〕長者法志妻經の略名。

ホフシフ　法執　〔術語〕二執の一。心外に有て有爲無爲の實法ありと固執する妄念を云ふ。二乘の人は我執を斷ずるも此法執を絕つと能はず、大乘の菩薩に於て漸く之を斷ずるなり。【唯識論一】に「由二我法執二障具生。」【菩提心論】に「二乘之人雖レ破二人執一。猶有二法執一。」

ホフシホン　法師品　〔經名〕法華第十品、五種法師の功德及び弘經の方法を說ける品なれば法師品と名く。⊙(榮華、玉の臺)「聞けば法師品の淸淨光明身のわたりをぞ讀むなる」

ホフシヤ　法社　〔雜名〕道を修する爲に結べる會社なり。【僧史略下】に「梁僧祐曾撰二法社一。建二功德邑會文一。」

ホフシヤウ　法將　〔雜語〕佛法の大將、高德の弟子に於ける大將の軍に於ける如し。【彌勒下生經】に「大智舍利弗能隨レ佛轉二法輪一。佛法之大將。」【大方廣十輪經七】に「常住二清淨國法將之住處一。」【智度論二】に「大師法將各自別離。當可二奈何一。」【同七】に「佛爲二法王一。菩薩爲二法將一。所尊所重。唯佛世尊。」【西域記十二】に「印度學人咸仰二盛德一。既曰二經笥一。亦稱二法將一。」【寄歸傳三】に「大師影謝法將隨亡。」【五教章上】に「此上十家諸德。並是當時法將。」

ホフシヤウ　法匠　〔雜語〕法門の匠人。世の工匠の能く諸器を成ずる如く、名德の能く弟子の三學を成ずるに譬ふ。【演密鈔四】に「如三世工匠成二諸器一。阿闍梨法匠能匠二成三乘三學法器一。」【西域記十二】に「爲二道場之益友一。誠法門之匠人也。」【釋氏要覽下】に「齊高僧僧印善講二經論一。稱二法匠一。」

ホフシヤウ　法聲　〔雜語〕妙法を說く音聲なり。【賢愚經十三】に「五百群雁愛二敬法聲一。即共飛來。」

ホフシヤウ　法性　〔術語〕又實相と名け眞如、法界、涅槃等と名く、異名同體なり。性とは體の義、不改の義、眞如が萬法の體となり、染に在るも淨に在る

も、有情數に在るも非情數にあるも其性不改不變なれば法性と云ふ。さて此法性に就て小乘は多く之を言はず、大乘の諸家盛に之を論ず。而して凡そ四家の不同あり。第一に法相慈恩家は言く、法性とは三性中の圓成實性にして是れ依地起性たる一切有爲萬法の所依なり、法が所依の本體なれば法性と名く、是れ萬法と法性とは有爲無爲畢竟隔別なり、是れ法性隨緣の義を許さざればなり。第二三論嘉祥家は、彼れ圓成實性の實有も許さず、眞空を以て法性となす、法性とは眞空の異名なり。諸法の性は眞空なり、眞空即妙有なり、妙有の性即眞空なる是れ法性なりと。第三華嚴賢首家は、眞如に不變隨緣の二義あり、隨緣の義を以て一切諸法を變造す、變造すれども猶眞如不變を保つと水變じて波となるも猶水の性を變ぜざる如し、是の如く眞如隨緣して萬法を變造するに依て眞如を稱して法性と云ふなり。然るに此法性たる眞如は淳善無垢にして更に染分の性なし、但所變の法に染淨の別あるは緣に染淨あるに由ると。第四天台智者家は、法の性に固より染淨を具す、之を性善性惡と云ふ、性に善惡を具するに依て染淨の諸法を生ずるなりと。【六波羅蜜經】に「衆生無二定性一猶如二水上波一。願得二智慧風一吹三入法性海一。」【華嚴經昇須彌山品】に「法性本空寂。無レ取亦無レ見。」【智度論三十二】に「法性者。如二前說一。各法空。同爲二一空一。是爲二法性一。」又「法性者。法名二涅槃一。不レ可レ壞不レ可二戲論一。名二本分種一。如下黃石中有二金性一。白石中有中銀性上。如レ是一切世間法中皆有二涅槃性一。」【唯識述記二本】に「性者體也。諸法眞理故名二法性一。」【同九末】に「性者體義。一切法體故名二法性一。」【嘉祥法華疏五】に「法性即是實相。三乘得レ道莫レ不レ由レ之。」【大乘義章一】に「言二法性一者自體名レ法。法之體性故云二法性一。」【註維摩經二】に「肇曰。如法性實際。此三空同一實耳。」【起信論義記上】に「法性者明二是眞體普遍義一。乃至通與二一切法一爲レ性。即顯下眞如遍二於染淨一。通二情非情一深廣之義上。」【止觀一】に「法性自レ天而然。集不レ能レ染。苦不レ能レ惱。道不レ能レ通。滅不レ能レ淨。如二雲籠一レ月。不レ能二妨害一。却煩惱已乃見二法性一。」又「法性名爲二實相一。尙非二二乘境界一。況復凡夫。」【同五】に「問一念具二十法界一。爲二作念具一爲二任運具一。答。法性自爾。非二作所成一。如三一微塵具二十方分一。」【圓覺經】に「衆生國土同一法性。地獄天宮皆爲二淨土一。」【菩薩處胎經】に「法性如二大海一。不レ說レ有二是非一。凡夫賢聖人。平等無二高下一。唯在二心垢滅一。取レ證如レ反レ掌。」

二種法性

〔名數〕法界に事理の二種あるが如く法性亦然り、一に事法性、地の堅性水の濕性等の如し。二に理法性、諸法平等の實性なり。【止觀】に「地持明二二法性一。一事法性。性差別故。二實法性。性眞實故。」

法性異名

〔雜語〕【大般若】に十二名あり、眞如、法界、法性、不虛妄性、不變異性、平等性、離生性、法定、法住、實際、虛空界、不思議界なり。【對法論七】に七名あり、眞如、無我性、空性、無相、實際、勝義、法界なり。【唯識論九】に四名あり、勝義、眞如、法界、實際なり。【智度論三十二】に四名あり、如、法性、實際、實相なり。【大乘止觀】に七名あり、自性清淨心、眞如、佛性、法身、如來藏、法界、法性なり。

如法性實際三名

〔名數〕般若經に多く此三名を用ふ、同一空理の異名なり。但觀に淺深あり以て三名を分つと云ふ。【智度論三十二】に「如法性實際是三事爲レ一爲レ異。若一如何說レ三。若三今應二當合別一。答曰。是三皆是諸法實相異名。」【注維摩經二】に「肇曰。如法性實際。此三空同一實耳。但用レ觀有二淺深一。故別立二三名一。始見二法實一。如三遠見レ樹知二定是樹一。名爲レ如。見二法轉深一。如三近見レ樹知二定是何木一。名爲二法性一。窮三盡法實一。如三盡知二樹根莖枝葉之數一。名爲二實際一。此三未二始非レ樹。因レ見爲レ異耳。」

ホフシヤウカイ　法性海

〔術語〕法性深廣にして測量すべからず、之を譬ふるに海を以てす。【菩薩處胎經】に「法性如二大海一。」【起信論】に「法性眞如海。」

ホフシヤウクウ　法性空

〔術語〕諸法の自性として空なるを法性空と云ふ。【仁王經天台疏中】に「法性空者。性本若不レ空不レ可レ令二共得一レ空。以二性本自性一故。諸法皆空也。」

ホフシヤウシヤウシン　法性生身

〔術語〕二種菩薩身の一。又五種法身の一。法性は萬有萬德を總該す。如來の身此より出世す、法性生身と名く。【智度論二十八】に「菩薩入二法位一。住二阿鞞跋地一。末後肉身盡得二法性生身一。雖レ斷二諸菩薩一。有二煩惱習因緣一。故受二法性生身一。非二三界生一也。」

ホフシヤウシユウ　法性宗

〔術語〕永明所說三宗の第三、眞如法性の隨緣して諸法を緣起するを立つる宗旨なり。華嚴天台眞言等の實大乘皆此法性宗なり。【三德指歸一】に「佛滅度後十有三世。至二龍樹菩薩一始用二文字一。廣二第一義諦一。嗣二其學一者號二法性宗一。元魏高齊間有二慧文禪師一。默而識レ之。授二南岳思大師一。由レ是有二三觀之學一。」

ホフシヤウシン　法性身

〔術語〕略して法身と云ふ。佛三身の一なり。佛身法性の如く十方に周遍し

て無量無邊の相好莊嚴あり、以て無量の光明無量の音聲を以て十方無量の法身菩薩を度するを法性身と云ふ。【智度論九】に「佛有二二種身一。一者法性身。二者父母生身。是法性身滿二十方虛空一。無量無邊色像端正相好莊嚴。無量光明無量音聲。聽法衆亦滿二虛空一。」【往生論註下】に「無爲法身者法性身也。法性寂滅故法身無相也。無相故能無レ不レ相。是故相好莊嚴即法身也。」法性身に有相無相の論あり。「ホフシン」をよ。

ホフシヤウシンニヨ　法性眞如　〔術語〕法性と眞如と異名同體なり。【起信論】に「法性眞如海。」◉(曲、葛)「法性眞如の賓の山に、法味に引かれ來りたり」

ホフシヤウジ　法性寺　〔寺名〕舊跡鴨川の東九條の南に在り、貞信公忠平之を建つ。尊意座主は貞信公の師檀たる故に 法性房の 名を取て法性寺と名く、辨日法師座主に任じ以來九代相繼で慈覺の門徒之に當る。【山城名勝志十六】

ホフシヤウジハチコウ　法性寺八講　〔行事〕法性寺に行ふ法華八講なり。天德四年正月四日公家之を始む。【濫觴抄下】

ホフシヤウジヤウラク　法性常樂　〔術語〕法性は涅槃の異名なり、故に涅槃の四德常樂我淨を取るを法性常樂と云ふ。◉(盛衰記四八)「后妃の位に御座さば爭でが法性の常樂をば經させ給ふべき」

ホフシヤウスヰ　法性水　〔譬喩〕法性清淨なれば以て水に譬ふ。【法華玄義五】に「登住已去菩薩鵝王。能唼二無明乳一清二法性水一。」

ホフシヤウズヰエン　法性隨緣　〔術語〕又、眞如隨緣と云ふ。法性に不變隨緣の二義あり、法性の體染緣に隨て流轉の因果を生じ、淨緣に隨て還滅の因果を起すを法性隨緣と云ふ。◉(曲、高野物狂)「法性隨緣の月の影は、八つの谷に曇らずして」

ホフシヤウズヰマウ　法性隨妄　〔術語〕法性妄緣に隨て惑を起し業を造り苦果を感ずるを云ふ。妄緣は無明なり。

ホフシヤウセン　法性山　〔譬喩〕法性は不變不動なれば之を譬ふるに山を以てす。【止觀一】に「動二法性山一入二生死海一。」【同輔行】に「法性不動如レ山。衆生惡深如レ海。非二大誓願無謀善權一安能動二難レ動山一入二難レ入海一。」

ホフシヤウタフ　法性塔　〔堂塔〕塔上に五峰あり以て法性の五大五智を表す、法性塔と名く。【瑜祇經拾古鈔上】に「或云。大師御筆法性塔圖有レ之。件塔形者上有二五部峰一。是五智也。下扉內有二九尊一。上五智金。下九尊胎也。五智果九識因也。是即因果不二法界體性曼荼羅也。」

ホフシヤウド　法性土　〔術語〕三土の一。法性身所住の土なり。法性土は即ち眞如の理なり、然らば身土如何か別なると云ふに、其體もとより一眞如なり、但所證の法體を取て法性土とし、能證の覺相を取て法性身となすのみ、法性身の外に別體の法性土あるにあらず。【唯識論九】に「自性身依二法性土一。雖三此身土體無二差別一。而屬二佛法一相性異故。」【義林章六末】に「自性身土即眞如理。雖三此身土體無二差別一而屬二佛法一相性異故。以二義相一爲レ身。以二體性一爲レ土。以二覺相一爲レ身。以二法性一爲レ土。」【群疑論】に「雖レ知二身土並一眞如一。而言三法性身居二法性土一者。此以二覺照性義一名レ身。法眞理體名レ土。是施設安立誘門說。」と、是れ金光明經攝論に如如と如如智とを以て法身となす、即ち理智を合せて法身と爲すに依るが故に、理を以て所覺の法性土となし智を以て能覺の法性身となすなり。已上法相宗の義なり。又台家の如き「成二清淨法身一。居二常寂光土一。」(四教儀)と云ふも、理體を常寂光土となし理體を覺照する智を清淨法身となす。法相と異なる所は覺照の智本來理性に具すれば法體と共に理にして法體の理自ら照すなり。

ホフシヤウホフシン　法性法身　〔術語〕二法身の一。方便法身に對す。「ホフシン」を見よ。

ホフシヤベツサウヰイン　法差別相違因　〔術語〕因明四相違因の一。宗法の中の法に自相と差別との二あり、言語の表面を自相と云ひ、言語の裏に含む意許を差別と云ふ。(法自相相違因を見よ。)今立者所說の因が其の成立せんと欲する法の言下の意許に相違するを法差別相違因と云ふ。例へば數論師佛者に對して「服等は他が爲に用ゐらるべし、積聚性なるが故に、臥具等の如し」と言ふ如き「他」は立者の意許には佛者の言の如き五蘊和合の假我を云ふにあらず、即ち常一の神我なり、依て言陳自相の上には立敵相符の言物を用ふるも、彼が意許には自宗の神我を成立せんと欲するなり。然るに彼が諸說の積聚性の因、同品の臥具等に轉ずるも、臥具等は假我の用物にして神我の用物にあらず、立者の成立せんと欲する意許に相違す、玆に法の差別を生ずるなり。【因明入正理論】

ホフシヤリ　法舍利　〔術語〕又、法身舍利と云ふ。「ホフシンシヤリ」を見よ。

ホフシユ　法主　〔術語〕佛は諸法を有する故に法主と稱す。【勝鬘寶窟中末】に「法主者佛有二諸法一故名二法主一。」【止觀一】に「若唱二彌陀一。即是唱二十方佛一功德等。但專以二彌陀一爲二法門主一。」【釋氏要覽上】に「阿含經云。佛爲二說法主一。」図 〔職位〕支那に在

りては僧官とす。【僧史略中】に「宋齊之世。曾立二法主一員一。故道猷勅爲二新安寺鎭寺法主一。法瑗爲二湘宮寺法主一。至二唐末一多立。受二依止闍梨一員一。亦稱二法主一。」我國に於ては眞宗諸派の管長を法主と呼ぶ。

ホフシユ　法衆　〔雜語〕　佛の法に順ふ衆なり。即ち出家の五衆を總稱す。【圓覺經】に「願爲二諸來一切法衆一重宣二法王圓滿覺性一。」【寄歸傳一】に「若泛爲二俗侶一。但略言二其禁一。局提二法衆一。遂廣彰二乎七篇一。」

ホフシユ　法舟　〔譬喩〕　佛法能く人をして生死海を度らしむれば以て舟に譬ふ。【佛說生經四】に「法爲二舟船一。度二諸未度一。」【寄歸傳四】に「歎二法舟之遽沒一。」

ホフシユク　法叔　〔雜語〕　禪林の目。師の兄弟を「云ふ。【象器箋五】

ホフシユクボサツ　法宿菩薩　〔菩薩〕　大比叡明神を法宿菩薩と號し、小比叡明神を華臺菩薩と號す。【溪嵐拾葉集二】

ホフシユツリキヤウ　法出離鏡　〔術語〕　起信論所說四鏡の一。「シキヤウ」を見よ。

ホフシヨ　法處　〔術語〕　十二處の一。意根所對の境を總じて法處と名く。

ホフシヨウアビドンシンロン　法勝阿毘曇心論　〔書名〕　六卷、優婆扇多造、高齊の那連提黎耶舍譯。是れ法勝尊者の阿毘心論十品を釋し、功を本に歸して法勝阿毘曇心論と云ふなり。【冬帙十二】(1294)

ホフシヨウビドン　法勝毘曇　〔書名〕　法勝阿毘曇心論の略名。「名。

ホフシヨシキ　法處色　〔術語〕　法處所攝色の略

ホフシヨシヨセフシキ　法處所攝色　〔術語〕　諸法を十二處に總括するに、法處に攝屬して意處の所對となるもの五種あり、一に極略色、色聲香味觸、眼耳鼻舌身等の有質の實色を分拆して極微に至らしめしもの。二に極逈色、虛空靑黃等の無質の顯色を分拆して極少に至らしめしもの、遙として見難ければ極逈色と名く。三に受所引色、無表色なり、是れ戒を受くるに依て身中に引發する色なれば受所引色と名く。四に遍計所起色、一切法を遍計する意識の前に顯現する五根五境等の影像是なり。空華水月等皆此の所攝なり。五に定所生自在色、禪定所變の色聲香味等の境なり、勝定力の故に一切の色に於て變現自在なれば定所生自在色と名く。【義林章五末】

ホフシキ　法師位　〔職位〕　僧階五位の第四、官の四位に相當す。「ソウキ」を見よ。

ホフシン　法身　〔術語〕　佛の眞身なり。名を釋するに性相の二宗其義を異にす。先づ相宗は唯識論に依るに總相の法身と別相の法身とあり、總想の法身は理智の二法を兼ね、金光明の如如と如如智とを法身と曰ふ義に同じ、是れ所證の眞如と能照の眞覺とを以て法身となすなり。三身を以て言へば自性身と自受用報身の二身を合せ見たるなり。此義に依らば釋して言ふべし法身とは理智顯現して有爲智無爲理一切功德法の體性たり所依たれば法身と名くと。又一切の功德法を成就莊嚴する故に法身と言ふべし。【唯識論十】に「此牟尼尊所得二果永離二二障一。亦名二法身一。無量無邊力無畏等大功德法所二莊嚴一故。乃至此法身五法爲レ性。非三淨法界獨爲二法身一。二轉依果皆攝レ此故。」次に別相の法身とは三身中の自性身にて唯淸淨法界の眞如なり、此眞如は佛の自性なれば自性身と名け、又此眞如に眞常の功德を具して是れ無爲なり。一切有爲無爲功德法の所依となれば亦法身と名くるなり。功德法を成就莊嚴する故に法身と名くとは言ふを得ざるなり、何となれば此法は唯理の法身にして有爲の功德即ち智法身を含攝せざればなり。【唯識論十】に「即此自性亦名二法身一大功德法所二依止一故。」【佛地論七】に「力無畏等諸功德法所二依止一。故亦名二法身一。」【述記十末】に「離二所知障一具二無邊德一。名爲二法身一。乃至功德法依名二法身一。」【唯識樞要上本】に「出纏位功德法本。名曰二法身一。」【義林章七本】に「成唯識說。淸淨法界爲二自性身一。莊嚴論等說。自性身本性常故。讚佛論說。佛自性身無二生滅一故。」若し性宗の義に依らば眞如の理性に眞實覺知の相あるなり、されば理智不二にして眞如の無爲と共に眞智亦無爲なり、又性相不二なる故に眞如にして法性なれば眞智亦法性なり、此理智不二の法性の隱れたるを如來藏と云ひ、始覺の功積で其の法性の顯はれたるを法身と云ふ。即ち言ふべし、法性を以て身を成ずれば法身と名くと。或は言ふべし、法性顯現せし有爲無爲一切の功德法を以て成就莊嚴する身なるが故に法身と名く。【勝鬘經】に「世尊。過二於恒沙一。不離不脫不思議佛法成就。說二如來法身一。如レ是如來法身不レ離二煩惱藏一。名二如來藏一。」【同寶窟下末】に「法身者即是實相眞如法也。此實相正法隱名二如來藏一。此實相法顯故名レ身。唯是一實相法。約二隱顯不同一故有二藏之與一レ身。又法者謂諸功德法。法之所依名レ身。故攝論云。與二功德法一相應名二法身一。」【嘉祥法華疏四】に「以二正法一爲レ身。故曰二法身一。」【起信論】に「從レ本已來自性滿二足一切功德一。所謂自體有二大智慧光明義一故。偏照法界義故。眞實識知義故。自性淸淨心義故。常樂我淨義故。淸涼不變自在義故。具二足如レ是過二於恒沙一不離不斷不異不思議佛法。乃至滿足無レ有レ所レ少義故。名爲二如來藏一。亦

名二如來法身一。」【同義記下本】に「隱時能出二生如來一。名二如來藏一。顯時爲二萬德依止一名爲二法身一。」【維摩經慧遠疏】に「佛以二一切功德法一成故名二法身一。」【法華玄義七】に「本有四德隱名二如來藏一。修成四德顯名爲二法身一。」【大乘義章十八】に「言二法身一者解有二兩義一。一顯二本法性一以成二其身一名爲二法身一。二以二一切諸功德法一而成レ身。故名爲二法身一。」梵 Dharmakāya

法身體性 〔術語〕法身の體性を論ずるに諸家不同なり、先づ**小乘**は理性を論ぜず只戒定慧解脫知見の五分の功德を以て法身となし、之を五分法身と稱す。次に大乘の諸家に於て**三論宗**は實相を以て法身となす、實相とは空理なり眞空無相是れ法身の體性なり、眞空無相なればこそ無邊の身相を現ずるなれと云ふ。【維摩經方便品】に「佛身即法身。」【同註】に「肇曰。經云。法身者虛空身也。無生而無レ不レ生。無形而無レ不レ形。」【往生論註】に「實相無相故眞智無知也。無爲法身者法性身也。法性寂滅故法身無相也。無相故能無レ不レ相。是故相好莊嚴即法身也。」【勝鬘寶窟下末】に「法身者即是實相眞如法也。」（實相と云ふも台宗の實相と異なり眞如と云ふも法相の眞如と異なる只空理の異名なり。）【法苑義林章七本】に「法身空理。報身空智。利レ物所レ現名二變化身一。淸辨等師皆有二此義一。」次に**法相宗**は法身に二種を立て、一を三身總具の法身とし、一を三身中の法身とす。總相の法身は淸淨法界の眞如と大圓鏡智等の有爲無爲の五法を法身とし、別相の法身は唯無爲の眞如を法身となすと前に云ふ如し。次に華嚴天台等の**一乘宗**は法身に該攝分相の二門を立つると及び分相門の三身中に於て所證の理を法身となし、能證の智を報身となすと法相宗に同じきも、其理たるや三論家の如き空理の實相にあらず、法相宗の如き凝然眞常の眞如にあらず、萬有を總該する一眞法界なり。（華嚴）三千の諸法を圓融せる諸法實相なり。（天台）又法相の如く法身の理は無爲にして報身の智は有爲なり、有爲無爲性相各別なりと云ふにあらず、眞如法隨緣して萬德の智相を現ずれば理智本より不二なり、又法性の體に自ら能照の智用を具すれば理智もとより一體なり、故に理智共に法爾なり、無作なり、無爲常住なり、姑く能照所照能緣所緣の義相に依て法報の二身を分つのみと云ふ。【止觀五】に「常境無相。常智無相。（乃至）智境冥一。而言二境智一。故名二無作一也。」次に**眞言宗**には六大を以て法身とす、六大とは地水火風空識なり、此六は皆事法なり、故に法身本來色相を具して宛然たる人格を有すると通途顯敎の報佛化佛の如し。【辨惑指南三】に「密敎には法身とは地水火風の六大なり、此六は皆事法なり、故に本來色相を具へ言語を出して能く說法す。（乃至）此法身に二種あり、六大は常恒に無碍涉入すれば差別すべき樣なきも、前五大を表するを自性身と名く、是れ理法身なり、（胎藏界の大日法身、）第六識大を表とするを自受用身と名く是れ智法身なり。（金剛界の大日法身。）」

二法身 〔名數〕五種あり。**一**は金光明經の說なり。一に理法身、本覺の理性、諸佛衆生同一に具する所、如如の理なり、但衆生に在ては無明の爲に隱沒し、諸佛に在ては始覺の智の爲に顯現するもの之を理法身と名く。二に智法身、始覺の究竟せる如如の智なり、始覺の智究滿して本覺の理に契合するもの之を智法身と名く。【金光明經】に「唯有二如如如如智一。是名二法身一。」（如如者平等之義。）**二**は菩薩瓔珞經の說なり。一に果極法身、即ち法性法身なり。二に應化法身、即ち方便法身なり。【瓔珞經下】に「有二二法身一。一果極法身。二應化法身。其應化法身如二影隨一レ形。以二果身常一故應身亦常。」**三**は瓔珞經の說なり。一に自性法身、即ち前の眞身なり。二に應化法身、即ち前の應身なり、應化を以て法身と名くるは全く法身を攬て應化身となせばなり、是れ理事不二の大乘の實相に依る。【瓔珞經上】に「從二初地一至二後一地一。有二果報神變二種法身一。一法性身。二應化法身。」**四**は曇鸞の所立なり、一に法性法身、法性の理體を證得する佛の眞身なり、三身の中の法身報身中に攝む。二に方便法身、法性法身より衆生化益の方便に示現する佛の應化身なり、此二法身は即ち眞應の二身、法性生身の二身なり。【論註下】に「諸佛菩薩有二二種法身一。一者法性法身。二者方便法身。由二法性法身一生二方便法身一。由二方便法身一出二法性法身一。此二法身異而不レ可レ分。一而不レ可レ同。」**五**は元照の所立なり。一に理法身、如來所證の眞理なり。二に事法身、戒定慧等五分の功德法なり、是れ大小二乘相對の二法身なり。【資持記上一之三】に「法身亦二。一理法身。即所證理顯。二事法身。即五分德圓。」

三法身 〔名數〕二種あり、**一**は羅什三藏の所立なり。一に法化生身、法性より化現する化身佛なり。二に五分法身、戒定等の五分の功德なり。三に實相法身、空性の諸法實相なり。【注維摩經三】に「什曰法身有二三種一。一法化生身。金剛身是也。二五分法身。三諸法實相和合爲レ佛。故實相亦名二法身一也。」**二**は天台所立なり。一に但空法身、小乘の法身なり。二に即假法身、大乘別敎の法身なり。三に即中法身、大乘圓敎の法身なり。【天台仁

王經疏上】に「法身有レ三。一但空法身。三乘皆有。如三善吉七葉巖中禮ニ佛法身一。此小乘滅ニ三十二相一。即空爲ニ法身一也。二即假法身。謂滅ニ無常色一獲レ常等也。我樂淨三亦復如レ是。三即中法身。謂如來法身非常非無常。常樂我淨等亦復如レ是。」

四種法身　〔名數〕　密教の所立なり。一に自性法身。諸佛の眞身理智の法性自然として具足し、常住の法身三世常恒に從身流出の菩薩の爲に三密の法を說く。自體法然の故に自性と云ひ、無爲の作業を具する故に法身と云ふなり。此に理智の差別あり、法界の諸法、體性寂然として法爾不改なる理法身と名く、即ち胎藏の四重圓壇是なり。一切の法互に相ひ周遍して冥理同體なるを智法身と名く、即ち金剛界の一印會の大日是なり。二に受用身、此に二種あり、一には自受用身、理智相應して自受法樂の故に自受用と名く、即ち上の智法身と同體なり。或は法然本覺の智を智法身と曰ひ、法然始覺の智を自受用と名く。智身と受用と別體の義、古來の異義なり、前義を正とす。二には他受用身、十地の菩薩の爲に現ずる所の法身なり、今此の加持受用身は十地に應現して法身の內證を傳說す、十重の別あるも共に法性の所流、他をして受用せしむる故に他受用と名く。此の自他の受用、內證外用異なるも共に受用の義あれば受用と名け、又法然の事業の故に法身と名く。三に變化法身、地前の菩薩及び二乘凡夫の爲に現ずる所の丈六の應身なり。亦是れ內證を傳說して衆生に據るなり。今此の應身は八相成道、轉變無究なる故に變化と名け、緣謝すれば即ち滅し機興れば則ち生ず、亦是れ法爾の爲作の故に法身と名く。內には秘密を說き外には顯教を宣ぶ、一代百億の教主即ち此の法身なり。四に等流法身、九界隨類の身にして佛身にあらず、或は佛形あるも無にして忽ち有り、暫現速隱の佛をば等流身に攝する也。平等に流出して九界に等同する故に等流出と名く。亦是れ法爾の作用なる故に法身と名く。【十住心廣日名六】密教又法報應の三身を立つ、三身を見よ。此四身を攝するに[梵字]の一字を以てし、曼荼羅に配するに胎藏は中胎を自性身とし、第一重の內眷屬と第二重の大眷屬を受用とし、第三重を變化等流の二身とす。又金剛は中央大日を自性身とし、東方阿閦を自受用身とし、南方寶生と西方彌陀を他受用身とし、北方不空成就釋迦を變化等流の二身とす。而して此四身に橫竪あり。竪は前の如し、橫は上の四身各四身を具するなり。【三昧耶戒儀資乘記】【瑜祇經】に「五智所成。四種法身。」【分別聖位經】に「梵本入楞伽偈頌品云。自性及受用變化並等流。佛德三十六。皆同ニ自性身一。」【二教論下】に「四種法身者。一自性身。二受用身。三變化身。四等流身。」【秘藏記末】に「法身。應身。化身。等流身。此四種身云云。」

五種法身　〔名數〕　四種あり。一は菩薩瓔珞經の所說なり。一に如如智法身、如如の理を證する實智なり。二に功德法身、十力四無畏等の一切の功德なり、三に自法身、地上菩薩に應現する應身なり、天台は之を勝應身となし、法相は之を報身中の他受用身とす。四に變化法身、台家は所謂劣應身にして法相家に所謂變化身なり。五に虛空法身、虛空の如く諸相を離れたる如如の理也。此中如如智法身と功德法身とは報身にして、報德を智慧と功德の二に分くるなり。又自法身と變化法身とは應身にして、應德を地上地前の勝劣に分けし也。虛空法身は即ち法身なり。總じて之を法身と名くるは皆是れ法身の德相なればなり。二は密教の所立なり。上の四種法身に法界身を加へて五種となす。法界身とは六大法界なり。【分別聖位經偈】に「自性及受用。變化幷等流。佛德三十六。皆同ニ自性身一。並法界身故。成ニ三十七一也。」又禮懺經に自性身の外に法界身を立つ、此等の證文に依て四身の外に法界身あるを知る。【五輪九字明秘釋】三は華嚴宗の所立なり、一に法性生身、其の生を言へば如來の身は法性より出生すれば法性身と名く。二に功德法身、其の目を推せば如來萬德所成の身なれば功德法身と名く。三に變化法身、其の應に就かば感ありて形ぜざるなく機ありて應ぜざるなければ變化法身と名く。四に實相法身、其の妙を言へば無相無爲なれば實相法身と名く。五に虛空法身、其の大を稱せば虛空に瀰滿して萬有を包括すれば虛空法身と名く。【華嚴大疏鈔四】四は小乘の所立五分法身なり。「ゴブンホフシン」を見よ。

法身無相　〔術語〕　【涅槃經三十一】に「是故涅槃名爲ニ無相一。善男子無ニ十相一故。何等爲レ十。所謂色相、聲相、香相、味相、觸相、生住壞相、男相、女相。是名ニ十相一。」【大乘同性經下】に「如來眞法身者。無色。無現。無著。不可見。無言說。無住處。無相。無報。無生。無滅。無譬喩。」【唯識論十】に「自性身唯有ニ眞實常樂我淨一。離ニ諸雜染一。衆善所依無爲功德。無ニ色心等差別相用一。」⊙（鵯鷺合戰十一）「法身無相なり、何ぞ善惡を分たんと候ひつるが是にて候哉」

法身有相　〔術語〕　諸經論通途の說に依れば

法身は無色無形にして色相莊嚴の見るべきなしと云ふ。然るに台家は之を別教已下の說と貶し、圓教の極意に依れば法身決して無相ならずと云ふ。其意に言く、一家圓實の意は法性の體理に依正色心を具して相相宛然たり。眞空無相の法性にあらず、是の故に三惑究竟して清淨なれば本性常住の色心顯現して依正の二法究竟清淨也、此則ち別具の三千を談じて法法即性を示すが故なり。是の故に【法華經方便品】に「是法住二法位一世間相常住。」と云ひ【同提婆品】に「微妙淨法身具二相三十二一。」と云ひ、【涅槃經陳如品】に「色是無常。因レ滅二是色一獲二得解脫常住色一。」と云ひ【仁王經觀空品】に「法性五陰。受想行識常樂我淨。」と云ふ。四明尊者妙宗鈔の中に此等の文を引て寂光有相の旨を顯はす、深く一家の妙旨に符ふ。若し夫れ祖書の中に理性をさして無相寂滅と云ふとあるは、理性には染礙の相なしと也、是れ情相を遮する遮情門の一端なり、當に知るべし染礙の情相既に亡ずるときは性具の妙相彌よ顯はるるを。天台二百題中に寂光有相の論目あり、其論旨有相の說と異ならず、依て今之を抄出す。

法身說法 【術語】 法身說法は密教の常談なり、顯教に在ては法身無說、報化有說を通途とす、唯台家の圓教獨り法身有說を云ふ。言く、法身如來一切の德を具す、何ぞ說法の義なからむ、【淨名疏】に「法身無緣冥資。一切無說而說。即是法身說法。」と云ひ、【四明教行錄四】に「當レ知剎剎塵塵俱說俱聽。說聽同時。妙哉此境。不レ可下以二言想一求上。不レ可下以二凡情一測上。是大總相法門。寂而常照。法身冥資之境也。」と云ふ、是れ常寂光土究竟法身の說法なり。【金剛般若論上】に「應化非二眞佛一亦非二說法者一。」と言ふ如き是れ即ち法身の說法となして應化を奪て非說法者と云ふなり。但祖釋の中往往「法ハ定不レ說。報ハ通二二義一。應化ハ定說。」と云ふ如きは三身分別の一往の釋なり。圓教の三身元と一體なるを知らば分別の譬の一往なるを了せん。此論旨寂光有相に同じ參照すべし。又、密教は法身說法を以て一宗の眉目とし、之に因て顯密に教を分かつ、佛に三身あり、法身を佛の眞身とし、報應二身を爲他現身とす、顯教は衆生の機緣に應ずる隨他意の法なるが故に、爲他現の報應二身之を說き、密教は諸佛內證の法なれば法身自ら之を說く。顯教には法身を以て眞如法性の理體として寂滅無相なりと說くを以て說法の義あるべからずと雖、今宗の極意は六大四曼三密の諸法を具して性相常爾人法不二なれば台家圓教の性具也何ぞ法身の自說を妨げん。但此に就て自證說法と加持說法の兩說あり。其の自證說の義は謂く、密教は他機に投ずる隨他意の教門にあらざる故に自性身自ら說くなり、何となれば自性身の前には迷悟の差異を見ず、十界悉く自性に住する位なり、則ち胎藏四重の曼荼羅は十界の自性を顯はすなり、此の時誰をか能化とし誰れをか所化とせん、只各各自內證の法門を演ぶるを以て說法となすなり。故に疏主大日經の教主成就の句を以て本地法身と云ひ、又宗家處處の釋に或は法身と釋し、或は自性身と判ず、又經に各說三密と說き自受法樂說と說く、皆他に授くる教門に非ざるを示すなり。若し加持身說法とせば加持世界の衆生に授くる義となりて隨他意の一分をなして法身說法の特色を失ふ。但經疏の中加持說法の文あるは皆加持世界の加持身說法にして、自證會の加持身を言ふにあらずと。其の加持說は謂く、疏の一部始終の大旨自證の位には說法なく、加持身に出でて說法すと見ゆ、大日如來若し自證位に住する時は衆生益を蒙らざるが故に加持三昧に住して今經を說くなり。且つ疏一に本經の大日法身の住處を釋するに譬を設けて「譬如二國王一。若有二政令一。必先出居二外朝一制二斷刑賞一。」と云ふ、是れ正に加持門に出る義を顯はすなり。若し自證極位の說法たらば翠張の君を以て之に譬ふべし、何ぞ必ずしも外朝に出づと云はん。又此文を以て加持世界と言ふべからず、是れ正しく本經所說の住處の釋なればなり。又【疏二十】に「次即入二中惡字一是方便也。此是毘盧遮那佛本地之身花臺之體。超二八葉一絕二方處一。非二有心之境界一。唯佛與レ佛乃能知レ之。爲下念二本誓一開二示大悲藏一。普列二衆生一入中佛慧上故。復以二加持神力一普現二身口意一。遍二滿生死中一。當レ知此即是方便也。若離二方便一如來本地尙不レ可レ說。何況示レ人乎。不レ可下爲二諸上首等菩薩一說上。何況流二入生死中一乎。」抑も自性身の上に自證化他の二分あり、化他の邊を以て加持身と名け、加持三昧に住して今經を說くなり、自證會に因人實行の機なきは勿論なり、只法性に住する大悲の用未來の機に被らしむる爲に自證會中加持身に住して利他の說を爲すなり。但し利他隨宜の說あらば密教の法身說法は顯教の化應說法に對して差異なからんと云ふに、內證と隨宜とを以て顯密の差異と爲すは是れ所說の法に約して言ふ、能說の言に約するに非らず。顯の法門は一向に機情の爲に設て更に佛の內證にあらざる故に隨宜と云ひ、密教は全く自內證の法門を說て機に授くる故に內證と云ふ。其の教主を指して本地法身

等と云ふも其の加持身が自性を改めざるが故に加持身を以て本地法身と云ふなり、是れ亦顯密對辨の意なり。顯の神變の應用は隨染業幻の所作なる故に自性を改む、今の加持身は機情の所變にあらず直に自性本身の上の加持の用にして自性を改めざれば本地法身等と云ふなり。以上兩說は眞言一家の大問題にして新古二義の別る所此に在り、野山の古義派は自證說法を固持し、傳法院の新義派は加持說法を主張す。【自證說法十八段】（此中疏又は二教論等の文十八處を擧て一一兩家の義を問答解釋す）【秘藏記本】に「法身有二定慧二邊一。以レ水喩レ之。澄淨是定。照二一切色相一是慧。密教所說定邊無二言說一。慧邊有二言說一。水澄淨而照二色相一。然願行風起二波浪一。波浪即作レ聲。是說法之音。」此の文明かに自證說法の意を說く。【鈔四】に「此文に就て尊者の料簡異義不同なり。今之を案ずるに說法に二種あり、一は自證、二は化他なり、下の釋に在二自受用土一與二自眷屬一自受法樂故說レ法。又作二後智用一爲レ他說レ法と是れ其の證なり、當段に無言說とは是れ化他の說法を指すなり、其の故は慧邊有言說の句を轉釋して、願行風起二波浪一。波浪即作レ聲。是說法之音と、是れ即ち澄淨にして色相を照らす水（自證の位）大悲の願行に依て種種の波浪を起す、之を言說說法に譬ふるなり。然も此の化他の說法は定慧の中には定邊には之なく、慧邊には之あり。何を以て知るとならば上の釋に、理起二智用一智起二大悲一。大悲譬レ水と、理起智用とは此智は自證の智なり、此の智に依て後智の大悲を起して他の爲に說法す、是れ即ち定に依て智を起し智に依て說を起す。三重の轉起を案ずるに化他の言說慧に依るが故に慧邊有言說と云ふ、若し自證の說法ならば自證の定自證の智自受法樂の爲に兩部の大經を說く。若し此書の前後を勘へ見れば疑網自ら決せん者歟。」⊙（曲、杜若）「業平は極樂の歌舞の菩薩の化現なればよみおく和歌の言葉までも皆法身說法の妙文なれば」

法身流轉 〔術語〕眞如は法身の體なり、眞如に不變隨緣の二義あり、隨緣の義に依ては染淨の緣に擊たれて十界の依正を變生す、而して所變の十界即ち不變の眞如なり、即ち法身なり。之を法身五道に流轉すと云ふ。【經】に「法身流二轉五道一名曰二衆生一。」（不增不滅經取意の文）

法身古業 〔術語〕法身の菩薩界內の生を受て有情を利益するはもと造りし六道の古業の種子を用ゐるとなり。【大乘止觀】に「若作二菩薩一自在用時。以二悲願力一故用二彼古業種子一。一時於二六道中一受二無量身一。教二化衆生一。」是れ台家一箇の論目なり。【二百題十三】

ホフシン　法臣 〔雜語〕佛を法王と曰ふに對して菩薩を法臣と云ふ。【安樂集下】に「大智度論有二三番解釋一。第一佛是無上法王。菩薩爲二法臣一。所レ尊所レ重唯佛世尊。」是れ智度論第七の文なり。但し論文法臣を法將に作る。

ホフシンキヤウ　法身經 〔經名〕一卷、趙宋の法賢譯。化身及び法身の二種功德を明かす、法中具さに增一の法數を說く。【宙帙七】（921）又寶積三昧文殊師利菩薩問法身經の略名。

ホフシンクワン　法身觀 〔術語〕宗家に依りて所立の法身異なれば其觀法又同じからず今性宗通途の法身觀には【往生要集中本】に諸經を引て佛の法身を觀ずるとを明かす。眞如平等五相を以て如來を觀ずるなり。蓋し丈六の佛身に三十二相を具へ、種種の德を該ると云ふは三身の中應身の事にして、凡夫の有差別心より是の如く觀るのみ、若し凡夫の有差別心を離れ無差別平等の心より之を觀るときは諸相盡く寂滅にして何れも眞如實相ならざるなし。【大般若經五百七十四】に「曼殊室利前白レ佛言。我觀二如來一即眞如相。無動無作。無レ所二分別一。乃至心言路絕。以二此等眞如之相一觀二於如來一。名二眞見レ佛。」【華嚴經昇須彌山頂品】に「法性本空寂。無レ取亦無レ見。性空即佛。不レ可レ得二思量一。」【金剛般若經】に「世尊說レ偈言。若以レ色見レ我。以二音聲一求レ我。是人行二邪道一。不レ能レ見二如來一。」

ホフシンゲ　法身偈 〔術語〕佛に生身法身の二種あり、隨て舍利に二種あり、八石四斗の遺骨は生身の舍利なり、所說の妙法は法身の舍利なり。故に之を法身舍利と云ひ、又は法頌舍利と云ひ、略して法身偈と云ふ。佛教の根本義たる四諦中の苦集滅の三諦を說きし偈頌なり。而て常には其の苦諦を說きし諸法從緣生の一句に約して緣生偈又は緣起偈と稱するなり。【智度論十八】に蜫勒論中の所說を引て「佛於二四諦中一或說二一諦或二或三一。如下馬星比丘爲二舍利弗一說レ偈。諸法從緣生。是法緣及盡。我師大聖主。是我如レ是說。此偈但說二三諦一。當レ知道諦已在レ中。不二相離一故。」即ち諸法從緣生の一句は諸法の因緣生にして苦空無常無我なるを說く、苦諦の相なり。是法緣の三字は其の苦法を生ずる因緣の法を說く即ち集諦なり、盡の一字は苦集を滅するを說く滅諦なり。道諦は苦の集に於るに例して知らるれば說かざるなり。【智度論十一】に「諸法因緣生。是法說二因緣。是法因緣盡。大師如レ是言」と。其他の諸經論に說く偈頌は總じ

て生滅即ち苦滅の二諦なり【佛本行集經四十八】に馬勝比丘舍利弗に對して說く頌に「諸法從レ因生。諸法從レ因滅。如レ是滅與レ生。沙門說如是。」【浴佛功德經】に「供ニ養舍利一有ニ二種一。一者身骨舍利。二者法頌舍利。即說レ頌曰。諸法從レ緣起。如來說ニ是因一。彼法因レ緣盡。是大沙門說。」【日照譯造塔功德經、谷響集四】等に出づ。図 此偈明かに法身の不生不滅を說くが故に法身偈と名くるなり。【造像功德經】に「爾時世尊說ニ是偈一言。諸法因緣生。我說ニ此因緣一。因緣盡故滅。我作ニ如レ是說一。善男子。如レ是偈義名ニ佛法身一。汝當ニ書寫置ニ彼塔內一。何以故。一切因緣及所生法。性眞寂故。是故我說名爲ニ法身一。」【大日經疏六】に「法從レ緣生即無ニ自性一。若無ニ自性一即是本來不生ナリ。因緣和合時亦無レ所レ起。因緣離散時亦無レ有レ滅。是故如ニ淨虛空一常不ニ變易一。」

ホフシンザウ 法身藏 [術語]「ゴシュザウ」の「一」。

ホフシンシヤリ 法身舍利 [術語] 法身偈に同じ。次上を見よ。又、佛所說の經卷を法身舍利と云ふ。如來所說の實相中道の理不改不變にして性相常爾なれば法身舍利と云ふ。【法華經法師品】に「經卷所住處。皆應レ起ニ七寶塔一。極令ニ高廣嚴飾一。不レ須ニ復安ニ舍利一。所以者何。此中已有ニ如來全身一。此塔應下以ニ一切華香瓔珞繒幡幢樂歌頌一供養恭敬尊重讚歎上。」【西域記九】に「印度之法。香末爲レ泥。作ニ小窣堵波一。高五六寸。書ニ寫經文一以置ニ其中一。謂ニ之法舍利一也。數漸盈積建ニ大窣堵波一。總聚ニ於內一常修ニ供養一。」

ホフシンシヤリゲ 法身舍利偈 [術語]「ホフシンゲ」を見よ。

ホフシンセツポフ 法身說法 [術語]「ホフシン」を見よ。

ホフシンタフ 法身塔 [堂塔] 法身舍利を安置する塔なり。密教に梵字鑁 [梵字] を以て法身塔となす是れ法界の種子にて形圓塔に似たればなり。【金剛頂義決】に「鑁字法界種。相形如ニ圓塔一。是名ニ法身塔一。」

ホフシンダイシ 法身大士 [術語]「ホフシンボサツ」を見よ。

ホフシンニヨライ 法身如來 [術語] 法身は去來なけれども、隱れたる如來藏が顯はれて法身となるに依て如來と名く。

ホフシンブツ 法身佛 [術語] 法性の體を法身と名け、法性に覺知の德あれば佛と名く。

ホフシンホンヌ 法身本有 [術語] 法身は本來一切衆生の心中にありと云ふこと。

ホフシンボサツ 法身菩薩 [術語] 二種菩薩の一。又法身大士と云ふ。一分の無明を斷じて一分の法性を顯現せる菩薩なり。初地以上の菩薩是なり。若し台家四敎の位次に依れば初住以上なり。【智度論三十八】に「法身菩薩斷ニ結使一得ニ六神通一。生身菩薩不レ斷ニ結使一。或離レ欲得ニ五神通一。」

ホフシンムサウ 法身無相 [術語]「ホフシン」を見よ。

ホフシンワウ 法親王 [雜名] 皇子落飾入道せられし後に親王の宣下を賜はりしを俗に法親王と云ふ。康和元年白河院の皇子中御門覺行阿闍梨を親王に册せらる、是れ其始なり。【元亨釋書覺行傳】⊙(增鏡、內野の雲)「法親王には宮の御衣大夫とりて奉り給ふ」

ホフジ 法事 [儀式] 又佛事と云ふ。追福又は善根の爲に供佛施僧讀誦講說の會座を開くを云ふ。図 [雜語] 佛法の修行を法事と云ふ。【楞嚴經一】に「發ニ大勇猛一。行ニ諸一切難行法事一。」

ホフジキ 法食 [術語] 如法の食物なり。佛法中食物に法制あり、其法制に依る食を法食と云ふ。【行事鈔下一】に「增一云。如來所著衣名曰ニ袈裟一。所食者名爲ニ法食一。」

ホフジキジ 法食時 [術語] 四食時の一。三世の諸佛皆午時を以て食を爲す、法食時と名く。午を過ぐれば非時なり。

ホフジサウサウヰイン 法自相相違因 [術語] 因明四相違因の一。宗法は有法と法との二語より成る「聲は」の語は有法にて「無常なり」の語は法なり。其の有法と法に各意許と言陳の二あり、其の言陳を自相と云ひ、其意許を差別と云ふ、今は法の言陳なれば法自相と云ふ、さて立者所說の因が所立の宗法中、法の自相に相違反對するを法自相相違因と云ふ。例へば「聲は常なるべし、所作性なるが故に、虛空の如し同喩瓶等の如し異喩」と云ふ如き、所作性の因同品の常に轉ぜずして異品の無常に轉ずるが故に法の自相たる「常」に相違して反て無常を成立する過を生ずるなり。【因明入正理論】

ホフジサン 法事讚 [書名] 具名轉經行道願往生淨土法事讚。二卷、唐の善導撰。彌陀三昧の行業及び偈頌を記す。⊙(徒然草二二七)「法事讚も、おなじく善觀房はじめたるなり」

ホフジフエウジユギヤウ 法集要頌經 [經名] 四卷、尊者法救集、趙宋の天息災譯。即ち出曜經三十三品の法偈なり。【藏帙六】(1439)

ホフジフキヤウ 法集經 [經名] 六卷、元魏の菩提留支譯。佛虛空界法界差別住處最上樓閣妙寶臺上にあり、諸菩薩諸聲聞各勝妙の法集を說く、佛悉く讚印す。【宇帙七】(426)

ホフジフミヤウシユキヤウ 法集名數經

〔經名〕一卷、趙宋の施護譯、佛所說の出世間及び世間法の名數を集む。【暑帙五】(812)

ホフジヤウ　法城　〔術語〕正法能く非法を遮防すれば城と名く、又涅槃の妙果なり、是れ身を安ずる處なれば城と名く、又一切の經法に名く、能く正法を守護すればなり。【無量壽經上】に「嚴二護法城一。」【同慧遠疏】に「法能遮防。說レ之爲レ城。」【同嘉祥疏】に「法城者涅槃妙果。是安レ身處。故稱爲レ城說レ法令下衆生修二戒定慧一以莊中嚴之上也。」【維摩經佛國品】に「爲レ護二法城一受二持正法一。」【同註】に「什曰、法城者即實相法也。復次一切經法皆名二法城一。」

ホフジヤウジ　法成寺　〔寺名〕近衛の北京極の東に在り、治安二年御堂關白建立、院源に命じて落慶の導師となす。【山城名勝志二】⦿(徒然草)「極京殿法成寺など見るこそ」

ホフジヤウジユ　法成就　〔術語〕密敎の修法に依て祈禱の効驗あらはるるを法成就と云ひ、梵語に悉地と云ふ。

ホフジヤウジユノイケ　法成就池　〔雜名〕弘法神泉苑に於て請雨の法を修し功を奏しければ俗に法成就の池と云ふ。

ホフジヤウブ　法上部　〔流派〕小乘十八部の一。佛滅後三百年の中に犢子部より別立す、法上は部主の名なり。【宗輪論述記】

ホフジユ　法樹　〔譬喩〕佛法能く涅槃の果實を獲れば以て樹に譬ふ。【涅槃經十九】に「法幢欲レ倒。法樹欲レ折。」

ホフジユ　法頌　〔術語〕正法を說ける偈頌なり。

ホフジユシヤリ　法頌舍利　〔術語〕「ホフシンゲ」を見よ。

ホフジユヂンキヤウ　法受塵經　〔經名〕一卷、後漢の安世高譯。男は女に染する勿れ、女は男に染する勿れと誡む。何となれば法性塵染を受くればなり。【宿帙八】(689)

ホフスウ　法數　〔術語〕諸法數、法門の數。三界、五蘊、五位、七十五法、四諦、六度、十二因緣等を云ふ。

ホフスヰ　法水　〔譬喩〕妙法能く煩惱の塵垢を洗ひ、且つ熱をさませば以て水に譬ふ。【無量義經】に「法譬如三水能洗二垢穢一。乃至其法水亦復如レ是。能洗二衆生諸惱垢一。」【金光明經四】に「夏火熾然。惟願世尊。賜二我慈悲清涼法水一。以滅二是火一。」【聖無動經】に「以二智慧火一燒二諸障碍一。亦以二法水一澍二諸塵垢一。」【智度論五】に「諸菩薩如レ雲。能雨二法水一。」【往生要集下末】に「若人有二憍心一自高則法水不レ入。」⦿(太平記一)「法水を三井の流に汲み、記別を慈尊の曉に期し給ふ」

ホフセ　法施　〔術語〕三施の一。法を說て人に聞かしむるを云ふ。又法供養と云ふ。法施は下に對する語、法供養は上に對する語なり。【無量壽經上】に「演二法施一。常以二法音一覺二諸世間一。」【維摩經菩薩品】に「夫大施會不レ當レ如二汝所一レ設。當レ爲二法施之會一。」【智度論十一】に「以二諸佛語妙善之法一。爲レ人演說。是爲二法施一。」又神に向て經を誦し法文を唱ふるなどを法施を奉ると云ふ。⦿(太平記三四)「各自受法樂の法施を奉り」

ホフセイ　法誓　〔術語〕佛道の爲の誓願なり。

ホフセウ　法照　〔人名〕蓮社七祖の第四祖、唐の大歷二年衡州の靈峯寺に止まり、慈忍戒定當時の宗師なり。甞て僧堂の食鉢中に於て一寺を現じ大聖竹林寺と題す。四年郡の湖東寺の五會念佛を開く。五百を一會とす、依て五會法事讚を製して其の法式を定む。後五臺山に詣て竹林寺を建て、大歷七年寂す。代宗の時、國師となす。【佛祖統紀二十六】

ホフセツシウ　法說周　〔術語〕法華三周說法の一。「サンシウ」を見よ。

ホフセン　法山　〔譬喩〕佛法の高きを山に譬ふ、【涅槃經十九】に「法山欲レ頽法船欲レ沈。」【大集經五十六】に「法河永枯涸。法山欲二崩頽一。」

ホフセン　法船　〔譬喩〕佛人をして生死海を渡り涅槃の岸に到らしむれば以て船筏に譬ふ。【涅槃經一】に「無上法船。於レ斯沈沒。」【心地觀經一】に「善逝恆爲二妙法船一。能截二愛流一超二彼岸一。」【舊華嚴經五】に「興二造正法船一。普拯レ所レ應レ度。」【付法藏傳六】に「欲レ出二三界生死大海一。必假二法船一方得二度脫一。」

ホフゼン　法全　〔人名〕慧果和尙の影像の傍に童子あり、侍立す、是れ法全童子なり、童子の紀傳詳ならず。相ひ傳ふ、天禀穎悟なり、果公入寂の後剃髮して道を學び青龍の法全阿闍梨と號す、製作の諸軌を青龍の儀軌と稱す。胎藏界を慧果の弟子法潤に受く。而し日本僧宗叡、遍明、圓載、圓仁、圓珍、唐僧智滿、息忲、造玄等之に從て受法す。而して金剛界を慧果の弟子義操に稟く、本邦僧、圓仁、宗叡、遍明、圓載、圓珍、唐僧息忲、弘均、並に付法を得たり。初め玄法寺に住し、後に青龍寺に移て大に法雷を震ふ、所製の書、大毘盧遮那經廣大儀軌等數部あり。【谷響續集九】通常ハッセンと呼ぶ。

ホフゼントク　法前得　〔術語〕三種得の一。亦牛王引前得とも云ふ。車前に牛の行くが如く、能得が前に立ちて所得の法を引き來るを云ふ。吾人が善惡の諸法を得するはこの法前得による。

力強きが故に、法の現在位に來らざる前に既に此法を得す。無記法にはこの得なし。

ホフソウ　法僧　〔術語〕眞言修法の僧なり。

ホフタイ　法體　〔術語〕有爲無爲諸法の體性なり、倶舍論には七十五種に分ち、成實論には八十四種に分ち、唯識論には百種に分つ。【八宗綱要上】に「三世實有法體恒有。」又、世俗の剃髮したるを法體と云ふ、法師の體相と云ふ義なり。◉(太平記)に「十戒持律の法體」(同十四)に「縱令御出家ありて、法體にならせ給ふとも」

ホフタイゴウウ　法體恒有　〔術語〕小乘薩婆多部の宗義に三世實有法體恒有と立つ。「サンゼジツウ」を見よ。

ホフダウ　法堂　〔堂塔〕ハッタウと讀む。他宗に講堂と云ふを禪家には法堂と云ふ。大法を演說するの堂なり。【華嚴經五】に「世尊凝睟處法堂。炳然照二曜宮殿中一。」【同七十五】に「善財童子將レ升二法堂一。」【同七十六】に「時有下守二護菩薩法堂一羅刹鬼王上。名曰二善眼一。」【大方等日藏經一】に「於二當來世一。是中皆應下起二立塔寺一。造二作法堂一安中置舍利經法形像上。」【毘奈耶雜事三十七】に「於二城東形勝地一興二建法堂一。」已上經律に出づ。【歷代三寶記十二】に「法堂佛殿既等二天宮一。震旦神州還同二淨土一。」【六學僧傳十七】に「上明東寺法堂十二間。蓋安曇翼所レ造。」【傳燈錄四慧忠章】に「師欲下於二殿東一別創中法堂上。」【宋高僧傳八香育傳】に「樹二立法堂一嚴奇麗。」已上百丈已前の所據なり。然るに百丈の海禪師禪苑の規繩を制するに至て殊に重きを法堂に取り、佛殿を立てずして唯法堂を建つ、是れ佛祖の親承當代を尊となすを表はせばなり。【傳燈錄百丈章禪門規式】に「不レ立二佛殿一唯樹二法堂一者。表二佛祖親囑受當代爲ヒ尊也。」と然るに諸方猶佛殿を立てて其令に準ぜず、獨り德山鑑禪師固く之を守る。【正宗贊一德山章】に「師凡住院。折二卻佛殿一獨立二法堂一而已。」さて百丈の禪苑の規繩は概ね意を朝制に取る、故に法堂の制造に至ても亦是れ大極殿に擬す。

ホフダウ　法道　〔人名〕傳詳かならず【天台霞標二極樂法音章】に對受記、阿娑縛鈔、天台座主記等を引て支那五臺山の法道和尙、現身に極樂に往き、親く水鳥樹林念佛の聲を聞て支那に傳ふ、慈覺大師五臺山に入り、其音曲を學びて以て叡山に傳ふ、是れ例時の引聲念佛なりと云ふ。

ホフダラニ　法陀羅尼　〔術語〕四陀羅尼の一。又聞陀羅尼と名く。法とは敎法なり。佛の敎法を聞て受持して忘れざるを云ふ。

ホフダン　法談　〔雜語〕法義の談話なり。又說法讚嘆、談義など云ふ。淨土門一家に多く此目を用ふ、高僧傳十科中の唱導是なり。

ホフチ　法智　〔術語〕智度論所說十一智の一、欲界の苦集滅道の四諦法を觀見する無漏智なり、是れ初て法を知るが故に法智と名け、又現在の法を知るが故に現智と名く。【大乘義章十五】に「言二法智一者亦名二現智一。自體名レ法。初知レ法故名爲二法智一。以レ知二現法一故名二現智一」

ホフチ　法智　〔人名〕四明山延慶寺の知禮、宋の太宗法智大師の號を賜ふ。【佛祖統紀五十】

ホフチイン　法智印　〔術語〕法曼荼羅なり、一切の經典を該攝す。【性靈集七】に「講二演大日法智印」大日經なり。

ホフヂヤウ　法定　〔術語〕法性の十二名の一。眞如の妙理は決定して諸法の中に在れば法定と名く。

ホフヂヤウ　法場　〔雜名〕道場と言ふ如し、佛法を行ずる場處なり。

ホフヂユウ　法住　〔術語〕法性十二名の一。眞如の妙理は必ず一切諸法の中に在て住すれば法住と名く。

ホウヂユウ　法中　〔雜語〕ホッチユウと讀む。多くの僧侶を總稱して法中又は法中方と云ふ。

ホフヂユウキ　法住記　〔書名〕大阿羅漢難提蜜多羅所說法住記の略名。「記法住經の略名。

ホフヂユウキヤウ　法住經　〔經名〕佛臨涅槃

ホフヂユウジ　法住寺　〔寺名〕【拾芥抄】に「法住寺。法性寺北。太政大臣爲光建立。」

ホフヂン　法塵　〔術語〕六塵の一。一切の法、意識の所緣となるもの、之を法塵と云ふ。十二處の中に法處と云ひ、十八界の中には法界と云ひ、根境相對の語には法境と云ふ。【楞嚴經一】に「縱滅二一切見聞覺知一。內守二幽閑一。猶爲二法塵分別影事一。」【行宗記二下】に「法塵一界兼通二色心一。」

ホフテイ　法帝　〔雜語〕佛法の帝王、即ち如來なり。【秘藏寶鑰中】に「人王法律法帝禁戒。事異義融。」

ホフテイ　法弟　〔雜語〕佛法修行の爲に師に就て弟子となりしもの。

ホフテキ　法敵　〔術語〕佛法に對する怨敵なり。

ホフテン　法典　〔術語〕正法を說ける經典なり。【順權方便經上】に「有二法典一。名曰二順權方便一。」

ホフデン　法殿　〔雜名〕正法の殿堂なり、正法は賢聖の住處なれば以て殿堂に譬ふ。【涅槃經十九】に「法殿欲レ崩。法幢欲レ倒。」

ホフデン　法電　〔譬喩〕法を說くの照了なる之を

電光に譬ふ。【無量壽經上】に「震二法雷一曜二法電一。」【同慧遠疏】に「義無碍智益二衆生一也。電光一發。有物斯覩。義言一宣。諸義悉見。」【同嘉祥疏】に「耀電譬三說法有二照了之用一也。」

ホフト 法徒 〔雜名〕學法の徒衆なり。【寄歸傳一】に「法徒之大歸。」

ホフトウ 法頭 〔職位〕僧官の名。推古帝三十二年寺司を置て法頭と曰ひ、阿曇連を法頭に任ず。【釋書二十】

ホフトウ 法燈 〔譬喩〕正法能く世の冥闇を照破すれば以て燈火に譬ふ。【心地觀經二】に「法寶猶如二一切明燈一。」【華嚴經二】に「能燃二照レ世妙法燈一。」此法燈を燃す者は佛祖なれば佛祖を指して法燈と云ひ、法を傳ふるを傳燈と云ふ。⊙（太平記一）「されば消えなんとする法燈を挑げ」

ホフトウコクシ 法燈國師 〔人名〕紀州鷲峯山興國寺の開山覺心、龜山上皇法燈禪師と勅諡し、後醍醐天皇重ねて法燈圓明國師と勅諡す。世以て普化宗の祖とす。【本朝高僧傳二十】

ホフトウハ 法燈派 〔流派〕禪宗二十四流の一。紀州由良の法燈圓明國師を祖とするよりして由良門徒とも云ふ。

ホフト 法度 〔雜語〕法は法規、度は度量なり。【無量壽經下】に「都無二義理一。不レ順二法度一。」ハットとも讀む。

ホフドウ 法幢 〔譬喩〕妙法高く聳ゆると幢の上出する如きを法幢と云ふ。又猛將の幢旗を建つる如く佛菩薩の說法能く魔軍を伏して勝を得るに譬ふ。【無量壽經上】に「建二法幢一震二法雷一。」【涅槃經十九】に「法殿欲レ崩法幢欲レ倒。」【大經慧遠疏】に「宣二說證法一。證法高勝。如二幢上出一。」【同嘉祥疏】に「建幢是戰勝之相。譬二說法降レ魔得レ勝也。」【祖庭事苑七】に「諸佛菩薩建二立法幢一。猶如下猛將建二諸幢幟一降中伏一切諸魔軍上。」

ホフドウシヤ 法同舍 〔雜名〕寺院十名の一。法と食との二法を同くすれば法同舍と名く。

ホフドウブン 法同分 〔術語〕非情界の各物體を相互に似せしむるを云ふ。「ドウブン」を見よ。

ホフニ 法尼 〔雜語〕法を修する尼僧なり。

ホフニ 法爾 〔術語〕自爾、法然又は天然、自然と言ふに同じ。他の造作を假らず、法の持ち前として自ら然るなり。火の熱きが如く水の濕ひの如きなり。【宗圓記四】に「法爾者爾此也。謂不レ藉三造其法一自如レ此。猶レ云二自然一也。」

ホフニダウリ 法爾道理 〔術語〕四種道理の一。生あれば必ず死あり、因あれば必ず果ある如き天然自然の道理を云ふ。

ホフニフ 法入 〔術語〕十二入の一。新に法處と云ふ。意識所緣の境なり。

ホフニユウ 法乳 〔譬喩〕正法の滋味を以て弟子の法身を長養すると猶母乳の幼兒に於ける如し。【涅槃經】に「飲二我法乳一長二養法身一。」【釋書祖元傳】に「開堂演法。爇香酬二佛鑑之法乳一。」

ホフニワウジヤウ 法爾往生 〔術語〕彌陀の願力を以て自然に報土に往生するを云ふ。法爾も自然も他力の義なり。

ホフニン 法忍 〔術語〕忍は忍許の義にて今まで信じ難かりし理を信じうけて惑の出ぬ樣になるを忍と云ふ。即ち所觀の法に施して忍許するなり、此忍許に依て愈惑を離れ已て理を照明する智の決定するを法智と云ふ。依て忍は斷惑の位にて因に屬し、智は證理の位にて果に屬す。小乘の見道に於て欲界の苦諦の理を信忍するを苦法忍と云ひ、乃至道諦の理を信忍するを道法忍と云ふ。又大乘の菩薩初地の見道に於て無生の理を信忍するを無生法忍と云ひ、其他種種の法忍あり。【大經慧遠疏】に「心安レ法名レ之爲レ忍。」又生法二忍の一。風雨寒暑飢渇等の非情法より來りたる苦難を忍耐するを法忍と云ふ。

三法忍 〔名數〕「サンニン」を見よ。

ホフニン 法潤 〔人名〕紀傳詳ならず。【明匠略傳】に三國高僧碑を引て曰く「法潤阿闍梨は青龍寺東塔院義操和尙の付法なり。又祖師慧果阿闍梨の入室なり。胎藏金剛兩部の大法並に諸尊の瑜伽秘法を以て玄法寺法全阿闍梨淨住寺道昇和尙等に付屬す。」

ホフネン 法然 〔術語〕法爾に同じ、自然なるなり。【觀念法門】に「業果法然。衆無二錯失一。」

ホフネン 法然 〔人名〕淨土宗の開祖、圓光大師源空、房號を法然と云ふ、依て其徒法然上人と稱す。⊙（太平記二四）「尙專修の餘殃を誡めて法然上人の墳墓を破却せしむ」「ゲンクウ」を見よ。

ホフネンシヤウニンギヤウジヤウグワヅ 法然上人行狀畫圖 〔書名〕「チョクシュデン」を見よ。

ホフネンモンカノジフゴリウ 法然門下十五流 〔名數〕一念義（幸西）、多念義（隆寛）、說法義（聖覺）、三昧義（薩生）、道心義（明遍）、勸進義（重源）、選擇義（公胤）、一向義（親鸞）、九品義（長西）、諸行義（信空）、本願義（本願房）、一心義（悟阿）、西方義（覺阿）、他力義（念佛房）、遊行義（他阿）の十五流を云ふ。西譽の三國佛祖傳集に出づ。

ホフノジンシン 法深信 〔術語〕二種深信の

一。「キホフイチタイ」を見よ。

ホフハラミツ　法波羅蜜　〔術語〕金剛界、四波羅蜜菩薩の一。無量壽佛の印を爲し蓮華の上に函あり、密號は清淨金剛なり、是れ大日の妙觀察智説法度生の德を司るなり。【金剛曼陀羅大鈔一】

ホフバク　法縛　〔術語〕法執に同じ法に染著するなり。【圓覺經】に「菩薩不ㇾ與₂法縛₁。不ㇾ求₂法縛₁。」

ホフヒ　法被　〔物名〕禪林の器物「ハッピ」を見よ。

ホフヒ　法譬　〔術語〕所説の法義を法と云ひ、其の法義を比顯せん爲に設くる譬喩を譬とも喩とも云ふ。依て或は法譬と云ひ、或は法喩と云ふ。二者配對の語なり。

ホフヒリヤウ　法比量　〔術語〕五種比量の一。一の法より他の法を推知するを云ふ。生法を見て老法の至るを知り、老法より死法あるを推知し、無常によりて苦あるを知る等の如し。

ホフビヤウ　法瓶　〔物名〕布薩の時に用ゐる所の瓶を法瓶と名く、香湯及び香水を盛るなり。【象器箋十九】ホフビンとも讀む。

ホフフク　法服　〔雜名〕又、法衣と云ふ。三衣の總名なり、三衣に法制あり、法の如く製すれば法服と名く。【法華經序品】に「剃₂除鬚髮₁而被₂法服₁。」世に袍裳袍服を法服に作るは非なり。袍服を呼ぶときはホーブクと云ふ「ハウモ」を見よ。

ホフフセ　法布施　〔術語〕法施なり。

ホフブツ　法佛　〔術語〕法身佛なり。【二教論上】に「法佛談話謂₂之密藏₁。」「なり。

ホフホウ　法報　〔術語〕佛の三身中法身報身の二

ホフホウ　法寶　〔術語〕三寶の一。諸佛諸説の妙法珍重すべきと世の財寶の如くなれば法寶と云ふ。【維摩經佛國品】に「集₂衆法寶₁。如₂海導師₁。」【增一阿含經一】に「三阿僧祇集₂法寶₁。」

ホフホウオウ　法報應　〔術語〕佛の三身即ち法身報身應身なり、「サンシン」を見よ。

ホフホウオウケ　法報應化　〔術語〕法身報身應化身即ち佛の三身なり、第三身を應身とも化身とも又應化身とも云ふ。

ホフホウザウ　法寶藏　〔術語〕法寶に無量の法財を含攝すれば法寶藏と云ふ。【法華經五百弟子品】に「供₂養諸如來₁。護₂持法寶藏₁。」

ホフホウザウダラニキヤウ　法寶藏陀羅尼經　〔經名〕文殊師利法寶藏陀羅尼經の略名。

ホフホウダンキヤウ　法寶壇經　〔經名〕六祖大師法寶壇經の略名。

ホフホウフブン　法報不分　〔術語〕【法華文句九】に「近代翻譯。法報不ㇾ分。二三莫ㇾ辨。自ㇾ古經論許ㇾ有₂三身₁。若言₃毘盧與₂舍那₁不₂と別。則法身即是報身。」と是れ荊溪が華嚴家を批難せし語なり。台家の意は毘盧舍那は法身、盧舍那を報身、釋迦を化身とす。慈恩傳亦同じ然るに華嚴宗の意は毘盧舍那と盧舍那は梵語の具略にして同一法身の稱なりと云ふ、依て彼宗の學者華嚴經は法身佛の説法なりと立るあり。今之を破して毘盧舍那即ち盧舍那ならば法報の別なく、三身の區別を辨ずる能はず、依て華嚴經は他受用報身の説法にして法身に非ずと決するなり。「ビルシヤナ」を見よ。

ホフホン　法本　〔術語〕法性の異名、法性は萬法の本なれば法本と名く。【往生論上】に「隨₂順法性₁不ㇾ乖₂法本₁。」

ホフホンナイデン　法本內傳　〔書名〕具さに釋道經を焚いて角試するとを記す。【名義集一】に「道家尹文操斥₂法本內傳是羅什門僧妄造₁。通慧辨シテ云。明帝夢₂金人₁事出₂後漢紀₁。此若虛妄豈名₂信史₁耶。又吳書闞澤對₂吳主₁云。褚善信費叔才自感而死。豈是羅什門徒所造。」【佛祖統紀三十五】に志磐師此の名集義の文を引て辨妄すると亦爾り。

ホフマ　法魔　〔術語〕菩薩法に執著して法の爲に嬈亂せらる、之を法魔と名く。

ホフマフ　法網　〔術語〕凡夫外道種種の邪見六十二種あり、六十二見と云ふ。古佛或は法網と云ひ、或は見網と云ひ、釋迦佛は梵網と云ふ。【梵網六十二】

ホフマン　法曼　〔術語〕法曼茶羅の略。【見經】

ホフマンダラ　法曼茶羅　〔術語〕四種曼茶羅の一。經論の文字言語並に經論の義理及び眞言の種子陀羅尼等凡そ法文義理に關する者悉く法曼茶羅と名く。是れ大日如來の法門身なればなり。【秘藏記上】に「法曼茶羅。種子也。是謂法身軌持之義。」

ホフマンダラシン　法曼茶羅身　〔術語〕三秘密身中種子秘密身なり。胎藏界の大日如來は𑖀字となす。

ホフマンリウ　法曼流　〔流派〕長宴阿闍梨を元祖とす、實は法曼院相實和尙より始まれる一流なり、叡山にては正覺院、行光坊、總持坊、雞足院の四箇院に法曼院を加へて五箇の灌室と號す、此相實和尙は長宴の法嗣なりき。或説に此一流は四度加行の時兩界の行法には法曼茶羅を懸けて行ふゆへ法曼流と云ふといへり、されど此説は取るに足らず。其實は法曼院相實權僧正の一流ゆへ法曼院と稱すと云ふを是とす。又三昧流とも云ふなり。此相實和尙の一流は即ち今に無動寺の法曼院に行はるるなり、東叡一山

は此法曼流にて眞如院を灌室とす。【台宗學則上】三昧の亙祐の資に相實法曼院と云ふ人あり、兩部を亙祐に受學し、蘇悉地を最嚴大房致に受け、離作業を陽宴圓陽房に受く、當時の英哲にして遂に一流の名を得たり。法曼流是なり。學則者法曼流を長宴を以て始祖とす、何れの本據ありや。【自在金剛集附錄】

ホフミ 法味 [術語] 妙法の滋味なり、妙法を咀嚼して心に快樂を生ずるを法味と云ふ。【華嚴經二十五】に「法味增益。常得㆓滿足㆒。」【藥師經】に「先以㆓淨妙飲食㆒飽㆓足其身㆒。後以㆓法味㆒畢竟安樂。」【往生論】に「得㆔一到㆓彼處㆒受㆓用種種法味樂㆒。」

ホフミツブ 法密部 [流派] 法藏部に同じ。

ホフミヤウ 法命 [術語] 法身の慧命なり。法とは理體、慧とは智用なり、依て理體を人の身に比し智用を人の命に譬へて法身の慧命と云ふ。又僧の壽命を法命と云ふ。

ホフミヤウ 法名 [術語] 出家入道せし時師より賜はる名を法名と云ふ。又受戒の時に師より受くれば戒名とも云ふ、但し今時は法名の名は眞宗に之を用ゐ、戒名の目は他宗に多く之を用ふ。戒名の字未だ典據を見ず。【廣弘明集二十八】に「菩薩戒弟子法名慧炬。」【觀經靈芝疏下】に「棄國出家。法名法藏。發㆓四十八願㆒。」【唐高僧傳僧遷傳】に「等觀即梁明帝之法名也。」⊙(平家一)「則ち出家入道す、法名をば淨海とこそつけ給へ」

ホフミヤウダウ 法明道 [術語] 衆生の淨心大慧光明を生じ善く無量の法性を照し諸佛所行の道を見るを法明道と云ふ。【大日經一】に「法菩薩淨菩提心門名㆓初法明道㆒。」【同疏一】に「法明者以㆑覺㆓心本不生際㆒。其心淨住。生㆓大慧光明㆒。普照㆓無量法性㆒。見㆓諸佛所行之道㆒。故云㆓法明道㆒也。」

ホフミヤウモン 法明門 [術語] 諸法の事相を照明し義理を分別するを法明と云ひ、此法明即ち聖道に入る門戸なれば門と云ひ、又他法に差別して門と云ふ。【菩薩瓔珞本業經下】に「爲㆓過去未來現在一切衆生㆒。開㆓空慧道㆒。入㆓法明門㆒。」【觀無量壽經】に「具㆓百法明門㆒。得入㆓初地㆒。」

ホフム 法務 [雜語] 事法の業務なり、又佛法上の業務なり。【華嚴經八十】に「普解㆓世間諸法務㆒。」【唐僧傳慧嵩傳】に「既達㆓成都㆒大弘㆓法務㆒。」図 [職位] 本朝に僧職の名とす、法の事務を總管する重職なり。法務は觀勒僧正に始まり、後東寺の眞雅之に任じ、其より一長者必ず相ひ續きて正權法務に任ずる事となり、又延曆寺興福寺等に於ても此職に任ぜらるるに至る。其の總法務は御室に限るなり。又延曆寺の法務は延長三年座主增命僧正に始まると云ふ。【元亨釋書二十四】に「貞觀十四年三月僧正眞雅弘法の弟子爲㆓法務㆒。先㆑是居㆓此任㆒者五人。推古三十二年觀勒始爲㆓僧正㆒。兼主㆓法務㆒。天平十年信行爲㆓律師㆒。同日主㆓法務㆒。勝寶八年。慈訓律師法務。寶字七年鑑眞僧正法務。天長四年護命僧正法務。此五人絕而或續。雅之後法務不㆑絕。興福寺延壽任㆓大威儀師㆒。與㆑雅同日主㆓法務㆒。是權權法務也。」【海人藻芥】に「總法務者御室ばかり被㆓宣下㆒也。是言㆓綱務㆒也。正法務は東寺一長者必被㆓宣下㆒。自餘輩は皆權の法務也。」【釋家官班記下】に「法務二人有㆑之。東寺一長者必爲㆓正權法務㆒。諸寺僧隨㆑時補㆑之。隨分顯要之職也。山門唯顯之輩補任有㆑例。」

ホフムガ 法無我 [術語] 「ニムガ」を見よ。

ホフムガチ 法無我智 [術語] 「ニムガチ」を見よ。

ホフムゲゲ 法無碍解 [術語] 「シムゲゲ」を見よ。

ホフムゲチ 法無碍智 [術語] 法無碍解又法無碍智と名く。「シムゲゲ」を見よ。

ホフムコライシユウ 法無去來宗 [術語] 華嚴宗所判十宗の一。小乘中大衆部の如き、一切諸法中現在の法と及び無爲法のみ實體ありて過去未來の法は無なりと立つる宗を云ふ。

ホフムベツシンニヨ 法無別眞如 [術語] 十眞如の一。「シンニヨ」を見よ。

ホフメツ 法滅 [術語] 佛法滅盡するなり。凡そ佛法の滅盡する相は諸佛の通軌として正像末の三法を分ち、次第を追て漸滅す。一に正法、佛世を去るも法儀未だ改まらず證悟の人多きなり、二に像法、佛世を去て久しく道化漸く訛替し正法變じて似法となるなり。三に末法、佛世を去ると長遠、只僅に教法の一分を存して更に修行證果の實効なきなり。此三時の年限に於て其の長短諸佛各不同なり、又我が釋迦佛に於ても經論の所說同じからず、今通途の一說を出さば正法五百、像法一千年、末法一萬年、此三時を過ぐれば佛法悉く滅盡すと云ふ。⊙(太平記一五)「天魔の所行、法滅の因緣かなと」

ホフメツジンキヤウ 法滅盡經 [經名] 一卷、失譯、佛涅槃に臨で末世衆魔比丘不如法の事、乃至袈裟白に變ぜしを以て法滅の相なりと說く。【辰帙十】(470)

ホフモン 法文 [術語] 佛法を說ける文句なり。

ホフモン 法門 [術語] 佛の說く所、世の則となるものを法と云ひ、此法は衆聖の由て道に入る通處なれば門と云ふ。又諸法並に一實に通ずれば門と名く。又如來の聖智遊履する處なれば門と名く【○華嚴

大疏二】に「如來通レ智遊入故號レ門。」【同演義鈔一】に「並通二一實一故得レ稱レ門。」【註維摩經八】に「肇曰。言爲二世則一謂二之法一。衆聖所レ由謂二之門一。」【起信論義記中本】に「軌トシテ生二物解一曰レ法。開智通遊曰レ門。」【法界次第中】に「門謂能通。」又、門とは差別の義なり。所說の法義種種差別すれば法門と云ふ。【增一阿含經十】に「如來開二法門一。聞者得二篤信一。」【法華經方便品】に「以二種種法門一宣二示佛道一。」【止觀一】に「此之止觀。天台智者己心中所行法門。」⊙（狹衣）「一乘の法門すぐる事にや」

八萬四千法門 〔術語〕【菩薩瓔珞經法門品】に「吾今當レ說二菩薩瓔珞八萬法門一。」【勝鬘經】に「得二一切佛法一。攝二八萬四千法門一。」【心地觀經七】に「八萬四千總持門。能除二惑障一銷二魔衆一。」衆生に八萬四千の煩惱あれば佛之が爲に八萬四千の法門を說くと心地觀經の說なり。「ホフザウ」參照。

ホフモンカイ　法門海 〔術語〕法門無盡測知すべからざれば喩に寄せて海と云ふ。【華嚴經二】に「佛刹微塵法門海。一言演說盡無レ餘。」

ホフモンケンゾク　法門眷屬 〔術語〕三重圓檀の海會の聖衆は皆悉く法門身なれば一尊を擧げて法門を主とすれば他は其の眷屬なり。【大疏五】に「世尊所三以待レ問方說一。亦爲二法門眷屬一。相發明故。」【秘藏寶鑰上】に「如來德具二萬種一。一一佛即法門主也。」

ホフモンシン　法門身 〔術語〕佛身に就て天台は色身法門身實相身の三身を立つ。「サンシン」を見よ。図 密教には曼荼羅の種種の形像を云ふ。【大疏六】に「三重曼荼羅所レ示種種類形。皆是如來一種法門身。是故悉名爲レ佛。此等一切諸佛各於下本所二流通一法門上自說二彼三昧道一。」

ホフモンハジメ　法問始 〔行事〕本邦曹洞宗に正月五日に法問始あり、三日までは修正、四日は浴日を以て休息し、五日は遠祖の忌日、又五三上堂の首日なれば今日法問始む。上堂あれば法問略す、上堂なければ晚間小參或は法問あり。【僧堂清規三】

ホフモンムジンセイグワンチ　法門無盡誓願知 〔術語〕「シグセイグワン」を見よ。

ホフモンモチ　法問餈 〔儀式〕法問はじめの日の粥後に方丈に大衆の祝賀あり、點茶の行禮朔望と同じ。行盞の次に餈（もちひ）を行く、次に菓、次に茶、常の如し、此餈を法問餈とも龍天餈とも稱す。法問始め故に龍天の護法神を祝する意なり。【僧堂清規三】

ホフヤク　法藥 〔譬喩〕妙法能く衆生の衆苦を醫す、故に藥と名く。【無量壽經上】に「以二諸法藥一救二療三苦一。」【涅槃經四】に「度二衆生一故。爲說二無上微妙法藥一。爲レ斷二一切煩惱樹一故。種二植無上法藥之樹一。」【藥師如來念誦儀軌】に「淨妙璃瑠尊。法藥救二人天一。」

三種法藥 〔名數〕一に世間法藥、五常五行三歸五戒等なり。二に出世間法藥、三學四念處七覺八正道等なり。三に出世間上上法藥、止觀なり。及び止觀を以て前の出世間法を通ずれば悉く上上法藥となるなり。

ホフヨウ　法用 〔術語〕又法要に作る。「ヨウ」を見よ。

ホウラ　法螺 〔譬喩〕梵語商佉、珂貝と譯す。即ち螺貝なり。螺貝の聲遠く聞ゆ、以て佛の說法廣く大衆に被るに譬ふ。又螺聲勇猛なり以て大法の雄猛なるを表す。又螺を吹て三軍に號令す、以て說法降魔に譬ふ。【法華經序品】に「吹二大法螺一。擊二大法鼓一。」【無量壽經上】に「扣二法鼓一吹二法贏一。」【鼓音經】に「吹二大戰螺一擊二大戰鼓一。」【嘉祥法華經疏三】に「螺鼓遠聞之義。顯三大法有二廣被之能一。」已上顯敎の說、法螺は但佛の說法に譬へしのみ、佛事に螺貝を吹くの說なく、隨て今に之を行ふ者なし、密教徒之を實用す、其の說に螺貝は無量音佛頂尊の三昧耶形にして佛の法音の標幟なり、之を吹けば諸天善神歡喜して影向し且つ之を聞く者諸の罪障を滅すと。千手觀音の一手に寶螺を持す。【大日經疏十六】に「無量音佛頂以二珂貝一。謂商佉也。」【不空羂索經十八】に「若加二持螺一語二高望處一大聲吹者。四生衆生聞二螺聲一者滅二諸重罪一。」【千手經】に「若爲レ召二呼一切諸天善神一者。當レ於二寶螺手一。」螺貝の實用律中布薩の條下に散見す、揵推の如く告知の要に供す。

ホフライ　法雷 〔譬喩〕佛の說法能く無明の識を發動すると震雷の物情を駭動する如し。又衆生法芽を生ずると春雷一たび動て草木芽を生ずるが如し、又法音の雄猛なる震雷の如きなり。【無量壽經上】に「震二法雷一曜二法電一。」【同嘉祥疏】に「震雷能駭二動物情一。譬三說法皆動二無明之識一也。」【同慧遠疏】に「法無礙智化二衆生一也。天雷一動卉藝生レ芽。法音一聞闡道快成。」

ホフラキヤウ　法螺經 〔經名〕妙吉祥菩薩所問「大乘法螺經の異名。

ホフラク　法樂 〔術語〕欲樂に對して法樂あり。法味を以て神を樂ましむ、之を法樂と云ふ。又善を行ひ德を積で自ら娛むを法樂と云ふ。【維摩經菩薩品】に「有二法樂一可二以自娛一。不レ應三復樂二五欲樂一也。天女即問。何謂二法樂一。答曰。樂二常信一レ佛。樂レ欲レ聽レ法。樂レ供二養衆一。乃至樂レ修二無量道品之法一。之爲二菩薩法樂一。」【唯識論十】に「自受用身。盡二未來際一恒自受二用廣大法樂一。」【智度論九】に「安レ之以二無患一。度レ之以二法樂一。」俗に神に向て經を誦し陀羅尼を唱ふる

等を法樂と云ふは、神をして法樂を得しむとの意なり。法施を奉ると云ふと其の事同くして其の義異なる。図俗に法事の後に舞樂あるを法樂と云ふ。

ホフラフ　法臘　〔術語〕臘は歳末祭神の名。以て歳末の稱とす。比丘受戒せし後、毎年夏三月安居を行ふ、其の安居竟はるを以て比丘の歳末とし、之を法臘とも夏臘とも戒臘とも云ふ。比丘は俗を出でし者なれば俗年を以て之を算せず、必ず此夏臘を數ふるのみ。法臘の多少は以て比丘の坐次を定む之を臘次と云ふ。

ホフラン　法蘭　〔人名〕竺法蘭の略稱、「チクホフラン」を見よ。

ホフリ　法利　〔術語〕佛法上の功德利益なり。【法華經分別功德品】に「世尊分別說下得二法利一者上。」

ホフリウ　法流　〔術語〕正法相續て絕えざると水の流の如きを云ふ。【楞伽經四】に「申二暢無生一者。法流永不レ斷。」【楞嚴經八】に「未下與二如來法流水一接上。」【佛地論一】に「處二眞法流一住二眞淨土。」【行事鈔上二】に「宅二身佛海一餐二味法流。」

ホフリウジ　法隆寺　〔寺名〕南都七大寺の一。大和國平群郡（生駒郡）にあり。推古天皇聖德太子と共に用明天皇の願を果さん爲に建立す。法隆學問寺、鵤寺、鵤大寺、鵤本寺等の名あり。もと三論宗にして法相宗を兼ねたりしが、今は法相の大本山となる。平安朝時代に於ては興福、東大と共に南都の敎學に重きをなし居たれ共、多く世事に關せず。亂廝の如き世に獨り舊態を持して千年の伽藍を存す。その金堂は最も有名なるものにして建築學上、美術史上最も重きをなす。（金堂の再建說につき明治二十二年より三十七年に亘りて論戰あり。）

ホフリキ　法力　〔術語〕正法の力能く災を除き惡を伏す。【維摩經佛國品】に「法王法力超二群生。」

ホフリツキヤウ　法律經　〔經名〕法律三昧經の略名。

ホフリツサンマイキヤウ　法律三昧經　〔經名〕一卷、吳の支謙譯。佛、摩竭陀國に於て十二の自燒を說く、乃至勇髴菩薩の爲に聲聞禪、緣覺禪、如來禪、五通仙人禪の不同を分別す。【列帙二】(1099)

ホフリヤウ　法鈴　〔譬喩〕誦經の妙音以て金鈴に譬ふ。【智度論五】に「持誦廣宣振二法鈴。」

ホフリヤウ　法梁　〔雜語〕佛法の棟梁なり。【尊勝陀羅尼經】に「眞是佛子。持法棟梁。」「言ふ如し。

ホフリヨ　法侶　〔雜語〕尊法の徒侶なり、學徒と云ふ如し。

ホフリン　法輪　〔術語〕佛の說法能く衆生の惡を摧破すると猶輪王の輪寶能く山岳巖石を輾摧するに譬へて法輪と云ひ、又佛の說法は一人一處に停滯せず展轉して人に傳はると車輪の如くなれば譬へて法輪と云ふ。【行宗記一上】に「法輪者。摧二衆惑一故。」【維摩經佛國品】に「三轉二法輪於大千一其輪本來常淸淨。」【智度論八】に「佛轉法輪。或名二法輪。或名二梵輪。」【同二十五】に「佛轉二法輪。如二轉輪聖王轉二寶輪一。乃至轉輪聖王手轉二寶輪一空中無礙。佛轉二法輪一一切世間天及人中無礙無遮。其見二寶輪一者諸災惡害皆滅。遇二佛法輪一一切邪見疑悔災害皆悉消滅。王以二是輪一治二四天下。佛以二法輪一治二一切世間天及人。」【嘉祥法華疏二】に「無生正觀。體可二楷模一故名爲レ法。流演圓通不レ繫二于一人一故稱爲レ輪。又無生正觀無二累不レ摧。亦是輪義。」【維摩經慧遠疏】に「名二四諦一以爲二法輪。從レ喩名レ之。如下轉輪王所有輪寶能摧二剛强。轉二下衆生一上中昇虛空上。四諦如レ是。能摧二衆生惡不善法。轉二下衆生一上入二聖道。故以爲レ輪。」

法輪三相　〔名數〕法輪の語通じては一切の佛法に名くれども、別しては見道の八聖道に名くるなり。何となれば輪に輻轂輞の三相ある如く八聖道に此三相を具し、又車輪の速疾なる如く見道の觀行速疾なればなり。【倶舍論二十四】に「唯依二見道一世尊有處說名二法輪。如三世間輪有二速等相。見道似レ彼故名二法輪。見道云何與レ彼相似。由三速行等似二彼輪一故。謂見諦道速疾行故。有二捨取一故。降二未伏一故。鎭二已伏一故。上下轉故。具二此五相一似二世間輪。尊者妙音作二如是說。如三世間輪有二輻等相。八支聖道似レ彼名レ輪。謂正見正思惟正勤正念似二世輪輻。正語正業正命似レ轂。正定似レ輞。故名二法輪。」

ホフリンジ　法輪寺　〔寺名〕智福山法輪寺、嵯峨嵐山渡月橋の南に在り。眞言宗にして、本尊は虛空藏菩薩の坐像なり。天平年中の創造にして葛井寺といへり、中興の開基道昌僧都、貞觀十六年に改めて法輪寺と號す、弘法大師を請じて虛空藏菩薩の開眼供養を行ふ。【都名所圖會四】

ホフリンソウ　法輪僧　〔術語〕破和合僧中二僧の一。出家の士凡聖を簡ばず同じく如來四依の正法を行じ、和して乖かざるを法輪僧と云ふ。此法輪僧の和會を破する是れ破僧罪の一なり。【大乘義章七】

ホフルヰ　法類　〔雜名〕同宗同派に屬する僧侶の稱。

ホフロン　法論　〔術語〕法義の議論なり。

ホフリンタフ　法輪塔　〔堂塔〕心地觀經所說佛八塔の一。鹿野苑の中に在る初轉法輪塔を稱す。

ホフロンミソ　法論味噌　〔飮食〕「ホロミソ」を見よ。

ホフワウ　法王　〔術語〕佛は法に於て自在なり。法王と稱す。【法華經譬喩品】に「我爲二法王。於レ法自在。」【同藥王品】に「如來是諸法之王。」【維摩經佛國

品】に「已於二諸法一得二自在一。是故稽二首此法王一。」【釋迦方誌上】に「凡人極位名曰二輪王一。聖人極位名曰二法王一。」【維摩經慧遠疏】に「佛於二諸法一得二勝自在一故名二法王一。」【勝鬘寶窟中末】に「法王者於レ法自在故名二法王一。」本朝には聖德太子の別號を法王と稱し、又弓削道鏡は勅許を以て法王と稱す、此は尊號にあらず、一の重位にて僧中の極官なり。經論中例を求むれば【阿育王經一】に「八萬四千塔一時俱成。王起レ塔已守二護佛法一。時諸人民謂爲二阿育法王一。」

ホフワウ 法皇 〔雜語〕 天皇讓位の後入道し給ふを法皇と稱す。宇多天皇を寬平法皇と申せしに始まる。

ホフワウジ 法王子 〔術語〕 菩薩は法王佛陀の家に生育せし者なれば總て法王子なり。而して經中多く文殊を稱するに法王子を以てするは是れ釋尊二脇士の上坐にて佛の敎化を助くる第一の法子なればなり。【佛地論】に「從二世尊口一正法所生。紹二繼佛身一不二斷絕一。故名二法王子一。」【智度論三十二】に「佛爲二法王一。菩薩入二法正位乃至十地一。故悉名二王子一。皆任レ爲レ佛。如二文殊一也。」【注維摩經一】に「什曰。來補二佛處一故言二法王子一也。」

ホフワウジヂユウ 法王子住 〔術語〕 菩薩十住位の第九。

ホフワウホウ 寶法王 〔術語〕 法王の寶位なり。密敎の大阿闍梨位を云ふ。【宋僧傳一行傳】に「登二前佛壇一受二法王寶一。」

ホフヰ 法位 〔術語〕 眞如の異名なり、眞如は諸法の安住する位なれば法位と名く。【法華經方便品】に「是法住二法位一。世間相常住。」【大日經一】に「佛法離二法相一。法住二於法位一。」【宗鏡錄七】に「言二法位一者即眞如正位。故智論說。法性法界法住法位。皆眞如異名。」又、僧位を法位と云ふ、法印法橋等なり。

ホフヰキ 法域 〔術語〕 法性土と云ふ如し、涅槃の境界を云ふ。【釋門歸敬儀中】に「泥洹法域。入有二多門一。」

ホフヱ 法會 〔儀式〕 法を說き又は供佛施僧の爲の集會なり。【法華經隨喜功德品】に「若人於二法會一得レ聞二是經典一。」【圓覺經】に「與二諸眷屬一皆入二三昧一。同住二如來平等法會一。」

ホフヱシヤ 法會社 〔雜名〕 寺院の異名、寺院は衆人の協力に成り衆人の會所なれば法會社と名く。【僧史略下】

ホフヲン 法苑 〔雜名〕 法義の庭苑なり、佛敎の「範圍法義叢在す、依て法苑と稱す。

ホフヲンギリンジヤウ 法苑義林章 〔書名〕 具名、大乘法苑義林章。法相宗の慈恩撰、大乘門の法相名數を說く。七卷あり、依て七卷章の別號あり。

ホフヲンジユリン 法苑珠林 〔書名〕 百卷、唐の西明寺の道世撰、篇目を分て經論の所說を類集せしもの。【雨帙一乃至五】坊刊本に目錄あり。

ホラナ 哺刺拏 〔人名〕 補刺拏、Pūrṇa 阿羅漢の名。「フルナ」を見よ。

ホリバビダイカ 逋利婆鼻提賀 〔雜名〕 Pūrva-videha 東大洲の名。「ビダイカ」を見よ。

ホロ 蒲盧 〔物名〕 Varaṭā, Gandholī 蜾蠃なり。【楞嚴經七】に「蒲盧等異質相成。」【同長水疏】に「蒲盧蜾蠃也。取二青蟲一爲レ子。非二已所生一。乃至因果之應感二此類生一。」

ホロミソ 法論味噌 〔飮食〕 【倭訓栞】に「ホウロミソ、出納家に法論ミソの公事と云ふ事あり、護命僧正法論の時より造るといへり。」【下學集】に「法論味噌本朝南都法論時用レ之。故曰レ爾。但世俗所レ言也。」【無名隨筆】に「ほろ味噌と云ふは越前永平寺の僧道元禪師の傳なり、味噌につぶ胡麻を入れ、胡桃を入れたるなり、胡桃は割て入るるなり。」

ホヰ 鉢位 〔雜語〕 ハツヰとも云ふ。禪林の語。僧堂の大衆粥齋の坐位を鉢位と云ふ。【象器箋二】

ホン 品 〔術語〕 梵語、跋渠。Varga 此に品と翻す、品類の義、類同じき者を聚めて一段となし、品と稱するなり。又品別の義、彼此の章段義理差別すれば品と名く。【法華文句一】に「品者中阿含云二跋渠一。此翻爲レ品。品者義類同者。聚在二一段一。故名レ品也。」【同嘉祥疏一】に「品者外國名二跋渠一。此稱爲レ品。品云二品別一。明レ義各異。故稱爲レ別。二者品類。以三其明レ義各有二部類一故也。」

ホンインメウ 本因妙 〔術語〕 本門十妙の一。佛最初成道の時の智慧、修行、階位等の妙不思議なるを云ふ。

ホンウ 本有 〔術語〕 ホンヌと讀む。修成又は修生に對する稱。本來固有の性德を云ふ。性宗の談に依れば有情非情を論ぜず其の本性として萬德圓滿し聖に在ても增さず、凡に在ても減ぜず、喩へば礦中の金、暗中の寶の如きを本有と云ふ。【法華玄義七】に「本有四德隱名二如來藏一。修成四德顯名爲二法身一。」【涅槃經十】に「本有今無。本無今有。三世有法。無レ有二是處一。」⊙(太平記)「佛は元來本有常住周遍法界の妙體」(烏鷺合戰)「本有常住の昔は法の悟るべきなく道の修すべきなし」(盛衰記)「本有月輪の光」(源氏表白)「本有常住の風光」(曲、卷絹)「本有の靈光」図 四有の一。生後死前現在の生活を本有と云ふ。

ホンウケ 本有家 〔術語〕 法相宗の一派にして護月の說なり。「ホンウセツ」を見よ。

ホンウコンムゲロン　本有今無偈論　〔書名〕　涅槃經本有今無偈論の略名。

ホンウシユシヤウ　本有修生　〔術語〕　本有とは凡夫聖者共に本來法爾に具足して缺くることなき眞如法性の德を云ひ、修生とは觀行の力によりて、其本有の德を開發し、漸く修習して次第に佛德を開顯するを云ふ。

ホンウシユジ　本有種子　〔術語〕　二種種子の一。阿賴耶識の中に本來含藏せる有漏無漏一切有爲法の種子を云ふ。更に新熏種子あり。「シユジ」參照。

ホンウセツ　本有說　〔術語〕第八識に藏する種子は凡て皆先天的に固有のものにして、新に薰習せられたるものにあらずと云ふ說。種子は本來第八識の功能作用なれば無始より具有すべきものにして、薰習は只其功能を增長するのみにすぎず。若し種子にして先天的本有ならざれば五性各別の義無意味となるべしと主張す。護月の說にして、法相宗の異義也。

ホンエン　本緣　〔術語〕　有りし事の由來なり。【維摩經菩薩品】に「諸菩薩各各向レ佛說二其本緣一。」⦿(徒然草)「これ白拍子の根源なり、佛神の本緣をうたふ」

ホンオニタイ　本於二諦　〔術語〕「ニタイ」を見よ。

ホンカウシヤクゲ　本高迹下　〔術語〕　台家本迹高下を論ずるに四句を立つ。一に本高迹下、二に本下迹高、三に本迹俱高、四に本迹俱下なり。本高迹下とは佛にして菩薩の身を現ずる如きを云ひ、本下迹高とは菩薩にして佛身を現ずる如きを云ふ。本迹俱高は佛にして佛身を現ずる如きを云ひ、本迹俱下は初地の菩薩にして初地の相を現ずる如きを云ふ。(二地に望みて本迹俱下なり)依て佛より神を現ずる如きは即ち本高迹下と云ふ。佛は神に對して上位なればなり。【法華玄義釋籤十五】⦿(太平記三六)「和光同塵の跡を垂れしより以來、本高跡下の秋の月、照らさずといふ處もなく」

ホンカンオウメウ　本感應妙　〔術語〕　本門十妙の一。衆生の感と佛の應と共に不可思議なること。

ホンガク　本覺　〔術語〕　衆生の心體自性淸淨にして一切の妄相を離れ、照照靈靈として覺知の德あり。是れ修成にして然るにあらず本有自爾の性德なれば本覺と云ふ。即ち是れ如來の法身なり。然るに此本の心體無始以來無明煩惱に覆はれて今日まで隱れ居りしを、一旦修治の功に依て始て其性德を顯はしたるを始覺と云ふ、而して覺りて見れば始覺とて別にあらず本のままなる覺の體なれば之を始覺本覺咸同一致と云ふ。本覺の外に始覺なく、始覺は即ち本覺に同一なるなり。【仁王經中】に「自性淸淨名二本覺性一。即是諸佛一切智智。」【起信論】に「心體離レ念。離念相者等二虛空界一。無レ所レ不レ偏。法界一相。即是如來平等法身。依二此法身一說名二本覺一。」⦿(曲、御裳濯)「是れ正に本覺の和光に交じる塵の世を守らん爲めの御誓ひ」

二種本覺　〔名數〕　一に隨染本覺、眞如內熏の力と如來敎法の外緣の力に依て如實に修行し方便を滿足する故に妄心を破して法身を顯現し、始覺の智淳淨にして本覺と一致ならしむと、又始覺究竟して本覺と一致するに依て無量功德の相常に斷絕なく衆相の根に隨て自然に相應し種種に現じて利益を爲すと、此二、初を本覺の智淨相と云ひ後を本覺の不思議業相と云ふ、此二相若し染緣を離れては成ずるを得ず、初は自己の染緣に依り後は他の染緣に依て成ずる所なれば隨染本覺と云ふなり。二に性淨本覺、本覺の眞如一切の染法を遠離し一切の性德を具足し體相二大として內熏の因となり用大として外緣の資となる是れ性淨本覺なり。

ホンガクゲテン　本覺下轉　〔術語〕　釋摩訶衍論に本覺下轉始覺上轉の義あり、本覺に性淨本覺と隨染本覺の二あり、本覺下轉は隨染本覺の相なり、隨染の本覺衆生の染緣に隨て衆生の相に順て種種に現じて利益を爲すを云ふ。始覺上轉とは本覺の內熏習に依て如實に修行し究竟智を發するを云ふ。【論三】に「始覺背レ凡向レ聖。上上去去爲二次第轉一。隨染本覺背レ聖向レ凡。下下來來爲二次第轉一。乃至證說經言。諦聽諸佛子。我從二具縛凡一。具二一切地一。圓二滿行因海一。莊二嚴大覺果一。我從二淸淨地一。具經二一切地一。將二一切萬行一。得二第一信位一。入二無明藏海一。如レ是二大事。一時非二前後一。」

ホンガクシンニヨ　本覺眞如　〔術語〕　相に就て本覺と云ひ體に就て眞如と云ふ。又本覺は能證の智、眞如は所證の理なり、此理智の二は法身如來の全體なり。⦿(曲、杜若)「本覺眞如の身を分け」

ホンガクナイクン　本覺內熏　〔術語〕　眞如本覺に內熏外緣の二用あり、內熏とは眞如の體相熏習なり、無始以來無漏の法を具し、內に在て冥に衆生の妄心を熏習し、能く衆生をして知らず識らず生死の苦を厭ひ涅槃を樂求し、自ら己身に眞如の法ありと信じて發心修行せしむる自然の作用なり。外緣とは眞如の用熏習なり、法身より報化二身を垂れて衆生をして見佛聞法の外緣を成ぜしむる無作の作用なり。【起信論】に「眞如熏習義有二二種一。云何爲レ二。一自體相熏習。二用熏習。自體相熏習者。從二無始世一來具二無漏法一。備有二不思議業一。乃至恒常熏習。以レ有二熏習力一故能令下衆生厭二生死苦一樂上レ求二涅槃一自信二己身一有二眞

如法ニ發心修行ス。乃至用熏習者。即是衆生ノ外緣力ナリ。」

ホンガクルテン　本覺流轉　[術語]「ホフシン」の項下「法身流轉」を見よ。

ホンギキヤウ　本起經　[經名]　佛五百弟子自說本起經の略名。

ホンギヤウ　本經　[雜語]　論疏の中に於て所依所釋の經を指して本經と云ふ。

ホンギヤウ　本形　[術語]　自身固有の形なり。【華嚴經十五】に「或復捨ニ本形一自化ニ其形一。」

ホンギヤウ　本行　[術語]　本來所修の行法なり、又成佛の因となる根本の行法なり。【大寶積經三十】に「各隨ニ本行一爲ニ其稱一。」【維摩經佛國品】に「大智本行皆悉成就。」【同慧遠疏】に「菩薩所レ修能爲ニ佛因一故名ニ本行一。」

ホンギヤウキヤウ　本行經　[經名]　佛本行經「の略名。

ホンギヤウジフキヤウ　本行集經　[經名]　佛本行集經の略名。

ホンクウ　本空　[術語]　諸法本來性空なり、今に始まるにあらず、本空と名く。【無量壽經下】に「淨慧知ニ本空一。」

ホンクワメウ　本果妙　[術語]　本門十妙の一。本門の佛果たる眞性、觀照、資成の三德の妙なるを云ふ。

ホング　稟具　[術語]　具足戒を受くるなり。

ホング　品具　[雜語]　三衣六物など種種の道具を云ふ。

ホングゼイグワン　本弘誓願　[術語]　佛の未だ因位にありし時、弘く一切衆生を救濟せんと誓ひし願なり。「ホングワン」を見よ。

ホングワイ　本懷　[術語]　心中根本の思念なり。或は素志と云ひ、素懷と云ふに同じ。【玄義釋籤一】に「華嚴ノ頓大倘非ニ本懷一。」【行事鈔下二】に「訓ニ諸佛本懷一。」

ホングワン　本願　[術語]　本は因の義、元と因地に於て此願を立て、今日其果を得、依て果に望めて本願と云ふ。又本は根の義、根本の誓願なり。菩薩の心廣大なり誓願亦無量なり。唯此願を根本とすれば本願と云ふ。阿彌陀如來の四十八願、藥師如來の十二願の如きを云ふ。【無量壽經上】に「皆是無量壽佛威神力故。本願力故。」【同下】に「其佛本願力聞レ名欲ニ往生一。皆悉到ニ彼國一自致ニ不退轉一。」【往生論】に「觀佛本願力。遇無ニ空過者一。能令ニ速滿ニ足功德大寶海一。」【十住毘婆沙論三】に「一切去來今佛。威力功德智慧無量深法。等無ニ差別一。但隨ニ諸佛本願因緣一或有ニ壽命無量一。或有ニ見者即得ニ必定一。聞レ名者亦得ニ必定一者。」【法華經譬喩品】に「以ニ本願一故說ニ三乘法一。」⊙(曲、柏崎)「本願あやまり給はずば」図 [雜名]　塔像を起立し法會を執行する發起人を本願と云ふ、東大寺の本願、善光寺の本願の如き是なり。⊙(曲、井筒)「此寺の本願在原業平は」

ホングワンイチジツノダイダウ　本願一實大道　[術語]　他力念佛の法門を云ふ。釋尊一代の諸敎、八萬四千の法門は、要するに皆彌陀の本願に歸入せしむべき支徑小路にして、本願他力の一乘のみ眞實の大道即ち眞實に大涅槃に到著することを得しむる道なりと云ふにあり。

ホングワンクドクジユ　本願功德聚　[術語]　因位の本願によりて永劫に功德を積聚したる佛と云ふ意にて、阿彌陀佛を云ふ。

ホングワンサンシンノグワン　本願三心願　[術語]「サンシン」を見よ。

ホングワンジ　本願寺　[寺名]　京都六條に在り。其沿革を記さば宗祖親鸞示寂の後其の季女覺信尼曾く諸跡を管理し、其從子如信を擧て法統を繼がしむ、之を第二世とす。文永九年共に謀て本寺を東山大谷に創す、此時龜山天皇久遠實成阿彌陀本願寺の號を賜ふ。延元の亂に堂宇皆兵燹に罹る、第三世覺如難を近江に避け、曆應元年京に還て再建す、寬政六年叡山の僧徒難を構へて堂舍を毀す。第八世蓮如祖像を奉じ難を大津近松に避く、創建以來凡そ二百年、此に至て大谷の寺趾廢亡す。文明三年蓮如越前に赴く、國守朝倉敏景歸信甚だ篤く、爲に吉崎の坊舍を建つ、文明七年平泉寺の徒吉崎を襲ひ之を燒く、蓮如逃れて海に航し河內國出口に至り光善寺を建つ。文明十年山城國山科に地を相し十一年祖堂を建て十二年近松の祖像を遷す、明應五年大坂生玉の庄に於て一寺を建立す、石山本願寺是なり。天文元年六角定賴日蓮宗の徒と共に山科を襲ひ之を燒く、第十世證如祖像を奉じ大坂石山に遷る。元龜五年織田信長大兵を擧げて第十一世顯如を石山に攻む、信徒善く防ぎ相ひ戰ふこと十一年、正親町天皇勅を下して和を講ぜしむ。顯如聖旨を奉じ天正八年去て紀州鷺森に趣く、十一年法嗣敎如と共に和泉貝塚に往き、十三年豐臣秀吉攝津天滿の地を附す、即ち一寺を此に創す。十九年秀吉京都堀川七條の地を附す、此に本寺を創して住す、今の西本願寺是なり。元祿元年顯如示寂、敎如其職を嗣ぐこと三年、故ありて職を准如に讓りて自ら退隱す、慶長七年德川家康烏丸七條の地を給し後陽成天皇の勅許を受けて更に本願寺を建て敎如をして住持せしむ、東本願寺是なり。

ホングワンジシヤウニンシンランデンヱ　本願寺聖人親鸞傳繪　[書名]　二卷、眞宗の

開祖親鸞の傳記及び繪畫なり。永仁三年、覺如、其詞を撰し、康樂寺の淨賀をして其の繪をかかしむ。詞と繪とは別に行はる。通常傳文を御傳鈔と稱し、繪畫を御繪傳と呼ぶ。上下二卷より成り、上卷は、出家學道、捨難歸易、六角靈告、上宮證本、選擇授受、信行分座、信心辨異、入西寫眞の八段、下卷は師資遷謫、道化應兆、明法翻邪、山神供饌、熊野現異、緣謝西歸、營興廟堂の七卷、通計十五段に分たる。其順序必ずしも年代を追はず。

ホングワンジハ　本願寺派　〔流派〕眞宗十派の一。今の西本願寺なり、本願寺の嫡統なりとて本願寺派と稱し以て東本願寺の大谷派といふに對す、末寺八千八百餘あり。

ホングワンセウ　本願鈔　〔書名〕一卷、本願寺覺如の撰。彌陀の第十八願の意を顯す要文を揭げ、臨終を待つことなく、本願を信ずる平生の一念に往生の定まることを示す。

ホングワンセウクワンノチヨクメイ　本願招喚勅命　〔術語〕彌陀が本願に於て衆生を喚ぶ敎命を云ふ。即ち第十八願における心三十念の誓にして、如何に罪深くとも我をたのめ必ず救ふと云ふ勅命なり。之を善導は散善義に二河白道の喩を以て西岸上より喚び給ふ大悲招喚の勅命なりと云へり。而して第十八願は即ち南無阿彌陀佛の名號なるが故に、親鸞は行卷に南無の譯なる歸命を釋して本願招喚の勅命なりと云へり。

ホングワンノジツキ　本願實機　〔術語〕彌陀の救濟せんとする眞實の對機。次項を見よ。

ホングワンノシヤウキ　本願正機　〔術語〕本願の正しきめあての衆生。彌陀の本願は罪業深重煩惱熾盛の者を救濟せんとの大悲心より建てられたるものなれば、末代濁世の吾人衆生をさして本願の正機となすなり。

ホングワンボコリ　本願ぼこり　〔術語〕只一圖に本願のみをみて自己の機相に心をかけざるを云ふ。即ち自己の如何なるものなるかを顧みず、只管佛の本願のみをいひつのること。

ホングワンヤクシキヤウ　本願藥師經　〔經名〕藥師經に五譯あり、大藏中第二、宋の慧簡譯を缺く、今本願藥師とは何れの本を指すを知らず、發心和歌集に、本願藥師經として引ける經文は榮花物語に隨願藥師經として引ける經文に同じ、然も現存の藥師經四譯の中に此文句に同じきものなし、或は慧簡譯の經文ならん歟。又存覺の破邪顯正鈔に本願藥師經として引ける文は五譯中の第四玄奘譯の經文なり。「ヤクシキヤウ」を見よ。

ホンケ　本化　〔術語〕久遠實成の本地佛の敎化なり、伽耶始成の垂迹佛の敎化に對して爾か云ふ。

ホングワンリキヱカウ　本願力廻向　〔術語〕「ヱカウ」を見よ。

ホンケウ　稟敎　〔術語〕佛の敎法を稟承するなり。【止觀輔行一】に「受ㇾ化稟ㇾ敎須ㇾ討ニ根源一。」【玄義釋籤六】に「昔稟ニ佛敎一起ニ於誓願一。」

ホンケンゾクメウ　本眷屬妙　〔術語〕本門十妙の一。本時の眷屬妙を云ふ。佛處に集り來る十方の諸大菩薩の不可思議なるを云ふ。

ホンゲウ　本敎　〔術語〕二敎の一。末敎の對。根本の敎にして、一乘敎の事。

ホンゲン　本源　〔術語〕自性淸淨心なり。【梵網經上】に「虛空光體性本源成佛常住法身三昧。」【裴休圓覺略疏序】に「是衆生之本源故曰ニ心地一。」

ホンゲンシヤウジヤウダイヱンキヤウ　本源淸淨大圓鏡　〔術語〕圓覺經の語。本源とは衆生本具の佛性なり、其淸淨なると大圓鏡の如し。◉（續拾遺）「曇なく心の底もうつるらんもとより淸き法の鏡に」

ホンコ　本據　〔術語〕よりどころ。經論釋號に引用せる文義の出所となれる經論釋內の文を云ふ。

ホンコクドメウ　本國土妙　〔術語〕本門十妙の一。佛本時の同居土、寂光土の妙なるを云ふ。

ホンゴク　本極　〔術語〕法性の理體は法の根本窮極なれば本極と云ふ。【法華玄義七】に「本極法身。微妙甚深。」「略名。

ホンゴフキヤウ　本業經　〔經名〕菩薩本業經の略名。

ホンサウ　本相　〔術語〕又、大相と云ふ。生住異滅の四相に本相と隨相との二種あり。「ウキ」を見よ。

ホンサウイチキヤウ　本相綺致經　〔經名〕一卷、後漢の安世高譯。中阿含本際經の別譯。善法の展轉して習を爲すを明かす。【昃帙八】(601)

ホンサンマヤイン　本三昧耶印　〔印相〕行法の初の蓮華合掌を云ふ。【無量壽儀軌】に「二手蓮華合掌。誦ニ淨三業眞言一。」【秘藏記私鈔六】に「行法の最初に此印を作す所以は古き相傳に云く、此印をば本三昧耶印と習ふなり、我等が胎內に處する位に結ぶ印なり。理智不二本地自證の體性なるが故に本三昧耶の印と名くるなり、出胎の時兩手を分せて拳を作す、秘鍵に分ニ手於金蓮場一と此位なり、此より以後化他門に出でて種種の事業を作すなり。仍て行法の最初に先づ此印を結で理智不二の體性に安住し已て此印より種種の印契を開て次第に之を行ずる一座の

行法と爲すなり。今の相傳に云く、淨三業の印を寶部の印と習ふなり、瑜祇經下に寶光淨三業とあり、此印を以て如意寶珠の形と習ふなり、此寶珠より種種の法財を出生するを一座の行法とす。凡そ南方の寶部は修行の方なるが故に行法の最初に此印を作す其の謂あり。」

ホンザイ　本際 〔術語〕 窮極の始修を云ふ。【圓覺經】に「平等本際圓二滿十方一。」【勝鬘經】に「生死者依二如來藏一。以二如來藏一故說二本際不可知一。」

ホンザイチ　本際智 〔術語〕 佛智諸法の本際を照了す本際智と名く。

ホンザン　本算 〔術語〕 問答の論題に一の問、即ち最初問ふ所を本算と云ひ、二の問已下を末算と云ふ【武峰論話】

ホンザン　本山 〔雜名〕 末寺より所屬の本寺を稱して本山と云ふ。図〔雜名〕もと所住の山を本山と云ふ。【廣弘明集十六、慧遠萬佛影銘】に「共二立此臺一擬二像本山一。」

ホンザンリウ　本山流 〔流派〕 修驗道二流の一。「ヤマブシ」を見よ。

ホンシ　本師 〔術語〕 佛敎に於て釋迦如來は根本の敎師なれば本師と稱す。自餘は受業の師を云ふ。【大灌頂神咒經十二】に「本師釋迦牟尼佛。」【業疏三之六】に「本師和尙明二相攝法一。」

ホンシキ　本識 〔術語〕 ホンジキと讀む。阿賴耶識十八名の一。是れ有爲無爲一切法の根本なる故に本識と名く。【了義燈四本】

ホンシツ　本質 〔術語〕 ホンゼツと讀む。眼識が色境を緣ずる如き、眼識所現の影像（即ち相分）の外に別に阿賴耶識の種子より生ぜる實質の色法ありて其の影像の所托となるものを本質と云ふ。意識が空華兎角の相を浮ぶる如きは只影像のみありて所托の本質なきなり依て之を獨影境と云ふ。【唯識述記六末】に「除レ影外別有二所托一名二本質一。」

ホンシヤウ　本性 〔術語〕 本來固有の性德なり。【圓覺經】に「若此覺心本性淸淨因レ何染汚。」◉（徒然草）「本性見えんこそ口をしかるべけれ」

ホンシヤウアンダロンシ　本生安荼論師 〔流派〕 二十外道の一。大安荼あり雞子の如し、分れて二段となり遂に一切萬物を生ずと說く論師なり。

ホンシヤウキヤウ　本生經 〔術語〕 十二部經の一。梵に闍陀伽、Jātaka 本生と翻す。如來昔菩薩たりし時行ひし所の行業を說きし經文なり。【俱舍光記十八】に「言二本生一者。謂說二菩薩本所レ行行一。」

ホンシヤウクワン　本生貫 〔經名〕 「ジヤタカマラ」を見よ。

ホンシヤウシンヂクワンキヤウ　本生心地觀經 〔經名〕 具名。大乘本生心地觀經、八卷、唐の般若等譯。【宇帙二】（955）

ホンシヤウセツ　本生說 〔術語〕 本生經の所說なり。

ホンシヤウヂユウシユシヤウ　本性住種性 〔術語〕 大乘二種性の一。無始已來本識に具有する所の大乘無漏法爾の種子を云ふ。

ホンシヤウブツ　本性佛 〔術語〕 華嚴十種佛の一。佛大智慧を具して一切法を照了す自性本來是れ佛なり、本性佛と名く。

ホンシヤウマンロン　本生鬘論 〔書名〕 菩薩本生鬘論の略名。

ホンシヤガフシヤウ　反叉合掌 〔印相〕 十二合掌の一。

ホンシヨ　本初 〔術語〕 根本元始なり、或は如來の覺體に名け、或は眞如法界に名け。或は事物の元始に名く。【大日經三】に「我一切本初。號名二世所依一。」【即身成佛義】に「我者大日尊自稱。本初者本來法然證二得如レ是大自在一切法一之本祖。」【瑜祇經】に「自覺二本初一。」【顯密二敎論下】に「自覺本初平等性智。」【理趣釋】に「本初者本來淸淨法界也。」

ホンジ　本寺 〔雜名〕 もと所住の寺を云ふ。【廣弘明集三十一】に「各還二本寺一宣二告諸小僧尼一。」図 根本の寺と解すれば末寺より祖師の寺を呼ぶ稱となる。

ホンジ　本時 〔術語〕 久遠の昔、佛最初成道の時を云ふ。

ホンジキ　品食 〔雜語〕 陪食の異名。相ひ陪すると品字の如し、故に品食と云ふ。【象器箋十七】

ホンジキヤウ　本事經 〔術語〕 十二部經の一。梵に伊帝目多伽 Itivṛtaka 又 Ityuktaka（如是語、如是說とも譯す）佛弟子菩薩聲聞等の過去世の行業事歷を說ける經文を云ふ。【顯揚論】に「本事有謂三如來說二聖弟子前世等事一。」

ホンジキヤウ　本事經 〔經名〕 七卷、唐の玄奘譯。三品あり、一法品第一には一法の法數を說き、乃至三法品第三には三法數を說く。【辰帙六】（714）

ホンジセツ　本事說 〔術語〕 本事經の所說なり。

ホンジヤウ　本成 〔術語〕 本地佛の成道なり。【法華文句】に「迹化擧二三千墨點一。本成喩二五百微塵一。」

ホンジヤウ　本淨 〔術語〕 本來淸淨なるを云ふ。

ホンジヤウムロ　本淨無漏 〔術語〕 心性は本來淸淨にして煩惱諸漏の汚染を離れたるを云ふ。衆生の心性を指して云ふ。【法華經科註】「與二本淨無漏一相應。」

ホンジヤキシヤウ　翻邪歸正 〔術語〕 外の邪道を翻して內の正道に歸するなり。

ホンジヤク　本迹 〔術語〕 本地と垂迹なり、初地

已上の法身の菩薩及び佛に於ては自己の實身より多の應化を變作して衆生を化する妙德を具す、依て其の實身を本地とし、分身を垂迹とす。地は能生の義、利物の爲に本身より萬化を垂るれば能現の本を本地と云ひ、所現の末を垂跡と云ふ。本より跡を垂れ、跡に由て本を知る、是れ即ち一佛菩薩上の妙德なり。さて此本迹に就て高下あり、台家は本高迹下、本下迹高、本迹倶高、本迹倶下の四句を立てて之を分別す。「本高迹下を見よ。」初地の菩薩が二地の身を現じ、或は八相成道の相を示す如きは本下迹高なり、佛が佛の法身より化身を垂れ觀音菩薩が三十三身を現ずる如き何れも本高迹下なり。但し本高迹下を通途とす。【維摩經序】に「非レ本無二以垂一レ迹。非レ迹無二以顯一レ本。本迹雖レ殊而不思議一也。」【觀音玄義上】に「上地爲レ眞爲レ本。下地爲レ應爲レ迹。」

ホンジヤクニモン　本迹二門　[名數]　法華經を釋するに諸家何れも本地門垂迹門の二門を以て之を大判す、一經二十八品中、前の十四品は迹門の序正流通なり、後の十四品は本門の序正流通なり。迹門の法華は釋迦如來が成道後法華の會座に至る間四十餘年の諸經の說法に就て三乘法は方便なり一乘法は眞實なりとて方便品の正說所說の敎理上開權顯實せしなり、次に本門の法華は釋迦の身に就て王宮に生れ伽耶に成道し以て今に至れる此佛身は我の實身にあらず、我は久遠實成の法身なり、衆生の濟度の爲に一時垂迹して伽耶成道の應身を現ぜしのみと壽量品の正說佛自己の身上開迹顯本せしなり。さて斯く開迹顯本せし上より見れば法華以前は更なり、法華上開權顯實の說法に至るまで、悉く垂迹身の垂迹說なり。依て後半を本門法華といふなり。此本門法華を本據として開宗せしが日蓮宗なり。さて此本迹の義は佛身上眞應二身の關係なれば此義は法華已前の諸大乘經に瀰滿すれども、是れ只大乘菩薩に對する說のみ、未だ二乘凡夫に對して之を明かさず、二乘凡夫に對し且つ釋迦の身に就て之を開說證明せしは本門法華の所說のみ、倘菩薩の授記作佛は爾前の諸經に少からざれども、聲聞の授記は迹門法華が根本たる如し。⊙（盛衰記五）「昔一乘弘宣の時本迹二門に權智實智の一心三觀を演べらる」

本迹勝劣　[術語]　日蓮宗勝劣派の所立なり。「ニチレンシュウ」を見よ。

本迹一致　[術語]　日蓮宗一致派の所立なり。「ニチレンシュウ」を見よ。

ホンジユミヤウメウ　本壽命妙　[術語]　本門十妙の一。本時に於ける非長非短の慧命の不思議なるを云ふ。

ホンジヨ　本書　[雜名]　各宗開宗根本の書を本書と稱す。天台の如き三大部本末合せて六十卷を本書と云ひ、眞宗の如き顯淨土敎行信證文類六卷を本書と云ふ。

ホンジンヅウメウ　本神通妙　[術語]　本門十妙の一。本時の神通妙を云ふ。如來が說法の際に示現し給ふ神通の不可思議なるを云ふ。

ホンセツポフメウ　本說法妙　[術語]　本門十妙の一。本時の說法妙のこと。佛の說法の不可思議なるを云ふ。

ホンセウ　反抄　[術語]　袈裟を裏反しに被ると。

ホンゼイ　本誓　[術語]　梵語三昧耶。Samaya　一に本誓と譯す、もと因本の義、諸佛菩薩と因地に於て立てし根本の誓約を本誓と云ふ。【二敎論下】に「各各以二本誓一加持。」【往生禮讚】に「本誓重願不レ虛。」【理趣釋】に「三昧耶者名爲二本誓。」」⊙（盛衰記九）「和光の利益本誓に違はず」

ホンゾン　本尊　[術語]　梵語、娑也地提嚩多。此に本尊と譯す。本有にして出世間に於て最勝最尊なる故に本尊と名く。又、諸尊中に於て其の尊を本として尊崇する故に本尊と名く。【大日經本尊三昧品】には本尊に於て字印形の三種を說く。字は 𑖀 𑖪 等の種子なり、印は金剛杵羂索等の三昧耶形なり、形は相好具足の尊形なり。【大日經疏二十】に「本尊者。梵音娑也地提嚩多。若但云二提嚩多一者直所尊之義也。尊亦云二自尊一。自所持之尊也。」【演密鈔十】に「諸聖隨二行者本所一レ宗主。故名爲二本尊。」」⊙（增鏡、內野の雪）「本尊の如來は誠にたへたる御姿」

二種本尊　[名數]　本尊三昧品の所說に字印形の本尊に各二種を立つ。先づ字の二種とは一は字義を觀ずるなり、阿字は是れ菩提心なれば即ち阿字に向て自性淸淨の菩提心を觀ずるなり。二に阿の聲を唱ふるなり、之を唱へて鈴鐸等の絕へざる如くするなり、又此聲を以て出入の息を調ふるなり。次に印形の二種とは一は有形、形は是れ青黃赤白等の色、方圓三角等の形、屈伸坐立及び所住處の類なり。印は謂く所執の印、即ち刀輪羂索金剛杵の類なり、初心の者先づ心外に畫尊等を觀ず、依て有形と名く。二に無形、後に漸く淳熟し又加持力を以ての故に自然に現じて心と相應す、爾の時此の本尊但心と現ずるを以て別に心外に於て緣せざれば無形と名く。私に謂く、或は初め世三昧を得て其の本尊の是の如き形、是の如き色、是の如き住處、是の如き坐立、是の如き曼荼羅中是の如き印を持する等を見る、倘是れ有相なるが故に有形と名く。

後に眞言を轉じて宛然直に見る、鏡像等の思はずして見るが如し故に無形と名く。次に本尊形の二種とは一に非清淨、彼の行者初め有相に因て無相に引入す、先づ圓明の佛菩薩の印身を觀ずるに、初は見へず、故に像等を畵て觀ず、漸くすれば則ち法力の加る所漸く明了を得、而も尙所障ありて目を閉づれば之を見、目を開けば之を見ず、次に漸くして開目閉目に皆明かに見るを得、漸漸にして作意を加へずして亦見る、乃至身に觸るるも亦妨げあるとなし、猶日の世人等に對する如きなり、此の有相に依て漸く淸淨處に引入す。有相を以ての故に名て非淨と爲す。此の三摩呬多（定の別名）の等引する所に由るが故に淸淨處に住し寂然無相なるを淸淨と名く。淨は是れ果、非淨は是れ因、非淨は謂く形色印相の類なり、此の非淨に依て引て淨を生ず、無常の因に由て常果に至るなり。【大日經疏二十】【秘藏記本】に「我本來自性清淨心。於二世間出世間一最勝最尊。故曰二本尊一。又已成佛本來自性清淨理。於二世間出世間一最勝尊。故曰二本尊一。」

ホンタイ 本體 〔術語〕 諸法の根本自體なり、應身に對して眞身を本體と云ふ如し。【大日經七】に「一身與二二身乃至無量身一同入二本體一。」【梵網古迹上本】に「化歸二本體一言二還至一也。」

ホンダ 奔荼 〔植物〕 Puṇḍarīka 奔荼利の略。

ホンダイ 品題 〔術語〕 經論中の品目の名稱。經題の對。壽量品、易行品等と云ふ如し。

ホンダウ 本堂 〔雜名〕 本願寺に本堂、御影堂（ごえいだう）の稱あり、本堂は佛殿にて本願寺には即ち彌陀堂なり。御影堂は祖廟なり。實悟記の中に本堂の目あり、求法高僧傳一に根本香殿と云ふ是なり。其の制本願寺には祖堂より小なり、知恩院光明寺等皆然り、蓋し一宗の本山は祖廟を本とすればなり、況んや禪家百丈の如きは當代を尊て法堂ありて佛殿なきをや。

ホンダリ 奔荼利 〔植物〕 Puṇḍarīka 又、奔荼利迦と云ふ。譯白蓮花。【玄應音義二十一】に「奔荼舊言二芬利一。亦作二分陀利一。此云二白蓮花一也。」【慧琳音義五】に「奔荼利花白蓮花名也。古云二芬陀利一。正云二奔拏一。」「フンダリ」を見よ。 「ダリ」に同じ。

ホンダリカ 本拏哩迦 〔植物〕 奔荼利迦。「ホンダンテウ」を見よ。

ホンダンテウ 本斷超 〔術語〕 台家所立超越證四種の一。「テウヲツシヤウ」を見よ。

ホンチ 本致 〔術語〕 本意の歸趣する所なり。【法華經弘傳序】に「統二諸佛降靈之本致一。」

ホンチヤウカウソウデン 本朝高僧傳 〔書名〕 七十五卷、師蠻撰。

ホンヂ 本地 〔術語〕 所現の化身に對して能現の本身を本地と云ふ。能現所現相望重重なれば本地亦重重にして一定せず、唯佛の實相法身即ち窮極の本地なり、之を越て更に能現の實身なければなり。故に地法身と云ふ。本地即法身なり。道安の【舍利禮文】に「本地法身。法界塔婆。」【演密鈔二】に「本地法身者即實相法身也。一眞實相爲二萬化之本一猶如三於地爲二萬物之依一故曰二本地一。言二法身一者謂此實相能軌三持萬化一。即此軌持假名爲レ身。法即身故本地即法身。」【法華文句九】に「詮三量本地三佛功德一。」◉（平家一〇）「當山權現は、本地阿彌陀如來にておはします」

ホンヂグ 本地供 〔術語〕 法華本門の十界曼荼羅を懸て之を供養するなり。

ホンヂシン 本地身 〔術語〕 「ホンヂ」を見よ。

ホンヂスヰジヤク 本地垂迹 〔術語〕 「ホンジヤク」を見よ。

ホンヂノフウクワウ 本地風光 〔術語〕 又、本來面目と云ふ。自己の心性の本分を形容せる禪語なり。

ホンヂモン 本地門 〔術語〕 大日如來の自性法身を云ふ。三世常住の法身にして理智の法性自ら具足し、一切の因果、萬德を圓滿する方面を云ふ。加持門の對。

ホンデン 本典 〔書名〕 根本法典にして眞宗にて「は敎行信證六卷を云ふ。

ホンナガ 奔那伽 〔植物〕 Puṣpa-nāga* 譯、龍樹華。彌勒菩薩此樹下に成道す。【大日經疏七】に「龍華奔那伽者。此奔迦是龍樹花。彌勒世尊於二此樹下一成佛。其直言二龍華一者是龍中所尙之花。西方頗有二其種一。」

ホンナガダ 本囊伽吒 〔術語〕 本那伽吒、Pūrṇa-ghaṭa 譯、滿瓶。佛の德相なり。【慧苑音義上】に「本囊伽吒此云二滿瓶一也。」

ホンニ 本二 〔雜語〕 又、故二と云ふ。比丘の在家たりし時の妻なり、出家の時に留めて之を本と云ひ、配遇なれば二と云ふ。【五分律一】に「我與二本二一作二不淨行一。」「コニ」を見よ。

ホンネハンメウ 本涅槃妙 〔術語〕 本門十妙の一。本時に於ける常住本寂の涅槃の不可思議なるを云ふ。

ホンノウジ 本能寺 〔寺名〕 京極通押小路の南に在り、日蓮宗の勝劣派なり。織田信長の塔本堂の東にあり。

ホンバウ 本坊 〔雜名〕 子院より本院を稱し或は自坊を稱して本坊と云ふ。

ホンヒヤウ 本幖 〔術語〕 本誓の幖幟即ち三昧耶

形なり。【性靈集七】に「點ノ塵身雲執ニ本幖一。」

ホンプシヤウ　本不生　〔術語〕阿字本不生に同じ。「ア」を見よ。

ホンプシヤウザイ　本不生際　〔術語〕不生不滅の本際なり。人人本有の自性清淨心に名く。【大日經疏一】に「本不生際者即是自性清淨心。自性清淨心即是阿字門。」【同七】に「爲ニ不生際是萬法之本一。乃至見ニ本不生際一者即是如實知ニ自心一。如實知ニ自心一即是一切智智。」

ホンプシヤウチ　本不生智　〔術語〕本不生際「を覺する智なり。

ホンブツ　本佛　〔術語〕自己心內の佛性を指して本佛と云ふ。⦿（盛衰記）「自性の本佛」

ホンホフシン　本法身　〔術語〕本地法身の略。

ホンボンゴ　翻梵語　〔書名〕梁の寶唱撰、今尙存す。又、義淨三藏の翻梵語一卷あり。【枳橘易土集序】に「繇旃梁寶唱師。撰翻梵語。照ニ彼昏衢一。惜哉。其書逸而不レ傳。纔見ニ殘編一。」「ジフニヨゼ」を見よ。

ホンマツクキヤウトウ　本末究竟等　〔術語〕「ジフニヨゼ」を見よ。

ホンミヤウ　本明　〔術語〕又、元明と云ふ。本覺の體淸淨にして大智慧光明あれば元明と云ふ。【楞嚴經一】に「由ニ諸衆生遺ウシナヘルニ此本明一。雖ニ終日行一而不ニ自覺一。枉テ入ニ諸趣一。」

ホンミヤウグワンシン　本命元辰　〔術語〕本命は當人の本命星なり、元辰は其人の生年なり。⦿（盛衰記一二）「明神熱田白貍に乘り給ひ示して云く、我天上にしては文曲星と顯れて一切衆生の本命元辰として是を化益し此國に天降つては赤靑童と示し」

ホンミヤウシユク　本命宿　〔術語〕「ホンミヤウセイ」を見よ。

ホンミヤウセイ　本命星　〔術語〕北斗七星の中に於て其人の生年に當る星を本命星と云ひ、二十七宿唐は二十八宿を用ふ西國に牛宿を除く。の中に於て其人の生年に當る星を本命宿と云ふ。本命宿を算求する法は【宿曜經下】に

(本命星の表)

假令ば人あり、二月十七日に生れば先づ十七日を位とし之に十三日を加へて共に三十を得、即ち二月の角宿より亢氐房と次第して軫に至て二十七宿を一周し、此數を除て尙三を餘ます、即ち復た角亢氐を歷、氐に至て盡く、彼の人氐宿に生るるなり。又、生年の十二支に本命星を知る事【塵點壒嚢鈔十四】に「貪狼星子年人。巨門星丑未年人。祿存星寅申年人。文曲星卯酉人。廉貞星辰戌年人。武曲星已亥年人。破軍星午年人。」此配當何の算數に由るを詳にせず。

ホンミヤウダウヂヤウ　本命道場　〔修法〕皇帝の本命星を祈念し以て國家を鎭護する道場なり、文德天皇仁壽元年、圓仁に勅して新傳密の法を修せしむ、仁奏して曰く、災を除き福を致すには熾盛光佛頂を最となすと、是に於て叡山の東塔に總持院を建て、唐の青龍寺の鎭國道場に准じて皇帝本命道場となし其法を修せしむ。釋書圓仁傳されば本命道場の根本は總持院なり、後には總じて山上の三塔九院を指して本命道場と云ふ。「チンゴコクカダウヂヤウ」を見よ。

ホンモ　本母　〔術語〕梵語、優波提舍、Upadeśa、此に論議と譯す。又は摩怛理迦、Mātṛkā と名く、此に本母と譯す。本母は出生の義を取る。諸經の義を集て之を論議し別趣の義理を出生すればなり。【華嚴玄讃三】に「優波提舍此云ニ論議一。亦名ニ摩怛理迦一。此云ニ本母一。」【瑜伽倫記五上】に「摩怛履迦云ニ本母一。集ニ諸經義一論ニ義明シテレ之。出ニ生諸經別所詮義一故名ニ本母一。」

ホンモン　本門　〔術語〕本迹二門の一。法華經二十八品中、後の十四品佛身の本地及び本地法身の衆德を明かせば之を法華の本門と云ふ。「ホンジヤクニモン」を見よ。

ホンモンジクワン　本門事觀　〔術語〕日蓮宗の意に法華本迹二門の法體は十界十如三世間を出でざるなり、然るに迹門は九界の修因門を明かす、故に心を法本となし、十界十如三千の事法をして悉く一心に歸せしめ一心三觀一念三千の妙觀以て行人をして法界唯心を開覺せしむ。故に空門理觀に約して唯一心性に歸し、他の事相を泯絕せしむるなり。本門は佛界の感果門を明かす故に身を法本となし、十界十如三千の事法悉く一身に歸せしめ、行人をして法界唯一身を開覺せしむ。故に有門事觀に約して直に事の十界の依正を指して自己の全身となし、以て本覺の圓體となす。此中天台宗は迹門の理觀を主とし、日蓮宗は本門の事觀を旨とす。故に經體を定むるに台祖は直に法性の冥理を體とし、日蓮は一經所

詮の義を體とす。所詮の義は神力品に以要言之。如來一切。皆於此經。宣示顯說。之を四句の結要と云ひ、第一句は妙の名を結び、第二句は妙の用を結び、第三句は妙の體を結び、第四句は妙の宗を結び、以て一經の所詮、名用體宗の四にあるを示す。之に能詮の經文を加ふれば即ち名體宗用敎の五重の玄義なり。依て日宗は此所詮の四法を經體と定め、別に理性の法界を立てて經體とせざるなり。故に台家は此法性の冥理を開悟せしめん爲に迹門の理性に依て一心三觀一念三千の理觀を立て、日宗は即身成佛の實事を證せん爲に本門の事成に依て唱題の妙行を制す。夫れ經題の五字已に一經の所詮たる宗體字用の全體を含攝す、經題即ち本迹二門の妙法なり、されば經題を信解するは即ち十界の依正本有常住の相を信解するなり、十界の依正は即ち吾一身たるを信解するなり、是れ豈に即身に成佛せしにあらずや、故に末代の凡夫即身に成佛せんと欲せば一心に題目を唱念すべし、一心信受の力任運の妙法に會すと、是れ唱題の事相を門として本門の妙法に入れば本門の事觀と云ふなり。【首題要義】此の事觀に就て三大秘法あり別項を見よ。故に台家は此法性の理性に九界成佛の實因實果を具すと說ける迹門の意を體して、十乘、觀法の理觀を弘め、日宗は十界本成の實事を示せる本門の意を體して唱題成佛の事觀を弘む。

ホンモンノカイダン　本門戒壇　〔修法〕日蓮宗の三大秘法の一。妙法蓮華經を本門の戒體となし、此五字に歸依して之を唱ふるを無作の圓頓戒となすを云ふ。

ホンモンノカイケン　本門開顯　〔術語〕「カイケン」を見よ。

ホンモンノダイモク　本門題目　〔術語〕日蓮宗の三大秘法の一。南無妙法蓮華經の七字を口に唱ふること。妙法蓮華經の五字は法華經廿八品の題號なるが故に、題目と名づけ、また法華八軸の秘奥を概括し、本尊の奧義は全くこの五字にをさめて洩る所なきが故に、本尊に歸依する意を表して南無の二字を加へ、この七字を唱ふるを以て本尊に歸命する方法となす。愚者は本尊の意を解せざるも、これを唱ふれば自然に本尊の影を生じ、遂に成佛し得べしと云ふ。

ホンモンノホンゾン　本門本尊　〔修法〕日蓮宗の三大秘法の一。十界曼荼羅を本尊とするを云ふ。十界曼荼羅は日蓮の始むる所にして、中央に妙法蓮華經の五字を書き、左右に各種の天部諸尊を圖して十界互具を表し、無作三身の佛形を示したるもの。

ホンモンフゾク　本門付屬　〔術語〕日蓮宗の相承に二種を立つ。一に內相承、二に外相承なり、外相承とは三國に涉り法華を宗とし之を宣傳する宗師を撰ぶ。一に敎主釋迦牟尼佛、二に藥王菩薩勸持品、三に天台、四に傳敎、五に日蓮なり、是れ迹門法華の付囑相承なり。內相承とは一に敎主釋迦牟尼佛、二に上行菩薩神力品囑累品三に日蓮なり。是れ多寶塔中本門內證の付屬相承なり。【法華宗內證佛法血脈】

ホンヤク　翻譯　〔雜語〕梵語を轉じて漢言と成すを云ふ。【宋僧傳二】に「譯之言易也。謂以レ所レ有見レ所レ無也。」【同三】に「如下翻二錦繡一背面俱花上。但其花有二左右不同一。」【名義集一】に「翻譯者謂翻二梵天之語一。轉成二漢地元言一。音雖レ以レ別義則大同。」

ホンヤクミヤウギシフ　翻譯名義集　〔書名〕七卷、宋の法雲撰。梵語を翻譯せる名義を類集せしもの。

ホンライ　本來　〔雜語〕物の始めなきを本來と云ふ。無始以來と云ふ如し。

ホンライクウ　本來空　〔術語〕萬象は皆假有にして本來實有に非ずと云ふなり。未だ法性眞如を顯さざるなり。

ホンライジシヤウシヤウジヤウネハン　本來自性清淨涅槃　〔術語〕唯識論所說。「シシユネハン」を見よ。

ホンライジヤウブツ　本來成佛　〔術語〕萬物一如の見地に立つときは、衆生も如來も同一にして無異なるが故に悟れば即煩惱は菩提なり、衆生は即如來なり、故に衆生の心性は本來成佛なりと云ふ。

ホンライホフニ　本來法爾　〔術語〕はじめより自然なるを云ふ。

ホンライムイチモツ　本來無一物　〔術語〕禪の悟道なり、空の又空、第一義空なり、小乘の偏眞但空と天壤なり。【六祖壇經】に「本來無一物。何處惹二塵埃一。」又「師呵曰。禮不レ投レ地何如不レ禮。汝心中了レ無二一物可レ了。是名二眞知一。」【傳燈錄三達磨章】に「光曰。我心未レ寧。乞師與レ安。師曰。將レ心來與二汝安一。曰覓レ心不可得。師曰。我與二汝安心一竟。」⊙（曲、率都婆小町）「げに本來一物なき時は、佛も衆生も隔なし」

ホンライノメンモク　本來面目　〔公案〕又、本地の風光、自己の本分など言ふ、禪門法道の極度を示せる語なり。顯敎の本覺と云ふも密敎の本初と云ふも之に外ならず。然らば何物か本來の面目なる、請ふ參せよ。【六祖壇經】に「能云。不思善不思惡。正與麼時那箇是明。上座本來面目。」

ホンルヰソクロン　品類足論　〔書名〕阿毘達磨品類足論の略名。

ホンリヤクメウ　本利益妙　〔術語〕本門十妙の一。本時の利益妙の事。本佛の衆生を利益することの不可思議なるを云ふ。

ホンワク　本惑　〔術語〕二惑の一。根本惑、又は根本煩惱とも云ふ。迷の果を感得する根本煩惱にして、合すれば貪、瞋、痴、慢、疑、惡見の六種となり、開

けば貪、瞋、痴、慢、疑、身見、邊見、邪見、見取見、戒取見の十種となり、更に之を見、修二惑に分ち、三界に配當すれば見惑八十八使、修惑十種合して九十八種となるなり。

ボウカツ　棒喝　〔術語〕禪家の宗匠人を接する作略に或は棒を用ひ或は大喝を用ふ。棒は德山に始まり喝は臨濟より來ると云ふ。「イチカツ」を見よ。

ボウダウ　乏道　〔術語〕梵語の沙門、一に乏道と翻す。道に乏しきなり、自謙の稱、貧道と云ふ如し。【三德指歸一】に「沙門此翻二乏道一。」「ヒンダウ」參照。

ボエン　募緣　〔雜語〕奉加なり、有緣の人に募る意。

ボエンシヨ　募緣疏　〔物名〕奉加帳なり。

ボカ　謨賀　〔雜語〕Moha 又、慕何。譯、痴。【梵語雜名】邦語の「ばか」此の轉訛ならんとの說あれども非なり。

ボカシヤ　卜羯娑　〔雜名〕Pulkasa Paulkasa Pu-kkasa 譯、除糞。「フカシヤ」を見よ。

ボカダイ　墨竭提　〔地名〕默竭提。國名。摩竭提 Magadha に同じ。「マカダ」を見よ。

ボキヱシ　慕歸繪詞　〔書名〕十卷、本願寺覺如の傳記にして廿六段あり。覺如の子從覺、父を失ひし時追慕の情止むること能はず、依て畫匠に托して父の繪傳を作らしめ、自ら其繪詞を記せしものなり。

ボクイン　墨印　〔術語〕「シシユボクシン」を見よ。

ボクキヤウ　卜經　〔雜名〕占卜の事を說ける經典なり。【灌頂經十】に「今我梵王承二佛威神一。演二說卜經一百偈頌一。以示二百姓一。決二了狐疑一。知二人吉凶一。」

ボクギウ　牧牛　〔譬喩〕「ジフギウ」を見よ。

ボクシウ　睦州　〔人名〕黃檗希運禪師の法嗣なり。姓は陳氏、睦州龍興寺に居て跡を晦まし、常に草履を製して密に道上に賣る、歲久しくして人之を知り、陳蒲鞋の號あり。時に學人來て叩激すれば隨問遂答、詞語當るべからず、是に由て四方歸慕し陳尊宿と號す。【傳燈錄十二】

ボクヤウ　濮陽　〔人名〕又樸楊に作る、是非詳ならず。名は知周、唯識演秘を著す、紀傳詳ならず。

ボケ　募化　〔雜語〕又、募緣と云ふ、奉加を募るなり。募集と勸化の義。

ボケボ　募化簿　〔物名〕奉加帳なり。

ボコゼンナ　僕呼膳那　〔雜語〕Bahujana 譯、衆生。「サツタ」を見よ。

ボコンキヤウ　慕魂經　〔經名〕太子慕魂經の略名。

ボサツ　菩薩　〔術語〕具さに菩提薩埵 Bodhisattva 又菩提索埵、摩訶菩提質帝薩埵と云ふ。舊に大道心衆生、道衆生など譯し、新に大覺有情、覺有情など譯す。道を求むる大心の人なれば道心衆生と云ひ、道を求め大覺を求むる人なれば道衆生、大覺有情と云ふ。又薩埵は勇猛の義、勇猛に菩提を求むる故に菩提薩埵と名く。又開士、始士、高士、大士など譯す、義譯なり。總じて佛果を求むる大乘衆に名く。【注維摩】に「肇曰。菩提佛道名也。薩埵秦言二大心衆生一。有二大心一入二佛道一。名二菩提薩埵一。」【大乘義章十四】に「菩薩胡語。此方翻譯爲二道衆生一。具修二自利利他之道一名二道衆生一。」【法華文句二】に「菩提此言レ道。薩埵此言レ心。」【法華經嘉祥疏一】に「菩提云レ道。是無上正遍知果道也。薩埵言二衆生一。爲レ求二果道一故名二道衆生一也。」【法華玄贊二】に「菩提覺義。是所レ求果。薩埵有情義。是自身也。求二菩提一之有情者。故名二菩薩一。」【佛地論二】に「緣二菩提薩埵一爲レ境故名二菩薩一。具三足自利利他大願一。求二大菩提一利二有情一故。」又「薩埵者是勇猛義。精進勇猛求二大菩提一故名二菩薩一。」【淨名疏一】に「菩提爲二無上道一。薩埵名二大心一。謂無上道大心。此人發二大心一爲二衆生一求二無上道一。故名二菩薩一。安師云二開士始士一。又翻云二大道心衆生一。古本翻爲二高士一。既異翻不レ定。須レ留二梵音一。今依二大論一釋。菩提名二佛道一。薩埵名二成衆生一。用二諸佛道一成二就衆生一故。名二菩提薩埵一。又菩提是自行。薩埵是化他。自修二佛道一又用化レ他故名二菩薩一。」【天台戒經義疏上】に「天竺梵音摩訶菩提質帝薩埵。今言二菩薩一。略二其餘字一。譯云二大道心成衆生一。」

二種菩薩　〔名數〕在家と出家なり。【智度論七】に「此中二種菩薩。居家出家。善守等十六菩薩是居家菩薩。乃至慈氏妙德菩薩等是出家菩薩。」「ボサツソウ」參照。

二種菩薩身　〔名數〕一に生死肉身、三賢位の菩薩未だ法性を證せず惑業の爲に三界生死の分段身を受くる菩薩なり。二に法性生身、既に無生の法性を證得し三界生死の肉身を捨て不生不死の不思議變易身を受くる菩薩なり。此法性生身は經論の說多く初地以上とすれども或は八地以上となすあり、往生論註の如し。【智度論七十四】に「菩薩有二二種一。一者生死肉身。二者法性生身。得二無生忍法一。斷二諸煩惱一。捨二是身一後得二法性生身一。」【往生論註下】に「平等法身者。八地已上。法性生身菩薩也。」

菩薩號　〔職位〕人師を稱して菩薩と號すると僧史略に竺法護を號して燉煌菩薩となすと云ふ、蓋し漢土菩薩號の始ならん。然も是れ勅號に非ざるべし、吾朝聖武天皇天平二十一年正月天皇落飾して戒法を行基大僧正に受け、勅して行基大菩薩と稱す。是れ菩薩號の始なり。【元亨釋書行基傳】

ボサツウバソクゴカイヰギキヤウ　菩薩優婆塞五戒威儀經　〔經名〕優婆塞五戒威儀經の異名。一卷、劉宋の求那跋摩譯。菩薩戒本經と同本。後に禮佛、發願、受繩床等の法を付す。【列帙二】(1083)

ボサツエンキヤウ　菩薩睒經　〔經名〕睒子經の異名。

ボサツエンシキヤウ　菩薩睒子經　〔經名〕一卷、失譯。佛往昔瞽親に孝養せし事を說く。睒子經と同本。【宙帙五】(217)

ボサツエンシンゴジフジキヤウ　菩薩緣身五十事經　〔經名〕菩薩行五十緣身經の異名。

ボサツカイ　菩薩戒　〔經名〕大乘菩薩僧の戒律なり、總じては三聚淨戒に名くれども、別しては二途あり、一は梵網爲宗の說、二は瑜伽稟承の說なり。先づ梵網爲宗の說は受戒の作法は梵網經律藏品に出で、其の戒相は梵網經所說の十重禁四十八輕戒なり、是れ三聚戒中の攝律儀戒なり。次に瑜伽稟承の說は善戒經に出づ、彼經は佛初成道の說なり、補處の彌勒之を親聞し說きしが瑜伽論の菩薩地品なり、此の說に依れば攝律儀戒は聲聞地の所說に同じく、小乘比丘の二百五十戒に同じ。但菩薩利他の爲に諸の善法を攝し一切の衆生を饒益するを菩薩戒とす。即ち三聚中の攝善法戒饒益有情戒なり。故に戒相の所說一定せず、瑜伽論持地論各不同なり。此二說の中叡山は梵網爲宗にして南都は瑜伽稟承なり、是れ一乘三乘の兩宗にして南北の諍論なり。⊙(榮花疑)「長谷寺の菩薩戒に參らせ給ひて」

菩薩戒作法　〔修法〕菩薩戒を受くる作法に就て戒經天台疏上に六種を出だす。一に梵網本、二に地持本、三に高昌本、四に瓔珞本、五に新撰本、六に制旨本なり。其の中梵網本の受法に、梵網の受法は是れ盧舍那佛妙海王子(蓮華藏世界の)の爲に戒を授くる法なり、釋迦、舍那の所に從て受誦し、次に逸多菩薩に傳與す、是の如く二十餘の菩薩次第に相付して什師傳來せり、律藏品(梵網經)に出づ。

ボサツカイキヤウ　菩薩戒經　〔經名〕姚秦の羅什最後に梵網經中の菩薩心地戒品第十を譯出して二卷と爲し、梵網經盧遮那佛說菩薩心地戒品第十と題せり、後に此下卷の中の偈頌已後の所說の戒相を別錄して一卷となし、以て誦持に便す。台祖智者は之を菩薩戒經と名け、弟子章安智者の說を記して義疏二卷を作る。又華嚴の法藏は梵網經盧舍那佛菩薩十重四十八輕戒と題して(今の刊本は梵網經戒本と略稱す)疏五卷を作る。【菩薩戒經與咸疏上】に「隋仁壽目錄有二梵網經二卷一。什師所譯。又有二菩薩戒本一卷一。亦云二什師一。在二闕本目中一。譯經圖記與二隋錄一同。大周刊定錄亦有二菩薩戒本一卷一。乃云二十八紙一。」

ボサツカイコンマモン　菩薩戒羯磨文　〔書名〕一卷、彌勒菩薩說、唐の玄弉譯。受戒羯磨第一、懺罪羯磨第二、得捨差別第三、瑜伽論より別行す。【列帙二】(1097)

ボサツカイホン　菩薩戒本　〔書名〕一卷、唐の玄弉譯。曇無讖譯の菩薩戒本經と同本、但中に性罪を開るす八條あり、瑜伽稟承宗の戒本なり。【列帙二】(1096)

ボサツカイホンキヤウ　菩薩戒本經　〔經名〕一卷、彌勒菩薩說、北凉の曇無讖譯。此即ち半月每に誦する戒本なり、此譯最も善し、但し瑜伽稟承宗の戒本なり。【列帙二】(1098)

ボサツカシキヨクホフキヤフ　菩薩訶色欲法經　〔經名〕一卷、秦の羅什譯。女色を誡む。謂く、女人は言蜜心毒、龍淵師窟の如し、近くべからず。【暑帙六】(1416)

ボサツキン　菩薩巾　〔物名〕俗に觀音帽子(まうす)と謂ふ。【象器箋十七】

ボサツキヤウガイフンジンホフモンキヤウ　菩薩境界奮迅法門經　〔經名〕大薩遮尼乾子經の異名。

ボサツギヤウ　菩薩行　〔術語〕自利利他圓滿の佛果を求むる菩薩衆の大行なり。布施等の六度是なり。【法華經五百弟子品】に「內秘二菩薩行一外現二是聲聞一。」

ボサツギヤウキヤウ　菩薩行經　〔經名〕郁迦羅越問菩薩行經の略名。

ボサツギヤウゴジフエンシンキヤウ　菩薩行五十緣身經　〔經名〕一卷、西晉の竺法護譯。佛文殊師利の爲に前世の功德以て今の相好を致すを說く。【宙帙八】(388)

ボサツギヤウハウベンキヤウガイジンヅウヘンゲキヤウ　菩薩行方便境界神通變化經　〔經名〕三卷、劉宋の求那跋陀羅譯。大薩遮尼乾授記經と同本。但王論品を缺く。【盈帙四】(178)

ボサツギヤウバン　菩薩形幡　〔物名〕【壒嚢鈔十五】に「幡に二種の異あり、一には鬼形幡、幡の面に鬼形を書く、此は船の幡、軍の幡に用ふ。二に菩薩形幡、定惠の手あり四波羅蜜の足あり、三身の坪あり、三角の智形あり、之を堂中に懸くれば辟くに隨ひて佛道に入る功德あり、大國の法高く幡を懸て幡の足人の頭に觸るれば罪を滅す、是を灌頂と云ふ。」

ボサツギヤウモンシヨキヤウエウジフ　菩薩行門諸經要集　〔書名〕大乘修行菩薩行門諸經要集の略名。

ボサツクブツホンゴフキヤウ　菩薩求佛本業經　〔經名〕諸菩薩求佛本業經の略名。

ボサツゴカイヰギキヤウ　菩薩五戒威儀經　〔經名〕菩薩優婆塞五戒威儀經の略名。

ボサツゴホフサンゲキヤウ　菩薩五法懺悔經　〔經名〕菩薩五法懺悔文の異名。

ボサツゴホフサンゲモン　菩薩五法懺悔文　〔書名〕一卷、失譯。懺悔、勸請、隨喜、廻向、發願の五悔に各偈語を作る、蓋し西土賢聖の撰述なり。【列帙二】(1102)

ボサツザウ　菩薩藏　〔術語〕二藏の一。大乘經の都名なり。法華華嚴等の諸大乘經に大乘の菩薩修因證果の法を含藏すれば菩薩藏と名く。

ボサツザウキヤウ　菩薩藏經　〔經名〕一卷、蕭梁の僧伽婆羅譯。舍利弗懺悔隨喜勸請廻向を問ふ、佛具さに之に答ふ、初に十世界の十佛を明かして壇を結で受持せしめ、後に過去大光明聚如來の時、世尊竭伽陀天女の爲に此經を受持し即ち女身を轉ずるとを明かす。【列帙二】(1103)

ボサツザウシヤウボフキヤウ　菩薩藏正法經　〔經名〕大乘菩薩藏正法經の略名。

ボサツシヤウ　菩薩性　〔術語〕五性の一。二利の行を滿じて成佛すべき大乘菩薩の種性なり。「ゴシヤウ」を見よ。

ボサツシヤウジユ　菩薩聖衆　〔術語〕菩薩にして未斷惑の者あり、是れ凡夫の菩薩なり、初地以上幾分の惑を斷ぜし者を聖衆と云ふ。

ボサツシヤウチキヤウ　菩薩生地經　〔經名〕一卷、吳支謙譯。差摩竭釋種長者子問ふ、何の行か疾く成佛を得、佛答ふるに二種の四事を以てす、此行法能く佛果を生ずれば生地經と名く。【宙帙七】(378)

ボサツシヤウリヤウノツキ　菩薩清涼月　〔雜語〕【舊華嚴經四十三】に「菩薩清涼月。遊二於畢竟空一。垂レ光照二三界一。心法無レ不レ現。」【新華嚴經五十九】に「菩薩智光月。法界以爲レ輪。遊二於畢竟空一。世間無レ不レ見。」⊙(續後撰)に「雲晴れてむなしき空に澄む月も心の水にやどるなりけり」

ボサツシユギヤウキヤウ　菩薩修行經　〔經名〕一卷、西晉の白法祖譯。又威施長者問觀身行經と名く。大寶積經第二十八勤授長者會の異譯なり。【地帙十一】(389)

ボサツシユギヤウシホフキヤウ　菩薩修行四法經　〔經名〕一卷、唐の地婆訶羅譯。佛說大乘四法經と義同じく文稍異なり。【宙帙七】(267)

ボサツシユギヤウノシエ　菩薩修行四依　〔名數〕初依は地前にして五恒沙の佛を供養す、二依は初地乃至六地にして六恒沙の佛を供養す、三依は七八九地にして七恒沙の佛を供養す、四依は十地にして八恒沙の佛を供養す。菩薩は此四依を經て修道を成就す。

ボサツシユシヤウ　菩薩種性　〔名數〕五性の一。「ゴシヤウ」を見よ。

ボサツシヨタイキヤウ　菩薩處胎經　〔經名〕菩薩從兜率天降神母胎說廣普經の異名。

ボサツシン　菩薩身　〔經名〕佛融三世間十身の一。「ジフシン」を見よ。

ボサツシンヂホン　菩薩心地品　〔經名〕梵網經の品名なり。是れ經題の如く亦喩なり、大士の要用人身の心ありて能く萬事を統ぶるが如しと。【天台菩薩戒經疏上】

ボサツジウトソツテンガウシンモタイセツクワウフキヤウ　菩薩從兜率天降神母胎說廣普經　〔經名〕七卷、姚秦の竺佛念譯。一名處胎經と稱す。二月八日夜半、佛金棺に臥す、神通力を以て母胎の宮殿に處するを示現し、十方の菩薩を集めて種種大乘の法を說く。說き已て此經を彌勒菩薩に付囑し、身本形に復して金棺に在り、寂然として聲なし。後に舍利を分ち塔を起して供養し、大迦葉八億四千の聖衆を集めて八藏を結集するを記す。【盈帙十】(433)

ボサツジフヂ　菩薩十地　〔名數〕菩薩見諦已上の修行を十地に分つ。「ジフヂ」を見よ。

ボサツジフヂキヤウ　菩薩十地經　〔經名〕大方廣菩薩十地經の略名。

ボサツジヤウカイ　菩薩淨戒　〔術語〕菩薩の受持せる清淨の戒法なり。

ボサツジフヂユウ　菩薩十住　〔名數〕新に十地と云ひ。舊に十住と云ふ。菩薩見諦以上の修行地なり。又、五十二位の中の十信の次に十住位あり。「ジフジユウ」を見よ。

ボサツジフヂユウキヤウ　菩薩十住經　〔經名〕一卷、東晉の祇多蜜譯。華嚴經十住品の別譯。【天帙十】(109)

ボサツジフヂユウギヤウダウホンキヤウ　菩薩十住行道品經　〔經名〕一卷、西晉の竺法護譯。華嚴經十住品の別譯。【天帙十】(108)

ボサツジユサイキヤウ　菩薩受齋經　〔經名〕一卷、西晉の聶道眞譯。先づ三歸悔過を明かし、次に十念十戒を明かし、次に解齋の法を明かして淨土に廻向す。【列帙二】(1105)

ボサツジヨウ　菩薩乘　〔術語〕五乘の一。六度

の行を修し二利を圓滿して佛果に到る乘敎なり。

ボサツジンヅウヘンゲキヤウ　菩薩神通變化經　〔經名〕　菩薩行方便境界神通變化經の略名。

ボサツセイキヤウ　菩薩逝經　〔經名〕　一卷、西晉の白法祖譯。逝童子經の異譯。逝は梵語、童子の名なり。【宙帙七】(228)

ボサツセン　菩薩籤　〔物名〕「クワンオンセン」を見よ。

ボサツゼンカイキヤウ　菩薩善戒經　〔經名〕　一に菩薩地と名く、九卷、劉宋の求那跋摩譯。三十品あり、第一序品は大寶積經優婆離會第二十四と同じ。佛給孤獨園に在て三十五佛悔除罪の法を說く、時に優婆離禪定より起て決定毘尼を廣說せんとを請ふ、佛爲に聲聞菩薩の持犯不同を分別す、次に文殊に勅して究竟毘尼を說かしむ。第二品より以下並に瑜伽論中の菩薩地と同意、彌勒菩薩此經を宗として十地論を成し、而して地持經又十地論より錄出別行す、故に地持經此の善戒經と大同なり。更に一卷の菩薩善戒經あり、六重八重四十八輕を明かし、菩薩受戒の法を說く。即ち上經戒品中の別出、玄弉譯の菩薩戒本、菩薩戒羯磨文と大同小異。【列帙九】(1085)

ボサツゼンホフキヤウ　菩薩善法經　〔經名〕　坐禪三昧經の異名。

ボサツソウ　菩薩僧　〔菩薩〕　出家菩薩僧と聲聞僧と受戒及び外形等の異同に付きて南北の大諍論あり、叡山の梵網爲宗には聲聞僧の外に菩薩僧あり、外相は聲聞僧と一なるも其戒法は別に梵網所說の菩薩戒ありて大に聲聞僧の小乘戒に異なれりと云ひ、心地觀經報恩品に說く三種僧を引て其の的證となす。山家一乘戒儀中然るに南都の瑜伽稟承には智度論の文を的證として餘佛には三乘の僧各其戒を異にし其位を別にするものなれども、我釋迦法中には聲聞僧の外に別に菩薩僧なし、出家の菩薩は聲聞僧と同じく比丘戒を受け、其の臘次に依て聲聞僧の中に列次すと、即ち法華經に常不輕と稱し菩薩比丘と云ふ是なり。【論三十四】に「諸佛多以二聲聞一爲レ僧。無二別菩薩僧一。如二彌勒菩薩文殊師利菩薩等一。以三釋迦文佛無二別菩薩僧一故入二聲聞僧中一次第坐。有レ佛爲二一乘說法一純以二菩薩一爲レ僧。有レ佛聲聞菩薩雜以爲レ僧。如二阿彌陀佛國一菩薩多聲聞僧少。」悬案に戒法より言へば顯敎中聲聞菩薩の二僧別異なるは論なきも、其の形相より言へば顯敎中に說ける聖弟子は聲聞菩薩を論ぜず共に出家沙門の相なり、其髮を蓄へ冠を戴き瓔珞を掛くる在家莊嚴の形相は密敎に局るなり、心地觀經の如き純顯敎にあらず顯密合部の經なり。故に傳敎大師は假受小戒と稱して大戒を受けし後更に化他利生の爲に小乘の比丘戒を受くるなり、されば山徒と雖も其の外相は沙門出家の相にして小乘の戒相を示現すべきを法とす。されば慈覺大師が律衣を捨てて素絹等の官衣を用ゐ、或は他宗の僧儀に寶冠を戴く如きは密敎の菩薩僧として其の說あるも釋迦法中顯敎の菩薩僧としては甚だ不可なり。但し支那には後周の世に菩薩僧あり。【僧史略下】に「後周の太武皇帝佛道二敎を壞毀す、尋で武帝崩じ宣帝立ち、漸く佛敎を興さんと欲す、即ち勅して曰く、太武皇帝は濁穢を嫌ふが爲に廢して立てず、朕は耆舊學業の僧二百二十人を簡ぶ、髮を剪り形を毀つと勿かれ。東西二京の陟岵寺に於て國の爲に行道せしむ、所資は公給すと。時に高僧智藏あり、建德二年終南の紫峯閣に隱る、宣帝の時に至て出でて謁す、勅して長髮せしめ菩薩僧となし、陟岵寺の主となす。大象二年隋文亟相となる、藏之に謁す、因て落髮を得たり、又釋彥琮菩薩僧たるを肯ぜず、其の花冠を戴き瓔珞を被菩薩の相に像るを以て此形を作すを惡む、佛制に非ざればなり。」

ボサツタウシンシガコキタフインエンキヤウ　菩薩投身飼餓虎起塔因緣經　〔經名〕　一卷、北涼の法盛譯。金光明經捨身品の事と相同じ【黃帙十】(436)

ボサツダイジ　菩薩大士　〔術語〕　大士は梵語摩訶薩埵 Mahāsattva の譯にて菩薩の尊稱なり。

ボサツダウ　菩薩道　〔術語〕　自利利他の二利を圓滿して佛果を成ずる菩薩の道なり。【法華經藥草喩品】に「汝等所行是菩薩道。」

ボサツダウジユキヤウ　菩薩道樹經　〔經名〕　又私訶昧經と名く。一卷、吳の支謙譯。佛竹園に在て長者子私呵昧の問に答へて菩薩の法を說く。【宙帙七】(1277)

ボサツヂ　菩薩地　〔術語〕　通敎十地の第九。佛果の因行を修する位なり。

ボサツヂキヤウ　菩薩地經　〔經名〕　菩薩地持經の略名。

ボサツヂヂキヤウ　菩薩地持經　〔經名〕　八卷、北涼の曇無讖譯。喩伽論本地分中第十五菩薩地の異譯なり。但第四持を缺く。【來帙六】(1086)

ボサツドウジキヤウ　菩薩童子經　〔經名〕　菩薩逝經の異名。

ボサツドニンキヤウ　菩薩度人經　〔經名〕「失譯、雜譬喩經の異名。

ボサツナイカイキヤウ　菩薩內戒經　〔經名〕　一卷、劉宋の求那跋摩譯。佛十五日說戒の時を以て文殊請問す、初發意道俗の菩薩當に何の功德を作すべき、佛爲に十二時戒法を說く。【列帙一】(1082)

ボサツナイシフロクハラミツキヤウ　菩薩内習六波羅蜜經　〔經名〕一巻、後漢の嚴佛調譯。

ボサツネンブツサンマイキヤウ　菩薩念佛三昧經　〔經名〕六巻、劉宋の功徳直譯。念佛三昧は即ち觀佛三昧なり、經中正觀品、正く之を説く。【玄帙八】(71)

ボサツノマヒ　菩薩舞　〔儀式〕【元亨釋書二十二】に「勝寶五年。詔二樂部一學二林邑舞一。所謂菩薩舞。抜頭舞也。」図〔譬喩〕菩薩の行能く人情に投じ人をして歡喜せしむれば舞曲に譬ふ。【大日經五】に「一切如來神力之所二加持一。善解二正偏知道一菩薩行レ舞。」

ボサツバトウ　菩薩馬頭　〔菩薩〕馬頭觀音なり。図菩薩の舞と馬頭（抜頭）の舞となり。

ボサツビク　菩薩比丘　〔術語〕內證は菩薩にして外に聲聞比丘の形を現ずるもの。【法華經常不輕品】に「有二一菩薩比丘一。名二常不輕一。」

ボサツホンシヤウマンロン　菩薩本生鬘論　〔書名〕Jātakamālā十六巻。趙宋の慧絢等譯。釋迦菩薩、虎に飼ひ鴿を救ふ等の事を集む。【暑帙五】(1312)

ボサツマカサツ　菩薩摩訶薩　〔術語〕具さには菩提薩埵摩訶薩埵（Bodhisattva Mahāsattva）と云ふ。菩提薩埵は道衆生。新に覺有情と譯し。摩訶薩埵は大衆生、新に大有情と譯す。道果を求むる衆生を道衆生と云ひ、道果を求むる者は聲聞緣覺に通ずるが故に彼に簡ばん爲更に大衆生と云ふ。又、菩薩中高下の諸位あり、但地上の菩薩を示さん爲に更に摩訶薩と曰ふ。【佛地論二】に「菩薩摩訶薩者。謂諸薩埵求二菩提一故此通二三乘一。爲レ簡取二大故須三復説二摩訶薩言一。乃至此通二諸位一。今取二地上諸大菩薩一。是故復説二摩訶薩言一。」【法華嘉祥疏二】に「摩訶薩埵者。摩訶云レ大。十地論云。大有二三種一。願大行大度衆生大。薩埵云二衆生一。即大衆生也。乃至摩訶薩者簡二異二乘一。亦求二小道一。今明レ求二於大道一。故名二大衆生一。」

ボサツヤウラクキヤウ　菩薩瓔珞經　〔經名〕十四巻、姚秦の竺佛念譯、一に現在報經と名く。種種大乘の法門を説く、瓔珞は菩薩十德を以て其體を莊嚴する義に取る。【宇帙四】(415)

ボサツヤウラクホンゴフキヤウ　菩薩瓔珞本業經　〔經名〕二巻、姚秦の竺佛念譯。四十二位の名義行業及び菩薩戒等を説く。【列帙一】(1002)

ボダ　勃陀　〔術語〕Buddha 又、辭陀、勃馱。舊に佛陀、略して佛と云ふ。覺者と譯す。【義林章六本】に「梵云二辭陀一。訛略云レ佛。」【華嚴經疏鈔一】に「佛者具云二勃陀一。此云二覺者一。」「ブツ」を見よ。

ボダイ　菩提　〔術語〕Bodhi 舊に道と譯し、新に覺と譯す。道とは通の義、覺とは覺悟の義。然るに所通所覺の境に事理の二法あり、理とは涅槃なり、煩惱障を斷じて涅槃を證する一切智は三乘に通ずる菩提なり、事とは一切有爲の諸法なり、所知障を斷じて諸法を知る一切種智は唯佛の菩提なり、佛の菩提は此二に通ずる故に大菩提と云ふ。【智度論四】に「菩提名二諸佛道一。」【同四十四】に「菩提秦言二無上智慧一。」【注維摩經】に「肇曰。道之極者稱曰二菩提一。秦無二言以譯一レ之。菩提者蓋是正覺無相之眞智乎。」【止觀一】に「菩提者天竺音也。此方稱レ道。」【大乘義章十八】に「菩提胡語。此翻名レ道。果德圓通名レ之爲レ道。」【安樂集上】に「菩提者乃是無上佛道之名也。」【唯識述記一本】に「梵云二菩提一此翻爲レ覺。覺二法性一故。古ニ云二菩提道一者非也。」◉(蜻蛉日記)「とくしなせ給ひて、菩提かなへたまへとぞおこなふままに」

三種菩提　〔名數〕「サンボダイ」を見よ。

三佛菩提　〔名數〕一に應化佛菩提、應に現ずべき所に隨て即ち示現す、謂く釋氏の宮を出で迦耶城を去る遠からず菩提樹下の金剛道場に坐して無上菩提を得るなり。二に報佛菩提、十地圓滿して眞常の涅槃を得。【法華經壽量品】に「我實成佛已來無量無邊劫。」と言ふ是なり。三に法佛菩提、如來藏性本來清淨衆生界即涅槃界なり、經に「如來如實知二見三界之相一。不下於二三界一見中於三界上。」と言ふ是なり。【法華論、法華玄義十、法華文句九】

三身菩提　〔名數〕三佛菩提に同じ。

五種菩提　〔名數〕一に發心菩提、十信の菩薩無量生死の中に於て無上菩提の爲に大心を發すを云ふ。二に伏心菩提、十住十行十廻向の菩薩諸の煩惱に於て其の心を調伏して諸の波羅蜜を行ずるを云ふ。三に明心菩提、初地已上の菩薩三世諸法の諸法實相を觀じて其の心明了なるを云ふ。四に出到菩提、八地已上の菩薩般若の中に於て般若に着せず、能く諸惑を滅して十方の佛を見、三界を出でて佛果に到るを云ふ。五に無上菩提、等覺の菩薩道場に坐して諸の煩惱を斷じ盡し無上菩提を得るを云ふ。【智度論五十三】

ボダイキヤウ　菩提經　〔經名〕文殊師利問菩提經の略名。

ボダイコウ　菩提講　〔修法〕菩提を求むる爲に法華を講説する法會なり。雲林院の菩提講、六波羅蜜寺の菩提講など。◉(大鏡)「さいつ頃、雲林院の菩提講にまうではべりしかば」

ボダイコロシ　菩提鶻露支　〔人名〕Bodhiruci

の名。「ボダイルシ」を見よ。

ボダイコンガウ　菩提金剛　〔人名〕金剛智三藏なり。

ボダイサクタ　菩提索多　〔術語〕次項を見よ。

ボダイサツタ　菩提薩埵　〔術語〕Bodhisattva 菩薩に同じ。【大日經疏一】に「菩提薩埵。阿闍梨云。具據二正義一當レ云二菩提索多一。此索多者是忍樂修行堅持不捨義也。然聲明有二如レ是法一。若論二文字一其義雖レ正音韻或不二流便一者。得二取レ便安一レ之。故世論師謂爲二薩埵一。傳習者隨二順其辭一。」「ボサツ」を見よ。

ボダイサツタマカサツタ　菩提薩埵摩訶薩埵　〔術語〕「ボサツマカサツ」を見よ。

ボダイシ　菩提子　〔物名〕西藏語の Bo-di-ci 果を指す、以て數珠を作るべし、雪山地方に產す、菩提樹の實に非ず。【校量數珠功德經】に「若用二菩提子一爲二數珠一者。或用掐念。或但手持數誦一徧。其福無量。」「ジユジユ」の項を見よ。⊙（後撰集）「ぼだいしの數珠をなむ、右大臣求め侍るとききて」

ボダイシヨ　菩提所　〔雜名〕俗に檀家より所屬の寺院を菩提所と云ふ。讀經誦呪供佛施僧の法事を作して自身の爲又は亡靈の爲に無上菩提を求むる所なればなり。

ボダイシリヤウロン　菩提資糧論　〔書名〕六卷、龍樹菩薩造、自在比丘釋、隋の達摩笈多譯。般若波羅蜜等を菩提の資糧と爲すを明かす。【來帙十】（1181）

ボダイシン　菩提心　〔術語〕菩提は舊に道と譯す、眞道を求むる心を菩提心と云ふ。新に覺と譯す、正覺を求むる心を菩提心と云ふ。其の意一なり。【維摩經佛國品】に「菩提心是菩薩淨土。」【觀無量壽經】に「發二菩提心一深信二因果一。」【智度論四十一】に「菩薩初發心。緣二無上道一。我當二作佛一。是名二菩提心一。」【觀經玄義分】に「願以二此功德一平等施二一切一。同發二菩提心一。往二生安樂國一。」【大日經疏一】に「菩提心即是白淨信心義也。又「菩提心名爲二一向志求一切智智一。」⊙（曲、夕顏）「心菩提心をすすめて義ことに深し」

二種菩提心　〔名數〕一に緣事菩提心、是れ四弘誓願を體とす、一に衆生無邊誓願度、一切衆生悉く佛性あるを念じて之を度して大般涅槃に入らしめんと願求するなり、是れ饒益有情戒なり、亦是れ恩德の心なり、亦是れ緣因佛性なり、亦應身菩提の因なり。二に煩惱無邊誓願斷、自ら無邊の煩惱を斷ぜんとを願求するなり、是れ攝律儀戒なり、亦是れ斷德の心、正因佛性、法身菩提の因なり。三に法門無盡誓願知、是れ無盡の佛門を覺知せんとを願求するなり、是れ亦攝善法戒、智德の心、了因佛性、報身菩提の因なり。四に無上菩提誓願證、是れ佛果菩提を證得せんとを願求するなり。前の三行願を具足成就するに由て三身圓滿の菩提を證得し、還て亦た廣く一切衆生を利益するなり。二に緣理菩提心、一切諸法本來寂滅なり、此中道實相に安住して上求下化の願行を成ず、是れ最上の菩提心にして緣理の菩提心と云ふ。【往生要集上末】

三種菩提心　〔名數〕是れ密教の眞言行者の菩提心なり、密教には五佛各別の主德ありと立て、東方阿閦如來の大圓鏡智を以て發菩提心の德を立つとす、故に行者初發の菩提心は畢竟厭求の心なれば第六意識なれども其の菩提心の性德は大圓鏡智なれば自身の第八識を以て發心の體となし、三昧耶戒を受くるにも東方に向て阿閦如來を本尊となすなり。即ち三昧耶戒は此の三種の菩提心を自體とするなり。一に行願菩提心、行を修し願を發す故に行願と名く、願とは一切衆生悉く如來藏性を含みて無上菩提に安住するに堪ふるを念じ、大乘微妙の法を以て悉く之を度せんと願ずるを云ひ、行とは其が爲に四弘度の行を修するを云ふ。二に勝義菩提心、劣法を止息し勝義を觀じ顯はすが故に勝義と云ふ、之に敎觀の二門あり、凡夫外道二乘法相三論天台華嚴の九種の住心を觀じて次第に劣を捨てて勝を取り、終に究竟の秘密莊嚴心に安住する是れ敎門の勝義なり。又諸法を觀じて其の無自性を覺悟すれば一切の妄惑を止除して眞より用を起して萬德斯に具はる、是れ觀門の勝義なり。是の如く一は所住の敎に就て勝義と云ひ、一は所顯の理に就て勝義と云ふなり。三に三摩地菩提心、三摩地とは又三昧耶と云ふ、三摩耶は金剛頂義訣に等持と翻す、是れ行者信解地に入て三密相應の五部の秘觀を修し、等しく諸佛の自行化他の萬德を持するが故に等持と名け、徧く有情界に入て平等に攝受して之を護念する故に等念と名け、無所不至の故に等至と云ふ。前二は顯に通じ後一は唯密なり、此三即ち大定（三摩地）大智（勝義）大悲（行願）の三德、又胎藏界の佛（大定）蓮（行願）金（勝義）の三部、又觀音（行願）文殊（勝義）普賢（三摩地）の三尊の三摩地、又表德（行願）遮情（勝義）不二（三摩地）なり。【菩提心論】に「求二菩提一者。發二菩提心一修二菩提行一。既發二如レ是菩提心一已須レ知二菩提心之行相一。其行相者三門分別。諸佛菩薩。昔在二因位一發二是心一已。勝義行願三摩地爲レ戒。乃至成佛無レ時二暫妄一。」【菩提心義八】に「藏通別の人は此法を知らず、唯圓敎

の初住已上、眞言の凡夫已上此の三摩地を修す。」

ボダイシンカイ　菩提心戒　〔術語〕三昧耶戒の異名。菩提心の自性清淨を戒性となせばなり。

ボダイシンキヤウ　菩提心經　〔書名〕莊嚴菩提心經の略名。

ボダイシンギ　菩提心義　〔書名〕一卷、著者不詳。五門分別を以て菩提心の要義を明かす。【閏帙一】

ボダイシンクワンジヤク　菩提心觀釋　〔書名〕一卷、趙宋の法天譯。菩提心の非性非相不生不滅非覺非無覺等の義を略釋す。【成帙十】(872)

ボダイシンリサウロン　菩提心離相論　〔書名〕一卷、龍樹菩薩造、趙宋の施護譯。蘊處界等の諸相唯心所説を遣して第一義空を成就す、是れ菩提心の離相なり。【成帙十】(1304)

ボダイシンロン　菩提心論　〔書名〕金剛頂瑜伽中發阿耨多羅三藐三菩薩心論の略名。

ボダイジ　菩提寺　〔雜名〕「ボダイショ」を見よ。

ボダイジユ　菩提樹　〔植物〕Bodhidruma 又 Bodhivṛkṣa 釋尊此樹下に成道しければ菩提樹と名け、譯して道樹又は覺樹と云ふ。然るに此の樹の本名を【法苑珠林八】には阿沛多羅樹と云ひ、【法顯傳】には貝多樹と云ひ、【觀佛三昧經】に阿輸陀樹 Aśvattha と云ひ、西域記八に畢鉢羅樹（Pippala）と云ふ。「ヒツパラ」を見よ。貝多羅を菩提樹と云ふは誤なり。

ボダイジユシン　菩提樹神　〔神名〕菩提樹を守護する天女なり。金光明經中佛此天女に對して流水長者子の昔緣を説く。天女の讃に曰く、我常念レ佛。樂レ見二世尊一。常作二誓願一。不レ離二佛日一。佛讃嘆して曰く、善哉善哉樹神善女。汝於二今日一。快説二此言一。一切衆生。若聞二此法一。皆入二甘露無生法門一と。

ボダイスヰ　菩提水　〔術語〕【谷響集五】に古今詩話より宋の張邦幾が侍兒小名錄拾遺を引て曰く、「五代の時一僧あり至聰禪師と號す、祝融峯に修行すると十年、自ら戒行具足すと以爲へり、誘掖する所なし。一日山を下る、道傍に於て一美人を見る、紅蓮と號す、一瞬して動く、遂に與に合歡す。明に至て僧起て沐浴して婦人と倶に化す、頌あり曰く、有道山僧號二至聰一。十年不レ下祝融峰、腰間所レ積菩提水。瀉向二紅蓮一葉中一。」

ボダイダウヂヤウ　菩提道場　〔雜名〕Bodhimaṇḍa 佛の菩提を成就せし道場なり。摩竭陀國尼連禪河の邊、菩提樹下の金剛座是なり。釋尊此に於て成道しければ菩提道場と云ふ。

ボダイダルマ　菩提達磨　〔人名〕Bodhidharma 東土禪宗の初祖、常に略して達磨（だるま）と云ふ。「ダルマ」を見よ。⦿（鴉鷺合戰九）「聖德太子菩提達磨にあひ給へるとき」

ボダイチマ　菩提智魔　〔術語〕「ボダイホフチマ」に同じ。

ボダイヂヤウ　菩提場　〔雜名〕菩提道場なり。【華嚴經一】に「佛在二摩竭提國阿蘭若法菩提場中一。始成二正覺一。」

ボダイヂヤウシヤウゴンキヤウ　菩提場莊嚴經　〔經名〕菩提場莊嚴陀羅尼經の略名。

ボダイヂヤウシヤウゴンダラニキヤウ　菩提場莊嚴陀羅尼經　〔經名〕一卷、唐の不空譯。佛廣博大園に住し、毘鈕達多婆羅門が子を求むるに因て爲に陀羅尼を説く。【閏帙八】(1025)

ボダイヂヤウシヨセツイチジチヤウリンワウキヤウ　菩提場所説一字頂輪王經　〔經名〕五卷、唐の不空譯。菩提流志譯の一字頂輪王經と同本。【閏帙五】(1024)

ボダイブン　菩提分　〔術語〕Bodhyaṅga 總じては四念處、四正勤、四如意足、五根、五力、七覺、八正の三十七道品に名け、別しては三十七道品中の七覺支に名く。分とは支分の義、七種或は三十七科の道行支分するが故に分と名く。又分は因の義、七種或は三十七科の道行、共に菩提に順趣するが故に菩提分と名く。【阿彌陀經】に「七菩提分。八聖道分。」【倶舍論二十五】に「道亦名爲二菩提分法一。乃至三十七法順二趣菩提一。是故皆名二菩提分法一。」【大乘義章十六】に「言二道品一者。經中亦名爲二菩提分一。亦名二覺支一。」【仁王經上】に「修二習無邊菩提分法一。」【同良賁疏上一】に「菩提分法者。菩提云レ覺。正是所求。分者因也。亦支分義。三十七法順二趣菩提一。菩提之分名二菩提分一。」

ボダイブンホフ　菩提分法　〔術語〕「ボダイブン」を見よ。

ボダイホフチマ　菩提法智魔　〔術語〕十魔の一。「方を菩提門と名く。

ボダイモン　菩提門　〔術語〕葬場四門の一。西方を菩提門と名く。

ボダイラク　菩提樂　〔術語〕五種樂の一。五樂の一。「ラク」を見よ。

ボダイラク　菩提樂　〔術語〕樂曲の名。⦿（盛衰記）「流泉の曲とは都率の内院の秘曲なり、菩提樂とは此樂なり。彌勒菩薩常に此曲を調べて聖衆の菩提心を勸め給ふ故なり。」

ボダイルシ　菩提流支　〔人名〕又、菩提留支、Bodhiruci 菩提鶻露支に作る、道希と譯す。北天竺の人、魏の宣武帝の時洛陽に來りて多く諸經を翻す。【續高僧傳一】に「菩提流支。魏言二道希一。北天竺人也。」【十地經序】に「三藏法師菩提留支。魏言二覺希一。」

【二十唯識述記上】に「菩提鶻露支。此云二覺愛一。先云二覺喜一。即魏時菩提流支法師。」

ボダイルシ　菩提流志　〔人名〕Bodhiruci 覺愛と譯す。南天竺の人、唐朝武后の時來りて三藏を譯す。【開元釋教錄九】に「沙門菩提流志。本名達磨流支。唐言二法希一。天后改爲二菩提流志一。唐言二覺愛一。南印度人。」【宋高僧傳三】に「釋菩提流志。南天竺國人也。淨行婆羅門種。姓迦葉氏。」

ボダイヱ　菩提會　〔行事〕集會して菩提を參究す、菩提會と名く。【大慧果禪師普說】に雪峯に菩提會を行ふ普說あり。

ボダガフシヤウ　僕拏合掌　〔印相〕十二合掌の第四。梵 Pūna*

ボダダイバ　勃陀提婆　〔人名〕Bodhideva 覺天と譯す、婆沙四評家の一人なり。【俱舍光記二十】に「梵云二勃陀提婆一。勃陀名レ覺。提婆名レ天。舊云二佛陀提婆一訛也。」

ボダマドシヤ　母陀摩奴沙　〔術語〕母娜摩拏史也。Mṛta-manuṣya 又、母那摩奴沙に作る。母陀を死と譯し、摩奴沙を人と譯す。即ち死屍なり。【底哩三昧經】に「黑月八日夜。於二寒林中一取二母那摩奴沙一。坐二其上一念誦滿二一萬徧一。彼摩奴沙即動レ身。必不レ得レ怕。彼即開レ口出二大開敷蓮華一。即便把取。能令下己身如二十六童子一髮如中連環上。昇レ空遊二於梵天一。得二大明王主一。」

ボダラ　慕捺囉　〔術語〕Mudrā 又、目拏羅。譯、印「契。【慧琳音義三十五】

ボヂ　冒地　〔術語〕Bodhi 舊に菩提、新に冒地と云ふ。【仁王經良賁疏下三】に「舊云二菩提一。今云二冒地一。」【性靈集二慧果和尙碑】に「非二冒地之難一レ得。遇二此法一之不レ易也。」「ボダイ」を見よ。

ボヂサタバ　冒地薩怛嚩　〔術語〕舊に菩提薩埵と云ふに同じ。【仁王經良賁疏下三】に「舊云二菩提一。今云二冒地一。舊云二薩埵一。今云二薩怛嚩一。」

ボヂシツタ　冒地質多　〔術語〕Bodhicitta 覺心と譯す、即ち菩提心なり。【仁王經念誦儀軌】に「冒地質多此云二覺心一。」

ボツシヤ　勃沙　〔佛名〕Puṣya 又、弗沙に作る、增威と譯す、佛の名なり。【慧苑音義上】に「弗沙正云二勃沙一。此云二增威一也。」「テイシヤブツ」を見よ。

ボツシヤウ　孛星　〔雜名〕鬼宿なり、「ブッシャウ」を見よ。「シヤ」を見よ。

ボナマヌシヤ　母那摩奴沙　〔術語〕「ボダマド

ボラケンダクチ　慕攞健陀俱胝　〔堂塔〕Mūlagandhakuṭī 譯、根本香殿、那爛陀寺內の塔名なり。【求法高僧傳上】に「梵名二慕攞健陀俱胝一。唐云二根本香殿一矣。」香殿は世尊の居室に名けたる名なり。

ボラサツバシチバタニカヤ　慕攞薩婆悉底婆拕尼迦耶　〔流派〕Mūlasarvāstivādanikāya 根本說一切有部と譯す。

ボリタ　沒栗多　〔術語〕Vrata 禁戒と譯す。但し長時所持の戒にあらず、願を發して法を修するに一時制する所の禁戒なり。【大日經疏十七】に「沒栗多是有二時願一之戒。謂行者持誦時。或心一月乃至年歲等。此事了時此禁亦罷。」

ボル　瀑流　〔術語〕三界の煩惱能く善品を漂流するが故に暴流と名く。【俱舍論二十】に「極漂二善品一。故名二暴流一。」

四暴流　〔名數〕一に欲暴流、欲界に於て貪瞋痴に各五種あり、四諦修道合せて二十となる、疑に四あり修を除く之に十纏を加へて二十九物之を欲暴流と名く。二に有暴流、色界無色界に於て貪と慢とに各五種あれば二十となる上界には總て瞋なし。疑に八あれば總べて二十八物あり、之を有暴流と云ふ。三に見暴流、三界の見惑なり、先づ欲界の苦諦下に身見等の五見あり、集諦滅諦下に各邪見見取の二見あり、道諦下に邪見、見取、戒禁取の三見あり、合せて十二見なり、上二界の見惑亦同じ、依て三界合せて三十六見あり、之を見暴流と名く。四に無明暴流、三界の無明に各五あり四諦修道の五部の無明なり、依て三界合せて十五無明あり、之を無明暴流と名く。【俱舍論二十】

ボロン　勃嚕唵　〔術語〕𑖥𑖿𑖨𑖳𑖽 Bhrūṃ 金輪佛頂尊の種子なり、三字連聲して一字を成す。【金剛頂經成佛儀軌】に「勃嚕唵、三合。以二此國無一字同一故。以二三字連聲合一成二一字一急呼。」

ボン　盆　〔行事〕盂蘭盆の略、「ウラボン」を見よ。

ボン　梵　〔術語〕Brahmā 梵摩又は勃嚂摩、婆羅賀摩、沒羅憾摩、梵覽磨等の訛略なり、梵天を云ふ。婆羅門は梵天の苗裔にして梵法を行ずれば婆羅門とも梵志とも云ふ。譯、寂靜、清淨、清潔、離欲など。色界の諸天婬欲を離れて清淨なるを總じて梵天と云ひ、其中別して初禪天中の主を大梵とも梵王とも云ふ。【智度論十】に「梵名二離欲清淨一。今言二梵世界一。已總說二色界諸天一。」又「梵世界中梵天王爲レ主。」【同三十五】に「色界都名爲レ梵。又梵爲二色界初門一。」【法華文句二】に「梵者此翻二離欲一。除二下地繫一。上二昇色界一。故名二離欲一。亦稱二高淨一。」【玄應音義六】に「梵言二梵摩一。此譯云二寂靜一。或清淨。或淨潔。」【法華玄贊二】に「梵摩云二寂靜、清淨、淨潔一。皆同。亦云二梵潔一也。今唯云レ梵但略云レ爾。」【華嚴疏鈔十七】に「梵是西域之音。具云二勃嚂摩一。此翻爲レ淨。」【慧苑音義上】

に「梵具云二梵摩一。此翻爲二清淨一。」【同下】に「梵摩具云二跋濫摩一。此云二清淨一。」【玄應音義二】に「婆羅賀麼。此云二淨天一。舊言二梵天一訛略也。」【悉曇藏一】に「梵者是語略也。具足可レ云二波羅迦摩一。」【金七十論中】に「自性者。或名二勝因一。或名爲レ梵。」又、佛を婆羅門又は梵と稱す。清淨者の意なり。【倶舍論二十四】に「眞沙門性。經亦說名二婆羅門性一。以三能遣二除諸煩惱一故。乃至佛與二無上梵德一相應。是故世尊猶應レ名レ梵。由二契經說一レ佛亦名レ梵。」

ボンエン　梵延　【天名】 梵王と那邏延天となり。

ボンオン　梵音　【術語】 大梵天王所出の音聲にして五種清淨の音あるなり、佛の音聲亦是の如くなれば三十二相中に梵音相あり。【法華經序品】に「梵音微妙令二人樂一レ聞。」【法華文句】に「佛報得清淨音聲最妙號爲二梵音一。」【華嚴經】に「演二出清淨微妙梵音一。宣二暢最上無上正法一。聞者歡喜得二淨妙道一。」【長阿含五闍尼沙經】に「時梵童子告二忉利天一曰。其有二音聲五種清淨一。乃名二梵聲一。何等五。一者其音正直。二者其音和雅。三者其音清徹。四者其音深滿。五者其音遍周遠聞。具二此五一者乃名二梵音一。」【三藏法數三十二】に「梵音者即大梵天王所出之聲。而有二五種清淨之音一也。」図【儀式】 音韻屈曲昇降して佛を歌頌し法を諷詠するを梵音と云ひ、又梵唄、唄匿と云ふ。聞者淨信を得るを以て佛之を聽し、在世中鈴聲比丘唄聲第一なり「バイビク」を見よ。曲東土に傳らず。支那に在て魏の陳思王曹子建、魚山に遊んで巖谷の水聲を聞き之を寫して梵唄の譜を制すと。是れ東土梵唄の始めなり。慈覺大師入唐して之を吾朝に傳ふ。されば梵音、梵唄、唄匿、其事皆一なれども吾邦の法儀には古來相習ふて梵唄と梵音とを別立し、梵唄、散華、梵音、錫杖の四事を四箇の法要と稱し、法會の始め燒香了りて後に唱ふるを梵唄とし、散華の後に唱ふるを梵音と云ふ。隨て其の偈頌も異なる。「シカホフエウ」參照。図 單に讀經の聲を梵音と云ふ。⊙（太平記一一）「如來唄を引き給ひしかば、梵音遠く叡山の雲に響きて」

ボンオンサウ　梵音相　【術語】 三十二相中の梵音深遠相と云ふ是なり。「ボンオン」を見よ。

ボンオンシヤクヂヤウ　梵音錫杖　【術語】「シカホフエウ」を見よ。⊙（榮花、音樂）「僧のなりども皆梵音錫杖皆品品に從ひて色色なり」

ボンオンジンヲンソウ　梵音深遠相　【術語】 梵音相に同じ。「ボンオン」を見よ。

ボンカイ　梵迦夷　【界名】 Brahma-kāyika 譯淨身、色界初禪天の通名なり。【四阿含暮抄下】に「梵迦夷。此云二淨身天一。」【玄應音義三】に「梵迦夷。此云二淨身一。梵淨也。即初禪梵天也。」

ボンカイ　犯戒　【術語】 佛所制の戒法を毀犯するなり。

ボンカイ　犯戒五過　【名數】 一に自ら身を害す、二に智者の爲に呵せらる、三に惡名流布す、四に臨終に悔を生ず、五に死して惡道に墮す。【四分律五十九】

犯戒五衰　【名數】 一に財を求めて遂げず、二に設ひ得るも即ち耗す、三に衆愛敬せず、四に惡名流布す、五に死して地獄に入る。【中阿含經】

ボンカイ　梵界　【界名】 梵天の世界、色界の初禪天なり。【堅固婆羅門緣起經下】に「離二諸欲染一煩惱除ケバ。此等得レ生二於梵界一。」

ボンカイザイホウキヤウヂウキヤウ　犯戒罪報輕重經　【經名】 一卷、後漢の安世高譯、目連所問經と同本。【寒帙十】(1112)

ボンカウ　梵響　【術語】 如來梵音の響なり。佛の說法を云ふ。【往生論】に「如來微妙聲。梵響聞二十方一。」【寄歸傳一】に「聞二梵響於王舍一。獲レ果者無レ窮。」【性靈集九】に「生生吐二如來梵響一。世世脫二衆生三苦聲一。」

ボンカク　梵閣　【雜名】 佛閣と云ふ如し、佛を大婆羅門と稱すればなり。

ボンカフ　梵夾　【雜名】 又、經夾又は梵篋と云ふ。多羅葉の經卷なり。【釋書空海傳】に「六波羅蜜經及梵夾」「ボンケフ」を見よ。

ボンカンゴセツシフ　梵漢語說集　【書名】 百卷、遍明和尙眞寂の著。【諸宗章疏錄下】未だ現本を見ず。

ボンカンサウタイセウ　梵漢相對鈔　【書名】 二十卷、遍明和尙寂眞著。【諸宗章疏錄】未だ現本を見ず。

ボンガクシンリヤウ　梵學津梁　【書名】 一千卷、慈雲飮光集。七詮に分つ。第一本詮、高祖大師を始として諸師請來の梵本貝葉を集む。第二末詮、梵本並に陀羅尼の諸譯を集む。第三通詮、悉曇章、悉曇字記等の廣く梵學に關する諸書を集む。第四別詮、梵語千字文、枳橘易土集等の字別に梵語を解し多く字書に類する物を集む。第五略詮、[illegible]、[illegible]等の多く半字を解せし物を集む。第六廣詮、諸佛の名號、法藏の名目等名數器物に關する物を集む。第七雜詮、悉曇三密鈔南海寄歸傳等の梵學に關する雜書を集む。

ボンキヤウダイ　梵經臺　【堂塔】 漢明の時道釋二教經を燒きて眞僞を決せし處なり。【名義集七】に「唐太宗焚經臺詩門經蕭蕭長二綠苔一。一回登レ此一徘徊。青牛謾說函谷去。白馬親從二印土一來。確二實是非

憑ニ烈焔一。要レ分ニ眞僞一築ニ高臺一。春風也解レ嫌ニ狼籍一。吹盡當年道教灰。」これ傳說なりと云ふ。

ボンキヨク　梵曲 〔雜名〕 梵唄なり。【性靈集六】に「梵曲魚山。錦華龍淵。」

ボンギ　梵儀 〔雜語〕 沙門出家の風儀なり。【釋書乘蓮傳】に「國俗剃髮不レ全ニ梵儀一。」

ボンギヤウ　梵行 〔術語〕 梵は清淨の義、婬欲を斷ずる法を梵行と爲す、即ち梵天の行法なり。梵行を修して梵天に生ずるなり。【智度論】に「斷ニ婬欲一天皆名爲ニ梵天一。說レ梵皆攝ニ色界一。以レ是故斷ニ婬行一法名爲ニ梵行一。離レ欲亦名レ梵。若說レ梵則攝ニ四禪四無色定一。」【同八】に「有レ人行ニ十善業道一不レ斷レ婬。今更讚下此行ニ梵天行一斷中除婬欲上。故言ニ淨修梵行一。」【維摩經方便品】に「示有ニ妻子一常修ニ梵行一。」【註】に「肇曰。梵行清淨無欲行也。」【法華嘉祥疏七】に「有人言。通取ニ一切戒一爲ニ梵行一。別名レ斷レ婬爲ニ梵行一。故大品云婬欲障レ生ニ梵天一。何況菩提。」図 涅槃を梵と名け涅槃を證する萬行を梵行と云ふ。【法華經序品】に「具足清白梵行之相。」【法華嘉祥疏三】に「梵行之相者。梵名ニ涅槃一。即根本法輪大涅槃也。行即萬行。到ニ大涅槃一也。」【大日經疏十七】に「梵謂涅槃。乃至梵行謂修ニ梵行一者名。乃至具ニ大涅槃一名爲レ梵。」図 涅槃五行の一。梵とは清淨の義、菩薩利他の行能く一切不善の對治を爲し過を離れて清淨なる故に梵行と名く。◉（盛衰記三）「凡夫の眼前には梵行に非ず、婚嫁と見奉れ共」

四梵行 〔名數〕 又、四梵住とも云ふ。慈悲喜捨の四無量心なり。此四心は梵天に生ずる行業なれば梵行と名く。【智度論二十五】に「四梵行心說故名ニ梵輪一。」

ボンクワウ　梵皇 〔雜名〕 佛を云ふ。佛西北梵地に生れて法中の皇帝なれば梵皇と稱す。【止觀弘法序】に「古先梵皇乘レ時利見。」

ボング　凡愚 〔雜語〕 凡夫愚痴の人なり。【大日經疏二十】に「以レ不レ知ニ心實相一故而生ニ妄執一。名爲ニ凡愚一。若了知者即名ニ諸佛一也。」

ボングウ　梵宮 〔雜名〕 梵天の宮殿なり。【法華經化城喩品】に「其國界諸天宮殿。乃至梵宮。六種震動。」又「梵天宮殿光明照曜。」【梁高僧傳十三】に「億耳細ニ聲於宵夜一。提婆颺ニ響於梵宮一。」

ボンケフ　梵篋 〔雜名〕 多羅葉の經卷は貝葉を重疊して板木を以て其の兩端を挾み繩を以て之を結ぶ、其狀恰も箱に入れたる如くなれば梵篋と云ふ。又山伏の負籠を梵篋と云ふ。

ボンケフイン　梵篋印 〔印相〕 梵篋を形どれる印契なり。【圖印集一】

ボンゴ　梵語 〔雜名〕 天竺の言語は梵天より稟承せし故に梵語と云ふと。【西域記二】に「詳ニ其文字一梵天所レ製。原始垂レ則四十七言也。乃至因レ地隨レ人微有ニ改變一。語ニ其大較一未レ異ニ本源一。而中印度特爲ニ詳正一。辭調和雅。與レ天同レ音。」【俱舍論世間品】に「一切天衆皆作ニ聖言一。謂彼言詞同ニ中印度一。」法相に依るに二禪以上は尋伺の心（舊に覺觀と云ふ。）無ければ言語なし、唯初禪梵天のみあり。【次第禪門】に「初禪有ニ覺觀心一則有ニ語言法一。二禪已上無レ之。」

ボンゴザツミヤウ　梵語雜名 〔書名〕 一卷、翻經大德兼翰林待詔光定寺歸玆國沙門禮言集。慈覺大師請來。叡山沙門眞源校。

ボンサク　梵筴 〔雜名〕 多羅葉の經卷なり。「ボンケフ」を見よ。

ボンシ　梵志 〔術語〕 Brahmacārin 婆羅門四時期の一。又、梵天の法を志求する者を梵志と云ふ。【瑜伽倫記十九】に「梵者西國音。此翻爲ニ寂靜一。謂涅槃也。志是此方語。志ニ求於梵一。故云ニ梵志一也。」【婆沙論三十四】に「婆羅門至ニ彼王所一。王言。梵志從ニ何所一來。」【增一阿含經四十一】に「沙門名ニ息心一。諸惡永已盡。梵志名ニ清淨一。除ニ去諸亂想一。」【演密鈔二】に「梵志者。梵淨也。謂以ニ淨行一爲レ志者名爲ニ梵志一。」【俱舍光記十二】に「婆羅門此云ニ梵志一。」図 尼乾子に對して在家の婆羅門を梵志と云ふ。【法華文句記九】に「在レ家事レ梵名爲ニ梵志一。出家外道通名ニ尼乾一。」又一切外道の出家するものを梵志と名く。【智度論五十六】に「梵志者是一切出家外道。若有下承ニ用其法一者上亦名ニ梵志一。」

ボンシ　凡師 〔雜語〕 凡夫の法師、未だ見諦せざるもの。【法華玄義七】に「凡師弘經」

ボンシアハラエンモンシユソンキヤウ　梵志頞波羅延問種尊經 〔經名〕 一卷、東晉の曇無蘭譯。即ち中阿含攝和經なり。【昃帙八】(597)

ボンシアバツキヤウ　梵志阿颰經 〔經名〕 具名、佛開解梵志阿颰經、一卷、吳の支謙譯。長阿含阿摩晝（巴 Ambaṭṭha）經と同本。【昃帙十】(592)

ボンシキ　凡識 〔術語〕 凡夫の心識なり。

ボンシツ　梵室 〔雜名〕 梵行者の住室、即ち寺院の房舍を云ふ。明の智旭の著に梵室偶談あり。

ボンシフ　凡習 〔術語〕 凡夫の善を習ひ惡を習ふ是非の行動なり。【釋門歸敬儀中】に「凡習寄レ緣。」

ボンシヤウ　凡聖 〔術語〕 凡夫と聖者なり。小乘の初果以上、大乘の初地以上を聖者とし、其より已下未斷惑の人を凡夫とす。【止觀輔行一】に「凡者常也。亦非一也。庶品多故。聖者。風俗通云。聖者聲也。以下其聞レ聲知レ情通ニ天地一暢中萬物上故也。易曰。聖者與ニ天地一合レ德。與ニ日月一合レ明。與ニ四時一合レ節。與ニ鬼神一合ニ吉凶一。今出世聖不レ聞ニ其聲一知ニ

九界情一。通二諦理一暢二衆機一。與二法界一合レ德。與二二智一合レ明。與二四機一合レ節。與二衆聖一合二其冥顯一。」

凡聖一如 〔術語〕 又、凡聖不二と云ふ。事相を言へば六凡四聖の十界差別あるも共理性より言へば無差別平等なるを云ふ。【寶藏論】に「凡聖不二一切圓滿。」【大日經義釋五】に「六趣衆生與二毘盧遮那一本無二二體一。」

ボンシヤウ 梵聲 〔術語〕 如來の梵音なり。【無量壽經下】に「梵聲猶二雷震一。八音暢二妙響一。」「ボンオン」を見よ。

ボンシヤウ 凡性 〔術語〕 凡夫の性分なり、俱舍に之を異生性と云ふ。身に見惑を具して諦理を證せざるを云ふ。【四敎儀六】に「聖以レ正爲レ義。捨二凡性一入二正性一。」

ボンシヤウイチニヨ 凡聖一如 〔術語〕 「ボンシヤウ」を見よ。

ボンシヤウフニ 凡聖不二 〔術語〕 凡聖一如に同じ。「ボンシヤウ」を見よ。⊙(曲、善界)「もとより魔佛一如にして凡聖不二なり」

ボンシヤウドウゴド 凡聖同居土 〔界名〕 台家所立四土の一。娑婆世界の如く凡夫聖者の同居する國土なり。「シド」を見よ。

ボンシヤク 梵釋 〔天名〕 梵天と帝釋天なり、色界の諸天を總じて梵天と云ひ、欲界忉利天の主を帝釋と云ふ。

ボンシヤクシテン 梵釋四天 〔天名〕 梵天と帝釋天と四王天なり。⊙(盛衰記九)「梵釋四天の像は又忠仁公の造立也」

ボンシヤクシワウ 梵釋四王 〔天名〕 梵釋四天に同じ。

ボンシヤクジ 梵釋寺 〔寺名〕 近江國滋賀郡に在りき、延曆五年桓武天皇の御願なり、梵天帝釋を本尊として安置すれば梵釋寺と名く。【拾芥抄五】

ボンシユ 梵衆 〔雜名〕 梵行を修する徒衆、即ち僧侶を云ふ。

ボンシユテン 梵衆天 〔天名〕 色界の初禪天衆を三級に分ち下級の天衆を梵衆天と云ふ、猶國土の庶民の如し。

ボンシユ 凡種 〔術語〕 凡夫の種性なり。

ボンシヨウ 梵鐘 〔物名〕 寺院の大鐘を云ふ。梵は清淨の義、佛事に關するものなれば以て名く。

ボンシヨ 梵書 〔雜名〕 梵王所說の書を梵書と云ふ。【慈恩寺傳三】に「其源無レ始。莫レ知二作者一。毎於二劫初一梵王先說傳ニ授天人一。以二是梵王所說一故曰二梵書一。其言極廣。有二百萬頌一。即舊譯云二毘伽羅論一者是也。」

ボンシン 凡身 〔術語〕 凡夫の身なり。

ボンシン 梵心 〔術語〕 梵行を修する心なり。四梵行或は禪定を修して無色界に生ずる是れ梵行なり。【止觀二】に「此發二梵心一行二色無色道一。」

ボンシン 梵身 〔術語〕 佛の清淨法身を云ふ。【菩薩戒經疏上】に「莊ニ嚴梵身一。無レ所二障閡一。」

ボンシンテン 梵身天 〔天名〕 梵衆天に同じ。【佛地論五】に「離欲寂靜故名爲レ梵。身者衆也。」

ボンジヤウ 凡情 〔術語〕 凡人の心情なり。【華嚴玄談四】に「極位所承凡情難レ挹。」【諸經要集序】に「凡情闇短。器識昏迷。」

ボンジヨウ 梵乘 〔術語〕 五乘の一。菩薩乘に同じ。清淨なる乘物の意なり。

ボンセウ 凡小 〔術語〕 凡夫と小乘人なり。又凡夫即小人なれば凡小と云ふ。【觀經玄義分】に「凡小之論乃加二信受一。」【敎行信證行卷】に「欲レ令三凡小増二欲往生之意一故。」

ボンセウノハチタウ 凡小八倒 〔術語〕 凡夫、小乘の人の起す顚倒の見解を云ふ。即ち非常を常と計し、非樂を樂と計し、非我を我と計し、不淨を淨と計し、常を無常と計し、樂を非樂と計し、我を非我と計し、淨を不淨と計する妄見なり。

ボンセカイ 梵世界 〔界名〕 色界の諸天を總じて梵世界と云ふ。婬欲を離れたる梵天の住處なればなり。【智度論十】に「梵名二離欲清淨一。今言二梵世界一已總說二色界諸天一。」

ボンセツ 梵刹 〔術語〕 Brahmakṣetra 梵は清淨の義、刹は刹摩又は掣多羅の略、土田の義。佛土佛國と云ふ如し、轉じて伽藍の美稱となす。

ボンセテン 梵世天 〔界名〕 梵世界に同じ。

ボンソウ 梵僧 〔雜名〕 梵土の僧なり。又、清淨の戒行を持つ僧を云ふ。

ボンソウ 凡僧 〔雜名〕 證果の聖僧に對して未證の僧を凡僧と云ふ。【梁僧傳知嚴傳】に「嚴雖二戒操高明一而實行未レ辨。始移レ屍向二凡僧墓一。而屍重不レ起。改向二聖墓一則飄然自輕。」本朝法眼等の僧綱の官なき者を凡僧と云ふ。【蹇驢嘶餘】に「凡僧とは法橋等寺主維那已下を云ふ。」⊙(著聞集、興言利口)「寬快いまだ凡僧にてありける時」

ボンソウ 梵嫂 〔雜名〕 僧の妻を云ふ。【輟耕錄六】に「宋陶穀清異錄。京師太相國寺僧有レ妻。曰二梵嫂一。」

ボンタ 梵怛 〔術語〕 梵壇に同じ「ボンダン」を見よ。

ボンタウセンジモン 梵唐千字文 〔書名〕 一卷、唐の義淨撰。【安然錄】に「慈覺大師請來。」

ボンダウ 梵道 〔術語〕 淨禪を修して婬欲を斷ずるを云ふ。【智度論八】に「若有レ人修二禪淨行一。斷三除

婬欲。名爲レ行ニ梵道一。」

ボンダン　煩談　[術語] Vandana「ワナ」を見よ。

ボンダン　梵壇　[術語] 法藏は以て梵語となし、默擯と譯す。衆僧之と言語を交へざるなり。智者、元照は漢言となし、謂く梵王の宮前に一壇を立て、天衆如法ならざる者あれば壇上に立たしめ餘天之と往來し語を交へずと。佛車匿比丘の惡性に依て此法を制するなり、又梵天法治と名く。【長阿含經四】に「阿難白レ佛言。闡拏比丘（即ち車匿）虜扈自用。佛滅度後。當レ如ニ之何一。佛告ニ阿難一。我滅度後。若彼闡拏不レ須ニ滅儀一不レ受ニ教誡一。汝等當ニ共行ニ梵壇罰一。勅ニ諸比丘一不レ得ニ與語一。亦勿ニ往反教授從事一。」【智度論二】に「車匿比丘。我涅槃後。如ニ梵天法一治。」梵壇は梵音 Brahmadaṇḍa なり梵杖又は梵法の意なり、罰の方法上述の如し、婆羅門の治法を佛敎の僧伽に應用したるなり。「モクヒン」參照。

ボンヂウ　犯重　[術語] 小乘戒の四重罪、大乘戒の十重罪を犯すを云ふ。

ボンヂウビクフダヂゴク　犯重比丘不墮地獄　[雜語]【寶積經百十六】に「一切業緣皆住ニ實際一。不來不去。非因果非不因果。何以故。法界無邊無前無後故。是故舍利弗。若見ニ犯重比丘不墮地獄清淨行者不入涅槃一。如レ是比丘非ニ應供一非ニ不應供一。非ニ盡漏一非ニ不盡漏一。何以故。於ニ諸法中一住ニ平等一故。」是れ實相觀を說けるなり。諸法の實相は寂滅無相の故に生死涅槃の假相なきを云ふ。

ボンヂユウ　梵住　[術語]「シジユウ」を見よ。

ボンテン　梵典　[雜名] 佛敎の經典を云ふ。梵土より傳來せし者なれば梵典と云ふ。

ボンテン　梵天　[界名] 新に婆羅賀麼天 Brahma-deva と云ふ、色界の初禪天なり。此天欲界の婬欲を離れ寂靜清淨なれば梵天と云ふ。此中三天あり、第一を梵衆天 Brahmakāyika 第二を梵輔天 Brahmapurohita 第三を大梵天 Mahābrahman と云ふ。但し常に梵天と云ふは大梵天王を指すなり、名を尸棄 Śikhin と云ひ、深く正法を信じ佛の出世每に必ず最初に來りて轉法輪を請ひ、又常に佛の右邊に在て手に白拂を持す。「ダイボンテン」參照。若し外道所說の梵天は大に之と異る。「ボンテンゲダウ」を見よ。図印度を梵天と云ふ。梵土天竺の意なり。【傳通緣起】に「梵天之敎。」図修驗道に墓所を梵天と云ふ。梵天來降して聖靈を守護する意に取る。⊙（平家）「をめき叫ぶ聲は梵天までも聞え」

（梵天の圖）

ボンテンカイ　梵天界　[界名] 梵天の世界なり。色界の初禪天を云ふ。【大堅固婆羅門緣起經下】に「諸煩惱海塞ニ其源一。得レ生ニ寂靜梵天界一。」

ボンテンクワラクエウ　梵天火羅九曜　[書名] 一卷、唐の一行撰。七曜九執の祭法を說く。【餘帙四】梵 Brahma-hora-navagraha

ボンテング　梵天供　[修法] 大梵天を供養する修法なり。

ボンテンゲダウ　梵天外道　[流派]【行事鈔下四】に十種の外道を列ぬる中に梵天爲因外道あり、梵天を以て萬物の生因となす外道なり。此外道に三種あり、一は韓陀論師の梵天、二は韓紐論師の梵天、三は摩醯首羅論師の梵天なり。韓陀論師は梵天を以て那羅延天の所生とし、摩醯首羅論師は梵天を以て摩醯首羅天の應身となす。「ダイボンテン」を見よ。

ボンテンコウ　梵天后　[天名] 梵天の后妃なり、佛法中の梵天は離欲清淨なれば后妃なけれども世間崇奉する所の梵天には后妃ありとなり。【大日經疏二】に「梵天后。是世間所ニ奉尊一神。然佛法中梵王離欲無レ有ニ后妃一。」

（梵天后の圖）

ボンテンチヤクヂホフ　梵天擇地法　[經名] 一卷、失譯。

ボンテンニヨ　梵天女　[天名] 梵天の女なり、白肉色にして開蓮を持す。胎藏界外金剛院の列衆なり。【胎曼大鈔七】

ボンテンホフ　梵天法　[修法] 梵天宮に行はる治罰の法なり。「ボンダン」を見よ。

ボンテンワウ　梵天王　[天名] 色界の初禪天に梵衆梵輔大梵の三天あり、其の大梵天を梵天王と稱し尸棄と名く。【法華經序品】に「娑婆世界主梵天王尸棄大梵。」「ボンテン」「ダイボンテン」を見よ。⊙（著聞集、釋敎）「梵天王部類諸天以下」

ボントク　梵德　[雜語] 梵王の福德なり。【俱舍論二十四】に「佛與ニ無上梵德一相應。是故世尊獨應レ名レ梵。」「別名なり。

ボンド　梵土　[雜語] 婆羅門國と言ふ如し。印度の

ボンドウロウ 梵燈籠 【物名】 支那の中元放燈是れ盆燈籠の濫觴なり。「ハウトウ」を見よ。

ボンナン 梵難 【術語】 比丘二難の一。本婦婬女等の來りて比丘を誘謂し、淨行の爲に障難を作すを梵難と云ふ、梵行の爲の難なり。【行事鈔上四】

ボンニヨ 梵女 【雜名】 梵志の女なり。又梵道を志す女なり。

ボンニヨシユイキヤウ 梵女首意經 【經名】 一卷、西晋の竺法護譯。有德女所問大乘經と同本。

ボンノウ 煩惱 【術語】 梵語吉隷舍、Klesa、貪欲瞋恚愚痴等の諸惑が心を煩はし身を惱ますを煩惱と云ふ。【智度論七】に「煩惱者。能令二心煩一能作レ惱故。名爲二煩惱一。」【同二十七】に「煩惱名。略說則三毒。廣說則三界九十八使。是名二煩惱一。」【註維摩經二】に「肇曰。七使九結惱三亂衆生一。故名爲二煩惱一。」【止觀八】に「煩惱是昏煩之法。惱三亂心神一。又與レ心作レ煩令二心得レ惱。即是見思利鈍。」【大乘義章五】に「勞亂之義。名曰二煩惱一。」【唯識述記一本】に「煩是擾義。惱是亂義。擾二亂有情一故名二煩惱一。」【梵語雜名】に「煩惱。吉隷舍。」

二煩惱 【名數】 一に根本煩惱、貪瞋痴慢疑惡見の六大煩惱、一切諸煩惱の生起の本となれば根本煩惱と名く。二に隨煩惱、忿恨覆等の二十の煩惱は先の根本煩惱を體とし或は其より流出する者なれば隨煩惱と名く。是れ唯識の法相なり。【唯識論六、百法問答鈔二】 図 一に分別起煩惱、邪師邪敎邪の思惟の緣に依て起す我見邊見等の理惑を分別起煩惱と云ふ、見道に於て一時に之を斷ず。二に俱生起煩惱、無始以來の熏習力に依て自ら身と俱に生ずる貪瞋等の事惑を俱生起の煩惱と云ふ、修道に入りて漸漸に之を斷ず。【百法問答鈔四】 図 【名數】 一に大煩惱地法、無明、放逸、懈怠、不信、惛沈、掉擧の六惑は常に一切の染心に相應すれば之を大煩惱地法と名く。二に小煩惱地法、忿、覆、慳等の十惑は唯俱生迷事の惑なれば唯修道斷にして見道斷に通ぜず、又、唯意識に起て餘識に通ぜず、又十惑各別にして起て俱起するとなければ之を小煩惱地法と名く。是れ俱舍の法相なり。【俱舍論隨眠品】 図 一に數行煩惱、貪欲瞋恚の如き不斷に起る煩惱なり。二に猛利煩惱、因果撥無の邪見の如き上品の煩惱なり。【俱舍論十七】

三煩惱 【名數】 一に見思、二に塵沙、三に無明。台家の所立なり。「サンワク」を見よ。

四煩惱 【名數】 末那識と常恒に相應する四種の根本煩惱なり。一に我痴、二に我見、三に我慢、四に我愛なり。【唯識論四】

六大煩惱 【名數】 一に貪煩惱、染着するを性となし、苦を生ずるを業とす。二に瞋煩惱、憎恚するを性となし、不安と惡行との所依たるを業とす。三に痴煩惱、諸の理事に於て迷闇なるを性とし一切諸惑の所依たるを業とす。四に慢煩惱、己を恃み他に於て高擧するを性となし苦を生ずるを業とす。五に疑煩惱、諸の諦理に於て猶豫するを性となし能く信心を障ぐるを業とす。六に惡見煩惱、顚倒に推求する惡慧を性とし能く善見を障げて苦を生ずるを業とす。此惡見の中に五種あり。一に身見、實我を固執するなり、二に邊見、我の斷常を偏執するなり、三に邪見、因果の理を撥無するなり。四に見取見、自己の惡見を固執するなり、五に戒禁見、非理の戒禁を固執するなり。因て之を合すれば六煩惱、之を開けば十煩惱なり。是れ諸惑の中の根本にして餘惑は之を體となし所依となして生ずれば之を本惑とも根本煩惱とも名くるなり。台家は之を利鈍の二使に分て前五煩惱を五鈍使、後五惡見を五利使と稱す。【唯識論六、百法問答鈔一】

十煩惱 【名數】 六煩惱の中の惡見の一を開て身見、邊見、邪見、取見、戒禁取見の五見となし以て十煩惱とす、されば六煩惱十煩惱は開合の不同なり。

ボンノウカ 煩惱河 【譬喩】 煩惱能く三界の人天を漂沒すれば河に譬ふ。【藥師經】に「破二煩惱殼一。竭二煩惱河一。」【涅槃經德王品】に「煩惱大河乃能漂三沒三界人天一。世間大河運三動手足一則到二彼岸一。煩惱大河唯有二菩薩一因二六波羅蜜一乃能得度。」

ボンノウカイ 煩惱海 【譬喩】 衆生の煩惱深廣なり之を海に譬ふ。【華嚴經二】に「衆生沒三在煩惱海一。愚痴見濁甚可レ怖。」【大堅固波羅門緣起經下】に「諸煩惱海塞二其源一。得レ生二寂靜梵天界一。」

ボンノウゲ 煩惱碍 【術語】 二碍の一。見思の煩惱心神を惱亂し以て法性の涅槃を障碍するもの、即ち二障の中の煩惱障なり。

ボンノウゴフク 煩惱業苦 【術語】 又、惑業苦と云ふ、貪瞋無明の煩惱に依て善惡の業を造り、善惡の業に依て三界の苦樂を感じ、又此苦果の身に依て煩惱を起し業を造る。是の如く三法輪轉して遊履すれば之を三輪とも三道とも云ふ。

ボンノウザウ 煩惱藏 【術語】 五住地の煩惱能く一切の煩惱を含攝すれば藏と名け、又能く如來の法身を藏すれば藏と名く。【勝鬘經】に「不思議空智斷二一切煩惱藏一。」又「若於二無量煩惱藏所一纏如來藏一

不二疑惑一者。於下出二無量煩惱藏一法身上亦無二疑惑一。」【同寳窟下本】に「四住及無明。攝二一切煩惱一皆在二其內一。故名爲レ藏。又此惑能藏二如來法身一。故名爲レ藏。」

ボンノウザフゼン　煩惱雜染　〔術語〕三雜染の一。見思の諸煩惱能く衆生の心識を染汚して不清淨ならしむるを云ふ。

ボンノウシフ　煩惱習　〔術語〕煩惱の習氣なり、已に煩惱を斷ずれども猶其の殘氣ありて如法ならざるもの、難陀の如き婬欲の習の故に阿羅漢を得るも男女大衆の中に於て坐するに眼先づ女衆を視て與に高語說法す。舍利弗の如き瞋習の故に佛の舍利弗不淨食を食ふと言ふを聞て即ち食を吐て復た請を受けず。【智度論二十七】に「煩惱習者。名二煩惱殘氣一。若身業口業不レ隨二智慧一。似下從二煩惱一起上。」

ボンノウシヤウ　煩惱障　〔術語〕二障の一、所知障に對す。百二十八の根本煩惱及び隨煩惱、有情の身心を惱亂して能く涅槃を障るが故に煩惱障と名く。【佛地論七】に「惱二亂身心一。令レ不二寂靜一。名二煩惱障。」【唯識論九】に「煩惱障者。謂執二遍計所執實我一。薩迦耶見而爲二上首一。百二十八根本煩惱。及彼等流諸隨煩惱。此皆擾二惱有情身心一。能障二涅槃一。名二煩惱障一。」図三障の一、業障報障に對す。貪瞋等の煩惱數數起て聖道を障碍するを煩惱障と名く。【涅槃經十一】に「煩惱障者。貪欲瞋恚愚痴。乃至常爲二欲覺恚覺害覺之所二覆蓋一。是名二煩惱障一。」【倶舍論十七】に「煩惱有レ二。一者數行。謂恒起煩惱。二者猛利。謂上品煩惱。應レ知此中唯數行者名二煩惱障一。」

ボンノウシン　煩惱薪　〔譬喩〕煩惱は智慧の火に燒かるれば以て薪に譬ふ。【無量壽經下】に「猶如二火王一。燒二滅一切煩惱薪一故。」

ボンノウソクボダイ　煩惱即菩提　〔術語〕【止觀一】に「無明塵勞即是菩提無二集可一レ斷。乃至生死即涅槃無二滅可一レ證。」又「生死即涅槃是名二苦諦一。乃至煩惱亦即是菩提是名二集諦一。」此煩惱即菩提生死即涅槃の義は大乘至極の談にして教門の淺深に依て其の歸趣を異にす。「ソク」を參照せよ。【法華玄義九】に「體二生死一即涅槃一名爲レ定。達二煩惱即菩提一名爲レ慧。」【十不二門指要鈔上】に「若離二三道一即無二三德一。如二煩惱即菩提生死即涅槃一。」【敎觀大綱見聞】に「密教には愛染明王は煩惱即菩提を表し、不動明王は生死即涅槃を表すと云ひ、顯教には龍女は煩惱即菩提を表し、提婆は生死即涅槃を表すと云ふ。」⦿（秋の夜長物語）「人ありて人間の八苦をみて穢土をいとふ時は、煩惱即ち菩提となる」

ボンノウゾク　煩惱賊　〔術語〕煩惱能く慧命を損じ法身を傷すれば名けて賊と云ふ。【大般涅槃經下】に「我等既去二無上法王一。煩惱之賊日見二侵害一。」【維摩經菩薩行品】に「以二智慧劍一破二煩惱賊一。」【觀無量壽經】に「未來世一切衆生爲二煩惱賊之所一レ害。」【同天台疏中】に「煩惱賊者。此能損二慧命一傷二法身一。故名爲レ賊也。」

ボンノウダウ　煩惱道　〔術語〕三道の一。道は通の義、煩惱は苦より來り煩惱能く業を生ずれば名けて道と云ふ。

ボンノウヂヨク　煩惱濁　〔術語〕五濁ノ一、「ゴヂヨク」を見よ。

ボンノウヂン　煩惱陣　〔譬喩〕煩惱四面より群起して身心を攻擊すれば名けて陣と云ふ。【止觀五】に「此金剛觀割二煩惱陣一。此牢强足越二生死野一。」

ボンノウデイ　煩惱泥　〔譬喩〕煩惱能く菩提の華を生ずれば名て泥と云ふ。泥能く蓮を生ずるに類すればなり。【維摩經佛道品】に「譬如下高原陸地不レ生二蓮華一。卑濕游泥乃生中此華上。如レ是見二無爲法一入二正位一者。終不三復能生二於佛法一。煩惱泥中乃有三衆生起二佛法一耳。」

ボンノウヒヨウ　煩惱氷　〔譬喩〕菩提を水に比するに對して煩惱を指して氷と云ふ、煩惱即菩提なると氷と水の如くなれば也。【敎行信證行卷】に「良知如二經言一。煩惱氷解成二菩提水一。」【止觀五】に「無明痴惑本是法性。以二痴迷一故法性變爲二無明一。起二諸顚倒善不善等一。如三寒來結レ水作二堅氷一。又如三眠來變レ心有二種種夢一。」

ボンノウビヤウ　煩惱病　〔譬喩〕煩惱の心を惱ますと病の身に於る如くなれば名て病と云ふ。【敎行信證行卷】に「如二善見藥王一。能破二一切煩惱病一故。」

ボンノウフタイ　煩惱不退　〔術語〕五不退の一。「フタイ」を見よ。

ブンノウボダイタイムニ　煩惱菩提體無二　〔術語〕煩惱の法體も菩提の法體も本來一にして二なしとの意にして煩惱即菩提に同じ。

ボンノウマ　煩惱魔　〔術語〕四魔の一、煩惱能く身心を惱亂して菩提を障碍すれば名けて魔と云ふ。

ボンノウマウ　煩惱網　〔譬喩〕煩惱能く衆生を羅籠すれば名て網と云ふ。【金光明經一】に「以二知慧刀一裂二煩惱網一。」

ボンノウムヘンセイグワンダン　煩惱無邊誓願斷　〔術語〕四弘誓願の一。無邊の煩惱を斷じ盡さんと誓願するなり。

ボンノウヨ　煩惱餘　〔術語〕三餘の一。二乘の人三界內の見思の惑を斷じ盡すも猶界外無明の惑あるを煩惱餘と云ふ。

ボンノウリン　煩惱林　〔譬喩〕煩惱の繁茂するを樹木に譬へて林と云ふ。【往生論註下】に「示應化身。廻入生死園煩惱林中。遊戲神通。」

ボンバイ　梵唄　〔儀式〕法會の聲明なり。唄は唄匿の略。又婆陟、婆師に作る。音韻屈曲昇降して能く曲に契ふ、諷詠の聲なり。是れ梵土の法曲なれば梵唄とも唄匿とも單に唄とも云ふなり。止斷止息又は讃嘆と翻す、法事の初に之を唱ふれば以て外緣を止斷し內心を止息して方に法事を作すに堪ゆ、又其の偈頌多く佛德を讃ずるものなれば讃嘆と云ふ。【行事鈔上四】に「說戒者坐已。維那打靜。小者供養。梵唄作之。若準律文唄匿如法。出要律儀云。此鬱鞞國語。翻爲止斷也。又云止息。由此外緣已止已斷。爾時寂靜。任爲法事也。」【法華玄贊四】に「婆陟此云讃嘆。唄匿訛也。」【楞嚴經六】に「梵唄詠歌。」【梁僧傳十三經師篇論】に「然天竺方俗。凡是歌詠法言。皆稱爲唄。至於此土詠經則稱爲轉讀。歌讚則號爲梵唄。昔諸天讚唄皆以韻入絃綰。五衆既與俗違。故宜以聲曲爲妙。原夫梵唄之起亦肇自陳思。乃至其後居士支謙亦傳梵唄三契。皆湮沒不存。世有共議一章。恐或謙之餘則也。唯康僧會所造泥洹梵唄于今尙傳。即敬謁一契。文出雙卷泥洹。故曰泥洹唄也。」「バイ」を見よ。

初中後三唄　〔儀式〕梵唄に三節あり。初唄を單に梵唄と云ふ。之に如來唄と云何唄とありて、顯行の法事には如來唄を用ひ、密行の法事には云何唄を用ふ。如來唄は「如來妙色身。世間無與等。無比不思議。是故我歸敬。」云何唄は「云何得長壽。金剛不壞身。復以何因緣。得大堅固力。」中唄は「如來色無盡。智慧亦復然。一切法常住。是故我歸依。」後唄は「處世界如虛空。如蓮華不着水。心清淨超於彼。稽首禮無上尊。」【二中歷三】

ボンハウ　梵放　〔術語〕梵唄の異名。放は梵唄の聲を放ち擧ぐる義なり。【象器箋十三】「ン」を見よ。

ボンバツ　梵罰　〔術語〕梵壇の治罰なり。「ボンダン」を見よ。

ボンフク　梵福　〔術語〕二福の一。大梵天の福德なり。【增一阿含經二十一】に「全閻浮提洲と輪王とを總べて王一人の福に如かず。全閻浮大洲人の福は輪王一人の福に如かず、前の二大洲を總べて東西瞿耶尼一人の福に如かず、前の三大洲を總て北鬱單越一人の福に如かず、前の四大洲を總べて四天王の福に如かず、此の如く次第して欲界の六天及び色界初禪の梵天梵輔天に至り、前の人天及び梵輔天の福を總べて大梵天王に如かざるなり。」

四梵福　〔名數〕同經中四種の梵福を說く。一に塔なき處に塔を作るなり、二に塔壞せば之を治するなり。三に聖衆と和合せしむるなり、四に如來成道の時に轉法輪を請ふなり。【俱舍論十八】に「一に如來の駄都舍利を供養せん爲に窣堵波を未曾處に建つ。二に四方の僧伽を供養せん爲に寺を造り園を施し四事供養す。三に佛弟子の破乖せしを能く和合せしむ。四に一切有情に於て慈悲喜捨の四無量を修す。」

ボンフク　凡福　〔術語〕人天の福德を三乘聖果の福德に對して凡福と云ふ。【盂蘭盆經疏上】に「小行人天凡福。」

ボンフク　梵服　〔雜名〕袈裟の異名。梵天の服又梵行者の服なれば名けて梵服と云ふ。【業疏四】に「諸色界天行梵行故皆服斯服。本非人服。知何名目。又以衣爲梵服行四無量。」

ボンフロ　梵富樓　〔界名〕Brahmapurohita 色界初禪第二天の名。即ち梵輔天なり。【玄應音義十八】に「梵富樓初禪第二天也。此云梵前益天。在梵前恒思梵天利益。因以名也。舊言梵先行天。亦言梵輔天也。」

ボンブ　凡夫　〔術語〕梵語、波羅。舊に凡夫、新に異生。聖者に對する稱。些の斷惑證理なき者を云ふ凡は常なり、又非一なり、凡常にして其の遮類多きが故に凡夫と云ふ。【梵網經上】に「我已百阿僧祇劫。修行心地。以之爲因。初捨凡夫。成等正覺。號爲盧舍那。」【法華經】に「凡夫淺識。深著五欲。」【大威德陀羅尼經】に「於生死迷惑流轉。住不正道。故名凡夫。」【佛性論】に「凡夫以身見爲性。」【止觀一】に「凡者常也。亦非一也。席品多故。」【大日經疏一】に「凡夫者。正譯應云異生。」◉〈保元〉「八郎御曹司の矢御覽候へぼんぶの行爲とも覺え候はず」

ボンブシヤウ　凡夫性　〔術語〕新に異生性と云ふ。有爲法の中に一の非色非心の法ありて未だ斷ぜざる以來は諸の衆生をして悉く凡夫ならしむ、之を凡夫性と名く。【大乘義章一】

ボンホテン　梵輔天　〔界名〕色界の初禪に三天あり、第二を梵輔天と名く、大梵天の輔相なり。【俱舍頌疏世品一】に「二名梵輔天。衛侍梵王爲臣輔翼故。」

ボンホフ　梵法　〔術語〕梵壇の法なり。「ボンダ」「ン」を見よ。

ボンポン　梵本　〔雜語〕梵經の未だ譯せざるもの。梵語の經典なり。

ボンマ　梵魔　〔天名〕梵は色界初禪の天主即ち梵王なり。以て色界の諸天を代表す。魔は欲界第六天の主即ち他化自在天なり。以て欲界の諸天を代表す。

【法華經序品】に「梵魔沙門波羅門。」「ボンテンワウ」を見よ。

ボンマ 梵摩 [術語] Brahman「ボン」を見よ。

ボンマウカイ 梵網戒 [術語] 梵網經所說の十重禁四十八輕戒なり。

ボンマウカイシヨ 梵網戒疏 [書名] 天台の說、菩薩戒經義疏を指す。

ボンマウカイホン 梵網戒品 [書名] 梵網經の異名なり。今の梵網經は梵網經中の菩薩心地戒品の一品なれば梵網戒品と云ふ。

ボンマウカイホン 梵網戒本 [書名] 梵網經の下卷を指して梵網戒本と云ひ、又菩薩戒經と云ふ。此中正しく十重四十八輕の戒法を說けばなり。

ボンマウキヤウ 梵網經 [經名] 梵網經盧舍那佛說菩薩心地戒品第十の略稱。もと梵網經は華嚴經と同部にして、悉く之を翻せば百二十卷六十一品あり、然るに羅什三藏長安に於て諸經論を譯し、最後に於て經中專ら菩薩の行地を明かせる菩薩心地戒品第十の一品を翻出す、此の時道融道顯等三百餘人即ち菩薩戒を受け各此を誦し、且つ此品八十一部を寫して世に流通す。【僧肇梵網經序】之を梵網と名くるは譬に從ふなり、大梵天王の因陀羅網の重重交徹して相ひ障閡せざる如く、諸佛の敎門亦重重無盡法身を莊嚴して障閡する所なし、一部所詮の法門重重無盡なると梵王の網の如きに譬ふるなり。【菩薩戒經疏上】に「此經題名二梵網一。上卷文言。佛觀三大梵天王因陀羅網千重文綵不二相障閡一。爲說三無量世界猶如二網目一。一一世間不同。法佛敎門亦復如レ是。莊二嚴梵身一無レ所二障閡一。從レ譬立レ名。總喩下一部所詮參差不同如中梵王網上也。」佛第四禪に在て說法する時大梵天王網羅幢を供せしに因て取て所說の法を之に譬へしなり。【順正記二】一品上下に分ち上品は釋迦佛第四禪天に於て普く大衆を接して蓮華藏世界の紫金剛光明宮中に歸せしめ、臺上の盧舍那佛に菩薩の行因を請門す、佛千百の釋迦に對して廣く十住等三十心及び十地の法門を說く。下品は釋迦佛蓮華藏世界より沒して十處に於て成佛說法を示現せし後、娑婆世界閻浮提の菩提樹下に於て十重四十八輕の戒法を結示す。因て此下品を指して菩薩戒經と稱す。【列帙一】(1087)⊙(平治)「委しくは梵網經に見えたり」梵 Brahmajāla

ボンマウシユウ 梵網宗 [流派] 又、大乘律宗と云ふ。是れ傳敎大師が南都の四分律宗に對し梵網戒品を所依として之を立て法華開會の意に依て純大菩薩に授くる圓頓戒なり。大師の顯戒論及び光定の一心戒文に詳に之を論ず、遂に叡山に圓頓戒壇を建て以て圓頓戒を傳授するに至る、是れ北嶺四箇傳法の一にして別に圓戒相承の脈譜あり、其より天台宗のみならず、禪宗淨家及び日蓮宗に至るまで皆此梵網宗に據る。【天台學則下】に「法然上人初學鈔の中に大乘律宗傳敎大師所レ立也と筆錄して諸宗の列に擧げ置かれたり、千光聖一道元等の諸名德も亦此の大乘律宗圓頓の具戒の人にてありし事は其の撰述を讀で自ら識るべきなり。」

ボンマウセンボフ 梵網懺法 [書名] 梵網經懺悔行法の略名。明の智旭撰。

ボンマウロクジフニケンキヤウ 梵網六十二見經 [經名] 一卷、吳の支謙譯。長阿含經中梵動經と同本。六十二の邪見參差交叉すると梵天の羅網の如くなれば梵網と名く。【昃帙十】(554)

ボンマサンハ 梵摩三鉢 [天名] Brahma-sahāṃ-pati 梵天の名。【玄應音義三】に「梵摩三鉢天。此應二天王名一也。新道行經云二梵天王一也。」

ボンマテン 梵摩天 [天名] 梵天の具名なり。

ボンマナンコクワウキヤウ 梵摩難國王經 [經名] 一卷、失譯。時に國王あり梵摩難と名く、其子均隣儒出家して證果す、因て父に勸めて佛を供養せしむ、衆僧飯に臨む時に當て、佛阿難に勅して偈䟦を說かしむ。【宿帙七】(760)

ボンマニ 梵摩尼 [物名] 寶珠の名。譯、淨珠。又、大梵天王の如意寶珠なり。【彌勒上生經疏下】に「梵摩尼者謂淨摩尼也。或大梵王如意珠也。」【名義集三】に「摩尼。應法師云。正云二末尼一。即珠之總名也。此云二離垢一。或加二梵字一顯二其淨一也。」Brahma-maṇi

ボンマユキヤウ 梵摩渝經 [經名] 一卷、吳の支謙譯。中阿含の梵摩經なり。梵摩渝は婆羅門の名なり。佛の三十二相を觀じて信心歸依し那含果を證す。【昃帙八】(608)

ボンマラ 梵摩羅 [天名] Brahman 略して梵摩とも梵とも云ふ。即ち梵天なり。【千手經】に「與二無量梵摩羅天一俱。」或は梵天と魔羅王とを合せしものか。

ボンランマ 梵覽摩 [天名] Brahman 梵の具名、一に梵覽摩と云ふ。「ボン」を見よ。

ボンリヨ 凡慮 [術語] 凡夫の思慮なり。

ボンリン 梵輪 [術語] 法輪の異名なり、佛の說法清淨なる故に梵輪と名く。又佛の四梵行心(四無量心を云ふ)の說なる故に梵輪と名く。又佛初成道の時梵天王來て轉法輪を請ずる故に梵輪と名く。又世人梵天を貴べば彼に隨順して梵輪と名く。又佛は眞梵なり眞梵の所說なれば梵輪と名く。【智度論八】に「佛轉法輪。或名二法輪一。或名二梵輪一。」【同二十五】に「梵輪者清淨

故名レ梵。乃至復次梵名レ廣。佛轉法輪十方無レ不レ遍故名レ度。復次四梵行心說故名二梵輪一。復次佛初成道時梵天王請二轉法輪一故名二梵輪一。復次有レ人貴二梵天一欲レ令二歡喜一故名二梵輪一。」【俱舍論二十四】に「以三能遣二除諸煩惱一故。即此復說名爲二梵輪一。是眞梵王力所轉故。佛與二無上梵德一相應。是故世尊獨應レ名レ梵。由下契經說レ佛亦名レ梵。亦名二寂靜一。亦名中清涼上。」

梵輪法輪同異 〔術語〕【智度論二十五】に「問曰。佛或時名二法輪一。或時名二梵輪一。有二何等異一。答曰。說二梵輪法輪一無レ異。復次有人言。說二梵輪一者現二四無量心一。說二法輪一者示二四諦法一。復次梵輪因二四無量心一得レ道。是名二梵輪一。依二餘法一得レ道。是名二法輪一。梵輪示二四禪一。法輪示二三十七品一。梵輪示二修禪定聖道一。法輪示二修智慧聖道一。」但し強て差別する要なし

ボンロウ　煩籠 〔雜語〕煩惱の樊籠なり。【梁武達磨牌】に「永注二禪河一滌二煩籠一。」

ボンワウ　梵王 〔天名〕大梵天王の異稱なり。又、色界の諸天を總稱す。【法華經方便品】に「諸梵王及諸天帝釋。」【毘奈耶雜事二十】に「梵王捧レ傘。天帝持レ拂。」「ダイボンテンワウ」を見よ。

ボンワウグウ　梵王宮 〔雜名〕大梵天王の宮殿なり。【觀無量壽經】に「有二五百億妙華宮殿一。如二梵王宮一。」

ボンヱ　盆會 〔行事〕盂蘭盆會の略稱。

ボンヲン　梵苑 〔雜名〕寺院の別名なり。清淨の依處なれば梵苑と名け、又淨行者の住處なれば梵苑と名く。

ま

マ　莽 〔術語〕मMa 又麼、摩、磨、悉曇の體文三十五字の中唇聲の第五なり。【金剛頂經】に「莽字門一切法吾我不可得故。」はMamata(我)より釋し、【文殊問經】に「稱二莽字門一時。是息二憍慢一聲。」【大莊嚴經】に「唱二摩字一時。出下銷二滅一切憍慢一聲上。」は Mada-māna より釋す。【智度論】に「若聞二磨字一。即知二一切法離二我所一。磨磨迦羅(Mamakāra)秦言二我所一。」【華嚴經】に「唱二麼字一時。入二般若波羅蜜門一。」【大日經九】に「莽無也。」【同十】に「莽空也。」

マ　魔 〔術語〕梵語、摩羅 Māra の略。能奪命、障礙、擾亂、破壞など譯す。人命を害し、人の善事を障礙するもの、欲界の第六天主を魔王とし、其の眷屬を魔民魔人とす、舊譯の經論、もと磨に作りしを、梁武より魔字に改めしと云ふ。【婆沙論四十二】に「問曰、何故名レ魔。答曰。斷二慧命一故名レ魔。復次常行二放逸一害二自身一故名レ魔。」【智度論五】に「除二諸法實相一。餘殘一切法。盡名爲レ魔。乃至問曰。何以名レ魔。答曰。奪二慧命一。壞二道法功德善本一。是故名爲レ魔。」【智度論六十八】に「魔秦言二能奪命者一。唯死魔實能奪レ命。餘者亦能作二奪命因緣一。亦奪二智慧命一。是故名二殺者一。」【義林章六本】に「梵云二魔羅一。此云二擾亂障礙破壞一。擾二亂身心一障二礙善法一破二壞勝事一。故名二魔羅一。此略云レ魔。」【玄應音義二十一】に「魔莫何反。書無二此字一。譯人義作。梵云二魔羅一。此翻名レ障。能爲二修道一作二障礙一故。亦言二殺者一。常行二放逸一斷二慧命一故。或云二惡者一。多二愛欲一故。」【慧琳音義十二】に「魔羅唐云レ力也。即他化自在天中魔王波旬之異名也。此類鬼神有二大神力一。能與下修二出世法一者上爲二留難事一。名爲二魔羅一。以レ力爲レ名。又略二去羅字一。」

三魔 〔名數〕一に善知識魔、二に三昧魔、三に菩提心魔、是れ華嚴經所說十魔中の後三なり。

四魔 〔名數〕一に煩惱魔、貪等の煩惱能く身心を惱害すれば魔と名く。二に陰魔、又五衆魔と云ひ、新譯に蘊魔と云ふ、色等の五陰能く種種の苦惱を生ずれば魔と名く。三に死魔、死能く人の命根を斷てば魔と名く。四に他化自在天子魔、新譯に自在天魔と云ふ、欲界の第六天即ち他化自在天の魔王能く人の善事を害すれば魔と名く。此中第四を以て魔の本法とし、他の三魔は類從して皆魔と稱す。【智度論五、義林章六本】

八魔 〔名數〕又四魔に無常、無樂、無我、無淨の四を加へて八魔となす。是れ初四は凡夫の魔、後四は二乘の魔なり。【涅槃經二十二】に「八魔者。所謂四魔無常無樂無我無淨。」【法華文句六】に「圓教法身安二處空理一。無二復通別二惑八魔等畏一。故言レ踞二師子床一也。」

十魔 〔名數〕一に蘊魔、色等の五蘊衆惡の淵藪となり、以て正道を障蔽し慧命を害するもの。二に煩惱魔、貪等の煩惱事理に迷惑し、以て正道を障蔽し慧命を害するもの。三に業魔、殺等の惡業正道を障蔽し慧命を害するもの。四に心魔、我慢の心正道を障蔽し慧命を害するもの。五に死魔、人の壽命限あり以て修道を妨げ慧命を害するもの。六に天魔、欲界の第六天主種種の障礙を作して人の修道を害するもの。七に善根魔、自身所得の善

根に執著して更に增修せず、爲に正道を障蔽し慧命を害するもの。八に三昧魔、三昧は禪定なり、自身所得の禪定に就着して昇進を求めず、爲に正道を障蔽し慧命を害するもの。九に善知識魔、法を慳吝して人を開導すると能はず、爲に正道を障蔽し慧命を害するもの。十に菩提法智魔、菩提法に於て智を起し執着し以て正道を障蔽し慧命を害するもの。【華嚴疏鈔二十九】

治魔法 〔修法〕 總じて魔障を治するは或は三歸五戒等を念じ、或は般若經、菩薩戒本等、及び大乘方等經所說の治魔咒を誦すべしと、小止觀、起信疏等に見ゆ。又念佛を以て治すること止觀九之二にあり。擇映の淨土修證儀に云く、十乘の理觀は能く九境の魔事を發す、五蘊生死迷暗の法を以て境と爲すの故に、淨土の事觀は彌陀果人の淸淨の功德を以て境と爲すが故に、永く魔事を絕す、心に邪念なきときは則ち聖境現前し光明發顯す。

マイ 摩夷 〔術語〕 Mātṛka 論藏四名の一。譯行母、本母。論藏は行法を詮顯す、即ち行を生ずる母なれば、行母と名く。又、論藏は理を詮顯す、理は敎の本なれば本と云ひ、彼れ能く敎の本たる理を生ずれば本母と名く。【大乘義章一】に「言二摩夷一者。此名二行母一。辨二詮行法一。能生レ行故名爲二行母一。」【玄應音義一】に「摩夷正言二摩怛理迦一。此云二本母一。理爲二敎本一故以名焉。」

マイサイ 米齋 〔人名〕 食米齋仙人なり。勝論師の異名。【倶舍頌疏一】に「雨衆三德之談、米齋六句之說。」「ベイセシカ」を見よ。

マイス 賣僧 〔雜語〕 禪語、僧にて商賣を爲すもの。【壒囊鈔四】

マイタリ 每怛里 〔菩薩〕 Maitreya 「ミロク」を見よ。

マイタリエイ 昧怛麗曳 〔菩薩〕 同上。〔見よ。

マイタリマナ 每怛利末那 〔雜語〕 Maitrimanas 譯、慈意。【玄應音義六】

マイニチジンデウニフシヨヂヤウ 每日晨朝入諸定 〔雜語〕 覺鑁の【地藏講式】に「每日晨朝入二諸定一。入二諸地獄一令レ離レ苦。無佛世界度二衆生一。今世後世能引導。」【延命地藏經】に「佛告二帝釋一。有二一菩薩一。名曰二延命地藏菩薩一。每日晨朝。入二於諸定一。遊二化六道一。拔レ苦與レ樂。」(此經坊本あり、大藏に入らず僞經とす。)【地藏十輪經一】に「此善男子。於二一一日一。每二晨朝時一。爲レ欲レ成二熟諸有情一故。入二殑河沙等諸定一。」⊙(新古今)「しづかなる曉ごとに見わたせばまだふかき夜の夢ぞ悲しき」

マイレイヤ 米麗耶 〔飮食〕 Maireya 酒の名、「メイレイヤ」を見よ。

マウ 盲 〔雜語〕 盲人なり。

盲問乳 〔譬喩〕 「ニユウジキ」を見よ。

盲摸象 〔譬喩〕 「モザウ」を見よ。

マウウン 妄雲 〔譬喩〕 煩惱の心性を蔽覆するを雲にたとへしなり。

マウエン 妄緣 〔術語〕 緣とは吾身に關する內外の事物なり、此緣體虛妄不實なれば妄緣と云ひ、又此事物我が妄情を起す緣由となれば妄緣と云ふ。

マウカイ 網界 〔術語〕 又、金剛網と云ふ。護摩壇の上界の結界を云ふ。【行法肝要鈔上】

マウキ 盲龜 〔譬喩〕 盲龜浮木に遇ひ難し、以て人身の受け難く佛敎の値ひ難きに譬ふ。「ウキキ」を見よ。⊙(曲、實盛)「盲龜の浮木うどんげの花待ちえたる心地して」

マウキヤウガイ 妄境界 〔術語〕 妄心より現ずる所、虛妄不實の境界を云ふ。一切世間の事物是なり。【占察經下】に「但以二衆生無明癡闇熏習因緣一。現二妄境界一。令レ生二念着一。」

マウグン 妄軍 〔譬喩〕 妄惑我を攻むれば以て軍兵に譬ふ。【往生十因】に「覺王一發。妄軍悉退。」

マウケン 妄見 〔術語〕 虛妄不實の分別なり。我見邊見等是なり。【南本涅槃經八】に「爲レ除二世間諸妄見一故。」【倶舍論九】に「一切妄見皆轉倒攝。」【大乘義章三】に「唯心妄見。故說爲レ妄。」

マウゴ 妄語 〔術語〕 十惡の一。他を欺く意を以て不實の言を作すもの。【智度論十四】に「妄語者。不淨心欲レ誑レ他。覆二隱實一出二異語一生二口業一。是名二妄語一。」【大乘義章七】に「言不レ當レ實。故稱爲レ妄。妄有二所談一。故名二妄語一。」【涅槃經三十八】に「一切惡事。虛妄爲レ本。」⊙(曲、紅葉狩)「ことに飮酒を破りなば、邪婬妄語ももろともに」

マウゴカイ 妄語戒 〔術語〕 五戒十戒の中に妄語戒ありて一切の妄語を禁制す。又具足戒の中には大小の二を分ち、四波羅夷の中に在るを大妄語戒とし、九十單提の中に在るを小妄語戒とす、大妄語とは聖道を得ざるに我は聖道を得たりと說き、或は天龍鬼神の供養を受くるなど、總て過人の法を說くを云ひ、小妄語とは其他の一切不實の言語を云ふ。

マウゴシユモツ 亡五衆物 〔術語〕 死亡せる五衆の遺物なり、比丘、比丘尼、沙彌、沙彌尼、式叉摩那を五衆とす、此五衆の遺物に就て輕重を分ち、三衣等の輕物は之を現在の僧衆に分與し、金銀田園等の重物は之を常住物に歸入するを法とす。【輕重儀、行事鈔下一】

マウゴノジフザイ 妄語十罪 〔名數〕 虛誑語

をなす爲に生ずる十種の禍を云ふ。【智度論】に「如三佛說妄語有二十罪一。何等爲レ十。一口氣臭。二善神遠レ之。非人得レ便。三雖レ有二實語一人不二信受一。四智人謀議常不二參預一。五常被二誹謗一醜惡之聲周聞二天下一。六人所二不敬一。雖レ有二教勅一人不二承用一。七常多二憂愁一。八種二誹謗業因緣一。九身壞命終當墮二地獄一。十若出爲レ人常被二誹謗一。」

マウゴフ　妄業　〔術語〕　虛妄不實の業因なり。【圓覺經】に「有二妄業一故有二流轉一。」

マウゴン　妄言　〔術語〕　妄語に同じ。【無量壽經下】に「妄言綺語。」【普賢行願品】に「妄言麁惡多二離間一。」

マウザウ　妄想　〔術語〕　實に當らざるを妄と云ふ。妄に分別して種種の相を取るを妄想と云ふ。【註維摩三】に「生曰。妄想妄分別之想也。」【大乘義章三本】に「凡夫迷レ實之心。起二諸法相一。執レ相施レ名。依レ名取レ相。所取不實。故曰二妄想一。」【同五末】に「謬執二不眞一名レ之爲レ妄。妄心取レ相目レ之爲レ想。」【楞嚴經一】に「一切衆生。從二無始一來。生死相續。皆由下不レ知二常住眞心性淨明體一。用中諸妄想上此想不レ眞。故有二輪轉一。」【楞伽經四】に「妄想自纒。如二蠶作一レ繭。」【觀無量壽經】に「行者所聞。出定之時。憶持不レ捨。令下與二修多羅一合上。若不レ合者。名爲二妄想一。」【菩提心論】に「夫迷途之法從二妄想一生。乃至展轉成二無量無邊煩惱一。」【止觀七】に「諸法皆妄想。和合故有。」⦿（徒然草）「如幻の生の中に何事をかなさん、すべて所願皆妄想なり」

十二妄想　〔名數〕　一、言說妄想。二、所說事妄想。三、相妄想。四、利妄想。五、自性妄想。六、因果妄想。七、見妄想。八、威妄想。九、生妄想。十、不生妄想。十一、相續妄想。十二、縛不縛妄想なり。【楞伽經二】に詳出。

マウシフ　妄執　〔術語〕　虛妄の執念なり。又虛妄の法に執着するなり、把て離さざるを執と云ふ。【法華經方便品】に「深着二虛妄法一。堅受不レ可レ捨。」【釋門歸敬儀中】に「無始妄習執見。」⦿（著聞集、好色）「實に妄執にもなりぬべきに」

マウシフ　妄習　〔術語〕　妄念妄想の習慣。

マウシヤ　莽娑　〔雜語〕「マシヤ」を見よ。

マウシン　妄心　〔術語〕　妄に分別する心なり。【菩提心論】に「妄心若起。知而勿レ隨。妄若息時。心源空寂。」【起信論】に「一切衆生以レ有二妄心一念念分別。」【楞嚴經十】に「皆是衆生妄心計度。」⦿（徒然草）「所願心にきたらば妄心迷亂すと知りて一事をもなすべからず」

マウシン　妄信　〔術語〕　みだりに信ずること。即「ち誤れる信念なり。

マウジヤ　亡者　〔術語〕　死亡せし人なり。【楞嚴經八】に「亡者神識。飛來乘レ煙。入二無間地獄一。」【隨願往生經】に「願三亡者神使二生二十方無量刹土一。」

マウジヤウ　妄情　〔術語〕　虛妄不實の情識なり。【唯識論一】に「隨二自妄情一種種計度。」【順正理論二十三】に「又彼所說唯率二妄情一。」

マウジンクンジフ　妄心薰習　〔術語〕　四薰習の一。「シクンジフ」を見よ。

マウジンゲンゲンクワン　妄盡還源觀　〔書名〕　一卷、具名、修華嚴奧旨妄盡還源觀と云ふ。華嚴宗、第三祖、賢首の著。華嚴の觀法を修して一心の本源に還歸するを敎ふ。一卷を六頌に分ち、初の三章は圓頓の妙解を說き、後の三章は正しく觀法を明かす。

マウス　帽子　〔物名〕「ヅキン」を見よ。

マウセツ　妄說　〔術語〕　虛妄不實の言說なり。【法華經安樂行品】に「長夜守護不二妄宣說一。」【入阿毘達磨論上】に「劣慧妄說闇。翳二蔽牟尼言一。」

マウゼン　妄染　〔術語〕　妄は虛妄不實の義、染は染汚不淨の義。一切生死の法に名く。【起信論】に「過恒沙等妄染之義。」

マウソウ　盲僧　〔雜語〕「チジンマウソウ」を見よ。

マウチ　亡智　〔術語〕　事理の頓法を亡するの智なり。【十不二門】に「祇由二亡智親疏一致レ使三迷成二厚薄一。」【同指要鈔】に「言二亡智一者事理頓亡之智。」

マウヂン　妄塵　〔術語〕　妄は虛妄、塵は塵坌なり、一切世間の事物は體性虛妄にして且つ聖道を汚がすと塵坌の如くなれば妄塵と名く。【楞嚴經七】に「生滅二種妄塵。」

マウネン　妄念　〔術語〕　虛妄の心念なり、凡夫の六塵の境界に貪着する心を云ふ。⦿（太平記二〇）「多生廣劫までの妄念となりぬと覺え候」

マウハ　盲跛　〔雜語〕　師慧解なき、盲人の如く、弟子行業なを跛者の如きを云ふ。【止觀五】に「自非二法器一。復闕レ匠レ他。盲跛師徒二俱隨落。瞽蹶夜遊甚可二怜愍一。」

マウフウ　妄風　〔譬喩〕　妄念の鼓動するを風に譬ふ。【性靈集八】に「一念妄風鼓二波濤一。」

マウフンベツ　妄分別　〔術語〕　眞如平等無差別一如なるを知らず、徒らに無明に驅られて善惡美醜等の差別妄見を起すを云ふ。

マウマウロクダウ　忙忙六道　〔術語〕【往生禮讚】に「人間忩忩營二衆務一。不レ覺二年命日夜去一。如二燈風中滅無レ期。忙忙六道無二定趣一。」⦿（續拾遺）「六

の道あるじ定めぬ物ゆへに、たれ古郷といひはじめけん」【寶積經五十八】に「具ニ足正見一斷ニ於妄念一」【起信論】に「一切諸法唯依ニ妄念一而有ニ差別一」【宗鏡錄五】に「復禮問ニ天下學士一偈。眞法性本淨。妄念何由起。」

マウミヤウ 盲冥 [術語] 盲昧闇冥にして理を見るの明なきなり。【智度論四十】に「舍利弗說。我師不レ出者。我等永爲ニ盲冥一」

マウモク 網目 [譬喩] 網の細目なり。天台の判敎に頓漸秘密不定の化儀の四敎を大綱に比し、藏通別圓の化法の四敎を網目に比す。【法華玄義十】に「法門網目。」【同文句記一】に「頓等是此宗判敎之大綱。藏等是一家釋義之網目。」

マウリユウ 盲龍 [本生] 一の盲龍あり、頗羅機梨奢と名く、聲を擧げて大に哭して言く、大聖世尊願くは我を救濟せよ、我今身中に大苦惱を受く、日夜常に種種の諸患の爲に唼食せられ、熱水の中に居て暫も樂なしと。佛言く、汝過去世に佛法の中に於て比丘となり、禁戒を毀破し、外に善相を現して廣く眷屬を貪り、名聲四方に達して供養を受く。惡業の因緣今この盲報を受くと。」【大集經濟龍品、淨心誡觀】

マウリユウキヤウ 盲龍經 [經名] 大集經濟龍品に盲龍を救濟するとを說く、盲龍經と名く。

マエン 魔緣 [術語] 魔とは欲界の第六天主、常に人の善事を妨害するもの。魔王人を惑亂して種種の妨害を作すを魔緣と云ふ。⊙(平家一)「衆徒の亂惡を致すは魔緣の所行なり」

マカ 魔下 [雜語] 「マキン」を見よ。

マカ 摩訶 [雜語] Mahā 又、莫訶、摩醯。譯、大、多、勝。【智度論三】に「摩訶。秦言ニ大或多或勝一」【仁王經儀軌】に「摩賀。」【寄歸傳】に「莫訶。」禪家に摩訶(モコ)の目あり「モコ」を見よ。

マカ 摩迦 [植物] 草の名。【玄應音義二十二】に「摩迦。亦言ニ摩魯迦一。舊經中作ニ摩樓迦一。此亦藤類。蔓生纒ニ遶樹一至レ死者也。」【慧琳音義二十六】に「摩婁伽子。此云ニ遊子藤一也。」梵 Maruka*

マカイ 魔界 [界名] 又、魔道と云ふ。惡魔の境界なり。【智度論五】に「奪ニ慧命一壞ニ道法功德善本一。是故名爲レ魔。」【止觀五】に「首楞嚴云。魔界如。佛界如。一如無ニ二如一」「マブツ」を見よ。⊙(鴉鷺合戰九)「佛界二界共に離別の恨をいだく」

マカイ 魔戒 [術語] 比丘名聞利養を求むるが爲に戒を持するを魔戒とす。【止觀八】に「久遠劫來爲レ魔所レ使。起ニ於魔檀一爲ニ有報一故。持ニ於魔戒一邀ニ利養一故。」

マカインダラ 摩訶因陀羅 [人名] Mahendra 王子の名。西域記に摩醯因陀羅に作る。「マケインダラ」を見よ。

マカエン 摩訶衍 [術語] 具に摩訶衍那 Mahāyāna 譯、大乘。聲聞緣覺二乘の敎法を小乘とし、菩薩の敎法を大乘とす。【慧苑音義上】に「摩訶衍。具云ニ摩訶衍那一。言ニ摩訶一者此云レ大也。衍那者云レ乘也。」【勝鬘經】に「摩訶衍者。出ニ生一切聲聞緣覺世間出世間善法一」【起信論】に「摩訶衍者。總說有ニ二種一。一者法二者義。」【智度論百】に「摩訶衍是大乘法。」

マカエンキヤウ 摩訶衍經 [經名] 諸の大乘法を明かす經典の通名なり。華嚴法華等是なり。【智度論三】に「諸摩訶衍經。多在ニ耆闍崛中一說。」

マカエンケ 摩訶衍化 [術語] 大乘法を以て國を治むるなり。【金光明經上】に「舍衛國主波斯匿王。名曰ニ月光一。德行ニ十地六度三十七品四不壞淨一。行ニ摩訶衍化一。」

マカエンザウ 摩訶衍藏 [術語] 二藏の一。小乘の經典を三藏と云ふに對して大乘の經典を單に摩訶衍藏と云ふ。【智度論百】に「佛口所說。以ニ文字語言一分爲ニ二種一。三藏是聲聞法。摩訶衍是大乘法。」

マカエンシヤク 莫訶衍磧 [地名] 蒙古の大砂漠なり。【慈恩傳一】に「莫訶衍磧。長八百餘里。古曰ニ沙河一。上無ニ飛鳥一。下無ニ走獸一。復無ニ水草一。」

マカエンソウガラン 摩訶衍僧伽藍 [寺名] Mahāyāna-saṅghārāma 摩訶衍大乘と譯し、僧伽藍衆園と譯す、即ち大乘寺なり。【法顯傳】に「於ニ阿育塔邊一造ニ摩訶衍僧伽藍一甚嚴麗。」

マカエンナ 摩訶衍那 [術語] 譯、大乘。「マカエン」を見よ。

マカエンロン 摩訶衍論 [書名] 起信論の異名。

マカカセフ 摩訶迦葉 [人名] Mahākāśyapa 具に摩訶迦葉波と云ふ。摩訶は大と釋し、迦葉波は龜又は飲光と譯す、婆羅門種の一姓なり。名は畢波羅、Pippala 彼が父母畢波羅樹の神に禱りて得たる子なれば畢波羅と名く。大富長者の子にして能く大財と大姓を捨て、頭陀の大行を修して大人に識らる、故に大の名を標して餘の十力、優樓頻羅等の迦葉姓に簡ぶ。【法華光宅疏一】に「摩訶言レ大。迦葉是姓。此翻爲レ龜也。所ニ以呼爲ニ大者。異ニ于三小迦葉一故呼ニ此人一爲レ大也。」【法華文句一】に「摩訶迦葉。此翻ニ大龜氏一。其先代學レ道。靈龜負ニ仙圖一而應。從レ德命レ族。故言ニ龜氏一。眞諦三藏翻ニ光波一。古仙人。身光炎踊。能映ニ餘光一使レ不レ現。故言ニ光波一。亦云ニ飲光一。迦葉身光亦能映レ物。名ニ畢波羅一。乃至畢波羅樹也。父母禱ニ樹

神に求得此子。以樹名之。」【法華嘉祥疏一】に「摩訶迦葉者。文殊問經翻爲大龜。摩伽陀國之大姓也。從姓立名。別名必波羅者。在必波羅樹下生。故名必波羅童子。乃至十八部論疏云。具足應云迦葉波。迦葉此云光。波此云飲。合而言之故云飲光。飲光是其姓。上古有仙人名爲飲光。以此仙人身有光明。能飲諸光令不復現。今此迦葉是飲光仙人種。即以飲光爲姓。從姓立名稱飲光也。又此羅漢亦自有飲光事。」

頭陀第一 〔故事〕 十大弟子の中に迦葉を以て頭陀行第一とす。【增一阿含經三】に「十二頭陀難得之行所謂大迦葉比丘是。」【法華文句一】に「增一阿含佛法中行十二頭陀難行苦行。大迦葉第一。」

佛分半座迦葉 〔傳說〕 佛三乘の解脫同一なるを示さん爲に半座を迦葉に分て坐せしむ。【華手經一】に「爾時長老摩訶迦葉在韋提訶山帝釋石室。五百比丘俱止其中。皆行頭陀乞食納衣。受常坐法隨敷樹下。少欲知足樂遠離行。時大迦葉以佛神力於彼石室忽然不現。現於竹園行詣佛所。乃至世尊遙命之曰。善來迦葉。久乃相見。汝當就此如來半座。佛移身時。大千世界六種震動。」【付法藏傳一】に「爾時迦葉披糞掃衣。來詣佛所。稽首禮敬。合掌而立。白佛而言。世尊我今歸依無上清涼。願哀納受聽在末次。世尊歎曰。善來迦葉。即分半座命令就座。迦葉白佛。我是如來末行弟子。顧命分座。不敢順旨。是時衆會咸生疑曰。此老沙門有何異德。乃今天尊分座命之。此人殊勝唯佛知耳。於是如來知衆心念。欲決所說。即宣迦葉大行淵廣。」

迦葉衣十萬兩 〔傳說〕【智度論二十六】に「佛初成道時。知迦葉衣應佛所著。迦葉衣價直十萬兩金。次後者域上佛染摩根羯籤衣。價亦直十萬兩金。佛勅阿難。持此衣去。割裁作僧伽梨作已佛受著。」⦿（榮花）に「迦葉尊者の室にも未だあらざる臥具」臥具は袈裟の異名

迦葉起舞 〔傳說〕「香山の大樹緊那羅琴を鼓す、頭陀第一の迦葉も坐に堪えず起ちて舞ひしと云ふ。」⦿（源氏）「さかしらだつ聖迦葉もさればや立ちて舞ひ侍りけん」「キンナラ」を見よ。

迦葉破顏微笑 〔傳說〕 世尊靈鷲山に在り、一日天華を拈して衆に示す、百萬の人天其の意を會せず、迦葉獨り破顏微笑す、世尊曰く我に正法眼藏涅槃妙心あり、以て汝に屬すと、是れ禪門一流の所傳なり。「ネンゲミセウ」を見よ。⦿（榮花）「迦葉の口の中よりゑみを含めるおかし」（太平記二四）「爰に摩訶迦葉一人破顏微笑して、拈花瞬目の妙旨を以心心に傳へたり」

迦葉受記 〔傳說〕 迦葉は法華の會座に於て小乘を捨て大乘に歸し、未來成佛の記別を受く。【法華經授記品】に「爾時世尊。說此偈已。告諸大衆。唱如是言。我此弟子摩訶迦葉。於未來世當得奉覲三百萬億諸佛世尊供養恭敬。尊重讚嘆。廣宣諸佛無量大法。於最後身得成爲佛。名曰光明如來。」

無上正法付屬 〔傳說〕【涅槃經二】に諸比丘再三佛の住世を請ふ、佛言く、「汝等不應作爲是語。我今所有無上正法悉以付囑摩訶迦葉。是迦葉者當爲汝等作大依止。」【舍利弗問經】に「我尋涅槃。大迦葉等當共分別。爲比丘比丘尼作大依止。如我不異。迦葉傳付阿難。乃至舍那婆私傳付優波笈多。」

迦葉傳衣彌勒 〔傳說〕 迦葉、釋迦如來より袈裟を受て雞足山に入定し、以て之を彌勒に傳ふ。毘奈耶雜事付法藏傳には糞掃衣とし、西域記には金襴衣とす。【增一阿含經四十四】に「世尊告大迦葉。不應般涅槃。要須彌勒出世。乃至彌勒當取迦葉僧伽梨著之。」【智度論三】に「迦葉即著從佛所得僧伽梨。持衣鉢捉杖。如金翅鳥現上昇虛空。乃至與衣鉢俱作是願言。令我身不壞。彌勒成佛。我骨身還出。以此因緣度衆生。如是思惟已。直入耆闍崛山石頭中。如入軟泥。入已還合。」【毘奈耶雜事四十】に「大迦攝波。欲涅槃住雞足山中。於三峰中敷草而坐。作如是念。我今宜以世尊所授糞掃納衣用覆於身。令身乃至慈氏下生。彼薄伽梵。以我此身示諸弟子及諸大衆。令生厭離。即便入定三峰覆身。猶如密室。不壞而住。」【付法藏傳一】に「迦葉至雞足山。於草敷上跏趺而坐。作是願言。今此身著佛所與糞掃之衣。自持己鉢乃至彌勒。令不朽壞。使彼弟子皆見我身而生厭惡。乃至時彌勒佛。即就迦葉取僧伽梨。時大衆見神力除憍慢心成阿羅漢。」【西域記九】に「如來化緣斯畢。垂將涅槃。告迦葉波曰。我於曠劫勤修苦行。爲諸衆生求無上法。昔所願期今已果滿。我今將欲入大涅槃。以諸法藏囑累于汝。住持宣布勿有失墜。姨母所獻金縷袈裟慈氏成佛留以傳付。」

迦葉結集法藏 〔故事〕 如來入滅の後、迦葉鏡を打て衆を集め、小乘の三藏を結集す。「ケツジフ」を見よ。

迦葉入定 〔傳說〕【摩訶摩耶經下】に「摩訶迦葉於二狼跡山中一入二滅盡定一。」【毘婆沙論百三十五】に「尊者大迦葉波。入二王舍城一最後乞食。食已未レ久登二雞足山一。山有二三峰一。如レ仰二雞足一。尊者入レ中結跏趺坐。」【西域記九】に「屈屈吒播陀山。唐言雞足亦謂二窶盧播陀山一。唐言尊足高巒陗嶮。乃至其後尊者大迦葉波。居レ中寂滅。不二敢指言一。故言二尊足一。」

マカカセフドヒンモキヤウ 摩訶迦葉度貧母經 〔經名〕一卷、劉宋の求那跋陀羅譯。迦葉最貧の老母を度して天に生ぜしむ、天帝釋化して貧人となり、以て迦葉を供養す。【宿帙八】(723)

マカカセンエン 摩訶迦旃延 〔人名〕Mahākātyāyana 佛十大弟子の一。摩訶は大と譯す、尊稱なり、迦旃延、新に迦多衍那と云ふ、姓なり、同姓中に於て最も尊大なれば大迦旃延と云ふ。「カセンエン」を見よ。

マカカタエンナ 摩訶迦多衍那 〔人名〕摩訶「迦旃延の新稱。

マカカラ 摩訶迦羅 〔天名〕Mahākāla 又、莫訶歌羅。譯、大黑。天神の名。「ダイコクテン」を見よ。⦿(太平記二四)「宋朝には、西蕃の帝師とて、摩訶迦羅天の法を修して、朝家の護持を致す眞言師なり」

マカカロナ 摩訶迦樓那 〔雜語〕Mahākaruṇa 譯、大悲。「カルナ」を見よ。

マカキヤラ 摩訶迦羅 〔天名〕Mahākāla 南都の傳にマカカラ、叡山の傳にマカキヤラと讀む。

マカギヨ 摩訶魚 〔動物〕即ち摩竭魚なり。「マカツ」を見よ。

マカギリ 摩訶耆利 〔異類〕Mahāgiri 夜叉の名。譯、大山。【孔雀王呪經上】

マカクチラ 摩訶枸絺羅 〔人名〕Mahākauṣṭhila 新稱、摩訶俱瑟耻羅。羅漢の名。「クシッチラ」を見よ。

マカクチシラ 摩訶俱瑟耻羅 〔人名〕舊稱、摩訶拘絺羅。羅漢の名。「クシッチラ」を見よ。

マカケウドンミ 摩訶憍曇彌 〔人名〕Mahāgautamī 摩訶は尊稱、憍曇彌は喬多摩の女聲、即ち佛の姨母の稱なり。「ケウドンミ」を見よ。

マカコフヒンナ 摩訶劫賓那 〔人名〕又、摩訶劫譬那。Mahākapphina「コフヒンナ」を見よ。

マカサツ 摩訶薩 〔術語〕摩訶薩埵の略。

マカサツタ 摩訶薩埵 〔術語〕舊譯に大心、又は大衆生。新譯に大有情。作佛の大心を有する衆生、即ち菩薩の通稱なり。【智度論五】に「摩訶名レ大。薩埵名二衆生一。或名二勇心一。此人心能爲二大事一。不退不還大勇心故爲二摩訶薩埵一。」【同四十五】に「摩訶秦言レ大。薩埵秦言レ心。或言二衆生一。是衆生於二世間諸衆生中一第一最上故名爲レ大。」【法華嘉祥疏二】に「摩訶薩埵者。摩訶言レ大。十地論云。大有二三種一。願大行大度衆生大。薩埵言二衆生一。則大衆生也。」【法華玄贊二】に「薩埵有情義。」梵 Mahāsattva

摩訶薩埵以身施虎 〔本生〕釋迦如來往昔菩薩の大行を修せし時身を以て餓虎に投ぜり。【金光明經捨身品、賢愚經一】

マカサラシチハテイダイバヒ 摩訶薩羅悉知婆底提婆仳 〔天名〕Mahā-sarasvatī-devī 譯、大辯才天女。【最勝王經慧沼疏五】に「摩訶此云レ大。悉知婆底此云二辯才一。提婆仳此云二天女一。」

マカサンマアラジヤ 摩訶三摩曷羅闍 〔雜語〕譯、大平等王。劫初の民主なり。【名義集三】梵 Mahāsammatarāja

マカサンマタ 摩訶三末多 〔雜語〕Mahāsammata-mahārāja 譯、大等意。即ち大平等王なり。【瑜伽倫記一】に「摩訶三末多。此云二大等意一大衆齊等意樂。共同立以爲二尊者一也。亦名二差摩塞縛彌一。此云二田主一。諸刹帝利種此後也。」

マカサンマンタバダラ 摩賀三漫多跋捺羅 〔菩薩〕Mahā-samantabhadra 譯、大普賢。【仁王護國經道場念誦儀軌】に「摩賀此云レ大也。三漫多此云レ普也。跋捺羅此云レ賢也。」

マカシクワン 摩訶止觀 〔書名〕天台三大部の一。天台大師之を說き、弟子章安之を記す、十卷あり、開て二十卷とす。觀心の事を述ぶ。荊溪大師之を註釋して止觀輔行傳弘決と云ふ、十卷あり。開て四十卷とす。⦿(徒然草)「諸緣をやめよとこそ摩訶止觀にもはべれ」

マカシクワンゴフ 摩訶止觀業 〔術語〕叡山所立二業の一。摩訶止觀所明の四種三昧を修習する行業なり。常には單に止觀業と稱す。「シクワンゴフ」を見よ。

マカシクワンブギヤウデングケツ 摩訶止觀輔行傳弘決 〔書名〕十卷、天台宗六祖荊溪湛然の撰せしもの。三大部の一なる摩訶止觀を註釋したるもの。普通略して、止觀輔行、輔行或は弘決と稱す。

マカシツテイサツタ 摩訶質帝薩埵 〔雜語〕Mahācittasattva 譯、大心衆生。【天台戒疏一】に「天竺梵音。摩訶質帝薩埵。今言二菩薩一。略二其餘字一。譯云二大道心成衆生一。亦云二開大士一。亦大勇心。復云二善美一。隨レ行爲レ名。以二其運心廣普一因レ是立レ號。」

マカシナ 摩訶至那 〔地名〕 Mahācīna 印度の人、漢地を呼で摩訶至那と云ふ。摩訶は大と譯し尊稱なり、至那或は眞丹、震旦など書す、正しく漢地の稱なり。「シナ」を見よ。

マカシナ 摩訶斯那 〔雜語〕 Mahāsena 摩訶は大の義、斯那は軍の義。即ち大軍將なり。【慧琳音義二十六】に「摩訶斯那。此云二大軍將一也。」

マカシヤリバ 摩訶沙利婆 〔雜語〕 Mahāśālivat ＊ 樹の名。【翻梵語九】に「摩訶沙利者大稻。婆者有也。」【善見律第四】

マカセツヅ 摩訶刹頭 〔術語〕 Mahāsattva 餘經に所謂摩訶薩なり。大衆生と譯す。

マカセツヅキヤウ 摩訶刹頭經 〔經名〕 一卷、西秦の聖堅譯。四月八日灌佛の事を説く、經首に摩訶刹頭摩訶薩なり諸天人民長老明聽二の語あるを以て摩訶刹頭經と名く。【宙帙八】

マカソ 摩訶酣 〔人名〕 羅漢の名。譯、大長。【玄應音義十三】に「摩訶。酣側於切。此譯云二大長一也。」

マカソウギ 摩訶僧祇 〔流派〕 Mahāsaṅgha 譯、大衆。結集二部の一。又、律藏五部の一。「ダイシユブ」を見よ。

マカソウギニカヤ 莫訶僧祇尼迦耶 〔流派〕 Mahāsaṅghika-nikāya 譯、大衆部。【寄歸傳一】に「阿離野莫訶僧祇尼迦耶。周云二聖大衆部一。」

マカソウギリツ 摩訶僧祇律 〔經名〕 四十卷、東晉の佛陀跋陀羅、法顯と共に譯す。大衆部所傳の律藏なり。【列帙八乃至十】(119)【法顯傳】に「法顯本求二戒律一。而北天竺諸國。皆師師口傳。無二本可レ寫。是以遠涉乃至二中天竺一。於二此摩訶衍僧伽藍一得二一部律一。是摩訶僧祇衆律。佛在世時。最初大衆所レ行也。於二祇洹精舍一傳二其本一。自餘十八部各有二師資一。大歸不レ異。然小小不レ同。或用開塞。但此最是廣說備悉者。」

マカソウナソウネダ 摩訶僧那僧涅陀 〔雜語〕 譯、大誓願。「ソウナソウネ」を見よ。

マカタ 麼迦吒 〔雜語〕 Markaṭa 譯、獼猴。【玄應音義一】に「麼迦吒此云二獼猴一也。」【名義集二】に「摩斯吒。或麼迦吒。或末迦吒。此云二獼猴一。」【梵語雜名】に「獼猴梵名。麼迦羅。」

マカタガラダ 末迦吒賀邏駄 〔地名〕 Markaṭahrada 譯、猴獼池。【玄應音義十四】に「梵言二末迦吒一。此云レ猴。賀邏駄。此云レ池。在二毗舍離菴羅園側一。昔獼猴爲レ佛共集穿レ池。今言レ江者譯人義立耳。」

マカダ 摩竭陀 〔地名〕 Magadha 摩訶陀、摩竭提、摩伽陀と云ふ。中印度の國名、王舍城の在る所なり。持甘露、善勝、無惱、無害など譯す。或は星の名とし或は古仙人又は帝釋前身の名とす。【仁王經吉藏疏一】に「摩訶陀者。名二持甘露處一。」【西域記七】に「摩竭陀國。舊曰二摩伽陀一。又曰二摩竭提一。皆訛也。」【玄應音義一】に「摩竭提。或云二摩竭陀一。亦言二默偈陀一。又作二摩伽陀一。皆梵音訛轉也。正言二摩揭陀一。此譯云二善勝國一。或云二無惱害國一。一說云。摩伽星名。此言二不惡主十二月一。陀者處也。名爲二不惡處國一。亦名二星處國一也。揭音渠謁反。」【同二十一】に「摩揭陀。舊云二摩伽陀一。或言二摩竭陀一。又作二摩竭提一。皆梵音轉耳。摩伽此云レ鑠。陀此云レ處。名二甘露處國一。上古諸天與二阿修羅一鑽二海水一甘露。安二置此國一。故以名焉。又摩竭陀。是人名。往昔有レ人。於レ此修二功德一得レ生二天上一。逐レ本爲レ名。亦言二善勝國一。又名二星處國一也。」【慧苑音義上】に「摩竭提者。或云二摩伽陀一。或云二摩揭陀一。或云二墨竭陀一。此之多名由下依二八轉聲勢一呼レ名致上レ異。然其意義大略不レ殊。或有釋云。摩者不也。竭提至也。其國將謀兵勇隣敵不二侵至一也。又有云。摩遍也。竭提聰慧也。言聰慧之人遍二其國内一也。又有云。摩大也。竭提體也。謂五印度中此國最大。統二攝諸國一故名二大體一也。釋云。摩無也。竭提害也。此國法不レ行二刑戮一。有下其犯二死罪一者上送置二寒林一耳。」【法華玄贊二】に「帝釋。過去字憍尸迦。此云二蠒兒一。即摩揭陀國過去帝釋修レ因之處。用爲二國名一。彼國古名二致甘露處一。即劫初帝釋與二阿修羅一戰。以レ山爲レ鑽。鑽二乳海一得二甘露一。致二於此國一。因以爲レ名焉。」【梵語雜名】に「摩誐娜尾沙野。」

マカダイ 摩竭提 〔地名〕 「マカダ」を見よ。

マカダイバ 摩訶提婆 〔人名〕 Mahā-deva 譯、大天。論師の名。「ダイテン」を見よ。

マカダガナ 摩訶諾伽那 〔雜語〕 Mahānagna 譯、大露身。大力神の名。【玄應音義二十一】に「摩訶諾伽那力。謂二露身一。大力神名也。」「ダケンナ」を見よ。

マカダンドクダラニ 摩訶袒特陀羅尼 〔雜名〕 Mahātantradhāraṇī 大方等陀羅尼經所說の神兒の名。【止觀二】に「摩訶袒特陀羅尼。翻爲二大秘要遮惡持善一。」

マカヂンナガ 摩訶陳那伽 〔人名〕 Mahādinnāga 菩薩の名。譯大域龍。「ヂンナ」を見よ。

マカツ 摩竭 〔異類〕 又、摩伽羅、摩迦羅 Makara 譯、鯨魚、巨鼈。【玄應音義一】に「摩伽羅魚。亦言二摩竭魚一。正言二摩迦羅魚一。此云二鯨魚一。謂魚之王也。」【慧苑音義下】に「摩竭魚。此云二大體一也。謂此方巨鼇魚也。」【慧琳音義四十一】に「摩竭海中大魚。吞二啗

一切。」【探玄記二十】に「摩伽羅魚者。此云二極大之魚一。謂是巨鼇魚也。」【法苑珠林十】に「如二四分律說一。摩竭大魚。身長或三百由旬。四百由旬。乃至極大者長七百由旬。故阿含經云。眼如二日月一。鼻如二太山一。口如二赤谷一。」

念佛免摩竭難 【傳說】 五百の賈客海に入て寶を採る、摩伽羅魚王口を開くに値ふ、海水中に入り船去ると駛疾なり。船師樓上の人に問ふ、汝何等を見るや。答へて言く、三日出でて白山羅列し、水流奔趣して大坑に入る如きを見る。船師言く、是れ摩伽羅魚王口を開くなり。一は是れ實の日、兩日は是れ魚の目、白山は是れ魚の齒、水流奔趣は是れ其の口に入るなり。我が曹了りなん、各各其の天神に求めて以て自ら救濟せよと。中に五戒の優婆塞あり。衆人に語て曰く、吾等當に共に南無佛と稱すべし。佛は無上たり。能く苦厄を救はんと。衆人一心同聲に南無佛と稱す、是の魚先世是れ佛破戒の弟子なり、宿命智を得、稱佛の聲を聞きて心自ら海悟し、即ち口を合す、船人脫するを得。【大悲經三、譬喩經六、賢愚經六、智度論七、分別功德論中】

マカツエンシツ 摩竭掩室 【故事】 摩竭は摩竭提又は摩竭陀の略。國の名なり。【肇論】に「釋迦掩二室於摩竭一。淨名杜二口於毘耶一。」【同新疏下】に「摩竭國名。法華說。如來成佛三七日中而不二說法一。智度論七云。佛得道五十七日不說等。義言二掩室一也。」【祖庭事苑一】に「掩室。言世尊禪二定普光法堂一也。西域記云。昔如來於二摩竭陀國一初成二正道一。梵王建二七寶堂一。帝釋建二七寶座一。佛坐二其上一。於二七日中一思二惟是事一。義同二掩室一也。」案に【諸佛要集經上】に佛摩竭陀國に在て說法す、是の時衆生肯て聽聞奉行せざるを以て因沙舊室(帝樹。石室と譯す)に坐夏九旬、一切の人天をして室に入らしめず、此間佛神力を以て形を變じ、東方普光國の天王如來の所に詣りて諸佛の要集法を講說す。摩竭掩室は之を指すならん。【經】に「佛告二阿難一。如來當下入二因沙舊室一燕坐三月上。諸天龍神乃至人與非人。若有二來者一解二喩其意一勿レ令レ入レ室。乃至既有二所聞一不聽不入不レ思二奉行一。以レ故諸佛善權方便而坐二燕室一。更化變レ形詣二普光界天王佛所一。講二說分別諸佛要集一。」

マカツグウ 摩竭宮 【天名】 十二宮の一。胎藏界曼荼羅外金剛院南方にあり。摩竭魚の形なり。

マカナガ 摩訶那伽 【雜語】 Mahānāga 譯、大無罪、大龍象。阿羅漢及び佛世尊の德號とす。【智度論三】に「摩訶言レ大。那名レ無。伽名レ罪。阿羅漢諸煩惱斷。以レ是故名二大無罪一。復次那伽或名レ龍。或名レ象。是五千阿羅漢。諸阿羅漢中最大力。以レ是故言二如レ龍如一レ象。水行中龍力大。陸行中象力大。」【大日經疏五】に「摩訶那伽是如來別號。以レ現二不可思議無方大用一也。」【可洪音義一】に「摩訶此言レ大。那伽此云レ龍。亦云レ象。合而言レ之即云二大龍象一也。謂世尊爲二大龍象一者。以三彼有二大威德一故以譬レ之。」

マカナマ 摩訶那摩 【人名】 Mahā-nāman 佛最初に度する所の五比丘の一。譯、大名。【本行集經三十四】に「長老摩訶那摩。隋言二大名一。」【五分律】に「摩訶納。」【四分律】に「摩訶摩男。」【增一阿含經三】に「速成二神通一。中不レ有レ悔。所謂訶摩男比丘是。」「ゴビク」を見よ。

マカナハツ 摩訶那鉢 【菩薩】 Mahāsthāma-prāpta 譯、大勢至。【可洪音義二下】に「摩訶那鉢。此云二大勢至菩薩一。」「ダイセイシ」を見よ。

マカナン 摩訶男 【人名】 比丘の名。「マカナマ」を見よ。

マカニラ 摩訶尼羅 【物名】 Mahānīla 又、摩訶泥羅。譯、大青。帝釋の寶珠なり。【智度論十】に「因陀尼羅。天青珠 摩訶尼羅。大青珠」【玄應音義二十三】に「摩訶泥羅。此云二大青一。是帝釋所用寶也。」

マカハジヤハダイ 摩訶波闍波提 【人名】 Mahāprajāpatī 又、摩訶鉢剌闍鉢底、鉢邏闍鉢底、波闍鉢提、波闍波提。譯、大愛道。大生主。佛の姨母の名なり。【法華文句二】に「波闍波提。此翻二大愛道一。亦云二憍曇彌一。此云二衆主一。」【西域記六】に「佛姨母鉢邏闍鉢底。唐言二生主一。舊云二波闍波提一訛也。」【法華玄贊一】に「摩訶鉢剌闍鉢底。此云二大勝生主一。佛母有レ三。此爲二小母一。大術生レ佛七日命終。此尼養レ佛。大術姉妹之類。故號爲二姨母一。大勝生主本梵王名。一切衆生皆彼子故。從レ彼乞得。因以爲レ名。」【俱舍光記十四】に「摩訶此云レ大。波闍此云レ生。波提此云レ主。」

マカハドマ 摩訶鉢特摩 【界名】 Mahāpadma 譯、大紅蓮華。又、八寒地獄の第八の名。【俱舍光記十一】に「摩訶鉢特摩。此云二大紅蓮華一。嚴寒逼切。身變折裂如二大紅蓮華一。」

マカハラキジヤハラミテイ 摩訶鉢羅枳穰播羅弭諦 【術語】 Mahāprajñā-pāramitā 譯、大極智到彼岸。【仁王經念誦儀軌】に「摩訶此云レ大。鉢羅枳穰此云二極智一。播羅弭諦依二聲明論一分レ句。釋云。播藍伊多。伊多者此岸也。播藍者彼岸也。乘二大極智一離二生死此岸一。到二涅槃彼岸一。得二無住處大涅槃一也。」

マカハン 摩訶槃 【地名】 Mahāvana 林の名。譯、

大林。【翻梵語九】に「摩訶槃。應㆑云㆓摩訶槃那㆒。亦云㆓摩訶婆那㆒。譯曰。摩訶者大。槃那者林。」【西域記三】に「摩訶伐那。唐言㆓大林㆒。」

マカハンタカ　摩訶半託迦　〔人名〕Mahā-panthaka 羅漢の名。譯、路邊生。「ハンダカ」を見よ。

マカハンネハンナ　摩訶般涅槃那　〔術語〕Mahāparinirvāṇa 舊譯、大滅度。新譯、大圓寂入。【涅槃玄義上】に「若具依㆓梵本㆒。應㆑言㆓摩訶般涅槃那㆒。今翻爲㆓大滅度㆒。」又「大即法身。滅者即是解脫。度者即是摩訶般若。」【華嚴大疏鈔五十二】に「摩呵般涅槃那。具翻爲㆓大圓寂入㆒。謂那即入義。應㆑廻ハ在㆑上。」「ダイハツネハン」を見よ。

マカハンニヤ　摩訶般若　〔術語〕Mahāprajñā 譯、大慧。涅槃三德の一。諸法の實相を照了する智慧なり。【唯識樞要上本】に「眞如ニノ上慧本性故名㆓摩訶般若㆒。」

マカハンニヤシンギヤウ　摩訶般若心經　〔經名〕摩訶般若波羅蜜多心經の異名。

マカハンニヤハラミツ　摩訶般若波羅蜜　〔術語〕Mahāprajñāpāramitā 譯、大慧到彼岸。六度の一。大慧は涅槃の岸に到る要法なれば到彼岸と云ふ。【智度論十八】に「摩訶。秦言㆑大。般若言㆑慧。波羅蜜言㆓到彼岸㆒。」【心經法藏疏】に「般若是體。此云㆓智慧㆒。即神悟㆓玄奥㆒妙證㆓眞淨㆒也。波羅蜜多是用。此云㆓到彼岸㆒。即由㆓此妙慧㆒翻㆓生死過㆒盡至㆓眞空之際㆒。即簡㆘不㆑到㆓彼岸㆒之慧㆖故以爲㆑名。」

マカハンニヤハラミツキヤウ　摩訶般若波羅蜜經　〔經名〕同名二經あり、一は二十七卷、明本三十卷　羅什の譯、是れ大般若經の第二分と同本なり。【月帙三四】一は十卷、同羅什の譯、是れ大般若經の第四分と同本なり。【月帙六】此二經同名なるを以て之を分たん爲に二十七卷本を大品般若經と稱し、十卷本を小品般若經と稱す。

マカハンニヤハラミツキヤウシヤクロン　摩訶般若波羅蜜經釋論　〔書名〕大智度論の異名。

マカハンニヤハラミツタ　摩訶般若波羅蜜多　〔術語〕舊稱に摩訶般若波羅蜜、新稱に摩訶般若波羅蜜多。梵語の具略なり。

マカハンニヤハラミツダイミヤウジユキヤウ　摩訶般若波羅蜜大明咒經　〔經名〕一卷、秦の羅什譯。般若波羅蜜多心經と同本。明咒は陀羅尼の異名なり。【閏帙八】(19)

マカバガ　摩訶婆伽　〔異類〕Mahābhāga 龍王の名。【慧琳音義十二】

マカバナ　摩訶伐那　〔地名〕Mahāvana 又、摩訶婆那。「マカハン」を見よ。

マカビブツリヤク　摩訶毘佛略　〔雜語〕Mahāvaipulya 譯、大方廣。【華嚴玄談鈔九】に「摩訶言㆑大。毘佛略言㆓方廣㆒。」

マカビブツリヤクボダ　摩訶毘佛略勃陀　〔佛名〕Mahāvaipulyabuddha 譯、大方廣覺者。即ち大方廣佛なり。

マカビブツリヤクボダケンナヒヤウカシユタラ　摩訶毘佛略勃陀健拏驃訶修多羅　〔經名〕Mahāvaipulyabuddha-gaṇḍavyūha-sūtra 譯、大方廣覺者雜華嚴飾經。即ち華嚴經の具名なり。【華嚴玄談九】に「依㆓今梵本㆒。云㆓摩訶毘佛略勃陀健拏驃訶修多羅㆒。此云㆓大方廣佛雜華嚴飾經㆒。今略㆓雜飾字㆒耳。」【同鈔】に「若別對者。摩訶言㆑大。毘佛略云㆓方廣㆒。勃陀云㆓覺者㆒。即是佛字。略存㆓梵音㆒故。健拏言㆓雜華㆒。驃訶云㆓嚴飾㆒。修多羅云㆑經。」

マカビルシヤナ　摩訶毘盧遮那　〔佛名〕Mahāvairocana 台家は普賢觀經に依て遍一切處と譯し、密家は大日と譯す、何れも法身如來の極稱とす。【普賢觀經】に「釋迦牟尼。名㆓毘盧遮那遍一切處㆒。」【法華文句九】に「法身如來名㆓毘盧遮那㆒。此云㆓遍一切處㆒。」【大日經疏一】に「梵音毘盧遮那者。是日之別名。即除暗遍明之義也。然世間日則別㆓方分㆒。若照㆓其外㆒不㆑能㆑及㆑內。乃至世間之日不㆑可㆑爲㆑喩。但取㆓其少分相似㆒。故加以㆓大名㆒曰㆓摩訶毘盧遮那㆒也。」◉（榮花玉の臺）「摩訶毗盧遮那とこれをなん申すとて」

マカブシヤ　摩訶部社　〔異類〕夜叉の名。譯、大肩。【孔雀王呪經上】梵 Mahābhuja

マカベイシラマナヤダイバカラジヤ　摩訶吠室囉末那野提婆喝囉闍　〔天名〕Mahāvaiśravaṇa-deva-rāja 摩訶は大、吠室囉末那野は舊に所謂毘沙門、提婆は天、喝囉闍は王、即ち大毘沙門天王なり。

マカベイシラマナヤダイバカラジヤダラニギキ　摩訶吠室囉末那野提婆喝囉闍陀羅尼儀軌　〔經名〕一卷、唐の般若斫羯羅譯。毘沙門天王の供養軌儀なり。【閏帙十四】

マカボダイソウガラン　摩訶菩提僧伽藍　〔寺名〕Mahābodhisaṅghārāma 譯、大覺寺。摩竭陀國菩提樹園の北門外に在り、錫蘭王の建つる所。【西域記八】に「菩提樹北門外。摩訶菩提僧伽藍。其先僧伽羅國王之所㆑建也。庭宇六院。觀閣三層。周堵垣墻。高三四丈。極㆓工人之妙㆒。窮㆓丹青之飾㆒。」【法顯傳】に「於㆓阿育王塔邊㆒造㆓摩訶菩提僧伽藍㆒甚嚴麗。」

【求法高僧傳上】に「金剛座大覺寺。即僧訶羅國王所レ造。此寺初基纔餘二方堵一。其後代國王苗裔相承。造製宏壯。則贍部洲中當今無レ以加一也。」

マカボダラ　摩訶母陀羅　〔雜語〕 Mahāmudrā 譯、大印。印は改變せざるもの、違越すべからざるもの。「イン」を見よ。

マカマイタリヤ　摩訶妹咀履也　〔雜語〕 Mahāmaitreya 譯、大慈。【大日經疏九】

マカマヤ　摩訶摩耶　〔人名〕 Mahā-māyā 譯、大術、大幻。天臂城の釋種善覺長者の長女にして淨飯王の夫人となり、悉多太子を生み、七日にして沒し、忉利天に生る。【西域記六】に「摩訶摩耶。唐言二大術一。」【慧苑音義上】に「摩耶。此云レ幻也。」【衆許摩訶帝經二】に「爾時酥鉢羅沒馱王。忽於二後時一妃乃有二娠懷一。九月誕二生一女一。顏貌端正。諸相具足。福德智慧。於二其世間一最爲二殊勝一。如レ是衆人覩二福相一俱言。希有。應二是毘首竭摩天所作一。或是幻化之所作。女生之後一日二日至二三七日一。王爲二此女一集二諸戚里及群臣等一慶賀爲レ樂。即爲立レ名名二摩耶一。其女身相而有二八乳一。相師占。此女後時當下生二貴子一紹中灌頂王位上。」【佛本行集經五】に「迦毘羅相去不レ遠復有二一城一。名曰二天臂一。彼天臂城有二一釋種豪貴長者一。名爲二善覺一。大富多財積二諸珍寶一。乃至彼釋長者生二於八女一。一名二爲意一。二名二無比意一。三名二大意一。四名二無邊意一。五名二髻意一。六名二黑牛一。七名二瘦牛一。八名二摩訶波闍跋提一。乃至即納二二女一爲レ妃。其二女者第一名二爲意一。及以第八名二大慧一者。自餘六女分ヲ與二三弟一。」爲意即ち摩耶夫人なり。

マカマヤキヤウ　摩訶摩耶經　〔經名〕 一名、佛昇忉利天爲母說法經、二卷、齊の曇景譯。佛一夏忉利天に昇り母摩耶の爲に法を說て初果を證せしめ、後天より下て漸次化度し、魔王の請を受て涅槃に入る。摩耶來て棺所に趣き、佛棺を開て母子相見して法を說き以て孝道を彰はす。【盈帙十】(382)

マカマユリ　摩訶摩瑜梨　〔人名〕 Mahāmayūrī 王の名。譯、大孔雀。【陀羅尼集經九】

マカマレイ　摩訶沫麗　〔雜語〕 Mahābalin 譯、大力。【大日經疏】

マカマンジユシヤケ　摩訶曼珠沙華　〔植物〕 梵音、Mahāmañjūṣaka 譯、大柔軟、大赤團花。天華の名。「マンジユシヤ」を見よ。

マカマンダラケ　摩訶曼陀羅華　〔術語〕 梵音 Mahāmandārava 譯、大白蓮華。四華の一たり。⊙(平治)「彼塔の下には摩訶曼陀羅華摩訶曼殊沙華、四種の天花開けたり」

マカミロ　摩訶彌樓　〔地名〕 Mahāmeru 山の名。譯、大光。【翻梵語九】に「摩訶彌樓山。譯曰二大光一。法華經法師功德品。」

マカモクケンレン　摩訶目犍連　〔人名〕 Mahā-maudgalyāyana 比丘の名。法華經に大目犍連。阿彌陀經に摩訶目犍連、略して目犍連、又目連と云ふ。新稱、摩訶沒特伽羅。沒特伽羅子。姓なり。譯、大讚誦、大萊茯根、大胡豆、大採菽など。佛十大弟子の一人。神通第一と稱せらるる人。初め舍利弗と同じく六師外道の一人にして頗る教學に精通し、一百の徒弟を領せしも、中心不安の念あり、依て舍利弗と互に約して先ず解脫を得しもの、必ず之を他に告ぐべきを以てし、共に競ひて修行精進す。一日舍利弗王舍城に到り、五比丘の一人馬勝の儀容端正なるを見、其理由を聞き、初めて佛陀の出現を知り、一偈の法門によりて忽ち開悟得脫し。次で竹園精舍に於て、佛陀の親說を聞きて法眼淨の悟を得、依て之を目連に告げて共に佛弟子となり、二人の弟子合せて二百人、亦師の轍に倣ひて佛門に入りぬ。【法華文句一】に「大目犍連姓也。翻二讚誦一。文殊問經翻二萊茯根一。眞諦云。勿伽羅。此翻二胡豆一。二物古仙所レ嗜。因以命レ族。乃至同名者多。故擧レ大也。」【法華玄贊一】に「梵云二摩訶沒特伽羅一。言二大目犍連一者訛也。此云二大採菽氏一。上古有レ仙。居二山寂處一常採二菉豆一而食。因以爲レ姓。尊者之母是彼之族。取二母氏姓一而爲二其名一。得二大神通一。簡二餘此姓一故云二大採菽氏一。從レ父本名二俱利迦一。亦云二拘隸多一。先云二俱律陀一訛也。大般若云二舍利子大採菽氏一。」【玄應音義六】に「云二目犍連一。或言二目伽略子一者訛也。則正言二沒特伽羅子一。或言二毛馱伽羅子一。此乃從レ母爲レ名。沒特伽此云二綠豆一。羅此云二執取一。或云二挽取一。本名俱利迦。或言二拘隸多一。此從レ父名也。舊云二俱律陀一。不正也。」

神通第一　〔故事〕【增一阿含經三】に「神足輕擧。飛ヲ到十方一。所謂大目犍連比丘是。」【智度論四十一】に「如二舍利弗一。於二智慧中一第一。目犍連神足第一。」

目犍連與舍利弗爲佛左右弟子　〔雜語〕 目連は神通第一なり、神通は定力の然らしむる所なれば之を左方に配して佛の左面の弟子となす。【智度論四十】に「舍利弗是右面弟子。目犍連是佛左面弟子。」【天台淨名疏一】に「若據二勝劣一身子爲レ左。若據二定慧一身子爲レ右。」

目犍連爲執杖梵志被殺　〔傳說〕 佛の涅槃に先ちて上足の二弟子先づ涅槃するは三世諸佛の常法なり、舍利弗目連既に佛の涅槃せんとするを

知り、夏坐竟て將に般涅槃せんとす。是の時尊者大目犍連羅閲城に入て乞食す、執杖梵志遙に目連の來るを見て各各相謂て曰く、此は是れ沙門瞿曇が弟子なり、彼の弟子の中に此人の上に出づるものなし、我等共に圍て打ち殺さんと。諸の梵志共に圍て之を打ち捨てて爛盡し苦惱甚し、是の時目連神通を以て祇洹精舍に還り舍利弗の所に至る。舍利弗言く、世尊弟子の中に神足第一なり、何ぞ神足を以て避けざる。目連曰く、我が宿業極て重し、我れ神の字に於て尙憶ふと能はず、況や通を發せんをや、我れ極て疼痛を患ふ、來て汝に辭して般涅槃を取る。舍利弗言く、汝今少く停れ、我れ當に先づ滅度を取るべし。舍利弗乃ち世尊の所に至て辭し、去て本生處に至り、親戚鄕人の爲に說法して遂に滅度を取る。目連亦た世尊の所に至て辭し、去て本生處に至り說法して滅度を取る。【增一阿含經十八、十九】時に阿闍世王梵志の目連を打殺するを聞き極て瞋怒して大臣に告て曰く、彼の外道を索めて之を焚殺せよと。目連之を聞き報じて曰く、大王是の事を作すべからず、我れ先に業を作る、注で身に來る、代て受くべきにあらず。王曰く、尊命違ひ難し、若し捉へ得ば但國を出でしむべしと。【毘奈耶雜事十八】然るに目連の弟子馬宿滿宿の二人あり、所謂六群比丘の隨一なり、師の打殺さるを聞き、憤怒に堪えず、身毛悉く竪ち、大力士の力を以て盡く執杖梵志を捕へて之を殺す。【戒因緣經二毘婆沙論四】時に諸の苾芻皆疑あり、世尊に請して言く、聖者目連何の業ありて外道に其の身を粉碎せらる。世尊曰く、往古婆羅門の子となり其の婦に婬溺して母に不孝なり、一日母を怒り惡語を發す、曰く如何ぞ勇力の人を得て彼の身形を打たんと。此麁惡語に依て五百生の中に常に打碎せられ今日聖道を證し神通第一なるも猶此報を受く。【毘奈耶雜事十八】又曰く、彼れ昔し弊魔たる時數數拘樓孫佛の上足の弟子尊者毘樓を觸嬈し、化して小兒と作て大杖を以て彼首を擊ち、血を流さしむ、即時に大地獄に墮つ。斯て宿業に依て今日釋迦文佛の上足となり外道の爲に打殺せらると。【魔嬈亂經】

マカモドガラ 摩訶沒特伽羅 〔人名〕「マカモクケンレン」を見よ。

マカヤナ 摩訶夜那 〔術語〕 摩訶耶那 Mahāyāna 舊に摩訶衍。譯、大乘。

マカヤナダイバ 摩訶耶那提婆 〔人名〕 Mahāyānadeva 譯、大乘天。印度の人玄奘三藏を稱して大乘天となす。【西域記十二】に「印度學人咸仰二盛德一。既曰二經笥一。亦稱二法將一。小乘學徒號二木叉提婆一。唐言解脫天 大乘法衆號二摩訶耶那提婆一。唐言大乘天」

マカヤナハツチイパ 莫訶夜那鉢地已波 〔人名〕 Mahāyāna-pradīpa 比丘の名。譯、大乘燈。【求法高僧傳上】

マカヤニ 摩訶夜泥 〔術語〕 Mahāyāne(止格)譯、「大乘」。【大日經疏五】

マカラ 摩訶羅 〔異類〕 又、摩竭と云ふ。魚の名。「マカツ」を見よ。

マカラ 摩訶羅 〔雜語〕 Mahallaka 又、莫訶羅、莫喝洛迦。譯、無知、老。【玄應音義四】に「摩訶羅。此譯云二無知一也。或言レ老也。」【俱舍光記十五】に「莫喝洛迦。此云レ老。謂老苾芻。」【飾宗記二末】に「梵云二莫喝洛迦一。此云二大愚鈍者一。舊言二摩訶羅一訛也。」【毘奈耶雜事十】に「忽見二一摩訶羅苾芻一。以レ衣裹レ頭。樹下便利。」【同三十八】に「有二一莫訶羅苾芻一。重性愚鈍。」【止觀十】に「一切外道。及摩迦羅。」

マカラカ 莫喝洛迦 〔雜語〕 又、莫訶洛迦。前項を見よ。

マカラガ 摩訶羅伽 〔雜語〕 譯、大臣。【仁王經吉藏疏】に「摩訶羅迦者。此翻二大臣一。」【梵語雜名】に「貴。摩訶刺伽。」梵 Mahārgha (この語に大臣の意ありや詳ならず。貴人と見し解か)

マカラジヤ 摩訶羅闍 〔雜語〕 Mahārāja 又、摩賀羅惹、譯、大王。【梵語雜名】

マカリ 摩揭梨 〔雜語〕 Maskārī 外道の名。「マカリ」を見よ。

マカリヨウガ 摩訶稜伽 〔雜語〕 譯、大價衣。【慧琳音義十一】梵 Mahāraṅga*

マカルシナ 摩訶盧瑟拏 〔雜語〕 譯、大忿怒。【大日經疏十三】梵 Mahāroṣaṇa

マガ 莫伽 〔雜名〕 Maghā 星の名。【寶勝陀羅尼經四】に「莫伽唐言七星星生者。若肩若背而有二小疣一。是善丈夫。能如レ法行而多二財貨一。」

マガ 摩伽 〔異類〕 Makara 摩伽羅の略。即ち摩竭魚なり。【可洪音義三】に「摩伽。亦云二摩竭一。此云二鯨魚一也。魚王也。」

マガ 末伽 〔術語〕 Mārga 譯、道。因中の道、四諦の中の道諦是なり。若し果中の道は菩提と名く。【大乘義章十八】に「道者。外國名曰二末伽一。此翻名レ道。菩提胡語。此亦名レ道。乃至因中之道名爲二末伽一。果中之道說爲二菩提一。」

マガ 摩伽 〔雜名〕 Maghā 星の名。【玄應音義一】に「一說云。摩伽星名。此言二不惡主十一月一。」【翻梵語九】に「摩伽山。譯曰。星名。」

マガシラ 末伽始羅 〔雜語〕 Mārgaśirṣa 第九月の名。【西域記二】に「秋三月。謂頞濕縛庾闍月。迦邏底迦月。末伽始羅月。當下此從二七月十六日一至中十月十

五日。」【飾宗記六末】に「末伽始羅九月也。」【梵語雜名】に「九月摩囉誐始羅。」

マガダ　摩伽陀　〔地名〕Magadha　新に摩竭陀と云ひ、舊に摩伽陀と云ふ、中印度の國名なり。「マカダ」を見よ。図　第十一月の名。【倶舍光記十一】に「摩伽陀(Māgha)月。當二此間十一月一。」【西域記二】に「摩祛月。」

マガラ　摩伽羅　〔異類〕Makara　新に摩竭、舊に「摩伽羅。魚の名。「マカツ」を見よ。

マガリ　末伽梨　〔人名〕末伽梨拘賒梨の略。外道の名。【楞嚴經二】に「彼末伽梨等。都言二此身死後全滅一。」次項を見よ。

マガリクシヤリ　末伽梨拘賒梨　〔人名〕又、末伽梨倶舍梨　Maskārī Gośāliputra（巴 Makkhali Gosāla 又 Makkhali Gosāla-putta）具に末伽梨拘賒梨子と云ふ。子の一字は漢語なり。六師外道の一。末伽梨は其の人の名、拘賒梨子は其の人の母の名、依て拘賒梨の子と云ふ。舍利子と言ふ如し。【註維摩經三】に「什曰。末伽梨字也。拘賒梨是其母也。」【慧音琳義二十六】に「末伽梨是姓也。拘舍梨是母名也。此計苦樂不レ由レ因。是自然外道也。」【希麟音義九】に「末揭梨子。舊云二末伽梨一。具足云二末揭梨拘舍梨子一。末揭梨是姓。拘舍梨是母名也。」【毘奈耶雜事三十八】に「末塞羯利瞿黎子。」

マキ　摩呬　〔術語〕譯、等引、心を平等に引起するなり。【玄應音義二十三】に「呬。虛利切。此云二等引一。謂勝定地。離二沈掉等一。平等能引也。或引二平等一。謂引二諸功德一。或平等所引。謂定前加行故名二能引一也。」

マキヤ　摩祛　〔雜語〕又、摩佉　Māgha　十一月の稱。「マガダ」を見よ。

マキヤウ　魔境　〔術語〕魔障の境界。【智度論十二】に「墮二魔境界一。」

マキヤウ　魔鄕　〔術語〕魔障の鄕里。娑婆世界を云ふ。【觀經定善義】に「歸去來魔鄕不レ可レ停。曠劫來流轉六道盡皆逕。到處無二餘樂一唯聞二愁嘆聲一。畢二此生平一後入二涅槃城一。」

マキヤホウ　摩羯寶　〔物名〕綠色の寶珠なり。【大疏五】に「或如二綠寶一是綠摩羯寶。」【智度論十】に「摩羅伽陀。此珠金翅鳥口邊出。綠色。能辟二一切毒一也。」

マキヤマセン　摩佉麼洗　〔雜語〕Māgha-māsa　譯、十一月、摩佉は星の名。麼洗は月の義。【止格】

マキヤリクシヤリ　末佉梨劬奢離　〔人名〕「マガリクシヤリ」を見よ。

マギ　摩祇　〔飮食〕又、莫耆、摩蚳、摩醯、摩蛇に作る。藥の名。【放光般若經九】に「譬如二拘翼一有レ人名二摩祇一有二蛇蚖一飢行。求二索蟲一欲レ食レ之。蟲遙見二蛇蚖一。走趣二藥所一。蛇欲レ得レ往。以二藥氣一故不レ能レ得レ前。何以故。以二藥威德一故使二蛇中道還一。」【智度論五十六】に「譬如二憍尸迦一。有レ藥名二摩祇一有レ蛇飢行索レ食。見レ蟲欲レ噉。蟲趣二藥所一。藥氣力故蛇不レ得レ前。即便還去。」【玄應音義三】に「摩祇。長安品作二摩蛇一。小品經作二摩醯一。皆梵言也。明度經作二神丹一。此言也。」【慧琳音義五】に「莫耆梵語也。能除二衆毒一。神藥名也。其藥功力經中自說。」【可洪音義二】に「摩蚳。巨支反。藥名也。自前諸部作二摩祇一。小品經作二摩醯一。」梵 Mahilā*

マギヤクキヤウ　魔逆經　〔經名〕一卷、西晉の竺法護譯。大光天子、文殊師利と魔事を問答す。魔來りて法を亂す、文殊魔を五縛す。【宙帙二】(517)

マクイクウクワ　莫以空過　〔雜語〕【梵網經序】に「衆等各各一心勤修精進。愼勿二懈怠懶惰睡眠縱レ意。夜即攝レ心存二念三寶一。莫下以空過徒設二疲勞一後代深悔上。」◉（玉葉）に「あすよりはあだに月日を送らじと思ひしかども今日も暮しつ」

マクカ　莫訶　〔雜語〕Mahā　マカと讀む。摩訶に同じ。「マカ」を見よ。

マクギ　莫耆　〔飮食〕マギと讀む。摩祇に同じ。「マギ」を見よ。

マクマウザウ　莫妄想　〔雜語〕【傳燈八汾陽無業章】に「凡學者致レ問。師多答レ之曰。莫妄想。」

マクラ　慢求羅　〔地名〕山の名、譯、尾。【翻梵語九】に「慢求羅山。譯云レ尾也。彌沙塞律第二。」梵 Lāṅgula*

マクラギヤウ　枕經　〔儀式〕人死したる時、檀那寺より僧を遣はし死者の枕頭にて終夜讀經すること。其の僧を伽僧と云ふ。現今にては單に死者の枕頭にて讀經するを枕經と云ふに至れり。「伽なり。

マクロク　摩休勒　〔雜語〕Mahoraga　新稱摩睺羅

マグウ　魔宮　〔雜名〕天魔の宮殿。【維摩經菩薩品】に「諸女問二維摩詰一。我等云何止二於魔宮一。」

マグン　魔軍　〔雜名〕惡魔の軍兵。佛成道の時、第六天の魔王諸の眷屬を率て來り成道を妨げんとす、佛神力を以て悉く之を降伏す。又、一切の惡事佛道を妨ぐるものを魔軍とす。【法華經化城喩品】に「其佛坐二道場一。破二魔軍一已。」【大日經疏九】に「猶如下婆伽婆樹王下時。魔以二慈心力一故破中無量魔軍上。乃至此中言二魔軍一者。梵本正音博吃芻。是羽翼黨援之義。今依二古譯一會意言耳。」【智度論五】に「我以二智慧箭修定智慧力一。摧二破汝魔軍一。」

マケ　魔繫　〔術語〕惡魔の繫縛。【雜阿含經六】に「爲二魔所一レ縛不レ脫二魔繫一。」

マケ　摩醯　〔雜語〕Mahā　又、莫醯。譯、大。【大品般若經義疏一】に「摩訶或云二摩醯一。或云二優婆一。此言レ

大。」図 摩醯首羅(Maheśvara)の略。譯、大自在天。【性靈集六】に「桓因所以憑念。摩醯歸レ之接足。」図 藥の名。摩祇に同じ。「マギ」を見よ。

マケイシフバラ 莫醯伊濕伐羅 [天名] Maheśvara 摩醯伊濕伐羅、略して摩醯濕伐羅、摩醯首羅と云ふ。摩醯は大、伊濕伐羅は自在、即ち大自在。色界の頂上に位する天神の名なり。【慧苑音義上】に「摩醯首羅。正云二摩醯濕伐羅一。言二摩醯一者此云レ大也。濕伐羅者自在也。謂此天王於二大千世界中一得二自在一故也。」【智度論二】に「摩醯首羅天。秦言二大自在一。八臂三眼騎二白牛一。」【唯識述記一末】に「若言二莫醯伊濕伐羅一是事二大自在天一者也。如下言二佛陀一是覺者。若言二拘徒愁一是事レ佛者上。」「ダイジザイテン」を見よ。

マケインダラ 摩醯因陀羅 [人名] Mahendra 譯、大帝。阿輪迦王の弟なり、罪あり王之を刑せんとす、乃ち、王に請て七日を寛し、王の珍羞を進めしめ、一日毎に守者をして唱へしむ、曰く、已に一日を過ぐ、餘六日ありと。乃至第七日に至て遂に聖果を證す。後錫蘭に至て始めて正法を傳ふ。【西域記八】に「無憂王有二同母弟一。名二摩醯因陀羅一。唐言二大帝一。」【同十一】に「僧伽羅國。先時唯宗二淫祠一。佛去レ世後第一百年。無憂王弟摩醯因陀羅。捨二離欲愛一志二求聖果一。得二六神通一具二八解脫一。足步二虛空一來二遊此國一。弘二宣正法一流二布遺教一。」叙上西域記の摩醯因陀羅の記事は阿育王の弟、帝須の事蹟と王子摩哂陀の事蹟とを混同して一つとなせるものにして誤れり。即ち王に罪を得て後出家聖果を悟りし者は帝須なり。若し夫れ錫蘭の布教者に至りては第三結集後各地に傳道師派遣の事あるや、王子摩哂陀の此島に法を將來せしことは史的事實炳乎として何等疑を挾むの餘地なきなり。

マケシフバラ 摩醯濕伐羅 [天名] 「マケイシフバラ」を見よ。

マケシヤサカ 摩醯奢娑迦 [流派] Mahīśāsakaḥ 小乘十八部中、化地部なり。「ミシヤソク」參照。

マケシヤダツタ 摩醯沙達多 [人名] Maheśadatta 六群比丘の一。「ロクグンビク」を見よ。

マケシユラ 摩醯首羅 [天名] 又、摩醯守羅。「マケイシフバラ」を見よ。⊙(太平記二三)「先朝は元來摩醯首羅王の所變にて御座すれば」

マケシユラセツホフアビシヤホフ 摩醯首羅說法阿尾奢法 [修法] 速疾立驗摩醯首羅天說法阿尾奢法の略名。

マケシユラダイジザイテンワウジンヅウケシヤウギゲイテンニヨネンジユホフ 摩醯首羅大自在天王神通化生伎藝天女念誦法 [修法] 別名、摩醯首羅頂生天女法。一卷、摩醯首羅天の頂上より一の伎藝天女を生じ、天女陀羅尼を說て一切の祈願を滿たす、幷に念誦の儀軌を說く。【餘帙二】

マケシユラチヤウシヤウテンニヨホフ 摩醯首羅頂生天女法 [修法] 摩醯首羅大自在天神通化生伎藝天女念誦法の異名。

マケシユラロンジ 摩醯首羅論師 [流派] 二十外道の一。「ゲダウ」を見よ。

マケラクラ 摩醯邏矩羅 [人名] 譯、大族。王の名。【西域記四】

マケンダイ 摩犍提 [人名] 梵志の名。【智度論一】に「摩犍提佛を難ずる偈に決定諸法中。横生二種種想一。悉捨內外滅。云何當レ得レ道。佛答て曰く、非二見聞覺知一。非二持戒所得一。亦非二不見聞一。非二不持戒得一。如レ是論悉捨。亦捨二我我所一。不レ取二諸法相一。如レ是可レ得レ道。摩犍提問て曰く、若非二見聞等一。非二持戒所得一。亦非二不見聞一。非二不持戒得一。如二我心一觀察。持二啞法一得レ道。佛答て曰く、汝依二邪見門一。我知二汝癡道一。汝不レ見二妄想一。汝爾時自啞。」【同三】に「摩犍提が如き、弟子其の尸を舉て床上に著け、舁て城中多人の處に行き唱て言く、若し眼に摩犍提の尸を見る者あらば是の人皆清淨の道を得ん、何ぞ況んや禮拜供養せん者をや。多く人あり其の言を信ず。諸の比丘以て佛に白す、佛偈を說て言く、小人眼見求二清淨一。如是無智無二實道一。諸結煩惱滿二心中一。云何眼見得二淨道一。若有三眼見得二清淨一。何用二智慧功德寶一。眼見求レ淨無二是事一。智慧功德乃爲レ淨。」【止觀一】に「內無二實德一虛比二賢聖一。起二下品十惡一。如二摩犍提一者。此發二鬼心一行二刀途道一。」梵 Makaṇḍi

マケンナ 末犍拏 [人名] 仙人の名。譯なし。【大日經疏十六】に「末建拏。坐禪蟻作レ封遍レ身。恐レ損レ蟻復入レ定者是也。」

マコダカ 摩呼荼迦 [飲食] 餅子の名。【本行集經五十九】に「有二一人一屛處食二摩呼茶迦一。隋言二歡喜丸一。」【大日經疏七】に「漫荼迦。是方薄餅也。」梵 Mahotika* Maṇḍaka

マコラ 摩虎羅 [天名] 藥師經所說十二神將の一。案に摩呼洛伽なるべし。

マコラガ 摩呼洛伽 [異類] Mahoraga 莫呼洛伽摩舊に休勒、摩睺羅伽、新に莫呼洛伽、摩護囉誐。

八部衆の一。大蟒神なり。胎藏界第三院の一尊にして釋迦如來の眷屬なり。

（摩呼洛伽の圖）

而して是れ大日如來普門示現の一法門身にして一類の衆生此法に因て遂に一切智地に到るを得るなり。【大日經一】に「爾時執金剛秘密主。於㆓彼衆會中㆒坐。白㆑佛言。世尊云何如來應供正遍知得㆓一切智智㆒。彼得㆓一切智智㆒爲㆓無量衆生㆒。廣㆔演分㆕布隨㆓種種趣種種性欲㆒。乃至夜叉乾闥婆乃至說㆘生㆓摩睺羅伽㆒法㆖。」【法華玄贊二】に「梵云㆓莫呼羅伽㆒。此云㆓大腹㆒。摩睺羅伽訛也。」【慧琳音義十一】に「摩休勒。古譯質朴。亦名㆓摩睺羅伽㆒。亦是樂神之類。或曰㆓非人㆒。或云㆓大蟒神㆒。其形人身而蛇首也。」【同一】に「莫呼洛伽。梵語不㆑妙。正云㆓摩護囉誐㆒。人形蛇首。亦名㆓大蟒神㆒也。」【慧苑音義上】に「摩睺此云㆑大也。羅伽云㆓胸腹行㆒也。此於㆓諸畜㆒龍類所攝。舊云㆓蟒神㆒者相似翻名。非㆓正對㆒也。」種子は諸摩睺羅伽を通じ總じて三字あり。一に𑖐伽。行動の義、去來の義、阿字門に入れば行不可得、來不可得たり、是れ大日如來の不行の行、不來の來、以て法界に遊化して衆生を度する意なり。二に𑖨囉。塵垢の義、阿字門に入れば一切の諸障を燒除して如來の實慧を生ずる意なり。三に𑖩𑖽嚂。是れ相の義、上に圓點を加ふるは是れ大空にして如來の大空三昧に住して一切の諸相を示現する意なり。眞言は伽囉嚂伽囉嚂。此中の一字を其の種子となすなり。阿闍梨其の句義を說かず。是れ彼土の摩睺囉伽を呼ぶ方言なり、而して之を重言する所以は或は二障を斷じ或は自利利他、自證加持等の種種の二法門に對するが故なり。【大日經疏十、同義釋七】

マゴ　磨牛　〔譬喩〕　白石を挽く牛なり、彼の磨牛は只身形を勞するのみ、以て比丘の徒に身に道を行くも心に道を行ずることなきものに譬ふ。【四十二章經】に「佛言。沙門行道。無㆑如㆓磨牛㆒。身雖㆑行㆑道。心道不㆑行。心道若行。何用㆓行道㆒。」【萬善同歸集二】に「行道禮拜。未㆑具㆓眞修㆒。祖立㆓客舂之德㆒。佛有㆓磨牛之誚㆒。」

マゴラ　摩睺羅　〔雜語〕　Muhūrta　時分の名。譯、須臾。【名義集二】

マゴラガ　摩睺羅伽　〔異類〕　摩護囉誐。「マコラガ」を見よ。

マゴロク　摩睺勒　〔異類〕　摩呼洛伽の古音。

マサ　麻蹉　〔雜語〕　Matsya　魚の梵名。【大威德陀羅尼經七】に「末蹉魚也。」【梵語雜名】に「麼娑。」

マサラカバ　麻薩羅揭婆　〔異類〕　Musāragalva　「ムシャラ」を見よ。

マサンギン　麻三斤　〔公案〕　【碧巖十二則】に「僧あり洞山に問ふ、如何か是れ佛。山云く麻三斤。」禪の大道は言句に拘泥せざるを示す。

マシ　磨司　〔雜名〕　「マキン」を見よ。

マシ　魔子　〔雜語〕　魔の生子なり。又子は物を指すの稱、直に魔をさして子と云ふ。【法華經普賢勸發品】に「若魔若魔子。」【碧巖四則評唱】に「他南方魔子。便說㆓即心是佛㆒。」

マシカ　鞞師迦　〔植物〕　Vārṣikī*　花の名。「マリシャカ」を見よ。

マシタ　摩斯吒　〔雜語〕　Markaṭa　譯、猴。「マカタ」を見よ。斯恐くは期の字。

マシヤ　摩娑　〔雜語〕　Māṃsa　莽娑。譯、肉。【希麟音義五】に「莽娑梵語也。此云㆓是未壞人肉㆒也。」【梵語雜名】に「肉麼娑。」

マシヤ　磨灑　〔物名〕　Māṣa　摩沙。金寶の名、比丘五磨灑を盜めば波羅夷に當るなり。【慧琳音義六十】に「是西方市㆓金寶㆒之名也。其金一丸如㆓梧桐子許大㆒。名㆓一磨灑㆒。以㆓東西兩國通貨價直㆒約㆑之可㆑直㆓此方銅錢八十㆒。其五磨灑計當㆓四百㆒。彼國土法。偸㆓盜財物㆒計當㆓五磨灑㆒者。罪當㆘永棄送於山林㆒任㆗其生死㆖。若盜㆓一二三四磨灑㆒。量㆑罪別科不㆑至㆓於棄㆒。佛制戒一准㆓王法㆒。比丘所盜之物價直㆓五磨灑㆒者。即名㆑犯㆑重。擯㆓棄出家㆒不㆓共住㆒也。古人譯㆑經錯會。將㆓一磨灑㆒同㆓於一錢㆒。錯㆑之甚矣。佛言。我之教法隨㆓方國土㆒爲㆑制。若准㆓此國王法㆒。上從㆓五帝三王㆒下及㆓大唐王制㆒。未㆑聞㆘盜㆓五錢㆒即合㆖至㆑死。乃至盜㆓五匹已上㆒方至㆓流刑㆒。貫百之間有㆑杖。不㆑至㆓流貶㆒。而言㆓五錢犯㆑重者傷其太急。難㆑爲㆓護持㆒。不㆑覺破㆓此戒㆒者其數多矣。有部律文云㆓四百犯㆑重者。由故嚴峻。於㆓此國土制㆒以校㆓量寛猛㆒。正得㆓其中㆒。合㆓佛本制㆒也。」【百一羯磨一】に「何況五磨灑。」【註】に「西方檢㆓問諸部律㆒。皆同㆓此名㆒。斷㆓其重罪㆒。不㆑云㆓五錢㆒。此是貝齒計㆓八十箇㆒名㆓一磨灑㆒。大數總有㆓四百貝齒㆒。一時離㆑處方是犯㆑盜。元不㆑據㆑錢。若譯爲㆓五錢㆒者全乖㆓本文㆒。故存㆓梵語㆒。」

マシヤウ　魔障　〔術語〕　惡魔の障礙なり。又、梵語魔羅、Māra 障、と譯す、梵漢雙擧して魔障と云ふ。【止觀輔行五】に「曾聞有㆑人。自謂㆓成佛㆒。待㆓天不㆑曉。謂爲㆓魔障㆒。」【大經淨影疏上】に「遠障㆓眞德㆒。故名爲㆑魔。」【勝義諦品經】に十種の魔障を說き、【虛

空藏菩薩所問經】に四十五種の魔障を說く。

マシヤウジン　魔精進　〔術語〕精進行にして正道を害するもの。【止觀八】に「習二魔精進一求二名聞一故。」

マシヤラガレイ　摩娑羅伽隷　〔雜語〕Musā-ragalva「ムシヤラ」を見よ。

マシンダ　摩哂陀　〔人名〕Mahendra 阿育王の手なり、出家して聖果を證し法を錫蘭に傳ふ。【善見律二】に「摩哂陀。是阿育王兒也。持二律藏一至二師子國一。」【玄應音義十六】に「摩哂陀。式忍反。是阿育王子也。」若し西域記に依れば錫蘭に法を傳ふ者を阿育王の弟摩醯因陀羅とす。「マケインダラ」參照。

マジ　魔事　〔術語〕惡魔の所作。佛道の障礙となる事柄。【法華經授記品】に「無レ有二魔事一。雖レ有二魔及魔民一。皆護二佛法一。」【楞嚴經六】に「入二三摩提一。永無二魔事一。」【止觀四】に「轉二魔事一爲二佛事一即巧慧。」

マジヤ　摩蛇　〔飮食〕藥の名。「マギ」を見よ。

マジユン　魔旬　〔異類〕Māra pāpīyas (N. sg. m. pāpīyān) 魔波旬の略。

マセン　麼洗　〔雜語〕Māsa 譯、月。「タラマセン」を見よ。

マセンダ　摩旃陀　〔人名〕Mahācandra 大臣の名。譯、大月。【賢愚經五】「の名。「マデンチカ」を見よ。

マセンダイ　末闡提　〔人名〕Madhyantika 比丘

マゼン　魔禪　〔術語〕禪定行の正道を害するもの。鬼神を使役せん爲に禪定を修する如し。【止觀八】に「得二於魔禪一味二於鬼法一。」

マソク　摩觸　〔術語〕學法女六法の一。男身に觸「接すること。

マタ　摩多　〔術語〕Mātr (N. sg. f. mātā) 莽多。譯、母。【梵語雜名】悉曇の四十七字に於て母韻の十二字を摩多とし、子韻の三十五字を體文と云ふ。摩多は母の義にて彼を以て體文の韻を發せしむればなり。【悉曇三密鈔一】に「摩多此云二點畫一。或云レ韻。」是れ義譯なり。但し梵字の相承に四種あり、其の中梵王相承又南天相承と云ふ。には摩多は十二字なれ共大日及釋迦の相承には別摩多と稱して紇哩 訖梨 哩 梨の四文を加ふるなり。「シッタンジヤウ」參照。

マタ　麼吒　〔術語〕麼 は月の種子吒 は日の種子なり。【略出經一】に「於二右眼中一想二麼字一。於二左眼中一想二吒字一。又想麼字變爲レ月。吒字變爲レ日。即以二金剛所成眼一。應レ瞻二仰一切佛一。」【秘藏寶鑰上】に「麼吒慧眼破二無明之昏夜一。日月定光現二有智之薩埵一。」

マタウ　摩騰　〔人名〕比丘の名。「カセフマタウ」を見よ。

マタラ　摩多羅　〔天名〕天台宗に祭る天神なり。【空華叢談三】に「問ふ、台家に摩多羅神と云ふものを祭る由、之を聞けり、是れ如何なる神ぞや。答ふ、是れ末末の愚蒙の作り出せし事と見えたり。その神像のありさま頭に唐制の幞頭を蒙り、身に和樣の狩衣を着て、左の手に鼓を取り右の手にて之を打つ姿なり。左右に童子あり、風折烏帽子を着て右の手に笹葉を持ち、左の手に茗荷を取て舞へるありさまなり、中尊の兩脇にも竹と茗荷とあり、頂上には雲氣あり、その內に北斗七星を畫けり、是を摩多羅神の曼陀羅と云ふ由なり、是れ皆日本の風俗なり、一笑するに堪たり、羅山文集三十七曰。又一宇置二摩多羅神像一。或曰亦名二金毘羅一。烏帽着レ袴持レ鼓。左右有二兩童一。一曰二丁禮多一。一曰二尼子多一。或立舞。或擊レ鼓。相傳。最澄入唐在二天台山一時。此神顯レ形見レ澄曰。我隨レ汝赴二日本一。且授以二秘法一。所謂擊鼓觀心者。台徒深爲二秘要一。逮二澄歸レ國復逢二此神於比叡山一。於レ是崇レ之云。巳上同詩集六曰。僧徒說曰。傳稱最澄入唐時。金毘羅神現二艫頭一曰。我護レ汝風帆無レ恙。歸朝祈二祭此神一。一名摩多羅神。即是大巳貴神一體也。山王元配二此神一。故台徒莫レ不レ信二仰之一。摩多羅好二歌舞一。左右有二二童一。或擊レ鼓。或起舞。若鼓腹不レ空則無二聲可一レ以出一。若無レ機則無レ可二舞動一。此其所二標致一也。又曰。此神譬二之竹一。竹外直圓有レ節。中則虛心。四時不レ變レ色。此神意亦復如レ是。是台徒所レ秘而所レ匈二欲レ聞レ之者一歟。巳上台徒の傳說大概此趣なるのみ、皆是末世附會の妄說なり。大凡そ山門中古其法大に亂れて玄旨歸命壇の灌頂と云ふ事を修行せり、其のありさまは禪宗の公案に似たるとを作り、是を學徒に著語せしめて密密に印可し最極秘密の傳法と思へり、其時の本尊は則ち件の摩多羅神なり、途方もなき僻說共なり。」梵 Mātala*《第百四圖參照》

常行堂摩多羅神　〔天名〕【溪嵐拾葉集九】に「覺大師自二大唐一引聲念佛御相傳。歸朝之時。於二船中一有二虛空聲一。告曰。我名二摩多羅神一。即障礙神也。我不二崇敬一者不レ可レ遂二往生之素懷一云。仍常行堂被二勸請一云云。口傳云。摩多羅神者摩訶迦羅天是也。亦是吒枳尼也。彼天本誓云。經云。欲レ臨レ終時。我行二彼所一食二肝屍一。故得二臨終正念一。若我不レ食二肝者不レ得二正念一。不レ遂二往生一云。此事隨分秘事也。人都不レ知事也。」

太秦寺摩多羅神　〔天名〕太秦の廣隆寺に聖德太子に始まると稱して摩多羅神を崇め、每歲九月十二日に牛祭と云ふを行ふ。

マタラカ　摩多羅迦　〔術語〕Mātrkā* 論藏の別名。「マダリカ」を見よ。

マタリ　摩多梨　〔天名〕譯、無着處。天神の名。【本行集經四十四】梵 Mātalin

マタリ　末多利　［流派］小乘十八部の一。【開宗記一本】に「末多利部。此云二北山部一。」

マダ　末陀　［飮食］Madya 酒の總名。【倶舍論十四】に「醞レ食成レ酒名爲二窣羅一。醞二餘物一所レ成名二迷麗耶酒一。即前二酒未熟已壞不レ能レ令レ醉不レ名二末陀一。若令二醉昧一名二末陀酒一。」【瑜伽略纂十一】に「末陀蒲桃酒也。」【翻梵語九】に「摩陀池。譯曰レ醉也。增一阿含經三十三。」

マダウ　魔道　［術語］邪鬼天魔の世界なり。道は餓鬼道畜生道と云ふ如く其等の往來する道途なり。【楞嚴經六】に「縱有二多智禪定現前一。如不レ斷レ婬必落二魔道一。上品魔王。中品魔民。下品魔女。」【止觀一】に「若其心念念欲二大威勢一身口意僅有二所作一。一切弭從。此發二欲界主心一行二摩羅道一。」

マダツ　摩達　［地名］國の名。其の國、摩達那果を生ずれば名く。

マダツコクワウキヤウ　摩達國王經　［經名］一卷、劉宋の沮渠京聲譯。羅漢比丘あり、宿業を以ての故に官馬を養視す、七日の後神通を現じて王を化し佛に歸せしむ。【宿帙七】(773)

マダナ　末捺南　［雜語］Vandana 譯、禮。【梵語雜名】に「禮。末捺南。又末儞弟。古言二和南一。」

マダナ　末達那　［植物］Madana 摩陀那、摩達那。又、摩陀羅。果の名。譯、醉果。【玄應音義三】に「末達那果。此譯云二醉果一。」【同二十三】に「末達那。或云二摩陀那一。又言二摩陀羅一。此云二醉果一。甚堪二服食一。能令二人醉一故以名焉。」【慧琳音義十八】に「摩達那果。西國果名也。此國無。其果大如二檳榔一。食レ之令二人醉悶一。亦名二醉人果一。堪二入レ藥用一也。」

マダマ　末陀摩　［雜語］末は莫の義、陀摩は中の義、中道に着するとなきなり。【法華玄義二】に「問。中道是何義。答。末陀摩經中自註曰。末者莫義。陀摩者中義。莫レ著二中道一名二摩陀摩一。」經註とは文殊問經なり。

マダラ　摩陀羅　［物名］寶の名。【義疏六帖十九】に「般若論云。摩陀羅寶。此寶金翅鳥中出。綵色辟二一切邪媚一。」

マダラ　摩陀羅　［人名］小乘外道二十論師の一。那羅延天を執して萬物の生本となすもの。「ゲダウ」を見よ。

マダリ　摩怛里　［異類］Mātṛ 譯、母。【大日經疏五】に「七摩怛哩。譯云二七母一。皆鬼女也。」

マダリカ　摩怛理迦　［術語］Mātṛkā 摩怛履迦。又、摩夷、摩得勒伽、摩德勒伽、摩侄梨迦、摩多羅迦。論藏の別名。譯、本母。行母。本とは理なり、論藏は理を生ずる母なれば本母と云ひ、又、行法を生ずる母なれば行母と云ふ。【玄應音義一】に「摩夷。正言二摩怛理迦一。此云二本母一。理爲二教本一。故以名焉。」【同十六】に「摩得勒伽。或言二摩侄梨迦一。或言二摩怛履迦一。此譯云レ母。以レ生レ智故也。」【顯揚論六行瑫音義】に「摩怛履迦。此云二行母一。」【慧琳音義十八】に「摩怛理迦。唐云二本母一。亦云レ論也。」

マダリガラマ　摩怛理伽羅摩　［物名］Matṛgrāma 譯、母村。【玄應音義二十三】に「梵言二摩怛理一。此云レ母。伽羅摩此云レ村。」

マダリシンシンゴン　摩怛理神眞言　［眞言］摩怛哩神の秘咒なり、能く疾疫を作す。【大日經三】に「摩怛哩神眞言能作二衆生疾疫災癘一。」

マダン　魔檀　［術語］布施行の正道を害するもの。魔人の布施行なり。心に煩惱を有し、憂惱しつつ布施を爲し、三有の果報を求むる爲に布施を爲す如し。【智度論十二】に「檀有二二種一。一者魔檀。二者佛檀。若爲二結使賊一所レ奪。憂惱怖畏。是爲二魔檀一。若有二清淨布施一無二結使賊一。無レ所二怖畏一。得レ至二佛道一。是爲二佛檀一。」【止觀八】に「久遠劫來爲二魔所一レ使。起二於魔檀一。爲レ有レ報一故。」

マチ　末底　［雜語］Mati 又、摩提。譯、慧。【唯識論六】に「末底般若爲レ異。」【同述記六末】に「末底是慧異名。與二般若一無二別體一。」

マチ　襪　［雜語］亦襪子とも云ふ。世に云ふ足袋なり。律にては寒時は襪をつくることを許容せり。【釋氏要覽】「鈔云襪亦是衣。四分律云寒聽レ著レ襪。」

マチウ　摩偸　［雜語］【西域記三】に「摩偸。唐言レ豆。」【梵語雜名】に「麼史。」

マチウラ　摩偸羅　［地名］Mathurā 又、摩度、摩突羅、秫菟羅。國の名、譯、孔雀。密善。【慧苑音義下】に「摩度羅城。或云二摩偸羅一。亦云二摩突羅一。此云二孔雀城一。或云二密善一。皆吉事者也。」【探玄記十五】に「摩偸羅者。正云二秫菟羅一。此云二孔雀一。或云レ蜜。並是古世因レ事爲レ名。是中印度。此國中有二舍利弗等塔及文殊師利塔一。於二王城東五六里一有二山寺一是烏波毱多所造寺。北巖間有二石室一是毱多度レ人安レ籌所也。乃至具在二西域記第四一說。」

マチソウカ　摩底僧訶　［人名］Matisiṁha 比丘の名。譯、師子慧。【求法高僧傳上】

マチヤウ　摩頂　［術語］佛、大法を囑累する爲に弟子の頂を摩し、或は授記する爲に頂を摩す。【法華經囑累品】に「釋迦牟尼佛。從二法座一起。現二大神力一以二右手一摩二無量菩薩摩訶薩頂一。而作二是言一。」

マチヤウシヤウ　摩頂松　［人名］【佛祖統紀二

十九玄奘傳】に「初遊二天竺一。手摩二門徑松一曰。吾西求レ法。可二枝向一レ西。吾若言レ歸枝可二東指一。既往枝果西。一日忽東指。弟子曰。教主歸矣。因號二摩頂松一。」【三體詩李洞送僧還南海詩】に「長安却回日。松偃舊房枝。」【東坡詩集和合浦愈上人韻詩】に「爲問二庭松一尙西指。不レ知老奘幾時歸。」

マチリカ　摩窒里迦　〔雜語〕Mātṛkā 摩低梨迦、譯、本母。論藏の別名。【希麟音義九】に「摩窒里迦。窒丁結反。或云二摩怛里迦一。或云二摩德勒迦一。皆梵語輕重也。此云二本母一。即論藏。」「マダリカ」を見よ。

マヂウ　磨頭　〔職位〕禪林の語。米麥等の碾磨を掌るもの。

マヂウ　麻頭　〔職位〕禪林の語。麻を勸化するもの。

マツカウ　抹香　〔物名〕沈檀を擣て粉抹とせるもの、以て塔像に撒布す。【法華經提婆品】に「悉以二雜華抹香一供二養七寶妙塔一。」【智度論】に「乾香應レ燒。濕香應レ塗レ地。末香及華應レ散。」

マツケ　末化　〔術語〕梵網經所說の佛身に於て臺上の盧舍那佛の本身に對して葉上の釋迦如來を末化とす、枝末の化主なり。【一心戒文】に「千華百千億盧舍那爲二本身一。十重四十八輕釋迦文爲二末化一。」

マツケウ　末敎　〔術語〕二敎の一。枝末の敎。三乘敎のこと。本敎の對。

マツゴノク　末後句　〔雜語〕樂普元安禪師の語に「末後一句。始到二牢關一。鎖二斷要津一。不レ通二凡聖一。」傳灯十六安禪師章浮山圓鑑禪師の語に「末後一句始到二牢關一。指南之旨不レ在二言詮一。」會元十二に師の傳あり、此語を載せず。碧巖第九則評唱に此說を擧ぐ。大悟徹底の極處に到りて至極の語を吐くを末後の句と云ひ、此處凡聖を鎖斷して通過を容さざれば牢關と云ふ。【碧巖種電鈔一坤】に「到二徹悟極處一吐二至極語一。更無二語句過レ之者一。謂二末後一句一。於二至極一句一不レ通二凡聖一。故云二牢關一也。便堅牢關鎖也。」【無盡燈論上】に「玆有二向上出身一路一。是謂二之祖師不傳一著一。是故盤山曰。向上一路千聖不傳。學者弄レ形如二猿捉一レ影。或又是謂二之末後句一。浮山曰。末後一句始到二牢關一。指南之旨不レ在二言詮一。」稱あり。

マツサン　末算　〔術語〕論義の問題に本算末算の稱あり。

マツジ　末寺　〔雜語〕本寺に對して所屬の寺院を末寺と云ふ。

マツセ　末世　〔術語〕澆末の世代なり。釋迦の入滅後五百年を正法時とし、次の一千年を像法時とし、後の萬年を末法時とす。末世とは即ち末法時を云ふ。⦿（曲、三輪）「願はくは末世の衆生の願をかなへ」

マツダ　末陀　〔雜語〕梵音 Madhya 六十數名の一。十俱胝の數也。現今の一億に相當す。

マツダイ　末代　〔術語〕末世に同じ。【法華玄義四】に「末代凡夫。見思病重。」【行事鈔中三之四】に「釋迦一化並無。末代往生見在。」【往生要集上本】に「往生極樂之敎行濁世末代之目足也。」⦿（曲、三輪）「末代の衆生の爲め濟度方便の事業」

マツテイ　末弟　〔雜語〕本師の對。一宗一派の法流を汲みて其流れの末流を汲める子弟。

マツト　末徒　〔雜語〕「マツテイ」に同じ。

マツトウセウ　末燈鈔　〔書名〕一卷、眞宗開祖親鸞の法語及び消息三十二章を輯錄せるもの。卷頭に「本願寺親鸞大師御己證竝邊州所之御消息等類聚鈔」と題せり。正慶二年覺如の第二子從覺の編纂せしものなり。

マツホフ　末法　〔術語〕正像末三時の一。佛世を去る長遠にして敎法轉た微末なる時期を云ふ。【法華嘉祥疏五】に「轉復微末謂二末法時一。」三時に就て四說あり、一說に正法五百年、像法一千年、末法一萬年と云ふ、多く此說を取る。「サンジ」を見よ。

マツホフトウミヤウキ　末法燈明記　〔書名〕一卷、傳敎著。佛法に正像末の三時あり、末法時には名字の比丘も尙世寶たるを論ず。或は言ふ、此書傳敎の著にあらずと。

マツマ　末摩　〔雜名〕Marman 譯、死穴、死節、支節。身中に百餘處の末摩あり、水火風の三大の一地大を除く。增盛して其の末摩に觸るるときは極苦を生じ、終に命根を斷じて知覺なからしむれば斷末摩と云ふ。【瑜伽倫記一上】に「末摩者此名二死穴一。亦云二死節一。有言有二六十四處一。或百二十處。」「ダンマツマ」を見よ。

マツリ　末利　〔植物〕Mallikā 花の名。末利又は摩利、末羅と云ふ。鬘と譯す、其の花以て鬘に造るべし、因て名く。【勝鬘寶窟上本】に「末利。亦云二摩利一。此是華名。有二江南寺安法師一。多レ所二博識一。云。此華色白而形小。此間無二物以翻一レ之。猶存二末利之稱一。」【慧苑音義上】に「末利者。花名也。其花黃金色。然非二末利之言即翻爲二黃色一。」

マツリウ　末流　〔雜語〕枝末の流派。法流の末。

マツリブニン　末利夫人　〔人名〕「マリブニン」を見よ。

マテイ　末底　〔雜語〕Mati「マチ」を見よ。

マテイダイシヤ　末睇提舍　〔雜語〕Madhyadeśa 譯、中國。【寄歸傳三】に「或云二末睇提舍一。是中。提舍是國。百億之中心。斯其事也。」

マテリセイタ　摩咥哩制吒　〔人名〕Mātṛceṭa 比丘の名。譯、母兒。【寄歸傳四】に「如二尊者摩咥哩制

吒二者。乃西方宏才碩德。秀三冠群英一之人也。傳云。昔佛在時。佛因下親領二徒衆一人間遊行上。時有二鶖鳥一。見三佛相好儼若二金山一。乃於二林內一發二和雅音一如三似讚詠一。佛乃顧二諸弟子一曰。此鳥見レ我歡喜。不レ覺哀鳴。緣二斯福一故。我沒レ世後。獲三得人身一。名二摩咥哩制吒一。廣爲二稱嘆一讚二我實德一也。」【同註】に「摩咥哩是母。制吒是兒也。」

マテン　魔天　〔天名〕　惡魔の天神なり。欲界の頂上に居り、他化自在天と稱する者是なり。「丘の名。

マデン　末田　〔人名〕　末田地又は末田地迦の略。比

マデンチ　末田地　〔人名〕　「マデンチカ」を見よ。

マデンチカ　末田底迦　〔人名〕　Madhyāntika 又、末闡提、末田地、末田地那、末田鐸迦、末彈地、末田提など。比丘の名。譯、中、日中、水中、金地、河中。【付法藏傳二】に依れば阿難の弟子に二人あり、一を末田提と云ひ、二を商那和修と云ふ。阿難此二人に法藏を付し、末田提をして化を罽賓國に布かしめ、商那和須をして化を中國に布かしむ。商那和修弟子あり、優婆毱多と云ふ。法を之に付す。其より展轉して師子比丘に至る、依て摩訶迦葉より師子比丘に至る付法藏の人を二十三祖となす人あり。然るに【阿育王經七】に依れば、阿難の弟子を末田地とし、末田地の弟子を商那和修とすれば、摩訶迦葉より優婆毱多に至るまで師資相傳五人あり、依て異世の五師と稱して付法藏は總じて二十四祖となるなり。是れ薩婆部の據る所、嘉祥南山等之を取る。【毘奈耶雜事四十】に「是時尊者阿難將欲二涅槃一。此之大地六種震動。時有二仙人一將二門徒五百一乘レ空而來。到二尊者所一。大德我今願於二善說法律一出家近圓成二苾芻性一。是時尊者作二如レ是念一。云何令二我弟子今來至一レ此。便以二通力一即於二水中一絕二人行路一。纔起レ念已有二五百弟子一一時俱至。尊者即於二水中一變爲二洲地一。四絕二人蹤一。與二五百人一出家受レ具。正作レ白時五百人得二不還果一。第三羯磨時斷二諸煩惱一證二阿羅漢果一。由下其大仙出家近圓在二日中時一復在中水中上。爲レ此時人呼爲二日中一或名二水中一。」【同註】に「本云二末田地那一。末田是中。地那是日。因以爲レ名喚爲二日中一。或云二末田鐸迦一。末田是中。鐸迦是水。由下在二水中一出家上。即以爲レ名喚爲二水中一。舊爲二末田地一者但出二其名一。皆未レ詳二所以一。故爲注出。」【阿育王經七】に「末田地翻レ中。」【四論玄十】に「末田地亦云二末彈地一。此云二河中比丘一。」【西域記三】に「末田底迦舊曰二末田地一訛略也。」【行宗記一上】に「摩田底迦此翻二金地一。」

末田底迦度龍罽賓國　〔故事〕　佛嘗て記して曰く、我れ涅槃の後末田底迦阿羅漢あり、罽賓國に於て人を安じ佛法を弘揚せんと。如來寂滅の後五十年阿難の弟子に末田底迦あり、佛記を聞て大に喜び、便ち此國に來て大山嶺に宴坐し、大神變を現ず。龍見て深信し所須を問ふ、阿羅漢曰く、願くは地內に於て容膝の地を得ん。龍王水を縮めて奉施す、羅漢神通を以て身を廣くし、龍王縱て水を縮む。池空しく水盡く。龍翻て地を阿羅漢に請ふ、此に於て西北に一池を留む。龍王曰く、五百の羅漢常に我供を受け、法盡に至らん、若し法盡るの後還て此國を以て居地とせん。末田底迦之を許す。【阿育王經七、毘奈耶雜事四十、善見律六、西域記三】

マトウ　摩頭　〔植物〕　Madhuka 果の名。譯、美果。【玄應音義二十四】に「末度迦果。舊云二摩頭一。此云二美果一也。」【俱舍光記十八】に「末度迦是果名。其形如レ棗。樹似二皂莢樹一。」　「鄧祇の略。

マトウ　摩登　〔人名〕　摩鄧、摩瞪。摩鄧伽又は摩

マトウ　磨頭　〔雜語〕　「マヂウ」を見よ。

マトウ　麻頭　〔雜語〕　「マヂウ」を見よ。

マトウガ　摩鄧伽　〔人名〕　Mātaṅga 摩燈伽、摩登伽。男を摩鄧伽と云ひ、女を摩鄧祇 Mātaṅgī と云ふ。正翻、有志。義譯、憍逸、惡作業。賤種の通稱なり。摩鄧女經。摩登女解行中六字經に直に人と爲すは譯人の誤なり。長水等之に從ふ。【摩登伽經】に「過去有レ王名二帝勝伽一。是旃陀羅摩登伽種。」【舍頭諫經】に「過去有レ王名曰二摩登一。摩頭此言二有志一。」【玄應音義二十二】に「阿死羅摩登羅女之別名也。此女由二卑賤一故但以レ拂レ市爲レ業。用供二衣食一也。」【瑜伽倫記二十三】に「阿死羅是人別名也。摩登祇者旃荼羅女名二摩登祇一。旃荼羅男名二摩登伽一。此二是通名也。此女但以二拂箒一爲レ活。」【二十唯識述記下】に「末登伽此云二憍逸一。」【可洪音義八上】に「摩瞪或作二摩瞪伽摩登祇一。此云二惡作業一。」

摩登伽女　〔人名〕　佛の在世に一の摩登伽女あり、其の女鉢吉帝の爲に幻術を以て阿難を蠱惑し將に婬欒せしめんとす、佛神呪を說て其の難を解く。「ハッキテイ」を見よ。

マトウガアランニヤ　摩登伽阿蘭若　〔術語〕　梵音 Mātaṅga-āraṇyaka 三處阿蘭若の一。比丘の住處村落を去ること一俱盧舍にして、大牛の吼聲の聞へざる處に建つ。

マトウガキヤウ　摩登伽經　〔經名〕　二卷、吳の竺律炎等譯。佛、摩鄧伽女を度すると及び星宿等のことを說く。【宿帙六】(645)

マトウガシン　摩鄧伽神　〔天名〕　摩鄧伽咒の神體なり、佛在世に摩鄧伽女あり此神の符咒を誦して

佛弟子阿難を幻惑せしむ。【鼻奈耶三】に「有二摩鄧伽神語符咒一。能移二日月一以墮三著地二。」

マトウガジユ　摩鄧伽咒　〔雜名〕又、摩登祇咒。先梵天咒と云ふ。摩鄧伽の種族に傳ふる所の梵天の神咒なり、摩鄧伽女之を以て阿難を幻惑せしむ。【鼻奈耶三】に「時母亦澡浴。著二白服飾一。以二牛屎一塗レ地。以二五色綖一結レ縷。盛二滿四瓶水一。盛二滿四碗血一。盛二滿四椀香水一。盛二滿四椀粥糜一。以二四口大刀一豎二牛屎四角頭一。豎二四枚箭一。然二八明燈一。取二四死人髑髏一。種種香塗二其上一。以レ華布レ地。捉二熨斗一燒香。繞三匝。向二東方一跪而誦二摩鄧伽咒術一。時阿難於二祇洹一意便恍惚。爲二咒所一レ縛。如二魚被二鐵鉤一。如二象隨レ鉤。」【楞嚴經一】に「阿難因二乞食次一經二歷婬室一。遭下大幻術摩登伽女。以二娑毘迦羅先梵天咒一攝中入婬席上。」【大法炬陀羅尼經十三】に「摩登祇咒。隋言二作惡業一。」

マトウガセンニン　摩蹬伽仙人　〔人名〕往昔仙人あり摩蹬伽と名く、形極て醜陋なり。五通を修得し山中に坐禪す。婬女あり王の怒に觸れ驅出せられ、山に入り仙人を見て念らく、我れ今驅出せらる、是れ不祥の事なり、若し此不祥を還さば我れ當に吉祥なるべしと。乃ち糞汁を取て仙人を洗灌す。仙人忍受して瞋恨を生ぜず、淫女後に還て王に寵せらる。又一國師あり亦哀惱す、婬女語て曰く、不吉祥を以て仙に還さば必ず還て吉祥ならんと。國師言に依て糞汁を以て仙を洗ふ、仙復た忍受す、國師還て吉事を得たり。王後に敵を征せんとす、國師勸むるに仙を洗ふとを以てす。王山中に屋を造て恒に糞汁を取て仙を洗ふ、遂に征して勝つを得たり。是より若し心に稱はざるとあれば輙ち糞汁を取て之を洗ふ、仙人復た忍ぶと能はず、心に瞋恨を生じ乃ち石を雨らす。王人皆死し須臾の間に王城山林となる。今摩蹬伽林と名く。【二十唯識述記下】

マトウガリン　摩蹬伽林　〔地名〕「マトウガセンニン」を見よ。

マトウギ　摩鄧祇　〔雜名〕Mātaṅgī 摩鄧伽の女聲。「マトウガ」を見よ。

マトウギジユ　摩鄧祇咒　〔雜名〕「マトウガジユ」を見よ。

マトウクラ　摩頭鳩羅　〔地名〕Madhukula 山の名。譯、蜜種。【翻梵語九】に「摩頭鳩羅山。譯曰摩頭者蜜。鳩羅者種姓也。」【四分律十一】

マトウニヨ　摩鄧女　〔雜名〕摩鄧伽女の略。

マトウニヨキヤウ　摩鄧女經　〔經名〕一卷、後漢の安世高譯。摩登伽經の第一品の異譯。【宿帙六】(643)

マトウニヨゲギヤウチユウロクジキヤウ　摩鄧女解形中六事經　〔經名〕一卷、失譯人名。佛摩登女の爲に身中の眼等の六處を分解して一一に其の愛相なきを說く。【宿帙六】(644)

マトウラシシ　摩頭羅瑟質　〔人名〕兒の名。譯、密勝。【賢愚經十二】に「摩頭羅瑟質。晉言二密勝一。」其の初生の日密に瑞應を爲すを以て名く。

マトクロクガ　摩得勒伽　〔術語〕Mātṛkā マトロガと讀む。

マトラ　摩突羅　〔地名〕Mathurā 又、秣兔羅。城の名。譯、密善。「マチウラ」を見よ。

マトロガ　摩得勒伽　〔術語〕摩德勒伽。「マダリカ」を見よ。

マド　摩兔　〔雜語〕Manuṣya 摩兔沙の略。譯、人、意。「マドシヤ」を見よ。図 摩兔摩、或は摩奴末那の略。「マドマ」を見よ。

マドアラタ　末笯曷剌他　〔人名〕Manoratha 論師の名。譯、如意。世親菩薩の師なり。【西域記二】に「末笯曷羅他唐言如意論師。於レ此製二毘婆沙論一。論師以二佛涅槃之後一千年中一利見也。」「ニヨイ」を見よ。

マドカ　末度迦　〔植物〕Madhuka 果の名。「マトウ」を見よ。

マドクラ　麻豆瞿羅　〔飲食〕Madhugola 餅の名。【善見律十】に「麻豆瞿羅。漢言二美餅一。」【大日經疏七】に「末塗共囉餅。亦著鑑。兼以二糖蜜一塗レ之。」

マドシヤ　摩奴闍　〔雜語〕Mānuṣa 又、Manuṣya 末奴沙、摩兔沙、摩兔賒、摩奴沙、摩努婆、摩兔奢、摩奴曬、摩努史也。略して摩兔と云ひ、又摩拏赦、摩兔舍喃と云ふ。譯、人、意。【玄應音義二十五】に「末奴沙亦云二摩兔沙一。此云レ人。」【法華文句四】に「人者。胡言二摩兔奢一。此云レ意。」【慧琳音義二十五】に「摩奴沙。此云レ人。即人之總名也。或云二摩奴婆一。」【梵語雜名】に「人摩拏史也。娜羅。」又外道の邪計に名く。女人眷屬論師の說に大自在天八女人を作る、第六を摩兔と名く、摩兔人を生ずと。【外道小乘涅槃論】に「摩醯首羅作二八女人一。乃至六名二摩兔一。摩兔生レ人。」【大日經疏二】に「經云二摩奴闍一者。智度翻爲レ人。即是人執也。具譯當レ言二人生一。此是自在天外道部類。計二人即從レ人生一。故以爲レ名。唐三藏云二意生一非也。末那是意。今云二末奴一。聲轉義別。誤耳。」【大日經疏十六】に「滿奴所生者。是一類外道見。滿奴是我。言一切似レ我而生也。」

マドシヤナン　摩兔舍喃　〔雜語〕Manuṣyāṇām (Manuṣya の多言聲屬聲の形) 譯、多人之。「マドシヤ」を見よ。

マドシヤシン　摩奴沙心　〔雜名〕人の心、即ち「肝臟を指す。

マドシヤロヂラ　摩努沙嚕地囉　〔修法〕Manuṣya-rudhira 摩努沙は人、嚕地囉は血なり。大威德

明王の法に人血を白芥子及び毒藥に和して火燒するなり。【聖閻曼德迦念誦法】

マドゼニヤサバラ 末奴是若颯縛羅 【雜語】 Manojñasvara 譯、可意音、如意音。【法華玄贊二】

マドニヤクシヤ 秣奴若瞿沙 【人名】 Manojñaghoṣa 比丘の名。譯、如意聲。【慈恩寺傳】

マドバシヤタ 摩奴跋沙柁 【雜語】 Manuṣyahan 譯、人殺。人を殺すなり。【飾宗記四末】

マドマ 摩㝹摩 【術語】 Manomaya 又、摩㝹。摩奴末耶。譯、意生身。諸佛菩薩及諸天等の自意に從て化生する身を云ふ。【華嚴疏二十】に「摩㝹摩者。此云二意生。亦云二意成。即是意生身也。」【玄應音義一】に「摩㝹。正言二摩奴末耶。此云二意生身。言諸天等從レ意化生也。」

マドラ 麼度羅 【地名】 Mathurā 又、摩偸羅。國の名。「マチウラ」を見よ。

マドラタ 摩㝹羅他 【人名】 Manoratha 論師の名。譯、心願。【婆藪槃豆傳】

マナ 末那 【雜語】 Manas譯、意。【玄應音義二十三】に「末那此云レ意也。」【梵語雜名】に「意。麼那。」

マナコイレ 眼入 【儀式】 佛像の開眼を云ふ。「カイゲン」を見よ。

マナサンダラ 摩拏產捺囉 【雜語】 Mānusendra 譯、仁王。【仁王經良賁疏一】に「梵云二摩拏。此翻爲レ仁。梵云二產捺羅。此翻爲レ王。」

マナシ 摩那斯 【異類】 Manasvatī 又、摩那蘇婆帝と云ふ。龍王の名。大身、慈心、高意など。【法華光宅疏一】に「摩那斯。譯云二大身。則繞二須彌一七匝也。」【法華文句二】に「摩那斯。此云二大身。或大意大力等。修羅排レ海。淹二喜見城。此龍縈レ身以遏二海水。」【同玄贊二】に「摩那斯。此云二慈心。」【探玄記二】に「摩那蘇婆帝龍王。亦名二摩那斯。此云二慈心。亦云二得意。正云。摩那云レ意。斯云レ高。謂有二威德。意高二餘龍。」

マナシキ 末那識 【術語】 唯識論所說八識中第七識にて第八識を所依とし且つ第八識の見分を所緣として生ずる識なり。末那識を意と譯す。意は思量の義、此識常に第八識の見分を緣じて、我なり法なりと思量する故に末那と名く。我法二執の根本なり。されば第六識を意識と名くるに何の別あると云ふに、（意識、末那識梵漢の相違のみ故に問ふ。）彼は此末那即ち意に依て生ずる識なれば意識と云ふ、即ち依主釋なり。此は末那即ち第七識なれば末那識（即ち意識）と云ふ、是れ持業釋なり。【唯識論四】に「是識聖教別名二末那。恒審思量勝二餘識一故。此名異二第六意識。此持業釋。如二藏識名。識即意故。彼依主釋。如二眼識等。識異レ意故。」【同述記四末】に「末那是意。」梵 Manas

マナシヤ 摩拏赦 【雜語】 Manuṣya 摩奴沙に同じ。

マナシラ 摩那屎羅 【物名】 又、摩那叱羅。譯、雄黃。【千手千眼觀世音菩薩治病合藥經】に「摩那屎羅者。雄黃是也。」【陀羅尼集經五】に「摩那叱羅。唐名云二雄黃一也。」 梵 Manaḥśilā

マナソバテイ 摩那蘇婆帝 【異類】 Manasvatī 龍王の名。「マナシ」を見よ。

マナタ 摩那埵 【術語】 巴 Mānatta 又、摩那埵、摩那䭾。譯、悅意。比丘僧殘罪を犯して懺悔を行じ、懺悔に依て罪を洗除するを得、自ら喜び衆僧をして悅ばしむるを云ふ。又、僧中治罰の名とす。【行事鈔中一】に「摩那埵者翻爲二悅衆意。隨二順衆教一咸生二歡喜。」【慧琳音義六十】に「摩那䭾此云二遍淨。」【同六十三】に「古云二摩那埵。僧中責罰之名也。此云二治罰。」

マナダ 摩那埵 【術語】 「マナタ」を見よ。

マナハ 摩那䭾 【術語】 「マナタ」を見よ。

マナバ 摩那婆 【術語】 摩拏婆。「マナフ」を見よ。

マナフ 磨衲 【衣服】 袈裟の名。【六祖壇經】に「朕積善餘慶。宿種善根。值二師出世、頓悟二上乘。感二荷師恩。頂戴無レ已。並奉二磨衲袈裟及水晶鉢。」【標註】に「或云。高麗國產。世所二珍奇。未レ見二其所由。可二重考一矣。」【東坡全集磨衲贊序】に「長老佛印大師了元。遊二京師。天子聞二其名。以二高麗所レ貢磨衲一賜レ之。」【雞林志】に「高麗國衣二摩衲一者爲二禪法師。衲甚精好。」

マナフ 摩納 【術語】 Māṇavaka 又、摩納婆、摩納婆嚩迦、那羅摩那。譯、儒童、年少、人、長者。【玄應音義一】に「摩納。或云二摩納婆。或云二摩那婆。或云二那羅摩那。或皆是梵音訛轉也。此譯云二年少淨行。或云レ人。」【同二十一】に「摩納婆。又言二摩納縛迦。此云二儒童。舊言二摩那婆。或作二那羅摩那。又作二摩納。翻爲二年少淨行。五分律名二那羅摩納。譯爲レ人。皆一也。」【慧苑音義上】に「摩納婆。正曰二摩那婆。此曰二年少者。或謂二儒童一也。」【唯識述記一末】に「摩納婆迦。此云二儒童。」【華嚴疏鈔十九下】に「摩納婆。此云二儒童。此名下依二一聲中一但呼中一人上。若呼二多人。多聲中呼應レ云二摩納婆嚩迦。」或は言ふ、儒童又は年少と翻する非なり、一類の外道人身中に勝妙の我體ありと執す、其の義をさして摩納婆と云ふ、摩納婆は勝我の義なりと。【大日經疏二】に「經云二摩納婆一者。是毘紐天外道部類。正翻應レ言二勝我。言我於二身心中一最爲二勝妙一也。彼常於二心中一觀二我可二一寸許。智度亦云。有計神在二心中。微細如二芥子。乃至唐三藏翻爲二儒童一非也。儒童梵云二摩拏婆。此中

云レ納。義別。誤耳。此二名是菩提闍梨解。」【大日經疏十六】に「末那仙生者。言從レ彼生也。亦是一類外道等見也。」

マナフセン　摩納仙　〔本生〕儒童と譯す。釋迦如來因位の時、第二阿僧祇劫の終に、燃燈佛の出世に遭ひ、五莖の蓮を佛に獻じ、髮を泥に布きて佛に蹈ましめ、以て未來成佛の記別を受く。其の時の名を摩納と曰ひしなり。【心地觀經一】に「昔爲二摩納仙人一時。布レ髮供二養燃燈佛一。以二是精進因緣一故。八劫超二生死海一。」

マナフバ　摩納縛　〔術語〕「マナフ」を見よ。

マナフバカ　摩納縛迦　〔術語〕同上。

マナン　摩男　〔人名〕「マカナン」を見よ。

マニ　摩尼　〔物名〕Maṇi 又、末尼。譯、珠、寶、離垢、如意。珠の總名。【玄應音義一】に「摩尼。珠之總名也。」【同二十三】に「末尼。亦云二摩尼一。此云二寶珠一。謂珠之總名也。」【慧苑音義上】に「摩尼。正云二末尼一。末謂末羅。此云レ垢也。尼謂離也。謂此寶光淨不レ爲二垢穢所一レ染也。又云。末尼此曰二增長一。謂有二此寶一處。必增二其威德一。舊翻爲二如意隨意等一。逐レ義譯也。」【仁王經良賁疏下三】に「梵云二摩尼一。此翻爲レ寶。順二舊譯一也。新云二末尼一。具足當レ云二震跢摩尼一。此云二思惟寶一。會意翻云二如意寶珠一。隨二意所一レ求皆滿足故。」【圓覺大鈔一下】に「摩尼。此云二如意一。」【涅槃經九】に「摩尼珠。投二之濁水一水即爲レ淸。」「ニヨイシユ」を見よ。

マニケウ　末尼敎　〔流派〕具に末尼火祆敎と云ふ。所謂波斯國の火敎なり。末尼は寶珠、火祆は其の光明に名く、即ち彼敎の神體太陽なり。【佛祖統紀三十九】に「唐太宗正觀五年。初波斯國蘇魯支。立二末尼火祆敎一。敕於二京師一立二大秦寺一。」【註】に「祆。火煙反。胡神。即外道梵志也。波斯國在二西海一。此云二大秦一。」【同四十一】に「代宗永泰三年。勅回紇奉二末尼一者。建二大雲光明寺一。」【同四十二】に「五代梁末帝貞明六年。陳州末尼。聚レ衆反。立二毋乙一爲二天子一。朝廷發レ兵擒二毋乙一斬レ之。其徒以レ不レ茹レ葷飮レ酒。夜聚婬穢。畫魔王踞坐。佛爲洗レ足。云佛是大乘。我法乃上上乘。其上慢不法有レ若レ此。」

マニクワケンケウ　末尼火祆敎　〔流派〕「マニケウ」を見よ。

マニシヤラ　摩尼遮羅　〔雜語〕Maṇicara 又、摩尼折羅。夜叉の名。【孔雀王咒經上】に「摩尼遮羅。梁言二珠行一。」【大孔雀經】に「摩尼折羅。此云二寶行一。」

マニバツダ　摩尼跋陀　〔天名〕Maṇibhadra 又、摩尼跋陀羅。夜叉八大將の一。譯、寶賢、滿賢。【大日經疏五】に「夜叉八大將。一名二摩尼跋陀羅一。譯曰二寶賢一。」【慧琳音義二十六】に「摩尼跋陀。摩尼。此云レ寶。跋陀。此云レ賢。」【同三十五】に「摩尼滿。或云二如意一。跋陀。此云レ賢。」

マニバツダラ　摩尼跋陀羅　〔人名〕摩尼跋捺羅。藥叉將名。唐云二滿賢一。」「マニバツダ」を見よ。

マニヨ　魔女　〔異類〕魔界の女人なり。【楞嚴經六】に「不レ斷レ婬必落二魔道一。上品魔王。中品魔民。下品魔女。」

マニラダンキヤウ　摩尼羅亶經　〔經名〕一卷、東晉の竺曇蘭譯。陀羅尼雜集第八卷の別出。災厄を除く法を說く。摩尼羅亶の義詳ならず。【成帙十二】(486)

マニリン　摩尼輪　〔術語〕六輪の一。「ロクリン」を見よ。

マニン　魔忍　〔術語〕魔道の忍行なり。他を畏るる爲に忍辱を修する如し。【止觀八】に「久遠劫來爲二魔所一レ使。乃至行二於魔忍一。爲レ畏レ他故。」

マヌ　摩㝹　〔天名〕Manu 譯、人。人類を云ふ。初め外道の言ふ所の劫初の魔女の名なりしなり。【祖庭事苑】「提婆菩薩釋楞伽經中小乘涅槃論云。外道。女人眷屬。論師說。云。」「マドシヤ」を見よ。

マヌシヤ　摩㝹沙　〔雜語〕Mānuṣa 又は摩奴闍、末奴沙、摩㝹賖。譯、人。人類の總稱。

マネウランキヤウ　魔嬈亂經　〔經名〕一卷、失譯。弊魔試目連經と共に中阿含降魔經の別譯。【昃帙八】(573)

マハジユン　魔波旬　〔異類〕Māra-pāpīyān 魔は魔羅の略。天魔の總名。波旬は魔王の別名也。【義林章六本】に「又云二波卑夜一。此云二惡者一。天魔別名。波旬訛也。成二就惡法一懷二惡意一故。惡魔波旬號名雙擧。」【玄應音義六】に「言二魔波旬一者訛也。正言二波卑夜一。此云二惡者一。謂有二惡意一成二就惡法一也。或云二惡魔波旬一。存二二音一也。」【慧琳音義二十五】に「魔波旬。具足梵云二禰嚩摩羅波稗句。Devamāra Pāpīyas(N.sg.m. Pāpīyān) 禰嚩云レ天。摩羅云二障礙一。波稗句云二罪惡一。謂此類報生二天宮一。性勸レ人造レ惡令レ退二善根一。不レ令三生離二欲界一也。」「ハジユン」を見よ。句は旬の誤。

マバイ　磨貝　〔衣服〕衣の名。【玄應音義十五】に「磨貝。補蓋反。西域衣名也。」

マバク　魔縛　〔雜語〕天魔の繫縛なり。【涅槃經十七】に「十二部經中。說二繫著一者。名爲二魔縛一。」【長阿含經一】に「盡レ漏離二魔縛一。智慧轉二法輪一。」

マバラ　摩婆羅　〔異類〕鬼神の名。譯、除曲心。【光明文句七】梵 Mavara*

マビヤウ　魔病　〔術語〕天魔の人をして病惱せしむるもの。【止觀八】に「魔病者與レ鬼亦不レ異。鬼但病レ身殺レ身、魔則破二觀心一破二法身慧命一。起二邪念想一奪二人功德一。與レ鬼爲レ異。」

マブツ　魔佛　[術語]　天魔と佛陀。極善極惡を對擧して魔佛と云ふ。【止觀五】に「首楞嚴云。魔界如。佛界如。一如無二如。」【梵網經上】に「能轉二魔界一入二佛界一。佛界入二魔界一。」【止觀八】に「魔界即佛界。而衆生不レ知。迷二於佛界一横起二魔界一。於二菩提中一而生二煩惱一。」

マヘジヨク　前卓　[物名]　佛前の佛具を乘する器「具。」

マボン　魔梵　[天名]　欲界第六天の魔王と色界の梵天王となり。【法華嘉祥疏八】に「欲天主爲レ魔。色天主爲レ梵。」【倶舍光記三】に「魔謂他化自在天魔。梵謂梵王。」

ママ　麼麼　[雜語]　Mama（一言聲屬聲）譯、我之。【演密鈔八】に「我字。梵音麼麼。」【梵語雜名】に「我。麼麼。」

ママウ　魔網　[術語]　天魔の人を網する種種の邪業を云ふ。【無量壽經上】に「壞二裂魔網一。解二諸纒縛一。」【智度論八】に「有念墮二魔網一。無念則得レ出。」

ママカラ　磨磨迦羅　[術語]　Mamakāra　譯、我所。我が所有なり。【智度論四十八】

ママキ　莾莫枳　[菩薩]　又、摩莫枳。次項を見よ。

ママケ　麼麼鷄　[菩薩]　Māmakī又、忙莽雞、忙莽計、忙忙雞、摩莫枳。譯、金剛母。金剛部の部母にして金剛手院の一尊なり。【大日經疏十】に「金剛母。所謂忙莽計。忙言母義。莽計亦是多義。即一切金剛之母。謂金剛智慧從レ此生也。」【慧琳音義三十九】に「麼麼雞。金剛部母者名也。」【諸部要目】に「金剛部忙莽雞菩薩以爲二部母一。」【菩提場經二】に「摩莫枳菩薩。乃至是一切菩薩之母。」

（麼麼鷄の圖）

ママテイ　摩摩帝　[職位]　（Vihāra-svāmin）譯、寺主。知事。寺中の知事なり。【行事鈔中一】に「寺主。摩摩帝。」【同資持記中一之四】に「摩摩帝。是梵語。即知事人。」【行宗記二上】に「摩摩帝即經營人。」梵

マミン　魔民　[雜語]　魔界の民衆なり。【Mamati*

マメツ　磨滅　[雜語]　物を碾磨すれば終に消滅する如く、有爲法の漸く衰損して終に消滅するを云ふ。【寶積經九十六】に「須彌河海盡燋枯。畢竟磨滅歸二虛空一。」【無量壽經下】に「威勢無レ幾。隨以磨滅。」【大乘義章九】に「一切有爲。無常磨滅。」【中阿含經四十三】に「欲者苦無常磨滅法。」

マモリブクロ　守囊　[物名]　佛天の像或は陀羅尼を書して之を囊に入れ、以て身に著くるもの。【阿吒婆拘鬼神大將陀羅尼經】に「世尊此神咒。應レ付二賢德有智善人一。若不レ能レ誦者。應下以二好紙一書寫。盛以二綵囊一。著二種種香一常持隨上レ身。」

マヤ　麼也　[雜語]　又、摩耶。譯、體。【大日經疏十】に「麼也。體也。」【梵語雜名】に「體。摩耶。」図　Māyā夫人の名。譯、幻、術。又は幻術（麼也、又は摩耶を體と譯するもの、果して幻、又は幻術と譯する摩耶夫人の名と同一なるや否やを保せず）「マカマヤ」を見よ。

マヤキヤウ　摩耶經　[經名]　摩訶摩耶經の略名。

マヤニ　摩耶尼　[經名]　譯、法相。【百論疏上之中】に「摩耶尼。此云二法相一。法相有レ五。」梵　Māyinī*

マユラ　摩由羅　[動物]　Mayūra　又、摩裕羅、摩庾囉。譯、孔雀。【大威德陀羅尼經】に「摩由羅。此云二孔雀一。」【慧琳音義八十二】に「摩裕羅。唐云二孔雀一。」【梵語雜名】に「麼庾囉。」

マラ　麼攞　[雜語]　Mālā　又、麼羅。譯、鬘。【玄應音義十八】に「梵云二麼羅一。此云レ鬘。西域結鬘師。多用二蘇摩那華一。行列結レ之以爲二條貫一。」【梵語雜名】に「鬘。麼引攞。」

マラ　魔羅　[術語]　Māra　又、麼羅。略して魔と云ふ。「マ」を見よ。

マラ　摩羅　[動物]　Māra　譯、鰐魚。【名義集二】に「摩羅。善見云二鰐魚一。」恐くは失收摩羅（Śiśumāra）の略。

マラ　末羅　[雜名]　Malla　拘尸那城の人種の名。譯、力士。【長阿含四遊行經】に「爾時世尊在二拘尸那城本所生處婆羅國中雙樹間一。臨レ將二滅度一。告二阿難一曰。汝入二拘尸那竭城一。告二諸末羅一。」異譯の【大般涅槃經下】に「爾時世尊告二阿難一言。汝今可下入二鳩尸那城一。語二諸力士一道上。」大乘の【大般涅槃經一】に「佛在二拘尸那國力士生地阿利羅跋提河邊娑羅雙樹間一。」【慧琳音義十二】に「魔羅。唐云レ力也。」【梵語雜名】に「力。末麗曩。又麼攞。」

マラ　懡㦬　[雜語]　愧なり。【碧巖第一則著語】に「不レ免二一場懡㦬一。」【同種電鈔】に「一場慚羞。」梵 Mūḍha（Mūḍha）「ヤ」を見よ。

マラエン　摩羅延　[地名]　Malaya　山の名。「マラヤ」を見よ。

マラカタ　末羅羯多　[物名]　「マラガダ」を見よ。

マラカラ　摩羅呵羅　[異類]　Mālākhāda　夜叉の名。譯、食鬘。【孔雀王咒經上】

マラガシラ　麼囉誐始羅　[雜語]　Mārgaśīrṣa　九月の名。【梵語雜名】

マラガタ　磨羅伽多　[物名]　「マラガダ」を見よ。

マラガダ　摩羅伽陀　〔物名〕譯、綠色寶。【玄應音義二十一】に「末羅羯多。亦言二磨羅伽多一。綠色寶也。大論云。出二金翅鳥口邊一。能避二諸毒一也。」【智度論】に「摩羅伽陀。」梵 Mārakata

マラギリ　摩羅祇梨　〔地名〕Mālagiri 譯、鬘山。【本行集經三十一】

マラギヤ　磨賴伽　〔雜語〕Mārga 譯、道。【大日經疏五】

マラダイ　摩羅提　〔地名〕Malaya-deśa 又、摩離と云ふ。國の名。【慧苑音義下】に「摩羅提國。具云二摩羅耶提數一。此云二鬘地一。或曰。摩羅耶山名也。提數ハ中也。言此國中央有二摩羅耶山一故因名也。」【探玄記二十】に「摩離者。具云二摩羅底數一也。摩羅此云レ鬘。底數此云レ中。謂鬘中國也。此近二摩羅耶山一。故名相同也。」

マラダウ　魔羅道　〔術語〕魔道と略稱す。「マダウ」を見よ。

マラナン　摩刺諵　〔雜語〕Maraṇa 譯、死。【名義集六】に「末刺誧。此云レ死。」【梵語雜名】に「死。母娜。」(Mṛta)

マラビシヤナ　摩羅毘闍那　〔異類〕Mālāvijaya 夜叉の名。譯、鬘勝。【大威德陀羅尼經十八】

マラヤ　摩羅耶　〔地名〕Malaya 又、魔羅耶、摩羅延、摩梨。山の名。旃檀香を出だす處。【慧苑音義下】に「摩羅耶山。具云二摩利伽羅耶一。其山在二南天竺境摩利伽羅耶國南界一。而因レ國以立二山名一。其山中多出二白旃檀木一也。」【慧琳音義二十六】に「摩羅耶山。亦云二摩羅延一。摩羅此云レ垢也。耶云レ除也。山在二南天竺境一。因レ國爲レ名。其山名二白旃檀香一。入者香潔。故云二除垢一也。」【智度論二】に「如三旃檀香出二摩梨山一。除二摩梨山一無レ出二旃檀一。」

マラヤ　摩賴耶　〔地名〕Malaya 國の名。摩羅耶山の在る處。【開元錄九】に「摩賴耶國。此云二光明國一。其國近二觀音宮殿補陀落山一。」

マラユ　麼羅庚　〔物名〕Malayu 香の名。【大日經疏七】に「白檀香。西方名爲二麼羅庚一。是山名。即智論所レ云除二摩梨山一更無下出二旃檀一處上是也。」「マラヤ」を見よ。

マラユ　末羅遊　〔地名〕Malayu 國の名。【寄歸傳一】に「末羅遊州。即今尸利佛逝國是。」即ち馬來半島なり。

マラワウキヤウ　末羅王經　〔經名〕一卷、宋の沮渠京聲譯。末羅は國王の名なり。大石あり國王の道中に橫はる、國中の人民之を徙さんと欲すれども能はず、佛神通を現じて之を移し、因て四力を說て人民を度す。【宿帙七】(772)

マリ　摩利　〔人名〕Mallikā 又、末利。波斯匿王の夫人の名。譯、鬘。「マリブニン」を見よ。図 供物の名。【略出經四】に「又以二塗香燒香種種妙華燈鬘末利等一而作二供養一。」【註】に「末利者。以二諸飲食果子等一和レ水。置二瓶盆中一。是以施二鬼神一也。」末利は上出鬘字の重出か、華鬘なるべし。

マリ　末梨　〔異類〕Balin 阿修羅王の名。譯、有力。

マリ　摩離　〔地名〕國の名。「マラダイ」を見よ。梵 Malaya

マリ　摩梨　〔地名〕山の名。栴檀を出す處。

マリカ　摩利迦　〔植物〕花の名。譯、次第花。【慧琳音義二十六】梵 Mallikā

マリカ　摩利迦　〔人名〕夫人の名。舊に末利夫人、新に摩利迦夫人と云ふ。「マリブニン」を見よ。

マリガラ　摩利伽羅　〔人名〕王の名。譯、莊嚴。【華嚴疏鈔六十三】梵 Mālikāra

マリガラヤ　摩利伽羅耶　〔地名〕山の名。「マラヤ」を見よ。

マリシ　摩利支　〔天名〕Marīci 又、摩梨支、摩利支天、摩利支菩薩、摩利支提婆とも云ふ。譯、陽燄。其の形相見るべからず、取るべからざるを以て名く。又は華鬘。天女の形相に名く、常に日の前に在て行き、自在の通力を有する天神なり、若し之を念ずれば一切の災厄を離る、殊に武士の守護神とす、術家に傳ふる所、此天の印呪隱形法を以て其の至極とす。【本行集經三十一】に「摩梨支。隋云二陽燄一。」不空譯の【摩利支天經】に「有レ天名二摩利支一。有二大神通自在之法一。常行二日前一。日不レ見レ彼。彼能見レ日。無二人能見一。無二人能知一。無二人能害一。無二人欺誑一。無二人能縛一。無三人能債二其財物一。無二人能罰一。不レ畏三怨家能得二其便一。」天息災譯の【大摩利支菩薩經一】に「摩利支菩薩陀羅尼。能令下有情在二道路中一隱レ身。非道路中隱レ身。衆身中隱身。王難時隱レ身。水火盜賊一切諸難皆能隱上レ身。不レ令レ得レ便。」

形像　〔圖像〕阿地瞿多譯の【摩利支天經 陀羅尼集經十】に「若人欲レ得レ供三養摩利支天一者。應下用二金若銀若赤銅若白檀若赤檀等一。隨二力所一レ辦。作中魔利支天像上。其作像法。似二天女形一。其像左手屈レ臂向レ上。手腕當二左乳前一作レ拳。拳中把二天扇一。扇如二維摩詰前天女把一レ扇。於二扇當中一作二西國卍字一。字如二佛胸上卍字一。字四曲內各作二四箇日形一著レ之。其天扇上作二燄光形一。右手伸レ臂並伸二五指一。指頭垂レ下。身長大小一寸二寸乃至一肘。其中最好者一二寸好。其像左右各作二一侍者一。其侍者作二天女形一。種種莊嚴。作二此像一已。若比丘欲レ行二遠道一於二袈裟中一裹三著彼像一。若是優婆塞頭髻中藏二著於像一。大小行時

離レ身放著。不レ得二共レ身上レ厠大小行。」天息災譯の【大摩利支菩薩經一】に「今有二成就法。用二好綵帛及板木等。於二其上二畫二無憂樹。於二此樹下二畫二摩利支菩薩。身如二黃金色。作二童女相。掛二青キ天衣。手執二蓮華。頂戴二寶塔二莊嚴。乃至別明二成就法。令三彼行人先作二觀想。想三彼摩利支菩薩坐二金色猪身之上。身著二白衣二頂戴二寶塔。左手執二無憂相華枝。復有二群猪二圍繞。」

(摩利支天の圖)

マリシダイバ　摩利支提婆經軌　〔經名〕摩利支提婆華鬘經、一卷、不空譯。摩利支天菩薩陀羅尼經、一卷、不空譯。【閱帙十四】摩利支天經、一卷、阿地瞿多譯。陀羅尼集經第十に攝む。【閱帙五】摩利支菩薩略念誦法、一卷、不空譯。摩利支天一印法、一卷、失譯。【餘帙二】摩利支天陀羅尼咒經、一卷、失譯。【成帙十二】大摩利支菩薩經七卷、天息災譯。【成帙十一】

マリシダイバ　摩利支提婆　〔天名〕Marīci-deva 即ち摩利支天なり。提婆は天と譯す。

マリシダイバキヤウ　摩利支提婆經　〔經名〕摩利支提婆華鬘經の略名。

マリシダイバケマンキヤウ　摩利支提婆華鬘經　〔經名〕一卷、唐の不空譯。華鬘は蓋し摩利支の譯語なり。【閱帙十四】(845)

マリシツラ　摩利室羅　〔人名〕Mālyaśrī 譯勝鬘。舍衛城主、波斯匿王の女。「シヨウマンブニン」を見よ。

マリシテン　摩利支天　〔天名〕「マリシ」を見よ。

マリシテンイチインホフ　摩利支天一印法　〔經名〕一卷、失譯。【餘帙二】

マリシテンキヤウ　摩利支天經　〔經名〕不空譯の摩利支天菩薩陀羅尼經の略名。又陀羅尼集經第十に攝むる阿地瞿多譯の摩利支天經を指す。

マリシテンダラニジユキヤウ　摩利支天陀羅尼咒經　〔經名〕一卷、失譯。【成帙十二】(847)

マリシテンボサツダラニキヤウ　摩利支天菩薩陀羅尼經　〔經名〕一卷、唐の不空譯。【閱帙十四】(846)

マリシボサツリヤクネンジユホフ　摩利支菩薩略念誦法　〔經名〕一卷、唐の不空譯。【餘帙二】

マリシヤ　末栗者　〔植物〕摩哩者 Marica 譯、胡椒。【百一羯磨八】

マリシヤカ　靺嚟沙迦　〔植物〕Varṣika 又、靺師迦。花の名。譯、雨時花。【希麟音義五】に「靺師迦花。正云二靺嚟沙迦花。此云二雨時花也。或云二夏生花。其花白色甚香。半夏時生。因名云。」

マリシラ　末利室羅　〔人名〕Mālyaśrī 夫人の名。譯、勝鬘。末利夫人の女にして阿踰闍國の王妃となり、勝鬘經を說きしもの。【唯識述記八末】に「摩利迦。此名二鬘者。即末利夫人也。此夫人之女名二末利室羅。即勝鬘也。」【勝鬘寶窟一本】に「言二勝鬘一者。外國名爲二尸利摩羅。(Śrīmālā) 尸利此翻名レ之爲レ勝。摩羅名レ鬘。」

マリタラ　摩離他羅　〔異類〕Mālādhara 夜叉の名。譯、持華鬘。【孔雀王咒經上】

マリニ　摩梨尼　〔人名〕Mālinī 王女の名。譯、小鬘。【本行集經三十六】

マリブニン　末利夫人　〔人名〕Mālikā 舍衛國波斯匿王の夫人なり、末利華の園より將來せしものなれば末利夫人と號す。【四分律十八】に「舍衛城の波羅門耶若多に一婢あり、黃頭と名く、常に末利園(高麗本末利園明本に末羅園。)を守る。一日如來城に入て食を乞ふに値ふ、黃頭佛の相好を見て信心を生じ、食を佛に奉施し、自ら要誓すらく、願くは婢使を脫して王の夫人とならんと。後に王の出でて遊獵するに值ふ。天時に暑し。遙に其の園を見て馳せて之に就く。黃頭王を見て迎接し引て凉處に至り、衣を敷て坐せしめ、供奉巧に王の心に稱ふ。王其の聰明を知りて彼の耶若多に請て娉して夫人と爲す。末利園中より將來するを以て末利夫人と號す。」又、摩利迦と云ふ。鬘者と譯す。彼れ花園に在て主の爲に常に花鬘を作るを以て鬘者と名け、又勝鬘と名く。【毘奈耶雜事七】に「佛劫比羅城多根樹園に在り、時に釋子大名に一婢あり、明月と名く。彼れ常に花園に於て花を摘み勝鬘を結作して大名に上る、因て此女を號して勝鬘と號す。(勝鬘經所說の夫人と名を均くす、但し彼は夫人の女たり。)後に食を佛に奉獻せし功德を以て憍薩羅國勝光王(即ち波斯匿王。)の夫人となり、惡生太子を生む。」【唯識述記八末】に「摩利迦名二鬘者。即末利夫人也。此夫人之女名二摩利室羅。即勝鬘也。」又智度論に依れば須菩提比丘を供養せしに依ると云ふ。【論三十三】に「如二末利夫人。供三養須菩提一故。得二今世果報。爲二波斯匿王后。」即ち末利夫人。波斯匿王の后となり惡生太子及び勝鬘夫人を生めり。

マレイ　摩黎　〔地名〕又、摩梨。摩羅耶の訛略。山の名。「マラヤ」を見よ。

マレイナ　末麗囊　〔雜語〕譯、力。【梵語雜名】に「力。末麗囊。又麼攞。」梵 Balana*

マロ　摩樓　〔植物〕樹の名。譯、堅。【翻梵語九】に「摩樓樹。譯曰レ堅也。出曜經第三。」梵 Maru*

マロ　歷嚧　〔雜語〕嚩魯 Jala の轉音、水と譯す。【秘藏寶鑰下】に「甚深也者歷嚧。峻高也者蘇迷。」【同纂解五】に「歷嚧與二嚩魯一梵語之異。並此翻レ水。大疏云。嚩魯拏是水龍。由レ主レ水故。即是具二大悲水一能遍灑二一切一也。」梵 Maru, Varuṇa

マロカ　摩魯迦　〔雜名〕又、摩樓迦、摩婁伽。「マカ」を見よ。

マワウ　魔王　〔天名〕天魔中の王なり。欲界の第六天の他化自在天主を云ふ。彼れ常に多の眷屬を率ゐて人界に向て佛道の障礙を爲すなり、其の名を波旬と云ふ。但し大乘の法門より言へば深位の菩薩大方便力を以て、現じて魔王となり、佛に反映して以て衆生を進むるなり。【楞嚴經六】に「若不レ斷レ婬必落二魔道一。上品魔王。中品魔民。下品魔女。」【維摩經不思議品】に「維摩詰告二大迦葉一。仁者十方無量阿僧祇世界中作二魔王一者。多是住二不可思議解脱一菩薩。以二方便力一教二化衆生一現作二衆生一。」

マキン　磨院　〔雜名〕禪林の語。又、磨下とも磨司とも云ふ。米を舂き麵を磨する所なり。からうすべやと云ふ。

マヲン　魔怨　〔術語〕惡魔は佛の怨敵なれば魔怨と云ふ。【維摩經佛國品】に「降二伏魔怨一。制二諸外道一。」【新譯仁王經上】に「摧二伏魔怨一。雙二照二諦一。」【止觀輔行二】に「魔爲二佛怨一。故云二魔怨一。」

マン　慢　〔術語〕己を恃て他を淩ぐを云ふ。十六惑の一。七慢九慢の別あり。【唯識論六】に「慢恃レ己於レ他高擧爲レ性。乃至此慢差別有二七九種一。」【大乘義章二】に「淩レ他稱レ慢」

七慢　〔名數〕一に慢、劣に於て己れ勝と謂ひ等に於て己れ等と謂ふもの。是れ境に稱ふも、心高擧するを以て名けて慢となす也。二に過慢、等に於て己れ勝と謂ひ、勝に於て己れ等と謂ふもの。三に慢過慢、他の勝る中に於て己れ更に勝ると謂ふもの。四に我慢、我あり我が所有ありと執して心をして高擧ならしむるもの。五に增上慢、未だ聖道を證得せざるに己れ證得すと謂ふもの。六に卑慢、他の多分勝る中に於て己れ少分劣ると謂ふもの。七に邪慢、惡行を成就し惡を恃で高擧するもの。【倶舍論十九】

九慢　〔名數〕【唯識述記六】に「九慢者大乘中不レ見レ文。顯揚第一云。如二經說一三慢類。我勝我等我劣。婆沙一百九十九及倶舍第十九說レ有二九慢一。」一に我勝慢。我と同等なる者に於て我れ勝れたりと思ふなり。是れ七慢中の過慢なり。二に我等慢、我れより勝れたる者に於て我れに等同なりと思ふなり。三に我劣慢、我れより多分勝ぐれたる者に於て我れ少く劣れりと思ふなり。是れ即ち七慢中の卑慢なり。四に有勝我慢、他己れより勝ぐれたりと思ふなり、即ち是れ勝に於て己れ劣と思ふ者なれば卑慢の中に攝す。五に有等我慢、他己に等しと思ふなり、即ち是れ等に於て己に等しと思ふものなれば之を慢の中に攝す。六に有劣我、他己に劣れりと思ふ也、即ち是れ等に於て己れ勝れりと思ふものなれば之を過慢の中に攝す。七に無勝我、他己に勝るヿなしと思ふなり、即ち是れ等に於て己れに等しと思ふものなれば之を慢の中に攝す。八に無等我、他己れに等しきヿなしと思ふなり、即ち是れ等に於て己れ勝されりと思ふものなれば之を過慢の中に攝す。九に無劣我、他己れに劣なるヿなしと思ふなり、即ち是れ勝に於て己れ劣なりと思ふものなれば之を卑慢の中に攝す。されば此九慢は三慢の分類なり。【倶舍十九頌】に「慢有レ七九從レ三。」

マンエ　縵衣　〔衣服〕縵は漫なり、通漫にして條相なき袈裟なり、是れもと沙彌、沙彌尼の衣なれども、大僧も割截の正衣を得るヿ能はざるときは三衣に代用して着するを開すなり。【六物圖】に「縵通二三用一。（三衣の用）然本是沙彌衣。律制二沙彌一著二漫衣一。一當二七條一入衆。一當二五條一作務。今時剃髮即著二五條一。僣濫二大僧一。深求二本制一。」【釋氏要覽上】に「縵衣。梵音鉢吒。唐言二縵條一。即是一幅氈量以二三衣等一。但無二田相一者是也。自二佛法至レ漢涉二一百八十七年一。凡出家者未レ識二割截法一。只著二此衣一。」

マンカウ　慢坑　〔譬喩〕憍慢の深坑なり。【止觀十】に「勝者墮二慢坑一。負者墮二憂獄一。」

マンキヤウ　萬境　〔術語〕一切の境界なり。◉（曲、氷室）「月も燿く氷の面、萬境をうつす鏡の如く」

マンギヤウ　萬行　〔術語〕一切の行法なり。【菩提心論】に「復經二三僧祇劫一。修二六度萬行一。皆悉具足。然證二佛果一。」

マンギヤウノセウゼン　萬行少善　〔術語〕南無阿彌陀佛の六字の念佛に攝する善根福德の無量なるに比すれば、爾餘の萬行は少善根少福德なりと云ふ意。

マンクワ　滿果　〔術語〕滿業所感の果を云ふ。「マンゴフ」を見よ。

マンクワマン　慢過慢　〔術語〕七慢の一。「マンゴフ」の項を見よ。

マング　曼供　〔術語〕曼陀羅供の略稱。

マングワツソン　滿月尊　〔術語〕佛の德號なり。【往生十因】に「諸法因緣不可思議。若定水澄淨自見ニ滿月尊一。如三淨水爲レ緣見ニ空中本月一。」

マングワン　滿願　〔術語〕願を滿たすなり。【往生論下】に「彼無㝵光如來名號。能破ニ衆生一切無明一。能滿ニ衆生一切志願一。乃至問曰。名爲ニ法指一。如ニ指指レ月。若稱ニ佛名號一便得レ滿レ願者。指レ月之指應ニ能破レ闇。若指レ月之指不レ能レ破レ闇。稱ニ佛名號一亦何能滿レ願耶。」

マングワン　滿願　〔人名〕滿願子の略。比丘の名。

マングワンシ　滿願子　〔人名〕新譯滿慈子。尊者富樓那の翻名なり。「フルナ」を見よ。

マングワンシキヤウ　滿願子經　〔經名〕一卷。失譯。尊者富樓那往て惡國を化す、佛爲に忍行を說く。雜阿含十一卷に出づ。【辰帙六】(656)

マンケツ　慢結　〔術語〕九結の一。慢惑の身を繫縛するもの。

マンケヱ　萬華會　〔行事〕萬燈會の異名。或は萬燈會の外に萬華會あり、一萬の華を佛に供養する法會なり。「マンドウヱ」參照。

マンケン　慢見　〔術語〕十種見の一。慢に同じ。【大藏法數】「心生ニ憍慢一。計レ己爲レ勝。視レ他爲レ劣。是名ニ慢見一。」

マンコ　慢擧　〔術語〕自ら慢して心擧がるなり。【俱舍論四】に「慢對レ他心擧。」

マンコウ　滿講　〔雜語〕一部の書を講了すること。

マンコンゴウ　慢金剛　〔菩薩〕金剛界理趣會の中臺五尊の一。慢即菩提の深密の理趣を標示す。

マンゴフ　萬劫　〔雜語〕劫とは世界の成壞を分別する時量の名なり、萬劫とは世界の成壞を經ると一萬、時の極めて長きを云ふ。

マンゴフ　滿業　〔術語〕又、別報業と名く。凡そ人間一生中善惡邪正の種種の業を造る中に、最も主要なるもの唯一業ありて、未來世の鬼畜人天等の生を招引するものを引業と名け、其の他の一切の諸業相倚て彼の鬼畜人天等の生の中に於て更に六根の具不、身體の强弱、壽命の長短、其の他貧富貴賤等各自に差別する果報を圓滿せしむる者を滿業と云ふ。依て引業を總報業、滿業を別報業とも名け、畫者が人體を畫くに、總體の輪廓を引くを引業に譬へ、其の上に於て好醜姸美を別つを別報業に譬ふるなり。【俱舍論】に「一業引レ生。多業能圓滿。」

マンサウ　慢想　〔術語〕憍慢の念想なり。【南本涅槃經二十二】に「其心初無ニ憍慢之想一。」【西方要決】に「等心起レ敬勿レ生ニ慢想一。」

マンサン　滿散　〔術語〕日を期して法事を行ひ法事の終了するを滿散と云ふ、事滿ちて衆散ずる義なり。又其の散場に臨んで諷誦するを滿散とも散經とも云ふ。【象器箋十三】

マンサンシチニチ　滿三七日　〔雜語〕【法華經勸發品】に「爾時普賢菩薩白レ佛言。乃至世尊若後世後五百歲謂惡世中比丘比丘尼優婆塞優婆夷求索者。受持者。讀誦者。書寫者。欲レ修ニ習是法華經一。於ニ三七日中一應ニ一心精進一。滿ニ三七日一已。我當下乘ニ六牙白象一。與ニ無量菩薩一而自圍繞。以ニ一切衆生所レ喜見身一現ニ其人前一。而爲說法示敎利喜上。」◉（千載）に「待出ていかに嬉しく思ふらんはつかあまりの山の端の月」

マンザ　滿座　〔術語〕法會の最終日なり。亦列座の全體を指して滿座と云ふ。

マンザイ　萬歲　〔儀式〕一條院の御宇。大江定基三河守に任じ、其の民に佛敎傳來の因緣を敎へて舞はしむ、是れ三河萬歲の始めなりと云ふ。

マンザイチヤウジヤ　滿財長者　〔人名〕給孤獨長者の女修摩提、滿財長者の子に嫁し、其の家をして佛僧を供し、同じく道を悟らしむ。【須摩提女經】

マンシ　慢使　〔術語〕十使の一。慢惑人の身心を驅使するなり。

マンシ　萬指　〔雜語〕萬人なり。【林間錄上】に「萬指出迎。」

マンシヤウ　萬松　〔人名〕バンシヤウと呼ぶ。燕京報恩寺の萬松行秀禪師は河內の人也、刑州の淨土寺に出家して諸處に徧參し、終に磁の大明寺に雪巖に謁して心印を契悟し、尋で淨土寺に還て萬松軒を構へて以て自適す。金の章宗明昌四年（南宋光宗紹熙四年）師を召して道を問ひ、錦綺の大僧衣を賜ふ。承安二年師に詔して西山の仰山棲隱禪寺に住せしむ。得法の者一百二十人、壽八十一。萬松老人、報恩老人と稱せらる。【會元續略一上】師從容錄を著す、蓋し金元兩朝に涉たる曹洞禪の大宗匠なり。

マンシヤミ　滿沙彌　〔人名〕名は滿誓、奈良朝の人にして筑紫の觀世音寺に住す。沙彌は出家して十戒を受け未だ大僧の具足戒を受けざる者の稱。◉（方丈記）「滿沙彌」を見よ。

マンシユク　滿宿　〔人名〕六群比丘の一、「ビク」を見よ。

マンシユクシ　滿祝子　〔人名〕富樓那尊者の譯名。「フルナ」を見よ。

マンシリンワウ　萬子輪王　〔術語〕初地の菩薩の別號なり。【瓔珞本業經上】に「佛子。世間果報者。所謂十住銅寶瓔珞銅輪王一百子爲ニ眷屬一。乃至歡喜地百寶瓔珞七寶相輪四天王一萬子爲ニ眷屬一。」此の如く諸位の菩薩を世間の果報に當つれば歡喜地即ち初

地の菩薩功德は四天王となりて一萬の福子を有することを得るなり。

マンジ　滿字　〔術語〕梵字の摩多と體文と各別にして未だ全字を成さざるを半字と云ひ、摩多體文相合して全字を完成するを滿字と云ふ。涅槃經には此半滿の二字を以て小乘經と大乘經とに譬へたり。「ニジ」を見よ。

マンジ　萬字　〔術語〕卐の形なり。是れ印度に相傳する吉祥の標相にて、梵に室利靺蹉洛刹曩 Śrīvatsa-lakṣaṇa 即ち吉祥海雲相なり。羅什玄奘の諸師は之を德字と譯せり。然るを魏の菩提流支【十地經論十二】に此語を萬字と譯せり。此中字利靺蹉即ち卐を萬と譯せしは功德圓滿の義なれば吉祥海雲の義譯として咎なけれども、洛刹那を字と譯せしは是れ惡刹那の語に混ぜしにて、梵語洛刹那は相、惡刹那は字也、今卐は相にして字にあらざれば吉祥海雲相即ち萬相と譯すべしとなり。さて其の形は右旋なれば卐なり、佛を禮敬するに右繞三匝、佛眉間の白毫に右施婉轉、總て右旋を吉祥となすに由る。古來卍に造るものあるは誤也。高麗本の藏經及び慧琳音義二十一の華嚴音義共に卐に作れり。又右旋の相を示して◎と記せり。而して大乘經の說には之を佛及び第十地の菩薩胸上の吉祥相として三十二相の一に數ふれども、小乘の說に據れば胸上に限らざるなり。【楞嚴經一】に「即時如來。從㆓胸萬字㆒涌㆓出寶光㆒。」【無量義經】に「胸表㆓卐字㆒師子臆。」【觀佛經三】に「於㆓萬字印中㆒說㆓佛八萬四千諸功德行㆒。」【唐譯華嚴經三十九】に「皆於㆓金剛莊嚴臆德相中㆒。出㆓大光明㆒。名㆓能壞魔怨㆒。」（是れ第十地の菩薩の萬字を說く文）【唐譯華嚴經四十八】に「如來胸臆有㆓大人想㆒。形如㆓卐字㆒名㆓吉祥海雲㆒。」菩提流支譯の【十地經論十二】に「經曰。於㆓功德莊嚴金剛萬字胸㆒出㆓一大光明㆒。名㆓壞魔怨㆒。論曰。於㆓菩薩胸中㆒有㆓功德莊嚴萬字相㆒。名爲㆓無比㆒。」（是れ卐形に萬字を當てし元初なり、名義集六に華嚴音義云。大周長壽二年主上制此文。著於天樞音之爲萬。謂吉祥萬德所集也と華嚴音義に此文なく且つ其の說非なり。）【毘那耶雜事十三】に「世尊便舒㆓無量百千功德所生左手旋環萬字㆒。能除㆓怖畏㆒。善施㆓安穩㆒。捉㆓少年頭㆒。屈㆓右手指㆒內㆓彼口中㆒。鈎㆓其齒木㆒與㆑血俱出。」【同二十六】に「世尊以㆓上妙輪相萬字吉祥網輓㆒。其指謂從㆓無量百福㆒所㆑生。相好莊嚴。」【慧琳音義十二】に「卐字之文。梵云㆓室哩靺蹉㆒。唐云㆓吉祥相㆒也。有云㆓萬字㆒者謬說也。乃至非㆓是字㆒也。乃是如來身上數處。有㆓此吉祥之文㆒。大福德之相。」【華嚴音義上】に「卐字之形。今勘㆓梵本㆒。卐字乃是德者之相。元非㆑字也。乃至卐室利靺蹉。此云㆓吉祥海雲㆒。」明本の【華嚴音義一】に「卐梵書萬字。若佛胸前吉祥相是萬字者。何不㆑作㆓此字㆒耶。蓋知魏朝翻㆓十地論㆒。譯人昧劣。錯謂㆓洛刹那㆒爲㆑相。惡刹那爲㆑相。由㆘此相字二音按㆑聲呼㆑之。洛惡皆如㆓鶴字㆒。聲勢既其相近㆖故。使㆓一朝之謬累代忘㆑返也。」【華嚴疏鈔八】に「形如㆓卐字㆒者。靜法云。（即ち華嚴音義者）室離靺蹉。本非㆓是字㆒。乃是德者之相。正云㆓吉祥海雲㆒。衆德深廣如㆑海。益㆑物如㆑雲。古來三藏誤㆑譯洛刹曩爲㆓惡刹羅㆒。遂以㆑相爲㆑字。故爲㆑謬耳。然此相以爲㆓吉祥㆒。萬德所㆓集成㆒。因目爲㆑萬。意在語略。義含應㆑云㆓萬相㆒耳。」已上の諸說は萬字の萬を以て漢語となす義なり、然るに一說あり、萬を以て直に梵音となし、卐字の音を寫せるものとす。【宋僧傳三】に「譯㆑音不㆑譯㆑字。如㆓佛胸前卐字㆒是也。」最澄の【註無量義經上】に「萬者借音之字。胸上表㆓示梵滿之字㆒。其梵字者應㆑作㆓卐字㆒。此經備㆑音作㆓此萬字㆒。即表㆓果滿㆒也。」案に此說非なり。余印度に於て學僧の說を聞く、此卐形は梵天家の吉相となす所にして、凡そ尊像を畫くには必ず此卐形を劃し、此郭內に形體を畫くを法とす。是れ火の炎上する形にて梵天の法は火を以て最大清淨最大吉祥となすより彼に形て此相を創せしなり。

マンジケウ　滿字敎　〔術語〕半滿二敎の一。「ニケウ」を見よ。

マンジシ　滿慈子　〔人名〕又、滿願子。滿祝子と云ふ。富樓那尊者の翻名。「フルナ」を見よ。

マンジユ　滿濡　〔菩薩〕Mañju 又、曼殊、曼乳。譯、妙。又曼殊室利菩薩を古經に滿濡と云ひ、新譯家は曼殊と略稱す。

マンジユカダ　曼殊伽陀　〔雜名〕Mañjugāthā 曼殊室利菩薩吉祥伽陀の略名。

マンジユガン　曼殊顏　〔植物〕Mañjūṣaka 花の名。「マンジユシヤ」を見よ。

マンジユゴジシンダラニホン　曼殊五字心陀羅尼品　〔經名〕具名、金剛頂經曼殊室利菩薩五字心陀羅尼品、一卷、唐の金剛智譯。【閏帙十三】(537)

マンジユドウジ　曼殊童子　〔菩薩〕曼殊室利童子の略。「童子の略。」

マンジユシヤ　曼殊沙　〔植物〕Mañjūṣaka 又、曼殊顏。花の名。譯、赤團花、藍花、柔軟花。【光宅法華疏一】に「曼殊沙華。譯爲㆓小白團花㆒。摩訶曼殊沙華。譯爲㆓大赤團華㆒也。」【玄應音義三】に「曼殊顏華。又云㆓曼殊沙㆒。此譯云㆓藍華㆒也。」【法華玄贊二】に「曼殊沙者。此云㆓柔軟華㆒。體柔輭亦令㆔見者離㆓剛礦三業㆒故。」【大和本草】に「金燈花、鐵色箭とも云ふ。月令廣義に曰く、冬春葉茂り夏月花を生じて葉死る、花葉相衛らず、云云。此花下品なり、其葉石蒜に似たり、一類なり、此花を國俗曼殊沙華と云ふ。翻譯

名義に曰く、曼殊沙は此に柔軟又赤華といふ云云。」

マンジユシリ 曼殊室利 【菩薩】Mañjuśrī 曼殊尸利、舊稱、文殊師利、新稱、曼殊室利。菩薩の名。「モンジユシリ」を見よ。

マンジユシリキヤウ 曼殊室利經 【經名】具名、大方廣曼殊室利經觀自在多羅菩薩儀軌經、一卷、唐の不空譯。多羅菩薩の儀軌なり。密教の金剛薩埵は即ち顯教に所謂曼殊室利なり。【閑帙十二】(1050)

マンセン 慢山 【譬喩】憍慢の高きを山に譬ふ。【釋門歸敬儀上】に「慢山上聳。俯ニ視於人物ニ。我室四ニ蒙包ニ藏於見愛ニ。」

マンゼン 萬善 【術語】一切の善事なり。

マンゼンドウキシフ 萬善同歸集 【書名】六卷、宋の延壽著。衆善盡く實相に歸するを明かす。【縢帙四】(1655)

マンソウヱ 萬僧會 【行事】一萬の僧を會して供養を修するなり。【元亨釋書二十七】に「李唐懿宗。禁中設ニ萬僧會ニ。帝升レ座讚唄。」村上帝應和元年十一月七日萬僧供養を修す。【濫觴抄下】

マンゾクグワン 滿足願 【術語】希求せることとの總て成就するを求め、一切の願を圓滿具足せる本願を云ふなり。

マンタラ 曼怛羅 【術語】Mantra 又は、曼特羅、滿怛羅。譯、眞言。神呪、秘密語。「シンゴン」を見よ。

マンダ 曼陀 【雜語】又、萬陀、滿拏、曼陀羅の略。又は曼陀羅華の略。

マンダ 滿駄 【雜語】Bandha 譯、縛。【演密鈔八】に「梵云ニ縛駄ニ。或云ニ滿駄ニ。此譯爲レ縛。」

マンダ 滿茶 【雜語】Maṇḍa 譯、堅固。金剛座の異名。【大日經疏十二】に「爾時諸金剛菩薩。即能現ニ菩提座ニ也。此座但以ニ世間意ニ說但座處耳。然西方名ニ此座ニ爲ニ滿茶ニ。滿茶者是堅固義。不動義。是更無等比義。是遍周法界義。今現ニ此菩提座ニ。亦如ニ酪中現ニ蘇。諸味共會ニ一處ニ。而不ニ相離ニ。」

マンダイ 漫提 【雜語】Vande 又、漫泥と云ふ。「マンナイ」を見よ。（Vandeは自動詞第一人稱一言聲の形にして「我は禮す」と譯すべし、下の漫泥も同一なり）

マンダカ 漫茶迦 【飮食】Maṇḍaka 餅の名。【大日經疏七】に「漫茶迦。是此方薄餅。」【梵語雜名】に「餅。滿拏。」

マンダキニ 曼陀枳尼 【雜名】池の名。忉利天上にあり。【六波羅蜜多經二】に「善法堂中衆議長隔。曼陀枳尼殊勝池水沐浴無レ由。」【慧琳音義四十一】に「曼陀枳尼池梵語。大龍象王浴池名也。准ニ起世經及立世阿毘曇論等ニ。皆說下此池在ニ此贍部洲大雪山北ニ有中此池上。是善住象王之所浴處。今經意云。是諸天浴池。若爾即合レ在ニ忉利天上ニ。彼天若有即是名同。彼天若無即是錯譯。未レ詳ニ孰是ニ。更勘ニ梵本ニ爲レ定爲レ異也。」梵 Mandākinī

マンダシユ 曼陀殊 【植物】又、曼陀羅華と曼殊沙華となり。【高倉院昇遐記】に「曼陀殊の木のもとに」

マンダタ 曼駄多 【人名】Māndhātṛ 頂生王の名。譯、我養。【玄應音義二十四】

マンダラ 曼荼羅 【術語】Maṇḍala 曼陀羅、滿茶邏、漫怛羅、蔓陀囉。曼拏羅。略して曼拏、曼荼と云ふ。新舊の譯種種ある中、舊譯は多く壇又は道場と譯し、新譯は多く輪圓具足又は聚集と譯す。此中體に就かば壇又は道場と譯すを正意とし、義に就かば輪圓具足又は聚集と譯すを本義とすべし。即ち方圓の土壇を築きて諸尊を此に安置し、以て祭供するもの是れ曼陀羅の本體にして、此壇中には諸尊諸德を聚集し具足して一大法門を成すと、轂輞輻の三具足して圓滿の車輪を成ずる如き、是れ曼陀羅の義なり。而して常に曼荼羅と稱するは之を圖畫せし者を云ふ。是れ四曼中の大曼荼羅なり。【師子莊嚴王菩薩請問經】に「道場之處當レ作ニ方壇ニ。名ニ曼荼羅ニ。廣狹隨レ時。」【不空羂索陀羅尼經下】に「蔓陀囉。此云レ壇也。」【探玄記二十】に「曼荼羅云道場也。圓壇也。」【慧琳音義十】に「漫荼羅無ニ正翻ニ。義說云ニ聖衆集會處ニ也。即念誦壇場也。」【演密鈔四】に「漫荼羅者。此云ニ道場ニ。是與ニ弟子ニ發心得道之處。謂ニ之道場ニ。」【大日經疏三】に「十方世界微塵數大悲萬行波羅蜜門猶如ニ華藏ニ。三乘六道無量應身猶如ニ根莖條葉ニ發暉相間。以ニ如是衆德ニ輪圓周備故。名ニ漫荼羅ニ也。」【同四】に「漫荼羅是輪圓之義。」又「曼荼羅並發生義。今即名ニ發生曼荼羅ニ也。下ニ菩提心種子於ニ一切智心地ニ潤以ニ大悲水ニ。[悉曇字]照以ニ大慧月ニ。[悉曇字]鼓以ニ大方便風ニ。[悉曇字]不レ得以ニ大空空ニ。[悉曇字]能令下不思議法性芽。次第滋長乃至彌ニ滿法界ニ。成中佛樹王上。故以ニ發生ニ爲レ稱。」又、「梵音曼荼羅是攢ニ搖乳酪ニ成レ蘇之義。曼荼羅是蘇中極精醇者。浮聚在レ上之義。猶ニ彼精醇不ニ復變易ニ。復名爲レ堅。淨妙之味共相和合。餘物能所レ不レ雜。故有ニ聚集義ニ。是故佛言ニ極無比味無過上味ニ。是故說爲ニ曼荼羅ニ也。以ニ三種秘密方便ニ攢ニ搖衆生佛性之乳ニ。乃至經ニ歷五味ニ成ニ妙覺醍醐ニ。醇淨融妙不レ可ニ復增ニ。」又、「漫荼羅者名爲ニ聚集ニ。今以ニ如來眞實功德ニ集在ニ一處ニ。乃至十世界微塵數差別智印輪圓輻輳。翼ニ輔大日心王ニ。使ニ一切衆生普門進趣ニ。是故說爲ニ漫荼羅ニ也。」

【演密鈔二】に「漫荼羅聖賢集會之處。萬德交歸之所。」【同五】に「漫荼羅是蘊二聚積三聚諸佛如來眞實功德二之處。故以爲レ名。言二輪圓輻輳一者。以レ喩顯レ法。輪即平輪。圓謂圓滿。轂輞輻等相圓滿故。輻輳者歸會也。謂衆輻歸二會於轂一也。乃至今借喩二此漫荼羅三重法界門罔レ不レ歸二輳於大日心王一。使三三乘五乘一切衆生普門進趣皆輳二中胎大空之處一。故曰二輪圓輻輳一也。」【四曼義】に「古人翻レ壇。新人翻二輪圓具足一。」【秘藏記本】に「曼荼羅。謂三密圓滿具足義也。」さて此の如く一切の賢聖、一切の功德の集合處を漫荼羅と名くるより、其賢聖の身形或は言語或は持物或は誓願等をも悉く漫荼羅と名く。是れ其の一一に輪圓具足の義在ればなり。【大日經疏一】に「眞言。梵曰二漫怛羅一。即是眞語。如語。不妄不異之言。釋論謂二之秘密語一。舊譯云レ呪。非二正翻一也。」此は賢聖の語密に曼荼羅の稱を附せし一例なり。之に就て四種の曼荼羅を立てて一切法を該收す。⊙（榮花、玉の臺）「ある所を見れば、曼陀羅を懸け奉りて」

四種曼荼羅 〔名數〕 一に大曼荼羅、諸尊を總集せる壇場（即ち舊に壇と譯するもの。）及び其の諸尊の形體、幷に其の壇場の全體又は諸尊の一一を圖畫せるもの是なり。是れ曼荼羅の總體なれば大と云ふ、大は五大の義、又廣大の義なり、他の三種も五大所成なれども是れ總體にして最も廣大なれば獨り大と名く。二に三昧耶曼荼羅、諸尊の手に持する器杖及び印契を畫く者是なり。三昧耶とは本誓の義、是れ諸尊の本誓を表はして天魔波旬は勿論諸尊自身も違越すると能はざるを誓約する幖幟なればなり。三に法曼荼羅、諸尊の種字を畫く眞言及び一切經の文字義理是なり。四に羯磨曼荼羅、羯磨とは作業の義、鑄造の形像是なり。諸尊身上の一切の威儀事業及び鑄像泥塑等の作業なり。此四漫の中に初の一は總體にして後の三は別德なり、先づ大曼荼羅は諸尊の人體なり、此諸尊の所說の法門を法曼とし此諸尊の所持の器杖を三昧耶曼とし此諸尊の所作を羯磨曼とす。【秘藏記鈔二】此四漫を四智印とも云ふ。【諸部要目】に「一切印契。一切法要。以二四智印一攝盡。大智印以二五相一成二本尊瑜伽一。三昧耶印以二二手一和合。金剛縛發生成レ印。法智印名二本尊種子法身三摩地一切契經文義一。羯磨智印以二二金剛拳一如レ執二持器杖幖幟一。如二身威儀形一。」【秘藏記本】に「四種曼荼羅。一大曼荼羅。五大也。謂繪像形體等也。二三昧耶曼荼羅。尊等所二執持器杖印契一。三法曼荼羅。種子也。四羯磨曼荼羅。威儀也。」この說明によれば尊像等の上のみの如くなれ共、大日は萬有の法爾稱の實體、一一の諸尊は各大日の佛德の顯現なる上よりして、密敎にては萬有を分別するに常に六大四曼三密の言を用ふ、この深秘の釋によれば四曼は即ち一切現象の分類なり、即ち大曼荼羅とは十法界中の一切の有情を總攝す。六大所成が顯了なる故に大の名を付するなり。三摩耶曼荼羅とは十法界の一切の非情の法を總攝す、三摩耶とは平等の意なり、非情はその實皆平等なることを示すなり。法曼荼羅は音聲言語即ち風浪の聲、色塵の文字、六塵の上に表詮せらるるものの一切を攝す。法とはよくその體を保ち知覺を生ぜしむる所以なり。羯磨曼荼羅は以上三曼上にある一切の動作を攝するものなり。

兩部曼荼羅 〔術語〕 金剛界の曼荼羅と胎藏界の曼荼羅なり。凡そ密敎の法門は金胎の兩部に分かるるを以て、自ら二樣の曼荼羅を建立する也。而して此の兩部は各自に獨立して成佛の悉地を得る法門なれども、密敎全體の上より二者を融會せん爲めに之を理智因果等に配し、以て兩部を會して一雙の法門となすなり。即ち胎藏界は衆生本具の理性に屬する法門なりとて之を理に配し、因に配し、金剛界は諸佛始成の果相に屬する法門なりとて之を智に配し、果に配す。而して之を安置するには胎曼を東とし金曼を西とす、東は物の發生する始めにして西は物の終歸する義ありて自ら因果の理に相應すればなり。これ一應の說明なり。

金剛界曼荼羅 〔術語〕 金剛界密敎の本經金剛頂經の所說に依れば六種十種等の曼荼羅あり、然るに唐代より傳來せし現圖曼荼羅には其中の九種を輳合して九會曼荼羅と稱す。「クヱマンダラ」を見よ。

胎藏界曼荼羅 〔術語〕 胎藏界眞言の本經大日經に諸種の曼荼羅を說けども根本の都會檀曼荼羅は十三大院より成り、大日を中心として一切の佛菩薩諸天諸神を輳合せしもの、但し現圖の曼荼羅には四大護院の一を省いて十二大院なり。「ゲンヅマンダラ」を見よ。

二重曼荼羅 〔術語〕 胎金兩部の曼荼羅に各淺略秘密の兩重あり。先づ胎藏界には大日經具緣品に說く所の大日阿彌陀三摩地に住して現ずる所の加持境界なり、是れ三部の中には蓮華部の曼荼羅にて淺略曼荼羅なり。【疏六】に「青色是無量壽色。既到二金剛實際一即以二加持方便一普現二大悲曼荼羅一。如三淨虛空中具二含萬德一故。」と。又秘密品に

説く所は毘盧遮那本地の境界にして三部中の佛部の曼荼羅即ち是れ秘密曼荼羅なり。次に金剛界には教王經、略出經に説く所の大日阿閦三摩地に住して、吽字を誦して阿閦佛と成り、成身會を爲すもの、是れ三部中の金剛部の曼荼羅にて即ち淺略曼荼羅なり。又瑜祇經序品に説く所の曼荼羅は是れ三部中の佛部曼荼羅にして秘密曼荼羅なり。故に瑜祇經は十八會の攝にあらず、經に自ら説て本有金剛界と云ふ。大日如來衆生本有の三摩地に住し本有無作の境界に於て現ずる所の自性所成の三十七尊なり、故に其の種子三形等大に常途の説相に異なれり。即ち淺略は加持修生の曼荼羅なり、秘密は本有本地の曼荼羅なり、胎藏本地の理佛更に西方蓮華部に住して加持曼荼羅を現じ、又本有金剛の智佛更に東方金剛部に住して修生曼荼羅を示す、故に深秘の兩部は佛部の中に於て之を建立し、淺略の兩部は蓮金二部に於て其の體となすなり。【秘藏記本、同鈔一】

支分生曼荼羅 【術語】【大日經疏三】に「經云。世尊一切支分皆悉出二現如來之身一者。」と、前に莊嚴藏を現ずる時普門一一の身各十方に遍くして縁に隨ひ物に應ず、今曼荼羅位を説かんと欲するが故に通じて佛身の上中下の體に約し以て部類を以て之を分つ、臍より已下は生身の釋迦を現し、人法に示同す、及び二乘六趣種種の類形、色像威儀、言音檀座各殊異なり、及び其の眷屬同じからず八方に周くして曼荼羅の本位の如く次第して住す。（是れ第四重第三院）臍より已上咽に至て無量の十住の諸菩薩を出現す、各三密の身を持し無量の眷屬と與に普く八方に於て曼荼羅の本位の如く次第して位す、然るに此中に自ら二重あり、心より已下は是れ大悲の萬行を持する十佛刹微塵數の諸の大眷屬なり、（是れ第三重即第二院）心より已上は是れ金剛の密慧を持する十佛刹微塵數の諸の內眷屬なり。（是れ第二重即第一院）已上の二重通じて大心衆と名くるなり。咽より以上如來の頂上に至て四智四三昧の果德の佛身を出現す、即此四佛四菩薩の八身一切世界に於て徒衆刹土名業身業諸の受用の事同じからず、亦た八方に於て曼荼羅の本位の如く次第して住す。（是れ第一重即ち中胎）

法華曼荼羅 【術語】佛の法華經を説く所靈山の一會を圖示せしもの。

當麻曼荼羅 【術語】當麻寺の中將尼、化尼の來現を感じ、藕絲を以て極樂淨土の法樂のさまを織りしもの。「タヘマデラ」を見よ。

觀經曼荼羅 【術語】二種あり、一は當麻の曼陀羅、一は俊乘房重源の宋より傳來する所、共に是れ觀無量壽經の所説に准ずる圖畵なれば觀經曼荼羅と云ふ。「クワンギヤウマンダラ」を見よ。

淨土曼荼羅 【術語】觀經曼荼羅の別名。

十界曼荼羅 【術語】日蓮宗の本尊なり。中央に妙法蓮華經の五字を題し、其の周圍に上は佛界より下は地獄界に至る十界の形相を圖畵し又はその名を列ねしもの。是れ十界の依正は本佛の覺體より示現せしもの、將た自己一心の影現なる理致を表示せしなり。

九曜曼荼羅 【術語】「クエウ」を見よ。

涅槃曼荼羅 【術語】佛入滅時の一會のさまを圖畵せしもの。所謂涅槃像なり。「ネハンゾウ」を見よ。

曼荼羅通三大 【術語】六大四曼三密は次第の如く體相用の三大に配する是れ常規なり、然るに秘藏記に依れば四曼の各三大に通ず。【秘藏記末】に「曼荼羅。謂三密圓滿具足之義也。」是れ三密の用大を以て曼荼羅となすなり。又【同末】に「問秘密藏以レ何爲二體相用一。答。以二曼荼羅一爲レ體。」是れ曼荼羅を以て體となすなり。其の四曼を以て相大となすは處處の釋なり、引證を要せず。

マンダラ 曼陀羅 【植物】Mandārava 又、漫陀羅。花の名。譯、圓華、白團華、適意華、悦意華など。【阿育王經七】に「漫陀羅。翻二圓華一。」【法華光宅疏一】に「曼陀羅華者。譯爲二小白團華一。摩訶曼陀羅華者。譯爲二大白團華一。」【法華玄贊二】に「曼陀羅華者。此云二適意一。見者心悦故。」【慧苑音義上】に「曼陀羅華。此云二悦意華一。又曰二雜色華一。亦云二柔軟華一。亦云二天妙華一。」

マンダラグ 曼陀羅供 【術語】兩部の大曼陀羅を供養する法會なり。

マンダラケウ 曼荼羅敎 【術語】眞言敎の異名なり、曼荼羅一に眞言と譯す、故に眞言敎を曼荼羅敎或は曼荼羅藏と名く。【秘藏記本】

マンダラゲダウ 曼荼羅外道 【流派】自在王菩薩經に種種の外書を列ぬる中に曼荼羅呪術經あり。

マンダラシユシヤウノジフチユウシン 曼荼羅穪姓十住心 【術語】密教にて、横の十住心の一。普門萬德十住心の對。衆生本具の心が平等にして悉く法身と同一なることを顯したるが十住心なりと云ふこと。

マンダラシン 曼荼羅身 【術語】胎藏界の法に弟子灌頂を受け已て後、阿闍梨・孔字を以て其の弟子を加持して四種の曼荼羅身を成ずるなり。【大疏八】

に「阿闍梨復當レ頂ニ禮曼荼羅一切世尊一。爲ニ灌頂一故至誠啓白。即以ニ寶瓶一徐遶ニ曼荼羅一三匝已。復更如レ法加持。至ニ弟子所一先用ニ𑖨𑖽囉字一爲レ火。焚ニ燒其身一悉成レ灰已。方用ニ四瓶一次第（普賢瓶より始む）灌レ之。灌已觀ニ此灰中一作ニ𑖪𑖽鑁字門一。其色純白。從レ此出ニ生五字一。所謂𑖀阿・𑖪𑖽鑁・𑖨𑖽囕・𑖮𑖽唅・𑖏𑖽吽欠。持ニ其五字輪一。（是れ五輪の塔婆也）次說ニ𑖀字一在ニ其頂上一。轉成ニ中胎藏一。又從ニ此字一生ニ三重光焰一。一重偏繞ニ咽上一。隨下所ニ照及一之處上諸尊隨現。即成ニ第一院曼荼羅一。次一重光偏繞ニ心上一。諸尊隨現成ニ第二重曼荼羅一。次一重光偏繞ニ臍上一。諸尊隨現成ニ第三重曼荼羅一。爾時弟子都成ニ曼荼羅身一也。」

マンダラセン　曼陀羅仙　〔人名〕比丘の名。【歷代三寶記十一】に「扶南國沙門曼陀羅。梁言ニ弱聲一。」【續高僧傳一】に「有ニ扶南沙門曼陀羅者一。梁言ニ弘弱一。大齎ニ梵本一遠來貢獻。」梵 Mandra

マンドウ　慢幢　〔譬喩〕慢心の高く擧がるを幢の高く聳ゆるに譬ふ。【六祖檀經】に「禮本折ニ慢幢一。頭奚不レ至レ地。」

マンドウヱ　萬燈會　〔行事〕萬燈を點じて佛に供養する法會なり。【菩薩藏經】に「燈ニ十千燈明一懺ニ悔衆罪一。」十千は即ち萬なり。【高野山萬燈會願文】に「空海與ニ諸金剛子等一。於ニ金剛峯寺一。聊設ニ萬燈萬華之會一奉ニ獻兩部曼荼羅四種智印一。所レ期每年一度奉ニ設斯事一奉ニ答四恩一。虛空盡衆生盡涅槃盡我願盡。（性靈集八）」【類聚國史】に「仁明帝承和十年五月勅して油一斛正稅三百束を元興寺に施して六月十五日に萬華會十月十五日に萬燈會を修せしめ每年立てて恒例となす。」【寶物集六】に「南京の藥師寺の萬燈會は慧達と云ふ者の初めたりしなり、今に絕ゆる事なし。」

⊙（榮花、鳥邊野）「又萬燈會などて」

マンナイ　滿泥　〔雜語〕Vande（自動詞第一人稱せさせ給ひ一言聲「我ハ禮ス」）又、漫提。譯、禮拜。【觀自在如意輪瑜伽法要】に「行人面ニ於西一。漫ニ提自在王一。次禮ニ餘方佛一。」一本滿泥に作る。【慧琳音義二十六】に「滿泥自在王梵語也。唐云ニ禮拜一。自在王者無量壽佛。」「ワナン」を見よ。

マンネンサンボウメツ　萬年三寶滅　〔雜語〕【往生禮讃】に「萬年三寶滅。此經住百年。爾時聞一念。皆當レ得レ生レ彼。」⊙（新千載）「立ならぶ影やなからん萬代の後まで照す法のともし火」

マンハチセンセカイ　萬八千世界　〔雜語〕佛の法華經を說かんとして眉間の白毫より光明を放て東方の世界を照せし數量なり。【法華經序品】に「爾時佛放ニ眉間白毫相光一。照ニ于東方萬八千世界一靡レ不ニ周徧一。」【法華嘉祥疏二】に「萬八千世界者。表下說ニ一乘之果已滿、如レ萬。一乘之因未レ圓如中八千上。又表ニ一乘眞實故義即是足如レ萬。三乘是方便未ニ具足一故如ニ八千一。」

マンパラウ　孟八郎　〔雜語〕孟は孟浪の義、八郎は生子の行次にして李四張六の類の如し、亂暴な野郎を孟八郎と云ふ。【傳燈錄八南泉章】に「孟八郎漢。又恁麼去也。」【碧巖第二十八則著語】に「孟八郎作ニ什麼一。」【同鈔】に「不レ依ニ道理一作レ事者云。」

マンプクジ　萬福寺　〔寺名〕黃檗山萬福寺、山城國宇治郡五箇庄大和田村に在り、開基隱元、諱は隆琦、大明福淸の人、承應三年甲午聘に應じて東渡す、萬治二年大將軍大和田の勝地を捨てて師を起して開山初祖とす、寬文元年草創して錫を移す。【山城名勝志十七】

マンプイチシヤウ　萬不一生　〔術語〕雜修の失を顯す語。雜修の行者は、萬人の中、一人も彌陀の報土に往生するものなしと云ふ。

マンプクジハ　萬福寺派　〔流派〕日本禪宗十三派の一。もと臨濟宗の一派。隱元隆琦を祖とす。即ち黃檗宗是也。

マンブン　萬分　〔術語〕菩薩の修行みちて、佛位「に至りたるを云ふ。

マンブンカイ　滿分戒　〔術語〕具足戒の異名。

マンブンシヤウジヤウシヤ　滿分淸淨者　〔雜語〕佛は滿淸淨者にして、菩薩は分淸淨者なり、佛菩薩を合せて滿分淸淨者と云ふ。【唯識論一】に「稽ニ首唯識性滿分淸淨者一。」

マンベン　滿遍　〔雜語〕禪語。平均の義。【壒囊鈔十】に「滿遍平均義也。」

マンボサツ　鬘菩薩　〔菩薩〕金剛界三十七尊中內の四供養菩薩の一。「コンガウマン」を見よ。

マンボフ　萬法　〔術語〕萬有の事理を總該する語なり、法は自體の義、軌則の義、萬有の事理一一に自體を有し軌則を具ふ、故に皆法と名く。乃至龜毛兎角の畢竟無なるものも法と名くるを得、彼れ無の自體あり、無の軌則あればなり。故に外典の萬有萬事萬物等の言に比して此言最も汎し。

マンボフイチニヨ　萬法一如　〔術語〕萬法は因緣より生じて自然の法なり、因緣生の法には自性あるとなし、自性なきが故に空なり、即ち空を以て性とす。萬法各一空性なるを一如と云ふ。一とは不二の義、如とは相似の義、萬法の空性不二にして相似ればなり。萬の言に對して一如と云ふ、若し妄の言に對すれば眞如と云ふ、如とは正しく空性の理體を指すなり。【往生十因】に「而今覺ニ知法界唯眞萬

法一如。無二煩惱可レ斷。煩惱即菩提。無二生死可レ厭。生死是涅槃。」

マンボフゼシンニヨシンニヨゼマンボフ 萬法是眞如眞如是萬法 [術語] 大乘至極の義を以て萬法の性相を說きしなり。萬法とは染淨の諸法を云ひ、眞如とは染淨を離れたる一味の實體を云ふ、眞如の體は水の如く萬法の相は波の如し、波の性即ち水なる如く、萬法の性即眞如なり、水緣に隨て波の相を生ずる如く、眞如の體緣に應じて萬法の相を現ずと云ふ。【淨名經】に萬法即眞如由二不變一故。眞如是萬法隨レ緣故。」【金錍論】に「故子應レ知。萬法是眞如由二隨緣一故。眞如是萬法由二不變一故。子信三無情無二佛性一者。豈非三萬法無二眞如一耶。」

マンモツゴンジヤウグワン 萬物嚴淨願 [術語] 彌陀如來四十八願中第二十七願、國中の萬物をして嚴淨ならしめんとの願なり。【無量壽經上】に「設我得レ佛。國中人天一切萬物。嚴淨光麗。彩色殊特。窮レ微極レ妙。無二能稱量一。其諸衆生乃至逮下得天眼上。有下能明了辨二其名數一者上。不レ取二正覺一。」

⦿(雪玉集)「物ごとにまた上もなき國の中に數にもあらぬ身の生れぬる」「なり。」

マンワク 慢惑 [術語] 十大惑の一。憍慢の妄惑なり。

マンヰ 滿位 [術語] 僧階五位の一。「ソウカイ」を見よ。

み

ミ 微 [雜語] 極微を七倍したるもの。「ゴクミ」を見よ。

ミアカシ 燈明 [物名] 「アカシ」を見よ。⦿(空穗物語)「土をまろがして、これを佛といはば、みあかしたてまつり」「見よ。」

ミアカシブミ 御燈文 [雜名] 「アカシブミ」を見よ。

ミエイグ 御影供 [行事] 弘法大師の眞影を供養する法會なり。延喜十年三月廿一日觀賢僧正東寺に於て始めて之を勤む。【初例抄上】

ミエイダウハ 御影堂派 [流派] 時宗十二派の一。後嵯峨帝の皇子にして一遍の弟子たる、玉阿を派祖とす。本山は京都五條新善光寺なり。

ミカ 彌迦 [人名] Mekā* 牧女の名。【慧琳音義十二】に「彌迦。佛成道來獻二乳糜一牧牛女名也。此無二正翻一也。」

ミカイケン 未開顯 [術語] 未顯眞實に同じ。「ミケンシンジツ」を見よ。

ミカナ 彌迦那 [人名] Mekhalā* 婬女の名。【本行集經十六】に「有二一婬女一名二彌迦那一。隋言二一者一。」

ミカラ 彌迦羅 [人名] Mekhala 長者の名。譯、金帶。【慧琳音義二十六】に「彌迦羅 此云二金帶一。金寶嚴レ身因以爲レ名。」

ミガ 彌伽 [菩薩] Megha 善財童子五十三知識の中の第四知識の名、良醫なり。【晋華嚴經四十七】に「於二此南方一有二一國土一。名曰二自在一。城名二視藥一。彼有二良醫一。名曰二彌伽一。汝詣レ彼問。云何菩薩向二菩薩行一。」【探玄記十八】に「彌伽者。此翻名レ雲。謂能注二法雨一潤三益衆生一故名也。」【慧苑音義下】に「彌伽此云二能降伏一。或翻爲レ雲也。」

ミオンケンダツバ 美音乾闥婆 [異類] 法華經序品に列する四種乾闥婆の一。乾闥婆は八部衆の一。樂神の部衆なり。

ミガシヤ 蜜伽闍 [人名] Mṛgajā* 悉達太子三夫人の一なりと。譯、鹿子。【有部毘奈耶十八】に「寶女蜜伽闍。注云二鹿子一也。」

ミガシヤカ 彌伽釋迦 [人名] Meghaśikhara 沙門の名。譯、雲峯。【宋僧傳二】に「烏萇國沙門彌伽釋迦。注云。釋迦稍訛。正云二鑠佉一。此云二雲峯一。」

ミキリニタ 微吃哩抳多 [雜語] Vikrīḍita 【大日經疏二】に「梵云二微吃哩抳多一。是踴躍義。遊戲義。神變義。」

ミギヤウ 微行 [雜語] 微妙の行法なり。【觀經天台疏】に「微行妙觀。至道要術。」

ミクジ 御鬮 [物名] 「クジ」を見よ。

ミケ 彌醯 [人名] Mihira* 比丘の名、佛彼に對して法を說く彌醯經と云ふ。中阿含十。巴 Meghiya

ミケンシンジツ 未顯眞實 [術語] 【無量義經】に「以二諸衆生等性欲不同一種種說レ法。以二方便力一。四十餘年未レ顯二眞實一。」佛成道後四十餘年種種の法を說き種種の機に投ぜり、此中大法あり、小法あり、方便あり、眞實あり。天台は之を藏通別圓の四教に判す、約言すれば成佛の法と不成佛との法あるなり。然るに佛一代の化期將に盡きんとして法華經を說き、先に說く成佛の法は言ふを待たず、彼の不成佛の法も實は成佛の法なり、成佛の爲の方便に淺近の法を說きしなりと、前の不成佛たりし法を開會して成佛の法となせり。之を法華の開會と稱し、此開會が佛の本意にて、四十餘年未顯眞實とは此開會をなさざるを云ふ。されば爾前を未顯眞實となし、今經を示眞實相となすは唯開會の化儀に就て言ふのみ、所說の化法に就て云ふにあらず、所說の法に就かば爾前の諸經に眞實の大法即ち圓敎の存するとは却て法華

より多く、而も圓教の體に於て法華所說の圓教と異なるなし、法華の圓法以て成佛すべければ爾前所說の圓教亦成佛すべし、天台が觀經の所說を判じて圓頓となす如き是なり。日蓮宗の末徒は此文を楯として爾前所說の法は總て方便なり、眞實成佛の法にあらずと固執するものあるは未だ此意を知らざるなり。【法華玄義十】に「凡此諸經皆是逗ニ會他意一。令ニ他得ヒ益。不レ譚ニ佛意意趣何之一。今經不レ爾。絓ニ是法門網目一大小觀法十力無畏。種種規矩皆所レ不レ論。爲ニ前經已設一故。但論ニ如來布教之元始一。中間取ニ與漸頓一適レ時、大事因緣究竟終訖。說法之綱格大化之筌罤。」◉(曲、身延)「始め華嚴の御法より般若に及ぶ四十餘年、未顯眞實の方便」

ミケンクワウ　眉間光　〔術語〕眉間の白毫相より放つ光明のこと。次項を見よ。

ミケンビヤクガウサウ　眉間白毫相　〔術語〕佛三十二相の一。佛の眉間に白き毛あり、內外映徹して白瑠璃の如く、右に旋て宛轉す。【觀無量壽經】に「眉間白毫右旋宛轉。如ニ五須彌山一。」【法華經序品】に「佛放ニ眉間白毫相光一。照ニ于東方萬八千世界一。」「ビヤクガウサウ」參照。

ミコウ　獼猴　〔動物〕【梵語雜名】に「摩迦羅」Markața. 經中以て凡夫の妄心に譬ふ。【心地觀經八】に「心如ニ猿猴一。遊ニ五欲樹一。暫不レ住故。」【涅槃經二十九】に「衆生心性猶如ニ獼猴一。獼猴之性捨レ一取レ一。衆生心性亦復如レ是。」【同三十一】に「心輕躁動轉難レ捉難レ調。乃至躁擾不レ住猶如ニ獼猴一。」

獼猴捉水月　〔譬喩〕【涅槃經九】に「喩如三獼猴捉ニ水中月一。」【摩訶僧祇律七】に「過去世時有レ城名ニ波羅奈一。國名ニ伽尸一。於ニ空閑處一有ニ五百獼猴一。遊ニ行林中一。到ニ一尼拘律樹一。樹下有レ井。井中有ニ月影現一。時獼猴主見ニ是月影一。語ニ諸伴一言。月今日死落ニ在井中一。當ニ共出ヒ之。莫レ令ニ世間長夜闇冥一。共作レ議言。云何能出。時獼猴主言。我知ニ出法一。我捉ニ樹枝一。汝捉ニ我尾一。展轉相連乃可レ出レ之。時諸獼猴即如ニ主語一。展轉相捉少未レ至レ水連。獼猴重樹弱枝折。一切獼猴墮ニ井水中一。佛告ニ諸比丘一。爾時獼猴主者今提婆達多是。爾時餘獼猴者今六群比丘是。」

獼猴著黐　〔傳說〕【涅槃經二十五】に「如ニ諸獵師一。純以ニ黐膠一置ニ之案上一。用捕ニ獼猴一。獼猴痴故往手觸レ之。觸已粘レ手。欲レ脫レ手故以レ脚蹹レ之。脚復隨著。欲レ脫レ脚故以レ口齧レ之。口復粘著。如レ是五處悉無レ得レ脫。於レ是獵師以レ杖貫レ之負還ニ歸之一。乃至獼猴者喩ニ諸凡夫一。獵師者喩ニ魔波旬一。黐膠者喩ニ貪欲結一。乃至凡夫之人五欲所レ縛。令ニ魔波旬自在將去一。如下彼獵師黐捕ニ獼猴一擔負歸上レ家。」

獼猴婬鼈　〔傳說〕【摩訶僧祇律五】に「過去世時。香山中有ニ仙人住處一。去レ山不レ遠有ニ一池水一。時池水中有ニ一鼈一。出レ池求レ食。食已向レ日張レ口而眠。時香山中有ニ諸獼猴一。入レ池飲レ水已上レ岸。見ニ此鼈張レ口而眠一。時彼獼猴便欲レ作ニ婬法一。即以ニ身生一內ニ鼈口中一。鼈覺合レ口藏ニ六甲裏一。時鼈急捉ニ獼猴一却行欲レ入レ水。獼猴急怖便作ニ是念一。若我入レ水必死無レ疑。然苦痛力弱。任ニ鼈迴轉一。流離牽曳遇ニ値險處一。鼈時仰臥。是時獼猴兩手抱レ鼈。作ニ是念一言。誰當ニ爲レ我脫ニ此苦難一。獼猴曾知ニ仙人住處一。彼當レ救レ我。便抱ニ此鼈一向ニ彼處一去。仙人遙見便作ニ是念一。咄哉異事。今是獼猴作ニ何等一。欲レ戲ニ弄獼猴一故言。婆羅門是何等寶物。滿鉢持來。得ニ何等信一而來向レ我。爾時獼猴即說レ偈言。我愚痴獼猴。無事觸ニ惱他一。救レ厄者賢士。命急在レ不レ久。今日婆羅門。若不レ救レ我者。須臾斷ニ身生一。困厄還ニ山林一。」

ミコウチ　獼猴池　〔地名〕又、獼猴江。毘舍離國菴羅園の側に在り、佛此處に在て諸經を說く。天竺五精舍の一。【玄應音義十四】に「獼猴江。梵言ニ末迦吒一此云レ猴。賀邏馱。此云レ池。在ニ毘舍離菴羅側一。昔獼猴爲レ佛共集穿レ池。今言レ江者譯人義立耳。」【西域記七吠舍釐國】に「石柱南有レ池。是群獼猴爲レ佛穿也。在昔如來曾住ニ於此一。」【智度論三】に「毘耶離二處。一名ニ摩訶槃一。二名ニ獼猴池岸精舍一。」

ミサイシヤウジ　微細生死　〔術語〕變易生死の異名。【大乘義章八】に「微細生滅無常念念遷異。前變後易名爲ニ變易一。變易是死名ニ變易死一。」【千手陀羅尼經】に「超ニ越無量億劫微細生死一。」

ミサイサウヨウアンリフモン　微細相容安立門　〔術語〕「ゲンモン」を見よ。

ミサイシン　微細身　〔術語〕密教に法身に微細の色形ありて法界に周遍すと立つ。【秘藏記末】に「凡佛者捨ニ有漏五蘊等身一。有ニ無漏五蘊等微細身一。微細身如ニ虛空一。」【同下】に「法身微細身五大所成。法身微細身虛空乃至草木一切處無レ不レ遍。是虛空是草木即法身。於ニ肉眼一見ニ麁色一於ニ佛眼一微妙之色。」

ミサイルヂユウ　微細流注　〔術語〕妄識の微細に生滅遷流するを云ふ。阿賴耶識の相なり。

ミサイヱ　御齋會　〔行事〕「ゴサイヱ」を見よ。

ミサフトク　未作不得　〔術語〕酬因感果其理必然なれば未だ善惡の業をなさず、從て善惡の果報を招致することなしとの意なり。

ミサラ　彌薩羅　〔地名〕Meghasāra 林の名。譯雲

杉。【翻梵語九】に「彌薩羅應レ云二彌伽薩羅一。譯曰。彌伽者雲。薩羅者杉。中阿含第十四。」

ミシヂヤウ　未至定　〔術語〕又、未到定と云ふ。上界の八地に各根本定と近分定とあり、欲界の修惑を斷じて發する所の禪定を初禪の根本定とし、乃至無所有處の修惑を斷じて得る所の禪定を非想處の根本定とす。又欲界の煩惱を伏して初禪の根本定に近似せる禪定を發するを初禪の近分定とし、乃至無所有處の煩惱を伏して非想處の根本定に近似せる禪定を得るを非想處の近分定となす、此の如く八根本定八近分定ある中に初禪の近分定は他の近分定に異なる點あれば別名を立てて未至定と云ふなり。未だ根本定に至らずと云ふ義にて近分と云ふに同じ。

ミシホ　御修法　〔術語〕眞言祈禱の法を云ふ、修法に種種あり、之を區別するに諸山不同なり、且らく山門の一義に依らば第一に大法五法あり、一に鎭將夜叉法、二に大熾盛光、三に七佛藥師法、四に如法延命法、五に安鎭法なり。第二に準大法六法あり、一に法華法、二に如法尊勝法、三に如法佛眼法、四に如法北斗法、五に葉衣觀音法、六に一字金輪法なり。第二に秘法五法あり、一に蘇悉地大法、二に五秘密法、三に如法愛染法、四に尊勝法、五に烏瑟沙摩法なり。（其の他瑜祇經に出す所の法は傳法灌頂已後に之を行ずるを許せば總て秘法と云ふ。）第四に通途法多數あり、一に曼陀羅供、二に冥供、三に炎摩天供、四に十二天供、五に星供、六に毘沙門供、七に請雨法、八に水天供、九に地天供、十に訶梨帝母供、十一に泥塔供、十二に施餓鬼法、十三に五大虛空藏法、十四に四天王法、十五に准提法、十六に藥師法、十七に請觀音法、十八に伽樓羅大法、十九に北斗尊星王法、二十に金剛童子法、二十一に彌陀供、二十二に光明供、二十三に地藏法、二十四に滅惡趣菩薩法、其他あまたあり。【密門雜鈔】

ミシヤウスヰミン　未甞睡眠　〔雜語〕歌題。【法華經序品】に「又見下佛子未二甞睡眠一。經二行林中一。勤中求佛道上。」⊙（法門百道）「夢のうちに惑ふ心をなげきつつつゆめもあはで幾夜あかしつ」

ミシヤウフイブツシヤウギキヤウクワイ　未甞不以佛性義經懷　〔雜語〕歌題。【金錍論】に「自二濫霑二釋典一積有二歲年一。未下甞不中以二佛性義一經上レ懷。恐不レ了レ之徒爲二苦行一。大教斯立功在二於玆一。」⊙（法門百道）「玉ゆらも心かくれば澄むべきをみにもちながらいかが忘れん」

ミシヤウヲン　未生怨　〔人名〕阿闍世王の翻名。「アジヤセ」を見よ。

ミシヤウヲンキヤウ　未生怨經　〔經名〕一卷、呉の支謙譯。瓶沙王阿闍世太子の爲に害せらるる事を說く。【宿帙七】（698）

ミシヤソク　彌沙塞　〔流派〕Mahīśāsakāḥ 律部の名。譯、化地。宗計に就て不著有無觀と義翻す。優婆毱多五弟子の一。此律主の部宗を彌沙塞又は化地部と稱し、律本を五分律と名け、支那に譯して三十卷あり。律藏の分派五部の一なり。又小乘十八部の中に化地部ありて、佛滅三百年中一切有部より別立す。【玄應音義二十三】に「化地部。第三百年中從二一切有部一出也。梵言二摩醯奢娑迦一。亦言二彌喜捨娑柯一。此云レ地。亦敎地。或言二正地一。人名也。但此羅漢在レ俗爲二王國師一。匡二化土境一。故名二化地一。今入二佛法一。佛法如レ地。又匡二化之一。故以名也。舊名二彌沙塞一者訛也。」【可洪音義三】に「彌沙塞。律部師宗名也。亦云二彌沙翼一。亦云二彌嬉捨娑柯一。此云二化地一。」【南山戒疏一上】に「彌沙塞此云二不著有無觀一。」【拾毘尼義鈔上二】に「彌沙塞此云二廣解義一。亦名二不著有無一。法名二五分一。」又、「彌沙塞者人名。此人禪思入レ微。究二暢玄旨一。著二青袈裟一。」【大集經二十二】に「我涅槃後。我諸弟子。受二持如來十二部經一。讀誦書寫。不レ作二地相水火風相虛空識相一。是故名當二彌沙塞部一。」

ミシヤソクコンマホン　彌沙塞羯磨本　〔書名〕一卷、唐の愛同錄。五部律に用ゐる僧中の羯磨（こんま）法なり。【張帙二】（1157）

ミシヤソクゴブンカイホン　彌沙塞五分戒本　〔書名〕一卷、宋の佛陀什譯。五分律の戒相を列擧せしもの。【張帙二】（1157）

ミシヤソクブ　彌沙塞部　〔流派〕彌沙塞羅漢の部宗の律藏を云ふ、即ち五分律是なり。

ミシヤソクブワケゴブンリツ　彌沙塞部和醯五分律　〔經名〕五分律の具名。三十卷、宋の佛陀什等譯。和醯の梵語詳ならず。「和醯五分律の略稱。【張帙一、二】（1122）

ミシヤソクリツ　彌沙塞律　〔書名〕彌沙塞部和醯五分律の略稱。

ミシヤラキタ　微沙落起多　〔人名〕阿育王第一夫人の名。譯、光護。【阿育王經三】梵 Vibhārakṣita*

ミシユホフ　御修法　〔術語〕「ミシホ」を見よ。⊙（紫式部日記）「後夜の鐘うちおどろかし五壇の御修法」

ミジユ　微聚　〔術語〕色聚の極小なるもの。蓋し單一に極微として生ずる物なし、欲界の物質に在て其の最も單純なる者も能生の地水火風の四大の極微と所造の色香味觸の四境（聲は有無不定なれば除く。）の極微との八種の極微が必ず聚合して俱生するを法とす。依て最小の色聚と云ふ意味にて微聚と稱するなり。

ミジユキヤウ　御誦經　〔儀式〕「ミズキャウ」を見よ。

ミジユグニン　未受具人　〔術語〕出家して未だ具足戒を受けざる人を云ふ。未受具人の前に戒を說くと能はざるは戒律の制なり。【行事鈔上一】に「六簡レ衆云二未受具出一。」

ミズキヤウ　御誦經　〔儀式〕佛前又は靈前に或は僧を請じ或は自身に經文を誦するなり。

御誦經の使　〔雜名〕僧に諷經を請ふ爲の使なり。法會に際し、他より施物を捧げ誦經を請ふ、其の願文を諷誦文と云ふ。⦿(紫式部日記)「御誦經の使たちさわぐらし、その夜もあけぬ」

ミセウノソクワイ　微笑之素懷　〔雜語〕佛の微笑に顯現する出世の本懷、佛は妄りに笑ひ給はず、出世の本意遂げらるる時、始て微笑するが故に云ふ。

ミソギ　御衣木　〔雜名〕神佛の像を作る木を云ふ。

ミゾウ　未曾有　〔雜語〕梵に阿浮陀。Adbhuta 希有、未曾有と譯す。總て意外の事に名く。【法華經序品】に「是諸大衆得二未曾有一。歡喜合掌。」

ミゾウキヤウ　未曾有經　〔術語〕十二部經の一。梵に阿浮陀達磨 Adbhutadharma と云ふ。佛菩薩が種種の神力不思議を現ぜし事を記す經文を云ふ。【華嚴疏鈔二十一】に「阿浮陀達磨。此云二未曾有一。亦云二希法一。」【四分飾宗記三本】に「阿浮陀達磨。此云二希法一。舊名二未曾有一。」【法華玄義】に「佛現二種種神力一。衆怪二未曾有一。」

ミゾウキヤウ　未曾有經　〔經名〕一卷、失譯。造佛の功德未曾有なるを說く。【宙帙七】(260)

ミゾウシヤウボフキヤウ　未曾有正法經　〔經名〕三卷、宋の法天譯。阿闍世王經の新譯なり。【宙帙八】(925)

ミタウヂ　未到地　〔術語〕未到定を云ふ。

ミタウヂヤウ　未到定　〔術語〕新に未至定と云ひ、舊に未到定と云ふ。「ミシヂヤウ」を見よ。

ミタラニ　彌多羅尼　〔術語〕(Mitra)譯、善知識。朋友の義。【玄應音義九】に「彌多羅尼子。秦言二善知識一。」「フルナ」を見よ。梵 Maitrāyanī

ミダ　彌陀　〔佛名〕阿彌陀の略。如來の名。「アミダ」を見よ。

彌陀の三尊　〔圖像〕彌陀觀音勢至なり、阿彌陀如來を中尊とし、觀音菩薩を左脇侍とし、勢至菩薩を右脇士とす。【觀無量壽經】⦿(平家二)「一ちやくしゆはんの彌陀の三尊、三國無雙の靈像なり」

彌陀の本願　〔術語〕彌陀如來四十八願を立てて極樂を成じ、以て一切衆生を救ふ。【無量壽經上】「シジフハチグワン」を見よ。

彌陀の寶號　〔雜語〕又、彌陀の名號と云ふ。南無阿彌陀佛の六字なり。

彌陀の利劍　〔雜語〕彌陀の名號を利劍に譬ふるなり。【般舟讚】に「利劍。即是彌陀號。一聲稱念罪皆除。」

彌陀の成道日　〔雜語〕十五日なり。是れ五祖の戒禪師三十佛を三十日に配し、俗に所謂緣日の事より起れる（十五日を彌陀に配せり。）虛說なり。【古德傳八】に吉水大師正月二十五日入寂の事を記して「伏して惟れば釋尊圓寂の月に進めると一月、荼毘の烟異なりと雖も、彌陀感應の日に退くと十日、利生の風是れ同じきをや。」「エンニチ」を見よ。

彌陀の病明王の醫　〔故事〕【元亨釋書十一】に「釋餘慶筑州人也。慶謁二藤大師一。忽空也法師入來。也臂不レ便。慶問レ所二以患一。對曰。我稚孩時父母相娟。母恚捉レ我投レ地。自レ爾左臂不レ順。久聞レ蘊二法驗一。乞見レ惠乎。慶諾。於レ是乎相家子弟奔集見レ之。慶瞑目持誦。乃執二也臂一引レ之。爆然擘出。屈伸如レ右。也作禮三拜。太師已下莫レ不二嘆伏一。時人曰。彌陀之病明王之醫。」

ミダウ　味道　〔雜語〕道を味ふなり。【三論玄義】に「味道之流。」

ミダウ　御堂　〔雜語〕尊像を安置する堂なり。

ミダウシユ　御堂衆　〔職位〕又、堂僧と云ふ、本願寺の役僧の稱なり。【大谷通記九】に「堂達本名二御堂衆一。相傳宗祖高弟有二六老僧一。奉レ侍左右一。爾來歷世宗主必置二六僧一。令下常侍二背後一助二念誦一。兼中常自餘法務上。實悟記云。昔年御座衆有二六人一號二六人供僧一。禁二絕肉色一常撿二經論一。有レ可レ證。後世本山多事。僧至二數十人一。尙擇二數人一稱二役僧一。爲二僚聟隊長一者。六僧遺風也。」

ミダカラ　彌陀訶羅　〔異類〕夜叉の名。譯、食腦。【孔雀王呪經上】「稱。

ミダキヤウ　彌陀經　〔經名〕佛說阿彌陀經の略

ミダグ　彌陀供　〔修法〕又、阿彌陀護摩と云ふ。阿彌陀如來の供養法なり、多く追薦廻向の爲に之を修す。

ミダケ　御嶽　〔地名〕大和の大峰を云ふ。大峰又山上嶽と云ふ、大和國吉野郡に在り、吉野山より南六里なり、案ずるに【大和名所圖會】に「吉野山一名金御嶽、又の名は金峰山又の名は國軸山。」而して此處又金剛藏王を安置す、依て河海抄などには吉野山と大峰とを混じて大峰を金峰山と稱すれ共、其は誤

にて金峰山は吉野山を云ひ、大峰即ち御嶽は其より南六里の高峰山上嶽なり。(但し金峰山は一帶の總名にして大峰は其の別峰なれば亦金峰山と名くと見れば妨げなし) 役行者此大峰に在りて千日修行して藏王權現を感得せしと云ふ。【役行者靈驗記】

ミダケサウジ 御嶽精進 【修法】 大和の國大峰へ參詣する爲に千日の精進を爲すを御嶽精進と云ふ。其の間は精進潔齋して每朝早く起き、彌勒菩薩の名を唱へて禮拜するなり、是れ御嶽にまします金剛藏王は彌勒菩薩の化現なればなり。⦿(源氏夕顏)「鳥の聲などは聞えて、御嶽精進にやあらん、ただ翁びたる聲に、ぬかづくぞ聞ゆる。たちゐのけはひ、堪へがたげに行ふ、いと哀に朝の露に異ならぬ世を、なにを貪る身の祈りにかと聞き給ふに、南無當來導師とぞ拜むなる。」當來導師とは彌勒菩薩のこと。

ミダコウ 彌陀講 【行事】 阿彌陀佛を念ずる講會なり、鎌倉時代に多く行はる。【東鑑九】

ミダゴマ 彌陀護摩 【修法】 Amitābha-homa「ミダグ」を見よ。

ミダシヨヱノシヤウジユ 彌陀初會聖衆 【雜語】 阿彌陀佛が十劫の昔に正覺を成就して後、初めて說法せしとき、其會座に列して法を聞きたる聲聞菩薩等を云ふ。

ミダセン 彌陀山 【人名】 沙門の名。譯、寂友。【開元錄九】に「沙門彌陀山。唐言二寂友一。覩貨羅國人也。譯二無垢清淨光陀羅尼經一卷一。」

ミダヂヤウイン 彌陀定印 【印相】 彌陀の住定印なり。「ヂヤウイン」を見よ。

ミダヂユウ 彌陀頭 【職位】 禪林の目。彌陀佛を供養する爲に勸化を司る役名なり。

ミダノミヤウガウ 彌陀名號 【術語】 彌陀が一切衆生を救濟せんが爲に成就し給ひし名號。これに四字の名號あり、六字の名號あり。四字とは「阿彌陀佛」六字とは「南無阿彌陀佛」なり。而して四字を重んずる者と六字を重んずる者とあり。この名號を一心不亂に念持して餘念を雜へざれば、無量無邊の功德を得て如何なる罪障をも消滅することを得。九字右の外に、本尊として禮拜せらるる名號あり。十字の名號たる南無不可思議光如來。十字の名號たる、歸命盡十方無礙光如來これなり。

ミダノミヤウグワン 彌陀名願 【術語】 阿彌陀佛が其名號を以て衆生を救濟し給ふ本願を云ふ。即ち彌陀の第十八願なり。

ミチ 道 【雜語】【大乘義章】に「末伽。」Mārga【梵語雜名】に「末喇識。」

ミチガ 彌遲伽 【堂塔】 塔の名。【本行集經三十三】に「龍王起レ塔。名二彌遲伽一。隋言二土塔一。」梵 Mṛttika*

ミチコン 未知根 【術語】 又、未知當知根と云ふ。三無漏根の一。

ミチタウチコン 未知當知根 【術語】 三無漏根の一。「サンムロコン」を見よ。

ミヂヤク 味著 【術語】 食味に執着するなり。【無量壽經下】に「雖レ有二此食一實無二食者一。但見レ色聞レ香自然飽食。身心柔軟無レ所二味著一。」

ミヂン 味塵 【術語】 六塵の一。食味の法眞性を汚がせば塵と云ふ。

ミヂン 微塵 【術語】 色體の極少を極微と爲し、極微を七倍せしを微塵と爲し、微塵を七倍せしを金塵とす、金塵とは金中の間隙を遊履するを得るなり。【俱舍論十二】に「七極微爲二一微量一。積レ微至レ七爲二一金塵一。」

ミヂンジユ 微塵數 【雜語】 數量の多きに譬ふ、物を微塵に粉碎すれば其の數多ければなり。【法華經分別功德品】に「大千界微塵數菩薩。」

ミツアン 密庵 【人名】 ミッタンと呼ぶ。【五燈會元】に「明州天童の密庵禪師、名は咸傑、應庵曇華禪師の法嗣なり、幼より穎悟、出家して知識に徧參す、後應庵に衢洲の明果に謁す、應庵孤硬にして入り難し、屢呵叱せらる。一日應庵問ふ、如何なるか是れ正法眼、師遽に答て曰く、破沙盆。應庵之を頷く。未だ幾ならず辭し去て親を省す、庵送るに偈を以す、曰く、大徹投機句。當陽廓二頂門一。相從今四載。徵詰洞無レ痕。雖レ未レ付二鉢袋一。氣宇呑二乾伸一。却把二正法眼一。呼作二破沙盆一。此行將二省觀一。切忌便蹉跟。吾有二末後句一。待レ歸要レ遵レ汝。後詔して徑山の靈隱に住せしむ、晚に天童に移て示寂す。」【無盡燈論上】に「密庵破沙盆。却高二妙喜枕一。」

ミツイ 密意 【術語】 佛意に於て隱藏する所ありて顯了眞實の說ならざる者を云ふ。又、佛意深密にして因人の測り知る所にあらざれば密意と云ふ。【觀經玄義分】に「佛密意弘深。敎門難レ曉。三賢十聖弗二測所レ闚。況我信外輕毛敢知二旨趣一。」【最勝王經一】に「汝等當レ知。云三般涅槃有二舍利一者。是密意說。」【唯識論九】に「密意言顯レ非二了義一。」

ミツイン 密印 【術語】 諸佛菩薩に各本誓あり、此本誓を幖幟する爲に兩手の十指を以て種種の相を形る、是れ本誓の印象印契なれば印と云ひ、其の理趣秘密深奧なれば密と云ふ。【大日經密印品】に諸尊の印相を明かし且つ曰く、「身分擧動住止。應レ知皆是密印。舌相所轉衆多言語。應レ知皆是眞言。」又禪徒、

眞言に模して直指の心印を西來の密印と云ふ。【本朝高僧傳慈覺】に「西來密印。」

ミツイン　密因　〔術語〕首楞嚴經の經題に「密因修證了義」如來の果德を秘密藏と名く、此秘密藏に入る因行を密因と云ふ。又密とは經所說の陀羅尼なり、是れ凡小の知る所にあらず、密と名く、密即ち因なり。【楞嚴經八】に「亦名二如來密因修證了義一。」【同義疏八中】に「三世果人入二秘密藏一。以レ此爲レ因。密之因也。又此大定行二一切行一。而非二凡聖之所一レ知。故名爲レ密。密即因也。」図 佛菩薩の本地を云ふ。佛菩薩の本地は秘して人に明かさざれば密印と云ふ。【楞嚴經六】に「我滅度後。勅二諸菩薩及阿羅漢一。應身生二彼末法之中一。作二種種形一度二諸輪轉一。或作二沙門白衣居士人主宰官童男童女一。如レ是乃至婬女寡婦奸偸屠販與レ其同レ事。稱二讚佛乘一令三其身心入二三摩地一。終不下自言二我眞菩薩眞阿羅漢一。泄二佛密因一輕言中未學上。唯除二命終陰有二遺付一。」【同義疏六下】に「眞聖利物終不レ可レ測。以レ承二佛制一不二妄漏泄一。此聖眞因唯聖自證。故云二密因一。未學之前不レ可二輕說一。陰有二遺付一者不二顯稱一也。此開下臨終密有二表示一。遺中囑弟子上。如二求那屈レ指事一。」

ミツインクワンヂヤウ　密印灌頂　〔修法〕大日經に五種の灌頂を說く、其の第五種を密印灌頂と云ふ、唯授一人の秘法なり。【本朝高僧傳慈覺傳】に「臨終結レ印誦レ言。授二定濟一曰。謂二之密印灌頂一。」

ミツガウ　密號　〔術語〕又、金剛名、灌頂號と云ふ。密部に於て唱ふる金剛名なり。大日如來を遍照金剛、阿彌陀如來を清淨金剛と云ふ如し。図 眞言を密號と云ふ。【大日經疏一】に「眞言梵云二漫茶羅一。即是眞語。如語。不妄不異之言。龍樹釋論謂二之秘密號一。舊譯云レ咒非二正翻一也。」

ミツガク　密學　〔雜語〕密敎の學行なり。

ミツキ　密機　〔術語〕眞言の秘密を聞くべき機根を云ふ。

ミツキ　密軌　〔術語〕密敎の儀軌なり、大日經儀「軌、仁王經儀軌など。

ミツキヤウ　密經　〔術語〕密敎の經典なり。

兩部　〔名數〕大日經を胎藏部の本經とし、金剛頂經を金剛部の本經とす、此兩部經に東台の二密に異議なし。

三部　〔名數〕一に胎藏部、上の如し。二に金剛部、上の如し。三に雜部、釋迦所說の密經なり、是れ顯密雜糅すれば雜部と名く、金光明經、六波羅蜜經、首楞嚴經等の如し。此亦異議なし。図 一に胎藏部、上の如し、二に金剛部、上の如し、三に不二部、蘇悉地經なり、是れ金胎不二の法を說きしものなれば不二部と稱す。但し是れ台密一家の所立なり、東密に於ては金胎兩部の中に不二法を說く外に不二の法なしとして其の別部を許さず。

ミツギ　密義　〔雜語〕深密の義理なり。【楞嚴經一】に「欽二奉慈嚴一將レ求二密義一。」

ミツギソウ　貢僧　〔雜名〕欽明天皇の十三年、始て百濟より、佛像及び經卷を獻ず、爾來百濟、高麗等より自國の僧を時時我國に渡來歸化せしめたるものを貢僧と云ふ。有名なる慧慈、慧總等は皆高麗、百濟の貢僧なり。

ミツギヤウ　密行　〔術語〕持戒密行なり。三千の威儀八萬の細行は大衆も知らず唯我のみ知て能く行ずるが故に密と云ふ、即ち羅睺羅を以て弟子中密行第一となす。然るに天台の意に依らば密行に大小乘の異あり、微細の護持を密行とするは小乘の意なり、法華の意は彼れもと法身の菩薩にして圓頓の妙戒に住すれども、今は聲聞の身に現じて小乘の麤戒を持して本地妙戒を秘するが故に密行と云ふなり。【法華經人記品】に「羅睺羅密行。唯我能知レ之。」【釋籤】に「羅睺羅密行者。小乘亦云二羅睺羅密行一。與二法華一何別。然大小不同。小乘以二微細護持一爲レ密。乃至今法華中約二其發迹一。即以レ迹覆レ本。名レ之爲レ密。」【淨心誡觀中】に「聖賢密行內智外愚。」【同發眞鈔中末】に「密行謂蘊二己善行一。不レ欲レ彰レ外也。」

ミツクワン　密灌　〔術語〕秘密灌頂の略。

ミツグ　密供　〔術語〕護摩を修して諸尊を供養する密敎の修法なり。

ミツグソク　三具足　〔物名〕佛前の供養具にして、花瓶、蠟燭立、香爐の三を云ふ。

ミツケ　密家　〔流派〕密敎の宗家なり。

ミツケウ　密敎　〔術語〕大日如來所說の金胎兩部の敎法を云ふ。是れ法身佛內證の境界にして深密秘奧なれば密敎と云ひ、又、未灌頂の人に對して之を顯示するを制する敎法なれば密敎と云ふ。【二敎論上】に「法佛談話。謂二之密藏一。言秘奧實說。」又「自性受用佛。自受法樂故。與二自眷屬一各說二三密門一。謂二之密敎一。」東密には此密敎に於て事理に二密を立つ。「リミツ」を見よ。

ミツケノサンザウ　密家三藏　〔名數〕大毘盧舍那金剛頂經二百卷、蘇婆呼經根本部等一百七十卷、菩提心摩訶衍經等十一卷を云ふ。即金剛頂經は經藏、蘇婆呼經は律藏、摩訶衍經は論藏なり。

ミツコウ　密講　〔雜語〕密典の講演なり。

ミツゴ　密語　〔術語〕密意を以て說く語なり、如來涅槃すと說く如き是れ如來常住の意を隱して說けば

密語と云ふ。【涅槃經九】に「如來密語甚深難レ解。譬如三大王告二諸群臣先陀婆來一。先陀婆一名四實。一者鹽。二者器、三者水、四者馬。乃至智臣善解二大王四種密語一。是大乘經亦復如レ是。」「センダバ」參照。永平の【正法眼藏】に密語の一章あり。図 密敎の陀羅尼を密語と云ふ。【秘藏記本】に「密語者。凡夫二乘不レ能レ知。故曰二密語一。眞言者如來言眞實無二虛妄一。故曰二眞言一。」

ミツケンニニン　密遣二人　[雜語]　佛方便を以て先づ二乘の法を說くに譬ふ。「グウジ」を見よ。

ミツゴン　密嚴　[人名]　高野山の密嚴。其の諱を記せず、房號を以て呼ぶ、蚤に傳法灌頂を稟けて阿闍梨位に任ず。草庵に退謙し念を西方に繫けて觀心專修し、元曆元年、彌陀の定印を結で坐亡す、壽八十五、死後印紊れず僧俗群膽す。【本朝高僧傳七十二】

ミツゴンキヤウ　密嚴經　[經名]　具名、大乘密嚴經、前後兩譯あり、前譯は唐の地婆訶羅譯、三卷、【黃帙八】後譯は唐の不空譯、三卷、【閏帙十五】佛出過三界密嚴國に住す、金剛藏菩薩あり佛に第一義法性を問ふ、佛如來藏の不生不滅を答ふ。次に金剛藏菩薩諸士に對して如來藏阿賴耶識等の大乘の法相を開說す。一經の始終多く其所說に係る。

蜜嚴經疏　[書名]　四卷、唐の法藏撰。

ミツゴンケザウ　密嚴華藏　[界名]　密嚴國と華藏世界なり、密嚴國は密嚴經に之を說き、華藏世界は華嚴經に之を說き、共に他受用の報土にして初地已上の一分の無明を斷じたる法身の菩薩の生ずる淨土なり。但華藏世界は顯敎に屬し、密嚴國は密敎に屬す。【和語燈錄二】に「後世者の中に極樂は淺く彌陀は下れり、期する所密嚴華藏の世界也と心を係る人も侍るにや、其れ甚おほけなし、彼の土は斷無明の菩薩の外は入事なし。」⊙（盛衰記八）「遍照遮那の悟開けて密嚴花藏の土に遊び給ふもあな目出た」

ミツゴンゴク　密嚴國　[界名]　大日如來の淨土なり。密嚴經及び金剛頂一切瑜祇經に之を說く、金胎兩部の法身の依處にして華嚴經所說の華藏世界も淨土門所談の極樂世界も此の異名となすなり。密嚴とは三密を以て莊嚴する大曼陀羅道場なり。不空譯の【密嚴經上】に「今此世界名曰二密嚴一。是中菩薩。悉於二欲色無色無想有情之處一。以二三摩地力一生二智慧火一。焚二燒色貪及以無明一。轉二所依止一得二意成身一。神足力通以爲二嚴飾一。」又「欲色無色界無想天等天宮。如來迥已出。而往二密嚴一住。乃至依二自難思定一現二於衆妙色一。色相無レ有レ邊非三餘所二能見一。極樂莊嚴國。世尊無量壽。」【金剛頂一切瑜祇經】に「唯此佛刹。盡以二金剛自性淸淨一所レ成密嚴華嚴。」【二敎論】に「密者金剛三密。華者開敷覺華。嚴者具二種種德一。言以二恒沙佛德塵數三密一莊二嚴身土一。是名二曼荼羅一。」【瑜祇經拾古鈔上】に「是說二兩部法身所依土一。密嚴華嚴華藏也。」【菩提心論】に「此菩提心能包二藏一切菩薩功德法一故。若修證出現則爲二一切導師一。若歸レ本則是密嚴國土。不レ起二于座一能成二一切佛事一。」【密嚴諸秘釋九】に密嚴淨土略觀あり。

ミツゴンジヤウド　密嚴淨土　[界名]　前項に「同じ。

ミツサン　密參　[雜語]　嚴密に參禪すると。【無盡燈論上】に「密參功積。」

ミツザウ　密藏　[術語]　眞言の經典を云ふ。【僧史略上】に「密藏者陀羅尼法也。是法秘密非二二乘境界一。諸佛菩薩所二能游履一也。」【二敎論上】に「法佛談話謂二之密藏一。言秘奧實說。」

ミツシ　密肆　[雜名]　密敎の學場なり。

ミツシツ　密室　[譬喩]　密室風を吹けば以て禪定に譬ふ。【止觀五】に「若能修レ定。如二密室中燈一。能破二巨闇一。」

ミツシヤク　密迹　[天名]　密迹力士、密迹金剛、金剛密迹など云ふ。新譯に秘密主、手に金剛の武器を持し佛を警固する夜叉神の總名なり。密迹とは彼れ常に佛に親近して佛の秘密の事迹を聞かんとの本誓なるを以て密迹と名く。【寶積經密迹金剛力士會】に「法意太子曰。吾自要誓。諸人成レ得レ佛時。當レ作二金剛力士一。常親二近佛一。在二外威儀省一。諸如來一切秘要常委託依。普聞二一切諸佛秘要密迹之事一。信樂受喜不レ懷二疑結一。乃至其法意太子則今金剛力士名二密迹一是也。」然るに玄應師の義に依れば迹の字を以て譯人の蛇足とす、是れ寶積經を見ざる過なり。【玄應音義一】に「密迹。梵言二散那一。此譯云二密主一。密是名也。以レ知二佛三密功德一故也。主者夜叉主也。案梵本都無二迹義一。當下以二示レ迹爲一レ神故譯經者義立名上耳。」【大日經疏一】に「西方謂二夜叉一爲二秘密一。以三其身口意速疾隱秘難二可二了知一故。舊翻或云二密迹一。若淺略明レ義秘密主即是夜叉王也。」梵 Guhyapāda

ミツシヤクコンガウリキシアイレンキヤウ　密迹金剛力士哀戀經　[經名]　佛入涅槃密迹金剛力士哀戀經の略名。

ミツシヤクシ　密迹士　[天名]　金剛神を云ふ。亦密迹金剛、密迹力士とも稱す。【智度論】に「五百執金剛隨一是密迹士金剛手所現。」

ミツシヤクリキシキヤウ　密迹力士經　[經名]　大寶積經四十九會の中第三會、密迹金剛力士會を云ふ。

ミツシユ　密衆　[雜名]　密敎の衆徒なり。

ミツシユウ　密宗　〔流派〕眞言宗を云ふ。⊙（増鏡、浦千鳥）「かの寛平のむかしをやおぼすらむ、密宗をぞ學せさせ給ひける」

ミツジ　密寺　〔雜名〕密敎の寺院なり。【元亨釋書廿三】に「弘仁十四年。賜二東寺于海一爲二密寺一。」

ミツジ　密字　〔術語〕金剛語菩薩の種子𑖨覽字を稱す。密とは語密𑖨火を以て一切有相の言語を焚燒し無言に歸す、即ち維摩の大默なり。【瑜祇經】に「密字化二諸雹一。打二破諸修羅一。」【拾古鈔下】に「御口決云。此菩薩淨名也。遮二四種一故云二密字一。」

ミツジヤウツウヤク　密成通益　〔雜語〕藏敎に於ける二乘の人が、方等時に於て、佛の彈呵に遭ひ、不知不識の裡に通敎の利益を蒙るを云ふ。

ミツセンヂユウブ　密山住部　〔流派〕密林山部に同じ。

ミツジユ　密咒　〔術語〕秘密の神咒、即ち陀羅尼を云ふ。

ミツセカハ　三瀨川　〔雜名〕「サンヅノカハ」を見よ。⊙（蜻蛉日記）「みつせがはわれよりさきに渡りなばみぎはにわぶる身とやなりなむ」

ミツダン　密壇　〔術語〕密敎の祭壇なり、又護摩壇なり、又曼荼羅の道場なり、又灌頂壇なり。

ミツダンクワンヂヤウ　密壇灌頂　〔修法〕曼陀羅の道場を設けて灌頂の式を行ふなり。「クワンヂヤウ」を見よ。

ミツヂヤウ　密場　〔雜語〕密敎の學場なり。【元亨釋書二十三】に「以二東寺一爲二密場一。」

ミツド　密度　〔術語〕密敎を學ばしむる爲に人を度して僧となすを云ふ。【元亨釋書二十三】に「承和二年。空海又奏。金剛頂經毘盧遮那經業二人。聲明業一人。置二年度一精二究密學一。正月二十二。尙書省符降。」

ミツノアイ　三愛　〔名數〕人の命終時に起す三種「の愛なり。「アイ」を見よ。

ミツノクルマ　三車　〔名數〕羊鹿牛の三車なり。「サンシヤ」を見よ。⊙（曲、東北）「三つの車に法の道、すはや火宅の門を今」（山家集）「のりしらぬ人をぞげにはらしとみるみつの車にこころかけねば」

ミツノミチ　三道　〔名數〕聲緣菩の三乘の道なり。「サンジヨウ」を見よ。

ミツバイ　密唄　〔雜名〕密敎の梵唄なり。

ミツフ　密付　〔術語〕師資密密に付法すると、禪家の以心傳心を云ふ。【寶鏡三昧歌】に「如是之法。佛祖密付。汝今得レ之。宜二善保護一。」

ミツフン　密墳　〔術語〕密敎の典籍なり。

ミツホフ　密法　〔術語〕眞言秘密の法なり。

ミツヤク　密益　〔術語〕人しれず利益すると。【止觀四】に「冥熏意益。」

ミツリンセンブ　密林山部　〔流派〕Saṃnagari-kāh 小乘二十部の一。佛滅後三百年中犢子部より流出するもの。【宗輪論】に「密林山者。近山林蓊鬱繁密。部主居レ此名二密林山一。從二所居一爲レ名也。文殊問經名二芿山部一。」「花瓶の水を防ぐ意なるべし。

ミヅイタ　水板　〔物名〕打敷の上に置く板なり。

ミヅゴリ　水垢離　〔雜語〕「コリ」を見よ。

ミヅニヱガク　畫水　〔譬喩〕「グワスヰ」を見よ。

ミヅヒキ　水引　〔物名〕打敷の下じきを云ふ。

ミテイレイ　彌帝隸　〔菩薩〕Maitreya「ミロク」を見よ。

ミテツ　彌窒　〔菩薩〕彌窒耶尼子の子。前項に同「じ。

ミテン　彌天　〔人名〕晉の道安なり。法師襄陽に在り、習鑿齒才を負ひ來り謁して云く、四海習鑿齒。安答て曰く、彌天釋道安。此より彌天の道安と稱す。【高僧傳】

ミトウ　御燈　〔雜名〕每年三月三日に天皇が北辰菩薩に奉り給ふ燈火を云ふ。北辰菩薩とは即ち妙見の事にして、國土を保護し、衆生を濟度するを以て之を祭る也。北山の靈巖寺の峰に祭るなりと。

ミトクイトク　未得謂得　〔雜語〕己れ未だ聖法を得ざるに既に得たりと謂ひて慢心を起すにて之を增上慢と云ふ。【法華經方便品】に「增上慢未レ得謂レ得。未レ證謂レ證。」【大乘義章五末】に「增上慢者。實不レ得レ聖而謂二已得一。名二增上慢一。以二其聖法是增上一故。」

ミトクシンカクゴウシヨムチユウ　未得眞覺恒處夢中　〔雜語〕【唯識論七】に「未レ得二眞覺一恒處二夢中一。故佛說爲二生死長夜一。」⊙（續古今）「長き夜の夢のうちにも待わびぬ覺むるならひの曉の空」

ミナ　御名　〔術語〕佛の名號は德を攝め實を表はすが故に、佛は其名號を以て念ずる衆生を救濟するなり。阿彌陀佛には、四字、六字、九字、十字等の御名、即名號あり。或は又、名とは一佛の別名、釋迦、藥師、阿閦、阿彌陀と云ふが如し。「ミヤウガウ」を見よ。

ミナミオホデラ　南大寺　〔寺名〕大安寺に同「じ。「ダイアンジ」を見よ。

ミニフ　味入　〔術語〕十二入の一。

ミニヤフラカ　微若布羅迦　〔植物〕Bījapūraka果の名。【七俱胝佛母准提大明陀羅尼經】に「微若布羅迦果。漢言二子滿果一。此間無西方有。」

ミニヨ　魅女　〔雜名〕「ヨリマシ」を見よ。

ミネイリ　峰入　〔儀式〕大峰入の略。或は入峰と

も云ふ。役行者入峰の跡を追慕して、毎年陰曆四月より九月迄の間に修驗者即ち山伏が大和の大峰（金峰山）に登りて苦修練行するを云ふ。熊野よりはじむるを順、吉野よりするを逆の峯入と云ふ。

ミネンジユ　御念誦　〔儀式〕念佛誦經なり。

晦日の御念誦　〔行事〕弘法大師の奏請に依て承知二年より之を始む。【大師行狀記】に「於二宮中眞言院一准二大唐内道場一。臨二每月晦一三箇日御念誦。奉レ祈天長地久一。若有二大阿闍梨障一以二次人一令二勤仕一。」（弘法大師正傳三に引く。）

ミネンジユダウ　御念誦堂　〔堂塔〕念誦の爲に殊に佛壇を莊嚴せる堂舍なり。

ミノブ　身延　〔地名〕甲斐國南巨摩郡身延村。日蓮佐渡流罪赦免後、此山に入つて庵室を結び、弘安四年一寺を建立す、即ち日蓮宗一致派の本山久遠寺なり。

ミハリタ　微鉢哩哆　〔印相〕十二合掌の一。譯、反叉合掌、【大日經疏十三】梵 Viparita

ミフレンゲ　未敷蓮華　〔雜名〕半ば開きて將に滿開せんとする蓮華を云ふ。【秘密念佛抄】に「觀音手執二未敷蓮一。作二開敷勢一。即此表示也。」

ミブツミヤウ　御佛名　〔行事〕佛名會の法事を云ふ。「ブツミヤウヱ」を見よ。

ミブネンブツ　壬生念佛　〔行事〕三月十四日より廿四日までこれを行ふ。【雍州府志】に「心淨光院壬生にあり故に壬生寺といふ、又寶幢寺と云ふ、中世三井寺に屬す、故に小三井寺と字す。本尊は地藏にして傍に鑑眞の像あり。もと眞言にして南都の招提寺に屬す、開基知れず、中興は一條院正曆年中快賢僧都なり。後伏見院正安年中圓覺上人此寺に住し、始めて融通念佛を修す、今に於て三月十四日より廿四日に至つて念佛あり、其間土人俳優をなす。（世に壬生狂言と云ふ）是れ衆の睡りをさまさんが爲なり、是れもまた融通念佛の餘流なるべし。」

ミホツボダイシンジユキ　未發菩提心授記　〔術語〕「ジユキ」を見よ。

ミマカ　弭秣賀　〔地名〕Mimaha 國の名。譯、米國。【西域記十】

ミーマーンサー　弭曼差　〔流派〕Mīmāṁsā 印度六派哲學中最初に興起せしもの。Jaimini の開く所にして、此派の目的は吠陀を正當に解釋し、其儀式を説明するにあり。佛經中に云ふ聲論師なり。「コヱロンジ」を見よ。

ミミシン　微微心　〔術語〕滅盡定に入る前刹那の極めて微細なる心を云ふ。

ミミツ　微密　〔術語〕微妙秘密なり。【涅槃經三】に「願佛開二微密一。廣爲二衆生一説。」【大日經六】に「吾當三一切説二微密最希有諸佛之秘要一。」

ミミツヂキヤウ　微密持經　〔經名〕無量門微密持門經の略名。

ミミヤウ　御廟　〔人名〕叡山には慈惠大師を御廟の大師と云ひ、淨土宗には法然上人を云ふ。

ミメウ　微妙　〔雜語〕法體幽玄なれば微と云ひ、思議を絶すれば妙と云ふ。【維摩經菩薩品】に「微妙是菩提。諸法難レ知故。」【無量壽經下】に「普爲二十方一説二微妙法一。」【長阿含經一】に「如來大智微妙獨尊。」【法華經提婆品】に「微妙淨法身。具二相三十二一。」

ミメウ　微妙　〔人名〕比丘尼の名。自身世苦の爲に出家して聖果を得たる經歷を説き、五百の比丘尼を度す。【賢愚經三、諸經要集九】

ミメウホフスヰ　微妙法水　〔術語〕ह्र字門を稱す、此ह्र字門の清淨の法水を以て行者の心器を淨め、且つ身田の𑖯字の佛種子を生ぜしむるなり。【義釋十一】に「微妙法水。從レ空而注。以淨二其心器一。」

ミメウマンダラキヤウ　微妙曼拏羅經　〔經名〕一切如來大秘密王未曾有最上微妙大曼拏羅經の略名。

ミヤウ　名　〔術語〕梵語娜麽 Nāman(N.sg.n, Nāma) 能く音聲に隨て物體に赴き、以て體を詮はして人をして想を起さしむるもの、名を聞けば必ず其の物體の相を心に浮ぶればなり。【俱舍論五】に「名謂作レ想。」【同光記五】に「梵云二那麽一。唐言レ名是隨義。歸義。赴義。召義。謂隨二音聲一歸三赴於境一。呼二召色等一。名能詮レ義。」【大乘義章二】に「表三詮諸法一。説レ之爲レ名。」（乃至）「緣二於名一能起二於想一。能作レ想故。故名二作想一。」

ミヤウ　命　〔術語〕梵語、戍尾單 Jīvita「ミヤウコン」を見よ。

ミヤウ　明　〔術語〕智慧の別名。【佛地論一】に、「有義明者以レ慧爲レ性。慧能破レ闇故説爲レ明。有義無レ礙二善根一爲レ性。翻二無明一故。」【大乘義章十四】に「知レ法顯了故名爲レ明。」図　眞言の別名。眞言能く煩惱の闇を破する故に明と云ふなり。又、口に説くに就て眞言と云ひ、身より現ずるに就て明と云ふなり。又、佛光明を放ち光中に説くが故に明と云ふなり。【演密鈔一】に「明者明咒。眞言之別稱。梵語尾儞也。此譯云レ明。破レ闇爲レ義。梵語漫怛羅此云二眞言一。或名二神咒一。謂此眞言能破二衆生煩惱闇障一。義翻爲レ明。」【大日經疏十二】に「破三除一切無明煩惱之闇一故。名レ之爲レ明。然明及眞言義有二差別一。若心口出者名二眞言一。從二一切身分一任運生者。名レ之爲レ明

也。」【秘藏記本】に「陀羅尼者。佛放レ光光之中所レ說也。是故陀羅尼與レ明其義不レ異。」

ミヤウ　冥　〔術語〕無知の異名。無知に二あり一に染汚無知、二に不染汚無知なり。【俱舍論一】に「以下諸無知能覆二實義一及障中眞見上故爲レ冥。」

ミヤウアン　明庵　〔人名〕榮西禪師の號。

ミヤウイチ　冥一　〔術語〕混然として彼此を區別すべからざるを云ふ。【止觀一】に「無相之境。無緣之智。智境冥一。」【名玄第四】に「冥是混一之義。」

ミヤウウン　明雲　〔人名〕權大納言顯通の二男にて山門五十五代の座主なり。【本朝高僧傳五十二】

ミヤウオウ　冥應　〔術語〕又冥益と云ふ。冥機冥應等の四あり。「ミヤウキ」を見よ。

ミヤウカイ　冥界　〔界名〕又、冥道と云ふ。總じては地獄餓鬼畜生の三道を云ひ、別しては地獄道の琰魔王の住する世界を云ふ。俗語なり。

ミヤウカン　冥感　〔術語〕冥應に同じ。◉(曲、船辨慶)「神明佛陀の冥感に背き。」

ミヤウカン　冥鑑　〔術語〕冥衆の鑑照なり。【西域記二】に「冥祇贊衞。靈鑑潛被。」

ミヤウガ　冥加　〔術語〕人知れず神佛より加被する利益を云ふ。自他共に知らざれば冥と云ふ。佛菩薩の感應は多く冥加なり。希には顯加あり。【法華玄義七】に「被二冥加一汝不レ知レ恩。」【觀經玄義分】に「冥加願攝受。」◉(太平記二六)「殊更冥加の程も如何とおぼえて」俗に本寺への寄附金又は賽錢を御冥加金又は單に御冥加など云ふは佛祖の冥加に對する謝禮の金錢と云ふ意なり。

ミヤウガウ　名號　〔術語〕體を顯はすを名とす、名外に彰はれて天下に號令するを號とす。名號體一なり。此名號の目諸佛諸菩薩に通ずれども彌陀の名號即ち南無阿彌陀佛を指すを常とす、即ち總即別名の義なり。【大乘義章二十末】に「顯レ體爲レ名。樹レ德爲レ稱。名稱外彰號二令天下一說レ之爲レ號。」【法華嘉祥疏三】に「通即稱レ號。號令二天下一顯二化他之義一別即稱レ名。名以定レ體。即是自行。」◉(平家一)「彌陀の本願を強く信じて、ひまなく名號を稱へ奉るべし」

ミヤウガウフシギ　名號不思議　〔術語〕彌陀の名號は惡人成佛の法にして、其功德の廣大無邊なることと思議すべからざるが故に名號不思議と云ふ。

ミヤウガキン　冥加金　〔雜語〕「ミヤウガ」を見よ。

ミヤウキ　冥機　〔術語〕冥機、冥應、冥機顯機の二あり。「カンオウメウ」を見よ。

ミヤウギ　名義　〔術語〕名とは體上の名稱なり、義とは體上の義理なり。諸行無常と云ふ如き、諸行は名にして無常は義なるが如し。又呼召の名目を名と云ひ、名の爲に顯はさるる法體を義と云ふ、此義に依れば名義とは名體或は名法と言ふに同じ。さてこの名と義とに就て名の義に即するあり即せざるあり。名の義に即するは火を呼で熱を出すが如し、諸佛の名號及び陀羅尼の如き是なり、之を眞言と云ふ。名の義に即せざるは火の名に熱の用なきが如し、世間一切の名字是なり、之を假名と云ふ。【智度論二十五】に「問曰。義之與レ名爲レ合耶爲レ離耶。若合レ名說レ火時應レ燒レ口。若離說レ火時水應レ來。答曰。亦不合。亦不離。古人假爲立レ名。後人因二此名字一識二是事一如レ是各各有二名字一。」【肇論】に「名無二得レ物之功一。物無二當レ名之實一。」

名義不離　〔術語〕世間一切の事法は悉く名義乖離すれども、諸佛菩薩の名號及び陀羅尼等は皆名義不離なり、又名體不二と云ふ。阿彌陀佛の如き阿彌陀を以て名とし、光明を以て義とし體とし法とす、此名と義とは相即不二なる故に阿彌陀の名を稱ふれば光明の攝取に預かるなり。【往生論註下】に「問曰。名爲二法指一如二指指一レ月。若稱二佛名號一便得レ滿レ願者。指レ月之指應二能破一レ闇。若指レ月之指不レ能レ破レ闇稱二佛名號一亦何能滿願耶。答曰。諸法萬差不レ可二一概一。有二名即レ法。有二名異一レ法。名即レ法者諸佛菩薩名號。般若波羅蜜。及陀羅尼章句。禁呪音辭等是也。如二禁腫辭云一日出東方乍赤乍黃等句。假令酉亥行レ禁不レ關二日出一而腫得レ差。乃至有二名異一レ法者。如二指指一レ月等名也。」【定善義傳通記三】に「光之與レ名即是名義。名義具足有二不捨一益。」

ミヤウギ　冥祇　〔雜語〕幽冥の神祇なり。【西域記二】に「冥祇贊衞。」

ミヤウギシフ　名義集　〔書名〕翻譯名義集の略稱。

ミヤウギヤウソク　明行足　〔術語〕佛十號の一。梵に婢侈遮羅那三般那 Vidyā-carana-sampanna 涅槃經の說に依れば明とは阿耨多羅三藐三菩提なり、行足とは脚足の義、戒定慧を指す。佛は戒定慧の脚足に依て阿耨多羅三藐三菩提を得すれば明行足と名く。又智度論の說に依れば明とは宿命、天眼、漏盡の三明なり、行は身口意の三業なり、足は滿足の義、三明と身口意の三業と滿足すれば明行足と名く。【涅槃經十八】に「明者名レ得二無量善果一。行名二脚足一。善果者名二阿耨多羅三藐三菩提一。脚足者名爲二戒慧一。乘二戒慧足一得二阿耨多羅三藐三菩提一。是故名二明行足一也。」【智度論二】に「婢侈遮羅那三般那。秦言二明行足一。云何名二明行足一。宿命天眼漏盡名爲二三明一。乃至行名二

身口意業。唯佛身口意具足。餘皆有レ失。是故名ニ明行足ー。

ミヤウク **明孔** [雜語] 三衣の條相を開放して縫合せざる處を云ふ。四分律の衣には明孔あり、有部律の衣には明孔なきなり。【釋氏要覽上】に「三衣葉上不ニ刺合ー處。謂ニ之明孔ー。有云。若ニ田畦入レ水之竇ー。按ニ根本百一羯磨ー。淨三藏云。西國三衣並皆刺合。唯東夏開而不レ縫。詳觀ニ律檢ー。實無ニ開法ー。」

ミヤウク **名句** [術語] 體を顯はすを名とし、義を詮はすを句とす。諸行の二字は名にして諸行無常の四字は句なるが如し。是れ諸行は無常なりしとの義理を詮はせばなり。【唯識論】に「名詮ニ自性ー。句詮ニ差別ー。」

ミヤウクモン **名句文** [術語] 體を詮はすを名とし、義を顯はすを句とし、此二の所依の音聲の屈曲及び字形を文とす。【百法問答鈔九】

ミヤウクワウ **命光** [雜語] 人の壽命は光陰に隨て遷謝すれば命光と云ふ。【楞嚴經四】に「縱汝形消。命光遷謝。此性云何爲レ汝銷滅。」

ミヤウクワジユ **猛火聚** [雜名] 猛火の聚團なり。【楞嚴經五】に「烏芻瑟摩於ニ如來前ー合掌頂ニ禮佛之雙足ー。而白レ佛言。我常先憶ニ久遠劫前ー。性多ニ貪欲ー。有レ佛出レ世。名曰ニ空王ー。說ニ多婬人成ニ猛火聚ー。」

ミヤウクワバン **命過幡** [物名] 追福の爲に立つる幢幡を云ふ。命過ぎて後に立つる幡なれば命過と名く。若し存生中祈禱の爲の幡ならば續命神幡と云ふ。【夾註菩提心集下】に「追福の幡を命過幡と名く、隨願經懸ニ命過幡ーと云へり。」「バン」を見よ。

ミヤウクワン **冥官** [術語] 冥界の官僚なり、炎魔王界に所屬の人を云ふ。【焰羅王供行法次第】に「一切冥官冥道僧尼。」⦿(著聞集、哀傷)「二條右衛門佐重隆沒期に冥官になりにける」

ミヤウクン **明熏** [術語] 又、內熏と云ふ。本覺の眞如內に在て冥に妄心に熏習して菩提心を生ぜしむるを云ふ。【止觀四】に「冥熏密益。即是外護。」【輔行】に「自レ非ニ內熏ー何能生レ悟。故知生レ悟力在ニ眞如ー。故以ニ冥熏ー爲ニ外護ー也。」【起信論義記下本】に「本覺內熏。」

ミヤウグワツシユ **明月珠** [物名] 經に明月摩尼と云ふ、摩尼珠の光、明月の如きもの。「ミヤウグワツマニ」を見よ。

ミヤウグワツテンシ **明月天子** [天名] 月天子なり、月宮に住して帝釋天に屬す。「グワツテンシ」を見よ。

ミヤウグワツマニ **明月摩尼** [物名] 摩尼は寶珠の總名、明月は其の別名、其光、明月の如きに名く。【無量壽經上】に「復以ニ眞珠明月摩尼衆寶ー以爲ニ交露ー。」【六要鈔六本】に「明月珠者摩尼也。摩尼之中有ニ明月珠ー。明月珠者即上所レ言月光摩尼。千手經說ニ日精摩尼月精摩尼ー。其月精者此珠也。」

ミヤウケ **名假** [術語] 三假の一。諸塵和合の上に種種の名を假設す。名は畢竟虛假にして實體なきを云ふ。

ミヤウケコジツクワン **名假虛實觀** [術語] 三假觀門の一。名の虛實を觀ずる法門なり。

ミヤウケン **冥顯** [術語] 冥とは幽冥にして見聞すべからざるもの、顯とは顯現して見聞すべきものを云ふ。

ミヤウケンリヤウカイ **冥顯兩界** [雜語] 冥界と顯界とを云ふ。冥界は死後の世界、顯界は娑婆世界なり。

ミヤウゲンロン **明眼論** [書名] 說法明眼論の略稱。

ミヤウコ **明炬** [譬喩] 明なる炬火にて般若の智に譬ふ。【萬善同歸集五】に「故知般若是險惡徑中之導師。迷闇室中之明炬。」

ミヤウコン **命根** [術語] 命とは即ち壽なり、然るに小乘有部の義に依らば別に非色非心の體ありて過去の業より生じ、以て一期の間煖と識とを維持す、之を命と名け、命能く煖と識を持すれば根と名くと云ふ。大乘唯識の義に依れば第八識の種子に於て住識の功能あり、以て一期の間色心を相續せしむるを假に名けて命根と爲す、別に命の實體あるにあらずと云ふ。【俱舍頌疏五】に「論云。命體即壽。既將レ壽釋レ命故命即壽。此復未レ了何法爲レ壽。謂有ニ別法ー持ニ煖與レ識。說名爲レ壽。」【唯識述記二本】に「命謂色心不レ斷。是命之根也。」

ミヤウゴ **冥護** [術語] 佛菩薩の人しれず加護すると。

ミヤウゴン **冥權** [術語] 佛菩薩の人しれず施す權謀方便を云ふ。【維摩經序】に「冥根無レ謀而動與レ事會。」

ミヤウゴン **名言** [術語] 名目と言句なり。【唐華嚴經三十二】に「於ニ一一法名言ー悉得ニ無邊無盡法藏ー。」

ミヤウゴンシユジ **名言種子** [術語] 二種子の一。第八識の色心の諸法を生ずる親因緣の種子を云ふ、是れ名言を緣として熏ずる所の種子なればなり。「ニシユジ」を見よ。

ミヤウサウ **明相** [雜語] 明け方に始て天空白色を呈する時を云ふ。此の明相の現ずるを待て朝粥を食するを得るを律制とす。【釋氏要覽】に「四分律

云。明相出。始得レ食レ粥。餘皆非時ナリ。婆沙論ニ云。明相有レ三。初日照ニ剡部樹身一。天作ニ黑色一。二日照ニ樹葉一。天作ニ青色一。三日過レ樹。天作ニ白色一。三色中取ニ白色一爲ニ正時一。須下舒レ手見ニ掌文一分明上。始得レ食レ粥。」

ミヤウサウ 名相 【術語】五法の一。一切の事物に名あり相あり、耳に聞くべきを名と云ひ、眼に見るべきを相と云ふ、共に是れ虛假にして法の實性に契ふものにあらず、凡夫は此の虛假の名相を分別して種種の妄惑を起すなり。【楞伽經四】に「愚癡ノ凡夫。隨ニ名相一流。」図 法門の名相に著して無相の眞理を忘るると、學者の通弊とす。【止觀十】に「夫聽學人誦ニ得名相一。齊レ文作レ解。心眼不レ開。令レ無ニ理觀一。」又「著者亦爾。分ニ別名相一廣知ニ煩惱一多誦ニ多品一。要レ名聚レ衆嫉術求達打ニ自大鼓一竪ニ我慢幢一。誇ニ耀於他一過ニ生鬪諍一。」【天台學則上】に「古德歎曰。天台學至ニ四明一變爲ニ名相學一。」「なり。

ミヤウシ 冥使 【異類】冥官の使者なり、閻魔卒なり。

ミヤウシ 冥資 【雜語】亡人の爲の資福なり。

ミヤウシ 冥思 【術語】佛菩薩の思慮、人の窺ひ知る所にあらざれば冥と云ふ。

ミヤウシキ 名色 【術語】五蘊の總名なり、受想行識の四蘊を名とし、色蘊の一を色とす、受等の四蘊は皆心識の法にして形體の見るべきなく、只名を以て知るべければ名と云ひ、色蘊の一は極微所成の質礙ある物體なれば之を色と云ふ。色は質礙の義なり、十二因緣の中に人の母胎に在て漸く生長し五蘊の完具するを名色支と云ふ。【大乘義章四】に「言ニ名色一者。心從ニ詮目一故號爲レ名。身形質礙稱レ之爲レ色。」亘以心法冥漠難レ彰。非レ詮不レ辨故從ニ詮目一說以爲レ名。」【法界次第上】に「心但有レ字故曰レ名。有形質礙之法謂レ之爲レ色。」【法華玄義一】に「心如ニ幻炎一但有ニ名字一。」【俱舍論十】に四釋あり。其の第三釋に「隨レ名顯故。」【同光記八】に「隨レ名顯故者第三解。無色四蘊相隱難レ知。隨レ名顯故標ニ名稱一。故婆沙云有說。色法麤顯即說爲レ色。非色微隱申レ名顯。故說レ之爲レ名。」

ミヤウシツ 冥室 【雜語】闇冥の室なり。【寶積經百十二】に「譬如ニ千歲冥室未ニ曾見一レ明。若然燈時於レ意云何。闇寧有レ念ニ我久住一レ此不レ欲レ去耶。乃至百千萬劫久習結業。以ニ一實觀一即皆消滅。」

ミヤウシヤ 命者 【術語】十六神我の一。我は實の壽命を有する者と計するもの。【唯識述記一本】に「色心相續名レ之爲レ命。命者是主義。我有ニ此命一故名ニ命者一。」

ミヤウシヤウ 名聲 【術語】彌陀如來我が名聲の十方に超過するを誓へり。【無量壽經上】に「我至レ成ニ佛道一名聲超ニ十方一。究竟靡レ所レ聞。誓不レ成ニ正覺一。」【法華經序品】に「名聲普聞ニ無量世界一。」

ミヤウシヤウ 冥性 【術語】數論師二十五諦を立てて第一を冥諦と名け、此冥諦の中に本より一切諸法あり、緣に隨て次第に出生すと云ふ。即ち冥諦は諸法の實性なり。

ミヤウシヤク 名籍 【雜語】名を書き記し置くこと。地獄の冥官が惡人の名を書き付けおきて罰することを忘れざるを云ふ。

ミヤウシユ 冥衆 【雜語】梵天帝釋、諸の鬼神、炎魔王等の人の目に見えざる諸衆を云ふ。【漢光類聚二】に「佛前備ニ香華一。請ニ不現前冥衆一。起ニ四弘誓願一。」

ミヤウシユ 明珠 【物名】明月珠なり、又明月摩尼と云ふ。寶珠の光り明月の如きに名く。以て濁水を澄ますの德あり。【涅槃經九】に「譬如下明珠置ニ濁水中一。以ニ珠威德一水即爲上レ淸。」

明珠譬淨戒 【雜語】【法華經序品】に「持ニ淨戒一猶レ護ニ明珠一。」【梵網經偈】に「諸佛子。宜レ發ニ大勇猛一。於ニ諸佛淨戒一護持如ニ明珠一。」【六度集經三】に「具戒行者心無ニ穢濁一。內外淸潔。凡夫猶ニ瓦石一。具戒高行者若ニ明月珠一也。」【箋難一】に「經護ニ明珠一。或是明月珠也。」

明珠譬大乘經典 【雜語】【涅槃經三】に「譬如下國王髻中明珠付ニ典藏臣一。藏臣得已。頂戴恭敬增加守護上。我亦如是。頂ニ戴恭ニ敬增ニ加守ニ護如來所說方等深義一。」【法華經安樂行品】に「此法華經是諸如來第一之說。於ニ諸說中一最爲ニ甚深一。末後與賜。如下彼强力之王久護ニ明珠一。今乃與上レ之。」【智度論四十九】に「若水濁以レ珠著ニ水中一。水即爲レ淸。是珠其德如レ是。」【淨土論註下】に「譬如下摩尼珠置ニ之濁水一水即淸淨上。若人雖レ有ニ無量生死之罪濁一。聞ニ彼阿彌陀如來至極無生淸淨寶珠名號一。投ニ之濁心一。念念之中罪滅心淨。即得ニ往生一。」

ミヤウシユゴヂノヤク 冥衆護持益 【術語】現生十種益の一。彌陀を信ずるものは四天大王、龍神八部等の天神地祇に守護せらるるが故に、惡鬼神恐怖して近づかざるを云ふ。

ミヤウシヨ 冥初 【術語】數論師二十五諦を立てて第一を冥諦と名け、冥諦を以て諸法の元初となせば冥初と云ふ。

ミヤウシヨ 名疏 【書名】淨名經疏の略名。

ミヤウシヨ 明處 【術語】學習して智慧を生ずる處なり。五種あり五明處又は單に五明と云ふ。【地持經三】に「明處有ニ五種一。一者內明處。二者因明處。」

三者醉明處。四者醫方明處。五者工業明處。」【勝鬘寶窟中本】に「明處者五明也。此五者生二明智一處。故言二明處一。」

ミヤウシヨゲダウ 冥初外道 【流派】中論所說八計外道の一なり。「ゲダウ」を見よ。

ミヤウシヨウタフ 名稱塔 【堂塔】如來八塔の一。給孤獨園に在り。

ミヤウシン 明津 【術語】正明の津路なり。【釋門歸敬儀中】に「聖道之明津。」

ミヤウシン 明心 【術語】正明の心なり。【楞嚴經一】に「唯願如來哀二愍窮路一。發二妙明心一。開二吾道眼一。」

ミヤウシン 名身 【術語】身は積聚の義、二名の積集せしを名身と云ひ。三名已去を多名身と云ふ。

ミヤウシンブツチ 明信佛智 【雜語】不了佛智の反對。無量壽經の語。明に佛智の不思議を信じ、深く如來の救濟を賴みて、更に自已の往生を疑はざるを云ふ。

ミヤウシンボダイ 明心菩提 【雜語】五種菩提の一。「ボダイ」を見よ。

ミヤウジ 名字 【術語】梵語、那摩Nāma譯、名。阿乞史囉Akṣara譯、字。名は實名、字は假名、總じて事物の名稱を云ふ。【法界次第上】に「心如二幻炎一。但有二名字一。」

名字比丘 【術語】但比丘の名ありて比丘の實なきもの、無戒の僧を云ふ。【大集經九】に「若無二淨持戒一漏戒比丘以爲二無上一。若無二漏戒一剃二除鬚髮一身著二袈裟一。名字比丘爲二無上寶一。」【釋氏要覽上】に「善見律云。如有二檀越一。來請二比丘沙彌一。雖レ未二具戒一亦入二比丘數一。是爲二名字比丘一。」

名字沙彌 【術語】二十已上にして沙彌たるもの、もと是れ大僧たるべき年歲なればなり。【行事鈔下四】に「從二二十一至二七十一。名字沙彌。」【同資持記下四之二】に「名字者本是僧位。緣未レ及故。」

名字羅漢 【術語】羅漢の實なくして羅漢の名を冒すもの。【法華經安樂行品】に「破戒比丘。名字羅漢。」

名字菩薩 【術語】大乘の行位中小信の菩薩を云ふ。【瓔珞本業經下】に「從二不レ識レ始凡夫地一。值二佛菩薩敎法中一起二一念信一。便發二菩提心一。是人爾時住前名二信相菩薩一亦名二假名菩薩一。亦名二名字菩薩一。」

ミヤウジクワンギヤウキヤクシヤウソクマウ 名字觀行隔生即忘 【術語】「キヤクシヤウソクマウ」を見よ。

ミヤウジソク 名字即 【術語】六即の一。佛法の名字を聞く位を云ふ。「ロクソク」を見よ。

ミヤウジユシン 命終心 【術語】凡夫命終の時に臨で自體境界當生の三愛を起して當生を引く。「サンアイ」を見よ。

ミヤウジビク 名字比丘 【術語】「ミヤウジ」の項を見よ。

ミヤウジヤウ 明星 【天名】梵語阿樓那Aruṇa明星と譯す。即ち太白星なり、是れ明星天子の宮殿にして內に天子ありて住居し明星天子と云ひ、虛空藏菩薩の應作なりと云ふ。世尊明星の出る時豁然大悟すと云ふ。【修行本起經上】に「菩薩所作已成。智慧明了。明星出時廓然大悟。成二最上覺一。」【普曜經】に「菩薩明星出時豁然大悟。」又明星天子は虛空藏菩薩の化現なれば虛空藏求聞持の法を修するには明星に向て祈請し、其の感應を求むるなり。【元亨釋書空海傳】に「往二土州室戶崎一誦修如レ上。至二五更一明星飛入レ口。已而得二聞持悉地一。」「コクウザウ」並に「クモンヂ」を見よ。

ミヤウジヤウ 明靜 【術語】智慧明に禪定靜なるなり。【止觀一】に「止觀明靜前代未聞。」【輔行】に「止體靜。觀體明也。」

ミヤウジヤウテンシ 明星天子 【天名】太白星中に住する天子なり、單に明星と云ふ。「ミヤウジヤウ」を見よ。

ミヤウジヤク 冥寂 【術語】一物を見ざれば冥と云ひ、諸相を絕てば寂と云ふ、眞空の理を形容せしなり。【止觀輔行】に「四眼二智萬像森然。佛眼種智眞空冥寂。」

ミヤウジユウヰ 命終畏 【術語】又死畏とも云ふ。五怖畏の一。「ゴフヰ」を見よ。

ミヤウジヨ 冥助 【術語】亡人の爲の神佛の救助なり。【慈恩傳八】に「將延二景福一。式資二冥助一。」◉(平家三)「兩箇の求願、偏に冥助を仰ぐと、肝膽を擢きて祈念せられければ」

ミヤウジン 明神 【術語】智慧照了するを明と云ひ、威德測るべからざるを神と云ふ。諸天鬼神の德稱なり。

ミヤウスウ 名數 【術語】名目の數。法數に同じ。三界、九地等と云ふ如し。

ミヤウセンジシヤウ 名詮自性 【術語】名詮自性とは名字は自性を顯はすを云ふ、諸行無常と云ふ如き、諸とは名字なり是れ法の衆多なるに名くる名字なり、是れ只衆多の自性を詮する故に名詮自性と云ふ。諸は衆多の名字なる故に有爲無爲を分たず一切に通ずるなり、行無常の三字を加へて句を成ずる時差別の義を詮す。其の故は行とは遷流の義有爲法の通名なり、諸の有爲法は皆無常なる故に諸行

無常と云ふ。以て無爲法の常住に差別する故に句詮差別と云ふ。「名詮ニ自性一。句詮ニ差別一。」

ミヤウソウ　明窓　〔雜名〕俗にあかりまどなり。【象器箋一上】に「僧堂之制大。而復前後架レ屋。堂內闇矣。故當ニ前板首座板頭西堂板頭之上一屋上開レ窓。如今煙窓故第一座板言ニ明窓下一。」メイソウと讀む。

ミヤウソン　明尊　〔人名〕園城寺の明尊は小野道風の孫なり、寛德二年園城寺の長吏となり、永承三年天台の座主に任す、康平六年入寂、壽九十三。【元亨釋書四】

ミヤウタウ　命藤　〔譬喩〕曠野中醉象に追はるる譬の中に命根を藤に譬ふ。【性靈集四】「兩鼠爭伐ニ於命藤一。」【同八】に「命藤夜斷入ニ死王之殃一。」「ニソ」を見よ。

ミヤウタイ　名體　〔術語〕體を呼召するものを名とし、名に詮はさるる實物を體とす、世間一切の事物は名は體に即せず體は名に即せず、名體各別なり、之を名體互爲客と云ふ。若し佛菩薩の名號及び眞言陀羅尼等は名は體に即し體は名に即す、之を名體不離と云ふ。「ミヤウギ」を見よ。

ミヤウタイ　冥諦　〔術語〕數論師所立二十五諦の第一。是れ萬物の本源にして冥漠無諦なれば具諦とも冥性とも云ふ、又萬物の本源にして萬差の諸法此より生出すれば自性とも本性とも勝性とも云ふ。【金七十論上】に「自性者。或名ニ勝因一。或名爲レ梵。或名ニ衆持一。」【百論疏上中】に「所レ言冥諦者。舊云。外道修レ禪得ニ五神通一。前後知ニ凡萬劫內事一。自ニ八萬劫一外不レ能ニ了知一。故云レ冥。智度論云。覺諦者此是陰中識。外道思惟。此識爲下從ニ因緣一得上。爲レ不レ從ニ因緣一。若從ニ因緣一因何是何物耶。若不レ從者得ニ此識一。既思惟不レ能ニ了知一。便計此識從ニ前冥漠處一生。故稱ニ冥諦一。亦名ニ世性一。一切世間以ニ此冥諦一爲ニ其本性一。」【楞嚴長水疏二上】に「言ニ冥諦一者或云ニ冥性一。或言ニ自性一。梵云ニ僧伽奢薩咀羅一。此云ニ數論一。立ニ二十五諦一。最初一諦名爲ニ冥諦一。計以爲レ常。第二十五名爲ニ神我一。亦計爲レ常。我思ニ勝境一冥性卻變ニ二十三諦一。爲ニ我受用一。我既受用爲レ境纏縛不レ得ニ解脫一。我若不レ思冥諦不レ變。既無ニ纏縛一。我即解脫名爲ニ涅槃一。」

ミヤウタツ　明達　〔術語〕明は三明、達は三達なり。阿羅漢に在ては三明と云ひ、佛に在ては三達と云ふ、明は明了の義、達は通達の義なり。【無量壽經下】に「智慧明達。」

ミヤウダウ　明堂　〔堂塔〕「ミンダウ」を見よ。

ミヤウダウ　冥道　〔術語〕燄魔王の住處を冥道又は冥界と云ふ、燄魔王の眷屬之に住し、冥官と稱す。大山府君半天婆羅門等亦之に屬す。【焰羅王供行法次第】に「本宮在ニ鐵圍山之北地中一。是即冥道宮也。五萬眷屬而爲ニ圍繞一。宮中庭有ニ檀拏幢一。」【金光明文句三】に「此經與ニ冥道一相關。」

ミヤウダウ　明道　〔術語〕明は眞言の別名なり。眞言の道法を明道と云ふ。【八大童子儀軌】に「爰有ニ三藏不空一。能達ニ明道一。」

ミヤウダウグ　冥道供　〔修法〕燄魔王及び其の眷屬を供養する修法なり。又焰羅王供と云ふ。焰羅王供行法次第一卷あり。【餘帙二】⦿（太平記三三）「星供冥道供」

ミヤウダウシヤモン　命道沙門　〔術語〕四種沙門の一。「シヤモン」を見よ。

ミヤウダツ　明脫　〔術語〕愚痴を離るるを明と云ひ、貪愛を離るるを脫と云ふ。【維摩經弟子品】に「不レ滅ニ痴愛一起ニ於明脫一。」【註】に「肇曰。痴滅而明。愛解而脫。生曰。不ニ復爲レ痴所レ覆爲レ明。不ニ復爲レ愛所レ縛爲レ脫。」

ミヤウチ　明地　〔術語〕十地の第三發光地の異名。極淨明の智生ずれば明地と名く。「ジフヂ」を見よ。

ミヤウチヤウ　名帳　〔物名〕融通念佛宗にて、其大念佛の人數に入りたることを立證する爲に、名字を記入する名簿を云ふ。

ミヤウヂヨク　命濁　〔術語〕五濁の一。末世に至りて壽命の短縮するを云ふ。是れ煩惱と邪見との結果なり、濁とは穢濁なり、煩惱と邪見とを以て正しく濁の本體とす、命の短縮は其の結果なる故に命濁と稱す。

ミヤウツウ　冥通　〔術語〕冥とは諸相を離れて冥寂なるを云ひ、通とは一切に通融して無礙なるを云ふ。是れ眞理を嘆ずる語なり。【戒本疏一上】に「理在ニ冥通一。」【同行宗記一上】に「體離ニ言象一故言ニ冥通一。」

ミヤウヅ　冥途　〔界名〕「メイド」を見よ。

ミヤウテン　命點　〔術語〕凡そ文字の最初の一點又は一畫を以て阿字を代表する點畫となし、一切字の頭首となし、其より其の字を生ずるなり、故に最初の一點一畫を命點と名く。

ミヤウトク　名德　〔術語〕名譽と德行となり、比丘の尊稱。

名德比丘　〔術語〕【釋氏要覽上】に「阿含經呼ニ舍利弗以下一爲ニ名德比丘一。」

名德首座　〔職位〕首座の中に名譽あり德行ある者を撰んで名德首座（めいとくしゆそ）と爲す、其事最も重し。【象器箋六】「上本」に「位居ニ明得一。道隣ニ極喜一。」

ミヤウトク　明得　〔術語〕明得定なり。【唯識樞要】

ミヤウトクヂヤウ　明得定　〔術語〕菩薩の四加行中煖位に於て得る所の禪定なり。明とは無漏の

慧なり、初て無漏慧の前相を得る禪定なれば明得定と名く。【唯識論九】に「依二明得定一發二下尋思觀一。無二所取一立爲二煗位一。乃至初獲二慧日前行相一故立二明得名一。」【唯識述記九末】に「明者無漏慧。初得二無漏慧之明相一。故名二明得一。明得之定名二明得定一。」

ミヤウトクノサツタ 明得薩埵 〔術語〕四善根位の中煗位の聖者を云ふ。此位の聖者は明得定を得るが故に此名あり。

ミヤウド 冥土 〔界名〕又、冥途に作る。「メイド」を見よ。

ミヤウド 明度 〔術語〕般若波羅蜜の古譯、般若を明と譯し、波羅蜜を度と譯す。

ミヤウドムゴク 明度無極 〔術語〕般若波羅蜜の古譯。般若を明と譯し、波羅蜜を度又は度無極と譯す、新に般若を慧と譯し、波羅蜜を到彼岸と譯す。無極、彼岸は共に涅槃に名け、生死海を渡りて涅槃の無極に到達するを度無極とも到彼岸とも云ふ。

ミヤウナン 命難 〔術語〕命を害せらるる災難。

ミヤウバツ 冥罰 〔術語〕神佛の人しれず與ふる刑罰を云ふ。

ミヤウヒ 明妃 〔術語〕陀羅尼の別稱なり。陀羅尼は能く煩惱の闇を破する德あれば明と云ひ、能く一切の功德を增長すれば妃と云ふ。單に明とも云ふ。【大日經疏九】に「明是大慧光明義。妃者梵云二囉逝一。即是王字作二女聲一呼レ之。故傳度者義說爲レ妃。妃是三昧義。所謂大悲胎藏三昧也。」【同十二】に「若心口出者名二眞言一。從二一切身分一任運生者名レ之爲レ明也。由二增長義一故女聲呼レ之。乃至妃者如下世女人能生二男女一令中種胤不上レ絕。此明能生二一切如來所有功德一故義云レ妃也。」【演密鈔八】に「由二增長義一故女聲呼レ之者。謂此明如能生二長行者功德法一。故女聲呼レ之。梵云二尼儞一即是女聲。倶譯曰レ明。由レ隨二增長義一故加以二妃言一也。」「ミヤウ」を見よ。図曼荼羅の各部に於て部主に配耦する女尊を明妃と名く。【諸部要目】に「三種明妃。佛部無能勝菩薩以爲二明妃一。蓮華部多羅菩薩以爲二明妃一。金剛部金剛孫那利菩薩以爲二明妃一。」

ミヤウフク 冥福 〔術語〕「メイフク」を見よ。

ミヤウベツギツウ 名別義通 〔術語〕天台の目。別敎の法門を借て通敎の義を明かすを云ふ。菩薩位の十地に於て見思二惑の斷惑を配當し、或は二乘の果を配當する如き、總て名は別敎にして義は通敎なりと云ふ。【止觀六】に「別名名二通家共位一者。舊云。三地斷レ見。或言四地斷見。或言六地斷思盡。或言七地斷思盡。乃至今言經借レ別義顯レ通耳。」華天一乘家の宗義より之を言へば法相三論の宗義は天台の通敎の分際なり、然るに其の所明の行位は別敎所屬の五十二を取る、故に台家より之を見れば總じて名別義通なり。

ミヤウベン 名便 〔雜語〕名稱の上の便宜なり。【法華玄義一】に「定二妙法前後一者。若從二義便一應三先明レ法却論二其妙一。下文云。我法妙難思。若從二名便一應二先妙難法一。如三欲レ美レ彼稱爲二好人一。」

ミヤウホウ 命寶 〔譬喩〕人の壽命を重寶に譬ふ。【義釋六帖十九】に「般若論云。一切法中命寶第一。」

ミヤウホフ 明法 〔術語〕明とは眞言の異名なり。【大日經六】に「阿字第一句。明法普周遍。」【義釋十四】に「明者即眞言之別名也。明法普遍字輪。周遍者。謂從二一字一亦無量字生。無量明周帀圍繞如二前所レ說字輪一也。」

ミヤウボン 命梵 〔術語〕命難と梵難との二なり。我が命の存亡に關する災難を命難と云ひ、我が梵行清淨の持戒の持犯に係る災厄を梵難と云ふ。

ミヤウマウ 名望 〔雜名〕名譽德望なり。【梁僧傳玄奘傳】に「久持二名望一。亦雅足二才力一。」

ミヤウミヤウ 明冥 〔術語〕明は神明、冥は冥官なり。又龍畜の如き見るべき衆類を明と云ひ、閻魔王、諸天鬼神の如き見るべからざる衆類を冥と云ふ。【性靈集九】に「一切業道明冥。」

ミヤウミヤウテウ 命命鳥 〔動物〕梵語耆婆耆婆迦 Jīvajīvaka の譯。法華涅槃經等には命命鳥と云ひ、勝天王般若經には生生鳥と云ひ、雜寶藏經には共命鳥と云ひ、阿彌陀經には共命之鳥と云ふ。一身兩頭の鳥なり。「ギバギバカ」を見よ。【玄應音義一】に「梵云二耆婆耆婆鳥一。此言二命命鳥一是也。」

ミヤウモク 名目 〔術語〕法門の名稱數目なり。又、其の名目を集めたる書を名目と名く。七十五法名目、西谷名目、眞宗名目など。

ミヤウモン 名聞 〔術語〕梵語、耶舍。名譽の世間に聞ゆるなり。【法華經勸持品】に「爲レ求二名聞一故分別說二是經一。」【菩提心論】に「凡夫執二着名聞利養資生之具一。務以安レ身。」【行事鈔上三】に「善戒經云。爲二名聞利養一故畜二徒衆一。是邪見人名二魔弟子一。」【梵語雜名】に「名聞耶舍。」⊙（徒然草）「名聞ぐるしく佛の御敎にたがふらんとぞ覺ゆる」

ミヤウヤウヱ 冥陽會 〔儀式〕冥は冥界の餓鬼衆、陽は陽界の波羅門仙衆なり、今普く彼の群生に供施するを冥陽會と名く。【象器箋十四】

ミヤウヤク 冥益 〔術語〕佛菩薩内密の利益なり。【法華玄義六】に「雖二現不レ見二靈應一而密爲二法身所レ益。不見不聞而覺而知。是名爲二冥益一也。」

ミヤウヨ　名譽　〔雜語〕名聞に同じ。【止觀七】に「名譽羅綱。利養毛繩。」

ミヤウヨク　名欲　〔術語〕五欲の一。名聞に著する貪欲なり。

ミヤウラフ　名臈　〔術語〕僧の聲名あり戒臈あるもの。受戒以後の年歲を戒臈と云ふ。

ミヤウリ　名利　〔術語〕名譽と利益なり。【法華經序品】に「貪ニ著於名利一。求ニ名利一無レ厭。」【新譯仁王經下】に「惡比丘爲レ求ニ名利一不レ依ニ我國一。」【起信論】に「非レ求ニ世間名利恭敬一。」【敎行信證末】に「沈ニ沒於愛欲廣海一。迷ニ惑於名利大山一。」⦿(徒然草)「名利につかはれてしづかなる暇なく」

ミヤウリ　冥利　〔術語〕又、冥益と云ふ。內密の利益なり。【法華玄義七】に「但明ニ冥利一不レ說ニ顯益一。」

ミヤウリ　明利　〔術語〕聰明銳利なり。【無量壽經下】に「神通無礙。諸根明利。」

ミヤウリヨ　冥慮　〔術語〕神佛の思慮は幽冥にして測り知るべからざれば冥慮と云ふ。

ミヤウレウ　明了　〔術語〕明かに完全に事理を知るなり。【法華經法師功德品】に「菩薩於ニ淨身一皆見ニ世所有一。唯獨自明了。餘人所レ不レ見。」【無量壽經下】に「如來智慧海。深廣無ニ涯底一。二乘非レ所レ測。唯佛獨明了。」

ミヤウレウグワン　明了願　〔術語〕彌陀の本願は虛設にあらずして賴めば間違なく救濟し給ふことの確實明了なるを云ふ。

ミヤウレウロン　明了論　〔書名〕律二十二明了論の略名。

ミヤウロウ　明樓　〔堂塔〕「ミンロウ」を見よ。

ミヤウロン　明論　〔書名〕韋陀論なり。韋陀 Veda を明と譯す、明は智なり、又實事を明かすなり。婆羅門は四明論を立て、佛敎は五明論を立つ。【勝鬘寶窟中本】に「五明論此是明智人之所造。又學ニ此論一者亦能生ニ人慧明一。故稱ニ五明一。」【唯識述記一末】に「明論者。先云ニ韋陀論一。今云ニ吠陀論一。吠陀者明也。明ニ諸實事一故。」

ミヤウワウ　冥往　〔雜語〕冥然として他處に往く。死を云ふ。【唯識樞要上本】に「機感未レ符。杳從ニ冥往一。」

ミヤウワウ　明王　〔術語〕敎令輪身と稱して大日覺王の敎令を受けて忿怒の身を現じ、諸の惡魔を降伏する諸尊を明王と稱す、不動明王、大威德明王の如き是なり。明とは光明の義、智慧に名く、智力を以て一切の魔障を摧破する威德を有すれば明王と云ふ、是れ諸の敎令輪身忿怒尊に通ずる稱なり。但し常に明王と單稱すれば多く不動明王を指す、總即別名なり。【眞僞雜記十三】に「明者光明義。即象ニ智慧一。所謂忿怒身。以ニ智慧力一摧ニ破煩惱業障一之主。故云ニ明王一。」【瑜伽學習捷圖上】に「其忿怒者猶ニ奴僕一也。諸軌之中多稱ニ明王一。雖ニ是奴僕一奉ニ行敎勅一即猶ニ君王一。故呼ニ忿怒一亦名ニ明王一。」【聖無動經】に「假使三千界大力諸夜叉明王降伏。盡令レ入ニ解脫道一。」又陀羅尼を明王と云ふ、女聲に約して明妃と云ひ、男聲に約して明王と云ふ。

ミヤウヱ　明慧　〔術語〕三明と三慧となり。【無量壽經下】に「得ニ深禪定諸通明慧一。」【同慧遠疏】に「明謂ニ三明一。慧謂ニ三慧一。」

ミヤソウ　宮僧　〔雜名〕神宮寺の供僧を云ふ。

ミヤノツヂギ　宮辻義　〔流派〕東山流に同じ。「ヒガシヤマリフ」を見よ。

ミヨク　味欲　〔術語〕食欲に同じ。「ショク」を見よ。

ミライ　未來　〔術語〕又、當來と云ふ。事物の作用衆生の果報等の來るべくして未だ來らざるを未來と云ふ。⦿(太平記五)「常燈なれば未來永劫に至るまで消ゆる事なかるべきに」

ミライザイ　未來際　〔術語〕未來世の邊際なり。未來に邊際なきも假にありと見て盡未來際と云ふ。

ミライセ　未來世　〔術語〕三世の一。剎那の三世に就かば現在一剎那を中心として後剎那以往は未來世なれども、常には一期の三世に就て今生已後の生を未來世と云ふ。

ミライノワウジヤウ　未來往生　〔術語〕死後「極樂淨土に往生するを云ふ。

ミラン　彌蘭　〔人名〕Milinda 王の名。譯、慈。彌蘭王、那先比丘に人一生惡を造り命終の時に念佛して天に生ずと云ふは如何と問ふ、那先船上石を置くの譬を以て之に答ふ。【那先比丘經】

ミリガシタバナ　蜜栗伽悉他鉢娜　〔寺名〕(Mṛgadāva)寺の名。譯、鹿園。鹿野園の精舍なり。【求法高僧傳上】に「那爛陀寺東四十驛許。尋ニ弶伽河一而下。至ニ蜜利伽悉他鉢娜寺一。唐云ニ鹿園寺一也。」梵 Mṛga-sthāpana

ミリガラマタハラシヤダ　蜜利伽羅磨多跋羅娑駄　〔堂塔〕Mṛgamātṛ-prāsāda 譯、鹿母堂。【玄應音義十八】に「蜜利伽羅。此云レ鹿。磨多此云レ母。跋羅娑駄。此云レ堂亦言レ殿也。舊云ニ摩伽羅母堂一者訛略也。」

ミリシヤ　蜜利車　〔雜名〕Mlеccha 又、彌離車、彌戾車。胡種の稱。譯、垢濁種。【續高僧傳四玄弉傳】に「迦果斯地北。民雜ニ胡戎一。制服威儀不レ參ニ大夏一。名

爲邊國蜜利車類唐言譯之垢濁種也。」【玄應音義十八】に「彌離車或作彌戾車。皆訛。正言蔑戾車。」【華嚴疏鈔十四】に「蔑戾車者。三藏云惡中惡。亦云奴中奴。皆義翻耳。」

ミリヨク　未離欲　〔術語〕已に三界の見惑を斷ずるも未だ欲界の修惑を斷ぜざるを云ふ。預流一來の二果は未離欲の聖者なり。

ミル　彌盧　〔雜語〕Meru 譯、高。【華嚴經四十八】に「如來口右輔上牙有大人相。名寶燄彌盧藏雲。」【同疏】に「右輔上牙名彌盧者。顯妙高故。」【慧苑音義下】に「彌盧此云高。以在佛上牙故也。」

ミル　彌樓　〔地名〕山の名。譯、高山、光山。或は須彌山と一體なりと云ひ、或は別體なりと云ふ。法華經に依らば別山なり。【法華嘉祥疏十一】に「彌樓山此云高山。又云光山。」【慧琳音義十五】に「彌樓山即須彌樓山也。皆梵語訛轉也。唐云妙高山。或云妙光山。」【大部輔註十】に「有人謂彌樓此云光明山。即七金山也。金色光明故云耳。若准第一義法勝經云。須彌樓山則彌樓山。是須彌山也。如新俱舍云蘇迷盧山。舊譯俱舍其須彌山亦云彌據山。是則梵音有楚夏耳。若據今文法華經下句自云須彌鐵圍。是則彌樓須彌有異。」同一とするを正しとす。

ミレイシヤ　彌戾車　〔雜名〕Mleccha 「ミリシヤ」を見よ。

ミレイタ　彌茘多　〔異類〕Preta 餓鬼の梵名。「ヒレイタ」を見よ。

ミロク　彌勒　〔佛名〕Maitreya 新稱、彌帝隸、梅低梨、迷諦隸、梅怛麗、毎怛哩、梅怛麗藥、昧怛囇曳。菩薩の姓なり。慈氏と譯す。名は阿逸多、無能勝と譯す。或は言ふ、阿逸多は姓にして彌勒は名なりと。南天竺波羅門の家に生れ、釋迦如來の佛位を紹ぐ補處の菩薩となり、佛に先ちて入滅し兜率天の內院に生じて彼の四千歲即ち人中の五十六億七千萬歲を經て人間に下生し、華林園の龍華樹の下に正覺を成ず、初め過去の彌勒佛に値て慈心三昧を修得せしより、慈氏と稱し、乃至成佛して猶是の名を立るなり。【註維摩經一】に「什曰。彌勒菩薩姓也。阿逸多字也。南天竺波羅門子。」【法華嘉祥疏二】に「彌勒此云慈氏也。過去值彌勒佛發願名彌勒也。出一切智光仙人經。彌勒昔作一切智光仙人值慈氏佛說慈心三昧經。故曰慈也。華嚴經云。初得慈心三昧故名慈也。」【天台淨名疏五】に「言彌勒者。有云從姓立名。今謂非姓。恐是名也。何者彌勒此翻慈氏。過去爲王名曇摩流支。慈育國人國人稱爲慈氏。自爾至今常名慈氏。姓阿逸多。此云無勝。有言阿逸多是名。既不親見正文。未可定執。」【俱舍光記十八】に「梅怛此云慈。儷藥此云氏。菩薩於慈姓中生。從姓立名。故名慈氏。舊云彌勒訛也。」【玄應音義二十五】に「梅怛麗藥。此云慈。即舊云慈氏者也。慈有二因緣。一值慈佛發心。二初得慈心三昧。因以名焉。言彌勒或云梅低梨。並訛也。」【慧苑音義下】に「彌勒具昧怛囇曳。此翻爲慈氏也。」【慧琳音義十四】に「彌帝隸。古云彌勒。皆訛略不正也。正音云毎怛哩。」【西域記七】に「梅怛麗耶。唐言慈。即姓也。舊曰彌勒。訛略也。」⦿（增鏡、北の野雪）「彌勒菩薩もいかばかりゑみを含み給ひけむ」《第百五圖參照》

（彌勒の圖）

彌勒釋迦成佛前後　〔雜語〕二菩薩共に底沙佛の所に在て修行せしに、釋迦菩薩極めて精進なるを以て九大劫を超て成佛す。「テイシヤブツ」を見よ。

彌勒の生緣　〔雜語〕【彌勒上生經】に「佛告優婆離。彌勒先於波羅捺國劫波利村波婆利大婆羅門家生。劫後十二年二月十五日。還本生處結加趺坐。如入滅定。身紫金色光明艷赫如百千日。上至兜率陀天。」【一切智光明仙人慈心因緣不食肉經】に「佛住摩伽提國寂滅道場彌伽女村自在天祠精舍。時有迦波利婆羅門子名彌勒。軀體金色。三十二相八十種好。」

彌勒の出世　〔術語〕彌勒は賢劫千佛の第五佛にして今より五十六億七千萬年を經て第十の減劫に出世し、釋迦佛に繼紹して龍華樹の下に三會の說法を以て一切の人天を化し了るなり。【一切智光明仙慈心因緣不食肉經】に「時誦經仙人者今此衆中婆羅門子彌勒菩薩摩訶薩是。我涅槃後五十六億萬歲當穰佉轉輪聖王國土華林園中金剛座處龍華菩提樹下得成佛道。轉妙法輪。」【菩薩處胎經二】に「彌勒當知。汝復受記。五十六億七千萬歲於此樹王下成無上等正覺。」

彌勒の本經　〔經名〕彌勒大成佛經一卷、秦の羅什譯。觀彌勒菩薩下生經、一卷、西晉の竺法護譯。彌勒來時經一卷、失譯人名。彌勒下生成佛經、一卷、唐の義淨譯。【黃帙五】彌勒下生經一卷、秦の羅什譯。【閏帙九】已上の諸經大同小異、

共に彌勒兜率天より閻浮提に下生して成佛する時の國土、時節、種族、出家、成道、轉法輪の事を說く。觀彌勒菩薩上生兜率天經、一卷、宋の沮渠京聲譯。【閏帙九】彌勒菩薩の上生せる兜率天宮の種種極妙の樂事を說く。

彌勒樓閣 〔雜名〕【華嚴經七十七】に「於二此南方一有レ國名二海岸一。有レ園名二大莊嚴一。其中有二一廣大樓閣一名二毘盧遮那莊嚴藏一。從二菩薩善根果報一生。」【同七十九】に「爾時善財童子。恭敬右二繞彌勒菩薩摩訶薩一已。而白レ之言。唯願大聖開二樓閣門一令二我得一レ入。時彌勒菩薩。前詣二樓閣一彈指出レ聲。其門即開命二善財一入。善財心喜。入已還閉。見二其樓閣一廣博無量同二於虛空一。」

彌勒の淨土 〔界名〕欲界の六天中第四の兜率天に內外の二院あり、其の內院は常に補處の菩薩の生處にして、今は彌勒菩薩此に生ぜり。故に之を彌勒の淨土と云ふ、彌勒上生經に淨土の相を說き願生を勸む。

彌勒の三尊 〔圖像〕中尊は彌勒佛、左は法花林菩薩、右は大妙相菩薩なり。【二中歷三】

ミロクキヤウ 彌勒經 〔經名〕彌勒上生經及び彌勒下生經を總稱す。而して上生經は宋の京聲の譯、觀彌勒菩薩上生兜率天經の一本のみなれども、彌勒上生經は羅什の彌勒上生經に異譯數本あり。

ミロクゲシヤウキヤウ 彌勒下生經 〔經名〕彌勒兜率天より閻浮に下生して成佛する事を說く。後秦鳩摩羅什譯。【閏帙九】(205) 又竺法護譯、觀彌勒菩薩下生經の異名。同本異譯なり。【黃帙五】

ミロクゲシヤウジヤウブツキヤウ 彌勒下生成佛經 〔經名〕一卷、唐の義淨譯、彌勒下生經の異譯。【黃帙五】(207)

ミロクコウ 彌勒講 〔行事〕彌勒菩薩を念ずる「講會なり。

ミロクジヤウシヤウキヤウ 彌勒上生經 〔經名〕具名、觀彌勒菩薩上生兜率天經、一卷、宋の沮渠京聲譯。彌勒の兜率天に上生すると及び兜率の內院即ち彌勒の淨土の樂事を說く。【閏帙九】(204)

彌勒上生經疏 〔書名〕二卷、慈恩窺基撰。同二卷、憬興述。

ミロクジヤウブツキヤウ 彌勒成佛經 〔經名〕彌勒大成佛經の略名。

ミロクジユケツキヤウ 彌勒受決經 〔經名〕羅什譯彌勒下生經の異名。

ミロクタウライジヤウブツキヤウ 彌勒當來成佛經 〔經名〕羅什譯彌勒下生經の異名。

ミロクダイジヤウブツキヤウ 彌勒大成佛經 〔經名〕一卷、秦の羅什譯。佛舍利弗の問に因て彌勒菩薩下生成佛の事を說く。彌勒下生經と大同小異。【黃帙五】(209)

ミロクナンキヤウ 彌勒難經 〔經名〕彌勒菩薩所問本願經の異名。

ミロクボサツシヨモンキヤウロン 彌勒菩薩所問經論 〔書名〕七卷、元魏の菩提流支譯。彌勒菩薩所問本願經を釋す。【暑帙十】(1203)

ミロクボサツシヨモンホングワンキヤウ 彌勒菩薩所問本願經 〔經名〕一卷、西晉の竺法護譯。大寶積經の第四十二會、彌勒菩薩所問會の別出異譯。【地帙十二】(55)

ミロクモンホングワンキヤウ 彌勒問本願經 〔經名〕彌勒菩薩所問本願經の略名。

ミロクライジキヤウ 彌勒來時經 〔經名〕一卷、失譯。彌勒下生經の異譯。【黃帙五】(206)

ミロクロクブキヤウ 彌勒六部經 〔名數〕彌勒下生經、彌勒來時經、彌勒下生成佛經、彌勒大成佛經、觀彌勒菩薩上生兜率天經、彌勒下生成佛經の六部を云ふ。是等の經典は專ら彌勒菩薩に關して說けるものなり。

ミロクヱ 彌勒會 〔行事〕彌勒菩薩を祈念する法會なり。⦿(榮花、疑)「三月志賀の彌勒會にまゐらせ給ひ」

ミヰデラ 三井寺 〔寺名〕園城寺の別稱なり。【元亨釋書二十八】に「珍問二大友氏一。此寺曰二御井一何。答曰。寺之西岩有二泉井一。天智天武持統三皇降誕時。汲二此井水一爲二浴湯一。俗因號二御井寺一。珍聞二此事一見二地勢一宛似二唐青龍寺一。又思二新羅明神言一規シテ爲二靈區一。乃改二御井一爲二三井一。曰取二三皇浴井之事一也。又曰我斟二此水一爲二三部灌頂之閼伽一。至二慈氏三會之期一。故改二三字一耳。」⦿(平家四)「三井寺へ落ちさせ給ふぞや」

ミヰリウ 三井流 〔流派〕三井流又寺流と云ふ。即ち六祖智證大師所傳の一流の密敎なり。山門の五流と之を合せて寺山の六流と云ふ。寺山共に台密にして遮那止觀の二業並び行へども、山門は止觀業に重きを置き寺門は遮那業に重きを置くの傾あり、兩山拮抗の自然の勢あり、古來「三井の灌頂」「山の大會」の稱あり、且つ山の圓頓戒壇に對して寺に遮那戒壇を建立せんとせし如き、以て密部に重きを置くを知るべし。

ミン 眠 〔術語〕睡眠なり、身をして自在ならざらしめ、心をして昏昧ならしめ、以て觀を障ぐるもの。【唯識論七】に「眠謂睡眠。令下不二自在一昧略上爲レ性。障

レ觀爲レ業。」【大乘義章二】に「身心昏昧略二緣境界一名レ眠。」

ミンキ 愍忌 〔術語〕尊宿の誕生日を云ふ。此日に齋供を修するを愍忌齋と云ふ。或る說に善知識衆生を哀愍する爲に出生して世に應ず、故に其の誕生日を愍忌と曰ふと。【象器箋十三】

ミンキハ 明極派 〔流派〕禪宗二十四流の一。明極楚俊禪師を派祖とす。

ミンゴンキジツ 泯權歸實 〔術語〕方便の敎を泯亡して眞實敎に歸入せしむること。

ミンザウ 眠藏 〔雜名〕禪林の目。寢室を云ふ。

ミンザウ 明藏 〔雜名〕明朝に彫刻せし方册の一切經を云ふ。もと明朝に南北二藏あり、南藏は太祖の刻する所、南京の官庫に在り、北藏は太宗の刻する所、北京城中に藏す。其の後神宗萬曆年間密藏禪師發願して初めて方册大藏を刻す、爾來海內の緇素大藏を閱するを得るは師の賜なり、本邦に舶來するもの頗る多く、鐵眼禪師翻刻する所亦此本なり。【縮刷大藏經緣起】

ミンタン 眠單 〔雜名〕禪林の目、臥時席に舖くもの、即ち鋪き蒲團なり。もと是れ律中の坐具なり。【象器箋十七】

ミンダウ 明堂 〔堂塔〕禪林の目。僧堂の正前に高く明樓を架し、明樓の左右の空處を明堂と云ふ。【象器箋一】

ミンノカウソウデン 明高僧傳 〔書名〕四高僧傳の一。「カウソウデン」を見よ。

ミンマウ 泯亡 〔術語〕なくすること。ほろぼすこと。

ミンロウ 明樓 〔堂塔〕禪林の目。僧堂の前に在り、僧堂廣深、又前に外堂あれば堂內昏し、乃ち堂前外堂の間に於て高く樓を架し窓を開て明を取る、之を明樓と名く。【象器箋一】

む

ム 無 〔術語〕梵語、阿、A 無、非、不と譯す。世俗に之を釋せば只是事物の存在を否定する辭なり。勝義に之を釋せば無に二種あり。惑智の無と聖智の無是なり。惑智の無は斷見のみ、聖智の無は有無を超へたる妙無なり。眞言は 𑖀 阿字を觀道の要門とす、禪家亦た無字を悟道の關門となすあり、共に聖智の無を取るなり。【無門關第一則】に「趙州和尙。因僧問狗子還有二佛性一也無。州云。無。」【評唱】に「參學須レ透二祖師關一。妙悟要下窮二心路一絕上。祖關不レ透心路不レ絕。盡是依學附木精靈。且道如何是祖師關。只者一箇無字乃宗門一關也。遂目レ之曰二禪宗無門關一。」古人無字偈あり。「無無無無無、無無無無無、無無無無無、無無無無無。」【孝信錄四】に「不肯甞て元水と云へる禪人に從て讀樣を傳へたり、曰く、無なく無の無なし、無無なきの無もなし。無を無するに無の無なるなく。無の無なるなくして無は無なり。」

ムアイ 無愛 〔術語〕如來に餓鬼愛なければ眞解脫と名く、餓鬼愛とは貪欲厭くことなき餓鬼の如きなり。【涅槃經四相品】に「若得レ成二阿耨多羅三藐三菩提一也。無愛無疑。無愛無疑即眞解脫。」又「解脫者名曰二無愛一。愛有二二種一。一餓鬼愛。二法愛。眞解脫者離二餓鬼愛一。憐二愍衆生一故有二法愛一。如レ是法愛眞解脫。」

ムアウシュコフ 無央數劫 〔雜語〕央は盡なり、無盡數の劫なり、劫は極長時の名にて世界の成壞を記する時節の數目なり。【無量壽經上】に「無央數劫積功累德。」【法華經見寶塔品】に「此佛滅度無央數劫。」

ムアン 無安 〔術語〕一切世間安穩の法なし、悉く苦を以て自性とす。【法華經譬喩品】に「三界無安猶如二火宅一。衆苦充滿。甚可二怖畏一。」【新譯仁王經下】に「愛欲結使。自作二瘡疣一。三界無安。國有二何樂一。」

ムイ 無意 〔術語〕虛妄の意思なきなり、是れ禪道の至極なり。【三慧經】に「問云。何等爲二能知レ一萬事畢一。報曰。一者無意無念萬事自畢。意有二間念一萬事皆失。」

ムイサウ 無異想 〔術語〕如來十八不共法の一。一切衆生に於て遠近親疎の異想なきなり。

ムイサウジクワルヰ 無異相似過類 〔術語〕十四過の一。立論者の論法に用ひたる同品を、敵者が無理に分別して、同品にあらず、異品なりと攻擊する過誤を云ふ。

ムイチモツ 無一物 〔術語〕禪門六祖得道の語なり。【六祖壇經】に「菩提本無レ樹。明鏡亦非レ臺。本來無一物。何處惹二塵埃一。」

ムイン 無因 〔人名〕宗因字は無因、授翁弼の法嗣にして妙心寺に住持す。應永十七年寂、壽八十五。【本朝高僧傳三十八】

ムインウクワ 無因有果 〔術語〕三論玄義所明、外道四執の一。「シシフ」を見よ。

ムイングワゲダウ 無因果外道 〔流派〕十種外道の一。外の草木の自ら生じて自ら死する如く人も亦之に同じと計するなり。【行事鈔下四之二】

ムインゲダウ　無因外道　〔流派〕無因論師に同じ。

ムインムクワ　無因無果　〔術語〕三論玄義所明「外道四執の一。「シシフ」を見よ。

ムウカウシウグワン　無有好醜願　〔術語〕彌陀佛四十八願中の第四、國中の人天をして好醜の差あらしめずと願ふなり。【無量壽經上】に「設我得レ佛、國中人天。形色不同。有ニ好醜一者。不レ取ニ正覺一。」⊙(雪玉集)「いづれにかわきても餘所に白雲の花の外なる三芳野の山」

ムウサイシヨウキチジヤウワウニヨライ　無憂最勝吉祥王如來　〔術語〕七佛藥師の一。

ムウシヤウジ　無有生死　〔雜名〕【法華經壽量品】に「如來如實知ニ見三界之相一。無レ有ニ生死若退若出一。」⊙(拾玉)「打返しまことを照す目の前にしぬるも見えず生るるもなし」

ムウシユク　無有衆苦　〔雜語〕【阿彌陀經】に「彼土何故名爲ニ極樂一。其國衆生無レ有ニ衆苦一。但受ニ諸樂一。故名ニ極樂一。」⊙(散木)「苦しみをなしとも更に岩淸水名にながれにきみだの御國は」

ムウジユ　無憂樹　〔植物〕梵に阿輸迦、Aśoka 阿述迦と云ふ。佛この樹下に生る。「アシユカジユ」を見よ。

ムウセウザイガノウカ　無有少罪我能加　〔雜語〕【寶積經九十六】に「閻羅常告ニ破罪人一。無レ有ニ少罪我能加一。汝自作レ罪今日來。業報自招無ニ代者一。」⊙(續拾遺)「一枝も我やは花に手もふれし尾上の櫻さけばこそちれ」

ムウトウドウ　無有等等　〔雜語〕數量の無上に大なるを云ふ。等しく等しき數あることなしとの意なり。又無等等と云ふ。

ムウマジ　無有魔事　〔雜語〕【法華經授記品】に「其國菩薩無量千億諸聲聞衆亦復無數。無レ有ニ魔事一。雖レ有ニ魔及魔民一皆護ニ佛法一。」⊙(拾玉)「日に見えずあやしと思ふ類まで今日の御法をまもるべき哉」

ムウワウ　無憂王　〔人名〕舊稱阿育、新稱阿輸迦王、無憂王と譯す。「アイクワウ」を見よ。

ムウンテン　無雲天　〔界名〕色界の第四禪に九天ある中の最初の天なり。

ムエ　無依　〔術語〕無著と言ふ如し、萬境に接するも一も依る所なきなり。之を無依の道人と云ふ。【臨濟錄】に「這箇無依道人乘レ境出來。」又「達ニ六種色聲(スレバ)香味觸法皆是空相一。不レ能レ繫ニ縛此無依道人一。」

ムエネハン　無依涅槃　〔術語〕無餘依涅槃に同じ。

ムエン　無緣　〔術語〕繫屬の關係なきなり。心識の攀緣なきなり。【止觀一】に「常境無相。常智無緣。」

無緣の衆生　〔術語〕佛菩薩には本來所化の衆生ありて、繫屬せり、之を有緣の衆生とす、故に此佛に有緣なるは彼佛に無緣なり、無緣の衆生は畢竟之を化するを得ざるなり。

無緣の道場　〔雜名〕誰と定まりて一人に屬するとなく、汎く一切衆生の爲の道場を云ふ。

ムエンサンマイ　無緣三昧　〔術語〕法華經所說十六三昧の一。滅盡定の異名。一切の識心を都滅して所緣を離るる禪定なり。【法華經嘉祥疏十二】に「無緣三昧即滅盡定。」

ムエンジヒ　無緣慈悲　〔術語〕三種慈悲の一。「ジヒ」を見よ。

ムエンジヨウ　無緣乘　〔術語〕三界唯心と觀じて心外に法を緣ずるとなく、以て菩提の道を行ずるを云ふ。【大日經疏二】に「無緣乘者。至ニ此僧祇一始能觀ニ察阿陀那深細之識一。解ニ了三界唯心一。心外更無ニ一法而可レ得者一。乘ニ此無緣心一而行ニ大菩提道一。故名ニ無緣乘一也。」

ムエンジヨウシン　無緣乘心　〔術語〕十住心の第六、他緣大乘心なり、他無の兩義梵音同一なれば菩薩の大悲他の衆生を緣ずるに約して他緣と云ひ、菩薩の大智心外無法を緣ずるに約して無緣と云ふ。【大疏二】に「梵音莽鉢羅(マハラ)。是無義。亦是他義。所謂他緣乘者。謂發ニ平等大誓一。爲ニ法界衆生一行ニ菩薩道一。乃至諸一闡提及二乘入ニ正位一者。亦當丁以ニ種種方便一折伏攝受普令丙同入乙是乘甲。約ニ此無緣大悲一故名ニ他緣乘一。又無緣乘者。至ニ此僧祇一始能觀ニ察阿陀那深細之識一。解ニ了三界唯心一。心外更無ニ一法而可レ得者。乘ニ此無緣心一而行ニ大菩提道一。故名ニ無緣乘一也。」

ムエンタフ　無緣塔　〔雜名〕一人に繫屬するなく汎く多人を合葬せる墳墓を云ふ。又親戚故舊の緣者なき人の墳墓を云ふ。

ムエンヅカ　無緣塚　〔雜名〕無緣塔に同じ。

ムエンデラ　無緣寺　〔雜名〕俗に兩國の回向院を云ふ。無緣の人に回向する道場なり。

ムエンブツ　無緣佛　〔雜語〕自己に因緣なき佛。宿世に於て自己と緣を結びたることなき佛を云ふ。

ムエンホフカイ　無緣法界　〔術語〕無差別平等の義なり。無緣とは彼此の境を分別せざるを云ひ(境を所緣と云ひ心を能緣と云ふ)法界とは法のある限りを云ふ。彼此を分別せる法の有らん限りに普及するを無緣法界と云ふ。

ムカイ　無戒　〔術語〕法に依て戒體を領納するを受戒と云ひ、受戒して後に戒體を毀犯するを破戒と云ひ、初より戒を受くるとなきを無戒と云ふ。無戒の僧之を名字の比丘と云ふ。【末法燈明記】

ムカクウクワンサンマイ　無覺有觀三昧　[術語]新に無尋有伺三摩地と云ふ。三三昧の一。中間禪の禪定なり。「サンサンマイ」を見よ。

ムカクムクワンサンマイ　無覺無觀三昧　[術語]新に無尋無伺三摩地と云ふ。三三昧の一。二禪已上乃至非想地の禪定なり。「サンサンマイ」參照。

ムカツ　無竭　[人名]曇無竭の略。比丘の名。

ムカヒコウ　迎講　[儀式]「カウコウ」を見よ。

ムカンブツセツクドクキヤウ　夢感佛說功德經　[經名]具名、大明仁孝皇后夢感佛說第一希有大功德經、二卷、疑僞經に屬す。【藏帙十】(1657)

ムガ　無我　[術語]梵語、Anātman 又、非我と云ふ。常一の體にて主宰の用ある者を我と爲す、人身に於て此ありと執するを人我と云ひ、法に於て之ありと執するを法我と云ひ、自己に於て之ありと執するを自我と云ひ、他に於て之ありと執するを他我と云ふ。然るに人身は五蘊の假和合なり、常一の我體あるなし、法は總て因緣生なり、亦た常一の我體あるなし、既に人我なく法我なければ自我他我なきは言ふを待たず。此の如く畢竟して我あるとなし、是れ究竟の眞理なり。【金剛經】に「通二達無我法一者。如來說名二眞是菩薩一。」【十地經論一】に「無我智有二二種一。我空法空。」【大乘義章二】に「法無二性實一故曰二無我一。」【同三】に「苦非二我體一故名爲二無我一。」【俱舍光記二十六】に「違二我見一故非我。」又「非二自在一故非我。」又「即蘊自體非我故非我。如レ言二即舍非一レ人。」【止觀七】に「爲レ無二智慧一故計言レ有レ我。以レ慧觀レ之實無レ有レ我。我在二何處一。頭足支節一一諦觀了不レ見レ我。何處有二人及以衆生一。衆生業力機關假爲二空聚一。從二衆緣一生。無レ有二宰主一。如レ宿二空亭一。」【原人論】に「形骸之色思慮之心。從二無始一來因緣力故念念生滅相續無レ窮。如二水涓涓一如二燈焰焰一。身心假合似レ一似レ常。凡愚不レ覺レ之執レ之爲レ我。寶二此我一故即起二貪瞋痴等三毒一。三毒擊レ意發二動身口一造二一切業一。」

ムガイ　無蓋　[雜語]廣大の極、更に之を蓋ふものなきなり。無上莫など言ふに同じ。又、所として蓋はざるとなきを云ふ。【無量壽經上】に「如來以二無蓋大悲一。矜二哀三界一。」【同淨影疏】に「佛悲殊勝。餘不レ能レ加。不レ能レ蓋レ上。名二無蓋悲一。」【同嘉祥疏】に「無蓋悲者。佛慈悲無三所不二覆蓋一耳。」

無蓋大悲　[術語]前項を見よ。

ムガイン　無我印　[印相]三法印の一。凡愚妄に色身假合の上に於て常一の我を固執し、種種の妄業を作る、佛この妄計を破らん爲に無我の理を說く、此理決定して違越すべからず、又外說に異なるを證する印契なれば無我印と云ふ。「サンボフイン」を見よ。

ムガク　無學　[術語]聲聞乘の四果の中に前三果を有學とし、第四の阿羅漢果を無學とす。學道圓滿して更に修學するとなきを云ふ。【法華玄贊一】に「戒定慧三。正爲二學體一。進趣修習名爲二有學一。進趣圓滿止二息修習一。名爲二無學一。」【法華嘉祥疏九】に「若緣レ眞之心更有二增進義一是名爲レ學。緣レ眞之心已滿不二復進求一是名二無學一。」

九無學　[名數]九種羅漢なり。「ラカン」を見よ。

ムガククワ　無學果　[術語]修行位第四果に到りし人を云ふ。阿羅漢果の事。前項に同じ。

ムガクダウ　無學道　[術語]三道の一。三界の諸惑を斷じ已り、眞諦の理を證し盡して更に學修を要せざる圓滿の智慧を云ふ。即ち阿羅漢の無漏智なり。

ムガクハ　無學派　[流派]禪宗二十四流の一。圓覺寺派なり、亦佛光門徒と稱す。

ムガクワン　無我觀　[術語]一切諸法は無我なりと觀ずる觀法なり。

ムガサウ　無我想　[術語]十想の一、一切諸法の空寂なるを知りて、我想を滅するを云ふ。

ムキ　無記　[術語]三性の一。事物の性體中容にして善と記すべからず惡とも記すべからざるもの。又善果を感ずとも記すべからず惡果を感ずとも記すべからざるもの。【俱舍論二】に「無記者。不レ可三記爲二善不善性一。故名二無記一。有說。不レ能レ記二異熟果一。故名二無記一。」【唯識論五】に「於二善不善損益義中一。不レ可二記別一。故名二無記一。」【大乘義章七】に「解有二二種一。一對レ果分別。中容之業不レ能レ記二得苦樂兩報一。故名二無記一。二就レ說分別。中容之業如來不二記爲レ善爲一レ惡。故名二無記一。」

二無記　[名數]無記性の體に二種あり、一に有覆無記、妄惑の體性極めて羸劣なるもの、俱生起の我法二執即ち第七識の如き是なり。是れ體性極めて羸弱なれば無記なれども、自性妄惑なれば以て聖道を隱覆すれば有覆無記と名く。二に無覆無記、阿賴耶識の自體及び內の五根、外の山河草木等是なり、自性妄惑にあらず而も羸弱にして善惡にあらざれば無覆無記なり。【百法問答鈔三】

四無記　[名數]無覆無記の一に就て更に四種を分別す。一に異熟無記、一切前世の業因に依て感じたる身心の果報なり、異熟とは果報の異名なり。二に威儀無記、行住坐臥取捨屈伸等の威儀を起す時の心の無記なるもの。三に工巧無記、圖畫彫刻等種種の工巧を作す時の心の無記なる

もの。四に變化無記、通力を以て種種の變化を作す時の心の無記なるもの。この中威儀工巧の二は善惡の二性及び有覆無記にも通ずれども、今は只無覆無記の一邊を取るのみ。【百法問答鈔三】

十四無記 〔名數〕「ジフシナン」を見よ。

ムキ 無起 〔術語〕無生の異名。無生法忍を一に無記法忍と云ふ。因の果を生ずべきを無起又は無生と名く。【無量壽經下】に「無作無記。觀ニ法如レ化。」【同慧遠疏下】に「無ニ因可レ生。云ニ無起一。故維摩云。雖レ行ニ無記一而起ニ善行一。故知無起約レ因以說。」「記法の對。

ムキホフ 無記法 〔術語〕無記性の法を云ふ。有

ムキボンカイ 無毀犯戒 〔術語〕菩薩十戒の一。菩薩のよく自ら淨戒を保ちて犯さず、衆生の爲に妙法を說て戒を犯さざらしむるを云ふ。

ムギ 無愧 〔術語〕梵語、Anaratratā 世間を顧みず恣に暴惡を作すなり。【唯識論六】に「云何無愧。不レ顧ニ世間一崇ニ重暴惡一爲レ性。能障ニ礙シテ愧一生ニ衆惡行一爲レ業。」【倶舍論四】に「爲ニ諸善士所ニ訶厭一名爲レ罪。於ニ此異中一不レ見ニ怖畏一。說名ニ無愧一。」

ムギ 無疑 〔術語〕疑惑せざること、法を聞き信じて疑はざるを云ふ。

ムギゲダツ 無疑解脫 〔術語〕 「三。三種羅漢の第

ムギゴ 無義語 〔術語〕義は義利なり、無益の語を無義語と云ふ。【晉華嚴經二十四】に「無義語罪。亦令ニ衆生墮ニ三惡道一。若生ニ人中一得ニ二種果報一。一者所說言語人不ニ信受一。二者所有言說不レ能ニ明了一。」

ムギヤウハツ 無行般 〔術語〕五種不還の一。一種の不還果あり、色界に生じて功力を加へず、久しきを經て自然に上地の惑を斷じて般涅槃するもの。

ムク 無垢 〔雜名〕淸淨にして垢染なきなり。又無漏と云ふ。

ムク 無句 〔術語〕有無四句の一。我も五蘊の身も共に皆無と計する外道の見を無句と名く。即ち斷見なり。

ムクウバイモンキヤウ 無垢優婆夷問經 〔經名〕一卷、後魏の般若流支譯。無垢優婆夷、賢優婆夷等あり、佛に佛塔地を拂ひ、乃至四梵行三歸戒の功德の差別を問ふ。佛之を決す。【宿帙六】(770)

ムクウロンジ 無空論師 〔雜名〕經部師は虛空の實有を立てず、依て無空論師と名く。

ムクエ 無垢衣 〔衣服〕袈裟の總名。煩惱の垢染なきなり。【釋氏要覽上】に「如幻三昧經云ニ無垢衣一。」

ムククワウボサツ 無垢光菩薩 〔菩薩〕胎藏界文殊院の尊。文殊師利菩薩の眷屬。

(無垢光菩薩の圖)

ムクケンニヨキヤウ 無垢賢女經 〔經名〕一卷、西晉の竺法護譯。轉女身經の異譯。【宇帙九】(235)

ムクゲン 無垢眼 〔術語〕ℹ 覽字を以て兩眼に置き、肉眼を轉じて法眼となすを無垢眼と云ふ。【大日經七】に「安立無垢眼。」【大疏四】に「首中置ニ百光遍照王一。而以ニ無垢眼一觀レ之。」【同二十】に「無垢覽字也。」

ムクサンマヰ 無垢三昧 〔術語〕佛菩薩の淸淨の三昧を總稱す。三昧とは禪定なり。⦿(太平記一八)「以ニ無垢三昧力一。濟ニ奈落迦重苦一。」

ムクシキ 無垢識 〔術語〕梵に阿末羅 Amala 無垢識と譯す。舊譯家は以て第九識の稱となし、新譯家は第八識の淨分の稱とす、是れ別に第九識を立てざればなり。【唯識論三】に「或名ニ無垢識一。最極淸淨ニシテ諸無漏法所依止故。此名唯在ニ如來地有一。菩薩二乘及異生位ニハ持ニ有漏種一。可レ受ニ熏習一。未レ得ニ善淨第八識一故。」【同述記三末】に「唯無漏依。體性無垢。先名ニ阿末羅識一。或名ニ阿摩羅識一。古師之爲ニ第九識一者非也。」

ムクシヨウ 無垢稱 〔術語〕維摩居士の翻名。舊に淨名、新に無垢稱。【西域記七】に「毗摩羅詰 Vimalakīrti 唐言ニ無垢稱一。舊曰ニ淨名一。然淨則無垢。名則是稱。義雖レ取レ同乃有レ異。舊曰ニ維摩詰一訛略也。」

ムクシヨウキヤウ 無垢稱經 〔經名〕說無垢稱經の略名。玄弉譯維摩經の經題なり。

ムクジヤウクワウダイダラニキヤウ 無垢淨光大陀羅尼經 〔經名〕一卷、唐の彌陀山等譯、刼毘羅城の戰茶婆羅門七日の後に命終すべきを知り、恐懼して來て佛に見ゆ、佛敕して古塔を修理し神呪を念誦せしむ。依て命根を增長し極樂國に生じ乃至成佛す、遂に廣く造塔及び呪法を說く。【餘帙五】(380)

ムクジヤウクワウホフ 無垢淨光法 〔修法〕無垢淨光大陀羅尼經の所說、造塔滅罪の法なり、陀羅尼の中に阿彌陀佛を本尊となすなり。【諸儀軌決影八】

ムクスイ 無垢水 〔雜名〕後夜は井中より汲みて閼伽供に用ゐる水を云ふ。【眞言修行鈔二】に「終南山道宣云。後夜水未レ生レ蟲故云ニ無垢水一。」

ムクセ 無垢施 〔術語〕波斯匿王の女の名。梵名、維摩羅達。離垢施又は無垢施と譯す。年始て十二歲、

容貌端正なり、時に八大聲聞八大菩薩皆詣問せらる。【離垢施經】に「城中波斯匿王有レ女。曰二維摩羅達一。晉言二離垢施一。」梵 Vimaladattā

ムクセキヤウ 無垢施經 [經名] 離垢施經の異名。

ムクセイボサツ 無垢逝菩薩 [菩薩] 又、虛空無垢菩薩と云ふ、五大虛空藏の德を主り、明星天子の本地なり。【胎藏曼陀羅大鈔五】

ムクセカイ 無垢世界 [界名] 龍女の成佛せし世界の名。【法華經提婆品】に「當時衆會。皆見下龍女忽然之間變成二男子一。具二菩薩行一。即往二南方無垢世界一。坐二寶蓮華一。成二等正覺一。三十二相八十種好。普爲二十方一切衆生一演中說妙法上。」◉（曲、海士）「八歲の龍女は南方無垢世界に生を受くる」

ムクヂ 無垢地 [術語] 離垢地の異名。離垢地は菩薩第二地の名なり。又、等覺の菩薩を無垢地の菩薩と云ふ。【四敎儀五】に「等覺位即是等覺性。若望二菩薩一名二等覺佛一。若望二佛地一名爲二金剛心菩薩一。亦名二無垢地菩薩一也。」

ムクテキ 無孔笛 [譬喩] 吹くと能はず、以て公案の難處手を着くる處なきに譬ふ。【普燈錄三十】に「無孔笛最難レ吹。」【碧巖八十二則着語】に「無孔笛子撞二着氈柏板一。」

ムクテキ 無孔笛 [書名] 東陽英朝の門人、東陽の法語を編集して、無孔笛と名く。十卷あり。

ムクノテツツイ 無孔鐵鎚 [譬喩] 鐵鎚の孔なきもの、柄なきなり。更に手の着け處なきを云ふ。【碧巖十四則着語】に「無孔鐵鎚。」【同七十六則着語】に「元來是箇無孔鐵鎚。」

ムクドク 無功德 [故事] 【會元一達磨章】に「達磨大師梁の武帝に見ゆ、帝問ふ朕寺を起し僧を度す何の功德かある。磨曰く、無功德。」

ムクニヨ 無垢女 [人名] 經中數人の無垢女あり。一は維摩居士の妻の名。【月上經】一は須達多婆羅門の女の名、母の胎中にて佛說を聞き出生して後佛所に至り變じて男子となる。【無垢賢女經】一は舍婆提城の優婆夷の名。佛に早起佛塔を拂ふ功德を問ふ。【無垢優婆夷問經】

ムクニン 無垢忍 [術語] 瓔珞經所說六忍の第五、等覺地の菩薩無明の惑染を斷除し自性清淨の心體に於て安住不動なる位なり。依て無垢菩薩と云ふ。

ムクメウシヤウジヤウヱンキヤウ 無垢妙清淨圓鏡 [雜語] 【大日經成就悉地品】に「囉字爲二眼界一。輝レ燭猶二明燈一。俛レ頸小低頭。舌近二於齶間一。而以觀二心處一。當レ心現二等引一。無垢妙清淨圓鏡常現前。如レ是眞實心古佛所二宣說一。」◉（續千載集）「曇なく古今をへだてぬは心にみがく鏡なりけり」

ムクヨウ 無功用 [術語] 造作を加へざること、自然の作用を云ふ。【觀經玄義分】に「功周無功用。證智未證智。」

ムクヨウチ 無功用智 [術語] 菩薩八地已上に於て加用の功を借らず自然に眞性に契ふ智を云ふ。【西方要決】に「十地論云。入二八地一已去。得二任運無功用智一。於二散散中一得二自在一故無二念退一也。」【玄義分記一】に「佛地論意。七地已前名二功用一。八地已上無功用。」

ムクリン 無垢輪 [術語] 清淨なる法輪と云ふことにて即ち說法のこと。

ムクワウブツ 無光佛 [術語] 佛にして光明なきもの、無好佛と言ふ如し。【洞山錄】に「署山曰。好箇佛。只是無二光焰一。」【會元岩頭章】に「洞山好佛。祇是無レ光。」

ムクワン 無關 [人名] 南禪寺の大明國師普門。無關と號す。「ダイミヤウ」を見よ。

ムグワンゲダツモン 無願解脫門 [術語] 又無作解脫門と云ふ。三解脫門の第二。一切生死法中に於て願求し造作を欲する念を離るる禪定なり。「サンマイ」を見よ。

ムグワンザンマイ 無願三昧 [術語] 無願解脫に同じ。

ムグワンムグワンゲダツモン 無願無願解脫門 [術語] 重三解脫門の第三。「サンザンマイ」を見よ。

ムグワンムグワンザンマイ 無願無願三昧 [術語] 無願無願解脫門に同じ。

ムケウシキ 無敎色 [術語] 舊譯の無作色。一に無敎色と云ひ。新譯に無表色と云ふ。「ムサシキ」を見よ。

ムケン 無間 [界名] 梵語、阿鼻 Avīci 無間と譯す。無間地獄、無間修、等無間緣など。

ムケンゴフ 無間業 [術語] 五種の大惡業あり、此惡業は決定して極苦の果を受け、更に餘業餘果の間隔することなければ無間業と名く、又此惡業を造る人は此より命終して定て地獄に墮し中に間隔なければ無間業と名く、此二義は初は法に就き後は人に就くの別あるも共に當體得名なり。又地獄を無間と名く、此業能く無間地獄の果を受くれば無間業と名く、是れ從果得名なり。【俱舍論十七】に「此無間名爲レ目二何義一。約二異熟果一決定更無二餘業餘生能爲二間隔一故。此唯目二無間隔義一。或造二此業一補特伽羅從レ此命終定墮二地獄中一無二間隔一。故名二無間一。」（此二釋當體得名なり）【大乘義章七】に「此五何故名二無間業一。釋有二四義一。一趣果無間。故曰二無間一。故成實言。捨二此身一已次身即受故名二無間一。二受苦無間。五逆之罪生二阿鼻獄一。一

劫之中苦苦相續無レ有二樂間一。因從レ果稱名二無間業一。三壽命無間。五逆之罪生二阿鼻獄一。一劫之中壽命無レ絕。因從レ果因名爲二無間一。四身形無間。五逆之罪生二阿鼻獄一。阿鼻地獄縱橫八萬四千由旬。一人入レ中身亦偏滿。一切人入身亦昇滿不二相障礙一。因從レ果號名曰二無間一。」（此四釋初の一は當體得名、後の三は從果得名なり。）梵 Ānantarya

五無間業 〔名數〕即ち五逆罪なり。「ゴギヤク」を見よ。

ムケンシユ 無間修 〔術語〕四修の一。間斷なく修行すること。

ムケンジフジキヤウ 夢見十事經 〔經名〕舍衞國王夢見十事經の略名。

ムケンダウ 無間道 〔術語〕二道の一。方に惑を斷じつつありて惑の爲に間隔せられざる無漏智を云ふ。舊譯に之を無礙道と云ふ。已に惑を斷じ已に正しく理を證する智を解脫道と云ふ。即ち無間道は前念の因道にして解脫道は後念の果道なり。【俱舍論二十五】に「無間道者。謂此能斷二所レ應レ斷障一。」

ムケンチヤウサウ 無見頂相 〔術語〕佛三十二相の中の烏瑟膩沙相の中の好なり。（大相を相とし小相を好とす）佛の頂上に肉塊あり隆起して髻の形を爲す、烏瑟膩沙相、頂上肉髻相など云ふ、此相中に於て一切の人天見ること能はざる頂點あり、無見頂相と名く。【觀佛經三】に「佛頂肉髻生二萬億光一。光光相次乃至二上方無量世界一。諸天世人十地菩薩亦不レ能レ見。」【觀無量壽經】に「唯頂上肉髻及無見頂相不レ及二世尊一。」【同天台疏】に「肉髻是相。無見頂是好。此相好表二於極果一。今作二因人一故不レ及レ佛。」【楞嚴經七】に「若有二宿習一不レ能二滅除一。汝敎二是人一一心誦二我佛頂光明摩訶薩怛多般怛羅無上神呪一。斯是如來無見頂相無爲心。佛從レ頂發輝。坐二寶蓮華一所レ說心呪。」⦿（曲、志賀）「無見頂相の如來も感應垂れ給へば」

ムケンヂゴク 無間地獄 〔界名〕八熱地獄の一。梵に阿鼻旨 Avīci と云ふ。五逆罪の一を造りし者は無間に此に墮して一劫の間苦を受くること無間なる故に無間地獄と名く。無間に五種の義あり、一に趣果無間、此身を終ふれば直に彼に墮して間隔なきなり二に受苦無間、苦を受くること間斷なきなり。三に時無間、一劫の間相續して間斷なきなり。四に命無間、一劫の間壽命間斷なきなり。五に身形無間、地獄の縱橫八萬四千由旬なり、身形之に遍滿して間隙なきなり。」（此五義大部補註に成實論の說として之を引きしより諸師皆是に倣ふも成實論に此義なきこと五無間の下に辯ず）【成實論八】に「次身受レ報故名二無間一。」（成實論は此一義耳）【俱舍論十一】に「此贍部洲下過二二萬一有二阿鼻旨大捺落迦一。深廣同レ前。謂各二萬。故彼底去レ此四萬踰繕那。以下於二其中一受レ苦無レ間。非下如二餘七捺迦受レ苦非上レ恒。故名二無間一。乃至有餘師說。阿鼻旨中無二樂間一苦。故名二無間一。」⦿（太平記二〇）「是は無間地獄にてぞあるらんと恐怖して」

ムゲ 無礙 〔術語〕又、無閡、無碍。自在に通達して礙りなきこと。自在に涉入して礙りなきこと。自在に融通して一體となること。燈光互に涉入する如き是れ無礙の相なり。【維摩經佛國品】に「心常安二住無閡解脫一。」【往生論註下】に「無礙者。謂知二生死即涅槃一。如レ是等入不二門無礙相也。」【即身成佛義】に「無碍者涉入自在義。」【往生要集中本】に「我所有三道與二彌陀佛萬德一。本來空寂一體無礙。」

四無礙 〔名數〕四無礙、解又は四無礙辯の略。

ムゲ 無價 〔雜語〕價直の至極せるを云ふ。至大を莫大と云ひ、極數を無數と言ふ如し。【無量壽經下】に「無價衣供二養無量覺一。」【法華經授記品】に「無價寶珠。繫二汝衣裏一。」⦿（盛衰記六）「草葉に置ける露の色無價の玉をぞ研きたる」

ムゲクワウ 無礙光 〔術語〕十二光の一。阿彌陀佛の光明なり。阿彌陀佛の光明は山河雲霧等の外障は勿論、貪瞋癡慢等の內障に障蔽せらるることなく、如何なるものをも照破するが故に名く。

ムゲクワウニヨライ 無礙光如來 〔佛名〕經に無礙光佛と云ひ、論に無礙光如來と云ふ。阿彌陀如來の十二異名の一。【往生論】に「歸命盡十方無礙光如來。」

ムゲクワウブツ 無礙光佛 〔佛名〕同上。

ムゲゲ 無礙解 〔術語〕又、無礙辯と云ふ。「シムゲゲ」を見よ。

ムゲダイヱ 無礙大會 〔行事〕又、無遮大會と云ふ。一切の僧俗に施與する大齋會なり。【佛祖統紀二十七】に「梁武大同二年。帝幸二同泰寺一。設二無碍大會一。」

ムゲダウ 無礙道 〔略名〕「ムケンダウ」を見よ。

ムゲダバ 無價駄婆 〔雜語〕駄婆は梵語奴と譯す、人の爲に使役して傭賃を取らざる奴を無價駄婆と云ひ、以て無緣の大悲を行ふ菩薩に比す。【俱舍論十八】に「如二世傳ヒ有二無價駄婆一。當レ知此言目二彼菩薩一。」【同光記十八】に「駄婆此云レ奴。不レ用レ錢買名爲二無價一。謂彼菩薩受二他驅役一利二益有情一。如三不レ用レ錢買ヒ奴相似。」

ムゲチ 無礙智 〔術語〕佛智の通達自在なるを云ふ。【法華經化城喩品】に「如來無礙智。知二彼佛滅度及聲聞菩薩一。如レ見二今滅度一。」【涅槃經八】に「如來不レ爾。悉知二自地及以他地一。是故如來名二無礙智一。」【大集經一】に「無礙智慧無レ有レ邊。善解二衆生三世事一。」

【無量壽經下】に「佛眼具足覺ニ了法性一。以ニ無礙智一爲レ人演說。」【勝鬘寶窟上末】に「無礙智者。於ニ世諦法一知レ之自在也。」

ムゲニン 無礙人 〔術語〕佛の德號、佛は生死即涅槃の無礙道を證すればなり。【晋華嚴經五】に「一切無礙人一道出ニ生死一。」【往生論註下】に「無礙者知ニ生死即涅槃一。」【贊阿彌陀佛偈】に「我以ニ一心一讃ニ一佛一。願遍ニ十方無礙人一。」

ムゲン 夢幻 〔雜語〕夢は睡眠中の妄想、幻は種種秘術を以て人の目を眩惑せしめ種種不實の事を現出するもの、共に虛假不實の事なり。以て一切諸法の虛假不實に譬ふ。【金剛經】に「一切有爲法。如ニ夢幻泡影一。」◎(曲、叙平)「夢幻泡影いづれならん」

ムゲン 無滅 〔術語〕佛果を成じて後盡未來際滅少することなき功德なり。

六無滅 〔名數〕【智度論二十六】に佛の十八不共法を明かす中に六無滅を說く。一に欲無滅、衆生を度脫せんと欲する欲の心所なり。二に精進無滅、衆生を度せん爲に勸めて倦まざる精進の心行なり。三に念無滅、三世の諸法を念じて失せざる念の心所なり。四に慧無滅、一切の法相を分別する慧の心所なり。五に解脫無滅、佛一切煩惱の正習を斷じて解脫を證する故に解脫無滅と云ふ。六に解脫知見無滅、解脫を證する智見に於て無邊淸淨なるを云ふ。

二十二無滅 〔名數〕【唯識論十】に如來の四智相應の心品は定て二十二法ありと云ふ、之を二十二無滅と稱す。一に作意、二に觸、三に受、四に想、五に思、(是れ心所中の五遍行なり)六に欲、七に勝解、八に念、九に定、十に慧、(是れ心所中の五別境なり)十一に信、十二に慚、十三に愧、十四に無貪、十五に無瞋、十六に無痴、十七に精進、十八に輕安、十九に不放逸、二十に行捨、二十一に不害。(已上心所中十一善なり)之に心王の一を加へて二十二となす。

ムゲンシ 無患子 〔植物〕本樓事に同じ。

ムゲンニン 無眼人 〔術語〕正道を知らざる人に比す。【安樂集上】に「如ニ目連所問經一。佛告ニ目連一。乃至是故我說無量壽國易レ往易レ取。而人不レ能ニ修行往生一。反事ニ九十五種邪道一。我說ニ是人一名ニ無眼人一。名ニ無耳人一。」(大藏中に此經なし、大周刊定疑經目錄に摩訶目連經一卷あり或は是か)

ムコ 夢虎 〔譬喩〕夢中の虎、以て虛事に譬ふ。【慧命法師詳玄賦】に「保ニ一異之四邪一。執ニ斷常之雙計一。怖ニ夢虎於長眠一。翫ニ空華於久瞖一。」【止觀十】に「今於ニ觀支一忽發ニ先解一。夢虎空華如幻之有。作ニ此有解一解心明利。」【善見律十二】に「眠時夢見ニ山崩或飛ニ騰虛空一。或見ニ虎狼師子賊逐一。此是四大不和。夢虛不レ實。」【梁僧傳佛圖澄章】に「慕容儁都レ鄴處ニ石虎宮中一。每夢見ニ虎嚙ニ其臂一。意謂石虎爲レ祟。後符堅征レ鄴。儁子暐爲ニ堅大將郭神虎一所レ執。實先夢虎之驗也。」【慧影智論疏】に「凡論ニ夢法一。睡眠時始夢不レ眠不レ夢。如ニ人睡眠夢中見レ虎畏號叫一。覺者見レ之知ニ其夢一爾。夢虎自無。衆生亦爾。臥ニ生死床一覆ニ無明一。被レ昏ニ睡眠一。生ニ五塵夢一。起ニ五欲想一。取ニ著諸法一。生ニ我我所見一。」

ムコサンマイ 無去三昧 〔術語〕百八三昧の一。【智度論四十七】に「得ニ此三昧一。不レ見ニ一切法來去相一。」

ムコムライ 無去無來 〔術語〕如來の法身湛然として常住なるを云ふ。【金剛經】に「如來者無レ所ニ從來一。亦無レ所レ去。故名ニ如來一。」【起信論義記上】に「非生非滅四相之所レ不レ遷。無去無來三際莫ニ之能易一。」

ムコラ 牟呼洛 〔異類〕舊稱摩睺羅伽。八部衆の一。大蟒神なり。「マコラガ」を見よ。

ムコリツタ 牟呼栗多 〔雜語〕Muhūrta 時の名。又心の異名。【俱舍論十二】に「三十臘縛爲ニ一牟呼栗多一。三十牟呼栗多爲ニ一晝夜一。」【同光記十二】に「牟呼栗多此云ニ須臾一。」【名義集六】に「乾栗陀耶。或名ニ牟呼栗多一。此云ニ堅實心一。」

ムコン 無根 〔雜語〕男女の根なきもの。

ムコンシン 無根信 〔術語〕初より信根なくして今佛力を蒙りて信を生ずるを無根信と云ふ。【涅槃經二十】に「世尊。我見ニ世間從ニ伊蘭子一生ニ伊蘭樹一。不レ見ニ伊蘭生ニ栴檀樹一。我今始見ニ從ニ伊蘭子一生ニ栴檀樹一。伊蘭子者我身是。栴檀樹者即是我心無根信也。無根者我初不レ知レ恭ニ敬如來一。不レ信ニ法僧一。是名ニ無根一。」【同會疏十八】に「本時五根未レ立。今遂得レ信。故曰ニ無根一。」【增一阿含經三】に「得ニ無根善信一。所謂阿闍世王是。」

ムコンジユ 無根樹 〔雜名〕【七女經】に「七女帝釋に告て曰く、願くは我輩の願を與へよ。帝釋許諾す。一女曰く、我れ願くば無根無枝無葉の樹を得んと欲す。」

ムコンチヤウジヤシ 無裩長者子 〔雜語〕もと長者の子なれどもおちぶれて犢鼻褌も持たぬ丸はだかもの。【碧巖五十則頌古】に「箇箇無裩長者子。」

ムゴクノタイ 無極之體 〔術語〕極樂淨土にある衆生の身體なり。涅槃無極の理に達悟せる身を云ふ。【無量壽經】に「顏貌端正。超世希有。容色微妙。非レ天非レ人。皆受ニ自然虛無之身無極之體一。」

ムゴクホウサンマイキヤウ 無極寶三昧經 〔經名〕二卷、西晋の竺法護譯。佛、無極寶三昧

に入て十方の菩薩を召集す、舍利弗十方來の菩薩及び文殊師利と法要を問答す。【宙帙一】(257)

ムゴシヤウジ 無後生死 〔術語〕七種生死の一。等覺の菩薩を云ふ。彼れ此身に妙覺に入て更に後身を受けざればなり。

ムゴン 無言 〔術語〕無言行又は無言戒と言ふ、無言を行ずる一種の佛法なり。無言童子是なり。【大集經十二無言菩薩品】に「王舍城師子將軍家產二一子一。當二其生時一虛空之中多有二諸天一。作二如レ是言一。童子當三應念レ法思二惟於法一。凡所レ發言莫レ說二世事一。常當レ頌二宣出世之法一。常當三守レ口愼レ言少二語。莫下於二世事一起中諸覺觀上。當レ依二於義一。莫レ依二文字一。爾時聞二是語一已。不二復涕泣一。無二嬰兒相一。乃至七日色貌和悅。見レ人歡喜目未二曾眴一。是人有レ人語二其父母一。是兒不祥不レ應二畜養一。何以故。瘖無聲故。父母答言。是兒雖二復瘖不一レ出レ聲。非二是不祥薄福之人一。因爲立レ字。字曰二無言一。時無言童子漸漸長大。如二八歲兒一。所レ遊方而人所レ樂レ見。隨レ有下說レ法轉二法輪一處上樂往聽受。口無レ所レ宣。爾時無言童子以二佛神力一與二其父母眷屬宗親一往二寶坊所一。到已見レ佛心生二歡喜一。禮敬供養右繞三帀。合掌而立。並見二十方諸來菩薩一生二大喜心一。爾時舍利弗白レ佛言。世尊。師子將軍所生之子。身根具足而不レ能レ語。是何惡業因緣所レ致。佛告二舍利弗一。汝今不レ應下作二如レ是語一輕中是童子上。何以故。是人即是大菩薩也。乃至爾時無言菩薩現二如レ是等大神通一已。低頭合掌作二如レ是言一。南無佛陀。南無佛陀。乃至爾時無言以二佛神力及己願力一。與二諸菩薩一踊在二虛空一。高七多羅樹。正向二於佛一而說レ偈。」(無言童子經二卷あり此品の異譯なり)【梁武金剛般若經懺文】に「無言童子妙得二不言之妙一。不說菩薩深見二無說之深一。」(不說菩薩は維摩居士なり) 元興寺の賴光無言の行を修して極樂に往生せり。【慶保胤の往生極樂記】⦿(新後撰)「時鳥人にかたらぬおりにしも初音きくこそかひなかりけれ」

ムゴンカイ 無言戒 〔術語〕無言の戒行なり。【撰集抄四】に「或は市に出で無言戒おしのまねし」「ムゴン」を見よ。

ムゴンサンマヤ 無言三昧耶 〔術語〕西方金剛語菩薩の三摩地なり。

ムゴンセツダウ 無言說道 〔術語〕通敎の觀智なり。言說とは諸法の事相を指す、事相即空と觀ずれば無言說と云ふ。

ムゴンタイシ 無言太子 〔人名〕即ち無言童子なり。⦿(源氏、夕霧)「心にのみこめて無言太子とか法師ばらの悲しきことにする」

ムゴンドウジ 無言童子 〔人名〕諸天の誡を受けて無言の行を修せし童子なり。「ムゴン」を見よ。

ムゴンドウジキヤウ 無言童子經 〔經名〕二卷、西晋の竺法護譯。大集經十二無言菩薩品の異譯。【玄帙六】(81) 「なり。

ムゴンボサツ 無言菩薩 〔人名〕即ち無言童子

ムゴンボサツキヤウ 無言菩薩經 〔經名〕無言童子經の異名。

ムサ 無作 〔術語〕因緣の造作なきと。無爲と言ふ如し。⦿(榮花)「有爲無作の諸法」又、台家性具の談に依れば一切諸法悉く性に具すれば善惡の法は法爾自然の體にして、始て造作せらるる者にあらざるを無作と云ふ。無作の四諦、無作の行法など云ふ是なり。依て天台の敎理を無作敎と云ふ。【七帖見聞七】に「圓敎意十界三千萬法皆中道。法爾任運自然體。始令二造作一法無レ之故。名二無作敎一也。」図心に物を造作せんとの念なきを云ふ。無作三昧の如き是なり。【無量壽經下】に「無作無起。觀二法如一レ化。」図身口意の動作を假らずして自然に相續する法を云ふ。無作戒、無作色など是なり。

無作の四諦 〔術語〕涅槃經所說四種四諦の一。天台以て圓敎の法門に配す。四諦は迷悟の因果なり、圓敎は中道の理性に本來十界の諸法を具すれば迷悟の緣生の事相は一一理性本具の德にして別に造作せられず、事相の當體其のまま中道實相なりと說けば之を無作の四諦と云ふ。

無作の大戒 〔術語〕新に無表色と云ひ、舊に無作色と云ふ。戒法は無作色と云ふ一種の色法を以て戒體とすれば無作と云ひ、小乘戒又は沙彌戒に對して大乘戒又は大僧戒を大戒と云ふ。「ムサシキ」を見よ。

無作の三身 〔術語〕天台圓敎の三身なり。法相宗權敎の如きは、修因感果の佛にて三大劫の修行の因に報ひて成ぜし佛なれば、之を有爲の法佛と云ふ。圓敎の佛は三身共に本有自爾の性佛にて、因行の造作にあらざれば之を無作の三身と云ふ。【守護國界章下之中】に「有爲報佛夢裏權果。無作三身夢前實佛。」

ムサイ 無際 〔術語〕竪に深きを云ふ。【法華經方便品】に「如來知見廣大深遠。無量無礙。力無所畏。禪定解脫三昧。深入二無際一。」

ムサイチ 無際智 〔術語〕佛智の邊際なきを稱す。【無量壽經下】に「億劫思二佛智一。窮レ力極講說盡レ壽猶不レ知。佛慧無二邊際一。」

ムサウ 夢想 〔術語〕夢中の想念なり。【楞嚴經中】に「彼諸善男子。修二三摩地一想蘊盡者。是人平生夢想

消滅。寐寤恒一。」

ムサウ　夢相　〔術語〕夢中に現ずる善惡の相なり。【大方等陀羅尼經】に十二夢王の夢相を說く。

ムサウ　無相　〔術語〕眞理の衆相を離るるを云ふ。又涅槃の男女等の十相を離るるを云ふ。【無量義經】に「無量義者從二一法一生。其一法者即無相也。」【涅槃經三十】に「涅槃名爲二無相一。以二何因緣一名爲二無相一。善男子。無二十相一故。何等爲レ十。所謂色相。聲相。香相。味相。觸相。生住壞相。男相。女相。是名二十相一。無二如レ是相一故名二無相一。」【大乘義章二】に「言二無相一者。釋有二兩義一。一就レ理彰レ名。理絕二衆相一故名二無相一。二就二涅槃法相一釋。涅槃之法離二十相一。故曰二無相一。」【維摩經不二法門品】に「一相無相爲レ二。若知二一相即是無相一。亦不レ取二無相一。入二於平等一。是爲レ入二不二法門一。」【同淨影疏】に「諸法悉空。名爲二無相一。」【止觀一】に「常境無相。常智無緣。」【維摩經文殊師利問疾品】に「雖レ行二無相一而度二衆生一。是菩薩行。」此無相は淺深二重あり、「ウサウ」を見よ。

ムサウ　無想　〔術語〕無想天又は無想定なり。

ムサウカイ　無想界　〔界名〕無想天なり。

ムサウガウブツ　無相好佛　〔人名〕尊者優婆毱多、佛滅後百年に出世して付法藏の第五祖たり、時人其の德を稱して無相好佛と云ふ。身に相好を具せざれども其の德佛と等しとなり、孔子を素侯と云ふ如し。【付法藏傳三】に「大德今者智慧高勝。世人號爲二無相好佛一。」

ムサウキヤウ　無想經　〔經名〕大方等無想經の略名。

ムサウクウケウ　無相空敎　〔術語〕般若經の所說、三論の所宗を云ふ。彼れ一切諸法は無相空寂にして實體なしと說けばなり。【唯識樞要上本】に「龍猛菩薩證二極喜地一。採二集大乘無相空敎一。造二中論等一。究二暢眞要一。」

ムサウクワ　無想果　〔術語〕又、無想報とも無想事とも云ふ。色界の第四禪天無想天と云ふ處あり、此處に生ずれば五百大劫の間心心所都て滅し、身は實に枯木死灰となる、由て一類の外道は此を眞の涅槃界なりと謂て、現世に無想定を修して死後彼の天に生ず。即ち無想定を因として感得せる一種の非色非心の一物ありて彼の心心所を防止して生ぜざらしむるなり、此の非色非心の一物は無想定の因に對する果報(新譯に異熟果と云ふ)なれば之を無想果と云ふなり。【俱舍論五】に「無想若生二無想有情天中一。有レ法能令二心心所滅一。名爲二無想一。是實有レ物遮二未來心心所一令二暫不一レ起。如レ堰二江河一。此法一向是異熟果。誰之異熟。謂無想定。」

ムサウクワン　無相観　〔術語〕「ニクウクワン」を見よ。

ムサウケウ　無相敎　〔術語〕即ち無相空敎なり。岌師の三敎、慧觀、波頗蜜多、劉虬の五敎の中各諸部の般若經の所說をさして無相敎となし、以て小乘經の有相敎に對す、法相宗は之を第二時空敎となし、華嚴宗は之を空始敎となし、天台宗は之を圓敎に通別の二敎を挾帶する帶敎となす。

ムサウゲダツモン　無相解脫門　〔術語〕三解脫の第二。「サンサンマイ」中無相三昧に同じ。

ムサウゴフ　無相業　〔術語〕念佛四種業の一。佛の身上の空寂無相を觀ずるなり。

ムサウサンマイ　無相三昧　〔術語〕三三昧門の第二。又、無相解脫門と云ふ。「サンサンマイ」を見よ。

ムサウシユウ　無相宗　〔術語〕三論宗は般若所說の諸法皆空を宗とする故に、他より之を目して無相宗となす、彼れ自ら稱するにあらず。蓋し一門に依て一大乘敎を相性の二宗に分ち、華嚴天台等の眞如隨緣を談ずる宗を性宗となし、法相三論の眞如隨緣を許さざる宗を相宗となし、此相宗の中に有空の二を分ち、依他の萬法緣生非空を立る法相宗を有相宗となし、依他の萬法緣生即空を立る三論宗を無相宗となす、是亦判敎の一門なり。【撰擇集本】に「且如二有相宗一。立二三時敎一而判二一代聖敎一。所謂有空中是也。如二無相宗一。立二二藏敎一以判二一代聖敎一。所レ謂菩薩藏聲聞藏是也。」

ムサウシヨ　無想處　〔界名〕無想天なり。

ムサウシンヂカイ　無相心地戒　〔術語〕禪門所傳の戒を無相心地戒と云ふ。猶台宗の戒を圓頓無作戒と云ひ、密宗所傳の戒を秘密三摩耶戒と稱するが如し、各其の家の宗義を以て名くるなり。禪家は無相不可得の心地を以て戒體となせばなり、戒相は梵網の十重四十八輕戒なり。

ムサウダイジヨウ　無相大乘　〔術語〕三論は空理の上に宗をたつる故に無相大乘の別稱あり。

ムサウヂヤウ　無想定　〔術語〕外道の無想天の果を得んとして修する一切の心想を滅する禪定也。有部宗の說に、諸の外道等無想天の果報を謂て眞の涅槃となし、彼の報を求めんが爲に無想定を修して心想を滅するを學び、第四禪定に依て諸の心法を滅して無念無想たらしむ、既に心想を滅し已れば一種の非色非心の法を得て心處を補領す、之を無想定と名く。成實宗の中には此義を存せず、謂く凡夫は心法を滅すると能はず、但入定の心寂靜微細にして覺

し難きが故に無想と云ふ、全く無想なるにあらずと。【倶舍論五】に「有二別法一能令二心心所滅一。名二無想定一。無想者定名二無想定一。或定無想名二無想定一。」

ムサウテン　無想天　［界名］無想有情の天處なり。有部と經部は第四禪の廣果天の所攝として別處を立てず、上座部は廣果天の上に無想天の一處に立るなり。【倶舍論五】に「無想有情居在二何處一。居在二廣果一。廣果天中有二高勝處一。如二中間靜慮一。名二無想天一。」

ムサウフクデンエ　無相福田衣　［術語］袈裟の德名。出世の服にして有爲世染の相を離るれば無相と云ひ、無漏の福德を生ずる道衣なれば福田と云ふ。【資持記下四之二】に「無相福田者出世無漏之福離二有爲相一故。」

ムサウブツ　無相佛　［術語］相好の無き佛なり、身に三十二相を具せざれども、其德佛と等しきを云ふ。【三論玄義】に「天竺十六大國。方八千里。有二向化之緣一。並爲委レ誠。龍樹爲二無相佛一。」【付法藏傳三】に優婆毱多を無相好佛と稱す。

ムサウボダイ　無相菩提　［術語］無相は即ち寂滅の義なり、菩提は自ら證して他に從て得ざれば無相寂滅の菩提と云ふ。【大日經具緣品偈】に「坐二無相菩提一。眞言勢無レ比。」【演密鈔五】に「寂滅者即無相義。但心自證不二從得一。故無二諸相一。坐謂安處。即是處二於寂滅道場一。故法華云。諸法空爲レ座。是也。」

ムサウムサウゲダツモン　無相無相解脫門　［術語］重三解脫門の第二。「サンサンマイ」の項中重三昧を見よ。

ムサウムサウサンマイ　無相無相三昧　［術語］無相無相解脫門に同じ。

ムサウリネン　無相離念　［術語］立相住心に對す。眞如の理體を觀ずるに非有非空、非非有非非空と觀じ、四空百非を絕して一切の念慮思想を遠離するなり。

ムサカイ　無作戒　［術語］又、無敎と云ひ、新譯には無表と云ふ。戒體に二あり、一に作戒、二に無作戒なり、作戒とは受戒の時、法の如く正く身口意の三業を動作する見聞すべき業體を云ひ、無作戒とは此時作戒の緣に依て身中に生ずる見聞すべからざる業體を云ふ、此業體は初發の緣は身口意の動作即ち作戒に由ると雖、一旦生じ了れば身口意の造作を假らず恒に相續する故に無作と稱するなり。依て作戒は身口の動作息むと共に滅すれども無作戒は一生の中常に相續して防非止惡の功能を發す、之を無作の戒體と云ひ、此戒體が境に向て一一の非を防ぐさまは即ち十戒二百五十戒等なり、能防の體に就て無作戒を立て所防の境に就て二百五十等の相を分別し、此の無作戒を發する爲に作戒を行ふなり。【行事鈔中一之三】に「若單立レ作作休謝往不レ能レ防レ非。又不レ可二常作一。故須二無作一長時防レ非。若單立二無作一則起無二所從一。不レ可二孤發一要賴レ作生。二法相藉。」又「雜心云。身動滅已與二餘識一俱是法隨生。故名二無作一。成論無作品云。因レ心生二罪福一。睡眠悶等是時常生。故名二無作一。」【行事鈔中一之三】「言二無作戒一者。以二非色非心一爲レ體。」此の無作の戒體に就て色法と爲すと心法と爲すと非色非心法と爲すとの三家の不同あり。「カイタイ」を見よ。

ムサゲダツモン　無作解脫門　［術語］又、無願解脫門と云ふ、三解脫門の一。一切生死法中に於て願求造作の念を離るる禪定なり。「サンサンマイ」を見よ。

ムササンマイ　無作三昧　［術語］無作解脫門に同じ。

ムサシキ　無作色　［術語］新に無表色と云ふを舊に無作色と云ふ。「ムヘウジキ」を見よ。

ムサラ　牟薩羅　［物名］Musāragalva 寶玉の名。「ムシャラ」を見よ。

ムサンアクシユグワン　無三惡趣願　［術語］阿彌陀佛四十八願の第一、極樂國に三惡趣なからしめんとの願なり。【無量壽經上】に「設我得レ佛。國ニ有二地獄餓鬼畜生一者。不レ取二正覺一。」⊙（雪玉集）「かしこしな難波の水の蘆ときく浪のさはぎも知らでふる世は」

ムザイガギ　無財餓鬼　［異類］餓鬼に有財無財少財多財等の種類あり、極めて福分なき餓鬼にして少分の食物を咽に下す能はざる者を無財餓鬼と云ふ。「ガキ」を見よ。

ムザイキ　無財鬼　［異類］無財餓鬼なり。

ムザン　無慚　［術語］梵語、阿紇里。Ahrīkatā 惡を作して自の心に耻るとなきを云ふ。【唯識論六】に「不レ顧二自法一輕二拒賢善一爲レ性。能障二礙慚一。生二長惡行一爲レ業。」【倶舍論四】に「於二所造罪一自觀無レ耻。名曰二無慚一。觀レ他無レ耻說名二無愧一。」俗書に多く亂暴なるさま殘酷なるさまを形容して無慚と云ふ。⊙（徒然草）「放逸無慚のありさま」

ムザンケダウ　無慚外道　［流派］一切の罪福皆これ大自在天の作爲にして人間の關知する所にあらず、自在天喜べば衆生安樂に、瞋れば衆生苦む。人間の罪福は一に大自在天の意に繫ると計して全責任を大自在天に負はしめ、罪を犯すも慚愧せざれば惡道に墮せず。慚愧すれば却て地獄に墮すと云ふ。

ムシ　無始　〔術語〕一切世間、若は衆生、若は法、皆始あることなし、今生の如きは前世の因緣より有なり、前世亦た前世より有なり、是の如く展轉推究すれば衆生及び法の元始不可得なり、故に無始と云ふ。【勝鬘寶窟中末】に「攝論云。無始即是顯レ因也。若有レ始則無レ因。以レ有レ始則有レ初。初則無レ因。以二其無一レ始則是有レ因。所三以明二有レ因者顯二佛法是因緣義一。」【梵語雜名】に「無始阿努婆嚩底。」⊙（盛衰記八一）「無始無終の凡夫たることを」

ムシ　無始の間隔　〔術語〕「ムシムミヤウ」を見よ。

ムシ　牟子　〔人名〕漢の桓帝の時蒼梧の太守牟融書を著して牟子と號し、以て釋氏を推美す。【釋門正統四】

ムシ　蟲　〔雜語〕梵語、鉢羅拏（はらな）。【梵語雜名】

蟲食木譬　〔譬喩〕【涅槃經二】に「如三蟲食レ木有二成レ字者一。此蟲不レ知二是字非一レ字。智人見レ之終不三唱二言是蟲解一レ字。亦不二驚怪一。大王當レ知舊醫亦爾。不レ別二諸病一悉與二乳藥一。如三彼蟲道偶成二於字一。」【止觀一】に「若但聞レ名口說如二蟲食レ木偶得一レ成レ字。是蟲不レ知二是字非一レ字。既不二通達一寧是菩提。」

ムシキウ　無色有　〔術語〕三有の一。無色界の果報實在するを無色有と云ふ。

ムシキカイ　無色界　〔界名〕三界の一。此界には色法と云ふ物質的のものは一もなく、身體もなければ宮殿もなし、識心のみ存して深妙なる禪定に住し居れば之を無色界と云ふ。さて物質なき世界なれば其の方處を定むると能はざれども、姑く果報の勝さりたる義に就て色界の上に在りと云ふ。但し色體實無と云ふは有部宗の義なり、成實の義に依れば麁色なきに就て無色と云ふ、全く色なしと曰ふにあらずと。此界中に四地を分ち下より之を言へば第一に識無邊處、第二に空無邊處、第三に無所有處、第四に非想非非想處なり。既に無質なれば居處を以て之を分つと能はざれども、其の禪定壽命等の勝劣に依て差等を立てしなり。【俱舍論八】に「無色界中都無レ有レ處。以二無色法無一レ有二方所一。乃至俱異熟生差別有レ四。一空無邊處。二色無邊處。三無所有處。四非想非非想處。如レ是四種名二無色界一。此四非レ由二處有二上下一。但由レ生故勝劣有レ殊。復如何知三彼無二方處一。謂於二是處一得二彼定一者。命終即於二此處一生故。復從二彼處一沒生二欲色一時。即於二是處一中有起故。」又「於二彼界中一色非レ有。名爲二無色一。所レ言色者。是變礙義。或示現義。被體非レ色。立二無色名一。」

ムシキシンザンマイ　無識身三昧　〔術語〕【金剛頂經一】に「阿娑頗那伽三摩地。」【同疏二】に「此經訣云。阿之言無。娑頗那迦者識也。三摩地平等持也。伽者身也。應レ云二無識身平等持一也。入二此定一者能治二攀緣散亂等障一。」是れ一切義成就菩薩の未だ五相成身觀を爲さざる前に住せし三昧なり。

ムシキテン　無色天　〔界名〕無色界の四處を云ふ。

ムシキトン　無色貪　〔術語〕五上分結の一。「ケッ」を見よ。

ムシクウ　無始空　〔術語〕十八空の一。因果の理より推せば世間一切の法は實に無始なり、更に慧眼を以て之を觀ずれば諸法皆空にして無始の相亦た不可得なり、之を無始空と云ふ。【智度論三十一】

ムシクワウゴフ　無始曠劫　〔術語〕生死に始めなければ無始と云ひ、久遠の年劫を經れば曠劫と云ふ。

ムシシヤウジ　無始生死　〔術語〕無明に始なきが故に生死亦始なきなり。「ムシムミヤウ」を見よ。

ムシダイチウ　無齒大蟲　〔雜語〕大蟲は虎、無齒は年たけて齒なきなり。こうへたる虎を云ふ。

ムシチ　無師智　〔術語〕無師獨悟の佛智を云ふ。【法華經譬喩品】に「一切智。佛智。自然智。無師智。」【同嘉祥疏六】に「無師智者。前之三智並不レ從レ師得。故云二無師智一。」【大日經疏一】に「如レ是自證之境。說者無レ言。觀者無レ見。不レ同二手中菴摩勒果可一レ轉授二他人一也。若可下以二言語一授上人者。釋迦菩薩蒙二定光之授決一之時。即可二成佛一。何故具修二方便一。要待二無師自覺一方名レ佛耶。」

ムシフジユ　無執受　〔術語〕外境に對して執着覺受なきもの。即ち無感覺なる無機物の如きものを云ふ。

ムシムミヤウ　無始無明　〔術語〕勝鬘、本業、起信の諸經論に無始無明と云ひ、菩提心論に無始間隔と云ふ、生死流轉の根本の惑體なり、平等法界の理に達せず妄に平等の理性を隔つるを無明とも間隔とも云ふ、是れ闇惑の心にして體に慧明なければ無明と名け、闇惑の心、理性を隔離すれば間隔と名く、此無明の間隔に依て種種の煩惱を生じ種種の業を作り種種の果を受くるなり。而して之を無始と名くるに三釋あり、一は因緣生の理に就て釋し、二は惑體相依の義に就て釋し、三は眞實同體の理に就て釋す。一に因緣生の理に就て釋せば、謂く、凡そ一切の有爲法は因緣生なり、現世の果は前世の因より生じ、前世の果は更に前世の因より生ず、是の如く推究するに更に初なし、若し初ありとすれば是れ無因生の外計にして佛法に非らず、涅槃經の四柱偈及び攝論の文等說き得て明かなり。（「無始」を見よ）是れ大乘論の通說なり。二に惑體相依の義に就て釋せば、謂く枝末無明は根本無

明に依り根本無明は眞如に依ると云ふ、是れ緣起法の自然なり、此の時は無明は惑の根本にして無明の先に更に始となるべき惑法なければ之を無始と名くるなり、此釋に依れば無始の言は即ち根本の異名にして無明有始の義と成るなり、此義に依て起信論には忽然念起名爲二無明一と云ひ、天台は之を元品無明と名け、起信論の疏家は之を根本無明と稱するなり、忽然と云ひ、元品と云ひ、根本と云ふは共に有始の異名なり。【圓覺經】に「云何無明。善男子。一切衆生從二無始一來。種種轉倒。猶如二迷人四方易一レ處。由下有二無始本起無明一爲中己主宰上。一切衆生生無二慧目一。身心等性皆是無明。」【本業經下】に「其四住地前更無二法起一故。故名二無始無明住地。」【勝鬘經寶窟中末】に「無始有二二釋。一云。無明無レ有レ始。故衆生無レ始。波若レ無レ底。二云。無明最在レ初實錄有レ始。但無レ有下一法在二此前一者上。故云二無始一也。」【起信論】に「一切衆生不二名爲一レ覺。以下從レ本來念念相續。未中曾離上也念故。說二無始無明。」【起信論義記下末】に「唯此無明爲二染法之源一最極微細更無三染法能爲二此本一。故云二忽然念起一也。如二瓔珞本業經云一。四住地前無二法起一故名二無始無明住地一。是則明下其無明前無三別有レ法爲二始起之本一。故云中無始上。即是論忽然義也。此約二麁細相依之門一說爲二無前一。亦言二忽然一。不下約二時節一以說中忽然上。以二起無一レ初故也。」大乘經論の所說多く此義に依る。是れ妄を去て眞に歸せしめん爲の一種の敎道にして權大乘の義なり。三に眞妄同體の義に就かば、謂く眞如と無明とは一法の異名なり、水と氷の如し、氷の自性即ち水なる如く、無明の自性即ち眞如なり、而も吾等は本來氷れるなり、先は水にして後に氷れるにあらざるなり、前に水なりし如く說くは敎道の方便のみ。【起信論】に「如來藏無二前際一故。無明之相亦無レ有レ始。」【文句私記五】に「若言二心性本淨爲一レ惑所レ覆猶敎道。且順二權說一。乃至若依二實理一心性未レ淨。猶如二無始唯氷無一レ水。雖二今是氷一則不レ得レ云三氷不二是水一。心性亦爾。雖二本是無明一不レ得レ云レ非二三德一。是故圓人唯觀二無始三道即三德一。不レ同二權人却レ覆方見一。」

生死無始無終　〔術語〕上に說く無明無始の理に依て生死の無始なる其理分明なり。但無終に就て別圓二敎に依り其の義を異にす、別敎已下は有終なり、九界を斷じて佛界に入ればなり。圓敎は性に十界を具すれば佛界に至るも尙九界を存して生死無終なり、但修惡轉じて性惡に歸するのみ、其體性に於て一の增減あるなし。蓋し無明緣として九界を造起すとは別敎の權說なり、此說に依れば無明斷盡すると共に九界滅無するは理の當然也。然るに圓敎は十界は性具にして無明の造作に賴るにあらず、無明は其の十界の性に達せざる迷情なり、此迷情に依て照明の性惡を修起して雜穢の九界となすなり、之を、法本妙。麁由二物情一と云ふ、故に我に於て迷悟の別あるも法に於て增損あるとなし、以て佛界に於て九界宛然、爲に九界に應現して自在に化用を垂るるを得るなり。○性惡を見よ

ムシヤ　牟娑　〔雜名〕Musāragalva 譯、馬腦。「ムシヤラ」を見よ。

ムシヤ　無遮　〔雜名〕物を寬容して遮ぐるとなきなり。【圓覺經】に「惟願不レ捨二無遮大悲一。爲二諸菩薩一開二秘密藏一。」【楞嚴經一】に「如來開二闡無遮一度二諸疑謗一。」【燄羅王供行法次第】に「設二無遮廣大供養一。」

ムシヤウ　無性　〔術語〕性は體なり、一切諸法に實體なきを無性と云ふ。【法華經】に「知二諸法常無性一。」【楞嚴經】に「諸幻成二無性一。」

三無性　〔術語〕【唯識論九】に「三種無性。謂即相生勝義無性。」「サンムシヤウ」を見よ。

ムシヤウ　無性　〔人名〕菩薩の名、無着の攝大乘論を釋し、唯識の法門に於て別義を成立す。

ムシヤウ　無生　〔術語〕涅槃の眞理は生滅なければ無生と云ふ。依て無生の理を觀じて生滅の煩惱を破するなり。【圓覺經】に「一切衆生於二無生中一。妄見二生滅一。是故說名二轉輪生死一。」【最勝王經一】に「無生是實。生是虛妄。愚痴之人漂二溺生死一。如來體實無レ有二虛妄一。名爲二涅槃一。」【仁王經中】に「一切法性眞實空。不來不去。無生無滅。同二眞際一等二法性一。」【梵網經上】に「伏二空假一會二法性一。登二無生山一。」【止觀大意】に「衆敎諸門。大各有レ四。乃至二八萬四千不同一。莫レ不下並以二無生一爲上レ首。今且從レ初於二無生門一徧破二諸惑一。」【肇論新疏遊刃中】に「淸涼云。若聞二無生一者。便知二一切諸法皆悉空寂無生無滅一。但於二嚴土利他一不レ生二喜樂一。而趣二於寂一故成二聲聞乘一也。若聞二無生一。便知二從レ緣故無生等一。成二緣覺乘一。若聞二無生一。便知下諸法本自不レ生今則無レ滅。即二生滅一而無二生滅一。無生滅不中礙二於生滅一。以レ此滅レ惡生レ善。利レ自利レ他。成二菩薩乘一。」【垂裕記二】に「無生寂滅一體異名。」

無生の生　〔術語〕化身の娑婆に示現し、衆生の極樂に往生する如き、六道四生の生を離れたる生なれば無生の生と云ふ。

無生の寶國　〔雜名〕極樂は四六回生の生死なければ無生の寶國と云ふ。【法事讚】に「無漏無生還即眞。」【往生禮讚】に「無生寶國永爲レ常。」

無生の四諦　〔術語〕涅槃經所說四種四諦の

一。天台は以て通教の法門に配す。迷悟の因果悉く幻化の法にして實生實滅にあらず、生滅即ち無生滅と說けば無生の四諦と云ひ、以て藏敎の生滅の四諦に簡異す。

ムシヤウウジヤウ 無性有情 〔術語〕唯人天有漏の種子を具して三乘無漏の種子を有せざる有情なり、故に永く六道に沈淪して出離すると能はず。法相宗所立五性各別の第五無性種姓なり。

ムシヤウクワン 無生觀 〔術語〕「ニクウクワン」を見よ。

ムシヤウサイ 無生際 〔術語〕無生の理は法の際極源底なれば無生際と云ふ。【智度論三十三】に「諸法相。推求尋究シテ入ニ無生法中一。更無ニ過レ是者一。是名ニ無生際一。」

ムシヤウサウジクワルヰ 無生相似過類 〔術語〕十四過の一。已生の因には宗を成立するも未生の因につきては宗を成立する能はずと難ずる過。「聲は無常なり」と云ふに對して聲の發せられたる後は宗を成立すれ共、未だ發せられざる時はその體なき故、無常と云ふを得ずと難ずる過なり。

ムシヤウザウ 無生藏 〔術語〕無生の理を詮する法藏なり、中論所說の八不の如き是なり。【說法明眼論】

ムシヤウシヤウジヤウホウシユノミヤウガウ 無生淸淨寶珠名號 〔術語〕阿彌陀の名號は法藏菩薩の無生智を以て成ずる所なれば無生即生の法性中道なり。【往生論讚下】に「彼淨土是阿彌陀如來淸淨本願無生之生。非レ如ニ三有虛妄生一也。」又、「阿彌陀如來至極無生淸淨寶珠名號。」

ムシヤウシン 無生身 〔術語〕佛の法身は生滅なければ無生身と云ふ。【涅槃經九】に「如來實性喩如ニ彼月一。即是法身。是無生身。」【觀經玄義分】に「定散等廻向速證ニ無生身一。」

ムシヤウセフロン 無性攝論 〔書名〕五攝論の一。無性菩薩無着の攝論に依て攝大乘論釋を作る、玄奘の譯十卷あり。【往帙九】

ムシヤウセン 無生懺 〔術語〕三懺の一。罪障の法體無生なりと觀じて善惡の隔てを亡ずるを云ふ。

ムシヤウチ 無生智 〔術語〕聲聞果十智の第十。阿羅漢の最極智なり、已に三界の煩惱を斷じければ我身は更に三界に生を受くるとなしと證知する阿羅漢果の智なり。【往生論註下】に「豈不下轉ニ生見一爲中無生智上。」 図 大乘菩薩の無生の理を證する智なり。

ムシヤウニン 無生忍 〔術語〕無生無滅の理に安住して動かざるを云ふ。仁王經に五忍を說く、是れ第四なり。或は初地の證の名とし、或は七八九地の悟の名とす。【智度論五十】に「無生忍法者。於ニ無生滅諸法實相中一信受通達無礙不退。是名ニ無生忍一。」【同八十六】に「乃至作佛マデ不レ生ニ惡心一。是故名ニ無生忍一。」【大乘義章十二】に「理寂不レ起。稱曰ニ無生一。慧安ニ此理一名ニ無生忍一。」【仁王經良賁疏】に「言ニ無生一者。謂即眞理。智證ニ眞理一名ニ無生忍一。」【楞嚴經長水疏一下】に「了ニ法無生一印可決定。名ニ無生忍一。」【同八上】に「眞如實相名ニ無生法一。無漏眞智名レ之爲レ忍。得ニ此智一時忍ニ可印ニ持法無生理一。決定不レ謬。境智相冥スルヲ。名ニ無生忍一。」【大乘義章十二】に「如ニ龍樹說一。初地已上亦得ニ無生一。若依ニ仁王及オヨビ地經一。無生在ニ七八九地一。」【天台觀經疏】に「無生忍是初地初住。」◉(十訓抄八「證果をば無生忍ともいひ」)

ムシヤウノシヤウ 無生之生 〔術語〕「ムシヤウ」を見よ。

ムシヤウホフ 無生法 〔術語〕眞如の理、涅槃の體を云ふ。彼れ生滅を遠離すればなり。【楞嚴經長水疏八上】に「眞如實相名ニ無生法一。」

ムシヤウホフニン 無生法忍 〔術語〕略して無生忍と云ふ。無生法とは生滅を遠離せる眞如實相の理體なり、眞智此理に安住して動かざるを無生法忍と云ふ。初地或は七八九地に於て得べき悟なり。【寶積經二十六】に「無生法忍者。一切諸法無生無滅ヲ忍スルカ故。」【註維摩經一】に「肇曰。無生法忍同ニ上不起法忍一。即慧性耳。以レ見ニ法不生一。心智寂滅。堪ニ受不退一故。名ニ無生法忍一也。」【智度論七十三】に「無生忍者。乃至微細法不可得ナリ。何況大。是名ニ無生一。得ニ此無生法一不レ作不レ起ニ諸業行一。是名レ得ニ無生法忍一。得ニ無生法忍一菩薩。是名ニ阿鞞跋致一。」

ムシヤウモン 無生門 〔術語〕諸法無生の理なり、この無生の理を觀ずるは佛道の始終を一貫する入道の初門とす。【止觀五之三】に「無生門。能通ニ止觀一。到レ因至レ果。又能顯ニ無生一。使ニ門光揚一。淨名三十二菩薩各說ニ入不二門一。皆是菩薩從レ門入。而無生爲レ始。法自在菩薩の入不二門 大品明ニ阿字門一。所謂諸法初不生。此證ニ無生門一。」

ムシヤウロ 無聲漏 〔雜名〕末香を以て篆文を造り以て時を計るの用に供す、無聲漏と稱す。【釋門正統三】に「有下以レ盤摸ニ篆文一。號ニ無聲漏一者上。」

ムシヤクマ 無沙矩摩 〔雜名〕譯、牛糞。【飾宗記五末】「クマイ」を見よ。

ムシヤセ 無遮施 〔術語〕無遮會なり。「見よ。

ムシヤダイヱ 無遮大會 〔行事〕「ムシヤヱ」を見よ。

ムシヤベツ 無差別 〔術語〕有爲法は其外相種

種に差別すれども、其の内情の一なるは波の姿は異なれども水性の一なる如きを無差別と云ふ。

ムシヤラ 牟娑羅 〔物名〕Musāragalva 又、牟婆洛、具名、牟娑洛揭婆。譯、馬腦。又は車渠。【玄應音義二十一】に「牟娑洛揭婆。或言目娑囉伽羅婆。此云碼碯。經論中或云車渠也。」【同二十二】に「牟娑羅。或作謨薩羅。或作摩沙羅。亦作目娑羅。梵言訛轉也。此云馬腦。案此寶或色如馬腦。因此以爲名也。」【同二十三】に「牟娑羅寶。亦名摩娑羅。是紺色寶也。」【法華玄贊二】に「車渠。梵云牟娑羅揭婆。青白間色。」【慧苑音義下】に「牟薩羅。或云牟娑羅。此云紫色寶。」

ムシヤヱ 無遮會 〔行事〕Pañca-pariṣad, Pañca-varṣikā-pariṣad 梵語に般闍于瑟。無遮會と釋す。賢聖道俗貴賤上下を遮するとなく、平等に財法二施を行ずる法會なり。印度の國俗屢之を行ひ、支那には梁武大通元年初て之を行ひ、佛祖統紀通塞志 吾朝推古天皇四年十一月法興寺落成す、勅して無遮會を行して之を慶す。元亨釋書資治表【智度論二】に「佛後百年。阿輸迦王作般闍于瑟大會。」【元亨釋書會儀志】に「有般闍于瑟。此云無遮會。身毒之風俗常設焉。聖凡上下賢愚通聚而無間。故曰無遮。」この大會は五年に一回を通則とす。般闍于瑟は五年大會の意なり。「見よ。

ムシユコフ 無數劫 〔雜語〕「アソウギコフ」を

ムシユシヤウ 無種性 〔術語〕法相宗所立五性の一。無漏の善種なく、畢竟生死を出離すると能はざるもの、又無性有情と名く。【唯識樞要上本】に「無種性者現當畢竟不成。」

ムシユシン 無酒神 〔異類〕八部衆の一。阿修羅なり。【法華文句二】に「阿修羅者。此云無酒。四天下採花醞於大海。魚龍業力其味不變。瞋妬誓斷。故言無酒神。」

ムシユセンダイ 無種闡提 〔術語〕無種は佛種性なくして畢竟成佛し能はざる人なり。【唯識樞要上本】に「無種性者。現當畢竟不成。」闡提は梵語一闡提の略。信心を具せず、善根を斷じて永く成佛し能はざる者を云ふ。【涅槃經德王品】に「一闡名信。提名不具。信不具故名一闡提。」【入楞伽經二】に「一闡提者。焚燒一切善根。」

ムシユムシヨウ 無修無證 〔術語〕修證の情念を離れたる無爲の眞人を云ふ。台家に所謂無作の性德に稱ふ人なり。【四十二章經】に「飯千億三世諸佛。不如飯一無念無住無修無證之人。」

ムシヨウ 無所有 〔術語〕又、無所得と言ふ、空の異名なり。【楞嚴經上】に「安然得無所有。」【佛藏經一】に「憶念分別無所有法。或說斷常。或說有作。或說無作。」【仁王經中】に「是故陰入界無我。無所有相。」

ムシヨウクワウブツ 無稱光佛 〔佛名〕十二光佛の一。無量壽佛の異名なり、其の光明之を稱量するものなければ無稱光と名く。

ムシヨウコク 無勝國 〔界名〕釋迦如來の淨土なり。【涅槃經二十四】に「西方去此娑婆世界。度四十二恒河沙等佛國土。彼有世界。名曰無勝。彼土何故名曰無勝。其土所有嚴麗之事。悉皆平等無有高下。猶如西方安樂世界。亦如東方滿月世界。我於彼土出現於世。爲化衆生故。於此土閻浮提中現轉法輪。」

ムシヨウシヨ 無所有處 〔界名〕無色四處の第三處。禪定を修する人、初に空は無邊なりと觀じて、空を破せし人、今は識の無邊を厭ひて所緣共に所有なしと觀じ、無所有の解を爲し、此行力に依て生ずる處なれば無所有處と名く。加行の禪定に從て名を立てしもの。「處は三界九地の一なれば地と名く。

ムシヨウシヨチ 無所有處地 〔界名〕無所有

ムシヨウシヨヂヤウ 無所有處定 〔術語〕無所有處に生ずる爲の禪定なり。「ムショウショ」を見よ。

「有處は無色界天の一處なれば天と云ふ。

ムシヨウシヨテン 無所有處天 〔界名〕無所

ムシヨウボサツキヤウ 無所有菩薩經 〔經名〕四卷、隋の闍那崛多譯。無所有菩薩佛前に於て身を隱して現せず、種種に法を問ひ怨讐をして佛の神通を信ぜしむ。次に女の爲に身を現じて男と成るを得しむ。佛、波斯匿王の爲に此菩薩の大方便力を說く。【黃帙十】(439)

ムシヨグギヤウ 無所求行 〔術語〕行入四種の一。「ニニフ」を見よ。

ムシヨクワン 無所觀 〔術語〕諸法無所得の理を觀念するなり。【入佛境界經】に「諸欲不染故。敬禮無所觀。」

ムシヨケマウキヤウ 無所希望經 〔經名〕一卷、西晉の竺法護譯、象腋經の異譯。【宙帙八】(194)

ムシヨヂヤク 無所着 〔術語〕佛の德號。佛は塵染に執着するとなければなり。【行事鈔下三之二】に「增一云。至南無如來無所着至眞正等覺。」【同資持記】に「無所著者。離塵染故。」

ムシヨトク 無所得 〔術語〕無相の眞理を體して心中執着する所なく、分別する所なきを無所得と云ふ。即ち空慧なり、無分別智なり。【涅槃經十七】

に「無所得者則名爲レ慧。有所得者名爲二無明一。」又、「有所得者名二生死輪一。一切凡夫輪二廻生死一。故有二所見一。菩薩永斷二一切生死一。是故菩薩名二無所得一。」【智度論十八】に「諸法實相中。決定相不可得故。名二無所得一。」【仁王良賁疏中二】に「有所得心者取相之心也。無所得心者無分別智也。」【維摩慧遠疏】に「無所得者理中無二情可一レ得。此諸菩薩破二去情相一。到二無得處一。名爲二無所得一。」又「觀レ眞捨レ情名二無所得一。」

ムシヨフシノイン　無所不至印　【印相】　諸尊通用の印を云ふ。

ムシヨフシミヤウ　無所不至明　【眞言】　具には遍法界無所不至の眞言と云ふ。【大日經悉地出現品】に「依二法界力無等力正等覺信解一。以二一音聲一四處流出。普遍二一切法界一與二虛空一等。無レ所レ不レ至。眞言曰。南麼(乃至)惡。」

ムシン　無瞋　【術語】　三善根の一。違緣に遭ひて心に瞋恨なきなり。【唯識論六】に「云何無瞋。於二苦苦具一無レ恚爲レ性。對二治瞋恚一作レ善爲レ業。」

ムシン　無心　【術語】　眞心妄念を離るるを無心と云ふ。心識なしと云ふにあらず。又妄心は幻影の如く、自性不可得なれば無心と云ふ。又一時心識を休止して生ぜざらしむるを無心と云ふ。五位無心の如し。【宗鏡錄四十五】に「大寶積經云。文殊師利言。如下人學レ射久習則巧。後雖二無心一以二久習一故箭發皆中上。我亦如レ是。初學二不思議三昧一。繫二心一處一。若久習成就。更無二心想一恒與レ定俱。先德云。一念妄心僅動。即具二世間諸苦一。如三人在二荊棘林一。不レ動則刺不傷。妄心不レ起恒處二寂滅之樂一。一念妄心纔動即被二諸有刺傷一。故經云。有心皆苦。無心即樂。」【同八十三】に「若不レ起二妄心一則能順レ覺。所以云無心是道。」【金剛經】に「過去心不可得。現在心不可得。未來心不可得。」

五位無心　【名數】　「ゴヰムシン」を見よ。

ムシンサンマイ　無心三昧　【術語】　百八三昧の一。滅盡定及び無想定の無心の禪定を云ふ。【智度論四十七】に「無心三昧者。即是滅盡定。或無想定。何以故。佛自說因三緣入二是三昧中一。諸心心數法不レ行。」

ムシンシヤウミヤウ　無信稱名　【術語】　他力眞實の信心なく、ただ口に念佛を稱ふること。自己の稱ふる念佛が往生の正因なることを信ぜず、彌陀の願行を聞信せず俗情にまかせて稱ふる念佛を云ふ。

ムシンダウニン　無心道人　【雜語】　無念無想の眞人なり。【四十二章經】に「供二養三世諸佛一。不レ如レ供二養一無心道人一。」【聖財集下】に「三世の佛とは始覺の佛なり、三千佛の如し。凡聖の別執を以て偏に有相の心に住して供養すれば、佛に限つて凡に通ぜず、應身に限つて法身に通ぜず、不二の理に達せざるなり。凡夫も本來の佛なり、佛と同體なり、此の理を知らざるは愚なり。無心の道人とは凡心も佛心もなし、是れ無心の形なり、凡心なき故に一切の凡夫此中に在り、佛心なき故に一切の諸佛此中に在り、一時に一切の凡聖を供養するを成ず、豈に偏供に勝ぐれざらんや。黃檗云く、於レ佛作二清淨光明解脫想一。於二衆生一作二垢濁闇昧生死想一。不レ可二成佛一と。龐公云く、佛非レ人非レ天。故能天能人也と、此は眞佛なり。非天非人は實體にして遮情の法門なり、能天能人は權用にして表德の法門なり、遮表倶時體用不二は是れ法門の大體なり。無心の道人は凡聖の心なし、心なきが故に凡聖の物體なり、是れ一法界大總相法門體なり。」

ムシンヂヤウ　無心定　【術語】　滅盡定四名の一。【大乘義章九】に「無心定者。偏對二心王一以彰二其名一。心識盡謝故曰二無心一。離二於有心分別散動一。名二無心定一。」

ムジ　無字　【公案】　趙州僧の狗子佛性ありや無きやの問に答へて無と云ふ、之を趙州の無字と稱して禪家の公案となす。「ム」を見よ。

ムジイン　無字印　【術語】　無字の法印なり。生死の關を超ゆるには無字の法印を以てすべしと。「ム」を見よ。

ムジゲ　無字偈　【雜名】　「ム」を見よ。

ムジシヤウ　無自性　【術語】　諸法は因緣生にして一定せる自性なきを云ふ。【唯識論九】に「一切法皆無二自性一。」

ムジシヤウシン　無自性心　【術語】　極無自性心の略。眞言宗所立十住心の第九住心、以て華嚴宗に配す。

ムジツ　無實　【術語】　實體なきなり。【南本涅槃經十二】に「有レ名無實即世諦。」【不眞空論】に「以レ名求レ物。無二當レ名之實一。」

ムジホウケフキヤウ　無字寶篋經　【經名】　大乘遍照光明藏無字法門經の異譯先出。【宇帙三】(221)

ムジネンシヤウ　無自然性　【術語】　一切の有爲法は衆緣に依て生じ、自然の性なきを云ふ。【唯識論九】に「依二次依他一立二生無性一。此如二幻事一託二衆緣一生。無下如二妄執一自然性上。故假說二無性一。」

ムジホフモンキヤウ　無字法門經　【經名】　大乘偏照光明藏無字法門經の略名。

ムジヤウ　無上　【術語】　之より過ぎたるものなきを云ふ。【善見律一】に「無上者。諸法無二能勝一也。」【華嚴大疏鈔十三】に「無レ有二能過者一。故號爲二無上一。」【淨土論註】に「無上者。此道窮レ理。盡レ性更無二過者一。」

ムジヤウ 無諍 ［術語］ 空理に安住して物と諍ふことなきなり。佛言く、須菩提無諍三昧を得と。「ムジヤウサンマイ」を見よ。

ムジヤウ 無常 ［術語］ 梵語、阿儞怛也（あにたや）。Anitya 世間一切の法は生滅遷流して刹那も住することなきを無常と云ふ。無常に二あり、一に刹那無常、刹那刹那に生住異滅の變化あるを云ふ。二に相續無常、一期相續の上に生住異滅の四相あるを云ふ。【涅槃經一】に「是身無常。念念不レ住。猶如二電光暴水幻炎一。」【智度論二十三】に「一切有爲法無常者。新新生滅故。屬二因緣一故。」【六祖壇經】に「生死事大。無常迅速。」【無常經】に「未三曾有二一事不レ被二無常吞一。」

無常の狼 ［譬喩］ 無常の畏るべきを狼に譬ふ。【智度論十五】に「菩薩上妙の五欲と雖貪著を生ぜず、無常等の觀あるを以ての故なり。譬へば王あり、一大臣ありて自ら罪を覆藏す。王罪を罰せんと欲す。語て曰く、若し脂なきの肥羊を得ば當に汝が罪を許すべしと。大臣智あり、一羊を繫ぎ養ふに水草を以てす、日日三時に狼を以て之を怖れしむ。羊養を得て肥るも而も脂なし。王問ふ如何ぞ爾るを得る。答ふるに上事を以てす。菩薩亦爾り。無常空の狼を見て結使の脂を消して功德の身を肥さしむ。」

無常の虎 ［譬喩］ 無常の怖るべきを虎に譬ふ。

無常の殺鬼 ［譬喩］ 「セツキ」を見よ。

無常の風 ［譬喩］ 風の來る所を知らず去る邊を知らず、不用意の間に去來して花を散らし、燈火を滅する、殆も時が衆生の命數を氣まぐれに奪ひ去る如きに譬ふ。【智度論二】に「咄世間無常。如二水月芭蕉一。功德滿（ルモ）二三界一。無常風所レ壞。」

無常の刀 ［譬喩］ 【觀佛經三】に「汝等邪見不レ信二正法一。今無常刀割二切汝身一。」

無常の使 ［譬喩］ 【十王經】に「閻魔法王遣二閻魔卒一。一名二奪魂鬼一。二名二奪精鬼一。三名二縛魄鬼一。即縛二三魂一至二門關樹下一。」又、閻魔王五天使を遣はすの說あり。「テンシ」を見よ。

ムジヤウエ 無常依 ［術語］ 如來の德號。如來は一切衆生の所依なればなり。

ムジヤウエキヤウ 無常依經 ［經名］ 二卷、梁の眞諦譯。造佛像の功德及び如來の功德を說く。【宙帙七】（259）

ムジヤウガク 無上覺 ［術語］ 無上の正覺なり。佛の一切法を覺悟せる眞智を云ふ。梵に阿耨多羅三藐三菩提無上正等正覺と譯す。【七佛經】に「如レ是出家時。速成二無上覺一。」

ムジヤウキヤウ 無常經 ［經名］ 一卷、唐の義淨譯。老病死三法の不可愛を說く、後に五言頌十二首、七言頌四首を附す、無常偈と云ふ。西天の僧葬時に之を頌す。【宿帙七】（727）

ムジヤウクワンモン 無常觀門 ［術語］ 世相の無常を觀ずる佛門なり。

ムジヤウケイ 無常磬 ［雜語］ 又、引磬（いんきん）と云ふ。人の命終に臨で打つ磬（きん）なり。【行事鈔下四之一】に「若終（ニ）亡者打二無常磬一。」【同資持記】に「天台智者臨終語二維那一曰。人命將レ終。得レ聞二鐘磬一增二其正念一。唯長唯久。氣盡爲レ期。云何身冷方聲（ナラサンヤ）レ磬耶。今時死已方打故知無益」

ムジヤウゲ 無常偈 ［雜名］ 仁王經所說の四非常偈なり。

ムジヤウゲン 無上眼 ［術語］ 無上の法眼なり。【中阿含經二十九】に「堪三任正梵行一。成三就無上眼一。」

ムジヤウコウ 無常講 ［行事］ 無常即ち人の死を緣として修する佛事なり。

ムジヤウサウ 無常想 ［術語］ 十想の一、無常の理を觀想するなり。

ムジヤウサンマイ 無諍三昧 ［術語］ 空理に安住して他と諍はざる禪定なり。【金剛經】に「佛說下我得二無諍三昧一。人中最爲二第一一。是離欲阿羅漢上。」【同略疏中】に「無諍三昧者。以二其解レ空則彼我俱忘。能不レ惱二衆生一。亦能令二衆生不レ起二煩惱一故也。」【智度論十一】に「舍利弗佛弟子中智慧第一。須菩提於二弟子中一得二無諍三昧一最第一。無諍三昧相。常觀二衆生一不レ令二心惱一。多行二憐愍一。」【註維摩經三】に「肇曰。善吉於二五百弟子中一解空第一。常善順二法相一。無レ違無レ諍。內既無レ諍。外亦善順二群心一。令レ無二諍訟一。得二此定一名二無諍三昧一也。」南岳の著に無諍三昧法門二卷あり。

ムジヤウザンギエ 無上慚愧衣 ［術語］ 袈裟の總名。慚愧の德能く衆惡を防ぐと衣服の如し。【寶積經九十三】に「須レ衣爲レ得二無上慚愧衣一故。」【維摩經佛道品】に「慚愧之上服。」【註】に「肇曰慚愧障二衆惡一。法身之上服。」

ムジヤウシヤウガク 無上正覺 ［術語］ 無上の正覺なり、佛の悟を云ふ、之に過ぎたる悟なければ無上と云ひ、偏邪を離るれば正と云ひ、眞理を悟るを覺と云ふ。梵語阿耨多羅三藐三菩提、此に無上正等正覺と譯す。【無量壽經上】に「決定必成二無上正覺一。」⊙（曲、葛城）「五衰の眠を無上正覺の月にさまし」

ムジヤウシヨキヤウ 無上處經 ［經名］ 一卷失譯。三寶をさして三無上處とす。【宿帙七】（756）

ムジヤウシヤウシンダウ 無上正眞道 ［術

語】梵語阿耨多羅三藐三菩提 Anuttara saṁyaksaṁbodhi の古譯。【無量壽經上】に「時國王聞二佛說法一心懷二悅豫一。尋發二無上正眞道意一。」又「開二化恒沙無量衆生一。使レ立二無上正眞之道一。」

ムジヤウシヤウトウカイ 無上正等戒 【術語】三昧耶戒の四重禁なり。是れ無上正等覺を成ずる因なればなり。【諸儀軌訣影九】

ムジヤウシヤウトウガク 無上正等覺 【術語】無上正等正覺の略。

ムジヤウシヤウトウシヤウガク 無上正等正覺 【術語】阿耨多羅三藐三菩提の新譯。【法華玄贊二】に「阿云レ無。耨多羅云レ上。三云レ正。藐云レ等。又三云レ正。菩提云レ覺。即是無上正等正覺。」

ムジヤウシヤウトウボダイ 無上正等菩提 【術語】菩提を新に覺と譯す。即ち無上正等覺なり。

ムジヤウシヤウヘンダウ 無上正徧道 【術語】阿耨多羅三藐三菩提の古譯。【往生論註】に「佛所得法名二阿耨多羅三藐三菩提一。阿爲レ無。耨多羅爲レ上。三藐爲レ正。三爲レ徧。菩提爲レ道。統譯レ之名爲二無上正徧道一。」

ムジヤウシヤウヘンチ 無上正徧知 【術語】阿耨多羅三藐三菩提の古譯。【註維摩經七】に「肇曰。阿耨多羅。秦言二無上一。三藐三菩提。秦言二正徧知一。道莫二之大一無上也。其道眞正莫二法不一レ知正徧知也。」

ムジヤウシヨウ 無常鐘 【雜名】無常磬に同じ。

ムジヤウシ 無上士 【術語】Anuttara 佛十號の一。無上の士夫なり、人中最勝之に過ぎたる者なければ無上士と云ふ。【涅槃經】に「有所斷者名二有上士一。無所斷者名二無上士一。」【涅槃經八】に「如來者名二無上士一。譬如三人身頭最爲レ上。非二餘肢手足等一也。佛亦如レ是。最爲二尊上一。非二法僧一也。」【智度論二】に「涅槃法無上。佛自知レ之。乃至如二諸法中涅槃無上一。衆生中亦無上。」【大乘義章二十末】に「士者人之別稱。人中最勝。餘不レ能レ加。名二無上士一。」

ムジヤウジヤウ 無上上 【術語】佛の德號なり。無上無上の義なり。【涅槃經四相品】に「無上上者眞解脫。眞解脫者即是如來。」

ムジヤウジヤウジヨウ 無上上乘 【術語】大乘の德號。無上無上の敎法なり。

ムジヤウジヨウ 無上乘 【術語】敎法の至極を嘆稱するの稱、即ち大乘の異名なり。【華嚴經五十二】に「過二二乘一名爲二大乘、第一乘、勝乘、最勝乘、上乘、無上乘、利益一切衆生乘一。」【寶積經二十八】に「諸佛如來正眞正覺所行之道。彼乘名二大乘一。名爲二上乘一。名爲二妙乘一。名爲二勝乘、無上乘、無上上乘、無等乘、不惡乘、無等等乘一。」

ムジヤウジヤウブツ 無情成佛 【術語】「ヒジヤウジヤウブツ」を見よ。

ムジヤウジンソク 無常迅速 【術語】【六祖壇經】に「生死事大。無常迅速。」

ムジヤウセソン 無上世尊 【術語】佛の尊號。佛は一切世間中最尊勝なればなり。

ムジヤウソン 無上尊 【術語】人天の中に佛最も尊勝なり、無上尊と號す。【無量壽經上】に「吾當三於レ世爲二無上尊一。」【涅槃經二】に「當三念勤精進頂二禮無上尊一。」

ムジヤウダウ 無常堂 【堂塔】又、無常院と云ふ、延壽堂、涅槃堂、共に其の別名なり。臨命の病者を置く所なり。「ムジヤウヰン」を見よ。

ムジヤウダウ 無上道 【術語】如來所得の道更に過上あるなし、無上道と名く。【法華經方便品】に「正直捨二方便一。但說二無上道一。」【同壽量品】に「每自作二是念一。以レ何令下衆生得レ入二無上道一。速成中就佛身上。」【同勸持品】に「我不レ愛二身命一。但惜二無上道一。」【法華嘉祥疏二】に「菩提云レ道。無上正偏知果道也。」

ムジヤウダウシン 無上道心 【術語】無上道を願求する心なり。【觀無量壽經】に「不レ謗二大乘一。但發二無上道心一。」

ムジヤウチ 無諍智 【術語】諍とは煩惱の異名なり、他人をして己身に對して貪欲瞋恚の煩惱を起さしむる智を無諍智と云ふ。利根の二乘及び佛此智を有す。【俱舍論二十七】に「自知二己身福田中勝一。恐三他煩惱復緣レ己生一。故。思引二發如レ是相智一。由二此方便一令下他有情不丙緣二己身一生乙貪瞋等甲。此行能息二諸有情類煩惱諍一。故得二無諍名一。」

ムジヤウテウ 無常鳥 【雜名】冥土の鳥の名。杜鵑なりと云ふ【十王經】に「樹有二荊棘一。宛如二鋒刄一。二鳥栖レ掌。一名二無常鳥一。一名二拔目鳥一。」【註】に「無常鳥者杜鵑也。拔目鳥鵄也。」

ムジヤウトウ 無上燈 【雜名】涅槃の總名。能く煩惱の昏闇を照破すればなり。【中阿含經三十】に「一切有結盡。無レ病爲二涅槃一。謂二之無上燈一。」

ムジヤウニン 無上忍 【術語】眞理を堪受する智を忍と云ふ、無上忍、寂滅忍など多種あり。無上は嘆稱の語なり。【寶積經二十二】に「速至二大安穩一。成二就無上忍一。」図 十忍の一、無常の理を信受して疑はざるなり。

ムジヤウネハン 無上涅槃 【術語】二乘所得の涅槃に對して大乘の涅槃を無上と云ふ。

ムジヤウネンワウ　無諍念王　〔本生〕阿彌陀如來の因位に轉輪王たりし時の名なり。【悲華經二】に「往昔善持劫の時に世界あり、刪提嵐と名く、轉輪王あり、無諍念と名く、一の大臣あり、寶海梵志と名く、是の梵志一子を生む、寶藏と名く。後に出家して菩提を成じ寶藏如來と號す。如來廣く無諍念王の爲めに法を說く、王如來及び諸の聖衆を請して三月供養す、王に千子あり、王及び千子是の如く供養して二百五十歲を滿つ。時に寶海梵志王及び千子を勸めて菩提心を發さしむ、聖王即ち菩提心を發して淸淨の國土を願求す、寶藏如來授記を與ふ。即ち西方極樂の阿彌陀佛是なり。」

ムジヤウノカゼ　無常風　〔雜語〕「ムジヤウ」を見よ。

ムジヤウノダイクワ　無上大果　〔術語〕等覺に對して無上果と云ひ、二乘の小果に對して大果と云ふ、佛果のことなり。【法華經】に「久修二梵行一。今得二無漏無上大果一。」

ムジヤウハウベン　無上方便　〔術語〕阿彌陀佛作願して一切衆生を攝取して極樂國に生ぜしむるは善巧の方便之に過ぐるなければ無上の方便と名く。【淨土論註下】に「此中言二方便一者。謂作願攝二取一切衆生一。共同生二彼安樂佛國一。彼佛國即是畢竟成佛道路。無上方便也。」

ムジヤウフクデンエ　無上福田衣　〔衣服〕袈裟の總名。袈裟の條相の田畦の形を作すに取て福田衣と云ひ、又僧は三福田の一にして其の僧の衣なれば福田衣と名く。無上は稱歎の語なり。

ムジヤウホウシユ　無上寶珠　〔譬喩〕阿彌陀佛の名號を無上の寶珠に譬ふ。【往生論註下】に「譬如下淨摩尼珠置二之濁水一。水即淸淨上。若人雖レ有二無量生死罪濁一。聞二彼阿彌陀如來至極無生淸淨寶珠名號一。投二之濁心一。念念之中罪滅念淨。即得二往生一。」

ムジヤウホウジユ　無上寶聚　〔譬喩〕作佛の記別に譬ふ。【法華經信解品】に「佛說二聲聞當レ得二作佛一。無上寶聚不求自得。」⦿（續拾遺）「迷ひける心もはるる月影にもとめぬ玉や袖に移りて」

ムジヤウホフ　無上法　〔術語〕涅槃なり。一切法中涅槃に過ぎたるなければなり。【智度論五十五】に「如二阿毘曇中說一。有上法者一切有爲法。及虛空非智緣盡。無上法者智緣盡所得涅槃。是故知レ無下法勝二涅槃一者上。」

ムジヤウホフリン　無上法輪　〔術語〕如來の說法なり。【法華經譬喩品】に「轉二無上法輪一。敎二化諸菩薩一。」【長阿含經一】に「佛於二鹿野苑中一轉二無上法輪一。」

ムジヤウホフワウ　無上法王　〔雜語〕如來の尊號。如來は法に於て自在を得ればなり。【圓覺經】に「無上法王有二大陀羅尼門一。」【智度論七】に「佛爲二法王一。菩薩爲二法將一。」【高僧和讃】に「無上法皇。」

ムジヤウボダイ　無上菩提　〔術語〕菩提に三等あり、聲聞緣覺佛是なり、此中佛所得の菩提之に過ぐるものなし、故に無上と云ふ。【寶積經二十八】に「於二無上菩提一。堅固不二退轉一。」⦿（著聞集、釋敎）「これ敢て名利のためにせず、無上菩提のためなり」

ムジヤウボダイセイグワンシヨウ　無上菩提誓願證　〔術語〕四弘誓願の一。無上の菩提を證せんとの誓願なり。

ムジヤウメウカク　無上妙覺　〔經名〕如來所得の覺體は不可思議なれば妙と云ひ、之に過ぐるなければ無上と云ふ。【圓覺經】に「無上妙覺徧二諸十方一。」出二生如來一。」

ムジヤウリヤウソクソン　無上兩足尊　〔術語〕佛の尊號。兩足は人類の如く兩脚を有する者を云ふ。佛は兩脚の衆生中に無上尊勝なればなり。【法華經方便品】に「無上兩足尊。願說二第一法一。」

ムジヤウリン　無上輪　〔術語〕三輪の一。輪は堅固の義、無常堅固にして容易に破すべからざれば輪と名く。「サンリン」を見よ。図 無上の法輪なり。佛の說法を云ふ。【法華經化城喩品】に「當レ轉二無上輪一。」

ムジヤウリンワウ　無諍輪王　〔本生〕轉輪聖王の無諍念なり。「ムジヤウネンワウ」を見よ。

ムジヤウヰン　無常院　〔堂塔〕律に無常院、無常堂と云ひ、禪に涅槃堂、延壽堂と云ふ。臨命の病僧を置て無常を觀ぜしむる所なり。【行事鈔下四之一】に「若依二中國本傳一云。祇洹西北角日光沒處爲二無常院一。若有二病者一安置在レ中。以下凡生二貪染一。見二本房內衣鉢衆具一。多生二戀著一無上心二厭背一。故制令レ至二別處一。堂號二無常一。來者極多還反一二。至二其堂中一置二一立像一。金薄塗レ之。面向二西方一。其像右手擧左手中繫二一五綵幡一。脚垂曳レ地。當下安二病者一在中像之後上。左手執二幡脚一。作下從レ佛往二淨刹一之意上。」

ムジヤウヱ　無上慧　〔術語〕佛所得の智慧なり。【法華經序品】に「求二無上慧一。爲說二淨道一。」

ムジユン　無準　〔人名〕「シハン」を見よ。

ムジン　無盡　〔術語〕無爲法は生滅の相を離るるが故に無盡なり、又有爲法の緣起一多相即するが故に無盡なり。無爲法の無盡は權敎の所談、有爲法の無盡は實敎の所談、華嚴宗盛に此の義を談ず。【維摩經菩薩行品】に「何謂二無盡一。謂無爲法。」【註】に「肇曰。

有爲法有二三相一。故有レ盡。無爲法無二三相一。故無盡。」【大日經疏十四】に「無盡者即是無相別名。」

三事無盡 〔名數〕一に布施無盡、菩薩好で布施を爲し乃至身命も能く施與して心疲厭せず。二に持戒無盡、菩薩禁戒を護持して未だ曾て違捨せず、復た戒法を以て人を化し心疲厭せず。三に博聞無盡、菩薩博く一切の經典を學び乃至世間の藝術も諳練して心疲厭せず。【衆德三昧經】

十無盡句 〔名數〕華嚴經十地品中に說く、初歡喜地の菩薩廣大の願を發し十無盡を以て成就す、若し此十句盡くるとあらば我が願亦盡きん、此十句盡るとなき故に我が願亦盡るとなし、十無盡と名く。一に衆生界無盡、諸の衆生は皆世界に依て住す、世界無盡なるが故に衆生無盡なり。二に世間無盡、一切世界虛空に依て住す、虛空無盡なる故に世界無盡なり、三に虛空界無盡、虛空十方に偏して際限あるなし、虛空無盡なり。四に法界無盡、眞如の法に稱ふて無量の法を說く、法界無盡なり。五に涅槃界無盡、無量の衆生涅槃に入れば涅槃界無盡なり。六に佛出現界無盡、佛出現して法を說き生を度すると無盡なり。七に如來智界無盡、如來の智慧能く自心所緣の法界を知ると無盡なり、八に心所緣無盡、如來の智の所照の境無盡なり。九に佛智所入境界無盡、佛智所證の境界無盡なり。十に世間轉法轉智轉無盡、世間轉とは展轉して前の衆生界世界虛空界を攝入するなり、法轉とは展轉して前の法界涅槃界佛出現界を攝入するなり、智轉とは展轉して前の如來智界心所緣界佛智所入境界を攝入するなり、世法智の三種展轉含攝して窮盡なきなり。【華嚴經疏二十三】

八十無盡 【名數】無盡意菩薩、八十種の無盡の法門を說く。【無盡意菩薩經】

ムジンイ 無盡意 〔菩薩〕梵名、阿差末底 Akṣa-yamati 佛、寶莊嚴堂に遊で大集經を說く時、東方不眴國の普賢如來の所より來て廣く八十無盡の法門を說く、無盡意菩薩經是なり。又法華經の會座に於て普門品の對揚衆となり、頸上の瓔珞を取て觀音菩薩に與ふ。【名義集一】に「阿差末。此云二無盡意一。」

(無盡意の圖)

ムジンイボサツキヤウ 無盡意菩薩經 〔經名〕四卷、劉宋の智嚴等譯。無盡意菩薩東方の不眴國普賢佛の所より來て八十無盡の法門を說く。大集經無盡意品と同じ。

ムジンエンギ 無盡緣起 〔術語〕四種緣起の一。又法界緣起と云ふ。華嚴經所說の緣起の法門なり。一切の法は互に緣となりて互に法を起すなり。一法を緣として萬法を起し、萬法を緣として一法を起し、重重に緣起して緣起の義窮まるとなきを無盡緣起となす。故に云ふ、萬法は相即相入して無礙自在なり。【五敎章十】

ムジンカイ 無盡海 【譬喩】無盡の法を海の深廣に譬ふ。【華嚴經二】に「一切法門無盡海。同會二一法道場中一。」

ムジンゲンシユウ 無盡玄宗 〔術語〕幽玄なる無盡緣起の法を說く宗、即ち華嚴宗を云ふ。

ムジンサンマイ 無盡三昧 〔術語〕百八三昧の一。無盡の法即ち無爲法を知る禪定なり。【智度論四十七】に「無盡三昧者。得二此三昧一。滅二諸無常等相一。即入二不生不滅一。」

ムジンサンマイ 無塵三昧 〔術語〕無能勝菩薩の三昧なり、此の三昧に依て一切の塵垢を離るるなり。

ムジンザイ 無盡財 〔雜名〕寺中に金錢を積て他に貸與し、利息を生ぜしめて以て三寶の用に供するもの。【釋氏要覽】に「寺院長生錢。律云二無盡財一。蓋子母展轉無盡故。西京記云。寺中有二無盡藏一。又則天經序云。將二二親所レ齊。用二兩京之舊邸一。莫レ不下總結二招提之宇一。咸充中無盡之藏上。十誦律云。以二佛塔物一出レ息。佛聽レ之。僧祇云。供二養佛一華多聽三轉賣買二香油一。猶多者轉賣入二佛無盡財中一。詳諸律三寶皆有無盡財」

ムジンザウ 無盡藏 〔術語〕德廣くして窮なきを無盡となし、無盡の德を包含するを藏と曰ふ。【大乘義章十四】に「德廣難レ窮。名爲二無盡一。無盡之德包含曰レ藏。」【探玄記十九】に「出生業用無レ窮故曰二無盡藏一。」【維摩經佛道品】に「祐二利衆生諸有貧窮者一。現作二無盡藏一。」

十無盡藏 【名數】功德林菩薩華嚴會上に於て諸菩薩の爲めに十無盡藏を說く。一に信藏、二に戒藏、三に慚藏、四に愧藏、五に聞藏、六に施藏、七に慧藏、八に念藏、九に持藏、十に辯藏なり。【華嚴經疏二十一】

ムジントウ 無盡燈 〔譬喩〕法門の名。一人の法を以て百千の人を開導し展轉して盡きざると一燈を以て百燈を燃すに譬へて無盡燈と云ふ。此は橫の無

盡なり。【維摩經菩薩品】に「維摩詰言。諸姉有二法門一名二無盡燈一。汝等當レ學。無盡燈者。譬如下一燈然二百千燈一。冥者皆明。明終不レ盡。如レ是諸姉。夫一菩薩開二導百千衆生一。令レ發二阿耨多羅三藐三菩提一。於二其道意一亦不二滅盡一。隨二所說法一而自增二益一切善法一。是名二無盡燈一也。」又華嚴の賢首は事實上一種の無盡燈を形り以て法界緣起重重無盡の意を表す。是亦橫の無盡なり。【佛祖統紀三十三】に「無盡燈。賢首法藏師。爲二則天一以二十鏡一置二八隅一。中安二佛像一。燃レ燈照レ之則鏡鏡現レ像。以表二刹海重重無盡之意一。」図禪林に長明燈を以て無盡燈と名く、是れ竪の無盡なり。【北磵文集然二無盡燈一記】に「淨名大士既授二萬二千人天女無盡燈法門一。從而諭レ之曰。冥者皆明。明終不レ盡。伊尹所レ謂以二先覺一覺二後覺一也。後世焚レ膏繼レ晷號二無盡燈一。非二淨名心一也。」

ムジンホフカイ 無盡法界 〔術語〕 重重無盡の法界緣起なり。「ムジンエンギ」を見よ。

ムジンムシ 無尋無伺 〔術語〕 色界の二禪已上には尋の心所も伺も心所もなきを云ふ。

ムジンユヰシ 無尋唯伺 〔術語〕 色界の中間禪には尋の心所なし、唯伺の心所のみあるを云ふ。

ムジンヱ 無盡慧 〔術語〕 無盡無邊の智慧なり。【瑜祇經】に「身如二妙吉祥一。能成二無盡慧一。」

ムセイニン 無制人 〔術語〕 惑を起し情に任じて無法を自制するを無制人と名く。是れ邪見身無法を以て法とするなり。【俱舍論三十】に「不レ見二眞理一無制人。」

ムゼンシキ 無染識 〔術語〕 妙觀察智の異名なり。妙觀察智は蓮華部の主なり、蓮華は淤泥に在るも之に染せざれば其の智を無染戒と云ふ。【秘藏記本】

ムソウ 夢窓 【人名】 天龍寺の疎石、夢窓と號す。「ソセキ」を見よ。⊙(太平記一八)「禪林長老夢窓國師、衷禮執り行はるなど聞えしかば」

ムソク 無足 〔雜名〕 蛇等なり。【瑜伽論八十三】に「無足有情者如二蛇等一。二足有情者謂人等。四足有情者如二牛等一。多足有情者如二百足等一。」

ムタイ 無體 〔術語〕 無實の體性なり、又實體なきなり。

ムタイズヰジヤウケ 無體隨情假 〔術語〕 二假の一。外道凡夫の妄執する實我實法の如き我法の實體あるにあらず但自己の妄情に隨て假を說きたる實我實法なるを云ふ。

ムタイクワウブツ 無對光佛 〔佛名〕 十二光佛の一。

ムタウ 無倒 〔術語〕 事理を顚倒するは凡夫の通見なり、苦を指して樂となし、無常を指して常となす如し。一切の顚倒を離れたる正見を無倒と云ふ。

ムタウノダイゾク 無刀大賊 〔譬喩〕 刀を持たざる劫賊なり、以て無德の比丘他の信施を掠むる者に譬ふ。【淨心誡觀中】に「凡夫狂痴內愚外智。未レ有二戒定一現二戒定相一。彰二揚善名一招二引利養一。隱二匿垢過一外顯二淸白一。常向二道俗一說二己功德一。經云。此是無刀大賊。罪二於劫掠一。」

ムダウシン 無道心 〔術語〕 道心なきなり、佛果を求むる心を道心と云ふ。

ムダラ 牟陀羅 〔雜名〕 鼓の名。【慧苑音義上】に「牟陀羅者三面鼓也。」【華嚴疏鈔二十二】に「牟陀羅。此云二鋒鼓一。」梵 Mardala, Mṛdaṅga

ムチ 無痴 〔術語〕 三善根の一。心に痴惑なきなり。【唯識論六】に「無痴於二諸事理一明解爲レ性。對二治愚痴一作レ善爲レ業。」

ムチ 無知 〔術語〕 昏闇の心事理を知照するとなきなり。小乘教に二種の無知を立つ。一に染汚無知、二に不染汚無知なり「ニムチ」を見よ。図眞智寂靜にして動かず一切の分別を絕つを無知と云ふ。【起信論】に「若心起レ見則有二不見之相一。心性離レ見。即是遍照法界義故。」【淨土論註下】に「實相無相故。眞智無知也。乃至無知故能無レ不レ知。」【維摩經序】に「聖智無知而萬品俱照。法身無象而殊形並應。」肇法師の寶藏論に般若無知論一篇あり。

ムチウハウ 無頭牓 〔雜語〕 禪林の目。世に名を匿して謗を造るを無名子と云ふ、無頭牓は即ち無名子なり。蓋し頭名なきなり。若し人、頭なき時は其人を認むべからず、今牓を造りて人を謗るもの己が姓名を藏すが故に無頭牓と云ふ。【象器箋十五】

ムチヤクチゴク 無擇地獄 〔界名〕 無間地獄の古譯。無間業を造る人は何人を擇ばず之を押收すればなり。【楞伽經三】に「云何男子女人行二五無間一不レ入二無擇地獄一。」【正法華經一】に「其大光明照二諸佛國一。靡レ不二周遍一。至二於無擇大地獄中一。上達二三十三天一。」

ムチヤク 無着 〔術語〕 事物に執着する念なきを云ふ。

ムチヤク 無着 〔人名〕 菩薩の名。梵名阿僧伽。Asaṅga 天親菩薩の兄なり、共に法相宗の祖なり。「アソウギヤ」を見よ。《第百六圖參照》

ムチヤク 無着 〔人名〕 禪師の名。唐の杭州の無著禪師、名は文喜、年七歲出家、律を習ひ敎を聽く、宣宗の初五臺に往て文殊を禮す。一老翁の牛を牽きて行くに遇ふ。師を迎えて寺に入る、翁牛を縱ち師を引て陞堂せしむ、翁曰く、近ろ何の處より來る。師曰く、南方。翁曰く、南方の佛法如何か住持する。師曰く、末法の比丘戒律を奉ずると少なし。翁曰く、幾何かある。師曰く、或は三百、或は五百。師却て

問ふ、此間佛法如何か住持する。翁曰く、龍蛇混雜し凡聖同居す。師曰く、幾何かある。翁曰く、前三三後三三。翁童子均提を呼んで茶を出さしめ、又酥酪を進む。翁玻璃盞を拈起して問て曰く、南方還て這箇ありや否や。師曰く、無し。翁曰く、尋常甚麼を得てか茶を喫する。師對なし。辭して別る。翁童子をして相ひ送らしむ。師童子に問ふ、前三三後三三是れ幾許ぞ。童子大德と呼ぶ。師應諾す。童曰く、是れ幾許ぞ、師曰く、是れ何處と爲す。童曰く、此れ金剛窟般若寺なり。師愴然として彼の翁は是れ文殊なるを悟る。懿宗咸通三年師洪州の觀音院に至りて仰山の寂禪師に參して頓に心要を悟る。光化三年寂、壽八十。【五燈會元宋僧傳二十】

ムヂヤクカイ 無着戒 [術語] 十種戒の一。二乘の人眞諦の理を見て能く聖道を成じ五塵の境に於て染着するとなきを云ふ。

ムヂヤクギヤウ 無著行 [術語] 十行の一。無着は即ち無礙の義、諸行圓融して障礙なきを云ふ。

ムヂヤククワ 無著果 [術語] 阿羅漢果の古譯。【出三藏記集一】に「舊經無著果亦應眞亦應儀新經阿羅漢亦言阿羅訶」

ムヂヤクセフロン 無著攝論 [書名] 五攝論の一。無着所造の攝大乘論なり、三譯あり、後魏の佛陀扇多譯二卷、陳の眞諦譯三卷、共に攝大乘論と名く、唐の玄弉譯三卷、攝大乘論本と題す。【來帙九】(1184. 1183. 1247)

ムヂヤクテンジンシユウ 無着天親宗 [術語] 法相宗の異名。無着は兄にして攝大乘論等を造り、天親は弟にして唯識論等を造り共に法相宗を成立す。

ムヂユウ 無住 [術語] 法に自性なく、自性なきが故に住着する所なく、緣に隨つて起るを無住と云ふ。故に無住は萬有の本なり。【維摩經觀衆生品】に「從二無住本一立二一切法一。」【同註】に「什曰。法無二自性一緣感而起。當二其末レ起莫レ知二所寄一。莫レ知二所寄一故無二所住一。無二所住一故則非二有無一。非二有無一而爲二有無之本一。」【起信論義記上】に「夫眞心寥廓。乃至非レ生非レ滅四相之所レ不レ遷。無レ去無レ來三際莫二之能易一。但以二無住一爲レ性。隨レ派分レ岐逐二迷悟一而升沈。任二因緣一而起滅。」【宗鏡錄八】に「文殊師利云。從二無住本一立二一切法一。叡公釋云。無住即實相異名。實相即性空異名。」

ムヂユウ 無住 [人名] 尾州長母寺の一圓、無住と號す。「イチエン」を見よ。

ムヂユウサンマイ 無住三昧 [術語] 百八三昧の一。諸法の無常無住を觀ずる禪定なり。【智度論四十七】に「無住三昧者。是三昧名二無作三昧一。住二是三昧中一。觀二諸法念念無常無レ有二住時一。」

ムヂユウシヨネハン 無住處涅槃 [術語] 無住涅槃に同じ。

ムヂユウネハン 無住涅槃 [術語] 四種涅槃「の一。「ネハン」を見よ。

ムヂンホフカイ 無塵法界 [術語] 塵とは色等の六塵即ち即ち三界の諸法なり、法界とは眞理の異名なり、理體清淨にして一切の三界の諸法は唯理より緣起し理外に塵境なきを無塵法界と云ふ。【觀經玄義分】に「無塵法界凡聖齊圓。」【起信論】に「三界虛僞。唯心所作。離レ心則無二六塵境界一。」（心とは眞心にして眞如の心と云。）

ムヂンユヰシキ 無塵唯識 [術語] 塵は塵境即ち三界の諸法なり。萬法は唯阿賴耶識の所作にして識の外に塵境なきを云ふ。【眞諦譯攝論五】の「實無レ有レ塵。唯有二識體一。顯理名塵無塵法界。」は唯理を說き無塵唯識は唯識を說く。

ムツノミチ 六道 [雜語] 地獄等の六趣なり。「ロ「クダウ」を見よ。

ムデウ 夢氎 [故事] 頻婆娑羅王夢に一氎の分れて十八片となるを見る、佛記して滅後十八分派の兆となす。「ビンバシヤラ」の項を見よ。

ムトウ 無等 [術語] 佛の尊號。梵語、阿娑磨。Asama 餘生に比して等しきなきなり。【智度論二】に「婆伽婆名二有德一。先已說。復名二阿娑磨一。秦言二無等一。」【大日經疏三】に「如來智慧。於二一切法中一無レ可二譬類一。亦無二過上一。故名二無等一。」

ムトウカク 無等覺 [術語] 無等等の正覺なり。又無與等の正覺なり。【瑜祇經】に「名二金剛持地一。速悟二無等覺一。」

ムトウトウ 無等等 [術語] 梵語。Asamasama 佛道又は佛の尊號。佛道超絕して與に等しきものなければ無等と云ひ、唯佛と佛と等しければ等と云ふ。【維摩經佛國品】に「無等等佛自在慧。」【法華經普門品】に「皆發二無等等阿耨多羅三藐三菩提心一。」【註維摩經一】に「肇曰。佛道超絕無二與等者一。唯佛佛自等故言二無等等一。」【智度論二】に「復名二阿娑摩娑摩一。秦言二無等等一。」【同四十】に「無等等諸佛名二無等一。與二諸佛等故名爲二無等等一。」【同淨影疏】に「佛比二餘生一無レ等。名爲二無等一。佛佛道齊故復言レ等。」【法華經嘉祥疏十二】に「佛道無レ等唯佛與レ佛等故。名二此道一爲二無等等一。所以名レ佛爲二無等等一。」又九界の衆生は理に等しきと能はず、佛は能く此理に等し、佛は則ち無等の等なり。【法華文句十】に「無等等者。九法界心不レ能レ等レ理。佛法界心能等二此理一。故無等而等也。」又、無等無等の意、無上上の言の如し。只法の獨絕を顯す。【賢首心經略疏】に「獨絕無倫名二無等等一。」【法華文

句十】に「如レ是知ニ見究竟ノ法界一。廣無ニ崖底一。無等無等更無ニ過上一。」【玄義私記二本】に「無等之下重云レ等者。以ニ一無字一冠ニ二ノ等字一也。」

ムトウトウク　無等等句　〔雜名〕幻燄等の十緣生句を指して無等等句となす。是れ無等の佛智と等同するを得る言句なればなり。【大日經疏三】に「如來智慧ハ於ニ一切法中一無レ可ニ譬類一。亦無ニ過上一。故名ニ無等一。而心之實相與レ之函蓋相ヒ稱フ。間無ニ異際一。故曰ニ無等等一。若以ニ十緣生ヲ了ニ知心處一則安ニ住其中一。故曰ニ無等等句一。」

ムトウトウサンマイ　無等等三昧　〔術語〕一切衆生の無等の佛と等しきを觀ずる禪定なり。【智度論四十七】に「無等等三昧者。得ニ此三昧一ヲレバ觀ニ一切衆生皆如ニ佛。觀ニ一切法皆同ニ佛法一。」

ムトウトウジュ　無等等咒　〔雜名〕般若波羅蜜多咒四名の一。此咒獨絕無倫なれば無等等咒と云ふ。無等等は無等無等なり。【般若心經】に「故知般若波羅蜜多是本神咒。乃至是無等等咒。」【同略疏】に「四ニ獨絕無偈名ニ無等等呪一。」

ムトウトウジヨウ　無等等乘　〔術語〕大乘の總名。無等無等の意。他に比類なきを云ふ。【寶積經二十三】に「是故此乘名ニ大乘乃至無上上無等等乘一。」

ムトウハウ　無頭牓　〔雜語〕「ムヂウハウ」を見よ。

ムトウリキサンマヤミヤウヒ　無等力三昧耶明妃　〔術語〕即ち入佛三昧耶眞言なり。【大日經密印品】に「爾時薄伽梵即便住ニ於身無害力三昧一。住ニ斯定一故。說ニ一切如來入三昧耶偏一切無能障碍力無等力三昧耶明妃一。」【義釋十】に「三力者謂三世力。或是三平等也。無等力者即此三力也。」

ムトクシヤウクワン　無得正觀　〔術語〕又、不二正觀と云ふ。三論家の目。諦理に就て八不中道を云ふ、觀解に就て無得正觀と云ふ。八不は即ち無得、中道は則ち正觀なり。中道の理は不生不滅不一不異等なれば正觀の智に生滅一異等の所得なきなり。【三論玄義】に「通論シテニ大小乘經一。同明ニ一道一。故以ニ無得正觀一爲レ宗。但小乘敎者正觀猶遠。故就ニ四諦敎一爲レ宗。大乘正明ニ正觀一。故諸大乘經同以ニ不二正觀一爲レ宗。」

ムトン　無貪　〔術語〕三善根の一。心に貪欲なきなり。【唯識論六】に「云何無貪。於ニ有有具一無レ著爲レ性。對ニ治貪著一作レ善爲レ業。」

ムドウギヤウ　無動行　〔術語〕又、不動業と云ふ。三行の一。禪定を修して色界無色界に生ずるを云ふ。禪定は心の散動を離るれば無動と云ひ、生天の果報決定して移動なければ無動と云ふ、前義は因に就き後義は果に就く。

ムドウソン　無動尊　〔菩薩〕不動尊の異名。【立印軌】に「於ニ袈裟上一。畫ニ聖者無動尊一。」

ムドウソンアンチンケコクトウホフ　無動尊安鎭家國等法　〔修法〕聖無動尊安鎭家國等法の略名。

ムドウソンイチジシユツシヤウハチダイドウジヒミツホフホン　無動尊一字出生八大童子秘密法品　〔經名〕聖無動尊一字出生八大童子秘密法品の略名。

ムドウブツ　無動佛　〔佛名〕妙喜世界の阿閦佛、無動佛と譯す。【維摩經阿閦佛國品】に「佛告ニ舍利弗一。有レ國名ニ妙喜一。佛號ニ無動一。是維摩詰於ニ彼國一沒而來生レ此。」

ムニ　牟尼　〔術語〕Muni 譯、寂。又は寂默、寂靜。二解あり、一は事に就き、一は理に就く。初に事に就て解せば悉多太子始めて劫毘羅城に入る時諸の釋子をして寂靜無言ならしめしかば、父王より牟尼の稱を附せられ、又出家して後常に禪行を修して寂默無言なりしかば時人より牟尼仙の號を受く。牟尼はもと身口意の三業を靜止する學道者の尊號にして內外に通ずる稱號なり。【毘奈耶雜事二十】に「是時菩薩乘ニ四寶輿一。無量百千ノ人天翊從入ニ劫比羅城一。諸ノ釋迦子。體懷ニ憍慢一立レ性多言。菩薩入レ城皆悉默然トシテ牟尼無語。王見レ之已報ニ諸臣一曰。諸釋迦子體懷ニ傲慢一立レ說多言。太子入レ城皆悉默然牟尼無レ語。應下與ニ太子名一名曰中釋迦牟尼上。此是菩薩第二ノ立名。」【佛本行集經二十】に「菩薩行レ路。諦視徐行。有レ人借問。默然不レ答。彼等人民各相語言。此仙人者必釋種子。因レ此得レ名ニ釋迦牟尼一。」【玄應音義十八】に「牟尼經中或作ニ文尼一。舊譯言レ仁。應レ云ニ茂泥一。此云レ仙。仙通ニ內外一。謂久在ニ山林一修レ心學レ道者也。」【仁王經合疏上】に「牟尼者名也。此云ニ寂默一。三業但寂默也。」【理趣釋下】に「牟尼者寂靜ノ義。身口意寂靜故稱ニ牟尼一。」次に理に就て解せば、三乘の聖人佛所證の法を寂默と名く、依て佛を稱して牟尼と號す、佛及び阿羅漢の通稱なり。【唯識論十】に「大覺世尊。成ニ就無上寂默ノ法一。故名ニ大牟尼一。」【俱舍論十六】に「無學ノ身語業名ニ身語牟尼一。意牟尼即無學ノ意ナリ。乃至何故牟尼唯在ニ無學一。以ニ阿羅漢是實ノ牟尼ニシテ諸ノ煩惱ノ言永寂靜ナルガ故。」【大日經疏一】に「牟尼者是寂默ノ義。言佛身語心皆究竟寂滅過ニ言語ノ地一。以下對ニ二乘ノ小寂一不上レ可レ爲レ譬故。云ニ大牟尼一也。」【同十二】に「牟尼者寂默ノ義也。常寂之土微妙寂絕幽深玄遠。不レ可ニ以レ言說一レ之。如レ是法界寂然大滅度ノ法唯

佛一人究竟清淨。故名二牟尼一也。」【同十三】に「牟尼是佛都號也。」【宗輪論述記】に「牟尼者。此翻爲レ寂。寂二煩惱一故。寂二生死一故。處二大涅槃一得二寂滅一故。寂二諸戲論一證二眞理一故。」【唯識述記十末】に「梵言二牟尼一此言二寂默一。寂默法者離言法也。或離レ過故名爲二寂默一。通二三乘一解成二一切法性相離言一。不二法門名爲二寂默一。」⊙(太平記一八)「忝くも牟尼の遺敎をうけ、懇に忉利附囑に預る」

牟尼の八𨉷　〔名數〕「タフ」を見よ。

ムニゴフ　牟尼業　〔術語〕一切の聖者寂靜の勝業を云ふ。【瑜伽略纂四】に「一切聖者所有有漏無漏勝業。名二牟尼業一。牟尼者寂默義。此名二寂靜一。證二寂靜理一故。」

ムニシリ　牟尼室利　〔人名〕Muniśrī 沙門の名。「譯、寂默。北印度の人。【宋高僧傳三】

ムニセン　牟尼仙　〔術語〕寂靜の行を修する仙人の通稱なり。【玄應音義二十一】に「牟尼仙舊言二文尼一。又作二茂泥一。皆訛也。此言二寂靜一。亦翻名レ仁。又言二智者一。此亦仙義。久在二山林一修レ心之屬。皆名二仙人一。義通二内外一。不二唯外道一。」

ムニニン　無耳人　〔術語〕「ムゲンニン」を見よ。

ムニビヤウドウキヤウ　無二平等經　〔經名〕無二平等最上瑜伽大敎王經の略名。

ムニビヤウドウサイジヤウユガダイケウワウキヤウ　無二平等最上瑜伽大敎王經　〔經名〕六卷、趙宋の施護譯。金剛界眞言の別部なり。【成帙四】(1030)

ムニムサン　無二無三　〔雜語〕法華の無二亦無三の略。俗にわき目もふらず一向に進むを無二無三と云ふも此より來る。

ムニヤクムサン　無二亦無三　〔術語〕成佛の道唯一にして二道三道なきを云ふ。【法華經方便品】に「十方佛土中。唯有二一乘法一。無二亦無三。除二佛方便說一。」此は偈文の語にて其の本文は「如來但以二一佛乘一故爲二衆生一說レ法。無レ有二餘乘若二若三一。」之を解するに諸師一ならず。台家は藏通別圓の四教に就て之に對簡し、唯一圓教を成立するなり。餘乘若二若三を「餘乘と若は二と若は三」と訓して餘乘とは別教を指し、若二とは通別の二教を指し、若三とは藏通別の三教を指す。言ふ心は今の法華時は唯一圓教にして前の華嚴時(第一時)の如く別教を兼ぬるとなく、般若時(第四時)の如く通別の二教を帶ぶるとなく、方等時(第三時)の如く藏通別の三教を對待するとなしとなり。さて阿含時(第二時)を言はざるは般若時方等時の二教三教さへなき故阿含時の藏教なきは言はずして知るとなり。是れ二三の數を複數と見て解せるなり。(法華文句)次に三論の嘉祥法相の慈恩は三乘に就て之を對簡し、唯一佛乘を成立するなり。故に「餘乘の若は二若は三」と訓じて餘乘とは總じて緣覺と聲聞を指し、若二は別して緣覺を指し、若三は別して聲聞を指す。是れ一二三の次第を以て佛乘を第一とし緣覺乘を第二とし、聲聞乘を第三とす。言ふ心は唯一佛乘にして第二の緣覺乘もなく第三の聲聞乘もなしとなり。慈恩言く梵本を勘ふるに無第二無第三といへり、之を譯する時果して無二亦無三と云ひしと。(法華義疏 法華玄贊)

ムニワウ　牟尼王　〔術語〕佛の尊號。【大集經三十四】に「六根皆寂滅。大慈牟尼王。悲心爲說レ法。聞已除二痴愛一。」「ムニ」を見よ。

ムニン　蒙潤　〔人名〕元の杭州南天竺演福寺の蒙潤、玉岡と號す。年十四出家、古源法師に從て天台の教觀を受け、古源の歸寂に會ひて竹堂傳公に從ひて其の業を卒ふ。集慶寺に維那たるより演福寺に分座し、後演福に主となり、宗風大に振ふ。居ると六年白蓮華院に歸りて念佛三昧を修す。誓て山を出ず。行宣政院强て之を起して再び南天竺に主たり、時に寺新に燬く。師の力に由て再び舊觀を復す、居ると三年白蓮院に復歸して老す。順帝至正二年十二月二十六日示寂、壽六十八。天目中峯國師嘗て書を致して、曰く、法師能以二芬陀利香一充二塞宇宙一。人謂二古佛復出一。信矣。」【續佛祖統紀上】

ムネツ　無熱　〔雜名〕梵語、阿耨達。阿那婆達多。【法華義疏二】に「阿那婆達多。此云二無熱一。」

ムネツチ　無熱池　〔地名〕又、無熱惱池と云ふ。梵名、阿耨達池 Anavatapta 又、Anavadatta 香山の南大雪山の北に在り、周帀八百里、贍部洲の中心なり。此に住む龍王を阿耨達龍王と名く。【俱舍論十一】に「大雪山北有二香醉山一。雪北香南有二大池水一。名二無熱惱一。出二四大河一。一殑伽河。二信度河。三徙多河。四縛芻河。無熱惱池縱橫正等。面各五十踰繕那量。八功德水盈二滿其中一。非二得通人一無レ由二能至一。」【西域記一】に「贍部洲之中地者阿那婆答多池也。唐言二無熱惱一。舊曰二阿耨多池一訛也。在二香山之南大雪山之北一。周八百里矣。」天王寺の龜の井の水はこの池の水なりとの傳說あり。⊙(曲、弱法師)「西天の無熱池の池水をうけつぎて」

ムネツテン　無熱天　〔界名〕五淨天の第二、色界に在り。【俱舍頌疏世品一】に「已得二雜修上中品定一。能善伏二除上中品障一。意樂調柔離二諸熱惱一。故名二無熱一。」

ムネン　無念　〔術語〕妄念なきなり、即ち是れ正念の異名なり。【三慧經】に「問曰。何等爲二能知レ一萬

事畢。」報曰。一者謂無意無念萬事自畢。意有二百念一萬事皆失。」【四十二章經】に「飯二千億三世諸佛一不レ如レ飯二一無念無住無修無證之者一。」【宗鏡錄八】に「正念者無念而知。若總無知何成二正念一。」俗に失策を無念と云ひ、遺恨を無念に思ふなど云ふは正念なき意なり。【出曜經七】に「無念及放逸。亦不レ習二所修一。睡眠不レ求レ悟。是謂レ入二深淵一。」

ムノウシマン　無惱指鬘　〔人名〕　凶人央掘摩羅、Aṅgulimālya 指鬘と譯す、指鬘本名無惱なり。【賢愚經十一】に「阿瞿賊奇。晉言二無惱一。」【出曜經十七】に「無害。」

ムノウシヨウボサツ　無能勝菩薩　〔菩薩〕　梵語、阿逸多。Ajita 無能勝と譯す、彌勒菩薩の字なり、其の威德廣大能く之に勝るものなければなり。眞言法の中には慈氏菩薩即ち彌勒を以て自性輪身の名とし、無能勝金剛を以て釋迦如來の敎令輪身の名とす（敎令輪身とは其如來の敎令を奉じて忿怒の身を現じ以て惡魔を對治するを云ふ。）【補陀落海會軌】に「無能勝釋迦牟尼佛忿怒。自性輪慈氏菩薩。」【大疏五】に「釋迦牟尼座下。應レ作二忿怒持明一。右邊號二無能勝一。左邊號二無能勝明妃一。並白色持二刀印一。觀レ佛而生二其間一。」【同十】に「此是釋迦化身。隱二其無量自在神力一而現二此忿怒明王之形一。謂降二伏衆生一而盡二諸障一也。乃至能於二生死中一而得二自在一。坐二佛樹下一摧二破四魔兵衆一也。無能勝即無レ不レ可二破壞一之義也。」【普通眞言品義釋】に「釋迦眷屬以二無能勝一爲二忿怒明王一。」【秘藏記末】に「無能勝釋迦忿怒。自性輪慈氏。」是れ秘藏記の二輪身なり、若し仁王經義軌等の三輪身に依れば釋迦を自性輪となし、慈氏を正法輪身となし、無能勝金剛を敎令輪身となす。「ケウリヤウリンシン」を見よ。

無能勝金剛の形像　〔形像〕　黑色忿怒相なり、四面四臂あり、面上並に三目あり、大炎鬘あり、左右に鐵鈎鉾鋳を持つ、密號は勝妙金剛なり。【胎藏界曼荼羅大鈔三】

（無能勝金剛の形像の圖）

ムノウシヨウダイミヤウシンダラニキヤウ　無能勝大明心陀羅尼經　〔經名〕　一卷、趙宋の法天譯。此呪能く一切吉祥の事業を成就し衆罪を消除す。【成帙十三】（1378）

ムノウシヨウダイミヤウダラニキヤウ　無能勝大明陀羅尼經　〔經名〕　一卷、趙宋の法天譯、此呪能く邪法を破し能く魔軍を破し有情を饒益す。【成帙十三】（1377）

ムノウシヨウバンワウニヨライシヤウゴンダラニキヤウ　無能勝旛王如來莊嚴陀羅尼經　〔經名〕　一卷、趙宋の施護譯。佛忉利天宮に在り、帝釋修羅と戰ひて敗れ、佛に請問す、佛爲に呪を說き此陀羅尼を書して旛旗の上に置かしむ、一切の怨敵能く勝つ者なし。【成帙八】（795）

ムハウ　無方　〔術語〕　方は方所方法なり、佛の設化自在にして一定の方所なく、一定の方法なきを云ふ。【瓔珞本業經】に「大用無方。法王法主。」【三論玄義】に「適化無方。陶誘非レ一。」【行事鈔上一之二】に「藥病相叩。利潤無方。」【同資持記】に「方謂方所。如來立レ法量同二空界一。群生萬類無レ不レ沾レ益。故其所レ利不レ在二一隅一。故曰二無方一。」

ムハウシヤクギ　無方釋義　〔術語〕　三論家四種釋義の一。「シシユシヤクギ」を見よ。

ムヒシン　無比身　〔術語〕　佛身微妙世に比類なければ無比と云ふ。【勝鬘經】に「普放二淨光明一。顯二示無比身一。」【寶窟上本】に「天下無レ類故云二無比一。」

ムヒニヨ　無比女　〔人名〕　【優塡王經】に「佛、拘深國に在り、王を優塡と號す。其の國婆羅門あり、摩因提と名く。一女あり、容貌希有、名を無比と曰ふ。官僚豪姓之を娉して妻とせんとを求む。父曰く、若し我女と容貌齊しき者あらば之に應ぜんと。摩因提佛の相好具足するを見て喜びて曰く、方に此人なりと。即ち女を將て佛所に詣り、請ひて曰く、願くは箕箒の給仕に奉ぜんと。佛種種に不淨の相を說く。曰く、穢惡の臭皮囊何の好處かある、應に將ち去るべしと。摩因提慚耻して退き、此女を優塡王に送る、王大に喜び、之を寵すると甚し。王の正后嘗て佛に師事し須陀洹道を得たり、此女之を王に譖す。王其の言に惑ひて百箭を以て之を射る。箭皆后を繞り三帀して還りて王の前に落つ。王驚き懼れて佛所に至り、自ら懺悔す。佛爲に女子の諸惡を說く。」又諸經要集七に出曜經を引きてこのことを記す。【往生十因】に「此觀成時無二前境界可レ起二妄念一。皆是佛身何以生二妄念一。不レ爾豈異二無比指鬘一。」（無比は佛に對して愛を起し、指鬘は佛に對して瞋を起す。）

ムヒホフ　無比法　〔術語〕　阿毘曇、一に無比法と譯す、比類なき無上法なり、「アビドン」を見よ。

ムフチイシヤ　無不知已捨　〔術語〕　十八不共法の一。「ジフハチフグホフ」を見よ。

ムフクムキ　無覆無記　〔術語〕　二無記の一。覆は覆蔽の義なればフの音なれども讀み僻にムフクと

云ふ。「ムキ」を見よ。

ムフヂヤウシン 無不定心 [術語] 十八不共法の一。「ジフハチフグホフ」を見よ。

ムフンベツシン 無分別心 [術語] 情念の分別を離れたる心識なり。二種あり、一は無漏の無分別心、一は有漏の無漏分別心なり。無漏の無分別心は又無分別智と云ふ、正しく眞如を體會する智なり、有漏の無分別心は定心の第六識又は第八識及び眼等の五識の如く、境の自相に稱ふ現量の心是なり。分別に隨念、計度、自性の三種あり、無分別とは隨念計度の二種なきを云ふ、自性なきにあらず。【百法問答鈔二】

ムフンベツチ 無分別智 [術語] 又、無分別心と云ふ。正しく眞如を體會する智を云ふ。眞如は一切の相を離れて分別すべからざるなり、故に分別の心を以ては其の體性に稱ふと能はず、一切の情念の分別を離れたる無相の眞智を以て方に始めて冥符すべきなり。【攝大乘論釋十二】に「若智與ニ所取一不レ異。平等平等起。是名ニ無分別智一。」【起信論】に「無分別心與レ體相應。」

ムフンベツホフ 無分別法 [術語] 諸法實相の理は言語道斷心行處滅なれば無分別の法と云ふ。【法華經方便品】に「如ニ三世諸佛說法之儀式一。我今亦如レ是說ニ無分別法一。」

ムブツセカイ 無佛世界 [術語] 釋迦既に入滅し彌勒佛未だ出現せざる中間の時を云ふ。此時地藏菩薩出でて衆生を敎化するなり。【延命地藏經】に「我每日晨朝入ニ諸定一。入ニ諸地獄一令レ離レ苦。無佛世界度ニ衆生一。今世後世能引導。」◉(曲、鵜祭)「無佛世界度衆生、今世後世能引導の、誓を顯はしおはします」

ムヘウカイ 無表戒 [術語] 戒に二種あり、舊に作戒、無作戒と云ひ、新に表戒、無表戒と云ふ。受戒の時に受者の身口を造作して受戒の相を外に表示するを表戒と云ひ、此時身内に一種の防非止惡の功用ある實物を生ずるを無表戒と云ふ。是れ外相に表示すべからざればなり。依て表戒は受戒の時竣ると共に斷絕すれども、無表戒は永く身内に相續して身口の惡を護るなり。而てこの無表戒に於て有部は色法となし、成實宗は非色非心となし、法相宗は心法となす。【元亨釋書廿四】に「夫得ニ表無表戒一。名曰ニ受戒一。於ニ三師七證前一殷懃至誠作レ禮。乞戒之下發ニ得防非止惡之功德一名曰ニ表戒一。羯磨之下發ニ得非色非心成佛殊勝之功德一名曰ニ無表戒一。」(此二功德は互に通ずるなり。)「ムサカイ」を參照せよ。

ムヘウゴフ 無表業 [術語] 業體に表業無表業の二種あり、舊に作業無作業と云ふ。小乘有部宗は二業共に實の色性を體とすれば復た表色無表色と云ひ、成實宗は非色非心を體とし、大乘法相宗は心法を體とすれども假に名て表色無表色と名く。

ムヘウシ 無表思 [術語] 法相宗の說に受戒の時に第六識の思の心所隆盛の勢力を以て第八識に其の種子を熏ずべし、此思の心所の種子に防非止惡の功能あれば之を戒體となす。此戒體は外相に表示せらるるものにあらざれば無表思と名け、小乘有部の義に順じて無表色と名く、彼の宗には無表の戒體を以て色法となせばなり。

ムヘウシキ 無表色 [術語] 舊に無作色と云ひ、新に無表色と云ふ。受戒の時に强盛なる身口の表業を緣として滿身の四大が製造する一種の色體なり、此色體に防非止惡の功能ありて恒に身口の過非を防止すれば之を戒體となし、其の物體外相に顯はるるものにあらざれば無表と名け、又身内の地水火風の四大より生ずるものなれば色と名く。是れ他色の如く物質あり障礙あるにあらざれども、四大の色法より生ずれば色法の中に攝むと云ふ。是れ小乘有部宗の義なり。若し成實宗の義に依れば此法緣慮の性用なければ心にあらず、質礙の性用なければ色にあらず、即ち非色非心の法と爲し、大乘法相宗には之を第八阿賴耶識の有する思の種子の別作用として之を心法に攝むるなり。此の無表色に善惡ありて、善性の無表色には樂果を招く業道の功能と、又念念に陪增する防非止惡の功能とあり。惡性の無表色には苦果を招く業道の功能と、又念念に陪增する防善止善の功能とあり。【俱舍論一】に「無表雖下以ニ色業一爲レ性。如中有表業上。而非ニ表示令ニ他了知一故名ニ無表一。」

三種無表色 [名數] 一に律儀無表色、善戒を受くる表業に依て發し、或は禪定と共に發し、或は無漏智と共に生ずる無表色にて、防非止惡の功能あるもの。二に不律儀無表色、或は不律儀の家に生れて其の家法として殺生等の惡法を行ずるに依り、或は活命の儀の故に我れ一生殺生業を爲さんなどの誓心を發するに依て生ずる無表色にて、防善止善の勢用あるもの。三に非律儀非不律儀無表色、上の二種は戒律的の無表色にして此は善性にして善戒ほどにあらず、惡性にして惡戒ほどにあらざる善惡の表業に依て生ずる無表色にて、此中に善と惡との二種を攝むるなり。即ち極善極惡を開て二となし、中善中惡を合せて一とせしなり。此中に善の非律儀非不律儀の無表色を發するを示さば、一は福田に由る、諸の福田に向て財寶園林等

を施すなり。二は誓に由る、未だ佛を禮せずんば念は十善の誓を起すなり。三は作に由る、慇重の作意を以て善を行ずるなり。此等皆無表を發するなり、此より巳下は下善下惡にして無表を發するに至らず。【倶舍論業品】

三種律儀無表色 〔名數〕 律儀無表色に又三種あり、一に別解脱律儀無表色、受戒の作法に依て發する無表色なり。二に靜慮律儀無表色、有漏定に入るに依て發する無表色なり。定に入れば身中自ら防非止惡の戒體を發するなり。又之を定共戒と名く。三に無漏律儀無表色、無漏定に入るときに發する無表色なり、又之を道共戒と名く、此二種は有漏無漏の定心と共に生じ共に滅する戒體なれば總じて隨心轉戒と云ふ。

八種別解脱律儀無表色 〔名數〕 受戒の作法に順ひ善性の身口を發動するに依て生ずる別解脱律儀の無表色に又八種の別あり、一に苾芻律儀無表色、比丘の具足戒を受くるに依て發するもの。二に苾芻尼律儀無表色、比丘尼の具足戒を受くるに依て發するもの。三に正學律儀無表色、式叉摩那が六法を受くるに依て發するもの。式叉摩那正學女と譯す 四に勤策律儀無表色、沙彌が十戒を受くるに依て發するもの。沙彌勤策と譯す 五に勤策女律儀無表色、沙彌尼が十戒を受くるに依て發するもの。六に近事律儀無表色、優婆塞が八戒を受くるに依て發するもの。七に近事女律儀無表色、優婆夷が八戒を受くるに依て發するもの。八に近住律儀無表色、優婆塞優婆夷が五戒を受くるに依て發するもの。

ムヘン 無邊 〔術語〕 廣大にして邊際なきこと。【起信論】に「虛空無邊故世界無邊。世界無邊故衆生無邊。衆生無邊故心行差別亦復無邊。」

ムヘンクワウブツ 無邊光佛 〔佛名〕 十二光佛の一。⦿(榮花、玉の臺)「南無無邊光佛」

ムヘンシン 無邊身 〔術語〕 佛の身量邊際なきを云ふ。【西域記九】に「有二婆羅門一。聞二釋迦佛身長丈六一。常懷二疑惑一未二之信一也。乃以二丈六竹杖一欲レ量二佛身一。恒於二杖端一出レ過二丈六一。如レ是增高莫二能窮一レ實。遂投レ杖而去。因植レ根焉。」

ムヘンセカイ 無邊世界 〔術語〕 虛空界を云ふ。又無數の世界邊際なく存在するを云ふ。【起信論】に「虛空無邊故世界無邊。世界無邊故衆生無邊。」

ムヘンホフカイ 無邊法界 〔術語〕 法界は廣大にして邊際なく無盡の諸法其中に存す、諸法無盡なれば法界亦無邊なり。法界は法を容るる界域なり。

ムヘンモンダラニキヤウ 無邊門陀羅尼經 〔經名〕 出生無邊門陀羅尼經の略名。

ムホフアイ 無法愛 〔術語〕 十乘觀の一。

ムホフウホフクウ 無法有法空 〔術語〕 十八空の一。

ムホウタフ 無縫塔 〔雜名〕 凡そ塔を造るに木或は石を疊累して成す、故に皆縫稜級層あり、若し一塊石を以て之を造り、縫稜級層なきもの之を無縫塔と云ふ、世に所謂卵塔なり。無縫塔の形鳥卵の如きを卵塔と云ふ。無縫塔の語忠國師に出づ。【傳燈錄南陽忠國師章】に「師以二化緣將一レ畢涅槃時至。乃辭二代宗一。代宗曰。師滅度後弟子將レ何所レ記。師曰。告二檀越一。造二取一所無縫塔一。曰就レ師請二取塔樣一。師良久曰。會麼。曰不會。師曰。貧道去後有二侍者應眞一却知二此事一。」

ムボンテン 無煩天 〔界名〕 色界十八天の第十四。

ムミヤウ 無明 〔術語〕 梵語阿尾儞也。Avidyā 闇鈍の心諸法の事理を照了する明なきを云ふ。痴の異名なり。【本業經上】に「無明者名二不了一切法一。」【大乘義章二】に「於レ法不レ了爲二無明一。」【同四】に「言二無明一者痴闇之心。體無二慧明一故曰二無明一。」【倶舍論十】に「明所治無明。乃至其相云何。謂不レ了二知諦寶業果一。」四諦三寶業因果報 【唯識論六】に「云何爲レ痴。於二諸事理一迷闇爲レ性。能障二無痴一一切雜染所依爲レ業。」⦿(曲、淸經)「無明も法性も」

根本枝末二無明 〔名數〕 起信論に無明を根本枝末の二に分ち、法界の理に迷ふ元初の一念を根本無明とし、根本無明に因て三細六麤の惑業を起すを枝末無明とす。此の判に依れば小乘の無明は枝末無明に局りて根本無明を問はざるなり。彼は眞如を會せず、法執を斷ぜざればなり。根本無明一に無始無明とも名け、眞言は之を無始間隔と稱し、勝鬘台家は之を微細無明とも障中無明とも號し、勝鬘所說の五住地の中の無明住地即ち是なりと云ふ。而て此障中微細の無明の品數無量なれども、且く四十二品に分て初住巳上佛果に至る四十二位に於て之を斷ず、依て其の中の第四十二の無明を始覺の智の最後に斷ずるに就て最後品無明と云ひ、眞如に迷ふ元初に就て元品無明と云ふ、是れ台家圓敎の判なり。「ムシムミヤウ」參照。

相應獨頭二無明 〔名數〕 獨頭無明を又不共無明と云ふ。倶舍論唯識論には無明が餘の貪等の五大惑と共に起るを相應無明とし、無明獨り起るを獨頭無明又は不共無明とす。起信論には業轉現三細の間無明獨り起るを獨頭無明とし、六麤に至て餘惑と相應して起るを相應無明とす。

五種無明 〔名數〕 一に相應無明、上に同じ。二に不共無明、上の不共の無明中單に意識と相應する不共無明なり。三に恒行不共無明、上の不共無明中單に第七末那識と相應する不共無明なり。是れ恒時不斷に相續すれば恒行と名け、意識相應の五位無心の間斷あるに簡別し、且つ此無明は我癡慢の三大惑と相應すれば殊別するなり。四に主獨無明、是れ意識相應の不共無明に就て本惑と倶起せざるのみならず亦忿等の隨惑とも相應せざる無明にして、無明中最も强盛の勢用を有する者なり。五に非主獨行無明、是れ忿等の隨惑と倶起して彼に勢力を剝がるる無明なり。【百法問答鈔一】

十五種無明 〔名數〕 一、根本無明、無始の際より一念の不覺によりて長夜惛迷して眞理を了らず、能く一切の諸惑煩惱を生ずるに名く。二、枝末無明、心心所の相應して起る、貪瞋慢疑見等の煩惱あるに名く、三、共無明、一切の結使共相一切の諸業を造作するに名く。四、不共無明、第七識別體の相無し、妄に染心を起し無漏の聖法を障蔽して恒に間斷せざるに名く。五、相應無明、第七識恒に貪癡見慢四惑と相應して起るに名く。六、不相應無明、麤顯の境を緣ずるに餘識と相應せざるに名く。七、迷理無明、根本の無明中道の理を障て顯發する能はざるに名く。八、迷事無明、見思の煩惱、生死の事を障蔽して出離すること能はざるに名く。九、獨頭無明、妄覺の心外境を緣せず孤然として生起して生じ已て增廣するに名く。十、倶行無明、心心所の法常に相隨逐して曾て捨離せざるを名く。十一、覆業無明、一切の結使諸業を覆蔽して人をして名譽利養恭敬等を知らしめざるに名く。十二、發業無明、貪疑我見慢等悉く能く一切惡業を發生するを以て名く。十三、種子時無明、種子は藏識、子時は子の刻なり。子時が十二時の首となる藏識が諸識の首となるに喩ふるなり。この種子を染習して藏識のうちにありて未だ發顯せざるに名く。十四、行業果無明、十二因緣中に於て無明、行、愛、取、有の五は煩惱にして業因なり、他の七は苦果なるを以て名く。十五、惑無明、倶生分別及び根本隨煩惱等の惑を名く。【毘婆沙論二】

無明法性一體 〔術語〕 法性と無明とは氷と水の如く、無明の氷即ち諸性の水なるを云ふ。但吾人の心性は本來氷にして法性の水後に無明の氷となると云ふにあらず。無始無明の體即ち本覺の法性なりと云ふのみ。【玄義五】に「若有二無明煩惱性相一即是智慧觀照性相。乃至如二氷是水一。如二水是氷一。」【止觀輔行六】に「爲二迷レ氷者一指レ水爲レ氷。爲二迷レ水者一指レ氷爲レ水。如迷二法性一即指二無明一。如迷二無明一即指二法性一。若失二此意一倶迷二二法一。故知世人非三但不レ識下即二無明一之法性上。亦乃不レ識下即二法性一之無明上。」「ムシムミヤウ」を見よ。

ムミヤウアン 無明闇 〔譬喩〕 心性の無明を空穴中の闇黑に譬ふ。【敎行信證序】に「無礙光明破二無明闇一慧日。」

ムミヤウカウ 無明糠 〔譬喩〕 無明能く業種をして後世の果を生ぜしむれば以て米種の糠皮に譬ふ。【智度論二】に「佛心種子後世田中不レ生。無明糠脫故。」

ムミヤウカク 無明殼 〔譬喩〕 殼は鳥卵の外皮なり、無明能く生死を生育すれば以て卵殼に譬ふ。【藥師經上】に「破二無明殼一。竭二煩惱河一。」【慧琳音義十一】に「經言二無明殼一喩二根本無明及以貪愛一。包二含無量結使煩惱一。陶二鑄有情命業生死一。宛二轉其中一不レ能レ出二離無明窟宅一。如三鳥居二卵殼一故引爲レ喩也。」

ムミヤウクンジフ 無明薰習 〔術語〕 四熏習の一。「シクンジフ」を見よ。

ムミヤウケツ 無明結 〔術語〕 九結の一。無明能く人を三界に繫縛して出離せしめざれば結と云ふ。

ムミヤウケン 無明見 〔術語〕 十種見の一。無明事理を了せず爲に種種の邪見を執するを云ふ。

ムミヤウザウ 無明藏 〔術語〕 無明を根本として無量の惑業苦を生ずれば藏と稱す。【瓔珞本業經上】に「無明名二不了一切法一。迷二法界一而起二三界業果一。是故我言從二無明藏一起二十三煩惱一。」

ムミヤウザン 無明塹 〔譬喩〕 無明能く人を陷沒すれば以て塹壕に譬ふ。【長阿含經十二】に「斷レ剌平二愛坑一。及塡二無明塹一。」

ムミヤウシ 無明使 〔術語〕 十使の一。無明能く人を驅使して三界に流轉せしむれば使と名く。

ムミヤウシユ 無明酒 〔譬喩〕 無明能く人の本心を昏沈せしむれば以て酒に譬ふ。【妙法聖念處經七】に「勿レ飮二無明酒一。」【秘藏寶鑰上】に「徒縛二妄想之繩一。空醉二無明之酒一。」又、酒は無明の闇心を誘ふ緣となれば無明の酒と云ふ。⊙(曲、紅葉狩)「無明の酒のゑひ心地」

ムミヤウジユ 無明樹 〔譬喩〕 無明能く苦果を生ずれば以て樹に譬ふ。【敎行信證二】に「猶如二利鋸一。能截二一切無明樹一。」

ムミヤウヂヤウヤ 無明長夜 〔譬喩〕 煩惱の

惑に智眼を覆はれて不可思議の光明を見ず。生死界に流轉することを長夜の闇黑にさまよふに譬ふ。

ムミヤウヂユヂ　無明住地　[術語]　五住地の第五。根本枝末の中に根本無明、我法二執の中には法執なり。是れ一切煩惱の所依にして變易生死の因となれば住地と云ふ。[勝鬘經寶窟中末]に「此無明住地即指妄想心體以爲無明。乃至暗惑之心體無慧明故曰無明。爲彼恒沙起惑所依名之爲住。能生恒沙故稱爲地。」[唯識述記八末]に「舊言無明住地。今言習地。梵本無住所言。習者由數習故有此無明等五住地。故名無明習地。所言住是何義。」

ムミヤウヂユウヂワク　無明住地惑　[術語]　五住地惑の一。

ムミヤウニユウ　無明乳　[譬喩]　法性を水に譬へ無明を乳に比す、乳を水に和して鵝に與ふるに彼れ乳を啜て水を殘すと云ふ、以て菩薩の無明を消して法性を淸むるに譬ふるなり。[玄義五]に「無明是同體之惑。如水内乳。唯登地已去菩薩鵝王能唼無明乳淸法性水。從此已去乃判眞因。」

ムミヤウビヤウ　無明病　[譬喩]　無明能く人を傷へば以て病に譬ふ。[止觀六]に「無明爲病淵源。中道爲藥府城。」[往生要集中末]に「佛是醫王。法是良藥。僧是瞻病人。除無明病開正見眼。」

ムミヤウフ　無明父　[譬喩]　無明と貪愛と相和して我を生ず、無明を父に比し貪愛を母に譬ふ。[楞伽經三]に「貪愛名爲母。無明則爲父。」[四教儀]に「永別無明父母。究竟登涅槃山頂。」

ムミヤウマウ　無明網　[譬喩]　無明能く人を羅すれば以て網に譬ふ。[中阿含經二十九]に「永捨離我慢。裂壞無明網。」

ムミヤウラセツ　無明羅刹　[譬喩]　無明能く人を害すれば以て羅刹に譬ふ。

ムミヤウラセツキヤウ　無明羅刹經　[經名]　一卷、失譯、蔚禪耶城の折吒王が疫鬼を降伏するを引て喩となし、如來十二因緣を逆觀して無明の羅刹を破するを明かす。[藏帙八]（1369）

ムミヤウル　無明流　[術語]　四流の一。無明能く衆生を生死に漂流せしむれば名けて流と云ふ。

ムミヤウロ　無明漏　[術語]　三漏の一。無明能く衆生を生死に漏落して出離せしめざれば漏と名く。

ムミヤウワク　無明惑　[術語]　台家所立三惑の一。中道の理を障覆する根本無明にして別教の菩薩は初地より之を斷じ、圓教の菩薩は初住より之を斷じて中道の理を證するなり。

ムメツ　無滅　[術語]　梵名阿泥樓豆、又阿㝹樓陀、阿那律。無滅と譯す。天眼第一なり。「アナリツ」を見よ。

ムモ　無謀　[術語]　如來の施化は只緣に應ずるのみ、初より謀るなきとを云ふ。[止觀七]に「無謀權巧故號能仁。」[四教儀集註上]に「如來妙應。無謀沒化。」[玄義二]に「無謀之權。稱緣轉變。」

ムモツシキ　無沒識　[術語]　第八識十八名の一。[唯識了義燈四本]に「無沒識者。無相論云。一切諸種子無所隱沒。故無沒也。」[起信論義記中本]に「阿梨耶及阿賴耶者但梵言訛也。梁朝眞諦三藏訓名翻爲無沒識。今時弉法師就義翻爲藏識。但藏是攝藏義。無沒是不失義。義一名異也。」

ムモン　無文　[人名]　後醍醐天皇の皇子、建仁寺に入り可翁、雪村等に參究し、康元二年元に渡り、觀應元年歸る。化導に心を盡し道俗の歸信を集む。遠江奧山方廣寺開山なり。

ムモンクワン　無門關　[書名]　宋の禪僧慧開、字は無門、古人の公案四十八則を指評して禪宗無門關と題す。此書趙州の無宗を以て第一則とす、自ら云ふ、祖師の關只一箇の無の字、乃ち宗門の一關なり、遂に之を目して禪宗無門關と曰ふと。

ムモンシユウ　無門宗　[流派]　禪宗を云ふ。無門とは佛心の異名なり。[宗鏡錄五十七]に「楞伽經云。一切諸度門。佛心爲第一。又云。佛語心爲宗。無門爲法門。所言宗者謂心實處。」

ムモンジセツ　無問自說　[術語]　十二部經の一。鄔陀南に同じ。

ムモンビク　無聞比丘　[術語]　一向に禪を修して正しき聞慧なき比丘尼なり、所謂暗禪師なり。善星比丘の如き、第四禪定を得て涅槃を證せりと謂ひ、後に四禪を退失するに及で涅槃の法を撥無し、阿羅漢にも倘後身ありと謗して無間地獄に墮せり、之を無聞比丘と云ふ。[楞嚴經九]に「若作聖解則有一分好輕淸魔。入其心腑。自謂滿足更不求進。此等多作無聞比丘。疑謗後生墮阿鼻地獄。」「ゼンシヤウ」を見よ。

ムモンジセツキヤウ　無問自說經　[經名]　十二部經の一。梵名優陀那 Udāna 無問自說と譯す。問ふ者なくして佛自ら說くなり、阿彌陀經の如し。[大乘義章一]に「第五名爲優陀那經。此翻名爲無問自說。不由諮請而自宣唱。故名無問自說經也。」

ムヨ　無餘　[術語]　餘殘なく餘蘊なきなり。事理の至極せるを云ふ。無餘涅槃、無餘說、無餘修など。

ムヨエ　無餘依　[術語]　無餘涅槃を又無餘依涅槃

と云ふ。依とは苦の所依たる身體なり、涅槃に二種ありて苦の依身を有するを有餘依涅槃と云ひ、苦の依身を有せざるを無餘依涅槃と云ふ。【唯識述記十末】に「依謂依身。」

ムヨエメウネハンカイ　無餘依妙涅槃界 〔術語〕阿羅漢の灰身滅智して寂滅せし境界なり。有漏の依身なければ無餘依と云ひ、其境界不可思議なれば妙と云ひ、圓寂なれば涅槃と云ふ。【毘奈耶雜事十八】に「現二諸神變一入二無餘依妙涅槃界一。」

ムヨキ　無餘記 〔術語〕佛の授記に有餘無餘の二種あり。【演密鈔五】に「餘即未盡之義。今盡言レ之名爲二無餘一。如二佛現前記一。彼某時某處證レ覺號二某如來一。名二無餘記一。言二有餘一者。如來有二所レ未レ盡之意一。如レ言下汝於二未來一某佛爲レ汝授記上。名二有餘記一。」

ムヨク　無欲 〔術語〕貪欲なきなり。多欲ならざるなり。

ムヨクセンニン　無欲仙人 〔雜名〕仙人の多欲ならざるもの。【行事鈔下二之二】に「四分八種漿。古昔無欲仙人所レ飲。梨、酸棗、甘蔗、甤果、蒲萄、舍樓伽等漿也。」

ムヨケダン　無餘灰斷 〔術語〕無餘涅槃に入て身を灰にし智を斷ずるを云ふ、即ち無餘涅槃の證なり。

ムヨシユ　無餘修 〔術語〕四修の一。餘行を加へず專ら一行を修するを云ふ。

ムヨセツ　無餘說 〔術語〕盡理の說を云ふ。【法鼓經】に「一切空經是有餘說。唯有二此經一是無上說。」【三論玄義】に「教稱二滿字一。理曰二無餘一。信レ之則獲レ福無邊。」

ムヨニフジヤク　無餘入寂 〔術語〕二乘の人、無餘涅槃を證して寂滅に歸入するを云ふ。

ムヨネハン　無餘涅槃 〔術語〕梵語 Anupadhi-śesa-nirvāṇa 二涅槃の一。新に無餘依涅槃と云ふ。身智共に灰滅する涅槃なり。「ネハン」を見よ。

ムリヤウ　無量 〔雜語〕多大にして計量すべからざるを云ふ。又數目の名なり。【攝大乘論釋八】に「不レ可下以二譬類一得上レ知爲二無量一。」【勝鬘經寶窟中本】に「無量義者。猶是廣大異名。」【同上末】に「依二華嚴經一是百二十數中一數之名也。非是汎爾言二無量一也。」

四無量 〔名數〕佛菩薩の慈悲喜捨の四德を云ふ。與樂の心を慈となし、拔苦の心を悲となし、衆生の苦を離れ樂を獲るを喜ぶ心を喜となし、一切衆生に於て怨親の念を捨てて平等一如なるを捨となす。無量の衆生を緣じて此心を起せば無量と云ふ。又、四等とも四梵行とも云ふ。【俱舍論二十九】に「無量有レ四。一慈。二悲。三喜。四捨。言二無量一者。無量有情爲二所緣一故。引二無量福一故。感二無量果一故。」

ムリヤウインホフモンキヤウ　無量印法門經 〔經名〕如幻三摩地無量印法門經の略名。

ムリヤウオクコフ　無量億劫 〔雜語〕無量億は數目、劫は梵語長時の名なり。

ムリヤウカク　無量覺 〔術語〕無量壽佛の略號なり。【無量壽經下】に「彼土菩薩衆。往觀二無量覺一。」【平等覺經】に「無量覺授二其決一。我前世有二本願一。一切人聞二說法一。皆悉來二生我國一。」

ムリヤウギ　無量義 〔術語〕無量無數の義理なり、一切諸法を云ふ。諸法無量にして各義理を具すれば無量義と云ふ。又、實相の異名なり。【無量義經】に「無量義者從二一法一生。其一法者即無相也。」【法華嘉祥疏二】に「無量義者。凡有二二種一。一者實相之體不レ可二限量一。謂體無量。二者從二實相一法一出二一切數一。謂用無量。此體用並有二深所以一故稱爲レ義。」

ムリヤウギキヤウ　無量義經 〔經名〕一卷、蕭齊の曇摩伽陀耶舍譯。佛法華に於て無量の法實相の一に歸するを說かんとして、先づ此經を說て無量の法一の實相より生ずるを明かす。故に之を法華の開經となす。又法華論に法華の十七名を列ぬ、無量義經は其の一名なり。是れ法華の實相自ら無量義を生ずる理あれば以て別名となすなり。【盈帙一】(133) ⊙(榮花疑)「無量義經よりはじめて、普賢經に至るまで、法華二十八品を一日に一品あてさせ給ひて」

無量義經疏 〔書名〕傳教の疏三卷あり、註無量義經と題す。

ムリヤウギシヨサンマイ　無量義處三昧 〔術語〕梵語 Anantanirdeśapratiṣṭhāna samādhi 佛法華を說く前に先づ無量義を說き、次に此三昧に入るなり。無量とは三乘五乘等の無量の法門即ち無量義なり、義處とは無量義の依處にして即ち實相なり、無量の法義を生ずる依處の實相無相の三昧を無量義處三昧と云ふ。佛既に無量義を說て後に實相を說かんとして中間に此定に入る、所出の無量義に依らば無量義經の三昧となり、所歸の義處に依らば法華經の三昧となる、以て前後に通ず。【法華文句二】に「三道即三乘。四果即羅漢緣覺菩薩佛。此等諸法名爲二無量一。實相爲二義處一。從二一義處一出二無量法一。得レ爲二無量法入二一義處一。」

ムリヤウクドクダラニキヤウ　無量功德陀羅尼經 〔經名〕一卷、趙宋の法賢譯。此陀羅尼を誦すれば觀世音菩薩及び無量壽佛を見るを得。

【成帙八】(892)

ムリヤウクワウテン　無量光天　〔界名〕色界の第二靜慮三天中の一。【倶舍頌疏世間品一】に「光明轉增量難レ限。故名二無量光天一。」

ムリヤウクワウブツ　無量光佛　〔佛名〕十二光佛の一。【無量壽經上】に「無量壽佛號二無量光佛乃至超日月光佛一。」【楞嚴經五】に「大勢至法王子。與二其同倫五十二菩薩一。即從レ座起。頂二禮佛足一。而白レ佛言。我憶二往昔一恒河沙劫、有レ佛出レ世。名二無量光一。十二如來相二繼一劫一。其最後佛名二超日月光佛一。彼佛敎二我念佛三昧一。」⦿(榮花、玉の臺)「南無無量光佛」

ムリヤウクワウミヤウド　無量光明土　〔界名〕極樂世界の異名なり。【平等覺經】に「速疾超二便可レ到二安樂國之世界一。至二無量光明土一供二養於無數佛一。」【敎行信證五】に「謹案二眞佛土一者。佛者則是不可思議光如來。土者亦是無量光明土也。」

ムリヤウコフ　無量劫　〔雜語〕劫を經ること無量なり。劫とは梵語世界成敗の一期を云ふ。「コフ」を見よ。⦿(著聞集、神祇)「無量劫のうちに三界に化生して。」

ムリヤウシタイ　無量四諦　〔名數〕四種四諦の一。「シタイ」を見よ。

ムリヤウシヨウ　無量稱　〔雜語〕大日如來を稱し、又は如實の眞言行者を稱す。【大日經一】に「何況無量稱。住二眞言行法一。行二此無上句一眞言救世者。」【同疏六】に「當レ知如レ是人轉復希有。常爲二普門海會之所一稱嘆一。名聞二十方一。又同二大日如來一有二種種名號一故云二無量稱一也。」

ムリヤウシヤウジヤウビヤウドウカクキヤウ　無量淸淨平等覺經　〔經名〕四卷、後漢の支婁迦讖譯。無量壽經の異譯。【地帙八】(25)

ムリヤウシヤウジヤウブツ　無量淸淨佛　〔佛名〕無量壽佛の別稱なり。【平等覺經一】に「無量淸淨佛。光明最尊第一無比。」

ムリヤウジヤウテン　無量淨天　〔界名〕色界第三靜慮三天中の第二。【倶舍頌疏世間品一】に「此淨轉勝。是難レ限故名二無量淨天一。」

ムリヤウジユ　無量壽　〔經名〕阿彌陀瘦斯 Amitāyus の譯。「アミダ」を見よ。

ムリヤウジユキヤウ　無量壽經　〔經名〕梵語 Sukhāvatīvyūha-sūtra 二卷、曹魏の康僧鎧譯。淨土三部經の一。無量壽佛の因行及び果德を說く。【地帙八】(12) 此經前後十二譯あり、中に五譯を存して七譯を欠く。「ゴソンシチケツ」を見よ。⦿(盛衰記六)「無量壽經には不如無子とも宣べ給へり」

ムリヤウジユキヤウウバダイシヤグワンシヤウゲ　無量壽經優婆提舍願生偈　〔書名〕一卷、婆藪槃豆菩薩造、元魏の菩薩流支譯。經義を論ぜしものを優婆提舍と云ふ、是れ無量義經の經義を論じて造りし願生偈なり。願生偈とは安樂國に生れんことを願ふ偈文なり。又無量壽經論とも往生論とも淨土論とも云ふ。【暑帙十一】(1204)

ムリヤウジユキヤウギシヨ　無量壽經義疏　〔書名〕二卷。隋の淨影寺慧遠の撰。又唐の嘉祥寺吉藏撰。

ムリヤウジユキヤウロン　無量壽經論　〔書名〕無量壽經優婆提舍願生偈の異名。

ムリヤウジユクワンギヤウ　無量壽觀經　〔經名〕觀無量壽經の異名。

ムリヤウジユシヤウゴンキヤウ　無量壽莊嚴經　〔經名〕Amitāyurvyūha-sūtra 又 Sukhāvatīvyūha-sūtra 具名、大乘無量壽莊嚴經、三卷、趙宋の法賢譯。無量壽經の異譯なり。【地帙八】(863)

ムリヤウジユジユ　無量壽咒　〔雜名〕佛說大乘聖無量壽決定光明王如來陀羅尼經の中に說く陀羅尼なり、經中此陀羅尼を誦する者は壽命を增して百歲に滿るを說く。【敕修淸規聖節】に「諷二無量壽咒一擧二藥師號一。」

ムリヤウジユダイチダラニ　無量壽大智陀羅尼　〔經名〕一卷、趙宋の法賢譯。但呪文のみ。【成帙十二】(913)

ムリヤウジユニヨライ　無量壽如來　〔佛名〕即ち阿彌陀如來なり。「ムリヤウジユブツ」を見よ。

ムリヤウジユニヨライイン　無量壽如來印　〔印相〕蓮華部の入定印なり。【金剛界曼荼羅大鈔一】に「無量壽如來。金色ニシテ三摩地印。密號淸淨金剛。」「ニフヂヤウイン」を見よ。

ムリヤウジユニヨライシユクワンギヤウクヤウギキ　無量壽如來修觀行供養儀軌　〔經名〕一卷、唐の不空譯。阿彌陀如來の陀羅尼及び供養法を說く、念佛三昧を證せば必ず淨土に生ずべしと敎ふ。【閏帙五】(1412)

ムリヤウジユニヨライヱ　無量壽如來會　〔經名〕寶積經第五會の名。無量壽經は此會の別譯なり。

ムリヤウジユブツ　無量壽佛　〔佛名〕阿彌陀佛の譯名なり。淨土三部經の中に小經には梵名を存して阿彌陀經と題し、大經には譯名を擧げて無量壽經と題す。阿彌陀に無量光、無量壽の二義を含む。【無量壽經上】に「無量壽佛威神光明最尊第一。」【觀無量壽經】に「無量壽佛身量無邊。非二是凡夫心力

所已及。」密敎には五佛中西方尊なり。胎藏界には無量壽と云ひ、金剛界には阿彌陀と云ふ。「アミダ」を見よ。⊙（曲、實盛）「所は不退のところ。命は無量壽佛」

ムリヤウジユワウ　無量壽王　〔佛名〕無量壽佛なり、佛は是れ覺王なれば王と稱す。

ムリヤウジユワウダラニキヤウ　無量壽王陀羅尼經　〔經名〕大乘聖無量壽決定光明王如來陀羅尼經の略名。

ムリヤウジユヰン　無量壽院　〔雜名〕兜率天の内院四十九院の中に無量壽院あり。又、法成寺内の阿彌陀堂を無量壽院と云ふ。⊙（徒然草）「無量壽院ばかりぞそのかたとて殘りたる」

ムリヤウソン　無量尊　〔佛名〕無量壽佛の異稱。【無量壽經下】に「應レ時無量尊。動レ容發二欣笑一。」

ムリヤウヒヤクセンゴフ　無量百千劫　〔雜語〕⊙（榮花、鳥舞）に「無量百千劫、淨修身口意、如此施獲得、如此微妙力。」此文誤字多し。【付法藏傳三】に優婆毱多羅漢が天魔の變現せる佛の形相を觀て讚嘆せし偈文に、「面如二紫金色一。目淨如二青蓮一。端正超二日月一。奇妙勝二花林一。湛然如二大海一。不動若二須彌一。安步猶二師子一。顧視同二牛王一。無量百千劫。淨修二身口意一。以レ是故獲二得如レ此殊妙身一。」

ムリヤウムゲ　無量無礙　〔術語〕四無量と四無礙なり。

ムリヤウムシユコフ　無量無數劫　〔雜語〕劫を經ると無量無數なり、世界の一成一敗する時量を劫と云ふ。【法華經方便品】に「無量無數劫。聞二是法一亦難。」⊙（咏藻）「はかりなく數なき世世をつくしても一度きくは難き法なり」

ムリヤウモンハマダラニキヤウ　無量門破魔陀羅尼經　〔經名〕一卷、劉宋の功德直玄暢共譯。一向出生菩薩の異譯。【成帙九】（354）

ムリヤウモンミミツヂキヤウ　無量門微密持經　〔經名〕一卷、吳の支謙譯。一向出生菩薩經の異譯。【成帙九】（355）

ムリヤウヱ　無量慧　〔術語〕佛の德號。甚深無量の智慧を具すればなり。【法華經化城喩品】に「無量慧世尊。受二彼衆人請一。」【讚阿彌陀佛偈】に「十方三世無量慧。同乘二一如一號二正覺一。」

ムロ　無漏　〔術語〕Anāsrava　漏は煩惱の異名なり、漏は漏泄の義、貪愼等の煩惱日夜に眼耳等の六根門より漏泄流注して止まざれば漏と名け。又漏は漏落の義、煩惱能く人を三惡道に漏落すれば漏と名く。依て煩惱を有する法を有漏と云ひ、煩惱を離れたる法を無漏と云ふ。【俱舍論二十】に「諸境界中流注相續泄シテレ過不レ絕。故名爲レ漏。」【大乘義章五本】に「流注不レ絕。其猶二瘡漏一。故名爲レ漏。」【法華文句一】に「毗曇云。漏二落生死一。」⊙（榮花、音樂）「無漏の萬億莊嚴せり」

ムロイン　無漏因　〔術語〕無漏清淨の戒定慧以て涅槃果を證すれば無漏因と云ふ。四諦中の道諦。

ムロカイ　無漏界　〔術語〕無漏清淨の世界なり。又涅槃を云ふ。

ムロクシキ　無六識　〔術語〕恥を恥とも思はぬ人を云ふ。眼等の六識なき人と云ふ意。【壒囊鈔十三】

ムロクワ　無漏果　〔術語〕無漏道所得の果德を云ふ。四諦中滅諦の涅槃是なり。

ムロコン　無漏根　〔術語〕無漏智の根本なり、三種あり、三無漏根と云ふ。「サンムロコン」を見よ。

ムロゴシン　無漏後身　〔術語〕二乘の無學果の身を云ふ。既に煩惱を斷ずれば無漏と云ひ、生死の最後身なれば後身と云ふ。【法華經授記品】に「諸聲聞衆無漏後身法王之子。」

ムロサイゴシン　無漏最後身　〔術語〕無漏後身に同じ。【法華經方便品】に「辟支佛利智。無漏最後身。亦滿二十方界一。」

ムロジツサウ　無漏實相　〔術語〕諸法實相の理體は無垢清淨なれば無漏と云ふ。【法華經方便品】に「是德藏菩薩於二無漏實相一心已得二通達一。」

ムロダウ　無漏道　〔術語〕二道の一。三乘の人の煩惱の垢染を離れたる戒定慧を云ふ、四諦中の道諦是なり、之を分て見修無學の三道となす。

ムロチ　無漏智　〔術語〕三乘の人の煩惱の垢染を離れたる清淨の智を云ふ、斷惑證理は此智の用なり。【法華經方便品】に「度二脫諸衆生一。入二佛無漏智一。」

ムロヂ　無漏路　〔術語〕無漏清淨の境界にして煩惱に染汚せられざる世界なり。

ムロツウ　無漏通　〔術語〕六神通の中に前の五通を有漏通とし、後の漏盡通を無漏通とす。前五は有漏道にて得べく、後一は無漏道にあらざれば得る能はざればなり。

ムロホフ　無漏法　〔術語〕煩惱の垢染を離れたる清淨の法を云ふ。三乘の聖人所得の戒定慧及び涅槃是なり。【俱舍論一】に「虛空等三種無爲。及道聖諦名二無漏法一。所以者何。諸漏於レ中不二隨增一故。」

ムロホフシヤウ　無漏法性　〔術語〕法性は清淨にしてもとより煩惱の漏垢を離るれば無漏と云ふ。【法華經法師功德品】に「無漏法性之妙身。」

ムロヱ　無漏慧　〔術語〕煩惱に隨染する性質を離れたる純眞無垢の智慧なり。三乘の聖智是なり。

ムワウ　牟王　〔佛名〕釋迦牟尼なり。

ムヰ　無畏　〔術語〕又、無所畏と云ふ。佛が大衆の中に於て法を説くに泰然として畏るるとなき德なり。之に四種あり、四無畏と云ふ。【大乘義章十一末】に「化心不レ怯名爲ニ無畏一。無畏不同一門説レ四。」【法華經方便品】に「無量無礙。力無所畏。」【無量壽經上】に「善學ニ無畏之網一。曉ニ了幻化之法一。」

四無畏　〔名數〕一に一切智無所畏、大衆の中に於て我は一切智人なりと明言して畏心なきを云ふ。二に漏盡無所畏、佛大衆の中に於て我は一切の煩惱を斷盡せりと明言して畏心なきを云ふ。三に説障道無所畏、佛大衆の中に於て惑業等の諸の障法を説て畏心なきを云ふ。四に説盡苦道無所畏、佛大衆の中に於て戒定慧等の諸の盡苦の正道を説て畏心なきを云ふ。【智度論二十五、法界次第下之下】

六無畏　〔名數〕眞言の行者菩提心一念の功德に六種の差別あり、六無畏と云ふ、無畏とは安穩蘇息の義なり、一切衆生は煩惱に縛せられて死滅するに似たり、若し此六處に到れば各各彼の厄縛を離れて蘇息を得れば無畏と名くるなり。凡そ大日經の説相は地前を三阿僧祇劫と立て、此三劫に麁妄執と細妄執と極細妄執との三妄執を越へ、此上に更に十地を立てて開發金剛寶藏位となし、上上方便を以て更に微細の妄執を斷じて佛果に至るとす。即ち三劫十地の次第にて三劫を地前とし十地を地上とす。十地は第四の一切なり。（顯教が三劫を究覺とするに異なる。）此地前三劫に於て眞言行者所得の功德を差降して六無畏を立てしなり。一に善無畏、世間の善心なり、五戒十善等を持して三途の業を離るる位なり。眞言の行人三密を修して本尊を供養する位之と齊し。二に身無畏、二乘の行者不淨觀等成就して身の扼縛に於て解脱を得る位なり。眞言の行人有相の觀に依て壇上に於て本尊の衆相現前する位之と齊し。三に無我無畏、二乘の人無我の理を證し、一切の法に於て無我の相を觀ずる見道の位なり。眞言の行人本尊海會に於て衆像緣生なりと覺りて愛着を生ぜざる位之と齊し。四に法無畏、二乘の人五蘊等の法に於て性相空なりと覺りて偏眞の理を證する無學道の位なり。眞言の行人瑜伽の境界に於て水月鏡像の如く無性無相なりと觀ずる位之と齊し。五に法無我無畏、三乘の人萬法唯心心外無法と了して心の自在を得る位なり。眞言の行人一切の境界皆自心の功德なりと知て自在の用を得る位之と齊し。六に平等無畏、一乘の人萬法の一實眞如を了して諸法に於て能所本末なく平等法界に住する位なり。眞言の行人諸法本不生なりと觀じて心の實際平等の本源に住する位之と齊し。已上の六無畏を三劫に配すれば前の四は初劫の位、第五は第二劫の位、第六は第三劫の位なり。但し三劫は所庾の妄執に就て之を立て、六無畏は能庾の淨心に就て之を立つるなり。【大日經疏三、十住心廣名目六、辯惑指南三】

ムヰ　無爲　〔術語〕梵語 Asaṁskṛta 爲は造作の義、因緣の造作なきを無爲と云ひ、又生住異滅の四相の造作なきを無爲と云ふ。即ち眞理の異名なり、此無爲法に三種六種の別あり、三無爲の中の擇滅無爲、六無爲の中の眞如無爲是れ正しく聖智所證の眞理なり。涅槃と云ひ、法性と云ひ、實相と云ひ、法界と云ふ、皆無爲の異名なり。【無量壽經上】に「無爲泥洹之道。」【淸信士度人經】に「棄レ恩入ニ無爲一。眞實報レ恩者。」【肇論】に「無爲者。取ニ乎虛無寂寞妙絶於ニ有爲一。」【探玄記四】に「緣所起法名曰ニ有爲一。無性眞理名曰ニ無爲一。」【華嚴大疏十六】に「以レ有レ所ニ作爲一故名ニ有爲一。有爲是無常。無レ所ニ作爲一故名ニ無爲一。無爲即是常也。」【大乘義章二】に「釋有レ二。一對ニ法外四相一以釋。色心等法爲ニ彼法外四相所爲一。虛空等三不レ同レ彼。故名曰ニ無爲一。二對ニ法體四相一以釋。色心等法一切皆有ニ初生次住終異後滅一前後集起。評レ之曰レ爲。虛空等三無ニ彼爲一故各曰ニ無爲一。」

三無爲　〔術語〕小乘に三無爲を立つ。一に擇滅無爲、舊に數滅無爲と云ふ。擇とは事物の道理を簡擇する智慧の力なり、數とは智慧の法數なり、（有爲の法諸數多ければ總て數と名くるなり。）擇と云ふに同じ。即ち智慧の簡擇力に依て煩惱を斷ずる處に顯はるる一種の滅諦を擇滅と云ふ、擇に依て得る滅なれば、此滅體を稱して涅槃と云ふなり、之を滅と名くるは煩惱を滅して顯はしたる實體にして、且つ其の體中有爲の諸相寂滅すればなり。有爲の諸相寂滅する義に依て復た無爲と名くるなり。二に非擇滅無爲、舊に非數滅無爲と云ふ。智慧の簡擇力に依るにあらず、但生法の因緣を缺く處に自ら顯はるる一種の滅體を非擇滅と云ふなり。例へば見道に入れば聖者となり、聖者の身上には畢竟して凡夫性の生ずべき因緣を缺く、由て此時凡夫性に對して一種の無爲法を得するが即ち非擇の滅なり。之の滅と云ふは因緣の滅したる處に顯はるる實體にして、且つ其の體中有爲の諸相を寂滅すればなり。依て復た無爲と名くるなり。要するに所斷の煩惱に就て寂滅不生の無爲法の顯はるるが擇滅にして、緣を缺き

し爲め寂滅不生の無爲法の顯はるるが非擇滅なり。三に虚空無爲、前の二無爲の外に一種の無爲法あり、無礙を以て性となす。何れの法に向ても礙ふるともなければ礙へらるるともなきなり。其の相恰も世間に云ふ所の虚空に似たれば虚空無爲と名くるなり。世に言ふ虚空は無爲法の如くなれども、彼は眼見の法にして且つ自ら他を礙ふるとなけれども他に礙へられて廣狹方圓の相を呈するものなれば是れ無爲法にあらず、故に之を空界の色と稱して色法の中の顯色に攝するなり、此の虚空無爲は色心の諸法及び空界の色の外に一の實體ありて此等諸法の所作となるなり。【倶舍論一、大乘義章二、七帖見聞三本】

六無爲 【名數】大乘に六無爲を立つ。但し六種の別體ありと云ふにあらず、我法の二執を斷じたる處にて顯はるる所の一種の眞理あり、有とも無とも常とも無常とも名くべからず、但是れ法の實性なるが故に法性と名くる也、此の一の法性を所顯の緣に從へて種種の名を分けし也。一に虚空無爲、即ち此法性が本來諸の障礙を離れし位に顯はるるものに名く。二に擇滅無爲、即ち此法性の智慧の力に依て煩惱を斷ぜし位に顯はるるものに名く。三に非擇滅無爲、即ち此法性の擇力に由らずして本來清淨なる或は緣缺の位に顯はれしものに名く。四に不動無爲、即ち此法性が第四禪天に生じて苦樂の麁動を離れし位に顯はるるものに名く。五に想受滅無爲、即ち此法性が聖者の非想地所攝の滅盡定に入て六識の心想及び苦樂の二受を滅する位に顯はるるものに名く。六に眞如無爲、即ち此法性が眞實如常の相あるに由て名く。この中前の五無爲は一の法性が所顯の位の差別に就て五種の名を假立せしものなり。前の五は法性の相を詮はす假名にて、後の一は法性の體を詮はす假名なり。されば前の五無爲は名體共に假立にして、眞如無爲は體は定在し眞如の名は假立なり。【唯識論二、百法問答鈔九】

ムヰカイ 無爲戒 密教の三昧耶戒なり、阿闍梨の加持に依て受得するも、これ暫く外緣を借るのみ、本來と自身の具得を顯はすのみ、即ち是れ本不生の戒なれば自他の能所に依らず、故に無爲戒と云ふ。

ムヰクウ 無爲空 【術語】十八空の一。一切無爲法の不可得なるを云ふ。【仁王經合疏中】に「無爲空者。虚空數滅非數滅空也。」

ムヰクウシ 無爲空死 【術語】醉生夢死と云ふに同じ。【遺敎經】に「常當ニ自勉精進修一レ之。無レ爲空死後致レ有レ悔。」⦿(新後撰)「徒になに事なくて過にけり思へばおしき身の昔哉」

ムヰサンザウ 無畏三藏 【人名】善無畏三藏の略稱。

ムヰザウ 無畏藏 【術語】怖畏を離れたる安穩の寶藏なり。眞言の行者を嘆稱して言ふ。【千手經】に「當レ知其人是無畏藏。龍天善神常護持故。」

ムヰシヤ 無爲舍 【術語】無爲とは涅槃なり、涅槃は人の安宅なり、故に舍と云ふ。【千手經】に「南無大悲觀世音。願我速會ニ無爲舍一。」

ムヰシヤウジ 無爲生死 【術語】變易生死を勝鬘經には無爲生死と云ふ。聖者を無爲の人となし、無爲の人の受くる生死なればなり。【大乘義章八本】に「聖人不下起ニ有漏業一受中分段報上。名曰ニ無爲一。無爲聖人所有生死名ニ無爲生死一。」

ムヰノシンニン 無位眞人 【術語】佛衆の行位に屬せざる赤裸裸の眞人なり、本來の面目と云ふ如し。【臨濟錄】に「上堂云。赤肉團上有ニ一無位眞人一。從ニ汝等諸人面門一出入。未證據者看看。」

ムヰセ 無畏施 【術語】三施の一。無畏を人に施すなり。持戒の人は殺害の心なし、一切衆生の無畏之に過ぐるなし、無畏施と名く。

ムヰナイヲン 無爲泥洹 【術語】泥洹は涅槃の變音、涅槃は一切の爲作造作を離るれば無爲と云ふ。【無量壽經上】に「無爲泥洹之道。」

ムヰノウヰ 無爲能爲 【術語】佛の法身は無爲にして能爲なり。【往生論註下】に「盡ニ彼生一者上失ニ無爲能爲之身一。下酬ニ三空不空之痛一。」

ムヰネハンガイ 無爲涅槃界 【術語】涅槃は不生不滅にして、一切有爲の相を絕てば無爲と云ふ、淨土門には極樂は即ち無爲涅槃界なりと云ふ。【法事讃】に「極樂無爲涅槃界。」

ムヰホフ 無爲法 【術語】因緣の造作を離れたる法を云ふ、三無爲六無爲等あり。三無爲の中の擇滅無爲、六無爲の中の眞如無爲は即ち涅槃なり。涅槃は無爲法中の最勝なり。【四十二章經】に「解ニ無爲法一名曰ニ沙門一。」

ムヰホフシン 無爲法身 【術語】佛所證の法身は湛然寂靜にして因緣の造作を離るれば無爲と云ふ。【淨土論註下】に「無爲法身者法性身也。法性寂滅故法身無相也。無相故能無レ不レ相。」

ムヰムヨク 無爲無欲 【術語】造作の念なく貪欲の心なきなり。【無量義經】に「其心寂靜。常在ニ三昧一。恬安憺怕。無爲無欲。」

め

メイカイ 迷界 〔術語〕迷の境界なり。煩惱に繫縛せられて三界に流轉する衆生界を云ふ。

メイガシリ 迷伽室利 〔人名〕Meghaśrī 譯、德雲。比丘の名。五十三知識の一。【探玄記十八】に「梵云二迷伽室利一。迷伽此名レ雲。室利此云レ德。順レ彼應レ名二雲德一。」

メイキヤウ 迷境 〔術語〕迷の境界なり、三界「六道の内を云ふ。

メイキヤウ 罵意經 〔經名〕一卷、後漢の安世高譯。一切善惡の法を雜說す、多く律中の語に似たり。【宿帙八】(682)

メイキラ 迷企羅 〔異類〕Mihira 藥師經所說十「二神將の一。翻名なし。

メイギヨ 鳴魚 〔物名〕禪林の器具。梆と呼ぶ。木製の魚形、打て鳴らすもの。「ギヨク」を見よ。

メイクキヤウ 馬郁經 〔經名〕盛衰記に引く、釋典中に見ず。

メイケウ 明敎 〔人名〕宋の杭州の契嵩字は仲靈、僭子と號す、宋の仁宗明敎大師の號を賜ふ。【五燈會元】

メイコサンガイジヤウ 迷故三界城 〔雜語〕偈あり。「迷故三界城、悟故十方空、本來無東西、何處有南北。」是れ本朝禪德の遺偈なり、何人に成るを知らず。【谷響集四】に「此一偈至二萤卒之輩一無下不二諳知一者上。推想古賢依二佛經之意一爲二此一頌一矣。」

メイゴイチニヨ 迷悟一如 〔術語〕迷の自性なし、自性なきが故に空なり、既に迷なくんば何に對して悟あらん、迷も空なり悟も空なり、空體一なるを一如と云ふ。是れ空宗の義なり。又迷は氷の如し、悟は水の如し、迷悟同體なるを一如と云ふ、是れ性宗の義なり。【往生十因末】に「心性一味迷悟不二。」⦿(新後撰)「さとるべき道とて更に道もなし迷ふ心も迷ひならねば」

メイゴイングワ 迷悟因果 〔術語〕迷と悟との因果なり。四諦の法に就て迷妄の因は集諦にして果は苦諦なり。證悟の因は道諦にして果は滅諦なり。

メイシ 迷子 〔譬喩〕迷子手に金錢を執りながら彷徨困苦す、以て凡夫菴摩羅識の佛性を具して三界に流浪するに譬ふ。【金剛三昧經】に「譬如二迷子一。手執二金錢一而不レ知レ有。遊二行十方一。經二五十年一貧窮困苦。專事二求索一而以養レ身。而不二充足一。其父見三子有二如レ是事一而謂レ子言。汝執二金錢一何不二取用一。隨二意所レ須皆得二充足一。其子醒已。而得二金錢一心大歡喜。而謂レ得レ錢。其父謂言。迷子汝勿二欣懌一。所レ得金錢是汝本物。汝非レ有レ得。云何可レ喜。善男子。菴摩羅者亦復如レ是。本無二出相一今即非レ入。昔迷故非レ無。今覺故非レ入。」

メイシ 明師 〔雜語〕事理に明なる師なり。【唐華嚴經十一】に「導レ世明師難二一遇一。」【寄歸傳四】に「學二我齠齔携就二明師一。」

メイシフ 迷執 〔術語〕事理を轉倒するを迷と云ひ、迷情の思ひ込みを執と云ふ。【成唯識十】に「愚夫迷二執於境一起二煩惱業一。」【六妙法門】に「種種橫計迷二執諸法一。輪二廻六趣一。」

メイシヤウ 迷生 〔術語〕迷の衆生なり。【寄歸傳二】に「俯二視スレバ生涯一是迷生之牢獄。仰二睎スルニ寂岸一爲二悟寂之虛關一。」

メイシヤウ 明匠 〔雜語〕聰明の師匠なり。【梁僧傳浮陀跋摩傳】に「側レ席虛レ襟企二待明匠一。」【唐僧傳僧鎧傳】に「可レ謂二當時明匠一。」

メイシヤク 鳴錫 〔物名〕錫杖の異名。

メイシヨウ 鳴鐘 〔雜語〕佛寺の大鐘杵を以て之を鳴らせば鳴鐘と云ふ。禪家に鳴鐘佛事あり。

メイシヨウ 明證 〔雜語〕明なる證據なり。【佛昇忉利天爲母說法經上】に「逮二于聖慧一而造二明證一。」【順正理論三十六】に「准二此標釋中一足レ爲二明證一。」

メイシン 迷心 〔術語〕事理を轉倒する妄心なり。【楞嚴經十】に「各以二所愛先習迷心一而自休息。」【大日經一】に「云何迷心。謂所執異。所思異。」【大乘入道章下】に「迷心不レ悟二一行一ヲモ尙不レ能レ依。」

メイシン 迷津 〔術語〕迷の境界、三界六道なり。【西域記序】に「廓二群疑於性海一。啓二妙覺於迷津一。」【明神宗續入藏經序】に「假二筏迷津一施二航覺海一。」

メイジ 迷事 〔術語〕無明に迷事と迷理の二あり、緣起の諸法に達せざるを迷事と云ふ。【行事鈔一上】に「迷事者障二俗諦一故。迷理者障二眞諦一故。」

メイジヤウ 迷情 〔術語〕迷惑轉倒せる情念なり。凡夫は萬有の實相を認識することあたはず。有を無と執し、虛妄の假相を有と計し、妄念絕ゆることなきを云ふ。轉變無常依るべからざるを夢に譬ふ。

メイソウ 名僧 〔雜語〕名德の沙門なり。

メイタウ 迷倒 〔術語〕迷心事理を轉倒するなり。【唐華嚴經四十九】に「菩薩離二迷倒一。」【釋門歸敬儀上】に「識心迷倒。三毒常纏。」

メイタラ 迷怛羅 〔界名〕又毘陀羅。譯、起屍鬼「「ビダラ」を見よ。

メイヅ 迷途 〔界名〕迷の境界を云ふ、三界六道

是なり。【菩提心論】に「夫迷途之法從二妄想一生。」

メイテイリ　迷底履　〔菩薩〕 Maitreya　舊稱の彌勒なり。【瑜伽倫記五】に「梵音迷底履。此云二慈氏一。即族姓、名字阿氏多。(Ajita)此云二無勝一。舊曰二彌勒阿逸多一並訛也。」「ミロク」を見よ。

メイトク　名德　〔雜名〕 名聲德行あるもの。【唐僧傳玄奘】に「鉢伐多國有二數名德一。」

メイトクセイダウ　名德西堂　〔雜名〕 名德は住職の稱にあらず、西堂の中に名譽德行ある者を擇で名德西堂と爲す、俗に所謂名譽職なり。【象器箋六】

メイトクシユソ　名德首座　〔雜名〕 名德の義名德西堂に同じ。

メイド　冥途　〔界名〕 又冥土と書す。幽冥の道途にて、地獄餓鬼などの處を云ふ。【國淸百錄三】に「冥途雖レ隔。感應道通。」【盂蘭盆疏新記上】に「一日盆供少頃修崇。能使二冥途應レ時脫レ苦。」⊙(曲、實盛)「魂は冥途にありながら、魄は此世にとどまりて」

冥途の鳥　〔界名〕 俗に杜鵑を云ふ。「ベットトンギス」を見よ。　「ウ」の項を見よ。

冥途の使　〔雜名〕 無常の使に同じ。「ムジヤ

メイナフ　名納　〔雜語〕 衲衣は僧の服する所なれば名僧を名衲と云ふ。【續稽古史略序】に「有元名衲華亭念常。」

メイニチ　命日　〔術語〕 又、明日、名日。忌日を云ふ。【叢林集下】に「命日年忌の事。或は命日或は明日とも書くか、義は命日なり、具さには捨命日なり、捨の字は世俗の忌む字なれば略し來て命日と云ふ」と。【考信錄二】に「命日と云ふは死亡日、或は命過日と云ふ。命過日の中略なり。蓮師の和章に明日とあるは同音假借の方にて、義を儀になし、爲を巳にな

し給ふ如し、其類甚だ多し、必しも通用すべかず、實悟記に所所皆命日とかけり。」

メイニユウ　迷乳　〔譬喩〕 盲人乳色を知らざる譬、涅槃經に說く。「ニユウシキ」を見よ。【義楚六帖七】に「迷乳之色旣分。迴天之醉俄醒。」

メイニンジユ　迷人咒　〔雜名〕 外法に人を迷亂せしむる咒法あり。【五分律二十六】に「諸比丘學二迷人咒一。佛言。不レ聽。犯者偸蘭遮。」「魘の廳なり。

メイフ　冥府　〔雜名〕 死者の魂が迷ひ行く處、閻

メイフク　冥福　〔術語〕 亡人の資福なり。

メイマウ　迷妄　〔術語〕 事理に闇きを迷と云ひ、虛にして實なきを妄と云ふ。【唐華嚴經四】に「衆生迷妄具二衆苦一。」【仁王合疏中】に「所レ言惑者謂迷妄之心。」

メイモツ　迷沒　〔術語〕 迷情非理に沒在するなり。【無量壽經上】に「迷二沒於瞋怒一。」

メイモン　銘文　〔雜語〕 金石又は圖像に銘したる文なり。図心腑に銘すべき要文なり。

メイリ　迷理　〔術語〕 無明に迷事迷理の二あり。法性の眞理に闇きを迷理と云ふ。「メイジ」と見よ。

メイレイマラ　迷黎麻羅　〔雜語〕 メリマラと讀む。眼目の迷亂を云ふ。【碧巖五十一則評唱】に「眼目迷黎麻羅。」【種電鈔六】に「借二瞇瞜瞇矖之音一也。瞇訂正篇海綿兮切。音米。眇目也。瞜字彙隣溪切。音黎。視也。瞇緩視也。瞇矖目無レ色也。人天眼目宗門雜錄部。嚴頭云。從來眼目彌黎麻羅。且莫三亂呈二懵袋一。今無眼子謂也。」

メイレイヤ　迷隸耶　〔飲食〕 Maireya 又、迷麗耶、米隸耶。果實根莖等を以て造りし酒なり。【順正理論三十八】に「迷麗耶者。謂諸根業葉花果汁爲二前方便一。不レ和二麴糵一醞釀。且成二酒色香味一。飲已惛醉。」【玄應音義二十三】に「米隸耶酒。謂根莖花果等雜酒。」

メイロ　迷盧　〔雜名〕 蘇迷盧 Sumeru の略。舊に言ふ須彌山なり。【西域記一】に「蘇迷盧山。唐言二妙高山一。舊曰二須彌一。又曰二須彌婁一皆訛略也。」高さ八萬由旬あれば迷盧八萬と云ふ。

メイロハチマンノイタダキ　迷盧八萬頂　〔雜語〕 須彌山の頂上は海より八萬由旬あり。師父の恩の高きに譬ふ。

メイワク　迷惑　〔術語〕 事理を謬るを迷と云ひ、事理に明ならざるを惑と云ふ。【唐華嚴經五】に「觀二佛神通境界一無二迷惑一。」【法華經方便品】に「無智者錯亂。迷惑不レ受レ教。」【敎行信證三末】に「沈二沒於愛欲廣海一。迷二惑名利之大山一。」

メウ　妙　〔術語〕 梵語、曼乳(まんじゆ) Mañju 薩 Sat 蘇 Su 不可思議の義。絕待の義。無比の義也。【法華玄義一】に「妙者褒二美不可思議之法一也。」【法華遊意】に「妙是精微深遠之稱。」【大日經疏一】に「妙名更無二等比一。更無二過上一義。」【法華玄贊一】に「薩者。正妙之義。」【梵語雜名】に「妙曼乳。」【秘藏記末】に「蘇者妙也。」

メウイボサツ　妙意菩薩　〔菩薩〕 錠光佛に五莖の蓮を捧げし儒童菩薩の本名なり。「ネントウブツ」を見よ。

メウイン　妙因　〔術語〕 絕妙の行因。菩薩の大行を云ふ。【法華文句會本十】に「妙因斯滿。極果頓圓。」

メウウ　妙有　〔術語〕 非有の有を妙有と云ふ、以て非空の空を眞空と言ふに對す。【業疏濟緣記一上】に「是知妙有則一毫不レ立。眞空則因果歷然。」

メウウンサウブツ　妙雲相佛　〔佛名〕 又、妙雲自在王如來と云ふ、龍樹菩薩の本地なり。「リユウ

ジユ」を見よ。

メウウンジザイワウニヨライ　妙雲自在王如來　〔佛名〕　妙雲相佛の異名。「を云ふ。

メウウンダイシ　妙雲大士　〔佛名〕　妙雲相佛

メウウンニヨライ　妙雲如來　〔佛名〕　同上。

メウオウ　妙應　〔術語〕　佛菩薩の不思議の應現なり。【法華玄義六】に「妙機召ニ究竟妙應ニ。」又「如ニ一月不レ降百水不レ升。而隨ニ河短長一任ニ器規矩一。無前無後一時普現。此是不思議妙應也。」

メウオン　妙音　〔人名〕　婆沙四評家の一。【倶舍光記二十】に「音聲妙故名曰ニ妙音一。梵云ニ瞿沙一。舊云ニ瞿沙一。訛也。」

メウオンガクテン　妙音樂天　〔天名〕　辯才天の異名。其妃を辯才天女と云ふ。密教には胎藏界金剛部院の一衆なり。顯教には妙音菩薩と云ふ。法華妙音菩薩品に説く。【大日經疏五】に「次地置ニ薩囉伐底一。Sarasvatī 譯云ニ妙音樂天一。或曰ニ辯才天一。次地幷置ニ其妃一。」【同十五】に「妙音是天名也。金光明云ニ大辯才天女一。六辯謂后也。我出レ聲勝ニ百千梵聲一。故得レ名也。」「ダイベンザイテン」を見よ。⊙(平家七)「妙音辯才二天の名は、各別なりとは申せども、本地一體にして」

「へんとの誓なり。

妙音の誓　〔雜語〕　妙音天の衆生に福德を與

メウオンダウ　妙音堂　〔堂塔〕　妙音天を祭れる堂なり。⊙(增鏡、老のなみ)「妙音堂に御まひりあるに」

「に同じ。

メウオンダイシ　妙音大士　〔菩薩〕　妙音菩薩

メウオンテウ　妙音鳥　〔雜名〕　迦陵頻伽、一に妙音鳥と譯す。

「稱。

メウオンテン　妙音天　〔天名〕　妙音樂天の略

メウオンボサツ　妙音菩薩　〔菩薩〕【法華經妙音菩薩品】に「釋迦如來肉髻白毫の二の光を放て東方八萬億の世界を照らす、其を過て淨光莊嚴といふ國あり、佛を淨華宿王智如來と云ふ、妙音菩薩彼の世界より八萬四千の菩薩と共に靈鷲山に來る、時に七寶の蓮華をふらし、百千の音樂自ら鳴る。花德菩薩佛に問ふ、此妙音菩薩はいかなる善根を植ゑて此神力ありやと。佛言く、過去に雲雷王といふ佛あり、此の時妙音菩薩十萬種の伎樂及び八萬四千の寶鉢を以て之を供養せり、依て今淨華宿王智佛の國に生れて現一切色身三昧を得て、一切世界に三十八種の身を現じて說法度生すと。」【法華文句十】に「昔得ニ一切衆生語言陀羅尼一。今以ニ普現色身一。以ニ妙音聲一偏吼ニ十方一弘ニ宣此敎一。故名ニ妙音一。」【法華嘉祥疏十二】に「言ニ妙音一者。此菩薩過去以ニ十萬種伎樂一供ニ養於佛一。故得ニ美妙音聲一。因以立レ名。舊經稱ニ師子吼菩薩一。」【法華玄贊十】に「音者謂音聲。妙者謂殊妙。昔住ニ因中一好設レ樂以供レ佛。今居ニ果位一善說レ法以利レ生。雙ニ彰業德一以標ニ其名一。故稱ニ妙音菩薩一。」

【妙音菩薩の圖】

妙音菩薩誡不孝　〔雜語〕⊙(平家)に「妙音菩薩は靈山淨土に詣して不孝の輩を誡め」妙音菩薩釋迦如來を問訊する中に「衆生易レ度不。乃至無下不レ孝ニ父母一。不レ敬ニ沙門一邪見上不。」の語あるに依る。

メウオンボサツボン　妙音菩薩品　〔經名〕　法華經二十八品中第二十四品の名。妙音菩薩の因行果德を說く。

「稱。

メウオンボン　妙音品　〔經名〕　妙音菩薩品の略

メウカイ　妙戒　〔術語〕　菩薩の大戒を小乘の麁戒に對して妙戒と云ふ。

メウカウガフジヤウグワン　妙香合成願　〔術語〕　國土嚴飾願の異名。

メウカウセン　妙高山　〔雜名〕　須彌山の譯名。【秘藏記本】に「蘇者妙也。迷盧者高也。故曰ニ妙高山一。」

メウカウセンワウ　妙高山王　〔雜語〕　妙高山は山中最高なれば王と云ふ。【藥師經】に「妙高山王可レ使ニ傾動一。諸佛所言無レ有レ異也。」【倶舍論十一】に「妙高山王四寶爲レ體。」

メウカク　妙覺　〔術語〕　自覺覺他覺行圓滿して不可思議なるを妙覺と云ふ、即ち佛果の無上正覺なり。二乘は自覺に止て覺他の功なく、菩薩は自覺覺他並行するも未だ圓滿せず、獨り佛のみ二覺圓滿して覺體不可思議なり。【四敎儀四】に「金剛後心。朗然大覺。妙智窮レ源無明習盡。名ニ眞解脫一。翛然無レ累。寂而常照。名ニ妙覺地一。」【三藏法數二十六】に「自覺覺他覺行圓滿不可思議。故名ニ妙覺性一。」⊙(曲、身延)「苦患をまぬかれ今は早妙覺無爲にいたるべき」

メウカクシヤウ　妙覺性　〔術語〕　瓔珞本業經所說六種性の一。佛果の性分なり。

メウカクチ　妙覺地　〔術語〕　瓔珞本業經所說四十二地の一。佛果の地位なり。

メウキ　妙機　〔術語〕　微妙の感應を受くべき微妙の機根なり。【法華玄義六】に「妙機召ニ究竟妙應一。」

メウキセカイ　妙喜世界　〔界名〕　維摩居士の

國土なり。【維摩經見阿閦佛國品】に「佛告二舍利弗一。有レ國名二妙喜一。佛號二無動一。是維摩詰於二彼國一沒而來生レ此。」

メウキソクテン　妙喜足天　〔界名〕兜率天の譯名なり。【可洪音義一】に「妙喜足天覩史天王也。大智度論云。删兜率陀。秦言二妙足一。唐言二妙喜足一。亦言二知足一。」

メウキチジヤウ　妙吉祥　〔菩薩〕文殊師利。新稱曼殊室利。妙吉祥と譯す。【大日經疏一】に「妙吉祥菩薩者。妙者謂佛無上慧。猶如二醍醐純淨第一一。室利翻爲二吉祥一。即是具二衆德一義。或云二妙德一。亦云二妙音一也。」【心地觀經八】に「三世覺母妙吉祥。」「モンジユ」を見よ。

(妙吉祥の圖)

メウキチジヤウクワンモンキヤウ　妙吉祥觀門經　〔經名〕妙吉祥平性秘密最上觀門大敎王經の略名。

メウキチジヤウクワンモンキヤウゴマギキ　妙吉祥觀門經護摩儀軌　〔經名〕妙吉祥平性觀門大敎王經略出護摩儀軌の略名。

メウキチジヤウサイシヨウコンボンダイケウキヤウ　妙吉祥最勝根本大敎經　〔經名〕三卷、趙宋の法賢譯。焰鬘德迦明王の眞言を持誦する儀軌を說く。【成帙十三】(1040)

メウキチジヤウシヨモンホフラキヤウ　妙吉祥所問法螺經　〔經名〕妙吉祥菩薩所問大乘法螺經の略名。

メウキチジヤウダイケウキヤウ　妙吉祥大敎經　〔經名〕妙吉祥最勝根本大敎經の略名。

メウキチジヤウビヤウドウクワンモンダイケウワウキヤウリヤクシユツゴマギキ　妙吉祥平等觀門大敎王經略出護摩儀軌　〔經名〕一卷、趙宋の慈賢譯。息災增益敬愛降伏の四種の護摩法を說く。【成帙十二】(1445)

メウキチジヤウビヤウドウヒミツサイジヤウクワンモンダイケウワウキヤウ　妙吉祥平等秘密最上觀門大敎王經　〔經名〕五卷、趙宋の慈賢譯。佛舍衛國にあり、彌勒菩薩等佛に三乘妙法門の外に更に法ありや否やを問ふ。佛言く、摩訶三昧耶秘密門法あり、修する者速に成佛を得んと。即ち五色の光を放ちて毘盧遮那等の五佛並に諸菩薩諸金剛を化現して持誦の法を說く。【成帙四】(1041)

メウキチジヤウビヤウドウユガヒミツクワンシンジヤウブツギキ　妙吉祥平等瑜伽秘密觀身成佛儀軌　〔經名〕一卷、趙宋の慈賢譯。經に依て具に課誦の法を說く。【成帙十二】(1438)

メウキチジヤウボサツシヨモンダイジヨウホフラキヤウ　妙吉祥菩薩所問大乘法螺經　〔經名〕一卷、趙宋の法賢譯。大乘百福相經の略譯。【宙帙七】(959)

メウキチジヤウボサツダラニ　妙吉祥菩薩陀羅尼　〔經名〕一卷、趙宋の法賢譯。純咒無文。【成帙十二】(912)

メウキヤウ　妙境　〔術語〕不思議の境界なり。觀法の智慧を以て見る時は一一の法にみな實相の理をそなへたりと云ふ。

メウギヤウ　妙行　〔術語〕殊妙の行法なり。【大方等陀羅尼經四】に「不レ離二善友一。常說二衆生妙行一。」【法華玄義四】に「妙行者一行一切行。」⊙(太平記一一)「今に至るまで、其妙行片時も懈ることなくして」

メウギヤウサンマイ　妙行三昧　〔術語〕百八三昧の一。【智度論四十七】に「妙行三昧者。即是畢竟空相應三昧。乃至不レ見二不二相一。一切戲論不レ能レ破。」

メウクワ　妙果　〔術語〕殊妙の結果、即ち菩提涅槃の二なり。是れ妙因の結果なり。【金剛經新注】に「既行二勝因一必定妙果。」

メウクワウボサツ　妙光菩薩　〔菩薩〕文殊菩薩往昔日月燈明佛の所に在て妙光菩薩と稱し、八百の弟子を有し、法華を弘通す。彌勒菩薩時に求名と稱し其中の一人なり。【法華經序品】

メウクワン　妙觀　〔術語〕台宗に別敎隔歷の三觀に對して圓敎圓融の三觀を妙觀と云ふ。【光明記三】に「妙觀者空即三諦。假中亦然。名二即一而三一。三諦俱空假中亦然。名二即三而一一。」【四敎集解下】に「以二妙觀一觀二於陰心一顯二於三千三諦之理一。故云二觀法一也。」

メウクワンザツチ　妙觀察智　〔術語〕顯敎所說四智の一。凡夫の第六識を轉じて佛果に至て得るなり、妙に諸法を觀察して法を說く智なり。【心地觀經二】に「妙觀察智轉二分別識一得二此智慧一。能觀二諸法自相共相一。於二衆會前一說二諸妙法一。能令三釋生得二不退轉一。以レ是名爲二妙觀察智一。」図　密敎所說五智の一。西方無量壽佛の智德に配す。【菩提心論】に「西方阿彌陀佛由二妙觀智一。亦名二蓮華智一。亦名二轉法輪智一也。」

【秘藏記本】に「妙觀察智五眼高臨。邪正不レ謬。因以爲レ名。」

メウクワンザツチヤウイン　妙觀察智定印　〔印相〕　又蓮華部定印と云ふ。阿彌陀如來の入定印なり。「ジヤウイン」を見よ。

メウグ　妙供　〔術語〕　殊妙の供養なり。【秘藏寶鑰上】に「八供天女起三雲海於二妙供一。」

メウケ　妙華　〔雜語〕　殊妙の花。【無量壽經上】に「天雨二妙華一。」

メウケ　妙假　〔術語〕　台家に別教隔歷の建立假に對して圓教三諦圓融の假を妙假と云ふ。【輔行一之三】に「即此千如名爲二妙假一。」

メウケウ　妙教　〔術語〕　殊妙の教法。法華經を稱す。【法華文句記六】に「今開二妙教一須レ附二妙宗一。」

メウケザンマイ　妙華三昧　〔術語〕百八三昧の一。【智度論四十七】に「妙華三昧者。如三樹華敷開令二樹嚴飾一。得二此三昧一諸三昧中開二諸功德華一。以自莊嚴。」

メウケフヂタイザウシヤウゴンセカイ　妙華布地胎藏莊嚴世界　〔術語〕　胎藏大日所住の世界即ち大悲胎藏曼荼羅なり。【大日經百字果相應品】に「爾時世尊於二無量世界海門一。徧二法界一慇懃勸三發成二就菩提一。出三生普賢菩薩行願一。於二此妙華布地胎藏莊嚴世界種種性海中一受レ生。以二種種性清淨門一淨三除佛刹一。現二於菩提場一而作二佛事一。」

メウケン　妙賢　〔人名〕　須跋陀羅比丘、西域記に善賢と譯し、寄歸傳に妙賢と譯す。「シユバダラ」を見よ。

メウケン　妙見　〔菩薩〕　妙見大士妙見菩薩など云ふ。北斗七星の名なり。神咒あり、國土を擁護す。經中其本地を明かさず。諸師異說、或は釋迦となし、或は觀音となし、或は藥師となす。三井には尊星王と號し、東寺には妙見大士の名を用ふ。【七佛八菩薩所說大陀羅尼神咒經二】に「我北辰菩薩名曰二妙見一。今欲下說二神咒一擁中護諸國土上。所作甚奇特。故名曰二妙見一。處二於閻浮提一衆星中最勝。神仙中之仙。菩薩之大將。光二目諸菩薩一。曠濟二諸群生一。有二大神咒一名二胡捺波一。晉言二擁護國土一。佐二諸國王一。消レ灾却レ敵。莫レ不レ由レ之。」（論語に譬如北辰居其所而衆星拱之と、是れ北辰は北極星にして北斗にあらず、然るに古來密教の法には此北辰菩薩を北斗七星の事として尊星王とし、妙見大士とも云ふ也）【山陰雜錄中】に「妙見本地即是釋迦也。智證顯密一如本佛釋曰。星宿王者尊星王也。以二尊星王一名二妙見一。妙中極妙界道本妙。迹妙雖レ妙望レ本還是麁。故以レ之思レ之妙見之名是本地報身如實知見也。北斗七星亦是輪王佛頂七寶。釋迦如來七聖財也。」【櫻陰腐談一】に「妙見者北斗七星。衆星中最勝。神仙中大仙也。三井曰二尊星一。東寺名二妙見一。天文家號二文昌星一。妙見是迹身。不レ知本地是何佛乎。答曰。妙見本地有二二說一。或爲二觀音一或爲二藥師一。具如二賴瑜秘鈔問答十七一也。」

妙見神像　〔圖像〕　【山陰雜錄中】に「圖三畫妙見像一則童子形。軀卷二金甲一。右手伸レ臂握二神劍一。左手屈レ肘著二於腰一。足蹈二龜蛇一。蓋北大士現二迹於北方七宿一。所謂北宮玄武也。」

メウケンセン　妙顯山　〔雜名〕　須彌山なり。【金剛頂經】に「妙顯山舊云二妙高山一。」

メウケンソンシヤウワウ　妙見尊星王　〔菩薩〕　北斗七星を經には妙見菩薩と名け、三井の一流には尊星王と稱す。

メウゲン　妙玄　〔書名〕　妙法蓮華經玄義の略稱。即ち天台の法華玄義なり。

メウゲン　妙眼　〔雜語〕　殊妙の眼根。【唐華嚴經二】に「妙眼能知二此方便一。」

メウコンガウダイカンログンダリエンマンシジヤウダイサマヂ　妙金剛大甘露軍荼利焰鬘熾盛大三摩地　〔術語〕　大日如來將に金剛熾盛光明佛頂自在十字眞言を說かんとして先づ盡虛空界をして一甘露焰鬘と成らしむる三昧なり。【大妙經】に「於レ是如來入二妙金剛大甘露軍荼利焰鬘熾盛大三摩地一。盡二虛空界一無レ有二邊處一。成二一甘露焰鬘一。」

メウゴ　妙悟　〔術語〕　殊妙の覺悟。【唐華嚴經十二】に「妙悟皆滿。二行永斷。」【涅槃無名論】に「玄道在二於妙悟一。妙悟在二於即眞一。」

メウゴ　犛牛　〔動物〕　尾の長き牛なり。【法華經方便品】に「深著二於五欲一。如二犛牛愛一レ尾。」【法華玄贊四】に「犛牛說文西南夷長髦牛也。有作二貓字一。人間捕レ鼠者非二此中義一。有作二猫从一不レ知二所從一。」【康熙字典】に「說文本作レ犛。長髦牛也。从レ牛犛聲。玉篇獸如レ牛而尾長名曰二犛牛一。」

メウゴク　妙極　〔術語〕　絕妙至極なり。【三論玄義】に「佛名二大覺一。老曰二天尊一。人同上聖。法俱妙極。」【大日經疏】に「一一眞言皆如來妙極之語也。」

メウゴザウ　妙語藏　〔術語〕　眞言陀羅尼なり。【千手經】に「當レ知其人妙語藏。口中陀羅尼音無二斷絕一故。」【大日經疏】に「一一眞言皆如來妙極之語也。」

メウサウ　妙相　〔術語〕　殊妙の相貌。

メウシ　妙旨　〔術語〕　純妙の旨趣。

メウシキ　妙色　〔術語〕梵語、蘇樓波。Surūpa 佛の報身報土の色相不可思議なるもの。【勝天般若經七】に「爾時有二一人一。名二蘇樓波一。陳云二妙色一。」【名義集三】

に「經云。妙色湛然常安住。不下爲二生老病死一遷上。」

メウシキキヤウ　妙色經　［經名］妙色陀羅尼經の略名。

メウシキシンニヨライ　妙色身如來　［佛名］施餓鬼の法に東方の阿閦佛を妙色身如來と稱す。【秘藏記本】に「施餓鬼義。妙色身如來東方阿閦佛。」

メウシキダラニキヤウ　妙色陀羅尼經　［經名］一卷、趙宋の法賢譯。之を誦して生飯し鬼神に施すべし。【成帙八】(886)

メウシキワウインエンキヤウ　妙色王因緣經　［經名］一卷、唐の義淨譯。佛昔妙色王たる時法を求めて勞を忘れ、妻子並に自身を捨て、夜叉に食を奉ぜし因緣に依て、今成佛して一切大衆至心に法要を聽聞するを說く。【宙帙六】(459)

メウシキワウキヤウ　妙色王經　［經名］如色王因緣經の略名。

メウシヤ　妙車　［雜名］殊妙の寶車。【法華經譬喩品】に「以二是妙車一等賜二諸子一。」

メウシヤウ　妙祥　［菩薩］妙吉祥の略。文殊師利の新譯の語。【性靈集二】に「能寂常以二利見一。妙祥鎭住以接引。」

メウシヤウゴンワウ　妙莊嚴王　［本生］【法華經妙莊嚴王本事品】に「過去無數劫の昔に佛あり、雲雷音宿王華如來と名く、法華經を說けり。爾の時國王を妙莊嚴と名け、夫人を淨德と名く。二子あり、淨藏淨眼と名く。時に妙莊嚴外道婆羅門の法を信じて邪見なり、夫人二子と共に種種の方便を設て王の心を翻さしめ、遂に宿王華如來の所に詣でて法華經を聞き、共に妙益を得。」◉(十訓抄五)「妙莊嚴王の邪見なりし、淨德夫人の勸によりて惡法をひるがへし」

メウシヤウゴンワウホン　妙莊嚴王品　［經名］妙莊嚴王本事品の略稱。

メウシヤウゴンワウホンジホン　妙莊嚴王本事品　［經名］法華經二十八品中第二十七品の名。妙莊嚴王の本事來歷を說く、故に名く。

メウシヤウテウ　妙聲鳥　［動物］迦陵頻伽の譯名。

メウシユ　妙趣　［術語］微妙の旨趣。【唯識樞要上本】に「大乘之妙趣。」

メウシユウ　妙宗　［術語］殊妙の宗旨。【法華文句記六】に「今開二妙敎一須レ附二妙宗一。」日蓮宗或は妙宗と自稱す。蓋し妙法蓮華經の妙を取る。

メウシユウセウ　妙宗鈔　［書名］宋の四明尊者、天台の觀經疏を釋して妙宗鈔と題す。【自序】に「上順二妙宗一略消二此疏一。」

メウシン　妙心　［術語］心體不可思議なり、稱して妙と云ふ。【圓覺經】に「如來圓覺妙心。」【五燈會元一】に「世尊曰。吾有二正法眼藏涅槃妙心實相無相微妙法門。不立文字敎外別傳一。」【四敎儀】に「妙心體具二如如意珠一。」台宗の判に依らば別敎は如來の眞心を以て妙心と名け、圓敎は直に凡夫の妄心を以て妙心と稱す。

メウシンジユマウ　妙眞珠網　［雜名］殊妙の眞珠を以て造れる網なり。【觀無量壽經】に「妙眞珠網以爲二交飾一。」

メウシンジ　妙心寺　［寺名］正法山と號す。花園法皇離宮を捨て禪刹となし、關山慧玄を請じて開山とす。【山城名勝志八】

メウシンニヨシヤウ　妙眞如性　［術語］眞如は萬法の實性にて諸相不可得なれば妙と云ふ。【楞嚴經二】に「常住妙明不動周圓妙眞如性。」

メウセツ　妙說　［術語］微妙の說法。【慈恩傳五】に「耳承二妙說一。目擊金容一。」

メウゼンコウシユ　妙善公主　［本生］觀音菩薩嘗て妙善公主たりしと云ふ。【徧年通論十】に「南山道宣律師。嘗問二天神觀音大師緣起一。天神對曰。往昔過去劫有レ主曰二莊嚴一。夫人曰二寶應一。生二三女一。長曰二妙顏一。仲曰二妙音一。季曰二妙善一。乃至現二千手千眼聖像一。」【從容錄四】に「嘗見二一說一。大悲昔爲二妙善公主一。乃天人爲二宣律師一說。」

メウソクトン　妙觸貪　［術語］四種貪の一。

メウタイ　妙體　［術語］殊妙の體性。

メウダン　妙談　［術語］殊妙の談話。【敎行信證三末】に「律宗用欽師云。至如二華嚴極唱法華妙談一。且未レ見レ有二普授下衆生一生皆得二阿耨多羅三藐三菩提一記上者甲。」

メウチ　妙智　［術語］佛智の不可思議を稱す。【無量壽經上】に「妙智無二等倫一。」

メウチユウ　妙中　［術語］台家に別敎隔歷の中に對して圓敎圓融の中を妙中と云ふ。【輔行一之三】に「即此法性名爲二妙中一。」

メウテン　妙典　［術語］微妙の法を說ける經典。【敎行信證一】に「如來興世之正說。奇特最勝之妙典。」◉(太平記一一)「上人寂寞の扉に御座して、妙典を讀誦し給ひける時」

メウトク　妙德　［術語］文殊師利（Mañjuśrī）菩薩の譯名。【法華文句一】に「文殊師利。此云二妙德一。大經云。了了見二佛性一。猶如二妙德一等。無行經云二滿殊尸利一。普超云二濡首一。思益云。雖レ說二諸法一而不レ起二法相一。不レ起二非法相一。故名二妙德一。」【釋門正統二】に「妙德

現二於清涼一。徧吉彰二於岷峨一。」

メウトクドウシンボサツ　妙德童眞菩薩　〔菩薩〕文殊菩薩の童形の稱なり。【礦石集二】に「文殊大聖は釋迦九代の祖師にして、現在北方の世界にては歡喜藏摩尼寶積佛と現じ給へども、童子の形を現じて妙德童眞菩薩と名け奉る。蓋し文殊の妙慧は諸法に於て無執無分別なると世の童子に類すればなり。」「モンジユシリ」を見よ。

メウド　妙土　〔術語〕佛の報土の殊妙なるもの。【無量壽經上】に「一向專志。莊二嚴妙土一。所修佛國。恢廓廣大。超勝獨妙。」【讃阿彌佛偈】に「妙土廣大超二數限一。」

メウドウ　妙幢　〔菩薩〕菩薩の名。【最勝王經夢見金鼓懺悔品】に「爾の時妙幢菩薩鷲峯山に詣り、佛に白して言く、世尊我れ夢中に於て婆羅門の妙金鼓を擊つを見る、聲の中に微妙の伽陀を演說し、懺悔の法を明かす。我れ皆憶持す、願くは世尊我が所說を聽せ。即ち佛前に於て頌を說く。爾の時世尊此の說を聞き已て妙幢菩薩を讃して曰く、善哉善男子、汝が夢みる所の如し、金鼓聲を出して如來の眞實の功德幷に懺悔の法を讃嘆す、若し聞く者あらば福を獲ると甚だ多からん。」舊譯の金光明經には信相菩薩と名く。

メワドウサウサンマイ　妙幢相三昧　〔術語〕法華經所說十六三昧の一。【法華義疏十二】に「妙幢相三昧者。入二是三昧一於二諸三昧中一最爲二尊長一。譬如三軍將得レ幢表二其大相一也。」

メウハチタイヒニンキヤウ　馬有八態譬人經　〔經名〕一卷、後漢の支曜譯。惡馬に八態あるを說き、以て惡比丘に譬ふ。【辰帙六】(662)

メウヒインダラニキヤウ　妙臂印陀羅尼經　〔經名〕一卷、唐の實叉難陀譯。勝臂印陀羅尼經の異譯。【成帙八】(861)

メウヒシヨモンキヤウ　妙臂所問經　〔經名〕妙臂菩薩所問經の略稱。

メウヒボサツ　妙臂菩薩　〔菩薩〕又、蘇婆呼童子と云ふ、蘇婆呼、妙臂と譯す。

メウヒボサツシヨモンキヤウ　妙臂菩薩所問經　〔經名〕四卷、趙宋の法天譯。蘇婆呼童子經の異譯。【成帙十一】(822)

メウホフ　妙法　〔術語〕梵語、薩達磨、薩達剌摩。Saddharma　第一最勝の法不可思議なるを妙法と云ふ。【法華玄義序】に「妙者褒二美不可思議之法一也。」【維摩經佛國品】に「以二斯妙法一濟二群生一。」【法華經方便品】に「我法妙難レ思。」

少女去水　〔雜語〕【考信錄二】に「日蓮宗には所祟の妙法蓮華經の妙法の二字を分て少女去水と云ふとにして、即ち八歲の龍女出海作佛の益を表するより、女人得脫の義に取て女人の法名に妙字を用うと云へり。」【羅山文集二十五山王論】に「提婆品所謂龍女成佛。於二此經一爲二最要一。故析二提婆二字一爲二提波女三字一。析二妙法二字一爲二少女去水四字一。即是附會也。皆是後來台徒之戲論也。」

メウホフインサンマイ　妙法印三昧　〔術語〕百八三昧の一。【智度論四十七】に「妙法名二諸佛菩薩功德智慧一。得二是三昧一得二諸深妙功德智慧一。」

メウホフキンナラ　妙法緊那羅　〔經名〕法華經列衆四緊那羅王の一。

メウホフグウ　妙法宮　〔術語〕如來は妙法を宮殿として常に此に住す。【心地觀經一】に「法王常住妙法宮一。法身光明靡レ不レ照。」【唐華嚴經一】に「法王安二處妙法宮一。法身光明無レ不レ照。」

メウホフケ　妙法華　〔術語〕妙法蓮華の略。

メウホフケツヂヤウゴフシヤウキヤウ　妙法決定業障經　〔經名〕具名、說妙法決定業障經、一卷、唐の智嚴譯。稱讃大乘功德經の異譯。【宙帙七】(277)

メウホフケキヤウ　妙法華經　〔經名〕妙法蓮華經の略稱。【法華經法師品】に「若有三能受二持妙法華經一者。當レ知佛所レ使愍二念諸衆生一。」

メウホフゲ　妙法偈　〔雜語〕微妙の法を說きし偈頌なり。⊙(太平記二三)「令レ講二讃妙法偈一。」

メウホフザウ　妙法藏　〔術語〕妙法を貯へし庫藏なり。【千手經】に「當レ知其人妙法藏。普攝二一切諸陀羅尼門一故。」

メウホフシヤウネンキヤウ　妙法聖念經　〔經名〕八卷、趙宋の法天譯、正法念處經の抄譯。【宿帙五】(803)

メウホフセン　妙法船　〔譬喩〕妙法は猶船の如し、能く人を載せて生死の海を度す。【心地觀經一】に「善逝恒爲二妙法船一。能截二愛流一超二彼岸一。」

メウホフダウ　妙法堂　〔堂塔〕又、善法堂と云ふ。忉利天に在りて諸天人事の如法不如法を論ずる所。【法華經法師功德品】に「在二妙法堂上一爲二忉利天一說レ法。」【俱舍論十一】に「西南角有二善法堂一。三十三天時集レ於レ彼。詳二論如法不如法事一。」

メウホフトウ　妙法燈　〔譬喩〕妙法能く世間の闇を照す、燈の如し。【唐華嚴經一】に「能然二照世妙法燈一。」

メウホフリン　妙法輪　〔譬喩〕佛所轉の法輪は

絶妙不可思議なるを妙法輪と云ふ。【唐華嚴經一】に「辯才大海亦無盡。能轉二清淨妙法輪一。」

メウホフレンゲ　妙法蓮華　〔術語〕　法華經中所說の法なり。光宅曰く、妙法とは一乘の因一乘の果なり、前の十四品は一乘の因を說き、後の十四品は一乘の果なり。一乘の因果を三乘の麁法に對して妙法と云ふ。蓮華は譬なり、蓮華は必ず華實同時に存するもの、以て一乘の因果は同時なるを表すと。天台は曰く、妙法は十界十如權實の法なり、九界の十如は權にして佛界の十如は實なり、此權實の法、悉く實相にして即空即假即中なれば妙と云ふ。蓮華は此權實の關係を譬へしなり。何となれば華は權法の如く實は實法の如し、佛成道後今時に至るまで權法を說きしは、是れ今の實法を說かん爲の方便にして、猶華の實の爲に咲くが如し、之を爲實施權と云ふ。次に今日前所說の權法を悉く方便なりと打明けて一乘の實法を顯はすは、猶華開て實の現はるる如し、之を華開蓮現と云ふ。次に一乘の實法顯はれ了れば實法の外に權法なく、權法悉く實となるは猶實成りて華落つるが如し、之を華落蓮成と云ふ。此の如く蓮華を以て權實の施開廢を表すと。慈恩は曰く、妙法とは一乘の因果なり、蓮華に出水開敷の二義あり出水の義を以て所詮の理の二乘の泥水を超出するを表し、開敷の義を以て能詮の敎の能く眞理を開くを表すと。是れ天親の法華論に依れる義なり。嘉祥は曰く、妙法とは一乘法なり、蓮華に十六種の義ありと、此中悉く諸師の義を該收す。【法華光宅疏一】に「因果兩法倶稱爲二妙法一。蓮華者外譬二一物必花實倶有一。」【法華玄義一】に「所レ言妙者名二不可思議一也。所レ言法者十界十如權實之法也。蓮華譬二權實法一也。乃至蓮華多奇。爲レ蓮故華。華實具足。可レ喩二即レ實而權一。又華開蓮現。可レ喩二即レ權而實一。又華落蓮成。亦落。可レ喩二非權非實一。如レ是等種種義故便以二蓮華一喩二於妙法一也。」【法華玄贊一】に「蓮華有二二義一。一出水義。所詮之理出三離二乘泥濁水一故。二開敷義。以二勝敎言一開二眞理一故。前爲二理敎一。後爲二敎妙一。」【法華玄論二】に「問以二何義一故取二蓮華一喩二此經一耶。答。略明二十種義一。」

メウホフレンゲキヤウ　妙法蓮華經　〔經名〕Saddharmapuṇḍarīka 七卷、或は八卷、秦の羅什譯。法華に三譯あり、是れ其の第二譯なり。【盈帙一】(134)さて數卷に付き梁の僧祐の出三藏記、隋の費長房の歷代三寶記、麗宋元明の四大藏經目錄、明の智旭の閱藏知津等悉く七卷と記せり、獨り唐の智昇の開元釋敎錄に妙法蓮華經八卷と記し、註に古本七卷と記せり。又玄應師の音義は八卷本に據れるなり。されば此時より既に八卷とせしなり。然も其後の經錄麗宋元明の四大藏皆七卷と記するを見れば、一般に行はれしは七卷なり。明の法華科註も現行本は八卷なれども其序に釐爲二七帙一壽二諸梓一とあれば、もと七卷なりしこと明か也。本朝にて上宮太子の疏を造られし經本は七卷なりしと、其の所依の光宅の義疏の七卷本なりしにて知るべし。其後傳敎大師の請來錄に七卷と八卷との兩本を列ぬ。其頃より盛に法華會の八講行はれしより、一般に八卷本を取るに至れるなり。但し支那にては慧明七卷の法華經を八座に講じて天人の降聽を感ぜしと三寶感應錄に記す。經は開三顯一、諸法の實相を說く。⦿(曲、身延)「妙法蓮華經の功德、不思議なるかな妙なるかな」

メウホフレンゲキヤウウバダイシヤ　妙法蓮華經優波提舍　〔書名〕　一卷、後魏の菩提流支譯。優波提舍は論藏の異名、天親菩薩の法華を釋せし論藏なり。元魏の勒那摩提の異譯一卷あり、妙法蓮華經論優波提舍と題す。【往帙六】(1233)

メウホフレンゲキヤウクワンゼオンボサツフモンボンキヤウ　妙法蓮華經觀世音菩薩普門品經　〔經名〕　一卷、秦の羅什長行を譯し、隋の闍那崛多偈頌を譯す。即ち法華經第七卷本(七卷)普門品の別行にて、世に所謂觀音經なり。【盈帙二】(137)

メウホフレンゲキヤウゲンギ　妙法蓮華經玄義　〔書名〕　二十卷、隋の智者說、灌頂記。法華の經題を釋す、所謂法華三大部の一なり。略して法華玄義と云ふ。【呂帙九】(1534)

メウホフレンゲキヤウモング　妙法蓮華經文句　〔書名〕　二十卷、隋の智者說、灌頂記。法華の經文を釋す、所謂法華三大部の一なり。略して法華文句と云ふ。【調帙一】(1536)

メウミヤウ　妙明　〔術語〕　眞妙の明心、無漏の眞智に名く。【楞嚴經一】に「發二妙明心一開二我道眼一。」

メウモン　妙文　〔術語〕　妙法を說きし經文なり。

メウモン　一乘の妙文　〔術語〕　法華經を云ふ。

メウモン　妙門　〔術語〕　殊妙の法門なり。【唐華嚴經一】に「普應二群情一闡二妙門一。」図 涅槃を妙と爲し妙に入るの門を妙門と云ふ。台家所立の六妙門これなり。

六妙門　〔名數〕　一に數息門、善く身息を調へ息を數へて一より十に至り、以て亂心を攝す。是れ入定の要たり、故に數息を以て妙門となす。二に隨門、細心息に依て入るを知り出るを知るを隨

息と云ふ。若し強ひて數を存すれば則ち起念の失あり、故に數息を放ちて隨息を修すべし、入る時は入るを知り出る時は出るを知り、長短冷暖皆悉く之を知る。是に由て諸禪自ら發す、隨を以て妙門となすなり。三に止門、息心靜慮之を名けて止となす、行者隨息に依て心明淨に安ずと雖、若し心隨に依らば則ち起想の亂あり、故に隨を捨てて止を修すべし。凝心寂慮、心に波動なくんば諸の禪定自ら開發せん、是れ止を以て門となすなり。四に觀門、分別推析の心を觀と名く、行者止に因て諸の禪定を證するも解慧未だ發せずんば無明の心諸定に味着せん、故に觀心分明五陰の虛誑を知り、四顚倒及び我等の十六知見を破すべし。顚倒既に無くんば無漏の方便此に因て開發せん、故に觀を以て門となす。五に還門、轉心返照を還と名く、行者觀照を修するも、若し我れ能く觀照して顚倒を破すと計せば則ち計我の惑にして反て外道に同じ、故に當に轉心して能觀の心を反照すべし。若し能觀の心虛誑無實なるを了せば即ち附觀執我の倒自ら亡びて無漏の方便智自然に朗ならん、故に還を以て門と爲す。六に淨門、心所依なく妄波起らざるを淨と名く、行者還を修する時能く能觀の倒心を破するも未だ眞明の無漏智を發せざるは無能所に住するに由る、即ち是れ一箇の受念なり、故に心智をして穢濁せしむ、若し之を覺知し已て不住不着泯然清淨なれば眞明此に因て開發し、即ち三界の結を斷じ三乘の道を證せん。是れ淨を以て門となすなり。此六通じて妙門と稱するは次第相通じて眞妙の涅槃に至ればなり。【六妙法門、法界次第上之下】

メウラク　妙樂　〔術語〕殊妙の歡樂なり。【觀無量壽經】に「見二彼國土極妙樂事一。」

メウラク　妙樂　〔人名〕天台の六祖荊溪湛然、常州の妙樂寺に住して法華を講ぜしより妙樂大師と號し、師の法華文句記を妙樂と稱す。法照の讀教記及び蒙潤の四教儀集註に妙樂記とあるは即ち文句記なり。【唐文粹六十一李華左溪大師碑銘】に「常州妙樂寺僧湛然。見二如來性一傳二左溪法門一。」【觀心略要集冠註】に「吾山先哲皆指二湛然尊者一云二妙樂大師一。相傳云。妙樂寺號也。」

メウレンゲ　妙蓮華　〔譬喩〕眞明の佛知見染に在ても汚れざれば妙蓮華と云ふ。【楞嚴經五】に「是名二妙蓮華金剛王寶覺如幻三摩提一。」【長水疏五上】に「此平等性觀。能破二無明一開二佛知見一。此知見性處レ妄常眞。在レ染不レ染。今得二顯發一如二開敷出一レ水。故以爲レ喩。」

メウリ　妙理　〔術語〕深妙の道理なり。

メウリゴンゲン　妙理權現　〔佛名〕加州白山の神號なり、十一面觀音の化現にして伊弉諾尊なりと云ふ。【元亨釋書泰澄傳】

メウリフ　妙立　〔人名〕釋の慈山、字は妙立、唯忍子と號す、叡山安樂派の祖なり。四明流の天台を再興し比丘戒を主張せり。貞享三年寂、壽五十四、靈空は其弟子なり、【續日本高僧傳一】

メウヱ　妙慧　〔術語〕深妙の智慧。【法華經序品】に「佛子心無二所着一。以二此妙慧一求二無上道一。」

メウヱドウニヨキヤウ　妙慧童女經　〔經名〕須摩提經の異名。

メオンザウ　馬陰藏　〔術語〕三十二相の一。陰とは男根を云ふ。佛の男根は馬陰の如く腹中に隱藏して外に現はれざるなり。

メオンザウサマヂ　馬陰藏三摩地　〔術語〕大日如來此三摩地に住して愛染法を說く。「アイゼンロウ」を見よ。

メシ　馬師　〔人名〕Aśvajit 又、馬勝と云ふ。【增一阿含經三】に「我聲聞中第一比丘。威容端正。行步庠序。所謂馬師比丘是。」「メシヨウ」を見よ。

メシユ　馬主　〔地名〕四主の一。雪山以北善馬を出せば稱して馬主國と云ふ。【釋迦方誌上】に「雪山以北至二于北海一。地寒宜レ馬名二馬主一也。其俗凶暴忍レ殺衣レ毛。是突厥國。」

メシヨウ　馬勝　〔人名〕又、馬師と云ふ。梵名頞鞞。Aśvajit 巳 Assaji 五比丘の一にして端正の威容と庠序たる擧止は時時人目を引きたる如く、舍利弗が師を失ひて所歸に迷ひ、憒憒として路を行く時卒然馬勝比丘の威儀を見て師を問ひ法を問ふの心を起したる、又諸比丘が淸旦耆闍崛山より乞食の爲に王舍城に來りし時一長者は馬勝比丘を見て歡喜の念を生じ、僧衆の爲に六十房舍を建てたる如き【四分律及び南傳律房舍犍度】に見るもその一端を知るに足る。【西域記九】に「阿濕縛恃比丘。唐言二馬勝一。」

メツ　滅　〔術語〕三種あり、一に涅槃を滅と譯す、涅槃の體無爲寂滅なれば滅と名く。【大乘義章二】に「涅槃無爲恬泊名レ滅。」二に尼彌留陀、尼樓陀 Nirodha を滅と譯す、四諦中の滅諦なり、涅槃の滅は偏に滿處に據る、尼彌留陀の滅は因果に通ず。【大乘義章一】に「涅槃之滅偏據二滿處一。尼彌留陀滅義通二因果一。是故滅諦有レ滅皆收。」【賢愚經十二】に「豆佉。三牟提耶。尼樓陀。末伽。晋言二苦集滅道一。」三に毘尼を滅と譯す、是れ戒行なり、戒行能く諸惡を滅すれば滅と云ふ。前の二は體是れ滅なり、毘尼の滅は滅す

る所あるなり。【大乘義章一】に「若論ニ毘尼一。體非ニ是滅一。有爲行德能有ニ所滅一。故名爲レ滅。又能證ニ寂滅之果一故說爲レ滅。」【梵語雜名】に「滅尾娜捨。」【俱舍論光記五】に「能滅ニ彼現法用一。滅入ニ過去一。故名爲レ滅。」

メツクワ　滅果　[術語] 寂滅の妙果。涅槃に同じ。

メツコンマ　滅羯磨　[術語] 律の罰法に滅擯と云ふあり、滅擯を行ふ作法を滅羯磨と云ふ。

メツゴ　滅後　[術語] 如來の涅槃を入滅と云ふ。滅後は入滅已後なり。【遺敎經】に「汝等比丘。於ニ我滅後ニ當レ尊ニ重珍ニ敬波羅提木叉一。」⦿(曲、現世七面)「さる程に滅後の弘經も正像末に次第して」

メツゴフ　滅業　[術語] 涅槃の滅果を得べき業事なり。【性靈集二】に「三諦之滅業。」

メツサウ　滅相　[術語] 有爲の四相の一。有爲法に現法滅して過去に入る相あるを云ふ。又眞如三相の一。眞如寂滅にして二種の生死なきを滅相と云ふ。【法華經化城喩品】に「如來說法一相一味。所謂解脫相。離相。滅相。」

メツザイシヤウゼン　滅罪生善　[術語] 佛力を請ひて罪を滅し善を生ずると。【往生要集中本】に「滅罪生善共生ニ極樂一。」⦿(榮花、鳥邊野)「滅罪生善のためにとて護摩をぞ行はせ給ふ」

メツシユ　滅種　[術語] 無漏の種子を滅して永く成佛すべからざるもの。唯識論所說五種性の中の無性有情、楞伽經所說二闡提の中の斷善闡提なり。【釋門正統八】に「唯識等論定性滅種之文。」

メツジフハウミヤウキヤウ　滅十方冥經　[經名] 一卷、西晉の竺法護譯。佛、面善悅童子に敎へて十方の佛名を念じ以て恐怖を除かしむ。【黃帙四】(515)

メツジヤウケンド　滅諍犍度　[術語] 律中七滅諍を明かす篇章なり、四分律四十七卷に出づ。比丘の諍論を滅する七種の作法を記す。「シチメツジヤウ」を見よ。

メツジユサウヂヤウ　滅受想定　[術語] 滅盡定の異名。六識の心心所を都滅して起らざらしむれば滅盡定と名く、然るに其の加行方便に特に受の心所と想の心所との二法を厭ひて之を滅するとを務むれば、加行に從へて滅受想定と名く。【唯識論七】に「由ニ偏厭ニ受想一亦名ニ滅レ彼定一。」【同述記七本】に「彼心心所滅名ニ滅定一。恒行染汚心等滅故。即此亦名ニ滅受想定一。」

メツジユサウムヰ　滅受想無爲　[術語] 六無爲の一。「ムヰ」を見よ。

メツジンザンマイ　滅盡三昧　[術語] 又は滅盡定と云ふ。六識の心心所を滅盡する禪定なり。「メツジンヂヤウ」を見よ。【無量壽經下】に「風觸ニ其身一皆得ニ快樂一。譬如ニ比丘得ニ滅盡三昧一。」

メツジンヂヤウ　滅盡定　[術語] 梵語 Nirodha-samāpatti 又、滅受想定と名く。二無心定の一。六識の心心所を滅盡して起らしめざる禪定なり。不還果已上の聖者假に涅槃に入る想を爲して此定に入る、極めて長きは七日なり、非想天に屬す、外道の入る無心定を無想定と名け、第四禪に屬す。【俱舍論五】に「如レ說ニ復有ニ別法一能令ニ心心所滅一名ニ無想定上。如レ是復有ニ別法一能令ニ心心所滅一名ニ滅盡定一。」【大乘義章二】に「滅盡定者。謂諸聖人患ニ心勞慮一暫滅ニ心識一。得ニ一有爲非色心法一領ニ補心處一。名ニ滅盡定一。」【同九】に「滅受想者偏對ニ受想二陰一彰レ名。想絕受亡名ニ滅受想一。滅盡定者通對ニ一切一心心數法一以彰レ名也。心及心法一切俱亡。名爲ニ滅盡一。」

メツゾウアイサンマイ　滅憎愛三昧　[術語] 百八三昧の一。【智度論四十七】に「滅憎愛三昧者。得ニ是三昧一。以喜法中不レ生レ愛。可レ惡法中不レ生レ瞋。」

メツタイ　滅諦　[術語] Nirodha-āryasatya 四諦の一。梵に尼樓陀、滅と譯す、滅は滅無の義、擇滅無爲即ち涅槃を體とす、涅槃は生死の因果滅無なる故に滅と云ふ、此理眞實なれば諦と云ふ。【法界次第中之上】に「滅以ニ滅無一爲レ義。結業既盡則無ニ生死之累一。故名爲レ滅。」【法華玄義二】に「二十五有子果縛斷是滅諦。」

滅諦四相　[名數] 四諦に各四相あり、滅諦の四相は滅靜妙離の四なり、舊譯に盡止妙出と云ふ。【俱舍論二十六】に「諸蘊盡故滅。三火息故靜。無ニ衆患一故妙。脫ニ衆災一故離。」【大乘義章三本】に「滅中四者。謂盡止妙出。亦名ニ滅止離盡一。滅ニ有過一故云ニ盡滅一。寂ニ止惱患一故云レ止。捨ニ遣麁昪一稱レ之爲レ妙。出ニ離纏縛一名レ出。」

メツダウ　滅道　[術語] 滅諦と道諦なり。滅は生死の因果を滅したる涅槃なり、道は涅槃を證する正道なり、滅は果にして道は因なり、之を無漏の因果又は還滅の因果と云ふ。果を先にし因を後にせしは、先づ果を示して欣求の念を生ぜしめ、因て以て因を修せしめん爲なり。

メツチ　滅智　[術語] 滅諦の理を照了する智なり。

メツヂヤウ　滅定　[術語] 滅盡定の畧。【維摩經方便品】に「不レ起ニ滅定一而現ニ諸威儀一。」【新釋仁王經上】に「出ニ入滅定一。示現難レ量。」

メツヂヤウ　滅場　[雜名] 寂滅道場の略。

メツヂヨゴギヤクザイダイダラニキヤウ　滅除五逆罪大陀羅尼經　〔經名〕一卷、趙宋の法賢譯。佛阿難の爲に說く。【成帙八】(891)

メツド　滅度　〔術語〕梵語 Nirvāṇa 巴 Nibbāna の譯、有餘無餘の二あり、（ネハンを見よ）故に命終證果を共に指す。【無量壽經上】「國中人天不下住二定聚一必至中滅度上者。不レ取二正覺一。」【法華經序品】に「佛此夜滅度如二薪火滅一。」【遺敎經】に「世尊滅度一何疾哉。」【肇論】に【涅槃經二十九】に「滅二生死一故名爲二滅度一。」【行願品鈔四】に「滅度者言三其大患永滅超二度四流一。」「言二涅槃一者。具云二般涅槃那一。古譯爲二入滅息一。息即是滅故但云二入滅一。或云二滅度一。即滅レ障度レ苦也。」⦿（太平記一八）「滅度を抜提河の邊雙林樹下に唱へ給ふ」

メツヒン　滅擯　〔術語〕律中科罪の名。比丘重罪を犯して悔心なきものは僧籍を滅して之を擯斥するなり。【行事鈔上一之四】に「滅擯者。謂犯レ重已擧至二僧中一。白四除棄也。」【同上二之二】に「言二滅擯一者。謂犯重比丘。心無二慚愧一不二敢學悔一。妄入二淸衆一濫居二僧限一。當下三根五德擧來詣レ僧憶念示レ罪。令二自言一已與中白四法上。」【釋氏要覽下】に「彌沙塞云。梵罰此有二二法一。一默擯。謂一切人不レ與二來往言話一等。二滅擯。滅卽滅名也」

メツビヤウ　滅病　〔術語〕圓覺經所說四病の一。諸法寂滅の相に住する病なり。【圓覺經】に「滅病若復有レ人作二如レ是言一。今我永斷二一切煩惱一。身心畢竟空無二所有一。何況根塵虛妄境界。一切永寂欲レ求二圓覺一。彼圓覺性非二寂相一。故說名爲レ病。」

メツホフ　滅法　〔術語〕無爲法の異名。一切の諸相を寂滅すればなり。

メツホフカイ　滅法界　〔雜語〕無法と言ふ如し、俗に無理無法の事を云ふ、法界の理を斷滅するの謂。

メツホフチ　滅法智　〔術語〕八智の一。欲界の滅諦を照了する解脫道の智なり。

メツホフチニン　滅法智忍　〔術語〕八忍の一。欲界の滅諦を照了する無間道の智なり。

メツホフニン　滅法忍　〔術語〕滅法智忍の略稱。

メツリ　滅理　〔術語〕涅槃を云ふ、是れ寂滅の眞理なり。【寄歸傳二】に「無生妙智託二滅理一而方興。」

メツルヰチ　滅類智　〔術語〕八智の一。欲界無色界の滅諦の理を照了する解脫道の智なり。

メツルヰチニン　滅類智忍　〔術語〕八忍の一。色界無色界の滅諦の理を照了する無間道の智なり。

メツルヰニン　滅類忍　〔術語〕滅類智忍の略稱。

メヅクワンオン　馬頭觀音　〔菩薩〕「バトウクワンオン」を見よ。

メヅセン　馬頭山　〔雜名〕山の形、馬頭に似たり。【增一阿含經三十四】に「去二伊沙山一更有レ山。名二馬頭山一。」

メヅミヤウワウ　馬頭明王　〔菩薩〕「バトウミヤウワウ」を見よ。

メヅラセツ　馬頭羅刹　〔異類〕人身馬頭の獄卒なり。【楞嚴經八】に「亡者神識見二大鐵城一。火蛇火狗。虎狼獅子。牛頭獄卒。馬頭羅刹。手執二鎗矟一駈二入城內一。向二無間獄一。」【十王經】に「引レ路牛頭肩挾レ棒。催レ行馬頭腰擎レ叉。苦レ牛食レ牛牛頭來。乘レ馬苦レ馬馬頭多。」⦿（太平記三三）「牛頭馬頭阿放羅刹共」

メニセン　馬耳山　〔雜名〕九山、七金山の一。頞濕縛羯拏 Aśvakarṇa の譯。山形によりて名を得。善見山を圍む山にして、高廣各二千六百二十五由旬。

メミヤウ　馬鳴　〔人名〕佛滅後六百年に出世したる大乘論師の名。馬鳴比丘とも、馬鳴大士とも、馬鳴菩薩とも云ふ。梵名阿濕縛窶沙 Aśvaghoṣa 其の紀傳諸說不同なり。【羅什譯馬鳴菩薩傳】に「馬鳴菩薩は長老脇の弟子なり、もと中天竺に在て出家し外道の沙門たり、世智聰辯善く論議に通ず。唱へて言く、若し諸の比丘我と論議する者あらば犍椎を打つべし若し其れ能はずんば公に犍椎を鳴して人の供養を受くるに足らずと。時に長老脇北天竺に在りて彼を化すべきを知り、神力を以て空に乘じて中天竺に到り、衆に命じて犍椎を打たしめ、彼と論議して之を墮負せしめ、遂に化して弟子となす。師本國に還り弟子中天竺に住して佛法を弘通し四輩敬服す。其の後北天竺の小月氏國王中國を伐ちて之を圍む。中天竺の王使を遣して欲する所を問ふ。答へて曰く、汝意降伏せば三億の金を送らば當に赦すべしと。王言く、此國一億の金もなし如何ぞ三億を得べけんや。答へて言く、汝が國內に二大寶あり、一は佛鉢、二は辯才の比丘、此を以て我に與へば二億金に當るに足ると。比丘王の爲に其の求に應ぜしめ、王其言を聽きて之を與ふ。月氏王本國に還る、諸臣曰く、王佛鉢を奉ず固より宜し、比丘は天下皆是なり、一億金に當ると太過なるなからんや、王審かに比丘の高明勝達、其の辯才說法乃ち非類を感ずるを知り、七疋の馬を餓えしめ比丘を請じて法を說かしむ、諸の聽く者開悟せざるなし、王此馬を衆會の前に繫ぎ草を以て之に與ふに馬淚を垂れ法を聽きて食を念ふの想なし。是に於て天下比丘の尋常にあらざるを知り、馬其の音を解するを以て遂に馬鳴菩薩と號す。北天竺に於て廣く佛法を宣布し群生を導利す、四輩敬重して功

德日と稱す。」【付法藏傳五】に「脇比丘法を富那奢に付して涅槃す、富那奢一時閑林に在りて思惟するに一大士あり、馬鳴と名く、智慧淵鑑難問する所あれば摧伏せざるなく、大憍慢を起して群生を草芥にす。富那奢其の化すべきを知り、彼と二諦の義を論じて屈伏せしめ、遂に弟子となす。富那奢既に涅槃し彼れ華氏城（中天竺摩竭國に在り）に遊行教化し、大法幢を建て邪見を摧滅す、妙伎樂を作り賴吒啝羅と名く、其の音清雅哀婉苦空無我の法を宣說す。時に城中五百の王子開悟して出家す、華氏王其民人此樂音を聞きて家法を捨離し國土曠廢せんとを恐れて國内に令して其樂を禁止す。時に月支國の旃檀罽昵吒王兵を發して此國に向ふ、國王降伏して九億の金を索む。國王即ち馬鳴及び佛鉢と一の慈心雞を以て各三億に當てて罽昵吒王に奉獻す。王大に喜びて之を納受し本國に還る。是に於て馬鳴大行願を以て甘露味を演べ、王の爲に大饒益を興し、無量億の人を度脫し、所作已て命行を捨つ。」【婆藪槃豆法師傳】に「佛滅後五百年中阿羅漢あり迦旃延子と名く、罽賓國に往いて五百の阿羅漢及び五百の菩薩と共に八犍度論を製す、而て更に毘婆沙を作りて之を釋せんと欲す、時に馬鳴菩薩あり、舍衞國婆枳多の土人能く内外の典に通ず、迦旃延子之を請じて諸の羅漢及び菩薩と共に義意を研定し馬鳴をして文を著はさしむ十二年を經て毘婆沙論方に成る。」【摩訶摩耶經下】に「佛涅槃後六百歲已。九十六種諸外道等邪見競興破ニ滅佛法一。有ニ一比丘一。名曰ニ馬鳴一。善說ニ法要一降ニ伏一切諸外道輩一。」已上の諸說年代國名大同小異、蓋し同一の人なり。【釋摩訶衍論一】に六馬鳴を記す、其中第六に摩訶摩耶經所說の馬鳴を舉ぐ、即ち今の菩薩是なり。且つ言く「如レ是諸經各各別說。隨レ機現應。無ニ相違ノ過一。馬鳴菩薩當ニ何位一人。何城誕生。何因馬鳴。乃至馬鳴菩薩。若尅ニ其本一大光明佛。若論ニ其因一第八地内住ノ位ノ菩薩。西天誕生。盧伽爲レ父。瞿那爲レ母。同生シテ利益。過去世中有ニ一大王一。名曰ニ輪陀一。有ニ千百鳥一。皆悉好聲。若鳥出レ聲大王增レ德。若不レ出レ聲大王損レ德。如レ是諸鳥若見ニ白馬一則出ニ其聲一。若不レ見則不レ出レ聲。爾時大王徧求ニ白馬一。終日不レ得。作ニ如レ是言一。若外道衆ニシテ此鳥鳴者。都破ニ佛教一獨尊獨信。若佛弟子此鳥鳴者都破ニ外教一獨尊獨信。爾時菩薩用ニ神通力一現ニ千白馬一鳴ニ千百鳥一。紹ニ隆正法一令レ不ニ斷絕一。是故世尊名テ曰ニ馬鳴一。」【西域記八】に「有ニ阿濕縛窶沙（唐言馬鳴）菩薩者一。智周ニ萬物一。道播ニ三乘一。」⊙（盛衰記三二）「馬鳴菩薩は苦空の曲」

馬鳴菩薩 【菩薩】天竺にて蠶虫を化作せりと傳ふる人。養蠶の神。【阿娑縛抄一一四】

（馬鳴菩薩の圖）

七馬鳴 【名數】【釋摩訶衍論一】に六人の馬鳴を說く、（前に記す）又馬鳴菩薩大神力無比驗法念誦儀軌に一人の馬鳴あり、是れ佛在世の大士なり、前に合せて七馬鳴なり。

馬鳴本地 【本生】【三寶感應錄中】に「金剛正智經中。馬鳴過去成佛號ニ大光明佛一。龍樹名ニ妙雲相佛一。大莊嚴三昧經中馬鳴過去成佛號ニ日月星明佛一。龍樹名ニ妙雲自在王如來一。」（金剛正智經並に大莊嚴三昧經今傳はらず。）

馬鳴屈鬼辯婆羅門 【傳說】摩揭陀國波吒釐子城に婆羅門あり、常に帷を垂れて鬼辯を弄す、馬鳴之と論議し遂に帷を褰げて之を伏せしむ。⊙（太平記）「馬鳴褰レ帷。鬼神去閉レ口。」「ケンキ」を見よ。

馬鳴著作 【書名】大乘起信論一卷、大宗地玄文本論二十卷、佛所行讚五卷、十不善業道經一卷、六趣輪廻經一卷、尼犍子問無我義經一卷。

メミヤウボサツデン　馬鳴菩薩傳 【書名】一卷、秦の羅什譯。即ち付法傳中第十二祖馬鳴大士の別傳なり。【藏帙九】(1460)

メミヤウボサツダイシンリキムヒケンボフネンジユギキ　馬鳴菩薩大神力無比驗法念誦儀軌 【經名】一卷、唐の金剛智譯。釋迦如來菩提樹下に坐す、馬鳴菩薩佛に白して自ら大神呪を說き、像末の貧窮をして大福利を獲しむ。【餘帙二】

メミヤク　馬麥 【故事】馬糧の麥なり、佛一夏阿耆達婆羅門王の請を受けて彼國に安居し、五百の比丘と共に三月馬麥を食ふ。是れ佛十難の一。【楞嚴經六】に「若不レ爲ニ此捨身微因ノ一縱成ニ無爲一。必還生シテレ人酬ニ其宿債一。如ニ我馬麥ニ正等無レ異。」「アギタツ」參照。

メラウフ　馬郎婦 【人名】觀音菩薩化して馬郎の婦となり、馬郎婦と稱す。唐の元和年中陝右に一美女あり、人其の姿貌を見て求めて配となさんと欲す。女曰く、我も亦た歸ぐとあらんと欲す、但一夕に能く普門品を誦せん者には之に事へん。黎明に徹誦する者二十人。女曰く、女子一身豈に衆に配せんや、金剛經を誦すべし、且に詣を通ずる者猶十數人。女復た

授くるに法華經七卷を以てす、三日を約す、期に至り獨り馬氏の子能く經に通ず、女禮を具へて姻を成さしむ。馬氏之を迎ふ。女曰く、適體中佳ならず少しく安きを俟て相見ん。客未だ散せずして女死して即ち壞爛す。之を葬むると數日にして老僧あり、錫に杖て馬氏に謁して女の由る所を問ふ、馬氏之を葬所に引く。僧錫を以て之を撥するに尸已に化す、唯黄金の鎖子の骨存せり。僧錫を以て骨を挑げて衆に謂て曰く、此れ聖者なり、汝等が障重きを愍れむ故に方便を設けて汝等を化する耳、語已て空に飛んで去る。此より陝右奉佛の者多し。泉州粲和尚贊して曰く、丰姿窈窕鬢敧斜。賺ニ殺郎君一念ニ法華一。一把ニ骨頭一挑去後。不レ知明月落ニ誰家一。」【釋氏稽古略三】

メヲン　馬苑　[寺名]　漢の白馬寺を云ふ。

メンクワウフハイ　面光不背　[術語]　三方正面の佛像を云ふ。興福寺本尊の額上に寶玉あり面光不背の玉と云ふ、神明鏡には面光普反の珠とあり。

メンク　面孔　[術語]　顏つきと譯す、悟りがほするを做ニ悟面孔一と云ふ。【諸錄俗語解】

メンザン　面山　[人名]　曹洞宗、肥後の人なり。卍山、損翁、德翁の諸師に從ひ享保十四年若狹空印寺、寛保元年永福庵に寓す。前後諸經錄を講ずること算なく專ら道元禪師の宗風を皐揚するに努む。師の正法眼藏の研究最も見るべきものあり。著作又多し。

メンジユ　面授　[術語]　師資面(まのあた)り傳受するなり。【輔行一】「面授口決之言。」【禪源諸詮下】に「所修禪行似レ局ニ一門一。所傳心宗實貫ニ三學一。況覆ニ尋其始一親稟ニ釋迦一。代代相承。一一面授。三十七世至ニ于吾師一也。」【永平正法眼藏】に面授の一章あり。

メンジユクケツ　面授口訣　[術語]「メンジユ」に同じ。

メンゼンイチシ　面前一糸　[譬喩]　禪錄の著語。最初の一念根本無明に譬ふ。晝夜六時此色身の六根を操(あやつ)る一糸なり、最初の一念は麁念の分別なければ一糸と云ふ。

メンゼンエンジヤウニヨマングワツ　面善圓淨如滿月　[雜語]【龍樹十二禮讚】に「面善圓淨如ニ滿月一。威光猶如ニ千日月一。聲如ニ天鼓俱尸羅一。故我頂ニ禮彌陀尊一。」倶尸羅好聲鳥と譯す

メンソウ　免僧　[雜語]　禪林の稱。「免の僧」と呼ぶ、他に職ありて坐禪を免ぜらるる僧なり。

メンチンセン　免丁錢　[雜名]　僧侶が丁役を免ぜらるるために官に納むる錢財を云ふ。その時官より賜ふ證文を免丁由と云ふ。

メンネンガキキヤウ　面燃餓鬼經　[經名]　救面燃餓鬼陀羅尼神呪經の略稱。

メンペキ　面壁　[雜語]　坐禪の異名。初祖達磨、嵩山の少林寺に住し、壁に面して坐すると九年、一語を發せず、世に面壁九年と云ふこれなり。之に依て禪徒僧堂に坐禪する必ず面壁するなり。【五燈會元一】に「達磨寓ニ止嵩山少林寺一。面壁而坐。終日默然。人無レ測レ之。謂ニ之壁觀婆羅門一。」など。

メンモク　面目　[術語]　すがたの意。本來の面目

メンモン　面門　[雜名]　三釋あり或は口を云ひ、或は面顏を云ひ、或は鼻下と口上との中間を云ふ。【唐華嚴經一】「即於ニ面門衆齒之間一放ニ佛刹微塵數光明一。」【涅槃經一】に「從ニ其面門一放ニ種種光一。」【臨濟錄】に「有ニ一無位眞人一在ニ汝面門一出入。」【探玄記三】に「面門者諸德有ニ三釋一。一云是口。一云是面之正容。非ニ別口一也。光統師云。鼻下口上中間是也。乃至今釋。依ニ梵語一稱ニ面及口並門一。悉名ニ目佉一。(Mukha)是故翻レ此爲ニ面門一也。故知此中通舉ニ其事一。」

メンリン　面輪　[雜語]　面容圓形なれば輪と云ふ。【大般若經三百八十一】に「世尊面輪其猶ニ滿月一。」

メンワウビク　面王比丘　[人名]　弊衣第一の比丘。【增一阿含經三】に「著ニ弊惡衣一。無レ所ニ羞恥一。所謂面王比丘是。」

も

モウク　毛孔　[雜名]　身上の毛穴なり。【華嚴經一】に「得下於ニ一毛孔一現中不思議佛刹無障礙解脫門上。」【法華經如來神力品】に「一切毛孔放ニ無量無數色光一。」【元亨釋書高辨傳贊】に「毘盧華藏之海廻ニ倒瀾一。普賢毛孔之刹復ニ佞疆一。」

モウケツリツシ　毛血律師　[人名]【寶物集三】に「毛血律師と云ひし人は地獄の苦を悲で歎きしかば毛の孔ごとに血の出しなり。」

モウサン　望參　[職位]　副參に望する意。禪寺副參の候補者を云ふ。

モウジヨウ　毛繩　[譬喩]　利養、人を縛して解脫せしめざれば以て毛繩に譬ふ。【智度論五】に「如ニ佛說ニ譬喩一。如ニ毛繩縛レ人。斷レ膚截レ骨。貪ニ利養一人斷ニ功德本一亦復如レ是。」【別譯阿含經七】に「本爲ニ愛欲瞋恚愚痴之所ニ纏縛一。復更作ニ造放逸之事一。豈不レ增ニ其貪瞋痴一耶。譬如下有レ人爲レ繩所レ縛以レ水澆レ之。遂增中其苦上。」【智者大師別傳上】に「毛繩截レ骨。則憶レ

曳二尾泥間一。」【止觀七】に「名譽羅罥。利養毛繩。」

モウソウ 毛僧 〔人名〕吳に異比丘あり、毛僧と號す、日に聚落に遊ぶ。飮食擇ぶ所なし、輕薄子多く之を弄ぶ。忽ち人に謂て曰く、吾れそれ死なん、危坐偈を說て曰く、毛僧毛僧。事事不能。死了燒了。却似レ不レ曾。」【冷齋夜話七】

モウダウ 毛道 〔術語〕又、毛頭と云ふ。凡夫の異名。凡夫の行心不定なると猶輕毛の風に隨ひて東西する如きを云ふ。然るに梵本に依れば婆羅、Bāla 縛羅、Vāla の二音あり、婆羅は愚の義、縛羅は毛の義也、古譯の人婆羅を縛羅に誤りて毛と譯せしなりと云ふ。されば正しくは婆羅にて愚夫と譯すべし。【唯識樞要上本】に「金剛經云二毛道生一。今云二愚夫生一。梵云二婆羅一。去聲此云二愚夫一。本錯云二縛羅一乃言二毛道一。」【玄應音義四】に「毛道。此名誤也。舊譯云二婆羅必利他伽闍那一（Bālapṛthagjana）此云二小兒別生一。以下痴如二小兒一不上同二聖生一也。論中作二小兒凡夫一是也。正言二婆羅必栗託佐那一。婆羅此云レ愚。必栗託此云レ異。佐那此云レ生。應レ言二愚異生一。以下愚痴闇冥無レ有二智慧一。但起二我見一不上生二無漏一故。經言二生與不生一是也。亦名二嬰愚凡夫一。凡夫者義譯也。案二梵語一。毛言二嚩羅一。愚名二婆羅一。但毛與レ愚梵言相濫。此譯人之失致レ有二斯謬一也。法集等經言二毛道頭凡夫一。或言二毛頭凡夫一者誤也。」【慧琳音義十】に「毛道此言譯者誤也。案レ梵云二嚩囉一。此云レ毛。婆羅此云レ愚。以二毛與レ愚梵音相濫一故誤譯レ此爲レ毛。義翻爲二毛道一。或云二毛頭一。皆非也。此譯者之失矣。正梵音云二婆羅必哩他佐那一。婆羅此云レ愚。必哩他此云レ異。佐那此云レ生。唐云二愚生一是也。言二毛道凡夫一者義不明也。」

モウダウ 蒙堂 〔堂塔〕蒙堂の名は大覺の故事に始まる、後來兩序退職の者の安息處を蒙堂と稱す、蒙とは、【周易蒙卦彖】に「蒙以レ養レ正。聖功也。」【疏】に「能以二蒙昧隱默一自養二正道一。乃成二至聖之功一。」【宋景濂潛溪集四】に「大覺日與二九峯韶公佛國白公參寥潛公一講二道一室一。扁曰二蒙堂一。叢林取レ則焉。」

モウダウシヤウ 毛道生 〔術語〕毛道の衆生なり。「モウダウ」を見よ。

モウダウボンブ 毛道凡夫 〔術語〕毛髮が風に吹かれて動くが如く、根性愚鈍にして定心なきものを云ふ。「モウダウ」を見よ。

モウヅ 毛頭 〔術語〕又、毛道と云ふ、凡夫の異名なり。「モウダウ」を見よ。

モウヂウ 毛頭 〔術語〕禪家の職に人の毛髮を剃淨する者を云ふ。

モウワク 蒙惑 〔術語〕愚蒙迷惑なり。【維摩經序】に「濟二蒙惑一則以二慈悲一爲レ首。」

モエイタリシチ 沒曳達利瑟致 〔術語〕Maya-dṛṣṭi* 譯、我見。【唯識述記九末】に「此中不レ言二我見一言二薩迦耶見一（Satkāya-dṛṣṭi）者。若言二我見一。不レ措二我所一。梵云二沒曳達利瑟致一。此云二我見一。梵云二薩迦耶一。此云二不實移轉身見一。即攝二我所一。」

モカラン 目竭嵐 〔雜名〕鉤楷枰劔矛索の類。【慧琳音義三十六】梵 Mudgara

モキヤ 目佉 〔雜名〕Mukha 譯、口、面、門。【探玄記三】に「依二梵語一。稱二面及口并門一悉名二目佉一。」【梵語雜名】に「面母繫。」

モキヤウ 母經 〔術語〕摩怛理迦。（Mātṛkā）本母と譯す、一に母經と云ふ。【毘柰耶雜事三十七】に「衆多苾芻。皆持レ經持レ律持二母經一。」「マタリカ」を見よ。

モキヤホセナ 木佉褒折娜 〔物名〕Mukha-poñchana（proñchana）比丘十三資具の一。譯、拭面巾。【有部百一羯磨十】

モクキシユリヤウ 目機銖兩 〔雜語〕一見して銖兩の微を分つ、人の機鋒を言ふ。【碧巖第一則垂示】に「擧一明三。目機銖兩。」【方語】に「一見即知二輕重一。」

モクギヨ 木魚 〔物名〕二種あり、一は團圓の魚鱗にて讀誦に之を叩き、一は挺直の魚形にて庫堂に之を吊り、粥飯に之を擊つ。禪家には梆と呼ぶ。もと支那の禪院に始まり吾朝に及ぶ、且つ淨土宗には寶曆年中法傳寺圓說和尙好んで之を念誦に用ひしより始まる。蓋し淨土宗は了譽安譽上人時代より多く禪宗の風を用ひ始めしなり。【敕修淸規法器章木魚】に「相傳云。魚晝夜常醒。刻レ木象レ形擊レ之。所三以警二昏惰一也。」【釋氏要覽】に「今寺院木魚者。蓋古人不レ可下以二木朴一擊上レ之。故刻二魚象一也。又必取二張華相魚之名一。或取二鯨魚一擊二蒲牢一爲レ之大鳴一也。」

モククワリン 木瓜林 〔地名〕優樓頻螺迦葉 Uruvilvākāśyapa の譯名。【法華文句一】は「優樓頻蠡。亦優樓毘。亦優爲。此翻二木瓜林一。」

モクケンレン 目犍連 〔人名〕Mahāmaudgalyāyana 又、目乾連。「マカモクケンレン」を見よ。

モクゲンキヤウ 木槵經 〔經名〕晉代失譯の木槵子經一卷あり、宿帙八に入る、然るに密部に於て不空譯となし木槵經と題して更に閏帙十五に入る、是れ同本重出なり。

モクゲンシ 木槵子 〔植物〕又、無患子と云ふ。木樹能く邪鬼を辟く、故に無患と名く。其實以て念珠と爲すべし、木槵子と云ふ。俗に誤て「もくろじ」と呼ぶ、是なり。梵名阿梨瑟迦紫 Ariṣṭa【千手合藥經】に「若有二行人一欲レ降二諸大力鬼神一者。取二阿梨瑟

迦紫。呪二三七遍一。火中燒。」【註】に「阿梨瑟迦紫者。木槵子是也。」【康熙字典】に「雀豹古今註一名二無患一。昔有二神巫一名二寶眊一。能符劾二百鬼一得レ鬼。以二此桙一殺レ之。世人以二此木一爲二衆鬼所一レ畏故名二無患一也。」⦿（盛衰記二四）「其の神の前に大きなる木槵子の木あり」

モクゲンシキヤウ　木槵子經　〔經名〕一巻、失譯、附東晉錄。波瑠璃國王使を遣して佛法の要を求む。佛木槵子百八を以て佛陀達磨僧伽の名を稱せしむ、并に功德の淺深を分別す。【宿帙八】（755）

モクシヤ　木叉　〔經名〕波羅提木叉 Prātimokṣa の異稱。譯、別解脫、戒律の一名なり。「ハラダイモクシヤ」を見よ。

モクシヤウシヤリ　目睛舍利　〔雜名〕大和法隆寺の佛舍利を云ふ、是れ佛の眼睛の舍利なればなり、又、太子二歳の時西方に向て南無佛と稱して掌を開き掌中より得たる舍利なれば南無佛の舍利とも云ふ。

モクシヤダイバ　木叉提婆　〔人名〕Mokṣadeva 西土小乘の徒、玄奘三藏を尊で木叉提婆と稱す、解脫天と譯す。解脫の戒律の異名なり、天とは最勝を美する目なり。【西域記十二】に「小乘學徒號二木叉提婆一。」又比丘の名。【求法高僧傳上】に「木叉提婆者交州人也。唐言二解脫天一。」

モクシユク　苜蓿　〔物名〕香藥三十二味の一。【最勝王經七】に「苜蓿香。塞畢力迦。」【梵語雜名】に「苜蓿。薩止薩多。」

モクシリンダ　目支隣陀　〔異類〕Mucilinda 又、目脂鄰陀、目眞鄰陀、目鄰、母眞隣那、母止隣那、文眞隣陀に作る。龍王の名。解脫と譯す。法を聞て龍苦を脫する故に名く。金剛座の側の池中及び目眞鄰陀山の目眞隣陀窟に住す。【西域記八】に「帝釋化池東ノ隣中有二目支鄰陀龍王池一。其水清黑。其味甘味。西岸有二小精舍一。中作二佛像一。昔如來初成二正覺一。於レ此宴坐。七日入定。時此龍王警二衛如來一。即以二其身一繞レ佛七。化二出多頭一俯垂爲レ蓋。」【慧琳音義十二】に「正音母止鄰那。此云レ脫。」

モクシリンダリウチ　目支隣陀龍池　〔地名〕摩竭陀國金剛座の側に在り。「モクシリンダ」を見よ。

モクシンリンダ　目眞隣陀　〔異類〕「モクシリンダ」を見よ。

モクシンリンダセン　目眞隣陀山　〔地名〕Mucilinda 又、目隣山に作る、龍王の名、所住の龍王を取て山に名く。【玄應音義二十一】に「目脂隣陀山。舊言二目眞隣陀一。或作二牟眞隣陀一。此云レ脫也。」【慧苑音義下】に「目眞或作二牟眞一此云二解脫一。是龍名也。隣陀此云レ處。謂有レ龍於二此窟中一因レ聞レ法解二脫龍苦一。故名二解脫處窟一。」

モクジキ　木食　〔術語〕山中の苦行者五穀を絕て但果實を食するなり。【宋高僧傳智封傳】に「條辭出二蒲津安峰山一。禁足十年。木食澗飮。」図〔人名〕高野山興山寺の開山應其木食上人と稱す、大に秀吉に敬せられ高野の金堂を再興し興山寺を創建す。秀吉薨ずるに及び葬事を監し、慶長十六年近江の飯道寺に入寂す、壽七十二。【高野春秋】

モクジヤ　木蛇　〔經名〕木叉なり、「モクシヤ」を見よ。【朝野群載十二律師勤宣】に「勤修二香火一。堅護二木蛇一。」

モクソク　目足　〔譬喩〕智を目に譬へ、行を足に比す。【智度論八十三】に「譬如二熱時清涼池有一レ目有レ足皆可レ入。」【法華玄義二】に「智爲二行本一。因二智目一起二行足一。」【同四】に「智目行足到二清涼池一。」【止觀五】に「膏明相賴。目足相資。」【往生要集上本】に「夫往生極樂之教行濁世末代之目足也。」

目足仙　〔人名〕Akṣapāda 因明派の開祖。

モクタガ　目多伽　〔術語〕伊提目多伽 Itivṛtaka の略。但し目は曰の誤なり。「ジフニブキヤウ」參照。

モクチ　木底　〔雜語〕Mukti 又、目帝羅 Mucira 譯、解脫。【梵語雜名】に「解脫。木底。」【名義集五】に「目帝羅。此云二解脫一。」

モクチキ　默置記　〔術語〕四記の一。非理の問に對して默して答へざるを云ふ。【佛地論六】に「默置記者。如レ有二問言一實有二性我一爲レ善爲レ惡。石女兒色爲レ黑爲レ白。如レ是等問應二默置記一。不レ應レ記故。長二戯論一故。」

モクヅ　木頭　〔譬喩〕犯戒の人に比す。【梵網經下】に「犯戒之人。畜生無レ異。木頭無レ異。」

モクデン　默傳　〔術語〕以心傳心見性成佛、宗門の傳授言語の外に在れば默と云ふ。【六祖壇經】に「須下傳二授從上以來默傳分付一。不上レ得レ匿二其正法一。」

モクネン　默然　〔術語〕維摩會上不二法門を顯はすに三十一人の諸聖は各不二の法相を說き、文殊は無言無說是れ不二法門なるを說き、維摩は最後に默然無言たり。【維摩經入不二法門品】に「於レ是文殊師利問二維摩詰一。我等各自說已。仁者當レ說。何等是菩薩入不二法門。時維摩默然無レ言。文殊師利嘆曰。善哉善哉。乃至無レ有二言語文字一。是眞入不二法門。」【註】に「肇曰。上諸菩薩措二言於法相一。文殊有レ言二於無言一。淨名無レ言二於無言一。此三明レ宗雖レ同而亦有二深淺一。」これを世に維摩の一默と云ふ。

モクハクキヤウ　沐魄經　〔經名〕太子沐魄經

の略稱。

モクハクタイシ　沐魄太子　〔本生〕沐魄又慕魄と曰ふ、梵語なり。佛昔沐魄太子たりし時十三歲に至るまで無言の行を勸む。【太子沐魄經】

モクバ　木馬　〔雜語〕木製の馬。解脫の當相に名く。【從容錄三則】に「木馬游レ春駿不レ羈。」【撰集抄一】に「泥牛水をはしり、木馬天にいはふなんど云ふ公案を。」

モクヒン　默擯　〔術語〕梵に梵壇と云ふ、强獷の比丘に對して一切の七衆之と往來談話せざるなり。【行事鈔上二之二】に「言二默擯一者。五分云。梵壇法者。一切七衆不二來往交言一。」【同資持記】に「梵壇者。有云。梵王宮前立二一壇一。天衆不如法者令レ立二壇上一。餘天不二與往來交言一。五分因二闡陀惱レ僧故用二此治一。」【維摩經略疏一】に「彼梵天治レ罪法。別立二一壇一。其犯レ法者令レ入二此壇一。諸梵不レ得二共語一。」【梵網經法藏疏六】に「梵壇者此翻爲二滅擯一。良以非理違犯不レ受二調伏一。故以レ此治レ之。」「ボンダン」參照。

モクフニ　默不二　〔術語〕維摩居士、默然無言の入不二法門を云ふ。「モクネン」を見よ。

モクブツ　木佛　〔雜語〕木製の佛像。

モクランシ　木欒子　〔植物〕木欒樹の子、以て數珠を造るべし。【順和名鈔二十】に「欒。蘇敬本草注云。欒。魯官反、漢語抄云不欒子無久禮邇之乃木。其子堪レ爲二數珠一者也。」【宇治拾遺】に「木欒子の念珠の穴に」

モクランジキ　木蘭色　〔雜種〕三種如法色の一。木蘭樹の皮を以て染めしもの、赤色に黑を帶ぶ。【行事鈔下一之一】に「余於二蜀都一親見二木蘭樹皮一。赤黑色鮮明。可二以爲レ染。微有二香氣一。有二用作レ香者一。至乃善見云。善來比丘。瓦鉢貫二左肩一青色。袈裟赤色鮮明。准此木蘭色也。」

モクリ　默理　〔術語〕默然無言の妙理なり、維摩の入不二法門を云ふ。【五敎章上】に「淨名默理。」

モクリツソウ　木律僧　〔雜語〕木偶の如き律僧なり、活用なきを斥す。【雜談集一】に「木律僧不レ信二心地一。荒禪僧不レ守二戒律一。」

モクレン　目連　〔人名〕摩訶目犍連の略。⊙（太平記三五）「目連神力の御手を暢べて」

モクレンシヨモンキヤウ　目連所問經　〔經名〕一卷、宋の法天譯、目連問經の新譯にして犯戒の罪報を問答せしもの、犯戒罪輕重經の異譯。【寒帙十】(817)然るに安樂集上、樂邦文類一、往生要集上末等に此經名を擧て無眼人無耳人の語を引く。經を檢するに此文し、按ずるに大周刊定疑經目錄に摩訶目連經一卷あり、定て知る此本ならん。但し當世の藏には皆疑經を削る、故に檢するに由なし、疑經を引用すると諸師其の例多し、「ギキヤウ」を見よ。

モクレンモンキヤウ　目連問經　〔經名〕犯戒罪輕重經の異名。

モコ　摩訶　〔雜語〕禪門の課誦に楞嚴咒の尾に於て摩訶般若波羅蜜と唱念するを云ふ。【敕修淸規楞嚴會】に「咒畢喝二摩訶一。衆和畢維那回向。」

モコ　沒劫　〔雜語〕Moha 譯、愚。【唯識樞要上末】に「梵云二沒劫一。此名爲レ愚。」【名義集六】に「慕何此云レ痴。」【梵語雜名】に「痴。謨賀。」

モザウ　摸象　〔譬喩〕盲人象を摸する喩なり。【涅槃經三十二】に「王あり一大臣に告ぐ、汝一象を牽き來て盲者に示せ。大臣王敕を受け、多く衆盲を集めて象を以て之に示す。時に彼の衆盲各手を以て觸る、大王即ち衆盲を喚び各各に問て言く、汝象を見るや。衆盲各言く、我れ已に見たり。王言く象は何に類するや。其の牙に觸る者即ち言く、象の形は蘿菔根の如し、其の耳に觸る者言く、象は箕の如し、其の頭に觸る者言く、象は石の如し、其の鼻に觸る者言く、象は杵の如し、其の脚に觸る者言く、象は牀の如し、其の脊に觸る者言く、象は甕の如し、其の腹に觸る者は言く象は甕の如し、其の尾に觸る者は言く、象は繩の如しと。善男子彼の衆盲の如き、象體を說かず亦說かざるに非ず、是の衆相の若き悉く象なるものにあらず、是を離れて外更に別の象なし。善男子、王は如來の正徧知に喩ふなり、臣は方等涅槃經に喩ふるなり、象は佛性に喩ふるなり、盲は一切衆生の無明に喩ふるなり。」【菩薩處胎經三】に亦此譬あり。

モシユ　母主　〔術語〕金剛界の五部、胎藏界の三部に各部主と部母とを立つ、部主は國王の如く部母は國母の如し。部母一に母主と云ふ、部主に對して能生の母なり。【秘藏記末】に「五部定二母主一如何。毘盧遮那佛部主。源故無レ母。阿閦金剛部主。金剛波羅蜜爲レ母也。寶生寶部主。寶波羅蜜爲レ母也。無量壽蓮華部主。法波羅蜜爲レ母也。不空成就羯磨部主。羯磨波羅蜜爲レ母也。據下四波羅蜜出二生四佛一之義上所レ立之文也。三部定二母主一如何。佛部金輪佛頂爲レ主虛空眼爲レ母。又云二佛眼一也。蓮華部馬頭觀音爲レ主。伴陀羅縛字尼是白衣觀音也。此爲レ母。金剛部金剛手爲レ主。又云二三世勝金剛一。忙摩雞爲レ母。」

モシン　喪䞋　〔術語〕野布施と云ふ。送葬の時喪場にて與ふる施物。

モダラ　母陀羅　〔術語〕Mudrā 又、母捺羅、目陀羅、慕捺羅、譯、印又は封。契約の印なり。手に之

を表示するを結印、手印と云ふ。【楞嚴經二】に「汝今見我母陀羅手。」【梵語雜名】に「母捺羅。封又印也。」

モツカウセフ　沒交涉　〔雜語〕　モツケウセフと讀む。交涉するとなきなり、越を問て楚を言ふ如き、兩事相背きて相應ぜざるを云ふ、禪錄多く言ふ、「且喜沒交涉。」俗に「よつてもつかぬ」「もつてのほか」など言ふ如し。

モツキ　物機　〔術語〕　衆生の機根なり。【止觀大意】に「應起十界身能隨順物機。」【因明大疏序】に「物機於雙樹至敎洽於塵洲。」

モツキ　物忌　〔雜語〕　或は「もつき」と音讀し、或は「ものいみ」と訓讀す。世に怪異がましき事などあるとき、物忌といふ字をかきて簾などに張りて外出をもせで愼み居るを云ふ。【壒囊鈔四】に「迦毘羅衛國中。有桃林。其下有一大鬼王。號物忌。其鬼王邊他鬼神曾以不得寄。爰彼大鬼神王。發誓願云。利益六趣有情。質我名號若人。宅物怪屢現惡夢頻示可蒙諸凶害時。臨其日書吾名門立。其故他鬼神不令來入。又書吾名令持人人如影可令守護。」是れ揑造の虛說なり。⦿（源氏）「うちの御ものいみつづきて」

モツケ　裳附　〔衣服〕　又、座曳と云ふ。裙長く座上に曳くが故なり。製は素絹と同じ、只黑色なるを裳附と云ふ。【三餘隨筆下】

モツジミ　沒滋味　〔雜語〕　滋味なきなり、禪家の公案鐵橛の如し。沒滋味と云ふ。【無盡燈論上】に「又有一般。往往以古人公案生容易見。一齊見之曰。鐵橛子沒滋味。阿呵呵。如生盲者問乳。色言似貝作聲會。言似雪作冷會。乃至若鐵橛子而未咬破則無有一切滋味。故或道沒滋味。若沒滋味而休去何時得免生死。」

モツハビ　沒巴鼻　〔雜語〕　巴は把なり、鼻は鼻準なり、把持すべき鼻準なきなり。不得要領と言ふ如し。又鼻は鼻祖の鼻の如く、初の義なり、巴は助辭なり、巴鼻とは事由の義なり。【宗門方語】に「巴鼻之巴如鼻準之可拿撮也。或曰。巴鼻初也。巴字語助。」【類書纂要十二】に「沒巴臂。作事無根據。」

モド　沒度　〔術語〕　Buddha 梵語佛陀の轉なり。【性靈集七】に「越有奇仁。號之沒度。」

モドガラシ　沒特伽羅子　〔人名〕　Maudgalyāyana putra 又、沒刀伽羅子、沒特伽羅は譯、取綠豆、取胡豆、採菽など譯す、姓なり。上古に仙あり綠豆を取て食となす、此仙種を沒特伽羅と云ふ。沒特伽羅姓の母に依て生ぜし子を沒特伽羅子と云ふ。佛弟子中神通第一の比丘是なり、舊に目犍連と稱す。「マカモクケンレン」を見よ。又第三結集をなせし目犍連子帝須の事「ケツジフ」の項を見よ。

モナ　僕拏　〔術語〕　十二合掌の一。【大日經疏十三】に「以二地指二空指相著。餘指稍令開散。名僕拏合掌。此名初割之蓮也。」梵・Pūṇa*

モニ　茂泥　〔術語〕　Muni 又文尼に作る、並に牟尼に同じ、此に寂默と云ひ、或は能仁と云ひ、或は仙と云ふ。「ムニ」を見よ。

モノイミ　物忌　〔雜語〕　「モツキ」を見よ。

モリタ　沒栗多　〔術語〕　時を定めて持する戒を尸羅に對して沒栗多と云ふ、【大疏十四】に「行者持誦の時或は心を要して一月二月乃至季歲等、此事了る時此の禁も亦た罷む、故に名を異にす」と。梵 Vrata

モリチヤベイ　沒哩底野吠　〔菩薩〕　焰羅明王の名即ち眞言なり、死の義なり。梵 Mṛtyave【輿格】

モン　門　〔雜語〕　人家の門口なり、差別と趣入の兩義を具す。法に種種の差別あり。能く人を涅槃に趣入せしむれば經中法を指して門と稱す。【淨土論註下】に「門者入出義也。」【大乘義章一】に「門別不同故名爲門。又能通人趣入名門。」【四敎儀一】に「門者以能通爲義。佛敎所詮正四句法。通行人至眞性實相之理。故名爲門。」

モンイチゴゲヒヤクセンモン　聞一悟解百千門　〔雜語〕　「インゴゲヒヤクセンモン」を見よ。

モンエフ　門葉　〔術語〕　一門の枝葉なり。一宗に歸する信徒の概稱なり。

モンクワウリキ　聞光力　〔術語〕　光明の力を聞くこと。阿彌陀如來の智慧の光明には超世希有の大願、攝取不捨の威神力あることをききて信ずること。即ち彌陀の救濟を信ずることなり。

モング　文句　〔術語〕　經文を解釋して之を文句と云ひ、或は章と云ひ疏、述義、記、釋解等と云ふ。文句の題は天台智者の妙法蓮華經文句、金光明經文句是なり、文句とは釋者の句を以て本經の文を分別する義なり。又經の文文句句を解釋すれば文句と名く、有財釋なり。但し常に文句と言ふは妙法蓮華經文句を指す、總即別名なり。【文句記一】に「言文句者。文謂文字。一部始終。句謂句讀。義通長短。今但以句而分其文。故云文句。」

モンゴミヤウガウシンジンクワンギ　聞其名號信心歡喜　〔雜語〕　彌陀の第十八願成就の文なり。阿彌陀佛の名號をききて疑なく信じて往生を喜ぶこと。【無量壽經下】「諸有衆生。聞其名號。信心歡喜。乃至一念。至心廻向。願生彼國。即得往

生一。住二不退轉一。」

モンシシユ　聞思修　〔術語〕「サンヱ」を見よ。

モンシツ　門室　〔雜語〕門跡の居室、法親王の尊稱なり、直に其の人を指さず居處を以て之を呼ぶ。

モンシユ　門首　〔雜語〕又門主に作る、一門の上首なり、山門の座主、寺門の長吏の如き是なり、然るに高野山に在ては二人の門首ありて檢校の下に屬せり。

モンシヨウ　文證　〔雜語〕經文の證據なり。【大乘義章三】に「先定二其名一次引二文證一。」

モンシン　問訊　〔雜語〕「モンジン」を見よ。

モンシンクワンギ　聞信歡喜　〔術語〕彌陀の名號のいはれをきき、疑念晴れてよろこぶこと。無量壽經の「聞其名號信心歡喜」の略なり。

モンジ　文字　〔雜名〕義理を詮表する具なり。實相固より文字を離るれども文字を假らずんば實相を詮すると能はず、故に文字は法身の氣命なりと云ふ。【法華玄義五】に「文字是法身氣命。讀誦明利是聞家數息。」【維摩經觀衆生品】に「言語文字皆解脫相。」

モンジニン　文字人　〔雜語〕暗禪者の對。文字の上に現はれたる學問に拘泥して實踐的方面の修業を閑却する者を云ふ。

モンジハンニヤ　文字般若　〔術語〕五種般若の一。文字能く般若の法を詮し、又文字の性空寂にして本來解脫すれば般若と爲す。

モンジホフシ　文字法師　〔術語〕專ら敎相を習て禪行を修せざるものを云ふ。【止觀五】に「非三闇證禪師文字法師所二能知一也。」【同七】に「不下與二世間文字法師一共上。亦不下與二事相禪師一共上。」

モンジヤウ　門狀　〔物名〕又參榜、參狀と云ふ。所謂名刺なり。紙の濶さ六七寸、内に文字を書せず、左方より之を卷き絲を用て分中の少し上を束ね、姓名を其上に題するなり。【象器箋十五】

モンジヤウジフニインエンキヤウ　聞城十二因緣經　〔經名〕貝多樹下十二因緣經の異名。

モンジヤウジユ　聞成就　〔術語〕六成就の一。「經首の聞の一字なり。」

モンジユ　文殊　〔菩薩〕Mañjuśrī 文殊師利の略。新舊稱、文殊師利、滿殊尸利、新稱、曼殊室利。新舊六譯あり。無量壽經、涅槃經に妙德、無行經に妙首、觀察三昧經、大淨法門經に普首、阿目佉經普超經に濡首、無量門微密經、金剛瓔珞經に敬首。己上舊譯大日經に妙吉祥。文殊或は曼殊は妙の義、師利或は室利は頭の義、德の義、吉祥の義なり。此菩薩は普賢と一對にて常に釋迦如來の左に侍して智慧を司るなり。普賢は右に在て理を司る、但し智は右にて理は左に在るべきを、今は之を違へしは、一は勝劣の次第に依り、二は理智融通の義を示したる也と云ふ。【心地觀經八】に「三世覺母妙吉祥。」【放鉢經】に「今我得レ佛皆是文殊師利之恩也。過去無央數諸佛皆是文殊師利弟子。當來者亦是其威神力所レ致。譬如三世間小兒有二父母一。文殊者佛道中父母也。」此菩薩頂に五髻を結ぶは大日の五智を表するなり、手に劔を持するは智慧の利劔なり、師子に駕するも智慧の威猛を表するなり。此文殊に種種の差別あり、一字文殊、五字文殊、六字文殊、八字文殊、一髻文殊、五髻文殊、八髻文殊、兒文殊等なり、

(文殊の圖)

此中五字五髻文殊を以て本體とす。【法華文句二】に「文殊師利。此云二妙德一。大經云。了了見二佛性一。猶如二妙德一。」【法華嘉祥疏二】に「文殊。此云二妙德一。以三了了見二佛性一故。德無レ不レ圓累無レ不レ盡。稱二妙德一也。」【西域記四】に「曼殊室利。唐言二妙吉祥一。舊曰二濡首一。又曰二文殊師利一。或言二曼殊尸利一。譯曰二妙德一。訛也。」【探玄記四】に「梵語喚レ頭爲二室利一。吉祥、德等。亦爲二室利一。故致二翻譯不同一也。」【慧苑音義上】に「文殊師利。正云二曼殊室利一。言二曼殊一者此云レ妙也。室利者德也。」◉（曲、石橋）「ここは文殊の淨土にて常に笙歌の花を降らし」（第百七圖第百八圖參照）

文殊出現　〔雜語〕【華嚴經菩薩住處品】に「東方有レ處。名二淸涼山一。從レ昔以來諸菩薩衆於レ中止住。現有二菩薩文殊師利一。與二其眷屬諸菩薩衆一萬人一俱。常在二其中一而演二說法一。」【寂調音所問經】に「東方去レ此過二萬佛土一。有二世界一名曰二寶住一。佛號二寶相如來應供正遍知一。今現在。文殊師利爲二彼諸菩薩摩訶薩一如レ應說法。」【文殊師利法寶藏陀羅尼經】に「爾時世尊告二金剛密迹主菩薩一言。我滅度後於二此贍部洲東北方一有レ國名二大振那一。其國中有レ山號曰二五頂一。文殊師利童子遊行居止。爲二諸衆生一於レ中說レ法。」【文殊師利般涅槃經】に「佛陀波羅菩薩に告ぐ、文殊師利大慈心あり、舍衞國の多羅聚落の梵德婆羅門の家に生れ、我所に來て出家學道し、首楞嚴三昧に住し、此三昧力を以て十方に出現し、佛滅後四百五千歲を經て其本生處に入滅す」と。東方又は東北方に文殊出現の信仰は滿州(Manchuria)の地名のよりて現はれし所以なり。

文殊三世果位　〔雜語〕文殊釋迦の化を助くる爲に一時菩薩の因位を現ずるも、三世共に果上

の如來なり。過去には龍種上佛、又、大身佛、又神仙佛と稱し、現在には歡喜藏摩尼寶精佛と號し、未來には普見佛と稱す。【首楞嚴三昧經下】に「過去久遠無量無邊阿僧祇劫。爾時有レ佛。號二龍種上如來一。乃至佛世尊一。於二此世界南方一過二於千佛國土一。國號二平等一。乃至龍種上佛於二彼世界一得二阿耨多羅三藐三菩提一。乃至龍種上佛壽命四百四十萬歲。度二天人一已入二於涅槃一。乃至爾時平等世界龍種上佛豈異人乎。即文殊師利法王子是。」【智度論二十九】に「如二首楞嚴經中一。文殊師利自說。七十二億反ヨ作一緣覺一。而般涅槃。又現二作佛一。號二龍種尊一。」【心地觀經三】に「請二我釋迦牟尼佛一當レ爲二菩薩戒和上一。龍種淨智尊王佛當レ爲二淨戒阿闍梨一。未來導師彌勒佛當レ爲二清淨教授師一。」【菩薩瓔珞經四】に「過去無數阿僧祇劫有レ佛。名二大身如來一乃至佛世尊一。剎號二空寂一。正於二此處一成二無上等正覺一。乃至爾時。大身如來。今文殊師利是。」【菩薩處胎經文殊身變化品】に「本爲二能仁師一。今乃爲二弟子一。佛道極廣大。清淨無二增減一。我欲レ現二佛身一。二尊不二並立一。此界現レ受レ敎。乃至佛剎名二無礙一。佛名二升仙尊一。乃至彼升仙佛者我身濡首是。」（已上過去の佛名）【央崛摩羅經四】に「爾時世尊告二波斯匿王一言。北方去レ此過二四十二恒河沙剎一。有レ國名二常喜一。佛名二歡喜藏摩尼寶積如來一。在レ世教化。乃至彼如來者豈異人乎。文殊師利即是彼佛。」【寶積經六十】に「此文殊師利成佛之時名爲二普見一。」

文殊爲九代之祖

〔雜語〕【法華經序品】に「往昔日月燈明佛の未だ出家せざる時八子あり、父の出家して成道するを聞き皆隨て出家す。時に一菩薩あり、妙光と名く、佛之に因て法華經を說く。佛入滅の後に八子皆妙光を師とす、妙光之を敎化して次第に成佛せしむ、其最後の佛を燃燈と名く。其妙見とは即ち文殊なり。」之に依れば文殊は八代の首に居る、燃燈は釋迦の師なれば文殊は釋迦如來の九代の祖となる、【礦石集二】に「文殊大聖は釋迦九代の祖師」

文殊爲釋迦脇侍

〔雜語〕文殊と普賢を兩脇侍とし文殊を左の侍者とす。【淨名玄四】に「文殊既是釋迦左面侍者。此土行二最高一。」【釋門正統】に「若以二菩薩人輔一。則文殊居レ左普賢居レ右。」是れ勝劣の次第に由て文殊を左上即にし普賢を右下即にせしなり、若し知行理智定慧等の法門に依る時は普賢を左とし文殊を右とすべきなり。文殊は諸佛の智德を司り、普賢は諸佛の定慧を司ればなり、依て一處には文殊彌勒を兩脇侍とし文殊を右に彌勒を左に置けり。【文殊師利法寶藏陀羅尼經】に「於二佛右邊一畫二文殊師利一。加二童子相貌一頂戴二寶冠一。於二釋迦牟尼佛左邊一畫二彌勒菩薩一。」

文殊號法王子

〔雜語〕一切の菩薩は皆如來法王の子なれども獨り文殊を稱するは佛の左面の弟子にして菩薩衆の上首なればなり。【法華文句記】に「問曰。經稱二文殊一爲二法王子一。其諸菩薩何人不二是法王之子一。答。有二二義一。一於二王子中一德推二文殊一。二諸經中文殊爲二菩薩衆首一。」

文殊智慧

〔雜語〕小乘の比丘には舍利弗を智慧第一とし、大乘の菩薩には文殊を智慧第一とす。依て覺母の稱あり「カクモ」を見よ。

文殊所持靑蓮華と劍

〔雜語〕文殊は一切如來の智慧を司る、無相の智德法に染着せざれば胎藏界の文殊は左に靑蓮を持して之を表し、能く煩惱を斷ずれば金剛界の文殊は右に利劍を持して之を表す。【大日經疏五】に「靑蓮華是不レ染ヨ着諸法二三昧。以二心無所住一故即見二實相一。」【眞實經】に「我今右手執二大利劍一能斷二一切衆生煩惱一。」【理趣經】に「文殊以二自劍一揮ヨ斫一切如來一。」【同釋】に「智增上菩薩用二四種文殊般若劍一斷二四種成佛智能取所取障礙一。是故文殊現揮ヨ斫四佛臂一也。」

文殊捉劍迫佛

〔傳說〕【大寶積經一百五】に「五百の菩薩宿命智を得、多劫所作の重罪を知る、憂悔を以ての故に無生法忍を證せず、時に文殊其念を知り已て大衆の中に於て偏袒右肩、手に利劍を執て直に世尊に向ひ逆害を行はんと欲す。佛言く、文殊汝我を害するなかれ、若し必しも害せんとならば應に善く害すべし、何となれば一切諸法は幻化の如し、我なく人なし誰か殺を爲して殃を受く、是の如く知るを善く我を害すとなす。是の時の諸の菩薩宿罪は皆幻化の如くなるを知て無生忍を得、異口同音に偈を說て曰く、文殊大智人。深達二法源底一。自手提二利劍一。馳遍二如來身一。如レ劍佛亦爾。一相無レ有レ二。無相無二所生一。是中云何殺。」

文殊化龍女

〔傳說〕文殊大海の娑竭羅龍宮に入て八歲の龍女を化し、靈山に詣て龍女をして大衆の前に於て成佛せしむ。【法華經提婆達多品】

文殊所乘師子と孔雀

〔雜語〕文殊獅子に乘るは智慧の獰猛を表し、且つ、文殊の所居淸涼山に五百の毒龍あり、之を降伏せんが爲なりと云ふ。胎曼の中に兩文殊あれども白蓮臺に坐せり。又傳敎大師傳來の兒文殊も獅子に乘らず。獅子の所乘は八字儀軌の說なり。蓋し獅子に乘るは金剛界の文殊、白蓮に坐するは胎藏界の文殊たる爲なり。即ち胎藏界の文殊は靑蓮華を三昧耶形として

且つ白蓮臺に坐し、金剛界の文殊は金剛劍を三昧耶形として獅子又は孔雀に騎る。【胎曼大鈔四】に「文殊獅子座事。八字軌曰。金色放二光明一。坐二獅子王座一。」具に文殊八字儀軌と云ふ、台密に於て秘密に授受し世に刊本なし。然るに八字文殊法の本經に依れば孔雀を以て所乘となすなり。【文殊師利法寶藏陀羅尼經】に「其畫像作二童子相貌一。乘二騎金色孔雀一。」

僧形文殊　〔圖像〕菩薩は在俗の形を本儀とすれども、釋迦法中に於て佛化を助くる諸菩薩は外に比丘の形を現じて聲聞衆と異なるなし、故に支那日本の諸寺の中或は僧堂或は戒壇或は食堂に文殊の像を安置するは皆僧形なり。【智度論三十四】に「釋迦法中無二別菩薩僧一。是故文殊彌勒等入二聲聞衆一次第而坐。」

兒文殊　〔菩薩〕傳敎大師の將來にて佛の在世梵德婆羅門の家に生れし形なり。文殊師利般涅槃經に出づ上に引く。根本の經藏に納めたり、大原僧都文殊樓に於て、此像に依て五字文殊法を修せり。【溪嵐拾葉集六】《第百九圖參照》

一髻文殊　〔菩薩〕尊形は五髻文殊の如くにして頭上唯一髻を有し、寶冠を戴く。寶珠を三昧耶形とし[梵字]師里を種子とす。富德を求むる爲に之を修す。【溪嵐拾葉一六】

五髻文殊　〔菩薩〕頂上に五髻を結ぶ童子形なり。常に云ふ、文殊の本體は此五髻文殊にして自餘の文殊は之を本となすなり、五髻は五智五佛を表し、童形は天眞を取るなり。是れ五字文殊法の本尊なり。五字は即ち五髻、五髻は即ち五智五佛なり。[梵字]阿字を以て種子とし密號を吉祥金剛と云ふ。【大日經一】に「次至二第三院一先圖二妙吉祥一。其身鬱金色。五髻冠二其頂一。猶如二童子形一。左持二青蓮華一。上表二金剛印一。慈顏遍微笑。坐二於白蓮臺一。」【同疏五】に「文殊師利。身鬱金色。頂有二五髻一作二童子形一。左持二泥盧鉢羅一。是細葉青蓮華。華上有二金剛印一。極熙怡微笑。坐二白蓮臺一。乃至首有二五髻一者爲レ表二如來五智久已成就一。以二本願因緣一故示作二童眞法王子形一。」【金剛頂經曼殊室利菩薩五字心陀羅尼品】に「即於二壇心一畫二曼殊室利菩薩一。作二童子形一。右手持二金剛寶劍一左手持二摩訶般若梵筴一。壇輪四周梵二寫阿囉跛者娜字一。」《第百拾圖參照》

八髻文殊　〔菩薩〕八字文殊法の本尊なり。頂上に八髻を分ち、八大童子或は八佛を表するなり。【胎曼大鈔四】

一字文殊法　〔修法〕叱洛呬𠰒の四字を合して一字の眞言を成じ、之を念誦するなり、子を求むる爲に修す。【曼殊室利菩薩咒藏中一字咒王經】に「此之一字悉能成二就一切事業一。悉能圓二滿所有善法一。」本經は上經一卷、唐の義淨譯。【成帙十】(324)大方廣菩薩藏經中文殊師利根本一字陀羅尼法、一卷、唐の寶思惟譯。【閏帙十三】(333)二經同本異譯なり。大陀羅尼末法中一字心咒經一卷、唐の寶思惟譯。畫像法及び護摩法を具す。【閏帙六】(541)

五字文殊法　〔修法〕即ち五髻文殊法なり、五髻は尊形に就て名け、五字は眞言の字數に就て名く。五字とは[梵字]阿[梵字]羅[梵字]跛[梵字]拾[梵字]那なり。其の本經は大聖曼殊室利童子五字瑜伽法一卷、五字陀羅尼頌一卷、【閏帙十二】(1397.1405)金剛頂經曼殊室利菩薩五字心陀羅尼品一卷、【閏帙十三】(537)金剛頂經超勝三界經說文殊五字眞言勝相、一卷、【閏帙十二】(1446)

六字文殊法　〔修法〕是れ亦眞言の字數に依て名けしなり。闇婆計陀那摩の六字なり。【文殊師利菩薩六字咒功能法經】に「文殊師利童子菩薩摩訶薩咒曰。闇[梵字]婆[梵字]計[梵字]陀[梵字]那上[梵字]摩[梵字]。於二此文殊師利菩薩六字咒功能法一我今說。若有レ人每日誦二此咒一七遍。決定罪業得二除滅一。若有レ人能每日誦二此咒一一百八遍。其人臨二命終時一。現前見二文殊師利菩薩一。」【溪嵐拾葉集六】

八字文殊法　〔修法〕是れ亦眞言の字數に取る。唵[梵字]惡[梵字]尾[梵字]囉[梵字]吽[梵字]佉[梵字]佐[梵字]咯[梵字]の八字なり。此法は慈覺大師の門徒最極の秘法なり。天變怪異日月蝕の災及び兵陣の難を避くる法なり。其本經は文殊師利法寶藏陀羅尼經一卷一名文殊師利菩薩八字三昧法。【餘帙五】(418)【經】に「若有二諸國王一統レ師欲二鬪戰一。書二此陀羅尼一於二頂上一安置。一心常憶念。不レ爲二怨敵害一。一切諸刀杖亦不レ著二其身一。若入二軍陣中一畫二此文殊像乘騎孔雀上一。安二置於旗上一。或使二人執行一。諸賊遙衆見自然當二退散一。」又、儀軌一卷あり、大聖妙吉祥菩薩秘密八字陀羅尼修行曼荼羅次第儀軌法【餘帙一】と名く。

文殊五使者　〔名數〕經に與願金剛使と云ふ。【大日經一】に「左邊畫二五種與願金剛使一。」【疏五】に「文殊五使者。一名二髻設尼一。二名二優波髻設尼一。三名二質多羅一。四名二地慧一。五名二請召一。於二妙吉祥左右一次第列レ之。」蓋各持二文殊一智一也。髻設尼是髮端嚴義。鄔波其亞者。文殊以二五髻一徵二表五智一。故此使者亦以二美髮一爲レ名。質多羅是雜色義。」是れ五髻文殊の使者なり。

文殊八大童子　〔名數〕八髻文殊の使者なり、一に光網童子、二に地慧童子、三に無垢光童子、四

に不思慧童子、五に召請童子、六に砦設尼童子、七に救護慧童子、八に鄔波砦設尼童子なり。【胎曼大鈔四】

モンジユイチジダラニホフ　文殊一字陀羅尼法　【經名】大方廣菩薩藏經中文殊師利根本一字陀羅尼經の略名。

モンジユインシンゴン　文殊印眞言　【眞言】文殊菩薩の印と陀羅尼なり。

モンジユギキ　文殊儀軌　【經名】大方廣菩薩藏文殊師利根本儀軌の略名。

モンジユギヤウキヤウ　文殊行經　【經名】文殊尸利行經の略名。

モンジユクヤウホフ　文殊供養法　【經名】金剛頂瑜伽經文殊師利菩薩儀軌供養法の略名。

モンジユケクワ　文殊悔過　【修法】文殊菩薩所說の懺悔法なり。佛者閣幅山にあり、新學の菩薩狐疑に蔽はる、如來齊光照燿菩薩あり、之が爲に文殊に請問す。文殊爲に懺悔、隨喜、請法、興供、廻向、發願の諸法を說く。彼等皆無生法忍を得、佛迹に聞て之を讃嘆す。【文殊悔過經】

モンジユケクワキヤウ　文殊悔過經　【經名】一卷、西晉の竺法護譯、文殊悔過の法を說く。【列帙二】(1091)

モンジユゲンホウザウキヤウ　文殊現寶藏經　【經名】文殊師利現寶藏經の略名。

モンジユコウ　文殊講　【儀式】文殊菩薩の法會「なり。

モンジユゴシンジユ　文殊護身呪　【眞言】一字文殊法の眞言を云ふ、齒𠽅（しの）の二字又は叱洛呬𠹁の四字を合成せし一字なり。【密呪圓因往生集】「モンジユ」下「一字文殊法」の項を見よ。

モンジユゴジシンゴンシヨウサウ　文殊五字眞言勝相　【經名】金剛頂超勝三界經說文殊五字眞言勝相の略名。

モンジユゴタイケクワキヤウ　文殊五體悔過經　【經名】文殊悔過經の異名。

モンジユサンマイ　文殊三昧　【術語】無相の妙慧を發する三昧なり、此の智慧は文殊の所具なれば文殊三昧と名く。【大疏五】に「悉是文殊三昧。故經云レ侍ニ衛無勝智一也。」

モンジユシリ　文殊師利　【菩薩】文殊尸利。新稱、曼殊室利。菩薩の名、略して文殊と云ふ。「モンジユ」を見よ。

モンジユシリイチヒヤクハチミヤウボンサン　文殊師利一百八名梵讃　【經名】一卷、趙宋の法天譯。文殊師利の一百八名を讃せし梵頌なり。【成帙十三】(1073)

モンジユシリギヤウキヤウ　文殊尸利行經　【經名】一卷、隋の闍那崛多譯。文殊諸比丘の房を巡行し、舍利弗の坐禪を見て後に佛前に至り、問難して阿羅漢の義を顯示す、五百の比丘忍びず座を立て去る。文殊更に法要を說く。【宙帙二】(67)

モンジユシリゲンホウザウキヤウ　文殊師利現寶藏經　【經名】二卷、西晉の竺法護譯。大方廣寶篋經の異譯。【字帙十】(168)

モンジユシリコンボンイチジダラニキヤウ　文殊師利根本一字陀羅尼經　【經名】具名、大方廣菩薩藏文殊師利根本一字陀羅尼經、一卷、唐の寶思惟譯、義淨譯の一字咒王經と同本、一字文殊法の本經なり。【閏帙十三】(333)

モンジユシリコンボンギキキヤウ　文殊師利根本儀軌經　【經名】具名、大方廣菩薩藏文殊師利根本儀軌經、二十卷、趙宋の天息災譯。略して文殊儀軌と云ふ。【成帙九】(1056)

モンジユシリシヨセツハンニヤハラミツキヤウ　文殊師利所說般若波羅蜜經　【經名】一卷、蕭梁の僧伽婆羅譯。大般若第七會の別譯。略して文殊般若と云ふ。【月帙九】(22)

モンジユシリシヨセツフシギブツキヤウガイキヤウ　文殊師利所說不思議佛境界經　【經名】二卷、唐の菩提流支譯。大寶積經第三十五善德天子會の別譯。【地帙十一】(46)

モンジユシリシヨセツマカハンニヤハラミツキヤウ　文殊師利所說摩訶般若波羅蜜經　【經名】二卷、梁の曼陀羅仙譯、僧伽婆羅譯の文殊師利所說般若波羅蜜經と同本先出、所謂文殊般若なり。【月帙九】(21)

モンジユシリジヤウリツキヤウ　文殊師利淨律經　【經名】一卷、西晉の竺法護譯。清淨毘尼方廣經と同本。寂順律音天子問ひ、文殊師利答ふるなり。【列帙二】(1084)

モンジユシリジユンギヤウキヤウ　文殊師利巡行經　【經名】一卷、元魏の菩提留支譯。文殊尸利行經と同本。【宙帙二】(66)

モンジユシリハツネハンキヤウ　文殊師利般涅槃經　【經名】一卷、西晉の聶道眞譯。佛祇園に在て後夜に於て入定放光、文殊の房を照し、諸の化現を作す。阿難衆を集む、跋陀婆羅其始末を問ふ。佛文殊の生緣及び觀文殊の法を說く。【黃帙五】(508)

モンジユシリブツドシヤウゴンキヤウ　文殊師利佛土莊嚴經　【經名】二卷、西晉の

竺法護譯。大寶積經第十五文殊師利授記會の別譯。【地帙十】(31)

モンジユシリホツグワンキヤウ　文殊師利發願經　〔經名〕一卷、東晉の佛陀跋陀羅譯、普賢行願品中の偈文と大略同じ、是れ五言頌なり。【天帙十一】(1336)

モンジユシリホツボダイシングワンモン　文殊師利發菩提心願文　〔經名〕聖者文殊師利發菩提心願文の略名。

モンジユシリホフホウザウダラニキヤウ　文殊師利法寶藏陀羅尼經　〔經名〕一卷、唐の菩提流志譯。一名文殊師利菩薩八字三昧法。八字文殊法の本經なり。【餘帙五】(448)

モンジユシリボサツ　文殊師利菩薩　〔菩薩〕文殊師利は名、菩薩は其位なり。「モンジユ」を見よ。

モンジユシリボサツギキクヤウホフ　文殊師利菩薩儀軌供養法　〔經名〕金剛頂瑜伽經文殊師利儀軌供養法の略名。

モンジユシリボサツギフシヨセンシヨセツキチキヤウジニチゼンアクシユクエウキヤウ　文殊師利菩薩及諸仙所說吉凶時日善惡宿曜經　〔經名〕宿曜經の具名なり。

モンジユシリボサツコンボンダイケウワウキヤウコンジテウワウホン　文殊師利菩薩根本大敎王經金翅鳥王品　〔經名〕一卷、唐の不空譯。佛淨居天に在り、金翅鳥王文殊に對して眞言密行を說く。【閏帙十四】(1054)

モンジユシリボサツサンブツホフシンライ　文殊師利菩薩讚佛法身禮　〔經名〕大聖文殊師利讚佛法身禮の略名。

モンジユシリボサツハチジサンマイホフ　文殊師利菩薩八字三昧法　〔經名〕文殊師利法寶藏陀羅尼經の異名。

モンジユシリボサツヒミツシンシンゴン　文殊師利菩薩秘密心眞言　〔經名〕金剛頂超勝三昧經說文殊師利菩薩秘密心眞言の略名。

モンジユシリボサツブツセツクドクシヤウゴンキヤウ　文殊師利菩薩佛刹功德莊嚴經　〔經名〕大聖文殊師利菩薩佛刹功德莊嚴經の略名。

モンジユシリボサツロクジジユクノウホフキヤウ　文殊師利菩薩六字咒功能法經　〔經名〕一卷、六字文殊法の本經なり。【餘帙三】

モンジユシリモンキヤウ　文殊師利問經　〔經名〕二卷、梁の僧伽婆羅譯。十七品あり、大乘の諸戒悉曇の字母、佛滅後小乘二十部の分出等を分別す。大乘律藏に屬す。【列帙一】(442)

モンジユシリモンボダイキヤウ　文殊師利問菩提經　〔經名〕一卷、秦の羅什譯。佛初て得道し伽耶山に在り、諸佛甚深三昧に入て諸法の性相を諦觀す、文殊之を知り、云何が發心と問ふ、佛答ふ、無發是れ發なり。次に月淨光德天子、文殊と菩提の義を問答す。【宙帙二】(450)

モンジユジヤウリツキヤウ　文殊淨律經　〔經名〕文殊師利淨律經の略名。

モンジユジユンギヤウキヤウ　文殊巡行經　〔經名〕文殊師利巡行經の略名。

モンジユセツフシギキヤウガイキヤウ　文殊說不思議境界經　〔經名〕文殊師利所說不思議境界經の略名。

モンジユセツミヤウギキヤウ　文殊說名義經　〔經名〕文殊所說最勝名義經の略名。

モンジユセツマカハンニヤキヤウ　文殊說摩訶般若經　〔經名〕文殊師利所說摩訶般若波羅蜜經の略名。

モンジユゼンサンサン　文殊前三三　〔雜語〕唐の無着禪師、清涼山の文殊菩薩と對話中の語。【碧巖第三十五則】に載す。「ムヂヤク」を見よ。

モンジユネハンキヤウ　文殊涅槃經　〔經名〕文殊師利般涅槃經の略名。

モンジユハチジゴマホフ　文殊八字護摩法　〔修法〕八轡八字の文殊の供養法なり。「モンジユ」を見よ。

モンジユハチジホフ　文殊八字法　〔修法〕八字文殊の修法なり。「モンジユ」を見よ。

モンジユハツネハンキヤウ　文殊般涅槃經　〔經名〕文殊師利般涅槃經の略名。

モンジユハンニヤキヤウ　文殊般若經　〔經名〕二譯あり。一は梁の曼陀羅仙譯、文殊師利所說摩訶般若波羅蜜經と題し、一は梁の僧伽波羅譯。文殊師利所說般若波羅蜜經と題す。【月帙九】(22.21)

モンジユブツドゴンジヤウキヤウ　文殊佛土嚴淨經　〔經名〕文殊師利佛土嚴淨經の略名。

モンジユホウザウキヤウ　文殊寶藏經　〔名〕文殊師利法寶藏陀羅尼經の略名。

モンジユホツグワンキヤウ　文殊發願經　〔經名〕文殊師利發願經の略名。【天帙十一】(1336)

モンジユボサツ　文殊菩薩　〔菩薩〕「モンジユ」を見よ。

モンジユメツインヨクガマンダラニ　文殊滅婬欲我慢陀羅尼　[經名] 一卷、失譯。一髻一字文殊法の眞言なり。【閣帙十二】

モンジユモンキヤウ　文殊問經　[經名] 文殊師利問經の略名。

モンジユモンキヤウジモホンダイジフシ　文殊問經字母品第十四　[經名] 一卷、不空譯。文殊師利問經字母品の別譯。【閣帙十五】(975)

モンジユモンボダイキヤウ　文殊問菩提經　[經名] 文殊師利問菩提經の略名。

モンジユロウ　文殊樓　[堂塔] 叡山東塔の中に在り、慈覺大師入唐の時、五臺山の中臺に至る。臺上の池中に文殊の石像あり、拜し已て西臺に向ふ、相去る二十里許り、又北臺に向ふ、中臺を距ると三十里、雲霧山に滿て徑路尋ね難し、已にして漸く霽る。前途に一の師子あり形甚威獰なり、踟躕感驚して進む、良久して師子現せず、遂に普通院に至る。院に一房あり房中に五色の圓光を現ず、仁獨り見る餘人は睬ず、時に五色の雲仁の頂上に覆ふ。又南臺を禮す。黃昏忽ち聖燈を見る、一點の光普く五臺を照す。心に自ら念ふ、我れ國に返らば必ず文殊閣を建てんと。至心に持念して去る。貞觀二年文殊樓を創建す。五臺を禮せる時其靈石及び師子脚迹の土を收て歸る、樓を草するに及で靈石を五方の基趾に埋め、靈土を師子の四脚の下に塡む、【元亨釋書圓仁傳】⊙(平家二)「大津のうちでの濱にもなりぬれば、文殊樓の軒端のしろしろとして見えける」

モンジユヰン　文殊院　[術語] 胎藏界曼陀羅十三大院の第七、文殊を中尊として二十五尊を安ず。

モンジユヱ　文殊會　[行事] 毎年七月八日南都の東寺西寺を本として諸寺に之を行ふなり。【公事根源】に「文殊會は東寺西寺にて行はる。仁明天皇天長十年七月に大法師泰善はじめて文殊會を行ふ。毎年七月に此事あるべき由格に定めらる。」【年中行事秘抄】に「天長格云。應レ修二文殊會一事。右得二僧綱牒一偁。贈僧正勤操。元興寺泰善等。畿内郡邑應レ修二件會一。辨二餘食一施二給貧者一。所謂文殊涅槃經云。若有二衆生一。聞二文殊師利名一。除二却十二億劫生死之罪一。若禮拜供養者。生生之處。恒生二諸佛家一。爲二文殊師利威神所一レ護。若欲三供養修二福業一者。即化レ身作二貧窮孤獨苦惱衆生一至二行者前一也。而今勤操遷化。泰善獨在。相尋欲レ行。增レ感不レ已。望請下二符諸國一。同修二件會一。須下國司講讀師仰二諸部郡司及定額寺三綱等一。郡別於二一村邑一。屈二精練行進法師一以爲二敎主一。毎年七月八日令レ修二其事一云云。兼修二理堂塔經敎破損等一。當二會日一同供二養之一。其會料者。割二救急料利稻一。」⊙(太平記二四)「八日の文殊會」

モンジン　問訊　[雜語] 合掌して口に安否を問ひ訊ふなり。但し敬揖すれば安否を問ふ心底が表るれば只敬揖するをも問訊と云ふなり。【僧史略上】に「如二比丘相見一。曲躬合掌。口曰二不審一者何。此三業歸仰也。曲躬合掌身也、發言不審口也、心若不生崇敬豈能動身口乎、謂二之問訊一。其或卑問レ尊則不審少病少惱起居輕利不。上慰レ下則不審無二病惱一乞食易レ得住處無二惡伴一水陸無二細蟲一不。後人省二其辭一止曰二不審一也。」【釋氏要覽中】に「善見論云。比丘到二佛所一問訊云。少病少惱安樂行否。僧祇律云。禮拜不レ得レ如二瘂羊一。當二相問訊一。」

モンゼキ　門跡　[術語] 門流門派など云ふ如く、一門の法跡なり。宇多法皇御室を仁和寺に造り、一流の密灌を傳へ給ひしより、後世之を稱して御門跡と云ふ。其後凡そ法王法親王等の開創又は住持し給ふ所の寺院を御門跡と稱す。後に、公卿の門跡を出だし、已下を攝家門跡又は准親王家の方を宮門跡と稱し、天台家に九家あり、一に粟田口青蓮院、二に大佛妙法院、三に竹内曼殊院、四に上野輪王寺、五に山科毘沙門堂、六に大原圓融院、七に三井圓滿院、八に聖護院、九に岩倉實相院なり。此中青蓮院妙法院圓融院は山門の座主を兼ぬる故に叡山の三門跡と稱し、圓滿院聖護院實相院は三井の長主を司る故に三井の三門跡と稱す。眞言宗に六家あり、一に御室仁和寺、二に嵯峨大覺寺、三に醍醐三寶院、四に小野隨心院、五に山科勸修寺、六に安井蓮華光院なり。法相宗に兩家あり、一に南都一乘院、二に同大乘院なり。淨土宗に一家あり、東山知恩院なり。眞宗に五家あり、一に本願寺、二に東本願寺、三に專修寺、四に佛光寺、五に興正寺なり。【考信錄五】⊙(平家四)「就中延暦園城兩寺は、門跡二つに相分るといへども」

モンゼツヰ　悶絶位　[術語] 命終の時苦悶絶倒し氣息たへたる時を云ふ。

モンゼン　問禪　[雜語] 住持の陞座說法の時、名客なるもの衆を出でて住持と問答するを問禪と禪く。

モンソウ　門僧　[雜名] おでいりの僧を云ふ、攝家方へ出入する平堂上を門葉又は門流と云ふと同意なり。

モンソクシン　聞即信　[術語] 聞くことが即ち信なりと云ふ。信ぜざれば聞くと雖も聞かざるが如し。經に「聞其名號」とあるも耳に聞くにあらず、心にきく意味なり。

モンダカ　文陀竭　[人名] Mūrdhagata 金輪王の

名。初め母の頂上より生ずれば頂生王と稱す、釋迦如來の前身なり。既に金輪王となりて千子七寶を有し、四天下を領するも飽くを知らず、一日忉利天に飛到して天上の玉女を見、彼の天王若し死せば我代て天上を治せんとの意を生ぜり。此意を生ずる時通を失ひて地に在り、困頓して床に著くと。是れ人の少欲知足を勸むるなり。【文陀竭王經】

モンダカワウキヤウ　文陀竭王經　〔經名〕一卷、北涼の曇無讖譯。頂生王經と同本、二經共に中阿含四洲經なり。文陀竭は頂生王の名。【昃帙八】(604)

モンダラニ　聞陀羅尼　〔術語〕又聞持陀羅尼と云ふ、四陀羅尼の一、佛の敎法を聞持して忘れざるを云ふ、陀羅尼は總持と譯す。【大乘義章十一末】に「敎法名レ法。於ニ佛敎法一聞持不レ忘。名ニ法陀羅尼一。聞不レ忘故經中亦名ニ聞陀羅尼一。」「ダラニ」を見よ。

モンチ　文池　〔地名〕文眞鄰陀龍池なり、又目眞鄰陀池と云ふ。金剛座の側に在り。「モクシリンダ」を見よ。

モンヂ　聞持　〔術語〕敎法を聞て憶持し忘れざるなり、即ち陀羅尼なり。【華嚴經三十三】に「聞ニ持無量諸佛正法一。」【法華經分別功德品】に「菩薩摩訶薩得ニ聞持陀羅尼門一。」

モンヂウアンジヤ　門頭行者　〔雜名〕禪林の「門番なり。」

モンヂクワン　聞持觀　〔術語〕求聞持法を修する觀法なり。「クモンヂホフ」を見よ。

モンヂダラニ　聞持陀羅尼　〔術語〕聞陀羅尼に同じ。持の梵語陀羅尼なり。

モント　門徒　〔雜語〕師の敎を受くる門弟子を云ふ。【梵摩喩經】に「其諸門徒。視レ師盡レ虔。」【誓珠菩薩修行分經】に「有ニ德業一者。多畜ニ門徒一。不時敎誨」図在家の檀越を門徒と云ふ。眞宗に常に言ふ門徒は即ち是なり。【成實論三】に「家慳謂惜ニ門徒家一不レ欲ニ別人識一。恐レ失ニ己利一故。」

モントシユウ　門徒宗　〔流派〕俗に眞宗を門徒宗と云ふ。此宗最も多く門徒を有し且つ何事も門徒主義の宗なれば世間より門徒宗と名くるなり。自宗よりは言はず。【考信錄一】に「京都諸坊の宗門帳に吾門のみは但本願寺門徒佛光寺門徒等と記して宗名を出さず、蓋し派大にして他の宗と比べるが故なり。」

モンニ　文尼　〔術語〕Muni 又、茂泥、牟尼と云ふ。「ムニ」を見よ。

モンハ　門派　〔術語〕一門の法流を云ふ、多く禪「宗の派別に名く。」

モンヒヤウ　門標　〔術語〕曼荼羅の入口に立つる幢標なり。【一字奇特佛頂經上】に「門皆立ニ刹柱一。以ニ時花一爲レ鬘莊嚴。並懸ニ幢旛一。」【大日經疏六】に「漫荼羅夾門皆竪ニ幢旗一。以爲ニ幢幟一。謂ニ之門標幟一。」

モンホフイン　問法印　〔印相〕【烏樞瑟摩經上】に「其問法相。並ニ其五指一微屈レ之如ニ仰レ鍬形一。引レ手向レ掌。向ニ前如來一也。」

モンボフ　聞法　〔雜語〕敎法を聞くなり。【法華經安樂行品】に「合掌讚レ佛。聞レ法歡喜。」

モンボフナン　聞法難　〔術語〕四難の一、正法を聞くを得ると難きなり。

モンミヤウ　聞名　〔術語〕佛の名號のいはれをきくこと。【觀無量壽經】に「其佛本願力。聞名欲往生。」

モンミヤウグコングワン　聞名具根願　〔術語〕彌陀如來四十八願中第四十一願なり。「ショコングソクグワン」を見よ。

モンミヤウグトクグワン　聞名具德願　〔術語〕彌陀如來四十八願中第四十四願なり。「グソクトクホングワン」を見よ。

モンミヤウケンブツグワン　聞名見佛願　〔術語〕彌陀如來四十八願中第四十五願なり。「ヂュウヂヤウケンブツグワン」を見よ。

モンミヤウテンニヨノグワン　聞名轉女願　〔術語〕彌陀如來第三十五願女人往生願に同じ。

モンミヤウトクヂヤウグワン　聞名得定願　〔術語〕彌陀如來四十八願中第四十二願なり、「ヂュウヂヤウクブツグワン」を見よ。

モンミヤウトクニングワン　聞名得忍願　〔術語〕彌陀如來四十八願中第三十四、彌陀の名を聞く者をして皆無生法忍の悟を得しめんとの願なり。【無量壽經上】に「設我得レ佛。十方無量不可思議諸佛世界衆生之類。聞ニ我名字一。不レ得ニ菩薩無生法忍諸深總持一者不レ取ニ正覺一。」⊙(雪玉集)に「南無阿彌陀とばかり聞くぞ身をかへぬ此世ながらの佛なりける」

モンミヤウフタイグワン　聞名不退願　〔術語〕彌陀如來四十八願中第四十七願なり。「トクフタイテングワン」を見よ。

モンミヤウボンギヤウグワン　聞名梵行願　〔術語〕彌陀如來四十八願中、第三十六願なり。「ジヤウシユボンギヤウグワン」を見よ。

モンミヤウヨクワウジヤウ　聞名欲往生　〔雜語〕【無量壽經下】に「其佛本願力。聞レ名欲ニ往生一。皆悉到ニ彼國一。自致ニ不退轉一。」⊙(法門百首)「音にきく君がり何時かいきの松まつらん物を心つくしに」

モンモツコク　聞物國　〔地名〕舍衛國なり。【玄應音義八】に「聞物國。謂舍衛國。十二遊經文云。無ニ

物不ㇾ有國也。」【彌陀經元照疏】に「舍衛翻ニ聞物ㇾ。人物富庶。遠聞ニ諸國ㇾ故。」

モンモンケンブツ　門門見佛　〔雜語〕【般舟讚】に「教門非ㇾ一。但爲ニ我等倒見凡夫ㇾ。若能依ㇾ教修行者。則門門見ㇾ佛。得ㇾ生ニ淨土ㇾ。」◉（草庵集）「西にこそ遂に入るなれ法の道かりにあまたの門はあれども」

モンモンフドウ　門門不同　〔雜語〕衆生の機に應じて佛の教法に不同あること。【般舟讚】に「一切如來設ニ方便ㇾ。亦同ニ今日釋迦尊ㇾ。隨ㇾ機說ㇾ法皆蒙ㇾ益。各得ニ悟解ㇾ入ニ眞門ㇾ。門門八萬四。爲ㇾ滅ニ無明果業因ㇾ。」

モンヨノダイダウ　門餘大道　〔術語〕八萬四千の法門の外にある他力念佛の大道を云ふ。念佛は因果超絕の教にして道理以外の法、不可思議の道なる故に名く。

モンリ　文理　〔雜語〕能詮の文句と所詮の義理なり。【梁僧傳道安傳】に「文理會通。經義克明。」

モンリウ　門流　〔雜語〕門派門葉など言ふに同じ。一門の流義を云ふ。

モンリヨ　門侶　〔雜語〕門徒と言ふ如し。門弟のやからなり。【唐僧傳智脫傳】に「彫ニ琢門侶ㇾ。無ㇾ輟ニ于時ㇾ。」

モンルヰ　文類　〔書名〕「淨土文類聚抄の略稱。」

モンルヰシヤウシンゲ　文類正信偈　〔書名〕文類正信偈の略稱、又は淨土文類聚鈔中の念佛正信偈を云ふ。

モンルヰジユセウ　文類聚鈔　〔書名〕淨土文類聚抄の略名、又略文類と曰ふ。

モンワ　問話　〔雜語〕音便にてモンナと讀む。禪林の學生、和向に向て發問する語句を云ふ。即ち法堂上禪客の發する問禪是なり。由來學生此問話を學習して能事となすに至る、弊の甚しきなり。【傳燈錄瑞鹿先禪師章】に「師云。大凡參ニ學佛法ㇾ。未ㇾ必學ニ問話ㇾ是參學ㇾ。」

モンヱ　聞慧　〔術語〕三慧の一。教法を聞くに由て生ずる慧解を云ふ。【大乘義章十】に「受ㇾ教名ㇾ聞。生ㇾ解名爲ニ聞慧ㇾ。」図 教法を聞信するを聞と名け、法理を思惟するを慧と名く。【法華玄義一】に「今使ニ聞慧兼修義觀雙擧ㇾ。」【同十】に「教門爲ニ信行人ㇾ。又成ニ聞義ㇾ。觀門爲ニ法行人ㇾ。又成ニ慧義ㇾ。聞慧具足如ニ人有ㇾ目日光明照見ニ種種色ㇾ。」

や

ヤ　耶 𑖧　〔術語〕Ya 悉曇五十字門の一。【大日經】に「野字門一切乘不可得故。」と云ふ。Yāna（乘）より釋したるなり。【文殊問經】に「稱野字時是佛通達聲。」とす。又、諸藥叉の種子なり。又 𑖧 は爲聲の語尾なり。【仁王儀軌下釋陀羅尼】に「𑖧 野。依ニ聲明法ㇾ。八轉聲中第四爲聲。爲ㇾ彼作ㇾ禮故名。」「よ。」

ヤイロノハタ　八色幡　〔物名〕「ハチマシ」を見よ。

ヤウアン　永安　〔人名〕宋の沙門契嵩永安山の精舍にて正宗記を作る。【五燈會元十五】

ヤウエフ　楊葉　〔譬喩〕若し小兒啼くことあれば楊樹の黃葉を與へて啼を止む、以て佛の方便に譬ふ。【涅槃經二十】に「如ニ彼嬰兒啼哭之時ㇾ。父母即以ニ楊樹黃葉ㇾ而語ㇾ之言。莫ㇾ啼莫ㇾ啼。我與ニ汝金ㇾ。嬰兒見已生ニ眞金想ㇾ便止不ㇾ啼。然此楊葉定非ㇾ金也。」

ヤウエン　陽燄　〔譬喩〕大乘十喩の一、又颺燄に作り、或は單に燄と云ひ、又陽光と云ふ。和名に「かげらふ」莊子に「野馬塵埃也。」と云ふ是なり。春先きの野原に於て日光の浮塵に映じてちらちらするものを云ふ。渴せる鹿は之を見て水となし走て之に趣くとなり。【維摩經方便品】に「是身如ㇾ燄。從ニ渴愛ㇾ生。」【同註】に「渴見ニ陽燄ㇾ。惑以爲ㇾ水。」【楞伽經二】に「譬如ㇾ群鹿爲ㇾ渴所ㇾ逼。見ニ春時燄ㇾ而作ニ水想ㇾ。迷亂馳赴不ㇾ知ㇾ非ㇾ水。」【智度論六】に「如ㇾ燄者。以ニ日光風動ㇾ塵故。曠野中如ニ野馬ㇾ。無智人初見謂爲ㇾ水。」【維摩經慧遠疏】に「陽燄浮動相ニ似野馬ㇾ。」【摩訶止觀一】に「如ニ彼渴鹿馳ニ逐颺燄ㇾ。」

ヤウエン　颺燄　〔譬喩〕颺は浮動の義、燄は陽燄なり。「前項」を見よ。

ヤウカ　永嘉　〔人名〕永嘉大師玄覺、又眞覺大師と稱せられ、諡號を無相大師と云ふ。支那永嘉の人。其の著證道歌一篇は禪門の要旨を述べたるもの、廣く行はる。外に永嘉集一卷あり。先出エイカは誤。

ヤウカウシユ　影響衆　〔術語〕四衆の一。諸佛及び法身の菩薩、釋迦如來の教化を贊助する爲に影形聲の如く、諸菩薩は影響の如し、文殊普賢等の諸菩薩是なり。【法華文句三】に「影響者往古諸佛。法身菩薩。隱ニ其圓極ㇾ匡ニ補法王ㇾ。如ニ衆星遶ㇾ月。雖ㇾ無ニ爲作ㇾ而有ニ巨益ㇾ。此名ニ影響衆ㇾ。」【同記】に「次釋ニ影響衆ㇾ者。然化主形聲必資ㇾ伴以ニ影響ㇾ。方令ニ發起聲動事遂ㇾ。如ニ響之應ㇾ聲影之隨ㇾ形。」

ヤウカウ　影向　〔術語〕神佛の來臨を云ふ、影とは其本體より一時應現する義に取り、或は來臨するも其形の見るべからざるに取る。

ヤウギ　楊岐　〔人名〕宋の袁州楊岐山の方會は黃龍山の慧南と共に臨濟の六世慈明圓禪師の法嗣にて

各一派を立て、楊岐黃龍と稱す。師、宋の仁宗慶曆六年に寂す。【續傳燈錄七】

ヤウクワウ 陽光 [譬喩] 即ち陽燄なり。【大日經疏二】に「陽光者如二春時地氣一。日光望レ之如レ水。迷渇者生二企求心一。」

ヤウケン 影堅 [人名] 頻婆娑羅王の譯名。【西域記八】に「頻毘娑羅。唐言二影堅一。舊曰二頻婆娑羅一訛也。」

ヤウゲン 影現 [術語] 佛が衆生濟度のために形を現じ給ふを云ふ。

ヤウコフ 永劫 [術語] 永久の長時なり、劫は梵語世界成壞の相を算する名なり。【無量壽經上】に「兆載永劫。」

ヤウゴ 影護 [術語] 影の形に隨ふ如く其身に離れずして擁護するなり。【觀念法門】に「隨逐影護愛樂相見。」

ヤウサウ 影草 [雜語] 「タンカンヤウサウ」を見よ。

ヤウザウ 影像 [譬喩] 物體が光線を遮るに依て生ずる形なり、形は見るべきも體は空なり、以て諸法の自性なきに譬ふ。【圓覺經】に「此菩薩及末世衆生。證二得諸幻一滅二影像一故。爾時便得二無方淸淨一。」又妄識分別して心上に種種の相を現ずるを影像と名く、是れ猶鏡面水上の影像の如ければなり。

ヤウシヤ 羊車 [譬喩] 三車の一、聲聞乘に譬ふ。「サンシヤ」を見よ。

ヤウシヤウ 永生 [術語] 涅槃を云ふ。涅槃は不生の法なるが故に不滅なり、不滅の義を取て永生と云ふ。又彌陀の淨土を云ふ。淨土に生ずれば悉く無量壽なり、故に永生と云ふ。問ふ、既に生あり何ぞ滅なきや、答ふ、淨土の生は生即無生なり、生じ已れば即ち無生の理を證す故に、永生不滅なり。【無量壽經下】に「度世長壽泥洹之道。」又「可下獲二極長生一壽樂無上有レ極。」【觀經玄義分】に「開二示長劫之苦因一。悟二入永生之樂果一。」

ヤウシヤク 羊石 [雜語] 羯磨の略字なり。

ヤウシヨウ 影勝 [人名] 摩竭陀國の頻婆娑羅王、玄奘は影堅と釋し、義淨は影勝と譯す。「ビンバシヤラ」を見よ。

ヤウジ 楊枝 [物名] 梵に憚哆家瑟詑。Dantakāṣṭha 譯、齒木。小枝の頭を嚙て細條となし、用て牙齒を刷するもの、楊枝とは義譯なり。【寄歸傳一】に「每日旦朝須下嚼二齒木一揩レ齒。刮レ舌務令中如法上。盥漱淸淨。方行二敬禮一。乃至其齒木者。梵云二憚哆家瑟詑一。憚哆譯レ之爲レ齒。家瑟詑即是其木。長十二指。短不レ減二八指一。大如二小指一。一頭緩須二熟嚼一。良久淨刷二牙關一。乃至齒木名爲二楊枝一。西國柳樹全稀。譯者輒傳二斯號一。佛齒木樹實非二楊柳一。那爛陀寺目自親觀。既不レ取二信於他一。聞者亦無レ勞致レ惑。檢二涅槃經梵本一。云下嚼二齒木一時上矣。」【大日經疏五】に「彼當レ取二優曇鉢羅或阿說他木端直孅好者一。不レ麤不レ細。剪二十二指量一。凡一切量法皆用二大拇指上節一側而相捻。是其正數也。此二木是過去佛菩提樹。若無者當レ求二有乳之木一。謂桑穀等。」凡そ西國の俗人を請ずるに先づ齒木及び香水等を贈りて其人の健康を祝し、以て懇請の意を表するなり、故に佛菩薩を請ずるに亦楊枝淨水を用ふ。【觀音懺法】に「我今具二楊枝淨水一。惟願大悲哀憐攝受。」「シモク」を見よ。

ヤウジヨウ 羊乘 [譬喩] 羊車に同じ。「を見よ。

ヤウソウ 羊僧 [術語] 啞羊僧のこと。四種僧の一。「シシユソウ」を見よ。

ヤウダンジフケチ 永斷習氣智 [雜語] 大日如來の西方金剛利菩薩を出生する智なり。【出生義】に「就下一切如來永斷二習氣一智上而生二金剛利一。」

ヤウドウムヰシン 嬰童無畏心 [術語] 眞言所立十住心の第三。十善行を修して天道の果を求むる住心なり。天上の果報勝るも之を佛果に比すれば劣臈なれば嬰童と云ひ、而も三途の苦難を離るれば無畏と云ふ。「ジフヂユウシン」を見よ。

ヤウニギヤウ 嬰兒行 [術語] 涅槃經所說五行の一。自利利他の二釋あり、自利に就て釋せば菩薩の大行總て分別を離るると彼の嬰兒の如くなれば嬰兒行と名く、利他に就て釋せば人天聲聞緣覺の諸乘は猶嬰兒の如し、菩薩彼を化する爲に大悲心を以て此等の小善を示現すれば嬰兒行と名く。【大乘義章十二】に「嬰兒行有二二種一。一者自利。二者利他。若論二自利一。從レ喩爲レ名。行離二分別一。如二彼嬰兒無一レ所二辨了一。名二嬰兒行一。若論二利他一。從二所化一爲レ名。如二經中說一。凡夫二乘始行菩薩如レ似二嬰兒一。化二此嬰兒一名二嬰兒行一。」

ヤウマウヂン 羊毛塵 [雜語] 梵語 Aviraja 羊毛の尖に止まる小塵なり。【俱舍論十二】に「積二七兎毛塵一爲二一羊毛塵量一。」

ヤウムシヤウメツ 永無生滅 [術語] 佛の報身永く生滅なきを云ふ。【法華玄義十】に「報身常住。永無二生滅一。」

ヤウメイ 永明 [人名] 宋の杭州の智覺禪師延壽、慧日山永明寺に住しければ後人呼で永明と號す。

ヤウヤ 永夜 [雜語] 長夜の如し、生死の長きを云ふ。【觀經玄義分】に「灑二甘露一潤二於群萠一。輝二智炬一則朗二重昏於永夜一。」

ヤウラク 瓔珞 [物名] 梵語、枳由羅。Keyūra 玉を編みて身に懸くるもの。印度邦俗貴人男女共に之を作す。【法華經普門品】に「解二頸衆寶珠瓔珞價直百千

兩金二而以與レ之。」【同信解品】に「即脫二瓔珞細軟上服嚴飾之具一更著二麤弊垢膩之衣一。」【觀無量壽經】に「諸瓔珞中盛二蒲桃漿一。」

ヤウラクキヤウ　瓔珞經　［經名］　菩薩本業瓔珞經の略名。

ヤウラクコンマ　瓔珞羯磨　［術語］　羯磨とは授戒の作法を云ふ。瓔珞經大衆受學品に明す授戒の作法なり。是れ梵網戒宗の相宗にして天台一乘家の遵由する所なり。

ヤウラクシユク　瓔珞粥　［飲食］　野菜を雜糅し米を加へて造る、菜莖連すると瓔珞の如し、故に名く。【永覺賢禪師詩】に「毎挑二野菜根一和二汝瓔珞粥一。」

ヤウリウクワンオン　楊柳觀音　［菩薩］　三十三觀音の一。楊柳を以て三昧耶形と爲す觀音なり。楊柳は其の柔順を取る、起因を知らず。⦿（曲、遊行柳）「朽木の柳忽に、楊柳觀音とあらはれ」

ヤウリシンシンノウ　永離身心惱　［雜語］　【往生論偈】に「永離二身心惱一。受レ樂常無レ間。」⦿（續千載）「くるしともうしとも物を思ひしは見し夢の世の心なりけり」

ヤウリヤクゴケン　影略互顯　［術語］　慈父慈母と言ふ如く、父悲なきにあらず、母亦慈なきにあらず、是れ各一を擧げ各一を略し、上句の所略は下句の所擧を以て之を影顯し、下句の所略は上句の所擧を以て之を影顯するを影略互顯と云ふ。

ヤウロクゴシヤ　羊鹿牛車　［譬喩］　法華經所說の三車なり、以て聲聞緣覺菩薩の三乘に譬ふ。「サンシヤ」を見よ。

ヤウワス　癢和子　［雜名］　如意の異名。

ヤカン　野干　［動物］　「キツネ」を見よ。

ヤキシヤ　藥乞叉　［異類］　Yakṣa 又、夜乞叉、藥叉に作る。舊稱夜叉なり。

ヤギキヤウ　耶祇經　［經名］　一卷、劉宋の沮渠京聲譯。迦奈國の婆羅門耶祇外道を捨て佛に歸し、五戒を受て持すると能はず、佛に向て戒を還へす。佛默して答へず。五鬼神あり來て之を害せんとす、佛光を放ち救て蘇生を得しむ外道懺悔して更に戒を受け、即ち初果を得。【宿帙七】（771）

ヤク　軛　［術語］　煩惱のことを云ふ。衆生は煩惱の爲に種種苦惱に繫縛せらる、譬へば牛馬が軛により て車を挽かせらるる如きを云ふ。

ヤク　約　［術語］　事を或る局部に約歸するを云ふ。就の言の如し、人に就き法に就く等と云ふを人に約し法に約すと云ふ。

ヤクウヤククウモン　亦有亦空門　［術語］　有空の二を雙照して中道を顯はす法門なり。

ヤクウヤクムク　亦有亦無句　［術語］　有無四句の一。「ウム」を見よ。

ヤクキ　約機　［術語］　法を受くる者の方より云ふこと。衆生の機の上より論ずるなり。

ヤクキヤウヰン　譯經院　［堂塔］　梵本を翻譯する道場なり、凡そ譯經の方規宋より備はるはなし。【佛祖統紀四十四】に「天息災述二譯經儀式一。於二東堂一面レ西粉二布聖壇一。作壇以粉飾之事在藏經開二四門一。各以二一梵僧一主レ之。持二秘密咒一七日夜。又設二木壇一布二聖賢名字輪一。壇形正圓層列佛大士天神名佐環遶其上如車輪之狀目曰二大法曼拏羅一。此云大會請二聖賢一阿伽沐浴。阿伽此云器、凡供養之器皆稱曰阿伽。今言阿伽乃是沐浴器設二香華燈水殽果之供一。禮拜遶旋。祈二請冥祐一。以殄二魔障一。第一譯主。正坐面レ外宣二傳梵文一。第二證義坐二其左一。與二譯主一評二量梵文一。第三證文坐二其右一。聽三譯主高讀二梵文一以驗二差誤一。第四書梵學僧。審聽二梵文一書成二華字一。猶是梵音ナリ。をそ引初爲紇哩第野私才爲素怛覽爲心素怛覽翻爲經 第五筆受。翻二梵音一成二華音一。紇哩第野再翻爲心素怛覽翻爲經 第六綴文。回二綴文字一使レ成二句義一。如筆受云照見五蘊彼自性空見此今云照見五蘊皆空大率梵音多先能後所如念佛爲佛念打鐘爲鐘打故須回綴字句以唱此土之文 第七參譯。參二考兩土文字一使レ無レ誤。第八刊定。刊二削冗長一定二取句義一。如無無明無明剩兩字如上正遍知上闕一無字 第九潤文。官於二僧衆南向一設レ位。參詳潤色。如心經度一切苦厄一句元無梵本、又是故空中一句、是故兩字元無梵本 僧衆日日沐浴。三衣坐具威儀整肅。所須受用悉從レ官給。天息災言。譯文有下與二御名廟諱一同者上前代皆不レ避。若變レ文回避慮レ妨二經旨一。今欲レ依二國學九經一但闕二點畫一。詔答、佛經用字宣レ從二正文一。廟諱御名不レ須二回避一。」

ヤクケウシヤク　約教釋　［術語］　天台四大釋例の一。「シシヤク」を見よ。

ヤクケウヤクブ　約教約部　［術語］　天台にて敎の方面に就きて論ずるを約教とし、部の方面に就きて論ずるを約部と云ふ。

ヤクケンド　藥犍度　［書名］　二十犍度の第七。四分律四十二に時藥非時藥七日藥盡形壽藥等に就て細說す。藥は食と云ふ如し。

ヤクサウ　藥草　［譬喩］　法華經藥草喩品に佛の敎法を雨に譬へ、衆生の機類を草木に譬ふ。佛敎の雨は一味なれども衆生の種類に隨て各自の智性を滋生し、以て惑を治すれば稱して藥草と云ふ。此中三草二木の差別あれども、木は二にして少く草は三にして多ければ少を廢して多を取る。又三草の中の中草は聲緣の二乘なり、此品の明かす所正しく聲緣の二乘にあれば藥草を擧げて他を兼ねしなり。【經】に「譬如下三千大千世界山川谿谷土地所レ生卉木叢林及諸藥草種類若干。名色各異ナリ。密雲瀰布偏覆二三千大千世界一。一時等ニ澍。其澤普洽二卉木叢林及諸藥草小根小莖小枝小葉。中根中莖中枝中葉。大根大莖大枝大葉一。

諸樹大小隨二上中下一各有レ所レ受。一雲所レ雨稱二其種性一而得二生長一。草實敷實。雖二一地所レ生一雨所一レ潤而諸草木各有中差別上。迦葉當レ知。如來亦復如レ是。出二現於世一如二大雲起一。以二大音聲一普徧二世界天人阿修羅一。如三彼大雲徧覆二三千大千國土一。」

ヤクサウユボン 藥草喩品 〔經名〕法華經二十八品中第五品「ヤクサウ」を見よ。

ヤクサン 藥山 〔人名〕唐の禪師惟儼、石頭の遷禪師に嗣ぎ、澧州の藥山に住す。海衆雲合す。文宗の太和二年入寂、壽八十四。

藥山陞座 〔故事〕藥山久く陞座せず、院主白して云く、大衆久しく示誨を思ふ、請ふ和尙衆の爲に說法せよ。山鐘を打たしむ、衆方に集る。山陞座して良久して便ち下座して方丈に歸る、院主後に隨て向ふ、適來衆の爲に說法せんとを許す、云何ぞ一言を垂れざるや、山云く經に經師あり、論に論師あり、爭でか老僧を怪み得ん。【從容錄第七則】

ヤクザウ 藥藏 〔堂塔〕阿育王、四門に藥藏を立て一切の比丘に藥を施す。【善見律毘婆沙二】

ヤクシ 鑰匙 〔物名〕【正字通】に「鑰鍉所二以啓一レ鎖者。俗作レ匙。」鑰は「ぢやう」にて匙は「かぎ」なり、「ぢやうのかぎ」と云ふとにて只「かぎ」を指す。

ヤクシ 譯師 〔菩薩〕經論を翻譯する法師なり。

ヤクシ 藥師 〔菩薩〕具に藥師瑠璃光如來と云ひ、大醫王佛、醫王善逝など稱す。梵名、鞞殺社窶嚕、Bhaiṣajyaguruvaiḍūryaprabhāsa 東方淨瑠璃國の敎主にして十二誓願を發し、衆生の病源を救ひ、無明の痼疾を治す。【藥師瑠璃光如來本願功德經】に「佛告二曼殊室利一。東方去レ此過二十殑伽沙等佛土一有二世界一名二淨瑠璃一。佛號二藥師瑠璃光如來乃至佛薄伽梵一。曼殊室利。彼世尊藥師瑠璃光如來。本行二菩薩道一時。發二十二大願一。令二諸有情所求皆得一。」⦿（曲、壇風）「新宮藥師如來の淨瑠璃淨土は東にて、こちふく風となし給ふ」《第百拾壹圖第百拾貳圖參照》

藥師十二誓願 〔名數〕第一自他の身光明熾盛の願、第二威德巍巍衆生を開曉する願、第三衆生をして所欲を飽滿し乏少なからしむる願、第四一切衆生をして大乘に安立せしむる願、第五一切衆生をして梵行を行じ三聚戒を具せしむる願、第六一切の不具者をして諸根完具せしむる願、第七一切衆生の衆病を除き身心安樂にして無上菩提を證得せしむる願、第八轉女成男の願、第九諸の有情をして天魔外道の纏縛邪思惡見の稠林を解脫せしめて正見に引攝する願、第十衆生をして惡王劫賊等の橫難を解脫せしむる願、第十一飢渴の衆生に上食を得しむる願、第十二貧乏衣服なき者に妙衣を得しむる願。【藥師經】⦿（十訓抄十）「藥師十二の誓願は、衆病悉除にたのもしき」

藥師三尊 〔圖像〕中尊藥師如來、左脇侍日光遍照菩薩、右脇侍月光遍照菩薩なり。【藥師經】に「於二其國中一有二二菩薩摩訶薩一。一名二日光遍照一。二名二月光遍照一。是彼無量無數菩薩衆之上首。悉持二彼世尊藥師瑠璃光如來正法寶藏一。」

藥師七佛 〔菩薩〕「シチブツヤクシ」を見よ。

藥師八大菩薩 〔菩薩〕【藥師經】に「以二此善根一願下生二西方極樂世界無量壽佛所一。聽中聞正法上。而未レ定者。若聞二世尊藥師瑠璃光如來名號一。臨二命終時一有二八菩薩一。乘二神通一來示二其道路一。即於二彼界種種雜色衆寶華中一自然化生。」經中八菩薩の名を擧げず。⦿（榮花、音樂）「藥師如來八大菩薩をそへて、極樂に送ると告げ給ふなりなど」

藥師十二神將 〔如來〕藥師如來の神力を以て行者を守護する十二大將なり。一に宮毘羅大將、二に伐折羅大將、三に迷企羅大將、四に安底羅大將、五に頞儞羅大將、六に珊底羅大將、七に因陀羅大將、八に波夷羅大將、九に摩虎羅大將、十に眞達羅大將、十一に招杜羅大將、十二に毘羯羅大將なり。【藥師經】「ジフニシンシヤウ」を見よ。

藥師印相 〔印相〕左手を開て臍下に置き、右手を以て上に重ね、二大指の頭相合するを法界定印と名く、是れ藥師如來の根本印なり。【圖印集一】

藥師眞言 〔眞言〕「唵、呼嚧呼嚧、戰駄利。摩橙祇、莎訶。」【藥師如來觀行儀軌法】

藥師經軌 〔經名〕藥師瑠璃光如來本願功德經一卷、玄奘譯。【閏帙五】(171)藥師瑠璃光七佛本願功德經二卷、義淨譯。【餘帙五】(173)藥師如來觀行儀軌法一卷、金剛智譯。藥師如來念誦儀軌一卷、不空譯。【餘帙三】藥師瑠璃光如來消災除難念誦儀軌、一卷、失譯人名。【餘帙一】藥師瑠璃光王七佛本願功德經念誦儀軌二卷、沙囉巴譯。【成帙十二】

ヤクシキヤウ 藥師經 〔經名〕五譯あり、一は佛說灌頂拔除過罪生死得脫經と題し、佛說灌頂經十二に載せて東晋帛尸梨蜜多羅の譯、一卷なり。（灌頂經は成帙第六）二は宋の慧簡の譯、一卷、藥師瑠璃光經。（藏經に入らず）三は隋の達摩笈多の譯、一卷、佛說藥師如來本願經。（黃帙四）四は唐の玄奘の譯、一卷、藥師瑠璃光如來本願功德經。（餘帙五）五は唐の義淨の譯、二卷、藥師瑠璃光七佛本願功德經、（餘帙五）此の中前の四譯は單に藥師如來の部を譯出し、第五の義淨譯は前卷に六佛を譯出し、後卷に藥師佛を譯出す、故に單に藥師經と言へば前

の四譯殊に玄非譯を指し、義淨譯を言ふときは七佛藥師經と稱す。

經疏　〔書名〕慈恩の藥師經疏一卷、太賢の藥師經古迹一卷、善珠の藥師經鈔二卷、亮汰の藥師經纂解四卷、共に玄非譯の藥師經を釋す。

ヤクシケクワ　藥師悔過　〔修法〕藥師如來に向て罪障を懺悔する法なり。

ヤクシコウ　藥師講　〔行事〕藥師如來を念誦する法會なり。

ヤクシゴマ　藥師護摩　〔修法〕七佛藥師を供養する秘法なり。

ヤクシサウ　藥師草　〔植物〕一名を弟切草(おとぎり)とも青ぐすりともいふ、鷹の良藥なりとぞ。⦿（慈鎭和尙鷹百首）「秋の野にまだかれのこる青ぐすりかふてふ鷹やさしはなるらん」

ヤクシジ　藥師寺　〔寺名〕奈良の藥師寺は南都七大寺の一。天武帝白鳳九年皇后の病に依て之を建立し、藥師如來を供養す。【日本紀】図 下野の藥師寺は日本三戒壇の一、稱德帝神護景雲四年弓削道鏡を此に貶して藥師寺を創建せしむ。

ヤクシジサイシヨウヱ　藥師寺最勝會　〔行事〕「サイショウヱ」を見よ。⦿（太平記二四）「七日藥師寺の最勝會」

ヤクシニヨライクワンギヤウギキホフ　藥師如來觀行儀軌法　〔經名〕一卷、唐の金剛智譯。七佛藥師の念誦法を說く。【餘帙三】

ヤクシニヨライネンジユギキ　藥師如來念誦儀軌　〔經名〕一卷、唐の不空譯。【餘帙三】

ヤクシニヨライホングワンキヤウ　藥師如來本願經　〔經名〕一卷、隋の達摩笈多譯。五譯の一。【黃帙四】(170)

ヤクシヤ　藥叉　〔異類〕「ヤシヤ」を見よ。

ヤクシヤク　藥石　〔雜語〕「ヤクセキ」を見よ。

ヤクシユニシン　藥珠二身　〔名數〕藥樹王身と如意珠王身なり。佛が衆生の苦を拔く爲に化現する身を藥樹王身（「ヤクジユワウシン」を見よ）と云ひ、衆生に樂を與ふる爲に化現する身を如意珠王身と云ふ。【法華玄義六】に「示ニ藥樹王身如意珠王身ー」【法華嘉祥疏二】に「菩薩有ニ二種身ー。一如意珠王身。能與ニ一切樂ー。二藥樹王身。見聞之者無レ不ニ苦滅ー」

ヤクシルリクワウシチブツホングワンクドクキヤウ　藥師瑠璃光七佛本願功德經　〔經名〕二卷、唐の義淨譯。藥師七佛の本願並に淨土を說く。【餘帙五】

ヤクシルリクワウニヨライ　藥師瑠璃光如來　〔菩薩〕藥師佛の具名。

ヤクシルリクワウニヨライホングワンクドクキヤウ　藥師瑠璃光如來本願功德經　〔經名〕一卷、唐の玄非譯、五譯の一、常に藥師經と稱する是なり。【閏帙五】(171)

ヤクシルリクワウブツ　藥師瑠璃光佛　〔菩薩〕藥師佛の具名。「ヤクシ」を見よ。

ヤクシン　益信　〔人名〕弘法の法孫に源仁あり、源仁の下に聖寶益信の二弟子あり、小野廣澤の二流を開く、益信は廣野流の祖なり。【元亨釋書四益信傳】

ヤクジキ　藥食　〔雜語〕「ヤクセキ」を見よ。

ヤクジヤウボサツ　藥上菩薩　〔菩薩〕「ヤクワウボサツ」を見よ。

ヤクジユワウ　藥樹王　〔雜名〕又、藥王樹と云ふ。草木の以て病を治すべきものあり、中に於て最勝なるを藥王と稱す。【捺女耆域因緣經】に「逢ニ一小兒擔レ樵。耆域望視悉見ニ此兒五藏腸胃ー。縷悉分明。耆域心念。本草經說。有ニ藥王樹ー。從レ外照レ內見ニ人腹藏ー。此兒樵中得レ無レ有ニ藥王ー耶。」

ヤクジユワウシン　藥樹王身　〔術語〕菩薩六道に應現して衆生の苦難を救ふ身を云ふ。【觀音玄義上】に「如ニ華嚴云ー。有ニ上藥樹ー。其根深入。枝葉四布。根莖枝葉皆能癒レ病。聞レ香觸レ身無レ不レ得レ益。菩薩亦如レ是。大悲熏レ身形聲利レ物。名ニ大藥王身ー。又如ニ如意珠ー。能雨ニ大千珍寶ー。隨レ意而不レ窮不レ盡。菩薩大慈熏レ身與ニ衆生樂ー。名ニ如意藥王身ー」【法華玄義六】に「示ニ身輪ー者。即是示ニ藥樹王身如意珠王身ー」【法華入疏七】に「五約ニ藥樹珠王ー明。觀世音譬ニ藥樹王遍體愈レ病。普門者譬ニ如意珠王隨意所與ー」

ヤクセキ　藥石　〔雜語〕「ヤシツ」とも言ふ。又、藥食に作る、病を療ずるを意味す。禪林晚間の粥を云ふ、隱語なり。【黃檗淸規】に「藥石晚食也。比丘過レ午不レ食。故晚食名ニ藥石ー。爲レ療ニ餓渴病ー也。」

ヤクドウジ　藥童子　〔傳說〕耆域 Jiva 藥草を以て童子の形を作り以て諸病を醫すと云ふ。【大寶積經八】に「耆域醫王。合ニ集諸藥ー。以取ニ藥草ー作ニ童子形ー。端正殊好。世之希有。所作安諦。所有究竟殊異無レ比。往來周旋。住立安坐。臥寐經行。無レ所レ缺ニ漏所レ顯變業ー。或有ニ大豪國王太子大臣百官貴姓長者ー。來ニ至耆域醫王所ー。視ニ藥童子ー。與共歌戲。相ニ其顏色ー。病皆得レ除。便致ニ安穩ー」

ヤクドシ　厄年　〔雜語〕邦俗十九歲二十五歲三十三歲三十七歲四十二歲等を厄年となすと醫家陰陽道の說にして佛說に本據なし。但し厄年の二月初午の日に觀音に詣でて厄禳ひを爲すは觀音に災厄除滅の

本誓あり、午の日を取るは馬頭觀音の緣なるべしと云ふ。【如意輪陀羅尼經】に「若有二能信受持者一。一切疾病種種災厄皆得二除滅一。」

ヤクホフ 約法 [術語] 敎法の上に就て談ずること。約機の對。

ヤクワウ 藥王 [雜名] 藥中の最なるもの。

ヤクワウザウ 藥王藏 [雜名] 良藥の庫藏なり。【千手經】に「當レ知其人是藥王藏。常以二陀羅尼一療二衆生病一故。」

ヤクワウジユ 藥王樹 [雜名] 「ヤクジユワウ」を見よ。

ヤクワウホン 藥王品 [經名] 藥王菩薩本事品の略稱。◎(著聞集釋敎)「藥王品にいたりて」

ヤクワウボサツ 藥王菩薩 [菩薩] 【觀藥王藥上二菩薩經】に「過去久遠劫に佛あり、瑠璃光照如來と號す、劫を正安穩と名け、國を懸勝幡と名く。彼佛涅槃の後像法中に於て千比丘あり、發心修行す。衆中に一比丘あり、日藏と曰ふ。聰明多智、諸の大衆の爲に大乘の平等大慧を說く。衆中に一長者あり、星宿光と名く、大乘を聞きて心に歡喜を生じ訶黎勒果及び諸の雜藥を持して日藏比丘及び諸衆に供養し、以て大菩提心を發せり。時に星宿光の弟を電光明と曰ふ、亦兄に隨て諸の良藥を持し、日藏及び諸衆に供養して大誓願を發す、此時大衆讃嘆して兄を藥王と云ひ弟を藥上と號す。是れ今の藥王藥上の二菩薩なり。佛彌勒に告ぐ、是の藥王菩薩久しく梵行を修し諸願已に滿ちて、未來世に於て成佛し、淨眼如來と號す、藥上菩薩亦藥王に次で作佛し淨藏如來と號す。」【法華嘉祥疏二】に「藥王者。過去世以レ藥救レ病。因以爲レ名。」◎(平家六)「藥王菩薩勇施菩薩二人從僧に變じ」

藥王燒臂 [傳說] 【法華經藥王菩薩本事品】に「過去に佛あり、日月淨明德如來と號す。彼の佛一切衆喜見菩薩及び大衆の爲に法華經を說く、一切衆生喜見菩薩苦行を樂修して現一切色身三昧を得たり。此三昧を得已て心大に歡喜し、此三昧に入て諸の妙華妙香を雨らして日月淨明德佛及び法華經を供養す。是の供養を作し已て自ら念ふ、我れ身を以て供養せんと、諸の妙香を服し香油を身に塗り、日月燈明佛の前に於て願力を以て身を燒く、其火燃ゆると千二百歲にして其身盡く。菩薩命終の後、復た日月淨明德佛の國土の淨德王の家に化生す。即ち父に白して佛所に詣り、偈を以て佛を讃す。佛曰く、我れ涅槃の時到れり、我れ佛法を以て汝に囑累すと。夜の後分に於て涅槃に入れり。爾の時菩薩佛の舍利を收めて八萬四千の塔を立てて之を供養す。菩薩復た自ら念ふ、我れ是の供養を作すも心猶足らずと、即ち大衆の前に於て百福莊嚴の臂を燃きて七萬二千歲中八萬四千の塔に供養す。爾の時大衆其の臂なきを見て憂惱悲哀す。一切衆生喜見菩薩大衆の前に於て此の誓言を立つ。我れ兩臂を捨つ必ず當に佛の金色の身を得べし、若し實にして虛しからずんば我が兩臂をして還復故の如くならしめんと、是の誓を作し已て自然に還復す。佛言く、一切喜見菩薩は今の藥王菩薩是なり。」【摩訶止觀一】に「藥王燒レ手。普明刎レ頭。」

ヤクワウボサツボン 藥王菩薩品 [經名] 「藥王菩薩本事品の略稱。」

ヤクワウボサツホンジホン 藥王菩薩本事品 [經名] 法華經二十八品中第二十二品の名。藥王菩薩往昔法華を供養する爲に身を燒き臂を燃せし本事因緣を說く。

ヤクワウヤクジヤウキヤウ 藥王藥上經 [經名] 觀藥王藥上經の略名。

ヤコシン 野狐身 [傳說] 古人一轉語を誤つて五百世野狐身となる。「ヒヤクジヤウ」を見よ。

ヤコゼイ 野狐精 [雜名] 野狐の精靈、變幻人を誑かす。精は妖精ばけものなり。【傳燈錄十二潭空章】に「有レ尼欲二開堂一。師曰。尼女家不レ用二開堂一。尼曰。龍女八歲成佛。師曰。龍女有二十八變一。汝試一變。尼曰。變了也。野狐精。」

ヤサウ 野葬 [儀式] 四葬の一。屍骸を野中に捨て置くなり。

ヤサン 野山 [地名] 高野山を云ふ。

ヤサンダイシ 野山大師 [人名] 弘法大師を云ふ。

ヤシツ 藥石 [雜語] 藥食に同じ。「ヤクセキ」「ヤクジキ」を見よ。

ヤシニ 藥厠抳 [天名] Yakṣin 不動明王の使者の名。譯、勇健神。【聖無動尊成就使者法品】に「次無動尊藥厠抳唐云勇健神使者像。一身四手。左邊上手把二三股叉一。下手把レ棒。右邊上手掌把二一輪一。下手把二羂索一。其身青色而大張レ口。狗牙上出。眼赤如レ血。而有二三眼一。頂戴二髑髏一。頭髮聳竪。如二火燄色一。頂纏二大蛇一。二膊各有二倒垂一龍一。龍頭相向。其像腰纏二二大赤蛇一。二脚腕上纏二大赤蛇一。所レ把棒上赤纏二大蛇一。虎皮縵袴。髑

(藥厠抳の圖)

髏瓔珞。」

ヤシヤ　夜叉　〔異類〕Yakṣa 又閲叉と云ふ。新に藥叉、夜乞叉に作る。譯、能噉鬼、捷疾鬼、勇健、輕捷、秘密など。【玄應音義三】に「閲叉或云二夜叉一。皆訛也。正言二藥叉一。此譯云二能噉鬼一。謂食二噉人一也。又云二傷者一。謂能傷二害人一也。」【法華玄贊二】に「夜叉此云二勇健一。飛二騰空中一。攝二地行類諸羅刹一也。羅刹云二暴惡一。亦云二可畏一。彼皆訛音。梵語正云二藥叉羅刹婆一。」【註維摩經一】に「什曰。夜叉。秦言二貴人一。亦言二輕捷一。有二三種一。一在レ地。二在二虛空一。三天夜叉也。」【淨名疏二】に「夜叉者皆是鬼道。夜叉此云二輕疾一。」【慧苑音義下】に「夜叉此云二祠祭鬼一。謂俗間祠祭以求二恩福一者也。舊翻二捷疾鬼一也。」【梵語雜名】に「夜叉。藥乞叉。」【大日經疏一】に「西方謂二夜叉一爲二秘密一。以二其身口意速疾隱秘難レ可二了知一故。」

(夜叉の圖)

夜叉說半偈　〔傳說〕【涅槃經十四】に釋帝桓因身を羅刹に變じて諸行無常是生滅法の半偈と生滅滅已寂滅爲樂の半偈とを說くを記す。「ハンゲ」を見よ。

夜叉八大將　〔名數〕　毘沙門天王夜叉の八大將を管領し以て衆生界を護る。【大日經疏五】に「次於二北門一當レ置二毘沙門天王一。於二其左右一置二夜叉八大將一。一名二摩尼跋陀羅一。譯曰二寶賢一。二名二布嚕那跋陀羅一。譯曰二滿賢一。三名二半枳迦一舊曰二散支一。四名二沙多祁里一。五名二醯摩嚩多一。即是住二雪山一者。六名二毘灑迦一。七名二阿吒嚩迦一。八名二半遮羅一。」

十六大藥叉將　〔名數〕　一に達哩底囉瑟吒大將。二に禁毘嚕大將。三に嚩日嚕大將。四に迦尾嚕大將。五に彌覩嚕大將。六に哆怒毘大將。七に阿儞嚕大將。八に娑儞嚕大將。九に印捺嚕大將。十に波夷嚕大將。十一に摩尾嚕大將。十二に嬌尾嚕大將。十三に眞特嚕大將。十四に嚩吒徒嚕大將。十五に尾迦嚕大將。十六に倶吠嚕大將。是の如き十六大將各七千の眷屬を有す。【陀羅尼集經三】

ヤシヤ　耶舍　〔人名〕Yaśas 比丘の名。譯、名聞、名稱。或は耶舍陀、Yaśoda 耶舍那に作る。【有部毘奈耶四十】に「具壽阿難陀有二弟子一在二婆颯婆聚落一。號曰二名稱一。梵云二耶舍一。」【四分律】に「耶舍伽那子。」【善見律】に「耶斯那。」【西域記】に「耶舍陀。」【阿育王經二】に「比丘名二耶舍一。翻二名聞一。」【玄應音義二十五】に「耶舍此云レ譽。謂名譽也。」【梵語雜名】に「名聞。耶舍。」佛滅後一百年に出でて摩竭陀國華氏城雞園寺の上座となり、阿育王を勸めて八萬四千の佛塔を建てしめ、後、跋耆國毘舍離城に於て七百の賢聖を集めて第二の結集を爲せし阿羅漢なり。【阿育王經一。毘奈耶雜事四十】

二耶舍　〔名數〕　經論中耶舍比丘二人あり、一人は佛在世の人にして毘舍離城の長者の子、耶舍と名く、出家の後、家に還りて故婦と婬す、佛大に之を詰斥して婬戒を制す、是れ佛法中制戒の初なり。【僧祇律一】四分律には須提那子に作る　一人は先に出せる佛滅後百年阿育王治世の時雞園寺の上座なり。【阿育王經一】

ヤシヤクツタ　耶舍崛多　〔人名〕Yaśogupta 比丘の名。譯、稱藏。【歷代三寶記十一】

ヤシユタラ　耶輸多羅　〔人名〕Yaśodharā 又、耶輸陀羅、耶戍達羅に作る。譯、持稱、持譽、具稱など。悉達太子の夫人、羅睺羅の母なり。後、摩訶波闍婆提に隨て出家し、法華に於て授記を得。密教には胎藏界觀音院の一尊なり。【法華嘉祥疏一】に「耶輸多羅。此云二名稱一。諸女中有二名稱一也。」【法華玄贊一】に「耶戍達羅。此云二持譽一。耶輸陀羅訛也。形容美麗。近遠聞知。生二育羅睺一。天人讚詠。故名二持譽一。譽美稱也。乃至未曾有經須達拏經瑞應經。皆云二羅睺是瞿姨之子一。佛有二三夫人一。云云」（三夫人の記事及び瞿姨と耶輸陀羅に付ては「クキ」の條下を見よ。）【大日經疏五】に「耶輸陀羅。譯云二持名稱者一。」【有部毘奈耶十八】に「寶女耶輸陀羅此云二持稱一。亦云二具稱一。」

(耶輸多羅の圖)

ヤシヤハウ　夜叉方　〔雜語〕　毘沙門方なる故に北方なり。【諸儀軌訣影十二】

ヤシヤラセツ　夜叉羅刹　〔異類〕Yakṣa Rākṣasa 夜叉と羅刹、共に惡鬼の總名。夜叉捷疾鬼と譯し、羅刹暴惡鬼と譯す。

ヤシユダ　耶輸陀　〔人名〕　耶輸陀羅の略。

ヤシユダラ　耶輸陀羅　〔人名〕「ヤシユタラ」を見よ。⦿（太平記三七）「其婬女は耶輸陀羅女これ

なり」

ヤジユヒダ 治受皮陀 〔書名〕Yajurveda 四皮陀の一。【百論疏上之下】に「二治受皮陀。明ニ善道法一。」「キダ」を見よ。

ヤジユン 耶旬 〔雜語〕「ジヤビ」を見よ。

ヤタクニリウ 野澤二流 〔名數〕眞言宗根本の派別、小野廣澤の二流なり。「ヲノリウ」を見よ。

ヤチヤウビク 夜長比丘 〔人名〕【寶物集三】に「夜長比丘は夜も晝もあはれ長き夜かなと宣ひければ、弟子奘みて故を問ひければ、生死の長夜は夜も晝も分つべからずとぞ宣ひける。」「ユジユ」を見よ。

ヤツブサノジユジユ 八房數珠 〔雜名〕「ジユジユ」を見よ。

ヤツメワラジ 八目鞋 〔物名〕修驗者が用ふる鞋にして八箇の乳をつけたり。八葉蓮花に形どりたりと云ふ。

ヤニヤダツタ 耶若達多 〔人名〕Yajñadatta 「エンニヤクダツタ」を見よ。

ヤバンソウ 野盤僧 〔雜語〕諸方を奔走して閒暇なき野村の僧を云ふ。

ヤブ 野巫 〔雜語〕草野の巫師、唯一術を解するもの、以て寡聞の禪人に譬ふ。【止觀七】に「又如ニ野巫唯解ニ一術一。方救ニ一人一獲ニ一餔胙一。何須ニ神農本草一耶。欲レ爲ニ大醫一。徧覽ニ衆治一。廣療ニ諸疾一。轉脈轉精。數用數驗。恩救博也。」俗に「藪醫者」と云ふは是より來る。

ヤマ 夜摩 〔界名〕Yāma 具には須夜摩、Suyāma 蘇夜摩、欲界六天中第三天の名。舊に燄天と云ふ。譯、時分、善分。善く時分を知て五欲の樂を受くるが故なり。【智度論九】に「夜摩名ニ善分天一。」【探玄記六】に「夜摩者若具云ニ蘇夜摩一。蘇者此云レ善也。夜摩者此云レ時也。」【佛地論五】に「夜摩天者。謂此天中隨レ時受レ樂。故名ニ時分一。」【倶舍光記八】に「夜摩天。此云ニ時分一。謂彼天處時時多分稱ニ快樂一。」図 鬼官の總司を夜摩と云ふ。即ち閻魔なり。夜摩、閻魔、梵語の轉なり。「エンマ」を見よ。

ヤマゴモリ 山籠 〔修法〕傳教大師の定めに、天台の學徒にて大乘戒を受けしものは十二年の間叡山に籠りて三昧を修するを法とす、之を十二年の山籠と云ふ。【類聚國史】に「弘安十三年。六月壬戌。傳燈大法師位最澄言。夫如來制レ戒隨レ機不レ同。衆生發心大小亦別。伏望天台法華宗。年分度者二人。於ニ比叡山一。毎年春三月先帝國忌日。依ニ法華經制一令ニ得度受戒一。十二箇年不レ聽レ出レ山。四種三昧令レ得ニ修練一。然則一乘戒學永傳ニ聖朝一。山林精進逮勸ニ塵劫一。許レ之。」

ヤマシナデラ 山階寺 〔寺名〕藤原大織冠の建立する所、もと城州山階にあり、依て山階寺と云ふ。後、淡海公に至り奈良に移して堂宇を新にし、興福寺と稱す。而も舊名を存して多く山階寺と呼ぶ。

ヤマシナレンシヨキ 山科連署記 〔書名〕二卷。明應八年慶聞、圓誓、駿河、了珍、空善、法橋、法眼、慶慧、の八人が蓮師の言行を記し、兼て宗祖親鸞よりの當時までのことを載せ、報恩の爲にとして卷末に連署したるもの。

ヤマダホフシ 山田法師 〔人名〕【十訓抄】に「山田法師は非人にして」是れ玄賓僧都を指すなり。長明の【發心集一】に「古今歌に山田もる僧都の身こそ哀れなれ秋はてぬればとふ人もなし、此も彼の玄賓の歌と申し侍り」（賓敏に作るは非。）

ヤマノザス 山座主 〔雜名〕叡山延曆寺の座主なり。

ヤマノネンブツ 山の念佛 〔行事〕叡山の常行三昧堂に於て念佛三昧を修する法會なり。即ち毎年八月十一日より七箇日の間印常念佛を勤むるなり。此法の不斷となりしは慈覺大師遷化の明年貞觀七年より大師の遺告に由る。【叡岳要記】

ヤマノホフシ 山の法師 〔雜名〕叡山の僧徒を云ふ。單に山と云へば叡山なり。⊙（平家一）「加茂川の水、雙六の骰、山法師、これは我心にかなはぬものと」

ヤマブシ 山伏 〔流派〕又山臥と書す。是れ修驗道の行者なれば修驗者とも云ふ。野に寐ね山に伏して苦行を凝し、以て神驗を修得するより名く。是れ役の行者の法流を嗣ぐ者なれば、後に天台眞言兩宗に附屬し、天台宗には三井寺より、眞言宗には醍醐寺より之を檢校す。【敕修傳翼讚二十】に「山臥とは野に臥し山に臥すと云ふ義なりとぞ。往古には總じて沙門の山林曠野を家とするものを云ふ。乃至いつか分れて一流の別名とはなりぬ、是に僧俗の品あれど共に熊野大峰に入て修練苦行す、故に又は修驗者と云ふ。」⊙（源氏、初音）「けにくく心づきなきやまぶしどもあしきものを招き集めて」

山伏二流 〔名數〕役小角より殆ど二百年、宇多帝の寬平七年醍醐寺の聖寶入峰して絕へたるを興し、再び上下の路を開きてより其の徒世に多かりければ古來の山伏に異せん爲め、當時の山伏を修行すと云ふ心にて新に當山山伏と稱せり。依て古來の山伏は本山山伏と云ふ。而して役行者より十一祖までは唯修驗たり、三井の智證入峰して十二祖となりしより、今天台兼學の宗となる。又聖寶は眞言宗なるに由て當山は眞言宗なり。さて本當

山伏の名に藏寶の二字多きは、本山には淨藏貴所の藏の字を取て多く何藏院と名け、當山は聖寶の寶の字を取て多く何寶院と名く。【修驗檀問愚答集四】

ヤマロカ 夜摩盧迦 〔界名〕Yamaloka 閻魔王の「世界なり。」

ヤロク 野鹿 〔譬喩〕善心の繋ぎ難き野鹿に譬ふ。【涅槃經十五】に「如下家犬不レ畏二於人一。山林野鹿見レ人怖走上。瞋恚難レ去如レ守二家狗一。慈心易レ失如二彼野鹿一。」【往生要集中末】に「野鹿難レ繫。家狗自馴。」

ヤヰ 耶維 〔雜語〕又、邪維、闍維、耶旬、闍毘、荼毘等に作る。「ジャビ」を見る。

ゆ

ユ 喩 〔術語〕因明三支作法の一。因の次にありて因を助けて宗を成立せしむるもの。既知の事實を喩として、未知の事實に推定するの用をなす。「云ふ。

ユウギ 幽儀 〔術語〕幽冥の儀容なり。死者の靈をり。

ユウケ 遊化 〔術語〕處處に遊行して敎化するなり。【地藏經】に「遊二化六道一。拔レ苦與レ樂。」【法華玄義一】に「不レ動二寂場一遊二化鹿苑一。」

ユウゲクワンオン 遊戲觀音 〔菩薩〕三十三觀音の一。五色の雲に乘り左手を偏膝に安じ、法界を遊觀する相をなす。

ユウゲジンヅウ 遊戲神通 〔術語〕佛菩薩神通に遊んで人を化して以て自ら娛樂するを遊戲と云ふ、又戲とは自在の義、無碍の義なり。【智度論七】に「戲名二自在一。如下師子在二鹿中一自在無上レ畏。故名爲レ戲。」【註維摩經五】に「什曰。神通雖レ大能者易レ之。於レ我無レ難猶如レ戲也。肇曰。遊レ通化レ人以レ之自娛。」【同慧遠疏】に「於二神通中一歷涉爲レ遊。出入無碍如レ戲相似。故亦名レ戲。」【同嘉祥疏】に「外道二乘神通即有レ碍。不レ名二遊戲一。今菩薩無碍云レ戲也。」

ユウコクウテン 遊虛空天 〔天名〕五類天の一。日月星宿等の虛空に遊行する天神を云ふ。【秘藏記末】

ユウサンセケンジフシン 融三世間十身 〔術語〕華嚴宗二種十身の一。「ブッシン」を見よ。

ユウサンセケンノジフブツ 融三世間十佛 〔術語〕解境の十佛を云ふ。解境の十佛は衆生、器、智正覺の三世間を融じて十佛としたる故なり。

ユウシ 幽旨 〔雜語〕幽妙の旨趣なり。【華嚴玄談一】に「照二住幽旨一。」

ユウシキ 融識 〔術語〕能く事理に通達する人を云ふ。【唯識述記序】に「誕二玆能識一秀迹傳燈。」

ユウシクキヤウ 遊四衢經 〔經名〕舍利弗目連遊四衢經の略名。

ユウシンホフカイ 遊心法界 〔術語〕心を法界に遊ばしむ、萬差の諸法を觀見するを云ふ。【晉華嚴經三】に「遊二心法界一如二虛空一。是人乃知二佛境界一。」

ユウゾウジゴク 遊增地獄 〔界名〕八熱八寒を大地獄とし、八大熱の一一に各十六の小地獄を有す、一獄城の四面の門外に各爐煨增、屍糞增、鋒刄增、烈河增の四處あればなり、之を十六遊增地獄と名く。八大熱合して一百二十八遊增なり、罪業の衆生此に遊で苦惱を增す故に遊增と云ふ。【俱舍論十一】に「十六增者八捺落伽四面門外各有二四所一。四面各四增故言二皆十六一。此是增上被二刑害一所。故說名レ增。本地獄中適被レ害已重遭レ害故。」

ユウダイ 用大 〔術語〕三大の一。眞如の體に一切諸法の善惡の因果を生ずる大作用あるを云ふ。【起信論】に「三者用大。能生二一切世間出世間善因果一故。」

ユウヅウ 融通 〔術語〕彼此混同して差別なきを融と云ひ、通達して碍りなきを通と云ふ。【止觀七】に「今有二十意一融二通佛法一。」ユヅウと讀む。

ユウヅウタウタ 融通陶汰 〔術語〕台家所立五時の中、般若部の意なり。般若は一切の法皆大乘なりと融會すれば融通と云ひ、空智の水を以て小乘の執情を遣蕩すれば淘汰と云ふ。【四敎儀集註上】に「般若會二一切法皆摩訶衍一。故曰二融通一。以二空慧水一蕩二其執情一。故曰二淘汰一。」

ユウヅウネンブツ 融通念佛 〔術語〕大原の聖應大師良忍の弘通する念佛なり。我が念佛の功德一切人に融通し、一切人の念佛の功德我に融通し、且つ念佛の功德一切行に融通し、一切行の功德念佛の一行に融通し、一切の功德此に圓滿して淨土往生するを云ふ。【融通圓門章】⦿(曲、三山)「我融通念佛を國土にひろめ」ユヅウネンブツと呼ぶ。

ユウヅウネンブツエンギ 融通念佛緣起 〔書名〕二卷、大通撰。融通念佛の宗義を明したるもの。

ユウヅウネンブツシユウ 融通念佛宗 〔流派〕大原の聖應大師良忍を開祖とす。尾州知多郡富田の人、幼にして叡山に登り、良賀を師として止觀の奧義を究め、永意に遭て密乘の幽旨を聞く。年二十三衆を辭して跡を別處に潛め、二十餘年常坐眠らず孜孜として勤行す。年四十六、鳥羽帝永久五年五

月十五日正午無量壽佛身相を現じて融通念佛を授與す。曰く、一人一切人、一切人一人。一行一切行、一切行一行。是名二他力往生一。十界一念融通念佛。億百萬遍功德圓滿。後に鞍馬山の毘沙門天王身を現じて曰く、師さきに佛授を蒙る、何ぞ融通念佛を弘めざるや。師曰く、何の謂ぞ。天王曰く、我が唱ふ所を廻して衆人に融通し、衆人の唱ふる所我に融攝す、是れ融通念佛なり。其の功獨稱に踰ゆると勝げて計るべからずと。崇德天皇天治元年六月九日京師に上り、鳥羽上皇に日課百萬遍を勸め奉る。上皇親ら融通念佛勸進帳を製して之に賜ふ。三公五卿皆爭て之に加入す、是れ融通念佛の嚆矢なり。師是より諸方を巡化し、攝津に弘通の地を定む、即ち平野の大念佛寺是なり。其の後門弟嵯峨の清凉寺に在て異義を立てしより中絕す。元亨元年十一月十六日江深村の法明上人八幡の神詑に依て再興す、即ち中興の祖なり。元祿年中四十六世の祖大通上人初めて紫衣を賜はる。現今末寺三百五十七處あり。蓋し本宗の敎義は念佛の一行を無量壽佛に頂受し、圓融の妙理を華嚴天名に相承して、一因一果の妙義を開きしなり。故に念佛を撰取せしは淨土の三經に依り、圓理を敷揚せしは華嚴法華に依るなり。【圓門章】に「敷二揚圓理一則直據二雜法一。(雜法とは華嚴經也)」又「宗祖正依二華嚴法華一。」【聖應大師傳、融通圓門章、和漢三才圖會】

ユウヅウエンモンシヤウ　融通圓門章　〔書名〕一卷、融通念佛宗四十六代の祖大通上人融觀の著。十門を分ちて宗義の要領を辯ず。【霜帙十】

ユウテンジセンブ　祐天寺千部　〔行事〕七月十五月より廿五日までなり。明顯山祐天寺は江戶目黑にあり、開山は祐天大僧正例年七月十五日より廿五日まで阿彌陀經千口修行す。この節參詣多し。

ユウニザン　熊耳山　〔地名〕達磨の塔所なり。【塔記】に「大師化緣已畢。傳法得レ人。乃端居而逝。即大同二年十二月五日也。葬二於熊耳山一。起二塔定林寺一。」【大明一統志二十九河南府】に「熊耳山在二盧氏縣一。山連二永寧一。兩峰相並好二熊耳一。」

ユウミヤウシヤウジン　勇猛精進　〔術語〕勇猛に難行を進修するなり。【無量壽經上】に「勇猛精進志願無倦。」【法華經序品】に「又見三菩薩勇猛精進入二於深山一。」

ユウメツ　用滅　〔術語〕體滅に對す。諸法の滅するはその體が滅するにあらず、體は常住恒有なれども、その作用が滅するを以て諸法滅すとの主張なり。

ユウレイ　熊嶺　〔地名〕「ユウニザン」を見よ。

ユウレイ　幽靈　〔術語〕幽界の精靈なり、六道の衆生眼見すべからざるもの皆幽靈なり。人も命終已後は其の形體見るべからざれば之を幽靈幽儀などと云ふ。【道宣律師感通錄】に「幽靈隨喜。」【二十唯識述記序】に「幽靈守レ昏而永翳。」

ユエ　喩依　〔術語〕因明の喩法は喩依喩體の二義を分つ、喩へんとする義理を喩體とし、其の喩體の所依を喩依とす、例へば瓶は喩依なり、瓶の上の所作無常の義は喩體なり。喩法に取る所は喩體にして喩依にあらざるなり。【因明大疏上】に「瓶等喩依。」【因明大疏上】に「如空等。此擧二喩依一以彰二喩體一。」

ユエン　由延　〔雜語〕Yojana「ユジュン」を見よ。

ユガ　瑜伽　〔術語〕Yoga 瑜誐。男聲に呼で瑜伽と云ひ、女聲に呼びて瑜祇 Yogin と云ふ。物と相應する義なり。(瑜祇 Yogin は瑜伽 Yoga の修行者のことにして、その體聲の第一格は Yogī 女聲は Yoginī なり。この解及び末出大日經疏の解は疑はしい)相應に五義あり、一に境と相應す、二に行と相應す、三に理と相應す、四に果と相應す、五に機と相應す。此中顯宗には多く理相應の義を取る、瑜伽唯識の瑜伽是なり。密敎には行相應の義を取る瑜伽三密の瑜伽是なり。【唯識述記二本】に「言二瑜伽一者。名爲二相應一。此有二五義一。故不二別翻一。一與レ境相應。不レ違二一切法自性一故。二與レ行相應。謂定慧等行相應也。三與レ理相應。安非安立二諦理也。四與レ果相應。能得二無上菩提果一也。五得レ果既圓。利レ生救レ物赴レ機應レ感。藥病相應也。此言二瑜伽一。法相應稱。取二與レ理相應一。多說唯以二禪定一爲二相應一。」【大日經疏二】に「瑜伽釋爲二相應一。若以二女聲一呼レ之則曰二瑜祇一。所謂相應者即是觀行應レ理之人也。」【即身義】に「瑜伽者翻云二相應一。相應涉入。即是即義。」

ユガアジヤリ　瑜伽阿闍梨　〔術語〕Yogācārya 又、見諦阿闍梨と稱す。三密相應して眞諦を照見する初地以上の阿闍梨を云ふ。「の一」。

ユガガ　瑜伽我　〔術語〕大日經所說、三十種外道の一。

ユガガウサンゼゴクジンミツホフモン　瑜伽降三世極深密法門　〔經名〕金剛頂瑜伽降三世極深密法門の略名。

ユガギヤウ　瑜伽經　〔經名〕瑜伽大敎王經の略名。又、密經の總名なり。

ユガクワンジザイワウニヨライシユギヤウホフ　瑜伽觀自在王如來修行法　〔經名〕金剛頂經瑜伽觀自在王如來修行法の略名。

ユガケウ　瑜伽敎　〔術語〕密敎總名なり。密敎は三密の瑜伽を宗とすればなり。

ユガコンガウチヤウキヤウシヤクジモホ

ン　**瑜伽金剛頂經釋字母品**　[經名]　一卷、唐の不空譯。過阿等の五十字門の義を釋す。【閏帙十五】(1052)

ユガコンマ　瑜伽羯磨　[術語] Yogakarman 瑜伽論所明の授戒の作法にて、法相三乘家の相承する所なり。授戒の作法を羯磨(こんま)と云ふ。

ユガゴマギキ　瑜伽護摩儀軌　[經名]　金剛頂瑜伽護摩儀軌の略名。

ユガサンミツ　瑜伽三密　[術語]　瑜伽は相應の義、三密は身口意の三業なり。手に印を結び、口に眞言を呪し、意に本尊を念ず、此三密互に相即し、又佛の三密行者の三密に渉入するを相應と云ふ。此相應を以て觀行の成就となすなり。図 瑜伽師の三密なり。眞言の觀行者を瑜伽師と云ふ。◎(平家七)「瑜伽三密の法雨は時俗を堯年の昔にかへさん」

ユガザ　瑜伽座　[物名]　瑜伽を修する行者の座床なり。【大疏八】に「住ニ瑜伽座一以ニ五輪字一持レ身。」【大日經七持誦法則品】に「阿字遍金色。用作ニ金剛輪一。加ニ持下體一。說爲ニ瑜伽座一。」

ユガザウ　瑜伽像　[圖像]　眞言の瑜伽經を修する者の觀想する尊像なり。【瑜祇經】に「若作ニ曼荼羅一。及畫ニ瑜伽像一。」

ユガシ　瑜伽師　[術語]　觀行者の總名なり。瑜伽は相應の義。相應に五義あり。「ユガ」を見よ。其の中多く第二の行瑜伽の義、觀行即ち禪定相應する人を取て瑜伽師と名く。又此名は顯密の二敎に通ずれども多く密敎の觀行者に名く、即ち總即別名なり。【唯識述記二本】に「此言ニ瑜伽一法相應稱。取ニ與レ理相應一。多說唯以ニ禪定一爲ニ相應一。瑜伽之師即依士釋。師有ニ瑜伽一名ニ瑜伽師一。即有財釋。」【圓覺大鈔七本】に「瑜伽者。此云ニ相應一。此有ニ五義一。故不ニ別翻一。謂一與レ境。二與レ行。三與レ理。四與レ果。五與レ機相應也。雖レ有ニ多說一今唯以ニ禪定一爲ニ相應一也。師者即觀行人是師之稱。如レ云ニ禪師一。」【倶舍光記業品一】に「瑜伽師即觀行者異名也。」梵 Yogācārya

ユガシヂロン　瑜伽師地論　[書名]　梵名 Yogācāryabhūmi-śāstra 百卷、彌勒菩薩說、唐の玄奘譯。三乘の行人を瑜伽師と云ふ、瑜伽師の所依所行の境界十七衆あり、瑜伽師地と云ふ、瑜伽師の地なり。此論瑜伽師所行の十七地を明かせば瑜伽師地論と名く。十七地とは第一五識身相應地乃至第十七無餘依地なり。【玄應音義二十二】に「瑜伽此譯云ニ相應一。一切乘境行果等所有諸法。皆名ニ相應一。境謂一切所緣境。此境與レ心相應故名ニ境相應一。行謂一切行。此行與レ理相應故名ニ行相應一。果謂三乘聖果。此果位中諸功德更相符順故名ニ果相應一。師地師謂三乘行者。由ニ聞思等一次第習行。如レ是瑜伽隨レ分滿足。展轉調ニ化諸衆生一。故名ニ瑜伽師一。師謂敎レ人以レ道者之稱也。舊經中言ニ觀行人一者也。地謂境界所依所行。或所攝義。是瑜伽師所行境界故名爲レ地。即十七地也。」佛世を去て後一千年中、無著菩薩阿踰陀國講堂より夜摩天に昇て彌勒菩薩に受け、晝日大衆の爲に宣說せしもの。慈恩の瑜伽論略纂十六卷、遁倫の瑜伽論記二十四卷あり、瑜伽倫記と稱す。

ユガシヂロンシヤク　瑜伽師地論釋　[書名]　一卷、最勝子菩薩等造、唐の玄奘譯。瑜伽師地の名義を釋し、十七地の名義を略譯す。【往帙七】(1201)

ユガシユウ　瑜伽宗　[流派]　密敎の總名なり。又別して密敎中の大日宗を云ふ、大日經所說の胎藏部の眞言是なり。以て金剛部の金剛頂宗に對す。【菩提心論心鈔上】に「瑜伽大日經宗通名也。謂大日經等也。此經疏中指ニ大日經一云ニ此瑜伽宗一故。」図 支那の法相宗を印度に在りては瑜伽宗と名く。【寄歸傳一】に「所レ云大乘無レ過ニ二種一。一則中觀。二則瑜伽。」

ユガシユジフビルシヤナサマヂホフ　瑜伽修習毘盧遮那三摩地法　[經名]　金剛頂經瑜伽修習毘盧遮那三摩地法の略名。

ユガジヤウジヨウ　瑜伽上乘　[術語]　瑜伽は相應の義、三密の行業相應じて理に契ふを瑜伽と云ふ。此行無上の佛乘なれば上乘と云ふ。眞言敎の美稱なり。◎(太平記三九)「嶺松含レ風顯ニ瑜伽上乘之理。」

ユガジヤウジユ　瑜伽成就　[術語] 三密相應の「行法成就するを云ふ。」

ユガタイケウワウ　瑜伽大敎王　[菩薩]　金剛界の諸經を稱す。【大敎王經上】に「我今歸命禮。瑜伽大敎王。開ニ演一佛乘。如來三密藏。」

ユガダイケウワウキヤウ　瑜伽大敎王經　[經名]　五卷、趙宋の法賢譯。大遍照金剛如來淨光天の大樓閣中に在て瑜伽大敎王經を說く、即ち金剛界の秘法なり。【成帙四】(1022)

ユガネンジユキヤウ　瑜伽念珠經　[經名] 金剛頂瑜伽念珠經の略名。

ユガミツシユウ　瑜伽密宗　[流派] 眞言宗に同「じ。

ユガユギキヤウ　瑜伽瑜祇經　[經名]　金剛峯樓閣一切瑜伽瑜祇經の略名。

ユガユヰシキ　瑜伽唯識　[術語]　瑜伽論と唯識論なり。即ち印度の空宗有宗なり。◎(盛衰記九)「瑜伽唯識の兩宗の外は殘る法文もなし」

ユガレンゲブネンジユホフ　瑜伽蓮華部念誦法　[經名]　一卷、唐の不空譯。觀自在菩薩の

念誦法なり、觀自在は蓮華部の主なり。【閏帙十】(1429)

ユガロン　瑜伽論　[書名] 瑜伽師地論の略名。

ユガロンシヤク　瑜伽論釋　[書名] 瑜伽師地論釋の略名。

ユキボトケ　雪佛　[雜名]【新拾遺詞書】に雪にて丈六のほとけをつくり奉りて供養すとてよめる云云⦿(枯尾花)「此下にかくねむるらん雪佛、嵐雪」雪布袋雪達磨みな雪中の戯れに作るなり。(康資王母集)「日にそへてゆきのほとけはきえぬらむそれもたきぎのつきぬとやみし」

ユキボテイ　雪布袋　[雜名] 前項 を見よ。

ユキダルマ　雪達磨　[雜名] 同上。

ユギ　瑜祇　[術語] Yogin 瑜岐、瑜祁。梵語瑜伽 Yoga 相應と譯す、理と相應する法體の稱なり、因りて瑜祇は即ち瑜伽を有する人師の稱なり。【唯識述記二本】に「若言二瑜祇一。即觀行者。是師之稱。」【慧琳音義三十一】に「瑜祁觀行入定相應者也。經作レ祇誤也。」【同四十二】に「瑜岐。唐云二相應一也。瑜祇瑜伽亦同二此釋一。」

ユギキヤウ　瑜祇經　[經名] 金剛峯樓閣一切瑜伽瑜祇經の略名。

ユギクワンヂヤウ　瑜祇灌頂　[修法] 東密の一流に金胎兩部の灌頂の外に瑜祇經に由て別に灌頂法を立て、之を瑜祇灌頂と云ふ。謂く、兩部の灌頂は金胎二なり、瑜祇灌頂は金胎不二なりと、以て五種三昧中の第五三昧耶の秘密灌頂となす。是れ台密に兩部の外に兩部不二の蘇悉地灌頂を立つるに似たり。【諸軌儀訣影九】図以心灌頂の別稱なり。瑜祇經內作業灌頂品に以心灌頂を明かすと共に亦手印灌頂を明かす。經に「置二華於印中一令レ散二彼支分一。隨二華所レ墮處一行人而尊奉。敎二彼本明印一令レ共作成就。」と云ふ是なり。

ユギタフ　瑜祇塔　[堂塔] 高野山の龍光院の傍に小塔あり、瑜祇經の說に依て五峯に聳へたる小塔なり。此は眞然の建立にして大師の圖に則れるなり。即ち上を九輪にせずして五峯を立て、各に五輪あり、此れ五智に各五智を具するを表するなり、高野の中院流に瑜祇印の相傳あり。【諸儀軌訣影十一】

ユギヤウ　遊行　[術語] 諸處を歷遊するを云ふ。即ち行脚なり。【法華經信解品】に「遊行遇向二本國一。」【釋氏要覽下】に「毗奈耶律云。如二世尊言一。五法成就。五夏已滿得下離二依止一遊中行人間上。五法者。一識レ犯。二識二非犯一。三識レ輕。四識レ重。五於二別解脫經一善知二通塞一。能持能誦。」

ユギヤウキヤウ　遊行經　[經名] 三卷、長阿含經第二より第四に至る。阿闍世王が隣國を伐つ事を問ふに因て廣く比丘の爲に七法六法を說き、乃至入涅槃分舍利の事を歷敘す。佛般泥洹經二卷、大般涅槃經三卷、般泥洹經二卷共に同本異譯なり。【昃帙九】(545)

ユギヤウシヤウニン　遊行上人　[人名] 時宗一遍上人の法燈を嗣ぐ者、四方に遊行して時衆を勸化すれば世人遊行上人と稱す。其の稱號は一遍上人の法嗣他阿彌陀佛眞敎より始まると云ふ。

ユギヤウハ　遊行派　[流派] 時宗十二派の一、眞敎を開祖とす。京都七條金光寺を本山とす。

ユクワン　湯灌　[儀式] 佛家にて屍體を棺にをさむる前に湯にて沐浴をなさしむ。屍體を藁にて磨洗し、親近の者集まりて式に順ひて湯を灌ぐ。

ユケン　由乾　[雜名] 由乾陀羅の略。山の名。

ユケンダラ　瑜乾駄羅　[雜名] Yugaṁdhara 又、由犍陀羅、瑜健達羅、由乾陀羅、遊犍陀羅、逾健達羅。七金山の第一。譯、雙持。山に二道あり故に名く。【玄應音義一】に「由乾。大論作二犍陀羅山一。此譯云。由犍者雙。陀羅者持。名二雙持山一也。」【同二十四】に「特健達羅舊言二由乾陀羅山一。此云二持雙山一。言二此山峯有二二隴道一。因以名レ之。」【倶舍光記十一】に「此云二持雙一。此山頂上有二二道一。猶以如二車跡一。山持二二跡一故名二持雙一。」【瑜伽略纂一】に「七金山者。一瑜健駄羅。此云二持雙山一。頂有二兩稜一故。」【華嚴疏鈔三十九】に「此云二雙持一。廻レ文即云二持雙一也。」

ユコン　瑜金　[術語] 佛滅後の小乘の分派を金杖を折るに譬ふ。「コンヂヤウ」を見よ。

ユサン　遊山　[雜語] 禪門の人、已事了畢して參問を要せず、勝概を觀覽するを云ふ。【敕修清規裝包】に「如遊山。到處將レ及レ門。下レ包捧入二且過一。安歇處解レ包。取二鞋襪一。濯レ足更レ衣。搭二袈裟一。與二知客一相看。」

ユシウシヨシユギフネハンシヨウトク　由此有諸趣及涅槃證得　[雜語]【唯識論三】に「無始時來界。一切法等依。由レ此有二諸趣及涅槃證得一。」是れ第八阿賴耶識は一切諸法の因たり、一切諸法の所依たり、此識に由て生死と涅槃とあるを云ふ。⦿(新後撰)「こほりしも同じ心の水なれば又うち解くる春にあふかな」

ユシヤ　踰闍　[地名] Ayodhyā 阿踰闍の略、彌勒菩薩の天より降て瑜伽論を說きし大講堂の在る國なり。【可洪音義二】に「踰闍國名。阿踰闍國此云二不可戰一。」

ユシヤナ　踰闍那　[雜語] Yojana「ユジユン」を見よ。

ユシユツ　涌出　[雜語] 地下より涌出するなり。

法華見寶塔品に多寶塔の地下より涌出するを説き、同涌出品に恒沙の大菩薩地下より涌出するを説く。

ユシユツホン　涌出品　[經名]　從地涌出品の略名。法華經二十八品中第十五品の名。釋迦如來の久遠に敎化せし無量の大菩薩地下より涌出するを敍し、以て釋迦の壽量を説く緣由とす、即ち本門法華の序分なり。⊙(榮花、疑)「四十餘年に化度し給へる所の涌出品の菩薩はかりもなし」

ユジヤナコウダウ　瑜遮那講堂　[堂塔]　阿瑜遮國、Ayodhyā にある寺院。往昔彌勒菩薩が都率天より下りて瑜伽論等五部の大論を説き給ひし堂。

ユジユン　由旬　[雜語]　Yojana 又、俞旬、揄旬、由延、或は踰闍那。新稱、踰繕那。里程を計る稱目なり。帝王一日行軍の里程なり。或は四十里と云ひ、或は三十里と云ふ。(唐土の里法六町一里)【西域記二】に「夫數量之稱。謂二踰繕那一。舊曰二由旬一又曰二踰闍那一又曰二由延一。皆訛略也。踰繕那者。自レ古聖王一日軍行也。舊傳。一踰繕那四十里矣。印度國俗乃三十里。聖敎所レ載惟十六里。窮レ微之數。分二一踰繕那一爲二八拘盧舍一。拘盧舍者謂大牛鳴聲所レ極聞一稱二拘盧舍一。分二一拘盧舍一爲二五百弓一。分二一弓一爲二四肘一。分二一肘一爲二二十四指一。分二一指節一爲二七宿麥一。」【玄應音義二】に「俞旬。又作二由旬一。或作二由延一。又作二踰闍那一。皆訛也。此言二踰繕那一。此譯云。合也。應也。計合テ二應爾許度量一。同二此方驛邏一也。」【有部百一羯磨三】に「言二踰繕那一者。既無二正翻義一。當三東夏一驛可二三十餘里一。舊云二由旬一者訛略。若准二西國俗法一。四俱盧舍爲二一踰繕那一。計ルニ一俱盧舍可レ有二八里一。即是當二其三十二里一。若准二內敎一。八俱盧舍爲二一踰繕那一。一俱盧舍有二五百弓一弓有二一步數一。准二其步數一纔一里半餘。將八ニ倍之ニ當二十二里一。此乃不レ充二一驛一。親驗スルニ當今西方踰繕那可レ有二一驛一。故今皆作二一驛一翻レ之。遮無二遠滯一。」【註維摩經六】に「肇曰。由旬天竺里數名也。上由旬六十里。中由旬五十里。下由旬四十里也。」一指節とは大母指を横たへて其厚の量を取るなり、又一肘とは肘の本端より中指の末に至るなり。惠運の【俱舍記】に「一肘者自二肘本端一至二中指末一也。一尺八寸。」【智證の雜記】に「橫二大母指一而取二其厚一以爲二一指一也。」【俱舍論十二】に「贍部洲ノ人身。多ハ長三肘半。於レ中少分有二長四肘一。」此指節の量を積算して由旬の度を知るべし。

ユセン　涌泉　[術語]　梵語、修多羅。Sūtra (常に經と翻す) の言に五義を含有する中の第三義なり。修多羅中の文義盡きざると石泉の流注する如きなり。【法華玄義八】に「三含二涌泉一者。從レ譬爲レ名也。佛以二四悉檀一說レ法。文義無盡法流不レ絕。」【興禪護國論序】に「涌泉義不レ窮。流二注千聖之世一。」

ユゼンナ　踰繕那　[雜語]　又、喩繕那、舊稱由旬なり。「ユジユン」を見よ。

ユタイ　喩躰　[術語]　「ユエ」を見よ。

ユナヤキヤウ　踰捺野經　[經名]　薩鉢夜際里瑜捺野經の略名。

ユニヨクワタク　猶如火宅　[術語]　三界苦惱の樣を火宅に譬ふ。【法華經譬喩品】に「三界無安。猶如二火宅一。」⊙(續千載)「おしまずよ明ほのかすむ花の陰是も思のしたの古鄉」

ユニヨジヤウスヰ　猶如淨水　[雜語]　【無量壽經下】に「猶如二淨水一。洗二除塵勞諸垢染一故。」⊙(續千載)「自ら心に殘るちりもなし淸き流の山川の水」

ユハツ　油鉢　[譬喩]　正念を持するを油鉢を持するに譬ふ。【涅槃經二十二】に「譬如下世間有二大諸衆一。滿二二十五里一。王敕二一臣一持二一油鉢一。經レ由中過シテ莫レ令二傾覆一。若棄二一滴一當レ斷二汝命一。復遣二一人一拔レ刀在レ後隨而怖レ之。臣受二王敎一盡レ心堅持。經二歷爾所ノ大衆中一。雖レ見二可意ノ五邪欲等一心常念言。我若放逸著セハ二彼邪欲一當下棄二所持一命不上レ全濟。是人以二是怖因緣一故乃至不レ棄二一滴油一。菩薩摩訶薩亦復如レ是。於二生死中一不レ失二念慧一。以二不失一故雖レ見二五欲一心不二貪著一。」【智度論十五】に「菩薩欲レ脫二生老病死一。欲レ度二脫衆生一。常應二精進一心不放逸。如下人擎二油鉢一行中大衆中上。」【雜阿含經二十四、修行道地經三】に同じく此譬あり。

老尼置油鉢試優婆毱多　[故事]　「アブラ」を見よ。

ユビ　指　[譬喩]　指を敎に譬へ、月を法に比す。【楞伽經四】に「如實觀察者諸事悉無事。如二愚見レ指レ月。護指不レ觀レ月。計スレハ二著名字一者不レ見二我實心一。」【楞嚴經二】に「如二人以レ手指レ月示レ人。彼人因レ指當二應看レ月。若復觀レ指以爲二月體一。此人豈亡二失月體一。亦亡二其指一。何以故。以三所レ標指爲二明月一故。」【圓覺經】に「修多羅ノ敎如二標レ月指一。若復見レ月了知所レ標畢竟非レ月。一切如來種種ノ言說開二示菩薩一亦復如レ是。」【智度論九】に「如三人以レ指指レ月。以示二惑者一。惑者視レ指而不レ視レ月。人語レ之言我以レ指指レ月令二汝知一レ之。汝何看レ指而不レ看レ月。此亦如レ是。語爲二義指一。語非レ義也。」【往生論註下】に「名爲二法指一如二指指一レ月。」

ユフザ　夕座　[儀式]　法華八講最勝講などに一日に朝夕の二座あり、夕方の講座を夕座と云ふ。

ユメ　夢　[雜語]　夢中の所現實事なし、以て世間の諸法實性なきに譬ふ。【維摩經方便品】に「是身如レ夢。爲二虛妄見一。」【演密鈔四】に「言レ夢者寐中神遊也。凡人寢寐神識不レ定。」

四夢 〔名數〕一に四大不和夢、或は山崩れ或は自身虚空に飛騰し、或は虎狼及び劫賊に追逐せらるるを夢む、此れ地水火風の四大調はず心神散逸するに因る。二に先見夢、晝間見る所隨て夢む。三に天人夢、若し人善を修すれば乃ち天人爲に感じて善夢を現じ以て善根を增長せしめ、惡人惡を作せば天人爲に惡夢を現じて惡を怖れ善を生ぜしむ。四に想夢、常に思想すること多く夢中に現はる、善事を想へば善夢を現じ、惡事を想へば惡夢を現ず。【善見律十二】

五夢 〔名數〕【智度論六】に「夢有二五種一。若身中不レ調。若熱氣多則多夢見レ火見レ黃見レ赤。若冷氣多則多見レ水見レ白。若風氣多則多見レ飛見レ黑。又復所二夢見一事多思惟念故則夢見。或天與レ夢欲レ令レ知二未來事一故。是五種夢皆無二實事一而妄見。」【毘婆沙論三十七】に「應レ說三五緣見二所夢事一。一由二他引一。謂若諸天。諸仙神鬼。呪術藥草。親勝所念。及所賢聖所引故夢。二由二曾更一。謂先見二聞覺三知是事一或曾貫習種種事業今便夢見。三由二當有一。謂若將レ有二吉不吉事一。法爾夢中先見二其相一。四由二分別一。謂若思惟希求疑慮即便夢見。五由二諸病一。謂若諸大不二調適一時。便隨二所增一立見二彼類一。乃至異生聖者皆得レ有レ夢。聖者中從二預流果一乃至阿羅漢獨覺亦皆有レ夢。唯除二世尊一。所以者何。夢似二顚倒一。佛於二一切顚倒習氣一皆已斷盡。故無レ有レ夢。如下於二覺時一心心所法無中顚倒上。轉睡時亦爾。」

摩耶夫人五夢 〔傳說〕【摩訶摩耶經下】に「佛母摩訶摩耶、忉利天に在りて五大夢を見る、一に須彌山崩れ四海水竭く。二に諸の羅刹あり、手に利刀を執て競て一切衆生の眼を排る、時に黑風吹く、諸の羅刹皆悉く馳て雪山に歸る。三に欲色界の諸天悉く寶冠を失ひ、自ら瓔珞を絕ち本座に安せず、身に光明なく猶聚墨の如し。四に如意珠王高幢の上に在て恒に珍寶を雨らし、一切に周給す、四毒龍あり口中火を吐き彼の幢を吹倒し、如意珠を吸ひ、猛疾の惡風深淵に吹沒せしむ。五に五師子あり空より來下し摩訶摩耶の乳を嚙み左脇に入る、身心疼痛刀劍を被る如し。」是れ佛の入滅を表するなり。

阿闍世王五夢 〔故事〕 佛涅槃の夜阿闍世王五種の惡夢を感ず。「ゴム」を見よ。

阿難七夢 〔故事〕【阿難七夢經】に「阿難舍衞國に在て七夢を得、來て佛に問ふ。一に陂池火焰、二に日月星宿沒す、三に比丘不淨の坑中に在て白衣頭に登る、四に群猪來て旃檀の林を觝突す、五に頭に須彌山を戴て以て重しとなさず、六に大象小象を棄てて顧みず、七に師子王頭上に七毫毛あり地に在て死す、一切の禽獸見て怖畏す、後に身中蟲出でて之を食ふ。佛言く、汝が七夢は當來遺法の弟子佛敎に依らざるを表するなり。第一夢は當來の比丘惡逆熾盛なり、第二夢は佛泥洹の後諸聖隨て泥洹し衆生の眼滅するなり、第三夢は出家の比丘死して地獄に入り在家の白衣天上に生ずるなり、第四夢は當來の白衣塔寺に來入し衆僧を誹謗し塔を破り僧を害するなり。第五夢は佛泥洹の後阿難出經の師となり一句忘れざるなり、第六夢は將來邪見熾盛にして我が佛法を破り有德の人皆隱れて現ぜざるなり、第七夢は佛泥洹の後一千四百七十歲中我諸の弟子修德の心、一切の惡魔嬈亂するを得ず、弟子自ら不法を行じて佛法を壞するなり。」

波斯匿王十夢 〔故事〕【舍衞國王夢見十事經】に「舍衞國の波斯匿王十夢を得、以て佛に問ふ。一に二瓶あり、一は空、二は滿、其の水往來して空瓶に入らず、當來富者相送遺して貧者に給せざるを表す。二に馬の口尻に食を置く、大臣の官と民とに食するを表す。三に小樹花を生ず、後世の人三十にして頭白きを表す。四に小樹實を結ぶ、女子小にして便ち子を生ずるを表す。五に羊あり繩を食ふ、夫出でて買販す、婦家に在て他男と共に住し夫の財を食するを表す。六に狐あり金床に坐す、賤人の富むことを表す。七に大牛あり小犢子に隨て乳す、女を貸して他の男子と共に住せしめ、己れ門を守て女の婬錢に食するを表す。八に四牛四面より來て闘はんとし未だ闘はずして去る、後世の人主放逸にして天を畏れず雨師雨を祈れども只雲ありて四方より來り須臾にして雲四散するを表す。九に大陂の水、中央濁て四邊淸し、後世閻浮の國土八方安くして中土亂るるを表す。十に大溪水赤し、後世の國王兵を興して殺戮し流血赤きを表す。」

訖栗枳王十夢 〔故事〕【俱舍論九】に「如二訖栗枳王夢所レ見十事一。謂大象井麨。栴檀妙園林。小象二獼猴。廣堅衣、闘諍。」【俱舍光記八】に「訖栗枳此に作事と云ふ、是れ迦葉波佛の父なり、夜十事を夢む、旦に迦葉佛に白す。佛言く、此れ當來釋迦遺法の弟子の先兆を表するなり、一に王夢に一の大象ありて室中に閉ぢられて更に門戶なく唯小窓あり、其象方便を以て身を投じて出るを得れども、尾猶窓に礙られて出ると能はざるを見るは、此れ釋迦遺法の弟子能く父母妻子を捨てて出家修道すれども、其中に於て猶名利を懷て捨離すると能

はざるを表す。二に王夢に一の渇人ありて水を求むるに便ち一井あり、八功德を具し、其人に隨逐すれども敢て飮まざるを見るは、此れ釋迦遺法の弟子諸の道俗等肯て法を學ばず、知法の者ありて名利の爲の故に彼に隨て爲に說くも猶學ばざるを表す。三に王一升の眞珠を以て一升の麨に易ふるを見るは釋迦遺法の弟子名利を求むる爲の故に佛の正法を以て他人の爲に說き、彼の財物を希ふを表す。四に王夢に栴檀を以て凡木と易ふるを見るは、釋迦遺法の弟子內の正法を以て外の書典に易るを表す。五に王夢に妙園林ありて華菓茂盛なり、狂賊毀壞して餘なきを見るは、釋迦遺法の弟子如來の正法の園を磨滅するを表す。六に王夢に諸の小象ありて一の大象を駈て群を出でしむるを見るは、釋迦遺法の弟子諸の惡朋黨破戒の苾芻持戒有德の苾芻を擯斥して衆外に出でしむるを表す。七に王夢に一の獼猴ありて身に糞穢を塗り衆を揩揬するを見るは、釋迦遺法の弟子諸の破戒の人諸の惡事を以て好人を誣謗するを表す。八に王夢に一の獼猴ありて實に德なけれども衆共に海水を捧げて灌頂し、立てて王と爲すを見るは、釋迦遺法の弟子破戒の苾芻實に所知なけれども、名利の爲の故に諸の惡朋黨共に相ひ扶けて立てて衆首と爲すを表す。九に王夢に廣堅の衣ありて十八人あり各少分を取り、四面に爭ひ挽けども衣破れざるを見るは、釋迦遺法の弟子佛の正法を分て十八分と成すに、異執あれども而も眞法尙存す、之に依て修道すれば皆解脫を得るを表す。此れ所學の法を顯はすなり。十に王夢に多人共に集て互に相征伐し、死亡して略盡くるを見るは、此れ釋迦遺法の弟子既に分れて十八となる、各門人ありて部執同じからず互に相鬪諍するを表す。此れ能學の人を顯はすなり。」

頻婆娑羅王夢氎裂杖折 〔故事〕 頻婆娑羅王一氎裂て十八片となり一金杖折て十八段となるを夢み怖れて佛に問ふ、佛以て滅後十八部分派の兆となす。「コンヂャウ」を見よ。

夢感好相 〔雜名〕 【法華經安樂行品】に四安樂行を成ずる人は夢中に五種の好相を感ずるを說く、一に佛衆生の爲に法を說くを見る、二に已れ衆生の爲に法を說くを見る、三に佛より授記せらるるを見る、四に菩薩の道を修するを見る、五に已れ八相成道するを見る。

夢行般若 〔傳說〕 舍利弗、須菩提に問ふ。若し菩薩摩訶薩夢中に三三昧空無相無作三昧に入る、寧ろ般若波羅蜜に益ありや。須菩提舍利弟に報ず、若し菩薩晝日に三三昧に入れば般若波羅蜜に益あり、夜夢中亦當に益あるべし、何を以ての故に晝夜夢中等くして異なければなり。」【大品般若經夢行品、智度論七十五】

三人婬女夢 〔傳說〕 佛在世に三人あり伯仲季たり、聞く毗耶離國に婬女あり菴羅婆利と名く、舍婆提國に婬女あり須蔓那と名く、王舍城に婬女あり優鉢羅槃那と名くと。三人各彼の女の端正無比を聞て晝夜專念に心に染着す、便ち夢中に於て彼と事に從ふ。覺め已て心に念ふ、彼も來らず我も往かず而して婬事辨ずるを得、此に因て悟る一切諸法皆是の如き耶と。是に於て颰陀婆羅菩薩の所に到て是の事を問ふ。颰陀婆羅答て言く、諸法實に爾り、皆念より生ずと。菩薩其が爲に方便し法を說き、三人即ち不退地を得。」【智度論七】

須跋陀梵志夢 〔故事〕 佛涅槃の夕須跋陀梵志惡夢を感じ、怖れて佛所に詣り出家して得道す。「シュバダラ」を見よ。

金鼓懺悔夢 〔故事〕 「コンク」を見よ。

妙幢菩薩夢 〔傳說〕 最勝王經夢見金鼓懺悔品の所說妙幢菩薩所見の金鼓懺悔の夢なり。金光明經には信相菩薩に作る。「コンク」を見よ。

夢中說夢 〔雜語〕 【大般若經五百九十六】に「復次善勇猛。如ニ人夢中說レ夢。所見種種自性如レ是。所說夢境自性總無ニ所有一。何以故。善勇猛。夢尙非レ有。況有ニ夢境自性可レ說。」【永平正法眼藏】に夢中說夢の一章あり。

十二夢王 〔雜名〕 方等三昧を行ずるに十二の神明ありて夢中に現じ好相を與ふ。【大方等陀羅尼經一】に「佛告ニ華聚一。我今語レ汝。莫三妄宣ニ傳如レ是妙法一。當下以ニ神明一爲上レ證。何以故名爲ニ神明一。善男子如レ是。當レ有ニ十二夢王一。見ニ此一王一者乃可ニ爲說一。」

ユヤゴンゲン 熊野權現 〔菩薩〕 紀州牟婁郡に在り、本宮は崇神天皇十六年建立、伊弉冊尊を祭る。此より九里八町新宮に至る、新宮は景行天皇五十九年建立、事解男神を祭る。其より四里半那智に至る、那智は龜山帝文應元年建立、速玉男神を祭る。此三山各十二所あり以て天神七代地神五代の神を祭る【和漢三才圖會】後に兩部の說出でてより本宮の本地を阿彌陀如來とし、新宮の本地を藥師如來とし、那智の本地を觀音菩薩とし、十二所各本迹を立てて熊野三所權現と稱す。◉（曲、熊野）「熊野權現のうつります、御名も同じ今熊野」

ユレイ 瘦嶺 〔地名〕 廣東省にあり、六祖此に至

て衣鉢を放置す。【大明一統志卷八十廣東南雄府】に「大庾嶺在二府城北八十里一。漢兵擊二呂嘉一。有二裨將姓庾者一戍レ此。故名。以二其多レ梅亦曰二梅嶺一。乃至二六祖塔在二大庾嶺上一。」【祖庭事苑三】に「六祖盧行者。自三密授二衣法一。是夜潛遁。有二道明者一。與二數十人一躡レ迹而追。至二大庾嶺一。明最先見。祖乃置三衣鉢於二磐石一。曰。此衣表レ信。可二力爭一耶。任二君將去一。明擧レ之如レ山不レ動。」

ユヰ 唯 〔術語〕梵語、摩怛刺多。Mātratā 一に簡別の義、他法に簡別して唯と云ふ。二に決定の義、決定して此法あるを示して唯と云ふ。三に顯勝の義、此法の顯勝なるを示して唯と云ふ。【義林章一末】に「梵云二摩怛刺多一。此翻爲レ唯。唯有二三義一。一簡持義。二決定義。三顯勝義。」【唯識述記一本】に「唯言顯二其二義一。一簡別義。二決定義。」

ユヰイチシンダウ 唯一神道 〔流派〕神道の一派、兩部神道の對。神代より外敎を混ぜず、純粹に相續したる意なれ共、敎相は天台眞言の敎理儀式を用ひたるものあり。曰く、神道は根本なり、儒敎は枝葉なり、佛法は華實なり。故に世間顯露の淺義によれば、佛を本地とし、神を垂跡となせども、隱幽の密義によれば神を本地とし佛を垂跡とすべきなり。眞言の秘密の如きは單に秘密にして淺く、神道の密義は穩密にして深義を存すとす。相承に、相傳、傳授、面授、口訣の四重あり。又影像、光氣、向上、底下の四位を立て、神道護摩、宗源行事、十八神道等を授く、之を切紙傳授と名づく。後土御門帝の時卜部兼俱が祖兼延の說と稱して創說せし所、吉田の神官なりしを以て吉田流とも云ふ。

ユヰウイチジヨウホフ 唯有一乘法 〔術語〕【法華經方便品】に「十方佛土中。唯有二一乘法一。無二亦無レ三。除二佛方便說一。」「イチジョウ」を見よ。⦿(玉葉集)「世中に出でと出でます佛をばただ一ことの爲としらなん」

ユヰウイチジヨウホフムニヤクムサン 唯有一乘法無二亦無三 〔術語〕法華經方便品の文。佛の敎法はただ一乘眞實の敎のみ二乘三乘の敎等あるなしとの意。「イチジヤウ」を見よ。無二亦無三の解に二樣あり。「ムニヤクムサン」を見よ。

ユヰウジヨウドイチモン 唯有淨土一門 〔雜語〕【安樂集上】に「大集月藏經云。我末法時中億億衆生。起レ行修レ道未レ有二一人得者一。當今末法現是五濁惡世。唯有二淨土一門一可二通入一路。」⦿(草庵集)「西へ行く道より外は今の世に浮世を出づる門やなからん」

ユヰウンムガシン 唯蘊無我心 〔術語〕眞言宗所立十住心の第四。聲聞乘に入て四諦の觀法を修し、唯五蘊の法のみありて人我の實體なしと悟了する住心なり。

ユヰカイ 遺誡 〔雜語〕後人に遺す敎誡なり。【唐僧傳道安】に「作二遺誡九章一以訓二門人一。」

ユヰカイギフセフハウイツ 唯戒及施不放逸 〔雜語〕大集經の偈文なり。「サイシチンボウギフワウヰ」を見よ。

ユヰカンハラテン 惟干頗羅天 〔界名〕Brhatphala 天の名。【玄應音義三】に「惟干頗羅天。此云二廣果天一。第四禪第三天也。凡夫果中。此最殊勝。故名爲二廣果天一也。」

ユヰキヤウ 遺經 〔經名〕遺敎經を更に約して普通に遺經と云ふ。「ユイケウギヤウ」を見よ。

ユヰキヤウムシキ 唯境無識 〔術語〕順世外道は地水火風の四大の極微常實なりと計して唯境無識(今の所謂唯物論。)の義を立て、清辨論師は眞諦中には心境共に眞空と立つれども、俗諦中には唯境無識の義を立て、以て護法論師の唯識無境に對立す。蓋し內識に境あり心あり、心は必ず境に託して起ればなり。【義林章一末】に「或順世外道及清辨等。成二立境唯一。爲レ簡二於彼一言二識之唯一。」⦿(隣女和歌集)「みる人も聞く人もなし高砂の尾上の松にわたる夕風」

ユヰギナン 維祇難 〔人名〕沙門の名。譯、障礙。【歷代三寶記五】梵 Vighna

ユヰギヤウ 遺形 〔雜語〕佛舍利の異名。【長阿含經四】に「如來遺形不二敢相許一。」

ユヰクジキ 維口食 〔術語〕四邪命食の一。維は四維なり、比丘種種の方相呪術卜占等を學で生活するを云ふ。

ユヰグワンムギヤウ 唯願無行 〔術語〕道果を修得するには願行具足せざるべからず。願大なれば行も亦大なるべし。然るに願のみありて徒に果を望むとも、これに相應するの行なくんば遂に證果を得るあたはずと云ふ。通敎家が淨土敎を難じたるなり。

ユヰクン 遺訓 〔術語〕後人に遺す敎訓なり。【大日經疏八】に「以二法王遺訓一而敎二訓之一。」【唐太宗三藏聖敎序】に「遺訓遐宣。」

ユヰケ 遺化 〔術語〕後人に遺す敎化なり。【梁高僧傳一】に「夫塔寺之興以表二遺化一也。」「り。

ユヰケウ 遺敎 〔術語〕後人に遺留せる敎法な

ユヰケウギヤウ 遺敎經 〔經名〕佛垂般涅槃略說敎誡經の異名。佛垂滅時の遺誡なり。此經大乘なりや小乘なりやの論あり、台家は大乘となし以て涅

槃部の結經と稱す。【文句私記三本】

ユヰケフギヤウロン 遺敎經論 [書名] 一卷、天親菩薩造、陳の眞諦譯。七分を以て解釋し、菩薩所修の所法を建立す、此論釋に依り遺敎經を大乘部となすなり。【往軼六】(1209)

ユヰシキ 唯色 [術語] 色心不二なれば萬法唯心なり、又唯色なり。之に依て護法唯識無境を立つ。清辨唯境無識を立つ。【止觀義例上】に「能了諸法、則見諸法唯心唯色。當知一切由心分別諸法。何曾自謂同異。」

ユヰシキ 唯識 [術語] 梵に摩怛刺多、Mātratā 此に唯と譯す。梵に毘若底、Vijñapti 此に識と譯す。(梵語はこれを倒置して識唯とす。通常 Vijñāna-mātravāda とす) 唯とは簡別の義。識外に法なきを簡別して唯と云ひ、識とは了別の義、了別の心略して三種、廣くしては八種あるを識と云ふ、されば唯識は三識或は八識の複名數にして、唯一識の義にあらず。華嚴經には集起の義に就て唯心と云ひ、唯識論には了別の義に就て唯識と云ふ、其の體は一なり、又唯心の名は因果に通じ唯識の稱は唯因位にあり、三種とは初能變識第八二能變識第七三能變識前五なり、八種とは眼識乃至阿賴耶識なり。【義林章一末】に「識者心也。由心集起綵畫爲主之根本故經曰唯心。分別了達之根本故論稱唯識。或經義通因果總言唯心。論說唯在因但稱唯識。識了別義。在因位中識用强故說識爲唯。其義無二。二十論云。心意識了名之差別。」【唯識述記一本】に「唯言顯其二義。一簡別義。遮虛妄執顯但有識無心外境。二決定義。離增減數。略唯決定有此三故。廣決定有八種識故。」問ふ、唯識の言は八種の識あるを云ふ、然らば八種の識體の外に更に餘法なしと云ふや。答ふ、然らず、唯八識と言ふは一切諸法八識に離れずと云ふなり、八識の外に餘法なしと曰ふにあらず。凡そ諸法を分別して五法とす、一に心、二に心所、三に色、四に不相應、五に無爲なり、此中前の四を事と爲し、後の一を理と爲し、稱して五法事理と云ふ。此五法の事理皆識を離れざれば唯識と稱するなり。第一の心は識の自相なり、第二の心所は識の相應法なり、第三の色は心と心所との所變なり、第四の不相應法は心と心所と色との分位の差別なり、第五の無爲法は前四法の實性なればなり。又、唯の言は遍計所執性を遮遣し、識の言は依他圓成の二性を取るなり。【唯識論七】に「唯識言有深意趣。識言總顯一切有情各有八識。六位心所。所變相見。分位差別。及彼空理所顯眞如。識自相故。識相應故。二所變故。三分位故。四實性故。如是諸法皆不離識。總立識名。唯言但遮愚夫所執離諸識實有色等。」【義林章一末】に「梵云毘若底。此翻爲識。識者了別義。識自相、識相應、識所變、識分位、識實性、五法事理皆不離識。故名唯識。」【楞嚴經五】彌勒菩薩の言に「我以諦觀十方唯識。識心圓明。入圓成實。遠離依他及遍計執。得無生忍。斯爲第一。」

五重唯識 [術語] 「ユヰシキクワン」を見よ。

五種唯識 [名數] 「ゴシユユヰシキ」を見よ。

ユヰシキエンピ 唯識演秘 [書名] 具名、成唯識論演秘、唯識三箇の疏の一。七卷、唐の樸楊大師智周の作。唯識述記を釋す。

ユヰシキギウン 唯識義蘊 [書名] 具名、成唯識論義蘊。十卷、唐の開元寺の道邕作、唯識述記を釋す。

ユヰシキギシヤウ 唯識義章 [書名] 法苑義林章の異名。

ユヰシキクワン 唯識觀 [術語] 具に唯識三性觀と云ふ。三性とは一に遍計所執性、心外に有りと執する我法の性是なり、二に依他起性、種子所生の因緣法是なり、三に圓成實性、依他起性の所依の實體、眞如是なり。此三性を分別して遍計所執性は心外の法にして有に非ずと遮遣し、依他圓成は心內に存して空に非ずと觀照するを唯識三性觀と云ふ。唯とは簡持の義、遍計を簡去して依圓の二性を持取するなり、識の言は持取する所の依圓の二性を顯はすなり。而して此唯識三性觀を修するに淺より深に至るに五重あり**五重唯識**と稱す。一に遣虛存實識、心外の諸境は遍計所執の虛妄にして却て體用有にあらずと遮遣し、心內の諸法は依他と圓成とにして體用無にあらずと存留する觀法なり。是れ虛實相對の觀法なり。二に捨濫留純識、識に八種あり、識相を分別するに各、相分、見分、自證分、證自證分の四分を有す、此中相分は所緣の境にして、後三分は能緣の心なり。而して所緣の相分は心外の妄境に濫すれば彼を捨て取らず、唯後三分の純識を存留する觀法なり。是れ心境相對の觀法なり。三に攝末歸本識、相分は識內の所取の境なり、見分は識內の能取の作用なり、此二は識の自體分より起る、自體分は本なり、見相二分は末なれば識の自體分を離れて見相の末なしと、末を攝して本に歸せしむる觀法なり。(證自證も自體分の別用なり) 四に隱劣顯勝識、八識の自體分に各心王と心所とあり、心王は勝れて王の如く、心所は劣つて臣の如くなれば、劣法の心所を隱して勝法の心王を顯はす觀法なり。是れ心心所相對の觀法なり。五に遣相證性識、第四重に留めたる八識心王の自體分は是れ依他起性の事相なり、此事相の實

性は即ち二空所遣の圓成實性なり、即ち依他の事相空なりと捨遣して圓成實性を證得する觀法なり。是れ事理相對にして唯識觀の至極なり。五重の中前の四重は遍計所執性を捨遣して依他起性に歸せしむる觀法なれば相唯識と云ひ、後の一は依他起性を捨遣して圓成實性を證得する觀法なれば性唯識觀と云ふ。菩薩此唯識無境を觀ずるに相違識相智等の四智を以てす。「シチ」を參照せよ。

ユヰシキケ 唯識家 [術語] 法相宗の異名なり。

ユヰシキサンガノシヨ 唯識三箇疏 [名數] 唯識樞要、唯識了義燈、唯識演秘なり。唯識樞要は成唯識論中の要義を辨じ、唯識了義燈は圓測の邪義を破し、唯識演秘は唯識述記の難義を解す。

ユヰシキサンシヤウクワン 唯識三性觀 [術語] 「ユヰシキクワン」を見よ。

ユヰシキサンジフロンジユ 唯識三十論頌 [書名] 梵名、Vijñānamātrasiddhi-triṃśati-śāstra-kārikā 常に三十唯識と云ふ。一卷、世親菩薩造。唐の玄弉譯。成唯識論の本頌なり。

ユヰシキシヤウ 唯識章 [書名] 大乘法苑義林章一末の篇章の名。

ユヰシキシユウ 唯識宗 [流派] 法相宗の異名、彼宗萬法唯識の法門を主とすればなり。

ユヰシキシヨヘン 唯識所變 [術語] 萬有は總て阿賴耶識より變じ出しるたものなりとの意「ラヤエンギ」を見よ。

ユヰシキシンヂヤウ 唯識心定 [術語] 唯識觀なり。[楞嚴經五]に「我修習唯識心定。入三摩地。」

ユヰシキジユツキ 唯識述記 [書名] 具名、成唯識論述記。二十卷、唐の慈恩大師著。成唯識論を解す。

ユヰシキスエウ 唯識樞要 [書名] 具名、成唯識論掌中樞要。唯識三箇疏の一。四卷、唐の慈恩作、成唯識論中の要義を解す。

ユヰシキダウロン 唯識導論 [書名] 護法菩薩が世親の唯識二十論を釋し、唯識導論と稱す。[二十述記上]に「西域註釋數十餘家。根本即有世親弟子瞿波論師。末後乃有護法菩薩。護法所造釋名唯識導論。」法相の學匠單に導論と稱するは成唯識論なり。

ユヰシキチユウダウ 唯識中道 [術語] 法相宗にて立つる所。一切萬有は唯識所變にして非有非空の中道なりとす。遍計所執は情有の故に非空、理無の故に非有なり、依他起性は非有の故に空、似有の故に有なり、圓成實性は眞空の故に非有、妙有の故に非空なり。かく一法の上に就て論ずるも非有非空の二義並存す、これを一法中道と稱す。今三性對望して論ずるに虛妄の認識の上に現ずる一切萬法即ち遍計所執の法は悉く虛妄の影像にして實有の法に非ず、情有理無なり。然かも實の種子より變現せる依他起の諸法は假令常住の實在にあらずと雖も無と云ふべきにあらず、如幻假有なり。圓成實性の眞如は眞空妙有にしてその體空寂なれ共、眞實圓滿の實在なり。一切の諸法皆この三性を具する故空有を斷ずべからず。これ非有非空の中道なり。これ三性對望の中道とす。

ユヰシキチユウダウシユウ 唯識中道宗 [流派] 又唯識宗とも云ふ。法相宗に同じ。

ユヰシキドウガクセウ 唯識同學鈔 [書名] 六十二卷、法相宗の論草なり、良算興玄等草創し貞慶大德編集して今の題目を置く。

ユヰシキニジフロン 唯識二十論 [書名] 常に二十唯識と云ふ。一卷、世親菩薩造、唐の玄弉譯、偈頌の數に由て名く。總じて二十一頌あれども後の一頌は結嘆にして宗義を明かすに非ず。三譯あり一は後魏の般若流支の譯、單に唯識論と題し或は楞伽經唯識論と題す。二は陳の眞諦の譯、大乘唯識論と題す。三は今の論是なり。此論に慈恩釋を作り唯識二十論述記と云ふ、二卷あり。

ユヰシキニジウロンジユツキ 唯識二十論述記 [書名] 二卷、唐の慈恩作、玄弉の旨趣を受けて唯識二十論を釋す。

ユヰシキノサンゼ 唯識三世 [術語] 三種三世の一。「サンゼ」を見よ。

ユヰシキホフシ 唯識法師 [人名] 慈恩大師百部の章疏を造るも、成唯識論を宗とすれば唯識法師と號す。[初學鈔]

ユヰシキムキヤウ 唯識無境 [術語] 唯だ內心のみありて心外の境なきを云ふ。[楞伽經唯識論]に「唯識無境界。以無塵妄見。」[秘藏寶鑰上]に「幻影觀心。唯識遮境。」⦿(纓門葉和歌集)に「夢の世にみるとはみな空しくて心ひとつぞまことなりけり」

ユヰシキムキヤウカイロン 唯識無境界論 [書名] 般若流支譯、楞伽經唯識論の異名。

ユヰシキレウギトウ 唯識了義燈 [書名] 唯識三箇疏の一。具名成唯識論了義燈、七卷、唐の淄州大師慧沼作。慈恩の正義を顯はして圓測の異義を斥す。

ユヰシキロン 唯識論 [書名] 二本あり。一は成唯識論、梵名。Vijñānamātrasiddhi-śāstra の異名。一

は唯識二十論の略名。唯識二十論、三譯あり、一は後魏の瞿曇般若流支の譯（又菩提流支に作る。）、一卷、單に唯識論と題し、或は楞伽經唯識論と題す。二は陳の眞諦の譯、一卷、大乘唯識論と題す、三は唐の玄奘譯、一卷、唯識二十論と題す。

ユヰシキヱ　唯識會　〔行事〕唯識論を講讃する法會なり。【本朝續文粹十二】に唯識會の表白文あり。

ユヰシキヱンゲフ　唯識圓敎　〔術語〕南山所立三敎の一。大乘の深敎なり。「サンケウ」を見よ。

ユヰシグワンワウフサウシヤリ　唯此願王不相捨離　〔雜語〕普賢菩薩が衆生を導きて彌陀の淨土に往生せしむると。【普賢行願品】に「唯此願王不二相捨離一。於二一切時一引二導其前一。一刹那中即得レ往二生極樂世界一。到已即見二阿彌陀佛一。」⦿（千載集）「古郷をひとりわかるる夕にも送るは月の影とこそきけ」

ユヰシヤク　遺跡　〔雜語〕古人の遺せし舊跡なり。【梁僧傳（康法朗傳）】に「誓往二伽夷一仰二瞻遺跡一。」

ユヰシン　唯心　〔術語〕一切諸法は唯だ内心のみあり、心外の法なきを唯心とも唯識とも云ふ、心とは集起の義、諸法を集起すれば心と云ひ、識とは了別の義、諸法を了別すれば識と云ふ、同體異名なり。【八十華嚴經十地品】に「三界所有唯是一心。」【唯識論二】に「入楞伽經伽他中說。由二自心執着一。心似二外境一轉。彼所見非レ有。是故說二唯心一。」

ユヰシンゲ　唯心偈　〔雜名〕舊華嚴經第十一、夜摩天宮菩薩說偈品に如來林菩薩が說ける偈を指す。曰く「心如二工畫師一。造二種種五陰一。一切世間中。無二法而不レ造。如レ心佛亦爾。如レ佛衆生然。心佛及衆生。是三無差別」と。華嚴宗にては唯心緣起の至極を顯はせるものとす。心は總、佛及び衆生は別にして心が一切萬有を總該する故に、迷へば衆生となり悟れば佛となる。心の外に衆生なく心の外に佛なしと云ふ。天台にてこの偈にて三法妙を立つ。山外の解は心は能造の理にして、佛及び衆生は所造の理なりとして、華嚴宗の如く、山家の釋は心佛衆生の三法各事理を具し能造所造となり互具互融する實相の意を顯はせる偈なりとす。

ユヰシンゴンホフチユウソクシンジヤウブツ　唯眞言法中即身成佛　〔雜語〕【菩提心論】に「唯眞言法中即身成佛故。是故說二三摩地一。於二諸經中一闕而不レ書。」此眞言法を以て眞言宗は金胎兩部の密敎の稱となし、天台宗は以て法華法門の異稱とす。【七帖見聞一本】

ユヰシンセウ　唯信鈔　〔書名〕一卷、聖覺撰。選擇集の意によりて念佛往生の要義を明かす。

ユヰシンノジヤウド　唯心淨土　〔術語〕「コシンノミダ」を見よ。⦿（曲、春榮）「彌陀の國の凉しき道ならば唯心の淨土なるべし」

ユヰシンヱテンゼンジヤウモン　唯心廻轉善成門　〔術語〕華嚴宗所立十玄門の第九。唯だ如來藏の一心自在に性起して一切の功德を成就するを云ふ。【五敎章中】

ユヰヂヨゴギヤクヒバウシヤウボフ　唯除五逆誹謗正法　〔雜語〕無量壽經所說四十八願中第十八願の末に附せる除外例の文なり、之を釋迦如來の抑止門と云ふ。「オクシ」參照。

ユヰテイ　遺弟　〔雜語〕師の滅後に遺りし弟子。

ユヰドクジミヤウレウ　唯獨自明了　〔雜語〕【法華經法師功德品】に「又如二淨明鏡悉見二諸色像一。菩薩於二淨身一皆見二世所有一。唯獨自明了餘人所レ不レ見。」⦿（拾玉集）「よそにしらぬ人のけしきはさもあらばあれ獨心の月を見る哉」

ユヰナ　維那　〔雜名〕「ヰナウ」を見よ。

ユヰバチウ　維婆蟲　〔動物〕紕婆蟲の誤。「ニンバチウ」を見よ。

ユヰブツヨブツ　唯佛與佛　〔術語〕大乘無上至極の佛知見に住せる境界は凡愚二乘のよく思議すべきにあらず、唯佛と佛とのみが知り且つ解するのみとの意。【法華經方便品】に「唯佛與佛乃能究二盡諸法實相一。」

ユヰホフ　遺法　〔術語〕佛去て世に遺せし敎法なり。

ユヰマ　維摩　〔人名〕Vimalakīrti 維摩羅詰、毘摩羅詰、維摩又は維摩詰と略稱す。舊譯、淨名。新譯、無垢稱。佛の在世毘耶離城の居士なり、妙喜國より此に化生して身を在俗に委し、釋迦の敎化を輔く、法身の大士なり。佛毘耶離城の菴摩羅園に在て城中五百の長者子佛所に詣て法を說くを請ひし時、彼れ故らに病を現じて往かず、爲に佛をして諸の比丘菩薩を遣はして其の病床を問はしめんとして以て方等時の彈訶を成ぜし法なれば、其の經を維摩經と名くるなり。【維摩經方便品】に「爾時毘耶離大城中有二長者一名二維摩詰一。已曾供二養無量諸佛一。」【同見阿閦佛品】に「佛告二舍利弗一。有レ國名二妙喜一。佛號二無動一。是維摩詰於二彼國一沒而來生レ此。」【註維摩經一】に「什曰。維摩詰。秦言二淨名一。生曰。維摩詰。此云二無垢稱一也。其晦二跡五欲一超然無レ染。淸名遐レ布故致二斯號一。」【西域記七】に「毘摩羅詰。唐言二無垢稱一。舊曰二淨名一。然淨則無垢。名則是稱。義雖レ取レ同名乃有レ異。舊曰二維摩詰一訛略也。」（第百拾參圖第百拾四圖參照）「見よ。

維摩金粟如來後身　〔傳說〕「キンゾク」を

維摩經不二［故事］「モクフニ」を見よ。

維摩丈室［雜名］「ハウジヤウ」を見よ。

ユヰマキツ 摩摩詰［人名］「ユヰマ」を見よ。

ユヰマキツキヤウ 維摩詰經［經名］二卷、呉の支謙譯。維摩經三譯中の最古。【黃帙七】(147)

ユヰマキツシシヨモンキヤウ 維摩詰子所問經［經名］大方等頂王經の異名。維摩詰の子善思童子保姆に抱かれて佛及び諸大弟子と妙義を問答す。

ユヰマキツシヨセツキヤウ 維摩詰所說經［經名］維摩經の具名なり。三卷、秦の羅什譯。維摩經に三譯ありて現存す、一に呉の支謙譯、維摩詰經と題す、二に今經なり、三に唐の玄奘譯、說無垢稱經と題す。三譯中盛に流行するは今經なり。【黃帙七】(146)

經疏［書名］維摩詰所說經註十卷、姚秦の僧肇註、常に註維摩と稱す。天台の智者維摩經玄疏六卷、常に淨名玄と稱す。同維摩經疏二十八卷、廣疏と稱す。後に荊溪之を删略して十卷と爲し維摩經略疏と題す。世に淨名疏と稱して行はるる者是なり。孤山の智圓更に此略疏を釋して垂裕記と稱す十卷あり。淨影慧遠の維摩經義疏四卷、嘉祥吉藏の維摩經疏五卷、慈恩窺基の無垢稱經疏六卷、以て諸家の宗意を知るべし。

ユヰマキヤウ 維摩經［經名］羅什譯維摩詰所「說經の略名。

ユヰマキヤウクヤウ 維摩經供養［行事］新に維摩經を書寫して之を供養する法會なり、佛像に開眼と云ひ經に供養と云ふ。

ユヰマラキツ 維摩羅詰［人名］維摩の具名。

ユヰマラダ 維摩羅達［人名］Vimaladattā 譯離垢施。波斯匿王の女。【佛說離垢施女經】

ユヰマヱ 維摩會［行事］三會の一。每年十月十日より一七日の間、南都興福寺に於て維摩經を講讃する法會なり。【公事根源】に「是は十月十日より十六日に至るまで、七箇日の間興福寺にて維摩經を講ぜらる。十六日は大織冠の御忌日なる故なり。興福寺は大織冠の大願とはいひながら其御子淡海公ぞ誠には作立られしか。又は山階寺とも申すなり。大織冠病惱に犯され給ひて今はと見させ給ける時に、百濟の尼名を法明と云ふ人あり、大臣に申さく、我れ大乘を持す、名を維摩經と云ふ、其の經の中に問疾品と云ふ所あり、もし之を讀誦し給はば御病はなほらせ給はんと申すによつて、則一品を誦するに、未だ誦しもおはらざるに大臣の病なほらせ給ひき。大臣稽首合掌して生生世世大乘に歸依せんと誓はせ給ふ。然るに維摩會は和銅七年に淡海公興行せられて今に絕ゆるとなし、此會は唐國までもきこえ侍るとかや。北野天神の御詩にも名聞二三國一會留二興福一。朝之爲レ朝蓋是會力とつくらせ給ひけるとなり。」⦿(榮花、疑)「十月山階寺の維摩會に參らせ給ひては、よろづをせさせ給ふ」

ユヰヤリ 維耶離［地名］Vaiśālī 毘耶離國なり。「ビヤリ」を見よ。

ユヰヱブツ 維衛佛［佛名］Vipaśyin 過去七佛の第一佛を長阿含經には毘婆尸佛と云ひ、增一阿含經中七佛父母姓字經には維衛佛と云ふ。

ユヰヱンゲウイギヤクソクゼジユン 唯圓敎意逆即是順［雜語］【法華文句記八】に「理順即圓敎。事逆即三敎。唯圓敎意逆即是順。自餘三敎逆順定故。」是れ法華文句に提婆達多の逆罪を四敎に依て判釋し「行逆而理順。即圓敎之意。非二餘敎意一也。」と云ふ文を解せしなり。圓敎の意は邪正不二順逆一如なれば提婆の逆罪即ち順緣にして、畢竟成佛の因緣なり、若し藏通別の三敎に在ては順逆の事相永く差別すれば提婆の逆罪畢竟逆緣にして得道に道逆すべしとなり。

ユヰヲツ 維越［術語］阿惟越致 Avaivartika の略。不退と譯す。菩薩の正道を退轉せざる位なり、初地の位に名く。

よ

ヨウウシヤク 容有釋［術語］經論を釋するに正義の外に容認すべき他の傍義を容有の說とも容有の釋とも云ふ。

ヨウサウシゼン 癰瘡刺箭［譬喩］五欲の身を害するを譬ふ。【止觀七】に「癰瘡刺箭。常自是苦。有二何可レ樂。」【智度論三十一】に「世間樂轉倒病故。著二五欲樂一煩惱轉多。以レ是故行者不レ見レ樂但見レ苦。如レ病如レ癰如レ瘡如レ刺。」

ヨウジン 用心［術語］心を使用するなり。【唐華嚴經十四】に「云何用レ心能獲二一切勝妙功德一。」【盂蘭盆經疏上】に「菩薩用心不レ務レ專レ己。」

ヨウン 餘蘊［術語］餘は殘餘蘊は五蘊なり、已に分段の五蘊を脫するも未だ變易の五蘊を殘す菩薩の身を云ふ、又最後身の二乘及び菩薩を云ふ。

ヨカハ 橫川［地名］叡山三塔の一、東塔の北に在り、天長六年慈覺大師始て此地を開き、首楞嚴院を創せり、由て總名を楞嚴院と稱す。【山門秘決】に

「一山有二三塔一。所謂東塔號二本院一。西塔號二寶幢院一。橫川號二楞嚴院一。三塔各有二三靈場一。名二法華堂常行堂中堂一。三堂九院也。」

横川の中堂 〔堂塔〕慈覺大師天長六年首楞嚴院を創せしより二十年の後、嘉祥元年一堂を建立し聖觀音を中尊とし、左脇に毘沙門、右脇に不動明王を安置して中堂と稱す。【山門堂舍記、叡岳要記】

横川の如法堂 〔堂塔〕「ニヨホフダウ」を見よ。

ヨカハソウヅ 横川僧都 〔人名〕横川の慧心院「源信僧都なり。

ヨカハダイソウジヤウ 横川大僧正 〔人名〕横川首楞嚴院の慈惠大僧正なり。

ヨカハノホフゴ 横川法語 〔書名〕一紙、横川の僧都源信が自像の讃文なり。念佛往生の信念を述べたり。宇治平等院に藏す。

ヨカンシ 餘甘子 〔植物〕梵名、菴摩洛迦果 Āmraphala なり。【毘奈耶雜事一】に「餘甘子出二廣州一。湛レ沐レ髮。西方名二菴摩洛迦果一也。」「アンマラクカ」を見よ。

ヨガウ 譽號 〔雜語〕淨土宗にて五重相傳を受けたる者に譽の一字を與ふるを云ふ。

ヨキタ 欲吃多 〔雜語〕Yukta 譯、冥符。契合の義。【演密鈔七】に「梵云二欲吃多一。冥符義。」

ヨク 欲 〔術語〕梵語、剌者 Rajas 希求の義、塵境を希求するなり。【唯識論五】に「云何爲レ欲。於二所樂境一希望爲レ性。勤依爲レ業。」【俱舍論四】に「欲謂希二求所作事業一。」【大乘義章二】に「於レ緣欲レ受稱レ欲。」【同七】に「染二愛塵境一名レ之爲レ欲。」【釋氏要覽下】に「雜阿含經云。佛言。若衆生所有苦生彼一切皆以レ欲爲レ本。增一經云。欲生二諸煩惱一。欲爲二生レ苦本一。」【梵語雜名】に「欲剌者。」

三欲 〔名數〕一に形貌欲、二に姿態欲、三に細觸欲、【涅槃經十二】

五欲 〔名數〕色聲香味觸なり、能く人の貪欲の心を起せば欲と稱す。【釋氏要覽下】に「五欲謂色聲香味觸也。智論云。五欲名二華箭一。又名二五箭一。破二種種善事一故。」

六欲 〔名數〕一に色欲、二に形貌欲、三に威儀姿態欲、四に言語音聲欲、五に細滑欲、六に人想欲。此六法能く人の貪欲心を起せば欲と稱す。【智度論二十一】

ヨクアイ 欲愛 〔術語〕菩薩正法に於て喜樂するを法愛と云ひ、凡夫五欲の境に向て貪愛するを欲愛と云ふ。又、欲界の貪愛なり。色愛に對す。【楞嚴經一】に「阿難白レ佛。我見二如來三十二相勝妙殊絕形體。映徹猶如二瑠璃一。常自思惟。此相非二是欲愛所生一。何以故。欲氣麤濁腥臊交遘膿血雜亂。不レ能レ發二生勝淨妙明紫金光聚一。」

ヨクアイヂユウヂ 欲愛住地 〔術語〕五住地惑の一。欲界に屬する一切の思惑を總稱す、思惑の中に愛惑最も重ければ以て總名とす。

ヨクウ 欲有 〔術語〕三有の一。欲界の業因果報存在して實有なるを云ふ。

ヨクカ 欲河 〔譬喩〕貪欲の煩惱人を沈沒せしむれば譬へて河と云ふ。【思益經一】に「世尊誰度二欲河一。佛言。能捨二六入一者。」

ヨクカイ 欲海 〔譬喩〕愛欲の深廣を海に譬ふ。【元照彌陀經疏下】に「未成之佛久沈二欲海一。杳無二出期一。」【教行信證信卷末】に「愚禿鸞沈二沒於愛欲廣海一。迷二惑於名利大山一。」

ヨクカイ 欲界 〔界名〕梵名 Kāmadhātu 三界の一。婬欲と食欲の二欲の強き有情の住する所處を欲界と名く。上は六欲天より始て、中は人界の四大洲、下は八大地獄に至る是なり。【俱舍論八】に「地獄等四及六欲界。並器世間。是名二欲界一。」又「欲所屬界。說名二欲界一。」【俱舍光記三】に「欲界欲勝故但言レ欲。」

欲界の諸宮殿 〔雜語〕欲界に六重の天あり、六欲天と稱す。即ち六欲天の宮殿なり。「ロクヨクテン」を見よ。⦿（太平記二三）「今還りて欲界の六天に御座あり」

ヨクカイクホンノワク 欲界九品惑 〔名數〕「クホンノワク」を見よ。

ヨクカイケ 欲界繫 〔術語〕諸法を三界に分て欲界に繫屬する法を欲界繫と云ふ。

ヨクカイサンチ 欲界散地 〔術語〕欲界の有情には定心なく、定心は色界無色界の有情に限れば彼を定地と云ふに對して欲界を欲地と云ふ。但し欲界定の有無は一の問題なり。

ヨクカイヂヤウ 欲界定 〔術語〕欲界所屬の禪定なり。然るに欲界は散地にして禪定あるべきなし、欲界定とは未至定の異名なりと云ふ是れ一義なり。或は欲界は多分散心なれども少分の定心なきにあらず、其の少分の定を取て欲界定と名く、其の定心永續せず速に滅し去れば電光定と云ふ、是れ一義なり。【七帖見聞三末】。若し成實の義に依れば欲界に確然たる禪定ありて能く無働智を發すと云ふ。【止觀九之一】

ヨクカイノサンヨク 欲界三欲 〔名數〕食欲、「睡眠欲、婬欲の三欲を云ふ。

ヨクカク 欲覺 〔術語〕三惡覺の一。貪欲の知覺なり。【無量壽經上】に「不レ生二欲覺瞋覺害覺一。」

ヨクク 欲苦 〔術語〕欲界の苦患なり。【釋門歸敬儀中】に「此凡愚少厭二欲苦一。」

ヨククク 浴鼓 【物名】禪林浴時を報ずる鼓なり。

ヨククワ 欲火 【譬喩】婬欲の熱情火の如きなり。【楞嚴經八】に「十方一切如來色ニ目行婬一同名ニ欲火一。」【大集經三十八】に「欲火入レ心猶如ニ鬼著一。」

ヨクケ 欲氣 【術語】婬欲の氣分なり。【楞嚴經一】に「欲氣麁濁。」

ヨクコウ 欲鈎 【術語】菩薩愛欲を以て人を牽き遂に之を濟度す、欲は猶鈎の如し。【維摩經佛道品】に「或現作ニ婬女一引ニ諸好色者一。先以ニ欲鈎一牽後令レ入ニ佛智一。」【金光明文句二】に「斯乃非欲之欲。以レ欲止レ欲。如ニ以レ屑出レ屑將レ聲止レ聲。」

ヨクコンガウ 欲金剛 【菩薩】金剛界理趣會中臺五尊の四金剛の一。密號を意生金剛と云ひ、二手に箭を捻ず、大悲の欲箭を以て二乘の厭離心を害する深秘の法門なり。

(慾金剛の圖)

ヨクサウ 欲想 【術語】三惡想の一。財を思ひ色を想ふの思想なり。【無量壽經上】に「不レ起ニ欲想瞋想害想一。」

ヨクザウ 浴像 【儀式】佛像を洗浴するなり。即ち灌佛なり。「クワンブツ」を見よ。

ヨクザウキヤウ 浴像經 【經名】浴像功德經の略名。

ヨクザウギキ 浴像儀軌 【書名】新集浴像儀軌の略稱。

ヨクザウクドクキヤウ 浴像功德經 【經名】一卷、唐寶思惟譯。【宙帙八】(293)

ヨクザン 欲塹 【譬喩】貪欲深くして越え難く、墮ち安きが故に塹に譬ふ。【無量壽經上】に「散ニ諸塵勞一壞ニ諸欲塹一。」

ヨクシ 欲刺 【譬喩】五欲の人を惱ますと針の刺すが如きを云ふ。【無量壽經下】に「拔ニ諸欲刺一以安ニ群生一。」

ヨクシキニカイ 欲色二界 【名數】三界の中の欲界と色界なり、共に天人の依處なり。◉(盛衰記四〇)「欲色二界の快樂の天限りあれば衰沒の悲しみありと承る」

ヨクシツ 浴室 【雜名】洗浴の室なり、西土は必ず冷水を以てす、東土は必ず溫水を以てすれば溫室と云ふ。【寄歸傳三】に「世尊敎ニ爲テ浴室一。或作ニ露地甎池一。乃至又洗浴者並須ニ儀時一。浴已正食有ニ其二益一。一則身體清虛。無ニ諸垢穢一。二則痰癊消散。能餐ニ飮食一。飽食方洗醫明所レ諱。」【義楚六帖七】に「有部律頌云。浴室畫ニ五天使一。」

浴室賢護菩薩像 【儀式】賢護菩薩、梵名跋陀婆羅、此菩薩浴室に於て水の因緣に依て圓通を證せり、此因緣に依て浴室に此菩薩を安置す「ケンゴ」を見よ。

ヨクシヤウ 浴聖 【儀式】禪家に聖僧の像を洗浴する法なり。僧堂の中央に安置する像を總て聖僧と名く。然るに其像定らず、若し大乘の寺には文殊を安じ、小乘の寺には憍陳如或は賓頭盧或は大迦葉或は須菩提を安ず。【象器箋三】

ヨクシヤウ 欲性 【術語】衆生の種種の欲望と其の本性なり。佛の法を說く必ず此欲性に隨ふなり。【法華經方便品】に「種種所行道。若干諸欲性。」

ヨクシユ 欲取 【術語】四取の一。貪欲の心五塵の境を取著するを云ふ。

ヨクシン 欲心 【術語】貪欲の心なり。【月上女經上】に「有ニ欲心一者無ニ解脫一。」

ヨクジヤギヤウ 欲邪行 【術語】五戒の一。婬欲の邪行なり。【俱舍論十六】

ヨクス 浴主 【職位】「役務の名。又、知浴と云ふ、浴室を司る

ヨクセウ 沃焦 【雜名】大海に石あり焦と名く、萬流之に沃ぎ石に至れば皆竭く。大海の水增長せざる所以なりと。【金剛三昧本性清淨不壞不滅經】に「如ニ一切衆流皆歸ニ大海一。以ニ沃燋山一故大海不レ增。以ニ金剛輪一故大海不レ減。」以て凡夫の欲情窮極なきに譬ふ。佛獨り之を超度すれば釋迦牟尼一に度沃焦と翻す。

ヨクセン 浴船 【物名】亡軀を浴する器なり。【象器箋二十】

ヨクゼン 欲染 【術語】五欲の眞性を汚染するもの。【法華經譬喩品】に「雖ニ復敎詔一而不ニ信受一。於ニ諸欲染一貪著深故。」

ヨクゼン 欲箭 【譬喩】五欲の法人を害するが故に箭に譬ふ。【唐華嚴經淨行品】に「若得ニ五欲一。當レ願衆生。拔ニ除欲箭一。究竟安穩。」図 【物名】欲金剛菩薩の所持の箭なり。欲箭とは密語なり、欲心境と相應するは箭の中る如きなり。菩薩大悲心を以て一切有情を鈎召し以て佛道に安住せしむるなり。【五秘密軌】に「欲金剛以ニ菩薩心箭一鈎ニ召一切有情一。安ニ置佛道一。」【金剛界儀軌】に「極喜三昧耶印名爲ニ大悲箭一。以射ニ厭離心一。」維摩經所說の欲鈎は女性に取り、今の欲箭は男性に取る。【慧琳音義十】に「欲箭。欲心與レ境相應。如ニ箭之中一也。」

ヨクチ 浴池 【雜語】身を洗浴する爲に設くる池塘

なり。印度は熱國なるを以て處處に之を設け、澡浴の用に供せり。東土の浴室の如し。【法華經】に「流泉浴池施二佛及僧一。」

ヨクチクワコイン　欲知過去因　〔雜語〕【諸經要集十四】に「如レ斯之苦皆由二前身不レ施劫盜中一來。故經曰。欲レ知二過去因一當レ看二現在果一。欲レ知二未來果一但觀二現在因一。」【法苑珠林七十】に「經言。欲レ知二過去因一當レ觀二現在果一。欲レ知二未來果一當レ觀二現在因一。」是れ經意を取りし語なり、然るに或は心地觀經の文とし（開目抄）或は因果經の文となす（平家物語、發心集等）皆暗推なり。

ヨクヂウ　浴頭　〔職位〕禪林の目。浴室に當直する行者（あんじや）を云ふ。

ヨクヂン　欲塵　〔術語〕五欲身を汚すと塵坌の如きが故に塵と云ふ、又欲は六欲、塵は五塵なり。【無量義經】に「微渧先墮。以淹二欲塵一。」【智度論十七】に「禪爲二清淨水一。能洗二諸欲塵一。」【倶舍光記十一】に「喜林苑極妙欲塵殊類皆集。」

ヨクテン　欲天　〔界名〕欲界の諸天なり。六重あり六欲天と稱す。【倶舍論八】に「欲天者一四天王衆天二三十三天。三夜摩天。四覩史多天。五樂變化天。六他化自在天。」

ヨクトン　欲貪　〔術語〕貪欲に同じ。所領に於て厭足なき煩惱なり。【維摩經觀衆生品】に「身孰爲レ本。欲貪爲レ本。」【法華經譬喩品】に「諸苦所因貪欲爲レ本。」【楞嚴經四】に「想愛固結。愛不レ能レ離。則諸世間父母子孫相生不レ斷。是等則以二欲貪一爲レ本。」

ヨクニヨイソク　欲如意足　〔術語〕四如意足の一。

ヨクバク　欲縛　〔術語〕五欲四縛なり。

ヨクブツ　浴佛　〔行事〕灌佛に同じ。西天には平常に之を行ひ、和漢兩朝諸宗一般には四月八日の佛生日に之を行ひ、禪家には更に十二月八日の佛成道日にも之を行ふ。「クワンブツ」を見よ。【僧史略上】に「浴佛者。唐義淨三藏。躬游二西域一。見二印度一。每日禺中。維那鳴レ鐘。寺庭取二銅石等像一。於二盤內一磨二香或泥一。灌レ水以レ氈揩レ之。舉二兩指一灌二水於自頂之上一。謂二之吉祥之水一。冀二求勝利一焉。問。浴佛表二何道一曰レ像。佛生時龍噴二香雨一。浴二佛身一也。然彼日日灌洗則非二生日之意一。疑五竺多熱。僧既頻浴。佛亦勤灌耳。東夏尙二臘八一。或二月四月八日。乃是爲二佛生日一也。」

ヨクブツクドクキヤウ　浴佛功德經　〔經名〕一卷、唐の義淨譯。浴佛の方規及び功德を說く。【宙帙八】(29⁴)

ヨクブツヱ　浴佛會　〔行事〕「クワンブツヱ」に同じ。

ヨクテンノゴイン　欲天五婬　〔雜語〕欲界諸天の婬事に五事あること。四天王天と忉利天との衆生は人間界と異るなく、夜摩天は勾抱して婬を成し、兜率天は手を執り、化樂天は對して笑ひ、他化天は相視て婬を成す。

ヨクホフ　欲法　〔術語〕凡そ僧中說戒授戒等の法事に於て己れ事緣ありて出席する能はざれども、此法事に於て隨喜して共に其事を欲する希望を欲と名け、此欲意を他の出席の比丘に授くるを與欲と云ひ、其の比丘が彼の委托を受くるを受欲と云ひ、僧中に出でて之を說くを說欲と云ふ。「見よ。

ヨクボル　欲暴流　〔術語〕四暴流の一。「ボル」を

ヨクマ　欲魔　〔術語〕婬欲の惡魔なり。【楞嚴經九】に「有二欲魔一入二其心腑一。一向說レ欲爲二菩提道一。化二諸白衣一平等行レ欲（セシム）。其行レ婬者名二持法子一。」

ヨクムゲン　欲無減　〔術語〕十八不共佛法の一。衆生を濟度して厭足するなきを云ふ。

ヨクユ　欲油　〔修法〕歡喜天の法に浴油の式あり。「クワンギデン」を見よ。

ヨクラク　欲樂　〔術語〕五欲の樂なり。【最勝王經一】に「以三諸如來斷二諸欲樂一。不レ取二一法一。」

ヨクル　欲流　〔術語〕四流の一。欲界の貪瞋等の思惑なり、此の思惑に由て欲界に流轉すれば欲流と名く。又、三界の生死を總じて欲流と名く。是れ欲惑に依て得たる流轉なればなり。【楞嚴經四】に「逆二生死欲流一返二窮流源一。」

ヨクロ　欲漏　〔術語〕三漏の一。欲界の見思二惑なり。衆生欲界の見思二惑に因て諸業を造作し、欲界に漏落して出離すると能はざれば欲漏と名く。

ヨクワ　與果　〔術語〕取果の稱に對す。所生の法の爲に種因となるを取果と云ひ、正しく所生の法に力を與へて生ぜしむるを與果と云ふ。【倶舍論六】に「能爲二彼種一故名二取果一。正與二彼力一故名二與果一。」

ヨグワンイン　與願印　〔印相〕又施願印滿願印と云ふ。掌を仰ぎ五指を舒べて下に向ふ、如意寶或は甘露水を流注する相なり。寶生如來地藏菩薩虛空藏菩薩等の本誓の幖幟なり。【求聞持法】に「右手復作二與諸願印一。五指下垂。現レ掌向レ外。是與願印相。」【攝眞實經】に「第三結二施諸願印一。舒二右五指一仰レ掌。想下從二五指間一雨二如意寶珠一。衆生一切諸樂皆令中圓滿上。是印名爲二能令圓滿一切衆生所愛樂印一。」【大日經疏十六】に「與願手。舒レ指仰レ掌向レ下流二注甘露水一。」【性靈集九】に「塔名二功德聚一。幢號二與願印一。乃至與願印則寶生地藏之三昧身。」梵 Varadamudrā

與願印と施無畏印　〔雜語〕或は別とし或は同とす。「セムヰイン」を見よ。

ヨグワンシユ　與願手　〔術語〕與願の印を結ぶ「手相なり。

ヨケツ 餘結 〔術語〕殘餘の結使なり、結使とは煩惱の異名。

ヨシフ 餘執 〔術語〕心に殘留して離れざる執念なり。⊙(増鏡、三神山)「まことにその餘執の通りけるしるしにや」

ヨシフ 餘習 〔術語〕又殘習、餘氣、習氣と云ふ。既に煩惱を斷ずるも猶殘餘の習氣身に存するを云ふ。二乘は此餘習を斷ずる能はず、獨り佛のみ之を斷ずるなり。【唐華嚴經二】「離二一切煩惱心垢及其餘習一。」【智度論二】に「阿羅漢辟支佛雖レ破二三毒一氣分不レ盡。譬如下香在二器中一香雖レ去餘氣故在上。又如二草木薪火燒烟出炭灰不一レ盡。火力薄故。佛三毒永盡無レ餘。譬如下劫盡火燒二須彌山一切地一。都盡無レ烟無上レ炭。如二舍利弗瞋恚餘習。難陀婬欲餘習。畢陵伽婆蹉慢餘習一。譬如二人被レ鎖初脱時行猶不便一。」

ヨシミヅ 吉水 〔地名〕【山城名勝志十四】に「世號二吉水一。圓山安養寺内有二一池一。天台三昧流座主瀧頂時用二此水一。」即ち吉祥水の義なり、依て此四邊を稱して吉水と稱す。台家に吉水僧正或は吉水和尙と號するは青蓮院慈鎭なり。眞宗に吉水上人と稱するは法然房源空なり。皆所住に就て呼ぶ。

ヨシユ 豫修 〔術語〕逆修に同じ。豫め死後の佛事を修するなり。「ギヤクシユ」を見よ。「宗を指す稱。

ヨシユウ 餘宗 〔雜語〕自己の宗より稱して他の

ヨシユサイ 豫修齋 〔儀式〕豫修の爲に僧を請じ齋を供するなり。

ヨジヨウ 餘乘 〔儀式〕乘は敎法なり、よりて安立する意より取る。自宗の敎法を宗乘と呼ぶに對して餘宗の敎法を餘乘と云ふ。

ヨダツ 與奪 〔術語〕敎義を論評するに褒して之を取るを與と云ひ、貶して之を斥くるを奪と云ふ。【四敎儀集註上】に「約レ敎別興、約レ敎通奪。」

ヨツノクルマ 四車 〔譬喩〕羊車、鹿車、牛車、大白牛車なり。「シシヤ」を見よ。⊙(久安百道)に「しなしなに四の車をすすめずばのりはづれたる人やあらまし」

ヨツノチマタ 四巷 〔雜語〕胎卵濕化の四生の巷なり。⊙(玉葉集)「六の道四のちまたの苦みをいつかかはりてたすけはつへき」

ヨネン 餘念 〔術語〕心、所對の境に一ならず、餘事を念ふなり。【大寶積經六十八】に「此諸衆會無二餘念一。」【大法炬陀羅尼經九】に「汝於二法師一應レ起二佛想一。莫レ作二餘念一。」

ヨマ 餘間 〔職位〕本願寺に於て内陣兩脇の餘間に坐する僧位を餘間と稱す、三等の一なり。

ヨマ 與麼 〔雜語〕「ヨモ」を見よ。

ヨミゴク 預彌國 〔界名〕閻魔王の世界なり。預彌は閻魔又は夜摩の訛轉なり。【十王經】に「閻摩王國名二無佛世界一。亦名二預彌國一。亦名二閻魔羅國一。」梵 Yami,

ヨミヂ 黃泉 〔界名〕又冥土に作る。人の死して行く所、單に「ヨミ」と云ひ、「よもつくに」「よみのくに」と云ふ。⊙(源氏)「わが君のらうたくあはれにておはしますを、よみぢのほだしにもとわづらひ」

ヨモ 與麼 〔雜語〕支那の俗語、物を指す辭なり。【祖庭事苑一】に「與麼指辭也。」

ヨヨク 與欲 〔術語〕「ヨクホフ」を見よ。

ヨリウ 餘流 〔雜語〕自宗の外の流義なり。

ヨリキフシヤウ 與力不障 〔術語〕あるものの生ずるにあたりて力を附與し之を補助して障礙なからしむること。增上緣の一種なり。

ヨリマシ 魅女 〔修法〕阿毘舍の法に面貌端正の童男童女を呪して之に邪鬼妖魅を寄らしめ、以て所寄の鬼魅をして吉凶を言はしめ、或は其の希望を述べしむ。是れ童男にも通ずれども多く童女を用ゆれば魅女と書し、ヨリマシと訓ず。【元亨釋書行尊傳】に「櫃口齋宮公主。延久帝之女。受二妖病一。勅レ尊加レ之。尊裝二少女一令レ移レ魅焉。公主即痊。」「アビシヤ」を見よ。

ヨルカウ 預流向 〔術語〕四向の一。預流果の因道なり。「ヨルクワ」を見よ。

ヨルクワ 預流果 〔術語〕小乘四果の第一。舊稱須陀洹。逆流、入流など譯し、新稱窣路多阿半那。Srota-āpanna 聲聞乘の人三界の見惑を斷じ已て方に生死の瀑流に違逆する位を逆流果と云ひ、預流の流は聖道の流なり。三界の見惑を斷じ已て方に聖者の流に預參するを預流果と云ふ。是れ聲聞乘最初の聖果なれば初果と稱す。此果に向ふ者見惑を斷じつつ在る見道十五心の間を逆流向又は預流向と云ふ、即ち預流果の因道なり、即ち預流向は見道位にて預流果は修道位なり。【玄應音義二十三】に「預流。梵言二窣路多阿半那一。此言二預流一。一切聖道說爲レ流。能相續流二向涅槃一故。初證二聖果一。創參二聖列一。故名二預流一。預及也。參預也。舊言二須陀洹一者訛也。或言二逆流一。或言二入流一。亦云二至流一。皆一也。」【倶舍論二十三】に「預流者。諸無漏道總名爲レ流。由レ此爲レ因趣二涅槃一故。」

ヨヰ 夜居 〔雜語〕【名月鈔】に「夜居。護持僧候二二間一加持。」【禁秘鈔上】に「東寺一長者多候二夜居一。」【秘鈔傳授記】に「御持僧又云二夜居僧一。伺二候仁壽殿一終夜奉レ加二持主上一也。」⊙(源氏)「黑き衣などをきて、よゐのそらのやうになりはべらむとすれば」

ら

ラ 羅 【術語】 Ra 又囉に作る。悉曇五十字門の一。【大日經】に「囉字門一切法離二諸塵染一故。」とあるはRajas（塵染）より釋し、【文殊問經】に「稱二囉字一時。是樂求勝義聲。」と云ふはRati（樂）より解したるなり。又火大の種子とす。【大日經疏一】に「囉字門爲レ火。」【同七】に「囉字門。一切諸法離二一切塵染一故者。梵云二囉逝一是塵染義。塵是妄情所行處。故說眼等六情行二色等六塵一。若見二囉字門一則知下一切可二見聞觸知一法皆是塵相上。猶如下淨衣爲二塵垢一所上染。亦如三遊塵紛動使二太虛昏濁日月不明一。是爲二字相一。」【演密鈔五】に「以二囉字之慧火一除二煩惱之暗一。資二智慧之明一。」又、此種子に塵垢を消除する功能あり、故に眞言行者心身を淨めんとするには必ず、この字を觀ずるなり。【大疏四】に「以二囉字門一。自淨二心地及此道場地一。」又、は諸菩薩、諸阿修羅の種子なり。

ラ 邏 【術語】 La 又砢、羅、攞に作る。悉曇五十字門の一。【大日經】に「邏字門一切法相不可得故。」とあるはLakṣaṇa（相）より釋し【文殊問經】に「稱二砢字一時。是斷愛救聲。」【大莊嚴經】に「唱二羅字一時。出二斷一切生死枝條聲一。」とあるはLaighana（愛枝）より解したるか。

ラー 囉引 【術語】 施一切衆生無畏の種子なり。

ライ 雷 【雜名】 梵語、誐羅惹哆 Garjita 空中の四大相觸れて聲を發するもの。【三界義】に「長阿含云。有時地大與二水大一相觸。有時地大與二火大一相觸。有時地大與二風大一相觸。有時水大與二火大一相觸。有時水大與二風大一相觸。以二是緣一故虛空中有二雷聲起一。」

聞雷象牙生花 【傳說】 【涅槃經八】に「譬如下虛空震雷起レ雲一切衆牙上皆生レ花。若無二雷震一花則不レ生。亦無中名字上。衆生佛性亦復如レ是。常爲二一切煩惱一所レ覆不レ可レ得レ見。」

孔雀聞雷妊 【傳說】 【涅槃經三十四】に「自有二衆生一。非レ因二父母一而得二生長一。譬如下孔雀聞二雷震聲一而便得上レ身。又如下青雀飲二雄雀淚一而便得上レ身。如下命命鳥見二雄鳥舞一即便得上レ身。」

雷除符 【物名】 【最勝王經如意寶珠品】に「世尊於二大衆中一告二阿難陀一曰。汝等當レ知。有二陀羅尼一名二如意寶珠一。遠二離一切災厄一。亦能遮二止諸惡雷電一。乃至於二此東方一有二光明電王一。名二阿揭多一。南方有二光明電王一。名二設羝嚕一。西方有二光明電王一。名二主多光一。北方有二光明電王一。名二蘇多末尼一。乃至若於二住處一書二此四方電王名一者。於二所住處一無二雷電怖一。亦無二災厄及諸障惱一。」

ライオウ 來應 【雜語】 他の請に應じて來るなり。【楞嚴經一】に「長者居士、同時飯僧佇二佛來應一。」

ライガウ 來迎 【術語】 極樂より佛菩薩來て念佛の行者を迎へ取るなり。【觀無量壽經】に「化二作五百化佛一來二迎此人一。」【五會法事讚】に「但有二稱名一皆得レ往。觀音勢至自來迎。」是れ彌陀佛四十八願中第十九の誓願なり。然るに淨土門中淨土眞宗の一流に於ては敢て此の來迎を期せざるなり。「ライガウフライガウ」を見よ。⊙（曲、大原御幸）「十念の柴の扉には聖衆の來迎を待ちつるに」

ライガウイン 來迎印 【印相】 彌陀佛の衆生を來迎する時の印相なり、右手を擧げて之を佛に比し、左手を垂れて之を衆生に比する是れなり。常の立像の印相なり。⊙（著聞集）に「賴朝が一期に不思議一度候ひき、善光寺の佛禮し奉る事二度なり。その內初のは定印にておはしまし候、すべて此佛昔より印相定まり給はぬ由傳へて候へどもまさしく證を見奉りて候ひしと申されけり」

ライガウインゼフノグワン 來迎引接願 【術語】 彌陀佛四十八願中の第十九、念佛の行者を臨終に來接せんとの願なり。【無量壽經上】に「設我得レ佛。十方衆生。發二菩提心一修二諸功德一至心發願。欲レ生二我國一。臨二壽終時一。假令不下與二大衆一圍繞上現中其人前上者。不レ取二正覺一。」⊙（平家三）「誠に來迎ゐんせうのひぐわんも、此所に影向を垂れ」

ライガウサンゾン 來迎三尊 【圖像】 彌陀觀音勢至の三尊來迎のさまを作せる形像なり。單に來迎彌陀とも云ふ。⊙（平家、灌頂卷）「一間には來迎の三尊おはします、中尊の御手には五色の糸をかけられたり」（第一圖參照）

ライガウフライガウ 來迎不來迎 【術語】 彌陀佛四十八願中の第十九に來迎引接の願あり、故に淨土門の念佛者は、多く臨終の正念を要し、佛の來迎を期するなり。然るに淨土眞宗に在ては來迎を期するを諸行を修する雜修雜行の期となし、專修念佛の行人は聞信の一念に往生の行事成辦すれば敢て臨終の正念佛の來迎を期せずと立つるなり、是れ念佛門中獨特の宗旨なり。【末燈鈔】に「來迎は諸行往生にあり、自力の行者なるが故に、臨終といふことは諸行往生の人に云ふべし、いまだ眞實の信心を得ざるが故なり。乃至眞實信心の行人は攝取不捨の故に正定聚

の位に住す、是故に臨終まつことなし、來迎たのむことなし、信心の定まるとき往生また定まるなり。」【眞要鈔】に「親鸞上人の一流に於ては平生業成の義にして臨終往生の望みを本とせず、不來迎の談にして來迎の儀を執せず。」又「諸流みな臨終をいのり來迎を期す、之を期せざるは獨り吾宗なり。」

ライガウミダ　來迎彌陀　〔圖像〕嵯峨二尊院の本尊なり、來迎三尊に同じ。

ライキヤウ　禮敬　〔雜語〕禮拜恭敬なり。【法華經提婆品】に「龍王女忽現二於前一。頭面禮敬。」【普賢行願品】に「一者禮二敬諸佛一。」

ライクワ　來果　〔術語〕來世の果報なり。

ライサン　禮懺　〔術語〕三寶を禮拜して所造の罪を懺悔するなり。唐の智昇の撰集、諸經禮懺儀二卷あり。

ライサン　禮讚　〔書名〕三寶を禮拜し其の經を讚嘆するなり。唐の善導の往生禮讚、宋の仁岳の釋迦如來涅槃禮讚文等あり。⊙(著聞集、興言利口)「念佛禮讚などはてて」

ライゾウモクロク　麗藏目錄　〔書名〕大藏目錄の異名。高麗版大藏經の目錄なり。

ライシヤウ　來生　〔術語〕來世と言ふ如し、未來の生報なり。

ライセ　來世　〔術語〕未來の世なり。⊙(著聞集、釋敎)「又來世に明眼をえて、次第に昇進すべきなり」

ライタ　賴吒　〔術語〕賴吒羅の略。馬鳴菩薩所造伎曲の名。次項を見よ。

ライタワラ　賴吒啝羅　〔雜名〕Raṣṭrapāla 馬鳴菩薩所造伎曲の名。【付法藏傳五】に「於二華氏城一遊行敎化。欲レ度二彼城諸衆生一故作二妙伎樂一。名二賴吒啝羅一。其音淸雅哀婉調和。」「メミヤウ」を見よ。図 比丘の名。本と婆羅門の子にして父に出家を求むれども許さず、斷食して之を强ひ、遂に出家得道す。【賴吒和羅經】

ライタワラキヤウ　賴吒和羅經　〔經名〕一卷、吳の支謙譯、中阿含第十三賴吒和羅經の別譯なり。賴吒和羅の出家得道及び父母の爲に說法するを記す。【昃帙八】(594)

ライタワラシヨモンタイシキヤウ　賴吒和羅所問太子經　〔經名〕德光太子經の異名、佛賴吒和羅比丘の所問に對して大乘の行法及び德光太子の行歷を說く。

ライハイ　禮拜　〔雜語〕梵語、伴談、又は和南 Vandana 或は那謨悉羯羅。Namas-kāra 禮拜と譯す。恭敬の意を身相に現はすなり。【陀羅尼集經一】に「那謨悉羯羅。唐云二禮拜一。」【義林章四本】に「若云二伴談一。或云二伴題一此云二稽首一。亦云二禮拜一。訛名二和南一。」【西域記二】に「致敬之式。其儀九等。一發言慰問。二俯首示敬。三擧手高揖。四合掌平拱。五屈膝。六長跪。七手膝踞地。八五輪俱屈。九五體投地。」

ライハイゾウギヤウ　禮拜雜行　〔術語〕五種雜行の一。「ゴシユザウギヤウ」を見よ。

ライハイシヤウギヤウ　禮拜正行　〔術語〕五種正行の一。「ゴシユシヤウギヤウ」を見よ。

ライハイモン　禮拜門　〔術語〕淨土論所說五念門の一。【淨土論註上】に「歸命即是禮拜門。」

ライバン　禮盤　〔物名〕佛を禮するために陞る高座。須彌壇の正面にありて前に經卷を置くべき經机あり、右に磬、左には柄香爐の臺を置く。⊙(榮花、玉の臺)「中の間の左右に講座あり中に禮盤たてたり」

ライヤ　賴耶　〔雜語〕Ālaya「ラヤ」を見よ。

ラウエン　老猿　〔雜語〕佛、難陀の婦を以て老猿の獼猴に比し、以て難陀を庛す。【三敎指歸】に「老猿毒蛇之觀。」「ナンダ」を見よ。

ラウク　老苦　〔術語〕四苦の一。【大乘義章三本】に「衰變名レ老。老時有レ苦。就レ時爲レ目。名爲二老苦一。」

ラウクワン　牢關　〔雜語〕迷悟の境界なる堅牢の關門なり。【傳燈十六樂普章】に「末後一句始到二牢關一。鎖二斷要津一不レ通二凡聖一。」

ラウケツ　勞結　〔術語〕塵勞と結使、共に煩惱の異名。【淨心誡觀法序】に「吸二攬塵緣一積二成勞結一。」

ラウケン　勞謙　〔雜語〕勞して功を誇らざるなり。【維摩經香積佛品】に「斯諸菩薩。亦能勞謙。」

ラウコスヰ　老古錐　〔譬喩〕老古錐能く物を鑽るの用を爲す。老古は尊稱。師家說得の機鋒峭峻なるを言ふ。【虛堂柏嚴錄】に「版齒生レ毛老古錐。夜深聽レ水爐邊坐。」

ラウサウコ　老臊胡　〔雜語〕老いたる臊き夷人なり。達磨を斥す。【聯燈二十德山章】に「這裡佛也無。祖也無。達磨老臊胡。十地菩薩是擔屎漢。」【虛堂告香普說】に「達磨元是老臊胡。釋迦老子乾屎橛。」

ラウシシ　老死支　〔術語〕十二緣起支の一。生支の後に衰變して命盡するを云ふ。

ラウシヤクセン　狼跡山　〔地名〕鷄足山の異名。摩訶迦葉入定の山なり。【摩訶摩耶經下】に「摩訶迦葉。於二狼跡山中一入二滅盡定一。」【玄應音義八】に「狼跡山。按二梵本一言二屈屈多播陀山一。此云二鷄足山一。又云二尊足山一。令二迦葉居レ中者。在二菩提樹東一也。」

ラウシユク　老宿　〔術語〕老成宿德の人。【臨濟錄】に「有二一老宿一參レ師。」【名義集一】に「體毘履。此

云二老宿一。他毘利此云二宿德一。」

ラウセウフヂヤウ　老少不定　〔術語〕老人も少年も壽命の定まらざるを云ふ。慧心の【觀心略要集】に「世人之愚也。於二老少不定之境一。成二千秋萬歳之執一。」

ラウソウ　老僧　〔雜語〕老年の僧、日蓮宗及び本願寺に六老僧の目あり。

ラウタウ　郎當　〔雜語〕【諸錄俗語解】に「俗呼二小錄人之類敗及身病擺𨂶者一曰二郎當一。」ヨボケルと譯すべし。

ラウタウ　老倒　〔雜語〕【諸錄俗語解】に「疊韻にて老倒切、老なり」倒の意味なし。

ラウドシヤ　勞度差　〔人名〕外道の能く幻術を知るもの、舍利弗と種種の神力を捔す。【賢愚經須達起精舍品】

ラウナフ　老衲　〔雜語〕僧服を衲衣と稱するより「老僧を老衲と云ふ。

ラウニヤク　老若　〔雜語〕若の字に「ワカシ」の字訓なし。弱と音通するが故に用ふと云ふ。或は處處に若老若少の熟語あるより中間の二字を取りしなりとの說もあり。

ラウニヨキヤウ　老女經　〔經名〕老女人經の「略名。

ラウニヨニンキヤウ　老女人經　〔經名〕一卷、呉の支謙譯。貧窮の老女あり、生老病死五陰六根六大等の何所より來るを請問す。佛、來に所從なく、去に所至なきを答へ、兼て緣生の衆喩を說く。老女開解す、佛其の往因を說き并に極樂に往生して後に佛道を成ずるを記す。老母經、老母女六英經共に其の異譯なり。【黃帙五】(224)

ラウハチ　臘八　〔行事〕十二月八日釋尊成道の日の法會。「ジヤウダウヱ」を見よ。

ラウバ　老婆　〔雜語〕老婆は我が婦妻を稱するの語、親切叮嚀の義を取る。【楊無爲頌】に「正法眼藏瞎驢邊滅二。黃檗老婆。大愚饒舌。」

ラウバゼン　老婆禪　〔術語〕親切叮嚀の禪なり。【臨濟錄】に「普化以レ手指曰。河陽新婦子。木塔老婆禪。臨濟小厮兒。却具二一隻眼一。」

ラウモキヤウ　老母經　〔經名〕一卷、失譯。老女人經の異譯。【黃帙五】(225)

ラウモニヨロクヤウキヤウ　老母女六英經　〔經名〕一卷、宋の求那跋陀羅譯。老女人經の異譯。【黃帙五】(226)

ラウヤ　瑯琊　〔地名〕宋の除州瑯琊山の廣照禪師名は慧覺、法を汾陽の昭禪師に得て緣に除州に應ず。明州の雪竇山の顯禪師と同時に唱道し、四方之を二甘露門と云ふ。【續傳燈錄三】

瑯琊山河　〔公案〕【五燈會元十二長水子璿講師章】に「聞瑯琊道重二當世一。即趨二其席一。值二上堂次一出問。清淨本然云何忽生二山河大地一。瑯琊勵聲曰。清淨本然云何忽生二山河大地一。師言下領悟。」

ラウライツイ　老檑槌　〔雜語〕檑又は礌に作る、杵すりこぎの類なり。以て老禿に比す。【群談採餘四】に「于謙幼時。僧人蘭古春過二學堂一。見三于梳二三角髻一戲曰。三角如二鼓架一。于對曰。一禿似二檑槌一。」【桃隱頌偈趙州臥雪頌】に「苦哉古佛老雷椎。」

ラウリヨ　勞侶　〔術語〕塵勞の黨侶なり、塵勞とは煩惱の異名。【維摩經弟子品】に「爲與二衆魔一共二一手一。作二諸勞侶一。」【註】に「肇曰。其爲二諸塵勞之黨侶一也。」【大日經疏】に「若離二如レ是實相印一。餘皆愛見所生。與二天魔外道一作二諸勞侶一。」

ラウロウ　牢籠　〔雜語〕獸を牢に入れ鳥を籠に入るる如きを云ふ。【法苑珠林二十】に「牢二籠眞俗一。囊二括古今一。」

ラウヲン　勞怨　〔術語〕魔來て我を勞し、我が爲に怨を爲せば勞怨と云ふ。【維摩經方便品】に「降二魔勞怨一。」【註】に「肇曰。四魔勞レ我致レ爲レ怨。」【慧遠疏】に「魔能勞亂。名レ之爲レ勞。敗二人善根一故說爲レ怨。」

ラウン　羅雲　〔人名〕Rāhula 又、羅云、比丘の名。「ラゴラ」を見よ。

ラウンニンニクキヤウ　羅云忍辱經　〔經名〕一卷、西晉の法炬譯。羅云人に打せらるるに因て佛廣く忍辱の道を說く。【宿帙七】(747)

ラエ　蘿衣　〔夜服〕辟蘿の衣服、山林苦行者の衣を云ふ。【性靈集三】に「五綴持錫觀二妙法一。六年蘿衣啜二蔬飡一。」

ラエツ　羅閱　〔地名〕城の名。「ラエツギ」を見よ。

ラエツギ　羅閱祇　〔地名〕又羅閱者、羅閱、羅越、羅閱祇迦羅、羅閱揭黎醯、囉惹訖哩呬 Rājagṛha など云ふ。摩渴陀國王舍城の梵名なり。【法華文句一】に「王舍城者。天竺稱二羅閱祇伽羅一。羅閱祇此云二王舍一。伽羅此云レ城。」【十二遊經】に「羅閱祇。此言二王舍城一。」【善見律十七】に「羅閱城、王舍城、摩竭國。此三義一名異。漢言二王舍城一。羅閱城是外國音。羅者言レ王。閱者言レ舍。故言二羅閱城一也。摩竭者此是外國音也。摩竭者是初國名耳。」【玄應音義三】に「羅閱、案二阿闍世王經一云。羅閱祇晉言二王舍城一。以應レ訛也。正言二羅閱揭黎醯一。羅閱義是料理。以レ王代レ之。謂能料二理人民一也。揭黎醯此云二舍中一。總名二王舍城一。在二摩伽陀國中一城名也。」【梵語雜名】に「王舍梵名。囉惹訖哩呬。」

ラエツギガラ　羅閱祇伽羅　〔地名〕「ラエツギ」を見よ。

ラカセツ　剌竭節　〔雜名〕又、糲竭節、譯、杖。【祖庭事苑】に「梵云二糲竭節一。此言レ杖。智門祚和上

網宗歌云。欄竭節直拽二路布一。靈利衲僧通二一路一。」【名義集七】に「刺竭節此云レ杖。」梵 Laguḍa

ラカシヤミ 囉迦沙彌 【植物】木の名。【陀羅尼集經十】に「囉迦沙彌木。是菩提樹之別名。」梵 Rakā-svāmin*

ラガ 羅誐 【術語】Rāga 譯、貪。【梵語雜名】寛空の羅誐口決一帖、仁海の羅誐秘法一卷あり。愛染明王の法なり。

ラカン 羅漢 【術語】Arhat(N.sg.m.Arhān) 阿羅漢の略。小乘の極果なり。「アラカン」を見よ。⊙(平家物語十)「百千歲が間、百羅漢を供養したらんずるよりも」

二種羅漢 【名數】一は時解脫羅漢、鈍根の羅漢にして衣食住處師友等の好緣具足するを待て方に羅漢を證する機根なり。二は不時解脫羅漢、利根の羅漢にして衣食等の事緣具足するを待たず自ら法の道理を解して隨時に羅漢を證する人なり。【俱舍論二十五】図 一に慧解脫羅漢、但慧障の解脫を得て無漏地を發得し、涅槃を證する漢羅なり。二に俱解脫羅漢、慧障を解脫すると共に定障をも解脫して定の極處たる滅盡定に出入自在を得るなり、此人は兼て事用の功德を好めば禪定を習練し種種の神通等を得るなり。【俱舍論二十五】

三種羅漢 【名數】三種の四念處を修するに就て三種の羅漢を分つなり。一に慧解脫羅漢、性念處を修して一切智外道を破する人なり。二に俱解脫羅漢、共念處を修して神通外道を破する人なり。三に無疑解脫羅漢、緣念處を修して韋陀外道（又文字外道と云ふ）を破するなり。是れ一切の外道に通じて疑ふ所なければ無疑と云ふ、羅漢中の最勝なり。【四教儀二】（三念處のと念處を見よ）

六種羅漢 【名數】一に退法羅漢、一旦羅漢果を得するも些の惡緣に遇へば便ち所得を退失するもの。二に思法羅漢、所得の證果を退失せんことを懼れて恒に自害して無餘涅槃に入らんとを思ふもの、三に護法羅漢、所得の證果に於て能く自ら防護するもの。四に安住法羅漢、不退不進當位に安住するもの。五に堪達法羅漢、能く根を修練して不動羅漢の性に達するもの。六に不動羅漢、根性最も殊勝にして如何なる逆緣に遇ふも所得の法を動轉せざるもの。【俱舍論二十五】

七種羅漢 【名數】前の六種羅漢に不退羅漢の一を加ふるなり、是れ前の第六不動に於て練根不動と本住不動の二種あり、依て練根の者を不動とし、本住の者を不退とせしなり。練根とはもと劣なる五種が更に修練して不動種性となる者を云ひ、本住とは生れ付き不動種性にして修練を要せざるものを云ふ。婆沙には之を開き正理俱舍には之を合す。【俱舍論二十五】

九種羅漢 【名數】之を九無學と稱す。經論の所說其の位次名稱を異にするも其の體は一なり。先づ俱舍論の說は前の七種に第八慧解脫と第九俱解脫とを加へしもの。慧解脫とは但慧力に依て煩惱障を離れしもの、俱解脫とは兼て定障を離れて滅盡定を得しもの、次に成實論の說は一に退相、俱舍九無學の第一退法なり。二に守相、九無學中の第三護法なり。三に死相、九無學中の第二思法なり。四に住相、九無學中の第四安住法なり。五に可進相、九無學中の第五堪達法なり。六に不壞相、九無學中の第七不退なり。八に不退相。九無學中の第六不動なり。八に慧解脫、九無學中の第八慧解脫なり。九に俱解脫、九無學中の第九俱解脫なり。【大乘義章十一本】次に中阿含福田經の說は一に思法、是れ前俱舍の第三死相なり。二に昇進法、是れ第五可進相なり。三に不動法、是れ前の第七不退相なり。四に退法、是れ前の第一退相なり。五に不退法、是れ前の第六不壞相なり。第六に護法、是れ前の第二守相なり。第七に住法、是れ前の住相なり。第八慧解脫、第九俱解脫、此二前に同じ。【大乘義章十一本】この九無學に十八有學を加へて二十七賢聖と稱す。「ケンシヤウ」を見よ。

十六羅漢 【名數】賓頭盧尊者を始として十六人の大阿羅漢、佛勅を受て永く此世に住し、衆生を濟度するもの、其名字住處等は法住記に詳なり。此法住記は佛滅後八百年中師子國（今の錫蘭）の阿羅漢難提蜜多羅尊者の說にて、記の初に、尊者告曰。汝等諦聽。如來先已說二法住經一。今當レ爲二汝粗更宣說一。」とあればもと佛說なるを彼れ述說せるのみ。其名は第一賓度羅跋囉惰闍尊者。Piṇḍolabhāradvāja（舊稱賓頭盧頗羅墮誓）第二迦諾迦伐蹉尊者。Kanakavatsa 第三迦諾迦跋釐惰闍尊者。Kanakabhāradvāja 第四蘇頻陀尊者。Suvinda* 第五諾距羅尊者。Nakula 第六跋陀羅尊者。Bhadra（一に跋陀婆羅、今諸寺の浴室に多く其像を安ず、其因由は楞嚴經に出づ）第七迦哩伽尊者。Kārika* 第八伐闍羅弗多羅尊者。Vajraputra 第九戍博迦尊者。Śvaka* 第十半托迦尊者。Panthaka 第十一羅怙羅尊者。Rāhula（舊稱羅云）第十二那伽犀那尊者。Nāgasena 第十三因揭陀尊者。Iṅgata* 第十四伐那波斯尊者。Vanavāsin 第十五阿氏多尊者。Ajita 第十六注茶半托迦尊者。Cūḍapanthaka（Śuddhipanthaka 一に朱利槃陀迦、即ち周利槃特の轉音）梁の貫休、夢裡に其

像を感見して之を畵き、宋の東坡明の柴柏之が贊を作る。十六羅漢因果識見頌一卷あり、闍那崛多迦譯として宋の苑文正公の序を載すれども藏中に入らず、恐くは唐代の作なり。偈頌皆押韻、語義俱妙。

十八羅漢　〔名數〕此に二種あり。一は前の十六に慶友尊者を加へて第十七とし、賓頭盧尊者を加へて第十八とす。然るに慶友とは難提蜜多羅の譯名にて、即ち法住記の說者、賓頭盧は即ち第一尊者の賓頭羅跋羅惰闍なり。是れ經典を知らず梵語を解せざるより此訛を致せし者を、洪覺範蘇軾の如きも、十八羅漢に依て頌贊せしは何ぞ。されば十八中、前の十六は貫休の實蹟、他の二は後人の添加、軾之を辨ぜざりき　依て乾隆皇帝の考證に「艮由下此土僧伽未レ能三深通二貝筴一。展轉傳訛。博辨如レ軾。亦不レ免二因レ人致上レ誤耳。」羅漢圖讚集に引く。二は蜀の金水張氏の畫ける十八羅漢に東坡の頌贊せしもの。此は十六羅漢の前に、迦葉尊者、軍徒鉢歎尊者の二を加へて十八となし、且つ各尊の神通靈感を示すを記す、是れ更に解すべからざるものなり。（西藏所傳に佛母摩耶夫人と彌勒とを加へたる圖あり。）

五百羅漢　〔名數〕【象器箋十四】に「五百羅漢名。莫レ聞二藏乘說一。近有二南宗江陰軍乾明院羅漢尊號碑一卷一刊布。亦不レ載二本據一矣。」案に佛滅後第一結集の五百羅漢或は毘婆沙論結集の五百羅漢等の數目に因て私に其名號を擧げしのみ。「ケツジフ」を見よ。

ラカング　羅漢供　〔儀式〕五百羅漢を供養する法會なり。別に文あり。

ラカンコウ　羅漢講　〔儀式〕五百羅漢を講讃する法會なり。【講勸拾要】に其文を記す。

ラカンビク　羅漢比丘　〔術語〕比丘は男僧の梵名、羅漢は羅漢の男僧なり、菩薩の男僧に簡で云ふ。

ラキシミ　落吃澁弭　〔術語〕Lakṣmi 譯、吉祥相。【大日經疏八】に「梵云二落吃澁弭一。翻爲二吉祥相一。或云二具相一。亦是嘉慶義、吉祥義、吉慶義、滅德義、好相貌義。當レ知此名攝二一切功德一。故會意言レ之。」

ラキシヤ　羅乞叉　〔術語〕Rakṣa 譯、擁護。【大日經疏九】

ラキシヤ　邏吃灑　〔術語〕Lakṣaṇa 又、邏乞洒、攞乞尖拏。譯、相。事物の諸相なり。【大日經七】に「梵云二邏吃灑一。此翻爲レ相。」【演密鈔八】に「梵語邏乞洒。此釋爲レ相。」【梵語雜名】に「相。羅乞尖拏。」

ラギヤウゲダウ　裸形外道　〔流派〕梵語 Nirgrantha 天竺二十種外道の一。一切の繫縛を遠離するを表して裸形を以て正行となすなり。世に「裸まゐり」と稱して寒天裸形にて佛神へ趨拜するは裸形外道の遺風にて佛門にはなきことなり。【唐華嚴經二十五】に「願一切衆。得二慚愧衣一以覆二其身一。捨二離邪道露形法一。」

ラギヤウボンシキヤウ　裸形梵志經　〔經名〕佛、裸形外道の爲に苦行に善惡の二趣あるを說く、外道即ち出家證果す。長阿含十六に攝む。【昃帙九】(545)

ラク　酪　〔飮食〕牛乳を精製せしもの。【梵語雜名】に「娜地。」【涅槃經十】に「譬聞如レ乳。緣覺如レ酪。」梵 Dadhi

ラク　邏求　〔雜語〕Laghu 譯、輕。【智度論四十八】に「若聞二邏字一即知二一切法離輕重相一。」

ラク　樂　〔術語〕梵語、素佉。Sukha 又、蘇吉施羅。好緣好境に遇ひて身心適悅するを云ふ。【佛地論五】に「適二悅身心一名レ樂。」【梵語雜名】に「素佉。」又「蘇吉施羅。」

三樂　〔名數〕一に天樂、十善を修するもの天上に生じて種種の妙樂を受くるを云ふ。二に禪樂、修行の人諸の禪定に入り一心淸淨萬慮俱に止み、寂靜の悅樂を得るを云ふ、三に涅槃樂、生死の苦を離れて涅槃を證し究竟して無爲安穩を得るを云ふ。【寶積經一百一】

五樂　〔名數〕一に出家樂、世間の人諸の惑業煩惱多く、出家して道に達し永く此苦を斷ずるなり。二に遠離樂、色界初禪天の樂なり、初禪は能く欲界の愛染煩惱を遠離し禪定の喜樂を生ずるなり、三に寂靜樂、二禪天の樂なり、二禪は初禪の尋伺の散動を離れ澄心寂靜深妙の樂を發するなり。四に菩提樂、無上道を成じて法界に自在を得る法樂なり。五に涅槃樂、生死の苦を離れて無餘涅槃に入る究竟寂滅の樂なり。【華嚴大疏鈔十三】

十樂　〔名數〕「ジフラク」を見よ。

ラクカ　落迦　〔界名〕Naraka 那落迦の略、地獄の梵名。【闢邪編】に「邪見實落迦種子。若不レ改悔一陷墮非レ遙。」

ラクカサン　洛迦山　〔地名〕補陀洛迦山の略。

ラクキヤウ　酪經　〔術語〕台家の敎判に華嚴等の五時を乳等の五時に配し、第二時鹿園時の諸經を酪經と稱す、即ち一切の小乘經なり。【法華玄義二】に「酪經一種因果。狹下短。但麁無レ妙。」

ラクギヤウ　樂行　〔術語〕悉達太子六年苦行の後、其の徒勞なるを知り、尼連禪河に浴して乳糜を受け、菩提樹下の金剛座上に禪坐觀念するを樂行と云

ふ。而て苦行の六年に對して此樂行亦六年なりと立つる一說あり。即ち十九出家、三十成道、八十入滅と云ふ。是れ常途の說なり。此は本起經因果經智度論に依りし說なり、總じて釋尊の出家成道に三說あり。「ジフクシュツケ」を見よ。

ラクギヤウクヤウ 落慶供養〔儀式〕新築又は修繕せる佛殿の落成したる時に行ふ法會。

ラククワ 樂果〔術語〕涅槃の妙體一切の生滅を離るれば樂と云ひ、此妙樂は菩提の所得なれば果と云ふ。【觀經玄義分】に「開ニ示長劫之苦因ー。悟ニ入永生之樂果ー。」

ラクコン 樂根〔術語〕樂受の所依を樂根と云ふ。六識の中に眼耳鼻舌身の五識なり。

ラクサウ 落草〔雜語〕【諸錄俗語解】に「草裡輥、落草談、草裡漢など、向下に降るを云ふ。盜人仲間に入るを落草と云ふ、下賤に落つる意。【碧巖三十四則】に「雲門云。此語皆爲ニ慈悲ー之故有ニ落草之談ー。」【同評唱】に「若是出草之談。則不恁麼。」【碧巖第三則頌古著語】に「自是𠐊落草。」「人。

ラクザン 落賺〔雜語〕欺誑を事する狡猾の

ラクシヤ 落叉〔雜語〕Lakṣa. 又、落叉、落沙。數量の名。十萬なり。【如意輪陀羅尼經】に「一洛叉。唐云ニ十萬數ー也。」【玄應意義二十三】に「洛叉又言ニ洛沙ー。此當ニ十萬ー。一百洛沙爲ニ一俱胝ー。」【梵語雜名】に「十萬梵名攞乞史。」密敎には淺深の二敎を設け、淺略釋には十萬の數量となし、深釋には見照又は成就の義となす。「サンラクシヤ」を見よ。⊙(盛衰記一二)「十六洛叉の底までも」

ラクシヤ 落謝〔術語〕現在の法がその作用を滅して過去のうちに謝去すること。

ラクシヤダラニキヤウ 洛叉陀羅尼經〔經名〕一卷、趙宋の法賢譯。此呪を持すれば洛叉の諸佛を持すると功德異なるなきなり。【成帙八】(894)

ラクシヨク 落飾〔雜語〕王公の出家を云ふ。身の嚴飾を落剃する義なり。「見よ。

ラクシユ 樂修〔術語〕三修の一。「サンシユ」を

ラクジユ 樂受〔術語〕三受の一。順情の境を領受して身心を適悅せしむるもの。【唯識論五】に「領ニ順境相ー適ニ悅身心ー。說名ニ樂受ー。」【大乘義章三本】に「順緣生レ適名爲ニ樂受ー。」

ラクス 絡子〔物名〕「クワラ」に同じ。

ラクセツ 樂說〔術語〕四無礙の一。【大乘義章十一】に「語稱ニ物情ー名爲ニ樂說ー。」是れ聞者の情に就て樂字を解く、聞者樂で其說を聽くなり。【法華嘉祥疏二】に「言ニ樂說ー者。凡有ニ二義ー。一者菩薩自得ニ勝法ー樂爲レ物說。如下父母得ニ於勝事ー樂ニ欲與レ子。二者知ニ衆生欲ニ樂ー而爲說レ法。」是れ第一義は說者の適悅の情に就て樂字を解し、第二義は聞者の意樂に就て解す。故に樂說と音すべし。

ラクゼン 落染〔雜語〕落髮染衣の略。

ラクタミチ 絡多未知〔雜語〕譯赤泥。伽藍の名。【西域記十】に「絡多未知僧伽藍。(Raktamṛttikā-saṅghārāma, (Raktaviṭi*) 唐言ニ赤泥ー。」

ラクダザ 駱駝坐〔雜語〕兩膝を並立して蹲踞するを云ふ。【行事鈔下三之四】に「僧祇不レ得レ作ニ駱駝坐ー應ニ加趺坐ー。」【資持記】に「駱駝。謂兩膝柱レ地。」【釋門歸敬儀下】に「兩膝道坐者。經中名爲ニ駱駝坐ー也。」【同通眞記】に「兩膝並坐者。謂竪ニ兩膝ー以レ尻蹲居。經中斥爲ニ駱駝坐ー也。」

ラクダセン 駱駝山〔地名〕「ニクセン」を見よ。

ラクヂヤク 樂著〔術語〕娛樂し執着するなり。【大悲經三】に「若有ニ衆生ー。樂ニ著生死三有愛果ー。」【法華經譬喩品】に「猶レ故樂著嬉戲不レ已。」

ラクド 樂土〔術語〕安樂の國土なり。【法華經序品】に「便捨ニ樂土宮殿臣妾ー。」

ラクニヨロジングワン 樂如漏盡願〔術語〕受樂無染願の別名。

ラクハウ 樂邦〔術語〕安樂の邦土、西方の極樂世界を稱す。【天台觀經疏序】に「夫樂邦之與ニ苦域ー。金寶之與ニ泥沙ー。」【天照彌陀經疏序】に「一乘極唱終歸ニ成指ニ於樂邦ー。」

ラクハウモンルヰ 樂邦文類〔書名〕五卷、南宋の慶元甲申、四明石芝の沙門宗曉、彌陀の淨土に關する一切の法文を編次す。

ラクハラミツ 樂波羅蜜〔術語〕四德波羅蜜の一。常寂光土の常樂我淨の四德は盡く波羅蜜行の所成なれば所由に從へて波羅蜜と云ふ。【普賢觀經】に「樂波羅蜜不レ住ニ身心相ー處。」

ラクハツセンエ 落髮染衣〔雜語〕鬚髮を剃除し飾を去り、黑衣を著し、出家することなり。

ラクヘンゲテン 樂變化天〔界名〕梵名、須涅蜜陀。舊譯、化自樂天、或は化樂天。新譯、樂變化天、或は妙變化天。欲界六天の中第五重の天なり。自の通力を以て自在に妙樂を變作して娛樂する故に名く。【智度論九】に「化自樂者。自化ニ五塵ー而自娛樂故言ニ化自樂ー。」【佛地論五】に「樂變化天。樂自變化。作ニ諸樂具ー以自娛樂。」【俱舍頌疏世品一】に「樂變化天。於ニ五欲境ー自變化故。」【可洪音義一】に「妙變化天。樂變化天王也。大智度論云ニ須涅蜜陀ー。秦言ニ化樂天ー。唐言ニ樂變化天ー。」然に玄應師別釋あり、【玄應音義二

十三】に「樂變化天。五孝切。但此天雖レ有二寶女一於二變化者一心多愛著。於レ男亦爾。故以名焉。舊言二化樂天一。音洛。失レ之久矣。」即ち變化の男女を愛樂する意にて樂變化と音すべし。

ラクミ　酪味　【譬喩】五味の第二、台家以て第二時の小乘教に譬ふ。

ラクラ　羅吼羅　【人名】Rāhula「ラゴラ」を見よ。

ラケイ　螺溪　【人名】宋の螺溪傳敎定慧院の淨光法師義寂、天台荊溪尊者六世の法嗣なり。【佛祖統紀八】に傳あり。

ラケイ　螺髻　【雜語】梵天王は頂髮を留め、之を結で螺の如くす、螺髻と稱す。西土の梵志之に效ひて螺髻を爲せば螺髻仙人と云ふ。【象頭精舍經】に「螺髻仙人」とあるを異譯の【大乘伽耶山頂經】に「長髻梵志」【伽耶山頂經】に「編髮梵志」と云ふ。又梵王を指して螺髻と云ふ。【維摩經佛國品】に「螺髻梵王語二舍利弗一。」【延曆寺仁王會呪願文朝野群載の二】に「上從二螺髻一下至二牛頭一。」

佛爲螺髻仙人　【本生】佛昔螺髻仙人となり、尙闍梨と名く。禪定を修して鳥來て頂上に巢くふ。「チヤウサウボンシ」を見よ。

ラケイボン　螺髻梵　【雜名】螺髻梵志又は螺髻梵王なり。

ラケイボンシ　螺髻梵志　【雜名】螺髻仙人なり。「ラケイ」を見よ。

ラケイボンワウ　螺髻梵王　【雜語】梵天王の頂髻螺形を作せば螺髻梵王と云ふ、維摩會上に舍利弗と問答す。【維摩經佛國品】に「爾時螺髻梵王。語二舍利弗一。勿レ作二是念一。謂此佛土以爲二不淨一。所以者何。我見二釋迦牟尼佛土一。淸淨如二自在天宮一。舍利弗言。我見二此土一。丘陵坑坎。荊棘沙礫。土石諸山。穢惡充滿。螺髻梵王言。仁者心有二高下一。不レ依二佛慧一。故見二此土一爲二不淨一耳。舍利弗。菩薩於二一切衆生一意皆平等。深心淸淨。依二佛智慧一則能見二此佛土淸淨一。於レ是佛以二足指一按レ地。即時三千大千世界。若干百千珍寶嚴飾。譬如二寶莊嚴佛無量功德寶莊嚴土一。」【淨心誡觀】に「德如二螺髻梵一。去處見二西方一。」

ラコク　羅縠　【雜名】共に絹布の稀薄輕妙なるもの。天衆の衣は之より成ると云ふ。図菩薩の佛性を見るを羅縠を隔てて物を見るに譬ふ。【祖庭事苑一】に「華嚴疏云。菩薩智與二如來智一。如下明眼人隔二羅縠一視中衆色像上。此言二菩薩與レ佛見レ性同レ品。」

ラゴ　羅睺　【異類】Rāhu 又、羅護、星の名。日月を障蔽して蝕せしむるより、印度の傳說には阿修羅王なりと云ふ。【大日經疏四】に「羅睺是交會蝕神。」【希麟音義六】に「羅睺或云二羅護一。此云二暗障一。能障二日月之光明一。即暗曜也。」次項を見よ。図佛子羅睺羅略して羅睺と云ふ。

(羅睺の圖)

ラゴアシユラ　羅睺阿修羅　【略類】Rāhuasura 四種阿修羅王の一。羅睺羅阿修羅と云ふ。此阿修羅王は帝釋と戰ふとき能く其の手を以て日月を執て其の光を障蔽する故に名く。【法華文句二】に「羅睺者。此云二障持一。障二持日月一者也。」【法華嘉祥疏二】に「羅睺者。此云二覆障一。又云二吸氣一。乃至問何故修羅手障レ月。答。婆沙云。月是帝釋軍前鋒。故以レ手障レ之而欲レ食レ月。正法念經云。日月放レ光障二修羅眼一令レ不レ見。故以レ手障レ之。」【智度論十】に「一時羅睺羅阿修羅王欲レ噉レ月。月天子怖疾到二佛所一說レ偈。大智精進佛世尊。我今歸命稽首禮。是羅睺羅惱二亂我一。願佛憐愍見二救護一。佛與二羅睺羅一而說レ偈言。月能照レ暗而淸涼。是虛空中天燈明。其色白淨有二千光一。汝莫レ呑レ月疾放去。是時羅睺羅怖懅。流レ汗即疾放二月波梨一。」【法華玄贊二】に「羅睺此云二執日一。非天阿修羅與レ天鬪時。將二四天王天一先與其戰。日月天子放二盛光明一射二非天之眼一。此爲二非天レ之前鋒一。以レ手執レ日障二蔽其光一。故云二執日一。」

ラゴラ　羅睺羅　【人名】Rāhula 舊に羅云、羅吼羅、羅睺羅、羅睺と云ひ、新に曷羅怙羅、何羅怙羅、又羅怙羅と云ふ。佛の嫡子にして在胎六年、成道の夜に生る、十五歲にして出家し、舍利弗を和上として沙彌となり、遂に阿羅漢果を成じて十大弟子中密行第一となる、後に法華會上に於て大乘に廻し、蹈七寶華如來の記別を受く。羅睺羅阿修羅王が月を障蝕せしときに生れたるを以て羅睺羅と名く。又六年母胎の爲に障蔽せらるる故に名くと云ふ。羅睺羅は執日又は障蔽の義なり。母には異說あり。（下項を見よ）（羅睺羅の出生を成道の夜となすが如きは其の出家時日が成道第一夏後なることの一事より見るも大なる矛盾にして虛妄なる傳說なること明なり。思ふに、佛を以て權現と爲んには、納妃生子が、あまりに其の神聖を瀆すと思へるが爲出家後の出誕、在胎六年と云ふに至る。之を印度特有の神話傳說として見る時は興味ある問題なるを以て此處には傳說其ままを記載し、其の出處を明にせり。）【註維摩經三】に「什曰。阿修羅食レ月時名二羅睺羅一。羅睺羅秦言二覆障一。謂障二月明一也。羅睺羅六年處二母胎一。所二覆障一故因以爲レ名。明二聲聞法中密行一第一。」【同二十一】に「何羅怙羅或言二曷羅怙羅一。云二障月一。舊言二羅睺羅一。亦作二羅吼羅一。或言二羅云一。皆訛也。言羅怙羅阿修羅以レ手障レ月時生。」

因以名也。又言。覆障六年在レ胎。爲二胎所一レ覆也。又七年在二母腹中一。一由二往業一。一由二現在一。往業者。昔曾作二國王一。制三斷獨覺二不レ聽レ入レ境。獨覺在レ山七日不レ得二乞食一。因墮二地獄一。餘報七年在二母腹中一。又由二現在一者。瞿夷是懷二羅怙羅一。後太子出家。六年苦行方得二成道一。於二六年中一瞿夷憂惱。四大羸弱。不レ能レ得レ生。至二太子成道一。瞿夷歡喜。四大有レ力。方乃得レ生。與二阿難一同時而生。故首尾七年也。如來還レ國七日即度出家也。」【法華玄贊一】に「梵云二羅怙羅一。此云二執日一。舊言二羅睺羅一。翻爲二障蔽一。非也。」

羅睺羅六年在胎往因 〔傳說〕玄應師の說上に引く。【佛本行集經五十五】に「羅睺羅、昔國王たる時、仙人あり盜戒を犯す、王に就て懺悔せんとして王宮に詣るに、王五欲に耽て六日外人を見ず、此因緣を以て今生六年母胎に在るなり。」【法華文句二】に「往昔塞二鼠穴一。又不レ看二婆羅門一六日。由二是緣一故言二覆障一。」【維摩經嘉祥疏二】に「所三以六年在二胎者。從來言。過去僅塞二鼠孔一故六年在レ胎。大論云。有二仙人一。入二王國一。輙飮二王水一取二王揚枝一。犯二不與取一。就レ王懺悔。治罪。王見即使入レ內。六日。五欲自娛樂。忘二外仙人一。仙人云。只應三以レ此治二レ我。以下六日在レ內出不レ見二仙人一故今生六年在レ胎也。」

羅睺羅生母異說 〔雜語〕十二遊經に依れば佛に三夫人あり、第一瞿夷、第二耶輸陀羅、第三鹿野なり、而て須達拏經及び瑞應經には羅睺を瞿夷の子となし、未曾有因緣經、涅槃經、法華經には耶輸の子とす。天台慈恩共に之を會して曰く、智度論に依るに瞿夷は玉女にして定て子なし、瑞應經は長母に就て瞿夷と云ひ、未曾有經等は所生に就て耶輸と云ふと。【法華文句二、法華玄贊一】未曾有因緣經を見るに耶輸の子となす、然に天台慈恩嘉祥等共に彼經を擧げ瞿夷の子となすは何ぞや、今は經文に從ふ。

諸釋子疑羅睺羅以火聚驗之 〔傳說〕佛出家の夜耶輸、懷胎し六年の後佛成道の夜生まる、故に諸釋子之を疑て惡聲城に盈つ、乃ち火坑を作り母子共に之を投ずるに恙なし、諸釋子始て疑はず。【雜寶藏經十】

佛還國始見羅睺羅 〔故事〕佛成道の後六年始て迦毘羅城に還り父王を見る、此時羅睺羅年六歲、耶輸陀羅羅睺羅をして一の歡喜丸を持して大衆に中に父を覓めて之を奉ぜしむ、羅睺羅直に佛所に往て之を施す。【佛本行集經五十五】

羅睺羅出家因緣 〔故事〕【未曾有因緣經】に「佛祇園精舍に在て目連を迦毘羅城に遣はし羅睺羅を耶輸に請ひ、舍利弗を和上となし、目連を教授師となして彼を度して沙彌となす、時に年十五歲なり、淨飯王之を憐み童子五十人に令して之に從て出家せしむ。」⊙(今昔物語一)に「佛迎羅睺羅令出家給語」

羅睺羅密行第一 〔故事〕【注維摩經三】に「什曰。聲聞法中密行第一。」⊙(十訓抄)「羅睺羅尊者は忍辱第一」密行とは微細の戒行にて即ち忍辱の然らしむる所なり。「ミツギヤウ」又は「ニンニク」を見よ。

羅睺羅受記 〔故事〕【法華經人記品】に「爾時。佛告二羅睺羅一。汝於二來世一當得二作佛一。號二蹈七寶華如來一。」

ラゴラタ 羅睺羅多 〔人名〕Rāhulata 付法藏第十五祖の名。略して羅睺羅尊者と云ふ。

ラゴヰチヤウシ 羅睺爲長子 〔雜語〕【法華經人記品】に「我爲二太子一時。羅睺爲二長子一。我今成二佛道一。受レ法爲二法子一。」⊙(曲、百萬)「忝なくも此御佛も羅睺爲長子と說き給へば」

ラサイ 羅齋 〔雜語〕禪林の語。托鉢して齋食を受くること。

ラシテイ 刺瑟胝 〔雜名〕Yaṣṭi 譯、竿又は杖。寺刹の所在を知らしむるに建つる幡柱なり。【玄應音義一】に「刺瑟胝。刺音力割切。此譯云レ竿。人以レ柱代レ之。名爲二刹柱一。」巴 Laṭṭhi

ラシヤ 羅差 〔雜語〕Lakṣā* 譯・紫色。【玄應音義一】に「羅差或言二洛沙一。訛也。應レ云二勒叉一。此譯云二紫色一也。」

ラシヤシヤ 羅叉娑 〔異類〕Rakṣasa「ラセツ」を見よ。

ラジ 囉字 〔術語〕梵字ར は五大の中火大の種子なり。【大日經疏七】に「囉字門爲レ火。」【演密鈔九】に「以二囉字之慧火一除二煩惱之暗一。」

囉字三義 〔名數〕一は塵垢の義、二は無塵垢の義、三は到彼岸の義なり、此中初の一は字相にして後二は字義なり。此三義次第の如く有空中の三點なり。【大疏七】に「又如二囉字一亦有二三義一。一者塵義。二者以レ入二阿字門一故即是無塵義。又有二波羅蜜義一。以三究竟到二彼岸一故。即是本初不生。當レ知亦具二三點一。三點即攝二一切法一。」

ラジモン 囉字門 〔術語〕囉字の法門なり。「ラ」を見よ。

ラジヤ 羅惹 〔雜語〕Rājan 又、曷羅惹。譯、王。【梵語雜名】に「王梵名。羅引惹。」又「大王梵名摩賀羅引惹。」【守護國界經】に「言レ王者即羅惹義。」

ラジヤ 刺闍 〔術語〕囉惹 Rajas 譯、塵。數論所立自性三德の第二を刺闍と云ふ。塵坌の義、又傍に瞋と翻し苦と翻す。【唯識述記一末】に「梵云二刺闍一。此名云レ微。牛毛塵等。皆名二刺闍一。亦名二塵坌一。今取二

塵義。」【梵語雜名】に「塵梵名。度哩。囉惹。」

ラジヤキリキ　囉惹訖哩呬　〔地名〕Rājagṛha　王舍城の梵名。【梵語雜名】

ラジヤバタナ　邏闍伐彈那　〔人名〕Rājavardhana　譯、王增。王の名。【西域記五】

ラジヤヒリク　囉闍苾利久　〔雜名〕Rājavṛkṣa　譯、王樹。木の名。【陀羅尼集經八】

ラセイ　囉逝　〔雜語〕Rājñī　譯、王妃。【大日經疏九】に「妃者梵云二囉逝一。即是王字作二女聲一呼レ之。故傳度者義說爲レ妃。」

ラセツ　羅刹　〔異類〕Rākṣasa　又具に羅刹娑、羅叉娑と云ひ、女を羅叉私（Rākṣasī）と云ふ、惡鬼の總名なり。暴惡可畏など義譯す。【玄應音義二十四】に「刹娑。或言二阿落刹娑一。是惡鬼之通名也。又云二囉叉娑一。此云二護者一。若女則名二囉叉私一。舊云二羅刹一訛略也。」【慧琳音義二十二】に「囉刹娑。梵語食レ人惡鬼都名也。」【法華玄贊二】に「夜叉。此云二勇健一。乃至羅刹云二暴惡一。亦云二可畏一。彼皆訛音。梵語正云二藥叉囉刹娑一。」

（羅刹の圖）

【梵語雜名】に「羅刹。梵名羅引察娑。」【慧琳音義二十五】に「羅刹此云二惡鬼一也。食二人血肉一。或飛空或地行。捷疾可レ畏也。」【玄應音義十八】に「羅刹或云二囉叉娑一。此云二護王一。若女則名二囉叉斯一。」⦿（太平記二八）「如何なる惡鬼羅刹も是には過ぎじとぞ見えたりける」

八大羅刹女　〔名數〕　一に謨訶蘇呬磨矩、二に含惡器、三に雞施膩、四に甘鞞侍、五に蘇蜜怛羅、六に盧、七に多惡器、八に迦折羅。

十大羅刹女　〔名數〕　一に訶利底羅刹女、二に難陀羅刹女、三に冰揭羅羅刹女、四に商企儞羅刹女、五に哥夷迦羅刹女、六に提婆蜜怛羅羅刹女、七に君多羅刹女、八に槃牙羅刹女、九に藍毘迦羅刹女、十に頞捺羅羅刹女。

十二大羅刹女　〔名數〕　一に無主羅刹女、二に大海羅刹女、三に毒害羅刹女、四に斷他命羅刹女、五に明智羅刹女、六に持弓羅刹女、七に持箭羅刹女、八に持犂羅刹女、九に持刀羅刹女、十に持輪羅刹女、十一に圍輪羅刹女、十二に可畏羅刹女。孔雀經には別に七十二羅刹名あり。

ラセツシ　羅刹私　〔異類〕Rākṣasī　女性の羅刹なり。「ラセツ」を見よ。

ラセツコク　羅刹國　〔界名〕　食人鬼の所住處、大海の中に在りと云ふ。【法華經普門品】に「入二於大海一。假使黑風。吹二其船舫一。飄二墮羅刹鬼國一。其中若有下乃至一人稱二觀世音菩薩名一者上。是稱人等皆得レ解二脫羅刹之難一。」【西域記十一僧伽羅國】に「佛法所記則曰。此寶洲大鐵城中。五百羅刹女之所居也。」⦿（今昔物語）に「僧伽羅五百商人共至二羅刹國一語」（太平記二〇）「既に大海の底に沈むか、羅刹國に墮つるかと覺えしが」

ラセツニチ　羅刹日　〔雜語〕　凶日の名。【宿曜經下】に「大陽直日月與レ胃合。大陰直日月與レ鬼合。火曜直日月與レ翼合。水曜直日月與レ參合。木曜直日月與レ底合。金曜直日月與レ金合。土曜直日月與レ柳合。已上名二羅刹日一。不レ宜レ擧二百事一。必有二殃禍一。」

ラセツニヨ　羅刹女　〔異類〕　人を食ふ鬼女なり。羅刹は惡鬼の總名、男を羅刹婆と云ひ、女を羅刹私と云ふ。「ラセツ」を見よ。

（羅刹女の圖）

五百羅刹女　〔名數〕　今の錫蘭島は往昔五百羅刹鬼女の所住處たり。【西域記十一】

ラセツラ　羅刹羅　〔術語〕Akṣara　譯、字。【玄應音義二】に「字者文字之總名。梵云二羅刹羅一。譯言二無異流轉一。或云二無盡無盡一。是字字存二紙墨一可レ得二不滅一。乃至凡有二四十七字一。爲二一切字本一。」

ラタナ　囉怛娜　〔雜語〕Ratna　羅怛那、羅怛曩、曷刺怛那、刺䋎と云ふ。譯、寶。【仁王良賁疏下三】に「囉怛娜。此云レ寶。」

ラタナケト　羅怛囊計度　〔佛名〕Ratnaketu　佛の名。譯、寶幢。【文殊師利寶藏陀羅尼經】

ラタナシキンケイブツ　囉怛那尸緊鷄佛　〔佛名〕Ratnaśikhin　譯、稱檀德佛、寶髻佛。【陀羅尼集經二】

ラダナ　羅陀那　〔物名〕「ラタナ」に同じ。

ラダナケンド　羅陀那犍頭　〔佛名〕Ratnakha-

nda 佛の名。譯、寶品。【道神足無極變化經三】

ラダナシツタ 羅陀那質多 〔界名〕 Ratnacitta 世界の名。譯、寶意。【道神無極變化經三】

ラダリンナシユ 羅陀隣那朱 〔菩薩〕 Ratnacūḍa 菩薩の名。譯、寶髻。【寶積經一百十七】

ラトカ 攞都迦 〔物名〕 Laḍḍuka 譯、喜團、即ち歡喜丸なり。【梵語雜名】「クワンギグワン」を見よ。

ラナ 剌那 〔物名〕「ラタナ」を見よ。

ラナシキ 剌那尸棄 〔佛名〕 Ratnaśikhin 佛の名。譯、寶頂。又寶頂。經中闍那に作るは誤なり。

ラナナガラ 剌那那伽羅 〔佛名〕 Ratnākara 佛又は菩薩の名。譯、寶積。經中闍那に作るは誤なり。【智度論七】に「剌那那伽羅。秦言二寶積一。」【玄應音義三】に「剌那那伽羅。盧割切。光讚經作二羅鄰那竭菩薩一。此譯云二寶積一。舊維摩經漢言二寶事一。放光經作二寶來一。案二梵本一云二曷剌怛那揭婆一。此云二寶臺一。或云二寶藏一。皆一義也。經文有レ作二闍君例切一非也。」

ラニカ 囉爾迦 〔物名〕 Rājikā 譯、芥子。降魔の法に用ふ。【大日經息障品】に「惑以二羅爾迦一微妙共和合。行者造二形像一。而以塗二其身一。」【同疏九】に「用二芥子及諸毒藥一。二種相和。作二彼爲レ障者形像一。而用塗レ之。令四彼身如三火燒速被二中傷一。」【同義釋】に「囉爾迦。此云二芥子一。其味辛辣。是降伏相應性類。」

ラバケダ 羅婆醯陀 〔植物〕 樹の名。【智首四分律疏九】に「囉婆醯陀者貝多樹也。交州有。餘方不レ見。」

ラバナ 囉嚩拏 〔天名〕 Rāvaṇa 天仙の名。

囉嚩拏說救療小兒疾病經 〔經名〕 一卷、趙宋の法賢譯。十二曜母鬼あり、世間に遊行し小兒を障害す、祭祀及び咒術を以て之を救療する法を說く。【成帙十二】(882)

ラヒナ 羅被那 〔術語〕 Ravana 貪欲の一種なり。【大乘義章二】に「心貪二其利一口悅二人意一名二羅被那一。」

ビタラ 囉尾多 〔雜語〕 Ravita 小聲なり。「ロタ」を見よ。

ラフ 臘 〔術語〕 又、蠟。歲終に神を祭るを漢に臘と言ふ、以て比丘受戒の後に三旬の安居を終るを臘と名く、歲終の義を取るなり。出家の年歲は俗に異なり、受戒以後の安居の數を以て年次となせばなり。依て戒臘夏臘法臘など言ふ。【玄應音義十四】に「臘。力盍切。案二風俗通一曰。夏曰二嘉平一。殷曰二清祀一。周曰二大蜡一。漢曰レ臘。臘獵也。獵二取禽獸一祭二先祖一也。此歲終祭神之名也。經中言二臘佛一者即是義也。或曰。臘者接也。新故交接也。諸經律中亦名レ歲。如二新歲經等一。乃至今比丘或言レ臘。或言レ夏。或言レ雨。亦爾。皆取二一終之義一。案天竺多レ雨。名二雨安居一。從二五月十五日一至二八月十五日一也。土火羅諸國至二十二月一安居。今言レ臘者近是也。此方言二夏安居一。各就二其事一制レ名也。」

ラフイン 蠟印 〔譬喩〕 蠟印を泥に印し、蠟印溶解すると同時に泥中字形成る。以て現在の五陰滅すると共に中有の五陰生ずるに譬ふ。【涅槃經二十九】に「如二蠟印印レ泥印與レ泥合。印滅文成。而是蠟印不二變在レ泥。文非レ出レ泥不二餘處來一。以二印因緣一而生二是文一。現在陰滅中陰陰生。是現在陰終不三變爲二中陰五陰一。中陰五陰亦非二自生一。不二從レ餘來一。因二現陰一故生二中陰陰一。如二印印レ泥印壞文成一。」

ラフジ 臘次 〔術語〕 又、蘤次、法蘤の次第なり。

ラフバク 臘縛 〔雜語〕 Lava 時刻の名。【倶舍論十二】に「剎那百二十爲二一怛剎那一。六十怛剎那爲二一臘縛一。十臘三縛爲二一牟呼栗多一。三十牟呼栗多爲二一晝夜一。」

ラウブツ 臘佛 〔行事〕 七月十五日の夏末に佛に獻供するを云ふ、所謂盂蘭盆なり。

ラフビヤウ 臘餠 〔儀式〕 七月十五日に佛に獻供する餠なり。【玄應音義十六】に「臘餠謂今七月十五日夏罷。獻供之餠也。」

ラホツ 螺髮 〔圖像〕 佛の頭髮旋屈して螺文を爲すもの。啻に頭髮のみならず、佛の身毛は悉く右に旋るなり。【般若經三百八十一】に「世尊首髮。香潔細軟。潤澤旋轉。」

ラマ 羅摩 〔雜語〕 Rāma 譯、士。譯、喜樂。戲。【倶舍光記二】に「羅摩此云二喜樂一。」論師の名なり。【阿育王經一】に「羅摩翻レ戲。」林の名なり。【本行集經二十六】に「羅摩王名也。隋言二能喜一。」

ラマウ 羅網 〔物名〕 寶珠を連綴して網となし以て莊嚴の具となすもの。帝釋殿前の羅網を帝網と云ふ。【法華經】に「眞珠羅網張二設其上一。」【無量壽經上】に「道場樹高四百萬里。乃至珍妙羅網羅二覆其上一。」【淨土論】に「寶欄遍圍繞。無量寶交絡。羅網遍二虛空一。種種鈴發レ響。」

ラマガ 羅摩伽 〔雜語〕 譯、入法界。華嚴經入法界品の梵語なり。【華嚴玄談八】に「言二羅摩伽一者即入法界之梵語也。羅者離二垢染一義。摩者轉義。伽者一合義。謂離二垢染一轉二即淨法界一。一合即入義。」

羅摩伽經 〔經名〕 三卷、西秦の聖堅譯。即ち華嚴經入法界品の別譯なり。【天帙十一】(106)

ラモン 羅門 〔雜語〕 Brāhmaṇa 婆羅門の略。【性靈集三】に「士流是日强古。羅門是歲勇進。」

ラヤ 賴耶 〔術語〕 Ālaya 阿賴耶の略。

ラヤエンギ 賴耶緣起 〔術語〕 法相宗の緣起論

なり。四種緣起の一。「エンギ」を見よ。　「の略。

ラヤシキ　賴耶識　〔術語〕Ālayavijñāna 阿賴耶識

ラヨ　羅預　【雜語】Lava 時の名。【戒疏二下】に「僧祇云。二十彈指爲二羅預一。二十羅預爲二一須臾一。」【同行宗記二下】に「羅預是西梵時名。未レ詳二所釋一。」

ララリ　羅羅哩　〔雜語〕歌曲の間へ入る語なり。【諸錄俗語解】

ラヲツ　羅越　〔地名〕Rājagṛha 羅閲に同じ。城の名。「ラエツギ」を見よ。　「ランジヤ」を見よ。

ラン　蘭　〔雜語〕偸蘭遮 Sthūlātyaya の略。「チユウ

ランウ　藍宇　〔雜語〕伽藍堂宇、即ち佛寺なり。

ランカウセウ　蘭香萷　〔譬喩〕萷又梢に作る。凡そ蘭香花の生ずるとき梢頭の花子分れて七分となる、以て罪人の頭鬼神に碎かれて七分するに譬ふ。舊に阿梨樹枝と言ふ是なり。【慧琳音義三十五】に「蘭香萷。此即如來譬喩說也。凡蘭香花出時。梢頭花子分爲二七分一。罪人善神碎二其頭一。破作二七分一。如二彼蘭香頭一。古譯云二阿梨樹枝一者訛也。本無二阿梨樹一。」

ランキク　蘭菊　〔譬喩〕春蘭秋菊各時に當て美なり、以て物の兩美に譬ふ。【法華文句一】に「分二節經文一悉是人情。蘭菊各擅二其美一。後生不レ應二是非一。」【續高僧傳十五素傳神】に「晋川稱爲二素傑一公秋菊春蘭各擅二其美一。」【大平廣記百八十五】に「譬二之春蘭秋菊倶不レ可レ廢。」

ランギヤウ　亂行　〔雜語〕亂暴放逸の行なり。「⦿(盛衰記九)「亂行の驗者」

ランサウ　亂想　〔術語〕散亂放逸の心想なり。一切の煩惱を云ふ。【楞嚴經七】に「和二合氣一成二八萬四千飛沈亂想一。」【增一阿含經一】に「去二衆亂想一。逮二沙門果一。」

ランシツ　蘭室　〔雜語〕佛寺の異名。蘭は梵語蘭若の略、或は蘭草芬芳の義を取る。【西域記張說序】に「業光二上首一。擢二秀檀林一。德契二中庸一。騰二芬蘭室一。」【倶舍頌疏序】に「咀以二眞詮一。狎以二蘭室一。」

ランシヤウ　卵生　〔術語〕四生の一。印殼に依て生ずるもの。【大乘義章八本】に「如二諸鳥等一。依二於印殼一而受レ形者。名爲二卵生一。」

ランシン　亂心　〔雜語〕心念散亂して一處に住せざるなり。【勝鬘寶窟下本】に「心不レ住二於一境一名爲二亂心一。」

ランジ　覽字　〔術語〕रं Raṃ 濫字 र 羅は五大中火大の種子、रं 覽字を以て慧火の種子となす。वं 鑁字の智水に對して रं वं と稱す。即ち火水なり、日月なり。【秘密眞言觀行要覽】に「रं 字法界生火神、即是毘盧遮那一切智智體也。」【大日經疏八】に「又觀二彼頂上一有二一囕字一。字上安レ點。故云嚴以二大空點一。此是囕字也。此字四邊遍有二光燄一。猶如二花鬘連環不一レ斷。字中又遍流二出白光一。如二淨滿月之暉一。」

ランジツジヤウゴン　攬實成權　〔術語〕眞實敎を持ち來りて方便權化の敎を作ること。

ランジモン　覽字門　〔術語〕रं 字門。五大中の火大にして大日如來の慧火を表する法門を云ふ。護摩法の如き火性に屬するは總て覽字門なり。【空華談叢序】に「不レ投二रं 字門一而付二之室灑一。」

ランジヤタイ　蘭奢待　〔物名〕東大寺寶藏の香木の名。奢待は胡語、褒美の稱なりと云ふ。【谷響集五】に「客曰。東大寺寶藏香木名二蘭奢待一。人知二東大寺瘦語一。無レ知二是胡語一。肯聞レ之曰。蘭奢待者胡國語。指二物之善者一稱爲二蘭奢待一。故美二此香一名二蘭奢待一。乃至蘭奢待爲二胡國語一者。相傳在二晋書一。某屬撿二晋書一不レ見。答。王導嘗謂二胡僧一曰。蘭奢待。僧悅。蘭奢胡語之褒譽也。見朱子語錄」

ランジユン　欄楯　〔物名〕手摺の横木を欄と云ひ、竪木を楯と云ふ。【阿彌陀經】に「七重欄楯。七重羅網。」

ランゼン　亂善　〔術語〕欲界の衆生散亂の心を以て作せる禮佛誦經等の善根なり。【釋門歸敬儀中】に「且如二欲有亂善一。體封二下界一。」

ランソウ　亂僧　〔雜語〕亂行の僧なり。

ランタフ　卵塔　〔物名〕昔南陽の忠國師、代宗に對して老僧が爲に箇の無縫塔を作れと云ふ。傳燈錄忠國師章 後の禪者斯の語に託して亡僧を窆するに堅石を削り、團圝として縫稜なく、層級なきを呼で無縫塔と爲す。無縫塔の形鳥卵の如し、因て卵塔と名く。【雪峰存禪師錄難提塔銘】に「土主曰二松山一。卵塔號二難提一。」【正宗贊雪峰贊】に「松山小塔卵石子。亂疊幾層。」⦿(太平記三三)「骨は空しく留りて、卵塔一掬の塵となりにけり」

ランダツ　爛脫　〔雜語〕一行の大日經疏に、處處の文句前後して義理連續せず、之を爛脫と名く。是れ師に依らずして讀み難く、以て破法の因緣を免れしむる善巧の方便なり。【大日經疏十八】に「前說二眞言品一即令レ說レ之。何故不レ說。至レ此方說耶。爲レ迷二彼尋二經文一人上也。佛具二大悲一何不二顯說一而迷二惑衆生一耶。答曰。非レ有レ悋也。但謂世間有二諸論師一。自以二利根一分別者。智力說二諸法相一。通二達文字一。以二慢心一故不レ依二於師一輙爾尋レ經即欲二自行一。然此法微妙。若不レ依二於明導師一終不レ能レ成。又恐二妄行自損損一レ他。若隱二互其文一令下彼自以二智力一不レ得二達解一。即捨二高慢一而依中於師上。以二此因緣一不レ生二破法因緣一。故須レ如レ此也。」大疏爛脫聞書三卷あり。

ランニヤ　蘭若　[術語]　阿蘭若 Araṇya の略稱⦿(著聞集、釋敎)「遂に當寺の蘭若をしめて彌陀の淨刹をのぞむ」

ランハ　濫波　[地名]　Lampā 國の名、北印度の境。【有部毘奈耶四十六】に「時紺顏童子。執㆓師衣角㆒懸㆑身而去。時人遙見皆悉唱言。濫波底濫波底。是懸掛義其所㆓經過㆒方國之處。因號㆓濫波㆒。今北印度現有㆓其國㆒。」【西域記二】に「越㆓黑嶺㆒入㆓北印度境㆒。至㆓濫波國㆒。」

ランバ　藍婆　[異類]　Lambā 法華經所說十羅刹女の第一を藍婆と云ひ、第二を毘藍婆 Vilambā と云ふ。正法華經に結縛と翻す。【慧琳音義二十五】に「準㆓法華中㆒。十羅刹女有㆑名㆓藍婆㆒。此云㆑乘。」

ランバキ　藍婆鬼　[異類]　一種の鬼。⦿(盛衰記)に「承曆元年の春、らんばきといふ鬼、京中にみちみちて、十歲以前の少者、十が八九はとり失はれけれぱ」或は前項に出す羅刹女か。

ランビ　嵐毗　[地名]　嵐毗尼の略。

ランビニ　嵐毗尼　[地名]　Lumbinī 又、藍毘尼、嵐鞞尼、留毗尼、流毘尼、流彌尼、林毘尼、林微尼、樓毘と云ふ。新稱、臘伐尼、藍奈尼。花園の名。迦毘羅城の東に在り、摩耶夫人佛を生む處なり。藍奈尼は鹽と譯す、上古園を守る婢の名なり、因て以て園に名く。或は可愛と譯す。【西域記六】に「箭泉東北行八九十里。至㆓臘伐尼林㆒。有㆓釋種浴池㆒。澄淸皎鏡。雜華彌漫。其北二十四五步。有㆓無憂華樹㆒。今已枯悴。菩薩誕靈之處。」【玄應音義十九】に「嵐毘。或言㆓流毘尼㆒。或言㆓林微尼㆒。正言㆓藍奈尼㆒。此云㆑鹽。即上古守㆑園婢名也。因以名㆑園。飯那此云㆑林。或譯云㆓解脫處㆒。亦云㆑滅。亦名㆑斷。奈音扶晚切。」【智度論二十六】に「佛世世當愛㆓遠離行㆒。若菩薩在㆓母胎㆒母亦樂㆓遠離行㆒。去㆑城四十里。嵐鞞尼林中生。」【翻梵語九】に「樓毘譯曰㆓可愛㆒。長阿含第四。」

ランフウ　藍風　[雜名]　毘藍風なり、毘藍又毘嵐に作る。暴風の名。【弘明集序】に「須彌峻而藍風起。寶藏積而怨賊生。」

り

リ　里　[術語]　Lṛ 又力、魯、啹に作る。悉曇五十字門の一。【金剛頂經】に「啹字門一切法染不可得故。」とし【文殊問經】に「稱㆓力字㆒時是生法相辟。」とす。

リ　理　[術語]　事に對す。平等の方面を指す。表面に於て認識すること難けれ共、本體に於て一定不變の理の存するあり。木石を木石として見ず、因緣所生法と觀ずるが如きなり。【四敎儀】に「良以如來依㆑理而立㆑言。遂令㆓群生修行而證㆒㆑理。故佛聖敎出世法。」

リー　里引　[術語]　Lṝ 又、盧、嚧、に作る。悉曇五十字門の一。【金剛頂經】に「嚧字門。一切法沈不可得故。」とし、【文殊問經】に「稱嚧引字時。是三有染相辟。」と云ふ。原語未考。

リイチ　理一　[術語]　法華四一の一。「シイチ」を見よ。

リウシ　柳枝　[物名]　唐土北地の俗に柳枝を淨水に挿て邪鬼を攘ふあり、本邦の俗に正月元旦の飾りに柳枝を挿むは此の遺風なるべし。【釋氏要覽下】に「北人風俗。每㆑至㆓重午等毒節日㆒。皆以㆑盆盛㆑水。內挿㆓柳枝㆒。置㆓之門前㆒辟㆑惡。按灌頂經云。昔維耶梨城、民遭㆑疫。有㆓一少年比丘㆒。名㆓禪提㆒。奉㆓佛敎㆒持㆓摩訶神呪㆒。往爲辟㆑之。疫人皆愈。其禪提往㆓彼國㆓二十九年民安。至㆓其遷化㆒民復遭㆑疫。民思㆓禪提㆒遂往㆓其住處㆒。但見所㆑嚼齒木擲㆑地成㆑林。林下有㆑泉。民酌㆓其水㆒折㆓楊枝㆒。𢫷拂洒。病者皆愈。毒氣銷亡。」【性靈集八】に「不㆑用㆓柳枝㆒毒氣殄滅。」

リカイ　理界　[術語]　界は差別の義、理智の二を差別して理界智界と云ふ。理門智門と言ふ如し。覺鑁の【地藏講式】に「理界四重圓壇。」

リガイ　離蓋　[術語]　蓋は五蓋なり、五種の煩惱心を覆蓋するもの、離蓋は五蓋を脫離するなり。【無量壽經下】に「離蓋淸淨。」「ゴガイ」を見よ。　[雜名]

リキ　力　[雜語]　力用なり、梵語、麼攞 Bala【梵語論九】「ニリキ」を見よ。

二力　[名數]　一に思擇力、二に修習力。【唯識

三力　[名數]　一に佛の威力。二に三昧の力、三に行者の本功德力。此三力和合して能く定中に於て佛を見るを得、之を般舟三昧と云ふ。般舟とは佛立と譯す。【止觀二】

五力　[名數]　「ゴリキ」を見よ。

六力　[名數]　一に小兒は啼泣を以て力と爲す、二に女人は瞋を以て力と爲す、三に國王は憍豪を以て力と爲す、四に羅漢は精進を以て力と爲す、五に諸佛は大慈を以て力と爲す、六に比丘は忍辱を以て力と爲す。【增一阿含經三十一】

十力　[名數]　佛及び菩薩所具の十種の力用なり。「ジフリキ」を見よ。

リキ　利喜　[術語]　「シケウリキ」を見よ。

リキシ　力士　[雜名]　大力の士夫なり。拘尸那城

に力士の一族あり。【長阿含經四】に末羅と云ひ、異譯の【大般涅槃經下】に力士と譯す。佛を荼毘するとき此輩棺槨を舁ぐ。

力士額珠喩〔傳說〕「ガクジャウシュ」を見よ。

リキケンミヤウグワン　離譏嫌名願〔術語〕彌陀の第十六願、淨土には譏嫌すべき惡名もなからしめんとの願。無諸不善願とも云ふ。

リキシイセンキヤウ　力士移山經〔經名〕一卷、西晉の竺法護譯。增一阿含經八難品の別譯。【昃帙四】(623)

リキシシヤウチ　力士生地〔地名〕拘尸那城に力士の一族あり。是れ彼の生處なれば力士生地と名く。【涅槃經一】に「佛在二拘尸那國力士生地阿利羅跋提河邊娑羅雙樹間一。」【涅槃經疏一】に「力士生地者。人中力士力敵二千人一。凡三十萬共爲二群黨一。無レ所二臣屬一以レ法自特。亦不二亂暴一即士人也。故言二生地一。」

リキシジヤウ　力士城〔地名〕拘尸那城なり。【元亨釋書二十二】「力士城林之供。純陀最冠二釋梵王臣一。」「リキシシヤウチ」を見よ。

リキシヤ　力者〔雜名〕昔し拘尸那城の諸力士佛棺を舁ぎしに因みて諸山の輿かきを力者と云ふ。【圓光大師行狀翼讃三十四】に「力者は今三井の專堂山門の供人など云ふ。妻帶法師の神輿など舁ぎ、或は威儀めきたる法席に臨では兵杖など持て警固する者を云ふなり。承仕法師と云ふも此の類なり。又天子の御駕輿丁をも力者と云ふ事あり。」「ジヤウ」を見よ。

リキシヤウ　力生〔雜語〕和尙の翻名なり。「ワジヤウ」を見よ。

リキシヤウゴンサンマイキヤウ　力莊嚴三昧經〔經名〕三卷、隋の那連提耶舍譯。佛、力莊嚴三昧より出でて佛の十智を說く。【宙帙一】(409)

リキシヤホフシ　力者法師〔雜語〕出家の身にありながら、力業を事とし、鬪を好み、奴僕の事をなす墮落僧を云ふ。僧兵の徒これなり。又單に力者とも云ふ。力者は門跡に奉仕する圓頂の「かる丁」なり。僧がこの使丁に習ひたるを以て力者法師と罵りたるなり。【著聞集、興言利口】に「りきしやきて、ただ二人がほかまたもなし」又「おともなる力者法師」「一」。

リキハラミツ　力波羅蜜〔術語〕十波羅蜜の一。

リキハラミツボサツ　力波羅蜜菩薩〔菩薩〕胎藏界曼陀羅虛空藏院二十八尊の一。

リキムシヨヰ　力無所畏〔術語〕十力と四無所畏なり。【法華經方便品】に「力無所畏。禪定解脫三昧。」

リキムヰ　力無畏〔術語〕力無所畏の略。

リキメウラクヂ　離喜妙樂地〔術語〕三界九地の一。色界の三禪天なり。二禪天の麁動の喜受を離れて勝妙の樂受に住する地なれば名く。

リギヤウセフ　利行攝〔術語〕四攝法の一。「シセフホフ」を見よ。

リク　離苦〔術語〕苦難を離るるなり。【最勝王經二】に「願以二智劍一爲斷除。離レ苦速證二菩提處一。」

リク　離垢〔術語〕煩惱の垢染を離るるなり。【維摩經佛國品】に「遠塵離垢。得二法眼淨一。」【註】に「肇曰。塵垢八十八使也。」

リクゲン　離垢眼〔術語〕煩惱の垢染を離れたる清淨の法眼を云ふ。以て聖道を見得すべし。【維摩經佛國品】に「遠塵離垢。得二法眼淨一。」【往生要集末】に「願得二離垢眼一證二無上菩提一。」

リクセカイ　離垢世界〔界名〕舍利弗當來成佛の國名なり。【法華經譬喩品】

リクチ　離垢地〔術語〕菩薩の行位十地の第二の名。清淨の戒行を具し煩惱の垢染を離るる故に名く。【唯識論九】に「離垢地。具二淨尸羅一。遠下離能起二微細毀犯一煩惱垢上故。」

リクツ　理窟〔雜語〕道理の窟なり、以て人の道理を窮めたるに譬ふ。【宋高僧傳七】に「謂二之義天一則明星有レ爛。謂二之理窟一。則善門無レ關。」【續高僧傳十】に「理窟更深。浮囊不レ捨。」

リクワン　理觀〔術語〕道理の觀念なり。【止觀十】に「聽學人誦二得名相一。齊レ文作レ解。心眼不レ開全無二理觀一。乃至習禪人唯尙二理觀一。觸處心融。闇二於名相一。一句不レ識。」図 事觀の對。「ジリニクワン」を見よ。

リグ　理具〔術語〕台家に理具事造の目あり、法性の理體に自爾として三千の諸法を具するを理とし、緣に依て造起するを事造とす、山外の正義は理具の三千に依て事造の三千ありとし、山外の異義は事造の三千を立てて理具の三千を許さざるなり。

理具成佛〔術語〕眞言宗所立三種成佛の一。一切衆生本より兩部の曼荼羅を具して本覺常住なるを云ふ。「ソクシンヂヤウブツ」を見よ。

リグサンゼン　理具三千〔術語〕萬有の一一が悉く皆そのままに三千の諸法を具すと云ふこと。事造三千の對。

リグソクシンジヤウブツ　理具即身成佛〔術語〕「ソクシンジヤウブツ」を見よ。

リケウ　理敎〔術語〕台家に四敎を立て、通敎を界內の理敎とし、圓敎を界外の理敎とす。「カイナイ」「カイゲ」を見よ。

リケクワ　離繫果〔術語〕五果の一。擇滅無爲即

ち涅槃なり。智慧に由て煩惱の繫縛を遠離して得る所なるに名く。【俱舍論六】に「由レ慧證法名二離繫果一。滅故名レ盡。擇故名レ慧。即說二擇滅無爲一名二離繫果一。」

リケゲダウ　離繫外道　〔流派〕離繫子を見よ。

リケシ　離繫子　〔流派〕舊に尼虔子と云ふ、裸形外道なり、一切の繫縛を離れて苦行を修する義なり。其の裸形なるを以て佛徒より之を無慚外道と稱す。【唯識述記一本】に「尼虔子。今言二昵犍陀弗咀羅一。翻爲二離繫子一。苦行修二勝因一名爲二離繫一。露形少二羞恥一。亦名二無慚一。本師稱二離繫一。是彼門徒名レ之爲レ子。」

リケン　利劍　〔物名〕或は彌陀の名號に譬へ、或は文殊の智を標す。【三千佛名經上】に「罪繩繫レ心。經二九百劫一。難レ解難レ脫。唯在二佛名猛利劍一耳。必可レ斷二罪業繩一。」善導の【般舟讚】に「門門不同八萬四。爲レ滅二無明果業因一。利劍即是彌陀號。一聲稱念罪皆除。」【心經秘鍵】に「文殊利劍絕二諸戲一。」

リケンゴ　離間語　〔術語〕十惡業の一。甲乙二人の親和を離間する言語なり。【俱舍論十六】に「若染汚心。發二壞レ他語一。若他壞不壞俱成二離間語一。」

リコン　利根　〔術語〕利は銳利なり、根は信等の五根なり、又眼等の五根なり。又根は根器即ち天性なり。㘞利は速疾の義、根は能生の義、速疾に妙解を生ずるなり。【法華經方便品】に「有二佛子一。心淨柔軟亦利根。」

リゴンシンニヨ　離言眞如　〔術語〕二眞如の一、心念の相を離れ言說の相を離れたる眞如の法體なり。「ウ」を見よ。

リサウ　離相　〔術語〕法華經說三相の一。「サンサ

リサウカイ　離相戒　〔術語〕隨相戒に對す。又無相戒と云ふ。持戒の人心に所著なければ一切の戒猶虛空の如く、了に持犯の相なきを云ふ。【華嚴大疏】

リサウサンマイ　離相三昧　〔術語〕隸字なり。羅は一切法相不可得の義、之に三昧聲を加れば離相三昧なり。【大疏十】に「羅是相。加二此翳聲一即是三昧。離相三昧也。具二一切相一而離二諸相一。」

リサホフ　離作法　〔術語〕因明にて異喩中の喩依に喩體と稱する一つの命題を付加するを云ふ。陳那の創始なり。即ち「虛空等の如し」の上に「諸の無常にあらざる者は皆所作にあらずと見よ」と添加する如きを云ふ。

リサン　理懺　〔術語〕懺悔に事理の二種あり。法の無性を觀じて罪福の相を亡し、以て理障を破するを理懺とし、身口意の所作一一法度に依り、尊像に對して過罪を披陳し、以て事障を破するを事懺とす。【四敎儀】に「理懺者。若欲二懺悔一者。端坐念二實相一。衆罪如二霜露一。慧日能消除。即此義也。」【行事鈔中四之三】に「今懺悔之法。大略有レ二。初則理懺。二則事懺。此之二懺通レ道含レ俗。」

リサンゴフノネンブツ　離三業念佛　〔術語〕淨土宗西山派所立。念佛とは口稱のみの意にあらず、佛を念ずるなり。信行不二にして、信心は六字を外にして求むるを得ず、信心は念佛、念佛は南無阿彌陀佛なりと、かく衆生の機を離れて佛體即行の念佛に名くるなり。

リザイゼツゴン　理在絕言　〔術語〕眞理は言語道斷の中に在りと云ふ義。又當然の道理言論を要せずとの義。釋家多く此語を用ふ。本據詳ならず。【六要鈔六】に「大涅槃界第一義諦妙境界相。理在絕言。」【傳通記糅鈔七】に「若據二一家實一者。佛加決定方請二加備一。理在絕言。」

リシ　利使　〔術語〕我見等の見惑を云ふ。是れ理に迷ふ惑にして性體銳利なれば利と云ふ。使は驅役の義にして諸惑の通名なり。五種あり、五利使と云ふ。「ゴリシ」を見よ。

リシヤ　離車　〔雜名〕Licchavi 利車、離奢、栗唱、隸車、黎昌、律車、梨車毘、離車毘、栗咕婆、栗咕毘など。毘舍離城の剎帝利種の名なり。薄皮と譯す。其の祖先一胞肉の中より生ぜしを以て名くと云ふ。又貴族豪族など譯す。【善見論十】に「往昔波羅捺國王の夫人懷妊して一肉團を生む、赤きと木槿華の如し。羞恥して之を器中に盛り、金薄を作り、波羅捺國王の夫人の所生なりと朱書して之を江中に投ず。一道士あり將ち歸て之を一處に置くに半月を過ぎて一肉分れて二片となり、又半月を過ぎて二片各五胞を生ず。又半月を經て一片男となり一片女となり、男色黃金、女色白銀なり。道士見て慈心力の故に手指自然に乳を出し乳子腹に入る、道士兒を字して離車子と號す、漢に皮薄と云ひ又同皮と言ふ。二子長じて十六に至り、牧牛の人相共に宅舍を立て、女を以て男に嫁し、男を拜して王と爲し、女を夫人と爲す。後多く王子を生み、三たび舍宅を開廣する故に毘舍離と名く。」（毘舍離は廣嚴と譯す。）【慧琳音義六】に「栗舍毘王。豪族之類。是剎利種系也。又云二離車毘童子一。上舊名也。」【同二十九】に「梨車毘童子。梵語訛也。正梵音栗毘。唐言二貴族公子一也。諸經或云二離車子一是也。毘音昌葉反。」【西域記七】に「栗咕昌葉反婆子。舊言二離車子一訛也。」

リシヤウ　利生　〔術語〕利益衆生なり。【心地觀經七】に「如レ是四行趣二菩提路一利生根本。」【寄歸傳二】に「修行利生之門。義在レ存二乎通濟一。」⦿（太平記五）「榎島の辯才天の御利生」

リシヤウ 理障 〔術語〕二障の一。根本無明、正知見を礙て本覺眞如の理に達せざるを理障と云ふ。【圓覺經】に「云何二障。一者理障。礙二正知見一。二者事障。續二諸生死一。」

リシヤウ 理性 〔術語〕性とは不改を義とす、本具の理體終始改まらざるを理性と云ふ。

リシヤウ 離生 〔術語〕生死を離るるなり。三乘の人見道に入て諦理を見、見惑を斷じて永く三界の生を離るるを正性離生と云ふ。【俱舍論十三】に「得二世第一法一。離レ住二異生位一而能趣三入正性離生一。」【萬善同歸集六】に「齊登二解脫之門一。咸闢二離生之道一。」

リシヤウキラクヂ 離生喜樂地 〔術語〕三界九地の一。色界の初禪天なり。欲界の惡を離れて喜樂の二受を生ずる處なればなり。【俱舍頌疏十】に「於二初靜慮三處生中一受二二種樂一。謂離生喜樂。離二欲界惡一生二喜樂一故。」

リシヤウシヤウ 離生性 〔術語〕生死を出離する正性なり。即ち聖者の正性なり。俱舍論に正性離生と云ふ是なり。「シヤウシヤウリシヤウ」を見よ。

リシヤシ 離車子 〔雜名〕離車は梵語、種族の稱。子は其の族類を總稱するなり。「リシヤ」を見よ。

リシヤビ 離車毘 〔雜名〕「リシヤ」を見よ。

リシユキヤウ 理趣經 〔經名〕又般若理趣經と云ふ。大樂金剛不空眞言三摩耶經の異名なり。不空譯の理趣釋二卷、弘法の理趣經開題五卷、亮典の純秘鈔三卷あり。図金剛智譯の金剛頂瑜伽理趣般若經一卷の略名。是れ般若經の異譯なり。

リシユサンマイ 理趣三昧 〔術語〕理趣經を讀誦する勸行式の名なり。一心に此法を行ずれば三昧と名く。顯密の二行あり。顯行には玄弉譯の般若理趣分を讀み、密行には不空譯の理趣經を讀む。⊙(鴉鷺合戰九)「或は理趣三昧を行ひ護摩をたき」

リシユシヤク 理趣釋 〔書名〕具名、大樂金剛不空眞實三昧耶經般若波羅蜜多理趣釋、二卷、唐の不空譯。密部の理趣經を解釋す。【閏帙八】(1034)

リシユシヤクキヤウ 理趣釋經 〔經名〕理趣釋の異名。

リシユジヤウグワン 利衆生願 〔術語〕攝衆生願のこと。「セフシユジヤウグワン」を見よ。

リシユブン 理趣分 〔經名〕具名、般若理趣分。般若十六會中の第十會にして大般若經第五百七十八卷是なり。密部の理趣經と大に同じ。

リシユライサン 理趣禮懺 〔術語〕理趣三昧なり。理趣三昧を行ずるは禮懺の爲なれば禮懺と云ふ。

リシユヱ 理趣會 〔術語〕金剛界九會曼陀羅の一。十七尊あり、諸尊理趣三昧に住するを以て名とす。「クヱマンダラ」を見よ。

リシヨウ 理證 〔術語〕事理二證の一。道理を憶念して之を證語するなり。【戒疏上】又教理二證の一。佛の聖教を典て證憑と爲すなり。【唯識論】

リシンリド 理身理土 〔術語〕三身中の法身を理身と云ひ、法身所住の土を理土と云ふ。【普賢觀經】には之を毗盧遮那(理身)常寂光(理土)と名け、【唯識論十】には之を自性身(理身)法性土(理土)と名く。此の身土の別を立つるに或は寂(理土)照(理身)を以てし、或は理(理土)智(理身)を以てし、或は性(理土)相(理身)を以てす。要するに一法性の上の義立なり。【西方合論五、觀經疏傳通記一、同糅鈔五】

リジ 理事 〔術語〕道理と事相なり、之を眞俗に配し、理を眞諦とし事を俗諦とす。【釋門歸敬儀中】に「入道多門不レ過二理事一。理謂道理。通二聖心之遠懷一。事謂事局。約二凡情之延度一。」

リジクミツ 理事俱密 〔術語〕台密所立密敎二種の一。「リヒミツケウ」を見よ。

リジツ 理實 〔術語〕實理と言ふに同じ。

リジムゲクワン 理事無礙觀 〔術語〕華嚴宗所立法界三觀の一。平等の眞體を理とし、有爲の形相を事とす。理は水の如く事は波の如し、平等の理に即して萬差の事あり、萬差の事に即して平等の理あり。此の如く事理交徹眞俗圓融の義を觀ずるを理事無礙觀と云ふ。「ジフゲンモン」を見よ。

リジムゲホフカイ 理事無礙法界 〔術語〕四法界の一。理事無礙觀に同じ。法界とは事理の法を總稱する語なり。「ゲンモン」を見よ。

リジヤウ 理乘 〔術語〕三大乘の一。萬有の根抵たる理性の異名。

リジヤウサンゴフノネンブツ 離成三業念佛 〔術語〕時宗にて自力我執の見界を離れて離分別離執着にて修する他力無我の念佛に名く。かくの如く修する念佛は衆生の三業をそのまま阿彌陀佛の三業と等しくするものなれば、阿彌陀佛の三業を成就する念佛なりと云ふ。

リジンサンマイ 理盡三昧 〔術語〕極理を照解する禪定なり。【新譯仁王經中】に「爲二三界主一。修二不可稱不可說法明門一。得二理盡三昧一。」【同良賁疏中上】に「照三解離極一故名二理盡一。」

リスヰキヤウ 離睡經 〔經名〕一卷、西晉の竺法護譯。佛、目連の爲に離睡の法を說く、即ち中阿含經の長老上尊睡眠經なり。【昃帙八】(564)

リセフ 栗呫 〔雜名〕栗呫婆の略。

リセフバ　栗呫婆　【雜名】「リシヤ」を見よ。

リセフバビ　栗呫婆毘　【雜名】「リシヤ」を見よ。

リセン　理懺　【術語】諸法無生の理を觀じ、煩惱即無生なりとさとること。

リゼン　理善　【術語】事理二善の一。事理は淺深の意なり。事惡を滅する淺近の善を事善とし、理惑を滅する深妙の善を理善とす。【法華玄義五】に「生二界內事善一說二三藏一位。生二界內理善一說二通敎一位。生二界外事善一說二別敎一位。生二界外理善一說二圓敎一位。」「ニゼン」を見よ。

リゼン　理禪　【術語】事理二禪の一。有漏定を事禪とし無漏定を理禪とす。【四敎儀集註中】に「大論云二三阿僧祇時六波羅蜜一者是乃事禪事智滿耳。俱舍云二道樹已前四波羅蜜滿一。至二佛果位一二波羅蜜滿。此約レ緣二理禪理智始滿一。」

リゼンフク　離染服　【衣服】袈裟の異名。【釋氏要覽上】に「大集經云。袈裟名二離染服一。」

リソク　理卽　【術語】台家所立圓敎六卽位の第一なり。一切衆生皆中道佛性を具するを理とし、此理具の位究竟の佛果と不二なるを卽とす。卽ち三惡道の衆生未だ一毫の善なき者是れ理卽なり。「ロクソク」を見よ。

リソクブツ　理卽佛　【術語】六卽佛の一、理卽位の佛なり。卽ち理佛なり。天然の佛性を具ふるのみにして一毫の解行なきを云ふ。卽ち極惡最下の凡夫なり。然も理性より言へば究竟の佛と相卽不二なれば理佛と云ふなり。【四敎儀】に「今雖二然卽佛一此是理卽。亦是素法身無二其莊嚴一。何關二修證一者也。」【同集註下】に「理卽佛貶之極也。以下其全乏二解行證卽一。但有中理性自爾卽上也。」「ロクソクブツ」を見よ。

リタ　利他　【術語】二利の一。他人を利益するなり。【無量壽經上】に【讚阿彌陀佛偈】に「自利利他力圓滿。」【淨土論】に「應レ知由二自利一故則能利レ他。非三是不二能自利而能利他一也。」

リタイ　理體　【術語】萬有の本體、理性を云ふ。

リタノイチシン　利他一心　【術語】利他は他力の意なり。「世尊我一心、歸命盡十方、無导光如來」と淨土論にあるを指す。一心を開會すれば無量壽經の至心、信樂、欲生の三心となる。これを自力の三心なる觀無量壽經の至誠心、深心、廻向發願心に對して利他の三心と云ふ。一心と云ひ三心と云ふ行者の信の上に相異あるに非ず。三心は初に至心に、中に信樂し、後に欲生せよと云ふにあらず、歸命の刹那は一念に外ならず。三心は字義に拘泥したる觀あり。

リタノサンシン　利他三心　【名數】「リタノイチシン」を見よ。

リチ　利智　【術語】愚鈍に對す。智慧明にして能く是非の別を分つもの。【法華經化城喩品】に「諸根通利。智慧明了。」【往生要集上本】に「利智精進之人未レ爲レ難。」

リチ　理智　【術語】理は所觀の道理、智は能觀の智慧、此二冥合するを覺悟と稱す。卽ち理に依て智を生じ智に依て理顯はるるなり。【不思議疏下】に「秘秘中秘釋者。本不生理自有二理智一。自覺二本不生一故。」図智に二種あり、有漏諸智を事智と云ひ、無智を理漏智と云ふ。【俱舍論十八】

リチ　理致　【術語】道理旨趣なり。【法華遊意上】に「理致淵遠統二群典之要一。」【唐僧傳德志傳】に「名題前後甚得二理致一。」図禪家の宗匠人を接するに經論の道理を開示して之を導くを理致と稱す。彼宗に所謂如來禪是なり。【七帖見聞一末】に「神智云。宗門立二理致機關、二門一。敎二化機緣一。」【元亨釋書辨圓傳】に「脊擧二唱理致機關向上三宗旨一。」

リチユウチ　離中知　【術語】合中知に對す。「ガフチユウチ」を見よ。

リチサウオウ　理智相應　【術語】眞如の理とこれを證る智慧とが相應すること。

リチムゲホフシン　理智無礙法身　【術語】三種法身の一。「ホフシン」を見よ。

リチヤウヰシユウ　理長爲宗　【術語】宗派の如何を問はず、道理の勝れたる所を取りて立論すること。例へば世親が婆沙論によりて俱舍論を造るに際し、有部の義のみによらず、理の勝る所、經部の說をもとり入れたる如きを云ふ。

リヂンフク　離塵服　【衣服】袈裟の異名。六塵を遠離する義なり。【六物圖】に「通名者總二括經律一。或名二袈裟一。或名二道服一。乃至或名二離塵服一。」

リツ　律　【術語】梵語優婆羅叉、Uparaksa 律と譯す、毘尼 Vinaya を律と譯するは義翻なり。毘尼の正譯は滅又は調伏なり。律とは法と言ふ如し、禁制の法なり。又詮量なり、罪の輕重を詮量するなり。【大乘義章一本】に「律者。外國名二優婆羅叉一。此翻名レ律。解釋有レ二。一就レ敎論。二就レ行辨。若當二就レ敎詮量名一レ律。若當二就レ行調伏名一レ律。毘尼之敎詮二此律行一。故稱爲レ律。又生二律行一故復名レ律。」【同七】に「禁制之法名レ之爲レ律。律猶レ法也。」【止觀四】に「律者。詮二量輕重一。分二別犯不犯一。」【行事鈔資持記上一之一】に「律者。梵云二毘尼一。華言稱レ律。今約二戒疏一統二括諸文一不レ出二三義一。初言律者法也。乃至二云。律者分也。乃至三云。律字安レ聿。聿者筆也。」【同中一之二】に「通禁制止名レ律。」

律之四名　【名數】一に毘尼、滅と譯す。新稱

毘奈耶 Vinaya 調伏と譯す。二に木叉、解脫と譯す、新稱波羅提木叉 Prātimokṣa 別解脫と譯す。三に尸羅、Śīla 戒と譯す、四に優婆羅叉 Upalakṣa 律と譯す。此四異名同體なり。【大乘義章一本】

律之二部 【名數】 窟内部上座部 窟外部大衆部 即ち小乘根本の二部なり。

四律五論 【名數】「シリツゴロン」を見よ。

律之三大部 【名數】「サンダイブ」を見よ。

リツエ 律衣 【衣服】 小乘の戒律を守る人の着する法衣なり、一一の制度戒律に依れるなり。此他數衣黑衣等あり、此等の別は叡山より起れるなり。天台の慈惠大師以前は盡く律衣なりしを、大師已後に或は官服を襲用し、或は古制を改修して之を教衣とし、又隱遁者は黑色の直裰を著して之を黑衣と稱す。此他禪宗の人は更に異なる所あれば禪衣の名あり。

リツカイ 律海 【譬喩】 戒律の廣大なるを譬へて海と云ふ。【行事鈔上一之三】に「夫律海沖深。津通二萬象一。雖レ包二含無一レ外而不レ宿二死尸一。」

リツギ 律儀 【術語】 法は法律、儀は儀則、所制の法律は以て過非を防過し、惡律儀は以て善事を防過す。依て身の儀則を立つるなり。善惡に通ず。善律儀は【大乘義章十】に「言二律儀一者。制惡之法。說名爲レ律。行依二律戒一故號二律義一。又復内調亦爲レ律。外應二眞則一目レ之爲レ儀。」【行事鈔資持記中一之二】に「通禁制止名レ律。造作有レ相名レ儀。」図 無表の戒體舊に無作と云ふを名て律儀と名く、此戒體人の身中に在て他に表示せざれば無表と云ひ、身口意を動かす作用なれば無作と云ふ。而も一旦此戒體に非を防ぎ惡を止め人をして自ら律儀に順ぜしむる功能あれば之を名けて律儀と爲すなり。梵語三跋羅、義淨は護と譯す。戒體能く人を護ればなり。【大乘義章十】に「無作之善說爲二律儀一。」【俱舍論十四】に「能遮二能滅惡戒相續一。故名二律儀一。」【有部百一羯磨一】に「授二與三歸並五戒處一成二鄔波索伽律儀護一。」【註】に「此言レ護者。梵云二三跋羅一。譯爲二擁護一。由レ受二歸戒一護使レ不レ落二三途一。舊云二律儀一即當二義譯一。云是律法儀式。若但云レ護恐學者未レ詳。故兩俱存。明了論已譯爲レ護。即是戒體無表色也。」「ムヒヤウシキ」を見よ。

三種律儀 【術語】 一に別解脫律儀、欲界に於て戒法を受けて發生する戒體なり。二に靜慮生律儀、色界の諸定に入て自ら發生する戒體なり。三に道生律儀、無漏定に入て發生する戒體なり。前二は有漏に屬し、後一は無漏なり。舊に別解脫律儀、禪律儀、無漏律儀と云ふ。【俱舍論十四】に「律儀差別略有二三種一。一別解脫律儀。謂欲纒戒。二靜慮生律儀。謂色纒戒。三道生律儀謂無漏戒。」

リツギカイ 律儀戒 【術語】 三聚戒の第一。諸の律儀を守て過非を離るる戒行なり。

リツギヤウ 律行 【術語】 戒律の行なり。【維摩經方便品】に「雖レ爲二白衣一。奉二持沙門清淨律行一。」

リツコ 律虎 【譬喩】 戒律に優勝なるを虎に譬ふ。【釋氏要覽中】に「隋高僧法願。大明二律藏一。詞辯高亮。鼓亭難レ敵。號二律虎一。」

リツコウ 律講 【雜語】 戒律の講演なり。

リツサウ 律相 【術語】 戒律の法相なり。

リツサン 律懺 【術語】 戒律に說く所の懺悔法なり。出家の五衆に局て之を行ふ。【行事鈔中四之三】に「若論二律懺一唯局二道衆一。」

リツサン 立參 【雜語】 立地の說法なる故に立參と名く、即ち晩參なり。【象器箋十一】

リツザウ 律藏 【術語】 三藏の一。舊に毘尼藏、律藏と譯す、義翻なり。新に毘奈耶藏、調伏藏と譯す。佛教中戒律に係る法言を結集せしもの此中に包含して漏す所なければ藏と云ふ。「サンザウ」を見よ。

リツシ 律師 【職位】 善く戒律を解する者を云ふ。【涅槃經三】に「如レ是能知二佛法所作一。善能解說是名二律師一。」【行事鈔資持記下三之四】に「一字者律字。以二律訓一レ法總二含大小開遮輕重一。故雖二博通一指二歸一字一。」【三德指歸一】に「像法決疑經及觀心論皆明二三師一。謂律師禪師法師也。明二練持犯一曰二律師一。」吾朝之を取て僧官の名とし僧綱の一とす。正權あり、五位に准ず。【初例抄】に「律師始。善往。文德天皇第二年三月任。」「ソウカウ」を見よ。

リツシヤ 竪者 【職位】 又、立者、竪の音「シユ」なれども古來「リツ」と讀み、又立の字を書す。(「リフギ」を見よ、) 論場に義を立てて問者の難に答ふる者を竪義とも竪者とも云ふ。但し竪義と、竪者には上下の別あり。【圓光大師行狀翼讃五】に「釋家官班記に注記十﨟を竪義と號すと。注記は難答の趣を記錄する者なり。又官記に竪義二十﨟を竪者と號す、座主或は門主より擧奏して昇進せしむ。上古多くは法橋に叙す、近來權律師に任ずと。又云く東塔三十講常行堂にして之を勸む、西塔二十八講、兩會の遂業を以て竪者と稱す。」

リツシユウ 律宗 【流派】 八宗の一。戒律は三藏三學の一にして諸宗に通ずれども、唐の南山道宣殊に五部律中の四分律に依て戒律を弘通しければ之を律宗と稱するなり。即ち四分律宗なり。四分律は佛滅後百年曇無德羅漢に依て別部を成し、支那の世に之を傳譯し、唐の南山に至て大成す。吾朝には孝謙天

皐勝寶六年唐の鑑眞和尙來て之を弘通し、東大招提の二寺を本處として南都六宗の一たり。此律宗の特點とする所は其深義の大乘に通ずるに在り。(「ゴギブンツウ」を見よ、) 故に南山大師大乘唯識を宗としながら此四分律を弘め、大乘徒をして之を受持せしめんとを鞏めるなり。⦿(正統記)に「律宗は大乘に通ずるなり」

律宗兩家 [流派] 一に疏家、法礪の舊疏なり。二に鈔家、南山の行事鈔なり。【諸家敎相同異集】に「律有二兩家一。一疏家二鈔家。今時律宗以二鈔家一爲二高祖一。」

律宗三家 [名數] 一に相州日光寺の法礪、四分律疏十卷を造る、舊疏と號す、宗は成實論に依る。嵩山の定賓、飾宗記十卷を作て之を解釋す。二に終南山の道宣、四分行事鈔三卷を作る、宗は大乘唯識に依る。三に西太原寺東塔の懷素、四分開宗記十卷(又開四分律宗記と云ふ)を造る、新疏と號す、盛は前の二宗を斥く、宗は說一切有部に依る。此三家唐代に在て各異義を立てて門葉互に爭ふ、此を律の三宗と名く。【八宗綱要上、初學鈔】

リツシヤウアンコクロン 立正安國論 [書名] 一卷、日蓮著。正元、正嘉の頃、連年天災あり、日蓮以て淨土宗その他の諸宗の弘播せるによるとして、文應元年本論を作りて將軍時賴に獻ず。曰く、若し法華を信ぜすば七難三災併せ起り、國家に禍するあらむと。言奇矯激越なりし爲、伊東に配流せらる。別に廣本あり、同時の作にして字句僅かに多し、前書を廣本に對して要本と云ふ。

リツジヨウ 律乘 [術語] 戒律の敎法なり。【釋門正統三】に「南山律乘。」

リツゼン 律禪 [術語] 律宗禪宗なり。又律師禪師なり。

リツダ 栗駄 [術語] 汗栗駄 Hrd.Hrdaya の略。「ニクダンシン」を見よ。

リツチ 立地 [儀式] 簡略の佛事を云ふ。語多からず立地にして成ずる謂なり。虎關の【十禪支錄序】に「予考二訂古今禪冊一。備二十門一。一曰開堂。二曰上堂。三曰小參。附陞座。四曰拈提。五曰普說。六曰法語。七曰對機。八曰立地。九曰偈贊。十曰秉拂。」

リツドウ 律幢 [譬喩] 戒律の法幢なり、戒律能く邪非の敵を防止すれば幢と云ふ。【元亨釋書實範傳】に「嘆二律幢之傾頽一。」

リツノゴロン 律五論 [名數] 律宗が所依とする五部の論。毗尼母論、摩得勒論、善見論、薩婆多論、明了論の稱。

リツハ 立破 [術語] 能立と能破なり。宗因喩の三支を以て自義を成立するを能立と云ひ、敵者所立の三支に就て其の過非を指斥するを能破と云ふ。能立能破共に眞似の二あり。【入正理論】

リツハ 律派 [雜語] 戒律の流派なり。【元亨釋書叡尊贊】に「起二律派於既倒之後一。」

リツホフ 律法 [術語] 戒律の法なり。

リトンシン 離貪心 [術語] 有貪心の對。貪欲煩惱に相應せざる善心。

リニフ 理入 [術語] 二入の一。深く凡聖一如の理を信じて疑はざるを云ふ。此理入に依て修行を起すを行入と云ふ。【金剛三昧經上】

リニヘンフンベツシ 離二邊分別止 [術語] 三止の一。有無、迷悟等の二邊に執せず差別を離ると。

リニン 利人 [術語] 他を利するなり。利他に同じ。【無量壽經上】に「自利利人。人我兼利。」

リハタ 離波多 [人名] 又、梨波多「リバタ」を見よ。

リバクダン 離縛斷 [術語] 四斷の一。「シダン」を見よ。

リバタ 離婆多 [人名] Revata 又、梨婆多、離越、離曰と云ふ、羅漢の名。正しくは頡隷伐多と云ふ。二十八宿中室宿の名なり。星を祈て得たる子なり。或は假和合と名く。彼れ二鬼屍を爭ふに遇て人身假和合の理を感じて出家得道の因緣となせばなり。【法華文句二】に「離婆多亦云二離越一。此翻二星宿一。或室宿。或假和合。文殊問經云二常作聲一。父母從二星辰一乞レ子。既其感獲。因レ星作レ名。」【玄應音義六】に「離婆多案二文殊問經一云。此譯云二室星一。則北方宿也。祠レ之得レ子仍以名焉。正言二頡隷伐多一。經中作二梨婆多一。或作二梨離多一訛也。即首楞嚴經中坐禪第一如二離婆多一者是也。頡音賢結切。」

離婆多坐禪第一 [故事] 【增一阿含經三】に「坐禪入定心不二錯亂一。所謂離曰比丘是。」

リヒミツケウ 理秘密敎 [術語] 台密には密敎中、理秘密、事理俱密の二敎を立て、華嚴法華等の一乘敎を理秘密となし、且つ大日釋迦同體の義を立つ。東密は之を許さざるなり。【菩提心義一末】に「問ふ、仁王經に五千の女人現身に成佛すと云ふは、是れ佛世に仁王經を聞きて成佛するなり。菩薩處胎經に魔梵釋女皆身を捨てず、身を受けず、悉く現身に於て成佛すと云ふは、是れ無佛世に自ら觀じて成佛するなり。無量義經に是の經を持する者は即ち此の身に於て無生忍を得ると云ふは、是れ佛滅後に經を持して成佛する也。しかるを何ぞ論に惟眞法中即身成佛と云ふや。若し此等即身成佛の人皆此觀(眞言觀)を修せば

何が故に是れ三摩地法を説く諸教の中に於て闕けて書せずと云ふや。答ふ、言ふ所の眞言法とは大日經義釋に梵音云二曼怛羅一。此云二眞言一。龍樹釋論謂二之密語一。眞語如語不妄不異之語。故名二眞言一と、故に凡そ眞如法性を説く教を皆眞言と名く、故に凡そ法華等の諸大乘を皆眞言秘密教と名くるなり。唯法華等には皆此の三摩地法を説くと雖、傳法の菩薩闕て書せざるなり。若は佛世に於て、若は滅後に於て、經を持して心覺開解すれば佛道を成ずるを得。佛道を成ずる時に内心に法を觀ずるを三摩地と名く。之を初住の即身成佛と名く。問ふ、何を以て諸の眞如法性を説くを皆眞言秘密教と名くるを知るや。答ふ、蘇悉地經疏に有二二種教一。一顯示教。二秘密教。顯示教謂阿含深密等諸三乘教也。秘密教謂華嚴維摩法華涅槃等諸一乘教也。秘密教亦有二二種一。一理秘密教。謂彼華嚴等一乘教。唯説二世俗勝義圓融無二一。不レ説二三密行相一故。二事理俱密。謂大日金剛頂蘇悉地經等能説二世俗勝義圓融無二一。亦説二三密行一故。」【聖財集下】に「法華の壽量品よりは全く眞言なり。涌出品の菩薩を彌勒知り給はざる事を釋し給へり、是れ顯教の權巧の彌勒なり、實には八葉の彌勒胎藏の大日なり。垂迹の面に知らざる相を示し給へりと云へり。涌出品の眷屬は自性壇の南方の内證の眷屬なり、顯教の菩薩知るべからず。常住靈山の佛は大日なり、故に東福寺の開山云く、涌出品の時は四重曼荼羅の十界眷屬皆定て現ずべし、梵本には定て有らん歟。羅什の略本の故に、經文に之を書せざる事尤可然事なりと、顯密差別は事相の種子三形印契等は顯には闕て書せずと云へり、此差別は一往亂るべからず、法體の眞如の妙理には無字の法性の陀羅尼の實性の處に全く同じかるべし、方便の位には差別なきに非ず、内證の法門は强ちに差別を論すべからざるをや。」

リフインキ　立印軌　〔經名〕　金剛手光明灌頂經最勝立印聖無動尊大威怒王念誦儀軌法品の略名。【閏帙十三】(1432)

リフインギキ　立印儀軌　〔經名〕　立印軌に同じ。

リフエウゲウハウベン　立要巧方便　〔術語〕　六種巧方便の一。菩薩が衆生に對し、善法を守らば何何の利益を與ふべしと誓約して、次第に佛道に引き入るること。

リフキ　立軌　〔經名〕　立印儀軌の略稱。

リフギ　竪義　〔術語〕　又、立義に作る。論場に於て探題より出したる論題に就て義を立つるを云ふ。」音「シユ」なれども古來讀て立の音とす。【圓光大師行狀翼讃五】に「下學集云、竪音主也、今教家呼爲二立一音一者也。字彙云、竪者立也、俗作レ竪非、釋書の資治表及台家の諸書は立義とも書けり。西域記五には衆咸默然無二竪レ議者一と。山門の法華會に廣學竪義とて論議あり、其答者を竪者と云ひ、難者を已講擬講と稱す、判斷者ありて是非を調べらる、是を題者と稱し又は探題と云ふ。」【佛祖統紀三十八】に「相州彼岸寺鑑禪師講會。各各竪レ義。有二一小僧一難問蜂起殊爲レ可レ觀。」「リッシャ」參照。

リフケウ　立敎　〔術語〕　古今の諸師佛の一代敎に向て立つる所の敎門なり、天台の五時八敎、華嚴の五敎の如き是なり、之を敎相判釋と云ふ。【法華玄義十】に南三北七の十家の立敎を列ね、【五敎章上】に古今の十家を擧げ、【華嚴大疏四】に二十餘家を叙す。

リフケウカイシユウ　立敎開宗　〔術語〕　敎相をたて宗旨を開くこと。前項を見よ。

リフサウヂユウシン　立相住心　〔術語〕　淨土門の極致なり、西方を指して報土報身の相を立て、有心有念に安住して彼の境を取るを云ふ。【觀經散善義】に「今此觀門等。唯指レ方立レ相。住レ心而取レ境。總不レ明二無相無念一也。如來懸知二末代罪惡凡夫一。立相住心尙不レ能レ得。何況離レ相而求レ事者。如下似二無術通一人居レ空立上ち舍也。」

リフサン　立參　〔雜語〕　「リッサン」を見よ。

リフザウ　立像　〔圖像〕立ちたる像なり。【慈恩傳二】に「王城東北山阿有二立石像一。」【樂邦文類三】に三聖立像記二于觀經一。」【戒度觀經疏記下】に「世謂立像不レ尊。疏主專據二今經一。嘗作二三聖立像記一。」

リフシヤ　竪者　〔職位〕　「リッシャ」を見よ。

リフセアビドンロン　立世阿毘曇論　〔書名〕　十卷、陳の眞諦譯。立世は世界を安立する義、阿毘曇は論議の都名なり、論中須彌四洲諸天地獄等の世界國土の事を記す。【秋帙一】(1293)

リフセツ　立雪　〔故事〕　二祖慧可の故事。慧可達磨に參す、時に天大に雪り、積雪膝を過ぐれども動かず。磨憫み問て曰く、汝久しく雪中に立つ當に何事を求むべきや。可悲泣して曰く惟願くば和尙慈悲甘露門を開て廣く群品を度せよ。【傳燈錄達磨章】

リフソウシユソ　立僧首座　〔職位〕　立僧とは法を説て衆僧を成立する義なり、定れる人なし。首座頭首の外に別に西堂或は前堂及び諸の耆宿の中に於て有道博達の人を撰で敦請して衆の爲に開法せしむ或は大方の尊宿を請じて之に充つるあり、極て重任となす。夫れ前堂首座の住持に代て説法する者尙人に乏くして、日本古は之を闕くるあり、況んや立僧の名實相ひ符ふ者豈に多く得易からんや。名德首座の

如きは則ち前堂の中に稍德ある者を擇で之を爲す、甚しく其の人を得るに難からざるなり。【象器箋六】

リフチ　立地　〔儀式〕法事名。「リッチ」を見よ。

リフヂヤク　竪敵　〔術語〕又立敵。立者と敵者。論場に於て自義を成立する者を立者とし之に反對して難問する者を敵者とす。

リフハ　立播　〔衣服〕Repha* Repa* 譯、裹腹衣。【寄歸傳二】に「梵云二立播一。譯裹腹衣。」

リフハ　立破　〔術語〕「リッハ」を見よ。

リフホフ　立法　〔術語〕顯正と云ふに同じ、萬法に對する迷妄の見を破したる後、その眞性を發露するなり。般若系が空を主張しながら空非空に中道の徵象を示せる如し。

リフリヤウ　立量　〔術語〕宗因喩の三支の比量を立つるを云ふ。單に量とも云。

リフキニヨライ　離怖畏如來　〔佛名〕施餓鬼の法に五如來の中北方如來の名、即ち釋迦如來なり。【秘藏記本】に「離怖畏如來ハ北方釋迦牟尼佛。乃至離怖畏如來者ハ成所作智ノ用變化身也。住二六道四生界一爲二一切衆生一作二諸事業一。無ラシム二怖畏一也。」

リブツ　理佛　〔術語〕法身の異名なり、佛三身の中に報化二佛を事佛とし、法身佛を理佛とす。是れ通途の義なり。図台家所立六即佛の中の理即佛を云ふ。三惡の衆生も法性の理を具すると佛と異るなし、之を理佛と爲す、又素法身と稱す、唯法身の理躰を具して功德の莊嚴なきなり。【天台觀經疏】に「言フハ二衆生即是佛一理佛也。」

リブツシヤウ　理佛性　〔術語〕行佛性に對す。佛性の理躰を理佛性とし、其の佛性を開發すべき行業を行佛性とす。法相宗に永不成佛の衆生ありと立つるを涅槃經の一切衆生悉有佛性の語に違するを以て、佛性に此二義を立てて之を會するなり。謂く、理佛性は一切衆生に具すれども行佛性は一切に遍ぜざるを以て成不成あるなり。「ギヤウブツシヤウ」を見よ。（太平記二四）に仲算と慈慧との宗論を記すうちに理佛性行佛性のことあり。　「十乘觀の一。」

リホフアイ　離法愛　〔術語〕又、無法愛と云ふ。

リホフカイ　理法界　〔術語〕四法界の一。諸の衆生色身等の別あるも皆同一體性なるを云ふ。

リホフシン　理法身　〔術語〕二法身の一。三身中の法身に就て理智の二を分け、所證の理體を理法身とし能證の智慧を智法身とす。新譯家に依れば理法身は無爲にして本有なり、理法身は有爲にして新成なり。舊譯家に依れば理智共に無爲にして法性本より寂照の二用あり、寂の義を以て理法身と爲し、照の義を取て智法身となす。【最勝王經二】に「唯有二如如ト如如ノ智一。是名二法身一。」

リマンダラ　理曼陀羅　〔術語〕胎藏界の曼陀羅なり。兩部の曼陀羅を理智に配すれば、胎藏界は衆生本有の理性の德を顯はし、金剛界は如來始成の智相を說きし者とす。

リミ　離微　〔術語〕法性の體、諸相を離れて寂滅無餘なるを離と云ひ、法性の用、微妙不可思議なるを微と云ふ。離は涅槃なり、微は般若なり。【寶藏論離微體淨品】に「無眼無耳謂二之離一。有見有聞謂二之微一。無我無造謂二之離一。有智有用謂二之微一。無心無意謂二之離一。有通有達謂二之微一。又離者涅槃。微者般若。般若故興二大用一。涅槃故寂滅無餘。無餘故煩惱永盡。大用故聖化無窮。」【宗鏡錄九十二】に「離微者萬法ノ躰用。離者即躰。微者功用。」

リミツ　理密　〔術語〕台密所立の理秘密敎なり。「リヒミツケウ」を見よ。

リモツ　利物　〔術語〕衆生を利益するなり。一切衆生を指して物と云ふ。【西方要決】に「末法萬年餘經悉滅。彌陀ノ一敎利レ物偏增。」⊙（太平記三六）「利物の所には愚なるをも捨てず」

リモン　梨門　〔雜名〕梶井の門跡を三千院とも圓能坊とも梨本坊とも號するより梨門と云ふ。【門跡傳上】

リモンジフクワウミヤウザウキヤウ　離文字普光明藏經　〔經名〕具名大乘離文字普光明藏經、一卷、唐の地婆訶羅譯。無字寶篋經と同本にして稍異なり。【字帙三】(222)

リモンロン　理門論　〔書名〕因明正理門論の略名。

リヤ　梨耶　〔雜語〕Ārya 阿梨耶の略。譯、聖者。【玄應音義十六】に「梨耶此云二出者一。謂出レ苦也。義譯爲二聖者一。」又、第八識の名、新稱、阿賴耶。舊稱、阿梨耶。略して梨耶と云ふ。

リヤウ　量　〔術語〕宗因喩の三支を比量とし、因明の作法とも立量とも云ふ。

二量　〔名數〕一に現量、眼識を以て色を見、耳識を以て聲を聞く如きを云ふ。二に比量、煙を見て火あるを知る如く、已知の法を以て未知の法を比顯するを云ふ。

三量　〔名數〕一に現量、二に比量、三に聖敎量、なり、又至敎量とも聲量とも正敎量とも云ひ比量とも立つ「サンリヤウ」を參照せよ。

四量　〔名數〕三量に譬喩量を加ふるなり。人生の無常は水泡の無常の如しと、喩を以て顯はすを

云ふ。**五量**〔名數〕上の四に義准量を加ふ。若し法の無我なるは准じて必ず無常なるを知る如し。**六量**〔名數〕五量に無躰量を加ふ。此の室の中に入て主の不在を見て所往の處を知る如し。此中陳那菩薩の因明法には餘量を廢し、各其の所應に隨て現と比との中に攝して唯現比の二量を立つるなり。【因明大疏一】

リヤウ 利養〔術語〕利を以て身を養ふなり。【法華經序品】に「貪三著利養一。」【菩薩戒經】に「爲二利養一故。爲二名聞一故。惡求多求。」【智度論五】に「是利養法如レ賊。懷二功德本一。譬如三天雹傷二害五穀一。利養名聞亦復如レ是。壞二功德苗一令レ不二增長一。如三佛說二譬喩一。如二毛繩縛レ人斷レ膚截一レ骨。貪二利養一人斷二功德本一。亦復如レ是。」◉(著聞集、釋教)「みだりがはしく名聞利養の識なりといへること」

リヤウカ 兩河〔雜語〕尼連禪河と Nairañjana 跋提河なり、佛、尼連禪河の邊に在て成道し、跋提河 Hiraṇyavatī 邊に在て涅槃せしなり。即ち前は有餘涅槃の處、後は無餘涅槃の處なり。【因明大疏序】に「歸三眞寂於兩河一。餘烈光二乎沙劫一。」【寄歸傳一】に「跡滅二兩河一人天掩レ望。影淪二雙樹一龍鬼摧レ心。」図四大河の中に殑河と信度河との二流、印度を流通するを以て印度を兩河と總稱す。【求法高僧傳上玄照贊】に「愴矣無レ成。兩河沈レ骨八水揚レ名。」【自註】に「兩河即在二西國一。八水乃屬二東郡一。」

リヤウカ 兩迦〔雜語〕鎭頭迦、迦羅迦の二果なり。此二似て非なり甚だ辨じ難し。【顯戒論中】に「牛驢之乳其色難レ別。兩迦之果其形何別。」「チンヅカ」を見よ。

リヤウカイ 靈界〔雜語〕亡魂の住する世界を云ふ。【焰羅王供行法次第】に「一切冥官冥道倚尼靈界。」

リヤウカイ 良价〔人名〕曹洞宗の祖、洞山の悟本大師諱は良价。「トウザン」を見よ。

リヤウカイ 兩界〔術語〕又、兩部と云ふ。金剛界と胎藏界の曼陀羅なり。◉(盛衰記八)「先兩界を空に覺えて毎夜二時に供養し給ふ」

リヤウカイマンダラ 兩界曼陀羅〔術語〕毘盧遮那佛法界の眷屬を集て自利自他の大佛事を成す壇場を曼陀羅と云ふ。密教中此曼陀羅に二大宗あり。一を金剛界とし、一を胎藏界とす。胎藏界は衆生本具の理德により、金剛界は如來始成の智德に依る。各大日を中心として恒沙の諸尊此に集り、自の本誓に依て化用を垂るるなり。此の壇場のさまを兩軸に圖畫して亦た曼陀羅と云ふ。「マンダラ」を見よ。◉(太平記三九)「大塔の扉を開かせて兩界の曼荼羅を御拜見あれば」

リヤウカイリヤウブノダイニチ 兩界兩部大日〔術語〕金胎兩部の大日を云ふ。大日如來は理智不二の法身なれども、その智の妙用と理の妙用とに別ちて名稱を附す。金界の大日は智拳印、胎界の大日は法界定印に住す。「リヤウブ」參照。

リヤウカウシヤク 兩向釋〔術語〕一文中間に在て上下の句に通じて義を成すを云ふ。又義兼兩向と云ふ。【法華文句記會本十一】に「等者兩向釋也。」

リヤウガ 靈河〔雜名〕龍の住む河川なり。智度論に龍泉と云ふ、龍力を以て大旱にも河水竭るとなし。【安樂集上】に「譬如下寄二花五淨一風日不レ萎。附二水靈河一世旱無上レ竭。」【智度論七】に「譬如二龍泉一。龍力故不レ竭。」

リヤウガ 陵伽〔人名〕畢陵伽婆蹉 Pilindavatsa の略。比丘の名。

リヤウガク 靈嶽〔地名〕靈鷲山なり。

リヤウガクオウ 靈岳翁〔雜名〕釋迦如來なり。多く靈鷲山に在て法を說けばなり。

リヤウク 兩垢〔術語〕有垢眞如無垢眞如の二眞如を云ふ。自性淸淨の躰煩惱の垢染に伏藏するを有垢眞如と云ふ、即ち在纏眞如なり。佛果所顯の理躰淸淨にして垢染に覆はれざるを無垢眞如と云ふ、即ち出纏眞如なり。攝論に有垢眞如、無垢眞如と云ひ、佛性論は在纏眞如を有垢如とし、出纏眞如を無垢如とせり。染淨兩分の眞如なり。【觀經疏玄義分】に「無塵法界凡聖齊圓。兩垢如如則普該二於含識一。」眞諦譯の【攝論五】に「論曰。眞實性亦有二二種一。一自性成就。釋曰。謂有垢眞如。論曰。二淸淨成就。釋曰。謂無垢眞如。」

リヤウクニヨニヨ 兩垢如如〔術語〕有垢如と無垢如とを云ふ。眞如の異名なり。前項を見よ。

リヤウクワ 量果〔術語〕三量の一。相宗にて能緣の心が所緣の境を緣じて了知し終りたる結果を云ふ。

リヤウクワウセン 梁皇懺〔修法〕梁の武帝初め雍州の刺吏たる時、夫人郗氏性酷だ妬なり、既に亡して化して巨蟒となりて後宮に入り、夢に帝に通ぜんとす。帝慈悲道場懺法十卷を制し、僧を請じて懺禮せしむ。夫人化して天人となり、空中に帝に謝して去る。其の懺法世に行はる、梁皇懺と稱す。【釋氏稽古史略二】

リヤウクワンキヤウ 兩卷經〔經名〕淨土の三部經中佛說無量壽經の異名。【玄義分傳通記三】に

「大經者無量壽經。三經之中此經廣故。對二餘二經一名二大經一也。天台此經名二大本一。阿彌陀經名二小本一。嘉祥名二雙卷一。淨影道綽與二今家一同。龍興名二兩卷經一。」

リヤウグ　鈴供　〔故事〕金鈴を佛塔に供するに依て世世好音聲を得、唄比丘是なり。【釋門歸敬儀中】に「聲駐二軍馬一。由レ與二鈴供一。」「バイビク」を見よ。

リヤウグ　靈供　〔修法〕亡魂に齋食を供するを云ふ。人死して七七日の間當生の定らざるを中有と云ひ、中有の身を健達縛と云ふ。此に尋香と譯す。香を尋て食すれば也。故に食物の香氣を進むる爲に死者に齋食を供す、諸宗中獨り淨土眞宗に此法なし。【俱舍論九】に「欲界中有身資二段食一不。雖レ資二段食一。然細非レ麁。其細者何。謂唯香氣。由レ斯故得二健達縛名一。」【行事鈔上】に「今有下爲二亡人一設レ食者上。依二中含一云。若爲二死人一布施祭祀者。若生二人處餓鬼中一者得。餘趣不レ得。由三各有二活命食一故。雜含中廣明二此事一。若親族不レ生二人處中一者。但施心施。其自得二功德一。」【蘇婆呼童子經上】に「若欲レ食時。先出二鉢中飯一分爲二五分一。一分準三擬路行一。飢人來者是。一分施二水中衆生一。一分施二陸地衆生一。一分施二七世父母及餓鬼衆生一。」

リヤウグフジヤウ　兩俱不成　〔術語〕因明三十三過中四不成の一。勝論師が聲論師に對して「聲は無常なり」と宗を立てんとする時、「眼所見なるが故に」との因を用ゐる如き、聲は眼の聲見なりと云ふは立者の勝論師も敵者の聲論師も俱に許さず、此因は立敵兩者に望めて宗に對する因を成ぜざれば兩俱不成と云ふ。【因明入正理論】に「如下成二立聲一爲二無常等一。若言中是眼所見性故上。兩俱不成。」

リヤウケンシン　兩肩神　〔天名〕同名神と同生神なり。「クシヤウシン」を見よ。

リヤウゲ　領解　〔術語〕他の所説を領取して心に會得するなり、又會得せしことを陳ぶるを云ふ。【深密經二】に「我今領二解世尊所說義一。」【淨影大經疏下】に「自下彌勒領解。」【法華文句記五之一】に「領謂外領二佛說一。解即內受二佛意一。」

二種領解　〔名數〕一に齊領と云ひ、二に探領と云ふ。齊領とは自己の分に齊りて受くる所の化益を領解するを云ひ、探領とは自己の分に限らず佛の意を探て廣く一切に通じて領解するを云ふ。【法華文句會本十七】

リヤウゲモン　領解文　〔書名〕眞宗慧燈大師の作、西派には領解文と云ひ、東派には改悔文と云ふ。眞宗の本意を會得せしさまを陳べしものなれば領解文と云ひ、是れ即ち自力の迷心を改め悔ゐし上の陳述なれば改悔文と云ふなり。世に異本多し、中に於て出口光善寺の所藏是れ大師の親書と傳ふるもの、最も簡正たり。小部集第二に載する所の文言全く同じ。近來の諸註亦た出口の本に依る。【眞宗教典志一】

リヤウコツ　靈骨　〔雜名〕佛舍利を云ふ。【名義集五】に「舍利。新云二室利羅一。或設利羅。此云二骨身一。又云二靈骨一。即所遺骨分通名二舍利一。」

リヤウゴフ　兩業　〔術語〕傳敎大師一家の學生式を定め、其中止觀遮那の兩業を置き、年分の度者二人の勅許を得、大戒を受けし後此兩業を專修せしむ。謂く大戒を受け已らば叡山に住せしむること十二年、山門を出でず兩業を修學せしむ。凡そ止觀業は年年每日法華經、金光明經、仁王經、守護經の諸大乘經の護國の衆經を長轉長講せしむ。遮那業は歲歲每日遮那經、孔雀王經、不空羂索經、佛頂經の諸眞言等の護國の眞言を長念せしむ。是れ弘仁九年五月十三日の奏上なり。又止觀業は具さに四種三昧を修せしむ、遮那業は三部念誦大日經、金剛頂、蘇悉地經を修習せしむ。是れ同年八月十七日の奏上なり。【山家學生式】案に台家は唐初に當て密軌未だ多く傳らず、故に天台大師四種三昧中方等三昧に於て其の端緒を開きしのみ、然るに其の後密部の經軌大に具なり、殊に眞言の弘法專ら密敎を弘通せしより、傳敎は之に對抗せん爲に殊に遮那業を設置して台徒をして密部を研修せしむ、是れ支那の台宗と我邦の台宗と所學を異にする所以なり。

四業　〔名數〕一に止觀業、上の如し。二に大日業、三に金剛頂業、四に蘇悉地業、是れ四祖慈覺朝に奏請して初の遮那業を分開して更に三業の學生を置くを許されたり。

五業　〔名數〕四業は前に同じ、第五は一字業なり、是れ六祖智證の更に朝に奏請して一字頂輪王經を算修する學生を置くを許されしなり。

リヤウゴン　兩權　〔術語〕聲聞緣覺の二乘を菩薩乘の一實に對して兩權と云ふ。【法華玄贊序】に「揚二一實一而包三總太虛一。振二兩權一而遺三羅萬象一。」

リヤウザイ　兩財　〔雜語〕內外の兩財なり、身躰手足等の衆生の正報を內財と云ひ、金銀舍宅等の衆生の依報を外財と云ふ。【元照彌陀經疏上】に「內外兩財隨レ求而應。」

リヤウシ　兩翅　〔譬喩〕定慧を鳥の兩翅に譬ふ。【止觀五】に「馳二二輪一而致レ遠。翥二兩翅一以高飛。」【同輔行】に「二輪遠運誓二定慧橫周一。兩翅高升誓二定慧竪極一。」

リヤウシヨサンシヤウ　兩所三聖　〔名數〕山王七社の中に大宮と二宮を兩所となし、大宮權現の本地を釋迦如來とし、其の傍に聖眞子の社殿ありて其の本地を阿彌陀如來とし、又二宮權現の本地を藥師如來とす、依て兩所三聖と云ふ。【日吉山王知新記上】「サンシヤウ」參照。

リヤウシヨダイシユヰニヨハンニチ　令諸大衆謂如半日　〔雜語〕【法華經涌出品】に「是諸菩薩。從レ地涌出。以二諸菩薩種種讃法一而讃二於佛一。如レ是時間經二五十小劫一。是時釋迦牟尼佛。默然而坐。及諸四衆亦皆默然。五十小劫。佛神力故令二諸大衆謂レ如二半日一。」⦿（新續古）に「斧の柄も朽ちやしぬらん鷲の山しばしと思ふ法の筵に」

リヤウジユセン　靈鷲山　〔地名〕舊稱、耆闍崛、（巴、Gijjhakūṭa）新稱、姞栗陀羅炬吒 Gṛdhrakūṭa 譯。靈鷲、鷲頭、新譯、鷲峰、鷲臺。又、靈山、靈嶽、鷲嶽など稱す。山形鷲に似たり、又は山上鷲鳥多きを以て名くと云ふ。摩竭陀國の正中を上茅城と名く、五山周圍して城廓の如し、是れ摩竭陀國の舊都なり。之より東北四五里にして王舍城あり、毘婆娑羅王の新都也、之より東北十里にして靈鷲山あり、即ち五山中の最高にして上茅城の舊都より東北十四五里なり。西域記九釋迦方誌下⦿（榮花、朝綠）「瑠璃の經卷は靈鷲山の曉の空よりも靑し」「ギシヤクツ」を見よ。

リヤウジヨ　兩序　〔職位〕又、兩班と云ふ。朝廷の制に文武の兩班あり、禪林之に擬して住持の下に東西兩班を設く。學德に長ずる者を西序に歸して之を頭首と云ひ、世法に通ずる者を東序に歸し之を知事と云ふ。東序は都寺、監寺、副寺、維那、典座、直歲と次第し西序は首座、書記、知藏、知客、知浴、知殿と次第すれど宗派によりて多少の相違あり。勅修淸規に兩班の圖あり。

リヤウズヰケ　靈瑞華　〔雜名〕「レイズヰケ」を「見よ。

リヤウセフロン　梁攝論　〔書名〕五攝論の一。梁朝の眞諦所譯、無著の攝大乘論及び世親の攝大乘論釋なり。

リヤウゼ　兩是　〔術語〕又、二是と云ふ。四句分別中の第三の句なり。有無に就て四句を分別する如き即ち第三句に「是れ有是れ無」と云ひ、或は「有亦は無」と云ふ。雙照の句とも云ふなり。【三論玄義】に「是有是無名爲二兩是一。非有非無名爲二兩非一。」

リヤウゼツ　兩舌　〔術語〕十惡業の一。甲乙に向て相違の言を吐き、以て彼此を離間せしむるを云ふ。新譯に離間語と云ふ。【大乘義章七】に「言乖二彼此一謂レ之爲レ兩。兩朋之言依二於舌一故曰二兩舌一。」⦿（曲、東岸居士）「妄語綺語惡口兩舌は口にて作る罪なり」

リヤウゼン　靈山　〔地名〕靈鷲山の略。「リヤウジユセン」を見よ。⦿（十訓抄一）「ただ釋迦如來の靈山に說法し給ひけんよそほひこそめでたかりけめ」

靈山淨土　〔界名〕靈鷲山は釋迦如來の報身の淨土なり。【法華經壽量品】に「衆生見二劫盡大火所レ燒時。我此土安穩。天人常充滿。」⦿（平家五）「彼妙音菩薩は靈山淨土に啓して不孝の翟を戒め」

靈山會上　〔術語〕靈鷲山に於て釋迦如來の法華經を說ける會坐を云ふ。⦿（曲、西王母）「靈山會上の法のには」

リヤウゼンハ　靈山派　〔流派〕時宗の一派。遊行上人七世の弟子國阿を派祖とす。京都正法寺を本山とし、今は派名を稱せず。

リヤウソ　兩鼠　〔譬喩〕黑白の二鼠なり、以て晝夜に喩ふ。「に喩ふ。」

リヤウソクソン　兩足尊　〔術語〕佛の尊號なり。佛は兩足を有する有情中に於て第一尊貴なればなり、又、兩足とは戒定、福慧等の功德を云ふ、佛は此等の功德を二足として法界に遊行すればなり。【法華玄贊三】に「佛於二二足多足無足一切中一尊。今云二兩足尊一於二三類中一兩足爲レ貴。能入レ道故。謂人天類。佛亦兩足故言二兩足尊一。」【法華嘉詳疏四】に「兩足尊者。或以二福慧一爲二二足一。或以二權實一爲二二足一。或以二戒定一爲二二足一。或以二解行一爲二二足一。此皆內德之二足也。外形以二天人一爲二二足一。佛是天人二足尊也。」【光明文句記三】に「大經明二十號一中兩釋。一約二人天善趣一兩足爲レ貴。佛於二天人中一尊。二約二福慧俱備一名爲二兩足一。」

リヤウダイシ　兩大師　〔雜名〕比叡山の慈惠大師と東叡山の慈眼大師との兩德を稱す。此の兩德殊に一實神道と釋迦金輪法を鼓吹して一宗を擴張せし鴻蹟あるに由る。【一實神道記】

リヤウヂウノウジヨ　兩重能所　〔術語〕「ジフジヨウクワン」を見よ。「に同じ。

リヤウテンサンパイ　兩展三拜　〔術語〕次項

リヤウテンサンライ　兩展三禮　〔術語〕展に「テン」「セン」の兩音あり。展は禮せんとして初に坐具（坐具即尼師檀を展開し上に就て禮を作すを法とす）を展べんと欲するに師家之を止む、乃ち摺む勢を作して事情を敘す、之を一展とす。復た重ねて展べんとして復た止めらる、乃ち摺勢を作して寒暖を敘す、之を兩展とす。然も拜せざれば情足らず、故に坐具を展べず手に持して地に觸れて三拜するなり。【敕修淸規遊方參請】に「起至二爐前一。兩展三禮謝レ茶。初展云。某等重承二煎點一。特此拜謝。下情不レ勝二感激之至一。再展云。即日時令謹時。恭惟堂頭和尙。尊候起居多福。退レ身觸禮三拜。」

リヤウトウ　量等　〔術語〕量等身の略。「拜。」

リヤウトウシン　量等身　〔術語〕如來の身相一切有爲無爲の諸法の量に等しきを云ふ。經に十三箇の量等身を舉ぐ。【華嚴經】に「佛子。如來應正等覺成二正覺一時。得二一切衆生量等身一。得二一切法量等身一。乃至得二寂滅涅槃界量等身一。佛子。如二所得身一言語及心

亦復如レ是。如レ是等無量數清淨三輪。」【同經疏】に「今初有二十三身一。前六等レ事。次三等レ理。次一等二事理事事無礙一。後三等二因果一。略擧二十三一倶云二無量一。」晋經には但等身と云ふ。

リヤウナフ　領納　〔術語〕吾身心に領受し納得するなり。【唯識論三】に「受謂領二納順違倶非境相一爲レ性。」【行事鈔上一之三】に「行者以二領納一爲レ趣。」

リヤウニチ　良日　〔術語〕「キチニチ」を見よ、

リヤウニン　良忍　〔人名〕融通念佛宗の開祖、大原山に棲て來迎院を創す。【元亨釋書十一】

リヤウバク　利養縛　〔術語〕二縛の一。利養身を縛して自在を得ざらしむるを云ふ。【行事鈔下四之二】に「大寶積經云。出家有二二種縛一。一見縛。二利養縛。」

リヤウバン　兩班　〔職位〕「リヤウジヨ」を見よ。

リヤウヒ　兩非　〔術語〕四句分別中の第四句なり。有無に就て四句を分別する如き、有にも非ず無にも非ずと云ふ如し。「リヤウゼ」を見よ。

リヤウビ　良賁　〔人名〕唐の京師安國寺の沙門、不空を助けて新に仁王經を譯し、且つ代宗の勅を奉じて疏三卷を作る。所住の寺を以て疏に名けて青龍疏と云ふ。宋高僧傳五に傳あり。【希麟音義七】に「良賁下彼義反。案良賁者即助二譯仁王經一沙門名也。」

リヤウビヤウ　跉跰　〔雜語〕又、伶俜に作る。歩行にひよろつくなり。【法華經信解品】に「伶俜辛苦五十餘年。」【嘉祥義疏七】に「伶傳行不レ正貌也。」

リヤウフクデン　良福田　〔術語〕善良の福田なり、三寶を云ふ、三寶を供養すれば無量福利を生ずればなり。【無量義經】に「是諸衆生大良福田。」【行事鈔下三之四】に「經云。衆僧良福田。亦是簇棃園。」

リヤウブ　兩部　〔術語〕又兩界と云ふ。密敎の二大法門、金剛界胎藏界の兩道を云ふ。而して東密は金胎と次第し、台密は胎金と次第す。其の故は台密は事密理密の二を分けて、其の理密の邊は法華と同意なりと云ふ、大日經疏の意も亦然るなり、故に法華と同意なる理密に重きを置きて金胎と次第し、東密は事理二密を分たず、且つ法華を第九住心に貶する程なれば因果の勝劣に準じて金胎と次第す、即ち胎藏界は因門金剛界は果門なれば也。胎藏界は從果向因にて本覺佛の化他門也、故に大定悲智の三德に依て中胎藏より三重を流出せる曼荼羅なれば、之を三部に統收し、大定門を佛部とし、大悲門を蓮華部とし、大智門を金剛部とす。又金剛界は從因至果にして始覺佛の自利門也、故に因位の九識を轉じて果上の五智を得せし自證の境を示したる曼荼羅なれば、之を五部に分類す、即ち佛部、金剛部、寶部、蓮華部、羯磨部是也、即ち上の佛部より寶部羯磨部を開出せし也。然れ共是れ大判也、胎藏界に亦五部なきにあらず。【大日經疏十五】に「釋二謂隨二五部一如二上所說一。五字差別之用。」と云ひ、大師の請來錄に兩部同じく五部灌頂と云ふ、是れ其證也。金剛界に亦三部の建立なきに非ず、如意輪無量壽一字頂輪王等の儀軌に三部の三昧部を說く是れ其證也。衆生本具の萬德の理性を胎藏とし、衆生の九識を轉じて五智を成ずるを金剛とす、故に胎藏は理なり、金剛は智なり。胎藏に二義あり、一は含藏の義也、母の胎內に體性を含藏して之を覆育す、理體亦爾り、能く一切の功德を具足して亡失せざるが故に之を胎藏と云ふ。二は隱覆の義なり、人の母胎に在て其の體を覆藏するが如く、理體煩惱の中に隱れて顯現せざるが故に之を胎藏と云ふ。金剛に又二義あり。一に堅固の義なり、自躰堅固にして破壞すべからざるが故に堅固と云ふ。又利用の義なり、能く一切の物を摧破する故に利用と云ふ。智體亦爾り。生死海の中に沈淪すれども破壞するなく、還て能く一切の煩惱を破摧するが故に金剛と名く。而して胎藏は理なるが故に前五大なり、是れ干栗馱即ち肉團心なり、金剛智なるが故に識大なり、是は質多即ち緣慮心なり、又理は本具の故に本覺なり、智は始成の故に始覺なり、又胎は本有平等の曼荼羅なる故に自他此彼の差別を見ず、故に自證なり。金は自他彼此迷語の差別を見る故に化他なり。又胎は自證の故に其の曼荼羅は從果向因にして利他なり、智は始成の故に其の曼荼羅は從因至果にて自利也。又胎は一切衆生の因に住する位なれば因曼荼羅と名け、金剛は一切衆生の果に住すれば果曼荼羅と名く。故に之を方位に配すれば胎藏界は因位の故に發心位の東に配し金剛界は果位の故に成菩提位の西に配す。又遮表に配すれば胎藏界は多法界の表德門にして金剛界は一法界の遮情門なり。是れ理は有相の萬物十界の曼荼羅なり、智は無相の一空一月輪なればなり。又日月に配すれば胎藏界を日輪とし、金剛界を月輪とす、是れ胎藏界は本來圓滿の果德にして金剛界は十六分漸明の始覺なればなり。而して東密は此兩部に於て各不二を云ひ別に不二の法を立てず、台密には外に蘇悉地法を立てて不二の法と爲す【覺阿問答抄中、廣名目六、秘藏記鈔三】この兩界は本來對立すべきものに非らず。後世の釋者が强いて兩界の一致をはかる爲に附會して秘傳とせる說多く、以て後世を迷はすもの多し。胎藏の一門及び金剛の一門各一多、因果、理智、等を具せること明白なり。

解釋の手段としての對立は不可なけれども强いて相對立せしむべきにあらず。

兩部相對 ［術語］ 胎藏は蓮華に住す、蓮華は理の攝持を表すが故なり。金剛は月輪に住す、智の光照を表するが故なり。又蓮華は地に住す、月輪は天に居る、以て陰陽に配す、陰陽は是れ理智の異名なるが故なり。又胎藏の大日は曼荼羅の中位に住し横平等の義を表す、金剛の大日は一印會の最頂に居る竪差別の義を表す、理は平等智は差別なる故なり。又胎藏の大日は法界定印に住す、定は理の異名なり、金剛の大日は智拳印に住す、智の義は知るべし。【秘藏記鈔三】

兩部不二 ［術語］ 金胎兩部は理智一雙の法門なり、胎藏界は理性なり、金剛界は智用なり、而して理は智の體、智は理の用にして理智の冥一は水波の如くなれば兩部一體不二なり。果智の妙用と法性の寂靜とに於て姑く法門を異にせしのみ。而して兩部不二の深秘に依らば胎藏とは金剛を詮する名にして金剛とは胎藏を詮する名なり。其の故は𑖪𑖽字は是れ金剛界の大日の種子なるも五字を以て身の五處に布く時𑖪𑖽字を以て胎に布く、是れ金剛胎藏を詮する證なり、又𑖀字は胎藏界の大日の種子なるも大日經に𑖀字を說て勝作金剛輪と云ふ。是れ胎藏金剛を詮する證なり。之に依て胎藏界に金剛門を安じ、金剛界に蓮華門を安じ、又胎藏界の道場觀には先づ月輪を觀じ其の上に蓮華を觀じ、金剛界の道場觀には先づ蓮華を觀じ其の上に月輪を觀ず。即ち是れ胎金非二理智是一の意也。故に東密には兩部の外蘇悉地の不二法を立てざるなり。【秘藏記鈔一】

胎金率都婆 ［物名］ 胎藏界は𑖀等の五字所成にして金剛界は𑖪𑖽一字の所成なり。而して其の塔形に就て二說あり、一は胎藏界は五輪塔にして是れ本有の因德なれば莊嚴を加へざるなり、又金剛界は多寶塔にして是れ修生の果德なれば莊嚴を加ふるなり。又一說に二塔同じく五輪塔なり、蓮心に於て差別あるべし、五字所成は各別の五輪色法の塔にして、一字所成は無碍の五輪心法の塔なり。問ふ、今兩部の三昧耶曼荼羅に圖する所は同く寶塔に似て其の形差別なし、今何ぞ五輪塔と云ふや。答ふ、寶塔の總體五輪なり、五輪の上に四曼を以て莊嚴を加へしなり、今は本體に約して兩部共に五輪と云ふ。【秘藏記鈔四】而して之を自性清淨心とも眞如とも法性とも佛とも如來藏とも觀ずるなり。【秘藏記本】

兩部金剛優劣 ［雜語］「胎藏の普賢とは金剛手の異名なり、金剛名は第一內眷屬の上首なる故に別して之を擧ぐるなり、內眷屬は如來內證の智印を主るなり、然らば則ち金剛界の金剛も佛の內證智なり、故に知る兩部の金剛優劣なし。問ふ、胎藏界の外部に天鬼畜等の類あり、金剛界の外部に亦二十天あり此等總じて金剛と名く、此の金剛に於て兩部優劣なきや。答ふ、胎藏の金剛は業報實類の身にして佛の示現にあらず、金剛界の金剛は實類業報の人をして覺知せしめん爲め如來自ら外金剛部の衆を示現するなり、されば胎藏の金剛は實類の身所化の迷者なる故に劣なり、金剛界の金剛は權化の身能化の覺者なる故に勝なり。」【秘藏記本】

兩部結界 ［修法］ 兩部の深意を以て組み立てし結界なり。道場の爲に寺域を限るを結界と云ふ。⊙（盛衰記）に「兩部結界の道場」

リヤウブシンダウ 兩部神道 ［流派］ 天台宗所傳の神道を一實神道と云ひ、眞言宗所傳の神道を兩部神道と云ふ。又大內神道とも云ふ。兩部とは金胎兩部なり、金胎兩部の曼陀羅には天竺に奉ぜらるる一切の諸天神祇をも包羅して本迹權實の深秘を盡せり、本邦の密敎者此意を推して天照大神は大日如來、八幡宮は阿彌陀如來等と兩部曼陀羅の諸尊へ合同せしむるより、兩部習合の神道と名く。但し兩部の稱に新舊の別ありて、舊は聖德太子に始まると云ふ。太子佛神の二道を兼學兼用して舊事本紀を撰せしめ、安麻呂の古事記、舍人親王の日本紀皆佛神兩道の意を兼ねたり、是れ兩部神道の濫觴なり、故に兩部とは佛道神道なり。後弘法傳敎神佛兩道の奧秘を極め再び此神道を興行するに至て或は一實神道の名を創し或は兩部神道の名を襲用す、一實の名は顯敎の法華一實に取り、兩部の目は密敎の金胎に依る、此よりして兩部は金胎の事となると云ふ。而して兩部神道の稱は天台宗にも通ずれども彼の宗一實神道の目を專用するよりして、此亦眞言宗の別稱となれるなり。一實神道と兩部習合神道との相違は一實神道は釋伽金輪を本とし兩部神道は大日金輪を主とす、是即ち台東二密の相違なり。【兩部神道口決鈔一、一實神道略記】兩部神道家の相傳に嵯峨天皇空海に對して兩部神道の勅號を賜はれり、而も此勅號は佛道神道兼用の意なりと云ふ。然れどもその說く所附會に富み信じ難きもの多し。

リヤウブダイキヤウ 兩部大經 ［術華］ 密敎所依の經典のうち、善無畏三藏譯の大日經七卷と、不

空三藏譯の金剛頂經三卷とを云ふ。

リヤウブン　靈分　〔術語〕勤行の式に神分に對して靈分あり、祖師等の尊靈に奉ずるを靈分と云ふ。

リヤウボ　靈簿　〔物名〕每日禮拜の佛菩薩の名を記し、或は先亡の靈名を記したる過去帳なり。

リヤウホフクヂユウホフ　令法久住法　〔修法〕文珠一字法に依て修する秘法なり、東寺に無名法とは是なり、最極秘法なり。【溪嵐拾葉集六】

リヤウモクリヤウソク　兩目兩足　〔術語〕佛を云ふ。經中佛を稱して兩足尊と稱するより、兩目の二字を加へて語を成せしなり。⊙（海道記）「兩目兩足のならひ給へし臺」

リヤウリサンヅフシヨハウタイ　令離三途不處胞胎　〔雜語〕觀經十六觀中大勢至菩薩を觀ずる者は、三惡道を離れ胞胎によらずして常に諸佛國を遊觀するを得と也。【觀無量壽經】に「以ニ智慧光一普照ニ一切一。令レ離ニ三途一得ニ無上力一。是故號ニ此菩薩一名ニ大勢至一。乃至作ニ是觀一者不レ處ニ胞胎一。常遊ニ諸佛淨妙國土一。」⊙（續門葉集）「三の途はなるるのみかははきぎの其はらにさへ宿るべしやは」

リヤク　利益　〔術語〕功德と言ふ如し、若し分別せば自ら益するを功德と云ひ、他を益するを利益と云ふ。【法華文句記六之二】に「功德利益者。只功德一而無レ異。若分別者。自益名ニ功德一。益レ他名ニ利益一。」

リヤクエンタイキヤウ　歷緣對境　〔術語〕行住坐臥の緣に觸れ色聲等の境に對するなり。即ち日常の動作なり。【小止觀】に「第二明ニ歷緣對境修ニ止觀一者。端身常坐乃爲ニ入道之勝要一。而有レ累之身必涉ニ事緣一。若隨レ緣對レ境而不レ修ニ習止觀一。是則修心有ニ間絕一。結業隨レ處而起。豈得下疾與ニ佛法一相應上。乃至云何名ニ歷レ緣修ニ止觀一。所レ言緣者謂六種緣。一行。二住。三坐。四臥。五作。五言語。云何名ニ對レ境修ニ止觀一。所レ言境者謂六塵境。」【止觀七】に「觀行若明。能歷緣對境。觸處得レ用。」【輔行二】に「歷緣對境咸會ニ一如一。」

リヤクカイ　略戒　〔術語〕戒經に廣略の二敎あり、佛成道の後十二年の間は大衆淸淨にして犯戒の者なき故に曾て一戒を立てず、唯略偈を說て總じて善惡を勸誡せしのみなれば之を略戒又は略敎とも云ふ。十二年以後弟子の行法漸く放逸に流れ、爲に淸淨の法海を汚すを以て緣に隨て之を制し、遂に五篇七聚の多きに至る。之を廣戒又は廣敎と云ふ。略敎は利根に局り、廣敎は利鈍二機に通ず。【四分僧戒本】に「善護ニ於口言一。自淨ニ其志意一。身莫レ作ニ諸惡一。此三業道淨。能得ニ如レ是行一。是大仙人道。此是釋伽牟尼如來無所著等正覺。於ニ十二年中一爲ニ無事一僧說ニ此戒經一。從レ此已後廣分別說。」但し常には諸惡莫作。諸善奉行。自淨其意。是諸佛敎。」の四句偈を略戒とす又眞言には三平等戒を以て略戒とす。「サンマヤカイ」を見よ。

リヤクキヨトウカン　掠虛頭漢　〔雜語〕虛頭は虛空なり、掠取を掠取せんとする痴漢なり、虛頭は虛空なり、掠取すべきにあらず、慢心躁急の人を指して言ふ。【碧巖第十則】に「州便打云。這掠虛頭漢。」

リヤクケウカイキヤウ　略敎誡經　〔經名〕一卷、唐の義淨譯。少欲知足を讚し惡比丘の三種不善思惟を呵す。【宿帙八】（737）

リヤクコフ　歷劫　〔術語〕歷は經なり、劫數を經過するなり。世界成壞の期を劫と名く。【法華經普門品】に「弘誓深如レ海。歷劫不思議。」⊙（平家一）「歷劫不思議力及ばずと、返しの札をぞ打ちたりける」

リヤクコフウヱ　歷劫迂廻　〔術語〕漸敎の法門にて三祇百大劫の修行の後成佛する迂遠を、頓敎の人が一念成佛の迅速に比して名けたる名。

リヤクサンボウ　略三寶　〔儀式〕凡そ禪家諷唱の尾に必ず十方三世等の語あり、之を略三寶と名く。謂く十方三世一切佛は佛寶、諸尊菩薩摩訶薩は僧寶、摩訶般若波羅蜜は法寶なり。其の鳴磬の法は十方に一下、諸尊に一下、摩訶般若に一下以て三寶を分つなり。

リヤクシユツキヤウ　略出經　〔經名〕金剛頂瑜伽中略出念誦經の略名。

リヤクシユツネンジユキヤウ　略出念誦經　〔經名〕略出經に同じ。

リヤクセツカイキヤウ　略說戒經　〔經名〕佛垂般涅槃略說敎誡經の異名。

リヤクセツケウカイキヤウ　略說敎誡經　〔經名〕略說戒經に同じ。

リヤクネンジユホフ　略念誦法　〔修法〕金輪時處儀軌に此法を說く。是れ行者或は旅行し或は多事にして廣法を行ずる能はざる時、或は其の人の性として廣軌を好まざる者の爲に之を說く也。其の次第は、先づ護身法を以て吾が三業を淸め、次に小金剛輪の印明を以て壇場を成じ、次に其の尊の根本印を結で其の明を誦すると七遍、以て心額喉頂の四處を加持し、以て次第の如く大圓鏡智乃至成所作智の四智を成じ、次に金剛合掌して之を頂上に置き、ॐ字を誦すると二十一遍、以て供養法を成ず。以下は必ずしも數珠を捻せず。【秘藏記本、同鈔六】

リヤクホフケキヤウ　略法華經　〔儀式〕傳敎大師法華經の要文を傳授して略法華經と稱す。【一念

三千覆注】に「大師御稟承略法華經者。大總持妙法蓮華經。諸法實相。所謂諸法如是相。如是性。如是體。如是力。如是作。如是因。如是緣。如是果。如是報。如是本末究竟等。諸法空爲レ座。大慈悲爲レ室。柔和忍辱爲レ衣。非レ如非レ異。不下如二三界一見中於三界上。如レ斯之事如來明見。無レ有二錯謬一。慈眼視二衆生一。福聚海無量。永離二生死一。必證二大悟一。」

リヤクメウ　利益妙　〔術語〕法華十妙の一。佛、法を說き一切衆生本性を開悟して佛知見に入るを云ふ。

リヤクモンジン　略問訊　〔儀式〕「モンジン」を「見よ。

リヤクモンルヰ　略文類　〔書名〕見眞大師、初め顯淨土敎行證文類六卷を著して廣く眞宗の敎義を述ぶ、後に淨土文類聚鈔一卷を著して略して眞宗の敎義を明かす、後人上の廣本に對して略文類と曰ふ。

リヤクロンアンラクジヤウドギ　略論安樂淨土義　〔書名〕一卷、梁の曇鸞の作。或は言ふ文義取捨なきにあらず、見眞大師未だ甞て引用せず、是れ別人の作なり。【眞宗敎典志一】

リユウ　龍　〔異類〕梵語、那伽。Nāga 長身、無足、蛇屬の長なり。八部衆の一。神力を有して雲雨を變化す。【智度論】に「那伽。秦言レ龍。」【梵語雜名】に「龍、梵名曩ナ誐ガ。」【善見論十七】に「龍者長身無足。」慈雲の【天竺別集上】に「天龍一麟蟲耳。得二一渧之水一散二六虛一以爲二洪流一。」【輔行四】に「龍得二小水一以降二大雨一。」五不思議の中に龍の不思議あり。孔雀王經、大雲經等に諸龍王の佛法を護持するを說く。

龍得袈裟一縷免金翅鳥難　〔傳說〕【海龍王經四】に四大龍王あり、佛に白して曰く、四種の金翅鳥あり、常に海中の諸龍を食ふ、願くは佛擁護して安穩ならしめよ。佛便ち身の衣を脫して海龍王に告て曰く、汝當に此の如來の皂衣を取て諸龍に分與し皆周遍せしめよ、大海中に在て一縷に値ふ者は金翅鳥觸犯すると能はずと。【法華文句記】に「龍得二一縷一。牛角一觸。」

毒龍持戒至死　〔傳說〕「ドクリユウ」を見よ。

戒力驅龍　〔傳說〕【行持鈔資持記上一之三】

龍有三苦　〔傳說〕又三熱と云ふ。「サンネツ」を見よ。

リユウカ　龍河　〔地名〕尼連禪河の異名、此河中に龍ありて住すれば名く。金剛座の東に在て遠からず。【破僧事五】に「尼連禪河龍名二伽陵伽一。此云二黑色一。以二先業緣一住二此河中一。兩目皆盲。若佛出世眼即得レ明。若佛滅後其眼還盲。」【寄歸傳一】に「創成二正覺龍河一。九有興二出塵之望一。」【同四】に「擇二散寶於龍河一頗達二其妙一。」

リユウガイジ　龍蓋寺　〔寺名〕天智天皇の勅願にて義淵僧正の開基、西國第七番の順禮所なり、大和國高市郡岡本宮の舊趾にあり、故に一名を岡寺と云ふ。本尊は如意輪觀音なり、此の佛の胸に籠められし小佛は孝謙天皇の念持佛にて、唐土稽けい首しゆ君くんの作、一搩手半、二臂の如意輪、除厄の觀音なり。中興弘法大師、三國の土を以て丈六二臂の像を作り、彼の小佛を其の胸中に收む。初め道鏡此寺に住み、彼の小佛を得て孝謙帝に奉り、其の後伽藍を造立し彼の尊像を安置して、二月初午の日、天皇行幸ありて落慶し給ふと云ふ。【大和名所圖會五】

リユウガン　龍龕　〔物名〕賢聖の威德を龍に譬へ、其の遺體を藏する棺槨を龍龕と云ふ。【正宗記馬鳴章】に「四衆以二眞體一閟二之龍龕一。」

リユウクワウノズヰザウ　龍光瑞像　〔圖像〕楊州龍光寺に安置する旃檀の瑞像なり。「ズヰザウ」を見よ。

リユウクワウワウブツ　龍光王佛　〔佛名〕舍衛國の波斯匿王此佛の所に在て既に深位の菩薩たりき。【仁王經中】に「爾時世尊告二大衆一言。是波斯匿王。已於二過去十千刧龍光王佛法中一爲二四地菩薩一。我爲二八地菩薩一。」

リユウグウ　龍宮　〔雜名〕龍王の宮殿、大海の底に在り、龍王の神力に化作せらる。

海龍王請佛龍宮　〔傳說〕海龍王靈鷲山に詣て佛の說法を聞き、信心歡喜し、佛を大海の龍宮に請して供養せんと欲す。佛之を許す。龍王即ち大海に入て大殿を化作し、無量の珠寶種種に莊嚴し、且つ海邊より海底に通じて三道の寶階を造る、恰も佛往昔寶階を化して忉利天より閻浮提に降る時の如し。佛諸の比丘菩薩と共に寶階を涉て龍宮に入り、諸龍の供養を受けて爲に大法を說く。【海龍王經請佛品】

龍施太子入龍宮探如意球　〔傳說〕「ノウセタイシ」を見よ。

佛滅後敎法隱沒龍宮　〔傳說〕【摩訶摩耶經】に「千五百歲。乃至惡魔波旬及外道衆踊躍歡喜。競破二塔寺一殺二害比丘一。一切經藏皆悉流移至二鳩尸那竭國一。阿耨達龍王悉持入レ海。於レ是佛法而滅盡也。」【蓮華面經下】に「佛言二阿難一。此閻浮提及餘十方所有佛鉢及佛舍利。皆在二娑伽羅龍王宮中一。」

龍樹入龍宮取華嚴大經　〔經名〕「リウユジユ」を見よ。

文殊入龍宮化龍女　〔傳說〕「モンジユ」を見よ。

リユウグン　龍軍　〔人名〕Nāgasena 菩薩の名。即

ち那先比丘なり。佛滅後に出世して佛不說法の義を立つ。【倶舍論三十】に「若有二大德一。名曰二龍軍一。三明六通具二八解脫一。」【深密經疏一】に「那伽犀那。此云二龍軍一。即是舊翻三身輪主。彼說佛果唯有二眞如及眞如智一。無二色聲等麤相功德一。」「ナセンビク」を見よ。

龍軍與畢隣陀王問答 〔故事〕「ヒリンダ」を見よ。

リユウゲ 龍華 〔術語〕「リユウゲヱ」を見よ。

リユウゲ 龍牙 〔地名〕湖南の龍牙山の居遁禪師、初め翠微並に臨濟に參し、後に洞山に嗣ぐ。【五燈會元十三】

龍牙西來意 〔術語〕「ソシ」の項下「祖師西來意」參照。

リユウゲサンヱ 龍華三會 〔術語〕「リユウゲヱ」を見よ。

リユウゲジユ 龍華樹 〔植物〕彌勒佛成道の時の道樹なり。梵名、奔那伽。【彌勒大成佛經】に「枝如二寶龍一吐二百寶華一。」【大日經疏七】に「奔那伽是龍樹華。彌勒世尊於二此樹下一成佛。其直云二龍華一者。是龍中所尙之花。西方頗有二其種一。」

リユウゲセンボフ 龍華懺法 〔書名〕一卷、明の如惺集。彌勒菩薩を祈念して罪障を懺悔する作法を說く。

リユウゲヱ 龍華會 〔術語〕彌勒菩薩今は兜率天の內院に在り、當來五十六億七千萬年を經て此土に出世し、華林園中龍華樹の下に在て法會を開き、普く人天を度するを龍華會と云ひ、其の時を龍華下生の曉、龍華三會の時、龍華會の朝など云ふ。中世身を龍身に化し又は禪定に入りて龍華會を待たん事を期したる僧多多あり。「ミロク」を參照せよ。図 三井の園城寺は彌勒菩薩を本尊とし、每年一度艮日を撰んで大法會を修し、龍華會と稱す。【本朝續文粹十一】に實範朝臣の園城寺龍華會緣起あり。

龍華三會 〔術語〕彌勒佛華林園中の龍華樹の下に成道して三番の法會を開き、以て上中下三根の衆生を度し盡くせば、龍華三會と云ふ。羅什譯の【彌勒下生經】に「坐二龍華菩提樹下一。得二阿耨多羅三藐三菩提一。在二華林園一。其園縱廣一百由旬。大衆滿レ中。初會說法。九十六億人得二阿羅漢一。第二大會說法。九十四億人得二阿羅漢一。第三大會說法。九十二億人得二阿羅漢一。彌勒佛既轉二法輪一。度二天人一已。將二諸弟子一入レ城乞食。」【增一阿含經四十四】に「爾時去二雞頭城一不レ遠。有二道樹一名曰二龍華一。高一由旬。廣五百步。時彌勒菩薩坐二彼樹下一成二無上道果一。乃至爾時彌勒初會八萬四千阿羅漢。第二會有二九十四億人一。第三之會九十二億人民。皆是阿羅漢。亦復是我遺法弟子。」【心地觀經二】に「若有レ得レ聞二此心地觀報四恩品一。乃至若命終時即得レ往二生彌勒內宮一。覩二白毫相一超二越生死一。龍華三會當レ得二解脫一。」「サンヱ」參照。⊙（盛衰記二四）「五十六億七千萬歲の遙の後、人壽八萬、龍華三會の時までも」

リユウコ 龍戶 〔雜語〕龍宮なり。【寄歸傳一】に「恚損二輕枝一現生二龍戶一。」

リユウコウジ 龍興寺 〔寺名〕唐の玄宗天下の諸郡に敕して開元寺龍興寺を建てしむ。【佛祖統紀五十三】

リユウザ 龍座 〔儀式〕膝を屈して坐するなり、本朝の坐法是なり。【文殊師利根本大敎王經金翅鳥王品】に「作二龍座一而坐。貼膝坐也。」

リユウザウ 龍象 〔雜語〕Nāga 梵語、那伽。龍と譯し又象と譯す。賢聖の威力自在を龍に譬へ象に比す。【涅槃經二】に「世尊我今已與下大龍象菩薩摩訶薩。斷二諸結漏一。文殊師利法王子等上。」【舊華嚴經七】に「威儀巧妙最無レ比。是名二龍象自在力一。」【智度論三】に「那伽。或名レ龍。或名レ象。是五千阿羅漢。諸阿羅漢中最大力。以レ是故言二如龍如象一。水行中龍力大。陸行中象力大。」中阿含龍象經に唯佛大龍象たるを說く。図象の大なるを龍象と云ふ、馬の美なるを龍馬と言ふ如し。【維摩經不思議品】に「譬如二龍象蹴蹋一非二驢所レ堪。」【注】に「肇曰。象之上者爲二龍象一也。」【同嘉祥疏】に「此言二龍象一者只是一象耳。如三好馬名二龍馬一。好象云二龍象一也。」又、僧の敬稱。禪門に「四來龍象」「法筵龍象衆」など言ふ。

リユウザウ 龍藏 〔雜語〕龍宮の經藏なり。【禪宗龜鑑】に「庭前柏子話。龍藏所レ未レ有底。」

リユウザウキヤウ 龍象經 〔經名〕唯佛のみ大龍象たるを說く、烏陀夷因て頌を作て讃す。【中阿含經二十九】

リユウシ 龍子 〔異類〕大海の龍子常に金翅鳥に食はる、龍王佛に請ひて袈裟の一縷を得て其の難を免る。⊙（今昔物語）に「龍子免二金翅鳥難一語第九」「リユウ」を見よ。

リユウシヤウ 龍章 〔雜語〕經卷の異名なり。其の梵文の形龍蛇の蟠旋する如きを云ふ。

リユウシユ 龍珠 〔物名〕龍其珠を惜んで遠く去る。【四分戒本破二上】に「律中龍珠鳥翅。一去不レ還。」【行宗記二上】に「龍珠者。昔有二螺髻梵志一。居二恒水邊一。爲レ龍所レ撓。佛令レ從レ彼乞二頸下珠瓔一。龍即不レ來。」

リユウシユ 龍鬚 〔譬喩〕龍鬚の綳を以て身を縛して水に入れば轉た緊くして轉た痛し、猶牛皮を體

に繋で日に向ふ如し。以て利養の身を害するに譬ふ。【智度論】に「夫利養者如二龍鬚繩縛レ身入レ水。初損二戒皮一。次損二定肉一。後損二慧骨一。」【止觀五】に「狂計邪黠。逾迷逾遠。渇更飲レ鹹。龍𦇧縛レ身入レ水轉痛。牛皮繫レ體向レ日彌堅。」

リユウシユジヤウソンワウブツ　龍種上尊王佛　〔佛名〕文殊菩薩の本地なり。【首楞嚴三昧經下】に「龍種上如來。」【心地觀經三】に「龍種淨智尊王佛。」【智度論二十九】に「龍種尊。」【法華文句記二】に「龍種上尊王。」異名同體なり。「モンジユ」を見よ。

リユウシユセン　龍主仙　〔術語〕羂索を念誦して成就せしを龍王仙と名く、諸龍中に於て自在を得。【聖迦抳金剛童子軌上】

リユウシユソン　龍種尊　〔佛名〕文殊の本地。

リユウシヨウ　龍勝　〔人名〕龍樹菩薩の異名。舊譯に龍樹。新譯に龍猛。龍勝、龍猛、名異義同。【大藏經目錄】に「順中論二卷。龍勝菩薩造。無着菩薩釋。」【釋氏稽古略一】に「龍樹大士。西天竺人也。亦名二龍勝一。」「リユウジユ」を見よ。

リユウジユ　龍樹　〔人名〕菩薩の名。舊稱、那伽曷樹那、那伽阿周陀那 Nāgārjuna 阿周陀那の下に生るれば阿周陀那と名け、龍を以て道を成ずれば龍と字す。新稱、那伽閼刺樹那。龍猛と譯す。佛滅後七百年南天竺に出世し、（摩訶摩耶經下。）馬鳴の弟子迦毘摩羅尊者の弟子にして提婆菩薩の師なり。（付法藏傳五。）龍宮に入て華嚴經を齎らし、鐵塔を開て密藏を傳へ、顯密八宗の祖師たり。【龍樹傳】に「龍樹菩薩者。出二南天竺梵志種一也。（乃至）其母樹下生レ之。因字二阿周陀那一。阿周陀那樹名也。以レ龍成二其道一故以レ龍配レ字。號曰二龍樹一也。」

【西域記八】に「那伽閼刺樹那菩薩。唐言二龍猛一。舊譯曰二龍樹一非也。」⊙（榮花、玉の臺）「かの龍樹菩薩の十二禮拜を思ひて」

龍樹本迹　〔本生〕龍樹菩薩の本地は過去の妙雲相佛又は妙雲自在王如來と云ふ、今は垂迹の身にして初歡喜地の位にありと云ふ。【三寶感應錄下】に「金剛正智經中。馬鳴過去成佛號二大光明佛一。龍樹名二妙雲相佛一。大莊嚴三昧經中。馬鳴過去成佛號二日月星明佛一。龍樹名二妙雲自在王如來一。」弘法の【付法傳上】に「尋レ本則妙雲如來。現レ迹則位登二歡喜一。」【八宗綱要上】に「龍樹則昔之妙雲相佛。今則寄二位於初歡喜一。」（但三寶感應所引の二經藏經の中に無し。）

龍樹出家因緣　〔故事〕【龍樹傳】に「龍樹婆羅門種に生れ、一切の經書道術通ぜざる所なし。契友三人あり、相共に術家に至り隱身の法を學び、王の宮中に婬樂を爲す。王之を悟り諸の宮門を閉じ、數百の力士をして刀を以て空を斬らしむ。三人の者即ち死し、唯龍樹王の頭側に依り免るるを得たり。是の時始めて欲の衆禍の本たるを知り、山に入て一佛塔に詣り出家受戒す。」（付法傳亦同じ。）⊙（今昔物語）に「龍樹俗時作隱形樂語」

龍樹入龍宮齎華嚴經　〔傳說〕【龍樹傳】に龍樹已に出家して雪山に入る。山中に塔あり、塔中一老比丘あり、大乘經典を以て之に授く。誦持愛樂して實義に通ずれども未だ通利を得ず、諸國に周遊して更に餘經を求むれども得ず。自ら念じて言く、佛經妙なれども猶盡さざる所あり、我れ未盡を推して之を演べ、後學を悟さんと。此に於て更に衣服を造て教戒を立て、佛法に附して小異あらしめんと欲し、獨り靜處の水精房中に在て此事を思惟す。大龍菩薩これを見て惜んで之を憐み、即ち之を接して海に入る。宮殿の中に於て七寶の華函を發し諸の方等深奧の經典無量の妙法を以て之に授く。龍樹受讀九十日中通解甚だ多し。龍問て曰く、看經遍しや。答て言く、汝が諸函中の經典無量なり、我が讀む所已に閻浮提に十倍す。龍送て南天竺に出でしむ。大に佛法を弘め外道を摧伏す。」（付法藏傳五亦同じ。）【賢首華嚴傳一】に「如二眞諦三藏云一。西域傳記說。龍樹菩薩往二龍宮一見二此華嚴大不思議解脫經一。有二三本一。（乃至）下本見レ流二閻浮一。」「見よ。

龍樹開鐵塔傳密敎　〔傳說〕「テツタウ」を見よ。

龍樹傳法提婆　〔故事〕⊙（今昔物語）に「龍樹提婆二菩薩傳法語二十五」「ダイバ」を見よ。

龍樹自殺　〔傳說〕【龍樹傳】に一の小乘師あり、龍樹の高明を見て常に忿嫉を懷く。龍樹爲に閑室に入て自ら蟬脫すと記し、【西域記十】に引正太子の爲めに自頸するを記す。「インシヤウタイシ」を見よ。

リユウジユシユウ　龍樹宗　〔術語〕龍樹は八宗の祖なれども、單に龍樹宗と曰へば三論の空宗なり。是れ天竺に於て彌勒の瑜伽宗に對して並び行はれたる大乘宗の隨一なればなり。【寄歸傳一】に「所レ云大乘無レ過二二種一。一則中觀。二乃瑜伽。中觀則假有眞空體虛如幻。瑜伽則外無內有事皆唯識。」

リユウジユボサツデン　龍樹菩薩傳　〔書名〕一卷、秦の羅什譯。付法藏傳龍樹章と大同。【藏帙五】（1461）

リユウジン　龍神　〔異類〕龍能く不測の力用を具すれば稱して神となす。八部衆の一なり。【法華經序品】に「四衆龍神瞻二察仁者一。」

龍神八部 [雜語] 八部衆の中に天又は龍を以て魁とすれば天龍八部とも龍神八部とも云ふ。詩書六經と言ふ如し。「ハチブシユ」を見よ。

龍神三熱 [傳說] 阿耨達池の龍王を除き他の一切の龍屬に三熱の苦あり。「サンネツ」を見よ。

リユウスヰクワンヂヤウ 流水灌頂 [修法]「ナガレクワンヂヤウ」を見よ。

リユウセニヨキヤウ 龍施女經 [經名] 一卷、吳の支謙譯。須福長者の女龍施と名く、浴時遙に佛の相好を見て菩提心を發す。魔變じて父の相となり、初めて小乘を修せしむ、心堅くして動かず、魔教へて樓より投下して死せしむ、變じて男子と成り、道記を得。【宙帙七】(297)

リユウセボサツホンギキヤウ 龍施菩薩本起經 [經名] 一卷、西晉の竺法護譯。龍施女自ら過去の經歷を說く。【宙帙七】(298)

リユウセン 龍泉 [雜名] 龍の住する泉池なり、龍力を以ての故に水竭るとなしと云ふ。【智度論七】に「譬如二龍泉一。龍力故水不レ竭。」

リユウソン 龍尊 [佛名] 龍種尊の略。文殊菩薩の本地の名。「リユウジユソン」を見よ。又、龍王の尊稱。【大日經疏二】に「龍尊是諸大龍。倶吠囉等皆世所二宗奉一大天也。」

リユウソンワウ 龍尊王 [佛名] 文殊菩薩の本地龍種上尊王佛の略稱。

リユウタウ 龍湯 [飮食] 人畜の糞尿より成りし藥なり、又黃龍湯と云ふ、一種の陳棄藥なり。支那の僧俗之を用ふ。義淨三藏之を痛斥す。【寄歸傳三】に「自有二方處一鄙俗久行。病發即服二大便小便一。疾起便用二猪糞猫糞一。或堈盛瓫貯號曰二龍湯一。雖レ加二美名一穢惡斯極。」【南山羯磨疏三下】に「腐爛藥者。世所二同棄一而實可レ收。即大小便也。」【濟緣記三下】に「小便治レ勞。大便解レ熱。名二黃湯一。」【止觀二之三】に「譬如下父母見二子得ヒ病不レ宜二餘藥一。須二黃龍湯一鱉レ齒瀉レ之。服已病愈上。」【大部補注十二】に「止觀云二黃龍湯一者大便汁也。」「チンキヤク」を見よ。

リユウチ 龍智 [人名] 龍猛の弟子金剛智の師、密宗の第四祖なり。壽七百を踰へて面貌少壯の如し、玄奘三藏親しく其の人に就て中觀論百論等を學ぶと云ふ【付法傳上】

リユウチク 龍畜 [雜語] 龍屬は六趣の中に畜生趣なれば畜と云ふ。

リユウチクキヤウ 龍畜經 [經名]⦿(盛衰記)に龍軸經とあるは龍畜經の誤なるべし、但大藏經中になし。

リユウテン 龍天 [雜語] 八部の中の龍衆と天衆なり。又、龍樹天親の二菩薩なり。

リユウニヨ 龍女 [異類] 娑竭羅龍王 Sāgara-nāgarāja の女、八歳にして靈鷲山に詣り、成佛の相を現ず。【法華經提婆品】に「爾の時に文殊師利千葉の蓮華の大さ車輪の如くなるに坐し、倶に來れる菩薩も亦た寶蓮華に坐して、大海の娑竭羅龍宮より自然に涌出して虛空の中に住し、靈鷲山に詣て蓮華より下りて佛前に至り、頭面に二世尊(釋迦と多寶。)を敬禮す。乃至智積菩薩文殊師利に問て言く、此經は甚深微妙にして諸經の中の寶、世に希有なる所なり、もし衆生の勤て精進を加へ此經を修行して速に佛を得る者ありや否や。文殊師利言く。有り、娑竭羅龍王の女年始めて八歳なり、智慧利根にして善く衆生の諸根の行業を知り、陀羅尼を得、諸佛の所說甚深の秘藏悉く能く受持し、深く禪定に入て諸法を了達し、剎那の頃に於て菩提心を發し不退轉を得たり。乃至智積菩薩言く、我れ釋迦如來を見るに、無量劫に於て難行苦行し、功を積み德を累ねて菩薩の道を求むると未だ曾て止息せず、乃至然る後乃ち菩提の道を成ずるを得たり。此女の須臾の頃に於て便ち正覺を成ずるを信ぜずと。言論未だ訖はらざる時に龍王の女忽に前に現じて頭面に禮敬す。乃至爾の時に舍利弗龍女に語て言く、汝久しからずして無上道を得たりと謂ふ、是の事信じ難し。所以はいかん、女身は垢穢にして是れ法器にあらず、云何ぞ能く無上菩提を得ん。佛道は懸曠なり、無量劫を經、勤苦して行を積み具さに諸度を修し、然して後に乃ち成ず。又女人の身には猶五障あり、乃至云何ぞ女身にして速に成佛するを得んと。爾の時に龍女一の寶珠あり、價直三千大世界なり、持し以て佛に上る。佛乃ち之を受く。龍女、智積菩薩と尊者舍利弗に謂て言く、我れ寶珠を獻じ、世尊の納受、此事疾きや不や。答て言く甚だ疾し。女の言く、汝が神力を以て我が成佛を觀よ、復た是より速ならんと。當時の衆會皆な龍女の忽然の間に變じて男子となりて菩薩の行を具し、即ち南方無垢世界に往き寶蓮華に坐して等正覺を成じ、三十二相八十種好ありて普く十方の一切衆生の爲に妙法を演說するを見る。」⦿(源氏)「龍の中より佛うまれ給はばこそ待らめ」(曲通盛)「龍女變成ときくときは姥もたのもしや」

リユウハウ 龍方 [雜語] 北方なり、五行に依れば北方は水なればなり。【大日經一】に「是等依二龍方一。」

リユウフンジンザンマイ 龍奮迅三昧 [術語] 此の三昧の力能く龍の奮迅する如き勇猛の威勢を現ずるなり。【正宗記龍樹章】に「即入二龍奮迅三昧一據二身空中一。如二日輪相一。然後復二本座一示寂。」

リユウホウ 龍峯 [人名] 黃龍派の祖慧南禪師、

宋の黄龍山に住しければ其の法脈を黄龍派と稱し、師を龍峯と稱す。

リユウミヤウ　龍猛　〔人名〕舊譯に龍樹、新譯に龍猛と云ふ。【西域記八】に「南印度那伽閼刺樹那菩薩。唐言二龍猛一。舊譯曰二龍樹一。非也。」龍樹の譯名に三あり、一に龍樹（羅什譯の龍樹傳）二に龍勝（般若流支譯の順中論）三に龍猛（今の西域記）嘉祥の【中論疏序】に龍樹と龍勝との名を會し、賢首の【宗致義記上】に龍樹と龍猛との名を會す。眞言宗には常に新譯に依て龍猛の名を用ふ。「リユウジユ」を見よ。⊙（東鑑）に「龍猛菩薩の術」龍樹菩薩の隱形術を云ふ。（水鏡）に「南天竺に龍猛菩薩と申す僧いますなりと承はりし」

リユウワウ　龍王　〔異類〕龍屬の王、其の眷屬に對して王と稱す。

五類龍王　〔名數〕【大集經須彌藏品】に「善住龍王爲二一切象龍王一。婆難陀龍王爲二一切蛇龍王一。阿耨達龍王爲二一切馬龍王一。婆樓那龍王爲二一切魚龍王一。摩那蘇婆帝龍王爲二一切蝦蟇龍王一也。」

七龍王　〔名數〕蓮華龍王、二に翳羅葉龍王、三に大力龍王、四に大吼龍王、五に小波龍王、六に持驛水龍王、七に金面龍王。【最勝經一】

八龍王　〔名數〕【法華經序品】に「有二八龍王一難陀龍王 Nanda　跋難陀龍王 Upananda　娑伽羅龍王 Sāgara　和修吉龍王 Vāsuki　德叉迦龍王 Takṣaka　阿那婆達多龍王 Anavatapta　摩那斯龍王 Manasvin　優鉢羅龍王等 Utpalaka　各與二若干百千眷屬一俱。」

八十一龍王　〔名數〕【名義大集一六七】に出づ。

一百八十五龍王　〔名數〕【大雲請雨經】に出づ。

リユウワウキヤウダイキヤウ　龍王兄弟經　〔經名〕一卷、吳の支謙譯、目連尊者難頭和難の兄弟の二龍を降伏することを說く。【宿帙七】(707)

リヨウガ　楞伽　〔地名〕Laṅkā 新に餕伽、又は駿伽に作る、師子國即ち錫蘭島に在る山の名（今の Adam speak）なり。楞伽は寶の名、又は不可到、難入の義なりと云ふ。即ち山に楞伽寶あるを以て名け、又險絶にして常人入り難きて以て名くとなり。佛嘗て此に大乘經を說き楞伽經と名く。【西域記十一師子國】に「國東南隅有二餕（勒登反）伽山一。巖谷幽峻。神鬼遊舍。在昔如來於レ此說二餕伽經一。舊曰二楞伽經一。訛也。」【慧琳音義三十一】に「楞伽。正梵音云二餕伽一。山名也。勒鄧反。此亦寶名也。此山多饒二此寶一故以爲レ名。在二南海中師子國西南隅一海島大山也。」【華嚴疏鈔六十二】に「楞伽。此云二難往一。」【楞伽經心玄義】に「楞伽此云二難入一。」（世尊說法に關しては史實なし。）

リヨウガアバタラホウキヤウ　楞伽阿跋多羅寶經　〔經名〕Laṅkāvatāra-sūtra 四卷、劉宋の求那跋陀羅譯。本經三譯中の最古なり。楞伽は山の名、阿跋多羅は入の義、佛此山に入て法を說く故に入と名く、新譯に入楞伽經と云ふ是たり。寶は譯人の添加にて楞伽寶に因みて經義の無上寶たるを表せしなり。或は言ふ、阿は無なり跋多羅は上なり、阿跋多羅寶は即ち無上寶なりと。【華嚴疏鈔六十二】に「經題云二楞伽阿跋多羅寶經一。阿之言無。跋多羅云レ上。寶即此方之言。」【楞伽心玄義】に「阿伐哆陀羅。此云二下入一。以三梵語中下入上入悉有二別名一。唯從レ上下入別有二此名一。如二入菩薩等一。解二四卷一者翻爲二無上一。此甚訛也。勘二諸梵本及十卷中一。都無二寶字一。十卷中翻爲レ入者當レ名也。」【黃帙六】(175)

リヨウガキヤウ　楞伽經　〔經名〕四譯ありて今三本を存す。一に宋の求那跋陀羅譯、楞伽阿跋多羅寶經と名け、四卷あり、四卷楞伽と名く。二に元魏の菩提流支譯、入楞伽經と名く、十卷あり、十卷楞伽と名く。三に唐の實叉難陀譯、大乘入楞伽經と名く、七卷あり、七卷楞伽と名く。

註疏　楞伽阿跋多羅寶經註解四卷、明の宋泐如玘同註。同義疏四卷、明の智旭著。

リヨウガキヤウユヰシキロン　楞伽經唯識論　〔書名〕一卷、元魏の菩提留支譯、唯識二十論三譯の最古なり。

リヨウガケンキ　楞伽懸記　〔術語〕釋尊楞伽山にありて如來の滅後、南天竺に大德の比丘あり、龍樹と云ふ。大乘無上の法を宣說し、初歡喜地を證し、安樂國に往生すべしと懸記し給ひしことを云ふ。楞伽經九（七卷經は第六）に出づ。

リヨウガセン　楞伽山　〔地名〕「リヨウガ」を見よ。

リヨウゴンキヤウ　楞嚴經　〔經名〕「シユリヨウゴンキヤウ」を見よ。

リヨウゴンサンマイ　楞嚴三昧　〔術語〕Śūraṅgama-samādhi 首楞嚴三昧の略名。

リヨウゴンシユ　楞嚴呪　〔眞言〕又、佛頂呪と云ふ。楞嚴經所說の神呪なり。四百二十七句あり此中最末の八句を心呪とす。【楞嚴經長水疏】に「此呪四百二十七句。前諸句數但是歸二命諸佛菩薩衆賢聖等一。及敘三呪願加被離二諸惡鬼病等難一。至二四百十九一云二哆姪他一。此云二即說呪曰一。從二四百二十唵字一去方是正呪。如丁前云丙六時行道誦レ呪。每二一時一誦乙一百八徧甲。即正誦二此心呪一耳。如或通誦更爲レ盡レ善。」

リヨウゴンセンドク　楞嚴先德　〔人名〕慧心

僧都源信、横川の首楞嚴院の住僧なれば後人尊で楞嚴の先德と稱す。又、其の著往生要集を楞嚴の要集と云ふ。

リヨウゴンダイシ　楞嚴大師　[人名] 宋の長水の子璿、楞嚴經に依て開悟し、此經を講ずると三十遍、義疏十卷を製す。大中祥符六年翰林學士錢公奏して楞嚴大師の號を賜ふ。【楞嚴經眼髓一】

リヨウゴントウ　楞嚴頭　[職位] 禪家にて楞嚴咒を擧唱するものの職名なり、音聲好き人を請じて之に充つ。【敕修淸規楞嚴會】に「維那先期擇下有二音聲一者上爲二楞嚴頭一。」又「維那白佛宣疏畢。楞嚴頭喝二楞嚴一。衆和果仍作二梵音一唱二念經首引門一畢方擧レ咒。咒畢喝二摩訶一。衆和畢。維那廻向。」

リヨウゴンモング　楞嚴文句　[書名] 明の智旭の撰、首楞嚴經文句なり。

リヨウゴンキン　楞嚴院　[寺名]「シユリヨウゴンキン」を見よ。

リヨウゴンヱ　楞嚴會　[行事] 禪林の古法に安居結制中魔障を除かん爲に楞嚴壇を設け、毎日衆僧集て楞嚴咒を誦す、楞嚴會と稱す。四月十日を啓建とし七月十三日を滿散とす。【勅修淸規楞嚴會】に「楞嚴會乃祈二保安居一。」又「四月十三日啓建。至二七月十三日一滿散。」【備用淸規楞嚴會】に「古法放參後山門首諷誦。眞歇和尙住二徑山一。謂三衆不二專誠一則在二粥罷一。」

リヨク　離欲　[術語] 貪欲、婬欲を離るるなり。【法華經普門品】に「若有二衆生一多二於婬欲一。常念恭二敬觀世音菩薩一。便得レ離レ欲。」【四十二章經】に「離欲寂靜。是最爲レ勝。」

リヨクタイ　離欲退　[術語] 欲界九品の修惑を斷じ盡して不還果を得たる聖者が再び欲界の煩惱を起して退轉するを云ふ。

リヨクチ　離欲地　[術語] 通敎十地の第六地。欲界の煩惱を離るる位、即ち藏敎の不還果なり。

リラク　利樂　[術語] 利益と安樂なり。後世の益を利と云ひ、現世の益を樂と云ふ。或は一體の異名なり。【唯識述記一本】に「利謂利益。即是後濟。樂謂安樂。即是現濟。乃至利與レ樂一體異名。」【新譯仁王經中】に「常遍二法界一利二樂衆生一。」

リラクウジヤウ　利樂有情　[術語] 有情を利益して樂ましむること。菩薩利他の行なり。

リロン　理論　[術語] 事論に對す、差別の事相に就て論ずるを事論と云ひ、平等の理性に就て論ずるを理論と云ふ。【法華玄義六】に「理論則同如是故不異。事論有二機應一是故不一。」

リワ　理和　[術語] 僧伽に理事二和あり、同一界内の僧、身口意の三業乖角せざるを事和と云ひ、同じく見思の惑を破し、同じく無爲の理を證するを理和と云ふ。

リワク　理惑　[術語] 事惑に對す。我見邊見等の見惑の四諦の理に迷惑するを理惑と云ひ、貪瞋等の思惑の世間の事相に迷惑するを事惑と云ふ。藏通二敎に就く又根本無明の惑能く中道の理を障覆して顯發せしめざるを理惑と云ひ、見思の惑能く空寂の理を覆ひ、塵沙の惑化導の事相を障ふるを事惑と云ふ。別圓二敎に就く【玄義釋籤六】図所證の理と所斷の惑となり。【玄義釋籤一】に「理惑體一。境智如如。」

リワツ　離曰　[人名] 又、離越に作る。比丘の名。

リヲツ　離越　[人名] 比丘の名。「リバタ」を見よ。「リバタ」を見よ。

リン　輪　[物名] 梵語斫羯羅。Cakra.【梵語雜名】

三輪　[名數] 惑業苦の三道、輪轉無究なれば輪と云ふ。

「ば輪と云ふ。

五輪　[名數] 地水火風空の五大、周圓具足すれ

九輪　[名數] 塔上に突出する九層の輪蓋なり。

リン　鈴　[物名] 佛前の鳴り物なり。其形鈴の類なれば鈴と名く、唐音を以て鈴と呼ぶ、密家には之を金鋺と云ふ、儀軌の中に出づ。【眞俗佛事編二】

リンアガシキ　隣阿伽色　[術語]「アカシキ」を見よ。

リンカク　麟角　[術語] 具名、麟角喩。略して麟角と云ひ、或は麟喩と云ふ。緣覺佛の獨證を麟の一角に譬へて云ふ。「ドクカク」を見よ。

リンカン　淋汗　[雜語] 禪家に夏月の入浴を淋汗と云ふ。淋は【說文】に「以レ水沃也。」蓋し熱時には常に汗あり、故に毎日入浴して汗を沃くなり。【象器箋九】

リンカンロク　林間錄　[書名] 二卷、宋の洪覺「範著。

リンクワ　輪火　[譬喩] 又、旋火輪とも云ふ。木頭に火を點し、之を急轉して火輪の形を爲すもの。以て遍計所執の假有實無に譬ふ。【圓覺經】に「猶レ廻二輪火一。」

リンケ　輪華　[物名] 輪多梨華の畧。寶珠の名。【秘藏寶鑰下】に「輪華能出二體大等一。」「リンタリケ」を見よ。

リンゲサ　輪袈裟　[衣服]「ワゲサ」なり。

リンコ　隣虛　[術語] 又隣虛塵と云ふ。新譯に極微と云ふ。色法の最極少分にして虛空に隣似するもの、之を色法の根本となす、勝論外道は此隣虛を三災劫末の時にも壞せず、虛空に分散して常住なりと計す。佛敎にも小乘有部宗にては極微實有と立つれども、因緣の所作なれば業力盡ると共に極微も壞るる故、無常生滅なりと明かす。是れ内外道の區別なり。【楞

嚴經三】に「汝觀二地性一。麁爲二大地一。細爲二微塵一至二隣虛塵一。」【百論序疏】に「外道計。隣虛無二十方分一。圓而是常。乃至毘曇明亦有二隣虛塵一。無二十方分一。具二二緣一生。故是無常。一因緣。二增上緣。」【止觀三】に「如三釋論解二檀波羅蜜一。破二外道隣虛一云。此塵爲レ有爲レ無。若有二極微色一則有二十方分一。若無二極微色一則無二十方分一。」

リンゴク　隣極　【術語】佛の極果に隣似するなり、舍利弗等の大弟子を云ふ。【三論玄義】に「隣極亞聖名二舍利弗一。」

リンゴンジヤク　隣近釋　【術語】六合釋の一。二體が一處に寄り合て在る中、强き物に就て名を立つるを云ふ。四念處と云ふ如き、念處の體は慧なれども、其時相應して起る念の心所の力が强き故に念處と名を立つるは隣近釋なり。隣近とは近き隣の續き家に就て名を立つる心持なり。八瀨大原あたりの人が他國へ徃けば强き邊に從へて京都なりと云ふが如し。

リンサ　輪差　【雜語】輪番なり、上位より差遣して下位に到り、復た還て上位に及ぶ、車輪の如し、故に名く。

リンサイ　輪際　【雜語】金輪際(こんりんざい)なり。大地の底を金輪と云ふ。「コンリン」を見よ。

リンサイ　臨齋　【雜語】午齋の時に臨むなり。午齋の時の諷誦を臨齋諷經と云ふ。

リンサイ　輪臍　【雜語】輪の中心を云ふ。【瑜祇經】に「行人自爲レ佛。處二於輪臍中一。」

リンサイフギン　臨齋諷經　【儀式】食事の前に「讀經するヿ。」

リンサウ　輪相　【物名】塔の頂上に在る輪蓋なり。通常九層あれば俗に九輪と云ふ。經律の中に輪相とも相輪とも金剎とも金幢とも露盤とも云ふ。【寄歸傳四】に「制底如二小栗一。上置二輪相一。竿若二細針一。」「サウリン」を見よ。

リンサウ　林葬　【儀式】四葬の一。屍を林中に放して野獸に施すなり。

リンザ　輪座　【雜語】轉輪王の座位なり。

リンザイ　臨濟　【人名】唐の鎭州臨濟の義玄、曹州南華の人、姓は荊氏、黃檗に嗣ぐ、臨濟宗の祖なり。【傳燈錄十三】

臨濟大悟　【故事】臨濟黃檗に問ふ、如何か是れ佛法的的の大意、檗便ち打つ、是の如きヿ三度。乃ち檗を辭して大愚に見ゆ。愚問ふ甚麽の處よりか來るや、濟云く、黃檗より來る。愚云く、黃檗何の言句かある。濟云く、某甲三たび佛法的的の大意を問て三度棒を喫す、知らず過ありや過なきや。愚云く黃檗恁麼に老婆儞がために徹困なるを得たり、更に來て有過無過を問ふや。濟言下に大悟す。【臨濟錄、會元十一、從容錄八十六則】

臨濟四喝　【公案】【臨濟錄】に「臨濟問レ僧。有時一喝如二金剛王寶劍一。有時一喝如二踞地金毛師子一。有時一喝如二探竿影草一。有時一喝不レ作二一喝用一。汝作麼生會。僧擬議。師便喝。」

臨濟眞人　【公案】臨濟上堂して云く、赤肉團上に一無位の眞人あり、常に汝等諸人の面門より出入す、未證據の者は看よ看よと。時に僧あり出でて問ふ、如何なるか是れ無位の眞人。師禪床を下て把住して云く、道へ道へ。其僧擬議す、濟托開して云く、無位の眞人是れ什麼の乾屎橛ぞと。便ち方丈に歸る。【臨濟錄、人天眼目上、從容錄三十八則】

臨濟栽松　【公案】臨濟松を栽る次、黃檗問ふ、深山裏に許可を栽て什麼か作さん。師云く、一には山門の爲めに境致を作し、一には後人の爲に標榜と作さんと。道ひ了て钁頭を得て地を打つを三下。黃檗云く、然も是の如しと雖已に吾が三十棒を喫し了れりと。師又钁頭を以て地を打つを三下、噓噓の聲を作す。黃檗云く、吾宗汝に到て大に世に興らん。【臨濟錄、會元十一】

臨濟瞎驢　【公案】臨濟遷化に臨む時、據坐して云く、吾が滅後吾が正法眼藏を滅却するを得ざれと。三聖出でて云く、爭でか敢て和尙の正法眼藏を滅却せん。師云く已後人ありて儞に問はば他に向て什麼とか道はん。三聖便ち喝す。師云く、誰か知らん吾が正法眼藏這の瞎驢邊に向て滅却せんとを、言ひ訖て端然示寂。」【臨濟錄、會元十一、從容錄十三則】

リンザイシユウ　臨濟宗　【流派】禪宗五家の一。曹溪の六祖慧能より南嶽、馬祖(はそ)、百丈、黃檗を歷て臨濟の義玄に至り、一家を張り臨濟宗と稱す。即ち慧能六世の孫なり。又臨濟より六世の孫を石霜の圓禪師とし、圓禪師の下に楊岐黃龍の二派を分つ。吾朝には建仁寺の千光國師榮西、後鳥羽帝の御宇に入宋して黃龍八世の孫東林寺の虛庵懷敞禪師を繼承し、東福寺の聖一國師辨圓、四條天皇の朝に入宋して楊岐九世の孫徑山の無準和尙に嗣法して歸り、爾後臨濟の家風日東に滂沛せり。

リンザイシユウジフハ　臨濟宗十派　【名數】臨濟宗の十派。建仁寺派、建長寺派、東福寺派、圓覺寺派、南禪寺派、大德寺派、天龍寺派、相國寺派、妙心寺派、永源寺派の稱。

リンザウ　輪藏　【堂塔】大層龕の中心に一柱を建て、八面を開て一切經を架し、機輪を設けて旋轉すべ

からしめ、之を輪藏と云ふ。以て之を一旋すれば看讀と其功を同じからしむ。梁の傅大士より創まるなり。【釋門正統塔廟志】に「復次諸方梵刹立二藏殿一者。初梁朝善慧大士傅翕玄風愍下諸世人雖中於二此道一頗知上信向。然於二贖命法寶一或有二男女生來不レ識レ字者一或識レ字而爲二他緣逼迫一不レ暇二披閱一者。大士爲レ是之故特設二方便一。創二成轉輪之藏一。令下信心者推レ之一匝則與二看讀一同上功。故其自誓曰。有下登二吾藏門一者上生生不レ失二人身一。又能旋轉不レ計レ數者是人所レ積功德則與二誦經一無レ異。乃至若夫諸處俱奉二大士寶像於藏殿前一。首頂戴二道冠一。肩披二釋服一。足躡二儒履一。謂三之和二會三家一。佛印禪師了元爲二王荊公一贊二其所レ收畫像一曰。道冠儒履釋加沙。和二會三家一作二一家一。忘二却率陀天上路一。雙林痴坐待二龍華一。又列二八大神將一運二轉其輪一。謂天龍八部也。又立二保境將軍一助二香花之奉一。謂二是在日烏傷宰一也。兹三者攷レ錄無レ文。不レ能二自決一。」傅翁は齊の建武四年に生れて陳の大建元年に寂す。佛祖統紀二十三に傳あり。さて藏前に大士の像を安ずるは支那已來の式なれども、左右の童子俗に笑佛と稱するは漢典の據を見ず、相傳に是れ大士の子にして左は普建右は普成なりと云ふ。◉(山、輪藏)に「あり難や釋迦一代の藏經を、大唐よりも渡しつつ、末世の衆生濟度のために、輪藏に納め結緣の手に觸れ緣を結ばせんとの御神の誓ひぞ有り難き。南無の傅大士晉建晉成。現受無比樂後生淸淨土」と。以て輪藏を廻すことが功德となると信ぜられたるを見るべし。

リンシン　輪身　〔術語〕密教の法に佛菩薩の身に三種の輪身を說く。「ケウリヨウリンシン」を見よ。

リンジ　輪字　〔術語〕金剛因菩薩の種子𑖌滿字を稱す。金剛因菩薩は轉法輪の彌勒菩薩なれば、其の彌勒の三形に約して輪と稱す。【瑜祇經】に「金剛轉輪者。輪字化二諸輪一。」【拾古鈔下】に「御口決云。因是彌勒即轉法輪菩薩故。云二轉輪者一。」又金剛業菩薩の種子𑖎劒字を稱す。是れ其の菩薩羯磨の種子なればなり。【瑜祇經】に「羯磨金剛藏輪字。發二光明一。能令二一切愛一。」

リンジユウ　臨終　〔術語〕命終の時に臨むなり。

リンジユウゲンゼングワン　臨終現前願　〔術語〕又、來迎引接願、聖衆來迎願、現其人前願と云ふ。彌陀如來四十八願中の第十九願、念佛の行者臨終の時に到れば彌陀如來諸聖衆と共に其人の前に現じて引接せんと願ふなり。

リンジユウゴフジヤウ　臨終業成　〔術語〕臨終に至りて始めて往生の業事成辨すること。報土往生の因たる念佛は、多念修習薰成して臨終に至りて平生多念の功により見佛往生す。往生の定まるは臨終見佛の時なりと云ふ。平生業成に對す。

リンジユウシヤウネン　臨終正念　〔術語〕行者死期に臨で三毒の邪念起るとなく、專ら菩提心に任ずるなり。此正念は平生の行業に由て熏修する所なり。【彌陀經略記】に「由二尋常所一レ行得二臨終正念一也。」【慧心僧都自行略記】に「願佛菩薩。哀愍覆護。滅罪生善。臨終正念。往二生極樂一。」【龍舒淨土文、樂邦文類】等に善導の臨終正念決を載せたり。◉(平家三)「偏に彌陀の名號を唱へ、臨終正念をぞ祈られける」

リンズヰ　輪瑞　〔雜語〕輪寶の祥瑞なり。金銀等輪寶を感得して天下を制伏するを轉輪王と稱す。「テンリンワウ」を見よ。

リンタウ　林藤　〔雜名〕劫初の人の食物なり。【俱舍論十二】に「地餠復隱。爾時復有二林藤出現一。競耽食。」【俱舍頌疏記十二】に「林藤者。謂以二藤出成レ林故名二林藤一。」

リンタウ　輪橖　〔物名〕塔上の九輪を貫く柱なり。【希麟音義六】に「輪橖下釋耕反。字書云。橖柱也。亦作レ樘。說文亦云。柱也。從レ木堂聲。案輪橖即塔上持二露盤一之柱杆也。」

リンタフ　輪塔　〔物名〕五輪の塔婆なり。

リンタリケ　輪多梨華　〔物名〕寶珠の名。【釋摩訶衍論三】に「此中鏡者。謂輪多梨華鏡。如下取二輪多梨華一安二置一處一。同集二諸物一由二此華熏一一切諸物皆悉明淨。又明淨物華中現前皆悉無レ餘。一切諸物中彼華現前亦復無レ餘。因熏習鏡亦復如レ是。」通法の【贊玄疏】に「輪多梨華。此云二明耀珠一。」

リンタン　隣單　〔雜語〕己が單位の左右なり。小紅の紙片を以て衆僧の名を題し、己が名單ある位を單位と云ひ、各各の位上の上に貼するを單と云ふ。

リンダ　輪埵　〔術語〕圓輪の耳埵なり。佛の相好に就て言ふ。【般若經三百八十一】に「世尊耳厚。廣大周長輪埵成就。」

リンダン　輪壇　〔術語〕圓形の壇場なり。息災法の爐壇なり「ゴマ」を見よ。

リンダン　臨壇　〔儀式〕僧尼の戒壇に上て授戒の作法を爲すを臨壇と云ひ、其僧尼を臨壇大德と云ふ。三師七證是なり。【僧史略下】

リンチ　隣智　〔術語〕佛に隣似する智慧なり、等覺の智慧を云ふ。【唯識述記序】に「具體隣智演レ賾鈎レ深。」

リンチン　隣珍　〔譬喩〕隣家の珍寶なり。以て己に益なきに譬ふ。

リンテツ　輪鐵　〔雜名〕鐵輪圍山即ち鐵圍山なり。【俱舍論】に「第七山外有二大洲等一。此外復有二鐵輪圍山一周匝如レ輪。圍二一世界一。」

リンデン　輪轉　〔術語〕輪廻に同じ、三界六道を輪轉して脱出の期なきを云ふ。【往生要集上本】に「輪轉無際。不レ免二三途一。」【宿帙六】に佛說輪轉五道罪福報應經一卷あり。

リントウ　輪燈　〔物名〕佛前に吊垂する燈器なり其形輪形をなせば輪燈と云ふ。律の中に輪燈あり之と製を異にす。【行事鈔下二之三】に「若夜集闇須二燈器一。燈炷鐵著鐵炷。轉輪燈樹。」【同資持記】に「轉輪燈樹。謂作二層輪一周市安レ燈。機關運轉。形如レ樹焉。」【廣弘明集三十六陳文帝藥師齋懺文】に「十方世界若二輪燈一而明朗。」

リンバン　輪番　〔職位〕寺院を番守する役僧なり。

リンビ　林毘　〔地名〕林毘尼の略。「ンビ」を見よ。

リンビニ　林毘尼　〔地名〕Lumbini 園の名。「ラ

リンヘン　林變　〔故事〕佛涅槃の時娑羅雙樹の色變じて白となる。【涅槃經一】に「爾時拘尸那城娑羅樹林變レ白。猶如二白鶴一。」【三代實錄二】に「調御大夫示二林變之悲一。淨德夫人遺二花萎之患一。」

リンボウ　林寶　〔物名〕轉輪王の感得する寶器にして王の遊行する處必ず自ら前進して四方を制伏するなり、金銀銅鐵の四種ありて金輪王乃至鐵輪王の四等を分つ。【俱舍論十二】に「此王由二輪旋轉應導一威二伏一切一。名二轉輪王一。乃至若王生在二刹帝利種一紹二灑頂位一。於二十五日一受二齋戒一時。沐二浴首身一。受二勝齋戒一。升二高臺殿一。臣僚輔翼。東方忽有二金輪寶一現。其輪千輻具二足轂輞衆相一。圓淨如二巧匠成一。舒二妙光明一來二應三所一。此王定二是金轉輪王一。餘轉輪王應レ知亦爾。」⦿(太平記二二)「輪寶の山を崩し、磊石の卵を壓するに異ならず」

リンミニ　林微尼　〔地名〕「ランビニ」を見よ。

リンユ　麟喩　〔譬喩〕麟喩獨覺なり、獨覺に麟喩部行の二種あり。「ドクカク」を見よ。

リンワウ　輪王　〔雜名〕「テンリンワウ」を見よ。

リンワウカ　輪王跏　〔雜名〕轉輪王の坐法なり、三種あり。【一字頂輪王時處念誦軌】に「或作二輪王坐一。交レ脚。或垂レ一。乃至獨膝竪。輪王三種坐。」

リンワウシチホウキヤウ　輪王七寶經　〔經名〕一卷、趙宋の施護譯。中阿含經の七寶經と同本。【昃帙八】(989)

リンヰセン　輪圍山　〔雜名〕具名、鐵輪圍山。「テツチセン」を見よ。

リンヱ　輪廻　〔術語〕音便にてリンネと訓ず。衆生無始以來六道の生死に旋轉すると車輪の轉じて窮りなき如きを云ふ。【法華經方便品】に「以二諸欲因緣一墜二墮三惡道一。輪二廻六趣中一。備受二諸苦毒一。」【心地觀經三】に「有情輪廻生二六道一。猶如二車輪無一レ始終一。」【觀佛三昧經六】に「三界衆生。輪二廻六趣一。如二旋火輪一。」【身觀經】に「循二環三界內一。猶如二汲井輪一。」【觀念法門】に「生死凡夫罪障深重。輪二廻六道一。」⦿(曲、安達原)「生死に輪廻し」(榮花、鶴林)「天上のたのしみも五衰早く來り、ないし有頂も輪廻期なし」Saṁsāra

リンヱン　隣圓　〔術語〕圓滿の妙覺に隣近する位、即ち等覺の證なり。【法華文句會本十】に「憎道彌高。損生彌盡。隣圓際極。唯一生在。」【同記】に「言二隣圓一者。圓謂圓滿。近二於滿位一。隣二妙覺一也。」梵

リンヱン　輪圓　〔術語〕次項を見よ。

リンヱングソク　輪圓具足　〔術語〕曼荼羅 Maṇḍala 一に輪圓具足と譯す。輪は車輪なり、車輪の轂輞輻等の諸相圓滿して具足する如く、曼荼羅に諸佛如來の眞實の功德を圓滿具足して欠くるとなきを云ふ。【大日經疏三】に「十方世界微塵數大悲萬行波羅蜜門猶如二華藏一。三乘六道無量應身、猶如二根莖條葉發暉相間一。以二如レ是衆德一輪圓周備。故名二漫茶羅一也。」【同四】に「漫茶羅是輪圓之義。」【同四】に「漫茶羅者名爲二聚集一。今以二如來眞實功德一集二在一處一。乃至十世界微塵轉數差別智印輪圓輻輳。翼二輔大日心王一。使二一切衆生普門進趣一。是故說爲二漫茶羅一也。」弘法の【四曼義】に「輪圓者。且如二車輪一轂輞輻具而成二一輪一。闕二一物一者不レ輪。故云二具足一。」「マンダラ」を見よ。

る

ルイコウラブツ　樓夷亘羅佛　〔佛名〕Lokeśvararāja 世自在王佛の梵名。【無量清淨平等覺經上】に「有二過去佛一名二錠光如來一。乃至復次有レ佛名二樓夷亘羅一。」次下の經に翻して世饒王佛と云ひ、無量壽經上に翻して世自在王如來と云ふ。

ルガヤ　盧伽耶　〔流派〕Lokāyata 外道の一種なり。「ロカヤダ」を見よ。

ルキヤ　樓佉　〔人名〕Ulūka 優樓佉の略。外道の名。「ウルキヤ」を見よ。

ルシチヤウジヤ　盧至長者　〔人名〕又、盧志長者、留志長者。佛在世中、舍衛城中に一の長者あり、盧至と名く、家に巨財ありて慳貪なり、弊衣を服し、糠菜を食し常に世人に笑はる。偶城中節會あり、人民舍宅を莊嚴し飲食歌舞す、盧至家に歸て寶庫を開き五錢を取り自ら念ふ、若し家に在て食せば母妻眷屬ありて周徧すべからずと、即ち兩錢を以て麨を買ひ兩錢酒を酤ひ一錢葱を買ひ家中より鹽一把を取

り城外に出でて一樹下に至る。樹下烏鳥多きを見、來て攝まんとを恐れ即ち塚間に至る、復た猪狗を見更に逃避して空靜の處に至る。酒中鹽を著け麨を和して之を飮み即時に大醉し、起て舞ふ。歌に曰く、「我今節慶會。縱酒大歡樂。遶二過毘沙門一。亦勝二天帝釋一。」時に天帝釋佛前に在り、方便を以て盧至の寶庫を開て悉く世人に施與す。盧至作す所を知らず佛所に詣る、佛爲に法を說て之を度す。【盧至長者因緣經、法苑珠林七十七】⊙(宇治拾遺)に「留志長者」に作る。

ルシチヤウジヤキヤウ　盧至長者經　〔經名〕具名、盧至長者因緣經一卷、失譯、慳貪の盧至長者得道の因緣を說く。【宿帙七】(757)

ルシブツ　樓至佛　〔佛名〕Rucika 又、盧至佛、樓由佛、盧遮佛に作る。賢劫の千佛中最後の佛なり。愛樂佛又は啼哭佛と譯す。【玄應音義二十一】に「盧至佛舊言二樓至佛一。此云二可愛樂一。最後佛也。」【慧琳音義十二】に「樓由亦名二樓至一。皆梵語訛也。」【同十八】に「盧至古云二樓至一。唐云二愛樂一。即此賢劫中第一千佛。劫末後成佛。即今之執金剛神是也。亦名二密迹金剛一。」【嘉祥法華義疏十二】に「樓至此云二啼哭佛一。」【大部補註五】に「樓至。此云二啼泣一。又曰二盧遮一。亦云二魯支一。此翻二愛樂一。」

ルシナ　盧脂那　〔植物〕Rocana 花の名。【慧琳音義二十六】に「盧脂那亦云二盧遮那一。此云二眼花一也。」

ルシヤ　盧舍　〔雜語〕Krośa 倶盧舍の略。里程の名。

ルシヤ　流沙　〔地名〕蒙古の大沙漠なり。【西域記十二】に「從レ此東行入二大流沙一。沙則流漫。集散隨レ風。人行無レ迹。遂多二迷路一。四達茫茫莫レ知レ所レ指。是以往來者聚二遺骸一以記レ之。」【尙書禹貢】に「東漸二于海一。西被二于流沙一。」

ルシヤ　盧遮　〔佛名〕又、盧至と云ふ。佛の名。「「ルシブツ」を見よ。

ルシヤウ　流漿　〔雜語〕地獄の中に洋銅を飮み鐵丸を喫ふを云ふ。【寄歸傳一】に「咽咽當レ有二流漿之苦一。」

ルシヤナ　流舍那　〔佛名〕Vairocana 又、盧遮那、嚧柘那。佛の名。或は毘盧舍那の略名とし、或は毘盧舍那は法身佛の名、盧舍那は報身佛の名なりとす。「ビルシヤナ」を見よ。

ルシヤナキヤウ　盧舍那經　〔經名〕江南の敏法師二教を立て、法華涅槃等を釋迦經となし、華嚴經を盧舍那經となす、是れ能說の教主に就て所說の法に名けしなり。【五教章上】

ルシロクナ　留支勒那　〔人名〕Ruciratna 魏朝の勒那三藏及び菩提留支なり。

ルタジユギヤウ　留多壽行　〔術語〕阿羅漢にして自在の神通を成就する者、願力と第四禪の定力を以て富を感ずる業因を轉じて壽を感ずる業因となし、以て永く世に住するを云ふ。【倶舍論二】に「留多壽行。謂阿羅漢成二就神通一得二心自在一。若於二僧衆一若於二別人一。以二諸命緣衣體等物一隨レ分布施。施已發願。即入二第四邊際靜慮一。從レ定起已心念口言。諸我能感レ富異熟業願皆轉招二壽異熟果一。時彼能感レ富異熟業則皆能轉招二壽異熟果一。」

ルダ　樓陀　〔天名〕天の名。譯、可畏。【慧琳音義二十六】梵 Rudra*

ルチユウ　流注　〔術語〕有爲法の刹那刹那に前滅後生して相續不斷なると水の流注する如きを云ふ。

ルヅウ　流通　〔術語〕教法を傳布して壅がるとなきなり。【最勝王經三】に「安穩豐樂。正法流通。」【十地義記一本】に「傳布名レ流。無レ壅曰レ通。」

ルヅウノイチネン　流通一念　〔術語〕無量壽經の流通分に說ける「乃至一念」の語を云ふ。釋尊が彌勒菩薩に付屬したまひし要法なり。

ルヅウブン　流通分　〔術語〕一經三分の一、諸經の終に於て所說の法を弟子に付屬して遐代に流通せしむるを流通分と云ふ。

ルテン　流轉　〔術語〕Saṁsāra 流とは相續の義、轉とは起の義、有爲法の因果相續して生起するを云ふ。即ち一切凡夫善惡の業を作て苦樂の果を感じ、六趣に輪廻することなり。【瑜伽論五十二】に「諸行因果相續不レ斷性。是謂二流轉一。」【唯識述記四末】に「流是相續義。轉是起義。」【圓覺經】に「有二妄業一故有二流轉一。厭二流轉一者妄見二涅槃一。」【唐華嚴經三】に「令三諸有情流二轉生死一。」【唯識論三】に「一切衆生界。流二轉生死海一。」【倶舍頌疏三】に「言二流轉一者以レ識爲レ體。於二生死中一流轉故也。」⊙(曲、楊貴妃)「されども世の中の流轉生死のならひとて」ルデンと濁りて讀むこともあり。

ルテンゲンメツ　流轉還滅　〔術語〕流轉門と還滅門なり。迷悟の一雙なり。

ルテンサンガイチユウ　流轉三界中　〔術語〕【淸信士度人經偈】に「流轉三界中。恩愛不レ能レ斷。棄レ恩入二無爲一。眞實報レ恩者。」出家剃頭の時に唱ふる頌文なり。

ルテンシヨウキヤウ　流轉諸有經　〔經名〕具名、佛說大乘流轉諸有經、一卷、唐の義淨譯。佛、影勝王に對して諸の有情造業に依て諸有に流轉する義を說く、諸有とは二十五有なり。【宙帙一】(526)

ルテンシンニヨ　流轉眞如　〔術語〕七眞如の一。生死界に流轉する一切有情の實性を云ふ。衆生生死に流轉するも、其の實性は眞實如常にして不動

不改なり。【唯識論八】に「流轉眞如。謂有爲法流轉實性。」

ルテンモン 流轉門 [術語] 還滅門に對する語。無始以來無明煩惱善惡の業を作り、苦樂の果を感ず、即ち惑業苦次第緣起する迷の因果を云ふ。四諦の中苦集の二諦は流轉門、滅道の二諦は還滅門なり。

ルドラ 樓陀羅 [天名] Rudra「ロダラ」を見よ。

ルナ 留拏 [術語] 五種不男の一。譯、犍、又は劇に作る。刀を以て勢を去るなり。「ゴシュフナン」を見よ。

ルナン 留難 [術語] 邪魔來つて人の善事を留止し、修行の障難を爲すを云ふ。【涅槃經三】に「云何知天魔爲レ衆作二留難一。」【往生論註上】に「第六天魔。常於二佛所一作二諸留難一。」

ルビ 樓毗 [地名] 園の名。「ランビニ」を見よ。

ルビニ 流毗尼 [地名] 又、留毗尼。園の名。「ランビニ」を見よ。

ルミニ 流彌尼 [地名] 園の名。「ランビニ」を見よ。

ルユ 樓由 [佛名] 又樓至に作る。佛の名。「ルシブツ」を見よ。

ルライ 流來 [術語] 無始より生死海に流轉して今に來るを云ふ。

ルライシヤウジ 流來生死 [術語] 七種生死の一。迷眞の始初無明より流來する生死を云ふ。【止觀輔行七之一】に「攝大乘師立二七種生死一。一分段。謂三界果報。二流來。謂迷眞之初。」【中論疏二末】に「從二無明一流來爲レ來。」

ルリ 瑠璃 [物名] Vaidūrya 新譯に吠瑠璃、吠瑠璃耶、毘頭梨、吠努璃耶など云ふ。七寶の一。遠山寶、不遠山寶など譯す、青色の寶石なり。產出の山に就きし目なり。遠山は須彌山の異名。不遠山は波羅奈城を去る遠からざる山なりと云ふ。【玄應音義二十三】に「瑠璃吠瑠璃也。亦云二毘瑠璃一。又言二鞞頭梨一。從レ山爲レ名。謂遠山寶也。遠山即須彌山也。此寶青色一切寶皆不レ可レ壞。」【慧琳音義一】に「吠瑠璃寶名也。或云二毘瑠璃一。或但云二瑠璃一。須彌南是此寶也。其寶青色瑩徹有レ光。凡物近レ之皆同一色。帝釋髻珠云二是此寶一。」【慧苑音義上】に「瑠璃梵言。具云二吠瑠璃耶一。此爲二不遠山一。謂西域有レ山。去二波羅奈城一不レ遠。此寶出レ彼。故以名レ之。」【梵語雜名】に「瑠璃吠努離耶」

池中取瑠璃譬 【涅槃經二】に「譬如二春時一。有二諸人等一。在二大池一浴。乘レ船遊戲。失二瑠璃寶一。沒二深水中一。是時諸人悉共入レ水求二覓是寶一。競捉二瓦石草木砂礫一。各各自謂レ得二瑠璃珠一。歡喜持出。乃知レ非レ眞。是時寶珠猶在二水中一。以二珠力一故水皆澄淸。於レ是大衆乃見二寶珠一故在二水下一。猶如三仰觀二虛空月形一。是時衆中有二一智人一。以二方便力一安徐入レ水。即便得レ珠。汝等比丘不レ應下如レ是修二無常苦無我相不淨想等一以爲二實義一。如丙彼諸人各以二瓦石草木砂礫一而爲乙寶珠甲。汝等應下當善學二方便一在在處處常修中我想常樂淨想上。乃至如三彼智人巧出二寶珠一。」

ルリクワンオン 瑠璃觀音 [菩薩] 三十三觀音の一、又香王觀音とも云ふ。一葩の蓮華に乘じて水に浮び、手に香爐を持つ。

ルリコンセンホウケクワウセウキチジヤウクドクカイニヨライ 瑠璃金山寶花光照吉祥功德海如來 [佛名] 吉祥天女過去に此佛を念じて今の富樂自在を得たり、故に諸人富樂を得んと欲する者は吉祥天の像に對して此佛に歸命すべしと云ふ。【最勝王經大吉祥天女品】

ルリタイシ 瑠璃太子 [人名] 逆王の名。涅槃經に瑠璃太子と云ひ、餘經に瑠璃王と乞ふ。「ルリワウ」を見よ。

ルリダン 瑠璃壇 [物名] 瑠璃寶を以て築ける戒壇なり。【義楚六帖二十一】に「嵩岳有二玉石壇一。大鄰有二瑠璃壇一。僧受戒羯磨說戒作法。集レ僧唱共結二之壇一矣。」又佛壇社壇の瑠璃色なるを云ふ。

ルリツ 嘍栗 [雜語] 鼠嘍栗の略。

ルリワウ 瑠璃王 [人名] Virūḍhaka 又、流璃王、婁勒王、樓黎王、維樓黎王、毘流離王に作る、新稱毗盧釋迦王。迦毘羅衛國の釋種を亡せし惡王の名なり。「ビルリ」を見よ。⊙(太平記三五)に瑠璃太子の釋種を攻むることを記す。

ルリワウキヤウ 瑠璃王經 [經名] 一卷、西晉の竺法護譯。舍衛國波斯匿の子、王位を嗣で迦毘羅國の釋種を滅し、地獄に墮する始末を說く。【宿帙七】(671)

ルレイ 樓黎 [人名] 瑠璃王、一に樓黎王に作る。

ルロク 婁勒 [人名] 瑠璃王、一に婁勒王に作る。

ルヰギヤウ 累形 [術語] 凡夫は自己の形體の爲に種種の煩累を蒙れば累形と云ふ。【寄歸傳二】に「有待累形假二衣食一而始濟。」

ルヰコフ 累劫 [雜語] 數多の劫量を累疊するなり。世界成壞の時期を劫と云ふ。【無量壽經下】に「世世累劫無レ有二出期一。」【法華經譬喩品】に「汝等累劫衆苦所レ燒。」

ルヰシチサイ 累七齋 [儀式] 又齋七と云ふ。人死して後七日每に齋を營んで七七日に至るを云ふ。人死生して中有の身もし生緣を得ざれば七日每

に死生して七七日に至ればなり。【釋氏要覽下】に「人亡毎レ至二七日一必營齋追薦。謂二之累七一。又云二齋七一。」

ルキシヤウ 累障 〔雜語〕 煩累障礙なり。【三論玄義】に「累障既深。」

ルキダソンジヤ 涙墮尊者 〔人名〕 佛滅後の大阿羅漢にして大悲心を有し、常に三途の衆生を悲みて啼泣すれば涙墮尊者と名く。【觀經玄義分傳通記一】に「涙墮尊者悲二三途衆生苦一。」【同糅鈔七】に「涙墮尊者滅後大羅漢也。得二宿命智一。見二自身過去墮獄等一。想二像一切衆生三途苦一。悲涙流二血涙一。以レ之洗二染袈裟一。本證未レ明。」

ルキチ 類智 〔術語〕 欲界の四諦を觀ずる智を法智と名け、上二界の四諦を觀ずる智を類智と名く、是れ彼の同類なればなり。

れ

レイ 鈴 〔物名〕 柄と舌とありて振り鳴らすもの。其の柄を獨鈷乃至五鈷の形にせしを鈴杵と云ふ。眞言天台などの唄器なり。又、堂塔の簷に懸くるを風鈴又は金鐸と云ふ。又、俗に銅鉢を鈴と云へり、其の形の類似に取るなり。リンと呼ぶは唐音にて禪家に始まる。

レイイ 靈異 〔術語〕 靈妙不思議の事なり。【俱舍論十二】に「雖有二如レ斯甚爲二靈異一。」【梁僧傳耆域傳】に「自レ發二天竺一至二乃爰涉二交廣一。並有二靈異一。」

レイインジ 靈隱寺 〔寺名〕 支那五山の第四。北山景德靈隱寺と稱す。杭州臨安府に在り。【象器箋一】

レイウン 靈雲 〔人名〕 唐の福州靈雲山の志勤禪師、本州長谿の人なり、初め潙山に在り、桃花を見るに因て悟道す。頌あり、云く、「三十年來尋二劍客一。幾回葉落又抽レ枝。自二從一見二桃花一後。直至二如今一更不レ疑。」潙山偈を覽て其の所悟を語り相契符す。曰く、緣より悟達するものは永く退失なし、善く自ら護持せよと。【五燈會元四靈雲章】

レイウンジ 靈雲寺 〔寺名〕 寶林山靈雲寺、江府湯島天神の近傍にあり、開基覺彥和尙、眞言宗關八州の總錄なり。覺彥諱は淨嚴、自ら妙極と稱す、河州の人、九歲にして高野山に登り密乘を究む、元祿四年大樹引見し寺地を賜て精舍を建つ、乃ち靈雲寺なり。【和漢三才圖會六十七】

レイオウ 靈應 〔術語〕 神靈の感應なり。

レイカク 靈覺 〔術語〕 衆生本具の靈靈たる覺悟の性を云ふ。【四十二章經】に「觀二靈覺一即菩提。」【肇論】に「萬累都盡而靈覺獨存。」

レイカン 靈感 〔術語〕 神靈の感應なり。

レイガン 靈龕 〔物名〕 亡者の屍を藏する龕即ち棺槨なり。

レイキ 靈鬼 〔異類〕 鬼趣の靈異なるもの。鬼趣は六趣の一なり。⦿(平治)に「寒林に骸を打ちし靈鬼」「カンリン」を見よ。

レイギ 靈儀 〔術語〕 位牌なり。位牌は亡靈の儀容を現はしたるものなれば名く。

レイク 靈供 〔儀式〕 死者の靈魂のために供ふる供物。【眞俗佛事編】に「人界の食は、餘趣にいたらず、故に、七七日の內はれいくをそなへて亡魂をたすくべし。」

レイクワウ 靈光 〔術語〕 人人固有の佛性靈靈照照として光明を放つもの。百丈禪師の上堂に靈光獨耀逈脫二根塵一。體露眞常不レ拘二文字一。心性無染本自圓成。但離二妄緣一即如如佛。」【五燈會元三、百丈章】

レイゲン 靈驗 〔術語〕 靈妙の効驗實證なり。【大日經疏九】に「此尊有二靈驗一故所作善事皆成。」【盂蘭盆經疏】に「今受二神方一兼覩二靈驗一。」

レイコウ 例講 〔雜語〕 例年に行はるる講會なり。

レイコウヒヤクザ 例講百座 〔修法〕 即位の年に常例として擧行せらるる百座の仁王會なり。一代一度仁王會とも云ふ。

レイコン 靈魄 〔術語〕 不可思議の精神なり。肉體の外に別に精神的實體ありと思惟せられたるもの。元來佛教は靈魂を立てず。

レイザウ 靈像 〔雜名〕 神佛の形像を彫刻圖畫せしもの、靈は靈驗の德に名く。【釋門歸敬儀中】に「諦惟二形聚一但見二塵叢一。擧レ目澄レ睛無レ非二靈像一。」

レイシ 靈芝 〔人名〕 宋の律師元照、晩に杭州の靈芝寺に主たると三十年なり、因て靈芝と稱す。

レイシ 靈祠 〔雜語〕 又、仁祠と云ふ。佛寺の異名なり。靈は靈驗なり。

レイシヤ 靈社 〔雜語〕 靈驗を有する神社なり。

レイシヤ 棣車 〔雜名〕 「リシヤ」を見よ。

レイシヤウビク 鈴聲比丘 〔人名〕 又、唄比丘と云ふ。「バイビク」を見よ。

レイシヨ 鈴杵 〔物名〕 「レイ」を見よ。⦿(盛衰記八)「別尊法鈴杵を二十五壇に建てたる帝王も未だ聞かずと云ひ侍りて」

レイシン 靈神 〔術語〕 靈魂なり。【四十二章經】に「阿那含者。壽終靈神上二十九天一。證二阿羅漢果一。」

図靈異の神鬼なり。【西域記中】に「靈神鬱術。聖賢遊息。」

レイジ　例時　［儀式］　又、例時作法、例時の作法とも云ふ。夕刻の例時に阿彌陀經を誦し、引聲念佛を唱ふるを云ふ。依て朝懺法夕例時の目あり。此の例時の勤行は叡山の常行堂より出でしなり。【勅修傳二十四】に「阿彌陀經は其の沙汰なけれども自然に流布して處處の道場にみな例時とて毎日に必ず阿彌陀經を讀み、一切の諸僧阿彌陀經を讀まずと云ふとなし、これ偏に淨土敎有緣の致す所なり、ことの起りを尋ぬれば叡山の常行堂より出でたり。彼の常行堂の念佛は慈覺大師渡唐の時將來し給へる勤行なりとぞ仰せられける。」（吉水上人の仰なり）【同翼讃十】に「例時の作法は釋書に仁壽元年以二五臺山念佛三昧法一授二諸徒一。修二常行三昧一。古事談に例時の彌陀經とて慈覺大師入唐の時、五臺の北臺普通院に至て生身の文殊大聖に値給ひて八功德池の浪の音に唱へける曲調を得て引聲の彌陀經同じく念佛を授り給へりと。」【同二十四】に「此行法には例時の彌陀經引聲念佛を修せらる、緩慢なる曲調なり。」【天台霞標二極樂法音】に「阿娑縛鈔云。例時法道和尙寫二極樂水鳥樹林法音一。慈覺大師又傳レ之。爲二滅罪生善之方法一。」

レイジサホフ　例時作法　［儀式］　「レイジ」を見よ。「時と朝の懺法との二度の勤行なり。

レイジセンボフ　例時懺法　［儀式］　夕方の例

レイズヰケ　靈瑞華　［植物］　梵語優曇華、又は優曇波羅華、一に靈瑞華と譯す。【無量壽經上】に「無量億劫難値難見。猶二靈瑞華時時乃出一。」「ウドン」を見よ。

レイセフビ　黎呫毘　［雜名］　「リシャ」を見よ。

レイセキ　隷籍　［雜語］　名籍を某の寺處に懸くるを云ふ。【六祖壇經】に「師遊二境内山水勝處一。輒憩止。遂成二蘭若一十三所一。今日二華果院一。隷二籍寺門一。」

レイタウヱ　冷淘會　［儀式］　聚會して冷淘を設け、依に以て上堂小參等の佛事あり。冷淘はひやむぎなり。【南屏燕語下】

レイタク　靈託　［術語］　神靈の託宣なり。

レイダウ　靈堂　［雜名］　靈異神妙の殿堂なり。

レイヂヤウ　靈場　［雜名］　靈佛靈神の道場なり。【廣弘明集二十二竟陵王發講頌】に「靈場絢彩。正水興蓮。乘二此上果一永導二芳緣一。」

レイナンジチ　冷暖自知　［譬喩］　水の冷暖は飲む者自ら之を知る、以て自己の證悟に譬ふ。【傳燈錄四蒙山道明章】に「今蒙二指示一。如二人飲レ水冷暖自知一。」【大日經疏十二】に「如二飲水者冷熱自知一。」

レイベウ　靈廟　［雜名］　率都波一に靈廟と譯す。【玄應音義六】に「正言二率都波一此譯之レ廟。」

レイボ　靈簿　［物名］　過去帳なり。

レイボサツ　鈴菩薩　［菩薩］　金剛鈴菩薩の略。金剛界四攝菩薩の一なり。

レイメウ　靈妙　［雜語］　凡智を以て思議すべからざること。

レイヤ　黎耶　［術語］　Ālaya　阿黎耶の略。新稱、阿賴耶識舊に阿梨耶、阿黎耶に作る。【宋高僧傳七】に「黎耶是報非報。化人有心無心。」

レウイン　了因　［術語］　生了二因の一、因體に二種ありて、種の芽を生ずる如きを生因とし、燈の物を照して隱れたるを顯はす如きを了因と云ふ。【因明大疏上】に「因體有レ二。一生二了。如二種生一レ芽。能起レ用故名爲二生因一。如二燈照一レ物。能顯レ果故名爲二了因一。」

レウインブツシヤウ　了因佛性　［術語］　三因佛性の一。正性を了達する覺智なり。「サンインブツシヤウ」を見よ。

レウカ　寮暇　［雜語］　禪林の語。暇を請ふて寮内に休止するを云ふ。

レウギ　了義　［術語］　不了義の語に對す。顯了分明に究竟の實義を說示せしを了義と云ひ、未了未盡の說を不了義と云ふ。了義不了義は方便（不了義）眞實（了義）の異名なり。【圓覺經】に「得レ聞如レ是修多羅敎了義大乘。永斷二疑悔一。」又「是諸菩薩最上敎誨了義大乘。」【同略疏一】に「了義者。決擇究竟顯了之說非二覆相密意含隱之譚一。」【寶積經五十二】に「若諸經中有レ所レ宣二說厭一背生死一欣中樂涅槃上。名二不了義一。若有レ宣二說生死涅槃二無二差別一。是名二了義一。」【大集經二十九】に「了義經者。生死涅槃一相無二。」【涅槃經】に「依二了義經一不レ依二不了義經一。」

レウギキヤウ　了義經　［術語］　究竟顯了の義を說示せる經典なり。大乘より云へば小乘は總じて不了義經なれども、大小乘の經典中に亦了義不了義の別あり、故に佛言く、了義經に依て不了義經に依らざれ。「シエ」の項下「法四依」を見よ。

レウギケウ　了義敎　［術語］　眞實顯了の敎法なり。

レウギトウ　了義燈　［書名］　唯識三箇の疏の一。「唐の淄洲慧沼著、具名唯識論了義燈。

レウケウ　了敎　［人名］　阿若憍陳如、舊に了本際、知本際等と譯し、義淨三藏了敎と譯す。【寄歸傳一】に「始レ自二了敎一會二初願一以標レ誠。」

レウケン　料簡　［術語］　義理を量裁し簡別するを云ふ。解釋の異名なり、但天台は問答に局て料簡と稱せり。【大部輔註四】に「料者理也。量也。簡與レ揀同。大傳云。簡二車馬一也。即量裁選擇之義。」【安樂集記

上】に「料簡之言人師不同。今家標章猶名料簡。和尚總以解釋皆名料簡也。」

レウゲン 寮元 ［職位］又、坐元、寮首座と云ふ。衆寮の事を司る役務なり。【象器箋六】に「舊說曰。維那司僧堂。寮元司衆寮。」【僧堂清規五】に「寮元は寮首座とも稱す、某の寺に久住し諸事に熟せる人を請す、寮主と懷合して寮中の看讀を點檢し、非例を誡め兄弟の爭論を韋絃し和睦せしめ、新到に規矩を教誡す、常に衆寮清規を用心の龜鑑とすべし。」

レウシユ 寮主 ［職位］【僧堂清規五】に「寮主は入寮の前後次第に輪請す、或は一月半月十日、某寺の先規に依る。常に寮內の衆僧の衣物を守護す、僧堂の直堂と同じ。寮元と和合して勤む。寮中の諸道具は簿を備へて先職に受取りし如く後職に渡す、其時は寮元の點對を受く。」【象器箋六】に「舊說曰。寮主輔佐寮元者。侍者類也。」

レウジビヤウキヤウ 療痔病經 ［經名］一卷、唐の義淨譯。神呪あり痔病を治す。【成帙八】(738)

レウタツ 了達 ［術語］事理を了悟し通達するなり。【法華經提婆品】に「深入禪定了達諸法。」【唐華嚴經三十七】に「了達三界依心有。十二因緣亦復然。」

レウチヤウ 寮長 ［職位］【僧堂清規五】に「寮長は今時の席頭(せきがしら)なり。」【象器箋六】に「寮長位于寮元分手也。」(分手とは左右なり)

レウベツキヤウシキ 了別境識 ［術語］三能變識の第三能變の名。「サンノウヘン」を見よ。

レウホンザイ 了本際 ［人名］阿若憍陳如比丘、一に了本際と譯す。「アニヤケウチンニヨ」を見よ。

レウホンシヤウジキヤウ 了本生死經 ［經名］一卷、吳の支謙譯。十二因緣を見了すれば是れ見法見佛と名くと說く。大乘舍黎娑擔摩經と同本にして但說人を異にす、此は舍利弗比丘に對して說く。【宙帙七】(281)

レウロン 了論 ［書名］明了論の略稱。

レキネン 歷然 ［雜語］分明に區別する貌。【肇論】に「好思歷然可解。」【探玄記一】に「不礙事相歷然差別。」

レツオウシヤウシン 劣應生身 ［術語］小乘敎の意は佛と雖、實業所生の身と爲すが故に生身と云ふ、劣應とは大乘の勝應身に對して云ふ。【四敎儀集註上】に「丈六劣應生身。」次項を見よ。

レツオウシン 劣應身 ［術語］台家は三身中の報身に自受用、他受用の二を分ち、其の他受用の報身を勝應身と名く。即ち初地以上の菩薩に對して應現する尊特の舍那身なり。又是れ眞應二身中の應身なり。又地前の凡夫二乘に對して應現する丈六の佛身を劣應身となす、八相成道の佛身にして、是れ法報應三身中の應身なり。【四敎儀】に「示從兜率降下。託摩耶胎住胎。出胎。納妃。生子。出家苦行六年。已後木菩提樹下以草爲座。成劣應身。」【同集註上】に「劣應對大乘勝應判爲劣也。」「サンシン」參照。

レツシチ 烈士池 ［地名］鹿野苑の傍にあり。【西域記七】に「施鹿林より東行二三里、窣堵波に至る。傍に涸池あり、周八十餘步、一名救命、又烈士と謂ふ。云云」詳細にその池の因緣を記す。

レツシヤウ 裂裳 ［故事］頻毘娑羅王夢に一氈の裂て十八片となり、一金杖の折て十八段となるを見る。以て佛滅後小乘の分派を兆す。「コンデヤウ」を見よ。

レツセツ 列刹 ［雜語］列は列次の義、刹は佛土「又は寺院の總稱なり。

レツチ 劣智 ［術語］下劣の智慧なり。【佛地論一】に「恐餘劣智未能通。」

レフシ 獵師 ［譬喩］破戒の僧に譬ふ。【涅槃經四相品】に「雖服袈裟猶如獵師。」【同邪正品】に「佛告迦葉。我般涅槃七百歲後。是魔波旬漸當壞亂我之正法。譬如獵師身服法衣。」

レンウ 蓮祐 ［術語］同じく相祐けて淨業を修し蓮邦の往生を願ふ者を云ふ。【雲棲彌陀經疏鈔二】に「往詣之國曰蓮邦。同修之友曰蓮祐。」

レンカ 連河 ［地名］希連禪河(キレンゼンカ)の略。佛此河畔の菩提樹下に於て成道す。【集沙門不應拜俗等事序】に「仰化連河。擧蜂臺於勝壤。」

レンギヤウ 練行 ［雜語］行法を修練するなり。

レングウ 蓮宮 ［術語］蓮華藏世界なり、報身佛の淨土を云ふ。又、胸中八葉の心蓮華なり。【表制集】に「和上遠自蓮宮。」【性靈集七】に「朗鑒月於心臺。曜慧日於蓮宮。」

レングワクワンオン 蓮臥觀音 ［菩薩］三十三觀音の一。池中の蓮華に趺座し合掌せる觀音。

レンゲ 蓮華 ［植物］天竺に四種の蓮華あり、一に優鉢羅華、Utpala 二に拘物頭華、Kumuda 三に波頭摩華、Padma 四に芬陀利華、Puṇḍarīka 次第の如く青黃赤白の四色なり、又泥盧鉢羅 Nilotpala を加て五種とす、總じて蓮華と譯す、但通常蓮華と稱するは芬陀利の白蓮華を指す、此華に三時あり未敷の時を屈摩羅 (Mukula)と名け、敷て將に落ちんとする時を迦摩羅 (Kamala) と名け、處中の盛なる時を芬陀

利と稱す。【法華遊意】に「舊云。外國稱二芬陀利一。此翻爲二蓮華一。今謂芬陀利未三必翻爲二蓮華一。涅槃經云二人中蓮華人中芬陀利華一。既其兩出。似三如爲レ異。今謂蓮華爲レ通。芬陀利爲レ別。所三以知二然者。凡有二五證一。云云。」【法華玄贊一】に「奔茶利迦者白蓮華也。西域呼二白蓮華一爲二奔茶利迦一故。新經說二青黃赤白四色蓮華一。云二嗢鉢羅華、拘某陀華、鉢特摩華、奔茶利華一。如レ次配レ之。」【大日經疏十五】に「三藏說。西方蓮華有二多種一。一者鉢頭摩。復有二二種一。一者赤色。即此間蓮華也。二者白色。今此間有二白蓮一是也。非二芬陀利一。優鉢羅。亦有二赤白二色一。又有二不赤不白者一。形似二泥盧鉢羅花一也。俱勿頭。有二赤及青二種一。又云。俱勿頭是蓮華青色者。泥盧鉢羅。此華從二牛糞種一生。極香。是文殊所レ執者。自如二青蓮一。亦是此色。更有二蘇健地迦花一。亦相似而小花。芬陀利迦。花可レ有二百葉一。葉葉相承圓整可レ愛。最外葉極白。漸向レ內色漸微黃。乃至最在レ內者與二蕚色一相近也。此花極香也。昔琉璃王害二釋女一時。大迦葉於二阿耨達池一取二此花一。裹二八功德水一灑レ之。諸女身心得二安樂一。命終生レ天。因レ是投二花於地一遂成レ種。至レ今猶有レ之。花太可レ愛。徑一尺餘。尤可レ愛也。此法華所引中者是。是漫茶羅八葉者也。」

蓮華三喩　〔名數〕　佛妙法を蓮華に喩へて妙法蓮華經と稱す。天台は之を以て乘教の權實の開廢、佛身の本迹の廢立の深義を喩題となし、迹門の三喩と本門の三喩を立つ。迹門の三喩とは一に爲蓮故華、是れ爲實施權に譬ふるなり、如來法華の會坐に於て一乘の實を顯はさん爲に爾前に於て先づ三乘の權教を說くに譬ふるなり。二に花開蓮現、是れ開權顯實に譬ふるなり、花開を開權に譬へ蓮現を顯實に譬ふ、正しく法華の會座に於て三乘の權方便を拓開して一乘の實義を顯はすを云ふ。三に花落蓮成、是れ廢權立實に譬ふるなり、既に三乘の權教を開き已れば權教自ら廢して一乘の實教のみ獨存するなり。已上の三喩は佛の垂迹の身に依て說ける乘教の上に就て開廢の義を譬へしものなれば迹門の三喩とす。是れ本經前十四品の意なり。本門の三喩とは亦た一に爲蓮故華、是れ從本垂迹に譬ふるなり、如來久遠實成の本より伽耶始成の化迹を垂るるに譬ふ。二に花開蓮現、是れ開迹顯本に譬ふるなり、本經壽量品に至て始て迦耶始成の佛は化身なりと打ち開きて久遠の本地を顯はすに譬ふ。三に花落蓮成、是れ廢迹立本に譬ふるなり、化身を開し已れば化身自ら廢れて獨り久成の本身のみ成立するに譬ふ。已上の三喩は佛の本地を顯はす爲の開廢なれば本門の三喩と云ふ。【法華玄義一】

高原陸地不生蓮華　〔譬喩〕　【維摩經佛道品】に「譬如下高原陸地不レ生二蓮華一。卑濕淤泥乃生中蓮華上。如レ是見二無爲法一入二正位一者。終不三復能生二於佛法一。煩惱泥中乃有三衆生起二佛法一耳。」

火中生蓮華　〔雜語〕　【維摩經佛道品】に「火中生二蓮華一是可レ謂二希有一。」

五莖蓮華　〔本生〕　釋迦如來昔燃燈佛（錠光佛）に遇ひて五莖蓮華を奉り髮を泥に布て佛をして之を蹈ましめ以て記別を受く。「ジユドウボサツ」を見よ。

諸佛以蓮華爲床坐　〔雜語〕　諸佛常に蓮華を以て座床と爲すは蓋し蓮華藏世界の義に取る。蓮華藏世界は報身佛の淨土なり。又【智度論八】に「以二蓮華軟淨一欲レ現二神力一。能坐二其上一令レ不レ壞故又以二莊嚴妙法坐一故。又以諸華皆小無レ如二此華一。乃至梵天王坐二蓮華上一。是故諸佛隨二世俗一故。於二寶華上一結跏趺坐。」【大日經疏十五】に「如二世人一以二蓮華一爲下吉祥淸淨能悅中可衆心上。今祕藏中亦以二大悲胎藏妙法蓮華一爲二最祕密吉祥一。一切加持法門之身坐二此華臺一也。然世間蓮亦有二無量差降一。所謂大小開合色相淺深各發不同。如レ是心地花臺亦有二權實開合等異一也。若是佛。謂當レ作二八葉芬陀利一。白蓮華也。其華令二開敷四布一。若是菩薩。亦作二此華坐一而令二花半敷一。勿レ令二極開一也。若緣覺聲聞。當レ坐二於花葉之上一。或坐二俱勿頭華葉上一。乃至若淨居諸天乃至初禪梵天等。世間立號爲レ梵者皆坐二赤蓮華中一。」

靑蓮第一　〔雜語〕　【涅槃經二十四】に「如二水生花中靑蓮華爲一レ最。不放逸法亦復如レ是。」【智度論二十七】に「一切蓮華中靑蓮爲二第一一。一切陸生華須曼色第一。」

レンゲ　蓮偈　〔雜名〕　妙法蓮華經の偈頌なり。

レンゲイン　蓮華印　〔印相〕　蓮華を形る印相なり。【演密鈔九】に「蓮華印。謂大指名指相持。餘三指散舒是也。」

レンゲインニヨ　蓮華婬女　〔人名〕　「レンゲニヨ」を見よ。

レンゲエ　蓮華衣　〔衣服〕　袈裟の異名なり。淸淨無染の義に取る。【釋氏要覽上】に「袈裟又名二蓮華衣一。謂不下爲二欲泥一染上故。」

レンゲガフシヤウ　蓮華合掌　〔印相〕　左右の十指を竪て指掌共に合するを蓮華合掌と云ふ。凡そ行法の最初に此印を爲す。然る所以は古き相傳に此印を本三昧耶印と名く。我等が胎內に處する位に結ぶ印なり、理智不二自證の性なる故に本三昧耶印と名く、出胎の時兩手を分けて拳を作す。心經祕鍵に

分手於金蓮場とは此位なり。此より已後化他門に出でて種種の事業を作すなり、仍て行法の最初に先づ此印を結で理智不二の體性に安じ已て此印より種種の印契を開て次第に之を行ずるを一座の行法となすなり。さて兩手十指の螺轍を併せば蓮華は即ち理なり、理の處には必ず智あるが故に二手を理智となす、而て兩手を合するは理智不二の表示なり。左手は靜なる故に理となし、右手は一切の事を辨ずるが故に智となす。【大般若經五百二十四】に「善現當知如人右手能作衆事。如是般若波羅蜜多能引生一切殊勝善法。善現當知如人左手所作不便。如是前五波羅蜜多不能引生殊勝善法。」と又【攝無碍經】に「左手五指名胎藏界五智。右手五指名金剛界五智。十指即十度。或名十法界。或曰十眞如。」と【大日經三】に「復次如身印。左手是三昧義。右手是般若義。十指是十波羅蜜滿足義。亦是一切智五輪譬喩義。」と。此中十波羅蜜を十指に配するに異釋あり、蓮華部心軌に依れば右手の五指を檀等の五度に配し、左手の五指を慧等の五度に配す。略出經に依れば左手の五指を檀等の五度に配し、右手の五指を慧等の五度に配す。又十法界とは常の十法界にあらず、十法は是れ五凡五聖の十界なり。左手は不自在なるが故に五凡の迷者に配す、地獄畜生餓鬼人天なり、左の小指より次第に之に配す。右手は自在なるが故に五聖の覺者に配す聲聞緣覺菩薩（法相三論）權佛（天台華嚴）實佛（眞言）なり、右手の小指より次第に之に配す。十眞如とは唯識論等の所說なり、前五地所證の五種の眞如を左の五指に配し、後五地所證の五種の眞如を右の五指に配す、又之を縮めて行者の蓮華合掌と作せば一法界と成り、之を開て歡喜の蓮華印と作せば多法界となり、無量の名あり。【秘藏記本、同鈔六】而て諸經軌の配當種種あり。又、この蓮華合掌は合蓮華の形にて吾人の肉團心即ち胎藏界の佛心の表示なり。

レンゲクワン　蓮華觀　〔術語〕水輪の圓形の中にす字を觀ずるを稱す。蓮華は水生の花なれば所生に約して水を蓮華と云ふ。【三種悉地儀軌】

レンゲグンダリ　蓮華軍荼利　〔菩薩〕蓮華部の軍荼利明王なり、胎藏界の觀音院に在て觀音の大慈の內の折伏忿怒なり。【秘藏記下】に「左指青蓮華。大青色。」

レンゲケン　蓮華拳　〔印相〕四種拳の一。兩手を並べて各拳を作し兩の大指を竪つるなり。【大日經疏十三】

レンゲゲ　蓮華偈　〔雜名〕妙法蓮華經の偈文なり。

レンゲゲン　蓮華眼　〔術語〕觀世音の密號なり、觀音の眼相は青蓮慈悲の容なり、多羅尊は此處より出生するなり。【要略念誦經】に「開敷妙覺光明眼。修廣猶青蓮華。」

レンゲゲンキヤウ　蓮華眼經　〔經名〕蓮華眼陀羅尼經の略名。

レンゲゲンダラニキヤウ　蓮華眼陀羅尼經　〔經名〕一卷、趙宋の施護譯。此陀羅尼能く六根の病を除き六根清淨を得。【成帙八】（827）

レンゲコク　蓮華國　〔界名〕蓮華藏世界なり。又佛國土の總名なり。

レンゲゴ　蓮華語　〔術語〕蓮華念誦に同じ。

レンゲゴンオン　蓮華言音　〔術語〕蓮華念誦なり。

レンゲサンマイ　蓮華三昧　〔術語〕佛、法華妙蓮の理に坐するを蓮華三昧と云ふ。【法華玄義七】に「今蓮華之稱非是假喩。乃是法華法門。法華法門清淨因果微妙。名此法門爲蓮華。即是法華三昧當體之名。非譬喩也。」又清淨の菩提心一切の塵垢を離るるに名く。【大日經疏四】に「淨菩提心。於一切法都無染著即名蓮華三昧。住此三昧者。乃至諸法空相亦不可得。」又　法華三昧の異名なり。蓮華三昧經の如し。

レンゲサンマイキヤウ　蓮華三昧經　〔經名〕此經藏內になし。【谷響集一】に「台家經旨相承口訣中云。蓮華三昧經亦云無障礙經。具題云妙法蓮華三昧秘密三摩耶經。智證大師拔十卷中至要請來云。」【鹿王禪院如意寶珠記】に「玆有經其名云蓮華三昧經。震旦國中唯一部之經也。故震旦青龍寺法全阿闍梨。受此經於惠果和尚。和尚轉傳所受於大日如來之經也。弘法大師傳敎大師入唐時雖望傳斯經不授之。法全及示寂。大聖文殊遺護法善神告法全。汝所秘之蓮華三昧經無可授之器。願可授我。法全乃授之。昔日本西園寺前太政大臣孫竹園院禪師投三千五百兩黃金於大宋國。求此經。時清涼山竹林寺長老爲五臺山修造替三千五百兩黃金。是時童子現來。開寶藏授蓮華三昧經。爾來今在我朝。天台山代代座主傳之爲眞言秘密法。」經中歸命本覺心法身等の偈文八句あり、顯密の極旨を說く、安然の菩提心義及び敎時義に盛に此文を引き、弘法の異本即身義の中に無障礙經と題して此文を引き、慧心の眞如觀に亦無障礙經と題して此文を引く。頃日新刊の大日本續藏經第一緝第三套第五冊に妙法蓮華三昧秘密三摩耶經と題し不空三藏譯として一卷を擧ぐ。

レンゲザ　蓮華坐　〔術語〕半跏坐を吉祥坐とし結跏趺坐を蓮華坐とす。【大日經不思議疏】に「凡坐

法聖善之寺三藏和上邊面受。左足先著二右䏶上一。右足次著二左䏶上一名爲二蓮華坐一。單足著二右䏶上一名爲二吉祥坐一也。別二此坐一者非二聖坐一也。」図蓮華の臺座なり、諸佛恒に蓮華を以て坐床となすは蓮華藏世界の義に取る。又、智度論に諸釋を擧ぐ。「レンゲ」の項を見よ。

レンゲザウイン　蓮華藏印　〔印相〕八秘密印「の第三。梵 Padmāsana

レンゲザウセカイ　蓮華藏世界　〔界名〕諸佛報身の淨土なり、寶蓮華所成の土なれば名く。略して華藏世界と云ふ。釋迦の華藏は華嚴經の所説是なり、彌陀の華藏は觀經所説の極樂是なり、大日の華藏は大日經の胎藏界密嚴經の密嚴國是なり。「ケザウセカイ」を見よ。

レンゲシ　蓮華子　〔術語〕蓮華部の弟子なり、胎藏界の三部の一、金剛界の五部の一なり。【弘法大師御遺誡】に「若故犯者非二佛弟子一。非二金剛子一。非二蓮華子一。」

レンゲシキニ　蓮華色尼　〔人名〕受戒を勸めし人。「レンゲニヨ」を見よ。

レンゲシキニヨ　蓮華色女　〔人名〕同上。

レンゲシユボサツ　蓮華手菩薩　〔菩薩〕梵名 Padmapāṇi 觀自在の異名なり。【大日經一】に「又現二執金剛普賢蓮華手菩薩一。」

レンゲシユモン　蓮華手門　〔術語〕胎藏曼荼羅の北門なり、是れ蓮華部の方なれば蓮華手門と名く。【大疏六】に「蓮華手門偃月上各置二商佉一。」

レンゲシヨウヱ　蓮華勝會　〔雜名〕念佛を行ずる集會なり、即ち蓮社の類。【空華叢談一】に「蓮社は東晉の慧遠に始まり、蓮華勝會は趙宋の宗頤に始まる。」

レンゲシヨカイラク　蓮華初開樂　〔術語〕往生要集所説十樂の一。「ジフラク」を見よ。

レンゲシン　蓮華心　〔術語〕密敎所説の三部中蓮華部の心要なり。

レンゲソン　蓮華尊　〔術語〕蓮華部の諸尊なり。蓮華を以て幖幟するもの。【大日經疏六】に「蓮華尊則於二華上一重置二蓮華一。」

レンゲタイザウ　蓮華胎藏　〔術語〕胎藏界の曼陀羅なり、胎藏界の大悲門は蓮華を以て幖幟とすれば蓮華胎藏と云ひ、母胎に子を含藏保持すると蓮華の蓮種に於る如くなれば蓮華胎藏と云ふ。「タイザウカイ」を見よ。

レンゲタイシ　蓮華太子　〔人名〕「レンゲワウ」を見よ。

レンゲダイ　蓮華臺　〔雜語〕蓮華の臺座なり、佛菩薩の常座なり。

レンゲダイイン　蓮華臺印　〔印相〕蓮華の臺座を幖幟する印契なり。【印圖】

レンゲチ　蓮華智　〔術語〕五智の中の妙觀察智の異名なり、阿彌陀は蓮華部の尊なるが故なり。【菩提心論】に「西方阿彌陀佛由レ成二妙觀察智一。亦名二蓮華智一。亦名二轉法輪智一。」【菩提心義】に「梵云二鉢納麽一。此云二蓮華一是蓮華部智故爲レ名。」

レンゲチヤク　蓮華鐸　〔物名〕蓮華を以て手柄と作せる鐸なり。【大疏六】に「蓮華鐸則以二蓮華一爲レ繫。」

レンゲニヨ　蓮華女　〔人名〕或は青蓮華尼と云ひ、或は鬱盋羅華比丘尼と云ひ、或は嗢羅苾芻尼と云ひ、或は華色比丘尼と云ひ、或は蓮華色尼と云ひ、或は蓮華色女と云ひ、或は蓮華婬女と云ひ、或は蓮華女と云ふ。皆是れ梵漢の不同又は譯語の左右なり。總じて美女の容色に取て名けしなり、而て經論中數多の蓮華女あり或は同名同人同名異人なり。

青蓮華尼恒讚出家法　〔故事〕【智度論十三】に梵名を存して鬱盋羅華比丘尼と云ふ。

華色比丘尼欲先見佛　〔傳説〕【智度論十一】に翻名を擧て華色比丘尼と云ひ、【毘奈耶雜事】には梵名を存して嗢盋羅苾芻と云ひ、又【分別功德論】に蓮華色尼と云ふ。是れ同一の蓮華比丘尼にて佛の忉利天より降下する時に神通を以て身を輪王に變じて最初に佛を禮し、後提婆達多の非法を呵責して遂に彼に打殺せられしもの。「ケシキ」を見よ。

蓮華婬女見化人得悟　〔傳説〕二人の蓮華女あり、是れ婬女にして前の諸の蓮華女と別人なり。一は【經律異相三十二】に「佛在二耆闍崛山一。有二一婦女一。名曰二蓮華一。善心自生。便棄二世事一。作二比丘尼一。即行到二佛所一。未レ至二中道一有二流泉水一。女因二飲レ水澡レ手自見二其面像一。姿研無レ比。便念云何自棄作二沙門一耶。且當三少時快二我私情一。尋即還レ家。佛知三蓮華應二得道一化作二婦人一。端正絶レ世勝二蓮華女一。尋レ路而來。蓮華見レ之心甚愛敬。即問二化人一。從二何處一來。化人答言。從二城中一來。欲二還歸レ家。雖レ不二相識一可二倶還到一。向二泉水上一。二人倶還到二泉水上一。陳レ意委曲。化人唾臥枕二蓮華膝一。須臾之頃。忽命絶膖脹臭爛。肌體解散。蓮華見レ之心大驚怖。云何好人忽無常。此人尙爾我豈得レ久。故當二詣レ佛學レ道。即詣二佛所一作禮自説。乃至蓮華聞法。欣然解釋。得二阿羅漢一。」（蓮華女經今に藏內に有せず）

蓮華女媏抉兩眼授與婆羅門　〔傳説〕【毘奈耶雜事三十二】に「佛在二王舍城竹林園一。於二此城中一有二一婬女一名二蓮華色一。衒レ色爲レ業以自活

命。時有二婆羅門一來告言。少女好不。我可二與レ汝行二歡愛事一。報曰。汝有レ錢不。答言我無。女曰。可二去覓レ錢後來相見一。答言我覓。便往二南方一隨レ處經紀。得二五百金錢一來二女處一。時蓮華色由三依尊者目連善知識一故因即出家。近圓得二阿羅漢果一。乃至蓮華色遂往二闇林一於二閑靜處一宴坐入定受二解脫樂一。時婆羅門持二五百金錢一至二王舍城一。問二諸人一曰。蓮華色女今何處去。答言。彼已於二釋子法中一而爲二出家一向二室羅伐一。乃至彼便往就報言。少女先有二誠言一今持レ錢至。汝可三與レ我共爲二歡樂一。報言。婆羅門我已棄三捨罪惡之業一。汝今宜レ去。報言。少女汝雖レ捨レ我我不レ捨レ汝。宜可二起來一必不二相放一。報言。汝於二我身一何處支體偏生二愛樂一。答曰我愛二汝眼一。即以二神力一抉二其兩眼一而授三與之一。時婆羅門便作二此念一。此禿沙門女能作二如レ是妖術之法一。拳三打尼頭一棄レ之出去。」

婆羅門犯蓮華色比丘尼生入地獄 〔傳說〕【彌沙塞律】に出づ。

レンゲネンジユ　蓮華念誦 〔術語〕 五種念誦の一。念誦の聲自の耳に聞ゆるなり。「ネンジユ」を見よ。

レンゲサンユ　蓮華三喩 〔名數〕 「レンゲ」の項を見よ。

レンゲブ　蓮華部 〔術語〕 胎藏界三部の一。又金剛界五部の一。觀音虛空藏等の諸菩薩にして佛の大悲三昧を司る諸尊なり、胎藏界曼荼羅の十三大院中右方なる觀音院地藏院の諸尊是なり。【大日經疏五】に「右方是如來大悲三昧。能滋二養萬善一故名二蓮華部一。」【蘇悉地經一】に「諸佛形像即是佛部。諸菩薩形即蓮華部。諸世天像爲二金剛部一。」

レンゲブギキ　蓮華部儀軌 〔經名〕 金剛頂蓮華部心念誦儀軌の略名。

レンゲフク　蓮華服 〔衣服〕 又蓮華衣と云ふ。袈裟の德名なり。【六物圖】に「或名二蓮華服一。離二染著一故。」「十八道の一。「ジフハチダウ」參照。

レンゲブサンマヤ　蓮華部三昧耶 〔術語〕

レンゲブシンキ　蓮華部心軌 〔經名〕 金剛頂蓮華部心念誦儀軌の略名。常に金剛界儀軌と稱するもの是なり。【閑帙二】(1436)

レンゲブシンネンジユギキ　蓮華部心念誦儀軌 〔經名〕 金剛頂蓮華部心念誦儀軌の略名。

レンゲブヂヤウイン　蓮華部定印 〔印相〕 三部定印の一。「ヂャウイン」を見よ。

レンゲブツウホフ　蓮華部通法 〔經名〕 觀自在大悲成就瑜伽蓮華部念誦法門一卷あり。

レンゲブニン　蓮華夫人 〔本生〕【雜寶藏經一】に「過去久遠の時雪山に一仙人あり。提婆延と名く、婆羅門種なり。婆羅門の法男女を生まずんば生天を得ず、此婆羅門常に石上に小便す、精氣あり流れて石宕に墮つ。一雌鹿あり來て小便の處を舐め便ち娠み、月滿ちて仙人の窟下に詣り、一女子を生む。蓮華其身を裹み母胎より出づ、端正姝妙なり。仙人是れ己が子なるを知り取て蓄養す。漸く長大し、脚地を蹈む處皆蓮華出づ。烏提延王遊獵して是の女の端正を見て之を仙人に乞ふ。便ち王に與へて語て言く、當に五百の王子を生むべしと。王の大夫人甚だ鹿女を妬む、其後鹿女久からずして五百の卵を生み、之を篋中に盛る。大夫人五百の麵段を取て以て卵の處に代へ、此篋を以て恒河の中に擲棄す、王夫人に問ふ何物をか生む。答て言く、純ら麵段を生むと。王言く仙人妄語すと、即ち夫人の職を下し更に王を見しめず。時に薩耽菩王下流にありて諸妹女と遊戯す、此篋の來るを見て之を取り五百の夫人に各一卵を與ふ、卵自ら開て中に童子あり面目端正なり。養育長大して各皆大力士の力あり、五百力士の幢を建つ。後に薩耽菩王烏提延王と隙あり、五百の力士軍衆を將て烏提延王を伐つ、王恐怖して言く、一力士猶當るべからず、況や五百の力士をや。又思念す彼の仙人能く解知せんと。仙人の所に詣り國の大難を攘却せんことを乞ふ。仙人言く、五百の力士は蓮華夫人の子なり、王今蓮華夫人を以て大象の上に乘せ軍陣の前に著けよ、彼れ自然に服すべしと。即ち仙人の言の如く還來して蓮華夫人に懺謝し、夫人を莊嚴し大白象に乘せて軍陣の前に著く。五百の力士弓を擧て射らんと欲するに手自然に屈伸を得ず、時に仙人飛來て虛空の中に諸力士に告ぐ、愼んで手を擧ぐる勿れ、惡心を生ずる勿れ、若し惡心を生ぜば皆地獄に墮せん、此王及び夫人は汝の父母なりと。母即ち乳を按すれば一乳二百五十流と作り皆諸子の口に入る、即ち父母に向て懺悔し皆辟支佛を得、二王亦自然に開悟して辟支佛を得、爾の時の仙人は即ち我身是なり。」取意

レンゲブネンジユホフ　蓮華部念誦法 〔經名〕 蓮華瑜伽部念誦法の略名。

レンゲブモ　蓮華部母 〔術語〕 三部五部各部主と部母あり、部主は國王の如く、部母は王夫人の如し。蓮華部は白處觀音を以て部母とし、又法波羅蜜を以て部母とす。【大日經疏五】に「多羅之右置二半拏囉嚩悉寧一。譯云二白處一。以三此尊常在二白蓮中一故以爲レ名。亦戴二天髮髻冠一襲二純素衣一。左手持二開敷蓮華一。從二此最白淨處一出三生普眼一。故此三昧名爲二蓮華部母一也。」【秘藏記】に「無量壽蓮華部主。法波羅蜜爲レ母也。」

レンゲホウ　蓮華峯 〔地名〕 天台の別山、韶國佛

示寂の地なり。集むる所の禪要題して韶國師蓮華峯語錄と云ふ。【祖庭事苑七】

レンゲマンダラ　蓮華曼陀羅　〔術語〕胎藏界曼荼羅の別名なり。大悲の胎藏恰も蓮華の蓮種を滋養する如くなれば金剛界の金剛に對して蓮華の名を標す。

レンゲマンダラメツザイダラニキヤウ　蓮華曼拏羅滅罪陀羅尼經　〔經名〕廣大蓮華莊嚴曼拏羅滅一切罪陀羅尼經の略名。

レンゲメンキヤウ　蓮華面經　〔經名〕二卷、隋の那連提黎耶舍譯。佛將に涅槃に入らんとし、阿難に勅して諦に金身を觀ぜしむ、爲に舍利弗所作の佛事を說く。又爲に將來壞法の惡事を現じて厭離を生ぜしむ。次に菩提樹下に至り諸天哀歎す、佛爲に蓮華面が佛鉢を破るとを懸記す。【盈帙十】(465)

レンゲモン　蓮華門　〔術語〕金剛界曼荼羅の道場に設くる門戶なり頂の間に蓮華を畵けば名く。【秘藏記鈔六】に「蓮華門者。六卷略出經云。闔闔中如二頂形一。如二丁字一。現圖曼荼羅合二此文一。頂間畵二蓮華一故云二蓮華門一也。口傳云。金剛智。胎藏理也。智以レ理爲二能入一。理以レ智爲二能入一。故金剛界曼荼羅安二蓮華門一。胎藏界曼荼羅安二金剛門一也。」「シモン」參照。

レンゲロ　蓮華漏　〔物名〕廬山の慧遠の弟子慧要巧思あり、蓮華を以て漏刻を作る、蓮華漏と名く。【梁高僧傳六道祖傳】に「遠有二弟子慧要一。亦解二經律一。而尤長二巧思一。山中無二漏刻一。乃於二泉水中一立二十二葉芙蓉一。因二流波轉一以定二十二時一。晷景無レ差焉。」

レンゲヱ　蓮華會　〔儀式〕闡悟の天寧錄慈受の惠林錄に蓮華會の上堂あり。

レンゲワウ　蓮華王　〔本生〕二人あり、一人は【彌勒所問本願經】に「過去に太子あり、蓮華王と號す、端正殊妙威神巍巍たり、出遊して道に一人を見る、身體病癩す、見已て悲念し病者に問ふ、何の藥か能く療す。答て曰く、王身の髓を得て身に塗らば其病乃ち愈えんと。是の時太子即ち身骨を破り髓を病人に與ふ。歡喜惠施して心に悔恨なし、爾の時の太子は即ち我身是なり。」取意又一人は【百緣經四】に「過去波羅奈國王蓮華と曰ふ、天下を治正し人民豐樂なり、時に人民貪食多きが故に種種の病生ず、各相扶持して王所に詣て醫藥を求む。王病人を見て大悲心を生じ諸醫を集めて民衆を療せしむ。諸醫曰く、須く赤魚の肉血を得て食せしめば病乃ち愈ゆべし、我等諸醫得ると能はずと、時に蓮華王念へらく、今赤魚鈎するも得べからず我れ當に求願すべし、赤魚の形となりて爲に衆生身中の諸病を治せんと。是の願を發し已て自ら樓下に投じて命終し、河中に生じて大赤魚と作る。時に民衆彼の河中に大赤魚あるを聞き、各斤斧を持して割取し其血肉を食ひ、病皆愈ゆ。其の割取する處隨て復た生ず、是の如きと十二年衆生に給施す、悔恨の心秋毫もなく、遂に命終して忉利天に生ず。爾の時の蓮華王は釋迦佛是なり。」取意

レンゲワウヰン　蓮華王院　〔寺名〕今の京都三十三間堂なり。堂内一千一體の千手觀音を安置す。觀音は蓮華部の尊體なれば蓮華王院と名く。【拾芥抄五】に「蓮華王院。後白川院御願。千手千一體。號二新千體一。」得壽長院の十一面千體に對す。◉(著聞集、興言利口)「この壇光坊を蓮花王院の供僧になされたりけるに」

レンゲン　蓮眼　〔術語〕青蓮華の眼なり、佛眼の好妙を青蓮に譬へて云ふ。【維摩經佛國品】に「目淨脩廣如二青蓮一。」【性靈集八】に「萬德開二慈悲之蓮眼一。」

レンゲンジユ　楞嚴呪　〔眞言〕リヨウゴンシユを見よ。

レンゲンテウ　楞嚴頭　〔職位〕リヨウゴントウを見よ。

レンゲンヱ　楞嚴會　〔行事〕リヨウゴンヱを見よ。

レンコン　練根　〔術語〕加行位中にある修行者が諸根を訓練して鈍根を捨て利根につくを云ふ。

レンザ　蓮座　〔物名〕蓮華の臺座なり。

レンザウ　蓮藏　〔界名〕蓮華藏世界なり。【性靈集七】に「共沐二平等之智水一。優二遊不染之蓮藏一。」

レンシ　蓮師　〔人名〕淨土眞宗の徒蓮如上人を稱して蓮師と云ふ。

レンシ　蓮子　〔物名〕蓮華の實なり、以て數珠を作るべし。【數珠功德經】に「若用二蓮子一爲二數珠一。誦掐一徧。得レ福萬倍。」

レンシヤ　蓮社　〔雜名〕「ビヤクレンシヤ」を見よ。

レンシユウ　蓮宗　〔流派〕蓮社の旨趣を奉じて蓮邦を願求する宗門なり。【蓮宗寶鑑自叙】に「東晋遠公祖師。因レ聽二彌天法師講二般若經一。豁然大悟。乃至遊二止廬山一。與二高僧朝士一結緣修行。故云諸數三昧其名甚衆。功高易レ進念佛爲レ先。因以二蓮宗一名二其社一焉。」又「元貞元年正月。逃明居士燕覺道破衣和尙。欽奉二聖旨勅一。開二蓮宗善法堂一護二持敎法一。貞元二年正月又欽奉二聖旨一。賜二通慧大師蓮社正宗一。」【雲棲彌陀經疏鈔二】に「六趣衆生則中陰之身自求二父母一。往生善士則一彈指頃蓮華化生。是蓮華者乃卸二凡殼一之玄宮。安二慧命一之神宅。往詣之國號曰二蓮邦一。同修之友號曰二蓮祐一。約二禪誦之期一號曰二蓮漏一。定二趣向之極一曰二蓮宗一。重二其事一也。」

レンシユウホウカン　蓮宗寶鑑　〔書名〕具名、

廬山蓮宗寶鑑念佛正因、十卷、元の廬山東林寺善法堂主優曇普度集。廣く念佛の要旨を述ぶ。【陽帙十一】(1651)

レンジ　輦寺　〔雜名〕　聲車の往來する寺なり、王「公の建立せる大寺を云ふ。

レンセツ　蓮刹　〔界名〕　蓮は蓮華、刹は土の梵語、西方の淨土は蓮華を以て往生の所託とすれば蓮刹蓮邦など云ふ。

レンゼン　練禪　〔術語〕　觀練熏修四種禪の一。九次第定を云ふ。【半字談四】に「練とはあらきを段段細かになる樣にするとなり。四禪四無色滅盡定の九種の禪定を下より上へ修し上る故九次第定と云ふなり。」

レンタイ　蓮胎　〔術語〕　念佛して彌陀の淨土に往生する人は皆蓮華の内に在て生ずると恰も母胎の如くなれば蓮胎と云ふ。【蓮宗寶鑑八】に「當下生二淨土一。入二彼蓮胎一。受中諸快樂上。」【五會讃】に「十念蓮胎雖レ住レ劫。華開還得レ悟二無生一。」【元照觀經疏下】に「當レ知今日想レ佛之心。相好果德悉已具足。蓮胎孕レ質。即是此心果三證菩提一。不二從レ他得一矣。」【小經聞持記】に「一念神識托二彼蓮胎一。」

レンダイ　蓮臺　〔物名〕　蓮華の臺座なり、諸佛菩薩及び念佛の行人彌陀の淨土に往生する者の所托なり。【往生要集上本】に「大悲觀世音申二百福莊嚴手一。擎二寶蓮臺一至二行者前一。乃至當レ知草庵瞑レ目之間便是蓮臺結レ跏之程。」

レンダイジ　蓮臺寺　〔寺名〕　洛北蓮臺野の傍に「あり、定覺上人の開基。

レンダイソウジヤウ　蓮臺僧正　〔人名〕　東寺の長者寬空僧正、洛北蓮臺寺に住しければ時人蓮臺僧正と呼ぶ。

レンダイノ　蓮臺野　〔地名〕　洛北に在る墓所の名。【山城名勝志十一】に「蓮臺寺の北、千本通の西、總土手の內、今蓮臺野と云ふ。」⊙（平家）に「香隆寺のうしとらに蓮臺野」（野守鏡下）に「惠心先德に念佛往生の衆生十二大劫を經て蓮花の中より出生すと云ふと、妙法蓮華經の結緣なき往生の義なり。かの經に値遇し奉りなば速疾に妙蓮花より出生して須臾の頃に開悟すべしとて、二十五人の智德を撰びて二十五三昧を始め行はれし次第、晝は法華を講じ、夜は念佛を行じき、是より彼の法衆各皆順次の往生を遂げられ叡山の峯に紫雲常にたな引。蓮臺野の定覺上人是を美みて又行ひ待りけるに、蓮華往生したりければ、結界して此所にて墓をしめんをば必ず引攝せんと發願をしたりけるより、蓮臺野と名けて一切の人の墓所となれり。」

レンヂヤク　戀着　〔雜語〕　諸の可意の境に戀慕執着して捨離せざるなり。【法華經譬喩品】に「諸子幼稚未レ有二所識一、戀二著戲處一。」【訶欲經】に「女色者世間之枷鎖。凡夫戀著不レ能二自拔一。」

レンニヤ　練若　〔術語〕　Araṇya　阿練若の略。又阿蘭若と云ふ。「アランニヤ」を見よ。⊙（太平記二四）「北には城中に練若あり」

レンバイ　蓮貝　〔雜語〕　蓮は蓮華、西方無量壽佛の三昧耶形なり。貝は法螺、北方鼓音佛の三昧耶形なり。【秘藏寶鑰上】に「制底旗光蓮貝仁。」

レンホウ　蓮邦　〔界名〕　極樂の異名。彼土の衆、總じて蓮華を以て所居とすればなり。

レンマ　練磨　〔術語〕　菩薩に三種の練磨あり。「サンシユレンマ」を見よ。

レンモン　蓮門　〔流派〕　蓮宗の門派なり。蓮邦を願求する淨土門の異稱なり。

レンリ　蓮理　〔術語〕心蓮の妙理なり。瑜伽宗は總じて心蓮を以て極致となすなり。【性靈集六】に「果駄蓮理。」

レンゲリン　蓮華輪　〔術語〕　阿闍梨曼荼羅觀音院の一尊なり。【大疏五】に「如二蓮華輪像一。當下以二四蓮華葉一。如二十字之形一。用爲二輪輻一。輻外作二刀環一開上之。」

レンロ　蓮漏　〔物名〕　蓮華漏の略。【雲棲彌陀經疏鈔二】に「約二禪誦之期一號曰二蓮漏一。宣二趣向之極一曰二蓮宗一。」「レンゲロ」を見よ。

ろ

ロ　漏　〔術語〕　梵語 Āsrava　煩惱の異名なり。漏は流注漏泄の義、三界の有情は眼耳等の六瘡門より日夜に煩惱自ら流注漏泄して止まざれば漏と名く。又煩惱現行して心をして連注流散せしめて絕へざれば漏と名く、煩惱は漏器漏舍の如し。【俱舍論二十】に「從二有頂天一至二無間獄一。由二彼相續一於二六瘡門一泄レ過無レ究。故名爲レ漏。乃至若善釋者。應レ作二是言一。諸境界中流注相續泄レ過不レ絕故名爲レ漏。」【大乘義章五本】に「流注不レ絕其猶二瘡漏一。故名爲レ漏。」【法華玄贊一】に「諸論皆云。煩惱現行令二心連注流散不一レ絕。名レ之爲レ漏。如三漏器漏舍深可二厭惡一。損汙處廣。毀三責過失一立以二漏名一。」又漏失の義、煩惱は正道を漏失すれば名く。又煩惱は人をして生死に漏落せしむれば名く。【法華文句一】に「成論云。失レ道故名レ漏。乃至毗曇云。漏三落生死一。」【嘉祥法華義疏一】に「成論人以二失

理取相之心名漏。」

三漏 〔名數〕一に欲漏、欲界中無明を除きて餘の一切の煩惱に名く。二に有漏、色無色界中無明を除きて餘の一切の煩惱に名く。三に無明漏、三界中の無明に名く。【成實論十】に「欲界中除無明餘一切煩惱名爲欲漏。色無色界有漏亦如是。三界無明名無明漏。」【智度論三】に「三界中三種漏已盡無餘。故言漏盡也。」【涅槃經三十七】に「善男子煩惱三種。所謂欲漏有漏無明漏。智者應當觀是三漏所有罪過。」

ロアンキヤウ 驢鞍橋 〔雜語〕驢の骨中に自ら鞍に似たる骨あり、實の鞍にあらず。【碧巖九十八則著語】に「錯認驢鞍橋喚作爺下頷。」【種電鈔十】に「瑣碎錄曰。驢鞍橋者。驢骨中自有似鞍骨。非實鞍。或人以鞍骨爲阿爺下頷骨也。」【諸錄俗語解】に「鞍骨はイギ又はヱギと云ふ、北魏書傅永傳永有氣幹。拳勇過人。能執鞍橋。倒立馳騁。」

ロアンジヤ 盧行者 〔人名〕六祖慧能、姓は盧氏、初め五祖弘忍の下に在て道を修す。盧行者又は盧居士と稱す。行者とは有髮の修行者なり。【傳燈錄三五祖章】に「問衣法誰得耶。師曰能者得。於是衆議盧行者名能。尋訪既失。」

ロイコウラブツ 樓夷亘羅佛 〔佛名〕Lokeśvararāja 「ルイコウラブツ」を見よ。

ロウカクシヤウホフカンロクキヤウ 樓閣正法甘露鼓經 〔經名〕一卷、趙宋の天息災譯。佛、阿難の問に依て廣く曼拏羅乃至作像の功德廣大なるを說く。【宙帙七】(791)

ロウザンソウ 籠山僧 〔雜名〕修行の僧が比叡山、高野山等に籠り一定の期間山を下らず、結界して住するを云ふ。

ロウソウゴロモ 羅皂衣 〔衣服〕黑色の羅を以て作れる禪衣なり。⦿(增鏡)に「祿衫の御衣」とあるも是なるべし。

ロウタン 樓炭 〔雜語〕【名義集三】に「此翻成敗。」世界の成壞なり。

ロウタンキヤウ 樓炭經 〔經名〕大樓炭經の略名。六卷、西晉の法立譯、世界の成壞を記したるもの。即ち長阿含第四分世起經なり、隋の闍那崛多之を譯して起世經と云ひ、隋の梵摩笈多之を譯して起世因本經と云ふ。

ロウトウカクダ 籠頭角馱 〔譬喩〕籠頭は馬の被具なり、角馱は重荷なり。以て無明業識知見會解に譬ふ。【碧巖十七則雪竇頌】に「脫却籠頭卸角馱。」【諸錄俗語解】に「籠は韉と通ず、龐居士偈に牸上著韉頭。口中著鐵牛。字典に韉頭馬被具、和名ヲモガイ。角馱は字苑に負重也。」【種電鈔二末】に「籠頭謂無明業識。角馱乃知見解會也。」

ロエウジンムシヨヰ 漏永盡無所畏 〔術語〕佛の四無所畏の一。漏盡を諦して萬人の難論に對するも畏懼するなきを云ふ。

ロエフダルマ 蘆葉達磨 〔故事〕達磨が大通元年支那に來り武帝のために法を說きしも、その器にあらざるを見て梁を去り、江を遡り、魏の洛陽に至る時、蘆の葉を折りて船となし江を渡りしを云ふ。

ロカ 路迦 〔雜語〕Loka 又、嚧迦、譯、世間。【大日經疏十】に「嚧迦世間也。」【梵語雜名】に「世路伽。」

ロカ 路賀 〔雜語〕Loha 金鐵の總名。【梵語雜名】

ロカイ 漏戒 〔術語〕戒律を漏失して守持せざるを云ふ。即ち破戒なり。【大集經九】に「若無淨持戒。漏戒比丘以爲無上。若無漏戒。剃除鬚髮。身著袈裟名字比丘爲無上寶。」

ロカナタ 路迦那他 〔術語〕Lokajyeṣṭha 又、Lokanātha 譯、世尊。佛の別號なり。【智度論二】に「路迦那他。秦言世尊。」

ロカビ 路迦憊 〔術語〕Lokavit 又、路伽憊。譯、知世間、世間解。佛十號の一。世間の性相を解知するなり。【智度論二】に「路伽秦言世。憊名知。是名知世間。」【大品般若經疏六】に「路伽憊。世間解也。」

ロカフ 攄甲 〔物名〕又攄行と書す。甲袈裟の一種なり。「カフゲサ」を見よ。「カ」を見よ。

ロカヤ 路伽耶 〔流派〕路伽耶陀の略。「ロカヤチ

ロカヤキヤウ 路迦耶經 〔書名〕又、路伽耶經。次項を見よ。

ロカヤチカ 路迦耶底迦 〔流派〕Lokāyatika 又、路柯耶胝柯、路伽耶、路伽耶陀。順世と譯す。外道の名なり。世間の凡情に隨順して、是れ常是れ有等と計執するなり。【法華經安樂行品】に「讚詠外書。及路伽耶陀。逆路伽耶陀者。」【嘉祥法華義疏十】に「路伽耶陀者。舊云是惡解義。乃至注經云。路伽耶陀者如此方禮儀名教儒墨之流也。乃至又言。路伽耶陀翻爲世間行。」【慧琳音義十五】に「路伽耶經梵語。此名惡論義。正梵音云路伽耶底伽。此則順世外道。隨順世間凡情所說。執計之法是常是有等。」【法華玄贊九】に「路伽耶陀者。先云惡答對人。正言路伽也底迦。云順世外道。」【眞諦譯天親攝論釋二】に「路柯耶胝柯說。世間一切因。唯有宿作。」

ロガ 路伽 〔雜語〕路迦に同じ。「ロカ」を見よ。

ロガギヤ 路伽祇夜 〔術語〕Loka-geya* 譯、重

頌。十二分教の一。【涅槃經疏八】に「祇夜具足應レ云二路伽祇夜一。祇夜翻爲レ句。亦云レ頌。開善云二等句一。莊嚴云二等頌一。光宅云二重頌一。是頌二長行一之偈。」十二分敎の一とする時は祇夜 Geya のみにて然るべし、涅槃經疏に路伽 Loka を冠するは世俗歌の意歟可レ考。

ロガビ 路伽憊 〔術語〕路迦憊に同じ。

ロガヤダ 路伽耶陀 〔流派〕Lokāyata「ロカヤチカ」を見よ。

ロキタ 路伽多 〔雜語〕Lohita 譯、赤。又、曷囉迦「多と云ふ。【梵語雜名】

ロギヤウゲダウ 露形外道 〔流派〕又、離繫外道と云ふ。梵に尼揵子と云ふ是なり。脫衣露形を以て正行となすなり。【俱舍寶疏九】に「離繫者。即是露形外道。離二衣等繫一故名二離繫一。此外道受二持種種露形拔髮等禁一。」

ロクアクゾク 六惡賊 〔名數〕「ロクゾク」を見よ。

ロクアミダ 六阿彌陀 〔名數〕東京に在り。一、元木西福寺、二、ぬまた延命寺、三、西ケ原無量寺、四、田端與樂寺、五、下谷廣小路長福寺、六、龜井戶普光寺。春秋彼岸に歷拜するを行事とす。

ロクイ 六夷 〔名數〕六波羅夷なり。大乘の十波羅夷の中、小乘の四波羅夷を除きしもの。四波羅夷は大小共說なり。

ロクイン 六因 〔名數〕十信、十住、十行、十廻向、十地、等覺の因地の六位なり、大乘別教の所立なり。

ロクイン 六因 〔名數〕凡そ有爲法の生ずるは必ず因と緣との和合に依る、而して因體を論ずるに六種あり。一に能作因、凡そ生法の爲に力を與ふるもの、又障害を作さざるものを云ふ。故に此因に與力不障の二種あり。與力とは法の生ずるとき勝力を與ふるものなり、眼根の眼識を生じ大地の草木を生ずる如し、之を有力能作因と云ふ。此有力能作因の因體は只有爲法に限て無爲法に通ぜず、無爲法は無作用にして彼の生法に向て力を與ふとなければなり。次に不障とは他の生法を妨げず他をして自在に生ぜしむるものを云ふ、虛空の萬物に於けるが如し、之を無力能作因と稱す。故に此無力能作因は一切の無爲法に通ずるなり。此因所得の果を增上果と名く。二に俱有因、俱有果の因たれば俱有因と名く。是れ必ず二箇已上の法相依て生ずるを云ふ。東蘆の相依る如く、地等の四大種、生住等の四相是なり。蓋し四大種の生ずる必ず互に相依て生ず、一を缺きても不可なり、是れ同時俱有の法にして互に因となり互に果となるもの、之を互爲果俱有因と云ふ。此因所得の果を士用果と名く。三に同類因、同類の法が同類の法の爲に因となるを云ふ。善法が善法の因となり、乃至無記法に無記法の因となる如し。此の同類の名は善惡の性に就て立てしなり、色心等の事相に就きしにあらず、善の色蘊と善の識蘊と相望して猶同類因等流果なればなり。即ち此因所得の果は等流果なり。四に相應因、心と心所との法は必ず同時に相應じて生ずれば相應法と名く。此の一聚の心心所に就て一を他に望めて相應因と名くると彼の俱有因の如し。即ち俱有因の中に於て殊に心心所の法を別開して此因を立てしなり、故に所得の果を俱有因に例して士用果と稱す。五に遍行因、是れ同類因より殊に煩惱法を別開して立てしなり。即ち見惑に於て苦諦下の五見及び疑と無明と集諦下の邪見見取の二見及び疑と無明との十二は偏く一切の惑を生ずれば偏行因と名く。是れ即ち同類因の一種に過ぎざれば所得の果は即ち等類果なり。六に異熟因、是れ惡と有漏善との二法を體とす、即ち五逆の惡法を以て地獄の報を感じ、十善の有漏善を以て天上の果を招く如き、彼の天上と地獄の果は共に善にあらず惡にあらず但無記性なり、（一は苦一は樂なるのみ）此の如く善因を以ても惡因を以ても無記の果を感じて因果異類にして熟すれば（一は因は惡果は無記、一は因は善果は無記。）因を異熟因とし果を異熟果と名く。【俱舍論六】に「因有二六種一。一能作因。二俱有因。三同類因。四相應因。五遍行因。六異熟因。」舊譯には【智度論三十二】に相應因（相應因）共生因（俱有因）自種因（同類因）遍因（遍行因）報因（異熟因）無障因（能作因）と稱す。梵 1 Kāraṇahetu, 2 Sahabhūhetu, 3 Vipākahetu, 4 Saṁprayuktakahetu, 5 Sarvatragahetu, 6 Sabhāgahetu,

ロクカイ 鹿戒 〔術語〕外道の邪計に鹿の擧動を學び、鹿の食ふべきものを食ひて生天の因と爲すものあり、鹿戒を受持すと云ふ。即ち五見中の戒禁取見なり。【智度論二十二】に「外道戒者。牛戒鹿戒狗戒。」【俱舍論七】に「若有二士夫補特伽羅一受二持牛戒鹿戒狗戒一。便得二清淨解脫出離一。」

ロクカイ 六界 〔術語〕又、六大と云ふ。地水火風空識の六法なり。此六法各分齊あれば界と名く。

ロクカイジユ 六界聚 〔術語〕【中阿含二十一說處經】に年少比丘の爲に衆生の身分が六大假合を說きて諸欲を捨てしめ給ふ。骨肉の地大、血の水大、煖熱の火大、呼吸の風大、耳鼻空の空大、樂苦識の識大の如きなり、曰く「若爲二諸年少比丘一。說二教此六界一者。彼便得安隱得レ力得レ樂。身心不煩熱。終身行二梵行一。」

ロクカウニチ 六好日 〔雜語〕帝王の誕生相當の日、一年に六箇の本命好日あり、六好日と云ふ、禪院この日に祝聖の諷經あり。

ロクガフジヤク　六合釋　〔術語〕ロクガッシヤクと呼ぶ。「ロクリガフシヤク」を見よ。

ロクキヤウ　六境　〔名數〕色聲香味觸法の六法は次第の如く眼耳鼻舌身意の六根所對の境界なれば六境と云ふ。

ロクギヤウ　六行　〔名數〕佛の六行と外道の六行とあり、佛の六行は六度の行なり。【性靈集八】に「牟尼善逝開二六行於娑婆一。」外道の六行は一に自餓外道、二に投淵外道、三に赴火外道、四に自坐外道、五に寂默外道、六に牛狗外道なり。【涅槃經十六、智度論五、三藏法數二十七】又、外道の六行觀なり。

ロクギヤウクワン　六行觀　〔名數〕有漏智を以て次第に下地の惑を斷ずる法なり。即ち三界を九地に分ち下地と上地とを比較し下地は麁なり、苦なり、障なりと觀じて之を厭ひ、上地は靜なり、妙なり、離なりと觀じて之を欣び、此厭欣の力に依て次第に下地の惑を斷ずるなり。依て之を厭欣觀とも云ふなり。さて此の如く上下對望の厭欣力に依るが故に第九有頂地の惑を斷ずると能はず、彼れは更に對比すべき上地なければなり、有頂地の惑を斷ずるには必ず四諦を觀ずる無漏智に依らざるべからず。外道は此六行觀を以て下地の修惑を離れて乃至有頂地に生じ（見惑は彼の所斷にあらず、又受生の因にあらず。）佛も菩提樹下に無漏道を以て有頂地の見修二惑を斷ずる前に先づ此六行觀を以て下八地の見修二惑を斷ぜしなり、之を五部合斷と云ふ。（五部とは見惑を四諦に分ちて四部とし、修惑を一部とす。）【倶舍論二十四】に「世俗無間及解脱道。如レ次能緣二下地上地一。爲二麤苦障及靜妙離一。」【輔行六】に「言二世智一者。依二於世禪一六行厭欣。」

ロクク　六垢　〔名數〕眞心を垢穢するもの六法あり。「ロククハフ」を見よ。

ロククギ　六句義　〔名數〕勝論の本師の所立なり、末師に至て十句義となす。「ショウロンシユウ」を見よ。

ロククギヤウ　六苦行　〔名數〕六行に同じ。外道六種の苦行なり。「ゲダウ」の條下を見よ。

ロククギヤウゲダウ　六苦行外道　〔名數〕六種苦行外道なり。「ゲダウ」の條下を見よ。

ロククグ　六供具　〔物名〕禪林の佛供なり。一に華、二に香爐、三に燭、四に湯、五に菓、六に茶。【僧堂淸規三】

ロククハフ　六垢法　〔名數〕眞心を汚穢する六法なり。誑、諂、憍、惱、恨、害の六惑を云ふ【顯宗論二十一】に「煩惱垢六。惱害恨諂誑憍。誑憍從貪生。害恨從レ瞋起。惱從二見取一起。諂從二諸見一生。」

ロククワン　六觀　〔名數〕瓔珞經所說六種性の異名なり。一に住觀、二に行觀、三に向觀、四に地觀、五に無相觀、六に一切種智觀。「ロクシユシヤウ」を見よ。

ロククワンオン　六觀音　〔名數〕二種あり、一種は一に大悲觀音、二に大慈觀音、三に師子無畏觀音、四に大光普照觀音、五に天人丈夫觀音、六に大梵深遠觀音なり。一種は一に千手觀音、二に聖觀音、三に馬頭觀音、四に十一面觀音、五に准胝觀音、六に如意輪觀音なり。大悲等の六觀音は天台の義立なり。【摩訶止觀二】に「大悲觀世音破二地獄道三障一。此道苦最重。宜レ用二大悲一。大慈觀世音破二餓鬼道三障一。此道飢渴。宜レ用二大慈一。師子無畏觀世音破二畜生道三障一。獸王威猛。宜レ用二無畏一。大光普照觀世音破二阿修羅道三障一。其道猜忌嫉疑。宜レ用二普照一。天人丈夫觀世音破二人道三障一。人道有二事理一。事伏二憍慢一稱二天人一。理則見二佛性一稱二丈夫一。大梵深遠觀世音破二天道三障一。梵是天王。標レ王得レ臣。」（三障は惑業苦）【同弘決】に「大悲等言今家義立。」然るに五大院の【菩提心義】に「天台引二雜呪集二六觀音一以爲二六字章句一。」即ち【陀羅尼雜集七】に「吉祥神呪。南無觀世音。能施無畏力。一切和雅音。勇猛師子音。大梵清淨音。大慈妙法音。天人大丈夫。能施二衆生樂一。滅二除無明一使レ濟二度生死海一。」今の六名に對するに大悲及び大光普照の二なくして和雅の一を剩す、且つ六道の苦を對破する明文なし、或る人【七佛八菩薩神呪經一】に「南無觀世音。師子無畏音。大慈柔軟音。大梵淸淨音。大光普照音。天人丈夫音。能施二衆生樂一濟二度生死岸一。」と云ふを引く、然るに是れ唯五觀音にして大悲の一なく、且つ六道に對する文なし。されば天台の義立と決す。次に千手等の六觀音は後來密部大に傳來し種種の觀音を見るに及び、密敎の徒此六觀音を擧げて彼の止觀の文に附せしなり。或は言ふ、唐の道邃の【六字經驗記】の中に此六觀音を列ぬと、未だ此本を得ざれば之を詳にせず。證眞の【止觀私記二末】に「今世眞言宗人。以二千手如意輪等一爲二六觀音一。亦是私附二今止觀文一。非二聖說一也。彼敎多有二種種觀音一。何只六耶。」一說に千手等の六觀音を大悲等の六に配當せしは眞言宗の小野僧正仁海なりと云ふ。（觀音靈驗鈔一。）二種の六觀音及び六道の配當左の如し。

千手	Sahasrahasta	大悲	地獄道
聖	Ārya	大慈	餓鬼道
馬頭	Hayagrīva	師子無畏	畜生道
十一面	Ekadaśamukha	大光普照	修羅道
准提	Caṇḍī	天人丈夫	人道
如意輪	Cintāmaṇicakra	大梵深遠	天道

古徳の頌に「大悲千地獄。大慈正餓鬼。師子馬頭畜。大光面修羅。天人准泥人。大梵如意天。」榮花物語このうち第二の聖觀音は觀音菩薩の正體にして、千手馬頭等の異相なければ但聖觀音又は正觀音と云ふ。新には聖觀自在菩薩と云ふ。又正に作る。是れ法華經普門品所説の觀音にして、胎藏界右方蓮華部の部主なり。胎藏界中總て四觀音あり、一は中臺八葉院の觀音、二は觀音院の觀音、三は釋迦院の觀音、四は文殊院の觀音なり。皆聖觀音なり。◉(榮花、疑)「ある時は六觀音を作らせ答ひ。」

ロククワンセウ 六卷鈔 【書名】南山大師の著四分律行事鈔三卷、各上下を分けて六卷なれば六卷鈔と云ふ。【諸宗章疏錄上】

ロククワンリヤクシユツキヤウ 六卷略出經 【經名】是れ四卷略出經の元經なり、初め金剛智三藏金剛頂經大瑜伽敎王經百千頌の中より略出して金剛頂瑜伽中略出念誦經と題して四卷と爲し、世に之を四卷略出經と稱す、縮刷藏經中に收むるもの是なり。

ロクグワツヱ 六月會 【行事】叡山にて傳敎大師の忌日に行ふ法華大會なり。六月四日は大師入滅の日なれば五日間法華十講を行ひ、並に廣學竪義の論義を作す。

ロクグンビク 六群比丘 【名數】佛在世の時六人の惡比丘ありて黨を結び多く非威儀の事を作す、六群比丘と稱す、佛の制戒は多く此六群を緣とす。諸律名を出すと不同なり。【僧祇律九】に六群比丘と稱して「一は闡陀、二は迦留陀夷、三は三文達多、四は摩醯沙達多、五は馬師、六は滿宿。」【毘奈耶律十一】に六衆苾芻と稱して「一は難陀、Nanda 二は鄔波難陀、Upananda 三は阿說迦、Aśvaka 四は補捺婆素迦、Punarvasu 五は闡陀、Chanda 六は鄔陀夷 Udāyin」【薩婆多論四】に「一は難途、二は跋難陀、三は迦留因夷、Kālodāyin 四は闡那、五は馬宿、六は滿宿。」【戒因緣經三】に「一は跋難陀、二は難陀、此二人天上に生ず。三は迦留陀夷、四は闡怒、此二人得道涅槃す。五は馬師、六は弗那跋、此二人龍中に生ず。」是れ唯梵音の具略譯語の不同のみ。一に闡陀、或は闡那と云ひ闡怒と云ふ、同一名なり、又車匿と云ひ惡性比丘と云ふ、暴惡なり。佛滅後阿難の所にて得道す。五分律三十二に迦留陀夷、又鄔陀夷と云ふ、多婬なり、後に佛所に於て得道し、宿債の追ふ所賊の爲に殺されて、糞中に埋めらる。十誦律十四三に三文達多、或は難陀と云ひ難途と云ふ一人なり、四は摩醯沙難陀、或は跋難陀と云ふ、一人なり。此二人は天に生ず。薩婆多論四戒因緣經三。五は馬師、或は馬宿と云ひ、阿說迦と云ふ、梵漢の相違のみ。六は滿宿、或は補那婆素迦と云ひ弗那跋と云ふ、梵漢の相違のみ。此二人我師目連の執杖外道に害せられしを憤て之を殺し爲に龍中に生ず。戒因緣經二。「の條を見よ。

ロククワンホフ 六觀法 【名數】「クワンボフ」

ロクグンビクニ 六群比丘尼 【名數】六群比丘に對して六群比丘尼あり、蓋し惡比丘尼を比丘の六群に準じて稱を立てしのみ、故に別名を列ねず。【大方便報恩經】に「諸釋女欲三出家持二禁戒一。求二衣鉢一。往三詣王國比丘尼精舍一。索二出家一。時有二六群比丘尼一。見二諸釋女年幼稚美色一。今云何能捨レ難レ捨而共出家。我等當下爲說二世間五欲快樂一待二年限過一然後出家上。不二亦快一乎。彼若還レ俗必以二衣鉢一奉三施我等一。」

ロクケツ 六結 【譬喩】一巾を眞性に譬へ之を六結して眼耳等の六根に譬ふ、根本は一なれども妄相分別に由て六根を生ずるを知らしむるなり。【楞伽經五】に「佛告二阿難一此寶花巾。汝知二此巾元止一條。我六綰時名レ有二六結一。汝審觀察。巾體是一因レ結有レ異。」

ロクケツヂヤウ 六決定 【名數】「ロクシユケツヂヤウ」に同じ。図「シチジンシン」を見よ。

ロクケン 六劍 【譬喩】色、聲、香、味、華服、邪念の六法を劍刃に譬ふなり。卽ち六塵なり。【六度集經五】に「吾以レ國爲二怨窟一。以二色聲香味華服邪念一爲下六劍截二吾身一。六箭射中吾體上。」

ロクケン 六竪 【名數】「ケンホフ」を見よ。

ロクゲ 錄外 【雜名】日蓮宗に祖書を彙集して錄内錄外の二に分つ、祖入滅の翌年二月六老僧普く同門に告て遺文を結集し、緝る所一百四十餘篇あり、之を錄内と云ひ、後に到る者二百五十餘篇あり之を錄外と云ふ。【三國高僧略傳下日蓮傳】

ロクゲイチマウ 六解一亡 【譬喩】一巾を涅槃に譬へ之を六結して眼等の六根聚集して生死を現ずるに譬ふ。然るに生死涅槃はもと對待に由て感ずるもの、若し生死の結を解けば六解涅槃の一巾亦た泯亡するを六解一亡と云ふ。【楞嚴經五】に「六解一亦亡。乃至佛言。六解一亡亦復如レ是。由二汝無始心性狂亂一知見妄發。發レ妄不レ息勞レ見發レ塵。如下勞二目睛一則有中狂華上於二湛睛明一無レ因亂三起一切世間山河大地。生死涅槃皆即狂勞顚倒相。」

ロクゲビヤクザウ 六牙白象 【雜語】「ビヤクザウ」を見よ。◉(盛衰記二四)「此時大佛開眼僧正菩提僧正白き衣服を著し六牙の白象に乘じて大會の庭に來給へりと見る人多かりけり、普賢大士の化現と云ふ事疑なし」

ロクゲンクワン　六現觀　〔名數〕「ゲンクワン」を見よ。

ロクコン　六根　〔名數〕　眼耳鼻舌身意の六官なり、根は能生の義、眼根は色境に對して眼識を生じ、乃至意根は法境に對して意識を生ずれば根と名く。【大乘義章四】に「六根者對レ色名レ眼。乃至第六對レ法名レ意。此之六能生二六識一。故名爲レ根。」六根の中前の五根は四大所成の色法にして、意根の一は心法なり。但小乘は前念の意識を意根となし、大乘は八識中の第七末那識を意根とす。⊙（平家灌頂卷）「三時に六根を清め」（鴉鷺合戰九）「此土は耳根利故偏用聲塵と釋して、六根のうち耳根をもて本とす」

ロクコンクドク　六根功德　〔術語〕　六根清淨の位に得る功德なり。根に依て數量に增減あり。「ロクコンシヤウジヤウ」を見よ。

ロクコンゴユウ　六根互用　〔術語〕　六根の垢惑を斷じて清淨ならしむれば六根の一一に他根の用を具すと云ふ。【涅槃經】に「如來一根則能見レ色聞レ聲嗅レ香別レ味知レ法。一根現爾。餘根亦然。」是れ眞の六根互用なり。【法華經法師功德品】に菩薩六根清淨の位に於て六根互用の德を說く。【法華論】に「又六根清淨者。於二六根中一悉能具足見レ色聞レ聲辨レ香別レ味覺レ觸知レ法等。諸根互用應レ知。」是れ相似の六根互用なり。又【楞嚴經四】に聲聞の六根互用を說て「不下由二前塵一所レ起知見上。明不レ循レ根。寄レ根明發。由レ是六根互相爲レ用。阿難汝豈不レ知。今此會中。阿那律陀無レ目而見。跋難陀龍無レ耳而聽。殑河神女非レ鼻而聞レ香。驕梵鉢提異レ舌知レ味。舜若多神無レ身覺レ觸。摩訶迦葉久滅二意根一圓明了知不レ因二心念一。」亦是れ相似の互用なり。

ロクコンサンゲ　六根懺悔　〔修法〕　六根の罪障を懺悔するなり。法華懺法は其の作法を記せしものなり。⊙（盛衰記）「六根懺悔の行儀」法華懺法の勸めを云ふ。（榮花、玉の臺）「頓首してきけば、六根懺悔のわたりなりけり」法華懺法の中頃に正しく六根の罪を懺悔する法文の箇處を指す。

ロクコンシヤウジヤウ　六根清淨　〔術語〕　眼等の六根無始以來の罪垢を消除し、無量の功德を以て之を莊嚴して清淨潔白ならしむるを云ふ。而して此清淨の功德に由て六根各無礙の妙用を發し、且つ六根互用の自在を得るなり。【法華經法師功德品】に「若善男子善女人。受二持是法華經一。若讀若誦。若解說。若書寫。是人當レ得二八百眼功德。千二百耳功德。八百鼻功德。千二百舌功德。八百身功德。千二百意功德一。以二是功德一莊二嚴六根一。皆令二清淨一。乃至父母所生清淨肉眼。見二於三千大千世界內外所有山林河海一。下至二阿鼻地獄一上至二有頂一。亦見二其中一切衆生及業因緣果報生處一。悉見悉知。乃至以二是清淨意根一乃至聞二一偈一句一。通二達無量無邊之義一。」經中具に六根を說く今初後の二根を擧ぐ。【普賢觀經】に「欲レ得二六根清淨一者。當レ學二是觀一。」【圓覺經】に「心清淨。眼根清淨。耳根清淨。鼻舌身意。復如レ是。」【智度論十一】に「布施時。六根清淨善欲心生。」⊙（徒然草）「書寫の上人は法華讀誦の功つもりて、六根清淨にかなへる人なりけり」

ロクコンシヤウジヤウヰ　六根清淨位　〔術語〕天台所立の別敎五十二位の階位には十信の位、圓敎六即の階位には相似即の位なり。見修二惑を斷じ六根の清淨を得、藏通二敎の佛と齊しきなり。【四敎儀】に「六根清淨位。即是十信也。」【輔行四】に「能修二四安樂行一。一生得レ入二六根淨一。極大遲者不レ出二三生一。若爲二名聞利養一累劫不レ得。」一略。

ロクコンジヤウ　六根淨　〔術語〕　六根清淨の略。

ロクゴフ　六業　〔名數〕　叡山所學の課業なり。一に止觀業、法華の經疏を習ふなり。二に大日業、大日經の經疏を習ふなり。三に金頂業、金剛頂經の經釋を習ふなり。四に蘇悉業、蘇悉地經の經記を習ふなり。五に一字業、一字頂輪王經の經釋を習ふなり。六に瑜祇業、瑜祇經の經記を習ふなり。初め傳敎大師は止觀遮那の二業を立て、遮那業の中に大日業等の諸業を攝めしを、後來漸く分業して遮那業の中に五課を開きしなり。【天台學則下】

ロクサ　六作　〔名數〕「ロクジユ」を見よ。

ロクサイ　六栽　〔名數〕　新譯に六觸と云ふ。六識と相應して生ずる觸の心所なり。【玄應音義三】に「六栽。經中亦名レ觸。案觸能長二養心心數法一。栽能長二養技葉華條一。其義相似。因以名焉。」

ロクサイニチ　六齋日　〔行事〕　每月八日十四日十五日二十三日二十九日三十日なり、齋とは梵語逋沙他（Posadha）此六箇日は四天王が人の善惡を伺ふ日なり、又は惡鬼の人を伺ふ日なりとして諸事を愼み、殊に正午を過て一切食物を絕てば齋日と云ふ。齋とは不過中食の謂なり。是れ劫の初より傳來せる聖法なり、但佛出世以後は此日に兼て八戒を受持せしめ、六箇の八戒齋日となれるなり。【摩訶般若經十四】に「六齋日月八日。二十三日。十四日。二十九日。十五日。三十日。諸天衆會。」此は一月を前後の半月に分て前後相對せし故斯く次第す【四天王經】に「佛告二諸弟子一。齋日責レ心愼レ身守レ心。諸天齋日伺二人善惡一。須彌天王即第二天。天帝名レ因。福德巍巍典二主四天一。四天神王即因四鎭王也。各理二一方一。常以二月八日一遣二使者一下案二行天下一。伺二察帝

王臣民龍鬼蛸飛蚑行蠕動之類心念口言身行ニ善惡一。十四日遣ニ太子一下。十四日四王自下。二十三日使者復下。二十九日太子復下。三十日四王復自下。」【智度論十三】に「問曰。何以故。六齋日受ニ八戒一修ニ福總一。答曰。是日惡鬼逐レ人。欲レ害ニ人命一。疾病凶衰令ニ人不吉一。是故劫初聖人。敎ニ人持レ齋修レ善作レ福。是時齋法不レ受ニ八戒一。直以ニ一日不食一爲レ齋。後佛出世。敎語レ之言。汝當下一日一夜如ニ諸佛一持中八戒過中不食上。是功德將レ人至ニ涅槃一。乃至問曰。何以故。諸惡鬼輩以ニ此六日一惱ニ害於人一。答曰。天地本起經說。劫初成時有ニ異梵天王子一。諸鬼神父。修ニ梵志苦行一滿ニ天上十二歲一。於ニ此六日一割レ肉出レ血以著ニ火中一。即ち護摩の供養なり。以レ是故。諸惡鬼神禮ニ此六日一輒有ニ勢力一。乃至復次諸鬼神父於ニ此六日一割レ肉出レ血以著ニ火中一。過ニ十二歲一已。天王來下。語ニ其子一言。汝求ニ何願一。答言。我求レ有レ子。天王言。仙人供養法以ニ燒香甘果諸淸淨事一。汝云何以ニ肉血一著ニ火中一如ニ罪惡法一。汝破ニ善法一。樂爲ニ惡事一。令下汝生ニ惡子一噉レ肉飮上レ血。當ニ說レ是時一。火中有ニ八大鬼一出。身黑如レ墨髮黃眼赤。有ニ大光明一。一切鬼神皆從ニ此八鬼一生。以レ是故於ニ是六日一。割ニ身肉血一著ニ火中一而有ニ勢力一。如ニ佛日法一。中無ニ好惡一。隨ニ世惡日 因緣一故敎ニ持齋受戒一。」【同六十五】に「是六齋日是惡日。令ニ人衰凶一。若有下是日受ニ八戒一持レ齋布施聽法上。是時諸天歡喜。小鬼不レ得ニ其便一。利ニ益行者一。」【觀普賢經】に「剎利居士。於ニ六齋日一。敕ニ諸境內力所レ及處一令レ行ニ不殺一。」【大毘婆沙論四十一】に「三十三天於ニ白黑月每常八日若十四日、若十五日一集ニ善法坐一。稱ニ量世間善惡多少一。見ニ造善者一便擁ニ護之一。見ニ造惡者一即共嫌毀。」◉(榮花、疑)「六十餘國六齋日に殺生を留めさせ給ふ」六齋日は元來比丘の說戒の日なり。後世この日を以て白衣をして持戒せしめて種種の傳說を生じたる如し。

ロクサイネンブツ　六齋念佛　〔儀式〕六齋日に空也堂の鉢扣き踊念佛をなすを云ふ。「クウヤネンブツ」を見よ。

ロクサウ　六相　〔名數〕一に總相、二に別相、三に同相、四に異相、五に成相、六に壞相なり。凡夫所見の事相の上に就かば事相各各隔礙して六相を具せざれども、若し聖眼所見の諸法の體性に就かば一一の事相の中に此六相圓融するを見、六相圓融を以ての故に諸法即ち一眞法界無盡緣起たるなり。所謂法華の一眞法界無盡とは此六相の圓融に依て證せらるるなり。是れ華嚴經初地十大願中第四願の文に出でて、華嚴宗の第二祖至相大師の發明に係る一家の大法門なり。【晉經二十三】に「諸地所レ淨生ニ諸助道法一。總相別相。有相無相。有成有壞。」【唐經三十四】に「願一切菩薩行。廣大無量攝ニ諸波羅蜜一。淨ニ治諸地一。總相別相。同相異相。成相壞相。所有菩薩行。皆如實說。」【十地論一】に「一切諸說十句中皆有ニ六種差別相門一。此言說解釋應レ知。除レ事。事者謂陰界入等。六種相者。謂總相別相。同相異相。成相法相。」【探玄記九】に「除レ事者謂陰界入等者。此辨ニ定其義一。謂約ニ道理一說ニ融通一。非ニ是陰等事相中辨一。故除ニ簡之一。」【大乘義章三】に「陰界入等使此相望事別隔礙不レ具ニ斯六一。所以除レ之。若攝ニ事相一以從ニ體義一陰界入等一一之中皆具ニ無量六相門一也。乃至此六乃是大乘之淵綱。圓通之妙門。」【華嚴傳三至相傳】に「後遇ニ異僧一來謂曰。汝欲レ得レ解ニ一乘之義一。其十地中六相之義愼而勿レ輕。可ニ一兩月一間攝靜思レ之。當ニ自知一耳。言訖忽然不レ現。儼驚惕良久。因則陶研不レ盈ニ累朔一於レ焉大啓。」一に總相とは一に多德を含むなり、人の身に眼耳等の諸根を具して一體を成すが如し。二に別相とは多德各各にして一にあらざるなり、身體一なれども眼耳等の諸根各各不同なるが如し。此二相は一身と諸根との相對に就ける平等差別の二門なり。三に同相とは多德乖角せず各各一總を成ずる義を具す、眼等の諸根に各各一身を成ずる義を具して他物にあらざるが如し。四に異相とは多義相望するに各形類を異にするなり、眼等の相貌各異なるが如し、此二相は諸根互に相望して平等差別の二義を辨ぜしなり。五に成相とは多義正しく緣起して一總を成ずるなり、諸根緣起して一身を成ずるが如し。六に壞相とは多義各自法に住して移動せざるなり、諸根自位に住して各自の用を爲すが如し。此二相は同異の二相に依て總別の二相の果を辨ずるに就ての平等差別二門なり。【大乘義章三】に「考レ實論レ之。說ニ前四門一。辨レ義應レ足。爲下約ニ同異一成中前二門上故有レ六也。」又此六相は體相用の三大に依て平等差別の二門を分けしなり。

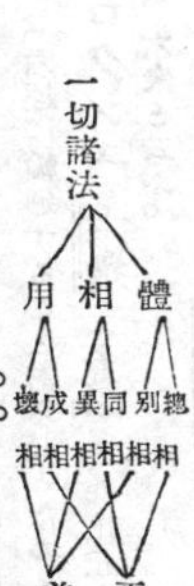

【頌】に「一即具レ多名ニ總相一。多即非一是別相。多同成ニ於總一。各體別異顯ニ於同一。一多緣起理妙成。壞住ニ自法一常不レ作。唯智境界非ニ事識一。以ニ此方便一會ニ方便。」
至相大師十玄章中の頌五敎章中卷に之を引く

ロクサウヱンユウ　六相圓融　〔術語〕「ロクサウ」を見よ。

ロクシ　六師　〔名數〕天竺外道の六師なり。「ゲダウ」を見よ。◉(太平記二四)「かかる處に六師外道が門人如ニ雲霞一早く參じて着座したるに」

ロクシウ 六舟 〔譬喩〕 六波羅蜜を舟に譬ふ、波羅蜜を到彼岸と譯すればなり。【三敎指歸遐敞序】に「六舟接レ艫。三駕分レ轡。」

ロクシカワウ 六師迦王 〔人名〕 佛滅後に祇園精舍を再造せし王の名。【法苑珠林三十九】に「於二後五百年一有二旃育迦王一依レ地而起。十不レ及レ一。經二于百年一被二賊燒盡一。經二十三年一有二王六師迦者一。依レ前重造。屋宇莊麗皆寶莊嚴。」⦿（水鏡上）「後十三年ありて六師迦王又造り給へると承りしはこの御時開化位に即かせ給ひて十年など申ししほどとぞおぼゆる」

ロクシキ 六識 〔術語〕 「シキ」を見よ。

ロクシキジフミヤウ 六識十名 〔名數〕 第六意識の十名。六識、意識、攀緣識、巡舊識、波浪識、分別事識、人我識、四住識、煩惱障識、分段死識の稱。【宗鏡錄】

ロクシチノウヘンゲ 六七能遍計 〔術語〕 唯識宗にては識中第七識は第八識の見分を緣じて我執を起し、第六識は一切の法境に對して我法に執を起す。他の前五識及び第八識は我法の二執なく能遍計の義なしと云ふ。護法の說なり。

ロクシモダウ 鹿子母堂 〔堂塔〕 舍衞國にあり。【中阿含經四十九】に「一時佛遊二舍衞國一。在二於東園鹿子母堂一。」【玄應音義十八】に「鹿子母。梵言二蜜利伽羅一此云レ鹿。磨多此云レ母。跛羅裟馱此云レ堂。亦言レ殿也。舊言二磨伽羅母堂一者訛略也。」

ロクシヤ 鹿車 〔譬喩〕 法華の所喩三車の一。三乘の中の獨覺乘に譬ふるなり、獨覺は獨り善寂を樂で人衆に近かざると鹿の山村に處るに似たり。【法華經譬喩品】に「樂二獨善寂一深知二諸法因緣一。是名二辟支佛乘一。如下彼諸子爲レ求二鹿車一出中於火宅上。」「サンシヤ」を參照せよ。

ロクシヤ 勒叉 〔雜語〕 Lakṣā 紫色なり。【玄應音義一】に「羅差或言二洛沙一。訛也。應レ云二勒叉一。此譯曰二紫色一也。」

ロクシヤウユ 六生喩 〔雜語〕 六衆生を以て六根に喩へしなり。倶舍論三十に之を六生喩經と云ふ。「ロクシユジヤウ」を見よ。

ロクシヤバ 勒沙婆 〔人名〕 三仙の一。三仙とは釋迦佛出世以前は盛に天竺に行はれし三種の外道仙人なり。勒沙婆は苦行と譯す、即ち尼犍子外道なり、又離繫外道と云ふ。【止觀十】に「勒沙婆。此翻二苦行一。計二因中亦有果亦無果一。」【同輔行】に「勒沙婆此云二苦行一。未レ知二出時節一。以二算數一爲二聖法一。造レ經亦有二十萬偈一。名二尼犍子一。」【百論疏上之中】に「勒沙婆者此云二苦行仙一。其人計下身有二苦樂二分一。現世併受。苦盡而樂法自出上。所說之經名二尼犍子一。有二十萬偈一。」梵 Ṛsabha

ロクシユ 六趣 〔名數〕 迷の衆生業因の差別に依て趣向する處六所あり、六趣とも六道とも云ふ。一に地獄趣、Naraka-gati 八寒八熱等の苦處なり、地下にあれば地獄と云ふ。二に餓鬼趣 Preta-gati 常に飯食を求むる鬼類の生處なり。人趣と雜處して而も見るべからず。三に畜生趣、Tiryagyoni-gati 新譯に傍生趣と云ふ、即ち禽獸の生所なり、多く人界と依所を同くして眼見すべし。四に阿修羅趣、Asura-gati 常に瞋心を懷て戰鬪を好む、大力神の生所なり。深山幽谷を依所として人と隔離す。五に人趣、Manusya-gati 人類の生所なり、閻浮提等の四大州に分る。但四大洲隔離して通力を得ざるもの到るべからず。六に天趣、Deva-gati 身に光明あり、自然に快樂を受くる衆生を天と名く、欲界に六所あり、六欲天と云ふ、及び色界無色界皆彼の生所なり。【大乘義章八末】に「此六種。經名爲レ趣。亦名爲レ道。所レ言趣者。蓋乃對レ因以名レ果也。因能向レ果。果爲二因趣一。故名爲レ趣。所レ言道者。從レ因名也。善惡兩業通レ人至レ果。名之爲レ道。地獄等報爲二道所詣一故名爲レ道。」【法華經序品】に「盡見二彼土六趣衆生一。」【涅槃經二十五】に「以二心因緣一故輪二廻六趣一具受二生死一。」⦿（榮花、鳥の舞）「六趣に輪廻することとあらじとたのもしくなりぬ」

ロクシユ 六衆 〔名數〕 六群比丘を義淨の新譯に六衆と云ふ。

ロクシユイン 六種印 〔印相〕 六種の波羅蜜は菩薩を證明する印契なれば六種印と云ふ。【善戒經一】に「菩薩性者有二六種印一。以二此印一故一切衆生則得レ識二知此是菩薩一。何等爲レ六。所謂檀波羅蜜、乃至般若波羅蜜。」

ロクシユジヤウ 六衆生 〔名數〕 眼等の六根を狗等の六畜に譬ふ。【雜阿含經四十三】に「譬如二士夫遊二空宅中一。得二六種衆生一。一者得レ狗。即執二其狗一繫二著一處一。次得二其鳥一。次得二毒蛇一。次得二野干一。次得二失收摩羅一。次得二獮猴一。得二斯衆生一悉縛二一處一。其狗者樂欲入レ村。其鳥者常欲レ飛レ空。其蛇者常欲レ入レ穴。其野干者樂レ向二塚間一。失收摩羅者長欲レ入レ海。獮猴者欲入二山林一。此六衆生悉繫二一處一所レ樂不同。各各嗜欲到二所安處一。各各不二相樂一。於二他處一而繫縛故各用二其力一向二所樂方一而不レ能レ脫。乃至六衆生者譬猶二六根一。堅柱者譬二身念處一。若善修二習身念處一有レ念不レ念色。見二可愛色一則不レ生レ著。不可愛色則不レ生レ厭。耳聲鼻香舌味身觸意法。於二可意法一則不二求欲一。不可意法則不レ生レ厭。是故比丘當三勤修二習多住二身念處一。」

身念處とは身の不淨を觀ずる也俱舍論三十に此經を引て六生喩經と云ふ。

ロクシユアラカン 六種阿羅漢 〔名數〕「ラカン」を見よ。

ロクシユイン 六種因 〔名數〕「ロクイン」を見よ。

ロクシユクグ 六種供具 〔物名〕密家常用の六種の供物なり。「クヤウ」を見よ。

ロクシユウ 六宗 〔名數〕三論、法相、華嚴、律、成實、俱舍を南都の六宗と云ひ、又此六宗の中に成實俱舍の二宗の小乘を除き天台眞言の京都の二宗を加へて大乘の六宗と稱す。(南都には四分律宗を大乘と爲す)

ロクシユクシヤウワク 六種俱生惑 〔名數〕【百法明論】に貪、瞋、慢、無明、疑、不正見の六煩惱に數ふ。これ皆俱生の惑なり。【同俳上】に「此六即俱生。若開㆓惡見㆒法㆑十。即分別惑也。又十惑中瞋唯不善。餘九皆通有覆不善。」

ロクシユクヤウ 六種供養 〔物名〕又、六種供具と云ふ。「クヤウ」を見よ。

ロクシユクワン 六種觀 〔名數〕六現觀なり。

ロクシユケツヂヤウ 六種決定 〔名數〕菩薩六度を修する增上力に於て六種の決定を得るなり。一に財成決定、謂く布施の力に由て必定して常に大財の成就を得。二に生勝決定、謂く持戒の力に由て必定して常に貴勝の家に生ず。三に不退決定、謂く忍辱の力に由て所修の善法必定して常に退失せず。四に修習決定、謂く精進の力に由て常時に善法を修習して必定して問息あるとなし。五に定業決定、謂く禪定の力に由て正定業を成就して永く退失せず。六に無功用決定、謂く智慧力に由て功行を加へず必定して自然に理に住するなり。【大乘莊嚴論十二】

ロクシユゲフハウベン 六種巧方便 〔名數〕菩薩の六種の善巧方便也。一に隨順巧方便は順次に教誡して信樂を生ぜしめ甚深の法を說くに易解ならしむ。二に立要巧方便は衆生所求の田宅錢財を與ふるを誓ひ、次第に善法を行はしむ。三に異相巧方便は供養父母、受持禁戒等を敎へ、順はざる時は乖異瞋責して畏懼せしむ。四に逼迫巧方便はもし犯戒等の事あらば供給を斷絕し、或は謫罰を加ふと宣して惡法を離れしむ。五に報恩巧方便は衆生に財物を施し報恩の心を生ぜしめ、出世門の財を以て供養せしめ受持禁戒等を行はしむ。六に淸淨巧方便は天より降生し出家學道し無上菩提を成じ衆生をして皆信樂せしめ、所有の惑染を悉く淸淨ならしむ。【菩薩地持經八】に細說す。

ロクシユゴマ 六種護摩 〔名數〕護摩法に六種あり。「ゴマ」を見よ。

ロクシユサンラン 六種散亂 〔名數〕一、自性散亂、前五識の自性外緣を馳逐し靜定に乖くを云ふ。二、外散亂、善を修する時、心が五欲の境に馳散して靜寂ならざるを云ふ。三、內散亂、定を修する時、心動散し諸塵に於て味著を生じ靜定を退失するを云ふ。四、相散亂、他人をして自己の有德を信ぜしめんとし詐りて修善の相をなし、爲に心の退失するを云ふ。五、麤重散亂、善法を修する時、我我所の執及び我慢等を生じ、此の邪執麤重の力の故に所修の善法淸淨ならざるを云ふ。六、作意散亂、餘乘又は餘定等、外敎によりて作意修習して證悟するあたはず、却つて散亂を生ずるを云ふ。【雜集論一卷末】に說く。

ロクシユシヤウ 六種性 〔名數〕瓔珞經に菩薩の從因至果の行位の種性を分別して六位となすもの。「シユシヤウ」を見よ。

ロクシユシヤウギヤウ 六種正行 〔名數〕五種正行の第五を開會して六種とす。讀誦、觀察、禮拜、稱名、讚歎、供養の稱。

ロクシユシヤク 六種釋 〔名數〕法相宗所傳の六離合釋を云ふ。

ロクシユシンドウ 六種震動 〔術語〕大地の震動に三種の六動あり、一に六時に動ずるなり。【長阿含經二】に「一に佛の入胎時、二に出胎時、三に成道時、四に轉法輪時、五に天魔の勸請に由て將に性命を捨てんとする時、六に入涅槃の時。」【涅槃經二】に「菩薩初從㆓兜率天㆒下㆓閻浮提㆒時名㆓大地動㆒。從㆓初生出家㆒成㆓阿耨多羅三藐三菩提㆒轉㆓於法輪㆒及㆓般涅槃㆒名㆓大地動㆒。」天台嘉祥慈恩の諸師此二經の文に依て長阿含經の第五時(性命を捨てんとする時)を除き 涅槃經の出家時を加へて六時動と爲す、即ち八相中の後の六相の時なり。【文句記三之一】に「若准㆓長阿含㆒。多緣地動。亦可㆑爲㆑表。經云。有㆓六緣㆒地動。謂入胎。出胎。出家。成道。法輪。入滅。小敎雖㆓即不㆑云㆓所表㆒既在㆓八相中之後六㆒。」二に六方に動ずるなり。【大品般若經一】に「爾時世尊故在㆓師子座㆒。入㆓師子遊戲三昧㆒。以㆓神通力㆒感㆓動三千大千國土㆒。六種震動。東涌西沒。西涌東沒。南涌北沒。北涌南沒。邊涌中沒。中涌邊沒。地皆柔軟。令㆓衆生和悅㆒。」【智度論八】に「入㆓此三昧㆒能種種廻㆓轉此地㆒。令㆓六反震動㆒。」三に六相に動ずるなり。是れ亦般若經の說なり。舊に(晉華嚴經)動起涌震吼覺と云ひ、新に(大般若經)動涌震擊吼爆と云ふ。前三は形に取り、後三は聲に取る。此六種に各小中大の三相あれば十八相となる、即ち六種十八相震動なり。【文句記三之一】に「此六事釋新舊不㆑同。新云㆓動涌震擊吼爆㆒。今且用㆑舊。搖颺不安名㆑動。自㆑下昇㆑高名㆑起。墳隴凹凸爲㆑涌。六方涌沒亦名㆑涌。隱隱有㆑

聲名レ震。硑磕發レ響名レ吼。令二物覺悟一名レ覺。新云レ擊如二打摶一。爆若二火聲一。經論略標多云二震動一。」【晉華嚴經二】に「六種十八相震動。所謂動、徧動、等徧動。起、徧起、等徧起。覺、徧覺、等徧覺。震、徧震、等徧震。吼、徧吼、等徧吼。涌、徧涌、等徧涌。」【唐華嚴經五】に「華藏莊嚴世界海。以二佛神力一其地一切六種十八相震動。所謂動、徧動、普徧動。起、徧起、普徧起。涌、徧涌、普徧涌。震、徧震、普徧震、吼、徧吼、普徧吼。擊、徧擊、普遍擊。」【大般若經一】に「六種變動。謂動、極動、等極動。涌、極涌、等極涌。震、極震、等極震。擊、極擊、等極擊。吼、極吼、等極吼。爆、極爆、等極爆。」已上三種の中第一は作動の時を示したるにて後の二種は正しく六種震動の義なり。◉(榮花、鳥の舞)「樂の聲大鼓の音實に六種に大地も動きぬべし」

地動因緣 [雜語]【智度論八】に「佛何以故震二動三千大千世界一。答曰。欲レ令三衆生知二一切皆空無常一故。復次如三人欲レ染レ衣先去二塵土一。佛亦如レ是。先令三三千世界衆生見二佛神力一。敬心柔軟。然後說レ法。是故六種動レ地。」【法華玄贊二】に「勝思惟梵天經說有二七因一。一驚二怖諸魔一。二令二時衆不レ起二散心一。三令二放逸者而自覺悟一。四令レ念二法相一。五令レ觀二說處一。六令三成就者得二解脫一。七令三隨順回シテ正義一。」勝思惟梵天所問經論一取意の文

ロクシユソク　六種即 [名數] 圓教の六即位なり。【天台觀經疏】に「佛是覺義。有二六種即一。」「ロクソク」を見よ。

ロクシユジユウ　六種住 [名數] 持地經に六住を立てて菩薩の行位を攝す、この六入所證の位皆退失せざる故に住と名く。一に種性住、種は即ち能生の義、性は即ち自分不改の義、菩薩十住の位に於て佛道の種性を成就するを云ふ。二に解行住、十行十廻向の位に於て解行の功を積で退失せざるを云ふ。三に淨心住、初地見道の位に一切の見惑を破して心をして一分清淨ならしむるを云ふ。四に行道迹住、迹は足迹なり、二地より七地に至るまで眞觀を修習して漸次に思惑を斷ず、即ち行道證入の迹あるを云ふ。五に決定住、八九の兩地に於て道力功用を借らず、任運に增進し、決定し退失することなきを云ふ。六に究竟住、第十地に於て學行滿足して等覺の位を究竟するを云ふ、妙覺の究竟にあらず。【菩薩持地經二】

ロクシユデウブク　六種調伏 [名數] 菩薩が惡法障礙を調伏する六法なり。一、性調伏、菩薩は善根種性を有するが故に善法を修習し身心の諸煩惱障を調伏するを云ふ。二、衆生調伏、一切衆生を調伏し聲聞性、緣覺性乃至人天性の別を知り、夫夫道を得しむるを云ふ。三、行調伏、萬行を修して諸煩惱を調伏し、衆生のために苦行を修して悔恨なきを云ふ。四、方便調伏、種種の方便を以て衆生を調伏し、初發心の者には持戒を勸めて生死を離れしめ、已發心の者には善友に親近し經法を受持せしむる等を云ふ。五、熟調伏、衆生の善根なきものに對しては人天の樂を說きて菩提心を發せしめ、善根あるものには出世間の法を說きて增長せしめ、善果を成熟せしむるを云ふ。六、熟調伏印、菩薩が自身の善法の成熟を得て自己の心に印するなり。印は法印なり。【菩薩善戒經三】に詳說す。

ロクシユドウソウ　六種動相 [名數] 又六種震動とも云ふ。神通力に感應して起る奇瑞なり。「ロクシユシンドウ」を見よ。

ロクシユビキ　六首引 [儀式] 眞宗にて正信偈を讀みて念佛に移り、和讚六首を念佛に交へて誦するを云ふ。初重二重三重に各二首を誦するなり。

ロクシユラカン　六種羅漢 [名數]「ラカン」を見よ。

ロクシユリキ　六種力 [名數]「リキ」を見よ。

ロクシユリンヱキヤウ　六趣輪廻經 [經名] 一卷、馬鳴菩薩集、趙宋の日稱等譯。【藏帙九】

ロクシユヱカウ　六種廻向 [儀式] 法會の式目なり。閼伽等の六種供具を三寶に奉獻する文を六種と云ひ、後に所修の功德を自他一切に廻向する文を廻向と云ふ、即ち六種供養の文と廻向の文とを合せて六種廻向と云ふ。兩文【諸法會儀則中卷】に載す。

ロクシヨ　六處 [雜語] 十二因緣の一。母の胎內に在て眼等の六根具足して母胎を出る位なり。處は十二處の處にて六根六境の通稱なり。根境は識を生ずる依處なれば處と名く。

ロクシヨウジ　六勝寺 [名數] 一に法勝寺、白川天皇の御願承曆元年の創建。二に尊勝寺、白川天皇の御願、康和四年の創立。三に圓勝寺、待賢門院の御願、大治三年の創立。四は最勝寺、鳥羽天皇の御願、仁平年中の創立。五に成勝寺、崇德院の御願、保延五年の創立。六に延勝寺、近衛院の御願、久安五年の創立。【壒嚢鈔十七】

ロクシン　六震 [名數]「ロクシユシンドウ」を見よ。

ロクシン　六親 [名數] 父母妻子兄弟なり。【無量壽經下】に「六親眷屬。」【行事鈔二之二】に「厭二三界之無常一。辭二六親之至愛一。」【同資持記】に「六親謂父母兄弟妻子。」

ロクシン　六身 [名數] 心地觀經に法報應の三に

各二身ありと說く、總じて六身なり。「ブッシン」を見よ。

ロクジ　六時　〔名數〕晝三時夜三時合せて六時なり、晝の三時は晨朝日中日沒なり、夜の三時は初夜中夜後夜なり。【阿彌陀經】に「晝夜六時而雨二曼陀羅華一。」【西域記二】に「六時合成二一日一夜一。晝三夜三。」図西天の法一歲を分て六時となす。【西域記二】に「又分二一歲一爲二六時一。正月十六日至二三月十五日一漸熱也。三月十六日至二五月十五日一盛熱也。五月十六日至二七月十五日一雨時也。七月十六日至二九月十五日一茂時也。九月十六日至二十一月十五日一漸寒也。十一月十六日至二正月十五日一盛寒也。」

六時のつとめ　〔儀式〕晝夜六時に念佛誦經するなり、六時の禮贊とも云ふ。⦿（曲、遊行柳）「六時不斷の御勤のひまなきうちにも」

六時の花　〔雜語〕一歲六時の中時に隨て開く花なり。【演密鈔】に「六時之花者。西域一年六時雨月。謂彼土時華適レ時而發。故曰二六時之花一也。」

ロクジ　六字　〔術語〕南無阿彌陀佛の六字を六字の名號と云ひ、闍婆嚕馱那麼の六字を文殊の六字陀羅尼と云ふ。又觀音の眞言に六字章句と云ふあり、六字法と稱す。

ロクジカリンホウ　六字河臨法　〔修法〕河中に於て觀音の六字法を修するなり。平家物語等の寫本或は版本に六字訶臨、六字加輪、六字加持等とあるは皆誤なり。【修法要抄六】に「六字河臨法。顯隆卿記云。康和三年十月十三日。庚子戌刻。有二河臨法一。賢暹僧都。日來勤二行六字御修法一。今夕依二吉日一被レ修二河臨一。上皇即以臨幸。御船等如レ恒。殿上人五六輩參二仕之一。」【瞿醯經補闕品】に「或於二水上一密二布淨板一。如レ法塗治。於レ上而作。如二水中行尊及鼓音尊曼荼羅一者應下于二水上一作上也。」【諸儀軌訣影三】に「河臨六字法と云ふは船を二艘並べて其上に作るなり。逆に流るる川にてするなり、昔は多くは木津川にて此法を行ひしなり、南より北へ流るるを逆と云ふ、木津川は逆流なり。」⦿（平家三）「六字河臨」

ロクジキヤウ　六事經　〔經名〕摩登女解行中六事經の略名。

ロクジグ　六字供　〔修法〕六字法に同じ。

ロクジゴマホフ　六字護摩法　〔修法〕六字法に同じ。

ロクジサン　六時讚　〔書名〕慧心僧都の作、六時の勤行に用ふる和讚なり。六時に就て各各淨土の歡樂のさまを述ぶ。【淨業和讚上】に載す。⦿（榮花、音樂）「かの六時讚に云ひたるやうに」

ロクジサン　六時懺　〔儀式〕晝夜六時に懺法を修するを云ふ。【元亨釋書圓久傳】に「修二無緣三昧一行二六時懺一。」

ロクジサンマイ　六時三昧　〔儀式〕六時に勤むる三昧の修法なり。念佛懺法など一心に佛事を勤むるを三昧と云ふ。⦿（盛衰記二）「賢心此に住して六時三昧怠らず、練行坐禪年經ける程に」

ロクジザイワウ　六自在王　〔名數〕眼等六根「を稱す。

ロクジシヤ　六侍者　〔名數〕「ジシヤ」を見よ。

ロクジシヤウクジユ　六字章句咒　〔眞言〕六字章句陀羅尼に同じ。

ロクジシヤウクダラニ　六字章句陀羅尼　〔眞言〕請觀世音菩薩消伏毒害陀羅尼咒經に說く三陀羅尼の一。六字とは觀音を念じて此陀羅尼を誦すれば、一には六道の苦果を脫し、二には六妙門を得、三には六根の相應を證すれば六と云ふ。字句の數に取るにあらず、此中第一の義に依て大悲觀世音等の六觀音を立て六道に配對す、是れ天台の義立なり。【經】に「應下當淨心係二念一處一。稱二觀世音菩薩一歸中依三寶上。三稱二我名一誦中大吉祥六字章句救苦神咒上。」この三義は觀音經疏記荊溪師の說也。然るに鳳潭師の考證に依るに、此の說大に非なり。曰く、經中所說三章句の第一の章句に安茶嚕。般茶嚕の六字あり、又第二の章句に二度この六字あり、殊に第三の章句は釋尊の自說として咒の首句には多姪多、說咒曰の語を置て、直下に安茶嚕般茶嚕と曰ふ、以て知るべし、この六字を以て眞言の體となし、餘句は皆この六字を轉釋するものなるを。安茶嚕般茶嚕は即ち安那般那觀にて、入出の數息觀也。この數息に依て一心を定止すれば一切の災厄を除滅するを得るなり。且つ所謂六字章句は獨りこの經の咒に限らず、六字咒經多本あり、即ち六字神咒王經失譯に外道旃陀羅女阿難及び諸善人を厭惑す、時に如來憐愍の故に六字神咒王經を說く、咒に曰く安陀隸。鉢陀隸及び阿那。阿那夜。是れ過去遺來數息の句義也皆惡咒を滅すと。又六字咒王經失譯あり、前の異譯にして咒句亦た同じ、又一本の六字大陀羅尼咒經失譯あり、全く上の二本に同じ。云く、佛耆闍崛山の中に住す、楞嚴は祇洹に住する時長老阿難旃陀利女が爲に咒術に收めらる、具に摩登伽經頭諫經等の如し佛に白して言く、我れ今强て他の爲に收め去らると。佛告ぐ、汝當に六字大咒を受持すべし、咒に曰く、斯地梯曇。他姪他の句の如し安茶隸般茶隸等、此咒能く諸病を消し、諸の邪術起屍鬼厭蠱の諸難を消すと。其の他經軌の中、六字章句の陀羅尼多多あり、何ぞ强て六道六根等の釋を爲すを要せん。然らば則ち、この

六字章句を以て六道の六觀音に配する皆亦た無稽の至りなり。【觀音纂玄記】

ロクジシンジユキヤウ　六字神呪經　〔經名〕一卷、唐の菩提流支譯、文殊菩薩の六字呪を說く、陀羅尼經第六文殊師利菩薩法印呪と同本異譯。六字神呪王經と別なり。彼は觀音の六字章句陀羅尼なり。今の六字とは、唵（オン）（文殊六字功德經闇に作る）婆髻駄那莫（バケダナマ）なり。【餘帙五】

ロクジシンジユワウキヤウ　六字神呪王經　〔經名〕一卷、失譯、東晋錄。六字呪王經と同本にて呪稍多し。【餘帙五】

ロクジジヤウジユ　六事成就　〔名數〕菩薩が六度の行を成就せんがために修する六事なり。一に供養、檀波羅蜜を成就せんがため。二に學戒、戒波羅蜜を成就せんがため。三に修悲、忍波羅蜜を成就せんがため。四に勸善、精進波羅蜜を成就せんがため。五に離諠、禪定波羅蜜を成就せんがため。六に樂法、智慧波羅蜜を成就せんがため也。【莊嚴經十二】に「諸菩薩爲レ成二就六度一故。於二諸地中一決定應レ作二六事一。一者必應二供養一。此爲二成就檀度一。若不二長時供養一。則檀度不レ得二圓滿一。供養義如二供養品說一。二者必應レ學レ戒。此爲二成就戒度一。若不二長時學戒一。則戒度不レ得二圓滿一。三者必應レ修レ悲。此爲二成就忍度一。若不二長時忍一。則忍度不レ得二圓滿一。四者必應レ勸レ善。此爲レ成二就進度一。若心放逸不レ修二諸善一。則進度不レ得二圓滿一。五者必應レ離レ諠。此爲レ成二就禪度一。若在二聚落一多諍擾心。則禪度不レ得二圓滿一。六者必應レ樂レ法。此爲レ成二就智度一。若不下遍二歷諸佛一。聽法無厭上。如丙海納レ流無乙時盈溢甲。則智度不レ得二圓滿一。」

ロクジジユクノウホフキヤウ　六字呪功能法經　〔經名〕文殊師利菩薩六字呪功能法經の略名。即ち六字文殊の眞言を說く。

ロクジジユワウキヤウ　六字呪王經　〔經名〕一卷、失譯、東晋錄。旃陀羅、阿難を厭惑するに因て此を說て破す。【餘帙五】

ロクジダイダラニジユキヤウ　六字大陀羅尼呪經　〔經名〕一卷、失譯、梁錄。六字呪王經と同じく阿難を救ふ爲めに說く。而して呪文彼に比するに簡略なり。【成帙八】(477)

ロクジダウ　六時堂　〔堂塔〕六時の勤行を爲す堂なれば名く、天王寺にあり。⊙（徒然草）「いはゆる六時堂の前の鐘なり」

ロクジダラニ　六字陀羅尼　〔眞言〕三種あり。一は六字章句陀羅尼の略稱、即ち觀音の眞言なり。請觀世音經の所說、此は六は六道六觀音の六にて數にあらずと。「ロクジシヤウクダラニ」を見よ。二は文殊菩薩の六字の眞言を云ふ。【種種雜呪經】に六字陀羅尼呪。唵縛雞淡納莫。右呪文殊師利菩薩以二六千頌一釋。三藏云。誦二此呪一滅二一切罪一生二一切善一。」三は阿難に對して說ける六字大明なり。之に三種あり、一は阿難の女難を救ふ爲に說けるもの、六字呪王經及び摩登伽經の所說是なり。二は阿難の病難を救ふ爲に說けるもの、聖六字增壽大明王陀羅尼經の所說是なり。三は但阿難を對揚として說けるもの、聖六字大明王陀羅尼經の所說是なり。此三種亦字數に依て稱を得るにあらず。

ロクジフクワン　六十卷　〔雜語〕法華玄義十卷、法華の大意を釋す、文句十卷、正しく經文を釋す、摩訶止觀十卷、修行の方規を明す、已上三十卷、天台大師說、章安大師筆受。又釋籤十卷、法華玄義を釋す、疏記十卷、文句を釋す、輔行傳弘決十卷、摩訶止觀を釋す、已上三十卷荊溪大師湛然述。本末合せて六十卷、之を天台の三大部と稱す。

ロクジフシゲン　六十四眼　〔雜語〕阿鼻の獄卒六十四の眼を有すと云ふ。【往生要集上本】に「有二十八獄卒一。頭如二羅刹一。口如二夜叉一。有二六十四眼一。迸二散鐵丸一。鈎牙上出高四由旬。牙頭火流滿二阿鼻城一。」⊙（海道記）に「六十四眼の睚眦とにらめる眼」

ロクジフシシヨ　六十四書　〔名數〕印度に行はるる一切の外典なり。【佛本行集經十一】「一に梵天所說書、Brāhmī（今婆羅門書正十四音是）　二に佉盧虱吒書、Kharoṣṭī（隋言驢脣）　三に富沙迦羅仙人說書、Puṣkarasārī（隋言蓮華）　四に阿迦羅書、Aṅgalipi（隋言節分）　五に懽伽羅書、Vaṅgalipi（隋言吉祥）　六に耶懽尼書、Yavanī（隋言大秦國書）　七に鴦瞿梨書、Aṅgulīyalipi（隋言指書）　八に耶那尼迦書、Yānanikā（隋言駄乘）　九に娑伽婆書、Śakārilipi（隋言牸牛）　十に波羅婆尼書、Brahmavallīlipi（隋言樹葉）　十一に波流沙書、Paruṣalipi*（隋言惡言）　十二に毘多荼書、Vitaḍalipi*（隋言起屍）　十三に陀毘荼國書、Drāviḍalipi（隋言南天竺）　十四に脂羅低書、Kinā-(又rā) rilipi（隋言裸人形）　十五に度其差那婆多書、Dakṣiṇalipi（隋言右旋）　十六に優伽書、Ugralipi（隋言嚴熾）　十七に僧佉書、Saṃkhyālipi（隋言等計）　十八に阿婆勿陀書、Apāvṛttalipi*（隋言覆）　十九に阿㝹盧摩書、Anulomalipi（隋言順）　二十に毘耶寐奢羅書、Vyāmiśralipi*（隋言雜）　二十一に陀羅多書、Daradalipi（烏場邊山）　二十二に西瞿耶尼書、Aparagodānīlipi（無隋言）　二十三に珂沙書、Khāsyalipi（疏勒）　二十四に脂那國書、Cīnalipi（大隋）　二十五に摩那書、Hūṇalipi（斗升）　二十六に末荼叉羅書、Madhyākṣaravistaralipi（中字）　二十七に毘多悉底書、（梵不明）（尺）　二十八に富數波書、Puṣyalipi（花）　二十九に提婆書、

Devalipi 天 三十に那伽書、Nāgalipi 龍 三十一に夜叉書、Yakṣalipi 新隋語 三十二に乾闥婆書、Gandharvalipi 天音聲 三十三に阿修羅書、Asuralipi 不飲酒 三十四に迦婁羅書、Garuḍalipi 金翅鳥 三十五に緊那羅書、Kiṃnaralipi 非人 三十六に摩睺羅伽書、Mahoragalipi 大蛇 三十七に彌伽遮伽書、Mṛgacakralipi 諸獸音 三十八に迦迦婁多書、Kākarutalipi 鳥音 三十九に浮摩提婆書、Bhaumadevalipi 地居天 四十に安多梨叉提婆書、Antarikṣadevalipi 虛空天 四十一に鬱多羅拘盧書、Uttarakurudvīpalipi 須彌化 四十二に逋婁婆毘提訶書、Pūrvavidehalipi 須彌東 四十三に烏差波書、Utkṣepalipi 擧 四十四に膩差波書、Nikṣepalipi 擲 四十五に娑伽羅書、Sāgaralipi 海 四十六に跋闍羅書、Vajralipi 金剛 四十七に梨迦波羅低梨伽書、Lekhapratilekhalipi 往復 四十八に毘棄、Vikṣepalipi* 音擲 四十九に多書、Prakṣepalipi* 食殘 五十に阿兔浮多書、Adbhutalipi 未曾有 五十一に奢娑多羅跋多書、Śāstrāvartalipi 如伏轉 五十二に伽那那跋多書、Gaṇanāvartalipi 算轉 五十三に優差波跋多書、Utkṣepāvartalipi 擧轉 五十四に尼差波跋多書、Nikṣepāvartalipi 擲轉 五十五に波陀梨佉書、Pādalikhitalipi 足 五十六に毘拘多羅婆陀那地書、Dviruttarapadasaṃdhilipi 從二增上句 五十七に耶婆陀輸多羅書、Yāvaddaśottarapadasaṃdhilipi 增十句已上 五十八に末茶婆哂尼書、Madhyāhārinīlipi 中五流 五十九に梨沙耶娑多波恀比多書、Ṛṣitapastaptā 諸仙苦行 六十に陀羅尼卑叉梨書、Dharaṇīprekṣaṇīlipi 觀地 六十一に伽伽那卑麗叉尼書、Gaganaprekṣaṇīlipi 觀虛空 六十二に薩蒱沙地尼山陀書、Sarvauṣadhiniṣyandā 一切藥果因 六十三に沙羅僧伽何尼書、Sarvasārasaṃgrahaṇī 總覽 六十四に薩沙婁多書、Sarvabhūtarutagrahaṇī 一切種音」(以上の梵名の多くは Lalitavistara pp. 143—144 に據りて書き出せしも、其順序一致せざるのみならず出沒あり不明の者もあり)【大般若經三百三十二】に「六十四能十八明處。一切伎術無レ不ニ善巧一。衆人欽仰。」【智度論二】に「四韋陀經中治病法。鬪戰法。星宿法。祠天法。歌舞論議難問法。是等六十四種世間技藝。淨飯王子廣學多聞。若知ニ此事一不レ足レ爲レ難。」【智度論二】に「四韋陀經中治病法。戰鬪法。乃至難問法。是等六十四種世間技藝。淨飯王子廣學多聞。」

ロクジフシボンオン　六十四梵音　〔名數〕如來の音聲に六十四種の殊妙の相あり。梵とは淸淨の義。【不思議秘密大乘經七】に「一に流澤聲 Snigdhā 二に柔軟聲 Mṛdukā 三に悅意聲 Manojñā 四に可樂聲 Manoramā 五に淸淨聲 Śuddhā 六に離垢聲、Vimalā 七に明亮聲 Prabhāsvarā 八に甘美聲 Valgu 九に樂聞聲 Śravaṇīyā 十に無劣聲 Anelā 十一に圓具聲 Kālā(Kalā*) 十二に調順聲 Vinītā 十三に無澁聲 Akarkaśā 十四に無惡聲 Aparuṣā 十五に善柔聲 Savinītā(Suvinītā*) 十六に悅耳聲 Karṇasukhā 十七に適身聲 Kāyaprahlādanakarī 十八に心生勇銳聲 Cittodvilyakarī 十九に心喜聲 Hṛdayasaṃtuṣṭikarī 二十に悅樂聲 Prītisukhajananī (jananī*) 二十一に無熱惱聲 Nisparidāhā 二十二に如敎令聲 Ājñeyā 二十三に善了知聲 Vijñeyā 二十四に分明聲 Vispaṣṭā 二十五に善愛聲 Premaṇīyā 二十六に令生歡喜聲 Abhinandanīyā 二十七に使他如敎令聲 Ājñāpanīyā 二十八に令他善了知聲 Vijñāpanīyā 二十九に如理聲 Yuktā 三十に利益聲 Sahitā 三十一に離重複過失聲 Punaruktadoṣajahā 三十二に如師子音聲 Siṃhasvaravegā 三十三に如龍音聲 Nāgasvaraśabdā 三十四に如雲雷吼聲 Meghasvaraghoṣā 三十五に如龍王聲 Nāgendrarutā 三十六に如緊那羅妙歌聲 Gandharvasaṃgītighoṣā 三十七に如迦陵頻伽聲 Kalaviṅkasvararutā 三十八に如梵王聲 Brahmasvararutāravitā 三十九に如共命鳥聲 Jīvaṃjīvakasvararutāravitā四十に如帝釋美妙聲 Devendramadhuranirghoṣā 四十一に如振鼓聲 Dundubhisvarā 四十二に不高聲 Anunnatā 四十三に不下聲 Anavanatā 四十四に隨入一切音聲 Sarvaśabdānupraviṣṭā 四十五に無缺減聲 Avaśabdavigatā(Apa-*) 四十六に無破壞聲 Avikalā 四十七に無染汚聲 Alīnā 四十八に無希取聲 Adīnā 四十九に具足聲 Prasṛtā 五十に莊嚴聲 Saritā 五十一に顯示聲 Lalitā 五十二に圓滿一切音聲 Sarvasvarapūraṇī 五十三に諸根適悅聲 Sarvendriyasaṃtoṣaṇī 五十四に無譏毀聲 Aninditā 五十五に無輕轉聲 Acañcalā 五十六に無動搖聲 Acapalā 五十七に隨入一切衆會聲 Sarvaparṣadanuravitā 五十八に諸相具足聲 Sarvākāravaropetā 五十九に令衆生心意惟喜聲 Pramuditā 六十に說衆生心行聲 Sakhilā 六十一に入衆生心喜聲、六十二に隨衆生信解聲、六十三に聞者無分量聲、六十四に衆生不能思惟稱量聲。」上出梵語は(名義大集二十)による、六十種梵音として出づ。【悉曇藏二】に「佛の梵音の中に八轉聲の相に八梵音を具するを以て相乘じて六十四種の梵音を成ずるなり。」

ロクジフシン　六十心　〔名數〕【大日經住心品】に大日如來瑜伽行者の心相を分別して金剛手菩薩の問に答ふ。「一に貪心、染法に隨順するなり。二に無貪心、無染法に隨順するなり、三に瞋心、怒法に隨順するなり。四に慈心、慈法に隨順し修行するなり。

五に痴心、人言の是非善惡を觀ぜず遇へば便ち信受するなり。六に智心、殊勝增上の法を順修するなり。七に決定心、敎命を尊で如說に修行するなり。八に疑心、聞く所に隨て常に不決定心を生ずるなり。九に闇心、無疑慮の法に於て疑慮を生ずるなり。十に明心、不慮處の法に於て疑慮なく修行するなり。十一に積聚心、無量の法を一と爲すなり、この一事に隨て信解を生じ已て更に種種勝異の法を聞くも皆合集して一となし、この外に餘法なしと偏執するなり、十二に鬪心、互に相是非するを性となす。十三に諍心、自已の心に於て一義を思惟し、更に異義を案じて其の失を推求するなり。十四に無諍心、是非共に捨るなり。十五に天心、自然の果報に安じて進取せざるなり。十六に阿修羅心、生死に處るを樂ぶなり。十七に龍心、廣大の資財を思念するなり。十八に人心、利他を思念するなり。十九に女心、欲情多きなり。二十に自在心、我の一切如意ならんとを思惟するなり。二十一に商人心、初に收斂し後に分析して各其の用に充てんとす、行者初めに種種の法を學び、後に時に應じて之を用ゐんとする心なり。二十二に農夫心、稼を學ぶ者先づ老農に耕耘の法を問て後に功力に就く如く、行者先づ廣く道品を聞て後に之を行ずるなり。二十三に河心、河水の兩岸に雙依する如く行者の心斷常邪正等の二邊に雙依し專一ならざるなり。二十四に陂池心、陂池の衆流を受て厭足なき如く名利眷屬等を渴望して終に厭足なきなり。二十五に井心、深く思惟して窮りなきなり。二十六に守護心、唯自心を實として守護し、餘心を不實として之を防禦するなり。二十七に慳心、諸有の所作皆自身の爲にし、財物技藝乃至善法を秘惜して他に與へざるなり。二十八に狸心、猫狸の禽鳥を飼捕するに息を屛て徐進する如く、此人種種の法要を聞くも但心に領受記持して進行せず、冀くは良緣の會合を待て之を勵行せんと思ふなり。二十九に狗心、少分を得て喜足するなり。三十に迦樓羅心、迦樓羅鳥の常に兩翅を恃で其の身を挾輔する如く、常に朋黨を得て輔翼し以て事業を成就せんと思ふなり。三十一に鼠心、鼠の箱篋繩係等の繫縛を破損する如く、あらゆる繫屬關係の事に間隙を生じて之を阻壞するなり。三十二に歌詠心、梵本に釋せず、阿闍梨言く是れ種種の妙音を以て法を演說し人をして歡喜せしめんと思ふなり、是れ亦淨心を障ふ。三十三に舞心、五通を學び種種神變の事を示現して世人をして歡喜せしめんと思ふなり。三十四に擊鼓心、衆生長夜に昏寢す、我れ當に種種の無礙辯才を學んで大法鼓を擊て之を警悟せんと思ふなり、是亦淨心を障ふ。三十五に室宅心、自の護身法に隨順して他を顧みざるなり。三十六に師子心、一切事中に於て他人に勝り我と優劣を捔するとなからしめんと思ふなり。三十七に鵂鶹心、鵂鶹鳥の晝日作す所なく暗夜に六根爽利なる如く、行者晝日聞く所あるも昏憒して得る所なく夜分に至て方に之を思念するなり、是れ其の人の僻習なり。三十八に烏心、一切處に驚怖するなり。三十九に羅刹心、他人の善事を作すを見て不善の意を以て之を解するなり。四十に刺心、一切所作の事に追悔の心を生じて心念安からざるなり。四十一に窟心、諸龍阿修羅等皆海底或は深窟の中に在り、行者かの窟中長壽自在五欲自ら恣なりと聞て彼に入らんとを念ふなり。四十二に風心、風の一切處に遍ずる如く行者の心一切處に散亂し世間外道種種の天尊及び三乘の諸處中に於て種種の善根を作すなり。四十三に水心、一切不善の法を洗濯するなり。四十四に火心、熾盛炎熱を性となす、此人躁疾にして久しきに耐へざるなり。四十五に泥心、梵文釋せず、阿闍梨言く、是れ一向無明心なり。四十六に顯色心、靑黃赤白等の顯色の如き素絲を以て之に入るれば即ち色を同ずる如く人の心も善惡の境に隨て種種に移轉するなり。四十七に板心、板の水上に在る其の分量に隨て諸物を受載する如く、行者自分の力に隨て一事を行じ已り自ら念らく更に餘善に堪へずと、是れ廣大の心なきなり。四十八に迷心、人迷ふが故に意東に向はんと欲して更に西に行くが如く、行者の心迷亂して不淨觀を學ばんと欲して却て淨相を取る等なり。四十九に毒藥心、人毒に中て悶絕すれば死地に趣て生分なきが如く、此人善心を生ぜず亦惡心を生ぜず乃至一切心生起すると能はず、但に任運にして行ひ漸く無因無果の中に入るなり。五十に羂索心、羂索の人を縛する如く我見能く行者の心を縛して一切處に於て常に拘束せらるるなり。五十一に械心、人の械に持せられて二足停住し前進を得ざる如く、常に端坐を好み寂然住立して定心を修し及び法義を觀察す、此に拘せらるる故に械心と名く。五十二に雲心、西方夏三月中霖雨殊に甚しく常に鬱陶昏塞せるを以て時俗憂樂思慮沛然として盛なり、此時當に捨心を行じて世間の憂喜を離るべし。五十三に圓心、人艮田あれば常に修治し種種の方便淸淨ならしむる如く、此人常に其身を資養修飾するを事とし曾て其心を修事せざる也。五十四に壚心、性壚鹹く凡そ入る所あれば壚味を增す如く、此人の心も凡そ所思の事に於て再三再四思念を加へ更に窮極なき也。五十五

に剃刀心、鬚髪剃除是れ離俗出家の相、此人但此剃除の法に依止し以て分限となし更に進で善根を作すとなきなり。五十六に彌盧等心、須彌盧山と等しき髙慢の心なり。五十七に海等心、大海の百川を呑納して限りなき如く、一切の勝事を皆已に歸して自己の所長を恃む也。五十八に穴等心、完堅の器後に穴を穿て物を受くるに堪へざる如く、此人の心初め多く受持する所なるも後に漸く穿漏するなり。五十九に受生心、種種三業を作て種種差別の身を受くる如く此心亦爾り所修の諸行皆廻向して種種の生を受けんと欲するなり。六十心は梵本缺文なり、阿闍梨言く、一の猨猴心を缺く行者の心散亂して一處に住せざると猶猨猴の如きなり。」【大日經疏二】に「然此六十心。或時行者本性偏多。或由二行道用心一。發二動先習一。或一時雜起。或次第而生。當下於二一切時一留レ心覺察上。自然得レ順二淨菩提心一。」

ロクジフニケン　六十二見　〔名數〕經論の諸釋不同なり、多く依用する三種なり、一に【大品般若經佛母品】に十四難を開て六十二となせり。先づ色蘊を計するに常等の四句あり。一に色は常なり、二に色は無常なり、三は色は常無常なり、四に色は非常非無常なりと計す、他の受等の四蘊も亦然り合せて二十句あり。(色の常無常を計するは即ち世間の常無常を計するなり、他の四蘊の常無常を計する即ち神の常無常を計するなりと) 此は過去の五蘊に於ける所を計する也。又色を計するに有邊無邊等の四句あり、一に色は有邊なり、空間の十方上下に於て邊際窮極あるを云ふ、二に色は無邊なり、上に反す、三に色は有邊無邊なり、四に色は非有邊非無邊なりと計す、他の四蘊も亦然り、合せて二十句あり、此は現在の五蘊に於ける所執也。又色を計するに如去不如去等の四句あり、一に色は如去なり、人來て此間に生ずる如く去て後世に至るも亦是の如しと計するを云ふ、二に色は不如去なり、過去從來する所なく未來も亦所去なしと計するを云ふ。三に色は如去不如去なり、身神和合して人となる、死後神去れども身去らずと計するを云ふ、四に色は非如去非不如去なり、第三句過あるを見て此句を計するなり。他の四蘊を計するも亦然り、合せて二十句あり。此は未來の五蘊に於ける所見なり。三世合せて六十句あり、此に身と神との一異の二見を加へて六十二見となす。(此の六十二見を概括すれば神及び世間の常無常等の四句と、神及び世間の邊無邊等の四句と、神及び世間の如去不如去等四句と合せて十二句あり、及び身と神と一なり身と神と異なりとの二を加ふれば十四となる、之を十四難と云ふ。) 此六十二は但斷常有無の邊見なり。【仁王經天台疏中】に「六十二見釋者不同、且依二大論一。於二五蘊上一皆作二四句一。於二色蘊一云二過去色神及世間常是事實餘妄語一。無常等三句亦然。餘陰亦如レ是。成二二十一。現在有邊無邊等歷二五陰上一有二二十一。死後如去不如去等亦有二二十一。成二六十一。是神與レ身一。神與レ身異。成二六十二一。」二に天台、嘉祥等の諸師二十種の我見に於て六十二見の一釋を成す、外道色蘊に就て我を計するに四句あり、一に色は是れ我なり、二に色を離れて我あり、三に色は大にして我は小なり、我は色の中に住す、四に我は大にして色は小なり色は我の中に住す。他の四蘊を計するも亦然り、合せて二十あり。三世を歷て六十となる、斷常の二見を根本とす、六十二となる。是れ五見中身邊二見の所屬なり。【文句四之二、義疏四】三に本劫本見末劫末見に就て六十二見あり。【長阿含十四梵動經】に「諸有沙門婆羅門於二本劫本見一。種種無數隨意所レ說盡入二六十二見中一。乃至諸沙門婆羅門於二本劫本見一種種無數各隨意說盡入二十八見中一。乃至諸有沙門婆羅門於二末劫末見一無數種種隨意所說彼盡入二四十四見中一。」本劫とは過去の時なり、本見とは彼の過去に於て常見を起すなり、末劫とは未來の時なり、末見とは未來世に於て斷見を起すなり、本劫本見の十八とは彼の經に說く、常論に四、亦常亦無常論に四、邊無邊論に四、種種論に四、無因而有論に二となり。末劫末見の四十四とは有想論に十六、無想論に八、非有想非無想論に八、斷滅論に七、現在泥洹論に五なり。【瑜伽論八十七】に「薩迦耶見(我見と譯す)を見て根本となし、六十二の諸の惡見趣あり、謂く四の遍常見論と(即ち常論の四)四の一分常見論と(即ち常無論の四)二の無因論と(即ち無因而有論の二)四の有邊無邊想論と(即ち邊無邊論の四)四の不死矯亂論と(即ち種種論の四)なり。是の如きの十八の諸惡見趣は是れ前際を計して我を說く論者なり。(即ち本劫本見)又十六の有見想論と(即ち有想論の十六)八の無想論と(即ち無想論の八)八の非有想非無想論と(即ち非有想非無想論の八)七の斷見論と(即ち斷滅論の七)五の現法涅槃論と(即ち現在泥洹の五)此四十四諸の惡見趣は是れ後際を計して我と說く論者也。(即ち末劫末見)」本劫本見の中常論の四とは外道禪定に入て過去二十劫以來の事を憶識するを得て其の中の衆を計して常住不滅となすなり、二に或る外道は過去四十劫以來の事を憶識し之を計して常住となすなり、三に或る外道は過去八十劫以來の事を憶識し之を計して常となすなり、四に或る外道は捷疾智或は天眼を以て現在の衆生及び世間を計して常住となすなり。亦常亦無常の四とは、一に梵天より沒して人間に來生し宿住智を得て前の來處を觀じて言く、彼の大梵天王は自然にして有り、一向に是れ常なり、我等は彼が所化なり故に無常なりと。二に彼の天衆の戲笑放逸の爲に定を失して此土に沒落せし者、後に宿住智を得て前の來處を知り、計して曰

く、彼の衆の戲笑放逸せざる者は彼に在て常住なり、我等は戲笑するが故にこの無常を致すと。二に彼の天衆の欲染の心を生ずる者之が爲に定を失して無間に沒在し、後宿住智を得て計して言く、彼の天衆の無和無染の者は常住なり我等は欲染の心を生じて此生死無常を致すと。四に或る人捷疾智を以て分別思量して我及び世間を常無常と計するなり。邊無邊の四とは一は有る人定に入て世間に邊際ありと觀じて邊見を起し、二は有る人定に入て世間に邊際なしと觀じて無邊見を起し、三は有る人定に入て世間の上下は邊あり、四方は邊なし、或は四方は邊ありて上下は邊なしと觀じて、亦有邊亦無邊の見を起す、四は有る人捷疾智を以て世間を觀察して非有邊非無邊の見を起すなり。（是れ十四難の中の四見なり）種種論の四は、一に人あり自ら世間に報ありや報なきやを知らず、而して他人來て此事を問ふに知らずと答ふるを以て羞耻となし、强て自己の所解に隨て答ふる也。二に人あり自ら他世ありや他世なきやを知らず、而て人あり來て此事を問ふに若し有無を記別せば妄語となるを恐れ、彼に反問して彼の所見に隨て如是と答ふるなり。三に人あり善と非善との法を知らず、而て人あり來て此事を問ふに非善非惡を以て之に答ふるなり。四に人あり自ら愚鈍にして他の問を知らず、他若し問ふことあらば他の言に隨て答ふるなり。世に四種の人あり他問に於てこの如き見解に住するを種種論の四見とす。瑜伽論には不死矯亂論と名く。外道所事の天を不死と名く、不死天に事ふるもの不死天の事に就て他問を受くる時は一種の人は自の無知を怖るるが故に、一種の人は心に諂曲を有するが故に、一種の人は心に恐怖を懷くが故に、一種の人は愚鈍の爲の故に種種矯亂の答を爲すなり。無因見論の二は、一は人あり先に無想天の中より人間に生じ、後に禪定を修して前生の無想無心なるを見て世間無因にして有りと計するなり。一は人あり捷疾智を以て分別し世間無因にして有りと執するなり。末劫末見の中、有想論の十六とは一に我れ此に終て後に色身あり、想念あり、二は色身なく唯想念あり、三は亦有色有想なり亦無色有想なり、四は非有色有想なり、非無色有想なりと計す。之を以想對色の四句とす。又一は我れ此に死して後に邊際あり想念あり、二は邊際なく想念あり、三は亦有邊有想なり亦無邊有想なり、四は非有邊有想なり非無邊有想なりと計す。之を以想對邊無邊の四句とす。又一は我れ此に終て後に苦あり想あり、二は樂あり想あり、三は亦有苦有想なり亦有樂有想なり、四は非有苦有想なり非有樂有想なりと計す。之を以想對苦樂の四句とす。又一は我れ此に死して後に一想あり、二は若干想あり、三は小想あり、四は無量想ありと計す。之を以想對多少の四句とす、總じて十六想の見論なり。無想論の八とは、無想を色身に對して四句あり、一に我れ此に終て後に色ありて想なし、二に色もなく想もなし、三に亦は有色無想なり亦は無色無想なり、四は非有色無想なり非無色無想なり。又無想を邊無邊に對して四句あり、一は我れ此に終て後に有邊際にして無想なり、二は無邊無想なり、三は亦有邊無想亦無邊無想なり、四は非有邊無想なり非無邊無想なり。合せて八句あり無想の八見とす。彼れ既に無想論なるが故に對苦樂の四句なく、亦對多少の四句なし、是皆有想の上の見解なればなり。非有想非無想の八とは色に對して四句あり邊無邊に對して四句あると無想論に准じて知るべし。苦樂の四句多少の四句なきと亦非想非無想なればなり。斷滅の七とは一に我れ今此身は四大所成にして父母所生衣食の所養なり、是れ無常にして終に斷滅に歸すと、二に我れ今此身滅盡を得ず欲界天に生じて終に斷滅すと、三に欲界天の身は未だ滅盡を得ず色界天に至て諸根具足し彼の報盡き竟て斷滅に歸すと、四に色界地の中には未だ滅盡を得ず、無色界の空無邊處に生じて斷滅すべしと、五に空無邊處の中には未だ滅盡を得ず識無邊處に生じて斷滅すべしと、六に識無邊處の中には未だ斷滅を得ず無所有處に生じて後に滅盡すべしと、七に無所有處の中尙滅盡すべからず非想非非想處に生じ彼の非想の報盡きて斷滅餘りなしと。現在泥洹の五とは瑜伽論には現在涅槃と云ふ。一に有人言く我れ今此身泥洹なり、何となれば我れ現在の五欲に於て自恣に快樂を受く、此身即ち是れ泥洹、之を過て更に泥洹なしと、是れ欲界を指して泥洹となすなり、二に有人色界の初禪天を指して泥洹とす、三に有人色界の第二禪天を指して泥洹とす、四に有人色界の第三禪天を指して泥洹とす、五に色界の第四禪天を指して泥洹とす、問ふ何が故ぞ無色界の四空處を說かざる、理亦當に說くべし略して之を論ぜず。【大乘義章六、大乘義林章四末、法華文句四之二】

ロクジフニシユウジヤウ　六十二種有情

【名數】【唯識樞要上本】に「六十二種有情頌曰。五四三三四。三二及三七。十九四四一。故有情名レ諸。」之を釋して言く「一に五趣を五となし、二に四姓を四とし、三に男と女と非男非女を三とし、四に劣と中と妙とを三とし、五に在家と出家と苦行と非苦行とを四とす、（是れ第一句）六に律儀と不律儀と非不律儀とを三と

し、七に離欲阿羅漢と未離欲不還果已下とを二とし、八に邪性定三惡に墮するなりと正性定得道に決するものと不定聚定二者の中間とを三とし、出家の五衆と近事男と近事女在家法二衆とを七とし、第二句習レ斷者と習レ誦者と淨施人と宿長と中年と小年と軌範師と親教師と共住近住弟子と賓客と營二僧事一者と貪二利養恭敬一者と厭捨者と多聞者と大福智者と法隨法行者と持經者と持律者と持論者とを十九とし、異生凡夫と見諦聖者と有學前三果と無學羅漢とを四とし、聲聞と獨覺と菩薩と如來とを四とし輪王を一とす、第三句合せて六十二種の有情と名く。第四句」

ロクジフダン　六時不斷　〔術語〕毎日晝夜六時に佛事を勤行して斷絶せざるなり。

ロクジフロクブ　六十六部　〔雜語〕法華の行者日本六十六ケ國に各一部の妙典を靈場に納めん爲に廻國するを六十六部廻國聖（ひじり）と云ふ、常に六部と略稱す。【負笈移山】に「是一國に一部の大典其の國の靈場に納る六十六ケ國、古六十六部の經文を納めん願にてありしなり。」諸國に所謂納經塚是なり。案ずるに是れ傳敎大師の六塔婆の志願に倣ふものなり。「ロクタフバ」參照。

ロクジホフ　六字法　〔修法〕又、六字供、六字護摩と云ふ。二種あり、一は觀音の六字法なり、請觀音經の所說に依て六觀音又は六觀音所變の六字明王を本尊として六字章句陀羅尼を誦念する修法なり。【百二十尊法菩薩部】に其の儀軌を載す。二は文殊の六字法なり。闍婆計陀那摩の六字の眞言を誦して文殊菩薩を祈念するなり。【百十尊法菩薩部】に其の方規を載す。◉（増鏡、むら時雨）「六字法は聖𡩋僧正」

ロクジミドキヤウ　六字御讀經　〔儀式〕請觀音經を讀誦するなり、經中六字章句陀羅尼を說けば六字經と名く。

ロクジミヤウガウ　六字名號　〔術語〕南無阿彌陀佛の六字の名號なり。佛號は正しく阿彌陀佛の四字にして、南無は歸命と譯し、是れ能歸の相なれども、行者の所稱に就て能歸の言を開擧して名號とす、彌陀の名號は殊に之に由て機法一體願行具足の深義を成就するなり。【觀無量壽經】に「令下聲不レ絕具中足十念上。稱二南無阿彌陀佛一。稱二佛名一故於二念念中一除二八十億劫生死之罪一。」【觀佛三昧經三】に「名二南無光照如來一。」

ロクジミヤウガウイチヘンホフ　六字名號一遍法　〔術語〕時宗の開祖一遍上人智眞の熊野權現より託宣せられし偈頌なりとて「六字名號一遍法。十界依正一遍體。萬行離念一遍證。人中上上妙好華。」文の意は「南無阿彌陀佛の六字の名號は一遍の法なり法界の一如に周遍する法なり、遍の稱名に萬德を具する法なり。一上は佛界より下は地獄界に至る十界の依報の功德は一遍無二の體性なり、斯の一遍の法に依て萬行悉く念を離れて一遍に證悟す、是れ人中の上上妙好華なり。」この偈頌の四句の首字を取て諸人を勸化する念佛札に南無阿彌陀佛決定往生六十萬人と記せり。「智眞」を見よ。

ロクジモンジユ　六字文殊　〔修法〕文殊菩薩の六字法なり。「モンジユ」を見よ。

ロクジヤウ　六情　〔名數〕舊譯の經論多く六根を謂て六情となす、即ち根に情識を有すればなり。是れ意の一は當體の名なり。意根は心法なればなり。他の五は情識を生ずれば所生の果に從て情と名くるなり。【金光明經】に「心處二六情一如二鳥投一レ網。常處二諸根一隨二逐諸塵一。」【普賢觀經】に「懺悔六情根。」【智度論四十】に「眼等五情名爲二內身一。色等五塵名爲二外身一。」【止觀四之二】に「十住毘婆沙云。禁二六情一如レ繫二狗鹿魚蛇猿鳥一。」嘉祥の【中論六情品疏】に「問。意可二是情一。餘五云何是情。答。意當體名レ情。餘五生二情識之果一。從レ果得レ稱也。六情亦名二六根一。五根能生二五識一。意根能生二意識一。六情亦名二六依一。爲二六識所依一。」此等皆根を名けて情と爲す。

六情譬六畜　〔雜語〕「ロクチク」を見よ。

ロクジヤウジユ　六成就　〔名數〕諸經の初に通別の二序あり、通序を或は五段に或は六段に或は七段に分つ、六段は如是を信成就とす、信とは阿難の信なり、阿難が本經一部を指して是の如く我れ聞くと自己の信順を示したるなり。【智度論一】に「如是者即是信也。」二に我聞の二字を聞成就とす、阿難自ら聞くなり、三に一時の二字を時成就とす、說法の時なり。四に佛の一字を主成就とす、說法の主なり。五に在耆闍崛山等を處成就とし、所說の道場なり。六に與大比丘衆等を衆成就とす、一座同聞の衆なり。凡そ此六事を安列するは之を證となし虛謬に非ざるを明して後の聞者をして信ぜしめん爲なれば之を證信序と云ふ。さて五成就は佛と處とを合し、七成就は我と聞とを離す。舊師多く五成就を取り、天台法華の文句亦五成就に由て釋するも、仁王、維摩、觀經等は六成就を取り、嘉祥は定て六成就なり。之を成就と云ふは一一の句の中に各義を明かすと具足して破壞すべからず、故に成就と云ふ。又通序の中に此六事を具足すれば成就と云ふ。又此六字を具足して方に正宗の敎起を成ずれば成就と云ふ。【法華文句一之二】に「通序レ五。或六。或七。」【同記】に「五者如レ文。合二佛及處一。六則離二佛及處一。七則離二我與聞一。」【天台維摩經疏一】に「舊多二五義一。今依二六義一。」【嘉祥法華義疏

一】【嘉祥仁王經疏一】に「若依二大智度一。直依レ文貼釋。不レ辨二子段一。後諸師說亦無レ定。或五或六。今依二金剛仙論一作二六句一分別。」【元照彌陀疏上】に「六緣不レ具。敎則不レ興。名二六成就一。」【勝鬘經寶窟上本】に「天親燈論以明二六事一。第四敎主。若依二三藏一眞諦凡有二七事一。開二我聞一。今以二六事一爲レ定也。」【嘉祥法華論疏】に「一章中明レ義具足無レ餘。不レ可二破壞一。故云二成就一。」【盂蘭盆經疏記下】に「六種通名二成就一者。由下假二彼六緣一成中此一經上。」さて此六事成就の證眞序は佛の涅槃に際し阿㝹樓馱の敎に依て阿難が四事を佛に請問せし中の第四句に依て、佛阿難に告て一切經の初に此六事を置かしめしなり。後分涅槃經、文殊問經、智度論二等に委しく緣由を擧ぐ。【金剛仙論一】に「所三以一切經初置二斯五句一者有二三種義一。一爲下證二成經理一不レ虛末代生中信。二爲レ表レ異下外道以二阿憂一外道經の首の字又阿漚に作る。爲中吉。三爲下息二於諍論一表中己推宗有中在也。」【勝鬘經寶窟上本】に「一爲二證信一故如二龍樹云一說二時方人一令レ生レ信故。二簡二内外一。外經以二河漚一字一爲レ首。內敎以二六事一在レ初。三分二經論不同一。弟子之論歸三敬三寶一。如來之經明二於六事一。」

ロクジヤウブ　六城部　〔流派〕密林山部の別稱。

ロクジユ　六受　〔術語〕六根に受領する六塵を六受と云ひ、行住坐臥語默を六作と云ふ。又六根の作業なり。【止觀二之二】に「若有二諸塵一須レ捨二六受一。若無二財物一須レ運二六作一。」

ロクジユカイ　六聚界　〔名數〕比丘の具足戒を類聚して七聚又は六聚となす。「ヒンジユ」を見よ。

ロクジユザイ　六聚罪　〔名數〕六聚戒に同じ。

ロクジユツ　六術　〔雜語〕天竺の六種外道なり。【廣弘明集序】に「六術揚二於佛代一。三張胃二法流一。」

ロクジライサン　六時禮讃　〔儀式〕唐の善導の往生禮讃中の六時禮讃の文なり、晝夜六時に彌陀を禮讃する偈頌なり。書中に六字禮讃と續きたる文もあり。又六時に此禮讃を勸むるを六時禮讃とも六時の禮讃とも云ふ。⊙（徒然草）「六時禮讃は法然上人の弟子安樂といひける僧、經文を集めて作りてつとめしけり云云」

ロクジンヅウ　六神通　〔名數〕神は不測の義、通は無礙の義、三乘の聖者神妙不測無礙自在の六種の智慧を得るを六神通、略して六通と云ふ。【法華經譬喩品】に「具三足三明及六神通一。」「ツウ」を見よ。

ロクスヰ　六衰　〔名數〕色等の六塵、能く人の眞性を衰耗せしむれば六衰と云ふ、六賊と言ふ如し。【法華文句四】に「普曜經曰。無二五趣五陰六衰一則是泥洹。」【同記】に「衰祇是賊。能損耗故。」【中論疏四末】に「六塵亦名二六衰一。令二善衰滅一。」「ロクゾク」を見よ。

ロクスヰタイ　漉水袋　〔物名〕次項に同じ。

ロクスヰナウ　漉水囊　〔物名〕比丘六物の一。又漉水袋と云ひ、濾水囊と云ふ。水を漉して蟲を去る具なり。【行事鈔下一之二】に「泥水袋法。物雖二輕小一所爲極大。」

ロクズヰ　六瑞　〔名數〕法華經は出世本懷の經なるが故に之を說くに先ちて六種の祥瑞を現じ、以て開經の由序緣起となす、之を法華の六瑞序と云ふ。一に說法瑞、先づ無量義經を說くなり。二に入定瑞、次に無量義處三昧に入るなり。三に雨華瑞、次に天より四種の華を雨らすなり。四に地動瑞、次に大地六種に震動するなり。五に心喜瑞、大衆之を見て內心に歡喜を生ずるなり。六に放光瑞、次に佛の眉間の白毫より光を放ちて東方萬八千の佛土を照らすなり。此六瑞は三世十方の諸佛が必ず法華經を說く前に示現する敎化の法式なりと云ふ。【法華經序品】

ロクズヰメン　六隨眠　〔名數〕「ズヰメン」を見よ。

ロクセン　鹿仙　〔本生〕昔釋迦如來提婆達多と共に鹿王となり、事を斷じて他の命を救へり、是れ鹿野園の緣起なり。「ロクヤヲン」を見よ。⊙（十二類歌合）に「かたの如く鹿山の一分にて侍れば判じ申すべしと申しければ」

ロクゼン　六箭　〔譬喩〕色聲等の六塵の法能く衆生の慧命を害すれば箭に譬ふるなり。【六度集經五】に「吾以レ國爲二怨窟一。以二色聲香味華服邪念一。爲下六劍截二吾身一六箭射中吾體上。」

ロクゼンシン　六染心　〔名數〕心體もと清淨にして諸の妄染を離るれども不覺に依て忽に無明を起すを以て遂に六種染心の相あり。一に執相應染、我執の煩惱心王と相應して起り、外境に執着して以て淨心を染するもの、是れ六麁中の第三執取相と第四計名字相となり。二乘の極果及び菩薩の十住位に之を斷ず。二に不斷相應染、不斷は相續の義なり、苦樂等の境に於て法執の煩惱心王と相應して起り相續して斷へず、以て淨心を染するもの。是れ六麁中の第二相續相なり。是れ分別起の法執にして菩薩初地の位に之を斷ず。三に分別智相應染、分別智とは能く世間出世間の諸法を分別する智なり、この分別智心王と相應して淨心を汚すもの、六麁中の第一智相なり。是れ俱生起の微細の法執にして第七地の位に至て之を斷ず、四に現色不相應染、根本無明に依て淨心を熏動し、境界の相を現ずるもの、而も最極微細にして未だ心王と心所との相應なければ不相應と云ふ。三細中の第三現相なり。八地の位に之を斷ず。五に能

見心不相應染、根本無明に由て淨心をして始て能見の相あらしむるもの、不相應の義上に同じ。三細中の第二轉相なり。第九地に之を斷ず。六に根本業不相應染、業とは動作の義、根本無明に由て心體の始て動作するもの、是れ根本の動作なれば根本業と云ふ、不相應の義は上に同じ。即ち是れ衆生迷妄の元始なり。三細中の第一業相なり。第十地金剛喩定に之を斷ず。三細六麁は因緣に由て生起する次第の義を明すが故に細より麁に至て說き、此は治斷の次第を辨ぜんと欲するが故に麁より細に至て說く。【起信論】

ロクソ　六麤　【名數】衆生迷妄の生起次第を明かすに根本無明に由て業轉現の三細を生起し、更に現相の境界を緣として六種の迷相を生起す、前の三細に對して六麤と稱するなり。一に智相、現識所現の境界に於て是れ自識所現の幻影なりと知らず、妄に智慧を生じて諸法を分別するを云ふ。是れ俱生起の法執なり。二に相續相、前の智相の分別に依て愛境には樂境を生じ不愛の境には苦受を生ずる等、種種の迷妄續起して斷へざるを云ふ。是れ分別起の法執なり。三に執取相、前の苦樂等の境に於て虛妄不實なりと了せず、深く取着の念を生ずるを云ふ。是れ俱生起の煩惱なり。四に計名字相、前の轉倒に依て假名言說の相を計量分別して種種の煩惱を生ずるを云ふ。是れ分別起の煩惱なり。五に起業相、妄に假名を分別する、妄惑に依て善惡の諸業を起すを云ふ。六に業繫苦相、善惡の業に繫がれて生死の苦果を感ずるを云ふ。六麤の中前の四相は惑因なり、第五相は業緣なり、第六相は苦果なり。【起信論】

ロクソ　六祖　【雜名】禪宗の慧能大師、初祖達磨より六代の祖なれば六祖大師と云ふ。又、天台宗には荊溪湛然、智者大師より六代に當れば六祖大師と云ふ。又、日本の天台家には三井の智證大師を以て六祖と稱す、傳敎大師より六代の祖なればなり。但し常には慧能大師の通稱なり。又、日蓮宗には六老僧を六祖と稱す。

ロクソウイチエン　六窓一猿　【譬喩】眼耳等の六根を六窓に譬へ、心識を一の獼猴に譬ふ。是れ一識外道の邪計なり。【行事鈔下四】に「一識外道。如二一室六扃獼猴徧歷一。根亦如レ是。」然るに大小乘を通じて六識體一體別の論あり、小乘の有部宗には體別を取り、同じく成實宗には體一を取り、大乘の法相宗には體別を正義とす。六窓一猿は體一家の譬なり。【成實論一心品】に「又雜藏中比丘言。五門窟中獼猴動發。獼猴且住。勿レ謂レ如レ本。故知一心。」【大乘義章三末】に「有人宣說。六識之心隨レ根雖レ別體性是一。往來彼此。如二一猿猴六窓俱現一。心識如レ是。六根中現。非レ有二六心一。」

ロクソク　六即　【名數】凡そ大乘菩薩の行位に十信、十位、十行、十廻向、十地、等覺妙覺の五十二位あり、華嚴經等の所說なり。天台は之を別敎の菩薩の行位として別に圓敎の菩薩の行位六即位を立つ。一に理即、一切衆生皆佛性あり、有佛無佛性相常住なり、又一色一香無非中道なり。理性、是の如くなるも未だ之を聞かざるを以て之を知らざるもの。是れこの凡夫は唯理性に於て佛と均しければ理即と云ふ。二に名字即、或は知識に從ひ、或は經卷に從て上の所說の一實の菩提の道を聞て名字の中に於て通達解了し、一切皆佛法なり、一切皆成佛すべしと知るもの。三に觀行即、啻に名存を解知するのみならず更に進で敎に依て修行し、心觀明了、理慧相應し、所行所言の如く、所言所行の如きもの。此位に隨喜讀誦等の五品法華所說の觀行を修するを五品弟子位と稱す。四に相似即、始て別敎所立の十信の位に入て眞無漏に類似せる觀行を發するもの。此位に入れば法華經所說の六根淸淨の德を得れば六根淸淨位と稱す。五に分眞即、相似の觀力に依て眞智を發し、始て一分の無明を斷じて佛性を見、寶藏を開て眞如を顯はすを發心住と名く。其より後の九住乃至等覺に至る四十一位に於て四十一品の無明を分破して法性を分見するもの。六に究竟即、第四十二の元品無明を破して究竟圓滿の覺智を發するもの。即ち妙覺なり。六と即とは初後の淺深を次第し、即とは是の義、理位即ち是れ名字位、乃至即ち是れ究竟位にして、初後不二なるを顯はす。智悟情迷の淺深に由て六種の別あるも、其の體性は不二即是なり。六を以て上慢を治し、即を以て自屈を免るるなり。

理　即―唯佛性を具する者
名字即―唯佛性の名を解する者　}外凡
觀行即―五品弟子位―外品
相似即―十信位六根淸淨位―內品　}內凡
分眞即 { 十住位 / 十行位 / 十廻向位 / 十地位 / 等覺位 }　聖因
究竟即―妙覺位―　聖果
}八位

【止觀一之三】に「此六即者始レ凡終レ聖。始レ凡故除二疑怯一。終レ聖故除二慢大一。」【輔行一之三】に「體不二義故名爲レ即。」又「此六即義起レ自二一家一深符レ旨。永無二

衆過。暗禪者多二增上慢一。文字者推二功上人一。並由レ不レ曉二六而復即一。」【觀經妙宗鈔上】に「即者是義。」天台大師の著六即義一卷あり。

ロクソクソン　六足尊　［菩薩］　五大明王の中大威德明王の別號なり。此尊六足を有すればなり、但し六頭六面六臂六足、所乘の牛も六牛なれども、獨り六足と名くるは多足は此尊に限ればなり。西方無量壽佛の忿怒尊にて文殊菩薩の所現なり。【補陀落海會軌】に「六足尊無量壽佛忿怒。自性輪文殊菩薩。」【秘藏記鈔十】に「文殊菩薩者。西方四菩薩中第二利菩薩也。此菩薩現所名二六足尊一。六足尊者大威德也。瑜祇經大威德名二六足尊一。是其證也。」「ダイヰトクミヤウワウ」を見よ。

ロクソクブツ　六即佛　［名數］　天台觀行疏に佛に就て六即を判ず、一に理佛、即ち理即位の佛、三惡の衆生身に一毫の修善なく唯だ佛性を具するもの。二に名字佛、即ち名字即位の佛、宿福の人天僅に佛の名字を聞くもの。三に觀行佛、即ち觀行即位の佛。四に相似佛、即ち相似即位の佛、十信の位に彷彿佛理を證して眞解に同ずるもの。五に分證佛、即ち分眞即位の佛、初住より已上等覺に至るまで漸次に一品の分明を破し、一分の中道を證するもの。六に究竟佛、即ち究竟即位の佛、妙覺の位に覺道究竟するもの。理佛即ち是れ名字佛、乃至即ち是れ究竟佛なり、彼此の六佛互に相即すれば即と云ふ。今且く佛に就て六即を論ずるのみ、實に就かば十界悉く六即を具す。【觀經疏妙宗鈔上】に「應レ知六即之義不二專在レ佛。一切假實三乘人天。下至二蛣蜣地獄色心一。皆須三六即辨二其初後一。所謂理蛣蜣乃至究竟蛣蜣。今釋二教主一故就レ佛辨。」

ロクソクロン　六足論　［名數］　一に舍利弗の集異門足論、二に大目乾連の法蘊足論、三に大迦多衍那の施設足論、四に提婆設摩の識身足論、五に筏蘇蜜多羅の品類足論、六に同人の界身足論なり、前の三論に佛在世の作、後の三論に佛滅後の作、皆一切有部宗の法義を論ず。智度論二に六分阿毘曇と云ふ是なり。後に迦多衍尼子發智論を作りて文義最も廣博なり、故に後代の論師六論を以て足とし、發智論を以て身と爲す。足は助成の義、此六論發智論を助成するなり。此七論一切有部宗の根本論藏なり。【俱舍論光記一本】に「前之六論義門稍少。發智一論法門最廣。故後代論師。説レ六爲レ足發智爲レ身。此上七論是説一切有部根本論也。」

ロクソクワウ　鹿足王　［人名］【賢愚經十一】に迦摩沙波陀、Kalmāṣapāda　斑足と譯し。【智度論四】に劫磨沙波陀に作り、鹿足と譯す。須陀須摩王即ち普明王を殺害せんとせし惡王の名なり。「シユダシユマ」を見よ。

ロクゾク　六賊　［譬喩］　色聲等の六塵、眼等の六根を媒として功能の法財を劫掠すれば譬へて六賊と爲す。【涅槃經二十三】に「六大賊者即外六塵。菩薩摩訶薩觀二此六塵一如二六大賊一。何以故。能劫二一切諸善法一故。乃至六大賊者夜則歡樂。六塵惡賊亦復如レ是。處二無明闇一則得二歡樂一。」【最勝王經五】に「當レ知此身如二空聚一。六賊依止不二相知一六塵諸賊則依レ根。各不二相知一亦如レ是。」【楞嚴經四】に「汝現前眼耳鼻舌及與身心六爲二賊媒一。自劫二家寶一。」図　六根の愛喜に譬ふ。【雜阿含經四十三】に「士夫。內有二六賊一。隨逐伺レ汝。得レ便當レ殺。乃至六內賊者譬二六愛喜一。」

ロクタイ　六體　［名數］　一身を六分するもの。一に臍已下、二に臍已上、三に心已下、四に心已上、五に咽已上、六に頂なり。【演密鈔四】

ロクタイ　六諦　［名數］　勝論師所立の六句義を云ふ。勝論の本師六句義を立て其末師十句義を立つ。【佛道論衡序】「天竺盛二於六諦一。神州重二於二篇一。」「シヨウロンシユウ」を見よ。

ロクタウヒガン　六到彼岸　［名數］　六波羅蜜多なり。【唯識論九】に「六到彼岸菩提分等自利行攝。」

ロクタフバ　六塔婆　［名數］　傳敎大師の志願にて海內に六基の塔婆を立て、六千部の法華經を納めんと欲す。【元亨釋書最澄傳】に「澄有レ願造二六塔婆一。置二六千部經王一。東州三所。中國二所。西邦一所。今叡山東西兩塔者中國二所也。」【叡岳要記下】に「傳敎大師昔願曰。建二六基塔一。安二置六十部法華經一。住二持佛法一守二護國界一。則一塔安二上野一。一塔安二下野一。一塔安二豐前一。一塔安二筑前一。一塔安二山城一。一塔安二近江一。所謂東塔是近江國之分也。」

ロクダイ　六大　［名數］　又六界と云ふ。地水火風空識なり、此六法一切法界に周遍して有情非情を造作すれば大と名く。即ち非情は五大所成にして有情は六大所成なり。此六大の義は顯密に涉て之を說けども、顯敎の義は六大假に和合して一身を成し、能成の六大も所成の一身も共に是れ生滅無常の假法なるを知らしめん爲に之を說くなり。【仁王經觀空品】に「色受想行識空。十二入十八界空。六大法空。」【同受持品】に「比丘比丘尼。修二行十善一。自觀二己身地水火風空識分分不淨一。」【大般若經二百七十三】に「一切智智清淨故地界清淨。一切智智清淨故水火風空識界清淨。」【瓔珞本業經上】に「六大識空四大。一切法無二自相一無二他相一。如二虛空一故。」【天台仁王經疏中】に「阿含

云。六王諍レ大。地謂我能載。水云能漂潤。火云能燒照。風云能生レ動。空云能容受。識云若無レ我者色則敗壞。五雖レ大而識爲(スト)レ王。故云。四大圍レ空識居二其中也。」

密敎六大 〔名數〕 密敎に在ては六大の體性本有常住にして即ち胎金兩部の理智の二法身なりと說くなり。即ち密敎は顯敎の如く別に無相の眞如を立てざれば、法界の諸法は五蘊即ち色心の二法に過ぎず、而して今は色の一を開て五大となし、受等の四蘊を合せて一の識大とす。此中五大は本有常住にして凡聖一如なるを以て本有胎藏界の理法身とし、識には情智迷悟の別あるを以て始成金剛界の智法身となす。但し色心本より二ならず、色即心なれば五大即五智なり、心即色なれば五智即五大なり、理法身固より頑迷無智にあらず、智法身固より常性不變なり、其の種子色形等左の如し。

	(種子)	(色)	(形)	(性)	(用)
地大	𑖀	黃	□方	堅	持
水大	𑖪	白	○圓	濕	攝
火大	𑖨	赤	△三角	煖	熟
風大	𑖮	黑	半月	動	長
空大	𑖏	靑	團形	無碍	不障
識大	𑖮𑖳𑖽	白	○圓	了別	

六大中識大の形色に就て密敎には心法に實の形色ありて其の色は白く其の形は圓形なりと云ふ、其の證として【金剛頂經一】に「我見二自心一形如二月輪一」と云ふを引く、謂く凡夫所見は隔歷質礙なきも佛眼所見は周遍法界無碍自在の色あり、若し然らざれば顯敎の法身無相の說に同ずるのみならず、月輪の說無用なりと。然るに台密は、この月輪を僞相の譬喩なりとして心法に實の色形あるを許さざると顯敎に同じきなり。智證の【金剛界瑜伽記】に「本國僧中或執三心有二其形一。即月輪是也。若不レ言レ有二月輪一同二顯敎法身言斷心滅之說一。所以二可(テ)レ云二心法定有一レ形。若不レ然密敎月輪之說無用。乃至今言。此執與二當文禪要一違。故可下以二月輪一爲中僞相上。喩。」本國の僧とは東寺の空海なり、智證大師在唐の時決を法全和尙に請ふ、和尙兩處の違文を擧て此說を非せしなり。當文とは【金剛界儀軌】に「無レ體亦無レ事。即亦非レ月。由レ具二福智一故自心如二滿月一。」是なり。禪要とは彼の釋に「僞想二一圓明一猶如二淨月一。」是なり。然るに天台二百題十一に心法形色の疑ありて有形色を成立す。

六大能生 〔術語〕【大日經五秘密曼荼羅品】に如來發生偈を說く、是れ六大より四種法身四種曼荼羅、三種世間を生じ、且つ諸法常住を示す誠文なり。【偈】に「能生下隨類形。諸法之法相。諸佛與二聲聞一。救世因緣覺。勤勇菩薩衆。及人尊亦然。衆生器世界。次第而生。生住等諸法、常恒如レ是生。」此の中初の能生の二字は是れ六大、隨類形巳下の諸句は所造の法なり。其の所造句の中に於て四種法身と四種曼荼羅と三種世間との三種の法に配せらるるなり。【秘藏記末、同鈔十】

ロクダイクワン　六大觀 〔名數〕 顯敎に在ては六大の空不淨を觀ずるなり。密敎に在ては六大の圓融無礙を觀ずるなり。【嘉祥仁王經五】に「作二六大觀一。四大空識也。」

ロクダイジン　六大神 〔名數〕 地等の六大の神靈なり。弘法の【金剛峯寺鎭守勸請啓白】に「地等六大神。」

ロクダイゾク　六大賊 〔譬喩〕「ロクゾク」を見よ。

ロクダイタイダイ　六大體大 〔術語〕 六大無礙の義をとりて六大を一切法の體性なりとする義。「ロクダイムゲ」を見よ。

ロクダイホフシヤウ　六大法性 〔術語〕 地等の六大に相性の二面あり、凡眼の見る所は其の事相のみ、事事差別して相融せず。聖智の見る所は其の法性にして一味平等なり。

ロクダイムゲ　六大無礙 〔術語〕 六大は地水火風空識なり、此六大の義は顯密に通ずる法相なれども、六大無礙と論ずるは獨り密敎のみ。無礙とは互に融通して障礙なきと光と光の如きを云ふ、六大互に融通するなり、自他の六大互に融通するなり、是れ六大の自性にして、法自爾の德なれば法性と云ふ。即ち佛陀の身も六大所成なれば凡夫の身も六大所成なり、さても六大の自性は無礙平等なれば、佛の六大と衆生の六大と融通して間隔(けんきやく)あることなく、入我我入なり。（是れ自他の六大無礙の義）又、地等の五大と識と入我我入すれば有情非情一體なり、之が爲に草木國土成佛の義も成ずるなり。（是れ自の六大互に無礙の義）然るに凡夫は無始より間隔の情を以て無所礙平等の六大に向て妄に間隔差別して彼此我他の見を起し、以て業を作り生死の苦を感ずるなり。◉(太平記三九)「六大無礙の月晴るる時ありて」

ロクダウ　六道 〔名數〕 六趣に同じ、地獄、餓鬼畜生、阿修羅、人間、天上なり。此六所は衆生輪廻の道途なれば六道と云ふ。衆生各因業に乘じて趣く所なれば六趣と云ふ。【法華經序品】に「六道衆生生死所趣。」【法華玄義二】に「約二十法界一。謂六道四聖也。」、

⦿（曲、熊野）「六道の辻とかや、實におそろしや、此道は冥途に通ふなるものを」「ロクシュ」を見よ。

六道の佛菩薩　〔名數〕六地藏六觀音なり、六道に配當せらるる佛菩薩なり。

六道能化の菩薩　〔雜名〕地藏菩薩を云ふ。

ロクダウカダキヤウ　六道伽陀經　〔經名〕一卷、趙宋の法天譯。六道の相を說きし偈頌なり。六趣輪廻經と類似す。【藏帙九】（821）

ロクダウコウ　六道講　〔行事〕六道の衆生に廻向する佛事なり。

ロクダウコウシキ　六道講式　〔書名〕六道講の法式を書せしもの。解脫上人の作、今は絕版なり。

ロクダウシシヤウ　六道四聖　〔名數〕十界の中に第一地獄界より第六天界までは六道にして、第七聲聞界、第八緣覺界、第九菩薩界、第十佛界を四聖とす。【法華玄義二】に「十界謂六道四聖也。」

ロクダウシシヤウ　六道四生　〔名數〕六道中に胎卵濕化の四生あり、六道四生と云ふ。⦿（太平記三五）「三界流轉の間、六道四生の栖を見給ひけるに」

ロクダウセン　六道錢　〔物名〕漢地の俗に昏晚に錢を壙中に埋めて死者の用となす、之を昏寓錢と名く、本朝の俗之を習ひて六道錢と云ふ、佛經の說にあらず。【事物紀原九】に「漢葬者有ニ昏寓錢一。謂昏晚埋ニ錢於壙中一。爲ニ死者之用一也。」

ロクチ　六智　〔名數〕見道の中の四諦智と及び法智比智の六なり。若し法智比智を四諦に歷れば十六智となる、卽ち見道の十六心なり。【仁王經上】に「有學六智。」

ロクチク　六畜　〔名數〕狗等の六畜を衆生の六根に譬へて六情の放縱を誓む。「ロクシュジヤウ」を見よ。

ロクヂザウ　六地藏　〔名數〕「ヂザウ」を見よ。

ロクヂヤウボンシ　鹿杖梵志　〔人名〕佛在世の時諸の比丘佛の不淨觀を聞て厭離に堪へず、鹿杖梵志を雇ひて己を殺さしむと云ふ。【四分律】に「佛婆求園に在て諸の比丘をして不淨觀を修せしむ、諸の比丘教の如く身を修習して厭を生ず。人の蛇を以て其の頸に繫くるが如し。或は比丘あり心を發し死せんと欲し、刀を求て自殺し、或は毒藥を服し、或は轉た相害す。一の比丘あり鹿杖梵志の所に往て讚して言く、善人汝能く我を殺せ、汝に衣鉢を與へん。時に卽ち利刀を以て其の命根を斷つ。天魔あり梵志を讚して言く、善人汝大福を得ん、是れ沙門釋子の未だ度せざる者を度しまた脫せざる者を脫す、兼て衣鉢を得たりと。是の如くして六十の比丘を殺す。半月の說戒に因て佛阿難に問ふ、諸の比丘を見ずと、阿難具に答ふ。斯に因て制を立て觀を改めて特勝を修せしむ。特勝とは數息觀なり。」【止觀九】に「如ニ律云一。佛爲ニ比丘一說ニ不淨觀一。皆生ニ厭患一不レ能下與ニ臭身一住上。衣鉢雇ニ鹿杖一害。」

ロクヂヤク　六著　〔名數〕瓔珞經所說十三煩惱中の後六なり。「ボンノウ」を見よ。

ロクヂヤクシン　六著心　〔名數〕六種の執著心を云ふ。貪著心、愛著心、瞋著心、疑著心、欲著心、慢著心を云ふ。

ロクヂユウ　六住　〔名數〕十住位の中の第六位なり。又地持經所說の六種住なり。「ロクシユジユウ」を見よ。

ロクヂン　六塵　〔名數〕色聲香味觸法の六境を云ふ、此六境眼等の六根を有して身に入り以て淨心を坌汚すれば塵と名く。【圓覺經】に「妄認ニ四大一爲ニ自身相一。六塵緣影爲ニ自心相一。」【淨心誡觀下】に「云何名レ塵。坌ニ汚淨心一觸レ身成レ垢。故名レ塵。」【法界次第上之上】に「塵以ニ染汚一爲レ義。以ニ能染ニ汚情識一故通名爲レ塵也。」⦿（徒然草）「六塵の樂欲おほしといへども皆厭離しつべし」

ロクヂンセツホフ　六塵說法　〔術語〕佛は色聲等の六塵を以て法を說き、衆生眼等の六根を以て悟解するを云ふ。然るに六塵は他の佛土に通じて言ふなり、若し此土に就かば色聲法の三塵のみ、眼に經卷を見て悟解するは色塵說法なり、耳に金口の聲教を聞て悟解するは聲塵說法なり、意に法を思惟して悟解するは法塵說法なり、此中此土の衆生は殊に耳根利なるを以て偏に聲塵を用て法を說くとなり。【無量壽經上】に道場樹を說て「目覩ニ其色一。耳聞ニ其音一。鼻知ニ其香一。舌嘗ニ其味一。身觸ニ其光一。心以レ法緣。一切皆得ニ甚深法忍一。住ニ不退轉一。至レ成ニ佛道一。」【智度論三十四】に「有下佛爲ニ衆生一說レ法令レ得レ道者上。有下佛放ニ無量光明一衆生遇レ之而得レ道者上。有下佛神通變化指ニ示其心一而得レ道者上。有下佛但現ニ色身一而得レ道者上。有下佛遍身毛孔出ニ衆妙香一衆生聞レ之而得レ道者上。有下佛以レ食與ニ衆生一令レ得レ道者上。有ニ佛衆生但念而得レ道者一。」【法華玄義八】に「他方六根識利六塵得レ爲レ經。此土三根識鈍鼻不レ及ニ驢狗鹿等一。云何於ニ香味觸等一能得ニ通達一。」【文句記】に「此土耳根利故。偏用ニ聲塵一。」

ロクツウ　六通　〔名數〕三乘の聖者所得の神通に六種あり。「ツウ」を見よ。⦿（公事根源）「佛弟子一連始めて六通を得て」

ロクテン　六天　〔名數〕欲界に六天あり、一に四王天、二に忉利天、三に夜摩天、四に兜率天、五に樂變化天、六に他化自在天なり。他化自在天王多の

眷屬を具して佛道に障礙を爲せば第六天の魔王と稱す。

ロクテンエ 六轉依 〔名數〕「テンエ」を見よ。

ロクデウハ 六條派 〔流派〕時宗十二派の一。二世他阿の弟子聖戒を祖とす。京都六條歡喜光寺を本山とす。

ロクトウビク 鹿頭比丘 〔人名〕佛在世の弟子。【增一阿含經三】に「分別智等恒不忘失。鹿頭比丘是。」

ロクトウボンシ 鹿頭梵志 〔人名〕【增一阿含經二十】に「鹿頭梵志あり、諸の髑髏を叩て各死相及びその生處を知る、但だ羅漢の髑髏を叩て其の之く所を知らず。」耆域の事に粗同じ。

ロクトク 六德 〔名數〕梵語薄伽梵の六義を云ふ。一に自在、二に熾盛、三に端嚴、四に名稱、五に吉祥、六に尊貴。【佛地經論一】

ロクド 六度 〔名數〕六波羅蜜なり。舊稱波羅密。度と譯し、新稱波羅蜜多到彼岸と譯す。度は生死海を度る義にて、到彼岸は涅槃の岸に到る義なれば其の意一なり。其の波羅蜜の行法に六種あり、一に布施、二に持戒、三に忍辱、四に精進、五に禪定、六に智慧なり。【仁王經上】に「六度四攝一切行。」「ハラミツ」を見よ。◉(曲、熊坂)「方便の殺生は菩薩の六度にまされりとか」

六度說意 〔術語〕二義あり。一は對治の故に。二は次第生の故に。對治の故とは善法に對するに六事あり、一は慳法、二は惡業、三は恚心、四は懈怠、五は亂心、六は愚痴なり。この六法の因緣を以ての故に無上菩提を得ず、六法を壞せんが爲の故に六波羅蜜を說く。次第生とは菩薩一切世俗の物を捨てて出家學道するを檀波羅蜜と名く、既に出家して菩薩戒を受るを尸羅波羅蜜と名く、戒を護るを以ての故に罵打あるも默受して報ひざるを羼提波羅蜜と名く、戒既に淸淨にして善道を勸修するを毘梨耶波羅蜜と名く、精進を以ての故に五根調伏するを禪波羅蜜と名く、五根既に調ひて眞法界を知るを般若波羅蜜と名く。

六度果報 〔雜語〕一に施は富を感じ、二に戒は具色を感じ、三に忍は力を感じ、四に進は壽を感じ、五に禪は安を感じ、六に智は辯を感ず。【善戒經】

六度譬喩 〔雜語〕智慧を母となし、布施を乳母とし、戒を養母とし、忍辱を莊嚴具とし、精進を養育者とし、禪定を浣濯となす。【華嚴經】

六度滿相 〔雜語〕六度を修するに各、滿の時あり。尸毘王鴿に代るは布施の滿、普明王國を捨るは戒の滿、羼提仙人の肉を割かれて恨なきは忍の滿、大施太子の海を抒み幷に佛を讚するは精進の滿、尙闍梨の頂上に鵲巢ふは禪定の滿、劬嬪大臣の地を分けて諍を息るは智の滿なり。【俱舍論十八、輔行三之二、觀音玄記下、四教儀】

ロクドウジフイ 六同十異 〔名數〕聲聞緣覺二乘の同異なり。「ニジョウ」を見よ。

ロクドキヤウ 六度經 〔經名〕六度集經の略名。

ロクドジフキヤウ 六道集經 〔經名〕八卷、吳の康僧會譯。如來往昔菩薩の道を行ずる時の六波羅蜜の行なり。【宙帙五】(143)

ロクドノヒユ 六度譬喩 〔名數〕「ロクド」の條下を見よ。

ロクドムゴク 六度無極 〔名數〕六波羅蜜なり。波羅蜜舊に度と譯し、或は度無極と譯す、菩薩六度の行法窮極なき故に度無極と云ふ。

ロクドキヤウ 六度經 〔經名〕大乘理趣六波羅蜜經の略名。

ロクドムゴクキヤウ 六度無極經 〔經名〕六度集經の異名。

ロクナイ 錄內 〔雜語〕「ロクゲ」を見よ。

ロクナサンザウ 勒那三藏 〔人名〕勒那摩提なり。

ロクナシキ 勒那識祇 〔人名〕Ratnaśikhin 譯、「寶髻。太子の名。【賢愚經八】

ロクナジヤヤ 勒那闍耶 〔本生〕佛昔菩薩の道を行ずるとき、大海に入て五人を濟ひしときの名なり。譯語なし、五人は即ち佛初度の五比丘是なり。【賢愚經勒那闍耶品】

ロクナダイ 勒那提 〔人名〕Ratnadeva 譯、「天。」「寶」の名。【賢愚經二】

ロクナバツミ 勒那跋彌 〔人名〕Ratnavarmin 譯、寶鎧。國王の名。【賢愚經十】

ロクナバツダイ 勒那跋提 〔人名〕Ratnamati 寶意と譯す、中天竺の人、一億の偈を誦す。尤も禪法に明なり。魏の正始五年洛邑に至り十地等の論二十四卷を譯す、既に此土の音に通じ、華嚴經を講じ道俗雲集す、講次に忽ち一人あり、笏を執り形大官の如し、云く、天帝和尙を請じて華嚴經を講ぜしむ。都講、維那、梵唄、法事の所須咸く備具すべしと。講序の衆僧悉く同じく見る、言訖て便ち隱る。勒那及び都講、維那奄然として法席に終ふ。【華嚴傳記二】

ロクナン 六難 〔名數〕一に佛世に遇ひ難し、二に正法聞き難し、三に善心生じ難し、四に中國に生れ難し、五に人身得難し、六に諸根具し難し。【涅槃經二十三】

ロクニフ 六入 〔名數〕眼耳鼻舌身意の六根又は

色聲香味觸法の六境を舊に六入と云ひ、新に六處と云ふ。即ち十二入十二處なり。六境を外の六入とし、六根を内の六入とす。十二因緣中の六入は内の六入即ち六根なり。入は涉入の義、六根六境互に涉入して六識を生ずれば處と名け、處は所依の義、六根六境は六識を生ずる所依なれば處と名く。【大乘義章四】に「言二六入一者生識之處名レ之爲レ入。」【法界次第中之下】に「眼等六情是名二六入一。」

ロクニヨ　六如　〔名數〕金剛經の六喩。「ニヨムゲンハウヤウ」を見よ。

ロクニヨブニン　鹿女夫人　〔人名〕即ち蓮華夫人なり。【雜寶藏經一】に蓮華夫人と鹿女夫人と別項に之を記すれども、事由因緣全く同じ、但國名等に少異あるのみ。「レンゲニヨ」を見よ。

ロクニン　六忍　〔名數〕菩薩本業瓔珞經に菩薩の所位に就て六位の法忍を說く。「ニン」を見よ。

ロクネン　六念　〔名數〕一に念佛、佛は十號を具足し大慈大悲大光明あり、神通無量にして能く衆生の苦を拔濟す、我れ能く佛と同じからんと念ずるなり。二に念法、如來所說の三藏十二部經は大功德あり、諸の衆生の大妙藥なり、我れ能く之を證して衆生に施與せんと念ずるなり。三に念僧、僧は是れ如來の弟子、無漏法を得、戒定慧を具足し、能く世間の良福田たり、我れ僧行を修せんと念ずるなり。四に念戒、戒行大勢力あり能く衆生の惡不善の法を除く、我れ能く精進護持せんと念ずるなり。五に念施、施行に大功德あり能く衆生の慳貪の重病を除く、我れ能く善施を以て衆生を攝取せんと念ずるなり。六に念天、天とは欲界の六天乃至色界無色界の諸天なり、彼處自然の快樂を受く皆往昔戒施の善根を修するに由る、我れ亦如是の功德を具して彼の天處に生ぜんと念ずるなり。問ふ佛弟子應に三寶を念ずべし、何ぞ彼の生天を念ずる、是れ自己の善業の果なるを以ての故なり。問ふ、生天は是れ凡夫の法なり何ぞ之を念ずる。有人涅槃に入るに堪えず、故に彼の生天を念じて起行趣求す。此六念法は大小乘の通說なり、但念天に就て大小乘の解釋を異にす。大乘は涅槃經に依れば天に三種あり一に生天、三界の諸天なり、二に淨天、一切三乘の賢聖なり、三に第一義天涅槃なり、二乘の人は初の二天を念じ菩薩は但第一義天を念ずと。【別譯雜阿含經九、涅槃經十八、智度論二十二、大乘義章十二】図　律中　更に一種の六念法あり、沙彌戒比丘戒を授け已て之を授く、一に念知日月、受戒の月日を念知するなり。二に念智食處、若し全く請食を受けざる者は我常乞食と言ひ、若し請食を受くる者は我今有請處念二自去一と言ふ如し。三に念受戒時夏臘、受戒以後の臘數を記憶するなり。四に知衣鉢有無等、我れ三衣鉢具足せりと念じ、若し長物あれば我に長物あり、已に說淨せりと念ずるなり。五に念同別處、若し衆と同食の時は我れ今衆僧と同食すと念じ、若し別食の時は我れ今某の緣ありて衆と別して獨り食すと念知するなり。六に念康羸、若し無病なれば我れ今病なく道を行ずるに堪ふと念じ、若し病あれば我今病あり、當に之を療治すべしと念ずるなり。【行事鈔上三之二】又、一種の六念あり、數息隨息等の六妙門を云ふ。「ロクメウモン」を見よ。

ロクネンクギヤウ　六年苦行　〔故事〕釋迦佛出家已後成道までに六年苦行すとなり。【因果經】に「便前二進伽闍山苦行林中一。乃至宜應二六年苦行一。」【無量壽經上】に「躬二除鬚髮一端二坐樹下一。勤苦六年行如二所應一。」別に樂行六年ありを言ふは一義なり。⊙（盛衰記九）「六年苦行の檀特山」

ロクネンジヨ　六念處　〔名數〕念佛等の六念なり、是れ所念の境界なれば處と云ふ、四念處の如し。【止觀六之二】に「或六法爲レ藥。謂六念處。」

ロクネンホフ　六念法　〔名數〕念佛等の六念なり。「ロクネン」を見よ。

ロクハウ　六方　〔雜語〕東西南北上下なり。

ロクハウ　六皰　〔名數〕九相の隨一、皰相に六皰あり。

ロクハウゴネン　六方護念　〔術語〕又、六方證誠、六方證明と云ふ。【阿彌陀經】に六方の諸如來阿彌陀佛の不可思議功德を讃歎する言を擧て各段に「各於二其國一出二廣長舌相一。徧覆二三千大千世界一。說二誠實言一。汝等衆生當レ信下是稱二讃不可思議功德一。一切諸佛所二護念一經上。」

「方護念に同じ。

ロクハウシヤウミヤウ　六方證明　〔術語〕六方證誠に同じ。」

ロクハウライ　六方禮　〔儀式〕東南西北下方上方を六方とす。婆羅門の法に晨朝に洗浴して六方を敬禮すれば命財を增長すと說くあり。王舍城の長者の子善生、父命を承て每朝洗浴敬禮す、佛之を見て佛法の六方禮を說く、善生經と名く。「ゼンシヤウキヤウ」を見よ。

ロクハウライキヤウ　六方禮經　〔經名〕尸迦羅越六方禮經の略名。

ロクハ　六波　〔名數〕六波羅蜜の略。

ロクハチグゼイ　六八弘誓　〔名數〕彌陀如來の四十八願なり。見眞大師の【帖外和讃】に「六八弘誓のそのなかに」⊙（平家三）「六八弘誓の願に准へて東山の麓四十八門の精舍を立て」

ロクハチテウセノホングワン　六八超世

本願 [名數] 六八弘誓に同じ。

ロクハラミツ 六波羅蜜 [名數] 菩薩の大行を波羅蜜と云ふ。六種あり。「ハラミツ」「ロクド」を見よ。【法華經序品】に「爲二諸菩薩一說二應六波羅蜜一。」⊙（榮花、玉の臺）「六波羅蜜の身心の性に所住せる所」（太平記三七）辟開佛果を證せんために六波羅蜜を行じける」

ロクハラミツキヤウ 六波羅蜜經 [經名] 大「乘理趣六波羅蜜多經の略名。

ロクハラミツジ 六波羅蜜寺 [寺名] 洛陽五條の南鴨河の東に在り、空也上人の開基、もと西光寺と稱す。後に六波羅蜜寺と改む、十一面觀音を本尊とし、堂內平相國淨海の像あり。【元亨釋書光勝傳】に「天曆五年京畿疫。死屍相枕也。憐レ之自刻二十一面大悲之像一。祈レ之。像成疫止。於二洛東一勸二四衆一創二一藍一。號二六波羅蜜寺一奉二安像一焉也。」【以呂波字類抄】に「空也上人應和年中所二草創一也。本號二西光寺一。上人以下厭二下界一願中西土上也。上人入滅之後。大法師中信。未レ住二此寺一。專修二衆善一兼行二六度一。故改二本名一更號二六波羅蜜寺一也。爲二天台別院一。徧演二圓宗敎法一。」⊙（榮花、疑）「六波羅蜜寺雲林院の菩提講など」

ロクハンジンソク 六般神足 [名數] 法華經序品に說く六瑞を云ふ。是れ佛の神境通の所現なれば神足と稱す。【元亨釋書智通編】に「六般之神足者。成作之一智也。」「ロクズヰ」を見よ。

ロクヒ 六譬 [名數] 眼等の六根を狗等の六畜に譬ふ。「ロクシユジヤウ」を見よ。

六度の六譬 [名數]「ロクド」を見よ。

空無常の六譬 [名數]「ロクユ」を見よ。

念佛三昧の六譬 [名數] 一に閻浮檀那紫金の如し。三に王の寶印の如し、三に如意珠の如し、四に秘咒の如し、五に力士の髻珠の如し、六に金剛山の如し。【觀佛三昧經十、往生要集下末】

ロクヒエ 鹿皮衣 [衣服] 鹿皮を以て製せる衣なり、釋迦入山苦行の時亦之を服す。【瑞應經上】に「行十數里。逢二兩獵客一。太子自念。我已棄レ家。在二此山澤一。不レ宜下如二凡人一被中服寶衣上。有中欲態上也。乃脫二身寶裘一與二獵者一貿二鹿皮衣一。」【正觀四】に「雪山大士。絕二形深澗一。不レ涉二人間一。結レ草爲レ席。被二鹿皮衣一無二受持說淨等事一。」

ロクフギン 六諷經 [儀式]「フギン」を見よ。

ロクブ 六部 [雜名] 六十六部、四國聖を略して六部と云ふ。「ロクジフロクブ」を見よ。

ロクブテンドク 六部轉讀 [儀式] 每日法華經を六返轉讀するなり、六道に廻向する爲なり。⊙（盛衰記）「每日法華經六部を眞讀」

ロクブダイジヤウキヤウ 六部大乘經 [名數] 法相宗所依の六部の經典なり。大方廣佛華嚴經未翻 解深密經有三翻 如來出現功德莊嚴經未翻 阿毗達磨經未翻 楞伽經有三翻 厚嚴經亦名大乘密嚴經なり、慈恩所立なり。

ロクブンアビドン 六分阿比曇 [書名] 六足論の異名なり。【智度論二】に「八乾度六分阿毘曇等從二何處一出。」

ロクヘイ 六敝 [名數] 蔽は蔽覆の義、淨心を覆ふるもの六種あり。一に慳貪、布施を覆ふて生ぜざらしむ。二に破戒、戒行を覆ふて生ぜざらしむ。三に瞋恚、忍辱を覆ふて生ぜざらしむ。四に懈念、精進を覆ふて生ぜざらしむ。五に散亂、禪定を覆ふて生ぜざらしむ。六に愚痴、智慧を覆ふて生ぜざらしむ。【智度論三十三、止觀八之二】

ロクヘイシン 六敝心 [名數] 六蔽なり。

ロクホフ 六法 [名數] 念佛等の六念を以て六法となす。【止觀六之二】に「或六法爲レ藥。謂六念處。」又六法戒なり。

ロクホフカイ 六法戒 [名數] 七衆の中、學法女の受持すべき戒法なり、一に染心相觸、染污心を以て男子の身に觸るるなり。二に盜人四錢、他人の金錢四錢を盜むなり。三に斷畜生命、畜生の命を殺すなり。四に小妄語、我は聖者なりと稱して供養を貪るを大妄語とし、自餘不實の言を小妄語とす。五に非時食、午を過て食ふなり。六に飲酒、酒を飲むなり。【行事鈔下四之三】に「式叉摩那此云二學法女一。四分十八童女應二二歲學戒一。又云。小年曾嫁年十歲者與二六法一。乃至學六法即羯磨所爲。謂染心相觸。盜人四錢。斷畜生命。小妄語。非時食。飲酒也。」【俱舍光記十四】に「梵云二式叉摩那一。唐言二正學一。謂正學二六法一。言二六法一者。謂不婬、不盜。不殺。不虛誑語。不飲酒。不非時食。」二年間この戒法に堪忍なる者にして初て比丘尼としての具足戒を受け得るなり。

ロクホフゴグワン 六法五願 [名數] 眞宗にて敎行信證眞佛眞土の六法に彌陀四十八願中の五願を配して呼ぶ。敎は能詮の法なるが故に別して一願に配せず、行は第十七願の名號に、信は第十八願の三信、證は第十一願の必至滅度の證果に、眞佛眞土は第十二の光明無量と第十三の壽命無量の願とによりて成就せらるる故に六法五願となる。

ロクボサツ 鹿菩薩 [本生] 鹿菩薩あり、角白くして雪の如し、其毛九色、能く人命を救ふ。昔一人あり水に漂溺す、鹿河に入て之を救ふ、王此鹿を問ふ、知る者には重賞せんと、其人處を示す。將に鹿を殺さ

んとす。其人癩を發す。王問知して鹿を殺さず、因て發心す。【九色鹿經】

ロクボサツ　六菩薩　[名數] 一に師子戯菩薩、二に師子奮迅菩薩、三に師子幡菩薩、四に師子作菩薩、五に堅勇精進菩薩、六に擊金剛慧菩薩なり。【六菩薩亦當誦持經】

ロクボサツミヤウキヤウ　六菩薩名經　[經名] 六菩薩亦當誦持經の略名。一卷、失譯。六菩薩の名と嘆佛偈を說く。【黃帙五】(1337)

ロクボン　六凡　[名數] 十界は凡夫聖者の二類を分ち、地獄、餓鬼、畜生、修羅、人間、天上を六凡とし、聲聞、緣覺、菩薩、佛を四聖とす。【止觀五之二】に「凡聖皆具二五陰一。」【同輔行】に「凡謂六凡。聖謂四聖。」

ロクボンノウ　六煩惱　[名數] 又六大煩惱と云ふ。「ボンノウ」を見よ。

ロクマウ　六妄　[名數] 眼等の六塵なり。是れ凡夫迷妄の境なれば妄と名く。【楞嚴經四】に「色香味觸六妄成就。由レ是分二開見聞覺知一。」

ロクマンザウ　六萬藏　[雜語] 法藏六萬偈なり。【大方便佛報恩經四】に「提婆達多。雖二復隨レ佛出家一。嫉妬情深。竊二望利養一。雖三復能多讀二誦六萬香象經一。而不レ能レ免二阿鼻地獄罪一。」【智度論十四】に「調達誦二得六萬法聚一。與二闍王一共造二五逆一。生入二地獄一。」【天台觀經疏】に「調達有二三十相一。出家誦二六萬法聚一。」

ロクマンノサイギヤウ　六萬齋行　[雜語] 【唯信鈔文意】に「三千の威儀六萬の齋行」八萬の細行の誤りなるべし。

ロクミ　六味　[名數] 苦味、酸味、甘味、辛味、鹹味、淡味の稱。【南本涅槃經一】に「其食甘味有二六種味一。一苦。二醋。三甘。四辛。五鹹。六淡。復有二三德一。一者輕軟。二者淨潔。三者如法。」

ロクムヰ　六無畏　[名數] 眞言行者地前三劫に於て得る所の利益なり。「ムヰ」を見よ。

ロクメ　六罵　[名數] 惡法罵に三種あり。一に面罵、汝は是れ除糞家に生ずと言ふ如し。二に喩罵、汝は除糞種に似たり等と言ふ如し。三に自比罵、我は除糞種にあらず乃至我は牛羊を販賣し殺す人にあらず等と言ふ如し。復善法罵に三種あり。一に面罵、汝は是れ阿練若乃至坐禪の人等と言ふ如し。二に喩罵、汝は是れ阿羅漢乃至佛等の如しと言ふ如し。三に自比罵、阿練若乞食納衣乃至阿羅漢佛にあらず等と言ふ如し。是れ言は善事を假るも意は罵辱に在るなり。【行事鈔中三之二】

ロクメウギヤウ　六妙行　[名數]「クワン」に同じ。

ロクメウホフモン　六妙法門　[書名] 一卷、天台智者の說。六妙門の法を明す。【陽帙九】

ロクメウモン　六妙門　[名數] 眞理の涅槃に入るに六門あり。「メウモン」を見よ。

ロクメンソン　六面尊　[明王] 降閻魔尊とも大威德明王とも六足尊とも云ふ。「ガウエンマソン」を見よ。

ロクモキヤウ　鹿母經　[經名] 一卷、西晉の竺法護譯。佛因地に鹿母となり、誤て弶中に墮ち、出て子を見んことを求め、信を全くして死に趣くとを說く。【宙帙六】(516)

ロクモコウダウ　鹿母講堂　[堂塔] 舍衛國に在り。【長阿含經六】に「一時佛在二舍衞國淸信園林鹿母講堂一。」【雜阿含經二】に「一時佛在二舍衞國東園鹿母講堂一。」【白衣金幢二婆羅門緣起經上】に「一時世尊在二舍衞國故廢園林鹿母堂中一。」【義楚六帖二十一】に「中阿含云。鹿母爲レ佛造二大講堂一。號二鹿母堂一也。」

ロクモダウ　鹿母堂　[堂塔] 鹿母講堂に同じ。

ロクモツ　六物　[名數] 佛、比丘を制して必ず蓄へしむるもの六種あり、一に僧伽梨、九條乃至二十五條の大衣なり。二に鬱多羅僧、七條の中衣なり。三に安陀會、五條の下衣なり。已上之を三衣と云ふ。四に鐵多羅、鐵鉢なり。五に尼師壇、坐具なり。六に漉水囊、水中の蟲命を護る具なり。之を三衣六物と云ふ。三衣は六物の數あれども六物中の根本なれば殊に之を標擧す、詩書六經と言ふ如し。【行事鈔二衣篇】に「何名爲レ制。謂三衣六物。佛制令レ畜。通二諸一化一並制二服用一。有レ違結レ罪。」【六物圖】

十八物　[名數] 菩薩戒經に菩薩頭陀行を修する時、及び遊方して百里千里を往來するに、常に十八物を身に隨ふべきを說く。一に楊枝、二に澡豆、水に和して手を洗ふ爲の豆の粉なり。三に三衣、上の如し。四に瓶、梵に軍持と云ふ、淨水瓶なり。五に鉢、上の如し。六に坐具、即ち上の尼師壇なり。七に錫杖、八に香爐、九に漉水囊、上の如し。十に手巾、十一に刀子、十二に火燧、十三に鑷子、はさみなり。十四に繩床、十五に經、十六に律、即ち梵網經なり。十七に佛像、十八に菩薩像、文殊彌勒なり。之を梵網の三尊と稱す。【梵網經下、十八物圖】

ロクモツヅ　六物圖　[書名] 佛制比丘六物圖の略名。一卷、宋の元照の著。

ロクモブニン　鹿母夫人　[人名] 夫人子あり鹿と名く、鹿子の母なれば鹿母と名く、三十二卵を生み一卵に一兒を出だす。【俱舍光記八】に「鹿母者 是毗舍佉夫人。毗舍佉是二月星名。從レ是爲レ名。云二長養一。即功德生長也。是彌伽羅長者兒。婦有レ子名レ鹿。

故云二鹿母一。從レ子爲レ名。生二三十二卯一。卯出二一兒一。」

ロクモンキヤウ　六門經　〔經名〕六門陀羅尼經の略名。

ロクモンケウジユシフヂヤウロン　六門敎授習定論　〔書名〕一卷、無着菩薩造、世親菩薩釋、唐の義淨譯。六門を以て禪定を習修し、以て世出世の果を得るを明かす。六門とは一に求脫の願心、二に勝行の資糧を積集す、三に心をして善く一處に住せしむ、四に資師圓滿、五に所緣圓滿、六に作意圓滿なり。【暑帙三】(1230)

ロクモンダラニキヤウ　六門陀羅尼經　〔經名〕一卷、唐の玄弉譯。日夜六時に此陀羅尼を誦せば能く六道の苦を救ふを以て六門と名く。【成帙八】(493)

ロクヤ　鹿野　〔地名〕佛始て說法し五比丘を度せし處の名なり。「ロクヤヲン」を見よ。

ロクヤヲン　鹿野園　〔地名〕Mṛgadāva 鹿野苑又、仙人論處、仙人住處、仙人墮處、仙人鹿園、仙人園、仙園、鹿園、施鹿園、鹿林など云ふ。中天竺波羅奈國に在り、佛成道の後、始て此に來て四諦の法を說き、憍陳如等五人の比丘を度す。古來仙人の始て法を說く處なれば仙人論處と名け、仙人の住處なれば仙人住處と名け、昔五百の仙人王の婇女を見て欲心を發し神通を失して此に墜墮すれば仙人墮處と名け、多く鹿の住する處なれば鹿林と名け、梵達多王此林を鹿に施與すれば施鹿林と名く。【大毘婆沙論一百八十二】に「問何故名二仙人論處一。答若作二是說一諸佛定於二此處一轉二法輪一者。彼說佛是最勝仙人。皆是於二此處一初轉二法輪一故名二仙人論處一。若作二是說一諸佛非三定於レ此轉二法輪一者。彼說レ應レ言二仙人住處一。謂佛出世時有二佛大仙及聖弟子仙衆一所レ住。佛不二出世一時有二獨覺仙一所レ住。若無二獨覺一時有二世俗五通仙一住。以下此處恒有二諸仙一住已今住當住上故名二仙人住處一。有說。應レ言二仙人墮處一。昔有二五百仙人一飛二行空中一。至レ此遇二退因緣一一時墮落。問何故名二施鹿林一。答恒有二諸鹿一遊二止此林一故名二鹿林一。昔有二國王一名二梵達多一。以二此林一施二與群鹿一。故名二施鹿林一。」【西域記七】に「波羅尼斯國大林中有二窣堵波一。是如來昔與二提婆達多一俱爲二鹿王一斷レ事之處。昔於二此處大林之中一有二兩群鹿一各五百餘。時此國王狡二遊原澤一。菩薩鹿王前請レ王曰。大王狡二獵中原一。縱レ燎飛レ矢。凡我徒屬命盡二玆晨一。不日腐臭無レ所レ充レ膳。願欲三次差日輸二一鹿一。王有二割鮮之膳一我延二旦夕之命一。王善二其言一廻レ駕而返。兩群之鹿更レ次輸レ命。提婆群中有二懷孕鹿一次當レ就レ死。白二其王一曰。身雖レ應レ死子未レ收也。鹿王怒曰。誰不レ寶レ命。雌鹿嘆曰。吾王不仁。死無レ日矣。乃告二急菩薩鹿王一。鹿王曰。悲哉。慈母之心。恩及二未形一。吾今代レ汝。遂至二王門一。道路之人傳レ聲唱曰。彼大鹿王今來入レ邑。都人士庶莫レ不二馳觀一。王聞レ之以爲レ不レ誠。門者白至。王乃信レ然。曰鹿王何遽來耶。鹿曰。有二雌鹿當レ死胎子未レ產。心不レ能レ忍。敢以レ身代。王聞嘆曰。我人身鹿也。爾鹿身人也。於レ此悉放二諸鹿一不二復輸一レ命。即以二其林一爲二諸鹿藪一。因而謂二之施鹿林一焉。鹿野之號自レ此而興。」智度論十六の所記之に同じ。⦿(曲、春日龍神)「四諦の御法を說き給ひし、鹿野苑もここなれや」

ロクユ　六喩　〔名數〕金剛經に夢幻泡影露電の六喩を說て諸法の空無常を明かせり。【金剛般若經】に「一切有爲法。如二夢幻泡影一。如レ露亦如レ電。應レ作二如レ是觀一。」

ロクユハンニヤ　六喩般若　〔名數〕金剛般若經に夢幻等の六喩を說けば六喩般若と云ふ。⦿(太平記二七)「紙を繼ぎて六喩般若の眞文をうつし」

ロクヨク　六欲　〔名數〕一に色欲、青黃赤白及び男女等の色を見て貪着を生ずるもの。二に形貌欲、端容美貌を見て貪着を生ずるもの。三に威儀姿態欲、行步進止含笑嬌態等を見て愛染を生ずるもの。四に語言音聲欲、巧言美語適意の音聲淸雅の歌詠等に於て愛着を生ずるもの。五に細滑欲、男女の皮膚の軟滑澤等に於て耽染するもの。六に人相欲、男女可愛の人相を見て貪着するもの。【智度論二十一】而て此六欲を破するに九想を以てす、「クサウ」を見よ。図六欲天を云ふ。⦿(曲、江口)「五塵六欲の風は吹かねども」

ロクヨクテン　六欲天　〔界名〕欲界に六重の天あり、六欲天と云ふ。一に四王天、持國、廣目、增長、多聞の四王あれば四王天と名く。二に忉利天、三十三天と譯す、帝釋天を中央とし四方に各八天あれば天數に從へて三十三天と名く。三に夜摩天、時分と譯す、彼の天中時時に快哉を唱ふれば名く。四に兜率天、喜足と譯す、五欲の樂に於て喜足の心を生ずれば名く。五に樂變化天、五欲の境に於て自ら變化して樂む故に名く。六に他化自在天、他をして自在に五欲の境を變化せしむれば名く。此中四王天は須彌山の半腹にあり、忉利天は須彌山の頂上に在れば之を地居天と名け、兜率天已上は空中に住在すれば空居天と名く。【智度論九、俱舍論八】

六欲天婬相　〔名數〕六欲天共に婬欲を離れず而も各婬相を異にす。「シトウリハカタチヲマジヘ」を見よ。

ロクヨクシゼン　六欲四禪　【名數】欲界の六欲天と、色界の四禪天なり。四禪は婬欲を離れたる淸淨の天なり。

ロクラウソウ　六老僧　【名數】日蓮の上足六人あり、一に經王山法華寺の日昭。二に長谷山本土寺の日朗。三に多寶山大石寺の日興、四に常在山妙光寺の日向。五に眞間山弘法寺の日頂、六に貞松山蓮永寺の日持。是れ六老僧なり、其徒之を號して六祖と稱す。【本化別頭佛祖統紀日昭傳】に「高祖入二涅槃一。師與二日朗一荷レ棺荼毘。引二率諸徒一拾二取余骨一。塔二身延山一。六祖各造二子院一。乃至守レ塔者依二高祖顧命一。六祖輪次。」図 本願寺に六老僧の稱あり。【大谷通紀九】に「堂達本名二御堂衆一。相傳宗祖高弟有二六老僧一。奉レ侍左右一。爾來歷世宗主必置二六僧一。令下常侍二背後一助二念誦一。兼掌中自餘法務上。」

十八中老僧　【名數】一に和泉阿闍梨日法、二に寂日房日家、三に播磨阿闍梨日源、四に豊後阿闍梨日滿、五に丹波阿闍梨日秀、六に下野阿闍梨日忍、七に三位阿闍梨日進、八に淡路阿闍梨日賢、九に帥法眼日保、十に越後阿闍梨日辨、十一に一來阿闍梨日門、十二に帥阿闍梨日高、十三に但馬阿闍利日實、十四に肥前阿闍梨日傳、十五に大輔公日祐、十六に治部卿日位、十七に筑前阿闍梨日合、十八に美濃阿闍梨天目、【三才圖會】

ロクラカン　六羅漢　【名數】佛と佛の最初に度せし五比丘とを合せて六羅漢と云ふ。此時人間始て六人の阿羅漢有りし故なり。阿羅漢の名は三乘の極果に通ず。【釋氏要覽上】に「五分云。於二鹿苑一度二五俱鄰一。人間已有二六羅漢一。」

ロクリガフシャク　六離合釋　【名數】又、六種釋、六合釋と云ふ。梵語殺三磨娑、此に六合と云ふ。殺は六なり三磨娑は合なり。諸法の二義已上を以て名となすものは此六種の法式を以て其の名義を分別するなり。唯一義の名は即ち此釋に當らず、二義の名は何れの義に歸趣するを判ぜん爲に此法式を要するなり。其の作法は初に二義を離釋し、次に二義を合釋すれば離合釋と云ひ、合釋と略稱す。一に持業釋 Karmadhāraya 又同依釋と名く、體能く用を持するを持業と云ふ、此は義は二なれども體は一なる名なり。一の體に一の用を持つと云ふとにて持業釋と名くるなり。大乘と言ふ如き、大とは七義を具して小敎に對し、乘とは運載の義にて行者を濟ふなり、其の大なる體が能く運載の用を持するが故に大乘と名く。又同依とは二義一體に依る義にて、若しは大、若しは乘、同じく一體に依れば同依と名く。又藏識の如き藏即ち識にして識に藏の用を持すれば持業釋と名け、藏の義も識の義も同じく一の法體に依れば同依と名く。二に依主釋 Tatpuruṣa 又依士釋と名く、所依の體に從へて能依の法の名を立るなり。眼識と云ふ如き、眼に依て生ずる識なれば眼識と名く、是れ眼は所依の體にして識は能依の法なり、固より別種の法なり、別法なるを所依の法に從へて能依の名を立れば依主と云ふなり。三に有財釋 Bahuvrīhi 又多財釋と云ふ、此は全く他の名を取て自の名と爲すと世の有財者の財物を有する如きを云ふ。覺者の如き、覺を有する者なれば覺者と名け、唯識論の如き唯識の理を有する論なれば唯識論の名を立つ、是れ有財釋なり。四に相違釋 Dvandva 此は二體相違して各別なる者を集めて一名となせるものなり。敎觀と云ふ如き、敎と觀とはもと別にして相違せる物を合せて一名とせるもの、是れ相違釋なり。五に隣近釋 Avyayībhāva 隣近せる法の强き物に從へて名を立るを云ふ。四念處と言ふ如き、念處の體は慧なれども、之と相應して起る念の力强き故に念處と名く。是れ隣近釋の名なり、八瀨大原の人が京都と云ふ如し。(この古解は非なり。動詞に隣近してその用を全ふする副詞の義なり)六に帶數釋 Dvigu 五蘊十二處と言ふ如く、數量を帶びたる名なり。さて一名必ず一釋に局るにあらず、一名にして數釋に涉るあり。例へば論語の名の如き、論は聖賢の議論、語は其の議論の言語にて、論即ち語なりと見れば持業釋なり、語の體に論の用を持するなり。若し論は聖賢の議論、其の論に依るの語にして經等に依るの語にあらずと解すれば依主釋なり。若し聖賢の議論を包有する語なりと見れば有財釋なり。若し論は聖賢の議論、語は聖賢の敎語なりと見れば相違釋なり。若し書中議論の言語のみに非ざれども、議論の語を以て主とすれば論語と名くと見れば隣近釋なり。已上論語の一名五釋に涉る數を帶びざれば帶數釋に當らず。梵 Sat samāsa　「を見よ。

ロクリキ　六力　【名數】力用に六種あり。「リキ」

ロクリン　六輪　【名數】本業瓔珞經に三賢十聖の果報を示すに鐵輪王等の名を以てす。天台其の經意を取て六輪を立てて因位の六位に配當せり。一に鐵輪王、十信位なり。二に銅輪王、十住位なり。三に銀輪王、十行位なり。四に金輪王、十廻向位なり。五に瑠璃輪王、十地位なり。六に摩尼輪王、等覺位なり。此中經に瑠璃輪の名なし。【止觀輔行一之三】に「入銅輪者。本業瓔珞上卷經意以二六因位一而譬二六輪一。乃至言二六輪一者。謂鐵輪十信。銅輪十住。銀輪十行。

金輪十向。瑠璃輪十地。摩尼輪等覺。輪是碾惑摧伏等義。」

ロクロン　六論　【名數】外道六種の論なり。【婆藪槃豆法師傳】に「四皮陀六論。」【百論疏上之下】に「六論者。一式叉(Sikṣā)論。釋二六十四能法一。二毗伽羅(Vyākaraṇa)論。釋二諸音聲法一。三柯剌波(Kalpa)論。釋二諸天仙上古以來因緣名字一。四竪底沙(Jyotiṣa)論。釋二天文地理算數等法一。五闡陀(Chandas)論。釋下作二首盧迦一法上。佛弟子五通仙等説レ偈名二首盧迦一。六尼鹿多(Nirukta)論。釋下立二一切物名一因緣上。」

ロクワ　六和　【名數】六和敬の略。

ロクワキヤウ　六和敬　【名數】僧は和合を義となす、和合に二義あり、一に理和、同く滅理を證するなり、是れ見道以上の聖者にあり、二に事和、之に六種あり、即ち六種敬具なり、見道以前の凡僧に屬す。一に身和敬、禮拜等の身業を同くするなり。二に口和敬、讃詠等の口業を同くするなり。三に意和敬、信心等の意業を同くするなり。四に戒和敬、戒法を同くするなり。五に見和敬、空等の見解を同くするなり。六に利和敬、衣食等の利を同くするなり。或は行和敬と名く、修行を同くするなり。或は學和敬と名く、行和敬と言別意同なり。或は施和敬と名く、布施の行法を同くするなり。【舊譯仁王經下】に「住二在佛家一修二六和敬一。所謂三業。同戒。同見。同學。」【本業瓔珞經上】に「所謂六和敬。三業。同戒。同見。同行。」【嘉祥仁王經疏下】に「餘經以二同利一爲レ六也。」【法界次第下之下】に「此六通名二和敬一者。外同二他善一謂二之爲レ和。内自謙卑名レ之爲レ敬。乃至一同戒和敬。二同見和敬。三同行和敬。四身慈和敬。五口慈和敬。六意慈和敬。」【大乘義章十二】に「六名是何。一身業同。二口業同。三意業同。四同戒。五同施。六同見。」【行事鈔上一之四】に「和者有レ六。戒見利三名二體和一。身口意三名二相和一。又初果已去名二理和一。所證同故内凡已還名二事和一。即六和也。」【祖庭事苑五】に「六和。一身和、共住。二口和、無諍。三意和、同事。四戒和、同修。五見和、同解。六利和、同均。」

ロクヰ　六位　【名數】一に十信位、二に十住位、三に十廻向位、四に十地位、五に等覺位、六に佛地位なり。舊譯の華嚴經に此六位を説き、新經には等覺位を立てて七位とす。【十住心廣名目五】

ロクヱ　六慧　【名數】【瓔珞本業經上】に六種の智慧を説く、即ち別教菩薩の六位の分なり。一に聞慧、十住位中に於て中道の理を聞き一切法二邊の相を離るるを知る分なり。二に思慧、十行位中に於て中道の理を思惟して發生する智慧なり。三に修慧、十廻向位中に於て中道の理を修習して發生する智慧なり。四に無相慧、十地位中に於て中道の理を證知して二邊の相を離るる智慧なり。五に照寂慧、照は中道の用、寂は中道の體、等覺位の菩薩、中道の觀慧を以て中道の理體を照す智慧なり。六に寂照慧、佛果位に中道の體に即して中道の用を起す智慧なり。

ロクヱ　六慧　【名數】瓔珞經所説六種性の異名なり。「シュシャウ」を見よ。

ロクヲン　鹿苑　【地名】鹿野苑の略。

ロクヲンジ　鹿苑時　【術語】台家所立五時の一。三藏教の説時を云ふ。佛菩提樹下に於て華嚴經を説きし後に於て、波羅奈國の鹿野苑に至て五比丘に對して阿含經を説けり、是れ小乘三藏教の初なり。

ロクヲンジ　鹿園寺　【寺名】東天竺波羅奈國鹿野苑に在り。【求法高僧傳上】に「那爛陀寺東四十驛許。尋二弥伽河一而下至二蜜栗伽悉他鉢那寺一。唐云二鹿園寺一也。」

ロケタ　盧醯多　【雜語】Rohita 盧醯多迦の略。

ロケタカ　盧醯多迦　【雜語】Rohitaka 譯、赤色。【西域記三】に「盧醯呾迦窣堵婆。唐言レ赤。」【正法念經十八】に「盧醯多龍王。魏言二赤龍一。」

ロゴ　露牛　【譬喩】露地の大白牛車なり。一乘の妙法に譬ふ。【法華經譬喩品】に「諸子等安穩得レ出。皆於二四衢道中露地一而坐。乃至爾時長者各賜二諸子等一一大車一。其車高廣。衆寶莊挍。乃至駕以二白牛一。」【秘藏寶鑰下】に「羊鹿犢而露牛疾。」

ロゴニニユウ　驢牛二乳　【譬喩】似て非なる物に譬ふ。「ゴロニニユウ」を見よ。

ロシ　樓至　【佛名】又、盧至、佛の名に樓至。長者の名に盧至。「ルシブッ」及び「ルシチヤウジヤ」を見よ。

ロザンエ　盧山衣　【衣服】今淨土宗に用ゐる法衣を云ふ、是れ唐土盧山白蓮社の衆徒の風儀にて、もと禪家の法衣なりと云ふ。【叢林集四之中】に「黑谷の御弟子皆天台の袈裟なり。三代より禪袈裟となる、西山は西谷の淨音、俊乘持來の五祖善導の影今二尊に在り禪家の七條なり、故に天台の袈裟を改めて禪袈裟をかけらる。其れより已來皆爾り。已上學道和上物語なり鎭西は白蓮社宗圓鎭西上人弟子入宋して盧山に久住す、袈裟道具已下多く將來す、盧山其頃は皆禪衣たりき、されば宗圓禪袈裟をかけてより一宗皆爾なり。已上義山物語なり」【圓光大師行狀翼讃十六】に「吾淨家も昔は天台衣を著しけるを、結城弘經寺の開祖存把上人舊と禪家より出で我門に來り給へるが、本宗の衣服を改め給はざりしを見習ひて、遂に其風に移りけりと申傳ふ。」

ロザンリフ　廬山流　〔流派〕又慧遠流とも云ふ。東晉の時、慧遠廬山に居り、白蓮社を結びて百二十三人と共に念佛を修す。事理双修の念佛なり。支那淨土教三傳の一なり。

ロシツ　漏質　〔術語〕有漏の體質、煩惱の垢染を有する身なり。漏は煩惱の異名。【臨濟錄】に「此無依道人。雖二是五蘊漏質一。便是地行神通。」

ロシヤ　露遮　〔人名〕波羅門の名。譯名なし。佛此婆羅門の惡見を破す。【長阿含經十七露遮經】巴 Lohiccha

ロシヤナ　嚧遮那　〔佛名〕又、盧遮那。「ルシヤナ」を見よ。

ロシンセンニン　驢脣仙人　〔人名〕星宿の法を說きし古仙の名。「キヤロ」を見よ。

ロジン　漏盡　〔術語〕梵語 Āsravakṣaya Kṣīṇāsrava 凡人眼等の六根門より煩惱を漏泄すれば煩惱を名けて漏と爲す、三乘の極果に至り聖智を以て此煩惱を斷盡するを漏盡と云ふ。【法華經序品】に「諸漏已盡逮二得己利一。」【智度論三】に「三界中三種漏已盡無レ餘。故言二漏盡一也。」

ロジンアラカン　漏盡阿羅漢　〔術語〕一切の煩惱を斷盡して阿羅漢の位に住するもの。【法華經序品】に「皆是阿羅漢。諸漏已盡。」【同方便品】に「漏盡阿羅漢阿若憍陳如等。」

ロジンイゲ　漏盡意解　〔術語〕一切の煩惱斷盡して心意解脫するなり。是れ小乘阿羅漢の證果なり。【無量壽經下】に「八十萬比丘漏盡意解。」【維摩經佛國品】に「八千比丘不レ受二諸法一。漏盡意解。」【同注】に「肇曰。漏盡者九十八結漏既盡故。意得二解脫一成二阿羅漢一也。」

ロジンチ　漏盡智　〔術語〕一切の煩惱を斷盡する阿羅漢の智なり。

ロジンチシヨウツウ　漏盡智證通　〔術語〕六通の一。經論多く漏盡智通又は漏盡通と略稱す。倶舍論には漏盡智證通と云ふ。漏盡即ち涅槃の境を證して無礙自在なる智なり。【倶舍頌疏智品二】に「漏盡智證通。漏盡者擇滅也。智證二漏盡一無擁名レ通。」「ロクツウ」を見よ。

ロジンチシヨウミヤウ　漏盡智證明　〔術語〕三明の一。倶舍論に漏盡智證明と云ふ。涅槃の理を證すると顯了分明なるなり、經論多く漏盡智又は漏盡明と略稱す。「サンミヤウ」を見よ。

ロジンチツウグワン　漏盡智通願　〔術語〕阿彌陀佛四十八願中、第十速得漏盡願の異名。

ロジンチリキ　漏盡智力　〔術語〕十力の一。

ロジンツウ　漏盡通　〔術語〕六通の一。具さには漏盡智證通と云ふ。「ロクツウ」を見よ。

ロジンビク　漏盡比丘　〔術語〕煩惱の斷盡せる比丘即ち阿羅漢なり。

ロジンミヤウ　漏盡明　〔術語〕三明の一。具さには漏盡智證明と云ふ。「サンミヤウ」を見よ。

ロジンムシヨヰ　漏盡無所畏　〔術語〕四無所畏の一。大衆の中に於て我れ一切の煩惱を斷盡せりと明言して畏る所なきなり。

ロジンムヰ　漏盡無畏　〔術語〕漏盡無所畏に同じ。

ロジンリキ　漏盡力　〔術語〕菩薩十力の一。一切の煩惱を斷盡する力用なり。

ロスヰナウ　濾水囊　〔物名〕漉水囊に同じ。律家に漉水囊と云ひ、禪家に濾水囊と云ふ。濾漉義に同じ。「ロクスヰナウ」を見よ。

ロゼンバゴ　驢前馬後　〔雜語〕驢馬の前後に隨逐する奴隸なり、凡人の識情分別を指斥す。【傳燈錄十五頁价傳】に「師曰。苦哉苦哉。今時人例皆如レ此。只是認二驢前馬後一將爲二自己一。佛法平沈此之是也。」【碧巖五十三則評唱】に「若只依草附木認二箇驢前馬後一。有二何用處一。」【同種電鈔六】に「如下隨二驢馬前後一奴隸上者。不二是主人公一也。今謂二情識分別一。」

ロタ　嚕多　〔雜語〕Ruta 譯、大聲。【大日經疏一】に「嚕多是大聲。囉尾多是小聲。涅瞿衫者是長聲。又兼二多聲一。」

ロダウダウ　露堂堂　〔堂塔〕物の堂堂然として顯了分明なると。黑漫漫に對す。【貞和集一】

ロダラ　魯達羅　〔天名〕Rudra 又、澇達羅、嚕捺羅。譯、暴惡、黑天、自在天の別名なり。【倶舍光記七】に「恒以二苦具一逼二害有情一。名二恒逼害一。或時樂二食血肉髓一故名二魯達羅一。此云二暴惡一。大自在天異名。大自在天總有二千名一。今現行二世一唯有二六十一。魯達羅即一名也。」【大日經疏二】に「黑天梵音嚕捺羅。是自在天眷屬。」【同五】に「嚕捺羅。即是商羯羅忿怒身。」【同十】に「嚕捺羅。亦佛所化身。是摩醯首羅之化身也。亦名伊舍那」【閻曼德迦儀軌】に「能壞二嚧那囉一。亦斷二閻摩命一。」これ暴風神にして所謂荒神なり。

ロダン　爐壇　〔物名〕又、護摩壇と云ふ。護摩法を修する爲の火爐を据へたる木壇なり。

ロチ　鷺池　〔地名〕白鷺池の略。

ロチユウ　露柱　〔物名〕堂外の正面に立つ二本の柱なり。【碧巖八十三則】に「雲門示レ衆云。古佛與二露柱一相交。是第幾機。」

ロヂ　露地　〔雜語〕上に被覆する物なき青天井の土地を云ふ。【法華經譬喩品】に「諸子等安穩得レ出。皆於二四衢道中露地一而坐。」⦿（榮華、花山）「四衢道のなかの露地におはしましあゆませ給ひつらん」

ロヂザ　露地坐　〔術語〕十二頭陀行の一。露地に坐禪するなり。【行事鈔下三之一】に「在二露地一者。智論云。我觀二樹下一如二半舍一。無レ異二蔭覆涼樂一。又生二愛著一。便受二露地一。日光遍照空中淨明。易レ入二空定一。」【大乘義章十五】に「露地坐者。樹下蔭濕。久居致レ患。故至二露地一。」

ロヂノネンブツ　路地念佛　〔儀式〕葬式の時喪主の家より葬式の場に行く途上に誦ずる念佛。

ロヂノビヤクギウ　露地白牛　〔譬喩〕法華經譬喩品に說く門外の露地に立つ大白牛車なり、大乘法に譬ふ。【碧巖九十四則垂示】に「露地白牛眼卓朔耳卓朔。」「ロゴ」を見よ。

ロニノリテロヲモトム　騎驢覓驢　〔譬喩〕寶法大士の語なり。【通玄鈔】に「德公云。若欲二有情覓一レ佛將レ網山上羅レ魚。不レ解二即レ心即佛一眞似二騎驢覓驢一。」已心の佛性を見ずして迷ふを云ふ。

ロナラ　嚕捺羅　〔天名〕又、嚧那囉。「ロダラ」を見よ。

ロニユウ　驢乳　〔譬喩〕牛乳と相對して似て非なる者に譬ふ。【秘藏寶鑰上】に「摩尼燕石。驢乳牛醐。不レ可レ不レ察。」

ロネン　驢年　〔譬喩〕其の期なきを云ふ、十二支中驢と名くる年なければ遂に會期なきなり。【雲門錄】に「驢年會麼。」【傳燈錄九古靈章】に「鑽二他古紙一驢年出得。」【碧巖三則評唱】に「有二什麼交涉一。驢年未二夢見一在。」

ロハン　驢盤　〔物名〕塔上に建つ重重の相輪（俗に九輪）を承露盤と名く。謂く露を承くる盤なり、略して露盤と云ふ。【谷響集一】に「又重重相輪名二承露盤一。故高僧傳中云。承露金盤一十一重。鐵鎖角張。盤及鎖上皆有二金鐸一。承露盤或略云二露盤一。九重或云二露盤九重一。」又塔の重重の屋根を云ふ。【行事鈔資持記下四之一】に「若二十二因緣經一八種塔。並有二露盤一。（即四佛八重。乃至輪王一重。）凡僧不レ得二出レ簷安レ級。（今有出簷者由不知敎僧同上聖）」

ロバク　漏縛　〔術語〕漏は漏泄の義、縛は繋縛の義、共に煩惱の異名なり。衆生眼等の六根門より煩惱を漏泄し、此煩惱の爲に身心を繋縛せらるれば漏と名け縛と名く。【安樂集上】に「若願レ生二淨土一便是取相。轉二增漏縛一。何用求レ之。」

ロブツ　露佛　〔圖像〕「ヌレボトケ」に同じ。

ロブンフキヤウ　漏分布經　〔經名〕一卷、後漢の安世高譯、五陰の苦集及び八正道を說く、即ち中阿含の梵達經なり。漏分布とは五陰の苦集は有漏の分布なるを云ふ。【昃帙八】（567）

ロマン　露幔　〔物名〕堂塔の外に露出せる幔幕なり。【法華經序品】に「珠交露幔。」

ロマンゲダウ　髏鬘外道　〔流派〕人の髏骨を以て鬘となし以て頭に懸くる外道なり。【慈恩傳四】に「離繋外道。髏鬘外道。乃至髏鬘之類以二髏骨一爲レ鬘。裝レ頭挂レ頸。陷枯磈磊若二塚側之藥叉一。」

ロムロ　漏無漏　〔術語〕有漏法と無漏法なり。漏は煩惱の異名なり、三界の諸法は有漏法なり。三乘の聖道及び涅槃界は無漏法なり。

ロメイ　露命　〔譬喩〕壽命の無常を露に譬ふ。【成實論十七】に「智者知二命無常一如二條上露一。」【鹿母經偈】に「無常難レ得レ久。命如二露著レ草。」

ロラ　濾羅　〔物名〕水を漉す羅（うすきぬ）、即ち漉水囊なり。

ロラバヂゴク　嚕羅婆地獄　〔界名〕譯名なし。【瞿醯經下】に「命終之後墮二嚕羅婆地獄一。」梵 Raurava

ロリヨウノベイカ　盧陵米價　〔雜語〕禪家の公案なり。【五燈會元五靑原章】に「僧問。如何是佛法大意。師曰。盧陵米作麼價。」【從容錄五則】に「靑原米價。」

ロン　論　〔術語〕十二部經の中に優婆提舍 Upadeśa あり、論と譯す、佛自ら論議問答して理を辨ずるなり、而て佛弟子の佛語を論じ、法相を議して佛と相應する者、亦優婆提舍と名く。三藏中の阿毘達磨藏 Abhidharma 是なり、阿毘達磨藏に四名あり、優婆提舍を其の一とす、亦論と譯す、されば論の名は師資に通ずれども師資の別を立てん爲に十二部經中の論を經と稱し、殊に三藏中の優婆提舍を論と云ふを常とす。【大乘義章一】に「優婆提舍。此正名レ論。論二諸法一故。」【淨土論註上】に「梵言二優婆提舍一。此間無二正名相譯一。若擧二一隅一可二名爲レ論。乃至佛所說十二部經有二論議經一名二優婆提舍一。若擧佛諸弟子解二佛經敎一與二佛義一相應者。佛亦許名二優婆提舍一。以二佛法相一故。」【瑜伽論十五】に「研究決擇。敎授敎誡。爲レ斷二有情所二疑惑一故。故稱爲レ論。」【瑜伽師地論釋】に「問二答決一擇諸法性相一。故名爲レ論。」【倶舍論一】に「敎二誡學徒一故稱爲レ論。」【肇論慧達序】に「問答折徵所以爲レ論。」【起信論義記上】に「假立二賓主一。往復折徵論二量正理一。故名爲レ論。」

二種論　〔名數〕一に宗經論、大小乘の經敎を所依として造りたる論なり、唯識論等の如し。二に釋經論、大小乘の經義を解釋せしもの、智度論等の如し。

ロンギ　論議　〔術語〕問答して諸法を分別するなり。【涅槃經三十六】に「樂二論議一者處二五淨居一。」【宋楞伽經一】に「藏識滅者。不レ異二外道斷見論議一。」⦿（源氏）「法師ばらのざえあるかぎりのしいでて、ろ

んぎせさせて」

ロンギキヤウ　論議經　〔術語〕十二部經の第十二、梵名優婆提舍、論議と譯す。經中問答を設けて法相を辨明する處之を論議經と名く。【智度論三十三】に「論議經者。答二諸問者一釋二其所以一。又復廣說二諸義一。如三佛說二四諦一。何等是四。所謂四聖諦。何等是四。所謂苦集滅道聖諦。是爲二論議一。」

ロンク　論鼓　〔物名〕論場の大鼓なり、論議を欲する者は之を鳴して衆を集むるなり。【三論玄義】に「提婆菩薩。震二論鼓於王庭一。九十六師一時雲集。」

ロンケ　論家　〔術語〕論を作て佛經の深義を解釋する人に名く。龍樹天親等の菩薩の如し。【光明玄義下】に「論家何故不レ預二次第一。」【光明文句四】に「論家呼爲二當有一。」【敎行信證】に「信二順諸師如來眞說一。披二閱論家釋家宗義一。」　「の本偈なればなり。

ロンゲ　論偈　〔術語〕願生偈の異名。是れ往生論

ロンザウ　論藏　〔術語〕三藏の一。十二部經の中に優婆提舍と云ふあり、論議經と譯す、是れ佛自ら法相を問答決擇せしもの。佛弟子及び滅後の諸菩薩等之に准じて經義を解釋し、法相を論辯せしものを聚集して阿毘達磨藏と名け、三藏の第三とす。即ち阿毘達磨藏は弟子の優婆提舍なり、依て論藏と爲す。阿毘達磨に四名あり、優婆提舍は其の一名なり。

ロンシ　論師　〔術語〕論を造て法を弘むるもの。【元亨釋書封職志】に「國師論師三藏尊者。共西域之稱也。」

ロンシヤウ　論床　〔術語〕論議を爲す床なり。【智度論十一】に「便昇二論床一結跏趺坐。」

ロンシヤウ　論匠　〔術語〕論議に巧みなるもの。

ロンシユウ　論宗　〔術語〕論藏を宗旨とするもの三論宗の如し。又論家の異名なり。

ロンジユ　論主　〔術語〕論の作者を指して云ふ。天親菩薩を千部の論主と稱する如し。【百論序疏】に「天親本小乘學。造二五百部小乘論一。乃至於レ是造二大乘五百部論一。時人呼爲二千部論主一。」淨土門に於ては殊に天親菩薩を專稱す、一は千部の論主なると一は淨土論の作者なるとに由る。

ロンシヨ　論疏　〔術語〕賢聖の述作を論と爲し人の解釋を疏となす。　「師の解釋を疏となす。

ロンチユウ　論註　〔書名〕無量壽經優婆提舍願生偈註の異名。天親の無量壽經優婆提舍願生偈を一名淨土往生論とも淨土論とも往生論とも稱するより、曇鸞の註解を往生論註とも淨土論註とも單に論註とも稱するなり。

ロンヂヤウ　論場　〔雜名〕法華最勝等の論議の「場處なり。

ロンブ　論部　〔術語〕三藏中の論藏を云ふ。

ロンリキゲダウ　論力外道　〔雜名〕外道あり論議の力最大なりと自負す、論力と名く。【止觀輔行十】に「大論云。有二外道一名二論力一。自謂論議無二與等者一。其力最大。故云二論力一。」

わ

ワイラヲンエツシヤ　和夷羅洹閱叉　〔菩薩〕Vajrapāṇi-yakṣa 金剛手菩薩の梵名、又は執金剛神なり。【玄應音義三】に「和夷羅洹閱叉即執金剛神也。手執二金剛杵一。因以爲レ名焉。」

ワウ　誑　〔術語〕廿隨煩惱の一。種種の手段により他をして顚倒の見を抱かしむるを云ふ。

ワウ　橫　〔術語〕縱に對す。「空間的」の別名。

ワウエ　黃衣　〔衣服〕「クワウエ」を見よ。

ワウエウ　黃葉　〔譬喩〕「クワウエフ」を見よ。

ワウクワンシヤクジク　黃卷赤軸　〔故事〕又黃紙朱軸とも云ふ。「クワウクワンセキヂク」を見よ。

ワウグウヱ　王宮會　〔術語〕觀無量壽經一部を二會の說とす、佛初め王宮に降臨して韋提希夫人の爲に本經一部を說きしを王宮會とし、後に靈鷲山に還て阿難衆の爲に之を複演せしを耆闍會とす。

ワウゲンエ　往還衣　〔衣傳〕五種衲衣の一。

ワウゲンゲ　往還偈　〔經名〕見眞大師の著、入出二門偈の異名。

ワウゲンニヱカウ　往還二回向　〔名數〕往相回向と還相廻向となり。「ワウサウ」「ゲンサウ」を見よ。

ワウゴンタク　黃金宅　〔雜名〕伽藍の總名なり、須達長者黃金を地に布き以て地を買ひて祇園精舍を建てし故事に取る。「ギヲンシヤウジヤ」を見よ。【祖英集】に「嚴東高鎖黃金宅。」【祖庭事苑三】に「黃金宅。僧藍之總名也。」

ワウサウ　往相　〔術語〕二廻向の一。己が功德を以て一切衆生に廻施して共に安樂淨土に往生せんと願するを往相廻向と云ふ。【論註下】に「廻向有二二種相一。一者往相。二者還相。往相者。以二己功德一廻二施一切衆生一。作三願共往二生彼阿彌陀如來安樂淨土一。」

ワウサウシヤウゴフノグワン　往相正業願　〔術語〕選擇稱名願に同じ。

ワウサウシヨウクワノグワン　往相證果願　〔術語〕彌陀の第十一願を云ふ。又必至滅度願とも云ふ。

ワウサウシンジンノグワン　往相信心願　〔術語〕彌陀の第十八願、至心信樂の願を云ふ。

ワウサウヱカウノグワン　往相回向願　〔術語〕彌陀の第十七願を云ふ。

ワウサンマイ　王三昧　〔術語〕三昧中の最勝なるもの、首楞嚴定の異名なり。【砂石集上】に「首楞嚴定とも王三昧とも自性禪ともいへり。」

ワウシ　橫死　〔雜語〕前世の業果にあらずして命終するを橫死と云ふ。九種あり。

ワウシヤ　王舍　〔地名〕次項を見よ。

ワウシヤジヤウ　王舍城　〔地名〕梵名、曷羅闍姞利呬城、Rājagṛha 中印度摩伽陀國に在て頻婆娑羅王(新に頻毘娑羅と云ふ。)が上茅城の舊都より新に都せし所なり、王舍城を圍で五山あり、五山の第一は即ち靈鷲山なり。【智度論三】に「問曰。如二舍婆提(Srāvastī)迦毘羅(Kapilavastu)婆羅奈(Vārāṇasī)大城一。皆有二諸王舍一。何以故獨名二此城一爲二王舍一。答曰。有人言。是摩伽陀國王有レ子。一頭兩面四臂。時人呼爲二不祥一。王即裂二其身首一棄二之曠野一。羅刹女鬼名二闍羅一。還合二其身一而乳二養之一。後大爲レ人。力能並二兼諸國一。有二天下一。取二諸國王萬八千人一置二此五山中一。以二大力勢一治二閻浮提一。閻浮提人因名二此山一爲二王舍城一。復次有人言。摩伽陀王先所住城。城中失レ火。一燒一作如レ是至レ七。國人疲レ役。王大憂怖。集二諸智人一問二其意故一。有言。應レ易レ處。王即更求二住處一。見二此五山一周帀如レ城。即作二宮殿一。於レ中止住。以レ是故名二王舍城一。」(更に一の復次釋あり、婆藪仙人の故事を述ぶ。)【西域記九】に「曷羅闍姞利呬城。唐云二王舍一。初頻毘娑羅王都在二上茅宮城一也。編戶之家頻遭二火害一。一家縱逸四隣罹レ災。防火不レ暇。資產廢業。衆庶嗟怨。不レ安二其居一。王曰。我以二不德一下民罹レ患。修二何德一可二以禳一レ之。群臣曰。大王德化邕穆。政敎明察。今此細民不レ謹致二此火災一。宜下制二嚴科一以清中絕犯上。若有二火起一。窮二究先發一。罰二其首惡一遷二之寒林一。寒林者棄屍之處。俗謂二不祥之地一。人絕二遊止之跡一。今遷二于彼一同二夫棄屍一。既耻二陋居一當二自謹護一。王曰。善。宜三徧宣二告居人一。頃之王宮中先失レ火。謂二諸臣一曰。我其遷矣。乃命二太子一監二攝留事一。欲レ清二國憲一故遷レ居焉。時吠舍釐王聞三頻毘娑羅王野二處寒林一。整二修戎旅一欲レ襲二不虞一。邊候以聞。乃建二城邑一。以三王先舍二於此一故稱二王舍城一也。」

ワウシシユヂク　黃紙朱軸　〔物名〕黃卷赤軸に同じ。「クワウクワンセキヂク」を見よ。

ワウシユツ　橫出　〔術語〕淨土門易行道に橫超橫出の二道あり、如來の本願を聞て疑はざる信の一念に即得往生の益を得、死後直に眞實の報土に往生するを橫超とし、自力の心を以て定散の諸行を修し、方便の化土に生ずるを橫出とす。【愚禿鈔下】に「橫超。如來誓願他力也。橫出。他力之自力。定散諸行也。」

ワウジノホウトウ　王子寶刀　〔譬喩〕貧人王子の寶刀に貪着し、睡中刀刀と寢語して執へらるる故事なり。

ワウジヤウ　往生　〔術語〕娑婆世界を去て彌陀如來の極樂淨土に往くを往と云ひ、彼の土の蓮華の中に化生するを生と云ふ。往生の言は諸の受生に通ずれども諸敎に勸むる行偏に極樂に在るを以て常に極樂に對する別名となす、是れ淨土門の至要骨目なり。【法華經藥草喩品】に「即往二安樂世界阿彌陀佛大菩薩衆圍繞住處一。生二蓮華中寶座之上一。」【無量壽經下】に「諸有衆生聞二其名號一。信心歡喜乃至一念。至心廻向願レ生二彼國一。即得二往生一住二不退轉一。」【觀無量壽經】に「願レ生二彼國一者。發二三種心一。即便往生。」

三種往生　〔名數〕善導の【法事讚上】に難思議往生樂、雙林樹下往生樂、難思往生樂の言あり、見眞大師此言を取て敎行信證の中に次第の如く第十一(即ち第十八願の證益。)第十九第二十の三願に配當せり、即ち第十八願の難思議の佛力に由て第十一願の必至滅度の難思議の益を得るを難思議往生とす、是れ無量壽經一部の所詮なれば又大經往生と云ふ。第十九願に依て自力の定散諸行を修する者は釋迦の拘尸那城の雙林樹下に入滅する化身佛の如く極樂の化土に生ずる利益を得れば之を雙林樹下往生と名く。是れ觀無量壽經一部の所詮なりとす、又觀經往生とも云ふ。第二十願に依て餘行を捨てて專ら自力の念佛を勵む者は淨土に往生して五百歲の間蓮華に胎藏せられて三寶を見聞せざるを難思往生と云ふ、是れ彌陀經一部の所詮なれば又彌陀經往生と云ふなり。【三經往生文類、六要鈔會本八】

ワウジヤウイチヂヤウ　往生一定　〔術語〕一念歸命の信を得て彌陀の淨土に往生することの必定なるを云ふ。

ワウジヤウエウシフ　往生要集　〔書名〕三卷、惠心僧都源信の著。廣く經論に依て念佛往生の要文を撰集せしもの。

ワウジヤウキ　往生記　〔書名〕日本往生極樂記の略名。慶保胤の撰。

ワウジヤウコウ　往生講　〔行事〕阿彌陀佛を念じて往生極樂を願ふ人の佛事なり。【砂石集四】に「小原の僧正も結緣の爲に往生講なんど行ひ給ひけり。」【講勸拾要】に往生講の式法を載す。

ワウジヤウシゴフネンブツヰホン　往生

之業念佛爲本 〔術語〕選擇集の冒頭に「南無阿彌陀佛往生之業。念佛爲本」彌陀の淨土に往生する業因は萬善萬行の中に稱名念佛を以て根本となすを云ふ。

ワウジヤウジフイン 往生十因 〔書名〕一卷、永觀著。念佛の一行よく往生の因となる。十因を具すればなりと論じ、十因を述ぶ。廣大善根故、衆罪消滅故、宿緣深厚故、光明攝取故、聖衆護持故、極樂化主故、三業相應故、三昧發得故、法身同體故、隨順本願故の十これなり。

ワウジヤウライサン 往生禮讚 〔書名〕往生禮讚偈の略名。

ワウジヤウライサンゲ 往生禮讚偈 〔書名〕一卷、唐の善導の著、五部九帖の一。往生を願ふ爲の禮讚を述ぶ。六時禮讚此中にあり。

ワウジヤウライシキ 往生禮式 〔書名〕往生禮讚の講式なり。

ワウジヤウロン 往生論 〔書名〕無量壽經優婆提舍願生偈の異名。又淨土論と名く。「に同じ。

ワウジヤウロンゲ 往生論偈 〔書名〕往生論

ワウゼツ 橫截 〔術語〕橫まに三界五趣の生死の流を截りて極樂に往生すると。【無量壽經下】に「宜二各勤精進努力自求一レ之。必得下超絕去往二生安樂國一橫截二五惡趣一。惡趣自然閉。昇レ道無中窮極上。」

ワウゼン 王膳 〔譬喩〕飢て王膳に遇ふ譬あり。【法華經授記品】に「如下從二飢國一來忽遇二大王膳一。心猶懷二疑懼一未二敢即便食一。若復得二王敎一然後乃敢食上。我等亦如レ是。每惟二小乘過一。不レ知レ當三云何得二佛無上慧一。雖レ聞三佛音聲言二我等作レ佛。心尙懷二憂懼一。如レ未二敢便食一。若蒙二佛授記一而乃快安樂。」

ワウセン 王仙 〔雜名〕轉輪王の出家して五通を具するもの。【倶舍光記五】に「王仙。謂轉輪王捨レ家修レ道。具二足五通一名曰二王仙一。」

ワウタウ 黃湯 〔飮食〕又、黃龍湯、龍湯、大黃湯なりと云ふ。「リユウタウ」を見よ。

ワウチユウシガフシヤウ 橫柱指合掌 〔術語〕十二合掌の一。「ダイシ」を見よ。

ワウヅダイシ 黃頭大士 〔菩薩〕「クワウトウ

ワウテウ 橫超 〔術語〕「ワウシユツ」を見よ。

ワウナフ 橫衲 〔雜語〕「クワウナフ」を見よ。

ワウニチ 王日 〔雜語〕八王日なり。

ワウバイ 黃梅 〔人名〕黃梅山は黃州府黃梅縣にあり、禪宗の五祖弘忍、黃梅山の東禪院に居る、依て黃梅と稱す。【大明一統志六十一】に「黃州府黃梅山在二黃梅縣西四十里一。其山多レ梅故名。隋以二此山一名レ縣。」

ワウバク 黃檗 〔人名〕唐の斷際禪師希運、幼にして福州の黃檗山に於て出家し、後江西の百丈山海禪師に參して得道す、後洪州の大安寺に居て海衆奔輳す。相國裴休宛陵を鎭し、大禪苑を建て師を請じて法を說かしむ、師酷だ舊山を愛するを以て黃檗を以て之に名く、依て師を稱して黃檗と云ふ。【傳燈錄九】

黃檗噇酒糟漢 〔公案〕黃檗衆に示して云く、汝等諸人盡是噇酒糟漢。（古人の糟粕をいんむ（嘗むる）鈍漢。）恁麼行脚何處有二今日一（何日か本分契當を行ん。）還知三大唐國裏無二禪師一麼。時有レ僧出曰。只如二諸方匡レ徒領レ衆又作麼生。檗云。不レ道レ無レ禪。只是無レ師。」【碧巖十一則、從容錄五十三則】

ワウバクサン 黃檗山 〔地名〕洪州にありて斷際禪師希運の創する所。吾朝には後光明天皇の朝に明僧隱元來朝して山城國宇治に伽藍を創し、黃檗山萬福寺と稱す。本朝黃檗宗の本山なり。

ワウバクシユウ 黃檗宗 〔流派〕日本禪宗三派の一。後光明天皇の朝に明の黃檗山の僧隱元來朝して山城の宇治に黃檗山萬福寺を創して一流の禪を弘通す、其風規一に明風を模す、現今末寺六百四十有餘あり。

ワウヒ 橫被 〔衣服〕此土宮僧の服に橫被と云ふ物あり、大衣を偏袒右肩に着し、其の右肩を覆ふ物なり。大衣と同材同色なり。橫被の名は敎誡律儀に出づれども此と異なり、此はもと支那僧の着する覆肩衣より來れるなりと云ふ。但し覆肩衣に就て新舊二律の諍論あり。「ソウギシ」を見よ。

ワウビヤクダイシ 黃白大士 〔天名〕明星の異名なり。「ミヤウジヤウ」を見よ。

ワウボフ 王法 〔雜語〕帝王の執持すべき正法なり。佛優塡國王の爲に王法正論經を說き、舍衞國王の爲に王法經を說く。⦿（太平記一四）「誠に佛法と王法と相比する故」

ワウボフキヤウ 王法經 〔經名〕佛爲勝光天子說王法經の異名。一卷義淨譯。施護譯の佛說勝軍王所問經、沮渠京聲譯の諫王經及び玄奘譯の如來示敎勝軍王經と四經同本なり。舍衞國波斯匿王の爲に治國の正法を說く。【宙帙六】（250）

ワウボフシヤウリロン 王法正理論 〔書名〕一卷、唐の玄奘譯。不空譯の王法正論經と同本、共に瑜伽論決擇分中尋伺地の別行なり。帝王十種の過失、十種の功德、五種の衰損法、五種の方便法、五種の可愛法、五種の能引可愛法を說く。【來帙六】（1200）

ワウボフシヨウロン 王法正論 〔雜語〕王法正理論の略名。

ワウボフシヤウロンキヤウ　王法正論經　〔經名〕　佛爲優塡國王說王法正論經の略名。唐の不空譯、玄弉譯の王法正理論と同本なり。【閏帙十五】(1006)

ワウボフヰホン　王法爲本　〔術語〕　淨土眞宗には世出世に就て眞假二諦を立て、出世間の法を眞諦門として、眞諦門には信心を以て本となし、又世間道を俗諦門として俗諦門には王法を以て本となすを宗規となす。【蓮師御文】に「わが往生の一段に於ては內心にふかく一念發起の信心をたくはへて、しかも他力佛恩の稱名をたしなみ、その上には尙王法をさきとし仁義を本とすべし」

ワウメンラウシ　黃面老子　〔雜語〕「クワウメンラウシ」を見よ。

ワウヤク　往益　〔雜語〕　淨土往生の利益なり。【安樂集上】に「採ㇾ集眞言ㇾ助ㇾ修ㇾ往益ㇾ」

ワウライハチセンベン　往來八千返　〔術語〕　釋迦如來此土に來生して衆生を化せしと旣に八千度に及びしとなり。【梵網經下】に「吾今來ㇾ此世界ㇾ八千返。爲ㇾ此娑婆世界ㇾ坐ㇾ金剛華光王座乃至摩醯首羅天王宮ㇾ爲ㇾ是中一切大衆ㇾ略開ㇾ心地法門品ㇾ竟。」

ワウラウシ　王老師　〔人名〕　池州南泉の普願禪師、姓は王氏、馬祖の法を承けて道を南泉に弘む。常に自ら王老師と稱す。

ワウリユウ　黃龍　〔人名〕　宋の隆興府黃龍山の普覺禪師、名は慧南。法を慈明の圓禪師に受け、黃龍に住す。神宗の熙寧二年寂、壽六十八。大觀四年普覺と勅諡す。傳嗣の弟子、眞淨の克文、東林の常總、晦堂の祖心等。【續傳燈錄七、稽古略四】

黃龍三關　〔故事〕　黃龍常に三問を以て人を撈す。曰く、人人箇の生緣あり、如何か是れ汝が生緣。曰く我が手何ぞ佛手に似たる。曰く我脚何ぞ驢脚に似たる。每に此三語を以て學者に問ふ、能く其旨に契ふ者なし。天下の叢林名けて三關と爲す。纔に酬ゆる者あれば師可否となく目を斂て危坐す。人其意を涯るなし。其故を問ふ。師云く、已に關を過ぐる者は臂を掉て徑に去る、安ぞ關吏あるを知らん。吏に從て可否を問ふはこれ未だ關を透らざる者なり。【會元十七、普燈錄三、人天眼目上】

黃龍念讚　〔故事〕　黃龍和尙、黃檗に住する時、室中に常に擧して曰く、「鐘樓上念讚。床脚下種ㇾ菜。」勝首座あり、一轉語を下して道く、「猛虎當ㇾ路座。」黃龍便ち黃檗を退いて勝首座をして住持せしむ。【會元十七黃檗惟勝章、普燈錄四】

ワウリユウタウ　黃龍湯　〔飮食〕　又、大黃湯。黃湯、龍湯など云ふ、大便の汁なり。「リユウタウ」を見よ。

ワウリユウハ　黃龍派　〔流派〕　禪の七宗の一。臨濟宗第七祖石霜慈明の門弟黃龍慧南に初まる。後二百年にして法統絕ゆ。本朝には榮西によりて渡來す。

ワカウグワン　和香丸　〔譬喩〕　種種の香末を和して一丸とせしもの、以て一法の中に無量の佛法を具するに譬ふ。【首楞嚴三昧經上】に「譬如ㇾ有ㇾ王若諸大臣ㇾ百千種香擣以爲ㇾ末。若有ㇾ人來索ㇾ中一種ㇾ不ㇾ欲ㇾ餘香ㇾ共相熏雜。堅意。如ㇾ是百千衆香末中可ㇾ得ㇾ一種ㇾ不ㇾ雜ㇾ餘不。不也世尊。堅意。是菩薩以ㇾ一切波羅蜜ㇾ熏ㇾ身心ㇾ故。於ㇾ念念中ㇾ常生ㇾ六波羅蜜ㇾ」【光明玄義上】に「華嚴云。一法門。無量法門而爲ㇾ眷屬ㇾ首楞嚴和香丸。大品裹珠。法華一地所生。涅槃大海水浴。皆是其義。」

ワガタツソマ　我立杣　〔地名〕　⦿（新古今集釋敎部）に傳敎大師の歌とて「阿耨多羅三藐三菩提のほとけたち我立つ杣に冥加あらせたまへ」端書には「比叡山中堂建立の時」とあり、此歌より比叡山を我立杣と云ふ。

ワガフカイ　和合海　〔術語〕　僧衆和合して一味なるを海水の一味に譬へ、又、僧衆の多大なるを海の深廣に譬へて海と云ふ。

ワガフシユ　和合衆　〔術語〕　梵語の僧伽、正に衆と譯す、比丘三人已上なり、和合衆は即ち和合僧なり。

ワガフソウ　和合僧　〔術語〕　梵語僧伽 Saṅgha 一に和合と譯す、和合僧は梵漢雙擧なり。比丘三人已上同處に集りて同じく戒を持し、同じく道を行ずるを和合僧と名く。「ソウ」を見よ。若し手段を以て之を分離せしむるとあれば之を破和合僧と名け、五逆罪の一とす。在世の提婆達多嘗て此逆罪を犯せり。和合に理和事和の二義あり。「ロクワ」を見よ。

ワガラナ　和伽羅那　〔術語〕　Vyākaraṇa　又、和伽那、和伽羅、和羅那と云ふ。授記と譯す。十二部經の一。佛、弟子の未來の結果を其人に說き示すなり。【大乘義章一】に「和伽羅那。此云ㇾ授記ㇾ行ㇾ因得ㇾ果目ㇾ之爲ㇾ記。聖人說示ㇾ人故稱爲ㇾ授。」【飾宗記三本】に「和羅那此云ㇾ記別ㇾ舊名ㇾ授記ㇾ」

ワキジヨク　脇卓　〔物名〕　禮盤の右方に在て師の法具を載するもの。

ワキダン　脇壇　〔物名〕　御修法の時、本壇の脇に別處の壇を設くるを脇壇と云ふ。

ワキモンゼキ　脇門跡　〔雜名〕　准門跡の位を云ふ。【大綰常與書札鈔】に「脇門跡と申は定法寺殿、

住心院殿、尊勝院殿、岡崎殿、近衛坂殿、若王寺殿などなり。」

ワキヤウ　和敬　〔雜語〕六和敬なり。「ロクワキヤウ」を見よ。

ワギシヤ　和伎者　〔雜名〕伎に和する者即ち助手なり、謠曲に所謂「ワキ」役なり。【楞伽經四】に「心爲二工伎兒一。意如二和伎者一。五識爲二伴侶一。妄想觀レ伎衆。」

ワク　惑　〔術語〕迷妄の心、所對の境に迷ひて事理を顚倒するを惑と云ふ。貪瞋等の煩惱の總名なり。【大乘義章五本】に「能惑二所緣一故稱爲レ惑。」【探玄記十三】に「心迷二前境一目レ之爲レ惑。」【仁王經合疏中】に「所レ言惑者謂迷妄之心。」

ワクキヤウ　和休經　〔經名〕太子和休經の略名。

ワクゴフク　惑業苦　〔術語〕貪瞋等は惑なり、此惑に依て善惡の所作あるは業なり、此業を因として三界の生死を招くは苦なり。之を三道と云ふ。【唯識論二十八】に「生死相續由二惑業苦一。發業潤生之惑能感二後有一。諸業名レ業。業所二引生一衆苦名レ苦。」

ワクサウワウナンク　或遭王難苦　〔雜語〕【法華經普門品】に「或遭二王難苦一。臨レ刑欲二壽終一。念二彼觀音力一。刀尋段段壞。」

ワクシヤウ　惑障　〔術語〕四障の一。諸の衆生貪欲瞋恚愚痴等の惑に由て正道を障蔽するを云ふ。【新譯仁王經上】に「實智平等永斷二惑障一。」

ワクシユ　惑趣　〔術語〕惑は迷なり、趣は理趣なり、理に迷ふを云ふ。【中論序】に「使下惑趣之徒望二玄指一而一變上。」【同疏】に「惑者迷也。趣者理也。謂迷理之人也。」

ワクゼン　惑染　〔術語〕貪欲瞋恚愚痴等の諸煩惱の理に迷ひ眞性を汚がすもの。【天台淨名經疏一】に「故知雖レ具二惑染一願力持レ心亦得レ居レ他。」

ワクヂヤク　惑著　〔術語〕貪愛の心所對の境に迷惑し執着して離れざるなり。【止觀七】に「若緣二女色一耽湎在レ懷。惑著不レ離。當下用二不淨觀一爲上レ治。」

ワクトク　惑得　〔術語〕惑は所得の法なり、身は能得の體なり、此所得の法をして能得の身に得しむる一種の實法あり、之を惑の得と名く、猶繩を以て物を身に繫ぐが如し、依て之を得の繩と云ふ。凡そ惑を斷ずと云ふは惑體を壞滅するにあらず、此惑に對する得の繩を絕つなり。涅槃を證すると云ふも涅槃を吾身に繫ぐ得の繩あり、離繫得と名く、此離繫得の繩を生ずるを涅槃の理を證すと云ふなり。而て此惑得を解脫するを無間道となし、離繫得を生ずるを解脫道となす、凡そ斷惑證理に無間解脫の二道を要するは之が爲なり。【俱舍論二十三】に「十六心中忍無間道。約下斷二惑得一無中能隔礙上故。智是解脫道。已解二脫惑得一與二離繫得一俱時起故。具二二次第一理定應レ然。猶如二世間驅レ賊閉一レ戶。」

ワクニン　惑人　〔術語〕迷妄の凡夫なり。【三論玄義】に「神道幽玄。惑人多昧。」

ワクワウ　和光　〔術語〕次項を見よ。

ワクワウドウヂン　和光同塵　〔術語〕【老子】に「和二其光一同二其塵一是謂二玄門一。」と、佛者之を假て佛菩薩の威德の光を和げて諸の惡人に近き、又は種種の身を示現する義を顯はす。觀音の普門示現の如き是れ和光同塵なり。【止觀六之二】に「和光同塵結緣之始。八相成道以論二其終一。」【同輔行】に「和光下釋二現身一也。同二四住塵一處處結レ緣。作二淨土之因一爲二利物之始一。衆生機熟八相成道。見レ身聞レ法終至二實益一。」又惡人と同處して其の惡に染まざるを和光して其塵に同ぜずと云ふ。【涅槃經六】に「是人爲レ欲レ調二伏如レ是諸比丘一故。與共和光不レ同二其塵一。」⦿（太平記一八）「和光同塵は旣に結緣の始めたり」

ワケ　汚家　〔術語〕比丘物を以て在家の人に贈與し、爲に得る者をして恩を報ずるを思はしめ、得ざる者をして之を聞きて喜ばざらしむ、以て彼此をして共に平等の施心を傷はしむるを汚家と云ふ。是れ比丘の最も愼むべき所作にして十三僧殘中汚擯謗違僧諫戒あり。【行事鈔中之二】に「比丘凡有二所求一。若以二種種信施物一。爲二三寶自身乃至一切一。而與二大臣及道俗等一。皆名二汚家一。乃至由下以二信施物一與中白衣上故。破二前人平等好心一。於二得レ物者一歡喜愛樂。不レ得レ物者縱使賢善無二愛樂心一。失二他前人深厚福田一。」【同資持記】に「名レ汚者。莫レ非下壞二彼淨信一令上レ生二厚薄一故。」

ワゲサ　輪袈裟　〔衣服〕輪形の袈裟にて頸に掛くるもの、もと種子袈裟より轉ぜしものと云ふ、天台眞言及び本願寺に用ふ。【三餘隨筆下】に「輪袈裟も種子の變にして別物にあらず、故に高野山の一派は輪袈裟を種子袈裟と呼ぶとなり、種子袈裟吾山寺本願の輪袈裟共に佛の制にあらず、昔醍醐の聖寶金峰山の嶮難を攀ぢ役の行者の後草木榛塞して通じ難きを踏み開き給ふ、袈裟草木に纏ひかかりて山路通行し難し、故に袈裟の緣を取て其の中へ三衣の種子を收めて三衣の代りに搭け給ふ、是れ天台眞言一家に種子及輪袈裟を用ふる根源なり。」【考信錄一】に「輪袈裟の說は顯密威儀便覽京都淸和院僧正亮快存心作上に出たり、阿鑁吽の三梵字を中に縫ひ込む故に種子袈裟と稱すと云云、又白川燕談上云。輪袈裟。三藏中未レ見二其說一。蓋惟近世出二和僧胞襟一。非二法物一乎。或曰。背聞洛東寺智觀院杲寶法師。世有レ災則截二古袈裟一製二於片帶一。密二書

佛種子于其中一。即使下俗流繫二諸厥頭一以避中諸難上。此衣權輿蓋斯師也。又云二種子衣一。守持衣名出二百一羯磨第十一。名似衣異。又持二袈裟段稜一レ災等出二緣悲華經十輪經僧祇律等一。雖レ爾並本所レ被二在家一。俗謂守袋類也。而今時稱二袈裟一但僧着レ之。誤太矣。可レ笑。」【一字頂輪王經二】に「若是苾芻苾芻尼寫二此陀羅尼一繫三在袈裟中一。至乃大威德賢聖諸天而擁護。」又天台の傳には慈惠大師に始まると稱し、東密のある說には、小野仁海が甞て大師の遺體に觸れたる右手に香薰を發したるを、胸より下にさげざるために制したりとも云ふ。

ワゲン　和顏　〔雜語〕柔和なる顏色なり。【無量壽經上】に「和顏愛語。」

ワゴトウロク　和語燈錄　〔書名〕七卷、文永十二年淨土宗鎭西派了慧編集、法然上人の和文の法語なり。

ワサン　和讃　〔雜名〕和語の讃文なり。漢土の諸師漢語を以て種種の讃偈を造れり、之に對して和讃と云ふ。七五の句を遞次に重ね、今樣の歌體に模す。梵唄の如く佛前に吟唱するなり。無住の【砂石集中】に行基の和讃と云ふを載せたり。【長西目錄】に千觀內供の極樂讃、惠心の極樂六時讃、覺超の阿彌陀和讃、永觀の往生極樂等を載す、其他惠心の天台和讃、同來迎讃、永觀の迎接讃など世に流布せり。又見眞大師の三帖和讃は眞宗の日課の勤行に用ふ。【智度論三十】に「美二其功德一爲レ讃。」保胤の【極樂記千觀傳】に「作二阿彌陀佛和讃二十餘行一。都鄙老少以爲二口實一。極樂結緣者往往而多。」【菩提心集上】に「和讃とて日本詞を本として作れるもあり。」又、和は應和の義、調聲の人が先に一句を唱ふれば大衆之に和して讃すれば和讃と云ふ。【法事讃上】に「欲二召請一人及和讃者。」又、和は和解の義、難解の經論を和げて讃嘆すれば和讃と云ふ。存覺の【破邪顯正鈔中】に「和讃の事、上の如きの一文不知の族、經教の深理をも知らず、釋義の奥旨をも辨へ難きが故に、聊か彼の經釋の意を和げて無知の徒に心得しめんが爲に、ときどき念佛に加へて之を誦し用ゆるべきよし授け與へらるるものなり。」

ワザイ　話在　〔雜語〕「話在り」と讀む。有下可二話説一事在上なり。「まだ申しぶんがある」なり。【碧巖五十四則】に「雲門問レ僧。近離甚處。僧云西禪。門云。西禪近日有二何言句一。僧展二兩手一。門打一掌。僧云。某甲話在。門却展二兩手一。僧無語。」

ワザス　和座子　〔雜語〕又、全坐子と云ふ。坐子を和してと訓じ、臺座ぐるみ、臺座ともにと云ふ意なり。【水滸傳四十二】に「回向前只有二箇石香炉一。李達用レ手去掇。原來却是和二座子一鑿成的。李達拔了一回、那裡拔得動。一時性起連二那座子一掇出。」【古溪錄秉拂】に「靈利底善別二端倪一和二座子一。不レ消二輕輕蹈飜一。」【同小參】に「和レ座托開。」

ワシノミネ　鷲峯　〔地名〕「リヤウジユセン」を見よ。⦿（源氏、若葉）「わしのみねをばたどたどしからずたのみきこえながら」

ワシノミヤマ　鷲御山　〔地名〕「リヤウジユセン」を見よ。⦿（後拾遺集）「わしのやまへだつる雲やふかからんむつねにすむなる月を見ぬかな」

ワシヤ　和社　〔地名〕「ワジヤウ」を見よ。

ワシユ　和衆　〔術語〕和合せる僧衆なり。【寄歸傳二】に「客僧創來入レ寺。於二五日內一和衆與二其好食一冀令二解息一。」

ワシユキツ　和須吉　〔異獸〕Vāsuki 龍王の名。九頭龍と譯す。【法華光宅疏一】に「和須吉者譯爲二多頭一。即九頭龍王也。」【法華玄贊二】に「和須吉者此云二九頭一。繞二妙高一食二細龍之類一也。」【慧琳音義二十六】に「和須吉或云二筏蘇枳一。此云二九頭一。」

ワシユミツ　和須蜜　〔人名〕和須蜜多の略。

ワシユミツタ　和須蜜多　〔人名〕Vasumitrā 華嚴經五十三善知識中の一、婬女の大善知識なり。譯、世友。【晉華嚴經】に「次に復た南行して城あり、莊嚴と名く、善知識あり和須蜜多女と名く、善財童子其門に往詣し女人を見れば容貌姿美、身廣大の光明を出し、遇ふ者身淸淨なるを得云云」と【止觀二之三】に「和須蜜多婬而梵行。提婆達多邪見即正。」図 Vasumitra 佛滅後大論師の名。婆沙四評家の一なり。【西域記二】に「伐蘇蜜呾羅論師。唐言二世友一。舊曰二和須蜜多一訛也。於レ此製二衆事分阿毘達磨論一。」【俱舍光記二十】に「梵名二筏蘇蜜呾囉一。筏蘇名レ世。蜜呾囉名レ友。舊云二和須蜜一訛也。」「セウ」を見よ。

ワジヤ　和闍　〔術語〕「ワジヤウ」を見よ。

ワジヤウ　和尙　〔術語〕Upādhyāya 又、和上、天台宗にはクワシヤウと呼び、法相宗律宗にはワジヤウと呼び、禪家にはオシヤウと呼ぶ。又律家は上の字を用ひ、餘は尙の字を用ふ。もと印度の俗語に吾が師を呼で烏社と云ひ、于闐國等に至て和社、和闍（Khosha）など稱す、和尙は其の轉訛なりと。羅什三藏翻して力生と爲す、師に依て弟子の道力生ずるを得ればなり。【寄歸傳三】に「言二和尙一者非也。西方汎喚二博士一皆名二烏社一。斯非二典語一。若依二梵本經律之文一咸云二鄔波馱耶一。譯爲二親教師一。北方諸國皆喚二和社一。致レ令二傳譯習二彼訛音一。」【百一羯磨一】に「鄔波馱耶。譯爲二親教師一。言二和上一者乃是西方時俗語。非二是典語一。」【玄應音義十四】に「和尙菩薩內戒經作二和闍一。皆于闐國等

訛也。應レ言二郁波弟耶一。此云二近誦一。以下弟子年少不レ離二於師一。常逐近受レ經而誦上也。又言二鄔波陀耶一。此云二親教一。舊譯云三知罪知無罪名爲二和尚一也。」【慧苑音義上】に「和上。按五天雅言和上謂二之塢波陀耶一。然彼土流俗謂二之殟社一。于闐疏勒乃云二鶻社一。今此方訛音謂二之和上一。雖二諸方殊異一。今《ハ》依二正釋一。言二塢波一者此云レ近也。陀耶者讀也。言此《ノ》尊師爲二弟子一親近。習《シ》三讀《シムル》之一者也。舊云二親教師一者是也。」【業疏三上】に「中梵本音鄔波陀耶。在レ唐譯言名二之依學一。依三附此人一學二出道一故。自レ古翻譯多雜二蕃胡一。胡傳《ハルモ》二天語一不レ得二聲實一。故有二訛僻一。轉云二和上一。如二昔人僻一和中最上。此逐レ字而釋《ト》。不レ知二音本一。人又解云。翻二力生一。弟子道力假レ教生成《スト》。得二其遠意一失二其近語一。眞諦所譯明了疏則云二優波陀訶一。稍近二梵音一。猶乖二聲論一。余親參レ譯委問二本音一。如二上所レ述。彥琮譯云二郁波弟耶一。聲相近也。」【秘藏記本】に「天竺呼二俗博士一曰二烏邪一。漢家訛誤以《シテ》二烏邪一爲二和尚一。加以烏邪是俗儒之稱。而名二道人一大誤耳。正可レ云二拔底耶一。天竺呼下有智僧爲二人師一者上爲二拔底耶一。拔底耶者親教義也。」

ワジヤリ　和闍梨　【雜語】【涅槃經疏十一】に「和闍梨翻二修治心一。」按に此釋非なり、和闍梨は和尙阿闍梨の略ならん。

ワジユン　和順　【雜語】平和柔順なり。【無量壽經下】に「天下和順。日月淸明。」

ワゼン　汚染　【術語】世間の五塵に汚がれ染まるなり。【無量壽經下】に「猶如二蓮華一。無二汚染一故。」

ワソウ　和僧　【術語】和合せる僧衆なり。【寄歸傳二】に「如求《シ》二出家一和僧剃髮。」國書に多く和僧とあるは吾僧の意にて、僧を親みて呼ぶ語なり。

ワソク　話則　【雜語】佛祖の說話學者の法則となるべきもの、稱して話則と云ふ。

ワタリガハ　渡川　【雜名】「ミツセガハ」を見よ。⊙（古今集）「なく涙あめとふらなむわたりがは水まさりなばかへりくるがに」

ワダ　話墮　【術語】自ら語を吐て自分墮負するなり。【雲門錄中】に「擧《ス》光明寂照。乃至師云話墮也。」

ワダウシヤモン　汚道沙門　【術語】四沙門の一。破戒無慚の沙門にして正道を汚すもの。

ワトウコウアン　話頭公案　【術語】宗匠の話頭に成れる公案なり。公案とは參禪者の研究すべき問題を云ふ。「コウアン」を見よ。

ワナ　和南　【術語】Vandana 禪家にオナと讀む。又婆南と云ふ。新稱、伴談、伴題、煩淡、槃淡、盤茶味、槃那寐、畔睇、畔彈南など云ふ。稽首又は敬禮、度我と譯す。【義林章二】に「古云二南牟一。即是敬禮。乃至若云二伴談一。或云二伴題一。此云二稽首一。亦云二禮拜一。亦云二敬禮一。訛云二和南一。」【寄歸傳三】に「言二和南一者。梵云二畔睇一。或云二畔彈南一。譯爲二敬禮一。但爲二採語不一レ眞。喚二和南一矣。」【行事鈔下三】に「四分至《ニ》二上座前《テハ》一脫二革屣一偏袒二右肩一。合レ掌執二兩足《テ》一云二我和尙南《ト》一義云度我而作レ禮也。出要儀云。和南者爲二恭敬一也。聲論《ニ》云。槃那寐此翻爲レ禮也。」【僧史略上】に「若西域相見則合掌曰二和南一。或曰二盤茶味一。」【玄應音義】に「言二和南一者訛也。此言二煩淡一或言二槃淡一。此云レ禮也。或言二歸命一。譯人義《ヲモテ》安二命字一。」

ワハ　話欛　【雜語】話柄と言ふ如し。【古宿錄四十】に「雲門悅上堂曰。摩竭掩レ室巳不レ及レ初。毗耶杜レ詞至レ今話欛。」【正字通】に「欛《ハ》欛字之譌。」又「欛必架反。音覇柄。」

ワラナ　和羅那　【術語】和伽羅那の略稱。

ワラボン　和羅飯　【飲食】鉢和羅飯の略。「ハツワラ」を見よ。

ワリンビク　和輪比丘　【人名】往昔具至誠如來涅槃の後、能く般舟三昧を受持す、此の時今の釋迦佛王種に生れて出家して沙門となり、此比丘に就て般舟三昧を學べり。【般舟經至誠佛品】

ワヱ　和會　【術語】經論の略義を調和するなり。【玄義分傳通記二】に「言二和會一者。此有二二義一。一如二氷水一者。凝釋雖レ異濕性是一。是故和三會《シ》氷水二法相異體同《ト》。二如二水火一者。彼此雖レ別於二一塵中一有レ水有レ火。濕不レ礙レ煗煗不レ礙レ濕。是故和三會《ス》各據一義並不相違《ト》。」

ワンカウ　腕香　【修法】臂上に燒香すること。

ワンシ　宏智　【人名】明州天童山の正覺、諡は宏智、鄧州丹霞の子淳に就て法を受け、眞歇淸了と共に二弟子と稱す。高宋紹興二十七年十月、手書して育王山の大慧杲禪師を請して後事を司らしめて寂す。【會元十四、續傳燈錄十七、稽古略四】

宏智禪師語錄　【書名】四卷、門人の編。

ワントウ　剜燈　【修法】身をゑぐりて燈を燃き以て佛に供養するなり。至誠を表するなり。【賢愚經一】に世尊虔闍尼梨王たりし時、勞度差婆羅門の法を聞かん爲に行ふ。【報恩經二】大同小異【止觀七】に「三藏中事施勇猛。剜燈救貿。國城妻子。而理觀全無二毫末一。」

ワンパイ　還拜　【儀式】禪語。答拜に同じ。

ワンレイ　還禮　【義式】禪語、回禮に同じ。「ウヰレイ」を見よ。

ゐ

ヰエン　違緣　〔術語〕吾心に違ふ事柄。盜賊水火の難など。【往生要集上本】に「遇㆓諸違緣㆒。數被㆓殘害㆒。」又、他事を思慮すること。【輔行五之三】に「心無㆓異緣㆒。」

ヰオンナハン　威音那畔　〔術語〕威音王佛以前なり、向下の實際理地を云ふ、威音以後は即ち向下の佛事門なり。「ヰオンワウブツ」を見よ。

ヰオンワウブツ　威音王佛　〔佛名〕梵名 Bhīṣmagarjitasvararāja【法華經常不輕品】に「乃往古昔無量無邊不可思議阿僧祇劫を過ぎて佛あり、威音王如來と名く、劫を離衰と名け、國を大成と號す。是の威音王佛の壽四十萬億那由他恒河沙劫なり。正法世に住する劫數は一閻浮提の微塵の如く、像法世に住する劫數は四天下の微塵の如し。其の佛衆生を饒益し已て後滅度せり。正法像法滅盡の後此の國土に於て復た佛ありて出づ、亦威音王如來と號す、是の如く次第して二萬億の佛あり、皆同一號なり。最初の威音王如來既に已に滅度し正法滅する後、像法の中に於て增上慢の比丘大勢力あり、爾の時一の菩薩比丘あり常不輕と名く。」【楞嚴經五】に「跋陀婆羅。並其同伴十六開士即從㆑座起。頂㆓禮佛足㆒而白㆑佛言。我等先於㆓威音王佛㆒聞㆑法出家於㆓浴僧時㆒隨㆑例入㆑室。忽悟㆓水因㆒。」然るに禪錄には此佛の名を假て時の極遠を示し、又向上の本分を指して威音佛の以前となす。【祖庭事苑五】に「威音王佛以前　蓋明㆓實際理地㆒。威音已後即佛事門中。此借㆑喩以顯㆑道。庶知㆑不㆘從㆑人得㆒。後人謂音王實有㆓此緣㆒。蓋由㆘看㆓閱藏教㆒之不㆖審。」【法華通義六】に「此乃空劫初成之佛。已前無㆑佛。故宗門稱㆓向上㆒曰㆓威音那畔㆒。」【方語鈔】に「禪錄言㆓威音王㆒者。謂極遠也。又指㆓本分㆒也。」【五燈會元十九】に「空劫威音前。則有㆓一壺米㆒。」

ヰキシン　域心　〔術語〕域懷に同じ。

ヰキヱ　域懷　〔術語〕域は限域なり、所期の分限を域懷と云ふ。又域心と云ふ。【法華文句會本十】に「原㆓其域懷㆒求㆑佛。」【同記】に「言㆓域懷㆒者。域謂限域。期心分齊。」

ヰギ　威儀　〔術語〕坐作進退の威德あり儀則あるもの。【法華經序品】に「又見㆓具戒威儀無㆑缺。」【觀無量壽經】に「具㆓足衆戒㆒不㆑犯㆓威儀㆒。」【戒疏一下】に「行善所㆑及各有㆓憲章㆒名㆓威儀㆒也。威謂容儀可㆑觀。儀謂軌度格㆑物。」【左傳】に「有㆑威可㆑畏謂㆓之威㆒。有㆑儀可㆑則謂㆓之儀㆒。」

四威儀　〔名數〕一に行、二に住、三に坐、四に臥なり、此四に各儀則ありて威德を損せざるを四威儀と云ふ。【菩薩善戒經五】に「威儀苦者名㆓身四威儀㆒。一者行。二者住。三者坐。四者臥。菩薩若行若坐晝夜常調㆓惡業之心㆒。忍㆓行坐苦㆒。非時不㆑臥。非時不㆑住。所㆑住內外若牀若地若草若葉。於㆓此四處㆒常念供㆓養佛法僧寶㆒。」【釋氏要覽下】に「經律中皆以㆓行住坐臥㆒名㆓四威儀㆒。其他動止皆四所攝。」

三千威儀　〔術語〕具足戒の二百五十に對して其他の細行を該稱して威儀三千と云ふ、三千は數の多きを顯はすのみ、三千威儀經の如し。法數者強て三千の數量を鑿成す。「サンゼンヰギ」を見よ。

八萬威儀　〔術語〕三千の威儀は小乘比丘の事、大乘の菩薩は八萬の威儀ありと云ふ、按に八萬は八萬四千の略にて、是れ亦數の多量を示すのみ。然るに法數者說を作して云く、三千の威儀を身口七支に配して二萬一千と成る、之を貪瞋痴の三毒と三毒等分とに約して八萬四千と成ると。【大藏法數六十八。眞宗名目】【法界次第下之上】に「三千威儀。八萬律行。」【撰擇集】に「不犯威儀有㆑二。一大乘謂有㆓八萬㆒。二小乘謂有㆓三千㆒。」

ヰギシ　威儀師　〔職位〕授戒の時の三師七證の中に教授師あり、授戒者に坐作進退の威儀を示指する者、この教授師を又威儀師と云ふ。【行事鈔上三】に「單白差㆓威儀師㆒。」此よりして一般の法會に衆僧の儀式作法を指揮する役僧を威儀師と名く、【續日本紀】に「光仁天皇寶龜二年閏三月壬寅。僧綱請㆑置㆓威儀法師六員㆒許㆑之。」【釋家官班記】に「延曆十三年九月三日延曆寺供養記曰。奉行僧二人。威儀師從儀師。始賜㆓赤袈裟㆒。」【江家次第五】に「威儀師引㆓御前僧㆒入㆑自㆓明義仙華等門㆒。」

ヰギソウ　威儀僧　〔職位〕威僧師に同じ。

ヰギホフシ　威儀法師　〔職位〕威儀師に同じ。

ヰクワウボサツ　威光菩薩　〔菩薩〕◉（盛衰記）に「威光菩薩としては日宮に居して修羅の軍を禦ぎ」未だ本據を考へず。

ヰケツ　恚結　〔術語〕九結の一。諸の衆生瞋恚の爲に廣く不善を行じ、此に由て未來生死の苦を招き、三界に流轉して出離すると能はざるを云ふ。結は繫縛の義、恚の惑の爲に繫縛せられて生死の苦を離るること能はざるなり。

ヰサン　潙山　〔人名〕潭州潙山の大圓禪師諱は靈祐、福州長谿の人、百丈の海禪師に從て法を嗣ぎ、

唐の宣宗大中七年、壽八十三にて寂す。潙仰宗の祖なり。潙山警策盛に行はる。【五燈會元九】

潙山侍立百丈 〔公案〕「潙山五峯雲巖。同侍二立百丈一。百丈問二潙山一。併二却咽喉唇吻一。作麼生道。潙山云。却請和尚道。丈云、我不レ辭二向レ汝道一。恐已後喪二我兒孫一。」【碧巖集第七十則】

潙山業識 〔公案〕「潙山問二仰山一。忽有レ人問四一切衆生但有三業識茫茫無二本可レ據。子作麼生驗。仰云。若有二僧來一。即召云。某甲。僧回レ頭。乃云。是甚麼。待二伊擬議一向道。非二唯業識茫茫一。亦乃無二本可レ據。潙云善哉。」【從容錄三十七則】

潙山摘茶 〔公案〕潙山與二仰山一摘茶次。潙云。終日只聞二子聲一。不レ見二子形。仰遂撼二茶樹一。潙云。子只得二其用一。不レ得二其體一。仰云。和尚只得二其體一。不レ得二其用一。潙云。放二子三十棒一。」【宗門葛藤集上】

ヰシヤウグン 韋將軍 〔天名〕韋天將軍なり。

ヰジユン 違順 〔術語〕違境と順境。苦を感ずる境界を違境と名け、樂を感ずる境界を順境と名く。常には順違といふ。今は苦樂の文字に次第せん爲に違順と熟す。【唯識論三】に「受謂領三納順違倶非境相一爲レ性。」【往生要集上末】に「以三貪瞋境多二違順一故。自起二煩惱一。返墮二惡道一。」倶非とは非順非違 ⦿(徒然草)「違順につかはるる」

ヰジユン 委順 〔雜語〕僧の死をいふ。因緣に任かす義。【稽古略二】に「翟罪於祖。祖乃委順。」

ヰジン 威神 〔術語〕威勢勇猛にして測度すべからざるを云ふ。【無量壽經下】に「無量壽佛威神功德不可思議。」【勝鬘寶窟中本】に「外使二物畏一目レ之爲レ威。內難二測度一稱レ之曰レ神。」

ヰセチヤウジヤモンクワンシンギヤウキヤウ 威施長者問觀身行經 〔經名〕菩薩修行經の異名。

ヰダ 韋陀 〔經名〕Veda 又、圍陀、毘陀、皮陀など、新稱は吠陀、吠馱、薜陀、鞞陀など。明智、明分などと譯す。婆羅門所傳の經典の名なり、實事を明かし、智を發生する故に名く、大本四分に別つ。【西域記二】に「其婆羅門。學二四吠陀論一。曰二毘陀一訛也。一曰レ壽。謂養生繕性。二曰レ祠。謂享祭祈禱。三曰レ平。謂禮儀占卜。兵法軍陣。四曰レ術。謂異能伎數。禁咒醫方。」【金光明最勝王經慧沼疏五】に「四明法。即四薜陀論。舊曰二韋陀一。或毘伽羅論。皆訛謬也。一頞力薜陀。此云二壽明一。釋二命長短事一。二耶樹薜陀。此云二祀明一。釋二祀祠之事一。三娑摩薜陀。此云二平明一。平二是非事一。四阿達薜陀。此云二術明一。釋二伎事一。」【法華文句八之三】に「毘陀論此云二智論一。」【玄應音義十九】に「毘陀或言二韋陀一皆訛也。應レ言二鞞陀一。此云レ分也。亦云レ知也。」【唯識述記一末】に「明論者。先云二韋陀論一。今云二吠陀論一。吠陀者明也。明二諸實事一故。」【演密鈔二】に「吠陀此云レ明。即是外道四明也。」【百論疏上之下】に「四皮陀者。一荷力皮陀。明二解脫法一。二冶受皮陀。明二善道法一。三三摩皮陀。明二欲塵法一。謂一切婚嫁欲樂之事。四阿闥皮陀。明二咒術算數等法一。本云二皮陀一。此間語訛。故云二韋陀一。」【摩登伽經上】に「昔者有レ人名爲二梵天一。修二習禪道一有二大知見一。造二一圍陀一。流布敎化。其後有レ仙名曰二白淨一。出二興于世一。造二四圍陀一。一者讚誦。二者祭祀。三者歌詠。四者禳災。次復更有二一婆羅門一。名曰二弗沙一。其弟子衆二十有五。於二一圍陀一廣分二別之一。即便復爲二二十五分一。次復更有二一婆羅門一。名曰二鸚鵡一。變二一圍陀一爲二十八分一。次復更有二一婆羅門一。名爲二善道一。其弟子衆二十有一。亦變二圍陀一爲二二十一分一。次復更有二一婆羅門一。名曰二鳩求一。變二一圍陀一以爲二二分一。二變爲レ四。四變爲レ八。八變爲レ十。如レ是展轉凡千二百六十有六種。是故當レ知圍陀經典易レ可二變易一。」吠陀は印歐語系中最古の文獻にして、殊に印度に於ける最古の聖典なり。即ちアリヤ民族が中央高原より下りて、印度五河 Pañjab の流域より、雪山の西麓恒河の流域に居を占むる間の讚歌を集めし婆羅門敎根本の聖典にして、紀元前千年已前の古記錄なり。三吠陀若くは四吠陀とす。即ち、リグ吠陀 Ṛg-veda サーマ吠陀 Sāmaveda ヤジユル吠陀 Yajurveda にして之を三吠陀と稱し、アタルヴ吠陀 Atharva-veda を加へて四吠陀と稱す。而してリグ吠陀は前記百論疏の所謂荷力皮陀にして、太古の讚美歌を集めたる者、十卷、一千十七篇、一萬五百八十頌あり、サーマ吠陀は三磨皮陀にして、讚歌に音樂を附し、祭式の實用に供せしもの一千五百四十九頌あり。この中七十八頌を除く外悉く、リグ吠陀の讚歌なり。ヤジユル吠陀は冶受皮陀に相應し、祭祀四時の祭式咒文に用ふべき祭祠を集めたるものにしてこの吠陀に特有なる咒文は皆散文なり。而して此の吠陀を黑部 Kṛṣṇa yajus 白部 Śuklayajus に分つ、黑部は咒文と解說とを區分せざるもの四種あり、一、Taitiriya-saṁhitā 二、Maitrāyaṇī-saṁhitā 三、Kāṭhaka-saṁhitā 四、Kapiṣṭhala-kāṭha-saṁhitā なり。白部は咒文と解說とを混ぜざるもの一種あり、即ち、Vājasaneyi-saṁhitā なり。次にアタルヴ吠陀は阿闥皮陀にして禳災禁咒、日常の祈念修法に用ふべき祭歌を集めたるものにして、二十卷、七百六十篇六千頌あり。

六皮陀 〔名數〕【金七十論中】に「外智者六。皮

陀論。一式叉論。二毗伽羅論。三劫波論。四樹底論。五闍陀論。六尼祿多論。」即ち六皮陀分なり。

キダイ 韋提 〔人名〕 韋提希の略。

キダイケ 韋提希 〔人名〕 Vaidehī 又、毘提希、吠提希。新稱、吠題呬弗多羅と云ふ。譯、思惟、思勝、勝妙身。摩羯陀國頻婆沙羅王の后、阿闍世の母なり。【法華文句二】に「韋提希此云二思惟一。」【同記】に「亦云二思勝一。」【法華義疏二】に「韋提希翻爲二思惟一。亦云二四維一。」【法華玄贊二】に「梵云二吠題呬弗多羅一。古云二思惟子一。今云。吠是勝義。題呬云レ身。即東毘提訶之名。彼毘提訶男聲中呼。此吠題呬女聲呼。此是山名。亦是彼山中神名。從レ彼乞得。因以爲レ名。韋提希訛也。」⊙(曲、室君)「和光の垂迹、韋提希夫人の姿をあらはしおはします」

韋提幽囚 〔故事〕 阿闍世太子提婆達多の惡友の言に聽き、其の母后韋提希を宮内に幽囚す。「アジャセ」を見よ。

韋提欣求淨土 〔故事〕 既に幽囚せられて厭離心を生じ淨土を願ふ。【觀無量壽經】に「世尊我宿(ムカシ)何罪生二此惡子一。世尊復有二何等因緣一。與二提婆達多一共爲二眷屬一。唯願世尊。爲レ我廣說下無二憂惱一處上。我當二往生一。不レ樂二閻浮提濁惡世一也。此濁惡處。地獄餓鬼畜生盈滿。多二不善聚一。」⊙(平家)「韋提希夫人の如くに往生の素懷を遂げ」

韋提得悟 〔故事〕 韋提希は觀經の說法を聞て無生法忍(むしやうほふにん)と云ふ悟りを開く。【觀無量壽經】に「說二此語一時。韋提希與二五百侍女一。聞二佛所說一。應レ時即見二極樂世界廣長之相一。得レ見二佛身及二菩薩一。心生二歡喜一。歎二未曾有一。廓然大悟。得二無生忍一。五百侍女。發二阿耨多羅三藐三菩提心一。願レ生二彼國一。」⊙(盛衰記)「韋提の得悟疑なく」

キダテン 韋駄天 〔天名〕 又、違陀天。婆羅門の事ふる天神なり。慧琳師言ふ、是れ私建陀 Skanda 天の誤り、陰天と譯すと。【金光明經鬼神品】に「風水諸神。韋陀天神、及毗紐天。」【大方等大雲經三】に「見レ事二韋駄一作二韋駄像一。見レ事二天母一作二天母像一。」【涅槃經七】に「梵天。大自在天。違陀天。迦旃延天。」【慧琳音義二十五】に「違陀天。譯二勘梵音一。云二私建陀提婆一。私建陀此云レ陰也。提婆云レ天也。但建違相濫。故筆家誤耳。」案に【法華經陀羅尼品】に韋陀羅鬼あり、韋陀羅一に毘陀羅に作る起屍鬼なり、韋駄天即ち是なるべし。毘陀羅を見よ 又世に韋駄天を以て韋天將軍と爲すは訛なり。⊙(曲、舍利)「此寺泉涌寺を守護し奉る韋駄天とは我事なり」

（韋駄天の圖）

韋駄天還佛牙 〔傳說〕 【谷響集十】に「俗說に佛涅槃の時捷疾鬼佛牙一雙を盜み取る、時に韋駄天急に追て還し取り唐の代に至りて南山の道宣律師に授くとあり。鬼雙牙を盜み取るの說は【後分涅槃經】に出づ。爾時帝釋。持二七寶瓶一。至二荼毘所一。其火一時自然滅盡。帝釋即開二如來寶棺一。欲レ請二佛牙一。樓豆(ルド)言。莫二輒自取一。可下待二大衆一共分上。釋言。佛先與二我一牙舍利一。是以我來火滅。於二佛口中右畔上頷一。取二牙舍利一。即還二天上一。起レ塔供養。爾時有二二捷疾羅剎一。隱レ身隨二帝釋後一。衆皆不レ見。盜二取一雙佛牙舍利一。云云經說是の如き耳、韋駄天還し取るの說を見ず。」

韋駄天走り 〔雜語〕 是亦上の俗說に捷疾鬼の後を追ふとあるより、足の捷き天神としていふなるべし。

キダシユ 韋陀輸 〔人名〕 Vītāśoka 又 Vigatāśoka 達磨阿輸迦王の弟にして智度論二十に韋駄輸と云ひ、阿育王經三に毘多輸迦と云ひ、阿育王傳二に宿大哆と云ふ。善見律二に帝須に作る。阿輸迦の方便に由て七日王となり遂に發心せしもの。【阿育王經三】に阿育王の弟毗多輸迦外道の法を信じ、王の佛僧を供養するを謗る、王大臣に告て言く、我が弟外道の言を信ず、我れ當に方便を以て佛法に入らしめんと欲す、我れ今入浴して天冠及び寶衣を脫すべし、汝當に我が衣冠を以て弟を莊嚴し王座に昇らしめよと、大臣王の言の如くす、王出でて之を見て大に怒り之を殺さんとす、大臣諫めて曰く、是れ王の弟なり願くは王忍辱せよ。王曰く、我れ忍辱して七日彼をして王たらしめ而して殺さんと。乃ち七日の內意を恣にして五欲を受けしむ、一日過ぎ已れば旃陀をして刀を執り門に立ち告げしめて曰く一日既に過ぐ餘六日在て當に死すべしと。是の如く七日已て王問て曰く、汝七日王となる種種の伎樂汝數數見聞するや。答て曰く我れ都て不見不聞なり、何となれば旃陀羅日日に刀を執て高聲に唱へて曰く、七日の中巳に幾許の日過ぐ、爾許の日當に死すべしと、我れ此聲を聞くに閻浮提の王となりて妙欲五妙を得ると雖も憂深きを以ての故に不見不聞なりと。是に於て王種種に生死の苦法を說く。王弟遂に發心出家して阿羅漢果を證す。」

キダボンシ 韋陀梵志 〔流派〕 吠陀を主とせる

梵志即ち韋陀論師なり。【大日經疏一】に「且如三有レ人志ニ求五通智道一。即從ニ大悲胎藏一現ニ韋陀梵志形一。爲說ニ瞿曇仙等眞言行法一。行者精勤不レ久成ニ此仙身一。更轉ニ方便一即成ニ毘盧遮那身一也。」

ヰダラ 韋陀羅 〔天名〕 Vetāla 又、毘陀羅と云ふ、「ビダラ」を見よ。

ヰダロンシ 韋陀論師 〔流派〕 梵天を奉事して圍陀論を受持するもの。【大日經疏二】に「圍陀是梵王所レ演四種明論ナリ。大圍陀論師是受ニ持彼經一能教授スル者ナリ。以三能開ニ示出欲之行一故應ニ歸依一也。於ニ彼部類之中一。梵王猶如レ佛。四韋陀典猶如ニ十二部經一。傳ニ此法一者猶如ニ和合僧一。時彼聞ニ如レ是等世間三寶一。歡喜歸依隨順修行。」

ヰチウテン 韋紐天 〔天名〕 Viṣṇu 又、違紐天、毘紐、韋糅、毘瑟紐、毘瑟笯、毘瑟怒、毘捜紐、毘瘦紐に作る。遍淨など譯す、大自在天の別名にして劫初大水の中に生じ、一千頭二千手あり、其の臍中より大蓮華を生じ蓮華の上に梵天王を化生すと云ふ。【智度論二】に「如ニ韋紐天一秦言ニ遍聞一。四臂捉レ貝持レ輪騎ニ金翅鳥一。」【同八】に「劫盡燒時。一切皆空。衆生福德因緣力故、十方風來。相對相觸能持ニ大水一。水上有ニ一千頭人二千手足一。名爲ニ韋紐一。是韋紐人臍中出ニ千葉金色妙寶蓮華一。其光大明如ニ萬日俱照一。華中有レ人結跏趺座。此人復有ニ無量光明一。名曰ニ梵天王一。此梵天王心生ニ八子一。八子生ニ天地人民一。是梵天王於ニ諸婬瞋一已盡無レ餘。」【廣百論一】に「違紐天秦云ニ遍勝天一。」【三論檢幽鈔一】に「韋紐者此翻爲ニ遍淨一。」【大日經疏十七】に「韋紐天者。自在天別名。」【大日經疏五】に「微瑟紐。舊譯謂ニ之毘紐一。此即那羅延天也。」

ヰテンシヤウグン 韋天將軍 〔天名〕 姓は韋、名は琨、四天王の四王下に各八將軍ある中南天王の八將軍の一なり、南山の道宣律師の爲に示現し、南山之れに依て靈威要略並に律相感通傳の二書を著す、律相感通傳には韋將軍と云ひ、法苑珠林には天人韋琨と云ふ。東西南三洲の佛化を擁護する宿願あり、古來の禪錄多く之を韋駄天に混一するは非なり。（禪林象器箋四に委く之を辯ぜり）【感通傳】に「有ニ一天人一來禮敬。叙ニ暄涼一已。曰。弟子姓王名璠。乃至 弟子是南天韋將軍下之使者。將軍事務極多。擁ニ護三洲之佛法一。乃至 次又一天云。姓費氏。禮敬如レ前。云。弟子迦葉佛時。生在ニ初天一。在ニ韋將軍下一。諸天貪欲所レ醉。弟子以ニ宿願力一不レ受ニ天欲一。清淨梵行。偏敬ニ毘尼一。韋將軍童眞梵行。不レ受ニ天欲一。一王之下有ニ八將軍一。四王三十二將。周ニ四天下一。往還護ニ助諸出家人一。」【法苑珠林十六】に「又有ニ天人韋琨一。亦是南天王八大將軍之一臣也。四天王合有ニ三十二將一。斯人爲レ首。生知聰慧。早離ニ欲塵一。清淨梵行修ニ童眞業一。面ニ受佛囑一弘護在レ懷。周ニ統三洲一住持爲レ最。」

ヰトク 威德 〔術語〕 畏るべきを威とし、愛すべきを德とす。【法華嘉祥疏七】に「畏則爲レ威。愛則爲レ德。又折伏爲レ威。攝受爲レ德。」

ヰトクサンマイ 韋德三昧 〔術語〕 百八三昧の一。威德力を發する禪定なり。【智度論四十七】に「威德三昧者。菩薩得ニ此三昧一威德莊嚴。」

ヰトクヂヤウ 威德定 〔術語〕 威德三昧に同じ。【往生十因末】に「眼識唯緣ニ色塵一。依ニ威德定一亦緣ニ法處色一。」

ヰトクムクシヨウワウウバソク 威德無垢稱王優婆塞 〔菩薩〕 維摩居士の尊稱なり。維摩詰 Vimalakīrti 無垢稱と譯し、優婆塞は在家の信士に名く、威德と王とは尊稱なり。

ヰトウ 位頭 〔職位〕 禪林の稱。ヰテウと呼ぶ。衆位の最上に在るもの。

ヰナ 維那 〔職位〕 Karmadāna 禪家にヰノと呼ぶ。梵語羯磨陀那、寺中の事務を司る役名にして、寺中三綱の一なり。維は漢語にて綱維の義、那は羯磨陀那の那を取りしなり。又、綱維、次第、授事、知事、悅衆、寺護など稱す。【寄歸傳四】に「授事者。梵云ニ羯磨陀那一。陀那是授。羯磨是事。意道。以ニ衆雜事一指ニ授於人一。舊維那者非也。維是周語。意道綱維。那是梵音。略ニ去羯磨陀一也。」【行事鈔集僧通局篇】に「維那聲論翻爲ニ次第一也。謂知ニ事之次第一。相傳云ニ悅衆一也。」【同赴請設則篇】に「十誦爲レ知レ請故須レ立ニ維那一。出要律儀翻爲ニ寺護一。又云ニ悅衆一。本正音婆邏。此云ニ次第一。」【僧史略上】に「按ニ西域知事僧一。總曰ニ羯磨陀那一。譯爲ニ知事一。亦曰ニ悅衆一。謂知ニ其事一悅ニ其衆一也。」又「寺之設也。三綱立焉。若ニ網罟之巨綱一。提レ之則正。故曰也。梵語摩摩帝。悉替那。羯磨陀那。華言ニ寺主上座悅衆一也。」【名義集一】に「隋智琳。潤州刺史李海遊。命レ琳爲ニ斷事綱維一。爾後寺立ニ三綱一。上座維那典座也。」

ヰニンシツダン 爲人悉檀 〔術語〕 四悉檀の一。具には各各爲人悉檀と云ふ。佛の說法は衆生の機根を鑑み、各各其人に應じて之を說き、以て善根を成就せしむるを云ふ。

ヰヌ 恚怒 〔術語〕 瞋恚忿怒なり、三毒の中に之を瞋毒と云ふ。【維摩經方便品】に「以ニ忍調一攝ニ諸恚怒一。」

ヰヌ 威怒 〔術語〕 大威勢を振て忿怒するなり。

ヰヌワウ 威怒王 〔術語〕 金剛部の諸尊忿怒身

の總名。【聖無動經】に「聖無動摩訶威怒王。」

ヰヌワウシシヤネンジユホフ　威怒王使者念誦法　〔經名〕底哩三昧耶不動尊威怒王使者念誦法の略名、

ヰヌワウネンジユホフ　威怒王念誦法　〔經名〕聖閻曼德迦威怒王立成大神驗念誦法の略名。

ヰネウ　圍遶　〔儀式〕右旋に遶りて敬禮するを云ふ、即ち右遶三匝なり。法會の行道式此に本く。【賢愚因緣經九】に「須達遙見二世尊一。猶如二金山一。乃至視レ之心悅。不レ知二禮法一。直問二世尊一。不審瞿曇起居何如。世尊即時命レ就レ座。時首陀會天遙見二須達一。雖レ見二世尊一不レ知二禮拜供養之法一。化爲二四人一。行列而來。到二世尊所一。接レ足作レ禮。胡起問二訊起居輕利一。右遶三匝。却坐二一面一。是時見二其如一レ是。乃爲愕然而自念言。恭敬之法。事應レ如レ是。即起離レ座如二彼禮敬一。問二訊起居一。右遶三匝。却坐二一面一。」【法華文句二下】に「圍繞者佛初出レ世。人未レ知レ法。淨居天化爲二人像一。到已右旋。旋巳敬禮。却坐聽レ法。因於二天敬一人以爲レ楷。乃至圍繞者行旋威儀也。」

ヰハイ　位牌　〔物名〕死者の影像を神主と云ひ、官位姓名を記したるを位牌と云ふと、もと儒禮より始まる、位牌又神牌、神板、靈牌主牌など稱す、宋代より禪家に之を用ふ。位牌の位は靈牌中陰の義にあらず、之を尊敬せん爲に僧俗に應じて其の位を書くが故なり。【朱子語錄】に「主牌荀勗禮。據二隋煬帝所レ編禮書一有二一篇一。荀勗禮乃是。云濶四寸厚五分。八分大書。某人神坐。不レ然只小楷書亦得。」【經濟錄六】に「先祖父母を祭るに神主あり、神牌あり。神主は亡者の正體なり、影像と同じ義なり、神牌は亡者の神靈の居所を記るす禮なり、何れも木にて作る物なれども其義別なり、其制同じからず、題名も神主には某の神主と書し、神牌は某の神位と書す、神牌をば神板とも云ふ、今の世に位牌と云ふ是なり。」【叢林集九下】に「位牌の位は靈位中陰の義にはあらず、其の人の高位下位を知て相當の禮儀を可レ暢料に從三位某、乃至律師などと姓名官位を書き顯はしたりと見えたり。禮儀尊敬の爲に位を書きたる故に位牌と云なるべし。傅大士實錄三に並載二碑陰一書二其名品一。」其の後諸宗一般に行はるるものは死者の法名を記して之を位牌と稱するなり。【壒嚢鈔十六】に「位牌と云ふ事、禪家に好く用ゐる儀歟、正道の古處に無き事なりといへり、先代の中比より早やありけるにや。」【和漢三才圖會十九】に「靈牌。釋氏書二戒名一安二佛龕傍一者。俗謂二之位牌一。與二儒家神主一同義也。」（神主と同じと云ふは誤、神主は影像なり。）

ヰフタイ　位不退　〔術語〕三不退又は四不退の一。菩薩十住以上再び下凡に退墮して惡道に流轉することなきを云ふ。

ヰホン　爲本　〔術語〕勘要とすること。【瓔珞本業經下】に「一切衆生初入二三寶海一。以レ信爲レ本。住二在佛家一以レ戒爲レ本。」

ヰムヰ　爲無爲　〔術語〕有爲法と無爲法なり。涅槃虛空等の因緣の爲作を離れたるを無爲法とし、色心等の因緣の爲作を有する法を有爲法とす。

ヰメウ　位妙　〔術語〕十妙の一。

ヰモセツホフキヤウ　爲母說法經　〔經名〕佛昇忉利天爲母說法經の略名。

ヰン　院　〔雜名〕梵に羅摩 Ārāma 院と翻す、土塀にて圍みたる屋舍の名なり。又官廨を院と云ふ、後僧居の名となれり。又後世寺を總號とし、院を寺中別舍の號とす。唐の慈恩寺に翻經院あり、延曆寺に止觀院、寶幢院、楞嚴院の三塔ある如し。【名義集七】に「羅摩此云レ院。周レ垣小院。」【釋氏要覽上】に「院梵云二羅摩一。唐言レ院。」

ヰンガウ　院號　〔雜名〕死者の法名に某院と記するを云ふ。【啓蒙錄初篇一】に「院號は畏くも天皇御讓位の後、移り住ませ給ひし御所の名にして、崩御の後某院天皇と稱し奉れるより起りたり、淳和天皇より始まれりとぞ承る。（淳和は御所の院の號也）又攝家清華等に院號寺號等の附きたる靈儀あるは、生前に其の寺院を建て隱栖入道せられたるを以て、歿後の稱となれるなり、法性寺德大寺等是なり。是の故に院號は佛家より起れるにあらず、却て官家より佛門に移れるなり。又按ずるに淳和院陽成院等は佛寺の號にあらず、堀河院二條院等は顯著なる地名なり、法性寺等は佛寺の名なれば大臣等にては基立の寺號を取れるなり。足利氏の等持院鹿園寺等亦然り。如此往古は必ず所建の寺號なるを、後世は只授號の如くなり、遂に佛家にて撰ぶこととなれるなり、又假令ひ院號を授くるにも、寺號建立すべき力ある人ならでは不相應なり。されば元より中人已下に及ぶべきならず。然則今時の如く諸士等に至るまで院號を付くるは驕奢の風に流れたるなり、況んや農商をや。又日蓮徒は僧俗共に院號を許す何の所以ありや未だ之を聞かず。」

ヰンゲ　院家　〔職位〕宇多天皇落飾して仁和寺に入り給ひ、門跡の號此に始る。この時貴族相ひ從て出家して院家衆と稱す、所從の貴族皆寺中の小院に住したればなり。是より仁和寺を始とし一般の門跡寺には必ず院家衆の名ありて、平民の僧にあらざるを示す。【和漢三才圖會七十二之末】に「宇多朱雀二帝落飾入二仁和寺一。御門跡號始二于此一。其時相從出家貴族

號二院家一。自レ此門跡寺必有二院家一。又「蓋院家則非二平民一之旨。」本願寺の如きも第十一代顯如上人の時正親町天皇より門跡の號を賜はりし年、其の末寺十箇所に院家の號を勅許せられしなり。

本願寺敕許院家十箇寺 〔名數〕【考信錄五】に「當家に院家坊官の權輿せるは、古今獨語(性憶寺所藏)に云ふ、顯如上人の御代、祖師聖人三百年忌、永祿四年酉年に當り、三月の頃引上て御執行あるべき由年內より其沙汰在す、兼ては亦永祿二年禁裡より萬里小路內內府秀房卿を勅使として御門跡になし給ふ。下間一黨をも坊官となし給ふ由にて各剃髮し法眼法橋に任叙せられける、それに付て本宗寺、顯證寺、願證寺院家の望み天聽を經給ひて御門跡に願ひ入れられ、勅許の上永祿第三冬の比より素絹紫袈裟にて出仕あり、又其より後敎行寺順興寺慈敬寺勝興寺常樂寺も院家に定りけり。」(是れ八箇寺也)【和漢三才圖會七十二之末】に「本願寺十箇寺勅許院家寺處處(今東西院家數不定) 本宗寺(三州土呂鷲塚) 顯照寺(河州) 乾證寺(勢州長島) 本法寺(江州堅田) 慈敬寺(江州堅田) 稱德寺(江州堅田) 勝興寺(越中) 順興寺(河州牧方) 敎行寺(攝州名鹽) 常樂寺(和州吉野)

ヰンサイ　院宰 〔職位〕院主の異名。

ヰンジユ　院主 〔職位〕又寺主と名く、禪家監事の舊名なり、今の監事を古は院主又は寺主と稱せしを院主の名は住持の稱號既に濫するを以て改て監事と爲せしと云ふ。(住寺は一山の主なり)【釋氏要覽下】に「監寺會要云。監者總領之稱。所三以不レ稱二寺院主一者。蓋推二尊長老一。」【錄內啓蒙十一】に「播磨書寫山には座主を院主と云ふなり。」

ヰンナイダウギヤウゾウサヱ　院內道行雜作衣 〔衣服〕三衣の中安陀會(あんだゑ)の異名。安陀會衣は五條にして袈裟の最下なるもの、獨り院內に居り又は道を行く時にのみ着用すべきなれば院內道行衣と名く、聚落に入り大衆に會するときは着するを得ざるなり。【六物圖】に「安陀會名二下衣一。最居下故、或下著故。從レ用名二院內道行衣一。入聚隨衆則不得着」

ヰンノサイシヨウコウ　院最勝講 〔行事〕鳥羽院の最勝講なり。「サイショウコウ」を見よ。

ゑ

ヱ　慧 〔術語〕事理を分別し決定して疑念を斷ずる作用なり。又、事理に通達する作用なり。又、智と慧は通名なるも、二者相對すれば有爲の事相に達するを智とし、無爲の空理に達するを慧とす。【唯識論九】に「云何爲レ慧。於二所觀境一簡擇爲レ性。斷レ疑爲レ業。」【俱舍論四】に「慧謂於レ法有二簡擇一。」【大乘義章二】に「於レ緣決定爲レ緣。」【同十】に「觀達爲レ慧。」【同二十本】に「慧者據二行方便一觀達名レ慧。就レ實以論眞心體明自性無レ闇目レ之爲レ慧。」

慧の矢 〔譬喩〕密敎の法門に定慧一雙を左右に配するより、弓を定の幖幟とし、矢を慧の表示となす。愛染明王所持の弓箭是なり。

ヱイン　慧印 〔印相〕又智印と云ふ。印は決定不變の義。如來の智慧は法の實相に契ひて決定不變なれば慧印と名く。

ヱインサンマイ　慧印三昧 〔術語〕慧印を發生する禪定なり。

ヱインサンマイキヤウ　慧印三昧經 〔經名〕一卷、吳の支謙譯。大乘智印經及び如來智印經と同本、佛如來智印三昧に入て說ける經なれば名く。【宙帙一】(256)

ヱウン　慧雲 〔譬喩〕智慧の雲なり、如來の一切衆生を覆ふと大雲の如し。【法華經藥草喩品】に「慧雲含レ潤。電光晃耀。」

ヱゴフ　慧業 〔術語〕空理に達して而も諸の善事を爲すを云ふ。【維摩經菩薩品】に「知二一切法不レ取不レ捨。入二一相門一起二於慧業一。」

ヱカ　慧可 〔人名〕唐土禪宗の第二祖、初の名は神光、後達磨に逢て斷臂の事あり、名を慧可と改む。【續高僧傳十六、傳燈錄三】

ヱカイ　懷海 〔人名〕唐の洪州百丈山大智禪師名は懷海、馬祖に參して法を得、後、百丈山に居て禪門の儀式を作る。百丈淸規と稱して一宗の洪範となる。元和九年寂、壽九十五、【宋高僧傳四十、傳燈錄六】

ヱカイ　慧海 〔術語〕智慧深廣なると海の如し。【因明大疏序】に「抱二慧海於深裏一。」

ヱカウ　回向 〔術語〕回は回轉なり、向は趣向なり、已が所修の功德を回轉して期する所に趣向せしむるを回向と云ふ。已が善根功德を他に施與せんと期するは衆生に回向するなり、已が功德を以て自他共に佛果を成ぜんと期するは佛道に回向するなり。【大乘義章九】に「言二回向一者。回二己善法一有レ所二趣向一。故名二回向一。」【往生論註下】に「回向者。回二己功德一普施二衆生一。共見二阿彌陀如來一。生二安樂國一。」【止觀七】に「衆生無レ善我以レ善施。施二衆生一已正向二菩提一。如三回レ聲入レ角響聞二則遠一。回向爲二大利一。」⦿(曲、熊坂)「誰と志して廻向すべき」(源氏)「おぼしすてつとも、さりがたき御ゑからのうちには」終に回向の意を述

べたる偈文又は陀羅尼等を唱へて所期の願事に回向するを回向と云ふ。「ヱカウモン」を見よ。

二種回向 〔名數〕 淨土門の所立なり。一に往相回向、己が功德を以て一切衆生に廻施して共に阿彌陀如來の安樂世界に往生せんと願ふなり。二に還相回向、彼の土に生じ已て一切の功德を成就し、生死の稠林に廻入還來して一切衆生を敎化し共に淨土に向はしめんと願ふなり。【往生論註下】 図 衆生と佛果との二種なり。【天台仁王經疏上】に「回向二種。一者所作回二施衆生一。二者所作回二向佛果一。」図 一に正回向、二に邪回向なり。上に述ぶる所是れ正回向なり、若し此功德を以て未來惡鬼神とならんなど期望するを邪回向となす、古今其例多し。⊙(十訓鈔)「法華經を惡趣に回向せし」

三種回向 〔名數〕 一に菩提回向、己が功德を回して菩提を趣求するなり。二に衆生回向、己が功德を回して一切衆生に施さんと願ふなり。三に實際回向、己が功德を以て無爲の涅槃を趣求するなり。【大乘義章九】に「回向不同。一門說レ三。一菩提回向。二衆生回向。三實際回向。」【修懺要旨】に「修二回向一者。所謂回レ事向レ理。回レ自向レ他。回レ因向レ果。」【華嚴大疏鈔二十三】に「回者轉也。向者趣也。轉二自萬行一趣二向三處一故名二回向一。乃至三處謂衆生菩提及以實際。」

十種回向 〔名數〕上の三種を開て十種となす。一に自を回して他に向ふ、二に少を回して多に向ふ、三に自の因行を他の因行に向ふ、四に因を回して果に向ふ、五に劣を回して勝に向ふ、七に事を回して理に向ふ、八に差別の行を回して圓融の行に向ふ、九に世を回して出世に向ふ、十に順理の事行を回して理所成の事に向ふ。此の十義の中、初の三は衆生に回向し、次の三は菩提に回向し、次の二は實際に回向し、次の二は菩提及び實際に通ず。【華嚴大疏鈔二十三】

十回向 〔名數〕 菩薩十行位の後に十番の回向行を修する位なり。「ジフヱカウ」を見よ。

ヱカウ 慧洪 〔人名〕 宋の寂音尊者、名は慧洪、又德洪と名く、字は覺範、眞淨の文禪師に參して法を得。後、江寧府の淸涼寺に居て海衆輻輳す。高宗建炎二年寂、壽五十八、寶覺圓明の號を賜ふ、禪林僧寶傳、林間錄、石門文字禪等を著す。【釋氏稽古略四】

ヱカウシン 慧向心 〔術語〕 一切所行の善を衆生と菩提と實際とに回向する心なり。【維摩經佛國品】に「回向心是菩薩淨土。」

ヱカウハウベン 回向方便 〔術語〕 九方便の一。法會の式に唱ふる回向の伽陀の名なり。「所修一切衆善業。利二益一切衆生一故。我今盡皆正回向。除二生死苦一至二菩提一。歸命頂禮大悲毘盧遮那佛。」【魚山集略】

ヱカウホツグワンシン 回向發願心 〔術語〕 觀經所說三心の一。所修の善根功德を極樂淨土に回向して彼土に生ぜんと願ずる心なり。⊙(曲、實盛)「すなはち回向發願心」

ヱカウモン 回向門 〔術語〕 往生論所說五念門の一。淨土に往生せん爲に往相と還相との二種の回向を行じて大悲心を成就するなり。

ヱカウモン 回向文 〔雜名〕 一切菩薩の所行は悉く衆生と菩提とに回向せざるはなし、故に法華經化城喩品に十方の梵天が大通智勝佛を讃嘆する偈文の終に殊に願以此功德等の回向の伽陀を誦し、易行品彌陀章の終、讃彌陀偈の終、起信論の末等、皆回向の偈頌あり。此等皆讃嘆著作の功を衆生と佛道とに回向するなり。依て法會を行ふにも其の終末に必ず一人をして回向文の首句を發音せしめ、大衆一同之に和して所期の願事に回向するを法とす。其の回向文は種種ありて、或は直に回向の意を述べたる偈頌を用ゐるもあり、又は陀羅尼の文を誦するもありて一樣ならざれども、淨土門には多く願以此功德。平等施一切。同發菩提心。往生安樂國。の四句の偈文(善導の觀經疏の文)を用ゐ、聖道の諸宗には多く願以此功德。普及於一切。我等與衆生。皆共成佛道。の四句の伽陀(法華經に出づ)を用ふ。又禪家には楞嚴呪を法會の終に誦して回向文となすなり。⊙(榮花)に「聲よき僧の回向申し居る」「り。「ヱカウモン」を見よ。

回向の伽陀 〔雜名〕 法會の終に唱ふる偈文なり。

ヱカウリンキヤウ 回向輪經 〔經名〕 一卷、唐の尸羅達磨譯。經中回向發願の法を說き及び大回向輪陀羅尼を說く。【閑帙五】

ヱカウリンダラニ 回向輪陀羅尼 〔雜名〕 回向の爲に誦する眞言なり、回向の勝利金剛輪の如くなれば回向輪と名く。回向輪經及び守護國界主陀羅尼經一に說く。

ヱカン 懷感 〔人名〕 唐の千福寺の懷感、善導に依て往生の業を決し、練修三年遂に念佛三昧を證す、淨土群疑論七卷を述す。【宋高僧傳六】

ヱガク 慧學 〔術語〕 三學の一、眞理を觀達するを慧とし、進習を學とす。斷惑證理は慧の作用なり、此慧を發せん爲に進修するを慧學と云ふ。三藏に對配すれば阿毘達磨藏の所詮なり。阿毘達磨藏は、この慧學を詮顯する法藏なり。【大乘義章十】に「觀達稱レ

慧。進智爲レ學。」【對法論十一】に「開二示慧學一是阿毘達磨。」

ヱキヤウ　慧鏡　〔譬喩〕　智慧能く物を照らすと明鏡の如し。【中阿含經五十四】に「云何比丘聖智慧鏡。」【弘明集序】に「覺海無涯。慧鏡圓照。」

ヱギ　慧義　〔術語〕　慧見に依て生ずる深妙の義理を稱して云ふ。【無量壽經上】に「愍二念衆生一問二此慧義。」

ヱギヤウジ　會行事　〔職位〕　又會奉行とも云ふ。法會の時、儀式次第莊嚴等のことを掌る役名にして、列座の僧俗の進退指揮を託せらるるを以て、古實に通じたる者を任ず。もと天台眞言にて用ふ。

ヱク　壞苦　〔術語〕　三苦の一。身中の四大互に相侵し互に相壞するを壞苦とし、又樂相壞するとき苦想を生ずるを壞苦と云ふ。【止觀七】に「四大相侵。互相破壞。是名二壞苦。」【大乘義章三本】に「從二彼順緣一離壞生レ惱。名爲二壞苦。」

ヱクワ　慧果　〔人名〕　唐の青龍寺の慧果阿闍梨、眞言宗の第七祖なり、彼宗にケイクワと呼ぶ。大廣智不空三藏の付法入室なり。永貞元年十二月寂、壽六十。空海入唐、師に就て兩部の秘法を皆受す。【付法傳】

ヱクワウ　慧光　〔術語〕　智慧の光なり。【無量壽經下】に「慧光明淨超二踰日月。」

ヱクワウヘンセウ　回光返照　〔術語〕　禪錄の語。自己の本分を顧みるを云ふ。又淨土門の還相回向の義に通用す。【傳燈錄三十、石頭草庵歌】に「回光返照便歸來。廓達靈根非二向背。」【臨濟錄】に「儞言下便自回光返照。更不二別求一。知下身心與二祖佛一不上レ別。當下無事方名二得法。」【宗鏡錄二十三】に「若捨レ己徇レ塵是名二違背一。能回光返照隨二順眞如一境智冥合。是眞供養。」此回光返照の語は魯陽の故事に取る。【淮南子覽冥訓】に「魯陽與レ漢構レ戰。戰酣日暮援レ戈而揮レ之。日返レ照三舍。」

ヱクワウバウリウ　慧光房流　〔流派〕　擅那四流の一。叡山東塔北谷慧光房の澄豪を祖とす。

ヱグワツ　慧月　〔人名〕　勝論外道の中に初て十句義を立てし人なり。【唯識述記一末】に「其苗裔。名曰二慧月。立二十句義。」「ヱセイシ」を見よ。

ヱケン　慧見　〔術語〕　深妙の智慧を以て諸法を達觀する識見なり。【無量壽經上】に「自以二慧見一問二威顏一乎。」

ヱケン　慧劍　〔譬喩〕　智慧能く煩惱を斷ずれば慧劍と名く。【義楚六帖五】に「寶積經云。文殊執レ劍。馳往二佛所一。佛言。殺二貪瞋痴身一。令下諸衆生悟二慧劍法門一破中煩惱賊人上。」【證道歌】に「大丈夫秉二慧劍一。般若鋒兮金剛焰。非三但能摧二外道心一。早曾落二却天魔膽一。」⊙（太平記四〇）「學海智水を涌し、慧劍を鬪はしむる事なるに」

ヱケン　壞見　〔術語〕　提婆五逆を犯せども、天王如來の記別ある如きを、壞行の人にして壞見の人にあらずと云ひ。善星比丘の惡行なけれども撥無の邪見に依て墮獄して出期なき如きを壞見の人にして壞行の人にあらずと云ふ。【大集地藏十輪經五】に「有二戒壞見不レ壞。有二見壞戒不レ壞。有二戒見共壞。」

ヱゲ　慧解　〔術語〕　智慧の用能く諸法を解了するを云ふ。【五句譬喩經三】に「慧解可二修經戒。」【梁僧傳序】に「慧解開レ神則道兼二萬億。」

ヱゲ　會下　〔術語〕　門下と言ふ如し、法會の下に列なる弟子禪門、高野山寺にてはヱカと呼ぶ。

ヱゲダツ　慧解脫　〔術語〕　但だ慧障の解脫を得る羅漢を云ふ。此の人は道理を悟ることを好み、事用の功德を好まざる性分なれば、但無漏の智慧を障ぐる見思の煩惱を斷じて禪定等の功德を障ぐる事用の障を離れざるなり。例へば但學問を好み藝能を好まざる人の如し。【長阿含經十九】に「又能善分二別滅苦集聖道一。則心得二解脫一。慧解脫亦然。」【俱舍論二十五】に「慧解脫者。未レ得二滅盡定一者名二慧解脫一。但由二慧力一於二煩惱障一得二解脫一故。」

ヱゲン　慧眼　〔術語〕　五眼の一、慧能く觀照すれば眼と名く。諸法皆空の眞理を照す空慧に名くるなり。【無量壽經下】に「慧眼見レ眞能度二彼岸。」【思益經三】に「慧眼爲レ見二何法一。答言。若有二所見一不レ名二慧眼一。慧眼不レ見二有爲法一不レ見二無爲法。」【智度論三十三】に「爲二實相一故求二慧眼一。得二慧眼一不レ見二衆生盡滅一異相一。捨二離諸著一不レ受二一切法一。智慧自內滅。是名二慧眼。」【大乘義章二十本】に「言二慧眼一者。觀達名レ慧。慧能照矚故名二慧眼。」又「法眼了二見一切法相一。慧眼了二見破相空理一及見二眞空。」

ヱゲン　慧幻　〔術語〕　一切諸法皆幻化の如し、如來の聖智亦幻化なり、慧幻と稱す。【幻士仁賢經】に「諸坐比丘亦如二幻化一。如二我之身一亦是慧幻。」

ヱコ　慧炬　〔譬喩〕　智慧の燈炬なり。智慧能く無明の闇を照らし、道の險難を知らしむれば譬へて燈炬と爲す。【涅槃經二十一】に「汝於二佛性一猶未二明了一。我有二慧炬一能爲二照明。」【寄歸傳二】に「艤二法舟於苦津一。秉二慧炬於長夜。」

ヱコク　穢國　〔術語〕　又穢土と云ふ此娑婆世界は汚穢不淨なれば穢國と云ふ。

ヱコサンマイ　慧炬三昧　〔術語〕　法華經所說十六三昧の一。此三昧に入れば智慧の燈炬を發して世の險難を照らせば慧炬三昧と云ふ。【法華嘉祥疏十

二】に「慧炬三昧者。如下執レ炬夜行不上レ墮二險處一。」

エコフ 壞劫 〔術語〕四劫の一、三千大千世界の破壞する時を云ふ。此中に二十小劫ありて、初の十九小劫には有情世間を壞し、第二十小劫の一劫に器世間を壞するなり。

エコン 慧根 〔術語〕五眼の一、能く衆生を觀達するを慧とし、慧能く道を生ずれば根と名く。【大乘義章四】に「於レ法觀達目レ之爲レ根。慧能生レ道故名二慧根一。」

エゴ 回悟 〔術語〕迷を回して眞を悟るなり。【三論大義鈔一】に「回悟之賓。」

エサイ 回祭 〔儀式〕禪林の語。ウイサイと讀む。先づ庫司に報じて祭食を造らしめ、後に其の費用を還すを回祭と名く。【象器箋三十】

エサウ 壞相 〔術語〕六相の一。

エサウコンガウダラニキヤウ 壞相金剛陀羅尼經 〔經名〕一卷、元の沙囉巴譯。此陀羅尼金剛の如く堅利にして能く一切の煩惱魔障を破壞すれば壞相金剛と名く。【成帙十二】

エサンキイチ 會三歸一 〔術語〕佛法華經に於て爾前に說きし三乘の法は一佛乘の爲の方便なり歸する所は一佛乘のみ、一佛乘の外に二乘三乘あることなしと說くを會三歸一と云ふ。【法華玄義七】に「華合未開譬下隱二一乘一分別說上レ三。華葉正開譬三會三歸一但說二一乘一。華落蓮存譬下絕レ教冥上レ理。」【四教儀】に開二前頓漸一會三入非頓非漸一。故言二開權顯實一。又言二廢權立實一。又言二會三歸一一。」

エザイ 回財 〔雜語〕禪林の語、ウイザイと讀む。施主寺に就て修薦するに、或は未だ支費の現錢を納めず、且く常住物の財を借て營辦し、後時に施主數の如く之を償ふを回財と云ふ。【象器箋二十】

エザウ 慧藏 〔術語〕三藏の中、論藏は慧學を詮すれば慧藏と云ふ。【對法論十一】に「開二示慧學一是阿毘達磨。」【婆沙論一】に「若依二增上慧一論道是阿毘達磨。」図三藏を通じて慧藏と名く。【廣弘明集二十成實論義疏序】に「四種圍陀在レ家必習。三品慧藏入レ道愈通。」

エザウ 畫像 〔物名〕彩畫の佛像なり。【法華經方便品】に「若人於二塔廟寶像及畫像一以二華香幢蓋一敬心而供養。」

エシキ 壞色 〔雜語〕梵語袈裟 Kaṣāya 壞色と譯す、青黃赤白黑の五正色を避て他の不正色を以て染壞すれば壞色と云ふ。三種あり、一に青壞色、二に黑壞色三に木蘭壞色なり。之を如法の袈裟色とす、以て法衣を作る、依て法衣を袈裟と稱するなり。【遺敎經】に「汝等比丘。當二自摩レ頭以捨二飾好一。著二壞色衣一。執二持應器一以レ乞自活。」【梵網經下】に「應下敎身所レ著袈裟皆使中壞色與道相應上。」【行事鈔中之三】に「四分云壞色者。若青黑木蘭也。彼得レ衣不レ作二三種壞一著者墮。」【六物圖】に「律云。上色染衣不レ得レ服。當三壞作二袈裟色一。即戒本中三種染壞皆如法也。」

エシキ 會式 〔儀式〕法會の儀式なり。俗に直に法會を指して會式と云ふ。

エシヤウキ 會正記 〔書名〕唐の太宗貞觀中に終南山の道宣、戒疏業疏行事鈔を作り四分律を弘む、流轉四百歲に逾へ釋義十家に近し。中に於て宋の嘉祐年中杭の大昭慶寺の允湛律師、會正記十二卷を作て南山の行事鈔を釋して獨り理を盡すとなす。其後靈芝の元照律師其の宗を繼承し、且つ法華を以て圓意を顯はし資持記を作る。【釋氏稽古略四】

エシヤク 會釋 〔雜語〕法門の難義を會通し解釋するを云ふ。又俗に人を善くあしらふを會釋と云ふも、人情を和融する義に取るなるべし。【說法明眼論】に「一言會釋。一坐飲酒。」

エシヤクコンガウ 穢迹金剛 〔菩薩〕穢積金剛烏芻澁摩明王 Ucchuṣma なり、不淨處を主る執金剛なり。經軌には穢迹に作り、秘藏記には穢積に作る。「ウズサマ」を見よ。

エシヤクコンガウゴンヒヤクヘンホフキヤウ 穢迹金剛禁百變法經 〔經名〕一卷、唐の阿質達霰譯。穢迹金剛の印法として符を載すると四十六、以て種種の苦難を滅す、而して急急如律令を以て呪語となして餘の呪を說かず。符は抱朴子の中の山に入る符に似たり。是れ明かに僞經なり。【閏帙十三】

エシヤクコンガウセツジンヅウダイマンダラニホフジユツリヤウエウモンキヤウ 穢迹金剛說神通大滿陀羅尼法術靈要文經 〔經名〕一卷、唐の阿質達霰譯。如來涅槃の時に臨て左心より穢迹金剛を以て化現す、穢迹金剛大圓滿陀羅尼一呪を說て一切天魔外道の佛法を惱亂する者を退治す。【閏帙十三】

エシヤヂヤウリ 會者定離 〔術語〕世の慣ひとして會する者は必ず離るるとあるを云ふ。【遺敎經】に「世皆無常。會必有レ離。」【涅槃經二】に「夫盛必有レ衰。合會有二別離一。」【未生怨經】に「盛者即衰、合會有レ離。」【法句經】に「合會有レ離生者有レ死。」◉（太平記二〇）「會者定離のことはりに」

エシユ 會衆 〔雜語〕一會の大衆なり。【大法鼓經上】に「今此會衆如二栴檀林一。淸淨純一。」

エシユ　回趣　〔術語〕心を廻して佛道に趣くなり。【唯識樞要上本】に「廻二趣於大乘一。」

エシユ　慧數　〔術語〕新譯に心所法と云ふを舊譯に數法と云ふ。心王は一なれども心所法は多數あればなり。即ち慧數は慧の心所なり。【止觀十】に「觀支是慧數。」

エシヨク　慧燭　〔譬喩〕慧炬と言ふ如し。

エシヨブツゼンキヤウ　會諸佛前經　〔經名〕須摩提長者經の異名。

エシン　穢身　〔術語〕凡夫の身の汚穢不淨なるを云ふ。【觀經玄義分】に「捨二此穢身一即證二彼法性之常樂一。」

エシン　回心　〔術語〕心を回轉して邪より正に入るなり。【楞嚴經五】に「回心今入二菩薩位中一。」【唯識論十】に「決定回心求二無上覺一。」◉（曲、實盛）「ひとつは懺悔の廻心ともなるべし」

エシン　慧身　〔術語〕五分法身の一。無漏の智慧より成れる身なり。「觀するもの。」

エシン　慧心　〔術語〕心體明了にして能く事理を達

エシンカイ　回心戒　〔術語〕圓頓戒の異名。圓頓戒は小乘の心を回轉して大乘の道に趣向する人の受くべきものなればなり。

エシンカウダイ　回心向大　〔術語〕又回小向大と云ふ。不定性の人、聲聞緣覺の小乘の根性を回轉して大乘の佛道に趣向するを云ふ。舍利弗目連の如き二乘の人皆法華經の會坐に於て回心向大して菩薩位に入りしなり。【菩提心論】に「若不定性者無レ論二劫限一。遇レ緣便回心向大。從二化城一立以爲レ超二三界一。謂信レ佛故。乃蒙二諸佛菩薩加持力一。而以二方便一遂發二大心一。乃從二初十信一下徧二歴諸位一。經二三無數劫一難行苦行一然得二成佛一。」

エシンサンゲ　回心懺悔　〔術語〕惡心を回して善心に向ひ以て日頃の過を披陳して悔ゆるなり。

エシンソウヅ　惠心僧都　〔人名〕横川の惠心院の源信、權少僧都の僧官なれば惠心僧都と云ふ。【元亨釋書四】

エシンダンナ　惠心檀那　〔流派〕惠心院の僧都源信と、檀那院の僧正覺運なり。二師共に慈覺大師の門下に在て惠心檀那の二流と稱し、各一家を張れる大德なり。【元亨釋書四】もと二師が門流を張りしにあらず末流互に榮ゆるに及びて寸毫の相異は顯著なる異義となりたり。惠心流は傳敎が道邃より承けし系統を汲み、天台、密敎、禪宗の一致を主張し、觀法の對境を第八阿梨耶識とす。檀那流は傳敎が行滿より承け來りし系統を汲み、絕對に純天台の敎相を持し、觀法の對境を第六識とす。◉（十訓抄三）「慧心檀那の僧正などおはしまして」

エシンノキ　廻心機　〔術語〕直入の機に對す。初め方便假門の法を奉じ、後廻心して眞實一乘の法門に歸入する機類を云ふ。

エシンノシリフ　惠心四流　〔名數〕惠心流の四派を云ふ。椙生流は源心より四傳して皐覺の系を云ひ、行泉房流は皐覺より三傳して靜明に、靜明の弟子靜運政海あり、靜運の系を稱す。土御門御門跡流は上記政海の系。寶地房流は寶地房證眞の系なり、この流檀那流を兼ぬ。

エジキ　穢食　〔雜語〕貧人の食する不淨の食物なり。【大日經疏三】に「如二貧里穢食一。不レ可レ置二於寶器一。」

エジヤウ　懷讓　〔人名〕唐の南岳觀音院の懷讓、六祖能大師の傳法なり。天寶三年南岳に寂す、壽六十四。馬祖道一を得て師の禪道大に江西に興る。諡號を大慧禪師と言ふ。【宋高僧傳九傳燈錄五】

エジヤウボサツモンダイゼンゴンキヤウ　慧上菩薩問大善權經　〔經名〕二卷、西晉の竺法護譯。大寶積經第三十八大乘方便會の異譯。【地帙十二】（2）

エジヤウロン　廻諍論　〔書名〕一卷、龍樹菩薩造、後魏の毗目智仙等譯。先づ外道の一切法無體なれば言語亦無體なり、如何ぞ能く一切法を遮遣せんとの難を述べ、次に正義を述べて一切法は因緣生なり、言語も亦因緣生なり、同じく皆無體なり、幻人を以て還て幻人を遮する如しと云ふ。【暑帙一】（1251）

エジユ　慧壽　〔術語〕又、慧命と云ふ。「エミヤウ」を見よ。

エスヰ　慧水　〔譬喩〕智慧能く煩惱の垢を洗へば「以て水に譬ふ。

エセ　慧施　〔術語〕物を惠み施すなり。【華嚴經二十一】に「此菩薩稟レ性仁慈。好行二惠施一。」【玄應音義一】に「惠施。胡桂切。周禮施二其惠一。鄭玄曰。賙二衣食一曰レ惠。孟子曰。分レ人以レ財謂二之惠一是也。說文惠仁也。詩傳云。惠愛也。」

エセ　廻施　〔術語〕吾福を回轉して他の衆生に施與するなり。【往生論註下】に「以二己功德一廻二施一切衆生一。」

エセイシ　衛世師　〔流派〕又鞞世師と云ふ。新稱吠世史迦 Vaiśesika 勝と譯す、古仙所造の論名なり。成劫の末人壽無量歲の時に、外道あり、世に出て嗢露迦と名く、鵂鶹と譯す。又羯拏僕と號す、食米齋と譯す、此人多年道を修して五通を成就し、六句義を證して宗と爲し、以て論を造り、吠世史迦と名く、此に勝

論と譯す。諸論に匹なければなり。彼れ勝論の師なるを以て亦勝論師と稱す。其の後裔に慧月ありて更に四句義を加へて十句義となす、十句義論是なり。【玄應音義十】に「衛世師。此語訛略也。應レ言二鞞崽迦論一。此云レ勝。其論以二六句義一爲レ宗。舊云二六諦一。」【慧琳音義二十六】に「衛世師此云二無勝一。外道論也。」【唯識述記一末】に「吠世史迦。此翻爲レ勝。造二六句論一。諸論罕レ匹故云レ勝也。或勝人所レ造。故名二勝論一。舊云二衛世師一。或云二鞞世師一。皆訛略也。乃至多年修レ道。遂獲二五通一謂レ證二菩提一。便欲レ入レ滅。但嗟所悟未レ有二傳人一。愍二世有情痴無一レ慧目一。乃觀二七德一授レ法令レ傳。一生二中國一。二父母俱是婆羅門姓。三有二般涅槃性一。四身相具足。五聰明辯捷。六性行柔和。七有二大悲心一。經二無量時一無レ具二七者一。後住二多劫一波羅痆斯國有二婆羅門一。名二摩納縛迦一。此云二儒童一。其儒童子名二般遮尸棄一。此云二五頂一。頂髮五旋。頭有二五角一。其人七德雖レ具根熟稍遲。既染二妻孥一卒難二化度一。經二無量歲一伺二其根熟一。後三千歲因下入二戲園一與二其妻室一競レ華相忿上。偶鸖因レ之乘レ通化レ之。五頂不レ從。仙人且返。又三千歲化又不レ得更三千年兩競尤甚。相厭既切。仰念二空仙一。仙人應レ時神力化引。騰レ空迎往二所住山中一。徐說二所悟六句義法一。一實、二德、三業、四有、五同異。六和合。乃至後其苗裔名爲二慧月一。立二十句義一。」

ヱセウ 慧沼 【人名】唐の淄州慧沼、慈恩大師に從て性相の奧義を極め菩提流志大寶積經を譯するに及で證義に預り又義淨の譯場に於て證義を爲して刊正する所多し。唯識了義燈を著して圓測の異義を質す。後、諸の疏義を著して淄州沼と號す。【宋高僧傳四】

ヱセツ 穢刹 【術語】刹は梵語、國土の義、淨土に對して此娑婆世界を穢刹、穢土、穢國など云ふ。【迦才淨土論序】に「永辭二穢刹一。」

ヱサン 壞山 【譬喩】別譯阿含經四に人の老病死衰耗の四を四山の壓迫に譬へたり。壞山は即ち衰耗山なり。「老山能壞二壯年盛色一。乃至衰耗之山能壞二一切榮花富貴一。妻子喪沒。眷屬分離。錢財亡失。」

ヱソク 慧足 【雜語】二足の一。佛は福慧の二を以て兩足となし、三界に遊履す、慧は其の右足なり。

ヱダイニフイチ 廻大入一 【術語】權大乘の心を廻して一佛乘の法に歸入すること。

ヱダウシヤモン 壞道沙門 【術語】四沙門の一。破戒無慚にして佛道を破壞する沙門なり。【地藏十輪經】に汚道沙門と云ひ、【瑜伽論】に壞道沙門と云ふ。

ヱダンニリフ 慧壇二流 【名數】「ヱシンダン」「ナ」を見よ。

ヱツウ 會通 【術語】又、和會と云ふ。彼此相違乖角の義を和會し疏通して一意に歸せしむるなり。【肇論】に「同レ我則非二復有無一。異レ我則乖二會通一。」【五教章中】に「應下以二六相方便一而會中通之上。」

ヱト 懷兎 【雜語】梵語 Śaśin (Śaśa は兎なり、Śaśin は月なり)印度の俗一般に月中に兎ありと信じ兎を懷くものは即ち月なりと云ふ。依て因明論に世間相違の過を示すに之を借て其の宗法となす。【因明入正理論】に「世間相違者。如レ說二懷兎非一レ月。」「ウサギ」を見よ。

ヱトウ 慧燈 【譬喩】智慧の燈明なり。【華嚴經】に「慧燈破二諸闇一。」【大集經二】に「有二諸衆生一行二無明闇一。菩薩見已修二集智慧一。爲レ令三衆生然二慧燈一故。」【法華經人記品】に「世尊慧燈明。」

ヱトウダイシ 慧燈大師 【人名】本願寺中興の祖蓮如上人、明治十五年慧燈大師の勅謚を賜はる。

ヱトウワウ 慧燈王 【人名】過去世に王あり、慧燈と名く、施を好で身の血肉を捨て、人の命を救ふ。【四分律二、經律異相二十五】

ヱド 穢土 【術語】淨土に對して凡夫所居の娑婆世界を穢土と云ふ。【觀經妙宗鈔上】に「堪忍穢土多受二衆苦一。」⦿(盛衰記三)「穢土の習人の有樣もいとはし」

ヱドクモン 慧毒門 【術語】身を破て少しく毒藥を著くれば毒氣身に遍滿す、是れ毒門に依て深く毒氣に入るなり。菩薩の論を造るは衆生の爲に慧門を開くなり、學者之に依て深く研究すれば必ず深く悟入すると彼の毒門の如くなれば喩に寄せて慧毒門と云ふ。【俱舍論三十】に「於二此方隅一已略說。爲レ開二智者慧毒門一。」【同光記三十】に「如下身少破著二少毒藥一須臾毒氣遍二一身中一爲中毒門上。今造二此論一亦復如レ是。開二少慧門一。諸有智者能深悟入。如三似毒門一。名二慧毒門一。從レ喩爲レ名。」

ヱナフ 壞衲 【衣服】壞色の衲衣なり。比丘の法衣は木欄等の不正色を以て之を染壞すれば壞と云ひ、種種の雜片を納綴して之を造れば衲と云ふ。依て比丘の袈裟或は比丘を指して壞衲と云ふ。【祖英集上】に「壞衲之外皆淸墮。」此は迦葉尊者を指す尊者は頭陀第一にして常に壞衲を着す

ヱニキイチ 會二歸一 【術語】二乘を會して一乘に歸するなり。三車家が法華の說法につきて云ふ。

ヱニチ 慧日 【譬喩】佛智能く世の盲冥を照せば日に譬ふる也。【無量壽經下】に「慧日照二世間一消二除生死雲一。」【法華經方便品】に「慧日大聖尊。」【同普門品】に「慧日破二諸闇一。能伏二災風火一。」⦿(曲、身延)「ありがたや衆罪如霜露慧日の光りに消えて即身成佛たり」と觀普賢經の文を引く。

ヱニチジギキ 慧日寺儀軌 【書名】善無畏譯

の胎藏廣大儀軌を指す、是れ慧日寺維謹の傳受の本なり。【大疏演奥鈔八】

ヱニチソン　慧日尊　〔佛名〕大日如來を稱す。【零妙疏上】に「如レ彼者指二慧日尊一也。」

ヱノウ　慧能　〔人名〕禪宗東土の第六祖なり。姓は盧氏、三歳にして父を喪ふ。長ずるに及で家益貧なり、採薪販賣して母を養ふ、一日市に入て人の金剛經を讀むを聞き、其の得る所を問て蘄州黄梅山の五祖弘忍禪師に謁す。五祖問て曰く、汝何の處より來る、答て曰く、嶺南。師曰く、嶺南の人佛性なし。能曰く、人即ち南北あり佛性豈に然らん。師其の異人なるを知り碓房に入て米を舂かしむ、依て盧行者と稱す。八月を經て五祖付授の時至るを知り衆徒をして各得法の偈を書せしむ、時に上座神秀偈を書して曰く「身是菩提樹。心如二明鏡臺一。時時勤拂拭。莫レ使レ惹二塵埃一。」能之を聞て曰く、吾所得の如きは則ち然らずと、竊に童子を雇て夜壁間に一偈を書せしむ。「菩提本非レ樹。明鏡亦非レ臺。本來無一物。何處惹二塵埃一。」五祖之を知り潛に碓房に入り問て曰く米白きや否や。答て曰く、白し未だ篩を經ずと。五祖杖を以て碓を三打して去る、能即ち三更を以て室に入る、祖乃ち衣法を授く。去て南方漁村に隱るること數年、儀鳳元年正月南海に至り印宗法師に法性寺に遇ふ。印宗禪要を聞て弟子の禮を取る、其月十五日諸名德を會して之が爲に剃髮し、二月八日法性寺の智光律師に就て具足戒を受く。後曹溪に居て大に甘雨を注ぐ。神龍元年帝之を召せども起たず、唐の玄宗開元元年八月三日俄然示寂、壽七十六。元和十年大鑑禪師と勅謚す。【六祖壇經、宋高僧傳八、傳燈錄五】

ヱノウ　慧能　〔術語〕智慧の功能なり。【高僧傳六】に「藉二慧能於前因一。發二勝心於曠劫一。」

ヱバク　慧縛　〔術語〕愚痴の障なり、愚痴以て智慧を繫縛すれば慧縛と名く。【唯識述記序】に「解二慧縛於攝論一。表二縱聖一。」

ヱバツ　慧撥　〔譬喩〕又、慧筏。撥は筏に同じ、智慧は彼岸に到るの船筏なれば慧撥と云ふ。【性靈集六】に「拾二慧撥於彼岸一。」

ヱホフ　壞法　〔術語〕白骨觀を成就する人に二類あり、一類の人は但煩惱を離るることを好て更に白骨に着を生ぜんことを恐れ、骨人を燒て灰と爲す想を爲すを云ふ。壞法とは骨人を燒きつぶすことなり。

ヱミヤウ　慧命　〔術語〕法身は智慧を壽命とす、智慧の命夭傷すれば法身の體亡失するなり、即ち慧は法身の壽命なれば慧命と云ふ。【四教儀】に「末代凡夫於二佛法中一起二斷滅見一。夭二傷慧命一亡二失法身一。」図比丘を尊稱して慧命と云ふ。博聞强識、慧を以て命となす義なり。又、慧壽と云ふ、新譯には具壽と云ふ。慧命須菩提等と言ふ如し。【行事鈔下三】に「毘尼母云。下座指二上座一爲二尊者一。上座指二下座一爲二慧命一。」【勝鬘寶窟中本】に「慧命者。以二廣大甚深之慧一爲レ命故。名二慧命一也。如三經言二慧命須菩提、慧命舍利弗一也。」【資持記下三之二】に「慧命謂博聞强識以レ慧爲レ命也。」⊙（太平記一）「絕えなんとする慧命をつがんことと只此門主の御時なるべし」

ヱムゲン　慧無減　〔術語〕十八不共法の一。

ヱモク　慧目　〔術語〕智慧の眼目なり。【圓覺經】に「幻翳朗照。慧目清淨。」又「一切衆生。生無二慧目一。身心等性皆是無明。」【寄歸傳一】に「既無二慧目一誰鑑二是非一。」

ヱモン　慧門　〔術語〕智慧に入る法門なり。【最勝王經一】に「開二闡慧門一。善修二方便一。」

ヱモンノジフロクソン　慧門十六尊　〔名數〕金剛界羯磨會三十七尊中、智慧の德を司る十六の大菩薩を云ふ。金剛薩埵、金剛愛、金剛善哉、金剛寶、金剛光、金剛幢、金剛咲、金剛法、金剛利、金剛因、金剛語、金剛業、金剛護、金剛牙、金剛拳の諸尊これなり。

ヱリ　慧利　〔術語〕智慧と利益なり。【維摩經問疾品】に「若不レ如レ是。已所二修治一爲レ無二慧利一。」【注】に「肇曰。若不レ能レ爾。其所二修行一。內未レ足レ爲レ有レ慧。外未レ足レ爲レ有レ利也。生曰。無二慧利於物一也。」

ヱリ　惠利　〔術語〕惠施と言ふ如し、他を惠み利するなり。【無量壽經上】に「求二淸白之法一。以惠二利群生一。」

ヱリキ　慧力　〔術語〕五力の一。智慧能く煩惱を除く力用あるを云ふ。

ヱリヤウ　懷靈　〔術語〕有情の異名。含識と言ふが如し、靈識を懷抱する義なり。【西域記序】に「穹儀方載之廣。蘊識懷靈之異。」

ヱリヤウ　慧亮　〔人名〕叡山西塔の僧、圓澄の弟子なり。文德天皇の二皇子維喬維仁儲位を爭ひ、二皇子各力士を出して勝敗を決す。維仁亮に就て祈禱を乞ふ。亮西塔院に於て大威德明王の法を修し、獨鈷杵を執て腦天を破り爐火に投じて祈念す。時に大威德明王の騎る所の青牛大に吼ゆ、此時維仁皇子の力士勝を得て皇子立て太子となる、淸和天皇是なり。【元亨釋書十二】

ヱリン　慧琳　〔人名〕唐の西明寺の釋の慧琳、姓は裴氏、疏勒國の人なり、始て不空三藏に事へて沙彌となり、印度の聲明、支那の訓詁、精奥せざるなし。大藏音義一百卷を撰す。元和十五年西明寺に寂す、壽八

十四。【宋高僧傳五】

ヱリンオンギ　慧琳音義　〔書名〕本名一切經音義。西明寺慧琳法師の撰なれば慧琳音義と稱す、一百卷あり、中に玄應慧苑二家の音義を合次す。【爲帙八】(1605)

ヱル　慧流　〔譬喩〕智慧の流水なり、智慧能く煩惱の垢染を洗へば流水に譬ふ。【賢愚經二】に「佛日初出。慧流肇潤。」

ヱロシヤ　壞驢車　〔譬喩〕壞車の弊驢に駕するもの、以て法華の大白牛車に對す。【涅槃經二十】に「乘ニ壞驢車一正南而遊。」【章安疏】に「南方爲レ離。離火也。即是乘ニ邪見乘一趣ニ三途火一。故云ニ南方而遊一。」【止觀七】に「若但爾者。乘ニ邪見乘一入ニ險惡道一。是壞驢車耳。」【止觀大意】に「正觀者何。所謂十法。若無ニ此十一名ニ壞驢車一。」【止觀義例】に「十乘十境以爲ニ正修一。所以者何。若無ニ十境一乘則無レ體。若無ニ十法一名ニ壞驢車一。」

ヱヲン　慧遠　〔人名〕廬山東林寺の慧遠、俗姓は賈氏、雁門の人なり。初め儒を學び、二十一歳出家し、道安を師として大乘の奧旨に達す。時に襄陽寇亂ありて道安徒衆を散ず、遠辭して荊州に至り將に羅浮に往かんと欲して潯陽に抵り廬峯の淸靜を愛し山陰に住す。時に沙門慧永あり、西林寺にもと同門なり。永刺史桓伊を勸めて東林寺を興し遠をして之に居らしむ、此に於て隱士劉遺民雷次宗及び沙門千數遠に由て遊止す、遠乃ち緇素百二十三人と白蓮社を結び、無量壽佛の像前に於て淨業を修す。法性論を著して涅槃常住の說を唱へ、沙門不敬王者論を出して沙門の綱維を張る。廬阜に居ると三十餘年、影山を出でず客を送る每に虎溪を以て界とす、晉の義熙十二年八月寂、壽八十三。【高僧傳六】

ヱヲン　慧遠　〔人名〕隋の淨影寺の慧遠、姓は李氏燉煌の人なり。十三歳出家、二十歳光統和上に就て進具す、承光二年、周武、齊に勝て廢敎を行ふ、遠死を以て之に抗議す。大隋禪を受て佛敎を再與するに及び楊都に淨影寺を創して遠に勅して之に居りて講說せしむ、英俊投學す。遠身の長八尺五寸、腰九圍あり、開皐十二年寂、壽七十。諸經の疏を著す。皆四字を句とす。又大乘義章を撰す、佛法の綱要此に盡く誠に釋疏家の泰斗なり。世晉の慧遠に簡て小遠と云ふ。【續高僧傳十】

ヱヲン　慧苑　〔人名〕唐の洛京佛授記寺慧苑、(定刊記等には京兆靜法寺沙門慧苑等とあり。)華嚴の賢首を師として深く一宗を精究し、山首門人と號す。賢首の新譯華嚴經の略疏を刋定して十五卷を成し、續華嚴經略疏刋定記と題す。自巳の臆見を加へ往往賢首の正義を亂せり、華嚴一家の異解者とす。後に淸涼大師大疏鈔百卷を作て刊定の謬を糺す、師又新經の音義二卷を作る、世に慧苑音義と稱す。【宋高僧傳六】

ヱヲンオンギ　慧苑音義　〔書名〕新譯大方廣佛華嚴經音義二卷、靜法寺慧苑の撰なれば世に慧苑音義と云ふ。慧琳音義中に之を採取し、又別行す。【爲帙十】(1606)

ヱンカイ　圓戒　〔術語〕圓頓戒なり、天台家所傳の大乘戒に名く。【法華玄義四】に「佛戒即圓戒也。」【元亨釋書最澄傳】に「捧ニ圓戒允許之詔一。」図南山大師、四分律宗の分通大乘の戒を稱して圓戒と稱す。【天台學則下】に「台律の圓頓戒を略して圓戒と稱すれども、是れ他の南山大師の四分律宗の圓戒とは碩に異なるとなり。」

ヱンカイ　圓海　〔譬喩〕如來果上の功德廣大圓滿なるを大海に譬へて圓海と云ふ。【二敎論】に「天親十地馳ニ因分可說之談一。龍猛釋論挾ニ圓海不談之說一。」

ヱンガク　圓覺　〔術語〕一切有情皆本覺あり眞心あり、無始より已來常住淸淨にして昭昭として昧からず了了として常に知る、體に約して一心と云ひ、因に約して如來藏と云ひ、果に約して圓覺と云ふ。圓覺とは圓滿の靈覺なり。【圓覺經】に「善男子。無上法王有ニ大陀羅尼門一。名爲ニ圓覺一。流ニ出一切淸淨眞如菩提涅槃及波羅蜜一。敎ニ授菩薩一。」又「善男子。圓覺淨性。現ニ於身心一隨レ類各應。」【圭峯圓覺略疏序】に「萬法虛僞緣會而生。生法本無一切唯識。識如ニ幻夢一但是一心。心寂而知。目レ之爲ニ圓覺一。」佛此圓覺を證せしめん爲に大方廣圓覺修多羅了義經を說く。

圓覺三觀　〔名數〕圓覺經に三種の觀法を說く、圓覺の三觀と云ふ。一に奢摩他觀、奢摩他は止と譯す、專ら心念を靜止して涅槃に入るなり。二に三摩鉢底觀、三摩鉢底を觀と譯す。如幻の相を觀じて幻化の淨行を證するなり。三に禪那觀、禪那は思惟と譯す、靜相及び幻化を取らず、思惟して中道の實相を證するなり。此三觀單複重疊して二十五種となる、之を二十五淸淨定輪と稱す。(經に二十五種一一に說く)【經偈】に「所謂奢摩他。三摩提。禪那。三法頓漸修。有ニ二十五種一。十方諸如來。三世修行者。無レ不下因ニ此法一而得上レ成ニ菩提一。」

ヱンガクキヤウ　圓覺經　〔經名〕具名大方廣圓覺修多羅了義經、一卷、唐の佛陀多羅譯。佛、神通大光明藏三昧に入り、諸の淨土を現ず、文殊普賢等の十二大士次第に因地修證の法門を請問す、佛一一に之に答ふ、依て一經十二章あり。【天帙十一】(427)圭峯の圓覺經略疏四卷最も司南たり。

ヱンガクヱ　圓覺會　〔行事〕禪林に圓覺會あり、圓覺經を拈提するなり。

ヱンガフ　圓合　〔術語〕圓滿に諸法を融合するなり。【圓覺經】に「以二圓覺慧一圓二合一切一。於二諸性相一無レ離二覺性一。」

ヱンキ　圓機　〔術語〕圓頓の機根なり。【法華玄義六】に「圓機圓應。」

ヱンキ　遠忌　〔術語〕「ヲンキ」に同じ。

ヱンキ　圓暉　〔人名〕唐の中大雲寺の圓暉、性相を研精し、殊に倶舍の一門に深し、光寶二師の後此人あり、倶舍論頌疏を作り天下之を珍とす。【宋高僧傳五】

ヱンキ　圓椅　〔物名〕俗に言ふ曲彔なり。【和漢三才圖會三十二】に「按圓椅俗云二曲彔一。僧家多用レ之。而曲彔二字。所出未レ詳。」

ヱンキヤウマンダラ　圓鏡曼荼羅　〔術語〕自心圓明の中に字印形の三旋轉成就するを圓鏡曼荼羅と名く。此の內心の妙曼荼羅より音聲を出だすを轉法輪と名け、其の音普く十方に徧するを法螺と名くるなり。【大疏八】に「猶三字輪旋轉相成共爲二一體一。如二字輪者一印輪身輪亦然。是故解二圓鏡曼荼羅義一時。即解二我密藏中轉法輪義一。轉二此法輪一時。以二一音聲一普徧二十方世界一警二悟衆生一。故曰レ吹二大法螺一也。」【演密鈔七】に「圓鏡曼荼羅者。百字位成品偈云。彼有三能知二此內心之大我一。隨二其自心位一導師所住處八葉從レ意生。蓮華極嚴麗圓滿。月輪中無レ垢猶二淨鏡一。於レ彼常安住。眞言救世者。乃至常出二生淸淨種種自作業一。乃至眞言者能作二一切諸佛事一。」

ヱンギヤウ　圓行　〔術語〕圓敎の行法。一行即一切行なるを云ふ。【四敎儀集註下】に「圓行一行一切行。」

ヱンギヨウ　圓凝　〔術語〕凝然たる圓寂の涅槃なり。【寄歸傳四】に「令レ學二四眞一證二圓凝之兩得一。」

ヱンクウ　圓空　〔術語〕偏空に對して圓空と云ふ。空に著するを偏空と云ひ、空も亦空じて更に著する所なきを圓空と云ふ。亦第一義空と名く。【無盡燈論上】に「呵二偏空一而入二圓空一。」

ヱンクワ　圓果　〔術語〕涅槃なり。是れ圓滿の行因を以て證得せる圓滿の果德なれば圓果と名く。【大日經三】に「願一切無レ障。安二樂諸群生一。樂下欲成中如來所二稱讚一圓果上。」【法華玄義四】に「大乘是圓因。涅槃是圓果。」

ヱンクワウ　圓光　〔術語〕佛菩薩の頂上より放つ圓輪の光明なり。【觀無量壽經】に「彼佛圓光如二百億三千大千世界一。於二圓光中一有二百萬億那由陀恒河沙化佛一。」

ヱンクワウクワンオン　圓光觀音　〔菩薩〕三十三觀音の一。背に盛なる火焰を負ひ給へる觀音なり。刑戮に逢はむ時念ずる觀音なりと。【法華經普門品】の「或遭王難苦。臨刑欲壽終。念彼觀音力。刀尋段段壞。」より取る。

ヱンクワウダイシ　圓光大師　〔人名〕淨土宗の開祖法照房源空、元祿十年德川綱吉の奏請に由て圓光大師の號を追諡せらる。

ヱンクワウダイシギヤウジヤウグワヅヨクサン　圓光大師行狀畫圖翼贊　〔書名〕六十卷、義山編。初め圓智と共に法然上人行狀畫四十八軸を註解せんとせしが、中途に圓智死し義山獨力事に隨ふ。事義、地理、寺院、人物、書目の五編に分ち考證頗る詳細を極む。

ヱンクワン　圓觀　〔術語〕天台宗圓敎所說の觀法即ち圓頓の觀法なり。圓とは圓融圓滿圓頓等の義なり。「ヱンケウ」を見よ。

ヱンクワンニチ　遠關日　〔雜語〕遠忌なり。「ヲンキ」參照。

ヱング　圓供　〔物名〕圓壇の供物なり、御修法の壇に方壇圓壇の別あり。

ヱング　圓具　〔術語〕具足戒の異名、具足戒を受くるは涅槃の圓果に近くが故に圓具と云ふ、舊に具足戒、新に近圓戒と云ふ。【寄歸傳四】に「圓具圓心遵二修律藏一。」

ヱングワン　圓元　〔術語〕十方衆生の知覺冥通して打成一片なる處を云ふ。【楞嚴經十】に「能令二己身根隔合開一。亦與二十方諸類一通レ覺。覺知通溜能入二圓元一。」

ヱンケウ　圓敎　〔術語〕大乘窮極の實敎に名く。後魏の光統律師三敎を立てて第三を圓敎とす、是れ圓敎の名の初なり。其の後、【晋華嚴經五十六】に「爾來如來。知二衆生應レ受レ化者一而爲演二說圓滿因緣修多羅一。」又「顯二現自在力一。演二說圓滿經一。」とある經文によりて名を立つ。天台宗に四敎を判じて第四を圓敎とし、華嚴宗復た五敎を立てて第五を圓敎とす。今台宗の說に依て之を釋せんに、先づ圓體に就かば圓融圓滿の二義なり。十界三千の諸法、一如一體なるを圓融と云ひ、十界三千の諸法、條然として具足するを圓滿とも圓足とも云ふ。圓融は空諦、圓滿は俗諦、此二相即不二は中諦なり、此三諦を一時に觀ずるを圓と云ふ。【輔行一之一】に「圓名二圓融圓滿義一。又圓者全也。李奇云。圓錢也。即圓全無レ缺也。」【四敎儀一】に「圓以二不偏一爲レ義。此敎明二不思議因緣二諦中道事理具足不レ別一。但化二最上利根之人一。故名二圓敎一也。」次に行位に就かば圓頓と云ふ。華嚴經に初發心時便成正覺と說き、涅槃經に發心究竟二無別と說く是なり。頓と

は頓極頓足に名く、諸法本より圓融すれば一法に一切法を圓滿し、一念の開悟に依て頓疾に佛果を極足するを圓頓と云ふ、是れ天台の所判四教中、第四圓教の所詮也。是れ宗の極致となす故に教を圓頓宗と名け、戒を圓頓戒と名け、觀を圓頓觀と名く。【輔行二之一】に「圓頓者。頓名二頓極頓足一。乃至體非二漸教一故名爲レ頓」次に三諦相即の實相不可思議なるを稱して圓妙と云ふ。【釋籤一之一】に「圓覺妙之別名。」【四教儀集解下】に「三諦圓融不可思議。名爲二圓妙一。」

八圓 〔名數〕【四教儀一】に圓教の法を出だすに八種を列ぬ。一に教圓、煩惱即菩提、生死即涅槃と教へ、或は惑業苦の三道即ち法身般若解脫の三德秘藏の妙理と說き、或は諸法實相、凡聖一如、生佛不二等と談ずる是れ教圓の相なり。二に理圓、三諦の妙理、中道にして不偏なる是理圓の相なり。三に智圓、一切種智の中道を照らす是れ智圓なり。四に斷圓、一斷一切斷にして一惑を斷ずれば一切の惑を斷ずる是れ斷圓なり。又不斷の斷是れ斷圓なり。五に行圓、一心三觀一念三千の觀行は一行一切行の修行なるが故に是れ行圓なり。六に位圓、初後相即して一位に諸位の功德を具す、即ち六即位の相是れ位圓なり。七に因圓、二諦を雙照して自然に果地に流入する是れ因圓なり。八に果圓、妙覺不思議三德の果不縱不橫なる是れ果圓なり。

ヱンケウノシモン　圓教四門 〔名數〕天台に圓教に四門ありと云ふ。有門、空門、亦有亦空門、非有非空門これなり。

ヱンケン　圓堅 〔術語〕圓極の果堅實の德なり。【寄歸傳二】に「棄二九門之虛僞一。希二十地之圓堅一。」

ヱンゴ　圓悟 〔術語〕圓滿に眞理を覺るなり。【圓覺經】に「善男子。其心乃至圓二悟涅槃一。俱是我者。」又台家圓教に在て三諦三觀圓融すれば空假中の諦理を同時に覺悟するを云ふ。【指要鈔上】に「既不レ明二性具十界一。故無二圓斷圓悟義一。」

ヱンゴ　圜悟 〔人名〕圜は圓字と同じ、宋の四川成都府昭覺寺の克勤、五祖山演禪師の法嗣なり、建炎の初め鎭江の金山寺に遷る、適高宗楊州に幸し詔して入對し號を圜悟禪師と賜ふ。師夾山靈泉禪院に在るの時、雪竇の頌古百則に垂示、著語、評唱を加へしもの即ち古來禪門第一の書と呼ばるる碧巖集なること世の知る所なり。【五燈會元十九】

ヱンゴク　圓極 〔術語〕圓滿至極なり。【五教章上】に「果海圓極。」

ヱンサウ　圓相 〔術語〕「イチヱンサウ」を見よ。

ヱンシヨウジユ　圓生樹 〔雜名〕忉利天の善見城の東北に在る樹の名なり。【俱舍論十一】に「東北圓生樹。」【同頌疏】に「城外東北有二圓生樹一。是三十三天受二欲樂一所也。其圓生樹盤根深廣五十踰繕那。聳幹上昇。枝葉傍布。高廣量等百由繕那。挺葉開花妙香芬馥。順風熏二滿百由繕那一。逆風時猶遍二五十一。」

ヱンシユ　圓珠 〔譬喩〕心想の奔轉して停まざるを盤上の圓珠に譬ふ。【釋門歸敬儀】に「教稱二野鹿一。又等二圓珠一。」

ヱンシユ　圓修 〔術語〕台家圓教に在て空假中の三觀同時に修するを云ふ。又圓滿に萬行を修するを云ふ。【圓覺經】に「圓二修三種一。」【元照彌陀經疏上】に「萬行圓修最勝獨推二果號一。」

ヱンシユウ　圓宗 〔術語〕耆闍寺の凛法師六宗教を立てて第六を圓宗と名く、華嚴經所說の圓融具德の法門を指す也。五教章上之二 然るに天台宗興りて盛に圓頓一實の旨を鼓吹せしより遂に彼の宗の別稱となる。

ヱンシユウジノサイシヨウヱ　圓宗寺最勝會 〔行事〕「サイシヨウヱ」を見よ。

ヱンシユウジノニヱ　圓宗寺二會 〔行事〕圓宗寺にて行ふ最勝會と法華會とを云ふ。

ヱンシユウジノホフケヱ　圓宗寺法華會 〔行事〕圓宗寺にて行ふ。每年十二月中に五日門法華經を轉讀するをいふ、「ホフケヱ」を見よ。

ヱンシン　圓心 〔術語〕涅槃の圓果を求むる心なり。【寄歸傳四】に「圓具圓心遵二修律藏一。」

ヱンシン　圓信 〔術語〕圓常の正信なり。【四教儀集註下】に「圓信圓常正信。」又台家圓教の機は一念に十界三千の法を具するを信ずるを云ふ。

ヱンジキ　圓測 〔人名〕唐の京師西明寺の圓測、慧解縱橫、玄奘三藏慈恩基師の爲に新翻の唯識論を講ずる時、測守門者に賂して隱れて聽き、歸れば則ち義章を緝綴す、將に講を罷めんと欲するに、測西明寺に於て鐘を鳴して衆を集め唯識を講ずと稱す。基其の人を奪ふの心あるを嫌て遂に測に講訓を讓る。三藏瑜伽論を講ずるに還た前に同じく盜聽して之を受く、而も亦甚に後れざるなり。天后の初に迨で撰ばれて譯場に入り、證義となる。著はす所の唯識疏鈔天下に分行す。【宋高僧傳四】按に其疏鈔往往僻義あり、淄州慧沼唯識了義燈を作て之を痛斥す

ヱンジツ　圓實 〔術語〕圓頓一實なり、天台圓教の教理を稱す、一行に一切行を圓融し、一位に一切位を圓具して頓極頓速に成佛するを圓頓と云ひ、此理一にして二三なく眞實にして虛妄ならざるを一實と云ふ。

ヱンジツダ　圓實墮 〔術語〕煩惱即菩提、生死即涅槃、又は邪正不二、善惡一如など云へる圓實の理談

に墮落して戒行を破り、放逸に流るるを云ふ。【續日本高僧傳忍徵傳贊】に「明裳宏道。立ニ斷滅墮圓實墮一以破ニ邪見稠林一。可レ謂ニ痛快一。」

ヱンジヨウ　圓乘　〔術語〕圓滿無缺の敎法なり。三乘中の佛乘を云ふ。

ヱンジヤウ　圓成　〔術語〕圓滿に成就するなり。【楞嚴經一】に「發レ意圓ニ成一切衆生無量功德一。」

ヱンジヤウジツシヤウ　圓成實性　〔術語〕三性の一。煩惱所知の二障を空じて顯はす眞理にして諸法眞實の體性なり。眞如と云ひ、實相と云ひ、法界と云ひ、法性と云ひ、涅槃と云ふ、皆同體異名なり。圓滿に諸法の功德を成就する實性なれば圓成實性に名く。其の具德に從へる目なり。【唯識論八】に「二空所レ顯圓滿成ニ就諸法一實性名ニ圓成實一。」

ヱンジヤク　圓寂　〔術語〕涅槃を舊に滅度と譯し、新に圓寂と譯す。諸德を滿じ諸惡を寂滅する義なり。即ち生死の苦を離れて靜妙の樂を全くせし窮極の果德なり、此中に生死の苦を離ると云ふ義邊に就て賢聖の命終を圓寂即ち涅槃に入ると云ふ。【寶積經五十六】に「我求ニ圓寂一而除ニ欲染一。」【宗輪論述記】に「無上法王久入ニ圓寂一。」【唯識述記一本】に「西域梵音云ニ波利暱縛一。波利者圓也。暱縛呬言レ寂。即是圓滿體寂滅義。舊云ニ涅槃一。音訛略也。」【賢首心經略疏】に「涅槃此云ニ圓寂一。謂德無レ不レ備稱レ圓。障無レ不レ盡名レ寂。」

ヱンセウ　圓照　〔術語〕圓かに照らすなり。【圓覺經】に「一切如來本起因地。皆依レ圓ニ照淸淨覺相一。永斷ニ無明一方成ニ佛道一。」又「生死涅槃同ニ於起滅一。妙覺圓照離ニ於華翳一。」

ヱンセフベツ　圓接別　〔術語〕台宗の語。別敎の地前の賢位に於て空假を合せて假となす、又假を修する位の内に點示發習して圓敎の菩薩と爲すを圓接別と云ふ、圓敎を以て別敎の菩薩を引接する義なり。

ヱンセン　圓詮　〔術語〕圓理を詮顯する經なり。華嚴法華の如き是なり。【止觀一之一】に「聲爲ニ佛事一。稱レ之爲レ經。圓詮之初目レ之爲レ序。」

ヱンタフ　圓塔　〔物名〕金剛界の法身塔なり。「ホフシンタフ」を見よ。又塔と云ふ。修生の智を顯はすなり【密門雜抄】

ヱンダ　圓墮　〔術語〕「ヱンジツダ」に同じ。

ヱンダウ　圓道　〔術語〕三諦圓融一實の眞道なり。【止觀一之一】に「會ニ不二之圓道一。」

ヱンダダチ　圓陀陀地　〔雜語〕或る說に陀陀は美艷の貌、うるはしきを云ふ。【碧巖四十三則頌古】に「琉璃古殿照ニ明月一。」【着語】に「圓陀陀地。」

ヱンダン　圓談　〔術語〕諸法實相の圓融の理を談ずるを云ふ。【金光明玄義上】に「法性之圓談。」

ヱンダン　圓壇　〔術語〕梵語曼荼羅、Maṇḍala 舊に壇と譯し新に輪圓具足と譯す、圓滿に諸尊を安置具足する壇場なれば圓壇と云ふ。【大日經疏一】に「於ニ薩婆若平等心地一畫ニ作諸佛菩薩乃至二十八部等四重法界圓壇一。此一一本尊身語心印皆是一種差別乘也。」【止觀二】に「作ニ圓壇一彩畫。」

ヱンダン　圓斷　〔術語〕台宗圓敎の斷法なり。台宗は元來性惡と解する故見思塵沙無明の三惑を同時に斷ずるを云ふ。【指要鈔二】に「諸宗既不レ明ニ性具十界一。則無ニ圓斷圓悟之義一。故得ニ即名一而無ニ即義一也。」

ヱンチン　圓珍　〔人名〕三井園城寺の智證大師、名は圓珍、山王院又は後唐院と稱す。十四出家、延曆寺の義眞に師事し、十九歲菩薩戒を受く。仁壽三年入唐し、福州の開元寺に於て般若多羅三藏に就て梵學を習ひ、天台山に上て台宗の章疏を硏き、長安に入て青龍寺の傳敎和尙長生殿の持念大德法全に遇ひて兩部の秘旨を皆傳し、傳法阿闍梨位の灌頂を受く。天安二年歸朝、叡山に住し其房を山王院と稱す。數數宮中に入て經を講じ法を修す。貞觀十年三井の園城寺を賜はりて傳法灌頂の道場となし、將來の經籍を一宇に藏めて後唐院と稱す。十六年延曆寺の座主となり、寬平二年僧都に任ず、其年四月二十九日寂、壽七十八。延長五年諡を智證大師と賜ふ。【元亨釋書三】

ヱンツウ　圓通　〔術語〕妙智所證の理を圓通と云ふ。性體周徧を圓とし妙用無礙を通とす。又覺慧を以て徧く法性に通解し通入するを圓通と云ふ。是れ初の義は所證の理體に就き、後の義は能證の行門に就きし釋なり。楞嚴經の圓通の目は後義に據る。經中二十五大士あり、各佛の問に依て圓通の法門を陳ぶ、謂く、音聲を圓通の門とし乃至耳根と圓通の門となすなり。【經五】に「阿難及諸大衆。蒙ニ佛開示一慧覺圓通得レ無ニ疑惑一。」又「吾今問レ汝 最初發心悟ニ十八界一。誰爲ニ圓通一。從ニ何方便一入ニ三摩地一。乃至如ニ吾所證一音聲爲レ上。」【三藏法數四十六】に「性體周徧曰レ圓。妙用無礙曰レ通。乃一切衆生本有之心源。諸佛菩薩所證之聖境也。」図觀音を圓通大士と云ふ。「ヱンツウダイジ」を見よ。

ヱンツウサンマイ　圓通三昧　〔術語〕楞嚴會上に於て二十五大士が各法性に圓通せし三昧行を云ふ。憍陳那の音聲を以て圓通三昧とし、觀音の耳聞を以て圓通三昧と爲す如し。

ヱンツウセンボフ　圓通懺法　〔修法〕觀音懺法の別名。觀音を一に圓通大士と稱すればなり。

ヱンツウセンマホフ　圓通懺摩法　〔修法〕

圓通懺法に同じ。梵語懺摩(Kṣama)略して懺と云ふ。寛恕を請ふの義なり。

エンツウダイジ　圓通大士　[菩薩]　觀音の別號なり、楞嚴會上大小の二十五聖各自所證の圓通の方便を說く、佛文殊に勅して是非を料簡せしむるに文殊歷評し已て獨り最後の觀世音の耳根圓通を以て最上とす。此土の衆生は六根中耳根最も利なるを以て耳根を以て圓通の方便となすを最上となすなり。依て二十五聖の中圓通の名獨り觀音に冠す。図說法明眼論に聖德太子を稱して圓通となす、觀音の化身と云ふ義に取る。⊙(太平記一六)「彼此偏に圓通大士の擁護の威を加へて」

觀音圓通三眞實　[術語]　文殊、觀音の耳根圓通に就て三眞實を擧げて之を稱贊せり。一に眼は障外を見ず乃至意は亂れて定らず、是れ通眞實なり。二に十處に鼓を打つに同時に之を聞く、是れ圓眞實なり。三に聲は息む事あるも聞性は失せず、有る時は有と聞き、無き時は無と聞く、是れ常眞實なり。」愚案に是れ一往の說なり。實理につけば六根共に三眞實あり。

エンドン　圓頓　[術語]　台宗の圓敎に於て其の行位に就て圓頓と云ふ。「エンケウ」を見よ。

エンドンカイ　圓頓戒　[術語]　天台宗の戒法を云ふ。彼の宗諸法を圓融し頓速に成佛すと云ふ圓頓の旨を宗とすれば所依の戒を圓頓戒と名く。【十宗略記】に「大乘圓頓戒律は南都北京の小乘律宗とは天地雲泥各別なり、もと法華開顯の妙理を本として梵網の十重禁戒四十八輕戒等を兼ぬるなり。止觀云、當レ知中道妙觀戒之正體。上品清淨究竟持戒。是れ圓戒の正意なり。乃至其所詮は諸の戒法を已心本具とたするなり。」【天台學則下】に「台律の圓頓戒を略して圓戒と稱すれども、是れ他の南山大師の四分律宗の圓戒とは碩に異なることなり。然るに世の學者彼の四分宗の涅槃開會の圓戒の外に此法華廻入の單菩薩戒の妙宗ありて、之を大乘律宗と稱して北嶺第一の所學なるとを知れる人稀なり。」これ大乘の戒法なる故圓頓大戒とも云ふ。⊙(盛衰記三九)「專ら圓頓の大戒を相承せり」

エンドンカイダン　圓頓戒壇　[雜名]　山門所設の戒壇を云ふ。台宗所傳の圓頓戒を授受する壇場なり。嵯峨天皇弘仁十三年傳敎入寂の後、初七日に於て始て恩許を蒙て戒壇院を創立す。「カイダン」の項を見よ。

エンドンクワン　圓頓觀　[術語]　圓頓止觀の略稱。

エンドンクワンゲ　圓頓觀解　[術語]　圓頓の觀解なり、圓頓止觀の法を修するを云ふ。⊙(盛衰記)に「圓頓觀解の砌なり」

エンドンケウ　圓頓敎　[術語]　圓敎の具名。天台宗の敎法を云ふ。⊙(盛衰記九)「念佛三昧の砌あり圓頓敎の窓あり」

エンドンシクワン　圓頓止觀　[術語]　略して圓頓觀とも云ふ。妄念を靜止するを止と云ひ、眞智の通達を觀と云ふ。止由て止觀を成じ、觀に由て止を資く、止觀不離なれば止觀を略稱して單に觀とも云ふ。此止觀の法に三種あり、漸次不定圓頓なり、法華所說の觀法は圓頓止觀なり、天台大師之を宣說し、章安大師之を編集して摩訶止觀と名く、十卷の大本是なり。「シクワン」を見よ。図摩訶止觀(書名)一に圓頓止觀と名く、書中圓頓止觀の法義を說けばなり。

エンドンシユウ　圓頓宗　[流派]　天台宗のこと。

エンドンノボンブ　圓頓凡夫　[術語]　圓頓一乘の敎法をうくるに足る利根の凡夫。

エンドンボサツダイカイ　圓頓菩薩大戒　[術語]　天台宗の圓頓戒なり。戒德を讚して圓頓と云ひ、聲聞緣覺の所受に簡別して菩薩と云ひ、小乘戒に對して大戒と云ふ。

エンドンムサダイカイ　圓頓無作大戒　[術語]　天台宗所傳の圓頓戒を云ふ。圓頓及び大戒は戒德を嘆ずるの語、無作は新譯家に無表と云ふ。戒體の通稱なり。戒體は非色非心にして受者の身中に住在し防非止惡の功能を有するもの、決して造作發動すべき法にあらざれば無作と云ふ。「ムサシキ」を見よ。⊙(盛衰記九)「戒壇院と申すも同じき大師の建立圓頓無作の大乘戒此靈場に行はる」

エンニウ　圓融　[術語]　「エンユウ」を見よ。

エンニン　圓仁　[人名]　延曆寺の座主圓仁、年十五傳敎大師に就き台宗の敎乘を學び、弘仁七年東大寺に於て具足戒を受け、承和五年入唐、登州の赤山法華院に寓して赤山明神の加祐を得。次で靑州府の龍興寺に館して判官蕭慶中に就て禪門祖付の印許を得、次で五臺山を禮して普通院に於て志遠法師に逢ひ、台家の諸書を寫得し、長安に還て元政阿闍梨、義眞阿闍梨、玄法寺の法全阿闍梨等に就て兩部曼荼羅の大法を傳受し、又智者八代の高弟醴泉寺の宗穎に就て止觀を受く。凡そ長安に住すると六年、承和十四年歸朝、皇帝皇后皇太后皆就て灌頂を受く。嘉祥元年內供奉となり、仁壽四年座主に任じ、貞觀六年正月十四日寂、壽七十一。同八年謚を慈覺大師と賜ふ。【元亨釋書三】

エンハン　鴛班　[雜語]　凡そ諷經するに面面相看

て對立するを鴛班と云ふ。【象器箋十】

エンハン　圓板　〔物名〕圓形の鐘板なり、以て打撃ずべし。【覺浪大師尊正規】に「舊來鐘板。有横板直板而方其式者。予玆獨以圓板。如滿月輪相。蓋以取諸從上圓相之儀。此圓相不特爲仰家用。究其源來自忠國師徒六祖已上遞相傳受。即五家亦何嘗不用。」

エンブク　圓伏　〔術語〕台宗圓敎の法、惑體融通すと達して見思塵沙無明の三惑の差別を亡すれば同時に之を伏するを云ふ。

エンブツ　圓佛　〔術語〕圓敎の法身佛なり、即ち毘盧舍那佛なり、又台家の圓敎に在て十界圓融の佛を稱す。【普賢觀經義疏下】に「釋迦牟尼佛名毘盧舍那。此即圓佛果成相也。」【法華文句一】に「隱前三相唯示不可思議如虛空相。即圓佛自覺覺他。」【四敎儀】に「以虛空爲座。成清淨法身。居常寂光土。即圓敎佛相也。」【指要鈔上】に「煩惱生死乃院九界法。既十界互具方名圓佛。豈壞九轉九。」

エンマン　圓滿　〔術語〕台宗圓敎の圓體に圓融圓滿の二義あり。「エンユウ」を見よ。

エンマンシユタラ　圓滿修多羅　〔術語〕華嚴經を云ふ。修多羅を經と譯す、此名は經中自ら說く。【晋華嚴經五十五】に「爾時如來。知諸衆生應受化者。而爲演說圓滿因緣修多羅。」又「顯現自在力演說圓滿經。無量諸衆生悉受菩提記。」依て華嚴經の別稱とす。又華嚴天台の判敎中圓敎の名を立つるは共に此文に依るなり。

エンミツ　圓密　〔術語〕天台の圓敎と眞言の密敎。台密に天台眞言理密同一を立つれば圓密の稱あり。

エンミツゼンカイ　圓密禪戒　〔術語〕一に圓敎即ち止觀業、二に密敎、即ち遮那業、三に禪宗、即ち牛頭禪、四に戒律、即ち梵網宗。叡山の所學に就て言ふ。

エンミヤウグトクシユウ　圓明具德宗　〔術語〕華嚴所立十宗の一。五敎中圓敎の所詮なり。

エンメウ　圓妙　〔術語〕台家圓敎の圓を釋するに圓妙の一義あり、空假中の三諦圓融して不可思議なるを圓妙と云ふ。妙は不可思議に名く。【四敎儀集註下】に「三諦圓融不可思議名圓妙。」

エンユウ　圓融　〔雜語〕エンニウと讀む。圓は周遍の義、融は融通融和の義、若し分別妄執の見に就かば萬差の諸法盡く事事差別すと雖、諸法本具の理性によらば事理の萬法遍く融通無碍にして無二無別なると猶水波の如くなるを圓融と云ふ、煩惱即菩提と云ひ、生死即涅槃と云ひ、衆生即本覺と云ひ、娑婆即寂光と云ふ、共に是れ圓融の理趣なり。此法門は性宗の樞機實大乘の極談なり。【楞嚴經四】に「如來觀地水火風本性圓融周偏法界。湛然常住。」【止觀】に「若就分別妄執之事。即一向不融。若據心性緣起之用。即可得相攝。」【宗鏡錄九十九】に「事理圓融者。即種種事稱理而偏。以眞如理爲洪鑪。融萬事爲大冶。鐵汁洋溢無異相也。」◉（曲、衆平）「圓融の法も曇りなき月の横川も見えたりや」

三種圓融　〔術語〕華嚴宗に三種の圓融を立つ。一に事理圓融、事は波の如く理は水の如くにして水波相即する如きを云ふ。眞如即萬法、萬法即眞如、生死即涅槃と說くは此門なり。二に事事圓融、波と波と相即不二なる如きを云ふ。須彌芥子、大海毛端互に相入して相礙げずと說き、邪正不二煩惱即菩提と言ふ如き此門なり。三に理理圓融、水と水と一味融和する如きを云ふ。凡聖所具の眞理一味なりと說く如き此門なり。此中事理圓融理理圓融は終敎にも猶之を說き事事圓融は獨り圓敎の極談なり。

六相圓能　〔名數〕華嚴經の中に凡そ緣起の法に六種の義相ありて圓融和會するを說く。「ロクサウ」を見よ。

エンユウサンガク　圓融三學　〔術語〕華嚴天台の所判中、圓敎の三學を云ふ、戒定慧の三互に融即して三即一、一即三なる理致を具へ、餘敎の三學に異なれるなり。

エンユウサンダイ　圓融三諦　〔術語〕台家圓敎所談の三諦を云ふ。三諦は空假中なり、藏通二敎は空諦の一に依り、別敎は假中二諦を添ふるも空假中次第して觀ずれば隔歷三諦と云ひ、圓敎は即空即假即中と觀ずれば之を圓融三諦と云ふ。

エンユウシトクノカガウ　圓融至德嘉號　〔術語〕南無阿彌陀佛の名號のこと。永劫の修行によりて諸善萬行を圓具し、兆載の恩性によりて一切の功德を融攝し、無上至極の福德をそなへたる名號の意なり。

エンユウジフジヨウ　圓融十乘　〔術語〕天台所判四敎中圓敎の十乘觀法なり。止觀を行ずるに十種の法あり、十乘觀法と云ふ。此十乘觀法は藏通別圓の四敎に通ずれば、殊に圓敎の十乘を指して圓融十乘と云ふ。十乘の一一悉く事理の圓融を理致とすればなり。

エンユウモン　圓融門　〔術語〕華嚴宗に華嚴經の所說に就て布行圓融の二門を立つ。「ギヤウフモン」を見よ。

ヱンリン　圓輪　〔術語〕眞言の月輪觀の月輪を云ふ。【金剛頂疏一】に「試觀二圓輪一無二樂不レ與。」⊙（盛衰記）「圓輪滿月の床の傍」

ヱンヰ　圓位　〔術語〕圓教の位次、位位相攝圓融するを云ふ。【四教儀集註下】に「圓位。位位相攝。」

を

ヲウゴ　擁護　〔術語〕扶持し守護するなり。【金光明經一】に「常觀擁二護此閻浮提一。」【毘奈耶雜事四】に「擁二護佛法一使二長存一。」⊙（曲、熊野）「ながむれば大悲擁護の薄霞」

ヲウギヤウ　甕形　〔異類〕Kumbhāṇḍaka 鳩槃荼鬼。甕形と譯す。「クバンダ」を見よ。

ヲカイ　汚戒　〔術語〕受戒しながらも屢煩惱に迷はされ無慚無愧にして淨戒を汚すを云ふ。

ヲカデラ　岡寺　〔寺名〕東光山龍蓋寺。一名岡寺。大和國高府郡に在り。一說に舒明天皇の皇居、岡本宮の地なれば岡寺と名くと云ふ。天智天皇の御願、義淵僧正の開基。本尊は如意輪觀世音、西國第七番の巡禮所なり。每歲二月初午の日、女の厄拂として參詣す。【大和名所圖會】

ヲガハリウ　小川流　〔流派〕「アナフリウ」を見よ。

ヲクモン　屋門　〔譬喩〕五功德門の一。「ゴクドクモン」を見よ。

ヲサ　惡作　〔術語〕「アクサ」を見よ。

ヲシヤウ　和尚　〔術語〕「ワジヤウ」を見よ。⊙（太平記二六）「和尚のたまひけるは」

ヲツサンマヤ　越三昧耶　〔術語〕如來の本誓を三昧耶と名け、如來の本誓に違越するを越三昧耶と名く。漫に祕法を授受する者の罪名なり。傳授を得ずして私に眞言を誦し、又は未灌頂の人に祕法を授くれば共に越三昧耶の罪を得と云ふ。又越法罪と名く。【大日經四】に「若異レ此者同レ謗二諸佛菩薩一。越二三昧耶一。決定墮二於惡趣一。」【同十四】に「不レ爾者即得二越三昧耶罪一。三昧耶者是自誓也。一切如來所立誓願。乃至以二方便一故而立二此法一。是故猶如三世間大王之敎勅不レ可二過越一。爲レ過者必獲二重責一也。」【觀智軌】に「一一印契儀軌眞言。應下當於二灌頂阿闍梨處一躬親稟受上。若不二從レ稟受決擇一。而專擅作者。是即名爲二越三昧耶一。受及授者俱獲二重罪一。」「ヲツホフザイ」參照。

ヲツザイ　越罪　〔術語〕越毘尼罪の略なり。毘尼法戒（律）に違越する罪也。【行事鈔上三】に「僧得二越罪一。」

ヲツシヤ　越闍　〔物名〕Vajra 譯、金剛。【智度論十】に「越闍（金剛）龍珠如意珠。」

ヲツナンキヤウ　越難經　〔經名〕一卷、西晋の聶承遠譯。越難長者大富にして慳、死して盲乞兒となり、乞食して其の家に至り、其の子に打たる。佛之に因て偈を說く。【宿帙八】（711）

ヲツビニ　越毘尼　〔術語〕毘尼即ち戒律に違越するを云ふ、眞言に越法罪又は越三昧耶と言ふ如し。【行事鈔中之一】に「女人敗レ正毀レ德。莫レ不レ由レ之。染心看者越毘尼。」

ヲツホフザイ　越法罪　〔術語〕又、越三昧耶罪と云ふ。三世諸佛の祕密の法に違越する罪なり。【大日經疏二十】に「此大乘密教當下如二是法一相承上。若授受失レ宜。即是專擅自恣而越二法則一。故云二住不放逸一也。」【演密鈔十】に「若傳受失レ宜專擅自恣。即是放逸。違二越三世諸佛祕密法一則得二越法罪一。越法罪者。此中所レ謂犯二三昧耶四波羅夷中第三戒一也。謂傳法之人當須三善識二根緣一。又知二法門分際一應レ病授レ藥。勿レ使レ差レ根。」

ヲトコヒジリ　男聖　〔雜語〕有髮の聖なり。⊙（盛衰記）に役優婆塞を稱して「一生不犯の男聖」と云ふ。

ヲドリネンブツ　踊念佛　〔行事〕每年彼岸の中日に攝州四天王寺念佛堂にて此事あり、天筆の名號とて二十八菩薩の畫像を揭げて念佛修行あり、これ空也念佛なり。

ヲノソウジヤウ　小野僧正　〔人名〕沙門仁海、醍醐の小野に住しければ、小野僧正と號す、元杲阿闍梨の附法なり。「ニンカイ」を見よ。

ヲノノロクリフ　小野六流　〔名數〕「トウジ」の項を見よ。

ヲロリウ　小野流　〔流派〕弘法大師付法の弟子十數人ありしも、正しき付法相承は眞雅實慧の兩師なり、南池の源仁此兩師より稟承して益信聖寶の二師に付す、益信より四傳して寬朝に至り廣澤に居て盛に其の法流を弘めければ之を廣澤流と稱し、又聖寶より五傳して仁海に至り醍醐の小野に居て盛に聖寶の法流を揚げたれば之を小野流と稱せり。即ち小野流の始祖は聖寶にして其の名稱は仁海に創まるなり。【元亨釋書仁海傳】に「醍醐之側小野之地。海啓二密講之席一。四來受業之者多。世稱二小野密派一。」

ヲノロクデウ　小野六帖　〔書名〕小野仁海の記。一に灌頂式、二に大灌頂作法次第、三に傳法灌頂千心私記、四に雜私記、大師記、五に宿明私記、六に傳法灌頂、總て六帖あり。

ヲロ　惡露　〔術語〕身上に於る不淨の津液を云ふ、膿血屎尿等なり、惡は憎厭の義、露は津液なり。【心地觀經】に「自見二己身一。三十六物惡露不淨。」【本起經】に「惡露自出坐二臥其上一。」【無量壽經下】に「生老病死痛苦。惡露不淨。無レ可レ樂者。」【無量壽經鈔六】に「醫

心方云。惡露者血也。」

ヲンキ　遠忌　〔術語〕五十年百年等の遠き年忌なり、又遠闕日と云ふ。

ヲンギヤウヂ　遠行地　〔術語〕菩薩の十地中第七地の名なり。此地の菩薩純無相觀に住して遠く世間と二乘との有相の行を出過する故に名く。【唯識論九】に「七遠行地。至二無相住功用後邊一出三過世間二乘道一故。」

ヲンクワン　園觀　〔術語〕園は園林、觀は高臺なり。【法華經譬喩品】に「常處二地獄一如レ遊二園觀一。」

ヲンケ　怨家　〔術語〕我に怨を結ぶ人。【無量壽經下】に「怨家債主焚漂劫奪。」【遺敎經】に「諸煩惱賊。常伺殺レ人。甚二於怨家一。」

ヲンケツ　怨結　〔術語〕怨恨の心結で解けざるなり。【唐華嚴經六十八】に「於二有恩人一反加二殺害一。於二無恩處一常懷二怨結一。」【心地觀經六】に「能損二自他一互爲二怨結一。」

ヲンコフ　遠劫　〔術語〕劫を經ると久遠なり。劫は梵語劫波の略、世界の成壞を計る時量なり。

ヲンゴクシカカイダン　遠國四箇戒壇　〔名數〕叡山の一乘戒壇院の地方に分設せられたるもの、筑後鎭弘寺、伊豫等妙寺、加賀藥師寺、鎌倉寶戒寺の稱。

ヲンシ　遠師　〔人名〕隋朝の慧遠法師なり。

ヲンシノニケウ　遠師二敎　〔名數〕淨明寺慧遠の敎判なり。漸敎と頓敎とに判ず。「ニケウ」を見よ。

ヲンシヤウジユキヤウ　園生樹經　〔經名〕一卷、趙宋の施護譯。中阿含晝樹度經と同本。【昃帙八】

(990)

ヲンシン　怨親　〔術語〕怨は我を害するもの、親は我を愛するもの。【大集經二十六】に「於二怨親中一平等無二。」【熖羅王供行法次第】に「供師運二一念一離二自他之異一。故曰二無遮心一。絕二怨親之念一號二平等一。」【智度論二十】に「慈心轉廣。怨親同等。」

ヲンシンビヤウドウ　怨親平等　〔術語〕絕對の大慈悲を奉ずる佛徒は怨敵と親友とを同一視するを云ふ。前項參照。

ヲンジヤウジ　園城寺　〔寺名〕近江國滋賀郡大津に在り、長等山と號す、初め天智天皇太政大臣大友氏に勅して崇福寺を此地に移し、丈六の彌勒像を安置せしむ。大臣薨じて後其の子與多、天武帝に奏して一宇を此に創し、園城寺と號す。敎待和尙彌勒の像を安じて之に居る。後、智證大師唐より還るに及んで新羅明神の薨を感じて此寺に至り敎待和尙及び大友與多の孫に逢ひて其の付屬を受け、闕に詣て之を奏す。勅して唐院一宇を此に建てて請來の經籍を置く。「ミヰデラ」參照。【元亨釋書二十八】

ヲンゾウヱク　怨憎會苦　〔術語〕八苦の一。我れの怨み憎む人にも又忌み嫌ふ事物にも會せざるべからざる苦なり。【涅槃經十二】に「怨憎會苦。所レ不レ愛者而共聚集。」⦿（十訓抄十）「抑人間の八苦の中には怨憎會苦といへるは、物のうらめしきなり」

ヲンゾク　怨賊　〔雜名〕人の命を害し人の財を奪ふもの。【維摩經方便品】に「是身如二毒蛇一。如二怨賊一。如二空聚一。」【遺經】に「心之可レ畏甚二於毒蛇惡獸怨賊一。」

ヲンヂンリク　遠塵離垢　〔術語〕塵垢を遠離するなり。塵垢とは煩惱の總名なれども、今は八十八使の見惑を指す。八十八使の見惑を斷じて正見を得るを遠塵離垢得法眼淨と云ふ。是れ二乘の初果と菩薩の初地に於ての得益なり。但し多くは小乘の初果に就て云ふ。【法華經妙莊嚴王品】に「佛說二是妙莊嚴王本事品一時。遠塵離垢。於二諸法中一得二法眼淨一。」【維摩經方便品】に「三萬二千天及人知二有爲法皆悉無常一。遠塵離垢得二法眼淨一。」

ヲンテキ　怨敵　〔雜名〕あだかたきなり。【金光明經二】に「鄰國怨敵興二如レ是念一。」⦿（平家）「平家の一類を滅して朝家のをんてきを退けよ」

ヲンナノカミ　女髮　〔雜名〕⦿（徒然草）に「女の髮筋にてよれる綱には大象も能くつながれ」

ヲンリ　遠離　〔術語〕無爲法の性、空にして一切の事相繫縛を脫するを云ふ。【維摩經菩薩行品】に「觀二於遠離一而身心修レ善。」【註】に「肇曰。遠離無爲之別稱耳。雖レ見二無爲離遠之要一。而身心不レ離二有爲善一也。」

ヲンリシヨ　遠離處　〔術語〕遠く聚落を離るる處なり。

ヲンリヤウ　怨靈　〔術語〕怨讐の念を持てる亡靈

ヲンリラク　遠離樂　〔術語〕五種樂の一。初禪天に於て欲界の愛染の煩惱を遠離して禪定の喜樂を生ずるなり。

佛教大辭典　終

發音索引

發音索引

〔ア〕

〔イ〕

ウツソーカラ 鬱捜歌邏 109-2
ウツダカ 鬱陀伽 110-2
ウツダイシ 鬱提戸 110-1
ウツダナ 鬱陀那 110-2
ウツタマ 鬱多摩 109-2
ウツダラカ 鬱陀羅伽 110-2
ウツタラカシン鬱多羅迦神 109-3
ウツタラクル 鬱多羅究留 109-3
ウツタラソー 鬱多羅僧 109-3
ウツダララマ 鬱陀羅羅摩 110-2
ウツタンオツ 鬱單越 110-1
ウツヂ 鬱持 110-2
ウツヂカ 鬱持迦 110-2
ウツヅ 鬱頭 110-2
ウツヅラン 鬱頭藍 110-2
ウツヅランホツ鬱頭藍弗 110-2
ウヅテン 烏頭天 111-1
ウツドンバツ 鬱曇鉢 110-3
ウツハシ 鬱波戸 110-3
ウツビラ 鬱鞞羅 111-1
ウヅマサデラ 太秦寺 111-1
ウツマサデラマタラシン太秦
寺摩多羅神 1656-3
ウヅマラ 烏圖末羅 111-1
ウツリョーカ 鬱楞伽 111-1
ウテン 于闐 111-1
ウテンオー 優塡王 111-2
ウテンオーキョー優塡王經 111-1
ウトクニョ 有德女 111-3
ウトン 有貪 111-3
ウトン 于遁 111-3
ウドン 優曇 112-1
ウドンバラ 優曇婆羅 112-1
ウドンバラキョー優曇婆邏經112-2
ウナカ 烏娜迦 112-2
ウニョー 右繞 112-3
1668-1-18, 1859-1-8
ウニン 有人 112-3
ウハ 烏波 113-2
ウバイ 優婆夷 115-2
ウバカ 烏婆柯 115-3
ウハカラ 優波柯羅 113-2
ウハキクタ 優波毱多 33-2-1
113-2, 115-3
ウハギユータ 優波笈多 113-2
ウバクツタ 優婆掘多 116-1
ウバケーシシヤ烏波髻使者 113-2
ウバサンハツナ鄔波三鉢那 113-2
ウバシ 優婆斯 116-1
ウバシカ 優婆私柯 116-1
ウバシカ 鄔波斯迦 113-3
ウバシヤカ 優婆娑柯 116-1
ウバシヤロ 鄔波遮盧 113-3
ウバセラ 鄔波世羅 113-3
ウバセンタ 優波扇多 113-3
ウバソーカ 鄔波僧訶 113-3
ウバソク 優婆塞 116-1
ウバソクカ 優婆塞迦 116-3
ウバソクカイ 優婆塞戒 116-2
ウバソクキョー優婆塞經 116-2
ウバダ 優波陀 113-3
ウバタイシヤ 優波替舍 113-3
ウバダイシヤ 優波提舍 113-3
ウバダイネハン烏波提涅槃 114-1
ウバダハニ 烏婆陀頗尼 117-1
ウバタヤ 鄔波杙耶 113-3
ウバダヤ 塢波陀耶 114-1
ウハツ 優鉢 114-1
ウハツチスイ 有八池水 114-1
ウハツラ 優鉢羅 114-1
ウハツラケビクニ鬱蒸羅華比
丘尼 114-2
ウハツラビクニ優鉢羅比丘尼114-2
ウハツラリユーオー優鉢羅龍王114-1
ウハテーシヤ 優波底沙 114-2
ウバテーシヤ 優婆底沙 117-1
ウバナ 鄔波那 114-2
ウバナカ 優波那訶 114-2
ウバナンダ 優波難陀 114-2
ウバニシヤダ 優波尼沙陀 114-2
117-1
ウバニシヤツド優婆尼沙曇 114-2
ウハニセツドン鄔波尼殺曇 115-1
117-1
ウハバシヤ 優波婆娑 115-1, 117-1
ウバハンシカ 鄔波半止迦 115-1
ウバマナ 優波摩那 115-2
ウバラサン 優波羅懺 115-2
ウバラシヤ 優婆羅叉 117-1
ウバリ 優婆離 115-2
117-1, 922-3-11
ウバリモンギョー優婆離問經117-2
ウバリリツ 優婆離律 117-2
ウピシヤ 憂畢叉 117-2
ウヒョーゴー 有表業 118-1
ウヒョージキ 有表色 118-1
ウブ 有部 117-3
ウブクムキ 有覆無記 117-3
1693-3-18
ウフシヤタ 烏逋沙他 117-3
ウブツ 有佛 117-3
ウブニダナ 有部尼陀那 117-3
ウブリツ 有部律 117-3
ウブンシキ 有分識 118-1
ウヘン 有邊 118-1
ウヘンショーヘンロン有邊生
邊論 434-2-14
ウホー 雨寶 118-1
ウホー 有法 118-1
ウホーイコ 有法意許 118-2
ウホーキョー 雨寶經 118-1
ウホークー 有法空 118-2
ウホーサベツソーイイン有法
差別相違因 118-2, 692-3-30
ウホージソーソーイイン有法
自相相違因 118-2, 632-3-20
ウホードージ 雨寶童子 118-1
ウホームガシユー有法無我宗 818-2-11
ウボル 有暴流 1633-2-20
ウボンサイ 盂盆齋 118-2
ウマ 馬 118-2
ウマ 烏摩 118-2
ウマカヂ 馬加持 118-3
ウマダ 優摩陀 118-3
ウマヒ 烏摩妃 118-3
ウマヒジリ 馬聖 118-2
ウマヤドノオージ厩戸皇子 118-3
ウマンダラケ 雨曼陀羅華 118-3
ウミ 海 119-1
ウム 有無 119-1
ウムウアイ 有無有愛 681-3-6
ウムサコクオー久夢作國王 119-2
ウムノシク 有無四句 119-1
ウモツ 烏勃 119-2
ウモン 有門 119-2
685-1-16, 699-2-29, 763-1-26
ウヨ 有餘 119-2
ウヨエ 有餘依 120-2
ウヨシセツ 有餘師說 119-3
ウヨセツ 有餘說 119-3
ウヨド 有餘土 120-1
ウヨネハン 有餘涅槃 119-3
ウラカ 烏羅伽 120-2
ウラクカセンダン烏洛迦栴檀120-2
ウラツシ 烏刺戸 120-2
ウラボン 盂蘭盆 120-2
ウラボンエ 盂蘭盆會 120-3
ウランサイ 盂蘭齋 121-1
ウランバナ 烏藍婆拏 120-2
ウリイン 雲林院 121-3
ウリノカワ 瓜の皮 121-2
ウリユー 烏龍 121-1
ウリョー 有疊 121-2
ウリョー 有量 121-2
ウリン 有輪 121-2
ウル 有流 121-3, 858-3-19
ウル 優樓 121-3
ウルカ 優樓迦 121-3
122-1, 434-1-13
ウルソーギヤ 漚樓僧佉 122-1
ウルビンラ 優樓頻螺 122-1
ウルビンラカショー優樓頻螺
迦葉 122-1, 190-2-1, 190-2-6
ウルマンダ 優流漫陀 122-2
ウロ 有漏 122-2
859-1-4 1818-1-3
ウロイン 有漏因 122-3
ウロカ 有漏果 122-3
ウロゼン 有漏禪 122-3
ウロゼンボー 有漏善法 122-3
ウロダン 有漏斷 122-3
ウロチ 有漏智 122-3
ウロドー 有漏道 122-2, 1170-3-24
ウロノセカイ 有漏の世界 122-3
ウロロ 有漏路 122-2
ウロンザ 胡亂坐 122-3
ウワ 傴和 123-1
ウワクシヤラ 傴和拘舍羅 123-1
ウワヨミホーモン上讀法門 114-2
ウン 蘊 124-3
ウン 吽 125-1
ウンアン 運庵 125-1
ウンウノタトエ雲雨喩 125-1
ウンカイ 蘊界 125-2
ウンカイ 雲海 125-2
ウンガバイ 云何唄 125-2
ウンカラシン 吽迦囉身 125-2
ウンガン 雲巖 125-2
ウンク 雲鼓 125-3
ウンゲ 雲華 125-3
ウンゴラカン 雲居羅漢 125-3
ウンコンゴー 雲金剛 125-3
ウンシキ 蘊識 125-3
ウンシツ 溫室 126-1
ウンジモン 吽字門 126-2
ウンシユー 雲宗 126-1
ウンジユー 雲集 126-1
ウンシン 運心 126-1
ウンシン 雲心 126-1, 1830-3-21
ウンシンズイホー運心隨方 126-2
ウンスイ 雲水 126-2
ウンセー 雲棲 126-2
ウンセーダイシ雲棲大師 126-2-26
ウンゼンギョー蘊善巧 921-2-20
ウンソー 溫糟 125-3
ウンドー 雲堂 126-3
ウンヌン 云云 125-1
ウンヌン 吽吽 125-1
ウンノー 雲納 126-3
ウンパン 雲版 126-3
ウンマ 蘊魔 126-3
ウンモン 雲門 126-3
ウンモンシユー雲門宗 127-1
ウンラク 蘊落 127-3, 434-1-13

〔エ〕

エ 衣 128-2
エ 依 128-2
エ 慧 567-1-21, 1860-2
エー 影 904-3-20
エイン 慧印 1860-2
エエン 依圓 135-1
エオン 慧遠 1867-1
エオン 慧苑 1867-2
エオンオンギ 慧苑音義 153-3
1867-2
エウン 慧雲 1860-3
エカ 依果 131-2
エカ 慧可 1860-3
エカ 慧男 1862-1
エカ 會下 1862-2
エーカ 詠歌 128-2
エーガ 榮華 128-3
エカイ 衣界 131-1
エカイ 慧海 1860-3
エカイ 慧懷 1860-3
エーカイ 榮海 128-2
エーカキシヤラ翳迦訖沙羅 128-3
エカン 懷感 1862-3
エガク 依學 131-1
エガク 慧學 1861-3
エガクノシユー依學の宗 131-2
エーカサンニ 翳迦珊尼 128-2
エーカシヤタ 翳迦惹吒 128-3
エガツ 慧月 1862-2
エーカビシカ 翳迦鼻指迦 128-3
エギ 慧義 1862-1
エギフエゴ 依義不依語 131-2
エキボサツ 慧喜菩薩 1538-3-2
エキョー 慧鏡 1862-1
エギョージ 會行事 1862-1
エキョーブンシユー依敎分宗131-2
エク 壞苦 276-1-4, 1862-1
エークー 叡空 128-3
エーグ 影供 128-3
エゲ 慧解 1862-2
エーケーキ 翳醯呬 128-3
エゲダツ 慧解脫 437-2-10, 1862-2
エゲダツラカン慧解脫羅漢1775-1-18
1775-1-25
エケン 慧見 1862-2
エケン 慧劍 1862-2
エケン 懷見 1862-2
エゲン 慧眼 524-2-15, 1862-3
エゲン 慧幻 1862-3
エケンシワク 依見思惑 625-3-27
エケンド 衣犍度 131-2, 424-1-10
エゲンリキ 慧眼力 668-2-6
エコ 依怙 131-2
エコ 慧炬 1862-3
エコー 回向 521-3-16, 1860-3
エコー 壞劫 701-3-4, 1863-1
エコー 慧光 1862-1
エコー 慧洪 1861-2
エーコー 脣好 128-3
エゴ 回悟 1863-1
エゴー 慧業 562-1-13, 1860-3
エコク 衣裓 131-2
エコク 穢國 1862-3
エゴゴカ 依語五過 520-2
エコーサイショー廻向最勝730-2-1
エコサンマイ 慧炬三昧 1862-3
エゴーロ 柄香爐 131-1
エコーシン 慧向心 917-1-30
1861-2
エコードージ 慧光童子1538-2-28
エコーノカダ 回向伽陀 1861-3
エコーヘンジョー回光返照 1862-1
エコーホーベン回向方便 1861-2
エコーホツガンシン廻向發願
心 628-1-28
エコーボーリユー慧房流 1862-2
エコーモン 回向門 1861-2
エコーモン 回向文 1861-2
エコン 慧根 1863-1
エゴンシンニョ依言眞如 131-3
879-3-2
エサイ 回祭 1863-1

〔オ〕

〔カ〕

〔キ〕

クセケン　九世間　297-3
グゼージンニヨカイ弘誓深如海360-2
グゼーセン　弘誓船　360-2
グゼーソー　弘誓相　360-1
グゼニヨシン　愚是女身　360-2
グゼーノゴーエン弘誓强縁360-2
クセノセンダイ救世の闡提297-3
グゼーノチカイ救世の誓　297-3
クセボサツ　救世菩薩　297-2
クセホーモン　曲法門　297-3
グセラ　具拆羅　360-1
クセリン　救世輪　297-2
クゼン　垢染　298-2
クゼン　九禪　298-2
グセン　弘宣　360-1
グーセン　寓錢　358-1
クゼンキヤクゼン舊善客善298-2
クセンケンド倶睒鍵度　297-3
クセンシヤベツ句詮差別　297-3
クセンハツカイ九山八海　297-3
クセンミ　倶睒彌　298-1
クヒンミケンド倶睒彌度　298-2
クセンミコク　拘睒彌國　298-1
クソ　九祖　296-3
クソー　九僧　298-3
クソー　供僧　298-3
クソー　苦想　291-1
クソー　九想　291-1
クソー　九瘡　290-3
グソー　愚僧　960-2
クーソー　空相　281-1
クーソー　空想　281-2
グーソー　共相　356-3
グソク　具足 360-2, 737-2-9
グソクカイ　具足戒　158-2
360-3, 1479-3-14
グソクショーガン具足諸相願361-1
クーソクゼシキ空即是色　282-2
グソクトクボンガン具足徳本願361-1
クソソージョー九祖相承　298-3
クソマ　倶蘇摩　298-3
クソマフラ　拘蘇摩補羅　298-3
クソママラ　倶蘇摩摩羅　298-3
クソラカ　倶蘇洛迦　299-1
グーソーワク　共相惑　356-3
クソン　九尊　299-1
クソンバ　倶遜婆　299-2
クタイ　舊苔　271-2
クタイ　苦諦　299-2
クタイ　宮胎　299-2
クタイ　九諦　299-2
クダイ　供臺　299-2
クータイ　空諦　282-3
645-1-2, 1097-1-1
クーダイ　空大　282-3
クタイノアミダ九體ノ阿彌陀　38-2
クダツボサツ　救脱菩薩　299-3
クダニ　瞿陀尼　299-3
クダラ　百濟　300-1
クダラデラ　百濟寺　300-1
クダラヨミ　百濟よみ　300-1
クタン　句潭　299-2
グダン　具譚　361-1
クチ　苦智　300-1, 1188-3-16
グチ　倶致　300-1
グチ　愚痴　361-1
グチコン　具知根　361-2
666-3-14, 474-1-11
グチサイ　愚痴齋　361-2
クチノショ　口疏　300-1
クヂユー　庫頭　300-3
グーチユー　禺中　358-1
クヂユーアンジヤ供頭行者236-1
クヂユーシヤ　久住者　300-3
クーチユーショーショー空中唱聲　1004-2-4
クヂユーシン　九住心　300-3
クヂユータコク久住他國　300-3
グーチユーノグー共中共　358-1
クヂユーノトー九重塔　300-3
グーチユーノフグー共中不共358-2
グチユーハ　愚中派　361-2
クヂユーボサツ舊住菩薩　301-1
クチョー　供帳　300-2
クヂョー　九帖　302-2
クヂョー　九條　302-3
クーチョー　空鳥　283-1
クーヂョー　空定　282-3
クヂョーエ　九條衣　302-3
クヂョーシヤクヂョー九條錫杖302-3
クチラ　倶絺羅　300-2
クーヂン　空塵　282-3
クチンナ　倶珍那　300-2
クツ　窟　301-1
グヅー　弘通　361-2
クツカン　窟觀　301-1
クツゲノゲツジユー窟外結集
301-1-26
クツゴブ　窟居部　301-1
クツシ　屈支　301-1
クツシユン　屈眴　301-2
クツショー　屈請　301-2
クツシン　窟心　1830-2-27
クツセン　崛山　301-2
クツソーニカ　屈霜儞迦　301-1
クツタ　崛多　301-2
クツダカアゴン屈陀迦阿含301-2
クツタク　窟宅　301-2
クツナイ　窟内　301-3
クツナイジョーザブ窟内上座部301-3
クツマラ　屈摩羅　301-3
クツロタ　屈露多　301-3
グテー　倶胝　301-3
グテーイツシ　倶胝一指　302-2
クテツ　九轍　302-1
クテツ　九徹　302-2
クテン　鼓天　302-2
クテン　供天　302-2
クデン　口傳　302-3
クーテン　空點　283-1
クーテンニギョー空點二形283-1
クデンショー　口傳鈔　302-3
クトー　供燈　902-3
クドー　九道　299-3
クドー　苦道　299-3, 646-3-22
グドー　愚堂　361-1
グドー　愚童　361-3
クドク　苦毒　302-3
クドク　功徳　302-3
グトク　愚禿　361-2
クドクエ　功徳衣　303-2
クドクカイ　功徳海　303-2
クドクジユ　功徳聚　303-1
クドクスイ　功徳水　303-2
クドクゾー　功徳藏　303-1
クドクテン　功徳天　303-2
クドクデン　功徳田　303-1
クドクテンホン功徳天品　303-2
クドクホツシン功徳法身　303-3
1606-2-23, 1606-3-11
クドクホン　功徳品　303-2
クドクリユー　功徳流　303-3
グドーヂサイシン愚童持齋心
361-3, 927-3-24
クドン　瞿曇　303-3
グドン　愚鈍　361-3
クドンセン　瞿曇仙　304-1
クドンソーギヤ瞿曇僧伽　304-1
クドンソーギヤダイバ瞿曇僧伽提婆
グドンブツ　愚鈍物　361-3
クドンホーチ　瞿曇法智　304-1
クドンミ　瞿曇彌　304-1
クナ　求那　304-2
クナゴン　拘那含　304-3
クナゴンムニ　拘那含牟尼304-3
クナバツダラ　求那跋陀羅304-3
クナバツマ　求那跋摩　304-3
クナマテー　窶拏末底　305-1
クナラダ　拘那羅陀　305-2
クナン　九難 305-3, 304-2-26
ニユー　九入　305-3
クーニヨライゾー空如來藏283-2
クニン　口忍　305-3
クネンジョ　共念處　627-1-2
クノー　九惱　304-2
クノー　苦惱　304-3
クノー　功能　305-3
クハ　瞿波　305-3
クバク　苦縛　306-3
グバク　具縛　362-1
クバクイチダツ九縛一脱　306-3
クバクバラモン倶縛婆羅門307-1
クハラ　瞿波羅　306-1
クハリジキノアミダ紅頗黎色阿彌陀　306-2
クハンシカ　躬半支迦　306-2
クハンダ　鳩槃茶　306-2
グーハンニヤ　共般若　358-2
1437-3-8
クビダラ　倶毘陀羅　307-2
クビニ　窶鼻尼　307-2
クビョー　九病　307-2
クビラ　倶毘羅　307-3
クビラダイショー宮毘羅大將307-3
クビラン　倶毘藍　307-3
クビルハシヤ　倶毘留波叉307-3
クブ　供奉　308-2
クブ　九部　308-2
グブ　愚夫　362-1
グブ　供奉　362-1
クフー　工夫　308-1
グーフグー　共不共　358-2
クフケン　倶不遣　633-1-29
クフゴクジョー倶不極成　632-1-28
グフシユショー愚夫種性　824-2-30
クフジョー　倶不成　633-1-13
クフジョー　口不淨　916-2-23
グフショギョーゼン愚夫所行禪362-1
グブタ　笈多　362-1
グーフヂョー　共不定　358-2
632-2-27
クブツ　供佛　308-2
グフトツク　求不得苦　276-1-14
362-1, 515-2-20
クベーラ　倶吠羅　308-2
クベン　九辯　308-2
グーヘン　共變　358-2
クベンダ　拘辨茶　30-2
クホー　狗法　308-3
グホー　求法　367-2
グホー　愚法　362-2
グホー　弘法　362-2
クーホー　空法　283-2
グーホー　共報　358-2
グーホー　共法　358-2
グホーコーソーデン求法高僧傳362-2
グホーショーモン愚法聲聞　792-3-14
クホーチ　苦法智　308-2
クホーチニン苦法智忍308-2, 420-1-7
クホーベン　九方便　305-3
クホン　九品　47-3, 308-3
クホン　苦本　308-3
クボン　九梵　309-3
グボン　弘範　362-2
クホンイチブンテン倶品一分轉　632-3-4
クホンオージョー九品往生309-1
クホンオージョーアミダキョ
—九品往生阿彌陀經　309-2
クホンジ　九品寺　309-2
クホンジハ九品寺派971-1-3, 309-2
クホンノジョード九品の淨土308-3
クホンノダイエ九品大衣　309-3
クホンノネンブツ九品の念佛309-1
クホンノワク　九品惑　309-2
クマ　瞿摩　309-3
クマ　摩嶋　308-3
クーマ　空魔　283-2
クマイ　瞿摩夷　310-1
クマイ　供米　310-1
クマイデン　供米田　310-1
クマイブクロ　供米袋　310-1
クマダイ　瞿摩帝　310-1
クマノゴンゲン熊野權現　310-2
クマノサンショゴンゲン熊野三所權現　1762-3-27
クマノビクニ　熊野比丘尼310-2
クマラ　苦末羅　310-2
クマラエン　鳩摩羅炎　310-2
クマラカ　鳩摩羅伽　310-3
クマラカショー拘摩羅伽葉　311-1
クマラカテン　鳩摩羅伽天　310-3
クマラギバ　鳩摩羅耆婆　311-1
クマラジユー　鳩摩羅什　311-2
クマラタ　鳩摩邏多　311-3
クマラテン　拘摩羅天　310-2
クマン　九慢　312-1, 1666-2
クマンナ　鳩滿拏　310-2
クミツ　倶密　312-1
グミョーシユー弘明集　362-2
グミョーチョー共命鳥　362-2
グミョーボサツ求名菩薩　362-2
グミョーライ　求名禮　733-2-13
クム　拘貿　312-2
クーム　空無　283-2
クームガ　空無我　283-3
クムガク　九無學 312-2, 1693-2
クムゲドー　九無礙道　312-2
クムシツ　口無失　944-3-21
クームソームガン空無相無願283-3
クームソームサ空無相無作　283-3
クムヅ　拘牟頭　312-2
クームヘンショヂョー空無邊處定　283-3, 695-3-6
クームヘンショテン空無邊處天284-1
グームミョー　共無明　1717-1-18
クメデラ　久米寺　312-2
クメンカンノン九面觀音　312-2
クモー　苦網　310-1
クモク　瞿默　312-3
クモクショー　孔目章　312-3
クモクモツケンレン瞿默目犍連312-3
クモダラ　瞿模怛羅　312-3
クモツ　供物　312-3, 1577-3-13
クモツヅ　拘物頭　313-1
クモン　九門　313-3
クモン　公文　313-2
クーモン　空門　284-1
695-1 18, 699-3-1, 763-2-26
クーモンシ　空門子　234-1
クモンジョ　公文所　313-2
クモンヂ　求聞持　313-2
グモンヂホー　求聞持法　313-3
グヤ　供屋　362-2
クーヤ　空也　284-1
クーヤキ　空也忌　284-2
クヤク　苦厄　314-3
クヤク　九厄　314-3
クヤク　舊譯　314-3
クーヤシユー　空也宗　284-2-59
クーヤドー　空也堂　284-2
クヤニ　瞿耶尼　314-3
クーヤネンブツ空也念佛　284-2
クヤラ　倶夜羅　314-3

クユー 功用 314-3
クユーヂ 功用地 314-3
クヨ 苦餘 314-3
クヨー 九曜 284-3
クヨー 供養 313-3, 1828-1-14
クヨーエ 供養會 314-2
クヨク 拘翼 315-1
グヨクキヨー 求欲經 362-2
クヨークキヨーセ供養恭敬施639-3-4
クヨーシユ 供養主 314-2
クヨーシヨブツガン供養諸佛願314-2
クヨージンブン供養神分1002-2-14
クヨーダイイチ供養第一 122-2
クヨーニヨイガン供養如意願314-2
クヨーブツエカ供養佛依果 915-1-21
クヨーホー 供養法 314-2, 944-1-9
クヨーマンダラ九曜曼陀羅281-1 1672-2
クヨーモン 供養文 314-2
クラ 鳩羅 315-1
クラカン 九羅漢 315-1
クラク 拘羅瞿 315-1
クラダンヅ 究羅檀頭 315-1
クラダンダイ 鳩羅檀提 315-1
クラナ 拘浪拏 315-1
クラバ 矩拉婆 315-2
クラバテー 倶攞鉢底 315-2
クラホーシ 倉法師 315-2
クラマデラ 鞍馬寺 315-2
クランタ 倶蘭吒 315-3
クランダ 拘蘭荼 315-3
クランダケ 倶蘭吒華 315-3
クランナンダ 拘蘭難陀 315-3
クリ 庫裡 315-3
クリ 拘利 315-3
クーリ 空理 284-2
クリカ 倶哩迦 316-1
クリカラ 倶利伽羅 316-2
クリキ 功力 316-2
クリキゲドー 口力外道 316-2
クリキロンジ 口力論師 434-3-22
クリケン 倶利劍 316-2
クリタイシ 拘利太子 315-2
クリツケ 舊律家 316-2
クリユー 驅龍 315-3
クリヨー 供料 318-1
クリン 九輪 316-3
クリン 苦輪 316-3
クリン 口輪 316-3
クリン 拘鄰 316-2
クリン 句輪 316-3
クーリン 空輪 284-2
クル 拘屡 317-1
クル 拘盧 317-1
クル 九流 317-1
クル 鳩留 317-1
クルイシヨー 九類生 317-3
クルイチ 苦類智 318-1
420-1-16
クルイチニン 苦類智忍 318-1
420-1-15
クルイニン 苦類忍 318-1
クルシヤ 拘流沙 317-2
クルシヤ 倶盧舍 317-1
クルシヤナ 瞿嚧者那 317-2
クルシン 拘留心 1830-2-19
クルセナ 瞿盧折娜 317-2
クルセンカセキ鳩留仙化石317-1
クルセンニン 鳩留仙人 317-1
クルソンブツ 拘留孫佛 317-2
411-3-30
クルダルマ 瞿妻達磨 317-3
グルバダ 窶盧播陀 317-3
クレー 九例 318-1
クレン 九蓮 318-1
グレンゲ 紅蓮華 369-3
クレンダイグレン紅蓮大紅蓮318-1
クレンヂゴク 紅蓮地獄 318-1
クロ 九漏 318-2
グロ 窮露 362-3
クロー 鼓樓 318-2
クロゲサ 黒袈裟 318-2
クロゴロモ 黒衣 318-2
クロシヤ 倶盧舍 318-2
クロダニシヨーニン黒谷上人318-2
クロン 舊論 318-3
クロンジヤ 拘崙闍 318-3
クワ 垢汙 318-3
クワ 口和 318-3
クワ 囮 318-3
クワキヨー 口和敬 1845-1-17
グワク 愚惑 362-3
クン 裙 355-2
グンウ 群有 369-2
グンキ 群機 369-2
グンギロン 群疑論 360-2, 370-2
グンシユ 葷酒 369-3
クンシユー 薫修 355-3
クンジユー 薫習 355-3
クンシユーキヨー捃拾敎 355-3
グンジヨー 群生 370-1
グンジヨーカイ群生海 370-1
グンシン 葷辛 369-2
クンス 裙子 356-1
クンス 鐼子 356-1
クンゾー 紅糟 355-2
クンダ 君荼 356-1
グンダ 軍荼 370-1
クンタギ 捃多蛾 356-1
グンダリ 軍荼利 370-1
グンダリギキ 軍荼利儀軌 370-3
グンダリコンゴー軍荼利金剛 548-2-13
グンダリミヨーオー軍荼利明王370-1 198-3
グンダリヤシヤ軍荼利夜叉 370-1
クンチ 君遲 356-1
クンチカ 捃稚迦 356-2
グンメー 群迷 370-3
グンモー 群萠 320-3
グンルイ 群類 370-2
クンロクコー 薫陸香 356-2

〔ケ〕

ケ 計 271-1
ケ 假 371-1
ケ 悔 371-1
ケ 化 371-1
ケ 繋 371-3
ケ 華 371-3
ゲ 夏 428-3
ゲ 偈 428-3
ケー 磬 371-3, 20-1-21
ゲアキ 夏解 409-1
ゲアキオサメ 夏解納 429-1
ゲアンゴ 夏安居 429-1
ケーイ 計異 408-1-6
ケーイチ 計一 408-1-4
ケイツサイシユジヨー化一切衆生 371-1, 372-3
ゲイハ 解意派 429-2
ケイン 華院 407-3
ケーインブ 鷄胤部 371-3
ケウ 希有 374-2
ケウ 假有 374-2
ゲウキヨー 解憂經 429-2
ケウニン 希有人 378-3
ケエ 家依 381-1
ケエー 華翳 381-1
ケエン 繋縁 381-1
ケエン 化縁 381-1
ゲエン 外縁 429-3
ケオーセカイ 華王世界 407-2
ケーオン 鷄園 374-2
ゲーオン 餘音 429-1
ケカ 悔過 382-2
ケガ 灰河 381-2
ケガ 懇伽 381-2
ケガ 假我 381-3
ゲーカ 貺下 429-1
ゲガ 外我 430-1
ゲカアクユー 外加惡友 917-2-11
ケガイ 華蓋 381-2
ケーガイ 謦咳 1004-1-15
ゲカイ 外海 429-3
ゲカイ 解界 429-3
ゲカイ 下界 420-3
ケカイフオー 華開敷王 381-1
ゲカイホー 解界法 429-3
ケカイレンゲン華開蓮現 381-1
ゲガキ 夏書 430-1
ケカキヨー 悔過經 382-2
ゲガク 外學 430-1
ケーガジツウシユー計我實有宗 381-2
ケガヂゴク 灰河地獄 381-2
ケーガロン 計我論 434-2-6
ケカン 假觀 382-3
ゲカン 下間 430-1
ケキ 希奇 381-3
ケギ 化儀 381-3, 1973-3
ゲギ 外儀 430-2
ケーキ 鷄貴 371-3
ゲキクシン 擊鼓心 1830-2-13
ケギノシキヨー化儀四敎 381-3
ゲキユーヂン 隙遊塵 430-2
ケキヨー 化境 381-3
ケキヨー 化敎 383-2
ケギヨー 加行 381-3
ケギヨー 化行 382-1
ゲギヨー 夏竟 430-2
ゲキヨー 夏經 430-2
ゲキヨー 外敎 430-3
ゲギヨー 解行 430-2
ケギヨーイ 加行位 382-1
ケギヨークチガン加行結願 382-1
ゲギヨーシヨー解行生 430-2
ゲギヨーソーオー解行相應
430-2, 622-2-30
ケギヨーダイシ加行大士 381-3
ゲギヨーチ 解行地 430-2
ゲギヨーヂユー解行住 1826-2-2
ケギヨードー 加行道 382-1
ケギヨートク 加行得 381-3
ケギヨーニキヨー化行二敎 382-1
ゲギヨーノジユーヂ解境十佛430-2
ゲギヨーホツシン解行發心
430-2, 627-1-18
ケク 家狗 382-2
ケク 化功 382-2
ゲク 偈句 430-3
ゲクー 外空 430-3
ゲクー 解空 430-3
ケークカイ 鷄狗戒 372-1
ケクキコ 化功歸巳 382-2
ゲクジキ 下口食 430-3
ゲクーシユボダイ解空須菩提
837-2-30
ケグセ 希求施 382-3
ゲクーダイイチ解空第一 837-2
ケクーデン 化宮殿 382-2
ゲクヨー 外供養 430-3
ケケ 家家 430-3
ケゲ 罣礙 383-2
ケゲ 花偈 383-2
ゲケ 下化 430-3
ゲゲ 解夏 431-1
ケーケー 荊溪 372-1
ゲゲキヨー 解夏經 431-1
ゲケシユジヨー下化衆生 430-3
ケケシヨージヤ家家聖者 383-2
ゲゲソー 解夏草 431-1
ゲゲドー 外外道 431-1
ケゲン 化源 383-2
ケゲン 悕玄 383-3
ケゲン 化現 383-3
ゲケンロン 解拳論 431-1
ケコ 花筥 383-3
ゲゴ 解悟 431-3
ゲゴ 外護 432-1
ゲゴ 偈語 432-1
ケコー 華香 381-2
ケゴー 假合 381-2
ゲコー 解講 431-2
ケーゴー 憬興 382-1
ゲゴコイン 外五鈷印 432-1
ケゴーシシン 假合之身 381-2
ゲゴゼンヂシキ外護善知識 432-1
ケコーニヨライ華光如來 382-3
ゲゴマ 外護摩 432-1
ゲゴモリ 夏籠 431-2
ケゴン 華嚴 383-3
ゲコン 下根 431-2
ケゴンイチジヨー華嚴一乘 383-2
ケゴンエ 華嚴會 387-1
ケゴンエンギシヨー華嚴演義鈔
ケゴンオー 華嚴王 387-1
ケゴンオンギ 華嚴音義 384-1
ケゴンキヨー 華嚴經 384-1
1800-2
ケゴンケンダン華嚴懸談 385-3
ケゴンゲンダン華嚴玄談 385-3
ケゴンゴイ 華嚴五位 385-3
ケゴンゴキヨー華嚴五敎 383-3
ゲコンゴーニジツテン外金剛二十天 431-2
ゲコンゴーブ 外金剛部 431-3
ゲコンゴーブイン外金剛部院431-3
ケゴンサンシヨー華嚴三聖 383-3
622-3
ケゴンサンシヨー華嚴三生 622-2
ケゴンサンマイ華嚴三昧 385-3
ケゴンジ 華嚴寺 386-3
ケゴンジ 華嚴時 386-2
ケゴンシキ 華嚴旨歸 386-1
ケゴンシヤクキヨージユーモン華嚴釋經十門 953-2
ケゴンシユー 華嚴宗 386-1
ケゴンシユーシチソ華嚴宗七祖 737-3
ケゴンシユーシモンシユツタイ華嚴宗四門出體 835-2
ケゴンシユーノサンカン華嚴宗の三觀 612-3
ケゴンソンジヤ華嚴尊者 386-3
ケゴンダイシヨ華嚴大疏 3 6-3
ケゴンヂユー 華嚴頭 386-3
ケゴンデン 華嚴傳 386-1
ケゴンノアサ 華嚴の朝 383-3
ケゴンホツカイ華嚴法界 386-3
ケゴンホツカイカン華嚴法界觀
ケゴンホツカイギカイ華嚴法界義海 337-1
ケゴンホツカイゲンキヨー華嚴法界玄鏡 387-1
ケゴンホツカイゲンキヨー華嚴法界玄經 387-1
ケゴンホツカイデンゾーロク華嚴法界傳通錄 387-1
ケゴンボサツ 華嚴菩薩 387-1
ケゴンモンドー華嚴問答 387-1
ケゴンユーイ 華嚴遊意 387-1
ケゴンリヤクサク華嚴略策 387-1

クセケン　九世間　297-3
グゼージンニヨカイ弘誓深如海360-2
グゼーセン　弘誓船　360-2
グゼーソー　弘誓相　360-1
グゼニヨシン　愚是女身　360-2
グゼーノゴーエン弘誓强緣360-2
クセノセンダイ救世の闡提297-3
グゼーノチカイ救世の誓　297-3
クセボサツ　救世菩薩　297-2
クセホーモン　曲法門　297-3
グセラ　具抳羅　360-1
クセリン　救世輪　297-2
クゼン　垢染　298-2
クゼン　九禪　298-2
グセン　弘宣　360-1
グーセン　寓錢　358-1
クゼンキヤクゼン舊善客善298-2
クセンケンド　俱睒犍度　297-3
クセンシヤベツ句詮差別　297-3
クセンハツカイ九山八海　297-3
クセンミ　俱睒彌　298-1
クヒンミケンド俱睒彌度　298-2
クセンミコク　拘睒彌國　298-1
クソ　九祖　296-3
クソー　九僧　298-3
クソー　供僧　298-3
クソー　苦想　291-1
クソー　九想　291-1
クソー　九瘡　290-3
グソー　愚僧　960-2
クーソー　空相　281-1
クーソー　空想　281-2
グーソー　共相　356-3
グソク　具足 360-2, 737-2-9
グソクカイ　具足戒　158-2
360-3, 1479-3-14
グソクシヨソーガン具足諸相願361-1
クーソクゼシキ空即是色　282-2
グソクトクボンガン具足德本願361-1
クソソージヨー九祖相承　298-3
クソマ　俱蘇摩　298-3
クソマフラ　拘蘇摩補羅　298-3
クソママラ　俱蘇摩摩羅　298-3
クソラカ　俱蘇洛迦　299-1
グーソーワク　共相惑　356-3
クソン　九尊　299-1
クソンバ　俱遜婆　299-2
クタイ　舊苦　271-2
クタイ　苦諦　299-2
クタイ　宮胎　299-2
クタイ　九諦　299-2
クダイ　供臺　299-2
クータイ　空諦　282-3
645-1-2, 1097-1-1
クーダイ　空大　282-3
クタイノアミダ九體ノ阿彌陀　38-2
クダツボサツ　救脱菩薩　299-3
クダニ　瞿陀尼　299-3
クダラ　百濟　300-1
クダラデラ　百濟寺　300-1
クダラヨミ　百濟よみ　300-1
クタン　句潭　299-2
グダン　具譚　361-1
クチ　苦智　300-1, 1188-3-16
グチ　俱致　300-1
グチ　愚痴　361-1
グチコン　具知根　361-2
666-3-14, 474-1-11
グチサイ　愚痴齋　361-2
クチノシヨ　口疏　300-1
クヂュー　庫頭　300-3
グーチユー　偶中　358-1
クヂユーアンジヤ供頭行者236-1
クヂユーシヤ　久住者　300-3
クーチユーシヨーシヨー空中唱聲　1004-2-4
クヂユーシン　九住心　300-3
クヂユータコク久住他國　300-3
グーチユーノグー共中共　358-1
クヂユーノトー九重塔　300-3
グーチユーノフグー共中不共358-2
グチユーハ　愚中派　361-2
クヂユーボサツ舊住菩薩　301-1
クチヨー　供帳　300-2
クヂヨー　九帖　302-2
クヂヨー　九條　302-3
クーチヨー　空鳥　283-1
クーヂヨー　空定　282-3
クヂヨーエ　九條衣　302-3
クヂヨーシヤクヂヨー九條錫杖302-3
クチラ　俱絺羅　300-2
クーヂン　空塵　282-3
クチンナ　俱珍那　300-2
クツ　沓　301-1
グヅー　弘通　361-2
クツカン　窟觀　301-1
クツゲノゲツジユー窟外結集
301-1-26
クツゴブ　窟居部　301-1
クツシ　屈支　301-1
クツシユン　屈眴　301-2
クツシヨー　屈請　301-2
クツシン　窟心　1830-2-27
クツセン　崛山　301-2
クツソーニカ　屈霜儞迦　301-1
クツタ　崛多　301-2
クツダカアゴン屈陀迦阿含301-2
クツタク　窟宅　301-2
クツナイ　窟内　301-3
クツナイジヨーザブ窟内上座部301-3
クツマラ　屈摩羅　301-3
クツロタ　屈露多　301-3
グテー　俱胝　301-3
グテーイツシ　俱胝一指　302-2
クテツ　九轍　302-1
クテツ　九徹　302-2
クテン　鼓天　302-2
クテン　供天　302-2
クデン　口傳　302-3
クーテン　空點　283-1
クーテンニギヨー空點二形283-1
クデンシヨー　口傳鈔　302-3
クトー　供燈　902-3
クドー　九道　299-3
クドー　苦道 299-3, 646-3-22
グドー　愚堂　361-1
グドー　愚童　361-3
クドク　苦毒　302-3
クドク　功德　302-3
グトク　愚禿　361-2
クドクエ　功德衣　303-2
クドクカイ　功德海　303-2
クドクジユ　功德聚　303-1
クドクスイ　功德水　303-2
クドクゾー　功德藏　303-1
クドクテン　功德天　303-2
クドクデン　功德田　303-1
クドクテンホン功德天品　303-2
クドクホツシン功德法身　303-3
1606-2-23, 1606-3-11
クドクホン　功德品　303-2
クドクリユー　功德流　303-3
グドーヂサイシン愚童持齋心
361-3, 927-3-24
クドン　瞿曇　303-3
グドン　愚鈍　361-3
クドンセン　瞿曇仙　304-1
クドンソーギヤ瞿曇僧伽　304-1
クドンソーギヤダイバ瞿曇僧伽提婆
グドンブツ　愚鈍物　361-3
クドンホーチ　瞿曇法智　304-1
クドンミ　瞿曇彌　304-1
クナ　求那　304-2
クナゴン　拘那含　304-3
クナゴンムニ　拘那含牟尼304-3
クナバツダラ　求那跋陀羅304-3
クナバツマ　求那跋摩　304-3
クナマテー　窶拏末底　305-1
クナラダ　拘那羅陀　305-2
クナン　九難 305-3, 304-2-26
ニユー　九入　305-3
クーニヨライゾー空如來藏283-2
クニン　口忍　305-3
クネンジヨ　共念處　627-1-2
クノー　九惱　304-2
クノー　苦惱　304-3
クノー　功能　305-3
クハ　瞿波　305-3
クバク　苦縛　306-3
グバク　具縛　362-1
クバクイチダツ九縛一脱　306-3
クバクバラモン俱縛婆羅門307-1
クハラ　瞿波羅　306-1
クハリジキノアミダ紅頗黎色阿彌陀　306-2
クハンシカ　躬半支迦　306-2
クハンダ　鳩槃茶　306-2
グーハンニヤ　共般若　358-2
1437-3-8
クビダラ　俱毘陀羅　307-2
クビニ　窮鼻尼　307-2
クビヨー　九病　307-2
クビラ　俱毘羅　307-3
クビラダイシヨー宮毘羅大將307-3
クビラン　俱毘藍　307-3
クビルハシヤ　俱毘留波叉307-3
クブ　供奉　308-2
クブ　九部　308-2
グフ　愚夫　362-1
グブ　供奉　362-1
クフー　工夫　308-1
グーフグー　共不共　358-2
クフケン　俱不遣　633-1-29
クフゴクジヨー俱不極成 632-1-28
グフシユシヨー愚夫種性 824-2-30
クフジヨー　俱不成　633-1-13
クフジヨー　口不淨　916-2-23
グフシヨギヨーゼン愚夫所行禪362-1
グブタ　笈多　362-1
グーフヂヨー　共不定　358-2
632-2-27
クブツ　供佛　308-2
グフトツク　求不得苦 276-1-14
362-1, 515-2-20
クベーラ　俱吠羅　308-2
クベン　九辯　308-2
グーヘン　共變　358-2
クベンダ　拘辨茶　30 -2
クホー　狗法　308-3
グホー　求法　367-2
グホー　愚法　362-2
グホー　弘法　362-2
クーホー　空法　283-2
グーホー　共報　358-2
グーホー　共法　358-2
グホーコーソーデン求法高僧傳362-2
グホーシヨーモン愚法聲聞 792-3-14
クホーチ　苦法智　308-2
クホーチニン苦法智忍308-2, 420-1-7
クホーベン　九方便　305-3
クホン　九品　47-3, 308-3
クホン　苦本　308-3
クボン　九梵　309-3
グボン　弘範　362-2
クホンイチブンテン俱品一分轉　632-3-4
クホンオージヨー九品往生309-1
クホンオージヨーアミダキヨ—九品往生阿彌陀經　309-2
クホンジ　九品寺　309-2
クホンジハ九品寺派971-1-3, 309-2
クホンノジヨード九品の淨土308-3
クホンノダイエ九品大衣　309-3
クホンノネンブツ九品の念佛309-1
クホンノワク　九品惑　309-2
クマ　瞿摩　309-3
クマ　摩鳩　308-3
クーマ　空魔　283-2
クマイ　瞿摩夷　310-1
クマイ　供米　310-1
クマイデン　供米田　310-1
クマイブクロ　供米袋　310-1
クマダイ　瞿摩帝　310-1
クマノゴンゲン熊野權現　310-2
クマノサンシヨゴンゲン熊野三所權現　1762-3-27
クマノビクニ　熊野比丘尼310-2
クマラ　苦末羅　310-2
クマラエン　鳩摩羅炎　310-2
クマラカ　鳩摩羅伽　310-3
クマラカシヨー拘摩羅伽葉　311-1
クマラカテン　鳩摩羅伽天　310-3
クマラギバ　鳩摩羅耆婆　311-1
クマラジユー　鳩摩羅什　311-2
クマラタ　鳩摩邏多　311-3
クマラテン　拘摩羅天　310-2
クマン　九慢　312-1, 1666-2
クマンナ　鳩滿拏　310-2
クミツ　俱密　312-1
グミヨーシユー弘明集　362-2
グミヨーチヨー共命鳥　362-2
グミヨーボサツ求名菩薩　362-2
グミヨーライ　求名禮　733-2-13
クム　拘貿　312-2
クーム　空無　283-2
クームガ　空無我　283-3
クムガク　九無學　312-2, 1693-2
クムゲドー　九無碍道　312-2
クムシツ　口無失　944-3-21
クームソームガン空無相無願283-3
クームソームサ空無相無作　283-3
クムヅ　拘牟頭　312-2
クームヘンシヨヂヨー空無邊處定　283-3, 695-3-6
クームヘンシヨテン空無邊處天284-1
グームミヨー　共無明 1717-1-18
クメデラ　久米寺　312-2
クメンカンノン九面觀音　312-2
クモー　苦網　310-1
クモク　瞿默　312-3
クモクシヨー　扎目章　312-3
クモクモツケンレン瞿默目犍連312-3
クモダラ　瞿模怛羅　312-3
クモツ　供物　312-3, 1577-3-13
クモツヅ　拘物頭　313-1
クモン　九門　313-3
クモン　公文　313-2
クーモン　空門　284-1
695-1 18, 699-3-1, 763-2-26
クーモンシ　空門子　234-1
クモンジヨ　公文所　313-2
クモンヂ　求聞持　313-2
グモンヂホー　求聞持法　313-3
グヤ　供屋　362-2
クーヤ　空也　284-1
クーヤキ　空也忌　284-2
クヤク　苦厄　314-3
クヤク　九厄　314-3
クヤク　舊譯　314-3
クーヤシユー　空也宗　284-2-59
クーヤドー　空也堂　284-2
クヤニ　瞿耶尼　314-3
クーヤネンブツ空也念佛　284-2
クヤラ　俱夜羅　314-3

クユー 功用 314-3
クューヂ 功用地 314-3
クヨ 苦餘 314-3
クヨー 九曜 284-3
クヨー 供養 313-3, 1828-1-14
クヨーエ 供養會 314-2
クヨク 拘翼 315-1
グヨクキヨー 求欲經 362-2
クヨークキヨーセ供養恭敬施639-3-4
クヨーシユ 供養主 314-2
クヨーシヨブツガン供養諸佛願314-2
クヨージンブン供養神分1002-2-14
クヨーダイイチ供養第一 122-2
クヨーニヨイガン供養如意願314-2
クヨーブツエカ供養佛依果
915-1-21
クヨーホー 供養法 314-2, 944-1-9
クヨーマンダラ九曜曼陀羅281-1
1672-2
クヨーモン 供養文 314-2
クラ 鳩羅 315-1
クラカン 九羅漢 315-1
クラク 拘羅瞿 315-1
クラダンヅ 究羅檀頭 315-1
クラダンダイ 鳩羅檀提 315-1
クラナ 拘浪拏 315-1
クラバ 矩拉婆 315-2
クラバテー 倶攞鉢底 315-2
クラホーシ 倉法師 315-2
クラマデラ 鞍馬寺 315-2
クランタ 倶蘭吒 315-3
クランダ 拘蘭荼 315-3
クランダケ 倶蘭吒華 315-3
クランナンダ 拘蘭難陀 315-3
クリ 庫裡 315-3
クリ 拘利 315-3
クーリ 空理 284-2
クリカ 倶哩迦 316-1
クリカラ 倶利伽羅 316-2
クリキ 功力 316-2
クリキゲドー 口力外道 316-2
クリキロンジ 口力論師 434-3-22
クリケン 倶利劔 316-2
クリタイシ 拘利太子 315-2
クリツケ 舊律家 316-2
クリユー 驅龍 315-3
クリヨー 供料 318-1
クリン 九輪 316-3
クリン 苦輪 316-3
クリン 口輪 316-3
クリン 拘隣 316-2
クリン 句輪 316-3
クーリン 空輪 284-2
クル 拘屢 317-1
クル 拘盧 317-1
クル 九流 317-1
クル 鵂鶹 317-1
クルイシヨー 九類生 317-3
クルイチ 苦類智 318-1
420-1-16
クルイチニン 苦類智忍 318-1
420-1-15
クルイニン 苦類忍 318-1
クルシヤ 拘流沙 317-2
クルシヤ 倶盧舍 317-1
クルシヤナ 瞿嚧者那 317-2
クルシン 恂留心 1830-2-19
クルセナ 瞿盧折娜 317-2
クルセンカセキ鵂鶹仙化石317-1
クルセンニン 鵂鶹仙人 317-1
クルソンブツ 拘留孫佛 317-2
411-3-30
クルダルマ 瞿婁達磨 317-3
グルパダ 窶盧播陀 317-3
クレー 九例 318-1
クレン 九蓮 318-1
グレンゲ 紅蓮華 369-3
クレンダイグレン紅蓮大紅蓮318-1
クレンヂゴク 紅蓮地獄 318-1
クロ 九漏 318-2
グロ 窮露 362-3
クロー 鼓樓 318-2
クロゲサ 黑袈裟 318-2
クロゴロモ 黑衣 318-2
クロシヤ 倶盧舍 318-2
クロダニシヨーニン黑谷上人318-2
クロン 舊論 318-3
クロンジヤ 拘崙闍 318-3
クワ 垢汙 318-3
クワ 口和 318-3
クワ 囮 318-3
クワキヨー 口和敬 1845-1-17
グワク 愚惑 362-3
クン 裙 355-2
グンウ 群有 369-2
グンキ 群機 369-2
グンギロン 群疑論 360-2, 370-2
グンシユ 葷酒 369-3
クンシユー 薰修 355-3
クンジユー 薰習 355-3
クンシユーキヨー捃拾敎 355-3
グンジヨー 群生 370-1
グンジヨーカイ群生海 370-1
グンシン 葷辛 369-2
クンス 裙子 356-1
クンス 鎭子 356-2
クンゾー 紅糟 355-2
クンダ 君茶 356-1
グンダ 軍荼 370-1
クンタギ 捃多蟻 356-1
グンダリ 軍荼利 370-1
グンダリギキ 軍荼利儀軌 370-3
グンダリコンゴー軍荼利金剛
548-2-13
グンダリミヨーオー軍荼利明王370-1
198-3
グンダリヤシヤ軍荼利夜叉 370-1
クンヂ 君遲 356-1
クンチカ 捃稚迦 356-2
グンメー 群迷 370-3
グンモー 群萌 320-3
グンルイ 群類 370-2
クンロクコー 薰陸香 356-2

〔ケ〕

ケ 計 271-1
ケ 假 371-1
ケ 悔 371-1
ケ 化 371-1
ケ 繫 371-3
ケ 華 371-3
ゲ 夏 428-3
ゲ 偈 428-3
ケー 磬 371-3, 20-1-21
ゲアキ 夏解 409-1
ゲアキオサメ 夏解納 429-1
ゲアンゴ 夏安居 429-1
ケーイ 計異 408-1-6
ケーイチ 計一 408-1-4
ケイツサイシユジヨー化一切
衆生 371-1, 372-3
ゲイハ 解意派 429-2
ケイン 華院 407-3
ケーインブ 鷄胤部 371-3
ケウ 希有 374-2
ケウ 假有 374-2
ゲウキヨー 解憂經 429-2
ケウニン 希有人 378-3
ケエ 家依 381-1
ケエー 華翳 381-1
ケエン 繫緣 381-1
ケエン 化緣 381-1
ゲエン 外緣 429-3
ケオーセカイ 華王世界 407-2
ケーオン 鷄園 374-2
ゲーオン 鯨音 429-1
ケカ 悔過 382-2
ケガ 灰河 381-2
ケガ 懇伽 381-2
ケガ 假我 381-3
ゲーカ 猊下 429-1
ゲガ 外我 430-1
ゲカアクユー 外加惡友 917-2-11
ケガイ 華蓋 381-2
ケーガイ 謦欬 1004-1-15
ゲカイ 外海 429-3
ゲカイ 解界 429-3
ゲカイ 下界 420-3
ケカイフオー 華開敷王 381-1
ゲカイホー 解界法 429-3
ケカイレンゲン華開蓮現 381-1
ゲガキ 夏書 430-1
ケカキヨー 悔過經 382-2
ゲガク 外學 430-1
ケーガジツウシユー計我實有宗 381-2
ケガヂゴク 灰河地獄 381-2
ケーガロン 計我論 434-2-6
ケカン 假觀 382-3
ゲカン 下間 430-1
ケキ 希奇 381-3
ケギ 化儀 381-3, 1973-3
ゲギ 外儀 430-2
ケーキ 鷄貴 371-3
ゲキクシン 擊鼓心 1830-2-13
ケギノシキヨー化儀四敎 381-3
ゲキユーデン 隙遊塵 430-2
ケキヨー 化境 381-3
ケキヨー 化敎 381-3
ケギヨー 加行 381-3
ケギヨー 化行 382-1
ゲキヨー 夏竟 430-2
ゲキヨー 夏經 430-2
ゲキヨー 外敎 430-3
ゲギヨー 解行 430-2
ケギヨーイ 加行位 382-1
ゲギヨークチガン加行結願 382-1
ゲギヨーシヨー解行生 430-2
ゲギヨーソーオー解行相應
430-2, 622-2-30
ケギヨーダイシ加行大士 381-3
ゲギヨーヂ 解行地 430-2
ゲギヨーヂユー解行住 1826-2-2
ケギヨードー 加行道 382-1
ケギヨートク 加行得 381-3
ケギヨーニキヨー化行二敎 382-1
ゲキヨーノジユーブツ解境十佛430-2
ゲギヨーホツシン解行發心
430-2, 627-1-18
ケク 家狗 382-2
ケク 化功 382-2
ゲク 偈句 430-3
ゲクー 外空 430-3
ゲクー 解空 430-3
ケークカイ 鷄狗戒 372-1
ケクキコ 化功歸巳 382-2
ゲクジキ 下口食 430-3
ゲクーシユボダイ解空須菩提
837-2-30
ケグセ 希求施 382-3
ゲクーダイイチ解空第一 837-2
ケクーデン 化宮殿 382-2
ゲクヨー 外供養 430-3
ケケ 家家 430-3
ケゲ 罣礙 383-2
ケゲ 花偈 383-2
ゲケ 下化 430-3
ゲゲ 解夏 431-1
ケーケー 荊溪 372-1
ゲゲキヨー 解夏經 431-1
ゲケシユジヨー下化衆生 430-3
ケケシヨージヤ家家聖者 383-2
ゲゲゾー 解夏草 431-1
ゲゲドー 外外道 431-1
ケゲン 化源 383-2
ケゲン 悕玄 383-3
ケゲン 化現 383-3
ゲケンロン 解拳論 431-1
ケコ 花筥 383-3
ゲゴ 解悟 431-3
ゲゴ 外護 432-1
ゲゴ 偈語 432-1
ケコー 華香 381-2
ケゴー 假合 381-2
ゲコー 解講 431-2
ケーゴー 憬興 382-1
ゲゴコイン 外五鈷印 432-1
ケゴーシシン 假合之身 381-2
ゲゴゼンヂシキ外護善知識 432-1
ケコーニヨライ華光如來 382-3
ゲゴマ 外護摩 432-1
ゲゴモリ 夏籠 431-2
ケゴン 華嚴 383-3
ゲコン 下根 431-2
ケゴンイチジヨー華嚴一乘 383-2
ケゴンエ 華嚴會 387-1
ケゴンエンギシヨー華嚴演義鈔
ケゴンオー 華嚴王 387-1
ケゴンオンギ 華嚴音義 384-1
ケゴンキヨー 華嚴經 384-1
1800-2
ケゴンケンダン華嚴懸談 385-3
ケゴンゲンダン華嚴玄談 385-3
ケゴンゴイ 華嚴五爲 385-3
ケゴンゴキヨー華嚴五敎 383-3
ゲコンゴーニジツテン外金剛二
十天 431-2
ゲコンゴーブ 外金剛部 431-3
ゲコンゴーブイン外金剛部院431-3
ケゴンサンシヨー華嚴三聖 383-3
622-3
ケゴンサンシヨー華嚴三生 622-2
ケゴンサンマイ華嚴三昧 385-3
ケゴンジ 華嚴寺 386-3
ケゴンジ 華嚴時 386-2
ケゴンシキ 華嚴旨歸 386-1
ケゴンシヤクキヨージユーモ
ン華嚴釋經十門 953-2
ケゴンシユー 華嚴宗 386-1
ケゴンシユーシチソ華嚴宗七祖 737-3
ケゴンシユーシモンシユツタイ
華嚴宗四門出體 835-2
ケゴンシユーノサンカン華嚴宗
の三觀 612-3
ケゴンソンジヤ華嚴尊者 386-3
ケゴンダイシヨ華嚴大疏 3 6-3
ケゴンヂユー 華嚴頌 386-3
ケゴンデン 華嚴傳 386-1
ケゴンノアサ 華嚴の朝 383-3
ケゴンホツカイ華嚴法界 386-3
ケゴンホツカイカン華嚴法界觀
ケゴンホツカイギカイ華嚴法
界義海 387-1
ケゴンホツカイゲンキヨー華嚴法
界玄鏡 387-1
ケゴンホツカイゲンキヨー華
嚴法界玄經 387-1
ケゴンホツカイデンゾーロク
華嚴法界傳通錄 387-1
ケゴンボサツ 華嚴菩薩 387-1
ケゴンモンドー華嚴問答 387-1
ケゴンユーイ 華嚴遊意 387-1
ケゴンリヤクサク華嚴略策 387-1

ケビヨー　華瓶　404-2
ケーヒン　闍賓　373-2, 188-3-7
ケブツ　化佛　404-3
ケフルシヤ　醯補盧沙　404-3
ケホー　化法　405-1
ケホー　砦賓　405-1
ケホー　希法　405-1
ケホー　華報　405-1
ケホー　華方　404-2
ケホー　假法　405-2
ゲホー　外法　439-2
ケーホー　圭峰　373-3
ケーホー　鷄峯　373-3
ケボサツ　化菩薩　405-2
ゲボサツ　牙菩薩　439-2
ケボーズ　毛坊主　404-2
ケホーノシキヨー　化法四敎　405-2
ケボン　華梵　405-2
ゲボン　外凡　439-2
ゲボン　下品　439-2
ゲボンソーゴー　下品相好　592-3-20
ゲマ　外魔　439-3
ケマイ　化米　405-2
ゲマツ　夏末　439-3
ケマバタ　醯摩䟦多　405-2
ケマン　華鬘　405-2
ゲマン　夏滿　439-3
ケマンガイ　懈慢界　405-3
ケマンゴク　懈慢國　405-3
ゲマンジョーブツ　解滿成佛　439-3
712-1-22　760-2-29
ケマンヘンチ　懈慢邊地　406-1
ケミョー　假名　406-1
ケミョーウ　假名有　406-1
ケミョージソー　計名字相　406-2
1835-1-23
ケミョーシユー　假名宗　406-2
818-1-15
ケミョーセケン　假名世間　406-2
ケミョーボサツ　假名菩薩　406-2
ゲムイ　外無爲　439-3
ケーメーニチ　景命日　373-3
ケモク　華目　406-2
ケモクオー　快目王　406-2
ケモクオーセゲン　快目王施眼　406-2
ケモーテン　戯忘天　405-2
ケモーネンテン　戯忘念天　405-3
ケモン　假門　406-3
ケヤクイチヤクイ　計亦一亦異　408-1-7
ケヤクラン　花藥欄　406-3
ケユー　化誘　371-3
ゲユー　外用　440-1
ケラク　快樂　406-3
ケラクテン　化樂天　406-3
ケラクフタイラク　快樂不退樂　407-1
ケラクムタイラク　快樂無退樂　407-1
ケラクレンジョー　華落蓮成　407-1
ケーラジョー　醯羅城　373-3
ケーラセン　醯羅山　373-3
ケーラタ　闍羅多　373-3
ケーラタマ　雞羅多摩　373-3
ケーランシユーヨーシユー　渓嵐拾葉集　374-1
ケリ　化理　407-1
ケリ　醯理　407-1
ケリキラ　計里枳黎　407-1
ケリユーショーモン　假立聲聞
792-3-18
ゲリヨー　解了　440-1
ケリョーノセイガン　假令之誓願　407-1
ケリョーヒヤクセンゴー　假令百千劫　407-1
ケリン　華輪　407-2
ケリンオン　華林園　407-2
ケリンオンエ　華林園會　407-2
ケーレー　雞嶺　374-1
ゲレツジョー　下劣乘　440-1
ゲロー　下臘　440-1
ゲロー　夏臘　440-1
ケーロク　鷄婁鼓　374-1
ケロケツ　繋驢橛　407-2
ケロン　戯論　407-2
ゲワク　解惑　440-1
ケーワクセー　熒惑星　374-1
ケワゴー　假和合　407-3
ケン　見　407-3
ケン　慳　408-1, 736-1-20
ケン　欠　408-2
ケン　賢　408-2
ケン　犍　408-2
ゲン　驗　440-2
ゲン　幻　440-2, 904-3-16
ゲン　眼　440-2
ケンアイ　見愛　408-2
ケンアカコースイシンゴンイン　獻閼伽香水眞言印　943-3-13
ケンイ　顯意　408-3
ケンイ　搴帷　428-3
ケンイキョー　堅意經　408-3
ケンイツサイヂユーヂ　見一切住地　743-2-22
ケンイツショヂユーヂ　見一處住地　553-1-5
ケンイン　劔印　408-3
ゲンイン　現印　440-3
ケンインイン　牽引因　408-3
ゲンウ　幻有　440-3
ケンエオー　懸衣翁　048-3
ケンエン　見緣　408-3
ゲンエン　幻燄　440-3
ゲンエンゲンギヨー　減緣減行　440-3
ケンオー　顯應　408-3
ケンオーサイ　見王齋　428-2
ケンカ　顯加　409-1
ケンカイロン　顯戒論　409-1
ゲンカク　玄覺　441-1
ゲンガク　玄學　441-2
ケンガシンシヤ　見我身者　409-2
ゲンガツ　玄月　443-1
ケンカハ　顯過破　410-1
ケンカラ　顯迦羅　409-1
ケンカラニョ　顯迦羅女　409-2
ケンカン　遣喚　410-1
ゲンカン　玄關　442-2
ゲンカン　現觀　442-2
ケンガンギヨー　堅願行　929-3-25
ゲンカンコジ　玄鑑居士　441-2
ゲンカンホーシ　玄關法師　443-1
ケンキ　懸記　409-2
ケンキ　顯機　409-2
ゲンキ　玄軌　441-2
ゲンギ　玄義　441-2
ケンキケンノー　顯機顯應　214-3-19
ゲンキコー　現起光　441-2
ゲンキツジユ　元吉樹　441-2
ゲンギブン　玄義分　441-3
ケンキミヨーオー　顯機冥應　214-3-22
ケンキヤク　間隔　409-2
ケンキヤクザ　懸脚坐　409-3
ケンギユー　見牛　409-3
ケンキョー　顯經　409-2
ケンキョー　祆敎　410-2
ケンギョー　顯敎　410-1
925-2, 959-2
ケンギョー　顯形　409-3
ケンギョー　見行　409-3
ケンギョー　檢校　410-2
ゲンキョー　玄鏡　441-2
ゲンギョー　現行　441-3
ゲンギョーホー　現行法　442-1
ケンキョーミターゴン　顯境名言　409-2
ケンク　懸皷　409-3
ゲンク　幻垢　442-1
ゲンクー　源空　442-1
ケングインネンキヨー　賢愚因緣經　410-1
ケングキヨー　賢愚經　410-1
ゲンクヨー　現供養　442-1
ゲンクラベ　驗比　442-1
ケンケ　顯家　410-1
ゲンケ　幻化　443-1
ケンケー　賢憬　410-1
ゲンケー　玄景　443-1
ケンケザインゴン　獻華座印言　210-2
ケンケツ　見結　410-2
ケンケツ　慳結　410-2
ケンケツビヨー　間穴餅　410-2
ゲンゲン　還源　443-2
ゲンゲンカン　還源觀　443-2
ケンネ　堅慧　428-3, 220-2
ケンネ　見慧　428-3
ケンネヂ　乾慧地　923-2-3
ケンフナン　犍不男　535-1-16
ケンゲンカン　見現觀　442-3-7
ゲンケンケ　眼見家　443-1
ケンケンド　見犍度　410-2
ケンゲンフゲン　賢現普賢　1518-1-19
ケンゴ　揀語　410-3
ケンゴ　堅固　410-3
ケンゴ　賢護　410-3
ゲンゴ　玄悟　443-3
ケンコー　兼好　409-1
ケンコー　懸香　409-1
ケンコー　遣蝗　409-3
ケンコー　懸曠　409-3
ケンゴー　賢劫　411-2
ゲンコー　減劫　443-2
ゲンコー　現劫　443-2
ゲンコー　玄綱　441-1
ケンゴイ　堅固意　411-1
ケンゴキヨー　賢護經　411-2
ケンゴキヨー　堅固經　411-2
ケンゴーキヨー　賢劫經　413-2
ケンゴサンマイ　堅固三昧　411-2
ゲンコーシヤクショ　元亨釋書　441-1
ケンコゾンジツシキ　遣虛存實識　410-3, 1764-3-11
ケンゴチシン　堅固地神　411-2
ケンゴチョージヤ　堅固長者　311-2
ケンゴーテン　賢鉤天　410-2
ケンゴニョ　堅固女　411-2
ケンゴニョキヨー　堅固女經　411-2
ケンゴーノセンブツ　賢劫の千佛　411-3
ケンゴボサツ　堅固菩薩　412-2
ケンゴボサツゾー　賢護菩薩像　1769-2
ケンゴモーソー　堅固妄想　572-3-8
ケンコーモン　堅黄門　410-1
ケンゴリン　堅固林　412-2
ケンゴン　簡言　412-2
ゲンコン　眼根　443-3, 734-1-25
ゲンコン　玄根　443-3
ケンサ　勸茶　412-3
ケンザ　驗者　412-3
ケンザ　堅座　413-1
ゲンザ　驗者　417-1, 444-1
ゲンザイ　現在　444-1
ゲンザイウタイカミムタイ　現在有體過未無體　444-1
ゲンザイゴカ　現在五果　520-3
ゲンザイセ　現在世　444-1
ゲンザイノゴカ　現在五果　444-1
ゲンザイホーキヨー　現在報經　444-1
ケンサク　羂索　412-3
ケンサクカンノン　羂索觀音　412-3
ケンサクシン　羂索心　1830-3-17
ケンサクテン　間錯天　412-3
ケンザン　建盞　413-1
ゲンサン　玄賛　444-1
ケンシ　鍵鎡　413-1
ケンシ　賢士　413-1
ケンシ　蹊子　413-1
ケンジ　顯示　414-3
ケンジ　祆寺　414-3
ケンジ　見思　414-3
ケンジ　見至　416-2
ケンジ　鍵鎡　416-2
ケンジ　肩次　416-2
ゲンシ　玄旨　444-2
ゲンシ　櫃子　444-2
ゲンシ　幻師　444-2
ケンジイン　顯示因　416-2
ケンジキ　顯識　416-2
ケンジキ　間色　416-2
ケンジキ　顯色　416-2
ゲンシキ　現識　41-3, 444-2
688-2-14, 688-2-25
ゲンシキ　眼識　444-2
ケンジキキヨー　顯識經　416-3
ケンジキトン　顯色貪　416-3
ケンジキフク　間色服　416-3
ゲンシキフソーオーゼン　現色不相應染　444-2, 1834-3-27
ゲンシキミヨーダン　玄旨歸命壇　444-3
ケンジキロン　顯識論　416-3
ケンシゲドー　健子外道　434-3-15
ケンジツシユー　顯實宗　416-3
818-1-6
ケンジツシン　堅實心　416-3
860-2-14
ケンシヤ　見者　413-1
ケンジヤ　賢者　416-3
ゲンシヤ　幻者　444-3
ゲンシヤ　玄沙　445-1
ゲンジヤ　驗者　446-2
ケンシヤク　見跡　413-3
ゲンシヤク　玄籍　445-3
ケンジヤクカキカイ　慳惜加毀戒　925-3-16
ケンシヤゲドー　見者外道　435-1-19
ケンジヤノサホー　驗者作法　446-3
ゲンシユ　賢首　413-3
ケンジユ　献珠　413-3
ケンジユ　見取　417-3, 709-2-17
ケンジユ　見修　417-3
ケンジユ　賢首　418-1
ゲンジユ　賢首　446-3
ケンシユー　顯宗　413-3
ゲンシユー　玄宗　446-1
ケンジユイン　見習因　91-3-1
ケンジユキヨー　賢首經　418-1
ケンシユクカ　顯叔迦　414-1
ケンシユゲ　献珠偈　414-1
ケンジユゲ　獻珠偈　413-3
ケンシユケン　見取見　408-1-14
418-1-524-1-11
ケンジユシ　見取使　418-1
ゲンジユジツシユー　賢首十宗　818-2
ゲンジユシユー　賢首宗　446-3
ケンジユヂゴク　劍樹地獄　418-1
ゲンジユツシンゴン　幻術眞言　447-1
ケンジユモン　驗主問　414-1
ケンシユーロン　顯宗論　414-1
ケンショ　見處　414-1
ケンショー　見正　413-2
ケンショー　見障　413-2
ケンショー　見性　413-2
ケンジョー　賢聖　417-1
ケンジョー　見諍　417-2
ケンジョー　乾城　417-2
ゲンショー　還生　445-3
ゲンショー　現生　445-4
ゲンショー　現證　446-1
ゲンジョー　玄弉　445-2

ゲンジョー　現成　446-2
ケンショーウバイ 賢勝優婆夷 414-1
ケンショーガキ 驗生餓鬼 702-3-7
ケンショーキョー 賢性敎 413-2
ケンショーキョー 見正敎 413-2
ケンジョーコーアン 見成公案 417-2
ゲンジョーコーアン 現成公案 446-3
ケンショジ　建初寺　414-2
ケンショーヂゴク 驗生地獄 702-3-11
ゲンショージツシユヤク 現生十種益　445-1
ゲンショーショージョージュ 現生正定聚　445-3
ケンショージョーブツ 見性成佛　413-2
ケンショダン　見所斷　414-3
ケンショーチクシュ 驗生畜趣　702-3-9
ゲンジョーテーケン 現成底見 446-2
ケンショーテンジョー 驗生天上　702-3-6
ケンジョードシンジツキョーギョーショーモンルイ 顯淨土眞實敎行證文類　417-3
ケンショーニンチュー 驗生人中　702-3-3
ゲンショーフタイ 現生不退 445-3
ゲンショブツドガン 見諸佛土願　414-2
ケンショーロク 顯正錄　413-2
ケンショーロン 顯正論　413-3
ケンジワク　見思惑　671-2-14
ケンシン　見眞　414-3
ケンシン　顯眞　414-2
ケンシン　獻身　414-2
ケンシン　慳心　414-2, 1830-1-29
ゲンシン　玄心　446-1
ゲンシン　幻身　446-1
ゲンシン　幻心　446-1
ゲンシン　元心　446-1
ゲンシン　現身　446-2
ゲンシン　源信　446-2
ケンシントク　遣信得　414-3
ゲンズイジョ　現瑞序　447-1
ゲンゼ　現世　447-1
ゲンゼイノリ　現世祈　447-1
ケンセーシシ　堅聖師子　418-2
ゲンゼリヤク　現世利益　447-1
ケンゼン　賢善　418-2
ゲンセン　玄籤　447-1
ゲンゼン　現前　447-1
ゲンゼンゲンゼンソーモツ 現前現前僧物 712-2-21, 1079-1-19
ゲンゼンジユキ 現前授記　447-2
ゲンゼンソーモツ 現前僧物 1079-1-6, 447-2
ゲヽゼンヂ　現前地　923-3-22
ゲンソ　玄疏　447-2
ケンソー　見相　413-3
ケンソー　驗相　413-3
ゲンソー　幻相　443-3
ゲンソー　現相　443-3
ゲンソー　還相　443-3
ゲンゾー　幻象　444-1
ゲンソーエコー 還相回向　443-3, 1546-2-7, 1861-1-6
ゲンソーエコーガン 還相廻向願 443-3
ケンゾク　眷屬　418-2
ゲンゾク　還俗　447-2
ケンゾクショーゴン 眷屬莊嚴 771-3-1
ケンゾクチョージユガン 眷屬長壽願　418-3
ケンゾクハンニャ 眷屬般若 1438-1-6
ケンゾクミョー 眷屬妙　418-3
ケンソーショーショーシキ 遣相證性識　1764-3-29
ゲンゾーモクロク 元藏目錄 444-1
ケンダ　健陀　419-2
ケンダアンラ　犍陀菴羅　419-3
ケンタイ　見諦　419-1
ケンダイ　見大　419-3
ケンタイアジヤリ 見諦阿闍梨 419-1
ケンタイショメツル 見諦所滅流　742-3-11
ゲンダイジンリキ 現大神力 447-2
ケンタイトク　見諦得　419-2
ケンダイビラキ 見臺開　419-3
ケンダエ　乾陀衞　422-3
ケンダオツ　乾陀越　422-3
ケンダカ　建陀歌　421-1
ケンダカダイ　乾陀訶提　421-1
ケンダクチ　健陀倶知　421-1
ケンダコクシノケサ 健陀穀子袈裟　421-1
ケンダダツタ　蹇陀達多　421-2
ケンダダラドハ 蹇陀達羅度波 421-2
ケンダツバ　乾闥婆　421-2
ケンダツバオー 乾闥婆王　422-1
ケンダツバジョー 乾闥婆城 421-3
ケンダバナ　乾陀婆那　422-1
ケンダヒョーカ 健拏驃訶　422-1
ケンダボク　蹇拏僕　422-1
ケンダマカエン 犍陀摩訶衍 422-1
ケンダラ　乾陀羅　422-2
ケンダラジユコー 乾陀羅樹香 422-2
ケンダラヤ　乾陀羅耶　422-3
ケンダリ　健馱梨　422-3
ケンダン　懸談　422-3
ゲンダン　玄談　447-3
ケンタンタイタイ 兼但對帶 419-2
ケンケンド　見犍度　424-1-1
ケンチ　犍遲　217-1-27, 423-3
ケンチ　堅智　432-3
ケンチ　見智　422-3
ケンヂ　見地　923-2-15
ケンチシン　見智身　423-1
ゲンチミョーカク 眼智明覺 447-3
ゲンチュー　玄忠　447-3
ケンヂューショー 堅住性 850-2-20
ケンチュートー 兼中到　579-1-3
ケンチューブ　賢胄部　422-3
ケンチョー　見丁　423-1
ケンチョク　犍陟　423-1
ケンヂョク　見濁 423-1, 553-1-28
ゲンツー　現通　448-1
ケンツイ　犍椎 217-1-27, 423-1
ゲンツーケジツシユー 現通假實宗　448-1, 818-2-14
ゲンヅマンダラ 現圖曼陀羅 448-1
ケンテー　犍抵　423-1
ゲンテー　源底　449-3
ケンテン　顯典　423-2
ケンテンドー　見顚倒　423-2
ケンド　犍度　423-3
ケンド　賢豆　424-2
ケントー　勸湯　419-2
ケンドー　見道　419-3, 646-3-29
ゲントー　現當　447-2
ゲンドー　玄導　447-3
ゲンドー　玄道　447-3
ゲンドー　眼同　449-3
ケントク　驗德　423-2
ケントク　顯得　433-2
ケントク　見得　423-2
ケントク　驗得　423-2
ケンドク　見毒　424-2
ゲントク　玄德　449-3
ゲントーカク　現等覺　30-3-28
ケントクジョーブツ 顯得成佛　423-2
ケンドーシヤクギ 顯道釋義 707-3-8
ケンドーシヤクギ 見道釋義 420-3
ケンドージョージユガン 見道場樹願　421-1
ケンドーショダン 見道所斷 420-3
ケンドン　慳貪　424-2
ケンドン　顯頓　424-2
ケンナン　健南　424-2
ケンニダ　蹇尼陀　424-2
ゲンニチオー　幻日王　449-3
ケンニニョライ 見二如來　424-2
ゲンニユー　眼入　450-1
ケンニユーネハン 驗入涅槃 702-3-13
ケンニン　賢人　424-3
ケンニンジ　建仁寺　424-3
ケンニンジリユー 建仁寺流 424-3
ゲンニンロン　原人論　450-1
ゲンネンヤク　還年藥　450-1
ゲンノー　玄翁　441-1
ゲンノー　玄應　441-1
ゲンノー　玄能　450-1
ゲンノーオンギ 玄應音義　153-3
ケンハ　劔波　425-1
ケンバク　見縛　425-1
ゲンハツネハン 現般涅槃　450-1
ケンハラ　傾鉢羅　425-1
ゲンハン　現般　1518-3-30
ケンヒネンドー 蜎飛蠕動　425-1
ケンビョー　賢瓶　425-1
ケンビョーグ　賢瓶宮　425-1
ゲンピン　玄賓　450-1
ケンフケン　閑不閑　425-2
ケンブツ　見佛　425-2
ケンブツモンボーラク 見佛聞法樂　452-2
ケンフナン　犍不男　425-2
ケンブン　見分　425-2
ゲンブン　限分　450-2
ケンブンクン　見分薰　425-2
ケンホー　見法　425-3
ケンポー　乾峯　425-3
ケンポー　堅法　425-3
ゲンポー　現報　450-3
ゲンポー　幻法　450-3
ゲンボー　玄昉　450-1
ゲンポーキ　玄法軌　1152-1-29
ゲンポーシリョー 現法資糧 858-1-13
ケンポーシチホー 慳法七報　426-1
ゲンポーラクジユー 現法樂住 450-3
ケンボル　見暴流 420-1, 1633-3-2
ケンポン　顯本　426-1
ケンポンジンブン 顯本神分　1002-2-11
ケンボンノー　見煩惱　426-1
ケンミツ　顯密　426-2
ケンミツカイノサンガク 顯密戒の三學　426-3
ケンミツケンガク 顯密兼學 426-3
ケンミョー　賢明　420-3
ケンミョー　顯明　426-3
ゲンミョー　元明　450-3
ゲンミョー　元妙　450-3
ケンムジョー　見無上　733-1-13
ゲンメツ　還滅　450-3
ゲンメツモン　還滅門　450-3
ケンモー　見網　426-1
ゲンモク　眼目　451-1
ケンモン　見聞　427-1
ゲンモン　還門 451-1, 1732-1-15
ゲンモン　幻門　451-1
ゲンモン　玄門　451-1
ケンモンカクチ 見聞覺知　427-1
ケンモンギ　見聞疑　427-1
ケンモンショー 見聞生　427-1, 622-2-28
ケンモンジョーブツ 見聞成佛 427-1
ゲンモンムゲジユーイン 玄門無礙十因　452-2
ゲンヤ　幻野　452-2
ケンヤク　顯益　427-1
ケンヤク　見軛　427-2
ゲンヤク　現益　452-3
ゲンユ　現喩 452-3, 1476-1-5
ケンヨーロン　顯揚論　427-1
ケンライカ　驗來果　427-2
ゲンラン　玄覽　452-3
ケンリ　乘利　428-1
ゲンリキ　幻力　452-3
ケンリツダ　乾栗馱　428-1
ゲンリョー　現量　462-3, 1419-3-12, 1791-3-26, 1791-3-22
ゲンリョーソーイ 現量相違 452-3, 632-1-1
ケンリン　堅林　428-1
ケンリンヂゴク 劔林地獄　428-1
ケンリンホー　劔輪法　428-1
ケンル　見流　428-1
ゲンル　玄流　452-3
ケンレン　牽連　428-1
ケンロ　顯露　428-2
ケンロ　見漏　859-1-5
ゲンロ　玄路　452-3
ケンロー　堅牢　427-2
ケンローチギ　堅牢地祇　428-1
ケンローチシン 堅牢地神　428-1
ケンローチテン 堅牢地天　428-1
ケンロン　見論 415-1, 428-2
ケンワキョー　見和敬 1845-1-20
ケンワク　見惑　428-2
ゲンワク　幻惑　453-1

〔コ〕

コ　擧　453-1
コー　綱　173-2
コー　香　173-1, 179-3-29
コー　劫　468-1
ゴー　號　222-2
ゴー　業　560-2
コアイ　擧哀　453-1
コーアイ　矜哀　453-2
ゴアク　五惡　508-3
ゴアクケン　五惡見　508-3
ゴアクシユ　五惡趣 13-3, 509-1
ゴアクダン　五惡段　509-1
コーアン　香案　453-2
コーアン　公案　453-2
ゴアンゴ　後安居　509-1
ゴイ　五意　509-1
ゴイ　五畏　577-3
ゴイ　五位　577-3
コーイ　綱位　183-1
ゴーイン　業因　562-2
ゴイクンシン　五位君臣　579-1
ゴイケンケツ　五位顯訣　579-2
ゴイサンマイ　五位三昧　579-2
ゴイシユパン　互爲主件　579-2
ゴイチイチジョー 後一一乘 509-2
コイチゼンシユー 擧一全收 453-1
コイチヘーショ 擧一蔽諸　453-1
コイチミョーサン 擧一明三 453-1
コイホーギョーイ 故意方行位 453-1
ゴイムシン　五位無心　579-2
コイン　小院　473-1
ゴイン　五印　509-2
ゴイン　五因　509-2
コーイン　香印　173-2
ゴインド　五印度　509-2
ゴウ　後有　509-3

ゴーウ 業有 562-2
ゴウボサツ 後有菩薩 511-3
ゴウン 五蘊 125-1,511-3
コウン 孤雲 456-2
ゴウン 五陰 152-3
コーウン 香雲 173-3
コーウン 光雲 319-2
ゴウンセケン 五蘊世間 512-1
ゴウンタク 五蘊宅 512-1
コウンノワゴー五蘊の和合 220-3-24
ゴウンマ 五蘊魔 512-1
ゴウンロン五蘊論512-1,916-3-30
コエ 估衣 456-2
コエ 醪 473-1
ゴエ 五衣 128-1,512-1
コーエ 香衣 173-2
コーエ 黃衣 319-2
ゴエー 五翳 512-2
ゴエー 御影 512-1
ゴーエウベツリ合會有別離232-1
コエケンロンジ聲顯論師 473-2
コエショーロンジ聲生論師473-2
ゴエネンブツ 五會念佛 579-3
コーエハ 紅衣派 453-3
コエブツジ 聲佛事 473-2
ゴエホーシ 五會法師 579-3
ゴエホージサン五會法事讃579-3
コーエリキ 廣慧力 327-2
コエロンジ 聲論師 473-2
ゴエン 五緣 512-2
コーエン 香煙 173-3
コーエン 香緣 173-3
コーエン 光燄 319-3
コーエン 皇圓 327-2
コーエン 講演 453-3
ユーエン 講筵 453-3
コーエン 劫焰 469-1
ゴーエン 强緣 222-1
ゴーエン 業緣 562-2
コーエンノーブツ光燄王佛319-3
ゴーエンマソン降焰魔尊 222-1
ゴオー 牛王 577-2
コーオー 香王 182-3
ゴオーウリ 牛王寳 577-2
コーオーカンノン香王觀音182-3
ゴオーキョー 五王經 577-2
ゴオーゴ 虛誑語 472-3
ゴオーソンジヤ牛王尊者 577-2
ゴオーホーイン牛王寳印 577-2
コーオロシガネ講下鐘 453-3
コオン 孤園 473-3
ゴオン 語恩 512-2
ゴオン 吳音 512-2
ゴオン 五陰 512-3
コーオン 光音 29-2-8
ゴーオン 鵠園 232-1
コーオンサンテン光音三天320-1
ゴオンジョーク五陰盛苦 512-3
515-2-20
ユーオンジン 香音神 173-3
ゴオンセケン 五陰世間 512-3
640-2-9
コーオンテン 光音天 319-3
ゴオンマ 五陰魔 512-3
ゴオンユキョー五蘊喩經 513-1
コカ 火客 456-2
ゴカ 五過 520-1
ゴカ 五果 520-2
ゴカ 後架 453-3
ゴガ 護鵝 513-3
コカイ 已界 456-2
ゴカイ 五戒 157-1
ゴカイ 牛戒 513-1
ゴカイ 五戒 513-1
ゴガイ 五蓋 221-1,513-3
コーカイ 劫海 469-1
コーカイ 香海 173-3
コーガイ 香蓋 174-1
ゴカイサン 御開山 513-1
ゴカイジューチ五海十智 1189-1
ゴカイジン 護戒神 513-1
ゴカイソー 五階僧 513-1
ゴーガカ 恒伽河 510-1
ゴーガガシヤ 殑伽河沙 510-1
ゴカク 五覺 513-2
ゴカク 牛角 513-2
コーカク 綱格 174-1
ゴカクゴン 御格勤 513-2
ゴカクシヤラリン牛角娑羅林513-3
ゴガクショ 五學處 513-3
コーカクハン 洪覺範 174-1
コーガクリユーギ廣學竪義 320-2
ゴーガシヤ 恒河沙 510-1
ゴーカショー 江迦葉 453-3
ゴーガシン 殑伽神 510-2
ゴーガシンニョ殑伽神女 510-2
ゴーガダイバ 恒伽提婆 510-2
ゴガツ 五月 521-2
ゴガツノオショージン五月の御精進 521-2
コーガテン 廣果天 320-3
ゴーガニョ 殑河女 510-2
ゴカノエシン 五果廻心 520-3
ゴガランジン 護伽藍神1135-2-23
コカワデラ 粉河寺 456-2
コカン 虎關 463-3
ゴカン 五觀 520-3
ゴカン 五官 521-1
ゴガン 護雁 513-3
コーガン 香丸 175-1
ゴーカン 合歡 231-1
ゴーカン 業感 562-3
ゴーカンエンギ業感緣起 562-3
136-2-26
ゴカンオー 五官王 521-2
コガンジ 御願寺 521-3
ゴカンショ 五卷疏 521-1
コーカンセキヂク黃卷赤軸320-2
コーカンユキョー薑幹喩經174-1
コキ 胡跪 456-2
コキ 國忌 456-3
コギ 古義 456-3
コギ 虛僞 456-3
ゴキ 互跪 514-1
コーキ 高貴 174-1
コーキ 香几 174-2
コーキ 光記 320-2
ゴーギ 殑耆 510-3
ゴーギ 業義 562-3
コギクハ 小菊派 457-1
コキゲ 孤起偈 456-3
コキサイ 國忌齋 456-3
コキジユ 孤起頌 193-3-7
コキツゾー 胡吉藏 456-3
ゴギビョードー五義平等 514-1
ゴギブンツー 五義分通 514-1
ゴギヤク 五逆 514-3
515-2,1159-1
ゴギヤクザイ 五逆罪 1696-2-2
コキユー 虎丘 456-3
ゴキョー 五境 514-1,734-1-27
ゴキョー 五教 522-2
ゴギョー 五行 514-2
コーキョ 康居 174-2
コーキョ 興渠 453-3
コーキョー 廣教 320-3
コーギョー 光曉 321-1
コーキョー 黃教 321-2
コーキョー 講經 453-3
コーキョー 紅教 454-1
コーキョー 香境 734-1-28
コーギョー 興行 453-3
ゴーキョー 業鏡 562-3
ゴーギョー 業行 562-3
ゴキョーシカン五教止觀 523-1
ゴキョージツシユー五教十宗523-2
ゴーキョーテン恒憍天 510-3
ゴキョーノブツシン五教佛身523-2
ゴキョーノレンゲ五莖蓮華514-1
ゴーギョーヒミツカンチョー
合行秘密灌頂 231-1
ゴーギョーフグムミョー恒行
不具無明 1717-1-3
ゴーギョーマンダラグ合行曼
陀羅供 231-1
コク 故苦 457-1
ゴク 五苦 276-1,515-2
ゴク 五供 515-2
ゴク 後句 427-1-3
コクー 虛空 457-2
コーク 興舉 454-1
コーク 更鼓 174-2
コーグ 講供 175-1
ゴーク 業垢 562-3
ゴーク 業苦 552-3
ゴクアク 極惡 515-2
コクアハ 國阿派 457-1
コクアン 黑闇 457-1
コクアンニョ 黑闇女 457-1
ゴクイ 極位 521-1
ゴグイシキ 五俱意識 515-3
コクイチ 國一 457-1
コクーウム 虛空有無 457-2
コクエ 黑衣 460-3
コクーエ 虛空會 460-2
コクエノサイショー黑衣宰相460-3
コクオー 國王 463-3
コクオーノオン國王恩 463-3
コクーカイ 虛空界 880-2-16
コクーカイムジン虛空界無盡
1709-1-16
コクガツ 黑月 460-3
コクガン 黑蚖 461-1
コクークボサツ虛空庫菩薩458-1
コクーゲ 虛空華 457-3,904-3-24
コクゲサ 黑袈裟 461-1
コクーゲドー 虛空外道 434-1-19
ゴクゲドー 牛狗外道 516-1
コクーゲン 虛空眼 457-3
コクコー 告香 460-3
コクゴー 黑業 461-1,561-3-1
ゴクコーオン 極好音 515-3
コクコクゴー 黑黑業 562-1-23
ゴクコージョーテン極光淨天516-1
コクゴン 克勤 461-1
コクシ 哭市 461-2
コクシ 黑齒 461-2
コクシ 國師 461-2,461-3
コクシキ 尅識 461-3
コクジキ 斛食 462-1
ゴクシチウ 極七有 516-1
ゴクシチヘン 極七返 516-1
コクジツ 尅實 462-2
コクシツツー 黑漆桶 461-3
コクシヤヂゴク黑沙地獄 462-1
コクシユー 尅終 462-1
コクーシユ 虛空手 532-1-20
コクージユーギ虛空十義 457-3
コクショー 尅證 462-1
コクショー 尅聖 462-1
コクジョー 黑繩 462-2
ゴクショー 極唱 516-2
ゴクショー 極聖 516-2
ゴクショー 極證 516-3
ゴクジョー 極靜 516-3
ゴクジョー 極成 516-3
ゴクショーイ 極聖位 516-3
コクショージ 國昌寺 462-1
コクーショヂョー虛空處定 459-3
コクーシン 虛空神 460-1
コクーシン 虛空身 1558-1-27
コクセージ 國淸寺 462-2
ゴクセツ 極說 516-3
コクゾー 刻藏 461-2
コクーゾー 虛空藏 458-1
コクーゾーイン虛空藏院 459-3
コクゾーキヤク黑象脚 461-2
ゴグソク 五具足 521-2
コクーゾーコー虛空藏講 459-2
コクソージョー國僧正 462-2
ゴクソツ 獄卒 516-3
コクーゾーホー虛空藏法 459-3
ゴクソン 極尊 516-3
ゴクヂ 極地 516-3
コクチユー 穀頭 462-2
コクテン 黑天 462-2
コクーテン 虛空天 490-1
コクド 國土 462-2
ゴクドクモン 五功德門 517-1
コクドゴンジキガン國土嚴飾
願 462-3
コクドシン 國土身 462-3
1558-1-20
コクドセケン 國土世間 640-2-14
462-2
ゴクナンショーヂ極難勝地517-2
923-2-19
コクニ 黑耳 462-3
ゴクニョジョー曲女城 517-2
ゴクネツヂゴク極熱地獄 517-3
ゴクノイシキ 五俱意識 517-3
ゴクバク 獄縛 517-3
コクハン 黑飯 463-1
コークビク 香口比丘 173-3
コクビヤク 黑白 463-1
コクビヤクゴー黑白業 562-1-26
コクフー 黑風 463-1
コクブン 黑分 463-1
コクブンジ 國分寺 463-2
コクブンニジ 國分尼寺 463-2
コクホー 國寳 463-2
コクーホツシン虛空法身 460-1
1606-2-27,1606-3-16
コクマンマン 黑漫漫 463-2
ゴクミ 極微 23-3-28
517-3,1503-3-24
ゴクミョー 極妙 519-1
コクームイ 虛空無爲 460-1
736-3-7,1723-1-2,1723-1-20
ゴクムジショーシン極無自性心
928-1-26
コクームヘン 虛空無邊 457-2
コクヤ 居休屋 463-2
コクヤジユー 黑耶柔 463-3
コクヤシン 黑夜神 463-2
コクーユ 虛空喩 451-2
コクーヨー 虛空孕 460-2
ゴクラク 極樂 519-1
ゴクラクカイエ極樂海會 519-3
ゴクラクセカイ極樂世界 519-3
ゴクラクノケショー極樂の化生391-3
ゴクラクマンダラ極樂曼陀羅520-1
ゴクリ 極理 520-1
ゴクリヤクシキ極略色 520-1
1604-2-1
ゴクリン 五俱倫 520-1
ゴクン 五葷 521-2
コケ 虛假 463-3
ゴケ 五悔 521-3
ゴケ 五繫 522-1

ゴケ 五家 522-1
ゴゲ 五礙 524-1
コケー 虎渓 463-3
ゴケー 五髻 522-2
コーケ 劫灰 469-1
コーケ 興化 454-1
コーゲ 香華 175-1
ゴーケ 業繋 562-1
コーケー 弘景 454-1
コーケー 皇慶 320-2
コーゲイン 香華院 175-1
ゴケーカン 五髻冠 522-2
ゴーケクソー 業繋苦相 1835-1-27
コーゲサ 甲袈裟 204-1
コーゲジ 香華寺 175-1
ゴケシチシユー五家七宗 523-3
コーゲジヨ 香華所 175-2
ゴケシヨグ 五家所共 523-3
コケゾードクゼン虚假雑毒善 461-1
ゴゲダツリン 五解脱輪 524-2
ゴケツ 五結 396-1, 523-3
ゴーケツ 業結 563-1
ゴケツガクシ 五結樂子 523-3
コーゲトー 向外等 175-2
ゴゲブンケツ 五下分結 396-2
ゴケーモンジユ五髻文殊 522-2
1743-1
ゴケン 五見 408-1, 523-3
ゴケン 五慳 523-3
ゴゲン 五眼 524-2
コーケン 光顯 321-1
コーゲン 光顔 321-1
ゴーケン 業羂 563-1
ゴケンゴ 五堅固 410-3, 524-1
ゴケンジキ 五間色 524-1
コーケンジユ 好堅樹 175-1
コーケンシヨ 高顯處 175-1
ゴコ 五股 524-3
ゴゴ 後五 545-2
ゴゴ 五居 525-2
ゴーゴ 牛齝 525-2
ゴコー 五向 513-1
ゴコー 五香 513-2
ゴコー 五更 513-2
ゴコー 後光 520-3
ゴゴー 語業 526-1
ゴゴー 五業 1793-3
コーコ 向去 175-2
ゴーコ 江湖 510-3
コーコー 迦講 173-3
コーゴー 香合 174-1
コーゴー 光毫 320-1
コーゴー 曠劫 321-1
コーゴー 光降 320-2
ゴゴイシキ 五後意識 53-1-30
522-2
ゴコイン 五股印 524-3
ゴコク 五穀 525-1
ゴコクキヨー 護國經 525-1
ゴコクシオー 護國四王 525-1
ゴコクシユ 護國珠 225-1
ゴコクホン 護國品 525-1
ゴーコエ 江湖會 511-1
ゴココンゴー 五股金剛 525-1
ゴコーシユイ 五劫思惟 525-1
ゴコシヨ 五股杵 525-1
ゴーコシヨ 江湖疏 511-1
コーコーシヨーゴン香光荘嚴 174-3
コゴチヨー 小五條 464-2
ココツ 故骨 464-1
ゴゴトクチ 五後得智 525-2
ココノシナノカミ九品上 464-1
ゴゴノボサツ 五五菩薩 525-3
ココバ 虎虎婆 464-1
ゴゴヒヤクサイ五後百歳 525-3
ゴゴヒヤクネシ五五百年 525-3
ゴーコリヨー 江湖寮 511-1
ゴコレー 五鈷鈴 525-2
ココロノオニ 心鬼 464-1
ココロノカガミ心鏡 464-1
ココロノシ 心師 464-1
ココロノタマ 心珠 464-2
ココロノチリ 心塵 464-2
ココロノツキ 心月 464-2
ココロノホトケ心佛 464-2
コゴン 虚言 464-2
ゴコン 五根 525-2
ゴコン五渾 525-2, 474-1, 734-1-25
ゴゴン 五禁 526-1
コーコンゲ 黄昏偈 321-1
ゴコンジキ 五根色 529-2
ゴーコンジユ 合昏樹 231-2
コーゴンジヨー廣嚴城 321-1
ゴコンボン 五根本 525-2
コーザ 高座 176-1
コーザ 光座 321-3
コーザ 講座 454-2
ゴサイ 後際 526-1
コーサイ 幸西 175-3
コーサイ 劫災 469-2
ゴサイエ 御齋會 526-1
ゴサイコー 御齋講 526-1
ゴサイバン 五綵幡 526-2
コーサクサレー鈎索鎖鈴 454-1
ゴサゴーコン 五作業根 527-1
コザン 孤山 464-3
ゴサン 牛山 527-1
ゴサン 五山 527-1
コーサン 甲讃 204-1
コーサン 廣參 322-2
コーサン 講讃 454-2
コーザン 高山 176-2, 639-3-22
コーザン 衡山 176-2
ゴサンイチジヨー後三一乘 527-1
コーサンキヨー光讃經 321-2
コーザンジ 高山寺 176-2
ゴサンジツセツ五山十刹 527-1
ゴサンジヨードー五參上堂 527-3
ゴーサンゼ 降三世 223-3
ゴーサンゼコンゴー降三世金
剛 548-2-10
コーザンダイジユキンナラ香
山大樹緊那羅 176-2
コーザンジ 香山寺 176-2
コーザントンセツ高山頓說 176-3
ゴサンニチ 五參日 528-1
ゴサンハチニ 五三八二 528-1
コーサンハンニヤ光讃般若
321-2, 1438-2-8
ゴサンマイ 五三昧 528-1
コサンロン 古三論 464-3
コシ 胡子 464-3
コシ 故紙 468-3
コジ 居士 465-3
コジ 擧似 466-1
ゴシ 五滓 528-2
ゴシ 五指 528-2
ゴシ 五師 528-2
ゴジ 五時 76-3, 537-1
コーシ 高士 176-3
コーシ 講師 737-3-27
ゴジカン 五字觀 557-1
ゴシキ 五識 529-1, 688-2
ゴシキ 五色 529-1
ゴジキ 五食 537-1
コーシキ 講式 454-2
コーシキ 香色 176-3
ゴージキ 業食 563-3
ゴシキコー 五色光 529-3
ゴシキコン 五色根 529-3
ゴシキセン 五色線 529-3
ゴシキノシカ 五色鹿 529-3
ゴシキバン 五色幡 1456-2
ゴジキヨー 五時教 557-1
ゴシキル 五色縷 529-3
コシゴー 故思業 464-3
ゴジコー 五時講 537-3
コシゴロモ 腰衣 464-3
ゴジゴンシンカン五字嚴身觀 537-3
ゴージザイ 業自在 893-2-20
ゴシシ 五師子 530-1
ゴジシキ 五字色 529-1
ゴジシヤ 五侍者 895-1
ゴジジユ 五字咒 539-3
ゴージジヨーベン業事成辨 563-3
ゴジシンゴン 五字眞言 537-3
コシソー 姑戸草 464-3
ゴシチニチノミシホ後七日御
修法 530-1
コーシツ 香室 176-3
ゴシツサンナン五失三難 530-2
コジツツーロン據實通論 466-1
ゴジネンジユホー五支念誦法 530-2
ゴジノモーゴ 五事妄語 537-3
1150-1
ゴジハツキヨー五時八教 537-3
コシフオン 去此不遠 464-3
コジマ 子嶋 466-1
ゴジミヨーオー五字明王 540-3
コシムセン 胡子無鬚 464-3
コジメ 昏鐘鳴 466-1
ゴジモン 五字門 540-3
ゴジモンジユ 五字文殊 541-1
1743-2
ゴーシヤ 牛車 530-2
ゴージヤ 恒沙 511-2
ゴーシヤク 牛跡 531-2
コーシヤク 香積 177-2
コーシヤク 劫石 469-2
コーシヤクジ 香積寺 177-2
コーシヤクジキセンニン黄赤
色仙人 321-3
ゴーシヤクビク牛跡比丘 531-3
コーシヤクブツ香積佛 180-1-23
ゴシヤヂゴク 五叉地獄 531-3
コージヤヂヨー恒沙定 511-2
ゴジヤミヨー 五邪命 541-2
ゴシユー 五衆 531-3
ゴシユ 五手 532-1
ゴシユ 五趣 532-1
ゴジユ 五受 541-3
コシユー 虚宗 465-1
ゴシユー 五宗 532-2, 818-1
コーシユ 香芻 177-2
コーシユー 甲衆 204-2
コーシユー 講衆 204-2
コージユ 光聚 321-3
コージユ 劫樹 469-2
ゴーシユ 業種 563-3
ゴージユ 業受 563-3
ゴージユ 業壽 563-3
コージユ 香集 177-3
コーシユー 講宗 454-2
ゴジユーアク 五十惡 538-1
ゴシユアクビヨー五種惡病 532-1
ゴシユアジヤリ五種阿闍梨 21-1
532-1
ゴシユアナゴン五種阿那含 532-1
ゴジユーイチイ五十一位 538-1
ゴシユイチジヨー五種一乘 532-1
ゴシユイン 五種印 532-2
ゴシユインエンギ御手印緣起 532-2
ゴシユウン 五取蘊 532-2
ゴシユカ 五種果 532-3
コシユカイ 酤酒戒 925-3-15
ゴシユカンヂヨー五種灌頂 347-3
ゴシユキバン 五種旗幡 1456-2
ゴシユギヨー 五種行 532-3
ゴシユクヨー 五種供養 313-3
532-3
ゴシユゲ 五種偈 428-3
ゴシユケツカイ五種結界 532-3
ゴジユーゲンギ五重玄義 441-3
552-1
ゴジユーコー 五十講 538-1
ゴシユゴマ 五種護摩 569-3
ゴシユゴンゼツ五種言說 532-3
ゴシユサンキ 五種三歸 532-3
609-3
ゴジユーサンサン五十三參 538-1
1064-3
ゴジユーサンソン五十三尊 538-1
ゴシユサンタイ五種三諦 532-3
ゴジユーサンブツ五十三佛 538-3
ゴシユサンマイ五種三昧 532-3
661-2
ゴシユサンラン五種散亂 533-1
ゴーシユージ 業種子 563-3
ゴジユーシイ 五十四位 539-1
ゴシユシキホー五種色法 533-2
ゴシユジザイ 五種自在 893-1
ゴシユシツヂ 五種悉地 539-2
747-1
ゴシユジヤミヨー五種邪命 534-1
ゴシユシヨー 五種性 533-2, 824-3
ゴシユシヨーギヨー五種正行 533-2
768-1
ゴシユシヨージキ五種正食 533-2
ゴシユジヨージキ五種淨食 534-1
889-1
ゴシユシヨージリン五趣生死輪
533-2
ゴシユジヨーニク五種淨肉 534-1
889-2
ゴシユシヨーフク五種聖福 788-2
ゴシユシヨーモン五種聲聞 534-1
792-3
ゴシユシンゴン五種眞言 868-3
ゴシユジンジン五種甚深 1000-1
ゴシユジンブン五種神分 1002-2
ゴシユゼン 五種禪 534-1, 1054-2
コージユセン 香聚山 178-1
ゴシユゾー 五種藏 533-1
ゴシユゾーギヨー五種雜行 533-2
コシユゾク 胡種族 465-1
ゴシユゾーゴチ五趣雜居地 533-2
ゴジユーソーデン五重相傳 552-1
ゴシユダラニ 五種陀羅尼 534-2
ゴシユダンポー五種壇法 544-2
ゴシユツー 五種通 534-2
ゴシユツーギヨー五種通經 534-2
コーシユツザンマイ高出三昧 177-2
コシユテーヅ 擧手低頭 465-1
ゴジユーテンデン五十展轉 539-2
ゴシユナゴン 五種那含 534-2
ゴジユーニイ 五十二位 540-1
ゴジユーニシユー五十二衆 539-2
ゴシユネンジユ五種念誦 534-3
ゴシユノーエ 五種衲衣 534-3
ゴジユーノクモ五重雲 552-1
ゴジユーノトー五重塔 552-1
ゴジユーノトーバ五重塔婆 552-1
ゴシユハツ 五種鉢 534-3
ゴジユーハツカイ五十八戒 540-2
ゴシユハンニヤ五種般若 534-3
1438-1
ゴシユヒリヨー五種比量 534-3
ゴシユフオーセ五種不應施 534-3
ゴシユフカシギ五種不可思議 535-1
1508-2

ゴシユフゲン　五種不還　535-1
1518-3
ゴシユフジョー五種不淨　535-1
ゴシユフズイ　五種不隨　535-1
ゴシユフセ　五種布施　1528-1
ゴシユフタイ　五種不退　535-1
1530-1
ゴシユブツショー五種佛性　535-3
コージユブツチョー光聚佛頂301-3
ゴシユフナン　五種不男　535-1
ゴシユフニヨ　五種不女　535-2
ゴシユフホン　五種不翻　535-2
ゴジユーホー　五十法　540-2
ゴシユホー　五種法　571-1
ゴシユホーシ五種法師535-3, 1601-2
ゴシユボダイ　五種菩提　535-3
1630-3
ゴシユホツカイ五種法界　1592-3
ゴシユホツシン五種法身　535-3
1606-2
ゴシユマ　五種魔　535-3
ゴシユムミョー五種無明　536-1
1717-1
ゴシユモンナン五種問難　536-1
ゴシユユイシキ五種唯識　536-1
ゴジユーユイシキ五重唯識552-2
1764-3-11
ゴシユラク　五種樂　536-1
ゴジユーロクイ五十六位　540-3
ゴジユン　五旬　541-3
コージユン　孝順　178-1
ゴジヨ　五序　995-2
コショー　估唱　465-1
コショー　已證　465-1
ゴショー　五姓　530-2
ゴショー　五性　531-1
ゴショー　五生　530-2
ゴショー　五障　530-3, 763-2
ゴショー　後生　531-2
ゴショー　五撓　542-3
ゴジョー　五淨　541-1
ゴジョー　五情　541-1
ゴジョー　五乘　541-3
コーショ　劫初　469-2
コージョ　綱所　178-1
ゴーショ　業疏　563-3
コーショー　好照　178-3
コーショー　光勝　321-3
コーショー　廣照　322-3
コーショー　香姓　177-1
コーショー　交承　177-2
コーショー　綱掌　177-2
コーショー　猴沼　454-3
コーショー　興正　454-2
コーショー　劫燒　469-3
コージョー　香城　177-3
コージョー　向上　177-3
コージョー　興盛　454-2
ゴーショー　降生　223-3
ゴーショー　迎接　223-3
ゴーショー　業障　563-2
530-3-17, 623-1-20
ゴーショー　業性　563-2
ゴージョー　業繩　563-3
ゴージョー　業成　563-3
ゴショエド　五所依土　536-1
ゴジョーオンク五盛陰苦　276-41-1
ゴージョーカイ恒常戒　511-2
ゴショーカクベツ五性各別531-2
ゴショカヂ　五處加持　536-2
ゴショーキ　御正忌　531-2
コーショキ　廣疏記　321-3
ゴショーギョー五正行　531-2
ゴショーギライ後生嫌　531-2
ゴショクヨー　五處供養　536-2
コージョーゲンイ高聲現威　541-2-27
ゴジョーゴテン五淨居天　541-1
コーショーコンレー劫初金鈴469-2
ゴジョーサイニユー五乘齊入542-2
ゴショーサンショー五障三從530-3
ゴショージキ　五正色　530-3
ゴショージキ　五正食　531-3
ゴジョージキ　五淨食　541-1
ゴジョーシネン五停四念　552-2
コーショージハ興正寺派　971-2-17
ゴショージヤ　五精舍　780-3
ゴショーシユー五性宗　531-3
ゴージョージユロン業成就論　563-3
ゴショシンゴン五處眞言　536-2
コーショーチョー好聲鳥　177-2
208-3-27
ゴジョードー　五上堂　541-2
ゴショドージキョー護諸童子經　536-2
ゴショーニチ　御正日　531-3
ゴショーネガイ後生願　531-3
コージョーノイチロ向上一路177-3
コージョノイツク　向上一句177-3
ゴショーブ　五小部　542-3
ゴジョーブンケツ五上分結339-2, 541-2
コーショーホー鉤召法　454-3
569-3-21
ゴショーボダイ後生菩提　531-3
ゴショメツル　護所滅流　742-3-20
ゴショーロン　五攝論　543-1
コシン　已心　495-2
ゴシン　五身　536-2
ゴシン　五辛　536-3
ゴシン　護身　536-3
ゴシン　五心　536-3
コーシン　廣神　321-3
コーシン　講嚫　454-2
コージン　香神　178-1
コージン　荒神　321-3
コージン　劫盡　463-2
ゴーシン　降神　223-3
コージンエ　庚申會　178-1
コージンカ　劫盡火　463-2
コシンガツショー虚心合掌　463-3
コージンク　荒神供　322-2
ゴシンサンマヤ護身三昧耶　536-3
ゴーシンシユツケ降神出家　675-2-25
ゴジンヅー　五神通　1434-3-3
コーシンニチ　庚申日　177-2
ゴジンペン　五神變　536-3
コシンホーモン已心法門　465-2
コーシンマチ　庚申待　177-3
コーシンロク　考信錄　177-3
コス　庫主　466-1
ゴスイ　五衰　512-2
コースイ　香水　178-2
コースイ　劫水　469-2, 563-3
コーズイ　光瑞　322-3
ゴースイ　恒水　511-2
コーズイカイ　香水海　178-2
コーズイセン　香水錢　178-3
コースイセン　香醉山　178-3
ゴスイニチ　御衰日　542-3
コースイビョー香水瓶　175-3
ゴセ　後世　542-3
ゴセ　護世　542-3
ゴセー　五誓　542-3
コーセ　興世　545-3
ゴーセ　降世　223-3
コーセー　江西　454-3
コーセオン　光世音　30-1-25
323-1
ゴセシオー　護世四王　543-1
ゴセシテンノー護世四天王　543-1
ゴセシヤ　護世者　543-1
ゴセツ　五說　543-1
ゴセツ　悟刹　543-1
コーセツ　香刹　178-3
コーセツ　講說　454-3
コーゼツ　廣說　323-1
ゴセツハチ　五綴鉢　543-1
コーセーヤ　高世耶　178-3
コゼン　枯禪　466-3
ゴセン　五專　543-2
ゴゼン　五箭　543-3
ゴゼン　五善　543-3
ゴゼン　語善　737-2-7
コーセン　弘宣　73-3
コーセン　香山　176-2
コーセン　香僎　175-3
コーセン　香錢　178-3
ゴゼンゴアク　五善五惡　1055-3
ゴゼンソー　五前僧　543-3
ゴセンダイキ　五千大鬼　543-3
ゴセンダイラ　五扇提羅　543-3
1044-1
コセンハ　古先派　466-3
ゴセンボー　御懺法　543-3
コーセンルフ　廣宣流布　322-1
コソ　姑蘇　466-2
ゴソ　五祖　543-3
コゾー　小僧　466-2
ゴゾー　五相　526-2
ゴソー　五葬　526-2
ゴゾー　五藏　528-1, 674-2
コーソ　高祖　178-3
コーゾー　香象　176-1
コーソー　高僧　179-1
コーゾー　光像　322-2
ゴーソー　毫相　322-2
ゴーソー　合爪　231-2
ゴーソー　業相　563-2
ゴーソーイチブン毫相一分　222-2
コーソーエ　康僧會　179-1
ゴソエン　五祖演　546-3
コーソーガイ　康僧鎧　179-1
ゴーソーキョー　業相境　907-2-6
コソク　古則　466-2
コーソク　高足　179-1
ゴーゾク　業賊　563-3
ゴソクイカンチョー御即位灌頂　348-3
ゴーソクイツカク牛觸一角　544-1
ゴゾクショー　御俗姓　544-2
ゴゾクニョライ五族如來　544-2
ゴソクホーモン五則法門　544-1
ゴソーシヤクギ五相釋義　526-2
ゴソージョーシン五相成身　526-2
コーゾーダイシ香象大師　176-1
コーソーデン　高僧傳　179-1
ゴゾービョーソー五臟病相　1494-2
コーゾーボサツ香象菩薩　176-1
ゴーソーホツカイ業相法界
1593-1-18
ゴゾーミヤクソー　五臟脈相1494-2
コーゾメ　香染　179-1
コーソーワサン高僧和讚　179-1
ゴゾンシチケツ五存七欠　544-1
コソンス　胡孫子　466-2
ゴタイ　五體　544-2
ゴダイ　五大　544-2
コーダイ　香臺　174-2
コーダイ　廣大　323-2
コーダイ　光臺　323-1
ゴータイ　降胎　223-3
ゴータイ　業體　564-1
ゴダイイン　五大院　549-2
コーダイエ　廣大會　323-3
ゴダイカン　五大觀　546-3
ゴダイガン　五大願　546-3
ゴダイカンモン五大觀門　546-3
コーダイキ　廣大軌　1152-1-26
コーダイギ　廣大義　457-3-10
コーダイギキ　廣大儀軌　323-2
ゴダイギョー　五大形　546-2
ゴダイゲドー　五大外道　434-2-27
ゴダイコクーゾー五大虛空藏
459-1, 457-1
ゴダイサン　五臺山　547-1
コーダイジ　高臺寺　179-2
ゴダイシキ　五大色　546-1
547-2
ゴダイシシヤ　五大使者　547-2
ゴダイショ　五大疏　547-2
ゴダイセ　五大施　547-2
ゴダイセキョー五大施經　547-2
ゴダイソン　五大尊　547-2
ゴダイソンジヤ五大尊者　547-3
コーダイチ　廣大智　323-2
コーダイチエカン廣大智慧觀
323-2, 521-1-3
ゴダイドー　五大堂　547-3
ゴタイトーチ　五體投地　544-2
ゴダイミョーオー五大明王　547-3
ゴダイリキボサツ五大力菩薩549-1
ゴダイロン　五大論　549-2
コータク　光宅　323-1
コータクジ　光宅寺　323-1
コータクシキョー　光宅四敎699-3
コータクシジョー光宅四乘　323-1
コダマ　小玉　466-2
ゴダン　牛檀　549-3
ゴータン　降誕　223-3
ゴダンノホー　五壇法　549-3
ゴタンモー　五旦望　544-2
ゴチ　五智550-1, 1188-2
コーチ　宏智　323-3
コーチ　廣智　323-3
ゴチイン　五智印　550-3
コヂゴク　孤地獄　466-3
ゴチコン　五知根　550-3
コヂシシ　踞地獅子　466-3
ゴチシンゴン　五智眞言　550-3
ゴヂソー　護持僧　552-2
ゴチニョライ　五智如來　550-3
ゴチノホーカン五智寶冠　551-3
コヂユー　故住　466-3
ゴヂユー　五住　553-1
コーチユー　綱中　119-3
コーチユー　香灶　179-3
コーチユー　香厨　179-3
コーチユー　鈎紐　455-1
ゴーチユーチ　合中知　231-3
ゴヂユーヂ　五住地　553-1
コチョー　孤調　468-1
ゴヂョー　五條　555-2
ゴチョー　五頂　551-3
コーヂョー　光定　324-1
ゴヂョク　五濁　553-1
コーヂョク　劫濁　469-3, 553-1
ゴヂョクゾージ五濁增時　553-2
コヂョーゲサ　五條袈裟　555-1
389-1
ゴチョーサン　五頂山　551-3
ゴヂョーシンカン五停心觀　552-2
ゴヂョーシンカンイ五停心觀位552-3
コーチョーゼツ廣長舌　323-3
ゴチョーリンノー　五頂輪王551-3
コーチョーリンソー廣長輪相324-1
ゴヂン　五塵　553-2
コーヂン　香塵　179-3
ゴーヂン　業塵　564-2
ゴヅ　牛頭　593-3
ゴツー　五通　553-3
ゴツー　五痛　553-3

コーヅ　光統　324-1
ゴーツー　業通　564-2
コツアゲ　骨揚　466-3
コツカ　尅果　460-3
ゴツカク　極覺　515-3
コツガイ　乞丐　466-3
コツキ　國忌　460-3
ゴツキヂ　極喜地　515-3
コツキョーシキ極迴色　515-3
コツケ　剋花　461-1
コツゲンバラモン乞眼婆羅門466-3
ゴヅコー　牛頭香　535-3
コツサカン　骨鎖觀　466-3
コツサテン　骨鎌天　467-1
コツシ　乞士　467-1
コツジキ　乞食　467-1, 889-3-23
コツジキブクロ乞食袋　467-3
コツジキジューリ乞食十利　467-1
914-3
コツシン　骨身　467-1
コツセン　骨山　467-2
ゴヅセン　牛頭山　553-3
ゴツーセン　五通仙　553-3
ゴヅセンダン　牛頭栴檀　554-1
ゴヅセンノホー牛頭山法　554-1
ゴヅテンノー　牛頭天王　554-1
ゴツトー　骨塔　467-2
コツニン　骨人　467-3
コツピツ　骨筆　467-3
コツボク　骨目　467-3
ゴツーボサツ　五通菩薩　553-3
コツボトケ　骨佛　467-3
コーテー　香亭　179-3
コーテー　光帝　324-1
コテシンキン　火德星君　468-1
コテツ　古轍　468-1
ゴテン　五轉　551-1
ゴテン　五天　555-2
コーテン　香篆　179-3
コーテン　炙點　180-1
コーデン　香田　180-1
コーデン　香奠　180-1, 1097-2-30
コーデン　香殿　180-1
ゴーテン　業天　564-2
ゴーデン　業田　564-2
ゴテンジキ　五天色　529-2
ゴテンシキョー五天使經　555-2
ゴテンシシヤ　五天使者　555-2
ゴデンショー　御傳鈔　555-2
ゴテンヂク　五天竺　555-2
ゴトー　五刀　555-2
ゴトー　語等　555-2
ゴドー　五道　549-2
ゴドー　悟道　549-3
コートー　香塔　179-2
コートー　勾當　179-2
ユートー　香稻　179-2
コートー　香湯　179-2
コードー　革堂　179-3
コードー　講堂　455-1
ゴードー　業道　564-1
646-3-21, 544-2
ゴトーエゲン　五燈會元　555-3
ゴドーエンイシキ五同緣意識53-1-26
コードーカノハツソ興道下八祖455-1
コトク　古德　468-1
ゴトク　五德　555-3
コートク　光德　412-1-9
コドクオン　孤獨園　468-1
ゴトクチ　後得智　556-1
コドクヂゴク　孤獨地獄　468-1
コートーサンキョー光統三敎613-3
ゴドージホー　護童子法　556-1
ゴドーショーグン五道將軍　549-3
コドージン　胡道人　466-2
ゴトーゴントー五燈嚴統　555-3
コートーダイシ黃統大士　324-2
ゴドーミョーカン五道冥官549-3
ゴードーミョーギ業道冥祇　564-1
ゴトーロク　語燈錄　555-3
ゴトーロク　五燈錄　555-3
コートーロク　廣燈錄　324-1
ゴドーロクドー五道六道　549-2
ゴドンシ　五鈍使　556-3
コーナイトー　向内等　180-1
ゴナゴンテン　五那含天　556-3
コナン　湖南　468-2
ゴナン　御難　556-3
ゴナンノモチ　御難餅　556-3
コニ　故二　468-2
ゴニチジューザ五日十座　556-3
ゴニチハツコー五日八講　557-1
ゴニユー　悟入　557-1
コーニユー　香入　180-1
ゴニユーモン　五入門　557-1
コーニョシユミ香如須彌　173-3
ゴニョライシキ五如來色　551-1
ゴニン　悟忍　557-1
ゴニン　五忍　557-1, 1703-2-15
コーニン　俟人　455-3
コーニン　弘忍　455-3, 1866-1-9
ゴニンセツボー五人說法　1033-3
ゴネツ　五熱　557-2
ゴネン　後念　557-2
ゴネン　護念　557-2
ゴネンキョー　護念經　557-2
ゴネンジョ　五念處　557-2
ゴネンゾージョーエン護念增上緣　557-2
コーネンブツ　甲念佛　204-3
ゴネンモン　五念門　557-2
コーノー　黃衲　324-2
ゴーノー　業惱　564-2
コーノイシ　劫石　469-3
ゴノーエ　五納衣　556-3
コーノキ　光記　324-2
ゴーノハカリ　業秤　564-2
ゴハ　五派　557-3
コーハ　劫簸　469-3
ゴバイ　後唄　558-1
コーバイ　劫貝　470-1
コーバイ　衝梅　180-2
コーハイク　劫波育　469-3
コハク　琥珀　468-2
ゴバク　五縛　558-1
コーバク　廣博　324-2
ゴーバク　業縛　564-2
コーハジユ　劫波樹　469-3
コハタリユー　小幡流　468-2
ゴハチシキ　五八識　557-3
ゴハチソン　五八尊　558-1
コーハツ　劫撥　470-1
ゴバツトーゾク五拔刀賊　558-1
コーハハイ　劫波杯　469-3
コーハラ　劫波羅　470-1
コーバラジユ　劫婆羅樹　470-1
ゴハラミツ　五波羅蜜　557-3
ゴーハラミツボサツ業波羅蜜菩薩　752-3-11
コハン　火版　334-3
コバン　火伴　335-1
コーハン　香飯　180-1
コーハン　光伴　324-2
コーバン　香盤　180-3
コーバン　黃幡　324-3
ゴヒ　牛皮　558-1
ゴヒ　五秘　558-1
コーヒ　劫比　470-1
ゴビク　五比丘　559-3
コーヒタ　劫比他　470-2
コーヒタカ　劫比他果　470-2
コーヒタコク　劫比他國　470-2
コヒツワジョー五筆和尙　558-1
コーヒナオー　劫比拏王　470-2
ゴヒミツ　五秘密　558-2
ゴヒミツギキ　五秘密儀軌　558-2
ゴヒヤクイブ　五百異部　558-2
ゴヒヤツカイ　五百戒　158-2
ゴヒヤクガン　五百雁　234-1
558-3
ゴヒヤクコカク五百估客　558-3
ゴヒヤクショー五百生　558-3
ゴヒヤクショーオン五百生怨558-3
ゴヒヤクショージョー五百小乘558-3
ゴヒヤクショーヤコ五百生野狐558-3
ゴヒヤクセ　五百世　558-3
ゴヒヤクセオンケ五百世怨家558-3
ゴヒヤクセムシユ五百世無手558-3
ゴヒヤクセンニン五百仙人　558-3
ゴヒヤクダイガン五百大願　559-1
ゴヒヤクヂンデンゴー五百塵點劫　559-1
ゴヒヤクデシボン五百弟子品559-2
ゴヒヤクネン　五百年　559-2
ゴヒヤクノチリ五百之塵　559-2
ゴヒヤクブ　五百部　559-2
ゴヒヤクヘンブク五百蝙蝠　559-2
ゴヒヤクミコー五百獼猴　559-2
ゴヒヤクモン　五百問　559-3
ゴヒヤクモンジ五百問事　559-3
ゴヒヤクラカン五百羅漢　559-3
1776-1
ゴヒヤクラセツニヨ五百羅刹女　1780-3
ゴビョー　五瓶　560-1
ゴービョー　業病　564-3
ゴービョー　業秤　564-2
ゴビョーカンヂョー五瓶灌頂560-2
ゴヒョーゴー　語表業　567-2
ゴビョーチスイ五瓶智水　560-2
コービラバツト劫比羅伐窣堵470-2
203-3-26
ゴヒン　五篇　559-3, 1479-3
567-2
コーヒンナ　劫賓那　470-3
ゴフ　護符　562-2
ゴブ　五部　565-2, 987-1
コーフ　光趺　324-3
ゴーフー　業風　564-3
ゴフイ　五怖畏　565-1
ゴブカイエ　五部海會　565-3
ゴブカンヂョー五部灌頂　565-3
ゴブキョーシユ五部敎主　565-3
コーフク　孝服　180-3
ゴーブク　降伏　224-1
ゴブクカン　五部九卷　565-3
ゴーブクザ　降伏坐　224-1
コーブクジ　興福寺　455-3
1767-3
コーブクジデン興福寺傳　455-3
ゴーブクホー　降伏法　224-1
569-3-23
ゴフゲンカ　五不還果　563-1
ゴフケンクー　悟不見空　754-3-21
ゴフゲンテン　五不還天　563-1
コブゴーダン　五部合斷　565-3
ゴブゴマ　五部護摩　570-1
ゴフシギ　五不思議　563-2
ゴブシキ　五部色　477-1
ゴフショージキ五不正食　563-3
コーフーセン　香風山　180-3
ゴブゼンキョー五部禪經　565-3
987-1
ゴブソーヂ　五部總持　566-1
ゴブソンホー　五部尊法　566-1
ゴフタイ　五不退　563-3
ゴブダイショ　五部大疏　566-1
ゴブダイジョーキョー五部大乘經　566-2
ゴブダイロン　五部大論　566-1
ゴブダラニゾー五部陀羅尼藏476-3
コブツ　古佛　471-1
ゴブツ　五佛　566-1, 1100-3
ゴブツ　後佛　566-1
ゴブツエ　五佛會　566-3
ゴブツカンヂョー五佛灌頂　566-2
ゴブツゴシン　五佛五身　566-2
ゴブツザ　五佛座　477-1
ゴブツシ　五佛子　566-2
ゴブツショー　五佛性　1556-2
コブツチョー　五佛頂　1562-2
コーブツチョー高佛頂　180-3
ゴブツチョーソン五佛頂尊　566-2
ゴブノヒキョー五部の秘經　1459-3
ゴブハンニヤ　五部般若　1438-2
ゴブヒゾー　五部秘藏　566-3
ゴブフドー　五部不動　1537-3
ゴブフンヌ　五部忿怒　476-3
ゴブホー　五部法　566-3
ゴブモ　五部母　476-3
ゴブリツ　五部律　566-3
ゴブワク　五部惑　565-3
ゴーフン　牛糞　565-2
ゴブン　五分　567-1
ゴブンカイホン五分戒本　567-1
ゴブンコー　五分香　567-1
ゴーフンシユ　牛糞種　565-2
ゴブンジツシ　五分十支　567-1
ゴフンヌ　五忿怒　565-2, 1548-1
ゴブンネハン　後分涅槃　567-1
ゴブンホツシン五分法身　567-1
1605-3-24
ゴブンリツ　五分律　567-2
ゴベツキョー　五別境　564-2
エベツショ　五別所　567-3
コベツトー　小別當　471-1
コーベヤ　香部屋　180-3
ゴヘン　五邊　567-2
コーベン　高辨　180-3
ゴホー　後報　567-3
ゴホー　五寶　567-3
ゴホー　五法　567-3, 1159-1
ゴホー　護法　568-1, 923-1-4
ゴーボ　業簿　565-1
コーホー　高峰　181-1
コーボー　光寶　324-3
コーボー　香房　181-2
コーボー　弘法　456-1
ゴーホー　杲寶　181-1
ゴーホー　業報　564-3
ゴホーアラカン護法阿羅漢568-2
コボク　枯木　471-1
コーボク　香木　181-2
コボクシユー　枯木衆　471-1
コボクドー　枯木堂　471-1
コボクリユーギン枯木龍吟471-1
ゴホーゴグ　五法互具　570-3
ゴホーゴチ　五方五智　557-3
ゴボサツ　語菩薩　569-1
コーボサツ　鈎菩薩　456-1
ゴホーシキ　五方色　529-1
ゴホージリユイシキ五法事理唯識568-3
ゴホーシン　護法心　917-1-28
ゴーホーシン　業報身　564-3
1558-1-21
ゴホーゼンジン護法善神　568-3
ゴホーゾー　五法藏　568-2
ゴボダイ　五菩提　569-1
ゴホツシン　五法身　568-2
ゴホツシン　護法心　568-3
ゴホツシン　護法神　568-3

ゴホーテン　護方天　558-1
ゴホーテンドー護法天童　568-3
コーボーニキ　光寶二記　324-3
ゴホーベン　五方便　557-3
ゴホーラカン　護法羅漢　1775-2-6
ゴーホーリヤクキョー業報略經565-1
コーホーロク　高峰錄　181-1
ゴホーロク　護法錄　568-2
ゴホン　五品　568-3
ゴホン　悟本　569-1
ゴボン　語梵　569-1
ゴホンジョ　御本書　569-1
ゴホンデシイ　五品弟子位569-1
コマ　巨磨　471-2
コマ　呼摩　471-2
ゴマ　五魔　569-1
ゴマ　護摩　569-1
ゴーマ　降魔　224-1
ゴーマ　業魔　565-1
ゴマギ　護摩木　572-3
ゴーマザ　降魔坐　224-2
コーマシヤ　劫摩沙　470-3
ゴマシユー　護摩衆　573-1
ゴーマショ　降魔杵　224-2
ゴーマソー　降魔相　224-2
ゴマダン　護摩壇　573-1
ゴマドー　護摩堂　573-1
コマノソージョー駒僧正　471-1
ゴーマノリケン降魔の利劍224-2
ゴーマン　鴿鸞　231-1
ゴミ　五味　573-1
コーミ　香味　181-2
ゴーミ　毫眉　224-2
ゴミガユ　五味粥　573-2
ゴミツ　語密　573-2
ゴミョー　五明　573-2
ゴミョー　護命　573-3
ゴミョー　五妙　574-2
コーミョー　膏明　181-2
コーミョー　浩妙　181-2
コーミョー　光明　325-1
コーミョーオーブツ光明王佛325-3
ゴミョーオンガク五妙音樂574-2
コーミョーク　光明供　326-1
コーミョーゲン光明眼　524-2-26
コーミョーゲン光明玄　326-2
542-3-26
コーミョーショ光明疏　326-2
542-3-26
コーミョーショーゴン光明莊嚴　771-2-28
コーミョーシンゴン光明眞言325-3
コーミョーシンデン光明心殿325-2
コーミョーセン光明山　325-3
コーミョーセン光明懺　326-1
コーミョーゾー光明藏　325-1
コーミョーダイシ光明大師326-2
ゴミョーダイジ護命大士　573-3
コーミョーダン光明壇　326-1
コーミョード　光明土　325-2
コーミョーネンジュ光明念誦326-1
コーミョーヘンジョー光明遍照325-1
コーミョーミョーゴーノインネン光明名號因緣　326-2
コーミョームリョーガン光明無量願　325-2
コミョーモーゾー虛明妄想　572-3-11
ゴミョーヨク　五妙欲　574-2
ゴミョーリン　五明輪　573-3
コム　虛無　471-2
ゴム　五夢　573-3, 1761-1
コーム　綱務　181-2
ゴムケン　五無間　574-1
ゴムケンゴー　五無間業　574-1
1696-1
ゴムケンザイ　五無間罪　574-1
コムシン　虛無身　271-3
コムソー　虛無僧 471 3, 1516-2-12
ゴムヒョーゴー語無表語　547-1
ゴムリョー　五無量　574-2
コメ　米　471-3
コーメンローシ黃面老子　326-3
コモー　虛妄　471-2
ゴーモー　業網　565-1
コーモクテン　廣目天　327-1
コーモクニョ　光目女　327-1
コーモーショー康孟詳　181-2
コモソー　虛無僧　471-3
ゴモーソー　五妄想　572-3
コモチヒジリ　子持聖　471-3
ゴモーヂン　牛毛塵　574-2
ゴモツ　五沒　574-3
コモーフンベツ虛妄分別　472-2
コモーホー　虛妄法　471-2
コモリゾー　籠僧　472-1
コモリドー　籠堂　472-1
コモーリン　虛妄輪　476-2
コーモン　黃門　807-3-30
ゴーモン　告文　239-3-19
ゴモンゼン　五門禪　574-3
コーモンハ　興門派　456-1
コーモンルイ　廣文類　327-1
ゴヤ　後夜　574-3
コーヤ　高野　181-2
コヤク　巨益　472-1
ゴヤク　五藥　575-1
コーヤク　更藥　182-1
コーヤク　香藥　182-1
ゴーヤク　業厄　565-1
コヤスカンノン子安觀音　472-1
ゴヤセンボー後夜懺法　574-3
コーヤダイシ　高野大師　181-3
ゴーユ　後喩　1476-1-14
コーヤハナグ　高野花供　182-1
コーユー　光融　327-1
ゴユイ　五唯　575-1
コーユイ　綱維　182-2
ゴヨー　五葉　512-2
ゴーヨ　業餘　565-1
コーヨー　黃葉　319-3
ゴーヨー　業影　562-2
ゴーヨー　合用　232-1
ゴヨク　五欲　575-1, 1768-2
ゴーヨーゲン　牛羊眼　574-3
コーヨーモクゼン黃楊木禪327-1
コライジツウシュー去來實有宗472-1
コライジツウロン去來實有論434-2-3
コーライボン　高麗本　675-1-20
ゴラク　五樂　575-2, 1776-3
コラクカ　孤落迦　472-1
コリ　已利　472-2
コリ　垢離　472-2
ゴリキ　五力　575-2, 1783-3
ゴリシ　五利使　535-3
ゴリツ　五律　575-3
コリトリ　垢離取　472-2
ゴーリキ　業力　565-1
ゴリキミョーオー五力明王　575-3
ゴリフイ　五離怖畏　575-3
ゴーリユーノハツ降龍鉢　224-2
ゴリョー　五量　1792-1
ゴリョーエ　御靈會　577-2
コリン　居倫　472-1
ゴリン　五輪　576-1, 1803-3
コーリン　光輪　327-2
コーリン　鵠林　456-2
ゴーリン　降臨　224-3
ゴーリン　業輪　565-1
ゴリンカン　五輪觀　576-1
ゴリンキョーガイ語輪境界576-1
ゴリンサイ　五輪際　576-3
ゴリンジ　五輪字　576-3
ゴリンジョーシン五輪成身576-3
ゴリンソトバ　五輪率都婆576-3
ゴリントー　五輪塔　1114-1
ゴリントーバ　五輪塔婆　376-3
ゴリンロクダイ五輪六大　576-3
ゴールイ　業累　565-1
ゴルイショー　五類聲　577-1
ゴルイセツポー五類說法　5765-3
ゴルイテン　五類天　576-3
ゴルイリユーオー五類龍王　1802-1
コレー　火鈴　472-2
コレン　瑚璉　472-2
ゴーレンゲ　合蓮華　232-1
コロ　孤露　472-2
ゴロ　語露　377-1
コロー　鼓樓　472-2
コーロ　黃爐　227-2
コーロー　香樓　182-2
ゴロク　語錄　577-1
コーロク　高六　182-3
コーロクドギョー廣六度行327-2
ゴロニニユー　牛驢二乳　577-1
コーロバコ　香爐箱　182-2
コロモ　衣　472-3
ゴロン　五論　577-2
ゴロンジツシ　五論十支　577-2
ゴワク　五惑　577-3
コン　恨　736-1-24
コン　根　473-3
ゴン　權　579-3
ゴン　勤　763-1-4
ゴンア　言阿　579-3
コンアン　今案　474-2
コンウ　紺宇　474-3
ゴンエ　言依　579-3
コンエン　根緣　474-3
コンエン　今圓　508-3
ゴンエン　近緣　579-3
ゴンエン　近圓　583-2
コンオン　紺園　508-3
コンガ　金河　475-1
コンカイ　金界　474-3
ゴンカイ　禁戒　579-3
ゴンカイ　欣界　579-1
ゴンカイキョー禁戒經　580-1
コンカラ　矜羯羅　474-3
1538-3-18
ゴンカン　權關　580-2
コンキ　根器　497-1
コンキ　根機　497-1
コンキ　金龜　497-1
ゴンキ　權機　580-1
ゴンキョー　言敎　580-2
ゴンキョー　權敎　580-2
ゴンギョー　權巧　580-2
ゴンギョー　言行　580-1
ゴンギョー　勤行　580-1
コンク　金口　497-1
コンク　昏鼓　497-1
コンク　金鼓　497-1
コンク　金軀　497-2
ゴンク　勤苦　580-1
ゴンク　言句　580-1
ゴング　欣求　580-2
ゴング　勤求　580-2
ゴンクジョード欣求淨土　580-2
コングーセン　昏寓錢　498-2
コンケ　金華　498-2
コンケ　今家　498-2
ゴンケ　權化　580-2
コンケツ　根闕　498-2
コンゲン　金顏　498-2
ゴンゲン　權現　580-2
コンケンド　根犍度　423-3-29
ゴンゴ　嚴護　580-3
コンコー　金光　497-2
コンゴー　金剛　475-1
コンゴーイサン金剛圓山　496-3
コンゴーイツカイ金剛一界　475-3
コンゴーインジ金剛因字　475-3
コンゴーエ　金剛慧　496-3
コンゴーエテン金剛衣天　476-1
コンゴーオー　金剛王　496-2
コンゴーカイ　金剛界　476-1
1152-2, 1795-2-2
コンゴーカイゲンズマンダラ金剛界現圖曼陀羅　448-2
コンゴーカイゴブ金剛界五部476-2
565-3
コンゴーカボサツ金剛歌菩薩477-3
コンゴーカン　金剛觀　479-3
コンゴーキ　金剛起　478-1
コンゴーキボサツ金剛喜菩薩478-1
コンゴーキョー金剛經　478-2
ゴンゴーキョーロクエ金剛經六譬　1476-2
コンゴーク　金剛口　478-3
コンゴーク　金剛句　478-3
コンゴーグンダリ金剛軍荼利479-2
コンゴーケツ　金剛撅　479-2
コンゴーケツ　金剛結　479-2
コンゴーケツカ金剛結跏　479-3
コンゴーケボサツ金剛華菩薩477-2
コンゴーゲボサツ金剛牙菩薩480-1
コンゴーケン　金剛拳　479-3
コンゴーゲン　金剛幻　480-1
コンゴーゴ　金剛語　480-2
コンゴーコーイン金剛網印943-3-3
コンゴーゴゴン金剛語言　480-3
コンゴーサ　金剛鏁　481-1
コンゴーザ　金剛座　483-2
コンコーサイショー金光最勝497-2
コンゴーサイテン金剛摧天　481-2
コンゴーサク　金剛索　481-2
コンゴーサツタ金剛薩埵　198-3
487-2, 558-2-9, 1468-3-23
コンゴーザン　金剛山　487-1
コンゴーサンギ金剛三義　475-2
コンゴーサンマイ金剛三昧　483-1
コンゴーシ　金剛指　484-2
コンゴーシ　金剛子　484-2
コンゴーシシヤ金剛使者　484-3
コンゴーシユ　金剛手　484-3
549-1-26, 1468-3-22
コンゴーシユー金剛衆　484-3
コンゴージユ　金剛樹　486-2
コンゴーシユイン金剛手院　485-1
コンゴーシユーニョ金剛醜女484-2
コンゴーショ　金剛杵　485-1
コンゴーショー金剛床　484-3
コンゴーショー金剛墻　484-3
コンゴージョー金剛乘　486-3
コンゴーショーキ金剛生起　486-1
コンゴージョーセツ金剛淨刹486-1
コンゴージョーミ金剛上味　486-1
ヨンゴーシン　金剛心　485-2
コンゴーシン　金剛神　1454-2-11
コンゴーシン　金剛身　485-2
コンゴーシンデン金剛心殿　485-2
コンゴースイ　金剛水　486-3
コンゴーセツ　金剛刹　487-1
コンゴーセンロン金剛仙論　487-1
コンゴーゾー金剛藏　483-3
674-3-2
コンゴーゾーオー金剛藏王　484-1
コンゴーゾーホー金剛藏法　483-3
コンゴーゾーリ金剛草履　484-1
コンゴータイ　金剛體　487-1

コンゴーダイ 金剛臺 487-2
コンゴーチ 金剛智 487-2
コンゴーチサンゾー金智三藏 487-2
コンゴーヂョー金剛定 490-1
コンゴーヂョー金剛杖 490-1
コンゴーチョー金剛頂 487-2
コンゴーチョーギケツ金剛頂
　義訣 488-3
コンゴーチョーキョー金剛頂經488-1
コンゴーチョーユガ金剛頂瑜
　伽 489-1
コンコツ 金骨 498-2
コンコードージ金光童子 497-2
コンゴードーシ金剛童子 490-2
コンゴーニギ 金剛二義 475-2
コンゴーネンジユ金剛念誦 491-1
コンゴーハチョーノミネ金剛
　八葉峯 491-3
コンゴーハラミツ金剛波羅蜜752-3
　-2, 491-3
コンゴーバン 金剛盤 492-2
コンゴーバン 金剛幡 492-2
コンゴーハンニヤ金剛般若 1438-2-7
コンゴーハンニヤロン金剛般
　若論 492-1 566-1-23
コンゴーブ 金剛部 476-3-14
　492-2
コンゴーフエ 金剛不壞 492-2
コンゴーフエシン金剛不壞身492-2
コンゴンブジ 金剛峯寺 492-3
コンゴーブシユ金剛部主 492-3
コンゴーブツシ金剛佛子 492-3
コンコーブツセツ金光佛刹 497-2
コンゴーブモ 金剛部母 493-1
コンゴーヘイ 金剛錍 493-1
コンゴーホー 金剛峯 493-1
コンゴーホー 金剛寳 491-1
コンゴーホーカイ金剛寳戒 491-1
コンゴーホツカイグ金剛法界宮493-2
コンゴーホーニチ金剛峯日 493-1
コンゴーミツキョー金剛密經493-3
コンゴーミツシヤク金剛密迹493-3
コンコーミョーエ金光明會 498-2
コンコーミョーキョー金光明
　經 497-2
コンコーミョーク金光明鼓 497-3
コンゴーミョーゴー金剛名號494-1
コンコーミョーセン金光明懺498-1
コンコーミョーセンボー金光
　明懺法 498-2 1050-2
コンコーミョーニョ金光明女498-2
コンゴーメツヂョー金剛滅定494-1
コンゴーモン 金剛門 494-2
コンゴーヤクシヤ金剛藥叉 494-2
　549-1-30
コンゴーヤシヤ金剛夜叉 494-3
コンゴーユヂョー金剛喩定 495-2
コンゴーリキ 金剛力 495-2
コンゴーリキシ金剛力士 495-3
コンゴーリン 金剛輪 496-1
　858-3-4
コンゴーレー 金剛鈴 496-1
ゴンコン 勤根 580-3
コンザイビク 金財比丘 498-3
ゴンサク 勤策 580-3
ゴンサクニョリツギムヒョー
　ジキ勤策女律儀無表色1716-1-23
ゴンサクリツギムヒョージキ
　勤策律儀無表色 1716-1-22
コンサツ 金薩 498-3
コンシ 金師 498-3
コンシ 金脂 498-3
コンシ 金姿 498-3
コンジ 金翅 499-3
ゴンジ 近事 581-1
コンジオー 金翅王 501-1
ゴンシオー 嚴熾王 581-1
コンシキ 根識 499-1
コンシキ 昏識 499-1
コンジキ 金色 499-3
ゴンシキ 言色 580-3
ゴンジキ 嚴飾 581-1
コンジキオー 金色王 500-2
コンジキカショー金色迦葉 499-3
コンジキシン 金色身 500-1
コンジキセカイ金色世界 500-1
コンジキソンジヤ金色尊者 500-1
コンジキヅダ 金色頭陀 500-1
コンジキニョ 金色女 500-1
コンジキョー 金字經 500-2
コンシシザ 金師子座 499-1
コンシシショー金師子章 499-1
コンジチョー 金翅鳥 213-1-29
　500-2
コンジチョーオー金翅鳥王 500-2
コンジチョーナン金翅鳥難 1798-1
ゴンジツ 權實 581-1
ゴンジツニキョー權實二敎 581-2
ゴンジツニチ 權實二智 581-2
ゴンジツフニモン權實不二門581-3
ゴンジナン 近事男 581-3
ゴンジニョ 近事女 581-3
ゴンジニョリツギムヒョーシ
　キ近事女律儀無表色 1716-1-26
ゴンジヤ 權者 581-3
コンシヤカ 金沙河 499-1
コンシヤク 金錫 499-2
ゴンジヤク 權迹 580-3
ゴンシユツカン忻出觀 580-3
コンショー 金精 499-1
コンショー 紺睫 499-1
コンショー 昏鐘 499-2
コンジョー 紺靑 500-3
コンジョー 今生 500-3
コンジョー 昏城 500-3
コンジョー 根淨 500-3
コンジョー 根性 500-3
コンジョー 金場 502-2
ゴンジョー 嚴淨 581-3
ゴンジョーカン忻勝觀 581-1
コンジョーキ 紺靑鬼 500-3
コンショーギョージヤ金鐘行者499-2
コンジョーゲチリキ根上下智
　力 500-3
コンジョージツカ權乘實果 581-3
ゴンショーソーヅ權少僧都 582-1
ゴンジリツギ 近事律儀 582-1
ゴンジリツギムヒョーシキ近
　事律儀無表色 1716-1-24
コンシン 金針 499-3
コンシン 金身 499-3
コンジシ 魂神 501-1
コンシンソーサ金針雙鎖 499-3
コンスイ 金水 501-1
コンセツ 金刹 501-1
ゴンゼツ 言說 582-1, 532-3-13
ゴンセツシキ 言說識 689-2-22
ゴンゼツホツシン言說法身 582-2
コンセン 金仙 501-1
コンセン 金山 501-1
ゴンセン 言詮 582-1
ゴンセン 言筌 582-1
ゴンゼン 勤善 1828-1-16
コンセンノー 金山王 501-1
コンゼンギョー根善巧 921-2-23
ゴンセンノチユードー言詮中道582-1
コンセンビク 金錢比丘 501-2
コンソ 金鼠 501-2
コンソー 建爪 498-3
コンゾー 金藏 498-3
ゴンソー 勤操 79-3-7
ゴンソーイベツ言總意別 582-1
コンゾーウン 金藏雲 499-3
コンゾク 昏俗 501-2
ゴンソク 勤息 582-1
コンゾクオートー金粟王塔 501-2
コンゾクニョライ金粟如來 501-2
ゴンソージョー權僧正 582-1
コンタイ 金蹄 501-3
コンタイ 金胎 501-3
ゴンダイジョー權大乘 582-2
ゴンダイソーヅ權大僧都 582-2
ゴンダン 言斷 582-2
ゴンタン 言端 582-1
コンチ 金智 502-1
コンチ 金地 502-1
ゴンヂ 權智 582-2
コンヂ 根持 552-1-5
コンヂコク 金地國 502-1
コンチユー 金籌 502-2
ゴンヂユー 近住 582-2
コンチユーサブツ蜫蟲作佛 502-1
ゴンヂユーナン近住男 582-3
ゴンヂユーニコ近住女 585-3
ゴンヂユーリツギ近住律儀 582-2
ンヂユーリツギムヒョーシキ
　近住律儀無表色 1716-1-27
コンチョー 紺頂 502-2
コンチョー 金牒 503-1
コンヂョー 金杖 502-2
コンチョーゴー金頂業 502-2
コンチン 惛沈 502-3, 736-1-11
コンヂン 根塵 502-3
コンヂン 金塵 502-3
ゴンヂン 言陳 582-3
ゴンテイ 言蹄 582-3
コンデーゴマ 金泥駒 503-1
コンテツニサ 金鐵二鎖 502-3
コンデーメ 犍陟馬 503-1
コンデン 紺殿 503-1
コンデン 金田 503-1
コンテンドージ金天童子 503-1
コンドー 金堂 501-3
コンドー 金銅 503-3
コンドー 金幢 503-1
ゴンドー 近童 582-3
コンニン 金人 503-2
コンパイ 金唄 503-3
コンパイ 根敗 503-2
コンパイエシユ根敗壞種 503-2
コンパク 魂魄 503-2
コンパツ 紺髮 503-3
コンパラケ 金波羅華 503-3
コンハラミツ 金波羅蜜 503-3
ゴンハラミツ 近波羅蜜 582-3
ゴンヒ 權悲 583-3
コンピラ 金毘羅 307-3-4, 503-3
コンピラダ 金毘羅陀 504-1
ゴンビン 言便 583-1
コンブ 紺蒲 504-2
コンブ 金步 504-2
ゴンブツチョー嚴佛調 583-3
ゴンブンヂョー近分定 583-1
コンペー 金錍 504-2
コンペーロン 金錍論 504-2
コンボー 紺坊 503-3
ゴンボー 權謀 583-1
ゴンホーベン 權方便 582-3
ゴンホーム 權法務 583-1
コンボンイン 根本印 504-2
コンボンエ 根本依 504-2
コンボンエ 根本會 506-1
コンボンゴードー根本業道 504-2
コンボンゴーフソーオーゼン
　根本業不相應染 1835-1-3
コンゴンシキ 根本識 42-1, 504-3
コンボンシマツニムミョー根
　本枝末二無明 1716-3
コンボンジユ 根本咒 504-3
コンボンシン 根本心 504-3
コンボンセツイツサイウブ根
　本說一切有部 504-3
コンボンゼン 根本禪 505-3
コンボンダイシ根本大師 505-3
コンボンチ 根本智 505-3
コンボンチユードー根本中堂505-3
コンボンホーリン根本法輪 669-2-19
コンボンボンノー根本煩惱 1638-1-1
コンボンムシジネンチ根本無
　師自然智 506-1
コンボンムミョー根本無明 506-1
　1716-3-12, 1717-16, 1702-1-7
コンボンワク 根本惑 506-1
コンマ 羯磨 82-3-2 506-1
コンマアジヤリ羯磨阿闍梨 507-1
コンマカイシ 羯磨戒師 507-1
コンマシ 羯摩師 507-1, 622-1-4
コンマソー 羯磨僧 507-1
コンマブ 羯磨部 476-3-16
コンマモンシヤク羯磨文釋 507-2
ゴンマン 禁滿 583-1
ゴンミ 言味 583-1
ゴンミョーカン忻妙觀 583-3
ゴンモエン 禁毋緣 583-2
コンモン 根門 507-2
ゴンモン 權門 583-2
ゴンユーザ 健勇坐 583-2
コンヨー 金容 507-2
ゴンリ 權理 583-2
コンリキ 根力 507-2
コンリキカクドー根力覺道 507-2
コンリキカクブン根力覺分 507-2
ゴンリツシ 權律師 583-2
コンリユー 建立 507-2
コンリユーキ 建立軌 507-2
コンリユーケ 建立假 507-3
コンリユジーヨーゲドー建立
　淨外道 434-3-30
コンリユーダイシ建立大師 507-3
コンリユーボー建立誘 507-3
コンリン 金輪 507-3, 858-2-20
コンリンザイ 金輪際 508-1
コンリンジョーオー金輪聖王508-1
コンリンドー 金輪幢 508-1
コンリンホー 金輪寳 508-1
コンリンノー 金輪王 508-1
ゴンリンノー 銀輪王 583-2
コンル 金流 508-1
コンルゲサ 金樓袈裟 508-1
コンルリ 紺瑠璃 508-1
コンレン 金蓮 508-2
コンレンゲ 金蓮華 508-2
コンロク 昆勒 508-2
コンロンコク 崑崙國 508-2
コンロンシ 崑崙子 508-3
コンロンセン 崑崙山 508-3
コンロンハク 崑崙舶 508-3

〔サ〕

ザ 座 672-3
サアン 櫨庵 583-3
サイ 蔡 584-1
サイ 齋 584-1
サイ 作意 584-1, 735-1-19
ザイアク 罪惡 672-3
サイアン 西庵 584-1
サイイキ 西域 590-2
サイイキキ 西域記 590-2

サイイキデン 西域傳 590-3
サイエ 齋會 590-3
サイエン 齋筵 584-1
サイエンキ 濟緣記 584-1
サイオー 再往 590-2
サイオンジ 西園寺 590-3
サイカ 濟下 584-1
サイガ 西河 584-2
サイカイ 齋戒 584-2
サイカキユースイ 採菓汲水584-3
サイガツ 齋月 584-3
ザイキムケン 罪器無問 574-1-20
サイキョー 齋經 584-2
サイギョー 西行 584-2
ザイギョー 罪行 672-3
サイキョーザス西京座主 574-2
サイキョーリョー齊敎領 585-1
サイク 齋鼓 584-3
ザイク 罪垢 672-3
サイクダニ 西瞿陀尼 584-3
ザイクョー 財供養 672-3
サイケ 西化 584-3
サイケ 蔡華 584-3
サイケ 濟家 585-1
ザイケ 在家 672-3
ザイケカイ 在家戒 673-1
ザイケシヤミ 在家沙彌 673-1
ザイケニカイ 在家二戒 673-1
ザイケボサツ 在家菩薩 673-1
サイケン 西乾 585-1
サイゲン 災患 585-1
ザイケン 財慳 673-1
サイゴ 最後 585-2
サイコー 齋講 585-1
ザイゴー 罪業 673-1
サイゴカシユー西牛貨洲 703-2-23
サイゴク 最極 585-2
サイコクジユンレー西國巡禮585-1
サイコクフダショ西國札所585-2
サイゴショー 最後生 530-3-6
サイゴシン 最後身 585-2
サイコツヨク 細滑欲 585-2
サイゴノジユーネン最後十念585-2
サイゴボンムミョー最後品無明585-2
ザイコン 罪根 673-1
サイコンドー 西金堂 585-2
サイサイブツチョー摧碎佛頂585-3
サイジ 齋時 587-2
サイジ 西寺 587-3
サイシキ 細色 585-3
サイジキ 齋食 587-3
ザイシキ 財色 673-1
サイシチ 齋七 585-3
サイシチバンシ齋七幡子 585-3
サイジヤリン 摧邪輪 588-1
サイシユ 齋主 586-1
サイシユク 齋粥 586-3
サイシユクシ 採菽氏 586-1
サイショー 最勝 586-1
サイショー 齋鐘 586-1
サイジョー 齋場 588-3
ザイショー 罪障 673-2
ザイショー 罪性 673-2
サイジョーイキョー最上意經587-3
サイショーエ 最勝會 587-2
サイショーオーキョー最勝王經587-1
サイショーガク最正覺 586-1
サイショーキョー最勝經 586-1
ザイジョーケツヂョー財成決定 1825-1-21
サイショーコー最勝講 586-1
サイショーコードー最勝講堂586-2
サイショーシ 最勝子 586-2
サイショージツコー最勝十講586-3
サイショージョー最勝乘 586-3
サイジョージョー最上乘 587-3
サイショーシンニョ最勝眞如586-2
880-1-3
サイショーソン最勝尊 586-3
サイショーダン最勝壇 586-3
サイショーニン最勝人 586-3
サイショーブツチョー最勝佛頂587-1
サイシン 齋嚫 587-2
サイシン 再請 587-2
サイシンシヤリ碎身舍利 587-2
ザイジンジユフジンシ財盡壽不盡死 711-2-14
サイシンゼン 再請禪 586-2
ザイセ 在世 673-2
ザイセ 財施 673-2
サイセキ 齋席 588-1
サイセツ 西刹 588-1
サイセン 犀扇 588-1
サイセン 賽錢 588-1
サイソー 齋僧 588-1
ザイゾク 在俗 673-3
サイソーゲンギョーショー細相現行障 914-3-7, 927-1-2
サイゾース 西藏主 585-3
サイダイジ 西大寺 588-1
サイヂ 齋持 588-3
サイヂュー 菜頭 588-3
サイヂュー 柴頭 588-3
サイチョー 最澄 588-2
サイツイ 齋退 588-3
サイテン 西天 588-3
ザイテン 在纒 673-3
サイテンシシチ西天四七 588-3
ザイテンシンニョ在纒眞如 879-2-27
サイテンニジユーハツソ西天二十八祖 588-3
サイド 濟度 589-1
サイトー 西塔 588-1
サイトー 柴燈 588-3
サイトー 齋燈 589-1
サイドー 齋堂 588-2
サイドホーベン濟度方便 589-1
サイニチ 齋日 589-1
サイニチ 賽日 589-1
サイノカワラ 賽の河原 589-1
サイノシソー 細四相 589-1
サイハ 齋罷 589-2
サイハン 齋板 590-1
ザイフカヒ 罪不可避 741-3-21
ザイフク 罪福 673-3
ザイフクボ 罪福簿 673-3
ザイフクムシユ罪福無主 673-3
ザイフケン 財不堅 656-1-11
サイホー 齋法 590-1
ザイホー 罪報 673-3
サイホーシ 西方師 589-2
サイホージョード西方淨土589-2
サイホードーゴド西方同居土590-1
サイマツゴシン最末後身 590-1
サイミョー 最明 590-1
サイミョー 西明 590-1
サイミョージ 西明寺 590-1
ザイヨク 財欲 673-3
サイヨーショー最要鈔 584-1
サイリョー 齊領 590-2, 1793-2-6
サイワクゲンギョーショー細惑現行障 914-2-29
サイローヂゴク豺狼地獄 590-2
ザーオーゴンゲン藏王權現 677-2
サカイ 作戒 599-2
ザカイジョーブ坐海丈夫 677-3
サガノズイゾー嵯峨瑞像 1012-2
サカツ 沙喝 599-2
サガノダイネンブツ嵯峨大念佛539-2
サガリユー 嵯峨流 599-2
サカン 左間 599-2
サガン 鎖龕 599-2
サガンモン 作願門 600-1
サク 茶鼓 599-2
サク 索 599-2
ザグ 坐具 677-3
サクイサンラン作意散亂1825-2-24
サクゴ 索語 599-3
サクシユー 策修 599-3
サクシユシユ 數取趣 599-3
サクボサツ 索菩薩 599-3
サクヨク 索欲 599-3
サクラエ 櫻會 599-3
サクワ 索話 600-1
サケ 酒 600-1, 1657-1-3
ザゲ 坐夏 678-1
サケー 左溪 600-2
ザゲユ 坐夏由 678-1
ザゲン 座元 678-1
サゲンイソー 詐現異相 541-2-22
サコ 作擧 600-2
サゴー 作業 600-2
ザコー 座光 677-3
ササゲモノ 捧物 600-2
ザサマサヌヒホー座不冷秘法678-1
ザサン 坐參 678-1
サシコ 差子 600-2
サシヌキ 差貫 600-2
サシヤ 作者 600-2-116
サシヤムジョー作捨無常 733-1-21
ザシユ 座主 678-1
サシユーイン 詐習因 91-2-23
ザショー 座證 678-1
ザショーゴン 坐莊嚴 771-3-13
ザス 座主 678-1
ザゼン 坐禪 678-2
ザゼンドー 坐禪堂 678-3
ザゼンハイ 坐禪牌 678-3
ザゼンハン 坐禪板 678-3
ザゼンホーヨー坐禪法要 678-3
サゼン 作善 600-3
サタン 差單 600-3
ザダン 坐斷 678-3
サヂカイ 作持戒600-3, 158-2-30
サヂモン 作持門 600-3
サヂユー 茶頭600-3-1204-2
サツガヤケン 薩迦耶見 600-3
サツケ 作家 599-2
ザツシユ 雜修 679-3
サツタ 薩埵 601-1
サツタオージ 薩埵王子 601-1
サツタハリン 薩陀波崙 1432-2-8
601-2
サツタハンナクカ薩多般那求訶601-1
サツダルマフンダリカ薩達磨芬茶利迦 601-2
サツタヤ 薩跢也 601-1
サツバカラタシツタ薩婆曷剌他悉陀 601-3
サドー 茶堂 600-3, 1204-2
ザトー 座頭 679-1
ザトー 座湯 678-3
ザドー 坐堂 678-3
サニョゼ 作如是 938-1-25
サバ 生飯 602-2
ザハイ 坐牌 679-1
サハリ 胡銅器 602-2
ザビキ 座曳 1740-1-23
ザフジョー 坐不淨 916-2-29
サブツ 作佛 602-2
サホー 作法 602-2
ザボー 座忘 679-1
サホーカイ 作法界 602-2
サホーセン 作法懺 615-2-25
サホートク 作法得 602-3
サホーノサンゲ 作法懺悔 602-3
サボン 作犯 602-3
サボン 作梵 602-3
サボンジヤリ 作梵闍梨 602-3
サマヂ 三摩地 602-3
サマヂイン 三摩地印 603-1
サマヂネンジユ三摩地念誦603-1
サマヂホー 三摩地法 603-1
サマツ 茶末 603-1
サマヤギョー 三昧耶形 603-1
サムサ 作無作 603-1
サムライホーシ侍法師 603-2
サユー 作用 603-2
サユードーリ 作用道理712-3-6
1177-1-24
サユージザイ 作用自在 893-1-10
サライ 作禮 603-2
サラケ 娑羅華 603-2
サラソージユ 娑羅雙樹 603-2
サラリン 娑羅林 603-2
サリ 舍利 603-2
ザロー 座臘 680-2
サン 散 603-2
サン 參 603-2
サン 讚 603-3
サン 懺 603-3
ザン 慚 680-3, 735-1-30
サンアソーギコー三阿僧祇劫603-3
サンアツカク 三惡覺 603-3
サンアンゴ 三安居45-2, 604-1
サンイ 三醫 604-1
サンイソーコー散位僧綱 1071-3
サンイチモンドー三一問答604-1
サンイン 三印 604-1, 1022-2
サンイン 三因 91-1, 604-1
サンインサンカ三因三果 604-2
サンインシエン三因四緣 604-2
サンインブツショー三因佛性604-2
サンウイソー 三有爲相 604-3
サンウイホー 三有爲法 604-3
サンウタイ 三有對 604-3
サンウン 三蘊 604-3
サンエン 三猿 605-1
サンエン 三緣 605-1
サンエン 三衍 605-1
サンエンジ 三緣慈 605-2
サンエンヒ 三緣悲 603-2
サンオ 三於 605-2
サンオクケ 三億家 605-2
サンオークョー三應供養 605-2
サンカ 參暇 605-2
サンカ 三火 611-2
サンカ 三果 611-2
サンカ 三科 611-2
サンガ 三過 611-3
ザンカ 暫暇 680-3
ザンカ 殘果 680-3
サンカイ 三階 605-3
サンカイ 三戒 605-3
サンカイ 三契 605-2
サンガイ 三界 607-2
サンガイイツシン三界一心608-1
サンカイイン 三階院 606-3
サンガイオー 三界雄 608-3
サンガイカタク三界火宅 608-1
サンガイギ 三界義 608-1
サンカイキョー三階敎 605-3
サンカイギョージヤ三階行者605-3
サンカイクキユー三階九級606-1
サンガイクーゲ三界空花 608-1
サンカイクーシ山海空市 605-3
サンガイクヂ 三界九地 608-1
サンガイゲン 三界眼 608-1
サンカイゴキユー三階五級606-1
サンガイシユー山外宗 612-2

サンガイショー 三界牀 608-1
サンカイソー 三階僧 606-1
サンガイゾー 三界藏 608-1
サンガイソン 三界尊 608-1
サンカイダン 三戒壇 166-3, 606-1
サンガイノクリン 三界苦輪 608-2
サンカイノゴギ 三階五疑 606-1
サンガイノジフ 三界慈父 608-2
サンガイハツク 三界八苦 608-2
サンガイバンレー 三界萬靈 608-2
サンカイブツポー 三階佛法 606-2
サンガイムジョー 三界無常 608-2
サンガイユイイツシン 三界唯一心 63-3, 608-2
サンガイロクドー 三界六道 608-3
サンカク 三覺 607-1
サンガク 三學 608-3
サンカクノダン 三角壇 607-2
サンカショー 三迦葉 190-2, 607-2
サンガツエ 三月會 612-2
サンガツドー 三月堂 612-2
サンガノシヨ 三箇疏 609-1
サンカレンキヨー 三科揀境 612-1
サンカン 三監 607-2
サンカン 三關 612-1
サンガン 三觀 612-3
サンキ 三櫃 609-3
サンキ 三季 609-3
サンキ 三歸 609-2
サンキ 散忌 609-2
サンキ 三鬼 609-2
サンキ 三軌 609-1
サンギ 三祇 610-1, 675-2-19
サンギ 三疑 610-1
サンギ 参椅 610-1
サンギイツシン 三偽一眞 610-2
サンキエ 三歸依 609-3
サンギカン 三義觀 610-2
サンキグキヨー 三軌弘經 609-1
サンキゴカイ 三歸五戒 609-3
サンキジユホー 三歸受法 609-2
サンギヒヤクダイコー 三祇百大劫 610-2
サンギヤク 三逆 610-3
サンキヨー 三經 610-1
サンキヨー 散經 609-3
サンギヨー 三敎 613-3
サンギヨー 三形 610-2
サンギヨー 三行 610-2
サンギヨーイチロン 三經一論 610-2
サンキヨーサンショー 三經三聖 623-1
サンギヨーシユチョー 山形柱杖 610-3
サンキラシヨー 三棄羅章 610-1
サンキン 山斤 610-1
サンキン 散經 610-1
サング 散供 612-2
サンク 三垢 610-3
サンク 三苦 276-1, 611-1
サンクー 三空 277-3, 611-1
サンクーカンモン 三空觀門 611-1
サンクーサマヂ 三空三摩地 611-2
サンクノギヨーイン 三九行因 611-2
サンクーフクー 三空不空 611-2
サンクーモン 三空門 611-2
サンクヨー 三供養 611-2
サンケ 三家 613-2
サンケ 三假 371-2, 613-2
サンゲ 山家 615-3
サンゲ 懺悔 306-1-2, 521-3-13, 615-1
サンゲ 散華 615-1, 687-3-29
サンケー 参詣 613-2
サンゲカイ 山家戒 615-3
サンケカン 三假觀 614-2
サンゲクドク 懺悔功德 615-2
サンゲゴツショー 懺悔業障 615-3
サンゲシ 散花師 615-3, 737-3-26
サンケシセツ 三假施設 614-2
サンゲシユー 山外宗 615-3
サンゲダツ 三解脱 437-2
サンゲダツモン 三解脱門 615-3
サンケツ 三結 396-1, 614-2
サンゲドー 三外道 433-2
サンケニソク 三家二即 614-2
ザンゲノモン 懺悔文 229-1-19
サンケフコカン 三假浮虛觀 614-3
サンゲモン 懺悔文 616-1, 680-3
サンケン 叢繭 614-3
サンケン 三堅 614-3
サンケン 三賢 408-2, 614-3
サンケンイ 三賢位 614-3
サンゲンカン 三現觀 442-3
サンケンジツショー 三賢十聖 417-2, 614-3
サンケンジユーヂ 三賢十地 614-3
サンコ 三鈷 616-1
サンコ 三擧 616-1
サンゴ 珊瑚 616-3
サンコー 三光 611-3
サンコー 三講 606-3
サンコー 三綱 606-3
サンゴー 散業 617-1
サンコー 三劫 616-1
サンゴー 三業 561-3, 617-1
サンゴー 山毫 608-3
サンコイン 三鈷印 616-1
サンゴーガシヤ 三恒河沙 510-1, 616-3
サンゴクシシ 三國四師 616-3
サンゴクシヨー 三極少 616-3
サンゴクデンライ 三國傳來 617-1
サンコクド 三國土 616-1
サンゴークヨー 三業供養 617-1
サンゴクロンジ 三國論師 617-1
サンゴーシイギ 三業四威儀 617-1
サンゴーシキ 三敎指歸 616-3
サンコーシヨー 三荒章 607-1
サンゴーソーオー 三業相應 617-1
サンコーテン 三光天 611-3
サンゴーフニモン 三業不二門 617-2
サンコン 三金 616-2
サンコン 三魂 616-2
サンコン 三根 473-3, 616-2
サンゴンイチジツ 三權一實 72-2
サンコンゴーカン 三金剛觀 616-3
サンコンマ 三羯磨 616-3
サンサイ 三細 617-3
サンサイ 三災 617-2
サンサイ 三際 617-2
サンサイガツ 三齊月 618-1
サンサイジ 三際時 618-1
サンサイソー 三細相 618-1
サンサイロクソ 三細六麁 618-1
サンサン 三儀 618-3
サンザン 三山 620-3
サンザンボン 三三品 620-3
サンザンマイ 三三昧 618-3
サンザンマイモン 三三昧門 619-3
サンサンマヂ 三三摩地 602-3, 618-3
サンシ 散支 620-3
サンシ 三師 621-2
サンシ 三止 621-1
サンシ 三思 681-1
サンシ 三支 621-2
サンシ 三使 620-3
サンジ 三慈 630-2
サンジ 三自 630-1, 630-2
サンジ 三字 630-1
サンジ 三時 630-1
サンジ 三治 648-2
サンジイツシン 三自一心 630-2
サンシカ 散脂迦 621-3
サンジカイ 三事戒 630-3
サンシキ 三色 621-3
サンシキ 三識 621-3, 688-2
サンジキヨー 三時敎 614-1, 630-3
ザンジキヨージユ 漸次敎授 711-1-9
サンジゴー 三時業 631-1
サンジザゼン 三時坐禪 631-1
サンシサンシヨー 三止三請 621-3
ザンジシカン 漸次止觀 697-2-2
サンジシヨー 三時性 631-1
サンシシチシヨー 三師七證 622-1
サンジシヨー 三自性 895-1
サンジゼン 三字禪 631-1
サンシチニチシユイ 三七日思惟 622-1
サンジツコー 三十講 631-2
サンジツシユゲドー 三十種外道 434-3
サンジニモン 山寺二門 631-1
サンジネンブツ 三時念佛 637-1
サンジノー 三事衲 637-1
サンジノキヨーハン 三時敎判 631-1
サンシヒリヨー 三支比量 622-1
サンジムジン 三事無盡 1709-1
サンシヤ 三車 622-1
サンシヤケ 三車家 624-2
サンジヤク 三寂 637-2
ザンジヤクボー 三尺坊 637-2
サンシヤミ 三沙彌 634-2
サンジヤヤビラテーシ 删闍夜毘羅胝子 637-2
サンシユー 讃衆 624-2
サンシユ 三修 624-2
サンジユ 三受 637-2
サンジユ 三聚 637-3
サンシユー 三周 621-2
サンジユー 三獸 630-2
サンシユアイ 三種愛 2-2
サンシユウ 三種有 624-3
サンシユエコー 三種回向 627-2, 1861-1
サンジユエンカイ 三聚圓戒 638-1
サンシユエンジ 三種緣慈 624-3
サンシユエンニユー 三種圓融 627-2, 1872-2
サンシユオージヨー 三種往生 1849-3
サンジユカイ 三聚戒 638-1, 157-2
サンシユカヂ 三種加持 195-2
サンシユカンヂヨー 三種灌頂 624-3, 347-3
サンジユカンボー 三種觀法 352-1, 624-3
サンシユキ 三種鬼 235-2
サンシユキドク 三種奇特 244-3, 624-3
サンシユキヨーソー 三種敎相 625-1
サンシユクヨー 三種供養 313-3
サンシユクンジユー 三種薫習 625-1, 355-3
サンシユケツカイ 三種結界 396-3
サンシゲユトー 三種外道 433-2
サンシユケホー 三種悔法 615-2
サンシユケンワク 三種見惑 625-1
サンシユコー 三種香 624-3
サンジユゴー 三受業 638-1
サンジユーゴブツ 三十五佛 631-2
サンシユコーミヨー 三種光明 325-1, 624-3
サンシユコンマホー 三種羯磨法 675-1
サンシユサイ 三種作意 625-1
サンジユーサンガ 三十三過 631-3
サンシユサンガン 三種三觀 625-2
サンジユーサンカンノン 三十三觀音 634-2
サンジユーサンゲンドー 三十三間堂 633-2
サンジユーサンシン 三十三身 634-1
サンジユーサンシヨカンノン 三十三所觀音 633-2
サンシユサンゼ 三種三世 641-1
サンシユサンダイ 三種三諦 645-3
サンジユーサンテン 三十三天 634-2
サンジユーサンマイ 三重三昧 648-3
サンシユシカン 三種止觀 625-2, 697-2
サンシユシキ 三種色 625-2, 690-1
サンジユーシチドーボン 三十七道品 635-1
サンジユーシチソン 三十七尊 634-2
サンシユジドー 三種示導 626-1
サンジユーシチボダイブンポー 三十七菩提分法 635-1
サンシユシネンジヨ 三種四念處 625-2
サンシユジヒ 三種慈悲 626-1, 907-3
サンシユジヨー 三種常 626-1
キンジユーシヤダ 三十捨墮 635-1
サンシユシヤリ 三種舍利 625-3
サンシユジヨ 三種序 995-2
サンシユシヨー 三種生 625-2
サンシユシヨージヨー 三種淸淨 625-3, 780-3
サンジユジヨーカイ 三聚淨戒 157-2, 638-1
サンシユシヨーゴン 三種莊嚴 625-3, 771-2-25
サンシユジヨーゴー 三種淨業 626-1
サンシユシヨージン 三種精進 782-3
サンシユジヨーニク 三種淨肉 889-2
サンシユジヨーブツ 三種成佛 626-2
サンシユシヨーモン 三種聲聞 792-3
サンシユーシヨーモン 三周聲聞 621-3
サンシユシワク 三種思惑 625-3
サンシユシン 三種身 629-3, 626-1
サンシユシンク 三種身苦 626-1
サンシユシンク 三種心苦 626-1
サンシユジンペン 三種神變 1002-3, 626-1
サンシユジンリキ 三種神力 1004-1
サンシユスイミン 三種睡眠 626-2
サンシユセケン 三種世間 626-2
サンシユセンボー 三種懺法 626-3
サンシユゼン 三種禪 626-2, 1053-2
サンシユゼンゴン 三種善根 626-2
サンシユゼンチシキ 三種善智識 1064-1
サンシユセンダイ 三種闡提 626-2
サンシユソー 三種僧 1071-1
サンシユソー 三種相 625-1
サンシユソーオー 三種相應 591-3
サンシユソクシンジヨーブツ 三種即身成佛 626-2, 1082-2
サンシユダイチ 三種大智 626-2
サンシユタイクツ 三種退屈 626-2
サンシユダイシ 三種大師 626-2
サンシユダン 三種斷 626-2
サンシユチ 三種智 626-3
サンシユヂゴク 三種地獄 626-3
サンシユヂヨー 三種定 626-3
サンシユチヨーロー 三種長老 626-3
サンジユツ 三術 638-1
サンシユテン 三種天 626-3

サンシユトク 三種得 626-3
サンジユーニオー 三十二應635-1
サンジユーニソー 三十二相 591-2, 635-2, 1474-1-10
サンジユーニソーガン三十二相願 636-1
サンジユーニチヒブツ三十日秘佛 636-2
サンシユニンギョー三種忍行626-3
サンシユネンジョ 三種念處626-3
サンシユハラミツ三種波羅蜜627-1
サンジユーバンジン三十番神636-2
サンシユビキ 三首引 627-1
サンジユーブツ三十佛 636-2
サンシユブツゲン三種佛眼 1554-1
サンシユフセ 三種布施 1528-1
サンシユブツド三種佛土 1564-1
サンシユフンヌ三種忿怒 1547-3
サンシユヘンヤクショージ三種變易生死 779-2
サンジユーボー三十棒 636-2
サンシユホツシン三種法身 627-1
サンシユボダイ 三須菩提 837-2
サンシユボタイ 三種菩提 1630-3
サンシユボダイシン 三種菩提心 627-1, 1631-2
サンシユホツシン 三種發心627-1
サンシユホツソー 三種法相627-1
サンシユホーヤク三種法藥 1615-2
サンシユホーリン 三種法輪627-1
サンシユムヒョーシキ三種無表色 1715-3
サンジユモンカイ三受門戒 638-1
サンシユヤシヤ三種夜叉 627-1
サンシユヨク 三種欲 627-2
キンシユラカン 三種羅漢627-2 1775-1
サンシユラク 三種樂 627-2
サンシユリツギ三種律儀 1788-2
サンシユリツギムヒョーシキ三種律儀無表色 1716-1
サンシユリボダイショー 三種離菩提障 627-2
サンシユリンシン 三種輪身627-2
サンジユーロツク三十六句 214-3
サンジユーロクジユー 三十六獸 934-3
サンジユーロクシン三十六神636-3
サンジユーロツキン三十六禽636-3
サンジユーロクブシン 三十六部神 636-3
サンジユーロクブセンシン三十六部善神 1062-3
サンジユーロクモツ三十六物637-1
サンシユンヅ 三酸圖 627-2
サンジョ 懺除 638-2
サンショー 三生 622-2
サンショー 三聖 622-3
サンショー 三從 627-3
サンショー 三請 623-1
サンショー 三障 623-1, 764-2
サンジョー 三乘 638-2
サンジョー 三淨 637-1
サンショー 三性 623-1
サンショアランニヤ三處阿蘭若 627-3
サンジョーイチジョー 三乘一乘 426-3-13
サンショーカスイ三生果遂68-3-13
サンショーキ 三精氣 623-3
サンジョーキョー 三乘敎 639-1
サンショク 三職 627-3
サンジョーグージユーヂ三乘共十地 923-3
サンジョーグガクジユーヂ三乘共學十地 639-1
サンジョーケ 三乘家 639-1
サンジョーコー三繩綱 638-3
サンショーゴン三莊嚴 623-3
サンショゴンゲン三所權現 627-3
サンジョーザ 三上座 965-2
サンジョーサンボー三乘三寶659-3-28
サンショージョーブツ三生成佛 624-1
サンショージョー 三清淨 625-3
サンショーダイ三攝提 640-2
サンショダン 三所斷 627-3
サンジョーツーギョー 三乘通敎 537-2-14, 699-3-21
サンショデンシン三處傳心 627-3
サンジョートー三淨頭 637-2
サンショーニシ三聖二師 624-1
サンショニユーホツカイ三處入法界 628-1
サンジョーニク三淨肉 637-2
サンショーフンベツ三性分別624-1
サンショーベツキョー三性別敎 537-2-12, 699-3-19
サンジョームロノシユージ三乘無漏種子 639-1
サンショモクシヤ三處木叉 628-1
サンショーロクジツコー三生六十劫 624-2
サンジョロクエン三序六緣 639-1
サンジレンマ 三事練磨 639-1
サンシン 三信 628-2
サンシン 參請 628-1
サンシン 三心 628-1
サンシン 散心 628-1
サンシン 三身 628-2
サンシンゴー 三身業 629-3
サンシンサンドク 三身三德629-3
サンシンジツ 三眞實 629-3
サンシンズホツケ散心誦法華629-3
サンシンソーケンドー 三心相見道 420-3, 629-3
サンシンニョ 三眞如 879-3
サンシンニョライ 三身如來630-1
サンシンブツショー三身佛性630-1
サンシンホーシ散心法師 630-1
サンシンボダイ三身菩提 1630-3
サンシンボンサン三身梵讚 630-1
サンスイ 三水 639-2
サンスイ 三衰 639-2
サンスイノー 山水衲 639-2
サンスゼン 剗子禪 639-1
サンセ 三施 639-2
サンゼ 三世 640-3
サンゼインガ 三世因果 93-2
サンセーゲ 三誓偈 639-3
サンゼケジツ 三世假實 641-1
サンセケン 三世間 640-2
サンゼサンゼンブツ 三世三千佛 641-3
サンゼショブツ三世諸佛 641-3
サンゼジツウ 三世實有 642-1
サンゼジョーブツ 三世成佛642-1
サンゼシン 三世心 642-1 1509-2
サンゼチ 三世智 642-1, 1189-1-2
サンセツ 三節 640-2
サンゼノカクモ三世覺毋 642-1
サンゼフソーダイ三世不相待642-2
サンゼリョーダツ 三世了達642-2
サンセン 三懺 640-3
サンセン 散錢 640-3
サンゼン 三善 643-1, 642-3
サンゼン 參禪 642-3
サンゼン 三禪 642-3, 722-3-18
サンゼン 三千 643-1
サンゼン 散善 642-3
サンゼン 三漸 643-1
サンゼンイギ 三千威儀 644-1 1855-2
サンゼンギ 散善義 643-1
サンゼンゴン三善根 643-1, 1059-2
サンゼンジツソー 三千實相643-1
サンゼンショホー 三千諸法643-1
サンゼンシユ 三善趣 643-1
サンゼンセカイ三千世界 643-1
サンゼンダイセンセカイ 三千大千世界 643-2
サンゼンチシキ三善知識 643-2
サンゼンテン 三禪天 723-1-17
サンゼンドー 三善道 643-2
サンセンニテン三仙二天 640-1
サンゼンブツ 三千佛 643-3
サンゼンラク 三禪樂 644-1
サンソー 山僧 644-1
サンソー 三相 618-1
サンソー 三市 618-1
サンソー 三草 618-1
サンゾー 山僧 644-1
サンゾー 三藏 619-3, 674-1
サンゾーガクシヤ 三藏學者620-2
サンソーギ 三僧祇 22-1
サンゾーキョー三藏敎 620-2
サンソーギヒヤクダイコー三僧祇百大劫 644-1
サンソクイチ 三即一 644-1
サンゾーゼン 三雜染620-3, 680-2
サンソーゾク 三相續 618-2
サンソーニモク三草二木 618-2
サンゾーブツ 三藏佛 1551-2-13
サンゾーホツシ三藏法師 620-3
サンゾン 三尊 644-1
サンゾンブツ 三尊佛 644-2
サンゾンライゴー 三尊來迎644-2
サンタ 三多 644-2
サンダイ 算題 646-1
サンダイ 讚題 646-1
サンダイ 三大 645-3
サンダイ 三諦 645-1, 1097-1
サンダイエ 三大會 646-3
サンダイエンユーニ三諦圓融646-3
サンタイクツ 三退屈 644-2
サンダイゴショーブ 三大五小部 646-2
サンダイゴブ 三大五部 646-2
サンダイソーソク 三諦相即646-2
サンダイアソーギコー 三大阿僧祇劫 468-3, 646-2
サンダイブ 三大部 646-2
サンダイブツ 三大佛 646-2
サンダツ 三達 647-1
サンダツモン 三脫門 647-2
サンダラニ 三陀羅尼 647-2
サンダン 讚歎 647-3
サンダン 三斷 647-3
サンダン 三檀 647-2
サンダンモン 讚歎門 648-1
サンチ 三智 648-1
サンヂ 散地 648-2
サンヂユーゲンシ三重玄旨 648-3
サンヂユートーヂ三重等持 648-3
サンヂユートダン三重都壇 648-3
サンヂユーホツカイ三重法界648-3
サンヂユーマンダラ三重曼陀羅 649-1
サンヂョー 散杖 649-1
サンヂョー 參狀 649-1
サンヂョーエンカ三條椽下 650-3
サンヂョーカジ 散杖加持 195-3
サンチョーガツ三長月 648-2
サンチョーサイガツ三長齋月648-2
サンヂョーシヤクジョー 三條錫杖 650-2, 802-3
サンヂョージユ三定聚 641-1
サンチョーハ 三鳥派 649-2
サンヂョーリユー 三條流 650-3
サンヂョーワサン三帖和讚 650-3
サンツー 三通 649-1
サンツイ 參退 649-1
サンツーリキ 三通力 649-1
サンテン 三天 649-3
サンテン 三點 649-3
サンテン 三轉 649-3
サンデン 三田 650-3
サンテンゴ 三轉語 649-3
サンテンシ 三天使 650-1
サンテンシセン三天四仙 649-3
サンテンドー 三顚倒 650-1
サンテンドクモン 三轉讀文650-1
サンテンボーリン 三轉法輪650-1
サント 山徒 650-3
サントー 參頭 650-3
サントー 三倒 644-3
サントー 讚頭 650-3
サントー 三塔 644-3
サンドー 三道 646-3
サンドー 參堂 646-3
サンドーカイ 參同契 651-2
サントク 三德 651-1
サンドク 三毒 651-2
サントクシキ 三德指歸 651-2
サンドクシリ 三毒尸利 651-3
サントシタ 珊兜史多 651-2
サンドーシチイ三同七異 651-2
サントージユンレー三塔巡禮644-3
サンドーシンゴン 三道眞言647-1
サントーヂ 三等持 651-3
サントーネンジユ 山頭念誦651-1
サントール 三等流 651-1
サンナイ 三愛 603-3
サンナカ 膳那訶 651-3
サンナク 三惡 603-3
サンナクシユ 三惡趣 603-3
サンナサンブツ三那三佛 652-1
サンナン 三難 652-1
サンニチ 散日 652-1
サンニチサイ 三日齋 652-1
サンニン 三忍 652-2
サンニンインニョム 三人婬女夢 1762-2
サンヌ 三有 99-1, 604-3
サンネ 三衣 128-1, 604-3
サンネ 三會 672-1
サンネ 三慧 128-1
サンネツ 三熱 652-2
サンネバコ 三衣函 605-1
サンネハン 三涅槃 652-2
サンネハンモン三涅槃門 652-2
サンネンキ 三年忌 652-2
サンネンゴネン三念五念 652-3
サンネンジユ 散念誦 652-3
サンネンジユー三念住 652-3
サンネンジョ 三念處 1471-2-9
サンノー 山王 671-1
サンノー 三能 652-3, 657-1-5 671-2
サンノーイン 山王院 1870-2-28
サンノーシチシヤ 山王七社671-1
サンノーヘン 三能變 652-3
サンバイ 讚唄 654-2
サンパイ 三輩 653-2
サンパイ 三拜 653-1
サンパイ 三牌 653-1
サンバク 三縛 654-2
サンハダイ 三波提 653-3
サンパチニチ 三八日 653-3

サンバツチ　三跋致　654-2
サンバツゴー　三罰業　654-2
サンバラキヤタ　三鉢羅佉哆　653-3
サンバン　生盤　654-2
サンバン　生飯　654-1
サンハンニヤ　三般若　654-1
サンヒミツ　三秘密　654-2
サンヒミツシン　三秘密身　654-2
サンビヤクエ　三百會　655-3
サンビヤクゴジツカイ　三百五十戒　655-2
サンビヤクシジユーイツカイ　三百四十一戒　655-2
サンビヤクジキ　三白食　655-2
サンビヤクシジユーハツカイ　三百四十八戒　655-2
サンビヤクホー　三百法　655-2
サンビヨー　三病　654-3
サンヒヨーゴー　三表業　658-3
サンビヨードー　三平等　654-3　1493-1
サンビヨードーカイ　三平等戒　655-1
サンビヨードーカン　三平等觀　655-1
サンビヨードーチ　三平等地　655-2
サンビヨーニン　三病人　655-2
サンブ　三部　449-2　657-1, 1100-3, 1678-2
サンブインシン　三部印信　657-2
サンブカナシヨー　三部假名鈔　657-2
サンブカンヂヨー　三部灌頂　657-2
サンブキヨー　三部經　657-2
サンフク　三覆　656-1-15
サンブク　三福　655-3
サンフクゴー　三福業　656-1　1512-3
サジフクデン　三福田　656-1　1514-1
サンフクハツギヨー　三覆八校　656-1
サンフケンボー　三不堅法　656-1
サンフゴ　三不護　656-1
サンブゴーサンゼ　三部降三世　223-1
サンブゴマホー　三部護摩法　1100-3
サンブサンシン　三不三信　656-2
サンブサンテン　三部三點　1100-1
サンブシキ　三部色　1100-3
サンフシツ　三不失　656-2
サンフジヨー　三不成　656-2
サンフジヨーニク　三不淨肉　656-3
サンフゼン　三不善　656-3
サンフゼンゴン　三不善根　656-3
サンフタイ　三不退　656-3　1529-3
サンブダイホー　三部大法　657-2
サンブチヨーゴー　三部長講　657-2
サンブツ　三佛　657-3
サンブツ　讃佛　657-3
サンブツケ　讃佛偈　657-3
サンブツゴ　三佛語　657-3　1555-1
サンブツシ　三佛子　657-3, 1556-1
サンブツシヨー　三佛性　657-3　1556-2
サンブツジヨー　讃佛乘　658-1
サンブツシン　三佛身　658-1
サンブツダ　三佛陀　658-1
サンブツチヨー　三佛頂　1562-3
サンブツド　三佛土　658-1
サンブツボダイ　三佛菩提　658-2　1630-3
サンブトエ　三部都會　658-2
サンブトホー　三部都法　658-2
サンフノー　三不能　657-1
サンブノヒキヨー　三部の秘經　1459-3
サンブニン　三夫人　656-3
サンブヒキヨー　三部秘經　658-2
サンブヒコー　三部被甲　658-3
サンブフンヌ　三部忿怒　1100-2
サンブミヨーオー　三部明王　1100-2
サンブミヨーヒ　三部明妃　1100-2
サンブモ　三部母　1100-2
サンブンケ　三分家　658-3
サンフンベツ　三分別　657-1　1548-3
サンペン　三變　658-3
サンペンドデン　三變土田　658-3
サンホー　三報　659-1
サンボー　三寶　659-2
サンホー　三法　659-1
サンボーイン　三寶印　660-1
サンボーオン　三寶恩　660-1
サンボーカイ　三寶階　659-1
サンボーカヂ　三寶加持　660-1
サンボーコージン　三寶荒神　660-1
サンボーゾー　三寶藏　659-1
サンボダイ　三菩提　660-1
サンホツカイ　三法界　1592-1
サンホツシン　三發心　659-1
サンボーテンデンインガドージ　三法展轉因果同時　660-2　826-1-2
サンホードーカイ　三法道界　659-2
サンボーニン　三法忍　660-2　1612-3
サンホーベン　三方便　653-2
サンボーミヨー　三法妙　660-3
サンホームシヤ　三法無差　659-2
サンボーモツ　三寶物　660-1
サンボーリン　三法輪　660-2
サンボン　三梵　660-3
サンボンサンゲ　三品懺悔　615-3　660-3
サンボンシゼンゴン　三品四善根　722-1
サンボンシツヂ　三品悉地　660-3
サンボンシヤミ　三品沙彌　660-3　810-2
サンボンジユーアク　三品十惡　903-3
サンボンジヨージユ　三品成就　660-3
サンボンジンジヤ　三品塵沙　660-3
サンボンソーゴー　三品相好　591-3　660-3
サンボンノー　三煩惱　1638-2
サンマ　三魔　642-3, 660-3
サンマ　三摩　661-1
サンマイ　三昧　661-1
サンマイアジヤリ　三昧阿闍梨　661-3
サンマイイン　三昧印　661-3
サンマイザス　三昧座主　662-1
サンマイシヨー　三昧聲　662-1
サンマイソー　三昧僧　662-1
サンマイソーオー　三昧相應　661-3
サンマイチ　三昧地　662-1
サンマイドー　三昧堂　662-1
サンマイノヒ　三昧の火　662-1
サンマイブツ　三昧佛　662-2
サンマイマ　三昧魔　662-2　1643-1-2
サンマイモン　三昧門　662-2
サンマイリキ　三昧力　668-2-9
サンマイリユー　三昧流　662-2
サンマイリヨー　三昧料　662-2
サンマクシユ　三惡趣　13-2
サンマクドー　三惡道　14-1, 603-3
サンマヂ　三摩地　662-3　735-1-20
サンマヂボダイシン　三摩地菩提心　1681-3-16
サンマハチ　三摩鉢底　662-3　1867-3-17
サンマハンナ　三摩半那　662-3
サンマヒダ　三摩皮陀　663-1
サンマヤ　三昧耶　662-2
サンマヤエ　三昧耶會　663-1
サンマヤカイ　三昧耶戒　663-2
サンマヤカイダン　三昧耶戒壇　663-2
サンマヤカンヂヨー　三摩耶灌頂　663-3
サンマヤギヨー　三昧耶形　663-2
サンマヤシン　三昧耶身　663-3
サンマヤチ　三昧耶智　663-3
サンマヤドー　三摩耶道　663-3
サンマヤマンダラ　三昧耶曼荼羅　664-1　1670-1-25
サンマンタ　三曼多　664-1
サンマンダバツダ　三曼陀颰陀　664-1
サンミ　三昧　664-2
サンミツ　三密　664-2
サンミツカヂ　三密加持　665-1
サンミツカン　三密觀　665-1　1-1-11
サンミツシマン　三密四曼　665-1
サンミツソーオー　三密相應　665-1
サンミツユガ　三密瑜伽　665-1
サンミツユーダイ　三密用大　665-1
サンミツロクダイ　三密六大　665-1
サンミテイ　三彌底　665-2
サンミヤクサンブツダ　三藐三佛陀　665-3
サンミヤクサンボダイ　三藐三菩提　666-1
サンミヨー　三明　665-2
サンミヨー　三妙　667-1
サンミヨーギヨー　三妙行　665-3
サンミヨーロクツー　三明六通　665-3
サンムイ　三無爲　666-3
サンムゲ　三無礙　666-1
サンムシヤ　三無差　666-1
サンムシヤベツ　三無差別　666-2
サンムシヨー　三無性　666-1
サンムシーロン　三無性論　666-2
サンムニ　三牟尼　666-2
サンムヒヨーゴー　三無表業　666-2
サンムロガク　三無漏學　666-3
サンムロコン　三無漏根　473-3-24　666-3
サンメー　三迷　666-3
サンメンダイコク　三面大黑　1133-1
サンモー　三妄　662-2
サンモク　三目　667-1
サンモージユー　三妄執　662-2
サンモクドー　三默堂　667-1
サンモダラ　三慕達羅　667-1
サンモン　三門　667-1, 998-2
サンモン　參問　667-1
サンモン　山門　667-1, 485-2
サンモンゼキ　三門跡　667-2
サンモントハ　三門徒派　667-2　971-2-26
サンモンハチリユー　山門八流　667-2
サンヤサンブツ　三耶三佛　667-2
サンヨ　三餘　667-3
サンヨー　三要　605-1
サンヨー　纂要　605-1
サンヨク　三欲　1768-2
サンライ　三禮　667-3
サンライ　讃禮　667-3
サンライシ　三禮師　737-3-28
サンラク　三樂　1776-3
サンラクシヤ　三落叉　667-3
サンラン　散亂　668-1
サンリキ　三力　668-1
サンリサイ　鑽籬菜　668-2
サンリツギ　三律儀　668-2
サンリヨー　三量　668-3, 1791-3
サンリン　三輪　668-3, 1803-2
サンリンキヨー　三輪敎　669-2
サンリンケドー　三輪化導　394-2
サンリンシン　三輪身　669-3
サンリンセカイ　三輪世界　669-3
サンリンソー　三輪相　669-3
サンリンタイクー　三輪體空　669-3
サンルイキヨー　三類境　669-3
サンレンマ　三練磨　670-1
サンロ　三漏　670-1　1818-1
サンロー　參籠　670-2
サンロクイタン　三六異端　670-2
サンロクドクホー　三六獨法　670-2
サンロクフグ　三六不共　670-2
サンロン　三論　670-2
サンロンシシヤク　三論四釋　707-2
サンロンシユー　三論宗　670-3
サンワ　三和　671-1
サンワク　三惑　671-2

〔シ〕

シ　死　681-2
シ　尸　681-3
シ　師　681-2
シ　止　681-1
シ　使　680-3
シ　思　681-1, 735-1-16
シ　伺　681-2, 736-2-4
ジ　寺　886-3
ジ　自　886-3
ジ　事　886-3
ジ　時　886-3
ジ　字　886-2　1780-3-17
ジ　慈　886-3
ジアイ　自愛　887-1
シアイキ　四愛起　681-3
シアイシヨー　四愛生　687-3
シアク　四惡　687-3
シアクシユ　四惡趣　13-2
シアクドー　四惡道　687-3
シアクビク　四惡比丘　687-3
シアクモン　止惡門　682-1
シアゴン　四阿含　15-2, 682-1
シアジヤリ　四阿闍梨　682-1
シアンラク　四安樂　682-1
シアンラクギヨー　四安樂行　682-1
シイ　四韋　859-2
シイ　死畏　565-1-25, 859-2
シイ　四意　682-2
シイ　四夷　682-2
ジイ　慈意　887-2
シイカイ　四夷戒　682-2
シイギ　四威儀　859-2, 1855-2
シイゴー　思已業　682-2
シイザイ　四夷罪　682-2
シイシユ　四意趣　682-2
シイダ　四韋陀　859-2
シイダン　四意斷　682-3
シイチ　四一　682-3
シイラ　翅夷羅　683-1
シイン　齒印　683-1
シイン　四印　683-1
シイン　指印　683-1
シイン　私印　683-1
シイン　子院　859-2
ジイン　似印　887-2
ジイン　字印　887-2
ジイン　寺印　887-2
ジイン　寺院　887-2
シインエ　四印會　683-1
シウ　四有　99-1, 683-1
シウ　師雨　683-2
シウ　死有　683-1
シウイソー　四有爲相　684-1　684-1-4
ジウコンゴー　時雨金剛　887-2

シウン　四運　684-1
ジウン　慈雲　888-1
シウンシン　四運心　684-2
ジウンセンシュ慈雲懺主　888-1
シエ　思慧　672-1-2
859-2, 1845-2-14
シエ　四慧　859-2
シエ　紫衣　685-1
シエ　四依　684-2
シエ　柿衣　685-1
シエ　緇衣　685-2
シエ　紙衣　685-1
ジエ　時衣　888-1
シエー　子璿　685-2
シエー　四翳　685-2
ジエイダイシ　慈慧大師　998-2
シエハツショー四依八正　685-3
シエン　思緣　685-3
シエン　資緣　685-3
シエン　四緣　685-3
シエン　死緣　686-1
シエン　四衍　686-1
ジエン　字緣　888-1
シオー　四王　859-1
シオー　死王　859-1
シオーシンゴン死王眞言　859-2
シオダチ　鹽斷　758-1
シオートーリ　四王忉利　859-2
ジオームトーチ自應無倒智
1188-2-10
シオン　四怨　859-3
シオン　芝苑　859-3
シオン　四苑　859-3
シオン　四恩　686-1
ジオン　慈恩　888-2
ジオンキョー　慈恩敎　888-2
ジオンケ　慈恩家　888-2
ジオンサンガン慈恩三觀　613-2
ジオンジ　慈恩寺　888-2
ジオンジサンゾー慈恩寺三藏888-2
ジオンデン　慈恩傳　888-2
ジオンノハツシュー慈恩八宗888-2
シカ　四果　696-2
シカ　死火　696-2
シカ　四華　1423-3
シカ　子果　696-3
シカ　知客　686-3
シカ　鹿　686-2
シカ　四河　686-2
ジカ　事火　891-2
ジガ　自我　1693-1-16
シカイ　四海　686-3
シカイ　死海　686-3
シカイ　四界　686-3
シカイ　四戒　686-3
ジカイ　字界　888-3
シカイショーヂ四界攝持　687-1
シカイジョードー四階成道　686-3
シカイジョーブツ四階成佛　686-3
シカイダン　四戒壇　167-1
シカイリョーショーイン四海
領掌印　687-1
シカカイダン　四箇戒壇　687-2
シカカクゲン　四箇格言　687-1
シカク　始覺　607-1-29, 687-2
1795-3-9
シカク　四覺　687-2
ジカク　自覺　888-3
ジカク　慈覺　888-3
ジカクゴシン　自覺悟心　888-3
ジカクショーチ自覺聖智　888-3
ジカクダイシ　慈覺大師　888-3
1871-3-28
ジガゲ　自我偈　889-1
ジガゲドー　自餓外道434-1-5
889-1, 1185-1-4
シカコー　四果向　696-3
シカダイジ　四箇大寺　687-3
シカダイジョー四箇大乘　687-3
シカダイジョー四家大乘　1144-2
シカダイブツ　私呵提佛　687-3
シカダイホー　四箇大法　687-3
シガツ　指月　698-3
シガツョーカ　四月八日　698-3
シカデンボー　四箇傳法　687-3
シカニユーカイ四河入海　687-3
シカハツコー　四箇八講　687-3
ジガホー　自餓法　889-1
シカホーヨー　四箇法要　687-3
シカマダイブツ私訶摩提佛　688-1
シカラオツ　尸迦羅越　688-1
シカン　指環　697-2
シカン　止觀　696-3
シガン　此岸　688-1
シガン　至願　698-3
ジカン　寺官　891-2
ジカン　事觀　891-2
シカン　慈觀　521-1-6
シカンイン　止觀院　698-1
シカンカショー止觀和尙　697-3
シカンギョージャ止觀行者　697-3
シカンギレー　止觀義例　697-3
シカンケ　止觀家　697-3
シカンゲンモン止觀玄文　697-3
シカンゴー　止觀業1793-2-26,
1783 3-6
シカンシャ　止觀捨　697-3
シカンシュー　止觀宗　698-1
シカンス　厠簡子　700-3
シカンタイイ　止觀大意　698-1
シカンブギョー止觀輔行　698-1
シカンフニ　止觀不二　1540-1
シカンフリ　止觀不離1871-2-24
シカンホーモン止觀法門　698-1
シカンモンロンジュ止觀門論頌698-1
シカンロン　止觀論　698-1
シキ　識　688-1
シキ　四記　690-2
シキ　色　690-1
シキ　四棄　690-2
シキ　尸棄　690-3
シキ　四機　690-3
シキ　旨歸　691-1
シキ　屍鬼　691-1
シギ　四儀　694-3
ジキ　食　889-1
ジキ　自歸　889-1
ジギ　字義　891-1
シキアイヂューヂ色愛住地553-1-8
691-1, 743-2-25
シキウ　色有　691-1
シキウン　色蘊　691-2
シキウン　識蘊　691-1
シキエン　色焰　691-2
ジキエンソー　食厭想　890-1
シキカイ　識海　691-2
シキカイ　色界　607-2-19, 691-2
シキカイ　識界　691-2
シキガイ　色害　691-3
シキガイ　色蓋　691-3
シキカイ　食戒　890-2
ジキカイ　食界　890-2
シキカイケ　色界繫　691-2
シキキョー　色境　691-3, 734-1-27
シキキョー　色經　691-3
ジキキョー　食經　890-2
シキグ　色具　691-3
シキクキョーテン色究竟天541-2-4
691-3
シキクーゲドー色空外道　691-3
シキゲドー　識外道　435-1-14
シキゲン　識幻　691-3
シキコー　色光　691-3
シキコー　四季講　691-2
ジキゴソーク　食後漱口　890-1
シキコーチユードー色香中道691-3
シキシ　識使　692-1
シキシ　式師　692-1
ジキジ　食時　890-2
シキジキ　識食　692-3
716-2-27, 889-3-6
シキシキヂュー色識住　693-1-25
シキジザイチ　色自在地　693-1
シキジツショーユイシキ識實
性唯識　693-1
ジキシドーヂョー直至道場　1214-3
ジキシニンシン直指人心　1214-2
ジキシブン　食四分　890-1
シキシヤカラニ式叉迦羅尼　692-1
シキシヤニ　式叉尼　692-1
シキシヤマナ　式叉摩那　692-1
シキシユ　色衆　692-2
シキシユ　職衆　692-2
シキシユ　識主　692-2
ジキジユンジユク時機純熟　890-3
シキジユ　色聚　517-3-27
シシキショ　色處　692-2
シキショー　色聲　692-1
シキショー　識精　692-1
シキショヂョー識慮定　692-2
シキショテン　識所天　692-2
シキシン　識身　692-3
シキシン　色心　692-3
シキシン　識心　692-3
シキシン　識神　692-3
シキシン　色身　692-2
シキシンソクロン　識身足論692-3
シキシンニコー色心二光　692-3
シキシンフニモン色心不二門692-3
890-3
ジキゼン　食前　890-3
シキセンボー　四季懺法　693-1
シキソー　色相　692-1
シキゾー　識藏　692-1
シキソクツー　識塞通　920-2-21
シキソクゼクー色即是空　693-1
シキソード　色相土　692-1
シキタイ　色諦　693-1
シキヂュー　識住　693-1
シキチョー　色頂　693-1
シキヂン　色塵　693-3
シキツーソク　識通塞　693-3
ジキドー　食堂　890-3
シキトン　色貪　693-3
ジキニク　食肉　890-3
シキニユー　色入　693-3
シキバク　色縛　693-3
シギビョードー四義平等　694-3
シキフイクー　色不異空　694-3
シキブツ　尸棄佛　694-1
ジキベーサイ　食米齋　1864-3-28
シキヘン　識變　693-3
シキホー　色法　123-1-16, 694-1
734-1-23
シキホー　色泡　693-1
シキホー　四歸法　694-1
ジキボサツ　慈起菩薩　890-3
シキマンダラ　數曼荼羅　694-1
シキミ　樒　694-1
シキミ　色微　694-1
シキミ　色味　694-1
シキムヘンジョテン識無邊處
天　694-1
シキヨー　至敎　700-1
シキヨー　四敎　699-2
シキヨー　師敎　700-1
シキヨー　四鏡　694-2
シキヨー　示敎　700-1
シギョー　四行　694-3
ジキョー　慈敎　891-1
ジキョー　時經　890-2
ジキョー　事敎　891-3
シキョーギ　四敎儀　700-1
シキョク　色欲　694-2
ジキョク　食欲　891-1
シギョーケタ　自行化他　891-1
シキョーゴジ　四敎五時　700-1
シキョーサンガン四敎三觀　700-1
シキョーサンミツ四敎三密　700-1
ジキョージ　四夾侍　700-3
シキョーシモン四敎四門　763-2
シギョーソー　四行相　694-3
ジキョーソーイ自敎相違　632-1-6
891-3
シキョーヂ　四敎地　700-2
ジギョードーニョ　慈行童女891-1
シギョーニン　始行人　694-3
シギョーニゼン止行二善　694-3
ジギョーフジョー自行不淨916-3-3
ジギョーマンゾク自行滿足910-1-6
シキョーリョー至敎量　700-2
シキロー　識浪　694-2
シキン　試經　694-2
シキンオー　斯䒵王　694-2
シク　四句　695-1
シク　四苦　276-1, 694-3
シク　死苦　695-1
シク　死狗　695-1
シク　死句　695-1
シク　死后　695-1
シグ　四供　698-2
シグ　四弘　698-2
シグ　支具　698-2
シクー　四空　277-3, 695-2
シグジザイ　資具自在　893-2-18
ジクジユ　慈救呪　891-1
1538-2-18
シクシユー　四句執　696-1
ジクショ　粥疏　891-1
シクーショ　四空處　695-2
シクジョードー四句成道　696-1
シクスイケン　四句推撿　695-1
シグゼー　四弘誓　360-1, 698-2
シグゼーガン　四弘誓願　675-2-18
698-2
シクーヂョー　四空定　695-3
シクーテン　四空天　696-1
シクドー　四衢道　696-1
シクハ　粥罷　891-2
シクビク　死苦比丘　696-1
シクフンベツ　四句分別　695-1
シクヨー　四供養　313-3
シクンジユー　四薰習　698-1
シケ　四花　698-3
シケ　四家　699-1
シケ　四悔　699-2
シケ　四假　371-2, 699-2
シケ　思假　699-2
ジケ　寺家　891-3
シケギョー　四加行　381-3, 700-3
シゲサ　紫袈裟　701-1
ジケサクキョー　自化作苦經891-3
ジゲダツ　時解脫　437-2-17-891-3
ジゲダツラカン時解脫羅漢1775-1-13
シケダイジョー四家大乘　700-3
シケヂ　始欠持　700-3
シケツ　四結　700-3
シケツ　四撅　700-3
ジゲドー　時外道　434-3-26
891-3
ジゲブツジョー自解佛乘　892-1
シケホー　四化法　700-3
シケン　四見　407-3, 700-3
シゲン　師絃　701-1

シゲン 四眼 701-1
ジゲン 慈眼 892-1
ジゲン 示現 892-1
ジゲンカン 事現観442-3-12, 892-1
シゲンカン 思現観 442-3-16
シケンシン 四堅信 701-1
ジゲンダイシ 慈眼大師 892-1
ジゲンリョー 似現量 1419-3-16
892-1
シコ 四股 701-1
シコ 四枯 701-1
シゴ 示悟 701-3
シゴ 死期 701-3
シコー 四向 687-1
シコー 紫甲 687-3
シコー 枝香 687-1
シコー 嗣香 687-2
シコー 四劫 468-2, 701-3
シゴー 四業562-1, 702-1, 1793-3
シゴー 四恒 701-3
ジコー 慈光 891-2
ジコー 慈航 888-3
シコクデントーダイシ 四國傳燈大師 701-1
ジゴーサイショー 事業最勝 730-1-28
シコシエー 四枯四榮 701-2
ジゴージトク 自業自得 892-2
シゴシユホーコー四五種方向571-3
ジゴソーイ 自語相違 632-1-16
892-1
シゴノインドー死後の引導 95-2
シコン 紫金 701-3
シゴン 四禁 702-1
シゴン 至言 702-1
シコンポンショーザイ四根本性罪 701-3
シコンポンジユーザイ四根本重罪 701-3
ジザイ 自在 893-1
ジザイオー 自在王 894-1
ジザイカイ 自在戒 893-3
ジザイシン 自在心 1830-1-17
シザイチョー 資財帳 702-3
ジザイテン 自在天 892-3
ジザイテンゲドー自在天外道 435-1-3, 894-1
ジザイテング 自在天宮 894-1
ジザイテンシシヤ自在天使者894-1
ジザイトーインシユー自在等因宗 894-1
シサイニチ 四齋日 702-1
ジザイニョテン自在女天 894-1
ジザイニン 自在人 894-1
ジザイミミョー慈濟微命 892-2
ジザゲドー 自坐外道 434-1-8
894-2
ジサツ 自殺 892-3
ジサン 事懺 893-1
ジサンキタカイ自讃毀他戒 925-3-16
436-2-8
ジサンゲドー 時散外道 893-1
シシ 四師 703-1
シシ 四至 702-3
シシ 師子 703-1, 1742-3
シシ 死屍 703-1
シシ 師資 703-1
ジシ 寺師 894-3
ジシ 侍司 894-3
ジシ 慈子 894-2
ジシ 自恣 894-2, 1429-3-23
ジジエンニユー事事圓融1872-2-27
シシオー 師子王 715-3
シシガイ 師子鎧 703-3
シシガホー 師子臥法 703-3
シジキ 四食 716-2
シジキ 思食 716-2-23. 889-3-4
ジシキ 事識 894-3
ジシキ 慈氏軌 894-3
ジジキ 時食 897-2
シジキジ 四食時 716-3
シシキヂユー 四識住 693-1
703-3
シシキョーオー師子頻王 703-3
シジキョー 四事經 716-3
シシキン 師子筋 703-3
シシク 師子吼 703-3
シジクョー 四事供養 313-3
716-3
ジシケンド 自恣揵度424-1-7
894-3
シシコク 師子國 704-1
シシコクガキ 師子國餓鬼226-1
704-1
シシザ 師子座 704-1
シシシンチユーノムシ師子身中蟲 704-1
ジシセーガンキョー慈氏誓願經894-3
シシソンジヤ 師子尊者 704-2
シシチユー 師子冑 704-2
シシツ 師質 704-2
シシツダン 四悉檀 704-2
ジシニチ 自恣日 894-3
シシニユー 師子乳 704-3
シシバ 戸尸婆 704-3
シシヒンシンザンマイ師子頻申三昧 704-3
シジフカシギ 四事不可思議716-3
シシフンジン 師子奮迅 705-2
シシフンジンザンマイ師子奮迅三昧 705-2
シシホーモン 師子法門 705-3
シジホーモン 四事法門 718-3
ジジムゲホツカイ事事無礙法界897-2
648-3-29, 1592-2-8
シシヤ 四捨 705-3
シシヤ 四事 705-3
シシヤ 使者 705-3
シジヤ 四蛇 718-3
ジシヤ 侍者 895-1
ジシヤガタ 寺社方 896-1
シシヤキンバラ翅舍欽婆羅707-2
シシヤク 四釋 707-2
シシヤク 死籍 707-2
シシヤク 矢石 707-2
ジシヤク 事迹 896-1
ジジヤク 示寂 897-2
ジシヤクキユーテツ磁石吸鐵896-1
シシヤケ 四事家 708-3
ジシヤハチホー侍者八法 895-1
ジシヤブギョー寺社奉行 896-1
シシヤホー 使者法 709-1
シジヤミョー 四邪命 719-3
シシヤモン 四沙門 709-1
シシユ 四主 709-2
シシユ 四趣 709-2
シシユ 四取 709-2
シシユ 師主 710-1
シジユ 四樹 719-3
ジシユ 寺主 896-2
シシユー 四修 709-3
シシユー 四衆 709-1
シシユー 四宗 710-1, 817-3
シシユー 四洲 703-2
シシユー 四執 705-1
シシユー 緇州 703-2
ジシユー 時宗 896-2
ジシユー 時衆 896-2
シシユアクニン四種惡人 710-1
シシユアゴン 四種阿含 710-1
シシユアジヤリ四種阿闍梨 21-1
710-1
シシユアナン 四種阿難 710-1
シジユーイ 四十位 718-2
シジユーイチイ四十一位 716-3
シジユーイチヂ四十一地 716-3
シシユイツサイギ四種一切義710-1
シシユインネン四種因緣 710-1
シシユエンギ 四種緣起 136-2
シシユオージョー四種往生714-3
シシユガ 四種我 710-3
シシユカダ 四種伽陀 193-3
シシユカンギョー四種觀行710-3
シシユカンヂョー四種灌頂347-3
シシユカンロ 四種甘露 219-1
710-2
シシユキシユジ四種起首時572-1
シシユキョージユ四種敎授711-1
シシユギョーニチ四種行日572-2
シシユギョーニン四類行人710-3
シシユキョーワク四種狂惑710-3
シジユークイン四十九院 717-1
シジユークソー四十九僧 716-3
シシユクソーアン止宿草庵710-3
シジユークトー四十九燈 716-3
シジユークニチ四十九日 717-1
シシユクョー 四種供養 313-3
シシユクンジユー四種薫習356-1
シシユケ 四種花 711-1
シシユケゴンギョー四種華嚴經385-2
シシユーゲザンマイ師子遊戲三昧 710-2
シシユゲン 四種眼 711-1
シジユゴー 四受業 719-3
シシユコー 四種劫 711-1
シシユコーイン四種鈎印 711-1
シジユーゴギヤク四重五逆743-1
シシユコクド 四種國土 462-2
シシユコーゼツ四種廣說 710-3
シシユゴマ 四種護摩 569-3
シシユコンポンザイ四種根本罪711-1
シシユサイ 四種作意 711-1
シシユサンボー四種三寶 659-3
シシユサンマイ四種三昧 711-2
シシユシ 四種子 711-2
シシユシキ 四種色 571-3
シシユジキ 四種食 712-1
889-1
シシユジザイ 四種自在 712-1
893-1
シシユシヨー四種生死 711-2
シシユシタイ 四種四諦 711-2
724-1
シシユシツヂ 四種悉地 711-3
747-1
シシユシツダン四種悉檀 711-2
シシユシヤクギ四種釋義 711-3
シシユジヤジキ四種邪食 712-1
シシユシヤモン四種沙門 711-3
811-2
シシユジユキ 四種授記 981-3
シシユジユーニインネン四種十二因緣 930-3
ジシユージユーニハ時宗十二派896-2
シシユジョー 四種諍 712-3
シシユショーギョー四種性行 711-3
シジユージョーケツ四十帖決717-1
シシユショーゴン四種莊嚴 771-2
シシユジョーザ四種上座 712-1
シシユショージ四種生死 711-3
779-3
シシユジョーブツ四種成佛712-1
シシユショーモン四種聲聞711-3
792-2
シシユジョージユホー四種成就法 712-1
シシユジョーヂユー四種常住712-1
シシユシリョー四種資糧 858-1
シシユシン 四種心 712-1
シシユシンジン四種信心 712-1
シジユーシンョー始終心要719-3
シシユセー 四種制 712-2
シシユセニン 四種世人 712-2
シシユゼン 四種禪 712-2
シシユゼ 四種善 712-2
シシユソー 四種僧 712-2
1071-1
シシユソクシンジョーブツ四種即身成佛 1082-3
シシユソーヂ 四種總持 712-2
1077-1
シシユソーモツ四種僧物 712-2
1077-1
シシユタイヂ 四種對治 712-2
シシユーダイジョー四宗大乘710-2
シシユダンボー四種檀法 712-3
シシユヂ 四種地 712-3
シシユーヂゴク四洲地獄 703-2
シシユヂユーオン四種重恩713-1
シシユツゲ 四出偈 713-1
シシユテン 四種天 713-1
シシユトー 四種答 712-2
シシユドーボン四種道品 712-2
シシユドーリ 四種道理 712-2
1177-1
シシユトン 四種貪 713-1
シジユーニイ 四十二位 717-2
シジユーニケンショー四十二賢聖 417-2
シジユーニジカンモン四十二字觀門 717-2
シジユーニシシヤ四十二使者717-1
シジユーニジモン四十二字門717-2
シジユーニホンノムミョー四十二品無明 717-2
シシユニョーヤク四種饒益713-2
シシユニン 四種人 713-1
シシユネハン 四種涅槃 713-2
シシユネンジユ四種念誦 713-2
シシユネンブツ四種念佛 713-2
シジユーハチガン四十八願717-3
シジユーハチキョーカイ四十八輕戒 717-3
シジユーハチシシヤ四十八使者718-1
シジユーハツチ四十八智 1189
シシユビク 四種比丘 713-3
シシユヒミツ 四種秘密 713-3
シシユビョードー四種平等713-3
シシユフカシギ四種不可思議 1508-2
シシユフゼン 四種不善 1528-3
シシユブツ 四種佛 1551-2
シシユブツシン四種佛心 714-1
シシユブツド 四種佛土 714-1
1564-1
シシユヘンヤク四種變易 714-1
シシユホツカイ四種法界 714-1
1592-1
シシユボクイン四種墨印 714-1
シシユホツシン四種法身 714-1
シシユホーベン四種方便 713-2
ジジユホーラク自受法樂 897-2
シジユーマラ 室獸摩羅 716-2
シジユーマンダラ四重曼荼羅743-1
744-2, 1670-1
シシユモンドー四種問答 714-2
シシユユ 四須臾 714-3
ジジユユーシン自受用身 897-2
1558-1-9, 1606-1-15
シシユヨーラクショーゴン四種瓔珞莊嚴 714-2
シシユリンノー四種輪王 714-3
シシユロギョー四種爐形 571-2
シショ 四書 714-3

シショ　四所　714-3
ジショ　自煮　896-2
シショー　四生　706-2
シショー　四聖　705-3
シショー　四攝　720-3
シショー　四唱　706-1
シショー　四姓　706-1
シショー　四障　706-1, 764-2
シショー　師匠　706-1
シショー　資生　706-3
シショー　支證　714-3
シショー　思勝　1857-1-5
シジョー　四上　719-1
シジョー　四靜　710-1
1471-2-3
シジョー　四乘　720-1
シジョー　至靜　719-1
シジョー　戸城　719-1
ジショー　自性　68-3-21, 895-1
ジショー　自證　896-2
ジショー　事障　895-2
ジショー　事證　896-2
ジショー　事鈔　897-3
ジショー　時槃　995-1
ジジョー　自淨　897-2
ジショーエ　自性會　896-1
ジショーエ　自證會　897-1
ジジョーカ　自乘果　897-2
ジショーカイ　自性戒　895-3
シショカイダン四所戒壇　715-2
ジショーカンヂョー　自證灌頂　896-3
シショーギタイ四勝義諦　714-3
シショーギョー四性行　706-3
シショーギョー四聖行　706-3
ジショーギョー自性行　895-3
シショークリン四生苦輪　706-3
シジョーケ四乘家708-3-17, 720-1
シジョーコー　熾盛光　719-1
シショーゴン　四正勤　706-3
シショーゴン　四聖言　706-3
シショーコンゴー　四攝金剛720-3
シジョーザ　四上座　965-2
シショサンショー　四所三聖715-2
ジショーサンラン　自性散亂　1825-2-15
シショージ　四攝事　720-3
ジショーシヤベツ　自性差別895-3
シショーシユ　四攝衆　720-3
シショーシユ　四聖種　707-1
ジショージユ　自證壽　896-3
ジジョージユ　時成就　897-2
1833-3-14
シショージユーヂ　四乘十地924-1
シショジユーロクエ　四處十六會　715-2, 1156-3
シショージョー四證淨　715-2
ジショショエン時處諸緣　896-3
シジョーショーガク始成正覺719-2
ジショーショージョーゾー自性淸淨藏　895-3, 533-1-22-28
シショーシン　四勝身,　715-1
ジショーシン　自性身　629-1-19
895-3
ジショーシン　自證身　896-3
シジョーシン　至誠心　628-1-27
719-2
ジショージョーシン　自性淨心　895-3
ジショーセツポー自證說法　1607-2-14
ジショーゼン　自性善　895-3
ジショーゼン　自性禪　895-3
シショータイ　四聖諦784-2, 707-1
シショーダン　四正斷　707-1
ジショーダン　自證壇　896-3
ジショーダン　自性斷　626-2-25
895-3
シショーチショーミョー死生智證明　707-1
ジショーヂユーブツショー自性住佛性　895-3, 1556-2-22
シジョーヂョー四淨定　719-2
シショーヒヤツコー四生百劫707-1
ジショーフゼン自性不善1528-3-21
896-3
ジショーフンベツ自性分別　896-1, 657-1-14
シショーホー　四攝法　720-3
シジョーホー　熾盛法　719-3
ジショーホツシン自性法身　1606-1-6
シショミョージン四所明神　715-3
ジショーミョータイ自性冥諦896-1
シショモンジン四處問訊　715-3
ジショーユイシン自性唯心　896-1
シジョーリョ　四靜慮　719-3
ジショーリンシン自性輪身　896-1
シショロクエ　四處六會　715-3
シシン　四心　716-1
シシン　四眞　716-1
シシン　四身　715-3
シシン　四信　716-1
シシン　至心　715-3
シシン　至眞　715-3
シシン　厠神　202-3
ジシン　慈心 897-1, 1829-3-30
ジシン　侍眞　897-1
ジシン　似心　899-1
ジシンキョーニンシン自信敎人信　897-1
シシンゴギョー四信五行　716-1
シシンゴホン　四信五品　716-1
シシンゴン　四親近　716-1
シジンシカン　四尋思觀　720-1
ジシンジブツ　自身自佛　897-1
シシンソーオー四神相應　720-1
シシンダイ　四眞諦　716-1
ジシンドージ　慈心童子　897-2
ジシンボンテンショモンキョー持心梵天所問經　1219-3
シズイ　四隨　720-2
ジスイ　慈水　897-2
シセ　四世　720-2
シセ　四施　720-2
ジセージユカイ自誓受戒　897-2
シセゾクタイ　四世俗諦　720-2
シセツ　四說　720-2
シセツ　施設　720-3
シゼツ　四絕　721-2
ジセツイシユ　時節意趣　897-3
ジセツキョー　自說經　899-3
ジセツクノー　自說功能　541-2-23
ジセツゼン　時節善　737-2-22
シセツロン　施設論　720-3
ジセートク　自誓得　897-3
シセン　四山　721-1
ンセン　四仙　721-2
シセン　紙錢　721-2
シセン　支懺　721-2
シセン　死山　721-1-30
シゼン　四禪 1054-2, 722-3-21
721-2
ジゼン　事善　897-3
ジゼン　事禪　897-3
ジゼン　時善　737-2-4
ジゼン　慈善　737-2-18
シゼンゴン　四善根 721-2, 1059-2
シゼンジ　思禪師　727-2
シゼンヂョー　四禪定　722-2
シゼンテン　四禪天　723-1
シゼンナス　死禪和子　723-3
シゼンハチヂョー四禪八定　723-2
シゼンビク　四禪比丘　723-2
シセンヒシ　四仙避死　721-2
シソ　師祖　723-3
シソ　緇素　723-3
シソー　四相　597-1, 702-1
シソー　四葬　702-2
シソー　死相　702-2
シソー　師僧　723-3
シゾー　四藏　674-1, 702-3
ジソー　事相　892-2
ジソー　自相　892-2
ジゾー　事造　894-2
シソーイ　四相違　702-3
ジソーキヤクリヤク事相隔歷892-2
ツゾク　死賊　723-3
ジソークー　自相空　892-3
ジソーサイ　自相作意　892-3
ジソージギ　字相字義757-2, 886-2
シゾージョー　四增盛　723-2
ジソーゼンジ　事相禪師　892-3
シソーハチハイ四雙八輩　702-2
ジソーブ　事相部　892-3
シソン　師孫　723-3
ジソン　慈尊　897-3
ジソンソンタ　自損損他　897-3
ジソンノホーカン慈尊寶冠　897-3
ジソンノツキ　慈尊月　897-3
シタ　從多　723-3
シダ　四墮　725-1
シダ　私陀　725-1
シダ　戸陀　725-1
シタイ　四諦　723-3
シダイ　四大　725-2, 1122-3
シダイ　思大　725-2
シダイ　支提　725-1
ジタイアイ　自體愛 2-2-27, 897-3
シダイエン　次第緣　725-3
シダイカイ　四大海　725-3
シダイカショー　思大和尙　726-1
シダイカブ　支提加部　726-1
シダイキョーホー四大敎法　726-1
シダイゲンムシユ四大元無主726-1
シダイゴ　四大護　726-1
シダイゴイン　四大護院　726-1
シダイコツジキ　次第乞食　726-1
889-3-27
シダイサンガン次第三觀　726-1
シダイシ　四大師　726-2
シダイジ　四大寺　726-1
シダイシユ　四大種　726-2
シダイシユー　四大洲　726-1
シタイジユーロクギョーソー四諦十六行相　724-1
シダイジョーシユー四大乘宗726-2
シダイショモン四大聲聞　726-2
シダイセンブ　支提山部　726-2
シダイゼンモン次第禪門　726-2
シダイデシ　四大弟子　726-2
シダイテンノー四大天王　726-2
シダイトー　四大塔　726-2
シダイビョーソー四大病相　1494-2
シダイブキョー四大部經　726-3
シダイブシユー四大部洲　726-3
シダイフチョー四大不調　726-2
シダイブツゴイン四大佛護院726-3
ジタイブン　自體分　898-1
シダイボサツ　四大菩薩　726-3
シタイロン　四諦論　724-
シタク　支度　724-3
シダゴン　斯陀含　727-1
シダゴンコー　斯陀含向　687-1-14
シダゴンカ　斯陀含果　696-2-14
ジタシヤベツシキ自他差別識　689-2-23
シタツ　四達　724-3
シタバナ　戸多婆那　724-3
ジタフニモン　自他不二門　898-1
シダラクホー　四墮落法　727-2
シダラニ　四陀羅尼　727-2
シダリン　戸陀林　727-2
シダン　四斷　727-2
シダン　師檀　727-2
シダン　子斷　727-2
ジダン　字壇　898-1
シチ　四智　727-2, 1187-3, 1561-3
シチ　四知　727-2
シヂ　止持　742-3
ジチ　自知　898-1
ジヂ　事智　898-1
シチイン　四智印　727-2
シチウ　七有　99-1, 727-3
シチウエフクゴー七有依福業727-3
シチカイ　七海　728-1
シヂカイ　止持戒　158-3-15
743-2
シチカイキョー七戒經　728-1
シチカク　七覺　728-1
シチカクシ　七覺支185-1, 728-2
シチカグブン　七覺分　728-2
シチカジ　七箇寺　723-3
シチカドーホン七科道品　729-2
シチカンジョー七卷章　729-2
シチカンノン　七觀音　729-2
シヂキ　資持記　743-2
シチギヤク　七逆　728-3
シチギヤクザイ七逆罪　728-3
シチギョー　七經　728-3
シチキョーサンラク七境三樂728-3
シチキョーレンゲ七莖蓮華728-3
シチク　七垢　276-2, 729-1
シチクー　七空　277-3, 729-1
シチクイオー　七蒟醫王　729-1
シチクテー　七俱胝　729-1
シチクテーブツモソン七俱胝佛母尊　729-1
シチケ　七華　729-2
シチケギョー　七加行　729-3
シチケハチレツ七華八裂　729-3
シチケン　七見　408-1
シチケン　七賢　408-2, 729-3
シチケンシチショー七賢七聖417-2
シチコーソ　七高祖　728-1
シチコートー　七香湯　728-1
シチコンセン　七金山　730-1
シチコンマ　七羯磨　728-3
シチザイ　七財　730-2
シチサイショー七最勝　730-1
シチサイナン　七災難　730-2
シチザコーニン七座公人　730-2
シヂサボン　止持作犯　743-2
シチサン　四智讃　730-2
シチシ　七使　730-3
シチシ　七支　730-2
シチシ　七子　730-2
シチジ　七治　738-3
シチシキ　七識　730-3
シチシキジユーミョー七識十名730-3
シチシキヂユー七識住　693-2
シチシゴー　七支業　730-3
シチジズイシン七事隨身　734-1
シチジダンメツシユー七事斷滅宗　734-1
シチシチカサイ七七火災　731-1
シチシチサイ　七七齋　730-3
シチシチノキ　七七忌　731-1
シチシチニチ　七七日　731-1
シチシネンジユホー七支念誦法731-1
シチジブジユ　七士夫趣　736-3
シチジモンジユ七字文殊　737-1
シチシヤ　七社　731-2
シチシヤケ　七渉髻　731-2

シチシヤザイ　七遮罪　731-3
シチシユ　七衆　731-3
シチシユ　七趣　731-3
シチジユ　七聚737-1, 1480-1
シチシユー　七宗　731-3
シチシユアラカン七種阿羅漢731-3
シチシユエ　七種衣　732-1
シチジユカイ　七聚戒　737-1
シチシユーギョージ七周行慈730-3
シチシユーゲンエン七周減緣730-3
シチシユゴ　七種語　732-1
シチジユーゴホー七十五法734-1
シチシユザンゲシン七種懺悔心732-1
シチジユーサンソン七十三尊736-3
シチシユジキ　七種食　732-2
シチジユーシチチ七十七智　1189-2
シチシユシヤ　七種捨　764-1
シチシユショー七種聖　732-2
シチシユショージ七種生死732-2
779-3
シチシユジショー七種自性895-2
シチシユデキスイ七衆溺水732-2
シチシユナゴン七種那含　732-3
シチジユーニイギ七十二威儀736-3
シチジユーニジ七十二字　736-3
シチシユニタイ七種二諦　732-3
シチシユニン　七種人　732-2
シチシユハツ　七種般　732-3
シチシユフゲン七種不還　732-3
1519-1
シチシユフジョー七種不淨732-3
シチシユフセ　七種布施　732-3
1528-1
シチシユベン　七種辯　732-3
シチシユマン　七種慢　733-1
シチシユムジョー七種無常733-1
シチシユムジョー七種無上733-1
シチシユライブツ七種禮佛733-2
シチシユラカン七種羅漢　1775-2
シチシユリユーダイ七種立題733-3
1122-2
シチショー　七生　731-2
シチショー　七星　731-2
シチショー　七聲　731-2
シチショー　七聖　371-2
シチショー　七證　733-3
シチジョー　七情　737-1
シチショーカク七聲覺　731-2
シチショクエ　七處九會　385-1
733-3
シチジョーケ　七淨華　737-1
シチショーザイ七聖財　731-2
シチショーシ　七證師　733-3
シチショージ　七勝事　733-3
シチショゼン　七處善　733-3
シチヂョーヂユーカ七常住果737-1
シチショーハツテ七處八會384-3
734-1
シチショヒョーマンソー七處平滿相　734-1
シチシンカイ　七心界　734-1
シチジンシン　七深信　737-1
シチシンニョ　七眞如　734-1
879-3
シチズイメン　七隨眠　737-1
1014-2
シチゼン　七善　737-2
シチゼンジシユ七善士趣　737-2
シチセンヤシヤ七千夜叉　737-1
シチソ　七祖　737-3
シチソー　七僧　737-3
シチソーサイ　七僧齋　738-1
シチソシシ　七祖四師　738-1
シチソショーギョー七祖聖教738-1
シチソソージョー七祖相承738-1
シチダイ　七大　738-1
シチダイジ　七大寺　738-2
シチタラジユ　七多羅樹　738-1
シチダラニ　七陀羅尼　738-2
シチダンノミシホ七壇御修法738-2
シチチ　七知　738-2
シチヂョーブ　七丈夫　738-3
シチヂユーギョージユ七重行樹738-3
シチヂョー　七條　739-1
シチヂョーエ　七條衣 110-1, 739-1
シチヂョーゲサ七條袈裟　739-1
シチヂン　七塵　739-1
シチチンマンボー七珍萬寶738-3
シチテンクレー七轉九例　739-1
シチテンジキ　七轉識　739-1
シチトーカクシ七等覺支　739-1
シチドーガラン七堂伽藍　738-2
シチドン　七曇　739-1
シチナン　七難　739-1
シチニチサダンホー七日作壇法739-2
シチニチヤク　七日藥　739-2
シチノシンボン四智心品　739-2
シチハチノギョー七八行　739-3
シチバンシンゴン七番眞言868-3
シチビニ　七毘尼　739-3
シチヒヤクケツジユー七百結集739-3
シチヒヤクケンジョー七百賢聖739-3
シチブジヤ　七步蛇　739-3
シチブツ　七佛　739-3
シチブツアジヤリ七佛阿闍梨740-1
シチブツキョー七佛經　740-1
シチブツセツゲ七佛說偈　740-2
シチブツツーカイゲ七佛通戒偈740-2
シチブツハチボサツ七佛八菩薩740-3
シチブツヤクシ七佛藥師　740-3
シチブンゼントク七分全得741-2
シチヘン　七篇　741-2
シチベン　七辯　741-2
シチヘンショー七返生　741-2
シチボダイブン七菩提分　741-3
シチボダイホー七菩提寶　741-2
シチホーフカヒ七法不可避741-3
シチホーベン　七方使　739-2
シチホーベンニン七方便人739-3
シチマン　七慢 742-1, 1666-2
シチミ　七微　742-1
シチム　七夢　742-1
シチムジョードー七無上道742-1
シチメツジョー七滅諍　742-1
シチメミョー　七馬鳴　1735-2
シヂモン　止持門　743-2
シチユ　七喩　742-3
シチユー　厠籌　727-3
ジチユー　慈霔　898-1
ジチユー　寺中　898-1
シヂユー　四重　743-1
シヂユー　四住　743-2
シヂユーエンダン四重圓壇743-1
シヂユーキン　四重禁　743-1
シチユーゲ　四柱偈　742-3
シヂユーザイ　四重罪　743-1
シヂユーシユツタイ四重出體743-1
シヂユーショージユ四重聖衆743-1
シヂユーヒシヤク四重秘釋743-1
シチユーモン　四柱文　742-3
シチヨー　七曜 727-3, 778-1
シチヨー　支徵　742-3
ジチヨー　寺牒　900-2
シヂョー　四定　743-2
ジチョー　自調　900-2
シチヨーガン　七葉巖　728-1
シヂョーギ　四定記　743-2
シチヨーグ　七曜供　728-1
ジチョージド　自調自度　900-2
シチョーソーデン四朝僧傳747-3
ジチョード　自調度　900-2
シチラマチ　悉耻羅末底742-3
シチリユーオー七龍王　1802-1
シチル　七流　442-3
ジチロク　自知錄　898-1
シチン　四鎭　742-3
ジチン　慈鎭　898-1
シヂン　四塵　743-3
シツ　嫉　736-1-21
ジツ　實　436-1-16
ジツウ　實有　898-1
シツウブツショー悉有佛性743-3
シツエキサイ　疾疫災　617-2-18
シツエザ　室衣座　743-3
ジツカ　十過　908-3
ジツカ　十科　908-3
ジツガ　實我　898-1
ジツカイ　十戒 158-2, 905-2
ジツカイ　十界 81-1-25, 905-2
ジツカイイチネン十界一念905-3
ジツカイカイジョーブツ十界皆成佛　905-3
ジツカイゴグ　十界互具　905-3
シツカイコンジキガン悉皆金色願　743-3
ジツカイゴンジツ十界權實906-1
シツカイジョーブツ悉皆成佛743-3
ジツカイダイマンダラ十界大曼荼羅　906-1
ジツカイノーケノボサツ十界能化菩薩　906-1
ジツカイマンダラ十界曼荼羅906-1
1672-2
シツガツ　直月　744-1
ジツカヒホー　十箇秘法　906-2
ジツカリョートーシン十箇量等身　906-2, 1557-3
ジツガン　實願　898-2
ジツカンジョ　十諫書　906-2
ジツギ　實義　898-2
ジツキョー　實敎　898-2
ジツキョー　實經　898-1
ジツキョー　十敎　909-1
ジツキョー　十境　907-1
シツーギョー　四通行　743-3
ジツク　十苦 276-1, 908-2
ジツクー　實空　898-2
ジツクギ　十句義　1365-1-3
ジツクギロン　十句義論　908-3
ジツケ　十家　909-1
ジツケ　實化　898-2
ジツケン　十見 408-1, 524-1
ジツゲン　實眼　898-2
ジツゴ　實語　898-2
ジツコー　十講　906-1
ジツコー　十劫　909-1
ジツゴー　實業　898-3
ジツコーショーガク十劫正覺909-3
ジツコーノミダ十劫彌陀　909-3
ジツコーヒジ　十劫秘事　909-2
ジツサイ　實際 880-2-15, 898-3
ジツサイエコー實際回向1861-1-19
ジツサイカイ　實際海　898-3
ジツサイゲンコー十歲減劫911-2
ジツサイニチ　十齋日　911-2
ジツサイブツ　十齋佛　911-2
ジツサイリチ　實際理地　898-3
シツジ　執事　744-1
ジツシ　十使 680-3, 913-1
ジツシ　十指　913-3
ジツシ　十師　913-1
ジツシキ　十識 689-2, 913-1
ジツシキシン　實色身　692-3-3
シツシツ　瑟瑟　744-1
シツシヤ　室灑　744-1
ジツシヤ　實者　900-1
シツシヤク　瑟石　744-1
ジツシヤナンダ實叉難陀　900-1
ジツシユー　十宗 818-2, 820-1-2
915-1
ジツシユエカ　十種依果　915-1
ジツシユエコー十種回向　1861-1
シツシユエンゼツ十種演說　140-1
ジツシユカンボー十種觀法　915-2
ジツシユギョーガン十種行願915-1
ジツシユキョータイ　十種敎體　377-3, 915-2
ジツシユクエン十宿緣　915-1
ジツシユクョー　十種供養　314-2
915-1
ジツシユケン　十種見　915-2
ジツシユケンブツ　十種見佛915-2
ジツシユゲンヤク　十種現益915-2
ジツシユサンゼ　十種三世　641-1
915-2
ジツシユサンボー　十種三法915-2
ジツシユジザイ十種自在　893-2
915-3
ジツシユシユジョー十種衆生915-2
ジツシユショカンホー　十種所觀法　915-3
ジツシユショーゴ　十殊勝語915-2
ジツシユシン　十種信　861-1
861-1-26
ジツシユジンヅー　十種神通1001-1
ジツシユジンリキ　十種神力915-3
ジツシユセン十種仙 915-3, 1047-3
ジツシユゼンギョーチ十種善巧智　1058-3
ジツシユゼンヂシキ　十種善智識　1064-2
ジツシユチ　十種智　915-3
ジツシユヂミョー十種智明　916-1
ジツシユヂリキ十種智力　915-1
ジツシユツー　十種通　916-1
ジツシユニン　十種忍　916-1
ジツシユネンジョ　十種念處916-1
ジツシユフジョー十種不淨　916-2
ジツシユブツ　十種佛　916-3
ジツシユホーギョー十種法行916-1
ジツシユホーシ十種法師　1601-2
ジツシユホツシン　十種發心916-3
ジツシユホーベン　十種方便916-1
ジツシユキ　十種鬼　916-1
ジツシユイン　十種因　916-1
ジツシユマグン十種魔軍　916-3
ジツシユム　十種夢　916-3
ジツシユリヤク十種利益　916-3
シツジユンシンサイ　濕潤心作意　711-1-27
シツショー　濕生　755-2
ジツショー　十生　914-2
ジツショー　十聖　914-2
ジツショー　十障　914-2
ジツショー　實性　900-1
ジツショー　實唱　900-1
ジツショーイツショー　十聲一聲　914-3
ジツショーギョー　十勝行　916-3
シツショーケショー濕生化生744-1
ジツショーショホー　實證諸法　909-3-27
ジツシロン　十支論　916-3
ジツシン　十心　917-2
ジツシン　十信　917-1
ジツシン　十身　917-1
ジツシンクタイ十進九退　918-3
ジツシンドーエン　十信道圓919-1
ジツシンニョ　十眞如　919-1
ジツシンノヤクジユ十身藥樹919-1
シツスイ　直歲 744-1, 1214-3
ジツセキヤクホーイジョモン十世隔法異成門　451-2-6
452-1-16, 920-3

ジツセキヤクホーグソクモン 十世隔法具法門 451-2-3
ジツセツ 十刹 921-1
ジツセツサンゼ 十說三世 921-1
ジツセン 十仙 921-1, 1037-3
ジツソー 實相 898-3, 1601-3-28, 1605-1-11
ジツソーイン 實相印 899-1
ジツソーエ 實相慧 900-1
ジツソーカン 實相觀 899-2
ジツソーギ 實相義 899-2
ジツソーキョーデン 實相經典 899-1
ジツソーザンマイ 實相三昧 899-2
ジツソーシン 實相身 899-2
ジツソーシンニョ 實相眞如 899-2, 879-3-20
ジツソーチシン 實相智身 899-2
ジツソーネンブツ 實相念佛 899-2
ジツソーノカゼ 實相風 899-2
ジツソーノハナ 實相花 899-2
ジツソーノモン 實相門 899-3
ジツソーハンニャ 實相般若 899-3, 1437-3
ジツソービョードーライ 實相平等禮 733-2-30
ジツソーフゲン 實相普賢 1518-1-17
ジツソーホツカイ 實相法界 899-3-20
ジツソーホツシン 實相法身 899-3, 1605-3-25, 1606-3-15
ジツソームソー 實相無相 899-3
シツタ 悉達 744-2
シツタ 質多 144-3-26, 744-2, 859-3-19
ジツタイ 實諦 900-1
ジツタイ 十諦 922-2
ジツダイジョーキョー 實大乘敎 900-1
ジツタイジンジン 實諦甚深 900-1
シツタタ 悉達多 744-3
シツタタイシ 悉達太子 63-2-11
シツタベーラ 悉他薜羅 745-1
シツタベーラニカヤ 悉他陛擺尼迦耶 745-1
シツタン 悉曇 745-1
シツダン 悉壇 747-1
シツタンジキ 悉曇字記 776-3
シツタンジョー 悉曇章 745-2
シツタンゾー 悉曇藏 745-2
ジツチ 實智 900-1
ジツチ 十智 923-1, 1188-3
シツヂ 悉地 747-1
シツヂカ 悉地果 747-2
シツヂキ 質直 747-2
シツヂグー 悉地宮 747-2
シツチヂミョーセン 悉地持明仙 747-1
シヂヂボサツ 悉地菩薩 747-1
ジツチボダイ 實智菩提 900-1
ジツチムエン 實智無緣 900-2
シツヂラソト 悉地羅窣都 747-1
シツツー 漆桶 747-2
ジツテツ 十哲 928-3
ジツテン 十纏 928-3, 1245-1
シツトー 執當 744-2
ジツドー 實道 900-1
ジツトク 拾得 930-1
ジツトク 十德 929-1
ジツトクショ 實德處 900-2
シツトヂユーショー 嫉妬重障 623-1-27
シツネン 失念 747-2
ジツノゴクミ 實の極微 518-1-20
ジツパ 十派 940-2
ジツパラミツ 十波羅蜜 946-2, 1430-3
ジツプニモン 十不二門 946-2, 947-1
ジツペンショヂョー 十遍處定 949-1
シツポー 七寶 741-2
ジツポー 十方 940-2
ジツポー 十法 949-1
ジツポーギョー 十法行 949-2
シツポーケ 七寶華 741-3
ジツポーゲンゼンソーモツ 十方現前僧物 712-2-22, 940-2, 1079-1-20
シツポーゴク 七寶獄 741-3
ジツポージヤクコー 實報寂光 900-2
ジツポージユーブツ 十方十佛 940-2
シツポージユリン 七寶樹林 741-3
ジツポージョージョーカン 十法乘成觀 949-2
ジツポージョード 十方淨土 940-2
ジツポーセカイ 十方世界 940-2
ジツポーセツ 十方刹 940-3
ジツポーセン 十寶山 949-1
ジツポツカイ 十法界 949-1
ジツポツシユ 十發趣 949-1
ジツポーヂユーヂ 十方住持 940-3
ジツポード 實報土 47-3-28, 900-2
ジツポーホー 十報法 945-1
ジツポーホーキョー 十報法經 949-1
ジツポームショーゲド 實報無障礙土 462-3-5, 900-2
ジツポン 實本 900-2
シツラバツ 室羅筏 747-3
シツリ 室利 747-3
シツリオン 蒺蔾園 747-3
シツロ 膝廬 747-3
シテー 支帝 747-3
シテー 止啼 747-3
シデノヤマ 死出山 748-2
シテン 四轉 747-3
シテン 覗篆 748-1
シデン 四田 748-3
シデン 緇田 748-3
ジテン 示轉 650-1-18
シテンゲ 四天下 748-1
シテンジユ 四天珠 986-1
シテンジョーゲ 四天上下 748-1
シテンダイオー 四天大王 748-1
シテンドー 四顚倒 748-1
シテンノー 四天王 748-1
シテンノーゴーギョーホー 四天王合行法 748-2
シテンノージ 四天王寺 748-2
シテンノーテン 四天王天 748-2
シテンホーリン 示轉法輪 748-1
シト 指兎 748-3
シト 緇徒 748-3
シド 四土 47-3-26, 749-2
ジド 自度 900-3
ジド 事度 900-3
シトー 四等 748-3
シトー 四塔 724-3
シトー 四倒 724-3
シトー 死刀 748-3
シドー 四道 727-1
シドー 示導 727-1
ジトー 字塔 898-1
ジドー 慈童 900-2
ジトー 字等 900-2
シドーキョー 祠堂經 727-1
シドギョーボー 四度行法 271-3
シドギョーユー 四度行用 750-1
シドーギン 祠堂銀 727-1
シトク 四德 749-1
シトクカブツショー 至得果佛性 749-2, 1556-2-26
シトクグソクノヤク 至德具足益 749-2, 445-1-19
シドクジヤ 四毒蛇 750-2
シトクショ 四德處 749-2
シトクハラミツ 四德波羅蜜 749-2
シトクボサツ 指德菩薩 1538-3-7
シトクラクホー 四德樂邦 749-2
シドケギョー 四度加行 381-3, 750-1
シドーシ 四導師 727-1
シドーシヤモン 示道沙門 811-2-22
ジトーショ 寺塔處 898-1
シトーズ 襪子 724-3
シドデンジユ 四度傳授 750-2
ジドーニョ 慈童女 900-2
シナ 支那 750-3, 819-3
ジナイショー 自內證 900-3
ジナイソー 寺內葬 900-3
シナゴサン 支那五山 527-2
シナジツセツ 支那十刹 527-3
シナホタラ 愼那弗怛羅 750-3
シナン 四難 750-3
シナン 指難 750-3
ジニ 自爾 900-3
シニョイソク 四如意足 751-1
シニョジツカン 四如實觀 751-2
シニン 四忍 751-2
シニン 至人 751-2
ジニン 慈忍 901-1
シニンエ 死人衣 751-2
シニンカンセ 四人觀世 751-2
ジネン 自然 901-1
ジネンカイ 自然界 901-1
ジネンゲドー 自界外道 434-1-18, 435-1-7, 901-1
ジネンゴドー 自然悟道 901-1
ジネンコムシン 自然虛無身 901-1
ジネンサンラン 自然散亂 533-1-7
ジネンジ 自然慈 901-1
ジ子ンシヤカ 自然釋迦 901-1
シネンジユ 四念珠 751-2
シネンジョカン 四念處觀 751-2
ジネンチ 自然智 901-2
シネンヂユー 四念住 752-1
ジネントク 自然得 901-3
ジノーハ 似能破 901-3, 1419-3-11
ジノーリユー 似能立 1419-3-9
シハ 四波 752-1
シハイ 四輩 752-1
ジバカ 時縛迦 901-3
ヂバカラ 地婆訶羅 1221-2
シハク 紫柏 752-2
シバク 四縛 752-3
シバク 子縛 752-3
ジバジバカ 時婆時婆迦 901-3
ヂバダツタ 地婆達多 1221-2
シハツ 四鉢 752-2
ジハツ 持鉢 1221-2
シハツソー 四八相 752-2
シバラ 支伐羅 753-1
シハライ 四波羅夷 752-2, 1426-2
シハラミツ 四波羅蜜 752-2
シハラミツボサツ 四波羅蜜菩薩 752-2
シビ 四微 753-2
ジヒ 慈悲 901-3
ジヒエ 慈悲衣 902-1
シビカ 尸毘迦 753-2
ジヒカン 慈悲觀 552-2-27, 902-1
ジヒシツ 慈悲室 609-1-30, 902-1
シヒジョーゲ 四非常偈 753-1
ジヒシンチョー 慈悲心鳥 902-1
ジヒスイセンボー 慈悲水懺法 902-2
ジヒゼン 慈悲善 737-2-26
シヒセンボー 慈悲懺法 902-2, 1049-3
シヒツシユ 四苾芻 1465-2
ジヒニンニク 慈悲忍辱 902-2
ジヒマンギョー 慈悲萬行 902-2
シヒミツ 四秘密 753-1
ジヒメ 自比罵 902-2
シヒヤクシビョー 四百四病 753-1
シヒヤツカイ 四百戒 753-1
シヒョー 四兵 753-1
シビョー 四病 753-3
ジヒリョー 自比量 902-2
ジヒリョー 似比量 1419-3-18
シヒンジユ 四賓主 753-2
ジフ 慈父 902-2
シフー 死風 754-1
シブ 四部 1021-2
シフエジョー 四不壞淨 755-3
シフエシン 四不壞信 755-3
シフカシギ 四不思可議 754-1
シフカキョー 四不可經 754-1
シフカセツ 四不可說 754-1
シフカトク 四不可得 754-2
シフカトツキョー 四不可得經 754-2
シフカヒ 死不可避 741-3-20
シフキフ 四不寄附 754-2
シブキョー 四部經 756-1
シフク 紫服 754-2
シフクシン 指腹親 754-2
シフクデン 四福田 1514-1
シフケン 四不見 754-3
シフケン 士夫見 754-2
シブシユー 四部衆 753-1
シフショー 四不生 755-2, 1524-1
シフジョー 四不成 755-2
シブソー 四部僧 756-1
シフタイ 四不退 1530-1
シブチョー 祠部牒 756-2
シブツ 四佛 756-1
シブツ 支佛 756-1
シブツコー 四佛工 756-1
シブツヂ 支佛地 756-2, 923-2-24
シブツチケン 四佛知見 756-1
シブツド 四佛土 756-2
シブデシ 四部弟子 756-2
シブトー 祠部筒 756-2
シフトクキョー 四不得經 755-3
シブリツ 四部律 756-2
シブン 四分 756-3
ジブン 時分 960-2
シブンイテン 四分位點 757-2
シブンケ 四分家 757-1
シブンシユー 四分宗 757-1
シフンヂゴク 屎糞地獄 756-1
シブンリツ 四分律 757-1
シブンリツシユー 四分律宗 757-2
シヘー 四兵 757-3
シベーダ 四吠陀 114-3-24
シヘン 四變 757-3
シベン 四辯 757-3
ジベン 慈辯 960-2
シホ 師保 757-3
シボ 四瀑 759-1
シホー 四法 244-2-26-758-1
シホー 四方 752-1
シホー 嗣法 758-1
シホー 思法 758-1
シホーアラカン 思法阿羅漢 758-2
シホーイン 四法印 758-3
シホーケツ 四方結 752-1
シボサツ 四菩薩 759-1
シホーサンガン 四法三願 758-3
シホーシブツ 四方四佛 752-1
シホージョージユ 四法成就 758-3
シホーセ 四法施 758-3
シホーソーモツ 四方僧物 752-2, 1079-1-8
シホータイショー 四方大將 752-2
シホツカイ 四法界 758-2
ジホツカイ 事法界 960-2, 1592-1-25

シホツカイカン 四法界觀 758-3
ジホツシン 事法身 1605-3-18
ジホツシン 自法身 1606-2-24
シホーネンコー 嗣法拈香 758-1
シホーフエ 四法不壞 758-3
シホーホンマツ 四法本末 758-3
シホーラカン 思法羅漢 1775-2-4
シホーリユーソー 指方立相 752-2
シボル 四瀑流 759-1, 1633-2
シボン 止犯 759-1
シホンガクホー 四品學法 759-1
シボンギヨー 四梵行 759-1
1635-1
シボンシ 四梵志 759-2
シホンシカン 四本止觀 759-1
シホンソー 四本相 759-1
シボンヂユー 四梵住 759-2
シボンドー 四梵堂 759-2
シボンノー 四煩惱 749-2, 1638-2
シボンフク 四梵福 759-2, 1640-2
シマ 四摩 759-2
シマ 四魔 759-3
1642-3, 1642-3-10
シマコン 紫磨金 759-3
シマシツ 四摩室 759-3
シマシヤナ 尸摩賒那 795-3
シマツホーリン 枝末法輪 669-2-23
760-1
シマツムミヨー 枝末無明 760-1
1717-1-16
シマツワク 枝末惑 760-1
シマン 四曼 760-1
シマン 四慢 760-1
シマン 指鬘 760-1
シマンカ 子滿果 760-2
シマンジヨーブツ 四滿成佛 760-2
ジマンダラ 字曼荼羅 960-3
シマンロクセンニ 四萬六千日 760-3
シミ 四微 760-3
シミ 四味 960-3
ジミキ 時媚鬼 960-3
シミヨー 四明 760-3
ジミヨー 慈明 360-3
シム 四夢 761-1
ジム 寺務 961-1
シムイ 四無畏 762-1, 1722-1
シムイ 四無爲 762-1
シムキ 四無記 1693-3
シムゲ 四無礙 1696-2
ジムゲ 辭無礙 761-1-11
シムゲゲ 四無礙解 761-1
シムゲチ 四無礙智 761-1
ジムゲチ 辭無碍智 961-1
シムゲベン 四無礙辯 761-1
ジムゲベン 辭無碍辯 661-1
ジムケン 時無間 574-1-12
1696-2-7
シムシキ 四無色 761-1
シムシヨイ 四無所畏 761-1
シムシヨイキヨー 四無所畏經 761-1
シムジヨーゲ 四無常偈 761-2
シムリヨー 四無量 761-2, 1719-2
シムリヨーシン 四無量心 761-2
ジムリヨーシン 慈無量心
961-1, 761-2-28
シメ 四馬 762-2
シメーケ 四明家 762-3
シメーザン 四明山 762-2
シメーソンジヤ 四明尊者 762-3
シメンビルシヤナ 四面毘盧遮那 762-3
シモ 紙麼 762-3
ジモ 字毋 961-2
シモー 死亡 759-3
シモー 四忘 759-3
シモーガツ 四孟月 759-3
シモク 齒木 762-3
ジモジヤク 字毋釋 961-2
シモーソクシンシン 指妄即眞
心 883-1-27
シモツキエ 霜月會 762-3
ジモヒヨー 字毋表 961-2
ジモホン 字毋品 961-2
シモン 四門 763-3
シモン 四間 763-1
シモン 死門 762-3
シモン 止門 762-3, 1732-1-5
シモン 緇門 764-1
ジモン 寺門 961-2
ジモン 慈門 961-2
ジモンカン 字門觀 961-2
ジモンハ 寺門派 961-2
シモンユーカン 四門遊觀 764-1
シヤ 捨 764-1
シヤアク 遮惡 764-1
シヤイ 遮遺 816-2
ジヤイ 闍維 980-3, 1181-2-3
ジヤイナキヨー 闍伊那經 961-2
ジヤイブン 闍維分 980-3
ジヤイン 邪婬 12-2, 961-3
ジヤイングドー 邪因外道 961-3
ジヤインジヤカ 邪因邪果 961-3
シヤインネン 謝因緣 764-2
ジヤウン 邪雲 976-3
シヤエ 舍衞 816-2
ジヤエコー 邪囘向 1861-1-11
ジヤエセンダン 蛇衞旃檀 980-3
1045-3
ジヤエンチ 闍演底 976-3
ジヤオー 闍王 816-2
シヤカ 釋迦 153-2, 223-1-3
449-1-30, 795-3, 798-2, 1153-1
シヤカイ 捨戒 795-3
シヤカイ 謝戒 795-3
シヤカイ 娑界 795-3
シヤカイ 遮戒 158-3-11, 795-3
シヤカイ 沙界 796-1
シヤカイン 釋迦院 799-2
シヤカインダラ 釋迦因陀羅 796-1
シヤカクシ 捨覺支 796-1
シヤガクカンヂヨー 寫嶽灌頂 799-2
シヤカクカ 釋迦悔過 382-3
シヤカサンゲ 釋迦散華 615-1-14
シヤカシフ 釋迦氏譜 796-1
シヤカゾー 釋迦像 1580-2-1
シヤカダイバインダラ 釋迦提
婆因陀羅 796-1
シヤカツ 沙喝 796-2
シヤカドー 釋迦堂 796-1
シヤカネンブツ 釋迦念佛 796-2
シヤカビリヨーガマニ 釋迦毘
楞伽摩尼 796-3
シヤカフ 釋迦譜 796-3
シヤカホー 釋迦法 796-3
シヤカホーシ 釋迦方誌 796-2
ジヤガマキ 蛇蝦蟇龜 976-3
シヤカミダラ 釋迦彌多羅 796-3
シヤカムニ 釋迦牟尼 796-3
シヤカモン 釋迦文 798-3
シヤカラ 爍迦羅 798-3
シヤカラアイツタ 爍迦羅阿逸多 799-1
シヤカラインダラ 斫迦羅因陀羅 799-1
シヤカラリユー 娑竭羅龍 799-1
ジヤカン 邪觀 979-1
シヤキ 且喜 799-2
シヤキチ 鑠訖底 799-3
シヤキヨー 寫經 799-3
ジヤギヨー 邪行 976-3
ジヤギヨー 蛇行 976-3
ジヤギヨーシヨー 邪行障 914-2-22
977-1
ジヤギヨーシンニヨ 邪行眞如
879-3-23, 977-1
シヤキラ 祇訖羅 799-3
シヤク 釋 800-1
シヤク 錫 800-1
シヤク 四藥 799-3
シヤク 四軛 800-1
ジヤク 寂 977-1
ジヤクー 邪空 977-1
シヤクエン 赤鹽 800-1
シヤクエン 昔圓 804-2
ジヤクオン 鵲園 979-2
ジヤクオンソンジヤ 寂音尊者 976-3
ジヤクガン 寂岸 977-1
シヤクギ 釋義 800-2
シヤクキヨー 思益經 800-2
シヤクグ 釋宮 800-2
シヤクケ 釋家 800-2
シヤクケ 迹化 800-2
シヤクゲン 赤眼 800-3
シヤクゲンキ 析玄記 800-3
ジヤクゴーシシ 寂業師子 977-2
シヤクコーホンゲ 迹高本下 800-2
シヤクコーモンジン 借香問訊 800-2
ジヤクサイシンゴン 寂災眞言 977-2
シヤクシ 釋師 800-3
シヤクシ 釋氏 800-3
ジヤクシカキヨー 寂志果經 977-2
シヤクシキ 赤色 801-3
シヤクジキ 嚼食 193-2-17
シヤクシシ 釋師子 800-1
シヤクシソー 釋翅搜 801-1
シヤクシヤク 折石 801-1
シヤクシユ 釋種 801-1, 1501-2-15
シヤクジユ 積聚 801-2
ジヤクシユ 寂種 977-3
シヤクジユシヨーヨーシン 積
聚精要心 801-2, 860-2-24
シヤクジユシン 積聚心 1830-1-7
シヤクシヨ 釋書 801-1
ジヤクジヨー 寂常 977-3
ジヤクジヨー 寂靜 977-3
ジヤクシヨー 寂照 978-1
ジヤクシヨーエ 寂照慧 1845-2-20
ジヤクジヨーギヨー 寂靜行 977-3
シヤクシヨータンベン 析小彈偏 801-2
ジヤクジヨーホー 寂靜法 978-1
ジヤクジヨーモン 寂靜門 978-1
ジヤクジヨーラク 寂靜樂 1776-3-14
シヤクシン 石神 801-1
シヤクシンジユ 赤眞珠 801-2
シヤクシンミヨーオー 赤身明王 801-2
シヤクセン 釋籤 801-2
シヤクセンダン 赤栴檀 801-2
シヤクゾー 釋藏 800-3
ジヤクソーオシヨー 鵲巢和尙 977-2
シヤクソン 釋尊 801-3
シヤクタイ 釋帝 801-3
シヤクダイカンイン 釋提桓因 801-3
1101-3-30
シヤクチ 析智 802-1
シヤクヂヨー 錫杖 599-3
688-2-12, 802-1
ジヤクヂヨー 寂場 978-2
ジヤクヂヨー 寂定 978-2
シヤクヂヨーキヨー 錫杖經 802-3
シヤクヂヨシー 錫杖師 737-3-27
ジヤクヂヨージユ 寂場樹 978-2
シヤクテン 釋典 802-3
シヤクドーヨー 赤銅葉 802-3
シヤクニクダンジヨー 赤肉團上 802-3
シヤクニクチユーダイ 赤肉中臺 802-3
シヤクニヨ 石女 803-1
シヤクニヨ 釋女 803-1
シヤクニヨニ 石女兒 803-1
ジヤクニン 寂忍 978-2
ジヤクネン 寂念 978-2
ジヤクネン 寂然 978-1
ジヤクネンカイ 寂然界 978-2
ジヤクネンゴマ 寂然護摩 978-3
シヤクノー 借囊 802-3
シヤクビヤクニタイ 赤白二渧 803-1
シヤクフー 釋風 803-1
シヤクブクシヨージユ 折伏攝受 803-1
シヤクブツ 迹佛 803-2
シヤクベツミヨーツー 借別名通 893-2
シヤクホン 迹本 803-2
シヤクボン 釋梵 803-2
シヤクボンゴセ 釋梵護世 803-2
ジヤクマクムニンシヨー 寂莫
無人聲 978-3
シヤクマナン 釋摩男 803-3
シヤクマボン 釋魔梵 803-3
シヤクミツ 石蜜 803-3
シヤクミツシヨー 石蜜漿 804-1
シヤクミヨー 釋名 441-3-9, 804-1
ジヤクメツ 寂滅 978-3
ジヤクメツイラク 寂滅爲樂 979-1
ジヤクメツジヨー 寂滅場 979-1
ジヤクメツソー 寂滅相 978-3
ジヤクメツドーヂヨー 寂滅道場 978-3
ジヤクメツニン 寂滅忍 973-1
ジヤクメツムニ 寂滅無二 979-1
ジヤクメツラク 寂滅樂 979-1
ジヤクモクゲドー 寂默外道 434-1-9
979-1
シヤクモン 釋門 804-1
シヤクモン 釋文 804-1
シヤクモン 迹門 804-1
シヤクモンカイケン 迹門開顯 804-1
シヤクモンジユーミヨー 迹門
十妙 951-1
シヤクモンシヨートー 釋門正統 804-1
シヤクモンフゾク 迹門付屬 804-2
ジヤクユー 寂用 979-1
ジヤクユータンネン 寂用湛然 979-1
シヤクリヨ 釋侶 804-2
シヤクリン 釋輪 804-2
シヤクルイ 積累 804-2
ジヤクロ 石榴 979-1
シヤクロン 釋論 478-3, 804-2
シヤケ 渉誓 804-2
シヤケ 渉誓 804-2
シヤケキヨク 捨家棄欲 804-3
シヤケボジ 鑠雞議佃 804-3
シヤケン 遮遣 804-3
ジヤケン 邪見 408-1-18
524-1-6, 979-2
ジヤケンキヨー 邪見經 979-2
ジヤケンシ 邪見使 979-2
ジヤケンジヨー 邪見乘 979-2
ジヤケンチユーリン 邪見稠林 979-2
シヤケンド 遮犍度 424-1-22
804-3
ジヤケンドー 邪見幢 979-2
ジヤケンモー 邪見網 979-2
シヤコ 硨磲 804-3
シヤコー 沙劫 804-3
シヤザイ 遮罪 805-1
シヤサタラ 奢薩怛羅 805-1
シヤシ 舍脂 805-1
ジヤシ 邪私 979-2
シヤジユ 捨受 637-3-1
541-3-8-805-3
シヤシユ 斫芻 805-2
シヤシユ 叉手 805-1
ジヤジユ 邪聚 979-3
シヤジユー 叉十 805-3
ジヤシユー 邪執 979-3
ジヤシユイ 邪思惟 979-3
ジヤジユン 邪旬 979-3
シヤシヨー 遮性 805-1
シヤシヨー 遮照 805-3
シヤシヨー 寫照 805-3

シヤジヨー　遮情　805-3
シヤジヨー　濁浄　805-3
ジヤシヨーイチニヨ邪正一如979-3
シヤシヨーキジヨー捨聖歸浄805-1
ジヤシヨーヂヨー邪性定　979-3
ジヤシヨーヂヨージユ邪性定聚979-3
ジヤジヨーマ　蛇縄麻　979-3
シヤシヨメツジ捨所滅事 742-3-17
シヤシン　捨心　805-2
シヤシン　捨身　805-2
シヤシン　沙心　805-2
ジヤシン　蛇神　979-3
シヤシンボン　捨身品　805-2
シヤスイ　濁水　805-3
シヤスイイン　濁水印　805-3
シヤスイカンノン濁水觀音　805-3
シヤスイキ　濁水器　805-3
シヤスイヂヨー濁水杖　805-3
ジヤセ　闍世　979-3
シヤセー　遮制　805-3
シヤセン　遮詮　805-3
ジヤセン　邪扇　979-3
ジヤセン　邪山　979-3
シヤゼンリ　沙禪里　805-3
シヤソー　社僧　806-1
ジヤソク　蛇足　980-1
シヤダ　捨墮　806-2
シヤタカ　社得迦　806-1
シヤタカマラ　社得迦摩羅　806-1
シヤタジユギヨー捨多斎行　806-1
シヤタボンヂドー社怛梵外道
435-1-26
シヤダン　社壇　806-3
シヤダン　遮斷　806-3
シヤチキ　捨置記　806-3
シヤヂク　車軸　806-3
シヤチユー　社中　806-3
シヤヂヨー　寫甁　806-3
ジヤヂヨー　邪定　980-1
ジヤヂヨージユ邪定聚　637-3-8
シヤツカ　石火　800-2
シヤツーカイドー藉通開導　806-3
シヤヅカン　舎頭諫　807-1
シヤツキヨー　釋教　800-3
シヤツキヨー　釋經　800-2
シヤツク　積功　800-2
シヤツコー　石劫　800-3
ジヤツコー　寂光　977-1
ジヤツコーカイエ寂光海會　977-1
ジヤツコーダイシ寂光大師　977-2
ジヤツコード　寂光土　977-2
ジヤツコードーヂヨー寂光道場977-2
シヤトー　社頭　806-3
ジヤドー　邪道　980-1
シヤトクシヨ　捨德處　749-2-11
807-1
ジヤトーケン　邪倒見　980-1
シヤトロ　設都嚧　807-1
シヤナ　舎那　807-2
シヤナ　遮那　807-2
ジヤナ　惹那　980-1
シヤナエンドン遮那圓頓　807-3
シヤナキヨーシユ遮那敎主　807-2
シヤナクツタ　闍那崛多　807-2
シヤナゴー　遮那業　807-2
シヤナゴーソージヨー遮那業
相承　807-2
シヤナシカン　遮那止觀　807-2
シヤナシユ　遮那咒　807-2
シヤナシン　舎那身　807-2
ジヤナセンダラ惹那戰達羅　980-1
シヤナソンドク舎那尊特　807-2
シヤナダイカイ舎那大戒　807-2
シヤナノカトク遮那果德　807-2
シヤナノカマン遮那果滿　807-2
ジヤナバツダラ惹那跋陀羅　980-1
シヤナヤシヤ　闍那耶舎　807-3
シヤナン　遮難　807-3
シヤノク　車匿　808-1
シヤバ　娑婆　808-2
シヤバセカイ　娑婆世界　217-3-29
シヤバソクジヤツコー娑婆即
寂光　808-3　977-1
シヤハツチユー四夜八晝　808-2
ジヤビ　闍毘　809-1, 980-2
1181-2-3
シヤビカラ　娑毘迦羅　809-1
ジヤビタ　闍鼻多　809-1, 1181-2-3
シヤビヨー　寫瓶　206-2-15, 809-1
シヤヘーカクホー捨閉閣抛　809-1
シヤベツ　差別　809-1
ジヤホー　邪法　980-2
シヤマ　遮魔　809-2
ジヤマ　邪魔　980-2
ジヤマゲドー　邪魔外道　980-2
シヤマタ　奢摩他　809-3
シヤマタカン　奢摩他觀1867-3-15
シヤマビク　差摩比丘　809-2
シヤマラ　遮末羅　809-3
ジヤマン　邪慢　980-2
シヤミ　沙彌　810-1
シヤミイギ　沙彌威儀　811-1
シヤミカイ　沙彌戒　810-3
シヤミカツジキ沙彌喝食　810-3
シヤミニ　沙彌尼　810-3
ジヤミヨー　邪命　980-2
ジヤミヨージキ邪命食　980-2
ジヤミヨーセツポー邪命說法980-2
シヤムインガ　捨無因果　917-3-3
ジヤムリヨーカン捨無量觀762-1-1
シヤムリヨーシン捨無量心　811-1
ジヤモー　邪網　980-2
シヤモン　沙門　811-1　1480-2-9
シヤモンカ　沙門果　811-3
シヤモンダ　遮文荼　811-3
シヤモント　沙門都　811-3
シヤモントー　沙門統　811-3
シヤモンナ　沙門那　812-1
ジヤヤセーナ　闍耶犀那　980-2
ジヤユガギヨー邪瑜伽行　980-3
シヤラ　舎羅　812-1
シヤラ　娑羅　812-1
シヤラジユオー娑羅樹王　812-2
シヤラカリンダイ娑羅迦隣提812-2
シヤラケ　娑羅華　812-2
シヤラジユ　娑羅樹　812-2
シヤラソージユ沙羅雙樹　812-2
シヤラリン　娑羅林　812-3
シヤラリンダイ沙羅隣提　813-1
シヤラオー　娑羅王　813-2
シヤランルジユンシキ捨濫留
純識　1764-3-15
シヤリ　者裡　813-2
シヤリ　這裡　813-2
シヤリ　舎利 813-3, 177-1-3
813-2, 1608-3-15
シヤリエ　舎利會　816-1
シヤリクヨーシキ舎利供養式813-3
シヤリシ　舎利子　814-1
シヤリトー　舎利塔 814-1, 1114-3
シヤリニヨ　舎利女　814-1
シヤリホタラ　舎利弗多羅　814-1
シヤリホツ　舎利弗　814-1
922-3-7, 1200-2-19
シヤリホツビドン舎利弗毘曇815-3
シヤリヤ　遮梨夜　815-3
シヤリヤ　奢利耶　815-3
シヤリラ　設利羅　815-3
シヤリライモン舎利禮文　815-3
ジヤリン　邪林　980-3
シヤルウバシヤル遮盧鄔波遮盧816-1
ジヤロ　闍樓　980-3
シヤロク　舎勒　816-1
シユ　四喩　817-1
シユ　數　817-1
シユ　取　817-1
シユ　趣　817-1
シユ　衆　817-1
ジユ　咒　980-3
ジユ　頌　980-3
ジユ　誦　981-1
ジユ　受 735-1-14, 980-3
シユー　執　753-3
シユー　習　753-3
シユー　宗　817-2
ジユー　十　902-2
シユアク　修惡　817-1
ジユーアク　十惡　902-3
ジユーアクゴー十惡業　902-3
ジユーアクゴギヤク十惡五逆902-3
ジユーアクゴードー十惡業道902-3
シユイ　四維　843-1
シユイ　思惟 843-1, 1857-1-5
ジユーイ　住位　1228-2
ジユイキ　壽域　991-1
シユイクジキ　四維口食　843-2
ジユイコロ　自惟孤露　991-1
シユイサンラン思惟散亂 533-1-12
シユイシユ　思惟手　532-1-12
ジユーイチイ　十一位　904-3
ジユーイチガツエ十一月會　902-3
ジユーイチクホー十一苦法　902-3
ジユーイチゴー　十一號　902-3
ジユーイツクー　十一空　278-1
シユーイチゴンブ執一語言部753-3
ジユーイチシヨールイ十一生類903-1
ジユーイチゼン　十一善　903-2
ジユーイチソク十一觸　903-2
ジユーイチヂ　十一持　903-2
ジユーイチホツシヨー從一法生887-2
ジユーイチメンカンノン十一
面觀音　903-3
ジユーイチメンコー十一面講903-3
ジユーイチモン十一門　904-2
ジユーイツカ　十一果　902-3
ジユーイツコン十一根　902-3
ジユーイツサイシヨ十一切處902-3
1414-1
ジユーイツシキ　十一色　690-2
903-1
ジユーイツシキ　十一識　689-2
ジユーイツシユー十一宗　903-2
ジユーイツシユフゲン十一種
不還　1519-2
ジユーイツソー十一想　903-1
ジユーイツチ　十一智　903-2
1189-2
ジユーイチヘンギヨーノワク
十一遍行惑　903-2
ジユーイチヘンシ十一遍使　903-2
ジユーイツポー十一法　903-2
ジユーイツソーキヨー十一想經903-1
シユイニヨイソク思惟如意足843-2
シユイフクゴー思惟福業 656-1-4
シユーイモンロン集異門論　753-3
シユイヨーホー思惟要法　843-1
シユイン　手印　817-2
ジユイン　咒印　981-1
ジユーイン　十因　91-1, 904-3
シユーインカンカ酬因感果　683-2
シユーインカンカ修因感果　817-2
シユインケセツロン取因假設論817-2
シユーインシユーカ習因習果753-3
ジユーインネン十因縁　904-3
シユーインユ　宗因喩　818-3
ジユーインロツカ十因六果　904-3
シユウン　取蘊　820-2
ジユウン　受蘊　981-1
シユエ　衆會　843-1
シユエ　修慧　672-1-3
843-1, 859-2-27, 1845-2-15
ジユエ　受衣　981-1
シユーエ　集會　755-3
シユーエ　宗依　819-1
ジユーエコー　十回向　1861-2
シユーエシヨ　集會所　755-3
ジユエセツ　授衣節　981-1
シユエンケ　就緣假　699-2-17
ジユーエンケンリヨーロン從
緣顯了論　434-2-1
シユエンジ　衆緣慈　820-3
ジユーエンシヨーカン十緣生觀905-1
ジユーエンシヨーク十緣生句904-3
シユエンジン　數緣盡　820-2
シユエンヅ　須延頭　820-2
シユエンマ　須炎摩　820-2
ジユオー　樹王　991-1
ジユーオー　十王　960-2
シユオン　衆園　843-2
ジユーオン　十恩　905-1
シユカ　取果　823-1
シユーカ　習果　754-3
ジユカイ　受戒　981-1
ジユカイアジヤリ受戒阿闍梨981-2
ジユカイエ　授戒會　981-2
ジユカイカンヂヨー受戒灌頂981-2
ジユカイキユーチヨー受戒給牒981-2
ジユカイケンド受戒揵度
981-2, 424-1-3
ジユカイニユーイ受戒入位　981-2
ジユカイノシチシユ受戒七衆981-2
ジユキ　授記　981-3
シユカク　種覺　820-3
シユガク　修學　820-3
ジユガク　鷲嶽　981-2
シユーガク　宗學　819-1
シユカムケン　趣果無間　574-1-8
1696-2-5
ジユガン　咒願　983-1
ジユカン　受灌　983-1
シユーカン　收管　683-2
シユーカン　周關　683-2
シユーガン　鷲巖　683-2
ジユーガン　十願　909-1
シユカンエ　主浣衣　823-1
ジユーガンオー十願王　909-1
ジユガンシ　咒願師　737-3-25
983-2
ジユーカンロオー十甘露王　906-2
ジユーカンロミヨー十甘露明
906-2, 220-1
ジユキ　受記　982-2
ジユキ　受喜　982-3
シユーキ　周忌　683-2
シユーギ　宗儀　819-1
シユーギ　宗義　819-1
ジユーキ　集起　906-3
ジユーギ　從義　887-3
ジユキオクー　終歸於空　982-2
ジユキコー　授記光　982-3
シユーキサイ　周忌齋　683-2
ジユキシキ　咒起死鬼　982-3
ジユーギシヨ　十義書　908-2
シユキシン　集起心　860-1-15
シユキズイ　衆喜瑞　820-3
ジユキセツ　授記說　982-3
ジユキボン　授記品　982-3
ジユキヨーホーシ誦經法師 535-3-13
ジユキヤラハキシ戌迦羅博乞史
820-3, 983-1
ジユーギユーヅジヨ十牛圖序908-1
シユギヨー　修行　554-1-24
821-1
ジユキヨー　樹經　983-1

ジユキヨー　誦經　982-3
ジユキヨー　壽經　982-3
ジユーキヨー　終敎　981-1
ジユーギヨー　十行　90-82
ジユキヨーアヂヤリ受經阿闍梨982-3
シユギヨーサンミツ修行三密664-3-2
シユキヨーシ　守境止　681-2-5
シユギヨージヤ修行者　821-1
シユギヨーヂユー修行住　821-1
927-2-22
ジユキヨーノカネ誦經鐘　983-1
シユキヨーモクロク衆經目錄820-3
ジユキヨーモツ誦經物　983-1
シユギヨーモン修行門　821-1
シユーキヨーロク宗鏡錄　819-1
ジユーギロン　十疑論　908-2
シユーク　衆苦　821-2
ジユグ　受具　983-1
ジユクー　受空　983-1
シユクイ　宿意　821-2
シユクイン　宿因　821-2
シユクエン　宿緣　821-2
ジユークオージン十九應身　908-2
シユクカ　叔迦　821-2
ジユークカイ　十九界　308-3
シユクガン　宿願　821-2
シユクガンリキ宿願力　821-2
シユクキ　宿忌　821-2
シユークキ　臭口鬼　683-2
シユクゴー　宿業　821-2
シユクコン　宿根　821-2
シユクサ　宿作　821-3
シユクサイ　宿債　821-3
シユクサインロン宿作因論434-2-9
シユクサケドー宿作外道　436-2-24
821-3
シユクジキ　宿植　822-2
シユクシユー　宿習　822-1
シユクシユー　宿執　822-1
シユクシユーカイホツ宿執開發822-1
ジユークシユツケ十九出家　908-3
シユクシヨ　宿煮　822-1
シユクシンネンコー祝聖拈香822-1
シユクセ　宿世　822-1
シユクセインネンシユー宿世因緣周　822-1
ジユークセツポー十九說法　908-3
1033-3
シユクゼン　宿善　822-1
シユクゼンオージヨー宿善往生822-2
シユクゼンカイホツ宿善開發822-2
シユクソ　叔祖　822-2
ジユクソミ　熟蘇味　573-1-28
983-1
ジユークダイシ十九大士　908-2
シユクヂキ　宿直　822-2
シユクヂキニチ宿直日　822-3
シユクヂユーツー宿住通　822-3
シユクトク　宿德　22-38
ジユークドクロン十功德論　908-3
ジユークーニユーケカン從空入假觀　887-2
シユクフク　宿福　822-3
シユクホー　宿報　822-3
シユクボー　宿坊　822-3
シユクミヨー　宿命　822-3
シユクミヨーチ宿命智　822-3
シユクミヨーチツー宿命智通823-1
シユクミヨーチツーガン宿命智通願　823-1
シユクミヨーツー宿命通　823-1
シユクミヨーミヨー宿命明
665-2-21, 823-1
シユクミヨーリキ宿命力　823-1
ジユクムケン　受苦無間　574-1-11
1696-2-7
シユクヤ　宿夜　823-1
シユクヨー　宿曜　821-2
ジユークリヨージツ十久雨質908-3
ジユーグン　十軍　909-1
シユケ　首悔　823-1
シユーケ　宗家　819-1
シユーゲ　集解　754-3
シユケー　手磬　823-2
ジユケコジツカン受假虛實觀
614-2-9, 983-2
ジユゲザ　樹下坐　983-3
684-2-15
ジユケシセツ　受假施設　614-2-22
ジユゲセキジヨー樹下石上　983-3
シユケツ　取結　823-2
ジユケツ　受決　983-2
ジユケツ　授決　983-2
ジユケツシユー授決集　983-3
シユケン　修堅　823-2
シユーケン　執見　754-3
シユゲン　衆賢　823-2
シユゲン　修驗　823-2
シユーゲン　宗元　819-1
シユーゲン　宗源　819-1
シユーゲン　宗眼　819-1
ジユーゲン　十眼　524-2, 909-1
ジユーゲン　十玄　909-1
ジユーゲンエンギ十玄緣起　137-2
909-1
シユゲンジヤ　修驗者　823-2
シユケンダイ　須犍提　823-2
ジユーゲンダン十玄談　909-1
シユゲンドー　修驗道　823-2
ジユーゲンモン十玄門　451-1
909-1
ジユーゲンロクソー十玄六相909-1
ジユコ　頌古　983-3
ジユーゴ　十護　910-1
シユーコー　執綱　754-1
ジユーコー　從香　887-2
ジユーゴー　十業　562-2
ジユーゴー　十號　906-2
ジユゴーイン　受業院　984-1
ジユコーガクシ壽光學士　983-1
ジユーゴキシン十五鬼神　910-1
シユーゴク　宗極　819-2
シユコーコクド衆香國土　820-2
シユゴコツカロン守護國家論823-3
ジユゴーシ　受業師　984-1
ジユーゴシユノムミヨー十五種無明　910-1
ジユゴショー　愛語攝　720-3-19
ジユゴシヨーボー守護正法　917-3-30
シユゴシン　守護心　1830-1-28
ジユーゴシン　十五心　910-1
ジーユゴソン　十五尊　910-2
ジユーゴソンカンノン十五尊觀音　910-1
ジユゴダイジ　十五大寺　910-3
シユゴーヂゴク衆合地獄　820-3
ジユーゴチダン十五智斷　911-1
ジユーゴチヨーノケサ十五帖袈911-1
シユーコツ　宗骨　819-1
シユーコツ　收骨　683-2
ジユーゴードー十業道　564-1
ジユーゴードー十業道　911-1
シユゴフニユーノチ守護不入地823-3
ジユコン　樹根　984-1
シユコンキ　種根器　923-3
シユーコンゴー執金剛　754-3
シユーコンゴーオー周金剛王683-2
ジユーコンゴーシン十金剛心909-3
シユーコンゴーシン執金剛神755-1
ジユゴンシ　咒禁師　984-1
ジユーコンボンボンノー十根本煩惱　910-1
シユサイ　主宰　824-1
シユサイ　修齋　824-1
ジユサイ　受齋　984-2
ジユサイ　受歲　984-2
シユーサン　收生　683-2
ジユーサンカンモン十三觀門911-2
ジユーサンクー十三空　278-1
ジユーサンゲドー十三外道　434-1
ジユーサンシグ十三資具　911-2
ジユーサンシツ十三失　911-3
ジユーサンジホー十三事法　911-3
ジユーサンシユー十三宗819-3-19
911-3
ジユーサンソーザン十三僧殘911-3
1075-3
ジユーサンソートー十三層塔911-3
ジユーサンダイイン十三大院912-1
1100-3
ジユーサンダイエ十三大會　912-1
ジユーサンナン十三難　807-3
912-1
ジユーサンナンジツシヤ十三難十遮　808-1
ジユーサンバク十三縛　912-1
ジユーサンブツ十三佛　912-1
ジユーサンホーシ十三法師　912-3
ジユーサンモンゼキ十三門跡912-3
ジユーサンリキ十三力　575-3
シユシ　取支　824-1
シユージ　種子　825-3
826-1, 1133-2
ジユシ　咒師　984-2
ジユジ　授事　985-2
シユーシ　鷲子　683-2
シユーシ　宗旨　819-2
シユジエ　種子衣　821-1
シユシキ　種識　824-1
ジユジキ　受食　985-2
ジユシキ　受職　984-2
ジユシキカンヂヨー授職灌頂348-3
ジユシキヂユー受識住　693-1-25
984-2
シユジキヨー　種子境　826-1
シユジクダツ　種熟脫　828-2
ジユージクドク十事功德　919-1
シユージゲサ　種子袈裟　826-1
ジユーシコン　十四根　913-1
ジユージコンゴー十字金剛　919-2
シユージシキ　種子識　41-3, 826-2
ジユーシシキ　十四色　690-2
シユーシシコク執師子國　755-1
ジユーシシユシキ十四種色　913-1
シユージシヨーゲンギヨー種子生現行　352-3, 441-3
ジユーシシヨー十四生　913-1
シユージシン　種子心　918-1-13
ジユーシチク　十七句　913-2
ジユーシチシヨージヨー十七淸淨　913-3
ジユーシチソン十七尊　913-3
ジユーシチヂ　十七地　913-3
ジユジツ　咒術　987-3
ジユシトー　十四等　913-3
ジユーシナン　十四難　913-3
1231-1-19
ジユージノヒホー十事非法　919-2
シユジビク　寺守比丘　862-3
シユージフジヨー種子不淨　732-3-19
シユジブン　修慈分　826-3
ジユーシヘンゲ十四變化　914-2
シユージマンダラ種子曼荼羅826-3
ジユーシムキ　十四無記　1694-1
ジユシヤ　聚砂　984-3
ジユシヤ　壽者　984-3
ジユシヤ　受者　984-3
ジユシヤイブツトー聚砂爲佛塔984-3
シユーシヤオン衆車苑　825-1
1102-3-20
シユジヤク　趣寂　828-2
ジユシヤゲドー壽者外道　435-1-12
ジユシヤソー　壽者相　984-3
シユジヤタ　須闍多　828-2
シユシユ　主首　825-2
ジユーシユ　獸主　887-3
ジユシユ　濡首　985-1
ジユシユ　授手　985-1
ジユジユ　誦咒　985-3
シユージユ　執受　755-2
ジユーシユー　十習　914-1
ジユシユー　誦蒂　984-2
シユジユーイ　修習位　578-3-12
826-3
ジユーシユーイン十習因　914-1
シユジユカイチリキ種種界智力828-2
シユーシユーケツヂヨー修習決定　1825-1-25
シユシユジシヨーゴン種種事莊嚴　771-2-21
シユーシユシヨー習種性　755-2
824-3-5
シユジユシヨーゲチリキ種種勝解智力　828-3
ジユージユシヨーゾー十受生藏919-3
ジユジユーゼンカイギヨー受十善戒經　985-3
シユーシユソー執取相　1835-1-21
シユジユーリキ修習力　826-3
ジユシヨ　頌疏　985-1
シユーシヨ　洲渚　683-3
シユシヨー　修生　824-3
シユシヨー　修性　824-2
シユシヨー　修證　825-2
シユシヨー　修正　824-2
シユシヨー　衆聖　824-2
シユシヨー　種性　824-2
シユシヨー　殲勝　825-2
シユジヨー　衆生　827-1
シユーシヨー　收鈔　683-3
シユーシヨー　宗匠　819-2
シユージヨー　宗乘　819-2
シユシヨー　守請　324-1
シユーシヨー　周祥　683-3
シユーシヨー　執障　755-2
シユージヨー　執情　755-2
ジユージヨー　十成　919-2
ジユージヨー　十乘　920-1
シユジヨーアイギヨージユーユ衆生愛樂十由　827-3
シユシヨーエ　修正會　825-1
シユージヨーエコー衆生回向
828-2, 1861-1-16
シユジヨーエンジ衆生緣慈　827-3
シユジヨーエンジヒ衆生緣慈悲　901-3-16
シユジヨーオン衆生恩　827-3
シユジヨーカイ衆生界　827-3
シユジヨーカイジン衆生界盡827-3
シユジヨーカイムジン衆生界無盡　1709-1-13
ジユージヨーカン十乘觀　920-1
ジユシヨキ　頌疏記　985-1
ジユージヨーキヨー十上經　919-2
シユジヨーク　衆生垢　828-1
シユシヨクドクガン修諸功德願825-2
シユジヨーケン衆生見　828-1
シユージシヨーゲンギヨークンシユージ種子生現行薰種子826-1-2
シユジヨーコン衆生根　828-1
シユシヨーゴン主莊嚴　771-2-30
ジユシヨージザイ受生自在　893-2-22
シユシヨージシヨー集性自性895-2-3
シユジヨージユ主成就　1833-3-15

シユージヨージユ衆成就1833-3-17
シユジヨーシユニンニク衆生敷忍辱 828-1
シユシヨーシヨージヨー種姓淸淨 929-2-18
ジユージヨーシヨー十誠證 919-3
シユーシヨジヨーシユシヨー習所成種性 755-2, 824-2-27
シユジヨーシン衆生心 828-1
ジユシヨーシン受生心 984-3
シユシヨーシン殊勝心 918-3-10
シユジヨーシン殊生身 1558-1-19
シユジヨーセケン 衆生世間 640-2-20, 828-1
シユジヨーセツ衆生說 828-1
シユジヨーソー衆生相 702-3-2 828-1
シユジヨーソー衆生想 828-1
シユジヨーソーゾク衆生相續828-1
シユシヨダン 修所斷 825-2
シユシヨーヂ 衆勝地 825-3
シユシヨーヂユー種性住 825-1 1826-1-30
シユジヨーヂヨク衆生濁 553-1-30
シユジヨーヂヨーブク衆生調伏 1826-2-15
シユシヨーデン殊勝殿 825-2
シユシヨーテンキ衆聖點記 824-3
シユジヨーニン衆生忍 828-2
ジユージヨーノガゼ十乘風 920-3
ジユージヨーノユカ十乘床 920-3
シユジヨーフカシギ衆生不可思議 828-2
シユシヨーフニ 修性不二824-2
ジユーシヨーフジヨー受生不淨 732-3-21
シユジヨーホンガクノシンレン衆生本覺心道 828-2
シユジヨーホンシヨー衆生本性827-2
シユジヨームシヤベツ衆生無差別 666-2-15, 828-2
シユジヨームシムシユー衆生無始無終 827-3
シユジヨームヘンセーガンド衆生無邊誓願度 698-3-2, 828-2
ジユシン 咒神 985-2
ジユシン 咒心 985-2
シユーシン 執心 755-2
ジユージンク 十盡句 920-3
ジユジンザイジンシ壽盡財盡死 711-2-15
ジユジンザイフジンシ壽盡財不盡死 711-2-13
ジユージンジン十甚深 920-3
シユーシンダコー就身打劫 683-3
シユシンテー 須眞眠 825-2
ジユーシンニヨ十眞如 879-3
ジユージンリキ十神力 1004-1
ジユージンリキムゲユー十神力無礙用 1004-2
シユージワク 種子惑 828-3
ジユズ 數珠 987-2
ジユズイ 受隨 987-3
ジユーズイメン十隨眠 920-3 1014-2
ジユセー 咒誓 987-3
ジユーセー 重誓 1213-3
シユツセケンジヨージヨーゼン 出世間上上禪 1054-1-8
シユツセケンダン出世間檀1183-2-30
ジユーゼサイホー從是西方 887-3
ジユセツ 咒殺 988-1
シユーセツグヅー宗說俱通 819-2
シユセン 修懺 828-3
シユゼン 修善 829-1
ジユセン 鷲山 988-1
ジユーゼン 十善 921-2
ジユーゼン 十禪 921-2
シユゼンイン 修禪院 829-1
ジユーセンオー十山王 921-1
ジユーゼンカイ十善戒 921-2
ジユーゼンカイキヨー十善戒經921-2
ジユーゼンギヨー十善巧 921-2
ジユーゼンゴー十善業 921-2
ジユーゼンゴードー十善業道921-2
ジユーゼンシ 十禪支 921-3
ジユーゼンジ 十禪師 921-3
ジユーゼンジゴンゲン十禪師權現 921-3
ジユーゼンジユーアク十善十惡 1055-3
シユセンタブツ須扇多佛 828-3
シユゼンヂヨー修禪定 829-1
ジユーゼンドー十善道 921-3
ジユーゼンノアルジ十善主 922-1
ジユーゼンノオー十善王 922-1
ジユーゼンノカイリキ十善戒力922-1
ジユーゼンノクニ十善國 922-1
ジユーゼンノクライ十善位 922-1
ジユーゼンノシヨーボー十善正法 922-1
ジユーゼンノトク十善德 922-1
ジユーゼンノビンボツ十善鬢髮922-1
ジユーゼンノユカ十善床 922-1
シユセンヨーシ修懺要旨 828-3
ジユーゼンボサツ十善菩薩 922-1
シユゼンロクミヨーモン修禪六妙門 829-1
シユソ 首座 829-1
ジユソ 咒咀 988-1
シユソー 主喪 824-1
シユソー 取相 824-1
シユソー 種草 824-1
シユソー 衆僧 829-2
ジユソー 壽相 702-2-3
ジユソー 樹想 984-2
ジユゾー 咒藏 984-2
ジユゾー 壽像 984-2
ジユソー 受想 984-2
シユーソ 宗祖 819-3
シユーゾー 執藏 755-1
ジユーソー 從僧 887-3
ジユーソー 十想 911-1
ジユーゾー 十藏 912-3
ジユーソーオーゼン執相應染755-1 1834-3-15
ジユーソーカク十僧閣 922-2
シユソクカン 數息觀 829-2
ジユソーギヨーシキ受想行識984-2
シユソーセン 取相懺 824-1 615-2-27
シユダ 首陀 830-2
シユタイ 須帶 829-2
シユダイ 首題 830-2
ジユダイ 鷲臺 988-1
シユーダイ 鷲臺 683-3
ジユダイ 樹提 988-1
シユータイ 宗體 819-3
ジユータイ 集諦 922-2
ジユダイカ 樹提迦 988-2
ジユーダイガン十大願 922-2
ジユーダイゴ 十大護 922-2
ジユーダイジ 十大寺 922-3
ジユーダイシユ十大數 922-2
ジユーダイシヨー十大章 922-2
ジユタイズイギヨー受體隨行988-1
ジユダイチヨージヤ樹提長者988-3
ジユーダイデシ十大弟子 922-3
シユダイナ 須提那 830-3
ジユーダイハンダン十題判斷923-1
ジユダイマノー樹提摩納 988-3
シユダイミヨージ首題名字 830-3
ジユーダイラセツニヨ 十大羅刹女 1780-2
ジユーダイロンジ十大論師 923-1
シユダオン 須陀洹 931-2
シユダオンカ 須陀洹果695-2-10 831-3
シユダオンコー須陀洹向 831-3
シユダジキ 須陀食 830-3
シユダシユマ 須陀須摩 831-1
シユタツ 須達 831-1
シユダツタ 須達多 831-2
シユダツリシヤナ須達梨舍那831-2
シユダハンタカ周陀半託迦 831-2
シユダラ 首陀羅 831-2
シユタラ 修多羅 829-2
ジユダラニ 咒陀羅尼 988-3 1181-3-6, 1182-1
シユタラロン 修多羅論 830-2
シユダン 修斷 832-1
シユテ 種智 832-1
シユーチ 集智 755-2, 1188-3-17
シユーチ 宗致 819-3
シユーヂ 執持 755-3
ジユヂ 受持 988-3
ジユーヂ 十地 923-1
シユチカ 殊底迦 832-1
ジユーヂガンギヨー十地願行927-1
ジユーヂキホー十地寄報 923-1
ヂユーヂサンボー住持三寳660-1-2 659-3-17
シユーヂシキ 執持識 755-3
ジユーヂシヨーオー十地證王927-2
ジユーヂシン 十地心 925-2
シユーチゲンネン種智還年832-1
シユーヂシキ 執持識 42-1
シユチハンタカ周稚般他迦 832-2
ジユヂブツゴ 受持佛語 989-1
ジユヂホツケ 受持法華 989-1
ジユヂホーシ 受持法師 535-3-11
ジユーヂボン 十地品 927-2
シユヂヤク 取著 832-3
シユヂヤク 執着 755-3
シユヂヤクゴンゼツ執着言說 699-1-23
ジユヂユートク受重得 989-1
ジユーヂユー 什肇 928-2
ジユーヂユー 十住 927-2
ジユヂユー 樹頭 988-3
ジユーヂユーカイ十重戒 925-3
ジユーヂユーギヨードーホンキヨー十住行道品經 927-3
ジユーヂユーケンボン十重顯本426-1
ジユーヂユーゴンカイ十重禁戒926-3
ジユーヂユーキヨー十住經 927-3
ジユーヂユービバシヤロン十住毘婆沙論 928-2
ジユーヂユシユツ從地涌出 887-3
ジユーヂユーシヨー十重障 764-2 926-3
ジユーヂユーシヨービヤクケイ十住小白華位 928-2
ジユーヂユーシン十住心 927-3
ジユーヂユージンギヨー十重深行 927-1
ジユーヂユーシンロン十住心論928-2
ジユーヂユータイモー重重帝網 1214-1
ジユーヂユーザイ十重罪 926-3
ジユーヂユーボサツゾー十住菩薩藏 674-3-1
ジユーヂユーリツ十誦律 919-3
ジユーヂユーロン十住論 928-2
ジユテヨー 竪超 989-1
シユチヨーヅキン首丁頭巾 832-2
シユヂヨーボンシ執杖梵志 755-2
シユヂヨーヤシヤ執杖藥叉 755-3
シユーヅ 宗途 819-3
シユツアイオー出愛王 832-2
シユツエ 出慧 836-1
シユツカゴゴンドー出過語言道 545-3-23
シユツカンニン出觀人 713-2-3
ジユツキ 述記 989-1
ジユツキ 習氣 907-1, 754-3
ジユツキカ 習氣果 907-1
シユツキヨー 出郷 832-3
シユツケ 出家 832-3
シユツケアジヤリ出家阿闍梨832-3
シユツケシガン出家四願 832-3
シユツケトクドデン出家得度田 833-1
シユツケニカイ出家二戒 833-1
シユツケニユードー出家入道833-1
シユツケノギヨー出假行 833-1
シユツケラク 出家樂 833-2 1776-3-10
シユツケン 出見 833-2
シユツゲン 出現 833-2
シユツゴ 出期 833-2
シユツシユツセケン出出世間833-3
シユツシユツセイチジヨーホー 出出世一乘法 833-3
シユツシヨー 出聖 833-2
シユツシヨー 出生 833-2
シユツシヨーエンミヨーイ出障圓明位 833-2
シユツシヨーギ出生義 833-3
シユツセ 出世 834-1
シユツセカ 出世果 834-1
シユツセガンイ出世元意 834-1
シユツセケン 出世間 834-1
シユツセケンカイ出世間戒158-3-6
シユツセケンゴゴンブ出世間語言部 834-2
シユツセケンジヨージヨーゾー出世間上上藏 533-1-28
シユツセケンジヨージヨーチ出世間上上智 648-1-25, 834-2
シユツセケンセツブ出世間說部834-2
シユツセケンダン出世間檀 834-2
シユツセケンチ出世間智 648-1-23 834-2
シユツセケンドー出世間道 834-2
シユツセケンハンニヤ出世間般若 1437-3-15
シユツセケンボー出世間法 834-2
シユツセゴー 出世業 834-2
シユツセゴジキ出世五食 834-2 889-3
シユツセシヤ 出世者 834-2
シユツセシヤ 出世舍 834-2
シユツセシン 出世心 834-2
シユツセセツブ出世說部 834-2
シユツセゼン 出世禪 834-3 1053-3-4
シユツセゾー 出世藏 533-1-20
シユツセチ 出世智 834-3
シユツセノダイジ出世大事 834-3
シユツセブ 出世部 834-3
シユツセフク 出世服 834-3
シユツセボーカン出世坊官 834-3
シユツセホンガイ出世本懷 834-3
シユツソク 出息 835-1
シユツタイ 出胎 835-3
シユツタイ 出體 835-1
シユツチ 出離 836-1
シユツヂヨー 出定 835-3
シユツヂン 出陣 835-3
シユツヂン 出塵 835-3
シユツテンシンニヨ出纏眞如836-1 879-2-28
シユツドー 出道 835-3

1630-3-20
シユツニユーハン出入板 835-3
シユツブツシンケツ出佛身血 808-1-3, 836-1
シユツヨー 出要 832-2
シユツヨーギヨー出曜經 832-2
ジユーデシ 十弟子 928-3
シユート 衆徒 836-1
シユドー 衆道 830-3
シユドー 修道 647-2-2, 830-3
ジユード 十度 930-1
ジユドー 儒童 989-1, 1662-3-13
シユート 宗徒 819-3
ジユトー 鷲頭 989-1
シユトク 種德 836-1
シユトク 修得 836-1
シユドクギヨームミヨー主獨行無明 836-2
シユトクツーリキ修得通力 836-1
シユドクムミヨー主獨無明 1717-1-7
シユドーシヨダン修道所斷 830-3
シユドーシヨメツル修道所滅流 742-3-13
シユートーセン鷲頭山 683-3
シユトダナ 首圖駄那 836-1
ジユードノサンギヨー十度三行 930-1
シユドーブン 衆同分 836-2
ジユドーボサツ儒童菩薩 989-1
シユトロ 修姤路 836-2
シユーナン 終南 683-3
ジユーニアクリツギ十二惡律儀 930-1
ジユーニインネン 十二因緣 92-1
ジユーニインネンロン十二因緣論 931-2
ジユーニウシ 十二有支 931-2
ジユーニエンギ 十二緣起 137-3, 931-3
ジユーニエンシヨー 十二緣生 139-1
ジユーニエンモン 十二緣門 931-3
ジユーニカシン 十二火神 330-3
ジユーニカソン 十二火尊 932-1
ジユーニガツシヨー 十二合掌 231-3
シユニガツホー 修二月法 836-2
ジユーニカテン十二火天 931-3
ジユーニカテンシンゴン 十二火天眞言 933-2
ジユーニガラン 十二伽藍 931-3
ジユーニガン 十二願 932-1
ジユーニガンオー 十二願王 932-1
ジユーニギヨーソー 十二行相 931-3
ジユーニギヨーホーリン 十二行法輪 931-3
ジユーニキン 十二禽 931-2
ジユーニグー 十二宮 776-3
ジユーニクヨー 十二供養 931-3
ジユーニケンレン 十二牽連 931-2-1
ジユーニコクオン 十二棘園 931-2-7, 932-1
ジユーニコーブツ十二光佛 35-1-21, 931-3
ジユーニサンマイシヨー十二三昧聲 932-1
ジユーニシ 十二支 932-1
ジユーニシユー十二宗 820-1-3
ジユーニジユー十二獸 934-2
ジユーニシユカホー十二種火法 932-1
ジユーニシヨ 十二處 933-3
ジユーニジヨーガン十二上願 935-1
ジユーニシヨゴンゲン十二所權現 933-3
ジユーニシヨーレツ十二勝劣 933-3
ジユーニシン 十二神 934-1
ジユーニシンシヨー 十二神將 934-1
ジユーニシンニヨ 十二眞如 880-2, 934-2
シユヂヨーロン手杖論 832-2
ジユーニシンミヨー 十二神明 934-2
ジユーニズイメン 十二隨眠 935-1, 1014-2
ジユーニゼンシユ 十二禪衆 935-1
ジユーニゾー 十二藏 932-1
ジユーニダイガン 十二大願 935-1
ジユーニダイジ十二大寺 935-1
ジユーニダイテンシユ 十二大天衆 935-1
ジユーニダイラセツニヨ 十二大羅刹女 1780-2
ジユニチ 受日 989-1
ジユーニヂ 十二地 935-1
ジユーニチジユーヤ 十日十夜 935-1
ジユーニヂユージヨー十二重城 831-1-27, 935-1
ジユーニヅダ 十二頭陀 935-2
ジユーニテン 十二天 935-2
ジユーニテング十二天供 936-1
ジユーニトー 十二倒 935-1
ジユーニトー 十二燈 936-1
ジユーニニユー 十二入 936-2
ジユーニネンノヤマゴモリ 十二年の山籠 936-2
ジユーニブキヨー 十二部經 936-2
ジユーニブツ 十二佛 936-3
ジユーニフリツギ十二不律儀 936-2
ジユーニブンキヨー十二分敎 937-1
ジユーニホンシヨージ十二品生死 779-3, 937-1
ジユーニマタ 十二摩多 937-1
ジユニムイ 十二無爲 937-2
ジユーニムオー十二夢王 937-3, 1762-3
ジユーニメンカンノン十二面觀音 938-3
ジユーニモーゾー十二妄想 937-2, 1644-1
ジユーニモンゼン十二門禪 984-3, 1054-2
ジユーニモンロン十二門論 670-2, 937-3-24
ジユーニヤシヤダイシヨー 十二藥叉大將 937-3
ジユーニヨ 十如 81-1-27, 937-3
ジユーニヨゴンジツ十如權實 939-1
ジユーニヨサンテン十如三轉 939-1
ジユーニヨゼ 十如是 939-3
ジユーニヨライヂ十如來地 939-3
ジユーニライ 十二禮 939-3
ジユーニライハイ 十二禮拜 939-3
ジユーニライハイモン 十二禮拜文 939-3
ジユーニリン 十二輪 939-2, 939-3
ジユーニルイシヨー十二類生 939-3
シユニン 數人 836-2
ジユーニン 十忍 940-1
ジユニンフニモン受潤不二門 989-2
シユネタラ 須涅多羅 836-3
シユネミダ 須涅蜜陀 836-3
ジユーネン 十念 940-1
ジユーネンシヨ十念處 940-1
ジユーネンオージヨー十念往生 940-1
ジユーネンケチミヤク十念血脈 940-1
ジユーネンジヨージユ十念成就 940-1
シユーノー 秀能 683-3
ジユーノミチ 十の道 940-2
ジユーノーラン十惱亂 940-1
シユーハ 宗派 819-3
ジユハイ 受牌 1859-1-22
シユバカラ 輸婆迦羅 836-3
ジユバキヤソンジヤ戍縛迦尊者 989-3
シユバダ 須跋陀 836-3
シユバダボンシム須跋陀梵志夢 1762-3
シユツトーボダイ出到菩提 835-3
シユバダラ 須跋陀羅 836-3
ジユーハチイブ 十八異部 940-3
ジユーハチウ 十八有 99-2
ジユーハチウガク 十八有學 940-3, 100-3
ジユーハチエ 十八會 945-3
ジユーハチエシキ 十八會指歸 946-1
ジユーハチエンジヨー 十八圓淨 946-1
ジユーハチオージン十八應心 940-3
ジユーハチカイ十八界 940-3
ジユーハチカイイン 十八契印 941-1
ジユーハチガクニン 十八學人 940-3
ジユーハチキヨーガイ十八境界 940-3
ジユーハチケン十八賢 941-1
ジユーハチケンジユ十八賢衆 941-1
ジユーハチケンジヨー十八賢聖 941-1
ジユーハチゴガラジン十八護伽藍神 941-1
ジユーハチゴクソツ十八獄卒 941-1
ジユーハチシ 十八支 941-1
ジユーハチシヨーシヨ十八生處 941-1
ジユーハチジンペン十八神變 941-2
ジユーハチダイキヨー十八大經 941-2
ジユーハチダイシ十八大師 941-2
ジユーハチダンリン十八檀林 944-3, 1187-1
ジユーハチヂゴク十八地獄 944-3
ジユーハチチユーローソー十八中老僧 1844-1
ジユーハチテン十八轉 1191-1-10
ジユーハチドー十八道 941-3
ジユーハチドーシダイ十八道次第 944-2
ジユーハチニチ十八日 944-3
ジユーハチブ 十八部 945-2, 1021-2
ジユーハチフグホー十八不具法 944-3, 1516-1
ジユーハチブシユ十八部主 945-2
ジユーハチブロン十八部論 945-2
ジユーハチヘン十八變 945-2
ジユーハチミヨーシヨ十八明處 945-2
ジユーハチモン十八問 945-2, 1842-3
ジユーハチラカン十八羅漢 1776-1
ジユーハツクー十八空 278-1, 940-3
ジユーハツシユー十八宗 441-1
ジユーハツシユシンドーソー 十八種震動相 941-1
ジユーハツシユモツ十八種物 941-2
ジユーハツシヨー十八聲 941-1
ジユーハツシヨー十八章 941-1
ジユーハツテン十八天 944-3
ジユーハライ 十波羅夷 946-2, 1426-3
シユバンエンミヨーグトクモン主伴圓明具德門 452-1-26
シユバングソク主伴具足 837-1
シユバンムジン主伴無盡 837-1
シユヒ 修悲 1828-1-15
シユビ 麈尾 837-1
ジユヒ 呪秘 989-3
ジユーヒミツ 十秘密 946-2
シユブ 鷲峯 989-3
シユーフー 宗風 820-1
ジユーフケカイ十不悔戒 946-2
ジユーフセ 十布施 946-2
ジユーフゼンゴー十不善業 946-2
シユブダイ 須扶提 837-1
ジユーフチキヨー十不知境 946-2
ジユーブツ 十佛 948-3
シユブテー 須浮帝 837-1
ジユブノゲ 鷲峯偈 989-3
シユブマ 須部摩 837-1
ジユーフモン 十普門 947-1
ジユーフンヌミヨーオー十忿怒明王 947-3
ジユベツ 受別 989-3
ジユヘン 呪遍 989-3
シユーヘンガンヨーカン周遍含容觀 613-1-3, 684-1, 952-3
シユーヘンギ 周遍義 457-3-9
シユーヘンホツカイ周遍法界 684-1
シユホー 修法 837-2
シユホー 衆法 837-2
ジユホー 受法 989-3
シユーホー 鷲峯 648-1
シユーホー 宗法 820-1
シユホーアジヤリ修法阿闍梨 837-2
ジユホーカンヂヨー受法灌頂 989-3
シユホーカンノン衆寶觀音 837-1
ジユボク 衆墨 990-2
シユホークモツ修法供物 341-2
シユホーシン 主方神 836-3
シユボダイ 須菩提 837-2
シユホータイシユ衆法對首 506-2-27
シユボダイシン 修菩提心 526-3-10
ジユボダイシンカイギ受菩提心戒儀 989-3
シユホーチ 集法智 420-1-10
シユホーチニン集法智忍 420-1-9
シユホーニン 數法人 837-2
ジユーボンノー十煩惱 949-2, 1638-3
ジユーマ 十魔 949-2, 1642-3
シユマカ 芻摩迦 732-1-2
シユマダイ 須摩提 837-3
シユマダイオー須摩提王 838-2
シユマダイニヨ修摩提女 838-1
シユマダイボサツ須摩提菩薩 838-1
シユマダン 須摩檀 838-2
ジユマツ 聚沫 989-3
シユマナ 須摩那 838-2
シユマン 須曼 838-2
ジユーマンオクブツド十萬億佛土 949-2
シユマンニビク須曼耳比丘 838-3
シユマンニヨ 須曼女 838-3
ジユーマンフゲン十萬普賢 949-3
シユミ 須彌 838-3
シユミザ 須彌座 839-2
シユミダン 須彌壇 839-2
シユーミツ 宗密 820-1
シユミトーオーブツ須彌燈王佛 839-2
ジユーミヨー 十名 949-3
ジユーミヨー 十妙 951-1
ジユミヨー 壽命 990-1
ジユミヨーカンヂヨー受明灌頂 990-1
シユミヨーキ 主命鬼 839-2
ジユミヨージザイ壽命自在 893-1-24
ジユミヨージヨ受命處 751-3-2
ジユミヨーソー壽命相 702-2-14, 990-1
ジユーミヨーニユーミヨー從明入明 711-2-11
ジユミヨームウリヨー壽命無有量 990-1
ジユミヨームシユコー壽命無數劫 990-1
ジユミヨームリヨーガン壽命無量願 990-1
シユミロ 須彌樓 839-2
シユム 衆務 839-2
ジユーム 十夢 949-3
ジユーム 十務 949-3
ジユームエジ 十無依止 950-1
ジユームゲ 十無偈 950-1
ジユームジンカイ十無盡戒 950-2
ジユームジンク十無盡句 950-2, 1709-1

ジユーロクダイジ 十六大寺959-1
ジユームジンゾー十無盡藏 950-2 1709-3
ジユームエーギョー十無依行949-3
ジユームニ 十無二 950-3
シユーメツ 習滅 755-3
シユメツムイ 數滅無爲 839-2
シユメロ 修迷樓 839-3
シユモ 主喪 839-3
シユーモーキ 臭毛鬼 684-1
シユーモクテンノー醜目天王684-1
ジユーモツ 什物 952-1
シユモン 數門 839-3
ジユモン 呪文 990-2
シユーモン 宗門 820-1
ジユーモン 十門 952-2
ジユーモン 十問 953-2
ジユーモンコギ十問擧疑 953-2
ジユーモンシショー什門四聖 705-3-23
ジユーモンジン十問訊 953-2
ジユーモンハ 什門派 953-2
ジユモンホーシ誦文法師 990-2
ジユーヤ 十夜 953-2
シユヤシン 主夜神 839-3
ジユーヤネンブツ十夜念佛 953-3
シユヤマ 須夜摩 839-3
シユユ 須臾 839-3
シユユー 衆祐 817-1
ジユーユ 十喩 954-1
シユーユー 宗用 820-2
ジユーユカン 十喩觀 954-1
ジユユーシユージ受用種子 918-2-25
ジユユーシン 受用身 629-1-20 990-2, 1606-1-14
ジユユード 受用土 658-1-28 990-2
シユヨ 取與 839-3
シユーヨー 宗要 819-1
シユーヨー 執曜 754-1
ジユヨク 受欲 990-2
シユラ 修羅 840-1
シユラ 輸羅 840-1
シユラ 周羅 839-3
シユラ 翅由邏 840-1
シユラ 首羅 839-3
ジユーライ 十來 954-1
ジユーライゲ 十來偈 954-1
シユライン 輸羅印 840-1
シユラカイ 修羅界 840-1
ジユラク 壽樂 990-2
ジユーラク 十樂 954-1
ジユラクコー 十樂講 954-1
シユラグシツヂ修羅宮悉地 840-1
シユラクツ 修羅窟 840-1
ジユラクムゼンガン受樂無染願990-2
シユラシヤ 修羅車 840-1
シユラシユ 修羅酒 840-2
シユラシユ 修羅趣 840-2
ジユーラセツニヨ十羅刹女 954-1 954-2
シユラセン 修羅扇 840-2
シユラヂョー 修羅場19-3, 840-2
シユラドー 修羅道 840-2
シユラノイクサ修羅軍 840-2
シユラノチマタ修羅の巷 19-3
シユラノタタカイ修羅の戰 19-3
シユラノモージユー修羅妄執840-2
シユラホツ 周羅髮 840-2
シユリ 修利 840-3
シユリ 朱利 840-3
ジユーリキ 十力 955-1, 1783-3
ジユーリキカショー十力迦葉 559-3-21, 955-1
ジユーリキキョー十力經 955-1
ジユーリキキョー十力敎 955-1
ジユーリキソン十力尊 955-2
ジユーリキミョー十力明 955-2
ジユーリキムトーソン十力無等尊 955-2
ジユリツ 誦律 990-2
シユリハンダカ周利槃特迦 840-3
ジユーリヨ 十慮 955-2
シユリヨー 酒兩 841-1
シユリヨー 衆寮 841-1
ジユリヨー 鷲嶺 990-3
シユリヨーガマ首楞伽摩 841-1
シユリヨーゴン首楞嚴 841-1
シユリヨーゴンイン首楞嚴院841-3
シユリヨーゴンサンマイ首楞嚴三昧 841-2
シユリヨーゴンヂョー首楞嚴定841-3
ジユリヨーボン壽量品 991-1
シユリン 手輪 841-3
ジユーリン 十輪 955-2
ジユーリンキョー十輪經 955-2
ジユリンシン 樹林神 991-1
ジユールイキョー十類經 955-2
シユルイチ 集類智 420-1-18
シユルイチニン集類智忍 420-1-17
シユルイムケン衆類無間 574-1-21
シユルカ 首盧迦 841-3
シユーレー 宗令 820-2
ジユーレンゲゾーセカイ十蓮華藏世界 955-2
シユロ 手爐 842-1
シユーロ 鷲鷺 984-1
シユロー 鐘樓 842-1
ジユーロク 十六 955-2
ジユーロクイン十六院 960-1
ジユーロクエ 十六會 960-1
ジユーロクオージ十六王子 960-1
ジユーロクオージブツ十六王子佛 960-1
ジユーロクカイジ十六開士 955-3
ジユーロクカン十六觀 956-1
ジユーロクカンギョー十六觀經956-1
ジユーロクカンソー十六觀想343-1
ジユーロクカンモン十六觀門956-1
ジユーロクギョー十六行 955-3
ジユーロクギョーソー十六行相955-3 269-3
ジユーロクゲロン十六外論 434-1
ジユーロクゲンモン十六玄門956-2 1045-2
ジユーロクコクオー十六國王956-2
ジユーロクコクジキ十六斛食956-2
ジユーロクシ 十六使 681-1
ジユーロクシ 十六師 956-2
ジユーロクシグ十六資具 956-2
ジユーロクシヤ十六遮 808-2
ジユーロクシヤミ十六沙彌 956-3
ジユーロクシユーコンゴージン 十六執金剛神 956-2
ジユーロクショー 十六生956-3
ジユーロクシン十六心 956-3
ジユーロクシンガ十六神我 863-2
ジユーロクシンギョー十六心行957-1
シユーロクシンケンドー 十六心見道 956-3
ジユーロクシンソーケンドー十六心相見道 420-3
ジユーロクゼンシン十六善神957-1 957-3, 1062-3
ジユーロクソーカン十六想觀956-2
ジユーロクタイ十六諦 959-1
ジユーロクダイアラカン十六大阿羅漢 959-1
ジユーロクダイコク十六大國959-1
ジユーロクーダイジ十六大士 9591
ジユーロクダイテン 十六大天959-1
ジユーロクダイボサツ 十六大菩薩 969-1
ジユーロクダイヤシヤショー十六大藥叉將 1754-2
ジユーロクダイリキ十六大力958-1
ジユーロクチケン十六知見 959-2
ジユーロクヂユーゲンギ十六重玄義 958-3
ジユーロクヂョーノロシヤナブツ十六丈盧舍那佛 959-1
ジユーロクテン十六天 959-1
ジユーロクドクショー 十六特勝959-2
ジユーロクホー十六法 959-2
ジユーロクボサツ十六菩薩 959-2
ジユーロクユーゾーヂゴク十六遊増地獄 960-1
ジユーロクラカン十六羅漢 1775-3 960-1
ジユーロクリユーノバン十六流幡 960-1
シユーロシ 鷲鷺子 684-1
ジユーロツクー十六空 278-1
シユーロビク 醜陋比丘 184-1
シユーロン 宗論 820-2
ジユーロンショー十論匠 960-1
シユワク 修惑 843-1
ジユーワク 十惑 960-2
ジユンアン 巡案 991-2
ジユンイチ 純一 991-2
ジユンイチムゾー純一無雜 737-2-23
ジユンエン 順緣 991-2
ジユンカイサン準開山 991-2
ジユンギヤク 順逆 991-8
ジユンギヤクニカン順逆二觀931-1
ジユンギョー 順曉 991-2
ジユンクゴー 順苦業 562-1-17
ジユンクジユゴー順苦受業 991-3
ジユンケ 順化 991-3
ジユンゲダツブン順解脫分 994-2-30
ジユンケツヂヤクブン順決擇分 991-3, 994-3-(
ジユンケツヂヤクブンヂョー順決擇分定 719-3-4
ジユンゲブン 順下分 991-3
ジユンゲン 順現 991-3
ジユンゲンゴー順現業 991-3
ジユンゲンジユゴー順現受業562-1-6 991-3
ジユンコー 巡更 991-2
ジユンゴク 順後句 991-3
ジユンゴゴー 順後業 991-3
ジユンゴジユゴー順後受業562-1-9 992-1
ジユンコノハン巡火板 991-3 994-3
ジユンコフホン順古不翻 991-3
ジユンコーレー巡更鈴 991-2
ジユンサンシユ巡讃衆 992-1
ジユンジ 順次 992-1
ジユンシキ 遵式 992-1
ジユンジゴー 順次業 992-1
ジユンシヤク 巡錫 992-1
ジユンショー 順生 992-1
ジユンショーキ順正記 992-1
シユショーギョー順性行 992-1
ジユンショーゴー順生業 992-1
ジユンショージユゴー順生受業 562-1-7
ジユンショージカン順生死觀 931-1-16
ジユンショージンブンヂョー順勝進分定 718-3-3
ジユンジョーブン順上分 992-2
ジユンショーリロン順正理論992-1
ジユンシン 純眞 992-1
ジユンシンカン須身觀 992-2
ジユンシンダラモンキョー純眞陀羅問經 992-2
ジユンセ 順世 992-2
ジユンセゲドー順世外道 434-1-24 992-2
ジユンセハツシン順世八心 992-3
ジユンゼンク 順前句 992-3
ジユンダ 純陀 992-3
ジユンタイブンヂョー順退分定 719-2-30
ジユンダイホー準大法 993-1 1675-1-18
ジユンタン 旬單 992-3
ジユンヂユーブンヂョー順住分定 719-3-2
ジユンチユーロン順中論 993-2
シユンテー 準提 993-2
ジユンテーキ 準提軌 994-2
ジユンテーカンノン準提觀音994-2
ジユンテーブツモホー準提佛母法 994-2
ジユンテーホー準胝法 993-3
ジユンドー 巡堂 993-1
ジユンドーホーアイ順道法愛993-2
ジユンナ 諄那 994-2
シユンニヤタ 舜若多 843-2
ジユンニン 順忍 994-2
ジユンフクブン順福分 994-2
ジユンフクフラクジユゴー順不苦不樂受業 562-1-18
ジユンフヂョーゴー順不定業 994-2
ジユンフヂョージユゴー順不定受業 994-2
ジユンブン 順分 994-2
ジユンモンゼキ準門跡 994-3
ジユンユ 順喩 995-1 1475-3-26
ジユンラクジユゴー順樂受業 562-1-15
ジユンリヨー 巡寮 995-1
ジユンル 順流 995-1
ジユンルジツシン順流十心917-2-6
ジユンルシヤ 順流者 713-1-27
シユンレー 順禮 995-1
ジユンローハン巡廊板 995-1
シヨ 書 843-3
シヨ 處 843-3
ジヨ 序 995-1
シヨー 性 764-2
シヨー 生 736-2223, 764-2
シヨー 障 764-2
シヨー 證 764-2
シヨー 麨 1018-3
シヨー 鈔 1018-3
シヨー 證 844-2
シヨー 世友 1018-2
シヨー 紙葉 685-2
シヨー 支用 844-2
ジヨー 乘 985-3
シヨーアク 性惡 764-2
シヨアクマクサ諸惡莫作 843-3
シヨアゴダ 初阿後荼 844-1
シヨーアシ 小阿師 1018-3
シヨーアミダキョー小陀彌陀經 1018-3
シヨーアン 章安 765-1
シヨイ 初位 855-3
シヨーイ 正意 765-1
シヨーイ 正位 795-3
シヨーイ 聖位 795-3
シヨーイ 勝意 844-2
シヨーイオンガク攝意音樂 1034-3
ジヨーイキ 淨域 976-2
シヨーイキョータイ聲爲敎體473-2
シヨーイシヨーミヨー勝意生明8442

ショーイチ　聖一　765-1
ショーイブツジ聲爲佛事　473-2
ジョーイモンキョー淨意問經961-3
ジョイン　助音　995-2
ショーイン　聖印　765-2
ショーイン　正因　765-2
ショーイン　生因　765-2
ショーイン　勝因　844-3
ショーイン　接引　1034-3
ショインシ　所引支　844-1
ショインシュクサシュー諸因宿作宗　844-1
ショインショーカ所引生果　844-1
ショーインネン正因緣　765-2
ショーインブツショー正因佛性　630-1-13, 765-2
ショウ　諸有　844-2
ショウ　所有　844-2
ショーウ　勝友　844-2
ショーウ　生有　765-2
ジョーウ　情有　961-3
ショウカイ　諸有海　844-3
ショーウキョー請雨經　765-2
ショーウホー　請雨法　790-1
ジョーウリム　情有理無　961-3
ショウン　諸蘊　849-1
ショエ　初會　855-3
ショーエ　正慧　795-3
ショーエ　唱衣　765-3
ジョーエ　毳衣　962-1
ジョーエ　靜慧　976-2
ジョーエ　上衣　962-1
ジョーエ　淨衣　962-1
ショーエカイ　攝衣界　1034-3
ジョーエクー　成壞空　976-2
ショーエコー　正回向　1861-1-11
ショエフジョー所依不成　632-2-20　849-1
ジョーエフニ　淨穢不二　976-3
ショエムジョー處壞無常　733-1-22
ショエン　所緣　849-2
ショエン　諸緣　849-2
ショーエン　聲緣　765-2
ショーエン　聖緣　765-3
ジョーエン　情猿　962-1
ジョーエン　上衍　962-1
ショエンウタイ所緣有對　849-2
ショエンエン　所緣緣　686-1-5　849-2
ジョーエンガクシン淨圓覺心976-3
ショエンダン　所緣斷　849-2
ショエンバク　所緣縛　849-2
ショーエンマントクカイヌオー聖閻曼德迦威怒王　766-1
ジョオー　序王　997-1
ショーオー　聖應　766-1
ショーオー　小王　1024-1
ジョーオク　淨屋　962-2
ショーオーシュジゥ性橫修縱795-1
ショーオージン勝應身　844-3　1558-1-12
ジョオン　助音　996-1
ショーオン　小遠　1024-1
ショカ　初果　850-2
ショーカ　聖果　768-2
ショーカ　掌果　768-2
ショーカ　性火　768-2
ショーカ　勝果　845-2
ショーカ　證果　845-2
ショーカ　士用果　845-2
ショーガ　性我　766-3
ジョーカ　成果　918-2-20
ショーカイ　性海　766-1
ショーカイ　性戒　158-3-8, 766-1
ショーカイ　小界　1018-3
ジョーカイ　淨戒　962-2, 1684-3
ジョーカイ　乘戒　995-3
ジョーカイカンキューシク乘戒緩急四句　995-3
ジョーカイクキュー乘戒俱急995-3
ジョーカイシク乘戒四句　995-3
ジョーカイジョー小開淨　1019-1
ジョーカイテン上界天　962-2
ショーカク　性覺　766-2
ショーカク　證覺　844-3
ショーガク　正覺　766-3
ジョーカク　淨覺　962-2
ショーガクケ　正覺華　766-3
ショーカクセケン正覺世間　640-2-21
ショーガクニョ正覺女　766-3
ショーガクノイチネン正覺一念766-3
ショーガクリツギムヒョーシキ正覺律儀無表色　1716-1-20
ショーガクロツボーカイ正覺六法戒　766-3
ショカコー　初果向　850-2
ショーカソージカルイ生過相似過類　768-2
ジョーガツ　淨月　963-3
ショーガミョーゴー稱我名號844-3
ショーカラ　商羯羅　766-2
ショーカラコンゴー商羯羅金剛766-2
ショーカラテン商羯羅天　766-3
ショーカン　正觀　768-2
ショーカン　生觀　931-1-10
ジョーカン　上間　962-2
ジョーカン　淨竿　962-2
ジョーカン　淨官　963-2
ジョーカン　淨觀　963-2
ジョーカン　乘緩　995-3
ジョガンイ　事與願違　996-1
ショガンエカ　諸願依果　915-1-19
ショカンギチ　初歡喜地　850-2
ショーカンジザイボサツ聖觀自在菩薩　768-3
ショーカンシュージョーライ正觀修誠禮　732-2-25
ショーカンノン聖觀音　768-2
ショーカンノンギョー請觀音經768-3
ショーカンノンコー正觀音講768-3
ショーカンノンホー請觀音法768-3
ショガンフコ　所願不虛　850-3
ショキ　書記　849-2
ショキ　疏記　478-3
ショーキ　生起　767-1
ショーキ　正忌　767-1
ショーキ　正機　767-1
ショーキ　精氣　767-1
ショーキ　性起　767-1
ショーキ　小機　1019-1
ショーギ　聖儀　768-1
ショーギ　勝義　845-1
ショーギ　證義　845-1
ショーキイン　生起因　91-1-23　767-1
ショーギクー　勝義空　845-1
ショーギコン　勝義根　845-1
ショーギシャ　精義者　768-1
ショーギショーギタイ勝義勝義諦　845-1, 1097-2-5
ショーギセゾクタイ勝義世俗諦　845-2, 1097-1-21
ショギータイ　勝義諦　845-2
ショーキヂュー生貴住　767-2　927-2-23
ショギーフゼン勝義不善1528-3-16
ショーギホー　勝義法　845-2
ショーギボダイシン勝義菩提心845-2　1631-3-7
ショーギムショー勝義無性　845-2, 666-1-30
ショーキヤ　商佉　767-2
ショーキヤクトー請客頭　767-3
ショキュー　書芨　849-2
ジョーキュー　乘急　995-3
ジョーキューカイカン乘急戒緩995-2
ショーキョー　性境　669-3-26　766-2
ショーキョー　生經　767-2
ショーキョー　聲境　734-1-28　767-2
ショーキョー　小經　1019-1
ショーキョー　照鏡　1019-1
ショギョー　諸行　849-3
ショーギョー　聲敎　770-1
ショーギョー　正敎　770-1
ショーギョー　正行　768-1
ショーギョー　聖行　768-1
ショーギョー　小行　1019-2
ショーギョー　聖敎　770-1
ショーギョー　勝行　845-2
ジョーキョー　常境　962-3
ジョーキョー　淨經　962-3
ジョーギョー　常曉　962-3
ショギョーエカ諸行依果　915-1-20
ショーキョーカンノン青頸觀音767-2
ショーギョーキョー正行經　768-1
ジョーギョーキョー淨行經　962-3
ショーギョクダンロー小玉檀郎　1019-2
ジョーギョーコツジキ常行乞食962-3
ショーギョーザンマイ生行三昧768-1
ジョーギョーザンマイ常行三昧962-3
ジョーギョージャ淨行者　962-3
ショーキョージュ證敎授711-1-12
ショーキョージューシキタイ攝境從識體　835-2-1
ショーキョージューシン攝境從心　1034-3
ショキョーショサン諸經所讃849-2
ショーギョーシンニョ正行眞如　768-1, 879-3-24
ジョーギョーダイヒノヤク常行大悲益　445-2-11
ジョーギョーヂリツ常行持律962-3
ショーギョードー省行堂　1019-2
ジョーギョードー常行堂　963-1
ジョーギョードーマタラシン常行堂摩多羅神　1656-3
ジョーギョーボサツ上行菩薩962-1
ジョーギョーボン淨行品　963-1
ジョーギョーボンシ淨行梵志963-1
ショギョームジョー諸行無常849-3
ショギョームジョーイン諸行無常印　660-2-3, 850-1
ショキョーヨージュー諸經要集849-2
ショーギョーリョー聖敎量　770-1
ショーキラ　儐起羅　767-3
ジョーキン　淨巾　962-3
ショク　四欲　850-1
ショーク　生苦　694-3-29, 768-1
ショーグ　性具　769-1
ショーグ　餉供　769-1
ショーグ　星供　769-1
ショーグ　聖供　769-1
ジョーク　常句　696-1-2
ジョーグ　上供　963-2
ショークー　性空　768-1
ショークー　生空　768-1
ショークー　小空　1919-2
ジョーグーオージ上宮皇子　963-3
ショークーカン性空觀　613-1-13　768-1
ショークーキョー性空敎　614-1-12　768-2
ショクキン　拭經　248-3, 850-1
ショークーサンマイ生空三昧768-2
ショクシューキ飾宗記　850-1
ショクシューギキ飾宗義記　850-1
ジョーグーショ上宮疏　963-2
ショクショイン諸苦所因　850-1
ショークーシンニョ生空眞如　879-2-29
ショークーホーウ生空法有　768-2
ジョーグボダイ上求菩提　963-3
ジョーグホンライ上求本來　963-3
ショクミョー　贖命　850-1
ショクミョーネハン贖命涅槃850-2
ショクモツゴカ食物五果　520-3
ジョークリ　常求利　963-2
ショクルイ　囑累　1096-1
ショクルイボン囑累品　1096-1
ショーグンオー勝軍王　845-3
ショクンシギ　所薰四義　850-2
ショーグンヂゾー勝軍地藏　845-3
ショーグンフドーミョーオー勝軍不動明王　845-3
ショケ　所化　850-3
ショケ　疏家　1789-1-8
ショーケ　正化　769-3
ショーケ　鈔家　1789-1-9
ショーゲ　勝解　845-3
ショーゲ　正解　770-1
ジョーケ　淨家　963-3
ショーゲーウタイ障礙有對770-1
ショーゲギョーヂ勝解行地　712-3-28
ショーゲサイ　勝解作意　845-3
ジョーケシュ　淨華衆　963-3
ショーケジュージツタイ攝假從實體　835-1-23
ショーケズイジツ攝假隨實1034-3
ショーゲセン　障礙山　770-1
ジョーケダイ　淨華臺　964-1
ショーケツヂョーギ性決定義　826-2-30
ジョーケツノゴヨク淨潔五欲964-1
ジョーケノチュー成假中　964-1
ジョーゲハツタイ上下八諦　964-1
ショケン　諸見　850-3
ショーケン　相看　766-3
ショーケン　正見　770-1
ショーケン　蕉堅　1019-2
ショーケン　相看　592-2
ショーゲン　昭玄　1019-2
ジョーケン　常見　408-1-15, 964-1
ジョーケン　情見　964-1
ジョーケン　上肩　964-1
ジョーゲン　淨眼　964-1
ジョーゲン　淨源　964-1
ショケンキョー諸見境　907-3-3
ショーケンシャゲドー聲顯者外道　435-2-4
ジョーケンジュンテン上肩順轉964-1
ジョーゲンショートー上元燒燈964-2
ショケンフケン諸閑不閑　850-3
ショケンホツカイ諸見法界　1593-1-23
ショーケンロンジ聲顯論師　434-1-21, 770-1
ジョーゲンロンジ淨眼論師　434-3-12
ショコー　初更　849-2
ショーコ　鉦鼓　770-2
ショーゴ　正語　770-2
ショーゴ　聖語　770-2
ショーゴ　證悟　845-3
ジョーゴ　淨居　764-2
ジョーゴ　淨語　964-2　1197-1-13
ショーコー　少光　9-1-7
ショーコー　燒香　766-1, 1019-1
ショーコー　青甲　766-2
ショーコー　青行　766-1

ショーコー　少康　1019-1
ショーコー　小劫　1019-2
ショーゴー　正業　771-1
ショーゴー　勝業　846-1
ジョーコー　上綱　962-2
ジョーコー　常光　963-2
ジョーコー　成劫 701-2-28, 964-2
ジョーゴー　浄業　964-2
ジョーコーイチジョー常光一丈963-2
ショーゴイン　聖護院　771-1
ショコーオー　初江王　850-3
ショーコーオー勝光王　845-3
ジョーコク　浄國　964-2
ショーゴクガツ正五九月　771-1
ショーコクジ 相國寺 539-3, 770-2
ショーコクーゾーボサツ聖虚空藏菩薩　770-2
ショーコージシヤ燒香侍者　1019-1
ジョーコツジキ常乞食　684-2-15
ショーコーテン少光天　1019-2
ジョーゴテン 浄居天 964-2, 541-2
ショゴフジョー所期不浄　916-3-7
ショコン　諸根　850-3
ショーコン　精魂　770-2
ショーコン　小根　1019-2
ショーコン　勝金　845-3
ショーゴン　正勤　771-1
ショーゴン　聖言　771-1
ショーゴン　莊嚴 593-3, 771-1
ジョーコン　上根　964-2
ジョーゴン　浄嚴　964-3
ショーゴンキョー莊嚴經　774-3
ショーゴンギョージヤホー莊嚴行者法　944-1-2
ショーゴンキョーロン莊嚴經論772-1
ショコングソクガン諸根具足願850-3
ショーゴンコー莊嚴劫　772-1
ショーコンゴーシン證金剛心　526 3-18
ジョーコンゴーシン成金剛心　526-3-15
ショーゴンサンマイ莊嚴三昧772-1
ショーゴンセカイ莊嚴世界　909-3-20
ショーゴンセツ相言說　699-1-15
ショーゴンドージョーホー莊嚴道場法　944-1-5
ショーコンホー招魂法　1019-3
ショーゴンモン莊嚴門　772-2
ショサ　所作　851-1
ジョーザ　常坐　965-3
ジョーザ　上座　965-2
ショーサイ　清齋　772-2
ショーザイ　性罪　773-1
ショーザイ　掌財　773-1
ジョーサイ　上祭　964-3
ショーザイキ　少財鬼　1019-3
ショーサイジユ消災呪　1019-3
ショーサイダラニ消災陀羅尼　1019-3
ジョーザイリョーゼン常在靈山965-3
ジコーザザンマイ常坐三昧　966-1
ジョーザジョーギョー常坐常行966-1
ショサソージカルイ所作相似過類　851-1
ショーサツ　唱薩　772-3
ショーザトー　小座湯　1020-1
ジョーザブ　上座部　818-3-13　966-1
ショーサン　稱讚　846-1
ショーサン　小參　1019-3
ジョサンギ　序三義　995-1
ショーサンゲ　正懺悔　772-3
ショーサンケン稱讚慳　846-1
ジョーサンゴー浄三業　942-1-13
ショーサンサイ小三災　617-2　1019-3
ショーサンジョードキョージユーブツ稱讚浄土經十佛948-3-4
ショーサントー小參頭　1019-3
ショシ　所司　851-1
ショーシ　生師　773-3
ショーシ　生支　773-3
ショーシ　正士　773-3
ショーシ　正使　773-3
ショーシ　聖師　773-3
ショーシ　勝士　846-2
ショーシ　勝子 846-2, 923-1-17
ショージ　小師　1020-1
ショージ　承仕　779-1
ショージ　生死 779-1, 780-1
ジョーシ　靜思　966-1
ジョーシ　上士　966-1
ショージウン　生死雲　780-1
ショージエン　生死淵　780-1
ショージオン　生死園　782-2
ショージカイ　生死海　780-1
ショーシカン　小止觀　697-2-20　1020-1
ショージガン　生死岸　780-1
ショシキ　處識　689-2-22
ショーシキ　性識　773-3
ショーシキ　生色　773-3
ショーシキ　性色　773-3
ショーシキ　精識　774-1
ショージキ　正食　780-1
ショージキ　唱食　780-1
ショージキ　小食　1020-2
ショージキカイ攝食界　1035-2
ショージキシヤホーベン正直捨方便　785-3
ジョージキセ　常食施　967-2
ショジキョー　初時教　851-3
ショージゲダツ生死解脫　780-1
ショージゲン　生死眼　524-2-27
ショージサイ　生死際　780-1
ショージサイ　生自在　893-1-28
ショーシシ　聖師子　774-1
ショージジダイ生死事大　780-1
ジョージジヤクメツソー常自寂滅相　967-2
ショーシジユ　勝子樹　846-2
ショージショー性自性　895-2-6
ショーシソー　小四相　1020-1
ジョージチ　成事智　967-2
ショージチョーヤ生死長夜　780-2
ショーシツ　精室　774-1
ショーシツ　少室　1020-1
ジョーシツ　靜室　966-1
ジョージツ　成實　967-2
ショーシツキ　捷疾鬼　851-1
ジョージツシゼンゴン成實四善根　722-1
ジョージツシユー成實宗 211-2-23　705-1-29, 967-2
ショージツショーモン稱實聲聞　792-3-17
ショーシツベン捷疾辯　732-3-29
ジョージツヘンクーカン成實偏空觀　967-3
ジョージツロン成實論　967-3
ショージナイ　生死泥　780-2
ショージニクシン生死肉身　1626-3-15
ジョージネンカク成自然覺　967-2
ショージバク　生死縛　780-2
ショシヤ　書寫　851-1
ジョシヤ　叙謝　996-1
ショーシヤ　性遮　774-1
ショーシヤ　勝者　846-2
ショージヤ　精舍　780-2
ショージヤ　生死野　780-2
ショージヤ　聖者　780-3
ショーシヤク　掌石　774-2
ショーシヤク　請折　774-3
ショーシヤク　攝折　1035-1
ショーシヤク　消釋　1020-2
ショージヤク　照寂　1020-3
ショージヤク　唱寂　782-1
ジョージヤク　常寂　967-3
ショージヤクエ照寂慧　1845-2-18
ジョージヤクコード常寂光土　462-3-8, 967-3
ショシヤサン　書寫山　851-2
ショーシヤツケ小赤華　1020-2
ショージヤヒツスイ盛者必衰782-1
ショージヤヒツメツ生者必滅782-1
ショーシヤラクイン請車輅印774-3　943-2-12
ショーシヤリ　尙闍梨　774-3
ショシユ　諸趣　851-2
ショジユ　諸受　851-3
ショシユー　諸宗　851-2
ショシユー　諸執　851-1
ショーシユ　生趣　774-3
ショーシユ　笑手　532-1-16
ショーシユ　聖主　775-1
ショーシユ　聖種 774-3, 1020-1
ショーシユー　聖衆　774-3
ショージユ　正受　782-1
ショージユ　正聚　782-2
ショージユ　小樹　1020-3
ショージユ　攝受　1035-2
ジョーシユ　上手　966-3
ジョーシユ　乘種　995-3
ジョーシユ　浄衆　966-2
ジョーシユ　靜主　966-2
ジョーシユ　上趣　966-2
ジョーシユ　上首　966-2
ジョーシユ　浄主　966-2
ジョージユ　成就　967-3
ショーシユー　正習　774-1
ショーシユー　小宗　1020-2
ショーシユー　性宗　775-1
ショーシユー　勝宗　846-2
ジョーシユー　常宗 818-2-2, 966-3
ジョーシユー　浄宗　966-3
ショーシユイ　正思惟　778-2
ショージユーイン攝受因　91-1-27
ショージユキドク攝受奇特　244-3-29
ショーシユク　星宿　775-1
ショーシユクゴー星宿劫　778-1
ジョージユクソ生熟酥　782-2
ショシユーゲドー所執外道　435-1-21
ジョージユケラクガン常受快樂願　967-3
ショシユゴンジョーガン所須嚴浄願　951-2
ショージユサンマイ正受三昧782-2
ショージユシキ正受識　689-2-20
ジョージユシホー成就四法　967-3
ショーシユショー聖種性　778-1　824-2-29
ショーシユショー性種性　778-1　824-2-21
ショーシユジョーカイ攝衆生戒　157-3-1, 1035-2
ジョーシユショーゴン上首莊嚴　771-3-19
ジョージユセンシユ成就仙衆967-3
ジョージユセンニョ成就仙女968-1
ジョジユソー　助咒僧　996-1
ジョーシユタラシユー常修多羅宗　966-3
ジョージユニンリキ成就忍力929-2-8
ショージユーブン正宗分　782-2
ジョーシユボンギョーガン常修梵行願　966-3
ジョーソミ　生酥味　573-1-25
ジョージユミョーオー成就明王968-1
ショシユームイ處衆無畏　929-1-24
ショーシユライゴーガン聖衆來迎願　778-2
ショショー　勝生　530-3-4
ショーショ　辟處　778-2
ショーショ　章疏　778-2
ショーショ　勝處　846-3
ショーショー　生障　530-3-19
ショーショー　生生　774-1
ショーショー　聖性　774-1
ショーショー　正性　774-1
ショーショー　召請　1020-1
ショーショー　小聖　1020-1
ショージョー　證浄　846-3
ショージョー　勝乘　847-1
ショージョー　清浄　780-3
ショージョー　小乘　542-1-7　1020-3
ショージョー　小靜　1020-3
ジョーショー　浄聖　966-1
ジョーショー　繩床　995-3
ジョージョー　上乘　968-1
ショージョーオン清浄園　782-1
ショーショーカイ接生戒　1035-1
ショージョーカイ小乘戒　1022-1
ショージョーカイダン小乘戒壇　1022-1
ショージョーカクソー清浄覺相780-3
ショージョーガクブツ成正覺佛966-1
ショージョーカツカイ清浄覺海780-3
ショージョーカン清浄觀　521-1-1
ショショキョー處處經　851-2
ショージョーキョー小乘經　1022-2
ショージョーキョー小乘教522-3-3　523-1-3
ショージョーギョーホーベン清浄巧方便　781-1, 1825-2-10
ジョーショク　上卓　966-3
ショージョーク攝召句　1035-2
ショージョーゲダツ性浄解脫　437-2-5, 781-1
ショーショーケツヂョー生勝決定　1825-1-22
ショージョーゲドー小乘外道　434-3-1, 1022-2
ショージョーゴブ小乘五部　1021-2
ショージョーコーブツ清浄光佛781-1
ショーショーゴン性莊嚴　771-2-18
ショージョーサイショー清浄最勝　730-2-1
ジョーショサチ成所作智　550-1-18　966-3, 1187-3-25
ショージョーシ證誠師　846-3
ショージョーシキ清浄識　781-2
ジョージョージショー成性自性　895-2-22
ショージョージハ誠照寺派　971-2-25
ショージョーシモン小乘四門　1022-2
ショーショーシヤゲドー辟生者外道　435-2-6
ショジョージユ處成就　1833-3-16
ショージョーショーゴン清浄莊嚴　771-2-16
ショージョージン正精進　774-2
ショージョーシン清浄心　781-2
ショージョーシン清浄身　781-2
ショージョーシンニョ清浄眞如　781-2, 879-3-23
ジョショージンブン除障神分　1002-2-10
ショージョーセ清浄施　781-2
ジョージョーゼン上上禪　967-3
ショージョーチ清浄智　781-2
ショーショーヂョージユ正性定聚　774-2

ショージョーヂョージュー清淨調柔 737-2-10
ショージョーテン少淨天 1020-3
ショージョーデン證誠殿 847-1
ジョーショテンゲ盛諸天華 966-3
ショージョード 淸淨土 781-3
ショージョードガン攝淨土願 1035-2
ショージョードホー生淨土法970-2
ショージョードーリ證成道理 712-3-8,, 1177-1-25
ショージョーニキョー聖淨二敎781-3
ショージョーニブ小乘二部 1021-1
ショージョーニン淸淨人 781-3
ジョージョーニン上上人 967-3
ショージョーネハン淸淨涅槃781-3
ショーショビ 正所被 778-2
ショージョービク淸淨比丘 1538-3-13
ショショーフジョー初生不淨 732-3-23
ショーショーフカセツ生生不可說 754-2-3
ショージョーヘンゼンカイ小乘偏漸戒 1022-2
ショーショーホー召請法 944-1-6
ショージョーホーゲン淸淨法眼781-3
ショージョーホッカイ淸淨法界781-3
ショージョーホンガク性淨本覺 1618-3-1
ジョージョーミツシュー上乘密宗 968-1
ジョージョーユガ上乘瑜伽 968-1
ショーショーリショー聖性離生774-2
ショーショーロンジ聲生論師774-2 434-1-23
ショージリン 生死輪 782-2
ショージル 生死流 782-2
ショシン 初心 851-2
ショーシン 精眞 778-3
ショーシン 性心 778-3
ショーシン 生津 778-3
ショーシン 聖心 778-2
ショーシン 正心 778-2
ショーシン 正信 778-2
ショーシン 勝身 846-3
ショーシン 勝心 846-3
ショージン 生身 782-3
ショージン 精進 594-2, 783-1
ショージン 精神 783-1
ジョーシン 上親 967-1
ジョーシン 常身 967-1
ジョーシン 誠信 967-1
ジョーシン 淨信 967-1
ジョーシン 淨心 967-1 1830-1-11
ジョーシン 乘津 995-3
ジョーシンエ 成身會 967-1
ショージンガイ精進鎧 783-1
ショージンカクシ精進覺支 728-2-15
ショージンキュー精進弓 783-1
ショーシンギョーショ正心行處778-3
ショージング 生身供 783-1
ショーシンゲ 正信偈 778-3
ショージンゲダツ障盡解脫437-2-7 783-1
ショージンコン精進根 783-1
ジョーシンコンゴー淨身金剛 548-2-18
ショーシンジ 聖眞子 778-3
ショーシンジ 淸信士 778-3
ショーシンジツキョー攝眞實經 1035-2
ショージンシヤリ生身舍利 783-1 813-2-28
ショージンジューリ精進十利955-1
ショーシンジョ證信序 846-3
ショージンシン精進信 783-2
ショーシンヂュー正心住 778-3 927-2-26
ジョーシンヂュー淨心住 967-1
ジョーシンヂュー淨心住 1826-2-4
ショーシンドー勝進道 727-1-11 846-3
ショーシンナン淸信男 778-3
ショーシンニョ淸信女 778-3
ショージンニョイソク精進如意足 783-2
ショーシンネンブツゲ正信念佛謁 778-3
ショージンハラミツ精進波羅密783-2
ジョージンビ 精進日 783-2
ショージンホーベン精進方便 916-1-30
ショージンムゲン精進無減 783-2 1697-1-18
ショージンモノ精進物 783-2
ショージンリキ精進力 783-2
ショーズイ 祥瑞 783-2
ショースイイシヲウガツ小水穿石 1022-2
ショズイキ 初隨喜 851-3
ジョースイシュ淨水珠 968-2
ジョースイテン常醉天 968-2
ショースイノウヲ小水の魚 1022-2
ジョーズイブツガク常隨佛學968-2
ジョーセ 淨施 968-3
ショーセツ 正說 783-2
ジョーセツ 淨刹 968-3
ショセツナシキ初刹那識 851-3
ショセン 書剪 851-3
ショセン 諸詮 851-3
ショゼン 初禪 722-2-13, 852-1
ショーセン 聖仙 783-2
ショーセン 小千 1022-3
ショーゼン 性善 783-2
ショーゼンカイ接善戒 1035-3
ショゼンギョー處善巧 921-2-20
ジョーゼンギョー乘善巧 921-2-25
ショーゼンゴン少善根 1022-3
ジョーゼンコンマ成善羯磨 968-3, 507-1-3
ショーゼンショージン攝善精進 783-1-1
ショーセンセカイ小千世界 1022-3
ショゼンヂョー初禪定 852-1
ショゼンテン初禪天 723-1-7 852-1
ショーゼンホーカイ攝善法戒 157-2-30, 1035-3
ショゼンボンテン初禪梵天 852-1
ショゼンマンギョー諸善萬行852-1
ショソ 初祖 852-1
ショソー 諸相 851-1
ショゾー 所藏 851-1
ショーソ 生酥 783-3
ショーソー 群草 772-3
ショーソー 性相 772-3
ショーソー 生相 772-3
ショーソー 請僧 783-3
ショーソー 聖僧 783-3
ショーソー 小草 1019-3
ショーゾー 生像 773-1
ショーゾー 正像 773-1
ジョーソー 成相 964-3, 1823-2-7
ジョーソー 上草 964-3
ジョーゾー 淨藏 965-3
ショーソーカイ攝僧界 1035-3
ショーソーガク性相學 773-1
ショソーギ 初僧祇 852-1
ジョーゾーキショ淨藏貫所 965-3
ショーソーキショー攝相歸性 1035-1
ショーソーキショータイ攝相歸性體 835-2-7
ジョーソク 上足 968-3
ジョーソク 靜息 968-3
ショーソクゴヂョー消息五帖 1022-3
ショーソクムショー生即無生783-3
ジョーゾーザンマイ淨藏三昧965-3
ショゾージュンゾーグトクモン 諸藏純雜具德門 451-2-4 451-2-5, 851-1
ジョーゾージョーゲン淨藏淨眼965-3
ショーソセツニン生酥殺人 784-1
ショーソーヅ 少僧都 1022-3
ショーソドクホツ生酥毒發 784-1
ショーゾーニギョー正雜二行773-3
ショーソーニシュー性相二宗772-3
ショーゾーマツ正像末 773-1
ショーゾーマツワサン正像末和讃 773-3
ショソン 諸尊 852-1
ショーソン 聖尊 784-1
ショソンキケガン諸尊貴家願 784-1
ショソンノメンイ諸尊の面位449-3
ショーダ 淸墮 784-3
ジョダイ 序題 996-1
ショータイ 正體 784-1
ショータイ 聖胎 784-1
ショータイ 聖諦 784-2
ショーダイ 唱題 784-3
ショーダイ 招提 1022-3
ショーダイ 攝提 1035-3
ショーダイキ 攝大軌 1035-3 1152-1-25
ショーダイザンギシン生大慚愧心 732-1-22
ショーダイジ 招提寺 1023-1
ショーダイシュー唱題宗 384-3
ショーダイジョーロン攝大乘論 917-1-3, 1036-1
ショーダイバ 聖提婆 784-3
ショーダイフイ生大怖畏 917-3-13
ジョータイボサツ常啼菩薩 968-3
ショーダイボダイ證大菩提 847-1
ショータラボサツ聖多羅菩薩784-2
ショーチ 證智 847-1
ショーチ 正智 567-3-26, 785-3
ショーチ 聖智 785-2
ジョーチ 常智 969-1
ジョーチ 淨地 969-1
ジョーチ 靜智 969-1
ショヂ 初地 752-1
ショーヂ 性地 785-3, 923-2-8
ショチエ 所知依 852-1
ショチエシユショーシユショーゴ所知依殊勝殊勝語 915-2-20
ジョーチエショーシンジツギ淨智慧障眞實義 874-1-30
ジョーチケンサクイ淨智見作意 711-2-3, 969-2
ショチショー 所知障 530-3-24 852-1
ショチソーシユショーシユショーゴ所知相殊勝殊勝語 915-2-22
ショーチブ 正地部 785-3
ショヂヤク 所著 852-2
ジョーチヤクエ上着衣 969-2
ショーヂヤクビシヤモン勝敵毘沙門 841-2
ショチュー 處中 852-1
ショーチュー 正中 785-3
ジョーチュー 淨籌 969-2
ショヂュー 初住 852-2
ショーヂュー 鐘頭 847-1
ジョーヂュー 常住 969-3
ジョーヂュー 淨住 969-3
ジョーヂューイメツ生住異滅486-1
ジョーヂューエクー成住壞空970-1
ジョーヂューカ常住果 961-3
ショーヂューカイ性重戒 158-3-21 988-3
ショーヂューザンギ生重慚愧917-3-9
ジョーヂューキョー常住敎 537-2-18, 969-3
ショチューゴサンバイ初中後三唄 1640-1
ジョーヂュージョーヂューソーモツ常住常住僧物 712-2-15 970-1, 1079-1-15
ジョーヂューゾー常住藏 961-3
ショヂューソクゴク初住即極352-2
ジョーヂューソーモツ常住僧物969-3
ジョーヂューニョホーノウキ常住如法月 970-1
ショーチューヘン正中偏 578-3-13
ジョーヂュモーツ常住物 970-1
ショーチューライ正中來 578-3-25
ショーヂョー 正定 786-1
ショーヂョー 聲杖 786-1
ショーヂョー 生鑒 786-3
ジョーヂョー 淨定 970-2
ショーヂョーゴー正定業 786-1
ジョーヂョーショーゲドー常定生外道 435-2-2
ショーチョーショーエ正定正慧795-3
ショーヂョージュ正定聚 637-3-8 786-1
ショーヂョーブク性調伏1826-2-13
ショーヂョーユーエー生鑒融叡 786-3
ショヂン 諸塵 852-2
ジョーヂン 情塵 970-1
ショーヂン 聲塵 786-1
ショーヂントクドー聲塵得道786-1
ショーチンロン掌珍論 785-3
ショツー 諸通 852-2
ショーヅ 正途 786-2
ジョーヅ 常途 970-1
ショーツキ 祥月 786-2
ショテン 諸天 852-2
ショーテン 證轉 650-1-22
ショーテン 聖典 786-2
ショーテン 生天 786-2
ショーテン 聖天 786-3
ジョーデン 淨天 970-1
ジョーテン 上轉 970-1
ショーテンイン生天因 786-2
ショーデング 聖天供 786-3
ジョーテンゲン淨天眼 970-1
ショテンセツ 諸天說 557-1-26
ショテンデン 諸天傳 852-2
ショード 性土 787-2
ジョード 淨土 970-2
ショートー 正當 784-1
ショードー 正堂 785-1
ショードー 聖道 785-1
ショードー 正道 785-1
ショードー 唱導 784-3
ショードー 證道 847-1
ショードー 勝幢 847-2
ショードー 照堂 1023-1
ジョートー 常燈 970-2
ジョドー 助道 9962-2
ジョードー 淨道 968-3
ジョードー 上堂 968-3
ジョードー 成道 969-1
ジョードー 常道 969-1
ショードーエ 聖道衣 785-1
ジョードーエ 成道會 969-1
ジョードオージョーロン淨土往生論 971-3
ショードーカ 證道歌 847-1
ショートーガク正等覺 786-3

ショートーガクムショイ正等覺無所畏 786-3
ショートク 性徳 787-1
ショートク 生得 786-3
ショートク 性得 787-1
ショートク 證得 847-2
ショードク 聲獨 787-2
ジョートク 淨德 749-1-25, 970-2
ジョートク 常德 749-1-15, 970-2
ショートクオー聖德皇 787-1
ショートクエ 生得慧 859-2-25
ショートクショーギタイ證得勝義諦 847-2, 1097-2-1
ショートクセゾクタイ勝得世俗諦 847-2 1097-1-17
ショートクタイシ聖德太子 787-1
ショートクヂョー生得定 787-2
ショートクホツシン證得法身847-2
ジョードサンジューヤク淨土三十益 519-2
ジョードサンブキョー淨土三部經 970-3
ショ ドーシ 唱道師 785-1
ジョドーシエン助道資椽 996-1
ショードーシヤモン勝道沙門 811-2-21, 847-1
ショードーシュ聖道衆 785-1
ジョードシュー淨土宗 970-3
ジョードジューギ淨土十疑 971-2
ジョートーショーガク正等正覺970-2
ジョードシンシュー淨土眞宗971-
ジョードーハイ上堂牌 969-1
ジョードフタイヂ淨土不退地971-3
ジョードヘンゾー淨土變相 971-3
ジョードマンダラ淨土曼荼羅971-3
ショードーモン聖道門 785-1
ジョードモン 淨土門 971-3
ジョードモンルイ淨土文類 971-3
ジョードロン 淨土論 971-3
ジョードワサン淨土和讚 972-1
ショーナ 商那 787-2
ショーナワシュ商那和修 787-3 1659-1-16
ジョーニク 淨肉 972-1
ショーニチ 正日 787-3
ショニチブン 初日分 852-3
ショーニュー 聲入 787-3
ショーニュー 證入 847-3
ショーニューショー 證入生 622-3-2, 847-3
ショーニュージョーブツ證入成佛 847-3
ショーニヨコスイ少女去水 1730-2
ショーニヨゼ 性如是 938-1-14
ショーニン 上人 787-3
ショーニン 聖人 787-3
ショーニン 生忍 788-1
ジョーニン 淨人 972-1
ジョニンジョー助潤生 997-1
ショーネツダイショーネツ焦熱大焦熱 1023-1
ショーネツヂゴク焦熱地獄 1023-1
ショーネン 正念 788-1
ショーネン 稱念 847-3
ショーネン 小念 1023-1
ジョーネン 常念 972-1
ショーネンオージョー正念往生 714-3-8, 788-1
ショーネンコー小拈香 1023-1
ショーネンジユ正念誦 788-1
ショーネンジョ性念處 626-3-30 788-1
ショーノー 靑衲 787-3
ショノーヘン 初能變 652-3-23 852-3
ショーハイ 照牌 1023-1
ジョーハイ 靜牌 972-2
ジョーハイ 上璟 653-2-5, 972-2
ジョーハイカン上璟覲 972-2
ショーバイロー小賣弄 1023-1
ショーバク 攝嚩 1036-1
ショーハチマンダイボサツ正八幡大菩薩 788-2
ジョーハツ 淨髮 972-3
ショーハツネハン生般涅槃 788-1
ジョーハラミツ淨波羅蜜 972-3
ジョーハラミツ常波羅蜜 972-3
ショハラミツエカ諸波羅蜜依果 915-1-17
ジョーハリキョー淨玻璃鏡 972-3
ショーハン 生般 1518-3-16
ショーハン 生般 1519-1-17
ショーバン 相伴 596-3
ショーバン 生盤 788-2
ショーバン 勝幡 847-3
ジョーハン 上板 972-3
ショヒショゼンギョー處非處善巧 921-2-22
ショヒショホー處非處法 759-1-16
ショーヒツ 照拂 1023-2
ショヒノキ 所被之機 852-3
ジョーヒボサツ常悲菩薩 972-3
ショーヒミツ 相秘密 713-3-13
ショービヤク 淸白 788-2
ショービクヤケ小白華 1023-2
ジョービョー 淨瓶 973-2
ショービンヅルホー請賓頭盧法 788-2, 1408-2
ショーフカヒ 生不可避 741-3-17
ジョーフキョーボサツ常不輕菩薩 973-1
ショーフク 聖福 788-2
ショーフクギ 章服義 788-2
ショフクデンキョー諸福田經852-3
ショーフショーフカセツ生不生不可說 754-2-5
ジョーフース 上副寺 973-2
ショフタイ 處不退 852-3
ショーフタイ 證不退 847-3
ショーブツ 性佛 788-3
ショーブツ 生佛 788-3
ショーブツ 稱佛 847-3
ジョーブツ 成佛 973-3
ジョーブツ 淨佛 973-2
ショーブツイチニヨ生佛一如788-3
ショブツゴネンノヤク諸佛護念益 445-1-27, 853-1
ショブツシシヤノガン諸佛咨嗟願 853-1
ショブツジューラク諸佛十樂954-1
ショブツショーサンノヤク諸佛稱讃益 445-1-29
ショブツショーヨーガン諸佛稱揚願 853-1
ショブツシンキョー諸佛心經853-2
ショブツチョー諸佛頂 853-2
ショーブツチョー勝佛頂 847-3
ジョーブツトー成佛塔 974-1
ショーブツフゾーフゲン生佛不增不減 789-1
ショーフドー 聖不動 788-3
ショーフナン 生不男 535-1-15 788-3
ヂョーブハイ 丈夫拜 974-1
ショブョーモク諸部要目 852-3
ジョブン 序分 997-1
ショーブン 性分 789-2
ジョーブン 情分 974-1
ショヘー 諸蔽 853-2
ショベツ 所別 853-3
ショベツフゴクジョー所別不極成 632-1-24, 853-3
ショヘン 所變 853-3
ショーヘン 生變 789-2
ショーベン 小便 1023-2
ショーベン 淸辨 789-3
ショーヘンガク正偏覺 789-2
ショヘンゲ 所遍計 853-3
ショーヘンチ 正偏智 789-2 906-2-26
ショホー 處法 759-1-15
ショホー 諸法 854-1
ショーホー 生報 789-3
ショーホー 正報 789-3
ショーホー 聖方 788-1
ショーホー 聖法 790-1
ショーホー 證法 758-1-30, 848-1
ショーホー 小法 1023-2
ショーボー 聖寳 1755-3-29
ショーボー 正法 773-1-28, 790-1
ショーボー 生法 790-1
ジョーホー 淨邦 972-3
ジョーホー 淨方 972-2
ジョーホー 上方 972-2
ショーホーインキョー聖法印經790-1
ショーボーエ 正法依 790-2
ショホーカイクー諸法皆空 854-1 1699-3-2
ショホーカイジョーシュー諸法皆常宗 854-1
ショーホーギョー稱法行 848-1
ジョーホークンジュ淨法薰習698-2-7
ショーボーゲンゾー正法眼藏790-3 790-2
ショーボーザン正法山 790-3
ショーボージ 正法時 790 3
ショーホーシチロー招寳七郎 1023-2
ショホージツソー諸法實相 854-2 1605-2-3
ショホージツソーイミョー諸法實相異名 855-1
ショーボージュ正法壽 790-3
ジョーボージョー上茅城 974-2
ショーホーゾー正法藏 533-1 16
ショホーソーソクジザイモン諸法相即自在門 451-2-3, 854-2
ジョーボダイシン淨菩提心 974-3
ショホータンミョーシュー諸法但名宗 518-2-17, 855-1
ジョーホツカイ淨法界 974-1
ショーホツキョー正法橋 790-2
ショーホツケキョー正法華經790-1
ジョーホツシ 鑒法師 1262-2
ショホツシン 初發心 853-3
ショーホツシン證發心 627-1-20 847-3
ショーボーニニン生法二忍 791-1
ショホーミョードー初法明道855-1
ショーホーム 正法務 790-1
ショホームインシュー諸法無因宗 855-2
ショホームガ 諸法無我 855-2
ショホームガイン諸法無我印660-2-5
ショーボーリツ正法律 791-1
ショーホーリン照法輪 669-2-16 1023-2
ショーボーリンシン正法輪身791-1
ジョボン 序品 997-1
ショーホン 小本 1023-2
ショーボン 四要品 685-2
ショーボン 聖凡 791-1
ショーボン 鐘梵 848-1
ショーボンキョー小品經 1023-2
ショーボンソーゴー上品相好 592-3-18
ジョーボンノー上煩惱 974-3
ジョーボンノー淨飯王 974-3
ジョーボンノー淨梵王 975-1
ジョールハツネハン上流般涅槃976-2
ジョールハン 上流般 1518-3-22
ジョーボンノーショーシンジツギ淨煩惱障眞實義 874-1-28
ショーボンノーヂホー小煩惱地法 736-1-18, 1023-2 1638-2-4
ショーマツキホンシキ攝末歸本識 1036-2, 1764-3-20
ショーマツキホンホーリン攝末歸本法輪 669-2-25, 1036-2
ショーマトー 攝摩騰 1036-1
ジョーマニシュ淨摩泥珠 975-1
ジョーマン 上慢 975-1
ジョーマン 淨滿 975-1
ショーマンギョー勝鬘經 848-1
ショーマンジョーブツ證滿成佛 712-1-27, 760-3-4, 848-1
ジョーマンショーモン上慢聲聞 792-3-21
ショーマンブニン勝鬘夫人 848-2
ショーミキ 精媚鬼 791-2
ショーミョー 唱名 791-2
ショーミョー 聖明 791-2
ショーミョー 正命 791-2
ショーミョー 性命 791-2
ショーミョー 精明 791-2
ショーミョー 聲明 791-2
ショーミョー 證明 848-2
ショーミョー 稱名 848-2
ジョーミョー 淨命 975-2
ジョーミョー 淨名 975-2
ジョーミョー 淨妙 975-2
ジョーミョーキョー淨名經 975-2
ショーミョーキロン聲明記論 1482
ジョーミョーケサンマイ淨妙華三昧 975-2
ジョーミョーゲン淨名玄 975-2
ショーミョージキ正命食 791-3
ショーミョーショーイン稱名正因 848-3
ショーミョーショーギョー稱名正行 531-2-22
ショーミョーシン勝妙身 1857-1-6
ショーミョーゾーギョー稱名雜行 848-3
ショーミョーネンブツ稱名念佛848-3
ショームショー生無性 666-1-26 791-3
ショームジョー性無常 733-1-30
ショームショームジョー性無性無常 733-2-2
ショームドーソン聖無動尊 791-3
ショーメツ 消滅 1223-3
ショーメツ 生滅 792-1, 1702-3-8
ショーメツコライ生滅去來 792-1
ショーメツシタイ生滅四諦 792-2 724-2-2
ショーメツニカン生滅二觀 931-1
ショーメツメツイ生滅滅已 792-2
ショーメンコンゴー靑面金剛 178-1-30, 792-2
ショーモー 生盲 791-1
ショーモー 聖網 791-1
ショーモーゴ 小妄語 1023-3
ショーモーゴカイ小妄語戒 1023-3
ジョーモツ 常沒 975-3
ジョーモツニン常沒人 713-1-30
ショーモン 靑門 793-1
ショーモン 聲聞 792-2, 1145-3
ジョーモン 淨門 975-3 1732-1-21
ショーモンシ 唱門師 793-1
ショーモンジョー聲聞乘 793-1 541-325, 541-3-29

ショーモンジョーキョー聲聞乘敎 700-1-1
ショーモンジョージューヂ聲聞乘十地 924-1-7
ショーモンシン聲聞身 793-1 1553-1-20
ショーモンソー聲聞僧 793-1
ショーモンゾー聲聞藏 620-2-24 793-1
ショーモンホツカイ聲聞法界 1592-3-21
ショヤ 初夜 855-3
ショヤゲ 初夜偈 855-3
ショーユイシキ性唯識 793-2
ジョーユイシキロン成唯識論975-3
ショーヨー 淸揚 793-2
ジョーヨー 淨影 962-1
ショヨク 諸欲 855-3
ショーヨク 性欲 793-2
ショーヨク 聲欲 793-2
ジョーヨク 情欲 975-3
ショーヨクチソク少欲知足 1023-3
ショーヨーロク從容錄 848-3
ジョーラ 淨騾 975-3
ショーライ 請來 793-2
ショーライ 唱禮 793-2
ジョーラク 常樂 975-3
ジョーラクエ 常樂會 975-3
ジョーラクガジョー常樂我淨975-3
ショーラン 照覽 1023-3
ショランシ 燒爛死 780-1-1
ジョーリキ 常力 976-1
ショーリツギ 小律儀 1024-1
ショーリツギカイ攝律儀戒 157-2-29, 1036-2
ジョーリヨリツギムヒョーシキ靜慮律儀無表色 1716-1-8
ショーリモンロン正理門論 793-3
ショーリユー 紹隆 1024-1
ショリユーフケン所立不遣 855-3
ショリユーホーフケン所立法不遣 633-1-21
ショリユーホーフジョー所立法不成 633-1-8, 855-3
ショリヨー 所量 855-3
ジョーリヨ 淨侶 976-2
ジョーリヨ 靜慮 976-2
ショーリヨー 聲量 793-3
ショーリヨー 正令 793-3
ショーリヨー 商量 794-1
ショーリヨー 精靈 793-3
ショーリヨー 生靈 793-3
ショーリヨー 聖靈 793-3
ショーリヨーエ正靈會 794-2
ショーリヨーエン正了緣 794-3
ショーリヨーコクシ淸涼國師794-1
ショーリヨーサイ聖靈祭 794-1
ショーリヨーザン淸涼山 794-1
ショーリヨーサンマイ淸涼三昧794-1
ショーリヨージ淸涼寺 794-2
ショーリヨーシユー性靈集 794-2
ジョーリヨショー靜慮生 976-3
ジョーリヨショーリツギ靜慮生律儀 1788-2-10
ショーリヨーダナ精靈棚 794-2
ショーリヨーチ淸涼池 794-2
ジョーリヨハラミツ靜慮波羅蜜976-2
ショーリヨーブ正量部 794-2
ジョーリヨリツギ靜慮律儀668-3-3
ショーリン 勝林 848-3
ショーリンジ 少林寺 1024-1
ジョール 上流 976-2
ショルイ 庶類 855-3
ショールシンニヨ勝流眞如 848-3 880-1-4
ジョールハツ 上流般 976-2
ジョールリコク淨瑠璃國1751-1-26
ジョールリセカイ淨瑠璃世界976-2
ジョーレキ 床曆 794-2
ショーレツハ 勝劣派 848-3
ショーレン 靑蓮 794-3
ショーレンゲ 靑蓮華 794-3
ショーレンゲニ靑蓮華尼 794-3
ショロ 諸漏 855-3
ジョーロー 上臈 976-1
ショーロバン 承露盤 849-1
ショーロービョーシ生老病死793-3
ショーロービョーシク生老病死苦 276-1-11, 793-3
ショーロン 生論 795-1
ショーロン 聲論 795-1
ショーロン 攝論 1036-2
ショーロン 勝論 849-1
ショーロンジ 勝論師 849-1
ショーロンジ 聲論師 795-1
ショーロンジユー 攝論宗 1036-2
シラ 尸羅 856-1
シラアイツタ 尸羅阿迭多 856-1
シライ 四禮 856-1
シラショーゴングソーオーカイ尸羅莊嚴具相應戒 856-1
シラショージョー尸羅淸淨 856-1
シラジョームケツ尸羅淨無缺929-3-9
シラダツマ 尸羅達磨 856-2
シラナバチ 尸賴拏伐底23-2-29 856-2
シラバシチ 室羅伐悉底 856-2
シラハダラ 尸羅跋陀羅 856-2
シラバナ 室羅筏拏 856-2
シラハラミツ 尸羅波羅蜜 856-2
シラフショージョー尸羅不淸淨856-3
シリ 至理 856-3
ジリ 事理 568-1, 997-1
ジリエンニユー事理圓 1872-2-25
シリキ 四力 857-1
ジリキ 自力 997-2
ジリキオー 慈力王 977-2
シリキクタ 尸利毱多 857-1
ジリキシン 自力信 997-2
ジリクミツ 事理俱密 997-2 1789-3-20
ジリゴンジツ 事理權實 581-2
ジリサンゼン 事理三千 997-2
シリシヤカ 尸利沙迦 857-2
シリタイバ 室利提婆 857-2
シリツ 四律 857-2
シリツゴロン 四律五論 857-2
シリツショー 四律匠 857-3
ジリニセン 事理二懺 615-3
シリブツセー 尸利佛逝 857-3
ジリフニ 事理不二 997-3
ジリホツカイ 事理法界 997-3
ジリムゲホーカイ事理無礙法界 997-3, 1592-2-24
ジリユーシユー似立宗 997-3
シリヨー 四寮 858-3
シリヨー 四量 1791-1
シリヨー 思量 858-1
シリヨー 資糧 857-3
シリヨー 死靈 857-3
ジリヨー 寺領 997-3
シリヨーイ 資糧位 578-1-7, 858-1
シリヨーシキ 思量識 653-1-4 858-1
シリヨーシン 思量心 860-1-28
シリヨーノーヘンシキ思量能變識 858-1
シリラ 室利羅 858-1
ジリリタ 自利利他 997-3
シリン 四輪 858-2
シリン 尸林 858-2
シリン 緇林 858-2
ジリン 字輪 997-3
ジリン 示輪 997-3
ジリンカン 字輪觀 998-1
シリンノー 四輪王 858-3
シリンボー 四輪寶 858-3
シル 緇流 858-3
ジルイインガ 自類因果 990-2
シルイシユツケ四類出家 832-3
シルカセン 支婁迦懺 858-3
シロ 四漏 859-1
シロ 四爐 859-1
シロー 支郎 856-1
シロン 四論 859-1
ジロン 事論 998-2
ジロンジ 時論師 434-3-20, 998-2
シロンジユー 四論宗 859-1
シワク 四惑 859-2
シワク 思惑 416-1, 859-2
ジワク 事惑 998-2
シン 心 41-3, 859-3
シン 信 860-3, 735-1-24, 860-3
シン 神 861-2
シン 瞋 736-2-8, 861-2
ジン 尋 736-2-3, 998-3
シンアン 神闇 861-2
シンアンラクギョー身安樂行 682-1-18, 861-2
シンイ 瞋恚 885-3
ジンイ 深位 1004-3
シンイカ 瞋恚火 885-3
シンイシ 瞋恚使 885-3
シンイシキ 心意識 861-2
シンイチブンハンキョー眞一分半敎 699-3-8
シンイチキョーショー心一境性861-3
シンイチサマンギョー眞一作滿敎 699-3-13
シンイン 眞因 861-3
シンイン 心印 861-3
シンウン 身雲 862-1
シンエ 信衣 862-1
シンエ 信慧 886-1
シンエ 心慧 886-1
シンエー 眞影 862-1
シンエキ 請益 862-2
シンエツゼンジ心越禪師 886-1
シンエン 心緣 862-2
シンエン 親緣 862-2
シンエンイバ 心猿意馬 88-3
ジンオー 深奥 998-3
シンオンリ 身遠離 886-2
シンカ 新加 862-2
シンカ 請假 862-2
シンカ 瞋火 865-2
シンガ 神我 863-1
シンガ 眞我 863-1
シンカイ 心戒 862-3
シンカイ 信海 862-3
シンカイ 心海 862-3
シンカイ 新戒 862-3
シンカイ 身戒 862-3
シンカイ 身界 862-3
シンカイ 信戒 862-3
シンカク 眞覺 863-1
シンカク 瞋覺 863-1
シンガゲドー 神我外道 863-2
シンカシユ 新加衆 863-1
シンガチリン 心月輪 866-1
シンカン 眞觀 520-3-30
シンカン 心觀 865-3
シンガン 心願 866-1
シンキ 心機 863-2
シンギ 淸規 863-3
シンギ 眞儀 863-3
シンギコー 神祇講 994-3
シンキジユーニ身器十二 863-2
シンキズイ 心喜瑞 863-2
シンギハ 新義派 863-3
シンキョー 心鏡 863-2
シンキョー 眞敎 866-1
シンキョー 親敎 866-2
シンギョー 心行 864-1
シンギョー 信行 864-1
シンギョー 心經 863-3
シンギョー 信樂 866-2
ジンキョー 神境 998-3
ジンギョー 深經 998-3
ジンギョー 深行 999-1
シンギョーカイホツ信樂開發866-3
シンキョージ 親敎師 866-2
ジンキョーチショーツー神境智證通 998-3
ジンキョーツー神境通 998-3
シンギョーフリ心行不離 864-2
シンク 心苦 864-3
シンク 身苦 864-2
シンク 針孔 864-2
シンク 信鼓 864-2
シンク 心垢 864-2
シング 進具 865-3
シング 身愚 865-3
シング 神供 865-3
シンクー 心空 865-1
シンクー 眞空 865-1
シンクイ 新舊醫 864-3
シンクーカン 眞空觀 612-3-15 865-1
シンクキ 針口鬼 865-2
シングケツパン眞弘決判 865-3
ジングージ 神宮寺 999-1
ジンクドー 盡苦道 999-1
シンクーミョーウ眞空妙有 865-1
シングブンマンキョー眞具分滿敎 699-3-15
シンクンシユージ新薰種子865-3
シンクンセツ 新薰說 865-3
シンケ 針芥 866-1
シンケ 眞化 866-1
シンケ 心華 866-1
シンゲ 信解 861-1-9, 866-2
シンゲギョーショー信解行證866-3
シンゲキョーモー信外輕毛 866-3
シンゲダツ 眞解脫 867-1
シンゲダツ心解脫 437-2-21, 867-1
シンゲボン 信解品 867-1
シンケン 身見 408-1-18 523-3-26, 866-2
シンゲン 心眼 867-2
シンゲン 心源 867-2
ジンゲン 深玄 999-2
シンゲンカン 信現觀 442-3-18 867-2
シンケンシ 身見使 866-2
シンケンドー 眞見道 866-2
シンゴ 信後 867-3
シンゴ 眞語 867-3
シンコー 心光 865-2
シンコー 信香 863-1
シンコー 信向 862-3
シンコー 信仰 863-1
シンコー 身光 865-2
シンゴー 身業 561-3-4, 867-3
ジンコー 神光 865-2, 999-1
ジンコー 深坑 998-3
シンコーオー 秦廣王 865-2
シンゴク 心極 867-3
ジンコクーカイ盡虛空界 999-2
シンゴークョー身業供養 867-3
ジンゴジ 神護寺 999-2
ジンコージョー尋香城 998-3
シンコージョーゴノヤク心光常護益 865-2

シンコーショーゴノヤク心光照護益 445-2-3
シンゴーショーゴン心業莊嚴 771-3-16
シンゴーショーゴン身業莊嚴 771-3-14
シンゴショーミョー信後稱名 864-3
シンゴソーゾク信後相續 867-3
シンゴードー 瞋業道 867-3
シンコン 心根 867-2
シンコン 身根 867-2
シンコン 信根 867-2
シンコン 嚫金 867-2
シンゴン 眞言 867-3 1681-3-21
ジンコン 神根 867-2
シンゴンイン 眞言院 870-3
シンゴンキョー眞言教 869-1
シンゴンクセシヤ眞言救世者 869-1
シンゴンケ 眞言家 868-3
シンゴンシ 眞言師 869-1
シンゴンジキソー眞金色相 867-2
シンゴンシュー眞言宗 869-1
シンコンショー晨昏鍾 201-2
シンゴンジョー眞言乘 870-2
シンゴンシン 眞言心 870-1
シンコンセン 眞金山 867-2
シンゴンゾー 眞言像 867-2
シンゴンゾーケ眞言藏家 869-1
シンゴンチ 眞言智 870-2
シンゴンハツケ眞言八家 870-2
シンゴンヒシュー眞言秘宗 870-3
シンゴンヒミツ眞言秘密 870-2
シンゴンホーキョー眞言法教 870-3
シンゴンホンモシュー眞言本母集 870-3
シンゴンリツシュー眞言律宗 870-3
シンサ 心作 871-1
シンザ 身座 871-3
シンサイ 新歳 871-1
シンサイ 眞際 871-1
シンザイ 嚫財 871-3
シンサキ 心作喜 871-2
シンサク 神策 871-2
シンサゲダツ 心作解脱 871-2
シンサショー 心作攝 871-2
シンサンロン 新三論 871-3
シンシ 心師 871-3
シンシ 身子 871-3
シンシ 嚫資 872-1
シンジ 信士 872-1, 874-1
ジンシ 尋伺 184-1-29, 999-2
シンシキ 心識 872-1
シンシキ 身識 689-2-18, 872-1
シンシキ 眞色 872-1
シンシキ 眞識 688-2-11, 872-1
シンシキ 神識 872-2
シンジザイ 心自在 893-2-16
シンシタイダ 身子退墮 872-1
ジンシチニチ 盡七日 999-2
シンシチリン 申瑟知林 872-2
シンジツ 眞實 874-1
シンジツギ 眞實義 874-1
シンジツギョー眞實行 874-2 908-2-19
シンジツサンボー眞實三寳 659-3-30
シンジツショー眞實性 874-2
ジンジツポー 盡十方 1000-1
シンジツホード眞實報土 874-2
シンジツミョー眞實明 874-2
シンジツリモン眞實理門 874-2
シンシヤク 請折 873-1
シンジヤク 眞寂 875-1
シンジヤクジョー身寂靜 875-1 977-3-15
シンジヤクジョー心寂靜 875-1
シンシヤシキ 身者識 689-2-18
ジンシヤダイショー深沙大將 999-3
シンシユ 信首 873-1
シンシユ 信手 873-1
シンシユ 信種 873-1
シンシユ 心趣 873-1
シンシユ 眞修 873-1
シンシユー 眞宗 818-1-20, 873-1
シンシユー 心宗 873-2
シンシユー 神秀 872-1
シンジユ 心受 875-1
シンジユ 心珠 875-1
シンジユ 心數 875-1
シンジユ 心咒 875-1
シンジユ 信珠 875-1
シンジユ 身受 875-1
シンジユ 神咒 875-1
ジンシユツケ 身出家 832-3-15
シンシユツケ 心出家 832-3-16 873-2
シンシユーイン瞋習因 872-2
シンジユナン 信受難 875-2
シンジユブギョー信受奉行 875-2
シンシユーホーヨー眞宗法要 873-2
ジンジユヤク 盡壽藥 1000-1
シンジユン 信順 875-1
シンショー 心性 872-2
シンショー 身證 873-2
シンショー 親勝 873-2, 923-1-10
シンショー 眞證 873-2
シンジョ 心所 875-2
シンジョー 眞常 874-2
シンジョー 眞淨 874-3
シンジョー 心乘 875-2
シンジョー 眞乘 875-2
シンジョー 身城 874-3
シンジョー 心城 874-3
ジンジョー 晨朝 1000-3
ジンジョー 深淨 1000-1
シンショウホー心所有法 735-1-8
シンショエンムジン心所緣無盡 1709-1-23
シンショーサンゼン心性三千 872-3
シンジョージユ 信成就 874-3 1833-3-10
シンジョージユホツシン信成就發心 627-1-17, 874-3
シンショージョー身淸淨 872-3
シンショージン心精進 782-3-28
シンショージン身精進 872-3-27 872-3
シンジョーダイホー眞淨大法 874-3
ジンジョーネンブツ尋常念佛 1000-1
シンショーニモン眞生二門 873-2
シンジョーハ、眞盛派 874-3
シンショホー 心所法 568-1-7 875-2
シンショーボダイ眞性菩提 872-3
シンショーホツボダイシン眞正發菩提心 920-2-13
シンショーメツモン心生滅門 872-3
ジンシロゼツ 尋思路絕 999-3
シンシン 心心 873-3
シンシン 心眞 873-3
シンシン 身心 873-3
シンシン 眞身 873-3
シンシン 眞心 873-2
シンシン 心神 873-3
シンシン 瞋心 373-3, 1829-3-29
シンジン 信心 917-1-20, 929-2-15
シンジン 深心 628-1-28, 999-3
シンジン 深信 861-1-11, 999-3
ジンジン 甚深 1000-1
シンジンイホン信心爲本 875-2
シンシンインガ深信因果 917-3-7
シンシンカン 眞身觀 873-3
シンジンカンギ信心歡喜 875-3
シンシングシユツケ身心倶出家 832-3-21
シンジンケツヂョー信心決定 875-3
シンシンジユ 心心數 873-3
シンシンジユゴー身心受業 873-3
シンジンダツラク身心脫落 875-3
シンシンニヨモン心眞如門 874-1
シンシンフジユケカイ瞋心不受悔戒 925-3-17
シンシンムケン身心無倦 929-2-6
シンジンメー 信心銘 875-3
シンスイ 心水 876-1
シンスイ 信水 876-1
シンスイ 晋水 876-1
シンスイオンリ身雖遠離 876-1
シンセ 信施 876-1
シンセ 嚫施 876-1
シンセツ 眞說 876-2
シンセン 眞詮 876-3
シンセン 眞詮 876-2
シンセン 嚫錢 876-3
シンゼン 眞善 876-3
ジンゼンヂョー深禪定 1000-2
シンソー 津送 876-3
シンソー 瞋想 871-2
シンソー 心想 872-1
シンゾー 心相 871-1
シンゾ 陞座 876-3
シンゾー 身相 871-2
ジンゾー 深藏 999-2
シンゾ 陞座 871-3
シンソー 信藏 871-3
シンゾク 眞俗 877-1
ジンソク 神足 1000-2
ジンソクガツ 神足月 1000-3
シンゾクフニ 眞俗不二 877-1
ジンソーヂ 深總持 1000-2
シンソーデン 神僧傳 876-3
シンダ 眞茶 877-2
シンタイ 心諦 877-1
シンダイ 眞諦 1096-3-28
シンダイサンゾー眞諦三藏 877-2
シンタイモン 眞諦門 877-1
シンタカンギノヤク心多歡喜益 445-2-7
シンダマニ 震陀末尼 877-3
シンダラダイショー眞達羅大將 877-3
シンタン 震旦 877-2
シンタンサンショー震旦三聖 622-3
シンチ 心地 877-3
シンチ 眞知 878-1
シンチ 眞智 878-1
シンチ 心智 877-3
シンチ 神智 877-3
シンチ 眞胝 878-1
ジンチ 深智 1000-3
ジンチ 盡智 1188-3-22
ジンチキョー 盡智經 1000-3
シンヂン 心塵 878-1
シンツー 身通 878-1
ジンヅー 神通 5342-12, 1001-1
ジンヅーガツ 神通月 1001-2
ジンヅーキョー神通經 1001-2
ジンヅーキドク神通奇特 244-3-25 1001-2
ジンヅーサンゼ神通三世 641-1-11
シンヅーゲダツコ神通解脫故 452-2-26
ジンヅーコー 神通光 999-1
ジンヅージョー神通乘 1001-2
シンヅージンペン神通神變 1002-3-14
ジンヅーリキ 神通力 1001-3
ジンヅーロクゲドー神通六外道 433-3-30
シンテー 心亭 878-1
シンテー 眞亭 878-1
シンデーブツ 身泥佛 878-1
シンデン 心田 878-2
シンデン 身田 878-2
シントー 心塔 877-2
シントー 新到 877-1
シントー 身燈 878-2
シントー 身等 878-2
シントー 身塔 877-1
シンド 身土 878-2
シンド 信度 878-2
シンド 眞土 878-2
シンドー 眞堂 877-2
シンドー 神道 877-3
シンドー 眞道 877-2
シンドー 寢堂 877-2
シンドー 震動 878-2
シンドカ 信度河 878-2
シントク 信德 878-2
シンドク 眞讀 878-3
シンドク 瞋毒 651-3-2, 878-3
シントクフクーシユー眞德不空宗 818-2-20, 818-2-24
シンドコク 信度國 878-3
シントーソーケン新到相見 877-1
シンドノサンギョー進度の三行 930-1-16
シンドハラコー辛頭波羅香 878-3
シンドラ 辛頭羅 878-3
シンドリン 申怒林 878-3
シントール 眞等流 654-1-4 878-2
シンナタラク 辰那咀邏多 878-3
シンナハンダ 辰那飯茶 879-1
シンニシンバク瞋恚身縛 752-3-28
シンニチキョー申日經 879-1
ジンニユー 深入 1001-3
シンニユー 身入 879-1
ジンニユーゼンジョー深入禪定 1001-3
シンニヨ 神女 879-1
シンニヨ 眞如 69-3-3 880-2-7, 1601-3-28
シンニヨ 信女 880-2
シンニヨイソク進如意足 880-2
シンニヨイチジツ眞如一實 79-3
シンニヨイヅー身如意通 880-2
シンニヨエンギ眞如緣起 137-1-12
シンニヨカイ 眞如海 880-2
シンニヨサンマイ眞如三昧 880-3
シンニヨシシソー身如師子相 880-3
シンニヨジツソー眞如實相 880-3
シンニヨジヤクメツソー眞如寂滅相 881-1
シンニヨショーイツタイノギ眞如性一體之義 868-3-15
シンニヨズイエン眞如隨緣 881-1
シンニヨソーエコー眞如相廻向 880-3
シンニヨナイクン眞如內薰 881-1
シンニヨノミヤコ眞如の都 881-1
シンニヨフヘン眞如不變 881-1
シンニヨホツシン眞如法身 881-1
シンニヨムイ眞如無爲 1723-1-29
シンニヨムイゼ眞如無爲是 1722-2-28
シンニン 眞人 881-2
シンニン 神人 881-2
シンニン 信忍 881-2
シンニンキョー眞人經 881-2
シンニンギョー身忍行 881-2
シンヌ 親友 862-1
シンヌシチホー親友七法 862-1
シンネン 心念 881-2
シンネンクゴン心念口言 881-2
シンネンジョ 身念處 751-2-29

シンネンジョ 心念處 751-3-4
シンネンフクーカ心念不空過881-2
シンネンホー 心念法 881-3
シンノー 心王 885-2
シンノイチネン信一念 881-3
シンノーシンジョ心王心所 885-3
シンノーソー 進納僧 878-3
シンノーニョライ心王如來 885-3
シンノーメー 心王銘 885-3
シンハイ 神牌 1859-1-22
シンバク 瞋縛 881-3
シンバク 心縛 881-3
ジンバラ 入嚩羅 1002-1
シンバン 信幡 881-3
シンバン 信幡 1457-1
シンバン 神板 1859-1-22
ジンピ 深秘 1002-1
ジンピアジヤリ深秘阿闍梨 1002-1
ジンピシ 深秘師 1002-1
ジンピシヤク 深秘釋 1002-1
シンヒョー 心氷 881-3
シンビョー 瞋病 881-3
シンビョー 身病 881-3
シンビョー 心病 881-3
シンヒョーゴー身表業 882-2
シンビョードーコン心平等根881-3
シンブク 信伏 882-1
シンフクデンジツポーギョー眞福田十法行 1514-1
シンフゲン 眞普賢 881-3
シンフジョー 身不淨 916-2-21
シンフシゼンジ新婦子禪師 881-3
シンフソーオー心不相應 881-3
シンフソーオーギョー心不相應行 881-3
シンフソーオーギョーボー心不相應行法 736-2-12, 881-3
シンフタイ 信不退 882-1
シンブツ 眞佛 882-1
シンブツ 信佛 882-2
シンブツ 心佛 882-1
シンブツシ 眞佛子 882-2
シンブツジュ 眞佛頌 882-2
ジンブン 神分 1002-1
シンブンシンギョー神分心經882-2
ジンペン 神變 1002-2
ジンペンカヂ 神變加持 1003-1
ジンペンガツ 神變月 1003-2
シンペンキョー神變經 1003-2
ジンペンジドー神變示導 626-1-13, 1003-2
ジンペンダイボサツ神變大菩薩 1003-2
ジンペンリン 神變輪 1003-2
シンホー 心實 882-2
シンボー 眞法 882-2
シンボー 心法 883-1, 123-1-18, 568-1-5, 735-1-4
ジンボー 深防 1002-1
シンポー 信法 758-1-30
シンポー 針鋒 882-2
ジンポー 深法 1003-2
シンホーアラカン進法阿羅漢882-3
シンホークヨー眞法供養 882-3
シンホーショーシュー新法性宗882-3
シンポチ 新發意 882-3
シンホツカイ 眞法界 882-3
シンホツシン 心法身 882-3
シンホツミョーショー眞發明性 882-2
ジンボーニン 深法忍 1003-2
ジンボーモン 深法門 1003-2
シンボンノー 瞋煩惱 883-1, 1638-2-18
シンボンノーショー心煩惱障 623-1-25
シンマ 心魔 883-1, 1642-3-26
ジンマシヤナ 深摩舍那 1003-2
シンマゾク 心魔賊 883-1
シンマリカ 新摩利迦 883-2
シンマンジョーブツ信滿成佛 712-1-19, 883-2
シンミツ 身密 883-2
ジンミツキョー深密經 1003-2
ジンミツゲダツキョー深密解脫經 1003-2
シンミョー 神妙 884-1
シンミョー 眞明 883-2
シンミョー 神明 883-2
シンミョー 身命 883-2
シンミョー 眞妙 884-1
シンミョー 信明 883-2
シンミョー 心命 883-2
シンミョー 深妙 1003-3
シンミョーセ 身命施 639-3-8
ジンミライザイ盡未來際 1003-2
シンムイ 身無畏 1722-2-2
シンムイコ 心無畏故 883-3
シンムシツ 心無失 883-3, 944-2-18
シンムシツトギョー心無嫉妬行 883-3
シンムシヤベツ心無差別 666-2-10, 883-3
シンムジョー 身無上 733-1-11
ジンムショーチ盡無生智 1003-3
シンムリョー 眞無量 883-3
シンムリョージユキョー新無量壽經 883-3
シンムロチ 眞無漏智 883-3
シンメ 心馬 883-3
シンメー 神明 884-1
シンメツ 心滅 884-1
シンメーホツケテン心迷法華轉 884-1
シンメーワク 親迷惑 884-1
シンモー 眞妄 883-1
シンモーキ 針毛鬼 884-1
シンモク 心目 884-2
シンモージョーミソー身毛上靡相 884-2
シンモツ 嚫物 884-2
シンモードータイ眞妄同體1702-1-26
シンモーニシン眞妄二心 883-1
シンモン 眞門 884-2
シンモン 眞文 884-2
シンモンヒョービヤク神文表白 1002-2
シンヤク 新譯 884-2
シンヤク 心藥 884-2
シンヤクジュ 神藥樹 884-2
シンユーシブン心用四分 884-3
シンヨー 心要 862-1
シンヨー 眞要 862-1
シンヨク 心欲 884-3
ジンヨーリン 乃葉林 998-3
シンラハンニ 鑯羅半尼 884-3
シンラバンショーソクホツシン森羅萬象即法身 884-3
シンラン 親鸞 884-3
シンリ 眞理 884-3
ジンリ 深理 1003-3
シンリカク 親里覺 885-1
シンリキ 信力 885-1
ジンリキ 神力 1003-3
ジンリキショヂ神力所持 1004-3
ジンリキジザイ神力自在 893-2-27
ジンリキフゾクソージョー神力付囑相承 1004-3
ジンリキボン 神力品 1004-3
シンリキムジョー神力無上 733-1-15
シンリツケ 新律家 885-1
シンリョー 心靈 885-1
シンリョー 津梁 885-1
シンリョー 心量 885-1
ジンリョー 深量 1004-3
シンリョシ審慮思 681-1-19, 885-1
シンリョーネンコー臣簝拈香885-2
シンリン 身輪 885-1
シンレー 振鈴 885-2
シンレー 震嶺 885-1
シンレン 心蓮 885-2
シンレン 身蓮 885-2
シンロ 心路 885-2
シンローダイ 蜃樓臺 885-2
シンロン 身論 885-2
シンワキョー 身和敬 1845-1-16

〔ス〕

スイ 睡 1006-1
スイ 衰 1006-1
ズイイ 隨意 1009-2
ズイイチ 隨一 1009-2
ズイイチフジョー 隨一不成 632-2-14, 1009-2
ズイイモンボーガン隨意聞法願 1009-2
スイエン 水圓 1009-2
ズイエン 隨緣 1009-3
ズイエンギョー隨緣行 699-2-14, 1009-3
ズイエンケ 隨緣假 699-2-14, 1009-3
ズイエンケモツ隨緣化物 1009-3
ズイエンシンニョ隨緣眞如 879-2-14, 1009-3
ズイエンシンニョノナミ隨緣眞如之波 1010-1
ズイエンフヘン隨緣不變 1010-1
ズイオーケ 瑞應華 1010-1
ズイオーベン 隨應辯 733-1-4
スイカイ 水界 1006-1
スイカク 水涸 1006-1
スイカク 水鶴 1006-1
スイカクロー 水鶴老 1006-1
スイガツ 水月 904-3-23, 1006-3
スイガツカンノン水月觀音 1006-3
スイカン 水觀 1006-2
スイカン 水冠 1006-2
スイガン 翠巖 1006-1
ズイガン 瑞巖 1010-1
ズイガンシユジン瑞巖主人 1010-1
スイキ 水器 1006-1
ズイキ 隨喜 521-3-15, 1010-2
ズイキ 隨機 1010-2
ズイギ 隨宜 1010-3
ズイキエコー 隨喜迴向 1010-3
ズイキクドク 隨喜功德 306-1-10
ズイキクドクホン隨喜功德品 1010-2
ズイキサンセツ隨機散說 1010-2
ズイギテンユー隨義轉用 1010-3
ズイキホン 隨喜品 1010-2
ズイキマンダラ隨機曼荼羅 1010-2
スイキヤキョー粹呬耶經 1006-1
ズイギョーコー隨形好 1010-3
ズイキョーリツ隨經律 1010-2
スイギョーロクドーオン垂形六道恩 905-1-19
ズイグキョー 隨求經 1010-3
ズイグソクトクテンシ隨求即得天子 1010-3
ズイグダラニ 隨求陀羅尼 1011-1
ズイグテンシ 隨求天子 1011-1
ズイグボサツ 隨求菩薩 1011-1
スイゲン 衰患 1006-3
スイゴ 垂語 1006-3
スイコー 遂講 1006-1
スイゴー 遂業 1007-1
スイコーキホン推功歸本 1006-3
ズイゴシンジョー隨其心淨 1011-2
ズイゴダン 隨護斷 707-1-22, 1011-2
スイゴーノサンネ遂業の三會 672-1-30
スイゴノタマ 醉後の珠 1007-1
スイサイ 水災 617-3-5, 1007-1
スイサカ 水梭花 1007-1
スイサン 出生 1007-2
ズイサンチテンチ隨三智轉智 1188-2-13
スイジ 垂示 1007-2
ズイジ 隨自 1012-3
ズイジイ 隨自意 1012-3
ズイジイゴ 隨自意語 616-3-11, 1012-3
ズイジイザンマイ隨法意三昧 1012-3
ズイシキマニ 隨色摩尼 1012-2
ズイジザイシヤテンチ隨自在者轉智 1182-2-14
ズイジジツキョー隨自實敎 1012-3
ズイシセ 隨至施 1012-2
ズイジタイゴ隨自他意語 612-3-13
スイジヤク 垂迹 1007-2
ズイシヤク 隨釋 1012-2
ズイシヤリ 隨舍利 1012-2
スイジユー 水頭 1007-3
ズイジユン 隨順 1012-3
ズイジユンギョーホーベン隨順巧方便 1012-2, 1825-2-1
ズイジユンヒコビクカイ隨順被擧比丘戒 1426-3-22
スイショー 水精 196-1-18, 1007-2
スイショー 推鐘 1007-2
スイジョー 水淨 1007-2
ズイジョー 隨情 1012-3
スイショーイン水生印 1007-2
ズイジョーセツ隨情說 645-3-10
ズイジョーチセツ隨情智說 645-3-12
スイジョーホー水上泡 1007-3
スイシン 水心 1830-3-2
ズイシンギョー隨信行 1012-3
ズイシンクブツラク隨心供佛樂 1012-3
ズイシンジユ 隨心呪 1012-3
ズイゼツイン 隨說因 91-1-15
スイセツゲ 水說偈 1007-3
スイセン 水懺 1007-3
スイセンボー 水懺法 1049-3
ズイセンホンガク隨染本覺1618-2-21
スイソー 水葬 1007-1
スイソー 衰相 1007-1
スイソー 水想 1007-1
スイゾー 醉象 1007-2
ズイソー 瑞相 1011-3
ズイソー 隨相 1011-3
ズイゾー 瑞像 1011-3
ズイソーカイ 隨相戒 158-3-25, 1011-3
スイソーカン 水相觀 1007-1
ズイソーモン 隨相門 835-2-18
ズイソールシツソージョーシギ隨相流出相成之義 868-3-17
ズイソーロン 隨相論 1011-3
ズイタ 隨他 1013-1
スイタイ 出隊 835-3
スイダイ 水大 1007-3
ズイタイ 隨他意 1013-1
ズイタイゴ 隨他意語 616-3-12, 1013-1
スイタイジョードー出隊上堂835-3
ズイタゴンキョー隨他權敎 1013-1
スイダン 水壇 1007-3

ズイチク　隨逐　1013-1
ズイチクシユジョーオン隨逐衆生恩　905-1-21
ズイチセツ　隨智說　645-3-15
スイチユーノツキ水中月　1007-3
スイヂョー　水定　1008-2
スイヂン　水塵　518-1-21, 1007-3
スイテン　水天　935-3-15, 1007-3
ズイテン　隨轉　1013-1
スイテング　水天供　1008-1
スイテンホー　水天法　1008-1
ズイテンモン　隨轉門　1013-1
ズイテンリモン隨轉理門　1013-1
ズイナンベツゲ隨難別解　1013-1
スイニユー　水乳　1008-1
ズイネンセン　隨年錢　1013-2
ズイネンチ　隨念智　1188-2-29
ズイネンフンベツ隨念分別　657-1-17, 1013-2
スイノー　水嚢　1008-2
スイハ　水波　1008-2
スイバラモン　醉婆羅門　1008-2
スイハン　水飯　1008-2
スイビヤクカク水白鶴　1008-2
スイフーカサイ水風火災　1008-2
ズイブン　隨分　1013-2
ズイブンカ　隨分果　1013-3
ズイブンカク　隨分覺　1013-3
ズイブンベツチテンチ隨分別智轉智　1188-2-20
ズイホーギョー隨法行　1013-3
スイボーセン　衰耗山　721-2-1
ズイホービニ　隨方毘尼　1013-2
ズイボンズイサン隨犯隨懺　1013-3
ズイボンズイセー隨犯隨制　1013-3
ズイボンノー　隨煩惱　1013-3
スイマツホーエン水沫泡焰　1008-3
ズイミョーシヤクギ隨名釋義
スイメン　睡眠　736-2-5, 1008-3
ズイメン　隨眠　1014-1
スイメンガイ　睡眠蓋　1008-3
ズイメンムミョー隨眠無明　1014-2
スイメンヨク　睡眠欲　1008-3
スイモー　吹毛　1008-3
ズイモー　隨妄　1014-1
スイモツ　衰沒　1008-3
ズイモン　隨門　1731-3-30
ズイモンサシヤク隨文作釋　1014-2
スイユーキ　垂裕記　1009-1
スイラ　水羅　1009-1
ズイラン　隨藍　1014-2
スイリクエ　水陸會　1009-1
スイリクサイ　水陸齋　1009-1
スイリン　水輪　1009-1, 858-2-30, 858-2-17
スイリンザンマイ水輪三昧　1009-1
ズイルイ　隨類　1014-3
ズイルイオードー隨類應同　1014-3
ズイルイショー隨類生　530-3-2
ズイルイフヂョー隨類不定　1014-3
ズイワク　隨惑　1014-3
スエノノリ　末の法　1005-3
ズキ　自歸　1009-2
スギユーリユー椙生流　1004-3
ズキョー　誦經　1009-2
スギョーザ　修業者　1004-3
スーギョーボンノー數行煩惱　1638-2-9
スクイン　宿院　1004-3
スクセ　宿世　1004-3
スクヨー　宿曜　1004-3
スケ　出家　1004-3
スコー　速香　1004-3
スーシキ　數識　689-2-21
スージショメツル數事所滅流　742-3-16
スジョー　種性　1005-1
スジョー　衆生　1005-1
ズズ　數珠　1009-2
スズカケ　篠懸　1005-1
スースーシ　數數死　779-3-29
スソー　衆僧　1005-1
スーソー　雛僧　1004-3
スソクカン　數息觀　18-1-1, 25-1-17, 552-3-3, 1005-1
スソクモン　數息門　1731-3-27
スダ　須陀　1005-1
スダオン　須陀洹　1005-1
スダオンカ　須陀洹果　1005-1
スダオンコー　須陀洹向　687-1-11, 1005-1
スダツ　須達　831-1, 1005-1
スダツシチヒン須達七貧　1005-1
スダツタ　須達多　1005-2
スナ　沙　52-1, 1005-2
スナヲシボル　沙をしぼる　1005-2
スヒン　師兄　1005-3
ズホー　修法　1009-2
スホーアザリ　修法阿闍利　1005-3
スボダイ　須菩提　837-2, 922-3-10, 1005-3
スマ　蒭摩　1005-3
スミ　須彌　1005-3
スミゾメ　墨染　1005-3
スミノコロモ　墨の衣　1005-3
スミボーシ　角帽子　1005-3
ズミョーキョー壽命經　1009-2
スミヨシミョージン住吉明神174-2
スヨー　樞要　1004-3
ズリョーボン　壽量品　1009-2
スロン　數論　436-1-2, 1005-3, 1686-1-21
スロンゲドー　數論外道　842-1
スロンツアンガンポー　1005-3

〔セ〕

セ　施　1014-3
セ　世　1014-3
セイツサイムイボサツ施一切無畏菩薩　1017-1
セエ　世依　1024-1
セエ　施惠　1037-2
セオー　世英　1015-1
セオー　世雄　1037-2
セオーリョーソクソン世雄兩足尊　1037-2
セーカ　井華　1015-1
セカイ　世界　1024-1
セーカイ　制戒　1015-1
セーカイ　誓戒　1015-1
セカイシツダン世界悉檀　704-2-28, 1024-2
セカイシユ　世界主　1024-2
セカイハイ　施開廢　1024-2
セガキ　施餓鬼　1024-3
セガキホー　施餓鬼法　1024-3
セーカジ　栖霞寺　1015-1
セーガン　誓願　1015-2
セーガンアンラク誓願安樂　1015-2
セーガンアンラクギョー誓願安樂行　682-2-3
セガンイン　施願印　1025-3
セーガンコー　誓願講　1015-2
セガンコクーゾーボサツ施願虛空藏菩薩　459-1-13
セガンコンゴー施願金剛　1026-1
セーガンフシギ誓願不思議　1015-2
セーガンリキ　誓願力　1015-2
セキギョ　石魚　1025-1
セキサンミョージン石山明神　1025-2
セキシビバシヤ赤髭毘婆沙　1025-2
セキソー　石霜　1025-1
セキトー　石頭　1025-2
セキトー　石塔　1025-2
セキニクチユーダイ赤肉中臺　1025-2
セキハチ　石鉢　1025-3
セキヘキキョー石壁經　1025-3
セキヘキムゲ　石壁無礙　1025-3
セキモン　石門　1025-3
セキモンモンジゼン石門文字禪　1025-3
セーキョー　逝經　1015-1
セーキョー　制經　1015-1
セーキョー　制敎　1015-2
セギョー　施行　1025-3
セーキョーイツチ政敎一致　1015-3
セーキョーノサンシユー制敎三宗　1015-3
セキララ　赤髁髁　1025-3
セーグ　逝宮　1015-1
セケ　施化　1026-1
セケン　世間　1026-1
セーケン　聖賢　1015-3
セーゲン　青原　1015-3
セゲン　世眼　1027-2
セケンカイ　世間戒　158-3-7
セケンキョー　世間經　1026-1
セケングソーギョー世間具相行　1026-1
セケンゲ　世間解　906-3-2
セケンゲン　世間眼　1026-1
セケンサンマイ世間三昧　1027-1
セケンシユツセケン世間出世間　426-3-6
セケンジョー　世間乘　1027-1
セケンショーギ世間勝義1097-1-25
セケンセゾクタイ世間世俗諦　1097-1-10
セケンゼン　世間禪　1027-1, 1053-2-12
セケンソーイ　世間相違　6312-1-9, 1026-3
セケンソージョーヂユー世間相常住　1026-2
セケンダン　世間檀　1027-1, 1183-2-29
セケンチ　世間智　648-1-21, 1027-1
セケンテン　世間天　1027-1
セケンテンイン世間天院　1027-1
セケンナンシンノショーケー世間難信捷徑　1027-1
セケンニョシヤリン世間如事輪　1027-2
セケンハンニヤ世間般若1437-3-13
セケンホー　世間法　1027-2
セケンムジン　世間無盡1709-1-15
セゴ　世語　1027-2
セーコー　棲光　1015-1
セーゴン　誓言　1015-3
セサイ　施齋　1027-2
セーザンヂユーブ西山住部　1015-3
セーザンノシリユー西山四流　1015-3
セーザンハ　西山派　971-1-1, 1015-3
セーシ　勢至　1015-3
セーシカン　勢至觀　1016-1
セシキ　世識　689-2-21
セジキ　施食　1027-3
セジキエ　施食會　1028-1
セジキョー　世時經　1028-1
セジザイオー　世自在王　1028-1
セシユ　施主　1027-2
セシユ　世主　1027-3
セシユダン　施主段　1027-3
セシユテン　世主天　1027-3
セージョ　西序　1016-2
セショージョーブツドー施生成佛道　514-1-30
ゼショヒショリキ是處非處力　1051-3
ゼショーメツポー是生滅法　1051-2
セシン　世親　1027-3
セーシン　青心　1016-2
セーシン　棲身　1016-2
セーシン　逝心　1016-2
セーシン　棲神　1016-1
セーシンシ　制心止　681-2-7
セシンショーロン世親攝論　1027-3
ゼシンゼブツ　是心是佛　1051-3
セシンデン　世親傳　1027-3
ゼシンニョエン是身如炎　1051-3
ゼシンニョゲン是身如幻　1052-1
ゼシンニョコー是身如響　1052-1
ゼシンニョスイホー是身如水泡　1052-1
ゼシンニョデン是身如電　1052-1, 87-2
ゼシンニョバショー是身如芭蕉　1052-1
ゼシンニョフウン是身如浮雲　1052-1
ゼシンニョム　是身如夢　1052-1
セースイ　誓水　1016-2
ゼゼ　舌舌　1052-1
セセショーショー世世生生　1028-1
セーセースイチク青青翠竹　1016-2
セセツ　施設　1028-1
セーセツハ　濟挧派　1016-2
セセン　世仙　1028-1
セゼン　世善　1028-1
セゼンギョー　世善巧　921-2-24
セソー　世相　1027-2
セソー　施僧　1028-1
セーソク　勢速　1016-3
セゾク　世俗　1028-3
セゾクタイ　世俗諦　1029-1
セゾクチ　世俗智　1029-1, 1188-3-13
セソン　世尊　1028-1
セソンジ　世尊寺　1028-3
セソンダイオン世尊大恩　1028-3
セソンフセツ　世尊不說　1028-3
セータ　制多　1016-3
セタイ　世諦　1029-1
セダイイツポー世第一法　722-1-5, 1029-2
セタイフショーメツ世諦不生滅　1029-1
セータカ　制多迦　1016-3
セータカドーシ制吒迦童子1538-3-22
セータサンブ　制多山部　1017-1
セータラ　制怛羅　1017-1
セータリン　逝多林　1016-3
セチ　世智　1029-2
セチベンソー　世智辯聰　1029-2
セーチョーニキョー制聽二敎　1017-2
セーチン　西淨　202-2-16, 587-3, 1017-2
セツ　殺　1029-2
セツ　刹　1029-2
セツアラカン　殺阿羅漢　808-1-1
セツイツサイウブ說一切有部　1029-3
セツイツサイチ說一切智　65-1
セツイツサイチガン說一切智願　1029-3
セツインブ　說因部　1029-3
セツウジユ　截雨呪　1029-3
セツカ　石火　1025-1
セツカイ　殺戒　925-3-1
セツカイ　說戒　1029-3
セツカイ　刹海　1030-1
ゼツカイ　絕海　1052-1
セツカイケンド說戒犍度　1030-1, 424-1-4

セツカイシ 說戒師 1030-1
セツカイニチ 說戒日 1030-1
セツカエ 炙茄會 1025-1
セツカン 刹竿 1030-1
セツキ 殺鬼 1030-2
セツキク 說規矩 1030-2
セツキョー 說敎 1030-3
セツキョー 說經 1030-2
セツキョーサイモン說敎祭文 1030-3
セツキョーシ 說經師 1030-3
セツグラ 拙具羅 1030-3
セツケズイエン攝化隨緣 1035-1
セツケブ 說假部 192-2, 1030-3
セツケモンゼキ攝家門跡 1035-1
セツケリショー攝化利生 1035-1
セツゴー 殺業 1030-3
ゼツコン 舌根 734-1-26, 1052-2
ゼツゴンタン 絕言嘆 1052-2
セツザイ 說罪 1031-2, 1138-3-9
セツサン 雪山 1030-3
セツサンゲ 雪山偈 1030-3
セツサンジョードー雪山成道 1030-3
セツサンセンニン雪山仙人 1031-1
セツサンダイジ雪山大士 1031-1
セツサンドージ雪山童子 1031-2
セツサンノトリ雪山の鳥 1031-2
セツサンハチジ雪山八字 1031-2
セツサンハンゲ雪山半偈 1031-2
セツサンブ 雪山部 1031-2
セツサンフシヤク雪山不死藥 1031-2
セツジ 說示 1031-3
セツシエ 說四依 684-3
ゼツシキ 舌識 1052-2
ゼツジキ 絕食 1052-2
セツシクドク 設厠功德 202-3
セツシシユーカカイ說四衆過
戒 925-3-16
セツシユ 攝取 1035-1
セツシユツセブ說出世部 1032-1
セツシユノコーヤク攝取光益 1035-2
セツシユフシヤ攝取不捨 1035-2
セツショー 殺生 1031-3
セツショー 析床 1032-1
セツジョー 說淨 1032-1
セツショーカイ殺生戒 1031-3
セツショーセキ殺生石 1031-3
セツショードームショイ說障
道無所畏 762-1-21, 1031-3
1722-1-12
セツショーホームショイ說障
法無所畏 1032-1
セツシン 攝心 1035-2
セツジンクドームショイ說盡
苦道無所畏 1722-1-13
762-1-23, 1032-2
セツスイ 析水 1032-2
セツセツ 刹說 1032-3
セツセン 雪山 1032-2
ゼツソー 舌相 1052-2
セツソクサライ接足作禮 1035-3
セツタイ 攝待 1035-3
セツタイ 接待 1035-3
ゼツダイ 絕待 1052-2
ゼツダイ 絕大 1052-3
ゼツダイシンニョ絕待眞如879-3-8
ゼツダイミョー絕待妙 1052-3
セツタラ 刹多羅 1032-3
セツチユー 刹柱 1032-3
セツチョー 說聽 1032-2
セツチョー 雪竇 1032-3
セツチン 雪隱 1029-3
セツヂン 刹塵 1032-3
セツツー 說通 1032-3
セツテーリ 刹帝利 1032-3
セツテンブ 說轉部 1033-1
セツド 拙度 1033-1
セツド 刹土 1033-1
セツドー 雪竇 1033-1
セツドー 設道 1032-3
セツドーシヤモン設道沙門
811-2-28
セツドブ 說度部 1033-1
セツトロ 設覩嚧 1033-1
セツナ 刹那 73-3-25
830-3-17, 1033-1
セツナサンゼ 刹那三世 1033-2
セツナショーメツ刹那生滅 1033-1
セツナムジョー刹那無常 1033-2
セツナメツギ 刹那滅義 826-2-22
セツブ 殺父 1808-1
セツフカシギホン說不可思議
品 1033-2
セツポー 雪峯 1033-2
セツポー 說法 1033-2
セツポーイン 說法印 1033-3
セツポーサンキ說法三軌 1033-2
セツポージンペン說法神變 1002-3-8
セツポーズイ 說法瑞 1033-3
セツポーホン 說法品 1033-3
セツポーミョー說法妙 1034-1
セツポーミョーゲンロン說法
明眼論 1033-3
セツマ 刹摩 1034-1
セツモ 殺母 808-1-1
セツモク 說默 1034-1
セツヨク 說欲 1034-1
セツリ 刹利 1034-1
セツリ 設利 1034-1
セツリフタラ 設利弗怛羅 1034-2
セツリユー 雪柳 1034-1
セツリラ 設利羅 1034-2
セツレー 雪嶺 1034-2
セツロー 雪浪 1034-1
セーテー 制體 1016-3
セーテー 制底 1017-1
セテン 世典 1034-2
セードー 西堂 588-2, 1017-1
セードージキョー逝童子經 1017-2
セドノサンギョー施度の三行
930-1-12
セーニ 西尼 1017-2
セーニカ 西儞迦 1017-2
セニョーオーブツ世饒王佛 1034-2
セニン 世人 1034-2
セハツポーテンギソク施八方
天儀則 1034-2
セーパン 西班 1017-3
セーブ 勢峯 1017-3
セフク 世福 655-3-13, 1034-3
セフクゴー 施福業 656-1-2
セーブクショル制伏所流 742-3-23
セーブジユーショー誓扶習生 1017-3
セホー 世法 1036-2
セホーキョー 施報經 1036-2
セボーシヤビク施房舍比丘 1034-2
ゼミョーヂカイ是名持戒 1053-1
セムイ 施無畏 1036-3
セムイイン 施無畏印 1036-3
セムイシヤ 施無畏者 1037-1
セムイシユ 施無畏手 1037-1
セムエン 施無厭 1036-2
セーメンコンゴー靑面金剛 1018-1
セモツ 施物 1037-1
セモツダノミ 施物頼み 1037-1
セーモン 制門 1018-1
セーヤ 誓耶 1018-2
セーヤク 誓約 1018-2
セヤクイン 施藥院 1037-1
セヤナサナン 世耶那薩喃 1037-1
セラ 世羅 1037-1
セーラ 勢羅 1018-2
セラクカンノン施樂觀音 1037-1
セーリキシン 勢力身 1558-2-30
セーリユーキ 靑龍軌 1152-2-2
セーリユージギキ靑龍寺儀軌 1018-2
セーリユーショ靑龍疏 1018-2
セリン 施林 1037-1
セルフゴ 世流布語 732-1-18
セルフシンジツギ世流布眞實
義 874-1-20
セロ 世路 1037-1
セーロ 井驢 1018-2
セロクオン 施鹿園 1037-2
セロクリン 施鹿林 1037-1
セロン 世論 1037-2
セーロン 錫崙 1018-2
セワキョー 施和敬 1845-1-22
セン 仙 1037-2
セン 綖 1038-1
ゼン 善 1053-1
ゼン 禪 1053-1
ゼン 染 1054-2
ゼンアイオー 染愛王 1054-2
ゼンアンゴ 前安居 45-2-11
1056-1
ゼンイ 全威 1070-1
センイクカ 旃育迦 1038-1
ゼンイチ 染恚痴 1070-1
ゼンイン 善因 1056-1
ゼンイン 禪院 1070-1
センウ 選友 1038-2
ゼンウ 善友 1056-1
ゼンエ 染衣 1056-1
ゼンエ 禪衣 1056-1
センエ 箭衣 1038-2
ゼンエ 禪會 1070-2
ゼンエ 善慧 1070-2
ゼンエ 禪慧 1070-2
ゼンエツ 禪悅 1056-2
ゼンエツジキ 禪悅食 537-1-7
889-3-7, 1056-2
センエン 旃延 1038-2
ゼンエン 善緣 1056-2
ゼンエン 染緣 1056-2
ゼンエン 禪宴 1056-2
ゼンエン 禪苑 1070-2
センオー 山王 1051-2
ゼンオク 禪屋 1056-2
センオン 仙音 1038-2
センオン 仙苑 1051-2
ゼンカ 全加 1056-3
ゼンカ 禪下 1056-3
ゼンカ 禪河 1056-2
センカ 善果 1057-2
ゼンカイ 染界 1056-3
ゼンカイ 染海 1056-3
ゼンカイ 禪戒 1056-3
センカイニョライ山海如來 1038-2
ゼンカク 禪客 1056-3
ゼンガク 禪學 1057-1
ゼンカクチョージヤ善覺長者 1056-3
センカジマイリ千箇寺參 1038-3
ゼンカシンラ 箭過新羅 1057-3
ゼンガツ 禪月 1058-1
ゼンガツ 善月 1058-1
ゼンカフ 全跏趺 1056-3
ゼンカフザ 全跏趺坐 1056-3
センカリン 旋火輪 904-3-25
1039-1
センカン 宣鑑 1038-3
センカン 千觀 1039-1
ゼンカン 禪觀 1057-3
ゼンカン 禪關 1057-3
ゼンカンサクシン禪關策進 1057-3
センギ 懺儀 1039-1
ゼンキ 禪規 1057-1
ゼンキク 禪毱 1057-1
ゼンキゴキ 前鬼後鬼 1057-1
ゼンキジン 善鬼神 1057-1
ゼンキツ 善吉 1057-1
センギョ 筌魚 1039-1
センキョー 睒經 1038-3
センキョー 仙經 1038-3
センキョー 綖經 1038-3
センギョー 專行 1038-3
ゼンキョー 禪經 1057-1
ゼンキョー 禪敎 1058-1
ゼンキョー 漸敎 613-3-18
613-3-27, 1068-1
ゼンギョー 禪行 1057-1
ゼンギョー 善巧 1058-3
ゼンギョーアンジン善巧安心
990-2-26, 1058-3
ゼンキョーギョー善敎經 1057-1
ゼンギョークゲーモン善巧工
藝門 1058-3
ゼンキン 禪巾 1057-1
ゼンキン 禪襟 1057-1
ゼンク 前句 429-1-1
ゼング 禪供 1058-1
ゼンクギョーキョー善恭敬經 1057-2
ゼンクツ 禪窟 1057-2
センケ 千化 1039-1
センゲ 遷化 1039-2
ゼンケ 禪家 1058-1
ゼンケ 禪化 1058-1
ゼンゲ 禪偈 1058-2
ゼンゲイチジ 善解一字 71-2
ゼンケン 善賢 1058-1
ゼンケン 禪拳 1058-1
ゼンゲン 善現 1058-3
ゼンゲンギョー善現行 908-2-12
1058-3
ゼンケンクジョー善見宮城 1058-1
ゼンケンクデン善見宮殿 1058-1
ゼンケンシツドナイ漸見濕土
泥 1058-1
ゼンケンジョー善見城 1058-2
ゼンゲンセン 禪源詮 1059-1
センゲンセンビカンゼオン千
眼千臂觀世音 1039-2
ゼンケンソンジヤ善見尊者 1058-2
ゼンケンダイエ善見大會 1004-2-1
ゼンケンタイシ善見太子 1058-2
センゲンテン 千眼天 1039-2
ゼンケンテン 善見天 541-2-4
1058-2
ゲンゲンテン 善現天 541-2-3
1059-1
ゼンゲンビク 善現比丘 1059-1
ゼンケンビバシヤリツ善見毘
婆沙律 1058-2
ゼンケンヤクオー善見藥王 1058-2
ゼンゲンヤクオー善現藥王 1059-1
ゼンケンリツ 善見律 1058-2
ゼンケンリツビバシヤ善見律
毘婆沙 1058-2
ゼンケンロン 善見論 1058-2
ゼンゴ 禪居 1059-1
センコー 線香 1038-2
センゴー 瞻仰 1038-3
センゴー 撰號 1038-3
センゴー 先業 1039-2
ゼンコー 禪閤 1056-3
ゼンコー 善劫 1059-1
ゼンゴー 前業 1059-2
ゼンゴー 善業 561-3-28, 1059-2
センコーゲン 千光眼 1039-1
ゼンゴサイダン前後際斷 1059-1
ゼンコージ 善光寺 1059-2
センコーホーシ千光法師 1039-1
センゴユ 先後喩 1476-1-17
ゼンゴン 善權 1059-2
ゼンゴン 善根 1059-2

ゼンゴンエカ 善根依果 915-1-16
ゼンゴンエコー善根回向 909-3-22
ゼンゴンマ 善根魔 1059-2
1642-3-30
ゼンザ 禪坐 1059-3
センサイ 瞻西 1039-2
ゼンサイ 禪齋 1059-2
ゼンザイ 善哉 1059-3
センザイキユージ千載給仕 1039-3
ゼンザイドージ善財童子 715-1-12
1059-3
センサク 線索 1039-3
センサツ 占察 1039-3
センサツキヨー占察經 1039-3
ゼンサン 禪讃 1059-3
ゼンサンサン 前三三 1059-3
ゼンサンマイ 禪三昧 1059-3
センシ 船師 1040-1
センシ 船子 1040-1
センシ 詮旨 1040-1
ゼンシ 前資 1060-1
ゼンシ 禪思 1060-1
ゼンシ 禪史 1060-1
ゼンジ 禪師 1062-1
ゼンジカン 漸次觀 1060-2
ゼンシキ 染色 1060-2
ゼンジタイシ 善事太子 1062-2
センシチヒヤクソク千七百則 1040-1
ゼンシツ 禪室 1060-2
ゼンシニヨ 善士女 1060-2
ゼンジノキミ 禪師の君 1062-2
ゼンジブンテン善時分天 1062-2
ゼンジホーギ 善知法義 929-1-21
センシヤ 旃遮 1040-1
ゼンシヤ 漸寫 1060-2
ゼンシヤ 禪者 1060-2
ゼンジヤク 禪寂 1062-3
センシヤバラモンニヨ旃遮婆羅門女 1040-3
センシユ 懺主 1040-3
センジユ 專修 1040-3
センジユ 千手 1041-1
ゼンシユ 善手 532-1-15
ゼンシユ 善趣 1061-1
ゼンシユ 前修 1061-1
ゼンシユー 禪衆 1060-2
ゼンシユー 染習 1060-2
ゼンシユー 禪習 1060-2
ゼンシユー 禪宗 1061-2
ゼンジユ 善珠 1062-3
センジユカンノン千手觀音 1041-1
センジユキ 千手軌 1041-1
センジユキヨー千手經 1041-1
ゼンシユク 善宿 1061-3
センシユクカ 旃叔迦 1040-3
ゼンシユクナン善宿男 1061-3
ゼンシユクニヨ善宿女 1061-3
センジユコー 千手講 1041-1
センシユジ 專修寺 1040-3
センジユセンゲン千手千眼 1042-2
センジユダラニ千手陀羅尼 1042-2
センジユドー 千手堂 1042-2
ゼンシヨ 善處 1061-3
ゼンシヨ 漸書 1061-3
センシヨー 專精 1040-2
センシヨー 穿井 1040-2
センシヨー 先生 1040-2
センジヨー 仙城 1041-1
センジヨー 洗淨 1041-1
ゼンシヨー 善生 1060-3
ゼンシヨー 前生 1060-2
ゼンシヨー 善星 1060-2
ゼンシヨー 善性 623-2-1
ゼンジヨー 染靜 1062-2
ゼンジヨー 染淨 1062-2
ゼンジヨーエ 染淨依 1062-2
ゼンシヨーガクセン前正覺山 1061-1
ゼンシヨーキヨー 善生經 1061-1
センシヨーコーザン先照高山 1042-3
ゼンジヨーシンニヨ染淨眞如 879-2-24
センジヨーヒンシユー先承禀宗 710-1-25
センシヨーフデン千聖不傳 1040-3
ゼンジヨーフニモン染淨不二門 1062-3
ゼンシリヨー 善資糧 1062-1
センシン 專心 1040-3
ゼンシン 染心 1062-1
ゼンシン 善信 1062-1
ゼンシン 善心 1062-1
ゼンジン 善神 1062-3
ゼンジン 前塵 1066-1
ゼンシンシヤリ全身舍利 813-2-26
ゼンシンニツトー全身入塔 1062-1
ゼンシンヌ 善親友 1062-1
ゼンズイ 禪髓 1062-3
センゼ 先世 1042-3
センゼ 千是 1042-3
センゼツ 宣說 1042-3
ゼンゼ 善施 906-2-30, 1062-3
ゼンゼ 前世 1063-1
ゼンゼー 善逝 1063-1
ゼンゼーシ 善逝子 1063-1
センゼシリヨー先世資糧 858-1-11
1042-3
ゼンセタイシ 善施太子 1063-1
ゼンセチヨージヤ善施長者 1062-3
ゼンセノカイ 前戒の戒 1063-1
センソー 專想 1039-3
センゾー 專雜 1040-1
ゼンソー 禪僧 1063-2
センソーキツキヨー占相吉凶 541-2-25
センソーサイ 千僧齋 1042-3
センソージ 淺草寺 1039-3
ゼンソーバラモン善相婆羅門 1059-3
センタ 閃多 1042-3
センタ 扇撅 1043-1
センダ 扇陀 58-1-22, 1043-2
センダ 闡陀 1043-1
センダ 先陀 1043-2
センダアシユカ扇陀阿輸柯 1043-2
ゼンタイ 禪帶 1363-2
センダイ 羼提 1043-3
センダイ 宣臺 1043-3
センダイ 闡提 1043-2
センタイダイバ羼提提婆 1043-1
センダイハラミツ羼提波羅蜜 1044-1
センダイラ 羼提羅 1044-1
センタカ 闡鐸迦 1043-1
センダカク 仙陀客 1043-2
センダツ 先達 1044-2
センダバ 先陀婆 1044-3
センタハンタカ扇撅半擇迦 1043-1
センダラ 扇陀羅 1044-3
センダラ 戰達羅 1044-3
センダラニ 旃陀羅尼 1045-1
センダリ 旃陀利 1045-3
センダン 旃檀 1045-3
ゼンダン 漸斷 1064-1
センダンケーニタ旃檀罽呢吒 1045-3
センダンズイゾー旃檀瑞像 1046-1
センダンニ 旃檀耳 1046-1
センダンノケムリ旃檀煙 1046-1
センチ 羼底 1046-1
ゼンチシキ 善知識 1064-1
ゼンチシキエカ善知識依果 915-1-15
ゼンチシキマ 善知識魔 1064-3
1643-1-4
ゼンチヤク 染着 1065-3
センチヤク 選擇 1046-2
センチヤクシユー選擇集 1046-2
センチヤクホンガン選擇本願 1046-2
センチヤクホンガンネンブツシユー選擇本願念佛集 1046-2
ゼンチユー 禪頭 1064-1
ゼンチユーテンシ善住天子 1065-3
1092-3-12
センチユームイチ千中無一 1046-2
ゼンチヨー 禪定 1064-3
ゼンチヨー 禪杖 1065-2
ゼンチヨーキヨー禪定境 907-2-27
ゼンチヨークツ禪定窟 1065-2
ゼンチヨーケンゴ禪定堅固 1065-3
525-3-20
ゼンチヨージユーリ禪定十利 955-1
ゼンチヨーゾー禪定藏 1065-3
ゼンチヨーデンカ禪定殿下 1065-3
ゼンチヨーハラミツ禪定波羅蜜 1065-3
ゼンチヨーハン全超般 1519-1-22
ゼンチヨーホーオー禪定法皇 1065-3
ゼンチヨーホツカイ禪定法界 1593-1-21
ゼンチヨーホーベン禪定方便916-2-1
ゼンチヨーモン禪定門 1065-3
センチン 禪鎭 1064-1
センヂン 先陳 1046-2
センテー 筌罤 1046-2
ゼンテー 全提 1066-1
センテーカ 闡底迦 626-2-7
1046-1
センテツ 先哲 1046-2
センテン 煎點 1046-3
ゼンテン 禪天 1066-1
センテンキヨー千轉經 1046-3
センデンコー 閃電光 1046-3
センテンシンゴン旋轉眞言 1046-3
ゼント 禪徒 1066-1
セントー 仙洞 1046-3
センドー 專當 1044-2
ゼントー 禪榻 1063-2
ゼンドー 前堂 1063-3
ゼンドー 禪堂 1063-2
ゼンドー 箭道 1063-3
ゼンドー 禪道 1063-2
ゼンドー 善導 1063-2
ゼントーイン 前唐院 1063-2
セントーエ 千燈會 1046-3
センドーオー 仙道王 1044-2
セントク 先德 1046-3
ゼンドージ 禪導寺 1063-3
ゼンドーシユソ前堂首座 829-1
1063-3
ゼンドノサンギヨー禪度の三行 930-1-17
ゼントンキヨー漸頓敎 1066-1
センナ 羨那 1046-3
ゼンナ 禪那 1066-2
ゼンナ 禪和 1069-3
ゼンナイ 染愛 1054-2
ゼンナク 善惡 1054-3
ゼンナクゴーカイ善惡業果位 1056-1
ゼンナカン 禪那觀 1867-3-18
ゼンナシヤ 禪和者 1070-1
センナラ 戰捺羅 1046-3
ゼンナンシ 善男子 1066-3
センニ 先尼 1047-1
ゼンニ 禪尼 1066-3
センニキヤク 穿耳客 1047-1
センニソー 穿耳僧 1047-1
センニチコー 千日講 1047-1
センニチシヨージン千日精進 1047-1
センニヒヤクイクドク千二百意功德 1047-2
センニヨ 千如 1047-2
センニヨゼ 千如是 1047-2
ゼンニヨニン 善女人 1067-1
センニヨリコン倩女離魂 1047-3
ゼンニヨリユーオー善女龍王 1066-3
センニヨロクオーソー攏如鹿王相 1047-3
センニン 仙人 1047-3
ゼンニン 善人 1067-1
ゼンニン 禪人 1067-1
センニンオン 仙人園 1048-1
センニンセツ 仙人說 557-1-25
ゼンニンゼン 善人禪 1067-1
センニンチヨー仙人鳥 1048-1
センニンロクオン仙人鹿園 1048-1
ゼンネチ 善慧地 923-3-29
センネン 專念 1048-1
ゼンネン 前念 1067-1
ゼンネン 禪念 1067-1
センハ 瞻波 1048-1
センバイ 先罷 1048-1
センバカ 瞻博迦 1048-2
センハケンド 瞻波健度 424-1-15
1048-1
センハコク 瞻波國 1048-1
センバジヨー 瞻婆城 1048-2
センバタカ 瞻婆怚伽 1048-2
センバツ 船筏 1048-2
センバラクツ 苫婆羅窟 1048-2
ゼンバラミツ 禪波羅蜜 1067-2
ゼンバン 前板 1067-3
ゼンバン 禪版 1067-2
センヒヤクオクケシン千百億化身 1048-2
センビヨー 瞻病 1048-3
ゼンビヨー 禪病 1067-3
センビヨーゴトク瞻病五德 555-3
1048-3
センフー 瞻風 1948-3
センブ 瞻部 1048-3
センブエ 千部會 1049-2
センブク 瞻匐 1049-1
センフクリンソー千輻輪相 1048-3
センフクリンノアナウラ千輻輪之趺 1048-3
センブコーゾー瞻部光像 1049-1
センブコン 瞻部金 1049-1
センブシユー 瞻部洲 1048-3
ゼンフジユホー善不受報 1055-2
ゼンフズイジユ善不隨從 917-2-14
センブダイ 瞻部提 1649-3
センブツ 千佛 411-3, 1049-1
ゼンブツ 前佛 1067-3
ゼンブツゴブツ前佛後佛 1067-3
センブドキヨー千部讀經 1049-2
センブナダコン瞻部捺陀金 1049-2
センブロンジ 千部論師 1049-2
ゼンブンカイ 全分戒 1067-3
ゼンブンジユ 全分受 1067-3
センベン 詮辯 1049-2
センボー 懺法 660-1, 1049-2
ゼンボー 禪法 1067-3
ゼンボー 禪房 1067-3
ゼンボー 染法 1068-1
ゼンボー 善法 1068-1
ゼンボーギヨー善法行 908-2-18
センボーコー 懺法講 1050-2
ゼンボーシンニヨ善法眞如 879-3-15
センボードー 懺法堂 1050-2
ゼンボードー 善法堂 1068-1
1102-3
センホーミヨーモン千法明門 1049-2
ゼンボーメ 善法罵 1068-1
ゼンボーヨーゲ禪法要解 1068-1
ゼンボン 善本 1068-1
センボンソツトバ千本率都婆 1050-3
ゼンボンテン 禪梵天 1068-2

センマ 睒摩 1050-3
ゼンマ 染汚 1070-1
ゼンマイ 染汚意 1068-2
ゼンマク 善悪 1070-1
ゼンマクムキサンショー善悪無記三性 623-2
ゼンマクリョードーシヤベツシキ善悪兩道差別識 689-2-24
ゼンマムチ 染汚無智 1070-1
センミ 睒彌 1050-3
ゼンミ 禪味 1068-2
ゼンミョー 善苗 1068-3
ゼンミョーシン善妙神 1068-3
ゼンムイ 善無畏 1068-2
1722-1-29
センムイツシツ千無一失 1050-3
センモーバン 薦亡幡 1456-3
ゼンモン 禪門 1068-3
ゼンモンカイ 禪門戒 1068-3
ゼンモンクケツ禪門口决 1068-3
センユ 先喩 1476-1-11
ゼンユキョー 箭喩經 1069-1
センユージ 泉涌寺 1050-3
センヨ 仙豫 1051-1
ゼンヨ 禪餘 1069-1
ゼンヨー 禪要 1056-2
センヨーダイ 千葉臺 1038-2
ゼンライ 善來 1069-1
ゼンライ 禪禮 1069-1
ゼンライシヤ 善來者 1069-1
ゼンライトク 善來得 1069-1
ゼンライビク 善來比丘 1069-1
ゼンラク 禪樂 1069-2, 1776-3-5
センラン 旋嵐 1051-1
ゼンリ 善利 1069-2
ゼンリキ 善力 1069-2
センリク 千里駒 1051-1
ゼンリツ 禪律 1069-2
センリヤク 淺略 1051-1
センリヤクシヤク淺略釋708-2-20
1051-1
ゼンリョ 禪侶 1069-2
ゼンリン 禪林 1069-3
ゼンリンジ 禪林寺 1069-3
ゼンリンノジューイン禪林の十因 1069-3
センル 宣流 1051-2
センロー 淺臈 1051-1
ゼンロク 禪錄 1069-3
センロクオー 仙鹿王 1051-2

〔ソ〕

ソ 疏 1070-3
ソー 想 590-3, 735-1-15
ソー 搶 590-3
ソー 相 567-3-19, 591-1
ソー 僧 1070-3
ゾー 藏 673-3
ゾー 象 674-3
ソーアイ 想愛 591-2
ゾーアイ 憎愛 1093-3
ソアクオン 麁惡苑 1070-3
1102-3
ソアクゴ 麁惡語 1070-3
ゾーアゴンキョー雜阿含經 15-2
679-1
ソーアン 草庵 591-2
ソーアン 僧庵 1071-2
ソイ 素意 1070-3
ソイ 祖意 1070-3
ソーイ 僧位 1079-3
ソーイイン 相違因 91-2-7, 599-1
ソーイケツヂョー相違決定 599-1
632-3-5
ソーイシキソーチ相違識相智
1188-2-3
ソーイジヤク 相違釋 599-1
ゾーイチアゴン增一阿含 1093-3
ソーウン 想蘊 591-2
ソーウン 雙運 591-2
ゾーウン 像運 674-3
ソーエー 僧叡 1071-2
ソーエン 雙圓 599-1
ゾーエン 雜緣 679-1
ソーオー 相應 591-2
ゾーオー 象王 677-2
ソーオーイン 相應因 591-3
1819-2-20
ソーオーゲドー相應外道 434-3-28
ゾーオーゴンゲン藏王權現 680-2
677-2
ソーオサイホー想於西方 592-2
ソーオーシュー相應宗 591-3
ソーオーシン 相應心 592-1
ソーオーゼン 相應善 592-1
ソーオーダン 相應斷 592-1
ソーオーバク 相應縛 592-1
ソーオーフゼン相應不善 592-1
1528-3-23
ソーオーボー 相應法 592-1
ソーオームミョー相應無明 592-1
1717-1-1
素花 1084-3
ソーカ 僧訶 1071-2
ソーガ 草賀 592-2
ゾーガ 增賀 1094-1
ゾーガ 象駕 675-1
ソカイ 素懷 1084-3
ソーカイ 草鞋 591-2, 592-2
ソーカイ 僧戒 1071-2
ソーカイ 僧界 1071-2
ソーカイ 僧階 1071-3
ゾーカイ 藏海 674-3
ゾーカイ 繒蓋 1093-3
ゾーガイガク 增戒學 1093-3
ゾーカク 增加句 1094-1
ソーカシ 僧竭支 1071-3
ゾーカショー 象迦葉 674-3
ソカタ 蘇揭多 1080-1
ソーガテー 僧竭胝 1072-1
ソーガミツタ 僧伽蜜多 4-3-8
ソーカン 想觀 593-1
ソーカン 草環 593-1
ソーカン 僧官 1074-3
ソーガン 總願 366-2, 1075-1
ゾーカン 像觀 675-2
ソーカンソー 總觀想 1074-3
ゾーカンソー 雜觀想 679-2
ソキ 祖忌 1080-1
ソーキ 叢規 1072-1
ソーギ 僧祇 1072-2
ソーギ 僧儀 1072-2
ゾーキ 像季 675-1
ソーギカイホン僧祇戒本 1072-2
ソーギシ 僧祇支 1072-2
ソーギブ 僧祇部 1073-1
ソーギモツ 僧祇物 1070-1
ソーキヤ 僧佉 1072-1
ソーギヤ 僧伽 1073-1
ソーギヤアナン僧伽阿難 1073-2
ソーキヤキ 僧却崎 1072-2
ソーギヤタ 僧伽多 1073-2
ソーギヤダイバ僧伽提婆 1073-3
ソーギヤチ 僧伽胝 1073-3
ソーギヤナンダイ僧伽難提 1073-3
ソーギヤノク 僧伽の句 1073-2
ソーギヤノシシュ僧伽の四衆
709-1-23
ソーギヤバシシヤ僧伽婆尸沙 1073-3
ソーギヤバッダラ僧伽跋陀羅 1073-3
ソーギヤバツチョー僧伽跋澄 1073-3
ソーギヤバツマ僧伽跋摩 1073-3
ソーギヤバラ 僧伽婆羅 1074-1
ソーギヤヒ 僧伽彼 1074-1
ソキヤミツタ 蘇伽蜜多 1080-1
ソーギヤヤシヤ僧伽耶舍 1074-1
ソーギヤラ 僧伽羅 1074-1
ソーギヤラセツ僧伽羅刹 1074-1
ソーギヤラン 僧伽藍 1074-2
ソーギヤランマ僧伽藍摩 1074-2
ソーギヤリ 僧伽梨 1074-2
ソーキョー 崇敬 1072-1
ソーギョー 僧形 1073-2
ゾーキョー 像敎 675-2
ゾーキョー 藏敎 614-1-27, 675-2
ゾーキョー 藏經 675-1
ゾーキョー 像經 675-1
ゾーギョー 雜行 679-1
ソーギョキュー雙魚宮 592-3
ゾーキョーシモン藏敎四門 763-2
ソーギョーモンジュ僧形文殊
1073-2, 1742-1
ソーキヤロン 僧佉論 434-3-17
ソーギリツ 僧祇律 1074-3
ソーキレーシヤ僧吉隷鑠 1072-2
ソク 觸 1080-2, 735-1-16
ソク 即 1080-2
ソグ 素具 1085-1
ソーグ 總供 1074-3
ソーグ 僧供 1074-3
ソークー 相空 592-3
ゾクイツサイキョーオンギ續一切經音義 1095-2, 63-3
ソクウソツクー即有即空 1080-3
ソクエ 觸穢 1085-1
ソクオーアンラクセカイ即往安樂世界 48-3, 1084-3
ゾクガ 俗我 1095-2
ゾクカイ 俗戒 1095-2
ソクキョー 觸境 734-1-28
ゾクギョー 俗形 1095-2
ソークーカン 相空觀 592-3
613-1-16
ソークーキョー相空敎 593-1
614-1-14
ソクゲキ 則劇 1081-2
ソクケホツシン即假法身1605-3-29
ソクケンダ 塞建陀 1081-1
ソクケンダラ 塞建陀羅 1081-2
ソクケンヂラ 塞建地羅 1081-2
ソクケンナ 塞建那 1081-1
ゾクコーソーデン續高僧傳 1095-2
ソクゴムショー即悟無生 1081-2
ソクコンゴー 觸金剛 558-2-17
1081-2
ソクサイ 息災 1081-2
ソクサイエンメー息災延命 1081-3
ソクサイゾーヤク息災增益 1081-3
ソクサイダン 息災壇 1081-3
ソクサイホー 息災法 244-2-26
569-3-19, 712-3-20, 1081-3
ゾクサン 粟散 1095-2
ゾクサンオー 粟散王 1095-2-24
ゾクサンコク 粟散國 1095-2
ソクサンニジヤク即散而寂 1081-3
ゾクサンヘンチ粟散邊地 1095-3
ソクシ 觸指 1082-1
ソクジ 息慈 1083-1
ソクシアンチ 足指按地 1082-1
ソクジキ 觸食 716-2-20
889-3-2, 1083-1
ソクシキムジョー即色無常 733-1-25
ソクシゲンド 足指現土 1082-1
ソクシシヤク 即士釋 1082-1
ソクシツキ 速疾鬼 1082-1
ソクジニシン 即事而眞 1083-2
ソクショー 觸鐘 1082-3
ソクジョー 速成 1083-2
ソクジョーインネンキョー息諍因緣經 1083-2
ソクショーゴン觸莊嚴 771-2-23
ゾクショーシ 族姓子 1095-3
ソクシン 息心 1082-2
ソクシン 即心 1082-2
ソクシン 即身 1082-2
ソクシンギ 即身義 1082-2
ゾクシンジユカイシヤ賊心受戒者 807-3-25
ソクシンジョーブツ即身成佛
1082-2, 1625-1-16
ソクシンジョーブツギ即身成佛義 1082-3
ソクシンゼブツ即心是佛 1082-3
ソクシンソクブツ即心即佛 1082-3
ソクシンネンブツ即心念佛 1083-1
ソクシンボダイ即身菩提 1083-1
ソクゼ 即是 1083-3
ソクセキケンカイ息世譏嫌戒
158-3-22, 1083-3
ソクゼドーヂョー即是道場 1083-3
ソクゾー 觸象 1081-3
ソクソーソクシン即相即心 1081-3
ゾクタイ 俗諦 1095-3, 1096-3-29
ゾクチ 俗智 1095-3
ソクチュー 即中 1083-3
ソクチュー 觸籌 1083-3
ゾクヂュー 賊住 1095-3
ソクチューホツシン即中法身
1605-3-30
ソクヂョー 觸杖 1083-3
ソクヂン 觸塵 1084-1
ゾクヂン 俗塵 1095-3
ソクツー 觸桶 1084-1
ソクドク 觸毒 1084-1
ソクトクオージョー即得往生 1084-1
ソクトクロジンガン速得漏盡願 1084-1
ソクニヘンフンベツシ息二邊分別止 621-1-26
ソクニュー 觸入 1084-2
ゾクニューホツカイボン續入法界品 1096-1
ゾクニン 俗人 1096-1
ゾクバクビク 賊縛比丘 1096-1
ソクハン 速般 1519-1-14
ソクヒ 即非 1084-2
ゾクヒジリ 俗聖 1096-1
ソクビョー 觸瓶 1084-2
ソクビョー 觸鼻羊 1084-2
ゾクミョーシンバン續命神幡
1096-1, 1456-3
ゾクミョーホー續命法 1096-1
ソクモク 足目 1084-2
ゾクモーシンジツシュー俗妄眞實宗 818-2-15, 1096-1
ソクヨク 觸欲 1084-2
ソクライ 觸禮 1084-2
ソクラク 觸樂 1084-2
ソクラクノハイ觸落牌 1084-2
ソクリ 即離 1084-3
ソクリョギョーシン息慮凝心 1084-3
ゾクル 俗流 1096-1
ソクロ 束蘆 1084-3
ソクン 祖訓 1085-1
ソケ 素花 1085-1
ソーケ 僧家 1075-1
ゾーケ 像化 675-2
ゾーケ 雜華 679-2
ソーケー 曹溪 593-1
ソーケー 糟雞 593-2
ゾーケウン 雜華雲 679-2
ゾーゲケ 象牙華 675-2
ソーケビク 草繫比丘 593-2

ソケン 素絹 1085-1
ソゲン 祖元 1085-1
ゾーケンド 雜揵度 423-3-20
424-1-30, 679-2
ソーケンドー 沮見道 593-2
ソーゴ 僧誡 1075-1
ソーゴ 僧伍 1075-1
ソゴー 素豪 1080-1
ソゴー 蘇合 1080-1
ソーコー 糟糠 592-2
ソーコー 裝香 592-2
ソーゴー 相好 592 2
ソーゴー 僧綱 1071-3
ゾーコー 增劫 1094-1
ゾーゴー 雜業 679-2
ソーコクブンジ總國分寺 1075-1
ソーゴーショ 僧綱所 1702-1
ソーゴショク 僧五職 1075-1
ソーゴーショーゴンシン相好
莊嚴身 1558-2-27
ソーゴートリイ總合神門 1072-1
ソゴン 麁言 1085-2
ゾーゴン 雜含 679-2
ソーゴンゼツ 相言說 532-3-11
ソーザ 草座 593-3
ソーサイ 僧齋 1075-1
ゾーサイエ 雜碎衣 679-2
ソーザイチョー總在廳 1075-2
ゾーサクマ 造作魔 675-3
ソザン 疏山 1085-2
ソーサン 早參 593-3
ソーサン 僧璨 1075-2
ソーザン 曹山 593-3
ソーザン 僧殘 1075-2
ソーサンラン 相散亂 1825-2-19
ソシ 祖師 1085-2
ソシ 疏子 1085-2
ソージ 僧次 1075-3
ソージ 僧事 1076-1
ソージ 相似 594-2
ゾージ 像始 675-3
ゾーシ 藏慈 676-1
ソシエ 祖師會 1086-3
ソジューオン 麁澁苑 1086-3
ソージカク 相似覺 594-2
ソシカン 祖師關 1085-3
ソジキ 素食 1086-3
ソーシキ 葬式 593-3
ゾーシキ 藏識 676-1
ゾーシキシソー藏識四相 702-1
ソーシキヂュー想識住 693-1-26
ソーシキョー 相始敎 594-1
ゾージケンゴ 造寺堅固 676-2
ソージジ 總持寺 1077-2
ソージシニチ 僧自恣日 1076-1
ソージソク 相似即 594-2
1835-3-4
ソージソクブツ相似即佛 594-2
ソシセーライイ祖師西來意 1085-3
ソシゼン 祖師禪 1085-3
ソシツヂ 蘇悉地 1085-3
ソシツヂイン 蘇悉地院 1086-2
ソシツヂカラ 蘇悉地羯羅 1085-3
ソシツヂキョー蘇悉地經 1086-2
ソシツヂゴー 蘇悉地業 1086-2
ソシツヂホー 蘇悉地法 1086-2
ソシドー 祖師堂 1085-3
ソージブツ 相似佛 1836-1-19
ソーシヤ 叢社 1076-1
ソシヤカタ 窣渉揭哆 1086-2
ソーシユ 僧主 1076-1
ソーシユー 僧衆 1076-1
ソージユ 双樹 594-3, 1076-2
ゾーシユ 象主 676-1
ゾーシユー 象衆 670-1
ソーシユー 相宗 594-1
ソシユーイン 訟習因 91-3-7
ソジユク 酥粥 206-3-30
ゾーシユジョーリョ雜修靜慮680-1
ソージユメツムイ想受滅無爲
594-3, 1723-1-27
ソージユリンゲオージョー雙
樹林下往生 594-3
ゾージユーロン雜集論 680-1
917-1-5
ソーショ 草疏 594-3
ソーショー 爪章 594-1
ソーショー 槽廐 594-1
ソージョー 爪淨 594-2
ソージョー 爪上 594-3
ソージョー 相承 594-3
ソージョー 僧肇 1077-3
ソージョー 僧正 1076-2
ゾージョー 增上 1094-1
ソーショーイブツシ相召爲佛
子 514-2-3
ゾージョーエガク增上慧學 1094-2
ゾージョーエン增上緣 1094-1
ソショエンエン疎所緣緣 1086-3
ゾージョーカ 增上果 1094-1
ゾージョーカイガク增上戒學 1094-1
ソージョーケチミヤク相承血
脈 594-3
ソショゴダイブ祖書五大部 1086-3
ゾージョージ 增上寺 1094-2
ソーショージショー相性自性895-2-8
ゾージョーショー增上生 530-3-5
ゾージョーシン增上心 1094-1
ゾージョーシンガク增上心學 1094-2
ゾーショーセカイ雜生世界 679-3
ゾーショテン 造書天 676-1
ソージョーノツチ爪上土 594-3
ゾージョーマン增上慢 1094-2
ゾージョーマンショーモン增
上慢聲聞 1094-2
ゾージョーマンホツカイ增上
慢法界 1593-1-25
ソーシリヤク 僧史略 1076-1
ソシン 作聲 600-3
ソーシン 喪嚫 594-1
ソーシン 崇信 1076-1
ソーシン 僧嚫 1076-1
ソーシン 喪嚫 1076-1
ソーシンビシヤモン雙身毘沙門594-1
ソーシンビナヤカホー雙身毘
那耶伽法 594-2
ゾーシンブツドーラク增進佛
道樂 1094-1
ソージンブン 總神分 1076-1
ソーシンホー 雙身法 594-2
ゾーシンロン 雜心論 680-1
ゾース 藏主 676-2
ゾース 藏司 676-2
ソセー 素性 1086-3
ソセキ 楚石 1086-3
ソセキ 疎石 1086-3
ソーセキ 叢席 1076-2
ソーセキ 僧籍 1076-2
ソセン 素饌 1087-1
ソーゼン 僧膳 1076-3
ゾーゼン 雜染 680-1
ゾーゼン 雜善 680-1
ソセンタ 蘇扇多 1087-1
ソソー 麁相 1085-2
ソゾー 祖像 1085-2
ソーソー 草創 593-3
ソーソー 葬送 594-3
ソーソー 送葬 1075-2
ソーソー 僧相 1075-1
ソーソー 總相 1075-1, 1823-2-6
ゾーゾー 造像 675-3
ゾーゾー 雜藏 679-3
ソーソーカイ 總相戒 1075-2
ゾーソーカン 雜想觀 679-2
ゾーソーカン 像想觀 675-3
ゾーゾーキョー雜藏經 679-3
ソーソク 相即 594-3
ソーゾク 僧俗 1076-3
ソーゾク 相續 595-1
ゾーソク 增息 1094-2
ソーゾクケ 相續假 595-1
ソーゾクシキ 相續識 595-1
688-2-29
ソーゾクシューヂイ相續執持位595-1
ソソクショ 蘇息處 1087-1
ソーゾクジョー相續常 595-1
626-1-23
ソーゾクシン 相續心 595-1
ソーソークゼツシユー相想俱
絕宗 593-3, 818-2-26
ソーゾクソー 相續相 595-1
1835-1-18
ソソクチョークー鼠喞鳥空 1087-1
ソーソクベツミョー總即別名 1076-3
ソーゾクムジョー相續無常 595-1
ソソーゲンギョーショー麁相
現行障 914-3-5, 926-3-29
ソーソーネンジユー總相念住1075-2
ソーソーネンジョ總相念處
751-3-21, 1075-2
ゾーソン 象尊 676-2
ソダ 蘇陀 1087-2
ソーダ 臊陀 595-2
ソータイ 相對 595-1
ソーダイ 相大 595-2, 645-3-28
ソーダイ 相待 595-2
ソーダイウ 相待有 595-2
ソーダイケ 相待假 595-2
ソーダイシンニョ相待眞如879-3-7
ソーダイミョー相待妙 595-3
ソーダキリ 臊陀祁梨 1077-1
ソダシヤナ 蘇陀沙拏 1087-3
ソダセンダ 蘇陀扇陀 1087-3
ソダタ 蘇多達 1087-3
ソダナ 蘇達拏 1087-2
ソタラン 素怛纜 1087-2
ソダリシヤナ 蘇達梨舍那 1087-3
ソータン 草單 595-2
ソータン 插單 602-2
ソーチ 相智 595-3
ソーチ 插地 595-3
ソーヂ 總持 1077-1
ゾーヂ 藏持 552-1-6
ソーヂイン 總持院 1077-2
ソーヂキョー 總持經 1077-2
ソーヂゴク 想地獄 596-1
ソーヂニ 總持尼 1077-2
ソーヂフモーセツボームイ總
持不忘說法無畏 762-1-30
ソーヂモン 總持門 1077-2
ゾーヂユーカイ雜住界 686-2
ソヂユーサンラン麤重散亂 533-1-11
1825-2-22
ソーチユーシヤイ藪中捨位 1077-1
ソチユーバ 蘇偸婆 1088-1
ゾーヂョー 增長 1094-3
ゾーチョーコーモク增長廣目 1094-3
ゾーヂョーテン增長天 1094-3
ゾーヂン 藏塵 676-1
ソーヅ 僧都 1077-2
ゾーツー 藏通 676-2
ソーヅカ 葬頭河 596-1
ソーヅカノウバ葬頭河婆 596-1
ソツク 息苦 1080-3
ソツクー 即空 1080-3
ソツクショー 息苦生 530-3-1
ソツクーソツケソクチユー即
空即假即中 1080-3
ソツケ 即假 1081-1
ソツケ 息化 1081-1
ゾーヅショージヤキョー象頭
精舍經 676-3
ゾーヅセン象頭山 196-3-13, 676-3
ソツタク 啐啄 1088-1
ゾーツーベツテン藏通別圓 676-2
ソーヅン 僧童 1078-1
ソテージエン 祖庭事苑 1088-1
ソテン 蘇皾 1088-1
ソーデン 相傳 596-1
ゾーデン 藏殿 676-3
ソーテンドー 想顚倒 596-1
ソトー 祖燈 1088-1
ソドー 祖道 1087-3
ソート 僧徒 1077-3
ソード 爪土 596-2
ソートー 爪塔 595-1
ソートー 曹洞 596-1
ソートー 僧統 1077-3
ソードー 草堂 595-3
ソードー 僧堂 1076-3, 196-3-1
ソートク 爪犢 596-2
ゾードク 雜毒 680-2
ゾードクノゼン雜毒善 680-2
ソートーゴイ 曹洞五位 578-2
ソードージ 草堂寺 595-3
ソートーシユー曹洞宗 596-1
ソートーシユーゴハ曹洞宗五派596-2
ゾードーソンショー增道損生 1034-2
ソトバ 率都婆 91-2-23
1088-1, 1113-3-6
ソトバカン 率都婆觀 1088-2
ソーナ 僧那 1078-1
ソーナソーネ 僧那僧涅 1078-1
ソナマ 蘇那摩 1088-3
ソーニ 僧尼 1078-1
ソーニカンゾク僧尼管屬 1078-1
ソーニレー 僧尼令 1078-2
ソーニユー 相入 596-2
ソニン 麤人 1088-3
ソーネ 僧涅 1078-2
ソーネン 想念 596-2
ソーバク 相縛 596-2
ソハクダイジ 蘇栢太士 1088-3
ソバコ 蘇婆呼 1089-1
ソバコボサツ 蘇婆呼菩薩 1089-1
ソバダラ 蘇跋陀羅 1089-1
ソハチカ 窣波致迦1431-1-20
ソーバツ 僧跋 1078-2
ソバラ 蘇伐羅 1089-2
ソバラニ 蘇鉢剌尼 1089-2
ソバリ 蘇婆利 1089-2
ソーハン 草飯 596-2
ソハンタ 蘇槃多 1088-3
ソヒ 睽卑 1089-3
ソーヒ 雙非 596-3
ゾーヒ 增悲 1095-1
ゾービ 象鼻 676-3
ソービラ 蘇毘羅 596-3, 1078-2
ソヒリヤ 蘇畢利耶 1089-3
ソヒンダ 蘇頻陀 1089-3
ソーブ 相符 596-3
ソーブ 相部 596-3
ソーブゴクジョー相符極成 596-3
632-2-2
ソフテー 蘇補底 1089-3
ソーブリツ 相部律 596-3
ソーブン 相分 598-3
ソーヘー 僧兵 1076-2
ソーヘー 僧秉 1078-2
ソーベツ 總別 1078-3
ソーベツニギノアンジン總別
二義安心 1078-3
ゾーベツヤ 贈別夜 1095-1
ソーホー 僧寶 1078-3

ソーホー　葬法　596-3
ソーボー　僧坊　1078-2
ゾーホー　象寶　677-1
ゾーホー　藏寶　677-1
ゾーボー　像法　677-1, 773-1-30
ソーホーゴー　總報業　1078-3
ソホツシン　素法身　1089-3
ソーホーデン　僧寶傳　1078-3
ゾーボーテンジ像法轉時　677-1
ソーホーム　總法務　1078-3
ソーホン　宋本　675-1-21
ソマ　蘇摩　1089-3
ソマコ　蘇摩呼　1090-1
ゾーマツ　像末　677-2
ソマナ　蘇末那　1090-1
ソマハツ　蘇摩鉢　1090-1
ソーマン　僧鬘　1078-3
ソマンタ　蘇漫多　1090-1
ソマンナ　蘇曼那　1090-1
ソミツ　蘇蜜　1090-1
ゾーミョー　增命　1095-1
ソーミョーゴホー相名五法　567-3
ソミロ　蘇彌盧　1090-1
ゾームゴクキョー雜無極經　680-2
ソームショー　相無性　597-3
666-1-22
ソメー　蘇迷　1090-1
ソーメーサンゼンノソコ滄溟三千底　597-3
ソメーロ　蘇迷盧　1090-3
ソメガミ　染紙　1090-2
ソーメーロン　總明論　1078-3
ソメーワク　疎迷惑　1090-1
ソモ　作麼　1090-2
ソーモー　送亡　1078-3
ソーモク　草木　597-3
ソーモク　雙木　597-3
ソモクカ　蘇目可　1090-2
ソーモクコクドシツカイジョーブツ草木國土悉皆成佛　597-3
ソーモクジョーブツ草术成佛597-3
ソモサン　作麼生　1090-2
ソーモツ　僧物　1079-1
ソモン　疏文　1090-2
ソーモン　桑門　598-1
ソーモン　瘡門　598-2
ソーモンユイシキ總門唯識　1079-1
ソヤ　初夜　1090-2
ゾーヤク　增益　1095-1
ゾーヤクホー　增益法　244-2-26
569-3-20, 712-3-22
ソヤマ　蘇夜摩　1090-2
ソユー　蘇油　1090-2
ゾーユ　象喩　677-2
ソーユー　僧祐　1071-2
ソーユイシキ　相唯識　598-2
ソラ　率羅　1090-2
ソラタ　蘇囉多　1090-2
ゾーリ　藏理　677-2
ソーリノカン　早裏瀾　598-2
ソーリソクリ　早離速離　598-2
ソリヤ　蘇利耶　1090-3
ソーリヤク　僧詔　1079-2
ソーリユークツ蒼龍窟　598-2
ソーリョ　僧侶　1079-2
ソーリン　相輪　598-3
ソーリン　雙林　598-3
ソーリン　僧林　1079-2
ソーリン　叢林　1079-2
ゾーリンオン　雜林苑　680-2
1102-3-23
ソーリンジユ　雙林樹　598-3
ソーリントー　相輪樘　598-3
ソーリントー　相輪塔　598-3
ソール　雙流　598-3
ソルリツ　鼠樓栗　1090-3
ソーレー　葬禮　594-3
ソーレン　葬殮　596-3
ゾーロ　象爐　677-2
ソーロー　曾郎　1079-1
ソロク　疏勒　1090-3
ソーロク　僧錄　1079-2
ゾーロク　藏六　677-2
ソーロクシ　僧錄司　1079-3
ソーロクショ　總祿所　1079-3
ソワカ　蘇波訶　1091-1
ソンイ　尊意　1091-2
ソンキ　尊記　1091-2
ソンギ　尊儀　1091-2
ソンキゲドー　尊貴外道　453-1-6
ソンギョーマンダラ尊形曼荼羅　1091-3
ゾンケン　存見　1096-2
ソンゴ　尊悟　1091-3
ソンジヤ　尊者　1092-3
ソンシユク　尊宿　1091-3
ゾンショー　存生　1096-2
ソンショーオー尊星王　1091-3
1728-2-2
ソンショーキ　尊勝軌　1091-3
ソンショーグ　尊勝供　1091-3
ソンショーゴマ尊勝護摩　1092-1
ソンショーダラニ尊勝陀羅尼　1092-1
ソンショーヒホー尊勝秘法　1092-3
ソンショーブツチョー尊勝佛頂　1092-2
ソンショーホー尊勝法　1092-3
ソンソー　尊崇　1093-1
ソンゾー　尊像　1091-3
ソンソクセン　尊足山　1093-1
ソンダラナンダ孫陀羅難陀　1093-1
ソンダリ　孫陀利　1093-1
ソンヂユーギョー尊重行908-2-16
ソンヂユーシユ尊重修　709-3-24
ソンドク　尊特　1083-2
ソンバミョーオー遜婆明王　1093-2
ソンブクダン　損伏斷　1093-3
ゾンメー　存命　1096-2
ソンヨー　尊容　1093-3
ゾンリヤク　存略　1096-2
ソンリョー　尊靈　1093-3
ソンロー　尊老　1093-2

〔タ〕

タ　多　1096-3
タイ　諦　1096-3
タイ　體　1097-2
ダイ　題　1122-2
ダイ　大　1122-3
ダイアイドー　大愛道　1123-2
ダイアクゴー　大惡業 1695-3-17
ダイアクゾー　大惡象　1123-2
タイアクチゴク堆壓地獄　1097-2
ダイアミダキョー大阿彌陀經
1123-2, 38-3
ダイアラカン　大阿羅漢　1123-3
ダイアンイ　大安慰　1124-1
ダイアンジ　大安寺　1123-3
タイアンショーシ帶行小師　1097-2
ダイアンチンホー大安鎮法　1123-3
タイイ　大意　1097-3
ダイイ　大醫　1124-1
ダイイオー　大醫王　1125-3
ダイイキリユー大域龍　50-3-5
1124-1
ダイイチギ　第一義　1124-1
ダイイチギカン第一義觀　1124-2
ダイイチギクー第一義空　1124-2
ダイイチギシツタン第一義悉檀
1124-2-7
ダイイチギタイ第一義諦　1124-2
ダイイチギチ　第一義智　1124-3
ダイイチギデン第一義天　1124-3
ダイイチギラク第一義樂　1124-3
ダイイチクーギョー第一空行　1125-1
ダイイチクドク第一功德 919-1-13
ダイイチクーホー第一空法　1125-1
ダイイチケツジユー第一結集
399-1-29, 1125-1
ダイイチコーゼツ第一廣說
714-1-25
ダイイチシキ　第一識　42-1
ダイイチジキョー第一時敎
614-1-3, 630-3-18, 1125-1
ダイイチジヤクメツ第一寂滅　1125-1
ダイイチジョー第一乘　1125-1
ダイイツク　第一句　1124-3
ダイイツケ　第一華　1425-1
ダイイトク　大威德　1169-3
ダイイトクオー大威德王　222-1-9
ダイイトクカルラオー大威德迦樓羅王　1169-3
ダイイトクシヤ大威德者　1169-3
ダイイトクソン大威德尊　1169-3
ダイイトクミョーオー大威德明王　1170-1
ダイイハリ　提謂波利　1125-1
ダイイヨーギ　大威曜義　1169-2
ダイインダラカン大因陀羅觀　1125-3
ダイインダラザ大因陀羅座　1125-3
ダイインダラダン大因陀羅壇　1125-3
ダイウ　大有　436-1-18
ダイウジョー　大有情 1647-2-13
ダイウンイン　大雲院　1126-1
ダイウンキョー大雲經　1125-3
ダイウンショーウキョー大雲請雨經　1126-1
ダイウンハンニヤ提雲般若　1126-1
ダイエ　大慧　1170-1
ダイエ　大會　1176-1
ダイエ　大衣　1126-1
ダイエシユ　大會衆　1170-2
ダイエショ　大慧書　1170-2
ダイエジショ　大依止處　132-2
ダイエムコ　大慧武庫　1170-2
ダイエンガク　大圓覺　1170-2
ダイエンキョーチ大圓鏡智
550-1-13, 1170-2, 1187-3-14
ダイエンキョーチカン大圓鏡智觀　1170-3
タイエンケ　對緣假　699-2-15
1097-3
ダイオー　大應　1126-1
ダイオー　大王　1169-1
ダイオー　大雄　1170-3
ダイオーグ　大應供　1126-2
ダイオートー　大黃湯　1169-2
ダイオンカイニユー大陰界入　1126-2
タイヲンガイニン耐怨害忍　1106-3
ダイオンキョーシユ大恩教主　1126-2
ダイオンコー　大飲光　1126-2
ダイカ　提訶　1126-3
ダイカ　提河　1126-3
ダイガ　大我　1128-1
ダイガ　大雅　1128-1
ダイカイ　大界　1126-3
ダイカイ　大海　1126-3
ダイカイ　大戒　1126-3
ダイカイイン　大海印　1127-1
ダイカイシユ　大海衆　1122-1
ダイカイジョー大開靜　1127-1
ダイカク　大覺　1127-2
タイガク　台岳　1097-3
ダイカクセソン大覺世尊　1127-3
ダイカクモ　大覺母　1127-3
ダイカジユ　大火聚　1130-2
ダイカショー　大迦葉　1127-3
ダイカセンネン大迦旃延　1127-3
ダイガラン　大伽藍　1128-1
タイカン　諦觀　1098-2
ダイカン　提桓　1130-2
ダイカン　大鑑　1127-3
ダイガン　大願　1130-3
ダイガンゴーリキ大願業力　1130-3
ダイカンジン　大勸進　1130-2
ダイガンセン　大願船　1130-3
ダイカンダイジ大官大寺　1130-2
ダイカンヂョー大灌頂　1130-2
ダイカンヂョーバン大灌頂幡　1130-3
ダイガンビョードーホーベン
大願平等方便　713-3-6, 1131-1
ダイカンリン　大寒林　1128-1
タイキ　對機　1097-3
タイギ　體義　1098-1
ダイキ　大機　1128-2
ダイキチジョーコンゴー大吉祥金剛　1128-3
ダイキチジョーテン大吉祥天　1128-2
ダイキドー　大鬼道　1128-2
ダイギド　大義渡　1128-3
ダイギモンショーコン大義門莊嚴　771-3-5
タイキユー　帝弓　1097-3
ダイギョ　大魚　1128-3
ダイキョー　大經　1128-3
ダイキョー　大敎　1131-1
タイキョー　台敎　1098-2
タイキョー　胎經　1098-1
ダイキョーカンヂゴク大叫喚地獄　1131-1
ダイキョーキシン大慶喜心　1128-3
ダイギョージ　大行事　1128-3
ダイギョジキョー大魚事經　1128-3
ダイギョードー大行道　1128-3
ダイキョーモー大敎網　1131-1
タイクー　體空　1098-1
ダイクー　大空　1129-1
ダイグ　大愚　1130-3
タイグー　胎宮　1098-2
ダイクカイ　大苦海　1129-3
タイクーカン　體空觀　1098-1
タイクーキョー體空敎　1098-1
ダイククドク　第九功德　919-2-7
ダイクーザンマイ大空三昧　1129-2
ダイクージ　大空字　1129-2
ダイクジヤクオー大孔雀王　1129-3
ダイクーショー大空聲　1129-2
ダイグゼー　大弘誓　1130-3
ダイクチナ　大拘絺那　1129-3
タイクツ　退屈　1098-2
ダイクーテン　大空點　1129-2
ダイクーマンダラ大空曼荼羅　1129-2
タイクームショーノカンボー體空無生觀法　1098-1
ダイグレン　大紅蓮　1130-3
タイケ　台家　1098-2
タイゲ　體解　1098-3
ダイケ　大化　1131-1
タイゲゴイ　胎外五位　1098-3
ダイケゴンジ　大華嚴寺　1131-1
ダイケゴンチョージヤ大華嚴長者　1131-1
タイケゾー　胎化藏　674-2-30
ダイケノシシン台家の四身
715-3-29
タイゲホーベン體外方便　1098-3
ダイケン　大賢　1131-2
ダイゲンシ　大幻師　1131-2
ダイゲンシユリボサツ大權修利菩薩　1131-2
ダイゲンソン　大元尊　1131-2
ダイケンド　大揵度　423-3-27

ダイゲンノホー大元法 1131-2
ダイゲンミョーオー大元明王 1131-2
タイコ 太鼓 1098-3
タイコ 帝居 1098-3
タイコー 台衡 1097-3
ダイコー 大劫 1134-1
タイコー 大綱 1097-3
タイコ 大己 1131-3
ダイゴ 大悟 1134-3
ダイゴ 代語 1134-3
ダイゴ 醍醐 1134-2
ダイコー 大香 1127-1
ダイコー 代香 1127-1
タイコキセー 太孤危生 1098-3
ダイゴーキョーヂゴク大號叫地獄 1128-1
タイゴク 胎獄 1099-1
ダイコクーゾー大虚空藏 1132-1
ダイコクテン 大黑天 1132-1
ダイゴクドク 第五功德 919-1-22
ダイコクヒリヤクホー大黑飛礫法 1133-2
ダイゴジ 醍醐寺 1135-1
ダイゴーシヤ 大牛車 1135-1
ダイゴーシユ 對告衆 1097-3
ダイゴジユー 第五十 1135-1
ダイゴンシユリボサツ大權修利菩薩 1135-2
ダイゴセツニン醍醐殺人 1135-1
ダイコーゼンジ大興善寺 1132-1
ダイゴダイ 第五大 1135-2
ダイゴノサンリユー醍醐三流 1135-2
ダイコーヒンナ大劫賓那 1134-1
ダイコーフシヨー大光普照 1130-1
ダイコーフシヨーカンノン大光普照觀音 1130-1
ダイコーミヨーブツ大光明佛 1130-1
ダイゴミ 醍醐味 573-1-30, 1135-2
ダイコーミヨーオー大光明王 1130-1
ダイゴユ 醍醐喩 1134-2
ダイゴンユー 大勤勇 1135-3
タイコン 胎金 1098-3
ダイコン 大根 1134-1
ダイゴン 大權 1135-2
タイコンケンミツ胎金顯密 1099-1
ダイコンゴーイ大金剛位 1134-2
ダイコンジキクジクヤオー大金色孔雀王 1134-2
タイコンソトバ胎金率都婆 1796-2
ダイザ 臺座 1136-2
ダイサイ 大齋 1135-3
ダイサイエ 大齋會 1135-3
タイザイケソーソー對在家送喪597-2
ダイサイゲダツブク大哉解脱服 1135-3
ダイサツシヤニケンシ大薩遮尼揵子 1135-3
タイサツホーニン諦察法忍 1099-1
ダイザトー 大座湯 1136-3
ダイザサン 大坐參 1136-3
ダイサン 大讃 1136-1
ダイサンエンテン第三焰天 1136-1
タイザンオー 太山王 1099-2
ダイサンカ 第三果 1136-1
ダイサンクドク第三功德 919-1-17
ダイサンケツジユー第三結集 1136-1
ダイサンコーゼツ第三廣說714-2-6
ダイサンサイ 大三災 1136-1
ダイサンジキヨー第三時敎614-1-6, 630-3-23, 1136-1
ダイサンゼン 第三禪 1136-1
ダイサンヂ 第三地 1136-1
ダイサンヂユー第三重 1136-1
ダイサンノーヘン第三能變653-1-7, 1136-2
タイザンプクン泰山府君 1099-1
ダイサンブン 第三分 1136-2
ダイシ 大姉 1137-1
ダイシ 大師 1136-3
ダイジ 大慈 1140-2
ダイジ 大事 1140-3
ダイジ 大寺 1140-3
ダイジ 大士 1140-3
ダイジインネン大事因緣 1140-3
タイシエ 太子會 1103-3
ダイジオンジ 大慈恩寺 1141-1
ダイシクドク 第四功德 911-1-18
ダイシケツジユー第四結集 1137-1
ダイシコー 大師講 1137-1
ダイシゴー 大師號 1136-3
タイシコーシキ太子講式 1101-1
ダイシコーゼツ第四廣說714-2-7
ダイジザイ 大自在 1141-1
ダイジザイグー大自在宮 1141-1
ダイジザイテン大自在天 434-1-13, 936-1-2, 1142-1, 1858-1-16
ダイジザイテンゲドー大自在天外道 1142-3
ダイシジヨーリヨ第四淨慮1137-1
ダイシジヨーコー大熾盛光 1137-1
タイシン 大嚫 1179-1-26
ダイシゼン 第四禪 1137-2
ダイジセン 大士籤 1142-2
ダイジソン 大慈尊 1142-2
ダイジダイヒ 大慈大悲 1142-2
ダイシチクドク第七功德 919-1-28
ダイシチジヨー第七情 1137-2-29
ダイシチセン 第七仙 1137-2
ダイジヒ 大慈悲 1142-3
ダイジヒモン 大慈悲門 1142-3
ダイジホーベン大慈方便916-2-5
ダイシヤ 大車 1137-2
ダイシヤ 題者 1137-3
ダイジヤ 大蛇 1143-2
タイシヤク 帝釋 1101-3
タイシヤクガン帝釋巖 1103-1
タイシヤクキユー帝釋弓 1103-1
タイシヤクグ 帝釋供1103-2
タイシヤクグー帝釋宮 1103-1
タイシヤククツ帝釋窟 1103-1
ダイシヤクケ 大赤華 1138-3
タイシヤクジヨー帝釋城 1103-2
ダイジヤクヂヨー大寂定 1143-3
タイシヤクテン帝釋天 935-2-18, 1103-2
ダイジヤクホーオー大寂法王 1143-3
タイシヤクビヨー帝釋瓶 1103-2
ダイジヤクメツ 大寂滅 1143-3
タイシヤクモー 帝釋網 1103-3
ダイシヤナ 提舍那 1138-3
ダイシヤニ 提舍尼 1138-3
ダイシヤモン 大沙門 1138-3
ダイシヤモントー大沙門統 1138-3
ダイシヤラ 大娑羅 1138-3
タイシユ 對首 1103-3
ダイシユ 大種 1139-1
ダイシユ 大衆 1139-1
ダイシユー 大執 705-1-30
ダイシユー 大洲 1137-1
ダイジユ 大樹 1144-1
ダイジユ 大呪 1143-3
ダイジユ 提樹 1143-3
ダイシユイトクイ大衆威德畏 565-1-27
タイシユエンジ待衆緣慈826-3-4
タイジユキ 對受記 1104-1
ダイジユキンナラ大樹緊那羅 260-1, 1144-1
ダイジユークドク第十功德919-2-8
タイシユシヤク帶數釋 1103-3
ダイシユジヨーミル大衆生彌盧 1139-1
ダイシユシヨーゴン大衆莊嚴 771-3-17
タイシユシンネンポー對首心念法 506-2-19
ダイジユセンニン大樹仙人 1144-1
ダイジユツキヨー大集經 1142-3
ダイジユーハチガン第十八願 1142-3
ダイシユブ 大衆部 818-3-23
タイシユーユー體宗用 1103-3
ダイジユンテー大准提 1144-1
タイシヨー 胎生 1101-3
タイシヨー 帝青 1101-3
タイシヨー 體性 1101-3
ダイシヨ 大疏 1139-3, 1152-1-4
ダイシヨー 大青 1137-3
ダイシヨー 大聖 1137-3
ダイシヨー 大鐘 1137-3
ダイジヨー 大乘 1144-1
ダイジヨーイン大乘因 1144-3
ダイジヨーエ 大乘會 1146-3
ダイジヨーカイ大乘戒 159-1, 1144-3
ダイジヨーカイダン大乘戒壇 1144-3
ダイシヨーカンギテン大聖歡喜天 1138-1
ダイジヨーキ 大祥忌 1143-3
ダイジヨーキ 大乘基 1145-1
ダイジヨーギシヨー大乘義章 1145-1
ダイジヨーキヨー大乘敎 1145-2
ダイジヨーキヨー大乘經 1145-1
ダイジヨーキシンロン大乘起信論 1145-1
ダイシヨーケン大相看 1135-3
ダイシヨーコンゴー大勝金剛 1139-3
ダイシヨーゴンセカイ大莊嚴世界 1138-1
ダイシヨーゴンホーモンキヨー大莊嚴法門經 1138-1
ダイシヨーゴンロン大莊嚴論 917-1-13, 1138-1
ダイシヨーサンゾー大小三藏620-2
ダイジヨーシカン大乘止觀 1145-2
ダイジヨーシキヨー大乘始敎522-3-5
ダイシヨーシユ大生主 1138-2
ダイシヨーシユ大聖主 1138-2
ダイジヨーシユー大乘宗 1145-3
ダイジヨージユキーヨー大乘終敎 522-3-10
ダイジジヨージユンカイ大乘純界 1145-3
ダイジヨーシン大乘心 1145-3
ダイシヨーセソン大聖世尊 1138-2
ダイシヨーデン大聖天 1138-2
ダイジヨーデン大乘天 1146-1
ダイジヨードー大乘道 1146-1
タイシヨードーダイ體性同體 1101-3
ダイシヨーニキヨー大小二敎 1147-1
ダイシヨーニジヨー大小二乘 426-3-10, 1147-1
ダイシヨーネツヂゴク大焦熱地獄 1147-1
ダイジヨーハソーキヨー大乘破相敎 523-1-4, 1146-2
ダイジヨーベツヅゴギヤク大乘別途五逆 515-1
ダイジヨーボサツジユーヂ大乘菩薩十地 923-3
ダイジヨーホーシ大乘法師 1146-2
ダイジヨーホツソーキヨー大乘法相敎 523-1-3, 1146-2
ダイジヨーホードーキヨーデン大乘方等經典 1146-2
ダイシヨーミヨーオー大笑明王 1147-1
ダイシヨーミヨーキチジヨー大聖妙吉祥 1138-2
ダイジヨームサノダイカイ大乘無作大戒 1146-2
ダイシヨーメンコンゴー大靑面金剛 1138-3
ダイジヨーリツシユー大乘律宗 1146-2
タイシン 體信 1104-1
ダイシン 大嚫 1140-2
ダイシン 大信 1140-2
ダイシン 大身 1140-2
ダイシンカイ 大心海 1140-2
タイシンシ 體眞止 621-1-17, 681-2-8, 1104-1
ダイシンジ 大秦寺 1140-2
ダイジンジユ 大神呪 1146-3
ダイシンシユジヨー大心衆生 1647-3-27
ダイシンジン 大信心 1140-2
ダイシンジンカイ大信心海 1140-2
ダイジンリキ 大神力 1146-3
ダイシンリキ 大心力 1140-2
ダイスイカ 大水火 1146-3
ダイズイグ 大隨求 1146-3
ダイスイサイ 大水災 1146-3
ダイセエ 大施會 1147-2
ダイセギヨー 大施行 1147-1
ダイセーシ 大勢至 1147-1
ダイセシユ 大施主 1147-2
タイゼツキヨー帶質境 670-1-8, 1101-2, 1104-1
ダイセーブツ 大勢佛 1147-1
ダイセン 大千 1147-3
ダイセン 大船 1147-3
ダイセン 大仙 1147-3
ダイセン 提山 1147-3
ダイセンカイ 大千界 1147-3
ダイセンカイ 大仙戒 1147-3
タイゼンギヨー諦善巧 921-2-24
ダイセンセカイ大千世界 1148-1
ダイセンシ 大船師 1148-1
ダイゼンジ 大禪師 1148 1
ダイゼンヂシキ大善知識 1148-1
ダイゼンヂホー大善地法 735-1-23, 1148-1
ダイゼンブツ 大禪佛 1148-1
ダイゼンボー 大染法 1148-1
ダイゼンリ 大善利 1148-1
タイソー 體相 1099-1
ダイソ 大祖 1137-2
ダイソー 大僧 1148-1
ダイゾー 大藏 1136-2
ダイゾーイチラン大藏一覽1136-2
ダイゾーエ 大藏會 1136-3
タイゾーカイ 胎藏界 1099-2, 1670-3-26
タイゾーカイゲンズマンダラ胎藏界現圖曼陀羅 448-2
タイゾーカイマンダラ胎藏界曼陀羅 1101-1-1670-3
ダイゾーキヨー大藏經63-2-17, 1136-3
タイゾーキヨー胎藏經 1101-1
タイソク 胎息 1104-1
ダイゾクオー 大族王 1148-2
ダイソージヨー大僧正 1148-2
ダイソーヅ 大僧都 1148-2
ダイソートー 大僧統 1148-2
ダイゾーモクロク大藏目錄 1136-2
タイソーユー 體相用 646-1, 1099-1
タイダイ 退大 1104-2
ダイタイ 大退 1148-3
ダイタイ 待對 1148-2
タイダイ 體大 645-3-26, 1104-2
タイダイシヨーモン退大聲聞 792-3-23
タイダイニチ 胎大日 1104-2

ダイタカ　提多迦　1148-3
タイタツ　體達　1104-1
ダイトーナイテンロク大唐内典錄　1048-3
ダイタラタ　提多羅吒　1148-3
ダイダラニ　大陀羅尼　1148-3
ダイダン　大壇　1148-3
タイチ　體智　1104-3
タイヂ　對治　1104-3
ダイチ　大智　1149-1
ダイヂ　大地　1149-1
ダイチエモン　大智慧門　1141-1
タイチシキ　多一識　1104-3
689-2-3
タイヂシツタン對治悉檀704-3-4
1105-1
タイヂジョカイ對治助開　920-2-29
1105-1
ダイチゾー　大智藏　1149-1
ダイチドロン　大智度論　1149-1
ダイヂノシリン大地の四輪　858-2
タイヂヒミツ　對治秘密　713-3-15
ダイヂホー　大地法　1149-1
タイヂユー　耐重　1105-1
ダイチユーショーコー大中小劫468-3
ダイチユードージ大中童子　1149-1
タイチョー　泰澄　1104-3
ダイヂョー　大定　1149-2
ダイヂョーチヒ大定智悲　1149-2
ダイツー　大通　1149-2
タイツーケチエン大通結緣394-3
ダイツーチショー大通智勝　1149-2
ダイヅラタ　提頭賴吒　1149-3
タイテキキ　堆惕鬼　1105-1
ダイテツチセン大鐵圍山　1149-3
タイテン　退轉　1105-1
ダイテン　大天　1149-3
ダイテン　大顚　1150-2
ダイテンリンオー大轉輪王　1150-3
タイト　台徒　1105-1
タイド　台度　1105-2
タイドー　台道　1104-3
ダイトー　大統　1150-3
ダイトー　大燈　1150-3
ダイトー　梯隥　1151-1
タイトーガ　帶刀臥　1105-1
タイトーキチジョー戴塔吉祥　1104-2
ダイトク　大德　1151-1
ダイトクジ　大德寺　1151-1
ダイトクシユ　大德衆　709-2-3
ダイドシ　大度師　1151-2
ダイドーシ　大導師　1148-3
ダイドージ　大童子　1151-2
ダイドーシン　大道心　1148-3
タイドーショーモン退道聲聞　1104-3
タイトースイ　帶刀睡　1105-2
タイトーソン　帶塔尊　1104-2
タイトーニケ　台當二家　1104-1
ダイナ　大拏　1151-2
タイナイゴイ　胎內五位　199-1-15
578-2, 1105-2
タイナイホーベン體內方便　1105-2
ダイニガツ　第二月　1151-2
ダイニクドク　第二功德　919-1-16
ダイニカ　第二果　1151-2
ダイニケツジユー第二結集　1151-2
ダイニコーゼツ第二廣說714-2-5
ダイニサンゾー大耳三藏　1151-2
ダイニジキョー第二時敎614-1-4
630-3-21, 1151-3
ダイニシチニチセツ第二七日說　1151-3
ダイニゼン　第二禪　1151-3
ダイニダン　第二壇　1151-3
ダイニチ　大日　566-2-8
ダイニチカクオー大日覺王　1511-3
ダイニチキョー大日經　1151-3
ダイニチキョーショ大日經疏
1782-3-18, 1151-3
ダイニチグ　大日供　1152-2
ダイニチゴー　大日業　1152-2
ダイニチサンゲ大日散華　615-1-21
ダイニチサンブ大日三部　657-2
ダイニチシシザ大日師子座477-1-7
ダイニチシユー大日宗　1152-2
ダイニチニョライ大日如來　222-3-17
1152-2
ダイニノーヘン第二能變653-1-1
1153-3
タイニョゼ　體如是　938-1-20
ダイニンソーイン大人相印　1153-3
ダイニンホーカイ大忍法界　1154-1
タイニンムケダイ堪忍無懈怠
929-3-3
ダイネン　大念　1154-1
ダイネンブツ　大念佛　1154-1
ダイネンブツジ大念佛寺　1154-1
ダイノサンサイ大三災　1154-1
ダイバ　提婆　1157-2
ダイバイ　大梅　1158-2
ダイバイテン　提婆衒天　1158-1
ダイバサイナ　提婆犀那　1158-2
ダイバシユー　提婆宗　1158-2
ダイバダツ　提婆達　1158-3
ダイバタ　提婆多　1158-2
ダイバダツタ　提婆達多　1158-3
ダイハチオージゴンゲン大八王子權現　1156-1
ダイハチクドク第八功德919-2-1
ダイハチゲカイ第八外海　1155-3
ダイハチシキ　第八識　1155-3
ダイバチダイバ提婆地提婆　1159-2
ダイハツネハン大般涅槃　1156-1
ダイハツネハンキョー大般涅槃經　1156-1
ダイバボン　提婆品　1159-2
ダイハラミツ　大波羅蜜　1156-2
ダイバラモン　大婆羅門　1159-3
ダイバロン　提婆論　1159-3
ダイハン　大板　1156-2
ダイハンニヤ　大般若　1156-2
ダイハンニヤキョー大般若經　1156-3
ダイヒ　大悲　1159-3
ダイヒカンゼオン大悲觀世音　1160-1
ダイヒキョー　大悲經　1159-3
ダイビク　大比丘　1161-1
ダイヒサンマイ大悲三昧　1160-1
ダイヒシヤ　大悲者　1160-1
ダイヒジユ　大悲呪　1160-1
ダイヒシン　大悲心　1160-1
ダイヒシンダラニ大悲心陀羅尼　1160-1
ダイヒセン　大悲懺　1160-1
ダイヒセンギ　大悲懺儀　1160-2
ダイヒセンダイ大悲闡提　75-2
1160-2
ダイヒセンボー大悲懺法　1160-2
ダイヒダイク　大悲代苦　1160-3
ダイヒジンヂユーオン大悲深重恩　905-1-24
ダイヒタイゾー大悲胎藏　1160-2
ダイヒタイゾーマンダラ大悲胎藏曼荼羅　1160-3
ダイヒダン　大悲壇　1160-3
ダイヒノユミ　大悲の弓　1159-3
ダイビバシヤロン大毘婆沙論　1161-1
ダイヒフゲン　大悲普現　1160-3
ダイヒボサツ　大悲菩薩　1161-1
ダイヒホーベン大悲方便916-2-6
ダイヒマンダラ大悲曼荼羅　1161-1
ダイビヤクエ　大白衣　1161-1
ダイビヤクケ　大白華　1161-2
ダイビヤクゴーシヤ大白牛車
77-1-20, 1161-2
ダイビヤクサンガイブツモ大白傘蓋佛母　1161-2
タイビリ　體毘履　1113-2-30
ダイヒリモツ　大悲利物　1161-1
ダイビルシヤナ大毘盧遮那　1161-3
ダイフゲン　大普賢　1161-3
482-2-30
ダイフゲンヂ　大普賢地　712-3-29
ダイフーサイ　大風災　1161-3
ダイブツ　大佛　1162-1
ダイブツチョー大佛頂　1162-2
ダイブツチョーネンジユホー大佛頂念誦法　1163-2
ダイフゼンヂホー大不善地法　1162-1
タイヘンチユー對偏中　1105-2
ダイベンテン　大辯天　1164-2
ダイベンザイテン大辯才天　1163-2
タイホー　體法　1105-2
タイホー　對法　31-2-13, 1105-2
ダイホー　大法　1165-1, 1675-1-16
ダイホー　大寶　1164-2
タイホーアラカン退法阿羅漢　1105-3
ダイホーウ　大法雨　1165-1
ダイホーエ　大法會　1165-2
ダイホーカイ　大寶海　1164-2
ダイホーキンナラ大法緊那羅
1165-1
ダイホーク　大法鼓　1165-1
ダイホーケ　大寶華　1164-3
ダイホーケオー大寶華王　1164-3
ダイホーコー　大方廣　1154-1
ダイホーコーブツ大方廣佛　1154-2
ダイボサツ　大菩薩　1165-2
ダイホツシイ　大法師位　1165-2
ダイホーシヤツキョー大寶積經　1164-2
タイホーシユー對法宗　1105-3
タイホーゾー　對法藏　1105-3
ダイホーゾー　大寶藏　1164-3
ダイボダイ　大菩提　1165-2
ダイボダイシン大菩提心　1165-3
ダイホードー　大方等　1155-2
タイホーネンジョカン體法念處觀　1105-3
ダイホーベン　大方便　1155-3
ダイホーボー　大寶坊　1164-3
ダイホーマニ　大寶摩尼　1165-3
ダイホーマン　大法慢　1165-2
ダイホーラ　大法螺　1165-2
タイホーラカン退法羅漢　1775-2-2
タイホーロン　對法論　1105-3
ダイホン　大本　1165-2
ダイボン　大梵　1165-3
ダイボン　大品　1165-3
ダイボンオーグ大梵王宮　1166-3
ダイボンキョー大品經　1165-3
ダイボンゲドー大梵外道　434-1-14
ダイボンテン　大梵天　1165-3
ダイボンテンノー大梵天王　1166-2
ダイボンニョイテン　大梵如意天　1166-3
ダイボンノーヂホー大煩惱地法　736-1-6, 1166-3
ダイボンハンニヤキョー大品般若經　1166-3
ダイマ　大魔　1166-3
ダイマン　大慢　1166-3
ダイマンダラ　大曼荼羅　1166-3
1670-1-19
タイミツ　台密　1106-1, 1795-2-3
タイミツサンリユー台密三流　1106-1
タイミツジユーサンリユー台密十三流　1106-1
ダイミョー　大命　1167-1
ダイミョー　大明　1167-1
ダイミョーオー大明王　1167-2
ダイミョーキョー大明經　1167-2
ダイミョーキョー大妙經　1167-2
ダイミョージユ大明呪　1167-1
ダイム　大夢　1167-2
タイメツ　體滅　1106-1
タイモー　帝網　1105-3
ダイモク　題目　1167-3
ダイモクオドリ題目踊　1167-3
タイモツ　退沒　1106-1
ダイモツケンレン大目揵連　1167-3
ダイモン　大門　1167-3
タイヤ　逮夜　1106-2
ダイヤ　大夜　1167-3
タイユー　體用　1106-2
ダイユガ　大瑜伽　1167-3
タイユーベツロンタイ體用別論體　835-1-18
タイヨー　對揚　1106-2
タイラカン　大羅漢　1168-1
ダイラク　大樂　1168-1
ダイラクコンゴー大樂金剛　1168-1
ダイラクフクー大樂不空　1168-1
ダイリ　大利　1168-2
ダイリキオー　大力王　1168-2
ダイリツシ　大律師　1168-3
ダイリンショージヤ大林精舍　1168-3
タイレー　台嶺　1106-2
ダイレー　代禮　1168-3
タイレツショーオージン帶劣勝應身　1106-2
タイロ　體露　1106-2
ダイロクイシキ第六意識　1169-1
ダイロクオン　第六陰　1169-1
ダイロククドク第六功德　919-1-25
ダイロクシキ　第六識　1169-1
688-3-20
ダイロクテン　第六天　1169-1
ダイロクテンノマオー第六天の魔王　1169-1
ダイロン　大論　1169-1
ダイワジョー　大和尙　1169-2
タエマデラ　當麻寺　1115-2
タエママンダラ當麻曼荼羅　1115-3
1671-2
タエン　他緣　1109-1
タエンダイジョーシン他緣大乘心　928-1-141, 1109-1
タガ　他我　1693-1-16
タカイ　他界　1109-2
タカイキョー　多界經　1109-2
タカオクケツ　高尾口決　1109-3
タカダハ　高田派　1109-2
タカネンブツ　高念佛　1109-2
タカロ　多伽婁　1109-2-14
タキギヲトリ　採薪　1110-1
タキギノー　薪能　1110-1
ダキニ　茶吉尼　1177-2
タキミカンノン瀧見觀音　1110-1
タキユー　打給　1110-1
タクアン　澤庵　1110-2
タクイ　卓圍　1110-3
タク　打供　1110-2
タクジカン　托事觀　1110-2
タクシキ　宅識　42-1
タクジケンポーショーゲモン託事顯法生解門　451-2-8, 452-1-9
タクショー　托生　1110-2
タクス　托子　1110-2
タクス　槖子　1110-2
タクタイ　托胎　1110-2
タクハツ　托鉢　1110-3
タクフク　卓袱　1110-3
タクモン　宅門　1110-3
タケジザイテン他化自在天　1110-3

タケジザイテンシマ化自在天子魔 1642-3-11
タコ 他己 1111-1
タコー 多劫 1111-1
ダコク 太虚空 1178-3
タザイ 墮在 1178-3
タザイキ 多財鬼 1111-2
ダサカ 馱索迦 1178-3
タサン 多散 1111-2
タシトー 多子塔 1111-2
タシユー 他宗 1111 3
タジユユード 他受用士 1112-1
タジユユーシン他受用身 1112-1 1558-1-10
タショー 多生 1111-2
タショー 他生 1111-2
タショー 多障 1111-2
タシン 多瞋 1111-3
タシンチ 他心智 1188-3-21
タシンツー 他心通 542-2-13, 1111-3
タシンチツーガン他心智通願 1111-3
タセ 他世 1112-1
タゼツギヨ 多舌魚 1112-1
タソク 多足 1112-1
ダタアガダ 多他阿伽陀 1112-2
タタカタキクタ掘他揭多麭多 1112-2
タタキガネ 敲鉦 1112-2
タタミゴヂヨー疊五條 1112-2
タチカワリユー立川流 1113-1
タツ 馱都 1179-1
ダツエキ 奪衣鬼 1178 3
タツコー 答燈 1115-1
ダツコンキ 奪魂鬼 1179-1
ダツショーキ 奪精鬼 1179-1
タツシン 達嚫 1113-1-1179-1
タツス 塔主 1113-1
ダツタ 達多 1179-2
ダツタイ 脱體 1179-2
タツチユー 塔中 1115-1
タツチユー 塔頭 1113-1
ダツヒジヨー 脱皮淨 1179-3
ダツボー 脱卯 1179-3
ダテン 陀天 1180-3
ダド 他土 1113-2
タド 馱都 1180-3
タトン 多貪 1113-2
ダナカタ 陀那伽他 1181-1
タニノリユー 谷の流 1113-2
ダバジヤ 馱縛若 1181-1
タハン 打板 1113-3
ダビ 荼毗 1181-2
タビリ 他毘利 1113-3
タホー 他寳 1115-3
タホートー 多寳塔 1115-3
タホーショーミヨー多寳證明 1115-3
タホツカイ 多法界 80-1-13
タホーニヨライ多寳如來 1116-2
タマ 珠 1116-2
タママツリ 魂祭 1116-2
タマムカエ 魂迎 1116-3
タモン 多聞 1116-3
タモン 他門 1116-3
タモンケンゴ 多聞堅固 525-3-22 1116-3
タモンシユ 多聞衆 709-2-2
タモンダイイチ多聞第一 26-1 1116-3-18
タモンテン 多聞天 1117-1-18 1440-3
タモンフンベツブ多聞分別部 1117-1
ダライラマ 達頼喇嘛 1181-3
タラジユ 多羅樹 1117-2
ダラニ 陀羅尼 1181-3
ダラニジツキヨー陀羅尼集經 1182-3
ダラニヨーラクショーゴン陀尼羅瓔珞莊嚴 771-2-7, 714-2-30
タラボサツ 多羅菩薩 1117-2
タラヤヤ 怛羅夜耶 1118-1
タラヨー 多羅葉 1117-2
タリキ 他力 1118-1
タリキシユウー他力宗 1118-1
タリキネンブツ他力念佛 1118-2
ダルマ 達磨 1179-1, 1183-1
ダルマアユカオー達磨阿輸迦王 1857-3-6
ダルマキ 達磨忌 1183-2
ダツマタラ 達磨多羅 1180-1-5
ダツマハラ 達磨波羅 1180-2
ダツマホツタ 達磨弗多 1180-2
ダツマボダイ 達磨菩提 1180-2
ダツマヤシヤ 達磨耶舍 1180-2
ダツマルシ 達磨流支 1180-2
ダツマギユータ達磨笈多 1179-3
ダルマシユー 達磨宗 1183-2
ダツマダイバ 達磨提婆 1180-1
ダルマダツ達磨馱都 1190-2, 1183-2
タレーサンカツ多隸三喝 1118-2
タレーロカヤ 多齢路迦也 1118-3
タロン 多論 1118-3
タン 單 1118-3
ダン 壇 1183-3
ダンエン 斷圓 1869-1-17
ダンオツ 檀越 1187-2
ダンカ 檀家 1184-2
タンガ 旦過 1119-2
ダンカイ 斷戒 686-3-18
ダンカイ 檀戒 1183-3
ダンギ 談義 1184-1
ダンギ 談議 1184-1
ダンキヨー 壇經 1183-3
ダンギショーシン斷疑生信 1184-1
タンクー 但空 1119-1
タンクーザンマイ但空三昧 1119-2
ダンクホー 斷苦法 1184-2
ダンケツ 斷結 1184-2
ダンケン 斷見 1184-2, 1119-2
タンゲンキ 探玄記 408-1-16
ダンケンゲドー斷見外道 1184-2
ダンケンロン 斷見論 434-2-19
タンゴン 端嚴 1119-2
ダンコン 男根 1142-1
タンザフガ 但坐不臥 1119-2
タンサン子 單三衣 605-1, 1119-2
タンジ 彈指 1184-2
ダンシ 彈指1004-1-23, 1184-2
1184-2
ダンジキ 斷食 1185-1
ダンジキ 殷食 889-2-29, 1184-3
ダンジキ 團食 716-2-18, 1184-3
ダンシキヨー 彈指頃 1184-3
ダンジシヤモン斷事沙門 1185-1
ダンショー 斷證 1184-3
タンジヨーエ 誕生會 1120-1
タンジヨーガ 誕生賀 1119-3
タンジヨーゲ 誕生偈 1119-3
ダンジヨーニケン斷常二見 1185-1
タンジヨーブツ誕生佛 1120-1
ダンショームジヨー斷障無上 733-1-16
タンシン 嘆眞 1119-3
ダンシン 檀嚫 194-3, 1179-1-26
タンシンネンボー但心念法 506-2-17
ダンセ 檀施 1185-1
ダンゼンゴン 斷善根 1185-1
ダンゼンセンダイ斷善闡提 75-2 1185-2
タンソー 探草 1119-2
ダンソーゾクシン斷相續心 917-3-20
タンタイシユホー但對首法 506-2-24
ダンダ 檀陀 1185-3-21
ダンダ 檀拏 1185-2
タンダイ 探題 1120-2
タンダイ 單提 1120-3
ダンタイヂ 斷對治 1104-3-29
タンタカシタ 憚哆家瑟詫 1120-2
タンタカリン 彈宅迦林 1120-2
タンカンヨーソー探竿影草 1119-1
タンタラカ 單多羅迦 1185-3-21
タンタラカ 彈多落迦 1120-2
ダンダドー 檀荼幢 1185-2
ダンダン 斷斷 707-1-19, 1185-2
ダンダン 段段 1185-2
ダンチ 斷智 1185-2
ダンチユー 檀中 1185-3
タンヂユー 炭頭 1121-1
ダンヅザイ 斷頭罪 1185-3
ダンヅシヤ 斷頭者 1185-3
タンデン 丹田 1121-1
タンデン 單傳 1120-3
ダント 檀徒 1185-3
ダンド 檀度 1185-3
タントー 探頭 1121-1
ダントー 檀頭 1185-3
ダンドー 斷道 1185-2
ダントク 斷德 1185-3, 1184-3
ダンドク 檀特 651-2-1
タンドク 嘆德 1121-1
タンドクモン 嘆德文 1121-2
ダンナ 檀那 1186-1
ダンナシリユー檀那四流 1186-1
ダンナソージヨー檀那僧正 1186-1
ダンナデラ 檀那寺 1186-1
ダンナリユー 檀那流 1186-1
ダンニ 檀耳 1186-2
ダンニク 斷肉 1186-2
タンニクチクサイ斷肉蓄妻 1121-2
タンネン 湛然 1121-2
ダンパイ 團拜 1186-2
タンハナ 歎波那 1121-2
ダンパラミツ 檀波羅蜜 1186-2
ダンピ 斷臂 1186-2
タンピヤク 單白 1121-2
タンプカンソー擔負乾草 1121-3
ダンプク 斷伏 1186-2
タンブツ 嘆佛 1121-3
タンブツゲ 嘆佛偈 1121-3
ダンボー 檀法 1186-2
タンポン 單本 1121-3
タンマ 單麻 1121-3
ダンマクシユゼン斷惡修善 917-3-25
ダンマツマ 斷末摩 1186-3
ダンメツ 斷滅 1187-1
タンモー 旦望 1121-3
タンモクセン 擔木山 1121-3
タンリズイエン但理隨緣 1121-3
ダンリツギ 斷律儀 1187-1
ダンリヨー 壇料 1187-2
タンリヨー 單寮 1121-3
ダンリン 檀林 1187-1
ダンワ 斷和 1187-2
ダンワク 斷惑 1187-2

〔チ〕

チ 智 1187-2
テ 地 1189-3
チ 血 1189-3
テ 痴 1189-3
ヂ 地 1213-2
チアイ 痴愛 1190-1
チアン 痴闇 1190-1
チイキヨー 治意經 1190-1
チイツサイホーチ知一切法智 1189-1-13
ヂイノジツシン地位十信 1230-1
チイン 智印 1190-1
チエ 智慧 1210-3
チエカン 智慧觀 1211-1
チエコー 智慧光 1211-1
チエコーブツ 智慧光佛 1211-1
チエコンゴー 智慧金剛 1440-1-3
チエスイ 智慧水 1211-1
チエダイイチ 智慧第一 814-3
チエノネンブツ智慧念佛 1211-2
チエハラミツ 智慧波羅蜜 1211-2
チエフー 智慧風 1211-3
チエホーベン 智慧方便 916-2-3
チエモン 智慧門 1211-3
チエヨーラクショーゴン智慧瓔珞莊嚴 714-2-29, 771-2-6
チエン 智淵 1190-2
チエン 智圓 1869-1-16
チオンイン 知恩院 1190-3
チオンホートク知恩報德 1190-3
チカ 智火 1193-3
チカ 智果 1193-3
チカイ 智界 1190-3
チカイ 智海 1190-3
チカイ 誓 1191-1
ヂカイ 地界 1214-2
ヂカイ 持戒 121442
ヂカイイン 地界印 942-3-22
ヂカイハラミツ持戒波羅密 1214-2
ヂカイホーベン持戒方便 916-1-28
ヂカイムジン 持戒無盡 1709-1-5
ヂカイリンボウ持海輪寳 1214-2
チガン 智願 1194-2
ヂカン 地觀 1215-2
チガンタ 底彦多 1191-1
チキ 智顗 1191-2
チギ 知義 738-2-29
ヂキサン 直參 1214-3
ヂキシン 直心 1215-1
ヂキセツ 直說 1215-1
ヂキデン 直傳 1215-1
ヂキドー 直堂 1215-1
ヂキトツ 直裰 1215-1
チキヨー 智境 1192-1
チキヨー 智鏡 1192-1
チギヨー 智行 1192-1
チギヨク 智旭 1192-1
ヂキヨー 持經 1215-1
チキヨーシソー智境四相 702-2
ヂキヨージヤ 持經者 1215-2
ヂギヨーセン 地行仙 1215-2
ヂギヨーラセツ地行羅刹 1215-2
チク 竺 1192-2
チク 痴狗 1192-2
チグ 值遇 1194-2
チクアン 竹庵 1192-2
チクイ 竹椅 1192-3
チクイ 竹葦 1194-2
チクオン 竹園 1194-2
チクオンガラン竹園伽藍 1194-2
チクシギ 筑紫義 1192-3
チクシユ 畜趣 1192-3, 1193-1
チクショー 畜生532-1-9, 990-3 1192-3
チクショーイン畜生因 1192-3
チクショーウ 畜生有 1192-3
チクショーカイ畜生界 1192-3
チクショーゴー畜生業 562-2-1
チクショージキジ畜生食時716-3-7 1193-1
チクショーシユ畜生趣 1193-1
チクショードー畜生道 1193-1
チクショーナン畜生難 808-1-4
チクショーホツカイ畜生法界 1592-3-30
チクセンハ 竺僊派 1193-1
チクタユー 逐他用 1193-1
チクヂヨーゲドー竹杖外道 1193-1
チクド 竺土 1193-1

チクートーコクー知空等虚空 546-1-11
チクドーショー 竺道生 1193-1
チクドンマラ 竺曇摩羅 1193-1
チクドンムラン竺曇無蘭 1193-2
チクブツネン 竺佛念 1193-2
チクヘー 竹篦 1193-3
チクベー 竹篦 295-3
チクホーゴ 竺法護 1193-3
チグホートクノヤク知具報德益 445-2-9
チクホーラン 竺法蘭 1193-3
チクリツエン 竺律炎 1193-3
チクリンゲドー竹林外道 1193-3
チクリンショージャ竹林精舎 1193-3
チクリンボーリュー竹林房流 1193-3
チクロク 逐鹿 886-2
チゲ 智礙 1194-3
ヂケツ 地結 1215-2
チゲツ 智月 923-1-18
ヂゲテン 地下天 1215-2
チケン 知見 1194-2
チケン 智劔 1194-2
チケン 痴犬 1194-2
チゲン 智眼 1194-3
チケンイン 智拳印 1194-3
チケンド 智犍度 423-3-24
チケンハラミツ知見波羅蜜 1194-3
チコ 智炬 1194-3
チコー 知庫 11194-3
チコー 智光 1194-3
チコー 痴綱 1190-3
チコー 痴猴 1194-3
ヂゴカイ 持牛戒 1215-3
ヂゴク 地獄 532-1-9
1094-3-24, 1215-3, 1421-1-8
ヂゴクイン 地獄因 1217-1
ヂゴクウ 地獄有 1217-1
ヂゴクエ 地獄繪 1217-3
ヂゴクカイ 地獄界 1217-1
ヂゴクカイノジユーニヨゼ
地獄界の十如是 938-2-23
ヂゴクゴー 地獄業 562-2-1
ヂゴクーゴ 地居空居 1217-1
ヂゴクシユ 地獄趣 1217-1
チコクテン 治國天 1194-3
ヂコクテン 持國天 1215-2
ヂゴクテング 地獄天宮 1217-1
ヂゴクテンシ 地獄天子 1217-2
ヂゴクドー 地獄道 1217-1
ヂゴクヒジ 地獄秘事 1217-2
ヂゴクヘン 地獄變 1217-2
ヂゴクヘンゾー地獄變相 1217-2
ヂゴクホツカイ地獄法界 1593-1-2
ヂゴツシヤク 持業釋 1217-3
ヂゴデン 地居天 1217-3
ヂゴモンケユ 地兒文殊 1743-1
ヂゴモンジユ 兒文殊 1195-1
チコン 知根 1195-1
ヂコンゴーエ 持金剛慧 1215-2
ヂコンゴーシユ持金剛衆 1215-3
チコンムショイ知根無所畏 1195-1
ヂサイ 持齋 1217-3
ヂサイキョー 持齊經 1217-3
チザイコンマ 治罪羯磨 567-1-1
チシ 痴子 1195-2
ヂジ 持始 1219-3
チシ 痴使 1195-2
チジ 知自 738-3-3
チジ 知時 738-2-30
チジイ 知次位
920-3-3, 1196-2
チシキ 知識 688-2-27, 1195-2
チシキエ 知識會 1195-3
チシキシユー 知識衆 1195-3
チジザイ 智自在 893-3-1
チジザイショエシンニョ智自
在所依眞如 880-1-17, 1197-1
チシヤ 知者 1195-3
チシヤ 智者 1195-3
ヂシヤ 持者 1219-2
チシヤク 智積 1196-1
チシヤクイン 智積院 1196-1
チシヤゲドー 知者外道 435-1-17
チシヤブツ 底沙佛 1196-1
チシユ 智手 1196-2
チシユ 智首 1196-2
チシユー 知衆 738-3-4
チシユー 智楫 1195-2
チジユ 痴聚 1197-2
ヂシユ 地種 1219-3
ヂジユ 持誦 897-2
チショ 智杵 1196-2
チショー 智證 1196-2, 1755-3-28
チジョー 知淨 1197-1
チジョー 智城 1197-1
ヂジョー 地上 1220-1
ヂジョー 持淨 1220-1
チジョーゴ 知淨語 1197-1
チジョーソー 智淨相 1197-1
チショーダイシ智證大師1870-2-27
チショーダイシリユー智證大
師流 1196-2
チジョーライ 智淨證 733-2-17
チシン 智心 1196-3, 1830-1-2
チシン 智身 1196-3, 1558-3-6
チシン 智眞 1196-3
チシン 痴心 1196-2, 1830-1-1
チジン 智刄 1197-2
ヂシン 地神 1219-3
ヂシンゴホー 地神護法 427-3
ヂシンシユー 地神衆 1219-3
ヂシンモーソー地神盲僧 1219-3
チスイ 智水 1197-2
チスイ 痴水 1197-2
ヂスイ 地水 1220-1
ヂスイカフー 地水火風 1220-1
ヂスイカフークー地水火風空
1220-1
ヂスイカフークーシキ地水火
風空識 1220-1
ヂスイカフークーシキケン地
水火風空識見 1220-1
ヂセキョー 持世經 1220-1
チセケン 知世間 1197-2
チセン 智山 1197-2
チゼン 痴禪 1197-2
ヂゼン 地前 1220-2
ヂゼンサンケン地前三賢 1220-2
ヂソ 持素 1220-2
チソー 智相 1195-1, 1835-1-15
チゾー 智藏 1195-1
ヂゾー 持僧 1220-2
ヂゾー 地藏 1217-3
ヂゾーイン 地藏院 1219-2
ヂゾーエ 地藏會 1219-2
チゾーカイ 智藏海 1195-1
ヂゾーカン 地想觀 1117-3
チソク 知足 738-3-2, 1197-3
チソクイン 知足院 1197-3
ヂソクカン 持息觀 1220-2
チソクチョータン知息長短 1197-3
チソクテン 知足天 1197-3
チソクニユー 智息入 1197-3
ヂソクネン 持息念 1220-3
ヂゾーコー 地藏講 1219-2
ヂゾーゴーシキ地藏講式 1219-2
ヂゾーニ 地藏尼 1219-2
ヂゾーマツリ 地藏祭 1279-2
チダイ 智諦 1197-3
ヂダイ 地大 1220-2
ヂタイヂ 持對治 1104-3-30
チダン 智斷 1198-1
ヂダン 地壇 1220-2
チチ 父 1198-1
チチ 智智 1198-1
ヂヂキョー 地持經 1220-3
ヂヂクセン 持軸山 1220-3
ヂヂヂユー 治地住 927-2-20
ヂヂユー 地中 1220-2
チヂョー 痴定 1198-1
ヂヂロン 地持論 1220-3
ヂヂン 地塵 1220-3
チツセ 十施 920-3
ヂツセ 十世 920-3
チデン 地天 735-2-11, 1220-3
ヂテング 地天供 1220-3
チトク 智德 651-1-30, 1198-2
チドク 痴毒 651-3-4, 1198-2
チトー 置答 1198-1
チトー 智燈 1198-2
チトー 痴燈 1198-2
チド 智度 1198-2
チドー 智幢 1198-2
ヂドー 地動 1220-3
チドーインネン地動因緣 1826-1
チトクシリョー智德資糧 858-1-8
チドーシヤ 知道者 1198-1
チドノサンギョー智度の三行
930-1-24
チドロン 智度論 1198-2
ヂナイ 地内 1221-1
チニン 智人 1198-2
チニン 痴人 1198-2
ヂニン 地人 1221-1
チニンソンピ 知人尊卑 738-3-6
ヂネン 持念 1221-1
ヂネンブツ 地念佛 1221-1
チノー 智甕 1198-2
チノイチジ 知之一字 71-1
チバク 痴縛 1198-2
チハラミツ 智波羅蜜 1198-2
ヂハラミツ 地波羅蜜 1221-2
チヒ 智悲 1198-3
ヂヒビョー 地皮餅 1221-2
チフ 智斧 1198-2
ヂブツ 持佛 1221-2
ヂブツドー 持佛堂 1221-2
チブリョーザン智豊雨山 1198-3
チベン 智辯 1198-2
ヂヘンセン 持邊山 1221-2
チベンムゲガン智辯無礙願 1198-3
チボー 知法 1198-3, 1198-3
ヂホーキンナラ持法緊那羅 1221-2
チホツシン 智法身 738-2-21
1568-1-8, 1605-2-26
チホニョデンエ知法如電影 87-2
ヂホーリン 持法輪 669-2-18
チボン 痴凡 1199-1
ヂボン 持犯 1221-3
ヂホンサンマイ持本三昧 1221-2
チボンノー 痴煩惱 1638-2-20
チマホー 地魔法 1643-1
チマン 痴慢 1199-1
ヂマンテン 持鬘天 1221-3
チミョー 智妙 1199-1
チミョー 持明 1221-1
ヂミョーイン 持明院 1222-2
ヂミョーカンヂョー持明灌頂 1222-1
ヂミョーショー持名鈔 1222-2
ヂミョーセン 持明仙 1222-2
ヂミョーゾー 持明藏 1222-1
チムジョー 智無上 733-1-14
チムヘンショブツチ知無邊諸
佛智 1189-1-15
チメー 痴迷 1199-1
チモ 智母 1199-1
チモー 痴網 1199-1
チモク 智目 1199-1
ヂモク 地墨 1222-2
チモクギョーソク智目行足 1199-1
チモン 智門 1199-1
チヤク 著 1227-1
チヤクガ 著我 1203-3
チヤクキボ 著鬼薄 1203-3
チヤクケ 適化 1203-3
ヂヤクゴ 著語 1227-1
チヤクジ 擇時 1204-1
チヤクチ 擇地 1204-1
ヂヤクシヤ 敵者 1227-1
チヤクシユ 擇手 1204-1
ヂヂヤクショー敵證 1226-1
ヂヤクシン 著心 978-1
ヂヤクソー 著想 1227-1
チヤクニユーゲン擇乳眼 1204-1
ヂヤクホー 著法 1227-1
チヤクホーカクシ擇法覺支 728-2-14
チヤクホーゲン擇法眼 1204-1
チヤクメツ 適滅 1204-1
チヤクメツムイ擇滅無爲 1204-1
1722-3-11, 1723-1-21
ヂヤクラク 著樂 1227-1
チヤクロンシヤ敵論者 1227-1
チヤツス 搩子 1204-2
チヤテンモンドー茶店問答 1204-2
チヤトー 茶湯 1204-1
チヤトーエ 茶湯會 1204-2
チユー 籌 1204-2
ヂユー 重 1213-2
ヂユー 住 730-2-24
チユーアゴンキョー中阿含經 1204-2
チユーアンゴ 中安居 45-2-12
チユーイン 中陰 1204-3
チユーイン 中因 1204-3
チユーインゾー中陰藏 674-2-30
チユーインリユー中院流 1209-3
チユーウ 中有 99-1-13
ヂユーエンシン重緣心 1214-2
ヂユーカ 重火 1213-2
ヂユーカ 住果 1227-2
チユーカイ 抽解 1190-2
ヂユーカクコードー重閣講堂 1213-2
チユーガン 中觀 613-2-3, 1705-2
ヂユーカン 重關 1213-3
ヂユーカン 頭懸 1213-3
チユーガンハ 中岩派 1205-2
チユーガンロン中觀論 1205-3
チユーク 中旬 429-1-2
ヂユークー 重空 1213-2
ヂユークーカン重空觀 1213-2
ヂユークーサンマイ重空三昧 1213-2
チユーグージ 中宮寺 1205-3
チユーケ 中悔 1205-3
ヂユーケ 重源 1213-3
チユーゲエ 中價衣 110-1, 1205-3
チユーゲン 中元 1205-3
ヂユーゲン 重源 1213-3
チユーゲンゴマ中間護摩 1206-1
チユーゲンサンマイ中間三昧 1206-1
チユーゲンジョーリョ中間靜
慮 1206-1
チユーゲンゼン中間禪 1206-1
チユーゲンヂョー中間定 1206-1
チユーゲンホーシ中間法師 1206-1
チユーコー 中劫 76-1-22, 1206-1
ヂユーコー 住劫 701-3-3, 1227-2
チユーコクシ 忠國師 1782-3-9
チユーコン 中根 1206-2
チユーゴン 中含 1206-2
チユーザン 仲算 1206-2
ヂユサンサンマイ重三三昧 619-1
チユーシ 中士 1206-2
チユージキ 中食 1206-3
ホユージキモクユ蟲食木譬 1701-1

チューシクエ　中宿衣　1206-3
チュージツ　中實　1206-3
ヂューシヤクケンポン住迹顯本　426-1-15
ヂューシヤクユーホン住迹用本　426-1-16
チュージュ　重頌　1213-3
チューシュー　中宗　1206-3
チューシュー　中洲　1206-2
チューショ　註疏　504-2
チュージョー　中乘　1207-1
ヂューショー　重障　1213-3
ヂューショーヂョージュガン住正定聚願　1227-3
ヂューショフジョー住處不淨　1227-3
ヂューシン　住心　1227-3
ヂューシンボン住心品　1227-3
ヂューセーゲ　重誓偈　214-1
ヂューセン　重山　1214-1
ヂュゼンジ　稠禪師　1190-2
チューセンセカイ中千世界　1207-1
チューソー　中草　1206-2
ヂューソー　住相　1227-2
ヂューソー　住僧　1227-
チュータイ　中胎　1207-2
チュータイ　中諦 1097-1-3, 1207-1
チューダイ　中臺　1207-2
チュータイゾー中胎藏　1207-2
チューダツ　抽脫　1190-2
チュータン　抽單　1190-2
チューダン　中壇　1208-2
ヂュータン　重擔　1214-3
ヂューヂ　住地　1227-3
ヂューヂ　住持　1227-3
ヂューヂイツサイセカイチ住持一切世界智　1189-1-10
ヂューヂシン　住持身 1558-2-25
ヂューヂブツ　住持佛　1228-1
チューチヤクエ中著衣　555-2
チューヂューシヤ中住者 713-1-28
ヂューヂョークブツガン住定供佛願　1228-1
ヂューヂョーボサツ住定菩薩　1228-1
チューテン　中天　1208-3
チューテンヂク中天竺　1208-3
チューテンヂクジ中天竺寺　1208-3
チュートー　柱塔　1207-2
チュートー　偸盜　1207-
チュードー　中道　1207-3
チュードーカン中道觀　1208-1
チュードーキョー中道敎　1208-1
チュードージツソー中道實相　1208-1
チュードーシュー中道宗　1208-1
ヂューノボサツ地涌の菩薩　1228-2
チューバ　偸婆 1113-3-5, 1209-1
チューハイ　中罷 653-2-6, 1208-3
チューバイ　中唄　1209-1
チューハツ　中般　1208-3
チューハン　中般　1518-3-13
ヂュービョードー重病堂　1214-1
ヂューフクエ　重複衣　1214-1
ヂューフジョー住不淨　916-2-28
チューヘンロン中邊論　1209-1
チューホー　中峰　1209-1
ヂューホーラカン住法羅漢　1228-2
チューボン　中品　1209-1
ヂューホン　重翻　1214-2
ヂュホンケンボン住本顯本 426-1-14
チューボンソーゴー中品相好　592-3-19
ヂューホンユーシヤク住本用迹　426-1-16
ヂューマンイツサイセカイチ充滿一切世界智　1189-1-6
ヂュームジョー住無上　739-1-16
ヂューモツキョーモツ重物輕物　1079-1-18
チューユイマキョー註維摩經　1209-2
チューラン　偸蘭　1209-2
チューランジヤ偸蘭遮　1209-2
チューリン　稠林　1190-2
チュール　中流　1209-2
チューロン　中論 1209-2, 670-2-19
チューロン　註論　1209-2
ヂョー　楪　1244-1
ヂョー　定 567-1-19, 1222-2
ヂョー　掉　1260-3
ヂョーアゴンギョー長阿含經　1222-3
1199-2
ヂョーイ　調意　1260-3
ヂョーイ　定異　1222-3
ヂョーイ　定意　1222-3
ヂョーイイン　定異因　91-2-3
ヂョイツサイガイショーサンマイ除一切蓋障三昧　1228-3
ヂョイツサイガイショーボサツ除一際蓋障菩薩　1228-2
ヂョーイン　定印　1222-3
チョーエ　長衣　1199-2
ヂョーエ　長衣　1222-3
ヂョーエ　定慧　1226-3
ヂョーエカゲンカイ長衣過限戒　1222-3
チョーオー　長翁　1199-2
チョーオーキョー頂王經　1203-3
チョーオツザンマイ超越三昧　1241-3
チョーオツショー超越證　1242-1
チョーオツダン超越斷　1242-2
ヂョーカイ　定戒　1223-1
ヂョガイショーイン除蓋障院　1229-1
ヂョガイショーサンマイ除蓋障三昧　1228-3
ヂョガイショーボサツ除蓋障菩薩　1228-3
ヂョーガイノオフミ帖外御文　1260-3
ヂョーガイワサン帖外和讚　1260-3
ヂョーガク　定學　1223-1
ヂョカクシ　除覺支　1228-3
ヂョーカクシ　定覺支　728-2-21
ヂョーガクジ　定額寺　1223-1
ヂョーガクソー定額僧　1223-1
チョーカゼンジ鳥窠禪師　1240-2
チョーカン　澄觀　1199 3
チョーカンダイイチ塚問第一—107-3
チョーカンジズイゾー長干寺瑞像　1012-2
チョーキ　長跪　1199-3
チョーキョー　聽敎　1200-1
ヂョーキョー　貞慶　1223-2
ヂョーギョージヤ定行者　1223-2
ヂョキンナン　除饉男　1229-1
ヂョキンニョ　除饉女　1229-2
チョク　知浴　1209-3
チョーク　長句　429-1-4
ヂョクアク　濁惡　1229-2
ヂョクアクショ濁惡處　1229-2
ヂョクアクセ　濁惡世　1229-2
ヂョーグカイ　定共戒　158-3-18
686-3-15, 1223-3
チョクガン　勅願　1209-3
チョクガンジ　勅願寺　1209-3
チョクガンジョ勅願所　1209-3
ヂョクコー　濁劫　1229-2
ヂョクゴー　濁業　563-1-13
チョクシユシンギ勅修淸規　1210-1
チョクシユデン勅修傳　1210-1
チョクシネンコー勅使拈香　1209-3
ヂョクセ　濁世　1228-2
ヂョークツ　定窟　1223-1
チョクメー　勅命　1210-1
ヂョクラン　濁亂　1229-2
チョーケンザ　塚問坐　1200-1
ヂョーケンド　定犍度　423-3-30
チョーコ　聽呼　1200-1
ヂョーコ　掉擧　1260-3
ヂョーゴ　調御　1260-3
チョーコー　頂光　1199-3
ヂョーゴー　長行　1199-3
チョーコー　長講　1199-2
ヂョーゴー　定業　561-2-28
ヂョーコー　定光　1223-2
ヂョーゴー　定業　1223-3
ヂョーゴー　長行　1223-1
ヂョーコーエ　長講會　1199-2
ヂョーゴーケツヂョー定業決定　1825-1-26
ヂョーゴシ　調御師　1261-1
ヂョーゴヂョーブ調御丈夫906-3-6
1261-1
チョーコツジキ長乞食　1200-1
チョーコードー長講堂　1199-2
ヂョーコン　定根　1223-3
ヂョーザ　定者　1224-2
チョーサイ　長齋　1200-1
ヂョーサイ　貼菜　1261-1
チョーサイガツ長齋月　1200-2
ヂョサイジユ　除災呪　1226-3
チョーサイヨーコー兆載永劫　1240-2
チョーサン　朝參　1240-2
ヂョーサン　掉散　1261-1
ヂョーサン　定散　1224-1
ヂョーサンジリキ定散自力　1224-2
ヂョーサンジリキノシン定散自力心　1224-2
ヂョージキ　長食　1225-1
ヂョージザイショショーシキ定自在所生色　1225-2
ヂョージシユ　長時修　709-3-22
710-1-1, 710-1-3
チョージシユ　長時修　1201-2
ヂョージシユギョー長時修行910-1-3
ヂョーシツ　場室　1225-2
ヂョージツ　貞實　1225-2
ヂョーシヤ　定者　1224-2
チョーシヤク　頂石　1201-1-220
チョーシヤク　鳥迹　1240-3
チョーシヤク　牒釋　1240-3
ヂョーシヤク　帖釋　1261-3
チョージヤ　長者　1201-2
チョージヤシ　長者子　1201-3
チョージヤニョ長者女　1202-1
チョーシユ　頭首　1266-2
チョーシユ　頂珠　1201-1
チョーシユ　聽衆　1201-2
ヂョシュー　趙州　650-1
チョージュー　澄什　1201-2
ヂョージユ　定聚　1225-2
ヂョーシユー　定宗　1261-1
チョージユオー長壽王　1202-1
1246-3
チョーシユーオツカク超宗越格　1240-3
ヂョージユク　調熟　1261-3
ヂョジューゼン調柔善　737-2-24
チョージユテン長壽天　1202-1
チョージユホー長壽法　1202-1
ヂョーシユン　貞舜　1224-3
チョーショー　長生　1200-3
チョーショー　調聲　1240-3
ヂョーショー　定性　1224-2
ヂョーショー　定鐘　1225-1
ヂョーショインシキ定所引色　1225-1
ヂョーショーエンガク定性緣覺　531-1-5, 1224-3
ヨーショーオー頂生王　1201-1
ヂョーショーキラクヂ定性喜樂地　1242-2
チョーショーク長生庫　1200-3
チョーショーサンマイ頂生三昧　1200-3
ヂョーショショージザイシキ定所生自在色　1604-2-9
ヂョーショーショーモン定性聲聞　531-1-4, 1224-3
チョーショーセン長生錢　1200-3
チョーショーフ長生符　1200-3
ヂョショーブツチョー除障佛頂　1092-2-17
ヂョーショーボサツ定性菩薩531-1-6
ヂョーシン　停心　1225-1
ヂョーシン　定身　1225-1
ヂョーシン　定心 917-1-26, 1225-1
ヂョーシンベツジノネンブツ定心別時念佛　1225-1
チョースイ　長水　1202-2
ヂョースイ　定水　1225-2
チョーセ　長世　1202-2
チョーセ　超世　1240-3
ヂョーセー　打靜　1225-2
チョーセノガン超世願　1240-3
チョーセノヒガン超世悲願　1241-1
チョーセノホンガン超世本願　1241-1
ヂョーゼン　定善　1225-2
チョーソー　頂相　1200-2
チョーソー　頂巢　1200-2
ヂョーソー　定相　1224-1
ヂョーソー　貼相　1261-1
チョーソーボンシ長爪梵志　1200-2
チョーソソー　鳥鼠僧　1241-1
チョーソトバ　町率都婆　1202-2
チョーダ　頂墮　1202-2
チョーダツ　調達 1158-3-6, 1261-3
チョーダン　超斷　1241-1
ヂョーチ　定智　1225-3
ヂョーヂキヂョー調直定　1262-1
チョーチヤク　打擲　1202-2
チョーオツシンチ超越心地　1242-2
チョード　調度　1241-2
チョードー　鳥道　1241-1
ヂョートー　定答　1225-2
チョトーオショー猪頭和尚　1210-2
チョーニチ　長日 1202-3, 1225-3
チョーニチオー超日王　1241-3
チョーニチガツコーブツ超日月光佛　1241-2
チョーニチミョーキョー超日明經　1241-3
チョーニユーザンマイ超入三昧　1241-3
チョーネン　奝然　1241-2
チョーバダツタ調婆達多 1158-3-5
チョーハチ　超八　1241-3
チョーハツ　長鉢　1202-3
チョーハツボンシ長髮梵志　1202-3
チョーハン　長板　1202-3
ヂョーハン　定判　1225-3
ヂョーバンゼー定盤星　1225-3
ヂョーヒ　定妃　1226-1
チョーヒョー　長標　1202-3
ヂョーブ　丈夫　1226-1
チョーフク　鰈腹　1244-1
ヂョーブク　調伏　1262-1
ヂョーブクキョー調伏行　1262-1
ヂョーブクコンマ調伏羯磨　1262-1
597-1-9
ヂョーブクゾー調伏藏　1262-1
ヂョーブクホー調伏法　244-2-27
712-3-25, 1241-3, 1262-2
チョーブツオツソ超佛越祖　1241-3
チョーホー　頂法　1202-3
チョーミソー　長眉僧　1202-3
ヂョーミョー　定命　1226-1
チョーミョートー長命燈　1203-1

チヨミシヤモン 長眉沙門 1202-3
ヂヨームヒヨー 定無表 1225-3
チヨーモツ 長物 1203-1, 1226-1
チヨーモン 牒文 1241-3
チヨーモン 聽聞 1203-1
ヂヨーモン 定門 1226-2
チヨーモンゲン 頂門眼 1203-1
チヨーヤ 長夜 1203-1, 1226-2
チヨーヨー 長養 1203-1, 1226-2
チヨーライ 頂禮 1203-1
チヨーラクジハ 長樂寺派 971-1-2, 1203-2-2
チヨーリ 長吏 1203-2
ヂヨーリキ 定力 1226-2
チヨーリユー 朝立 1241-3
ヂヨーリヨ 定侶 1226-3
ヂヨーリン 杖林 1226-3
チヨーリンノー 頂輪王 1203-2
チヨーリンシンゴン 頂輪眞言 1203-2
ヂヨーレン 定潋 1226-3
チヨーレンシンサ 調練心作 711-1-25
チヨーロ 朝露 1241-3
チヨーロー 長老 1203-1
ヂヨーロク 丈六 1226-3
ヂヨーロン 肇論 1262-2
チライ 知禮 1210-2
チリカ 哩哩迦 1210-2
チリキ 智力 1210-2
チリサンマヤ 底哩三昧耶 1210-3
ヂリツ 持律 1229-2
ヂリツダイイチ 持律第一 117-1
チリヨー 知寮 1210-3
ヂリン 地輪 1229-3
ヂリンダン 地輪壇 1230-1
ヂレンカンノン 持蓮觀音 1230-1
ヂレンゲ 持蓮華 1230-1
チロン 知論 1210-3
ヂロンジ 地論師 1230-1
ヂロンジユー 地論宗 1230-1
チワク 智惑 1210-3
チワク 痴惑 1210-3
チン 鎭 1211-3
ヂン 塵 1230-1, 1779-3-27
ヂンエン 塵緣 1230-1
チンキボ 砧基簿 1211-3, 1246-2
チンキヤク 陳棄藥 1211-3
チンキヨー 聽叫 1212-1
ヂンキヨー 塵境 1230-2
ヂンク 塵垢 1230-
チングー 沈空 1212-1
チンコ 聽呼 1212-1
ヂンコー 沈香 1230-2
ヂンコー 塵劫 1230-2
チンゴコツカ 鎭護國家 657-2, 1212-1
ヂンジヤ 塵沙 1230-2
ヂンシヤワク 塵沙惑 611-2-20
チンジユ 鎭守 1212-3
ヂンジユ 塵數 1230-3
ヂンジユ 塵鐘 1230-3
ヂンスイコー 沈水香 1230-3
ヂンセツ 塵刹 1240-3
チンゼツ 塵說 1230-3
チンゼーハ 鎭西派 970-3-30 1212-3
チンソー 頂相 1212-3
ヂンタイ 塵諦 1231-1
ヂンタイ 塵體 1231-1
チンダクフドーホー 鎭宅不動法 1213-1
ヂンダン 沈檀 1231-1
チンチヨー 珍重 1213-1
ヂンヂンザンマイ 塵塵三昧 1231-1
ヂンヂンセツド 塵塵刹土 1231-1
チンヅカ 鎭頭迦 1213-1
チンヅカラ 鎭頭迦羅 1213-2
ヂンデン 塵點 1231-1
ヂンデンゴー 塵點劫 1231-1
ジンドー 塵道 1231-1
ヂンドーセカイ 塵道世界 1231-1
ヂンナラ 塵那羅 1231 2
ヂンナ 陳那 50-3-6, 1231-2
ヂンヒヨー 塵表 1231-3
チンポー 珍寶 1213-2
チンポーセ 珍寶施 639-3-7
ヂンモー 塵網 1231-3
ヂンモー 塵妄 1231-3
ヂンヨク 塵欲 1231-3
チンミヨー 沈冥 1313-2
ヂンヤク 塵藥 1231-3
ヂンルイ 塵類 1231-3
ヂンロー 塵勞 1231-3

〔ツ〕

ツー 通 1231-3
ツイ 推 1236-1
ツイイン 追院 1237-1
ツイゴン 追嚴 1236-1
ツイザ 退座 1236-2
ツイシユ 追修 1236-2
ツイゼン 追薦 1236-2
ツイゼンキヨー 追善經 1236-2
ツイゼンクヨー 追善供養 1236-2
ツイチン 槌砧 1236-3
ツイテキキ 慥惕鬼 1236-3
ツイノ 都維那 1236-3
ツイフク 追福 1236-3
ヅエ 逗會 1238-3
ツーエ 通會 1234-2
ツーエ 通慧 1234-2
ツオンカツパ 宗略巴 1234-3
ツカ 墳 1234-3
ツカ 塚 1234-3
ヅカイ 塗灰 435-1-24
ツーカイゲ 通戒偈 1232-2
ツガイロンギ 番論義 1234-3
ツカンス 都監寺 1234-3
ツキ 月 1235-1-1016-1
ヅキ 逗機 1237-1
ツキナミコー 月次講 1235-1
ヅキヤ 豆佉 1237-1
ツーギヨー 通敎 1232-3 1687-2-9, 614-1-27
ツーギヨー 通行 1232-2
ツーギヨーシモン 通敎四門 763-2
ヅキン 頭巾 1237-1
ヅクン 頭鑽 1237-2
ツーゲ 通偈 1233-1
ツーケン 通肩 1233-1
ヅコー 塗香 1237-1
ヅコー 頭光 1237-2
ツーゴベツテン 通後別圓 1233-2
ツゴモリノミネンジユ 晦日の御念誦 1681-1
ヅシ 廚子 1237-2
ツジゼツポー 辻說法 1235-1
ツジダンギ 辻談義 1235-1
ツジドー 辻堂 1235-1
ヅシボトケ 廚子佛 1337-2
ツージユ 通受 1233-2
ヅシユー 頭袖 1266-2
ツージヨ 通序 1233-3
ツーシンロン 通申論 1233-2
ツソー 都倉 1276-2
ツソー 都總 1277-1
ツース 都寺 1233-3
ツーゼンゾーキヨー 通前藏敎 1233-3
ツーソーサンガン 通相三觀 625-2-6
ヅタ 杜多 1237-2
ヅダ 頭陀 1237-3
ヅダギヨー 頭陀行 1238-1
ツータツ 通達 1223-3
ツータツイ 通達位 574-1-11 1234-1
ヅダダイイチ 頭陀第一 1646-1
ツーダツシン 通達心 1233-3
ツーダツチ 通達智 1188-2-28
ヅダブクロ 頭陀袋 1238-1
ツチイン 度弟院 1235-2
ツチミカドゴモンゼキリユー 土御門御門跡流 1235-2
ツーヅ 通途 1234-1
ツツシムベキトシ 厄年 1235-2
ツヅラ 葛籠 1235-2
ヅドツク 塗毒鼓 1238-1
ツドーヂヨー 都道場 1235-2 1277-3
ツトメ 勤 1235-3
ヅネン 頭然 1238-1
ツーネンブツ 通念佛 1234-1
ツノダイシ 角大師 1235-3
ヅハシチブン 頭破七分 1238-2
ツーヒ 通披 1234-1
ツーフク 通覆 1234-1
ツーブツ 通佛 1551-2-18
ツーブツキヨー 通佛敎 1234-1
ツーブン 通文 1234-1
ツーベツニジヨ 通別二序 1234-1
ヅホクメンサイ 頭北面西 1238-2
ツーミヨーエ 通明慧 1234-2
ツーミヨーゼン 通明禪 1234-1
ツメノウエノツチ 爪上土 1235-3
ヅメンサライ 頭面作禮 1238-2
ツヤ 通夜 1235-3
ツユ 露 1235-3
ツーリ 通利 1234-2
ツリガネ 釣鐘 1235-3
ツーリキ 通力 1234-2
ツーリヨーケンホー 通兩肩法 1234-2
ツルギノヤマ 劔の山 1236-1
ツルノハヤシ 鶴の林 1236-1
ツーロン 通論 1234-2
ツーロンゲ 通論家 1234-2
ツーワク 通惑 1234-2
ヅンアン 童行 1238-3

〔テ〕

テーエ 提衣 1238-3
デーオン 泥洹 1260-3
デーカン 泥桓 1260-2
デーカン 泥丸 1260-2
テーギ 庭儀 1238-3
テーギマンダラグ 庭儀曼荼羅供 1238-3
テーゲ 底下 1239-3
テーゲンロク 貞元錄 1239-1
テーコクブツ 啼哭佛 1239-1
テーサン 庭讃 1239-1
デシ 弟子 929-2, 1262-2
デシイ 弟子位 1262-3
デシホン 弟子品 1262-3
デシセツ 弟子說 557-1-24
テーシヤ 底沙 1239-1
テーシユ 帝須 1233-2
テーシヨー 提唱 1239-2
デーシン 泥心 1830-3-4
テーゼー 提撕 1239-3
テーチヨー 提調 1239-3
テツ 楪 1242-2
テーヅ 剃頭 1239-3
テツガンヂゴク 鐵丸地獄 1242-2
テツギ 手次 1242-2
テツギユー 鐵牛 1242-2
テツケツ 鐵橛 1740-1-27
テツゲン 鐵眼 1242-3
テツサツ 鐵札 1243-1
テツシツリ 鐵蒺藜 1243-1
デツシヤク 牒釋 1262-3
テツジユ 鐵樹 1243-2
テツジヨー 鐵城 1243-2
テツシリンヂゴク 鐵刺林地獄 1243-1
テツシンミヨー 徹心明 1243-1
テツチセン 鐵圍山 1243-3
テツトー 鐵塔 1243-2
テツパツ 鐵鉢 1243-3
デツモン 牒文 1262-3
テツリンオー 鐵輪王 1243-3
テーテン 提點 1239-3
デートー 泥塔 1260-2
デートク 泥得 1260-2
デートーグ 泥塔供 1260-2
テートツ 觝突 1239-3
デーバダツタ 提婆達多 1158-3
テーバダツト 諦婆達兜 1240-1
テーハツ 剃髮 1239-3
テーミ 抵彌 1240-1
テーモー 帝網 1240-1
テラ 寺 886-3, 1244-1
テラウケジヨウモン 寺請證文 1244-1
テラノリユー 寺流 1244-2
テーラフカ 梯羅浮呵 1240-1
テラホーシ 寺法師 1244-2
テラヤクシヤ 寺役者 1244-2
テーリ 底理 1240-1
テーリサンマヤ 底哩三昧耶 1240-1
テーリシヤ 底栗車 1240-1
デーワツ 泥曰 1260-3
テン 天 532-1-9
テン 詔 736-1-25, 1245-1
テン 轉 1244-3
テン 纏 1244-3
デン 電 1262-3
テンアイ 天愛 1245-1
テンアクジヨーゼンノヤク 轉惡成善益 1245-2
テンイジユ 天意樹 1245-2
テンウ 天有 1245-2
テンエ 天衣 1245-2
テンエ 轉衣 1245-2
テンエ 轉依 1245-2
デンエ 傳衣 1262-3
デンエ 田衣 1263-1
テンエナンシヨークツ 轉依難證屈 644-3-3
テンガ 展賀 1246-1
テンガ 天畵 1247-3
テンカイ 天海 1245-3
テンカイ 天界 1246-1
テンガイ 天蓋 221-1-14, 1246-1
デンカイコクシ 傳戒國師 1263-1
テンカク 典客 1246-1
テンガク 天樂 1246-1
テンガン 轉龕 1246-1
テンキ 天機 1246-2
テンキ 天鬼 1246-2
テンキ 轉起 1246-1
テンキユー 天弓 1246-2
テンギヨー 轉敎 1248-1
デンギヨー 傳敎 1263-1
テンギヨー 天行 1246-2
テンギヨー 轉經 1246-2
テンギヨーエ 轉經會 1246-2
デンギヨーカンヂヨー 傳敎灌頂 1263-1
テンギヨーフザイ 轉敎付財 1248-2
テンク 天鼓 1246-2
テング 天狗 1247-2
テンク 天鼓 276-3
テング 傳供 1247-1
テングー 天宮 1247-2

テングーホーゾー天宮寳藏 1247-3
テンクライオンブツ天鼓雷音佛 1246-3
テンクワン 天冠 1247-1
テンケ 轉化 1247-3
テンケ 轉計 1247-3
テンケ 點化 1247-3
テンゲ 天華 1247-3
テンゲワジュン天下和順 1248-2
テンゲン 天眼 1248-2
524-2-13, 524-2-22
テンゲンチツー天眼智通 1248-3
テンゲンチツーガン天眼智通願 1248-3
テンゲンツー 天眼通 542-2-9
1248-3
テンゲンミョー天眼明 665-2-22
1248-3
テンゲンリキ 天眼力 1248-3
テンゴ 天語 1249-1
テンコー 天香 1246-1
テンゴー 天業 562-2-3
テンゴク 天獄 1249-1
テンゴク 諂曲 1249-1
テンコツ 轉骨 1248-3
テンコン 天根 1248-3
テンサイ 點菜 1249-1
テンシ 天使 1249-2
テンシ 天祠 1249-2
テンシ 天師 1249-2
テンシ 天子 1249-1
テンシキ 轉識 688-2-24, 1249-3
テンジキ 天食 1250-2
テンジキジ 天食時 716-3-4
1250-2
テンジキトクチ轉識得智 1250-2
テンシマ 天子魔 1249-3
テンシャク 點石 1249-3
テンシュ 天主 1249-3
テンシュ 天趣 1249-3
テンシュー 天衆 1249-3
テンジュ 天壽 1251-1
テンジュ 天授 1158-3-6, 1251-1
テンシュー 轉宗 1249-3
テンジュオー 天樹王 1251-1
テンジュコクマンダラ天壽國曼陀羅 1251-1
テンシュショーライ天主將來212-2-5
テンシュノゴゾー天衆五相 1249-3
テンジュボー 搯珠法 987-2
テンシュボダイ天須菩提 837-3-1
1250-1
テンジョー 天乘 542-1-6
541-3-19, 1251-1
テンジョー 天上 1250-3
デンショー 殿鐘 1263-2
テンジョー 點淨 1250-3
テンジョーシトー天上四塔 1114-2
テンジョーテンゲユイガドクソン 天上天下唯我獨尊 1250-3
デンジョーホッシ殿上法師 1263-2
テンシン 天眞 1250-1
テンシン 貼襯 1250-1
テンジン 天親 1251-1
テンジン 點心 1251-2
テンジンショーロン天親攝論543-2-4
テンジンチギ 天神地祇 1251-3
テンシンブツ 天眞佛 1250-2
デンス 殿主 1263-2
テンセ 轉世 1251-3
テンセン 天仙 1251-3
テンゾ 典座 1251-3
テンゾー 轉藏 1249-1
デンソーエ 田相衣 1263-1
テンソン 天尊 1251-3
テンタイ 天帝 1352-1
テンタイ 點對 1252-1
テンタイキュー天帝弓 1252-1
テンダイクソ 天台九祖 1252-2
テンダイゴケ 天台五悔 521-3
テンダイザス 天台座主 1252-3
テンダイサン 天台山 1252-2
テンダイサン 天梯山 1252-3
テンダイサンギョー天台三教614-1
テンダイサンショー天台三生622-2
テンダイシキョー天台四教 699-2
1252-3
テンダイシシャク天台四釋707-3
テンダイジツトク天台十徳929-2
テンタイシャク天帝釋 1252-1
テンタイシャクジョー天帝釋城 1252-1
テンダイシュー天台宗 1253-1
1871-1-23
テンダイシューゴジキョー天台宗五時教 531-1
テンダイソージョー天台相承 1252-2
テンダイダイシ天台大師 1131-2-7
1253-2
テンダイノサンエ 天台三會1253-2
テンダイハツキョー天台八教
1253-2
テンダイハツキョーダイイ天台八教大意 1253-3
テンダイハンニヤキョー轉大般若經 1253-3
テンダイホツケシュー天台法華宗 1253-3
テンダイリツ 天台律 1253-3
テンダイリッシュー天台律宗 1253-3
テンタモンク 轉他門句 1252-2
テンタン 展單 1252-2
デンヂ 傳持 1263-2
テンヂク 天竺 1255-1
テンヂクエ 天竺衣 1255-1
テンヂクゴサン天竺五山 527-2
テンヂクノクギ天竺九儀 1255-1
テンヂクノゴサン天竺五山 1255-1
テンヂクノサンジ天竺三時 1255-1
テンチキョー 天地鏡 1254-2
デンヂノハツソ傳持八祖 1263-2
テンチャ 點茶 1254-3
テンチャ 奠茶 1254-3
テンチャトー 點茶湯 1254-3
テンヂュー 天住 1255-2
テンチューテン天中天 1254-2
テンヂン 點塵 1255-2
デンヅー 傳通 1263-2
デンヅーエンギ傳通縁起 1263-2
デンヅーキ 傳通記 1263-2
テンテー 天帝 1255-2
テンデン 展轉 1255-2
テントー 奠湯 1252-1
テントー 點湯 1252-1
テンドー 天堂 1254-1
テンドー 天童 1255-2
テンドー 天道 1253-3, 1254-1
テンドー 顚倒 643-2-18
デントー 傳燈 1263-2
デントーアジャリ傳燈阿闍梨 1263-3
テンドーキ 天童忌 1255-2
テンドク 轉讀 1255-3
テンドクハンニヤ轉讀般若 1255-3
テントクビョー天德瓶 1255-2
テンドーザン 天童山 1255-2
デントーシキ 傳燈式 1263-3
デントーダイホツシイ傳燈大法師位 1263-3
テンドーハ 天童派 1255-3
テンドーモーゾー顚倒妄想572-3-21
デントーロク 傳燈錄 1263-3
テンニ 天耳 1255-3
テンニチ 天耳智 1255-3
テンニチツーガン天耳智通願 1256-1
テンニツー 天耳通 542-2-12
1256-1
テンニョ 天女 1256-1
テンニョガゾー天女畫像 262-2
テンニョジョーナン轉女成男 1256-2
テンニョジョーナンノガン轉女成男願 1256-2
テンニン 天人 1256-2
テンニンシ 天人師 906-3-10
1256-2
テンネン 轉念 1256-3
テンノー 天皇 1259-3
テンノー 天王 1259-3
テンノー 塡王 1259-3
テンノカメ 天の瓶 206-1
テンノージ 天王寺 1259-3
テンノーニョライ天王如來 1260-1
テンノーモンハンニヤ天王問般若 1438-2-8
テンパ 轉派 1256-3
テンパイ 天牌 1256-3
テンバク 纒縛 1256-3
テンピン 典賓 1256-3
テンブ 天部 1256-3
テンブゼンシン天部善神 1256-3
テンフタイホーリンホーベン轉不退法輪方便 916-2-11
テンベン 轉變 1256-3
テンベンヒミツ轉變秘密 713-3-18
テンペンムジョー轉變無常 733-1-27
テンホー 纒報 1257-1
デンボー 傳法 1263-3
デンボーアジヤリイ傳法阿闍梨位 1263-3
デンボーインリュー傳法院流 1264-1
デンボーカンヂョー傳法灌頂 1263-3
テンホツカイ 天法界 1592-3-24
テンボーリン 轉法輪 669-2-15
1257-1
テンボーリンイン轉法輪印 1257-1
テンボーリンザ轉法輪座 1257-2
テンボーリンジ轉法輪時 1257-2
テンボーリンドー轉法輪堂 1257-2
テンボーリンニチ轉法輪日 1257-2
テンボーリンノシリン轉法輪の四輪 858-3
テンポンホツケ添品法華 1257-3
テンボンリン 轉梵輪 1257-3
テンマ 天魔 1257-3, 1642-3-29
テンマクジョーゼンノヤク轉惡成善益 445-1-25
テンマゲドー 天魔外道 1258-1
テンマハジュン天魔波旬 1258-1
テンミョーホーリン轉妙法輪 1258-1
テンムミョー 纒無明 1258-1
テンメーカイゴ轉迷開悟 1258-1
テンモンノホツケラン天文法華亂 1258-1
デンヨー 電影 1264-1
テンヨク 轉欲 1258-2
アンラキ 轉羅呬 1258-2, 1268-2
テンラク 天樂 1776-3-4
テンラコク 天羅國 1258-2
テンラン 典攬 1258-2
テンリンオー 轉輪王 1259-1
テンリンコーザ轉輪高座 1259-1
テンリンジョーオー轉輪聖王 1259-1
テンリンゾー 轉輪藏 1259-1
テンリュー 天龍 1258-2
テンリュージ 天龍寺 1258-3
テンリュージハ天龍寺派 1258-3
テンリューハチブ天龍八部 1258-3
テンリューヤシヤ天龍夜叉 1259-1
テンリン 轉輪 1259-1
テンロクロクチ轉轆轆地 1259-3

〔ト〕

ド 度 1281-2
トー 塔 1113-3
トー 等 1264-1
トー 燈 1264-1
ドー 道 1170-3
ドー 幢 1281-3
ドー 動 1281-3
トーアン 東庵 1264-2
ドーアン 道安 1171-1
トーアンゴ 冬安居 1264-2
ドーイ 同異 436-1-19
ドーイ 道意 1171-2
ドーイ 道位 1177-2
トーイツクミョー當意即妙 1106-3
トーイツクミョー當位即妙 1109-1
ドーイチ 道一 1171-2
トーイチダイシヤ等一大車 1264-2
トーイツサイショブツ等一切諸佛 1264-2
トーイン 唐院 1109-1
トーイン 等引 1264-2
ドーイン 導引 1171-2
トエ 都會 1279-1
ドーエ 道慧 1188-1-17
トエダイダン 都會大壇 1279-1
ドエン 度縁 168-2-18, 1285-1
ドーエン 道縁 1171-2
トーエンゲドー投淵外道 434-1-6
1264-3
ドオシ 度於死 779-3-25
トカ 徒果 1276-1
ドカ 度科 1288-1
トーカ 洞下 1264-3
トーカ 湯果 1107-1
トーガ 倒我 1106-3
ドーカ 道果 1171-3
トーカイ 盜戒 925-3-7
ドーカイ 道戒 1171-2
トカク 兎角 1271-3
トーガク 等覺 1264-3
ドーガク 同學 1281-3
トーガクショー等覺性 824-3-12
トーガクノコンゴーシン等覺金剛心 1264-3
トーガクノダイジ等覺大士 1265-1
トーカツヂゴク等活地獄 1265-1
トーガノインス冬瓜印子 1265-2
トガノオショーニン栂尾上人 1271-3
トカラ 覩貨羅 1276-1
トカン 都管 1276-2
トーカン 等觀 1265-1
トーガン 到岸 1106-3
トーガン 等願 1265-2
ドーカン 道看 1171-2
ドーカン 道觀 1171-3
トーカンキョー稻稈經 1106-3
トカンジ 都監寺 1271-3
ドーカンソール道觀雙流 1172-1
トーカンユキョー稻幹喩經 1106-3
トキ 齋 1271-3
トーキ 當機 1106-3
トーキ 逗機 1265-1
トーキ 投機 1265-1
ドーキ 道記 1171-3
ドーキ 道氣 1171-3
ドーキ 道器 1171-3
ドーキキョー 同歸敎 537-2-17
トーギシュー 當機衆 703-1-17
1107-1
トーギゼン 等起善 1265-1
トキダカダ 特欹拏伽陀 1272-1

トキヒジ　齋非時　1272-1
トーキフゼン　等起不善　1265-1
1528-3-27
トーキヤクモツ當機益物　1107-1
ドギヤテー　弩蘗帝　1285-2
ドーギョ　桐魚　1282-1
ドキョー　讀經　1285-2
ドーキョー　同教　1282-1
ドーキョー　道教　1172-2
ドーギョー　童行　1282-1
ドーギョー　同行　1282-1
ドーギョー　道行　1171-3
ドキョーアラソイ讀經爭　1285-2
ドーキョーイチジョー同教一
乘　1282-1
ドーキョーエ　同境依　1282-1
ドーギョーゼンチシキ同行善
知識　643-2-25
ドーギョーハンニヤキョー道
行般若經　1171-3
トキラ　突吉羅　1272-2
トキン　兜巾　1272-2
ドーキン　道欽　1171-3
トク　徳　436-1-17
トク　得　736-2-13, 1272-2
トク　禿　1272-3
トク　杜口　1272-3
トーグ　等供　1265-2
ドーク　道舊　1171-3
ドーグ　道具　1172-1
トークー　等空　1265-1
トクイイ　特爲位　1276-2
ドクイチゼン　獨一善　737-2-17
ドクイチホツカイ獨一法界　1285-2
トクイチヤ　特爲茶　1276-2
トクイトー　特爲湯　1276-2
トクイハン　特爲飯　1276-2
トクイモーゴン得意妄言　1272-3
トクエ　徳慧　923-1-6
ドーグエ　道具衣　1172-1
トクオーカンノン徳王觀音　1276-1
ドクオン　獨園　1288-2
トクカ　徳華　1 412-1-5
ドーグカイ　道共戒
158-3-15, 686-3-16
トクギユーゼンシン犢牛前身
1273-1
トクギョー　徳行　1273-1
トクギョーボン徳行品　1273-1
トクゴ　徳護　1273-2
トクゴー　徳號　1273-1
トクゴー　徳香　1273-1
トクゴー　得業　1273-2
トクコジ　禿居士　1273-1
トクゴージザイ得業自在　893-1-21
ドクコラカ　獨孤洛迦　732-1-4
トクコンゴーシンガン得金剛
身願　1273-1
トクサン　徳山　1273-3
ドクサン　讀讃　74-1
ドクサンノイシキ獨散意識　1286-2
トクサンボーニンガン得三法
忍願　1273-2
トクシ　犢子　1274-1
トクシ　徳士　1274-1
ドクシ　讀師　737-3-28
1274-1, 1286-2
トクシブ犢子部　1274-1, 1021-3-3
トクシヤシラ　徳叉尸羅　3-2-2
トクシヤカ　徳叉迦　1274-2
ドクジヤ　毒蛇　1286-2
ドクジユ　讀誦　74-1, 1286-3
ドクジユ　毒樹　1286-3
ドクジユショーギョー讀誦正
行　531-2-21, 1187-1
ドクジユゾーギョー讀誦雜行　1286-3
ドクジユダイジョー讀誦大乘　1?87-1
ドクジユホン　讀誦品　1287-1
トクショー　特勝　1274-2
トクショー　徳生　1274-2
トクジョー　得繩　1274-3
トクショージョードシンジユ
得生淨土神咒　1274-2
トクショードー得勝堂　1274-2
トクシラ　徳尸羅　1274-3
トクシラジョーガキ徳尸羅城
餓鬼　226-1
トクズイ　得隨　1274-3
トクセツドジザイ得刹土自在
893-1-17
ドクゼン　毒箭　1287-1
ドクソン　獨尊　1287-1
ドクソン　特尊　1287-1
トクダイセー　得大勢　1274-3
トクダイセーミョーオー得大
勢明王　1274-3
トクダツ　得達　1275-1
トクチジザイ　得智自在　893-1-19
トクチョージユイン得長壽院　1275-1
トクツー　得通　1275-1
ドクヅイシキ　獨頭意識　1287-1
ドクヅムミョー獨頭無明　1287-1
1717-1-26
トクテン　徳天　1275-1
トクデン　徳田　1275-1
ドクテンニク　毒天二鼓　1287-1
トクド　禿奴　1275-1
トクド　得度　1275-1
トクドー　得道　1274-3
トクドシキ　得度式　1275-2
トクドシヤ　得度者　713-1-28
トクドニン　得度人　713-2-5
トクニユー　得入　1275-2
トクニン　禿人　1275-2
トクビョー　徳瓶　1275-2
トクビョーノジユーエン得病
十緣　1275-3
トクビョーノタトエ徳餅喩　1275-3
トクフー　徳風　1275-3
トクフンベツジザイ得分別自
在　893-1-14
ドクヘー　獨秉　1287-2
ドクホー　獨法　737-2-8
トクホン　徳本　1275-3
トクモ　徳母　1276-1
ドクヤク　毒藥　1287-2
ドクヤクシン　毒藥心　1830-3-14
トクヤクブン　得益分　1276-1
ドクヨーキョー獨影境　670-1-2
1287-2
ドクリユー　毒龍　1287-2
ドクルシキョー獨留此經　1287-3
ドクロ　髑髏　1287-3
トーケ　洞家　1265-2
トーゲ　投華　1265-2
ドーケ　道化　1172-1
ドーケ　導化　1172-2
ドーゲ　道芽　1172-2
トーケリン　陶家輪　1107-1
トーケン　倒見　1107-1
トーケン　倒懸　120-2-15, 1107-1
ドーケン　道檢　1172-2
ドーゲン　道元　1172-2
ドーゲン　道眼　1172-2
トコ　屠沽　1276-2
トーゴ　盜牛　1107-1
ドーコ　銅鼓　1282-1
ドーゴ　道後　1172-3
ドーゴ　同居　1282-1
トーコ　掉擧　736-1-12
トーゴー　倒合　633-1-16, 1106-3
ドーコー　道光　1171-3
ドーコー　道交　1171-2
ドーゴー　道號　1171-2
ドーゴー　道業　1172-3
ドーゴエド　同居穢土　1282-1
トーコーザ　登高座　1264-3
ドーゴジョード同居淨土　1282-1
ドーゴド　同居土　1282-1
トーコーボンシ燈光梵志　1265-1
ドーゴン　道禁　1172-3
トーコンドー　東金堂　1265-3
トーザ　登座　1265-3
トーサイ　冬齋　1265-3
トサラ　都薩羅　1276-2
トーザン　洞山　1265-3, 1266-1
トーザン　東山　1265-3
トーサンゾー　唐三藏　1107-2
トーザンリユー當山流　1107-2
トジ　圖寺　1276-3
ドシ　度使　1288-1
トーシ　燈指　1266-1
トーシ　東司　1266-1, 202-2-16
トーシ　橙子　1266-1
トーシ　投子　1266-1
トージ　等至　1266-3
トージ　等慈　1267-1
トージ　東寺　1267-1
ドーシ　道次　1173-1
ドーシ　動詞　1191-1-11
ドーシ　道士　1173-1
ドーシ　導師　737-3-26, 1172-3
ドージ　童子　1282-3
ドージ　道慈　1174-1
ドージイン　同事因　91-2-5
ドージカショー童子迦葉　190-3
ドーシキ　道識　1173-1
ドージキョーホー童子經法　1282-3
トシキリタ　突瑟儿理多　1276-2
トシグー　都史宮　1276-2
ドージグソクソーオーモン同
時具足相應門　451-1-29, 1283-1
トージケチエンカンジョー東
寺結緣灌頂　395-1
トージケンゴ　塔寺堅固　505-3-23
1115-1
トージザンマイ等至三昧　1267-1
ドージショー　同事攝　720-3-23
トシタ　都史多　1276-2
トシテン　都史天　1276-3
トシデン　都史殿　1276-3
ドシヤ　度者　1288-1
ドーシヤ　道者　1173-1
ドシヤカヂ　土砂加持　1288-2
トシヤキョー　兜沙經　1276-3
ドーシヤク　道綽　1173-3
ドシヤクョー　土砂供養　1288-3
トージヤノタトエ藤蛇喩　1267-2
トシヤマ　都史夜摩　1276-3
トシヤラ　兜沙羅　1276-3
トシユ　徒衆　1276-3
トーシユ　塔主　1115-1
ドーシユ　堂主　1173-2
ドーシユー　堂衆　1173-3
ドージユ　道樹　1174-1
ドージユ　童授　1283-1
ドージユ　童受　1283-1
ドージユー　童壽　1283-1
トージユー　登住　1283-1
ドーシユエ　道種慧　1188-1-10
ドージユキョー道樹經　1114-3-8
1174-1
ドーシユショー道種性　1173-3
トーシユジョーカイ等衆生界　1266-2
ドシユジョーシン度衆床心　1288-3
トーシユソーノカン噇酒糟漢　1282-2
ドーシユチ道種智　1173-3, 648-1-8
トジユツ　兜術　1276-3
ドージユツ　道術　1174-1
トーシユボンジ倒修凡事　1107-2
トジユン　杜順　1276-3
トージョ　東序　1267-3
ドショー　度生　1288-2
ドジョー　土麨　1288-3
トーショー　鬪勝　1266-2
トージョー　踏床　1115-1
トージョー　東淨　1267-2
トージョー　洞上　1267-2
ドーショー　道昭　1174-2
ドーショー　道生　1173-1
ドージョー　堂上　1174-1
トーショーアイ當生愛　2-2-28
1107--2
トーショーガク　等正覺　1266-2
ドーショークキョー道章句經　1173-2
トージョーゲン當情現　1107-2
トージョーケンゴ鬪諍堅固
525-3-25, 1267-2
トージョーゲンノソー當情現
相　1107-2
ドーショーキョー同性經　1282-2
トーショーシンシユー東勝身
洲　703-2-21
1266-3
ドーショーシン同生神　1282-2
トーショーダイジ唐招提寺　1107-2
ドーショーテン同生天　1282-3
トショノヒツジ屠所羊　1276-3
トーショフノーギョー等所不
能行　924-2-16
ドーショーリツギ道生律儀1788-2-12
トーショーロン唐攝論　543-2-12
トーシン　東震　1266-3
トーシン　等心　1266-3
トーシン　投針　1266-3
トーシン　鬪心　1830-1-10
トーシン　等身　1267-3
ドーシン　道心　1173-3
ドーシン　道信　1174-1
ドーシン　堂嚫　1174-1
ドーシン　童眞　1282-2
ドーシンケツ　同心結　1282-2
ドーシンシヤ　道心者　1174-1
ドーシンヂユー童眞住　927-2-28
1282-3
トース　東司　1267-3
トース　橙子　1267-3
ドース　堂司　1174-2
ドースイ　道邃　1174-2
ドースイ　道水　1174-2
ドセ　度世　1288-3
ドーセゴシ　同世五師　528-3
トーセン　刀山　1267-3
トーゼン　東漸　1267-3
ドーセン　道宣　1174-3
ドーセン　道詮　1174-3
ドーゼン　道前　1175-1
トソー　抖擻　1277-1
ドソー　度僧　1288-3
ドソー　土葬　1288-1
トーゾー　東藏　1265-3
トーゾー　塔像　1115-1
ドーソー　堂僧　1175-1
ドーソー　同相　1282-1, 1823-2-7
ドーソー　幢相　1282-1
ドーゾク　道俗　1175-1
ドーソジンノマツリ道祖神祭　1175-1
トーゾース　東藏主　1265-3
トーソーソクドー當相即道　1107-2
トソツ　兜率　612-2,
675-2-24, 1277-1
トソツテンシ　兜率天子　715-1-16
1277-2
トソツマンダラ都率漫荼羅　1277-2

トタ　杜多　1277-3
トタ　杜荼　1277-3
トータ　淘汰　1107-3
トータイ　當體　1107-3
トータイ　等諦　1268-1
ドータイ　同體　1283-1
ドータイ　道諦　1175-1
ドータイ　道體　1175-1
トータイサンゼン倒退三千　1107-3
ドータイサボンー同體三寳　657-3-24
トーダイジ　東大寺　1268-1
トータイソツクー當體即　1103-3
トータイソクゼ　當體即是　1107-3
トーダイニミツ東台二密　1268-2
トタカ　都吒迦　1277-3
ドダツ　度脱　1289-1
ドーダツ　堂達 737-3-27, 1175-1
ドダラシヤ　琴達嚩灑　1289-1
トーダンジユカイ登壇受戒　1268-3
トダンマンダラ都壇曼荼羅　1277-3
トチ　杜底　1278-1
トーチ　等智　1268-3
トーヂ　登地　1268-3
ドーチ　道智 1175-2, 1188-3-19
ドーヂ　童侍　1283-2
トーヂ　等持　1268-3
ドヂシン　土地神　1278-1
ドヂドー　土地堂　1278-1
トーヂノボサツ登地菩薩　1269-1
トチフギン　土地諷經　1278-1
トーヂユー　湯頭　1108-1
ドーチユー　道中　1175-2
トーチユーニブツ塔中二佛　1116-1
トーチユーフゾク塔中付屬　1116-1
トチヨー　斗帳　1278-1
ドチヨー　度牒　1289-1
トーチヨー　冬朝　12691
ドーチヨー　堂頭　1176-2
ドーチヨーイモン同聽異聞　1283-1
ドーヂヨー　道場　1175-2
1669-2-18
ドーヂヨージユ道場樹　1176-2
ドーヂヨーシン道場神　1176-2
ドーチヨーオシヨー堂頭和尙　1176-2
ドーヂヨーカン道場觀　943-1-11
1175-2
ドーチヨーブ　銅鐃部　1283-3
トーチン　東淨 202-2-16, 1268-3
トーヅ　刀途　649-2-3, 1269-1
ドーツー　道通　534-2-11
ドーヅオーキヨー當途王經　1108-1
トツカ　得果　1273-1
トツカイ　德海　1272-3
トツカイ　得戒　1272-3
ドツカク　獨覺 135-3-11285-3
ドツカクシン　獨覺身 1558-1-23
ドツカクノシヤヒシヨー獨覺捨悲障　1285-3
ドツカクセンニン獨角仙人　1285-3
ドツキ　毒器　1285-3
ドツキ　毒氣　1285-3
トーツーキ　當通機　1108-1
ドツキヨー　讀經　1286-1
ドツキヨーホーシ讀經法師　535-3-12
トツクー　禿空　1273-1
ドツク　毒鼓　276-2, 1286-1
ドツクー　獨空　1286-2
ドツコ　獨鈷　1286-2
トテー　徒弟　1278-1
ドテー　度弟　1289-1
トーテンチユー橕天柱　1108-1
トートー　東塔　1268-1
トードー　東堂　1268-3
ドートー　堂塔　1175-1
ドトーエ　土塔會　1289-1
トトギヤトヤ　多陀阿伽陀　1278-1
トートク　等得　1269-1
ドートク　道德　1176-2
ドードージ　堂童子　1176-2
トードノクソ　東土九祖　1269-2
トートン　盜貪　1108-1
ドーニヨカシヨー童女迦葉　190-3
ドーニン　道人　1176-3
ドーネン　道念　1176-2
トーノダイシ　底の大師　1108-1
トバ　兜婆 1113-3-5, 1278-1
トバ　突婆　1278-1
トーバ　沓婆　1115-2
トーバ　塔婆 1113-3-5-1115-1
トーバエシン　沓婆迴心　1115-2
トーバエンムガク沓婆厭無學
514-1-23
トバソージヨー鳥羽僧正　1278-2
ドーハチ　銅鉢　1283-2
ドーハチ　銅鈸　1283-2
トーバマラ　沓婆摩羅　1115-2
トーバン　東班　1269-3
ドーバン　幢幡　1283-2
トーヒガン　到彼岸　1108-1
トーヒキヨー　稻稈經　1108-1
トービタイガ　東毘提訶　1269-3
トービヨー　塔廟　1115-2
ドーヒヨー　道平　1176-3
トーヒヨーサイ刀兵災　617-2-15
ドーフ　道風　1176-3
トーフー　刀風　1269-3
ドーフク　道服　1176-3
トーフクジ　東福寺　1269-3
トーフクジハ　東福寺派　1269-3
ドーフドーホー動不動法　1283-3
トフナン　妬不男5 35-1-18, 1278-2
トブヨーモク　都部要目　1278-2
ドーブン　同分 736-2-15, 1283-3
ドーブンモーケン同分妄見　1284-1
ドーベツニキヨー同別二敎　1284-1
ドボー　特惽　1289-2
ドーホー　道法　1176-3
ドーホー　同法　1284-2
トーボサツ　燈菩薩　1270-1
トーボージヨールリイオー東方淨瑠璃醫王　1269-2
ドーホーチ　道法智　420-1-13
1177-1
ドーボーチニン道法智忍　420-1-13
トーホツウタイ東弗于逮　1269-3
ドーホツショーシ動發勝思　681-1-21
トーボン　倒凡　1108-2
ドーボン　同品　1284-2
ドーボン　道品　1177-1
ドーボンイチブンテン同品一分轉　632-3-1
ドーボンチヨーチヤク同品調適　920-2-24
トーマソバナ　荅秣蘇伐那　1115-2
トーマチクイ　稻麻竹葦　1108-2
ドマンジユー　土饅頭　1289-2
トーマンダラ　東曼陀羅　1270-1
トーミ　等味　1270-1
ドーミ　同味　1284-3
トーミツ　東密 1207-1, 1795-2-2
トーミヨー　燈明　1270-2
トーミヨー　等妙　1270-3
トーミヨーカクオー等妙覺王　1270-3
ドーミヨーテン同名天　1284-3
トーミヨーブツ燈明佛　1270-2
トームケンエン等無間緣　1270-2
685-3-25
ドムゴク　度無極　1289-2
1430-1-25
ドームジヨー　道無上　733-1-12
ドーメツ　道滅　1177-1
トーメーハ　東明派　1270-3
トーメンゴ　當面語　1108-2
ドーモーシカン童蒙止觀　1284-3
トモーヂン　兎毛塵　518-1-22
トモン　都聞　1278-2
ドーモン　當門　1108-2
ドーモン　道門　1177-1
ドーモンシユ　同聞衆　1284-3
トーヤ　冬夜　1270-3
トーヤマゲサ　遠山袈裟　1278-2
388-3
トーヨー　當陽　1108-2
トーヨー　東陽　1271-1
ドーヨー　道要　1171-2
ドヨクシヨー　度沃焦　1289-2
トラ　虎　1278-2
ドラ　銅鑼　1284-3
トーライ　當來　1108-2
トーライドーシ當來導師　1108-2
ドーラク　道樂　1177-1
ドラシヤ　土羅遮 1278-3, 1289-3
トーラン　縢蘭　1108-3
トーリ　忉利　1108-3
トーリ　倒離 633-2-4, 1108-3
ドーリ　道理　1177-1
ドーリキ　道力　1177-2
ドーリサンゼ　道理三世　641-1-5
ドーリシヨーギ道理勝義1097-1-28
ドーリセゾクタイ道理世俗諦
1097-1-14
トーリテン　忉利天　1108-3
トーリノフゾク忉利の付囑　1109-1
トーリヨ　等侶　1271-1
ドーリンノー　銅輪王　1248-3
トール　東流　1271-1
トール　等流　1271-1
ドール　道流　1177-2
トルイ　吐淚　1278-3
ドールイイン　同類因　1284-3
1819-2-14
ドールイゴギヤク同類五逆　515-1
ドールイチ　道類智　420-1-23
ドールイチニン道類智忍 420-1-22
1177-2
ドールイノジョゴー同類助業　1285-1
ドールイムゲ　同類無礙　1285-1
トールカ　等流果　1271-1
トールジユツキ等流習氣　1271-2
トールシン　等流身　1271-2
トールソーゾク等流相續　1271-2
トールホツシン等流法身　1606-2-2
トロ　都盧　1278-3
トーロ　燈爐　1271-2
トーロー　燈籠　1271-2
トン　貪 736-2-7, 1279-1
ドン　曇　1289-3
トンエンキヨー頓圓敎　1281-2
ドンカカラ　曇柯迦羅　1289-3
トンカク　頓覺　1279-2
トンキ　頓機　1279-2
ドンキ　鈍機　1289-3
ドンギヨー　頓敎　1279-2
522-3-11, 613-3-27, 614-1-23
ドンゲ　曇花　1289-3
トンケツ　貪結　1279-2
トンケン　貪見　408-1-19
524-1-23, 1279-2
トンゴ　頓悟　1280-1
トンコーサンゾー燉煌三藏　1279-2
トンゴノキ　頓悟機　1280 1
トンコーボサツ燉煌菩薩　1279-2
ドンコン　鈍根　1289-3
トンシ　貪使　1280-1
トンシ　頓旨　1280-1
ドンシ　鈍使　1289-3
ドンジキ　鈍色　1290-1
トンシヤ　頓寫　1280-1
トンジヤク　貪惜　1280-2
トンシユー　貪習　1280-1
トンジユーイン貪習因　91-2-16
トンジヨーノシヨギヨー頓成諸行　1280-2
トンシヨーボダイ頓證菩提　1280-1
トンシン　貪心　1829-3-28
トンジン　貪瞋　1280-2
トンシンダラ　頓眞陀羅　1280-2
トンジンチ　貪瞋癡　1280 2
トンスイ　貪水　1280-2
トンセ　遁世　1280-2
トンセツ　頓說　1280-3
トンゼン　頓漸　1280-3
トンゼン　貪染　1280-3
ドンセン　曇識　1290-1
ドンセンニキヨー曇識二敎　1290-1
トンダイ　頓大　1280-3
トンダン　頓斷　1280-3
トンヂヤク　貪著　1280-3
トンヂヨク　貪濁　1281-1
トンチヨーニヨライシヨー頓超如來性　531-2-3
トンドク　貪毒 651-2-30, 1281-1
ドンドーニジヨー鈍同二乘　1290-1
トントンキヨー頓頓敎　1281-1
トンナ　頓阿　1279-1
トンナイ　貪愛　1279-2
トンエチ　貪恚癡　1281-2
トンバク　貪縛　1281-1
トンビヨー　貪病　1281-1
トンボー　頓法　1281-1
トンボンノー　貪煩惱　1281-1
163-2-17
ドンマ　曇摩　1290-1
ドンマカ　曇摩迦　1290-1
ドンマカタヤシヤ曇摩伽陀耶舍　1290-1
ドンマカラ　曇摩迦羅　1290-2
ドンマキクタ　曇摩毱多　1290-2
ドンマセン　曇摩識　1290-2
ドンマミツタ　曇摩蜜多　1290-3
ドンマヤシヤ　曇摩耶舍　1290-3
ドンムカツ　曇無竭　1290-3
ドンムセン　曇無識　1291-1
ドンムトク　曇無德 4-2-18, 1291-1
ドンムトクカイホン曇無德戒本　1291-1
ドンムトクブ　曇無德部　566-3-19
ドンムトクリツ曇無德律　1291-2
トンヨク　貪欲　1281-1
トンヨクシ　貪欲使　1281-1
トンヨクジユーシヨー貪欲重障　623-1-28
トンヨクシリ　貪欲尸利　1281-1
ドンラン　曇鸞　1291-2
トンロー　貪狼　1281-2

〔ナ〕

ナ　名　1291-3
ナアラヤマンダラ那阿賴耶曼荼羅　1291-3
ナイイン　內院　1295-2
ナイエ　內衣　1291-3
ナイエン　內緣　1291-3
ナイオン　奈苑　1295-2
ナイオン　泥洹　1295-2
ナイオー　乃往　1295-2
ナイオンキヨー泥洹經　1295-3
ナイオンソージユ泥洹雙樹　1295-3
ナイガ　內我　1292-1
ナイカイ　內界　1291-3
ナイガゲドー　內我外道　435-1-8
ナイキ　內記　1292-1

ナイキョー　内敎　1292-2
ナイクー　内空　1292-1
ナイグ　内供　1292-1
ナイグブ　内供奉　1292-1
ナイクン　内薫　1292-1
ナイゲクー　内外空　1292-2
ナイゲケンミョー内外乘明　1292-2
ナイゲサンギョー内外三敎　614-2
ナイゲドー　内外道　1292-2
ナイゲドーシシュー内外道四執705-1
ナイゲノハチクョー内外八供養　1292-3
ナイゲフニモン内外不二門　1292-3
ナイゲマンダラ内外曼荼羅　1292-3
ナイゴコイン　内五股印　1292-3
ナイゴマ　内護摩　1292-3
ナイゴマゲゴマ内護摩外護摩569-3
ナイサイ　内齋　1292-3
ナイサゴーカンヂョー内作業灌頂　1292-3
ナイサンラン　内散亂　533-1-10
ナイシ　奈氏　1293-2
ナイシ　乃至　1292-3
ナイジ　内寺　1294-1
ナイシキ　内識　1293-2
ナイジショノサンジユーバンジン内侍所三十番神　1294-1
ナイシユ　内種　1293-3
ナイシユー　内衆　1293-3
ナイシユク　内宿　1293-3
ナイショ　内煮　1293-3
ナイショー　内障　1293-3
ナイショー　内證　1293-3
ナイショーチ　内證智　1293-3
ナイシン　内心　1293-3
ナイシンダイレンゲ内心大蓮華　1294-1
ナイシンニョヤシヤ内心如夜叉　1294-1
ナイシンヒミツレンゲゾー内心祕密蓮華藏　1294-1
ナイシンマンダラ内心曼荼羅　1294-1
ナイタイ　内胎　1294-1
ナイヂヤクボンノー内着煩惱　1294-2
ナイヂン　内塵　1294-2
ナイヂン　内陣　1294-2
ナイチゲドー　内知外道　435-1-23
ナイテン　内典　1294-2
ナイテンロク　内典録　1294-3
ナイドーヂョー内道場　1294-2
ナイニョ　奈女　1294-3
ナイニン　泥人　1294-2
ナイノゴミョー内五明　1294-3
ナイノシクョー内四供養　1294-3
ナイバクシナヤ泥縛些那　1294-3
ナイバシヤ　泥婆娑　1294-3
ナイバン　泥畔　1294-3
ナイヒ　内祕　1294-2
ナイブツ　内佛　1295-1
ナイホー　内法　1295-1
ナイホー　内方　1294-3
ナイボン　内凡　1295-1
ナイボンイ　内凡位　1295-1
ナイミョー　内明　1295-1
ナイムイ　内無爲　1295-1
ナイモンテン　内門天　1295-1
ナイラヤ　泥囉耶　1295-2
ナイリ　泥梨　1295-2
ナイリカ　泥梨迦　1295-2
ナイロンギ　内論義　1295-2
ナイワツ　泥曰　1295-2
ナエーシヤ　那騒舍　1295-3
ナカ　奈河　1295-3
ナガ　那伽　1296-1
ナガアラジユナ那伽閼剌樹那　1296-1
ナカゴ　中子　1296-1
ナガサイナ　那伽犀那　1296-2
ナガシリ　那伽室利　1296-2
ナガシン　那伽身　1296-2
ナガヂョー　那伽定　1296-2
ナカノモント　中野門徒　1296-1
ナガレカンヂョー流灌頂　348-3, 1296-2
ナガレギ　流木　1296-2
ナキニ　拏枳儞　1296-2
ナキヒトノクルヨ亡者來夜　1296-2
ナゴエリユー　名越流　1296-3
ナゴン　那含　1296-3
ナシモトリユー梨本流　1296-3
ナジユツ　那述　1296-3
ナセン　那先　1296-3
ナセンビクキョー那先比丘經　1296-3
ナタ　那他　1297-1
ナタ　那哆　1297-1
ナダ　那吒　1297-1
ナダイ　那提　1297-1
ナダイカショー那提迦葉　1297-2
ナチ　捺地　1297-2
ナチカショーハ捺地迦葉波　1297-2
ナチラカラ　奈耻羅訶羅　1287-2
ナツショ　納所　1297-2
ナデモノ　撫物　1297-2
ナナナヌカ　七七日　1297-3
ナニアミダブツ何阿彌陀佛　1297-3
ナビマンダラ　那羇曼荼羅　1297-3
ナマ　那摩　1299-1
ナマク　曩莫　1299-1
ナム　南無　1299-1
ナムアミダブツ南無阿彌陀佛　37-3, 1299-2
ナムカラタンノー南無喝囉怛那　1299-3
ナムサンボー　南無三寶　1299-3
ナムシヤカムニ南無釋迦牟尼　1004-2-8
ナムフカシギコーニョライ南無不可思議光如來　1299-3
ナムブツ　南無佛　1299-3
ナムミョーホーレンゲキョー南無妙法蓮華經　1300-1
ナモ　南無　1300-1
ナモアリヤ　那謨阿哩也　1300-1
ナヤ　那耶　1300-2
ナユタ　那由他　221-1-21, 1300-2
ナラ　那羅　1300-2
ナラエン　那羅延　1300-2
ナラエンシン　那羅延身　1300-3
ナラエンシンガン那羅延身願　1300-3
ナラエンテン　那羅延天　1301-1
ナラエンリキキョー那羅延力經　1301-1
ナラカ　捺落迦　1301-1
ナラク　奈落　1301-1
ナラシヤ　那辣遮　1301-1
ナラダ　那羅陀　1301-1
ナラナリ　那羅那里　1301-1
ナラノシチダイジ奈良七大寺　1301-2
ナラマナ　那羅摩那　1301-2
ナラマノー　那羅摩納　1301-2
ナランダ　那爛陀　1301-2
ナリ　奈利　1301-3
ナリラ　那利羅　1301-3
ナレンダイヤシヤ那連提耶舍　1301-3
ナン　難　1302-1
ナン　南　1301-3
ナンイ　煖位　1307-1
ナンイン　南院　1307-1
ナンイニドー　難易二道　1302-1
ナンウ　難有　1302-1
ナンエンドー　南圓堂　1307-1
ナンエンブ　南閻浮　1302-1
ナンエンブダイ南閻浮提　1302-1
ナンカイキキデン南海寄歸傳　1302-1
ナンカイワジョー南海和上　1302-1
ナンガク　南岳　1302-2
ナンキョー　難經　1302-2
ナンギョー　難行　1302-2
ナンギョ苦クギョーオン難行苦行恩　905-1-11
ナンキョーサンネ南京三會　672-1
ナンギョードー難行道　1302-3
ナンケ　難化　1302-3
ナンゲナンニユー難解難入　1302-3
ナンケノサンキ難化三機　1302-3
ナンゴ　軟語　1302-3
ナンコン　男根　1302-3
ナンザン　南山　1303-1
ナンザンエ　南山衣　1303-1
ナンザンケ　南山家　1303-1
ナンザンサンカン南山三觀　613-1
ナンザンサンキョー南山三敎614-1
ナンザンノサンガン南山三觀　1303-1
ナンサンホクシチ南三北七　1302-3
ナンシ　難思　1303-1
ナンシオージョー難思往生　1303-2
ナンシギ　難思議　1303-1
ナンシギオージョー難思議往生　1303-1
ナンシコーブツ難思光佛　1303-1
ナンジデン　南寺傳　1303-3
ナンシノクゼー難思弘誓　1303-1
ナンジノサンビョー難治三病　1305-3
ナンシヤクシヤクレツ難石石裂　53-1
ナンシユー　南洲　1303-1
ナンシユー　南宗　1303-2
ナンショーチ　難勝地　1303-2
ナンシンノホー難信之法　1303-3
ナンセー　難勢　1303-3
ナンゼンジ　南禪寺　1304-2
ナンセンブシユー南贍部州　1304-1
ナンセン　南泉　1303-3
ナンゼン　南禪　1304-2
ナンゾク　鞅賊　1304-2
ナンダ　難陀　1304-2, 1304-3
ナンダイ　難提　1304-3
ナンダイカ　難提迦　1304-3
ナンダウパナンダ難陀鄔波難陀　1305-1
ナンダンボンノー難斷煩惱　1305-2
ナンチユーサンギョー南中三敎　613-3, 1305-2
ナンチユーシナン難中之難　1305-2
ナンチナンケン難値難見　1305-2
ナンヂノキ　難治機　1305-3
ナンヂョーモクロク南條目錄　1305-3
ナンテン　南天　1305-3
ナンテンゲク　南天竺　1305-3
ナンテンノテツトー南天鐵塔　1305-3
ナンド　難度　1306-1
ナンドー　蠕動　1306-1
ナンドカイ　難度海　1306-1
ナントクギョー難得行　1305-3
ナンドシユジョー難度衆生　1306-1
ナントノサンネ南都三會　1305-3
ナントリツ　南都律　1305-3
ナントンホクゼン南頓北漸　1306-1
ナンナ　難拏　1306-1
ナンニユー　難入　1306-1
ナンニョ　男女　1306-1
ナンノーホクシユー南能北秀　1306-1
ナンパ　難破　1306-2
ナンブクヂ　難伏地　1306-2
ナンボー　煖法　1306-3
ナンボーガチリン南方月輪　1306-2
ナンボクノリツ南北律　1306-3
ナンボーブツキョー南方佛敎　1306-2
ナンボーホーショーブ南方寶生部　1306-2
ナンボームクセカイ南方無垢世界　1306-3
ナンボンネハンギョー南本涅槃經　1306-3
ナンヨー　南陽　1306-3

〔ニ〕

ニ　尼　1307-1
ニ　墅　1307-2
ニアイ　二愛　1307-2
ニアク　二惡　1307-2
ニイン　二印　1207-2
ニイン　二因　91-1, 1307-2
ニエ　二會　1362-1
ニエ　二衣　128-1, 1308-1
ニエコーシガン二迴向四願　1362-2
ニエン　二圓　1362-2
ニエン　爾焰　1308-1
ニエン　二緣　1308-1
ニエンツー　耳圓通　1362-2
ニエンテー　尼延底　1308-1
ニオー　二王　1361-1
ニオー　二往　1361-1
ニオーシン　二應身　1308-1
ニカ　二花　1423-3
ニカ　二加　1308-1
ニカ　二河　1308-1
ニカ　二果　1310-3
ニガ　二我　1308-3
ニカイ　二戒　1308-2
ニカイ　尼戒　1308-2
ニカク　二覺　1308-2
ニガク　二學　1308-3
ニガケン　二我見　1308-3
ニガシユー　二我執　1308-3
ニガツセン　二月懺　1311-2
ニガツドー　二月堂　1311-2
ニガビヤクドー二河白道　1308-3
ニカラ　尼迦羅　1308-3
ニカン　二觀　1311-1
ニカンジョー　二卷鈔　1311-2
ニギ　二義　1309-1
ニキカイ　二歸戒　1308-3
ニキソーシ　二鬼爭屍　150-3
ニキラ　二吉羅　1309-1
ニキョー　二敎　1313-1-3
ニキョー　二脇　1313-2
ニギョー　二行　1309-1
ニキョージ　二脇士　1313-2
ニキョータイ　二經體　1309-1
ニギョーナン　二形難　808-1-5
ニキョーロン　二敎論　1313-2
ニク　二苦　275-3
ニグ　二求　1311-2
ニグ　二愚　1311-2
ニクー　二空　277-3, 1309-2
ニクイン　二九韻　790-3, 1309-3
ニクイロ　肉色　1309-2
ニクーカン　二空觀　1310-1
ニクゲン　肉眼　524-2-12　1310-1
ニクゴブ　二九五部　1310-1
ニクジキ　肉食　1310-2
ニクジキジツカ肉食十過　889-2
ニクシン　肉身　1310-1
ニクシン　肉心　1310-1
ニクセン　肉山　1310-2
ニクダ　尼拘陀　1310-2
ニクダ　泥瞿陀　1310-3
ニクダンシン　肉團心　78-1-8, 859-3-28, 1310-3
ニクトー　肉燈　1310-3
ニクボンカ　二倶犯過　1310-3

ニクボンノーショー 肉煩惱障 623-1-23
ニクリツ 尼拘律 1310-3
ニケ 二假 371-1, 1311-3
ニゲ 二礙 1314-1
ニゲダツ 二解脱 437-2, 1314-1
ニケン 二見 407-3, 1313-2
ニケン 尼楗 1313-2
ニゲン 二現 1314-1
ニケンシ 尼揵子 1313-3
ニケンダ 尼乾陀 1313-3
ニケンダニヤクダイシ 尼楗陀若提子 1314-1
ニケンダホタラ 尼楗陀弗咀羅 1314-1
ニケンド 尼揵度 1314-1
ニゴ 二語 1314-3
ニゴ 二護 1314-3
ニゴ 二悟 1314-3
ニ 二光 1311-1
ニ 二業 561-2, 1314-3, 1315-1
ニゴカイ 耳語戒 1314-3
ニコン 二根 1314-2
ニコン 耳根 734-1-25, 1314-2
ニゴン 二嚴 1315-1
ニゴンテイ 尼近 1315-1
ニサイ 二際 1315-1
ニザイ 二罪 1316-1
ニサツドン 尼薩曇 1315-3
ニサン 二三 1316-1
ニシ 西 1316-2
ニシ 二師 1316-1
ニシ 二死 1316-1
ニシ 二始 1316-1
ニジ 二時 1322-1
ニジ 二字 1322-1
ニシオータニベツイン 西大谷別院 1316-2
ニシキ 耳識 1316-2
ニシキ 二識 688-2
ニジキ 二食 1322-2
ニシキシン 二色身 1316-2
ニシダニリユー 西谷流 1316-2
ニシダン 尼師壇 1316-2
ニシチマンダラ 二七曼荼羅 1316-2
ニジツクー 二十空 1322-2
ニジツシユゲドー 二十種外道 434-3
ニジツシユゴマホー 二十種護摩法 572-3
ニジツシユーノガケン 二十種の我見 1831-2-18
ニジツシユユホー 二十種喩法 1477-1
ニジツテン 二十天 1324-3
ニシノヒカリ 西光 1316-2
ニジヒギヨー 二事非行 1322-2
ニシホンガンジ 西本願寺 1316-3
ニジモンジユ 二字文殊 1326-2
ニシヤダ 尼沙陀 1317-2
ニシユ 二衆 1317-2
ニシユ 二修 1317-2
ニシユー 二宗 817-3, 1317-3
ニシユー 二執 1316-2
ニジユ 二受 980-3, 1326-2
ニシユアイ 二種愛 2-2
ニジユーイチジ 廿一寺 1322-2
ニシユイチジヨー 二種一乘 1318-3
ニシユエコー 二種回向 1861-1
ニシユオンリ 二種遠離 1321-1, 1321-1
ニジユーオクニ 二十億耳 1322-2
ニシユカイ 二種戒 1319-1, 158-2
ニシユカヂ 二種加持 195-2
ニシユカンヂヨー 二種灌頂 347-2
ニジユギヨー 二壽行 1326-2
ニシユギヨーソー 二種行相 269-2
ニシユクインリキ 二宿因力 1319-1
ニジユークウ 二十九有 99-2, 1322-2
ニジユークシユシヨーゴン 二十九種莊嚴 771-2, 1322-3
ニシユクヨー 二種供養 313-3, 1319-1
ニシユクンジユー 二種薰習 1319-1
ニシユゲ 二種偈 428-3
ニシユケツカイ 二種結界 396-3
ニジユーケンド 二十揵度 1322-3
ニジユゴー 二受業 1326-3
ニジユーゴウ 二十五有 99-2, 1322-3
ニジユーゴエンヅー 二十五圓通 1324-1
ニジユーゴシン 二十五神 1322-3
ニジユーゴダイ 二十五諦 842-2, 1323-1
ニジユーゴダイジ 二十五大寺 1323-1
ニジユーゴダンベツソンホー 二十五壇別尊法 1323-2
ニジユーゴヂヨー 二十五條 1322-2
ニジユーゴテン 二十五點 1323-2
ニジユーゴブ 二十五部 1323-3
ニジユーゴボサツ 二十五菩薩 1323-3
ニジユーゴホーベン 二十五方便 1323-2
ニシユコーミヨー 二種光明 325-1
ニシユコンマ 二種羯磨 1319-1
ニシユジ 二種字 886-2
ニシユージ 二種子 1319-2
ニジユーシカイ 二十四戒 158-2
ニシユシキ 二種色 690-1
ニシユジキ 二種食 889-1
ニシユシキシン 二種色身 692-3
ニシユジザイ 二種自在 893-1, 1320-1
ニジユーシシユーゲンギヨー 廿四周滅行 1324-2
ニジユーシチケンシヨー 二十七賢聖 417-2
ニジユーシチシユク 二十七宿 1324-2
ニジユーシハイ 二十四輩 1324-2
ニジユーシフソーオーボー 廿四不相應法 1324-2
ニジユーシホー 二十四炮 1324-2
ニシユジヤクヂヨー 二種寂靜 977-3
ニシユーシヤクダイ 二宗釋題 1122-3
ニシユシヤリ 二種舍利 813-2
ニシユジユキ 二種授記 981-3
ニシユシユツケ 二種出家 832-3
ニシユジユミヨー 二種壽命 990-1
ニシユジヨ 二種序 995-2
ニシユシヨー 二種證 1319-2
ニシユシヨー 二種聖 1319-1
ニシユシヨー 二種性 824-2
ニシユシヨーゴン 二種莊嚴 771-2, 1319-2
ニシユシヨージ 二種生死 779-1, 1319-1
ニシユシヨージヨー 二種淸淨 1319-2
ニシユシヨージン 二種精進 782-3
ニシユジヨーヂユー 二種常住 969-3
ニシユシヨーモン 二種聲聞 792-3
ニジユーシリユー 二十四流 1324-3
ニシユシリヨー 二種資糧 858-1, 1319-2
ニシユシン 二種信 861-1
ニシユシンジン 二種信心 1319-2
ニシユジンシン 二種深信 1320-1
ニシユシンソー 二種心相 1319-2
ニシユジンリキ 二種神力 1003-3
ニシユセケン 二種世間 1320-1
ニシユソー 二種僧 1071-1
ニシユソーモツ 二種僧物 1099-1
ニシユソンドク 二種尊特 1093-2, 1320-1
ニジユーチ 二十智 1189-1, 489-2-9
ニシユチヨーヲツザンマイ 二種超越三昧 1320-1
ニジユーニコン 二十二根 474-3, 1325-1
ニジユーニホン 二十二品 1325-1
ニジユーニムゲン 二十二無滅 1697-1
ニジユーニモン 二十二門 1325-1
ニシユニンニク 二種忍辱 1320-1
ニシユノイツセンダイ 二種の一闡提 75-2
ニシユノインガ 二種因果 1320-2
ニシユノガケン 二種我見 1320-2
ニシユノクン 二種薰 1320-2
ニシユノサンシン 二種三心 1320-2
ニシユノシ 二種死 1320-2
ニシユノシキ 二種識 1320-3
ニシユノシキ 二種色 1320-3
ニシユノジヤクジヨー 二種寂靜 1320-3
ニシユノジヤケン 二種邪見 1320-3
ニシユノジヨー 二種常 1320-3
ニシユノセ 二種施 1320-3
ニシユノセンダイ 二種闡提 1320-3
ニシユノドツカク 二種獨覺 1321-1
ニシユノビク 二種比丘 1321-1
ニシユノフクデン 二種福田 1321-1
ニシユノブツキヨー 二種佛境 1321-1
ニシユノボサツ 二種菩薩 1321-1
ニシユノホツシン 二種法身 1321-1
ニシユノムチ 二種無知 1321-1
ニシユノラカン 二種羅漢 1321-1
ニジユーハチウ 二十八有 1325-2, 99-2
ニジユーハチキヨーカイ 二十八輕戒 158-2, 1325-2
ニジユーハチホン 二十八品 1326-1
ニジユーハツブシユ 二十八部衆 1325-3
ニジユーハツケン 二十八見 1325-2
ニジユーハツコー 二十八講 1325-2
ニジユーハツシユク 二十八宿 1325-2, 775-3
ニジユーハツシヨー 二十八生 1325-2
ニジユーハツソ 二十八祖 1325-2
ニジユーハツテン 二十八天 1325-3
ニシユビヨー 二種病 1321-1
ニジユーブ 二十部 1326-1
ニシユフセ 二種布施 1527-3
ニシユブツド 二種佛土 1563-3
ニシユボダイシン 二種菩提心 1631-2
ニシユホツシヨー 二種法性 1602-2
ニシユホンガク 二種本覺 1618-2
ニシユホンゾン 二種本尊 1622-3
ニジユーユイシキ 二十唯識 1326-1
ニジユーヨハイ 二十四輩 1326-1
ニシユラカン 二種羅漢 1775-1
ニシユリユーダイ 二種立題 1122-2
ニシユリヨーゲ 二種領解 1793-2
ニシユリンシン 二種輪身 1321-1
ニシユロン 二種論 1847-3
ニジヨ 二序 1326-3
ニシヨー 二聖 1317-2
ニシヨー 二障 764-2, 1316-3
ユシヨー 二攝 1328-3
ニシヨー 二證 1321-2
ニジヨー 二乘 542-1-11, 1326-3
ニシヨーカ 二勝果 845-2
ニジヨーキヨー 二乘境 907-3-16
ニジヨーサブツ 二乘作佛 1328-2
ニシヨサンエ 二處三會 1321-2
ニジヨーシヨー 二乘性 531-1-30
ニジヨーホツカイ 二乘法界 1593-1-27
ニシン 二心 1321-3
ニシン 二身 1321-2
ニシンニヨ 二眞如 879-2 1322-1
ニセ 二世 1328-3
ニセケン 二世間 1328-3
ニセソン 二世尊 1328-3
ニセン 二詮 1328-3
ニゼン 爾前 1329-1
ニゼン 二禪 1329-1
ニゼン 二善 1329-1
ニゼンサンプク 二善三福 1329-1
ニゼンテン 二禪天 1329-2
ニソ 二祖 1329-2
ニソ 二鼠 1329-2
ニソー 二相 1315-1
ニゾー 二藏 674-1, 1316-1
ニソキ 二祖忌 1329-2
ニソク 二足 1329-2
ニソクソン 二足尊 1329-2
ニソサンブツキ 二祖三佛忌 1329-2
ニソーシヂユー 二雙四重 1315-2
ニゾーボサツ 二增菩薩 1329-3
ニソン 二尊 1329-3
ニソンイツチ 二尊一致 1329-3
ニソンイツキヨー 二尊一敎 1329-3
ニソンニキヨー 二尊二敎 1329-3
ニタ 貳吒 1330-1
ニタイ 二諦 1096-3, 1330-1
ニダイ 尼提 1330-2
ニタイカン 二諦觀 1330-2
ニダナ 尼陀那 1331-1
ニダナモクトカ 尼陀那目得迦 1331-2
ニダン 二斷 1331-2
ニチ 二智 1331-1, 1561-3
ニヂ 二持 1334-2
ニチイキ 日域 1334-1
ニチエンマン 二智圓滿 1334-2
ニチガツトーミヨーブツ 日月燈明佛 1332-1
ニチガツリン 日月輪 1332-1
ニチグー 日宮 1332-1
ニチゾー 日藏 1332-2
ニチニチゼンケ 日日漸加 1333-1
ニチユー 二柱 1333-1
ニヂユーマンダラ 二重曼荼羅 1670-3
ニチヨー 二超 1334-3
ニチヨー 二鳥 1334-2
ニチリン 日輪 1333-1
ニチレン 日蓮 1333-2
ニチレンシユー 日蓮宗 1333-2
ニツケー 肉髻 1310 1
ニツコー 日光 1331-3
ニツシユ 日種 1332-2
ニツシユ 入衆 1338-2
ニツシユエ 入衆衣 110-1, 1338-3
ニツシユジエ 入衆時衣 1338-3
ニツシユツシユユモツ 日出須臾沒 1332-2
ニツシユツニモン 入出二門 1338-3
ニツシユツニモンゲ 入出二門偈 1338-3
ニツシユツロンシヤ 日出論者 1332-2
ニツシヨー 入聖 1338-2
ニツシヨーマニ 日精摩尼 1332-2
ニツシヨーリロン 入正理論 1338-2
ニツソーカン 日想觀 1332-1
ニツチユーフギン 日中諷經 1510-1
ニツテン 日天 935-2-16, 1332-3
ニツテンシ 日天子 1332-3
ニツテンシユ 日天衆 1333-1
ニツトー 入塔 1339-1
ニツトーノハツケ 入唐八家 1339-1
ニツポー 日峯 1333-1
ニテー 尼抵 1334-2
ニテン 二天 1334-3
ニテン 二轉 1334-3
ニデン 二傳 1335-1

ニテンエ 二轉依 1334-3
ニテンサンセン二天三仙 433-2 1334-3
ニド 二土 1335-3
ニトー 二荅 1330-2
ニドー 二道 1330-2
ニトク 二德 1335-2
ニトン 二頓 1335-2
ニナンケ 二難化 1336-1
ニニ 爾偶 1336-1
ニニゴーエン 二二合緣 1336-1
ニニユー 二入 1336-2
ニニユー 耳入 1336-1
ニニユー 二乳 1336-3
ニニヨ 二女 1337-1
ニニヨ 二如 1336-3
ニニヨライゾー二如來藏 1337-1
ニニン 二忍 1337-1
ニニングボン 二人倶犯 1337-2
ニネハン 二涅槃 1337-2
ニバク 二縛 1337-2
ニバシヤナ 泥縛些那 1331-2
ニハチ 二八 1337-2
ニハラ 尼波羅 1337-2
ニヒヤクゴジツカイ二百五十戒 158-2, 1337-2
ニヒン 二貧 1337-2
ニブイロ 鈍色 1340-3
ニブカイホン 二部戒本 170-3
ニフク 二福 1338-1
ニフクデン 二福田 1513-3
ニブゴブ 二部五部 1341-1
ニブツシン 二佛身 1341-1
ニブツショー 二佛性 1556-2
ニブツチユーゲン二佛中間 1341-1
ニブツビヨーザ二佛並坐 1341-1
ニブンケ 二分家 1341-2
ニヘン 二邊 1341-3
ニホー 二法 1341-3
ニホー 二報 1341-3
ニホツシユー 二法執 1341-3
ニホツシン 二法身 1342-1, 1605-2
ニボン 二犯 1342-1
ニボン 二凡 1342-1
ニボンノーニ 煩惱 1638-1, 1342-1
ニマラ 尼摩羅 1342-1
ニマントーミヨーブツ二萬燈明佛 1342-1
ニミ 二美 1342-1
ニミツ 二密 1342-1
ニミヨー 二明 1342-2
ニミヨー 二妙 1343-1
ニミルダ 尼彌留陀 1342-2
ニミンダ 尼民陀 1342-2
ニムガ 二無我 1342-3
ニムガチ 二無我智 1342-3
ニムキ 二無記 1342-3, 1693-3
ニムジヨー 二無常 1342-3
ニムチ 二無智 1343-1
ニメツ 二滅 1343-2
ニモク 二木 1343-2
ニモン 二門 1343-2
ニヤク 二益 1345-1
ニヤクシヨーミダ若唱彌陀 1345-3
ニヤクダイシ 若提子 1345-3
ニヤクナセンダラ若那戰陀羅 1345-3
ニヤマ 尼夜摩 1346-1
ニユー 入 1337-2
ニユーアビダルマロン入阿毘達磨論 32-1, 1337-3
ニユーイ 入位 1340-3
ニユーイン 入院 1340-3
ニユーカイシ 乳海子 1346-2
ニユーガガニユー入我我入 1337-3
ニユーカン 入棺 1338-1
ニユーガン 入龕 1338-1
ニユーキヨー 乳經 1346-2
ニユーケンドー入見道 1338-1
ニユーコー 乳光 1346-2
ニユーコー 乳香 1346-2
ニユーコツ 入骨 1338-1
ニユージ 入寺 1339-1
ニユーシキ 乳色 1346-2
ニユーシツ 入室 1338-2
ニユージヤク 入寂 241-1-26 1339-1
ニユージユク 乳粥 207-1-4
ニユージユンニン柔順忍 1307-3
ニユージヨーヂヨージユノヤク入正定聚益 445-2-15
ニユーシン 入心 1338-3
ニユーシン 入信 1338-3
ニユースイ 乳水 1346-3
ニユースイゲン乳水眼 1346-3
ニユーセンガクドー入山學道 1339-1
ニユータイソー入胎相 1339-1
ニユーダン 入壇 1339-2
ニユーヂユーゲンモン入重玄門 1339-2
ニユーチユーサツニン乳中殺人 1346-2
ニユーヂユーシユツノサンシン入住出三心 1340-1
ニユーヂヨー 入定 1339-3
ニユーヂヨーイン入定印 1339-3
ニユーヂヨーズイ入定瑞 1339-3
ニユードー 入道 1339-2
ニユードー 入堂 1339-2
ニユードーノゴホー入堂五法 1339-2
ニユーナン 柔輭 1307-3
ニユーナンゴ 柔輭語 1307-3
ニユーナンチユーニユーナンシヤモン柔軟中柔軟沙門 696-2-29
ニユーネハン 入涅槃 1340-1
ニユーハツネハン入般涅槃 1340-1
ニユービヨー 入瓶 1340-1
ニユーブツ 入佛 1340-2
ニユーブツクヨー入佛供養 1340-2
ニユーブツビヨードーカイ入佛平等戒 1340-2
ニユーフニモン入不二門 1340-1
ニユーホツカイ入法界 1340-2
ニユーマンダラシヤ入曼荼羅者 1340-2
ニユーミ 乳味 573-1-20, 1346-3
ニユーミ 乳糜 1346-3
ニユーメツ 入滅 1340-3
ニユーモク 乳木 1346-3
ニユーモンゲシヤク入文解釋 1340-3
ニユーヤク 乳藥 1347-1
ニユーリヨーガキヨー入楞伽經 1340-3
ニユール 入流 1090-3-29
ニヨ 如 1347-1
ニヨ 二餘 1347-1
ニヨー 鐃 1370-1
ニヨイ 如意 1347-2
ニヨイゴ 如意語 732-1-19
ニヨイシユ 如意珠 1347-2
ニヨイジユオー如意珠王 1347-3
ニヨイジユシン如意珠身 1347-3
ニヨイジン 如意身 1558-3-2
ニヨイソク 如意足 1348-1
ニヨイチ 如意智 1188-3-3
ニヨイツー 如意通 542-2-15 1348-1
ニヨイビヨー 如意瓶 1348-1
ニヨイブツ 如意佛 1348-1
ニヨイホージユ如意寶珠 1348-1
ニヨイホージユホー如意寶珠法 1348-1
ニヨイマニ 如意摩尼 1348-2
ニヨイリン 如意輪 1348-2
ニヨイリンカンノン如意輪觀音 1348-2
ニヨイリング 如意輪供 1348-3
ニヨイリンコー如意輪講 1348-3
ニヨイリンボー如意輪法 1348-3
ニヨイリンボサツ如意輪菩薩 1348-3
ニヨイリンユガ如意輪瑜伽 1348-3
ニヨエン 如焰 1349-1
ニヨエン 如緣 6-3-30
ニヨーオーブツ饒王佛 1370-2
ニヨギゴンセツ如義言說 532-3-16
ニヨキヨー 如響 1349-2
ニヨク 二翼 1349-2
ニヨクー 如空 1349-3
ニヨケ 如化 1349-2
ニヨゲン 如幻 1349-2
ニヨゲンケウ 如幻假有 1349-3
ニヨゲンサマヂ如幻三摩地 1349-3
ニヨゲンソツクー如幻即空 1349-3
ニヨゲンムコ 如幻夢故 452-2-16
ニヨコ 如去 1112-3-5, 1349-3
ニヨゴ 如語 1350-1
ニヨコジ 女居士 466-1, 1350-1
ニヨコン 女根 1350-1
ニヨコンゴーサンマイ如金剛三昧 1350-1
ニヨサ 女鎖 1350-1
ニヨージ 鐃磁 1370-1
ニヨシキ 女色 1350-2
ニヨシシユツヂヨー女子出定 1350-2
ニヨジツ 如實 1350-3
ニヨジツイチドーシン如實一道心 1350-3
ニヨジツクー 如實空 1351-1
ニヨジツクーキヨー如實空鏡 694-2-4, 1351-1
ニヨジツシユギヨー如實修行 1351-1
ニヨジツチ 如實知 1351-1
ニヨジツチ 如實智 1351-1
ニヨジツチケン如實知見 1351-1
ニヨジツチシヤ如實知者 1351-2
ニヨジツチジシン如實知自心 1351-2
ニヨジツフクー如實不空 1351-2
ニヨジツロン 如實論 1351-2
ニヨシヨー 女聲 1350-3
ニヨジヨー 女情 1351-2
ニヨーシヨーノキス尿牀鬼子1349-1
ニヨゼ 如是 1351-3
ニヨゼチクシヨー汝是畜生 1352-3
ニヨセツ 如說 1351-3
ニヨゼテンデンキヨー如是展轉敎 1352-3
ニヨゾク 女賊 1353-1
ニヨダンオツ 女檀越 1353-1
ニヨテン 女天 1353-1
ニヨデン 如電 1353-1
ニヨートー 遶塔 1370-1
ニヨドトクセン如渡得船 1353-1
ニヨードーハチ鐃銅鉢 1370-1
ニヨニヨ 如如 567-3-28, 1353-2
ニヨニヨキヨー如如境 1353-2
ニヨニヨチ 如如智 1353-2
ニヨニヨチホツシン如如智法身 1606-2-22
ニヨニヨニヨセツ如如如說 1353-2
ニヨニヨブツ 如如佛 1353-3
ニヨニン 女人 1353-3
ニヨニンオージヨーガン女人往生願 1354-1
ニヨニンキンゼー女人禁制 1353-3
ニヨニンケツカイ女人結界 1353-3 397-2
ニヨニンコー 女人講 1353-3
ニヨニンダイマオー女人大魔王 1353-3
ニヨニンケンゾクロンジ女人眷屬論師 434-3-10, 1353-3
ニヨニンヂゴクシ女人地獄使 1354-1
ニヨニンヂヨー女人定 1354-1
ニヨニンパイ 女人拜 1354-1
ニヨーハチ 如鈸 1370-2
ニヨビヨー 女病 1354-2
ニヨーブツ 遶佛 1370-2
ニヨホー 如法 1354-2
ニヨホーアイゼン如法愛染 1354-2
ニヨホーアイゼンボー如法愛染法 1354-2
ニヨホーキヨー如法經 1354-3
ニヨホークジヤクキヨーホー如法孔雀經法 1355-1
ニヨホーリンシヨー法如尊勝 1355-1
ニヨホーダイニンノーエ如法大仁王會 1355-1
ニヨホーダイハンニヤキヨー如法大般若經 1355-2
ニヨホーヂ 如法治 1355-2
ニヨホツケキヨー如法華經 1355-1
ニヨホードー 如法堂 1355-2
ニヨホーニンノーエ如法仁王會 1355-2
ニヨホーネンブツ如法念佛 1355-2
ニヨホーブツゲン如法佛眼 1355-2
ニヨホーホクトホー如法北斗法 1355-2
ニヨボン 女犯 1355-3
ニヨムゲンホーヨー如夢幻泡影 1355-3
ニヨーヤク 饒益 208-2-14, 1370-2
ニヨーヤクウジヨーカイ饒益有情戒 1370-2
ニヨーヤクギヨー饒益行 908-2-6
ニヨライ 如來 906-2-21 1112-3-5, 1355-3
ニヨライエ 如來會 1359-3
ニヨライエ 如來衣 1356-2
ニヨライエ 如來慧 1359-3
ニヨライオーグトーシヨーガク如來應俱等正覺 1356-2
ニヨライオーシヨーヘンチ如來應正遍知 1356-3
ニヨライカジヨーノホーモン如來果上法門 1356-3
ニヨライカヂリキ如來加持力668-2-1
ニヨライケ 如來家 1357-1
ニヨライケンイン如來拳印 1357-1
ニヨライゴシユセツポー如來五種說法 1357-1
ニヨライザ 如來座 1357-1
ニヨライサンマヤ如來三昧耶 1357-1
ニヨライサンミツ如來三密 664-2-18
ニヨライシ 如來使 1357-3
ニヨライシキ 如來識 1357-3
ニヨライシツ 如來室 1358-1
ニヨライジヨーケシユ如來淨華衆 1358-2
ニヨライジヨーヂユー如來常住 1358-2
ニヨライシヨトクホー如來所得法 1358-1
ニヨライシン 如來身 1358-2
ニヨライゼン 如來禪 1358-2
ニヨライゾー 如來藏 1357-1
ニヨライゾーエンギ如來藏緣起 137-1-12, 1357-3
ニヨライゾーキヨー如來藏經 1357-3
ニヨライゾーキヨージユーユ如來藏經十喩 1476-3
ニヨライゾーシヨー如來藏性 1357-3
ニヨライゾーシン如來藏心 1357-3
ニヨライゾーロン如來藏論 1357-3
ニヨライチ 如來地 1358-3

ニョライチカイムジン如來智界無盡 1709-1-21
ニョライニチ 如來日 1359-1
ニョライバイ 如來唄 1359-1
ニョライブ 如來部 1359-2
ニョライブ 如來舞 1359-2
ニョライフシギホツシン如來不思議法身 1359-2
ニョライミミョーショー如來微妙聲 1359-2
ニョライムヘンセーガンジ如來無邊誓願事 1359-2
ニョリ 如理 1359-3
ニョリシ 如理師 1359-3
ニョリチ 如理智 1359-3
ニョリョーチ 如量智 5359-3
ニョローニョア如聾如啞 1359-2
ニョロヤクニョデン如露亦如電 1360-1
ニラウハラ 尼羅烏鉢羅 1360-1
ニラケンタ 儞羅建他 1360-1
ニラバ 尼藍婆 1360-1
ニラブダ 尼剌部陀 1360-1
ニリ 二利 1360-2
ニリ 二離 1360-2
ニリキ 二力 1360-2, 1783-3
ニリョー 二領 1360-2
ニリョー 二量 1791-3
ニリン 耳輪 1360-2
ニリン 二輪 1360-3
ニリンシン 二輪身 1360-3
ニル 二流 1360-3
ニルイカクショー二類各生 1360-3
ニルイシユジ 二類種子 825-3
ニレンゼン 尼連禪 1361-1
ニレンゼンガ 尼連禪河 23-2-26
ニロ 二漏 1361-1
ニロク 二六 1361-1
ニワ 二和 1361-1
ニワク 二惑 1361-3
ニン 忍 1362-2
ニン 人 532-1-9, 1364-1
ニン 仁 1364-1
ニンイ 忍位 1369-3
ニンイン 人因 1364-1
ニンウ 人有 1364-2
ニンウン 任運 1364-2
ニンガ 人我 1364-2
ニンガイ 仁海 1364-2
ニンカイ 忍界 1364-2
ニンガイ 人界 1364-3
ニンガイ 忍鎧 1364-3
ニンカイノジユーニョ人界の十如 938-3-16
ニンガケン 人我見 1364-3
ニンキ 人鬼 1364-3
ニンギュークモー人牛俱妄 1364-3
ニンギョー 忍行 1364-3
ニンクー 人空 1364-3
ニンクーカン 人空觀 1365-1
ニンケ 人華 1365-1
ニンケギョー 忍加行 1365-1
ニンケン 人見 1365-1
ニンゲン 人間 1365-1
ニンゲンカイ 人間界 1365-1
ニンケンド 人犍度 424-1-18
ニンゴー 人業 562-2-3
ニンゴー 潤業 1365-1
ニンシ 仁祠 1365-1
ニンシ 人師 1365-1
ニンシエ 人四依 684-3
ニンシシ 人師子 1365-2
ニンシャ 仁者 1365-2
ニンシユ 人趣 1365-2
ニンジユ 人樹 1366-1
ニンシユー 人執 1365-2
ニンジョー 人乘 541-3-18, 542-1-101366-1
ニンジョー 潤生 1365-2
ニンジョーノゴー潤生業 1365-2
ニンシン 人身 1850-1-16, 1365-2
ニンシンゴ 人身牛 1365-2
ニンスイ 忍水 1366-1
ニンセン 人仙 1366-1
ニンセン 忍仙 1366-1
ニンゼン 忍善 1366-1
ニンソー 人相 702-1-30, 1365-1
ニンソン 人尊 1366-1
ニンソン 仁尊 1366-1
ニンタイ 仁體 1266-2
ニンダラニ 忍陀羅尼1181-3-19 1366-2
ニンチ 忍地 1366-2
ニンチ 忍智 1366-2
ニンチユーゴオー人中牛王 1366-2
ニンチユーシシ人中師子 1366-3
ニンチユージユ人中樹 1366-3
ニンチユーソン人中尊 1366-3
ニンチョー 忍調 1366-3
ニンチョー 人鳥 1366-3
ニンヂョー 人定 1266-3
ニンヅドー 人頭幢 1366-3
ニンデン 人天 1367-1
ニンデンガンモク人天眼目 1367-1
ニンデンキョー人天敎 523-1-1, 537-2-26, 1367-1
ニンデンジョー人天乘 541-3-30 1367-1
ニジデンチキョーガン人天致敬願 1367-1
ニンド 忍土 1367-1
ニントー 仁搪 1366-2
ニンドー 人道 1366-2
ニンドノサンギョー忍度の三行 930-1-14
ニンナジ 仁和寺 816-1, 1369-2
ニンニク 忍辱 929-3-14, 1367-1
ニンニクエ 忍辱衣 609-2-1 1367-2
ニンニクガイ 忍辱鎧 1367-2
ニンニクサンリユー忍辱山流 1367-2
ニンニクセン 忍辱仙 1367-2
ニンニクタイシ忍辱太子 1367-2
ニンニクチ 忍辱地 1367-3
ニンニクハラミツ忍辱波羅蜜 1367-3
ニンニクホーベン忍辱方便 916-1-29
ニンニンホング人人本具 1367-3
ニンノーエ 仁王會 1369-2
ニンノーキョー仁王經 1368-2
ニンノーグ 仁王供 1368-3
ニンノーコー 仁王講 1368-2
ニンノーシシ 人雄師子 1369-3
ニンノージユ 仁王呪 1369-1
ニンノーボサツ仁王菩薩 1369-1
ニンバチユー ボ婆蟲 1367-3
ニンハラミツ 忍波羅蜜 1367-3
ニンビョー 任病 1368-1
ニンピニン 人非人 259-3-9 1367-3
ニンフケンフー人不見風 757-3-17
ニンボー 人法 1368-1
ニンボー 忍法 721-3-24, 1368-1
ニンボー 人寶 721-3-24, 1368-1
ニンボーイ 忍法位 1368-1
ニンホツカイ 人法界 1592-3-26
ニンミョーフジョー人命不停 1368-1
ニンムガ 人無我 1368-2
ニンムガチ 人無我智 1368-2
ニンリョーゲドー人量外道435-1-9
ニンリキ 忍力 1368-2
リンリン 林人 1368-2

〔ヌ〕

ヌイボトケ 縫佛 1370-1
ヌキデンジユ 拔傳授 1369-3
ヌセツケン 竅赤建 1370-1
ヌヒ 竅裨 1370-1
ヌボクザンマイ竅僕三昧 1370-1
ヌレボトケ 濡佛 1370-1

〔ネ〕

ネーイツサン 寧一山 1370-1
ネーキガケン 寧起我見 228-1
ネガタ 涅伽多 1370-3
ネゴロジ 根來寺 1370-3
ネツジエン 熱時炎 1370-3
ネツテツジゴク熱鐵地獄 1370-3
ネツノー 熱惱 1370-3
ネツビョー 熱病 307-2-30
ネヅミ 鼠 1370-3
ネハン 涅槃 554-1-26, 1371-1 1601-3-29, 1702-3-7
ネハンイン 涅槃印 1373-2
ネハンエ 涅槃會 1376-2
ネハンカイ 涅槃界 1373-2
ネハンカイムジン涅槃界無盡 1709-1-19
ネハンキ 涅槃忌 1373-3
ネハンギョー 涅槃經 1373-3
ネハングー 涅槃宮 1374-1
ネハンザイ 涅槃際 1374-3
ネハンジキ 涅槃色 1375-2
ネハンジキ 涅槃食 1375-2
ネハンジヤクジョーイン涅槃寂靜印 660-2-8, 1375-3
ネハンシユー 涅槃宗 1375-2
ネハンシユーゴジキョー涅槃宗五時敎 537-2
ネハンショー 涅槃聖 1375-1
ネハンショー 涅槃聲 1375-1
ネハンジョー 涅槃城 1375-2
ネハンセン 涅槃山 1375-3
ネハンソー 涅槃相 1374-1
ネハンソー 涅槃僧 1375-3
ネハンゾー 涅槃像 1374-3
ネハンテン 涅槃點 1376-1
ネハンドー 涅槃堂 1375-3
ネハンナ 涅槃那 1376-1
ネハンノハチミ涅槃八味 1376-1
ネハンバク 涅槃縛 1376-1
ネハンフー 涅槃風 1376-1
ネハンブツ 涅槃佛 1316-2
ネハンブン 涅槃分 1316-1
ネハンボン 涅槃飯 1376-2
ネハンマンダラ涅槃曼荼羅 1671-2
ネハンモン 涅槃門 1376-2
ネハンヨージヤク涅槃永寂 758-3-30
ネハンラク 涅槃樂 1376-2 1776-3-7
ネハンロン 涅槃論 1376-2
ネビナ 寧尾拏 1376-3
ネリ 行道 1376-3
ネリクョー 行道供養 1376-3
ネリテー 涅哩底 1377-1
ネン 念 735-1-18, 1377-1
ネンエ 拈衣 1377-1
ネンカイ 念戒 1377-2, 1840-1-25
ネンカイ 年戒 1377-2
ネンカクシ 念覺支 727-2-19
ネンカンリョーシユー念觀兩宗 1377-2
ネンキ 年忌 1377-2
ネンキョー 念經 1377-3
ネンゲミショー拈花微笑 190-2 1378-1
ネンコ 拈古 1378-2
ネンゴ 拈語 1378-2
ネンコー 拈香 1377-2
ネンコン 念根 1378-2
ネンゴン 念言 1378-2
ネンシ 念死 1378-2, 1413-1-1
ネンジキ 念食 537-1-4 889-3-11, 1379-1
ネンジッポーブツ念十方佛 918-1-3
ネンジユ 念誦 1379-2
ネンジユ 念珠 1379-3-3
ネンジユドー 念誦堂 1379-3
ネンショ 念處 1378-3
ネンショー 年星 1378-2
ネンジョー 念常 1379-1
ネンショーゼイチ念諍是一 1378-3
ネンシン 念心 917-1-22
ネンセ 念施 1379-3, 1870-1-26
ネンソー 念僧 1379-3, 1840-1-22
ネンソーゾク 念相續 1378-2
ネンヂ 念持 1379-3
ネンヂョー 念定 1379-3
ネンヂヤク 念著 1379-3
ネンツイ 拈槌 1379-3
ネンテー 拈提 1379-3
ネンテン 念天 1379-3, 1870-1-29
ネントー 燃燈 1380-1
ネントーブツ 燃燈佛 1380-1
ネンニョイソク念如意足 1380-1
ネンネンソーゾク念念相續 1380-2
ネンネンムジョー念念無常 1380-2
ネンフタイ 念不退 1380-2
ネンブツ 念佛 1380-3 1578-3-7, 1649-1, 1840-1-17
ネンブツイシユー念佛爲宗 1382-1
ネンブツイセン念佛爲先 1382-1
ネンブツイホン念佛爲本 1382-1
ネンブツオージョー念佛往生 1281-3
ネンブツオージョーガン念佛往生願 1381-3
ネンブツオドリ念佛踊 1382-1
ネンブツカン 念佛觀 1381-1
ネンブツコー 念佛講 1381-1
ネンブツザンマイ念佛三昧 1381-1 1841-1
ネンブツシヤ 念佛者 1381-2
ネンブツシユー念佛宗 1381-2
ネンブツショーシンゲ念佛正信偈 1381-2
ネンブツドー 念佛堂 1381-2
ネンブツノエコー念佛廻向 1381-3
ネンブツノギョージヤ念佛行者 1381-3
ネンブツモン 念佛門 1381-3
ネンボー 念法 1382-1, 1840-1-20
ネンホーブツトンシン念報佛恩心 732-2-6
ネンマンジユグ年滿受具 1382-1
ネンムゲン 念無滅 1382-1 1697-1-20
ネンムシツ 念無失 974-3-23 1382-1
ネンリキ 念力 1382-1
ネンロ 念漏 1382-2

〔ノ〕

ノー 惱 736-1-22, 1295-3
ノー 衲 1297-3
ノーアンニン 能安忍 920-3-5 1382-2
ノーインシ 能引師 1382-2
ノーエ 能依 1382-2

ノーエ　納衣　1297-3, 1384-3
ノーエン　能縁　1382-2
ノーエンダン　能縁斷　1382-2
ノーカイ　納戒　1297-2
ノーカツ　能活　1382-2
ノーキ　能歸　1382-2
ノーギヤリ　衲伽梨　1298-2
ノーキョー　納經　1298-1
ノーギョー　能行　1382-2
ノーギョージヤ能行者　1382-3
ノーク　納具　1298-2
ノークン　能薫　1382-3
ノークンノシギ能薫四義　1382-3
ノーゲ　能化　1382-3
ノーゲサ　衲袈裟 1298-2, 388-3
ノーゲツショク穰月蝕　1295-3
ノーケツヂゴク膿血地獄　1383-1
ノーケンシンフソーオーゼン能
見心不相應染 1383-1, 1834-3-30
ノーケンソー　能見相　1383-1
ノーコーセンゼツ能廣宣說 929-1-22
ノーコツ　納骨　1298-2
ノーコツドー　納骨堂　1298-2
ノーサイン　能作因　1383-1
1819-1-27
ノージホーベン能止方便 713-2-30
ノージヤク　能寂　1383-1
ノーシユ　衲衆　1298-2
ノージユ　納受　1298-3
ノーシユーゲドー能執外道 435-1-20
ノーショ　納所　1298-3
ノージョ　能所　1383-1
ノージョーカンノン能靜觀音　1383-1
ノーショーシ　能生支　1383-1
ノージョーリユー能成立　1383-1
ノーシン　能信　1383-1
ノース　衲子　1298-2
ノーセタイシ　能施太子　1383-2
ノーセン　能詮　1383-2
ノーソー　衲僧　1298-3
ノーゾー　能藏　1383-1
ノーソク　納息　1298-3
ノーダイシ　能大師　1383-2
ノーダンモツゲセツボームイ
能斷物疑說法無畏　762-2-10
ノーヂ　能持　1383-3
ノーヂムショイ能持無所畏 1383-3
ノートク　納得　1298-3
ノーニツショク穰日蝕　1295-3
ノーニン　能人　1384-1
ノーニン　能仁　1384-1
ノーニン　能忍　1383-3
ノーハ　納播　1298-3
ノーハ　能破 1384-1, 1419-3-7
ノーヒノホー　能被法　1384-1
ノブセ　野布施　1384-3
ノーベツ　能別　1384-1
ノーベツフゴクジョー能別不
極成　632-1-19, 1384-1
ノーヘン　能變　1384-1
ノーヘンゲ　能遍計　1384-1
ノーヘンムキ　能變無記　1384-1
ノーマク　納莫　1299-1
ノーモー　納帽　1299-1
ノーモン　能門　1384-2
ノーランソー　膿爛想　1384-2
ノリノシ　法師　1384-3
ノーリユー　能立 1384-2, 1419-3-5
ノーリユーフケン能立不遣 633-1-27
1384-3
ノリユーホーフジョー能立法
不成　633-1-3, 1384-3
ノーレン　暖簾　1384-3
ノンジ　暖寺　1385-1
ノンセキ　暖席　1385-1
ノンリョー　暖寮　1385-1

〔ハ〕

ハアンマンガン破闇滿願　1385-2
バイ　唄　1441-2
バイ　貝　1441-2
ハイアクシユゼン廢惡修善　1385-2
ハイエキョービョー背鱠經屏　1386-3
ハイキ　杯器　1385-2
バイキ　唄器　1441-3
ハイキョー　孛經　1385-2
ハイコン　敗根　1385-2
ハイゴンリツジツ廢權立實　1385-3
バイサク　唄策　1441-3
バイサン　唄讚　1441-3
ハイサンケンイチ廢三顯一　1385-3
ハイシ　背子　1385-2
バイシ　貝齒　210-2-2
バイシ　唄師　737-3-26
バイシ　唄士　1441-3
バイシカ　貝支迦　1441-3
ハイシジリユー廢師自立　1385-3
ハイシヤ　背捨　1385-3
ハイシヤクケンポン廢迹顯本
426-1-13, 1385-3
ハイシユ　敗種　1386-1
ハイシユノニジョー敗種二乘　1386-1
ハイショー　背正　1385-3
ハイジョーシ　背上使　1386-1
ハイゼンキョー廢前教　1386-1
ハイセンダンジ廢詮談旨　1386-1
バイタ　貝多　1441-3
バイタラ　貝多羅　1441-2
バイタリエーナ榭咀利曳那　1442-1
バイチョー　貝牒　1442-1
ハイツダイ　波逸提　1386-1
ハイテー　稗稊　1386-2
ハイド　杯度　1386-2
ハイネン　背念　1386-2
バイノク　唄匿　1442-2
バイビク唄比丘 1442-2, 1634-1-23
ハイブツキシヤク廢佛棄釋　1386-3
バイモ　貝母　1442-3
バイモン　貝文　1442-3
バイヨー　貝葉　1441-2
ハイヨセ　灰寄　1386-3
ハイラ　波夷羅　1386-3
バイラギヤホー娯羅誐法　1442-3
ハイリユー　廢立　1386-3
バイリョクトン倍離欲貪　1442-2
バイロ　陪臚　1442-3
バイロー　賣弄　1442-3
ハウ　破有　1386-3
ハウホーシユ　破有法主　1392-3
ハウロン　破有論　1393-1
バカ　縛迦　1443-3
ハカイ　破戒　1393-1
ハカイノゴカ　破戒五過　520-1
1393-1
ハカマイリ　墓參　1393-1
バカセン　跋伽仙　1443-3
バガボン　薄伽梵　1444-1
ハガンミショー破顏微笑　1393-2
ハキシユ　博吃芻　1393-2
バギヤ　婆誐　1444-1
バギヤバ　婆伽婆　1444-1
バギヤバテー　婆誐嚩底　1444-2
バギヤボン　婆伽梵　1444-3
バク　縛　307-1-1, 1444-3
バク　跋渠　1445-1
ハクウンサイ　白雲菜　1393-2
ハクウンシユー白雲宗　1393-2
ハクシヤ　博叉　1394-1
ハクシヤハンチヤカ博叉半擇
迦　1394-1
ハクショー　拍掌　1394-1
ハクショー　薄證　1394-1
ハクシリミツタラ帛尸梨蜜多羅
1394-1
バクダツ　縛脫　1445-1
ハクヂ　薄地　1394-1
バクヂョーイン縛定印　1445-1
ハクテー　柏庭　1394-2
バクノイシ　縛石　1445-1
バクハクキ　縛魄鬼　1445-1
ハクバジ　白馬寺　1394-2
ハクヒ　剝皮　1394-2
ハクフク　薄福　1394-3
バクメトー　縛馬答　1445-1
ハクモンムジン博聞無盡 1709-1-7
ハクラ　薄矩羅　1394-3
バクラ　婆拘羅　1445-1
ハゲ　破夏　1394-3
ハケン　破顯　1394-3
ハケン　破見　1394-3
ハコンマソー　破羯磨僧　1395-1
ハサイ　破齋　1395-1
バサタラ　縛薩怛羅　1445-1
バサバ　婆薩婆　1445-1
バザラ　縛曰羅　1445-2
バサラウン　縛曰羅吽　1445-3
バサラボダイ　跋曰羅菩提　1445-3
バサンバエンテー婆珊婆演底　1445-2
ハシ　橋　1395-2
ハシ　波斯　1395-1
バシ　波師　1395-2
バシ　馬師　118-2, 1445-3
バシ　馬祀　1445-3
バシカ　婆師迦　1446-1
ハシカラナ　皤施迦羅拏　1395-2
ハシキシンロン破色心論　1395-2
ハシシブ　皤雌子部　1395-2
バシシブ　婆雌子部　1446-1
バシショーアン婆子燒庵　1446-1
バシセン　縛斯仙　1446-2
バシタ　婆私吒　1446-1
ハシノク　波斯匿 1395-2, 1761-3
バシハ　婆師波　1446-2
バシホタラ　跋私弗多羅　1446-3
ハシヤクケンポン破迹顯本 426-1-13
1396-1
バシヤゲドー　筏蹉外道　1446-3
ハジヤケンショー破邪顯正　1396-2
バジヤシ　筏蹉子　1446-3
バシヤシビク　跋闍子比丘　1447-3
ハジヤソクケンショー破邪即
顯正　1396-2
バシヤノシダイロンジ婆沙四
大論師　1447-1
ハシヤボン　破沙盆　1396-1
バシヤボンシ　婆蹉梵志　1447-1
ハジヤラ　跋闍羅　1448-2
バシヤラダイショー伐折羅大
將　1447-2
ハジヤロン　破邪論　1396-2
バシヤロン　婆沙論　1447-2
ハジユ　波戍　1396-3
バシユ　縛芻　1447-2
ハシユー　破執　1395-2
バシユミツ　婆須蜜　1447-2
ハジユン　波旬 1159-2-30, 1396-3
ハジョー　破情　1396-2
ハジョー　婆城　1447-3
ハショーシユー破性宗　817-3-26
1396-1
ハショーミョー破正命　1396-1
ハシルタカ　婆收婁多柯　1447-3
ハシンシヤリ　破身舍利 813-2-27
バセー　婆栖　1448-2
ハセデラ　長谷寺　1396-3
バソ　馬祖　1448-3
ハソー　破僧 1397-1, 808-1-1
ハソーキョー　破相敎　1395-1
ハソーケンド　破僧犍度 424-1-24
1397-2
ハソーサンマイ破相三昧　1395-1
ハソーシユー　破相宗　817-3-7
818-1-1, 1395-1
ハソーダ　破竈墮　1397-1
バソト　跋窣堵　1448-3
バソハンド　婆藪槃豆　1448-3
ハタ　幡　1397-2
バダイシ　馬大師　1449-3
ハタカ　波哆迦　1397-2
ハタラ　鉢多羅　1397-3
バダラ　跋陀羅　1450-2
バダラハダ　波達羅鉢陀　1450-2
バダラヤニ　跋陀羅耶尼　1450-3
ハタリシ　婆叱釐子　1398-2
ハタリフジョー波吒利弗城　400-3
ハダンサホー　破壇作法　1398-3
ハチ　鉢　1398-3
ハチ　鈸　1399-1
バチアシユラ　婆稚阿修羅　1450-3
ハチイン　鉢印　1399-1
ハチインノクドク八印功德　1399-1
ハチウ　八有 99-1, 1399-1
ハチウン　八蘊　1399-1
ハチエ　八會　1420-3
ハチエン　八圓 1421-1, 1869-1
ハチエンカヂゴク八炎火地獄　1399-3
ハチエンネツヂゴク八炎熱地
獄　1400-1
ハチオカデラ　蜂岡寺　1400-1
ハチオクシセンノネン八億四
千念　79-3-21, 1400-1
ハチオージ　八王子　1420-2
ハチオーニチ　八王日　1420-2
ハチオン　八音　1400-1
ハチカ　頞肸迦 1400-2, 1431-1-19
ハチカイ　八戒　1400-3
ハチガイ　蓋鉢　1401-3
ハチカク　八覺　1400-2
デチカリ　伐徼呵利　1451-1
ハチカンサイ　八關齋　1402-2
ハチカンゾー　八卷藏　1402-2
ハチカンヂゴク八寒地獄　1491-2
ハチカンハチネツ八寒八熱　1401-2
ハチグ　八供　1402-1
ハチゲ　八偈　1403-2
ハチゲ　八解　1403-2
ハチゲダツ　八解脫　437-2
1403-2, 1413-1
ハチケンド　八犍度　423-3
ハチゴーガシヤ八恒河沙　510-2
ハヂゴクゲモン破地獄偈文　1421-1
ハチコクジキ　八斛食　1403-2
ハヂゴクホー　破地獄法　1421-1
ハチゴーケ　八業家　1403-3
ハチゴサンニ　八五三二　1403-3
ハチゴーチブツ八恒値佛　1403-2
ハチゴン　八禁　1503-3
ハチコンボンヂョー八根本定　1503-2
ハチジ　八字　1406-2
ハチジ　八時　1406-2
ハチジザイ　八自在　1406-3
ハチジズイシン八事隨身　1406-2
ハチジモンジユホー八字文殊
ハチジフジ　八字布字　1407-2
ハチジツシユコー八十種好　1406-3
法　1407-3, 1743-3
ハチジヤ　八邪　1407-3
ハチジユ　八聚　1480-1
ハチジユーイチホンノシワク416-1
八十一品思惑　1406-3
ハチジユーイツカ八十一科　1406-3
ハチジユーオクコー八十億劫　1406-3

ハチジューケゴンギョー八十華嚴經 1406-3
ハチジューシホー八十四法 1406-3
ハチジューハツカシヨ八十八箇處 1407-3
ハチジュージュリツ八十誦律 1407-2
ハチジューズイギョーコー八十隨形好 1407-2
ハチジューハチブツ八十八佛 1407-3
ハチジューハツシノケンワク八十八使見惑 1407-3
ハチジュームジン八十無盡 1709-2
ハチジョー 八成 1407-3
ハチジョーキョー八城經 1407-3
ハチジョージューカイ八事成重戒 1426-3-15
ハチジョーリユーイン八成立因 1408-1
ハチジンヘン 八神變 1408-1
ハチス 蓮 1408-1
ハチゼツノカギ八舌鑰 1408-2
ハチゼンゲ 八漸偈 1408-2
ハチゾー 八藏 674-2, 1404-3
ハツソンチユーホー八尊重法 1408-3
ハチダ 八墮 1409-1
ハチタイ 八諦 1097-1
ハチダイ 八大 1409-1
ハチダイカンノン八大觀音 1409-1
ハチダイコンゴー八大金剛 1409-1
ハチダイジザイガ八大自在我 1409-2
ハチダイシンショー八大神將 1409-2
ハチダイヂゴク八大地獄 1216-1, 1409-2
ハチダイヂョーブ八大丈夫 1409-3
ハチダイドージ八大童子 1409-3
ハチダイナラク八大奈落 1409-3
ハチダイニンガク八大人覺 1409-3
ハチダイブッチョー八大佛頂 1409-3
ハチダイボサツ八大菩薩 1409-3
ハチダイボサツホー八大菩薩法 1410-1
ハチダイミョーオー八大明王 1410-1-15, 1410-2
ハチダイヤシヤ八大夜叉 1410-2
ハチダイラセツニョ八大羅刹女 1780-2
ハチダイリユーオー八大龍王 1410-2
ハチダイレートー八大靈塔 1114-1, 1410-2
ハチタタキ 鉢敲 1408-3
ハチタラジユ 八多羅樹 1409-1
ハチダン 八段 1411-1
ハチヂキギョー八直行 1411-2
ハチヂキドー 八直道 1411-2
ハチヂク 八軸 1411-2
ハチヂユー 八重 1411-1
ハチチユーシユー八中洲 1411-1
ハチヂユーノシンポー八重眞寶 1411-1
ハチヂユームゲ八重無價 1411-2
ハチヂョー 八定 1411-2
ハチヂョニユー八除入 1411-2
ハチドー 八道 1410-3
ハチドーギョー八道行 1410-3
ハチドーシ 八道支 1410-3
ハチドージ 八童子 1412-2
ハチドーセン 八道船 1410-3
ハチナン 八難 1412-2
ハチニン 八忍 1412-2
ハチニンヂ 八人地 923-2-11, 1412-2
ハチニンハチカン八忍八觀 1412-3
ハチニンハツチ八忍八智 1412-3
ハチネツヂゴク八熱地獄 1412-2
ハチネン 八念 1412-2
ハチネンモン 八念門 1413-1
ハチノアブラ 鉢油 1413-1
ハチノサホー 鉢の作法 1413-1
ハチハイ 八輩 1413-1
ハチハイシヤ 八背捨 1413-1
ハチバツ 八筏 1414-2
ハチハライ 八波羅夷 1414-2, 1424-3
ハチビジユーヂョー八備十條 1414-2
ハチブ 八部 1416-2
ハチフー 八風 1414-3
ハチフカオツ 八不可越 1414-3
ハチブキシユ 八部鬼衆 1416-2
ハチフクショーショ八福生處 1414-3
ハチフクデン 八福田 1414-3, 1514-1
ハチフシギ 八不思議 26-3
ハチブツ 八佛 1417-1
ハチブハンニヤ八部般若 1417-1, 1438-3
ハチフシギ 八不思議 1415-1
ハチブシユー 八部衆 1416-3
ハチフジョー 八不淨 1415-1
ハチブンサイカイ八分齋戒 1417-1
ハチヘン 八篇 1417-1
ハチベン 八辯 1417-2
ハチヘンゲ 八變化 1417-1
ハチボサツ 八菩薩 1417-3
ハチホートー 八寶塔 1417-2
ハチホーベン 八方便 1417-3
ハチボン 八梵 1417-3
ハチマ 八魔 1417-3, 1642-3
バチマニ 婆雉末儞 1451-1
ハチマン 八幡 1417-3
ハチマン 八慢 1417-1
ハチマンイギ 萬八威儀 1855-2
ハチマンコー 八幡講 1417-3
ハチマンゴーショージョー八萬劫小乘 1418-3
ハチマンザイ 八萬歲 1418-1
ハチマンシ 八萬四 1418-1
ハチマンシセン八萬四千 1418-1
ハチマンシセンソーゴー八萬四千相好 1418-2
ハチマンシセントー八萬四千塔 1114-1, 1418-2
ハチマンシセンノキョーモン八萬四千敎門 1418-2
ハチマンシセンノコーミョー八萬四千光明 1418-1
ハチマンシセンノヂンロー八萬四千塵勞 1418-2
ハチマンシセンノホーゾー八萬四千法藏 1418-2, 1600-3-30
ハチマンシセンノホーモン八萬四千法門 1418-2, 1615-1
ハチマンシセンノボンノー八萬四千煩惱 1418-2
ハチマンシセンビョー八萬四千病 1418-3
ハチマンジユーニ八萬十二 1418-3
ハチマンゾー 八萬藏 1418-1
ハチマンダイボサツ八幡大菩薩 1418-3
ハチマンダラ 八曼荼羅 1419-1
ハチマンノサイギョー八萬細行 1419-1
ハチマンホーウン八萬法蘊 1419-1
ハチマンホーゾー八萬法藏 1419-1
ハチマンホーモン八萬法門 1419-1
ハチミ 八味 1419-1
ハチミョーサンマイ八名三昧 1419-2
ハチムカ 八無暇 1419-2
ハチムゲ 八無礙 1419-2
ハチメー 八迷 1419-2
ハチメーケロン八迷戲論 1419-2
ハチモーゾー 八妄想 1417-3
ハチモン 八門 1419-2
ハチモンニゴ 八門二悟 1419-3
ハチモンリョーヤク八門兩益 1419-3
ハチユ 八喩 1420-1
ハチユイム 八惟無 1420-1
ハチユギョー 八遊行 1420-1
ハチユギョー 八由行 1420-1
ハチヨーイン 八葉院 1399-3
ハチヨーイン 八葉印 1399-2
ハチヨークソン八葉九尊 1399-2
ハチヨーチユータイ八葉中臺 1399-2
ハチヨーノチユーゾン八葉の中尊 1399-2
ハチヨーノホーカン八葉の寶冠 1399-2
ハチヨーノミネ八葉の峰 1399-2, 181-2
ハチヨーノレンゲ八葉の蓮華 1399-2
ハチヨーノレンザ八葉の蓮座 1399-2
ハチヨーノレンダイ八葉の蓮臺 1399-2
ハチヨーノレンゲ八葉蓮華 1399-3
ハチヨーノレンゲカン八葉の華觀 1399-3
ハチリユー 八龍 1420-1
ハチリユーオー八龍王 1802-1
ハチリン 八輪 1340-1
ハチヨーノニクダンシン八葉の肉團心 1399-2
ハチロン 八論 1420-1
ハツウ 鉢盂 1399-1
ハツイ 鉢位 1423-1
ハツウマノヒ 初午の日 1421-2
ハツカ 薄迦 1393-2
ハツカイ 八戒 1400-2
ハツカイ 八海 1400-2
ハツカイサイ 八戒齋 157-3
ハツカクドー 八角堂 1400-2
ハツカチ 薄迦地 1393-3
ハツキ 八棄 1400-3
ハツキ 鉢器 1400-3
ハツキツテー 鉢吉帝 1721-2
ハツキョー 八敎 1402-2
ハツキョー 八僑 1402-2
ハツキョー 八校 656-1-17
ハツキョー 八敬 1401-3
ハツキョーカイ八敬戒 1401-3
ハツキョータイイ八敎大意 1402-3
ハツキョードー八交道 1402-3
ハツキョートク八敬得 1401-1
ハツキョーホー八敬法 1401-1
ハツク 八苦 276-1, 1401-1
ハツクギ 八句義 1401-1
バツクシ 縛苦死 780-1-1
ハツクドクスイ八功德水 1401-1
ハツクドクチ 八功德池 1401-3
ハツクニシキ 八九二識 1401-2
ハツクボサツ 八供菩薩 1401-2
ハツクヨー 八供養 1401-2
バツクヨラク 拔苦與樂 1451-1
ハツクラ 薄拘羅 1393-3
ハツケ 八家 1402-1
ハツケクシユー八家九宗 1402-3
ハツケヒロク 八家秘錄 1402-1
ハツケーモンジユ八髻文殊 1743-2
ハツケン 八乾 1403-2
ハツケン 法眷 1422-1
ハツケン 撥遣 1421-3
ハツケンシヤカ撥遣釋迦 1422-1
ハツケンドロン八犍度論 1403-2
ハツコー 發講 1422-2
ハツコー 八講 1403-1
バツゴーインシユシン拔業因種心 1451-1-928-1-9
ハツコツカン 白骨觀 1394-1
ハツコーヤ 八講屋 1403-2
バツサ 筏蹉 1451-1
ハツサイ 八災 1403-3
ハツサイゲン 八災患 1403-3
ハツサイ 八齋 1403-3, 1403-3
バツサイ 拔濟 1451-1
ハツサイカイ 八齋戒 584-2, 1403-3
ハツシ 鉢支 1404-3
ハツシ 八師 1404-3
ハツシ 八支 1404-3
ハツシキ 八識 688-3, 1404-3
ハツシキゴヂユー八識五重 1405-1
ハツシキシンノー八識心王 1405-1
ハツシキタイイチ八識體一 1405-1
ハツシキタイベツ八識體別 1405-1
ハツシキノジユーミョー八識十名 1405-1
ハツシキョー 八師經 1405-1
ハツシサイ 八支齋 1405-1
バツシブタラブ跋私弗多羅部 1451-2
ハツシヤ 八遮 1405-1
ハツシユー 八宗 819-3-25, 1405-3
ハツシユークシユー八宗九宗 1405-3
ハツシユーコーヤク八種更藥 182-1
ハツシユジザイ八種自在 893-2
ハツシユジユキ八種授記 982-2
ハツシユジユク八種粥 206-3
ハツシユショー八種聲 473-1
ハツシユショーフー八種淸風 1405-3
ハツシユショーホー八種勝法 1406-1
ハツシユセンダラニジリンモン八種旋陀羅尼字輪門 1046-1
ハツシユノセ 八種施 1406-1
ハツシユノトー八種塔 1406-1
ハツシユフゲン八種不還 1519-1
ハツシユフセ 八種布施 1528-1
ハツシユホー 八種法 1406-1
ハツシユミョー八種謬 1406-1
ハツショー 八聖 1405-2
ハツショー 八正 1405-2
ハツショーゴン八聖言 771-1
ハツショーショ八勝處 1406-2
ハツショードー八聖道 1405-2, 1413-2
ハツショードー八正道 1405-2
ハツショードーシ八聖道支 1405-3
ハツシロン 八支論 1406-2
ハツスイ 八水 1408-1
ハツセ 八施 1408-1
ハツセフー 八世風 1408-1
バツゼツヂゴク拔舌地獄 1451-2
ハツセデラ 泊瀨寺 1422-1
ハツセン 法全 1610-3
ハツセンニチ 八專日 1408-1
ハツソー 八相 1404-1
ハツソク 八觸 1408-2
ハツソーサンゲン撥草參玄 1422-1
ハツソージゲン八相示現 1404-1
ハツソージョードー八相成道 1404-1
ハツソーセンプー撥草瞻風 1422-1
ハツソソージョー八祖相承 1408-3
ハツタ 鉢多 1422-1
ハツタ 發吒 1422-1
ハツダ 鉢陀 1422-2-5
ハツタイ 鉢袋 1422-1
ハツタイ 八諦 1400-3
バツダイ 跋提 559-3-21, 1451-2
バツダイチョージヤ跋提長者 25-3
ハツタツ 八達 1409-1
ハツタラ 鉢多羅 145-2-19
ハツタン 鉢單 1422-1
ハツチ 八智 1188-3, 1411-1
ハツチツショー八袟鈔 1411-1
ハツテン 八纒 1411-2
ハツテン 八囀 1411-2
ハツヅマ 鉢頭摩 1422-2

ハツテー　鉢底　1423-1-16
ハツテン　八天　1411-2
ハツテンジョー八囀聲　1411-2
ハツトー　八倒　1408-3
ハツトー　八塔　1409-1
ハツトク　八德　1412-1
ハツトクマ　鉢特摩　1422-2
バツトーノマイ拔頭舞　1451-3
ハツドン　鉢曇　1422-2
ハツドンマ　鉢曇摩　1422-2
1423-2-14, 1742-2-2
ハツナイオン　般泥洹　1422-2
ハツナイオンキョー般泥洹經　1422-2
バツナンダ　跋難陀　1451-3
ハツネハン　般涅槃　1422-2
ハツネハンナ　般涅槃那　1422-3
ハツノー　鉢囊　1422-2
ハツノーマ　鉢納摩　1423-2-17
バツハ　拔波　1452-1
ハツピ　撥非　1422-2
ハツピ　法被　1422-3
ハツピヤククドク八百功德　1414-2
ハツピテン　八臂天　1414-2
ハツプ　八不　1414-2
ハツプク　鉢袱　1422-3
ハツプショーケン八不正見　1415-1
ハツプケンジツ八不顯實　1415-1
ハツプチューカン八不中觀　1415-1
ハツプチュードー八不中道　1415-1
ハツポー　八法　1417-2
ハツポージョーゲ八方上下　1414-2
ハツホーデン　八方天　1414-1
ハヅマ　波頭摩　1422-2
1423-2-17
バツマシュー　跋摩宗　1452-1
ハツム　撥無　1422-3
ハツムインガ　撥無因果　1422-3
バツモクチョー拔目鳥　1452-1
バツユ　筏喩　1452-1
バツユキョー　筏喩經　1452-2
ハツローハツライ撥郎撥賴　1422-3
ハツワラ　鉢和羅　1423-1
ハテー　波帝　1423-1
バテー　縛底　1452-2
ハテーカ　頗胝迦　1423-1
ハテコー　果講　1423-1
ハト　鴿　1423-1
バトー　馬頭　206-2-28
バトーカンノン馬頭觀音　1452-2
バトーダイシ　馬頭大士　1452-3
ハドマ　鉢頭摩　1423-2
バトーミョーオー馬頭明王　1452-3
ハドン　波曇　1423-2-17
ハナ　花　1423-2
バナ　婆那　1452-3
ハナイゲドーシャ破內外道者
807-3-27
ハナグ　花供　1423-3
ハナゴ　花籠　1423-3
ハナザラ　華皿　1423-3
ハナタカ　鼻高　1424-1
ハナダボー　縹帽　1424-1
ハナミドー　花御堂　1424-1
ハハミツタラ　波頗蜜多羅　523-1
1424-3
ハヒエン　波卑椽　1425-1
ハホー　破法　1425-2
ハホーヘン　破法遍　920-2-18
1425-2
ハボンプ　破凡夫　1425-2
ハホーリンソー破法輪僧　1425-2
ハマ　破魔　1425-2
ハモン　破門　1425-3
ハヤセンボー　早懺法　1425-3
ハヤビキ　早引　1425-3
バユ　婆瘐　1453-2
ハライ　波羅夷　1426-1
バラナシ　婆羅痆斯　1454-1
ハライシユ　波羅夷四喩　1476-1
ハラクソー　破落僧　1427-2
ハラグニ　頗羅遇扼　1427-3
ハラシカ　波羅市迦　1426-1-5
1427-3
ハラタ　波羅他　1425-3-27, 1428-2
ハラダ　頗羅陀　1428-2
ハラダイダイシャニ波羅提提
舍尼　1428-2
ハラダイモクシャ波羅提木叉　1428-3
ハラナシ　波羅奈斯　1429-2
ハラミツ　波羅蜜　1430-1
バラモン　婆羅門　1454-3, 1856-2-6
バラモンキョー婆羅門教　1455-1
バラモンゴク　婆羅門國　1455-1
バラモンセン　婆羅門仙　1455-2
バラモンソー　婆羅門僧　1455-2
バラモンソージョー婆羅門僧
正　1455-2
バラン　婆嵐　1455-3
ハリ　玻璃　1431-1
バリ　婆利　1455-3
バリカラ　跋利訶羅　1455-3
パーリーゴ　巴利語　1455-3
ハリゴロモ　張衣　1431-2
バリシ　婆利師　1455-3
バリシカ　婆利師迦　1456-1
ハリシバ　婆栗濕縛　1431-2
バリシヤ　婆里沙　1456-1
ハリショー　婆梨鐘　1431-2
ハリユー　破立　1432-1
ハリョー　巴陵　1432-1
ハレー　頗黎　1432-2
ハレンホツ　巴連弗　1432-2
バロキテー　嚩盧枳諦　1456-1
バロナ　嚩嚕拏　1456-2
バローフ　馬郎婦　1453-3
ハワゴーソー　破和合僧　1432-2
ハン　板　1432-3
ハン　判　1432-3
バン　鑁　1457-1
バン　旛　1456-2
ハンエ　薙衞　1441-1
ハンエン　攀緣　1432-3
ハンカ　半果　1433-1
ハンガイ　幡蓋　1457-1
ハンカク　攀覺　1432-3
ハンカザ　半跏坐　1732-3
ハンカフ　半跏趺　1432-3
ハンカフザ　半跏趺坐　1432-3
ハンギョー　判教　441-3-17, 1433-1
ハンゲ　半夏　1433-1
ハンゲ　半偈　1433-1
ハンゲツギョーソー半月形相　1433-1
ハンザ　半座　1433-3
ハンサイ　半齋　1433-2
ハンサイフギン半齋諷經　1433-3
1510-2
バンサン　晚參　1457-1
バンジ　鑁字　1457-1
ハンジ　半字　1435-1
ハンシカ　半只迦　1433-3
ハンジキョー　半字教　1435-2
バンジモン　鑁字門　1457-2
ハンシヤ　般遮　1434-1
ハンシヤウシ　般遮遮瑟　1434-1
ハンシヤカタニ半者珂但尼　1434-2
ハンジヤク　判釋　1435-2
バンジヤクゴー盤石劫　34-1-28
468-3, 1457-1
ハンシヤホゼンニ半者薄膳尼　1434-3
ハンシヤラ　般遮羅　1434-3
ハンジユ　般舟　1435-2
バンジユク　晚粥　1457-1
ハンジユサン　般舟贊　1435-2
ハンジユザンマイ般舟三昧　1435-2
ハンシユツショージ反出生死
779-3-20
バンシユーラク萬秋樂　1457-1
ハンショーゾクジユズ半裝束
數珠　1434-2
バンショーニン鑁上人　1457-1
バンシントー　伴眞湯　1457-1
ハンセン　半錢　1435-3
バンゼン　伴禪　1457-2
ハンゼンラマ　班禪喇嘛　1435-3
バンソー　番僧　1457-2
バンソー　伴僧　1457-2
ハンソクオー　斑足王　1435-3
ハンタイシ　槃太子　1436-2
ハンタイス　飯袋子　1436-2
ハンダカ　般荼迦　1436-3
バンダン　伴談　1757-2
ハンタンナ　哰撣痆　1436-3
ハンヂユー　飯頭　1437-1
ハンチョー　半超　1437-1
ハンチョーハン半超般　1519-1-25
ハンテンバラモン半天婆羅門　1437-2
ハンドカ　槃特迦　1437-2
ハンドク　槃特　1737-2
ハンドマ　鉢納摩　1437-2
ハンナマ　般那摩　1437-2
ハンニヤ　般若　1437-2, 1438-1
ハンニヤエ　般若會　1440-3
ハンニヤキョー般若經　1738-1
ハンニヤキョージユーユ般若
經十喩　1476-3
ハンニヤジ　般若字　1440-3
ハンニヤジ　般若時　537-1-26
1439-2
ハンニヤジユーリ般若十利　945-3
ハンニヤシンギョー般若心經
1439-1
ハンニヤセン　般若船　1439-2
ハンニヤヂユー般若頭　1439-2
ハンニヤトー　般若塔　1439-2
ハンニヤトー　般若湯　1439-2
ハンニヤトク　般若德　651-1-17
ハンニヤトーダ般若淘汰　1438-3
ハンニヤトーロン般若燈論　1439-2
ハンニヤノユーベ般若の夕　1739-1
ハンニヤハラミツ般若波羅蜜　1439-2
ハンニヤハラミツタ般若波羅
蜜多　1439-3
ハンニヤブ　般若部　1439-3
ハンニヤホー　般若鋒　1439-3
ハンニヤボサツ般若菩薩　1439-3
ハンニヤルシ　般若流支　1439-3
バンニユー　鑁乳　1457-2
ハンバン　半晚　1440-3
ハンブク　盤袱　1440-3
ハンフナン　半不男　535-1-21
1440-3
ハンマンキョー半滿教　1441-1
ハンラク　半酪　1441-1
ハンロー　樊籠　1441-2
バンロンギ　番論義　1457-3

〔ヒ〕

ヒ　悲　1457-3
ヒ　妃　1457-3
ヒ　碑　1457-3
ヒ　被　1457-3
ヒアンユー　非安立　1457-3
ヒアンリユーシンニョ非安立
眞如　879-3-6, 1458-1
ヒアンリユータイ非安立諦　1458-1
ヒイ　被位　1479-2
ヒイン　悲引　8-1-81
ヒイン　秘印　145145
ヒウソーヒムソーショ非有想
非無想處　1458-1
ヒウヒクー　非有非空　1458-2
1765-2-16
ヒウヒムク　非有非無句　1458-2
ヒウヒクーモン非有非空門　695-1-
20, 699-3-3, 763-1-30, 1458-2
ヒエーザン　比叡山　1458-2
ヒエーサンショー比叡三聖　623-1
ヒオー　秘奥　1458-3
ビオンテン美音天　163-3-17, 1482-1
ビオンテンニョ美音天女　1482-1
ビカ　毘訶　1482-2
ヒカクケンド　皮革揵度　1458-3
ヒガクシヤ　非學者　1459-1
ヒガクセケン　非學世間　1459-1
ヒガシオータニベツイン東大
谷別院　1459-1
ヒガシホンガンジ東本願寺　1459-1
ヒガシヤマリユー東山流　1459-1
ビカダイ　毘訶提　1482-2
ビガマ　毘伽摩　1482-3
ビカラ　毘訶羅　1482-2
ヒカラクヨー　飛花落葉　1460-1
ヒカロス　皮穀漏子　1458-3
カカン　非觀　521-1-4, 1460-1
ヒガン　彼岸　1459-1
ヒガン　悲願　1460-1
ヒガンエ　彼岸會　1459-2
ヒガンコンゴー悲願金剛　1460-1
ヒガンジョ　彼岸所　1459-2
ヒガンセン　悲願船　1460-1
ヒキ　非器　1459-3
ヒキシキ　引數　1459-3
ビキヤクゼンジ鼻隔禪師　1483-2
ヒキョー　秘教　1460-2
ヒキョー　悲境　1459-3
ヒキョー　秘經　1459-3
ヒギョー　飛行　1459-3
ヒギョーコーテー飛行皇帝　1459-3
ヒギョーセン　飛行仙　1459-3
ヒキョーニデン悲敬二田　1459-3
ヒギョーヒザサンマイ非行非
坐三昧　1460-1
ヒギョーウヤシヤ飛行夜叉　1460-1
ヒキン　被巾　1459-3
ビク　比丘　1483-3
ビグゼン　備具善　737-2-19
ビクチカンノン毘俱胝觀音　1484-1
ビクニ　比丘尼　1484-2
ビクニカイ　比丘尼戒　1484-2
ビクニケンド比丘尼揵度　424-126
ビクノゴトク　比丘五德　1484-3
ヒクン　臂釧　1460-1
ヒケ　飛化　1460-1
ヒケキョー　悲華經　1460-2
ヒケツ　秘決　1460-2
ヒゲマン　卑下慢　1460-2
ビコ　比呼　1484-3
ヒコー　罷講　1460-3
ヒゴー　非業　1460-2
ビコー　鼻高　1482-1
ヒゴク　秘極　1460-2
ヒコクヒビヤクゴー非黑非白
業　1460-2
ヒコーゴシン　被甲護身　1458-3
ヒコーサイ　罷講齋　1458-3
ヒコーショージン被甲精進782-3-30
ビコン　鼻根　734-1-26, 1484-3
ヒサイエ　悲濟會　1760-3
ヒサク　臂索　1460-3
ビサシヤ　鞞殺社　1485-1
ヒサン　罷參　1461-1
ヒサンサイ　罷參齋　1461-1

ヒサンヒイチ 非三非一 1461-1
ヒシ 皮紙 1461-2
ヒジ 非時 1462-2
ヒシキ 非色 1461-2
ヒジキ 非食 1462-2
ビシキ 鼻識 1485-1
ヒシキシウン 非色四蘊 125-1
ヒシキヒシン 非色非心 1461-1
ヒシキヒシンボー非色非心法 123-1-21
ヒシキョー 蜱肆經 1461-2
ヒシキョー 避死經 1461-2
ヒジキョー 非時經 1462-2
ヒジジキ 非時食 1462-2
ヒジジキカイ 非時食戒 1462-2
ビシシヤ 毘尸沙 1485-1
ヒジショー 非時漿 1462-2
ヒシショーヂ 彼此攝持 1461-2
ビシヌ 毘瑟怒 1485-2
ヒジホーモン 秘事法門 1462-3
ビシヤ 毘舍 1485-2
ビシヤキヤモ 毘舍佉母 1485-3
ヒシヤク 飛錫 1461-3
ヒジヤク 非時藥 1463-1
ヒシヤシヤ 畢舍遮 1461-3
ビシヤジヤ 毘舍闍 1485-3
ビジヤチ 毘若底 1488-1
ビシヤブ 毘舍浮 1486-1
ビシヤモン 毘沙門 1486-1
ビシヤモング 毘沙門供 1486-2
ビシヤモンコー毘沙門講 1486-2
ビシヤモンサンゲ毘沙門散華 615-1-20
ビシヤモンドーリユー毘沙門堂流 1486-2
ビシヤモンテン毘沙門天 935-3-24, 1486-2
ビジヤヤ 毘闍耶 1488-1
ビシヤラ 毘舍羅 1487-1
ビシヤリ 毘舍離 400-2, 1487-1
ビシユ 毘首 1487-2
ヒシユー 秘宗 1462-1
ヒシユエンジン非數緣盡 1462-1
ビシユカツマ 毘首羯磨 1487-2
ヒシユドクギヨームミヨー非主獨行無明 1462-1, 1777-1-11
ヒシユヒガク 非修非學 1462-1
ヒシユメツ 非數滅 463-1
ヒショー 被接 1463-1
ヒジョー 非情 1462-3
ヒジョー 非常 1462-3
ビジョー 毘城 1487-3
ヒジョーククーヒガ非常苦空非我 1462-3
ヒショーゲドー非聲外道 1435-2-7
ヒジョージョーブツ非情成佛 1462-3
ヒショダン 非所斷 1462-1
ヒジョーヒムジョーク非常非無常句 696-1-11
ヒショーヒメツ非生非滅 1461-3
ヒショーマンダラ悲生曼荼羅 1461-3
ヒジリ 聖方 227-3-16, 1463-1
ヒシリョーテー非思量底 1462-2
ヒシン 悲心 1462-1
ヒシンヒブツ 非心非佛 1462-1
ビセー 毘世 1488-1
ビセーシ 鞞世師 484-3-8, 1488-1
ヒセン 飛仙 1463-2
ヒセン 臂線 1463-2
ヒゼンゴグトク非前後俱得 1463-2
ヒソー 非想 1460-3
ヒゾー 秘藏 1461-1
ヒゾーキ 秘藏記 1461-1
ヒソクハン 非速簸 1518-1-15
ヒソクヒリウンノガ非即非離蘊我 1463-2
ヒソーテンハツク非想天八苦276-1
ヒソーノケラク非想の快樂 1760-3
ヒソーノハチマンコー非想の八萬劫 1460-3
ヒソーヒヒソーショ非想非非想處 695-14, 1460-3
ヒゾーボサツ 悲增菩薩 1463-3
ヒゾーホーヤク秘藏寶鑰 1461-2
ヒダ 費陀 1464-1, 1856-2-4
ヒタイ 皮袋 1463-3
ビダラ 毘陀羅 1489-1
ヒタン 飛單 1464-1
ヒタン 披袒 1463-3
ビダン 毘壇 1489-1
ヒチ 比智 1464-1
ヒチ 悲智 1464-1
ヒチエンジン 非智緣盡 1464-1
ヒチエンマン 悲智圓滿 1464-1
ヒチヤクメツムイ非擇滅無爲 736-3-4, 1464-1, 1722-3-23
ヒチユー 鼻蟲 1489-2
ヒツキョー 畢竟 1464-2
ヒツキョーエ 畢竟依 1464-2
ヒツキョーカク畢竟覺 1464-2
ヒツキョークー畢竟空 1464-2
ヒツキョークーギョー畢竟空行 1464-2
ヒツキョージョーブツノドーロ畢竟成佛道路 1464-2
ヒツキョーダン畢竟斷 1464-3
ヒツキョーチ 畢竟智 1464-3
ヒツキョーム 畢竟無 1464-3
ヒツキョームジョーヂユー畢竟無常住 1464-3
ヒツジノアユミ羊の步 1465-3
ヒツシフショガン必至補處願 1464-3
ヒツシメツドガン必至滅度願 1464-3
ヒツシヤシヤ 畢舍遮 1464-3
ヒツシユ 苾芻 1465-1
ヒツジユ 筆受 1465-3
ヒツシユゴホーキョー苾芻五法經 1465-2
ヒツシユニ 苾芻尼 1465-2
ヒツシユニビナヤ苾芻尼毘奈耶 1465-3
ヒツシユバダ 邲輸跋陀 1465-3
ヒツシユリツギ苾芻律儀 1465-3
ヒツダムケン 必墮無間 1465-3
ヒツヂョー 必定 1465-3
ヒツトートクサブツ必當得作佛 1465-3
ヒツハ 畢鉢 1466-1
ヒツハクギーヨーホーベン逼迫巧方便 1466-1, 1825-2-6
ヒツハラ 畢鉢羅 1466-1
ヒツハラクツ 畢鉢羅窟 1466-1
ヒツメツ 必滅 1466-2
ヒツリヨー 畢陵 1466-2
ヒツリヨーガ 畢陵伽 1466-2
ヒツリヨーガバシヤ畢陵伽婆蹉 1466-2
ヒツリヨーマンシン畢陵慢心 1466-2
ヒテイ 飛帝 1466-2
ヒテン 非天 1466-3
ヒデン 悲田 1466-3
ヒデンイン 悲田院 1466-3
ヒドー 非道 1464-1
ヒドー 悲幢 1466-3
ヒトク 非得 736-2-14, 1466-3
ヒドーブン 彼同分 1466-3
ビドン 毘曇 1489-2
ビドンウモン 毘曇有門 1489-3
ビドンコーシ 毘曇孔子 1489-3
ビドンシユー 毘曇宗 705-1-27, 1489-3
ビドンジョージツ毘曇成實 1489-3
ビナヤ 毘奈耶 1489-3
ビナヤカ 毗那夜迦 1490-1
ビナヤゾージ 毘奈耶雜事 1490-2
ヒニ 肥膩 1467-1
ビニ 毘尼 1490-2
ヒニジユ 非二聚 1467-1
ビニゾー 毘尼藏 674-2-11, 1490-2
ビニマトロカ 毘尼摩得勒迦 1490-2
ビニモキョー 毘尼母經 1490-3
ビニユー 鼻入 1490-2
ヒニン 非人 1467-1
ヒニンセギョー非人施行 1467-1
ヒニンナン 非人難 808-1-3
ヒニンボーシ 非人法師 1467-1
ヒネンムジンオン悲念無盡恩 905-2-13
ヒノイエ 火の宅 1467-1
ヒノオノソーヅ檜尾僧都 1467-2
ヒノグーチユー日隅中 1467-1
ビバシ 毘婆尸 1491-1
ビバシヤ 毘婆沙 1491-1
ビバシヤシ 毘婆沙師 1491-2
ビハシヤナ 毘鉢舍那 1490-3
ビバシヤリツ 毘婆沙律 1491-2
ビバシヤロン 毘婆沙論 1491-2
ヒバリ 蓽茇利 1467-2
ヒヒソーショ 非非想處 1467-2
ヒヒソーテン 非非想天 1467-2
ヒヒチユーノヒシヤク秘秘中秘釋 708-2-28
ビフ 毘扶 1491-3
ビフクゴー 非福業 561-3-19
ヒフロン 秘府論 1467-1
ヒホー 秘法 1467-3, 1675-1-21
ヒボサツ 悲菩薩 1467-3
ヒボーショーボー誹謗正法 1467-2
ヒボンギョー 非梵行 1467-3
ヒボンノーショー皮煩惱障 623-1-21
ビマ 毘摩 1492-1
ビマシツタ 毘摩質多 1492-1
ビマラキツ 毘摩羅詰 1492-2
ビマラミツタラ毘末羅蜜多羅 1492-3
ヒマン 卑慢 1467-3
ヒミツ 秘密 1467-3
ヒミツオンケンクジョーモン秘密隱顯俱成門 451-2, 1469-3
ヒミツカイ 秘密戒 1468-1
ヒミツカンヂョー秘密灌頂 1468-1
ヒミツキョー 秘密敎 1468-1
ヒミツキョー 秘密經 1468-1
ヒミツケツジユー秘密結集 401-3
ヒミツゴー 秘密號 1468-1
ヒミツサンマヤカイ秘密三昧耶戒 1468-2
ヒミツシヤク 秘密釋 708-2-26
ヒミツシユ 秘密主 1468-3
ヒミツジユ 秘密咒 1469-1
ヒミツシユー 秘密宗 1469-1
ヒミツジョー 秘密乘 1469-1
ヒミツショーゴンシン秘密莊嚴心 928-2-2, 1468-3
ヒミツジョージョー秘密上乘 1469-1
ヒミツゾー 秘密藏 1468-2
ヒミツチユーノヒシヤク秘密中秘釋 708-2-27
ヒミツダン 秘密壇 1469-2
ヒミツバコ 秘密箱 1469-2
ヒミツフボン 秘密不翻 1469-2
ヒミツマンダラ秘密曼荼羅 1469-2
ヒミツユガ 秘密瑜伽 1469-3
ヒミツユガダン秘密瑜伽壇 1469-3
ヒムリョーカン悲無量觀 761-3-10
ヒムリョーシン悲無量心 1469-3
ヒメツ 非滅 1469-3
ヒモ 悲母 1469-3
ヒモン 悲門 1469-3
ヒヤクイチコンマ百一羯磨 1470-2
ビヤクイチコンマ白一羯磨 1494-2
ヒヤクイチモツ百一物 1470-2
ヒヤクイチビョーノー百一病惱 1470-2
ビヤクウンサイ白雲菜 1494-3
ヒヤクエ 百會 1475-3
ビヤクエ 白衣 1494-3
ビヤクエカンノン白衣觀音1437-1-10, 1494-3
ビヤクガイ 白蓋 1495-1
ビヤクガツ 白月 1495-3
ビヤクク 白瞿 1795-2
ビヤクゲ 白夏 1495-3
ビヤクケシ 白芥子 1495-3
ビヤクゴー 白毫 1495-1
ビヤクゴー 白牛 1496-1
ビヤクゴー 白業 561-3-2, 1496-1
ビヤクコクノニゴー白黑二業 1495-3
ビヤクコクノフサツ白黑布薩 1496-1
ビヤクコーコー白膠香 1495-1
ヒヤツコーシユソーゴー百劫種相好 675-2-22
ヒヤクコーヘンジョーオー百光遍照王 1470-3
ビヤクゴーノタマモノ白毫の賜 1495-2
ビヤクゴームカク白牛無角 1496-1
ヒヤクザツスイ百雜碎 1471-1
ヒヤクザニンノーコー百座仁王講 1471-1
ヒヤクザフドーホー百座不動法 1471-1
ヒヤクザモンジユホー百座文殊法 1471-1
ヒヤクザヤクシコー百座藥師講 1471-1
ビヤクサン 白贊 1496-1
ビヤクサンガイブツチョー白傘蓋佛頂 1496-2
ビヤクシ 白四 1496-3
ビヤクシ 辟支 1496-3
ビヤクシカブツ辟支迦佛 1496-3
ビヤクシカラ 辟支迦羅 135-2-30
ビヤクシコンマ白四羯磨 82-3-4, 1497-1
ヒヤクシジユーフグホー百四十不共法 1471-1
ビヤクシブツ 辟支佛 135-2-30, 1497-1
ビヤクシブツジョー辟支佛乘 1497-1
ビヤクジヤイン白蛇印 1497-2
ヒヤクシユガク百衆學 1471-2
ヒヤクニジユーハチコンポンボンノー百二十八根本煩惱 1472-3
ヒヤクニジユーハツシ百二十八使 1472-3
ヒヤクジョー 百城 1471-3
ビヤクショカンノン白處觀音 1497-2
ビヤクショソン白處尊 1497-2
ビヤクシン 白眞 1497-2
ビヤクシン 白心 1497-2
ビヤクシンカンノン白身觀音 1497-2
ヒヤクセンマンゴー百千萬劫 1471-3
ヒヤクソー 百僧 1471-3
ビヤクゾー 白象 1496-2
ビヤクゾク 白俗 1497-2
ヒヤクソーグ 百僧供 1471-3
ビヤクソクシヤモン白足沙門 1497-2
ヒヤクソクヒヤクショー百即百生 1471-3
ヒヤクダイコー百大劫 1472-1
ビヤクダン 白檀 1497-3
ビヤクダンコー白檀香 1664-2-4

ヒヤクヂョー　百丈　1472-1
ヒヤクヂョーギ百丈忌　1472-2
ヒヤクヂョーシンギ百丈淸規 1472-2
ビヤクツイ　白槌　1497-3
ビヤクトー　白塔　1397-2
ビヤクドー　白道　1497-2
ビヤクニコンマ白二羯磨1494-2-27
1497-3
ヒヤクニジユーハツシ百二十八使　681-1
ヒヤクニジユーハツソン百二十八尊　1472-3
ヒヤクニジユーミヨー百二十妙 1472-3
ヒヤクニチキヨー百日經　1472-3
ビヤクネン　白拈　1498-1
ビヤクネンゾク白拈賊　1498-1
ビヤクノー　白衲　1497-3
ヒヤクハチク　百八句　1472-3
ヒヤクハチケツゴー百八結業 1473-1
ヒヤクハチザンマイ百八三昧 1473-1
ヒヤクハチジユー百八獸　934-3
ヒヤクハチジユズ百八數珠 1473-2
1473-2
ヒヤクハチショー百八鐘 1470-1
1473-1
ヒヤクハチショーサイ百八消災　1478-2
ヒヤクハチソン百八尊　1473-2
ヒヤクハチホーミヨーモン百八法明門　1473-3
ヒヤクハチボンノー百八煩惱 1473-3
ヒヤクハチミヨーサン百八名贊　1473-3
ビヤクビヤクゴー白白業 562-1-25
1498-1
ヒヤクフエ　百不會　1474-2
ビヤクフク　薜服　1498-1
ヒヤクフクショーゴン百福莊嚴　1474-1
ヒヤクフクショーゴンソー百福莊嚴相　1474-1
ヒヤクフチ　百不知　1474-2
ビヤクブツ　白佛　1498-1
ビヤクブン　白分　1498-1
ビヤクホー　白法 1498-2, 1498-1
ビヤクホー　白報　1498-1
ビヤクホツ　白拂　1498-1
ヒヤクホーリンショー百寶輪掌　1474-2
ビヤクボンオー白飯王　1498-2
ヒヤクホンショシユ百本疏主 1475-1
ヒヤクホンロンジ百本論師 1475-1
ヒヤクマンベン百萬遍　80-3-5
1475-2
ヒヤクミ　百味　1475-2
ヒヤクモク　百目　1475-2
ヒヤクモンガクショ百門學處 1475-2
ヒヤクユカダキヨー百喩伽陀經　1475-2
ヒヤクユキヨー百喩經　1475-2
ビヤクラ　薜蘿　1498-2
ビヤクリン　白林　1498-2
ビヤクルサンマイ白樓三昧 1494-3
ビヤクレン　白蓮　1498-2
ビヤクレンゲザ白蓮華座 1498-2
ビヤクレンゲシヤ白蓮華社 1498-3
ビヤクレンサイ白蓮菜　1493-3
ヒヤクロク　百錄　1475-3
ビヤクロヂ　白鷺池　1498-3
ヒヤクロン 百論 670-2-27, 1475-3
ビヤクワ　白和　1499-1
ヒヤツカイ　百界　1470-2
ヒヤツカイセンニヨ百界千如 1470-2
ビヤツカク　白鶴　1495-2
ヒヤツコー　百講　1470-3
ヒヤツコー　百劫　1470-3
ヒヤツヒ　百非　1473-3
ヒヤツポー　百法　1474-2
ヒヤツポーゴイ百法五位 1474-3
ヒヤツホツカイ百法界　1474-3
ヒヤツポーミヨーモン百法明門　1474-3
ヒヤツポーミヨーモンロン百法明門論　1475-1
ヒヤツポーロン百法論　916-3-30
1475-1
ビヤリ　毘耶離　1499-1
ヒユ　非喩　1476-1-7, 1477-2
ヒユ　譬喩　1475-3
ヒユシ　譬喩師　1477-2
ヒユシユー　譬喩周　621-3-1
1477-3
ヒユセツ　譬喩說　1477-3
ヒユブ　譬喩部　1477-3
ヒユボン　譬喩品　1477-3
ヒユリヨー　譬喩量 1791-3-29
ヒユロンジ　譬喩論師　1477-3
ヒヨー　秘要　1458-3
ヒヨーエカンノン被葉衣觀音
134-1-17
ビヨーカ　病暇　1492-3
ヒヨーカイ　表戒　1569-3
ヒヨーガツ　標月　1469-3
ヒヨーカラ　氷揭羅　1477-3
ビヨーキ　竝起　1575-2
ビヨーギヨー　病行　1492-3
ヒヨーギミヨーゴン表義名言 1569-3
ヒヨーギミヨーゴンシユージ表義名言種子　1569-3
ビヨーク　病苦　695-1-1, 1492-3
ビヨーゲンギヨー病患境 905-1-29
ビヨーゲンホツカイ病患法界
1593-1-16
ヒヨーゴー　表業　1570-1
ヒヨーゴームヒヨーゴー表業無表業　560-3
ビヨーザ　廟坐　1575-2
ヒヨーシ　標幟　1470-1
ヒヨージ　表示　1570-1
ビヨーシ　病子　1493-1
ヒヨーシキ　表色　1570-1
ヒヨーショー　評唱　1470-1
ヒヨーセン　表詮　1470-1
ビヨーセン　病山　721-1-29
ヒヨーソー　氷想　1478-1
ビヨータイムジツ瓶體無質 1575-2
ヒヨーチ　平地　639-3-26
ビヨーチユームスイ瓶中無水 1575-2
ビヨードー　平等　1493-1
ビヨードーイシユ平等意趣 182-2-19
1493-1
ビヨードーイン平等院　1494-1
ビヨードーオー平等王　1494-1
ビヨードーガク平等覺　1493-1
ビヨードーカン平等觀　1493-3
ヒヨードーギ　平等義　457-3-10
1493-2
ビヨードーキヨー平等敎 1493-2
ヒヨートク　表德　1570-2
ビヨードーシ　病導師　1493-2
ビヨードーショー平等性380-2-11
1493-2
ビヨードーショーチ平等性智
1187-3-20, 1493-2
ヒヨードーシン平等心　1493-3
ビヨードーダイエ平等大慧 1493-3
ビヨードーダイヒ平等大悲 1493-3
ビヨードーフクゴー平等福業
656-1-3
ビヨードーホー平等法　1493-3
ビヨードーホツシン平等法身 1493-3
ビヨードームイ平等無畏1722-2-15
ビヨードーリキ平等力　1494-1
ヒヨービヤク　表白　1570-2
ビヨーフカヒ　病不可避 741-3-19
ヒヨーボー　標帽　1470-1
ビヨーマ　病魔　1494-2
ヒヨームヒヨーカイ表無表戒 1570-2
ヒヨームヒヨーシキ表無表色 1570-2
ビヨーリユー　廟立　1575-2
ヒヨーリヨー　標領　1470-1
ヒラ　避羅　1478-1
ヒラガタネンジユ平形念珠 1478-1
ヒラクシユ　非樂修　1478-1
ヒラゲサ　平袈裟　1478-2
ビランエン　毘藍園　1499-2
ヒリツギヒフリツギ非律儀非不律儀　667-2-21, 1478-3
ビリヤハラミツ毘梨耶波羅蜜
1147-2-19
ヒリユーダイサツタ飛龍大薩埵　1478-3
ヒリヨー　比量　1419-3-14
1478-3, 1791-3-23
ビリヨー　毘陵　1499-3
ヒリヨーカ　毘里孕迦　1478-3
ヒリヨーガバシヤ毘陵伽婆蹉 1478-3
ヒリヨーソーイ比量相違 632-1-4
1478-3
ビルカクオー　毘盧覺王　1500-1
ビルシヤカ　毘盧釋迦　1500-1
ビルシヤナ　毘盧舍那　1500-1
ビルタカ　毘盧擇迦　1501-1
ビルハシヤ　毘流波叉　1501-1
ビルリ　毘瑠璃　1501-1
ヒレータ　俾禮多　1479-1
ヒロクショー　非六生　1479-1
ヒロサワソージヨー廣澤僧正 1479-1
ヒロサワリユー廣澤流　1479-1
ヒロヂ　比盧持　1479-2
ヒロヒムロゴー非漏非無漏業
562-1-4
ビワ　琵琶　1490-3
ビワホーシ　琵琶法師　1490-3
ビンガ　頻伽　1502-2
ビンガビヨー　頻伽餅　1502-3
ビンガラ　賓伽羅　1502-2
ビングカイ　貧窮海　1479-2
ヒンクフクデン貧窮福田 1479-3
ヒンコ　平擧　1479-2
ヒンコ　秉炬　1479-2
ヒンジヤノイツトー貧者一燈
1479-3
ヒンジユ　篇聚　1479-2
ヒンシユツ　擯出 1479-3, 1480-3-9
ヒンタバナ　賓陀婆那　1480-3
ヒンチ　擯治　1480-3
ヒンチ　賓抵　1480-3
ビンヅ　賓頭　1502-3, 1503-1
ビンヅシヤラ　賓頭沙羅　1503-1
ビンヅル　賓頭盧　1503-1
ビンヅルハラダ賓頭盧頗羅墮
1503-1
ヒンデー　兄弟　1480-3
ヒンドー　貧道　1480-2
ヒンニヨ　貧女　1480-3
ヒンニヨノイツトー貧女一燈 1781-1
ヒンニヨホーゾー貧女寶藏 1480-3
ビンバカ　頻婆果　1504-2
ビンバシヤラ　頻婆娑羅　20-2-1
1504-2, 1762-2
ビンバチヨー　頻婆帳　1505-2
ヒンバツ　擯罰　1482-1
ヒンポツ　秉拂　1482-1
ヒンポツジシヤ秉拂侍者　1482-1
ヒンポツリヨー秉拂寮　1482-1
ヒンライカ　頻來果　1482-1

〔フ〕

フ　覆　736-1-19
フアツク　不惡口　1505-3
フアン　普菴　1505-3
フアンオー　普安王　1505-3
フアンノンゴー不安穩業　1506-1
フイアクドー　不畏惡道 917-2-28
フイカシツ　覆諱過失 917-2-25
フイジヨーキヨー普爲乘敎 1546-1
フイセ　怖畏施　1546-1
フイチフイ　不一不異1416-1-16
フイツサイイショーシヤイン怖一切爲障者印　1506-1
フイン　普印　1506-1
フインカイ　不婬戒　1506-1
フウン　浮雲　1507-2
フエク　不壞句　1546-2
フエコー　普回向　1546-2
フエコー　不回向　1546-2
フエコンゴー　不壞金剛　1546-2
フエコンゴーコーミヨーシンデン不壞金剛光明心殿　1546-3
フエシゼン　不壞四禪　1546-3
フエツ　不悅　1507-3
フエホー　不壞法　1546-3
フオーシヤショーボー不應捨正法　926-1-13
フオーシヤリボダイシン不應捨離菩提心　926-1-27
フオーシユホー不應取法　1507-3
フオーセツゴ　不應說語 732-1-16
フオンジユカイ不飮酒戒　1507-3
フーカイ　風界　1506-1
フガイ　不害　736-1-3
フカイビヨードー普皆平等 1507-3
フカウ　不可有　1507-3
フカキ　不可棄　1508-1
フカク　不覺　1508-1
フカクゲンギヨーイ不覺現行位　1508-1
フカクサリユー深草流　1508-1
フカゲドー　赴火外道 434-1-7
1515-1
フカケンウタイシキ不可見有對色　1508-2
フカケンムタイシキ不可見無對色　1508-2
フカシギ 不可思議 1508-2, 1508-3
フカシギキヨー不可思議經 1508-3
フカシギゲダツホーモン不可思議解脫法門　1509-1
フカシギコーニヨライ不可思議光如來　1508-3
フカシギソン　不可思議尊 1509-1
フカショーチ　不可稱智 1509-1
フカスイシヤガン不果遂者願 1515-1
フカセツ　不可說　1509-2
フカダンベン　不可斷辨　733-1-2
フカツイ 不活畏 565-1-22, 1515-2
フカトク　不可得　1509-2
フカトククー　不可得空　1509-2
フガラ　富伽羅　1509-2
フカン　普觀　1515-2
ブカン　豐干　1549-3
フカンソー　普觀想　1515-2
フキ　赴機　1509-2
フギ　賻儀　1510-1
ブギ　舞戲　1549-3
フキゴ　不綺語　1509-3
フギセツ　不疑殺　1510-1
フキホーニン　不起法忍　1509-3
フギヤラ　補伽羅　1510-1
フキヨー　布敎　1516-2

ブキヨー 部敎 1550-2
フキヨー 諷經 1509-3
フキヨー 不輕 1509-3
ブギヨー 部行 1550-1
ブギヨー 奉行 1549-3
フキヨーアクシユガン不更惡趣願 1509-3
ブギヨードツカク部行獨覺 1550-1
フギヨーニギヨー不行而行 1510-1
フキヨーノギヨー不輕の行 1509-3
フキヨーホン 不輕品 1560-1
フギン 諷經 1510-1
フク 浮孔 1510-2
フク 普供 1510-2
フク 覆 1510-2
フク 諷供 1510-2
フグ 敷具 1515-2
ブク 伏 1550-1
フクー 不空 1510-2
フクイン 福因 1510-2
フクエ 福慧 1515-3
フクエキエ 覆腋衣 196-1-26
フクーオーサンマイ不空王三昧 1512-1
フクカ 福果 1512-2
フクカン 福觀 1512-3
フクキ 覆器 1512-2
フクギ 副義 1512-2
フクキヨー 福慶 1512-2
フクギヨー 福行 1512-2
フクケードーヂヨー不久詣道場 1512-3
フクーケンサクオー不空羂索王 1511-2
フクーケンサクカンノン不空羂索觀音 1510-3
フクーケンサクホー不空羂索法 1511-2
フクコー 覆講 1512-3
フクゴー 福業 561-3-18, 1512-3
フグーゴー 不共業 1515-2
ブクゴームミヨー覆業無明1717-1-29
フクソーホツシン福相法身 1512-3
フクゴン 福嚴 1512-3
フクサン 副參 1513-1
フクシ 複師 1513-1
フクシジヨーコーホー複熾盛光法 1613-1
フクシユガツシヨー覆手合掌 1513-1
フクジヨー 福城 1513-1
フクシヨク 復飾 1513-1
フクージヨージユ不空成就 566-2-11
フクージヨージユカルラザ不空成就迦樓羅座 477-2-3
フクージヨージユニヨライ不空成就如來 1511-3
フクシヨーテン福生天 1513-1
フクーシンニヨ不空眞如 879-2-20
フクシンボタイ伏心菩提1630-3-16
フクスイロンジ服水論師 434-3-21, 1513-2
ブクソー 伏藏 1550-1
フグーソー 不共相 1515-3
フクソク 福足 1513-2
フクゾーケンド覆藏揵度 1513-1
フクゾータヂユーザイカイ覆藏他重罪戒 1426-3-20
ブクダン 伏斷 1550-1
フクチ 福智 1513-2
フクヂ 福地 1513-3
フクチコクーゾーボサツ福智虛空藏菩薩 459-1-7
フクチゾー 福智藏 1513-2
フグーチユーノグー不共中共 1515-3
フクテー 福庭 1513-3
フクデン 福田 1513-3
フクデンエ 福田衣 1514-1
フクデンキヨー福田經 1514-1
フクドー 福道 1513-2
フクトーノサンゴー福等三業 1514-1
フクトク 福德 1514-1
フクトクシヨーゴン福德莊嚴 1514-1
フクトクシリヨー福德資糧 858-1-10, 1514-1
フクトクシン 福德身 1558-3-4
フクトクゾー 福德藏 1514-1
フクトクモン 福德門 1514-2
フクーニヨライゾー不空如來藏 1512-1
フクニン 伏忍 1550-2
フグーハンニヤ不共般若1437-3-10, 1515-3
フクフカヒ 福不可避 741-3-22
フクーフジヨー不共不定 632-2-26, 1515-2
フクフラクジユ 不苦不樂受 637-3-1, 1514-2
フクブン 福分 1514-2
フグーヘン 不共變 1515-3
フクボ 覆墓 1514-2
フクホー 福報 1514-2
フグホー 不愚法 1515-3
フグホー 不供法 1515-3
フグホーシヨーモン不愚法聲聞 792-2-14
フグムミヨー 不共無明 1516-1, 1717-1-2, 1717-1-20
フクメン 覆面 1514-2
フクヨーイン 普供養印 943-3-25
フクヨーインミヨー普供養印明 1514-2
フクラ 福羅 1514-2
フクリキタイシ福力太子 1514-2
フクリヨー 副寮 1514-3
フクリン 福林 1514-3
フクロカンヂヨー袋灌頂 1514-3
フクロク 福祿 1514-3
ブクワクギヨーイン伏惑行因 1550-2
フケ 普化 1516-1
フケ 敷華 918-2-13
フケシユー 普化宗 1516-2
フケソー 普化僧 1516-3
フケン 不見 1516-3
フゲン 不還 1517-1
フゲン 普賢 1517-1
フゲン 普眼 1517-1
フゲン 普現 1517-1
フケンエ 覆肩衣 1516-3
フゲンエンメー普賢延命 1518-2
フゲンカ 普賢跏 1518-2
フゲンカ 不還果 1518-3
フゲンキヨー 普賢行 1518-2
フゲンギヨーガンボン普賢行願品 1518-3
フゲンギヨージヤ普賢行者 1518-3
フケンコ 不見擧 1516-3
フゲンコー 普賢講 1519-2
フゲンコー 不還向 1518-2
フゲンシキシン普現色身 1520-1
フゲンジユーガン普賢十願 1520-1
フゲンシヨーヂ普眼照地 712-3-30
フゲンダイシ 普賢大士 1520-1
フゲンヂ 普賢地 712-3-29
フケンドンカイ不慳貪戒 1517-1
フゲンノガンカイ普賢の願海 1518-1
フゲンノキヨーガイ普賢境界 1520-2
フゲンノジユーガン普賢の十願 1518-1
フゲンノトク 普賢德 1520-2
フケンフジヨー普建普成 1517-1
フケンブツ 普見佛 1742-1-3
フゲンボサツ 普賢菩薩 1520-2
フケンリン 不慳悋 929-3-17
フーコー 風航 1506-2
フコクフビヤクゴー不黑不白業 562-1-27
フコサシヨーゴン不虛作莊嚴 771-3-22
フコーサンマイ普光三昧 1514-3
フコシユカイ 不酤酒戒 1520-3
フコーセカイ 浮香世界 1507-3
フコーチ 普光地 1515-1
フコーテンシ 普光天子 1515-1
フコーニヨライ普光如來 1515-1
フコーホードー普光法堂 1515-1
フコーミヨーデン普光明殿 1515-1
フコモーシヨー不虛妄性 1520-3
フコモーセツ 不虛妄說 880-2-9
フコロンシユー不顧論宗 710-1-29, 1520-3
フコン 扶根 1520-3, 1550-2
フコン 浮根 1520-3
フコンリユームジヨーゲドー不建立無淨外道 435-1-1
フサ 普茶 1521-1
フザ 趺坐 1521-3
フザイ 付財 1521-3
フーサイ 風際 1506-2
フーサイ 風災 617-3-7, 1506-2
フサイジヨー 不才淨 1521-1
フサツ 布薩 1521-1
フサツケンド 布薩揵度 1521-3
フサツジキ 布薩食 1521-3
フサツセツカイ布薩說戒1429-1-17
フサヨジキホー不作餘食法 889-3-29
フサンコ 不懺擧 1521-3
フーサンマイ 風三昧 1506-2
フシ 布史 1522-1
ブジ 奉事 1550-3
フシカク 不死覺 1522-1
フジカン 布字觀 1525-3
フシカンロ 不死甘露 1522-1
フシギ 不思議 1522-1
フーシキ 風色 1506-2
フシギエンギ 不思議緣起 1522-1
フシギカイ 不思議界 880-2-18, 1522-1
フシギクー 不思議空 1522-1
フシギクーチ 不思議空智 1522-2
フシギクン 不思議薰 1522-2
フシギコー 不思議劫 1522-3
フシギゴーソー不思議業相 1522-3
フシギシン 不思議身 714-1-13, 1522-3
フシギチ 不思議智 1523-1
フシギヘン 不思議變 1523-1
フシギヘンヤクシヨージ不思議變易生死 779-1-19, 1523-1
フシキヨーランロン不死矯亂論 434-2-16
フジゲダツ 不時解脫 487-2-19, 1526-1
フジゲダツラカン不時解脫羅漢 1775-1-15
フジゴモン 富士五門 1526-1
フジゴリ 富士垢離 1526-1
フジザイ 不自在 1526-1
フジサンキタカイ不自讃毀他戒 1526-1
フジシヤクシンミヨー不自惜身命 1526-1
フシゼンフシアク不思善不思惡 1523-2
ブジダイシ 奉事大師 909-3-25
フジハ 富士派 1526-1
フジホン 布字品 1526-2
フシモン 不死門 1523-3
フジヤインカイ不邪婬戒 1526-2
フシヤク 不死藥 1524-3
フシヤクケンボン覆迹顯本 426-1-15
フシヤクシンミヨー不惜身命 1524-3
フジヤニ 蒲闍尼 1527-2
フシヤノセーヤク不捨誓約 1524-3
フシヤブツ 弗沙佛 1525-1
フシユ 溥首 1525-1
ブシユ 部主 1550-2
フージユ 諷頌 1527-2
ブシユー 部執 1550-2
フジユイツサイホー不受一切法 1527-2
ブシユーイロン部執異論 1550-2
フジユサンマイ不受三昧 1527-2
フシユシヨーガク不取正覺 1525-2
フシユゲドー 不修外道 1525-1
フシユーニンシヨー扶習潤生 1523-3, 1550-2
フジユフセコーモンハ不受不施講門派 1527-3
フジユフセハ 不受不施派155-2-20, 1527-3
フージユモン 諷誦文 1527-3
フシヨ 扶疏 1525-2, 1550-3
フシヨ 補處 1525-3, 1689-2-2
フシヨー 梟鐘 1525-2
フシヨー 不生 1524-1
フシヨー 不請 1524-1
フシヨー 赴請 1523-3
フジヨー 不淨 1526-2
フジヨー 父城 1526-2
フシヨーイツサイセケンチ普照一切世間智 1189-1-9
フジヨーカン 不淨觀 552-2-26, 1526-2
フジヨーカンキヨー不淨觀經 1526-3
フジヨーギヨー不淨行 1526-2
フシヨーケン 不正見 1524-2
フジヨーコク 不淨國 1526-3
フジヨーコンゴー不淨金剛 1526-3
フシヨーゴンドージ普莊嚴童子 715-1-27, 1524-2
フジヨーシ 不淨紙 1526-3
フシヨージキ 不正食 1524-2
フシヨージヨーセ不請淨施 1524-2
フジヨーセ 不淨施 1526-3
フジヨーセツポー不淨說法 1527-1
フシヨーダン 不生斷 626-2-26, 1524-2
フシヨーチ 不正知 1524-2
フジヨーニク 不淨肉 1527-1
フシヨノミロク補處彌勒 1525-2
フヂヨーハン 不定般 1519-1-8
フジヨーブツ 不成佛 75-2-10
フシヨーフメツ不生不滅1415-2-24, 1524-3
フジヨーフンヌ不淨忿怒 1527-1
フシヨームジヨー不生無常733-2-4
フジヨーリン 不淨輪 1527-1
フシン 普請 1525-3
フシン 不審 1525-3
フシン 不信 75-1-23, 736-1-10, 1525-3
フシンケン 不身堅 656-1-7
フシンシユー 不眞宗 1525-3, 1525-3
フシンニカイ 不瞋恚戒 818-1-17
フジンベン 不盡辨 733-1-1
フセ 布施 1527-3
フセガネ 伏鉦 1528-2
フセキヨー 布施經 1528-2
フセゲ 布施偈 1528-2
フセシヨー 布施攝 1528-2, 720-3-16
フセツ 普說 1528-2

フセツショーカイ 不殺生戒 1528-2
フセツボサツ 不說菩薩 1528-2
フゼンニ 蒲膳尼 1529-1
フーゼンノソク 風前燭 1506-2
フーゼンノトー 風前燈 1506-2
フセハラミツ 布施波羅蜜 1523-3
フゼンボーシンニョ 不善法眞如 879-3-16
フセホーベン 布施方便 916-1-26
フゼンマムチ 不染汚無知 1529-1
フセムジン 布施無盡 1709-1-3
フセモツ 布施物 1528-3
フゼンリツギ 不善律儀 1529-1
フーセンロンジ 風仙論師 434-3-3
フゼン 不善 1528-3
フソー 浮想 1521-1
フソーイイン 不相違因 91-2-9
フソーオーギョー 不相應行 1521-1
フソーオーシン 不相應心 1521-1
フソーオーホー 不相應法 568-1-11
フソーオームミョー 不相應無明 1717-1-22
フソーカン 普想觀 1521-1
フソク 譜蘂 1529-1
フゾク 付屬 1529-2
フーソク 風燭 1506-2
フゾクタイ 覆俗諦 1529-3
フゾクノイチネン 付屬一念 1529-3
フソクフリ 不即不離 1529-1
フソクライ 普觸禮 1529-2
フゾーゲンシンニョ 不增減眞如 880-1-13, 1529-2
フゾーフゲン 不增不減 1529-2
フソーロク 副僧錄 1079-3
フタ 步他 1530-3
フダ 浮陀 1531-2
ブタ 部多 1550-3
フタイ 覆諦 1529-3
フタイ 不退 1529-3
フータイ 封體 1506-2
フーダイ 風大 1506-2
フタイケツヂョー 不退決定 1825-1-23
フダイシ 傅大士 1531-2
フタイシン 不退心 917-1-27
フタイソー 不退相 1530-2
フタイヂ 不退地 1330-2
フタイヂュー 不退住 927-2-27, 1530-2
フタイテン 不退轉 32-2-29, 1530-2
フタイテンボーリン 不退轉法輪 1530-2
フタイド 不退土 1530-3
フタイノガンリキ 不退の願力 1530-2
フタイノジョード 不退の淨土 1530-2
フタイボサツ 不退菩薩 1530-3
フタイラカン 不退羅漢 1775-2-12
フタイリン 不退輪 1530-3
フタゲドー 皤多外道 1531-1
フタショー 不他生 1531-1
フタマノグ 二間供 1531-1
フタマノゴホンゾン 二間御本尊 1531-1
フタマノヨイ 二間夜居 1531-2
フタラ 逋多羅 1531-2
フダラタ 補陀落迦 1531-2
フダン 不斷 1531-3
フーダン 風壇 1506-3
フダンギョー 不斷經 1531-3
フタンクー 不但空 1531-2
フダンコー 不斷光 1531-3
フダンコーブツ 不斷光佛 1532-1
フダンジョー 不斷常 626-1-22, 1532-1
フダンソーオーゼン 不斷相應染 1532-1, 1834-3-19
フタンヂュー 不但中 1531-2
フタンナ 富單那 1531-2
フダンフジョー 不斷不常 1416-1-3
フダンリン 不斷輪 1532-1
フヂン 浮塵 1532-3
ブヂンコン 扶塵根 1550-3
フチソクシヤ 不知足者 1532-1
フチソン 普知尊 1532-1
フチテンニンソン 普知天人尊 1532-1
ブチヤクコンゴー 步擲金剛 1550-3
ブチヤクミョーオー 步擲明王 1550-3
フーチユートー 風中燈 1506-3
フヂユージユ 不重頌 193-3-7
フヂユーハイ 不住拜 1532-3
フーヂョー 風定 1506-3
フヂョーカン 不定觀 1532-2
フヂョーキョー 不定敎 614-1-19, 1532-1
フヂョーゴー 不定業 562-2-5
フヂョーシカン 不定止觀 697-2-5, 1532-2
フヂョージユ 不定聚 637-3-9, 1532-3
フヂョージユゴー 不定受業 1532-3
フヂョーシユショー 不定種性 1532-3
フヂョーショー 不定性 531-2-2, 1532-2
フヂョーショージユ 不定性聚 1532-2
フヂョーヂホー 不定地法 736-2-3, 1532-3
ブツ 佛 1551-1
ブツイ 佛位 1567-1
ブツイリキ 佛威力 668-2-9
ブツイン 佛印 1552-1
ブツイン 佛因 1552-1
フツーイン 普通印 1532-3
ブツエ 佛會 1567-2
ブツエ 佛慧 1567-2
ブツエショシン 佛慧初心 1567-2
ブツエレンチ 佛慧蓮池 126-2-27
ブツカ 佛果 1552-3
ブツカイ 佛界 1552-2
ブツカイ 佛海 1552-2
ブツカイ 佛戒 1552-2
ブツカイノジユーニョ 佛界の十如 938-3-30
ブツカク 佛閣 1552-2
ブツガツ 佛月 1553-2
ブツガン 佛願 1553-2
ブツガン 佛龕 1552-2
ブツカンギニチ 佛歡喜日 1553-1
ブツキ 佛器 1552-3
ブツキ 佛記 1552-2
ブツキョー 佛經 1552-3
ブツキョー 佛境 1552-3
ブツキョー 佛敎 1553-2
ブツク 佛吼 1552-3
ブツグ 佛供 1553-1
ブツグ 佛具 1553-1
ブツグノジツシン 佛具の十身 1558-2
ブツケ 佛化 1553-2
ブツケ 佛家 1553-2
ブツゲ 佛牙 1553-3
ブツケゴンサンマイ 佛華嚴三昧 1553-2
ブツケン 佛見 1553-2
ブツゲン 佛眼 524-2-17, 1553-3, 524-2-24
ブツゲンエ 佛眼會 1554-3
ブツゲング 佛眼供 1553-3
ブツゲンジユ 佛眼呪 1554-1
ブツゲンシンゴン 佛眼眞言 1553-3
ブツゲンソン 佛眼尊 1554-1
ブツゲンブツモ 佛眼佛母 1554-2
ブツゴ 佛語 1555-1
ブツコー 佛光 1552-3
ブツゴキョー 佛語經 1555-1
ブツコク 佛國 1554-3
ブツコージ 佛光寺 1553-1
ブツコージハ 佛光寺派 971-2-10, 1553-1
ブツゴシン 佛語心 1555-1
ブツコツ 佛骨 1554-3
ブツゴノフゲン 佛後普賢 1555-1
ブツゴンリョー 佛言量 1555-2
ブツサン 佛讚 1555-2
ブツシ 佛使 1556-1
ブツシ 佛子 1555-3
ブツシ 佛師 1556-1
ブツジ 佛事 1559-1
ブツシムイ 佛四無畏 762-1
ブツジモン 佛事門 1559-1
フツシヤ 弗沙 1533-1
ブツシヤ 佛舍 1556-2
フツシヤク 拂石 1533-1
ブツシヤク 佛迹 1557-2
フツシヤブツ 弗沙佛 1533-1
ブツシヤリ 佛舍利 1557-2
ブツジユ 佛壽 1559-2
ブツジユ 佛樹 1559-2
ブツシユー 佛宗 1557-2
ブツシユ 佛種 1557-2
ブツジユオー 佛樹王 1559-2
ブツジユシユ 佛壽四喩 1476-1
ブツシユツセ 佛出世 1557-2
ブツシユツゲンカイムジン 佛出現界無盡 1709-1-20
ブツシユショー 佛種姓 1557-2
フツショー 孛星 1533-1
ブツショー 佛聖 1556-2
ブツショー 佛星 1556-3
ブツショー 佛性 1556-2
ブツショー 佛餉 1556-2
ブツジョー 佛乘 542-1-12, 1559-2
ブツショーエ 佛生會 1557-2
ブツショーカイ 佛性戒 1556-3
ブツジョーカイ 佛乘戒 1559-3
ブツショギョーサン 佛所行讚 1557-2
ブツショーグコ 佛證窮故 452-2-24
ブツショーコク 佛生國 1556-3
ブツショゴネン 佛所護念 1557-2
ブツジョージユーヂ 佛乘十地 924-1-25
ブツショージョーヂユー 佛性常住 1556-3
ブツショーシンニョ 佛性眞如 1556-3
ブツジョードーエ 佛成道會 1559-1
ブツショーニチ 佛生日 1557-1
ブツショーリョー 佛聖料 1557-1
ブツシン 佛身 146-2-9, 1557-3
ブツシン 佛心 1557-3
ブツシンイン 佛心印 1558-3
ブツシンインキ 佛心印記 1558-3
ブツシンエンマン 佛心圓滿 526-3-19
ブツシンシユー 佛心宗 1558-3
ブツシンテンシ 佛心天子 1559-1
ブツセ 佛世 1559-3
ブツセ 物施 639-3-3
ブツセカイ 佛世界 1559-3
ブツセキ 佛跡 1559-3
ブツセソン 佛世尊 906-3-12, 1559-3
ブツセツ 佛說 557-1-23, 1559-3
ブツセツ 佛刹 1559-3
ブツソ 佛祖 1560-1
ブツソー 佛葬 1555-2
ブツゾー 佛像 1555-2
ブツゾー 佛藏 620-2-26, 674-3-2, 1555-3
ブツソクセキ 佛足石 1560-1
ブツソクチョーライ 佛足頂禮 1560-2
ブツソツーサイ 佛祖通載 1560-2
ブツソトーキ 佛祖統紀 1560-2
ブツダ 佛陀 1560-2
ブツダダイエ 佛陀大會 1561-1
ブツダン 佛檀 1561-2
ブツタンジョーエ 佛誕生會 1560-2
ブツチ 佛智 64-3-1, 1561-2
ブツチ 佛地 923-3-3, 1563-2
ブツチケン 佛知見 77-2-1, 1561-3
ブツチショニユーキョーガイムジン 佛智所入境界無盡 1709-1-24
ブツチョーイン 佛頂印 1562-1
ブツチョーゴー 佛頂業 1562-1
ブツチョージユ 佛頂呪 1562-1
ブツチョーソン 佛頂尊 1562-1
ブツチョーソンショーシン 佛頂尊勝心 1563-1
ブツチョーダン 佛頂壇 1563-2
ブツチョーヅラ 佛頂面 1563-2
ブツチョーリユー 佛頂流 1563-2
ブツテツ 佛哲 1563-2
ブツテン 佛天 1563-3
ブツデン 佛殿 1563-3
ブツデン 佛田 1563-3
ブツド 佛土 1563-3
ブツトー 佛塔 1560-2
ブツドー 佛道 1560-3
ブツドー 佛堂 1560-3
フツートー 普通塔 1533-1
ブツトク 佛德 1563-3
ブツドーショーモン 佛道聲聞 1560-3
ブツトチョー 佛圖澄 1563-3
ブツドームジョーセーガンジョー 佛道無上誓願成 698-3-7
ブツニチ 佛日 1564-1
ブツネハンキ 佛涅槃忌 1564-2
ブツノゴショー 佛五姓 1564-2
ブツパツ 佛鉢 1564-2
ブツパツイン 佛鉢印 1564-2
ブツブ 佛部 476-3-10, 1564-2
ブツブシンゴン 佛部眞言 1564-2
ブツプセ 佛布施 1564-2
ブツブヂョーイン 佛部定印 1564-2
ブツポー 佛法 1564-2
ブツポー 佛寶 1564-2
ブツポーカイ 佛法界 1592-3-19
ブツポーシヤ 佛法者 1564-3
ブツポーソー 佛法僧 1564-3
ブツポーゾー 佛法藏 1564-3
ブツポーチ 佛法智 1189-1-3
ブツポーノシニン 佛法の死人 1564-3
ブツボンイツタイ 佛凡一體 1565-1
ブツマ 佛魔 1565-1
ブツミョー 佛鳴 1565-2
ブツミョー 佛名 1565-1
ブツミョーエ 佛名會 1565-3
ブツミョーサンゲ 佛名懺悔 1565-2
ブツミョーセン 佛名懺 1565-2
ブツムゲエ 佛無礙慧 1565-3
ブツムシヤベツ 佛無差別 666-2-12, 1566-1
ブツメツ 佛滅 1566-1
ブツメツド 佛滅度 1566-1
ブツモ 佛母 1566-1
ブツモイン 佛母院 1566-3
ブツモツ 佛物 1566-2
ブツモミョーオー 佛母明王 1566-3
フツーモンジン 普通問訊 1533-1
ブツリユーサンマイ 佛立三昧 1566-3
ブツロー 佛臘 1567-1
ブツローニチ 佛臘日 1566-3
フーテン 風天 1506-3, 935-3-19
フト 浮圖 1113-3-5, 1533-1
フドー 不動 1533-2
フートー 風刀 1506-3
フドーアンチンホー 不動安鎭法 1533-2

フドーエンメーロクガツホー 不動延命六月法 1533-3
フトーカイ 不盜戒 1533-1
フトガラ 補特伽羅 1533-2
フドーギ 不動義 1533-3, 457-3-12
フドーキリユーイン不動軌立印 1533-3
フドーグ 不動供 1533-3
フトクジヤケン不得邪見 926-2-21
フドーゲサ 不動袈裟 1533-3
フドーゲダツ 不動解脱 1533-3
フドーコー 不動講 1533-3
フドーゴー 不動業 561-3-20
フドーゴマグ 不動護摩供 1533-3
フドーコンゴー不動金剛 548-2-8
フドーコンゴーミョーオー不動金剛明王 1533-3
フトーサンマイ普等三昧 1533-1
フドージクジュ不動慈救咒 1534-1
フドーシシヤ 不動使者 1534-1
フドーシシヤホー不動使者法 1534-1
フドージュ 不動咒 1534-1
フドーショージ不動生死 1534-1
フドーソン 不動尊 1534-1
フドーソンギキ不動尊儀軌 1534-1
フドーヂ不動地 923-3-27, 1534-2
フドーヂョー 不動定 1534-2
フドーテン 不動點 1534-2
フドートー 普同塔 1534-1
フドーニョライ不動如來 1534-2
フドーブツ 不動佛 1534-2
フドーホー 不動法 1534-2
フドーミョーオー不動明王 1534-2
フドームイ 不動無爲 1539-2, 1723-1-25
フドーモンジン普同問訊 1539-2
フドーラカン 不動羅漢 1775-2-9
フトーロク 普燈錄 1533-2
フドンマ 浮曇末 1539-2
フナキ 富那奇 1539-3
フナゴコー 船後光 1539-3
フナシヤ 富那奢 1735-1-2
フナダツタ 富挐達多 1536-3
フナヅツミ 舟裏 1539-3
フナバツダ 富那跋陀 1540-1
フナン 不男 1540-1
フニ 不二 1540-1
フニフイ 不二不異 1540-2
フニホーモン 不二法門 1540-2
フニヨダン 弗如檀 1540-2
フニヨホー 不如法 1540-2
フニヨムシ 不如無子 1540-2
フニン 婦人 1540-3
ブニン 夫人 1567-3
フノー 浮嚢 1539-2
フハイ 不拜 1540-3
フハク 覆帛 1540-3
フハツ 覆鉢 1540-3
フーバン 風幡 1507-1
フヒカンノン 普悲觀音 1541-1
フブツポーゲドー附佛法外道 1541-1
フーフンジンザンマイ風奮迅三昧 1507-1
フヘンイショー不變異性 880-2-10
フヘンザンマイ普遍三昧 1541-2
フヘンシンニヨ不變眞如 879-2-14, 1541-2
フヘンズイエン不變隨緣 1541-2
フヘンヤクショー不變易性 1541-2
フホー 普法 1541-2
フホー 付法 1541-3
フホー 不法 1541-3
フホーイツ 不放逸 735-1-25, 1540-3
フホーカン 附法觀 1541-3
フホーギキョー普法義經 1541-3
ブボサツ 舞菩薩 1567-3
フホーサンボーカイ不謗三寶戒 1540-3
フホーゾー 付法藏 1541-3
フホーゾーキョー付法藏經 1541-3
フホーソージョー付法相承 1541-3
フホーゾーデン付法藏傳 1541-3
フホーデン 付法傳 1541-3
フホーノハツソ付法八祖 1541-3
フマ 怖魔 1542-2
フミョーオー 普明王 1435-3-23, 1542-1
フモ 父母 1542-1
ブモ 部母 1567-3
ブモオンヂユーキョー父母恩重經 1542-2
フモーカイ 不妄戒 1542-1
フモク 浮木 1542-3
フモーゴカイ 不妄語戒 1542-1
フモージシヤ 布毛侍者 1542-2
フモーゼン 不忘禪 1542-1
フモン 普門 1542-3
フモン 負門 1542-3
フモンアクミョーガン不聞惡名願 1543-1
フモンセカイサンマイモン普門世界三昧門 1543-1
フモンダン 普門檀 1543-1
フモンヂジユ 普門持誦 4543-1
フモンボン 普門品 1543-2
フモンボンキョー普門品經 1543-2
フモンマンダラ普門曼荼羅 1543-2
フユーノサンタイ不融三諦 1543-2
フヨクギョーショー不欲行障 914-3-16
フヨシユ 不與取 1543-2
フヨードーカイ不蓉道楷 1543-2
フライ 普禮 1543-3
フライゴー 不來迎 1543-3
フライフコ 不來不去 1543-3
フライフシユツ不來不出1416-1-21
フラクインガ 不落因果 1544-1
フランヤク 腐爛藥 684-2-15, 1544-2
フリ 不離 633-2-3
フリカ 布利迦 1544-2
フリツギ 不律儀 668-2-20, 1544-2
フリツギムヒョーシキ不律儀無表色 1715-3-19
ブリツダンジョー扶律談常 1567-3
フリムジシヤ 不盬務侍者 1544-3
フリユーモンジ不立文字 1544-3
フリョー 鳧鈴 1545-1
フーリョー 風鈴 1507-2
フリョーギキョー不了義經 1546-1
フリョーゼツ 不兩舌 1545-1
フリョーブツチ不了佛智 1546-1
フーリン 風輪 858-3-2, 1507-2
フーリンザイ 風輪際 1507-2
フーリンザンマイ風輪三昧 1507-2
フーリンダン 風輪壇 1507-2
フルナ 富樓那 1545-2, 922-3-10
フロー 浮浪 904-3-23
フローシ 不臘次 1544-1
フローフシ 不老不死 1543-3
フワクニンショー扶惑潤生 1546-1
フワゴーショー不和合性 1546-1
フン 忿 736-1-19, 1546-3
ブンイ 分位 230-1-4, 1568-2
ブンイトール 分位等流 651-1-9
ブンエ 分衞 1568-3
ブンエキョー 分衞經 1568-3
ブンエンゼンシ文偃禪師 126-3-26
フンカ 糞果 1546-3
フンケツ 忿結 1547-1
ブンコー 文爽 1567-3
フンコツサイシン粉骨碎身 1547-1
ブンザ 分座 1567-3
ブンサイ 分歳 1567-3
ブンサン 分散 1567-3
ブンシユザンマイ分修三昧 1567-3
ブンショー 分證 1567-3
ブンショジョー分諸乘 1568-1
ブンショーソク分證即 1568-1
ブンショーブツ分證佛 1836-1-20
ブンシン 分身 1568-1
フンジンザンマイ奮迅三昧 1547-2
ブンシンソク 分眞即 1568-1, 1835-3-7
フンゾーエ 糞掃衣 684-2-14, 1547-1
ブンソーモン 分相門 1567-3
フンダリケ 分陀利華 1547-3
フンダリケシヤモン芬陀利花沙門 696-2-28
ブンダン 分段 1568-1
ブンダンシ 分段死 1568-2
ブンダンショージ分段生死 1568-2
ブンダンショージ分斷生死 779-1-15
ブンダンシン 分段身 1568-2
ブンダンドーゴ分段同居 1568-1
ブンダンノサンドー分段三道 1568-2
ブンダンヘンヤク分段變易 1568-2
ブンダンリンネ分段輪廻 1568-2
フンヂョ 糞除 1547-3
ブンナカ 分那柯 1568-2
フンヌ 忿怒 1547-3
フンヌオー 忿怒王 1548-2
フンヌケン 忿怒拳 1548-1
フンヌミョーオー忿怒明王 1548-2
フンノー 忿王 1549-2
フンベツ 分別 567-3-24, 1548-3
フンベツキ 分別記 1548-3
フンベツキ 分別起 1548-3
フンベツシキ 分別識 1549-1
フンベツジシキ分別事識 688-2-18, 1549-1
フンベツショーイキョー分別聖位經 1549-1
フンベツセツサン分別說三 1549-2
フンベツセツブ分別說部 1549-2
フンベツソージカルイ分別相似過類 1549-1
フンベツチ 分別智 1549-2
フンベツチソーオーゼン分別智相應染 1549-3, 1834-3-23
フンベツチダラニ分別智陀羅尼 1549-3
フンベツトー 分別答 1549-2
フンベツヘン 分別變 1549-3
フンベツユガロン分別瑜伽論 566-1-20, 917-1-15
ブンユ 分喩 1568-2

〔ヘ〕

ベー 團 1574-3
ヘーカン 閉關 1568-3
ヘーゴ 柄語 1568-3
ヘーコー 平交 1568-3
ヘキカン 壁觀 1570-3
ヘキガンコ 碧眼胡 1570-2
ヘキカンコソー壁巖胡僧 1570-3
ヘキガンシユー碧巖集 1570-2
ヘキガンロク 碧巖錄 1570-2
ヘキキジユ 辟鬼珠 1570-2
ヘキケン 僻見 1570-3
ヘキコ 秉炬 1568-3
ヘキジヤホー 辟蛇法 1570-3
ヘキセンキユー劈箭急 1570-3
ヘキヂョー 壁定 1570-2
ヘキライデンポー辟雷電法 1570-3
ヘーザ 平座 1569-1
ベーサイ 米齋 1574-3
ヘーシヤ 屏沙 1569-1
ベーシヤ 吠舍 1574-3
ベーシヤ 洴舍 1574-3
ベーシヤキヤ 吠舍佉 1574-3
ヘージョーシンコレドー平常心是道 1569-1
ヘーシラマナ 薜室羅末拏 1569-1
ヘーゼーゴージョー平生業成 1569-1
ベーセーシカ 吠世史迦 1575-1
ヘーソー 平僧 1559-2
ベーダ 吠陀 1575-1
ベタナ 別他那 1579-2
ヘーヂ 秉持 1569-2
ベーヂユー 米頭 1575-1
ベツエ 別依 1575-2
ベツエン 別圓 1577-2
ベツガン 別願 366-2, 1575-3
ベツギイシユ 別儀意趣 682-2-28, 1575-2
ベツキョー 別境 1575-2
ベツキョー 別教 614-1-27, 1575-3, 1687-2-9
ベツキョーゲン別行玄 1575-3
ベツキョーシモン別教四門 763-2
ベツギョーショ別行疏 1575-3
ベツキョーノシンジョ別境心所 1575-2
ベツゲ 別偈 1575-3
ベツゲシルイ 別解四類 938-2
ベツゲダツカイ別解脱戒 1576-1
ベツゲダツキョー別解脱經 1576-1
ベツゲダツリツギ別解脱律儀 668-2-30, 1576-1, 1788-2-9
ベツゲダツリツギムヒョーシキ別解脱律儀無表色 1716-1-7
ベツゲベツギョー別解別行 1576-1
ベツゲリツギ 別解律儀 1576-1
ベツケン 別見 1575-3
ベツゴ 別語 1576-1
ベツゴー 別業 1576-1
ベツコーエンシユー別向圓修 1575-2
ベツジイ 別時意 1576-2
ベツジイシユ 別時意趣 682-2-23, 1576-2
ベツジネンブツ別時念佛 1576-2
ベツシユ 別衆 1576-2
ベツジユ 別受 1576-2
ベツショー 別請 1576-1
ベツショーツー別接通 1576-2
ベツシンロン 別申論 1576-2
ベツセンショグ別選所求 1576-2
ベツソー 別相 1576-1, 1823-2-6
ベツソーサンガン別相三觀625-2-5, 1576-1
ベツソーサンボーソク別相三寶即 656-3-25
ベツソーニシユネンショ別總二種念處 751-3
ベツソーネンジョ別相念處 751-3-21, 1576-1
ベツソンホー 別尊法 1576-3
ベツチ 瞥地 1576-3
ベツヅ 別途 1576-3
ベツデンハ 別傳派 1576-3
ベツトー 別當 1576-3
ベツトーダイシ別當大師 1576-3
ベツネンブツ 別念佛 1577-1
ベツブツ 別佛 1551-3-2
ベツホー 別報 1577-1
ベツヤクゾーアゴンキョー別譯雜阿含經 15-2, 1577-1
ベツリズイエン別理隨緣 1577-1
ベツレーシヤ 蔑戾車 1577-2

ベツワク　別惑　1577-2
ヘーテードージ丙丁童子　1569-2
ヘホ　蛇　1570-3
ヘーホー　乗法　1569-2
ヘーヨク　弊欲　1569-2
ベールリ　吠瑠璃　1575-1
ヘーレータ　薜茘多　1569-3
ヘーロ　閉爐　1569-3
ベーロシヤナ　吠嚧遮那　1575-2
ヘンイツサイショ遍一切處　1500-1-18
1571-2
ヘンイツサン　遍一山　1571-2
ヘンウノシユー偏有執　1571-2
ヘンエ　變壞　1574-2
ヘンエエン　遍依圓　1571-2
ヘンエエンサンショー偏依圓三性　623-2
ヘンエン　偏圓　1574-3
ヘンカイ　邊界　1571-2
ヘンカイ　偏界　1571-2
ヘンカク　偏覺　1571-2
ヘンキツ　偏吉　1571-2
ヘンギョー　偏敎　1571-3
ヘンギョーイン遍行因　1571-2
1819-2-25
ヘンギョーシンニョ遍行眞如　880-1-1
1571-3
ヘンギョーノワク遍行惑　1571-3
ヘンクー　偏空　1571-3
ヘンゲ　徧計　1571-3
ヘンゲ　變礙　1571-3
ヘンゲ　變化　1571-3
ヘンゲショー　變化生　1571-3
ヘンゲショキシキ遍計所起色
1572-1, 1604-2-7
ヘンゲショシユージョー遍計所執性 623-2-16, 1572-1, 1764-3-2
ヘンゲシン　變化身　629-1-26
1572-1
ヘンゲド　變化土 658-2-4, 1570-1
ヘンゲニン　變化人　1572-1
ヘンゲホツシン變化法身　1572-1
1606-1-25, 1606-2-26, 1606-3-13
ヘンゲムキ　變化無記　1694-1-1
ヘンケン　邊見　408-1-13
524-1-1, 1571-3
ヘンゲンゲドー遍嚴外道　435-1-10
ベンコー　辨香　1577-2
ヘンゴトク　邊五得　1572-1
ヘンザイ　邊罪　1572-2
ベンサイ　辯才　1577-2
ヘンザイ　邊際　1572-2
ヘンザイチ　邊際智　1572-3
100-2-26
ベンザイテン　辯才天　1577-2
ベンザイテンゴブ辯才天五部　1164-2
ベンザイテンサンブ辯才天三部　1164-1
ヘンザイナン　邊罪難　807-3-22
ベンザイミョーオン辯才妙音　1577-3
ヘンサン　偏衫　1572-2
ヘンサン　徧參　1572-2
ベンジシンゴン辨事眞言　1577-3
ヘンシホツカイ遍至法界　1572-3
ヘンシユー　偏執　1572-3
ヘンシユー　邊州　1572-3
ヘンシユーケン邊執見　408-1-18
1572-3
ヘンシユツゲドー遍出外道　1572-3
ヘンシユツショージ反出生死　1572-3
ヘンシユーホツカイ遍周法界　1572-3
ヘンショ　遍處　1572-3
ヘンショー　偏照　1573-2
ヘンショー　反照　1573-2
ヘンショー　反抄　1573-2
ヘンショー　偏小　1573-2
ヘンジョー　遍淨　1858-1-16
ヘンジョーオー變成王　1573-2
ヘンショコシユー遍所許宗
710-1-24, 1573-1
ヘンジョーコンゴー徧照金剛　1573-3
ヘンジョーシヤナ遍照遮那　1573-3
ヘンジョージユノホー變成就法　1573-1
ヘンショージョー偏小情　1573-2
ベンジョーショーガク便成正覺　1577-3
ヘンジョーテン遍淨天　1573-1
ヘンジョーナンシ變成男子　1573-1
ヘンジョーナンシノガン變成男子願　1573-1
ヘンジョーニョライ遍照如來　1573-3
ヘンジョーノショギョー徧成諸行　1573-2
ベンショーロン辨正論　1577-3
ヘンシン　偏眞　1573-1
ヘンシンノクーリ偏眞空理　1573-1
ヘンゼシユーホーショー遍是宗法性　1573-3
ヘンゼン　片禪　1573-3
ベンセン　便旋　1577-3
ベンゼンナ　便膳那　1577-3
ヘンソー　變相　1572-1
ベンタイ　辨體　441-3-11
ヘンダイチホー遍大地法　735-1-14
ヘンタン　遍袒　1573-3
ヘンタンウケン遍袒右肩　1573-3
ヘンチ　遍智　1574-1
ヘンチ　邊地　1574-1
ヘンチイン　邊地院　1574-1
ヘンチケマン　邊地懈慢　1574-1
ヘンチユーシ　偏中至　578-3-29
ヘンチユーショー偏中正　578-3-20
ベンチユーヘンロン辨中邊論917-1-8
ベンチユーヘンロンジユ辨中邊論頌　566-1-22
ベンチョー　辨長　1578-1
ヘンツイ　遍槌　1574-1
ベンテン　辨天　1578-1
ベンドー　辨道　1578-1
ヘントツ　褊裰　1574-2
ベンドーミロク便同彌勒　1578-1
ヘンニユーホツカイタイ遍入法界體　733-2-21
ベンパツ　辮髮　1578-1
ヘンピシユ　邊鄙衆　709-2-1
ヘンプクソー　蝙蝠僧　1574-2
ヘンフナン　變不男　535-1-20
ヘンホツセンニン編髮仙人　1574-2
ベンムゲゲ　辯無礙解　1578-1
ヘンモク　篇目　1574-2
ヘンモツ　返沒　1574-2
ヘンモツハン　遍沒般　1519-1-28
ヘンモツフゲン遍沒不還　1574-2
ヘンモン　偏門　1574-2
ベンヤク　便易　1574-2
ヘンヤクショージ變易生死
714-1-10, 1574-2
ヘンヤクシン　變易身　1574-2
ヘンユ　徧喩　1476-1-20
ベンリ　便利　1578-1

〔ホ〕

ホー　法　1590-1
ホー　袍　1387-1
ボー　坊　1442-3
ボー　房　1443-1
ホーアイ　法愛　1590-2
ホーアイボンシ法愛梵志　1590-2
ホイ　鉢位　1617-3
ホーイ　法位　1617-1
ホーイキ　法域　1617-2
ホイキン　焙經　248-2, 1441-3
ホイジキ　陪食　1441-3, 1578-2
ホイシン　陪賸　1441-3, 1578-2
ホイセツ　鉢刷　1404-3
ホイゼン　陪禪　1441-3, 1578-2
ホイタン　鉢單　1578-2
ホイテン　陪貼　1442-1
ホイドー　陪堂　1442-1, 1578-2
ホーイツ　放逸　736-1-8, 1387-1
ホイリョーセン陪寮錢　1442-1
ホーイン　寶印　1578-2
ホーイン　報因　1578-2
ホーイン　法印　1590-3
ホーインキョー法印經　1590-3
ホーインサンマイ寶印三昧　1578-3
ホーインシユボサツ寶印手菩薩　1578-3
ホーインダイカショーイ法印大和尚位　1590-3
ホーウ　法宇　1590-3
ホーウ　法雨　1590-3
ホーウ　法有　1591-1
ホーウガムシユー法有我無宗　1591-1
ホーウキョー　寶雨經　1579-1
ホーウン　法蘊　1591-1
ホーウン　寶雲　1579-1
ホーウンキョー寶雲經　1579-1
ホーウンチ　法雲地　1591-1
ホーウントーガク法雲等覺　1591-1
ホーエ　法衣　1591-1
ホーエ　法會　1617-2
ホーエシヤ　法會社　1617-2
ホーエジユガン法會咒願　983-2
ホーエツ　法悅　1591-2
ボエン　募緣　1626-1
ホーエン　報緣　1579-1
ホーエン　法緣　1591-2
ホーエン　法筵　1591-2
ホーエンジヒシン法緣慈悲心
901-3-21
ボエンショ　募緣疏　1626-1
ホーエンノジヒ法緣慈悲　1591-2
ホーオー　報應　1975-1
ホーオー　蓬莞　1579-1
ホーオー　寶王　1586-1
ホーオー　法應　1591-2
ホーオー　法王　1616-3
ホーオー　法皇　1617-1
ホーオーケサンジン法應化三身　629-2
ホーオーザンマイ寶王三昧　1586-2
ホーオージ　法王子　1617-1
ホーオージヂユー法王子住
927-2-19, 1617-1
ホーオーニョライ寶王如來　1586-2
ホーオーホー　法王寶　1617-1
ホーオーロン　寶王論　1586-2
ホーオン　報恩　1579-2
ホーオン　法恩　1591-2
ホーオン　法音　1591-2
ホーオン　法苑　1617-2
ホーオンエ　報恩會　1579-2
ホーオンキ　報恩記　1579-2
ホーオンギョー報恩行　1586-2
ホーオンギョーホーベン報恩巧方便　1579-2, 1825-2-8
ホーオンギリンジョー法苑義林章　1617-2
ホーオンコー　報恩講　1579-2
ホーオンコーシキ報恩講式　1579-2
ホーオンジユリン法苑珠林　1617-2
ホーオンセ　報恩施 1579-2, 1579-2
ホーオンモーク法音毛孔　1591-2
ボカ　謨賀　1626-1
ホーカ　報果　1580-1
ホーカ　法果　1596-2
ホーガ　奉加　1579-3
ホーガ　法我　1595-2
ホーカイ　寶海　1579-3
ホーカイ　寶界　1579-3
ホーカイ　寶階　1579-3
ホーカイ　法海　1591-2
ホーガイ　寶蓋　1579-3
ホーガイ　法蓋　1595-2
ホーカイトー　寶階塔　1579-3
ホーカイヒョーシ法界標幟　1595-1
ホーカイボー　法界房　1595-1
ホーカイボンシ寶海梵志　1579-3
ホーカイライオンニョライ法海雷音如來　741-1-8
ホーガクウシユー法我俱有宗　1595-2
ホーガケン　法我見　1595-2
ボカシヤ　卜羯娑　1626-1
ボカダイ　墓羯提　1626-1
ホーガチョー　奉加帳　1579-3
ボーカツ　棒喝　1626-1
ボーカン　坊官　1443-1
ホーカンシヤカ寶冠釋迦　1580-1
ホーキ　方規　1387-1
ホーキ　寶器　1580-1
ホーキ　法喜　1595-2
ホーキ　法器　1595-2
ホーギ　法義　1595-3
ホーキジキ　法喜食
537-1-5, 889-3-9, 1595-2
ホーキゼンエツ法喜禪悅　1595-2
ホーキチジョーテン寶吉祥天　1580-1
ホーキボサツ　法起菩薩　1595-3
ホーキボサツ　法喜菩薩　1595-2
ホーキョー　法敎　1596-3
ホーキョー　寶鏡　1580-1
ホーキョー　法鏡　1595-3
ホーキョー　法行　1595-3
ホーキョーイン寶篋印　1580-2
ホーキョーインダラニ寶篋印陀羅尼　1580-3
ホーキョーイントー寶篋印塔　1580-2
ホーキョーザンマイカ寶鏡三昧歌　1580-1
ホキョーショーグン保境將軍　1586-2
ホキョーヘン　補敎編　1587-3
ホーキンナラオー法緊那羅王　1595-3
ホーク　法救　1595-3
ホーク　法鼓　276-3, 1595-3
ホークツ　法窟　1596-1
ボクイン　墨印　1626-1
ホクウツタンオツ北鬱單越　1586-2
ホクエンドー　北圓堂　1587-3
ボクギユー　牧牛　1626-1
ホーグーコンゴーショーイン方偶金剛牆印　943-1-3
ホクサンヂユーブ北山住部　1586-3
ホークジキ　方口食　1387-2
ホクシチ　北七　1586-3
ホクシユー　北洲　1586-3
ホクシユー　北宗　1586-3
ボクシユー　睦州　1626-1
ホクセーソンジヤ北齊尊者　1586-3
ホクシンボサツ北辰菩薩　1586-3
ホクダイ　北臺　1587-1
ホクタンオツ　北單越　1587-1
ホクト　北斗　1587-1
ホクド　北度　1587-2
ホーグトク　法俱得　1596-2
ホクトゴマ　北斗護摩　1587-1
ホクトシチショー北斗七星　1587-1
ホクトドー　北斗堂　1587-2
ボクヨー　濮陽　1626-2
ホークヨー　法供養　1596-1
ホクレー　北嶺　1587-2

ボケ 募化 1626-2
ホーケ 寶華 1580-2
ホーケ 法化 1596-2
ホーケ 法家 1596-2
ホーゲ 放下 1387-3
ホーゲ 寶偈 1581-1
ホーゲ 法夏 2599-2
ホーゲ 法芽 1599-2
ホーケー 方詣 1387-3
ホケキョー 法華經 1596-3
ホケキョーエ 法華經會 1597-1
ホケキョーカイダイ法華經開題 1597-1
ホケキョーシチユ法華經七喩 1476-3
ホケキョーロン法華經論 1597-1
ホーケコジツカン法假虚實觀614-2-8
ホーケシセツ 法假施設 614-2-22
ホーゲソー 放下僧 1387-3
ホーケタイシ 寶華太子 1580-3
ホーケショーシン法化生身1605-3-23
ホーゲドー 方外道 434-1-16
ホーケニド 報化二土 1580-3
ボケボ 募化簿 1626-2
ホーケン 法慳 1599-1
ホーケン 法見 1599-1
ホーゲン 法眼 524-2-16, 1599-2
ホーゲンカショーイ法眼和尚位 1599-2
ホーゲンシユー法眼宗 1599-3
ホーゲンジョー法眼淨 1599-3
ホーケンダイショー寶賢大將 1580-3
ホーケンダラニキョー寶賢陀羅尼經 1580-3
ホーケンド 法犍度 1599-2, 424-1-27
ホーゲンリキ 法眼力 668-2-7
ホゴ 反故 1587-3
ホーコ 法炬 1599-3
ホーゴ 法語 1600-1
ホーコー 法綱 1595-2
ホーコー 方廣 1387-1
ホーゴー 寶號 1579-3
ホーゴー 法號 1595-2
ホーゴー 法業 1600-1
ホーコーイン 法興院 1599-3
ホーコーキョー放光經 1387-1
ホーコク 寶國 1581-1
ホーコーゴージョーノガン寶香合成願 1579-3
ホーコーザンマイ放光三昧 1387-1
ホーコジ 龐居士 1581-1
ホーコージ 方廣寺 1387-2
ホーコーズイ 放光瑞 1387-2
ホーコーセツ 方廣說 1387-2
ボコゼンナ 僕呼膳那 1626-2
ホーコーヂョー法光定 1596-2
ホーコーテンシ寶光天子 1580-1
ホーゴトク 法後得 1600-1
ホーコードーヂ放光動地 1287-2
ホーコードーニン方廣道人 1387-2
ホーゴブ 法護部 1600-1
ホーコーミョーチ寶光明池 1580-1
ボーゴリツギ 坊護律儀 1443-1
ボーコン 亡魂 1443-1
ホーコンゴーイン法金剛院 1599-3
ホーザ 寶座 1581-1
ホーザ 法座 1600-3
ホーサイ 報賽 1581-1
ホーサイ 法歲 1600-1
ホーザイ 法財 1600-3
ホーサイニチ 法齋日 1600-1
ボサツ 菩薩 1140-3-5, 1626-2
ボサツエカ 菩薩依果 951-1-20
ホサツカイキョー菩薩戒經 1627-2
ホサツカイホン菩薩戒本 1627-2
ボサツキョー 菩薩境 907-3-22
ボサツギョー 菩薩行 1627-3
ボサツギョーキョー菩薩行經 1627-3
ボサツギョーバン菩薩形幡 1627-3
ボサツキン 菩薩巾 1627-3
ボサツゴー 菩薩號 1626-3
ボサツゴヂ 菩薩五智 1188-2
ボサツシムイ 菩薩四無畏 762-1
ボサツシユギョーノシエ菩薩修行四依 1628-2
ボサツシユショー菩薩種性 1628-2, 924-1-24
ボサツジユーヂ菩薩十地 1628-3
ボサツジユーヂユー菩薩十住 1628-3
ボサツショー 菩薩性 531-2-1, 1628-1
ボサツジョー 菩薩乘 1628-3
ボサツジョーカイ菩薩淨戒 1628-3
ボサツジョーキョー菩薩乘敎700-1-2
ボサツショージユ菩薩聖衆 1628-1
ボサツショーリョーノツキ菩薩清涼月 1628-2
ボサツシン 菩薩身 1558-1-22, 1628-1
ボサツセン 菩薩籤 1629-1
ボサツソー 菩薩僧 1629-1
ボサツゾー 菩薩藏 620-2-24, 674-2-2, 1628-1
ボサツダイジ 菩薩大士 1629-3
ボサツヂ 菩薩地 923-3-2, 1629-3
ボサツヂキョー菩薩地經 1629-3
ボサツドー 菩薩道 1629-3
ボサツノマイ 菩薩舞 1630-1
ボサツバトー 菩薩馬頭 1630-1
ボサツビク 菩薩比丘 1629-2-5, 1630-1
ボサツホツカイ菩薩法界1592-3-19, 1593-1-29
ボサツマカサツ菩薩摩訶薩 1630-1
ホーサン 放參 1388-1
ホーザン 寶山 1581-1
ホーザン 法山 1600-3
ボーサン 望參 1443-1
ホーサンギ 法參議 1600-3
ボーサンボーカイ謗三寶戒 925-3-17
ホーシ 法師 1601-2
ホーシ 寶誌 1581-2
ホーシ 法子 1501-2
ホージ 法事 1609-2
ホーシエ 法四依 634-2
ホーシキ 法式 1601-2
ホージキ 法食 1609-2
ホージキジ 法食時 716-3-5, 1609-3
ホージザイ 法自在 893-2-29
ホージサン 法事讚 1609-3
ホージソーソーイイン法自相相違因 632-3-15, 1609-3
ホシマツリ 星祭 1587-3
ホーシヤ 寶車 1581-2
ホーシヤ 報謝 1581-3
ホーシヤ 法社 1601-3
ホーシヤクキョー寶積經 1532-3
ホーシヤクサンマイ寶積三昧 1582-3
ホーシヤクチョージヤシ寶積長者子 1582-3
ホーシヤクブツ寶積佛 1582-3
ボーシヤケンド房舍犍度 424-1-29, 1443-2
ホーシヤダ 褒灑陀 1583-1
ホーシヤベツソーイイン法差別相違因 632-3-17
ホーシヤマセン寶沙麼洗 1583-1
ホーシヤリ 法舍利 1683-3
ホーシユ 寶主 1583-1
ホーシユ 寶手 1583-1
ホーシユー 法舟 1604-1
ホーシユ 法珠 1604-1
ホーシユ 疱種 918-2-4
ホージユ 寶聚 1583-3
ホージユ 寶乘 1583-3
ホージユ 法頌 1610-1
ホージユ 寶樹 1610-1
ホーシユー 寶洲 1581-2
ホーシユイー 法思惟 1583-2
ホージユカン 法樹觀 1583-3
ホージユキョー法集經 1609-3
ホーシユク 法叔 1604-1
ホーシユクボサツ法宿菩薩 1604-1
ホージユザンマイ寶珠三昧 1584-1
ホージユシヤリ法頌舍利 1610-1
ホーシユツリキョー法出離鏡 634-2-11, 1604-1
ホージユボサツ寶授菩薩 1584-1
ホーショ 寶疏 1583-2
ホーショ 寶所 1583-2
ホーショ 方所 1583-2
ホーショー 法匠 1601-3
ホーショー 法照 0161-2
ホーショー 法將 1601-3
ホーショー 寶性 1581-3
ホーショー 寶掌 1581-3
ホーショー 報障 623-1-20
ホーショー 報生 1581-3
ホージョー 法城 1610-1
ホージョー 寶乘 1584-1
ホージョー 寶城 1583-3
ホーショー 放生 1388-1
ボーショー 傍生 1443-2
ホーショーイン寶生印 1582-1
ホージョーエ 放生會 1388-2
ホージョーキ 放生器 1388-1
ホーショーキョー寶生經 1582-1
ホーショーコーキ寶尙光基 1582-1
ホーショザンマイ寶處三昧 1583-2
ホーショーサンマイ報生三昧 1582-1
ホージョージ 法成寺 1610-1
ホーショシキ 法處色 1604-1
ホージョージユ法成就 1610-1
ホーショショショーシキ法處所攝色 1604-1
ホージョーチ 放生池 1388-2
ホーショーニョライ寶勝如來 1583-2
ホーショーニョライ寶生如來 198-3, 477-1-16, 1582-2
ホーショービドン法勝毘曇 1604-1
ホージョーブ 法上部 1610-1
ホーショーブツ寶生佛 566-2-9
ホーショーボサツ寶掌菩薩 1582-3
ホーショーロン寶生論 1582-3
ホーショーロン寶性論 1582-3
ホーシン 法臣 1608-2
ホーシン 報身 1583-3, 628-3-6
ホーズ 坊主 1443-2
ホースイ 法水 1510-2
ホーズイホーギョー法隨法行 929-1-30
ホーセ 法施 639-2-5, 1610-2
ホーセー 法誓 1610-2
ボーセーショー望西鈔 1443-2
ボーセーロー 望西樓 1443-2
ホーセツ 寶刹 1584-1
ホーセツ 鳳刹 1584-1
ホーセツシユー法說周 621-2-24, 1610-3
ホーセン 法山 1610-3
ホーセン 法船 1610-3
ホーゼン 放禪 1388-3
ホーゼントク 法前得 1610-3
ホゼンニ 蒲膳尼 1588-1
ホソ 捕鼠 1588-1
ホーソー 方相 1388-1
ホーソー 法想 1600-1
ホーソー 法僧 1611-1
ホーゾー 法藏 1600-3
ホーゾー 寶藏 1581-1
ホーゾー 寶像 1581-1
ホーゾーシン 寶藏神 1581-1
ホウゾーテンニョ寶藏天女 1581-2
ホーゾーニョライ寶藏如來 1581-2
ホーゾービク 法藏比丘 1601-1
ホーゾーロン 寶藏論 1581-2
ホタ 逋多 1588-1
ボダ 勃陀 1630-2
ボダイ 菩提 554-1-25, 1630-2
ホータイ 胞胎 1388-3
ホーダイ 蜂臺 1584-2
ホーダイ 寶臺 1584-2
ボダイエ 菩提會 1633-1
ボダイエコー 菩提回向1861-1-16
ボダイコー 菩提講 1630-3
ボダイコンゴー菩提金剛 1631-1
ボダイサツタ 菩提薩埵 1631-1
ボダイサツタマカサツタ菩提薩埵摩訶薩埵 1631-1
ボダイシ 菩提子 1631-1
ボダイジ 菩提寺 1632-1
ボダイジユ 菩提樹 1632-1
ボダイジユゲジョードー菩提樹下成道 675-2-26
ボダイショ 菩提所 1631-1
ボダイシン 菩提心 1631-1
ボダイシン 菩提身 1558-2-16
ボダイシンカイ菩提心戒 1632-1
ボダイシンカンジヤク菩提心觀釋 1632-1
ボダイシンギ 菩提心義 1632-1
ボダイシンロン菩提心論 1632-1
ボダイスイ 菩提水 1632-2
ボダイダルマ 菩提達磨 1632-2
ボダイチマ 菩提智魔 1632-2
ボダイヂョー 菩提場 1632-2
ボダイドーヂョー菩提道場 1632-2
ボダイブン 菩提分 1632-3
ボダイブンホー菩提分法 1632-3
ボダイホーチマ菩提法智魔 1632-3, 1643-1-6
ボダイモン 菩提門 1632-3
ボダイラク 菩提樂 1632-3, 1776-3-16
ボダイラク 菩提樂 1632-3
ボダイルシ 菩提流支 1632-3
ボダガツショー僕擎合掌 1633-1
ホータク 寶鐸 1584-2
ボダダイバ 勃陀提婆 1633-1
ボダマヌシヤ 佛陀摩奴沙 1633-1
ホーダラニ 法陀羅尼 1181-3-14, 1611-2
ホータン 鳳潭 1584-2
ホーダン 法談 1611-2
ホーダン 方壇 1888-3
ホーチ 法智 1188-3-14, 1612-[illegible]
ホーチ 寶池 1584-3
ホーヂ 法持 552-1-3
ボヂ 冒地 1633-1
ホーチカン 寶池觀 1584-3
ホーチボー 寶池房 1584-3
ホーヂユー 法住 1611-3
ホーヂユー 法巾 1611-3
ホーヂユーキ 法住記 1611-3
ホーヂユーキョー法住經 1611-3
ホーヂョー 方丈 1388-3
ホーヂョー 法定 1612-3
ホーヂョー 法場 1611-3
ホーヂョー 法定 880-2-13
ホーヂン 法塵 1611-3, 880-2-14
ホーツー 報通 534-2-15, 1584-3
ホツイ 發意 1588-1
ホツカイ 發戒 1588-1

ホツカイ　法界　880-2-7, 1591-2
1601-3-28
ホツカイイツソー法界一相　1593-2
ホツカイエンギ法界緣起
137-1-28, 1593-2
ホツカイエンユー法界圓融　1595-2
ホツカイカヂ　法界加持　1593-2
ホツカイカン　法界觀　1593-2
ホツカイカンモン法界觀門　1593-2
ホツカイキョー法界敎　1593-3
ホツカイグー　法界宮　1593-3
ホツカイゲツキョー法界玄鏡　1593-3
ホツカイサンガン法界三觀　1593-3
ホツカイザンマイ法界三昧　1593-3
ホツカイシダイ法界次第　1594-1
ホツカイジツソー法界實相　1594-2
ホツカイシユー法界宗　818-1-26
1594-1
ホツカイショー法界性　1594-1
ホツカイシン　法界身　1594-1
1606-3-4
ホツカイゾー　法界藏　533-1-27
1594-1
ホツカイタイショーカン法界體性觀　1594-2
ホツカイタイゾーサンマイ法界胎藏三昧　1594-2
ホツカイタイショーチ法界體性智　550-1-8-1594-2
ホツカイチ　法界智　1594-3
ホツカイヂョー法界定　1594-3
ホツカイヂョーイン法界定印　1594-3
ホツカイトーイン法界塔印　1594-2
ホツカイドーヂョーゲ法界道場偈　1594-2
ホツカイトーバ法界塔婆　1594-2
ホツカイトール法界等流　1594-3
ホツカイハ　法海派　1594-3
ホツカイブツ　法界佛　1595-1
ホツカイムエン法界無緣　1595-1
ホツカイムゲチ法界無礙智
1189-1-4, 1595-1
ホツカイムヘンチ法界無邊智
1189-1-6, 1595-1
ホツカイムジン法界無盡1709-1-12
ホツカイユイシン法界唯心
1624-3-22
ホツカイリキ　法界力　668-2-7
ホツガキシン　發餓鬼心　1588 1
ホツガン　發願　521-3-17, 1588-2
ホツガンエコー發願回向　1588-2
ホツガンシン　發願心　1588-2
ホツガンノカネ發願の鐘　1588-2
ホツガンモン　發願文　1583-2
ホツキ　發起　1588-2
ホツキシユ　發起手　1588-2
ホツキシユー　發起衆　709-1-14
1588-2
ホツキジョ　發起序　1588-2
ホツキョー　法橋　1596-3
ボツキョー　卜經　1626-1
ホツキョーショーニンイ法橋上人位　1596-3
ホツキョーノサンネ北京の三會　672-2, 1586-2
ホツキョーリツ北京律　1586-2
ホツクー　法空　1596-1
ホツクーカン　法空觀　1596-1
ホツクーザ　法空座　609-2-3
ホツクキョー　法句經　1596-1
ホツクルシユー北俱盧洲　1586-3
ホツケ　法華　1596-2
ホツケイチジツ法華一實　73-1-4
1596-3
ホツケエ　法華會　1599-1
ホツケカイダイ法華開題　1596-3
ホツケカチユー法華科註　1597-1
ホツケゲンギ　法華玄義　1597-1
ホツケコー　法華講　1597-2
ホツケゴマ　法華護摩　1597-2
ホツケサイダイイチ法華最第一　1597-2
ホツケサンシユー法華三周　1597-2
ホツケサンブ　法華三部　657-2
ホツケザンマイ法華三昧　1597-2
ホツケサンマイエ法華三昧會　1598-1
ホツケシホー　法華四法　758-2
ホツケジ　法華寺　1598-1
ホツケシチユ　法華七喩　1598-1
ホツケシユー　法華衆　1598-1
ホツケシユー　法華宗　1598-1
ホツケシユゴサンジユーバンジン法華守護三十番神　1598-1
ホツケジョーギョー法華常行　1598-1
ホツケセンブエ法華千部會　1598-1
ホツケセンボー法華懺法　1050-1
1598-2
ホツケソンジヤ法華尊者　1598-2
ホツケヂシヤ　法華持者　1598-2
ホツケドー　法華堂　1598-2
ホツケニミョー法華二妙　1598-2
ホツケネハンジ法華涅槃時
537-1-28, 1598-2
ホツケノロクズイ法華六瑞　1598-2
ホツケハチヂク法華八軸　1598-3
ホツケハチネン法華八年　1598-3
ホツケハツコー法華八講　1598-3
ホツケホー　法華法　1598-3
ホツケマンダラ法華曼陀羅　1598-3
1671-2
ホツケメツザイノテラ　法華滅罪之寺　1599-1
ホツケモングキ法華文句記　1599-1
ホツケモンドー法華問答　1599-1
ホツケン　法顯　1599-2
ホツケンデン　法顯傳　1599-2
ホツケロン　法華論　1599-1
ホツコー　發講　1588-3
ホツコーチ發光地923-3-15, 1588-2
ホツゴームミョー發業無明　1717-2-1
ホツシイ　法師位　1604-2
ホツシジツトク法師十德　929-1
ホツシボン　法師品　1601-3
ホツシヤミツタ弗沙蜜多　1589-2
ホツシユ　法主　1603-3
ホツシユー　法執　1601-2
ホツショー　法聲　1601-3
ホツショー　法性　880-2-8
1601-3, 1791-2-22
ボツショー　孛星　1633-2
ホツショーカイ法性海　1602-3
ホツショークー法性空　1602-3
ホツショージ　法性寺　1603-1
ホツショージハツコー法性寺八講　1603-1
ホツショーシユー法性宗
817-3-11, 1602-3
ホツショーショーシン法性生身
1602-3, 1606-3-10, 1626-3-17
ホツショージョーラク法性常樂　1603-1
ホツショーシン法性身　1602-3
ホツショーシンニョ法性眞如　1603-1
ホツショースイ　法性水　1603-1
ホツショーズイエン法性隨緣　1603-1
ホツショーズイモー法性隨妄　1603-2
ホツショーセン法性山　1603-2
ホツショートー法性塔　1603-2
ホツショード　法性土　658-1-25
ホツショーホツシン法性法身
1603-3, 1605-3-9
ホツシン　發眞　1589-2
ホツシン　發心　554-1-23, 1589-2
ホツシン　法身　145-3-29, 628-3-5
1558-1-26, 1594-1-17, 1604-2
ホツシンウソー法身有相　1606-3
ホツシンカン　法身觀　1608-2
ホツシンキョー法身經　1608-2
ホツシンゲ　法身偈　1608-3
ホツシンコゴー法身古業　1608-2
ホツシンシヤリ法身舍利
813-2-30, 1609-1
ホツシンシヤリゲ法身舍利偈
1608-3-16, 1609-1
ホツシンセツポー法身說法　1607-1
1609-1
ホツシンゾー　法身藏
533-1-18, 1609-1
ホツシンダイジ法身大士　1609-2
ホツシンタイショー法身體性　1605-1
ホツシンヂユー發心住　1589-2
927-2-18
ホツシントー　法身塔　1114-1
1609-1
ホツシントク　法身德　651-1-16
ホツシンニョライ法身如來　1609-2
ホツシンノー　法親王　1609-2
ホツシンノケショー法身の化生　391-2
ホツシンブツ　法身佛　1609-2
ホツシンボサツ法身菩薩　1609-2
ホツシンボダイ發心菩提1630-3-14
ホツシンホンヌ本身本有　1609-2
ホツシンムソー法身無相　1606-3
1609-2
ホツシンモン　發心門　1589-2
ホツシンルデン法身流轉　1608-2
ホツス　拂子　1589-2
ホツスー　法數　1610-2
ホツソー　法相　1600-1
ホツソーキョー法相敎　1600-1
ホツソーサンロン法相三論　1600-2
ホツソーシユー法相宗　817-3-3
1600-1
ホツソーシゼンゴン法相四善根　722-1
ホツソーシユーシジユーシユツタイ法相宗四重出體　835-1
ホツソーダイジョー法相大乘　1600-3
ホツタイ　法體　1611-1
ホツタイゴーウ法體恒有　1611-1
ホツチ　法智　1611-2
ホツチイン　法智印　1611-2
ホツチロクソク發智六足　1589-3
ホツチロン　發智論　1589-3
ホーツー　報通　534-2-15
ホツトー　髮塔　1589-3
ホツトク　發得　1589-3
ホツポーオー　法報應　1613-2
ホツポーオーケ法報應化　1613-2
ホツポーオーサンジン法報應三身　628-3
ホツポーケサンジン法報化三身629-2
ホツボダイシン發菩提心
732-2-1, 917-3-22, 1589-3
ホツポーブツキョー北方佛敎　1587-2
ホツボンネハンギョー北本涅槃經　1587-2
ホツボンノーショー發煩惱障883-1
ホツロ　發露　1590-1
ホツロサンゲ　發露懺悔　917-3-18
ホツロン　髮論　1590-1
ホテー　布袋　1590-1
ホーテー　法帝　1611-3
ホーテー　法弟　1611-3
ホーテキ　法敵　1611-3
ホーテン　寶典　1584-3
ホーテン　法典　1611-3
ホーテン　方典　1389-1
ホーデン　法殿　1611-3
ホーデン　法電　1611-3
ホーテンビク　寶天比丘　1584-3
ホート　法徒　1612-1
ホード　報土　1584-3
ホートー　法頭　1612-1
ホートー　法燈　1612-1
ホートーハ　法燈派　1612-1
ホートー　放燈　1389-1
ホートー　寶塔　1584-2
ホードー　方等　1389-2
ホードー　法幢　1612-1, 1585-3
ホードー　法道　1611-2
ボードー　乏道　1626-1
ホードーカイダン方等戒壇　166-3
ホートカン　抱徒敢　1389-2
ホードーキョー方等經　1390-1
ホートク　報得　1584-3
ホートクショ　寶德處　749-2-10
ホトケ　佛　1590-1
ホトケノクオー佛の九橫　319-2
ホートーコクシ法燈國師　1612-1
ホードーサンゲ方等懺悔　1390-1
ホードーザンマイ方等三昧　1390-1
ホードージ　方等時　537-1-23
1390-1
ホードーシヤ　法同舍　1612-2
ホードーセン　方等懺　1390-1
ホードーセンボー方等懺法　1050-1
ホードーダン　方等壇　1390-2
ホトトギス　郭公　1590-1
ホードーニョライ寶幢如來　1585-1
ホードノシンシン報土眞身　1585-1
ホードーブ　方等部　1390-2
ホードーブン　法同分　1612-2
ホートーボン　寶塔品　1584-2
ボーナ　防那　1443-2
ボーナン　防難　1443-2
ホーニ　法爾　1612-2
ホーニ　法尼　1612-2
ホーニオージョー法爾往生　1612-2
ホーニドーリ　法爾道理　712-3-10
1177-1-29, 1612-2
ホーニユー　法入　1612-2
ホーニユー　法乳　1612-2
ホーニョ　寶女　1585-1
ホーニョキョー寶女經　1585-2
ホーニン　法潤　1612-3
ホーニン　法忍　1612-2
ホー子シ　法然　1612-3
ホーネンジョ　法念處　751-3-7
ホーノジンシン法深信　1612-3
ホーバク　法縛　1613-1
ホーハチ　放鉢　1390-2
ホーバツ　寶筏　1585-2
ホーハラミツ　寶波羅蜜　1585-2
ホーハラミツ　法波羅蜜　1613-1
ホーハラミツボサツ寶波羅蜜菩薩　752-3-5
ホーハラミツボサツ法波羅蜜菩薩　752-3-8
ホービ　法譬　1613-1
ボーヒシアク　防非止惡　1443-2
ホービョー　法瓶　1613-1
ホービョー　寶瓶　1585-2
ホーヒリョー　法比量　1613-1
ホーブ　寶部　476-3-15, 1585-3
ホーブク　袍服　1390-3
ホーフク　法服　1613-1
ホーブク　方服　1390-3
ホーフセ　法布施　1613-1
ホーブツ　報佛　1585-3
ホーブツ　法佛　1613-1
ホーブツキョー謗佛經　1390-3

ホーブツタンソ烹佛煆祖 1391-1
ホーブツボタイ法佛菩提 1630-3-9
ホーベン 方便 1391-1
ホーベンインニュー方便引入 1391-3
ホーベンウヨド方便有餘土 120-1-19
462-2-30, 749-3-1, 1391-3
ホーベンクキョー方便究竟
554-1-27
ホーベングソクイ方便具足位
927-2-25
ホーベンケシンカ便化身 1391-3
ホーベンケモン方便假門 1392-1
ホーベンゲンネハン方便現涅槃 1392-1
ホーベンショー方便聲 1392-1
ホーベンショージ方便生死 779-2-30
ボーベンジョーネハン方便乘涅槃 1392-1
ホーベンセツショー方便殺生 1392-2
ホーベンゾー 方便藏 1392-1
ホーベンチ 方便智 1392-2
ホーベンデョーブク方便調伏
1826-2-19
ホーベンド方便土 47-3-27, 1392-2
ホーベンドノサンギョー方便度の三行 930-1-20
ホーベンノギョーシン方便行信 1392-2
ホーベンハラミツ方便波羅蜜 1392-3
ホーベンハンニヤ方便般若 1392-3
1437-3-23
ホーベンボダイ方便菩提 1392-3
キーベンホツシン方便法身 1392-3
1605-3-11
ホーベンボン 方便品 1392-3
ホーベンリキ 方便力 1392-3
ホーホー 法報 1613-1
ホーホー 法寶 1613-1
ホーホー 方袍 1390-2
ホーボー 寶坊 1585-2
ホーボー 謗法 1392-3
ホーボーセンダイ謗法闡提 1392-3
ホーホーゾー 法寶藏 1613-2
ボーボーロクドー忙忙六道 1443-2
ホーホン 法本 1613-2
ホーホンナイデン法本內傳 1613-2
ホーマ 法魔 1613-3
ホーマン 法曼 1613-3
ホーマンダラ 法曼荼羅 1613-3
1670-1-29
ホーマンリュー法曼流 1613-3
ホーミ 法味 1614-1
ホーミツブ 法密部 1614-3
ホーミョー 報命 1585-3
ホーミョー 法名 1614-1
ホーミョードー法明道 1614-1
ホーミョーモン法明門 1614-2
ホーム 法務 1614-2
ボームイ 法無畏 1722-2-8
ホームガ 法無我 1614-2
ホームガムイ 法無我無畏
1722-2-12
ホームガチ 法無我智 1614-2
ホームゲ 法無礙 761-1-8
ホームゲゲ 法無礙解 1614-3
ホームゲチ 法無礙智 1614-3
ホームコライシユー法無去來宗 818-2-12, 1614-2
ホームベツシンニョ法無別眞如 880-1-12, 1614-3
ホーメツ 法滅 1614-3
ホーメツジンキョー法滅盡經 1614-3
ホーモ 袍裳 1392-3
ホーモー 寶網 1585-3
ホーモー 法網 1613-3
ボーモリ 坊守 1443-3
ボーモリコー 坊守講 1443-3
ホーモン 法門 1614-3
ホーモン 法文 1614-3
ホーモンカイ 法門海 1615-1
ホーモンケンゾク法門眷屬 1615-1
ホーモンシン 法門身 1615-1
ホーモンハジメ法問始 1615-2
ホーモンムジンセーガンチ法門法盡誓願知 1615-2, 698-3-5
ホーモンモチ 法問餐 1615-2
ホーヤク 法藥 1615-2
ホーヤク 寶鑰 1585-3
ホーヨー 泡影 1387-1
ホーヨー 法要 1591-1
ホーヨー 法用 1615-2
ホーヨーギロン寶要義論 1579-1
ホーラ 法螺 1615-2
ボーラ 防羅 1443-3
ホーライ 法雷 1615-3
ホーラク 法樂 1615-3
ホラナ 晡刺拏 1617-2
ホーラン 法蘭 1616-1
ホーリキ 法力 1616-1
ボリタ 沒栗多 1633-2
ホーリユー 法流 1616-1
ホーリユージ 法隆寺 1616-1
ホーリヨ 法侶 1616-2
ホーリヨー 法梁 1616-2
ホーリヨー 法鈴 1616-2
ホーリヨー 寶鈴 1585-3
ボーリヨー 望寮 1443-3
ホーリン 寶林 1585-3
ホーリン 寶輪 858-3-5
ホーリン 法輪 858-3-6, 1616-2
1641-3-24
ホーリンサンゾー法輪三相 1616-2
ホーリンジ 法輪寺 1616-3
ホーリンソー 法輪僧 1616-3
ホーリンゾー 法輪藏 674-1-7
ホーリンデン 寶林傳 1586-1
ホーリントー 法輪塔 1616-3
ボル 瀑流 1633-2
ホールイ 法類 1616-3
ホロ 蒲廬 1617-2
ホーロー 法臘 1616-1
ホーローカクキョー寶樓閣經 1586-1
ホーローカクホー寶樓閣法 2586-1
ホーローカン 寶樓觀 1586-1
ホーロシン 捧爐神 1586-1
ホロミソ 法論味噌1616-3 1617-2
ボロン 勃嚕唵 1633-3
ホーロン 法論 1616-3
ホーロンシ 方論師 434-3-2
ホン 品 1617-3
ボン 盆 1633-3
ボン 梵 1633-3
ホンインミョー本因妙 1617-3
ボンエ 盆會 1642-1
ホンエン 本緣 1618-1
ボンエン 梵延 1634-1
ホンオニタイ 本於二諦 1618-1
ボンオン 梵音 1634-1
ボンオン 梵苑 1642-1
ボンオンソー 梵音相 1634-2
ボンカイ 梵迦夷 1634-2
ボンカイ 犯戒 1634-2
ボンカイ 梵界 1634-2
ホンガイ 本懷 1619-1
ボンカイゴカ 犯戒五過 1634-2
ボンカイゴスイ犯戒五衰 1634-2
ボンカク 梵閣 1634-3
ホンガク 本覺 607-1-29, 1618-2
1795-3-8
ホンガクゲテン本覺下轉 1618-3
ホンガクシンニョ本覺眞如 1618-3
ボンガクシンリョー梵學津梁 1634-3
ホンガクナイクン本覺內薰 1618-3
ホンガクルテン本覺流轉 1619-1
ホンカミョー 本果願 1619-1
ホンガン 本願 1619-2
ホンカンオーミョー本感應妙 1618-2
ホンガンイチジツ本願一實 72-3
ホンガンイチジョー本願一乘 74-1
ホンガンクドクジュ本願功德聚 1619-2
ホンガンサンシンノガン本願三心願 1619-2
ホンガンジ 本願寺 1619-2
ホンガンショー本願鈔 1620-1
ホンガンショーカンノ願ヨクメー本願招喚勅命 1620-1
ホンガンジハ 本願寺派 971-2-1
1620-1
ホンガンノジツキ本願實棧 1620-1
ホンガンノショーキ本願正棧 1620-1
ホンガンボコリ本願ぼこり 1620-2
ホンガンリキエコー本願力迴向 1620-2
ボンギ 梵儀 1635-1
ホンキョー 稟敎 1620-2
ホンギョー 本經 1619-1
ホンギョー 本形 1619-1
ボンキョー 梵篋 1635-2
ボンギョー 梵行 737-2-12, 1635-1
ボンキョク 梵曲 1635-1
ホンギョーキョー本行經 1619-1
ボンキョーダイ梵經臺 1634-3
ホング 稟具 1619-1
ホング 品具 1619-1
ボング 凡愚 1635-2
ホンクー 本空 1619-1
ボングー 梵宮 1635-2
ホングゼーガン本弘誓願 1619-1
ホンケ 本化 1620-2
ホンゲシヤクコー本下迹高
1618-1-26
ホンゲン 本源 1620-2
ホンケンゾクミョー本眷屬妙 1620-2
ホンコ 本據 1620-3
ボンゴ 梵語 1635-2
ボンコー 梵夾 1634-3
ボンコー 梵皇 1635-1
ボンコー 梵響 1634-3
ホンゴク 本極 1620-3
ホンコクドミョー本國土妙 1620-3
ボンゴザツミョー梵語雜名 1635-2
ホンコーシヤクゲ本高迹下 1618-1
ホンザイ 本際 1621-1
ホンザイチ 本際智 1621-1
ホンザイゲドー本際外道 434-1-17
ボンサク 梵筴 1635-2
ホンザン 本算 1621-1
ホンザン 本山 1621-1
ホンサンマヤイン本三昧耶印 1620-3
ホンザンリュー本山流 1621-1
ホンシ 本師 1621-1
ホンジ 本時 1621-3
ボンシ 梵志 1635-2
ホンジ 本寺 1621-3
ホンシキ 本識 42-1, 1621-1
ホンジキ 品食 1621-3
ボンシキ 凡識 1635-3
ホンジキョー 本事經 1621-3
ホンジセツ 本事說 1611-3
ボンシツ 梵室 1635-3
ホンシヤガッショー反叉合掌 1621-3
ホンシヤキショー翻邪歸正 1621-3
ホンジヤク 本迹 1621-3
ボンシヤク 梵釋 1636-1
ホンジヤクイツチ本迹一致 1622-2
ホンジヤククコー本迹倶高
1618-1-27
ホンシヤククゲ本迹倶下1618-1-28
ボンシヤクジ 梵釋寺 1636-1
ボンシヤクシオー梵釋四王 1636-1
ホンジヤクソーショー本迹相攝 951-3
ボンシヤクシテン梵釋四天 1636-1
ホンジヤクシヤク本迹釋 708-2-1
ホンジヤクショーレツ本迹勝劣 1622-2
ホンジヤクニモン本迹二門 1622-1
ボンシユ 凡種 1636-2
ボンシユー 梵衆 1636-2
ボンシユー 凡習 1635-3
ボンシユテン 梵衆天 1636-2
ホンジユミョーミョー本壽命妙 1622-2
ホンシヨ 本初 1621-2
ホンジヨ 本書 1622-2
ボンシヨ 梵書 1636-2
ホンジョー 本淨 1621-3
ホンショー 本性 1621-2
ホンジョー 本成 1621-3
ボンショー 凡小 1636-2
ホンショー 反抄 1622-2
ボンショー 凡聖 1635-3
ボンショー 梵聲 1636-1
ボンショー 凡性 1636-1
ボンショー 梵鐘 1636-2
ボンジョー 凡情 1636-2
ボンジョー 梵乘 1636-2, 542-1-5
ホンショーアンダロンシ本生安荼論師 434-2-23, 1621-2
ボンショーイチニョ凡聖一如 1636-1
ホンショーカン本生貫 1621-2
ホンショーキョー本生經 1621-2
ホンショージョー本性常 626-1-21
ボンショードーゴド凡聖同居土 47-3-27
ホンショーシンヂカンギョー本生心地觀經 1621-2
ホンジョーセツ本生說 1621-2
ホンショーヂユーシユショー本性住種性 824-2-26, 1621-2
ボンショードーゴド凡聖同居土 462-2-26, 749-2-28, 1636-1
ボンショーノハツトー凡小八倒 1636-3
ホンショーブツ本性佛 1621-2
ボンショーフニ凡聖不二 1636-1
ホンショーマンロン本生鬘論 1621-2
ホンジョームロ本淨無漏 1621-3
ボンシン 梵身 1636-2
ボンシン 凡身 1636-2
ボンシン 梵心 1636-2
ホンジンヅーミョー本神通妙 1622-2
ボンシンテン 梵身天 1636-2
ホンゼー 本誓 1622-2
ボンセカイ 梵世界 1636-3
ボンセツ 梵刹 1636-3
ホンゼツ 本實 1621-1
ホンセツポーミョー本說法妙 1622-2
ボンセテン 梵世天 1636-3
ホンソー 本相 1620-3
ボンソー 凡僧 1636-3
ボンソー 梵僧 1636-3
ボンソー 梵嫂 1636-3
ホンゾン 本尊 1622-3
ホンダ 奔荼 1623-1
ホンタイ 本體 1623-1
ホンダイ 品題 1623-1
ホンダリ 奔荼利 1623-2
ボンダン 梵壇 1637-1
ボンダン 煩談 1636-3
ホンダンチョー本斷超 1623-2
ホンチ 本致 1623-2
ホンヂ 本地 1623-2

ホンヂグ 本地供 1623-2
ホンヂシン 本地身 1623-2
ホンヂスイジヤク本地垂迹 1623-3
ホンヂノフーコー本地風光 1623-3
ホンヂモン 本地門 1623-3
ボンヂュー 梵住 1637-1
ボンヂユー 犯重 1637-1
ホンチョーコーソーデン本朝高僧傳 1623-2
ホンチョーノサンギョー本朝の三教 614-2-3
ホンデン 本典 1623-3
ボンテン 梵天 935-2-6, 1637-1
ボンテン 梵典 1637-1
ボンテンオー 梵天王 1637-3
ボンテンカイ 梵天界 1637-2
ボンテンカラクヨー梵天火羅九曜 285-1, 1637-3
ボンテング 梵天供 1637-2
ボンテンゲドー梵天外道 1637-2
ボンテンコー 梵天后 1937-3
ボンテンチヤクヂホー梵天擇地法 1637-3
ボンテンニョ 梵天女 1637-3
ボンテンホー 梵天法 1637-3
ボンド 梵土 1637-3
ホンドー 本堂 1623-1
ボンドー 梵道 1636-3
ボントク 梵德 1637-3
ボントーセンジモン梵唐千字文 1636-3
ボンドーロー 梵燈籠 1538-1
ホンナガ 奔那迦 1623-3
ボンナン 梵難 1638-1
ホンニ 本二 1623-3
ボンニョ 梵女 1638-1
ホンヌ 本有 1617-3
ホンヌケ 本有家 1617-3
ホンヌシユージ本有種子 825-3-10 1618-1
ホンヌシユショー本有修生 1618-1
ホンヌセツ 本有說 1618-1
ホンネハンミョー本涅槃妙 1623-3
ボンノー 煩惱 221-1-5 1628-1, 1721-2-10
ボンノー 梵王 1548-1
ボンノーカ 煩惱河 1638-3
ボンノーカイ 煩惱海 1688-3
ボンノーキョー煩惱境 907-1-24
ボンノーグー 梵王宮 1642-1
ボンノーゲ 煩惱碍 1683-3
ボンノーゴーク煩惱業苦 1638-3
ホンノージ 本能寺 1623-3
ボンノーシユー煩惱習 1639-1
ボンノーショー煩惱障 530-3-16 623-1-19, 1639-1
ボンノーシン 煩惱薪 1639-1
ボンノーゾー 煩惱藏 1638-3
ボンノーゾク 煩惱賊 1639-2
ボンノーソクボタイ煩惱即菩提 1639-2
ボンノーゾーゼン煩惱雜染 1639-1
ホンノーヂョク煩惱濁 553-1-29
ボンノーヂン 煩惱陣 1639-2
ボンノーデー 煩惱泥 1659-2
ボンノードー 煩惱道 646-3-20 1639-2
ボンノーヒョー煩惱氷 1639-3
ボンノービョー煩惱病 1639-3
ボンノーフタイ煩惱不退 1639-3
ボンノーホツカイ煩惱法界 1593-1-14
ボンノーマ 煩惱魔 1639-3 1642-3-7
ボンノームスーセーガンダン煩惱無數誓願斷 698-3-4
ボンノームヘンセーガンダン煩惱無邊誓願斷 1639-3
ボンノーモー 煩惱網 1639-3
ボンノーヨ 煩惱餘 1639-3
ボンノーリン 煩惱林 1640-1
ボンバイ 梵唄 687-3-27 1634-1-23, 1640-1
ホンパツ 梵罰 1640-2
ホンビクニ 犯比丘尼 807-3-24
ホンヒョー 本瞟 1623-3
ボンブ 凡夫 53-3-8 1454-3-8, 1640-3, 1737-1-7
ボンフク 梵福 1640-2
ボンフク 凡福 1640-2
ボンフク 梵服 1640-2
ボンブショー 凡夫性 581-1-29 1640-3
ホンプショー 本不生 545-3-19 1624-1
ホンプショーザイ本不生際 1624-1
ホンプショーチ本不生智 1624-1
ホンブツ 本佛 1624-1
ホンボー 本坊 1624-1
ボンホー 梵法 1640-3
ボンホー 梵放 1640-2
ホンホツシン 本法身 1624-1
ボンホテン 梵輔天 1640-3
ボンポン 梵本 1640-3
ホンボンゴ 翻梵語 1624-1
ボンマ 梵摩 1641-1
ボンマ 梵魔 1640-3
ボンマサンハツ梵摩三鉢 1641-2
ホンマツクキョートー本末究竟等 938-2-10, 1624-1
ボンマテン 梵摩天 1641-3
ボンマニ 梵摩尼 1641-3
ボンマラ 梵摩羅 1641-3
ホンミョー 本明 1624-1
ホンミョーガンシン本命元辰 1624-1
ホンミョーシユク本命宿 1624-1
ホンミョーセー本命星 1624-1
ホンミョードーヂョー本命道場 1624-2
ホンモ 本母 1624-3, 1657-2-15
ボンモーイシユー梵網爲宗 1627-1-14
ボンモーカイ 梵網戒 1641-1
ボンモーカイショ梵網戒疏 1641-1
ボンモーカイホン梵網戒品 1641-1
ボンモーカイホン梵網戒本 1641-1
ボンモーキョー梵網經 1641-1
ボンモーシユー梵網宗 1641-2
ボンモーセンボー梵網懺法 1641-2
ホンモン 本門 1624-3
ホンモンジカン本門事觀 1624-3
ホンモンジューミョー本門十妙951-2
ホンモンノカイケン本門開顯 1625-1
ホンモンノカイダン本門戒壇 1625-1
ホンモンノホンゾン本門本尊 1625-2
ホンモンノダイモク本門題目 1625-1
ホンモンフゾク本門付屬 1625-2
ホンヤク 翻譯 1625-2
ホンヤクミョーギシユー翻譯名義集 1625-2
ホンライ 本來 1625-2
ホンライクー 本來空 1625-2
ホンライジショーショージョーネハン本來自性淸淨涅槃 1625-2
ホンライジョーブツ本來成佛 1625-3
ホンライノメンモク本來面目 1625-3
ホンライホーニ本來法爾 1625-3
ホンライムイチモツ本來無一物 1625-3
ボンランマ 梵覽摩 1641-3
ホンリヤクミョー本利益妙 1625-3
ボンリョ 凡慮 1641-3
ボンリン 梵輪 1641-3
ボンロー 煩籠 1642-1
ホンワク 本惑 1625-3

〔マ〕

マ 魔 1642-2
マイサイ 米齋 1643-1
マイス 賣僧 1643-1
マイタリエー 昧怛麗曳 1643-2
マイレーヤ 米麗耶 1643-2
マイン 磨院 1666-1
マエジョク 前卓 1663-1
マエン 魔緣 1645-1
マオー 魔王 1666 1
マオン 魔怨 1666-1
マカ 魔下 1645-1
マカ 摩訶 1645-1
マガ 末伽 1652-3
マカイ 魔界 1645-2
マカイ 魔戒 1645-2
マカインダラ 摩訶因陀羅 1649-2
マカエン 摩訶衍 1645-2
マカエンゾー 摩訶衍藏 674-1-16 1645-3
マカエンソーガラン摩訶衍僧伽藍 1645-3
マカエンホードーゾー摩訶衍方等藏 674-3-1
マカエンロン 摩訶衍論 1645-3
マカカショー 摩訶迦葉 932-3-8 1645-3
マカカセンネン摩訶迦旃延 1647-1
マカカラ 摩訶迦羅 1647-1
マカカロナ 摩訶迦僂那 1647-1
マカギョ 摩訶魚 1647-1
マカキョードンミ摩訶憍曇彌 1647-2
マカサツ 摩訶薩 1647-2
マカサツタ 摩訶薩埵 1647-2
マカサンマタ 摩訶三末多 1647-3
マカシカン 摩訶止觀 1647-3
マカシカンゴー摩訶止觀業 1647-3
マカシナ 摩訶至那 1648-1
マガシラ 末伽始羅 1652-3
マカセツヅ 摩訶刹頭 1648-1
マカソーギ 摩訶僧祇 1648-1
マカソーギリツ摩訶僧祇律 1608-1
マカダ 摩竭陀 1648-3
マカダイバ 摩訶提婆 1648-3
マカヂンナガ 摩訶陳那伽 1648-3
マカツ 摩竭 1648-3
マカツエンシツ摩竭掩室 1649-1
マカツグー 摩竭宮 1649-2
マカナガ 摩訶那伽 1649-2
マカナン 摩訶男 1649-3
マカハジヤハダイ摩訶波闍波提 6-3-26, 1649-3
マカバナ 摩訶伐那 1550-2
マカハン 摩訶槃 1649-3
マカハンタカ 摩訶半託迦 1550-1
マカハンニヤ 摩訶般若 1438-2 1550-1
マカハンニヤハラミツタ摩訶般若波羅蜜多 1550-2
マカビブツリヤク摩訶毘佛略 1550-2
マカビルシヤナ摩訶毘盧遮那 1550-3
マカマヤ 摩訶摩耶 1651-1
マカマユリ 摩訶摩瑜梨 1651-2
マカマンジユシヤケ摩訶曼珠沙華 1651-2
マカマンダラケ摩訶曼陀羅華 1651-2
マカミロ 摩訶彌樓 1651-2
マカモダラ 摩訶毋陀羅 1651-1
マカモツケンレン摩訶目犍連 1651-2
マカモドガラ 摩訶沒特伽羅 1652-2
マカヤナ 摩訶夜那 1652-2
マカラガ 摩訶羅伽 1652-3
マカラジヤ 摩訶羅闍 1652-3
マガリクシヤリ末伽梨拘賖梨 1653-1
マカリョーガ 摩訶授伽 1652-3
マキ 摩咽 1653-1
マギ 摩祇 1353-2
マギヤクキョー魔逆經 1653-2
マキヤマセン 摩佉歷洗 1653-2
マキヤホー 摩羯賓 1653-2
マキヤリクシヤリ末佉梨劬奢離 1053-2
マキョー 魔境 1653-1
マキョー 魔鄉 1635-2
マグー 魔宮 1653-3
マクカ 莫訶 1853-3
マクラギョー 枕經 1653-3
マクモーゾー 莫妄想 1653-3
マグン 魔軍 1653-3
マケ 魔醯 1653-3
マケ 魔繫 1653-3
マケイシユーバラ莫醯伊濕伐羅 1654-1
マケインダラ 摩醯因陀羅 1654-1
マケシヤサカ 摩醯奢娑迦 1654-2
マケシユラロンジ摩醯首羅論師 1654-2
マケンナ 末犍拏 1654-3
マゴ 磨牛 1655-2
マコダカ 摩呼荼迦 1654-3
マコラガ 摩呼洛伽 1654-3
マゴロク 摩睺勒 1655-1
マサ 痲蹉 1655-1
マサンギン 痲三斤 1655-2
マシ 魔子 1655-2
マジ 魔事 1656-1
マシカ 蓽師迦 1655-2
マシヤ 摩娑 1655-3
マジヤ 魔蛇 1656-1
マジキョー 魔事境 907-2-13
マジホツカイ 魔事法界1593-2-19
マシヤヅジニク摩沙豆粥 207-1-6
マジユン 魔旬 1656-1
マショージン 魔精進 1656-1
マシンダ 魔咽陀 1656-1
マセン 磨洗 1656-1
マゼン 魔禪 1656-1
マセンダ 摩旃陀 1656-1
マセンダイ 末闍提 1656-1
マソク 摩觸 1656-1
マソクカイ 摩觸戒 1426-3-14
マタ 摩多 1656-1
マダ 末陀 1657-1
マタジタ 摩多自他 937-2
マタツーベツ 摩多通別 937-2
マダナ 末達那 1657-1
マタラ 摩多羅 1656-2
マタラカ 摩多羅迦 1656-3
マダラロンジ 摩陀羅論師434-3-13
マタリ 摩多梨 1656-3
マダリ 摩怛里 1658-2
マダリカ 摩怛理迦 1658-2
マダン 魔檀 1658-2
マチ 襪 1657-3
マチ 末底 1657-3
マチソーカ 摩底僧訶 1657-3
マヂユー 痲頭 1658-1
マヂユー 磨頭 1658 1
マチユーラ 摩偸羅 1657-3
マチヨー 摩頂 1657-3
マチヨーショー摩頂松 1657-3
マチリカ 摩窒里迦 1658-1

マツキョー 末教 1658-1
マツケ 末化 1658-1
マツコー 抹香 1568-1
マツゴノク 末後句 59-3, 1658-1
マツジ 末寺 1658-2
マツセ 末世 1658-2
マツダ 末陀 1658-2
マツダイ 末代 1658-2
マツテー 末弟 1568-2
マツト 末徒 1658-2
マツトーショー 末燈鈔 1658-2
マツポー 末法 773-2-4, 1658-2
マツポートーミョーキ 末法燈明記 1658-3
マツマ 末摩 1658-3
マツリュー 末流 1658-3
マテー 末底 1658-3
マテーダイシヤ 末睇提舎 1658-3
マテン 魔天 1659-1
マデン 末田 1659-1
マデンチ 末田地 1659-1
マデンチカ 末田底迦 1659-1
マトー 摩騰 1656-2
マドー 魔道 1657-1
マトーカ 摩鄧迦 1421-2-15, 1659-3
マドカ 末度迦 1660-3
マトーガフランニヤ 摩登伽阿蘭若 1659-3
マトーギ 摩鄧祇 1660-2
マトークラ 摩頭鳩羅 1660-2
マドシヤ 摩奴闍 1660-3
マトーニョ 摩鄧女 1660-2
マトラ 摩突羅 1660-2
マドラ 摩度羅 1661-1
マトーラシシ 摩頭羅瑟質 1660-2
マトロガ 摩得勒伽 1660-2
マナ 末那 1661-1
マナバ 摩那婆 1661-3
マナクリ 摩男倶利 559-3-21
マナコイレ 眼入 1661-1
マナタ 摩那埵 1661-2
マナシ 摩那斯 1661-1
マナシキ 末那識 166--2
マナシヤ 摩拏赦 1661-2
マナン 摩男 1662-1
マニ 摩尼 1662-1
マニキョー 末尼教 1662-1
マニシヤラ 摩尼遮羅 1662-2
マニバツダラ 摩尼跋陀羅 1662-2
マニヨ 魔女 1662-2
マニリン 摩尼輪 1662-2
マニン 魔忍 1662-2
マヌ 魔㝹 1662-2
マヌシヤ 摩㝹沙 1662-3
マヌシヤナン 摩㝹舎喃 1660-3
マヌマ 摩㝹摩 1661-1
マノー 磨衲 1661-3
マノーセン 摩納仙 1662-1
マノーバカ 摩納縛迦 1662-1
マノーバゲドー 摩納婆外道 435-1-29
マバイ 磨貝 1662-3
マバク 魔縛 1662-3
マハジュン 魔波旬 1662-3
マバラ 摩婆羅 1662-3
マビョー 魔病 1662-3
マブツ 魔佛 1663-1
マヘーシュラロンジ 摩醯首羅論師 434-3-17
マボン 魔梵 1663-1
ママ 摩摩 1663-1
ママカラ 磨磨迦羅 1663-1
ママケ 摩摩鷄 1663-1
ママテー 摩摩帝 1663-2
マミン 魔民 1663-2
マモー 魔網 1663-1
マモリブクロ 守嚢 1663-2
マヤ 摩耶 1651-1-28, 1663-2
1761-1
マメツ 磨滅 1663-2
マユラ 摩由羅 1663-2
マラ 摩羅 1663-3
マラエン 摩羅延 1663-3
マラオーキョー 末羅王經 1664-2
マラガダ 摩羅伽陀 1664-1
マラカラ 摩羅訶羅 1663-3
マラギリ 摩羅祁梨 1664-1
マラダイ 摩羅提 1664-1
マラドー 魔羅道 1664-1
マラヤ 摩羅耶 1664-1
マラユ 末羅遊 1664-2
マリ 摩利 1664-2
マリカ 摩利迦 1664-2
マリガラ 摩利伽羅 1664-2
マリシ 摩利支 1664-3
マリシダイバ 摩利支提婆 1665-1
マリニ 摩梨尼 1665-2
マリブニン 末利夫人 1658-3
1665-3
マリシツラ 摩利室羅 1665-1
マリシテン 摩利支天 1665-2
マリシヤ 末栗者 1665-2
マン 慢 736-2-9, 1666-1
マンイ 満位 1673-1
マンエ 慢衣 1666-3
マンカ 満果 1666-3
マンガツソン 満月尊 1667-1
マンカマン 慢過慢 1666-3
マンガン 満願 1667-1
マンガン 満願 1667-1
マンガンシ 満願子 1667-1
マンキョー 慢境 907-3-13
マンキョー 萬境 1666-3
マンギョー 萬行 1666-3
マンギョーナンシユクツ 萬行難修屈 644-3-2
マンギョーノショーゼン 萬行少善 1666-3
マング 曼供 1666-3
マンケエ 萬華會 1667-1
マンケツ 慢結 1667-1
マンケン 慢見 408-1-20, 524-1-24, 1667-1
マンコ 慢擧 1667-1
マンコー 満講 1667-1
マンゴー 萬劫 1667-1
マンゴー 満業 561-2-26, 1667-2
マンコンゴー 慢金剛 558-2-22, 1667-1
マンザ 満座 1667-2
マンザイ 萬歳 1667-2
マンサン 満散 1667-2
マンサンシチニチ 満三七日 1667-2
マンダカ 慢荼迦 1669-2
マンダキニ 曼陀枳尼 1669-2
マンシ 萬指 1667-3
マンシ 慢使 1667-3
マンジ 萬字 1668-1
マンジ 満字 1668-1
マンジキョー 満字教 1668-3
マンジシ 満慈子 1668-3
マンシヤミ 満沙彌 1667-3
マンジュ 満濡 1668-3
マンジュイン 慢習因 91-2-18
マンジュカダ 曼殊伽陀 1668-3
マンシュクシ 満祝子 1666-3
マンジュシヤ 曼殊沙 1668-3
マンジュシリ 曼殊室利 1669-1
マンゼンドーキシユー 萬善同歸集 1669-1
マンゾクガン 満足願 1669-1
マンソー 慢想 1667-2
マンソーエ 萬僧會 1669-1
マンセン 曼山 1699-1
マンゼン 萬善 1669-1
マンダ 曼陀 1669-1
マンタラ 曼怛羅 1669-1
マンダイ 漫提 1669-2
マンダシュ 曼陀殊 1669-2
マンダラ 曼荼羅 1183-3, 1669-2, 1671-3
マンダラキョー 曼荼羅教 1671-3
マンダラグ 曼陀羅供 1671-2
マンダラゲドー 曼荼羅外道 1673-3
マンダラシン 曼荼羅身 1673-3
マンドー 慢幢 1672-1
マンドーエ 萬燈會 1672-1
マンハツセンセカイ 萬八千世界 1672-2
マンパロー 孟八郎 1672-2
マンプイツショー 萬不一生 1672-3
マンプクジハ 萬福寺派 1672-3
マンブン 萬分 1672-3
マンブンカイ 満分戒 1672-3
マンベン 満遍 1672-3
マンポー 萬法 1672-3
マンポーイチニョ 萬法一如 1672-3
マンポーイツシン 萬法一心 860-3
マンボサツ 萬菩薩 1672-3
マンボンノー 慢煩惱 1638-2-21
マンモツゴンジョーガン 萬物嚴淨願 1673-1
マンコー 慢坑 1666-3
マンワク 慢惑 1673-1

〔ミ〕

ミ 微 1673-1
ミアカシ 燈明 1673-2
ミアカシブミ 御燈文 1673-2
ミイデラ 三井寺 1690-3, 1870-2-27
ミイリュー 三井流 1690-3
ミエーグ 御影供 1673-2
ミエードーハ 御影堂派 1673-2
ミオンケンダツバ 美音乾闥婆 1673-2
ミカ 彌迦 1673-2
ミカイケン 未開顯 1673-2
ミカシヤカ 彌伽釋迦 1673-3
ミカナ 彌迦那 1673-2
ミキョー 味境 734-1-28
ミギョー 微行 1673-3
ミクジ 御鬮 1673-3
ミケ 彌醯 1673-3
ミケンコー 眉間光 1674-1
ミケンシンジツ 未顯眞實 1673-3
ミケンビヤクゴーソー 眉間白毫相 1674-1
ミコー 獼猴 206-1-7, 1674-1
ミコーチ 獼猴池 1674-3
ミサイエ 御齋會 1674-3
ミサイショージ 微細生死 1674-3
ミサイシン 微細身 1674-3
ミサイソーヨーアンリユーモン 微細相容安立門 451-3-24, 1674-3
ミサイルヂユー 微細流注 1674-3
ミサフトク 未作不得 1674-3
ミサラ 彌薩羅 1674-3
ミシヂヨー 未至定 1675-1
ミシホ 御修法 1675-1
ミシヤソク 彌沙塞 1675-2
ミシヤソクブ 彌沙塞部 1675-3
ミシヤソクリツ 彌沙塞律 1675-3
ミジュ 微聚 1675-3
ミジュキョー 御誦經 1676-1
ミジュグニン 未受具人 1676-1
ミシユホー 御修法 1675-3
ミショーオン 未生怨 20-1-30, 1675-2
ミズキョー 御誦經 1676-1
ミズキョーノツカイ 御誦經の使 1675-1
ミゾウ 未曾有 1676-1
ミゾウキョー 未曾有經 1676-1
ミソギ 御衣木 1676-1
ミダ 彌陀 35-1, 1676-2
ミダキョー 彌陀經 1676-3
ミダグ 彌陀供 1676-3
ミダケ 御嶽 1676-3
ミダケソージ 御嶽精進 1677-1
ミダコー 彌陀講 1677-1
ミダゴマ 彌陀護摩 1677-1
ミダサング 彌陀散華 615-1-16
ミダサンショー 彌陀三聖 622-3
ミダサンブ 彌陀三部 657-2
ミダセン 彌陀山 1677-1
ミダチュー 彌陀頂 1677-1
ミダヂョーイン 彌陀定印 1677-1
ミダノケド 彌陀之化土 403-3
ミダノサンゾン 彌陀の三尊 1676-2
ミダノホンガン 彌陀の本願 1676-2
ミダノミョーゴー 彌陀名號 1677-2
ミダノリケン 彌陀の利劔 1676-2
ミチ 道 1677-2
ミチコン 未知根 1677-2
ミチトーチコン 未知當知根 473-3-25, 666-3-8, 1677-2
ミヂヤク 味著 1677-2
ミヂン 味塵 1677-2
ミヂン 微塵 1677-2
ミヂンジュ 微塵數 1677-3
ミツイ 密意 1677-3
ミツイン 密印 1677-3
ミツイン 密因 1678-1
ミツインカンヂョー 密印灌頂 1678-1
ミヅイタ 水板 1680-2
ミツガク 密學 1678-2
ミツカン 密灌 1678-3
ミツケ 密家 1678-3
ミツケノサンゾー 密家三藏 1678-3
ミツケンニニン 密遣二人 1679-1
ミツコー 密講 1678-1
ミツゴ 密語 1678-3
ミツゴー 密號 1678-1
ミヅゴリ 水垢離 1680-2
ミツゴン 密嚴 1679-1
ミツゴンケゾー 密嚴華藏 1679-1
ミツゴンゴク 密嚴國 1679-2
ミツゴンジョード 密嚴淨土 1679-2
ミツキ 密櫃 1678-2
ミツキ 密軌 1678-2
ミツギ 密義 1678-2
ミツギソー 貢僧 1678-2
ミツキョー 密經 1678-2
ミツキョー 密教 1678-3, 1789-3-19, 1795-2-1
ミツギョー 密行 1678-2
ミツキョーケツカイホー 密教結界法 397-2
ミツキョーゴダイ 密教五大 544-3
ミツキョーサンサンマイモン 密教三三昧門 619-2
ミツキョーサンゾー 密教三藏 620-2
ミツキョーシムリョーカン 密教四無量觀 761-2
ミツキョージユーホツカイ 密教十法界 1593-2
ミツキョージユーヂハイリユー 密教十地廢立 925-1
ミツキョージユーヂユーカイ 密教十重戒 925-3

ミヨーホーゲ　妙法偈　1730-3
ミヨーホーケキヨー妙法華經　1730-3
ミヨーホーセン妙法船　1730-3
ミヨーホーゾー妙法藏　1730-3
ミヨーホツケ　妙法華　1730-3
ミヨーホードー妙法堂　1730-3
ミヨーホートー妙法燈　1730-3
ミヨーホーリン妙法輪　1730-3
ミヨーホーレンゲ妙法蓮華　1731-1
ミヨーホーレンゲキヨー妙法蓮華經　1731-2
ミヨーボン　命梵　1687-2
ミヨーミヨー　妙明　1731-3
ミヨーミヨー　冥明　1687-3
ミヨーミヨーチヨー命命鳥　1687-3
ミヨームケン　命無問　574-1-12　1696-2-8
ミヨーモー　名望　1687-3
ミヨーモク　名目　1687-3
ミヨーモン　名聞　1687-3
ミヨーモン　妙門　1731-3
ミヨーモン　妙文　1731-3
ミヨーヤク　冥益　1687-3
ミヨーユームゲ妙用無碍1870-3-11
ミヨーヨ　名譽　1688-1
ミヨーヨーエ　冥陽會　1637-3
ミヨーヨク　名欲　1688-1
ミヨーラク妙樂 1090-2-24, 1732-2
ミヨーリ　名利　1688-1
ミヨーリ　明利　1688-1
ミヨーリ　冥利　1688-1
ミヨーリ　妙理　1732-2
ミヨーリゴンゲン妙理權現　1732-2
ミヨーリボンノー猛利煩惱1638-2-10
ミヨーリユー　妙立　1732-2
ミヨーリヨ　冥慮　1688-1
ミヨーリヨー　明了　1688-1
ミヨーリヨーガン明了願　1688-1
ミヨーリヨーロン明了論　1688-1
ミヨーレンゲ　妙蓮華　1732-2
ミヨーロー　名藹　1688-1
ミヨーロン　明論　1688-1
ミライ　未來　1688-3
ミライザイ　未來際　1688-3
ミライセ　未來世　1688-3
ミライノオージヨー未來往生　1688-3
ミラン　彌蘭　1688-3
ミリシヤ　蜜利車　1688-3
ミリヨク　未離欲　1689-1
ミル　彌樓　1689-1
ミル　彌盧　1689-1
ミルトーシン　彌盧等心　1831-1-3
ミレーシヤ　彌戾車　1589-1
ミレータ　彌茘多　1589-1
ミロク　彌勒　1689-1
ミロクエ　彌勒會　1690-3
ミロクキヨー　彌勒經　1690-1
ミロクゲシヨーキヨー彌勒下生經　1690-1
ミロクコー　彌勒講　1690-2
ミロクサンネ　彌勒三會　672-1
ミロクサンブ　彌勒三部　657-2
ミロクジヨーシヨーキヨー彌勒上生經　1690-2
ミロクナンキヨー彌勒難經　1690-2
ミロクノサンゾン彌勒の三尊　1690-1
ミロクノシユツセ彌勒の出世　1689-3
ミロクノシヨーエン彌勒の生緣　1689-3
ミロクノジヨード彌勒の淨土　1690-1
ミロクノホンギヨー彌勒の本經　1689-3
ミロクボサツ　彌勒菩薩　7-1-5　1714-1-13
ミロクライジキヨー彌勒來時經　1690-2
ミロクローカク彌勒樓閣　1690-1
ミン　眠　1690-3
ミンキ　愍忌　1691-1
ミンキハ　明極派　1691-1
ミンゴンキジツ泯權歸實　1691-1
ミンゾー　明藏　1691-1
ミンゾー　眠藏　1691-1
ミンタン　眠單　1691-1
ミンドー　明堂　1691-1
ミンノコーソーデン明高僧傳　1691-1
ミンポン　明本　675-1-24
ミンモー　泯亡　1691-1
ミンロー　明樓　1691-1

〔ム〕

ム　無　1691-2
ム　夢　904-3-19
ムアイ　無愛　1691-2
ムアン　無安　1691-3
ムイ　無意　1691-3
ムイ　無爲　736-3-2, 1722-1
ムイ　無畏　1722-1
ムイカイ　無爲戒　1723-2
ムイクー　無爲空　1723-2
ムイクーシ　無爲空死　1723-2
ムイサンゾー　無畏三藏　1723-2
ムイシヤ　無爲舍　1723-2
ムイジユーリキクボサツ無畏十力吼菩薩　549-1-21
ムイシヨ　無畏疏　1152-1-4
ムイシヨージ　無爲生死　1723-2
ムイセ　無畏施　639-3-1, 1723-3
ムイセン　無畏山　30-1-5
ムイソー　無異想944-3-25, 1691-3
ムイゾー　無畏藏　1723-2
ムイソージカルイ無異相似過類　1691-3
ムイチモツ　無一物　1691-3
ムイナイオン　無爲泥洹　1723-3
ムイネハンガイ無爲涅槃界　1723-3
ムイノーイ　無爲能爲　1723-3
ムイノシンニン無位眞人　1723-2
ムイホー　無爲法　568-1-13　1723-3
ムイホツシン　無爲法身　1723-3
ムイムヨク　無爲無欲　1723-3
ムイン　無因　1691-3
ムインウカ　無因有果　705-1-12　1691-3
ムインガゲドー無因果外道　1691-3
ムインゲドー　無因外道　1692-1
ムインケンロン無因見論　434-2-18
ムインムカ　無因無果　705-1-19　1692-1
ムインロンジ　無因論師　734-3-19
ムインロンジケジネンシヨー無因論師計自然生　436-2-30
ムウオー　無憂王　1692-1
ムウコーシユーガン無有好醜願　1692-1
ムウサイシヨーキチジヨーニヨライ無憂最勝吉祥如來741-1-6
ムウジユ　無憂樹　1692-1
ムウシユク　無有衆苦　1692-1
ムウシヨージ　無有生死　1692-1
ムウトードー　無有等等　1692-1
ムウマジ　無有魔事　1692-2
ムウンテン　無雲天　1692-2
ムエ　無依　1692-2
ムエネハン　無依涅槃　1692-2
ムエン　無緣　1692-2
ムエンサンマイ無緣三昧　1692-2
ムエンジヒ　無緣慈悲　901-3-26　1692-2
ムエンジヨー　無緣乘　1692-2
ムエンジヨーシン無緣乘心　1692-3
ムエンヅカ　無緣塚　1692-3
ムエントー　無緣塔　1692-3
ムエンノシユジヨー無緣の衆生　1692-2
ムエンブツ　無緣佛　1692-3
ムエンホツカイ無緣法界　1692-3
ムオー　牟王　1722-1
ムオーシユ　無央數　22-1-4
ムオーシユコー無央數劫　1691-3
ムガ　無我　1693-1
ムカイ　無戒　1692-3
ムガイ　無蓋　1693-2
ムカイコー　迴講　1693-1
ムガイダイヒ　無蓋大悲　1693-2
ムガイン　無我印　1693-2
ムガカン　無我觀　1693-3
ムガク　無學　1693-2
ムガクカ　無學果　1693-2
ムガクドー無學道 647-1-5, 1693-2
ムガクハ　無學派　1693-3
ムガソー　無我想　1693-3
ムカツ　無渇　1693-1
ムガムイ　無我無畏　1722-2-5
ムカン　無關　1695-3
ムガンゲダツモン無願解脫門　1695-3
ムガンコーソー夢感好相　1782-2
ムガンザンマイ無願三昧　1695-3
ムガンムガンサンマイ無願無願三昧　1659-3, 619-2-6
ムキ　無記　1693-3
ムキ　無起　1694-1
ムギ　無愧　1694-1
ムギ　無疑　1694-1
ムキオージヨー無記往生　714-3-12
ムギゲダツ　無疑解脫　1694-1
ムギゲダツラカン無疑解脫羅漢　1775-1-28
ムギゴ　無義語　1694-1
ムキゴー無記業 623-2-5, 561-3-29
ムキシヨー　無記性　850-2-21
ムキホー　無記法　1694-1
ムキホーシンニヨ無記法眞如　879-3-17
ムキボンカイ　無毀犯戒　1694-1
ムキヨー　無敎　1700-2-4
ムキヨーシキ　無敎色　1695-3
ムギヨーハツ　無行般　1518-3-19　1519-1-20, 1694-1
ムギヨーハンニヤ夢行般若　1762-2
ムク　無垢　1694-1
ムク　無句　1694-2
ムクエ　無垢衣　1694-2
ムクゲン　無垢眼　1694-2
ムクケンニヨキヨー無垢賢女經　1694-2
ムクコクーゾーボサツ無垢虛空藏菩薩　459-1-16
ムクコーボサツ無垢光菩薩　1694-2
ムクサンマイ　無垢三昧　1694-2
ムクシキ　無垢識 1694-3, 41-3
ムクシヨー　無垢稱　1694-3
ムクシヨーキヨー無垢稱經　1694-3
ムクジヨーコーホー無垢淨光法　1694-3
ムクシンニヨ　無垢眞如　879-2-25　1792-3-6
ムクスイ　無垢水　1694-3
ムクセ　無垢施　1694-3
ムクセカイ　無垢世界　1695-1
ムクセキヨー　無垢施經　1695-1
ムクセーボサツ無垢逝菩薩　1695-1
ムクヂ　無垢地　1695-1
ムクテキ　無孔笛　1695-1
ムクドク　無功德　1695-1
ムクニヨ　無功女　1695-2
ムクニン　無忍忍　1695-2
ムクノテツツイ無孔鐵鎚　1695-1
ムクユーケツヂヨー無功用決定　1825-1-28
ムクユー　無功用　1695-2
ムクユーチ　無功用智　1695-2
ムクリン　無空輪　1695-2
ムクーロンジ　無空論師　1694-2
ムゲ　無價　1696-2
ムゲ　無礙　1696-2
ムゲゲ　無礙解　1696-3
ムゲゲン　無礙眼　529-2-27
ムゲコー　無礙光　1696-3
ムゲコーニヨライ無礙光如來　1696-3
ムゲコーブツ　無礙光佛　1696-3
ムゲダイエ　無礙大會　1696-3
ムゲダバ　無價駄婆　1696-3
ムゲチ　無礙智　1696-3
ムゲドー　無礙道　1696-3
ムゲニン　無礙人　1697-1
ムゲモン　無礙門　835-2-26
ムケン　無間　1696-3
ムゲン　無減　1679-1
ムゲン　夢幻　1679-1
ムケンゴー　無間業　1695-3
ムゲンシ無患子 1697-2, 1737-3-26
ムケンシユ　無間修　1696-1　709-3-23, 709-3-29, 710-1-3
ムケンジユージキヨー夢見十事經　1696-1
ムケンヂゴク　獄間地獄 30-2-30　1696-2
ムケンチヨーソー無見頂相　1696-1
ムケンドー無間道 727-1-6, 1696-1
ムゲンニン　無眼人　1697-2
ムコ　夢虎　633-1-16
ムゴー　無合　1697-2
ムゴクノタイ　無極之體　1697-3
ムコサンマイ　無去三昧　1697-2
ムゴシヨージ　無後生死　1698-1
ムコーブツ　無光佛　1695-2
ムコムライ　無去無來　1697-2
ムコン　無根　1697-3
ムゴン　無言　1698-1
ムゴンカイ　無言戒　1698-2
ムゴンサンマヤ無言三昧耶　1698-2
ムコンジユ　無根樹　1697-3
ムコンシン　無根信　1697-3
ムゴンゼツ　夢言說　699-1-19
ムゴンセツドー無言說道　1698-2
ムゴンソクダ　無禁捉蛇　1570-3
ムゴンタイシ　無言太子　1698-2
ムゴンドージ　無言童子 1698-1-7　1698-2
ムゴンボサツ　無言菩薩　1698-2
ムサ　無作　1698-2
ムサイ　無際　1698-3
ムザイガギ　無財餓鬼　1700-3
ムザイキ　無財鬼　1700-3
ムサイチ　無際智　1698-3
ムサカイ　無作戒　1700-2
ムサゲダツモン無作解脫門　1700-2
ムササンマイ　無作三昧　1700-3
ムサシキ　無作色　1700-3
ムサシタイ　無作四諦 724-2-13
ムサノサンシン無作の三身　1698-3
ムサノシタイ　無作の四諦　1698-3
ムサノダイカイ無作の大戒　1698-3
ムサラ　牟薩羅　1700-3
ムザン　無慚　1700-3
ムザンケドー　無慚外道　1700-3
ムサンボーシヨジホーシヨーゴン無三寶處示法莊嚴 771-3-28
ムサンマクシユガン無三惡趣願　1700-3

ムザンムギ　無慚無愧　917-3-1
ムシ　蟲　1701-1
ムシ　牟子　1701-1
ムシ　無始　1701-1
ムジ　無字　1705-3
ムジイン　無字印　1705-3
ムシキウ　無色有　1701-1
ムシキカイ無色界607-2-26, 1701-1
ムシキテン　無色天　1701-2
ムシキトン　無色貪　1701 2
ムシキハン　無色般　1519-1-4
ムシクー　無始空　1701-2
ムジゲ 無字偈 1705-3, 1691-2-14
ムシケンキヤク無始間隔1701-3-15
ムシコーゴー　無始曠劫　1701-2
ムシゴンゼツ　無始言說　532-3-15
699-1-29
ムジショー　無自性　1705-3
ムシショージ　無始生死　1701-2
ムジショーシン無自性心　1705-2
ムシダイチユー無齒大蟲　1701-3
ムシチ　無師智　1701-3
ムジツ　無實　1705-3
ムジネンショー無自然性　1705-3
ムシムミヨー　無始無明 68-3-22
1701-3, 1716-3-16
ムシヤ　牟娑　1702-2
ムシヤ　無遮　1702-2
ムシヤエ　無遮會　1704-1
ムシヤクマ　無沙矩摩　1703-3
ムシヤセ　無沙施　1703-3
ムシヤダイエ　無遮大會　1703-3
ムシヤベツ　無差別　1703-3
ムシヤラ　牟娑羅　1704-1
ムシユーコー　無數劫　1704-1
ムシユージユ　無執受　1707-3
ムシユショー　無種性　1704-1
ムシユシン　無酒神　1704-1
ムシユセンダイ無種闡提　1704-2
ムシユムショー無修無證　1704-2
ムジユン　無準　1708-3
ムショー　無性　531-1-14
1702-2, 1702-3
ムショー　無生　1702-3
ムジョー　無上　1705-3
ムジョー　無常　1706-1
ムジョー　無諍　1706-1
ムジョーイン　無常院　1708-3
ムショウ　無所有　1704-2
ムショウショ　無所有處　1704-2
ムショーウジョー無性有情　1703-1
ムショウショヂ無所有處地　1704-3
ムショウショヂョー無所有處定　695-3-12, 1704-3
ムショウショテン無所有處天　1704-3
ムジョーエ　無常依　1706-2
ムジョーエ　無上慧　1708-3
ムジョーエキョー無常依經　1706-2
ムショエンシキチ無所緣識智
1188-2-6
ムジョーガク　無上覺　1706-2
ムショカン　無所觀　1704-3
ムショーカン　無生觀　1703-1
ムジョーカンモン無常觀門　1706-2
ムジョーキョー無常經　1706-2
ムジョーク　無常句　696-1-5
ムショグギョー無所求行　1704-3
ムジョーゲ　無常偈　1706-2
ムジョーケー　無常磬　1706-2
ムショーゲギ　無障礙義 457-3-8
ムジョーゲン　無上眼　1706-2
ムジョーコー　無常講　1706-3
ムショーコク　無勝國　1704-2
ムショーコーブツ無稱光佛　1704-2
ムショーサイ　無生際　1703-1
ムジョーザンギエ無上慚愧衣　1706-3
ムジョーサンマイ無淨三昧　1706-3
ムジョージ　無上士　906-3-4
1707-1
ムショージタイ無生四諦　724-2-6
ムショージユシンニヨ無攝受眞如　880-1-6
ムジョーショー無常鐘　1707-1
ムジョージョー無上乘　1707-2
ムジョージョー無上上　1707-2
ムジョーショーガク無上正覺　1706-3
ムジョーショキョー無上處經　1706-3
ムジョージョージョー無上上乘　1707-2
ムジョーショーシンドー無上正眞道　1706-3
ムジョーショートーカイ無上正等戒　1707-1
ムジョーショートーガク無上正等覺　1707-1
ムジョーショートーショーガク無上正等正覺　28-2-1, 1707-1
ムジョージョーブツ無情成佛　1707-2
ムジョーショーヘンドー無上正徧道　1707-1
ムショーショーロン無性攝論
543-2-9, 1703-2
ムショーシン　無生身　1703-1
ムジョーシン　無諍心 1830-1-12
ムジョージンソク無常迅速　1707-2
ムショーシンニヨ無生眞如
879-3-11
ムジョーセソン無上世尊　1707-2
ムショーセン　無生儀　1703-2
ムジョーソー　無常想　1706-3
ムショーゾー　無生藏　1703-1
ムジョーソン　無上尊　1707-2
ムジョーダイイチ無諍第一　837-2
ムショーチ　無生智 1188-3-25
1703-2
ムジョーチ　無諍智　1707-3
ムショヂヤク　無所着　1704-3
ムジョーチョー無常鳥　1707-3
ムジョートー　無上燈　1707-3
ムジョードー　無常堂　1707-2
ムジョードー　無上道　1707-3
ムショトク　無所得　1704-3
ムジョードーシン無上道心　1707-3
ムショナンショーゴン無諸難莊嚴　771-3-4
ムショーニン　無生忍　1703-2
ムジョーニン　無上忍　1707-3
ムジョーネハン無上涅槃　1707-3
ムジョーネンオー無諍念王　1708-1
ムジョーノオーカミ無常の狽　1706-1
ムジョーノカゼ無常風　1706-1
ムショーノシタイ無生の四諦　1702-3
ムショーノショー無生之生　1702-3
ムジョーノセツキ無常の殺鬼　1706-1
ムジョーノダイカ無上大果　1708-1
ムジョーノツカイ無常の使　1706-2
ムジョーフクデンエ無上福田衣　1708-2
ムショフシノイン無所不至印　1705-1
ムショーホー　無生法　1703-3
ムジョーホー　無上法　1708-2
ムジョーホーオー無上法王　1708-2
ムジョーホージユ無上寶珠　1708-1
ムジョーホージユ無上寶聚　1708-1
ムジョーボダイ無上菩提
1630-3-22, 1708-2
ムショーホーニン無生法忍　1703-3
ムジョーホーベン無上方便　1708-1
ムジョーホーリン無上法輪　1708-2
ムジョーミヨーカク無上妙覺　1708-2
ムショーモン　無生門　1703-3
ムジョーリョーソクソン無上兩足尊　1708-3
ムジョーリン　無上輪　1708-3
ムジョーリンノー無諍輪王　1708-3
ムショーロ　無聲漏　1703-3
ムシン　無瞋 736-1-2, 1705-1
ムシン　無心　1705-1
ムジン　無盡　1708-3
ムジンイ　無盡意　1709-2
ムジンエ　無盡慧　1710-1
ムジンエンギ　無盡緣起　1709-2
ムジンカイ　無盡海　1709-2
ムシンギョー　無盡行　608-2-8
ムジンゲンシユー無盡玄宗　1709-2
ムシンゴンギョー無瞋恨行908-2-7
ムジンザイ　無盡財　1709-3
ムシンサンマイ無心三昧　1705-2
ムジンサンマイ無盡三昧　1709-3
ムシンショーミヨー無信稱名　1705-2
ムジンゾー　無盡藏　1709-3
ムシンヂョー　無心定　1705-2
ムジントー　無盡燈　1709-3
ムジンホツカイ無盡法界　1710-1
ムジンムシ　無尋無伺　1710-1
ムジンユイシ　無尋唯伺　1710-1
ムスー　無數　22-1-4
ムスーシ　無數死　779-3-27
ムセーニン　無制人　1710-1
ムゼンシキ　無染識　1710-1
ムゼンジョーシンニヨ無染淨眞如　880-1-10
ムソー　無想　1699-1
ムソー　無相　1699-1
ムソー　夢相　1699-1
ムソー　夢想　1698-3
ムソー　夢窓　1710-2
ムソーエ　夢爭衣　472-3
ムソーエ　無相慧 1845-2-17
ムソーカ 無想果 736-2-18, 1699-1
ムソーカイ　無想界　1699-1
ムソーカン　無相觀　1699-1
ムソーギ　無相義　457-3-11
ムソーキョー　無相敎　523-1-9
1699-2
ムソク　無足　1710-2
ムソークーキョー無相空敎　1699-2
ムソーケギョーショー無相加行障　914-3-11
ムソーゴー　無相業　1699-2
ムソーゴーブツ無相好佛　115-3
1699-1
ムソーサンマイ無相三昧　1699-2
ムソーシユー　無相宗　1699-3
ムソーショ　無想處　1699-3
ムソーシンニヨ無相眞如 879-3-10
ムソーダイジョー無相大乘　1699-3
ムソーチユーサケギョーショー無相中作加行障　927-1-5
ムソーヂョー　無想定 736-2-20
1699-3
ムソーヂョームシン無想定無心　579-2-23
ムソーテン　無想天　1700-1
1699-3-22
ムソーテンムシン無想天無心
579-2-21
ムソーフクデンエ無相福田衣　1700-1
ムソーブツ　無相佛　1700-1
ムソーボダイ　無相菩提　1700-1
ムソームソーサンマイ無相無相三昧　619-2-2
ムソームソーサンマイ無相無相三昧　1700-1
ムソーリネン　無相離念　1700-1
ムタイ　無體　1710-2
ムタイコーブツ無對光佛　1710-2
ムタイリョー　無躰量　1752-1-3
ムダラ　牟陀羅　1710-2
ムダンベンザイ無斷辯才 929-1-26
ムチ　無痴　1710-2
ムチ　無知　1710-2
ムチショショー妙智所證1870-3-10
ムヂヤク　無着　22-1-14, 1710-3
ムヂヤクカ　無著果　1711-1
ムヂヤクカイ　無着戒　1711-1
ムヂヤクギョー無着行　908-2-14
1711-1
ムヂヤクショーロン無著攝論
543-2-1, 1711-1
ムヂヤクヂゴク無擇地獄　1710-3
ムヂヤクテンジンシユー無着天親宗　1711-1
ムヂユー　無住　1711-2
ムヂユーサンマイ無住三昧　1711-2
ムチユーセツム夢中說夢　1762-3
ムヂユーネハン無住涅槃　1711-2
ムヂユーホー　無頭牓　1710-3
ムヂョー　夢毾　1711-3
ムヂンホツカイ無塵法界　1711-2
ムヂンユイシキ無塵唯識　1711-2
ムツノミチ　六道　1711-3
ムトー　無倒　1710-2
ムトー　無等　1711-3
ムドー　無動 18-3-11, 343-3
ムトーカク　無等覺　1711-3
ムドーギョー　無動行　1712-2
ムトーキョージユ無倒敎授711-1-7
ムトクギ　無得義　457-3-15
ムトクショーカン無得正觀　1712-1
ムドーシン　無道心　1710-2
ムドーソン　無動尊　1712-2
ムトードー　無等等　1711-3
ムトードーク　無等等句　1712-1
ムトードーサンマイ無等等三昧　1712-1
ムトードージユ無等等咒　1712-1
ムトードージョー無等等乘　1712-1
ムトーノダイゾク無刀大賊　1710-2
ムドーブツ　無動佛　1712-2
ムトン　無貪　736-1-1, 1712-2
ムトンシン　無貪心 1829-3-28
ムニ　牟尼　1712-3
ムニオー　牟尼王　1713-2
ムニゴー　牟尼業　1713-1
ムニシリ　牟尼室利　1713-1
ムニセン　牟尼仙　1713-1
ムニニン　無耳人　1713-1
ムニノハツトー牟尼の八塔　1713-1
ムニムサン　無二無三　1713-1
ムニヤクムサン無二亦無三　1713-1
ムニン　蒙潤　1713-2
ムネツ　無熱　1713-3
ムネツチ　無熱池　1713-3
ムネツテン　無熱天　541-2-2
, 1713-3
ムネン　無念　1713-3
ムノーシマン　無惱指鬘　1714-1
ムノーショーボサツ無能勝菩薩　1714-1
ムヒシン　無比身　1714-3
ムヒニヨ　無比女　1714-3
ムヒホー　無比法　1714-3
ムヒヨー　無表　1700-2-5
ムヒヨーカイ　無表戒　1715-2
ムヒヨーゴー　無表業　1715-2
ムヒヨーシ　無表思　1715-2
ムヒヨージキ　無表色 734-1-29
1715-2
ムヒヨージキニクノー無表色二功能　561-2
ムブクムキ　無覆無記1693-3-21
1714-3

ムフチイシヤ 無不知已捨944-3-28
1714-3
ムフヂョーシン無不定心 944-3-27
1715-1
ムブツセカイ 無佛世界 1715-1
ムフンベツシン無分別心 1715-1
ムフンベツチ 無分別智 1715-1
ムフンベツホー無分別法 1715-1
ムベツシンニョ無別眞如 880-1-8
ムヘン 無邊 1716-1
ムヘンコーブツ無邊光佛 1716-2
ムヘンシン 無邊身 1716-2
ムヘンセカイ 無邊世界 1716-2
ムヘンホツカイ無邊法界 1716-2
ムホー 無方 1714-2
ムホーアイ 無法愛 1716-2
920-3-6
ムホーウホークー無法有法空 1716-2
ムホーシヤクギ無方釋義 1714-3
707-3-13
ムボートー 無縫塔 1716-2
ムボンテン 無煩天 541-2-2
1716-2
ムミョー 無明 736-1-7, 1716-3
ムミョーアン 無明闇 1717-2
ムミョーカク 無明殼 1717-2
ムミョークンジュー無明薫習
698-1-30, 1717-3
ムミョーケツ 無明結 1717-3
ムミョーケン 無明見 408-1-20
524-1-24, 1717-3
ムミョーコー 無明糠 1717-2
ムミョーコンアン無明昏暗917-2-7
ムミョーザン 無明塹 1717-3
ムミョーシ 無明使 1717-3
ムミョーシュ 無明酒 1717-3
ムミョージュ 無明樹 1717-3
ムミョーゾー 無明藏 1717-3
ムミョーヂューヂ無明住地
553-1-14, 1718-1
ムミョーヂューヂワク無明住地惑 1718-1
ムミョーヂョーヤ無明長夜 1717-3
ムミョーニュー無明乳 1718-1
ムミョービョー無明病 1718-1
ムミョーフ 無明父 1718-1
ムミョーホツショーイツタイ
無明法性一體 1717-2
ムミョーボル 無明暴流 1633-3-7
ムミョーモー 無明網 1718-1
ムミョーラセツ無明羅刹 1718-2
ムミョール 無明流 1718-2
858-3-21
ムミョーロ 無明漏 859-1-5
1718-2, 1818-1-4
ムミョーワク 無明惑 671-2-28
1718-2
ムメツ 無滅 1718-2
ムモ 無謀 1718-2
ムモツシキ 無沒識 42-1, 1718-2
ムモン 無文 1718-2
ムモンカン 無門關 1718-3
ムモンジセツ 無問自說 1718-3
ムモンジセツキョー無問自說
經 1718-3
ムモンシュー 無門宗 1718-3
ムモンビク 無聞比丘 1718-3
ムヨ 無餘 1718-3
ムヨエ 無餘依 1718-3
ムヨエミョーネハンガイ無餘
依妙涅槃界 1719-1
ムヨキ 無餘記 1719-1
ムヨク 無欲 1719-1
ムヨクセンニン無欲仙人 1719-1
ムヨケダン 無餘灰斷 1719-1
ムヨシ 無餘死 779-3-24
ムヨシュ 無餘修 709-3-20
710-1-4, 1719-1
ムヨセツ 無餘說 1719-1
ムヨニュージヤク無餘入寂 1719-1
ムヨネハン 無餘涅槃 1719-2
ムリョー 無量 1719-2
ムリョーエ 無量慧 1721-2
ムリョーオクコー無量億劫 1719-2
ムリョーカク 無量覺 1719-2
ムリョーギ 無量義 1719-2
ムリョーギキョー無量義經 1719-3
ムリョーコー 無量劫 1720-1
ムリョーコー 無量光 35-1-6
29-1-28
ムリョーコーテン無量光天 1720-1
ムリョーコーブツ無量光佛 1720-1
ムリョーコーミョード無量光
明土 1720-1
ムリョーシキ 無量識 689-2
ムリョーシタイ無量四諦 1720-1
724-2-10
ムリョージュ無量壽1720-2, 35-1-5
ムリョージュイン無量壽院 1721-1
ムリョージュオー無量壽王 1721-1
ムリョージュキョー無量壽經 1720-2
ムリョージュニョライ無量壽
如來 1720-3
ムリョージュブツ無量壽佛 1720-3
1727-3-29
ムリョーショー無量稱 1720-1
ムリョーショージンニョライ
無量精進如來 412-1-5
ムリョージョーテン無量淨天 1720-2
ムリョーソン 無量尊 1721-1
ムリョーヒヤクセンゴー無量
百千劫 1721-1
ムリョームゲ 無量無礙 1721-1
ムリョームシュコー無量無數
劫 1721-1
ムリョーリキクボサツ無量力
吼菩薩 549-1-23
ムロ 無漏 1721-2
ムロイン 無漏因 1721-2
ムロエ 無漏慧 1721-3
ムロカ 無漏果 1721-2
ムロカイ 無漏界 1721-2
ムロクシキ 無六識 1721-2
ムロゴー 無漏業 562-1-3
ムロゴシン 無漏後身 1721-2
ムロコン 無漏根 1721-2
ムロサイゴシン無漏最後身 1721-3
ムロジツソー 無漏實相 1721-3
ムロチ 無漏智 1721-3
ムロヂ 無漏路 1721-3
ムロツー 無漏通 1721-3
ムロドー 無漏道 1721-3
ムロホー 無漏法 1721-3
ムロホツショー無漏法性 1721-3
ムロリツギ 無漏律儀 668-3-5
ムロリツギムヒョーシキ無漏
律儀無表色 1716-1-11

〔メ〕

メイキョー 罵意經 1724-1
メオン 馬苑 1736-1
メオンゾー 馬陰藏 1732-2
メオンゾーサマヂ馬陰藏三摩
地 1732-3
メーカイ 迷界 1724-1
メーガシリ 迷伽室利 1724-1
メーギョ 鳴魚 1724-1
メーキョー 明教 1724-1
メーキョー 迷境 1724-1
メーゴイチニョ迷悟一如 1724-1
メーゴインガ 迷悟因果 1724-2
メーコサンガイジョー迷故三
界城 1724-1
メーゴフニ◎ 迷悟不二 1540-1
メシ 馬師 1732-3
メーシ 明師 1724-2
メーシ 迷子 1724-2
メージ 迷事 1724-3
メージムミョー迷事無明1717-1-24
メーシヤク 鳴錫 1724-3
メシュ 馬主 1732-3
メーシュー 迷執 1724-2
メショー 馬勝 17-2-2, 1732-3
メーショー 明證 1724-3
メーショー 明匠 1724-3
メーショー 鳴鐘 1724-3
メージョー 迷情 1724-3
メーシン 迷津 1724-3
メーシン 迷心 1724-3
メーソー 名僧 1724-3
メーソー 明窓 1686-1
メータラ 迷怛羅 1724-3
メーチ 明智 1856-2-5
メツ 滅 736-2-25, 1732-3
メーヅ 迷途 1724-3
メツカ 滅果 1733-1
メツカイヂョームシン滅界定
無心 579-2-24
メツカン 滅觀 931-1-13
メツコンマ 滅羯磨 1733-1
メツゴ 滅後 1733-1
メツゴー 滅業 1733-1
メツザイショーゼン滅罪生善 1733-1
メツシュ 滅種 1733-1
メツジュソーヂョー滅受想定 1733-2
メツジュソームイ滅受想無爲 1733-2
メツジョーケンド滅諍犍度424-1-25
1733-2
メツジンザンマイ滅盡三昧 1733-2
メツジンヂョー滅盡定 1733-2
736-2-21
メヅセン 馬頭山 1734-2
メツソー 滅相 618-1-14, 1733-1
メツタイ 滅諦 1733-3
メツタイシソー滅諦四相 1733-3
メツチ 滅智 1188-3-18, 1733-3
メツヂョー 滅定 1733-3
メツヂョー 滅場 1733-3
メツド 滅度 1734-1
メツドー 滅道 1733-3
メツビョー 滅病 1734-1
メツピン 滅擯 1480-3-11, 1734-1
メツポー 滅法 1734-1
メツポーカイ 滅法界 1734-2
メツポーチ 滅法智 420-1-12
1734-2
メツポーチニン滅法智忍 420-1-11
1734-2
メツポーニン 滅法忍 1734-2
メヅラセツ 馬頭羅刹 1734-2
メツリ 滅理 1734-2
メツルイチ滅類智420-1-20, 1734-2
メツルイチニン滅類智忍 420-1-19
1734-2
メツルイニン 滅類忍 1734-2
メーテーリ 迷底履 1725-1
メード 冥途 1725-1
メートー 迷倒 1724-3
メートク 名德 1735-1
メートクシュソ名德首座 829-2
1686-3, 1725-1
メートクセードー名德西堂 1725-1
メードノトリ 冥途の鳥 1725-1
メニセン 馬耳山 1734-2
メーニチ 命日 1725-1
メーニュー 迷乳 1725-2
メーニンジュ 迷人咒 1725-2
メノー 馬腦 17-1-8
メーノー 名納 1725-1
メーフ 冥府 1725-2
メーフク 冥福 1725-2
メーブン 明分 1856-2-5
メミヤク 馬麥 1735-3
メミョー 馬鳴 240-2-23, 1734-3
1735-2
メミョーボサツデン馬鳴菩薩
傳 1735-3
メーモー 迷妄 1725-2
メーモツ 迷沒 1725-2
メーモン 銘文 1725-2
メーリ 迷理 1725-2
メーリムミョー迷理無明1717-1-24
メーレーヤ 迷隸耶 1725-2
メーロ 迷盧 1725-3
メローフ 馬郎婦 1735-3
メーワク 迷惑 1726-3
メンオービク 面王比丘 1736-3
メンク 面孔 1736-1
メンコーフハイ面光不背 1736-1
メンザン 面山 1736-1
メンジュ 面授 1736-1
メンジュクケツ面授口訣 1736-2
メンゼンイツシ面前一糸 1736-2
メンソー 免僧 1736-2
メンテンセン 免丁錢 1735-2
メンチンユ 免丁由 1736-2-15
メンペキ 面壁 1736-2
メンモク 面目 1736-2
メンモン 面門 1736-2
メンリン 面輪 1736-3

〔モ〕

モー 毛 732-1-2
モー 盲 1643-2
モーウン 妄雲 1623-2
モーエン 妄緣 1643-2
モーカイ 網界 1643-2
モーキ 盲龜 101-1-14, 1643-2
モーキフモク 盲龜浮木 205-3
モキヤ 目佉 1737-2
モキョー 母經 1737-2
モーキョーガイ妄境界 1643-2
モーキョーガイクンジュー妄
境界薫習 698-2-4
モーク 毛孔 1736-3
モクカリン 木瓜林 1737-3
モクキシュリョー目機銖兩 1737-3
モクギョ 木魚 1737-3
モクゲンキョー木槵經 1737-3
モクゲンシ 木槵子 1737-3
モクゲンシキョー木槵子經 1738-1
モクジキ 木食 1738-2
モクシヤ 木叉 1738-1
モクジヤ 木蛇 1738-2
モクシヤダイバ木叉提婆 1738-1
モクシュク 苜蓿 1738-1
モクショーシヤリ目睛舍利 1738-1
モクシリンダ 目支鄰陀 1738-1
モクソク 目足 1738-2
モクソクセン 目足仙 1738-3
モクタガ 目多伽 1738-3
モクチ 木底 1738-3
モクチキ 默置記 1738-3
モクヅ 木頭 1738-3
モクデン 默傳 1738-3
モクネン 默然 1738-3

モクバ　木馬　1739-1
モクハクキョー沐魄經　1738-3
モクハクタイシ沐魄太子　1739-1
モクヒン　默擯 1480-3-10, 1739-1
モクブツ　木佛　1739-1
モクフニ　默不二　1739-1
モクランシ　木欒子　1739-1
モクランジキ　木蘭色　171-2-2
1739-1
モクリ　默理　1739-2
モクリツソー　木律僧　1739-2
モクレン　目連 1539-2-30, 1739-2
モクレンソンジヤ目連尊者120-3-2
モーグン　妄軍　1643-3
モーケーキチジヨーロンシヤ
妄計吉祥論者　434-2-27
モーケーサイシヨーロン妄計
最勝論　434-2-21
モーケーシヨージヨーロン妄
計淸淨論　434-2-24
モーケツリツシ毛血律師　1736-3
モーケン　妄見　1643-3
モコ　沒劫　1739-2
モコ　摩訶　1739-2
モーゴ　妄語　1643-3
モーゴー　妄業　1644-1
モーゴカイ妄語戒425-3-15, 1643-3
モーゴシユーモツ亡五衆物　1643-3
モーゴノジユーザイ妄語十罪　1643-3
モーゴン　妄言　1644-1
モーサン　望參　1736-3
モーシヤ　莽娑　1644-2
モージヤ　亡者　1644-2
モシユ　母主　1739-3
モーシユー　妄執　1644-2
モーシユー　妄習　1644-2
モーシユーゴンゼツ妄執言說
532-3-14
モージヨー　毛繩　1736-3
モージヨー　妄情　1644-2
モシン　喪嚫　1739-3
モーシン　妄心　1644-2
モーシン　妄信　1644-2
モージンクンジユー妄心薰習
698-2-2, 1644-2
モージンゲンゲンカン妄盡還
源觀　1644-2
モース　帽子　1644-3
モーセツ　妄說　1644-3
モーゼン　妄染　1644-3
モゾー　摸象　1739-2
モーソー　妄僧　1644-3
モーソー　毛僧　1737-1
モーゾー　妄想　1644-1
モダラ　母陀羅　1739-3
モーチ　亡智　1644-3
モーヂユー　毛頭　1737-2
モーヂン　妄塵　1644-3
モーヅ　毛頭　1737-2
モツキ　物忌　1740-1
モツキ　物機　1740-1
モツケ　裳咐　1740-1
モツケンレン　目犍連　922-3-8
1737-3
モツジミ　沒滋味　1740-1
モツハビ　沒巴鼻　1740-2
モド　沒度　1740-2
モードー　蒙堂　1737-1
モードー　毛道　1737-1
モドガラシ　沒特伽羅子　1740-2
モードーシヨー毛道生　1737-2
モードーボンブ毛道凡夫　1737-2
モナ　僕拏　1740-2
モニ　茂泥　1740-2
モーネン　妄念　1644-3
モノイミ　物忌　1740-2
モーハ　盲跛　1644-3
モーフー　妄風　1644-3
モーフンベツ　妄分別　1644-3
モーミヨー　盲冥　1645-1
モーモク　網目　1645-1
モーモーロクドー忙忙六道　1644-3
モリタ　沒栗多　1740-2
モーリユー　盲龍　1645-1
モーリユーキヨー盲龍經　1645-1
モーワク　蒙惑　1737-2
モン　門　1740-3
モンエ　聞慧　762-1-1
859-2-26, 1748-2, 1845-2-12
モンキヨージユーリ聞經十利955-1
モング　文句　1740-3
モンコーリキ　聞光力　1740-3
モンジ　文字　1741-1
モンシシユ　聞思修　1741-1
モンシツ　門室　1741-1
モンジニン　文字人　1740-1
モンジハンニヤ文字般若1437-3-25
1740-1
モンジホーシ　文字法師　1740-1
モンシユ　門首　1741-1
モンジユ　文殊　1742-2
モンジユイン　文殊院　1746-1
モンジユエ　文殊會　1746-1
モンジユギキ　文殊儀軌　1744-1
モンジユクヨーホー文殊供養
法　1744-1
モンジユケカ　文殊過過　1744-1
モンジユコー　文殊講　1744-1
モンジユゴシシヤ文殊五使者　1743-3
モンジユサンマイ文殊三昧　1744-2
モンジユシリ　文殊師利　1744-2
モンジユハチダイドージ文殊
八大童子　1743-3
モンジユボサツ文殊菩薩　1745-3
モンジユモンキヨー文殊問經　1746-1
モンジユロー　文殊樓　1746-1
モンシヨー　文證　1741-1
モンジヨー　門狀　1741-1
モンジヨージユ聞成就　1741-2
1833-3-13
モンジン　文身 626-1-7, 736-2-27
モンジン　問訊　1741-1
モンジン　問訊　1746-2
モンシンカンギ聞信歡喜　1741-1
モンゼキ　門跡　1746-2
モンゼツイ　悶絕位　1746-3
モンゼン　問禪　1746-3
モンゼン　文善　737-2-27
モンソー　門僧　1746-3
モンソクシン　聞即信　1746-3
モンダカ　文陀竭　1746-3
モンダラニ　聞陀羅尼　1747-1
モンチ　文池　1741-1
モンヂ　聞持 552-1-1, 1747-1
モント　門徒　1747-1
モントシユー　門徒宗　1747-2
モンナ　問話　1748-1
モンニ　文尼　1747-2
モンパ　門派　1747-2
モンヒヨー　門標　1747-2
モンボー　聞法　1747-2
モンホーイン　聞法印　1747-2
モンボーナン　聞法難　1747-2
モンミヨー　聞名　1747-2
モンミヨーグトクガン聞名具
德願　1747-2
モンミヨーケンブツガン聞名
見佛願　1747-3
モンミヨーテンニヨノガン聞
名轉女願　1747-3
モンミヨートクヂヨーガン聞
名得定願　1747-3
モンミヨートクニンガン聞名
得忍願　1747-3
モンミヨーフタイガン聞名不
退願　1747-3
モンミヨーボンギヨーガン聞
名梵行願　1747-3
モンモツコク　聞物國　1747-3
モンモンケンブツ門門見佛　1748-1
モンモンフドー門門不同　1748-1
モンヨー　門葉　1740-3
モンヨノダイドー門餘大道　1748-1
モンリ　文理　1748-1
モンリユー　門流　1748-1
モンリヨ　門侶　1748-1
モンルイ　文類　1748-1
モンルイジユシヨー文類聚鈔　1748-1
モンルイシヨーシンゲ文類正
信偈　1748-1

〔ヤ〕

ヤ　耶　1748-2
ヤイ　耶維 1756-1, 1181-2-4
ヤイロノハタ　八色幡　1748-2
ヤカン　野干 1102-3-30, 1750-1
ヤギキヨー　耶祇經　1750-2
ヤキシヤ　藥乞叉　1750-1
ヤク　軛　1750-2
ヤク　約　1750-2
ヤクウヤツクーモン亦有亦空
門　695-1-19, 699-2-2
763-1-29, 1750-2
ヤクウヤクムク亦有亦無句　1750-2
ヤクオー　藥王　1753-1
ヤクオージユ　藥王樹　1753-1
ヤクオーシヨーヒ藥王燒臂　1753-1
ヤクオーゾー　藥王藏　1753-1
ヤクオーボサツ藥王菩薩　1753-1
ヤクオーホン　藥王品　1743-1
ヤクキ　約機　1750-2
ヤクキヨーイン譯經院　1750-2
ヤクキヨーシヤク約敎釋　1750-3
1750-3
ヤクケンド　藥犍度　424-1-11
1750-3
ヤクサン　藥山　1751-1
ヤクシ　藥師 1751-1, 1728-2-2
ヤクシ　譯師　1751-1
ヤクシ　鑰匙　1751-1
ヤクジキ　藥食　1752-2
ヤクシキヨー　藥師經　1751-3
ヤクシケカ　藥師悔過　1752-1
ヤクシコー　藥師講　1752-1
ヤクシゴマ　藥師護摩　1752-1
ヤクシサンゲ　藥師散華 615-1-18
ヤクシサンゾン藥師三尊　1751-2
ヤクシジ　藥師寺　1752-1
ヤクシジサイシヨーエ藥師寺
最勝會　1752-1
ヤクシシチブツ藥師七佛　1751-2
ヤクシジユーニシンシヨー藥
師十二神將　1751-3
ヤクシジユーニセーガン藥師
十二誓願　1751-2
ヤクシハチダイボサツ藥師八
大菩薩　1751-2
ヤクシヤ　藥叉　1752-2
ヤクシヤク　藥石　1752-2
ヤクジユオー　藥樹王　1752-2
ヤクジユオーシン藥樹王身　1852-3
ヤクシユニシン藥殊二身　1752-2
ヤクジヨーボサツ藥上菩薩　1752-2
ヤクジヨーヤクムジヨーク亦
常亦無常句　696-1-7
ヤクシルリコーニヨライ藥師
瑠璃光如來 741-1-12, 1751-1-24
1752-2
ヤクシン　益信　1752-2
ヤクセキ　藥石　1752-3
ヤクソー　藥草　1750-3
ヤクゾー　藥藏　1751-1
ヤクソーユボン藥草喩品　1751-1
ヤクドシ　厄年　1752-3
ヤクドージ　藥童子　1752-3
ヤクホー　約法　1753-1
ヤコシン　野狐身　1753-3
ヤコゼー　野狐精　1753-3
ヤサン　野山　1753-3
ヤサンダイシ　野山大師　1753-3
ヤシヤ　耶舍　1754-2
ヤシヤ　夜叉　1754-1
ヤシヤキチシヤ夜叉吉蔗　242-2
ヤシヤクツタ　耶舍崛多　1754-3
ヤシヤセツハンゲ夜叉說半偈　1754-1
ヤシヤハチダイシヨー夜叉八
大將　1754-1
ヤシヤホー　夜叉方　1754-3
ヤシヤラセツ　夜叉羅刹　1754-3
ヤシユダ　耶輸陀　1754-3
ヤシユダラ　耶輸陀羅1779-1-25
1754-3
ヤジユヒダ　冶受皮陀　1755-1
ヤジユン　耶旬 1181-2-4, 1755-1
ヤソー　野葬　1753-3
ヤタクニリユー野澤二流　1755-1
ヤチヨービク　夜長比丘　2755-1
ヤツブサノジユズ八房數珠　1755-1
ヤツメワラジ　八目鞋　1755-1
ヤニヤダツタ　耶若達多　1755-1
ヤバンソー　野盤僧　1755-1
ヤブ　野巫　1755-1
ヤマ　夜摩　1755-1
ヤマゴモリ　山籠　1755-2
ヤマシナデラ　山階寺　1755-2
ヤマシナレンショキ山科連署
記　1755-2
ヤマダホーシ　山田法師　1755-2
ヤマニヤマ　夜摩尼夜摩　842-3
ヤマノザス　山座主　1755-2
ヤマノネンブツ山の念佛　1755-3
ヤマノホーシ　山の法師　1755-3
ヤマブシ　山伏　1755-3
ヤマブシニリユー山伏二流　1755-3
ヤロク　野鹿　1756-1

〔ユ〕

ユ　喩　1756-1
ユイ　唯　1763-1
ユイイチシンドー唯一神道　1763-1
ユイウイチジヨーホー唯有一
乘法　1763-1
ユイウンムガシン唯蘊無我心
928-1-47, 163-2
ユイエブツ　維衛佛　1767-2
ユイオツ　維越　1767-3
ユイカイ　遺誡　1763-2
ユイガンムギヨー唯願無行　1763-3
ユイキヨー　遺經　1763-2
ユイキヨー　遺敎　1763-3
ユイギヨー　遺形　1763-3
ユイキヨーギヨー遺敎經　1763-3
ユイキヨームシキ唯境無識　1763-2
ユイクジキ　維口食　1763-3
ユイクン　遺訓　1763-3
ユイケ　遺化　1763-3
ユイシキ　唯色　1764-1
ユイシキ　唯識　1764-1

ユイシキエ　唯識會　1766-1
ユイシキエンギョー唯識圓敎　614-1-16, 1766-1
ユイシキエンピ唯識演秘　1764-2
ユイシキカン　唯識觀　613-1-20　1764-3
ユイシキギウン唯識義蘊　1764-2
ユイシキギショー唯識義章　1764-2
ユイシキケ　唯識家　1765-1
ユイシキサンガノショ唯識三箇疏　1765-1
ユイシキサンジューロンジュ唯識三十論頌　1765-1
ユイシキサンショーカン唯識三性觀　1765-1
ユイシキサンゼ唯識三世　641-1-15　1765-3
ユイシキシュー唯識宗　1600-2-3　1765-1
ユイシキジユツキ唯識述記　1765-1
ユイシキシユドーゴイ唯識修道五位　578-1
ユイシキショー唯識章　1765-1
ユイシキショヘン唯識所變　1765-1
ユイシキシンチョー唯識心定　1765-1
ユイシキシンニョ唯識眞如　879-3-21
ユイシキスヨー唯識樞要　1765-2
ユイシキチュードー唯識中道　1765-2
ユイシキドーガクショー唯識同學鈔　1765-2
ユイシキドーロン唯識導論　1765-2
ユイシキホーシ唯識法師　1765-3
ユイシキムキョー唯識無境　1765-3
ユイシキモン　唯識門　835-2-19
ユイシキロン　唯識論　1765-3
ユイシヤク　遺跡　1766-1
ユイシン　唯心　1766-1
ユイシンゲ　唯心偈　1766-1
ユイシンショー唯信鈔　1766-2
ユイシンジン　唯眞心　883-1-22
ユイシンノジョード唯心淨土　1766-1
ユイテー　遺弟　1765-2
ユイバチユー　維婆蟲　1766-3
ユイブツヨブツ唯佛與佛　1766-3
ユイホー　遺法　1766-3
ユイマ　維摩　1766-3
ユイマエ　維摩會　1767-2
ユイマキツ　維摩詰　1767-1
ユイマキツキョー維摩詰經　1767-1
ユイマキツショセツキョー維摩詰所說經　1767-1
ユイマキョー　維摩經　1767-1
ユイマキョークョー維摩經供養　1767-1
ユイマキョージューユ維摩經十喩　1476-3
ユイマラキツ　維摩羅詰　1767-1
ヨイマラダ　維摩羅達　1767-1
ユイモーシシ　唯妄心　883-1-23
ユイヤリ　維耶離　1767-2
ユエ　喩依　1757-2
ユエン　山延　1757-2
ユーオンモーゾー幽隱妄想　572-3-20
ユガ　瑜伽　1757-2
ユガアジヤリ　瑜伽阿闍梨　1757-3
ユーカイ　宥快　44-3
ユガガ　瑜伽我　1757-3
ユガキョー　瑜伽敎　1757-3
ユガギョー　瑜伽經　1757-3
ユガコンマ　瑜伽羯磨　1758-1
ユガザ　瑜伽座　1758-1
ユガサンミツ　瑜伽三密　1758-1
ユガシ　瑜伽師　1758-1
ユガシヂロン　瑜伽師地論　566-1-19, 1758-2
ユガシユー　瑜伽宗　1758-3
ユガジョージユ瑜伽成就　1758-3
ユガジョージョー瑜伽上乘　1758-3
ユガゾー　瑜伽像　1758-1
ユガダイキョーオー瑜伽大敎王　1758-2
ユガミツシユー瑜伽密宗　1758-2
ユガユイシキ　瑜伽唯識　1758-3
ユガユギキョー瑜伽瑜祇經　1758-3
ユガリンショー瑜伽稟承　1626-1-14
ユガロン　瑜伽論　1759-1
ユガロンシヤク瑜伽論釋　1759-1
ユカン　湯灌　1759-2
ユギ　瑜祇　1759-1
ユーギ　幽儀　1756-1
ユギカンヂョー瑜祇灌頂　1759-1
ユギキョー　瑜祇經　1759-2
ユキダルマ　雪達磨　1759-1
ユギトー　瑜祇塔　1759-2
ユキボテー　雪布袋　1759-1
ヨキボトケ　雪佛　1759-1
ユギョー　遊行　1759-2
ユギョーキョー遊行經　1759-2
ユギョーショーニン遊行上人　1759-2
ユギョーハ　遊行派　1759-2
ユーグンオー　勇郡王　411-3-25
ユーゲ　遊化　1756-1
ユーゲカンオン遊戲觀音　1756-1
ユーゲジンヅー遊戲神通　1756-1
ユケン　由乾　1759-2
ユーケン　勇健　929-3-21
ユケンダラ　瑜乾馱羅　1759-3
ユゴ　喩語　732-1-15
ユーコク　幽谷　639-3-25
ユーコクーテン遊虛空天　1756-2
ユコン　瑜金　1759-3
ユーザ　夕座　1760-3
ユサン　遊山　1759-3
ユーサンセケンジツシン融三世間十身　1558-1, 1756-2
ユーサンセケンノジューブツ融三間十佛　1756-2
ユーシ　幽旨　1756-2
ユーシキ　融識　1756-2
ユーシクキョー遊四衢經　1756-2
ユシヤ　踰闍　1759-3
ユシヤナ　踰闍那　1759-3
ユジヤナユードー踰遮那講堂　1760-1
ユージユ　憂受　541-3-2
ユシユク　油粥　207-1-1
ユシユツ　涌出　1759-3
ユシユツホン　涌出品　1760-1
ユジユン　由旬　1760-1
ユーシンホツカイ遊心法界　1756-2
ユセン　涌泉　1760-2
ユゼンナ　踰繕那　1760-2
ユーソク　有職　50-1
ユーゾーヂゴク遊增地獄　1756-2
ユタイ　喩體　1760-2
ユーダイ　用大　645-3-30, 1756-3
ユーヅ　幽途　50-1
ユーヅー　融通　1756-3
ユーヅーエンモンショー融通圓門章　1757-1
ユーヅートータ融通陶汰　1756-3
ユーヅーネンブツ融通念佛　1756-3
ユーヅーネンブツシユー融通念佛宗　1756-3
ユーヅーモーゾー融通妄想　572-3-13
ユーニザン　熊耳山　1757-2
ユーニョカタク猶如火宅　1760-2
ユーニョジョースイ猶如淨水　1760-2
ユハツ　油融　1760-2
ユビ　指　1760-3
ユーミョー　幽冥　50-1
ユーミョーショージン勇猛精進　929-2-4, 1757-2
ユメ　夢　1760-3
ユーメツ　用滅　1757-2
ユヤゴンゲン　熊野權現　1762-3
ユレー　庾嶺　1762-3
ユーレー　幽靈　50-1, 1757-2
ユーレー　熊嶺　1757-2

〔ヨ〕

ヨーアン　永安　1748-2
ヨイ　夜居　1771-3
ヨウン　餘蘊　1767-3
ヨーエカンノン葉衣觀音　134-1
ヨーエキョー　要慧經　131-1
ヨーエン　陽炎　904-3-17, 1748-2
ヨカ　與果　1770-3
ヨーカ　瑤花　130-2
ヨーカ　永嘉　1748-3
ヨーガイ　葉蓋　134-2
ヨカワ　橫川　1767-3
ヨカワソーヅ　橫川僧都　1768-1
ヨカワダイソージョー橫川大僧正　1768-1
ヨカワノチユードー橫川の中堂　1768-1
ヨカワノニョホードー橫川の如法堂　1768-1
ヨカワノホーゴ橫川法語　1768-1
ヨガンイン　與願印　1770-3
ヨカンシ　餘甘子　1768-1
ヨガンシユ　與願手　1770-3
ヨーギ　楊岐　1748-3
ヨキタ　欲吃多　1768-1
ヨーギョー　要行　130-1
ヨク　欲　735-1-17, 1768-1
ヨクアイ　欲愛　1768-2
ヨクアイシンバク欲愛身縛　752-3-27
ヨクアイヂユーヂ欲愛住地　553-1-6, 743-2-23, 1768-2
ヨクウ　欲有　1768-2
ヨクカ　欲河　1768-2
ヨクカ　欲火　1769-1
ヨクカイ　欲海　1768-2
ヨクカイ　欲界　607-2-17, 1768-2
ヨクカイクホンノワク欲界九品惑　1768-3
ヨクカイケ　繫界繫　1768-3
ヨクカイヂョー欲界定　1768-3
ヨクカイノサンヨク欲界三欲　1768-3
ヨクカイノショグーデン欲界の諸宮殿　1768-3
ヨクカク　欲覺　1768-3
ヨクク　欲苦　1768-3
ヨクク　欲鼓　1769-1
ヨクケ　欲氣　1769-1
ヨクコー　欲鈎　1769-1
ヨクコンゴー　欲金剛　558-2-12　1769-1
ヨクザン　欲塹　1769-2
ヨクシ　欲刺　1769-2
ヨクシキニカイ欲色二界　1769-2
ヨクシツ　浴室　1769-2
ヨクジヤギョー欲邪行　1769-3
ヨクシユ　欲取　709-2-16, 1769-2
ヨクシユ　欲主　1769-3
ヨクショー　欲焦　1769-3
ヨクショー　欲性　1769-2
ヨクショー　浴聖　1769-2
ヨクシン　欲心　1769-3
ヨクセン　欲船　1769-3
ヨクゼン　欲染　1769-3
ヨクゼン　欲箭　1769-3
ヨクソー　欲想　1769-1
ヨクゾー　浴像　1769-1
ヨクゾーギキ　浴像儀軌　1769-1
ヨクチ　浴池　1769-3
ヨクヂユー　浴頭　1770-1
ヨクヂン　欲塵　1770-1
ヨクテン　欲天　1770-1
ヨクテンノゴイン欲天五婬　1770-2
ヨクトー　浴頭　1770-1
ヨクニョイソク欲如意足　1770-1
ヨクバク　欲縛　1770-1
ヨクブツ　浴佛　1770-1
ヨクブツエ　浴佛會　1770-2
ヨクホー　欲法　1770-2
ヨクボル欲暴流　1633-2-27, 1770-2
ヨクマ　欲魔　1770-2
ヨクムゲン　欲無減　1679-1-17　1770-2
ヨクユ　浴油　1770-3
ヨクヨーキョー抑揚敎　537 2-16
ヨクラク　欲樂　1770-3
ヨクル　欲流　858-3-18, 1770-3
ヨクロ　欲漏　859-1-3, 1770-3　1817-1-2
ヨーゲ　要偈　136-2
ヨケツ　餘結　1771-1
ヨーケン　影堅　1749-1
ヨーゲン　影現　1749-1
ヨゴー　譽號　1768-1
ヨーゴ　影護　1749-1
ヨーコー　影向　1748-3
ヨーコー　陽光　1749-1
ヨーコー　永劫　1749-1
ヨーコーシユ　影向衆　709-1-19
ヨーゴン　要言　130-2
ヨーシ　要旨　130-2
ヨージ　楊枝　1749-2
ヨシダリユー　吉田流　1763-1-28
ヨシミヅ　吉水　1771-1
ヨーシヤ　羊車　1749-1
ヨーシヤク　羊石　1749-2
ヨシユー　豫修　1771-1
ヨシユー　餘宗　1771-1
ヨシユー　餘執　1771-1
ヨシユー　餘習　1771-1
ヨーシユ　葉種　918-2-9
ヨーシユク　曜宿　130-2
ヨージユツ　要術　130-3
ヨジョー　餘乘　1771-1
ヨーショー　永生　1749-1
ヨーショー　影勝　1749-2
ヨージョー　葉上　134-2
ヨージョー　羊乘　1749-2
ヨージョーソージョー葉上僧正　134-2
ヨージョーリユー葉上流　134-2
ヨーシン　要津　130-2
ヨージン　用心　1767-3
ヨーセン　腰線　130-3
ヨーソー　羊僧　1749-2
ヨーゾー　影草　1749-1
ヨーゾー　影像　1749-1
ヨダツ　與奪　1771-1
ヨーツー　妖通　534-2-17
ヨツノクルマ　四車　1771-2
ヨツノチマタ　四巷　1771-2
ヨードー　要道　130-3
ヨードーシン　嬰童心　918-3-2
ヨードームイシン嬰童無畏心　1749-3
ヨーニギョー　嬰兒行　1749-3
ヨネン　餘念　1771-2
ヨーハク　腰白　130-3
ヨーヒンコンマ永擯羯磨　507-1-5
ヨーフゲンギョーイ永不現行位　130-3
ヨマ　餘間　1771-2
ヨミゴク　預彌國　1771-2
ヨミヂ　黃泉　1771-2

ヨーミヨー 要妙 130-3
ヨーメー 永明 1749-3
ヨーモン 要門 130-3
ヨーモーヂン 羊毛塵 1749-3
ヨーモン 要文 131-1
ヨーヤ 永夜 1749-3
ヨーヨー 揚葉 1748-2
ヨヨク 與欲 1771-2
ヨーラク 瓔珞 131-1, 1749-3
ヨーラクキヨー 瓔珞經 1750-1
ヨーラクコンマ 瓔珞羯磨 1750-1
ヨーラクシユク 瓔珞粥 1750-1
ヨリキフシヨー 與力不障 1771-2
ヨリマシ 魅女 31-1-8, 1771-3
ヨリユー 餘流 1771-2
ヨーリユーカンノン 揚柳觀音 1750-1
ヨル 預流 1090-3-29
ヨルカ 預流果 1771-3
ヨルコー 預流向 1771-3
ヨーロ 要路 131-1
ヨーロクゴシヤ 羊鹿牛車 1750-1
ヨーワス 養和子 1750-1

〔ラ〕

ライ 雷 1772-1
ライオー 來應 1772-2
ライカ 來果 1773-1
ライキヨー 禮敬 1773-1
ライゴー 來迎 1772-2
ライゴーイン 來迎印 1772-2
ライゴーインジヨーノガン 來迎引接願 1772-3
ライゴーサンゾン 來迎三尊 1772-3
ライゴーフライゴー 來迎不來迎 1772-3
ライゴーミダ 來迎彌陀 1773-1
ライサン 禮懺 1773-1
ライサン 禮讃 1773-1
ライシヨー 來生 1773-1
ライセ 來世 1773-1
ライゾーモクロク 麗藏目錄 1773-1
ライタ 賴吒 1773-1
ライタワラ 湄吒啝羅 1773-1
ライハイ 禮拜 1773-2
ライハイシヨーギヨー 禮拜正行 531-2-23, 1773-2
ライハイゾーギヨー 禮拜雜行 1773-2
ライハイモン 禮拜門 1773-2
ライバン 禮盤 1773-2
ライヤ 賴耶 1773-3
ライヨケノフ 雷除符 1772-2
ラウン 羅雲 1774-3
ラエ 蘿衣 1774-3
ラエツ 羅閱 1774-3
ラエツギ 羅閱祇 1774-3
ラオツ 羅越 1789-1
ラガ 羅誐 1775-1
ラカシヤミ 羅迦沙彌 1775-1
ラカセツ 剌竭印 1774-3
ラカン 羅漢 1775-1
ラカング 羅漢供 1776-1
ラカンコー 羅漢講 1776-1
ラカンビク 羅漢比丘 1776-2
ラキシヤ 羅乞叉 1776-2
ラギヨーゲドー 裸形外道 434-3-7, 1776-2
ラク 樂 1776-2
ラク 酪 1776-2
ラク 邏求 1776-2
ラクカ 落迦 1776-3
ラクカ 樂果 1777-1
ラクカサン 洛迦山 1776-3
ラクキヨー 酪經 1776-3
ラクギヨー 樂行 1776-3
ラクキヨークヨー 落慶供養 1777-1
ラクコン 樂根 1777-1
ラクシヤ 落叉 1777-1
ラクシヤ 落謝 1777-1
ラクシユ 樂修 1777-2
ラクジユ 樂受 541-3-7, 637-2-30, 1777-2
ラクシヨク 落飾 1777-2
ラクス 絡子 1777-2
ラクセツ 樂說 1777-2
ラクゼン 落染 1777-2
ラクソー 落草 1777-1
ラクダザ 駱駝坐 1777-2
ラクダセン 駱駝山 1777-2
ラクヂヤク 樂著 1777-3
ラクド 樂土 1777-3
ラクハツセンエ 落髮染衣 1777-3
ラクハラミツ 樂波羅蜜 1777-3
ラクヘンゲテン 樂變化天 1777-3
ラクホー 樂邦 1777-3
ラクホーモンルイ 樂邦文類 1777-3
ラクミ 酪味 573-1-23, 1778-1
ラクラ 羅吼羅 1778-1
ラケー 螺溪 1778-1
ラケー 螺髻 1778-1
ラケーセンニン 螺髻仙人 1778-1
ラケーボン 螺髻梵 1778-1
ラケーボンシ 螺髻梵志 1778-1
ラケーボンノー 螺髻梵王 1778-1
ラゴ 羅睺 1778-2
ラコク 羅縠 1778-2
ラゴラ 羅睺羅 922-3-12, 1778-3
ラゴラタ 羅睺羅多 1779-2
ラサイ 羅齋 1779-3
ラジ 羅字 1779-3
ラジサンギ 羅字三義 1779-3
ラシテー 剌瑟胝 1779-3
ラジモン 羅字門 1779-3
ラシヤ 羅差 1779-3
ラジヤ 羅惹 1779-3
ラセー 羅逝 1780-1
ラセツ 羅刹 1780-1
ラセツキ 羅刹鬼 225-2-27
ラセツコク 羅刹國 1780-2
ラセツシ 羅刹私 1780-2
ラセツシン 羅刹心 1830-2-23
ラセツテン 羅刹天 935-3-8
ラセツニチ 羅刹日 1780-3
ラセツニヨ 羅刹女 1780-3
ラセツラ 羅刹羅 1780-3
ラタナ 囉怛娜 1780-3
ラダナ 羅陀那 1780-3
ラタナケト 羅怛曩計度 1780-3
ラタナシキンケーブツ 羅怛那尸緊鷄佛 1780-3
ラダナシツタ 羅陀那質多 1781-1
ラトカ 邏都迦 1781-1
ラナ 剌那 1781-1
ラナシキ 剌那尸棄 1781-1
ラニカ 羅爾迦 1781-1
ラバナ 囉嚩拏 1781-1
ラビナ 羅被那 1781-2
ラビタ 囉尾多 1781-2
ラホツ 螺髮 1781-3
ラマ 羅摩 1781-3
ラマガ 羅摩伽 1781-3
ラモー 羅網 1781-3
ラモン 羅門 1781-3
ラヤ 賴耶 1781-3
ラヤエンギ 賴耶緣起 135-3-15, 1781-3
ラヤシキ 賴耶識 1782-1
ラヨ 羅預 1782-1
ラン 蘭 1782-1
ランウ 藍宇 1782-1
ランキク 蘭菊 1782-1
ランギヨー 亂行 1782-1
ランジ 覽字 1783-1
ランシツ 蘭室 1782-1
ランジツジヨーゴン 攬實成體 1782-2
ランジモン 覽字門 1782-2
ランジヤタイ 蘭奢待 1782-2
ランジユン 欄楯 1782-3
ランシヨー 卵生 1782-2
ランシン 亂心 1782-2
ランゼン 亂善 1782-3
ランソー 亂想 1782-1
ランソー 亂僧 178—3
ランダツ 爛脫 1782-3
ラントー 卵塔 1782-3
ランニヤ 蘭若 1783-1
ランバ 藍婆 1783-1
ランバキ 藍婆鬼 1783-1
ランビ 嵐毗 1783-1
ランビニ 嵐毗尼 1783-1
ランプー 藍風 1783-2

〔リ〕

リ 理 1783-2
リイチ 理一 1783-2
リエン 理圓 1869-1-14
リオツ 離越 1803-2
リカイ 理界 1783-3
リガイ 離蓋 1783-3
リカン 理觀 1784-3
リキ 力 1783-3
リキ 利喜 1783-3
リギ 離誼 1828-1-17
リキケンミヨーガン 離譏嫌名願 1784-1
リキシ 力士 1783-3
リキシガクジユユ 力士額珠喩 1785-1
リキシジヨー 力士城 1785-1
リキシシヨーチ 力士生地 1785-1
リキシヤ 力者 1785-1
リキシヤホーシ 力者法師 1784-2
リキシヨー 力生 1785-1
リキニヨゼ 力如是 933-1-22
リキハラミツ 力波羅蜜 1764-2
リキハラミツボサツ 力波羅蜜菩薩 1784-2
リキミヨーラクチ 離喜妙樂地 1784-2
リキムイ 力無畏 1784-2
リキムシヨイ 力無所畏 1784-2
リキヨー 理敎 1784-3
リギヨーシヨー 利行攝 720-3-21, 1784-2
リク 離垢 1784-2
リク 離苦 1784-2
リグ 理具 1784-3
リクゲン 離垢眼 1784-2
リグサンゼン 理具三千 1784-3
リグジヨーブツ 理具成佛 1784-3
リクセカイ 離垢世界 1784-2
リグソクシンジヨーブツ 理具即身成佛 1784-3
リクジ 離垢地 923-3-13, 1784-3
リクツ 理窟 1784-3
リケカ 離繫果 1784-3
リケゲドー 離繫外道 1785-1
リケシ 離繫子 1785-1
リケン 利劍 1535-2-25, 1785-1
リゲンゴ 離間語 1785-1
リコン 利根 1783-1
リゴンシンニヨ 離言眞如 879-3-2, 1785-1
リザイゼツゴン 理在絕言 1785-2
リサホー 離作法 1785-2
リサン 理懺 1785-2
リサンゴーノネンブツ 離三業念佛 1785-1
リシ 利使 1575-3
リジ 理事 1786-2
リジクミツ 理事俱密 1786-3
リジツ 理實 1786-3
リジムゲカン 理事無礙觀 612-3-23, 1786-3
リジムゲジユーモン 理事無礙十門 952-2
リジムゲホツカイ 理事無礙法界 648-3-26, 1786-3
リシヤ 離車 1785-3
リシヤシ 離車子 1786-1
リシヤビ 離車毘 1786-1
リシユエ 理趣會 1786-2
リシユキヨー 理趣經 1786-1
リシユザンマイ 理趣三昧 1786-1
リシユシヤク 理趣釋 1786-2
リシユジヨーガン 利衆生願 1786-2
リシユブン 理趣分 1786-2
リシユライサン 理趣禮懺 1786-2
リシヨー 理性 1786-1
リシヨー 理障 1786-1
リシヨー 離生 1786-1
リシヨー 理證 1786-2
リジヨー 理乘 1786-3
リシヨーキラクチ 利生喜樂地 1786-1
リジヨーサンゴーノネンブツ 一成三業念佛 1786-3
リシヨーシヨー 離生性 880-2-12, 1786-1
リシヨーバ 栗呫婆 1787-1
リジンザンマイ 理盡三昧 1786-3
リシンリド 理身理土 1786-2
リスイキヨー 離睡經 1786-3
リセン 理懺 1787-1
リゼン 理禪 1787-1
リゼン 理善 1787-1
リゼンフク 離染服 1787-1
リソー 離相 1785-1, 618-1-14
リソーカイ 離相戒 1785-1, 158-3-28
リソク 理即 1787-1, 1835-2-23
リソクブツ 理即佛 1089-3-23, 1787-1
リソーサンマイ 離相三昧 1785-2
リタ 利他 1787-2
リタイ 理體 1787-2
リタイサンボー 理體三寶 659-3-11
リタノイツシン 利他一心 1787-2
リタノサンシン 利他三心 1787-2
リチ 利智 1787-2
リチ 理智 1787-2
リチ 理致 1787-2
リチゴホー 理智五法 568-1
リチソーオー 理智相應 1787-3
リチムゲホツシン 理智無礙法身 1787-3
リチユーチ 離中知 1787-3
リチヨーイシユー 理長爲宗 1787-3
リチランギヨー 離擲亂行 908-2-10
リヂンフク 離塵服 1787-3
リツ 律 1787-3
リツエ 律衣 1788-1
リツカイ 律海 1788-1
リツギ 律儀 668-2-18, 1788-1
リツギカイ 律儀戒 1788-2
リツギダン 律儀斷 707-1-20
リツギムヒヨージキ 律儀無表色 1715-3-16
リツギヨー 律行 1877-2
リツコー 律講 1788-2
リツサン 律懺 1788-2

リツサン　立参　1788-2
リツシ　律師　1788-3
1858-2-2
リツシヤ　堅者　1788-3
リツシユー　律宗　1788-3
リツシユーサンケ律宗三家　1789-1
リツシユーリョーケ律宗兩家　1789-1
リツジョー　律乗　1789-1
リツショーアンコクロン立正
安國論　1789-1
リツショーシユー立性宗　871-3-22
リツゼン　律禪　1789-2
リツソー　律相　1788-2
リツゾー　律藏　620-1-10
674-1-10, 1788-3
リツダ　栗駄　1789-2
リツチ　立地　1789-2
リツドー　律幢　1789-2
リツノゴロン　律五論　1789-2
リツノサンダイブ律之三大部　1788-1
リツノニブ　律之二部　1788-1
リツハ　立破　1739-2
リツハ　律派　1789-2
リツポー　律法　1789-2
リトンシン　離貧心　1789-2
リニヘンフンベツシ離二邊分
別止　1789-2
リニユー　理入　1789-2
リニン　利人　1789-2
リバクダン　離縛斷　1789-3
リハタ　離波多　1789-3
リバタ　離婆多　1789-3
リヒミツ　理秘密　1789-3-20
リフイニョライ　離怖畏如來　1791-1
リブツ　理佛 1791-1, 1836-1-15
リブツショー　理佛性　1791-1
1556-2-14
リベン　利辯　732-3-30
リホー　理法　758-1-19
リホーアイ　離法愛　1791-2
リホツカイ　理法界　648-3-25
1592-1-29, 1791-2
リホツシン　理法身　1558-1-8
1605-2-23, 1605-3-17, 1791-2
リマンダラ　理曼陀羅　1791-2
リミ　離微　1791-2
リミツ　理密　1791-3
リモツ　利物　1791-3
リモン　梨門　1791-3
リモンロン　理門論　1791-3
リヤ　梨耶　1791-3
リヤク　利益　1797-1
リヤクエンタイキョー歴縁對
境　1797-1
リヤクカイ　略戒　1797-2
リヤクキョトーカン掠虚頭漢　1797-2
リヤクコー　歴劫　1797-2
リヤクコーウエ歴劫迂廻　1797-3
リヤクサンボー略三寶　1797-3
リヤクシユツキョー略出經　1797-3
リヤクネンジユホー略念誦法　1797-3
リヤクホツケキョー略法華經　1797-3
リヤクミョー　利益妙　1798-1
リヤクモンジン略問訊　1798-1
リヤクモンルイ略文類　1798-1
リユー　龍　197-3-21, 213-1-30
1798-1
リユイシキ　理唯識　536-1-12
リユーインキ　立印軌　1790-2
リユーインギキ立印儀軌　1790-2
リユーオー　龍王　1802-1
リユーカ　龍河　1798-2
リユーガイジ　龍蓋寺　1798-2
リユーガン　龍龕　1798-2
リユーキ　立軌　1790-2
リユーギ　堅義　1790-2
リユーキョー　立敎　1790-2
リユーキョーカイシユー立敎
開宗　1790-2
リユーグー　龍宮　1798-3
リユーグーショー龍宮鐘　201-3
リユーグン　龍軍　1798-3
リニーゲ　龍牙　1799-1
リユーゲ　龍華　1799-1
リユーゲエ　龍華會　1799-1
リユーゲサンネ龍華三會　1799-1
1799-2
リユーゲジユ　龍華樹　1799-1
リユーゲセンボー龍華懺法　1799-1
リユーコ　龍戸　1799-2
リユーコーオーブツ龍光王佛　1798-3
リユーコージ　龍興寺　1799-2
リユーコーノズイゾー龍光瑞
像　1012-1, 1798-3
リユーザ　龍座　1799-2
リユーサン　立参　1790-3
リユーシ　柳拔　1783-2
リユーシ　龍子　1799-3
リユーシヤ　堅者　1790-3
リユーシユ　龍鬚　1799-3
リユーシユ　龍珠　1799-2
リユージユ　龍樹　1800-1
リユージユシキョー龍樹四敎699-2
リユージユシユー龍樹宗　1800-3
リユーシユジョーブツ龍種上
佛　1742-1-1
リユーシユセン龍主仙　1800-1
リニーシユソン龍種尊　1800-1
リユージユハチイ立頌八意　980-3
リユーショー　龍章　1979-3
リユーショー　龍勝　1800-1
リユーシン　龍心　1830-1-15
リユージン　龍神　1800-3
リユージンサンネツ龍神三熱　1801-1
リユージンハチブ龍神八部　1001-1
リユースイカンヂョー流水灌
頂　1801-1
リユーセツ　立雪　1790-2
リユーセン　龍泉　1801-1
リユーゾー　立像　1790-3
リユーゾー　龍象　1799-2
リユーゾー　龍藏　1799-3
リユーゾーキョー龍象經　1799-3
リユーゾーシユ龍象衆　709-2-1
リユーソーシユソ立僧首座　829-2
1790-3
リユーソーヂユーシン立相住
心　1790-3
リユーソン　龍尊　1801-1
リユーソンオー龍尊王　1801-1
リユーチ　立地　1791-1
リユーチ　龍智　1801-2
リユーチク　龍畜　1801-2
リユーチヤク　堅敵　1791-1
リユーテン　龍天　1801-2
リユートー　龍湯　1801-1
リユーニョ 龍女 715-1-22, 1801-2
リユーニョノタマ龍女の珠 1116-2
リユーハ　立播　1791-1
リユーハ　立破　1791-1
リユーフンジンザンマイ龍奮
迅三昧　1801-3
リユーホー　立法　1791-1
リユーホー　龍方　1801-3
リユーホー　龍峯　1801-3
リユーミョー　龍猛　1802-1
リユーヨーギョーホーベン立
要巧方便　1790-2, 1825-2-3
リユーリョー　立量　1791-1
リヨー　量　1791-3
リョー　利養　1792-1
リョーイン　了因　1810-2
リョーインブツショー了因佛
性　630-1-12, 1810-3
リョーカ　兩河　1792-1
リョーカ　兩迦　1792-1
リョーカ　量果　1792-3
リョーカ　寮暇　1810-3
リョーガ　楞伽　1802-2
リョーガ　靈河　1792-2
リョーカイ　兩界 1792-2 1795-2-1
リョーカイ　靈界　1792-2
リョーカイ　兩价　1792-2
リョーカイシユージ兩界種子826-1
リョーカイマンダラ兩界曼陀
羅　1792-2
リョーカイリョーブノダイニ
チ兩界兩部大日　1792-3
リョーガキョー楞伽經　1802-3
リョーガキョーノシシン楞伽
經の四身　715-3-20
リョーガク　靈嶽　1792-3
リョーガクオー靈岳翁　1792-3
リョーガケンキ楞伽懸記　1802-3
リョーガセン　楞伽山　1802-3
リョーカンキョー兩卷經　1792-3
リョーギ　了義　1810-3
リョーギキョー了義經　1810-3
リョーギキョー了義敎　1810-3
リョーギトー　了義燈　1810-3
リョーキョー　了敎　1810-3
リヨク　離欲　1803-1
リョーク　兩垢　1792-3
リョーク　鈴供　1793-1
リョーグ　靈供　1793-1
リヨクタイ　離欲退　1803-1
リヨクテ 離欲地 1803-2, 923-2-20
リョークニョニョ兩垢如如　1792-3
リョーグフジョー兩倶不成　1793-1
632-2-9
リョーゲ　領解　1793-2
リョーゲモン　領解文　1793-2
リョーケン　料簡　1810-3
リョーゲン　寮元　1811-1
リョーケンシン兩肩神　1793-1
リョーゴー　兩業　1793-2
リョーコーシヤク兩向釋　1792-2
リョーコーセン梁皇懺　1792-3
リョーコツ　靈骨　1793-2
リョーゴン　兩權　1793-3
リョーゴンイン楞嚴院　1803-1
リョーゴンエ　楞嚴會　1803-1
リョーゴンキョー楞嚴經　1802-3
リョーゴンサンカン楞嚴三關612-1
リョーゴンサンマイ楞嚴三昧　1802-3
リョーゴンジユ楞嚴呪　1802-3
リョーゴンセンドク楞嚴先德　1802-3
リョーゴンダイシ楞嚴大師　1803-1
リョーゴントー楞嚴頭　1803-1
リョーゴンモング楞嚴文句　1803-1
リョーザイ　兩財　1793-3
リョーシ　兩翅　1793-3
リョーシ　獵師　1811-3
リョーシユ　寮主　1811-1
リョージユセン靈鷲山　1794-1
リョージョ　兩序　1794-1
リョーショーコン量莊嚴　771-2-17
リョーショサンショー兩所三
聖　1793-3
リョーショーロン梁攝論　543-2-11
1794-1
リョーズイゲ　靈瑞華　1794-1
リョーゼ　兩是　1794-2
リョーゼツ　兩舌　1794-2
リョーゼン　靈山　1794-2
リョーゼンエジョー靈山會上　1794-2
リョーゼンジョード靈山淨土　1794-2
リョーゼンハ　靈山派　1994-2
リョーソ　兩鼠　1794-2
リョーソクソン兩足尊　1794-2
リョーダイシ　兩大師　1799-2
リョータガンマン令他願滿910-1-9
リョータツ　了達　1811-1
リヨチシン　慮知心　144-3-26
リョーチョー　寮長　1811-1
リョーヂユーノージョ兩重能
所　350-3, 1794-3
リョーテンサンバイ兩展三拜　1794-3
リョーテンサンライ兩展三禮　1794-3
リョートー　量等　1794-3
リョートーシン量等身　1794-3
リョーニチ　良日　1795-1
リョーニユーヒミツ令入秘密
713-3-10
リョーニン良忍 1756-3-26, 1795-1
リョーノー　領納　1795-1
リョーバク　利養縛　1795-1
リョーバン　兩班　1795-1
リョーヒ　兩非　1795-1
リョービ　良賁　1795-1
リョーブ　兩部　1678-2, 1795-2
リョーフクデン　良福田　1795-1
リョーブケツカイ兩部結界　1796-2
リョーブジユホー兩部受法　78-1-5
リョーブシンドー兩部神道
1763-1, 1796-3
リョーブソータイ兩部相對　1796-1
リョーブダイキョー兩部大經　1796-3
リョーブフニ　兩部不二　1796-1
リョーブマンダラ兩部曼荼羅　1670-2
リョーブリョーシユー兩部兩宗501-3
リョーブン　靈分　1797-1
リョーベツキョーシキ了別境
識　653-1-7, 1811-1-1
リョーボ　靈簿　1797-1
リョーホークヂユーホー令法
久住法　1797-1
リョーホンザイ了本際　27-3-14
1811-1
リョーモクリョーソク兩目兩
足　1797-1
リョーロン　了論　1811-2
リラク　利樂　1803-2
リラクウジョー利樂有情　1803-2
リラクショージン利樂精進783-2-2
リリエンニユー理理圓融　1872-3-6
リロン　理論　1803-2
リワ　理和　1803-2
リワキョー　利和敎　1845-1-21
リワク　理惑　1803-2
リワツ　離曰　1803-2
リン　鈴　1803-3
リン　輪　1803-2
リンアカジキ　隣阿伽色　10-3
1803-3
リンイセン　輪圍山　1806-2
リンエン　隣圓　1806-2
リンエン　輪圓　1806-2
リンオー　輪王　1806-2
リンオーカ　輪王跏　1806-2
リンカ　輪火　1803-3
リンカク　麟角　1803-3
リンカン　淋汗　1803-3
リンカンロク　林間錄　1803-3
リンケ　輪華　1803-3
リンコ　隣虚　1803-3
リンゴク　隣極　1804-1
リンコヂン　隣虚塵　1803-3-24
リンゴンジヤク隣近釋　1804-1
リンサ　輪差 1804-1, 1804-2

リンサイ　輪際　1804-1
リンサイ　臨齋　1804-1
リンサイ　輪臍　1804-1
リンザイ　臨濟　1804-2
リンザイシユー臨濟宗　1804-3
リンザイシユージツパ臨濟宗十派　1804-3
リンジ　輪字　1805-1
リンジユー　臨終　1805-2
リンジユーゲンゼンガン臨終現前願　1805-2
リンジユーゴージョー臨終業成　1805-2
リンジユーショーネン臨終正念　1805-2
リンジユーメーショー臨終鳴鐘201-2
リンシン　輪身　1805-1
リンズイ　輪瑞　1805-2
リンソー　輪相　1804-1
リンソー　林葬　1804-2
リンゾー　輪藏　1804-3
リンソークジ　輪相閣　295-3
リンダ　輪華　1805-3
リンタリケ　輪多梨華　1805-3
リンタン　隣單　1805-3
リンダン　輪壇　1805-3
リンダン　臨壇　1805-3
リンチ　隣智　1805-3
リンチン　隣珍　1805-3
リンテツ　輪鐵　1805-3
リンデン　輪轉　1806-1
リントー　林藤　1805-2
リントー　輪橙　1805-3
リントー　輪塔　1805-3
リントー　輪燈　1806-1
リンネ　輪廻　1806-2
リンネングソク輪圓具足1669-2-29　1806-2
リンノーシチホー輪王七寶　741-2
リンノーノシリン輪王の四輪858-3
リンバン　輪番　1806-1
リンビ　林毘　1806-1
リンビニ　林毘尼　1806-1
リンペン　林變　1806-1
リンボー　林寶　1806-1
リンミニ　林微尼　1806-1
リンユ　麟喩　1806-2

〔ル〕

ルイギョー　累形　1808-3
ルイコー　累劫　1808-3
ルイコーラブツ樓夷亘羅佛　1806-3
ルイシチサイ　累七齋　1808-3
ルイショー　累障　1809-1
ルイダソンジヤ涙墮尊者　1809-1
ルイチ　類智 1188-3-15, 1809-1
ルガヤ　盧伽耶　1806-3
ルキヤ　樓佉　1806-3
ルシチョージヤ盧至長者　1806-3
ルシユツゲドー流出外道　435-1-4
ルシナ　盧脂那　1807-1
ルシブツ　盧至佛 412-1-1, 1807-1
ルシヤ　盧舍　1807-1
ルシヤ　流沙　1807-1
ルシヤ　盧遮　1807-2
ルシヤナ　流舍那　1807-2
ルショー　流槳　1807-2
ルシロクナ　留支勒那　1807-2
ルタ　勒陀　1807-2
ルタジユギョー留多壽行　1807-2
ルチユー　流注　1007-2
ルヅー　流通　1807-2
ルヅーノイチネン流通一念　1807-3
ルヅーブン　流通分　1807-3
ルデン　流轉　1807-3
ルデンゲンメツ流轉還滅　1807-3
ルデンサンガイチユー流轉三界中　1807-3
ルデンシンニョ流轉眞如 899-3-19　1807-3
ルテンモン　流轉門　1808-1
ルドラ　樓陀羅　1808-1
ルナ　留拏　1808-1
ルナン　留難　1808-1
ルビ　樓毗　1808-1
ルビニ　流毗尼　1808-1
ルミニ　流彌尼　1808-1
ルユ　樓由　1808-1
ルライ　流來　1808-1
ルライショージ流來生死 779-3-19　1808-1
ルリ　瑠璃　1808-1
ルリオー　瑠璃王　1808-3
ルリオーキョー瑠璃王經　1808-3
ルリカンノン　瑠璃觀音　1808-2
ルリタイシ　瑠璃太子　1808-3
ルリダン　瑠璃壇　1808-3
ルリツ　瑠栗　1808-3
ルレー　嘍黎　1808-3
ルロク　婁勒　1808-3

〔レ〕

レー　鈴　1809-1
レーイ　靈異　1809-1
レーウン　靈雲　1809-2
レーオー　靈應　1809-2
レーカク　靈覺　1809-2
レーカン　靈感　1809-2
レーガン　靈龕　1809-2
レーキ　靈鬼　1809-2
レーギ　靈儀　1809-2
レキネン　歴然　1811-2
レーク　靈供　1809-2
レーゲン　靈驗　1809-3
レーコー　靈光　1809-3
レーコー　例講　1809-3
レーコーヒヤクザ例講百座　1809-3
レーコン　靈魂　1809-3
レーシ　靈芝　1809-3
レーシ　靈祠　1809-3
レージ　例時　1810-1
レージサホー　例時作法　1810-1
レージセンボー例時懺法　1810-1
レーシヤ　鈴社　1809-3
レーシヤ　隷車　1809-3
レーショ　鈴杵　1809-3
レーショービ　黎帖毘　1810-1
レーショービク鈴聲比丘　1800-3
レーシン　靈神　1809-3
レーズイケ　靈瑞華　1810-1
レーセキ　隷籍　1810-2
レーゾー　靈像　1809-3
レータク　靈託　1810-2
レーヂョー　靈場　1810-2
レツオーショーシン劣應生身　1811-2
レツオーシン　劣應身　1811-2　1558-1-13
レツシチ　烈士池　1811-2
レツショー　裂裳　1811-2
レツセツ　列刹　1811-3
レツチ　劣智　1811-3
レードー　靈堂　1810-2
レーナンジチ　冷暖自知　1810-2
レーハイ　靈牌　1859-1-22
レービョー　靈廟　1810-2
レーボ　靈簿　1810-2
レーボサツ　鈴菩薩　1810-2
レーミョー　靈妙　1810-2
レーヤ　黎耶　1810-2
レンウ　蓮祐　1811-3
レンカ　蓮河　1811-3
レンガカンノン蓮臥觀音　1811-3
レンギョー　練行　1811-3
レングー　蓮宮　1811-3
レンゲ　蓮華　1811-3
レンゲ　蓮偈　1812-3
レンゲイン　蓮華印　1812-3
レンゲインニョ蓮華婬女　1812-3
レンゲエ　蓮華衣　1812-3
レンゲエ　蓮華會　1816-1
レンゲオー　蓮華王　1816-1
レンゲオーイン蓮華王院　1816-2
レンゲガツショー蓮華合掌　1812-3
レンゲカン　蓮華觀　1813-2
レンゲグンダリ蓮華軍荼利　1813-3
レンゲゲ　蓮華偈　1813-2
レンゲケン　蓮華拳　1813-2
レンゲゲン　蓮華眼　1813-2
レンゲゴ　蓮華語　1813-2
レンゲコク　蓮華國　1813-2
レンゲゴンオン蓮華言音　1813-2
レンゲザ　蓮華坐　1813-3
レンゲサンマイ蓮華三昧　1813-2
レンゲサンユ　蓮華三喩　1815-1　1812-1
レンゲシ　蓮華子　1814-1
レンゲシキニ　蓮華色尼　1814-1
レンゲシキニョ蓮華色女　1814-1
レンゲシユボサツ蓮華手菩薩　1814-1
レンゲシユモン蓮華手門　1814-1
レンゲショーエ蓮華勝會　1814-1
レンゲショカイラク離華初開樂　1814-1
レンゲシン　蓮華心　1814-2
レンゲゾーイン蓮華藏印　1814-1
レンゲゾーセカイ蓮華藏世界　1814-1
レンゲソン　蓮華尊　1814-2
レンゲダイ　蓮華臺　1814-2
レンゲダイイン蓮華臺印　1814-2
レンゲタイシ　蓮華太子　1814-2
レンゲタイゾー蓮華胎藏　1814-2
レンゲチ　蓮華智　1814-2
レンゲチヤク　蓮華鏵　1814-2
レンゲニョ　蓮華女　1814-2
レンゲネンジユ蓮華念誦　1815-1
レンゲブ　蓮華部 476-3-15, 1815-1
レンゲブギキ　蓮華部儀軌　1815-1
レンゲフク　蓮華服　1815-2
レンゲブサンマヤ蓮華部三昧耶　1815-2
レンゲブサンマヤイン蓮華部三昧耶印　942-2-10
レンゲブシンキ蓮華部心軌　1815-2
レンゲブヂョーイン蓮華部定印　1815-2
レンゲブツーホー蓮華部通法　1815-2
レンゲブニン　蓮華夫人　1815-2
レンゲホー　蓮華峯　1815-3
レンゲマンダラ蓮華曼陀羅　1816-1
レンゲモン　蓮華門　1816-1
レンゲリン　蓮華輪　1817-3
レンゲロ　蓮華漏　1816-1
レンゲン　蓮眼　1816-2
レンコン　練根　1816-3
レンザ　蓮座　1816-3
レンシ　蓮師　1816-3
レンシ　蓮子　1816-3
レンジ　輦寺　1817-1
レンシヤ　蓮社 1817-3, 1498-2-18
レンシユー　蓮宗　1816-3
レンシユーホーカン蓮宗寶鑑　1816-3
レンセツ　蓮刹　1817-1
レンゼン　練禪　1817-1
レンゾー　蓮藏　1816-3
レンゾク　連續　931-1-3
レンタイ　蓮胎　1817-1
レンダイ　蓮臺　1817-1
レンダイジ　蓮臺寺　181-71
レンダイソージョー蓮臺僧正　1817-1
レンダイノ　蓮臺野　1817-1
レンヂヤク　戀着　1817-2
レンニヤ　練若　1817-2
レンバイ　蓮貝　1817-2
レンポー　蓮邦　1817-2
レンマ　練磨　1817-2
レンモン　蓮門　1817-2
レンリ　蓮理　1817-3
レンロ　蓮漏　1817-3

〔ロ〕

ロ　漏　1817-3
ロー　朧　1781-2
ロアンキョー　驢鞍橋　1818-1
ロアンジヤ　廬行者　1818-1
ロイコーラブツ樓夷亘羅佛　1818-1
ローイン　蠟印　1781-2
ローエン　老猿　1773-3
ローオン　勞怨　1774-3
ロカ　路賀　1818-2
ロカ　路迦　1818-2
ロガ　路伽　1818-3
ロカイ　漏戒　1818-2
ロガギヤ　路伽祇夜　1818-3
ロカビ　路迦憊　1818-3
ロカヤ　路伽耶　1818-3
ロカヤチカ　路迦耶底迦　1818-3
ローカン　老關　1773-3
ロギョーゲドー露形外道　1819-1
ロクアクゾク　六惡賊　1819-1
ロクアミダ　六阿彌陀　1819-1
ロクイ　六夷　1819-1
ロクイ　六位　1845-2
ロクイン　六因 91-1, 1819-1
ロクインシエン六因四緣　91-3
ロクエ　六慧　1845-2
ロクオン　鹿苑　1845-2
ロクオンジ　鹿園寺　1845-2
ロクオンジ　鹿苑時　537-1-21　1845-2
ロクカイ　鹿戒　1819-3
ロクカイ　六界　1819-3
ロクカイジユ　六界聚　1819-3
ロクガツエ　六月會　1821-1
ロクガツシヤク六合釋　1820-1
ロクカン　六觀　1820-2
ロクカンジョー六卷鈔　1821-1
ロクカンノン　六觀音　1820-2
ロクカンボー六觀法 352-1, 1821-2
ロクキョー　六境　1820-1
ロクギョー　六行　1820-1
ロクギョーカン六行觀　1820-1
ロクク　六苦　1820-1
ロククギョー　六苦行　1820-2
ロククギョーゲドー六苦行外道　1820-2
ロククグ　六供具　1820-2
ロククホー　六垢法　1820-2
ロクグンビク　六群比丘　1821-1
ロクグンビクニ六群比丘尼　1821-2
ロクゲ　錄外　1821-3
ロクゲイチモー六解一亡　1821-3
ロクケツ　六結　1821-2

ロクケツヂョー 六決定 1821-3
ロクゲビヤクゾー 六牙白象 1821-3
ロクケン 六叡 1821-3
ロクケン 六堅 1821-3
ロクゲンカン 六現觀 442-3, 1822-1
ロクケンポー 六堅法 425-3
ロクゴー 六業 562-1, 1822-3
ロクコーニチ 六好日 1819-3
ロクコン 六根 474-2, 1822-1
ロクコンクドク 六根功德 1822-1
ロクコンゴユー 六根互用 1822-1
ロクコンザンゲ 六根懺悔 1822-2
ロクコンジキ 六根食 889-3
ロクコンジョー 六根淨 1822-3
ロクコンショージョー 六根清淨 1822-2
ロクコンショージョーイ 六根清淨位 1822-2
ロクサ 六作 1822-3
ロクサイ 六裁 1822-3
ロクサイニチ 六齋日 1822-3
ロクサイネンブツ 六齋念佛 1823-2
ロクジ 六字 1827-1
ロクジ 六時 1827-1
ロクシ 六師 1823-3
ロクシカオー 六師迦王 1824-1
ロクジカリンホー 六字河臨法 1827-1
ロクシキ 六識 688-3, 1824-1
ロクシキジユーミョー 六識十名 1824-1
ロクジグ 六字供 1827-2
ロクシユクギョーゲドー 六種苦行外道 434-1
ロクジゴマホー 六字護摩法 1827-2
ロクジザイオー 六自在王 1827-2
ロクジサン 六時懺 1827-2
ロクジサン 六時讃 1827-2
ロクジザンマイ 六時三昧 1827-2
ロクジシヤ 六侍者 895-1, 1827-2
ロクジショークジユ 六字章句咒 1827-2
ロクジショークダラニ 六字章句陀羅尼 1827-2
ロクジジョージユ 六事成就 1828-1
ロクジダラニ 六字陀羅尼 1828-2
ロクシチノーヘンゲ 六七能遍計 1824-1
ロクジツカン 六十卷 1828-2
ロクジドー 六時堂 1828-2
ロクジフダン 六時不斷 1833-1
ロクジホー 六字法 1833-1
ロクジミドツキョー 六字御讀經 1833-1
ロクジノミョーニー 六字名號 1833-2
ロクジノミョーゴーイツペンホー 六字名號一遍法 1833-2
ロクジモンジユ 六字文殊 1833-2
ロクジモンジユホー 六字文殊法 1743-3
ロクシモドー 鹿子毋堂 1824-1
ロクシヤ 鹿車 1824-1
ロクシヤ 勒叉 1824-2
ロクシヤバ 勒娑婆 1824-2
ロクシユ 六趣 1824-2
ロクシユ 六衆 1824-3
ロクジユ 六聚 1480-1
ロクジユ 六受 1834-1
ロクシユー 六舟 1824-1
ロクシユー 六宗 818-1, 1825-1
ロクシユアラカン 六種阿羅漢 1825-1
ロクシユイン 六種因 1825-1
ロクシユイン 六種印 1824-3
ロクシユエコー 六種廻向 1826-3
ロクジユカイ 六聚界 1834-1
ロクシユカン 六種觀 1825-1
ロクシユギョーホーベン 六種巧方便 1825-1
ロクシユクグ 六種供具 289-1, 1825-1
ロクシユクショーワク 六種俱生惑 1825-1
ロクシユクヨー 六種供養 314-1, 1825-1
ロクシユケツヂョー 六種決定 1825-1
ロクシユゲンゲンカン 六種還源觀 443-2
ロクシユゴマ 六種護摩 570-1, 1825-2
ロクジユザイ 六聚罪 1834-1
ロクシユサンボー 六種三寶 659-3
ロクシユサンラン 六種散亂 1825-2
ロクシユジキ 六種食 889-3
ロクジユーシゲン 六十四眼 1828-3
ロクジユーシショ 六十四書 1828-3
ロクジユーシボンオン 六十四梵音 1829-2
ロクシユシヤク 六種釋 1825-3
ロクシユジユキ 六種授記 982-2
ロクシユショー 六種性 824-3, 1825-2
ロクシユジョー 六衆生 1824-3
ロクシユショーギョー 六種正行 1825-3
ロクジユーシン 六十心 1829-3
ロクシユシンドー 六種震動 1825-3
ロクシユソク 六種即 1826-1
ロクシユヂユー 六種住 1826-1
ロクシユヂョーブク 六種調伏 1826-2
ロクジユツ 六術 1834-1
ロクシユドーソー 六種動相 1826-2
ロクジユーニケン 六十二見 408-1, 1831-1
ロクジユーニシユウジョー 六十二種有情 1832-3
ロクジユーハチダイセン 六十八大仙 1037-3
ロクシユビキ 六首引 1826-3
ロクシユフゲン 六種不還 1519-1
ロクジユホー 六受法 989-3
ロクシユラカン 六種羅漢 1775-2, 1826-3
ロクシユリキ 六種力 1826-3
ロクジユーロクブ 六十六部 1833-1
ロクショ 六處 1826-3
ロクジョー 六情 1833-2
ロクショージ 六勝寺 1826-3
ロクジョージユ 六成就 1833-3
ロクジョーブ 六城部 1834-1
ロクショーユ 六生喩 1824-2
ロクジライサン 六時禮讃 1834-2
ロクシン 六身 1826-3
ロクシン 六親 1826-3
ロクシン 六震 1826-3
ロクジンヅー 六神通 1834-2
ロクスイ 六衰 1834-2
ロクズイ 六瑞 1834-2
ロクスイタイ 漉水袋 1834-2
ロクスイノー 漉水囊 1834-2
ロクズイメン 六隨眠 1014-2, 1834-3
ロクセン 鹿仙 1834-3
ロクゼン 六箭 1834-3
ロクゼンシン 六染心 1834-3
ロクソ 六祖 1762-3-30, 1835-1, 1866-1-5
ロクソ 六 1835-1
ロクソー 六相 591-1 1823-2
ロクソーイチエン 六窓一猿 1835-2
ロクソーエンニユー 六相圓融 1823-3
1872-3
ロクソク 六即 1835-2
ロクゾク 六賊 1836-2
ロクソクオー 鹿足王 1836-2
ロクソクコンゴー 六足金剛 548-2-16
ロクソクソン 六足尊 222-1-9, 1836-1
ロクソクブツ 六即佛 1836-1
ロクソクロン 六足論 1836-2
ロクタイ 六體 1836-2
ロクタイ 六諦 1836-3
ロクダイ 六大 1122-3, 1605-2-12, 1836-3
ロクダイカン 六大觀 1837-2
ロクダイコク 六大黑 1133-3
ロクダイシマンサンミツ 六大四曼三密 1670-2-18
ロクダイジン 六大神 1837-2
ロクダイゾク 六大賊 1837-3
ロクダイタイダイ 六大體大 1837-3
ロクダイノーショー 六大能生 1837-2
ロクダイホツショー 六大法性 1837-3
ロクダイボンノー 六大煩惱 1638-2
ロクダイムゲ 六大無礙 1837-3
ロクチ 六智 1838-1
ロクチク 六畜 1838-1
ロクヂゾー 六地藏 1838-2
ロクヂヤク 六著 1838-2
ロクヂヤクシン 六著心 1838-2
ロクヂユー 六住 1838-2
ロクヂョーハ 六條派 1839-1
ロクヂョーボンシ 鹿杖梵志 1838-2
ロクヂン 六塵 1838-2
ロクヂンセツホー 六塵說法 1838-3
ロクドー 六通 1838-3
ロクテン 六天 1838-3
ロクテンエ 六轉依 1839-1
ロクド 六度 314-1-29, 1839-1
ロクダウ 六道 1837-2
ロクドカホー 六度果報 1839-2
ロクドキョー 六度經 1839-2
ロクトク 六德 1839-1
ロクドーコー 六道講 1848-1
ロクドーコーシキ 六道講式 1838-1
ロクドーシショー 六道四聖 1838-1
ロクドーシショー 六道四生 1838-1
ロクドージユーイ 六同十異 1839-2
ロクドセツイ 六度說意 1839-1
ロクドーセン 六道錢 1838-1
ロクドソーマン 六度相滿 675-2-23
ロクドノーゲノボサツ 六度能化の菩薩 1838-1
ロクドーノブツボサツ 六道の佛菩薩 1838-1
ロクトーバ 六塔婆 1836-3
ロクトーヒガン 六到彼岸 1836-3
ロクトービク 鹿頭比丘 1839-1
ロクドヒユ 六度譬喩 1839-2
ロクトーボンシ 鹿頭梵志 1839-1
ロクドマンソー 六度滿相 1839-2
ロタドムゴク 六度無極 1839-2
ロクナイ 錄內 1839-3
ロクナサンゾー 勒那三藏 1839-3
ロクナシキ 勒那識祇 1839-3
ロクナバツダイ 勒那跋提 1839-3
ロクナン 六難 1839-3
ロクニユー 六入 1839-3
ロクニヨ 六如 1840-1
ロクニヨブニン 鹿女夫人 1830-1
ロクニン 六忍 1840-1
ロクネン 六念 1840-1
ロクネンクギョー 六年苦行 1840-2
ロクネンジョ 六念處 1840-3
ロクネンホー 六念法 1840-3
ロクハ 六波 1840-3
ロクハチグゼー 六八弘誓 1840-3
ロクハチチョーセノホンガン 六八超世本願 1840-3
ロクハラミツ 六波羅蜜 1431-1, 1841-1
ロクハラミツジ 六波羅蜜寺 1841-1, 289-3
ロクハンジンソク 六般神足 1841-1
ロクヒ 六譬 1841-1
ロクヒエ 鹿皮衣 1841-2
ロクビダ 六皮陀 1856-3
ロクブ 六部 1841-2
ロクフギン 六諷經 1510-1, 1841-2
ロクブダイジョーキョー 六部大乘經 1841-2
ロクブテンドク 六部轉讀 1841-2
ロクブンアビドン 六分阿比曇 1841-2
ロクヘー 六敝 1841-2
ロクヘーシン 六敝心 1841-3
ロクホー 六炮 1840-3
ロクホー 六法 1841-3
ロクホーカイ 六法戒 1841-3
ロクホーゴガン 六法五願 1841-3
ロクボサツ 鹿菩薩 1841-3
ロクボサツ 六菩薩 1842-1
ロクボン 六凡 1842-1
ロクボンノー 六煩惱 1842-1
ロクマンゾー 六萬藏 1842-1
ロクマンノサイギョー 六萬齋行 1842-1
ロクミ 六味 1842-1
ロクミョーギョー 六妙行 1842-2
ロクミョーホーモン 六妙法門 1842-2
ロクミョーモン 六妙門 1731-3, 1842-2
ロクムイ 六無畏 1722-1, 1842-2
ロクムイ 六無爲 1843-1
ロクムゲン 六無減 1697-1
ロクメ 六罵 1942-3
ロクメンソン 六面尊 222-1-, 1842-2
ロクモー 六妄 1842-1
ロクモキョー 鹿母經 1832-2
ロクモコードー 鹿毋講堂 1842-2
ロクモツ 六物 1842-3
ロクモツヅ 六物圖 1842-3
ロクモドー 鹿毋堂 1342-3
ロクモブニン 鹿毋夫人 1842-3
ロクヤ 鹿野 1779-1-2
ロクヤ 鹿野 1843-1
ロクヤオン 鹿野園 1843-1
ロクユ 六喩 1843-2
ロクユハンニヤ 六喩般若 1843-3
ロクヨク 六欲 1768-2, 1843-3
ロクヨクシゼン 六欲四禪 1844-1
ロクヨクテン 六欲天 1843-3
ロクラカン 六羅漢 1844-1
ロクリガツシヤク 六離合釋 1844-1
ロクリキ 六力 1844-3, 1783-3
ロクリョー 六量 1792-1
ロクリン 六輪 1844-3
ロクローソー 六老僧 1844-1
ロクロン 六論 1845-1
ロクワ 六和 1845-1
ロクワキョー 六和敬 1845-1
ロケタ 盧醯多 1845-3
ロケタカ 盧醯多迦 1845-3
ローケツ 勞結 1773-3
ローケン 勞謙 1773-3
ロゴ 露牛 1845-3
ロコー 爐甲 1818-3
ロゴー 漏業 562-1-2
ローコスイ 老古錐 1773-3
ロゴニニユー 驢牛二乳 1845-3
ロザンエ 廬山衣 1845-3

ローザンソー 籠山僧 1818-1
ロザンリユー 廬山流 1846-1
ローシ 樓至 1845-3
ロージ 臘次 1781-2
ローシシ 老死支 1773-3
ロシツ 漏質 1846-1
ロシヤ 露遮 1846-1
ローシヤクセン狼跡山 1773-3
ロシヤナ 盧遮那 1846-1
ローシユク 老宿 1773-3
ローショーフヂョー老少不定 1774-1
ロジン 漏盡 1846-1
ロジンアラカン漏盡阿羅漢 1846-1
ロジンイゲ 漏盡意解 1846-1
ロシンセンニン驢骨仙人 1846-1
ロジンチ 漏盡智 1846-1
ロジンチショーツー漏盡智證通 1846-2
ロジンチショーミョー漏盡智證明 1846-2
ロジンチツーガン漏盡智通願 1846-2
ロジンチリキ 漏盡智力 1846-2
ロジンヅー 漏盡通 1846-2
ロジンビク 漏盡比丘 1846-2
ロジンミョー 漏盡明 665-2-23, 1846-2
ロジンムイ 漏盡無畏 1846-2
ロジンムショイ漏盡無所畏 762-1-19, 1722-1-10, 1846-2
ロジンリキ 漏盡力 1846-2
ロスイノー 漏水嚢 1846-2
ローセン 老山 721-1-27
ロゼンバゴ 驢前馬後 1846-2
ローソー 老僧 1774-1
ローソーコ 老臊胡 1773-3
ローソーゴロモ羅暠衣 1818-2
ロタ 嚕多 1864-3
ロタラ 魯達羅 1846-3
ロダン 爐壇 1846-3
ロータン 樓炭 1818-2
ロチ 鷺池 1846-3
ロヂ 露地 1846-3
ロヂザ 露地坐 1847-1
ロヂノネンブツ路地念佛 1847-1
ロヂノビヤクギユー露地白牛 1847-1
ロチユー 露柱 1846-3
ロツク 六垢 276-2
ロツクー 六空 277-3, 299-3
ロツクギ句六義 1820-2, 1864-3-29
ロツクショー 六句生 436-1-16
ロツポー 六方 1840-3
ロツポーゴネン六方護念 1840-3
ロツポーショーミョー六方證明 1840-3
ロツポーライ 六方禮 1840-3
ロートー 郎當 1774-1
ロートー 老倒 1774-1
ロートーカクダ籠頭角馱 1818-2
ロードシヤ 勞度差 1774-1
ロドードー 露堂堂 1846-3
ロナラ 嚕捺羅 1847-1
ローニヤク 老若 1774-1
ロニユー 驢乳 1847-1
ロネン 驢年 1847-1
ローノー 老納 1774-1
ローバ 老婆 1774-1
ロバク 漏縛 1847-2
ローバク 臘縛 1781-2
ローバゼン 老婆禪 1774-2
ローハチ 臘八 1774-1
ロハン 驢鞍 1847-1
ロービョー 臘餅 1781-3
ローフカヒ 老不可避 741-3-19
ロブツ 露佛 1847-2
ローブツ 臘佛 1781-3
ロブンフキョー漏分布經 1847-2
ロマン 露幔 1847-2
ロマンゲドー 髏鬘外道 1847-2
ロムロ 漏無漏 1847-2
ロメー 露命 1847-2
ローモキョー 老母經 1774-2
ローヤ 瑯瑘 1774-2
ローヤサンガ 瑯瑘山河 1774-2
ロヨージンムショイ漏永盡無所畏 1818-2
ロヨーダルマ 蘆葉達磨 1818-2
ロラ 濾羅 1847-2
ローライツイ 老檑槌 1774-2
ロラバヂゴク 嚕羅婆地獄 1847-2
ローリョ 勞侶 1774-2
ロリヨーノベーカ廬陵米價 1847-2
ローロー 牢籠 1774-2
ロン 論 1847-3
ロンギ 論議 1847-3
ロンギキョー 論議經 1848-1
ロンク 論鼓 1848-1
ロンケ 論家 1848-1
ロンゲ 論偈 1848-1
ロンシ 論師 1848-1
ロンジユ 論主 1848-2
ロンシユー 論宗 1848-1
ロンショ 論疏 1848-2
ロンショー 論床 1848-1
ロンショー 論匠 1848-1
ロンゾー 論藏 620-1-8, 620-1-12, 1848-1
ロンヂユー 論註 1848-2
ロンチョー 論場 1848-2
ロンブ 論部 1848-2
ロンユー 論用 441-3-14
ロンリキゲドー論力外道 1848-2

〔ワ〕

ワイラヲンオツシヤ和夷羅洹閱叉 1848-2
ワエ 和會 1854-3
ワガタツソマ 我立杣 1851-3
ワギシヤ 和伎者 1852-1
ワキジョク 脇卓 1851-3
ワキダン 脇壇 1851-3
ワキモンゼキ 脇門跡 1851-3
ワキョー 和敬 1852-1
ワク 惑1 548-3-23, 1852-1
ワクキョー 和休經 1852-1
ワクゴーク 惑業苦 1852-1
ワクシユ 惑趣 1852-1
ワクショー 惑障 1852-1
ワクゼン 惑染 1852-1
ワクソーオーナンク或遭王難苦 1852-1
ワクタイソーエ惑體相依1701-3-30
ワクヂヤク 惑著 1852-2
ワクトク 惑得 1852-2
ワクニン 惑人 1852-2
ワクムミョー 惑無明 1717-2-9
ワケ 汚家 1852-3
ワゲサ 輪袈裟 389-1, 1852-3
ワゲン 和顏 1853-1
ワコー 和光 1852-2
ワゴー 和合 436-1-21
ワゴーカイ 和合海 1851-3
ワゴーシユ 和合衆 1851-3
ワゴージンブン和合神分1002-2-12
ワゴーソー 和合僧 1851-3
ワゴーチ 和合智 1188-3-2
ワコードーヂン和光同塵 1852-2
ワゴトーロク 和語燈錄 1853-1
ワザイ 話在 1853-2
ワサン 和讃 1853-1
ワシノミネ 鷲峯 1853-2
ワシノミヤマ 鷲御山 1853-2
ワシヤ 和社 1853-2
ワジヤ 和闍 1853-3
ワジヤリ 和闍梨 1854-1
ワシユ 和衆 1853-2
ワシユキツ 和須吉 1853-2
ワシユミツ 和須蜜 1853-3
ワシユミツタ 和須蜜多 1853-3
ワジユン 和順 1855-1
ワジョー 和尙 1853-3
ワゼン 汚染 1854-1
ワソー 和僧 1854-1
ワソク 話則 1854-1
ワダ 話墮 1854-2
ワタリガハ 渡川 1854-2
ワトーコーアン話頭公案 1854-2
ワドーシヤモン汚道沙門 1854-2
ワトーリョーボン和唐兩本 523-2
ワナ 話欄 1854-2
ワナ 和南 1854-2
ワラナ 和羅那 1854-2
ワラボン 和羅飯 1854-3
ワリンビク 和輪比丘 1854-3
ワンコー 腕香 1854-3
ワンシ 宏智 1854-3
ワントー 剜燈 1854-3
ワンパイ 還拜 1854-3
ワンレー 還禮 1854-3

畫引索引

畫引索引

〔一　畫〕

一　56-2
一一心識　689-2-7
一九之生　60-1
一九之數　60-1
一人　80-1
一人當千　80-1
一人不成二世願我墮虚妄罪過中不還本覺捨大悲　80-1
一刀三禮　79-2
一大宅　77-2
一大劫　77-1
一大事　77-1
一大事因緣　77-2　1140-3-19
一大三千世界　77-1
一三昧　68-1
一千一體佛　75-1
一千二百功德　75-3
一千七百則公案　453-2
一山　68-1, 80-2-8
一弓　58-3
一小劫　74-2
一丈六像　79-1
一叉鳩王　69-2
一子出家七世父母成佛道　68-2
一切　62-3
一切法　66-3
一切地　710-1-18
一切性　710-1-17
一切時　710-1-18
一切俱　710-1-19
一切智　64-3, 648-1-6　1188-1-17, 1188-1-12　1331-3-18
一切經　63-2
一切處　64-1
一切衆生　482-2-27
一切如來　65-2
一切法通　1232-2-16
一切功德　63-3
一切世間　64-2
一切有爲　63-2
一切有部　63-2
一切有情　63-1
一切智相　65-1
一切智藏　64-3
一切智人　64-3
一切智智　65-1
一切智眼　524-2-28
一切智經　65-2
一切智船　65-1
一切智者　64-3
一切智地　65-1
一切智忍　65-2, 1363-3-2
一切智句　65-2
一切智心　65-1
一切佛會　66-2
一切義成　63-2
一切經谷　63-3
一切經會　63-3
一切萬物　67-1
一切萬法　67-1
一切諸佛　64-1
一切種智　64-1, 648-1-9　1331-3-19, 1188-1-13　1188-1-18, 1187-3-5
一切種識　64-1
一切一心識　689-2-7　63-1, 2689-2-2
一切人中尊　66-2
一切法依果　915-1-18
一切如來定　65-3
一切如來寶　65-2
一切皆空宗　63-2　818-2-21
一切眞言心　64-2
一切眞言主　64-2
一切智慧者　65-2
一切佛心印　66-2
一切普門身　66-2
一切無障礙　62-3
一切諸行苦　758-3-29
一切經供養　63-2
一切遍智印　66-3
一切經音義　63-3
一切如來依果　915-1-22
一切如來智印　65-3
一切法生界印　67-1
一切法高王經　66-3
一切法義王經　66-3
一切智無所畏　65-2　762-1-17, 1722-1-8
一切佛頂輪王　66-2
一切菩薩眞言　67-1
一切諸行無常　758-3-28
一切諸行無我　758-3-30
一切種妙三昧　64-1
一切法界自身表　66-3
一切世間最上辯　733-1-7
一切無上覺者句　67-1
一切無障法印明　67-1
一切男女我父母　1542-2
一切智六師外道　433-3-29
一切流攝守因經　67-1
一切經五千餘卷　63-3
一切如來必定印　66-1
一切如來所生印明　65-3
一切如來金剛誓誡　65-3
一切如來眼色如明照三摩地　65-3
一切如來寶冠三界法王灌頂　66-1
一切如來諸法本性清淨蓮華三昧　66-1
一切如來普賢摩訶菩提薩埵三昧耶　66-1
一切如來摩訶菩提金剛堅牢不空最勝成就種種事業三昧　66-2
一切如來入三昧耶徧一切無能障碍力無等三昧力明妃　66-1
一切諸佛所護念經　64-1
一切諸佛秘藏之法　64-2
一切世間難信之法　64-2
一切法界決定智印　66-3
一切世尊最尊特身　64-2
一切所求滿足莊嚴　771-3-10
一切衆生悉有佛性　64-1
一切善惡凡夫得生者　63-1
一切佛世依悲生願印　66-2
一切經阿彌陀佛偈文　63-3
一切處無不相應眞言　64-2
一切諸佛不思議之義　868-3-24
一切世界讃嘆諸佛莊嚴　771-3-27
一切義成就菩薩成佛儀相　798-3
一切有情殺害三界不墮惡趣　63-1
一切賢聖皆以無爲法而有差別　63-1
一切智光明仙人慈心因緣不食肉經　65-2
一切虚空極微塵數出生金剛威德大寶三昧　64-1
一切業障海皆從妄想生若欲懺悔者端坐念實相　63-1
一心　69-3
一心義　70-3
一心の迷　70-1
一心三觀　625-2-7, 70-3
一心不亂　70-1
一心正念　69-3
一心合掌　69-3
一心戒文　70-2
一心念佛　70-1
一心頂禮　70-2
一心專念　70-1
一心敬禮　70-2
一心稱名　70-1
一心歸命　69-3
一心眞見道　420-2
一心金剛寶戒　70-1
一心稱名二句偈　70-3
一心欲見佛不自惜身命　70-1
一化　61-1
一化五味之敎　61-1
一分家　83-3
一分菩薩　83-3
一中　78-1
一中劫　78-2
一中一切中　78-2
一月　60-2
一月三身　60-2
一月三舟　60-2
一月不降百水不升　60-2
一日　79-3
一日佛　79-3
一日經　79-3
一日齋　79-3
一日三時　79-3
一日一夜に八億四千の念　79-3
一毛端　85-1
一文不知　85-2
一水四見　74-2
一代　76-3
一代敎　76-3
一代半滿敎　77-1
一代五時佛法　76-3
一代一度仁王會　1369-2
一生果遂　68-3
一生不犯　69-1
一生補處　69-1
一生の惡身　69-2
一生入妙覺　69-2
一生所繫菩薩　69-1
一生補處菩薩最勝大三昧耶像　69-1
一句　59-2
一句投火　59-3
一句有門　695-1-16
一句偈の熏修　59-3
一句道盡無剩語　59-3
一句染神歷劫不朽　59-3
一由旬　85-2
一由繕那　85-3
一四天下　68-3
一四句偈　68-2
一目　85-1
一目多伽　85-1
一以　56-2
一白三羯磨　82-2
一字　70-3
一字業　71-3, 1822-3-7
一字禪　71-1
一字經　72-1
一字一石　72-1
一字三禮　71-2
一字不說　71-1
一字一石塔　72-1-17
一字文殊法　1743-2
一字布身德　73-1
一字金輪法　71-2
一字輪王咒　71-3
一字頂輪王經　72-1
一字佛頂眞言　71-3
一字佛頂輪王經　21-2
一字五反孔雀經　77-3
一字金輪佛頂法　71-3
一百八　82-1
一百一十城　81-1
一百由旬內　82-2
一百一十知識　82-1
一百八尊契印　82-2
一百八名梵讃　82-2
一百八十五龍王　1802-1
一百三十六地獄　1217-1
一百五十讃佛頌　82-1
一百八名陀羅尼經　82-1
一百八尊法身契印　82-1
一百八臂金剛藏王　82-1
一向　57-3
一向宗　58-1
一向記　58-1
一向一揆　58-2
一向爲他恩　905-1-15
一向求菩提　57-3
一向出生菩薩經　58-1
一向專念無量壽佛　57-3
一印　56-3
一印會　56-3
一印二明　56-3
一印頓成　56-3
一色　68-2
一色一香の花　68-2
一色一香無非中道　68-2
一行　59-1, 59-2　1782-3-18
一行三昧　59-1
一行流罪　59-2
一行一切行　59-2
一光三尊　60-1
一光三尊佛印相　60-1
一成　73-1
一成一切成　73-1
一地　78-1
一地所生一雨所潤　57-1, 78-1
一多相容不同門　76-3　245-2-23, 451-1-30　451-2-5
一如　80-1
一如頓證　80-1
一如觀音　80-1
一休　58-3
一因　56-3
一州　68-1
一妄　84-2
一合相　58-3
一回忌　60-1
一那由多　79-3
一念　80-2
一念十念　80-2
一念三千　81-1
一念不生　81-2
一念業成　81-3
一念萬年　81-3

一

一　畫

一

一念隨喜 81-1
一念の佛念 80-3
一念喜愛心 80-3
一念相應慧 81-2
一念多念證文 81-3
一念多念の諍 81-3
一念義多念義 80-2
一念發起菩提心 80-3
一念不生前後際斷 81-2
一念不生即名爲佛 81-2
一念五百生繫念無量劫 81-1
一念阿彌陀佛即滅無量罪 81-1
一念一時遍至佛會利益群生莊嚴 771-3-26
一念信解の功德は五波羅蜜の行にも越ゆ 80-3
一佛 82-3
一佛土 83-1
一佛敎 83-2
一佛乘 83-2
一佛世界 83-1
一佛多佛 83-2, 1551-3
一佛成道 82-3
一佛乘敎 700-1-3
一佛淨土 83-2
一佛蓮臺 83-1
一佛乘の峯 83-2
一佛三菩提 83-1
一佛眞門の臺 83-1
一佛菩提之臺 83-1
一佛成道觀見法界草木國土悉皆成佛 82-3
一即十 75-3
一即三 75-3
一即六 76-1
一即多 76-1-3
一即多多即一 76-1
一見 61-2
一見於女人 61-3
一見阿字五逆消滅眞言得果即身成佛 61-3
一見率都婆永離三惡道何況造立者必生安樂國 61-2
一花 60-3
一花開者天下皆春 60-3
一花開五葉結果自然成 60-3
一言 62-3
一言駟馬 62-3
一身 1557-3
一身阿闍梨 21-1
一形 59-2
一刧 62-2
一吹 74-2
一肘 78-1
一坐食 890-1-3, 1237-3-22
一禿乘 79-2
一角仙人 58-1
一位一切位 86-2
一里劫萬里劫 469-1
一の阿闍梨 21-1
一法 83-3
一法界 80-1-12, 84-1
一法身 84-1
一法印 83-3
一法句 83-3, 84-1
一法界心 84-1
一法若有 83-3
一味 84-2
一味蘊 84-3
一味禪 84-3
一味の雨 84-2
一味瀉瓶 84-3
一刹 74-3
一刹那 74-3
一盲 84-2
一盲引衆盲 84-2
一門 85-1
一門普門 85-2
一空 60-1
一空一切空 60-1
一周忌 68-2
一周關 68-2
一來果 85-3
一來向 85-3
一明 84-3
一定 78-3
一雨 57-1
一往 86-2
一宗 69-2
一東 79-2
一炷 78-3
一卷經 60-2
一枝ノ花 68-3
一放一收 81-3
一陀羅尼 77-3
一河の流 58-3
一和尙位 86-2
一性五性異 1317-3-19
一兒二山王 78-2
一枚起請文 84-2
一到彌陀安養國 76-2
一相 67-1
一相智 67-2
一相一味 67-2
一相三昧 67-2
一相法門 67-2
一相無相 67-2
一持 78-3
一持生生加護 78-3
一持秘密咒生生而加護奉仕修行者猶如薄伽梵 78-3
一面 85-1
一面器 85-1
一撈 68-1
一撈撈倒了 68-1
一品 84-1
一品經 84-1
一音 57-2
一音敎 57-3
一段食 889-2-30
一界 57-3
一食 72-1
一城 73-1
一衲 79-2
一洛叉 85-3
一恒 62-2
一恒河沙 62-2
一乘 73-2, 542-1-9, 1328-2-13, 1731-1-4
一乘法 73-2
一乘院 74-2
一乘經 73-3
一乘の珠 74-1, 1116-2
一乘の機 74-1
一乘一味 74-1
一乘三寶 659-3-25
一乘八講 74-1
一乘分敎 699-3-24
一乘寺祭 74-2
一乘要決 74-2
一乘妙典 74-1
一乘圓宗 73-3
一乘菩提 74-1
一乘讀誦 74-1
一乘讀讃 74-1
一乘滿敎 699-3-26
一乘の妙文 74-1, 1731-3
一乘の法門 73-3
一乘顯性敎 74-2, 523-1-5
一乘三乘異 1317-3-16
一乘究竟敎 73-3
一乘止觀院 74-2
一乘弘宣の時 73-3
一乘圓融の珠 74-1
一乘圓融の嶺 74-2
一乘妙法の首題 74-1
一乘醍醐の法花の妙文 74-1
一夏 61-3
一夏の花 61-3
一夏九旬 62-1
一草 67-1
一草一木各一因果 67-2
一拳 61-2
一拳五指 61-2
一家 60-3
一家衆 60-2
一息 75-3
一根 62-2
一峰 83-3
一翁 86-3
一流 85-3
一隻眼 74-3
一浮漚 82-3
一殺多生 74-3
一致勝劣二派 1333-2
一眞 70-2
一眞如 879-2
一眞地 70-2
一眞法界 70-2, 1605-2-2
一眞無爲 70-3
一連 86-2
一異 56-2
一寂 73-2
一偈 62-1
一途 79-1
一麥 85-1
一廁 84-2
一脫 77-3
一假 60-3
一理 85-3
一唾 76-3
一眼之龜 62-1, 205-2
一蛇首尾 1571-1
一理隨緣 85-3
一假一切假 60-3
一莊嚴三昧 68-3
一唾消世界火 76-3
一道 77-2, 77-3
一道法門 77-3
一道無爲心 77-2
一道無爲一乘佛性 77-3
一圓 86-3
一圓相 86-3
一業 62-2
一業所感 62-2
一源 62-1
一源七派 62-1
一搩手 78-2
一搩手半 78-3
一萬僧會 84-2
一萬八千人 84-2
一著 78-2
一會 86-3
一遍 83-3
一滅 85-1
一鉢 81-3
一解脫 62-1
一微塵 84-3
一葉觀音 57-2
一經其耳 59-1
一間 61-3
一間聖者 1518-2
一喝 58-2
一喝商量 58-2
一惑 86-2
一極 62-2
一雅 61-3
一超 79-1
一箏 79-2
一絲 68-1
一虛 62-1
一期 62-2
一尋 74-2
一棒 84-2
一路 86-2
一訶子 58-1
一揣食 76-3, 890-1-8, 1237-3-24, 1238-1-19
一無礙道 85-1
一階僧正 57-3
一筆三禮 81-3
一雲所雨の喩 57-1
一智 1187-3
一塵 79-1
一塵法界 79-1
一塵內有大千經卷 79-1
一境 59-1
一境四心 59-1
一聞 85-2
一聞我名惡病除愈乃至速證無上菩提 85-2
一漚 86-3
一蓋 58-2
一端 76-3
一際 62-3
一寧 80-2
一說部 75-1
一障者 68-3
一箇半箇 62-1
一團心識 78-1
一實 72-3, 72-1
一實相 72-1
一實乘 72-1
一實觀 72-1
一實圓頓 72-2
一實圓乘 72-2
一實神道 73-1, 1796-3-20
一實相印 72-1
一實の圓宗 72-2
一實無相 72-2
一實境界 72-2
一實無相の開顯 77-2
一實慈悲求子不得中止一城伺窮子之儀父子相見後初脫瓔珞之衣 77-3
一髻 61-1
一髻文殊 61-2, 1743-1
一髻羅刹女 61-1
一髻羅刹法 61-1
一髻尊陀羅尼經 61-2
一髻羅刹王菩薩 61-1
一蓮 86-1
一蓮托生 86-2
一蓮之實 86-1
一增 76-1
一增一減 76-1
一餕 61-2
一慮 86-1
一輩 58-3
一慶 59-1
一箭道 75-3
一燈 79-2
一樹 73-2
一樹の下 73-2
一緣 57-2
一機 58-3

一諦 76-2
一藹 85-3
一盧舍 86-1
一壇構 78-1
一翳 57-2
一翳在眼空華亂墜 57-2
一縷一觸 86-1
一聲稱念罪皆除 69-1
一鎚 79-1
一鎚便成 79-1
一斷 77-3
一斷一切斷 77-3
一瞻 75-1
一瞻一禮諸神祇正受蛇身五百度現世福報更不來後生必墮三惡道 75-1
一蟣 58-3
一藏 674-1
一轉語 79-2
一舉萬里 62-2
一識 688-1
一識外道 68-2
一類 86-1
一類往生 86-1
一轍 79-2
一臘縛 85-3
一顚迦 79-2
一願建立 60-3
一闡提 75-1
一闡提枚 75-2
一闡底迦 75-3
一寶 83-3
一覺 58-1
一體 76-2
一體三寶 659-3-6
一體速疾力三昧 76-2
一麟 86-1
乙訓寺 150-1
乙護法 150-2
乙護童子 150-2

〔二 畫〕

二八 1337-2
二九韻 1309-3
二九五部 1310-1
二二合緣 1336-1
二七曼荼羅 1316-2
二十天 1324-3
二十空 1322-2
二十部 1326-1
二十智 1189-2
二十一寺 1322-2
二十二門 1325-1, 1325-2
二十二品 1325-1
二十二根 1325-1, 474-2
二十七宿 1324-2
二十八天 1325-3
二十八生 1325-2
二十八有 1325-2
二十八見 1325-2
二十八祖 1325-2
二十八宿 1325-2, 775-3
二十八講 1325-2
二十四戒 158-2
二十四麭 1324-2
二十四流 1324-3
二十四翟 1324-2
二十五有 1322-3, 99-2
二十五部 1323-3
二十五神 1322-3
二十五條 1323-2
二十五諦 842-2
二十五點 1323-2
二十九有 99-2, 1322-2
二十五諦 1323-1
二十唯識 1326-1
二十億耳 1322-2
二十犍度 1322-3, 424-1
二十二無減 1697-1
二十五大寺 1323-1
二十五方便 1323-2
二十五圓通 1324-1
二十五菩薩 1323-3
二十七賢聖 417-2
二十八部衆 1325-3
二十八宿經 1325-2
二十八輕戒 1325-2, 158-2
二十八大藥叉 1325-3
二十唯識論 1326-1
二十種外道 437-3
二十種喩法 1477-1
二十種の我見 1831-2-18
二十唯識論疏 1326-1
二十唯識順釋論 1326-1
二十種護摩法 572-3
二十四不相應法 1324-2
二十四周減行 1324-2
二十五種清淨定輪 1322-3
二十五壇別尊法 1323-2
二十九種莊嚴 1322-3, 771-2
二入 1336-2, 1337-3
二力 1360-2, 1783-3
二人倶犯 1337-2
二六 1361-1
二六之願 1361-1
二六之緣 1361-1
二六之難行 1361-1
二六時中 1361-1
二天 1334-3
二天三仙 433-2, 1334-3
二三 1316-1
二凡 1342-1
二女 1337-1
二土 1335-2, 1335-3
二世 1328-3
二世間 1328-3
二世尊 1328-3
二心 1321-3, 1322-1
二王 1361-1
二木 1343-2
二月懺 1311-2
二月堂 1311-2
二分家 1341-2
二出 1320-1
二犯 1342-1
二加 1308-1
二如 1336-3, 1337-1
二如來 1356-1
二如來藏 1337-1, 1357-3
二字 1322-1
二字文殊 1326-2
二足 1329-2
二足尊 1329-2
二死 1316-1
二行 1309-2
二門 1343-2
二光 1311-1
二因 91-1, 1307-2
二印 1307-2
二衣 128-1, 1308-1
二色身 1316-2
二吉羅 1309-1
二百五十戒 158-2, 1337-2
二我 1308-3
二我見 1308-3
二我執 1308-3
二佛身 1341-1
二佛性 1556-2
二佛中間 1341-1
二佛並坐 1341-1
二身 1321-2, 1322-1, 1557-3
二妙 1343-1
二求 1311-2
二忍 1337-1, 1362-3
二戒 1308-2
二利 1360-2
二序 1326-3
二往 1361-1
二見 407-3, 1313-2
二形難 808-1-5
二空 277-3, 980-3, 1309-2
二空觀 1310-1
二受 1326-2
二受業 1326-3
二法 1341-3
二法身 1342-1, 1605-2
二法執 1341-3
二宗 817-3, 1317-3, 1318-1
二宗釋題 1122-3
二美 1342-1
二河 1308-1
二和 1361-1
二柱 1333-1
二明 1342-2
二乳 1336-3
二始 1316-1
二花 1423-3
二果 1310-3
二卷鈔 1311-2
二河白道 1308-3
二河譬喩 1308-3
二事非行 1322-2
二食 1322-2
二持 1334-2
二相 1315-1
二苦 275-3
二耶舍 1754-2-26
二苾芻 1465-2
二廻向四願 1362-2
二指淨 1448-1-22
二指淨法 1448-1-9
二重曼荼羅 1670-3
二根 1314-2
二根交會五塵成大佛事 1314-2
二脇 1313-2
二脇士 1313-2
二祖 1329-2
二祖忌 1329-2
二祖斷臂 1329-3
二祖三佛忌 1329-2
二乘 542-1-11, 1326-3
二乘性 531-1-30
二乘境 907-3-16
二乘成佛 1327-2
二乘作佛 1328-2
二乘法界 1593-1-27
二乘異同 1327-1
二乘但空智如螢火 1328-2
二流 1360-3
二現 1314-1
二悟 1314-3
二時 1322-1
二師 1316-1
二益 1345-1
二修 1317-2
二間供 1531-1
二間夜居 1531-2
二間御本尊 1531-1
二般若 1437-3
二涅槃 1337-2
二鬼爭屍 150-3
二倶犯過 1310-3
二假 371-1
二衆 1317-2
二鳥 1334-2
二執 1316-2
二密 1342-1
二貧 1337-2
二教 1311-3, 1312-3
二眞如 879-2, 1322-1
二教論 1313-2
二部五部 1341-1
二部戒本 170-3
二宿因力 1319-1
二處三會 1321-2
二會 1362-1
二會八講 1362-1
二尊 1329-3
二尊一致 1329-3
二尊二教 1329-3
二善 1329-1
二善三福 1329-1
二無知 1343-1
二無我 1342-3
二無記 1342-3, 1693-3
二無常 1342-3
二無我智 1342-3
二智 1331-2, 1561-3, 1187-3
二智圓滿 1334-2
二報 1341-3
二答 1330-2
二超 1334-3
二惑 1361-3
二愚 1311-2
二惡 1307-2
二業 1315-1, 1314-3, 561-2
二量 1791-3
二童子 1538-2
二勝果 845-2
二聖 1317-2
二滅 1343-2
二罪 1316-1
二傳 1335-1
二煩惱 1342-1-, 1638-1
二義 1309-1
二愛 1307-2
二領 1360-2
二圓 1362-2
二頓 1335-2
二道 1330-2, -3
二詮 1328-3
二解脫 437-2, 1314-1
二經體 1309-1
二萬燈明佛 1342-1
二種子 1319-2
二種字 886-2
二種戒 1319-1
二種色 1320-3
二種信 861-1
二種性 826-2, 1319-1
二種戒 158-2
二種死 1320-2
二種常 1320-3
二種病 1321-1
二種序 995-2
二種食 889-1
二種愛 2-2
二種偈 428-3
二種施 1320-3
二種聖 1319-1
二種僧 1071-1
二種論 1847-3
二種證 1319-2
二種識 1320-3
二種薰 1320-3

二　畫

二種一乘　1318-3
二種三心　1320-2
二種比丘　1321-1
二種心相　1319-2
二種方便　1391-3
二種布施　1527-3
二種立題　1122-2
二種世間　1320-1
二種因果　1320-2
二種出家　832-3
二種生死　779-1, 1319-2
二種本尊　1622-3
二種本覺　1618-2
二種白法　1498-2
二種加持　195-2
二種如來　1356-1
二種色身　692-3
二種行相　269-2
二種光明　325-1
二種自在　893-1, 1320-1
二種我見　1320-2
二種忍辱　1320-1
二種佛土　1563-3
二種佛境　1321-1
二種邪見　1320-3
二種廻向　1861-1
二種供養　313-3, 1319-1
二種法性　1602-2
二種法身　1321-1
二種信心　1319-2
二種廻向　1321-1
二種舍利　813-2
二種淸淨　1319-2
二種神力　1003-3
二種福田　1321-1
二種常住　969-3
二種授記　981-3
二種涅槃　1371-3
二種深信　1320-1
二種結界　396-3
二種寂靜　977-3, 1320-3
二種精進　782-3
二種資糧　858-1, 1319-2
二種莊嚴　771-2, 1319-2
二種僧物　1079-1
二種領解　1793-2
二種無知　1321-1
二種菩薩　1321-1, 1626-3
二種輪身　1321-1
二種遠離　1321-1
二種尊特　1320-1
二種獨覺　1321-1
二種灌頂　347-2
二種聲聞　772-3
二種壽命　990-1
二種尊特　1093-2
二種闡提　1320-3
二種薰習　1319-1
二種羅漢　1321-1, 1775-1
二種羯磨　507-1, 1319-1
二種菩提心　1631-2
二種菩薩身　1626-3
二種の一闡提　75-2
二種超越三昧　1320-1
二福　1338-1
二福田　1513-3
二語　1314-3
二際　1315-1
二漏　1361-1
二壽行　1326-2
二德　1335-2
二諦　1096-3
二諦觀　1330-2
二諦三諦異　1318-3-17
二障　764-2, 1316-3
二縛　1337-2, 1444-3
二學　1308-3
二鼠　1329-2
二輪　1360-3
二緣　1308-1
二藏　1316-1
二輪身　1360-3
二增菩薩　1329-3
二禪　722-3-13, 1329-1
二禪天　723-1-22, 1329-2
二檀　1183-2
二翼　1349-2
二餘　1347-1
二應身　1308-1
二藏　674-1
二離　1360-2
二轉　1334-3
二斷　1331-2
二轉依　1334-2
二歸戒　1308-3
二雙四重　1315-2
二類各生　1360-3
二類種子　825-3
二證　1321-2
二難化　1336-1
二邊　1341-2-3
二礙　1314-1
二識　688-2
二嚴　1315-1
二覺　1308-2
二觸食　889-3-2
二護　1314-3
二攝　1328-3
二變　1341-2
二觀　1311-1
七七日　131-1, 1297-3, 1793-1-8, 1808-3-29
七七忌　731-1
七七齋　730-3
七七火災　731-1
七八行　739-3
七十二字　736-3
七十二歲　736-3
七十三尊　736-3
七十五法　734-1
七十七智　1189-2
七十二威儀　736-3
七十眞實論　736-3
七大　338-1. 1123-1
七大寺　738-2
七子　730-2
七丈夫　738-3
七女經　739-2
七千夜叉　737-1
七千八百問　737-1
七士夫趣　736-3
七支　730-2
七支業　730-3
七支念誦法　731-1
七支念誦隨行法　731-1
七方便　739-2
七方便人　739-3
七日藥　739-2
七日作壇法　739-2
七五三　730-1
七心界　734-1
七分全得　741-2
七生　731-2
七加行　729-3
七有　99-1, 727-3
七有依福業　727-3
七百結集　739-3
七百賢聖　739-3
七同十一異　739-1
七字文殊　737-1
七多羅樹　738-1
七地沈空難　738-3
七佛　739-3
七佛經　740-1
七佛說偈　740-2
七佛藥師　740-3
七佛藥師法　741-2
七佛藥師經　741-1
七佛八菩薩　740-3
七佛阿闍梨　740-1
七佛通戒偈　740-2
七佛讚唄伽陀　740-2
七佛父母姓字經　740-3
七佛名號功德經　740-3
七佛所說神咒經　740-2
七佛藥師五壇御修法　741-1
七佛八菩薩所說大陀羅尼神咒經　740-3
七佛俱胝佛母心大准提陀羅尼法　740-2
七戒經　728-1
七災難　730-2
七見　408-1
七見二疑二無明　730-1
七知　738-2
七知經　738-3
七治　738-3
七社　731-2
七宗　731-3
七空　277-3, 729-1
七使　730-3
七金山　730-1
七返生　741-2
七步蛇　739-3
七卷章　729-2
七事隨身　734-1
七事斷滅宗　734-1
七陀羅尼　738-2
七周行慈　730-3
七周減緣　730-3
七法不可避　741-3
七星　731-2
七星如意輪秘密要經　731-2
七垢　729-12, 76-2
七毘尼　739-3
七香湯　728-1
七重行樹　738-3
七科道品　729-2
七珍萬寶　738-3
七逆　728-3
七逆罪　728-3
七祖　737-3
七祖四師　738-1
七祖相承　738-1
七祖聖敎　738-1
七財　730-2
七海　728-1
七流　742-3
七高祖　728-1
七俱胝　729-1
七馬鳴　1735-2
七躬醫王　729-1
七俱胝佛母尊　729-1
七條　739-1
七條衣　110-1, 739-1
七條袈裟　739-1
七情　737-1
七處善　733-3
七處八會　734-1
七處九會　733-3
七處平滿相　734-1
七眞如　734-1, 879-3
七深信　737-1
七莎髻　731-2
七淨華　737-1
七座公人　730-2
七常住果　737-1
七堂伽藍　738-2
七莖蓮華　728-3
七善　737-2
七善士趣　737-2
七華　729-2
七華八裂　729-3
七衆　731-3
七衆溺水　732-2
七喩　742-3
七最勝　730-1
七滅諍　742-1
七葉巖　728-1
七菩提分　741-3, 1622-3-8
七菩提寶　742-3
七番眞言　868-3
七無上道　748-1
七經　728-3
七聖　731-2
七微　742-1
七聖財　731-2
七種人　732-3
七種衣　732-1
七種捨　764-1
七種般　732-3
七種食　732-2
七種語　732-1
七種聖　732-2
七種辯　732-3
七種慢　733-1
七種二諦　732-3
七種不淨　732-3
七種不還　732-3, 1519-1
七種布施　732-3, 1528-1
七種立題　733-3, 1122-2
七種生死　732-2, 779-3
七種自性　895-2
七種那含　732-3
七種無上　733-1
七種無常　733-1
七種羅漢　1775-2
七種禮佛　733-2
七種阿羅漢　731-3
七種懺悔心　732-1
七塵　739-1
七境三樂　728-3
七箇寺　728-3
七箇三重奥旨　728-3
七夢　742-1
七夢經　742-1
七慢　742-1
七勝事　733-3
七僧　737-3
七僧齋　738-1
七僧法會　738-1
七聚　737-1, 1480-1
七聚戒　737-1
七等覺支　739-1
七慢　1666-2
七趣　731-3
七篇　741-2
七遮罪　731-3
七羯磨　728-3
七摩怛里　741-3
七曇　739-1
七壇御修法　736-2
七壇炎魔天供　738-2
七隨眠　737-1, 1014-2
七聲　731-2
七聲覺　731-2
七賢　408-2, 729-3, 729-3
七賢七聖　729-3, 417-2
七曜　727-3
七曜供　728-1
七龍王　1802-1
七轉識　739-1
七轉九例　739-1
七轉第八互爲因果　739-1, 826-1-6

七識 730-3
七識住 693-2, 730-3
七證 733-3
七證師 733-3
七寶 741-2
七寶華 741-3
七寶經 741-3
七寶獄 741-3
七寶樹林 741-3
七覺 728-2
七覺支 185-1, 728-2
七覺分 728-2
七難 739-1
七辯 741-2
七顚倒 1254-2
七識十名 730-3
七觀音 729-2
八一有能 1399-1
八九二識 1401-2
八十一科 1406-3
八十四法 1406-3
八十八佛 1407-3
八十無盡 1709-2
八十誦律 1407-2
八十種好 1406-3
八十億劫 1406-3
八十一龍王 1802-1
八十八箇處 1407-3
八十華嚴經 1406-3
八十隨形好 1407-2
八十一品思惑 416-1, 1406-3
八十八使見惑 1407-3
八人地 923-2-11, 1412-2
八大 1409-1
八大丈夫 1409-3
八大人覺 1409-3
八大地獄 1216-1, 1409-2
八大佛頂 1409-3, 1563-1
八大辛苦 1409-2
八大明王 1410-1-15, 1410-2
八大夜叉 1410-2
八大奈落 1409-3
八大金剛 1409-1
八大神將 1409-2
八大菩薩 1409-3
八大童子 1409-3, 1538-2
八大觀音 1409-1
八大龍王 1410-2
八大靈塔 1114-3, 1410-2
八大人覺經 1409-3
八大自在我 1409-2
八大菩薩法 1410-1
八大菩薩經 1410-1
八大羅刹女 1780-2
八大童子印言 1539-1
八大童子儀軌 1409-3
八大金剛明王 1409-2
八大金剛童子 1409-2
八大曼拏羅經 1410-1
八大總持王經 1409-2
八大靈塔名號經 1410-3
八大菩薩曼荼羅經 1410-1
八不 1414-2
八不淨 1415-1
八不中觀 1415-1
八不中道 1415-1
八不正見 1415-1
八不正觀 1415-1
八不可越 1414-3
八不思議 1415-1
八不顯實 1415-1
八支 1404-3
八支論 1406-2
八支齋 1405-1
八水 1408-1
八天 1411-3
八方天 1414-1
八方便 1417-3
八方上下 1414-2
八王子 1420-2
八王日 1420-2
八中洲 1411-1
八分齋戒 1417-1
八五三二 1403-3
八世風 1408-1
八六四二萬十千劫 1420-1
八正 1405-2
八正道 1405-2
八正道經 1405-3
八由行 1420-1
八目鞋 1755-1
八句義 1401-1
八成 1407-3
八成立因 1408-1
八字 1406-2
八字布字 1407-2
八字文殊法 1407-3, 1743-3
八字陀羅尼 1406-3
八有 1399-1
八名經 1419-1
八名三昧 1419-2
八名普密經 1419-2
八名普密陀羅尼經 1419-2
八自在 1406-3
八妄想 1417-3
八交道 1402-3
八色幡 1748-2
八舌鑰 1408-2
八吉祥經 1400-3
八吉祥神咒經 1400-3
八印功德 1399-1
八百功德 1414-2
八多羅樹 1409-1
八位 1420-3
八位胎藏 1420-3
八忍 1412-2
八忍八智 1412-3
八忍八觀 1412-3
八戒 1400-2, 157-3
八戒齋 157-3
八佛 1417-1
八佛名號經 1417-1
八邪 1407-2
八角堂 1400-2
八定 1411-2
八定根本 1403-2
八宗 819-3-25, 1405-3
八宗九宗 1405-3
八供 1402-1
八供養 1401-2
八供菩薩 1401-2
八門 1419-2
八門八悟 1419-3
八門兩益 1419-3
八念 1412-3
八念門 1413-1
八念經 1413-1
八法 1417-2
八味 1419-1
八卷藏 1402-1
八事隨身 1406-3
八事成重戒 1426-3-15
八事俱生隨一不減 1406-3
八房數珠 987-2, 1755-1
八波羅夷 1414-2, 1426-3
八相 1404-1
八相示現 1404-1
八相成道 1404-1
八相成道圖畫 1404-2
八直行 1411-2
八直道 1411-2
八重 1411-1
八重眞實 1411-1
八重無價 1411-2
八音 1400-1
八風 1414-3
八苦 276-1, 1401-1
八戒齋八種勝法 158-1
八功德水 1401-1
八功德池 1401-2
八功德水想 1401-2
八有 99-1
八災 1403-3
八災患 1403-3
八炎火地獄 1399-3
八炎熱地獄 1400-1
八段 1411-1
八施 1408-1
八品派 1334-1-3
八背捨 1413-1
八城經 1407-3
八恒河沙 510-2
八恒値佛 1403-3
八家 1402-1
八家九宗 1402-3, 820-1-1
八家秘錄 1402-3
八師 1404-3
八師經 1405-1
八迷 1419-2
八迷戲論 1419-2
八海 1400-2
八時 1406-2
八校 656-1-17
八倒 1408-3
八除入 1411-3
八袟鈔 1411-1
八神變 1408-1
八祖相承 1408-3
八教 1402-2
八教大意 1402-3
八部 1416-2
八部衆 1416-3
八部般若 1438-3, 1417-1
八部鬼衆 1416-2
八部佛名經 1417-1
八梵 1417-3
八乾 1402-3
八偈 1403-1
八專日 1408-1
八斛食 1403-2
八漸偈 1408-2
八惟無 1420-1
八曼荼羅 1419-1
八國王分佛舍利 813-3
八寒八熱 1400-2
八寒地獄 1216-2, 1400-2
八寒氷地獄 1400-3
八棄 1400-3
八智 1188-3, 1411-1
八軸 1411-2
八筏 1414-2
八喩 1420-1
八萬四 1418-1
八萬歳 1418-1
八萬藏 1418-1
八萬十二 1418-3
八萬四千 1418-1
八萬法門 1419-1
八萬法藏 1419-1
八萬法蘊 1419-1
八萬威儀 1855-2
八萬細行 1419-1
八萬四千塔 1114-3, 1418-2
八萬四千病 1418-3
八萬劫小乘 1418-1
八萬四千光明 1418-1
八萬四千法門 1418-2, 1615-1
八萬四千法藏 1418-2, 1600-3-30
八萬四千相好 1418-2
八萬四千教門 1418-2
八萬四千煩惱 1418-2
八萬四千塵勞 1418-2
八萬諸聖教皆是阿彌陀 1418-3
八葉印 1399-2
八葉院 1399-3
八葉の峯 181-2, 1399-2
八葉九尊 1399-2
八葉中臺 1399-2
八葉蓮華 1399-3
八葉の中尊 1399-2
八葉の蓮座 1399-2
八葉の蓮華 1399-2
八葉の蓮臺 1399-2
八葉の寶冠 1399-2
八葉の肉團心 1399-2
八葉蓮華觀 1399-3
八無暇 1419-2
八無礙 1419-2
八無暇有暇經 1419-2
八童子 1412-2
八等至 1267-1
八勝處 1406-2, 1413-2
八菩薩 1417-3
八備十條 1414-2
八尊重法 1408-3
八陽神咒經 1420-1
八聖 1405-2
八聖言 771-1
八聖道 1405-2
八聖道支 1405-3
八解 1403-1
八解脫 1403-1, 437-2
八敬 1400-3
八敬戒 1400-3
八敬法 1401-1
八敬得 1401-1
八犍度 423-3, 1402-3
八犍度論 1403-1
八道 1410-3
八道支 1410-3
八道行 1410-3
八道船 1410-3
八會 1420-3
二禁 1403-3
八圓 1421-1, 1869-1
八塔 1409-1
八達 1409-1
八遊行 1420-1
八業家 1703-3
八聚 1480-1
八慢 1417-3
八福田 1514-1, 1414-3
八福生處 1414-3
八種法 1406-1
八種塔 1406-1
八種施 1406-1
八種粥 206-3
八種聲 473-1
八種謬 1406-1
八種不還 1519-1
八種布施 1528-1
八種自在 893-2
八種更藥 182-1
八種清風 1405-3
八種授記 982-2
八種勝法 1406-1
八種別解脫法 1406-1
八種長養功德經 1406-1

二　畫

八九十

八種旋陀羅尼字輪門1045-1
八幡 1417-3
八幡講 1417-3
八幡大菩薩 1418-3
八熱 1756-2-23
八熱地獄 1412-3
八遮 1405-1
八輪 1420-1
八論 1420-1
八德 1412-1
八聾 1413-1
八墮 1409-1
八篇 1417-1
八憍 1402-2
八億四千萬念 1400-1
八億四千念79-3-21, 1400-1
八龍 1420-1
八龍王 1802-1
八諦 1097-1, 1408-3
八髻文殊 1743-2
八講 1403-1
八講屋 1403-2
八齋 1403-3
八齋戒 584-2, 1403-3
八臂天 1414-2
八藏 674-2, 1404-3
八識 688-3, 1404-3
八識十名 1405-1
八識心王 1405-1
八識五重 1405-1
八識體一 1405-1
八識體別 1405-1
八難 1412-2
八顚倒 1254-2
八關齋 1402-1
八關齋經 1402-1
八寶塔 1417-2
八囀 1411-3
八囀聲 1411-3
八觸 1408-2
八蘊 1399-1
八覺 1400-2
八辯 1417-2
八魔 1417-3, 1642-3
八纏 1244-3, 1411-3
八變化 1417-1
九十八使 296-1, 681-1
九十六術 296-2
九十六種 296-1
九十五種 296-1
九十單墮 296-1
九十八隨眠296-1, 1014-2
九十六種外道 296-1
九十一品の思惑 296-1
九十四種阿僧祇依
　報莊嚴 134-3
九十五種外道と九
　十六種外道 432-2
九入 305-3
九山八海 297-3
九上緣惑 296-2
九世 297-3
九世間 297-3
九厄 314-3
九孔 288-1
九方便 306-1
九方便十波羅蜜菩薩305-2
九句因 288-1
九生如來 294-1
九字 295-1
九字咒 295-1
九字名號 295-2
九字を切る 295-2
九字曼荼羅 296-2
九有 99-2
九有情居 282-2
九地 300-2
九地九品思惑 300-3
九色鹿 686-2, 1841-3-28
九色鹿經 291-3
九住心 300-3
九因一果 277-2
九次第定 292-1
九河供佛 285-3
九河發心 286-1
九宗 294-2, 819-3-30
九居 290-2
九劫 290-2
九門 313-2
九例 318-1
九帖 302-2
九股杵 290-2
九卷章 289-1
九味齋 236-1
九乳梵鐘 236-1
九品 308-3
九品上 464-1
九品寺 309-2
九品惑 309-3
九品大衣 309-3
九品安養 47-3
九品寺派 309-2, 971-1-3
九品往生 309-1
九品潤生 1365-3
九品の行業 309-1
九品の念佛 309-1
九品の淨土 308-3
九品の覺王 309-1
九品往生傳 309-2
九品往生經 309-2
九品安養の化生 309-1
九品往生阿彌陀經 309-2
九品往生阿彌陀三摩
　地集陀羅尼經 309-2
九界 285-3
九界袈裟 285-3
九界情執 285-3
九重塔 300-3
九面觀音 312-22
九祖 298-3
九祖相承 298-3
九鬼 225-2
九院 353-3
九病 307-2
九流 317-1
九條 302-3
九條衣 302-3
九條錫杖 302-3, 802-2
九執 292-2
九域 277-1
九部 308-2
九梵 309-3
九參上堂 291-2, 236-1
九衆 294-2
九無學 312-2, 1693-2
九無礙道 312-2
九結 289-3, 396-2
九惱 304-2
九尊 299-1
九間無道 312-2
九會 353-3
九會說 353-3
九會一印 353-3
九會曼荼 353-3
九會曼陀羅 353-3
九會尊數略頌 355-1
九會曼陀羅由來 354-3
九會曼陀羅創起 355-1
九道 399-3
九經 286-1
九業 290-2
九僧 298-3
九漏 318-2
九慢 312-1, 1666-2
九想 291-1
九聚 1480-2
九種食 294-3, 889-2
九種大禪 1054-2
九種不還 294-3, 1519-1
九種世間 294-3
九種淨肉 294-3, 889-2
九種羅漢 1775-2
九種淨肉 294-3
九橫 304-2-26, 319-1
九橫死 321-3
九橫經 319-2
九蓮 318-1
九徹 302-2
九瘡 290-3
九輪 316-3, 1803-3
九解脫道 290-1
九縛一脫 306-3
九諦 299-2
九齋日 290-3
九頭龍 1853-2-30
九禪 298-2
九聲念佛 294-2
九曜 284-3
九曜曼陀羅285-1
九類生 317-3
九識 689-1
九識尊 689-3
九轍 302-2
九轍印明 302-2
九難 304-2-26, 35-2
九識 291-3
九羅漢 315-1
九辯 308-2
九顯一密 289-3
九體の阿彌陀 38-2
十一位 278-1, 904-3
十一法 903-2
十一色 690-2, 903-1
十一宗 903-2
十一門 904-2
十一果 902-3
十一持 903-2
十一想 903-1
十一根 902-3
十一智 1189-2
十一號 902-3
十一識 689-2
十一觸 903-2
十一善 903-2
十一生類 903-1
十一切處 902-3, 1414-1
十一月會 902-3
十一苦法 902-3
十一面經 903-3
十一面講 903-3
十一遍使 903-2
十一想經 903-1
十一遍行惑 903-2
十一面觀音 1820-2-23,
　903-3
十一種不還 1519-2
十一種稠林 1190-2
十一面神咒經 904-1
十一面神咒心經 904-1
十一面觀自在法 904-1
十一想念如來經 903-1
十一面觀世音神咒經904-1
十一面觀自在菩薩
　心密念言誦儀軌經 904-1
十二入 936-2, 1337-3
十二天 935-2
十二支 932-1
十二宗 820-1-3
十二地 935-1
十二宮 776-2
十二佛 936-3
十二神 934-1
十二禮 939-3
十二燈 936-1
十二倒 935-1
十二願 932-1
十二禽 931-3
十二輪 931-2-4
十二獸 934-2
十二藏 932-1
十二大寺 935-1
十二大願 935-1
十二上願 935-1
十二天供 936-1
十二火天 931-3
十二火神 330-3
十二火尊 932-1
十二分經 937-1
十二分教 937-1
十二行相 931-3
十二合掌 231-3, 931-3
十二因緣 92-1, 930-1
十二有支 931-2
十二光佛 35-1-21, 931-3
十二門禪 154-2, 937-3
十二神明 934-2
十二神將 934-1
十二禮拜 939-3
十二供養 931-3
十二妄想 937-2, 1644-1
十二伽藍 931-3
十二重城 935-1
十二門論 670-2-24
　937-3
十二眞如 880-2, 934-2
十二部經 936-2
十二夢王 937-3, 1762-3
十二勝劣 933-3
十二遊經 937-3
十二頭陀 935-2, 1237-3
十二棘園 932-1, 931-2-7
十二無爲 937-2
十二類生 939-3
十二緣門 931-3
十二摩多 937-1
十二禪衆 935-1
十二率連 931-2-27
　931-2-1
十二願王 932-1
十二緣生 139-1
十二緣起 137-3, 931-3
十二隨眠 1014-2, 935-1
十二大天衆 935-1
十二天儀軌 936-1
十二不律儀 936-2
十二三昧聲 932-1
十二因緣經 931-2
十二因緣論 931-2
十二行法輪 931-3
十二品生死779-3, 937-1
十二佛名經 937-1
十二禮拜文 939-3
十二所權現 933-3
十二頭陀經 935-2
十二惡律儀 95-1
十二面觀音 937-3
十二種火法 932-1
十二大羅刹女 1780-2
十二火天眞言 933-2
十二品生死經 937-1
十二因緣眞言 931-2
十二年の山籠 936-2
十二佛名神咒 937-1
十二藥叉大將 937-3
十二因緣心裏空 931-2

十二大願醫王善逝 935-1
十二因緣生祥瑞經 931-2
十二佛名神咒校量功德除障滅罪經 937-1
十七句 913-2
十七尊 913-3
十七地 913-3
十七地論 313-3
十七淸淨 913-3
十七種淨土 970-3
十七種莊嚴 913-3
十七箇條憲法 913-2
十八天 944-3
十八日 944-3
十八支 941-1
十八宗 941-1
十八有 99-2
十八物 945-2, 1842-3
十八問 945-2
十八空 278-1, 940-3
十八部 945-2
十八界 940-3
十八章 941-1
十八轉 1191-1-10
十八會 945-3
十八賢 941-1
十八道 941-3
十八經 940-3
十八變 945-2
十八臂 941-1
十八大師 941-2
十八大經 941-2
十八生處 941-1
十八有學 100-3, 940-3
十八地獄 944-3, 1216-3
十八明處 945-2
十八空論 941-1
十八部主 945-2
十八部論 945-2
十八神變 941-2
十八圓淨 946-1
十八異部 940-3
十八契印 941-1
十八種物 941-2
十八賢衆 941-1
十八賢聖 941-1
十八檀林 944-3, 1187-1
十八境界 940-3
十八學人 940-3
十八應心 940-3
十八獄卒 941-1
十八羅漢 1776-1
十八中老僧 944-3, 1844-1
十八不具法 944-3
十八地獄經 944-3
十八會指歸 946-1
十八契印軌 941-1
十八泥犁經 944-3
十八道次第 944-2
十八種震動相 941-1
十八護伽藍神 941-1
十八臂陀羅尼經 944-3
十九界 908-3
十九大士 908-2
十九出家 908-3
十九說法 908-3, 1033-3
十九應身 908-2
十力 955-1, 1783-3
十力明 955-2
十力教 955-1
十力經 955-1
十力尊 955-2
十力迦葉 559-3, 559-3-21
十力無等尊 955-2
十三力 575-3
十三失 911-3
十三宗 911-3, 819-3-19
十三空 278-1
十三佛 912-1
十三縛 912-1
十三難 712-1, 807-3
十三大會 912-1
十三大院 912-1
十三外道 434-1
十三法師 912-3
十三門跡 912-3
十三事法 911-3
十三資具 911-2
十三僧殘 911-3, 1075-3
十三層塔 911-3
十三觀門 911-2
十三難十遮 808-1
十大寺 922-3
十大章 922-2
十大願 922-2
十大數 922-2
十大護 922-2
十大弟子 922-3
十大論師 923-1
十大羅刹女 1780-2
十大弟子即佛十心數 922-3
十久雨寶 908-3
十山王 921-1
十小劫 920-3
十上經 919-2
十千日光三昧定經 921-1
十不二門 946-2, 947-1
十不知境 946-2
十不悔戒 946-2
十不善業 946-2
十不善道經 946-2
十不二門指要鈔 947-1
十五心 910-1
十五尊 910-2
十五大寺 910-3
十五鬼神 910-1
十五智斷 911-1
十五帖袈裟 911-1
十五種無明 910-1, 1717-1
十五尊觀音 910-1
十六 955-2
十六心 956-3
十六天 959-1
十六生 956-3
十六行 955-3
十六法 959-2
十六使 681-1
十六空 278-1
十六師 956-2
十六院 960-1
十六會 960-1
十六遮 808-1
十六諦 953-1
十六觀 956-1
十六大力 958-1
十六大士 958-1
十六大天 958-1
十六大寺 958-1
十六大國 958-1
十六心行 957-1
十六王子 960-1
十六外論 434-1
十六玄門 956-2, 1045-2
十六行相 955-3, 269-3
十六沙彌 956-3
十六知見 958-2
十六神我 863-2
十六資具 956-2, 1238-1
十六開士 955-3
十六善神 957-1, 1062-3
十六特勝 959-2
十六菩薩 959-2
十六想觀 956-2
十六斛食 956-2
十六觀門 956-1
十六觀想 343-1
十六觀經 956-1
十六國王 956-2
十六旒幡 960-1
十六羅漢 1775-3, 960-1
十六大菩薩 958-1
十六小地獄 1216-3
十六心見道 956-3
十六王子佛 960-1
十六重玄義 958-3
十六會般若 1438-2
十六大阿羅漢 958-1
十六大藥叉將 1754-2
十六心相見道 420-3
十六執金剛神 956-2
十六遊增地獄 1216-3, 960-1
十六丈盧舍那佛 659-1
十六善神王形體 957-3
十六字成三十七尊 965-1
十方 940-2
十方刹 940-3
十方十佛 940-2
十方世界 940-2
十方淨土 940-2
十方住持 940-3
十方佛土中 940-3
十方常住僧物 940-3
712-2-18, 1079-1-17
十方現前僧物 940-2
712-2-22, 1079-1-20
十方業普現色身 940-2
十方現在佛悉在前立定經 940-2
十王 960-2
十王經 960-2
十王華報 405-1
十心 917-2
十日十夜 935-1
十牛圖序 908-1
十四生 913-1
十四色 690-2
十四忍 1364-1
十四等 913-3
十四根 913-1
十四難 913-3, 1831-1-19
十四行偈 913-1
十四種色 913-1
十四無記 1694-1
十四變化 914-2
十四神九王 913-1
十四佛國往生 914-1
十世 920-3
十世隔法具法門 451-2-3
十世隔法異成門 452-1-16
451-1-6
十支論 916-3
十支居士八城經 913-1
十甘露王 906-2
十甘露明 220-1, 906-2
十玄 909-1
十玄門 909-1, 451-1
十玄談 909-1
十玄六相 909-1
十玄緣起 137-2, 909-1
十句義 1865-1-3
十句義論 908-3
十句觀音經 908-3
十生 914-2
十仙 921-1, 1037-3
十布施 946-2
十功德論 908-3
十因 91-1, 904-3
十因六果 904-3
十因十果 91-2
十因緣 904-3
十字金剛 919-2
十字佛頂印眞言 919-2
十住 927-2
十住心 927-3
十住論 928-2
十住經 927-3
十住心論 928-2
十住斷結經 928-2
十住行道品經 927-3
十住小白華位 928-2
十住毘婆沙論 928-2
十住毘沙婆論易行品十佛 948-3-12
十住除垢斷結經 928-2
十地 923-1
十地心 925-2
十地品 927-2
十地經 927-1
十地寄報 923-1
十地虎狼 927-2
十地願行 927-1
十地經論 927-1
十地證王 927-2
十如 81-1-27, 937-3
十如是 939-3
十如三轉 939-1
十如來地 939-3
十如權實 939-1
十門 952-2
十門辯惑論 953-2
十吉祥經 907-1
十吉祥經十佛 948-3-19
十成 919-2
十名 949-3
十行 908-2
十身 917-1
十身藥樹 919-1
十劫 909-1
十劫正覺 909-3
十劫秘事 909-2
十劫須臾 909-3
十劫彌陀 909-3
十佛 948-3
十佛刹微塵數 949-1
十戒 158-2, 905-2
十戒儀則經 905-3
十戒持律法體 906-1
十戒法幷威儀經 906-1
十見 408-1, 524-1
十忍 940-1, 1363-3
十利 954-3
十快 909-1
十妙 951-1
十妙生起次第 952-1
十弟子 928-3
十來 954-1
十來偈 954-1
十夜 953-2
十夜念佛 953-3
十法 949-1
十法行 949-2
十法界 949-1, 1813-1-21, 1592-3
十法經 949-2
十法界鈔 949-2
十法界明因果鈔 949-2
十法乘成觀 949-2
十念 940-1
十念處 940-1
十念往生 940 1
十念成就 940-1
十念血脈 940-1
十宗 820-1-2
十刹 921-1

二　畫

十使 913-1, 680-3
十卷章 908-3
十事經 919-1
十事功德 919-1
十事非法 919-2
十忿怒明王 947-3
十忿怒明王經 948-3
十念處 1378-3, 1379-1-1
十受生藏 919-3
十金剛心 9109-3
十波羅夷 946-2
十波羅蜜 946-2, 1430-3, 1813-1-17
十重戒 925-2
十重罪 926-3
十重障 764-2, 926-3
十重深行 927-1
七重禁戒 926-3
十重顯本 426-1
十信 917-1
十信道圓 919-1
十問 953-2
十問訊 953-2
十問舉疑 953-2
十度 930-1, 1281-2-25
十度三行 930-1
十界 81-1-25, 905-2
十界曼 906-1, 1671-2
十界一念 905-3
十界互具 905-3
十界權實 906-1
十界皆成佛 905-3
十界大曼荼羅 906-1
十界能化菩薩 906-1
十界一心平等大念 905-2
十界十如三千世間 906-1
十科 908-3
十派 940-2
十指 913-1
十軍 909-1
十施 920-3
十苦 276-1, 908-2
十甚深 920-3
十乘 920-1
十乘床 920-3
十乘風 920-3
十乘觀 920-1
十神力 1004-1
十神力無礙用 1004-2
十祖 1252-2
十哲 928-3
十師 913-1
十家 909-1
十恩 905-1
十秘密 946-2
十惱亂 940-1
十殊勝語 915-2
十根本煩惱 910-1
十過 908-3
十習 914-1
十習因 914-1
十通 908-2, 1232-2
十眼 524-2, 909-1
十教 909-1
十務 949-3
十眞如 879-3, 919-1, 1813-1-26
十宿緣 915-1
十無二 950-3
十無礙 950-1
十無依止 950-1
十無依行 949-3
十無盡句 950-2, 1709-1
十無盡戒 950-2
十無盡藏 950-2, 1709-3
十善 921-2
十善王 922-1
十善主 922-1
十善巧 921-2
十善位 922-1
十善床 922-1
十善戒 921-2
十善國 922-1
十善道 921-3
十善業 921-2
十善德 922-1
十善十惡 1055-3
十善戒力 922-1
十善戒經 921-2
十善正法 922-1
十善菩薩 922-1
十善業道 921-2
十善鬢髮 922-1
十善業道經 921-3
十喩 954-1
十喩觀 954-1
十號 906-2
十號經 906-3
十惡 902-3
十惡業 902-3
十惡五逆 902-3
十惡業道 902-3
十報法 949-1
十報法經 949-1
十智 923-1, 1188-3
十普門 947-1
十勝行 916-3
十發趣 949-1
十進九退 918-3
十業 562-2, 911-1
十業道 911-1
十聖 914-2
十惑 960-2
十想 911-1
十境 907-1
十義書 908-2
十誡證 919-3
十煩惱 949-2, 1638-3-6
十萬普賢 949-3
十萬億佛土 949-2
十歲減劫 911-2
十遍處定 949-1
十種仙 915-3 1037-2, 1047-3
十種因 916-1
十種戒 159-1
十種見 915-2
十種忍 916-1
十種佛 916-3
十種信 861-1
十種鬼 916-1
十種通 961-1
十種智 915-3
十種夢 916-3
十種三世 915-2, 641-1
十種三法 915-2
十種不淨 916-2
十種方便 916-1
十種回向 1861-1
十種行願 915-1
十種利益 916-3
十種見佛 915-2
十種供養 314-2, 915-1
十種自在 893-2, 915-3
十種依果 915-1
十種念處 916-1
十種法行 916-3
十種法師 1601-2
十種神力 915-3
十種神通 1001-1
十種現益 915-2
十種智力 916-1
十種智明 916-1
十種發心 916-3
十種衆生 915-2
十種演說 140-1
十種教體 377-2, 915-2
十種觀法 915-2
十種魔軍 916-3
十種方便戒 916-2
十種所觀法 915-3
十種善巧智 1058-3
十種善知識 1064-2
十種廣大智 323-3
十種方便學處 916-2
十種有依行輪 915-1
十種供養の御經 915-1
十種空相回向心 281-1
十誦律 919-3
十誦比丘要用 919-3
十誦律毘尼序 920-1
十誦律比丘戒本 919-3
十誦律比丘尼大戒 920-1
十誦律比丘尼戒本 919-3
十誦僧尼要事羯磨 919-3
十誦羯磨比丘要戒 919-3
十誦律比丘波羅提木叉戒本 920-1
十說三世 921-1
十箇秘法 906-2
十箇量等身 1557-3, 906-2
十夢 949-3
十夢經 950-1
十障 914-2
十對 928-2
十僧閣 922-2
十疑論 908-2
十樂 954-1, 1776-3
十樂講 954-1
十輪 955-2
十輪經 955-2
十論匠 960-1
十緣生句 904-3
十緣生觀 905-1
十德 929-1
十慮 955-2
十諦 922-2
十盡句 920-3
十蓮華藏世界 955-2
十隨眠 920-3, 1014-2
十諫書 906-2
十壇焔魔天供 923-1
十禪 921-2
十禪支 921-3
十禪師 921-3
十禪師權現 921-3
十齋 911-1
十齋日 911-2
十齋佛 911-2
十齋日佛 911-2
十講 906-1
十護 810-1
十歲 912-3
十類經 955-2
十題判斷 923-1
十願 909-1
十願王 909-1
十羅刹女 954-1
十羅刹女神本地 954-2
十寶山 949-1
十識 689-2
十魔 1642-3, 949-2
十纏 928-3, 1245-1
入 1337-2
入一切平等善根 1337-3
入一切佛境智陪盧遮那藏經 1337-3
入大乘論 1339-1
入不二門 1340-1
入山學道 1339-1
入心 1338-3
入文解釋 1340-3
入王宮聚落衣 1340-3
入正理論 1338-2
入正定聚益 445-2-15, 1338-2
入位 1340-3
入出二門 1338-3
入出二門偈 1338-3
入寺 1339-1
入住出三心 1340-1
入佛 1340-2
入れ佛事 90-1
入佛供養 1340-2
入佛平等戒 1340-2
入相の鐘 89-3
入見道 1338-1
入我我入 1337-3
入法界 1340-2
入法界品 1340-2
入法界無量 1340-2
入法界體性經 1340-2
入定 1339-3
入定印 1339-3
入定瑞 1339-3, 1834-2-25
入定作論 1231-2
入定不定印經 1340-1
入空 1338-1
入金剛問定意經 1338-1
入阿毘達磨論 32-1, 1337-3
入於深山思惟佛道 1337-3
入胎 1404-1-20
入胎相 1339-1
入信 1338-3
入骨 1338-1
入室 1338-2
入重玄門 1339-2
入音聲陀羅尼 1337-3
入院 1340-3
入流 1090-3-29, 1771-3-11
入涅槃 1340-1
入唐八家 1339-1
入般涅槃 1340-1
入堂 1339-2
入堂五法 1339-2
入寂 241-1-26, 1339-1
入曼荼羅者 1340-2
入衆 1338-2
入衆衣 110-1, 1338-3
入衆五法 1338-3
入衆時衣 1338-3
入棺 1338-1
入滅 1340-3, 1404-1-28
入無分別法門經 1340-3
入瓶 1340-1
入塔 1339-1
入道 1339-2
入聖 1338-2
入楞伽經 1340-3
入壇 1339-2
入諸佛境界莊嚴經 1338-3
入瞻蔔林不齅餘香 1339-1
入嚩羅 1002-1, 1340-1
入龕 1338-1
人 1364-1, 1660-3-11, 532-1-9
人人本具 1367-3
人天 1367-1
人天乘 541-3-30, 1367-1
人天教 523-1-1, 537-2-26
人天眼目 1367-1
人天致敬願 1367-1
人天勝妙善果 1367-1

八中樹 1366-3
人中尊 1366-3
人中三惡 1366-3
人中牛王 1366-2
人中師子 1366-3
人中分陀利華 1366-3
人心 1830-1-16
人不見風 754-3-17
人牛俱妄 1364-3
人仙 1366-1
人仙經 1366-1
人四依 684-3
人因 1364-1
人有 1364-2
人血 1661-1-1
人吉蔗 242-3
人我 1364-2
人我見 1308-3-12, 1364-3
人見 1365-1
人身 1365-2
人身牛 1365-2
人空 1309-2-20, 1364-3
人空觀 1365-1
人非人 259-3, 1367-3
人林 1368-2
人法 1368-1
人法界 1592-3-26
人命不停 1368-1
人命第一 1368-1
人定 1366-3
人界 1364-3
人界の十如 938-3-16
人相 702-1-30, 1365-1
人相欲 1843-3-10
人鬼 1364-3
人乘 542-1-1, 1366-1
人間 1365-1, 1837-3-27
人間界 1365-1
人師 1365-1
人師子 1365-2
人記品 1364-3
人執 1365-2
人無我 1368-2, 1342-3-1
人無我智 1368-2
人華 1365-1
人鳥 1366-3
人尊 1365-1, 1366-1
人荞婆 1368-1
人量外道 435-1-9
人雄師子 1369-3
人業 562-2-3
人道 43-2-18, 1366-2
人犍度 424-1-18
人趣 1365-2
人樹 1366-1
人頭幢 1366-3
人寶 1368-1
人藥王子 1868-2
又如淨明鏡 112-2
又如一眼之龜 172-2
又如來滅度之後 112-2
又如一眼之龜値浮木孔 112-2
又如淨明鏡悉見諸色像 112-2
又聞成菩堤 119-2
又夢作國王 119-2
力 1783-3
力士 1783-3
力士城 1784-1
力士生地 1784-1
力士移山經 1784-1
力士額珠喩 1784-1
力生 1784-1
力如是 938-1-22
力波羅蜜 1784-2
力波羅蜜菩薩 1784-2
力度 1281-2-28
力度の三行 930-1-23
力者 1784-1
力者法師 1784-2
力莊嚴三昧經 1784-1
力無畏 1784-2
力無所畏 1784-2
乃至 1292-3
乃至一念 1293-1
乃至一華 1293-1
乃至十念 1293-1
乃至不可得夢 1293-2
乃至遠見四衆 1293-1
乃至以身而爲床座 1293-1
乃至身命而不惜情 1293-2
乃至夢中亦復莫謟 1293-1
乃至一偈一句一念隨喜者我亦與授 1293-2
乃往 1295-2
了本際 270-3-4, 1811-1
了本生死經 1811-2
了因 1307-2-14, 1810-2
了因佛性 1810-3
了別境識 653-1-7, 1811-1
了敎 1810-3
了義 1309-1-11, 1810-3
了義敎 1313-1-21, 1810-3
了義經 1810-3
了義燈 1810-3
了達 1841-1
了論 1811-2
了緣因佛性 630-1-13
刀山 1267-3
刀兵災 617-2-15
刀風 1269-3
刀途 649-2-3, 1269-1
卜經 1626-1
卜羯婆 509-1-21, 1626-1
卜部兼倶 1763-1-27

〔三　畫〕

三一二乘 1328-2
三一問答 604-1
三七日思惟 622-1
三八日 653-3
三九行因 611-2
三十生 635-1
三十佛 636-2
三十輪 637-1
三十棒 636-2
三十講 631-2
三十二相 591-2, 635-2, 1474-1-10
三十二應 635-1
三十三天 634-2
三十三過 631-3
三十三身 634-1
三十五佛 631-2
三十六句 214-3
三十六物 637-1
三十六鬼 225-2
三十六神 636-3
三十六禽 636-3
三十六獸 934-3
三十七尊 634-2
三十行偈 631-2
三十捨墮 635-1
三十番神 636-2
三十二相經 636-1
三十二相願 636-1
三十三間堂 633-2
三十三觀音 631-3, 934-2
三十六部神 636-3
三十七尊禮 635-1
三十七分法 635-1
三十七道品 635-1
三十日祕佛 636-2
三十唯識論 917-1-10
三十種外道 434-3
三十二大人相 636-2
三十三年開帳 167-2
三十三所觀音 633-2
三十三尊觀音 634-2
三十六部善神 1062-3
三十七尊心要 634-3
三十七尊四大輪 634-3
三十七尊出生義 634-3
三十七尊住心城 634-3
三十七尊禮懺文 635-1
三十七菩提分法 635-1
三十三身十九說法 634-1
三十五佛名禮懺文 631-3
三十六部神王護三歸人 609-3
三力 668-1, 1783-3
三力偈 668-2
三人姪女夢 1762-2
三三品 620-3
三三昧 618-3
三三昧門 619-3
三三摩地 602-3, 618-3
三千 619-3
三千 642-1
三千佛 643-3
三千界 643-1
三千世界 643-1
三千威儀 644-1, 1855-2
三千淨行 143-1
三千實相 643-1
三千諸法 643-1
三千の貫頂 643-3
三千年一現 643-3
三千佛名經 943-3
三千塵點劫 643-2, 1231-1
三千大千世界 77-1-17
三千大千世界藏 643-2
三大 645-3, 1122-3
三大佛 646-2
三大部 646-2
三大會 646-3
三大五部 646-2
三大五小部 646-2
三大阿僧祇劫 646-2, 468-3
三大部十界十如釋體 939-3
三土 651-2
三子 621-2
三山 620-3
三上座 965-2
三五 616-3
三六九 670-2
三六不共 670-2
三六異端 670-2
三六獨法 670-2
三不失 656-2
三不成 656-2
三不能 657-1
三不退 656-3, 1529-3
三不善 656-3
三不護 656-1
三不三信 656-2
三不善根 656-3
三不堅法 656-1
三不淨肉 656-3
三天 649-3
三天使 650-1, 1249-2
三天四仙 649-3, 1334-3
三分別 657-1, 1548-3
三分家 658-3
三分科經 658-3
三心 628-1
三心相見道 420-3, 629-3
三止 621-1
三止三請 621-3
三支 621-2
三支比量 622-1
三日齋 652-1
三月堂 612-2
三月會 612-2
三井寺 1690-3
三井流 1690-3
三水 639-2
三火 611-2
三市 618-1
三夫人 656-3
三方便 653-2
三尺坊 637-2
三文陀達多 667-2
三世 640-3
三世心 642-1
三世間 640-2
三世智 642-1, 1189-1-2
三世了達 642-2
三世因果 93-2
三世成佛 642-1
三世金剛 548-2-10
三世假實 641-1
三世諸佛 641-3
三世覺母 642-1
三世三千佛 641-3
三世不可得 642-1, 1509-2
三世不相待 642-2
三世十方佛陀 642-1
三世無比力眞言句 642-2
三世無障礙智戒 642-2
三世實有法體恒有 642-1
三世最勝心明王經 641-3
三生 622-2
三生成佛 624-1
三生果遂 68-3-13
三生六十劫 624-2
三平等 654-3, 1493-1
三平等地 655-2
三平等戒 655-1
三平等觀 655-1
三平等護摩壇 655-1
三目 667-1
三田 650-3
三旬 610-3
三白食 655-2
三末多 662-3
三仙二天 640-3
三外道 433-2
三本華嚴經 384-2
三百矛 655-2
三百法 655-2
三百會 655-3
三百由旬 655-2
三百五十戒 655-2
三百六十會 655-3
三百四十一戒 655-2
三百四十八戒 655-2
三因 91-1, 604-1
三因三果 604-2
三因四緣 604-2
三因佛性 604-2, 1556-2
三有 604-3
三有對 604-3
三有爲法 123-1, 604-3
三有爲相 123-3, 604-3
三自 630-1, 630-2
三自性 895-1
三自一心 630-2
三光 611-3
三光天 611-3
三衣 128-1, 604-3. 1237-3-15, 1238-1-7

三畫

三

三衣函 605-1
三字 630-1
三字禪 631-1
三妄 662-2
三妄執 662-2
三牟尼 666-2
三牟提耶 666-2
三同七異 651-2
三色 621-3
三印 604-1
三行 610-2
三多 644-2
三年忌 652-2
三安居 45-2, 604-1
三如來四菩薩 652-1
三佛 657-3
三佛土 658-1
三佛子 657-3, 1556-1
三佛身 658-1
三佛陀 658-1
三佛性 657-3, 1556-2
三佛頂 1562-3
三佛語 657-3, 1555-1
三佛栗底 658-2
三佛菩提 658-2, 1630-3
三身 628-2, 1500-1, 1557-3
三身業 629-3
三身三德 629-3
三身如來 630-1
三身佛性 630-1
三身梵讚 630-1
三身菩提 1630-3
三身即一佛 630-1
三戒 605-3
三戒經 605-3
三戒壇 166-3, 606-1
三劫 616-1
三劫三千佛 616-2
三劫三千佛名經 616-2
三車 622-1, 1680-2
三車家 624-2
三妙 667-1
三妙行 665-3
三災 617-2
三形 1042-2, 610-2, 1178-2
三忍 652-2
三沙彌 624-2
三角壇 607-2
三序六緣 639-1
三那三佛 652-1
三法 659-1
三法印 660-1
三法身 1605-3
三法忍 660-2, 1612-3
三法妙 660-3
三法界 1592-1
三法輪 660-2
三法無差 659-2
三法道界 659-2
三法展轉因果同時 660-2, 826-1-2
三空 277-3, 611-1
三空門 611-2
三空不空 611-2
三空觀門 611-1
三空三摩地 611-2
三門 667-1
三門跡 667-2
三門徒 667-2
三門徒派 667-2, 971-2-26
三門三大侍者 667-2
三性 623-1
三性分別 624-1
三性空有異 1318-3-20
三性對望中道 624-1
三性空有卽離異 1317-3-27
三受 637-2
三受業 638-1
三受門戒 638-1
三明 665-2
三明經 665-3
三明六通 665-3
三事戒 630-3
三事衲 631-1
三事練磨 639-1
三念住 652-3
三念處 652-3, 1378-3, 1471-2-9
三念五念 652-3
三波多 653-3
三波提 653-3
三波羅聶提 654-1
三金 616-2
三金剛觀 616-3
三卷鈔 613-2
三卷重書 613-2
三味 664-2
三味瓔珞莊嚴 771-2-4
三毒 651-2
三毒尸利 651-3
三所斷 627-3
三所權現 627-3
三具足 1678-3
三具礎輪 612-2
三周 621-2
三周聲聞 621-3
三長月 648-2
三長齋月 648-2
三宗 817-3
三果 611-2
三季 609-3
三和 671-1
三兩 668-3
三治 648-2
三始 620-3
三於 605-2
三武 657-1
三咒 537-3
三使 620-3
三定聚 649-1
三供養 611-2
三表業 658-3
三拔諦 654-2
三帖和讚 650-3
三陀羅尼 647-2
三阿僧祇劫 603-3
三昧 661-1
三昧力 668-2-9
三昧印 661-3
三昧地 662-1
三昧佛 662-2
三昧門 662-2
三昧流 662-2
三昧料 662-2
三昧堂 662-1
三昧僧 662-1
三昧聲 662-1
三昧魔 662-2, 1643-1-2
三昧耶 663-1
三昧の火 362-1
三昧耶身 663-3
三味耶形 603-1
三味耶戒 663-2
三昧耶界 663-2
三味耶時 1322-1-28
三昧耶智 663-3
三昧耶會 663-1
三昧相應 661-3
三昧座主 662-1
三昧紙絹 661-3
三味耶戒壇 663-2
三昧月輪相 661-3
三昧阿闍梨 661-3
三昧耶曼荼羅 664-1, 1670-1-25
三昧父般若母 1542-2
三味弗道廣顯定意經 661-3
三界 605-2
三界牀 608-1
三界雄 608-3
三界眼 608-1
三界尊 608-1
三界義 608-1
三界藏 608-1
三界一心 608-1
三界六道 608-3
三界八苦 608-2
三界九地 608-1
三界火宅 608-1
三界空花 608-1
三界苦輪 608-2
三界慈父 608-2
三界萬靈 608-2
三界無常 608-2
三界唯一心 608-2
三界萬靈牌 607-2
三界二十五有 608-2
三界無安猶如火宅 605-2
三界唯一心心外無別法心佛及衆生是三無差別 69-3
三品十惡 902-3
三品成就 660-3
三品沙彌 660-3, 810-2
三品相好 512-3, 660-3
三品悉地 660-3
三品塵沙 660-3
三品聽法 660-3
三品懺悔 615-3, 660-3
三品弟子經 660-3
三重三昧 648-3
三重玄旨 648-3
三重法界 648-3
三重等持 648-3
三重都壇 648-3
三重圓壇 448-3
三重曼陀羅 649-1
三祇 610-1
三祇百劫 610-2
三祇百大劫 610-2, 1470-3-21
三祇修六度 610-2-16
三相 618-1
三相續 618-2
三科 611-2
三科揀境 612-1
三軌 609-1
三軌弘經 609-1
三契 605-2
三契經 605-3
三耶三佛 667-2
三耶三菩 617-3
三苦 611-1
三思 681-1
三拜 653-1
三垢 610-3
三衍 605-1
三要 605-1
三施 639-2
三信 628-2
三首引 627-1
三迦葉 607-2
三律儀 668-2
三卽一 644-1
三面大黑 1133-1
三恒河沙 616-3
三乘 638-2-1328-2-11
三乘家 639-1
三乘敎 639-1
三乘一乘 426-3-13
三乘三寶 659-3-28
三乘別敎 537-2-12, 699-3-19
三乘通敎 537-3-14, 699-3-21
三乘共十地 923-2
三乘通相五逆 514-3
三乘共學十地 639-1
三乘無漏種子 639-1
三乘差別の敎門 537-2-26
三乘眞實一乘方便 639-1
三時 630-1
三時花 631-2
三時性 631-1
三時業 631-1
三時敎 614-1, 630-3
三時敎判 631-1
三時年限 773-2
三時念佛 631-1
三時坐禪 631-1
三時諷經 631-2
三時の花の宮 631-2
三草 618-1
三草二木 618-2
三根 ,473-3616-2
三根坐禪說 616-3
三師 621-2
三師七證 622-1
三家 613-2
三家二卽 614-2
三病 654-3
三病人 655-2
三能 657-1-5, 652-3
三能變 652-3
三祕密 654-2
三祕密身 654-2
三眞如 879-3
三眞實 629-3
三涅槃 652-2
三涅槃門 652-2
三馬 666-3
三鬼 609-2
三索 618-3
三衰 639-2
三修 624-2
三倒 644-3
三株 624-2
三迷 666-3
三逆 610-3
三退屈 644-2
三荒章 607-1
三悔法 614-3
三般若 654-1, 1437-3
三流の眞言 668-1
三部 449-2, 657-1, 1678-2
三部主 1100-2
三部母 1100-2
三部色 1100-3
三部經 657-2
三部三點 1100-1
三部大法 657-2
三部主色 657-1
三部印信 657-2
三部明王 1100-2
三部明妃 1100-2
三部忿怒 1100-2
三部長講 657-2
三部被甲 658-3
三部祕經 658-2, 1459-3
三部都法 658-2
三部種子 826-1, 1100-3
三部數珠 1100-3

三部灌頂 657-1
三部降三世 223-1
三部假名鈔 657-2
三部護摩法 1100-3
三密 664-2
三密觀 665-1
三密六大 665-1
三密四曼 665-1
三密用大 665-1
三密加持 665-1
三密相應 665-1
三密配屬 664-3
三密瑜伽 665-1
三密持念の印明 665-1
三密栗底尼迦耶 666-1
三國土 616-1
三國四師 616-3
三國論師 617-1
三國傳來 617-1
三國傳來三如來 617-1
三國佛法傳通緣起 617-1
三曼多 664-1
三曼颰陀 664-2
三曼陀颰陀 664-1
三曼陀犍陀 664-1
三曼陀颰陀羅 664-1
三處木叉 628-1
三處傳心 627-3
三處入法界 628-1
三處阿蘭若 627-3
三處蓮華藏世界 390-1
三假 371-2, 613-2
三假觀 614-2
三假施設 614-2
三假浮虛觀 614-3
三敎 613-3
三敎三聖 623-1
三敎旨歸 614-2, 616-3
三細 617-3
三細相 618-1
三細六麤 618-1
三淨 637-1
三淨肉 637-2
三淨頭 637-2
三條流 650-3
三條椽下 650-3
三條錫杖 650-2, 802-3
三通 649-1, 1233-2
三通力 649-1
三途川 649-2
三途八難 649-2
三啓經 613-2
三啓無常經 613-3
三梵 660-3
三堅 614-3
三寂 637-2
三術 638-1
三從 627-3
三甜 607-2
三欲 1768-2
三鳥派 659-2
三莊嚴 623-3
三淸淨 623-3
三現觀 442-3
三脫門 647-1
三無差 666-1
三無性 666-1, 1702-3
三無僞 666-3, 1722-3
三無礙 666-1
三無差別 666-2
三無性論 666-2
三無表業 666 2
三無漏根 666-3
三無漏學 666-3
三無盡莊嚴藏 666-2
三階 605-3
三階院 606-3
三階敎 605-3
三階僧 606-1
三階五級 606-1
三階五疑 606-1
三階九級 606-1
三階行者 605-3
三階佛法 606-2
三善 642-3, 643-1
三善根 643-1
三善道 643-2
三善趣 643-1
三善知識 643-2
三惡 603-3
三惡道 14-1, 603-3
三惡趣 13-2, 603-3
三惡覺 603-3
三等 650-3
三等持 650-3, 1269-1
三等流 651-1
三尊 644-1
三尊佛 644-2
三尊來迎 644-2
三惑 671-2
三惑同異斷 671-3
三跋致 654-2
三跋羅 654-2
三量 668-3, 1791-3
三智 648-1, 1187-3
三結 614-2, 396-1
三報 659-1
三牌 653-1
三發心 659-1
三菩提 660-1
三補吒 656-3
三須菩提 837-2
三棄羅章 610-1
三業 561-3, 617-1
三業供養 617-1
三業相應 617-1
三業造惡 917-2-17
三業不二門 617-2
三業四威儀 617-1
三鈷 616-1
三鈷印 616-1
三鈷柄の劍 616-1
三經 610-1
三經一論 610-2
三經通申論 610-1
三道 646-3, 1680-2
三道眞言 647-1
三聖 622-3
三聖二師 624-1
三過 611-3
三過門間老病死 612-1
三塔 644-3
三塔巡禮 644-3
三解脫 437-2
三解脫門 615-3
三鉢羅佉哆 653-3
三鉢羅陀儞雞 654-2
三愛 603-3, 1680-2
三會 672-1
三敬 610-1
三想 618-1
三塗 649-2
三達 647-1
三照 639-3
三猿 605-1
三落叉 667-3
三極少 616-3
三煩惱 1638-2-
三義觀 610-2
三萬二千の床 664-2
三種天 626-3
三種生 625-2
三種色 625-2, 690-1
三種有 624-3
三種身 626-1, 629-3
三種序 995-2
三種定 626-3
三種香 624-3
三種相 625-1
三種鬼 235-2
三種欲 627-2
三種得 626-3
三種常 626-1
三種智 626-3
三種愛 2-2
三種僧 1071-1
三種樂 627-2
三種禪 626-2, 1053-2
三種斷 626-2
三種大師 626-2
三種大智 626-2
三種三世 627-1, 641-1
三種三諦 645-3
三種三觀 625-2
三種四敎 1402-3
三種止觀 625-2, 697-2
三種心苦 626-1
三種示導 626-1
三種世間 626-2
三種布施 1528-1
三種加持 195-2
三種外道 433-2
三種光明 624-3, 325-1
三種地獄 626-3
三種成佛 626-2
三種見惑 625-1
三種作意 625-1
三種佛土 1564-1
三種佛眼 1554-1
三種身苦 626-1
三種忍行 626-3
三種舍利 625-3
三種奇特 624-3
三種念處 626-3
三種忿怒 1547-3
三種知識 1195-2
三種夜叉 627-1
三種供養 313-3
三種往生 1849-3
三種長老 626-3
三種長者 1201-2
三種法身 627-1
三種法相 627-1
三種法輪 627-1
三種法藥 1615-2
三種思惑 625-3
三種回向 627-2, 1861-1
三種相應 591-3
三種律儀 1788-2
三種神力 1004-1
三種神變 326-1, 1002-3
三種退屈 626-2
三種悔法 615-2
三種敎相 625-1
三種淨肉 889-2
三種淨業 626-1
三種淸淨 625-3780-3
三種結界 396-3
三種普賢 1518-1
三種菩提 1630-3
三種善根 626-2
三種發心 627-1
三種睡眠 626-2
三種圓融 627-2, 1872-2
三種莊嚴 625-3
771-2-25
三種慈悲 626-1, 901-3
三種精進 782-3
三種輪身 627-2
三種緣慈 621-3
三種薰習 355-3, 625-1
三種羅漢 627-2, 1775-1
三種聲聞 792-3
三種闡提 626-2
三種灌頂 347-2, 524-3
三種觀法 352-1, 624-3
三種懺法 626-3
三種四念處 525-2
三種波羅蜜 627-1
三種悉地軌 625-2
三種菩提心 627-1
三種善智識 1064-1
三種無表色 1715-3
三種等流果 1271-2
三種羯磨法 625-1
三種金剛三昧 483-1
三種即身成佛 626-2
1082-2
三種離菩提障 627-2
三種變易生死 779-2
三種律儀無表色 1716-1
三聚 637-3
三聚戒 638-1, 157-2
三聚敎 638-1
三聚經 638-1
三聚淨戒 157-2, 638-1
三聚圓戒 638-1
三聚懺悔經 638-1
三福 655-3
三福田 656-1, 1514-1
三福業 656-1, 1512-3
三福九品 655-3
三際 617-2
三際時 618-1
三僧祇 22-1, 644-1
三僧祇百大劫 644-1
三監 607-2
三慈 630-2
三疑 610-1
三漏 670-1, 1818-1
三漸 643-1
三境 610-1
三障 623-1, 764-2
三銖 624-2
三語 616-3
三綱 606-3
三魂 616-2
三懲 614-3
三箇疏 609-1
三罰業 654-2
三誓偈 639-3
三僞一眞 610-2
三精氣 623-3
三酸圖 627-2
三摩 661-1
三摩地 602-3, 662-3
735-1-20
三摩曳 662-2
三摩若 662-3
三摩底 662-3
三摩娑 662-2
三摩提 662-3
三摩越 664-1
三摩竭 662-2
三摩半那 662-3
三摩皮陀 663-1
三摩呬多 662-2
三摩地印 603-1
三摩地法 603-1
三摩地軌 603-1
三摩近離 662-2
三摩拔提 662-3
三摩婆夜 663-1
三摩耶道 663-3

三　畫

三千大

三摩耶灌頂 663-3
三摩鉢底 662-3
三摩鉢底觀 1867-3-17
三摩跋提 662-3
三摩地菩提心 603-1
三摩地念誦 603-1
1379-2-11, 142-1-26
三摩諾健那 662-3
三摩難咀囉 662-3
三輪 668-3, 1803-2
三輪身 669-3
三輪敎 669-2
三輪相 669-3
三輪化導 394-2
三輪世界 669-3
三輪體空 669-3
三輪淸淨偈 669-3
三論 670-2
三論宗 670-3
三論宗三傳 671-1
三論四釋 707-2
三論玄義 670-3
三賢 408-2, 614-3
三賢位 614-3
三賢十地 614-3
三賢十聖 417-2, 614-3
三緣 605-1
三緣慈 605-2
三緣悲 605-2
三節 640-2
三節放生 1388-3
三慧 672-1
三慧經 672-1
三樂 667-3, 1776-3
三練磨 670-1
三請 623-1
三熱 652-2
三聵 653-2
三篋 614-2
三德 651-1
三德指歸 651-2
三暮多 660-1
三億家 605-2
三雜染 620-3
三翔磨 616-3
三慕達羅 667-1
三諦 645-1, 1097-1
三諦相即 646-2
三諦圓融 646-3
三諦止觀の月 645-3
三學 608-3
三學頭 609-1
三機 609-1
三餘 667-3
三縛 654-2, 1444-3
三默堂 667-1
三磨鉢躭 662-3
三滿多跋捺囉 664-1
三儞陀那囉梯 652-1
三禪 642-3, 722-3-18
三禪天 723-1-17
三禪樂 464-1
三彌叉 664-2
三彌提 664-2
三彌底 665-2
三彌底部論 665-2
三點 649-2
三檀 647-2
三講 606-3
三齋月 618-1
三應供養 605-2
三轉 649-3
三轉語 649-3
三轉讀文 650-1
三轉法輪 650-1, 1257-1
三轉法輪經 650-2
三轉十二行相 649-3
三轉法輪十二行 650-2
三歸 609-2
三歸依 609-3
三歸受法 609-2
三歸五戒 609-3
三歸五戒功德經 609-3
三歸五戒慈心厭離功德經 609-3
三藏 619-3, 674-1
三藏佛 1551-2-13
三藏敎 620-2, 1402-2-16
三藏法師 620-3
三藏法數 620-3
三藏學者 620-2
三藐三佛陀 665-3
三藐三菩提 666-1
三藐糝帽地 666-1
三禮 667-3
三禮師 737-3-28
三覆 656-1-15
三覆八校 656-1
三醫 604-1
三舉 616-1
三職 627-3
三斷 647-3
三雜染 680-2
三關 612-1
三獸 630-2
三識 621-2, 688-2
三瀬川 1680-1
三類境 669-3
三顚倒 650-1, 1254-1
三繩網 638-3
三寶 659-2
三寶衣 659-1
三寶印 660-1
三寶物 660-1
三寶恩 660-1
三寶階 659-1
三寶繪 660-1
三寶藏 659-1
三寶加持 660-1
三寶荒神 660-1
三覺 607-1
三難 652-1
三蘊 604-3
三魔 660-3, 1642-3
三懺 618-3, 640-3
三攝提 640-2
三觀 612-3
三變 658-3
三變土田 658-3
三權一實 72-2
千二百羅漢 1047-2
千二百五十人 1047-1
千二百舌功德 1047-2
千二百耳功德 1047-2
千二百意功德 1047-2
千七百則 1040-1
千化 1039-1
千中無一 1046-2
千日講 1047-1
千日精進 1047-1
千手 1041-1
千手堂 1042-2
千手軌 1041-1
千手經 1041-1
千手千眼 1042-2
千手の眞言 1041-1
千手の神咒 1041-1
千手觀音 1041-1
千手陀羅尼 1042-2
千手の二十八部 1041-1
千手千眼儀軌經 1042-2
千手觀音曼荼羅 1041-2
千手觀音小咒印言 1042-1
千手觀音二十八部衆 1042-1
千本率都婆 1050-3
千本釋迦堂 1050-2
千本釋迦念佛 1050-2
千光眼 1039-1
千光法師 1039-1
千光院僧都 1039-1
千如 1047-2
千如是 1047-2
千百億化身 1048-2
千里駒 1051-1
千佛 1049-1
千佛因緣經 1049-2
千佛出興異說 1411-3
千是 1042-3
千法明門 1049-2
千度觸犯不捨離印明 1046-3
千眼天 1039-2
千眼千臂觀世音 1039-2
千眼千臂觀世音菩薩陀羅尼神咒經 1039-2
千部會 1049-2
千部論師 1049-2
千部讀經 1049-2
千無一失 1050-3
千葉臺 1038-2
千聖不傳 1040-3
千載給仕 1039-3
千箇寺参 1038-3
千僧齋 1042-3
千僧御讀經 1042-3
千輻輪相 1048-3
千輻輪之趺 1048-3
千燈 1198-2
千燈會 1046-3
千壇阿彌陀供養法 1045-3
千轉經 1046-3
千轉觀世音呪經 1046-3
千觀 1039-1
大 1122-3, 1645-1-29
大七寶經 1137-2
大七寶陀羅尼經 1137-2
大力王 1168-2
大力大護明妃 1168-2
大三災 1136-1, 1154-1
大三摩惹經 1136-2
大千 1147-3
大千界 1147-3
大千世界 1148-1
大大超 1242-2-5
大小二乘 426-3-10
1147-1, 1327-3
大小二敎 1147-1
大小三藏 620-2
大士 1140-3
大士籤 1142-2
大已 1131-3
大丈夫論 1149-2
大天 1149-3
大天三種無間 1150-1
大天五事妄語 1150-1
大日 1151-3, 1500-1-8
大日と釋迦 1153-1
大日宗 1152-2
大日供 1152-2
大日經 1151-3
大日業 1152-2
1793-3-6, 1822-3-4
大日三部 659-2
大日如來 222-3-17
1152-2, 1207-2-19
1792-2-19
大日經疏 1151-3
1152-1-2
大日覺王 1151-3
大日師子座 477-1-7
大日經三句 611-1
大日經義軌 1152-1
大日經義釋 1152-1
大日經不思議疏 1152-2
大日經根本煩惱 506-1
大日如來四種身 1153-3
大日所現三菩薩 1153-3
大日大聖不動明王 1153-3
大日金輪覺勝印明 1153-2
大化 1131-1
大王 1169-1
大王給侍阿私仙 16-3
大幻 1651-1-10
大幻師 1131-2
大水火 1146-3
大火災 1146-3
大火災 1131-1
大火聚 1130-2
大方便 1155-3
大方等 1155-2
大方廣 1154-1
大方廣佛 1154-2
大方等大集經 1155-2
大方等無想經 1155-2
大方等修多羅王經 1155-2
大方廣三戒經 1154-1
大方廣十輪經 1154-2
大方廣佛冠經 1155-1
大方廣寶篋經 1155-1
大方廣菩薩藏 1155-1
大方等如來藏經 1155-2
大方等陀羅尼經 1155-2
大方廣如來藏經 1154-3
大方廣師子吼經 1154-2
大方便佛報恩經 1155-3
大方廣佛華嚴經 1154-2
大方廣菩薩十地經 1155-1
大方廣文殊儀軌經 1155-2
大方廣普賢所說經 1155-1
大方廣善巧方便經 1154-2
大方廣總持寶光明經 1154-2
大方廣如來秘密藏經 1154-3
大方廣佛華嚴經修慈分 1154-3
大方廣如來不思議境界經 1155-1
大方廣圓覺修多羅了義經 1155-2
大方廣佛華嚴經入法界品 1154-3
大方廣入如來智德不思議經 1154-3
大方廣佛華嚴經不思議佛境界分 1154-3
大方廣佛華嚴經入法界品四十二字觀門 1154-3
大方廣佛華嚴經入不思議解脫境界普賢行願品 1154-3
大方廣佛華嚴經入法界品頓證毘盧舍那法身字輪瑜伽儀軌 1154-3
大牛車 1135-1
大心力 1140-2
大心海 1140-2
大心衆生 1647-3-27
大元法 1131-2
大元尊 1131-2
大元明王 1131-3
大元帥法 1131-2
大比丘 1161-1
大比丘三千威儀 1161-1
大中小劫 468-3
大中童子 1149-1
大內神道 151-2

大孔雀王 1129-3
大孔雀呪王經 1129-3
大孔雀明王畫像壇場儀軌 1129-3
大不善地法 736-1-15, 1162-1
大本 1165-2
大仙 1147-3
大仙戒 1147-3
大生主 1138-2-9, 1649-3-9
大生義經 1137-3
大白衣 1161-1
大白華 1161-2
大白光神 1161-1
大白牛車 77-1-20, 1161-2
大白蓮華 1651-2-13
大白傘蓋經 1161-2
大白傘蓋佛母 1161-2
大弘誓 1130-3
大叫地獄 1216-1-28
大叫喚地獄 1131-1, 1216-2-19
大目犍連 1651-2-20
大正句王經 1137-3
大名 1649-2-24
大衣 1126-1
大寺 1140-3
大有 436-1-19
大有情 1647-2-13
大有經 1125-3
大地 1149-1
大地法 1149-1
大地獄 1756-2-24
大地の四輪 858-2
大收敎 1312-3-7
大自在 1141-1, 1654-1-6
大自在宮 1141-1
大自在天 434-1-13, 936-1-2, 1141-1, 1858-1-15
大自在天外道 1142-2
大自在天と男根 1142-1
大自在王菩薩 1142-2
大自在天子因地經 1142-2
大安寺 1123-3
大安慰 1124-1
大安般經 1123-3
大安樂經 1123-3
大安鎭法 1123-3
大安般守意經 1123-3
大安樂不空金剛眞實菩薩 1124-1
大妄語戒 1673-3-19
大行事 1128-3
大行道 1128-3
大吉祥天 1128-2
大吉祥經 1128-2
大吉祥金剛 1128-3
大吉義神呪經 1128-2
大吉祥天女十二名號經 1128-3
大吉祥天女十二契一百八名無垢大乘經 1128-2
大吉祥陀羅尼經 1128-2
大光明佛 1130-1
大光明王 1130-1
大光普照 1130-1
大光普照觀音 1130-1, 1820-2-21
大光明王發心因緣 1130-1
大光明王捨頭施婆羅門 1130-1
大耳三藏 1151-2
大印身定 1125-3
大休歇底 1128-2
大死底人 1137-2
大因陀羅座 1125-3
大因陀羅壇 1125-3
大因陀羅觀 1125-3
大我 1128-1
大戒 1126-3
大車 1137-2
大利 1168-2
大身 1140-2
大身佛 1742-1-1
大劫 1134-1
大劫賓寧 1134-1
大佛 1162-1
大佛頂 1162-2
大佛頂法 1162-3
大佛頂呪 1162-2
大佛頂經 1162-2
大佛頂三昧 1162-2
大佛頂念誦法 1163-2
大佛頂曼荼羅 1162-3
大佛頂如來心呪 1162-2
大佛頂白傘心呪 1163-2
大佛頂如來放光悉怛多鉢怛陀羅尼 1162-3
大谷派 1128-2-8
大伽藍 1128-1
大妙經 1167-2
大沙門 1138-3
大沙門統 1138-3
大沙門百一羯磨法 1138-3
大座參 1136-3
大座湯 1136-3
大赤魚 1816-2-17
大赤華 1138-3
大赤團花 1651-2-10
大忍法界 1154-1
大命 1167-1
大門 1167-3
大夜 1167-3
大姉 1137-1
大服 151-3
大呪 1143-3
大板 1156-2
大事 1140-3
大事因緣 1140-3
大定 1149-2
大定智悲 1149-2
大念 1154-1
大念佛 1154-1
大念佛寺 1154-1
大青 1137-3, 1649-3-4
大青面金剛 1138-3
大空 1129-1
大空字 1129-2
大空點 1129-2
大空聲 1129-2
大空三昧 1129-2
大空之戰具 1129-1
大空行三昧 1129-1
大空曼荼羅 1129-2
大明 1167-1
大明王 1167-2
大明呪 1167-1
大明經 1167-1
大明呪經 1167-1
大明度經 1167-2
大明度無極 1167-2
大明三藏法數 1167-2
大明三藏聖敎目錄 1167-2
大法 1165-1, 1675-1-16
大法雨 1165-1
大法會 1165-2
大法慢 1165-2
大法螺 1165-2
大法師 151-2
大法師位 1165-2
大法鼓 1165-1
大法鼓經 1165-1
大法緊那羅 1165-1
大法炬陀羅尼經 1165-2
大和尙 1169-2
大和尙號 1169-2
大和竭羅 1169-2
大林精舍 1168-3
大依止處 132-2
大波羅蜜 1156-2
大陀羅尼 1148-3
大阿羅漢 1123-3
大阿彌陀經 38-3, 1123-2
大拘絺那 1129-3
大拘絺那經 1129-3
大金剛位 1134-2
大金剛輪印明 496-1
大金色孔雀王 1134-2
大金色孔雀王呪經 1129-3
大金色孔雀明王呪經 1134-2
大官大寺 1130-2
大使呪法經 1137-1
大宗地玄文本論 1139-1
大周刊定衆經目錄 1137-1
大忿怒金剛童子念誦瑜伽法 1162-1
大界 1126-3
大界外相 1126-3
大品 1165-3
大品經 1165-3
大品般若經 1166-3
大信 1140-2
大信心 1140-2
大信心海 1140-2
大香 1127-1
大拏 1151-2
大洲 1137-1
大迦葉 1127-3, 1466-1-21
大迦葉本經 1127-3
大迦葉問大寶積正法經 1127-3
大迦旃延 1127-3
大迦多衍那 1127-3
大施主 1147-2
大施行 1147-1
大施會 1147-2
大施太子 1147-2, 1839-2-18
大施菩薩 1147-2
大威德 1169-3
大威德王 222-1-9
大威德法 1170-1
大威德者 1169-3
大威德呪 1169-3
大威德尊 1169-3
大威曜義 1169-2
大威德生印 1169-3
大威德明王 1170-1
大威德陀羅尼經 1169-3
大威德迦樓羅王 1169-3
大威光燈仙人問經 1169-2
大威光大菩薩三昧耶 1169-2
大威德金輪佛頂熾盛光如來 1169-3
大威德金輪佛頂熾盛光如來消除一切災難羅陀尼經 1169-3
大苦海 1129-3
大哀經 1123-1
大染法 1148-1
大度師 1151-2
大律師 1168-3
大相看[ダイシャウケン] 1135-3
大風災 1161-3
大紅蓮 1130-3
大紅蓮華 1649-3-20
大毘婆沙論 1161-1
大毘盧遮那 1161-3
大毘盧遮那經 1161-3
大毘盧遮那成佛神變加持經 1161-3
大毘盧遮成佛神變加持經略示七支念誦隨行法 1161-3
大哉解脫服 1135-3
大乘 1144-1, 1327-3-10
大乘天 1146-1, 1652-2-13
大乘心 1145-3
大乘因 1144-3
大乘宗 1145-3
大乘會 1146-3
大乘基 1145-1
大乘經 1145-1
大乘道 1146-1
大乘敎 1145-2
大乘戒 1144-3
大乘戒經 1144-3
大乘戒壇 1144-3
大乘三藏 620-2
大乘四果 1146-1
大乘五位 1146-1
大乘止觀 1145-2
大乘玄論 1145-2
大乘始敎 522-3-5
大乘終敎 522-3-10
大乘妙經 1146-2
大乘結集 401-2
大乘律宗 1146-2
大乘純界 1145-3
大乘義章 1145-1
大乘聲聞 1145-3
大乘法師 1146-2
大乘法相敎 523-1-3, 1146-2
大乘敎九部 1145-2
大乘破相敎 523-1-4, 1146-2
大乘起信論 1145-1
大乘緣生論 139-1
大乘善根界 1145-3
大乘無上法 1146-2
大乘戒持犯相 159-1
大乘二種成佛 1146-1
大乘莊嚴經論 566-1-21
大乘無作大戒 1146-2
大乘對倶舍鈔 1146-1
大乘別途五逆 515-1
大乘菩薩十地 923-3
大乘方等經典 1146-2
大乘の涅槃經 1373-369
大乘十八不共法 1516-1
大乘金剛理趣經 1145-2
大乘現證三昧耶 1145-2
大乘十種淸淨禁戒 159-1
大乘金剛薩埵儀軌 1145-2
大海 1126-3
大海印 1127-1
大海衆 1127-1
大海十相 1127-1
大海八不思議 1126-3
大師 1136-3
大師號 1136-3
大師講 1137-1
大峯 151-3
大峯入 152-1
大悟 1134-3
大根 1134-1
大祖 1137-2
大退 1148-3
大般若 1156-2
大般若經 1156-3

三 畫

大

大般涅槃 1156-1
大般涅槃經 1156-1
大般泥洹經 1156-1
大般若供養 1156-3
大般若開題 1156-2
大般若轉讀 1156-3
大般舟三昧經 1156-2
大般涅槃經疏 1156-2
大般涅槃經論 1156-2
大般涅槃經後分 1156-2
大般若波羅蜜多經 1156-3
大神力 1146-3
大神呪 1146-3
大准提 1144-1
大准提經 1144-1
大准提菩薩焚修悉地懺悔玄文 1144-1
大鬼道 1128-2
大娑羅 1138-3
大展三拜 1150-2
大原三寂 151-2
大原問答 151-3
大恩教主 1126-2
大笑明王 1147-1
大宮權現 152-1
大唐內典錄 1148-3
大唐衆經音義 1148-3
大祕密王曼拏羅 1161-1
大梵 1165-3
大梵天 1165-3, 1637-2-4
大梵王 1166-3
大梵王宮 1166-3
大梵天王 1166-2
大梵外道 434-1-14
大梵深遠 1165-3
大梵如意天 1166-3
大梵深遠觀音 1820-2-21
大梵天王問佛決疑經 1166-2
大教 1131-1
大教網 1131-1
大教王經 1131-1
大曼 1166-3
大曼荼羅 1166-3, 1670-1-19
大曼荼羅王 1166-3
大船 1147-3
大船師 1148-1
大魚 1128-3
大魚事經 1128-3
大通 1149-2
大通智勝 1149-2
大執 705-1-30
大蛇 1143-2
大梅 1158-2
大術 1651-1-10
大寂定 1143-3
大寂滅 1143-3
大寂法王 1143-3
大寂室三昧 1143-3
大寂靜妙三摩地 1143-3
大御室 151-2
大御影供 152-1
大族王 1148-2
大秦寺 1140-2
大袈裟 151-2
大祥忌 1143-3
大域龍 50-3-5, 1124-1
大莊嚴經 1138-1
大莊嚴論 917-1-13, 1138-1
大莊嚴論經 1138-1
大莊嚴經論 1138-1
大莊嚴世界 1138-1
大莊嚴三昧經 1138-1
大莊嚴法門經 1138-1
大通結緣 394-3
大陰界入 1126-2
大婆羅門 1159-3
大淨法門經 1143-3
大無量壽經 1167-2
大堅固婆羅門 1131-2
大堅固婆羅門緣起經 1131-2
大悲 1159-3
大悲心 1160-1
大悲呪 1160-1
大悲者 1160-1
大悲經 1159-3
大悲壇 1160-3
大悲懺 1160-1
大悲の弓 1159-3
大悲三昧 1160-1
大悲方便 916-2-6
大悲代苦 1160-3
大悲利物 1161-1
大悲胎藏 1160-2
大悲普現 1160-3
大悲菩薩 1161-1
大悲闡提 1160-2
大悲觀音 1160-1, 1820-2-20
大悲懺法 1160-2
大悲懺儀 1160-2
大悲千手獄 1160-2
大悲千地獄 1160-2
大悲代受苦 1160-3
大悲胎藏業 1160-2
大悲觀世音 1160-1
大悲曼荼羅 1161-1
大悲鎧冑門 1159-3
大悲四八之應 1159-3
大悲分陀利經 1160-3
大悲心陀羅尼 1160-1
大悲胎藏三昧 1160-2
大悲胎藏八字法 1160-2
大悲胎藏曼荼羅 1160-3
大悲觀世音菩薩讚 1160-1
大悲心陀羅尼修行念誦略儀 1160-1
大悲生心三昧耶 1160-1
大悲空智金剛大教王儀軌經 1160-1
大黑 1647-1-20
大黑天 1132-1
大黑と米 1133-3
大黑と鼠 1124-1
大黑眞言 1133-1
大黑礫飛法 1133-2
大黑と黑色 1133-2
大黑祭と甲子日 1134-1
大黑天供相應物 1133-2
大衆 1139-1
大衆印 1139-1
大衆部 818-3-23, 1139-2
大衆莊嚴 771-3-17
大衆生彌盧 1139-1
大衆威德畏 565-1-27
大衆結緣 1139-3
大智 1149-1
大智藏 1149-1
大智度論 1149-1
大智慧門 1149-1
大智灌頂地 1149-1
大智慧光三昧經 1149-1
大雄 1170-3
大雄峯 1170-3
大超 1242-2
大統 1150-3
大疏 1139-3, 1142-1-4
大集經 1142-3
大集日藏經 1143-2
大集月藏經 1143-1
大集法門經 1143-2
大集賢護經 1143-2
大集須彌藏 1143-2
大集經賢護分 1143-1
大集會正法經 1143-2
大集譬喻王經 1143-2
大集經菩薩念佛三昧分 1143-1
大集大虛空藏菩薩所問經 1143-2
大雲院 1126-1
大雲經 1125-3
大雲光明寺 1126-1
大雲密藏經 1126-1
大雲無相經 1126-1
大雲請雨經 1126-1
大雲輪請雨經 1126-1
大菩薩 1165-2
大菩提 1165-2
大菩薩號 1165-2
大菩提心 1165-3
大菩提幢 1165-3
大善利 1148-1
大善地法 735-1-23, 1148-1
大善知識 1148-1
大普賢 482-2-30, 1161-3
大普賢地 712-3-29
大寒林 1128-1
大寒林聖難拏陀羅尼經 1128-1
大惡業 1695-3-17
大惡象 1123-2
大童子 1151-2-13
大黃湯 1169-2
大開靜 1127-1
大虛空藏 1132-1
大虛空藏印明 1132-1
大虛空藏普通供養印 943-1-25
大虛藏菩薩念誦法 1132-1
大勝金剛 1139-3
大勝金剛心眞言 1140-1
大華嚴寺 1131-1
大華嚴長者 1131-1
大華嚴長者問佛那羅延力經 1131-1
大鈎召印 1131-3
大焦熱地獄 1047-1
大聖 1137-3
大聖天 1138-2
大聖主 1138-2
大聖世尊 1138-2
大聖妙吉祥 1138-2
大聖歡喜天 1138-1
大聖金剛夜叉 1138-1
大聖曼殊室利童子 1138-2
大聖文殊師利菩薩 1138-3
大聖歡喜天雙身毘那耶加法 1138-1
大聖妙吉祥菩薩說除災教令法輪 1138-2
大聖曼殊室利童子五字瑜伽法 1138-2
大聖歡喜雙身毘那夜迦天形像品儀軌 1138-1
大聖歡喜雙身大自在天毘那夜迦天形像品儀軌 1138-1
大聖妙吉祥菩薩秘密八字陀羅尼修行曼荼羅次第儀軌法 1138-2
大意 1097-3
大意經 1124-1
大會 1170-1
大會衆 1170-2
大愚 1130-3
大經 1128-3
大雅 1128-1
大愛道 1123-2, 1649-3-9
大愛道般涅槃經 1123-2
大愛陀羅尼經 1123-2
大愛道比丘尼經 1123-2
大愛道般泥洹經 1123-2
大愛道施佛金縷袈裟 1123-2
大圓覺 1170-2
大圓寂入 1650-1-7
大圓鏡智 550-1-13, 1187-3-14, 1170-3
大圓鏡智觀 1170-1
大勢至 1147-1
大勢佛 1147-1
大義渡 1128-3
大義門莊嚴 771-3-5
大滅度 1650-1-7
大滅諦金剛智 1167-2
大飲光 1167-2
大道心 1148-2
大勤勇 1135-3
大瑜伽 1167-3
大犍度 423-3-2
大煩惱地法 736-1-6, 1166-3
大號叫地獄 1128-1
大極智到彼岸 1649-3-25
大慈 1140-2
大慈尊 1142-2
大慈悲 1142-3
大慈悲門 1142-3
大慈大悲 1142-2
大慈方便 916-2-5
大慈觀音 1820-2-20
大慈恩寺 1141-1
大慈恩寺三藏 1141-1
大慈恩寺三藏法師傳 1141-1
大僧 1148-1
大僧正 1148-2
大僧統 1148-2
大僧都 1148-2
大僧大經 1148-2
大僧威儀經 1148-2
大種 1130-1
大種性自性 895-2-11
大夢 1167-2
大慢 1166-3
大綱 1097-3
大滿願義 1166-3
大慶喜心 1128-3
大漸愧心 732-1-27
大樂 1168-1
大樂不空 1168-1
大樂金剛 1168-1
大樂金剛薩埵 1168-1
大樂金剛不空眞實三摩耶 1168-1
大樂金剛薩埵修行成就儀軌 1168-1
大樂金剛不空眞實三摩耶經 1168-1
大樂金剛不空眞實三昧耶經般若波羅蜜多理趣釋 1168-1
大慧 1170-1, 1650-1-14
大慧書 1170-2
大慧刀印 1170-2
大慧武庫 1170-2
大慧語錄 1170-2
大慧到彼岸 1650-1-23
大德 1151-3
大德衆 709-2-3
大德寺 1151-1
大德寺開山忌 1151-2
大賢 1131-2
大翔磨印 1127-3
大翔磨輪 1127-1

大輪金剛 1168-3
大輪金剛修行悉地成就及供養法 1168-3
大熱地獄 1216-2-1
大樓炭經 1169-1
大蓮華法藏界 1168-3
大蓮華智慧三摩地智 1169-1
大樹 1144-1
大樹仙人 1144-1
大樹緊那羅 1144-1
大樹緊那羅王所問經 1144-1
大樹緊那羅瑠璃琴 260-1
大論 1169-1
大壇 1148-3
大燈 1150-3
大機 1128-2
大隨求 1146-3
大隨求菩薩 1147-1
大隨求菩薩法 1147-1
大隨求陀羅尼 1146-3
大隨求陀羅尼經 1146-3
大導師 1148-3
大澤流 157-2
大龍象 1649-3-14
大龍權現 1168-3-9
大熾盛光 1137-1
大熾盛光法 1137-1
大辨財天 1164-2
大興善寺 1132-1
大燒炙地獄 1216-2-20
大齋 1135-3
大齋會 1135-3
大應 1126-1
大應供 1126-2
大禪佛 1148-1
大禪師 1148-1
大總相法門 1148-1
大藏 1136-2
大藏會 1136-2
大藏經 1136-3
大藏一覽 1136-2
大藏目錄 1136-2
大醫 1124-1
大醫王 1125-3
大蟒神 1655-1-2
大轉輪王 1150-3
大轉輪佛頂 1149-3
大薩遮尼犍子 1135-3
大薩遮尼犍子受記經 1136-1
大薩遮尼犍子所說經 1136-1
大願 1130-3
大願船 1130-3
大願業力 1130-3
大願平等方便 1131-1
713-3
大願淸淨報土 1130-3
大顚 1150-2
大嚫 1140-2, 1179-1-26
大羅國 1168-3
大羅漢 1168-1
大寶 1164-2
大寶坊 1164-3
大寶海 1164-2
大寶藏 1164-3
大寶華 1164-3
大寶華王 1164-3
大寶摩尼 1165-1
大寶積經 1164-3
大寶華王座 1164-3
大寶積經論 1164-3
大寶廣博樓閣善住祕密陀羅尼經 1164-3
大覺 1127-1, 1127-2
大覺母 1127-3
大覺寺 1127-2, 1650-3-25
大覺世尊 1127-3
大鐘 1137-3
大勸進 1130-2
大鐵圍山 1149-3
大魔 1166-3
大灌頂 1130-2
大灌頂經 1130-2
大灌頂幡 1130-3
大灌頂光眞言 1130-2
大灌頂神呪經 1130-2
大辯天 1164-2
大辯才天 1163-2
大辯功德天 1163-2
大辯才功德天 1163-2
大辯天の十五童子 1164-2
大護印 1134-3
大攝受 1147-2
大權 1135-2
大權善經 1135-2
大權修利菩薩 1131-2
大權神王經偈頌 1135-3
大鑑 1127-3
大讚 1136-1
大讚誦 1651-2-22
上人 787-3
上上人 967-3
上上禪 967-3
上士 966-1
上下八諦 964-1
上方 972-2
上手 966-3
上元燒燈 964-2
上衣 962-1
上行菩薩 963-1
上求本來 963-3
上求菩提 963-3
上足 968-3
上肩 964-1
上肩順轉 964-1
上卓 966-3
上供 963-2
上板 972-3
上品上生 974-3
上品下生 974-3
上品中生 974-3
上品相好 592-3-18
上品蓮臺 974-3
上品上生の高野山 181-3
上首 966-2
上首莊嚴 771-3-1-9
上衍 962-1
上界天 962-2
上茅城 974-2
上宮疏 963-2
上宮皇子 963-3
上宮聖靈 963-2
上宮太子講 963-2
上流 976-2
上流般 976-2, 1518-3-22
上流般涅槃 976-2
上乘 968-1
上乘密宗 968-1
上乘瑜伽 968-1
上座 965-2
上座部 .818-3-13, 966-1
上座十法 965-2
上草 964-3
上根 964-2
上堂 968-3
上堂牌 969-1
上祭 964-3
上副寺 973-2
上間 962-2
上着衣 969-2
上煩惱 974-3
上慢 975-1
上慢聲聞 792-3-21
上綱 962-2
上盡一形下至一念 968-2
上翟 972-2, 653-3-6
上翟觀 972-2
上翟觀即便往生 972-2
上趣 966-2
上慧下能 976-2
上藕 976-1
上轉 970-1
上讀法門 115-2
上䫂 967-1
干栗駄 210-2
于時奉事 106-1
于時奉事經於千歲 106-1
于遁 111-3
于遮那摩羅 105-1
于闍羅 106-2
干闐 111-1
土地神 1278-1
土地堂 1278-1
土地諷經 1278-1
土砂加持 1288-2
土砂供養 1288-3
土御門御門跡流 1235-2
土葬 1288-1
土塔會 1289-1
土麨 1288-3
土羅遮 1278-3, 1289-3
土饅頭 1289-2
士 1781-3-11
士夫見 754-3
士用果 845-2
工夫 308-1
工巧明 290-1
工巧無記 1693-3-29
工伎兒 287-1
下八地 439-2, 459-2
下口食 430-3
下火 14-3, 430-3
1479-2-18
下化 430-3
下化衆生 430-3
下生經 432-2
下衣 555-2
下地 438-3
下地麁苦障 438-3
下劣乘 440-1
下劣轉 1245-3-17
下至一念 432-2
下忍 439-1
下炬 431-1
下品 439-2
下品相好 592-3-20
下品上生 739-3
下品下生 439-3
下品中生 739-3
下界 429-3
下根 431-2
下乘涅槃障 914-3-3
下堂 23-1
下捺 33-3
下副寺 22-1
下間 430-1
下衆 432-2
下鉢 28-3
下僧 433-1
下種 432-3
下語 432-1
下塵 439-1
下翟 653-2-9
下翟觀 439-2
下轉 439-1
下臘 440-1
丈六 1226-3
丈六堂 1226-3
丈夫 1226-1
丈夫拜 974-1
丈夫國 1226-1
丈夫志幹 1226-1
己心 466-2
己心法門 466-2
己心中所行法門 465-3
己身彌陀唯心淨土 465-2
己利 422-2
己界 456-2
己證 465-1
已今當 52-1
已今當說 52-1
已今當の往生 52-1
已生善 1329-1-19
已知根 62-2, 474-1-6
666-310
已達大德 56-2
已辨地 923-2-21
已講 51-3
尸 631-3
尸尸婆 704-3
尸半尸 752-3
尸多婆那 724-3
尸利 856-3
尸利夜 857-3
尸利沙 857-1
尸利沙迦 857-2
尸利佛逝 857-3
尸利毱多 857-1
尸利漫陀 857-3
尸利崛多長者經 857-1
尸林 858-2
尸陀 725-1
尸陀林 727-2
尸毘 753-2
尸毘王 1839-2-16
尸毘迦 733-2
尸迦羅越 688-1
尸迦羅越六方禮經 688-1
尸城 719-1
尸梨伽那 857-1
尸棄 690-3, 1637-2-5
尸棄佛 694-1
尸棄那 693-3
尸棄毘 693-3
尸摩賒那 759-3
尸賴拏伐底 856-2
尸羅 856-1
尸羅幢 856-1
尸羅四義 856-1
尸羅淸淨 856-1
尸羅鉢頗 856-2
尸羅達磨 856-2
尸羅跋提 856-2
尸羅拔陀提 856-2
尸羅跋陀羅 856-2
尸羅不淸淨 856-3
尸羅阿迭多 856-1
尸羅波羅蜜 856-2
尸羅淨無欽 329-3-3
尸羅莊洩具相應戒 856-1
子安觀音 472-1
子果 696-3
子持聖 471-3
子院 859-2
子嶋 466-1
子滿果 760-2
子縛 752-3
子斷 727-2
子璿 685-2
叉十 805-3
叉手 805-1
叉拏 807-1
叉磨 809-2
叒葉林 998-3
亡五衆物 1643-3
亡者 1644-2

亡者來夜 1296-2
亡智 1644-3
亡魂 1793-2
口 276-3
口力外道 316-2
口力論師 434-3-22
口力論師計下虚空
　爲萬物因 436-2-20
口不淨 916-2-26
口四 291-2
口印 277-2
口安樂行 276-3, 682-1-24
口忍 305-3
口和 318-3
口和敬 1845-1-17
口訣 289-3
口疏 300-1
口惡說 276-3
口稱 220-3, 294-3
口稱三昧 294-3
口傳 302-3
口傳鈔 302-3
口業 561-3-4, 290-3
口業供養 290-3
口業莊嚴 771-3-15
口無失 944-3-21
口輪 316-3
巾瓶侍者 895-1-9
山の念佛 1755-3
山の法師 1755-3
山斤 610-1
山王 1051-2, 671-1
山王院 1870-2-28, 671-2
山王七社 671-1
山王二十一社 671-2
山元派 971-2-24
山水衲 639-2
山世 639-2
山外宗 612-2-615-3
山田法師 1755-2
山伏 1755-3
山伏二流 1755-3
山羊角碎金剛 475-2
山寺二門 631-1
山形柱杖 610-3
山門 667-1
山門疏 667-1
山門八流 667-2
山門五箇灌室 344-1
山門兩脇金剛神 485-2
山門剛雨脇金迹經 494-1
山座主 1755-2
山科連署記 1755-2
山徒 650-3
山家 615-3
山家戒 615-3
山海如來 1038-2
山海空市 605-3
山海慧自在通王如來 1038-2
山毫 608-3
山階寺 1755-2
山階寺涅槃會 1376-2
山僧 644-1
山隣 668-3
山頭念誦 651-1
山籠 1755-2
小千 1022-3
小千世界 1022-3
小三災 1019-3, 617-2
小川流 1873-1
小王 1024-1
小五條 464-2
小止觀 697-2-20, 1020-1
小水の魚 1022-2
小水穿石 1022-2
小本 1023-2
小玉 466-2
小玉檀郎 1019-2
小四相 1020-1
小白華 1023-2
小目連 1023-3
小行 1013-2
小地獄 1759-2-24
小妄語 1841-3-9, 1023-3
小妄語戒 1023-3
小劫 1019-2
小赤華 1020-2
小豆粥 207-1-5
小別當 471-1
小宗 1020-2
小空 1019-2
小念 1023-1
小法 1023-2
小拈香 1023-1
小金剛輪印明 496-1
小食 1020-2
小便 1023-2
小律儀 1024-1
小品經 1023-2
小品般若波羅蜜經 1023-3
小乘の涅槃經 1373-3-3
小乘 542-1-7, 1020-3
　1327-3-10
小乘教 522-3-3, 523-1-3
小乘經 1022-2
小乘戒 1022-1
小乘二部 1021-1
小乘九部 1022-1
小乘三印 1022-2
小乘三藏 620-1
小乘五部 1021-2
小乘五位 578-1
小乘四門 1022-2
小乘四部 1021-2
小乘戒壇 1022-1
小乘外道 434-3-1, 1022-2
小乘涅槃 1372-1
小乘十八部 1021-2
小乘有部宗 1803-3
小乘偏漸戒 1022-2
小乘の佛乘 542-1-3
小乘二家涅槃 1372-3
小乘の緣覺乘 542-1-3
小乘の聲聞乘 542-1-4
小乘十八不共法 1516-1
小乘寺賓頭盧爲上座 1503-3
小草 1019-3
小院 473-1
小師 1020-1
小根 1019-2
小座湯 1020-1
小參 1019-3
小參頭 1019-3
小祥忌 1020-3
小野六帖 1873-3
小野六流 1873-3
小野仁海 1853-1-8
小野僧正 1873-3
小超 1242-1-26
小菊派 457-1
小聖 1020-1
小經 1019-1
小煩惱地法 736-1-18
　1023-2, 1638-2-4
小僧 468-2
小遠 1024-1
小賣弄 1023-1
小幡流 466-2
小樹 1020-3
小靜 1020-3
小機 1019-1
小彌陀經 1023-3
凡小 1636-2
凡小八倒 1636-3
凡夫 59-3-8, 1454-3-8
　1640-3, 1737-1-7
凡夫性 1640-3, 531-1-29
凡身 1636-2
凡性 1636-1
凡師 1316-1-29, 1635-3
凡習 1635-3
凡情 1636-2
凡愚 1635-2
凡聖 1635-3
凡聖一如 1636-1
凡聖不二 1636-1
凡聖同居土 47-3-27
　462-2-26, 749-2-28
　1636-1
凡僧 1636-3
凡種 1636-2
凡福 1640-2
凡慮 1641-3
凡識 1635-3
丸香 366-3
川の流 202-2
川流 202-3
川施餓鬼 202-2
乞士 467-1 1465-1-4
乞丐 466-3
乞食 7-1, 889-3-23
　1237-3-17, 1238-1-18
　1238-1-16
乞食袋 467-2
乞食四分 467-2
乞食十利 467-1, 954-3
乞食十爲 467-2
乞者人不愛 470-3
乞限婆羅門 460-3
乞灑 230-2
夕座 1760-3
久米寺 312-2
久成正覺 296-2
久住者 300-3
久住他國 300-3
久修堅固大願大悲 294-3
久遠 355-1
久遠劫 355-1
久遠實成 355-1
久遠實成の阿彌陀佛 355-2
久遠實成の釋迦佛 355-2
女人 1353-3
女人定 1354-1
女人拜 1354-1
女人講 1353-3
女人結界 1353-3, 397-2
女人禁制 1353-3
女人大魔王 1353-3
女人地獄使 1354-1
女人成佛願 1353-3
女人住生願 1354-1
女人往生聞書 1354-1
女人眷屬論師 434-3-10
　1355-3
女人臨難生產時 1354-1
女子出定 1350-2
女天 1353-1
女心 1830-1-16
女六欲 155-3
女犯 1355-3
女色 1350-2
女居士 466-1, 1350-1
女病 1354-2
女根 1350-1
女院仁王會 1369-2
女情 1851-2
女賊 1353-1
女髮 1874-3
女聲 1350-3
女檀越 1353-1
女鑠 1350-1

〔四　畫〕

井心 1830-1-27
井華 1015-1
井驢 1018-2
天 1244-2
天人 1256-2
天人師 996-3, 1256-2
天人五衰 1256-3
天人致敬願 1256-3
天人散花屍上 1256-2
天人丈夫觀音 1820-2-21
天人自愛撫故骨 464-1
天子 1249-1
天子魔 1249-3
天子業魔 1249-3
天子本命の道場 1249-2
天上 1250-3, 1837-3-27
天上四塔 1114-2
天上天下唯我獨尊 1250-3
天女 1256-1
天女散華 1256-1
天女畫像 262-2
天口 1256-3
天弓 1246-2
天下和順 1248-2
天王 1259-3
天王寺 1259-3
天王如來 1260-1
天王問般若 1438-2-8
天王寺一乘會 1260-1
天王太子辟羅經 1260-1
天心 1830-1-13
天中天 1254-2
天文法華亂 1258-1
天台山 1252-2
天台宗 1253-1, 1871-1-23
天台律 1253-3
天台十德 929-2
天台八教 1253-2
天台九祖 1252-2
天台三生 622-2
天台三會 1253-2
天台三教 614-1
天台大師 1191-2-7
　1253-2
天台四教 1252-3
天台四釋 707-3
天台五悔 521-3
天台相承 1252-2
天台律宗 1253-3
天台座主 1252-3
天台四相承 1252-3
天台四教儀 1252-3
天台舍利會 816-1
天台法華宗 1253-3
天台依憑集 134-1
天台八教大意 1253-3
天台宗五時教 537-1
天台四大釋例 1252-3
天台四教儀集註 1252-3
天台傳佛心印記 1253-2
天仙 1251-3
天世間 1244-3-6
天主 1249-3
天主將來 212-2-5
天耳 1255-3
天耳通 542-2-12
　1232-2-6, 1255-1
天耳智 1255-3
天耳智通 1256-1
　1232 2-12
天耳智證通 1255-3

天耳智通願 1256-1
天衣 34-1, 1245-2
天衣撫千歳 34-1
天有 1245-2
天如 1256-1
天行 1246-2
天住 1255-2
天地鏡 1254-2
天地記經錄 1254-2
天地擁護三十番神 1254-3
天竺 1255-1
天竺衣 1255-1
天竺三時 1255-1
天竺五山 527-2, 1255-1
天竺九儀 1255-1
天竺の宗派 819-3
天狗 1247-2
天使 1249-2
天法界 1592-3-22
天帝 1252-1, 1255-2
天帝弓 1252-1
天帝釋 1252-1
天帝化鼠 1371-1
天帝釋城 1252-1
天帝生驢胎 1252-1
天食 1250-2
天食時 1250-2
天眞 1250-1
天眞佛 1250-2
天眞獨朗 1250-1
天香 1246-1
天界 1246-1
天皇 1259-3
天冠 1247-1
天の瓶 206-1
天神 1251-2
天神地祇 1251-3
天宮 1247-2
天宮寶藏 1247-3
天鬼 1246-2
天乘 541-3-19, 542-1-6
542-1-11, 1251-1
天師 1249-2
天海 1245-3
天根 1248-3
天祠 1249-2
天眼 524-2-12, 524-2-18
1248-2
天眼力 1248-3
天眼明 665-2-22, 1248-3
天眼通 542-2, 1232-2-7
1248-3
天眼智 1248-2
天眼智通 1248-3
天眼智證通 1248-3
天眼智通願 1248-3
天眼自在清淨通 1232-2-10
天華 1247-3
天華舍利弗衣 1248-1
天衆 1249-3
天衆五相 1249-3
天部 1256-3
天部善神 1256-3
天授 1251-1
天堂 1254-1
天梯山 1252-2
天童 1255-2
天童山 1255-2
天童忌 1255-2
天童派 1255-3
天牌 1256-3
天尊 1251-3
天須菩提 837-3-1
1250-1
天鼓 276-3, 1246-2
天鼓雷音佛 1246-3
天鼓雷音如來 1207-2-27
天業 562-2-3
天道 643-2-18, 1253-3
天畫 1247-3
天愛 1245-1
天意樹 1245-2
天蓋 221-1-14, 1246-1
天獄 1249-1
天語 1249-1
天壽 1251-1
天壽國曼陀羅 1251-1
天樂 1776-3-4
天趣 1249-3
天德瓶 1255-2
天龍 1258-2
天龍寺 1258-3
天龍夜叉 1259-1
天龍寺派 1258-3
天龍八部 1258-3
天龍八部讃 1258-3
天親 1251-1
天樂 1246-1, 1258-2
天機 1246-2
天樹王 1251-1
天親傳 1251-2
天親攝論 543-2-4
1251-2
天諸童子以爲給使 1250-1
天羅國 1258-2
天識論 1249-3
天魔 1257-3, 1642-3-29
天魔外道 1258-1
天魔波旬 1258-1
元三 367-2
元三會 367-3
元本 675-1-21
元品能治 369-1
元品無明 1702-1-6
元心 446-1
元吉樹 441-2
元妙 450-3
元祖 368-2
元明 450-3
元照 368-2
元曉 367-2
元帥法 447-1
元初一念 367-3
元亨釋書 441-1
元興寺 367-2
元藏目錄 444-1
云云 125-1
云何唄 125-2
王三昧 1849-1
王子寶刀 1849-2
王日 1850-2
王仙 1850-1
王妃 1780-1-8
王老師 1851-1
王舍 1849-1
王舍城 1774-3-16, 1849-1
王舍城結集 399-1
王舍城結集窟內窟
外不分 399-2
王舍城結集窟內窟
外區分 400-1
王法 1850-3
王法經 1850-3
王法正論 1850-3
王法爲本 1851-1
王法正理論 1850-3
王法王論經 1851-1
王迦羅富 209-3-15
王宮會 1848-3
王膳 1850-1
支公 701-1
支分生曼荼羅 757-1
1671-2
支用 844-1
支伐羅 753-1
支那 750-3
支那十刹 527-3
支那五山 527-2
支那の宗派 819-3
支那提婆瞿怛羅 750-3
支佛 756-1
支佛地 756-2, 523-2-24
支具 698-2
支郎 856-1
支帝 747-3
支度 727-3
支婁迦讖 858-3
支提 725-1
支提山部 726-2
支提加部 726-1
支徵 742-3
支證 714-3
支識 721-2
牙字 432-3
牙菩薩 439-2
木叉 1738-1
木叉提婆 1738-1
木瓜林 1737-3
木佛 1739-1
木佉褒折娜 1737-2
木底 1738-3
木食 1738-2
木律僧 1739-2
木馬 1739-1
木魚 1737-3
木蛇 1738-2
木頭 1738-3
木槵子 1737-3
木槵經 1737-3
木槵子經 1738-1
木邊派 246-2, 971-2-15
木蘭色 175-2-2, 1739-1
木欒子 1739-1
五十法 440-2
五十音 538-1
五十惡 538-1
五十講 538-1
五十轉 539-2
五十一位 538-1
五十二位 540-1
五十二衆 539-2
五十三佛 538-3
五十三參 538-1
五十三尊 538-1
五十小劫 539-2
五十八戒 540-2
五十六位 540-3
五十四位 539-1
五十展轉 539-2
五十頌經 539-1
五十三智識 538-1
五十校計經 538-1
五十緣身經 538-1
五十二種供物 539-3
五十三善智識 1064-2
五十六億七千萬歳 540-3
五十頌聖般若波羅
蜜經 589-1
五十種無著無縛解
脫回向 539-1
五千大鬼 543-3
五八尊 558-1
五八識 557-3
五人說法 1033-3
五人說經 557-1
五入門 557-1
五力 575-2, 1783-3
五力明王 575-3
五刀 555-2
五三昧 528-1
五三八二 528-1
五千上慢 543-2
五千の增上慢 1094-2
五千五百佛名神咒經 543-2
五千五百佛名神咒
除障滅罪經 543-2
五上堂 54-2
五上分結 541-2, 596-2
五下分結 524-2, 396-2
五下分結經 524-2
五小部 542-2
五山 527-1
五山十刹 527-1
五大 544-2, 1122-3
五大色 546-1, 547-2
五大形 546-2
五大堂 547-3
五大院 549-2
五大施 547-2
五大尊 547-2
五大觀 546-3
五大論 549-2
五大疏 547-2
五大願 546-3
五大使者 547-2
五大施經 547-2
大五尊者 547-3
五大觀門 546-3
五大外道 434-3-27
五大字義 545-3
五大明王 547-3
五大地獄 531-3
五大使者經 547-2
五大虛空藏 459-1
547-1
五大尊配置 549-1
五大力菩薩 549-1
五大尊根本印 549-1
五大尊總印明 538-3
五大尊一壇法 548-3
五大虛空藏法 547-1
五大虛空藏菩薩速疾
大神驗秘密式經 547-1
五天 555-2
五天竺 555-2
五天使 1249-2
五天使者 555-2
五天使經 555-2
五天音と漢土二音 746-3
五月 521-2
五月の供花 521-3
五月の御精進 521-2
五分 567-1
五分香 567-1
五分律 567-2
五分十支 567-1
五分法身 567-1,
1605-3-24
五分戒本 567-1
五方色 529-1
五方便 557-3
五方五智 557-3
五不退 563-3
五不還天 563-1
五不正食 563-3
五不思議 563-2
五不還果 563-1
五五百年 525-3
五五菩薩 525-3
五日八講 557-1
五日十座 556-3
五支念誦法 530-2
五支略念誦要行法 536-2
五心 536-3
五手 832-1

四　畫

五

五比丘 559-3
五王經 577-2
五正行 531-2
五正色 531-3
五正食 531-2
五生 530-2
五旦望 544-2
五母子經 574-2
五失三難 530-2
五功德門 517-1
五百世 558-3
五百生 558-3
五百年 559-2
五百戒 158-2
五百部 559-2
五百問 559-3
五百雁 558-3
五百力士 1815-3-3
五百小乘 558-3
五百大願 559-1
五百之塵 559-2
五百生怨 558-3
五百仙人 558-3
五百由旬 559-3
五百估客 558-3
五百問事 559-3
五百異部 558-2
五百蝙蝠 559-2
五百獼猴 559-2
五百羅漢 559-3, 1776--1
万百世無手 558-3
五百世怨家 558-3
五百生野狐 558-3
五百弟子品 559-2
五百人授記 559-2
五百塵點劫 559-1 1231-2
五百羅刹女 1780-3
五百弟子授記品 559-1
五百雁爲五百羅漢 234-1
五百雁聞本法生天 234-1
五百幼童聚砂興塔 984-3
五百弟子自說佛起經 559-1
五字咒 537-3
五字色 529-1
五字門 540-3
五字觀 537-1
五字文殊 541-1
五字明王 540-3
五字咒品 537-3
五字眞言 537-3
五字文殊咒 541-1
五字嚴身觀 537-3 1743-2
五字陀羅尼頌 537-3
五色 529-1
五色水 529-3
五色光 529-3
五色根 529-3
五色旗 1456-2
五色鹿 529-3
五色縷 529-3
五色線 529-3
五色列次 529-2
五印 509-2
五印度 509-2
五住 553-1
五住地 553-1
五因 91-1, 509-2
五衣 512-1, 128-1
五行 514-2
五向 513-1
五旬 541-3
五妄想 572-3
五如來色 551-1
五存七欠 544-1
五同緣意識 53-1-26 556-1
五佛 566-1
五佛子 566-2
五佛色 529-2
五佛性 1556-2
五佛座 477-1
五佛會 566-3
五佛頂 1562-2
五佛頂尊 566-2
五佛五身 566-2
五佛頂經 566-2
五佛灌頂 566-2
五佛羯磨印 566-2
五佛灌頂印明 566-2
五佛頂三昧陀羅尼經 566-2
五佛生五菩薩五金剛五忿怒 550-3
五位 577-3
五位三昧 579-2
五位君臣 579-1
五位無心 579-2, 1705-2
五位顯訣 579-2
五妙 574-2
五妙欲 574-2
五妙音樂 574-2
五妙境界樂 574-2
五戒 157-1
五戒分滿 157-2
五戒果報 157-2
五戒相經 513-1
五戒の二十五神 157-2
五別所 567-3
五別境 564-2
五辛 536-2
五身 536-2, 1558-1
五序 995-2
五見 408-1, 523-3
五更 513-2
五沒 574-3
五忍 557-1, 1363-1 1703-2
五利使 575-3
五邪命 541-2
五具足 521-2
五那含天 556-3
五作業根 527-1
五劫思惟 525-1
五股 524-3
五股印 524-3
五股杵 525-1
五股金剛 525-1
五性 531-1
五性宗 331-1
五性各別 531-
五味 573-1
五味粥 573-2
五明 573-2
五明論 573-3
五官 521-1
五官王 521-2
五果 520-2
五果廻心 520-3
五宗 532-2, 818-1
五居 525-2
五受 541-3
五供 515-2
五河 1856-3-7
五姓 530-2
五阿含 15-2, 509-1
五阿笈摩 509-1
五卷日 551-1
五卷疏 521-1
五法 567-3
五法身 568-3
五法藏 568-2
五法互具 570-3
五法事理唯識 568-3
五念門 557-2
五念處 557-2
五門禪 574-3
五門禪經要用法 574-3
五侍者 557-3, 895-1
五怖畏 565-1
五知根 550-3
五忿怒 565-2, 1548-1
五取蘊 532-3
五拔刀賊 558-1
五所依土 536-1
五事妄語 537-3
五事毘婆沙論 537-3
五波羅蜜 557-3
五品 568-3
五品弟子位 569-1
五の品の四の眞 87-1
五相 526-2
五相成身 526-2
五苦 270-1, 515-2
五苦章句經 516-2
五の某 87-1
五香 513-2
五度 1281-2
五持 552-1
五指 528-2
五律 575-3
五畏 577-3
五派 557-3
五食 537-1
五重雲 552-1
五重塔 552-1
五重玄義 441-3, 552-1
五重相傳 552-1
五重塔婆 552-1
五重唯識 552-2, 1764-2 1764-3-11
五前僧 543-3
五後意識 53-1-30, 525-2
五後得智 525-2
五則法門 544-1
五逆 514-3
五逆罪 515-2, 1696-2-3
五逆經 515-2
五逆輕重 515-2
五家 522-1
五家七宗 523-3
五家所共 523-3
五時 537-1
五時敎 537-1
五時講 537-3
五祖 543-3
五祖演 543-3
五乘 541-2
五乘齊入 542-2
五師 528-2
五師子 530-1
五師子如意 530-1
五秘 558-1
五秘密儀軌 558-2
五衰 542-2
五衰滅色の秋 542-3
五根 474-1, 525-2 734-1-25
五根本 525-2
五根色 529-2
五瓶 560-1
五瓶智水 560-2
五瓶灌頂 560-2
五怖 521-3
五神通 542-2
五神變 536-3
五俱倫 520-1
五俱意識 53-1-28 515-3, 517-3
五納衣 556-3, 1297-3
五恐怖經 517-3
五恐怖世經 517-3
五海十智 1189-3
五時八敎 537-3
五扇提羅 1044-1
五部 565-2
五部法 566-3
五部色 477-1
五部母 476-3
五部律 566-3
五部惑 365-3
五部九卷 566-3
五部大論 566-1
五部大疏 566-1
五部秘經 566-3
五部秘藏 566-3
五部合斷 565-3
五部法王 476-3
五部念珠 477-1
五部部主 476-3
五部海會 565-3
五部忿怒 476-3
五部敎主 565-3
五部般若 1438-2
五部尊法 566-1
五部總持 466-1
五部禪經 565-3
五部護摩 570-1
五部灌頂 565-3
五部の秘經 1459-3
五部大乘經 566-1
五部相應數珠 987-2
五部不動形像 1537-3
五部陀羅尼藏 476-3
五部蘇悉地法王 476-3
五敎 522-2
五敎章 523-1
五敎十宗 523-2
五敎止觀 523-1
五敎佛身 523-2
五陰 159-3
五陰魔 512-3
五陰世間 512-3, 640-2-9
五陰喩經 513-1
五陰盛苦 512-3, 515-2-20
五通 553-3, 1232-1
五通仙 553-3
五通菩薩 553-3
五淨 541-1
五淨食 541-1
五淨居天 541-1
五頂 551-3
五頂山 551-2
五頂輪王 551-3
五條 551-2
五條袈裟 389-1, 555-2
五欲 575-1, 1768-2
五唯 575-1
五眼 524-2
五專 543-2
五衆 531-3
五情 541-1
五參日 528-1
五參上堂 527-3
五堅固 440-3, 524-1
五停四念 552-2
五停心觀 552-2
五停心觀位 552-3
五處供養 536-2
五處眞言 536-2
五處加持 536-2
五問十題 574-3
五族如來 544-2
五盛陰苦 541-1 2760-1-15

五葉蓮華 544-1, 1812-2
五智 550-1, 1188-2
1561-3
五智印 550-3
五智如來 550-3
五智眞言 550-3
五智寶冠 551-3
五智所生三身 550-2
五惡 508-3
五惡見 508-3
五惡段 509-1
五惡趣 13-3, 509-1
五善 543-3
五善五惡 1055-3
五結 396-2, 523-3
五結樂子 523-3
五の雲 87-1
五量 1792-1
五渾 525-2
五痛 553-3
五惑 577-3
五無間 574-1
五無量 574-2
五無間業 574-1, 1696-1
五無間罪 574-1
五無反復經 574-2
五階僧 513-1
五間色 524-1
五鉢使 556-3
五菩提 569-1
五尊合行法 544-1
五筆和尚 558-1
五道 549-2
五道六道 549-2
五道將軍 549-3
五道冥官 549-3
五道受生經 549-3
五道轉輪經 549-3
五葉 512-2
五意 509-1
五過 520-1
五禁 526-1
五滓 528-2
五葬 526-2
五葷 521-2
五業 1793-3
五鈷鈴 525-2
五會念佛 579-3
五會法師 579-3
五會法事讃 579-3
五義分通 514-1
五義平等 514-1
五蓋 221-1
五解脫輪 524-2
五種行 532-3
五種天 1244-3
五種印 532-2
五種性 533-1, 824-3
五種果 532-3
五種通 534-2
五種般 534-3
五種禪 534-1, 1051-2
五種魔 535-3
五種樂 536-1
五種偈 428-3
五種藏 533-1
五種一乘 532-1
五種三昧 532-3, 661-2
五種三諦 532-3
五種三乘 532-3
五種三歸 532-3, 609-3
五種不女 535-2
五種不男 535-1
五種不退 535-1, 1536-1
五種不淨 535-1
五種不還 535-1, 1518-3
五種不隨 535-1
五種不翻 535-2
五種正食 533-2
五種正行 768-1, 533-2
五種法身 1606-2, 535-3
五種法界 1592-3
五種法師 535-3, 1601-2
五種布施 1528-1
五種比量 534-3
五種自在 893-1
五種色法 533-2
五種神分 1002-2
五種般若 534 3, 1438-1
五種甚深 1000-1
五種淨肉 534-1, 889-2
五種淨食 534-1, 889-1
五種供養 313-3, 532-3
五種無明 536-1, 1717-1
五種菩提 535-3, 1639-3
五種結界 532-2
五種唯識 1764-2, 536-1
五種悉地 533-2
五種通經 534-2
五種護摩 569-3
五種涅槃 1373-2
五種衲衣 534-3
五種邪命 534-1
五種那含 534-2
五種悉地 747-1
五種眞言 868-3
五種惡病 532-1
五種散亂 533-1
五種佛性 535-3
五種念誦 534-3, 1379-2
五種聲聞 534-1, 792-3
五種聖福 788-2
五種問難 536-1
五種壞法 534-2
五種旗幡 1456-2
五種雜行 533-2
五種灌頂 347-2
五種三昧道 533-1
五種三昧耶 534-1
五種不應施 533-3
五種阿那含 532-1
五種阿闍梨 21-1, 532-1
五種護摩木 572-3
五種護摩色 572-2
五種陀羅尼 534-2
五種法加句 571-1
五種輕重事 532-3
五種不可思議 535-1
1508-2
五種善根發相 534-1
五障 87-1, 530-3, 764-2
五障三從 530-3
五塵 553-2
五慳 523-3
五蓋 513-3
五境 514-1
五夢 573-3, 1761-1
五夢經 574-1
五誓 542-3
五說 543-1
五臺山 547-1
五精舍 531-1, 780-3
五緩鉢 543-1
五綵幡 526-2
五福德經 563-1
五輪 576-1, 1003-3
五輪字 576-3
五輪塔 1114-3
五輪際 576-3
五輪觀 576-1
五輪六 576-1
五輪成身 576-3
五輪塔婆 576-3
五輪三摩地 576-2
五輪率都婆 576-3
五論 577-2
五論十支 577-2
五趣 532-1
五趣生死輪 533-2
五趣雜居地 533-2
五熱 557-2
五箭 543-3
五樂 575-2, 1776-3
五篇 559-3, 867-2, 1479-3
五德 555-3
五攝論 543-1
五燈錄 555-3
五濁 553-1
五の濁 87-1
五濁増時 553-2
五穀 525-1
五縛 558-1, 1444-3
五緣 512-2
五燒 542-3
五壇法 549-3
五學處 513-3
五磨灑 1655-3-6
五燈會元 555-3
五燈嚴統 555-3
五髻 522-2
五髻冠 522-2
五髻文殊 1743-1
五髻文殊 522-2
五翳 512-2
五轉 554-1
五轉色 529-2, 555-2
五轉と四重圓壇 555-1
五藏 528-1, 574-3
五藏三摩地觀 528-1
五寶 566-3
五識 529-1, 688-2
五繫 522-1
五邊 567-2
五藥 575-1
五礙 524-1
五類天 576-3
五類聲 577-1
五類說法 576-3
五離怖畏 575-3
五類龍王 1802-1
五蘊 125-1, 511-3
1684-1-21
五蘊宅 512-1
五蘊論 512-1
五蘊魔 512-1
五蘊世間 512-1
五蘊の和合 220-3-24
五蘊皆空經 512-1
五蘊譬喩經 512-3
五覺 513-2
五闡提羅 543-2
五魔 569-1
五臟病相 1494-2
五體 544-2
五體投地 544-2
五觀 520-3, 521-1
五觀智 323-2-5
反叉合掌 1621-2
反古裏 1587-3
反出生死 779-3-20
1572-3
反抄 1573-2, 1622-2
反故 1587-3
反照 1573-2
厄年 1235-3, 1752-2
犬 88-1
犬逐塊 88-1
太子會 1103-3
太子講式 1101-1
太子本起經 1101-2
太子刷護經 1101-1
太子慕魄經 1101-2
太子辟羅經 1101-2
太子沐魄經 1101-2
太子和休經 1103-3
太子須大拏經 1101-2
太子瑞應本起經 1101-2
太子本起瑞應經 1101-2
太子親撰三部御疏 1101-2
太子明星二十八宿緣 1101-2
太山王 1099-2
太孤危生 1098-3
太政威德天 1178-3
太秦寺 111-1
太秦寺摩多羅神 1656-3
太虛空 1098-3, 1178-3
太鼓 1098-3
太麁生 1112-1
太廉纖生 1106-2
不 1415-2-17
不一不異 1416-1-16
不二 1540-1
不二不異 1540-2
不二法門 1540-2
不了義 1309-1-13
1810-3-5
不了佛智 1546-1
不了義敎 1313-1-22
不了義經 1546-1
不女音 1400-1-20
不才淨 1521-1
不久詣道場 1512-3
不中後飲漿 890-1-12
不可有 1507-3
不可說 1509-2
不可棄 1508-1
不可得 1509-2
不可思議 1508-2
不可得空 1509-2
不可稱智 1509-1
不可斷辯 733-1-2
不可思議經 1508-3
不可思議尊 1509-1
不可見有對色 1508-2
不可見無對色 1508-2
不可思議解脫經 1508-3
不可思議光如來 1508-3
不可思議解解脫法門 1509-1
不正見 1524-2
不正知 1524-2
不正食 1524-2
不生 1524-1
不生斷 626-2-26, 1524-2
不生不滅 1415-2-15
1524-3
不生無常 733-2-4
不生生不可說 754-2-6
不生不生不可說 1524-2
7546-2-8
不他生 1531-1
不立文字 1544-3
不必定入定入印經 1541-1
不共法 1515-3
不共相 1515-3
不共業 1515-2
不共變 1515-3
不共不定 632-2-29
1515-3
不共中共 1515-3
不共般若 1437-3-10
1515-3
不共無明 1516-1
1716-3-28, 1717-1-2
1717-1-18
不死門 1523-3

四　畫

不

不死覺 1522-1, 1400-2-10
不死藥 1524-3
不死甘露 1522-1
不死矯亂論 431-2-16
不自在 1526-1
不自惜身命 1526-1
不自守意經 1526-1
不自讃毀他戒 1526-1
不妄戒 1542-1
不忘禪 1542-1
不妄語戒 1542-1
不如法 1540-2
不如無子 1540-2
不如爲伐那 1540-2
不回向 1546-2
不成佛 75-2-10
不住拜 1532-3
不老不死 1543-3
不行而行 1510-3
不安穩業 1506-1
不見 1516-3
不見擧 1516-3
不但中 1531-2
不但空 1309-2-8, 1531-2
不作餘食 1237-3-19
不作餘食法 889-3-29
1238-1-19
不男 1540-1
不身堅 656-1-7
不邪婬戒 1524-2
不更惡趣願 1509-3
不思議 1522-1
不思議空 1522-1
不思議變 1523-1
不思議身 714-1-13
152-1-2
不思議界 880-2-18
1522-1
不思議經 1522-1
不思議乘 1523-1
不思議劫 1522-3
不思議薰 1522-2
不思議疏 1522-3
不思議智 1523-1
不思議用相 1315-2-1
不思議空智 1522-2
不思議解脫 1522-3
不思議業相 1522-3
不思議緣起 1522-1
不思議境界分 1522-1
不思議境界經 1522-1
不思議解脫經 1522-3
不思議變易死 1523-1
不思善不思惡 1523-2
不思議變易生死
779-1-19, 1523-1
不思議眞言相道法 1522-3
不思議神通境界經 1523-1
不思議光菩薩所說經 1522-1
不思議光菩薩所問經 1522-2
不思議功德諸佛所
護念經 1522-2
不空 1510-2
不空眞如 879-2-20
1336-3-23
不空王三昧 1512-1
不空如來藏 1512-1
不空成就佛 566-2-11
不空羂索王 1511-2
不空羂索法 1511-2
不空羂索經 1510-3
不空鈎觀音 1511-2
不空成就如來 1511-3
不空羂索菩薩 1511-2
不空羂索觀音 1510-3
不空金剛菩薩 1511-3
不空鈎依菩薩法 1511-2
不空成就迦樓羅座 477-2-3
不空三昧大敎王經 1511-3
不空羂索神變眞言經 1511-2
不空羂索毗盧遮那佛
大灌頂光眞言 1511-2
不定性 531-1-7, 531-2-2
1532-2
不定觀 1532-2
不定般 1519-1-8
不定業 561-130, 562-25
不定敎 613-3-2、614-1-19
1403-3-2, 1532-1
不定聚 637-3-9, 1532-3
不定止觀 697-2-5
697-2-18, 1532-2
不定性聚 1532-2
不定地法 1532-3
不定受業 1532-3
不定種性 1532-3
不受三昧 1527-2
不受一切法 1527-2
不受不施派 155-2-20
1334-1-16, 1527-3
不受不施講門派
1334-1-24, 1527-3
不來迎 1543-3
不來不出 1416-1-21
不來不去 1543-3
不知已捨 944-3-29
不知足者 1532-1
不法 1541-3
不兩舌 1545-1
不放逸 735-1-25, 1540-3
不和合性 1546-1
不取正覺 1525-2
不果遂者願 1515-1
不相應心 1521-1
不相應行 1521-1
不相應法 567-1-11
不相違因 91-2-9
不相應無明 1717-1-22
不染世間法 1529-1
不染汚無知 1343-1-9
1529-1
不染著諸法三昧 1529-1
不拜 1540-3
不信 75-1-23, 736-1-10
1525-3
不活畏 565-1, 1515-2
不重頌 193-3-7
不律儀 668-2-20, 1544-2
不律儀無表色 1715-3-19
不畏惡道 917-2-28
不苦不樂受 637-3-1
1514-2
不即不離 1529-1
不退 1529-3
不退土 1530-3
不退心 917-1-27
不退法 1775-3-6
不退相 1530-2, 1775-2
不退地 1530-2
不退住 927-1-27, 1530-3
不退輪 1530-3
不退轉 32-2-29, 1530-2
不退決定 1825-1-23
不退菩薩 1530-3
不退羅漢 1775-2-12
不退轉經 1530-2
不退轉法輪 1530-2
不退轉法輪經 1530-3
不退の淨土 1530-2
不退の願力 1530-2
不時解脫 437-2-19
1526-1
不時解脫羅漢 1775-1-15
不悅 1507-3
不殺生戒 1528-2
不眞宗 818-1-17, 1525-3
不修外道 1525-1
不欲行障 914-3-16
不起法忍 1509-3
不建立無淨外道 435-1-2
不盎樓尼師壇那淨 1448-2-6
不酤酒戒 1520-3
不動 17-3-2, 1533-2
不動法 1534-2, 1775-3-5
不動咒 1534-1
不動供 1533-3
不動地 923-3-27, 1534-2
不動定 1534-2
不動延命六月法 1533-3
不動佛 1534-2
不動業 561-3-20
不動義 457-3-12, 1533-3
不動講 1533-3
不動經 1533-3
不動點 1534-2
不動尊 1534-1
不動生死 1534-1
不動如來 1534-2
不動明王 1534-2
不動使者 1534-1
不動金剛 548-2-8
不動袈裟 1533-3
不動無爲 1539-2
1723-1-25
不動解脫 1533-3
不動羅漢 1775-2-9
不動使者法 1534-1
不動尊儀軌 1534-1
不動安鎭法 1533-2
不動陀羅尼 1534-1
不動阿羅漢 1533-2
不動軌立印 1533-3
不動護摩供 1533-3
不動慈救咒 1534-1
不動金剛明王 1533-3
不動尊十二印明 1537-3
不動使者秘密法 1534-1
不動使者陀羅尼秘
密法 1534-1
不淨 1526-2
不淨行 1526-2
不淨肉 1527-1
不淨紙 1526-3
不淨施 1526-3
不淨國 1526-3
不淨輪 1527-1
不淨觀 552-2-26
1526-2, 1838-2-4
不淨忿怒 1527-1
不淨金剛 1526-3
不淨說法 1527-1
不淨觀經 1526-3
不害 736-1-3, 1509-2
不婬戒 1506-1
不惜身命 1524-3
不捨誓約 1524-3
不莊校女經 1524-2
不善 1528-3
不善律儀 1529-1
不善法眞如 879-3-16
不虛妄性 1520-3
不虛妄說 880-2-9
不虛作莊嚴 771-3-22
不惡口 1505-3
不須現 1314-1-24
不盜戒 1533-1
不唧嗰 1523-2
不黑不白業 562-1-27
不愚法 1515-3
不愚法聲聞 792-3-14
不愛謬 1406-2-10
不落因果 1544-1
不飮酒戒 1507-3
不輕 1509-3
不輕品 1510-1
不輕の行 1509-3
不輕菩薩品 1510-1
不慳悋 929-3-17
不慳貪戒 1517-1
不說菩薩 1528-2
不說四衆過罪戒 1528-2
不誤音 1400-1-22
不竭音 1400-1-26
不與取 1543-2
不疑殺 1510-1
不綺語 1509-3
不盡辯 733-1-3
不聞惡名願 1543-1
不請 1524-1
不請法 1524-1
不請の友 1524-1
不請淨施 1524-2
不請の念佛 1524-2
不增不減 1529-2
不增不減經 1529-2
不諦 1525-3
不瞋恚戒 1525-3
不增減眞如 880-1-13
1529-2
不融三諦 1543-2
不盧半呼 1217-1-9
不還 1517-1
不還向 1518-2
不還果 1518-3
不應說語 732-1-16
不應取法 1507-3
不應捨正法 926-1-13
不應捨離菩薩心 926-1-27
不應於一切法生於
慳悋 926-2-18
不應取法不應取非法 1527-3
不謗三寶戒 1540-3
不謗一切三乘敎法 926-2-12
不斷 1531-3
不斷光 1531-3
不斷常 626-122, 1532-1
不斷經 1531-3
不斷輪 1532-1
不斷不常 1416-1-3
不斷光佛 1532-1
不斷相應染 1834-3-19
1532-1
不斷煩惱得涅槃 1532-1
不離 633-2-3
不豔務侍者 1544-3
不壞相 1775-2-29
不壞句 1546-2
不壞法 1546-3
不壞四禪 1546-3
不壞金剛 1546-2
不壞金剛光明心殿 1546-3
不覺 1508-1
不覺現行位 1508-1
不覺不知不驚不怖 1508-1
不覺內衣裏有無價
寶珠 1508-1
不懺擧 1521-3
不臘次 1544-1
不藺迦葉 1544-1
1544-2-9
不顧論宗 710-1-29
1520-3
不變易性 1541-2
不變異性 880-2-10
不變眞如 879-2-14
1336-3-5, 1541-2

不變隨緣 1541-2
互跪 514-1
互爲主伴 579-2
互相釋義 526-2
巴利語 1455-3
巴吒 1397-2
巴連弗 1432-2
巴陵 1432-1
巴陵三轉語 649-3
1432-1
巴陵吹毛劍 1432-2
巴陵銀椀裏 1432-2
巴鼻 1425-1
方丈 1388-3
方口食 1387-1
方外道 434-1-16
方典 1389-1
方服 1390-3
方所 1583-2
方便 1391-1
方便力 1392-3
方便土 47-3-27, 1392-2
方便品 1392-3
方便因 1307-2-18
方便智 1392-2
方便願 1362-2
方便辟 1392-1
方便經 1391-3
方便藏 1392-1
方便度 1281-2-15
方便化土 1391-3, 1392-1
方便化身 1391-3
方便生死 779-3-20
方便法身 1392-3
1605-3-11
方便引入 1391-3
方便行信 1392-2
方便菩提 1392-3
方便殺生 1392-2
方便調伏 1826-2-19
方便般若 1392-3
1437-3-23
方便假門 1392-1
方便有餘土 120-1-19
749-3-1, 1391-3
方便具足位 927-2-25
方便現涅槃 1392-1
方便波羅蜜 1392-3
方便乘涅槃 1392-1
方便隨緣止 621-1-20
1392-1
方便度の三行 930-1-20
方便流布眞實義
874-1-25
方相 1388-1
方袍 1390-2
方規 1387-1
方偶金剛牆印 943-1-3
方等 1389-2
方等時 537-1-23, 1390-1
方等部 1390-2
方等經 1390-1
方等壇 1390-2
方等懺 1390-1
方等三昧 1390-1
方等戒壇 166-3, 1389-3
方等懺法 1050-1
方等懺悔 1390-1
方等大雲經 1390-1
方等本起經 1390-2
方等泥洹經 1390-2
方等般泥洹經 1390-2
方等陀羅尼經 1390-2
方等三昧行法 1390-1
方等時不動般若時
愛染 1390-1
方詣 1387-3
方廣 1387-1
方廣寺 1387-1
方廣說 1387-2
方廣道人 1387-2
方廣大莊嚴經 1387-2
方論師計方生人人
生天地 436-2-13
方論師 434-3-2
方壇 1388-3
六十心 1829-3
六十卷 1828-2
六十二見 1831-1
六十四書 1828-3
六十四眼 1828-3
六十六部 1833-1
六十八大仙 1037-3
六十四梵音 1829-2
六十二種有情 1832-3
六七能遍計 1824-1
六八弘誓 1840-3
六八超世本願 1840-3
六力 1783-3, 1844-3
六入 1839-3
六凡 1842-1
六大 1122-3, 1605-2-12
1836-3
六大神 1837-2
六大賊 1837-3
六大黑 1133-3
六大觀 1837-2
六大法性 1837-3
六大所成 1670-2-21
六大無礙 1837-3
六大能生 1837-3
六大煩惱 1638-2
六大體大 1837-3
六大四曼三密
1670-2-18, 1671-2-30
六方 1840-3
六方禮 1840-3
六方證明 1840-3
六方禮經 1840-3
六方護念 1840-3
六天 1838-3
六月會 1821-1
六牙白象 1496-2-24
1821-3
六分阿比曇 1841-2
六句生 436-1-16
六句義 1820-2, 1864-2-29
六生喩 1824-2
六皮陀 1856-3
六行 1820-1
六行觀 1820-1
六因 1819-1, 91-1
六因四緣 91-3
六字 1827-1
六字法 1833-1
六字供 1827-2
六字文殊 1833-2
六字名號 1833-2
六字咒功能法經 1828-2
六字文殊法 1743-3
六字咒王經 1828-1
六字章句咒 1827-2
六字河臨法 1827-1
六字陀羅尼 1828-2
六字護摩法 1827-2
六字御讀經 1833-1
六字章句陀羅尼
1827-2, 1828-2-14
六字名號一遍法 1833-2
六字大陀羅尼呪經 1828-2
六如 1840-1
六舟 1824-1
六妄 1819-1
六夷 1842-1
六住 1838-2
六好日 1819-3
六決定 1821-3
六成就 1833-3
六老僧 1844-1
六合釋 1820-1
六地藏 1218-1, 1838-2
六同十異 1839-2
六自在王 1827-2
六年苦行 1840-2
六妙行 1842-2
六妙門 1731-3, 1842-2
1827-2-30
六妙法門 1842-2
六足尊 1836-1, 222-1-9
六足論 1836-2
六足金剛 546-2-16
六作 1822-3
六身 1558-1, 1826-3
六位 1845-2
六忍 1363-2, 1840-1
六波 1840-3
六波羅蜜 1841-1, 1430-2
六波羅蜜經 1841-1
六波羅蜜寺 1841-1
六波羅蜜寺結緣供
花會 289-3
六念 1840-1
六念法 1840-3
六念處 1840-3
六法 1841-3
六法戒 1841-3
六法五願 1841-3
六和 1845-1
六和敬 1845-1
六卽 1835-2
六卽佛 1787-1-23, 1836-1
六物 1842-3
六物圖 1842-3
六受 1834-1
六受法 989-3
六卷鈔 1821-1
六卷略出經 1821-1
六事經 1827-2
六事成就 1828-1
六門經 1843-1
六門陀羅尼經 1843-1
六門教授習定論 1843-1
六空 277-3
六宗 818-1, 1825-1
六味 1842-1
六侍者 895-1, 1827-2
六供具 1820-2
六到彼岸 1836-3
六阿彌陀 1819-1
六度 1281-2
1839-1
六度經 1839-2, 1839-3
六度相滿 675-2-23
六度果報 1839-2
六度滿相 1839-2
六度譬喩 1839-2
六度說意 1839-1
六度無極 1839-2
六度の六譬 1841-1
六度無極經 1839-3
六相 591-1, 1823-2
六相圓能 1872-3
六相圓融 1823-3
六苦行 1820-2
六苦行外道 1820-2
六垢 1820-1
六垢法 1820-2
六界 1819-3
六界聚 1810-3
六鮑 1849-3
六染心 1834-3
六首引 1826-3
六城部 1834-1
六時 1827-1
六時堂 1828-2
六時懺 1827-2
六時の花 1827-1
六時三昧 1827-2
六時不斷 1833-1
六時禮讃 1834-2
六時のつとめ 1827-1
六根 474-2, 1822-1
1827-3-1
六根食 889-3
六根淨 1822-3
六根互用 1822-1
六根功德 1822-1
六根淸淨 1822-2
六根懺悔 1822-2
六師 1823-3
六師迦王 1824-1
六神通 1834-2
六神病相 1494-2
六衰 1834-2
六斋 1838-1
六祖 1762-3-30, 1835-1
1866-1-9
六面尊 222-1-9, 1842-2
六般神足 1841-1
六欲 1768-2, 1843-3
六欲天 1843-3
六欲四禪 1844-1
六欲天婬相 1843-3
六情 1833-2
六情譬六斋 1833-3
六部 1841-2
六部轉讀 1841-2
六部大乘經 1841-2
六處 1826-3
六通 1232-1, 1838-3
六術 1834-1
六竪 1821-3
六竪法 425-3
六條派 1839-1
六諷經 1841-2
六現觀 442-2, 1822-1
六窓一猿 1835-2
六喩 1843-2
六喩般若 1843-3
六敝 1841-2
六敝心 1841-3
六衆 1824-3
六衆生 1824-3
六菩薩 1842-1
六菩薩名經 1842-1
六裁 1822-3
六結 1821-2
六量 1792-1
六智 1838-1
六勝寺 1826-3
六無畏 1722-1, 1842-2
六無減 1697-1
六無爲 1723-1
六惡賊 1819-1
六道 1711-3, 1827-2-30
1828-2-15, 1837-3
六道錢 1838-1
六道講 1838-1
六道四生 1838-1
六道四聖 1838-1
六道講式 1838-1
六道集經 1839-2
六道伽陀經 1838-1
六道の佛菩薩 1838-1
六道能化の菩薩 1838-1

四　畫

六越 1824-2
六著 1838-2
六著心 1838-2
六萬藏 1842-1
六萬齋行 1842-1
六群比丘 1821-1
六群比丘尼 1821-2
六業 1822-3
六賊 1836-2
六瑞 1834-2
六塔婆 1836-3
六煩惱 1842-1
六俤一亡 1821-3
六種力 1826-3
六種印 1824-3
六種因 1825-1
六種住 1826-1
六種即 1826-1
六種性 824-3, 1825-2
六種食 889-3
六種釋 1825-3
六種觀 1825-1
六種三寶 659-3
六種不還 1518-3
六種正行 1825-3
六種決定 1825-1
六種供具 289-1, 1825-1
六種供養 314-1, 1825-1
六種廻向 1826-3
六種授記 982-2
六種散亂 1825-2
六種調伏 1826-2
六種動相 1826-2
六種震動 1825-3
六種護摩 570-1, 1825-2
六種羅漢 1775-2, 1826-3
六種巧方便 1825-1
六種阿羅漢 1825-1
六種俱生惑 1825-1
六種還源觀 443-2
六種苦行外道 434-1
六聚 1480-1
六聚界 1834-1
六聚罪 1834-1
六塵 1836-2-19, 1838-2
六塵說法 1838-3
六趣 1820-3
六趣輪廻經 1826-3
六德 1839-1
六震 1826-3
六輪 1844-3
六論 1845-1
六慧 1845-2
六箭 1834-3
六罵 1842-2
六隨眠 1014-2
六諦 1836-3
六親 1826-3
六劒 1821-3
六諷經 1841-1
六齋日 1822-3
六齋念佛 1823-2
六頭首 1240-3
六轉依 1245-3, 1839-1
六難 1839-3
六離合釋 1844-1
六識 638-3, 1824-1
六識十名 1824-1
六羅漢 1844-1
六譬 1841-1
六體 1836-2
五臟病相 1494-2
六觀 1820-2
六觀法 252-1, 1821-2
六觀音 1820-2, 1828-1-1
六臘 1835-1
文句 1740-3
文字 1741-1
文字人 1741-1
文字法師 1741-1
文字般若 1741-1
1437-3-25
文尼 1740-2-22, 1747-2
文池 1747-1
文夾 1567-3
文身 626-1-6, 736-2-27
文陀竭 1746-3
文陀竭王經 1747-1
文殊 1741-2
文殊院 4746-1
文殊會 4746-1
文殊講 1744-1
文殊樓 1746-1
文殊三昧 1744-2
文殊師利 1741-2-8
文殊問經 1746-1
文殊悔過 1744-1
文殊行經 1744-1
文殊出現 4741-3
文殊儀軌 1744-1
文殊智慧 1742-2
文殊菩薩 1745-3
文殊五使者 1743-3
文殊八字法 1745-3
文殊巡行經 1745-2
文殊化龍女 1742-3
文殊供養法 1744-1
文殊印眞言 1744-1
文殊前三三 1745-3
文殊般若經 1745-3
文殊寶藏經 1745-3
文殊悔過經 1744-1
文殊涅槃經 1745-3
文殊發願經 1745-3
文殊淨律經 1745-2
文殊護身咒 1744-1
文殊師利菩薩 1745-1
1207-2-26
文殊說名義經 1745-3
文殊師利問經 1745-2
文殊問菩提經 1745-1
文殊三世果位 1741-3
文殊八大童子 1743-3
文殊般涅槃經 1745-3
文排現寶藏經 1744-1
文殊尸利行經 1744-2
文殊捉劒迫佛 1742-3
文殊號法王子 1742-2
文殊爲九代之祖 1742-1
文殊爲釋迦脇侍 1742-2
文殊五體悔過經 1744-2
文殊八字護摩法 1745-3
文殊師利發願經 1745-1
文殊師利巡行經 1744-3
文殊師利淨律經 1744-2
文殊佛土嚴淨經 1745-3
文殊師利問菩提經 1745-2
文殊師利般涅槃經 1744-3
文殊師利現寶藏經 1744-2
文殊五字眞言勝相 1744-2
文殊說摩訶般若經 1745-3
文殊一字陀羅尼法 1744-1
文殊入龍宮化龍女 1798-3
文殊師利佛土莊嚴經 1744-3
文殊說不思議境界經 1745-2
文殊所乘獅子と孔雀 1742-3
文殊所持靑蓮華と劒 1742-2
文殊師利發菩提心
　願文 1745-1
文殊師利一百八名
　梵讃 1744-2
文殊問經字母品第
　十四 1746-1
文殊滅婬慾我慢陀
　羅尼 1746-1
文殊師利師利根本
　儀軌經 1744-3
文殊師利菩薩儀軌
　供養法 1745-1
文殊師利菩薩八字
　三昧法 1745-2
文殊師利菩薩讃佛
　法身禮 1745-1
文殊師利菩薩秘密
　心眞言 1745-2
文殊師利法寶藏陀
　羅尼經 1745-1
文殊師利所說般若
　波羅蜜經 1744-3
文殊師利根木一字
　陀羅尼經 1744-2
文殊師利菩薩六字
　咒功能法經 1745-2
文殊師利菩薩佛刹
　功德莊嚴經 1745-2
文殊師利所說不思
　議佛境界經 1744-3
文殊師利所說摩訶
　般若波羅蜜經 1744-3
文殊師利菩薩根十
　本大敎王經金翅
　鳥王品 1745-1
文殊師利菩薩及諸
　仙所說吉凶時日
　善惡宿曜經 1745-1
文眞隣陀 1738-1-28
文理 1748-1
文善 737-2-17
文偃禪師 126-3-25
文證 1741-1
文類 1743-1
文類聚鈔 1748-1
文類正信偈 1748-1
止 681-1
止行二善 694-3
止止不須說 705-2
止犯 759-1, 1342-1-11
止門 1732-1-5
止風雨經 754-1
止宿草庵 710-3
止啼 747-3
止惡門 682-1
止持 742-3
1221-3-9, 1334-2-14
止持門 743-2
止持戒 158-3-1, 743-2
止持作犯 743-2
止觀 696-3
止觀業 1793-3-6
1822-3-4
止觀宗 698-1
止觀院 698-1
止觀捨 697-3
止觀家 697-3
止觀論 698-1
止觀四本 697-2
止觀十法 697-2
止觀十觀 697-2
止觀十門 952-3
止觀不二 1540-1
止觀不離 1871-2-24
止觀大意 693-1
止觀和尙 697-3
止觀玄文 697-3
止觀行者 697-3
止觀法門 698-1
止觀義例 697-3
止觀輔行 698-1
止觀門論頌 698-1
止觀輔行傳弘決 698-1
中子 1296-1
中士 1206-2
中千世界 1207-1
中天 1208-3
中天竺 1208-3
中天竺寺 1208-3
中元 1205-3
中心經 1206-3
中句 429-1-2
中本起經 1209-1
中有 99-1-13, 1205-1
中有之旅 1205-2
中有の五名 1205-1
中有の生緣 1205-1
中印 1204-3
中因 1204-3
中安居 45-2-12, 1204-3
中住者 713-1-28
中含 1206-2
中劫 76-1-22, 1206-1
中宗 1206-3
中岩派 1205-2
中阿含經 1204-2
中品 1209-1
中品上生 1209-1
中品中生 1209-1
中品下生 1209-1
中品相好 592-3-19
中胎 448-3-14, 1207-2
中胎藏 1207-2
中食 1206-3
中洲 1296-2
中後不食 1206-2
中流 1209-2
中悔 1205-3
中草 1206-2
中根 1206-2
中乘 1207-1
中唄 1209-1
中峰 1269-1
中般 1518-3-13, 1208-3
中宮寺 1205-3
中院 449-1-22
中院流 1209-3
中陰 1204-3
中陰經 1205-1
中陰藏 674-2-30
中陰法事 1204-3
中堂 1207-3
中梵 1209-1
中宿衣 1206-3
中野門徒 1296-1
中尊 1207-1
中尊寺 1207-1
中間定 1206-1
中間禪 1206-1
中間三昧 1206-1
中間法師 1206-1
中間靜慮 1206-1
中間護摩 1206-1
中童子 1208-3
中陽院 1209-2
中道 1207-3
中道宗 1208-1
中道教 1208-1
中道觀 1208-1
中道妙觀 1208-2
中道實相 1208-1
中道應本 1208-1
中道即法界 1208-1
中道第一義 1208-2
中道第一義觀 1208-2
中臺 1207-2
中臺五尊 1207-3
中臺外部 1207-2

中臺八葉の院 1207-2
中龍 653-2-6, 1208-3
中龍生 1208-3
中龍觀 1208-3
中論 670-2-19, 1209-2
中論疏 1209-3
中實 1206-3
中價衣 1205-3, 110-1-27
中諦 1207-1
中諦空假 1097-1-3
中境 1208-2
中邊論 1209-1
中體 1207-1
中觀 613-2-3, 1205-2
中觀論 1205-3
中觀釋論 1205-3
日子王所問經 1332-3
日天 935-2-16, 1332-3
日天子 1332-3
日天衆 1333-1
日月輪 1332-1
日月燈明佛 1332-1
日日漸加 1333-1
日中諷經 1510-1
日本十刹 527-3
日本六祖 1253-2
日本の宗派 819-3
日本三上人 1342-1
日本九品淨土 309-2
日本天台宗三派 1253-2
日出論者 1332-2
日出須臾沒 1332-2
日光 1331-3
日光三摩提 1331-3
日光菩薩月光菩薩陀羅尼 1331-3
日禺中 1467-1
日峯 1333-1
日宮 1332-1
日域 1334-1
日旋三昧 1332-3
日想觀 1332-1
日種 1332-2
日精摩尼 1332-2
日蓮 1333-2
日蓮宗 1333-2
日蓮宗八派 1333-3
日輪 1333-1
日幢華眼鼓 1332-1
日藏 1332-2
日藏經 1332-2
內凡 1295-1
內凡位 1295-1
內心 1293-3
內心如夜叉 1294-1
內心大蓮華 1294-1
內心曼荼羅 1294-1
內心秘密蓮華藏 1294-1
內五明 1294-3
內五股印 1292-3
內方 1294-3
內外空 1292-2
內外道 1292-2
內外三教 614-2
內外兼明 1292-2
內外不二門 1292-3
內外八供養 1292-3
內外道四執 705-1
內外曼荼羅 1292-3
內史 1293-2
內四供養 1294-3, 1401-3
內衣 1291-3
內寺 1294-1
內我 1292-1
內我外道 435-1-8
內佛 1295-1
內作業灌頂 1292-3
內身觀章句經 1293-3
內供 1292-1
內供奉 1292-1
內供奉十禪師 1292-2
內典 1294-2
內典錄 1294-3
內法 1295-1
內空 1292-1
內明 1295-1, 1342-2-17
內門轉 1295-1
內知外道 435-1-23
內侍所三十番神 1294-1
內界 1291-3
內胎 1294-1
內記 1292-1
內庫 1292-1
內秘 1294-3
內院 1295-2
內陣 1294-2
內宿 1293-3
內教 1292-2
內習六波羅蜜經 1293-2
內衆 1293-3
內無爲 1295-1
內散亂 533-1-10
1825-2-8
內着煩惱 1294-2
內煮 1293-3
內道場 1294-2
內種 1293-3
內塵 1294-2
內障 1293-3
內論義 108-3, 1295-2
內緣 1291-3
內齋 1292-3
內薫 1232-1
內藏百寶經 1292-3
內證 1293-3
內證智 1293-3
內識 1293-2
內護 1314-3-12
內護摩 1292-3
內護摩外護摩 569-3
內鑑冷然 1291-3
水大 1007-3
水上泡 1007-3
水天 935-3-15, 1007-3
水天法 1008-1
水天供 1008-1
水月 904-2-3, 1006-3
水月觀音 1006-3
水心 1830-3-2
水中月 1007-3
水引 1680-2
水生印 1007-2
水白鶴 1008-2
水災 617-3-5, 1007-1
水沫泡焰 1008-3
水沫所漂經 1008-3
水板 1680-2
水性 1324-2-6
水定 1008-2
水波 1008-2
水乳 1008-1
水冠 1006-2
水界 1006-1
水相觀 1007-1
水垢離 1680-2
水風火災 1008-2
水梭花 1007-1
水陸會 1009-1
水陸齋 1009-1
水淨 1007-2, 1448-2-3
水潤 1006-1
水圓 1009-2
水飯 1008-2
水想 1007-1
水葬 1007-1
水塵 518-1-22, 1007-3
水精 196-117, 1007-2
水說偈 1007-3
水輪 858-2-17, 858-2-30, 1009-1
水輪三昧 1009-1
水器 1006-1
水頭 1007-3
水壇 1007-3
水羅 1009-1
水懺 1007-3
水懺法 1049-3
水鶴 1006-1
水鶴老 1006-1
水囊 1008-2
水觀 1006-2
少女去水 1730-2
少光 9-1-7
少光天 1019-2
少在屬無 1004-3, 1020-1
少林寺 1024-1
少室 1020-1
少室六門集 1020-1
少財鬼 1019-3
少淨天 1020-3
少欲知足 1023-3
少康 1019-1
少善根 1022-3
少僧都 1022-3
月 1235-1
月上女 364-3
月上女經 365-1
月天 365-1, 935 2-14
月天子 365-1
月天妃 365-1
月支 364-3
月中の兎 163-1
月氏國 439-1
月光王 364-2
月光太子 363-3
月光童子 363-3
月光菩薩 364-1
月光摩尼 364-2
月光童子經 364-1
月光菩薩經 364-2
月次講 1235-1
月忌 363-3
月の兎 1235-1
月明菩薩 365-2
月明菩薩經 365-2
月眉 365-2
月面佛 365-2
月宮 364-2
月婆首那 365-2
月單 365-1
月喩經 365-2
月の鼠 1235-1
月は勢至の化現 1016-1
月愛三昧 363-1
月蓋 363-2
月蓋長者歸三尊佛 363-3
月精 364-3
月輪 1-1-12, 365-3
月輪觀 365-3
月輪三昧 366-1
月滿已復缺 365-2
月燈三昧 365-1
月燈三昧經 365-2
月境 365-1
月隱重山擧扇類之 363-2
月曜 363-1
月藏經 364-3
月魘尊 363-1
丹田 1121-1
丹霞 1118-3, 1119-1
丹霞燒佛 1119-1
片供 193-1
片禪 1573-3
片膳 193-1
心 41-3, 859-3
心一境性 861-3
心王 885-2
心王銘 885-3
心王心所 885-3
心王如來 885-3
心心 873-3
心心數 873-3
心不相應 881-3
心不相應行 881-3
心月 464-2
心月輪 866-1
心水 876-1
心內相 1319-2-19
心目 884-2
心氷 881-3
心田 878-2
心外相 1319-2-20
心出家 882-3-16, 873-2
心用四分 884-3
心生滅門 872-3
心平等根 881-3
心光 1311-1-8, 865-2
心光常護益 865-2
心光照護益 445-2-3
心多歡喜益 445-2-7
877-1
心行 864-1
心行不離 864-2
心行處滅言語道斷 864-1
心自在 893-2-6
心自在者 874-1
心地 877-3
心地觀經 878-1
心印 861-3
心住三昧 878-1
心作 871-1
心作喜 871-2
心作攝 871-2
心作解脫 871-2
心佛 882-1, 464-2
心佛及衆生是三無差別 882-1
心見 1324-1-29
心戒 862-3
心念 881-2
心念法 881-3
心念處 751-3-4, 1379-1-4
心念口言 881-2
心念不空過 881-2
心所 875-2
心所法 658-1-7, 875-2
心所有法 735-1-8
心所緣無盡 1709-1-23
心性 872-2
心性三千 872-3
心性二名異 1318-222
心法 123-1-18, 568-1-5, 735-1-4, 882-2, 883-1
心法身 882-3
心空 865-1
心咒 875-1
心受 875-1, 1326-2-21
心宗 873-2
心命 883-2
心明經 883-2
心侚懷憂懼 872-3
心相 871-1
心相應行 871-2
心要 862-1, 862-2
心亭 878-1

四　畫

心城 874-3
心垢 864-2
心苦 864-3
心珠 464-2, 875-1
心珠歌 875-1
心鬼 464-1
心根 867-2
心師 464-1, 871-3
心乘 875-2
心馬 883-3
心神 873-3
心病 881-3, 1321-1-22
心海 862-3
心倒 1254-2-8
心眞 873-3
心眞如門 874-1
心迷法華轉 884-1
心悟轉法華 867-3
心欲 884-3
心華 866-1
心智 877-3
心眼 867-2
心寂靜 875-1
心淸淨故 872-3
心無失 883-3
心無畏故 883-3
心無差別 666-2-10, 883-3
心無嫉妬行 883-3
心極 867-3
心量 885-1
心路 885-2
心跡 873-1
心喜瑞 863-2, 1834-2-28
心越禪師 886-1
心經 863-3
心經會 864-2
心經眞言 863-3
心經略疏 864-2
心經略贊 864-1
心經秘鍵 864-1
心猿 862-2
心猿意馬 88-3
心達 1324-2-4
心機 863-2
心滅 884-1
心塔 877-2
心源 867-2
心想 871-2
心意識 861-2
心解脫 437-2-21, 867-1, 1314-1-16
心業莊嚴 771-3-16
心煩惱障 623-1-25
心聞 1324-1-30
心塵 464-2, 878-1
心遠離 886-1
心精進 782-3-28, 872-3
心蓮 885-2
心慧 886-1
心數 875-1
心趣 873-1
心器 863-2
心緣 862-2
心縛 881-3
心諦 877-1
心隨轉法 876-1
心懺經 886-1
心藥 884-2
心鏡 863-2, 464-1
心識 872-1
心願 866-1
心顚倒 1254-1-17
心懷戀慕 886-1
心賓 882-2
心顚倒 878-1
心魔 883-1, 1642-3-26
心魔賊 883-1
心靈 885-1
心觀 865-3
火一切處 319-1
火大 332-1
火天 333-3
火天妃 334-1
火天眞言 334-1
火天撥遺印 334-1
火不能燒 335-1
火王 336-3
火心 1830-3-3
火中生蓮華 1812-2
火光 328-2
火光尊 328-3
火光定 328-3
火光三昧 308-2
火生三昧 330-2
火生長者 330-2
火宅 331-3
火の宅 1467-1
火宅僧 332-1
火宅喩 331-3
火印 319-1
火の印 1467-1
火血刀 328-3
火坑 328-1
火坑變成池 328-1
火吽 327-3
火吽軌別錄 327-3
火災 617-3-3, 329-2
火車 330-1
火伴 335-1
火性 1324-2-5
火法 335-2
火版 334-3
火狗 328-2
火定 332-2
火舍 330-2
火陀羅尼經 332-1
火界 327-3
火界咒 327-3
火界眞言 327-3
火食 330-3
火食灰 330-3
火客 328-1, 456-2
火神 330-3
火院 336-3
火院密縫印 943-3-9
火神 12-1-7
火神救雉雛 240-3
火吽 327-3
火吽供養儀軌 327-3
火珠 330-2
火祠法 330-1
火焚地獄 335-3
火浣布袈裟 328-3
火淨 331-1
火途 649-2-2, 333-2
火蛇 331-1
火帳 332-2
火頂山 332-2
火曼荼羅 835-3
火盛不久燃 331-1
火橋 333-2
火橋譬 333-2
火湯 331-3
火焔印 327-3
灰焔輪止印 327-3
火鈴 336-3, 472-2
火葬 329-3
火聚佛頂 331-2
火聚 331-1
火種居士 330-2-2
火輪 858-3-1, 336
火輪印 336-3
火德星君 468-1
火頭 333-2
火頭金剛 333-2
火壇 332-1
火辨 335-1
火燄三昧 327-3
火德星君 334-2
火羅 336-2
火藥欄 336-2
火爐 336-3
牛 1141-2-21, 103-3
牛山 527-1
牛王 577-2
牛王寶 577-2
牛王尊者 577-2
牛王寶印 577-2
牛毛塵 574-2
牛に引れて善光寺参り 104-1
牛皮 558-1
牛羊眼 574-3
牛羊心眼 575-1
牛角 513-2
牛角一觸 513-2
牛角娑羅林 513-3
牛角娑羅林經 513-3
牛車 103-3, 530-2
牛戒 513-1
牛狗外道 434-1-11, 516-1
牛の時參り 103-3
牛祭 104-3
牛跡 531-3
牛跡比丘 531-3
牛過窓櫺 520-3
牛頭 553-3
牛頭山 553-3
牛頭香 553-3
牛頭山法 553-3, 554-1
牛頭天王 554-1
牛頭栴檀 554-1
牛醐 525-2
牛糞 565-1
牛糞秘 565-2
牛檀 549-3
牛觸一角 544-1
牛驢二乳 577-1
毛 732-1-2
毛孔 1736-3
毛血律師 1736-3
毛坊主 404-2
毛道 1737-1
毛道生 1737-2
毛道凡夫 1737-2
毛僧 1737-1
毛頭 1737-1-7, 1737-2
毛繩 1736-3
手次 1242-2
手印 817-2
手杖論 832-2
手論 841-3
手輪論 841-3
手磬 823-2
手爐 842-1
勾當 179-2, 455-1
公文 313-2
公文所 313-2
公案 453-2
公請 293-3
公驗 168-2-19, 289-3, 454-1
今上牌 258-3
今日乃知眞是佛子 503-2
今生 500-3
今以付囑汝等 474-3
今家 498-2
今案 474-2
今得無漏無上大果 503-1
今圓 1362-2-9, 508-3
分別 567-3-24, 1548-2
分別記 1548-3
分別答 1549-2
分別經 1548-3
分別識 1549-1
分別謬 1406-2-2
分別變 1341-2-20, 1549-3
分別智 1549-2
分別起 1548-3
分別法執 1341-3-22
分別我執 1308-3-19
分別論師 1491-2-28
分別事識 677-2-18, 1549-1
分別說三 1549-2
分別說部 1491-2-28 1549-2
分別功德品 1549-1
分別功德經 1549-1
分別功德論 1549-1
分別起煩惱 1638-1-26
分別緣生經 1548-3
分別布施經 1549-3
分別瑜伽論 566-1-20 917-1-15
分別聖位經 1549-1
分別相似過類 1549-1
分別業報略經 1549-1
分別智陀羅尼 1549-3
分別智相應染 1549-3 1834-3-23
分別善惡所起經 1549-2
分別善惡報應經 1549-2
分別緣起初勝法門 1548-3
分身 1568-1
分那柯 1568-2
分那婆素 1539-3-28, 1568-2
分位 931-1-4, 1568-2
分位等流 651-1-9
分位等流果 1271-2-13
分陀利 1547-2
分陀利迦 1547-2-10
分陀利華 1547-3
分段 1568-1
分段身 1322-1-8, 1568-2
分段死 1568-1
分段三道 1568-2
分段生死 779-3-18, 1568-1
分段同居 1568-1
分段輪廻 1568-2
分段變易 1568-2
分相門 1567-3
分座 1567-3
分眞即 1835-3-7, 1568-1
分修三昧 1567-3
分荼利華 1547-210
分荼利迦 1547-2-10, 1547-2
分喩 1568-2
分散 1567-3
分歲 1567-3
分衛 1568-3
分衛經 1568-3
分諸乘 1568-1
分斷生死 779-1-15
分證 1567-3
分證即 1568-1
分證佛 1836-1-20
爪上 594-3
爪土 596-2
爪上土 1235-3, 594-3
爪章 594-1
爪淨 594-2

爪塔 595-1
爪犢 596-2
比丘 1465-1-4, 1483-3
比丘尼 1484-2
比丘尼傳 1484-3
比丘尼戒 1484-2
比丘五德 1484-3
比丘尼大戒 1484-3
比丘尼戒本 1484-2
比丘尼阿姨 1484-2
比丘尼御所 1484-2
比丘尼犍度 424-1-26
比丘化爲蛇 1571-1
比丘聽施經 1584-2
比丘尼八歸敬戒 158-1
1484-3
比丘尼僧祇律戒經 1484-3
比丘避女惡名欲自
殺經 1484-3
比目多羅 1469-3
比吒迦俱舍 1463-3
比那 1467-1
比呼 1460-2, 1484-3
比耆陀美那 1459-3
比量 1419-3-14, 1478-3
1791-3-26
比量相違 632-1-4, 1478-3
比智 1464-1
比叡山 1458-2
比叡三聖 623-1
比盧持 1479-2
比羅達 1478-2
比羅娑洛 1478-2
仁 1364-1
仁王呪 1369-1
仁王供 1368-3
仁王會 1369-2
仁王經 1368-2
仁王講 1368-2
仁王經法 1368-3
仁王般若 1438-2-8
仁王菩薩 1369-1
仁王念誦法 1369-1
仁王陀羅尼 1369-1
仁王經儀軌 1368-3
仁王經八喩 1476-3
仁王般若經 1369-1
仁王陀羅尼釋 1369-1
仁王般若五壇法 1369-1
仁王般若念誦法 1369-1
仁王般若陀羅尼釋 1369-1
仁王般若波羅蜜經 1369-1
仁王護國般若波羅
蜜經 1368-3
仁王護國經般若波
羅蜜多經 1368-3
仁王護國般若波羅蜜多
羅道場念誦儀軌 1369-1
仁和寺 1369-2
仁和寺舍利會 816-1
1369-3
仁和寺傳法會 1369-3
仁和寺高雄女詣 1369-3
仁者 1365-2
仁祠 1365-1
仁海 1364-2
仁塘 1366-2
仁體 1366-2
什門派 953-2
什門四聖 705-3-21
什物 952-1
什麼 949-2
什肇 928-3
什麼 97-3
化 371-1
化一切衆生 371-1, 372-3
化人 404-1
化人說 557-1-27, 404-1
化七子經 391-2
化女 404-1
化土 403-2, 1335-3-14
化心 392-2
化主 392-1
化功 382-2
化功歸己 382-2
化他 394-1
化他壽 394-1
化他不淨 916-3-5
化尼 403-3
化生 391-2
化地 1675-2-19
化地部 395-3
化行 382-1
化行二敎 382-1
化色 391-1
化色身 391-1, 692-3-5
化米 405-2
化身 392-2, 1321-3-24
1558-2-23
化身八相 392-3
化作 389-1
化佛 404-3
化作大城郭 389-1
化法 405-1, 1673-3-29
化法の四敎 1402-2-16
化法四敎 405-2
化制二敎 393-2
化前 393-3
化前序 393-3
化前方便 393-3
化度 403-3
化度衆生 909-3-17
化相 389-1
化相三寶 659-3-13, 389-1
化城 393-1
化城喩品 393-1
化炭 394-1
化俗結緣 393-3
化茶 389-1
化迹 391-3
化宮殿 382-2
化敎 383-2, 1313-2-1
化現 383-3
化理 407-1
化疏 392-2
化菩薩 405-2
化道 394-2
化源 383-2
化境 381-3
化儀 381-3, 1673-3-28
化儀四敎 381-3
1402-2-25
化誘 371-3
化樂天 406-3
化導 394-2
化導力 394-2, 668-2-8
化緣 381-1
化境 394-3
化轉 403-2
化屬 393-3
引入 92-2
引入印 96-2
引化 93-2
引自果義 826-3-7
引正太子 94-1
引出佛性 94-2
1556-2-24
引果 93-1
引座 94-1, 95-1
引接の悲願 94-3
引接結緣樂 94-3
引發因 91-1-29, 97-1
引業 193-3, 561-2-22
314-3-24
引請闍梨 94-1
引請阿闍梨 21-1
引磬 92-3
引敷 1459-3
引駕大師 92-3
引導 205-2-26, 95-2
引聲 94-3
引聲行道 94-3
引聲念佛 94-3
引聲彌陀經 94-3
引攝句 95-1
孔目章 312-3
孔雀 296-3, 1657-3-16
1663-3-1
孔雀王 296-3
孔雀經 297-1
孔雀種 297-2
孔雀の神咒 297-1
孔雀王咒經 297-1,
1129-3
孔雀明王經 297-2
孔雀聞雷姙 96-3
1772-2-12
孔雀經の御修法 297-1
幻 904-3-16, 440-2
幻力 452-3
幻士仁賢經 446-2
幻心 446-1
幻化 443-1
幻日王 449-3
幻有 440-3
幻身 1146-1
幻門 451-1
幻法 450-3
幻者 444-3
幻垢 442-1
幻相 443-3
幻師 444-2
幻師颰陀神咒經 444-3
幻野 452-2
幻術眞言 447-1
幻惑 453-1
幻象 444-1
幻燄 440-3
欠 408-2
夫人 1567-3
切子燈籠 257-1
斤斗 259-3
壬生念佛 1681-1
氏寺 106-1
勿於一切衆生作不
饒益行 926-2-3
布施 1281-2-15
斗帳 1278-1
屯崙摩 1209-3
允堪 92-3
及衆難處皆能救濟 266-2
介爾 403-3
介爾陰妄一念 156-1
403-3
双樹 1076-2
父 1198-1
父少而子老 1198-1
父母 1542-1
父母恩 1542-2
父母恩重疏 1542-2
父母恩難報經 1542-2
父母所生身即證大
覺位 1541-1
父母所生身速證大
覺位 1542-3
父城 1526-2
井河 766-1

〔五　畫〕

四一 682-2
四十位 718-2
四十一地 716-3
四十一位 716-3
四十二位 717-2
四十八年 718-1
四十八智 1189-2
四十八願 717-3
四十九日 717-1
四十九院 717-1
四十九僧 716-3
四十九餅 717-1
四十九燈 716-3
四十水里 718-2
四十帖決 717-1
四十齒相 717-1
四十二字門 717-2
四十二使者 717-1
四十二章經 717-1
四十二賢聖 417-2
四十八使者 718-1
四十八輕戒 717-3
四十二字觀門 717-2
四十二品無明 717-2
四十九重如意 716-3
四十九重摩尼殿 717-1
四十品無明根本 718-1
四十餘年未顯眞實
718-2, 1673-3-26
四十八體十二光佛 718-1
四十八壇阿彌陀護摩 718-1
四人觀世 751-2
四人出現世間經 751-2
四力 857-1
四七品 704-2
四八相 752-2
四大 725-2, 1122-3
四大寺 726-2
四大洲 726-1
四大海 725-3
四大師 726-1
四大塔 726-2
四大種 726-2
四大護 726-1
四大部洲 726-3
四大部經 726-3
四大天王 726-2
四大不調 726-3
四大弟子 726-2
四大病相 1494-2
四大乘宗 726-2
四大敎法 726-1
四大菩薩 726-3
四大聲聞 726-2
四大護院 726-1
四大元無主 726-1
四大佛護院 726-3
四上 719-1
四上座 965-2
四土 47-3-26, 749-2
四山 721-1
四不生 755-2, 1524-1
四不成 755-2
四不見 754-3
四不退 1530-1
四不可得 754-2
四不可輕 754-1
四不可說 754-1
四不壞信 755-3
四不壞淨 755-3
四不得經 755-2
四不寄附 754-2
四不可思議 754-1
四不可得經 754-2
四分 756-3-, 756-2

四分宗 757-1
四分律 1788-3-27, 757-1
四分家 557-1
四分位點 757-2
四分律宗 757-2
四分開宗記 757-1
四分僧戒本 757-1
四天王 748-1
四天下 748-1
四天珠 986-1
四天上下 748-1
四天大王 748-1
四天王天 748-2
四天王寺 748-2
四天王經 748-2
四天王合行法 748-2
四方 752-1
四方結 752-1
四方大將 752-2
四方四佛 752-1
四方僧物 752-2
1079-1-8
四王 859-1
四王天 1843-3-16
四王切利 859-2
四月 698-3
四月八日 698-3
四月八日灌經 698-3
四心 716-1
四五種方向 571-3
四化法 700-3
四句 695-1
四句執 696-1
四句分別 695-1, 696-1
四句成道 696-1
四句推檢 695-1, 696-1
四生 706-1
四生百劫 707-1
四生苦輪 706-3
四弘 698-2
四弘誓 698-2, 360-1
四弘誓願 691-1, 698-2
四世 720-2
四世俗諦 720-2
四正勤 706-3
四正斷 707-1
四本相 759-1
四本止觀 759-1
四仙 721-2
四仙避死 721-2
四主 709-2
四田 748-3
四比丘 753-3
四加行 381-3, 700-3
四出偈 713-1
四忉利交形 749-1
四未曾有法經 760-3
四夷 682-2
四夷戒 682-2
四夷罪 682-2
四有 99-1, 683-1
四有爲相 123-1, 684-1
四行 694-3
四行相 694-3
四百戒 753-1
四百四病 753-1
四安樂 682-1
四安樂行 682-1
四如意足 751-1
四如實觀 751-2
四向 687-1
四至 702-3
四自侵經 716-3
四佛 756-1
四佛工 756-1
四佛土 756-2
四佛知見 756-1
四車 705-3, 1771-2
四車家 708-3
四戒 686-3
四戒壇 167-1
四住 743-2
四住地 743-2
四身 715-3, 1558-1
四忍 1363-1, 751-2
四劫 701-2, 468-3
四兵 753-1, 757-3
四見 407-3, 700-3
四忘 759-3
四含 702-1
四沙門 709-1
四夾侍 700-3
四邪命 719-3
四良藥 858-1
四吠陀論 757-3
四法 244-2-26, 758-1
四法界 758-2
四法印 758-3
四法施 758-3
四法經 758-3
四法三願 758-3
四法不壞 758-3
四法本末 758-3
四法界觀 758-3
四法成就 758-3
四明 760-3
四明山 762-2
四明家 762-3
四明尊者 762-3
四明兩重能所 762-3
四阿含 682-1
四阿笈摩 681-3
四阿含經 15-2
四阿闍梨 682-1
四阿含暮鈔解 682-1
四波 752-1
四波羅夷 752-2, 1426-2
四波羅蜜 752-2
四波羅蜜菩薩 752-2
四事 716-2
四事經 716-3
四事法門 718-3
四事供養 313-3, 716-3
四事不可思議 716-3
四所 714-3
四所三聖 715-2
四所戒壇 715-2
四所明神 715-3
四空 277-3, 695-2
四空天 696-1
四空定 695-3
四空處 695-2
四念處 1378-3
四念住 752-1
四念珠 751-2
四念處觀 751-2
四果 696-2
四果向 696-3
四宗 710-1, 817-3
四宗大乘 710-2
四門 763-1, 763-3
四門遊觀 764-1
四依 684-2
四依八正 685-3
四定 743-2
四定記 743-2
四河 686-2
四河入海 687-3
四供 696-2
四供養 313-3
四季講 691-2
四季懺法 693-1
四知 727-2
四味 760-3
四取 709-2
四姓 706-1
四花 698-3
四股 701-1
四孟月 759-3
四性行 706-3
四毒蛇 750-2
四帖疏 748-2
四受業 719-3
四卷經 697-3
四夜八晝 808-2
四非常偈 753-1
四泥梨經 750-3
四陀羅尼 727-2
四重 743-1
四重罪 743-1
四重禁 743-1
四重八重 743-1
四重二諦 1330-2
四重五逆 743-1
四重出體 743-1
四重秘釋 743-1, 746-3
四重聖衆 743-1
四重圓壇 743-1
四重曼荼羅 743-1
四重金剛薩埵 482-2
四律 857-2
四律匠 857-3
四律五論 857-2, 1788-1
四信 716-1
四信五行 716-1
四信五品 716-1
四品學法 759-1
三品四善根 722-1
四品法門經 759-1
四度加行 381-3, 750-1
四度行用 750-1
四度行法 271-3
四度傳授 740-2
四柱文 742-3
四柱偈 742-3
四洲 703-2
四洲地獄 703-2
四界 686-3
四界攝持 687-1
四食 716-2
四食時 716-3
四相 591-1, 702-1
四相違 702-3
四枯 701-1
四枯四榮 701-2
四威儀 859-2, 1855-2
四衍 686-1
四恒 701-3
四巷 1771-2
苦四 276-1, 694-3
四苑 859-3
四施 720-2
四持 743-1
四要品 685-2
四苾芻 1465-2
四面毘盧遮那 762-3
四家 699-1
四家大乘 700-3, 1144-2
四家大乘四種言說
699-1
四乘 720-1
四乘家 708-3-17, 720-1
四乘十地 924-1
四海 686-3
四海論主 687-1
四海領掌印 687-1
四韋 859-2
四韋陀 859-2
四韋陀院 859-2
四根本性罪 701-3
四根本重罪 701-3
四書 714-3
四記 690-2
四馬 762-2
四病 753-3
四修 709-3
四倒 724-3
四流 858-3
四師 703-1
四悔 699-2
四恩 686-1
四怨 859-3
四秘密 753-1
四蚖蛇 701-1
四料簡 858-1
四神相應 720-1
四教 699-2
四教地 700-2
四教儀 700-1
四教三密 700-1
四教三觀 700-1
四教四門 763-1
四教五時 700-1
四教儀集註 700-1
四梵行 759-1, 1635-1
四梵住 759-2
四梵志 759-2
四梵堂 759-2
四梵福 759-2, 1640-2
四部律 756-2
四部衆 756-1
四部經 756-1
四部僧 756-1
四部弟子 756-2
四部僧始起經 756-1
四處六會 715-3
四處立塔 1114-3
四處問訊 715-3
四處十六會 715-2
1156-3
四曼 760-1
四曼四身配屬 760-1
四曼攝二種世間 760-2
四淨 1471-2-3
四淨定 719-2
四眞 716-1
四眞諦 716-1
四問 763-1
四欲 850-1
四眼 701-1
四唱 706-1
四捨 705-3
四假 699-2, 371-2
四蛇 718-3
四執 705-1
四棄 690-2
四軛 800-1
四通行 743-3, 1232-2
四悉檀 704-2
四第一偈 725-3
四隅四行薩埵 698-2
四國傳燈大師 701-1
四智 727-2, 1187-3, 1561-3
四智印 727-2
四智讚 730-2
四智心品 739-2
四惡 681-3
四惡道 681-3
四惡趣 13-2, 681-3
四惡比丘 681-3, 1059-2
四善根 721-2, 1059-3
四勝身 715-1
四勝義諦 714-3
四印 683-1
四印會 683-1

四階成佛 686-3
四階成道 686-3
四量 1791-3
四喩 817-1
四惑 859-2
四絕 721-2
四結 700-3
四等 748-3
四衆 709-1
四葬 702-2
四華 1423-3
四須臾 714-3
四堅信 701-1
四評家 753-1
四菩薩 759-1
四尋思觀 720-1
四朝僧傳 747-3
四童子三昧經 750-1
四無色 761-1
四無畏 762-1, 1722-1
四無記 1693-3
四無量 1719-2, 761-2
四無爲 762-1
四無礙 1696-2
四無所畏 761-1
四無量心 761-2
四無常偈 761-2
四無礙智 761-1
四無礙解 761-1
四無礙辯 761-1
四無所畏經 761-1
四聖 705-3
四聖行 706-3
四聖言 706-3
四聖種 707-1
四聖諦 784-2, 707-1
四聖十哲 311-2
四意 682-2
四意趣 682-2
四意斷 682-3
四愛生 681-3
四愛起 681-3
四運 684-1
四運心 684-2
四微 753-2, 760-3
四道 727-1
四葬 329-3-3
四塔 724-3
四鉢 752-2
四禁 702-1
四業 562-1, 702-1, 1793-3
四達 724-3
四煩惱 759-2, 1638-2
四義平等 694-3
四萬六千日 760-3
四種佛 1551-2
四種善 712-2
四種天 713-1, 1244-3
四種人 713-1
四種子 711-2
四種心 712-1
四種色 571-3
四種地 712-3
四種我 710-3
四種劫 711-1
四種貪 713-1
四種制 712-2
四種花 711-1
四種食 712-1, 889-1
四種眼 711-1
四種答 712-2
四種僧 712-2, 1071-1
四種諍 712-1
四種禪 712-2
四種行日 572-2
四種成佛 712-1
四種念佛 713-2
四種念誦 713-2, 1379-2
四種法身 714-1, 1606-1
四種法界 1592-1, 714-1
四種悉地 711-3, 747-1
四種悉檀 711-2
四種曼荼 714-2
四種道品 712-2
四種道理 712-2, 1177-1
四種僧物 712-21079-1,
四種上座 712-1
四種三寶 659-3
四種方便 713-2
四種中道 1207-3
四種世人 712-2
四種比丘 713-3
四種生死 711-3, 779-2
四種布施 1528-1
四種平等 713-3
四種四諦 711-2, 724-1
四種甘露 219-1, 710-2
四種死生 711-2
四種自在 712-1, 893-1
四種因緣 710-1
四種伽陀 193-3
四種沙門 711-3, 811-2
四種邪食 712-1
四種狂惑 710-3
四種作意 711-1
四種往生 714-3
四種性行 711-3
四種供養 313-3
四種信心 712-1
四種相承 746-2
四種重恩 713-1
四種秘密 713-3
四種涅槃 713-2, 1373-1
四種國土 462-2
四種常住 712-1
四種授記 712-2, 981-3
四種教授 711-1
四種問答 714-2
四種莊嚴 771-2
四種惡人 710-1
四種鈎印 711-1
四種資糧 858-1
四種對治 712-2
四種薰習 356-1
四種輪王 714-3
四種壘印 714-1
四種緣起 136-2
四種廣說 710-3
四種壇法 712-3
四種總持 712-2, 1077-1
四種聲聞 711-3, 792-3
四種爐形 571-2
四種饒益 713-2
四種釋義 711-3
四種灌頂 347-3
四種護摩 569-3
四種變易 714-1
四種觀行 710-3
四種天華 1248-1
四種不善 1528-3
四種行人 710-3
四種善惡 1055-2
四種三昧 711-2
四種佛土 714-1, 1564-1
四種佛心 714-1
四種阿含 710-1
四種阿難 710-1
四種一切義 710-1
四種根本罪 711-1
四種三昧耶 711-2
四種阿闍梨 21-1, 710-1
四種起首時 572-1
四種曼荼羅 714-2
1670-1
四種成就法 712-1
四種華嚴經 385-2
四種瓔珞莊嚴 714-2
四種十二因緣 930-3
四種即身成佛 1082-3
四種金剛菩薩 483-3
四箇大寺 687-3
四箇大法 687-3
四箇大乘 687-3
四箇八講 687-3
四箇戒壇 687-2
四箇法要 687-3
四箇格言 687-1
四箇傳法 687-3
四維 843-1
四維口食 843-2
四障 706-1, 764-2
四夢 761-1, 1761-1
四慢 760-1
四漏 859-1
四說 720-2
四塵 743-3
四賓主 753-2
四福田 1514-1
四熏習 698-1
四滿成佛 760-2
四德 749-1
四德處 749-2
四德樂邦 749-2
四德波羅蜜 749-2
四輪 858-2
四輪王 858-3
四輪寶 858-3
四摩 759-2
四摩室 759-3
四輩 752-1
四輩經 752-1
四論 859-1
四論宗 859-1
四節 720-3
四寮 858-3
四慧 859-2
四緣 685-3
四諍 719-1
四儀 694-3
四趣 709-2
四墮 725-1
四暴流 1633-2
四增盛 723-3
四墮落法 727-2
四諦 723-3, 1097-1
四諦教 523-1-8
四諦經 724-2
四諦論 724-3
四諦梵語 724-2
四諦十六行相 724-1
四機 690-3
四樹 719-3
四橛 700-3
四縛 752-3
四隨 720-2
四親近 716-1
四導師 727-1
四靜慮 719-1
四禪 721-2, 722-2-21
1054-2
四禪天 723-1-20
四禪定 722-2
四禪八定 723-2
四禪比丘 723-2
四翳 685-2
四齋日 702-1
四優檀那 683-3
四瀑 759-1
四瀑流 759-1
四轉 747-3
四禮 856-1
四藏 674-1, 702-3
四鎮 742-3
四斷 727-2
四歸法 694-1
四雙八輩 702-3
四願 698-3
四願經 698-3
四鏡 694-2
四藥 799-3
四難 750-3
四識住 693-1, 703-3
四顛倒 748-1, 1254-1
四證淨 715-2
四類出家 832-3
四覺 687-2
四釋 707-2
四爐 859-1
四攝 720-3
四攝法 720-3
四攝事 720-3
四攝衆 720-3
四攝金剛 720-3
四攝菩薩 720-3
四魔 759-3, 1642-3
四辯 757-3
四變 757-3
四衢道 696-1
占相吉凶 541-2-25
占察 1039-3
占察經 1039-3
示悟 701-3
示教 700-1
示教利害 700-2
示教勝軍王經 700-2
示現 892-1
示寂 897-2
示衆 709-3
示道沙門 811-2-22
示波令慕思 905-2-9
示導 727-1
示輪 997-3
示轉 650-1-18
示轉法輪 741-1
未生善 1329-1-18
未生怨 20-1-20, 1675-2
未生怨經 1675-2
未至定 1675-1
未作不得 1674-3
未來 1688-3
未來世 1688-3
未來際 1688-3
未來往生 1688-3
未知根 1677-2
未知當知根 473-3-25
666-3-8, 1677-2
未到地 1676-2
未到定 1676-2
未受具人 1676-1
未得謂得 1680-3
未得眞覺恒處夢中 1680-3
未曾有 1676-1
未曾有經 1676-1
未曾有正法經 1676-1
未開顯 1673-2
未發菩提心授記 1681-2
未嘗睡眠 1675-2
未嘗不以佛性義經懷 1675-2
未敷蓮華 1681-1
未離欲 1689-1
未顯眞實 1673-3
末化 1658-1
末世 1658-2
末田 1659-1
末田地 1659-1-13, 1659-1

五　畫

末田提 1659-1-17
末田地那 1659-1-13
末田鐸迦 1659-1-13
末田底迦 1659-1
末田底迦度龍闕賓國 1659-2
末尼 1662-1-13
末尼敎 1662-1
末尼火秋敎 1662-1-25
1662 2
末奴沙 1660-3-9
末奴是若颯縛羅 1661-1
末代 1658-2
末寺 1658-2
末多利 1657-1
末利 1658-3, 1528-3-12
末利夫人 1658-3, 1665-3
末利室羅 1665-2
末伽 1652-3
末伽梨 1653-1
末伽始羅 1652-3
末伽梨拘賒梨 1653-1
末伽梨俱舍梨 1653-1-13
末伽伽梨拘梨子 1653-1-14
末那 1661-1
末那識 1661-2
末弟 1658-2
末佉梨劬奢離 1653-2
末陀 1658-2
末陀摩 1657-1
末法 1658-2
末の法 1005-3
末法燈明記 1658-3
末底 1657-3, 1658-3
末後句 1658-1
末後一句 59-3
末度迦 1660-3
末迦吒賀邏馱 1648-2
末徒 1658-2
末流 1658-3
末栗者 1665-2
末梨 1664-2
末敎 1658-1
末捺南 1657-1
末筊曷剌他 1660-2
末睇提舍 1658-3
末都乾直呼 1217-1-13
末達那 1657-1
末犍拏 1654-3
末算 1658-2
末摩 1658-3
末彈地 1659-1-13
末燈鈔 1658-2
末羅 1658-3-16, 1663-3
末羅遊 1664-2
末羅王經 1664-2
末羅羯多 1663-3
末麗囊 1665-3
末闡提 1656-1, 1659-1-13
正了緣 794-3
正八幡大菩薩 788-2
正士 779-1
正心 778-2
正心住 778-3, 927-2-26
正心行處 778-3
正中 785-3
正中來 578-3-25
正中偏 578-3-13
正日 787-3
正月十五日粥 207-1
正化 769-3
正五九月 771-1
正命 793-3
正行 768-1, 1309-1-30
正行經 768-1
正行眞如 879-3-24, 768-1
正行六度品 768-1
正因 765-2, 1307-2-24
正因緣 765-2
正因佛性 630-1-12, 765-2
正回向 1861-1-11
正地部 785-3
正色可染 774-1
正位 795-3
正見 770-1
正忌 767-1
正忍 1363-2-28
正助雜三行 782-2
正法 790-1
正法山 790-3
正法依 790-2
正法炬 790-3
正法律 791-1
正法時 790-3
正法務 790-1
正法經 790-2
正法壽 790-3
正法橋 790-2
正法藏 533-1-16
正法輪 791-1
正法妙心 791-1
正法華經 790-1
正法眼藏 790-3, 790-2
正法輪身 791-1
正法念經 791-1
正法明如來 791-1
正法念處經 791-1
正念 788-1
正念誦 788-1
正念往生 714-3-8, 788-1
正定 786-1
正定業 786-1
正定聚 786-1, 637-3-8
正定正慧 795-3
正性 774-1
正性定聚 774-2
正性離性 774-2
正命 791-2
正命食 791-3, 1322-2-7
正直 785-3
正直捨方便 785-3
正使 773-3
正宗分 782-2
正所被 778-2
正依經 765-3
正事經 780-1
正信 778-2
正信偈 778-3
正信念佛偈 778-3
正受 782-1
正受識 689-2-20
正受三昧 782-2
正食 780-1
正思惟 778-2
正根 1314-2-13
正恭敬經 768-1
正敎 770-1
正敎量 1791-3-27
正堂 785-1
正習 774-1
正理門論 793-3
正徧智 789-2, 906-2-26
正徧知海 789-2
正徧覺 789-2
正報 789-3, 1341-3-16
正智 567-3-26, 785-3
正量部 794-2
正等覺 786-3
正等正覺 786-3
正等覺無所畏 786-3
正當 784-1
正當恁麼時 784-2
正意 765-1
正意經 765-1
正解 770-1
正業 771-1, 1315-1-7
正勤 771-1
正道 785-1
正遍知部 789-3
正像 773-1
正像末 773-1
正像末和讃 773-3
正語 770-3
正說 783-2
正聚 782-2
正精進 774-2
正盡覺 783-1
正慧 795-3
正徹 786-2
正論 795-1
正學女 766-3
正學六法戒 766-3
正學律儀無表色 1716-1-20
正機 767-1
正雜二行 773-3
正覺 766-3
正覺華 766-3
正覺一念 766-3
正懺悔 772-3
正體 784-1
正靈會 794-2
正觀 768-2
正觀音講 768-3
正觀修誠禮 733-2-25
玉花 273-3
玉咽耶經 273-3
玉耶 274-1
玉耶經 274-1
玉耶女經 274-1
玉泉 274-1
玉泉玉花兩宗 273-3
274-1
玉柔 274-1
玉牒 274-1
玉豪 273-3
玉環 273-3
去此不遠 464-3
去來實有論 434-2-3
巨力長者所問大乘經 472-2
巨益 472-1
巨福山 256-2
巨賞彌 376-3
巨磨 471-2
巨鼇 1648-3-27
叵勒拏 1427-2-29
叵羅虞那 1427-2-30
叵囉虞那洗麼 1457-2
可大師 194-1
可中 194-1
可見有對色 187-3
可重性 850-2-25
可洪音義 154-1
可惜許 189-1
可進相 1775-2-29
可意 156-3
可觀 187-2
甘菩遮 218-2
甘庶 216-2
甘庶氏 69-2-26
甘露 35-1-6, 219-1
甘露王 220-1
甘露日 219-3
甘露門 219-2
甘露城 219-2
甘露界 219-3
甘露尊 220-1
甘露鼓 219-3, 276-2
甘露經 220-2
甘露滅 219-2
甘露法 519-1
甘露法門 219-2
甘露法雨 519-2
甘露味經 220-2
甘露味國 220-2
甘露味論 220-2
甘露王尊 220-1
甘露鼓經 220-2
甘露經陀羅尼 220-2
甘露陀羅尼咒 220-1
甘露味阿毘曇 220-2
甘露軍荼利明王 219-3
甘露軍荼利明王畫像 519-3
甘露軍荼利菩薩供養念誦就儀軌 220-1
世 1014-3
世人 1034-2
世友 1018-2
世友菩薩 1449-1-23
世主 1027-3
世主天 1027-3
世仙 1028-1
世世生生 1028-1
世自在王 1028-1
世典 1034-2
世依 1024-1
世法 1036-2
世界 1024-1
世界主 1024-2
世界悉檀 704-2-28
1024-2
世界不牢固如水沫泡焰 1024-3
世俗 1028-3
世俗智 1029-1, 1188-3-13
世俗諦 1029-1
世相 1027-2
世英 1015-1
世耶那薩喃 1037-1
世流布語 732-1-18
世流布眞實義 874-1-20
世時經 1028-1
世眼 1027-2
世第一法 1029-2
世間 1026-1
世間天 1027-1
世間戒 158-3-7
世間法 1027-2
世間乘 1027-1
世間眼 1026-1
世間敎 1313-1-16
世間智 648-1-21
1027-1
世間經 1026-1
世間解 906-3-2
1026-1, 1818-3-9
世間禪 1027-1, 1053-2-12
世間檀 1027-1, 1183-2-26
世間三昧 1027-1
世間天院 1027-1
世間相違 632-1-9
1026-3
世間般若 1437-3-13
世間無盡 1709-1-15
世間勝義 1097-1-25
世間出世間 426-3-6
世間世俗諦 1097-1-10
世間如車輪 1027-2
世間具相行 1026-1
世間相常住 1026-2
世間難信捷徑 1027-1
世間轉法轉智轉無盡 1709-1-25
世間産業皆與實相不相違背 1026-3
世尊 1028-1

世尊寺 1028-3
世尊大恩 1028-3
世尊不說 1028-3
世尊未說 1028-3
世尊初生 1028-3
世尊拈花 1028-2
世尊指地 1028-2
世尊陞坐 1028-2
世尊於長夜常愍見
　敎化 1028-3
世尊附屬金襴袈裟
　迦葉傳彌勒 260-3
世智 1029-2
世智辯總 1029-2
世善 1028-1
世善巧 921-2-24
世雄 1037-2
世雄兩足尊 1037-2
世無畏と興願 1036-3
世路 1037-1
世語 1027-2
世福 1034-3
世論 1037-2
世親 1027-3
世親傳 1027-3
世親菩薩 1660-2-30
世親攝論 1027-3
世諦 1029-1
世諦不生滅 1029-1
世羅 1037-1
世識 689-2-21
世饒王佛 1034-2
古三論 464-3
古今譯經圖紀 464-2
古先派 466-2
古帆未掛 468-2
古佛 471-1
古來世時經 472-2
古來實有宗 472-1
古則 466-2
古義 456-3
古義新義の爭點 456-3
古德 468-1
古轍 466-1
本二 1623-3
本山 1621-1
本山流 1621-1
本山山伏 1755-3-27
本下迹高 1618-1-26
本三昧耶印 1620-3
本不生 545-3-19, 1624-1
平不生智 1624-1
本不生際 1624-1
本化 1620-2
本生貫 1621-2
本生經 1621-2
本生說 1621-3
本生鬘論 1621-2
本生安荼論師 434-3-14
1621-2
本生心地親經 1621-2
本母 1624-3, 1643-1-16
1657-2-15, 1658-1-8
本弘誓願 1619-1
本末究竟等 1624-1
938-2-10
本有 1617-3
本有家 1617-3
本有說 1618-1
本有修生 1618-1
本有種子 825-3-10
1618-1
本有今無偈論 1618-1
本地 1623-2
本地身 1623-2
本地供 1623-2
本地門 1623-3
本地垂迹 1623-2
本地風光 1623-3
本行 1619-1
本行經 1619-1
本行集經 1619-1
本因妙 1617-3
本成 1621-3
本成寺派 1334-1-6
本寺 1621-3
本形 1619-1
本坊 1623-3
本初 1621-2
本佛 1624-1
本身本有 1609-2
本那伽吒 1623-3-15
本利益妙 1625-3
本劫本見末劫本見
1831-2-26
本門 1344-1-7, 1624-3
本門十妙 651-2
本門本尊 1625-2
本門付屬 1625-2
本門戒壇 1625-1
本門事觀 1624-3
本門開顯 1625-1
本門題目 1625-1
本來 1625-2
本來空 1625-2
本來成佛 1625-3
本來法爾 1625-3
本來面目 1625-3
本來無一物 1625-3
本來自性淸淨涅槃
1373-1-4, 1625-3
本性 1621-2
本性佛 1621-2
本性常 626-1-20
本性住種性 824-2-26
1319-1-21, 1621-2
本性寂滅非本性寂
　滅異 1372-2-10
本命星 1624-1
本命宿 1624-1
本命元辰 1624-1
本命道場 1624-2
本事經 1621-3
本事說 1621-3
本明 1624-1
本空 1619-1
本典 1623-3
本法身 1624-1
本果妙 1619-1
本於二諦 1618-1
本相 1620-3
本相綺致經 1620-3
本拏哩迦 1623-2
本迹 1621-3
本迹釋 708-2-1, 1253-1-4
本迹一致 1622-2
本迹二門 1622-1
本迹相攝 951-3
本迹俱下 1617-1-28
本迹俱高 1617-1-27
本迹勝劣 1622-2
本迹二門付屬 1334-1
本師 1621-1
本時 1621-3
本書 1622-2
本致 1623-2
本能寺 1623-3
本起經 1619-1
本高迹下 1618-1
本神通妙 1622-2
本涅槃妙 1623-3
本淨 1621-3
本淨無漏 1621-3
本堂 1623-1
本敎 1620-2
本國土妙 1620-3
本眷屬妙 1620-2
本朝の三敎 614-2-3
本朝火葬始 329-3
本朝布薩始 1521-2
本朝高僧傳 1623-2
本朝敕賜金襴衣之初 260-3
本惑 1625-3
本尊 1622-3
本源 1620-2
本源淸淨大圓鏡 1620-3
本經 1619-1
本極 1620-3
本業經 1620-3
本感應妙 1618-2
本際 1621-1
本際智 1621-1
本際外道 434-1-17
本際寺派 1334-1-13
本算 1621-1
本幖 1623-3
本誓 1622-2
本說法妙 1622-2
本壽命妙 1622-2
本質 1621-1
本緣 1618-1
本據 1620-3
本斷超 1242-1-23, 1623-2
本願 1619-2
本願寺 1619-2
本願鈔 1620-1
本願一乘 74-1
本願一實 72-3
本願正機 1620-1
本願寺派 971-2-1
1620-1
本願實機 1620-1
本願ぼこり 1620-2
本願三心願 1619-2
本願力廻向 1620-2
本願功德聚 1619-2
本願藥師經 1620-2
本願招喚勅命 1620-1
本願一實大道 1619-2
本願寺聖人親鸞傳繪 1619-3
本願寺敕許院家十
　箇寺 1860-1
本識 42-1, 1621-1
本懷 1619-1
本覺 607-1-30, 1308-2-16
, 1618-21795-3-8
本覺下轉 1618-3
本覺內熏 1618-3
本覺流轉 1619-1
本覺眞如 1618-3
本囊伽吒 1623-3
本體 1623-1
瓦官寺 362-3
瓦師 363-1
瓦鉢 366-1
瓦葺 202-3
瓦經 202-3
瓦器金器 362-3
左 583-3
左問 599-2
左溪 600-2
平生業成 1569-1
平交 1568-3
平地 639-3-26
本江條 1479-3
平形念珠 1478-1
平產 1569-1
平袈裟 1478-2
平常心是道 1569-1
平等 1493-1
平等力 1494-1
平等心 1493-3
平等王 1494-1
平等法 1493-3
平等性 880-2-11, 1493-2
平等院 1494-1
平等敎 1493-2
平等義 457-3-10, 1493-2
平等覺 1493-1
平等觀 1493-2
平等法身 1493-3
平等性智 550-1-14
1187-3-20, 1493-2
平等覺經 1493-1
平等無畏 1722-2-15
平等大悲 1493-3
平等大慧 1493-3
平等意趣 682-2-19, 1493-1
平等福業 656-1-3
平道敎 1313-1-29
平僧 1569-2
平擧 1470-1, 1479-2
石 52-3
石山寺 54-2
石山明神 1025-2
石山涅槃會 1376-2
石女 803-1
石女兒 803-1
石火 800-2, 1025-1
石地藏 53-2
石佛 53-2
石劫 800-3
石門 1025-3
石門文字禪 1025-3
石神 801-1
石魚 1025-1
石淵八講 88-2
石塔 1025-2
石割地獄 54-3
石鉢 1025-3
石の鉢 1399-1, 53-2
石蜜 803-3
石蜜漿 804-1
石榴 979-1
石壁經 1025-3
石壁無礙 1025-3
石頭 1025-2
石霜 1025-1
布毛侍者 1542-2
布史 1522-1
布字品 1526-2
布字觀 1525-3
布沙他 1521-1-21, 1524-3
布沙陀 1524-3
布利迦 1544-2
布咀洛迦 1531-2, 1531-2-30
布咀洛迦補陀洛
1584-2-26
布怛那 1531-1
布刺拏 1544-2-9, 1544-1
布拏刺迦葉波 1544-2-10
布刺那迦葉波 1544-1
布刺拏梅利咀曳尼子
1545-2-29
布刺拏梅咀麗衍弗咀羅
1545-2-30
布施 1527-3
布施物 1528-3
布施偈 1528-2
布施經 1529-2
布施攝 720-3-16, 1528-2
布施無盡 1709-1-3
布施波羅蜜 1528-3
布敎 1516-2
布袋 1590-1

五　畫

布弗尼召永主立玄穴目甲申央兄田囫旦回由出

布單那 1531-1-11
布路沙 1545-1-27, 1546-1
布瑟波 1523-2-30
布儞阿偈 1540-2
布賴那伽葉 1544-2-10
布薩 1521-1
布薩日 1521-3
布薩食 1521-3
布薩護 1521-3
布薩陀婆 1521-1-21
1521-1
布薩犍度 1521-3
布薩說戒 1429-1-17
布嚕那跋陀羅 1546-1
布灑他 1521-1-21
弗于逮 1588-1
弗于毘婆提訶 1588-1
弗如檀 1540-2
弗沙 1533-1, 1588-3
弗沙蜜多 1589-2
弗沙蜜多羅 1542-2
1525-1
弗沙佛 1525-1, 1533-1
弗沙迦王經 1524-3
弗伽羅 1533-2-10
弗波提 1540-3
弗若多羅 1540-2
弗毘提訶 1541-1
弗婆提 1541-1, 1589-3
弗婆呵羅 1541-1
弗婆勢羅 1541-1
弗婆鞞陀提 1541-1
尼 33-3, 1307-1
尼入道 34-1
尼大師 34-1
尼民陀 1343-2
尼民陀羅 1342-2
尼比丘 33-3
尼寺 33-3
尼衣 34-1
尼戒 1308-2
尼沙陀 1317-2
尼延底 1308-1
尼拘律 1310-3
尼拘陀 1310-2
尼拘律陀 1310-3
尼拘尼陀 1310-3
尼拘陀梵志經 1310-3
尼陀那 1331-1
尼陀那目得迦 1331-2
尼抵 1334-2
尼近底 1315-1
尼法師 33-3
尼夜摩 1346-1
尼波羅 1337-2
尼彌留陀 1732-3-23
尼剌部陀 1360-1
尼前 34-1
尼削 34-1
尼剃 34-1
尼迦羅 1308-3
尼建他迦 1314-1
尼師壇 1842-3-7, 1316-2
尼師但那 1316-2
尼虔子 1785-1-5
尼乾陀 1313-3
尼乾陀子 1314-1
尼乾子問無我義經 1313-3
尼連禪 1361-1
尼連禪河 23-2-26
尼提 1330-2
尼御前 33-3
尼犍 1313-2
尼犍子 1313-3
尼犍度 1314-1
尼犍子外道 1313-3
尼犍陀弗咀羅 1314-1
尼犍陀若提子 1314-1
尼僧正 34-1
尼樓陀 1732-2-23
尼摩羅 1342-1
尼講 33-3
尼彌留陀 1342-2
尼薩耆 1315-3
尼薩曇 1315-3
尼薩耆波逸提 1315-3
尼額 34-1, 34-2
尼羅蔽荼 1360-1
尼羅烏鉢羅 1360-1
尼羅婆陀羅 1360-1
尼藍婆 1360-1
召請 1020-1
召請法 944-1-6
召請方便眞言 1020-2
召請童子印明 1020-2
永不現行位 130-3
永平 130-1
永平寺 130-1
永平清規 130-1
永平元和尙頌古 130-1
永代 129-2
永代經 129-2
永代講 129-3
永生 1749-1
永安 1748-2
永劫 1749-1
永明 130-1, 1749-3
永明心賦註 130-1
永明智覺禪師唯心訣 130-1
永夜 1749-3
永宣旨 129-2
永祚宣命 129-2
永無生滅 1749-3
永嘉 1748-3
永嘉集 128-2
永寧 129-3
永寧寺 129-3
永擯羯磨 507-1
永離身心惱 1750-1
永斷習氣智 1749-2
主方神 836-3
主伴具足 837-1
主伴無盡 837-1
主伴圓明具德門 452-1-26
主成就 1833-3-15
主事 826-1
主夜神 839-3
主命鬼 839-2
主首 825-2
主宰 824-1
主浣衣 823-1
主莊嚴 771-2-30
771-3-21
主喪 824-1, 839-3
主獨行無明 839-2
立川流 1113-1
立正安國論 1789-1
立世阿毘曇論 32-2
1790-3
立印軌 1790-2
立印儀軌 1790-2
立地 1789-2, 1791-1
立法 1791-1
立性宗 817-3-22
立軌 1790-2
立相住心 1790-3
立要巧方便 1790-2
1825-2-3
立破 1789-2, 1791-1
立敎 1790-2
立敎開宗 1790-2
立參 1788-2, 1790-3
立雪 1790-3
立量 1791-1
立頌八意 980-3
立像 1790-3
立僧首座 829-2, 1790-3
立播 1791-1
玄心 446-1
玄月 443-1
玄旨 444-2
玄旨歸命壇 444-3
玄沙 445-1
玄沙閒燕子 445-1
玄沙三種病人 445-3
玄門 451-1
玄門無礙十因 452-2
玄宗 445-3
玄忠 447-3
玄昉 450-1
玄法軌 1152-1-29
玄軌 441-2
玄翁 441-1
玄悟 443-3
玄根 443-3
玄奘 446-2
玄能 450-1
玄流 452-3
玄景 443-1
玄疏 447-2
玄義 441-2
玄義分 441-3
玄道 447-3
玄路 452-3
玄綱 441-1
玄賓 450-1
玄談 447-3
玄德 449-3
玄學 441-2
玄導 447-3
玄應 441-1
玄應音義 153-3
玄關 442-2
玄關法師 443-1
玄鏡 441-2
玄贊 444-1
玄覺 441-1
玄籍 445-3
玄籤 447-1
玄覽 452-3
玄鑒居士 441-2
穴太流 25-2
穴等心 1831-1-6
目支鄰陀 1738-1
目支鄰陀龍池 1738-2
目多伽 1738-3
目足 1738-2
目足仙 1738-3
目佉 1737-2
目陀羅 1739-3-52
目拏羅 1633-1-29
目眞鄰陀 1738-2
目脂鄰陀 1738-1-28
目眞鄰陀山 1738-1-28
1738-2
目乾連 1737-3-21
目犍連 922-3-8
1651-2-22, 1737-3
目犍連子帝須 3-3-27
目犍連爲執杖梵志被殺 1651-3
目犍連與舍利弗爲佛左右弟子 1651-3
目睛舍利 1738-1
目竭嵐 1737-2
目連 1539-2-30
1651-2-22, 1739-2
目連問經 1739-2
目連尊者 120-3-2
目連所問經 1739-2
目鄰 1738-1-28
目鄰山 1738-2-12
目機銖兩 1737-3
甲刹 204-2
甲念佛 204-3
甲胄印 204-2
甲胄嚴印明 204-2
甲袈裟 204-1
甲衆 204-2
甲讀 204-1
申日 879-1
申日經 879-1
申日兒本經 879-1
申毒 878-3
申兒本經 879-1
申恕林 878-3
申瑟知林 872-2
申頭羅 878-3
央仇魔羅 8-3-9
央掘 8-2
央掘經 8-2
央掘摩羅 8-3-9
央崛鬘 8-3-9
央崛產難 8-2-9
央崛摩羅經 8-3
兄弟 1480-3
兄部 468-2
田夫即身成佛秘法 1082-3
田衣 1263-1
田相衣 1263-1
囫 318-3
囫地 332-2
旦望 1121-3
旦過 1119-2
旦過僧 1119-2
旦過寮 1119-2
回忌 318-3
回財 319-1
回峯行 319-1
回祭 318-3
回禮 319-1
由旬 1760-1
由此有諸趣及涅槃證得 1759-3
由延 1759-2, 1760-1-13
由乾 1759-2
由乾陀羅 1759-3-2
由犍陀羅 1759-3-2
出入板 835-3
出三藏記集 833-2
出水開敷 1731-1-22
出世 834-1
出世間 834-1
出世心 834-2
出世舍 834-2
出世果 834-1
出世服 834-3
出世者 834-2
出世部 834-3
出世智 834-3
出世業 834-2
出世禪 834-3, 1053-3-4
出世藏 533-1-20
出世大事 834-3
出世五食 834-2, 889-3
出世元意 834-1
出世本懷 834-3
出世坊官 834-3
出世說部 834-2
出世間戒 158-3-6
出世間法 834-2
出世間敎 1313-1-17
出世間智 648-1-23
出世間道 834-2

出世間檀 834-2, 1183-2-13
出世間般若 1437-3-15
出世間說部 834-2
出世間語言部 834-2
出世間上上藏 533-1-28
出世間上上智 648-1-25, 834-2
出世間上上禪 1054-1-8
出生 833-2, 1007-2
出生義 833-3
出生菩提心經 833-3
出生無量門持經 833-3
出生無邊門陀羅尼經 832-3
出生無邊門陀羅尼儀軌 833-3
出生一切如來法眼遍照大力明王經 833-2
出出世間 833-3
出出世一乘法 833-3
出見 833-2
出佛身血 808-1-3, 836-1
出定 835-3
出乳光經 835-3
出到菩提 835-3, 1630-3-20
出要 832-2
出胎 1404-1-23
出家 832-3, 1004-3, 1404-1-24
出家樂 833-2, 1776-3-10
出家二戒 833-1
出家入道 833-1
出家四願 832-3
出家緣經 833-1
出家功德經 833-1
出家行道具 843-1
出家因緣經 832-3
出家得度田 833-1
出家阿闍梨 832-3
出家授近圓羯磨儀軌 833-1
出息 835-1
出息不待入 87-1
出陣 835-3
出現 833-2
出假行 833-1
出深功德經 834-1
出隊 835-3
出隊上堂 835-3
出隊迦提 835-3
出期 833-2
出雲寺派 87-1, 971-2-21
出無量門持經 836-1
出聖 833-2
出道 835-3
出鄉 832-3
出愛王 832-2
出過語言道 545-3-23
出障圓明位 833-2
出像大悲懺法 833-2
出塵 835-3
出慧 836-1
出離 836-1
出曜經 832-2
出曜論 832-2
出纏如來 1356-1-18
出纏眞如 836-1, 879-2-28, 1336-3-28
出體 835-1
出觀人 713-2-3
氷揭羅 1477-3
氷揭羅天童子經 1478-1
氷想 1478-1
皮可漏子 1459-1
皮衣 202-1
皮陀 1856-2-4
皮革犍度 424-1-9, 1458-3
皮紙 1461-2
皮袋 1463-3
皮殼漏子 1458-3
皮煩惱障 623-1-21
用大 645-3-30, 1756-3
用心 1767-3
用滅 1757-2
母 1656-1-28
母止隣那 1738-1-28
母主 1739-3
母那摩奴沙 1633-1-18, 1633-2
母陀 1551-1-7
母陀羅 1739-3
母陀摩奴沙 1633-1
母眞隣那 1738-1-28
母娜摩拏史也 1633-1-17
母捺羅 1739-3-29
母經 1737-2
失守麽羅 714-2
失守摩羅 744-1
失念 747-2
失羅婆 856-2
生 736-2-23, 764-2
生一切支分印 765-2
生大怖畏 917-3-13
生天 786-2, 1244-3-12, 1245-3-7
生天因 776-2
生不男 535-1-15, 788-3
生不可避 741-3-17
生不生不可說 754-2-5, 788-2
生支 773-3
生化二身 1321-2
生日大會 787-3
生生 774-1
生生不可說 754-2-3, 774-2
生田 786-3
生死 774-1
生死岸 780-1
生死泥 780-2
生死流 782-2
生死海 780-1
生死淵 780-1
生死眼 524-2-23
生死野 780-2
生死雲 780-1
生死園 782-2
生死際 780-1, 1315-1-23
生死縛 780-2
生死輪 782-2
生死肉身 1626-3-15
生死長夜 780-2
生死事大 780-1
生死解脫 780-1
生死即涅槃 780-1
生死智證明 780-2
生死變識經 780-2
生死無始無終 1702-2
生死涅槃猶如昨夢 780-2
生老病死 793-3
生老病死苦 276-1-11, 515-2-17, 793-3
生有 765-2
生色 773-3
生因 765-2, 1307-2-12
生自在 893-1-28
生如來 50-2
生地經 785-3
生行三昧 768-1
生る佛 51-2
生佛 50-2, 788-3
生佛一如 788-3
生佛假名 789-1
生佛不增不減 789-1
生佛不增不減異 1317-3-20
生身 782-3, 1321-2-16
生身供 783-1
生身舍利 783-1, 813-2-28
生住異滅 786-1
生忍 788-1, 1365-3-13
生空 768-1
生空三昧 768-2
生空法有 768-2
生空眞如 879-2-29
生法 790-1
生法二身 1321-2
生法二忍 791-1
生法二空觀 790-3
生盲 791-1
生受業 562-1-7
生和合淨 1448-1-30
生相 772-3
生津 778-3
生苦 694-3-29, 768-1
生者必滅 782-1
生即無生 783-3
生重慚愧 917-3-9
生起 767-1
生起因 767-1
生般 1518-3-16, 1519-1-17
生般涅槃 788-1
生師 773-3
生起因 91-1-23
生得 786-3
生得定 787-2
生得慧 859-2-25
生る淨土 51-2
生淨土法八 970-2
生淨天 1244-3-14
生途 786-2
生處塔 778-2
生酥 783-3
生酥味 873-1-26
生酥毒發 784-1
生酥殺人 784-1
生報 789-3
生疎 644-1
生貴住 767-2, 927-2-23
生無性 666-1-26, 791-3
生菩薩 50-2
生勝決定 1825-1-22
生尊貴家願 784-1
生滅 792-1, 1702-3-7
生滅門 1344-2-25
生滅觀 792-1
生滅二觀 391-1
生滅四諦 724-2-2, 792-2
生滅滅已 792-2
生滅去來 792-1
生滅去來一異斷常 792-2
生飯 602-2, 654-1
生經 767-2
生過相似過類 768-2
生肇 786-3
生肇融叡 786-3
生像 773-1
生障 530-3-16
生臺 646-1
生輕安作意 711-1-30
生論 795-1
生盤 602-2, 654-2, 788-2
生趣 774-3
生熟酥 782-2
生蘇經 783-3
生變 789-2
生觀 931-1-10
生靈 50-3, 793-3
右手 105-1
右旋 106-3
右膝着地 104-2
右繞 112-3, 1668-1-18
右遶三匝 1859-1-8
右遶佛塔功德經 113-2
禾山 329-3
禾山解打 329-3
句 276-2
句文羅 313-3
句句 288-1
句句之下通結妙名 288-1
句多吒 299-2
句身 295-1, 626-1-5, 736-2-27
句偈 290-1
句義 287-1
句詮差別 297-3
句語三昧 290-2
句輪 316-3
句潭 299-2
半天婆羅門 1437-2
半天婆羅門多聞天雙身法 1440-3
半不男 535-1-21, 1440-3
半支迦 1433-3-21
半月形相 1433-1
半只迦 1433-3
半字 1322-1-12, 1435-1
半字敎 1312-2-12, 1435-2
半托 1436-3-19
半他迦 1436-2-11
半行半坐三昧 1433-1
半果 1433-1
半者 1434-1-18
半者蒲闍尼 1434-3
半者蒲膳尼 1434-3
半者佉闍尼 1434-2
半者珂但尼 1434-2
半拏囉嚩悉寧 1437-1
半娜 1436-3
半娜婆 1436-3
半座 1433-3
半夏 1433-1
半託迦 1436-2
半偈 1433-1
半超 1437-1
半超般 1519-1-25
半跏坐 1432-3
半跏趺 1432-3
半跏趺坐 1432-3
半晚 1440-3
半酪 1441-1
半裝束數珠 1434-2
半滿敎 1441-1
半遮羅 1435-1
半錢 1435-3
半齋 1433-2
半齋諷經 1433-3, 1510-2
半釋迦 1434-2, 1436-3-20
令入秘密 713-3-10
令他願滿 910-1-9
令法久住法 1797-1
令諸大衆謂如半日 1794-1
令離三途不處胞胎 1797-1
丘井 293-2
丘慈 236-1
白一羯磨 1494-2
白二羯磨 1494-2-27, 1497-3
白牛 1496-1
白牛無角 1496-1
白心 1497-2

五　畫

白冬台加以代付他仙刋北巧功打弘

白月 1495-3
白分 1498-1
白四 1496-3
白四羯磨 82-2-13, 1497-1
白白業 562-1-25, 1498-1
白衣 1494-3
白衣觀音 1437-1-10, 1494-3
白衣大悲咒 1495-1
白衣金幢二婆羅門緣起經 1495-1
白佛 1498-1
白足沙門 1497-2
白身觀音 1497-2
白拈 1498-1
白拈賊 1498-1
白拂 1498-1
白林 1498-2
白和 1499-1
白法 1498-1, 1498-2
白芥子 1495-3
白俗 1497-2
白衲 1497-3
白香象菩薩 176-1
白眞 1497-2
白夏 1495-3
白馬寺 1494-2
白骨觀 1394-1
白毫 1495-1
白毫の賜 1495-2
白處尊 1497-2
白處觀音 1497-2
白蛇印 1497-2
白雲 1393-2
白雲宗 1393-2
白雲菜 1393-2, 1494-3
白黑二業 1495-3
白黑二鼠 1370-3
白黑布薩 1496-1
白傘佛頂 1496-2
白傘蓋佛頂 1496-2
白傘蓋神咒 1496-1
白象 1496-2
白報 1498-1
白塔 1497-2
白道 1497-2
白業 561-3-2, 1496-1
白飯王 1498-2
白蓋 1495-1
白槌 1497-3
白團華 1671-3-9
白蓮 1498-2
白蓮社 1498-3
白蓮菜 1498-3
白蓮の交 1498-2
白蓮華社 1498-2
白蓮華座 1498-2
白蓮社七祖 1498-3
白蓮社十八賢 1498-3
白膠香 1495-1
白縷三昧 1494-3
白檀 1497-3
白檀香 1664-2-4
白氍 1495-2
白贊 1496-1
白鶴 1495-2
白鷺池 1498-3
白鷺池經 1499-1
冬安居 1264-2
冬瓜印子 1265-2
冬夜 1270-3
冬朝 1269-1
冬齋 1265-3
台岳 1097-3
台度 1105-2
台家 1098-2
台家の四身 715-3-29
台徒 1105-1
台密 1106-1, 1795-2-3
台密三流 1106-1
台密十三流 1106-1
台教 1098-2
台道 1104-3
台當二家 1104-1
台衡 1097-3
台嶺 1106-2
加力 210-1
加刀杖瓦 200-1
加戸 188-2
加句 183-3
加行 681-3
加行位 382-1, 578-1-8
加行得 381-3
加行道 382-1, 727-1-6
加行大士 381-3
加行結願 382-1
加沙 188-3
加沙野 189-2
加供 187-3
加持 195-1
加持札 195-3
加持杖 195-2
加持身 195-2
加持成佛 195-2
加持門說 195-2
加持說法 1607-2-15
加持自身法 195-2
加持の香水 195-3
加被 203-2
加被護念之義 868-3-18
加祐 159-3
加嶋法亂 1881-3
加備 203-2
加護 188-1
加蘭伽 212-1-7
以心傳心 54-3
以心灌頂 1759-1-28
以字 55-1
以血洗血 1189-3
以佛道聲 88-3
以佛願度有情之義 868-3-22
以信代慧 54-3
以是知今佛欲說法華經 56-1
以圓 90-2
以惡屬無 49-3
以種種形遊諸國土 54-2
以篤 87-2
以諸菩薩有度有情之義 868-3-23
以觀觀昏即昏而朗 51-2
代香 1127-1
代語 1134-3
代禮 1168-3
付法 1541-3
付法傳 1541-3
付法藏 1541-3
付法藏傳 1541-3
付法藏經 1541-3
付法八祖 1541-3
付法相承 1541-3
付法藏因緣傳 1541-3
付財 1521-3
付屬 1529-2
付屬一念 1529-3
他力 1118-1
他力宗 1118-1
他力念佛 1118-2
他土 1113-2
他已 1111-1
他心智 1111-3, 1188-3-21
他心通 542-2-13, 1111-3, 1232-2-10
他心智通 1111-3
他心智通願 1111-3
他方道俗菩薩院 1113-2
他化自在天 1110-3, 1843-3-23
他化自在天子魔 1642-3-10
他生 1111-2
他世 1112-1
他我 1693-1-16
他利利他深義 1118-2
他受用 1811-2-15
他受用土 1112-1
他受用身 1112-1, 1558-1-10, 1606-1-19
他門 1116-3
他宗 1111-3
他阿彌陀佛 1096-3
他界 1109-2
他毘利 1113-2-30, 1113-3
他勝罪 1111-3
他緣 1109-1
他緣覺心 1109-1
他緣大乘心 928-1-14, 1109-1
他寶 1115-3
他鞞羅 1113-2
他攝 1328-3-23
仙 1037-2
仙人 1047-3
仙人說 557-1-27
仙人鳥 1048-1
仙人園 1048-1, 1843-1-18
仙人住處 1843-1-18
仙人鹿園 1048-1
仙人論處 1843-1-18
仙人墮處 1843-1-18
仙陀客 1043-2
仙洞 1046-3
仙音 1038-2
仙苑 1051-2
仙城 1041-1
仙鹿王 1051-2
仙經 1038-3
仙園 1843-1-19
仙道王 1044-2
仙豫 1051-1
刋正記 216-2, 217-3
刋定 1750-3-4
北七 1586-3
北山住部 1586-3
北斗 1587-1
北斗堂 1587-2
北斗七星 1587-1, 1728-1-30
北斗護摩 1587-1
北斗尊星王法 1587-1
北斗七星延命經 1587-1
北斗七星護摩法 1587-1
北斗七星念誦儀軌 1587-1
北斗七星護摩秘要儀軌 1587-1
北方佛教 1587-2
北方毘沙門天隨軍護法眞言 1587-2
北方毘沙門天隨軍護法儀軌 1587-2
北本涅槃 1373-3-14
北本涅槃經 1587-2
北辰菩薩 1586-3
北京律 1586-2
北京の三會 672-2
北京三大會 1586-2
北宗 1586-3
北枕 241-3
北度 1587-2
北洲 1586-3
北俱盧洲 1586-3
北單越 1587-1
北圓堂 1587-3
北臺 1587-1
北齋尊者 1586-3
北嶺 1587-2
北瞿盧洲 703-2-22
北鬱怛越 1586-2-23
北鬱單越 1586-2-28
巧安止觀 429-2
巧妙智 429-3
巧度 429-2
巧便最勝 730-1-29
巧智慧 429-2
功力 316-2
功用 314-3
功用地 314-3
功能 305-3
功德 302-3
功德天 303-2
功德水 303-2
功德田 303-1
功德主 303-2
功德衣 303-2
功德池 303-2
功德品 303-2
功德使 303-2
功德料 303-3
功德海 303-2
功德流 303-3
功德遊 303-3
功德聚 303-1
功德藏 303-1
功德天女 1337-1-19
功德天品 303-2
功德安居 303-2
功德法身 303-3, 1606-2-23
功德施論 303-3
功德叢林 303-3
功德莊嚴王經 303-3
功德天女與黑闇女俱行 303-2
打成一片 1111-3
打供 1110-2
打板 1113-2
打眠衣 1116-3
打野榸 1117-1
打給 1110-1
打飯 1113-2
打敷 108-3
打靜 1225-2
打擲 1202-2
弘決 359-1
弘忍 455-3, 1866-1-9
弘法 362-2, 456-1
弘明集 362-2
弘宣 360-1
弘教 359-1
弘通 361-2
弘景 454-1
弘經 358-3
弘經大士 358-3
弘經三軌 358-3
弘誓 360-1
弘誓相 360-1
弘誓海 360-2
弘誓船 360-2
弘誓願 360-1
弘誓鎧 360-1
弘誓强緣 360-2
弘誓深如海 360-2
弘誓破戒設除大精 360-2
弘範 362-2
弘願 366-2-20, 358-3

弘願一乘 359-1
弘願眞宗 359-1
叫喚地獄 375-3
叫喚大叫喚 375-2
忉利 1108-3
忉利天 1108-3, 1843-3-17
忉利の付屬 1109-1 1529-2
外凡 439-2
外五鈷印 432-1
外四供 432-2
外四供養 1401-3
外用 440-1
外外道 431-1
外加惡友 917-2-11
外我 430-1
外法 439-2
外典 439-1
外空 430-3
外供養 430-3
外知外道 435-1-24
外金剛部 431-3
外金剛部院 431-3
外金剛二十天 431-2
外金剛部會曼荼羅 431-3
外相 432-1
外相十二 432-2
外面似菩薩內心如夜叉 440-1
外海 429-3
外陣 439-1
外執 432-2
外敎 430-3
外食欲 439-1
外無爲 439-3
外散亂 533-1-9, 1825-2-17
外道 433-1
外道性 531-2-4
外道三寶 660-1
外道四宗 433-2
外道四執 735-2
外道六師 433-3
外道相善 437-1
外道十一宗 436-1
外道の梵天 1166-1
外道小乘涅槃論 436-3
外道小乘四宗論 436-3
外道問聖大乘法無我義經 437-1
外緣 429-3
外緣死 1320-3-1
外儀 430-2
外塵 439-1
外學 430-1
外縛印 439-2
外題 433-1
外題以字 433-1
外題六十四字 433-1
外護 432-1, 1314-3-14
外護摩 12-43
外護善知識 432-1, 643-2-27
外魔 439-3
犯比丘尼 807-3-24
犯戒 1634-2
犯戒五衰 1634-2-23
犯戒五過 1634-2-19
犯戒罪報輕重經 1634-2
犯重 1637-1
犯重比丘不墮地獄 1637-1
奴 1696-3-20
奴婢 1370-1
奴僕三昧 1370-1
必至滅度願 1464-3
必至補處願 1464-3
必定 1465-3
必治病淨法 1448-1-11
必栗託仡那 1466-2
必栴家 1463-3
必滅 1466-2
必鉢羅 1466-1-6
必當得作佛 1465-3
必墮無間 1465-3
丙丁童子 1569-2
矢石 707-2
卯杖法師 111-1
市屋派 85-2
且喜 799-2
乏道 1626-1
叩髑髏知生處 1287-3

〔六　畫〕

式叉尼 692-1
式叉論 692-2
式叉摩尼 692-2
式叉摩那 692-1
式叉迦羅尼 692-1
式叉摩那尼 692-2
式師 692-1
耳入 1336-1
耳根 734-1-25, 1314-2 1324-2-11
耳輪 1360-2
耳識 1360-2
耳語戒 1314-3
耳圓通 1362-2
寺 886-3, 1244-1
寺十種異名 887-1
寺中 898-1
寺內葬 900-3
寺主 896-2
寺司 894-2
寺印 887-2
寺役者 1244-2
寺法師 1244-2
寺門 961-2
寺門派 961-2
寺社方 696-1
寺社奉行 896-1
寺長吏 1244-2
寺官 891-2
寺師 894-2
寺院 998-2
寺院三門 998-2
寺流 1244-2
寺家 891-3
寺務 961-1
寺領 997-3
寺塔處 898-1
寺牒 900-2
寺請證文 1244-1
吉水 1771-1
吉日良辰 243-3
吉田流 1763-1-28
吉由羅 244-1
吉利 244-1
吉利羅 244-1
吉河 242-1
吉迦夜 242-1
吉祥 242-3, 1668-1-9
吉祥天 1163-1
吉祥山 243-2
吉祥日 243-1
吉祥坐 243-1
吉祥柱 243-1
吉祥果 242-3
吉祥相 1776-2-4
吉祥草 242-3
吉祥茅 242-3
吉祥瓶 243-1
吉祥天女 243-2
吉祥伽陀 242-1-26 243-1
吉祥茅國 242-3
吉祥海雲 243-1
吉祥童子 242-3
吉祥悔過 382-3, 243-1
吉祥懺法 1050-2
吉祥持世經 243-1
吉祥海雲相 1668-1-10
吉祥陀羅尼經 243-1
吉祥天女十二名號經 243-3
吉祥天女十二契一百八名經 243-3
吉野山金剛藏王 484-2
吉槃茶 243-3
吉慶 242-1
吉慶讚 242-2
吉慶阿利沙偈 242-1
吉遮 242-2
吉隷舍 1638-1-10
吉藏 242-2
吉羅 244-1
老 1652-2-24
老女經 1774-1
老女人經 1774-1
老山 721-1-27
老少不定 1774-1
老不可避 741-3-19
老母經 1774-2
老母女六英經 1774-2
老古錐 1773-3
老尼聲油鉢試優婆毱多 1760-3
老死支 1773-3
老苦 694-3-30, 1773-3
老若 1774-1
老衲 1774-1
老倒 1774-1
老婆 1774-1
老婆禪 1774-2
老宿 1773-3
老猿 1773-3
老僧 1774-1
老臊胡 1773-3
老榼槌 1774-2
西 1316-2
西大寺 588-1
西大谷別院 1316-2
西大寺派三家 588-2
西山派 971-1-1, 1015-3
西山四流 1015-3
西山住部 1015-3
西方師 589-2
西方要決 589-2
西方淨土 589-2
西方十字尊 987-2
西方十萬億 589-2
西方同居士 590-1
西方蓮華部 590-1
西方寂靜無爲樂 589-3
西天 588-3
西天四七 588-3
西天二十八祖 588-3
西化 584-3
西主 1316-2
西牛貨洲 585-2 703-2-23
西尼 1017-2
西本願寺 1316-3
西行 584-2
西寺 587-3
西光 1316-2
西序 1016-2
西谷流 1316-2
西明 590-1
西明寺 590-1
西刹 586-3, 588-1
西河 584-2
西金堂 585-2
西京座主 584-2
西竺諸國精舍 780-3
西班 1017-3
西域 590-2
西域記 590-2
西域傳 590-3
西域求法高僧傳 590-2
西國巡禮 585-1
西國札所 585-2
西國三十三觀音 585-1
西淨 202-2-16, 587-3 1016-2, 1017-2
西堂 588-2, 1017-1
西乾 585-1
西庵 584-1
西曼陀羅 590-1
西塔 588-1
西園寺 590-3
西儞迦 589-1, 1017-2
西瞿陀尼 584-3
西瞿耶尼 584-3
西藏主 585-3
再往 590-2-20
再請 585-3, 587-2
再請禪 586-1, 587-2
共十地 357-3
共中共 358-1
共中不共 358-2
共不定 358-2, 632-2-27
共生 357-1
共依 356-2
共法 358-2
共宗 357-1
共命鳥 362-2, 1687-3-12
共念處 627-1-2
共相 356-3
共相惑 356-3
共般若 358-2, 1437-3-8
共許 356-3
共敎 356-3
共報 358-2
共無明 1717-1-17
共業 356-3
共種子 357-2
共變 358-2
在山林中修習善法 673-2
在世 673-2
在在處處 673-1
在於閑處 672-3
在俗 673-3
在家 672-3
在家戒 673-1
在家二戒 673-1
在家沙彌 673-1
在家菩薩 673-1
在纒 673-3
在纒如來 1356-1-19
在纒眞如 879-2-27 1336-3-26
存生 1096-2
存見 1096-2
存命 1096-2
存略 1096-2
百一物 1470-2
百一供身 1470-1
百一病惱 1470-2
百一衆具 1470-2
百一羯磨 1470-2
百八句 1472-3
百八尊 1473-2
百八獸 934-3
百八鐘 1473-1, 201-2
百八三昧 1473-1
百八名讚 1473-3

六畫

百八消災 1473-2
百八煩惱 1473-3
百八數珠 1473-2, 286-2
百八結業 1473-1
百八法明門 1473-2
百十二使 681-1
百二十妙 1472-3
百二十八使 681-1
1472-3
百二十八尊 1472-3
百二十歳壽命 1472-2
百二十八根本煩惱 1472-3
百丈 1472-1
百丈忌 1472-2
百丈野狐 1472-1
百丈清規 1472-2
百丈三日耳聾 1472-2
百千萬劫 1471-3
百千印陀羅尼經 1371-3
百大劫 1472-1
百不知 1474-2
百不會 1474-2
百日經 1472-3
百本疏主 1475-1
百本論師 1475-1
百目 1475-2
百四十不共法 1471-1
百光遍照王 1470-3
百光王遍照眞言 1470-3
百字論 1471-3
百劫 1470-3
百劫種相好 675-2-22
百即百生 1471-3
百佛名經 1474-2
百法 1474-2
百法界 1474-3
百法論 1475-1
百法五位 1474-3
百法明門 1474-3
百法明門論 1475-1
百非 1473-3
百味 1475-2
百門學處 1475-2
百卷鈔 1470-3
百界 1470-2
百界千如 1470-2
百城 1471-3
百座不動法 1471-1
百座文殊法 1471-1
百座仁王講 1471-1
百座藥師講 1471-1
百喩經 1475-2
百喩伽陀經 1475-2
百部疏主 1474-2
百衆學 1471-2
百會 1475-3
百萬遍 80-3-5, 1475-2
百福莊嚴 1474-1
百福相經 1474-1
百福莊嚴相 1474-1
百福莊嚴相經 1474-1
百偈 1471-3
百偈供 1471-3
百論 670-2-27.1475-3
百錄 1475-3
百緣經 1470-2
百講 1470-3
百雜碎 1471-1
百寶輪掌 1474-2
百濟 300-1
百濟寺 300-1
百濟よみ 300-1
百譬經 1474-1
灰人 404-1
灰山住部 393-2
灰沙 391-2
灰河 381-2
灰河地獄 381-2
灰身滅智 392-3
灰寄 1386-3
灰頭土面 319-1
灰斷 394-3
死 681-2
死刀 748-3
死人衣 751-2
死亡 759-3
死亡更生經 759-3
死山 721-1-30
死王 859-1
死王眞言 859-2
死火 696-2
死不可避 741-3-20
死穴 1658-3-8
死句 695-1
死出山 748-2
死生智證明 707-1
死后 695-1
死有 683-1
死門 762-3
死狗 695-1
死苦 695-1, 695-1-2
死苦比丘 696-1
死風 754-1
死屍 703-1
死海 686-3
死相 702-2, 1775-2-27
死畏 565-1-25, 859-2
死後の引導 95-2
死期 701-3
死賊 723-3
死節 1658-3-8
死漢 688-1
死對頭 724-3
死緣 686-1
死禪和子 723-3
死籍 707-2
死魔 759-3, 1642-3-10
1642-3-2
死靈 857-3
至人 751-2
至心 715-3
至那儞 750-3
至至羅闍弗咀羅 750-3
至言 702-1
至敎 700-1
至敎量 700-2, 1791-3-27
至理 856-3
至眞 715-3
至得果性 749-2,
1556-2-26
至誠心 628-1-27, 719-2
至徳具足益 445-1-19
749-2
至靜 719-1
至願 698-3
艮廊 104-3
米 471-3
米粒名舍利 813-3
米梵語舍利 471-3
米巽名菩薩 471-3
米頭 1575-1
米齋 1574-3, 1643-1
米麗耶 1643-2
羊僧 1749-2
羊毛塵 1749-3
羊石 1749-2
羊車 1749-1
羊の歩 1465-3
羊乘 1749-2
羊鹿牛車 1750-1
亦有亦空門 695-1-19,
699-3-2, 763-1-29,
1750-2
亦有亦無句 1750-2
亦常亦無常 1831-3-25
亦常亦無常句 696-1-7
妄心 1321-3-30, 1644-2
妄心薫習 698-2-2,
1644-2
妄分別 1644-3
妄言 1644-1
妄見 1643-3
妄念 1644-3
妄計清淨論 434-2-24
妄計最勝論 434-2-21
妄計吉祥論者 434-2-27
妄風 1644-3
妄軍 1643-3
妄染 1644-3
妄信 1644-2
妄執 1644-2
妄執言說 532-3-14
妄習 1644-2
妄情 1644-2
妄雲 1634-2
妄想 1644-1
妄業 1644-1
妄語 1643-3
妄語戒 1643-3, 925-3-16
妄語十罪 1643-3
妄境界 1643-2
妄境界熏習 698-2-4
妄塵 1644-3
妄說 1644-3
妄盡還源觀 1644-2
妄緣 1643-2
交承 177-2
交堂 179-3
交割 375-2
交衆 377-1
交點 180-1
交露 380-3
交蘆 380-3
衣 128-1, 472-3
衣に好食を與ふ 472-3
衣那 133-3
衣服 134-2
衣服天 134-2
衣服愛 681-3-5
衣服隨念願 134-2
衣法 134-3
衣界 131-1
衣食之中無道心 132-2
衣珠 132-1
衣の珠 472-3, 1116-2
衣座室 131-3
衣裡 134-3
衣裡珠 134-3
衣裓 131-3
衣の裏の珠 472-3
衣の裏に一乘の珠 472-3
衣裏の寶珠 1583-3
衣鉢 88-2, 134-1
衣鉢閣 88-2
衣鉢薄 88-2
衣鉢侍者 88-2, 895-1-10
衣犍度 131-2, 424-1-10
衣領樹 134-3
衣蒲童子 134-2
衣樹 132-2
衣寶 134-3
衣褻 133-3
衣體 132-3
宇佐宮祭 103-2
宇治法印 109-1
宇治僧正 109-1
宇陀法師 108-2
宇賀 100-2
宇賀神 100-2
宇賀魂大年神 100-2
守寺比丘 826-3
守相 1775-2-26
守請 824-1
守護心 1830-1-28
守護經 523-1-11, 823-3
守護正法 917-3-30
守護不入地 823-3
守護國界章 823-3
守護國界經 823-3
守護國家論 823-3
守護大千國土經 823 3
守護國界主陀羅尼
經 823-3
守嚢 1663-2
字 886-2, 1780-3-17
字入門陀羅尼 900-3
字母 961-2
字母表 961-2
字母品 961-2
字母釋 961-2
字印 887-2
字門觀 961-2
字界 888-3
字相字義 757-2, 886-2
字曼荼羅 960-3
字等 900-2
字等相三昧 900-2
字塔 898-1
字義 891-1
字輪 997-3
字輪觀 998-1
字緣 888-1
字壇 898-1
宅門 1110-3
宅識 42-1-12
安下處 45-1
安立 49-1
安立智 1188-2-30
安立三昧 49-1
安立眞如 49-1, 879-3-6
879-3-22, 1337-1-15
安立行菩薩 49-1
安立諦非安立諦 49-1
安住最勝 730-1-25
安住法羅漢 1775-2-7
安西 45-3
安名 47-2
安那般那 25-1-16, 46-3
安那般那觀 1827-3-14
安秀 45-3
安居 45-2, 1781-1
安居院 14-3
安居竟 45-3
安居講 45-3
安居講師 45-3
安居の御法 45-2
安居院法印 14-3
安居院和尚 14-3
安忍 46-3
安明山 47-2
安明由山 47-3
安法欽 47-1
安陀會 1842-3-6
安底羅 46-2
安受苦忍 1337-2-2
1362-3-9, 1363-1-12
安春 46-1
安般 25-1-15, 46-3
安般經 46-3
安座 45-3
安骨 45-2
安修 45-3
安海 45-1
安清 46-1
安國師 45-1

安荼論師計本際生436-2-1
安然 46-3
安詳 46-2
安遠 49-2
安像三味儀軌經 45-3
安樂 48-2
安樂寺 48-3
安樂堂 48-3
安樂派 48-3
安樂集 48-3
安樂國 48-3
安樂教 523-1-10
安樂十勝 49-1
安樂行品 48-3
安樂行義 48-3
安樂淨土 48-3
安樂律院 48-3
安養 47-3
安養淨土 47-3
安養教主 47-3
安養の淨刹 47-3
安養即寂光 47-3
安養世界の教主 47-3
安慧 49-1, 923-1-7
安闍那 46-2
安闍那藥 46-2
安穩 49-2
早引 1425-3
早帝梨 596-1
早參 593-3
早裏漢 593-2
早離速離 598-2
早懺法 1425-3
同分 736-2-15, 1283-3
同分妄見 1284-1
同分異全不定過1283-3
同文故來 1284-3
同生天 1282-2
同生神 1282-2
同心結 1282-2
同世五師 528-3
同生天 1334-3-8
同行 1282-1
同行善知識 643-2-25
同名天 1284-3, 1334-3-9
同如來莊嚴具 1283-2
同性經 1282-2
同別二教 1284-1
同居 1282-1
同居土 1282-1
同居淨土 1282-1
同居穢土 1282-1
同法 1284-2
同法相似過類 1284-2
同事因 91-2-5
同事攝 720-3-23
同味 1284-3
同依釋 1844-2-8
同品 1284-2
同品一分轉 632-3-1
同品定有性 1284-2
同相 1282-1, 1315-2-7, 1823-2-7
同展三拜 1283-2
同時具足相應門 451-1-29, 451-2-10, 1283-1
同教 1282-1
同教一乘 1282-1
同異 436-1-19
同境依 1282-1
同聞衆 1284-3
同學 1281-3
同類因1284-3, 1819-2-14
同類五逆 1515-1
同類助業 1285-1
同類無礙 1285-1
同歸教 537-2-17
同聽異聞 1283-1
同體 1283-1
同體之惑 1283-1
同體三寶 639-3-24, 1283-1
同體方便 1283-1
同體慈悲 1283-1
因 91-1
因人 96-3
因力 98-2
因中說果 96-1
因中有果論 434-1-28
因內 96-2
因內二明 97-2
因分可說 97-1
因尼延 96-2
因地 96-1
因地倒者因地起 96-1
因地倒者還因地起 1189-3
因字生金剛 94-2
因字金剛句 94-2
因行果 92-3
因因 91-3
因如是 938-1-26
因成假 94-3
因明 97-2, 1842-2-18
因明王 97-3
因明門 97-2
因明論 97-2
因明大疏 97-3
因明入正理論 97-3
因明正理門輪 97-3
因明正理門論本 97-3
因明論疏瑞源記 97-3
因位 98-3
因佛性 630-1-12
因性 自性 895-2-16
因抵 96-2
因陀羅 95-2
因陀尼羅 95-2
因陀羅王 95-2
因等羅宗 95-3
因陀羅網 95-3, 95-2
因陀羅尼羅 95-3
因陀羅跋帝 96-1
因陀囉誓多 95-3
因陀羅世羅求訶 95-3
因陀羅尼羅目多 95-3
因陀羅網法界門 451-3-30
因陀囉達婆門佛 95-3
因陀羅微細界門 451-2-2
因果 93-1
因果語 732-1-13
因果經 93-2
因果の理 93-1
因果相續 1807-3-8
因果俱通 1233-1-9
因果歷然 93-1
因果應報 93-2
因果撥無 93-2
因果不二門 93-2
因便釋 96-3
因修 94-1
因異品 91-3
因能變 96-3
因曼陀羅 97-2
因通果非通 1233-1-11
因提 95-1
因提梨 95-1
因無限故 452-2-22
因集生緣 94-2
因揭陀尊者 92-3
因圓 98-3, 1869-1-22
因圓德 651-2-5
因圓果滿 98-3
因道 95-2
因源 93-3
因業 93-3
因達羅大將 95-1
因解悟百千門 93-2
因語 732-1-9
因論 98-2
因論生論 98-3
因緣 91-3, 685-3-15
因緣生 1701-3-24
因緣宗 818-1-13, 818-1-24, 818-1-29, 92-2
因緣周 621-3-4, 92-1
因緣說 92-2
因緣假 699-2-11
因緣輪 92-2
因緣舞 92-2
因緣釋 708-1-1, 1253-1-1
因緣變 1341-2-17
因緣觀 92-1, 552-2-29
因緣生死 92-2, 776-3-21
因緣合成 92-2
因緣釋義 92-2, 707-3-4
因緣不可避 741-3-23
因緣僧護經 92-2
因緣所生法, 我說即是空,亦名爲假名,亦是中道義 92-1
因薰習鏡 93-1, 694-2-7
因譬 96-3
因蘭 98-2
因體 95-1
回心 1864-1
回心戒 1864-1
回心向大 1864-1
回心懺悔 1864-2
回向 1860-3
回向文 1861-2
回向門 1861-2
回向方便 1861-2
回向返照 1862-1
回向輪經 1861-3
回向の伽陀 1861-3
回向發願心 1861-2
回向輪陀羅尼 1861-3
回財 99-3, 1863-1
回悟 1863-1
回祭 99-3, 1863-1
回趣 1864-1
回禮 124-2
曲女城 517-2
曲木 256-1
曲法門 297-3
曲盆 256-1
曲彔 256-1
曲業 562-1-12
肉山 1310-1
肉心 1310-2
肉色 1309-2
肉身 1310-1
肉身菩薩 1310-1
肉食 1310-2
肉食十過 889-2
肉眼 524-2-12, 1310-1
肉煩惱障 623-1-23
肉團心 78-1-8, 859-3-28, 1310-3
肉髻 1310-1
肉燈 1310-3
光三摩耶論 321-2
光世音 30-1-25, 323-1
光目女 327-1
光宅 323-1
光宅寺 323-1
光宅四乘 323-1
光宅四教 699-3
光光 320-2
光伴 324-2
光妙莊嚴 771-2-28
光定 324-1
光明 325-1
光明土 325-2
光明山 325-3
光明寺 326-2
光明玄 326-2, 542-3-26
光明供 326-1
光明眼 524-2-26
光明疏 326-2, 542-3-26
光明壇 326-1
光明經 326-2
光明藏 325-1
光明懺 326-1
光明大師 326-2
光明三昧 326-1
光明文句 326-2
光明王佛 325-2
光明心殿 325-2
光明念誦 326-1, 1379-2-24
光明遍照 325-1
光明峯杵 325-3
光明峯寺 326-2
光明眞言 325-3
光明作佛事 325-2
光明無量願 325-2
光明童子經 326-2
光明眞言講 326-1
光明眞言本尊 326-1
光明眞言秘印 325-3
光明名號因緣 326-2
光明童子因緣經 326-2
光明眞言一明七印口決 326-1
光音 29-2-8
光音天 319-3
光音三天 320-1
光音天下生人間 320-1
光帝 324-1
光帝幞頭 324-1
光降 320-2
光記 324-2, 320-2
光座 321-2
光毫 320-1
光趺 324-3
光統 324-1
光統三教 613-3
光雲 319-2
光勝 321-3
光就居 1216-3-26
光菩薩眞言 325-1
光瑞 322-3
光網童子 326-3
光網童子印明 326-3
光網菩薩の種子 326-3
光聚 321-3
光聚佛頂 321-3
光臺 323-1
光德 412-1-9
光輪 327-2
光像 321-2
光燄 319-3
光燄王佛 319-3
光融 327-1
光曉 321-1
光顏 321-1
光寶 324-3
光寶二記 324-3
光顯 321-1
光讚經 321-2
光讚般若321-21438-2-7
光讚般若波羅蜜經 321-2
劣智 1811-3

六 畫

劣戍旭兆年朱先舌竹有旬全合印延

劣應身 1308-1-2
1558-1-13, 1811-2
劣應生身 1811-2
戍陀 988-1
戍陀羅 988-3
戍陀戰達羅 988-3
戍尾單 989-3
戍縷多 991-1
戍伽羅博乞史 820-3
983-1
戍婆揭羅僧訶 989-3
戍輪聿提 991-1
戍縛伽尊者 989-3
旭師 256-1
兆載永劫 1240-2
年忌 1377-2
年戒 1377-2
年星 1378-2
年滿受具 1382-1
朱利 840-3
朱利槃特誦一偈 840-3
朱羅波梨伽羅 840-2
先世 1042-3
先世資糧 858-1-11
1042-3
先世行業病 1321-1-25
先生 1040-2
先尼 1047-1
先陀 1043-2
先陀婆 1044-3
先承棗宗 710-1-25
先後喩 1476-1-17
先哲 1046-2
先陳 1046-2
先梵天咒 1660-1-4
先喩 1476-1-11
先達 1044-2
先業 1039-2
先鉢經 1048-2
先照高山 1042-3
先德 1046-3
先覩 1048-1
舌舌 1052-1
舌相 1052-2
舌根 734-1-26, 1052-2
舌識 1052-2
竹生島祭 1193-2
竹杖外道 1193-1
竹林外道 1193-3
竹林房流 1193-3
竹林精舎 1193-3
竹庵 1192-2
竹椅 1192-3
竹園 1194-2
竹園伽藍 1194-2
竹葦 1194-2
竹篦 1193-3
竹圖 295-3
有 98-3
有一人 99-3
有一寶瓶 99-3
有一寶瓶盛諸光明 99-3
有人 112-3
有七寶塔 104-3
有八池水 114-1
有八池水一一池水七寶所成 114-1
有上士 106-2
有支 103-3
有支習氣 104-1
有手 105-2
有心位 105-3
有主物 105-2
有分識 118-1
有句 101-2
有因論 100-1
有因無果 100-1, 705-1-17
有色 104-1
有色天 104-1
有行般 1518-3-17
1519-1-19
有劣我 1666-2-24
有見 102-1, 1313-2-16
有見佛子 102-1
有見佛子未嘗睡眠 102-1
有佛 117-3
有佛無佛性相常然 117-3
有身 105-3
有作 102-2
有我無我異 1318-2-30
有法 118-1
有法空 118-2
有法意許 118-2
有法無我宗 818-2-11
有法自相相違因 118-2
632-3-25, 632-3-20
有法差別相違因 118-2
有空 101-2
有空義 457-3-13
有空中 101-2
有空不二 101-2, 1540-1
有所得 105-3
有所得心 105-3
有所緣 105-2
有表色 108-1
有表業 108-1
有性 105-1
有性性無齊成佛道 105-1
有門 119-2, 699-2-29
763-1-26
有事 105-3
有相 102-2
有相宗 102-3
有相教 102-3
有相業 102-2
有相念佛 1380-3-8
有相無相 102-3
有相三昧印 1307-3-1
有相安樂行 102-3
有待 107-3
有待不定 107-3
有待轉變 107-3
有待の依身 107-3
有界 100-1
有後生死 102-3, 779-3-22
有垢眞如 879-2-25,
1792-3-6
有情 106-1
有情居 106-1
有情數 106-1
有情世間 106-1, 1026-1-12
有情緣慈 106-1
有情非情皆共成道 106-1
有財 103-3
有財釋 103-3
有財餓鬼 103-3
有流 121-3, 858-3-19
有海 100-1
有記法 101-1
有根身 102-2
有部 117-3
有部律 117-3
有部律攝 117-3
有部目得尼伽 117-3
有部尼陀那 117-3
有頂 108-3
有教 101-3
有習 104-3
有貪 111-3
有執受 104-3
有脚經笥 251-1
有爲 123-1
有爲の世 124-1
有爲の境 124-1
有爲空 124-1
有爲經 124-2
有爲生死 124-1
有爲功德 124-1
有爲無常 124-1
有爲轉變 124-1
有爲無爲善巧 921-2-26
有無 119-1
有無二見 119-1
有無二邊 119-1
有無四句 119-1
有無分別 1372-1-18
有無有愛 681-3-6
有無邪見 119-2
有量 121-2
有量諸相 121-2
有勝天經 105-1
有勝我慢 1666-2-20
有結 102-1
有尋有伺 106-2
有等我慢 1666-2-22
有想 103-1
有想天 103-1
有想論 1832-2-6
有想執着 103-1
有想無想 103-1
有解 102-2
有愧 101-2
有愛住地 553-1, 10
743-2-26
有漏 1818-1-3, 859-1-4
1361-1-6
有漏因 122-3
有漏果 122-3
有漏智 122-3
有漏路 122-2
有漏道 122-2, 1170-3-24
1330-3-17
有漏禪 122-3
有漏斷 122-3
有漏善法 122-3
有漏の三界 122-2
有漏の世界 122-2
有對 107-2
有德女 111-3
有德女所問大乘經 111-3
有輪 121-2
有暴流 1633-2-30
有學 100-3
有學無學 101-1
有緣 100-1
有餘 119-2
有餘依 120-2
有餘土 120-1
有餘死 779-3-26
有餘說 119-3
有餘師說 119-3
有餘涅槃 119-3, 1371-3-6
有餘依涅槃 1373-1-8
有邊 118-1, 1341-2-30
有邊生邊論 434-2-14
有職 50-1
有覆無記 1393-3-18
1342-3-20, 117-3
有識 104-1
有識根身 104-1
有嚴 102-2
有覺有觀三昧 100-1
有纏眞如 1336-3-26
有驗 102-1
有體 107-1
有體施設假 107-2
1311-3-11
有靈 121-2
有觀 613-2-1
旬單 992-3
全分戒 1067-3
全分受 1067-3
全加 1056-3
全身入塔 1062-1
全身舍利 813-2-26
1062-1
全威 1070-1
全超般 1519-1-22
全提 1066-1
全跏趺 1056-3
全跏趺坐 1056-3
合行 231-1
合行曼陀羅供 231-1
合行秘密灌頂 231-1
合爪 231-2
合中知 231-3
合用 231-3
合昏樹 231-2
合殺 231-2
合部金明光經 231-3
合掌 231-2
合掌叉手 231-3
合會有別離 232-1
合蓮華 232-1
合歡 231-1
印 90-2, 1739-3-30
印土 96-2
印元 93-3
印手菩薩 94-2
印可 92-2
印母 97-3
印光 93-2
印佛 96-3
印佛作法 97-1
印性 94-1
印宗 94-2
印治 96-2
印咒 94-3
印明 91-1, 97-3
印定 96-2
印持 96-2
印相 91-1, 94-1, 1247-1
印信 94-2
印度 96-2
印契 90-3, 92-3, 1042-1
印紙 94-1
印紙同時 94-1
印特伽 96-2
印域 91-3
印接 94-3
印象 94-1
印塔 95-1
印達羅 95-1
印融 98-1
印鎰 97-3
印觀 91-1, 93-1
延年 141-1
延命 144-1
延命法 144-1
延命講 144-1
延命地藏 1218-2
延命印明 143-3
延命菩薩 144-1
延命觀音 144-2
延命地藏經 144-1
延命地藏菩薩 144-1
延沼 139-3
延促劫智 140-1
延勝寺 139-1, 1826-3-23
延壽 139-2
延壽堂 139-3
延壽堂主 139-3
延壽經 139-3
延壽妙門陀羅尼經 139-3
延曆寺 144-3

自 886-3
自力 997-2, 1118-1-16
自力信 997-2
自力他力 1360-2-8
自內證 900-3
自今已後 892-2
自化作苦經 891-3
自比量 902-2
自比罵 902-2
自他不二門 898-1
自他差別識 689-2-23
自在 893-1
自在天 1846-3-12, 893-3
自在王 894-1
自在心 893-3, 1830-1-17
自在戒 893-3
自在人 894-1
自在憍 1402-2-8
自在王經 894-1
自在女天 894-1
自在天宮 894-1
自在天外道 435-1-3, 894-1
自在天使者 894-1
自在天后印 893-3
自在等因宗 894-1
自在悅滿意明 893-3
自在王菩薩經 894-1
自在神力加持三昧 893-3
自行不淨 916-3-3
自行化他 891-1
自行滿足 910-1-6
自利 1360-2-4
自利利他 997-3
自利利他心平等 997-3
自我 1693-1-16
自我偈 889-1
自身自佛 897-1
自坐外道 434-1-8, 894-2
自受用 1811-2-15
自受用身 857-2, 1558-1-9, 1606-1-15
自受法樂 897-2
自知 898-1
自知錄 898-1
自法身 1606-2-24
自供養 306-1-6
自性 68-3-21, 895-1
自性行 895-3
自性戒 895-2
自性身 629-1-19, 895-3
自性會 896-1
自性善 895-3
自性禪 895-3
自性斷 626-2-25
自性淸淨 896-1, 1319-2-5
自性不善 1528-3-21
自性分別 657-2-14, 896-1
自性法身 1606-3-4, 1606-1-6
自性輪身 896-1
自性淨心 895-3
自性差別 895-3
自性唯心 896-1
自性冥諦 896-1
自性淸淨心 895-3
自性淸淨藏 533-1-18, 533-1-28, 895-3
自性住佛性 895-3, 1556-2-22
自性普賢如來 895-3
自性受用變化三身 629-1-17
自相 892-2
自相空 892-3
自相作意 892-3
自信敎人信 897-1
自度 900-3
自恣 894-2, 1429-3-23
自恣日 894-3
自恣五德 555-2
自恣犍度 424-1-7, 894-3
自殺 892-3
自乘果 897-2
自敎相違 632-1-6, 891-3
自敎迹不空悉地樂欲一切菩薩母明妃 891-3
自淨 897-2
自惟孤露 991-1
自然 901-1
自然界 901-1
自然智 901-2
自然慈 901-1
自然得 901-3
自然外道 434-1-18, 435-1-7, 901-1
自然悟道 901-1
自然散亂 533-1-7
自然釋迦 901-1
自然虛無身 901-1
自然成就眞言 901-2
自愛 887-1
自愛經 887-1
自煮 896-2
自業自得 892-2
自損損他 897-3
自解佛乘 892-1
自誓得 897-3
自誓受戒 897-2
自誓三昧經 897-2
自說經 897-3
自說功能 541-2-24
自衞 900-3
自語相違 892-1, 632-1-16
自調 900-2
自調度 900-2
自調自度 900-2
自調自淨自度 900-2
自餓法 889-1
自餓外道 434-1-5, 889-1, 1185-1-4
自應無倒智 1138-2-10
自歸 889-1, 1009-2
自類因果 958-2
自證 896-2
自證身 896-3
自證會 897-1
自證壇 896-3
自證壽 896-3
自證說法 1607-2-14
自證灌頂 896-3
自覺 888-3, 1308-2-30
自覺悟心 888-3
自覺聖智 888-3
自觀心經 891-2
自歡喜經 891-2
自體分 898-1
自體愛 2-2-27, 897-3
自攝 1328-3-22, 897-3
自讚毀他戒 925-3-16
向上 177-3
向上一句 177-3
向上一路 177-3
向上宗乘 177-3
向火 255-2
向去 175-2
向內等 180-1
向外等 175-2
血 1189-3
血途 402-3, 649-2-2
血途道 402-3
血脈 395-2
血脈相承 395-2
血書 398-3
血海 396-3
血盆經 403-1
旨歸 691-1
舟裹 1539-3
瓜の皮 121-2
危城 241-1
色 690-1
色入 693-3
色心 692-3
色心二光 692-3
色心不二門 692-3
色不異空 694-1
色因 1324-1-20
色有 691-1
色光 691-1, 1311-1-6
色自在地 693-1
色身 692-2
色身智通 692-3-5
色究竟天 541-2-4, 691-3
色法 123-1-16, 568-1-9, 694-1, 734-1-23
色泡 693-3
色味 694-1
色具 691-3
色空外道 691-3
色界 607-2-19, 691-2
色界繫 691-2
色界十八天 691-2
色相 692-1
色相土 692-1
色香中道 691-3
色卽是空 693-1
色害 691-3
色欲 694-2, 1843-3-4
色處 692-2
色貪 693-3
色頂 693-1
色無邊處定 694-1
色無色天計涅槃外道 694-1
色衆 692-2
色愛住地 553-1-8, 743-2-25
色愛住地惑 691-1
色微 694-1
色焰 691-2
色經 691-3
色境 691-3
色蓋 691-3
色塵 693-3
色聚の徵 517-3-27
色諦 693-1
色縛 693-3
色聲 692-1
色識住 693-1-25
色蘊 691-2
名 567-3-21, 1681-3, 1291-3
名天 1245-3-11
名句 1683-1
名句文 1683-1
名目 1687-3
名字 1685-1
名字佛 1836-1-17
名字卽 1685-2, 1835-2-27
名字比丘 1685-1, 1685-2
名字沙彌 810-2-21, 1685-1
名字殊異 1534-3
名字菩薩 1685-2
名字羅漢 1685-2
名字觀行隔生卽忘 1685-2
名色 1684-1
名言 1683-3
名言種子 1319-2-27, 1683-3
名利 1688-1
名身 626-1-4, 1685-1
名別義通 1687-2
名相 1684-1
名便 1687-2
名納 1725-1
名假 1683-2
名假施設 614-2-22
名假虛實觀 614-2-10, 1683-2
名帳 1686-3
名望 1687-3
名欲 1688-1
名疏 1684-3
名越流 1296-3
名義 1682-2
名義集 1682-3
名義不離 1682-2
名號 1682-2-21, 1682-1
名號不思議 1682-2
名詮自性 1685-4
名聞 1687-3, 1754-2-13
名聞利養念處 1379-1-14
名僧 1724-3
名德 1725-1, 1686-3
名德比丘 1686-3
名德西堂 1725-1
名德首座 829-2, 1686-3, 1688-3
名藍 1725-1
名數 1685-3
名聲 1684-2
名稱 1754-2-15
名稱塔 1685-1
名籍 1684-2
名譽 1688-1
名體 1686-1
多 1096-3
多一識 689-2-31 1104-3
多子塔 1111-2
多生 1111-2
多生の緣 1111-2
多他 1112-2
多他阿伽陀 1112-2
多舌魚 1112-1
多伽留 1109-2
多伽婁 1109-2-14
多伽羅 1109-2-14
多足 1112-1
多劫 1111-1
多陀竭 1112-3-6, 1113-1
多陀阿伽駄 1112-3-4
多陀阿伽陀 1112-3-4
多陀阿伽陀耶 1278-1
多陀阿伽度 1112-3
多陀阿伽度阿羅訶三藐三佛陀 1112-3
多咃 1112-2-1
多法界 80-1-13
多阿摩羅跋陀羅 1096-3
多界經 1109-2
多財鬼 1111-2
多財釋 1844-2-24
多貪 1113-2
多荼攞 1113-1
多散 1111-2
多揭羅 1109-2
多聞 1116-3
多聞天 1117-1, 1440-3-18
多聞慶 1116-3
多聞藏 1116-3
多聞室 1116-3
多聞衆 709-2-2
多聞部 1117-1
多聞十利 955-1
多聞第一 1116-3

多各牟此次收決伐伎伏伊任仰地托汗汚江叩吐吒池汝忙行

多聞堅固 525-3-22, 1116-3
多聞分別部 1117-1
多障 1111-2
多摩羅跋 1116-3
多摩羅跋旃檀香佛 1116-3
多論 1118-3
多增道章經 1112-1
多嗔 1111-3
多隷三喝 1118-2
多羅 1117-1
多羅果 1117-2
多羅葉 1117-2
多羅菩薩 1117-2
多羅夜登陵舍 1118-1
多羅菩薩曼荼羅 1117-3
多羅夜登陵舍天 1108-3-17
多羅掌 1117-2
多羅樹 1117-2
多寶塔 1114-3, 1115-3
多寶如來 1116-2
多寶證明 1115-3
多齡 1118-2
多齡路迦 1118-3
多齡路迦也 1118-3
多齡路迦也吠闍也 1118-3
多體 1112-2
各各爲人悉檀 704-3-1
各留半座乘華葉 187-1
各開强健時努力修善 186-3-1
各賜諸子等一大車 185-1
各據一義 184-3
各還本土 184-3
牟子 1701-1
牟王 1722-1
牟尼 1712-3
牟尼王 1713-2
牟尼仙 1713-1
牟尼業 1713-1
牟尼室利 1713-1
牟尼の八塔 1713-1
牟陀羅 1710-2
牟呼洛 1697-3
牟呼栗多 1697-3
牟娑 1702-2
牟娑羅 1704-1
牟娑洛 1704-1-3
牟娑洛揭婆 1704-1-4
牟薩羅 1700-3
此岸 688-1
此土耳根利 750-2
次第 1238-1-18
次第證 1319-2-10
次第緣 725-3
次第三觀 726-1
次第乞食 726-1, 889-3-27
次第禪門 726-2
收生 683-2
收骨 683-2
收鈔 583-3
收管 683-2
決了 403-1
決了如幻三昧經 403-1
決定 402-2
決定心 918-3-16, 1830-1-3
決定思 402-2, 681-1-20
決定住 402-2, 1826-2-8
決定性 402-2
決定信 402-2
決定業 402-2
決定藏論 402-2
決定聲聞 792-3-19, 402-2
決定義經 402-2
決定往生集 402-2
決定總持經 402-2
決得生者 402-3
決疑鈔 398-2
決疑無所畏 398-2
決疑業障經 398-3
決擇 402-1
決擇分 402-2
伐勒迦梨 1456-1
伎藝天女 262-1
伎藝天女念誦法 262-2
休勒 1654-3-30
休捨羅 294-2
伏 1550-1
伏心菩提 1630-3-16
伏忍 1363-1-30, 1550-2
伏婬經 1550-1
伏惑行羅 1550-2
伏鉦 1528-2
伏斷 1550-1
伏藏 1550-1
伊 49-2
伊尼延 87-3
伊字の三點 55-1
伊沙 53-2
伊沙那 54-2
伊沙幅 54-1
伊沙馱羅 54-1
伊那婆那 87-2
伊那槃那龍 87-2
伊邪那 52-2-12
伊私耆梨 53-2
伊剎尼 55-3
伊泥延 87-2
伊舍那 52-2, 54-2
伊舍那后 52-3
伊泥延腨相 87-3
伊帝日多伽 56-2
伊帝目多伽 87-1
伊帝越多伽 56-2
伊迦波提羅那 50-2
伊師迦 53-1
伊梨延陀 90-1
伊梨沙掌拏 90-1
伊葉波羅 56-1
伊提目多伽 56-1
伊賒那 52-2-12
伊賒那論師 434-3-6, 52-3
伊蒲塞 88-3, 89-1
伊摩 89-1-20
伊濕伐邏 54-2
伊羅 89-3-19
伊羅葉 89-2
伊羅多羅 89-2
伊羅婆拏 98-2-6
伊羅鉢龍王 89-2, 89-2-28
伊羅鉢多羅 89-2
伊羅跋提河 89-2
伊蘭 89-3
伊蘭拏鉢伐多國 89-3
任病 1368-1
任運 1364-2
仰 220-3
仰山[キヤウサン] 369-3, 376-2
仰山枕子 269-3
仰食 270-2
仰覺 268-1
仰口食 268-1
仰月點 268-3
仰覆世界 271-2
地 1189-3, 1213-2
地人 1221-1
地了 1230-1
地上 1220-1
地大 1220-2
地下天 1215-2
地水 1220-1
地水火風 1220-1
地水火風空 1220-1
地水火風空識 1220-1
地水火風空識見 1220-1
地水火風空の五指 1220-1
地天 935-2-11, 1220-3
地天供 1220-3
地內 1221-1
地中 1220-2
地六種動 1004-1-29
地皮餅 1221-2
地行仙 1215-2
地行羅剎 1215-2
地位十信 1230-1
地居天 1217-3
地居空居 1217-1
地性 1324-2-5
地念佛 1221-1
地底迦 1220-2
地波羅蜜 1221-2
地界 1214-2
地界印 942-3-22
地界眞言印 1214-2
地前 1220-2
地前三賢 1220-2
地客 1214-2
地持經 1220-3
地持論 1220-3
地神 1219-3
地神衆 1219-3
地神盲僧 1219-3
地神種子 1219-3
地神證明 427-3
地神護法 427-3
地涌の菩薩 1228-2
地動 1220-3
地動瑞 1834-2-27, 1221-1
地動三因 1220-3
地動七因 1221-1
地動八緣 1221-1
地動因緣 1826-1
地婆達多 1158-3-5, 1221-2
地婆達兜 1158-3-5, 1221-2
地婆訶羅 1221-2
地結 1215-2
地想觀 1217-3
地獄 532-1-9, 1094-3-24, 1215-3, 1873-3-26
地獄因 1217-1
地獄有 1217-1
地獄界 1217-1
地獄道 1217-1
地獄業 562-2-1
地獄繪 1217-3
地獄趣 1217-1
地獄變 1217-2
地獄天子 1217-2
地獄天宮 1217-1
地獄秘事 1217-2
地獄變相 1217-2
地獄報應經 1217-2
地獄猛火化爲淸涼風 1217-2
地塵 1220-3
地種 1219-3
地輪 1229-3
地輪壇 1230-1
地論宗 1230-1
地論師 1230-1
地壘 1222-2
地藺脾 1229-3
地藏 1217-3
地藏尼 1219-2
地藏院 1219-2
地藏祭 1219-2
地藏講 1219-2
地藏會 1219-2
地藏十益 1219-1
地藏講式 1219-2
地藏と法藏 1229-1
地藏本願經 1219-2
地藏六使者 1218-2
地藏十輪經 1219-2
地藏三十八益 1219-1
地藏菩薩儀軌 1219-2
地藏院四菩薩 1219-2
地壇 1220-2
地觀 1215-2
托子 1110-2
托生 1110-2
托胎 1110-2
托事顯法生解門 1110-2
托鉢 1110-3
汗栗馱 121-2, 218-3
汚戒 1873-1
汚染 1854-1
汚家 1852-3
汚道沙門 811-2, 1854-2
江西 454-3
江迦葉 453-3
江州八幡祭 511-1
江戶山王祭 153-1
江戶天王祭 133-3
江湖 510-3
江湖集 511-1
江湖會 511-1
江湖疏 511-1
江湖寮 511-1
叩剌拏伐底 23-2-29, 256-3
吐淚 1278-3
吒 1096-2
吒王 1118-3
吒枳尼 1177-2-2
吒婆 1113-2
池上阿闍梨 51-2
池中玻瑠璃寶 1808-2
池中蓮華大如車輪 1198-1
汝若不能念者 1353-2
汝等所行 1353-1
汝爲學坐禪爲坐佛 678-2
忙忙雞 1663-1-22
忙忙六道 1443-2, 1644-3
忙莽計 1663-1-21
忙莽雞 1663-1-2
行 267-1
行一 267-1
行一念 271-1
行人 271-1, 149-1
行人方 271-1
行入 271-1, 1336-2-3,
行乞 269-1, 1337-35
行不退 271-2
行不淨 916-2-26
行化 269-1
行母 1657-2-15
行用 272-1
行四依 684-2
行布門 271-2, 1344-1-22
行位三道 646-3
行住坐臥 271-1
行妙 272-1
行足 270-3
行佛性 271-3, 1556-2-15
行事 270-2
行事鈔 270-2
行事會正記 270-2

行事鈔資持記 270-2
行法 271-3, 758-1-20,
行法中間立座作法 271-3
行性 270-1
行卷 271-2
行果 268-2
行表 271-2
行雨 267-1
行林鈔 272-1
行供養 268-2
行和敬 1845-1-21
行宗紀 270-1
行者 46-2, 270-2
行者房 46-2
行者不可食供物 313-1
行者本願功德力 668-2-11
行香 267-2
行香本緣 267-3
行香儀則 267-3
行苦 268-1, 276-1-5
行苦行論師 434-3-11
行相 269-2
行信 270-1
行思 270-1
行要 267-2
行泉房流 270-2
行益 45-1
行根本方便 713-2-26
行捨 270-1, 735-1-27
行捨覺支 728-2-22
行基 268-1
行基文殊化身 268-1
行脚 45-1-13
行脚僧 45-1
行陰 267-2
行婬 267-1
行堂 271-1
行敎 269-1
行厠 270-1
行唯識 536-1-13
行業 269-1
行業果無明 1717-2-6
行善 270-3
行善橋 1402-2-11
行尊 270-3
行無色 272-1
行道 270-3, 1376-3
行道供養 1376-3
行道迹住 1826-2-5
行道誦經 270-3
行解 269-1
行犍度 269-1, 423-3-26
行滿 271-3
行滿成佛 272-1, 712-1-25
行福 655-3-15
行境十佛 268-1
行像 269-3
行德 271-1
行履 49-1
行調伏 1826-2-17
行學 268-1
行樹 270-2
行禪經 270-3
行願 268-2
行願品 268-2
行願讃 268-2
行願品疏 268-3
行願品疏鈔 268-3
行願菩提心 1631-3-2
行願勝義菩提心 268-2
行證 270-1
行識住 693-1-26
行籌 271-1
行蘊 267-1
妃 1457-3
好不唧𠺕 180-2
好照 178-3
好堅樹 175-1
好聲鳥 177-2, 208-3-27
如 1347-1
如一味雨 1348-1
如子得母 1350-3
如幻 1349-2
如幻忍 1363-3-8
如幻三昧 1349-3
如幻即空 1349-3
如幻假有 1349-3
如幻夢故 452-2-16
如幻三摩地 1349-3
如日月光 1353-1
如日虛空住 1353-1
如化 1349-2
如化忍 1363-3-16
如世尊勅 1351-2
如去 1112-3-5, 1349-3
如民得王 1355-3
如未開蓮合 1355-3
如如 567-3-28, 1353-2
如如智 1353-2
如如佛 1353-3
如如境 1353-2
如如如說 1353-2
如如智法身 1606-2-22
如何不求道 1349-2
如我昔所願 1349-1
如空忍 1363-3
如來 1112-3-5, 1355-3
如來藏 533-1-15, 1357-1-27
如來日 1359-1
如來地 1358-3
如來衣 1356-2
如來身 1358-2, 1558-1-25
如來使 1357-3
如來座 1357-1
如來唄 1359-1
如來室 1358-1
如來家 1357-1
如來部 1359-2
如來會 1359-3
如來舞 1359-2
如來識 1357-3
如來禪 1358-2
如來慧 1359-3
如來心經 1358-2
如來常住 1358-2
如來拳印 1357-1
如來藏心 1357-3
如來藏性 1357-3
如來三密 664-2-17
如來藏論 1357-3
如來藏經 1357-3
如來藏緣起 137-1-12, 1357-3
如來所得法 1358-1
如來加持力 668-2-1
如來神力品 1358-2
如來淨華衆 1358-2
如來微妙聲 1359-2
如來壽量品 1358-2
如來應正遍 1356-3
如來智印經 1358-3
如來學問念處 1379-1-16
如來智界無盡 1709-1-21
如來藏經十喩 1476-3
如來五種說法 1357-1
如來果上法門 1356-3
如來師子吼經 1358-1
如來秘密慧經 1359-1
如來不思議界經 1359-2
如來不思議法身 1359-2
如來應供等正覺 1356-2
如來無邊誓願事 1359-2
如來體性無生觀 1358-3
如來自誓三昧經 1358-2
如來者無所從來 1358-1
如來示敎勝軍王經 1358-1
如來方便善巧呪經 1359-1
如來光明出已還入 1356-3
如來滅後後五百歲 1359-2
如來獨證自誓三昧經 1358-3
如來所說示現衆生經 1358-1
如來所說淸淨調伏經 1358-1
如來不思議秘密大乘經 1359-2
如來莊嚴智慧光明入一切佛境界經 1358-1
如來應供等正覺明行足善逝世間解無上士調御丈夫天人師佛世尊 1356-3
如法 1354-2
如法經 1354-3
如法治 1355-2
如法堂 1355-2
如法佛眼 1355-2
如法念佛 1355-2
如法愛染 6-3, 1354-2
如法尊勝 1355-1
如法華經 1355-1
如法仁王會 1355-2
如法北斗法 1355-2
如法愛染法 1354-2
如法大仁王會 1255-1
如法大般若經 1355-2
如法孔雀經法 1355-1
如法性實際三名 1602-2
如法袈裟色三種 387-3
如法經守護三十番神 1355-1
如空 1349-3
如於鏡中 1349-1
如金剛三昧 1350-1
如是 1351-3
如是力 1352-2
如是因 1351-3
如是作 1352-2
如是性 1354-2
如是相 1352-2
如是果 1352-2
如是報 1352-3
如是緣 1351-3
如是體 1352-3
如是我聞 1352-1
如是畜生 1352-3
如是語經 1352-2
如是展轉敎 1352-3
如是我聞元起 1352-1
如是本末究竟等 1352-3
如秋八月霧 1350-1
如病得醫 1354-2
如浮雲須臾變滅 1354-2
如海遇風緣 1349-1
如理 1359-3
如理師 1359-3
如理智 1331-2-14, 1359-3
如淸水珠 1350-3
如貧得寶 1354-2
如商人得主 1350-3
如虛空無邊 1350-1
如量智 1331-2-17, 1359-3
如渡得船 1353-1
如寒者得火 1349-1
如意 1347-2, 1660-2-30, 1662-1-14
如意輪 1348-2
如意寶 1348-1
如意珠 1347-2
如意足 1348-1
如意身 1558-3-2
如意佛 1348-1
如意通 542-2-15, 1348-1
如意智 1188-3-3
如意語 732-1-19
如意瓶 1348-1
如意殿 1348-1
如意寶珠 1348-1
如意珠王 1347-3
如意珠身 1347-3
如意摩尼 1348-2
如意輪供 1348-3
如意輪法 1348-3
如意輪經 1348-2
如意輪講 1348-3
如意輪菩薩 1848-3
如意輪觀音 1820-2-24, 1348-2
如意寶珠法 1348-1
如意寶總持王經 1348-1
如意輪陀羅尼經 1348-3
如意輪觀音經軌 1348-3
如意摩尼陀羅尼經 1348-2
如意輪菩薩念誦法 1348-3
如意輪觀自在菩薩念誦法 1348-3
如意心陀羅尼呪經 1347-3
如意輪蓮華心如來 1349-1
如意輪蓮華心如來修行觀門儀 1849-1
如意輪瑜伽 1348-3
如義言說 532-3-16
如焰 1349-1
如焰忍 1363-3-10
如電 1353-1
如暗得燈 46-3, 1347-2
如裸者得衣 1359-3
如賈客得海 1350-1
如說 1351-3
如說而修行 1351-3
如夢 1355-3
如夢忍 1363-3-12
如夢幻泡影 1355-3
如語 1350-1
如實 1350-3
如實知 1351-1
如實空 1309-3-22, 1351-1
如實智 1351-1
如實論 1351-2
如實知見 1351-1
如實知者 1351-2
如實修行 1351-1
如實論疏 1351-2
如實空鏡 694-2-4, 1351-1
如實不空 1309-3-23, 1351-2
如實一道心 1350-3
如實知自心 1351-2
如實修行相應 1351-1
如影忍 1363-3-15
如影像故 452-2-18
如蓮華在水 1359-3
如綵 6-3-30
如醫善方便 1348-1
如響 1349-2
如響忍 1363-3-13
如露亦如電 1360-1
如聾如啞 1359-3
辻堂 1235-1
辻說法 1235-1
辻談議 1235-1
伐折羅 1445-2-23, 1448-2
伐折羅陀羅 1447-2
伐折羅人嚩羅 1447-2

伐伽 1444-1
伐里沙 1456-1
伐里沙鍵拏 1456-1-12
伐浪伽 1453-3
伐那婆斯 1452-3
伐闍羅 1445-2-22
1448-2-12
伐闍羅弗多羅 1448-2
伐橵呵利 1451-1
伐蘇畔度 1448-3-28
伐蘇蜜多羅 1449-1-22
此處 468-2
仳竦梨沙 1463-3
列刹 1811-3
匡山 250-3
圭峰 373-3
成實宗 211-2-23
考信錄 177-3
夷離淳那 21-2-12
充滿一切 世界智1189-1-7

〔七　畫〕

言句 580-1
言行 580-1
言色 580-3
言味 383-1
言阿 579-3
言依 579-3
言便 583-1
言教 580-2
言陳 582-3
言詮 582-1
言詮中道 583-1
言說 582-1
言說識 689-2-22
言說法身 582-1
言端 582-1
言語同斷心行處滅 580-3
言蹄 582-3
言總意別 582-3
言斷 582-2
戒 156-3, 567-1-19
1740-2-26
戒力 172-1
戒力驅龍 1798-2
戒刀 166-1
戒心 164-3, 917-2-2
戒尺 164-2
戒日王 169-2
戒本 170-3, 1428-3-27
戒本疏 171-1
戒本經 170-3
戒の四位 157-1
戒の四科 157-1
戒行 160-3
戒名 171-1
戒印 159-2
戒光記 161-1
戒因緣經 159-1
戒足 165-3
戒身 164-3
戒忍 1363-3-23
戒定 168-1
戒定慧 168-1
戒定慧解脫知見 168-2
戒定慧解知見生 168-2
戒定慧解脫解脫智見
168-1
戒取 164-2, 709-2-18
戒取見 164-2
戒取使 164-2
戒和敬 1845-1-18
戒和尙 172-3, 622-1-4
戒波羅蜜 170-1
戒波羅蜜の教主 170-1
戒法 89-1, 157-1-11
170-3
戒門 1344-3-10
戒果因緣經 161-1
戒瓔珞莊嚴 771-2-3
戒香 160-1
戒香經 159-1
戒香德經 160-1
戒度記 169-1
戒度の三行 930-1-13
戒急 160-2
戒急乘緩 160-3
戒律 172-1
戒律藏 172-2, 674-3-1
戒禁取 709-3-2
戒禁取見 408-1-14
408-1-19, 524-1-14
戒品 171-1
戒垢 160-3
戒相 157-1-11, 163-3
戒の師 159-1-37
戒師 164-1, 169-3
戒師五德 556-1
戒家 161-2
戒海 159-3
戒珠 164-2
戒盜見 408-1-16
戒乘四句 165-2
戒消災經 159-1
戒疏 164-3
戒現觀 442-3-20
戒婆離 170-1
戒場 167-3
戒善 165-3
戒盜身縛 752-3-29
戒禁 163-2
戒禁取見 163-2
戒殿 168-3
戒經 160-3
戒福 655-3-15
戒緩 161-1
戒賢 161-3
戒牒 168-2, 168-2-18
戒羯磨 160-1
戒德 163-3
戒德經 159-1
戒德香經 159-1
戒膝 170-2
戒學 160-1
戒壇 166-2
戒壇石 167-2
戒壇院 167-1
戒壇圖經 167-2
戒壇堂開帳 167-2
戒撿 162-2
戒器 160-2
戒環 161-1
戒藏 164-1
戒躅 167-3
戒灌 161-1
戒瓔珞莊嚴 714-2-27
戒臘 171-3
戒臘茶 171-3
戒臘牌 171-3
戒體 157-1-11, 165-3
1700-2-5
戒體箱 166-1
戒體三種 166-1
戒驗 161-3
車也 812-1
車帝 806-1
車匿 808-1
車渠 1704-1-4
車軸 806-3
車鉢羅婆 808-2
更鼓 174-2
更藥 182-1
足目 1084-2
足指現土 1082-1
足指按地 1082-1
赤山明神 1025-2
赤白二渧 803-1
赤色 800-3
赤衣 10-2
赤肉中臺 802-3, 1025-2
1207-3
赤肉團上 802-3
赤身明王 801-2
赤鬼 10-2
赤眞珠 801-2
赤栴檀 801-2
赤袈裟 10-2
赤眼 800-3
赤袴騷動 11-2
赤團花 1668-3-22
赤銅葉 802-3
赤鯠鯠 1025-3
赤髭毘婆沙 1025-2
赤灑灑 1025-2
赤鹽 800-1
孝子經 176-3
孝子睒慈 176-3
孝子隱經 176-3
孝服 180-3
孝順 178-1
孝養 181-3, 379-3
孝養父母行世仁慈 181-3
孝養父母奉事師長 182-1
孛星 1533-1, 1633-2
孛經 1385-2
求子姙胎法 359-2
求不得苦 276-1-14
362-1, 515-2-20
求生 359-3
求名禮 733-2-13
求名菩薩 362-2
求那 304-2
求那毘地 305
求那跋摩 304-3
求那跋陀羅 304-3
求那摩帝隨相論 305-2
求車 357-2
求求羅 289-1
求佛本業經 362-1
求法 362-2
求法高僧傳 362-2
求珠 359-3
求欲經 362-2
求寂 359-3
求聞持 313-2, 362-2
求聞持法 313-3
求羅 315-1
究羅檀頭 315-1
究羅檀頭經 315-1
辰那飯茶 879-1
辰那弗多羅 879-1
辰那咀邏多 878-3
夾山 204-1, 404-2
夾山善會禪師 404-2
君名 247-1
君陀 356-1
君持 352-2
君茶 356-1
君遲 356-1
忌 235-2
忌中 244-1
忌日 245-1
忌日請僧設齋 245-2
忌月 89-1
忌事 89-1
尾扶 1491-3
尾唎也 1499-3-4
尾賀羅 1482-2-14
尾儞也 1490-3
尾嚕荼迦 1502-2
尾嚕博乞叉 1502-2
尿牀鬼子 1349-1
尿闥 1370-1
忍 1362-2
忍力 1368-2
忍土 1367-1
忍水 1366-1
忍不墮惡趣 1368-1
忍仙 1366-1
忍加行 1365-1
忍行 1364-3
忍行五德 1364-3
忍地 1366-2
忍位 1369-3
忍法 721-3-24, 1368-1
忍法位 1368-1
忍陀羅尼 1181-3-19
1366-2
忍波羅蜜 1367-3
忍界 1364-2
忍度の三行 930-1-14
忍辱 929-3-14
1281-2-17, 1367-1
忍辱衣 606-2-1, 1367-2
忍辱仙 1367-2
忍辱地 1367-3
忍辱草 1367-2
忍辱經 1367-2
忍辱鎧 1367-2
忍辱山流 1367-2
忍辱太子 1367-2
忍辱方便 916-1-29
忍辱第一 1367-1
忍辱波羅蜜 1367-3
忍善 1366-1
忍智 1366-2
忍調 1366-3
忍鎧 1364-3
弟子 1262-2
弟子位 1262-3
弟子品 1262-3
弟子說 557-1-24
弟子死復生經 1262-3
序 995-1
序三義 995-1
序王 997-1
序分 997-1
序四義 995-2
序正流通三 996-1
序品 997-1
序題 996-1
良日 1795-1
良忍 1756-3-26, 1795-1
良賁 1795-1
良福田 1795-1
良辨 1797-1
宏智 1854-3
宏智禪師語錄 1854-3
牢關 1773-3
牢籠 1774-2
究究羅部 289-1
究竟 286-2
究竟位 286-2, 578-1-15
究竟住 1826-2-9
究竟佛 286-2, 1836-1-23
究竟即 286-2, 1835-3-11
究竟道 286-3
究竟樂 286-3
究竟願 286-3
究竟覺 286-2, 607-2-1
究竟不淨 732-3-25
究竟法身 286-3
究竟現觀 42-3-27

究竟普賢 1518-1-18
究竟涅槃 286-3
究竟一切智地 286-3
究竟一乘法性論 286-3
究竟如虛空廣大無邊際 286-3
究施 297-2
步他 1530-3, 1550-3
步步聲聲念念 1567-3
步擲明王 1550-3
步擲金剛 1550-3
步擲金剛修行儀軌 1550-3
男女 1306-1
男根 1302-3
男聖 1873-3
貝 1441-2
貝文 1442-3
貝支迦 1441-3
貝母 1442-3
貝多 1441-3
貝多羅 1441-3
貝葉 1441-2
貝齒 210-2-2
貝牒 1442-1
貝鐘 160-1
見 407-3
見一切住地 743-2-22
見二如來 424-2
見丁 423-1
見大 419-3
見分 425-2
見分薰 1319-1-15
見元 1324-1-25
見牛 409-3
見王齋 428-2
見分薰 425-2
見正 413-2
見正經 413-2
見地 422-3, 923-2-15
見行 409-3, 1309-1-16
見至 416-2
見成公案 417-2
見佛 425-2
見佛聞法樂 425-2
見我身者 409-2
見取 417-3, 709-2-17
見取見 418-1
418-1-19, 524-1-11
見取使 418-1
見性 413-2
見性成佛 413-2
見法 425-3
見和敬 1845-1-19
見所斷 414-2
見者 413-1
見者外道 435-2-19
見者歡喜 413-3
見思 414-3
見思惑 671-2-14
見相 412-3
見毒 424-2
見倒 1254-2-8
見流 428-2
見眞 414-3
見修 417-3
見流 428-2
見輒 427-2
見處 414-1
見得 423-1
見習因 91-3-1
見現觀 442-3-7
見惑 428-2, 1361-3-28
見惑品數 415-1
見結 410-2
見跡 413-3
見智身 423-1
見無上 733-1-13
見道 419-3, 646-3-29
見道釋義 420-3
見道所斷 420-3
見道場樹願 421-1
見愛 408-2
見煩惱 426-1
見犍度 424-1-1, 410-2
見聞 427-1
見聞生 622-2-28, 427-1
見聞疑 427-1
見聞成佛 427-1
見聞覺知 427-1
見漏 859-1-5
見障 413-2
見網 426-1
見臺開 419-3
見諍 417-2
見論 428-2
見慧 428-3
見暴流 1633-3-2, 426-1
見諦 419-1
見諦得 419-2
見諦阿闍梨 1757-3-17
419-1
見諦所滅流 742-3-11
見諸佛土願 414-3
見諸障外事 414-1
見緣 408-3
見縛 425-1
見濁 553-1-28, 423-1
見顚倒 423-2, 1254-1-16
成自然覺 967-2
成正覺佛 966-1
成佛 973-2
成佛塔 974-1
成佛得道 974-1
成佛得脫 974-1
成佛已來無量無邊 973-3
成佛已來甚大久遠 973-3
成劫 701-2-28, 964-2
成身會 967-1
成住壞空 970-1
成所作智 550-1-18
成金剛心 526-3-15
成唯識論 975-3
成唯識寶生論 975-3
成假中 964-1
成就忍力 929-2-8
成具光明經 963-3
成具光明三昧經 963-3
成具光明定意經 963-3
成果 918-2-20
成事智 967-2
成性自性 895-2-22
成所作智 1187-3-25
966-3
成相 1823-2-7, 964-3
成就 967-3
成就四法 967-3
成就明王 968-1
成就仙女 968-1
成就仙衆 967-3
成就衆生力 967-3
成就仙衆眷屬 967-3
成就持明仙衆 968-1
成就法華儀軌 968-1
成就妙法蓮華經王瑜伽觀智儀軌經 968-1
成勝寺 1826-3-22
成等正覺 970-2
成善羯磨 507-1-3, 968-3
成道會 969-1
成道 969-1, 1404-1-26
成業論 964-3
成道降魔得一切智經 969-1
成滿一切諸願眞言 975-1
成實 967-2
成實宗 705-1-29, 967-2
成實論 967-3
成實二種觀 967-2
成實四善根 722-1
成實偏空觀 967-3
成壞空 976-2
成辨諸事眞言 974-1
禿 1272-3
禿人 1275-2
禿奴 1275-1
禿空 1273-1
禿居士 1273-1
每日三時諷經 1510-1
每日晨朝入諸定 1643-2
每怛里 1643-2
每怛哩 1689-1-28
每怛利末那 1643-2
告文 239-3-17
告香 462-3
我 220-3, 1693-1-13
我人 230-3
我人四相 702-1
我天爾狗 230-2
我今衰老 228-3
我不愛身命 231-2
我心自空罪福無主 229-2
我外道 434-1-20
我立神 1851-3
我功德力 668-2-1
我有 221-3
我劣慢 1666-2-18
我見 228-1, 408-1-15
我見身縛 753-1-2
我見自心形如月輪 228-2
我見燈明佛本光瑞如此 228-2
我我所 225-1
我所 229-2
我所心 229-2
我所見 229-2
我所事 229-2
我空 226-2
我空眞如 226-2
我事 229-3
我知者 230-2
我波羅蜜 231-1
我法俱有宗 232-1
我夜生五子隨生皆自食 233-1
我於阿耨多羅三藐三菩提乃至無有少法 224-3
我者 229-1
我相 702-1-29, 702-2-6
228-3
我室 229-1
我是凡夫 230-1
我建超世願 228-3
我昔所造諸惡業 229-1
我執 1316-2-30, 229-1
我倒 230-1
我常遊諸國 229-3
我宿何罪生此惡子 229-2
我等慢 1666-2-17
我等聞記心安具足 230-2
我等長夜修習空法 230-2
我深敬汝等 230-1
我痴 230-1
我想 228-3
我愛 220-3
我愚 228-1
我慢 1666-2-6, 232-2
我慢定 232-2
我慢禮 733-2-11
我慢重障 623-1-27
我聞 232-2
我語取 228-3, 709-2-20
709-3-3
我德 230-3, 749-1-19
我論 233-3
我實成佛已來久 229-3
我禪 230-1
我謬 1406-2-7
我顚倒 1254-1-27
我願既滿衆望亦足 228-1
我覺本不生 225-1
我獻寶珠世尊納受 228-3
希代 241-3
希有 374-3
希有人 378-3
希求施 382-3
希奇 381-3
希法 405-1
希祀鬼 390-3
希運 236-1
希麟音義 154-1
坐元 678-1, 1811-1-22
坐不淨 916-2-29
坐具 677-3
坐夏由 678-1
坐夏 678-1
坐海丈夫 677-3
坐堂 678-3
坐參 678-1
坐牌 679-1
坐禪 678-2
坐禪堂 678-3
坐禪板 678-3
坐禪牌 678-3
坐禪方法 978-2
坐禪法要 678-3
坐禪十種行 678-3
坐禪三昧經 678-3
坐禪三昧法門經 678-3
坐禪用心記 678-3
坐斷 678-3
坐證 678-1
谷の流 1113-2
谷の阿闍梨 1113-2
含生 234-2
含光儀軌 234-2
含情 234-2
含華 234-2
含類 235-1
含識 234-2
含靈 235-1
兎 103-1
兎毛塵 1278-2
兎角 1271-3
身入 879-1
身子 871-3
身子退墮 872-1
身土 878-2
身口無過行 865-2
身三口四意三 871-2
身心 873-3
身心禮 733-2-15
身心受業 873-3
身心脫落 875-3
身心無倦 929-2-6
身心俱出家 832-3-21
身心俱不出家 832-3-22
身毛上靡相 884-2
身毛喜堅經 884-2
身不淨 916-2-23
身出家 832-3-15, 873-2
身出家心不出家 832-3-1
身田 878-2
身安樂 861-2
身安樂行 861-2, 682-1-18
身如意通 880-2
1232-1-7

七畫

身角免巡冷估何佛

身如師子相 880-3
身行 864-1
身光 865-2
身色如金山 872-2
身在家心出家 882-3-20
身見 408-1-13, 408-1-18
523-3-26, 866-2
1638-2-26
身見使 866-2
身車 872-2
身戒 1324-2-3, 862-3
身延 1681-1
身忍行 881-2
身形無間 574-1-18
1696-2-9
身命 883-2
身命施 639-3-8, 883-2
身命を雪山に投じて 883-2
身受 875-1, 1325-2-20
身和敬 1845-1-16
身泥佛 878-1
身表業 882-2
身相 871-2
身相神通樂 871-2, 876-3
身城 874-3
身界 862-3
身苦 864-2
身者識 689-2-18
身病 881-3, 1321-1-20
身笑 876-2
身座 871-3
身根 867-2
身密 883-2
身寂靜 875-1
身通 873-1
身清淨 872-3
身を捨てて虎を飼ふ 1278-3
身無上 733-1-11
身無失 944-3-20
身無畏 1722-2-2
身雲 862-1
身等 878-2
身惡作 861-2
身業 867-3
身業供養 867-3
身業莊嚴 771-3-14
身愚 865-3
身業 561-3-4
身塔 877-1
身精進 782-3-27, 872-3
身遠離 886-2
身端直相 877-2
身語心輪 867-3
身蓮 885-2
身輪 885-1
身論 885-2
身器 863-2
身器十二 563-2
身燈 878-2
身縱廣相 874-1
身雖遠離 876-1
身識 689-2-18, 872-1
身證 873-2
身覺 1324-1-27
身觀經 865-3
角大師 1235-3
角帽子 1005-3
角馱 185-3
免丁錢 1736-2
免僧 1736-2
巡火板 991-3
巡更 991-2
巡更鈴 991-2
巡案 991-2
巡堂 993-1
巡堂請茶 993-1
巡廊板 995-1
巡寮 995-1
巡錫 992-1
巡讚衆 992-1
冷淘會 1810-2
冷煖自知 1810-2
冷觸 1408-2-19
估衣 456-2
估唱 465-1
何況憶念 226-1
何況於法會 226-2
何夷摩柯 171-1
何似生 229-3
何伽羅久履苛 183-2
何耶 206-2
何耶揭唎婆 206-3
何耶揭唎婆像法 206-3
何耶揭唎婆觀世音
菩薩受法壇 206-3
何故憂色 228-2
何羅怙羅 208-1
佛 1551-1, 1590-1
佛一百八名讃 1552-1
佛の九横 319-2
佛十力經 1559-1
佛十地經 1559-1
佛入涅槃密迹金剛
力士哀戀經 1564-1
佛土 1563-3
佛土嚴淨經 1564-1
佛三身讃 1555-2
佛三從金棺出 1374-3
佛子 1555-3
佛凡一體 1565-1
佛大僧大經 1560-2
佛心 1557-3
佛心宗 1558-3
佛心印 1558-3
佛心印記 1558-3
佛心天子 1559-1
佛心圓滿 526-3-19
佛天 1563-3
佛日 1564-1
佛月 1553-2
佛化 1553-2
佛牙 1553-3
佛分半座迦葉 190-2,
1646-1
佛五性 1564-2
佛五百弟子自說本
起經 1555-1
佛母 1566-1
佛母院 1566-3
佛母經 1566-1
佛母明王 1566-3
佛母准提 1566-2
佛母眞三昧 1566-2
佛母般若經 1566-2
佛母般泥洹經 1566-2
佛母大孔雀明王 1566-2
佛母大孔雀明王經 1566-2
佛母般若波羅蜜多 1566-2
佛母大孔雀明王呪經 1129-3
佛母寶德藏般若波
羅蜜經 1566-3
佛母出生三法藏般
若波羅蜜多經 1566-1
佛世 1559-3
世佛界 1559-3
佛世尊 906-3-12, 1659-3
佛生日 1557-1
佛生國 1556-3
佛生會 1557-2
佛出世 1557-2
佛出現界無盡 1709-1-20
佛本行經 1565-1
佛本行集經 1565-1
佛田 1563-3
佛布施 1564-2
佛四無畏 762-1
佛名 1665-1
佛名會 1565-3
佛名經 1565-2
佛名懺 1565-2
佛名懺悔 1565-2
佛名懺禮 1565-2
佛光 1552-3
佛光寺 1553-1
佛光王子 1553-1
佛光寺派 971-2-10,
1553-1, 1563-2
佛立三昧 1566-3
佛地 923-3-3, 1561-2
佛地經 1563-2
佛地經論 1563-2
佛印 1552-1
佛印三昧經 1552-1
佛因 1552-1
佛成道會 1559-1
佛伏苦行外道 287-3
佛吼 1552-3
佛位 1567-1
佛戒 1552-2
佛身 146-2-9, 1557-3
佛見 1553-2
佛足石 1560-1
佛言量 1555-2
佛佛授手 985-1
佛足頂禮 1560-2
佛陀 1551-1-6, 1560-2
佛陀里 1561-2
佛陀波利 1561-1
佛陀大會 1561-1
佛陀扇多 1551-1
佛陀毱多 1561-1
佛陀耶舍 1561-2
佛陀僧訶 1661-1
佛陀䟦摩 1531-2-26
佛陀多羅 1561-1
佛陀馱沙 1561-1
佛陀提婆 1661-1
佛陀槃庶 1561-1
佛陀蜜多羅 1561-2
佛陀跋陀羅 1561-2
佛法 1564-2
佛法界 1592-3-19
佛法者 1564-3
佛法僧 1564-3
佛法智 1189-1-3
佛法藏 1554-3
佛法壽命 1564-3
佛法の死人 1564-3
佛法滅盡經 1565-1
佛法普入道門三昧經 1565-1
佛性 1556-2
佛性戒 1556-3
佛性論 1557-1
佛性常住 1556-3
佛性眞如 1556-3
佛性三摩耶 1556-3
佛性平等一乘 1557-1
佛使 1556-1
佛使比丘迦栴延說
法沒盡偈 1556-1
佛所行讚 1557-2
佛所護念 1557-2
佛舍 1556-2
佛舍利 1557-2
佛事 1659-1
佛事門 1559-1
佛宗 1557-2
佛具 1553-1
佛具の十身 1558-2
佛供 1553-1
佛刹 1559-3
佛果 1552-3
佛物 1566-2
佛知見 77-2-1, 1561-3
佛昇忉利天爲母說
法經 1557-1
佛垂般涅槃略說教誡
經 1559-3
佛界 1552-2
佛界の十如 938-3-30
佛星 1556-3
佛威力 668-2-9
佛後普賢 1555-1
佛祖 1560-1
佛祖通載 1560-2
佛祖統紀 1560-2
佛乘 542-1-12, 1559-2
佛乘戒 1559-3
佛乘十地 924-1-25
佛記 1552-2
佛骨 1554-3
佛家 1553-2
佛哲 1563-2
佛迹 1557-2
佛師 1556-1
佛海 1552-2
佛桑花 1555-2
佛涅槃忌 1564-2
佛般泥洹經 1564-2
佛頂印 1562-1
佛頂咒 1562-1
佛頂面 1563-2
佛頂流 1563-2
佛頂業 1562-1
佛頂尊 1562-1
佛頂壇 1563-2
佛頂蒙鈔 1563-2
佛頂尊勝心 1563-1
佛頂尊勝心儀軌 1563-1
佛頂最勝陀羅尼經 1562-1
佛頂尊勝陀羅尼經 1563-1
佛頂光聚悉怛多般
怛羅 1562-1
佛頂尊勝陀羅尼念誦
儀軌 1563-1
佛頂大白傘蓋陀羅尼
經 1563-1
佛頂放無垢光明入
普門觀察一切如
來心陀羅尼經 1563-2
佛眼 524-2-173
524-2-20, 1553-3
佛眼供 1553-3
佛眼法 1554-2
佛眼咒 1554-1
佛眼會 1554-3
佛眼尊 1554-1
佛眼眞言 1553-3
佛眼佛母 1554-2
佛眼部母 1554-2
佛眼明妃法 1554-3
佛眼曼陀羅 1554-2
佛眼金輪五壇法 1553-3
佛部 476-3-10, 1564-2
佛部眞言 1564-2
佛部定印 1564-2
佛部三昧耶陀羅尼
印 942-1-25
佛國 1554-3
佛堂 1560-3
佛教 1553-2
佛華嚴三昧 1553-2
佛問鬱頭藍弗 110-3
佛現十種神變伏伽業 1002-3
佛爲父擔棺 597-

佛爲螺髻仙人 1778-1
佛爲海龍王說法印經 1567-1
佛爲年少比丘說正事經 1567-2
佛爲勝光天子說王法經 1567-1
佛爲優塡王說王法正論經 1567-1
佛爲黃竹園老婆羅門說學經 1567-2
佛爲首迦長者說業報差別經 1567-2
佛爲阿支羅迦葉自他作苦經 1567-1
佛爲娑伽羅龍王所說大乘法經 1567-1
佛智 1561-2
佛智所入境界無盡 1709-1-24
佛無差別 1566-1
666-2-12
佛無礙慧 1565-3
佛跡 1559-3
佛圖陀 1567-2
佛菩薩の化生 391-2
佛道無上誓願證 1560-3
佛滅 1566-1
佛滅度 1566-1
佛滅度後棺歛葬送經 1566-1
佛道 1560-3
佛道聲聞 1560-3
佛道無上誓願成 698-3-7
佛聖 1556-2
佛聖料 1557-1
佛鉢 1564-2
佛鉢印 1564-2
佛葬 1555-2
佛會 1567-2
佛經 1552-3
佛殿 1563-3
佛塔 1560-2
佛話經 1567-1
佛馱耶 1561-2
佛滅後教法隱沒龍宮 1798-3
佛說 557-1-25, 1559-3
佛說孔雀王咒經 297-1
佛說呵鵰阿那含經 199-3
佛說大孔雀王咒經 297-1
佛說大金色孔雀王咒經 1129-3
佛說大輪金剛總持陀羅尼經 1168-3
佛語 1555-1
佛語心 1555-1
佛語經 1555-1
佛語法門經 1555-2
佛馱什 1561-1
佛馱笈多 1561 1
佛馱斯那 1561-1
佛種 1557-2
佛種姓 1557-2
佛壽 1559-2
佛壽四喩 1476-1
佛圖 1533-1-18
佛圖澄 1563-3
佛境 1552-3
佛境界莊嚴三昧 1552-3
佛鳴 1565-2
佛閣 1552-2
佛像 1555-2
佛誕生會 1560-2
佛慧 126-2-27, 1567-2
佛慧初心 1567-2
佛德 1563-3
佛餉 1556-2
佛樹 1559-2
佛樹王 1559-2
佛器 1552-3
佛遺教經 1566-3
佛壇 1561-2
佛臨般涅槃經 1566-3
佛臨涅槃記法住經 1566-3
佛還國始見羅睺羅 1779-2
佛藏 62-2-26, 674-3-2
1555-3
佛藏經 1555-3
佛醫經 1552-1
佛醫王經 1552-1
佛隴 1567-1
佛願 1553-2
佛證窮故 452-2-24
佛願生起本末 1553-2
佛寶 1564-2
佛覺三昧 1552-2
佛魔 1565-1
佛臘日 1566-3
佛攝相應經自在觀儀軌 1560-1
佛龕 150-1, 1552-2
佛歡喜日 1553-1
佛體色性卒都婆 1560-2
佛讚 1555-2
伽 220-3
伽尼 230-3
伽他 192-3
伽那 230-3, 200-2
伽那提婆 230-3
伽那馥力刄 200-3
伽那那伽尼多 230-3
伽那那跋多書 200-2
伽伽那必利綺那 183-2
伽伽那卑麗叉尼 183-2
225-1,
伽里多 1090-1-22
伽車提 189-1
伽陀 193-2, 194-1
伽陀の役 194-1
伽耶 232-3
伽耶城 232-3
伽耶迦葉 233-1
伽耶山 232-3
伽耶山頂經 232-3
伽耶山頂經論 233-
伽胝 199-3
伽若耶 230-3
伽毘羅 231-1
伽破訶羅 231-1
伽梵 232-2
伽梵達摩 232-2
伽梵波提 232-2
伽梨 233-2
伽傍籤帝 232-2
伽絺那 197-2-8
伽隣 208-3-27, 233-2
伽樓羅 213-1-28, 233-2
伽彌尼 232-2
伽彌尼經 232-2
伽閣 229-1
伽憊 231-1
伽藍 233-1
伽藍神 233-2
伽藍堂 233-2
伽藍鳥 233-2
伽羅 254-3
伽羅陀 233-1, 255-1
伽羅樹 255-1
伽羅夜叉 208-3
伽蘭他 233-2
位不退 1859-2
位妙 1859-2
位頭 1858-3
位圓 1869-1-20
位牌 1859-1
住 736-2-24
住心 1227-3
住心品 1227-3
住不淨 916-2-28
住水の寶珠 1583-3
住本用迹 426-1-17
住本顯本 426-1-14
住正定聚願 1227-3
住地 1227-3
住吉明神は高貴德王の垂迹 174-2
住位 1228-2
住劫 701-3, 1227-2
住定見佛願 1228-1
住定菩薩 1228-1
住定供佛願 1228-1
住果 1227-2
住果緣覺 1227-2
住果羅漢 1227-2
住法 1775-3-8
住法羅漢 1228-2
住非迹本顯本 426-1-15
住持 1227-3
住持身 1558-2-25
住持佛 1228-1
住持三寶 660-1-2
659-3-18, 1228-1
住持成就門 1228-1
住持一切世界智 1189-1-10
住相 1775-2-28, 1227-2
住胎 1404-1-21
住前信相菩薩 1227-1
住迹用本 426-1-17
住迹顯本 426-1-15
住處淨 1448-1-24
住無上 733-1-16
住菩薩藏 674-3-1
住僧 1227-3
似心 897-1
似比量 1419-3-18
似立宗 997-3
似因 887-2
似能立 1419-3-9
似能破 901-3, 1419-3-11
似現量 892-1, 1419-3-16
但三衣 1119-2
但心念法 506-2-17
但以一佛乘 1118-3
但坐一臥 1119-2
但空 1119-1, 1309-3-8
但空三昧 1119-2
但空法身 1605-3-28
但指 無明即是法性 1119-2
但茶 1120-2
但理隨緣 1121-3
但惜無上道 1120-1
但對首法 506-2-24
但儞也他 1112-2-4
作犯 602-3
1221-3-13, 1342-1-13
作用 603-2
作用自在 893-1-10
作用道理 712-3-6
1177-1-24
作如是 938-1-25
作佛 602-2
作佛形像經 602-2
作戒 599-2
作法 602-2
作法得 602-3
作法界 602-3
作法懺 602-3, 615-2-25
作法懺悔 602-3
作者 600-2
作持 1221-3-11
作持戒 158-2-30, 600-3
作持門 600-3
作家 599-2
作梵 602-3
作梵闍梨 602-3
作捨無常 733-1-21
作善 600-3
作無作 603-1
作意 584-1, 735-1-19
作意散亂 1825-2-24
作業 600-2
作麼 1090-2
作麼生 50-2, 602-3
1090-2
作像因緣經 600-2
聲作 600-3
作擧 600-2
作禮 603-2
作願門 600-1
伴陀羅縛子尼 1437-1-9
1457-2
伴陀羅縛字尼 1437-1
伴夜 1457-3
伴眞湯 1457-1
伴僧 1457-2
伴談 1457-2, 1773-2-13
1854-2-13
伴題 1457-2, 1854-2-13
伴禪 1457-2
佉 156-2, 248-1
佉字 254-3
佉吒伽 254-3
佉沙 189-1, 254-3
佉陀尼 139-2-916, 254-3
佉陀食 254-3
佉梨 255-2
佉啁羅 254-3
佉路瑟吒 255-2
佉提羅伽 254-3
佉訶囉嚩阿 253-3
佉樓 255-2
佉樓書 255-2
佉盧 255-2
佉盧虱吒 255-2
佉闍尼 254-3
佉羅 254-3
佉羅帝 255-1
佉羅帝耶 255-2
佉羅騫馱 255-1
均提 259-2
均提沙彌 259-2
均提童子 259-2
坊 1442-3
坊主 1443-2
坊守 1443-3
坊守講 1443-3
坊官 1443-1
坊護律儀 1443-1
扶律談常 1567-3
扶律談常教 1544-3
扶根 1314-2-9
1520-3, 1550-2
扶疏 1525-2, 1550-3
扶習潤生 1523-3, 1550-2
扶惑潤生 1546-1
扶塵根 1550-3
扶薩 1521-1
抑止 148-1
抑止門 148-1, 1344-1-8
抑止攝取 148-1
抑揚教 537-2-16
抑攝二門 148-2
折石 801-1
折伏攝受 803-1
折利但羅 814-1
投子 1266-1
投身飼餓虎經 1107-2

七　畫

投快改防沐沒沙沈沃吠吹吟叫吽忻狂役板妙杜

投針 1266-3
投華 1265-2
投華三昧耶 1265-2
投淵外道 1264-3
投機 1265-1
快目王 406-2
快目王施眼 406-3
快樂 406-3
快樂不退樂 407-1
快樂無退樂 407-1
改悔 221-2
改悔文 221-2
改悔批判 221-2
改轉成佛 168-3
防那 1443-2
防非止惡 1443-2
防羅 1443-3
防難 1443-2
沐魄經 1738-3
沐魄太子 1739-1
沒刀伽羅子 1740-2-12
沒巴鼻 1425-1-28, 1740-2
沒交涉 1740-1
沒曳達利瑟致 1737-2
沒劫 1739-2
沒度 1740-2
沒特伽羅 1740-2-12
沒特伽羅子 1651-2-22
1740-2
沒栗多 1633-2, 1740-2
沒哩底野吠 1740-2
沒滋味 1740-1
沒馱 1551-1-7
沒羅憾摩 1633-3-17
沒囉憾摩 1454-3-23
沙をしぼる 1005-2
沙 1005-2
沙心 805-2
沙劫 804-3
沙那利伽 807-3
沙門 811-1, 1480-2-9
沙門果 811-3
沙門那 812-1
沙門都 811-3
沙門統 811-3
沙門行敎 269-1
沙門覺苑 187-2
沙門覺岸 184-1
沙門頭陀經 811-3
沙門婆羅門相違 811-2
沙波訶 808-2
沙界 796-1
沙伽懣囊 796-3
沙曷比丘功德經 796-2
沙婆訶 808-3
沙婆婆瑟 808-3
沙訶 795-3, 1091-1-11
沙喝 699-2, 796-2
沙を蒸す 1005-2
沙を聚て佛塔を爲る 1005-2
沙摩帝 809-3
沙彌 810-1
沙彌戒 810-3
沙彌尼 810-3
沙彌戒經 810-3
沙彌威儀 811-1
沙彌羅經 811-1
沙彌喝食 810-3
沙彌尼戒經 811-1
沙彌著香爲龍 810-2
沙彌愛酪爲蟲 810-3
沙彌十戒儀則經 810-3
沙禪里 805-3
沙羅拏 812-3
沙羅雙樹 812-2
沙羅隣提 813-1
沈水香 1230-3
沈空 1212-1
沈香 1230-2
沈冥 1213-2
沈檀 1231-1
沃焦 148-2, 1769-3
沃焦山 148-2
沃焦海 148-2
沃通 534-2-17
吠世師 1575-1
吠世師迦 1575-1-8
吠世史迦 1575-1
吠努璃耶 1575-1
1808-1-29
吠舍 1574-3
吠舍佉 1574-3
吠舍釐 1487-1-30, 1575-1
吠陀 1575-1, 1856-2-5
吠室囉末拏 1575-1
吠率怒 1575-1
吠率怒天 1575-2-16
吠奢 1574-3-16
吠嵐 1575-1
吠嵐婆 1499-1-30, 1575-1
吠嵐僧伽 1499-1-30
1575-1
吠提希 1857-1-4
吠瑠璃 1808-1-28
吠瑠璃耶 1808-1-28
吠馱 1856-2-5
吠瑠璃 1575-1
吠摩質怛利 1575-1
吠題唎弗多羅 1857-1-5
吠題唎弗怛多 1575-1
吠藍婆 1499-1-30
吠嚧遮那 1500-1-15
1575-2
吹毛 1008-3
吹法螺 1008-2
吟詠 275-2
吟諷 275-3
叫喚 375-2
叫喚地獄 1216-2-18
吽 125-1
吽字門 126-2
吽吽 125-1
吽迦囉身 125-2
忻出觀 580-3
忻妙觀 583-1
忻勝觀 581-1
狂狗 250-1
狂華 250-1
狂象 250-3
狂亂往生 253-1, 714-3-9
狂慧 253-3
役小角 141-2, 1755-3
役行者 141-2
役行者講 141-2
役優婆塞 131-2, 141-2-22
板 1432-3
板心 1830-3-8
妙 1725-3
妙土 1730-1
妙心 1729-2
妙心寺 1729-2
妙文 1731-3
妙中 1729-3
妙立 1732-2
妙玄 1728-2
妙用無碍 870-3-11
妙色 1728-3
妙色經 1729-1
妙色王經 1729-1
妙色莊嚴 771-2-22
妙色身如來 1729-1
妙色王因緣經 1729-1
妙色陀羅尼經 1729-1
妙吉祥 1727-1
妙吉祥大敎經 1727-2
妙吉祥觀門經 1727-1
妙吉祥菩薩陀羅尼 1727-2
妙吉祥所問法螺經 1727-1
妙吉祥觀門經護摩儀軌 1727-1
妙吉祥最勝根本大敎經 1727-1
妙吉祥菩薩所問大乘法螺經 1727-2
妙吉祥平等瑜伽秘密觀身成佛儀軌 1727-2
妙吉祥平等秘密最上觀門大敎王經 1727-2
妙吉祥平等觀門大敎王經略出護摩儀軌 1727-2
妙旨 1728-3
妙行 1727-3
妙有 1725-3
妙因 1725-3
妙行三昧 1727-3
妙光佛 412-1-24
妙光菩薩 1727-3
妙戒 1726-3
妙見 1728-1
妙見大士 1728-2-3
妙見神像 1728-2
妙見尊星王 1728-2
妙車 1729-1
妙敎 1728-1
妙法 1730-2
妙法宮 1730-2
妙法堂 1730-3
妙法偈 1730-3
妙法華 1730-3
妙法燈 1730-3
妙法輪 1730-3
妙法藏 1730-3
妙法船 1730-3
妙法一乘 73-3
妙法華經 1730-3
妙法蓮華 1731-1
妙法蓮華經 1731-2
妙法聖念經 1730-3
妙法印三昧 1730-2
妙法緊那羅 1730-2
妙法決定業障經 1730-3
妙法蓮華經文句 1731-3
妙法蓮華經玄義 1731-3
妙法蓮華經優波提舍 1731-2
妙法蓮華經觀世音菩薩普門品經 1731-3
妙宗 1729-2
妙宗鈔 1729-2
妙果 1727-3
妙典 1729-3
妙明 1731-3
妙門 1731-3
妙供 1728-1
妙金剛大甘露軍荼利焔鬘熾盛大三摩地 1728-3
妙音 1163-3-4, 1726-1
妙音天 1726-1
妙音品 1726-3
妙音堂 1726-1
妙音鳥 1726-1
妙音の誓 1726-1
妙音大士 1726-1
妙音樂天 1726-1
妙音菩薩 1726-2
妙音菩薩品 1726-3
妙音菩薩誡不孝 1726-2
妙首 1741-2-9
妙香合成願 1726-3
妙華 1728-1
妙華三昧 1728-1
妙華布地胎藏莊嚴世界 1728-1
妙高山 1726-3
妙高山王 1726-3
妙眞如性 1729-2
妙眞珠網 1729-2
妙悟 1728-3
妙相 1728-3
妙莊嚴王 1729-1
妙莊嚴王品 1729-2
妙莊嚴王本事品 1729-2
妙理 1732-2
妙理權現 1732-2
妙假 1728-1
妙眼 1728-3
妙祥 1729-1
妙雲大士 1726-1
妙雲如來 1726-1
妙雲相佛 1725-3
妙雲自在王如來 1726-1
妙喜世界 1726-3
妙喜足天 1727-1
妙善公主 1729-3
妙智 1729-3
妙智所證 1870-3-10
妙極 1728-3
妙意菩薩 1725-3
妙說 1729-3
妙境 1727-2
妙語藏 1728-3
妙滿寺派 1333-3-21
妙慧 1732-2
妙慧童女經 1732-2
妙德 1729-3, 1741-2-9
妙德童眞菩薩 1730-1
妙幢 1730-1
妙幢相三昧 1730-1
妙幢菩薩夢 1762-3
妙談 1729-3
妙賢 1728-1
妙趣 1729-2
妙樂 1732-2
妙蓮華 1732-2
妙機 1726-3
妙臂菩薩 1730-2
妙臂所問經 1730-2
妙臂印陀羅尼經 1730-2
妙臂菩薩所問經 1730-2
妙應 1726-1
妙聲鳥 1729-2
妙聲莊嚴 771-2-29
妙藥 1090-2-24
妙覺 69-2-7
1308-2-28, 1726-3
妙覺地 1726-3
妙覺性 824-3-21, 1726-3
妙觸食 1729-3
妙觀察智 550-1-16
妙觀察智定印 1727-3
1728-1
1187-3-23, 1727-3
妙體 1729-3
妙顯山 1728-2
形山 261-3
形色 270-1
形同息慈 271-1
形身 270-3
形見衣 193-2
形相莊嚴 771-2-20
形無間 574-1-13
形貌欲 271-3, 1843-3-5
杜口 1272-3
杜多 1237-2, 1277-3

杜底 1278-1
杜荼 1277-3
杜順 1276-3
邪山 979-3
邪正一如 979-3
邪行 976-3
邪行障 914-2-22
926-3-13, 977-1
邪行真如 879-3-23, 977-1
邪因外道 961-3
邪因邪果 705-1-7, 961-3
邪林 980-3
邪回向 1861-1-11
邪旬 979-3
邪見 408-1-13, 408-1-15
408-1-18, 524-1-6, 979-2
邪見使 979-2
邪見乘 979-2
邪見經 979-2
邪見網 979-2
邪見幢 979-2
邪見稠林 979-2
邪私 979-2
邪命 980-2
邪命食 980-2, 1322-2-9
邪命說法 980-2
邪性定 979-3
邪性定聚 979-3
邪定 980-1
邪定聚 637-3-8, 980-1
邪法 980-2
邪空 977-1
邪思惟 979-3
邪扇 979-3
邪倒見 980-1
邪婬 961-3
邪婬の惡鬼 12-2
邪執 979-3
邪雲 976-3
邪道 980-1
邪瑜伽行 980-3
邪聚 979-3
邪網 980-2
邪慢 980-3
邪觀 979-1
邪魔 980-2
邪魔外道 980-2
那 1291-2
那他 1297-1
那由他 221-1-21, 1300-2
那吒 1297-1
那吒折肉 1297-1
那吒佛牙 1297-1
那吒鐵面皮 1297-1
那先 1296-3
那先經 1296-3
那先比丘經 1296-3
那伽 1296-1
那伽身 1296-2
那伽定 1296-2
那伽室利 1296-2
那伽犀那 1296-2
那伽質多 1296-2
那伽枳薩 1296-1
那伽曷樹那 1800-1-21
那伽闕刺樹那 1296-1
那含 1296-3
那利羅 1301-3
那阿賴耶曼荼羅 1291-3
那耶 1300-2
那耶修摩 1300-2
那哆 1297-1-3
那律 1301-3
那述 1296-3
那連耶舍 1301-3
那連提耶舍 1301-3
那連提黎耶舍 1301-3
那提 1297-1
那提伽葉 1297-2
那辣遮 1301-1
那摩 1299-1
那睺沙 1296-3
那翳舍 1295-3
那韓曼陀羅 1297-3
那謨阿唎也 1300-1
那謨囉怛那怛囉夜耶 1300-2
那羅 1300-2
那羅延 1300-2
那羅陀 1301-1
那羅延天 1301-1
那羅那里 1301-1
那羅摩納 1301-2
那羅摩那 1301-2
1661-3-13
那羅延身 1300-3
那羅延力經 1301-1
那羅延身願 1300-3
那爛陀 1301-2
邠㝹文陀弗 1482-1
邠㝹文陀尼 1481-3
卵生 1782-2
卵塔 1782-3
却入生死 254-2
却來 254-2
却來首座 254-2, 829-2
劫 468-2
劫比 470-1
劫比羅 434-1-12, 470-2
劫比他 470-2
劫比拏 470-2
劫比拏王 470-2
劫比舍也 470-1
劫比他果 470-2
劫比他國 470-2
劫比羅天 470-2
劫比羅仙 470-2
劫比羅國 470-2
劫比羅伐窣堵 203-3-26
470-2
劫火 469-1
劫水 469-2, 563-3
劫布羅 471-1
劫布咀那 470-3
劫石 469-2, 469-3
劫灰 469-1
劫初 469-2
劫初金鈴 469-2
劫災 469-2
劫貝 470-1
劫波育 469-3
劫波杯 469-3
劫波娑 470-1
劫波薩 470-1
劫波樹 469-3
劫波羅 470-1
劫波羅天 470-1
劫畢羅 470-2
劫畢羅夜叉 470-2
劫海 469-1
劫婆吒 470-1
劫婆羅樹 470-1
劫跛劫跛夜帝 469-3
劫焰 469-1
劫盡 469-2
劫盡火 469-2
劫賓那 470-3
劫賓那比丘 470-3
劫撥 470-1
劫摩沙 470-3
劫燒 469-3
劫濁 469-3, 553-1-27
劫樹 469-2
劫籙 469-3
劫巖 469-3
初中後三分 746-1
初中後三唄 1640-1-24
初心 851-2
初午の日 1421-2
初日分 852-3
初生不淨 732-3-23
初地 852-1
初江王 850-3
初住 852-2
初住即極 852-2
初更 849-2
初位 855-3
初夜 855-3, 1090-2
初夜偈 855-3
初夜の鐘 855-3
初果 850-2
初果向 850-2
初法明道 855-1
初阿後荼 844-1
初刹那識 851-3
初度五比丘 852-3
初祖 852-1
初時教 851-3
初能變 652-2-23, 852-3
初修行の人 482-2-28
初發心 853-3
初發心四十一義 853-3
初發心時便成正覺 854-1
初勝分經 851-2
初勝法門經 851-2
初會 855-3
初頓華嚴 852-2
初僧祇 852-1
初隨喜 851-3
初禪 722-2-13, 852-1
初禪天 723-1-7, 852-1
初禪定 852-1
初禪梵天 852-1
初歡喜地 850-2
別他那 1575-2
別申論 1576-2
別行玄 1575-3
別行疏 1575-3
別向圓修 1575-2
別佛 1551-3-2
別見 1575-3
別依 1575-2
別受 1576-2
別念佛 1577-1
別相 1315-2-15
1576-1, 1823-2-6
別相三觀 625-2-5, 1576-1
別相念處 1576-1
別相三寶即 659-3-25
別時意 1576-2
別時意趣 682-2-28
1576-2
別時念佛 1576-2
別教 614-1-27, 1402-2-21
1575-3, 1687-2-11
別教四門 763-2
別偈 1575-3
別途 1576-3
別接通 1576-2
別理隨緣 1577-1
別衆 1576-2
別報 1577-1
別感 1577-2
別尊法 1576-3
別都頓宜壽 1576-3
別解別行 1576-1
別解四類 938-2
別解脫戒 1576-1
別解脫經 1576-1
別解律儀 1576-1
別解脫律儀 1576-1
1788-2-9
別解脫律儀無表色 1716-1-9
別當 1576-3
別當大師 1576-3
別傳 1576-3
別傳派 1576-3
別圓 1577-2
別業 1576-1
別義意趣 682-2-28
1575-3
別境 1575-2
別境心所 1575-2
別語 1576-1
別請 1576-1
別選所求 1576-2
別壇曼陀羅 1576-3
別總二種念處 751-3
別願 366-2, 1575-3
別譯雜阿含經 15-2
1577-1
助呪僧 996-1
助音 995-2, 996-1
助道 996-2
助道人法 996-3
助道資緣 996-2
助業 1315-1-5
助潤生 997-1
刪地涅暮折那 648-1
刪逝移毘刺知子 639-3
刪提嵐 646-2
刪闍夜 637-2
刪闍夜毘羅胝子 637-2
利人 1789-2
利他 1360-2-4, 1787-2
利他一心 1787-2
利他三心 1787-2
利他中不欲行障 927-1-13
利生 1785-3
利行攝 720-3-21, 1784-2
利車 1785-3-5
利物 1791-3
利使 1785-3
利和敬 1845-1-20
利益 1797-1
利益妙 1798-1
利根 1314-2-4, 1785-1
利喜 1783-3
利智 1787-2
利衆生願 1786-2
利樂 1803-2
利樂有情 1803-2
利樂精進 783-1-2
利養 1792-1
利養縛 1795-1
利劍 1535-2-25, 1785-1
利辯 732-3-30
私印 683-1
私阿提佛 687-3
私呵三昧經 687-2
私陀 725-1
私訶摩提佛 688-1
私婆吒 1446-2
私婆婆 753-1
劬嬪 307-2
劬嬪陀 307-2
劬嬪大臣 1839-2-19
判 1432-3
判教 441-3-17, 1433-1
判釋 1435-2
伺 681-2, 736-2-4
里 1783-2
宋本 675-1-21
汲井輪 246-1
佗 1096-3
甫沙 1545-1-27, 1588-1-7

豆即杖冶何呉宏虬秀矣災足迅投町忒臣床辛抖妨東妓克

卓虎奉妻盂靑毒表事東雨兩其奈直來奇奔

豆佉 1237-1
即往安樂世界 48-3
杖林 1226-3
冶受皮陀 1755-1
何阿彌陀佛 1297-3
呉音 512-2
宏智 323-3, 1854-3
虬宮 235-3
秀能 683-3
矣栗馱 90-1
災患 585-1
足留秘法 17-1
迅執金剛 999-2
投淵外道 434-1-6
町率都婆 1202-2
忒慾 1273-2
臣寮拈香 885-2
床曆 794-2
辛頭波羅香 878-3
抖擻 1277-1
妨難 1443-2
東蘆 1084-3
妓樂 261-2
克勤 461-1

〔八　畫〕

卓袱 1110-3
卓圍 1110-3
虎 1278-3
虎丘 456-3
虎耳經 468-2
虎虎婆 464-1
虎溪 463-3
虎關 463-3
奉入龍華經 1567-2
奉行 1549-3
奉加 1579-3
奉加帳 1579-3
奉事 1550-3
奉事大師 909-3-25
妻子珍寶及王位 585-3
盂盆齋 118-2
盂蘭盆 120-2
盂蘭經 121-1
盂蘭齋 121-1
盂蘭盆供 120-3
盂蘭盆會 120-3, 148-1-5
盂蘭盆經 121-1
盂蘭盆講 120-3
靑心 1016-2
靑甲 766-2
靑行 766-1
靑靑翠竹 1016-2
靑門 99-1
靑面金剛 178-1-30
792-2, 1018-1
靑鬼 44-3
靑衲 787-3
靑原 770-1, 1015-3
靑原米價 770-1

靑提女 784-3
靑道心 44-3
靑頭觀音 786-2
靑頸觀音 767-2
靑頸觀自在法 767-2
靑頸觀自在菩薩 767-2
靑頸大悲心陀羅尼 767-3
靑頸大悲王觀自在念誦儀軌 767-3,
靑頸觀自在菩薩心陀羅尼經 767-3
靑蓮 794-3
靑蓮華 794-3
靑き蓮 44-3
靑蓮華眼 794-3
靑蓮第一 1812-3
靑蓮華尼 794-3
1814-2-25
靑蓮華尼恒讃出家法 1814-3
靑龍軌 1152-2-2
靑龍疏 1018-2
靑龍寺儀軌 1018-2
毒天二鼓 1287-1
毒氣 1285-3
毒蛇 1286-2
毒鼓 1286-1, 276-2
毒箭 1287-1
毒器 1285-3
毒樹 1286-3
毒龍 1287-2
毒龍持戒至死 1798-2
毒藥 1287-2
毒藥心 1830-3-14
表示 1570-1
表白 1570-2
表色 1570-1
表戒 1569-3
表刹 1570-1
表制集 1570-1
表無表色 1570-2
表無表戒 1570-2
表詮 1328-3-25, 1470-1,
1570-1
表詮門 1343-2-30
表業 1570-1
表業無表業 560-3
表義名言 1569-3
表義名言種子 1569-3
表德 1570-2
表德門 1343-3-3
事 886-3
事火 891-2
事相 892-2
事相部 892-3
事相禪師 892-3
事相隔歷 892-2
事師法五十頌 894-3
事法身 1605-3-18
事法界 1592-1-25
事和 1361-1-21

事度 900-3
事迹 896-1
事事圓融 1872-2-27
事事無礙法界 1592-2-8
事與願違 996-1
事理 997-1
事理善 1329-1-21
事理二密 997-3
事理二懺 615-3
事理不二 997-3
事理法界 997-3
事理俱密 997-2,
1789-3-20
事理三千 997-2
事理五法 568-1
事理權實 581-2
事理無礙法界 997-3
1592-2-3
事現觀 442-3-12, 892-1
事善 897-3, 1329-1-21
事感 998-2, 1362-1-5
事鈔 897-3
事造 894-2
事識 894-3
事證 896-2
事懺 893-1
事敎 891-3
事業最勝 730-1-28
事佛吉凶經
事智 898-1
事禪 897-3
事論 998-2
事障 895-2, 1317-1-29
事觀 891-2, 1311-1-24
東山 1265-3
東山流 1459-1
東大寺 1268-1
東大谷別院 1459-1
東土九祖 1269-2
東方降三世 1269-2
東方五百之塵 1269-2
東方萬八千世界 1269-2
東方淨瑠璃醫王 1269-2
東方最勝燈王如來助護持世間神咒經 1269-2
東司 202-2-16, 1267-3,
1266-1
東台二密 1268-2
東弗于逮 1269-3
東本願寺 1459-1
東寺 1267-1
東寺の三寶 1267-2
東寺の十二流 1267-1
東寺結緣灌頂 395-1
東序 1267-3
東金堂 1265-3
東明派 1270-3
東毘提訶 1269-3
東班 1269-3
東流 1271-1
東密 1795-2-2, 1270-1

東密十二流 1270-2
東密三十六流 1270-2
東淨 202-2-16, 1268-3
1267-2
東庵 1264-2
東堂 1268-3
東曼陀羅 1270-1
東陽 1271-1
東勝身洲 703-2-21
1266-3
東塔 1268-1
東漸 1267-3
東福寺 1269-3
東福寺派 1269-3
東震 1266-3
東藏 1265-3
東藏主 1265-3
雨 39-2
雨乞 34-1
雨多則爛 107-2
雨時花 1665-2-17
雨莊嚴 771-2-26
雨曼陀羅華 118-3
雨衆 105-2
雨衆外道 1456-1-13
雨衆三德之談 105-2
雨華 101-3
雨華瑞 1834-2-26, 101-3
雨期 101-1
雨勢經 106-3
雨偺正 39-2
雨寶 118-1
雨寶經 118-1
雨寶童子 118-1
雨寶陀羅尼經 118-1
兩大師 1794-3
兩目兩足 1797-1
兩舌 1794-2
兩非 1795-1
兩向釋 1792-2
兩序 1794-1
兩足尊 1794-2
兩河 1792-1
兩肩神 1793-1
兩卷經 1792-3
兩所三聖 1793-3
兩界 1795-2-1, 1792-2
兩界種子 826-1
兩界曼陀羅 1792-2
兩界兩部大日 1792-2
兩垢 1792-3
兩垢如如 1792-3
兩是 1794-2
兩迦 1792-1
兩俱不成 632-2-9
兩重能所 1794-3, 350-2
兩財 1793-3
兩班 1795-1
兩翅 1793-3
兩俱不成 1793-1
兩部 1678-2, 1795-2

兩部大經 1796-3
兩部不二 1796-1
兩部兩宗 501-3
兩部受法 78-1-5
兩部相對 1796-1
兩部神道 1763-1-16
1796-3
兩部結界 1796-2
兩部曼荼羅 1670-2
兩部金剛優劣 1796-2
兩展三拜 1794-3
兩展三禮 1794-3
兩業 1793-2
兩鼠 1794-2
兩權 1793-3
其中衆生皆是吾子 551-3
其不在此會汝當爲宣說 563-2
其有得聞彼佛名號 511-3
其身火燃 536-3
其佛本願力 566-3
其智慧門難解難入 551-3
奈利 1301-3
奈良七大寺 1301-2
奈河 1295-3
奈耻羅訶羅 1297-2
奈落 1301-1
直心 890-2, 1215-1
直月 744-1
直至道場 1214-3
直指人心見性成佛 1214-3
直堂 1210-1, 1215-1
直參 1214-3
直傳 1215-1
直傳行者 1215-1
直道 1215-1
直歲 744-1, 1214-3
直裰 1215-1
直說 1215-1
來生 1773-1
來世 1773-1
來迎 1772-2
來迎印 1772-2
來迎三尊 1772-3
來迎彌陀 1773-1
來迎不來迎 1772-3
來迎引接願 1772-3
來果 1773-1
來應 1772-2
奇光如來 237-3
奇妙 247-3
奇臭鬼 197-1-28
奇臭餓鬼 239-1
奇特 244-3
奇特經 245-1
奇異 235-3
奔那伽 1623-3
奔荼 1623-1
奔荼利 1623-2
奔荼利迦 1547-2-10
1623-2-9

芥子 390-3, 1781-1-17
芥子劫 391-1
芥石 391-3
芥城 393-1
芬陀利 1547-2-9
芬陀利花沙門 696-2-28
居士 465-3
屈支 301-1
居倫 472-2
居盧倅略 1217-1-1
屈叱阿濫摩 301-2
屈曲教 1313-1-27
屈屈叱播陀 301-1
屈屈吒阿濫摩 301-2
屈陀迦阿含 301-2
屈眴 301-2
屈滿囉合掌 301-3
屈詩 301-2
屈摩羅 301-3
屈霜儞迦 301-1
屈露多 301-3
孟八郎 1672-2
芙蓉道楷 1543-2
芝苑 859-3
芽種 918-1-24
花 1423-2
花束 393-3
花供 1423-3
花亭 333-2
花座 389-2
花偈 383-2
花御堂 1424-1
花落蓮成 1812-2-2
花開蓮現 1812-1-28
花宮 383-3
花蹄 394-1
花德菩薩佛 1726-2-13
花藥欄 406-3
花籠 1423-3
庚申日 177-2
庚申待 177-3
庚申會 178-1
盲 1643-2
盲人象 1739-2-26
盲冥 1645-1
盲跛 1644-3
盲問乳 1643-2
盲摸象 1643-2
盲僧 1644-3
盲龍 1645-1
盲龍經 1645-1
盲龜 101-1-14, 1643-2
盲龜浮木 205-3
底下 1238-3
底沙 1239-1
底沙佛 1196-1
底彥多 1191-1
底哩三昧經 1210-2
底哩三昧耶 1210-3, 1240-1
底哩三昧耶經 1210-3
底哩三昧耶不動尊聖者念誦秘密法 1210-3
底哩三昧耶不動尊威怒王使者念誦法 1210-3
底栗車 1240-1
底理 1240-1
夜叉 1754-1
夜叉方 1754-3
夜叉吉蔗 242-2
夜叉羅刹 1754-3
夜叉八大將 1754-1
夜叉說半偈 1754-1
夜乞叉 1754-1-3
夜長比丘 1755-1
夜居 1771-3
夜摩 1755-1
夜摩天 1843-3-19
夜摩盧迦 1756-1
夜摩尼夜摩 842-3
定 567-1-20, 1222-2
定力 1226-2
定心 917-1-26, 1225-1, 1322-1-5
定心三昧 1225-1
定心別時念佛 1225-1
定水 1225-2
定中獨頭意識 1225-3
定光 1223-2
定光佛手 1223-3
定妃 1226-1
定印 1222-3
定共戒 158-3-18, 1223-3
定行者 1223-2
定自在所生色 1225-2
定身 1225-1
定判 1225-3
定戒 1223-1
定忍 1363-3-28
定門 1226-2, 1344-3-25
定性 1224-2
定性二乘 1224-3
定性菩薩 531-1-6
定性緣覺 531-1-5, 1224-3
定性聲聞 531-1-4, 1224-3
定性喜樂地 1224-3
定命 1226-1
定所引色 1225-1
定所生自在色 1604-2-9
定者 1224-2
定侶 1226-3
定相 1224-1
定根 1223-3
定異 1222-3
定異因 91-2-3
定散 1224-1
定散二心 1224-2
定散二善 1224-1
定散自力 1224-2
定散自心 1224-2
定散自利心 1224-2
定散等廻向速證無生身 1224-2
定善 1329-1-9, 1225-2
定善義 1225-2
定智 1225-3
定答 1225-2
定無表 1225-3
定業 561-2-28, 1223-3
定業決定 1825-1-26
定業念佛 1380-3-6
定業亦能轉 1224-1
定窟 1223-2
定意 1222-3
定犍度 423-3-30
定聚 1225-2
定慧 1226-3
定慧二乘 1227-1
定賓 1789-1-14
定盤星 1225-3
定學 1223-1
定額寺 1223-1
定額僧 1223-1
定鐘 1230-3, 1225-1
定澈 1226-3
定覺支 728-2-21
官寺 344-2
官僧 346-2
官難 349-3
空 277-2
空一切處 278-2
空一顯色 278-1
空也 284-1
空也宗 284-2
空也忌 284-2
空也堂 284-2
空也念佛 284-2
空三昧 618-3-23, 281-2
空大 282-3
空王 284-3
空王佛 284-3
空心 282-1
空中唱聲 1004-2-4
空生 281-3
空生空死 281-3
空有 278-3
空有二宗 279-1
空有二執 278-3
空有二論 278-3
空有二觀 278-3
空有無礙宗 279-1
空見 280-1
空色 281-2
空行 279-3
空衣 279-1
空如來藏 283-2
空劫 281-1, 701-3-9
空忍 1364-1-4
空見論 434-2-20
空空 279-3
空空三昧 619-1-29
空空寂寂 279-3
空宗 1318-1-14, 289-3
空宗性宗十異 282-1
空門 695-1-19, 763-1-27, 699-3, 284-1
空門子 274-1
空果 279-3
空法 283-2
空性 281-3, 1324-2-8
空定 282-3
空居天 281-1
空始教 281-2
空即是色 282-2
空界 279-2
空界色 279-2
空相 281-1
空海 279-2
空拳 280-2
空華 280-2
空華派 280-3
空華外道 280-2
空處 282-1
空處定 282-1
空寂 282-1
空執 281-3
空理 284-2
空教 280-1
空鳥 283-1
空假中 280-3
空無 283-2
空無我 283-3
空無我聲 283-3
空無邊處 283-3
空無邊處天 284-1
空無邊處地 284-1
空無邊處定 283-3, 695-3-6
空無相無作 283-3
空無相無願 283-3
空雲 279-1
空眞如 879-2-20,
空閑處 280-3
空爲門故入於眞性 278-2
空解 280-2
空解脫門 280-3
空想 281-2
空聖 281-3
空經 279-2
空聚 282-2
空際 281-1
空塵 282-3
空輪 284-2
空慧 284-3
空諦 1007-1-1, 282-3
空點 283-1
空點二形 283-1
空鑒 281-2
空無常の六響 1841-1
空魔 283-2
空觀 613-2-2, 279-3
空觀破怖畏 280-1
長乞食 1200-1
長干寺瑞像 1012-2
長日 1225-3, 1202-3
長日御修法 1225-3
長爪梵志 1200-2
長爪梵志請問經 1200-3
長水 1202-2
長生 1200-3
長生符 1200-3
長生庫 1200-3
長生錢 1200-3
長世 1202-2
長衣 1199-2, 1222-3
長衣過限戒 1222-3
長行 1199-3, 1223-1
長吏 1203-2
長老脇 1734-3-5
長谷寺 1396-3
長別三界苦輪海 1202-3
長阿含經 1222-3, 1199-2
長阿含十報法經 15-2
長板 1202-3
長物 1226-1, 1203-1
長夜 1203-1, 1226-2
長老 1203-1
長明燈 1203-1
長命燈 1203-1
長者 1201-2
長者子 1201-3
長者女 1202-1
長者布金 1201-3
長者子制經 1201-3
長者音悅經 1201-3
長者施報經 1202-1
長者法志妻經 1202-1
長者子六過出家經 1201-3
長者子懊惱三處經 1201-3
長者門巳驚入火宅 1201-3
長者女菴提遮師子吼了義經 1202-1
長眉僧 1202-3
長眉沙門 1202-3
長食 1225-1, 1201-2
長時修 709-3-22, 710-1-1, 710-1-3, 1201-2
長時修行 910-1-3
長翁 1199-2
長連床 1203-2
長跪 1199-3
長鉢 1202-3, 1225-3
長鉢過限戒 1225-3
長壽天 1202-1
長壽王 1202-1
長壽法 1202-1
長壽王經 1202-2
長壽第一 1393-3
長髮梵志 1202-3
長樂寺 1203-2
長樂寺派 971-1-2, 1203-2

八　畫

長標 1202-3
長養 1203-1, 1226-2
長齋 1200-1
長齋月 1200-2
長講 1199-2
長講堂 1199-2
長講會 1199-2
長講堂供花會 289-3
具一切功德慈眼視衆生福聚海無量是故應頂禮63-3
具三十二相 359-1
具支灌頂 359-1
具支灌頂記 359-2
具支灌頂十支 359-2
具史羅 359-3
具史羅長者 359-3
具足 737-2-9, 360-2
具足戒 158-2, 360-3
具足德本願 361-1
具足諸相願 361-1
具戒 358-3
具戒地 358-3
具戒方便 358-3
具折囉 360-1
具知根 474-1-11, 361-2 666-3-14
具壽 359-3
具縛 362-1
具諸戒行 359-3
具譚 361-1
果 318-3
果人 334-3
果上 331-1
果上名號 331-1
果上の法門 331-1
果中說因 332-2
果分不可說 335-1
果地 332-2
果名 336-1
果如是 938-2-3
果位 336-3
果佛性 1556-3-1
果果 328-2
果果佛性 1556-3-2
果門 336-1
果法 758-1-20
果卓 330-3
果後 329-2
果後方便 329-2
果界圓現 328-1
果界證入 327-3
果相 329-3
果海 327-3
果能變 334-3
果脣 330-3
果盜見 334-2, 408-1-16
果唯識 336-2, 536-114
果報 335-1
果報土 335-2
果報四相 702-1
果遂 331-2
果遂願 331-2
果圓 1869-1-23
果圓德 651-2-6
果極 329-2
果極法身 1605-2-30
果語 732-1-10
果滿 335-3
果德 334-2
果德天 334-2
果縛 334-3
果縛斷 334-3
果頭佛 333-1
果頭無人 333-1
果頭 333-1
果餘 336-2
果斷 332-2
果講 1423-1
果證 330-3
易行 50-3
易行品 50-3
易行道 1330-3-10
易行の水路 51-1
易往 20-2
易往易行 90-2
易往而無人 90-2
典客 1246-1
典座 1229-1, 1251-3
典賓 1256-3
典攬 1258-2
門 1740-3
門火 200-1
門門不同 1748-1
門門見佛 1748-1
門侶 1748-1
門狀 1741-1
門派 1747-2
門室 1741-1
門徒 1747-1
門徒宗 1747-2
門流 1748-1
門葉 1740-3
門跡 1746-2
門經 200-1
門僧 1746-3
門說義 200-1
門標 1747-2
門談義 200-1
門餘大道 1748-1
門頭行者 1747-1
忠心經 1206-3
忠國師 1782-3-9
岸頭 234-3
岸樹 234-2
沓 301-1
沓婆 1115-2
沓婆廻心 1115-2
沓婆摩羅 1115-2-1 1115-2
沓婆厭無學 514-1-23
非 1691-2-8
非人 1467-1
非人難 808-1-3
非人法師 1467-1
非人施行 1467-1
非二衆 1467-1
非三非一 1461-1
非天 1466-3
非六生 1479-1
非心非佛 1462-1
非主獨行無 1462-1 1717-1-11
非生非滅 1461-3
非有非空 1458-2 1765-2-16
非有非空門 695-1-20 699-3-3, 763-1-30, 1458-2
非有非無句 1458-2
非有想非無想定 1823-2-29, 1458-1
非有想非無想天1458-1
非有想無無想處1458-1
非色 1461-2
非色四蘊 125-1
非色非心 1461-2
非色非心法 123-1-21
非安立 1457-3
非安立諦 1458-1
非安立眞如 897-3-6 1337-1-17, 1458-1
非行非坐三昧 1460-1
非非想天 1467-2
非非想處 1467-2
非所斷 1462-1
非律儀非不律儀 668-2-21, 1478-3
非律儀非不律儀無表色 1715-3-23
非食 1462-2
非思量底 1462-2
非前後俱得 1272-2-30 1463-2
非卽非離蘊我 1463-2
非時 1462-2
非時食1462-2, 1841-3-15
非時漿 1462-2
非時經 1462-2
非時藥 1463-1
非時食戒 1462-2
非修非學 1462-1
非常 1462-3
非常非無常句 696-1-11
非常苦空非我 1462-3
非情 1462-3
非情成佛 1462-3
非得 736-2-14, 1466-3
非梵行 1467-3
非速般 1519-1-15
非滅 1469-3
非喩 1476-1-7, 1477-2
非智緣盡 1464-1
非衆生忍辱 1320-1-29
非黑非白業 1460-2
非想 1460-3
非想の快樂 1460-3
非想の八萬劫 1460-3
非想非非想天 1460-3
非想非非想處 1460-3
非想非非想處定 695-3-14
非道 1464-1
非業 1460-2
非愛非不愛業 1406-2-12
非境 1459-3
非福業 561-3-19
非漏非無漏業 562-1-4
非樂修 1478-1
非數滅 1462-1
非數緣盡 1462-1
非擇滅 1343-2-14
非擇滅無爲 736-3-4 1464-1, 1722-3-20 1723-1-23
非器 1459-3
非學者 1459-1
非學世間 1459-1
非聲外道 435-2-7
非觀 1460-1
炎刀 140-2
炎經 136-1
炎熱地獄 141-1 1216-1-29
炎點 140-2
炎魔天供六十壇法 143-1
垂示[ジス] 1007-2
垂形六道恩 905-1-19
垂迹 1007-2
垂裕記 1009-1
垂語 1006-3
秉拂 1482-1, 1569-2
秉拂寮 1482-1
秉拂侍者 1482-1
秉拂五頭首 1240-3
秉法 1569-2
秉炬 1479-2
秉持 1569-2
竺 1192-2
竺土 1193-1
竺佛念 1193-2
竺法護 1193-3
竺法蘭 1193-3
竺律炎 1193-3
竺乾 1192-3
竺僊派 1193-1
竺道生 1193-1
竺葉摩騰 1193-1
竺墳 1193-2
竺曇摩羅 1193-1
竺曇摩羅刹 1193-1-27
竺曇無蘭 1193-2
竺難提 1193-2
委順 1856-1
季の御讀經 245-2
房 1443-1
房卒 1217-1-6
房舍犍度 424-1-29 1443-2
肩亡婆論 426-1
肩次 413-1, 416-2
金人 258-3, 503-2
金七十論 258-2
金山 501-1
金山王 501-2
金口 497-1
金水 501-1
金天童子 503-1
金毛獅子 260-2
金仙 501-1, 258-3
金田 503-1
金字經 500-2
金地 502-1
金地國 502-1
金地國夫人殉死 502-1
金光 497-2
金光明女 498-2
金光明會 498-2
金光明鼓 497-3
金光明經 497-2
金光明懺 498-1
金光佛刹 497-2
金光童子 497-2
金光最勝 497-2
金光明三字 497-3
金光明懺法 498-2
金光明懺法 1050-1
金光明三昧懺 498-1
金光王童子經 498-2
金光明最勝時會 498-1
金光明最勝懺儀 498-1
金光明最勝王經 498-1
金光明懺法補助儀 498-2
金光明四天王護國之寺 498-1
金色 499-3
金色王 500-2
金色王經 500-2
金色女 500-1
金色身 500-1
金色世界 500-1
金色迦葉 499-3
金色頭陀 500-1
金色尊者 500-1
金色童子因緣經 500-1
金色寶光妙行成就如來 741-1-4
金色迦那鉢底陀羅尼經 500-1
金沙河 499-1
金沙輪三昧 499-2
金身 499-3
金身經 499-3
金身陀羅尼經 499-3
金杖 502-2
金步 594-2
金佛 200-3
金言 258-1

金戒光明寺 474-3
金波羅 503-3
金波羅華 503-3
金波羅蜜 503-3
金河 475-1
金剎 501-1
金泥駒 503-1
金門鳥敏 260-2
金毘羅 307-3-4, 503-3
金毘羅陀 504-1
金毘羅祭 504-1
金毘羅神 503-3
金毘羅大將 504-1
金毘羅比丘 504-1
金毘羅童子 504-1
金毘羅童子威德經 504-1
金界 474-3
金胎 501-3
金剛 475-1
金剛王 496-2
金剛力 495-2
金剛子 13-2-20, 484-2
金剛口 478-3
金剛山 487-1
金剛水 486-3
金剛幻 480-1
金剛句 478-3
金剛定 490-1
金剛床 484-3
金剛杖 490-1
金剛杵 485-1
金剛身 485-2
金剛門 494-2
金剛頂 487-2
金剛手 484-3
金剛峯 493-1
金剛部 476-3-14, 492-2
金剛藏 483-3, 674-3-2
金剛寶 491-1
金剛針 485-3
金剛輪 496-1, 858-3-4
金剛拳 479-3
金剛心 485-2
金剛索 481-2
金剛智 487-2
金剛剎 487-1
金剛界 476-1
1792-2-11, 1795-2-2
金剛座 483-2
金剛指 484-2
金剛神 485-2, 1454-2-11
金剛起 478-1
金剛鈴 496-1
金剛衆 484-3
金剛語 480-2
金剛經 478-2
金剛結 479-2
金剛乘 486-3
金剛慧 496-3
金剛墻 484-3
金剛樹 486-2
金剛幡 492-2
金剛錍 493-1
金剛盤 492-2
金剛鏁 481-1
金剛臺 487-2
金剛撅 479-2
金剛禮 487-1
金剛觀 479-1
金剛一界 475-3
金剛二義 475-2
金剛力士 495-3
金剛三昧 483-1
金剛三義 475-2
金剛上味 486-1
金剛頂宗 488-3
金剛頂業 1793-3-7
金剛手院 485-1
金剛峯日 493-1
金剛峯寺 492-3
金剛部主 492-3
金剛部母 493-1
金剛藏王 484-1
金剛藏法 483-3
金剛寶戒 491-1
金剛針論 486-1
金剛拳印 479-3
金剛心殿 485-3
金剛喩定 495-2
金剛不壞 492-2
金剛薩埵 481-2
1468-3-23
金剛藥叉 494-2
金剛因字 475-3
金剛密迹 493-3
金剛密經 493-3
金剛鈎法 480-2
金剛場經 490-1
金剛般若 1438-2-7
金剛仙論 487-1
金剛生起 486-1
金剛合掌 478-1
金剛衣天 476-1
金剛名號 494-1
金剛念誦 491-1
1379-2-10
金剛佛子 492-3
金剛使者 484-3
金剛夜叉 494-3
金剛食天 486-1
金剛面天 494-2
金剛童子 490-2
金剛起印 478-1
金剛草履 484-1
金剛淨剎 486-1
金剛語言 480-3
金剛結跏 479-3
金剛滅定 494-1
金剛密迹 1679-3-5
金剛摧天 481-2
金剛頂經 488-1
金剛慢印 493-3
金剛圍山 1496-3
金剛網印 943-3-3
金剛醜女 484-2
金剛鏁法 482-3
金剛三昧經 483-1, 483-2
金剛上味經 486-2
金剛不壞身 492-2
金剛王寶覺 496-2
金剛王菩薩 496-3
金剛王寶劒 496-2
金剛因菩薩 475-3
金剛界儀軌 477-2
金剛界五部 476-2, 565-3
金剛頂義訣 488-3
金剛手菩薩 485-1
金剛藏菩薩 483-3
金剛寶戒章 491-2
金剛寶菩薩 491-2
金剛針菩薩 485-3
金剛輪三昧 49 -1
金剛輪印明 494-1
金剛拳菩薩 479-3
金剛索菩薩 481-2
金剛智三藏 487-2
金剛頂瑜伽 489-1
金剛童子法 491-1
金剛鈎菩薩 480-2
金剛壽命經 486-2
金剛般若經 492-1
金剛般若論 492-1
566-1-23
金剛波羅蜜 491-3
金剛香菩薩 477-3, 490-2
金剛光菩薩 479-1
金剛法界宮 493-2
金剛法菩薩 493-2
金剛利菩薩 495-3
金剛瑜伽教 495-1
金剛八葉峯 491-3
金剛正智經 484-3
金剛牙菩薩 480-1
金剛吼菩薩 549-1-19
金剛淸淨經 484-3
金剛軍荼利 479-2
金剛笑菩薩 487-1
金剛能斷經 491-1
金剛歌菩薩 477-3
金剛喩三昧 495-2
金剛喜菩薩 478-1, 478-1
金剛鈴菩薩 496-1
金剛銳菩薩 476-1
金剛經六譬 1476-2
金剛護菩薩 481-1
金剛業菩薩 480-3
金剛幢菩薩 491-1
金剛華菩薩 479-2
金剛舞菩薩 492-3
金剛燈菩薩 490-2
金剛愛菩薩 475-2
金剛隨心法 486-3
金剛覺大王 477-3
金剛鏁菩薩 482-3
金剛鬘菩薩 493-3
金剛那羅延身 491-1
金剛明王菩薩 494-1
金剛菩提三藏 493-3
金剛塗香菩薩 490-2
金剛嬉戲菩薩 478-2
金剛頂瑜伽經 489-1
金剛頂經義訣 488-1
金剛頂經儀軌 488-1
金剛部三昧耶 492-3
金剛薩埵菩薩 482-3
金剛薩埵形像 482-1
金剛童子護摩 491-1
金剛鈎女菩薩 480-2
金剛香儀軌經 477-3
金剛頂理趣經 490-1
金剛手秘密主 1468-3-22
金剛九會曼陀羅 479-1
金剛一乘甚深經 475-3
金剛摧碎陀羅尼 481-2
金剛頂護摩儀軌 488-3
金剛壽命陀羅尼 486-2
金剛場陀羅尼經 490-2
金剛部三昧耶印 942-2-24
金剛界の陀羅尼 152-3-23
金剛界大曼陀羅 477-2
金剛界大日如來 1152-2
金剛王念誦儀軌 496-2
金剛波羅蜜菩薩 492-1
752-3-2
金剛壽命念誦法 486-3
金剛薩埵羯摩印 198-3
金剛薩埵所住處 482-3
金剛頂發菩提心論 488-3
金剛界現圖曼陀羅 448-2
金剛頂瑜伽念珠經 489-3
金剛頂經釋字母品 488-2
金剛界の五百餘尊 477-2
金剛藥叉菩薩摩訶
　薩 549-1-30
金剛頂略出念誦經 490-1
金剛手菩薩摩訶薩
549-1-25
金剛寶菩薩摩訶薩
549-1-27
金剛壽命陀羅尼經 486-2
金剛般若波羅蜜經 492-1
金剛波羅蜜多菩薩 491-3
金剛上味陀羅尼經 486-2
金剛利菩薩摩訶薩
549-1-29
金剛瑜伽秘密教主 495-2
金剛界成身會曼荼羅 477-2
金剛界の九會曼荼羅 477-2
金剛頂瑜伽護摩儀軌 489-2
金剛薩埵菩薩摩訶薩 482-3
金剛壽命陀羅尼經法 486-2
金剛般若波羅蜜經論 492-1
金剛頂瑜伽三十七
　尊禮 489-2
金剛頂瑜伽理趣般
　若經 489-3
金剛壽命陀羅尼念
　誦法 486-2
金剛髻珠菩薩修業
　分經 479-2
金剛能斷般若波羅
　蜜經 491-1
金剛秘密善門陀羅
　尼呪經 492-2
金剛頂瑜伽中略出
　念誦經 489-3
金剛頂瑜伽經十八
　會指歸 489-1
金剛頂經多羅菩薩
　念誦法 488-2
金剛王菩薩秘密念
　誦儀軌 496-3
金剛頂蓮華部心念
　誦儀軌 490-1
金剛波羅蜜多菩薩
　摩訶薩 549-2-2
金剛光焰止風雨陀
　羅尼經 478-3
金剛峯樓閣一切瑜
　伽瑜祇經 493-2
金剛香菩薩大明成
　就儀軌經 477-3
金剛頂瑜伽三十七
　尊出生義 489-2
金剛頂瑜伽文殊師
利菩薩法 488-3
金剛三昧本性清淨
　不壞不滅經 483-2
金剛頂瑜伽略述三
　十七尊心要 489-3
金剛頂經觀自在王
　如來修行法 488-2
金剛薩埵說頻那夜
　迦天成就儀軌 482-3
金剛頂瑜伽降三世
　成就極深法門 489-1
金剛手菩薩降伏一
　切部多大教王經 485-1
金剛頂勝初瑜伽普
　賢菩薩念誦法經 488-3
金剛頂經瑜伽觀自
　在王如來修行法 488-2
金剛場莊嚴般若波
　羅蜜多教中一分 490-2
金剛頂經瑜伽修習
　毘盧遮那三摩地
　法 488-2
金剛頂經毘盧沙那
　一百八沙法身契印 488-2
金剛般若波羅蜜經
　破取著不壞假名
　論 492-1
金剛藥叉瞋怒王息
　災大威神驗念誦
　儀軌 494-3

八畫

金剛頂經曼殊室利菩薩五字心陀羅尼品 489-1
金剛頂瑜伽青頸大悲王觀自在念誦儀軌 489-2
金剛頂瑜伽經文殊師利菩薩儀軌供養法 489-1
金剛頂瑜伽中發阿耨多羅三藐三菩提心論 489-3
金剛頂瑜伽金剛薩埵五秘密修行念誦儀軌 489-2
金剛頂瑜伽千手千眼觀自在菩薩修行儀軌經 489-3
金剛頂一切如來眞實攝大乘現證大教王經 487-3
金剛頂超勝三界經說文殊師利菩薩秘密心眞言 488-3
金剛頂瑜伽他化自在天理趣會普賢修行念誦儀軌 489-3
金剛頂經一字頂輪王瑜伽一切時處念誦成佛儀軌 488-1
金剛頂勝初瑜伽經中略出大樂金剛薩埵念誦儀軌 488-3
金剛頂降三世大儀軌法王教中觀自在菩薩心眞言一切如來蓮華大曼荼羅品 487-3
金翅 499-3
金翅王 501-1
金翅鳥 213-1-29, 500-2
金師 498-3
金師子座 499-1
金師子章 499-1
金峰山 260-1, 1676-3-28
金峰山寺 260-2
金針 499-3
金針雙鎖 499-3
金骨 258-1, 498-2
金脂 498-3
金容 507-2
金唄 503-3
金流 508-1
金奏 498-3
金財丘比 498-3
金堂 501-3
金華 498-2
金御獄 1676-3-28
金頂業 502-2, 1822-3-5
金粟 259-1
金粟沙 259-2
金粟影 259-1
金粟王塔 259-2, 501-2
金粟如來 259-1, 501-2
金場 502-2
金智 502-1
金鼓 276-3, 497-1
金鼓懺悔夢 1762-3
金牒 259-3, 503-1
金精 499-1
金銅 503-2
金塵 502-3
金閣寺 257-3
金輪 507-3
858-2-20, 858-2-28
金輪王 508-1, 1844-3-26
金輪際 508-1
金輪幢 508-1
金輪寶 508-1
金輪佛頂 71-2-20
金輪聖王 508-1
金輪聖帝 508-1
金輪王佛頂要略念誦法 508-1
金蓮 508-2
金蓮華 508-2
金幢 503-1, 258-3
金鼠 501-2
金錍 504-2
金錍論 504-2
金錍論註疏 504-2
金錢淨 1448-2-8
金錢比丘 501-2
金磬 257-3
金錫 499-2
金蹄 501-3
金縛法 200-2
金龍陀 507-2
金龍尊 260-3
金陸 498-3
金縷袈裟 260-3, 508-1
金藏 498-3
金藏雲 498-3
金藏經 498-3
金顏 498-2
金雞 257-3
金龜 257-3, 497-1
金軀 497-2
金鏡法師 502-2
金寶淨法 1448-1-18
金鑄 502-2
金鐘行者 499-2
金耀童子經 507-2
金鐵二鎖 502-3
金襴衣 260-2
金襴袈裟 260-3
金鷲童子 258-3
念 735-1-18, 1377-1
念力 1382-1
念十方佛 918-1-3
念天 1379-3
1412-3-28, 1840-1-29
念心 917-1-20
念不退 1380-2
念出入息 1412-3-29
念死 1378-2
念同別處 1840-2-20
念如意足 1380-1
念戒 1377-2
1412-3-25, 1840-1-25
念言 1378-2
念佛 1380-3, 1412-3-21
1578-3-7, 1840-1-17
念佛門 1381-3
念佛宗 1381-2
念佛者 1381-2
念佛堂 1381-2
念佛踊 1382-1
念佛講 1381-1
念佛觀 1381-1
念佛三昧 1381-1
念佛往生 1381-3
念佛爲本 1382-1
念佛爲先 1382-1
念佛爲宗 1382-1
念佛行者 1381-3
念佛廻向 1381-3
念佛の回向 1381-1
念佛正信偈 1381-2
念佛往生願 1381-3
念佛陀羅尼 1381-3
念佛三昧經 1381-1
念佛念法念僧 1381-3
念佛免摩竭難 1649-1
念佛三昧の六譬 1841-1
念佛三昧寶王論 1381-1
念佛成佛是眞宗 1381-2
念佛衆生攝取不捨 1381-2
念定 1379-3
念法 1382-1
1412-3-22, 1840-1-20
念知日 1840-2-13
念受戒時夏臘 1840-2-17
念念 1380-2
念念相續 1380-2
念念無常 1342-3-28
1380-2
念念稱名常懺悔 1380-2
念相續 1378-2
念持 1379-3
念施 1379-3, 1840-1-26
念食 537-1-4
889-3-11, 1379-1
念珠 152-2, 1379-3
念珠經 1379-3
念根 1378-2
念捨 1412-3-26
念常 1379-1
念處 1378-3
念康贏 1840-2-22
念無失 944-3-23, 1382-1
念無滅 1382-1, 1697-1-20
念智食處 1840-2-14
念報佛恩心 732-2-6
念經 1377-3
念著 1379-3
念誦 1379-2
念誦堂 1379-3
念漏 1382-2
念僧 1379-3
1412-3-23, 1840-1-22
念聲是一 1378-3
念覺支 728-2-19
念觀兩宗 1377-3
命 88-1, 1681-3
命日 1725-1
命不堅 656-1-9
命光 1683-1
命自在 893-2-14
命如風中燈 88-1
命求 1311-2-15
命命鳥 1687-3
命者 1684-2
命根 736-2-22, 1683-3
命梵 1687-2
命終心 1685-2
命終畏 1685-3
命無間 574-1-12
1696-2-8
命過幡 1683-1, 1457-1
命道沙門 811-2-23
1686-2
命盡死 1320-2-30
命濁 553-2-3, 1686-3
命點 1686-3
命難 1687-1
命藤 1686-1
命寶 1687-2
忿 736-1-19, 1546-3
忿王 1549-3
忿結 1547-1
忿怒 1547-3
忿怒王 1548-2
忿怒拳 1548-1
忿怒眼 1548-1
忿怒鉤 1548-1
忿怒明王 1548-2
忿怒念誦 1379-2-28
忿怒月黶菩薩 1548-1
忿怒王儀軌品 1548-2
忿怒持金剛菩薩 1548-2
卑下慢 1460-2
卑先匿 1463-2
卑帝利 1466-2
卑帝黍 1569-3-12
卑帝梨耶 1466-3
卑栗蹉 1478-2
卑慢 1467-3, 1666-2-9
卑摩羅叉 1467-3
昏俗 501-2
昏城 500-3
昏寓錢 498-2
昏鼓 497-1
昏識 499-1
昏鐘 499-2
昏鐘鳴 466-1, 499-3
取 817-1
取支 824-1
取因假設論 817-2
取果 823-1
取相 824-1
取相懺 615-2-27, 824-1
取典 839-3
取著 832-2
取結 823-2
取蘊 820-2
弩達囉灑 1289-1
弩檗帝 1285-2
迎接 223-3
迎講 173-3, 1693-1
近分定 583-1
近住 582-2
近住女 582-3
近住男 582-3
近住律儀 582-3
近住律儀無表色 1716-1-27
近事 581-1
近事女 581-3
近事男 581-3
近事律儀 582-1
近事律儀無表色 1716-1-24
近事女律儀無表色
1716-1-26
近波羅蜜 582-3
近童 582-3
近圓 583-2
近緣 579-3
供天 302-2
供米 310-1
供米田 310-1
供米所 310-1
供米袋 310-1
供佛 308-2
供物 312-3
供物當投河 312-3
供具 289-1
供具如意願 289-2
供奉 308-2, 362-1
供所 359-3
供花會 289-3
供屋 362-2
供料 318-1
供笥 290-1
供帳 300-2
供華 289-3
供宿 294-2
供養 313-3, 1828-1-14
供養文 314-2
供養主 314-2
供養法 314-2, 944-1-9
供養會 314-2
供養神分 1002-2-14
供養第一 122-2
供養儀式 314-2

供養如意願 314-2
供養佛依果 915-1-20
供養恭敬施 639-3-4
供養諸佛願 314-2
供養十二大威德天報恩品 314-2
供過行者【ククワア アシヤ】982-1
供僧 298-3
供遞 302-2
供臺 299-2
供燈 302-3
供頭行者【ククワア ンシヤ】301-3
供講 290-2
陀天 1180-3
陀多竭多 1178-3
陀那 1181-1
陀那婆 1181-1
陀那伽他 1181-1
陀那笈多 1181-1
陀那鉢底 1181-1
陀毘茶 1181-2-13
陀毘羅 1181-2
陀隣尼 1181-3-11, 1183-1
陀隣尼鉢 1183-1
陀鄰尼鉢經 1183-1
陀摩 1181-2
陀羅尼 1538-2, 1181-3
陀羅那 1181-3-11, 1181-3
陀羅羅 1183-1
陀羅驃 1183-1
陀羅尼印 1182-2
陀羅尼形 1182-3
陀羅尼品 1182-3
陀羅尼藏 1182-3
陀羅尼三昧 1182-3
陀羅尼句經 1182-3
陀羅尼集經 1182-3
陀羅尼雜集 1182-3
陀羅尼瓔珞莊嚴 714-2-30
771-2-7
陀羅尼三重配釋 1182-2
陀羅尼門諸部要目 1182-3
孤山 464-3
孤地獄 466-3
孤起偈 456-
孤起頌 193-3-7
孤雲 456-2
孤園 473-3
孤落迦 472-1
孤調 468-1
孤獨園 468-1
孤獨地獄 468-1
孤露 472-2
拍掌 1394-1
拍毋陀 312-3
抵彌 1240-1
拭經 850-1
拖泥帶水 1180-3
拘尸那 292-1
拘尸那揭羅 292-2
拘尸那城涅槃 1374-3
拘牟那 312-2
拘牟頭 312-2
拘夷那羯 277-1
拘吒賒摩利 299-2
拘利 315-3
拘利太子 315-3
拘那含 304-3
拘那羅 305-2
拘那牟尼 305-2
拘那羅陀 305-2
拘那含牟尼 304-3
拘物陀 313-1
拘物度 313-1
拘物頭 313-1
拘舍離 294-2
拘某陀 312-2
拘耆 287-1
拘耆羅 287-3
拘耆那羅 287-2
拘留孫佛 317-2,
411-3-30
拘留秦佛 317-2
拘流沙 317-2
拘浪拏 315-1
拘徒憨 1389-2
拘跋迦 1390-3
拘崙闍 318-3
拘睒彌國 298-1
拘睒彌犍度 424-1-14
拘貿 312-2
拘瑟耻羅 292-1
拘絺羅池 300-2
拘屢 317-1
拘摩羅 310-2
拘摩羅天 310-2
拘摩羅邏多 312-1
拘摩羅迦葉 311-1
拘樓瘦 317-2
拘樓瘦無諍經 317-2
拘隣 316-2
拘盧 317-1
拘遲 297-3
拘辨茶 308-2
拘翼 315-1
拘薩羅 291-1
拘羅瞿 315-2
拘蘇摩補羅 298-3
拘蘭茶 315-3
拘蘭難陀 315-3
拘鬘 291-2
披祖 1463-3
拙具羅 1030-3
拙度 1033-1
抽脫 1190-2
抽單 1190-2
抽解 1190-2
拄杖 1208-2
拄杖子 1208-3
拄杖化龍 1208-2
招提 1022-3
招提寺 1023-1
招魂法 1019-3
招寶七郎 1023-2
拂石 1533-1
拂石劫 1533-1-9
拂子 1589-2
拂迹入玄 1589-1
拔一切業障根本得淨土陀羅尼生 1451-1
拔目鳥 1452-1
拔舌地獄 1451-2
拔波 1452-1
拔底耶 1452-2
拔苦與樂 1451-1
拔除罪障呪王經 1451-2
拔婆 1453-1
拔提 1451-2
拔提達多 1450-1
拔傳授 1369-3
拔業因種心 928-1-9,
1451-1
拔頭舞 1451-3
拔濟 1451-1
拔濟苦難陀羅尼經 1451-2
拔羅摩囉 1454-3
拓杜羅 1023-1
拓鬪提奢 806-2
抹香 1658-1
拈花微笑 190-2, 1378-1
拈古 1378-2
拈衣 1377-1
拈香 1377-2
拈提 1379-3
拈搥 1379-3
拈語 1378-2
依 128-2
依了義經不依不了義經 684-2-26
依士釋 1844-2-18, 131-3
依止 131-3, 132-1
依止師 132-2
依止甚深 132-1
依止最勝 730-1-26
依止阿闍梨 132-2
依主釋 132-2
依正 131-3
依正二報 132-1
依正不二門 132-1
依他 132-2
依他心 132-3
依他八喩 132-2
依他自性 132-2
依他起性 132-3
1764-3-3, 1765-2-14
依他の十喩 132-2
依地 133-1
依名釋義 707-3-3, 134-3
依身 132-1
依言眞如 131-3
879-3-2, 1336-3-19
依怙 131-2
依果 131-2
依法不依人 134-3
684-2-20
依草附木 131-3
依通 534-2-14, 133-1
依教分宗 131-2
依智不依智 132-3
依智不依識 684-3-5
依着 133-1
依報 1341-3-13, 134-3
依圓 135-1
依義不依語 684-3-1
131-2
依語五過 520-2
依學 131-1
依學の宗 131-2
依憑 134-1
例時 1810-1
例時作法 1810-1
例時懺法 1810-1
例講 1809-3
例講百座 1809-3
附佛法外道 1541-1
附法觀 1541-3
法 1590-1
法入 1612-2
法力 1616-1
法山 1600-3, 1610-3
法子 1601-2
法上部 1610-1
法王 1616-3
法王子 1617-1
法王寶 1617-1
法王子住 927-2-29
1617-1
法化 1596-2
法化生身 1605-3-23
法水 1610-2, 1384-3
法中 1611-3
法文 1614-3
法主 1603-3
法公 1599-3
法比量 1613-1
法本 1613-2
法本內傳 1613-2
法兄 1422-3
法尼 1612-2
法用 1615-2
法四依 684-2
法布施 1613-1
法句經 1596-1
法出離鏡 694-2-11
1604-1
法句譬喩經 1596-1
法住 880-2-14, 1611-3
法住寺 1611-3
法住記 1611-3
法住經 1611-3
法印 1590-2
法印經 1590-3
法印大和尙位 1591-1
法有 1591-1
法有我無宗 1591-1
法同分 1612-2
法同舍 1612-2
法自在 893-2-29
法自相違因 632-3-15
1609-3
法名 1614-1
法舟 1604-1
法衣 1591-1
法因 1324-1-24
法臣 1608-2
法行 1595-3
法宇 1590-3
法全 1610-3
法匠 1601-3
法式 1601-2
法光定 1596-2
法在一心說必次第 1600-3
法身 145-3-28, 1321-2-23
1558-1-26, 1558-3-8
1558-3-8, 1604-2
法身佛 1609-2
法身偈 137-3-29, 1608-3
法身塔 1114-3, 1609-1
法身德 651-1-16
法身經 1608-2
法身藏 533-1-18, 1609-1
法身觀 1608-2
法身大士 1609-2
法身古業 1608-2
法身舍利 813-2-30
1609-1
法身如來 1609-2
法身有相 1606-3
法身流轉 1608-2
法身菩薩 1609-2
法身無相 1609-2, 1606-3
法身說法 1607-1, 1609-1
法身體性 1605-1
法身舍利偈 1608-3-16
1609-1
法身の化生 391-2
法忍 1363-2-22
1362-3-16, 1612-2
法成寺 1610-1
法成就 1610-1
法成就池 1610-1
法我 1595-2
法我見 1308-3-14, 1595-2
法我俱有宗 1595-2
法佛 1613-1
法佛菩提 1630-3-9
法利 1616-1
法位 1617-1
法弟 1611-3
法見 1599-1
法志妻經 1601-2
法性 880-2-8, 1791-2-22
1601-3
法性寺 1603-1
法性山 1603-2
法性水 1603-1

八　畫

法

法性土 658-1-25, 1603-2
法性身 1602-3
法性宗 817-3-14, 1317-3-8, 1602-3
法性空 1602-3
法性塔 1603-3
法性海 1602-2
法性生身 1602-3, 1606-3-10, 1626-3-17
法性法身 1603-3, 1605-3-9
法性常樂 1603-1
法性眞如 1603-1
法性異名 1602-2
法性隨妄 1603-2
法性隨緣 1603-1
法性融通故 452-2-15
法性寺八講 1603-1
法門 1614-3
法門身 1615-1
法門海 1615-1
法門眷屬 1615-1
法門無盡誓願知 1615-2
法門無盡誓願學 698-3-5
法明道 1614-1
法明門 1614-2
法空 1309-2-25, 1324-1-28, 1596-1
法空座 609-2-3
法空觀 1596-1
法空眞如 879-2-29
法事 1609-2
法事讚 1609-3
法波羅蜜 1613-1
法波羅蜜菩薩 752-3-8
法定 880-2-13, 1611-2
法叔 1604-1
法社 1601-3
法雨 1590-3
法河 1591-2
法芽 1599-2
法命 1614-1
法果 1596-2
法味 1614-1
法典 1611-3
法乳 1612-2
法服 1613-1
法舍利 1603-3
法念處 751-3-7
法供養 1596-1
法金剛院 1599-3
法陀羅尼 1611-2, 1181-3-14
法受塵經 1610-2
法相 1600-1
法相宗 817-3-3, 1317-3-3, 1600-1
法相教 1600-1
法相大乘 1600-3
法相三論 1600-2
法相四善根 722-1
法相宗四重出體 835-1
法食 1609-2
法食時 716-3-5, 1609-3
法苑 1617-2
法苑珠林 1617-2
法苑義林章 1617-2
法音 1324-2-2, 1591-2
法音毛孔 1591-2
法律經 1616-2
法律三昧經 1616-2
法侶 1616-2
法帝 1611-3
法度 1612-1
法施 639-3-5, 639-2-30, 1610-2
法炬 1599-3
法皇 1617-1
法持 552-1-3
法要 1591-1
法前得 1272-2-26, 1610-3
法後得 1272-2-28, 1600-1
法界 880-2-7, 1601-3-28, 1591-2
法界力 668-2-2
法界宗 818-1-26, 1594-1
法界身 11594-1, 606-3-4
法界佛 1595-1
法界定 1594-3
法界性 1594-1
法界房 1595-1
法界宮 1593-3
法界智 1594-3
法界教 1593-3
法界藏 533-1-27, 1594-1
法界觀 1593-2
法界一相 1593-2
法界三昧 1593-3
法界三觀 1593-3
法界玄鏡 1593-3
法界次第 1594-1
法界加持 1593-2
法界定印 1594-3
法界海慧 1593-2
法界唯心 1624-3-22
法界等流 1594-3
法界圓融 1595-2
法界緣起 137-1-28, 1593-2
法界實相 1594-2
法界觀門 1593-2
法界塔印 1594-2
法界塔婆 1594-2
法界無緣 1595-1
法界無盡 1709-1-17
法界幖幟 1595-1
法界道場偈 1594-3
法界無礙智 1189-1-4, 1595-1
法界無邊智 1595-1
法界體性智 550-1-8, 1594-2
法界體性觀 1594-2
法界無差別論 1595-1
法界宮密嚴國 1593-3
法界胎藏三昧 1594-2
法師 1601-2, 1384-3
法師位 1604-2
法師品 1301-3
法師十德 929-1
法師功德品 1601-2
法差別相違因 632-3-17, 1603-3
法海 1591-2
法海派 1594-3
法海經 1593-2
法海雷音如來 741-1-8
法海勝慧遊戲神通如來 741-1-10
法恩 1591-2
法悅 1591-2
法財 1600-3
法座 1600-3
法城 1610-1
法徒 1612-1
法被 1422-3, 1613-1
法流 1616-1
法家 1596-2
法浮木 1384-3
法俱得 1272-3-25, 1596-2
法起菩薩 1595-3
法眼 524-2-16, 524-2-19, 1599-2
法眼力 668-2-7
法眼宗 1599-3
法眼淨 1599-3
法眼和尙位 1599-2
法問始 1615-2
法問盜 1615-2
法曼 1613-3
法曼流 1613-3
法曼荼羅 1670-1-29, 1613-3
法曼荼羅身 1613-3
法處 1604-1
法處色 1604-1
法處所攝色 1604-1
法務 1614-2
法眷 1422-1, 1599-1
法教 1596-3
法救 1595-3
法瓶 1613-1
法將 1601-3
法堂 1611-1
法執 1601-2, 1316-3-3
法船 1384-3, 1610-3
法域 1617-2
法梁 1616-2
法隆寺 1616-1
法深信 1612-3
法密部 1614-1
法假施設 614-2-22
法假虛實觀 614-2-8
法參議 1600-3
法宿菩薩 1604-1
法華 1596-2
法華經 1596-3
法華論 1599-1
法華會 1599-1
法華寺 1598-1
法華宗 1598-1
法華法 1598-3
法華堂 1598-2
法華衆 1598-1
法華講 1597-2
法華一實 1596-3
法華二妙 1598-2
法華三周 1597-2
法華三昧 1597-2
法華三部 657-2
法華四法 758-2
法華六瑞 1598-2
法華七喩 1598-1
法華八年 1598-3
法華八軸 1598-3
法華八葉 1598-2
法華經會 1597-1
法華經論 1597-1
法華玄論 1597-2
法華玄贊 1597-1
法華玄義 1597-1
法華問答 1599-1
法華入疏 1598-2
法華持者 1598-2
法華常行 1598-1
法華科註 1597-1
法華開題 1596-3
法華尊者 1598-2
法華義疏 1597-1
法華儀軌 1597-1
法華護摩 1597-2
法華懺法 1598-2
法華三昧會 1598-1
法華三昧經 1597-3
法華八講會 1598-3
法華千部會 1598-1
法華經七喩 1476-3
法華經開題 1596-3
法華經種子 1597-1
法華經會儀 1597-1
法華問答講 1599-1
法華文句記 1599-1
法華最第一 1597-2
法華涅槃時 537-1-28, 1598-2
法華曼荼羅 1598-3, 1671-2
法華三昧行法 1597-3
法華三昧懺儀 1597-3
法華十羅剎法 1598-1
法華經五卷日 521-1
法華玄義釋籤 1597-1
法華滅罪之寺 1599-1
法華會の番論義 1035-1
法華經說三昧耶 1597-1
法華守護三十番神 1598-1
法華三昧行事運想補助儀 1597-3
法勝寺 1826-3-18
法勝毘曇 1604-1
法勝阿毘曇心論 1604-1
法喜 1595-2
法喜食 537-1-5, 889-3-8, 889-3-9, 1595-2
法喜菩薩 1595-2
法喜禪悅 1575-2
法無我 1342-3-6, 1614-2
法無畏 1722-2-8
法無礙 761-1-8
法無我智 1614-2
法無碍智 1614-3
法無碍解 1614-3
法無我無畏 1722-2-12
法無定性故 452-2-10
法無別眞如 880-1-12, 1614-3
法無去來宗 818-2-12, 1614-3
法智 1188-3-14, 1611-2
法智印 1611-2
法報 1613-1
法報應 1613-2
法報應化 1613-2
法報不分 1613-2
法報應三身 629-2-27
法雲地 1591-1
法雲等覺 1591-1
法集經 1609-3
法集名數經 1609-3
法集要頌經 1609-3
法然 1612-3
法然門下十五流 1612-3
法然上人行狀畫圖 1612-3
法衆 1604-1
法場 1611-3
法會 1617-2
法會社 1617-2
法會咒願 983-2
法鼓 1595-3, 276-3
法鼓經 1596-1
法愛 1307-2-7, 1590-2
法愛梵志 1590-2
法頌 1610-1
法頌舍利 1608-3-16, 1610-1
法滅 1614-3
法滅盡經 1614-3
法義 1595-3
法義眞俗異 1318-2-18
法照 1610-2
法電 1611-3
法號 1595-2
法窟 1596-1
法業 1609-1
法雷 15-361

法殿 1611-3
法鈴 1616-2
法道 1381-3, 1611-2
法筵 1591-2
法想 1600-1
法歲 1600-1
法犍度 424-1-27, 1599-2
法爾 1612-2
法爾往生 1612-2
法爾道理 1177-1-28
712-3-10, 1612-2
法網 1595-2, 1613-3
法障 530-3-22
法慳 1313-2-14, 1599-1
法誓 1610-2
法僧 1611-1
法塵 1611-3
法蓋 1595-2
法語 1600-1
法說周 621-2-29, 1610-3
法緊那羅王 1595-3
法輪 858-3-6, 1616-2
1641-3-24
法輪寺 1616-3
法輪塔 1616-3
法輪僧 1616-3
法輪藏 674-1-7
法輪三相 1616-2
法論 1616-3
法論味噌 1616-3
法樂 1615-3
法潤 1612-3
法幢 1612-1
法敵 1611-3
法數 1610-2
法燈 1612-1, 1384-3
法燈派 1612-1
法燈國師 1612-1
法緣 1591-2
法緣慈悲 1591-2
法緣慈悲心 901-3-21
法橋 1596-3
法橋上人位 1596-3
法興寺 1599-3
法興院 1599-3
法器 1595-2
法樹 1610-1
法談 1611-2
法劒 1599-1
法縛 1613-1
法頭 1612-1
法齋日 1600-1
法親王 1609-2
法螺 1615-2
法螺經 1615-3
法聲 1601-3
法應 1591-2
法應化三身 629-2
法藏 1600-3, 1601-1
法藏比丘 1601-1
法類 1616-3
法鏡 1595-3
法鏡經 1595-3
法寶 1613-1
法寶藏 1613-2
法寶壇經 1613-2
法寶藏陀羅尼經 1613-2
法藥 1615-2
法蘊 1591-1
法蘊足論 1836-2-2
法礪 1789-1-12
法譬 1613-1
法臘 1616-1
法魔 1613-3
法蘭 1616-1
法護部 1600-1
法體 1611-1
法體恒有 1611-1
法驗 1599-1
法顯 1599-2
法顯傳 1599-2
法觀經 1596-2
阿 1-1, 2-2, 1691-2-8
阿一 6-3
阿力多柯 43-1
阿乞史羅 15-1
阿乞叉野句勢 14-3
阿叉摩羅 18-1
阿尸羅婆那 29-1
阿比目佉 32-3
阿比羅提 33-1
阿支羅伽葉 20-1
阿支羅伽葉經 20-1
阿氏多 16-3
阿氏多尊者 16-3
阿市多鷄舍甘跋羅子 16-3
阿奴摩 28-1
阿奴波 28-1
阿奴波經 28-1
阿奴律陀 28-1
阿奴謨柁 28-1
阿奴邏陀 28-1
阿奴羯爛多 27-3
阿目佉 39-2
阿目佉跋折多 37-3
阿目佉跋折羅 39-2
阿目多印 39-2
阿末多 11-3-16, 34-2
阿由多 40-2
阿世耶 21-3
阿未羅 47-1-12, 34-3-5,
34-2, 34-3
阿失麗沙 17-1
阿尼彌沙 27-2
阿字 20-1
阿字觀 1-2
阿字七義 2-2
阿字布心 2-1
阿字一百義 1-2
阿字內外聲 1-3
阿字本不生 2-1
阿字具四用 1-2
阿字數息觀 1-3
阿字門功德七句 2-1
阿字爲月輪種子 1-1
阿吒聲 22-3
阿吒那劒 22-2
阿吒筏底 22-3
阿吒嚩迦 22-2
阿吒薄俱 22-2-14, 22-3
阿吒婆拘咒經 22-3
阿吒薄拘付囑咒 22-3
阿吒婆拘鬼神大將
上佛陀羅尼經 22-3
阿吒婆拘鬼神大將上佛
陀羅尼神咒經 22-2
阿吒薄俱元帥大將上佛
陀羅尼經修行儀軌 22-2
阿夷 2-3
阿夷恬 7-2
阿夷頭 7-2
阿夷那 7-2
阿夷那經 7-2
阿夷羅和帝 8-1
阿夷羅婆底 8-1, 23-2-5
阿夷羅跋提 7-3, 23-2-4
阿牟伽 33-3
阿牟伽皤賒 33-3
阿地瞿多 23-1
阿地目得迦 23-3
阿休何 12-2
阿至模 17-2
阿伐羅勢羅 29-3
阿死羅攀登祇儞荼 20-1
阿利沙 43-2
阿利耶 43-3
阿利沙偈 43-2
阿利羅跋提 23-2-4, 43-3
阿吽 9-2
阿吽二字本有命息 9-3
阿抄 17-3
阿牟伽 33-3
阿私 16-2
阿私陀 16-3
阿私陀仙相太子 16-3
阿私仙 16-2
阿伽坏 11-1
阿伽陀 11-1
阿伽雲 10-2
阿伽摩 11-2
阿伽嚧 11-3
阿伽目陀 11-2
阿伽羅伽 11-2
阿伽母陀羅 11-2
阿沙陀 17-3
阿沙干那 17-1-21, 17-3
阿沙波陀 17-3
阿沙妃婆洗 17-3
阿含 15-1
阿含時 15-2
阿含正行經 15-2
阿含口解十二因緣經 15-3
阿尾奢 31-1-7
阿尾奢法經 31-1
阿尾捨 31-1
阿判那 29-2
阿折羅 21-3
阿亘亘支 42-2
阿防羅剎 33-3
阿沒嘌觀 39-3
阿那含 24-3
阿那律 922-3-9, 25-3-1
阿那含向 696-2-7, 24-3
阿那含果 696-2-18, 24-3
阿那律陀 25-3-2, 26-1
阿那律經 25-3
阿那邠抵 27-2-10
阿那邠邸 25-2
阿那伽迷 24-2
阿那伽彌 24-2
阿那波那 25-1-16
阿那般那 25-1-16, 25-1
阿那摩低 25-2
阿那律失明 25-3
阿那律陀經 26-1
阿那邠抵經 25-2
阿那邠阿藍 24-3-26
阿那婆答多 25-1
25-1-9, 28-2-10
阿那波達多 25-1, 28-2-9
阿那婆達多 28-2-9, 25-2
阿那耆智羅 24-2
阿那耆富盧 24-2
阿那耆置盧 24-2
阿那阿波那 25-1-16,
24-2
阿那呼吒盧 24-2
阿那藪囉嚩 24-3
阿那籬攞縛 26-1
阿那律の天眼 25-3
阿那邠阿藍磨 24-3-26
阿那他擯荼他 24-3
27-2-10
阿那陀賓荼陀私 24-3-26
阿那婆婁吉低輸 25-2
30-1-24
阿那婆達多龍王 25-2
阿那耆不智究梨知那 24-2
阿那他擯荼揭利呵
跋底 24-3, 27-2-10
阿那他賓荼揭利呵
跋阿那陀賓荼馱寫
耶阿藍磨 24-3
阿波羅 29-1, 29-2-7
阿波會 29-2
阿波諭 29-2-6
阿波羅囉 29-2
阿波摩羅 29-1
阿波摩那 29-1, 29-1-27
阿波亘羞 29-2-7
阿波笈多 28-3
阿波陁那 28-3
阿波羅質多 29-1
阿波末利加 29-1
阿波那伽低 29-1
阿波麼羅識 29-1, 29-1-8
阿波蘭羅遮 29-2-7
阿波蘭多迦 30-1
阿波羅提目伽 29-1
阿波羅摩那阿婆 29-1
阿育 3-1
阿育王傳 4-3
阿育王經 4-3
阿育王懸記 4-2
阿育王譬喻經 4-3
阿育王役使鬼神 4-3
阿育王弟七日爲王 4-2
阿育王一子一女出家 4-3
阿育王息壞目因緣經 4-3
阿育王最後施半菴
摩勒果 4-2
阿制多 21-2
阿制單闍耶 21-3
阿周陀 16-2
阿周陀那 16-2, 21-2-12
1800-1-22
阿呼 14-3
阿呵呵 10-2
阿叔迦 18-3-1, 19-1
阿底哩 23-3
阿夜健多 39-3
阿和檀提 29-2-17
阿拘盧奢 14-3
阿門大乘心 39-3
阿剡底訶羅 9-3
阿毘曇 31-2-10, 32-1
阿毘曇經 32-2
河毘曇藏 674-2-11
阿毘達磨 31-2
阿毘左囉 30-3
阿毘私度 31-1
阿毘目底 32-3
阿毘三佛陀 30-3
阿毘曇心論 32-1
阿毘羅吽欠 32-3
阿毘達磨藏 31-2
阿毘達磨集論 32-1
阿毘曇心論經 32-2
阿毘曇苦慧經 32-2
阿毘目佉印明 32-3
阿毘達磨俱舍論 31-3
阿毘達磨發智論 31-3
阿毘達磨雜集論 32-1
阿毘曇五法行經 32-2
阿毘曇八犍度論 32-1
阿毘曇毘婆沙論 32-1
阿毘達磨俱舍釋論 32-1
阿毘達磨藏顯宗論 32-1
阿毘達磨品類足論 31-3
阿毘達磨法蘊足論 31-3
阿毘達磨界身足論 31-3
阿毘達磨順正理論 32-1
阿毘達磨識身足論 31-3
阿毘曇甘露生味論 32-2
阿毘羅吽欠娑婆訶 32-3

八　畫

阿毘達磨俱舍論本頌 31-3
阿毘達磨集異門足論 31-2
阿毘達磨大毘婆沙論 31-3
阿陀 22-3
阿陀那 23-1
阿陀羅 23-1-18
阿陀婆耶修姤路 23-1
阿陀婆耆耶修姤路 23-1
阿耶羅 40-1
阿耶恒那 39-3
阿耶底柯 40-1
阿耶穆佉 40-1
阿耶吉唎婆 39-3
阿耶揭哩婆 39-3
阿迦色 10-2
阿迦花 10-2
阿迦奢 10-3
阿迦羅 11-2
阿迦嚢 11-2
阿迦尼吒 11-1
阿迦尼沙託 11-1
阿迦尼瑟吒 11-1
阿若 27-2
阿若多 27-3
阿若集 27-2
阿若居隣 27-3, 27-3-2
阿若拘隣 27-3-2
阿若憍陳 如27-3, 27-3-2
阿若多憍陳那 27-3
27-3-3
阿泥底耶 24-2
阿泥律陀 24-2
阿泥㝹豆 25-3-2
阿泥盧豆 85-3-2
阿泥嚕多 25-3-3
阿毗遮羅 31-1
阿毗遮嚕遮 31-1
阿毗遮嚕迦儀軌品 31-2
阿祇利 20-3-25
阿祇梨 12-1
阿祇儞 12-1
阿剌耶 41-2-10
阿剌剌 42-140-3
阿拏 22-3, 24-1
阿施 21-2
阿茂吒 39-3
阿者麗 18-2
訶恃多伐底 23-2,
23-2-4
阿述達菩薩經 21-2
阿修羅 1837-3-27-21-2
阿修羅心 1830-1-14
阿修羅王 1778-2-22, 19-3
阿修羅法 1592-3-27
阿修羅界 19-2
阿修羅宮 19-2
阿修羅道 19-3
阿修羅說五念處三十八品 19-3
阿婆磨 18-1
阿婆弭 18-2
阿婆迦 17-3
阿婆羅 18-2
阿婆嚩 18-1
阿婆縛鈔 18-1
阿婆磨沙摩 18-1
阿婆摩補多 18-1
阿婆頞那伽三摩地 17-3
18-1-1
阿者多 11-3
阿耆達 11-3
阿耆陀 12-1
阿耆毘伽 12-1
阿耆尼達多 12-1
阿耆達王請佛 11-3
阿耆達王墮蛇道 12-1
阿耆多頸舍甘婆羅 11-3-15
阿耆多頸舍甘婆羅 11-3
阿唎多羅 43-2
阿唎多羅經 43-2
阿唎瑟迦紫 43-2
阿般地 29-2-16
阿般提 29-2
阿般蘭得迦 29-2
732-1-5
阿差末 16-1
阿差末菩薩經 16-2
阿浮呵那 33-1
阿浮達磨 33-1
阿素洛 19-2-6, 22-2
阿素羅 19-2-4
阿師 16-2
阿留那 44-1
阿恕伽 3-1-23, 21-2
阿笈摩 12-1, 15-1
阿脂羅婆提 23-2-5
阿梨 43-1
阿梨耶 41-2, 43-2
1791-3-16
阿梨吒 43-2
阿梨呵 43-1
阿梨宜 43-1
阿梨吒經 43-2
阿梨耶識 689-1-5
阿梨斯那 43-2
阿梨瑟吒 43-2
阿梨耶伐摩 43-3
阿梨耶馱婆 43-3
阿梨耶婆樓吉弖稅 30-1-24
43-3
阿婆末迦 29-1-8, 29-3
阿婆末唎 29-1-8, 29-3
阿婆施羅 29-3
阿婆魔羅 30-1
阿婆孕迦羅 30-1
阿婆娑摩羅 29-3
阿婆頗那伽 29-3
阿婆囉奢陀 30-1
阿婆盧吉帝舍婆羅 30-1
30-1-26
阿婆盧耆兜帝梨厘 30-2
阿跋多羅 29-3
阿跋摩羅 29-3
阿跋耶祇釐 30-1
阿跋度路柘那 29-3
阿㝹夷 24-1
阿㝹馱 25-3-2
阿㝹夷經 24-1
阿㝹樓馱 25-3-2
阿惟顏 40-1
阿惟三佛 40-1
阿惟越致 40-1
阿惟越致遮經 40-2
阿密哩多 39-1
阿密哩多軍荼利明王 39-1
阿羞 16-2
阿術達 21-2
阿曼怛羅泥 34-3
阿跛婆麼囉 23-1
阿寅羅波帝夜 81
阿菟 23-3
阿菟林 24-1
阿菟羅 24-1
阿菟浮多 24-1
阿菟樓陀 24-1
阿菟盧摩 24-1
阿菟吒闡提 24-1
阿奢也 18-2
阿奢理貳 18-2
阿奢理兒 18-2-20
阿奢踰持 18-2
阿揭 11-1
阿揭多 11-1, 10-3
阿須倫 19-2-4, 20-1
阿須羅 19-2-3
阿提目多伽 22-3
阿提阿耨波奈 22-3
阿嵐婆也那 42-3
阿嵐婆蘇都 42-3
阿歐 44-3
阿傍 33-2
阿路巴 44-2
阿逸多 7-1
阿犍多 14-3
阿舒伽 18-3-1
阿衆毘 19-1
阿順那 21-2
阿軫䶎 20-1
阿哪哪 40-1
阿鉢羅嘁訶諦 28-3
阿鉢唎瞿陀尼 29-1
阿鉢底鉢喇底提舍那 28-3
阿鉢羅摩那婆鉢利多婆 29-2
阿鳩留經 14-2
阿鳩羅加縲 14-2
阿號 15-1
阿傴 8-1
阿詣羅 14-3
阿會亘修 29-2-6, 44-2
阿嗜理兒 20-1
阿落剎婆 40-3
阿輋荼國 2-2
阿閦 16-2, 18-3
阿閦佛 566-2-8
阿閦婆 18-3-10
阿閦鞞 18-3-11
阿閦佛法 19-1
阿閦佛經 19-1
阿閦如來 227-3-24
阿閦婆佛 19-1
阿閦鞞佛 19-1
阿閦象座 477-1-10
阿閦佛國經 19-1
阿閦供養法 19-1
阿閦如來之印 19-1
阿閦佛の內眷屬 482-2-29
阿閦佛之二種身 18-3
阿閦如來之種子 19-1
阿閦如來羯磨印 198-3
阿閦如來念誦供養法 19-1
阿僧 21-3
阿僧佉 22-1-13
阿僧伽 22-1
阿僧祇 22-1, 22-1-3
阿僧之流 22-1
阿僧企耶 22-1
阿僧祇劫 22-1
阿鼻 30-2
阿鼻旨 31-1, 30-2-30
阿鼻大城 30-3
阿鼻地獄 30-3
阿鼻喚地獄 30-3
阿鼻焦熱地獄 30-3
阿竭陀 11-1
阿竭多仙 10-3
阿竭多星呪 10-3
阿槃提 29-2-16
阿槃陀羅 29-2
阿說他 21-3
阿說旨 21-3
阿潘 29-2
阿漚 44-3-2
阿賒迦 17-3
阿蒭婆 19-1
阿羯羅 11-1
阿馱囉 23-1
阿維羅提 40-1
阿爾多縛底 23-2-5, 27-2
阿遮 17-3
阿遮羅 18-2
阿遮樓 18-2
阿遮一睨 17-3
阿遮利夜 20-3-25
阿遮利耶 20-3-25, 18-2
阿遮羅赦 18-2
阿遮曇摩文圖 17-3
阿摩 33-3
阿摩提 34-2
阿摩晝 34-2
阿摩勒 34-3, 47-1-13
阿摩洛迦 34-3, 34-3-5
47-1-12
阿摩揭陀 34-1
阿練若 42-2-30, 44-2
阿練兒 44-1
阿練茹 42-3-1
阿颰 29-3
阿颰經 29-3
阿樓那 44-2
阿樓馱 25-3-2
阿黎沙 44-1
阿黎沙住處 44-1
阿遨達 22-1
阿遨達經 22-2
阿踰闍 40-2, 1759-3-25
阿質達霰 16-3
阿耨 28-1
阿耨達 28-2-9, 28-2
阿耨颰 28-2
阿耨達山 28-2
阿耨達池 28-2
阿耨颰經 28-2
阿耨風經 28-3
阿耨菩提 28-3
阿耨達菩薩 1538-3-4
阿耨達龍王 28-2
阿耨窣都婆頌 28-1
阿耨多羅三藐三菩提 28-1
阿賴耶 41-2
阿賴耶識 23-1-5
阿賴耶外道 42-1
435-1-16
阿賴耶識三種境 41-2
阿輸伽 1149-3-22
3-1-24, 18-2, 18-2-30
阿輸伽王 18-3
阿輸伽樹 18-3
阿輸迦王 1654-1-16
阿輸陀樹 1632-1-22
阿輸柯七日爲王 18-3
阿縛遮羅 29-2
阿縛羅訶佉 30-1
阿縛盧枳低濕伐羅 30-1
30-1-23, 30-1-25
阿縛盧枳多伊濕伐羅 29-3
阿縛盧枳帝位濕伐羅 29-2
阿盧那花 44-1
那盧那香 44-1
阿盧漢 43-3
阿擅 23-1
阿磨勒 34-3-5
阿儞眞那 27-2
阿彌 34-3
阿彌陀 35-1
阿彌陀經 1810-1-4, 35-1
阿彌陀佛 566-2-10
阿彌陀堂 38-2
阿彌陀講 38-2
阿彌陀寺 39-1
阿彌陀池 39-1
阿彌陀峯 39-1
阿彌陀笠 39-1
阿彌陀魚 124-3, 39-1
阿彌陀聖 39-1

阿彌陀二身 38-1
阿彌陀五佛 38-2
阿彌陀經疏 38-3
阿彌陀佛法 38-2
阿彌陀佛偈 38-2
阿彌陀堂形 39-1
阿彌陀講式 38-2
阿彌陀和讃 38-3
阿彌陀眞言 37-3
阿彌陀種子 37-2
阿彌陀懺法 1050-1
阿彌陀悔過 382-3
阿彌陀婆耶 39-1
阿彌陀護摩 38-2
阿彌陀の三尊 38-2
阿彌陀經持者 39-1
阿彌陀經義記 38-3
阿彌陀經開題 38-3
阿彌陀經疏鈔 38-3
阿彌陀經要解 38-3
阿彌陀佛三名 35-1
阿彌陀佛本名 35-1
阿彌陀佛說咒 38-1
阿彌陀大心咒 38-3
阿彌陀孔雀座 477-1-26
阿彌陀根本印 37-2
阿彌陀の二脇侍 38-2
阿彌陀の三摩耶形 38-1
阿彌陀經決十疑 38-3
阿彌陀佛の御勸 38-2
阿彌陀成道因果 35-2
阿彌陀相好印相 37-1
阿彌陀佛十三號 35-1
阿彌陀佛化爲鸚鵡 9-1
阿彌陀經不思議神力傳 38-3
阿彌陀鼓音聲王陀羅尼經 38-3
阿彌陀三法字報應三身空假中三諦 35-1
阿彌陀三耶三佛薩樓佛檀過度人道敎 38-3
阿鞞 30-3
阿鞞跋致 32-2
阿鋡暮 15-
阿闌若處 1238-1-20
阿彌都檀那 39-2
阿避陀羯刺拏 30-2
阿點婆翅羅國 23-3
阿闍世 20-1
阿闍梨 16-2, 20-3, 20-3-24
阿闍那 21-2-12
阿闍梨耶 21-2
阿闍梨職 21-1
阿闍婆羅 18-1
阿闍世王品 20-3
阿闍世王經 20-3
阿闍世王五夢 1761-2
阿闍世王之夢 20-2
阿闍世王女經 20-3
阿闍多設咄路 20-1-29
阿闍世王授決經 20-3
阿闍世は不動菩薩 20-2
阿闍世王瘡を病む 20-2
阿闍世王問五逆經 20-3
阿闍世太子の逆害 20-2
阿闍世王女阿術達菩薩經 20-3
阿闍世文殊に從て信忍を得 20-2
阿闍梨大曼荼羅灌頂儀軌 21-2
阿濕波 19-1
阿濕婆他 17-2
阿濕婆恃 17-2
阿濕縛婆 17-1
阿濕毘儞 17-2
阿濕薄迦 17-1
阿濕婆氏多 17-2
阿濕婆窶沙 17-1
阿濕縛伐多 17-2
阿濕摩揭波 17-1-8, 17-2
阿濕嚩揭波 17-1
阿濕迷陀耶若 17-2
阿薩多 16-1
阿薩闍 16-1
阿嚕力 44-2
阿嚕力迦 44-2
阿嚕力經 44-2
阿嚕陀羅印 44-2
阿藍 42-2
阿藍婆 42-3
阿藍磨 42-3
阿藍迦藍 42-2
阿離耶三蜜栗底尼迦耶 43-3
阿離耶莫訶僧祇尼迦耶 43-3
阿離野悉他陛迦尼迦耶 43-3
阿離野慕攞薩婆悉底婆拖尼迦耶 43-3
阿羅 40-2
阿羅婆 193-1-7, 41-1
阿羅邏 42-1
阿羅漢 40-2, 145-2-29
阿羅陀 40-3
阿羅耶 40-2
阿羅梨 42-2
阿羅訶 40-2
阿羅歌 40-2
阿羅蜜 41-2
阿羅磨 41-2
阿羅闍 40-3
阿羅彌 41-2
阿羅波多 41-1
阿羅漢向 40-3
阿羅漢果 696-2-21, 40-3
阿羅波遮那 41-1
阿羅婆伽林 41-1
阿羅婆遮那 41-1
阿羅邏迦藍 42-2
阿羅迦摩羅 40-2
阿羅底藍婆 42-3-21
阿羅漢具德經 40-3
阿羅邏迦羅摩 42-2
阿羅波賓多夜叉 41-1
阿羅漢所不習十一法 903-2
阿難 26-1, 1660-1-5, 1659-1-15
阿難陀 27-1, 922-3-12
阿難七夢 1761-2
阿難八法 26-3
阿難放光 26-2
阿難迦羅 27-1
阿難跋陀 27-2
阿難密號 26-2
阿難結集 26-1
阿難說經 27-1
阿難賓柢 27-2
阿難分別經 27-1
阿難陀夜叉 27-1
阿難陀拘疊 27-1
阿難問事經 27-1
阿難四事經 27-1
阿難七夢經 27-1
阿難有三人 26-1
阿難同學經 27-1
阿難陀補羅國 27-1
阿難分身二國 26-2
阿難八不思議 26-3
阿難入於鑰孔 26-2
阿難半身舍利 26-2
阿難多聞第一 26-1
阿難邠坻阿藍 24-3-27
阿難問事佛吉凶經 27-1
阿難陀目佉尼訶離 27-2
阿難七夢を感ずる事 26-3
阿難陀日訶離訶離陀經 27-2
阿難陀目佉訶佉陀鄰尼經 27-2
阿嚋那 23-3
阿蘇 21-3
阿蘇山 21-3
阿蘇羅 19-2-4, 21-3-25, 22-2
阿顛底迦 626-2-11, 23-3
阿豐賊奇 31-2
阿闥婆那 23-1
阿蘭那 42-2, 42-2-30
阿蘭若 42-3
阿蘭若行 42-3
阿蘭若迦 42-2-32, 42-3
阿蘭若處 1237-3-28
阿蘭若念處 1379-1-10
阿蘭那經 42-2
阿鍐 30-2
阿鍐秘記 30-2
阿鍐覽唅欠 30-2
阿闡提 21-3
阿闡底迦 21-3, 626-2-9
阿爛拏 42-2-30
阿囉婆娑 41-1
阿邏荼 40-3
阿邏底藍婆 41-1
阿邏荼迦邏摩 40-3
阿觀堂 14-3
咒 980-3
咒三首經 984-2
咒小兒經 988-1
咒心 985-2
咒五首經 984-1
咒印 981-1
咒咀 988-1
咒咀諸毒藥 988-1
咒陀羅尼 988-3
咒師 984-2
咒神 985-2
咒殺 988-1
咒起死鬼 982-3
咒時氣病經 985-2
咒術 987-3
咒術陀羅尼 987-3
咒遍 989-3
咒禁師 984-1
咒誓 987-3
咒齒經 984-3
咒藏 984-2
咒願 983-1
咒願師 737-3-25, 983-2
呼摩 471-2
呷懺南 1436-3
咃 1096-2
呬度 244-3
呬怒泥舍 245-1
呬摩咀羅 247-1
帖外和讃 1260-3
帖外御文 1260-3
帖釋 1261-3
帙子 1197-2
怖一切爲障者印 1506-1
怖畏施 1546-1
怖魔 1542-1
怛他 1112-2
怛他揭多 1112-2, 1112-3-4
怛他蘗多 1112-2
怛他蘗多夜 1112-3-4
怛他揭多毱多 1112-2
怛他揭多嚟旨 1112-2
怛利耶怛唎舍 1118-2
怛剎那 1112-1
怛怛羅 1112-2
怛陀竭多 1113-1
怛索迦 1111-1
怛唎耶怛唎奢天 1108-3-16
怛哩支伐離迦 1118-2
怛荼 1112-2
怛埵三弟鑠 1112-2
怛鉢那 1113-2
怛麼 1116-2
怛縛 1113-2
怛縛多利 1113-2
怛薩阿竭 1112-3-5, 1111-1
怛薩阿竭羅訶三耶三佛 1111-1
怛羅夜耶 1118-1
怛闥阿竭 1112-2, 1112-3-4
怛囉吒 1117-2
怛囉麼洗 1118-1
性 764-2
性力 793-3
性土 787-2, 1335-2-26
性火 768-2
性心 778-3
性分 789-2
性用別論 793-2
性地 785-3, 923-2-8
性色 773-3
性自性 895-2-6
性如是 938-1-14
性決定義 826-2-30
性戒 158-3-8, 766-1
性佛 788-3
性我 766-3
性空 768-1, 1309-3-1
性空敎 614-1-12, 768-2
性空觀 613-1-13, 768-1
性宗 775-1, 1318-1-24
性宗二體異 1318-2-24
性具 769-1
性命 791-2
性念處 626-3-30, 788-1
性重戒 158-3-21, 785-3
性相 772-3
性相二宗 772-3
性相二宗十異 1317-3
性相八識相異 689-1
性相學 772-3, 773-1
性起 767-1
性起門 1344-2-5
性海 766-1
性淨本覺 1618-3-1
性淨解脫 437-2-5, 781-1
性得 787-1
性欲 793-2
性唯識 793-2
性莊嚴 771-2-18
性善 783-2
性惡 764-2
性無常 733-1-30
性罪 773-1, 1316-1-3
性境 767-2
性種性 778-1, 824-2-21, 824-3-6
性德 787-1, 1335-2-10
性遮 774-1
性調伏 1826-2-13
性橫修縱 795-1
性謬 1406-1-30
性識 773-3

八　畫

性 牪 狐 狗 彼 往 妬 始 姑 枉 枝 林 杯 板 析 枕 放 於 明 肥 服 牧 物 所 欣 祉 邲 知 和

性覺 766-2
性體周徧 1870-3-11
性靈集 794-2
牪貨 520-2
狐 244-1
狐爲獸王閗獅子吼死話 244-1
狗子佛性 292-2
狗心 295-1, 1330-2-4
狗戒 285-3
狗法 308-3
狗臨井吠 88-1
狗著師子皮 88-1
彼入因果殊勝殊勝語 915-2-26
彼同分 1466-3
彼此攝持 1461-2
彼果斷殊勝殊勝語 915-3-8
彼因果修差別殊勝殊勝語 915-2-29
彼岸 202-1, 1459-1
彼岸所 1459-2
彼岸會 1459-2
往生 1849-2
往生記 1849-3
往生論 1850-1
往生講 1849-3
往生一定 1849-3
往生十因 1850-1
往生要集 1849-3
往生論偈 1850-1
往生禮式 1850-1
往生禮讃 1850-1
往生禮讃偈 1850-1
往生之業念佛爲本 1849-3
往相 1848-3
往相回向 1861-1-3
往相正業願 1848-3
往相回向願 1849-1
往相信心願 1849-1
往相證果願 1848-3
往來八千返 1851-1
往還衣 1848-3
往還偈 1848-3
往還二回向 1848-3
妬不男 535-1-18, 1278-2
始士 702-3
始覺 607-1-30, 687-2 1308-2-19, 1795-3-9
始欠持 700-3
始行人 694-3
始成正覺 719-2
始終心要 719-3
姑尸草 464-3
姑蘇 466-2
枉習因 91-3-4
枝末惑 760-1
枝末法輪 669-2-23, 760-1
枝末無明 760-1 1716-3-13, 1717-1-16
枝香 687-1
枝卷數 132-3
林毘 1806-1
林毘尼 1783-1-19, 1806-1
林間錄 1803-3
林葬 1804-2
林微尼 1783-1-19, 1806-1
林藤 1805-2
林賓 1806-1
林變 1806-1
杯度 1386-2
杯器 1385-2
板笈 56-1
板書 56-1
板碑 56-1
析水 1032-2
析水桶 1032-2
析小彈偏 801-2
析玄記 800-3
析伏門 1344-1-30
析床 1032-1
析智 802-1
枕經 1653-3
放下 1387-3
放下僧 1387-3
放牛經 1388-1
放生 1388-1
放生池 1388-2
放生會 1388-2
放生器 1388-1
放生儀軌經 1388-1
放光瑞 1387-2, 1834-2-29
放光經 1387-1
放光三昧 1387-1
放光動地 1387-2
放光般若經 1387-3
放光般若波羅蜜多經 1387-3
放參 1388-1
放逸 736-1-8, 1387-1
放鉢 1390-2
放鉢經 1390-3
放燈 1389-1
放禪 1388-3
於一切法不應慳 926-1-30
於下乘般涅槃障 926-3-25
於小乘人前不觀彼根而說大法 926-2-28
於不淨淨倒 1254-2-9
於未來世咸得成佛 152-1
於我滅度後應受持斯經 147-3
於苦樂倒 1254-2-8
於無我我倒 1254-2-9
於無常常倒 1254-2-8
於無量國中乃至名字不可得聞 152-2
於發大心人勸發其心不令退息 926-2-24
於諦 149-2
於諸佛土隨願往生 149-2
於諸法中未得自在障 927-1-17
明 1681-3
明了 1688-1
明了論 1688-1
明了願 1688-1
明月珠 1683-2
明月天子 1683-2
明月摩尼 1683-2
明心 1685-1, 1830-1-6
明心菩提 1630-3-18 1685-1
明王 1547-3-12, 1688-2
明孔 1683-1
明分 1856-2-5
明本 675-1-24
明匠 1724-3
明地 1686-3
明妃 1687-1
明行足 906-2-28, 1682-3
明利 1688-1
明宗 441-3-12
明法 1687-2
明咒藏 674-2-4, 674-2-20
明星 1685-2
明星天子 1685-3
明度 1687-1
明度無極 1687-1
明炬 1683-3
明相 1683-3
明津 1685-1
明信佛智 1685-1
明珠 1684-2
明珠譬淨戒 1684-3
明珠譬大乘經典 1684-3
明冥 1687-3
明師 1724-2
明神 1685-3
明高僧傳 1691-1
明教 1724-1
明得定 1686-3
明得薩埵 1687-1
明堂 1686-2, 1691-1
明處 1684-3
明窓 1686-1
明庵 1682-1
明得 1686-3
明脫 1686-2
明眼論 1683-3
明雲 1682-1
明智 1856-2-5
明尊 1686-1
明達 1686-2
明道 1686-2
明極派 1691-1
明熏 1683-2
明樓 1688-1, 1691-1
明慧 1688-2
明論 1688-1
明靜 1685-3
明藏 1691-1
明證 1724-3
肥膩 1467-1
服水論師 1513-2
牧牛 1626-1
牧牛十一法喩比丘 903-2
物忌 1740-1, 1740-2
物施 639-3-3
物機 1740-1
所引支 844-1
所引生果 844-1
所化 850-3
所立法不遣 633-1-21 855-3
所立法不成 633-1-8 855-3
所司 851-1
所有 844-2
所別 853-3
所別不極成 632-1-24 853-3
所作 851-1
所作相似過類 851-1
所求菩薩發心 850-2
所知依 41-3, 852-1
所知依殊勝殊勝語 915-2-20
所知障 530-3-24, 852-1
所知相殊勝殊勝語 915-2-22
所依不成 632-2-20, 849-1 852-3
所被之機 852-3
所執外道 435-1-21
所量 855-3
所期不淨 916-3-7
所須嚴淨願 851-2
所詮 851-3
所遍計 853-3
所緣 849-2
所緣緣 686-1-5, 849-2
所緣縛 849-2
所緣斷 849-2
所緣有對 849-2
所熏四義 850-2
所藏 851-1
所願不虛 850-3
所變 853-3
所變無記 853-3
欣求 580-2
欣求淨土 580-2, 144-3-5
欣界 579-3
祉中 806-3
祉伽 799-2
祉怛梵 806-2
祉怛梵外道 435-1-26
祉得伽 806-1
祉得伽摩羅 806-1
祉僧 806-1
祉頭 806-3
祉頭立寺 806-3
祉壞 806-3
邲輸跋陀 1465-3
知一切法智 1189-1-13
知一切衆生智 1189-1-12
知人尊卑 738-3-6
知之一字 71-1
知世間 1197-2, 1818-3-6
知正覺世間 1195-3
知自 738-3-3
知次位 920-3-3, 1196-2
知位鉢有無等 1840-2-18
知足 738-3-2, 1197-3
知足天 1197-3
知足院 1197-3
知見 1194-2
知見波羅蜜 1194-3
知身經 1196-3
知劫通 1232-2-11
知法 738-2-28, 1198-3
知法如電影 87-2, 1199-1
知法常無性 1198-3
知事 1196-3
知空等虛空 546-1-11
知具報德益 445-2-9
知者 1195-3
知者は空門を破る 1195-3
知者外道 435-1-17
知客 686-3, 1190-3, 1192-1
知苦斷集 1193-1
知息出 1197-3
知息徧身 1197-3
知息長短 1197-3
知恩院 1190-3
知恩報德 1190-3
知恩報德益 1190-3
知根 1195-1
知根無所畏 1195-1
知浴 1209-3
知時 738-2-30
知庫 1194-3
知淨 1197-1
知淨語 1197-1
知衆 738-3-4
知無邊諸佛智 1189-1-15
知義 738-2-29
知殿 1198-2
知道者 1198-1
知寮 1210-3
知論 1210-3
知禮 1210-2
知識 688-2-27, 1195-2
知識衆 1195-3
知識會 1195-3
知識歸命 1195-2
和上 1853-3-18
和合 436-1-22
和合海 1851-3
和合智 1188-3-2
和合衆 1851-3
和合僧 1851-3
和合神分 1002-2-12
和光 1852-2
和光同塵 1852-2
和伎者 1852-1

和休經 1852-1
和夷羅洹閱叉 1848-2
和伽羅 1851-3-18
和伽羅那 1851-3
和伽那 1851-3-18
和社 1853-2
和尙 149-2, 330-2, 1853-3, 1873-1
和南 1854-2
和香丸 1851-2
和建陀 1857-2-3
和座子 1853-2
和須蜜 1449-1-22, 1853-3
和須吉 1853-2
和須蜜多 1853-3
和衆 1853-2
和順 1854-1
和敬 1852-1
和會 1854-3
和僧 1854-1
和語燈錄 1853-1
和適音 1400-1-17
和輪比丘 1854-3
和闍 1853-3-22
和闍梨 1854-1
和顏 1853-1
和羅那 1851-3-18, 1854-2
和羅飯 1854-3
和讃 1853-1
刻花 461-1
刻藏 461-2
叔叔摩羅 822-1
叔迦 821-2
叔祖 822-2
叔聲尼 823-1
臥不淨 916-3-1
臥行者 362-3
臥具 362-3
臥具愛 681-3-6
臥法 366-2
刺心 1830-2-25
乳水 1346-3
乳水眼 1346-3
乳木 1346-3
乳中殺人 1346-3
乳光 1346-2
乳光經 1346-2
乳光佛經 1346-2
乳色 1346-2
乳味 573-1-21, 1346-3
乳香 1346-2
乳海子 1346-2
乳粥 207-1-4
乳經 1346-2
乳糜 1346-3
乳藥 1347-1
刹 583-3, 1029-2
刹土 1033-1
刹多羅 1032-3
刹那 74-3-25, 930-3-17, 1033-1
刹那三世 1033-2
刹那生滅 1033-1
刹那無常 1033-2
刹那滅義 826-2-22
刹利 1034-1
刹柱 1032-3
刹竿 1030-1
刹帝利 1032-3
刹海 1030-1
刹塵 1032-3
刹說 1032-2
刹摩 1034-1
制心止 681-2-7
制多 1016-3
制多迦 1016-3
制多山部 1017-1
制衣 1308-1-2
制伏所流 742-3-23
制吒迦童子 1538-3-22
制戒 1015-1
制底 1017-1, 1113-3-8
制底畔睇 1017-1
制門 1018-1
制怛羅 1017-1
制敎 1015-2, 1313-2-4
制敎三宗 1015-3
制惡見論 1015-1
制經 1015-1
制聽二敎 1017-2
制體 1016-3
到岸 1106-3
到彼岸 1108-1
到頭 1108-1
宗 817-2
宗元 819-1
宗用 820-2
宗令 820-2
宗旨 819-2
宗匠 819-2
宗因喩 818-3
宗法 820-1
宗依 819-1
宗門 820-1
宗風 820-1
宗要 819-1
宗派 819-3
宗家 819-1
宗祖 819-3
宗乘 819-2
宗徒 819-3
宗致 819-3
宗骨 819-1
宗師 819-2
宗途 819-3
宗眼 819-1
宗喀巴 1234-3
宗密 820-1
宗源 819-1
宗極 819-2
宗義 819-1
宗說俱通 819-2
宗儀 819-1
宗論 820-2
宗學 819-1
宗鏡錄 819-1
宗體 819-3
使 680-3
使咒法經 720-1
使者 705-3
使者法 709-1
侍司 894-3
侍法師 603-2
侍者 895-1
侍者經 896-1
侍眞 897-1
侍眞侍者 897-1
受 735-1-14, 980-3
受十善戒經 985-3
受大乘戒十忍 159-1
受日 989-1
受五戒八戒文 984-1
受用土 658-1-28, 990-2
受用身 629-1, 990-2-20, 1606-1-14
受用莊嚴 771-3-2
受用種子 918-2-25
受用三水要法 990-2
受用三水要行法 990-2
受生心 984-3, 1831-1-8
受生不淨 732-3-21
受生自在 893-2-22
受衣 981-1
受戒 981-1
受戒入位 981-2
受戒七衆 981-2
受戒給牒 981-2
受戒犍度 424-1-3, 981-2
受戒灌頂 981-2
受戒阿闍梨 981-2
受別 989-3
受決 983-2
受法 989-3
受法經 989-3
受法灌頂 989-3
受空 983-1
受具 983-1
受命處 751-3-2
受念處 1379-1-2
受所引色 985-1, 1604-2-5
受明灌頂 990-1
受其瓔珞 984-1
受持 988-3
受持品 989-1
受持佛語 989-1
受持法師 535-3-11
受持法華 989-1
受持七佛名號所生功德經 988-3
受者 984-3
受者識 689-2-19
受食 985-2
受重得 989-1
受苦無間 574-1-11, 574-1-18, 1696-2-7
受記 982-2
受假施設 614-2-22
受假虛實觀 614-2-9, 983-2
受欲 990-2
受牌 989-2
受喜 982-3
受菩提心戒儀 989-3
受歲 984-2
受歲經 984-2
受想 984-2
受想行識 984-2
受業院 984-1
受業師 984-1
受新歲經 985-2
受經阿闍梨 982-3
受潤不二門 989-2
受樂無染願 990-2
受隨 987-3
受諸心行特勝 985-2
受齋 984-2
受齋經 984-2
受職 984-2
受職灌頂 984-2
受識住 693-1-25, 984-2
受蘊 981-1
受灌 983-1
受體隨行 988-1
舍多毘沙 806-2
舍多提婆魔菟舍諵 806-1
舍夷 764-1
舍吒迦 806-1
舍利 177-1-3, 603-2, 813-2, 813-3
舍利女 814-1
舍利子 814-1
舍利弗 814-1, 922-3-7, 1200-2-19
舍利會 816-1
舍利塔 814-1, 1114-3
舍利講 814-1
舍利贊 814-1
舍利弗王 1651-2-28
舍利代用 813-3
舍利禮文 815-3
舍利弗毘曇 815-3
舍利弗問經 815-3
舍利弗多羅 814-1
舍利弗授記 815-1
舍利弗風熱 815-1
舍利弗本地 814-3
舍利供養式 813-3
舍利報恩講 814-1
舍利八斛四斗 813-3
舍利弗悔過經 815-3
舍利弗阿毘曇論 32-2, 815-3
舍利弗陀羅尼經 815-3
舍利弗瞋恚氣分 814-3
舍利弗目連先佛入滅 815-2
舍利弗目連倫現神力 815-1
舍利弗摩訶目連遊四衢經 815-3
舍利弗過去退大乘向小道 815-1
舍利弗度二弟子說法顚倒 815-2
舍那 807-2
舍那身 807-2
舍那大戒 807-2
舍那婆修 807-3
舍那尊特 807-2
舍帝 806-1
舍脂 805-1
舍勒 816-1
舍婆提 808-3, 1849-1-15
舍摩 809-2
舍摩陀 809-3
舍摩梨 810-1
舍磨奢那 809-2
舍樓伽 816-1
舍黎娑擔摩經 816-1
舍衞 816-2
舍衞三億 816-3
舍衞國女 816-3
舍衞國王夢見十事經 816-3
舍頭諫 807-1
舍頭諫經 807-1
舍頭諫太子二十八宿經 807-1
舍離沙 814-1
舍羅 812-1
舍囉磨拏 812-3
周利般兎 840-3
周利槃特 840-3
周利槃特迦 840-3
周忌 683 2
周忌齋 683-2
周那 836-2
周那自宅供佛檀葺奠 993-1
周金剛 683-2
周金剛王 683-2
周陀 850-2
周陀半託迦 831-2
周流諸國五十餘年 841-3
周祥 683-3
周徧義 457-3-9
周遍法界 684-1
周遍含容觀 613-1-3, 684-1
周遍含容觀十門 952-3
周稚般他迦 832-2
周關 683-2
周羅 839-3
周羅髮 840-2
奔荼利迦 1547-2-10
承仕 779-1
承露盤 849-1
河心 1830-1-23

和刻叔臥刺乳刹制到宗使侍受舍周奔承河

河泥泥注油波泊泡治味呵咀呪良幸昔亟京享卒些昆杲昇岡岩尙忽卷兒帛炙返陂音背皆貞春要

河沙 188-3
河淮 214-1
河臨六字法 212-2
泯亡 1691-1
泯權歸實 1691-1
泥人 1294-3
泥丸 1260-2
泥心 1830-3-4
泥曰 1260-3, 1295-2
泥底 1260-3
泥洹 1260-3, 1295-2
泥洹經 1295-3
泥洹雙樹 1295-3
泥桓 1260-2
泥畔 1294-3
泥哩底 1260-3
泥梨 1295-2
泥梨迦 1295-2
泥梨經 1295-2
泥得 1260-2
泥婆裟 1294-3
泥塔 1260-2
泥塔供 1260-2
泥縛些那 1260-2
1294-3, 1337-2
泥盧都 1217-1-11
泥盧鉢羅 1260-3
泥瞿陀 1310-3
泥囉耶 1295-2
注荼半托迦 1208-2
油 33-1
油鉢 1760-2
油粥 207-1-1
油の鉢を持つ 33-2
油の鉢を覆す 33-1
波叉 1396-1
波尼 1424-1
波尼藍 1424-2
波奴 1423-2
波他 1397-2
波多迦比丘 1397-2
波夷羅 1386-3
波戌 1396-3
波旬 1159-2-30, 1396-3
波吒羅 1397-3, 1398-1
波吒釐 1398-1
波吒釐子 1398-2
波吒利弗 1398-2
波吒釐弗多羅 1398-2
波吒釐子城緣起 1398-1
波吒利弗城結集 400-3
波吠儞野 1425-1-12
1425-2
波伽羅 1393-2
波那娑 1436-3-28, 1423-3
波那和提 1424-1
波利 1455-3-11, 1431-1
1431-2
波利迦羅 1431-2
波利師迦 1431-2
波利婆沙 1432-1
波利羅睺 1432-2
波利質多羅 1431-2
波利樹法門 1431-3
波利暱縛喝 1431-3
波利咀羅拘迦 1431-3
波怛囉賓荼波戻迦 1398-1
波夜提 1425-3
波和利 1432-2
波泥 1424-2
波波 1424-3, 1424-2
波波劫劫 1424-3
波卑 1425-1
波卑夜 1425-1
波卑椽 1425-1
波胝提舍尼 1428-2-19
波剌斯 1427-3
波哆迦 1397-2
波若 1437-2-23, 1424-2
波帝 1423-1
波耶 1425-3
波陀劫 1398-3
波陀羅 1398-3
波栗濕縛 1431-3, 1431-2
波師 1395-2
波倫 1432-2-8
波梨鐘 1431-2
波崙 1432-2
波婆利 1425-1
波婆離 1424-3
波婆提伽 1424-3
波婆遮吒 1424-2
波婆梨奄婆 1425-1
波詞梨 1393-1
波提 1398-3
波斯 1395-1
波斯匿 1395-2
波斯匿王 1665-3-2
波斯匿王十夢 1761-3
波斯匿女發心 1396-1
波斯匿王造金像 1395-3
波斯匿王塗藥鼓 1396-1
波斯匿王造牛頭栴檀像 1395-3
波斯匿王女善光嫁乞人 1396-1
波斯匿王遊獵得末利夫人 1395-3
波斯匿王見十夢請佛解之 1395-3
波斯匿王太后崩王求贖命 1396-1
波斯匿王女婆陀死王求贖命 1396-1
波斯匿王女金剛醜女念佛改形 1395-3
波逸提 1386-1
波逸底迦 1386-2
波鳩蠡 1394-3
波鉢多 1424-3
波演那 1393-1
波頗 1424-2
波頗蜜多羅 1424-3
波頗蜜多羅三藏五敎 523-1
波樓那 1456-2
波樓沙迦 1432-2
波摩那 1425-3
波機提 1421-2-14
波頭摩 1422-2-1
1423-2-17
波儞尼 1424-2
波賴他 1425-3-27, 1428-2
波賴若 1437-2-24
波曇 423-2-17, 1423-2
波曇摩 1423-2-17
波闍羅 1445-2-22, 1396-3
波闍波提 1396-2
1649-3-9
波闍鉢提 1649-3-9
波離 1431-1
波羅 1640-3-6
波羅夷 1655-3-6, 1426-1
波羅奈 1429-2, 1454-1
波羅蜜 1430-1
波羅陀 1428-2
波羅迦 1427-2
波羅那 1429-2
波藥致 1425-3
波羅奢 1427-3
波羅越 1431-1
波羅塞 1428-1
波羅孃 1437-2-25
波羅提毘 1428-3
波羅末陀 1430-1
波羅市迦 1426-1-5,
1427-3
波羅尼蜜 1429-3
波羅加羅 1427-2
波羅舍尼 1428-2-20
波羅奈斯 1429-2
1454-1-23
波羅蜜多 1430-1
波羅蜜形 1430-3
波羅羅油 1431-1
波羅夷四喩 1476-1
波羅提毘叉 1428-3
波羅提木叉 1428-3
波羅提舍尼 1428-2-20
1428-2
波羅頗婆底 1429-3
波羅頗莎羅 1429-3
波羅娑提伽 1453-3-23
波羅捺國王 1785-3-9
波羅逸尼柯 1427-1
波羅闍巳迦 1426-1-5,
1427-3
波羅提提舍尼 1428-2
波羅利弗多羅 1431-1
波羅夜質胝柯 1430-3
波羅羯羅伐彈那 1427-2
波羅頗蜜多羅 1429-3
波羅頗迦羅蜜多羅 1429-3
波羅提木叉僧祇戒本 1428-3
泊瀨寺 1422-1
泡影 1387-1
治生產業 1195-3
治地住 927-2-20, 1220-3
治國天 1194-3
治意經 1190-1
治罪羯磨 507-1-1
治禪病祕要經 1197-3
治禪病祕要法 1197-3
治魔法 1643-1
味入 1680-3
味因 1324-1-22
味知 1324-1-26
味欲 1688-3
味道 1676-3
味著 1677-2
味境 734-1-28
味塵 1677-2
呵子 188-2
呵五欲 188-1
呵吒迦 193-1
呵色欲法 188-2
呵利陀 210-3-4, 210-2
呵利帝 210-3-3
呵利陀山 210-2
呵利勒 212-2-4
呵利底 250-2-4
呵責 189-1
呵責犍度 424-1-17
呵梨陀蘆 210-2
呵梨得枳 211-2, 212-2-4
呵梨跋陀 211-2
呵欲經 207-2
呵婆婆 203-1
呵鵰阿那鋡 199-3
呵鵰阿那含經 188-2
呵羅羅 208-3
咀経他 1112-2-4
咀儞也他 1113-2
咀羅吒 1117-2
咀囉 1117-1-19
呪文 990-2
呪目經 990-2
呪陀羅尼 1181-3-16,
1182-1
呪秘 989-3
呪願六德 983-2
艮价 1792-2
幸西 175-3
昔圓 1362-2-10, 804-2
亟縛履 254-3
京都五山 527-2
享堂 251-2
卒都婆 61-2-23
些吉 599-2
昆勒 508-2
杲寶 181-1
昇進法 1775-3-4
岡寺 1873-1
岩戸觀音 88-2
尙闍梨 774-3, 1839-2-19
忽然念起名爲無明 467-3
卷數 345-1
兒文殊 1195-1, 1743-1
帛尸梨蜜多羅 1394-1
炙茄會 1025-1
返沒 1574-2
陂池心 1830-1-25

〔九　畫〕

音木 154-1, 249-3-4
音敎 154-2
音義 153-3
音樂 153-3
音樂天 153-3
音聲 1324-1-19, 155-1
音聲忍 1363-6
音聲佛事 155-1
音聲念誦 155-2
1379-2-9
音聲陀羅尼 155-2
音響忍 153-3, 1362-3-28
背子 1385-3
背上使 1386-1
背正 1385-3
背念 1386-2
背捨 1385-3
背鱠經屛 1386-3
皆令佛道 172-2
皆令滿足 172-2
皆令入佛道 172-2
皆成佛道 165-2
皆共成佛道 161-2
皆在虛空 164-1
皆因提婆達多 159-3
皆見龍女 162-2
皆空無漏 161-1
皆是普賢威神之力 165-2
皆遙見彼龍女成佛 171-2
皆與實相不相違背 171-2
貞元經 1223-3
貞元錄 1239-1
貞元華嚴 1238-3
貞元新定釋敎目錄 1238-3
貞舜 1224-3
貞實 1225-2
貞慶 1223-2
春日厨子 190-1
春日の四所 190-1
春日大明神 189-3
春日御正體 189-3
要文 131-1
要弘相對 130-2
要行 130-1
要旨 130-2
要言 130-3
要妙 130-3
要門 130-2-20, 130-3
要津 130-2
要眞弘三門 130-2
要術 130-3

要偈 130-2
要略念誦經 131-1
要集經 130-2
要道 130-3
要路 131-1
要慧經 131-1
革堂 179-3, 202-2
甚希有經 999-1
甚深 1000-1
甚深大廻向經 1000-2
南 1301-3
南山 1303-1
南山衣 1303-1
南山家 1303-1
南山三教 614-1-12
南山三觀 613-1, 1303-1
南山律主 1303-3
南大寺 1680-3
南三北七 1302-3
南天 1305-3
南天竺 1305-3
南天鐵塔 1305-3
南方月輪 1306-2
南方佛教 1306-2
南方寶生部 1306-2
南方無垢世界 1306-2
南中三教 613-3, 1305-2
南本涅槃 1373-3-16
南本涅槃經 1306-3
南北律 1306-3
南寺傳 1303-3
南岳 1302-2, 1302-2
南岳磨磚 1302-2
南京三會 672-1
南京遂講の三會 672-2-8
南宗 1303-2
南泉 1303-3
南泉白牯 1304-1
南泉牡丹 1304-1
南泉斬猫 1303-3
南泉圓相 1304-1
南泉鎌子 1304-1
南泉水牯牛 1304-1
南洲 1303-1
南院 1307-1
南院一棒 1307-1
南浮 1306-2
南能北秀 1306-1
南海和上 1302-1
南部 1306-2
南條目錄 1305-3
南無 1299-1, 1300-1
南無佛 1299-3
南無垢 1306-3
南無三寶 1299-3
南無阿彌陀佛 1299-2
南無釋迦牟尼 1004-2-8
南無阿彌陀佛耶 1299-3
南無妙法蓮華經 1300-1
南無不可思議光如來 1299-3
南無喝囉怛那哆羅夜耶 1299-3
南陽 1306-3
南陽淨瓶 1307-1
南都律 1305-3
南都三會 1305-3
南圓堂 1307-1
南頓北漸 1306-1
南閻浮 1302-1
南閻浮提 1302-1
南禪寺 1304-2
南禪寺派 1304-2
南謨阿梨耶婆盧枳帝爍鉢羅耶菩提薩埵婆耶摩訶薩埵婆耶 1300-1
南贍部州 1304-1
柰女 1294-3
柰女經 1294-3
柰氏 1293-2
柰苑 1295-2
威光菩薩 1855-3
威怒 1858-3
威怒王 1858-3
威怒王使者念誦法 1859-1
威怒王念誦法 1859-1
威音王佛 1855-1
威音那畔 1855-1
威施長者問觀身行經 1856-2
威神 1856-1
威儀 1855-2
威儀師 1855-3
威儀僧 1855-3
威儀具足 929-2-2
威儀法師 1855-3
威儀無記 1693-3-28
威儀委態欲 1843-3-6
威德 1858-2
威德定 1858-2
威德無垢稱王優婆塞 1858-2
面山 1736-1
面孔 1736-1
面王比丘 1736-3
面目 1736-2
面光不背 1736-1
面門 1736-2
面前一糸 1736-2
面授 1736-1
面授口訣 1736-2
面善圓淨如滿月 1736-2
面輪 1736-3
面壁 1736-2
面燃餓鬼經 1736-2
函蓋相應 215-2
函櫃 215-2
飛化 1460-1
飛仙 1463-2
飛行 1459-3
飛行仙 1459-1
飛行夜叉 1460-1
飛行皇帝 1459-3
飛花落葉 1460-1
飛帝 1466-2
飛單 1464-1
飛錫 1461-3
飛龍大薩埵 1478-3
建仁寺 424-3
建仁寺垣 424-3
建仁寺流 424-3
建仁寺陀羅尼鐘 424-3
建爪 498-3
建立 507-2
建立軌 507-2
建立假 527-3
建立謗 507-3
建立大師 507-3
建立淨外道 434-3-30
建立曼荼羅護摩儀軌 507-3
建立曼荼羅及揀擇
　地法 507-3
建初寺 414-2
建佗歌 421-1
建豆鉢喇底車攞娜 424-2
建藭 499-1
屍鬼 691-1
屍糞埳 1756-2-25
屎擔子 725-1
屎糞地獄 756-1
眉間光 1674-1
眉間白毫相 1674-1
柔和忍辱衣 1307-3
柔和質直者 1307-3
柔軟花 1668-3-22
柔軟音 1400-1-16
柔軟沙門 696-2-29
柔軟中柔軟沙門 696-2-29
柔順忍 1307-3, 1362-3-29
柔輭 1307-3
柔輭語 1307-3
勇郡王 411-3-25
勇健 1754-1-3, 929-3-21
勇健神 1753-3-16
勇猛精進 929-2-4
染 1054-2
染心 1062-1
染心相觸 1841-3-6
染色 1060-2
染衣 1056-1
染污 1070-1
染污意 1068-2, 1070-1
染污無知 1070-1
染法 1067-1
染界 1056-3
染海 1056-3
染紙 1090-2
染恚痴 1070-1
染淨 1062-2
染淨依 1062-2
染淨眞如 879-2-24
染淨不二門 1062-3
染習 1060-2
染着 1065-3
染愛 1054-2
染愛王 1054-2
染緣 1056-2
美音天 1168-3-14
美音乾闥婆 1673-2
前三三 1059-3
前世 1063-1
前世の戒 1063-1
前世三轉經 1063-2
前正覺山 1061-1
前生 1060-2
前句 429-1-1
前安居 45-2-11, 1056-1
前佛 1067-3
前佛後佛 1067-3
前板 1067-3
前卓 1663-1
前念 1067-1
前念命終後念即生 1067-1
前後際斷 1059-1
前修 1061-1
前唐院 1063-2
前鬼後鬼 1057-1
前堂 1063-3
前堂首座 1063-3, 829-1
前業 1059-2
前資 1060-1
前塵 1066-1
首丁頭巾 832-2
首陀 830-2
首陀婆 831-2
首陀羅 831-2
首陀娑婆 830-3
首座 829-1
首悔 823-1
首訶旣那 820-2
首意經 817-1
首圖馱那 836-1
首楞嚴 841-1
首楞伽摩 841-1
首楞嚴定 841-3
首楞嚴經 841-2
首楞嚴院 841-3
首楞嚴三昧 841-2
首楞嚴三昧經 841-2
首楞嚴院要集 841-3
首楞嚴三昧五名 841-1
首盧 841-3
首盧迦 841-3
首題 830-2
首題名字 830-3
首羅 839-3
苦 275-3
苦厄 314-3
苦本 308-3
苦末羅 310-2
苦行 287-2
苦行林 287-3
苦行外道 287-2
苦行論師 434-3-9, 287-3
苦行宿緣經 287-3
苦因 277-2
苦言 290-3
苦空 288-2
苦空の曲 288-2
苦空無我 288-2
苦空無我聲 288-2
苦空無常無我 288-3
苦法智 308-2, 420-1-8
苦法智忍 308-2, 420-1-7
苦果 289-1
苦河 285-2
苦性 293-3
苦毒 302-3
苦受 297-2, 541-3-5
637-2-29
苦津 295-1
苦苦 276-1-3, 287-3
苦海 285-2
苦陰 285-2
苦陰經 285-2
苦陰因事經 285-2
苦域 277-1
苦速通行 1232-3-2
苦集 296-1
苦集滅道 707-1-17
296-1
苦智 300-1, 1188-3-16
苦惱 304-3
苦道 299-3, 646-3-22
苦想 291-1
苦聖諦 294-1
苦際 290-3
苦網 310-1
苦輪 316-3
苦餘 314-3
苦縛 306-3
苦諦 299-2
苦遲通行 1232-2-28
苦類智 318-1
420-1-16
苦類智忍 318-1, 420-1-15
苦蘊 284-3
苦覺 285-3
英文 130-1
英仲 129-3
英朝 129-3
苾力叉慕里迦 1478-2
苾吒瞿波羅 1463-3
苾芻 1465-1
苾芻尼 1465-2
苾芻律儀 1465-3
苾芻五法經 1465-2
苾芻尼戒經 1465-3
苾芻習學略法 1465-2
苾芻尼毘奈耶 1465-3
苾芻尼律儀無表色
1716-1-19
苾芻迦尸迦十法經 188-2
1465-2
苾嚟吃嘌知 1478-3

九　畫

若苑哀帝度宣室客穿突冒星曷品毘

若入他家 1345-3
若人不信 1346-1
若人求佛慧 1345-3
若人欲了知 1346-1
若人散亂心 1345-3
若人種善根 1345-3
若不生者 1346-1
若以色見我 1345-1
若有聞法者 1345-1
若那 1345-3
若那跋陀羅 1345-3
若那戰陀羅 1345-3
若我成佛 1345-1
若我誓願大悲中 1345-1
若坐若經行除睡常攝心 1345-2
若作障礙即有一佛魔境 1345-2
若於夢中但見妙華 1345-1
若南 1345-3
若持法華其身甚清淨 1345-3
若唱彌陀 1345-3
若提子 1345-3
若暫持者 1345-2
苑公四教 699-3
哀亮 8-1
哀雅 5-2
哀愍 7-3
哀憐 8-1
帝弓 1097-3
帝心 1239-3
帝利耶瞿榆泥伽 1240-1
帝居 1098-3
帝青 1101-3
帝須 1239-2, 1654-1-26
帝網 1105-3, 1240-1
帝隸路迦也吠闍耶 1240-1
帝釋 1101-3, 1544-2-1
帝釋弓 1103-1
帝釋天 935-2-18, 1103-2
帝釋供 1103-2
帝釋城 1103-2
帝釋宮 1103-1
帝釋瓶 1103-2
帝釋窟 1103-1
帝釋網 1103-3
帝釋巖 1103-1
帝釋心經 1103-2
帝釋拜畜 1102-3
帝釋宿因 1102-2
帝釋の四苑 1102-3
帝釋の異名 802-1
帝釋所問經 1103-2
帝釋與修羅戰 1102-2
帝釋宮の音樂 1103-2
帝釋の地藏會 1219-2
帝釋の善法堂 1102-3
帝釋爲佛造講堂 1102-2
帝釋巖秘密成就儀軌 1103-1
帝釋般若波羅蜜多心經 1103-2
度 1281-2
度世 1288-3
度世品經 1288-3
度生 1288-2
度弟 1289-1
度弟院 1235-2
度我 1854-2-14
度沃焦 1289-2
度使 1288-1
度於死 779-3-25
度者 1288-1
度科 1288-1
度洛叉 1289-3
度脫 1289-1
度貧母經 1289-2
度無極 1289-2, 1430-1-25
度無極經 1289-2
度衆生心 1288-3
度牒 1289-1
度僧 1288-3
度緣 168-2-18, 1285-1
度諸佛境界智光嚴經 1288-3
宣流 1051-2
宣說 1042-3
宣臺 1043-3
宣鑑 1038-3
室宅心 1830-2-17
室衣座 743-3
室利 747-3
室利羅 858-1
室利羅多 747-3
室利邏多 858-1
室利提婆 857-2
室利揭婆 856-3
室利靺瑳 857-3
室利嚩塞迦 857-3
室摩那拏 760-1
室摩拏伊落迦 760-1
室盧迦 859-1
室羅伐 556-2
室羅筏 747-3
室羅筏拏 856-2
室羅伐悉底 856-2
室羅筏悉底 747-3
室羅末尼羅 856-3
室羅筏拏摩洗 856-2
室羅摩拏洛迦 856-3
室羅摩拏理迦 856-3
室獸摩羅 716-2
室囉末拏 856-3
室灑 744-1
客山 253-3
客司 185-1
客位 187-2
客作賤人 184-3
客僧 254-1
客塵 254-1
客頭行者 284-1
穿井 1040-2
穿耳客 1047-1
穿耳僧 1047-1
突吉羅 1272-2
突婆 1278-1
突路拏 1279-1
突瑟几理多 1276-2
冒地 1633-1
冒地質多 1633-2
冒地薩怛嚩 1633-1
星供 769-1
星宿 775-1
星宿劫 778-1
星宿劫千佛名經 778-1
星祭 1587-3
曷刺羪 42-3-1
曷刺怛那 1780-3-22
曷羅闍姞利呬城 1849-1-11
曷羅怙羅 1778-3-9
品 1617-3
品具 1619-1
品食 1621-3
品題 1623-1
品類足論 1625-3
1836-2-4
毘尸沙 1485-1
毘尼 1489-3-30
1490-2, 1787-3-30
毘尼藏 674-2-11, 1490-2
毘尼母經 1490-3
毘尼母論 1490-3
毘尼波啄 1490-2
毘尼方廣經 1490-2
毘尼多流支 1490-2
毘尼摩得勒迦 1490-2
毘世 1488-1
毘目叉 1492-3
毘目多羅 1492-3-11
毘目瞿沙 1492-3
毘布羅 1491-3-28
毘末羅蜜多羅 1492-3
毘多輸 1488-3
毘沙門 1486-1
毘沙門天 935-3-24
1486-2
毘沙門供 1486-2
毘沙門經 1486-1
毘沙門講 1486-2
毘沙門堂流 1486-2
毘沙門散華 615-1-20
毘沙門儀軌 1486-2
毘沙門五童子 1487-1
毘沙門功德經 1487-1
毘沙門護世堂 1486-2
毘沙門天王隨軍護法眞言 1486-3
毘沙門天王隨軍護法儀軌 1486-3
毘那耶 1489-3-29
毘那夜迦 1490-1
毘那夜迦秘要 1490-1
毘那夜迦含光軌 1490-1
毘那夜迦誐那鉢底瑜伽悉地品秘要 1490-1
毘伽摩 1482-3
毘伽羅 1482-3
毘利差 1499-2
毘佛略 1492-1
毘佉羅 1483-2
毘低羅 1489-2
毘何羯喇拏 1482-2
1482-3-6
毘舍 1485-2, 1574-3-17
毘舍也 1487-1
毘舍佉 1485-2
毘舍耶 1487-1
毘舍浮 1486-1
毘舍符 1486-1-13
毘舍婆 1486-1
毘舍遮 1461-3-23
毘舍闍 1485-3
毘舍羅 1487-1
毘舍離 1487-1
毘舍佉母 1485-3
毘舍離城 1785-3-7
毘舍離城結集 400-2
毘舍佉優婆夷 1485-3
毘陀 1488-3, 1856-2-4
毘陀羅 1489-1, 1858-1-5
毘奈耶 1489-3, 1490-1
毘奈耶雜事 1490-2
毘怛迦 1488-2
毘泥迦 1490-3
毘首 1487-2
毘首羯磨 1487-2
毘首羯摩三昧耶 1487-3
毘首羯磨化身鵠 1487-3
毘首羯磨化人造佛像 1487-3
毘耶 1492-3
毘耶離 1487-1-29, 1499-1
毘耶娑問經 1499-1
毘耶羯刺諵 1482-3-5
毘若南 1488-1
毘若底 1488-1
毘若底摩呾刺多 1488-1
毘城 1487-3
毘指多婆多 1485-1
毘室羅懣拏 1487-3
毘俱知 1484-1-1
毘俱胝 1484-1
毘俱胝觀音 1484-1
毘俱胝菩薩 1484-1
毘俱胝菩薩一百八名經 1484-2
毘流波叉 1501-1
毘流離王 1808-3-11
毘紐 1485-1-28, 1489-2
毘笈摩 1483-2, 1502-2-24
毘恕沙付 1486-1-9
毘留勒叉 1502-2
毘殺社鉢利色迦羅 1485-1
毘婆尸 1491-1
毘婆尸佛經 1491-1
毘婆沙 1491-1-8
毘婆娑 1491-1
毘婆沙師 1491-2
毘婆娑律 1491-2
毘婆沙論 1491-2
毘婆舍那 1491-2
毘婆娑羅王幽死 505-3
1505-1
毘婆闍婆提 1491-2
毘婆毘婆舍那 1491-3
毘梨耶 1499-3
毘梨勒 1499-3
毘梨沙伽那 1499-2
毘梨耶波羅蜜 1147-2-19
毘婁眞 1501-1
毘婁勒王 1501-1-28
毘陵 1499-3
毘琉璃 1501-1
毘庾娜囊帝 1499-1
毘訶 1482-2
毘訶提 1482-2
毘訶羅 1482-2
毘訶羅波羅 1482-2
毘訶羅莎弭 1482-2
毘提希 1857-1-4
毘提訶 1488-3
毘奢隸夜 1487-2
毘奢蜜多羅 1486-1
毘嵐 1499-1
毘睇 1489-2
毘搜紐 1485-1-29
1488-2, 1858-1-15
毘富羅 1491-3, 1492-1-8
毘跋耶斯 1491-3
毘鉢 1490-3
毘鉢尸 1490-3, 1491-1-7
毘鉢舍那 1490-3
毘鉢囉哩曳薩多 1490-3
毘瑟怒 1485-1-29
1485-2, 1858-1-15
毘瑟紐 1485-1-28
1858-1-15
毘瑟紋 1485-1-29
1858-1-15
毘楞伽 1499-3
毘楞羯梨 1499-3
毘頗沙 1490-3
毘痩紐 1485-1-29
1858-1-15
毘瑠璃 1501-1, 1575-1-29
毘摩 1492-1
毘摩羅 1492-2
毘摩羅詰 1492-2-25
1766-3-12
毘摩羅闍 1492-2
毘摩質多 1492-1
毘摩質多羅 1492-1
毘樓那 1501-1
毘樓勒迦 1502-2
毘盧遮那 1500-1-14
毘遮羅 1487-1

毘播迦 1490-3
毘羯羅 1482-2
毘質多羅 1485-1
毘盧 1499-3
毘盧印 1499-3
毘盧帽 1501-1
毘盧遮 1500-1
毘盧宅迦 1501-1
毘盧折那 1500-1-15
1500-2
毘盧擇迦 1501-1
毘盧釋迦 1500-1
毘盧覺王 1500-1
毘盧舍那 1500-1
1807-2-7
毘盧遮那經 1500-2
毘盧宅迦王 1501-1-29
毘盧舍那五聖 1500-3
毘盧遮那成道經 1500-3
毘盧遮那三摩地法 1500-3
毘盧遮那五字眞言 1500-3
毘盧遮那五字叡印明 1500-3
毘盧遮那如來菩提
心讃 1500-3
毘曇 1489-2
毘曇宗 1489-3
毘曇孔子 1489-3
毘曇有門 1489-3
毘曇成實 1489-3
毘輸駄 1487-3
毘輸安呾囉 1487-2
毘輸遮囉那 1487-3
毘壇 1489-1
毘頭梨 1808-1-29
毘濕波 1485-2
毘濕婆 1485-2
毘濕縛 1485-2
毘濕婆部 1485-2
1486-1-13
毘濕飯怛囉 1485-2
毘濕縛羯磨 1487-2-22
毘闍那 1488-1
毘闍柯 1487-3
毘闍耶多 1488-1
毘闍耶 1488-1
毘藍 1499-1-29
毘藍園 1499-2
毘離耶 1499-3-4
毘職吉瑳 1485-1
毘職多鉢臈婆 1485-1
毘羅尼 1499-1
毘羅婆 1499-1
毘醯勒 1484-3
毘蘭 1499-2-9
毘蘭多 1499-2
毘蘭若 1499-2
毘攝浮 1488-2
毘攝羅 1486-1-14, 1488-2
毘灑迦 1485-2
毘鐸佉 1488-2
毘囉梨 1499-1
毘囉拏羯車婆 1499-1
思 681-1, 735-1-16
思大 725-2
思大和尙 726-1
思已業 682-2
思法 758-1, 1775-3-3
思法羅漢 1775-2-4
思法阿羅漢 758-2
思食 716-2-23, 889-3-4
思益經 800-2
思益梵天所問經 803-2
思惟 843-1, 1857-1-5
思惟手 532-1-12, 843-2
思惟經 843-1
思惟要法 843-1
思惟散亂 533-1-12
思惟福業 656-1-4
思惟如意足 843-2
思惟略要法 843-2
思假 699-2
思現觀 442-3-16
思量 858-1
思量識 653-1-1, 858-1
思量能變識 858-1
思惑 859-2, 1362-1-1
思惑品數 416-1
思緣 685-3
思慧 672-1-2
859-2-26, 1845-2-14
思擇力 1360-2-12
思禪師 722-2
界 156-3
界內 169-1
界內惑 169-2
界內敎 169-1, 1312-2-5
界內事敎 169-1
界內理敎 169-1
界內界外斷惑異 1372-2-13
界分 170-3
界尺 164-2
界外 162-2
界外敎 162-3, 1312-2-8
界外事敎 162-3
界外理敎 162-3
界如 169-2
界如三千の窓 169-2
界身足論 164-3, 1836-2-4
界法 759-1-15
界品 171-1
界畔字 170-1
界善巧 921-2-21
界會 173-1
界趣 164-2
界繫 161-2
界繫思惑 625-3-29
炭頭 1120-3, 1121-1
幽旨 1756-2
幽谷 639-3-27
幽冥 50-1
幽途 50-1
幽儀 1756-1
幽隱妄想 572-3-18
幽靈 50-1, 1757-2
風 192-3
風刀 1506-3
風大 1506-2
風三昧 1506-2
風天 935-3-19, 1506-3
風心 1830-2-29
風中燈 1506-3
風仙論師 434-3-3
風色 1506-2
風災 617-3-7, 1506-2
風定 1506-3
風性 1324-2-7
風前燈 1506-2
風前燭 1506-2
風界 1506-1
風航 1506-2
風鈴 1507-2
風際 1506-2
風輪 858-2-12
858-3-2, 1507-2
風輪際 1507-2
風輪壇 1507-2
風輪三昧 1507-2
風幡 1507-1
風燈 1507-1
風壇 1506-3
風奮迅三昧 1507-1
風燭 1506-2
軍那 370-3
軍持 370-3
軍茶 370-1
軍茶利 370-1
軍茶利金剛 548-2-13
軍茶利夜叉 370-1
軍茶利儀軌 370-3
軍茶利明王 370-1
軍茶利明王經軌 370-3
軍茶利明王羯磨印 198-3
看山水陸[カンザンスイリク] 216-1
看方便 218-2
看坊 218-2
看病 218-2
看經[カンキン] 215-2
看寮 219-1
重 1213-2
重山 1214-1
重三三昧 619-1
重火 1213-2
重如 1214-1
重空 1213-2
重空觀 1213-2
重空三昧 1213-2
重物輕物 1079-1-12
重炬 1568-3
重重帝網 1214-1
重病堂 1214-1
重疾失除 1214-1
重源 1213-3
重頌 1213-3
重誨 1213-3
重障 1213-3
重複衣 1214-1
重閣講堂 1213-2
重緣心 1214-2
重擔 1214-1
重誓偈 1214-1
重翻 1214-1
重關 1213-3
重霧於大淸 1214-2
重觸 1408-2-18
香 173-1, 179-3-29
香入 180-1
香儿 174-2
香山 176-2, 178-3
香山寺 176-2
香山大樹緊那羅 176-2
香丸 175-1
香口比丘 174-3
香水 178-2
香水海 178-2
香水瓶 178-3
香水錢 178-2
香王 182-3
香王經 182-3
香王觀音 182-3
香王菩薩陀羅尼咒經 182-3
香火 174-3
香火寺 174-3
香木 181-2
香田 180-1
香衣 173-2
香合 174-1
香色 176-3
香因 1324-1-21
香印 173-2
香如須彌 173-1
香光莊嚴 174-3
香味 181-2
香房 181-2
香姓 177-1
香剎 178-3
香附子 180-3
香陀羅尼經 179-3
香染 179-2
香亭 179-3
香室 176-3
香灶 179-3
香風山 180-3
香音神 173-3
香神 178-1
香案 173-2
香城 177-3
香海 173-3
香芻 177-2
香華 175-1
香華寺 175-1
香華所 175-2
香華院 175-1
香欲 182-2
香部屋 180-3
香象 176-1
香象大師 176-1
香象之文 176-1
香象菩薩 176-1
香爲佛使 173-1
香爲信心之使 173-1
香奠 180-1, 1091-2
香集 177-3
香厨 179-3
香湯 179-2
香雲 173-2
香塔 179-2
香菩薩 1401-3-23
香煙 173-3
香殿 180-1
香飯 180-1
香蓋 174-1
香臺 179-2
香塵 179-3
香境 734-1-28
香聚山 178-1
香熏十方 174-3
香樓 182-2
香稻 179-2
香篆 179-3
香緣 173-3
香盤 180-3
香醉山 178-3
香積 177-2
香積寺 177-2
香積佛 180-1-28
香燃 180-1
香錢 178-3
香藥 182-1
香嚴[キャウゲン] 175-2
香嚴樹上 175-3
香嚴擊竹 175-2
香爐 182-2
香爐箱 182-2
香饌 178-3
契冲 372-3
契此 164-1
契書 164-3
契經 160-3
契經藏 674-2-11
契會 172-3
契嵩 165-2
契範 170-1, 171-1
契線 165-2
食 889-1
食四分 890-1
食米齋 1864-3-28
食米齋宗 891-1
食米齋仙人 891-1
食肉 890-3
食肉鬼 1461-3-23
食戒 890-2
食物五果 520-3
食後 890-2
食後漱口 890-1
食前 890-3

九　畫

食盆皇韋急怨拏廻逑迦

食前密語　890-1
食界　890-2
食施獲五福報經　890-3
食時　890-2
食時五觀　521-1
食時咒願　983-2
食馬麥宿緣經　891-1
食堂　890-3
食堂安文殊像　890-3
食堂安置賓頭盧　1503-3
食頃　890-2
食欲　891-1
食噉不淨　732-3-22
食經　890-2
食厭想　890-1
盆　1633-3
盆會　1642-1
皇圓　327-2
皇慶　320-2, 320-3
韋天將軍　1858-1
韋陀　1856-2
韋陀輸　1857-3
韋陀羅　1858-1
韋陀梵志　1857-3
韋陀論師　1858-1, 434-3-4
韋紐　1485-1-29
韋紐天　1858-1
韋將軍　1856-1
韋提　1857-1
韋提希　1857-1, 20-2-1
韋提希子　1575-1-19
韋提幽囚　1857-1
韋提得悟　1857-1
韋提欣求淨土　1857-1
韋馱天　1857-2
韋馱天走り　1857-3
韋馱天還佛牙　1857-2
韋糅紐　1858-1-15
韋德三昧　1858-2
急施衣　246-1
急急如律令　245-3
怨家　1874-1
怨結　1874-1
怨賊　1874-2
怨敵　1874-3
怨憎會苦　515-2-19, 1874-2, 276-1-13
怨親　1874-1
怨親平等　1874-2
怨靈　1874-3
拏　1122-1
拏吉儞　1177-2-28
拏枳儞　1296-2
廻大入　1865-2
廻心機　1864-2
廻向　521-3-16
廻向心　917-1-30
廻向最勝　730-2-1
廻向發願心　628-1-28
廻施　1864-3
廻諍論　1864-3
逑記　989-1
逑嚕怛羅　993-1
迦　156-2
迦丁比丘　194-3
迦丁比丘說當來變經　194-3
迦尸　188-2
迦尸迦　188-2
迦比羅　203-1
迦比羅跋晃　203-1
迦比羅婆修斗　203-1, 203-3-26
迦比羅皤窣都　203-1, 203-3-25
迦止栗那　189-2
迦布德迦　204-2
迦布德迦伽藍　204-2
迦尼迦　220-3
迦末羅　205-1
迦多　192-3
迦多衍那　191-3-11, 192-3, 1127-3-23
迦多衍尼子　191-3-12, 192-3
迦夷　156-3
迦夷羅　203-3-25, 171-2
迦夷婆兜　170-1
迦吒牟尼　193-2
迦吒富單那　193-1
迦老　207-3
迦利　209-3
迦利沙　210-1
迦利沙那　210-1
迦利沙波拏　210-1
迦利沙般拏　210-2, 210-2-2
迦利沙婆那　210-2
迦利沙婆拏　210-2-1
迦利沙鉢拏　210-1, 210-2-2
迦利底迦　211-2
迦那跋底　200-3
迦那提婆　200-2
迦那伽牟尼　200-2
迦尾羅　203-3, 212-1-9
迦尾攞縛娑多　203-3-26, 203-3
迦沙　188-3-26
迦瓦那伽梨　212-1
迦拘伽　184-1
迦拘婆　186-2
迦底耶夜那　191-3-11
迦迦　183-1
迦迦迦　183-2
迦迦那　183-2
迦迦羅　183-2
迦迦羅虫　183-2
迦迦婁多　183-2
迦迦婆迦頻闍邏　183-2
迦毘羅　203-2, 203-3-24, 1849-1-15
迦毘梨　204-1
迦毘伽　203-2, 212-1-9
迦毘伽羅　203-2, 212-1-9
迦毘羅婆　203-3, 203-3-24
迦毘羅衛　204-1
迦毘摩羅　203-2
迦毘羅婆蘇都　203-3
迦毘羅皤窣都　203-3, 203-3-25
迦毘羅婆仙人林　203-3
迦耶　206-2
迦耶褒折娜　206-3
迦栴　183-2, 189-1, 189-1
迦剌底夷　208-2
迦留羅　213-1-27
迦留波陀　213-1
迦留陀伽　213-1
迦留陀夷　212-2
迦留陀夷敎化　212-3
迦留陀夷死糞中　212-3
迦師　188-2
迦師那阿攬摩那　188-3
迦哩迦　210-1
迦哩底迦麼洗　211-2
迦畢試　203-1
迦眞鄰底迦　189-2
迦旃　191-3
迦旃子　192-3, 191-3-11
迦旃延　922-3-11, 191-3
迦旃延子　192-3
迦旃延經　192-1
迦旃隣陀　192-3
迦旃鄰提　192-3
迦旃延尼子　192-3
迦旃延敎化　192-1
迦旃延著作　192-1
迦旃延阿毘曇　192-2
迦旃延論議第一　192-1
迦旃延說法沒盡偈經　192-2
迦陵　211-3
迦陵伽　211-3, 212-1-8
迦陵頻　212-1
迦陵伽王　211-3
迦陵伽衣　211-3
迦陵迦林　211-3
迦陵頻伽　212-1
迦陵毘伽　212-1, 212-1-8
迦梨迦　210-1
迦梨耶那　212-1
迦梨沙舍尼　210-1
迦梨羅講堂　212-1
迦婆離　203-1
迦婆離迦　203-1
迦婁羅　213-1-27
迦提　194-1
迦葉　154-1-17, 190-1
迦葉佛　191-1
迦葉波　191-2, 191-2-24
迦葉毗　191-2, 191-2-24
迦葉維　191-2-23
迦葉遺　191-2
迦葉入定　1647-1
迦葉結經　190-3
迦葉の舞　190-2
迦葉本經　190-3
迦葉利師　191-2
迦葉受記　1646-2
迦葉剎竿　190-3
迦葉起舞　1646-2
迦葉童子　191-1
迦葉尊者　190-1
迦葉傳衣　190-3
迦葉彌羅　188-3-7
迦葉擎拳　190-2
迦葉摩騰　191-2
迦葉菩薩品　191-1
迦葉禁戒經　190-3
迦葉結集法藏　1646-3
迦葉結集三藏　190-2
迦葉破顏微笑　1646-2
迦葉衣十萬兩　1646-2
迦葉傳衣彌勒　1646-3
迦葉拾金色妻　190-2
迦葉頭陀第一　190-2
迦葉之衣價十万両　190-2
迦葉赴佛般涅槃經　190-3
迦葉仙人說醫女人經　191-1
迦絺那月　194-2
迦絺那經　194-3
迦絺那衣犍度　424-1-12
迦楞頻伽　212-1-7
迦維　207-1, 203-3-24
迦維衛　207-2
迦維羅越　207-2, 203-3-24
迦維羅閱　207-1, 203-3-24
迦維羅衛　207-1, 203-3-25
迦賓苑　203-2
迦賓闍羅　204-1
迦種　189-2
迦嘍荼　212-2-28
迦樓那　213-1
迦樓炎　212-2
迦樓羅　213-1, 214-1
迦樓羅心　1830-2-5
迦樓羅法　213-3
迦樓羅炎　213-3
迦樓羅觀　213-3
迦樓鳥陀夷　212-2
迦樓鳥陀夷經　212-2
迦摩　205-1
迦摩羅　205-1
迦摩縷波　205-1
迦摩沙波陀　205-1
迦遮末尼　189-1
迦遮鄰地　189-2
迦遮隣地衣　189-2
迦遮隣底迦　189-2
迦鄰陀　212-2
迦鄰陀衣　212-2
迦鄰提　212-2
迦諾迦伐蹉　194-1
迦諾迦跋釐惰闍　194-1
迦締那　194-1
迦膩色伽　200-3
迦膩色迦玉結集三藏　201-1
迦曇波　200-1
迦隨羅循　190-1, 203-3-26
迦濕彌羅　188-3-7, 188-3
迦濕彌羅城結集　401-1
迦濕彌羅國龍池　188-3
迦氈延　191-3-19
迦迦氈延尼子　191-3-12
迦闍　189-3
迦藍陀　208-3-26
迦藍陀竹園　209-1-26
迦藍浮　209-2
迦黐遮　203-1
迦羅　207-2
迦羅那　208-2
迦羅陀　208-1
迦羅迦　207-3, 1792-1-27
迦羅時　1322-1-26
迦羅富　208-2
迦薩勒　208-3
迦羅越　208-3
迦羅龍　207-2
迦羅邏　208-3
迦羅求羅　208-1
迦羅阿育　207-3
迦羅迦龍　207-3
迦羅迦樹　207-3
迦羅毘迦　208-2
迦羅毘囉　208-2
迦羅者摩　208-1
迦羅鎮頭　208-1
迦羅頻伽　208-2
迦羅鳩馱　208-1
迦羅鳩村大　208-1
迦羅鳩忖馱　207-3
迦羅鳩馱迦旃延　208-1
迦羅嚩底哩　208-3
迦羅鉢舍羅鉢　208-2
迦蘭伽　208-3
迦蘭馱　208-3-26
迦蘭陀　208-3
迦蘭多迦　208-3, 208-3-26
迦蘭頻伽　209-1, 212-1-7
迦蘭陀夷　209-2, 208-3-26
迦蘭陀村　209-1
迦蘭陀竹林　209-1
迦蘭陀竹園　209-1-26
迦蘭陀長者　209-1
迦蘭那富羅　209-2
迦蘭陀鼠救毘舍離王命　1371-1
迦驢尼　213-1

迦囉嚀　208-2
迦囉吠羅　208-3
迦邏迦　207-3
赴火外道　1515-1
434-1-7
赴請　1509-2
赴機　1523-2
信　860-3, 735-1-24
信一念　881-3
信力　885-1
信力入印法門經　885-1
信士　872-1, 874-1
信女　880-2
信心　875-2, 917-1-20
929-2-15
信心銘　875-3
信心正因　875-3
信心決定　875-3
信心爲本　875-2, 875-3
信心歡喜　875-3
信手　873-1
信水　876-1
信不退　882-1
信外輕毛　866-3
信仰　863-1
信伏　882-1
信行　864-1
信衣　862-1
信向　862-3
信成就　874-3, 1833-3-10
信成就發心　874-3
信佛　882-1
信佛功德經　882-1
信忍　881-2, 1363-1-5,
1363-2-20
信戒　862-3
信受難　875-2
信受奉行　875-2
信明　883-2
信法　758-1-30
信度　878-2, 1792-1-23
信度河　878-2
信度國　878-3
信後　867-3
信後相續　867-3
信後稱名　867-3
信首　873-1
信香　863-1
信施　876-1
信相菩薩　871-2
信海　862-3
信珠　875-1
信根　867-2
信現觀　442-3-18, 867-2
信順　815-2
信解　32-3-12, 861-1-9
866-2
信解品　867-1
信解行證　866-3
信解智力經　867-1
信鼓　864-2
信種　873-1
信幡　881-3, 1457-1
信滿成佛　712-1-19
760-2-26, 883-2
信樂　866-2
信樂開發　866-3
信德　878-2
信慧　886-1
信藏　871-3
便同彌勒　1578-1
便成正覺　1577-3
便利　1578-1
便易　1578-1
便社那　1577-3-28
1577-3
便旋　1577-3
便善那　1577-3-27
便膳那　1577-3
俗人　096-1
俗妄眞實宗　818-2-15
1096-1
俗我　1095-2
俗戒　1095-2
俗形　1095-2
俗流　1096-1
俗智　1095-3, 1331-3-7
俗衆　1317-2-24
俗聖　1096-1
俗塵　1095-3
俗諦　1095-3, 1096-3-29
1330-1-5
係念　404-1
係念定生願　404-1
垢　276-2
垢汙　318-3
垢有眞如　1337-1-5
垢染　298-2
垢習　295-3
垢結　289-2
垢離　472-2
垢離取　472-2
垢識　291-2
持人菩薩所問經　1221-1
持心經　1219-3
持心梵天所問經　1219-3
持牛戒　1215-3
持句　1215-2
持句神呪經　1215-2
持犯　1221-3
持世經　1220-1
持世陀羅尼經　1220-1
持本三昧　1221-2
持名　1222-1
持名鈔　1222-2
持名稱者　1222-2
持字　1219-3
持地　1220-2
持戒　1281-2-16, 1214-2
持戒方便　916-1-28
持戒無盡　1709-1-5
持戒波羅蜜　1214-2
持佛　1221-2
持佛堂　1221-2
持明　1222-1
持明仙　1222-2
持明院　1222-2
持明藏　1222-1
持明灌頂　1222-1
持金剛　1215-3
持金剛衆　1215-3
持金剛慧　1215-3
持金剛慧者　1215-3
持法輪　669-2-18, 1221-2
持法緊那羅　1221-2
持念　1221-1
持律　1229-3
持律第一　117-1
持者　1219-2
持息念　1220-2
持息觀　1220-2
持素　1220-2
持海輪寶　1214-2
持淨　1220-1
持國天　1215-2
持軸山　1220-3
持經　1215-1
持經者　1215-2
持鉢　1221-2
持業釋　1217-3
持僧　1220-2
持誦　897-2
持對治　1104-3-30
持蓮華　1330-1
持蓮觀音　1230-1
持劒明仙　1215-2
持齋　1217-3
持齋經　1217 3
持邊山　1221-2
持雙天　1221-3
按指　45-3
按摩　47-1
指　1760-3
指月　698-3
指方立相　752-2
指印　683-1
指多　723-3
指妄即眞心　883-1-27
指兎　748-3
指腹親　754-2
指德菩薩　1538-3-10
指環　697-2
指難　750-3
指鬘　760-1
指鬘經　760-2
弭陀訶羅　1676-3
弭秣賀　1681-2
弭曇差　1681-2
降三世明王　222-2
降三世眞言　223-2
降三世尊形　203-1
降三世種子　223-2
降三世儀軌　223-3
降三世と大日如來　222-3
降三世と阿閦如來　222-3
降三世と釋迦如來　223-1
降三世成就極深密門　223-3
降三世忿怒持明王尊　222-2
降三世忿怒明王念
誦儀軌　223-3
降生　675-2-24, 223-2
降世　223-2
降伏　224-1
降伏印　224-1
降伏坐　224-1
降伏法　569-3-23, 224-1
降伏部多經　224-1
降伏四魔金剛戲三
昧　224-1
降服四魔眞言　224-1
降胎　223-3
降神　223-3
降神出家　675-2-25
降閻摩尊修法　222-2
降兜率　1404-1-18
降焰魔尊　223-1
降焰魔尊畫像　222-2
降誕　223-2
降龍鉢　224-2
降龍五經　224-3
降臨　224-3
降魔　224-1
降魔坐　224-2
降魔杵　224-2
降魔相　224-2
降魔經　224-2
降魔の利劒　224-2
津送　876-3
津梁　885-1
洞山　1266-1, 1265-3
洞山五位　1265-3
洞山地神　1266-1
洞山三頓棒　1266-1
洞山麻三斤　1266-1
洞上　1267-2
洞下　1264-3
洞家　1265-2
活人劒[クワツニンケン]　332-3
活文珠　333-1
活句　332-2
活命印明　332-3
活命童子　333-1
活兒子　332-3
活祖　332-3
活童子　332-3
活道沙門　811-3-1
恒水　511-2
恒水經　511-3
恒行不共無明　510-3
1717-1-3
恒伽河　510-1
恒伽達　510-2
恒伽提婆　510-2
恒沙　511-2
恒沙定　511-2
恒河　510-1, 1792-1-23
恒河沙　510-1
恒河喩經　510-3
恒娑　511-2
恒娑迦　511-2
恒常戒　511-2
恒順衆生　511-2
恒憍天　510-3
恒隨轉義　826-2-28
待衆緣義　826-3-4
待對　1148-2
律　1787-3
律之二部　1788-1
律之三大部　1788-1
律之四名　1787-3
律五輪　1789-2
律衣　1788-1
律行　1788-2
律車　1786-3-3
律宗　1788-3
律宗三家　1789-1
律宗兩家　1789-1
律法　1789-2
律虎　1788-2
律相　1788-2
律師　1788-3
律乘　1789-1
律派　1789-2
律海　1788-1
律儀　668-2-18, 1788-1
1788-2
律儀戒　1788-2
律儀斷　707-1-20
律儀無表色　1715-3-16
律幢　1789-2
律禪　1789-2
律講　1788-2
律藏　620-1-7, 620-2-11
1788-3
律懺　1788-2
後一一乘　509-2
後七日阿闍梨　530-1
後七日御修法　530-1
後三一乘　527-1
後五　525-2
後五百年　525-3
後五百歲　525-3
後戸　105-3
後分涅槃　567-1
後生　531-2
後生嫌　531-2
後生願　531-3
後生菩提　531-3
後世　542-3
後世者　543-1
後世の修因　542-3-12
後出阿彌陀佛偈　534-2
後出阿彌陀佛經　534-2
後句　429-1-3
後有　509-3

九 畫

後 珂 珊 珍 柯 柄 枯 相 枳 柹 施 昧 胞 胎 祆 祇 祈 政 胡 故 斫 矜 衲 毗

後有菩薩 511-3
後光 520-3
後安居 45-2-12, 509-1
後佛 566-1
後夜 574-3
後夜懺法 574-3
後念 557-2
後架 453-3
後唄 558-1
後唐院 544-2, 1870-2-28
後秦無二妙典 536-3
後堂板頭 549-3
後堂首座 849-3
後得智 556-1, 1331-2-29
後敎涅槃經 523-2
後報 567-3
後喩 1476-1-14
後說 543-1
後際 526-1
珂月 187-3
珂地羅 194-3-24
珂貝 202-3
珂但尼 193-2
珂雪 190-1
珂梨羅 212-1
珊底羅 649-3
珊若 652-1
珊若婆 652-1
珊兜史多 651-2
珊瑚 616-3
珍重 1213-1
珍域 1213-2
珍寶 1213-2
柯尸悲與 188-3
柯摩施離沙多 205-1
柯羅 207-2
柯羅夜叉 207-2
柄香爐 131-1
柄語 1568-3
枯木 471-1
枯木堂 471-1
枯木衆 471-1
枯木龍吟 471-1
枯樹經 466-1
枯禪 466-2
相 591-1, 567-3-19, 1776-2-11
相入 596-2
相大 595-2, 645-3-28
相土 1335-2-28
相分 596-3
相分薫 1319-1-14
相召爲佛子 514-2-3
相好 592-2
相好莊嚴身 1558-2-27
相如是 938-1-8
相名五法 567-3
相似 594-2
相似佛 1836-1-19
相似即 594-2, 1835-3-4
相似即佛 594-2
相似覺 594-2
相伴 596-3
相言說 532-3-11, 699-1-15
相見道 593-2
相空 592-3, 1309-3-2
相空敎 593-1, 614-1-14
相空觀 592-3, 613-1-16
相承 594-3
相承血脈 594-3
相宗 594-1
相性自性 895-2-8
相待 595-2
相待有 595-2
相待妙 595-3, 1343-1-23
相待假 595-2
相待眞如 879-3-7
相即 594-3
相看[シャウケン] 592-2, 766-3
相始敎 594-1
相秘密 713-3-13
相部 596-3
相部律 596-3
相國寺 593-3, 770-2
相唯識 598-2
相符極成 596-3, 632-2-2
相散亂 1825-2-20
相無性 597-3, 666-1-22
相智 595-3
相傳 596-1
相想俱絕宗 593-3, 818-2-26
相違因 91-2-7, 599-1
相違釋 599-1
相違決定 599-1, 632-3-5
相違識相智 1188-2-3
相對 595-1
相輪 598-3
相輪塔 598-3
相輪樘 598-3
相縛 596-2
相應 591-2
相應心 592-1
相應因 591-3, 1819-2-20
相應宗 591-3
相應法 592-1
相應善 592-1
相應縛 592-1
相應斷 592-1
相應不善 592-1, 1528-3-23
相應外道 434-3-28
相應無明 592-1, 1716-3-27, 1717-1-1, 1717-1-20
相應阿笈摩 591-3
相應相可經 591-3
相應獨頭二無明 1716-3
相續 595-1
相續心 595-1
相續相 595-1, 1835-1-18
相續常 595-1, 626-1-23
相續假 595-1
相續識 595-1, 688-2-29
相續無常 595-1, 1342-3-30
相續執持位 595-1
相續解脫經 595-1
枳由羅 255-3
枳吒 241-3
枳怛 242-1
枳怛那 242-1
枳哩枳哩尊 256-3
枳哩枳哩眞言 257-1
枳橘易土集 237-1
枳羅娑 256-3
枳羅蘇 256-3
枳攘娜鉢囉儞閉 245-2
柹本紀僧正 183-2
柹衣 183-2, 685-1
施 1014-3
施一切無畏菩薩 1017-1
施一切無畏陀羅尼經 1017-1
施八方天儀則 1034-2
施化 1026-1
施主 1027-2
施主段 1027-3
施生成佛道 514-1-30
施行 1025-3
施色力經 1027-2
施物 1037-1
施物頼み 1037-1
施林 1037-1
施和敬 1845-1-22
施房舍比丘 1034-2
施食 1027-3
施食會 1028-1
施食儀起敎緣由 1028-1
施食獲五福報經 1028-1
施度の三行 930-1-12
施設 720-3, 1028-1
施設論 720-3
施設足論 1836-2-3
施鹿林 1037-1
施鹿園 1037-2, 1843-1-19
施無厭 1036-2
施無畏 1036-3
施無畏手 1037-1
施無畏印 1036-3
施無畏者 1037-1
施惠 1037-2
施報經 1036-2
施開廢 1024-2
施僧 1028-1
施福業 656-1-2
施樂觀音 1037-1
施餓鬼 160-1-18, 1024-3
施餓鬼法 1024-3
施燈功德經 1034-2
施齋 1027-2
施齋經 1027-2
施願印 1025-3
施願金剛 1026-1
施願虛空藏菩薩 459-1-18
施藥院 1037-1
昧怛麗曳 1643-2
胞胎 1388-3
胞胎經 1388-3
胎大日 1104-2
胎化藏 674-1-30, 1098-3
胎內五位 578-2, 199-1-15, 1105-2
胎生 1101-3
胎外五位 1098-3
胎卵濕化 1106-2
胎金 1098-3
胎金顯密 1099-1
胎金率都婆 1736-2
胎金各存五部三部 1099-1
胎宮 1098-2
胎息 1104-1
胎經 1098-1
胎獄 1099-1
胎藏經 1101-1
胎藏界 1099-2, 1792-2-11, 1795-2-2
胎藏界三部 1100-1
胎藏界の五佛 1100-3
胎藏界の九尊 1100-3
胎藏界の諸尊 1100-3
胎藏界曼陀羅 1101-1, 1670-3
胎藏界大日如來 1152-3
胎藏界の十三大院 1100-3
胎藏界現圖曼陀羅 448-2
祆寺 414-3
祆敎 410-2
祇支 136-1-26, 262-3, 1516-3-6
祇多蜜 264-3
祇陀 264-3
祇陀林 264-3
祇陀園 264-3
祇陀飲酒 264-3
祇杖 274-3
祇夜 266-3
祇宗の觀 263-1
祇哆槃那 264-3
祇哆槃林 264-3
祇園 274-3
祇園會 279-2
祇園圖經 275-2
祇園精舍 275-1
祇園寺の蟻 42-3
祇園精舍鐘 201-3
祇園精舍興廢 275-1
祇園精舍の無常院 275-1
祇園精舍の頗梨鐘 275-2
祇樹 264-1
祇樹園 264-1
祇樹花林窟 264-2
祇樹給孤獨園 264-1
祈雨 235-3
祈雨法 235-3
祈念 245-2
祈の師 88-1
祈誓 102-1, 241-2
祈請 239-3
祈願 237-3
祈願所 237-3
祈禱 195-1-22, 244-2
政論經 795-1
政敎一致 1015-3
胡子 464-3
胡子無鬚 464-3
胡吉藏 456-3
胡孫子 466-2
胡麻粥 207-1-3
胡跪 456-2
胡道人 466-2
胡亂坐 122-3, 472-1
胡銅器 602-2
胡種族 465-1
胡嚧遮那 472-3
胡蘇多 466-2
故二 468-2
故住 466-3
故佛說爲生死畏夜 471-1
故苦 457-1
故思業 464-3
故骨 464-1
故骨如山 464-1
故紙 464-3
故意方行位 453-1
斫迦羅 1445-2-23
斫迦羅婆 799-1
斫迦羅因陀羅 799-1
斫迦羅伐辢底 799-1
斫迦羅伐辣底曷羅闍 799-2
斫芻 805-2
斫訖羅 799-3
矜哀 453-2
矜羯羅 474-3
矜羯羅童子 1538-3-18
矜羯羅根本印言 475-1
衲 1279-3
衲子 1298-2
衲衣 1337-3
衲伽梨 1298-2
衲袈裟 1298-2
衲の袈裟 1297-3
衲衆 1298-2
衲僧 1298-3
毗木底 1492-3
毗世師 434-3-8
毗世沙蜜多羅 1488-2
毗目多羅 1492-3
毗守羯磨 1487-2-23
毗戌陀僧訶 1488-1
毗那夜迦 1490-1
毗舍闍 1461-3-23
毗舍囉婆拏 1487-1
毗侈遮羅 1488-3
毗訖羅摩阿迭多 1483-3

毗梨 1499-2
毗曇宗 705-1-27
毗盧擇迦王 1501-1-29
毗鞞得迦 1492-1
毗藍婆 1499-1-29, 1499-2
秋葉寺 11-3
秋篠寺 11-3
段食 716-2-18, 1184-3
段段 1185-2
耶 1748-2
耶旬 1181-2-4, 1755-1
耶戍達羅 1754-3-5
耶舍 1754-2
耶舍那 1754-2-15
耶舍陀 1754-2-15
耶舍崛多 1754-3-3
耶祇經 1750-2
耶若達多 1755-1
耶維 1181-2-4, 1756-1
耶輸陀 1754-3
耶輸陀羅 1754-3-5
1754-3, 1779-1-25
耶輸多羅 1754-3-4
耐重 1105-1
耐怨害忍 1106-3
1363-1-10
郁多 51-1
郁多羅僧 51-1
郁多羅僧伽 51-1
郁多羅鳩留 51-1
郁伽支羅 51-1
郁伽支羅經 51-1
郁伽羅越問菩薩行經 51-1
郁迦 51-1
郁迦長者經 51-1
紅衣派 453-3
紅敎 457-1
紅頗黎色阿彌陀 306-2
紅蓮華 369-3
紅蓮地獄 318-1
紅蓮大紅蓮 318-1
紅糟 355-2, 454-1
紇利陀耶 467-3
紇哩 35-2-12, 257-1
紇哩陀耶 257-1
紇差怛羅 239-1
約 1750-2
約行六字 272-2
約法 1753-1
約敎釋 1253-1-2
708-1-23, 1750-3
約敎約部 1750-3
約機 1750-3
計 371-1
計一 408-1-4
計名字相 406-2
1835-1-25
計自在論 434-2-11
計亦一亦異 408-1-7
計我論 434-2-6
計我實有宗 381-2
計里枳黎 407-1
計非一非異 408-1-9
計度 394-1
計度分別 394-1
657-1-16
計異 408-1-6
計常論 434-2-8
計着 395-3
計都末底 373-1
計覩 373-1
軌生物解 239-3
軌持 244-1
軌經 767-2
軌範 247-1
軌範師 245-3, 247-1
軌儀 237-2
勅命 1210-1
勅使拈香 1209-3
勅修傳 1210-1
勅修清規 1210-1
勅修百丈清規 1210-1
勅願 1209-3
勅願寺 1209-3
勅願所 1209-3
剌那 1780-3-22, 1781-1
剌那尸棄 1781-1
剌那那伽羅 1781-1
剌瑟胝 1779-3
剌竭節 1774-3
剌闍 1779-3
勃沙 1588-3-27, 1633-2
勃陀 1551-1-7, 1630-2
勃陀提婆 1633-1
勃馱 1551-1-7, 1630-2-13
勃嚕唵 1633-3
勃嚂摩 1633-3-16
剃刀 205-2
剃髮 1239-3
剃頭 1239-3
則如佛現在 1084-2
則爲疾得無上佛道 1085-1
則劇 1081-2
即 1080-2
即士釋 1082-1
即心 1082-2
即心即佛 1082-3
即心是佛 1082-3
即心念佛 1083-1
即中 1083-3
即中法身 1605-3-30
即有即空 1080-3
即色無常 733-1-25
即身 1084-2
即身義 1082-2
即身成佛 1082-2
即身菩提 1083-1
即身成佛義 1082-3
即往南方 1084-3
即往兜率天 1084-3
即往安樂世界 1084-3
即空 1080-3
即空即假即中 1080-3
即非 1084-2
即事而眞 1083-2
即法安樂世界 1084-2
即是 1083-2
即是道場 1083-3
即相即心 1081-3
即悟無生 1081-2
即時入必定 1083-2
即假 1081-1
即假法身 1605-3-29
即得往生 1084-1
即得淺處 1084-1
即脫瓔珞 1083-3
即散而寂 1081-3
即離 1084-3
是人則如來使 1052-3
是人有所思是是佛法 1052-3
是人於佛道決定無有疑 1052-3
是人持此經安住希有地 1052-3
是二音聲通至十方 1052-3
是心是佛 1051-3
是生滅法 1051-2
是名持戒 1053-1
是身如幻 1052-1
是身如炎 1051-3
是身如夢 1052-1
是身如電 87-2, 1052-1
是身如響 1052-1
是身如水泡 1052-1
是身如芭蕉 1052-1
是身如浮雲 1052-1
是法非法經 1053-1
是法平等無有高下 1053-1
是法住法位世間相常住 1053-1
是時天雨曼陀羅華 1052-1
是眞精進是名眞法 1051-3
是處非處力 1051-3
是諸經之王 1051-2
是諸經中王 1051-2
是諸衆鳥出和雅音 1051-2
咥哩迦 1210-2
咥哩若底 1210-3
姟 221-1
姟劫 221-2
冊那訶 651-3
冊捺陀 652-1
洴沙 1504-2-30
1509-1-10
洴舍 1574-3
砂 52-1
恨 735-1-24
科文 336-1
禺中 358-1
限分 450-2
昭玄 1019-2
唫吒 241-3
俞旬 1760-1-12
省行堂 1019-2
柁那 1113-2
宥快 49-3
栂尾上人 1271-3
屋門 1873-1
負門 1542-3
衍門 144-2
柵門那 667-2
柳枝 1783-2
俣恤野 514-1
茂泥 1740-2
柏庭 1394-2
泉涌寺 1050-3
姞栗陀羅矩恤 244-1
洗滌 1041-1
拾得 930-1
耆域 261-2
洩悉知 133-1
苫婆羅窟 1048-2
者裡 813-2
州渚 683-3
茗蔕 1020-1
柱塔 1207-2
狩場の神影 211-3
栻經 850-1
咸傑 215-3
彥達縛 447-3
玻璃 1431-1
紀綱寮 236-3
保境將軍 1586-2
苜蓿 1738-1
敍謝 996-1
垔醯掣怛羅國 14-3
洪覺範 174-1
疥癩野干 171-2
封體 1506-2

〔十　畫〕

泰山府君 1099-1
泰澄 1104-3
秦廣王 865-3
恚見 408-1-19, 524-1-24
恚怒 88-1, 1858-3
恚結 1855-3
素花 1084-3, 1085-1
素性 1086-3
素具 1085-1
素法身 1089-3
素怛纜 1087-2
素食 1086-3
素意 1070-3
素絹 1085-1
素豪 1080-1
素嚩哩拏 1089-2
素懷 1084-3
素饌 1087-1
耆山 264-2
耆那 265-2
耆利柯 274-3
耆婆 265-3
耆婆天 265-3
耆婆林 266-1
耆婆鳥 266-1
耆婆治病 265-3
耆婆耆婆 266-1
耆婆爲醫王因緣 265-3
耆婆叩髑髏知生處 265-3
耆婆諫止阿闍世逆害 265-3
耆婆導阿闍世諸佛所 265-3
耆兎 265-2
耆域因緣經 261-2
耆闍 262-3
耆闍會 262-3
耆闍崛 263-1
耆闍崛多 263-1
耆闍流通 262-3
栗呫 1786-3
栗呫毘 1785-3-6
栗呫婆 1785-3-6, 1787-1
栗呫婆毘 1787-1
栗唱 1785-3-5
栗馱 1789-2
恭敬 287-2
恭敬施 287-2
恭敬經 287-2
恭敬修 709-3-26
恭敬三寶 929-2-27
柴頭 588-3
柴燈 588-3
索 599-2
索哆 599-3
索欲 599-3
索欲問和 599-3
索訶 599-2
索菩薩 599-3
索話 600-1
索語 599-3
夏 428-3
夏中 438-3
夏末 439-3
夏安居 429-1
夏坐 432-2
夏書 430-1
夏首 432-2
夏竟 430-2
夏衆 432-3
夏御文 439-1
夏解 429-1
夏解納 429-1
夏經 430-2
夏滿 439-3
夏齋 432-1
夏臘 440-1
夏籠 431-2
烈士池 1811-2
烈河增 1756-2-26
書 843-3
書記 849-2
書笈 849-2
書剪 851-3

耆洩苫者州茗柱狩栻咸彥玻紀保苜敘垔洪疥封
毗秋段耶耐郁紅紇約計軌勅剌勃剃則即是咥姟冊
泰秦恚素耆栗恭柴索夏烈書
洴砂恨科禺限昭唫俞省柁宥栂屋負衍柵柳俣茂柏泉姑洗拾

書梵學僧 1750-2-30
書寫 851-1
書寫山 851-2
書寫是經 851-2
書錄侍者 895-1-10
展單 1252-2
展賀 1246-1
展轉 1255-2
桑門 598-1
桑居都 1217-1-5
娑 583-3
娑也地提嚩多 812-1
娑多吉哩 806-1
娑多婆迦 806-2
娑伽婆 799-2
娑呵 795-3, 1091-1-11
娑底也 806-3
娑度 807-1
娑界 795-3
娑毘迦羅 809-1
娑婆 808-2
娑婆婆 808-3
娑婆訶 602-2, 1091-1-9
娑婆世界 217-3-29
娑婆即寂光 808-3, 977-1
娑婆示現觀世音 808-3
娑訶 795-3
娑訶樓陀 799-2
娑賀撈囉 796-1
娑賀嚩縛 796-2
娑竭羅 799-1
娑竭羅龍 799-1
娑嚈囉 809-3
娑磨 809-2
娑羅 812-1
娑羅支 812-2
娑羅王 813-2
娑羅林 603-2, 812-3
娑羅裟 812-2
娑羅華 603-2, 812-2
娑羅洟 812-2
娑羅樹 812-2
娑羅樹王 812-2
娑羅笈多 812-2
娑羅雙樹 603-2
娑羅迦隣提 812-2
娑羅僧伽何尼 812-2
娑羅婆悉諦夜 812-3
娑嚩賀 1091-1-10
差子 600-2
差別 809-1
差利尼迦 814-1
差貫 600-2
差單 600-3
差摩 809-2
差摩比丘 809-2
差摩蓮華 809-2
差羅竭經 809-2
差摩塞縛彌 809-3
差摩婆帝授記經 809-3
差羅波尼 812-3
草木 597-3
草木成佛 597-3
草木叢林隨分受潤 598-1
草木國土悉皆成佛 597-3
草座 593-3
草烏卑次 1217-1-7
草庵 591-2
草堂 595-3
草堂寺 595-3
草單 595-2
草創 593-3
草疏 694-3
草賀 592-2
草飯 596-2
草鞋 591-2, 592-2
草環 593-1
草繫比丘 593-2
荒神 321-3
荒神供 322-2
荒神六印 322-3
荒神爲竈神 322-2
荒神罰除秘法 322-2
茶末 603-1
茶店問答 1204-2
茶堂 600-3, 1204-2
茶湯 600-3, 1204-1
茶湯會 600-3, 1204-2
茶鼓 599-2
茶飯侍者 895-1-11
茶頭 600-3, 1204-2
高山 176-2, 639-3-22
高山寺 176-2
高山頓說 176-3
高士 176-3
高王經 182-3
高王觀音經 182-3
高王觀世音經 182-3
高六 182-3
高田派 971-2-12, 1109-2
高世耶 178-3
高世耶僧悉哩唎 178-3
高出三昧 177-2
高足 179-1
高佛頂 180-3
高尾口決 1109-3
高念佛 1109-2
高原陸地不生蓮華 173-2, 1812-2
高峰 181-1
高峯錄 181-1
高峯觀三昧 181-1
高祖 178-3
高座 176-1
高野 181-2
高野大師 181-3
高野花供 182-1
高貴 174-1
高貴四德之敎 174-1
高貴德王菩薩 174-2
高詰薄迦 732-1-5
高雄 1109-2
高雄法華會 1109-3
高僧 179-1
高僧傳 179-1
高僧和讚 179-1
高僧法顯傳 179-1
高臺寺 179-2
高辨 180-3
高聲現威 541-2-26
高聲共許淨法 1447-3-27
高薩羅王 175-3
高麗本 675-1-0
高顯處 175-1
衰 1006-1
衰沒 1008-3
衰相 1007-1
衰患 1006-3
庫子 297-2
庫主 466-1
庫裡 315-3
庫頭 300-3, 301-3, 466-2
唐の大師 1108-1
唐三藏 1107-2
唐招提寺 1107-2
唐院 1109-1
唐撰論 543-2-12
唐鑑眞大和上傳 716-3
庭前柏樹子 1239-3
庭儀 1238-3
庭儀曼茶羅供 1238-3
庭讚 1239-1
座 672-3
座不冷秘法 678-1
座主 678-1
座光 677-3
座曳 1740-1-23
座忘 679-1
座具淨法 1448-1-15
座湯 678-3
座頭 679-1
座臘 680-2
座莊嚴 771-3-13
病山 721-1-29
病子 1493-1
病不可避 741-3-19
病行 1492-3
病苦 695-1-1, 1492-3
病起六緣 1494-2
病患境 907-1-29
病患法界 1593-1-16
病暇 1492-3
病導師 1493-2
病魔 1494-2
疾疫災 617-2-18
疾書 744-1
家狗 89-1, 382-2
家依 381-1
家珍 195-1
家家 382-3
家家聖者 383-2
家訓 187-3
家常 189-3
家敎 187-3
宴坐 138-3
宴寂 139-2
宴默 144-2
宮中眞言院 255-3
宮辻義 1688-2
宮胎 299-2
宮毘羅大將 307-3
宮僧 1688-2
宮講 235-3, 255-3
害 736-1-23
害爲正法宗 221-3
害爲正法論 434-2-12
害想 221-3
害覺 221-2
馬 118-2
馬大師 1449-3
馬大師不安 1449-3
馬大師野鴨子 1449-3
馬主 1732-3
馬加持 118-3
馬耳 17-1-22
馬耳山 1734-2
馬有八態譬人經 1730-1
馬祀 118-2, 1445-3
馬苑 1736-1
馬郁經 1724-1
馬郎婦 1453-3, 1735-3
馬師 1445-3, 1732-3
馬祖 1448-3
馬麥 1735-3
馬院藏 1732-2
馬宿滿宿 1652-1-23
馬院藏三摩地 1732-3
馬勝 17-2-2, 1732-3
馬腦 17-1-8, 1704-1-4
馬聖 118-2
馬鳴 1734-3
馬鳴本地 1735-2
馬鳴著作 1735-3
馬鳴菩薩 1734-3-29, 1735-2
馬鳴菩薩傳 1735-3
馬鳴屈鬼辯婆羅門 1735-3
馬鳴菩薩大神力無比驗法念誦儀軌 1735-3
馬頭 206-2-28
馬頭山 1734-2
馬頭大士 1452-3
馬頭明王 1452-3, 1734-2
馬頭羅刹 1734-2
馬頭觀音 1452-2, 1734-2, 1820-2-23
馬頭觀自在菩薩眞言印 943-2-25, 1452-3
閃多 1042-3
閃電光 1046-3
骨人 467-3
骨山 467-2
骨目 467-3
骨身 467-1
骨佛 467-3
骨筆 467-3
骨揚 466-3
骨塔 467-2
骨節煩疼因緣經 467-2
骨魯末遮 468-1
骨魯怛佉 468-1
骨鎖觀 466-3
骨鑁天 467-1
恩田 155-2
恩田派 155-2
恩河 153-2
恩度 155-3
恩海 153-2
恩愛 153-2
恩愛河 153-2
恩愛奴 153-2
恩愛獄 153-2
恩圓德 651-2-7
恩憐 156-1
恩德 155-3, 651-2-2
冥 1682-1
冥一 1682-1
冥土 1687-1
冥加 1308-1-29, 1682-1
冥加金 1682-2
冥初 1684-3
冥初外道 1685-1
冥利 1688-1
冥助 1685-3
冥性 1684-2
冥往 1688-2
冥府 1725-2
冥官 1683-1
冥使 1684-1
冥祇 1682-3
冥室 1684-2
冥思 1684-1
冥界 1682-1
冥益 1687-3
冥途 1686-3, 1725-1
冥途の使 1725-1
冥途の鳥 1725-1
冥寂 1685-3
冥通 1686-3
冥衆 1684-2
冥衆護持益 445-1-18, 1684-3
冥陽會 1687-3
冥道 1686-2
冥道供 1686-2
冥感 1682-1
冥資 1684-1
冥福 1687-2, 1725-2
冥罰 1687-1
冥慮 1688-1
冥機 1682-2
冥機冥應 214-3-11
冥機顯應 214-2-15
冥諦 1686-1
冥應 1682-1

冥護　1683-3
冥權　1683-3
冥顯　1683-2
冥顯兩界　1683-2
冥鑑　1682-1
乘　73-2-16, 995-3
乘戒　995-3
乘戒四句　995-3
乘戒俱急　995-3
乘戒緩急四句　995-3
乘門　1344-3-11
乘急　995-3
乘急戒緩　995-3
乘津　995-3
乘善巧　921-2-25
乘種　995-3
乘緩　995-3
笈　151-1
笈多　266-2, 362-1
笈房鉢底　266-2
笈摺　1518-1
扇底迦　1046-1
扇陀　58-1-22, 1043-2
扇提羅　1167-3-27
扇解脫風除世熱惱　1039-2
扇搋　1043-1
扇搋半擇　1043-1
扇搋半擇迦　1043-1
臭口鬼　683-2
臭毛鬼　684-1
息二邊分別止　C21-1-26
息花　1081-1
息心　1082-2
息世譏嫌戒　158-3-22
息災　1081-2
息災法　712-3-20, 1081-3, 244-2-26, 569-3-19
息災壇　1081-3
息災延命　1081-3
息災增益　1081-3
息忌伽彌　1080-3
息空　1324-1-26
息苦　1080-3
息苦生　530-3-1
息除中天陀羅尼經　1083-2
息除賊難陀羅尼經　1083-2
息慮凝心　1084-3
息諍因緣經　1083-2
烏　98-3-2, 99-3
烏心　1830-2-23
烏仗那　109-1
烏臼　101-1
烏臼問法道　101-1
烏沙斯　105-1
烏波　113-2
烏波提涅槃　114-1
烏波髻使者　113-2
烏社　105-1
烏呼　1217-1-12
烏刺尸　120-2
烏勃　119-2
烏施羅　106-3
烏廻鳩羅　124-2
烏洛迦栴檀　120-2
烏耆　101-2
烏耆帝　101-2
烏芻沙摩　109-2
烏芻澁摩儀軌　106-3
烏俱婆誐　101-3
烏俱婆誐童子　1533-3-10
烏孫　107-1
烏娜迦　112-2
烏素沙摩　107-1
烏裟哆羅迦　105-1
烏略　1217-1-11
烏竟都　1217-1-10
烏婆柯　115-3
烏逋沙他　117-3
烏烏喩經　108-3
烏婆陀頗尼　117-1
烏啄支富敷　107-2
烏萇　108-3
烏提延王　1815-2-22
烏瑟　104-1
烏瑟沙摩　104-2
烏瑟膩沙　104-2
烏瑟膩沙相　1696-1-19
烏瑟膩沙總持經　104-2
烏鉢羅　147-1-4
烏蒭沙摩　105-2, 106-2
烏蒭沙摩の修法　106-3
烏蒭沙摩の尊形　106-2
烏滿　1217-1-12
烏圖末羅　111-1
烏摩　118-2
烏摩妃　118-3
烏樞瑟摩　105-2
烏樞瑟摩明王經　106-3
烏曇跋羅　112-1
烏曇跋羅漿　112-1
烏龍　121-1
烏頭天　111-1
烏藍婆拏　120-2
烏羅伽　120-2
烏蘇吒　107-1
烏蘇慢　107-1
烏蘇跋置樓　107-1
烏蘇者盡膩多　107-1
烏籍　1217-1-12
鬼　150-3, 235-2
鬼子母　239-2
鬼子母天　239-2
鬼子母神　210-3-16, 239-2
鬼子母經　239-2
鬼火　237-2
鬼見　238-1
鬼形幡　1627-3-22
鬼門　247-3
鬼怖木　246-1
鬼法界　246-3, 1592-3-29
鬼界　236-3
鬼城　241-1
鬼洞念佛　150-3
鬼神　240-1
鬼神食時　240-2, 716-3-8
鬼病　245-3
鬼婆　245-3
鬼眼睛[キガンセイ]　237-1
鬼問目連經　248-1
鬼道　242-1
鬼窟裏　237-2
鬼趣　240-1
鬼魅　247-1
鬼緣　236-2, 257-3
鬼禪　241-2
鬼黏五虛　235-3
鬼鞭故屍　150-3
鬼辯婆羅門　246-2
訖栗枳王十夢　1761-3
恁麼　97-3, 1368-1
留支勒那　1807-2
留多壽行　1326-2-22-22, 1326-2
留志長者　1806-3-24
留毗尼　1783-1-19
留拏　1808-1
留難　1808-1
眞一分半數　699-3-8
眞一作滿教　699-3-13
眞人　881-2
眞人經　881-2
眞土　878-2
眞子　871-3
眞心　1321-3-29
眞文　884-2
眞化　866-1
眞化二身　1321-3
眞生二門　873-2
眞弘決判　865-3
眞正發菩提心　920-2-13
眞如　879-1, 880-2-7, 69-3-3, 1577-1-11, 1601-3-28
眞如門　1344-2-22
眞如海　880-2
眞如の都　881-1
眞如一實　72-3
眞如三昧　880-3
眞如無爲　1722-2-28, 1723-1-29
眞如隨緣　881-1, 1577-1-11
眞如不變　881-1
眞如內薰　881-1
眞如法身　881-1
眞如緣起　137-1-12, 880-2
眞如實相　880-3
眞如相廻向　880-3
眞如寂滅相　881-1
眞如性一體之義　868-3-15
眞如隨緣凝然異　1317-3-24
眞如珠上塵厭禮　880-3
眞色　872-1
眞因　861-3
眞妄　883-1
眞妄二心　883-1
眞多摩尼毫相印　877-2
眞言　867-3, 1681-3-21
眞言心　870-1
眞言宗　869-1
眞言師　869-1
眞言家　868-3
眞言院　870-3
眞言乘　870-2
眞言智　870-2
眞言趣　869-1
眞言八家　870-2
眞言十心　918-1
眞言十地　924-2
眞言三字　868-3
眞言五悔　521-3
眞言王尊　870-3
眞言四釋　708-2
眞言法教　870-3
眞言律宗　870-3
眞言秘宗　870-3
眞言秘密　870-2
眞言藏家　869-1
眞言八種義　868-3
眞言本母集　870-3
眞言宗八祖　870-1
眞言救世者　869-1
眞言教時義　869-1
眞言陀羅尼　870-2
眞言の阿闍梨　21-1
眞言十地十心　825-2
眞言陀羅尼宗　870-2
眞言院御修法　871-1
眞佛　882-1
眞佛子　882-2
眞佛頌　882-2
眞身　1321-3-28, 873-3
眞身觀　873-3
眞妙　884-1
眞我　863-1
眞形　864-1
眞見道　866-2
眞法　882-2
眞法界　882-3
眞法供養　882-3
眞金山　867-2
眞金像　867-2
眞金色相　867-2
眞空　865-1
眞空觀　612-3-19, 865-1
眞空妙有　865-1
眞性　872-3
眞性菩提　872-3
眞陀羅　877-3
眞陀末尼　877-3
眞宗　818-1-20, 873-1
眞宗法要　873-2
眞門　130-2-20, 884-2
眞明　883-2
眞知　878-1
眞具分滿教　699-3-15
眞俗　877-1
眞俗不二　877-1
眞俗中三諦　877-1
眞要　862-1
眞亭　878-1
眞胝　878-1
眞修　1317-2-29, 873-1
眞乘　875-2
眞堂　877-2
眞堂主　877-3
眞淨　874-3
眞淨大法　874-3
眞茶　877-2
眞教　866-1
眞理　884-3
眞常　874-2
眞寂　875-1
眞盛派　874-3
眞假八願　866-2
眞智　878-1, 1331-3-6
眞智眞知異　1318-2-27
眞無量　883-3
眞無漏智　883-3
眞等流　651-1-4, 878-2
眞等流果　1271-2-8
眞善　876-3
眞善妙有　876-3
眞筌　876-3
眞普賢　881-3
眞發明性　882-2
眞達羅大將　877-3
眞詮　876-2
眞道　877-2
眞歇了[シンゲツリョウ]　863-1
眞解脫　867-1
眞實　874-1
眞實行　908-2-19, 874-2
眞實明　874-2
眞實性　874-2
眞實義　874-1
眞實際　874-2
眞實經　874-1
眞實三寶　659-3-30
眞實不虛　874-1
眞實念誦　1379-2-12
眞實理門　874-2
眞實報土　874-2
眞實報恩者　874-2
眞實信心必具名號　874-2
眞福田十法行　1514-1
眞說　876-2
眞境　863-3
眞際　871-1
眞語　867-3
眞影　862-1

十　畫

眞兼退順退迷逆迹送追翅起尅准俵倒借俱修

眞儀 863-3
眞德不空宗 818-2-24, 878-2
眞諦 877-1, 1330-1-8
眞諦門 877-1
眞諦三藏 877-2
眞應二身 1321-3
眞識 688-2-11, 872-1
眞證 873-2
眞覺 863-1
眞讀 878-3
眞觀 520-3-30
兼中到 579-1-3
兼好 409-1
兼行六度品 409-3
兼利 428-1
兼但對帶 419-2
退大 1104-2
退大聲聞 792-3-23
順退分定 719-2-30
退凡下乘の率都婆 1105-3
退沒 1106-1
退法 1775-3-6
退法羅漢 1775-2-2
退法阿羅漢 1105-3
退相 1775-2-25
退屈 1098-2
退座 1236-2
退道聲聞 1104-3
退轉 1105-1
迷人咒 1725-2
迷子 1724-2
迷心 1724-3, 1830-3-11
迷不見性 754-3-19
迷生 1724-2
迷妄 1725-2
迷企羅 1724-1
迷沒 1725-2
迷伽室利 1724-1
迷事 1724-3
迷事無明 1717-1-24
迷乳 1725-2
迷怛羅 1724-3, 1489-1-7
迷底履 1725-1
迷津 1724-3
迷界 1724-1
迷故三界城 1724-1
迷悟一如 1724-1
迷悟不二 1540-1
迷悟因果 1724-2
迷倒 1724-3
迷眞異執教 699-3-7
迷理無明 1717-1-23
迷情 1724-3
迷執 1724-2
迷途 1724 3
迷理 1725-2
迷惑 1725-3
迷境 1724-1
迷黎麻羅 1725-2
迷盧 1725-3
迷盧八萬頂 1725-3
迷隸耶 1725-2
逆子阿闍世王 1504-3-4
逆化 272-3
逆生死觀 931-1-18
逆名 273-1
逆流 273-1, 1360-3-18, 1771-3-11
逆流者 713-1-27
逆流十心 917-3-6
逆修 272-3
逆喩 1476-1-1, 273-1
逆順三昧 272-3
逆路伽耶陀 273-1
逆緣 272-2
逆緣ながら 272-2
逆謗 273-1
逆讀 272-3
逆觀 272-2
迹化 800-2
迹本 803-2
迹佛 803-2
迹門 804-1, 1344-1-6
迹門十妙 951-1
迹門付屬 804-2
迹門開顯 804-1
送亡 1078-3
送火 149-1
送葬 1075-2
追修 1236-2
追院 1237-1
追善經 1236-2
追善供養 1236-2
追貲 1237-1
追福 1236-3
追薦 1236-2
追薦七分獲一 1236-2
追嚴 1236-1
追儺 151-1
翅由邏 840-1
翅舍欽婆羅 707-2
翅夷羅 683-1
起尸鬼 239-1
起止處 239-1
起世經 241-2
起世因本經 241-2
起死人咒 239-2
起信論 240-2
起信二門 240-2
起信註疏 240-2
起信教理鈔 240-3
起信裂網疏 240-3
起信論三疏 240-3
起信論義記 240-2
起信論疏筆削記 240-3
起者 239-2
起骨 238-2
起單 241-3
起滅 247-3
起業相 238-3, 1835-1-25
起盡 241-2
起請 239-3
起請文 239-3
起龕 236-3
起顯竟 238-1
尅果 460-3
尅終 462-1
尅聖 462-1
尅實 462-2
尅證 462-1
尅識 461-3
准門跡 994-3
准胝法 993-3
准胝觀音 1820-2-23
准提軌 994-2
准提經 994-2
准提觀音 994-2
准提陀羅尼經 994-2
准提求願觀想法 993-3
准提陀羅尼布字法 994-1
准提大明陀羅尼經 994-2
俵子 1570-1
俵膕 1570-1
倒凡 1108-2
倒合 633-1-16, 1106-3
倒見 1107-1
倒我 1106-3
倒退三千 1107-3
倒修凡事 1107-2
倒懸 120-2-15, 1107-1
倒離 633-2-4, 1108-3
借別名通 803-2
借香問訊 800-2
俱尸 291-2
俱尸羅 294-3
俱尸那末羅王林 292-2
俱不成 633-1-13, 308-1
俱不遣 633-1-29, 308-1
俱不極成 308-1, 632-1-28
俱支囊 292-2
俱生 293-3
俱生起 293-3
俱生神 293-3
俱生惑 293-3
俱生我執 1308-3-18
俱生法執 1341-3-19
俱生思惑 625-3-25
俱生起煩惱 1638-1-28
俱有因 1819-2-7, 278-2
俱有依 279-1
俱有法 283-2
俱有根 281-1
俱行無明 1717-1-28
俱利窟 315-3
俱利劒 316-2
俱利伽羅 316-1
俱利伽羅山 316-2
俱利伽羅大龍勝外道伏陀羅尼經 316-2
俱吠羅 308-2
俱舍 292-3
俱舍宗 293-1
俱舍論 292-3
俱舍頌 293-1
俱舍學頭 293-2
俱舍彌法 294-2
俱舍釋論 293-2
俱舍四善根 721-3
俱舍論註疏 293-2
俱空 288-2
俱夜羅 314-3
俱毘藍 307-3
俱毘羅 307-3
俱毘陀羅 307-2
俱毘留波叉 307-3
俱胝 301-3
俱胝一指 302-1
俱品一分轉 632-3-4
俱品一分轉不定 309-3
俱珍那 300-2
俱迦離無信墮惡道 286-1
俱枳羅經 287-1
俱枳羅陀羅尼經 287-1
俱哩迦 316-1
俱哩迦羅不動眞言 316-1
俱致 300-1
俱起 286-1
俱俱羅 288-3
俱密 312-1
俱梨伽羅不動明王 316-1
俱解脫 290-1, 437-2-12, 1314-1-19, 1775-3-2
俱解脫羅漢 1775-1-26
俱睒彌 298-1
俱睒犍度 297-3
俱絺羅 300-2
俱會一處 353-3
俱遜婆 299-2
俱摩羅稀 311-1
俱盧舍 317-1, 318-2
俱緣果 285-1
俱縛婆羅門 307-1
俱蘇摩 298-3
俱蘇摩跋低 298-3
俱蘇摩摩羅 298-3
俱蘇洛 299-1
俱蘇洛羅 299-1
俱蘭吒 315-3
俱蘭吒華 315-3
俱攞 315-1
俱攞鉢底 315-2
修二月法 836-2
修止三 681-2
修正 824-2
修正會 825-1
修生 824-3
修行 821-1, 554-1-24
修行住 821-1, 927-2-22
修行門 821-1
修行者 1004-3, 821-1
修行經 821-1
修行三密 664-3-2
修行道經 821-1
修行道地經 821-1
修行本起經 821-1
修行方便禪經 821-1
修行菩薩行諸經要集 821-1
修多羅 829-2, 830-2
修多羅論 830-2
修多羅王經 830-2
修多闌波提那 830-2
修因感果 817-2
修利 840-3
修忍 1363-2-25
修伽陀 820-3
修伽度 820-3
修私摩 824-1
修法 1009-2, 837-2
修法供物 341-2
修法阿闍利 837-2, 1005-3
修性 824-2
修性不二 824-2
須陀耶 831-2
修陀里舍那 831-2
修所斷 825-2
修道所滅流 742-3-13
修姤路 836-2
修迷樓 839-3
修習力 826-3, 1360-2-13
修習位 578-1-12, 826-3
修習轉 1245-3-16
修習決定 1825-1-25
修習止觀坐禪法要 826-3
修習般若波羅蜜菩薩觀行念誦儀軌 826-3
修堅 823-2
修造局 824-1
修得 836-1
修得通力 836-1, 1232-1-3
修跋拏 836-3
修跋拏婆頰婆鬱多摩因陀羅遮閱那修多經 836-3
修越那提婆 843-2
修越那波婆蘇 843-2
修惑 843-1
修善 829-1
修惡 817-1
修悲 1828-1-15
修菩提心 526-3-10
修道 647-1-2, 830-2
修道所斷 830-3
修慈分 826-3
修慧 672-1-3, 859-2-27, 1845-2-15
修德 1335-2-11
修摩提女 838-1
修學 820-3
修諸功德願 825-2
修禪定 829-1
修禪院 829-1
修禪六妙門 829-1
修齋 824-1

修斷 707-1-24, 832-1
修羅 840-1
修羅の巷 19-3
修羅の戰 19-3
修羅多 840-2
修羅車 840-1
修羅界 840-1
修羅軍 840-2
修羅扇 840-2
修羅酒 840-2
修羅場 19-3, 840-2
修羅道 840-2
修羅窟 840-1
修羅趣 840-2
修羅妄執 840-2
修羅宮悉地 840-1
修證 825-2
修懺 828-3
修懺要旨 828-3
修驗 823-2
修驗者 823-2
修驗道 823-2
俾沙闍羅所 1486-1
俾禮多 1479-1
振波迦論眞陀摩那迦樓 881-3
振鈴 885-2
捃多蟻 356-1
捃收教 1312-3-7
捃拾教 355-3
捃稗迦 356-2
院 1859-2
院内道行雜作衣 1860-1
555-2
院主 1860-1
院宰 4860-1
院家 1859-3
院最勝講 1860-2
院號 1859-3
除一切惡趣菩薩 1228-2
除一切蓋障菩薩 1228-2
除一切蓋障三昧 1228-3
除一切熱惱菩薩 1228-3
除一切疾病陀羅尼經 1228-3
除一切熱惱菩薩印明 1228-3
除士 1465-1-4
除世熱惱 1229-3
除災呪 1229-3
除災教令法輪 1229-2
除散亂心印明 1229-3
除障佛頂 1092-2-17
1229-3
除障神分 1002-2-10
除蓋障院 1229-1
除蓋障三昧 1228-3
除蓋障菩薩 1228-3
除蓋障菩薩印明 1229-1
除蓋障院八菩薩 1229-1
除覺支 1228-3
除饉女 1229-2
除饉男 1465-1-4, 1229-1
孫多耶致經 1093-1
孫陀利 1093-1
孫陀羅難陀 1093-1
酒 600-1, 1657-1-3
酒十過 600-2
酒有三類 600-1
酒兩 841-1
涌出 1759-3
涌出品 1760-1
涌泉 1760-2
流木 1296-2
流水灌頂 1801-1
流出外道 435-1-4
流沙 1807-1
流來 1808-1
流來生死 779-3-19, 1808-1
流注 1807-2
流舍那 1807-2
流毘尼 1783-1-19, 1808-1
流通 1807-2
流通分 1807-3
流通一念 1807-3
流璃王 1808-3-10
流漿 1807-2
流轉門 1344-2-15, 808-1
流轉眞如 879-3-19
1807-3
流轉還滅 1807-3
流轉三界中 1807-3
流轉諸有經 1807-3
流彌尼 1782-1-19, 1808-1
流離王 1501-1-28
流灌頂 1296-2
浴主 1769-3
浴池 1769-3
浴佛 1770-1
浴佛會 1770-2
浴佛功德經 1770-2
浴室 1769-2
浴室賢護菩薩像 1769-2
浴室安賢護菩薩像 411-1
浴船 1769-3
浴鼓 1769-1
浴聖 1769-2
浴頭 1770-1
浴像 1769-1
浴像經 1769-1
浴像儀軌 1769-1
浴像功德經 1769-1
涅伽多 1370-3
涅迦羅 1370-2
涅哩底 1377-1
涅槃 554-1-26, 1371-1
1702-3-7, 1732-3-21
涅槃分 1376-1
涅槃山 1375-3
涅槃色 1375-2
涅槃印 1373-2
涅槃那 1371-3, 1376-1
涅槃宗 1375-2
涅槃門 1376-2
涅槃相 1374-1
涅槃風 1376-1
涅槃忌 1373-3
涅槃佛 1376-1
涅槃宮 1374-1
涅槃界 1373-2
涅槃食 1375-2
涅槃堂 1375-3
涅槃會 1376-2
涅槃經 1373-3
涅槃像 1374-3
涅槃論 1376-2
涅槃等 1601-3-29
涅槃洲 1375-1
涅槃城 1375-2
涅槃僧 1375-3
涅槃頭 1375-3
涅槃際 1315-1-23, 1374-3
涅槃飯 1376-2
涅槃聖 1375-1
涅槃樂 1376-2, 1776-3-7
1776-3-17
涅槃縛 1376-1
涅槃點 1376-1
涅槃聲 1375-1
涅槃八味 1376-1
涅槃四柱 1376-1
涅槃月日 1374-2
涅槃字義 1272-3
涅槃物語 1373-3
涅槃永寂 758-3-30
涅槃經疏 1373-3
涅槃界無盡 1709-1-19
涅槃經後分 1374-1
涅槃寂靜印 660-2-8
1375-3
涅槃曼陀羅 1671-2
涅槃宗五時教 537-2
涅槃像曼荼羅 1374-3
涅槃及阿闍世王夢 1374-2
涅疊槃那 1370-3
消伏害毒經 1023-2
消災呪 1019-1
消災經 1019-3
消災吉祥經 1019-3
消災陀羅尼 1019-3
消除災難經 1022-2
消除一切災障寶髻陀羅尼經 1020-3
消除一切閃電障難隨求如意陀羅尼經 1020-3
消息五帖 1022-3
消滅 1023-3
消滅先罪業當得大菩薩 1023-3
消瘦服 1022-3
消釋 1020-2
海 119-1
海八德經 169-3
海山も成佛の姿 119-1
海印 159-2
海岸國 160-1
海岸山 160-2
海若 34-2
海東 168-3
海門國 171-2
海珠 164-3
海衆 164-2
海等心 1831-1-4
海雲比丘 159-3
海會 172-3
海意菩薩 159-2
海意菩薩所問淨印法門經 159-2
海滴 167-3
海德 168-3
海潮音 167-3
海澗國 162-3
海幢比丘 169-1
海龍王 171-3
海龍王寺 172-1
海龍王經 172-1
海龍王の女 171-3
海龍王の家 171-3
海龍王のきさき 171-3
海龍王請佛龍宮 1798-3
海藏 164-1
浮木 101-1, 1542-3
浮木の孔 101-1
浮木の龜 101-1
浮孔 1510-2
浮舍 1486-1-15
浮陀 1531-2, 1551-1-6
浮陀跋摩 1531-2
浮香世界 1507-3
浮浪 904-3-23
浮根 1520-3
浮雲 1507-2
浮屠 1533-1-17
浮想 1521-1
浮溜沙 1545-1-27
浮圖 1113-3-5, 1533-1
1551-1-6
浮塵 1532-3
浮頭 1551-1-7, 1533-1-17
浮曇末 1539-2
浮囊 1539-2
唄 1441-2
唄士 1441-3
唄比丘 1442-2
唄師 737-3-26
唄匿 202-3-29, 1442-2
1634-1-23
唄策 1441-3
唄器 1441-3
唄讃 1441-3
哦 220-2
哦哆也 230-1
悟入 557-1
悟不見空 754-3-21
悟本 569-1
悟忍 557-1, 1363-1-4
悟刹 543-1
悟道 549-3
悔 371-1, 1245-1-4
悔死 779-3-30
悔過 382-2
悔過經 382-3
悅意 1661-2-25
悅意華 1671-3-9
徒弟 1278-1
徒果 1276-1
徒衆 1276-3
徑山 258-1
徑山佛鑑禪師 258-2
徑山道欽禪師 258-1
徑山虛堂智愚禪師 258-2
娜 1122-1
娜多家瑟吒 1178-3
娜伽 1296-1
娜耶 1181-2
娜哆 1120-2-1
珠 1116-2, 1662-1-13
珠顆用對功德多少 986-3
班若 1437-2-23
班禪喇嘛 1435-3
桓因 337-1
桓舜 344-1
桓算 343-3
根 473-3
根力 507-2
根力覺分 507-2
根力覺道 507-2
根上下智力 500-3
根本心 504-3
根本印 504-2, 1133-3
根本依 504-2
根本咒 504-3
根本惑 506-1
根本智 505-3, 1331-2-26
根本會 506-1
根本識 42-1, 504-3
根本禪 505-3
根本大師 505-3
根本法輪 506-1
669-2 22
根本中堂 505-3
根本煩惱 506-1
1638-1-21
根本無明 506-1, 1702-1-7
1716-3-12, 1717-1-13
根本業道 504-2
根本十四音 746-2
根本大樂經 505-3
根本說一切有部 504-3
根本無師自然智 507-1
根本業不相應染 1835-1-3
根本無師自然智 506-1
根本枝末二無明 1716-3
根本薩婆多部律攝 504-3
根本說一切有部戒經 504-3

十　畫

根校格殊旃時脇胸特祠祖神祇破袍被

根本説一切有部尼陀那 504-3
根本説一切有部毘奈耶 505-1
根本説一切有部毘奈耶頌 505-2
根本説一切有部百一羯磨 505-1
根本説一切有部毘奈耶藥事 505-2
根本説一切有部毘奈耶雑事 505-1
根本説一切有部苾芻尼戒經 505-1
根本説一切有部毘奈耶隨意事 505-2
根本説一切有部毘奈耶出家事 505-2
根本説一切有部毘奈耶安居事 505-1
根本説一切有部毘奈耶破僧事 505-2
根本説一切有部尼陀那目得迦 504-3
根本説一切有部苾芻習學略法 505-1
根本説一切有部苾芻尼毘那耶 505-1
根本説一切有部毘奈耶皮革事 505-2
根本説一切有部毘奈耶雜事攝頌 505-2
根本説一切有部毘奈耶羯恥那衣事 505-1
根本説一切有部毘奈耶尼陀那目得迦攝頌 505-2
根身經 499-3
根利有遮無遮 507-2
根門 507-2
根性 500-3
根來寺 1370-3
根持 552-1-5
根敗壞種 503-2
根敗 503-2
根淨 500-3
根善巧 921-2-23
根犍度 423-3-29
根塵 502-3
根器 497-1
根機 497-1
根緣 474-3
根闕 498-2
根識 499-1
校量 380-1
校量數 380-1
校量功德經 380-2
校量數珠功德經 380-2
格外 184-2
格外句 184-2
格勤 184-3
殊底迦 832-1
殊底色迦 832-1
殊致阿羅婆 832-1
殊勝 825-2
殊勝心 918-3-10
殊勝池 825-2
殊勝殿 825-2
殊徵伽 832-1
旃丹 1043-1
旃延 1038-2
旃陀利 1045-3
旃陀越 1045-3
旃陀羅 1044-3
旃陀掘多 3-1-25
旃陀阿輸柯 1043-2
旃陀耆利柯 1044-2
旃陀婆羅鞞 1044-3
旃陀羅提婆 1044-3
旃陀越國王經 1045-3
旃育迦 1038-1
旃叔迦 1040-3
旃提羅 1044-1
旃達羅伐摩 1044-3
旃遮 1040-1
旃遮婆羅門女 1040-3
旃檀 1045-3
栴檀茸 1046-1
旃檀那 1046-1
旃檀煙 1046-1
旃檀薪盡 1046-1
旃檀瑞像 1046-1
旃檀闍呢吒 1045-3
旃檀闍呢吒王 1735-1-12
旃檀香身陀羅尼經 1045-3
時 886-3
時乞縛 890-3
時乃得聞 900-3
時分 960-2
時外道 891-3, 434-1-15
434-3-26
時衣 888-1
時成就 897-2, 1833-3-14
時宗 896-2
時宗十二派 896-2
時雨金剛 887-2
時非時經 902-1
時食 897-2
時毘多迦羅 902-2
時處諸緣 896-3
時處儀軌 897-1
時婆時婆迦 901-3
時散外道 893-1
時散外道計物從時生 436-2-8
時の程 901-3
時善 737-24
時衆 896-2
時媚鬼 902-2, 960-3
時無間 574-1-12
574-1-22, 1696-2-7
時經 890-2
時解脱 437-2-17, 891-3
時解脱羅漢 1775-1-13
時節善 737-2-22
時節意趣 897-3
時藥 895-1
時論師 998-2, 434-3-21
時縛迦 901-3
時機純熟 890-3
脇士 404-2
脇比丘 404-3
脇侍 404-3
脇卓 1851-3
脇門跡 1851-3
脇尊者 404-3
脇壇 1851-3
胸行 249-3
胸字 255-3
特恩度僧 1289-1
特爲位 1276-2
特爲茶 1276-2
特爲湯 1276-2
特爲飯 1276-2
特尊 1287-1
特勝 1274-2
特欹拏伽陀 1272-1
特慒 1289-2
祠部牒 756-2
祠部筒 756-2
祠堂經 727-1
祠堂銀 727-1
祖元 1085-1
祖忌 1080-1
祖師 1085-2
祖師堂 1085-3
祖師會 1086-3
祖師禪 1085-3
祖師關 1085-3
祖師西來意 1085-3
祖訓 1085-1
祖庭事苑 1088-1
祖書五大部 1086-3
祖道 1087-3
祖意 1070-3
祖像 1085-2
祖燈 1088-1
神 205-2, 861-2
神力 1003-3
神力品 1004-3
神力自在 893-2-27
神力所持 1004-3
神力無上 733-1-15
神力付囑相承 1004-3
神人 881-2
神女 879-1
神文表白 1002-2
神文表白願文 1002-2
神分 1002-1
神分心經 863-3, 882-2
神天上 205-2
神仙佛 1742-1-1
神光 865-2, 999-1
神我 863-1
神我外道 863-2
神妙 884-1
神足月 1000-3
神明 883-2, 884-1
神供 865-3
神秀 872-1
神咒 875-1
神板 1859-1-22
神祇講 998-3
神根 867-2
神宮寺 999-1
神通 534-2-12, 1001-1
神通力 1001-3
神通月 1001-2
神通光 999-1, 1311-1-18
神通妙 1001-3
神通乘 1001-2
神通經 1001-2
神通輪 1001-3
神通藏 1001-2
神通三世 641-1-11
神通如意 1001-3
神通奇特 1001-2
244-3-25
神通神變 1002-3-14
神通第一 1651-3
神通悉地智 1001-3
神通解脱故 452-2-26
神通遊戲經 1001-3
神通六師外道 433-3-30
神域 885-3
神策 871-2
神策經 871-2
神智 877-3
神牌 1859-1-22
神會 193-1-9
神道 877-3, 1796-3-4
神境 998-3
神境通 998-3
神境智證通 998-3
1232-1-7
神僧傳 876-3
神闇 861-2
神醫 861-2
神識 872-2
神藥樹 884-2
神護寺 999-2
神變 1002-2
神變月 1003-2
神變經 1003-2
神變輪 1003-2
神變示導 626-1-13
1003-2
神變加持 1003-1
神變大菩薩 1003-2
祇麼 762-3
破凡夫 1425-2
破内外道者 807-3-27
破立 1432-1
破正命 1396-1
破外道小乘四宗論 1395-1
破有 1386-3
破有論 1393-1
破有法主 1392-3
破地獄法 1421-1
破地獄偈文 1421-1
破色心論 1395-2
破邪論 1396-2
破邪顯正 1396-2
破邪顯正鈔 1396-2
破戒 1393-1, 1841-2-26
破戒五過 520-1, 1393-1
破見 1394-3
破沙盆 1396-1
破門 1425-3
破法 1425-2
破法遍 920-2-18, 1425-2
破法輪僧 1397-1-9
1425-2
破性宗 817-3-26, 1396-1
破和合僧 1432-2
破相宗 818-1, 817-3-7
破相教 1395-1
破相三昧 1395-1
破夏 1394-3
破迹顯本 1396-1
426-1-13
破執 1395-2
破情 1396-2
破惡見論 1385-1
破惡業陀羅尼 1385-2
破無明三昧 1425-3
破落僧 1427-2
破僧 808-1-1, 1397-1
破僧犍度 424-1-24, 1397-2
破羯磨僧 1395-1
1397-1-11
破檀作法 1398-3
破齋 1395-1
破闇滿願 1385-2
破薩提 1395-1
破顏微笑 1393-2
破壞一切心識 1432-2
破竈墮 1397-1
破魔 1425-2
破魔印明 1425-2
破魔陀羅尼經 1425-3
破顯 1394-3
袍 1387-1
袍休羅蘭 1387-3
袍服 1390-3
袍裳 1392-3
被 1457-3
被巾 1459-3
被甲精進 782-3-30
被甲護身 1458-3
被甲護身三昧耶印 942-3-3
被位 1479-1
被接 1463-1
被葉衣觀音 134-1-17

眠 1245-1-5, 1690-3
眠單 1691-1
眠藏 1691-1
畔徙室利 1434-1
畔喋婆 1437-2
畔睇 1254-2-14
畔彈南 1854-2-14
矩扼 305-3
矩拉婆 315-2
矩矩吒翳說羅 288-2
矩奢揭羅補羅 294-2
296-3
秣奴若瞿沙 1661-1
秣菟羅 1657-3-16
1660-2-23
秘印 1458-1
秘決 1460-2
秘法 1467-3
秘宗 1462-1
秘府論 1467-2
秘事法門 1462-3
秘要 1458-3
秘秘中秘釋 708-2-28
秘密 1467-3
秘密主 1468-3, 1679-3-5
秘密戒 1468-1
秘密咒 1469-1
秘密宗 1469-1
秘密乘 1469-1
秘密敎 1402-2-30, 1468-1
秘密箱 1469-2
秘密經 1468-1
秘密號 1468-1
秘密釋 708-2-26
秘密壇 1469-2
秘密藏 1468-2
秘密上乘 1469-1
秘密不翻 1469-2
秘密相經 1468-2
秘密結集 401-3
秘密瑜伽 1469-3
秘密灌頂 1468-1
秘密八名經 1469-2
秘密三昧經 1468-2
秘密大乘經 1469-2
秘密王三昧 1469-3
秘密主三昧 1469-1
秘密中秘釋 708-2-27
秘密四藏經 1468-3
秘密善門經 1469-1
秘密莊嚴心 928-2-2
1468-3
秘密神咒經 1469-1
秘密瑜伽壇 1469-3
秘密曼荼羅 1469-2
秘密大敎王法 1469-1
秘密篋印心經 1468-2
秘密三昧耶戒 1468-2
秘密名義儀軌 1469-2
秘密佛乘十住心 1469-2
秘密隱顯俱成門 451-2-1
秘密八名陀羅尼經 1469-2
秘密三昧大敎王經 1468-2
451-2-4, 1468-1
秘敎 1460-2
秘極 1460-2
秘奧 1458-3
秘經 1459-2
秘藏 1461-1
秘藏記 1461-2
秘藏經 1461-2
秘藏寶鑰 1461-2
殺 1029-2
殺父 808-1-1
殺生 1031-3
殺生石 1031-3
殺生戒 1031-3
殺母 808-1-1
殺戒 925-3-1
殺阿羅漢 808-1-3
殺害三界不墮惡趣 1030-2
殺鬼 1030-2
殺業 1030-3
般止柯 1433-3-21
般舟 1435-2
般舟經 1435-2
般舟贊 1435-2
般舟三昧 1435-2
般舟三昧經 1435-3
般吒 1436-2 1436-3-19
般那摩 1437-2
般沙羅 1434-3-16
般泥洹 1422-2
般泥洹經 1422-2
般泥洹後灌臘經 1422-2
般陀 1436-2-12, 1436-3
般陀羅 1437-1
般咀羅 1436-3
般若 1437-2, 1438-1
般若字 1440-3
般若部 1439-3
般若塔 1439-2
般若時 537-1-26, 1439-2
般若船 1439-2
般若會 1440-3
般若鋒 1439-3
般若經 1438-1
般若德 651-1-17
般若湯 1439-2
般若頭 1439-2
般若論 1440-3
般若の夕 1439-1
般若十利 955-1
般若心經 1439-1
般若多羅 1439-2
般若拘羅 1439-1
般若流支 1440-3
般若跋摩 1439-3
般若菩薩 1439-3
般若淘汰 1438-3
般若無知 1438-1
般若提婆 1439-2
般若羯羅 1438-1
般若毱多 1439-1
般若轉敎 1438-3
般若燈論 1439-2
般若波羅蜜 1439-2
般若道行經 1439-2
般若經十喩 1476-3
般若理趣分 1440-2
般若理趣經 1440-2
般若理趣釋 1440-2
般若は佛の母 1438-1
般若波羅蜜經 1438-1-30
般若波羅蜜多 1439-3
般若斫羯囉軌 1439-1
般若波羅蜜多藏 1439-3
般若波羅蜜多咒 1439-3
般若波羅蜜多經
1438-2-1
般若の十六善神 1438-1
般若の盡淨虛融 1438-3
般若波羅蜜多心經 1439-3
般若波羅蜜多理趣經 1439-3
般若波羅蜜多根本印 1440-2
般若波羅蜜多菩薩像 1440-1
般刺蜜帝 1430-3
般迦舍末底 1432-3
般涅槃 1422-2
般涅槃那 1422-3
般涅槃後灌臘經 1422-3
般荼迦 1436-3
般荼盧伽法 1437-1
般捺婆 1436-3-27
般僧伽胝 1435-3
般遮 1434-1
般遮婆瑟 1434-1-26
1434-2
般遮婆栗迦史 1434-1-27
般遮婆栗史迦 1434-3
般遮尸 1434-2
般遮尸棄 1434-2
般遮于旬 1434-2
般遮于瑟 1434-1
般遮跋利沙 1434-1-27
般遮跋瑟迦 1434-1-26
般遮羅 1434-3
般遮羅犍荼 1435-1
般遮旬 1434-3
般遮越師 1434-1-26
1435-1
般賴若 1437-2-24
般闍迦 1433-3-22
般闍于瑟 1434-1-26
般羅若 1437-2-24
般羅若底婆拖部 1422-1-30
師 681-2
師子 703-1
師子吼 703-3
師子心 1830-2-18
師子王 715-3
師子乳 704-3
師子座 704-1
師子國 704-1
師子胄 704-2
師子筋 703-3
師子鎧 703-3
師子法門 705-3
師子吼經 703-3
師子頰王 703-3
師子臥法 703-3
師子奮迅 705-2
師子尊者 704-2
師子國餓鬼 226-1, 704-1
師子斷肉經 704-2
師子身中蟲 704-1
師子吼十一事 703-3
師子奮迅三昧 705-2
師子頻申三昧 704-3
師子の諸傳說 703-1
師子無畏觀音 1820-2-20
師子遊戲三昧 710-2
師子月佛本生經 703-3
師子奮迅菩薩所問經 705-2
師子莊嚴王菩薩請
問經 704-1
師子頻申比丘尼德
師相十一喩 703-2
師比丘經 753-3
師主 710-1
師兄 1005-3
師匠 706-1
師雨 683-2
師姑 701-1
師保 757-3
師孫 723-3
師祖 723-3
師敎 700-1
師絃 701-1
師資 703-1
師僧 723-3
師質 704-2
師檀 727-2
能人 1384-1
能大師 1383-2
能化 1382-3
能仁 1384-1
能引師 1382-2
能止方便 713-2-30
能立 1384-2, 1419-3-5
能立不遣 1384-3
能立法不成 633-1-3
能立法不遣 633-1-27
能生支 1383-1
能生因 1307-2-16
能行 1382-3
能行者 1382-2
能安忍 920-3-5, 1382-2
能見相 1383-1
能見心不相應染
1383-1, 1835-1-1
能忍 1383-3
能別 1384-1
能成立 1383-1
能作因 1383-1, 1819-1-27
能別不極成 632-1-19
1384-1
能依 1382-2
能門 1384-2
能所 1383-1
能持 1383-3
能持無所畏 1383-3
能持是經者 1383-3
能持自性軌生物解 1383-3
能活 1382-3
能信 1383-1
能施太子 1383-2
能破 1384-1, 1419-3-7
能被法 1384-1
能寂 1383-1
能執外道 435-1-20
能救世間苦 1382-3
能得忍陀羅尼 1383-3
能淨一切眼疾病陀
羅尼經 1383-1
能遍計 1384-1
能滅諸有苦 1384-2
能滿虛空藏菩薩 459-1-10
能詮 1383-2
能噉鬼 1754-1-2
能廣宣說 929-1-22
能緣 1382-2
能緣斷 1332-2
能靜觀音 1383-1
能歸 1382-2
能薫 1382-3
能薫四義 1382-3
能斷金剛經 1383-2
能斷物疑說法無畏 762-2-10
能斷金剛般若波羅
蜜多經 1383-2
能藏 1383-1
能禮所禮性空寂 1384-2
能變 1384-1
能變無記 1384-1
納加梨 1298-1
納衣 1237-3-13
1238-1-16, 1297-3
納衣十利 1298-1
納戒 1297-2, 1298-1
納所 1297-2
納具 1298-2
納受 1298-3
納所 1298-3
納金庋僧 1289-1
納骨 1298-2
納骨堂 1298-2
納息 1298-3
納婆毘訶羅 1299-1
納婆鉢奢弭 1298-3
納莫 1299-1
納帽 1299-1
納得 1298-3
納蛇於筒 1571-1
納經 1298-1

納紙純記訕訖託財針畜盔郝荏候原峰峩剗耻倩狸哥晋笑祐悕哭剝躬浩弱倚挾倉恐益哺竝衰娘粉豺剡釘桐砧狼
郎荊荒蓋烟祝貢缺竮疱捕剜栖料倍罣娯啥 處專曹堅梵厠雪

納慕 1299-1
納播 1298-3
紙衣 205-2, 685-1
紙冠 205-2
紙葉 685-2
紙錢 721-2
紙圖 295-3
純一 991-2
純陀 992-3
純陀私夷羅 993-2
純眞 992-1
純眞陀羅問經 992-2
純眞陀羅所問如來三昧經 992-2
純眞陀羅所問寶如來三昧經 992-2
純圓獨妙之經 995-1
記 235-2
記心轉 240-
記主上人 240-1
記別 246-1
記別經 246-1
記法住經 247-1
記室 239-1
記論外道 257-3
記說示導 626-1-15
訕若 652-1
訕底 1046-1
訖利多 257-1
訖利多王 257-1
託人の法 31-1-8
託事顯法生解門 451-2-8, 452-1-9
財不堅 656-1-11
財色 673-1
財成決定 1825-1-21
財供養 672-3
財首菩薩 673-2
財施 639-2-28, 673-2
財欲 673-3
財慳 673-1, 1313-2-13
財盡壽不盡死 711-2-14
針口鬼 865-2
針孔 864-2
針毛鬼 884-1
針芥 866-1
針鋒 882-2
畜生 532-1-9, 1837-3-27, 1192-3
畜生因 1192-3
畜生有 1192-3
畜生界 1192-3
畜生道 1193-1
畜生業 562-2-1
畜生趣 1193-1
畜生難 808-1-4
畜生法界 1592-3-30
畜生食時 716-3-7, 1193-1
畜生八壽命 990-1
畜趣 1193-1, 1192-3
盔和羅 1423-1-5
盔兜那波吒 1423-2
郝 183-3
荏 998-3
候人 455-3
原人論 450-1
峰入 1680-3
峩山 229-1
剗子禪 639-1
耻小慕大 1197-2
倩女離魂 1047-3
狸心 1830-2-1
哥王 214-1
晋水 876-1
笑手 532-1-16
祐天寺千部 1757-1
悕玄 383-3
哭市 80-1, 461-2
剝皮 1394-2
躬半支迦 306-2
浩妙 181-2
弱吽鑁斛 976-3
倚版 88-3
挾侍 404-3
倉法師 315-2
恐怖心 732-1-25
益信 1752-2
哺剌拏 1617-2
竝起 1575-2
衰耗山 721-21
娘矩吒 963-1
粉骨碎身 1547-1
粉河寺 456-2
豺狼地獄 590-2
剡浮捺他金 142-1
釘貫 287-1
桐魚 1282-1
砧基薄 1211-3, 1246-2
狼跡山 1773-3
郎當 1774-1
荊溪 372-1
荒聖 41-1
烟蓋 135-2
祝聖拈香 822-1
貢僧 1678-2
缺漏 403-2
竮竮 1795-1
疱種 918-2-4
捕鼠 1588-1
剜燈 1854-3
栖霞寺 1015-1
料簡 1810-3
倍離欲貪 1442-3
罣礙 383-2
娯羅識法 1442-3
啥鑁 234-3

〔十一畫〕

處 843-3
處不退 852-3
處中 852-1
處成就 1833-3-16
處法 759-1-15
處非處法 759-1-16
處非處善巧 921-2-22
處處經 851-2
處處自說名字不同 851-2
處善巧 921-2-20
處衆無畏 929-1-24
處識 689-2-22
處壞無常 733-1-22
專心 1040-3
專行 1038-3
專念 1048-1
專修 1040-3, 1317-2-6
專修寺 1040-3
專當 1044-2
專想 1039-3
專精 1040-2
專稱名號至西方 1040-3
專雜 1040 1
曹山 593-3
曹洞 596-1
曹洞宗 596-1
曹洞五位 578-2
曹洞宗五派 596-2
曹溪 593-1
堅心正意經 414-3
堅牢 427-2
堅牢地天 428-1
堅牢地祇 428 1
堅牢地神 428-1
堅牢地天儀軌 428-1
堅住性 850-2-26
堅林 428 1
堅固 410-3
堅固女 411-2
堅固林 412-2
堅固意 411-1
堅固經 411-2
堅固三昧 411-2
堅固女經 411-2
堅固長者 411-2
堅固地神 411-2
堅固菩薩 412-2
堅法 425-3
堅座 413-1
堅智 422-3
堅勝法界座 414-1
堅意經 408-3
堅聖師子 418-2
堅實心 416-3, 860-2-14
堅實心合掌 416-3
堅願行 929-3-25
堅慧 428-3
梵 1633-3
梵土 1637-3
梵女 1638-1
梵女首意經 1638-1
梵天 935-2-6, 1637-1
梵天女 1637-3
梵天王 1337-3
梵天后 1637-3
梵天供 1637-2
梵天法 1637-3
梵天界 1637-2
梵天外道 1637-2
梵天擇地法 1637-3
梵天火羅九曜 285-1, 1637-2
梵王 1642-1
梵王宮 1642-1
梵心 1636-2
梵世天 1636-3
梵世界 1636-3
梵本 1640-3
梵行 737-2-12, 1635-1
梵曲 1635-1
梵身 1636-2
梵身天 1636-2
梵志 1635-2
梵志阿颰經 1635-3
梵志頞波羅延問種尊經 1635-3
梵夾 1634-3
梵住 1637-1
梵延 1634-1
梵法 1640-3
梵刹 1636-3
梵典 1637-1
梵怛 1636-3
梵服 1640-2
梵放 1640-2
梵音 688-1-1, 1634-1
梵音相 1634-2
梵音師 737-3-26
梵音錫杖 1634-2
梵音深遠相 1634-2
梵室 1635-3
梵苑 1642-1
梵皇 1635-1
梵界 1634-2
梵迦夷 1634-2
梵唄 687-3-27, 1634-1-23, 1640-1
梵宮 1635-2
梵書 1636-2
梵乘 542-1-5, 1636-2
梵唐千字文 1636-3
梵衆 1636-2
梵衆天 1636-2, 1637-2-3
梵嫂 1636-3
梵富樓 1640-3
梵筴 1635-2
梵道 1636-3
梵經臺 1634-3
梵達多王 1843-1-25
梵網宗 1641-2
梵網戒 1641-1
梵網經 1641-1
梵網戒本 1641-1
梵網戒品 1641-1
梵網戒疏 1641-1
梵網爲宗 1627-1-14
梵網懺法 1641-2
梵網六十二見經 1641-2
梵網經蓮華藏世界 389-3
梵語 1635-2
梵語雜名 1635-2
梵漢相對鈔 1634-3
梵漢語說集 1634-3
梵福 1338-1-12, 1640-2
梵罰 1640-2
梵閣 1634-3
梵僧 1636-3
梵輔天 1640-3, 1637-2-3
梵摩 1633-3-16, 1641-1
梵摩天 1641-3
梵摩尼 1641-3
梵摩羅 1641-3
梵摩三鉢 1641-2
梵摩渝經 1641-3
梵摩難國王經 1641-3
梵輪 1641-3
梵輪法轉同異 1642-1-8
梵篋 1635-2
梵篋印 1635-2
梵儀 1635-1
梵德 1627-3
梵壇 1637-1
梵燈籠 1638-1
梵學津梁 1634-3
梵聲 1636-1
梵難 1638-1
梵釋 1636-1
梵釋寺 1036-1
梵釋四天 1936-1
梵釋四王 1636-1
梵鐘 1636-2
梵魔 1640-3
梵覽摩 1633-3-17, 1641-3
梵響 1634-3
厠 202-2
厠の位置 202-2
厠孔 695-1
厠神 202-3
厠紙 702-3
厠篦 757-3
厠簡子 202-3, 700-3
厠籌 727-3
雪山 1030-3
雪山部 1031-2
雪山偈 1030-3
雪山の鳥 1031-2
雪山八字 1031-2
雪山大士 1031-1
雪山仙人 1031-1
雪山成道 1030-3
雪山童子 1031-2
雪山半偈 1031-2
雪山不死藥 1031-2
雪山大士半偈殺身 1031-1
雪布袋 1759-1

雪佛 1759-1
雪柳 1034-1
雪峯 1033-2
雪峯盡大地 1033-2
雪峯鼈鼻蛇 1033-2
雪浪 1034-1
雪童 1033-1
雪達磨 1759-1
雪嶺 1034-2
雪嶺投身 1034-2
雪隱 1029-3
雪竇 1032-3
習 753-3
習因 1307-2-21
習因習果 753-2
習先所習淨 1448-1-28
習果 54-3
習所成種性 1319-1-26, 824-2-27, 755-2
習氣 307-1, 752-3, 909-1
習氣果 907-1
習滅 755-3
習種性 755-2, 824-2-24 824-3-17
袈裟 129-2-2, 188-3-26 387-2
袈裟衣 389-1
袈裟味 389-2
袈裟袋 389-1
袈裟五德 388-3
袈裟着法 388-2
袈裟變白 389-1
袈裟十利 388-3
袈裟十二名 388-1
梁皇懺 1792-3
梁攝論 543-2-11, 1794-1 1456-1
婆 1441-2
婆叉 1446-3
婆子燒庵 1446-1
婆尼 1452-3
婆吒 1449-2
婆吒羅 1449-2
婆收婁多柯 1447-3
婆利 1455-3-11, 1455-3
婆利師 1446-1-1, 1455-3
婆利質羅 1456-1
婆利師迦 1446-1-2, 1456-1
婆利摩尼 451-1-22
婆利質多羅 1456-1
婆利迦菴羅 1455-3
婆利阿修羅 1455-3
婆利闍多迦 1456-1
婆利史迦羅 1446-1-2, 1456-1
婆伽伴 1444-1-19, 1444-3
婆伽梵 1444-1-20, 1444-3
婆伽婆 1444-1
婆伽梵者 1444-2-9
婆沙 1446-3
婆沙波 1446-2-27, 1447-1
婆沙論 1447-2
婆沙四大論師 1447-1
婆私 1445-3
婆私吒 1446-2
婆那 1437-2-16, 1452-3
婆里卑 1456-1
婆陀 1449-3
婆陀和 1450-3-19
婆怛那 1449-2
婆怛霰尼 1449-2
婆舍跋提 1447-1
婆舍跋提天 1447-1
婆拘羅 1445-1
婆使迦 1446-1-1
婆波致迦 1431-1-20
婆耶 1453-2
婆哆 1449-3
婆南 1452-3, 1854-2-13
婆毘 1453-1
婆城 1447-3
婆施羅 1448-2
婆刺拏 1454-1
婆柁梨 1449-2
婆吡吠伽 1453-1
婆珊婆演底 1445-2
婆師 1640-1-5, 1445-3
婆師迦 1446-1
婆師波 1446-2
婆師婆 1446-2-26
婆師波利 1446-1-2
婆娑婆陀 1445-2-19 1447-1
婆陟 1640-1-5, 1451-1
婆栖 1448-2
婆哩野 1456-1
婆栗史迦 1456-1-1
婆差優婆差 1446-3
婆唎 1456-2
婆梨 1455-3
婆婆伽梨 1424-3
婆兜釋翅搜 1452-3
婆捺囉婆捺麼洗 1450-3
婆須蜜 1447-2
婆須蜜多 1449-1-22, 1447-2
婆須達多 1447-2
婆須蜜多羅 1449-1-22, 1447-2
婆提 1437-2-13, 1449-3
婆提唎迦 1450-1-9
婆訶 1443-3
婆訶嘛 1444-1
婆嵐 1455-3
婆傘多婆演底 1445-2-13
婆皺吒 1191-1-23
婆皺破 1191-1-26
婆皺他 1191-1-27
婆皺彌 1191-1-28
婆皺靴 1191-1-29
婆皺摩 1191-1-30
婆皺底 1191-1-22 1191-1-24
婆皺斯 1191-1-25
婆達 1449-3
婆雉末儞 1451-1
婆雌子部 1446-1
婆麁富羅 1449-1
婆稚阿修羅 1450-3
婆達羅鉢陀 1450-2 1450-3-9
婆塞羯羅伐摩 1448-3
婆頗娑 1453-1
婆疑質垢 1444-1
婆誐 1444-1
婆誐鑁 1444-1-19
婆誐嚩底 1444-2-9
婆誐嚩帝 1444-1
婆瘦 1453-2
婆牖 1453-2-6
婆樓那 1456-2
婆蹉 1446-3
婆蹉婆 1447-1
婆蹉富羅 1447-1
婆蹉梵志 1447-1
婆蹉那婆 1446-3
婆蹉富多羅 1447-1
婆盧枳底濕伐羅 1456-2
婆濕婆 1446-2-26
婆檀陀 1459-3
婆闍羅波尼婆里卑 1448-2
婆薩婆 1445-2
婆羅 1443-2
婆羅那 1454-2-11
婆羅奈 1849-1-16
婆羅訶 1453-3
婆羅翅 1453-3
婆羅門 1454-3
婆羅奢 1453-3
婆羅留支 1455-3
婆羅拾佉 1453-3
婆羅那馱 1454-2
婆羅捺寫 1454-1-23 1454-2
婆羅痆斯 1454-1-22 1454-1
婆羅婆叉 1454-2
婆羅尼蜜 1454-2
婆羅波提 1454-2
婆羅賀摩 1633-3-16 1453-3
婆羅門仙 1455-2
婆羅門敎 1455-1
婆羅門國 1455-1
婆羅門城 1455-2
婆羅門僧 1455-2
婆羅門僧正 1455-2
婆羅門所傳 1856-2-6
婆羅哈末拏 1453-3-19
婆羅提木叉 1454-1
婆羅墮跋闍 1454-1
婆羅婆提伽 1453-3
婆羅可波帝 1453-3
婆羅阿迭多 1453-2
婆羅袟底也 1454-1
婆羅賀麼天 1637-1-30
婆羅賀摩拏 1454-3-23 1453-3
婆羅門避死經 1455-2
婆羅門依醉出門 1455-1
婆羅門貫髑髏賣 1455-1
婆羅必栗託仡那 1454-3
婆羅必栗他仡那 1454-3-7
婆羅必利他伽闍那 1454-3-7
婆羅門子命終愛念不離經 1455-2
婆羅門犯蓮華色比丘尼生入地獄 1815-1
婆藪 1448-3
婆藪槃陀 1448-3-28 1448-3
婆藪槃豆 1448-3-27
婆藪槃豆法師傳 1449-1
婆蘇 1449-1-20
莎訶 1091-1-10
莎揭哆 796-1
莎髻 804-2
莎縛訶 1091-1-10
莫以空過 1653-2
莫妄想 1653-3
莫伽 1652-3
莫呼洛伽 1654-3-30
莫呼洛伽摩 1654-3-29
莫陀羅仙 1672-1
莫喝洛迦 1652-2-24 1652-3
莫訶 1645-1-29, 1653-3
莫訶羅 1652-2-23
莫訶洛迦 1652-3-1
莫訶衍磧 1645-2
莫訶歌羅 1647-1-19
莫訶衍那鉢地巳波 1652-2
莫訶僧祇尼迦耶 1648-1
莫耆 1653-2-14, 1653-3
莫醯 1653-3-29
莫醯伊濕伐羅 1654-1
莊束したる數珠 987-3
莊嚴 771-1
莊嚴劫 772-1
莊嚴門 777-2
莊嚴論 772-2
莊嚴經 771-3
莊嚴三昧 772-1
莊嚴王經 772-2
莊嚴經論 772-1
莊嚴世界 909-3-20
莊嚴王三昧 772-2
莊嚴行者法 944-1-2
莊嚴佛法經 772-1
莊嚴寶王經 772-2
莊嚴道場法 944-1-5
莊嚴佛法諸義 772-1
莊嚴菩提心經 772-2
莊嚴王陀羅尼經 772-2
莊嚴劫千佛名經 772-1
莊嚴淸淨藏三昧 772-1
莊嚴入一切佛境界經 772-1
茶 1122-1
茶吉尼 1177-2
茶吉尼法 1178-1
茶吉尼天法御即位灌頂 1178-1
茶枳尼 1177-2-28
茶枳尼形像 1178-1
茶毗 1181-2
茶矩磨 1178-2
荷力皮陀 210-1
荷澤 193-1
荷擔 193-2
章安 765-1
章服義 788-2
章疏 778-2
商人心 1830-1-18
商主天子所問經 778-1
商佉 767-2
商佉印 767-2
商那 787-2
商那和修 787-3 1659-1-16
商迦 766-1
商莫迦 791-2
商量 794-1
商羯羅 766-2
商羯羅天 766-3
商羯羅金剛 766-2
商羯羅主菩薩 766-2
商羯羅塞縛彌 766-3
商羯羅阿闍梨 816-3
商諾迦縛娑 785-2
毫相 222-2
毫相一分 222-2
毫眉 224-2
麻三斤 1655-2
麻豆瞿羅 1660-3
麻頭 1658-1, 1659-3
麻蹉 1655-2
麻薩羅揭婆 1655-2
庵 45-1
庵主 45-1
庵寺 45-1
庵室 45-1
庵羅波利 49-1
康居 174-2
康孟詳 181-2
康僧會 179-1
康僧鎧 179-1
鹿 686-1
鹿女夫人 1840-1
鹿子母堂 1824-1
鹿母堂 1842-3
鹿母經 1842-2
鹿母夫人 1842-3
鹿母講堂 1842-2
鹿仙 1834-3

十一畫

鹿皮衣 1841-2
鹿車 1824-1
鹿戒 1819-3
鹿足王 1836-2
鹿杖梵志 1838-2
鹿林 1843-1-19
鹿苑 1845-2
鹿苑寺 257-3-9
鹿苑時 537-1-21, 1845-2
鹿野 1779-1-15, 1843-1
鹿野苑 1843-1-17
鹿野園 1843-1
鹿菩薩 1841-3
鹿園 1843-1-19
鹿園寺 1845-2
鹿谿 1748-3
鹿頭比丘 1839-1
鹿頭梵志 1839-1
率都婆 1088-1, 1113-3-6
率都婆印 1088-2
率都婆經 1088-2
率都婆觀 1088-2
率縛訶 1091-1-10
率覩婆法界普賢一字心密言 1088-3
率引因 408-3
率連 428-1
寂 977-1
寂用 979-1
寂用湛然 979-1
寂光 977-1
寂光土 977-2
寂光大師 977-2
寂光道場 977-2
寂光海會 977-1
寂忍 978-2
寂志果經 777-2
寂災眞言 977-2
寂定 978-2
寂岸 977-1
寂念 978-2
寂音尊者 976-3
寂常 977-3
寂莫無人聲 978-3
寂然 978-2
寂然界 978-2
寂然護摩 978-3
寂場 978-2
寂場樹 978-2
寂滅 978-3
寂滅忍 979-1, 1363-2-7
寂滅相 978-3
寂滅場 979-1
寂滅樂 979-1
寂滅無二 979-1
寂滅爲樂 979-1
寂滅道場 978-3
寂滅德處 749-2-12
寂照 978-1
寂照慧 978-2, 1845-2-20
寂照神變經 978-1
寂照神變三摩地經 978-2
寂業師子 977-2
寂種 977-3
寂調音所問經 978-2
寂靜 977-3, 1712-3-1
寂靜行 977-3
寂靜法 978-1
寂靜門 978-1
寂靜樂 978-1, 1776-3-14
寂靜眞言 978-1
寂靜相應眞言 978-1
寂靜音海夜神化尊三十七門 977-3
寂默 1712-3-1
寂默外道 434-1-9, 979-1
寄見丁 238-2
寄言歎 239-1
寄花五淨 1423-3
寄附 245-3
寄庫錢 237-2
寄進 240-1
寄褐 236-3
密山住部 1680-1
密付 1680-1
密印 1677-3
密印灌頂 1678-1
密行 1678-2
密因 1678-1
密寺 1680-1
密字 1680-1
密成通益 1680-1
密法 1680-2
密供 1678-3
密宗 1680-1
密咒 1680-1
密林山部 1680-2
密軌 1678-2
密室 1679-3
密庋 1680-1
密迹 1679-3
敎迹士 1679-3
密迹力士 1679-3-4
密迹金剛 1679-3-4
密迹力士經 1679-3
密迹金剛力士哀戀經 1679-3
密家 1678-3
密家三藏 1678-3
密唄 1680-2
密益 1680-2
密敎 1311-3-16, 1678-3, 1795-2-1
密敎三藏 620-2
密敎五大 544-3
密敎六大 1837-1
密敎の普賢 1517-2
密敎十法界 1593-2
密敎十重戒 925-3
密敎道場觀 839-1
密敎結界法 397-2
密敎の阿彌陀 37-1
密敎十六菩薩 956-3
密敎十波羅夷 1427-1
密敎十地廢立 925-1
密敎三三昧門 619-2
密敎四波羅夷 1426-2
密敎四無量觀 761-2
密敎毘盧遮那佛 1500-2
密敎の五分法身 567-2
密庵 1677-3
密參 1679-2
密善 1657-3-16
密衆 1679-3
密場 1680-1
密意 1677-3
密經 1678-2
密義 1678-2
密肆 1679-2
密語 1678-3
密號 1678-1
密遣二人 1679-1
密墳 1680-2
密學 1698-2
密機 1678-2
密壇 1680-1
密壇灌頂 1680-1
密講 1678-3
密藏 1679-2
密嚴 1679-1
密嚴國 1679-2
密嚴經 1679-1
密嚴淨土 1679-2
密嚴華藏 1679-1
密嚴經疏 1679-1
密灌 1678-3
寃習因 91-2-29
寃親平等心 732-2-3
宿王戲三昧 823-1
宿世 822-1, 1004-3
宿世因緣周 822-1
宿因 821-2
宿行本起經 821-2
宿作 821-3
宿作因論 434-2-9
宿作外道 821-3
宿作論師計苦樂隨業 436-2-24
宿住通 822-3
宿住智通 1232-2-11
宿住智正明 822-3
宿住隨念智力 822-3
宿住隨念智證通 822-3
宿坊 822-3
宿忌 821-2
宿命 822-3
宿夜 823-1
宿直 822-2
宿直日 822-3
宿命力 823-1
宿命明 823-1-21, 823-1
宿命通 82311, 542-2-14, 823-1, 1232-2-6
宿命智 822-3
宿命智通 823-1
宿命智通願 823-1
宿命智經 822-3
宿命智陀羅尼經 822-3
宿根 821-2
宿院 1004-3
宿執 822-1
宿執開發 822-1
宿習 822-1
宿善 822-1
宿善往生 822-2
宿善開發 822-2
宿植 822-2
宿報 822-3
宿業 821-2
宿煮 822-1
宿債 821-3
宿意 821-2
宿福 822-3
宿德 822-3
宿緣 821-2
宿曜 1004-3, 821-2
宿曜經 821-2
宿曜儀軌 821-2
宿願 821-2
宿願力 821-2
晨昏鐘 201-2
晨朝日沒觀行 1000-3
曼陀 1669-1
曼陀珠 1669-2
曼陀羅 1669-2-26, 1671-3
曼陀羅仙 1672-1
曼陀羅供 1671-3
曼陀枳尼 1669-2
曼供 1666-3
曼怛羅 1669-1
曼拏 1669-2-27
曼殊沙 1668-3
曼殊顏 1668-3-22, 1668-3
曼殊童子 1668-3
曼殊伽陀 1668-3
曼殊室利 1669-1, 1741-2-8
曼殊室利經 1669-1
曼殊五字心陀羅尼品 1668-3
曼特羅 1669-1-24
曼荼 1669-2-27
曼荼羅 1183-3-3, 1671-2
曼荼羅身 1671-3
曼荼羅教 1671-3
曼荼羅外道 1671-3
曼荼羅の四輪 858-2
曼荼羅通三大 1671-2
曼荼羅種姓十住心 1671-3
曼馱多 1669-2
閉戾多 1569-3-12
閉黎多 1569-3-11
閉關 1568-3
閉麗多 1569-3-12
閉爐 1569-3
問法印 1747-2
問訊 1741-1, 1746-2
問話 1748-1
問橋 1395-2
問禪 1746-3
婁勒 1808-3
婁勒王 1501-1-28, 1808-3-11
國一 457-1
國土 462-2
國土身 462-3, 1558-1-20
國土覺 1400-2-9
國土世間 462-3, 640-2-14
國土淸淨願 462-3
國土嚴飾願 462-3
國王 463-3
國王恩 463-3
國王十種夢 463-3
國王依鼠護勝合戰 1371-1
國王不梨先泥十夢經 463-3
國分寺 463-2
國分尼寺 463-2
國忌 450-3, 460-3
國忌齋 456-3
國阿派 457-1
國昌寺 462-1
國師 461-2, 461-3
國師三喚 491-3
國師水椀 461-3
國淸寺 462-2
國僧正 462-2
國寶 463-2
異 4736-2-2
異人 88-1
異口同音 51-2
異心 54-3
異方便 88-2
異生 53-3
異生性 53-3
異生性障 91-2-418, 926-3-9
異生羝羊心 54-1, 927-3-17
異世五師 528-2
異出菩薩本起經 54-2
異因 49-3
異安心 49-3, 148-3-8
異見 51-2
異門 89-2
異門の鍵 89-2
異品 89-1
異品遍無性 89-1
異品一分轉 632-3-3
異品一分轉同品遍轉不定 89-1
異相 1315-2-8, 52-1, 1823-2-7
異相巧方便 1825-2-4
異部 88-3
異部宗輪論 88-3
異部宗輪論述記 88-3

異執 53-2
異義 50-3
異僻 51-2
異端 56-1
異說 55-3
異熟 55-2
異熟生 55-3
異熟因 53-2, 1819-2-30
異熟果 55-2
異熟識 41-3, 55-3
異熟障 55-3
異熟無記 1693-3-26
異熟等五果 520-2
異慧 90-2
異異 90-1
異緣 80-1
異學 90-2
異轍 87-1
累七齋 1808-3
累劫 1808-3
累形 1808-3
累障 1809-1
崇信 1076-1
崇敬 1072-1
崑崙子 508-3
崑崙山 508-3
崑崙舶 508-3
崑崙國 508-2
常力 976-1
常乞食 684-2-15
常坐三昧 966-1
常坐常行 966-1
常不輕菩薩 973-1
常不輕菩薩品 973-2
常句 696-1-2
常行堂 963-1
常行三昧 962-3
常行乞食 962-3
常行持律 962-3
常行大悲益 445-2-11
常行堂摩多羅神 1656-3
常在光院 965-3
常在靈山 965-3
常在靈鷲山 965-3
常光 1311-1-17, 963-2
常光一丈 963-2
常有是好夢 962-1
常有種種奇妙 962-1
常自寂滅相 967-2
常住 969-2
常住果 969-3
常住物 970-1
常住教 537-2-18, 969-3
常住藏 969-3
常住二字 969-3
常住僧物 969-3
常住如法月 970-1
常住心月輪 970-1
常住常住僧物 713-2-15
969-3, 1075-1-15
常坐 965-3, 1238-1-21
常坐三昧 966-1
常坐常行 966-1
常沒 975-3
常沒人 713-1-30
常見 408-1-15, 964-1
1313-2-24
常身 967-1, 1321-3-26
常求利 963-2
常作天樂 964-1
常念 972-1
常宗 818-2-2, 966-3
常侍看球 967-1
常波羅蜜 972-3
常受快樂願 967-3
常定生外道 435-2-2
常具天蓋人 1246-1
常食施 967-2
常修多羅宗 966-3
常修梵行願 966-3
常途 970-1
常寂 967-3
常寂光土 47-3-28
462-3-8, 967-3
常智 969-1
常無常分別 1372-1-21
常無常二身 1321-3
常悲菩薩 972-3
常啼菩薩 968-3
常喜悅根大菩薩身 962-3
常道 969-1
常境 962-3
常樂 975-3
常樂會 975-3
常樂我淨 975-3
常樂會內梵 976-1
常論 1831-3-18
常德 740-1-15, 970-2
常醉天 968-2
常曉 962-3
常燈 970-2
常隨佛學 968-2
常顚倒 1254-1-24
堂上 1174-1
堂主 1173-2
堂司 1174-2
堂童子 1176-2
堂達 1175-1
堂衆 1173-3
堂塔 1175-1
堂僧 1175-1
堂頭 1176-2
堂頭和尙 1176-2
堂觀 1174-1
第一法 722-1-6
第一句 1124-3
第一義 1124-1
第一華 1423-3
第一乘 1125-1
第一識 42-1
第一空行 1125-1
第一空法 1125-1
第一法忍 1362-3-21
第一功德 919-1-13
第一寂滅 1125-1
第一結集 1125-1
第一念處 1378-3-21
第一時教 614-1-3
630-3-18, 1125-1
第一義天 1124-3
第一義空 1124-2
第一義智 1124-3
第一義樂 1124-3
第一義諦 1124-2
第一義觀 1124-2
第一廣說 714-1-25
第一義悉檀 704-3-7
1124-2
第一義法勝經 1124-3
第一第二第三法忍 1125-1
第二月 1151-2
第二果 1151-2
第二禪 1151-3
第二壇 1151-3
第二功德 919-1-16
第二法忍 1362-3-22
第二念處 1378-3-24
第二時教 614-1-4
630-3-21, 1151-3
第二結集 1151-2
第二廣說 714-2-5
第二能變 653-1-1
1153-3
第二七日說 1151-3
第七仙 1137-2
第七情 1137-2
第七功德 919-1-28
第八識 41-3, 1155-3
第八功德 919-2-1
第八外海 1155-3
第九功德 919-2-7
第十八願 1142-3
第十功德 919-2-8
第十六王子 1142-3
第三分 1136-2
第三地 1136-1
第三果 1136-1
第三重 1136-1
第三禪 1136-1
第三功德 919-1-17
第三法忍 1362-3-22
第三時教 614-1-6
630-3-23, 1136-1
第三念處 1378-3-28
第三結集 1136-1
第三焰天 1136-1
第三廣說 714-2-6
第三能變 653-1-7
1136-2
第五十 1135-1
第五大 1135-2
第五功德 919-1-22
第六天 1169-1
第六天の魔王 1169-1
第六院 1169-1
第六識 1169-1
第六意識 1169-1
第六功德 919-1-25
第四禪 1137-2
第四結集 1137-1
第四功德 919-1-18
第四廣說 714-2-7
第四靜慮 1137-1
梨本流 1296-3
梨車毘 1785-3-6
梨門 1791-3
梨耶 1791-3
梨婆多 1789-3-5
啓白 373-3
啓白日 373-3
啓散聖節山 372-1
啓請 372-1
眷屬 418-2
眷屬妙 418-3
眷屬般若 418-3
1433-1-6
眷屬莊嚴 771-3-1
眷屬長壽願 418-3
悉他薛攞 745-1
悉他陛攞尼迦耶 745-1
悉地 747-1
悉地宮 747-2
悉地果 747-2
悉地菩薩 747-1
悉地持明仙 747-1
悉地羅窣都 747-1
悉有佛性 743-3
悉多頞他 744-2
悉伽羅 688-1
悉怛多般怛羅 744-3
悉皆成佛 743-3
悉皆金色願 743-3
悉恥羅末底 742-3
悉替那 747-2
悉達 744-2
悉達多 744-3
悉達太子 63-2-11
1776-3-28
悉曇 745-2
悉曇章 745-2
悉曇藏 745-2
悉曇四書 745-2
悉曇字數 745-3
悉曇字記 746-3
悉曇十二韻 746-3
悉曇十二章 746-3
悉曇十八章 746-3
悉曇五十字門 745-2
悉曇四十二字門 745-2
悉壇 747-1
貧女 1480-3
貧女一燈 1481-1
貧女寶藏 1480-3
貧女寶藏喩 1581-1
貧女施米汁生天 1481-3
貧女以麤衣施生天 1481-2
貧女以兩錢施身成后 1481-3
貧女獻潘澱作辟支佛 1481-1
貧道 1480-2
貧者一燈 1479-3
貧窮海 1479-2
貧窮福田 1479-2
貧窮老公經 1479-2
貪 636-2-7, 1269-1
1775-1-6
貪心 1829-3-28
貪水 1280-2
貪見 408-1-19, 524-1-23
1279-2
貪毒 651-2-30, 1281-2
貪使 1281-1
貪陀婆那 1480-3
貪染 1280-3
貪狼 1281-2
貪病 1281-1
貪恚痴 1281-2
貪欲 1281-1
貪欲使 1281-1
貪欲蓋 1281-1
貪欲尸利 1281-1
貪欲重障 623-1-28
貪欲即是道 1281-2
貪欲瞋恚愚痴 1281-1
貪習 1280-1
貪習因 91-2-16
貪惜 1280-2
貪結 1279-2
貪著 1280-3
貪愛 1279-2
貪煩惱 1281-1, 1638-2-17
貪瞋 1280-2
貪瞋痴 1280-2
貪瞋二河譬喩 1280-2
貪縛 1281-1
貪濁 67-1, 1281-1
鳥羽僧正 1278-2
鳥迹 1240-3
鳥翅 1240-2
鳥道 1241-1
鳥窠禪師 1240-2
鳥鼠僧 1241-1
兜巾 1272-2
兜牟盧 1278-2
兜沙經 1276-3
兜沙羅 1276-3
兜卒 1277-1
兜卒僧 1277-2
兜夜 1278-2
兜率 675-2-24
兜率天 1799-1-23
1843-3-20
兜率天子 715-1-16
1277-2
兜率三關 612-2-10
1277-3

十一畫

兜魚參這連逗速逝逋逐通造頂減健假偈偏偸塚域捧掛掉掩掃捷探堆推捨採接授陳陰

兜率內院 1277-2
兜率和尙 1277-3
兜婆 1113-3-5, 1278-1
兜術 1276-3
兜樓婆 1279-1
兜調經 1278-1
兜羅 1778-3
魚 124-3
魚子 274-2
魚の子多し 124-3
魚山の聖 274-2
魚不見水 754-3-15
魚王貞母 274-2
魚母 274-2
魚兎 274-2
魚板 274-2
魚施餓鬼 100-1
魚鼓 273-3
魚籃觀音 274-2
參 603-2
參同契 651-2
參狀 649-1
參前 642-3
參後 616-3
參退 644-2, 649-1
參問 667-1
參堂 646-3
參椅 610-1
參詣 613-2
參暇 605-2
參榜 654-2
參請 628-1
參頭 650-3
參禪 642-3
參譯 1750-3-3
參籠 670-2
這裡 813-2
這箇 804-3
連河 1811-3
連續 931-1-3
逗會 1238-3
逗機 1265-1
逗機 1237-1
速成 1083-2
速香 1004-3
速般 1519-1-14
速疾鬼 1082-1
速疾立驗摩醯首羅天說阿尾奢法 1082-1
速得漏盡願 1084-1
速說無上正等菩提 1082-1
逝心 1016-2
逝多 1016-3
逝多林 1016-3
逝宮 1015-1
逝瑟吒 1016-1
逝經 1015-1
逝童子經 1017-2
逋多 1531-2-30, 1588-1
逋多羅 1531-2, 1531-2-30
逋沙 1545-1-27, 1588-1, 1588-3-27
逋沙他 1521-1-21
逋利婆鼻提賀 1617-2
逋盧羯底攝伐羅 1545-1
逐他用 1193-1
逐鹿 686-2
逐機末教 1192-3
通 1231-3
通力 1234-2
通文 1234-1
通化 1232-3
通申論 1233-2
通行 1232-2
通戒 1232-2
通戒偈 1232-2
通佛 1551-2-18
通佛教 1234-1
通別通圓 1233-1-20
通別二序 1234-1
通序 1233-3
通利 1234-2
通明禪 1234-1
通明慧 1234-2
通肩 1233-1
通夜 1235-3
通披 1234-1
通受 1233-2
通兩肩法 1234-2
通念佛 1234-1
通相三觀 625-2-6
通前藏教 1233-3
通後別圓 1233-2
通迫巧方便 1466-1
通教 614-1-27, 1232-3, 1402-2-19
通教十地 1233-1
通教四門 763-2
通途 1234-1
通偈 1233-1
通感 1234-2
通達 1233-3
通達心 1233-3
通達位 578-1-11, 1234-1
通達智 1188-2-28
通達轉 1245-3-14
通會 1234-2
通論 1234-2
通論家 1234-2
通慧 1234-2
通霄路 1233-3
通覆 1234-1
造立形像經 677-2
造立形像福報經 677-2
造寺堅固 676-2
造作魔 675-3
造花 1235-1
造書天 676-1
造塔 1114-2
造塔功德經 676-2
造塔延命功德經 676-2
造像 675-3
造像功德經 675-3
造旛功德 1457-1
頂王經 1203-3
頂生王 1201-1
頂生王經 1201-1
頂生三昧 1200-3
頂石 1201-1
頂光 1199-3
頂位 1203-3
頂法 721-3-12, 1202-3
頂門眼 1203-1
頂相 1200-2, 1212-3
頂珠 1201-1
頂巢 1200-2
頂輪王 1203-2
頂輪眞言 1203-2
頂墮 1202-2
頂禮 1203-1
減劫 443-2
減緣減行 440-3
健杜 423-2
健陀 419-2
健陀俱知 421-1
健陀國王經 421-2
健陀摩陀摩羅 422-2
健陀穀子袈裟 421-1
健南 424-2
健勇坐 583-2
健拏驃訶 422-1
健達 413-1
健馱梨 422-3
假 371-1
假立譬開 792-3-18
假令百千劫 407-1
假令之誓願 407-1
假名 406-1
假名宗 406-2, 818-1-15, 818-1-24, 818-1-29
假名有 406-1
假名世間 406-2
假名法師 200-3
假名菩薩 406-2
假名聖教 200-2
假合 381-2
假合之身 381-2
假色 390-3
假有 374-2
假我 381-2
假法 405-2
假門 406-3
假和合 407-3
假使頂戴經塵劫 391-2
假時 393-3
假等流 403-2, 651-1-6
假等流果 1271-2-10
假實 393-1
假諦 394-1, 1097-1-2
假觀 382-3
偈 428-3
偈句 430-3
偈他 433-1
偈頌 432-3
偈語 432-1
偈讃 432-2
偏小 1573-2
偏小情 1573-2
偏中正 578-3-20
偏中至 578-3-29
偏有執 1571-2
偏空 1571-3
偏門 1574-2
偏衫 1572-2
偏眞 1573-1
偏眞空理 1573-1
偏袒右肩 1573-3
偏敎 1313-1-4, 1571-3
偏執 1572-3
偏圓 1574-3
偸婆 1113-3-5, 1209-1
偸盜 1207-2
偸蘭 1209-2
偸蘭遮 1209-2
塚 1234-3
塚間 1238-1-21
塚間坐 1200-1, 1237-3-29
塚間第一 107-3
域心 1855-2
域龍 50-3
域懷 1855-2
捧物 600-2
捧爐神 1586-1
掛子 331-2, 330-1
掛眞 330-3
掛搭 331-2
掛搭單 332-1
掛鉢 334-3
掛絡 336-3
掛錫 330-2, 391-3
掉 1260-3
掉悔 1260-3
掉散 1261-1
掉擧 736-1-12, 1245-1-6, 1260-3
掩土 140-2
掩色 138-3
掩室 138-3
掃衣 684-2-15
掃地 595-3
捷疾鬼 1751-1-2
捷疾辯 732-3-29
探水 1120-1
探玄記 1119-2
探竿影草 1119-1
探草 1119-2
探領 1793-2-6
探頭 1121-1
探題 1120-3
堆惕鬼 1105-1
堆壓地獄 1097-2, 1216-2-16
推功歸本 1006-3
推鐘 1007-2
捨 583-3, 764-1
捨心 805-2
捨多壽行 806-1, 1326-2-30
捨身 805-2
捨身品 805-2
捨戒 795-3
捨受 541-3, 637-3-1, 805-3
捨所滅事 742-3-17
捨念淸淨地 808-1
捨家棄欲 804-3
捨財用非重 514-2-9
捨閉閣抛 809-1
捨無量心 811-1
捨無量觀 762-1-1
捨無因果 917-3-3
捨筏 808-3
捨置記 866-3
捨聖歸淨 805-1
捨墮 806-2
捨德處 749-2-11, 807-1
捨濫留紙識 813-2, 1764-3-15
捨羅 812-1
捨覺支 996-1
捨囉梵 812-3
捨王馱攞 812-3
採華置日中 585-1
採華授決經 585-1
採華違王上佛授決號妙花經 585-1
採菽氏 586-1
採菓汲水 584-3
採蓮華王經 590-2
採薪 1110-1
採薪及菓蓏 587-2
採藏傳 755-1
接引 1034-3
接生戒 1035-1
接善戒 1035-3
接足作禮 1035-3
授手 985-1
授衣節 981-1
授決 983-2
授決集 983-3
授戒會 981-2
授事 985-2
授記 981-3
授記光 982-3
授記品 982-3
授記說 982-3
授學無學人記品 981-2
授職灌頂 348-1
陳那 50-3-6, 1231-2
陳那裂石 53-1, 1231-2
陳英 1217-1-13
陳棄藥 1211-3, 1801-1-26
陳尊者 1213-1
陰 152-2

陰入界 155-3
陰天 1857-2-4
陰幻 154-2
陰妄 155-3
陰界 153-2
陰界入法界 1593-1-12
陰持入經 155-2
陰境 153-3, 907-1-14
陰錢 95-1, 155-1
陰藏 154-2
陰魔 155-3, 1642-3-8
陪食 1441-3, 1578-2
陪堂 1442-1, 1578-2
陪貼 1442-1
陪寮錢 1442-3
陪禪 1441-3, 1578-2
陪臚 1442-3
陪襯 1441-3
陪囉䴏 1442-3, 1454-2
陪臘 16-2, 1578-2
添品法華 1257-3
添品妙法蓮華經 1257-3
深入 1001-3
深入禪定 1001-3
深心 628-1-28, 999-3
深玄 999-2
深行 999-1
深防 1002-1
深坑 998-3
深沙大將 999-2
深沙大將儀軌 999-3
深位 1004-3
深妙 1003-3
深法 1003-2
深法門 1003-2
深法忍 1003-2
深定用故 452-2-25
深信 861-1-11, 999-3
深信因果 917-3-7
深秘 1002-1
深秘師 1002-1
深秘釋 1002-1
深秘阿闍梨 1002-1
深草流 1508-1
深密經 1003-2
深密解脫經 1003-2
深理 1003-3
深淨 1000-1
深量 1004-3
深智 1000-3
深奧 998-3
深經 998-3
深著於五欲 1001-1
深遠音 1400-1-23
深達罪福相 1000-3
深摩舍那 1003-2
深禪定 1000-3
深禪定樂 1000-2
深總持 1000-2
深藏 999-2
深慧嚴身 929-2-30
淺草寺 1039-3
淺草祭 15-3
淺草觀音追儺 15-3
淺略 1051-1
淺略釋 708-2-24, 1051-1
淺臈 1051-1
淸水寺 256-2
淸白 788-2
淸明 791-2
淸拙派 1016-2
淸信士 778-3
淸信女 778-3
淸信男 778-3
淸涼山 794-1
淸涼月 794-1
淸涼寺 794-2
淸涼池 794-2
淸涼三昧 794-1
淸涼世界 794-2
淸涼國師 794-1
淸淨 780-3
淸淨人 781-3
淸淨土 781-3
淸淨心 781-2
淸淨身 781-2
淸淨圓 782-1
淸淨識 781-2
淸淨智 781-2
淸淨施 781-2
淸淨觀 521-1-1
淸淨勳 782-1
淸淨三昧 781-2
淸淨比丘 1538-3-13
淸淨本然 781-3
淸淨法界 781-3
淸淨法眼 781-3
淸淨光佛 781-1
淸淨最勝 730-2-1
淸淨莊嚴 771-2-16
淸淨調柔 737-2-10
淸淨覺相 780-3
淸淨眞如 781-2, 879-2-23, 879-3-23
淸淨覺海 780-3
淸淨涅槃 781-3
淸淨業處 781-2
淸淨光明身 781-1
淸淨持戒印 781-2
淸淨巧方便 781-1, 1825-2-10
淸淨解脫三昧 781-1
淸淨毘尼方廣經 781-3
淸淨行者不入涅槃 781-1
淸淨觀世音菩薩普賢陀羅尼經 781-1
淸規 767-1, 863-3
淸揚 793-2
淸源 1015-3
淸墮 784-3
淸辨 789-3
淸齋 772-2
淸瀧會 256-2
淨人 972-1
淨土 970-2, 1335-3-1
淨土宗 970-3
淨土門 971-3, 1343-2-21
淨土論 971-3
淨土七經 971-3
淨土十疑 519-2
淨土眞宗 971-1
淨土變相 971-3
淨土和讚 972-1
淨土不退地 971-3
淨土文類 971-3
淨土曼荼羅 971-3, 1671-2
淨土三部經 970-3
淨土十疑論 971-2
淨土三十益 519-3
淨土宗七祖 737-3
淨土住論生 971-3
淨土境觀要門 970-3
淨土御疏九帖 970-3
淨土眞宗四法 758-1
淨土往生論註解 971-3
淨土文類聚鈔 971-3
淨三業 942-1-13
淨三業印 964-3
淨三業眞言 965-1
淨巾 962-3
淨天 970-1, 1345-3-4, 1245-3-8, 1245-3-12
淨天眼 970-1
淨天眼三昧 970-1
淨心 967-1, 1830-1-11
淨心往 967-1, 1826-2-4
淨心誠觀 967-1
淨方 972-2
淨月 923-1-14, 963-3
淨水珠 968-2
淨主 966-2
淨名 975-2
淨名玄 975-2
淨名經 975-2
淨名玄義 975-2
淨名玄論 975-2
淨名居士 975-2
淨名居士方丈 975-2
淨行者 962-3
淨行品 963-1
淨行經 962-3
淨行梵志 963-1
淨行者吉祥印 962-3
淨肉 972-1
淨衣 962-1
淨地 969-1
淨印法問經 961-3
淨妙 975-2
淨妙寺 975-3
淨妙華三昧 975-2
淨佛 973-2
淨佛國土成就衆生 973-3
淨佛國土敎化衆生 973-3
淨住 969-2
淨住社 969-3
淨戒 962-2
淨邦 972-3
淨身金剛 548-2-18
淨法界 974-1
淨法界印 974-1
淨法界呪 974-2
淨法熏習 698-2-7
淨法界眞言 974-1
淨居 964-2
淨居天 964-2
淨居天眞言 541-2, 964-2
淨門 975-3, 1732-1-21
淨官 963-2
淨宗 966-3
淨刹 968-3
淨念 1324-2-10
淨定 970-2
淨命 975-2
淨波羅蜜 972-3
淨竿 962-2
淨侶 976-2
淨信 967-1
淨屋 962-2
淨施 868-3
淨玻璃鏡 972-3
淨除業障經 968-1
淨除罪蓋娛樂佛法經 968-1
淨家 963-3
淨瓶 973-2
淨眼 964-1
淨眼三昧 964-2
淨眼論師 434-3-12
淨華衆 963-3
淨華臺 964-1
淨域 976-2
淨國 964-2
淨梵王 975-1
淨智宿王智如來 1726-2-10
淨菩提心 974-2
淨菩提心門 974-2
淨菩提心地 974-2
淨菩提心觀 974-2
淨衆 966-2
淨智相 1315-1-28
淨智見作意 711-2-3, 969-2
淨智慧障眞實義 874-1-30
淨道 968-3
淨飯王 974-3
淨飯王千佛父 975-1
淨飯王般涅槃經 975-1
淨業 964-2
淨業部經 964-3
淨業障經 964-3
淨意問經 961-3
淨意優婆塞所問經 961-3
淨聖 966-1
淨源 964-1
淨經 962-3
淨圓覺心 976-3
淨煩惱障眞實義 874-1-29
淨瑠璃國 1751-1-26
淨瑠璃淨土 976-1
淨瑠璃世界 976-2
淨滿 975-1
淨語 964-2
淨髁 975-3
淨髁髁 976-1
淨德 749-1-24, 970-2
淨德夫人 970-2
淨影 962-1
淨髮 972-3
淨摩尼珠 975-1
淨潔五欲 964-2
淨頭 970-2
淨頭寮 970-2, 1000-3
淨藏 965-3
淨藏三昧 965-3
淨藏貴所 965-3
淨藏淨眼 965-3
淨穢不二 976-3
淨顚倒 1254-1-26
淨嚴 964-3
淨覺 962-2
淨籌 969-2
淨觀 963-2
淫欲 98-1
淫欲火 98-1
淫欲病 98-1
淫欲即是道 98-1
淫湯 95-1
淫羅 98-2
啞羊 39-3
啞羊僧 39-3
啞羊外道 39-3
啞法 33-2
唵 152-3
唵字 154-3
唵字印 153-1
唵字觀 153-2
唵阿吽 153-2
唵呼盧呼盧 154-2
唱衣 765-3
唱名 791-2
唱門師 793-1
唱食 780-1
唱寂 782-1
唱道師 785-1
唱導 784-3
唱題 784-3
唱題宗 784-3
唱薩 772-3
唱禮 793-2
唯 1763-1
唯一神道 1763-1
唯心 1766-1
唯心偈 1766-1
唯心淨土 1766-2
唯心所現故 452-2-8
唯心眞妄異 1317-3-22

十一畫

唯崛情猛猊貌御得從婦婬現理

唯心廻轉善成門 451-2-7
1766-2
唯色 1764-1
唯此願王不相捨離 1766-1
唯有一乘法 1763-1
唯有淨土一門 1763-2
唯有一乘法無二亦無三 73-3, 1763-2
唯佛與佛 1766-3
唯戒及施不放逸 1762-2
唯信鈔 1766-2
唯眞心 883-1-22
唯眞言法中即心成佛 1766-2
唯除五逆誹謗正法 1766-2
唯境無識 1763-2
唯獨自明了 1766-2
唯識 1764-1
唯識宗 1600-2-3, 1765-1
唯識門 835-2-19
唯識章 1765-1
唯識家 1765-1
唯識會 1766-1
唯識論 1765-3
唯識觀 1764-3, 613-1-20
唯識心定 1765-1
唯識三世 641-1-15
唯識中道 1765-2
唯識法師 1765-3
唯識圓教 614-1-16, 1766-1
唯識眞如 879-3-21
唯識所變 1765-1
唯識述記 1765-1
唯識樞要 1765-2
唯識演秘 1765-2
唯識導論 1765-2
唯識無境 1765-3
唯識義章 1764-2
唯識義蘊 1764-2
唯識了義燈 1765-3
唯識三箇疏 1765-1
唯識三性觀 1765-1
唯識二十論 1765-3
唯識中道宗 1765-2
唯識同學鈔 1765-2
唯識三十論頌 1765-1
唯識論の四身 715-3-25
唯識無境界論 1765-3
唯識修道五位 578-1
唯識二十論述記 1765-3
唯願無行 1763-3
唯蘊無我心 928-1-4, 1763-2
崛山 301-2
崛多 301-2
情分 974-1
情有 961-3
情有理無 961-3
情見 964-1
情欲 975-3
情猿 962-1
情塵 970-1
猛火聚 1683-1
猛利煩惱 1638-2-10
猊下 429-1
貎座 429-1
御一代聞書 509-2
御七夜 149-2
御十夜 149-1
御下 149-1
御大師 149-2
御文 151-1
御手印緣起 532-2
御正日 531-3
御正忌 531-2
御本書 529-1
御名 1680-3
御衣木 1676-1
御佛名 168-1, 1565-3-10
1681-1
御佛事 151-1
御忌 273-2
御身拭 152-1
御坊様 151-1
御即位灌頂 348-3
御念誦 1681-1
御念誦堂 1681-1
御兒 149-2
御供所 515-3
御取越 150-2
御室 152-2
御俗姓 149-2
御師 149-2
御衰日 542-3
御修法 1675-1, 1675-3
御茶所 149-3
御祖師 149-2
御庫裏 148-3
御格勤 513-2
御倉秘事 148-3
御眞向様 152-1
御堂 1676-3
御堂衆 1676-3
御華束 149-1
御開山 513-1
御經衆 148-1
御傳鈔 555-2
御獄 1676-3
御獄精進 1677-1
御誦經 1676-1
御誦經の使 1676-1
御影 5124-1
御影供 152-2, 1673-2
御影堂 1623-1-27
御影堂派 1673-2
御廟 1681-2
御撫物 150-3
御燈 1680-3
御燈文 1673-2
御齋 150-1
御齋會 526-1, 1674-3
御齋講 526-1
御齋坊主 150-1
御齋會の內論義 526-1
御講 149-1
御頭會 150-1
御難 556-3
御難餅 556-3
御國 1673-3
御願寺 521,3
御懺法 543-3
御懺法講會 543-3
御靈會 577-1
御靈屋 149-2
得 736-2-13, 1272-2
得入 1275-2
得大勢 1274-3
得大勢明王 1274-3
得三法忍願 1273-2
得分別自在 893-1-14
得不退轉願 1275-3
得生淨土神咒 1274-2
得未曾有非先所望 1276-1
得因緣忍 1363-1-23
得求 1372-3-15
得戒 1272-3
得果 1273-1
得長壽院 1275-1
得剎土自在 893-1-17
得金剛身願 1273-1
得度 1275-1
得度人 713-2-5
得度式 1275-2
得度者 713-1-28
得度因緣經 1275-2
得益分 1276-1
得病十緣 1275-3
得通 1275-1
得無生忍 1363-1-19
得無住忍 1363-1-26
得無滅法忍 1363-1-21
得智自在 893-1-19
得勝堂 1274-2
得業 1273-2
得業自在 893-1-21
得道 1274-3
得道梯橙錫杖經 1274-3
得達 1275-1
得意妄言 1272-3
得聞法故顏色和悅 1276-1
得隨 1274-3
得繩 1274-3
得辯才智願 1275-3
從一法生 887-2
從地涌出 887-3
從佛支生印 887-3
從明入明 711-3-11
從明入冥 887-2-7
從空入假觀 887-2
從東方來所經 887-2
從香 887-2
從是西方 887-3
從冥入冥 311-3-5
315-1, 711-3-1, 887-3
從冥入於冥 887-3
從容錄 848-3
從眞起妄心 883-1-25
從義 887-2
從僧 887-3
從緣顯了論 424-1-3
婦人 1540-3
婦人遇辜經 1540-3
婬火 92-3
婬戒 925-3-15
婬怒癡 96-3
婬欲 1143-2-21
婬習因 44-1, 91-2-12
現一切色身三昧 440-2
現大神力 447-2
現世 445-1
現世祈 447-1
現世利益 447-1
現世失調病 1321-1-27
現世安穩後生善處
447-1
現生不退 445-3
現生十種益 445-1
現生正定聚 445-2
現在 444-1
現在世 444-1
現在五果 520-3, 444-1
現在泥洹 1832-3-13
現在報經 444-1
現在佛名經 444-1
現在有體過未無體 444-1
現在賢劫千佛名經 444-1
現成 446-2
現成公案 445-3
現成底見 446-2
現行 441-3
現行法 442-1
現印 440-3
現色不相應染 444-2
1834-3-27
現身 446-1
現劫 443-2
現供養 442-1
現法樂住 450-3
現法資糧 858-1-13
現前 447-1
現前地 447-2, 923-3-22
現前授記 447-2
現前僧物 1079-1-6
現前現前僧物 712-2-21
1079-1-19
現相 443-3
現般 1518-3-30
現般涅槃 450-1
現益 452-3
現起光 441-2
現通 448-1
現通假實宗 448-1
818-2-14
現量 452-3, 1419-3-12
1791-3-22, 1791-3-26
現量相違 452-3, 632-1-1
現智身印明 447-3
現喩 452-3, 1476-1-5
現報 450-3
現等覺 30-3-28
現當 447-2
現瑞序 447-1
現種種身 445-3
現圖曼陀羅 448-1
現識 41-3, 444-2
688-2-14, 688-2-25
現證 446-1
現證三昧大教王經 446-1
現觀 442-3
現觀智諦現觀 442-3-22
現觀邊智諦現觀 442-3-25
理 1783-2
理一 1738-2
理入 1336-2-5, 1337-3-5
1789-2
理在絕言 1785-2
理佛 1791-1, 1836-1-15
理佛性 1556-2-14, 1791-1
理即 1787-1, 1835-2-23
理即佛 1787-1
理身理土 1786-2
理事 1786-2
理事無碍十門 952-2
理事無礙觀 672-2-23
1786-3
理事無礙法界 648-3-27
1786-3
理事俱密 1786-2
理法 758-1-19
理法身 1558-1-8, 1605-2-23
1605-3-17, 1791-2
理法界 648-3-25
1592-1-29, 1791-2
理門論 1791-3
理具 1784-3
理具三千 1784-3
理具成佛 1784-3
理具即身成佛 1784-3
理性 1786-1
理和 136-1-19, 1803-2
理長爲宗 1787-3
理界 1783-2
理秘密 1789-3-20
理秘密教 1789-3
理致 1787-2
理乘 1786-3
理教 1784-3
理密 1791-3
理曼陀羅 1791-2
理理圓融 1872-2-30
理智 1787-2
理智不二 1813-1-7
理智五法 568-1
理智相應 1787-3
理智無礙法身 1787-3
理善 1329-1-21, 1787-1
理惑 1362-1-5, 1803-2

理窟 1784-3
理圓 1869-1-14
理障 1317-1-28, 1786-1
理盡三昧 1786-3
理趣分 1786-1
理趣經 1786-1
理趣會 1786-2
理趣釋 1786-2
理趣釋經 1786-2
理趣三昧 1786-1
理趣禮懺 1786-2
理實 1786-3
理論 1803-2
理禪 1787-1
理證 1786-2
理懺 1785-2, 1787-1
理體 1787-2
理體三寳 659-3-12
理觀 1311-1-25, 1784-3
梯橙 1151-1
梯羅浮呵 1240-1
梅低黎 1689-1-28
梅怛黎 1442-1
梅怛麗 1689-1-28
梅怛黎藥 1442-1
梅怛麗藥 1689-1-28
梅咀利 1442-1
梅咀利耶 1442-1
梅咀利曳那 1442-1
梅咀囉曳尼 1442-1
殑伽 509-3
殑河女 510-2
殑伽沙 510-2
殑伽神 510-2
殑伽神女 510-2
殑耆 510-3
殑耆羅 510-3
旋火輪 904-3-25, 1039-1
旋陀羅尼 1045-1
旋陀羅尼字輪門 1045-2
旋嵐 1051-1
旋轉眞言 1046-3
族姓子 1095-3
族姓覺 1400-2-11
哺沙 1545-1-27, 1588-1-5
哺刺拏迦攝波 1544-2-10
晦日の御念誦 1235-3, 1681-1
晦堂 319-1
晩參 1457-1
晩粥 1457-1
脚布 254-2
脚板 254-2
脚倶陀迦多演那 253-3
脚絆 254-2
脫 307-1-1
脫卯 1179-3
脫皮淨 1179-3
脫珍著弊 1179-2
脫闍 1179-1
脫體 1179-3
望西鈔 1443-2
望西樓 1443-2
望參 1443-1, 1736-3
望察 1443-3
祥月 786-2
祥草 772-3
祥瑞 783-2
眼 440-2
眼入 450-1, 1661-1
眼目 451-1
眼目異名 235-1
眼同 217-3, 449-3
眼見家 443-1
眼根 443-3, 734-1-20
眼疾病陀羅尼經 444-3
眼智明覺 447-3
眼識 444-2
略三寳 1797-3
略文類 1798-1
略出經 1797-3
略出念誦經 1797-3
略戒 1797-2
略法華經 1797-3
略念誦法 1797-3
略問訊 1798-1
略教誡經 1797-2
略說教戒經 1797-3
略論安樂淨土義 1798-1
移山經 56-1
移諸天人置於他土 54-3
移龕 50-2
蛇 1570-3
蛇行 976-3
蛇足 980-1
蛇知蛇足 1571-1
蛇神 979-3
蛇衞旃檀 1045-3
蛇蓑蝦龜 976-3
蛇繩痲喩 979-3
船子 1040-1
船後光 1539-3
船師 1040-1
船筏 1048-2
瓶 206-1
瓶の水 206-2
瓶碎失寳 206-1
紺宇 474-3
紺坊 503-3
紺青 500-3
紺青鬼 500-3
紺頂 502-2
紺睫 499-2
紺殿 503-1
紺園 508-3
紺蒲 504-2
紺蒲國 228-2
紺瑠璃 508-1
紺髮 503-3
細四相 589-1
細色 585-3
細相現行障 914-3-7
927-1-2
細惑行現障 914-2-29
細滑欲 585-2, 1843-3-9
終南 683-3
終教 981-1
終歸於空 984-2
設利 1034-1
設利羅 815-3, 1034-2
設利弗怛羅 1034-2
設陀隣迦醯 806-3
設廁功德 202-3
設都嚧 807-1
設喇陀跋摩 812-3
設賞迦 1031-3
設覩盧 1033-1
救世 297-2
救世輪 297-2
救世の誓 297-3
救世菩薩 297-2
救世圓通 297-2
救世の闡提 297-3
救世觀世音 297-2
救抜燄口餓鬼陀羅尼經 307-1
救苦齋 538-3
救苦觀音經 288-3
救面然餓鬼陀羅尼神咒經 312-3
救脫菩薩 299-3
救療小兒疾病經 318-1
救蟻 287-1
救護菩薩 290-3
敗根 1385-2
敗種 1386-1
敗種二乘 374-3
敗壞菩薩 1386-3
野山 1753-3
野山大師 1753-3
野干 1102-3-30, 1750-1
野布施 1384-3
野巫 1755-1
野狐身 1753-3
野狐精 1753-3
野盤僧 1755-1
野鹿 1756-1
野葬 1753-3
野澤二流 1755-1
教 372-2
教一 374-2
教人信 379-1
教化 375-3
教化地 375-3
教化地益 375-3
教化地獄經 375-3
教內 378-3
教王經 380-3
教令 380-1
教令輪 380-2
教令輪身 380-2
教外 375-3
教外別傳 376-1
教主 377-1
教行 374-3
教行證 375-3
教行信證 375-1
教行證文類 375-1
教寺 377-1
教衣 374-2
教判 379-1
教系 375-3
教言教 869-1
教命 379-3
教於 374-3
教法 379-1, 758-1-19
教卷 379-1
教典 378-2
教門 379-3
教相 376-1
教相門 376-2
教相三意 376-2
教相判釋 376-2
教信 377-1
教待 378-1
教勅 378-1
教是佛語 377-2
教時義 377-1
教時問答 377-2
教時略頌 377-2
教時諍論 377-2
教起 374-3
教益 380-1
教乘法數 377-2
教授 377-2, 711-1-10
教授師 377-2, 622-1-5
教授和上 377-2
教授阿闍梨 377-2
教授善知識 377-2, 643-2-24
教理 380-1
教唯識 536-1-12
教部省 379-1
教理行果 380-1
教跡 376-3
教跡義 376-3
教義 374-3
教道 378-1, 1330-3-25
教圓 1809-1-11
教愛法 712-3-23
教頓機漸 378-2
教誡 374-3
教誡輪 374-3
教誡示導 374-3
教誡示尊 626-1-16
教誡神變 1002-3-11, 374-3
教語 376-1
教網 379-3
教興 376-1
教導 378-1
教諦 378-1
教曇彌經 378-3
教禪 377-3
教證 377-1
教證倶實 377-1
教證倶權 377-1
教鏡 374-3
教體 377-3
教觀 375-2
教觀二門 375-3
教觀綱宗 375-3
欲 735-1-15, 1768-1
欲火 1769-1
欲心 1769-3
欲天 1770-1
欲天五婬 1770-2
欲天難化 1336-1-20
欲有 1768-2
欲吃多 1768-1
欲色二界 1769-2
欲如意足 1770-1
欲邪行 1769-3
欲法 1770-2
欲取 709-2-16, 1769-2
欲油 1770-3
欲河 1768-2
欲性 1769-2
欲金剛 1769-1
欲知過去因 1770-1
欲界定 1768-3
欲界繫 1768-3
欲界九品惑 1768-3
欲界三欲 1768-3
欲界散地 1768-3
欲界の諸宮殿 1768-3
欲刺 1769-2
欲苦 1768-3
欲染 1769-3
欲界 607-2-17, 1768-2
欲海 1768-2
欲氣 1769-1
欲流 858-3-18, 1770-3
欲貪 1770-1
欲無滅 1697-1-17, 1770-2
欲鈎 1769-1
欲想 1769-1
欲愛 1307-2-6, 1768-2
欲愛身縛 752-3-27
欲愛住地 743-2-23, 1768-2
欲塵 1770-1
欲塹 1769-2
欲漏 859-1-3, 1770-3, 1818-1-2
欲箭 1769-3
欲樂 1770-3
欲暴流 1633-2-22, 1770-2
欲縛 1770-1
欲覺 1400-2-7, 1768-3
欲魔 1770-2
執 753-3
執一語言部 753-3
執心 755-2

執乾部釣副勘勒勛帶貫畢嫉軛帽茀惟械停郭牽徒淄張貳淋惛袾笥淘陵趺筊琼掘接斛啾粗旃唔陛犀
陶敏祭碎屏區術訟脊紹啀掠脯罣値笠畫軟涙桶赦途偶俾釳莊痒飢袋惜庶
虛琵喜壹惡

執月 1778-2-22
執行 754-2
執見 754-3
執金剛 754-3
執金剛神 755-1
執杖梵志 755-3
執杖藥叉 755-3
執事 744-1
執受 755-2
執花印 754-3
執取相 755-2, 1835-1-21
執持 755-3
執持識 42-1, 755-3
執相應染 755-1, 1834-3-15
執師子國 755-1
執情 755-2
執着 755-3
執着言說 699-1-22
執當 755-2, 855-2
執綱 745-1
執障 755-2
執曜 754-1
執藏 755-1
乾陀 419-3
乾沓和 419-2
乾陀越 422-3
乾陀衛 422-3
乾陀羅 422-2
乾陀羅耶 422-3
乾陀殼子 179-2-14
乾沓婆 419-2
乾陀婆那 422-1
乾陀呵晝 421-1
乾陀訶提 421-1
乾陀囉樹香 422-2
乾陀達羅度波 421-2
乾城 417-2
乾屎橛 216-2
乾峯 425-3
乾峯一劃 425-3
乾栗馱 428-1
乾栗陀耶 428-1
乾達城 421-2
乾達婆城 904-3-20
乾慧地 220-2, 923-2
乾闥 421-2
乾闥婆 421-2
乾闥婆城 421-3
乾闥婆王 442-1
乾闥婆王彈琴 422-1
部行 1550-1
部行獨覺 1550-1
部主 1550-2
部母 1567-3
部多 1550-3
部陀 1551-1-7
部執 1550-2
部執異論 1550-2
部教 1550-2
部異執論 1549-3
釣語 1235-1
釣鐘 1235-3
副義 1512-2
副參 1513-1
副僧錄 1079-3
副寮 1514-3
勘破 218-2
勘辨 218-2
勒叉 1824-2
勒沙婆 1824-2
勒那提 1839-3
勒那三藏 1839-3
勒那跋提 1839-3
勒那跋彌 1839-3
勒那闍耶 1839-3
勒那識祇 1839-3
動 1281-3
動不動法 1283-3
動詞 1191-1-11
動發勝思 681-1-21
動觸 1408-2-14
帶刀臥 1105-1
帶刀睡 1105-2
帶加持 151-1
帶行小師 1097-2
帶劣勝應身 1106-2
帶塔尊 1104-2
帶塔德菩薩 1104-2
帶質境 670-1-8, 1101-2, 1104-1
帶數釋 1103-3
貫主 344-1
貫休 340-1
貫花 342-3
貫首 345-1
貫頂 347-1
貫錬 353-1
畢力迦 1478-2
畢里孕迦 1478-3
畢舍遮 1464-3, 1461-3
畢波羅 1645-3-19
畢洛叉 1478-2
畢剌叉 1466-2-30
畢帝黎 1478-3
畢哩體瞿摩夷 1478-3
畢陵 1466-2
畢陵伽 1466-2
畢陵慢心 1466-2
畢陵伽婆蹉 1466-2, 1478-3
畢竟 1464-2
畢竟空 1464-2
畢竟依 1464-2
畢竟無 1464-3
畢竟智 1464-3
畢竟覺 1464-2
畢竟斷 1464-3
畢竟空行 1464-2
畢竟無常住 1464-3
畢竟成佛道路 1464-2
畢勒支底迦 1479-1
畢勒支底迦佛 1473-1
畢鉢 1466-1
畢鉢羅 1466-1
畢鉢羅窟 1466-1-20
畢鉢羅樹 1632-1-23
畢藺陀筏蹉 1466-2-10
畢藺陀筏蹉 1479-1
嫉 1245-1-1
軛 1750-2
帽子 1443-1, 1644-3
茀子洲 977-3
惟于頗羅天 1763-2
械心 1225-1
停心 1225-1
郭公 1590-1
牽引因 91-1-21
徒多 723-3
淄州 703-2
張衣 1431-2
貳吒 1330-1
淋汗 1803-3
惛沈 502-3, 736-1-11, 1245-1-6
袾宏 126-2-26
笥足 393-3
淘汰 1107-3
陵伽 1792-3
趺坐 1521-3
筊赤建 1370-1
琼伽河沙 510-1
掘具羅 301-1
接待 1035-3
斛食 462-1
啾迦婆 801-2
粗相現行障 914-3-5
旃 旃を見よ。
唔恩 512-2
陛座 871-3, 876-3
犀扇 588-1
陶家輪 1107-1
敏俱理 1479-2
祭鬼子母 239-2
碎啄 1088-1
屏莎 1569-1
區逋途 1217-1-3
術婆迦 989-2
訟習因 91-3-7
脊然 1241-2
紹隆 1024-1
啀柴嘷吠 221-2
掠虛頭漢 1797-2
脯提木底鞞殺社 1590-1
罣窓 330-1
値遇 1194-2
笠置寺 188-1
晝暗林 1190-1
軟語 1302-3
涙墮尊者 1809-1
桶頭 1234-1
赦儞娑 805-3
途盧檀那 1279-1
偶講 356-3
俾禮多 1569-3-13
釳羅 245-3
莊嚴 593-3
痒觸 1408-2-15
飢饉災 617-2-20
袋灌頂 1514-3
惜嚢 802-3
庶類 855-3

〔十二畫〕

虛心合掌 465-3
虛妄 471-2
虛妄法 471-2
虛妄輪 471-2
虛妄分別 471-2
虛舟 256-1
虛言 464-2
虛空 457-2
虛空天 460-1
虛空手 532-1-20
虛空身 459-3, 1558-1-27
虛空界 457-3, 880-2-16
虛空孕 460-2
虛空花 904-3-24
虛空神 460-1
虛空眼 457-3
虛空華 457-3
虛空喩 457-2
虛空會 460-2
虛空輪 858-2-26
虛空藏 458-1
虛空四名 457-3
虛空十義 457-3
虛空外道 434-1-19
虛空有無 457-2
虛空法身 460-1, 1606-2-27, 1606-3-16
虛空孕經 460-2
虛空智字 460-1
虛空處定 459-3
虛空無爲 457-2, 460-1, 736-3-7, 1723-1-2, 1723-1-20
虛空藏法 459-3
虛空藏院 459-3
虛空藏講 459-2
虛空藏經 459-2
虛空界無盡 1709-1-16
虛空庫菩薩 458-1
虛空藏觀經 459-2
虛空雲海明 460-2
虛空孕菩薩觀 460-2
虛空藏念誦法 459-3
虛空藏と明星 458-3
虛空藏求聞持法 458-3, 459-2
虛空藏菩薩經 459-3
虛空藏と日月星 458-3
虛空藏菩薩經軌 459-2
虛空藏菩薩神呪經 459-3
虛空藏菩薩陀羅尼經 459-3
虛空藏菩薩問七佛陀羅尼經 459-3
虛宗 465-1
虛妄明想 572-3-11
虛受信施後爲肉山 876-2
虛堂 242-1, 256-2
虛堂錄 256-2
虛堂三問 256-2
虛假 463-3
虛假雜毒善 464-1
虛庵 255-3
虛無 471-2
虛無身 471-3
虛無僧 471-3, 1516-212
虛僞 456-3
虛誑語 472-3
琵琶 1490-3
琵琶法師 1490-3
喜見 237-3
喜見天 238-1
喜見菩薩 237-3
喜忍 245-2, 1363-1-3
喜根 238-3
喜受 241-2, 541-3-4
喜林苑 257-2, 1102-3-24
喜面天 238-3
喜悟信 238-3
喜捨 235-3
喜園 1781-1-6
喜菩薩 247-1
喜撰 241-2
喜樂 256-3
喜德女 244-3
喜覺支 728-2-16
壹和 86-2
壹演 57-2
惡 12-1, 12-2
惡人 14-1
惡叉聚 13-2
惡乞叉也句勢 13-1
惡口 12-3
惡心相續 917-2-22
惡心遍布 917-2-20
惡生王 13-2, 1501-2-1
惡生王逆害 1501-2
惡生王生入地獄 1502-1
惡生王滅釋種往昔因緣 1502-1
惡世 13-3
惡世界 13-3
惡因 12-2
惡行 12-3
惡名畏 14-2, 565-1-23
惡見 12-3
惡見處 12-3
惡見煩惱 1638-2-24
惡作 736-2-6, 1873-1
惡言 13-1
惡性 13-2, 623-2-3

惡性須菩薩 837-3-3
惡念 14-1
惡時 13-3
惡果 12-3
惡祁尼 12-3
惡取空 13-3
惡知識 14-1
惡刹羅 13-3
惡律儀 14-2
惡鬼 12-2
惡鬼神 12-2
惡師 13-1
惡執惡 13-2
惡報 14-1
惡衆生 13-3
惡道 14-1
惡道者 14-1
惡道畏 14-1, 565-1-23
惡業 13-1, 561-3-28
1315-1-3
惡僧 13-3
惡說 13-3
惡語 13-1
惡察那 13-1
惡趣 13-2
惡緣 12-2
惡龍 14-2
惡禪師 13-3
惡露 1873-3
惡觸 13-3
惡覺 12-2
惡魔 14-2
惡魔降伏 14-2
惡靈 14-2, 14-3
惡獺野干心 14-2
惑 1852-1, 1548-3-23
惑人 1852-2
惑染 1852-1
惑得 1852-2
惑無明 1717-2-9
惑著 1852-2
惑業苦 1852-1
惑障 1852-1
惑趣 1852-1
惑體相依 1701-3-30
惠心四流 1864-2
惠心先德 1817-2-3
惠心僧都 1864-2
惠心檀那 1864-2
惠利 1866-3
粟散 1095-2
粟散王 1095-2-24
粟散國 1095-2
粟散邊地 1095-3
棘栢大士 1088-3
黃白大士 1850-3
黃衣 319-2, 1848-3
黃赤色仙人 321-3
黃門 807-3-30
黃金宅 1848-3
黃昏偈 321-1
黃卷赤軸 320-2, 1848-3
黃泉 1771-2
黃衲 324-2
黃面老子 326-3, 1851-1
黃紙朱軸 1849-2
黃梅 1850-2
黃敎 321-1
黃湯 1850-2
黃葉 319-3, 1848-3
黃楊木禪 327-1
黃幡 324-3
黃頭大士 324-2, 1850-2
黃龍 1851-1
黃龍派 1851-2
黃龍湯 1801-1-26, 1851-2
黃龍三關 612-2, 1851-1
黃龍念讚 1851-2
黃檗 1850-2
黃檗山 1850-2
黃檗宗 1850-3
黃檗酒糟漢 1850-2
黃藍花沙門 696-2-27
黃壚 327-2
黃壚園經 327-2
喪嚫 594-1, 1076-1
1739-3
森羅萬象即法身 884-3
厥修羅 398-3, 392-2
厥蘇洛迦 393-3
雲心 126-1, 1530-3-26
雲水 126-2
雲門 126-3
雲門宗 127-1
雲門一曲 127-2
雲門一寶 127-1
雲門三句 127-1
雲門七條 127-3
雲門失通 127-3
雲門屎橛 127-1
雲門須彌 127-2
雲門鉢桶 127-3
雲門聲色 127-2
雲門舉令 127-3
雲門餬餅 127-1
雲門露字 127-2
雲門十五日 127-2
雲門六不收 127-3
雲門柱杖子 127-3
雲門倒一說 127-2
雲門對一說 127-2
雲門光明自在 127-3
雲門金毛獅子 127-2
雲門禪師語錄 127-3
雲門塵々三昧 127-3
雲門體露金風 127-1
雲門藥病相治 127-3
雲門匡眞禪師語錄 127-3
雲宗 126-1
雲版 126-3
雲林院 121-3, 128-1
雲金剛 125-3
雲雨喩 125-1
雲居羅漢 125-3
雲衲 126-3
雲海 125-2
雲堂 126-3
雲華 125-3
雲集 126-1
雲集衆 126-1
雲棲 126-2
雲棲大師 126-2-26
雲鼓 125-3
雲雷王 1726-2-15
雲嚴 125-2
雲嚴大悲 125-2
雲嚴拂地 125-2
雲嚴問道吾手眼 125-2
雁 234-1
雁不食出籠 234-1
雁字 234-2
雁塔 234-3
雁書 234-2
雁爲比丘落命 234-1
奢利耶 815-3
奢利富多羅 814-1
奢耶尼 812-1
奢搦迦 732-1-3, 806-2
奢摩他 809-3
奢摩他觀 1867-3-15
奢彌 810-1
奢薩怛羅 805-1
奢羅密帝 812-3
裂裳 1811-2
畫水 363-1, 1680-2
畫石 52-3, 363-1
畫瓶 366-1
畫像 362-3, 1092-3
1863-2
畫像始 1555-3
尋 736-2-3, 988-3
尋伺 184-1-29, 999-2
尋香城 998-3
尋思路絕 999-3
尋常念佛 1000-1
尋聲救苦 473-2
費陀 1464-1
費拏 1467-1, 1488-3
居沽 1276-2
居所羊 1276-3
賀唎怛槃 212-2-4, 233-2
登地 1268-3
登地菩薩 1269-1
登住 1269-1
登座 1265-3
登高座 1264-3
登壇受戒 1268-3
發下品十善心 1588-3
發心 554-1-23, 1589-2
發心住 927-2-18, 1589-2
發心門 1589-2
發心菩提 1630-3-14
發心普被恩 905-1-8
發吒 1422-1, 1589-3
發光地 923-3-15, 1588-2
發戒 1588-1
發起 1588-2
發起手 1588-2
發起序 1588-2
發起衆 709-1-14, 1588-2
發起善根增長方便
713-3-3
發迹顯本 1589-1
發得 1589-3
發眞 1589-2
發菩提心 306-1-7
732-2-1, 917-3-22, 1589-3
發菩提心論 1589-3
發菩提心破諸魔經 1589-3
發智論 1589-3
發智六足 1589-3
發意 1588-1
發業無明 1717-2-1
發煩惱障 883-1
發遣 1425-3-27, 1588-3
發礫迦 1397-2
發餓鬼心 1588-1
發講 1422-1, 1588-1
發願 521-3-17, 1588-2
發願の鐘 1588-2
發願文 1588-2
發願心 1588-2
發願回向 1588-2
發露 1590-1
發露懺悔 917-3-18
發覺淨心經 1588-1
盜人四錢 1841-3-7
盜牛 1107-1
盜戒 925-3-7
盜食 1108-1
溫陀羅 126-3
溫室 126-1
溫室經 126-1
溫室洗浴衆僧經 126-1
溫野 156-1
溫獨波羅 126-3
溫糟 125-3
善 1053-1
善人 1067-1
善人禪 1067-1
善力 1069-2
善女人 1067-1
善女龍王 1066-3
善士女 1060-2
善方便經 1067-2
善方便陀羅尼經 1067-2
善不受報 1055-2
善不隨從 917-2-14
善手 532-1-15
善友 1056-1
善月 1058-1
善心 1062-1
善分別語言通 1232-2-14
善巧 1058-3
善巧安心 920-2-16
1058-3
善巧工藝門 1058-3
善巧方便經 1058-3
善生 1060-3
善生經 1061-1
善本 1068-1
善住天子 1092-3-12
1065-3
善住秘密經 1066-1
善住意天子所問經 1065-3
善吉 1057-1
善因 1056-1
善光寺 1057-2
善名稱吉祥王如來 1068-2
善見天 541-2-4, 1058-2
善見城 1058-2
善見律 1058-2
善見論 1058-2
善見太子 1058-2
善見宮城 1058-1
善見宮殿 1058-1
善見藥王 1058-2
善見尊者 1058-2
善見毘婆沙律 1058-2
善見律毘婆娑 1058-2
善見變化文殊問法經 1058-2
善利 1069-1
善劫 7059-1
善男子 1066-3
善妙神 1068-3
善戒經 1056-3
善法 1056-1
善法行 908-2-18
善法堂 1068-1
善法罵 1068-1
善法眞如 879-3-15
善知識 1064-1
善知識魔 1643-1-4
善知識依果 915-1-15
善知法義 929-1-21
善來 1069-1
善來者 1069-1
喃來得 1069-1
善來比丘 1069-1
善性 623-2-1, 1060-3
善果 1057-2
善夜經 1069-1
善事太子 1062-2
善施 1062-3
善施太子 1863-1
善施長者 1062-3, 1063-1
善哉 1059-3
善苗 1068-3
善星 1060-2
善信 1062-1
善思童子經 1060-2
善相婆羅門 1059-3
善根 1059-2
善根魔 1059-2, 1642-3-30
善根回向 909-3-22

十二畫

善根方便所度無極經 1059-2
善根依果 915-1-16
善財採藥 1060-1
善財童子 715-1-12
1059-3
善神 1062-3
善珠 1862-3
善鬼神 1057-1
善時分天 1062-2
善恭敬經 1057-2
善能問答說法無畏 762-2-6
善現 1058-3
善現天 541-2-3, 1059-1
善現行 908-2-13, 1058-3
善現比丘 1059-1
善現藥王 1059-1
善宿 1061-3
善宿女 1061-3
善宿男 1061-3
善逝 906-2-30, 1063-1
善逝子 1063-1
善處 1061-3
善惡 1054-3
善惡不二 1540-2
善惡所起經 1056-1
善惡業果位 1056-1
善惡報應經 1056-1
善惡無記三性 623-2
善惡兩道差別識 689-2-24
善惡不二邪正一如 1056-1
善智識魔 1064-3
善智識十德 1064-2
善無畏 1068-2, 1722-1-29
善業 561-3-28, 1059-2
1335-1-1
善資寮 1062-1
善敬經 1057-1
善解一字 71-2
善稱名吉祥王如來 740-3-30
善慧 1070-2
善慧地 923-3-29, 1070-2
善賢 1058-1, 1089-1-29
善樂長者經 1069-2
善導 1063-2
善導寺 1063-3
善緣 1056-2
善親友 1062-1
善覺長者 1056-3
善權 1059-2
着於如來衣 1203-3
着鎧入陣 1203-3
普化 1516-1
普化宗 1516-2
普化僧 1516-3
普化驢鳴 1516-2
普光地 1515-1
普光三昧 1514-3
普光天子 1515-1
普光如來 1515-1
普光法堂 1515-1
普光明殿 1515-1
普同塔 1534-1
普同問訊 1539-2
普印 1506-1
普安王 1505-3
普回向 1546-2
普見佛 1742-1-3
普見大會 1004-2-1
普門 1542-3
普門品 1543-2
普門檀 1543-1
普門品經 1543-2
普門持誦 1543-1
普門世界三昧門 1543-1
普門法界身 1543-1
普門曼荼羅 1543-2
普供 1510-2
普供養印 943-3-25
普供養印明 1514-2
普知尊 1532-1
普知天人尊 1532-1
普法 1541-2
普法義經 1541-3
普明王 1435-3-23, 1542-1
1839-2-16
普陀落 1531-3-24
普雨法雨 1507-1
普首 1741-2110
普皆平等 1504-3
普建普成 1517-1
普茶 1521-1
普現 1517-1
普現色身 1520-1
普現色身三昧 1520-1
普現三昧 1519-3
普現如來 1520-2
普通印 1532-3
普通塔 1533-1
普通問訊 1533-1
普通吉祥印 1532-3
普眼 1517-1
普眼照地 712-3-30
普眼三昧門 1519-3
普莎訶 1524-3
普莊嚴童子 1524-2
1715-1-27
普等三昧 1533-1
普超三昧經 1533-1
普菴 1505-3
普悲觀音 1541-1
普爲乘敎 1546-1
普遍三昧 1541-2
普遍光明燄鬘清淨熾盛如意寶印心無能勝大明王大隨求陀羅尼經 1541-2
普想觀 1521-1
普義經 1510-1
普達王經 1531-1
普照一切世間智 1189-1-9
普說 1528-2
普賢 1517-1
普賢地 712-3-29
普賢品 1520-3
普賢跏 1518-2
普賢經 1518-2
普賢德 1520-2
普賢講 1519-2
普賢十願 1520-1
普賢三昧 1519-3
普賢大士 1520-1
普賢行者 1518-3
普賢如來 1520-1
普賢境界 1520-2
普賢延命 1518-2
普賢菩薩 1207-2-25
1520-2
普賢の十願 1518-1
普賢の經軌 1518-1
普賢の願海 1518-1
普賢三昧耶 1519-3
普賢行願品 1518-3
普賢所說經 1520-1
普賢金剛手 1519-2
普賢三昧耶印 1519-3
1520-1
普賢金剛薩埵 1519-2
普賢曼拏羅經 1520-3
普賢菩薩定意經 1520-3
普賢菩薩勸發品 1520-3
普賢菩薩行願讃 1520-2
普賢菩薩陀羅尼經 1520-3
普賢三昧耶印眞言 1519-3
普賢金剛薩埵儀軌 1519-2
普賢金剛薩埵略瑜伽念誦儀軌 1519-2
普廣經 1514-3
普廣菩薩經 1515-1
普請 1523-3, 1525-3
普德淨光夜神 1533-2
普燈錄 1530-2
普禮 1543-3
普曜經 1507-3
普觸禮 1529-2
普勸坐禪儀 1515-2
普觀 1515-2
普觀想 1515-2
普觀三昧 1515-2
華 371-3
華手 532-1-18, 392-1
華手經 392-2
華水 393-2
華水供 393-2
華天 403-2
華文 336-1
華方 404-2
華王世界 407-2
華皿 1423-3
華目 406-2
華氏城 391-1
華色 390-3
華色比丘尼 1814-2-27
華色爲提婆所害 391-1
華色比丘尼欲先見佛 1814-3
華光出佛 382-3
華光如來 482-3
華足 393-3
華束臺 393-3
華林園 407-2
華林園會 407-2
華表 335-1
華香 381-2
華胎 349-1
華首經 392-2
華座想 390-2
華座觀 390-2
華瓶 335-1, 404-3
華梵 335-3, 405-2
華開敷王 381-1
華開蓮現 381-1
731-1-18
華報 405-1
華菩薩 1401-3-18
華蓋 381-2
華落蓮成 407-1
1731-1-20
華臺 394-1
華臺菩薩 394-2
華聚經 393-2
華聚陀羅尼咒經 393-2
華齒 395-3
華幢 403-3
華輪 407-2
華積劫 391-3
華積經 391-3
華積世界 391-3
華積陀羅尼神呪經 391-3
華積樓閣陀羅尼經 391-3
華翳 381-1
華藏界 389-2
華藏世界 389-2, 1679-2-5
華藏界會 390-2
華藏八葉 390-1
華藏院流 390-2
華藏と極樂 390-1
華藏と密嚴 390-1
華藏世界の成佛 390-1
華嚴 328-3
華嚴 383-3
華嚴王 387-1
華嚴宗 386-1
華嚴寺 386-3
華嚴時 386-1-19, 386-2
華嚴傳 386-3
華嚴經 384-1
華嚴頭 386-3
華嚴會 387-1
華嚴の朝 383-3
華嚴一乘 383-3
華嚴三生 642-2
華嚴三昧 385-3
華嚴三聖 385-3, 622-3
華嚴五敎 383-3
華嚴五爲 385-2
華嚴大疏 386-3
華嚴法界 386-3
華嚴玄談 385-3
華嚴旨歸 386-1
華嚴音義 384-1
華嚴問答 387-1
華嚴骨目 385-3
華嚴略策 387-1
華嚴菩薩 387-1
華嚴遊意 387-1
華嚴尊者 383-3
華嚴懸談 385-3
華嚴八會章 386-3
華嚴嚴三譯 384-2
華嚴經十佛 948-3-26
華嚴經十類 384-2
華嚴經說時 384-1
華嚴法界觀 387-1
華嚴宗七祖 737-3
華嚴大疏鈔 386-3
華嚴演義鈔 383-3
華嚴經探玄記 385-3
華嚴法界義鏡 387-1
華嚴法界義海 382-1
華嚴法界玄鏡 387-1
華嚴宗の三觀 612-3
華嚴金獅子章 385-3
華嚴經七處八會 384-3
華嚴經七處九會 385-1
華嚴經五周因果 387-1
華嚴法界傳通錄 385-1
華嚴宗四門出體 835-2
華嚴一乘敎義分齊章 383-3
華鐙 330-3
華鬘 405-2
莽 28-2, 1642-2
莽娑 1644-2, 1655-3-2
莽莫枳 1663-1
菴沒羅 47-1-11, 47-3
菴浮梨摩國 46-3
菴婆女 46-3
菴婆羅 46-3
菴婆利沙 46-3
菴婆羅多迦 46-3
菴華 45-1
菴園 49-2
菴摩羅 34-3-5, 45-1-13
47-1
菴摩羅識 47-1
菴摩勒 34-3-6, 47-1-13
菴摩洛迦 34-3-5
47-1-12, 47-2
菴羅 47-1-11, 48-1
菴羅女 48-2
菴羅記 48-2
菴羅衞 48-2
菴羅婆利 1762-2-22
菴羅樹園 48-1
菴羅衞女 48-2
菴羅衞園 48-1
菴羅果熟少 48-2

萍沙 1493-1, 1569-1-10
1574-3-23
萍沙王五願經 1493-1
菩提 183-3-1, 554-1-25
1630-2
菩提心 1631-1
菩提樹 1632-1
菩提水 1632-2
菩提子 1631-1
菩提分 1632-3
菩提寺 1632-1
菩提身 1558-2-16
菩提門 1632-3
菩提所 1631-1
菩提會 1633-1
菩提樂 1632-3
1776-3-16
菩提場 1632-2
菩提講 1630-3
菩提經 1630-3
菩提心戒 1632-1
菩提心義 1632-1
菩提心論 1632-1
菩提心經 1632-1
菩提樹神 1632-1
菩提流支 1632-3
菩提流志 1633-3
菩提薩埵 1631-1
菩提回向 1861-1-19
菩提金剛 1631-1
菩提分法 1632-3
菩提智魔 1632-2
菩提達摩 1632-2
菩提道場 1632-2
菩提留支 1632-3-26
菩提索多 1631-1
菩提索埵 1626-2-14
菩提心依果 915-1-14
菩提心觀釋 1632-1
菩提廣大屈 644-2-30
菩提法智魔 1632-3
1643-1-6
菩提資糧論 1631-1
菩提鶻露支 1630-3
1632-3-27
菩提心離相論 1632-1
菩提樹下成道 675-2-26
菩提薩埵摩訶薩埵 1631-1
菩提場莊嚴經 1632-2
菩提場莊嚴陀羅尼經 1632-2
菩提場所說一字頂
輪王經 1632-2
菩薩 1140-3-5, 1626-2
菩薩行 1627-3
菩薩地 923-3-2, 1629-3
菩薩戒 1627-1
菩薩乘 541-3-22, 542-1-3
542-1-11, 1628-3
菩薩道 1629-3
菩薩藏 620-2-24, 674-2-20
1316-1-10, 1628-1
菩薩性 531-2-1, 1628-1
菩薩境 907-3-22
菩薩籤 1629-1
菩薩舞 1630-1
菩薩僧 1629-1
菩薩巾 1627-3
菩薩號 1626-3
菩薩身 1558-1-24, 1628-2
菩薩行經 1627-3
菩薩地經 1629-3
菩薩乘敎 700-1-2
菩薩五智 1188-2
菩薩十地 1628-3
菩薩十住 1628-3
菩薩睒經 1627-1
菩薩戒本 1627-2
菩薩戒經 1627-2
菩薩藏經 1628-1
菩薩法界 1592-3-20
1593-1-29
菩薩形幡 1627-3
菩薩比丘 1629-2-5
菩薩馬頭 1630-1
菩薩大士 1629-3
菩薩逝經 1629-1
菩薩淨戒 1628-3
菩薩種性 1628-2
菩薩聖衆 1628-1
菩薩依果 915-1-20
菩薩地持經 1629-3
菩薩道樹經 1629-3
菩薩乘十地 924-1-24
菩薩四無畏 762-1
菩薩十地經 1628-3
菩薩十住經 1628-3
菩薩睒子經 1627-1
菩薩善戒經 1629-1
菩薩善法經 1629-1
苦薩戒本經 1627-2
菩薩戒作法 1627-1
菩薩修行經 1628-2
菩薩內戒經 1629-3
菩薩瓔珞經 1630-2
菩薩摩訶薩 1630-1
菩薩庋人銘 1629-3
菩薩童子經 1629-3
菩薩受齋經 1628-3
菩薩心地品 1628-2
菩薩處胎經 1628-2
菩薩淸涼月 1628-2
菩薩生地經 1628-1
菩薩本生鬘論 1630-1
菩薩所觀四智 1188-1
菩薩戒羯磨文 1627-2
菩薩修行四依 1628-2
菩薩藏正法經 1628-1
菩薩求佛本業經 1628-1
菩薩五法懺悔文 1628-1
菩薩五法懺悔經 1628-1
菩薩五戒威儀經 1628-1
菩薩修行四法經 1628-2
菩薩訶色欲法經 1627-2
菩薩念佛三昧經 1630-1
菩薩神通變化經 1629-1
菩薩瓔珞本業經 1630-2
菩薩十住行道品經 1628-3
菩薩行五十緣身經 1627-3
菩薩行門諸經要集 1627-3
菩薩緣身五十事經 1627-1
菩薩內習六波羅蜜經 1630-1
菩薩境界奮迅法門經 1627-3
菩薩優婆塞五戒威
儀經 1627-1
菩薩行方便境界神
通變化經 1627-3
菩薩投身飼餓虎起
塔因緣經 1629-3
菩薩從兜率天降神
母胎說廣普經 1628-2
菊燈 237-2
菜頭 588-3
童子 1282-3
童子迦葉 190-3
童子經法 1282-3
童子戲作佛事 1282-3
童女迦葉 190-3
童行 1238-1, 1238-3
童行堂 1238-3
童侍 1283-2
童受 1283-1
童眞 1281-2
童眞住 927-2-28, 1282-3
童授 1283-1
童壽 1283-1
童蒙止觀 1284-3
瘞錢 129-2
棄老國 256-3
棄恩入無爲 156-1, 236-2
寒山 215-3
寒山詩集 216-1
寒氷地獄 218-2
寒行 215-2
寒林 218-3
寒林經 219-1
寒念佛 218-1
寒來結水變作堅氷 218-3
寒苦鳥 215-2
寒垢離 215-3
富士派 1526-1
富士五門 1526-1
富士垢離 1526-1
富多那 1531-1-10
富那奇 1539-2
富那奢 1539-3, 1735-1-2
富那夜奢 1540-1
富那婆蘇 1539-3
富那跋陀 1540-1
富那曼陀弗多羅 1540-1
富沙 1588-3-25
富伽羅 1509-2, 1533-2-10
富陀那 1531-1-11, 1531-2
富那曼陀陀多羅 1545-2-29
富剌拏 1545-3-1
富特伽耶 1533-2
1533-2-10
富特伽羅 1533-2-9
富婁沙 1545-1-27
富婁沙富羅 1545-2
富單那 1531-1-10, 1531-2
富樓那 972-3-10, 1545-2
富樓沙 1545-1-26
富樓那成佛 1546-1
富樓那說法第一 1545-3
富樓那彌室那尼子
1545-2-27
富樓沙曇莪婆羅提 1545-2
富憍 1402-2-7
富盧沙 1588-1-6
富羅 1449-1-19, 1543-3
富羅跋陀羅 1544-1
富羅拏迷低黎夜尼
弗多羅 1545-2-28
富蘭陀羅 1544-2
富蘭那迦葉 1544-2
富囉拏梅低黎夜富
多羅 1545-2-28
寓宗 257-1
寓錢 358-1
紫甲 687-3
紫衣 685-1
紫行 694-3
紫服 754-2
紫金 701-3
紫柏 752-2
紫袈裟 701-1
紫磨金 759-3
紫磨忍辱 760-1
紫磨黃金 760-1
開士 164-3
開山 163-3
開山忌 163-3
開三顯一 163-3
開化 161-2
開內庫授寶 169-2
開心入智園智 164-3
開方信門示眞實相 169-3
開白 170-2
開白の詞 170-2
開白打ち 170-2
開示悟入 164-3
開示悟入之妙典 165-1
開元釋敎錄 163-1
開元釋敎錄略出 163-1
開本 170-3
開目鈔 171-1
開甘露門 160-1
開光 161-1
開光明 161-1
開成 165-1
開佛知見 170-2
開具 161-2
開枕 167-3
開法 170-3
開宗記 164-3
開咽喉印 159-3
開近顯遠 163-3
開室 764-1
開废 168-3
開皇三寶錄 161-1
開悟 163-1
開悟得道 163-2
開浴 171-2
開祖 165-3
開迹顯本 164-2, 427-1-14
開涅槃門扇解脫風 169-3
開眼 162-3
開眼師 163-1
開眼供養 163-1
開帳 167-2
開堂 166-2
開啓 160-3, 161-2
開基 160-2
開善 165-3
開善寺 165-3
開結二經 161-3
開華三昧 161-3
開發金剛寶藏位 170-3
開經 160-3
開解 162-2
開會 172-3
開塔印 166-2
開道者 166-2
開敷道印 170-2
開敷華王如來 170-2
開演 159-3
開漸 165-3
開敷華王如來 1207-2-21
開廢 169-3
開廢會 169-3
開蓮 172-2
開蓮之文 172-3
開慧 672-1-1
開遮 164-2
開導 166-2
開導依 166-2
開靜 165-1
開齋 163-3
開講 163-2
開曉 161-2
開題 166-2
開題供養 166-2
開覺 160-1
開覺自性般若波羅
蜜多經 160-1
開爐 172-3
開權 163-2
開權顯實 162-1-2, 163-3
開顯 162-1
閑文字 218-3
閑不閑 425-2
閑居 215-3
閑居十德 215-3
閑處 316-3
閑道人 217-1

閑塵境 217-3
閑機境 215-2
間穴餅 410-2
間色 416-2
間色服 416-3
間隔 409-2
間錯天 412-3
悶絶位 1746-3
量 1791-3
量果 1792-3
量莊嚴 771-2-17
量等 1794-3
量等身 1794-3
最上乘 587-3
最上意經 587-3
最上大悉地 587-3
最上意陀羅尼經 587-3
最上秘密那拏天經 588-1
最上大乘金剛大敎
寶王經 588-1
最上根本大樂金剛
不空三昧大敎王經 587-3
最正覺 586-1
最末後羅 590-1
最明 590-1
最後 585-2
最後生 530-3-6
最後身 585-2
最後十念 585-2
最後品無明 585-2
最要鈔 584-1
最勝 586-1
最勝人 586-3
最勝子 586-2
最勝會 587-2
最勝寺 1826-3-21
最勝乘 586-3
最勝境 586-3
最勝尊 586-3
最勝經 586-1
最勝講 586-1
最勝十講 586-3
最勝八講 587-1
最勝講堂 586-2
最勝眞如 586-2, 880-1-3
最勝王經 587-1
最勝佛頂 587-1
最勝王經疏 587-1
最勝佛頂印 587-1
最勝講五卷日 586-2
最勝王經開題 587-1
最勝王經文句 587-2
最勝王經略釋 587-1
最勝の御八講 586-2
最勝陀羅尼經 586-3
最勝講五卷の日 586-2
最勝寺結緣灌頂 395-1
最勝燈王神咒經 586-3
最勝佛頂陀羅尼經 587-1
最勝佛頂陀羅尼淨
除業障經 587-1
最無比經 590-2
最極 585-2
最澄 588-2
景命日 373-3
景德傳燈錄 373-1
單 1118-3
單三衣 605-1
單本 1121-3
單白 1121-2
單多羅迦 1185-3-21
單位 1122-1
單哆 1120-2
單前 1120-1
單拏 1121-2
單致利 1120-3
單麻 1121-3
單提 1120-3
單傳 1120-3
單寮 1121-3
貴已等佛 238-3
貴在得悟 239-1
貴在得意 239-1
圓陀 1856-2-4
圓陀論師計那羅延
天生四姓 436-1-26
圓遶 1859-1
黑天 462-2, 1846-3-12
黑分 463-1
黑月 460-3
黑比丘經 463-1
黑氏梵志經 462-1
黑白 463-1
黑白石 116-1
黑白業 562-1-26
黑白二つの月 463-1
黑衣 318-2, 460-3
黑衣二傑 460-3
黑衣宰相 460-3
黑耳 462-3
黑谷上人 318-2
黑谷上人語燈錄 318-3
黑沙地獄 462-1
黑夜神 463-2
黑風 463-1
黑耶柔 463-3
黑蚖 461-1
黑蚖懷珠 461-1
黑袈裟 318-2, 461-1
黑蛇抱珠 1531-1
黑象脚 461-2
黑黑業 562-1-23
黑飦 463-1
黑業 461-1, 561-3-1
黑漆桶 461-3
黑漫漫 463-2
黑齒 461-2
黑闇 457-1
黑闇女 457-1, 1337-1-20
黑繩 462-2
黑繩地獄 1216-1-23
1216-2-16
嵐毗 1783-1
嵐毗尼 1783-1, 1783-1-19
掌中論 785-3
掌中の菴摩羅果 47-1
掌中の菴摩勒果 47-2
掌石 774-2
掌果 768-2
掌珍論 785-3
掌財 773-1
盛壯憍 1402-2-4
盛者必衰 782-1
盛衆妙華 966-3
盛諸天華 966-3
悲佛畧 1492-1-8
悲 1457-3
悲心 1462-1
悲手 1461-3
悲引 1458-1
悲田 1466-3
悲田院 1466-3
悲生眼印 1461-3
悲生曼荼羅 1461-3
悲母 1469-3
悲門 1344-3-21, 1469-3
悲念無盡恩 905-2-13
悲智 1464-1
悲智圓滿 1464-1
悲華經 1460-2
悲無量心 1469-3
悲敬二田 1459-3
悲想天八苦 276-1
悲德 1335-2-8
悲幢 1467-1
悲增菩薩 1329-3-25
悲濟會 1460-3
悲願 1460-1
悲願船 1460-1
悲願金剛 1460-1
悲觀 521-1
勞侶 1774-2
勞度差 1774-1
勞怨 1774-3
勞結 1773-3
勞達羅 1846-3-11
勞謙 1773-3
無 1691-2
無一物 1691-3
無二無三 1713-1
無二亦無三 1713-1
1343-2
無二平等經 1713-1
無二平等最上瑜伽
大敎王經 1713-1
無刀大賊 1710-2
無三惡趣願 1700-3
無上 1705-3
無上上 1707-2
無上士 906-3-4, 1707-1
無上道 1707-3
無上忍 1707-3
無上法 1708-2
無上眼 1706-2
無上尊 1707-2
無上乘 1707-2
無上燈 1707-3
無上輪 1708-3
無上慧 1708-3
無上覺 1706-2
無上大果 1708-1
無上方便 1708-1
無上上乘 1707-2
無上正覺 1706-3
無上世尊 1707-2
無上妙覺 1708-2
無上法王 1708-2
無上法輪 1708-2
無上道心 1707-3
無上涅槃 1707-3
無上菩提 1630-3-22
1708-2
無上處經 1706-3
無上寶珠 1708-1
無上寶聚 1708-1
無上正等戒 1707-1
無上正等覺 1707-1
無上正眞道 1706-3
無上正徧知 1707-1
無上正徧道 1707-1
無上兩足尊 1708-3
無上福田衣 1708-2
無上慚愧衣 1706-3
無上正等正覺 28-2-1
1707-1
無上正等菩提 1707-1
無上正法付屬 1646-2
無上菩提誓願證 1708-2
無文 1718-2
無心 1705-1
無心定 1705-2
無心三昧 1705-2
無心道人 1705-2
無孔笛 1695-1
無孔鐵鎚 1695-1
無方 1714-2
無方釋義 707-3-13
1714-3
無六識 1721-2
無分別心 1715-1
無分別法 1715-1
無分別智 1715-1
無不定心 944-3-27
1715-1
無不知已捨 1714-3
無比女 1714-3
無比身 1714-3
無比法 1714-3
無生 1702-3
無生忍 1363-2-6
1365-1-12, 1703-2
無生身 1703-1
無生法 1337-1-28, 1703-3
無生門 1703-3
無生智 1188-3-25, 1703-2
無生際 1703-1
無生藏 1703-1
無生懺 615-1-30, 1703-2
無生觀 1310-1-3, 1703-1
無生四諦 724-2-6
無生之生 1702-3, 1703-2
無生法忍 1362-3-7
1362-3-30, 1703-3
無生眞如 879-3-11
無生の四諦 1702-3
無生の寶國 1702-3
無生相似過類 1703-1
無生滿淨寶珠名號 1703-1
無功用 1695-2
無功用智 1695-2
無功用決定 1825-1-28
無功德 1695-1
無央數 22-1-4
無央數劫 1691-3
無句 1694-2
無去三昧 1697-2
無去無來 1697-2
無因 1691-3
無因外道 1692-1
無因有果 705-1-16, 1691-3
無因見果 434-2-18
1832-2-1
無因無果 705-1-19, 1692-1
無因論師 434-3-20
無因果外道 1691-3
無因論師計自然生 436-2-30
無字 1705-3
無字印 1705-3
無字偈 1691-2-19, 1705-3
無字法門經 1705-3
無字寶篋經 1705-3
無住 1711-2
無住三昧 1711-2
無住涅槃 1711-2
無住處涅槃 1373-1-17
無合 633-1-16
無安 1691-3
無色天 1701-2
無色有 1701-1
無色界 607-2-20
無色般 1519-1-4
無色貪 1701-2
無自性 1705-3
無自性心 1705-3
無自然性 1705-3
無耳人 1713-1
無劣我 1666-3-1
無光佛 1695-2
無行般 1518-3-19
1519-1-20, 1694-1
無有生死 1692-1
無有衆苦 1692-1
無有等等 1692-1
無有魔事 1692-2

無有好醜願 1692-1
無有少罪我能加 1692-1
無言 1698-1
無言行 1698-1-6
無言戒 1698-1-6, 1698-2
無言太子 1698-2
無言說道 1698-2
無言童子 1698-2
無言童子經 1698-2
無言菩薩 1698-2
無言菩薩經 1698-2
無作 1698-2
無作の大戒 1698-3
無作の三身 1698-3
無作の四諦 1698-3
無作色 1700-3
無作戒 1700-2
無作三昧 1700-3
無作四諦 724-2-13
無作解脫門 1700-2
無我 1693-1
無我印 1693-2
無我想 1693-3
無我觀 1693-3
無我無畏 1722-2
無我顚倒 1254-2-3
無見 1313-2-17
無見頂相 1696-1
無戒 1692-3
無足 1710-2
無沒識 42-1, 1718-2
無佛世界 1715-1
無別眞如 880-1-8
無位眞人 1723-2
無沙矩摩 1703-3
無言三昧耶 1698-2
無明 736-1-1, 1716-3
無明父 1718-1
無明見 408-1-20
524-1-24, 1717-3
無明使 1717-3
無明病 1718-1
無明惑 671-2-28, 1718-2
無明酒 1717-3
無明流 858-3-21, 1718-2
無明結 1717-3
無明殼 1717-2
無明乳 1718-1
無明樹 1717-3
無明糠 1717-2
無明漏 859-1-5, 1718-2
1818-1-4
無明網 1718-1
無明闇 1717-2
無明塹 1717-3
無明藏 1717-3
無明住地 553-1-14, 1718-1
無明住地惑 1718-1
無明羅刹 1718-2
無明長夜 1717-3
無明昏暗 917-2-7
無明暴流 1633-3-7
無明薰習 698-1-30, 1717-3
無明羅刹經 1718-2
無明法性一體 1717-2
無明父貪愛母 1542-2
無所有 1704-2
無所得 1704-3
無所着 1704-3
無所觀 1704-3
無所有處 1704-2
無所求行 1336-2-23, 1704-3
無所不至明 1705-1
無所不至印 1705-1
無所希望經 1704-3
無所緣識智 1188-2-6
無所有處天 1704-3
無所有處地 1704-3
無所有處定 695-3-12
1704-3
無所有菩薩經 1704-3
無始 1701-1
無始空 1701-2
無始間隔 1701-3
無始生死 1701-2
無始言說 532-3-15
699-1-29
無始無明 68-3-22
1701-3, 1716-3-16
無始間隔 1701-1
1701-3-15, 1716-3-16
無始曠劫 1701-2
無表 1700-2-5
無表色 734-1-29, 1715-2
無表戒 1715-2
無表思 1715-2
無表業 1715-2
無表色二功能 561-2
無性 530-1-14, 1702-2
無性有情 1703-1
無性攝論 543-2-9, 1703-2
無依 1692-2
無依涅槃 1692-2
無知 1652-2-24, 1710-2
無念 1713-3
無門宗 1718-3
無門關 1718-3
無法愛 920-3-6, 1716-2
無法有法空 1716-2
無制人 1710-1
無空論師 1694-2
無記法眞如 879-3-17
無相 1699-1
無相宗 1699-3
無相佛 1700-1
無相忍 1364-1-8
無相慧 1845-2-17
無相敎 523-1-9, 1699-2
無相業 1699-2
無相義 457-3-11
無相觀 1310-1-7, 1699-1
無相三昧 618-3-26, 1699-2
無相大乘 1699-3
無相好佛 115-3, 1699-3
無相空敎 1699-2
無相念佛 1380-3-9
無相眞如 879-3-10
無相菩提 1700-1
無相離念 1700-1
無相加行障 914-3-11
無相心地戒 1699-3
無相福田衣 1700-1
無相解脫門 1699-2
無相無相三昧 619-2-2
無相無相解脫門 1700-1
無相中作加行障 927-1-5
無垢 1694-1
無垢女 1695-2
無垢衣 1694-2
無垢水 1694-3
無垢地 1695-1
無垢忍 1363-2-30, 1695-2
無垢施 1694-3
無垢眼 1694-2
無垢輪 1695-2
無垢識 41-3, 1694-3
無垢稱 1694-3, 1766-3-14
無垢施經 1695-1
無垢稱經 1694-3
無垢三昧 1694-2
無垢世界 1801-3-18, 1695-1
無垢眞如 879-2-25
1337-1-8, 1792-3-6
無垢淨光法 1694-3
無垢光菩薩 1694-2
無垢逝菩薩 1695-1
無垢賢女經 1694-2
無垢虛空藏菩薩 459-1-16
無垢妙淸淨圓鏡 1695-2
無垢優婆夷問經 1694-2
無垢淨光大陀羅尼經 1694-3
無畏 1722-1
無畏山 30-1-5
無畏施 629-3-1, 1723-3
無畏疏 1142-2-4
無畏三藏 1723-2
無畏十力吼菩薩 549-1-21
無染識 1710-1
無染淨眞如 880-1-10
無後生死 1698-1
無性眞如 879-3-12
無信稱名 1705-2
無記 1693-3
無記法 1694-1
無記性 623-2-5, 850-2-21
無記業 561-3-29
無記往生 714-3-12
無根 1697-3
無根信 1697-3
無根樹 1697-3
無倒 1710-2
無倒敎授 711-1-7
無能勝 1689-1-29
無能勝菩薩 1714-1
無能勝金剛の形像 1714-2
無能勝大明陀羅尼經 1714-2
無能勝大明心陀羅尼經 1714-2
無能勝幡王如來莊嚴陀羅尼經 1714-2
無財鬼 1700-3
無財餓鬼 1700-3
無起 1694-1
無酒神 1704-1
無差別 1703-3
無師智 1701-3
無修無證 1704-2
無常 1706-1
無常句 696-1-5
無常依 1706-2
無常忍 1364-1-10
無常風 1708-1
無常堂 1707-2
無常院 1708-3
無常鳥 1707-3
無常偈 1706-2
無常想 1706-3
無常磬 1706-2
無常經 1706-2
無常鐘 1707-1
無常講 1706-3
無常の刄 1706-2
無常の使 1706-2
無常の虎 1706-1
無常の風 1706-1
無常の狼 1706-1
無常依經 1706-2
無常迅速 1707-2
無常觀門 1706-2
無常顚倒 1254-2-1
無常の殺鬼 1706-1
無動 18-3-11
無動行 1712-2
無動佛 1712-2
無動尊 1712-2
無動尊安鎭家國等法 1712-2
無動尊一字出生八大童子秘密法品 1712-2
無貪 736-1-1, 1712-2
無貪心 1829-3-28
無敎 1700-2-4
無敎色 1695-3
無欲 1719-1
無欲仙人 1719-1
無得義 457-3-15
無得正觀 1712-1
無異想 944-3-25, 1691-3
無異相似過類 1691-3
無患子 1697-2, 1737-3-26
無眼人 1697-2
無執受 1701-3
無淨三昧 1706-3
無淨顚倒 1254-2-4
無問自說 1718-3
無問自說經 1718-3
無間修 710-1-3
無情成佛 1707-2
無量 1719-2
無量光 29-1-28, 35-1-6
無量劫 1720-1
無量義 1719-2
無量尊 1721-1
無量慧 1721-2
無量稱 1720-1
無量覺 1719-2
無量識 689-2
無量壽 35-1-5, 1720-2
無量光天 1720-1
無量光佛 1720-1
無量義經 1719-3
無量壽經 1720-2
無量壽佛 1720-3, 1727-3-29
無量壽院 1721-1
無量壽咒 1720-3
壽量壽王 1721-1
無量無礙 1721-1
無量四諦 724-2-10, 1720-1
無量淨天 1720-2
無量億劫 1719-2
無量百千劫 1721-1
無量無數劫 1721-1
論量壽經論 1720-2
無量光明土 1720-1
無量壽如來 1207-2-22
無量壽觀經 1720-2
無量淸淨佛 1720-2
無量義處三昧 1719-3
無量精進如來 412-1-5
無量壽經義疏 1720-2
無量壽如來印 1720-3
無量壽如來會 1720-3
無量壽莊嚴經 1720-2
無量力吼菩薩 549-1-23
無量印法門經 1719-2
無量門微密持經 1721-2
無量壽王陀羅尼經 1721-1
無量壽大智陀羅尼 1720-3
無量淸淨平等覺經 1720-1
無等力三昧耶明妃 1712-1
無量門破魔陀羅尼經 1721-1
無量壽經優婆提舍願生偈 1720-2
無量壽如來修觀行供養儀軌 1720-3
無間 1695-3
無間修 709-3-23
709-3-29, 1696-1
無間業 1695-3
無間道 727-1-6, 1696-1
無間地獄 30-2-30
1216-2-2, 1216-2-21
1696-2
無等 1711-3

十二畫

無等我 1666-2-29
無等等 1711-3
無等覺 1711-3
無等等句 1712-1
無等等咒 1712-1
無等等乘 1712-1
無等等三昧 1712-1
無爲 1722-2
無爲戒 1723-2
無爲舍 1723-2
無爲法 568-1-13, 1723-3
無爲生死 1723-2
無爲法身 1723-3
無爲空死 1723-2
無爲泥洹 1723-3
無爲能爲 1723-3
無爲無欲 1723-3
無爲涅槃界 1723-3
無着 22-1-14, 1710-3
無着行 908-2-14
無着戒 1711-1
無着攝論 543-2-1
無着天親宗 1711-1
無減 1697-1
無勝我 1666-2-27
無勝國 1704-2
無雲天 1692-2
無躰量 1792-1-3
無尋唯伺 1710-1
無惱指鬘 1714-1
無漏最後身 1721-3
無想 1699-1
無想天 1699-3-22, 1700-1
無想天無心 579-2-21
無想定 736-2-20, 1699-3
無想定無心 579-2-23
無想果 736-2-18, 1699-2
無想界 1699-1
無想處 1699-3
無想經 1699-1
無想論 1832-2-19
無碍 1696-2-19
無意 1691-3
無準 1708-3
無痴 1710-2
無愧 1244-3-30
無著行 1711-1
無著果 1711-1
無著攝論 1711-1
無道心 1710-2
無煩天 541-2-2, 1716-2
無滅 1718-2
無義語 1694-1
無極之體 1697-3
無極寶三昧經 1697-3
無稱光佛 1704-2
無禁捉蛇 1570-3
無裩長者子 1697-3
無漏 1361-1-8, 1721-2
無漏法 1721-3
無漏因 1721-2
無漏果 1721-2
無漏界 1721-2
無漏根 1721-2
無漏通 1721-3
無漏智 1721-3
無漏路 1721-3
無漏業 562-1-3
無漏道 1171-1-1, 1330-3-19, 1721-3
無漏慧 1721-3
無漏法性 1721-3
無漏律儀 668-3-5
無漏後身 1721-2
無漏實相 1721-3
無漏律儀無表色 1716-1-11
無慚 1700-3
無慚外道 1700-3
無慚無愧 917-3-1
無蓋 1693-2
無蓋大悲 1693-2
無際 1698-3
無障礙義 457-3-8
無疑 1694-1
無疑解脫 1694-1
無疑解脫羅漢 1775-1-28
無實 1705-3
無鬪 1696-2-18
無竭 1693-1
無愧 1694-1
無種性 1704-1
無種闡提 1704-2
無際智 1698-3
無塵三昧 1709-3
無塵法界 1711-2
無塵唯識 1711-2
無聞比丘 1718-3
無毀犯戒 1694-1
無對光佛 1710-2
無盡 1708-3
無盡行 908-2-8
無盡財 1709-3
無盡海 1709-2
無盡意 1709-2
無盡燈 1264-2, 1709-3
無盡慧 1710-1
無盡藏 1709-3
無盡三昧 1709-3
無盡玄宗 1709-2
無盡法界 1710-1
無盡緣起 1709-2
無盡意菩薩經 1709-2
無諍 1706-1
無諍心 1830-1-12
無諍智 1707-3
無諍念王 1708-1
無諍輪王 1708-3
無熱 1713-3
無熱天 541-2-6, 1713-3
無熱池 1713-3
無熱惱池 1713-3-12
無遮 1702-2
無遮施 1703-3
無遮會 1704-1
無遮大會 1703-3
無數 22-1-4
無數死 779-3-27
無數劫 1704-1
無價 1696-2
無價馱婆 1696-3
無慙 1244-3-29
無齒大蟲 1701-3
無樂顚倒 1254-2-2
無憂最勝吉祥如來 741-1-6
無憂最勝吉祥王如來 1692-1
無憂王 1692-2
無憂樹 1692-1
無緣 1992-2
無緣乘 1692-2
無緣寺 1692-3
無緣佛 1692-3
無緣塔 1692-3
無緣塚 1692-3
無緣乘心 1692-3
無緣三昧 1692-2
無緣法界 1692-3
無緣慈悲 901-3-26, 1692-2
無緣の衆生 1692-2
無緣の道場 1692-2
無餘 1718-3
無餘依 1718-3
無餘死 779-3-24
無餘記 1719-1
無餘修 709-3-20, 709-3-28, 710-1-4
無餘說 1719-1
無餘入寂 1719-1
無餘灰斷 1719-1
無餘涅槃 1371-3-6, 1719-2
無餘依涅槃 1373-1-12
無餘依妙涅槃界 1719-1
無學 1693-2
無學果 1693-2
無學派 1693-3
無學道 647-1-5, 1693-2
無瞋 736-1-6, 1705-1
無謀 1718-2
無頭牓 1710-3, 1712-1
無縫塔 1716-2
無壁漏 1703-3
無擇地獄 1710-3
無瞋恨行 908-2-7
無諸難莊嚴 771-3-4
無覆無記 1342-3-24, 1639-3-21, 1714-3
無斷辨才 929-1-26
無礙 1696-2
無礙人 1697-1
無礙門 835-2-26
無礙智 1696-3
無礙解 1696-3
無礙道 1696-3
無礙光 1696-3
無礙光佛 1696-3
無礙大會 1696-3
無礙光如來 1696-3
無邊 1341-3-3, 1716-1
無邊身 1716-2
無邊世界 1716-2
無邊光佛 1716-2
無邊法界 1716-2
無邊門陀羅尼經 1716-2
無願忍 1364-1-6
無願三昧 618-2-30, 1695-3
無願解脫門 1695-3
無願無願三昧 619-2-6
無願無願解脫門 1695-3
無鬪 1695-3
無識身三昧 1701-2
無量功德陀羅尼經 1719-3
無覺有觀三昧 1693-1
無覺無觀三昧 1693-1
無體 1710-2
無體性智通 1232-2-12
無體隨情假 1311-3-6, 1710-2
無攝受眞如 880-1-6
毳衣 962-1, 1238-1-14
智 1187-2
智人 1198-2
智力 1210-2
智山 1197-2
智双 1197-2
智火 1193-3
智火印 1194-1
智心 1830-1-2, 1196-3
智水 1197-2
智月 923-1-18, 1194-2
智手 1196-2
智目 1199-1
智目行足 1199-1
智生三昧 1196-1
智正覺世間 640-2-21
智母 1199-1
智光 1194-1
智光嚴經 1194-1
智光曼荼羅 1194-1
智光滅業障經 1194-1
智印 1190-1
智印經 1190-1
智行 1192-1
智旭 1192-1
智自在 893-3
智自在所依眞如 880-1-17, 1197-1
智吉祥印 1191-3
智妙 1199-1
智身 1196-2, 1558-1-26, 1558-3-6
智見忍 1363-3-25
智波羅蜜 1198-2
智波羅蜜十德 1198-2
智周 1196-2
智杵 1192-2
智斧 1198-3
智果 1193-3
智門 1199-1, 1344-3-23
智法身 1198-3, 1558-1-8, 1605-2-26
智度 1198-2, 1281-2-30
智度の三行 930-1-24
智度論 1198-2
智相 1195-1, 1835-1-15
智相三昧 1195-1
智炬 1194-3
智炬陀羅尼經 1194-3
智界 1190-3
智首 1196-2
智者 1195-3
智城 1197-1
智海 1190-3
智息入 1197-3
智拳印 1194-3
智眼 1194-3
智淵 1190-2
智眞 1196-3
智淨相 1197-1
智淨禮 733-2-17
智智 1198-1
智閑 1191-1
智悲 1198-3
智惑 1210-3
智象 1198-1
智無上 733-1-14
智碍 1195-2
智鍵度 423-3-24
智境 1192-1
智境四相 702-2
智境冥一 1192-1
智與眞如平等 1210-1
智慧 1210-3, 1281-2-21, 1437-2-25
智慧山 1211-1
智慧水 1211-1
智慧火 1211-1
智慧光 1211-1
智慧門 1211-3, 1344-3-8
智慧風 1211-3
智慧海 1211-1
智慧雲 1211-1
智慧鳥 1211-2
智慧箭 1211-1
智慧燈 1211-2
智慧劒 1211-1
智慧觀 1211-1
智慧方便 916-2-3
智慧光佛 1211-1
智慧念佛 1211-2
智慧金剛 1440-1-3
智慧第一 814-3
智慧資糧 1211-1
智慧莊嚴 1315-1-12
智慧波羅蜜 1211-2

智慧瓔珞莊嚴 714-2-29
771-2-6
智慧知未來世無礙 1211-2
智慧知過去世無礙 1211-2
智慧知現在世無礙 1211-2
智德 1198-2, 1335-2-3
智德資糧 858-1-8
智箭 1197-2
智幢 1198-2
智增菩薩 1197-3
1329-3-24
智積 1196-1
智積院 1196-1
智諦 1197-3
智劍 1194-2
智燈 1198-2
智藏 1195-1
智藏海 1195-1
智斷 1198-1
智豐兩山 1198-3
智類道忍 1177-2
智願 1194-2
智願海 1194-2
智證 1196-2, 1755-3-28
智證大師流 1196-2
智德 1198-2, 51-1-3
智礙 1194-3
智鏡 1192-1
智顗 1195-3-16
智鐘 1196-2
智辯 1198-3
智辯無窮願 1198-3
智譬水 550-2
智囊 1198-2
等 1264-1
等一大車 1265-2
等一切諸佛 1264-2
等引 1264-2
等心 1266-3
等正覺 1266-2
等目菩薩所問三昧經 1270-3
等至 1266-3
等至三昧 1267-1
等妙 1270-3
等妙覺王 1270-3
等身 1267-3
等供 1265-2
等空 1265-1
等味 1270-1
等持 1268-3
等侶 1271-1
等活地獄 1216-1-21
1265-1
等流 1271-1
等流身 1271-2
等流果 1271-1
等流法身 1606-2-2
等流相續 1271-2
等流習氣 1271-2
等起善 1265-1
等起不善 1265-1
1528-3-27
等得 1269-1
等無間緣 685-3-25
1270-3
等無間緣依 1270-3
等智 1268-3
等衆生界 1266-2
等集衆德三昧經 1267-2
等慈 1267-1
等諦 1268-1
等願 1265-2
等覺 1264-3, 1308-2-26
等覺性 824-3-2, 824-3-20
等覺大士 1265-1
等覺金剛心 1264-3
等觀 1265-1
筑紫義 1192-3
策修 599-3
筆授 1465-3, 1750-3-1
筌魚 1039-1
筌罤 1046-2
荅香 1115-1
荅秣蘇伐那 1115-2
荅摩 1115-2
筏喩 1452-1
筏喩經 1452-2
筏蹉 1451-1
筏蹉子 1446-3
筏蹉經 1446-3
筏蹉外道 1446-3
筏羅遮末羅 1454-1
筏蘇枳 1448-3
筏蘇畔徒 1448-3-28
筏蘇盤豆 1448-3-27
筏蘇蜜呾羅 1449-1
喬底迦 378-2
喬答摩 378-1
喬答彌 378-1
番大悲神咒 1457-2
番僧 1457-2
番論義 1234-3, 1454-3
尊上經 1093-1
尊老 1093-3
尊形 495-1, 1091-3
尊形曼荼羅 1091-3
尊足山 1093-1
尊那經 1093-2
尊重行 908-2-16
尊重修 709-3-24
尊者 1092-3
尊星王 1091-3, 1728-2-2
尊容 1093-3
尊悟 1091-3
尊特 1093-2
尊記 1091-2
尊宿 1091-3
尊崇 1093-1
尊勝寺 1826-3-19
尊勝寺結緣灌頂 395-1
尊勝供 1092-3
尊勝法 1092-3
尊勝軌 1091-3
尊勝經 1091-3
尊勝佛頂 1092-2
尊勝秘法 1092-3
尊勝護摩 1092-1
尊勝陀羅尼 1092-1
尊勝佛頂法 1092-3
尊勝佛頂如來 1092-3
尊勝大明王經 1092-1
尊勝陀羅尼經 1092-1
尊勝陀羅尼經疏 1092-1
尊勝陀羅尼儀軌 1092-2
尊貴外道 435-1-6
尊意 1091-2
尊像 1091-3
尊儀 1091-2
尊慧音 1400-1-19
尊靈 1093-3
奠茶 1254-3
奠湯 1252-1
曾郎 1079-1
曾婆羅頻陀羅 1094-3
衆 817-1
衆生 827-1, 1005-1
衆生忍 828-2
1337-1-26, 1362-3-5
衆生相 828-1
衆生心 728-1
衆生身 1558-1-19
衆生見 828-1
衆生相 702-2-12
衆生界 827-3
衆生恩 827-3
衆生垢 828-1
衆生根 828-1
衆生想 828-1
衆生說 828-1
衆生濁 553-1-30, 828-2
衆生忍辱 1320-2-1
衆生相續 828-1
衆生緣慈 827-3
衆生本性 827-2
衆生世間 828-1
衆生界盡 827-3
衆生廻向 828-2
1861-1-16
衆生調伏 1826-2-15
衆生緣慈慈 901-3-16
衆生無差別 666-2-15
828-2
衆生界無盡 1709-1-13
衆生數忍辱 828-1
衆生不可思議 828-2
衆生本覺心蓮 828-2
衆生無始無終 827-3
衆生意樂意趣 827-3
衆生愛樂十由 827-3
衆生無邊誓願度 828-2
衆同分 836-2
衆合地獄 1216-1, 820-3
衆成就 1833-3-15
衆車苑 825-1
1102-3-20
衆法 837-2
衆法心念 506-2-21
衆法對首 506-2-27
衆具果報自在 893-2-8
衆事分阿毘曇論 32-2
826-3
衆苦 821-2
衆香國土 820-2
衆徒 836-1
衆祐 817-1
衆病悉除 837-1
衆務 839-2
衆許摩訶帝經 823-2
衆喜瑞 820-3
衆聖 824-2
衆聖點記 824-3
衆道 830-3
衆會 843-1
衆園 843-2
衆經目錄 820-3
衆經撰雜譬喩 820-3
衆罪如霜露 824-1
衆僧 829-2, 1005-1
衆寮 841-1
衆德具不異 1372-2-16
衆賢 823-2
衆緣慈 820-2
衆類無間 574-1-21
衆寶觀音 837-1
集法智 420-1-10
集法智忍 420-1-9
集性自性 895-2-3
集起 906-3
集起心 860-1-15
集異門論 753-3
集異門足論 1836-2-1
集華經 754-3
集智 755-2, 1188-3-17
集衆鐘 515-2
集會 755-3
集會所 755-3
集會鐘 756-1
集解 754-3
集諦 922-2
集類智 420-1-18
集類智忍 420-1-17
焦熱地獄 1023-1
焦熱大焦熱 1023-1
循身觀 992-2
舜若 843-2
舜若多 843-2
爲人悉檀 1858-3
爲本 1859-2
爲母說法經 1859-2
爲物身 1321-3-9
爲病聽酒 600-2
爲魚救飢渴 624-3
爲無爲 1859-2
爲蓮故華 1812-1-25
然此自證三菩提 1378-2
然燈 1380-1
然燈佛 1380-1
然燈經 1380-1
象 674-3
象王 677-2
象主 676-1
象牙華 675-2
象舍利 676-1
象迦葉 674-3
象迹喩經 676-1
象尊 676-2
象喩 677-2
象衆 676-1
象腋經 674-3
象鼻 676-3
象駕 675-1
象養盲父母 674-3
象頭山 196-3-13, 676-3
象頭精舍經 676-3
象寶 677-1
象爐 677-2
逮夜 1106-2
逸多 76-2, 87-1
逸婀 86-3
進如意足 880-2
進具 865-3
進法阿羅漢 882-3
進度の三行 930-1-16
進納僧 878-3
進學經 863-2
超八 1241-3
超八醍醐 1241-3
超入三昧 1241-3
超日王 1241-2
超日明經 1241-3
超日月光佛 1241-2
超日明三昧經 1241-3
超世願 1240-3
超世本願 1241-1
超世悲願 1241-1
超佛越祖 1241-3
超宗越格 1240-3
超越證 1242-1
超越斷 1242-2
超越三昧 1241-3
超越心地 1242-2
超斷 1241-2
越三昧耶 1873-1
越法罪 1873-2
越毘尼 1873-2
越喜三昧 149-3
越罪 1873-2
越閣 1873-2
越難經 1873-2
博叉 1394-1
博叉半擇迦 1394-1
博叉般荼迦 1394-1
博吃芻 1393-2
博聞無盡 1709-1-7

十二畫

傅 備 傍 堙 堪 場 揀 提 揭 揣 揷 揄 强 粥 陽 湛 湖 渡 游 湯 渴 渙 啼 喝 喫 喩 喚 哩 咀 順 惱 猪 猶 猴 猨 街 復 徧 須 琥 琰 棒 棲

傅大士 1531-2
備具善 737-2-19
傍生 1443-2
傍生趣 1443-2
傍憑義宗 710-1-27
堙羅 89-3-19
堙羅那 98-2
堪忍 217-3
堪忍地 218-1
堪忍之境 218-1
堪忍世界 217-3
堪忍無懈怠 929-3-3
堪能 218-1
堪達法 217-1
堪達法羅漢 1775-2-8
場室 1224-2
揀師 216-1
揀語 410-3
提山 1147-3
提多迦 1148-3
提多羅吒 1148-3
提衣 1238-3
提何 1126-3
提舍 1137-3
提舍尼 1138-3, 1428-2-20
提舍那 1138-3
提和越 1169-2
提和竭 1169-2
提和羅耶 1169-2
提河 1126-3
提波延那 1155-3
提洹竭 1130-2
提桓 1130-2
提唱 1239-2
提婆 1157-2
提婆多 1158-2
提婆宗 1158-2
提婆品 1159-2
提婆達 1158-3
提婆論 1153-3
提婆五法 568-1
提婆五逆 515-1
提婆投針 1159-1
提婆俱吒 1158-2
提婆爲天 1158-1
提婆達多 1158-3
提婆達兜 1158-3-51159-2
提婆犀那 1158-2
提婆設摩 1158-2
提婆菩薩 1800-1-26
提婆擊鐘 1158-1
提婆の五法 1159-1
提婆地提婆 1159-2
提婆弗咀羅 1159-2
提婆毘何羅 1159-2
提婆落起多 1159-3
提婆達多品 1159-2
提婆菩薩傳 1158-2
提婆菩薩造論 1158-1
提婆魔囉播稗 1159-2
提婆與佛初結讎 1158-3
提婆の五逆と三逆 1158-1
提婆爲利養學神通 1158-3
提訶 1126-3
提雲般若 1126-1
提綱 1238-3
提調 1239-3
提撕 1239-3
提謂經 1124-1
提謂波利 1125-1
提謂波利經 1125-2
提樹 1143-3
提頭賴吒 1149-3
提點 1239-3
提羅 1167-3
提羅婆 199-1
揭邏拏 1484-3-29
揭底 197-2
揭路茶 199-3
揭路茶鳥 1089-2-23
揣食 1119-3
揷單 102-2
揄旬 1760-1-12
强緣 222-1
粥 206-3
粥十利 955-1
粥之利 206-3
粥之時 206-3
粥街坊 891-1
粥疏 207-1, 891-1
粥罷 891-2
粥罷鐘 891-2
粥頭 891-2
陽光 1749-1
陽炎 904-3-17
陽談 188-1, 1748-2
湛然 1121-2
湖南 468-2
渡川 1854-2
游藍 152-2
湯果 1107-1
湯頭 1108-1
湯灌 1759-2
渴仰 196-1
渴地獄 197-2
渴伽 195-3
渴法 197-3
渴鹿 199-3
渴愛 195-3
渴識印 196-1
渴樹羅 196-3
渴樹羅槃 197-1
渙那 349-3
啼哩曳 1240-1
啼哭佛 1239-1
喝 195-3
喝火 196-1
喝食 196-2
喝捍 195-3
喝參 196-1
喝露聻嘆 199-3
喫棄羅 237-1
喩 1756-1
喩依 1757-2
喩躰 1760-2
喩語 732-1-19
喚鐘 344-1
哩尼 140-2
哩羅 144-2
咀迦羅 509-3
順上分 992-2
順下分 991-3
順化 991-3
順分 994-2
順中論 998-3
順中論義入大般若波羅蜜經初品法門 993-2
順不定業 994-2
順不定受業 994-2
順不苦不樂受業 562-1-18
順世 992-2, 1818-3-16
順正記 992-1
順世八心 992-3
順世外道 434-1-24 992-2
順正理論 992-1
順生 992-1
順生業 992-1
順生死觀 931-1-16
順古不翻 991-3
順忍 994-2, 1363-2-4 1363-3-7
順次 992-1
順次業 992-1
順決擇分 719-3-4 994-3-6
順後句 991-3
順後業 991-3
順後受業 562-1-9, 992-1
順苦業 562-1-17
順苦授業 991-3
順性行 992-1
順前句 992-3
順流 995-1, 1360-3-15
順流者 713-1-27
順流十心 917-2-6
順逆 991-3
順逆二觀 931-1
順現 991-3
順現業 991-3
順現受業 562-1-6, 991-3
順喩 995-1, 1475-3-26
順勝進分定 719-3-3
順道法愛 993-2
順解脫分 991-3, 994-2-30
順福分 994-2, 994-2-28
順樂受業 562-1-15
順曉 991-2
順緣 991-2
順禮 995-1
順權女經 992-1
順權方便經 992-1
惱 736-1-22, 1295-3
惱覺 1400-2-8
猪頭和尙 1210-2
猶如火宅 1760-2
猶如淨水 1760-2
猶預不成 50-1, 632-2-15
猴沼 454-3
猴獼池 1648-2-10
猨猴心 1831-1-11
街坊[ガイバウ] 170-1
街坊化主 [ガイバウケシユ] 170-1
復飾 1513-1
徧一切處 1500-1-18 1571-2
徧入法界禮 633-2-21
徧吉 1571-2
徧成諸行 1573-2
徧依圓三性 623-2
徧計 1571-3
徧計所執性 623-2-16
徧界 1571-2
徧參 1572-2
徧喩 1476-1-20
徧照 1573-2
徧照金剛 1573-3
徧照般若波羅蜜經 1573-2
徧覺 1571-2
徧觀一切色身想 1571-3
須大拏 830-3
須延頭 820-2
須扶提 837-1
須那剎多 836-2
須陀 1005-1, 830-2
須陀食 830-3
須陀洹 831-2, 1005-1 1771-3-11
須陀摩 831-2
須陀沙彌 831-1
須陀洹向 687-1-11 831-3, 1005-1
須陀洹果 696-2-11 831-3, 1005-1
須陀般那 831-2
須陀須摩 831-1
須炎 820-2
須炎摩 820-2
須波弗 836-3
須夜摩 839-3
須臾 839-3
須毘羅 837-1
須涅多羅 836-3
須涅蜜陀 836-3
須浮帝 837-1
須扇多佛 828-3
須跋 836-3
須跋陀 836-3, 1089-1-28
須跋陀羅 836-3
須跋陀梵志夢 1762-3
須曼 838-2
須曼女 838-3
須曼耳比丘 838-3
須現 1314-1-22
須帶 829-2
須眞胝 825-2
須眞天子經 825-2
須梨耶 841-1, 1090-3-7
須健居 1217-1-12
須部摩 837-1
須婆睺 836-3
須菩提 0 37-2, 922-3-1 1005-3
須菩提品 837-3
須提那 830-3
須達 831-1, 1005-1
須達多 831-2, 1025-2
須達拏 830-3
須達經 831-2, 1005-2
須達七貧 1005-1
須達長者 1483-2-24
須達勸化 342-2
須達梨舍那 831-2
須達起精舍 831-2
須達布金買地 831-2
須達建祇園精舍 1005-2
須犍提 823-2
須摩 837-3
須摩那 838-2
須摩經 837-3
須摩檀 838-2
須摩提 837-3
須摩提王 838-2
須摩提經 838-1
須摩那菩薩 838-2
須摩提女經 838-1
須摩提菩薩 838-1
須摩提長者經 838-1
須摩提菩薩經 838-2
須蔓那 1762-2-22
須數多阿半那 825-2
須賴經 840-1
須彌 838-3, 1005-3
須彌山 1689-1-13
須彌座 839-2
須彌樓 839-2
須彌檀 839-2
須彌四層級 839-1
須彌燈王佛 839-2
須闍多 828-2
須闍提 828-2
須嚧 836-1
須羅陀 840-2
琥珀 468-2
琰魔 142-1
琰魔天 143-1
琰魔使 142-3
琰魔界 142-2
琰魔法王 142-3
琰魔王廳 142-3
琰魔の三天使 142-3
琰魔王苦樂二相 142-3
棒喝 1626-1
棲光 1015-1

1016-2
棲神 1016-1
植衆德本 890-2
棓剌挐 1544-2-9
棺木裏 351-3
棺木裏噎眼 352-1
棺臺 346-3
棺臺四門 346-3
棺斂葬送經 353-2
椎 1236-1
椙生流 1004-3
楞伽 1802-2
楞伽山 1802-3
楞伽經 1802-2
楞伽懸記 1802-3
楞伽經唯識論 1802-3
楞伽阿跋多羅寶經 1802-2
楞嚴呪 1802-3, 1816-3
楞嚴院 1803-1
楞嚴頭 1803-1
楞嚴會 1803-1, 1816-3
楞嚴經 1802-3
楞嚴三昧 1802-3
楞嚴大師 1803-1
楞嚴文句 1803-1
楞嚴先德 1802-3
楪 1244-1
楪子 1204-2, 1244-1
捺女祇域經 1294-3
捺女祇域因緣經 1294-3
捺地 1297-2
捺地迦葉波 1297-2
捺落迦 1301-1
殘果 680-3
腕香 1854-3
勝子 846-2, 923-1-17
勝子樹 846-2
勝士 846-2
勝心 846-3
勝友 844-3, 923-1-16
勝天王經 847-2
勝天王問般若經 847-2
勝天王般若波羅蜜多經 847-2
勝生 530-3-4
勝因 844-3
勝行 845-2
勝光王 845-3
勝劣派 848-3
勝身 846-3
勝佛頂 847-3
勝宗 846-2
勝宗十句義論 846-3
勝金 845-3
勝金色光明德女經 845-3
勝果 845-2
勝林 848-3
勝者 846-2
勝思惟經 846-2
勝思惟問經論 846-2
勝思惟梵天所問經 846-2
勝軍王 845-3
勝軍地藏 845-3, 1218-3
勝軍王所問經 845-3
勝軍不動明王 845-3
勝乘 847-1
勝流眞如 848-3, 880-1-4
勝處 846-3
勝處瑜伽經 848-3
勝密外道 846-2
勝得世俗諦 847-2
勝進道 727-1-11, 846-3
勝義 845-1
勝義空 845-1
勝義法 845-2
勝義根 845-1
勝義僧 845-2
勝義諦 845-2
勝義不善 1528-3-16
勝義空經 845-1
勝義無性 666-1-30, 845-2
勝義世俗諦 845-2
1097-1-21
勝義菩提心 845-2
1631-3-7
勝義勝義諦 845-1
1097-2-5
勝解 845-3
勝解行地 712-3-28
勝解作意 845-3
勝意 844-2
勝意生明 844-2
勝業 846-1
勝道沙門 811-2-21
811-2-27, 847-1
勝論 199-3, 849-1
1864-3-30
勝論宗 849-1
勝論師 849-1
勝論外道 1803-3-26
勝論十句義章 849-1
勝幡 847-2
勝幡臂印經 847-2
勝幡瓔珞陀羅尼經 847-3
勝幢 847-2
勝幢臂印經羅尼經 847-2
勝數 846-2
勝敵毘沙門 847-2
勝應身 844-3,, 1308-1-20
1558-1-12, 1811-2-16
勝鬘 1665-2-21
勝鬘經 848-1
勝鬘夫人 848-2
勝鬘師子吼一乘大方便方廣經 846-1
酥粥 206-3-30
焙經 248-2, 1441-3
焰口儀軌經 138-1
焰摩天 935-3-2
焰慧地 392-3-17
視篆 748-1
硨磲 804-3
疏 1070-3
疏山 1085-2
疏子 1085-2
疏文 1090-2
疏家 1789-1-8
疏記 478-3
疏勒 1090-3
疎石 1086-3
疎所緣緣 1086-3
疎迷惑 1090-1
補沙 1523-3, 1588-1-5
1588-3-25
補伽羅 1510-1, 1533-2-10
補但落迦 1531-2-30
補陀落 1531-2-30, 1531-3
補陀落伽 1531-2-29
1584-2-26, 1531-2
補陀落迦 1531-2
補陀羅海會軌 1531-3
補怛洛迦 1531-2-30
補剌拏 1617-2-23
補剌拏迦葉 1544-1
1544-1-9
補剌拏伐摩 1544-1
補剌拏梅咀利曳尼弗多羅 1544-1
1545-2-30
補特伽羅 682-3-8, 1533-2
補處 1525-2, 1689-2-3
補處彌勒 1525-2
補婁沙 1545-1-26
補敎編 1587-3
補捺伐素 1539-3-28
補瑟迦 1522-1
補瑟置 1523-2, 1587-3
補瑟徵迦 1523-3
補澁波 1523-2
補羯娑 1509-1
補盧沙 1545-1
補盧衫 1545-1
補盧鐵 1545-1
補盧殺沙 1545-1
補盧沙耶 1545-2
補盧沙拏 1545-2
補盧沙頞 1545-2
補囉嚩尾禰賀 1544-1
裙 355-2
裙子 356-1
結 395-3
結句 398-2
結印 396-2
結戒 396-3
結制 402-1
結河 396-3
結使 398-3
結使犍度 398-3, 423-3-22
結冑 402-1
結界 396-3
結界法 944-1-3
結界五相 397-1
結界印明 397-3
結夏 398-2
結病 402-3
結座 398-3
結跏 396-3
結跏趺坐 397-3
結跏趺坐因由 398-1
結淨地法 369-2
結衆 398-3
結集 399-1
結集法 402-1
結集三人 402-1
結賊 402-1
結解 398-2
結經 398-1
結業 398-3
結嘆 402-1
結漏 403-1
結線 402-1
結縛 402-3
結緣 394-3
結緣衆 395-1, 709-1-20
結緣經 394-3
結緣八講 395-2, 1403-2
結緣灌頂 395-1
結緣諷經 395-2, 1510-2
結緣供華會 395-1
結緣經供養 394-3
結講 397-3
結願 395-2
結願作法 395-2
結護 398-2
結護法 944-1-7
絕大 1052-3
絕言嘆 1052-2
絕待 1052-2
絕待中 1207-3-25
絕待妙 1052-3, 1343-1-27
絕待眞如 879-3-8
絕食 1052-2
絕海 1052-1
絕對 1052-2
給孤 266-1
給孤獨 27-2-11
給孤獨園 24-3-27, 266-1
給孤獨長者女得度因緣經 266-1
給侍 245-3
給園長者 266-2
絡子 1777-2
絡多未知 1777-2
紙婆 1367-3
紙婆蟲 1367-3
訶 156-2, 183-3
訶尼 200-3
訶字 189-2
訶宅迦 193-1-1
訶利 209-3
訶利勒 212-2-3
訶利底 210-3
訶利帝 210-3-3
訶利帝母 210-3
訶利底南 211-2
訶利枳舍 210-1
訶利帝母法 211-1
訶利帝母供 211-2
訶利帝母經 211-2
訶利帝母畫像 211-1
訶利帝母眞言法 211-2
訶利帝母眞言經 211-2
訶衍夜那 1652-2
訶哩帝 210-3-4
訶梨勒 212-2-4, 212-2
訶梨怛鷄 210-3, 212-2-4
訶梨跋摩 211-2
訶悉多 188-3
訶羅勒 212-2-4
訶責犍度 189-1
訶羅訶羅 207-3
評唱 1470-1
詠歌 128-2
註記 1205-2
註疏 1368-2, 1802-3
註華嚴法界觀門 1205-3
註維摩經 1209-2
註論 1209-2
詐習因 91-2-23
詐現異相 541-2-22
酤酒戒 925-3-15
軻地羅 194-3
軻地羅山 195-1
軻梨 210-1
軻梨羅 194-3-25
軶陀 1449-2-29
貼相 1261-1
貼菜 1249-1, 1261-1
貼䟡 1261-3, 1250-1
跋 1385-1
跋日羅 1445-2-21
跋日羅菩提 1445-3
跋折多 1445-2-23
跋折羅 1445-2-23, 1447-1
跋折羅吒訶沙 1447-1
跋折羅母瑟知 1447-2
跋伽仙 1443-3
跋伽婆 1444-1
跋利訶羅 1455-3
跋利沙鍵拏 1456-1
跋私弗多羅 1446-3
跋私弗多羅部 1451-2
跋陀 1449-2-29
跋陀羅 1450-2
跋陀和利 1450-3
跋陀耆婆 1450-1
跋陀婆羅 1450-2
1450-3-19, 1451-2
跋婆迦毗羅 1450-1
跋陀娜婆娜 1450-3-10
跋陀羅室利 1450-2
跋陀羅婆梨 1450-3-19
跋陀羅婆提 1450-3
跋陀羅耶尼 1450-3
跋陀羅樓支 1450-3

跋陀羅耶尼部 1451-2
跋陀梨迦卑梨耶 1450-2
跋捺羅室利 1450-2-24
跋捺羅婆娜 1450-3
跋捺囉婆娜麼洗 1450-3-9
跋陂 1453-1
跋陂菩薩經 1453-1
跋怛擺 1397-3
跋南國 1451-3
跋梨迦 1455-3
跋移阿修羅 1441-2
跋渠 1445-1
跋提 559-3-21, 1449-3
1451-2
跋提河 1792-1-16
跋提唎加 1451-2
跋提梨迦 1450-1
跋窣堵 1448-3
跋摩 1452-1, 1453-1
跋摩宗 1452-1
跋闍 1447-3
跋闍子 1447-3
跋闍羅 1445-2-22
1448-2
跋闍子比丘 1447-3
跋闍羅波賦 1448-2
跋闍羅婆羅 1448-2
跋闍子比丘十事非
法 1447-3
跋藍 1455-3
跋難陀 1451-3
跋羅婆堂 1454-3
跋羅末羅耆釐 1454-3
跋羅哈摩達多 1453-3
跏坐 188-2
跏趺 204-1
跏趺坐 204-1
路地念佛 1847-1
路伽 1818-2, 1818-3
路伽多 1819-1
路伽耶 1818-3-16, 1818-3
路伽耶陀 1818-3-16
1819-1
路伽耶計色心法皆
極微作 436-2-16
路伽憊 1818-3-5, 1818-3
1819-1
路伽祇夜 1818-3
路迦那他 1818-3
路迦耶經 1818-3
路迦耶底迦 1818-3
路柯耶胝柯 1818-3-16
路賀 1818-2
報土 1335-3-10, 1584-3
報土眞身 1585-1
報化二土 1580-3
報生 1581-3
報生三昧 1582-1
報因 1307-2-22, 1578-2
報如是 938-2-6
報佛 1585-3
提佛菩報 1630-3-7
報身 628-3-6, 1583-3
報命 1585-3
報果 1580-1
報恩 1579-2
報恩講 1579-2
報恩田 1579-2
報恩記 1579-2
報恩施 1579-2
報恩會 1579-2
報恩經 1579-2
報恩講式 1579-2
報恩巧方便 1579-2
1825-2-8
報恩奉盆經 1579-2
報得 1584-3
報得通力 1232-1-1
報通 534-2-15, 1584-3
報寃行 1336-2-12, 1586-2
報障 623-1-20, 1581-3
報像功德經 1581-1
報緣 1579-1
報應 1579-1
報賽 1581-1
報謝 1581-3
斯陀含 727-1
斯陀含向 687-1-14
斯陀含果 696-2-14
斯苓王 694-2
斯訶國 687-2
散 603-2
散心 628-1, 1322-1-6
散心法師 630-1
散心誦法華 629-3
散心常時念佛 629-3
散日 652-1
散支 620-3, 1433-3-22
散他迦多衍那 644-3
散地 648-1-23, 648-2
散多尼迦 644-3
散杖 649-1
散杖加持 195-3
散忌 609-2
散那 651-3
散位僧綱 1071-3
散供 612-2
散陀那 647-2
散陀那經 647-2
散花師 615-3, 737-3-26
散念誦 652-3
散拓羅 624-2
散善 642-3, 1329-1-11
散善義 643-1
散華 615-1
散無表 653-1
散業 617-1
散業念佛 1380-3-7
散亂 668-1, 1841-2-28
散經 609-3, 610-1
散疑三昧 610-2
散錢 640-3
朝立 1241-3
朝打千三暮打八百
1241-1
朝座 16-1, 1240-2
朝參 1240-2
朝講 16-1
朝の講 16-3
朝露 1241-3
朝懺法夕例時 16-1,
朝觀音夕藥師 16-1
就身打劫 683-3
就佛立信 1319-2-22
就經立信 1319-2-24
就緣假 699-2-17
鈔 1018-3
鈔家 1789-1-9
鈔經 1019-1
鈎召法 569-3-21, 574-3
鈎紐 455-1
鈎索鎖鈴 454-1
鈎菩薩 456-1
欽婆羅 260-1
鈍色 1290-1, 1340-3
鈍同二乘 1290-1
鈍使 1289-3
鈍根 1289-3, 1314-1-5
鈍機 1289-3
都史天 1276-3
都史多 1276-2
都史宮 1276-2
都史殿 1276-3
都史夜摩 1276-3
都外壇曼荼羅 1276-2
都寺 1233-3, 1276-3
都吒迦 1277-3
都邑聚樂念處
1379-1-12
都法阿闍梨 1278-2
都倉 1276-2
都部要目 1278-2
都率曼荼羅 1277-2
都會 1279-1
都會大壇 1279-1
都會壇曼荼羅 1279-1
都道場 1235-2, 1277-3
都管 1276-2
都聞 1278-2
都監寺 1234-3, 1271-3
都維那 1236-3
都盧 1278-3
都盧難旦 1217-1-9
都壇曼荼羅 1277-3
都總 1235-2, 1277-1
都薩羅 1276-2
都嚧瑟迦 1278-3
割縷淨 333-1
匲波摩那 29-1-27
蛭數 1196-2
觝突 1239-3
敢曼 218-3
殼漏子 213-3, 187-1

〔十三畫〕

資生 706-3
資具自在 893-2-18
資持記 743-2
資財帳 702-3
資糧 857-3
資糧位 7, 858-1
瑟石 744-1
瑟瑟 744-1
瑟鷗 744-1
勢力身 1558-2-30
勢至 1015-3
勢至觀 1016-1
勢至寶冠载父母遺骨 1016-1
勢峯 1017-3
勢速 1016-3
勢羅 1018-2
聖 764-2
聖一 765-1
聖人 787-2
聖八千頌般若波羅蜜
多一百八名眞實圓
義陀羅尼經 788-1
聖凡 791-1
聖大總持王經 785-2
聖天 786-3
聖天供 786-3
聖天講 786-3
聖天菩薩 786-3
聖心 778-2
聖方 788-1, 1463-1
聖不動 788-3
聖六字增壽經 794-3
聖六字大明王經 794-3
聖六字大明王陀羅
尼經 795-1
聖六字增壽大明陀
羅尼王經 794-3
聖仙 783-2
聖主 775-1
聖正三昧 774-2
聖印 765-2
聖印經 765-2
聖行 768-1
聖多羅菩薩 784-2
聖多羅菩薩梵讃 784-2
聖多羅菩薩一百八
名陀羅尼 784-2
聖吉祥持世陀羅尼經 767-1
聖位 795-3
聖位經 795-3
聖言 771-1
聖妙吉祥眞實名經 792-1
聖佛母般若波羅蜜
多經 789-2
聖佛母小字般若波
羅蜜多經 789-1
聖法 790-1
聖法印經 790-1
聖性 774-1
聖性離生 774-2
聖明 791-2
聖供 769-1
聖典 786-2
聖果 768-2
聖者 780-3
聖胎 784-1
聖持世陀羅尼經 786-1
聖迦柅忿怒儀軌經 766-2
聖師 773-3, 1316-1-28
聖師子 774-1
聖眞子 778-3
聖根本說一切有部 770-2
聖教 770-1
聖教量 770-1, 1791-3-26
聖淨二教 781-3
聖淨相對 781-2
聖莊嚴經 774-1
聖莊嚴陀羅尼經 774-1
聖尊 784-1
聖智 785-2
聖提婆 784-3
聖衆 774-3
聖衆來迎 778-1
聖衆來迎樂 778-2
聖衆來迎願 778-2
聖衆俱會樂 778-1
聖無動經 791-3
聖無動尊 791-3
聖無動尊大威怒王
念誦 792-1
聖無動尊安鎭家國
等法 791-3
聖無能勝金剛火陀
羅尼經 791-3
聖無量壽決定光明
王如來陀羅尼經
792-1
聖無動尊一字出生
八大童子秘要法
品 792-1
聖最勝經 772-3
聖最勝陀羅尼經 772-3
聖最上燈明如來陀
羅尼經 772-3
聖虛空藏菩薩 770-2
聖虛空藏菩薩陀羅
尼經 770-2
聖善住意天子所問經 783-3
聖賀野紇哩縛念誦
儀軌 766-2
聖道 785-1
聖道衣 785-1
聖道門 785-1, 1343-2-19
聖道衆 785-1
聖種 774-3
聖種性 778-1, 824-2-29
824-3-9, 824-3-20
聖語 770-2
聖網 791-1

聖禍 788-2
聖僧 783-3
聖僧侍者 783-3
聖說法 1319-1-28
聖德 1338-1-13
聖德皇 787-1
聖德太子 787-1
聖德奉讚 787-2
聖儀 768-1
聖緣 765-3
聖賢 1015-3
聖諦 784-2
聖諦現觀 784-2
聖默然 1319-1-19
聖閻曼德迦威怒王 766-1
聖應 766-1
聖曜母陀羅尼經 765-3
聖寶 1755-3-29
1852-3-20
聖寶藏神 790-1
聖寶藏神儀軌經 790-1
聖護院 771-1
聖靈 793-3
聖靈祭 793-1
聖觀音 768-2, 1820-2-22
聖觀自在儀軌 768-3
聖觀自在菩薩 768-3
聖觀自在菩薩念誦儀軌 769-1
聖觀自在秘密心陀羅尼經 768-3
聖觀自在菩薩一百八名經 768-3
聖觀自在菩薩心眞言瑜伽觀行儀軌 768-3
聖觀自在菩薩不空王秘密心陀羅尼經 769-1
裘代 255-3
禁五路印 258-1
禁母緣 583-2
禁戒 579-3, 1633-2-19
禁戒經 580-1
禁滿 583-1
想 590-3, 835-1-15
想地獄 596-1, 1216-2-12
想受滅無爲 594-3
1723-1-27
想念 596-2
想於西方 592-2
想倒 1254-1-15, 1254-2-7
想愛 591-2
想識住 693-1-26
想顚倒 596-1
想蘊 591-2
雷 1772-1
雷除符 1772-2
雷電吼菩薩 549-1-22
電 87-2, 1262-3
電光石光 1263-1
電光朝露 1263-1
電影 1264-1
塗灰計自在天生萬物 436-1-24
塗毒鼓 1238-1
塗香 1237-1
塗香菩薩 1402-1-5
塗割 1237-2
準大法 993-1, 1675-1-18
準提 993-2
準提佛母法 994-3
準提畫像法 993-2
準提念誦觀行等法 994-2
準開山 991-2
羡那 1046-3
義 261-1
義山 264-2
義天 265-1, 265-2
義天目錄 265-2
義心 263-2
義少 264-3
義玄 262-2
義存[ギソン] 264-3
義利 274-3
義成殿 263-3
義足經 264-2
義例 274-3
義例隨釋 274-3
義例纂要 274-3
義門 266-3
義虎 262-2
義味 266-2
義林章 274-3
義陀羅尼 265-1
1181-3-15
義相 262-2
義便 266-2
義眞 263-2
義准量 1792-1-1
義兼兩向 212-3
義堂 265-1
義理 274-3
義淨 263-2
義寂 263-3
義無碍 266-3
義無碍智 266-3
義無碍解 266-3
義無碍辯 266-3
義無礙 761-1-9
義疏 263-1
義善 737-2-5, 737-2-23
義楚 264-2
義楚六帖 264-2
義意 261-1
義解 262-1
義趣 263-1
義操 262-2
義燈 265-2
義龍 274-3
義類次第 274-3
義辯 266-2, 733-1-6
著 1227-1
著心 1227-1
著衣喫飯 1203-3
著我 1203-3
著法 1227-1
著鬼簿 1203-3
著想 1227-1
著語 1227-1
著樂 1227-1
葉上 134-2
葉上流 134-2
葉上僧正 134-2
葉衣觀音 134-1
葉衣觀自在經 134-2
葉衣觀自在經薩陀羅尼經 134-1
葉種 918-2-9
葉蓋 134-2
葬式 593-3
葬法 596-3
葬送 594-3
葬頭河 596-1
葬頭河婆 596-1
葬殮 598-3
葬禮 598-3
落吃澁弭 1776-2
落沙 1777-1-21
落迦 1777-3
落染 1777-2
落草 1777-1
落飾 1777-2
落髮染衣 1777-3
落慶供養 1777-1
落謝 1777-1
落賺 1777-1
募化 1626-2
募化簿 1626-2
募緣 1626-1
募緣疏 1626-1
萬八千世界 1672-3
萬子輪王 1667-3
萬分 1672-3
萬不一生 1672-3
萬行 1666-3
萬行少善 1666-3
萬行難修屈 644-3-2
萬字 1668-1
萬年三寶滅 1672-2
萬劫 1667-1
萬法 1672-3
萬法一心 860-3
萬法一如 1672-3
萬法是眞如眞如是萬法 1673-1
萬松 1667-3
萬陀 1669-1-27
萬物嚴淨願 1673-1
萬指 1667-3
萬秋樂 1457-1
萬華會 1667-1
萬善 1669-1
萬善同歸集 1669-1
萬歲 1667-2
萬福寺 1672-2
萬福寺派 1672-3
萬境 1666-3
萬僧會 1669-1
萬燈會 1672-1
葛西念佛 188-1
葛藤 197-1
葛藤禪 197-1
葛籠 1235-2
葷辛 369-3
葷酒 369-3
惹 672-2
惹那 980-1
惹那跋陀羅 980-1
惹那戰達羅 980-1
意 49-3
意力 90-1
意三 52-2
意水 55-3
意不淨 916-2-25
意生 54-1
意生身 54-1, 1661-1-10
意生化身 54-1
意生金剛女 54-1
意生八葉大蓮華王 54-1
意巧 51-3
意地 86-3
意安樂行 49-3, 682-1-29
意言 52-1
意車 53-2
意見 51-2
意成 55-2
意成天 55-2
意成身 55-2, 714-1-15
意性 53-3
意性化身 53-3
意和敬 1845-1-17
意近行 52-1
意念往生 714-3-17
意果最勝 730-1-27
意根 52-1
意根座斷 52-1
意馬 88-3
意氣金剛女 50-2
意許 51-3
意密 81-1
意執 53-2
意業 52-1, 561-3-5
意經 50-2
意解 51-2
意猿 50-1
意樂 51-3
意樂意趣 682-3-8
意輪 90-1
意趣 54-2
意憤天 88-3
意學 50-2
意樹 55-2
意識 53-1
慈 886-3
慈力王 997-2
慈子 894-2
慈氏軌 894-3
慈氏菩薩 1689-1-29
慈氏誓願經 894-3
慈氏所說稻稈喩經 894-3
慈氏菩薩陀羅尼 894-3
慈氏菩薩誓願陀羅尼經 894-3
慈氏菩薩略修愈念誦法 894-3
慈氏菩薩所說大乘緣生稻稈喩經 894-3
慈心 1829-3-30
慈心童子 897-2
慈心十一種果報 897-1
慈水 897-2
慈父 902-2
慈父長者 940-2
慈光 891-2
慈行童女 891-1
慈忍 901-1
慈明 960-3
慈明行心 960-3
慈明速喝 961-1
慈明盆水 960-3
慈明虎聲 960-3
慈明執爨 960-3
慈明論棒 961-1
慈門 961-2
慈恩 888-2
慈恩家 888-2
慈恩寺 888-2
慈恩教 888-2
慈恩傳 888-2
慈恩八宗 888-2
慈恩三觀 613-2
慈恩寺三藏 888-2
慈恩寺三藏法師傳 888-2
慈航 888-3
慈起菩薩 890-3
慈救呪 891-1
慈救眞言 891-1
慈救眞言寶篋印 891-1
慈眼 892-1
慈眼大師 892-1
慈眼視衆生 892-1
慈無量心 961-1
慈無量觀 761-2-28
慈惠 1853-1-7
慈悲 901-3
慈悲衣 902-1
慈悲室 609-1-30, 902-1
慈悲善 737-2-26
慈悲觀 552-2-27, 902
慈悲五利 902-1
慈悲心鳥 902-1
慈悲忍辱 902-2
慈悲懺法 1049-3
慈悲懺法 902-2

十三畫

慈稟瘅痴痾蜃塞窟窣照愚豐農圓園置罪業裝當

悲萬行 902-2
慈悲十二利 902-1
慈悲水懺法 902-2
慈慈悲萬行菩薩 902-2
慈悲道場懺法 902-2
慈悲十力無畏起 902-1
慈善 737-2-18
慈雲 888-1
慈雲懺主 888-1
慈尊 897-3
慈尊月 897-3
慈尊寶冠 897-3
慈童 900-2
慈童女 900-2
慈童女長者子 900-2
慈意 887-2
慈敬 891-1
慈慧大師 998-2
慈霔 898-1
慈濟徵命 892-2
慈鎮 898-1
慈覺 888-3
慈覺大師 888-3
1871-3-28
慈嚴 892-2
慈辯 960-2
稟具 1619-1
稟教 1620-2
瘅鉢羅 1466-1-6, 1467-2
痴 1189-3
痴人 1198-2
痴犬 1194-2
痴子 1195-2
痴凡 1199-1
痴水 1197-2
痴心 1196-3, 1830-1-1
痴狗 1192-2
痴狗追塊 1192-2
痴取 1196-2
痴使 1195-2
痴定 1198-1
痴毒 651-3-4, 1198-2
痴迷 1199-1
痴惑 1210-3
痴猴 1194-3
痴煩惱 1638-2-20
痴愛 1190-1
痴網 1190-3, 1199-1
痴慢 1199-1
痴聚 1197-2
痴燈 1198-2
痴縛 1198-3
痴禪 1197-2
痴闇 1190-1
痾喀祇 44-2
蜃樓臺 885-2
塞建陀 1081-2
塞建陀 1081-1
塞建陀羅 1081-1
塞頗致迦 1431-1-20
窟心 1830-2-27
窟內 301-3
窟內上座部 301-3
窟外結集 301-1
窟宅 301-2
窟居部 301-1
窟觀 301-1
窣吐羅底迦 1088-3
窣莎揭哆 1086-2
窣堵波大吉祥菩薩 1088-2
窣路多阿半那 1090-3
窣羅 1090-2
照于東方 1018-3
照拂 1023-2
照法輪 669-2-16, 1023-2
照寂 1020-3
照寂慧 1845-2-18
照堂 1023-1
照牌 1023-1
照鏡 1019-1
照覽 1023-3
愚夫 1737-1-12
愚夫種性 824-2-30
愚夫所行禪 362-1
愚中派 361-2
愚禿 361-2
愚禿悲歎述懷和讚 361-3
愚法 362-2
愚法聲聞 792-3-14
792-3-16
愚是女身 360-2
愚堂 361-1
愚童 361-3
愚童持齋心 361-3
927-3-24
愚鈍 361-3
愚鈍物 361-3
愚惑 362-3
愚痴 361-1, 1841-2-29
愚痴齋 361-2
愚僧 360-2
豐干 1549-3
農夫心 1830-1-21
圓心 1869-3, 1830-3-25
圓元 1868-3
圓仁 1871-3
圓生樹 1869-2
圓伏 1872-1
圓合 1868-1
圓行 1868-1
圓光 1868-2
圓光觀音 1868-2
圓光大師 1868-2
圓光大師行狀畫圖
翼贊 1868-2
圓佛 1872-1
圓戒 1867-2
圓位 1873-1
圓妙 1872-2
圓成 1870-1
圓成實性 623-3-2
1764-3-4, 1765-2-15
1870-1
圓具 1868-3
圓供 1868-3
圓板 1872-1
圓空 1868-2
圓果 1868-2
圓宗 818-2-3, 1869-2
圓宗寺二會 1869-3
圓宗寺法華會 1869-3
圓宗寺最勝會 587-2
1869-3
圓陀陀地 1870-2
圓明具德宗 818-2-29
1872-2
圓信 1869-3
圓珍 1870-2
圓相 1869-2
圓海 1867-2
圓修 1869-2
圓悟 1869-1, 1869-2
圓乘 1870-1
圓珠 1869-2
圓通 1870-3
圓通大士 1871-1
圓通三昧 1870-3
圓通懺法 1050-1, 1870-3
圓通懺摩法 1870-3
圓密 1872-1
圓密禪戒 1872-1
圓密十眞如 939-2
圓堅 1869-1
圓寂 1870-1
圓華 1671-3-9
圓接別 1870-1
圓椅 1268-1
圓教 522-3-17, 613-3-28
614-1-23, 1313-1-5
1402-2-22, 1868-3
圓教四門 763-3, 1869-1
圓教十眞如 880-1
圓教二種三諦 645-3
圓測 1869-3
圓勝寺 1826-3-20
圓頓 1871-1
圓頓戒 1871-1
圓頓戒壇 167-1, 1871-2
圓頓宗 1871-2
圓頓教 1871-2
圓頓觀 1871-2
圓頓觀解 1871-2
圓頓一乘 73-3
圓頓凡夫 1871-3
圓頓止觀 697-2-9
697-2-13, 1871-2
圓頓無作大戒 1871-3
圓頓菩薩大戒 1871-3
圓極 1869-2
圓暉 1868-1
圓道 1870-2
圓塔 1870-2
圓照 1870-1
圓詮 1870-2
圓滿 1872-1
圓滿善 737-2-24
圓滿轉 1245-3-17
圓滿修多羅 1872-1
圓實 1869-3
圓實墮 1869-3
圓輪 1873-1
圓談 1870-2
圓墮 1870-2
圓融 1871-3, 1872-2
圓融門 1344-1-26, 1872-3
圓融十乘 1872-3
圓融三學 1872-3
圓融三諦 1872-3
圓融至德嘉號 1872-3
圓壇 1870-2
圓機 1868-1
圓凝 1868-1
圓斷 1870-2
圓鏡曼荼羅 1868-1
圓覺 1867-3
圓覺會 1868-1
圓覺經 1867-3
圓覺三觀 1867-3
圓覺經五性差別 531-1
圓觀 1868-2
園生樹經 1874-1
園城寺 1690-3-10
1870-2-27, 1874-2
園城寺二會 1362-1
園觀 1874-1
置答 1198-1
罪不可避 741-3-21
罪行 672-3
罪性 673-2
罪垢 672-3
罪根 673-1
罪報 673-3
罪惡 672-3
罪業 673-1
罪業應報經 673-1
罪福 673-3
罪福簿 673-3
罪福無主 673-3
罪福應法經 673-3
罪障 673-2
罪器無間 574-1-19
業 436-1-18, 560-2
業力 565-1
業天 564-2
業火 563-1
業厄 565-1
業田 564-2
業行 562-3
業有 562-2
業因 562-2
業自在 893-2, 1893-2-20
業自在等所依眞如 880-1-19
業成 563-3
業成就論 563-3
業性 563-2
業受 563-3
業果 563-1
業事成辦 563-3
業波羅蜜菩薩 752-3-11
業食 563-3
業垢 562-3
業苦 562-3
業風 564-3
業相 563-2
業相境 907-2-6
業相法界 1593-1-18
業病 564-3
業秤 564-2
業通 564-2
業累 565-1
業結 563-1
業惱 564-2
業疏 563-3
業報 564-3
業報身 564-3, 1558-1-21
業報略經 565-1
業報差別經 564-3
業賊 563-3
業義 562-3
業道 646-3-21, 564-1
業道冥祇 564-1
業道如秤重者先牽 564-1
業感 562-3
業感緣起 136-2-26
562-3
業障 530-3-17, 623-1-20
業網 565-1
業壽 563-3
業種 563-3
業種子 563-3, 1319-3-21
業輪 565-1
業影 562-2
業緣 562-2
業塵 564-2
業餘 565-1
業縛 564-2
業繩 563-3
業羂 563-1
業識 563-2, 688-2-22
業薄 565-1
業鏡 562-3
業繫 563-1
業繫苦相 563-1
1835-1-27
業魔 565-1, 1642-3-25
業體 564-1
裝香 592-2
當山 1755-3-30
當山流 1107-2
當山山伏 1775-3-26
當分 1108-2
當生愛 2-2-28, 1107-2
當位即妙 1109-1
當來 1108-2
當來導師 1108-2

當來變經 1108-2
當門 1108-2
當知本誓重願不虛 1107-3
當面語 1108-2
當相即道 1107-2
當情現 1107-2
當情現相 1107-2
當麻寺 1151-2
當麻の曼荼羅 1115-3
當通機 1108-1
當途王經 1108-1
當陽 1108-2
當意即妙 1106-3
當摩曼荼羅 1671-2
當機 1106-3
當機衆 709-1, 1107-1-71
當機益物 1107-1
當頭 1108-1
當體 1107-3
當體即空 1107-3
當體即是 1107-3
感果 215-2
感通傳 217-3
感通錄 217-3
感進 217-1
感應 214-2
感應妙 214-3
感應使者[カンノウシシャ] 214-3
感應道交 214-3
感驗 1368-3
愍忌 1691-1
愛 2-3-2
愛子成就法 5-3
愛心 6-1
愛水 6-1
愛行 3-1, 1309-1-18
愛見 5-1
愛見大悲 5-1
愛身天 6-1
愛別離苦 7-3, 276-1-12
515-2-18
愛果 5-1
愛法 7-2
愛刺 5-3
愛河 2-3
愛念 7-2
愛金剛 558-2-21
愛金剛菩薩 5-2
愛界 2-3
愛毒 7-2
愛染 6-1
愛染講 6-3
愛染王 6-1
愛染の法 6-2
愛染王鈔 6-3
愛染三尊 6-2
愛染作法 6-3
愛染明王 6-1-21
愛染講式 6-3
愛染寶塔 6-3
愛染王弓矢 6-2
愛染王根本印 6-2
愛染曼荼羅 6-3
愛染金剛如法師 6-2
愛染明王の種子 6-2
愛染明王の座さま
さぬ秘法 6-3
愛涎 2-3
愛海 2-3
愛流 8-1
愛根 5-2
愛鬼 3-1
愛恚 2-3
愛財天 5-3
愛欲 7-3
愛欲海 7-3
愛眼 5-2
愛執 5-3
愛惜 6-1
愛假 5-1
愛着 7-1
愛着の迷 7-2
愛着生死 7-1
愛着慈悲心 7-1
愛敬 3-1
愛結 5-1
愛惑 8-1
愛渴 3-1
愛菩薩 7-3
愛道 6-3
愛想 5-3
愛業 5-3
愛語 5-3
愛語攝 720-3-17
愛種
愛獄 5-3
愛樂 5-2
愛樂金剛女 5-2
愛潤 7-2
愛憎 6-3
愛輪 8-1
愛論 8-1
愛緣 2-3
愛縛 7-2
愛榛 2-3
愛羂 5-1
愛謬 1406-2-9
誌羅筏 7-3-26, 7-3
愛羅刹女 7-3
愛繭 5-1
愛繫 5-1
愛護 5-3
會二歸一 1865-3
會三歸一 1863-1
會下 1862-2
會正記 1863-2
會式 1863-2
會行事 1862-1
會者定離 1863-3
會迹顯本 426-1-14
會通 1865-2
會衆 1863-3
會諸佛前經 1864-1
會釋 1863-3
鼠 1370-3
鼠心 1830-2-8
鼠偸蘇死 1371-1
鼠喞鳥空 1087-1
鼠樓栗 1090-3
鼂鈴 1545-1
鼂鐘 1525-2
奧津城 148-2
奧院 148-2
奧竿迦 147-1
奧閣訶洛鬼 146-1
麁言 1085-2
麁相 1085-2
麁相現行障 926-3-29
麁惡苑 1070-3
麁惡語 1070-3
麁澁苑 1086-3
達水 1113-1
達多 1179-2
達池 1113-1
達利瑟致 1180-3
達利瑟致案多 1180-3
達弭羅 1180-3
達兜 1158-3-6
達婆羅摩 1179-3
達須 1179-1
達絮 1179-2
達滑 1179-1
達磨 1179-3, 1183-1
達磨忌 1183-2
達磨宗 1183-2
達磨尸羅 1180-1
達磨弗多 1180-2
達磨舍羅 1180-1
達磨波羅 1180-2, 1183-2
達磨笈多 1179-3
達磨耶舍 1180-2
達磨流支 1180-2, 1183-2
達磨般若 1180-2
達磨畢利 1180-2
達磨提婆 1180-1
達磨菩提 1180-2
達磨馱都 1180-2, 1183-2
達磨翔羅 1179-3
達磨闍那 1180-1
達磨摩提 1180-2
達磨多羅 1180-1, 1183-2
達磨婆陀那 1180-2
達磨計都佛 1180-1
達磨鬱多羅 1179-3
達磨多羅禪經 566-1-1
1180-1
達磨阿輸迦王 1857-3-6
達親 1179-1-26
達賴喇嘛 1181-3
達嚫 1113-1, 1179-1-25
達羅毘荼 1181-2-13
道 1170-3, 1652-3, 1677-2
道一 1171-2
道力 1177-2
道人 1176-3
道士 1173-1
道心 1174-3
道心者 1173-3
道水 1174-2
道中 1175-2
道元 1172-2
道化 1172-1
道生 1173-1
道生律儀 1788-2-12
道平 1176-3
道行 1171 3
道行常法 1448-1-7
道行般若經 1171-3
道安 1171-1
道光 1173-1
道次 1173-1
道交 1171-2
道共戒 158-3-15
686-3-16, 1172-1
道地經 1175-2
道位 1177-2
道戒 1171-2
道法 1176-3
道法智 420-1-14, 1177-1
道法智忍 420-1-13
道具 1172-1
道具衣 1172-1
道門 1177-1
道服 1176-3
道念 1176-3
道芽 1172-2
道果 1171-3
道俗 1175-1
道俗業道 1175-1
道品 1177-1
道品調適 920-2-24
道宣 1174-3, 1788-3-26
1789-1-15
道宣律師 1858-2-2
道前 1175-1
道看 1171-2
道者 1173-1
道要 1171-2
道信 1174-1
道後 1172-3
道風 1176-3
道昭 1174-2
道流 1177-2
道記 1171-3
道祖神祭 1175-1
道神足無極變化經
1174-2
道理 1177-1
道理三世 641-1-5
道理勝義 1097-1-28
道理世俗諦 1097-1-14
道教 1172-2
道氣 1171-3
道眼 1172-2
道通 534-2-11
道術 1174-1
道章句經 1173-2
道場 1175-2, 1669-2-28
道場神 1176-2
道場樹 1176-2
道場觀 943-1-11, 1175-2
道智 1175-2, 1188-3-19
道欽 1171-3
道衆 1317-2-23
道無上 733-1-12
道意 1171-2
道禁 1172-3
道詮 1174-3
道滅 1177-1
道業 1172-3
道種性 824-3-8, 824-3-19
1173-3
道種智 648-1-8, 1173-3
道種慧 1188-1-10,
1188-1-17
道慈 1174-1
道綽 1173-2
道號 1171-2
道樹 1174-1
道樹經 1174-1
道樹三昧經 1174-1
道德 1176-2
道樂 1177-1
道緣 1171-2
道慧 1188-1-10, 1188-1-17
道諦 1175-1
道器 1171-3
道檢 1172-2
道舊 1171-3
道邃 1174-2
道類智 420-1-23, 1177-2
道類智忍 420-1-22
道識 1173-1
道體 1175-1
道觀 1171-3
道觀雙流 1172-1
遊山 1759-3
遊化 1756-1
遊心法界 1756-2
遊四衢經 1756-2
遊行 1759-2
派行派 1759-2
遊行經 1759-2
遊行上人 1759-2
遊虛空天 1756-2
遊揵陀羅 1759-3-2
遊增地獄 1756-2
遊戲神通 1756-1
遊戲觀音 1756-1
遇教待龍化 359-1
遏吒薄 22-2-14
過去 329-1
過去帳 329-1
過去七佛 329-1
過去冥冥 329-2

十三畫

過 運 達 遍 遁 遂 逾 鳩 傴 傳 塔 塢 塡 損 搩 隔 隙 溥 滅 源 滑 滄 溪 嗟 嗜 嗢 嵯 愧 愼 慥 猿 微 嫉 瑚 瑞 瑜

過去聖靈 ∞29-1
過去因果經 329-2
過去塵點劫 329-1
過去莊嚴劫 329-1
過去佛分衛經 329-1
過去世佛分衛經 320-1
過去現在因果經 329-2
過去莊嚴劫千佛名
經 329-2
過未 335-3
過未無體 335-3
過度 334-2
過夏 328-3
過海大師 327-3
過現 329-1
過現因果經 329-1
過堂 332-1
過患 328-3
過慢 335-3
運心 126-1
運心供養 126-1
運心隨方 126-1
運庵 125-1
達陀天 1857-2-2
達紐天毘紐 1858-1-14
達順 1856-1
達緣 1855-1
遍一山 1571-2
遍大地法 735-1
遍出外道 1572-3
遍行因 1571-2, 1819-2-2
遍行惑 1571-3
遍行眞如 880-1-15
1571-3
遍地院 1574-1
遍至法界 1572-3
遍沒般不還 1519-1-28
1574-2
遍依圓 1571-2
遍周法界 1572-3
遍法界身 1574-2
遍所許宗 710-1-24,
1573-1
遍知所緣斷 1574-1
遍計所執 1765-2-13
遍計所執性 1572-1
1764-3-2
遍計所起色 1572-1
1604-2-7
遍是宗法性 1573-3
遍迫巧方便 1825-2-6
遍淨 1858-1-16
遍淨天 1573-1
遍處 1572-3
遍智 1574-1
遍照如來 1573-3
遍照遮那 1573-3
遍槌 1574-1
遍嚴外道 435-1-10
遁世 1280-2
遂業 1007-1
遂業の三會 672-1-30
遂講 1006-1
逾健達羅 1759-3-2
鳩夷羅 277-1
鳩夷羅衣 277-2
鳩那羅太子 305-2
鳩垣 285-1
鳩鳩吒 288-3
鳩鳩吒部 288-3
鳩槃荼 306-2
鳩滿拏 310-2
鳩摩 309-3
鳩摩羅什 311-2
鳩摩羅炎 310-2
鳩摩羅陀 311-3
鳩摩羅伽 310-3
鳩摩羅伽天 310-3
鳩摩羅伽地 310-3
鳩摩羅者婆 311-1
鳩摩羅時婆 311-1
鳩摩羅設摩 311-3
鳩摩羅尊者 310-2
鳩摩炎負檀像傳震
旦 310-3
鳩摩邏多 311-3
鳩羅 315-1
鳩羅檀提 315-1
鳩邏邏揭剌闍 315-2
傴和 123-1
傴和拘舍羅 123-1
傳衣 1262-3
傳戒國師 1263-1
傳供 1247-1
傳法 1263-3
傳法院流 1264-1
傳法灌頂 1263-3
傳法阿闍梨位 1263-3
傳持 1263-2
傳持八祖 1263-2
傳通 1263-2
傳通記 1263-2
傳通緣起 1263-2
傳敎 1263-1
傳敎灌頂 347-2-7
1263-1
傳燈 1263-2
傳燈式 1263-3
傳燈錄 1263-3
傳燈阿闍梨 1263-3
傳燈大法師位 1263-3
傳燈東方粟散王 1263-3
塔 1113-3
塔中 1115-1
塔中二佛 1116-1
塔中付屬 1116-1
塔中の付囑 1115-1
塔中の釋迦 1115-1
塔主 1113-1, 1115-1
塔印 1114-3
塔印字形 1115-1
塔寺堅固 525-3-23
1115-1
塔婆 1113-3-5, 1115-1
塔像 1115-1
塔の層級 1114-1
塔廟 1115-2
塔頭 1113-1
塢 98-3
塢波陀耶 114-1
塢波塞迦 113-3
塡王 1259-3
損力益能轉 1245-3-9
損伏斷 1093-3
損減邊 1341-3-9
搩手 1204-1
隔子門 254-1
隔生即忘 254-1
隔宿 254-1
隔歷 254-2
隔歷三諦 254-2
隙遊塵 430-2
溥首 1525-1
滅 736-2-25, 1732
滅十方冥經 1733-1
滅法 1734-1
滅法忍 1734-2
滅法界 1734-2
滅法智 420-1-12, 1734-2
滅法智忍 420-1-11
1734-2
滅定 1733-3
滅定智通 1232-2-17
滅受想定 1733-2
滅受想無爲 1733-2
滅果 1733-1
滅相 618-1-14-1733-1
滅度 1734-1
滅後 1733-1
滅界定無心 579-2-24
滅病 1734-1
滅除五逆罪大陀羅
尼經 1734-1
滅理 1734-2
滅智 1188-3-18, 1733-3
滅場 1733-3
滅道 1733-3
滅業 1733-1
滅罪生善 1733-1
滅盡定 136-2-21, 1733-2
滅盡三昧 1733-2
滅種 1733-1
滅羯磨 1733-1
滅諍犍度 424-1-25
1733-2
滅憎愛三昧 724-1-4, 1733-3
滅諦 1733-3
1733-3
滅諦四相 1733-3
滅擯 1480-3-11, 1734-1
滅類忍 1734-2
滅類智 420-1-20, 1734-2
滅類智忍 420-1-19
1734-2
滅觀 983-1-13
源底 449-3
源空 442-1
源信 446-1
源信僧都の四十一
個條の起請 446-1
滑觸 1408-2-22
滄溟三千底 597-3
溪嵐拾葉集 374-1
嗟 583-3
嗟韈囊 809-1
嗟韈囊法天子受三
歸依獲免惡道經
809-2
嗜那耶舍 750-3
嗢多那惹 149-3
嗢多羅僧 149-3
嗢怛羅矩 150-1
嗢怛羅僧伽 150-1
嗢怛羅犀那王 150-1
嗢怛羅頞沙茶 149-3
嗢怛羅漫怛里拏 150-1
嗢咀羅 149-3
嗢底迦 150-1
嗢屈竹迦 125-3
嗢柁那 149-3
嗢柁南 149-3
嗢俱吒 125-3
嗢鉢 150-1
嗢鉢羅 147-1-3, 150-1
嗢達洛迦 149-3
嗢羅苾蒭尼 1814-2-26
嗢露迦 150-1, 434-1-13
嵯 672-2
嵯峨流 599-2
嵯峨瑞像 1012-2
嵯峨大念佛 599-2
愧 261-1, 736-1-1
愼那弗怛羅 750-3
愼那咀羅多 878-3
慥惕鬼 1236-3
猿猴取水月圖 138-3
微 1673-1
微行 1673-3
微戍陀 1488-1
微吉羅拏 1483-3
微吃哩捉多 1483-3, 1673-3
微沙落起多 1675-3
微妙 1681-2
微妙法水 1681-3
微沙曼拏羅經 1681-3
微若布羅迦 1680-3
微笑之素懷 1676-1
微細身 1674-3
微細生死 1674-3
微細流注 1674-3
微細相容安立門 451-1-3
451-2-2, 451-3-24
1674-3
微細煩惱現行障 926-3-20
微密 1681-2
微密持經 1681-2
微鉢尸 1491-1-7
微鉢哩哆 1681-1
微微心 1681-2
微瑟紐 1485-1
微塵 518-1-12, 1677-2
微塵數 1677-3
微聚 1675-3
微誓耶 1488-1
微摩麗 1492-3
嫉 736-1-21
嫉妬重障 623-1-27
瑚璉 472-2
瑞相 1011-3
瑞像 1011-3
瑞應華 1010-1
瑞應本起經 1010-1
瑞巖 1010-1
瑞巖主人 1010-1
瑜伽 1757-2
瑜伽我 1757-3
瑜伽宗 1758-2
瑜伽座 1758-1
瑜伽敎 1757-3
瑜伽經 1757-3
瑜伽論 1759-1
瑜伽像 1758-1
瑜伽師 1758-1
瑜伽上乘 1758-3
瑜伽三密 1758-1
瑜伽成就 1758-3
瑜伽稟承 1627-1-14
瑜伽唯識 1758-3
瑜伽密宗 1758-3
瑜伽羯磨 1758-1
瑜伽論釋 1759-3
瑜伽念珠經 1758-3
瑜伽阿闍梨 1757-3
瑜伽師地論 566-1-19
1758-2
瑜伽瑜祇經 1758-3
瑜伽大敎王 1758-1
瑜伽大敎王經 1758-3
瑜伽師地論釋 1758-3
瑜伽護摩儀軌 1758-1
瑜伽蓮華部念誦法 1758-3
瑜伽降三世極深密
法門 1757-3
瑜伽金剛頂經釋字
母品 1757-3
瑜伽觀自在如來修
行法 1757-3
瑜伽修習毘盧遮那
三摩地法 1758-3
瑜岐 1759-1-14
瑜金 1759-3
瑜祁 1759-1-14
瑜祇 1759-1
瑜祇塔 1759-2
瑜祇業 1822-3-8

瑜祇經 1759-1
瑜祇灌頂 1759-1
瑜乾馱羅 1759-3
瑜健達羅 1759-3-2
瑜遮那講堂 1760-1
極七有 516-1
極七返 516-1
極十歳 516-3
極地 516-3
極好音 515-3, 1400-1-15
極光淨天 516-1
極位 521-2
極成 516-3
極妙 519-1
極果 515-3
極重惡人無他方便 517-1
極逈色 515-3, 1604-2-3
極理 520-1
極唱 516-2
極略色 520-1, 1604-2-1
極喜 515-3
極喜地 515-3
極尊 516-3
極惡 515-2
極無自性心 518-3
928-1-26
極悶絶無心 579-2-28
極微 23-3-28, 517-3
803-3-24
極微の經 517-3-19
極微の假實 518-3
極微の分不分 518-2
極聖 516-2
極聖位 516-3
極睡眠無心 579-2-27
極說 516-3
極樂 519-1
極樂世界 519-3, 1679-2-6
極樂報化 1337-1
極樂海會 519-3
極樂の化生 391-3
極樂の東門 519-3
極樂六時讚 520-1
極樂曼陀羅 520-1
極樂久住菩薩 519-3
極樂淨土の曼陀羅 519-2
極熱地獄 517-3
極靜 516-3
極臈 256-1
極難勝地 517-2-923-3-19
極證 516-3
極覺 515-3
楊岐 1748-3
楊枝 1749-2
楊柳觀音 1750-1
楊葉 1748-2
楞伽經の四身 715-3-20
楞嚴三昧 612-1
預流 1090-3-29
預流向 1771-3
預流果 1771-3
預彌國 1771-2
暗鈍障 914-2-25
暗蔽 47-1
暗禪 46-2
暗證 46-1
暗證の禪師 46-1
暖寺 1184-3, 1385-1
暖洞 1305-3
暖席 1303-3, 1385-1
暖席錢 1185-1
暖觸 1408-2-20
暖寮 1307-1, 1385-1
暖簾 1307-1, 1384-3
腰衣 464-3
腰白 130-3
腰線 130-3
腹中女聽經 1513-2
牒文 1241-3, 1244-1
1262-3
牒釋 1240-3, 1262-3
煩淡 1854-2-13
煩惱 221-1-5, 1638-1
1721-2-10, 1817-3-16
煩惱氷 1639-3
煩惱泥 1636-2
煩惱林 1640-1
煩惱河 1638-3
煩惱海 1638-3
煩惱病 1639-3
煩惱習 1639-1
煩惱陣 1639-2
煩惱碍 1638-3
煩惱道 146-3-23, 1639-2
煩惱賊 1639-2
煩惱境 907-1-24
煩惱網 1639-3
煩惱障 530-3-16, 623-1-19
1317-1-19, 1639-1
煩惱濁 553-1-29, 1639-2
煩惱餘 1639-3
煩惱薪 1639-1
煩惱藏 1638-3
煩惱魔 1639-3, 1642-3-7
1642-3-24
煩惱不退 1639-3
煩惱法界 1593-1-14
煩惱業苦 1638-3
煩惱雜染 1639-1
煩惱即菩提 1639-2
煩惱菩提體無二 1639-3
煩惱無邊誓願斷 698-3-4
1639-3
煩談 1636-3
煩籠 1642-1
煖位 1307-1
煖法 1306-3
熖 135-1
熖口施食儀 138-1
熖王光佛 145-1
熖胎 140-1
熖曼威怒王 134-3
熖網 134-1
熖摩界 134-1
熖摩王印 134-1
熖摩天 143-1
熖魔天曼荼羅 143-2
熖慧地 143-1
熖芻 1465-1-3, 1489-2
煆髮 1121-2
犍 408-2
犍不男 425-2, 531-1-16
犍地 217-1-27, 422-3
犍陀 419-3
犍陀訶 421-1
犍陀樓 422-3
犍陀菴羅 419-3
犍陀摩訶衍 422-1
犍沓 419-2
犍坻 423-1
犍度 423-3
犍陟 423-1
犍遲 217-1-27
犍黃門 408-1
犍稚 201-1-21, 217-1
217-1-27, 423-1
犍德 423-2
犍摩波摩 426-2
頌 980-3
頌古 983-3
頌疏 985-1
頌疏記 985-1
頓大 1280-3
頓大三七日 1280-3
頓旨 1280-1
頓成諸行 1380-2
頓阿 1279-1
頓法 1281-1
頓悟 1280-1, 1314-3-1
頓悟機 1280-1
頓悟菩薩 1280-1
頓眞陀羅 1280-2
頓眞陀羅所問如來
三昧經 280-2
頓教 522-3-11, 613-3-20
613-3-27, 614-1-18
614-1-23, 1229-2
1312-1-11, 1402-2-26
頓教一乘 1279-3
頓超如來性 531-2
頓頓教 1281-1
頓圓教 1281-2
頓說 1280-3
頓漸 1280-3
頓寫 1280-1
頓機 1279-2
頓斷 1280-3
頓證菩提 1280-1
頓覺 1279-2
裸形外道 434-3-7, 1776-2
裸形梵志經 1776-2
睦州 1626-1
睽子經 1040-1
睽末梨 1050-3
睽陀那婆 1044-3
睽經 1038-3
睽摩 1050-3
睽摩利 1050-3
睽摩菩薩 143-2
睽彌 1050-3
睡 1006-1
睡眠 736-2-5, 1008-3
睡眠欲 1008-3
睡眠蓋 1008-3
號 222-1
號日華光如來 224-3
號叫地獄 1216-1-26
號踈迦羅毘 511-3
稠林 1190-2
稠禪師 1190-2
稗稊 1386-2
碎身舍利 587-2, 813-2-27
辟子佛因緣論 1497-1
辟支 1496-3, 1496-3-18
辟支地 1497-1
辟支佛135-2-30, 1479-2-17
1496-3-18, 1497-1
辟支佛乘 1497-1
辟支迦陀 135-2-30
辟支迦佛1493-3, 1491-3-18
辟支迦佛陀 1496-3
辟除賊害咒經 1497-3
辟除諸惡陀羅尼經 1497-3
辟鬼珠 1570-2
辟蛇法 1570-3
辟雷電法 1570-3
蜆子 413-1
蜎飛蠕動 425-1
蛾 220-3
蜂岡寺 1400-1
蜂臺 1584-2
經 248-1
經久般 1519-1-16
經木 249-3
經木笠 249-3
經王 253-3
經文 252-3
經手 251-1
經瓦 249-2
經石 248-3
經生 251-1
經衣 248-3, 249-1
經行 249-3
經貝 249-2
經戒 248-3
經夾 249-1
經卷 250-1
經卷立 250-1
經宗 251-1
經法 252-2
經典 252-1
經供養 250-1
經於千歳 248-3
經律 253-2
經律論 253-2
經律異相 253-2
經軌 249-2
經架 248-3
經師 250-3, 251-1
經流 252-1
經案 248-3
經馬 252-2, 260-2
經家 250-1
經唄 252-2
經唐櫃 249-2
經教 250-2
經教如鏡 250-2
經部 252-2
經堂 251-2
經笥 251-1
經疏 1752-1, 1767-1
經疏と現圖との相違 449-1
經塔 251-2
經單 251-2, 259-2
經筒 251-3
經量部 253-2
經道 251-3
經道滅盡我以慈悲
哀愍特留此經 251-3
經塚 251-3
經筴 250-2
經箱 252-2
經論 253-2
經頭 252-1, 259-2
經藏 250-3, 620-1-6
620-2-11, 674-1-10
經藏堂主 250-3
經題 251-2
經櫃 249-2. 257-3
經釋 251-1
經體 251-1
經體三塵 248-2
縦 1038-1
縦經 1038-3
試經 694-2
試經度僧 1289-1
試經得度 1275-2
該羅 221-3
該攝門 221-3
詵遮 872-2
詵遮要祕 873-1
話在 1853-2
話則 1854-1
話柄 1854-2-26
話墮 1854-2
話頭公案 1854-2
話欄 1854-2
詣佛供養經 273-3
詮旨 1040-1
詮辯 1049-2
誠信 967-1
較量壽命經 380-2
較量一切佛刹功德經 380-2
酪 1776-2
酪味 573-1-24, 1778-1

十三畫

酪 酬 群 賊 跨 跪 解 幹 嗣 鍋 鉦 鉢 鈴 鈸 鼓 献 殿 敬 新 飯 飲 飽 毀 勤 亂 碑 塌 鄔

酪經 1776-3
酪漿淨法 1448-1-13
酬因感果 683-2
群牛譬經 369-3
群生 370-1
群生海 370-1
群有 369-2
群迷 370-3
群萠 370-3
群疑論 369-2
群賢各隨所安 369-3
群機 369-2
群類 370-3
賊心受戒者 807-3-25
賊住 1095-3
賊縛比丘 1096-1
跨節 331-2
跪拜 245-3
跪爐 257-2
解一切衆生語言三昧 429-1
解一切衆生語言陀羅尼 429-1
解了 440-1
解行 430-2
解行生 430-2, 622-2-30
解行地 430-2
解行住 1826-2-2
解行相應 430-2
解行發心 627-1-18
解自在 893-2-24
解空 430-3
解空第一 837-2
解空須菩提 837-2-30
解知見 438-3
解虎錫[カイコノシャク] 802-3
解界 429-3
解界法 429-3
解信 432-3
解夏 431-1
解夏草 431-1
解夏經 431-1
解悟 431-3
解座 432-2
解拳論 431-1
解脫 437-1, 567-1-22
解脫天 438-1
解脫分 438-2
解脫衣 437-3
解脫忍 1364-1-2
解脫身 438-1
解脫戒 437-3, 686-3-11
解脫味 438-3
解脫門 438-3
解脫服 438-2
解脫食 438-1, 537-1-10, 889-3-13
解脫相 437-3, 618-1-13
解脫律 438-3
解脫冠 437-3
解脫海 437-3
解脫障 1317-1-20
解脫德 651-1-18
解脫輪 433-3
解脫藏 437-3
解脫道 433-1, 727-1-9
解脫の耳 438-2
解脫の風 438-2
解脫法師 535-3-14
解脫幢衣 438-2
解脫無減 1697-1-22
解脫堅固 525-3-18
解脫深坑 438-1
解脫知見 438-1, 567-1-24
解脫幢相衣 438-2
解脫知見身 438-1
解脫戒經 437-3
解脫戒本經 437-3
解脫知見無滅 1697-1-24
解脫清淨法滅 438-1
解脫虛空藏菩薩 459-1-18
解深密經 432-3
解惑 440-1
解意派 159-2, 429-2
解境十佛 430-2
解滿成佛 439-3, 712-1-22, 760-2-29
解節經 433-1
解憂經 429-2
解講 431-2
解齋御粥 432-1
解釋 432-2
幹辨侍者 895-1-11
嗣法 758-1
嗣法拈香 758-1
嗣香 687-1
鍋頭 332-2, 333-1
鉦 201-3
鉦叩 202-1
鉦鼓 770-2
鉢 1398-3
鉢支 1404-3
鉢他 1397-2
鉢多 1422-1
鉢吉帝 1421-2
鉢吒 1397-2
鉢吒補怛羅 1397-3
鉢印 1399-1
鉢伐多 1424-3
鉢多羅 145-2-19, 1397-3
鉢朶羅 1425-3
鉢吉蹄 1421-2-14
鉢位 1423-1, 1617-3
鉢の作法 1413-1
鉢里薩囉伐拏 1431-2
鉢油 1413-1
鉢の油 1399-1
鉢陀 1398-3, 1422-2-5
鉢刷 1404-3
鉢盂 1399-1
鉢和蘭 1423-1-6
鉢和羅 1423-1
鉢若 1437-2-23
鉢剌若 1437-2-24
鉢剌婆剌拏 1429-3
鉢底婆 1423-1
鉢披祇 1425-1
鉢弩摩 1423-2-16
鉢剌底 1429-1
鉢剌迦羅 1427-2
鉢剌闍摩 1429-1
鉢剌底羯爛多 1429-1
鉢剌翳迦佛陀 1427-2
鉢特 1423-2
鉢特忙 1423-2-16
鉢特摩 1422-2
鉢耽嵐婆 1398-1
鉢耽娑婆 1397-3
鉢納摩 1423-2-17, 1437-2
鉢娜他 1398-3
鉢哩體吠 1431-3
鉢袱 1422-3
鉢袋 1422-1
鉢壼羅 1399-1
鉢喇底木叉 1429-1
鉢喇底提舍尼 1428-2-19, 1429-1
鉢喇底提舍那 1428-2-19, 1429-1
鉢喇特奇拏 1429-1
鉢胥竊 1437-2-24
鉢單 1422-1, 1578-2
鉢塞莫 1397-2
鉢裏飯桶裏水 1423-1
鉢蓋 1400-3
鉢敲 1408-3
鉢摩婆底 1425-3
鉢摩羅伽 1425-3
鉢履曼茶羅 1432-1
鉢曇 1422-2
鉢曇摩 1422-2, 1422-2-2, 1423-2-17
鉢器 1400-3
鉢頭摩 1422-2, 1423-2
鉢嚕灑 1432-2
鉢羅 1425-3
鉢羅若 1429-3
鉢羅弭 1430-1
鉢羅由他 1430-3
鉢羅吠奢 1430-1
鉢羅底也 1429-1
鉢羅枳孃 1427-2, 1437-2-24
鉢羅奢佉 1427-3
鉢羅薩他 1427-2
鉢羅胥竊 1428-1
鉢羅笈菩提 1427-2
鉢羅塞建提 1428-1
鉢羅摩禍羅 1430-1
鉢羅翳迦佛陀 1496-3-19
鉢羅步多囉怛曩野 1430-1
鉢蹬伽 1423-2
鉢蠟若帝婆耶那 1429-3
鉢蠟若鉢婆那那部 1422-3
鉢蘭那賒囀哩 1429-2
鉢邏惹 1427-3
鉢囉迦羅 1427-2-10
鉢囉拏摩 1429-2
鉢囉若鉢多曳 1428-1
鉢囉帝舍耶寐 1429-1
鉢囉底婆娜囀底 1429-1
鉢囉囀娜覩囀囉 1429-3
鉢囊 1422-2
鉢邏閣鉢底 1649-3-8
鉢邏犀那恃多 1427-3
鈴 1303-3-1809-1
鈴供 1793-3
鈴杵 1809-3
鈴菩薩 1810-2
鈴聲比丘 1809-3
鈸 1899-1
鼓 276-2
鼓天 302-2
鼓音王經 285-2
鼓音如來 285-2
鼓音聲王經 285-2
鼓音聲陀羅尼經 285-2
鼓樓 318-2, 472, 2
献蓮華座印 428-2
献閼伽香水印 408-2
殿上法師 1263-2
殿主 1263-2
殿鐘 1263-2
敬田 252-1
敬田院 252-1
敬順 251-1
敬愛 248-3
敬愛法 244-2-26
敬禮 252-3, 1854-2-14
敬禮天人大覺尊 253-1
敬禮救世觀世音 253-1
新三論 871-3
新加 862-2
新戒 862-3
新佛 41-1
新到 877-1
新到相見 877-1
新法性宗 882-3
新律家 885-1
新婦子禪師 881-3
新發意 882-3
新發意菩薩 882-2
新無量壽經 883-3
新集浴像儀軌 872-2
新歲 871-1
新歲經 871-1
新義派 863-3
新摩利迦 883-2
新編諸宗教藏總錄 882-2
新學菩薩 863-2
新舊醫 864-3
新舊兩伊 55-1
新舊兩譯 865-2
新薰說 865-3
新薰種子 825-3-12, 865-3
新譯 884-2
飯那 1437-2, 1452-3-20
飯袋子 1436-2
飯頭 1437-1, 1437-2
飲光 154-1
飲光仙 154-2
飲光部 154-2
飲血地獄 154-2
飲食 154-3
飲食施 639-3-6
飲食欲 154-3
飲食愛 681-3-6
飯食三昧 154-3
飲食四時 154-3
飲食供養 154-3
飲食眞言 154-3
飲酒 154-3, 1841-3-11
飲酒十過 154-3
飲食三時供 154-3
飲酒三十六失 155-1
飲酒三十五失 155-1
飽叢林 1388-3
毀釋 240-1
勤 736-1-4, 1235-3
勤行 580-1
勤求 580-2
勤求於大法 580-2
勤苦 580-1
勤根 580-3
勤息 582-1
勤策 580-3
勤策律儀無表色 1716-1-22
勤舊[ゴンキュウ] 257-3
亂心 1782-2
亂行 1782-1
亂善 1782-3
亂想 1782-1
亂僧 1782-3
碑 1457-3
塌薩阿勞 1115-1
鄔那末奴沙婆陀 112-2
鄔波那 114-2
鄔波世羅 113-3
鄔波柁耶 113-3
鄔波索迦 113-2
鄔波素迦 113-3
鄔波斯迦 113-3
鄔波毱耶 114-2
鄔波僧訶 113-3
鄔波遮廬 113-3
鄔波題鑠 113-3
鄔波三鉢那 113-2
鄔波半止迦 115-1
鄔波尼殺曇 115-1
鄔波提舍泥 113-3
鄔陀延 108-1
鄔陀衍那 108-1
鄔婆婆沙 117-1
鄔婆提耶 117-1
鄔茶 107-3

鄔斜訶羅 105-1
鄔馱南 108-2
鄔闍衍那 106-2
鄔廬頻螺迦葉波 122-3
廅天 9-1, 33-1
廅波 9-1, 33-1
廅波摩那 9-1, 33-1
廅樓亘 9-2
亶耳耶舍 456-2, 253-2
煎揉 90-1
腨如鹿王相 1047-3
煕連 257-2
煕連禪 257-2

〔十四畫〕

與力不障 1771-2
與果 1770-3
與能薰和合性 850-2-26
與欲 1771-2
與麼 1771-2
與奪 1771-1
與願手 1770-3
與願印 1770-3
與願印と施無畏印 1770-3
堅者 1790-3, 1788-3
堅超 989-1
堅義 1790-2
堅敵 1791-1
堅底沙論 988-3
碧眼胡 1570-2
碧巖集 1570-2
碧巖錄 1570-2
壽不盡財不壽死 711-2-16
壽光學士 983-1
壽延經 981-1
壽命 990-1
壽命相 702-2-14, 990-1
壽命僑 1402-2-9
壽命經 1009-2
壽命自在 893-1-24
壽命無數劫 990-1
壽命無量願 990-1
壽命無有量 990-1
壽命陀羅尼經 990-1
壽者 984-3
壽者相 984-3
壽者外道 435-1-12
壽相 702-2-3
壽域 991-1
壽量品 991-1, 1009-1
壽量四土偈 990-3
壽經 982-3
壽像 984-2
壽盡財盡死 711-2-15
壽盡財不盡死 711-2-13
壽樂 990-2
壽靈法師 990-3
嘉尙 189-1
嘉祥 189-3
嘉集 189-2
嘉會 214-1
嘉會壇曼陀羅 214-1
誓 1191-1
誓水 1016-2
誓不成正覺 1017-3
誓言 1015-3
誓戒 1015-1
誓扶習生 1017-3
誓耶 1018-2
誓約 1018-2
誓願 1015-2
誓願力 1015-2
誓願講 1015-2
誓願安樂 1015-2
誓願安樂行 682-2-3, 1015-2
誓願不思議 1015-2
聚沫 989-2
聚砂 984-3
聚砂爲佛塔 984-3
聚落間淨 1448-1-23
聚蟲 990-2
聚謬 1406-2-4
厭世 139-3
厭求 138-2
厭欣 138-3
厭欣觀 1820-1-17
厭苦緣 138-1
厭患對治 138-3, 1104-3-27
厭魅 143-3
厭離 144-2
厭離心 732-1-28
厭離穢土 144-3, 145-1
爾前 1329-1
爾時長者各賜諸子等一大車 77-1
爾焰 1308-1
爾儞 1336-1
爾羅建他 1360-1
奪衣鬼 1178-3
奪衣婆 1178-3
奪魂鬼 1179-1
奪精鬼 1179-1
盡七日 999-2
盡十方 1000-1
盡未來際 1003-2
盡知法藥及衆生根欲性心說法無畏 762-2-2
盡苦道 999-1
盡是女身 1000-2
盡智 1000-3, 1188-3-22
盡偏中 1207-3-23
盡智經 1000-3
盡淨虛融 1000-1
盡無生智 1003-3
盡虛空界 999-2
盡壽藥 1000-1
翠巖 1006-1
翠巖眉毛 1006-1
蓋 221-1
蓋天 221-3
蓋樓亘 221-3
蓋纏 221-3
夢 904-3-19, 1760-3
夢中說夢 1762-3
夢幻 1697-1
夢見十事經 1696-1
夢言說 532-3-13
699-1-19
夢爭衣 472-3
夢虎 1697-2
夢相 1699-1
夢窓 1710-2
夢想 1698-3
夢感好相 1726-2
夢感佛說功德經 1693-1
夢氎 1711-3
蒙堂 1737-1
蒙惑 1737-2
837-3
蒟摩迦 732-1-2
蒲塞 1529-1
蒲膳尼 1588-1, 1529-1
蒲闍尼 1527-2
蒲廬 1617-2
蒺藜園 747-3
蒺藜論 747-3
麼也 1663-2
麼吒 1656-2
麼洗 1656-1
麼度羅 1661-1
麼麼 1663-1
麼麼鷄 1663-1
麼羅 1663-3-8
麼羅庾 1664-2
麼攞 1663-3
麼嚧 1666-1
麼囉誐始羅 1663-3
塵 1230-1, 1779-3-27
塵妄 1231-3
塵沙 1230-2
塵沙惑 671-2-20
塵劫 1230-2
塵那羅 1231-2
塵剎 1230-3
塵表 1231-3
塵洲 1230-2
塵垢 1230-2
塵欲 1231-3
塵勞 1231-3
塵道 1231-1
塵道世界 1231-1
塵鄕 1230-2
塵境 1230-2
塵境非根境 514-2-17
塵塵三昧 1231-1
塵塵剎土 1231-1
塵網 1231-3
塵說 1230-3
塵數 1230-3
塵諦 1231-1
塵緣 1230-1
塵點 1231-1
塵點劫 1231-1
塵類 1231-3
塵藥 1231-3
塵體 1231-1
廓然大悟 328-1
廓然無聖 328-2
腐爛藥 684-2-15, 1544-2
腐爛食藥 1540-2-3
賓吒羅 1502-3
賓伽羅 1502-3
賓坻 1480-3, 1504-2
賓跎羅 1502-3-25
賓茶夜 1502-3-22
賓茶波多 1502-3-23
賓茶波底迦 1502-3
1502-3-21
賓鉢羅 1505-2
賓鉢羅窟 1466-1-20
賓頭 1502-3, 1503-1
1503-1-17
賓頭沙羅 1503-1
賓頭盧 1503-1, 1503-1-17
賓頭盧伽 1503-1
賓頭盧經 1503-1
賓頭盧住處 1503-3
賓頭盧頗羅墮 1503-1
賓頭盧頗羅墮誓 1503-1-16
賓頭盧住世因緣 1503-2
賓頭盧迎王王七年失國 1504-1
賓頭盧突羅闍爲優陀延王說法經 1503-1
寧一山 1370-1
寧尼犂 1376-3
寧起我見 228-1
聞一悟解百千門 1730-3
聞光力 1740-3
聞名 1747-2
聞名轉女 1747-3
聞名不退願 1747-3
聞名具德願 1747-2
聞名具根願 1747-2
聞名見佛願 1747-3
聞名欲往生 1747-3
聞名得忍願 1747-3
聞名得定願 1774-3
聞成就 1741-2, 1833-3-13
聞忌 237-1
聞即信 1746-3
聞法 1747-2
聞法難 1747-2
聞物國 1747-3
聞其名號信心歡喜 1740-3
聞陀羅尼 1747-1
聞持 552-1-1, 1747-1
聞持觀 1747-1
聞持陀羅尼 1747-1
聞思修 1741-1
聞信歡喜 1741-1
聞城十二因緣經 1741-2
聞經十利 955-1
聞雷象牙生花 1772-2
聞慧 859-2-26, 1748-2
1845-2-12
團拜 1186-2
團食 1184-3
團扇太鼓 108-3
鳳刹 1584-1
鳳潭 1584-2
鳳潭師 1827-3-6
榮西 128-3
榮海 128-2
榮華 128-3
榮尊 129-2
榮朝 129-3
熒惑星 374-1
舞菩薩 1401-3-14, 1567-3
舞心 1830-2-12
舞戲 1549-3
管長 346-3
管絃講 342-3
管絃相成義 342-3
管領宮 353-1
算沙 622-2
算數目犍連經 639-2
算題 646-1
肇法師 1262-2
肇論 1262-2
肇論註 1262-2
鼻入 1490-2
鼻那夜 1489-3-29
鼻根 734-1-26, 1484-3
鼻高 1424-1, 1482-1
鼻息 1324-1-2
鼻致迦 1485-1
鼻婆沙 1491-130
鼻溜茶迦 1501-1-11
鼻訶羅 482-2-14
鼻隔禪師 1483-2
鼻磨羅雞利帝 1492-2-25
鼻蟲 1489-2
鼻識 1485-1
槃太子 1436-2
槃那寐 1437-2, 1854-214
槃陀 1436-3
槃陀伽 1436-3
槃陀迦 1436-2-12, 1436-3
槃特 1436-2-12, 1437-2
槃特迦 1437-2
槃茶 1436-3
槃淡 1354-2-13, 1437-1
槃遮 1434-1
熊耳山 1757-2
熊野比丘尼 310-2
熊野權現 310-2, 1762-3
熊野三所權現 1762-2-27
熊嶺 1757-2
遠山袈裟 389-3
遠分對治 1105-1-4
遠行地 926-3-24, 1874-1
遠劫 1874-1

遠遜遺趙僕僧僞像境摧障礙漢滿漏漉演漁漚漸慚慳慢嘆

遠忌 1268-1, 1874-1
遠師 1874-1
遠師二教 1874-1
遠國四箇戒壇 1874-1
遠塵離垢 1874-3
遠離 1874-3
遠離樂 1776-3-12, 1874-3
遠離處 1874-3
遠離於因緣 546-1-1
遠離所滅流 742-3-14
遠關日 1898-3
遠續 631-1-6
遜婆明王 1093-2
遜婆明王法 1093-2
遺信德 414-3
遺相證性識 1764-3-29
遺虛存實識 408-3
410-3, 1764-3-11
遺喚 410-1
遺蝗 409-3
趙世 1240-3
趙州 1240-3, 1261-1
趙州狗子 1261-2
趙州無字 1261-3
趙州洗鉢 1261-3
趙州救火 1261-3
趙州勘婆 1261-2
趙州四門 1261-3
趙州三轉語 650-1, 1261-3
趙州大蘿蔔 1261-3
趙州柏樹子 1261-2
僕呼膳那 1626-2
僕拏 1740-2
僕拏合掌 1633-1
僧 1070-3
僧五職 1075-1
僧尼 1078-1
僧尼令 1078-2
僧尼管屬 1078-1
僧可 1071-2
僧正 1076-2
僧主 1076-1
僧史略 1076-1
僧伍 1075-1
僧次 1075-3
僧自恣日 1076-1
僧吉隷鑠 1072-2
僧吃爛底薩 1072-2
僧伽 1073-1
僧伽多 1073-2
僧伽吒 1073-2
僧伽陀 1033-2
僧伽彼 1074-1
僧伽梨 1074-2, 1842-3-4
僧伽胝 1073-3
僧伽羅 1074-1
僧伽藍 1074-2
僧伽の句 1073-2
僧伽藍摩 1074-2
僧伽阿難 1073-2
僧伽羅刹 1074-1
僧伽吒經 1073-2
僧伽耶舍 1074-1
僧伽密多 4-3-8
僧伽婆羅 1074-1
僧伽跋摩 1073-3
僧伽跋澄 1073-2
僧伽提婆 1073-3
僧伽難提 1073-3
僧伽娜娜 1073-3
僧伽の四衆 709-1-23
僧伽婆尸沙 1073-3
僧伽斕提迦 1074-2
僧伽跋陀羅 1073-3
僧伽羅刹所集經 1074-2
僧戒 1071-2
僧坊 1078-2
僧兵 1078-2
僧那 1078-1
僧那僧涅 1078-1
僧佉 1072-1
僧佉論 434-3-17
僧形 1073-2
僧形文殊 1073-2, 1743-1
僧位 1079-3
僧却崎 1072-2
僧官 1074-3
僧供 1074-3
僧林 1079-2
僧秉 1078-2
僧物 1079-1
僧事 1076-1
僧炎伽陀尼 1071-2
僧泣多毘奈耶 1072-1
僧房天井鼠聞經得益 1371-1
僧祇 1072-2
僧祇支 1072-2
僧祇部 1073-1
僧祇物 1073-1
僧祇律 1074-3
僧祇戒本 1072-2
僧界 1071-2
僧俗 1076-3
僧相 1075-1
僧若 1078-2
僧侶 1079-2
僧柯奢 1071-3
僧柯慄多弭 1071-3
僧涅 1078-2
僧徒 1077-3
僧家 1075-1
僧祐 1071-2
僧堂 126-3-1, 1076-3
僧碧 1079-2
僧跋 1078-2
僧庵 1071-2
僧殘 1075-2
僧衆 1076-1
僧都 1077-2
僧童 1078-1
僧統 1077-3
僧階 1071-3
僧訶 1071-2
僧塞迦羅 1076-3
僧愼爾耶 1076-1
僧綱 1071-3
僧綱所 1072-1
僧肇 1077-3
僧肇臨刑說偈 1077-3
僧竭支 1071-3
僧竭胝 1072-1
僧儀 1072-2
僧臈 1076-3
僧叡 1071-2
僧璨 1075-2
僧錄 1079-2
僧錄司 1079-3
僧齋 1075-1
僧寶 1078-3
僧嚫 1076-1
僧籍 1076-2
僧寶傳 1078-3
僧護 1075-1
僧護經 1075-1
僧護因緣經 1075-1
僧臺 1078-3
僞經 261-3
僞經目錄 262-1
僞經僞軌 1134-1
像化 675-2
像末 677-2
像法 677-1
像法轉時 677-1
像法決疑經 677-1
像始 675-3
像季 675-1
像教 675-2
像經 675-1
像運 674-3
像想觀 675-3
像觀 675-2
境 248-1
境本定身 252-2
境行果 250-1
境界 249-2
境界有對 249-2
境界相 249-2
境界般若 249-2, 1437-1-4
境界愛 5-1-26, 249-2
境智 251-3
境智行 251-3
境唯識 252-3, 536-1-10
摧邪輪 583-1
摧碎佛頂 585-3
障 764-2
障盡解脫 437-2-7, 783-1
障礙山 770-1
礙障有對 770-1
漢音小經 215-1
漢音阿彌陀經 215-1
滿三七日 1667-2
滿分戒 1672-3
滿分淸淨者 1672-3
滿月尊 1667-1
滿字 1322-1-13, 1668-1
滿字教 1312-2-14, 1668-3
滿成佛 760-3-2
滿位 1673-1
滿足願 1669-1
滿沙彌 1667-3
滿果 1666-3
滿泥 1672-2
滿怛羅 1669-1-25
滿拏 1669-1-27
滿座 1667-2
滿祝子 1667-3
滿殊尸利 1741-2-8
滿財長者 1667-3
滿茶 1669-1
滿茶邏 1669-2-26
滿宿 1667-3
滿散 1667-2
滿業 561-2-26, 1314-3-24
1667-2
滿遍 1672-3
滿馱 1669-1
滿慈子 1668-3
滿講 1667-1
滿濡 1668-3
滿願 1667-1
滿願子 1667-1
滿願子經 1667-1
漏 1817-3
漏分布經 1847-2
漏永盡無所畏 1818-2
漏戒 1818-2
漏無漏 1847-2
漏業 562-1-2
漏質 1846-1
漏盡 1846-1
漏盡力 1846-2
漏盡明 665-2-23, 1846-2
漏盡通 1846-2
漏盡智 1846-1
漏盡比丘 1846-2
漏盡意解 1846-1
漏盡智力 1846-2
漏盡無畏 1846-2
漏盡智通願 1846-2
漏盡智證明 1846-2
漏盡智證通 1846-2
漏盡無所畏 762-1-19
漏盡阿羅漢 1846-1
漏縛 1847-2
漉水袋 1834-2
漉水囊 1834-2, 1842-3-8
演若 141-1
演若多 141-1
演若達多 141-1
演若多之頭 141-1
演祖 140-1
演密鈔 143-3
演義鈔 138-1
演道俗業經 140-3
演說 140-1
演暢 140-1
漁山 274-1
漁梵 274-2
漚多羅僧 146-3
漚呵沙 145-2
漚和拘舍羅 147-3
漚惒 147-3
漚鉢羅 147-1
漚樓僧佉 122-1, 147-3
漚樓頻螺 147-3
漸次觀 1060-2
漸次教授 711-1-9
漸次止觀 697-2-16
697-2-2
漸見濕土泥 1058-1
漸書 1061-3
漸悟 1314-3-4
漸教 613-3-18, 613-3-25
614-1-18, 614-1-23
1058-1, 1312-1-11
1402-2-28
漸備一切智德經 1067-2
漸頓教 1066-1
漸寫 1060-2
漸斷 1064-1
慚 6803-3, 735-1-30
慳 408-1, 736-1-20
1245-1-3
慳心 414-2, 1830-1-29
慳法七報 426-1
慳貪 424-2, 1841-2-25
慳惜加毀戒 925-3-16
慳結 410-2
慢 736-2-9, 1666-2-1
1666-1
慢山 1669-1
慢見 408-1-20, 824-1-24
1667-1
慢坑 1666-3
慢求羅 1653-3
慢使 1667-3
漫陀羅 1671-3-8
漫怛羅 1669-2-27
慢金剛 558-2-22, 1667-1
漫荼迦 1669-2
慢習因 91-2-18
慢惑 1673-1
漫提 1669-2
慢結 1667-1
慢想 1667-2
慢煩惱 1638-2-21
慢過慢 1666-3-1666-2-5
慢境 907-3-13
慢幢 1672-1
慢舉 1667-1
慢願 1667-1
嘆佛 1121-3
嘆佛偈 1121-3
嘆員 1119-3
嘆德 1121-1

嘆德文 1121-2
嘆德師 1121-1
嘆靈 1122-1
鳴魚 1724-1
鳴錫 1724-3
鳴鐘 1724-3
鳴鐘功德 201-2
獄卒 516-3
獄縛 517-3
魂迎 1116-3
魂神 501-1
魂祭 1116-2
魂魄 503-2
瑯琊 1774-2
瑯琊山河 1774-2
瑠璃 1575-1-29, 1808-1
瑠璃王 1501-1-28, 1808-3
瑠璃壇 1808-3
瑠璃輪王 1844-3-27
瑠璃太子 1808-3
瑠璃王經 1808-3
瑠璃觀音 1808-2
瑠璃金山寶花光照吉照功德海如來 1808-2
榎僧正 134-1
楷定 168-1
楷定記 168-1
楷定疏 168-1
槌砧 1236-3
槌塾 1236-3
福力太子 1514-2
福力太師因緣經 1514-3
福分 1514-2
福不可避 741-3-22
福田 1513-3
福生天 1513-1
福田衣 1514-1
福田經 1514-1
福行 1512-2
福因 1510-2
福地 1513-3
福林 1514-3
福足 1513-2
福伽羅 1533-2-10
福果 1512-2
福城 1513-1
福祖法身 1512-3
福庭 1513-3
福智 1513-2
福智藏 1513-2
福智虛空藏菩薩 459-1-7
福報 1514-2
福等三業 1514-1
福道 1513-2
福業 561-3-12, 1512-3
福蓋 1512-1
福蓋正行所集經 1512-2
福壽海無量 1518-1
福德 1514-1
福德身 1558-3-4
福德門 1344-3-6, 1514-2
福德藏 1514-1
福德莊嚴 1315-1-13, 1514-1
福德資糧 858-1-6, 858-1-10, 1514-1
福慶 1512-2
福慧 1515-2
福祿 1514-3
福緣讃經 1512-1
福羅 1514-2
福嚴 1512-3
福觀 1512-3
禍母 336-1
禘婆達多 1158-3-5
竭叉 196-2
竭支 196-1
竭識 196-1
颯陀婆羅度三婬女 411-1
颯破樕迦 1431-1-20
端心正意 1119-3
端坐 1119-2
端的 1120-3
端嚴 1119-2
褐刺縭 198-3
褐麗 199-2
褐麗筏多 199-2
褊袒 1573-3
褊衩 1574-2
頗 1385-1
頗尼多 1424-2
頗胝迦 1400-2, 1423-1, 1431-1-19
頗那具那 1432-2
頗勒窶拏 1427-2-29, 1432-2
頗黎 1432-2
頗置迦 1431-1-20
頗羅 1425-3
頗羅吒 1428-2
頗羅墮 1428-2
頗羅訶羅 1427-2
頗囉遇捉 1427-2-29, 1427-3
稱名 848-2
稱名正因 848-3
稱名正行 531-2-23
稱名念佛 848-3, 1380-3-2
稱名雜行 848-3
稱行法 848-1
稱佛 847-3
稱我名號 844-3
稱念 847-3
稱法行 1336-2-26
稱法界 848-1
稱其名故即得解脫 846-1
稱揚諸佛功德經 848-3
稱實聲聞 792-3-17
稱檀德佛 1780-3-27
稱讃我名 846-1
稱讃 846-1
稱讃慳 246-1
稱讃淨土經 846-1
稱讃淨土經十佛 948-3-4
稱讃淨土攝受經 846-1
稱讃大乘功德經 846-1
稱讃如來功德神咒經 846-2
種子 825-3
種子心 918-1-13
種子衣 826-1
種子感 828-3
種子境 826-1
種子識 41-3, 826-2
種子不淨 732-3-19
種子袈裟 388-3, 826-1, 1852-3-27
種子曼荼羅 826-3
種子識六義 826-2
種子生現行現行薰種子 825-3, 826-1-2
種性 824-2
種性住 825-1, 1826-1-30
種姓清淨 929-2-18
種草 824-1
種根器 823-3
種智 832-1
種智還年 832-1
種種論 1832-1-14
種種性乘 561-3-30
種種界智力 828-2
種種事莊嚴 771-2-21
種種諸惡趣 828-3
種種勝解智力 828-3
種德 836-1
種熟脫 828-2
種識 824-1
種覺 820-3
領納 1795-1
領解 1793-2
領解文 1793-2
精明 791-2
精舍 780-2
精室 774-1
精神 783-1
精眞 778-3
精氣 767-1
精進 594-2, 782-3
精進力 783-2
精進弓 783-1
精進心 917-1-23
精進日 783-2
精進信 783-2
精進根 783-1
精進物 783-2
精進鎧 783-1
精進十利 955-1
精進方便 916-1-30
精進無減 783-2, 1697-1
精進覺支 728-2-15
精進如意足 783-2
精進波羅蜜 783-2
430-3-9
精進波羅蜜菩薩 783-2
精媚鬼 791-2
精義者 768-1
精魂 770-2
精識 774-1
精盧 794-3
精靈 793-3
精靈棚 794-2
蜱肆經 1461-2
蜱羅尸 1499-1
練根 1816-3
練磨 1817-2
練禪 1817-1
線香 1038-2
線索 1039-3
綱の一目 39-2
綱界 1643-2
綱 173-2
綱中 179-3
綱位 183-1
綱所 178-1
綱所の印鎰 178-1
綱格 174-1
綱務 181-2
綱掌 177-2
綱維 182-2
維口食 1763-3
維那 1766-3, 1858-3
維耶 1487-1-30
維耶離 1487-1-30, 1767-2
維祇難 1763-3
維婆蟲 1766-3
維越 1767-3
維員𢻻意逆即是順 1767-2
維摩 1766-3
維摩詰 1766-3-13
維摩會 1767-2
維摩經 1767-1
維摩丈室 1767-1
維摩詰經 1767-1
維摩羅詰 1766-3-12, 1767-1
維摩經達 1767-1
維摩經十喩 1476-3
維摩經不二 1767-1
維摩經供養 1767-1
維摩詰所説經 1767-1
維摩詰子所問經 1767-1
維摩金粟如來後身 1766-3
維樓黎王 1501-1-28, 1808-3-11
維衛 1491-1-8
維衛佛 1767-2
緇田 748-3
緇衣 685-2
緇林 858-2
緇門 764-1
緇徒 748-3
緇流 858-3
緇素 723-3
綺語 238-3
綴の袖 1235-2
蒟摩 1005-3
餅中無水 1575-2
餅沙 1504-2-30, 1569-1-11, 1574-3-23
餅體無實 1575-2
誡門 171-2
誡罰 170-1
誡勸 161-1
語言音聲欲 1843-3-8
語表業 567-2
語密 573-2
語梵 569-1
語善 737-2-7, 737-2-17
語等 555-2
語菩薩 569-1
語無表語 574-1
語業 526-1
語輪境界 576-1
語燈錄 535-3
語錄 577-1
語露 577-1
認名認體異 1318-3-9
認賊爲子 1366-1
誦 981-1
誦文法師 990-2
誦戒本 981-2
誦咒 985-3
誦律 990-2
誦經 982-3, 1009-2
誦經物 983-1
誦經鐘 983-1
誦經法師 535-3-13
誦籌 984-2
說一切智 65-1
說一切智願 1029-3
說一切有部 1029-3
說不可思議品 1033-2
說示 1031-3
說四依 684-3
說四衆過戒 925-3-16
說出世部 1032-1
說出苦道無所畏 1032-1
說因部 1029-3
說戒 1029-3
說戒日 1030-1
說戒師 1030-1
說戒犍度 424-1-4
說法 1033-2
說法印 1033-3
說法妙 1034-1
說法品 1033-3
說法瑞 1033-3, 1834-2-25
說法三軌 1033-2
說法五德 1033-2
說法神變 1002-3-8
說法明眼論 1033-3
說所得利以動人心 541-2-27
說我得佛 1030-2
說度部 1033-1

說誑誕譏踊輕疑銀銅甄鞢飾歌馱駁對塌雉熏碣銘厩閤際圖裴瑤據摑摸膏裳嘍嗽截慇叡臺寢漆榜敲齊墓箇慓箜裹瞎鼯煎斯蜫睿慧賣熱賢雁震

說是語時無量壽佛住立空中 1032-3
說矩里迦龍王像法 1030-3
說通 1032-3
說淨 1032-1
說欲 1034-1
說規矩 1030-2
說教 1030-3
說教祭文 1030-3
說假部 1030-3
說假部鼻祖迦旃延 192-2
說道 1030-3
說道沙門 811-2-28
說經 1030-2
說經師 1030-3
說無垢稱經 1034-1
說罪 1031-2, 1138-3-9
說罪要行法 1031-3
說盡苦道無所畏 1032-2
762-1-23, 1722-1-13
說障道無所畏 762-1-21
1031-3, 1032-1
說默 1034-1
說轉部 1033-1
說聽 1032-3
誑 736-1-26, 1848-2
誑習因 91-2-26
誕生佛 1120-1
誕生會 1120-1
誕生賀 1119-3
誕生偈 1119-3
譏那婆底 230-3
譏那鉢底 230-3
譏嚕拏 213-1-28, 233-2
踊念佛 1893-3
輕手 252-3
輕安 248-2, 735-1-26
輕安覺支 728-2-17
輕重儀 251-3
輕侮覺 1400-2-12
輕捷 1754-1-2
輕慢 252-3
輕觸 1408-2-16
疑 260-3, 736-2-10
疑心 1830-1-4
疑見 262-1, 408-1-16
403-1-20, 524-1-24
疑刺 262-3
疑使 262-3
疑城胎宮 263-3
疑是解津 261-1
疑悔 262-1
疑根 262-2
疑執 262-3
疑結 262-1
疑惑 274-3
疑煩惱 1638-2-23
疑蓋 261-2
疑蓋無雜 261-2
疑網 266-2
疑續善 261-1
銀地 275-3
銀地道場 275-3
銀色女經 275-2
銀堂 275-2
銀椀裏盛雪 275-3
銀閣寺 275-2
銀輪王 275-3, 583-2
銅鉢 1283-2
銅鼓 1282-1
銅鈸 1283-2
銅輪王 1284-3, 1844-3-25
銅鍱部 1283-2
銅鑼 1284-3
甄正論 413-3
甄叔迦 414-1
甄陀 419-3
甄迦羅 409-1
甄迦羅女 409-2
甄陀羅女歌聲 260-1
鞢師迦 1655-2 1665-2-16
鞢喋沙迦 1665-2
飾宗記 850-1
飾宗義記 850-1
歌 107-1
歌王 214-1
歌天 199-3
歌比丘尼 107-1
歌利王害忍辱仙 209-2
歌念佛 107-1
歌唄 202-3
歌偈 188-1
歌詠 183-1
歌詠心 1830-2-10
歌菩薩 1401-3-11
歌頌 189-3
歌嘆 193-2
歌說經 107-1
歌舞人 204-3
歌舞菩薩 204-3
歌舞三摩地 204-3
歌聲 189-1
歌羅邏 199-1-13, 208-3
歌羅頻伽 212-1-7
馱 1122-1
馱那演那 1181-1
馱迦 208-3-27
馱南 1181-1
馱衍那 1177-2
馱索迦 1178-3
馱婆 1696-3-19
馱都 1097-2-9, 1179-1
1180-3
馱摩 1181-2
馱縛若 1181-1
駁婆訶 1091-1-10
駁皤訶 602-2, 1091-1-10
駁縛訶 602-2
對出家送喪 597-1
對在家送喪 597-2
對告衆 1097-3
對法 31-2-13, 1105-2
對法宗 1105-3
對法論 1105-3
對法藏 1105-3
對治 1104-3
對治助開 920-2-29 1105-1
對治悉檀 704-3-4, 1105-1
對治秘密 713-3-15
對受記 1104-1
對首 1103-3
對首心念法 506-2-19
對揚 1106-2
對徧中 1105-2, 1207-3-21
對機 1097-3
對緣假 699-2-15, 1097-3
對觸禮 1236-3
塌地洛迦 197-2
塌婆羅 193-3-24
塌伽毘沙拏 196-1
塌達羅 197-2
塌盤陀 197-3
塌藍婆 199-1
雉 240-3
雉救林火 240-3
熏士 1465-1-4
碣斗 402-3
銘文 1725-2
厩戶皇子 118-3
閤主 185-2
際史吒 585-3
圖寺 1276-3
裴佛略 1467-2
瑤花 130-2
瑤法 721-3-3
摑裂 187-1
摸象 1739-2
膏明 181-2
裳附 1740-1
嘍栗 1808-3
嗽卑 1089-3
截雨呪 1029-3
慇重修 710-1-3
叡柯羅摩訶秩多 1459-1
臺座 1136-2
寢堂 877-2
漆桶 747-2
榜排手 1443-2
敲鉦 1112-2
齊領 1793-2-6
墓參 1393-1
箇箇圓常道 464-2
慓幟 1535-2
箜篌 290-2
裹頭 334-2
瞎縛 901-3
鼯膳那 1577-3-28
煎點 1046-3
斯禪 721-2, 744-2
蜫蟲作佛 502-1
睿好 128-2

〔十五畫〕

慧 567-1-21, 735-1-18
1657-3-7, 1860-2
慧力 1866-3
慧上菩薩問大善權經 1864-3
慧水 1864-3
慧日 1865-3
慧日尊 1866-1
慧月 1862-2
慧幻 1862-3
慧心 517-1-24, 1864-1
慧心奇特 244-3-28
慧日寺儀軌 1865-3
慧可 1860-3
慧目 1866-2
慧の矢 1860-2
慧光 1862-1
慧光童子 1538-2-28
慧光房流 1862-2
慧印 1860-2
慧印三昧 1860-2
慧印三昧經 1860-2
慧向心 1861-2
慧利 1866-3
慧見 1862-2
慧足 1865-2
慧身 1864-1
慧忍 1363-3-30
慧沼 1865-1
慧門 1344-3-27, 1866-2
慧門十六尊 1866-3
慧命 1866-3
慧果 1862-1
慧炬 1862-3
慧炬三昧 1862-3
慧亮 1866-3
慧苑音義 153-3, 1867-2
慧度の三行 930-1-18
慧施 1864-3
慧苑 1867-2
慧毒門 1865-3
慧洪 1861-2
慧流 1867-1
慧海 1860-3
慧能 1866-1
慧根 1863-1
慧眼 524-2-15, 524-2-19
1862-3
慧眼力 668-2-6
慧琳 1866-3
慧琳音義 1867-1
慧雲 1860-3
慧喜菩薩 1538-3-5
慧無減 1866-2
慧解 1862-2
慧解脫 437-2-10
437-2-22, 1314-1-15
1314-1-18, 1775-3-1
1775-3-9, 1862-2
慧解脫羅漢 1775-1-18
1775-1-25
慧業 1860-3
慧義 1862-1
慧遠 1867-1, 1867-2
慧壽 1864-3
慧數 1864-1
慧發 1866-2
慧德處 749-2-9
慧燈 1865-2
慧燈王 1865-3
慧燈大師 1865-2
慧縛 1866-2
慧學 1861-3
慧劍 1862-2
慧壇二流 1865-2
慧燭 1864-1
慧藏 1863-2
慧鏡 1862-1
賣弄 1442-3
賣峭 1441-3
賣僧 1643-1
熱病 307-2-30
熱時炎 1370-3
熱惱 1370-2
熱鐵地獄 1870-3
賢 408-2
賢人 424-3
賢士 413-1
賢豆 424-2
賢劫 411-2
賢劫經 412-2
賢劫の千佛 411-3
賢劫十六尊 412-2
賢劫十六菩薩 412-2
賢劫千佛名經 412-2
賢明 426-3
賢首 418-1, 413-3, 446-3
賢首宗 446-3
賢首經 418-1
賢首十宗 818-2
賢者 416-3
賢者五福德經 417-3
賢胄部 422-3
賢瓶 425-1
賢瓶宮 425-1
賢現普賢 1518-1-19
賢善 418-2
賢愚經 410-1
賢愚因緣經 410-1
賢勝優婆夷 414-1
賢聖 417-1
賢聖名字品 417-3
賢鈎天 410-2
賢憬 410-1
賢護 410-3
賢護經 411-2
雁王 235-1
雁門 235-1
震旦 877-2
震旦三聖 622-3

震多末尼 877-2
震動 87-82
震越 886-1
震嶺 885-1
憂火 101-3
憂世 101-2
憂陀伽 108-3
憂陀那 108-1
憂陀羅經 108-2
憂陀伽娑羅栴檀 108-1
憂受 106-2, 541-3-2
憂承伽摩 105-2
憂海 100-1
憂畢叉 117-2
憂婆咧馱夜 117-2
憂獄 102-2
墮在 1178-3
墮舍迦 1178-3
墮法處色 1181-2
墮負 1181-2
墮喜淨法 1447-3-29
墮獄 102-2
墮薪 1178-3
墮羅鉢底 1183-1
蓮 1408-1
蓮子 1816-3
蓮池 126-2-27
蓮邦 1817-2
蓮貝 1817 2
蓮宗 1816-3
蓮宗寶鑑 1816-3
蓮社 1498-2-18, 1816-3
蓮門 1817-2
蓮刹 1817-1
蓮臥觀音 1811-3
蓮胎 1817-1
蓮宮 1811-3
蓮座 1816-3
蓮師 1816-3
蓮祐 1811-3
蓮理 1817-3
蓮偈 1812-3
蓮眼 1816-2
蓮華 1811-3
蓮華子 1814-1
蓮華女 1814-2, 1814-2-29
蓮華心 1814-2
蓮華王 1816-1
蓮華印 1812-3
蓮華衣 1812-3
蓮華坐 1813-3
蓮華拳 1813-2
蓮華部 1816-1
蓮華眼 1813-2
蓮華門 1815-1
蓮華服 1815-2
蓮華峯 1815-3
蓮華會 1816-1
蓮華尊 1814-2
蓮華國 1813-2
蓮華偈 1813-2
蓮華智 1814-2
蓮華語 1813-2
蓮華漏 1816-1
蓮華輪 1817-3
蓮華臺 1814-2
蓮華鐶 1814-2
蓮華觀 1813-2
蓮華三喩 1812-1, 1815-1
蓮華三昧 1813-2
蓮華夫人 1815-2
蓮華王院 1816-2
蓮華太子 1814-2
蓮華合掌 1812-3
蓮華手門 1814-1
蓮華色女 1815-1
1814-2-28
蓮華色尼 1814-1
1814-2-27
蓮華念誦 1379-2-18
1815-1
蓮華言音 1813-2
蓮華面經 1816-1
蓮華胎藏 1814-2
蓮華勝會 1814-1
蓮華藏印 1814-1
蓮華眼經 1813-2
蓮華部母 1815-3
蓮華婬女 1814-2-28
蓮華臺印 1814-2
蓮華三昧經 1813-3
蓮華手菩薩 1814-1
蓮華初開樂 1814-1
蓮華部心軌 1815-2
蓮華部定印 1815-2
蓮華部通法 1815-2
蓮華部儀軌 1815-1
蓮華軍荼利 1813-2
蓮華藏世界 1814-1
蓮華曼陀羅 1816-1
蓮華部念誦法 1815-3
蓮華部三昧耶 1815-2
蓮華部三昧耶印 942-2-10
蓮華部心念誦軌儀 1815-2
蓮華曼拏羅滅罪陀羅尼經 1816-1
蓮華婬女見化人得悟 1814-3
蓮華婬女抉雨眼授與婆羅門 1814-3
蓮臺 1817-1
蓮臺寺 1817-1
蓮臺野 1817-1
蓮臺僧正 1817-1
蓮漏 1817-2
蓮藏 1816-2
慕何 1626-1-13
慕捺囉 1633-1, 1739-3-30
慕魂經 1626-2
慕歸繪詞 1626-1
慕攞健陀俱胝 1633-2
慕攞薩婆悉底婆拕尼迦耶 1633-2
蔡 584-1
蔡華 584-3
熟調伏 1826-2-22
熟調伏印 1826-2-25
熟酥味 983-1
熟酥經 983-1
廣大 223-2
廣大智 323-2
廣大義 457-3-10
廣大會 323-3
廣大軌 1152-1-126
廣大轉 1245-3-18
廣大儀軌 323-2
廣大智慧觀 323-2
521-1-3
廣大發願頌 323-2
廣大寶樓閣善住祕密陀羅尼經 323-2
廣大蓮花莊嚴曼拏羅滅一切罪陀羅尼經 323-2
廣文類 327-1
廣五蘊論 321-1
廣六度行 327-2
廣目天 327-1
廣弘明集 320-3
廣百論本 324-3
廣百論釋論 324-3
廣行忍辱 909-3-29
廣長舌 323-3
廣長輪相 324-1
廣果天 320-3
廣宣流布 323-1
廣度諸衆生 324-2
廣神 321-3
廣狹自在無礙門 451-2-18
廣參 321-2
廣敎 320-3
廣智 323-3
廣博 324-2
廣博身如來 324-2
廣博嚴淨經 324-2
廣博嚴淨不退轉輪經 324-2
廣疏記 321-3
廣隆寺 327-1
廣照 322-3
廣說 323-1
廣慧力 327-2
廣燈錄 324-1
廣澤流 1479-1
廣澤僧正 1479-1
廣學竪義 320-2
廣濟衆生神咒 321-2
廣嚴城 321-1
廣釋菩提心論 321-3
廣顯定意經 321-1
廟立 1575-2
廟坐 1575-2
廚子 1237-2
廚子佛 1237-2
摩奴沙 1660-3-
摩奴闍 1660-3, 1662-3-4
摩奴曬 1660-3-9
摩奴末耶 1661-1-9
摩奴沙心 1660-3
摩奴闍外道 435-1-28
摩奴跋沙柁 1661-1
摩尼 1662-1
摩尼輪 1662-2
摩尼輪王 1844-3-27
摩尼折羅 1662-2-8
摩尼跋陀 1662-2
摩尼遮羅 1662-2
摩尼跋陀羅 1662-2
1662-2-12
摩尼羅亶經 1662-2
摩由羅 1663-2
摩多 1656-1
摩多梨 1656-3
摩多羅 1656-2
摩多自他 937-2
摩多通別 937-2
摩多羅迦 1656-3
1657-2-14
摩夷 1643-1, 1657-2-14
摩因提 1714-3-8
摩休勒 1653-3
摩地菩提心 1631-3-15
摩利 1664-2, 1658-3-15
摩利支 1664-3
摩利迦 1664-2
摩利支天 1664-3-3
摩利伽羅 1664-2
摩利室羅 1665-1
1665-2
摩利伽羅耶 1664-3
摩利支天經 1665-2
摩利支菩薩 1664-3-4
摩利支提婆 1664-3-4
1665-1
摩利支提婆經 1665-1
摩利支天一印法 1665-2
摩利支提婆華鬘經 1165-1
摩利支菩薩略念誦法 1665-2
摩利支天陀羅尼咒經 1665-2
摩利支天菩薩陀羅尼經 1665-2
摩那埵 1661-2-24, 1661-3
摩那埰 1661-3
摩那斯 1661-1
摩那婆 1661-3
摩那稚 1661-2-24, 1661-3
摩那屎羅 1661-2
摩那蘇婆帝 1661-1-25
1661-2
摩伽 1652-3
摩伽羅 1648-3-26
1652-3-17, 1653-1
摩伽陀 1653-1
摩伽陀國 1849-1-12
摩男 1662-1
摩男俱利 559-3-21
摩努娑 1660-3-9
摩努史也 1660-3-10
摩努沙喃地囉 1660-3
摩沙 1655-3-5
摩沙豆粥 207-1-6
摩佉 1653-1-28
摩佉麼洗 1653-2
摩低梨迦 1658-1-7
摩陀那 1657-1-23
摩陀羅 1657-1-64, 1657-2
摩陀羅論師 434-3-13
摩怛里 1657-2
摩怛理迦 1657-2
摩怛履迦 1657-2-13
摩怛理伽羅摩 1657-2
摩怛理伽眞言 1657-2
摩呼洛伽 1654-3
1655-2-16
摩呼荼迦 1654-3
摩咀 1653-1
摩咀陀 4-3-8, 1656-1
摩河 1739-2
摩虎羅 1654-3
摩侄梨迦 1657-2-14
摩底僧訶 1657-3
摩迦 1645-2
摩迦羅 1648-3-26
摩拏枚 1661-2
摩拏產捺囉 1661-1
摩耶經 1663-2
摩耶尼 1663-2
摩耶夫人 1651-1-28
摩耶夫人五夢 1761-1
摩祇 1653-2
摩度 1090-1-23, 1657-3-15
摩迦吒 1648-2
摩刺摩 1664-1
摩突羅 1657-3-15, 1660-2
摩咥哩制吒 1658-3
摩訶迦葉波 1645-3-18
摩㝹 1660-3-10, 1662-2
摩㝹沙 1660-3-9
1662-3
摩㝹奢 1660-3-9
摩㝹賒 1660-3-9
摩㝹摩 1661-1
摩㝹舍喃 1660-3-10
摩㝹羅他 1661-1
摩納 1661-3
摩納仙 1662-1
摩納婆 1661-3-12
摩納縛 1662-1
摩納縛迦 1662-1
摩納婆外道 435-1-29
摩納婆囊迦 1661-3-12
摩娑 1655-3
摩娑羅伽隸 1656-1
摩蚳 1653-2-14
摩祛 1653-1
摩拏枚 1660-3-10
摩旃陀 1656-1

摩蛇 1653-2-14, 1656-1
摩頂 1657-3
摩頂松 1657-3
摩婁伽 1666-1-8
摩莫枳 1663-1-20, 22
摩偸羅 1657-3, 1661-1-15
摩婆羅 1662-3
摩婆婆迦 1661-3-12
摩室里迦 1658-1
摩得勒伽 1657-2-14
1660-2
摩梨 1664-2
摩梨支 1664-3-3
摩梨尼 1665-2
摩訶 1645-1
摩訶魚 1647-3
摩訶男 1649-3
摩訶酟 1648-1
摩訶羅 1652-2
摩訶薩 1647-2
摩訶衍 1645-2
摩註槃 1649-3
摩訶止觀 1647-3
摩訶尼經 1649-3
摩訶伐那 1652-2
摩訶至那 1648-1
摩訶夜泥 1650-2
摩訶沫麗 1651-2
摩訶刹頭 1648-1
摩訶部社 1650-3
摩訶斯那 1648-1
摩訶棱伽 1652-3
摩訶提婆 1648-3
摩訶者利 1647-1
摩訶僧祇 1648-1
摩訶彌樓 1651-2
摩訶羅伽 1652-3
摩訶薩埵 1647-2
摩訶羅闍 1652-3
摩訶婆那 1650-2-17
摩訶婆伽 1650-2
摩訶迦葉 922-3-8, 1645-3
摩訶迦羅 1647-1
摩訶耶那 1652-2-10
摩訶那鉢 1649-2
摩訶那摩 1649-2
摩訶那伽 1649-2
摩訶摩耶 1651-1
摩訶衍化 1645-2
摩訶衍那 1645-3
1645-2-19
摩訶衍經 1645-2
摩訶衍論 1645-3
摩訶衍藏 674-1-16
1645-3
摩訶般若 1438-2-7
1650-1
摩訶三末多 1647-3
摩訶止觀業 1647-3
摩訶沙利婆 1648-1
摩訶因陀羅 1645-2
摩訶半託迦 1650-1
摩訶母陀羅 1651-1
摩訶目犍連 1651-2
摩訶劫賓那 1647-2
摩訶剎頭經 1648-1
摩訶构絺羅 1647-2
摩訶諾伽那 1648-3
摩訶僧祇律 1648-1
摩訶陳那伽 1648-3
摩訶憍曇彌 1647-2
摩訶盧瑟拏 1652-3
摩訶鉢羅枳穰播陀弭諦 1649-3
摩訶鉢特摩 1649-3
摩訶迦旃延 1647-1
摩訶迦樓那 1647-1
摩訶摩耶羅 1651-1
摩訶摩瑜梨 161-2
摩訶毘佛略 1650-2
摩訶妹咀履也 1651-1
摩訶沒特迦羅 1651-2-23
1652-2
摩訶波闍波提 6-3-27
1649-3
摩訶俱瑟耻羅 1647-2-2
摩訶質帝薩埵 1647-3
摩訶迦多衍那 1647-1
摩訶耶那提婆 1652-2
摩訶衍僧曼藍 1645-3
摩訶曼陀羅華 1651-2
摩訶曼珠沙華 1651-2
摩訶般若心經 1650-1
摩訶般涅槃那 1650-1
摩訶毘盧遮那 1650-3
摩訶袒特陀羅尼 1648-3
摩訶三摩曷羅闍 1647-2
摩訶僧那僧涅陀 1648-2
摩訶鉢刺闍鉢底
1649-3-8
摩訶菩提僧伽藍 1650-3
摩訶般若波羅蜜 1650-1
摩訶毘佛略勃陀 1650-2
摩訶薩埵以身施虎 1647-2
摩訶迦葉度貧母經 1647-1
摩訶菩提質帝薩埵
1626-2-14
摩訶般若波羅蜜經 1650-1
摩訶般若波羅蜜多 1650-2
摩訶止觀輔行傳弘決 1647-3
摩訶般若波羅蜜經釋論 1650-2
摩訶薩羅悉知婆底提婆仳 1647-2
摩訶般若波羅蜜大明咒經 1650-2
摩訶吠室囉末那野提婆喝囉闍 1650-3
摩訶毘佛略勃陀健拏驃訶修多羅 1650-2
摩訶吠室那末那野提婆喝囉闍陀羅尼儀軌 1650-3
摩登 1659-3
摩登伽 1659-3-5
摩登伽女 1659-3
摩登伽經 1659-3
摩登祇咒 1660-1-3
摩登伽阿蘭若 1659-3
摩庾 1663-2-30
摩提 1657-3-7
摩愉 1657-3
摩斯吒 1655-2
摩裕羅 1663-2-30
摩揭梨 1652-3
摩賀三漫多跋捺羅 1647-3
摩達 1657-1
摩達那 1657-1-23
摩達國王經 1657-1
摩犍提 1654-2
摩竭 1648-3
摩竭陀 1648-2
摩竭宮 1649-2
摩竭魚 1652-3-17
摩竭提 1648-3
摩竭賓 1653-2
摩竭掩室 1649-1
摩鄧女 1660-2
摩鄧祇 1659-3-6, 1660-2
摩鄧伽 1659-3
摩鄧女經 1660-2
摩鄧祇咒 1660-2
摩鄧伽咒 1660-1
摩鄧伽神 1659-3
摩鄧女解形中六事經 1660-2
摩摩帝 1663-2
摩摩詰 1767-1
摩睺勒 1655-2
摩睺羅 1655-2
摩睺羅伽 1654-3-30
1655-2
摩樓 1666-1
摩樓迦 1666-1-8
摩黎 1665-3
摩魯迦 1666-1
摩頭 1659-2
摩燈伽 1120-2-7
1659-3-5
摩賴耶 1664-1
摩頭鳩羅 1660-2
摩頭羅瑟質 1660-2
摩離 1660-2
摩離他羅 1664-2
摩蹬伽林 1660-2
摩蹬伽仙人 1660-1
摩羅 1642-2-15, 1663-3
摩羅延 1663-3, 1664-1-21
摩羅提 1664-1
摩羅耶 1664-1
摩羅耶山 1664-1-30
摩羅伽陀 1664-1
摩羅呵羅 1663-3
摩羅祁梨 1664-1
摩羅毘闍那 1664-1
摩醯 1645-1-29
1653-2-14, 1653-3
摩醯首羅 1654-1-1
1654-1-5, 1654-2
摩醯因陀羅 1645-2-17
1654-1
摩醯奢達多 1654-2
摩醯奢娑迦 1654-2
摩醯濕伐羅 1654-1
1654-1-5, 1654-2
摩醯邏矩羅 1654-2
摩醯首羅論師 434-3-18
1654-2
摩醯首羅頂生天女法 1654-2
摩醯首羅說法阿尾奢法 1654-2
摩醯首羅大自在天王神通化生伎藝天女念誦法 1654-2
摩觸 1656-1
摩觸戒 1426-3-14
摩騰 1656-2
摩護羅識 1654-3-30
1655-2-15
慶友尊者 248-3
慶喜 249-3
慶導師 251-3
慶懺 250-2
慶讃 250-2, 372 1
慶讃小經 250-2
廢三顯一 1385-3
廢立 1386-3
廢佛棄釋 1386-3
廢前教 1386-1
廢師自立 1385-3
廢迹顯本 426-1-13
1385-3
廢惡修善 1385-2
廢詮談旨 1386-1
廢權立實 1385-3
瘡 590-3
瘡門 598-2
蒼龍窟 598-2
實 436-1-16
實の極微 518-1-21
實大乘教 900-1
實叉難陀 900-1
實化 898-2
實化二身 1321-3
實本 900-2
實有 898-1
實色身 692-3-3, 900-1
實我 898-1
實空 898-2
實性 900-1
實其父 898-3
實相 898-3, 1601-3-28
1605-1-11
實相印 899-1
實相花 899-2
實相門 899-3
實相風 899-2
實相身 899-2, 1321-3-7
實相義 899-2
實相慧 900-1
實相觀 899-2
實相三昧 899-2
實相法界 899-3
實相法身 899-3
1605-3-25, 1606-3-15
實相普賢 1518-1-17
實相經典 899-1
實相爲物 1321-3
實相念佛 899-2, 1380-3-4
實相智身 899-2
實相眞如 899-2, 879-3-20
實相無相 899-3
實相平等禮 733-2-30
實相般若 899-3, 1437-3-20
實相般若經 899-3
實相無漏大海 899-3
實相般若波羅蜜經 899-3
實者 900-1
實教 898-2, 1313-1-11
實眼 898-2
實唱 900-1
實智 900-1, 1331-3 10
實智菩提 900-1
實智無緣 900-2
實報土 47-3-28, 900-2
實報寂光 900-2
實報無礙凝土 462-3
749-3-27, 900-2
實經 898-1, 988-1
實義 898-2
實業 898-3
實道 900-1
實際 880-2-15, 898-3
實際海 898-3
實際回向 1861-1-18
實際理地 898-3
實語 898-2
實德處 749-2-10, 900-2
實諦 900-1
實諦甚深 900-1
實願 898-2
實證諸法 909-3-27
寬永寺 337-1
寬印 337-1
寬空 342-2
寬朝 346-3
寮元 1811-1
寮主 1811-1
寮長 1811-1
寮首座 1811-1-22
寫一切經 63-3
寫瓶 809-1
寫照 805-3
寫經 799-3
寫嶽灌頂 499-2

窩氈 806-3
窮子 72-3-8, 357-2
窮生死蘊 357-1
窮鼻尼 307-2
窮露 362-3
褒沙陀 1521-1-21
褒灑陀 1583-1
齒木 762-3, 1120-2-14
齒印 683-1
髮長 205-2
髮塔 1589-3
髮論 1590-1
髮閣羅 1445-2-22
閱叉 1754-1-1
閱頭檀 133-1
閱藏知律 133-1
墨印 1626-1
墨染 1005-3
墨の衣 1005-3
墨竭提 1626-1
罷參 1461-1
罷參齋 1461-1
罷講 1458-3
罷講齋 1458-3
弊耶迦羅 1569-2
弊欲 1569-2
弊宿 1569-1
弊魔試目連經 1569-2
箭喩經 1069-1
箭道 1063-3
箭過新羅 1057-3
篇目 1574-2
篇聚 1479-3, 1573-2
黎昌 1785-3-6
黎呫毘 1810-1
黎耶 1810-1
慾金剛 558-2-13
慾愛住地 553-1-6
樂 1777-2
樂土 1777-3
樂行 1777-3
樂如漏盡願 1777-3
樂邦 1777-3
樂邦文類 1777-3
樂果 1777-1
樂法 429-3, 1828-1-16
樂受 541-3-7, 637-2-30
樂空 1777-2
樂波羅蜜 1777-3
樂音 226-3
樂音乾闥婆 226-3
樂施 429-2
樂根 1777-1
樂修 1777-2
樂神 227-1
樂欲 429-3
樂速通行 1232-3-7
樂乾闥婆 226-3
樂著 1777-3
樂說 429-2, 1777-2
樂說辯才 429-2
樂說無礙 761-1-12
樂說無礙智 429-2
無說無礙辯 429-2
樂德 749-1-14
樂遲通行 1232-3-3
樂顚倒 1254-1-25
樂變化天 1777-3
質多 144-3-26, 744-2
質多迦 744-3
質多耶 745-1
質多羅 743-1
質多翳迦阿羯羅多 744-3
質直 747-2
質底 747-1
質咀羅 745-1
質咀羅婆拏 745-1
質帝 747-2
盤石劫 34-1-28, 1457-2
盤茶味 1437-1, 1854-2-13
盤袱 1440-3
適化 1203-3
適莫 1204-1
遮文荼 811-3
遮末邏 809-3
遮吒迦 806-1
遮那 807-2
遮那咒 807-2
遮那業 1793-2-28
遮那止觀 807-2
遮那教主 807-2
遮那圓頓 807-3
遮那果滿 807-2
遮那果德 807-2
遮那業相承 807-2
遮戒 158-3-11, 795-3
遮努羅 807-1
遮性 805-1
遮制 805-3
遮迦和 799-2
遮迦越羅 799-2
遮高本下 800-2
遮情 805-3
遮情門 1343-2-30
遮梨夜 815-3
遮惡 764-1
遮詮 805-3, 1328-3-25
遮詮表 1318-3-2
遮詮門 1343-2-28
遮罪 805-1, 1316-1-5
遮照 805-3
遮犍度 424-1-22, 804-3
遮遣 804-3
遮摩那 809-3
遮閱那 795-3
遮遺 816-2
遮盧鄔波遮盧 816-1
遮斷 806-3
遮難 807-3
遮魔 809-2
趣 817-1
趣寂 828-2
趣果無間 574-1-8
1696-2-5
億 148-1
億法明門 148-3
儀式 262-3
儀同三司 265-2
儀軌 261-2
儀軌傳受 261-3
增一阿含經 1093-3
增上 1094-1
增上生 530-3-5
增上心 1094-1
增上寺 1094-2
增上果 1094-1
增上緣 686-1-12, 1094-1
增上慢 1094-2, 1666-2-7
增上心學 1094-2
增上戒學 1094-1
增上慧學 1094-2
增上慢法界 1593-1-25
增上慢聲聞 1094-2
增上心殊勝殊勝語 915-3-4
增上戒殊勝殊勝語 915-3-2
增上慧殊勝殊勝語 915-3-6
增加句 1094-1
增劫 1094-1
增戒學 1093-3
增長 1094-3
增長天 1094-3
增長廣目 1094-3
增命 1095-1
增益 1095-1
增益法 244-2-26, 569-3-20, 712-3-22
增益邊 1341-3-7
增息 1094-2
增賀 1094-1
增悲 1095-1
增進佛道樂 1094-1
增道損生 1094-2
增慧經 1095-1
增慧陀羅尼經 1095-1
撰三藏及雜藏經 1039-3
撰號 1038-3
播尼 1424-2
播般曩結使波 1424-3
播捨 1396-1
播磨 1425-2
播輸鉢多 1396-1
撥非 1422-3
撥郞撥賴 1422-3
撥草參玄 1422-1
撥草瞻風 1422-1
撥無 1422-3
撥無因果 1422-3
撥遣 1421-3
撥遣釋迦 1422-1
彈多 1120-2-1
彈多落迦 1120-2
彈多抳惡擬 1120-2
彈宅迦 1120-2
彈宅迦林 1120-2
彈指 1004-1-20, 1184-2
彈指頃 1184-3
隣近釋 1804-1
隣阿迦色 10-3, 1803-3
隣珍 1805-3
隣單 1805-3
隣智 1805-3
隣虛 1803-3
險虛塵 1803-3-24
隣極 1804-1
隣圓 1806-2
澄什 1201-2
澄觀 1199-3
潤生 1365-2
潤生業 1365-2
潤業 1365-1
潙山[ｲｻﾞ] 52-3, 1855-3
潙山摘茶 1856-1
潙山業識 1856-1
潙山侍立百丈 1856-1
潙仰宗[ｲｷﾞｮｳｼｭｳ] 50-2
嘝里 199-2
嘝里雞舍 199-2
幢 1281-3
幢相 1221-1
幢幡 1283-2
幡 1397-2
幡蓋 1457-1
憍 374-2, 536-1-28
憍尸 178-3-14, 376-2
憍尸迦 376-3
憍坑 374-3
憍拉婆 380-1
憍矩胝 375-2
憍梵 379-1
憍梵波提 379-1
憍梵波提常在天上 379-1
憍梵波提入水定涅槃 379-2
憍陳如 378-2, 559-3-20
憍陳那 378-1
憍奢耶 178-3-14, 376-3
憍睒彌 377-2
憍都裼羅 378-2
憍慢 379-3
憍曇彌 378-2
憍曇彌育佛 378-2
憍曇彌授記 378-3
憍曇彌比尼丘始 378-3
憍薩羅 376-2
德士 1274-1
德叉迦 1274-2
德叉尸羅 3-2-2
德山 1273-3
德山托鉢 1273-3
德尸羅 1274-3
德尸羅城餓鬼 226-1
德天 1275-1
德王觀音 1276-1
德本 1275-3
德田 1275-1
德生 1274-2
德母 1276-1
德行 1273-1
德行品 1273-1
德風 1275-3
德香 1273-1
德瓶 1275-2
德海 1272-3
德華 412-1-5
德餅喩 1275-3
德無垢女經 1276-1
德號 1273-1
德慧 923-1-6
德護 1273-2
德護長者經 1273-2
徹心明 1243-1
徹見十方願 1242-3
衛世師 1864-3
衛世師計六句生 436-1-11
標月 1469-3
標領 1470-1
標幟 1470-1
槽廠 594-1
樓 1217-1-5
樓由 1808-1
樓由佛 1807-1-13
樓至 1845-3
樓至佛 412-1-1, 1807-1
樓夷亘羅佛 1806-3
樓佉 1806-3
樓陀 1807-2
樓陀羅 1808-1
樓毘 199-1, 1783-1-20
1808-1
樓炭 1818-2
樓炭經 1818-2
樓閣正法甘露鼓經 1818-1
樓黎 1808-3
樓黎王 1501-1-28
1808-3-11
瞋 861-2, 736-2-8
瞋火 865-2
瞋心 873-3, 1829-3-29
瞋心不受悔戒 925-3-17
瞋斗呞地 878-2
瞋毒 651-3-2, 878-3
瞋病 881-3
瞋恚 885-3, 1841-2-27
瞋恚火 885-3
瞋恚心 885-3
瞋恚使 885-3
瞋恚尸利 885-3
瞋恚身縛 752-3-28
瞋習因 91-2-21, 872-2
瞋想 871-2
瞋業道 867-3
瞋煩惱 883-1, 1638-2-18
瞋縛 881-3
瞋覺 863-1, 1400-2-7
瞎者護餘一目 85-1
瞎屢生 199-2

十五畫

瞎驢 199-3
稻荷 87-3
稻荷祭 87-3
稻麻竹葦 1108-2
稻稗經 1108-1
稻稈經 1106-3
稻蓉喩經 1106-3
羯布羅 197-3
羯句村那 196-1
羯句摛劍龍 196-1
羯地羅 197-2
羯朱嗢祇羅 196-2
羯吒斯 197-1
羯吒布坦那 197-1
羯利 199-2
羯利沙鉢那 199-2
210-1-30
羯利沙鉢拏 210-2-1
羯吡 197-3
羯剌藍 99-1-13
羯毘伽羅 197-3, 212-1-8
羯若鞠闍 197-3
羯洛迦孫馱 198-3
羯恥那 197-2
羯恥羅 197-2, 197-2-8
羯栗底迦 199-2
羯荼 197-2-1
羯陵伽 199-1, 212-1-8
羯陵伽林 199-2
羯專鉢失遮蔗底迦 197-1
羯脾伽羅 212-1-9
羯絺那 197-2
羯瑟那自那 196-2
羯摩師 507-1
羯播死迦 732-1-3
羯磨 82-3-2, 506-1
507-1-10, 197-3
羯磨師 622-1-4
羯磨印 198-3
羯磨身 198-1
羯磨部 198-2, 476-2-15
羯磨會 198-1
羯磨疏 507-1
羯磨僧 507-1
羯磨輪 858-3-6
羯磨橛 198-3
羯磨羅 198-3
羯磨文釋 507-2
羯磨戒師 507-1
羯磨金剛 198-2
羯磨陀那 198-3
羯磨伽羅 212-1-1
羯磨阿闍梨 507-1
羯磨曼陀羅 198-1
羯磨曼荼羅 1670-1-30
羯隨 197-1
羯諾迦牟尼 197-2
羯餕伽國 199-2
羯霜那 196-1
羯鞞迦羅 212-1-9
羯濕弭羅 188-3-7, 196-2
羯闍尸利沙 196-3
羯藍 199-1
羯雞都 196-1
羯羅那 198-3
羯羅訶 255-1
羯羅藍 199-1-13
羯羅頻伽 199-1, 212-1
羯羅拏蘇伐剌那 158-3
羯嬾馱迦 199-1
羯臘婆 199-1
213-1-7
羯蘭馱迦 208-3 26
羯蘭鐸迦 199-1, 208-3-26
羯邏藍 199-1, 199-1-13
羯邏藍識 199-1
頞多和 22-3
頞多和者 22-3
頞多和耆經 22-3
頞那 24-1
頞杜迦曼折利 24-1
頞悉多 16-3
頞哳吒 21-3
頞部曇 33-1
頞順那 21-2-11
頞溫縛拏 9-3
頞瑟吒 16-3
頞飯底 29-2-17
頞鞞 559-3-20
頞濕縛羯拏 17-1
頞濕婆庾闍 17-2
練行 1811-3
練若 1317-2
緣 135-1
緣力 144-3
緣了 145-1
緣已生 135-1
緣化 138-2
緣心 139-2
緣日 140-2
緣生 139-1
緣生偈 139-1
緣生論 139-1
緣生初勝分法本經 139-1
緣正 139-1
緣本致經 142-1
緣因 135-1, 1307-2-25
緣因佛性 1556-3-1
緣行道 138-1
緣如是 938-1-29
緣成 139-2
緣念 141-2
緣念處 627-1-3
緣事 139-2
緣事菩提 1631-2-6
緣性自性 895-2-19
緣者 139-2
緣相 138-3
緣起 136-2
緣起法 759-1-16
緣起門 1344-2-8
緣起經 137-3
緣起偈 137-3
緣起頌 138-1
緣起因分 137-3
緣起法頌 138-1
緣起善巧 921-2-21
緣起相由故 452-2-13
緣起聖道經 137-3
緣氣 136-1
緣修 1317-2-27, 139-2
緣乘 542-1-2
緣歒不生 138-3
緣務 143-3
緣理 144-3
緣現觀 442-3-10
緣理斷九 144-3
緣理菩提心 1631-2-20
緣想 138-3
緣塵 140-1
緣影 135-1
緣儀 137-3
緣緣 135-2
緣慮心 144-3, 860-2-1
緣機 136-1
緣縛斷 141-2, 626-2-28
緣熏習鏡 138-2, 694-2-14
緣覺 135-2
緣覺身 136-1
緣覺乘 136-1, 541-3-21,
542-1-8, 1326-3-22
緣覺藏 620-2-24
緣覺法界 136-1,
1592-3-21
緣覺菩提 136-1
緣覺乘教 700-1-1
緣覺乘十地 924-1-14
緣覺十二因緣院 136-1
緣觀 138-2
請僚土苴 812-1
編髮仙人 1574-2
緊池 259-2
緊那羅 259-3
緊陀羅 259-2
緊陀羅王屯崘摩 260-1
緊祝 258-3
緊祝迦 258-3
緊捺 259-3
監寺 217-1
監作[カンサ] 215-3
監院 220-2
監齋使者 215-3
緒本尊三昧耶降至
於道場印 943-2-20
請折 774-3, 873-1
請車輅印 774-3, 943-2-12
請佛住世 789-1
請來 793-2
請來錄 793-3
請雨法 790-1
請雨經 765-2
請雨經法 765-2
請客頭 767-3
請客侍者 767-3
請益 862-2
請僧 783-3
請賓頭盧 788-2
請賓頭盧法 788-2
1504-2
請藍 793-3
請觀音法 768-3
請觀音經 768-3
請觀音經疏 768-3
請觀世音菩薩消伏
毒害羅尼經 769-1
調伏 507-1-9, 1262-1
調伏行 1262-1
調伏法 244-2-27, 712-325
1241-3, 1262-2
調伏藏 1262-1
調伏羯磨 1262-1
調直定 1262-1
調度 1241-2, 1262-1
調柔善 737-2-24
調御 1260-3
調御師 1261-1
調御丈夫 906-3-6
1261-1
調婆達多 1158-3-5
調意 1260-3
調達 1158-3-6, 1261-3
調熟 1261-3
調練心作意 711-1-25
調聲 1240-3
談林 1187-1
談義 1184-1
談議 1184-1
論 1847-3
論力外道 1848-2
論用 441-3-14
論主 1348-2
論匠 1848-1
論床 1848-1
論宗 1848-1
論家 1848-1
論師 1848-1
論假 862-2
論疏 1848-2
論偈 1848-1
論部 1848-2
論註 1848-2
論場 1848-2
論鼓 1848-1
論藏 620-1-8, 620-2-12
1848-1
論議 1847-3
論議經 1848-1
輪 1803-2
輪王 1806-2
輪王蹕 1806-2
輪王七寳 741-2
輪王の四輪 858-3
輪王七寳經 1806-2
輪火 1303-3
輪字 1808-1
輪多梨華 1805-3
輪身 1805-1
輪相 1804-1
輪相闍 295-3
輪廻 1806-2
輪差 1804-1
輪座 1804-2
輪華 1803 3
輪埵 1805-3
輪袈裟 389-1, 1803-3,
1852-3
輪番 1806-1
輪塔 1805-3
輪圍山 1806-2
輪圓 1806-2
輪瑞 1805-2
輪圓具足 1669-2-29,
輪際 1804-1
輪樘 1805-3
輪壇 1805-3
輪燈 1806-1
輪臍 1804-1
輪藏 1804-3
輪轉 1806-1
輪鐵 1805-3
醉後の珠 1007-1
醉婆羅門 1008-2
醉象 1007-2
戲忘天 405-2
戲忘念天 405-2
戲論 407-2
敷華 918-2-13
敷具 1515-2
敷曼荼羅 694-1
敵者 1227-1
敵論者 1227-1
敵證 1227-1
數 817-1
數人 836-2
數行煩惱 1638-2-9
數門 839-3
數法人 837-2
數取趣 599-3
數事所滅流 742-3-16
數珠 985-3
數息門 1731-3-27
數息觀 18-1-1, 25-1-17
552-3-3, 829-2, 1827-3-14
數珠顆數 985-3
數珠功德經 986-3
數珠母珠記子 987-1
數滅無爲 839-2
數論 842-1, 1686-1-21
數論外道 842-1
數論師計冥諦生 436-1-2
數緣盡 820-2
數數死 779-3-29
數識 689-2-21
影 180-1, 904-3-20
影向 1748-3

影向衆 709-1-19
影供 128-3
影草 1749-1
影堂 129-3
影堅 1749-1
影現 1749-1
影略互顯 1750-1
影勝 1749-2
影像 1749-1
影護 1749-1
影響衆 1748-3
颰陀 1449-2
颰陀梨 1449-2
颰陀劫 1450-1
颰陀和 1450-3
颰陀和羅 1449-2-29
颰陀波羅 1450-2
颰陀劫籤 1450-1-22
颰陀神咒經 1450-2
颰陀羅跋陀 1450-3
颰陀羅波梨 1450-3
颰陀婆羅菩薩 1762-2-28
颰陀劫三昧經 1450-2
暫出還沒人 713-2-1
暫暇 680-3
麪 1018-3
圍 1574-3
墳 1234-3
槠 694-1
劒の山 1236-1
樓子 444-2
篳戸 1461-2
瑩山 129-1
魅女 1680-3, 1771-3
鋒刄增 1756-2-25
犛牛 1728-3
磁石吸鐵 896-1
磐石劫芥子劫 468-3
篙衣 1038-2
輦寺 1817-1
踞地獅子 466-3
踏床 1115-1
僻見 1570-3
諄那 994-2
劉虬所立五時敎 537-2
撫物 1297-2
餉供 769-1
墜芥 1236-1
糍果 891-2
憐念 1841-2-27
憎愛 1093-3
憧摩 1284-3
慇摩 89-1-20
逢瓮 1579-1
蔑戻車 1577-2
歎波那 1121-2
蔓陀羅 1669-2-27
稽首 1854-2-14
樞要 1004-3
膠盆子 181-2
蓽茇利 1467-2
憚哆家瑟詫 1120-2
瘧鬼 30-1-1
鞍馬寺 315-2
僵娑洛 1076-1
噇酒漢糟 1281-2
樝庵 583-3
蔫乾淨 135-2
駕御眞言 226-2
槃惡 1846-3-12
魯達羅 1846-3
寮暇 1810-3
罵意經 1724-1
駒僧正 471-2
諍論 599-1
範衛 1441-2
寤慮思 681-1-19, 885-1
膀箭急 1570-3
蝙蝠僧 1574-2
穀頭 462-2
誹謗正法 1467-2
嬉戲菩薩 1401-3-3
潔齋 398-3
澁觸 1408-2-21
瘦嶺 1762-3
蝦蟆禪 232-2
頡麗伐多 403-1
褒羅那地耶 1429-2
樊籠 1441-1

〔十六畫〕

盧至 1845-3-14
盧知心 144-3-26
盧至佛 1807-1-13
盧至長者 1806-3
盧至長者經 1807-1
盧行者 1818-1
盧伽耶 1806-3
盧志長者 1806-3-18
盧舍 1807-1
盧舍那經 1807-2
盧脂那 1807-1
盧遮 1807-2
盧遮那 1807-2-6
盧遮佛 1807-1-14
盧醯多 1845-3
盧醯多迦 1845-3
槖子 1110-2
磬 201-1-21, 257-3, 371-3
鋻羅跋 130-1
鋻羅跋那 130-1
奮迅三昧 1547-2
奮拏達多 1539-3
歴劫 1797-2
歴劫迂廻 1797-3
歴然 1811-2
歴緣對境 1797-1
壁定 1570-3
壁觀 1570-3
壁觀胡僧 1570-3
導引 1171-2
導師 737-3-26, 1172-3
蕤呬耶經 1006-1
蔽尸 1569-1
蕭寺 1020-2
蕉堅 1019-2
蔦 1781-2-5
磨牛 1655-2
磨司 1655-2
磨貝 1662-3
磨衲 1661-3
磨院 1666-1
磨怨 1666-1
磨滅 1663-2
磨頭 1658-1, 1659-3
磨蝦伽 1664-1
磨磨迦羅 1663-1
磨羅伽多 1663-3
磨灑 1655-3
塵尾 837-1
廨院主 172-3
窺基 237-1
窶拏末底 305-1
窶拏折里多 304-3
窶盧播陀 317-3
窶鴦利摩羅 9-1
窶嚕達磨 318-2
髻珠 372-2, 392-1
髻の珠 1116-2
髻珠經 392-2
髻利吉羅 374-1
髻寶 405-1
曇 1289-3
曇花 1289-3
曇柯迦羅 1289-3
曇無 1290-3
曇無德 1291-1
曇無竭 1290-3
曇無諦 1291-1
曇無蘭 1291-2
曇無讖 1291-1
曇無毱多 1291-1
曇無德部 1291-1
曇無德律 1291-2
曇無德戒本 1291-1
曇摩 1290-1
曇摩迦 1290-1
曇摩毱 1290-2
曇摩德 1290-2
曇摩蜱 1290-3
曇摩讖 1290-2
曇摩毱多 1290-2
曇摩迦羅 1290-2
曇摩羅察 1290-3
曇摩羅讖 1290-3
曇摩耶舍 1290-3
曇摩流支 1290-3
曇摩蜜多 1290-3
曇摩跋羅 1290-3
曇摩難提 1290-2
曇摩屈多迦 1290-2
曇摩伽陀耶舍 1290-1
曇識 1290-1
曇識二敎 1290-1
曇鸞 1291-2
閼伽 9-3
閼伽井 10-1
閼伽印 10-1
閼伽杯 10-1
閼伽桶 9-3
閼伽棚 10-1
閼伽の水 10-1
閼伽の花 10-1
閼伽の具 10-1
閼伽印言 10-1
閼伽折敷 10-1
閼伽眞言 10-1
閼伽灌頂 10-1
閼伽水加持 10-1
閻王 145-1
閻老 144-2
閻魔王 225-2-26
1494-1-9
閻魔卒 143-1
閻魔參 143-2
閻摩兜 143-2
閻摩羅 143-3
閻摩羅社 143-3
閻摩德迦 143-2
閻浮 141-3
閻浮提 141-3
閻浮檀金 142-1
閻浮那提金 142-1
閻曼德迦 143-3
閻曼德迦尊 143-3
閻曼德迦儀軌 143-3
閻曼德迦威怒王 143-3
閻婆度 141
閻婆度處 141-3
閻婆叵度 141-3
閻羅王五天使經 144-2
閻邏 144-2
興化[コウケ] 454-1
興化打中 454-1
興正 454-2
興正寺派 971-2-17
興世 454-3
興行 453-3
興門派 456-1, 1333-3-27
興起行經 453-3
興御書 149-1
興盛 454-2
興渠 453-3
興道下八祖 455-1
興福寺 455-3, 1767-2-3
興福寺傳 455-3
興福寺法華會 455-3
興福寺維摩會 456-1
興禪護國論 454-3
興瞿 454-1
興顯經 454-1
興顯如幻經 454-1
鴦倶舍 8-2
鴦倶舍印 8-2
鴦崛摩 8-3
鴦崛髻 8-2
鴦崛髻經 8-2
鴦崛摩經 8-3
鴦崛利摩羅 8-3-9, 8-3
鴦掘多羅 8-2
鴦堀多羅阿含 8-3
鴦竭羅私 8-2
鴦輪伐摩 9-2
鴦輪伐摩 9-1
鴦窶利摩羅 8-3-10
鴦伽 8-2
鴦伽陀 8-2
鴦伽社哆 8-2
鴛班 1871-3
器 235-2
器手天 240-1
器仗印 244-1
器世間 241-2
640-2-18
1328-3-15
器界 236-3
器界說 236-3
器量 257-2
甜伽 381-2
懸篠 1005-1
學 326-2
學人 227-2
學生 227-1
學匠 227-1
學戒 1828-1-14
學法女 227-2
學法灌頂 227-2
學和敬 1845-1-21
學侶 227-3
學侶方 227-3
學度死 779-3-27
學海 226-3
學海涌智水 226-3
學徒 227-2
學悔 226-3
學處 227-1
學問僧 227-3
學敎成迷 226-3
學無學 227-2
學道 227-1
學頭 227-2
選友 1038-2
選擇 1046-2
選擇集 1046-2
選擇本願 1046-2
選擇諸法經 1046-2
選擇本願念佛集 1046-2
遷化 1039-2
遺化 1763-3
遺弟 1766-2
遺形 1763-3
遺法 1766-3
遺訓 1763-3

寮罵誹駒諍範寤膀蝙穀嬉潔澁瘦蝦頡褒樊盧槖磬鋻奮歴壁導蕤蔽蕭蕉蔦磨塵廨窺窶髻曇閼閻興鴦器甜懸學選遺
影颰暫麪圍墳槠劒樓篳瑩魅鋒犛磁磐篙輦踞踏僻諄劉撫餉墜糍憐憎憧慇逢蔑歎蔓稽樞膠蓽憚瘧鞍僵噇樝蔫駕槃魯

遺遵遶凝儐儒壇據擁擇擔隨濁澤澁噱噠憶懊懈獨衛衡環樹橫橋機豫燒數燈燉曉隨熾積

遺教 1763-3
遺教經 1763-3
遺教經論 1764-1
遺跡 1766-1
遺經 1763-2
遺誡 1763-2
遵式 992-1
遶佛 1370-2
遶塔 1370-1
遶塔功德經 1370-1
凝然 273-2
儐茶波多 1502-3
儒童 989-1, 1661-3-21
儒童菩薩 989-1
壇 1183-3, 1669-2-30
壇行事 1184-2
壇戒 1183-3
壇料 1187-2
壇處 1184-3
壇經 1183-3
壇經眞僞 1183-3
據勝爲論 465-1
據實通論 466-1
擁護 1873-1
擇力 1204-1
擇地 1204-1
擇法眼 1204-1
擇法覺支 728-2-14
擇乳眼 1204-1
擇時 1204-1
擇滅 1204-1, 1343-2-14
擇滅無爲 736-3-2
1204-1, 1723-1-21
1722-3-11, 1722-2-27
擔木山 1121-3
擔步羅 1121-3
擔板漢 1121-2
擔負乾草 1121-3
隨一不成 632-2-14
隨三智轉智 1182-2-14
隨分別智轉智 1188-2-20
隨他意語 616-3-12
隨自意語 616-3-11
隨自他意語 616-3-13
隨自在者知轉智 1188-2-14
隨坐 1238-1-2
隨念智 1188-2-29
隨念分別 657-1-17
隨門 1731-3-30
隨相戒 158-3-25
隨相門 835-2-18
隨相流出相成之義
868-3-17
隨染本覺 1618-2-21
隨處 1238-1-22
隨情說 645-3-10
隨情智說 645-3-12
隨逐衆生恩 905-1-21
隨喜 521-3-15
隨喜功德 306-1-10
隨智說 645-3-15
隨順巧方便 1825-2-1
隨順被擧比丘戒 1426-3-22
隨葉 1486-1-14
隨意淨 1448-1-26
隨煩惱 1638-1-23
隨說因 91-1-15
隨緣行 1336-2-18
隨緣假 699-2-14
隨緣眞如 879-2-14
1336-3-3
隨諸衆生所求不同
之義 868-3-20
隨應辯 733-1-4
隨類生 530-3-2
隨類密者知轉智 1188-2-17
隨護斷 707-1-22
濁世 1229-2
濁劫 1229-2
濁惡 1229-2
濁惡世 1229-2
濁惡處 1229-2
濁業 562-1-13
濁亂 1229-2
澤庵 1110-2
澤庵漬 1110-2
澁佉阿悉底迦 131-2
噱叉 256-2
噠嚫 1179-1-25
憶 148-1
憶念 148-2
憶持 148-2
懊惱三處經 147-1
懈怠 394-1, 736-1-9
懈怠賊 394-2
懈怠耕者經 394-2
懈慢界 405-3
懈慢國 405-3
懈慢邊地 406-1
懈慢界と邊地 406-1
獨一善 737-2-17
獨一法界 1285-2
獨生獨死獨去獨來 1286-2
獨角仙人 1285-3
獨空 1286-2
獨法 737-2-8
獨乘 1287-2
獨股杵 1535-3-16
獨孤洛迦 732-1-4
獨柯多 1285-3
獨留此經 1287-3
獨尊 1287-1
獨散意識 1286-2
獨園 1288-1
獨鈷 1276-2, 1286-2
獨影境 670-1-2, 1287-2
獨頭無明 1287-1
, 1716-3-28, 1717-1-26
獨頭意識 53-1-23, 1287-1
獨覺 135-3-1, 1285-3
獨覺身 1558-1-23
獨覺捨悲障 1285-3
衛世師 129-2
衡山 176-2
衡梅 180-2
環異 372-1
樹下 1238-1-21
樹下坐 684-2-15, 983-3
1237-3-30
樹下石上 983-3
樹下有井 983-3
樹下思十二因緣經 983-3
樹王 991-1
樹林神 991-1
樹根 984-1
樹提 988-1
樹提迦 988-2
樹提伽經 988-3
樹提長者 988-3
樹提摩納 988-3
樹提伽在火中生 988-2
樹提伽往昔給病道
人緣 988-2
樹想 984-2
樹經 983-1
樹頭 988-3
橫 1848-3
橫川 1767-3
橫川法語 1768-1
橫川僧都 1768-1
橫川の中堂 1768-1
橫川大僧正 1768-1
橫川の如法堂 1768-1
橫出 1849-2
橫死 779-3-30, 1849-1
橫杜指合掌 1850-2
橫衲 1850-2
橫被 1850-3
橫超 1550-2
橫截 1850-1
橙子 1266-1, 1267-3
橋 1395-2
橋梁 380-1
機 235-1
機水 241-2
機用 255-3
機見 237-3
機性 239-3
機宜 237-2
機法一體 246-2
機要 236-2
機根 238-3
機敎 237-3
機深信 245-2
機感 236-3
機語 238-3
機緣 236-2
機應 236-2
機關 237-3
機關木人 237-3
豫修 1771-1
豫修齋 1771-1
燒灸地獄 1216-2-20
燒香 766-1, 1019-1
燒香侍者 1019-1
數珠 1009-2
數息觀 1005-1
數論 1005-3
燈 1264-1
燈文 10-3
燈光梵志 1265-1
燈明 10-2, 1270-2, 1673-2
燈明佛 1270-2
燈指 1266-1
燈指因緣經 1266-2
燈菩薩 1270-1, 1402-1-2
燈滅方盛 1264-2
燈頭 1269-1
燈爐 1271-2
燈籠 1271-2
燈籠踊 1271-3
燉煌三藏 1279-2
燉煌菩薩 1279-2
曉公四敎 699-3
曉鼓 375-2
隨一 1009-2
隨一不成 1009-2
隨分 1013-2
隨分果 1013-3
隨分覺 1013-3
隨心咒 1012-3
隨心供佛樂 1012-3
隨方毘尼 1013-2
隨文作釋 1014-2
隨他 1013-1
隨他意 1013-1
隨他意語 1013-1
隨他權敎 1013-1
隨犯隨制 1013-3
隨犯隨懺 1013-3
隨自 1012-3
隨自意 1012-3
隨自意語 1012-3
隨自實敎 1012-3
隨自意三昧 1012-3
隨妄 1014-1
隨至施 1012-2
隨色摩尼 1012-2
隨名釋義 1014-1
隨求經 1010-3
隨求天子 1011-1
隨求菩薩 1011-1
隨求如意經 1011-1
隨求陀羅尼 1011-1
隨求陀羅尼經 1011-1
隨求即得天子 1010-3
隨求即得大自在陀
羅尼神咒經 1010-3
隨形好 1010-3
隨邪利 1012-3
隨年錢 1013-2
隨宜 1010-3
隨法行 1013-3
隨舍利 1012-2
隨其心淨 1011-2
隨念分別 1013-2
隨相 1011-3
隨相戒 1011-3
隨相論 1011-3
隨信行 1012-3
隨眠 1014-1
隨眠無明 1014-2
隨逐 1013-1
隨情 1012-3
隨喜 1010-2
隨喜品 1010 2
隨喜廻向 1010-3
隨喜功德品 1010-2
隨順 1012-3
隨順巧方便 1012-2
隨惑 1014-3
隨衆生性所受不同 1012-2
隨量大小顯現一相 1014-2
隨意 1009-2
隨意聞法願 1009-2
隨經律 1010-2
隨煩惱 1013-3
隨義轉用 1010-3
隨緣 1009-3
隨緣行 1009-3
隨緣假 1009-3
隨緣化物 1009-3
隨緣不變 1010-1
隨緣眞如 1009-3
隨緣眞如之波 1010-1
隨機 1010-2
隨機散說 1010-2
隨機曼荼羅 1010-2
隨轉 1013-1
隨轉門 1013-1
隨轉理門 1013-1
隨轉宣說法經 1013-1
隨轉宣說諸法經 1013-1
隨類 1014-3
隨類不定 1014-3
隨類應同 1014-3
隨藍 1014-2
隨難別解 1013-1
隨願往生 1011-2
隨願藥師經 1011-2-26
隨釋 1012-2
隨護斷 1011-2
熾盛法 719-3
熾盛光 719-1
熾盛光法 719-2
熾盛光如來 719-1
熾盛光佛頂法 719-1
熾盛光道場念誦儀 719-1
熾盛光大威德災吉
祥陀羅尼經 719-1
積功 800-2
釋侶 804-2
積累 804-2
積善寺 801-2
積聚 801-2

積聚心 1830-1-7
積聚精要心 801-2
 860-2-24
釋輪 804-2
稽首 372-2
稽首天人所恭敬 372-2
縛 307-1-1, 1444-3
縛日羅 1445-2
縛日羅吽 1445-3
縛日羅冐地 1445-3
縛尼 1437-2-14
縛石 1445-1
縛利沙鍵拏 1456-1-13
縛底 1452-2
縛定印 1445-1
縛始迦魯拏 1446-1
縛迦 1443-3
縛臾 1453-2-6
縛臾方 1453-2
縛芻 1447-2
縛馬答 1445-1
縛朊 1445-1
縛野吠 1453-1
縛斯仙 1446-2
縛魄鬼 1445-1
縛摩路迦也底迦 1453-1
縛薩怛羅 1445-1
縛羅 1453-2
縒麼野 809-3
諸上善人俱會一處 851-3
諸天 852-2
諸天說 557-1
諸天傳 852-2
諸天五苦經 852-2
諸仙 851-3
諸行 849-3
諸行依果 915-1-20
諸行無常 849-3
諸行無常印 660-2-3
 850-1
諸行有爲經 849-3
諸有 844-2
諸有海 844-2
諸色 851-1
諸色作頭 851-1
諸因宿作宗 844-1
諸佛家 852-3
諸佛頂 853-2
諸佛經 852-3
諸佛十樂 954-1
諸佛心經 853-2
諸佛如來 853-2
諸佛菩提 853-2
諸佛心印經 853-1
諸佛法身經 853-2
諸佛稱揚願 853-1
諸佛稱讚益 445-1-29
諸佛母菩薩 853-2
諸佛咨嗟願 853-1
諸佛護念益 445-1-27
 853-1
諸佛要集經 852-3
諸佛現前三昧 853-1
諸佛心陀羅尼經 853-2
諸佛心印陀羅尼經 853-1
諸佛如來言無虛妄 853-2
諸佛以蓮華爲床坐 1812-2
諸佛如來是法界身 853-2
諸佛集會陀羅尼經 853-1
諸佛光明所不能及 853-1
諸佛法普入方便慧
 分別熖明持經 853-2
諸見 850-3
諸見法界 1593-1-23
諸法 854-1
諸法五位 577-3
諸法皆空 854-1
諸法無我 855-2
諸法無相 855-2
諸法實相 1605-2-3
諸法無因宗 855-2
諸法無我印 660-2-5
諸法無行經 855-2
諸法皆常宗 854-1
諸法因緣生 854-1
諸法但名宗 818-2-17
 855-1
諸法從緣生 854-2
諸法寂滅相 855-1
諸法實相異名 855-1
諸法相即自在門 451-2-1
 451-3-1, 854-2
諸宗 851-2
諸受 851-3
諸波羅蜜 852-3
諸波羅蜜依果 915-1-17
諸阿修羅等居在大
 海邊 19-3
諸相 851-1
諸苦所因 850-1
諸冥 855-2
諸根 850-3
諸根具足願 850-3
諸欲 855-3
諸欲致患經 855-3
諸執 851-1
諸通 852-2
諸部要目 852-3
諸尊 852-1
諸尊別行護摩秘法 852-1
諸閑不閑 850-3
諸惡莫作 843-3
諸善萬行 852-1
諸經之王 849-3
諸經所讚 849-2
諸經要集 849-2
諸著 852-2
諸道得解脫 546-1-6
諸煩惱生必由痴故 855-2
諸漏 855-3
諸塵 852-2
諸福田經 852-3
諸數 851-2
諸敎決定名義論 850-3
諸趣 851-2
諸德福田經 852-2
諸緣 849-2
諸蔽 853-2
諸龍衆 855-3
諸藏純雜具德門 451-2-4
 851-1
諸寶行樹 853-3
諸寶樹下 853-3
諸蘊 849-1
諸釋子疑羅睺羅以
 火聚驗之 1779-2
諷供 1510-2
諷頌 1527-2
諷經 1509-3, 1510-1
諷誦 1527-2
諷誦文 1527-3
諾健那 1178-2, 1296-2
諾距羅 1178-2
諾瞿陀 1178-2
諫王經 220-2
諦 1096-3
諦殊羅施 1239-2
諦婆達兜 1240-1
諦善巧 921-2-24
諦察法忍 1099-1
 1363-1-14
諦觀 1098-2
輭賊 1304-2
輸那 836-2
輸波迦羅 836-3
輸拘盧那 823-1
輸婆迦羅 836-3
輸盧迦波 841-3
輸羅 840-1
輸羅印 840-1
輳轢鑽 1289-2
頭巾 1237-1
頭北面西 1238-2
頭光 1237-2
頭陀 1237-3
頭陀行 1238-1
頭陀袋 1238-1
頭陀第一 1646-1
頭陀十八物 1237-2
頭首 1240-3, 1266-2
頭面作禮 1238-2
頭袖 1266-2
頭彼七分 1238-2
頭然 1238-1
頭塔 1237-2
頭鑽 1213-3, 1237-2
賴寺 1113-2
賴吒 1773-1
賴吒啝羅 1773-1
賴吒和羅經 1773-2
賴吒和羅所問太子經 1773-2
賴耶 1773-3, 1781-3
賴耶識 1782-1
賴耶緣起 136-3-15
頻伽 1502-2
頻伽陀 1502-2
頻伽缾 1502-2
頻那夜迦 1480-3
頻那夜迦 1504-2
頻那夜迦天儀軌經 1504-2
頻來果 1482-1
頻毘娑羅 1504-3-1
 1505-2
頻婆 1504-2
頻婆羅 1505-2
頻婆娑羅 20-2-17 1504-2
 1574-3-23
頻婆娑羅王 1849-1-12
頻婆娑羅夢 1505-1
頻婆娑羅王經 1505-2
頻婆娑羅王夢氈裂
 杖折 1762-2
頻婆娑羅王爲佛最
 初檀越 1504-3
頻婆果 1504-2
頻婆帳 1505-2
頻螺 1504-2-16, 1505-2
頻闍訶婆娑 1502-3
頻羅婆 1504-2-16
頻蠡 1504-2-17
醍鞞沙 1161-1
醍醐 1134-2
醍醐寺 1135-1
醍醐味 573-1-30, 1135-2
醍醐喻 1134-2
醍醐經 1134-3
醍醐三流 1135-2
醍醐殺人 1135-1
醍醐の櫻會 1135-1
醍醐の大僧正 1135-1
頰車如師子相 404-2
辨中邊論 917-1-8
辨中邊論頌 566-1-22
辨正論 1577-3
辨長 1578-1
辨事眞言 1577-3
辨財天女 100-2-26
辨道 1578-1
辨意長者子所問經 1577-2
辨髮 1578-1
辨體 441-3-11
靜力 976-1
靜主 966-2
靜思 966-1
靜息 968-3
靜智 969-1
靜室 966-1
靜牌 972-2
靜慮 976-1
靜慮生 976-2
靜慮律儀 668-3-3
靜慮生律儀 1788-2-10
靜慮波羅蜜 976-2
靜慮律儀無表色 1716-1
靜慧 976-2
踰捺野經 1760-2
踰闍 1759-3
踰闍那 1759-3
 1760-1-13
踰繕那 1760-2, 1760-1-13
隸車 1785-3-61809-3
隸籥 1810-2
雕像始 1555-2
錄內 1839-3
錄外 1821-3
錫 800-1
錫杖 599-3, 688-1-2
 802-1
錫杖師 737-3-27
錫杖經 802-3
錫崙 1018-2
錟口 138-1
錟口餓鬼經 138-1
錟摩天供 143-1
錟羅經 144-2
錟羅王供行法次第 144-2
龍 213-1-30, 1798-1
龍女 715-1-22, 1801-2
龍女の珠 1116-2
龍子 1799-3
龍子免金翅鳥難 500-2
龍口寺 1113-1
龍王 1802-1
龍王の寶珠 1583-3
龍王兄弟經 1802-1
龍王吼菩薩 549-1-20
龍牙 1799-1
龍牙西來意 1799-1
龍戶 1799-2
龍天 1801-2
龍方 1801-3
龍心 1830-1-15
龍主仙 1800-1
龍有三苦 1798-2
龍光王佛 1798-3
龍光瑞像 1012-1, 1798-3
龍軍 1798-3
龍軍與畢隣陀王問答 1799-1
龍河 1798-2
龍泉 1801-1
龍施女經 1801-1
龍施菩薩本起經 1801-1
龍施太子入龍宮探
 如意球 1798-3
龍神 1800-3
龍神三熱 1801-1
龍神八部 1801-2
龍宮 1798-3
龍宮鐘 201-3
龍畜 1801-2
龍畜經 1801-2
龍峯 1801-3
龍座 1799-2
龍珠 1799-3
龍章 1799-3

龍 覩 親 餓 餘 融 駱 默 戰 劒 叡 [舌+寺] 憨 鴝 餔 聲 臂 霜 翳 薑 糞 燕 薜 薄 薪 薦 齋 應 療 賽 蹇 嬰

龍猛 1802-1
龍得袈裟一縷兌金翅鳥難 1798-1
龍得一縷牛角一觸 388-3
龍華 1799-1
龍華會 1799-1
龍華樹 1799-1
龍華三會 1799-1, 1799-2
龍華儀法 1799-1
龍象 1799-2
龍象衆 709-2-1
龍象經 1799-3
龍尊 1801-1
龍尊王 1801-1
龍勝 1800-1
龍湯 1801-1
龍智 1801-2
龍種尊 1800-1
龍種上佛 1742-1-1
龍種上尊王佛 1800-1
龍蓋寺 1798-2
龍樹 1800-1
龍樹宗 1800-3
龍樹四敎 699-2
龍樹本迹 1800-2
龍樹自殺 1800-3
龍樹菩薩傳 1800-3
龍樹出家因緣 1800-2
龍樹傳法提婆 1800-3
龍樹開鐵塔傳密敎 1800-3
龍樹入龍宮寶華嚴經 1800-2
龍樹入龍宮取華嚴大經 1798-3
龍興寺 1799-2
龍奮迅三昧 1801-3
龍藏 1799-3
龍鬚 1799-3
龍龕 1798-2
覩貨羅 1276-1
親友 862-1
親友七法 862-1
親里覺 885-1, 1400-2-9
親迷惑 884-1
親敎 866-2
親敎師 866-2
親勝 873-2, 923-1-10
親緣 862-2
親鸞 884-3
餓鬼 138-1-14, 532-1-9, 1539-2-30, 1837-3-26
餓鬼の因 225-3
餓鬼界 225-3
餓鬼城 225-3
餓鬼愛 226-1, 1691-2-24
餓鬼道 225-3
餓鬼業 562-2-2
餓鬼趣 225-3
餓鬼住處 225-3
餓鬼食舌子 226-1
餓鬼報應經 226-1
餘甘子 1768-1
餘念 1771-2
餘宗 1771-1
餘流 1771-2
餘乘 1771-1
餘習 1771-1
餘執 1771-1
餘間 1771-2
餘結 1771-1
餘蘊 1767-3
融三世間十身 1558-1, 1756-2
融三世間十佛 1756-2
融通 1756-3
融通念佛 1756-3
融通妄想 572-3-13
融通陶汰 1756-3
融通念佛宗 1756-3
融通圓門章 1757-1
融通念佛緣起 1756-3
融識 1756-2
駱駄山 1777-2
駱駄坐 1777-2
默不二 1739-1
默理 1739-2
默然 1738-3
默傳 1738-3
默置記 1738-3
默擯 1480-3-10, 1739-1
戰捺羅 1046-3
戰捺羅野 1045-2
戰達羅 1044-3
戰達羅鉢喇婆 1044-3
劒印 408-3
劒波 425-1
劒林地獄 428-1
劒輪法 428-1
劒摩舍帝 426-1
劒樹地獄 418-1
叡山 129-1
叡山九院 129-1
叡山十六院 129-1
叡空 128-3
叡信 129-1
叡尊 129-2
[舌+寺]陀 1630-2-13
憨山 216-1
憨山大師全集 216-1
憨山大師年譜 216-1
憨山大師夢遊全集 216-1
鴝路戰娜 468-1
餔多外道 1531-1

〔十七畫〕

聲 473-1
聲入 787-3
聲生念誦 774-2, 1379-2-22
聲生論師 434-1-23, 473-2, 774-2
聲生者外道 435-2-6
聲杖 786-1
聲佛事 473-2
聲明 791-2
聲明家 791-2
聲明記論 1482-3-6
聲念誦 1379-2-26
聲前一句 783-2
聲敎 770-1
聲欲 793-2
聲處 778-2
聲爲佛事 473-2
聲爲敎體 473-2
聲量 1791-3-27
聲聞 792-2
聲聞乘 541-3-20, 541-3-20, 542-1-2, 793-1, 1326-3-20
聲聞身 793-1, 1558-1-22
聲聞界 793-1
聲聞僧 793-1
聲聞說 793-1
聲聞藏 620-2-24, 793-1, 1316-1-8
聲聞三釋 792-3
聲聞四果 793-1
聲聞法界 1592-3-23
聲聞菩提 793-1
聲聞乘敎 700-1-1
聲聞緣覺 793-1
聲聞畏苦障 793-1
聲聞無數願 793-1
聲聞乘三生 622-2
聲聞乘十地 924-1-7
聲聞と緣覺の同異 136-1
聲塵 786-1
聲塵得道 786-1
聲境 734-1-28, 767-2
聲緣 765-3
聲緣二乘 1326-3
聲論 795-1
聲論師 473-2, 795-1
聲獨 787-2
聲顯論師 434-1-21, 473-2, 770-1
聲顯者外道 435-2-4
臂吒犍稚 1463-3
臂卑履也 1467-2
臂索 1460-3
臂釧 1460-1
臂奢拓 1461-3-22
臂線 1463-2
霜月會 762-3
翳 128-1
翳身藥 129-1
翳泥耶 129-3
翳迦珊尼 128-3
翳迦惹吒 128-3
翳迦訖沙羅 128-3
翳迦鼻指迦 128-3
翳荼迦 129-3
翳羅 130-1
翳醯呬 128-3
薑羯羅 249-1
糞果 1546-3
糞除 1547-3
糞掃衣 1238-1-13, 1547-1
燕坐 138-3
薜舍 1569-1
薜舍佉 1574-3
薜舍離 1569-1
薜陀 1569-2, 1856-2-5
薜服 1498-1
薜室羅末拏 1569-1
薜荔 1569-3
薜荔多 1569-3, 1569-3
薜攞斫羯羅 1569-3
薜蘿 1498-2
薄地 923-2-17, 1394-1
薄佉羅 1393-2
薄拘羅 1393-3
薄拘羅經 1394-1
薄拘羅無病 1393-3
薄拘羅不偃臥 1393-3
薄拘羅省事第一 1393-3
薄伽梵 1444-1, 1444-1-20
薄迦 1393-2
薄迦地 1393-3
薄矩羅 1394-3
薄福 1394-3
薄證 1394-1
薪能 1110-1
薪盡 1110-1
薪盡火滅 875-3
薪盡きにし日 1110-1
薪樵 1109-3
薦亡蟠 1456-3
齋 584-1, 1271-3
齋七 585-3
齋七幡子 585-3
齋日 589-1
齋月 584-3
齋主 586-1
齋戒 584-2
齋法 590-1
齋板 590-1
齋非時 1272-1
齋食 587-3
齋持 588-3
齋時 587-2
齋退 588-1, 588-3-14
齋席 588-1
齋堂 588-2
齋敎領 585-1
齋場 588-3
齋粥 586-3
齋會 590-3
齋鼓 584-3
齋經 584-2
齋筵 584-1
齋領 590-3
齋僧 588-1
齋龍 589-2
齋燈 589-1
齋講 585-1
齋嚫 587-2
齋鐘 586-1
應 145-2
應人 146-3
應化 145-3
應化身 145-3
應化利生 145-3
應化法身 145-3, 1605-3-1, 1605-3-5
應化聲聞 145-3, 792-3-26
應化佛菩提 1630-3-4
應本 147-2
應正遍知 146-1
應用無邊 147-2
應身 146-2, 628-3-10
應身土 146-3
應身と化身の同異 146-3
應作 146-1
應形 145-3
應伽 145-2
應佛 147-1
應法 147-1
應法記 147-1
應法經 147-2
應法妙服 147-1
應法沙彌 147-1, 810-2-18
應果 145-3
應供 906-2-25
應和宗論 147-3
應受識 689-2-20
應客侍者 895-1-10
應眞 146-2
應迹 146-1
應病與藥 147-1
應現 146-1
應庵 145-2
應理宗 147-2
應理圓實宗 147-2
應報 147-1
應量器 145-2-19, 147-2
應無所住而生其心 147-2
應頌 146-3
應感 145-2
應滅擯 147-2
應當專心繫念一處 146-3
應儀 145-2
應器 145-2
應應 145-2
應護 146-1
療痔病經 1811-1
賽日 589-1
賽の河原 589-1
賽錢 588-1
蹇尼陀 424-2
蹇陀 419-3
蹇陀達多 421-2
蹇拏僕 422-1
蹇帷 428-3
嬰兒行 1749-3

嬰童心 918-3-2
嬰童無畏心 927-3-29
1749-3
闍 44-3
闍心 1830-1-5
闍室 45-3
闍室念佛 46-1
闍室の忽ちに明なる喩 46-1
闍蜜里帝荼利菩薩 47-3
闍鈍 46-3
闍鈍障 926-3-16
闍誦 46-2
闍障 46-1
闍藍水 49-1
闍王 816-2, 980-3
闍世 979-3
闍尼沙 808-1
闍多伽 980-1
闍伊那敎 961-2
闍利 813-2
闍那耶舍 807-3
闍那崛多 807-2
闍陀伽 806-2
闍陀波羅 806-3
闍夜 812-1
闍毘 809-1, 980-2
1181-2-3
闍耶宰那 980-2
闍耶犀那 980-2
闍梨 980-3
闍婆隷 809-1
闍提首那 806-2
闍維 980-3, 1181-2-3
闍維分 980-3
闍鼻多 809-1, 1181-2-3
闍演底 976-3
闍演帝 976-3
闍樓 980-1
闍嚩囉 980-1
闍嚩囉摩履儞 808-3
闍利沙盤 210-2-1
闍那尸棄佛 373-1
闍賓 373-1, 188-3-7
闍賓王臂墮 373-2
闍賓國龍地 373-3
闍膩吒王 373-1
闍膩吒王氣千頭魚 373-2
闍羅多 373-3
闍鞞夷 373-2
避死經 1461-2
避羅 1478-1, 1504-2-16
還生 445-2
還年藥 450-1
還門 451-1, 1732-1-15
還拜 1854-3
還相 443-3
還相回向 443-3, 1546-2-7
1861-2-7
還相廻向願 443-3
還俗 447-2
還香 339-3
還滅 450 3
還滅門 450-3, 1344-2-18
還源 443-2
還源觀 443-2
還著於本人 447-3
還禮 1854-3
還歸本理一念三千 441-2
優尸羅 105-3
優多 107-1
優多羅 107-2
優多羅僧 107-3
優多羅摩納 107-3
優多羅母墮餓鬼 107-2
優多羅比丘被囑累增一阿含 107-2
優伽 100-1
優波替 113-3
優滅替舍 113-3
優波陀 113-3
優波離 115-2
優波那訶 114-2
優波底沙 114-2
優波笈多 113-2
優波柯羅 113-3
優波扇多 113-3
優波娑迦 113-1
優波婆娑 115-1
優波毱多 115-1
優波斯那 113-3
優波提舍 113-3
優波摩那 115-2
優波難陀 114-2
優波羅懺 115-2
優波弟鑠 114-2
優波弟耶夜 114-2
優波尼沙陀 114-2
優波憍舍羅 113-2
優陀夷 107-3
優陀羅 108-2
優陀延山 108-1
優陀延王 108-1
優陀羅羅摩子 108-3
優流漫陀 122-2
優差波跋多 105-1
優留毘迦葉 122-1
優婁佉 122-1
優畢捨 117-2
優婆斯 116-1
優婆離 116-1, 922-3-11
優婆塞 116-1
優婆娑 116-1
婆婆夷 115-2
優婆離律 117-2
優婆離經 117-2
優婆塞迦 116-3
優婆塞經 116-2
優婆塞戒 116-2
優婆娑柯 116-1
優婆毱多 33-2-1, 115-3
優婆毱提 116-1
優婆私柯 115-1
優婆底沙 117-1
優婆掘多 116-1
優婆提舍 116-3
優婆馱耶 116-3
優婆羅叉 117-1
償婆離問經 117-2
優婆塞戒經 116-2
優婆尼沙陀 117-1
優婆尼沙曇 114-2
優婆尼殺曇 117-1
優婆離問佛經 117-2
優婆離因緣品 117-2
優婆夷淨行經 115-3
優婆離結集律藏 117-2
優婆塞五戒相經 116-2
優婆夷墮舍迦經 115-3
優婆塞五戒威儀經 116-2
優婆夷淨行法門經 115-2
優婆離問菩薩受戒法 117-2
優塡 111-2-1
優塡王 111-2
優塡王經 111-2
優塡王造佛像 111-2
優塡作佛王像經 111-3
優鉢 114-1
優鉢羅 114-1, 147-1-4
優鉢羅槃那 1762-2-24
優鉢羅龍王 114-1-27
優鉢羅比丘尼 114-2
優樓 121-3
優樓迦 121-3
優樓頻螺 122-1
優樓頻螺迦葉 122-1, 122-3
優摩陀 118-3
優曇 112-1
優曇鉢 112-1
優曇波羅 112-1
優曇婆羅 112-1
優曇婆邏經 112-2
優檀那 108-3
優禪伽摩 107-1
償起羅 767-3
擯出 1479-3, 1480-3-9
擯治 1480-3
擯罰 1482-1
擬宜 262-1
擬講 262-2
擬寶珠 266-2
擬灌頂 262-1
彌天 1680-2
彌多羅尼 1676-2
彌沙塞 1675-2
彌沙塞律 1675-2
彌沙塞部 1675-3
彌沙塞羯磨本 1675-3
彌沙塞五分戒本 1675-3
彌沙塞部和醯五分律 1675-3
彌伽 1673-2
彌伽釋迦 1673-3
彌陀 1676-2, 1785-1-14
彌陀山 1677-1
彌陀供 1676-3
彌陀經 1676-3
彌陀頭 1677-1
彌陀講 1677-1
彌陀三部 657-2
彌陀三聖 622-3
彌陀名號 1677-2
彌陀名願 1677-2
彌陀定印 1677-1
彌陀散華 615-1-16
彌陀護摩 1677-1
彌陀の三尊 1676-2
彌陀の本願 1676-2
彌陀の利劍 1676-2
彌陀の寳號 1676-2
彌陀の化土 403-3
彌陀の成道日 1676-2
彌陀初會聖集 1677-1
彌陀の病明王の誓 1676-3
彌戾車 1688-3-28, 1689-1
彌迦 1673-2
彌迦那 1673-2
彌迦羅 1673-2
彌帝隷 1680-2, 1689-1-28
彌荔多 1569-3-12, 1689-1
彌勒 1689-1
彌勒會 1690-3
彌勒經 1690-1
彌勒三部 657-2
彌勒三會 672-1
彌勒樓閣 1690-1
彌勒難經 1690-2
彌勒菩薩 7-1-5, 1714-1-13
彌勒の本經 1689-3
彌勒の生緣 1689-3
彌勒の淨土 1990-1
彌勒の三尊 1690-1
彌勒の出世 1689-3
彌勒上生經 1690-2
彌勒下生經 1690-1
彌勒六部經 1690-3
彌勒成佛經 1690-2
彌勒受決經 1690-2
彌勒來時經 1690-2
彌勒上生經疏 1690-2
彌勒大成佛經 1690-2
彌勒問本願經 1692-2
彌勒下生成佛經 1690-1
彌勒當來成佛經 1690-2
彌勒菩薩所問經論 1690-2
彌勒釋迦成佛前後 1689-3
彌勒菩薩所問本願經 1690-2
彌室 1680-2
彌樓 1689-1
彌盧 1689-1
彌盧等心 1831-1-3
彌遲伽 1677-2
彌離車 1577-2-8
1688-3-28
彌薩羅 1674-3
彌醯 1673-3
彌蘭 1688-3, 1688-3
獲免惡道經 273-1
獲得 272-2
隱元 93-3
隱元ささげ 93-3
隱元禪師語錄 93-3
隱劣顯勝識 1764-3
隱形 154-1
隱形印 154-1
隱形算 154-1
隱形藥 154-1
隱身 154-2
隱峯 97-2
隱峯推車 97-2
隱密 156-1
隱密俱顯俱成門 451-3-18
隱勝彰劣恩 905-1-29
隱實施權恩 905-2-5
隱覆 155-3
隱覆說 155-3
隱覆授記 155-3
濫波 1783-1
濡佛 1370-1
濡首 985-1
濡首分衛經 985-1
濡首菩薩無上清淨分衛經 985-1
濟下 584-1
濟度 589-1
濟度方便 589-1
濟家 584-1, 585-1
濟緣記 584-1
濟諸方等學經 587-2
濕生 753-1
濕生化生 744-1
濕潤心作意 711-1-27
濮陽 1626-2
獼猴 1674-3
獼猴池 1674-3
獼猴娙饍 1674-2
獼猴著鞴 1674-2
獼猴捉水月 1674-1
檀 1183-2
檀中 1185-3
檀主 1184-3
檀耳 1186-2
檀那 1186-1
檀那寺 1186-1
檀那流 1186-1
檀那四流 1186-1
檀那僧正 1186-1
檀那達羅多 1186-1
檀陀 1185-3-21
檀陀柯 1185-2
檀陀伽阿蘭若 1185-2
檀林 1187-1
檀林寺 1187-2
檀法 1186-2
檀波羅蜜 1186-2
檀拏 1185-2

檀檢檜膝膿臊燠禪賻聰皤臨螺鴿縹縵總縫講謗謝醜鍵鞬鞞雖點諂鵂蟿觳懤糟瞥篾擧

檀拏印 1185-2
檀信 1184-3
檀施 1185-1
檀度 1185-3
檀契 1183-3
檀特 1185-3
檀特羅袒 1186-1
檀徒 1185-3
檀家 1184-2
檀捨 1184-3
檀茶幢 1185-2
檀越 1187-2
檀槃那 1186-1
檀徳 1185-3, 1185-3-21
檀頭 1185-3
檀興 1184-2
檀彌離 1186-3
檀彌羅 1186-3
檀嚫 1179-1-26, 1184-3
檢校 1410-2
檜尾記 1467-2
檜尾僧都 1467-2
膝廬 747-3
膿血地獄 1383-1
膿爛想 1384-2
臊陀 595-2
臊陀祁梨 1077-1
燠 145-1
禪 1053-1
禪人 1067-1
禪巾 1057-1
禪下 1056-3
禪三昧 1059-3
禪天 1066-1
禪月 1058-1
禪化 1058-1
禪尼 1066-3
禪史 1060-1
禪行 1057-1
禪行法想經 1057-2
禪行歛意經 1057-2
禪行三十七品經 1057-1
禪衣 1056-1
禪那 1066-2
禪那觀 1867-3-18
禪戒 1056-3
禪坐 1059-3
禪杖 1065-2
禪定 1064-3, 1282-2-19
禪定門 1065-3
禪定窟 1065-2
禪定境 907-2-27
禪定藏 1065-3
禪定十利 955-1
禪定方便 96-2-1
禪定法界 1593-1-21
禪定法皇 1065-3
禪定堅固 1065-3, 525-3-20
禪定殿下 1065-3
禪定波羅蜜 1065-3
禪定十種利益 1065-1
禪波 1067-2
禪波羅蜜 1067-2
禪法 1067-3
禪法要解 1068-1
禪門 1068-3
禪門戒 1068-3
禪門口決 1068-3
禪林 1069-3
禪林式 1069-3
禪林寺 1069-3
禪林賓訓 1069-3
禪林の十因 1069-3
禪和 1069-3
禪和子 1070-1
禪和者 1070-1
禪味 1068-2
禪房 1067-3
禪河 1056-2
禪宗 1061-2
禪供 1058-1
禪居 1050-1
禪念 1069-1
禪版 1067-2
禪陀迦 1063-3
禪要 1056-2
禪要經 1056-2
禪要可欲經 1056-2
禪要秘密治經 1056-2
禪者 1060-2
禪思 1060-1, 1308-3-9
禪室 1060-2
禪苑 1070-2
禪屋 1056-2
禪侶 1069-2
禪律 1069-2
禪客 1056-3
禪度の三行 930-1-17
禪師 1062-1
禪師の君 1062-2
禪悦 1056-2
禪悦食 537-1-7, 889-3-7
1056-2, 1322-2-4
禪帶 1063-2
禪病 1067-3
禪家 1058-1
禪宴 1058-2
禪院 1076-1
禪徒 1066-1
禪拳 1058-1
禪梵天 1068-2
禪秘要法經 1067-2
禪教 1058-1
禪規 1057-1
禪偈 1058-1
禪毬 1057-2
禪習 1060-2
禪寂 1062-3
禪堂 1063-2
禪衆 1061-1
禪會 1070-2
禪經 1057-1
禪道 1063-2
禪源詮 1059-1
禪源諸詮集 1058-3
禪源諸詮集都序 1058-3
禪閣 1056-3
禪僧 1063-2
禪榻 1063-2
禪樂 1069-2, 1776-3-5
禪趣 1061-1
禪慧 1070-2
禪頭 1064-1
禪靜 1062-2
禪錄 1069-3
禪餘 1069-1
禪學 1057-1
禪隨 1062-3
禪窟 1057-2
禪齋 1059-2
禪鎭 1064-1
禪襟 1057-1
禪禮 1069-1
禪關 1057-3
禪關策進 1057-3
禪觀 1057-3
禪鑽 1059-3
賻儀 1510-1
聰明僑 1402-2-10
皤施迦羅拏 1395-2
皤唎 1431-1
皤雌子部 1395-2
臨時仁王會 1369-2
臨終 1805-2
臨終正念 1805-2
臨終業成 1805-2
臨終鳴鐘 201-2
臨終現前願 1805-2
臨境 1805-3
臨齋 1804-1
臨齋諷經 1804-1
臨濟 1804-2
臨濟宗 1804-3
臨濟大俉 1804-2
臨濟四喝 1804-2
臨濟眞人 1804-2
臨濟栽松 1804-2
臨濟瞎驢 1804-3
臨濟宗十派 1804-3
螺溪 1777-1
螺髮 1781-1
螺髻 1777-1
螺髻梵 1778-1
螺髻梵王 1778-1
螺髻梵志 1778-1
鴿 1423-1
鴿園 232-1
鴿隱佛影 1423-1
鴿鬘 231-3
鴿林 456-2
縹帽 1424-1, 1470-1
縵衣 1666-3
總合神門 1072-1
總在廳 1075-2
總別 1078-2
總別二義安心 1078-3
總即別名 1076-3
總供 1074-3
總法務 1078-3
總明論 1078-3
總門唯識 1079-1
總持 1077-1, 1181-3-12
總持尼 1077-2
總持寺 1077-2
總持門 1077-2
總持院 1077-2
總持經 1077-2
總持不忘說法無畏 762-1-30
總相 1075-1, 1315-2-15
1523-2-6
總相戒 1075-2
總相念住 1075-2
總相念處 751-3-28
1078-2
總神分 1076-2
總國分寺 1075-1
總報業 1078-3
總祿所 1079-3
總願 366-2, 1075-1
總觀想 1074-3
縫佛 1370-1
講下鐘 453-3
講式 454-2
講宗 454-2
講供 175-1
講師 454-2, 737-3-27
講師讀師の高座 454-2
講座 454-2
講堂 455-1
講衆 454-2
講筵 453-3
講經 453-3
講說 454-3
講演 453-3
講嚫 454-2
講讃 176-1, 454-2
謗三寶戒 925-3-17
謗佛經 1390-3
謗法 1392-3
謗法闡提 75-2, 1392-3
謝因緣 764-2
謝戒 795-3
謝都寺齋上堂[ツウス サイ シヤスル ジョードー] 807-1
醜目天王 684-1
醜陋比丘 684-1
鍵鎔 413-1
鍵鎡 416-2
鞬多 237-2
鞞世師 1488-1, 1864-3-26
鞞尼迦 1489-3-30
鞞佛略 1492-1-7
鞞陀 1856-2-5
鞞陀梨 1489-1
鞞陀路婆 1489-1
鞞舍 1486-1-13, 1574-3-16
鞞舍隸夜 1487-1-30
鞞舍離 1487-1-29
鞞侈遮羅那三般那 1488-3
鞞浮羅 1491-3-28
鞞殺社 1485-1
鞞恕婆附 1486-1-6
鞞紐婆那 1489-2
鞞婆尸 1491-1-8
鞞婆沙 1491-1-30
鞞婆沙論 1491-2
鞞婆訶羅 1491-1
鞞婆麗陵耆 1491-3
鞞跋致 1491-3
鞞跋羅 1491-3
鞞頭梨 1575-1-29
鞞嵐 1499-1-29
鞞訶羅 1482-2-14
鞞稠梨夜 1489-2
1575-1-30
鞞瑟氏羅居士 1485-1
鞞摩那修 1492-2
鞞摩肅經 1492-2
鞞羯兪 1483-2
鞞藍婆 1499-1-29
鞞禮多 1502-2, 1569-3-12
鞞羅美 1499-1
鞞羅美那 1499-1
鞞膽杜那 1500-1-15
鞞醯得枳 1484-3
鞞鐸佉 1488-2 28
雖未自度出能度他 1008-3
雖觀事理皆不離識 1006-3-1
點化 1247-3
點心 1251-2
點石 1249-3
點茶 1254-3
點茶湯 1254-3
點淨 1250-3
點湯 1252-1
點對 1252-1
點塵 1255-2
諂 736-1-25, 1245-1
諂曲 1249-1
鵂鶹 317-1
鵂鶹心 1830-2-20
鵂鶹仙人 317-1
鵂鶹仙化石 317-1
蟿 1307-2
觳藏 185-1
懤羅 1663-3
糟雜 593-2
糟糠 592-2
瞥地 1576-3
篾隸車 1577-2-7

〔十八畫〕

擧 453-1

舉一明三 453-1
舉一全收 453-1
舉一蔽諸 453-1
舉手低頭 465-1
舉似 446-1
舉足下足皆是道場 466-2
舉哀 453-1
舉體不淨 732-3-24
謦咳 1004-1-15
戴塔吉祥 1104-2
覆 736-1-19, 1510-2
覆手合掌 1513-1
覆手向下合掌 1313-1
覆帛 1540-3
覆肩衣 1516-3
覆面 1514-2
覆俗諦 1529-3
覆迹顯本 426-1-16
覆腋衣 196-1-26
覆鉢 1540-3
覆業無明 1717-1-29
覆墓 1514-2
覆器 1512-2
覆諦 1529-3
覆諱過失 917-2-25
覆講 1512-3
覆藏犍度 424-1-20
1513-1
覆藏他重罪戒 1426-3-20
醫方 88-1
醫方明 88-1
醫方論 88-2
醫王 90-1
醫王山王 90-2
醫王善逝 90-1
醫喩經 89-2
毉羅跋那 89-2, 89-2-20
藍宇 1782-1
藍風 1783-2
藍毘尼 1783-1-18
藍婆 1783-1
藍婆鬼 1783-1
藏 673-3
藏六 677-2
藏主 676-1, 676-2
藏王權現 677-2, 680-2
藏司 676-1, 676-2
藏持 552-1-6
藏海 674-3
藏教 614-1-27, 675-2
藏教四門 763-2
藏教七階 675-2
藏通 676-2
藏通別圓 576-2
藏理 677-2
藏慈 676-1
藏經 675-1
藏殿 676-3
藏塵 676-2
藏識 676-1
藏識四相 702-1
藏賓 677-1
薩他泥濕伐羅 601-1
薩多琦梨 601-1
薩多般那求訶 601-1
薩利殺跛 602-2
薩底也 601-3
薩陀波崙 1432-2-8
薩怛多般怛羅 601-1
薩迦耶見 600-3
羅耽菩王 1815-3-4
薩婆若 602-1
薩婆訶 1091-1-10
薩婆薩埵 602-1
薩婆吃隸奢 601-3
薩婆悉達多 602-1
薩婆愼若提婆 602-1
薩婆曷剌他悉陀 601-3
薩婆多部鼻祖迦旃延 192-1
薩偸羅 601-3
薩埵 601-1, 651-2-10
薩埵王子 601-1
薩埵剌闍答摩 601-2
薩埵也 601-1
薩達喇摩 601-3
薩達磨芬荼利 601-2
薩達磨芬荼利迦 601-2
薩達磨芬陀利修多羅 601-2
薩達摩奔荼利迦素怛覽 601-2
薩陀波崙 601-2
薩曇分陀利 601-3
薩嚩羅娑 600-3
薩嚩咀 601-1
薩羅國 602-1
薩羅國經 602-1
薩羅計 602-1
薩羅縛奢 602-2
薩羅薩伐底 602-2
藉通開導 806-3
藁幹喩經 174-1
薰修 355-3
薰習 355-3
薰陸香 356-2
舊住菩薩 301-1
舊事淨法 1448-1-2
舊苔 299-2
舊律家 316-2
舊俱舍 289-2
舊城喩經 296-3
舊華嚴 289-2
舊善客善 298-2
舊論 318-3
舊醫 276-3
舊雜譬喩經 291-2
舊譯 314-3
瞿夷 276-3, 1779-1-25
瞿伽尼 286-1
瞿伽離 285-3, 286-1
瞿伽離謗二聖墮地獄 286-1
瞿沙 292-2
瞿沙經 292-3
瞿私多 291-3
瞿波 305-3, 362-1
瞿波羅 306-1
瞿波洛迦 306-2
瞿波理迦 306-2
瞿陀尼 299-3
瞿拉坡 315-2
瞿毗耶 307-2
瞿毘霜那 307-2
瞿耶尼 314-3
瞿枳羅 287-1
瞿姨本生 277-1
瞿室餕伽 292-1
瞿拏鉢剌婆 305-1
瞿師 291-2
瞿修羅 294-3
瞿婆 306-3
瞿婁達磨 317-3
瞿答摩 299-2
瞿摩 309-3
瞿摩帝 310-1
瞿摩帝河 310-1
瞿摩帝伽藍 310-1
瞿摩夷 310-1
瞿模怛羅 312-3
瞿曇 303-3
瞿曇仙 304-1
瞿曇彌 304-1
瞿曇法智 304-1
瞿曇留支 304-2
瞿曇彌經 304-2
瞿曇僧伽 304-1
瞿曇彌記果經 304-2
瞿曇僧伽提婆 304-1
瞿曇般若流支 304-1
瞿默 312-3
瞿默目犍連 312-3
瞿默目犍連經 312-3
瞿盧折娜 317-2
瞿薩旦那 291-2
瞿醯 289-2
瞿醯經 289-2
瞿醯者那 517-2
瞿醯檀哆羅經 289-2
闕過 398-2
蟲 1701-1
蟲食木譬 1701-1
叢林 1079-2
叢社 1076-1
叢席 1076-2
叢規 1072-1
簡言 412-2
簡別 1763-1-8
雙木 597-3
雙身法 594-2
雙身毘沙門 594-1
雙身毘那耶伽法 594-2
雙林 598-3
雙林樹 598-3
雙非 596-3
雙卷經 593-1
雙持 1759-3-3
雙流 598-3
雙魚宮 592-3
雙圓 599-1
雙運 591-2
雙樹 594-3
雙樹林下往生 594-3
雙觀經 593-1
龜 205-2
龜毛 247-3
龜不愼口墜地死 205-3
龜茲 241-1
龜爲獼猴被謀話 206-1
龜藏六 205-3, 239-1
龜鏡文 239-1
題 1122-2
題目 1167-3
題目踊 1167-3
題名僧 1167-2
題者 1137-3
擲於虛空 1203-3
擲惡人印 1203-3
攄甲 1818-3
瀉瓶 206-2-15
瀉藥 812-1
瀑流 1633-2
獵師 1811-3
櫃頭 244-1
嚕多 1846-3
嚕捺羅 1846-3-16, 1847-1
嚕羅婆地獄 1847-2
旛 1456-2
旛王經 1441-1
曜宿 130-2
禮拜 1773-2
禮拜門 1773-2
禮拜正行 531-2-23
1773-2
禮拜雜行 1773-2
禮敬 1773-1
禮盤 1735-2
禮識 1773-1
禮讃 1773-1
瞻西 1039-2
瞻仰 1038-3
瞻波 1048-1
瞻波國 1048-1
瞻波經 1048-1
瞻波犍度 424-1-15, 1048-1
瞻風 1048-3
瞻病 1048-3
瞻病五德 555-3, 1048-3
瞻部 1048-3
瞻部金 1049-1
瞻部洲 1048-3
瞻部提 1049-1
瞻部光像 1049-1
瞻部捺陀金 1049-2
瞻婆城 1048-2
瞻婆城鳩 1048-2
瞻婆怛伽 1048-2
瞻婆比丘經 1048-2
瞻蔔 1049-1
瞻蔔迦 1049-1
瞻博 1048-2
瞻博迦 1048-2
穢土 1335-3-6, 1865-3
穢身 1864-1
穢刹 1865-1
穢食 1864-2
穢迹金剛 1863-3
穢迹金剛禁百變法經 1863-3
穢迹金剛說神通大滿陀羅尼法術靈要文經 1863-3
穢國 1862-3
穢業 562-1-13
穢積金剛 1863-3-5
職吉蹉 692-1
職衆 692-2
繡利蜜多 841-1
繒蓋 1093-3
繕都 1066-1
繕摩末剌諵 1068-2
謨賀 1626-1
轉 1244-3
轉大般若經 1253-3
轉女成男 1256-2
轉女身經 1256-1
轉女成男願 1256-2
轉女成佛經 1256-2
轉不退法輪方便 916-2-11
轉化 1247-3
轉世 1251-3
轉他門句 1252-2
轉衣 1245-2
轉有經 1245-2
轉妙法輪 1258-1
轉法輪 669-2-15, 1257-1
1404-1-27
轉法輪日 1257-2
轉法輪印 1257-1
轉法輪相 1257-2
轉法輪時 1257-2
轉法輪堂 1257-2
轉法輪座 1257-2
轉法輪蓋 1257-1
轉法輪經 1257-1
轉法輪像 1257-2
轉法輪菩薩 1257-3
轉法輪經論 1257-1
轉法輪の四輪 858-3
轉法輪經優婆提舍 1257-1
轉依 1245-2
轉依難證屈 644-3-3
轉宗 1249-3
轉念 1256-3
轉計 1247-3
轉派 1256-3
轉骨 1248-3
轉起 1246-1
轉迷開悟 1258-1

轉蹠鷲鎖鐙鎭鎌額雜騎雛鷄歸點翻斷羂鹽繋麗藤藥藪藕醯龐廬關羅

轉教 1248-1, 1247-3
轉教付財 1248-2
轉欲 1258-2
轉梵輪 1257-3
轉惡成善益 445-1-25, 1245-2
轉經 1246-2
轉經會 1246-2
轉輪 1259-1
轉輪王 1259-1, 1806-1-19
轉輪藏 1259-1
轉輪高座 1259-1
轉輪聖王 1259-1
轉輪五道經 1259-1
轉輪王七寳千子 1259-2
轉輪王一字心呪 1259-3
轉輪王爲半偈剜身燃千燈 1259-3
轉藏 1249-1
轉轆轆地 1259-3
轉識 688-2-24, 1249-3
轉識得智 1250-2
轉變 1256-3
轉變秘密 713-3-18
轉變無常 733-1-27
轉讀 1255-3
轉讀般若 1255-3
轉龕 1246-1
蹠俱羅 804-2
鷲王 233-3
鵝王眼 233-3
鷲王別乳 233-3
鷲珠 229-1
鷲眼 228-2
鎖龕 599-2
鐙庵 221-1
鎭 1211-3
鎭守 1212-3
鎭西派 970-3-30, 1212-3
鎭西宗要 1213-1
鎭西派六流 1212-3
鎭西十六祖 1213-1
鎭宅不動法 1213-1
鎭國道場 1212-1
鎭將夜叉法 1212-3
鎭頭迦 1213-1, 1792-1-27
鎭頭迦羅 1213-2
鎭護國家法 1212-2
鎭護國家三部 657-2
鎭護國家道場 1212-1
鎌子 205-1
鎌倉五山 205-1, 527-2
額上珠 227-1
額珠 227-1
雜心論 680-1
雜生世界 679-3
雜行 679-1, 1309-2-6
雜住界 680-2
雜合 679-2
雜毒 680-2
雜毒善 680-2
雜林苑 680-2, 1102-3-23
雜阿含經 15-2, 679-1
雜阿毘曇經 679-1
雜阿毘曇心論 32-2, 679-1
雜阿毘曇毘婆娑 679-1
雜染 680-1
雜修 679-3, 1317-2-6
雜修靜慮 680-1
雜華 679-2
雜華雲 679-2
雜華經 679-2
雜善 680-1
雜集論 680-1, 917-1-5
雜無極經 680-2
雜業 679-2
雜碎衣 679-2
雜想觀 679-2
雜犍度 423-3-20, 424-1-30, 679-2
雜語 1653-3-29
雜緣 679-1
雜藏 674-2-11, 674-3-2, 679-3
雜藏經 679-3
雜寳藏經 680-2
雜寳聲明論 680-2
雜譬喩經 680-2
雜觀想 679-2
騎牛求牛 103-3
騎牛歸家 237-2
騎驢覓驢 1847-1
雛僧 1004-3
雞舌香 372-2
雞足山 372-2
雞足河 372-3
雞足守衣 372-3
雞毒 373-1
鷄胤部 371-3
鷄峯 373-3
雞雀寺 372-2
鷄婁鼓 374-1
鷄園 374-2
雞頭摩 373-1
雞嶺 374-1
雞羅多摩 373-3
歸入 245-2
歸元 238-2
歸仰 236-3
歸戒 236-3
歸命 247-2
歸命合掌 247-2
歸命頂禮 247-2
歸依 236-1
歸依佛 236-2, 609-2-12
歸依法 236-2, 609-2-11
歸依僧 236-2, 609-2-13
歸性 239-3
歸性門 835-2-20
歸南 245-1
歸俗 241-3
歸寂 241-1
歸眞 240-1
歸敬 237-1
歸敬序 237-1
歸僧息諍論同入和合海 241-3
點慧 199-3
翻邪歸正 1621-3
翻梵語 1624-1
翻譯 1625-2
翻譯名義集 1625-2
斷末摩 1186-3
斷伏 1186-2
斷肉 1186-2
斷肉經 1186-2
斷戒 686-3-18
斷見 408-1-16, 1184-2, 1313-2-22
斷見論 434-2-19
斷見外道 1184-2
斷和 1187-2
斷事沙門 1185-1
斷食 1185-1
斷苦法 1184-2
斷律儀 1187-1
斷相續心 917-3-20
斷害生命 1841-3-8
斷常二見 1185-1
斷善根 1185-1
斷善闡提 75-2, 1185-2
斷結 1184-2
斷智 1185-2
斷惑 1187-2
斷惡修善 917-3-25
斷圓 1269-1-17
斷滅 1187-1
斷對治 1104-3-29
斷障無上 733-1-16
斷疑生信 1184-1
斷德 651-2-1, 1185-3, 1335-2-5
斷頭者 1185-3
斷頭罪 1185-3
斷諸煩惱念處 1379-1-18
斷胥 1186-2
斷斷 707-1-19, 1185-2
斷證 1184-3
羂索 1535-3-4
羂索心 1830-3-17
羂索觀音 412-3

〔十九畫〕

鹽斷 758-1
繋 371-3
繋念 404-1
繋念無量劫 404-1
繋珠 392-1
繋着 395-3
繋着內衣裏 395-3
繋緣 381-1
繋緣守境止 381-2-4
繋緣法界一念法界 381-1
繋縛 404-2
繋驢橛 374-1, 407-2
麗藏目錄 1773-1
藤蛇喩 1267-2
藥山 1751-1
藥山陞座 1751-1
藥叉 1752-2, 1754-1-1
藥乞叉 1750-1
藥上菩薩 1752-2
藥王 1753-1
藥王品 1753-1
藥王樹 1753-1
藥王藏 1753-1
藥王菩薩 1753-1
藥王燒臂 1753-1
藥王菩薩品 1753-2
藥王藥上經 1753-3
藥王菩薩本事品 1753-2
藥石 1752-2, 1752-3
藥食 1752-2
藥師 1751-
藥師寺 1752-1
藥師草 1752-1
藥師經 1751-3
藥師講 1752-1
藥師三尊 1751-2
藥師七佛 1751-2
藥師印相 1751-3
藥師眞言 1751-3
藥師散華 615-1-18
藥師悔過 1752-1
藥師經軌 1751-3
藥師護摩 1752-1
藥師寺最勝會 1752-1
藥師八大菩薩 1751-2
藥師十二神將 1751-3
藥師十二誓願 1751-2
藥師瑠璃光佛 1752-2
藥師瑠璃光如來 741-1-12, 1751-1-24, 1752-2
藥師如來本願經 1752-1
藥師如來念誦儀軌 1752-1
藥師如來觀行儀軌法 1752-1
藥師瑠璃光七佛本願功德經 1752-2
藥草 1750-3
藥草喩品 1751-1
藥珠二身 1752-2
藥廁抳 1753-3
藥童子 1752-3
藥犍度 424-1-11, 1750-3
藥樹王 1752-2
藥樹王身 1752-3
藥藏 1751-1
藪中拾位 1077-1
藪達梨舍苑 1087-3
藕孔 356-3
藕絲 356-3
藕絲 357-1
龐居士 1581-1
廬山衣 1845-3
廬山流 1846-1
廬陵米價 1847-2
關 336-2
關山 343-3
關山賊機 343-3
關山罵僧 343-3
關三刹 343-3
關中四聖 346-3, 705-3-22
關東三流 349-2
關東四刹 349-2
關東六老僧 349-3
關東十八檀林 349-2
關帝 349-2
關捩子 353-1
羅 1772-1
羅叉私 1780-1-12
羅叉婆 1779-3, 1780-1-11
羅乞叉 1776-2
羅云 1774-3-5
羅云忍辱經 1774-3
羅什別室 311-2
羅皀衣 1818-2
羅吼羅 1778-1, 1778-3-8
羅吼囊計度 1780-3
羅刹 1780-1
羅刹女 1780-3
羅刹天 935-3-8
羅刹心 1830-2-24
羅刹日 1780-3
羅刹私 1780-2
羅刹國 1780-2
羅刹娑 1780-1-11
羅刹鬼 225-2-27
羅刹羅 1780-3
羅門 1781-3
羅陀那 1780-3
羅陀那質多 1781-1
羅陀那犍頭 1780-3
羅陀隣那朱 1781-1
羅怛那 1780-3-21
羅怛囊 1780-3-21
羅差 1779-3
羅被那 1781-1
羅婆醯陀 1781-1
羅越 1782-1, 1774-3-14
羅雲 1774-3
羅惹 1779-3
羅預 1782-1
羅網 1781-3
羅漢 1775-1
羅漢供 1776-1
羅漢講 1776-1
羅漢比丘 1776-2
羅睺 1778-2, 1778-3-9
羅睺羅 922-3-12, 1778-3
羅睺羅多 1779-2

羅睺阿修羅 1778-2
羅睺爲長子 1779-2
羅睺羅受記 1779-2
羅睺羅阿修羅 1778-2-21
羅睺羅生母異說 1779-1
羅睺羅密行第一 1779-2
羅睺羅出家因緣 1779-2
羅睺羅六年在胎因 1779-1
羅閱 1774-3, 1774-3-14
羅閱者 1774-3-14
羅閱祇 1774-3
羅閱祇迦羅 1774-3-14
羅閱揭黎醯 1774-3-15
羅摩 1781-3
羅摩伽 1781-3
羅摩伽經 1781-3
羅穀 1778-2
羅齋 1779-3
羅羅哩 1782-1
羆菩薩 1467-3
贊那曩 652-1
簸蘭復多 1430-1
攀緣 1432-3
攀覺 1432-3
邊五得 1572-1
邊地 1574-1
邊地懈慢 1574-1
邊州 1572-3
邊見 408-1-13, 524-1-1
1571-3
邊界 1571-2
邊執見 408-1-18, 1572-2
邊無邊 1832-1-7
邊罪 1572-2
邊罪難 807-3-22
邊際 1572-2
邊際智 1572-3
邊鄙衆 709-2-1
壞山 1865-2
壞色 1863-2
壞劫 701-3-4, 1863-1
壞法 1866-2
壞相 1823-2-7, 1863-1
壞相金剛陀羅尼經 1863-1
壞苦 1862-1
壞衲 1865-3
壞道沙門 811-2-30
壞驢車 1267-1
濾水囊 1834-2
濾羅 1847-2
瀧見觀音 1110-1
懷見 1862-2
懷兎 1865-2
懷苦 276-1-4
懷素 1789-1-16
懷感 1861-3
懷讓 1864-2
懷靈 1866-3
嚧迦 1818-2-25
嚧遮那 1807-2-7, 1846-1
嚩 1441-2-1, 444-3
嚩曰囉 1445-2-22
嚩舍 1446-3
嚩泥 1452-3-20
嚩馹囉 1445-2-21
嚩囉阿避庾 1445-3
嚩誐羯囉拏 1444-1
嚩盧枳諦 1456-1
嚩羅呬 1258-2
嚩嚕拏 1456-2
覗金 867-2
覗物 884-2
覗施 876-1
覗財 871-3
覗資 872-1
覗錢 876-3
爍迦羅 798-3, 799-1
爍羯羅 798-3
臘 1781-2
臘八 1774-1
臘次 1781-2
臘伐尼 1783-1-19
臘佛 1781-3
臘餅 1781-3
臘縛 1781-2
犢子 1274-1
犢子部 1274-1
犢牛前身 1273-1
穩坐 154-2
疆梁婁至 253-2
嘯瑟吒麼洗 894-3
蟻 42-3
蟻術 264-2
蟻喩經 273-2
繩床 995-3
譚婆 1186-2
證 844-2
證入 847-3
證入生 622-3-2, 847-3
證入成佛 847-3
證大菩提 847-1
證文 1750-2-29
證不退 847-3
證成道理 712-3-8
1177-1-25
證明 848-2
證果 845-2
證金剛心 526-3-18
證信序 846-3
證悟 845-3
證得 847-2
證得法身 847-2
證得世俗諦 1097-1-17
證得勝義諦 847-2
1097-2-1
證淨 846-3
證教授 711-1-12
證眞私記 846-3
證智 847-1
證發心 627-1-20, 847-3
證道 847-1, 1330-3-26
證道歌 847-1
證道同圓 847-1
證義 1750-2-28
證義者 845-1
證誠師 846-3
證誠殿 847-1
證誠大菩薩 847-1
證滿成佛 712-1-27
760-3-4, 848-1
證轉 650-1-22
證覺 844-3
識 688-1
識牛 692-1
識主 692-2
識幻 691-3
識心 692-3
識外道 434-1-14
識住 693-1
識身 692-3
識身足論 692-3, 1836-2-3
識性 1324-2-9
識使 692-1
識食 692-3, 716-2-27
889-3-6
識界 691-2
識神 692-3
識浪 694-2
識海 691-2
識處天 692-2
識處定 692-2
識通塞 693-3
識宿命通 692-2
識無邊處天 694-1
識無邊處定 695-3-9
識塞通 920-2-21
識精 692-1
識實性唯識 693-1
識藏 692-1
識蘊 691-1
識變 693-3
識變六無爲 693-3
譏嫌 238-2
譏嫌戒 238-2
醯哩 409-1
醯都 373-1
醯都費陀 373-1
醯都鉢羅底也 373-1
醯補盧沙 404-3
醯摩嚩多 405-2
醯遮波多 392-1
醯羅山 373-3
醯羅城 373-3
辯香 1577-2
贈五重 148-3
贈別夜 1095-1
贈別經 1095-1
鵲巣和尙 977-2
鵲園 979-2
鴿 1118-3
鏡 178-3-7, 183-2
鏡谷 250-2
鏡像 250-3
顛倒妄想 572-3-21
願 366-2
願人 368-3
願人坊 368-3
願人坊主 368-3
願力 369-1
願力自然 369-2
願力信心 369-2
願力廻向 369-2
願土 368-2
願心 367-3, 917-2-3
願文 369-1
願主 367-3
願巧 367-2
願生偈 367-3
願生歸命 367-3
願以此功德 366-2
願以此功德普及於一切 62-3
願母放我等 369-1
願行 367-1
願行具足 367-1
願自在 893-2-26
願身 1558-2-22
願佛 368-3
願作心師 367-2
願作佛心 367-2
願作度生 367-2
願成佛道 368-1
願成就文 368-1
願我臨欲命終時 366-3
願我於末於長壽度衆生 366-3
願波羅蜜 368-3
願波羅蜜十德 368-3
願度 1281-2-27
願度の三行 930-1-22
願食 368-1, 537-1-9
889-3-10
願海 366-3
願船 368-2
願偈 367-2
願常隨佛學 368-1
願智 368-2
願輪 369-2
願慧 369-2
願諸同法者 367-3
類智 1188-3-15, 1809-1
難 1302-1
難入 1306-1
難化 1302-3
難化三機 1302-3
難中之難 1305-2
難伏地 1306-2
難石石裂 53-1
難行 1302-2
難行道 1302-3, 1330-3-7
難行苦行恩 905-1-11
難有 1302-1
難陀 1304-2, 1304-3
難陀婆怛那 1449-2-20
難陀跋難陀 1305-1
1305-2
難陀鄔波難陀 1305-1
難陀優婆難陀 1305-1
難治機 1305-3
難治三病 1305-3
難信之法 1303-3
難信金剛信樂 1303-3
難易二道 1302-1
難長者經 1305-2
難思 1303-1
難思議 1303-1
難思弘誓 1303-1
難思光佛 1303-1
難思往生 1303-2
難思議往生 1303-1
難度 1306-1
難度海 1306-1
難度衆生 1306-1
難拏 1306-1
難破 1306-2
難得行 1305-3
難値難見 1305-2
難提 1304-3
難提迦 1304-3
難提釋經 1304-3
難提迦物多 1304-3
難勝地 1303-2
難報經 1306-3
難經 1302-2
難勢 1303-3
難解難入 1302-3
難禪 1304-2
難龍王經 1307-1
難斷煩惱 1305-2
離二邊分別止 1789-2
離三業念佛 1785-2
離日 1789-3-6, 1803-2
離中知 1787-3
離文字普光明藏經 1791-3
離生 1786-1
離生性 880-2-12, 1786-1
離生喜樂地 1786-1
離車 1785-3
離車子 1786-1
離車毘 1785-3-6, 1786-1
離作法 1785-2
離言眞如 879-3-2
1336-3-17, 1785-1
離成三業念佛 1786-3
離法愛 1791-2
離波多 1789-3
離怖畏如來 1791-1
離垢 1784-2
離垢地 923-3-13, 1784-3
離垢眼 1784-2
離垢世界 1784-2
離垢清淨 1319-2-6
離苦 1784-2
離相 618-1-14, 1785-1
離相戒 158-3-28, 1785-1

離 寶 辭 鯨 露 譬 藹 蘇

離相三昧 1785-2
離欲 1803-1
離欲地 923-2-20, 1803-2
離欲退 1803-1
離婆多 1789-3
離婆多坐禪第一 1789-3
離貪心 1789-2
離奢 1785-3-5
離越 1789-3, 1803-2
離間語 1785-1
離喜妙樂地 1784-2
離微 1791-2
離痴亂行 908-2-11
離蓋 1783-3
離塵服 1787-3
離睡經 1786-3
離諠 1828-1-17
離縛斷 1789-3
離繫子 1785-1
離繫果 1784-3
離繫外道 1785-1
離譏嫌名願 1784-1
寶 1962-1-13
寶山 1109-2, 1581-1
寶女 1585-1
寶女經 1585-2
寶女三昧經 1585-2
寶女所問經 1585-2
寶王 1586-1
寶王論 1586-2
寶王三昧 1586-2
寶王如來 1586-2
寶手 1583-1
寶手比丘 1583-1
寶手菩薩 1583-1
寶手菩薩印明 1388-1
寶主 1583-1
寶天比丘 1584-3
寶月童子問法經 1580-2
寶月智嚴光音自在王 741-1-2
寶月智嚴音自在王如來 1580-2
寶生印 1582-1
寶生佛 566-2-9
寶生經 1582-1
寶生論 1582-3
寶生如來 1582-2
寶生馬座 477-1-16
寶生陀羅尼經 1582-1
寶生如來羯磨印 198-3
寶印 1578-2
寶印三昧 1578-3
寶印手菩薩 1578-3
寶池 1584-3
寶池房 1584-3
寶池觀 1584-3
寶陀巖 1584-2
寶光天子 1580-1
寶光明池 1580-1
寶吉祥天 1580-1
寶如來三昧經 1585-2
寶車 1581-2
寶車輅印 943-2-5, 1583-1
寶坊 1585-2
寶沙麼洗 1583-1
寶性 1581-3
寶性論 1582-3
寶性功德草 1582-1
寶林 1585-3
寶林傳 1586-1
寶所 1583-2
寶刹 1584-1
寶典 1584-3
寶雨經 1579-1
寶尙光基 1582-1
寶波羅蜜 1585-2
寶波羅蜜菩薩 752-3-5
寶界 1579-3
寶洲 1581-2
寶星經 1582-1
寶星陀羅尼經 1582-2
寶思惟 1583-2
寶要義論 1579-1
寶冠釋迦 1580-1
寶香合成願 1579-3
寶契陀羅尼經 1580-2
寶海 1579-3
寶海梵志 1579-3
寶乘 1584-1
寶座 1581-1
寶城 1589-3
寶珠 1583-3
寶珠法 1584-1
寶珠三昧 1584-1
寶珠比丘尼 1584-1
寶瓶 1585-2
寶瓶印 1585-2
寶唱 1581-3
寶部 476-3-15, 1585-3
寶偈 1581-1
寶國 1581-1
寶授菩薩 1584-1
寶授菩薩菩提行經 1584-1
寶處三昧 1583-2
寶帶陀羅尼經 1584-1
寶悉地成佛陀羅尼經 1581-2
寶筏 1585-2
寶疏 1583-2
寶階 1579-3
寶掌 1581-3
寶雲 1579-1
寶華 1580-2
寶華太子 1580-3
寶渚 1583-2
寶階塔 1579-3
寶雲經 1579-1
寶勝如來 1583-2
寶童子經 1585-1
寶掌菩薩 1582-3
寶菩薩印 1585-3
寶號 1579-3
寶號經 1579-3
寶塔 1584-2
寶塔品 1584-2
寶塔扉開 1116-1
寶塔扉閉 1116-1
寶意 1781-1-3
寶鈴 1585-3
寶網 1585-3
寶網經 1585-3
寶臺 1584-2
寶聚 1583-3
寶蓋 1579-3
寶誌 1581-2
寶輪 858-3-5
寶幖 1585-2
寶像 1581-1
寶幢 1584-3
寶幢如來 1207-2-20
寶篋印 1580-2
寶篋印塔 1114-3, 1580-2
寶篋印陀羅尼 1580-3
寶篋印陀羅尼經 1580-3
寶樓觀 1586-1
寶樓閣法 1586-1
寶樓閣經 1586-1
寶賢大將 1580-3
寶賢陀羅尼經 1580-3
寶幢如來 1585-1
寶德藏經 1584-3
寶器 1580-1
寶積 1781-1-12
寶積佛 1582-3
寶積經 1582-3
寶積三昧 1582-3
寶積菩薩 1583-1
寶積經論 1582-3
寶積長者子 1582-3
寶積三昧文殊師利
菩薩問法身經 1582-3
寶髻佛 1780-3-27
寶髻經四法優婆提舍 1580-2
寶樹 1583-3
寶樹觀 1583-3
寶螺 1585-3
寶藏 1581-1
寶藏神 1581-1
寶藏論 1581-2
寶藏天女 1581-2
寶藏如來 1581-2
寶藏天女陀羅尼法 1581-2
寶藏神大明曼拏羅
儀軌經 1581-2
寶鏡 1580-1
寶鏡三昧歌 1580-1
寶嚴經 1581-1
寶鐸 1584-2
寶鑰 1585-3
辭無礙 761-1-11
辭無碍智 961-1
辭無碍辯 961-1
鯨音 429-1
鯨魚 1648-3-27

〔二十畫〕

露 1235-3
露牛 1845-3
露地 1846-3
露地坐 1238-1-1, 1847-1
露地白牛 1847-1
露佛 1847-2
露形外道 1819-1
露柱 1846-3
露命 1847-2
露堂堂 1846-3
露幔 1847-2
露遮 1846-1
譬喩 1475-3
譬喩周 621-3-1, 1777-3
譬喩品 1477-3
譬喩師 1477-2
譬喩部 1477-3
譬喩說 1477-3
譬喩經 1477-2
譬喩量 1791-3-29
譬喩論師 1477-3
譬喩王經 1477-3
蘆葉達磨 1818-2
藹吉 3-1
藹吉支 3-1
藹羅筏拏 7-3
蘇乞史麼 1080-1
蘇末那 1090-1
蘇目可 1090-2
蘇弗多羅 1089-3
蘇弗窒利 1089-3
蘇合 1080-1
蘇蘇 1087-2
蘇蘇夷 1087-2
蘇蘇沙拏 1087-3
蘇蘇扇陀 1087-3
蘇伐羅 1089-2
蘇伐剌拏瞿怛羅 1089-2
蘇多達 1087-3
蘇吉施羅 1780-1
1776-2-30
蘇利耶 1090-3
蘇那摩 1088-3
蘇伽蜜多 1080-1
蘇沒囉多 1089-2-12
蘇呵 1080-1
蘇油 1090-2
蘇波故 1089-1-1
蘇波訶 1091-1
蘇和呵 1091-1-10
蘇怛羅 1087-2
蘇夜摩 1090-2
蘇泥怛羅 1088-3
蘇剌他 1090-3-6
蘇若那 1088-3
蘇迷 1090-1
蘇迷嚧 1090-2
蘇扇多 1087-1
蘇哩耶 1090-3-7
蘇息處 1087-1
蘇畢利耶 1089-3
蘇氣怛羅 1080-1
蘇婆呼 1089-1
蘇婆訶 1091-1-9
蘇婆利 1089-2
蘇婆師多 1089-1
蘇婆呼經 1089-1
蘇婆呼菩薩 1089-1
蘇婆呼童子經 1089-1
蘇婆呼童子請問經 1089-1
蘇部底 1089-3
蘇部摩 1089-3
蘇曼那 1090-1
蘇偷婆 1088-1
蘇跋陀羅 1089-1
蘇跌里舍那 1088-1
蘇悉地 1085-3
蘇悉業 1822-3-6
蘇悉地法 1086-2
蘇悉地院 1086-2
蘇悉地業 1086-2, 1793-3-7
蘇悉地經 1086-2
蘇悉地經疏 1086-2
蘇悉地羯羅 1085-3
蘇悉地供養法 1086-2
蘇悉地羯羅經 1086-1
蘇悉地羯羅菩薩 1086-1
蘇悉地羯羅供養法 1086-1
蘇悉地羯羅五莊嚴法 1086-1
蘇揭 1080-1
蘇揭多 1080-1
蘇喇多 1090-2-23
蘇補底 1089-3
蘇達拏 1087-3
蘇達拏太子 1487-2-18
蘇達梨舍那 1087-3
蘇鉢剌尼 1089-2
蘇鉢喇味底多 1089-3
蘇蜜 1090-1
蘇槃多 1088-3
蘇漫多 1090-1
蘇摩 1089-3
蘇摩呼 1089-1-1, 1090-1
蘇摩那 1090-1-8
蘇摩鉢 1099-1
蘇摩浮帝 1090-1
蘇摩浮抵 1090-1-17
蘇蔓那 1090-1-8
蘇樓波 1091-1
蘇頡里離佉 1080-1
蘇頻陀 1089-3
蘇盧都訶 1091-1
蘇彌盧 1090-1
蘇羅 1090-2-18
蘇羺多 1089-2
蘇囉拏 1089-2
蘇囉多 1090-2

蘇巃 1088-1
蘊 124-3
蘊不攝無爲 125-1
蘊界 125-2
蘊善巧 921-2-20
蘊落 127-3
蘊馱南 126-3
蘊識 125-3
蘊魔 126-3
癢和子 1750-1
鬪心 1830-1-10
鬪勝 1266-2
鬪諍堅固 525-3-25, 1267-2
懸衣翁 408-3
懸佛 187-3
懸念無量劫 424-3
懸香 187-3, 409-1
懸記 409-2
懸脚坐 409-3
懸鼓 409-3
懸談 422-3
懸曠 409-3
懸鏡 187-3
嚴王品 583-2
嚴佛調 583-1
嚴身眞言 581-1
嚴淨 581-3
嚴淨佛土經 581-3
嚴淨國土皆悉見覩 581-3
嚴飾 581-1
嚴誠宿緣經 580-1
嚴熾王 581-1
嚴護 580-3
闍陀 1043-1
闍陀鞞陀 1044-3
闍底迦 626-2-7
闍提 1043-2
闍鐸迦 1043-1
籌 1204-2
籌室 1206-3
纂要 605-1
覺 183-3
覺了 187-1
覺了法性 909-3-14
覺人 186-2
覺山 185-3
覺大師 185-3
覺心 185-2
覺心不生心 185-2, 928-1-18
覺王 187-1
覺分 186-3
覺天 186-1
覺日 186-2
覺支 185-1
覺他 185-3, 1308-3-1
覺母 186-3
覺行 184-1
覺如 186-2
覺知一心生死永棄 186-1
覺位 187-2
覺性 185-1
覺岸 184-1
覺彥 184-3
覺皇 184-1
覺者 185-1
覺苑 187-2
覺悟 184-3
覺悟知 184-3
覺悟方便 916-2-9
覺城 185-3
覺帝 185-3
覺海 184-1
覺起印 184-1
覺堅 184-2
覺路 187-1
覺策 184-3
覺雄 187-2
覺華 184-2
覺超 186-1
覺盛 185-2
覺勝印 185-2
覺猷 187-1
覺圓 187-2
覺道 185-3
覺道支 186-1
覺意三昧 183-3
覺範 186-2
覺滿 186-3
覺德 186-1
覺憲 184-1
覺樹 185-3
覺蘂 185-3
覺鑁 186-2
覺觀 184-1
覺觀風 184-2
覺觀自在 893-2-5
攘那跋陀羅 972-1
獼猴 206-1-7, 1648-2-5
懺 603-3
懺主 1040-3
懺法 660-1, 1049-2
懺法堂 1050-2
懺法講 1050-2
懺悔 306-1-1, 521-3-13, 615-1, 1785-2-11
懺悔文 229-1-19, 616-1, 680-1
懺悔品 616-1
懺悔五法 615-3
懺悔功德 615-2
懺悔業障 615-3
懺除 638-2
懺儀 1039-1
懺摩 661-1
臛臛婆 328-3
騰蘭 1108-3
爐煨㰦 1756-2-25
爐壇 1846-3
襪 1657-3
襪子 724-3
蠕動 1306-1
繼忠 372-3
譯主 1750-2-27
譯師 1751-1
譯經院 1750-2
警策 372-1
警覺 248-3
釋 800-1
釋子 800-3
釋女 803-1
釋文 804-1
釋氏 800-3
釋氏稽古略 801-1
釋外論槃涅乘小道 800-3
釋名 441-3-9, 804-1
釋名字三昧 804-1
釋志磐 801-1
釋典 802-3
釋金剛經刊定記 800-3
釋門 804-1
釋門正統 804-1
釋門章服儀 804-1
釋風 803-1
釋帝 801-3
釋帝善見宮 801-3
釋迦 223-1-3, 795-3
釋迦文 798-3
釋迦法 796-3
釋迦院 799-2
釋迦堂 796-1
釋迦越 799-2
釋迦像 1580-2-1
釋迦經 796-1
釋迦譜 796-3
釋迦氏譜 796-1
釋迦發心 797-2
釋迦發遣 798-2
釋迦方誌 796-2
釋迦牟尼 796-3
釋迦夾侍 798-1
釋迦念佛 796-2
釋迦鉢印 796-2
釋迦異名 798-1
釋迦散華 615-1-14
釋迦悔過 382-3
釋迦掩室 798-1
釋迦多寶 796-1
釋迦の氏姓 797-1
釋迦毘楞伽 796-3
釋迦因陀羅 796-1
釋迦彌多羅 796-3
釋迦有師無師 798-2
釋迦密敎成佛 798-1
釋迦提婆因提 796-1
釋迦と金剛薩陀 482-1
釋迦三僧祇修行 797-3
釋迦作鴿救飢人 1423-2
釋迦觀唵字成佛 153-2
釋迦提桓因陀羅 796-1, 1101-3-29
釋迦提婆因陀羅 796-1, 1101-3-20
釋迦毘楞伽摩尼 796-3
釋迦出家成道の年時 798-1
釋翅 800-3
釋翅搜 801-1
釋師 800-3
釋師子 801-1
釋家 800-2
釋書 801-1
釋宮 800-2
釋梵 803-2
釋梵護世 803-2
釋敎 800-3
釋尊 801-3
釋雄 804-2
釋提桓因 801-3, 1101-3-30
釋義 800-2
釋經 800-2
釋種 801-1, 1501-2-15
釋論 478-3, 804-2
釋論三師疏 803-2
釋摩男 803-3
釋摩男本四子經 803-3
釋摩訶衍論 803-2
釋摩訶般若波羅蜜經覺意三昧 803-3
釋禪波羅蜜次第法門 801-3
釋藏 800-3
釋籤 801-2
釋魔梵 803-3
觸 735-1-16, 1080-2
觸入 1084-2
觸因 1324-1-24
觸光柔軟願 1080-3
觸杖 1083-3
觸金剛 558-2-17, 1081-2
觸毒 1084-1
觸食 716-2-20, 889-3-2, 1083-1
觸指 1082-1
觸莊嚴 771-2-23
觸境 734-1-28
觸欲 1084-2
觸瓶 1084-2
觸桶 1084-1
觸象 1081-3
觸落牌 1084-2
觸塵 1084-1
觸鼻羊 1084-2
觸樂 1084-2
觸禮 1084-2
觸穢 1085-1
觸鐘 1082-1
觸籌 1083-3
鐃 1370-1
鐃鈸 1370-2
鐃磁 1370-1
鐃銅鉢 1370-1
鐘 201-1, 217-1-29
鐘供養 202-1
鐘梵 848-1
鐘樓 842-1
鐘撞堂 202-1
鐘頭 847-2, 847-1
鐘聲七條 847-1
鐘鑄勸進 202-1
鐼子 356-1
騷毘羅 596-3, 1078-1
騷揭多 592-2
鹹水喩經 217-1
獻身 414-2
獻珠 413-3
獻珠偈 413-3
獻華座印言 410-2
獻蓮華座印 943-3-18
獻閼伽香水眞言印 943-3-13
勸化 342-2
勸化帳 342-2
勸心 345-2
勸心無心法不住法 345-3
勸門 352-3
勸持品 347-1
勸修寺 345-2
勸修寺入 345-2
勸茶 346-3, 412-3
勸章 344-1
勸進 345-3
勸進帳 345-2
勸進僧 345-2
勸進上人 345-2
勸進相撲 345-2
勸進比丘尼 346-1
勸進學道經 345-2
勸發 351-3
勸發品 351-3
勸發諸王要偈 351-3
勸湯 346-3, 419-2
勸誡 339-2
勸誡王頌 339-3
勸請 344-3, 521-3-14
勸請神分 1002-2-8
勸請の起請文 345-1
勸學 339-3
勸學會 340-1
勸學講 339-3
勸緣 337-1
勸導第一 108-1
勸轉 349-2, 650-1-20
鶡鵯伽羅 212-1-9
鷲子 683-2
鷲鷺子 684-1

〔二十一畫〕

蘭 1782-1
蘭若 1783-1
蘭室 1782-1
蘭香 1782-1
蘭菊 1782-1
蘭奢待 1782-2

譽 蘗 魔 覽 囊 鬘 闥 龕 瓔 懼 爛 蠟 續 纏 辯 鐵 鐸 鐶 鑁 饒 饑 驅 髏 鶴 鷄 攝 灌 護 糲 灑 饗 疊 籠 權

譽號 1768-1
蘗哩訶 273-2
蘗喇婆 1569-3
蘗嚕拏 213-1-28
蘗馱矩吒 273-2
魔 1642-2
魔下 1645-1
魔子 1655-2
魔王 1666-1
魔天 1659-1
魔女 1662-2
魔民 1663-2
魔旬 1656-1
魔戒 1645-2
魔忍 1662-2
魔波旬 1662-3
魔界 1645-2
魔事 1656-1
魔事境 907-2-13
魔佛 1663-1
魔宮 1653-3
魔梵 1663-1
魔病 1662-3
魔軍 1653-3
魔境 1653-1
魔道 1657-1
魔逆經 1655-3
魔精進 1656-3
魔禪 1656-1
魔障 1655-1
魔鄉 1653-2
魔檀 1657-2
魔網 1663-1
魔緣 1645-1
魔羅 1663-3
魔羅耶 1664-1-21
魔羅道 1664-1
魔縛 1662-3
魔繫 1653-3
魔嬈亂經 1662-3
覽字 1782-2
覽字門 1782-2
囊莫 1299-1
鬘 1658-3-16
鬘菩薩 1401-3-7, 1672-3
闥婆 1179-3
龕 233-3
龕子 233-3
龕前堂 233-3
龕前疏 234-1
龕塔 234-3
瓔珞 131-1, 1749-3
瓔珞經 131-1, 1750-1
瓔珞粥 1750-1
瓔珞羯磨 1750-1
瓔珞本業經 131-1
懼囊 305-2
爛脫 1782-3
蠟印 1781-2-9
續一切經音義 63-3, 1095-2
續入法界品 1096-1
續古今譯經圖紀 1095-2
續命法 1096-1
續命神幡 1096-1, 1456-3
續開元釋敎錄 1095-2
續高僧傳 1095-2
續寶林傳 1586-1
纏 1244-3
纏無明 1258-1
纏報 1257-1
纏縛 1256-3
辯才 1577-2
辯才天 1577-2
辯才妙音 1577-3
辯才天三部 1164-1
辯才天五部 1164-2
辯天 1578-1
辯無礙解 1578-1
鐵牛 1242-2
鐵丸地獄 1242-2
鐵札 1243-1
鐵多羅 1842-3-7
鐵眼 1242-3
鐵城 1243-2
鐵城泥犁經 1243-2
鐵刺林地獄 1243-1
鐵塔 1243-2
鐵輪王 1243-3, 1844-3-24
鐵樹 1243-2
鐵鉢 1243-2
鐵圍の結集 1243-3
鐵圍山 1244-1, 1243-3
鐵際 1243-1
鐵蒺藜 1243-1
鐵餕餡 1243-1
鐵橛 1740-1-27
鐵橛子 1242-2
鐸曷經 1199-1
鐶釧 342-2
鑁 1457-1
鑁上人 1457-1
鑁字 1457-1
鑁字門 1457-2
鑁乳 1457-2
鑁鑁鑁 1457-2
饒王 1370-2
饒王佛 1370-2
饒益 208-2, 1370-2
饒益行 908-2-3
饒益有情戒 1370-2
饒益有情發心 1370-2
饑饉災 237-1
饑餓地獄 236-3
驅烏 277-2
驅烏沙彌 281-3, 810-2-16
驅龍 315-3
髏鬘外道 1847-2
鶴林 328-2
鶴苑 328-3
鶴勒 328-2
鶴の林 1236-1
鶴勒那 328-2
鶴龜の三具足 1235-3
鷄貴 371-3
鷄の峰 1337-2
鷄狗戒 372-1
鷄薩羅 372-1
鷄舍鉢喇底揭喇呵 372-2
攝一切佛頂能摧一切魔三摩地 1034-3
攝大軌 1035-3, 1152-1-25
攝大論乘 917-1-3, 1036-1
攝大乘論釋 1036-1
攝大乘現證經 1033-1
攝大乘論現證三昧經 1036-1
攝心 1035-2
攝末歸本識 1036-2, 1764-3-20
攝末歸本法輪 669-2-25
攝化利生 1035-1
攝化隨緣 1035-1
攝召句 1035-2
攝衣界 1034-3
攝受 1035-2
攝受因 91-1-27
攝受門 1344-2-1
攝受奇特 244-3-29
攝取 1035-1
攝取門 1344-1-11
攝取光益 1035-2
攝取不捨 1035-2
攝念山林 1036-1
攝食界 1035-2
攝相歸性 1035-1
攝相歸性體 835-2-7
攝拖苾馱 1035-3
攝家門跡 1035-1
攝折 1035-1
攝待 1035-3
攝提 1035-3
攝摩騰 1036-1
攝淨土願 1035-2
攝眞實經 1035-2
攝衆生戒 1035-2
攝敎未盡過失 1035-1
攝僧界 1035-3
攝律儀戒 157-2-29, 1036-2
攝善法戒 157-2-30, 1035-3
攝善精進 783-1-1
攝意音樂 1034-3
攝論 1036-2
攝論宗 1036-2
攝諸福經 1035-2
攝諸善根經 1035-2
攝假隨實 1034-3
攝假從實體 835-1-23
攝境從心 1034-3
攝境從識體 835-2-1
攝嚩 1036-1
櫻會 599-3
灌室 344-1
灌頂 347-1, 349-1
灌頂住 349-2, 927-3-2
灌頂部 349-2
灌頂經 349-1
灌頂壇 349-1
灌頂幡 348-2, 349-2
灌頂旛 1456-3
灌頂加行 348-3
灌頂御所 349-1
灌頂國師 349-1
灌頂護摩 348-2
灌頂三摩耶 349-1
灌頂王喩經 349-1
灌頂壇曼荼羅 348-2
灌頂壇授弟子道具 348-2
灌洗 346-1
灌洗佛形像經 346-1
灌佛 350-3
灌佛會 351-1
灌佛經 351-2
灌佛偈 351-2
灌佛齋 351-1
灌佛香湯 351-1
灌經 341-3
灌臘 353-1
灌臘經 353-1
護不妄語五神 1323-1
護不飮酒五神 1323-1
護不邪婬五神 1323-1
護不盜戒五神 1323-1
護不殺戒五神 1323-1
護方天 558-1
護世 542-3
護世四王 543-1
護世四天王 543-1
護世者 543-1
護世威德天院 543-2
護伽藍神 1135-2-23
護法 568-2, 923-1-4, 1775-3-7
護法心 568-3, 917-1-28
護法論 568-3
護法錄 568-3
護法神 568-3
護法善神 568-3
護法天童 568-3
護法羅漢 1775-2-6
護法阿羅漢 568-2
護所滅流 742-3-20
護身 536-3
護身三昧耶 536-3
護身結界十八道 526-3
護伽藍神 513-3
護念 557-2
護念經 557-2
護念增上緣 557-2
護命 573-3
護命大士 573-3
護命神咒經 573-3
護命放生儀軌法 573-3
護命法門神咒經 573-3
護戒神 513-1
護持僧 552-2
護符 562-2
護淨經 541-1
護諸童子經 536-2
護諸童子陀羅尼經 536-2
護國品 525-1
護國珠 525-1
護國經 525-1
護童子法 556-1
護國四王 525-1
護雁 513-3
護摩 569-1
護摩木 572-3
護摩堂 573-1
護摩衆 573-1
護摩壇 573-1
護摩法由來 569-2
護摩法五種色 529-2
護摩八千薫修 573-1
護磨 1597-2-5
護鵝 513-3
嚼食 193-2-17
糲蝎節 1774-3-29

〔二十二畫〕

灑 583-3
灑水 805-3
灑水印 805-3
灑水杖 805-3
灑水器 805-3
灑水觀音 805-3
灑淨 805-3
饗 904-3-22
疊五條 1112-2
籠山僧 1818-1
籠堂 472-1
籠僧 472-1
籠頭角馱 1818-2
權 579-3
權大乘 582-2
權大僧都 582-2
權少僧都 582-1
權化 580-2
權方便 582-3
權巧 580-2
權法務 583-1
權門 583-2
權者 581-3
權律師 583-2
權迹 580-3
權乘實果 581-3
權敎 580-2, 1313-1-10
權理 583-2
權現 580-2
權智 582-2, 1331-3-11
權智實智の一心三觀 582-2
權悲 58-1
權實 581-1
權實二智 581-2
權實二敎 581-2

權實不二門 581-3
權僧正 582-1
權謀 583-1
權機 580-1
權關 580-2
讀師 737-3-28, 1274-1, 1286-2
讀經 1285-2, 1286-1
讀經爭 1285-2
讀經法師 535-3-12
讀誦 1286-3
讀誦品 1287-1
讀誦大乘 1287-1
讀誦正行 531-1-21, 1287-1
讀誦雜行 1286-3
贖命 850-1
贖命涅槃 850-2
讖羅牛尼 884-3
鑄像始 1555-3
鑊湯地獄 328-1
鑑眞 216-3
鑑眞傳 216-3
鑑眞大和尙傳 216-3
聽衣 1308-1-3
聽叫 1200-1, 1212-1
聽呼 1200-1, 1212-1
聽敎 1200-1
聽衆 1201-2
聽聞 1203-1
聽我說者得大智慧 1199-3
歡喜 210-1-4, 340-1, 923-1-12
歡喜丸 340-2
歡喜天 340-3
歡喜日 341-3
歡喜母 341-3
歡喜行 908-2-4
歡喜地 340-3, 923-3-9
歡喜光 340-2
歡喜國 340-2
歡喜會 342-1
歡喜園 342-1
歡喜團 340-1
歡喜三昧 340-2
歡喜光佛 340-2
歡喜信受 340-1
歡喜儀法 340-3
歡喜を以て食とす 340-1
歡喜母愛子成就法 341-3
歡喜藏摩尼寶積佛 340-2
囊莫三曼多沒馱南 1295-3
顉鉢羅 425-1
懿摩彌 89-1
禳日蝕 1295-3
禳月蝕 1295-3
囉 1772-1
囉乞尖拏 1776-2-11
囉字 1779-3
囉字門 1779-3
囉字三義 1779-3
囉尾多 1781-2
囉怛娜 1780-3
囉怛娜尸緊鷄佛 1780-3
囉迦沙彌 1775-1
囉逝 1780-1
囉惹 1779-3-27
囉惹訖哩呬 1774-3-15, 1780-1
囉爾迦 1781-1
囉闍茲利久 1781-1
囉鞝拏 1781-1
囉鞝拏說救療小兒疾病經 1781-1
囉都迦 1781-1
囉謨 659-2
鶝胡斑 804-3

〔二十三畫〕

戀着 1817-2
變不男 535-1-20
變化 1571-3
變化人 1572-1
變化土 658-2-4, 1572-1
變化生 1571-3
變化身 629-1-26, 714-1-17, 1572-1
變化法身 1572-1, 1606-1-25, 1606-3-13
變化通力 1232-1-5
變化無記 1694-1-1
變成王 1573-2
變成男子 1573-1
變成就法 1573-1
變成男子願 1573-1
變易 1574-2
變易身 1322-1-9, 1574-2
變易生死 714-1-10, 1574-2
變相 1572-1
變壞 1574-2
變礙 1571-3
蘿衣 1774-3
鷲覺 249-1
鷲覺眞言 249-1
鷲覺一切如來印 249-1
鷲山 988-1
鷲峯 684-1, 989-3, 1794-1-10, 1853-2
鷲峯偈 989-3
鷲御山 1853-2
鷲臺 683-3, 988-1, 1794-1-10
鷲頭 989-1, 1794-1-10
鷲頭山 683-3
鷲嶺 990-3
鷲嶽 981-2, 1794-1-10
鷲巖 683-2
鷲鷲 684-1
癰瘡剌箭 1767-3
顯加 409-1, 1308-1-25
顯本 426-1
顯本神分 1002-2-11
顯示 414-3
顯示因 416-2
顯正錄 413-2
顯色 416-2
顯色心 1830-3-5
顯色貪 416-3
顯戒論 409-1
顯戒論緣起 409-1
顯形 409-3
顯宗 413-3
顯宗論 414-1
顯性敎 413-2
顯明 426-3
顯益 427-1
顯典 423-2
顯無邊佛土功德經 427-1
顯家 410-1
顯意 408-3
顯眞 414-2
顯淨土敎行證文類 417-3
顯淨土眞實敎行證文類 417-3
顯過破 410-1
顯密 426-2
顯密兼學 426-3
顯密の學士 426-3
顯密戒の三學 426-3
顯密三重配立 426-3
顯敎 410-1, 1311-3-16
顯敎十重戒 925-2
顯敎十波羅夷 1426-3
顯敎十六菩薩 959-2
顯得 423-2
顯得成佛 423-2
顯揚論 427-1, 917-1-2
顯揚大戒論 427-1
顯揚聖敎論 427-1
顯道釋義 707-3-8
顯實宗 416-3, 818-1-6
顯境名言 409-2
顯頓 424-2
顯經 409-2
顯應 408-3
顯識 416-2
顯識經 416-3
顯識論 416-3
顯露 428-2
顯露秘密二敎 428-2
顯機 409-2
顯機冥應 214-3-22
顯機顯應 214-3-19
邏 1772-1
邏求 1776-2
邏乞洒 1776-2-10
邏吃灑 1776-2
邏闍伐彈那 1780-1
驗 448-2
驗入涅槃 702-3-15
驗比 442-1
驗主問 414-1
驗生人中 702-3-3
驗生地獄 702-3-11
驗生畜趣 702-3-9
驗生餓鬼 702-2-7
驗者 412-3, 417-1, 444-1, 446-2
驗者作法 446-3
驗來果 427-2
驗相 412-3
驗得 423-2
驗德 423-2
體 1097-2
體大 645-3-26, 1104-2
體內方便 1105-2, 1391-3-5
體外方便 1098-3, 1391-3-3
體用 1106-2
體用別論體 835-1-18
體如是 938-1-20
體宗用 1103-3
體宗用三大 646-1
體空 1098-1
體空敎 1098-1
體空觀 1098-1
體空無生觀法 1098-1
體法 1105-2
體法念處觀 1105-3
體性 1101-3
體性同體 1101-3
體信 1104-1
體相 1099-1
體相用 1099-1
體達 1104-1
體毘履 1105-2, 1113-2-30
體智 1104-3
體義 1098-1
體解 1098-3
體眞止 621-1-7, 681-2-8, 1104-1
體滅 1106-1
體露 1106-2
髑髏 1287-3
髑髏裏眼睛 1288-1
鑠訖底 799-3
鑠雞謨儞 804-3
鑠迦羅阿逸多 799-1
麟角 1803-3
麟喩 1806-2
囇嗣 804-2
黨 128-1
黳羅 89-3-19
鷺池 1846-3
巖頭 234-3

〔二十四畫〕

鹽心 1830-3-28
鹽天 140-2
鹽事淨 1448-1-5
鹽牟那 144-1
鹽官 138-2
鹽官犀牛扇子 138-2
鹽淨 1448-1-21
靈山 1794-1-10, 1794-2
靈山派 1794-2
靈山會上 1794-2
靈山淨土 1794-2
靈鷲 1794-1-10
靈鷲山 1794-1
靈分 1797-1
靈供 1793-1, 1809-2
靈河 1792-2
靈芝 1809-3
靈祠 1809-3
靈社 1809-3
靈光 1809-3
靈妙 1810-2
靈界 1792-2
靈鬼 1809-2
靈鬼鞭骨寒林 219-1
靈神 1809-3
靈雲 1809-2
靈雲寺 1809-2
靈堂 1810-2
靈骨 1793-2
靈託 1810-2
靈場 1810-2
靈感 1809-2
靈覺 1809-2
靈驗 1809-3
靈魄 1809-3
靈像 1809-3
靈廟 1810-2
靈儀 1809-2
靈應 1809-2
靈隱寺 1809-1
靈異 1809-1
靈瑞華 1794-1, 1810-1
靈簿 1797-1, 1810-2
靈牌主牌 1859-1-22
靈嶽 1792-3, 1794-1-10
靈岳翁 1792-3
靈龕 1809-2
蠶繭 614-3
囑累 1096-1
囑累品 1096-1
攬實成權 1782-2
衢 276-3

〔二十五畫〕

觀 336-3
觀一切法空 336-3
觀一切法空如實相 66-3
觀力 353-1
觀不思議境 550-2, 920-1-19
觀支 543-1
觀心寺 543-2
觀心論 345-3
觀心釋 708-2-9, 1253-1-5
觀心論疏 345-3

觀心本尊抄 346-1
觀心覺夢抄 345-3
觀心如月輪若在輕霧中 345-3
觀世音 30-1-25, 346-1
觀世自在 346-2
觀音世寺 346-2
觀世音母 338-3
觀世音經 346-1
觀世音受記經 346-1
觀世音菩薩授記經 346-1
觀世音菩薩普門品 346-1
觀世音菩薩秘密藏神咒經 346-2
觀世音菩薩如意摩尼陀羅尼經 346-2
觀世音菩薩得大勢至菩薩授記經3462-1
觀世音菩薩秘密藏如意輪陀羅尼神咒經 346-2
觀行 342-1
觀行即 342-1, 1835-2-30
觀行佛 1836-1-18
觀行敎 523-1-9
觀行儀軌 342-1
觀行五品位 342-1
觀因緣 710-3-23
觀如來身 711-1-2
觀在薩埵 343-2
觀自在 50-1-27, 344-2
觀自身 710-3-29
觀自在菩薩 1207-2-28
觀自在王如來 344-3
觀自在妙香印法 344-3
觀自在六字大明咒 338-2
觀自經心隨薩菩在 344-3
觀自在大菩薩三昧耶 338-2
觀自在多羅瑜伽念誦法 344-3
觀自在菩薩如意輪瑜伽 344-2
觀自在菩薩母陀羅尼經 344-2
觀自在菩薩如意輪誦課法 344-2
觀自在如意輪菩薩瑜伽法要 344-3
觀自在菩薩如意輪念誦儀軌 344-3
觀自在菩薩說普賢陀羅尼經 344-3
觀自在菩薩如意心陀羅尼咒經 344-2
觀自在菩薩心眞言一印念誦法 344-3
觀自在菩薩怛嚩多利隨心陀羅尼經 344-3
觀自在菩薩化身蘘麌十曳童女消伏毒害陀羅尼經 344-2
344-3
觀自在菩薩大悲智印周遍法界利益衆生薫眞如法 344-3
觀法 70-3-11, 352-1
觀門 352-3, 1732-1-10
觀念 350-1
觀念念佛 350-1
觀念法門 350-1
觀空 342-2
觀空品 342-2
觀身成佛儀軌 344-2
觀作 353-1
觀彼久遠 330-1
觀待因 91-1-17
觀待道理 712-3-1
1177-1-22
觀果報 710-3-26
觀音 337-1, 633-2
1728-2-2
觀音寺 339-2
觀音印 338-2
觀音玄 339-1, 542-3-27
觀音供 338-3
觀音品 339-1
觀音衲 339-2
觀音經 338-3
觀音講 339-1
觀音疏 542-3-28
觀音觀 338-1
觀音籤 295-3, 339-2
觀音閣 339-2
觀音本地 337-3
觀音玄義 339-1
觀音菩薩 1735-3-24
觀音無畏 338-1
觀音淨土 337-3
觀音義疏 339-2
觀音懺法 339-1, 1049-3
觀音びらき 339-2
觀音妙智力 337-3
觀音聰明咒 339-1
觀音授記經 339-1
觀音三昧耶形 338-2
觀音頂戴彌陀 338-1
觀音圓通三眞實1871-1
觀音勢至授記經 339-1
觀音院結緣灌頂 395-1
觀音院三十七尊 338-2
觀音頂上十一面 338-2
觀音應現爲日天子 338-1
觀音曼荼羅八大菩薩338-2
觀所緣緣論 344-1
觀所緣緣論釋 344-1
觀普賢經 350-2
觀普賢觀經 350-2
觀頂三昧 347-1
觀無量壽經 352-2
觀無量壽經王宮會 352-2
觀無量壽經得益分 352-3
觀經 341-3
觀經疏 542-3-25
觀經曼荼羅 1671-2
觀道 346-3
觀禪 346-2
觀智 346-3
觀達 346-3
觀賢 342-3
觀解 342-3
觀慧 353-2
觀勒 353-2
觀象 343-2
觀衆生三十相 827-1
觀經化前序 341-3
觀經曼陀羅 342-1
觀境自在 893-1-8
觀照 346-1
觀照般若 346-1
1437-3-22
觀佛 350-3
觀佛經 350-3
觀佛眞言 350-3
觀佛爲宗 351-2
觀佛三昧 350-3
觀佛三昧經 350-3
觀佛三昧海經 350-3
觀佛三昧海經六譬 1476-2
觀察 343-2
觀察門 343-2
觀察正行 531-2-22
觀察法忍 343-2
1337-2-3, 1362-3-11
觀察義禪 343-2
觀察諸方行經 343-2
觀罪性空 732-2-9
918-1-7
觀想 343-1
觀想念佛343-1, 1380-3-3
觀想佛母般若菩薩經343-1
觀想佛母般若波羅蜜多菩薩經 343-1
觀想曼拏羅淨諸要趣經 343-2
觀想曼拏羅淨諸惡趣經 343-1
觀虛空藏菩薩經 343-1
觀排之時已發誓丸 339-3
觀像念佛 343-2
觀練薫修 353-1
觀遍計所執 351-3
觀廚 345-1
觀藥王藥上二菩薩經 352-3
觀彌勒上生經 352-2
觀彌勒下生經 352-2
鑰取 183-2
鑰匙 1751-1
欄楯 1782-3
譯底 1046-1
譯底僧訶 1046-1
譯提 1043-3
譯提羅 1044-1
譯提仙人 1043-3
1839-2-17
譯提提婆 1043-1
譯提波羅蜜 1044-1

〔二十六畫〕

讚 603-3
讚阿彌陀佛偈 604-1
讚阿彌陀佛謁和讚 604-1
讚佛 657-3
讚佛乘 658-1
讚佛偈 657-3
觀佛乘之因 658-1
讚佛轉法輪 658-1
讚佛超九劫 657-3
讚衆 624-2
讚唄 654-2
讚頭 650-3
讚禮 667-3
讚歎供養雜行 647-3
讚歎 647-3
讚嘆門 648-1
讚歎供養正行 531-2-24
648-1
讚題 646-1
驢牛二乳 1845-3
驢年 1847-1
驢前馬後 1846-2
驢乳 1847-1
驢盤 1847-1
驢鞍橋 1818-1
驢脣仙人 1846-1
闥 295-2

〔二十七畫〕

鑽籬菜 668-2

〔二十八畫〕

鸚鵡 9-1
鸚鵡車 9-2
鸚鵡經 9-2
鸚鵡孝養 9-1
鸚鵡聞法 9-1
鸚鵡說法 9-1
鸚鵡請佛 9-1
鸚鵡諫王 9-2
鸚鵡屎之答 9-2
鸚鵡救山火 9-2

〔二十九畫〕

鬱多摩 109-2
鬱多羅僧 109-3
1842-3-5
鬱多羅迦神 109-3
鬱多羅拘樓 109-3
鬱多羅究留 189-3
鬱持 110-2
鬱持迦 110-2
鬱尼沙 110-3
鬱金香 109-2
鬱波尸 110-3
鬱波羅槃尼柯 110-3
鬱陀那 110-2
鬱陀伽 110-2
鬱陀羅伽 110-2
鬱陀羅越 110-2
鬱陀羅羅摩 110-2
鬱陀羅究瑠 110-2
鬱伽陀達磨菩薩 109-2
鬱曾伽 109-2
鬱提尸 110-1
鬱單曰 110-1
鬱單越 110-1
鬱瑟尼沙 109-2
鬱瘦歌邏 109-2
鬱瘦伽波羅 109-2
鬱瘦歌邏經 109-2
鬱盋羅華比丘尼 114-2
1814-2-26
鬱頭 110-2
鬱頭藍 110-2
鬱頭藍弗 110-2
鬱頭爲女失五通 110-3
鬱頭生非想天後爲飛狸 110-3
鬱曇鉢 110-3
鬱愣伽 111-1
鬱鞞羅 111-1
鬱鞞羅尼連禪 111-1
鬱鬱黃花 109-1
鬱鬱黃花無非般若 109-1

〔三十三畫〕

麤重散亂 533-1-11
1825-2-22
麤惡苑 1102-3-21

梵字索引

梵語索引

A

Aṁśuvarman* 鴦輸伐摩 9-1-3
Akaniṣṭha 色究竟天 11-2-28
108-3-24, 608-1-3, 691-3-20
1330-3-1
Akarkaśā 無澁聲 1829-2-18
Akiṁśukī 阿甖賊奇 31-2-7
Akuśalamahābhūmikāḥ
大不善地法 734-1
Akrośa 阿拘盧奢 14-3-3
Akṣapada 足目 97-2-23
1084-2-16, 1738-3-4
Akṣamālā 阿叉摩羅 18-1-30
Akṣayakośa 阿乞叉野句勢 15-1-1
Akṣayamati 阿差末 16-1-29
1709-2-3
Akṣara 惡察那 13-1-19, 886-2-4
1685-3-21, 1780-3-17
Akṣobhya 阿閦 18-3-10
19-1-24, 409-1-27
Agada 阿伽陀 11-1-2
Agantuka 阿犍多 14-3-19
Agaru 沈水香 10-3-1, 1230-3-22
Agastya 阿竭多 10-3-26, 11-1-1
Aguru 阿伽嚧 11-3-1
Agni 阿祇儞 12-1-5, 101-2-9
327-3-5, 431-3-4, 776-2-1
Agnidatta 阿耆尼達多 11-3-25
12-1-17
Aghaṁ 阿迦色 10-3-4
Aghaniṣṭha 和音天 608-1-4
Agha-sāmantakaṁ 冪阿伽色
10-3-9
Aṅga 鴦伽 8-3-1, 220-3-14
Aṅgajāta 鴦伽社哆 8-2-3
773-3-20
Aṅgāraka 阿伽羅伽 11-2-30
728-1-5
Aṅgiras 鴦竭羅私 8-2-12
14-3-17
Aṅguttara (巴)增一阿含經
1093-3-28
Aṅgulimālya 央掘摩羅 8-3-8
1435-3-26, 1714-1-9, 1828-3-15
Aṅgūṣa 鏑矢 8-2-15
Aṁgāraka-nakṣatra 阿誐羅迦
那乞叉怛摩 374-1-18
Acañcalā 無輕轉聲 1829-3-15
Acapalā 無動搖聲 1829-3-16
Acala 阿遮擺 17-3-2, 18-2-28
538-2-21
Acalaceta 阿耆羅逝吒 1534-2-22
Acala-dharma-mudrā 阿遮
曇摩文圖 17-3-24
Acintya 阿軫䟦 20-125
Aciravatī 阿利羅䟦提 43-3-23
Acelakāsyapa 阿支羅迦葉
20-1-12
Ajanṭa 23-3-6
Ajātasattu (巴)阿闍世 177-1-12
Ajātaśatru 阿闍世 20-1-29
177-1-12
Ajita 阿逸多 7-1-3, 21-2-28
1714-1-13, 1775-3-29
Ajitakeśa-kambara 阿耆多翅
舍欽婆羅 11-3-15, 433-3-12
Ajitañjaya 阿制單闍耶 21-3-1
Ajitasena* 阿質達霰 16-3-28
533-3-15
Ajiravatī 阿夷羅婆底 8-1-2
23-2-3, 1449-3-23, 1451-2-18
Ajīva 無生 961-3-2
Añjana 安闍那 46-2-15
Atata 阿羅羅 208-3-11, 1216-2-27
Attana 阿吒那鈕 22-2-10
Anu 阿菟 23-3-28, 24-1-29
Anga 應伽 145-2-11
Andaja 卵生 706-2-13
Andira 安底羅 46-2-29
Andīra* 安底羅 934-1-16
934-2-9
Atapa 無煩天 607-3-30
Atikūṭa* 阿地瞿多 23-1-25
Atimuktaka 阿提目多伽 22-3-26
Atyambakela 阿黙婆翅羅國
23-3-24
Atri 阿底哩 23-3-12
Atharvana 阿闥婆那 23-1-3
Atharvaveda 阿闥婆吠陀
330-1-13, 746-2-24, 1856-3-12
Adattādāna 不與受 1426-2-13
Adāna 阿陀那 23-1-5
Adi-anutpāda 阿提阿耨波奈
22-3-23
Aditi 日神 776-2-5
Adīna 無希取聲 1829-3-11
Adbhuta 阿菟浮多 24-1-17
244-3-21, 1676-1-18
Adbhuta-dharma 阿浮達磨
33-1-19, 936-3-5, 1676-1-22
Adbhutalipi 阿菟浮多書
1829-1-16
Advesa 無瞋 735-3-8
Adhimokṣa 勝解 735-3-10
Adhiṣṭhāna 地瑟娓曩 195-1-19
Adhyātmavidyā 內明 573-2-27
Anantanirdeśapratiṣṭhāna-
samādhi 無量義處三昧
1719-3-16
Ananyagāmin 正趣菩薩
538-2-28
Anapatrapā 無愧 734-3-3
Anabhraka 無雲天 607-3-26
Anaratratā 無愧 1694-1-15
Anavatapta 阿耨達 25-2-2
28-2-8, 686-2-4, 1802-1-24
1939-3-13
Anavadatta 阿耨達池 1713-3-13
Anavanatā 不下聲 1829-3-8
Anala 無厭足王 538-2-20
Anāgāmin 阿那含 24-3-2
696-2-7, 1296-3-8, 1518-3-9
Anājñātamājñāsyāmīndriya
未知當知根 474-2-25
Anātman 無我 23-1-23
1693-1-12
Anāthapiṇḍada 阿難賓柢
(給孤獨) 27-2-9, 24-3-20
Anāthapiṇḍada-gṛhapati
阿那他賓荼揭利阿跋底 24-3-18
1480-3-6
Anāthapiṇḍadasya-ārāma
阿那陀賓荼馱寫耶阿藍磨 24-3-25
Anāsrava 無漏 26-1-5, 1721-2-10
Anicca vata saṅkhārā 諸行
無常 850-1-5
Anicchantika 阿闡底迦 21-3-19
Anityatā 滅 734-2-4, 1706-1-4
Aninditā 無譏毀聲 1829-3-15
Aniyatabhūmikāḥ 不定地法
734-3 1
Aniruddha 阿那律 24-2-26
24-2-6, 25-3-1
Anila 頞儞羅 934-1-17
Aniścita 不定 632-2-6
Anukrānta 阿奴羯爛多 27-3-23
Anuttara 阿耨多羅 906-3-4
1707-1-28
Anuttara-samyak-saṁbodhi
阿耨多羅三藐三菩提 28-1-23
1561-2-27
Anunnatā 不高聲 1829-3-7
Anupada 阿耨颰 28-2-28
Anupadabhāgī 阿奴波䟦耆
28-1-1
Anupadhiśesa-nirvāṇa 無
餘涅槃 1719-2-1
Anumoda 阿奴謨枕 28-1-10
Anumodana 阿奴莫陀 807-1-25
Anurādha 阿奴邏陀 28-1-12
Anuloma 阿菟盧摩 24-1-24
Anulomalipi 阿菟盧摩書
1828-3-22
Anuṣṭubh 阿耨窣都婆頭 28-1-18
Anuṣṭubh-chandas 阿菟吒闡
提 193-3-30
Anūrādhā 房宿 776-3-15
Anelā 無劣聲 1829-2-16
Anaikāntika 不定 632-2-6
Ankuśa 盎句奢 1455-3-9
Anta 邊際 44-3-30
Antarīkṣadevalipi 安多梨叉
提婆書 1829-1-9
Antarvāsa(-ka) 安陀會 128-1-21
604-3-27, 911-2-30, 1291-3-17
Andūka-mañjari* 頞杜迦曼
折利 43-1-24
Anna 頞那 24-1-27
Anvāgati* 頞囊帝 1285-2-24
Apagupta 阿波笈多 28-3-10
Apadāna (巴)喻 301-2-25
Apattivyutthānaṁ 阿浮呵那
Apatrapā 愧 33-1-14, 735-3-6
Apapa 臛臛婆 1216-2-28
Apābharaṇī 胃宿 776-2-28
Aparagati 阿波那伽低 29-1-3
Aparagodānīya 西瞿陀尼
29-1-1, 299-3-27, 584-3-10
703-2-24
Aparagodānīlipi 西瞿耶尼書
1828-3-24
Aparacāmara 筏羅遮末羅
1454-1-1
Aparamārga 阿波末利加 29-1-7
Aparaśaila(āḥ) 西山住部
1021-3-21, 1015-3-14
Aparājita 阿波羅資多 29-1-21
Aparāntaka 阿般蘭得迦 29-2-25
30-1-15
Apaśabdānupraviṣṭā 無缺減
聲 1829-3-9
Aparṣā 無惡聲 1829-2-18
Apalāla 阿波羅羅 29-2-4
Apasmāra 阿波摩羅 29-1-15
29-3-7, 29-3-17, 30-1-1, 556-2-3
Apāvṛttalipi* 阿婆勿陀書
1828-1-21
Apratimukha 阿波羅提目佉
29-1-24
Aprāpti 非得 1466-3-20
Apratisaṁkhyānirodha 非
擇滅無爲 734-2-4
Apratihata 阿鉢羅賀訶諦 28-3-30
Apramāṇābha 無量光天 9-1-12
29-1-26, 607-3-21
Apramāṇaśubha 無量淨天
607-3-24
Apramāda 不放逸 735-3-11
Aprāpti 非得 734-2-2
Abrahmacarya 非梵行
1426-2-10
Abhayagiri 阿跋耶祇釐 30-1-4
Abhayanda 施無畏 1036-3-10
Abhicāraka 阿毘遮嚕迦 31-1-30
224-1-1, 569-3-23
Abhijit 阿毘私度 20-1-17
31-1-6, 776-3-20
Abhidharma 阿毘曇 31-2-9
32-1-20, 1105-2-20, 1489-2-29,
1847-3-8
Abhidharmapiṭaka 阿毘達磨
藏 619-3-28
Abhimukti 阿毘目底 32-3-11
32-3-5, 861-1-10
Abhirati 阿維羅提 40-1-24
Abhisecana 諸遮 872-2-27
Abhiṣecanī 灌頂 347-1-14
Abhisaṁbubbha 阿毘三佛陀
30-3-27
Ahbayaṁkara 阿婆孕迦羅 30-1-7
Abhettī 阿摩提 34-2-8
Abhetrī 阿摩提 34-2-8
Abhyantara 阿鞞陀羅 29-2-21
Abhra-khaṇḍa 阿婆羅寠陀
30-1-19
Amagadha 阿摩揭陀 34-1-13
Amamakara 無我所 45-1-1
Amara 天業 47-1-15
Amala 菴摩羅 47-1-16, 689-1-21
Amalaka 菴摩洛迦 47-2-10
Amalakapa* 遮羅波國 177-1-6
Amalavijñāna 菴摩羅識
781-2-13
Amita 阿彌陀 35-1-3

Amitābha 無量光 35-1-6
Amitābha-homa 彌陀護摩 1677-1-18
Amitāyus 無量壽 35-1-6, 1720-2-7
Amitāyurvyūha-sūtra 無量壽莊嚴經 1720-2-30
Amūḍhavinaya 不痴根尼 742-2-13
Amūlakaṁ 無根謗戒 1075-3-25
Amṛta 阿蜜哩多 35-1-7, 39-1-27, 219-1-10, 220-1-24, 710-2-28
Amṛtikuṇḍalin 闍蜜里帝軍荼利菩薩 47-3-6, 219-3-21
Amṛtodana 阿彌都檀那 39-2-3
Amogha 阿牟伽 33-3-12
Amoghapāśa阿牟伽皤賒33-3-15, 1510-2-17
Amoghavajra 阿目佉跋折羅 39-2-27, 1510-2-27
Amoghasiddhi 不空成就如來 1511-3-28
Amoghāṅkuśa 央俱捨1511-1-25
Ambaṭṭha (巴)阿摩晝 29-3-10, 1635-3-18
Ambā 阿摩 33-3-19
Amla* 闍藍水 49-1-11
Ambarīṣa 菴婆利沙 46-3-27
Ayaḥkaṇḍa 阿夜健多 39-3-26
Ayamnkha* 阿耶穆佉 40-1-7
Ayuta 阿由多 40-2-10, 221-1-25
Ayodhyā 阿踰闍 40-2-4, 1759-3-25, 1760-1-10
Ararī* 阿羅梨 42-2-20
Aravada* 阿羅婆樓龍王373-3-3
Arahat 阿羅漢果 696-2-8
Ariṣṭaka 阿梨瑟吒 43-2-3, 986-3-11
Ariṣṭa (ka) 阿梨瑟迦紫1737-3-29
Arihan 阿梨呵 43-1-25, 43-3-29
Aruṇa 阿留那 44-1-1, 1685-2-21
Aruṇapati 阿盧那跋底香44-1-13
Aruta 阿羅陀 40-3-22
Aruhan 阿羅漢 43-3-28
Arūpadhātu 無色界 608-1
Arka 阿羅狄 40-2-18
Arciṣmati 阿至摸 17-3-1
Arghya 閼伽 9-3-23
Arjuna 阿順那 16-2-18, 21-2-11, 23-3-8
Artha 阿施 21-2-26
Artha-dhāraṇī 義陀羅尼 265-1-10
Arbuda 阿部曇 33-1-22, 578-2-10, 1216-2-22, 1420-3-15
Aryamagga (巴)聖道 1405-2-16
Arhat 阿羅訶 40-2-20, 43-3-28, 145-2-1, 145-3-11
Arhān 阿羅漢 40-2-27, 1775-1-9
Alalā 阿刺 42-1-22
Alīnā 無染污聲 1829-3-11
Alobha 無貪 735-1-7
Alpapota yakṣas 阿羅波寶多夜叉 41-1-10
Avacara 阿縛遮羅 29-2-29
Avaṇḍa 阿鞏荼 2-2-12
Avatāra 阿跋多羅 29-3-13
Avadāna 阿波陀那 28-3-12, 936-3-8, 1449-3-9, 1475-3-22
Avanti 阿般提 29-2-16
Avaraśaila(Apara-) 阿婆施羅 29-3-8, 29-3-21
Avalokita 嚩盧枳諦 1456-1-29
Avalokiteśvara 觀自在菩薩 30-1-24, 337-1-28, 538-2-27, 1456-2-3
Avāśabdavigatā(Apa-*) 無缺滅聲 1829-3-9
Avikalā 無破壞聲 1829-3-10
Avijñapti 無表色 735-1-12
Aviddhakaraṇa 阿避陀羯刺拏 30-2-26
Avidyā 無明 930-2-1, 1716-3-1
Avinivartanīya 阿毘跋致 1529-3-17
Aviraja 羊毛塵 1749-3-17
Avīci阿鼻地獄30-2-30, 1675-3-16, 1696-2-3
Avṛha 無想天 607-3-29
Aveṇikadharma 不共法 945-1-30
Aveṇika-buddhadharma 不共法 1516-1-2
Aveśa 阿尾捨 31-1-7
Avaivarti 阿鞞跋致 32-2-28
Avaivartikā 阿毘跋致 32-2-28, 1465-3-26, 1529-3-17, 1767-3-6
Avyayībhāva 隣近釋 1844-3-2
Aśucita* 阿術達 21-2-5
Aśuddha 阿遬達 22-1-29
Aśoka 阿育 3-1-23, 18-2-30, 391-2-2, 414-1-13
Aśmagarbha 碼碯 17-1-9, 468-2-16, 741-2-28
Aśma-śāyana 尸摩賒那(石床) 727-2-12, 759-3-30
Aśrāddha 不信 735-3-5
Aśleṣā 阿失麗沙 17-1-1
Aśvaka 阿濕縛迦 17-1-18, 17-1-29, 1821-2-1
Aśvakarṇa 阿濕縛羯拏山 9-3-21, 17-1-20, 298-1-3, 501-2-5, 921-1-23, 1734-2-29
Aśvagarbha(Aśma-) 阿濕嚩揭波 17-1-7
Aśvaghoṣa 阿濕婆窶沙 17-1-26, 1734-3-3
Aśvajit 馬勝 17-2-1, 560-1-4, 1732-3-7, 1732-3-12
Aśvattha 阿說他17-2-12, 21-3-7, 182-1-20, 1632-1-22
Aśvapāda 阿濕婆他 17-2-10
Aśvamedha 馬祀 118-2-25
Aśva-medha-yajña 阿濕婆迷陀耶若 17-2-17
Aśvayuj 阿奢踰持 17-1-21, 18-2-8
Aśvayuja 阿濕縛庾闍 1255-2-7
Aśvayujau 婁宿 776-2-27
Aśvin 阿濕波 19-1-18
Aśvinī 阿濕毘儞 17-2-23, 776-2-27
Aṣṭān 阿史吒 16-3-25
Aṣṭadhātu 頞瑟吒馱覩 1483-1-3
Asaṁskṛta 無爲 123-1-15, 1722-2-24
Asaṁskṛtadharmāḥ 無爲法 734-1-1
Asaṁkhya 阿僧祇 22-1-3
Asaṁkhyeya 阿僧祇 22-1-3, 603-3-27, 1072-2-10
Asaṁga 阿僧伽21-3-30, 22-1-13
Asaṅga 阿僧伽 1710-3-21
Asaṁjñika 無想果 734-2-4
Asaṁjñisamāpatti 無想定 734-2-5
Asama 阿娑磨 18-1-22, 1711-3-6
Asamasama 無等等 18-1-24, 1711-3-14
Asamāpta 阿娑摩補多 18-1-28
Asaru 阿娑羅 18-2-17
Asādhya 阿薩闍 19-1-26
Asita 阿斯陀 16-2-26
Asiddha 不成 662-2-5
Asura 阿修羅 19-2-3, 1416-3-19, 1466-3-3
Asura-gati 阿修羅趣 731-3-21, 1824-2-25
Asuralipi 阿修羅書 1829-1-3
Asta 頞悉多 12-2-3, 16-3-22
Astaṁgama 下往 12-2-3
Asthisamjñā 骨想 291-1-18
Asmimāna 我慢 232-2-15
Assaji (巴)馬鞞 560-1-4
Ahaṁkāra 我慢 842-3-4
Ahaha 阿呵呵 10-2-8
Ahiṁsā 不害735-3-9, 1426-2-16
Ahicchatra 堊醯掣怛羅國 14-3-12
Ahidhamma (巴)阿毘達磨 1489-2-29
Ahi budhniya 阿醯多陀難神 776-3
Ahihan 殺蛇 1451-3-5
Ahū 阿呼 14-3-28
Aho-gaṅgā 阿休何 12-2-21
Ahrīkatā無慚734-3-2, 1700-2-18

Ā

Ākāśa 空 10-3-13, 842-3-16
Ākāśagarbha 虛空藏 458-1-14
Ākāśanantāyatana 空無邊處 283-3-20, 608-1-6, 695-2-15
Ākāśānantāyatana dhyāna 空無邊處定 282-1-28, 283-3-26
Ākāśasaṁskṛtadharma 虛空無爲 734-2-2
Ākiñcanyāyatana 無所有處 608-1-8, 695-2-19
Ākulakara 阿鳩羅加羅 14-2-15
Ākhu 鼠 1370-3-22
Āgama 阿含 11-2-19, 15-1-15, 374-2-19, 509-1-25
Ācārin 行者 270-2-19
Ācāra 阿折羅 21-3-11
Ācārya 阿闍梨 12-1-28, 18-2-23, 20-3-24
Ācumbhin* 阿薰毘 18-1-29
Ājīvika 阿耆毘伽 12-1-20
Ājñāta-kauṇḍinya 阿若憍陳如 27-3-2, 272-2-20, 560-1-1
Ājñātāvīndriya 具知根474-2-27
Ājñāpanīya 使他如教令聲 1829-2-26
Ājñendriy 已知根 475-2-26
Ājñeyā 如教令聲 1829-2-23
Āṭavika 阿吒嚩迦 22-2-13
Ātma-grāha 我執 229-1-11
ātman 我 2-2-9, 863-1-29, 886-3-22, 1116-2-20
Ātmane 阿答末遝 1191-1-18
Ātyantika 阿顛底迦 23-3-15
Ādara 阿馱囉 23-1-18
Ādāna 阿陀那識 689-1-3, 755-3-6, 181-1-3,
Ādi 阿提 1524-1-1
Āditya 阿泥底耶24-2-8, 431-2-22, 728-1-2
Ānantarya 無間業 1696-1-6
Ānanda 阿難陀 26-1-9, 340-2-1
Ānandakūṭa 阿難陀拘鬘27-1-26
Ānandapūra 阿難陀補羅國 27-1-29
Ānandabhadra 阿難跋陁 26-1-21
Ānanda-mukha-nihārī 阿難陀目佉尼訶離 27-2-2
Ānandasāgara 阿難娑伽26-1-22
Ānāpāna 安那般那 24-2-4, 25-1-15, 46-3-3, 1220-2-16
Āntarikṣavāsin* 虛空居607-3-5
Āp 水 842-2-16
Āpa 水神 776-3-18
Āpattideśanā 阿鉢底提舍那 615-2-12
Āpatti-pratideśana 阿鉢底鉢喇底提舍那 28-3-22, 1031-2-26
Āpatpaṇḍaka* 損壞扇搋425-2-8, 535-2-8
Ābhāsvara 光音天 29-2-6, 44-2-29, 607-3-22
Āmantraṇa 阿曼怛羅泥 1412-1-13
Āmalaka 阿末羅 34-3-4
Āmra 菴沒羅 34-3-17, 47-1-11, 47-1-14, 45 1-29, 48-1-18, 1293-2-22, 1294-3-3
Āmrapālī 菴羅衞女 48-1-23, 48-2-26, 49-2-7
Āmrapālī-ārāma 菴羅樹園 48-1-25
Āmraphala菴摩洛迦果1768-1-16
Āmrā 菴婆女 46-3-20
Āmrātaka 菴婆羅多迦 46-3-24
Āmrāvatī 菴羅衞女 48-2-26
Āyatana 阿耶怛那 39-3-29, 843-3-8
Āyāna 阿耶羅 40-1-14
Āyuṣmān 具壽 360-1-4

Araṇya 阿練若 2-2-9, 42-2-29 1783-1-1, 1817-2-19
Āraṇyaka 阿蘭若迦 42-3-19 832-3-7
Ārambhavastu 阿嵐婆蘇都 42-3-24
Ārāḍakālāma 阿羅邏 42-1-25
Ārāma 阿羅磨 41-2-1, 1859-2-27
Ārogya 痾嚕祇 44-2-4
Ārghya-mudra 阿伽毋陀羅 11-2-24
Ārya 阿梨耶 2-3-1, 1791-3-16 1820-3-26
Ārya-acalanātha 阿梨耶阿遮羅曩他 1534-2-20
Ārya-grahamātṛkā-dhāraṇī 聖曜母陀羅尼經 765-3-27
Ārya-tāra 阿唎多羅 43-2-21
Āryadāsa 阿梨耶馱娑 43-3-9
Āryadeva 聖天 786-3-3
Āryadeśa 阿離野提舍 788-1-21
Āryabhāṣa 聖語 770-2-25
Ārya-mahāsaṁghika-nikāya 阿離耶莫訶僧祇尼迦耶 43-3-17
Āryamāpitā 阿利耶摩神 776-2-10
Āryamārga 聖道 1405-2-16
Ārya-mūlasarvāstivāda-nikāya 阿離野慕羅薩婆悉底婆拖尼迦耶 43-3-21
Āryavarman 阿梨耶伐摩 43-3-11
Ārya-saṁmitīya-nikāya 阿離耶三蜜栗底尼迦耶 43-3-3
Āryasena 阿梨斯那 43-2-6
Āryastūpa-mahā-śrī 阿梨耶窣堵婆摩訶室利 1104-2-15
Ārya-sthavira-nikāya 阿離野悉他陛攞尼迦耶 43-3-7
Āryāvalokiteśvara 阿那婆婁吉低輸(聖觀世音) 25-2-10
Ārṣa 阿利沙 43-2-8, 44-1-23
Ālaṁbāyana 阿嵐婆也那 42-3-26
Ālaya 阿頼耶 41-2-10, 1773-3-1 1781-3-29, 1810-2-23
Ālaya-vijñāna 阿梨耶識 688-2-2 1782-1-2
Āliṅgita 阿梨宜 43-1-30
Āvapana 阿狎那 29-2-24
Āśaya 阿奢也 18-2-5, 21-3-13
Āścariṇī 阿奢理貮 18-2-20 244-3-20
Āśvāsa-apīnaka* 阿娑婆那伽 18-1-7
Aṣāḍha 頞沙荼 17-3-17, 1255-2-6
Āsaktaprādurbhāvīpaṇḍaka* 灌灑 535-2-11
Āsā 休舍優婆夷 538-2-12
Āsrava 漏 1817-3-11
Āsravakṣaya 漏盡 1846-1-14
Āsravakṣaya-jñāna 漏盡智證通 1232-1-24

I

Ikṣvāku 甘蔗生 89-1-20 69-2-25, 261-2-20
Iṅgata* 因揭陀尊者 1775-3-27
Icchāntika 一闡提 75-1-22
Itivuttaka (巴)伊諦佛多伽 301-2-26
Itivṛtaka 伊帝目多伽 936-3-1 1621-3-14, 1738-3-5
Ityuktaka 伊帝目多伽 1621-3-14
Indra 因陀羅(帝釋) 95-1-22 95-2-16, 776-2-16, 934-1-19
Indra-agnī 因陀羅(阿)祇尼 776-2-14
Indraceṭa 因陀囉誓多 95-3-19
Indradhanu 印捏哩駄弩(帝釋弓) 1103-1-22
Indranīlamuktā 因陀羅尼羅目多 96-1-1, 1101-3-21
Indranīlākṣa 因陀羅尼羅迦叉 986-3-13
Indraśailaguhā 因陀羅世羅求訶 95-3-22, 527-2-8 1103-1-14
Indriya 根 49-2-23, 473-3-16 842-3-6
Indriyeśvara 自在主童子 538-2-16
Invakā 觜宿 776-1-3
Isigiri (巴)伊私耆梨 53-2-8

Ī

Īkṣaṇī 伊刹尼 55-3-23
Īriṇa-parvata 伊蘭拏鉢伐多 89-3-24
Īrṣyā 嫉 734-2-5
Īrṣyāpaṇḍaka 伊梨沙掌拏 90-1-8 90-1-9, 535-1-26
Īśa 伊沙 53-2-28
Īśāna 伊舍那 52-2-12, 538-2-10
Īśānā 伊舍那后 52-3-6
Īśādhara 伊沙駄羅山 54-1-30 297-3-30, 501-2-3, 1220-16
Īśika 伊師迦外道 852-1-30
Īśvara 伊葉波羅 56-1-1
Īśvaravāṇa 翳羅跋那 89-2-19
Īṣīka 伊師迦 53-1-16

U

Ukkacelā (巴)郁伽支羅 51-1-21
Uktika 嗢底迦 150-1-12
Ugra 郁迦 51-1-10
Ugra-bhaga* 烏倶婆誐 101-3-11
Ugralipi 優伽書 1828-3-20
Ugravatī 郁伽羅越 51-1-13
Uccaṁgama 優禪伽摩 107-1-6
Uccāpavarta 優差波跋多 105-1-26
Ucchaṅga 欝曾伽 109-2-22
Ucchuṣma 烏芻沙摩 106-2-15 1526-3-13, 1863-3-6
Ucchvasa-āhāra 郁斜訶羅 105-1-16
Ujjayinī 鄔闍衍那 3-2-10, 106-2-7
Uṇādi 鄔拏地 1483-1-9
Utkuṭuka 嗢屈竹迦 125-3-6
Utkṣepalipi 烏差波書 1829-1-11
Utksepāvartalipi 優差波跋多書 1829-1-19
Uttama 欝多摩 109-2-28 497-3-14
Uttara 優多羅 107-2-25, 149-3-23 286-2-3, 502-1-11
Uttara-āṣāḍhā 斗宿 776-2-19
Uttaraka 欝多羅迦 109-3-4
Uttarakuru 北欝單越 109-3-5 317-1-3, 703-2-25, 1586-2-22
Uttarakurudvīpalipi 欝多羅拘盧書 1829-1-10
Uttarabhādrapadā 跋陀羅 1450-2-11
Uttara-phalgunī 翼宿 776-2-10
Uttaramanas 優多羅摩納 107-3-10
Uttaramaṇuṣyadharma 妄説上人法 1426-2-18
Uttaramantriṇa 嗢怛羅漫怛里拏 150-1-9, 1411-1-17
Uttaravatī 欝單越 109-3-25
Uttarasena 嗢怛羅犀那王 150-1-5
Uttrāsaṅga 欝多羅僧衣 51-1-29 109-3-30, 128-1-22, 604-3-26 739-1-19, 911-1-29
Uttarāṣāḍha 嗢怛羅頞沙荼 149-3-27
Uttare-proṣṭhapadā 壁宿 776-2-25
Uttare-phalgunī 翼宿 776-2-10
Utpala 優鉢羅 114-1-18, 147-1-3 503-3-7, 1216-2-30, 1811-2-24
Utpalaka 優鉢羅龍王 1802-1-25
Utpalabhūtigāṁdhika 鬻香長者 538-2-23
Utpala-varṇikā 欝波羅槃尼柯 111-1-2
Udaka 憂陀伽 108-1-12 110-2-17, 1399-1-25
Udayana 鄔陀延 108-1-4, 111-1-3
Udāna 優陀那 108-1-19, 301 2-25 683-3-21, 936-3-10
Udāyin 優陀夷 107-3-25, 1821-2-2
Udumbara 優曇波羅 112-1-1 182-1-21, 1010-1-22
Udeśin* 欝提尸 110-2-1
Udgatadharma 欝伽陀達磨 109-2-11
Udyāna 烏仗那 109-1-14
Udyoga-pāla 温獨伽波羅 111-1-12, 126-3-8
Udraka 欝陀羅仙 797-1-2
Udraka-rāmaputra 欝頭藍弗 110-2-27
Unmada 憂摩陀 118-2-30
Upaka 烏婆柯 115-3-15
Upakeśinī 烏波髻使者 113-2-19
Upakleśabhūmikāḥ 小煩惱地法 734-2-1
Upagupta 優婆毱多 115-3-16
Upacāru 鄔波遮盧 113-3-10 816-1-15
Upatiṣya 優婆提舍 113-3-21 684-1-20, 814-2-2
Upateja 優波底沙 114-2-5
Upadeśa 優婆提舍 116-3-26 936-3-9, 1624-3-6, 1847-3-4
Upadeśana 鄔波提舍泥 1411-3-21
Upananda 跋難陀 114-2-17 1451-3-15, 1451-3-27, 1452-3-28 1821-1-1, 1802-1-22
Upanāha 恨 734-3-18
Upaniṣad 優婆尼沙曇 114-2-25 115-1-17, 1315-3-25
Upapañcaka 鄔波半止迦 115-1-27
Upapāduka 化生 706-2-15
Upamā 播磨 1425-2-20
Upamāna 優波摩那 115-2-9
Upalakṣa 優婆羅叉 115-2-18 172-1-13, 1787-3-17, 1788-1-3
Upavasatha 布薩 117-3-10 584-1-12, 1061-3-11, 1271-3-30 1521-1-19
Upavāsa 優波婆娑 115-1-29
Upaśānta 優波扇多 113-3-14
Upaśānti 破薩提 1395-1-22
Upaśūna 月婆首那 365-2-7
Upaśaila 鄔波世羅 113-3-11
Upasaṁpanna 鄔波三鉢那 113-2-26
Upasiṁha 優婆僧伽 113-3-16
Upasena 優波斯那 113-3-5
Upākala 優波柯羅 113-2-9
Upādāna 取 930-2-16
Upādhyāya 鄔波駄耶 681-1-13 866-2-1, 1452-2-7, 1853-3-18
Upādhi-nirvāna 烏波提涅槃 114-1-6
Upāya 傴和 1391-1-10
Upāyakauśalya 漚和拘舍羅 147-3-10
Upāyapāramitā 方便善巧波羅蜜 1430-3-11
Upāli 優波離 117-1-15, 528-3-12 1431-1-10
Upāśī* 鬱波尸 110-3-28
Upāsaka 優婆塞 88-3-25, 116-1-25, 581-3-5, 709-1-24 778-3 20, 731-3-10
Upāsikā 優婆夷 115-2-25 581-3-10, 704-1-24, 731-2-11 778-3-26, 880-2-20, 1089-3-5
Upekṣā 捨 117-2-28, 735-3-4 748-3-13, 761-2-23
Upekṣendriya 捨根 474-2-20
Uposatha (巴)布薩 584-1-5 1061-3-11, 1271-3-30, 1521-1-19
Uppajjitvānirujjhanti (巴)生滅々已 850-1-6
Uppādavayadhammo (巴)是生滅法 850-1-6
Ubhayavyañjaka 二根者 535-1-29
Umā 烏摩 118-3-4
Uraga 烏羅伽 120-2-3
Uragacandana 烏洛迦栴檀 120-2-6
Uragasāra-candana 蛇衞栴檀 108-3-14, 1045-3-21
Urumaṇḍa 優流漫陀 122-2-17

Uruvilvā 優樓頻螺 111-1-3, 122-1-22
Uruvilvā-kāśyapa 優樓頻螺迦葉 122-1-28, 190-2-1, 1737-3-18
Uruvelā (巴)優樓頻螺 122-1-22
Ulūka 優樓迦 121-3-23, 317-1-10, 317-1-11, 849-1-11, 1247-3-9, 1575-1-11, 1806-3-12
Ulkā 彗星 1247-3-8
Ullaṅga 鬱㑺伽 111-1-14
Ullambana 盂蘭盆 120-2-14, 1107-1-16
Uśīra 優尸羅 105-3-15, 106-3-27
Uṣa 烏尸國 956-2-18
Uṣas 烏沙斯 105-1-17
Uṣṭraka* 烏娑哆羅迦 105-1-21
Uṣṇīṣa 烏瑟膩沙 104-2-19, 1310-1-12

Ū

Ūnamanuṣyapada 鄔那末奴沙婆陀 112-2-9

Ṛ

Ṛg-veda 荷力皮陀 210-1-20, 1856-3-10
Ṛddhividhi-jñāna 神境智證通 1232-1-7
Ṛṣabha 勒沙婆 1424-2-17
Ṛṣi 哩始 1037-2-17
Ṛṣigati 神仙趣 731-3-20
Ṛṣigiri 伊私耆梨 53-2-8
Ṛṣitapastaptā 梨沙耶娑多波哆比多書 1829-1-25

E

Ekaṁ eva advitīyaṁ 唯有一乘法無二亦無三 73-3-4
Ekajaṭa 翳迦惹吒 128-3-6
Eka-jāti-pratibuddha 一生補處佛 69-1-22
Ekadaśamukha 十一面觀音 1820-3-28
Ekavīcika 翳迦鼻至迦 61-3-18, 128-3-9
Ekavyavahārikāḥ 一說部 75-1-4, 1491-1-5
Ekaśata-karman 百一羯磨 505-1-5
Ekaśṛṅga 一角仙人 58-1-29
Ekasmin samaye 一時 1322-1-30
Ekākṣara 翳迦訖沙羅 128-3-2
Ekāśītika 濕佉阿悉底迦 131-2-7
Ekāsanika 翳迦珊尼 128-3-4
Ekottara-āgama 增一阿含經 1093-3-28
Eḍamūkaḥ 啞羊 39-3-11
Eḍavarṇa 伊那槃那龍 87-2-25
Erāpattra 伊羅鉢多羅龍王 87-2-28, 89-2-16, 89-2-27
Erāvaṇa 伊蘭林 89-3-19, 98-2 5
Erāvati 伊羅跋提河 89-2-18
Elāpattra 伊羅鉢多羅 7-3-27
Evaṁ 伊淡 1351-3-16
Eśvara 阿伊濕伐羅 1526-1-17

Ai

Aiṇeya 伊尼延 87-3-18
Aiṇeyajaṅgha 伊泥延腨相 88-1-1
Airāvana 藹羅筏拏 7-3-25
Airāvaṇa 伊那婆那 87-3-2

O

Okas* 漚呵沙 145-2-14
Oja-āhāra*奧闍訶洛鬼 146-1-27

Au

Auddhatya 掉擧 735-3-7
Aupayika 奧箄迦 147-1-11

Ka

Kakuda-kātyāyana 迦羅鳩馱迦旃延 433-3-15
Kaṅkara 甄羯羅 249-1-24, 509-3-8
Kaṁkara 甄迦羅 409-1-25
Kaccha* 羯茶 197-2-2
Kajughila* 羯朱嗢祇羅 196-2-19
Kaṭapūtana 迦吒富單那 193-2-1
Kaṭasī 羯吒斯 197-2-26
Kaṭvā* 佉啁羅床 254-3-22
Kaṭhina 迦絺那 194-1-23
Kaṇabhuj 蹇拏僕 197-2-25, 422-1-27
Kaṇāda 迦那陀 849-1-11
Kaṇika 迦尼迦 200-3-15
Kaṇṭa 乾陀羅 179-2-13
Kaṇṭala 乾陀羅 179-2-13
Kaṇṭhaka 揵陟 421-1-8, 503-1-15
Kaṇḍūpraticchadana 建立鉢刺底車憚娜 424-2-11, 911-3-13
Katabhūtana迦吒富單那193-2-1
Kathāvatthuppakaraṇa 論事 400-3-9
Kadamba 迦曇波 200-1-30
Kanakabhāradvāja 迦諾迦跋釐惰闍 194-1-17, 1775-3-21
Kanakamuni 拘那含牟尼 200-2-3, 304-3-14, 329-1-14, 740-1-2
Kanakavatsa 迦諾迦伐蹉 194-1-14, 1775-3-20
Kanāda 蹇尼陀 197-2-26
Kaniṣka 迦膩色伽 200-3-16
Kanṭaka* 乾陀 419-2-23
Kanthā 乾陀 419-2-23
Kanyā 女宮 778-1-7
Kanyākubja 羯若鞠闍 169-2-12, 197-3-1, 298-1-24, 373-2-14
Kaparda 劫婆吒 470-1-26
Kapāla 劫波羅 470-1-8
Kapiñjala 迦頻闍邏 183-2-11, 204-1- 1
Kapittha 劫比他 470-2-3
Lapitha 劫比他國 470-2-5
Kapimala* 迦毘摩羅 203-2-16
Kapila 迦毘羅 203-2-22, 321-3-5, 470-2-11, 470 -2-11, 470-2-26, 809-1-7, 842-1-24, 1590-1-8
Kapilavatthu (巴)加維羅衞國 177-1-9
Kapilavastu 迦毘羅婆蘇都 177-1-9, 203-3-23, 470, -2-29, 796-2-18, 956-2-16, 1849-1-16
Kapiśa 迦畢試 203-1-16
Kapiṣṭhala-kāṭha-saṁhitā 1856-3-25
Kapotaka 迦布德迦 204-2-22, 1423-1-25
Kapotaka-saṁghārāma 迦布德迦伽藍 204-2-23, 232-1-23
Kappāsika (巴)迦波羅 132-3-11
Kapphiṇa 劫賓那 307-2-6, 470-2-15, 470-3-4, 504-1-27
Kabarī 迦婆離 203-1-10
Kamala 迦摩羅 1811-3-30
Kamphilla* 金毘羅比丘 504-1-27
Kambala 欽婆羅 132-3-12, 218-3-7, 260-1-19, 425-1-5
Kambu 金步 504-2-7
Kamboja 紺蒲 218-2-23, 218-2-26
Kamma (巴)羯磨 602-2-28
Kammavāca 羯磨說 728-3-19
Kammāsa 劫摩沙 470-3-24
Karaṇa* 迦羅那 208-2-12
Karaṇi 迦囉嚀 208-2-16
Karaṇḍa 迦蘭陀 208-3-25
Kāraṇḍaka 迦蘭迦 208-3-25
Karabha 羯臘婆 199-1-9
Karavīra 迦羅毘囉 208-2-26
Karāla 迦羅邏 208-3-15
Karika* 迦哩迦尊者 1775-3-24
Karipada 迦留波陀 213-1-27
Karuṇā 迦樓那(悲) 213-1-16, 748-3-12, 761-2-22, 1457-3-8
Karuṇin 迦嚧尼 213-1-21
Karkıṭa 蟹宮 778-1-5
Karketana 羯雞都 196-1-19
Karṇa 羯叻拏 991-1-14
Karṇapur 迦蘭那富羅 209-2-14
Karṇasukhā 悅耳聲 1829-2-26
Karṇasvarṇa 羯羅拏蘇伐刺那 198-3-29
Kartṛkār.ṇa 羯巠唎迦囉泥 1411-3-24
Karpāra 揭羅婆 199-1-4
Karpāsa 劫波娑 132-3-11, 470-1-22
Karpūra 羯布羅 197-3-21, 471-1-4
Karma 羯磨 197-3-30, 560-1-30, 560-1-1, 90268-2-2
Karma-ācārya 羯磨阿闍梨 507-1-15
Karmajñānamudrā 羯摩智印 727-3-6
Karmadāna 羯磨陀那 133-1-18, 607-1-6, 198-3-15, 985-2-20, 1858-3-4
Karmadhāraya 持業釋1844-2-8
Karman 業 849-1-14
Karmendriya 作業根 842-3-8
Karṣa 迦利沙 210-1-24
Karṣaṇa 迦利沙那 210-1-24
Kalala 羯邏藍 199-1-12, 578-2-7, 1420-3-14
Kalaviṅka 迦陵頻迦 212-1-6, 1502-2-22
Kalaviṅkasvararutā 如迦陵頻伽聲 1829-3-3
Kalā 迦羅 207-2-24
Kalā* 圓具聲 1829-2-17
Kaliṅga 羯陵伽國 199-2-20
Kaliṅgapravara 迦陵伽衣 211-3-19
Kaliṅgarāja 迦陵伽陵 209-3-4, 211-3-25
Kaliṅgavana 迦陵迦林211-3-26
Kalī 迦梨 1132-1-25
Kalpa 劫 355-1-27, 468-2-28, 701-3-18, 1845-1-6
Kalpa-kalpayati 劫跛劫跛夜帝 469-3-27
Kalmāṣapāda 迦摩沙波陀 205-1-15, 1436-1-28, 1836-2-15
Kalyāṇa 迦梨耶那 212-1-28
Kalyāṇaruci 彊梁婁至 253-2-21
Kalyāṇakārī 迦良那伽梨212-2-2
Kalyāṇamitra 賀里也曩蜜怛羅 1056-1-24
Kavaca 迦轉遮 203-1-6
Kaśmīra 迦濕彌羅 188-3-6
Kaśmīr 罽賓 3-3-30
Kaṣāya 袈裟 128-1-13, 188-3-26, 189-2-3, 419-2-21, 801-1-2, 1863-2-11
Kasana 羯霜那 196-1-22
Kāka 迦迦 183-1-28
Kāka-ruta 迦迦婁多 183-2-18
Kākarutalipi 迦迦婁多書 1829-1-7
Kākala 迦迦羅虫 183-2-14, 183-2-28
Kāca 迦柘 189-1-5
Kācamaṇi 迦遮末尼 189-1-28
Kācalindikı 迦遮鄰地 189-2-5
Kāṁcana-mālā 于遮那摩羅 105-1-24
Kāṭhakasaṁhitā 1856-3-24
Kāṇadeva 伽那提婆 200-2-24, 230-3-9, 1157-2-12
Kāṇeyā 伽若耶 230-3-25
Kāṇṭhapāninī 揵吒婆尼尼神 556-2-12
Kātyāyana 迦旃延 191-3-9
Kātyāyanīputra 迦多衍尼子 192-3-30

Kāmadhātu 欲界 607-3
1768-2-30
Kāmarūpa 迦摩褸波 205-1-9
205-1-21
Kāmalā 迦摩羅 205-1-25
Kāmaśreṣṭha 柯摩施離沙多
205-1-18
Kāminī 伽彌尼神 556-2-7
Kāya 身 206-2-17, 232-3-5
Kāya indriya 身根 474-2-13
735-1-6
Kāyapoñchana 迦耶褒折娜
206-3-15, 911-3-10
Kāyaprahlādanakarī 適身聲
1829-2-20
Kāyasaṁsarga 觸女人戒
1075-3-16
Kāraka 迦邏迦 207-3-16
Kāraṇahetu 能作因 1819-3-10
Kāraṇḍa 鵲 209-1-15, 979-2-7
Kāraṇḍava* 羯羅那 190-3-27
Kārttika 迦絺那月 194-2-24
1255-2-8
Karṣaṇīya* 迦梨沙舍尼 210-1-27
Kārṣāpaṇa 羯利沙鉢 210-2-18
Kāla 迦羅 207-2-10, 207-2-19
886-3-14
Kālaka* 伽羅夜叉 207-2-10
208-3-7, 208-3-9
Kāla-pātra 迦羅鉢 208-2-18
Kālayaśas 畺良耶舍 253-2-14
Kālarātri 黑夜神 463-2-24
Kālavelā 迦囉吠羅 208-3-2
Kālā 圓具聲 1829-2-17
Kālāśoka 迦羅阿育 207-3-1
Kālika 迦梨迦 210-1-14
Kālodaka 迦留陀伽 213-1-12
Kālodayin 迦留陀夷 212-2-20
212-2-28, 1821-2-4
Kāśa 加尸 188-2-10
Kāśin* 加尸 188-2-10
Kāśī 迦尸 188-2-19, 956-2-19
Kāśyapa 迦葉 190-1-23, 329-2-15
740-1-2
Kāśyapa-ṛṣi 迦葉利師 191-2-18
Kāśyapamātaṅga 迦葉摩騰
191-2-7, 1036-1-27
Kāśyapīya 迦葉遺部 191-2-23
566-3-26
Kāṣa* 佉沙 254-3-8
Kiṁśuka 甄叔迦 258-3-3
414-1-5, 987-1-9, 1040-3-17
Kiṁkara 矜羯羅 474-3-19
1538-2-19
Kicca (巴) 吉遮 242-2-22
Kinārilipi 脂羅低書 1828-3-19
Kiṁnara 緊那羅 259-3-8
777-3-12, 877-3-12, 934-1-22
1416-3-25
Kiṁnaralipi 緊那羅書 1829-1-5
Kirāta 罽羅多 373-3-26
Kilāsa 枳羅蘇 256-3-23
Kukkuṭa 俱俱羅 288-3-22
288-3-29
Kukkuṭa-ārāma 屈屈吒阿濫摩
301-1-10, 374-2-4
Kukkuṭapada 屈屈吒播陀
317-3-13, 372-2-26
Kukkuṭapadagiri 屈屈吒播陀山 301-1-16
Kukkuṭeśvara 矩矩吒䃜說羅
288-3-28, 371-2-30
Kuṅkuma 鬱金香 109-2-16
1178-2-25
Kuche 龜茲 241-1-10
Kuñjara* 于闍羅 106-2-11
Kuṭikā 有主房戒 1075-3-22
Kuṇāla 拘拏浪 315-2-3
Kuṇḍa 君茶 356-1-17
Kuṇḍali 軍茶利 370-1-8
Kuṇḍi 軍持 370-3-11
Kuṇḍikā 捃稚迦 356-1-26
370-3-12, 973-2-13, 1585-2-25
Kutche 屈支 301-1-30
Kutsa* 拘甊 291-2-17
Kuṇāla 拘那羅 305-2-7
Kunti 均提 259-2-17
Kunda 君陀 356-1-24
Kunda 軍那 370-3-17
Kunduruka 君杜嚕 356-2-15
Kupana 鳩垣 285-1-28
Kubera 金毘羅 470-2-26
1486-2-22
Kumāra 拘摩羅 310-2-9
431-2-17, 1281-3-5
Kumāraka 鳩摩羅伽 310-3-16
Kumāraka-deva 鳩摩羅伽天
310-2-11
Kumāra-kāśyapa 鳩摩羅迦葉
311-1-10
Kumārajīva 鳩摩羅耆婆 311-1-14
1283-1-6
Kumārabhūta 究摩羅浮多
309-3-28, 310-3-19, 1282-2-27
Kumāra-muka 太子沐魄
1101-2-28
Kumārāyaṇa 鳩摩羅炎 310-2-30
Kumāralabdha 鳩摩邏多
311-3-6
Kumāraśarman 鳩摩羅設摩
311-3-3
Kumārila 816-3-20
Kumuda 拘物頭 312-2-1
313-1-10, 989-2-10, 1811-3-24
Kumuda-pati 蓮華王 365-1-13
Kumbha 賢瓶宮 425-1-24
778-1-12
Kumbhāṇḍa 鳩槃茶 302-2
306-2-29, 1416-2-30
Kumbhāṇḍaka 鳩槃茶 1873-1-11
Kumbhīra 金毘羅 307-3-3
470-2-26, 504-1-8, 934-1-13
Kumbhīrada* 金毘羅陀 504-1-13
Kurakā 孤落迦槃 182-1-20
Kurava 矩拉婆 315-2-6
1411-1-19
Kurusu 拘樓瘐 317-2-14
Kurū 拘流沙 317-2-6
Kuladanta 鳩羅檀提 315-1-22
Kuladūṣaka 汚家擯謗違諫戒
1075-3-27
Kulapati 迦羅越 208-3-20,
315-2-7, 465-3-28
Kula-putra 矩羅補羅 1095-3-6
Kulāla-rāja 鳩邏邏剌揭闍
315-2-30
Kulika 矩里迦 560-1-10
586-1-15, 1030-3-8
Kullūta 屈露多 301-3-26
Kuvera 俱吠羅 308-2-16
Kuśa 吉祥草 242-2-19, 464-3-25
Kuśalamahābhūmikāḥ
大善地法 735-2-1
Kuśāgārapura 矩奢拘羅補羅
292-2-3, 294-2-3, 296-3-12
974-2-17, 1398-1-16
Kuśinagara 拘尸那城 177-1-13
277-1-24, 292-1-25, 701-1-1
956-2-16
Kuṣana 月支 364-3-20
Kusinārā (巴) 拘尸城 177-1-13
Kusuma 俱蘇摩 288-3-17
Kusumadāna* 須摩檀 898-2-18
Kusumapura 拘蘇摩補羅
298-3-22, 373-2-16, 391-1-25
1398-1-16
Kusumamālā 俱蘇摩摩羅
298-3-28, 405-2-30
Kusumavatī 俱蘇摩跋低
298-3-20
Kusumbha 俱遜婆 299-2-3
Kusūla 俱蘇洛 299-1-21
Kusūlaka 蕨修羅 1375-3-16
Kustana 瞿薩旦那 111-1-28
291-2-9
Kūṭadanta 究羅檀頭 315-1-24
Kūṭaśālmali 拘吒賒摩利
299-2-21
Kūla* 俱羅 315-1-5
Kṛkāla 俱利伽羅 316-1-10
Kṛttikā 昴宿 776-2-20
Kṛtya 吉遮 242-2-22
Kṛṣṇapakṣa 黑分 463-2-1
460-3-28, 1495-3-6
Kṛṣṇayajus 黑夜柔 1856-3-21
Kekaya 吉迦夜 242-1-19
Ketu 計親 285-1-2, 373-1-3
598-3-19, 1281-3-7
Ketubha (巴) 肩亡婆論 426-1-28
Ketumati 計都末底 373-1-15
921-2-4
Kebudhana 劫布咀那 470-3-23
Keyūra 翅由邏 244-1-6
840-1-2, 1749-3-28
Kelikila 枳哩枳哩尋 257-1-1
Keśakambala 翅舍欽婆羅
707-2-11
Keśapratigrahaṇa 雞舍鉢羅底喝喇呵 372-2-2, 911-3-12
Keśara 雞薩羅 372-1-20
Kaiṭabha* 肩亡婆論 426-1-28
Kokālika 瞿伽離 286-1-6
Kokāliya (巴) 瞿伽離 286-1-6
Kokila 瞿枳羅 277-1-25, 287-1-1
Koṭi 俱胝 300-1, 315-3-9
Koṇḍañña (巴) 憍陳如 378-1-23
560-1-1
Kolita 拘利太子 315-3-12
Koliya (巴) 拘利民衆 177-1-8
Kovidār 俱毘陀羅 307-2-19
Kośa 俱舍 292-3-8
Kosambi (巴) 巨賞彌 376-2-13
Kosala 憍薩羅 175-3-27, 291-2-14
376-2-18, 956-2-14
Kosambī-khandhaka (巴) 拘睒彌揵度 298-2-11
Kaukṛtya 惡作 737-2-2
Kaukkuṭika 究究羅部 289-1-8
371-2-18
Kauṇḍinya 憍陳那 378-1-23
Kautūhara 憍都揭羅 378-2-11
Kaurava 憍拉婆 380-1-5
1411-1-20
Kaulya 拘利民衆 177-1-8
Kauśāmbī 憍睒彌國 298-1-18
376-3-13, 956-2-17
Kauśika 憍尸迦 376-3-1
Kauśila 俱尸羅 1246-3-9
Kāuśeya 憍奢耶 132-3-10
376-3-24
Kauśeya-saṁstara* 高世耶僧悉哩唎 178-3-21
Kauṣṭhila 拘瑟耻羅 292-1-17
Kausa (巴) 憍賒耶 132-3-10
Kausīdya 懈怠 735-2-4
Krakucchanda 拘留孫憍
207-3-28, 317-2-10, 317-2-18
329-1-14, 740-1-1
Krakuda 迦羅鳩馱 208-1-6
Krakudakātyāyana 迦羅鳩馱迦旃延 208-1-8, 253-3-24
Kriyā 吃㗚耶 208-2-15
Nrīta 訖利多 257-1-16
Kruñca 拘崙闍 318-3-9
Krodha 忿 734-2-2, 861-2-5
Krośa 俱盧舍 317-1-6, 317-1-21
1807-1-25
Kleśa 吉隷舍 1638-1-10
Kleśamahābhūmikāḥ 大煩惱地法 735-2-1
Kṣaṇa 刹那 74-3-25, 1033-1-22
Kṣaṇabhaṅga 刹那生滅 1033-2-2
Kṣatriya 刹帝利 706-1-27
1032-3-30
Kṣānti 羼提 1043-3-12, 1046-1-21
1362-2-27, 1367-1-21
Kṣāntideva 羼提提婆 1043-1-10
Kṣāntipāramitā 忍波羅蜜
1044-1-4, 1430-3-9
Kṣāntisiṁha 羼底僧訶 1046-1-29
Kṣama 叉磨 809-2-18, 1871-1-1
Kṣamaya 懺摩 661-1-11
Kṣamayati 懺摩 603-3-5
615-1-25
Kṣamā 刹摩 6034-1-4
Kṣārapāṇīya 讖羅半尼 812-3-19
884-3-10
Kṣitigarbha 乞叉底蘖婆
1217-3-20
Kṣīṇāsrava 漏盡 1846-1-14

Kṣīraṁ 乳味 573-2-14
Kṣīriṇika 差利尼迦 814-1-19
Kṣudra* 周羅 840-1-1
Kṣudrapanthaka 周利槃陀伽 830-2-22, 840-3-16
Kṣetra 刹 74-2-7, 239-1-8, 487-1-8, 1029-2-23, 1033-1-13, 1584-1-26
Kṣemavatī 差摩婆帝 809-3-22
Kṣemasvāmin 差摩塞縛彌 809-3-1
Kṣauma 芻摩 837-3-16, 1005-3-10
Kṣaumaka 芻摩 132-3-13

Kha

Khakkhara 喫棄羅 237-2-26, 802-1-22
Khaṅga 謌誐 196-1-2
Khaṭaka 佉吒迦 254-3-16
Khaṭika 羯眦那 197-2-15
Khaḍga 渴伽 195-3-27, 196-1-2, 381-2-13
Khaḍga-viṣāṇa 朅毘沙拏 196-1-11
Khaṇḍa 犍度 131-2-17, 419-3-14, 1322-3-4
Khadira(ka) 朅地洛迦山 194-3-24, 210-1-9, 298-1-1, 501-2-4, 1121-3-29
Khandha (巴)揵陀 419-3-19, 423-3-7
Khapuṣpa 空華 280-2-22
Khara 佉盧 254-3-27, 255-2-5
Kkarakaṇṭha 佉羅蕎駄 255-1-13
Kharacchada 蝎路駁娜 468-1-1
Kharādīya* 伽羅陀 255-1-18
Kharoṣṭhī 去盧虱吒書 255-2-10, 1828-3-11
Kharjūra 渴樹羅 182-1-23, 197-1-1
Khāsyalipi 珂沙書 1828-3-25
Khādanīya 佉闍尼 193-2-16, 254-3-20, 799-3-15
Khāri 佉梨 255-2-4
Khuddakāgama (巴)屈陀迦阿含 301-2-20
Kheṭa 唫吒 241-3-14

Ga

Gagaṇaprekṣaṇīlipi 伽伽那卑麗叉尼書 1829-1-27
Gagana 迦迦那 183-2-3
Gaganagarbha 虛空藏 453-1-14
Gagana-prekṣaṇa 伽伽那卑麗叉尼 183-2-5, 225-1-20
Gaṅgā 殑伽 509-3-12, 510-3-18, 606-2-6
Gaṅgādatta 恒伽達 510-2-26
Gaṅgādevī 恒伽提婆 510-2-18
Gaṅgā-nadī-vālukā 恒河婆 510-1-13
Gaṅgīlaya* 殑耆羅 510-3-15
Gacchati 伽車提 189-1-25
Gajaśīrṣa 羯闍尸利沙 196-3-12, 232-3-17, 676-3-7
Gaṇa 伽那 230-3-6
Gaṇakamoggallāna (巴)算數目犍連經 639-2-10
Gaṇanaganita 伽那那伽尼多 230-3-10
Gaṇanāvartalipi 伽那那跋多書 1829-1-18
Gaṇapati 誐那鉢底 230-3-13, 340-3-22
Gaṇḍavyūha 健拏驃訶 422-1-23
Gata 行 220-1-23
Gatayaḥ* 哦哆也 230-1-27
Gati 揭底 197-2-24
Gandha 健陀 173-1-6, 419-2-24, 842-3-11
Gandhakuṭī 健陀俱知 176-3-27, 273-2-9, 421-1-23
Gandhamahāyāna* 揵陀摩訶衍 422-1-29
Gandhamādana 香山 176-2-11
Gandhamādana-girirāja 香山王 921-1-12
Gandhamādanamāla 健陀摩陀摩羅 422-2-3
Gandharva 乾闥婆 178-1-20, 421-2-19, 776-2-27, 1416-2-28, 1416-3-16
Gandharva-rāma 揵婆羅摩 1179-3-7
Gandharvalipi 乾闥婆書 1829-1-2
Gandharvasaṁgītighośā 如緊那羅妙歌聲 1829-3-2
Gandhaviṣaya 香境 735-1-9
Gandhahastī 香象 176-1-15
Gandhahastin 乾佗訶提 421-1-16
Gandhāra 揵陀羅4-1-1, 422-2-5, 422-2-30
Gandhārī 健駄梨 422-3-13
Gandhāla 乾陀羅樹香 422-2-30
Gandhālaya 乾陀羅耶 422-3-3
Gandhālu* 揵陀樓 422-3-15
Gambhīra 甚深 220-2-30
Gamini (巴)伽彌尼 232-2-23
Gaya 伽耶 232-3-7
Gayā 伽耶 676-3-6
Gayākāśyapa 伽耶迦葉簸 190-2-2, 233-1-8
Gayaśīrṣa 羯闍尸利沙 676-3-7, 1489-3
Garāpu* 迦羅富 208-2-28
Garuḍa 迦樓羅 212-2-26, 213-1-27, 214-1-5, 500-2-16, 706-2-24, 1416-3-23
Garuḍalipi 迦婁羅書 1829-1-4
Garjita 誐羅惹哆 1772-1-23
Garbha-āhāra 伽破訶羅231-1-4
Garbha-kośa 藥縛俱舍1099-2-23
Gavāṁpati 憍梵波提 266-2-10, 232-2-1, 379-1-20, 531-3-23, 1398-3-12
Gāti 揭諦 863-3-25
Gāthā 伽陀 193-2-28, 428-3-19, 936-2-26, 980-3-28
Gijjakūṭa (巴)耆闍堀 263-1-3, 1794-1-9
Giri 擬里 1018-2-6
Girika 耆利柯 274-3-12
Gītamitra 祇多蜜 264-3-7
Guggula 求求羅 289-2-9
Guṇa 求那 304-2-14, 305-3-18, 849-1-14
Guṇacarita 寠拏折里多304-3-20
Guṇadatta 窶拏達多 1539-3-19
Guṇaprabha 瞿拏鉢剌婆305-1-4
Guṇabhadra 求那跋陀羅 304-3-23, 1450-2-16
Guṇamati 寠拏末底 305-1-28, 923-1-7
Guṇarata 拘那羅陀 305-2-30, 877-2-21
Guṇavarman 求那跋摩304-3-26
Guṇaviddhi 求那毘地 305-1-24
Guḍa* 伽尼 230-3-23
Gupta 笈多 1241-2-5
Gurupada 窶盧播陀山 317-3-13, 372-2-29, 1093-1-16
Gurudharma 瞿婁達磨 317-3-4
Gulgulu 掘具羅 1030-3-10
Gulpha 瞿拉波 315-2-3
Guhyatantra 瞿醯檀哆羅經 289-2-23, 289-2-28, 1006-1-25
Guhyapāda 密迹 1679-3-4
Gūḍha 偰多 107-1-25
Gṛdhra 姞栗陀 244-1-11
Gṛdhrakūṭa 揭梨馱羅鳩胝 263-1-2, 527-2-9, 684-1-8, 1794-1-9
Gṛha 葉哩訶 273-2-11
Gṛha-pati 疑叻賀鉢底1201-2-18
Gṛhastha 誐羅婆他 1096-1-3
Geya 祇夜 266-2-16, 936-2-24, 1213-3-25, 1819-1-4
Gokulika 高拘梨訶 371-3-13
Gotamī (巴)憍曇彌 378-2-16, 1123-2-5
Godānīya 瞿陀尼 299-3-20
Gopakamoggallāna 瞿默目犍連 312-3-14
Gopā 瞿毗耶 307-2-27, 538-3-11
Gopāla 瞿波羅 306-1-28
Gopālaka 瞿波洛迦 306-2-4
Gopālī 瞿波理迦 306-3-5
Gopikā 瞿比迦 276-3-18
Gomatī 瞿摩夷310-1-5, 310-1-25
Gomaya 巨磨 471-2-4, 565-1-30
Gomayī 瞿摩夷 565-2-18
Gomūtra 瞿摸怛羅 312-3-22, 565-2-9
Gorajas 牛毛塵 574-2-28
Gorocanā 瞿嚧者那 317-2-7, 472-3-1
Gorband 揭盤陀 197-3-13
Govisana 瞿毘霜那 307-2-15
Gośarī 拘舍離 294-2-9
Gośīrṣaka-candana 牛頭栴檀 554-1-14
Gośṛṅga 瞿室餕伽 292-1-23
Gautama 瞿曇 277-1-1, 299-2-24, 303-3-21
Gautama-dharmajñāna 瞿曇法智 304-1-26
Gautama-prajñā-ruci 瞿曇般若流支 304-1-22
Gautama-saṅghadeva 瞿曇僧伽提婆 304-1-18
Gautamī 瞿曇彌 276-1-30, 304-1-30, 378-2-16
Grantha 伽闌他 233-2-23, 423-3-16
Graha 揭羅訶 255-1-12, 256-3-9, 292-2-15, 754-1-13, 775-1-11
Grīṣma 熱時 1255-1-24

Gha

Ghaṭana 合 220-3-6
Ghaṇṭā 犍稚 201-1-20, 217-1-27
Ghaṇṭin* 犍坻 423-2-7
Ghana 伽那 200-1-2, 220-3-7, 424-2-26, 578-2-12, 1420-3-15
Ghṛta* 伽里多 1090-1-22
Gholaṁ 熟酥味 573-2-15
Ghoṣa 瞿沙 292-2-27
Ghosita 瞿私多 291-3-29
Ghrāṇa 鼻 842-3-13
Ghrāṇa indriya 鼻根 474-2-12, 735-1-4

Ca

Cakra 斫訖羅 798-3-29, 799-3-9, 1803-2-29
Cakravāka 斫迦羅婆迦 799-1-25
Cakravāḍa 鐵圍山 298-1-13, 799-1-5, 921-1-30, 1242-3-15
Cakravartin 斫迦羅跋羅底 799-1-29
Cakravarti-rāja 轉輪聖王 799-2-5, 1259-1-20
Cakṣur indriya 眼根 474-2-11, 735-1-2
Cakṣus 眼 805-2, 842-3-13
Caṭaka 遮吒迦 806-1-11
Caṇḍagiri 旃陀耆利柯1044-2-25
Caṇḍāla 旃陀羅 877-1-18, 877-1-12, 1044-3-10
Caṇḍī 準提 993-2-15, 1820-3-29
Catura 招杜羅 934-1-23
Catur-āryasatya 四聖諦583-3-2
Caturdeśa 拓匿提舍 1022-3-18
Catur-prāmarśa 四取 709-3-16
Caturmahārājakāyikās 四天王天 748-1-30
Caturyoni 四生 706-2-11
Caturḥ-saṁgrahavastu 四攝法 720-2-27
Caturūpa-brahma-loka四空天 608-1
Cattāri-āriyasaccāni (巴)四聖諦 723-3-29
Catvāri-āryasatyāni 四聖諦 723-3-29

Catvāri-apramāṇāni 四無量心 761-2-26
Caṇḍa-kaniṭa 旃檀罽昵吒王 373-1-29
Candana 旃檀娜 652-1-4, 1045-3-12
Candra 旃荼羅 365-1-11, 365-3-23, 431-1-23, 1044-1-12, 1235-1-14
Candragupta 旃陀掘多 3-1-25
Candradeva 旃陀羅提婆 1044-3-26
Candrapati-sūtra* 旃陀越國王經 1045-3-6
Candraprabha 戰達羅鉢伐婆 1044-3-30
Candravarman 戰達羅伐摩 1044-3-28
Candrāya 戰捺羅野 1045-2-25
Campaka 瞻蔔 1048-1-13, 1339-1-13
Campā 瞻波 956-2-20, 1048-1-29
Campākhanda 瞻波犍度 1048-1-26
Campālu* 苫婆羅窟 1048-2-25
Caritra 折利怛羅 814-1-14
Cariya-piṭaka (巴)若用藏 301-2-30
Carmavastuskhanda 皮革犍度 1458-3-21
Caryā 遮唎耶 815-3-25
Cāṇḍa-aśoka 旃陀阿輸柯 1043-2-21
Cāturmahārājakāyika 四天王天 607-3-6
Cānura 遮努羅 807-1-28
Cāmara 遮末羅 809-3-28, 1411-1-13
Cāru 遮盧 816-1-15
Cikitsā 職吉蹉 692-1-21
Cikitsāvidyā 醫方明 573-2-24
Ciñca manavika 旃遮摩那 1040-1-25
Citi 質底 747-1-20
Citta 心 723-3-27, 744-2-9, 859-3-18, 906-3-27
Citta-ekāgratā 質多翳迦阿羅多 744-3-6
Cittam 心法 735-2-1
Cittaviprayuktasaṁskārāḥ 心不相應法 734-2-1
Cittasaṁprayuktasaṁskārāḥ 心所有法 735-1-2
Cittodvilyakarī 心生勇鋭聲 1829-2-21
Citra 質多羅 745-1-10, 745-1-20
Citrabhāṇa 質咀羅婆拏 335-1-26, 745-1-21, 923-1-15
Citrā 角宿 776-1-12
Cintā-maṇi 如意珠 877-2-8, 1347-2-28
Cintāmaṇicakra 如意輪 1348-2-15, 1820-3-30
Cinti 眞呎 878-1-9
Cīna 震旦 750-3-3, 877-2-15
Cīna-deva-gotra 支那提婆瞿怛羅 750-3-19
Cīna-rājaputra 至那羅闍弗咀羅 750-3-27
Cīnalipi 脂那國書 1828-3-26
Cīnāṇi 至那儞 750-3-21
Cīvara 衣 128-1-12, 472-3-3, 753-1-10, 886-1-27, 911-3-1
Cunda 准陀 836-2-12, 992-3-28
Culla (巴)周羅 840-1-8
Cūḍa 首羅 839-3-29
Cūḍapanthaka 周利般陀伽 1208-1-18, 1436-2-20, 1775-3-29
Cūlaka 首羅 839-3-29
Ceṭaka 制吒迦 1016-3-19, 1538-2-20
Cetanā 思 735-3-4
Cetyaka 質多迦 744-3-11
Caitya 制底 725-1-26, 747-1-23, 1016-3-17, 1016-3-4, 1017-1-19, 1113-3-8
Caitya-vandana 制底畔睇 1017-1-30
Caityaśaila 支提山部 726-2-20
Caitra 制怛羅 1017-1-7, 1255-2-5
Caitra-māsa 怛囉麼洗 1118-1-14
Coca 招者槃 182-1-19
Caurī 朱利 840-3-13

Cha

Chanda 闡陀 1821-2-2
Chandaka 闡鐸迦 808-1-26, 1043-1-12
Chandas 闡陀 770-3-18, 1044-2-9, 1845-1-8
Chaṁda 欲 735-3-6
Chamaṇḍa* 遮文荼 811-3-18
Chāya 車也 812-1-2
Chinnopakaruṇacintāmana-sikāra* 振波迦論眞陀摩那迦樓 881-3-6
Chullaccaya (巴)偸蘭遮耶 1209-2-13

Ja

Jaṭāvat 社怛梵 806-2-8
Jati-sena 闍提首那 806-2-23
Janeśa* 闍尼沙 808-1-23
Jantu 禪頭 1066-1-23
Janmamaraṇa 糌摩末剌諵 1068-2-12
Jambu 閻浮 141-3-14, 659-2-23, 1048-3-15
Jambudvīpa 贍部提 141-3-18, 703-2-19, 1048-3-25, 1049-1-23, 1302-1-21
Jambunadasuvarṇa 閻浮檀金 142-1-2, 1049-2-6
Jambū 贍部樹 1048-3-23
Jaya 闍耶 812-1-4, 1562-3-19
Jayanti 闍演底 976-3-12
Jayante 闍演帝 976-3-13
Jayasena 闍耶犀那 980-2-30
Jayāditya 闍耶昳底 1483-1-14
Jayottama 無上勝長者 538-2-24
Jayoṣmāyata 勝熱婆羅門 538-2-14
Jarā 異 734-2-3
Jarāmaraṇa 老死 930-2-21
Jarāyuja 胎生 706-2-12
Jala* 闍利 813-2-14, 1666-1-3
Jātaka 本生 301-2-28, 806-1-9, 936-3-3, 980-1-8, 1621-2-11
Jātakamālā 社得迦摩羅 806-1-14, 1630-1-19
Jāti 生 734-2-1, 930-2-20
Jātipaṇḍaka 本性扇搋 535-2-7
Jāmikā 閻彌迦神 556-2-6
Jāyati 若衍底 962-2-5
Jālinīprabhākumāra 惹哩寧鉢羅婆倶摩羅 326-3-8
Jina 耆那 265-2-28
Jinatrāta 辰那咀邏多 878-3-22
Jinaputra 慎那弗咀羅 586-2-24, 750-3-22, 878-3-24, 879-1-5, 923-1-18
Jinabandhu 辰那飯荼 879-1-3
Jinayaśas 嗜那耶舍 750-3-24
Jinu 耆㝹 265-2-21
Jihvā 時乞縛 842-3-14, 890-3-28
Jihvā-indriya 舌根 4744-2-13, 735-1-5-47
Jīva 耆婆 261-2-1, 265-3-2, 266-1-12, 310-3-3, 333-1-2, 961-3-1, 1752-3-19
Jīvaka 時縛迦 261-2-1, 265-3-2, 266-1-12, 333-1-2, 901-3-9
Jīvajīvaka 耆婆耆婆迦 1687-3-10
Jīvaṁjīvaka 耆婆耆婆迦 266-1-12, 901-3-12
Jīvaṁjīvakasvararutāravitā 如共命鳥聲 1829-3-5
Jīvita 戍尾單 734-2-7, 1681-3-16
Jīvitākāra* 時毗多迦羅 902-2-23
Jīvitendriya 命根 474-2-17
Juḍiṅga 殊徵伽 832-1-21
Jeta 祇陀 264-3-18
Jetavana 逝多林 264-3-12, 846-2-18, 848-3-25, 1016-3-11
Jetavanīyā 制多山部 1017-1-2
Jetṛ 逝多 264-3-18, 1016-3-5
Jaina 耆那 961-2-27
Jaimini 1681-2-10
Jñaptikarma 白一 506-3-2
Jñapti-caturthaṁ 白四 1497-1-9
Jñapti-caturthaṁ karma-vācā 白四羯磨 506-3-9
Jñapti-dvitīyaṁ karmavācā 白二羯磨 506-3-5, 1494-2-10
Jñātaka 禪陀迦 1063-3-25
Jñātiputra 若提子 961-2-28
Jñātī 若提 1313-3-4
Jñāna 惹那 980-1-17, 1187-2-24, 1210-3-22
Jñānagupta 闍那崛多 231-3-22, 807-2-6
Jñānacandra 智月 923-1-19, 980-1-19, 1194-2-14
Jñānapāramitā 智波羅蜜 1430-3-16
Jñānapradīpa 枳攘娜鉢囉儞閉 245-2-22
Jñānabhadra 攘那跋陀羅 972-1-5, 980-1-21
Jñānayaśas 闍那耶舍 807-3-3
Jñeya 爾炎 1308-1-7
Jyeṣṭhā 心宿 776-1-16
Jyaiṣṭha 逝瑟吒 585-3-13, 1016-1-27, 1255-2-5
Jyaiṣṭhamāsa 嚌瑟吒麼洗 894-3-13
Jyotiṣa 竪底沙 988-3-21, 1845-1-7
Jyotiṣka 殊底色迦 832-1-24
Jyotīrasa 殊致阿羅婆 832-1-19
Jvala 闍耶攞 980-1-24, 1245-1-25, 1340-1-17
Jvāla 闍耶攞 809-1-5, 901-3-8, 980-1-27, 1002-1-3
Jvālāmālinī 闍耶羅摩履儞 808-3-30

Jha

Jhāpita 荼毗 329-3-4, 1181-2-3

Ña

Ñatti (巴)白 506-3-2
Ñatticattutthākammavācā (巴)白四羯磨 506-3-9
Ñattiduttīyākammavācā (巴)白二羯磨 506-3-5

Ṭha

Ṭhapanīya 出置答 1096-2-25

Ḍa

Ḍavila 陀毘羅 1181-2-22
Ḍākinī 荼吉尼 1177-2-28

Ta

Takṣaka 德叉迦 1111-1-29, 1274-2-19, 1802-1-23
Takṣasilā 德尸羅 1274-3-1
Tagara(ka) 伽羅 254-3-29, 1109-2-14
Tattva-saptati* 七十眞實論 736-3-17
Tatpuruṣa 依主釋 1844-2-18
Tatsvabhavaiṣīya 自言毘尼 742-2-17
Tathatā 眞如 1096-3-4
Tathā 多他 1112-2-1
Tathā-āgata 如來 1112-3-3, 1350-1-1
Tathāgata 多他阿伽陀 906-2-21, 1112-2-10, 1112-3-1, 1178-3-25, 1278-1-23, 1355-3-23
Tathā-gata 如去 1112-3-3, 1350-1-1
Tathāgata arhat samyaksa-

ṁbuddha 怛薩阿竭阿羅訶三耶三佛 1111-1-22
Tathāgata-kṛtyakara 行如來事 1357-3-21
Tathāgatagupta 怛他揭多麹多 1112-2-17
Tathāgatadūta 如來使 1052-3-24, 1357-3-21
Tathāgatapreṣṭa 如來所遣 1357-3-21
Tadanuvartaka 助破僧違諫戒 1075-3-27
Tadyathā 呾儞也他 1112-2-4, 1113-2-16
Tanmātra 五唯喜性 842-3-5
Tapana 炎熱地獄 141-1-27
Tapas 苦行 287-2-16
Tamas 答摩 601-2-10, 651-2-11, 1115-2-18
Tamasāvana 答秣蘇伐那 1115-2-21
Tamāla-pattra 多摩羅跋 1116-3-2
Tamāla-bhadra 多摩羅跋 1116-3-12
Tambapaṇṇīya (巴)銅鍱部 1283-2-11
Tāmbūla 擔步羅 1121-3-18
Tāmrapattra 多阿摩羅跋 1096-3-16
Tārā 多羅菩薩 1117-1-19, 1117-2-25
Tāla 多羅 738-1-15, 1117-1-24
Tāla-pattra 貝多羅葉 1117-2-15
Tiṅ anta 丁岸哆 739-1-8, 1191-1-8
Tinduka 鎮頭迦 208-2-9, 1213-1-27
Timi 抵彌 1240-1-10
Timigila 抵彌 1240-1-10
Tiryak* 啼哩曳 1240-1-20
Tiryagyoni 底栗車 1240-1-23, 1396-3-2, 1443-2
Tiryagyonigati 畜生趣 731-3-19, 1240-1-25, 1824-2-23
Tiṣya 底沙 776-1-6, 1196-1-22, 1239-1-24, 1239-2-25, 1589-1-4
Tīrṇa-bhāṣya 提舍 1137-3-10
Tukhāra 覩貨羅國 1276-1-29
Tutaka* 都吒迦 1277-3-19
Tumbura* 兜牟盧 1278-2-26
Turasāra 都薩羅 1276-2-25
Turuṣka 都嚧瑟迦 1080-1-18, 1278-3-28, 1279-1-7
Tulā 秤宮 778-1-8
Tuṣāra 都沙羅 1276-3-10
Tuṣita 都率 607-3-13, 1276-2-30, 1276-3-23, 1277-2-3
Tuṣitayāma 都史夜摩 1276-3-9
Tūla 兜羅 1278-3-10
Tṛṇastāraka 草 地毘尼 742-2-26
Tṛṣṇā 愛 930-2-14
Tejas 火 842-1-16
Tejorāśi 諦殊羅施 1239-2-30, 1562-3-20
Tesaṁ rūpasamo sukho (巴)寂滅爲樂 850-1-7
Taitirīya-saṁhitā 1856-3-23
Traṭa 怛囉吒 1117-2-24
Trapṣa 帝梨富娑 1125-1-24
Trayāya 怛羅夜耶 1118-1-9
Trayodaśa saṁghāvaśeṣāḥ 十三僧殘 1075-3-15
Trāta 咀羅多 878-3-28
Trāyastriṁśa 忉利天 607-3-11, 634-2-21, 1108-3-16
Tricīvara 怛哩支伐離迦 1118-2-9
Trijāti 三生 1210-3-15
Tritīya karmavācanā 三羯磨 1497-1-13
Tripiṭaka 三藏 619-3-15
Trisamaya 底哩三昧耶 1210-3-2, 1240-1-21
Trailokyavijaya 多隷路迦吠闍耶 1118-2-25, 1118-3-1, 1240-1-28
Trailokya-vijaya-rājā 降三世明王 222-2-27
Tvac 身 842-3-14
Tvam 怛縛 1113-2-26
Tvaṣṭā* 瑟室利神 776-2-12

Tha

Thūpa (巴)窣都波 1113-3-6
Thera-gāthā 涕羅伽陀 301-2-27
Thera-guhā (巴)梯羅浮呵
Theri-gāthā 涕利伽陀 301-2-28

Da

Dakṣiṇā 達嚫 454-2-28, 871-3-8, 876-1-23, 1179-1-25, 1184-3-20, 1250-1-16
Dakṣiṇalipi 度其差那婆多書 1828-3-19
Dakṣiṇāgāthā 特欹拏伽陀 1272-1-13
Daṇḍa 檀拏 1120-2-24, 1185-2-5, 1306-1-18
Daṇḍaka 彈宅迦 1120-2-2, 1185-2-16
Daṇḍavara* 檀荼波羅 1186-1-6
Dadhi 酪 573-2-14, 1776-2-27
Danta 憚哆 1120-2-1
Dantakāṣṭha 憚哆家瑟詑 762-3-17, 1120-2-13, 1178-3-26, 1749-2-7
Dantaloka 彈多落迦 1185-3-22
Dama 調伏 1122-2-12
Damara 魔障 1122-1-12
Damila 陀毘羅 1181-2-22
Daradalipi 陀羅多書 1828-3-24
Darśana 達梨舍那 407-3-15, 1180-3-6
Daśapāramitā 跢賒波囉蜜多印 18-2-1
Daśabala kāśyapa 十力迦葉 190-2-3, 560-1-8, 955-1-25
Dasyu 達須 1179-1-24
Dahara 鐸曷羅 1199-1-30
Dāna 檀那 1014-3-25, 1113-2-8, 1181-1-1, 1183-2-24, 1186-1-9, 1527-3-20
Dānagātha 陀那伽他 1181-1-7
Dānapati 檀越 1027-2-27, 1186-1-10, 1186-1-16, 1187-2-15
Dānapāramitā 施波羅蜜 1186-2-20, 1430-3-8
Dānavat 陀那婆 1181-1-13
Dānavana 檀桀那 1186-1-29
Dāntaka-āraṇyaka 檀陀伽阿蘭若 1185-2-20
Dāsaka 馱索迦 528-3-13, 1178-3-9
Diṅnāga 陳那 50-3-6, 785-3-3, 1231-2-8
Divākara 地婆訶羅 1221-2-6
Divya-cakṣus 天眼智證通 1232-1-13
Divyadundubhimeghanirghoṣa 天鼓雷音佛 1246-3-22
Divya-śrotra 天耳智證通 1232-1-15
Dīnāra 墮那羅 1231-2-29
Dīpaṁkara 然燈佛 1130-2-19, 1169-2-4, 1223-2-18, 1380-1-11
Dīpatala (巴)偏波多羅 508-3-5
Dīrghanakha brahmacārin 長爪梵志 1200-2-17
Dukkaṭa (巴)獨柯多 1272-2-2
Duḥkha 豆佉 1237-1-29
Duḥkha-āryasatya 苦諦 724-1-1
Duḥkha-āryāṇi-satyāṇi 苦聖諦 294-1-19
Duḥkha-duḥkhatā 苦苦 287-3-26
Duḥkhendriya 苦根 474-2-18
Dundubhisvarā 如振鼓聲 1829-3-7
Durgati 惡趣 709-2-15
Durdharṣa 達羅㗚㵳 1289-1-18
Duṣkara-carya 苦行 287-2-16
Duṣkṛta 突吉羅罪 1272-2-2, 1276-2-26, 1355-2-17, 1471-2-20, 1480-1-5
Dūta 杜底 1278-1-2
Dṛṣadhṛṣaya 地利祖地也舍夜 411-1-27
Dṛṣṭi 達利瑟致 1180-3-5
Dṛṣṭiparāmarśa 見取見 418-1-21
Dṛṣṭyanta 達利瑟致案多 1180-3-10, 1425-2-22
Deva 提婆 1130-2-12, 1157-2-6, 1244-2-13, 1245-1-25, 1416-3-10
Devakanyā 泥縛迦儞也 1256-1-24
Devakūṭa 提婆俱吒 1158-2-17
Devakṣema* 提婆設摩 1158-2-23
Deva-gati 天趣 731-3-20, 1824-2-30
Devatā 提婆多 1158-2-30, 1251-2-25
Devātāra 提婆跋多國 956-2-19
Devadatta 提婆達多 1158-3-4
Devaputra 提婆弗咀羅 1159-2-24
Devapura 泥縛補羅 1247-2-19
Deva-manuṣya-śāstṛ 舍多提婆摩菟舍喃 1256-3-1
Devamāra pāpīyas 提婆魔羅播稗 1159-2-28, 1662-3-16
Devayāna* 提波延那 1155-3-24
Devavihāra 提波毘何羅 1156-2-22
Devarakṣita 提婆落起多 1159-3-3
Devarāja 提和羅耶 1169-2-16
Devala 天羅 1258-2-22
Devalipi 提婆書 1829-1-1
Devasena 提婆犀那 1158-2-18
Devasopāna 提和越 1169-2-19
Devānaṁpiya 好雲王 401-1-4
Devātideva 提婆地提婆 1159-2-20
Devendramadhuranirghośa 如帝釋美妙聲 1829-3-6
Deśanākaranīya 說罪 615-1-30
Deśanīya 提舍那 1138-3-9
Deśayati 提舍那矣 615-1-30
Deha 提訶洲 1411-1-15
Doṇa (巴)香姓 177-1-1
Daumanasyendriya 憂根 474-2-19
Daurvacasyaṁ 惡性拒僧違戒 1075-3-29
Draviḍa 陀毘羅 1181-2-22
Dravya 陀羅驃 849-1-13, 1183-1-6, 1229-3-17
Dravya mallaputra 達羅弊夜摩羅弗多羅 1115-2-3
Draviḍalipi 陀毘荼國書 1828-3-19
Druma 屯崙摩 260-1-16, 422-1-16, 1209-3-18
Druma-kiṁnara 頓眞陀羅 1280-2-1
Drumakiṁnararājā 屯崙摩甄陀羅王 422-1-18
Droṇa 突路拏 177-1-1, 1279-1-4
Droṇodana 途盧檀那 1279-1-2
Dvandva 相違釋 1844-2-28
Dvādaśanikāya 十二門論 859-1-15
Dvādaśamukhaśāstra 十二門論 859-1-15
Dvādaśāṅga pratītyasamutpāda 十二因緣 930-1-27
Dvārapati 墮羅鉢底 1183-1-3
Dvāravatī* 婆羅波提 1454-2-8
Dvigu 帶數釋 1844-3-7
Dviruttarapadasaṁdhilipi 毘拘多羅婆陀那地書 1829-1-22
Dvīpatala (巴)偏波多羅 508-3-5
Dveṣa 醍鞞沙 1161-1-22

Dha

Dhana 財 1122-2-2
Dhanagupta 陀那笈多 1181-1-11
Dhanada 多聞天 748-2-2

Dhanadatta* 檀那達羅多 1186-1-26
Dhaniṣṭhā 虛 776-1-22
Dhanu 一弓 58-3-26
Dhanus 弓宮 778-1-10
Dhamma (巴)曇摩 1289-3-9
Dhammapada(巴)法句301-2-24
Dharaṇa 陀羅那 1181-3-9
Dharaṇīprekṣaṇīlipi 陀羅尼卑叉梨書 1829-1-26
Dharma 達磨 3-3-2, 659-2-27, 1179-3-17, 1289-3-9, 1590-1-25
Dharmakāra* 達磨羯羅 1179-3-28
Dharmakāla 曇柯迦羅1289-3-16
Dharmakāya 法身 1289-1-7
Dharmaketu 達磨計都 1180-1-3
Dharmagatayaśas 曇摩迦陀耶舍 1290-2-1
Dharmagupta 達磨笈多666-3-20, 1179-3-30, 1290-2-6
Dharmaguptaka 曇摩屈多迦 1290-2-25
Dharmagupta vinaya 曇無德部律 857-2-16
Dharmajñāna達磨闍那1180-1-5
Dharmajñāna-mudrā 法智印 727-3-4
Dharmatrāta達磨多羅1180-1-12, 1183-2-18, 1595-3-29
Dharmadeva達磨提婆1180-1-29
Dharmadhātu 達磨馱都 1122-2-1, 1180-2-1, 1183-2-20, 1591-2-30
Dharmapāda 曇鉢偈 1596-1-9
Dharmapāla 達磨波羅 568-2-1, 923-1-5, 1180-2-6, 1483-1-21
Dharmaputra 達磨弗多 1180-2-18
Dharmaprajña 達磨般若 1180-2-11
Dharmapri 達磨畢利 1180-2-16
Dharmapriya 達磨畢利 1180-2-16
Dharmapriya* 曇摩蜱1290-3-10
Dharmabodhi 達磨菩提 1180-2-20
Dharmamati達磨摩提1180-2-22
Dharmamitra 曇摩蜜多 1290-3-12
Dharmayaśas 達磨耶舍 1180-2-25, 1290-3-14
Dharma-rakkhita 曇無德 4-2-19
Dharmarakṣa 竺曇摩羅231-3-22, 1193-1-28, 1290-3-17, 1291-1-14, 1291-2-4
Dharmaruci 達磨流支1180-2-28, 1290-3-21
Dharmavardhana 達磨婆陀那 4-3-28, 1180-2-13
Dharmaśālā 達磨舍羅 1180-1-7
Dharmaśiras 達磨尸羅1180-1-10
Dharmasatya 曇無諦1291-1-23
Dharmasena 曇摩羨 1539-2-21
Dharmākara 曇摩迦 1290-1-29
Dharmānandī 曇摩難提 1601-1-26, 1290-2-28
Dharmānāṁ 達磨南 1301-3-30
Dharmāśoka 達磨阿育 400-3-6
Dharmila* 達弭羅 1180-3-1
Dharmottara 達磨鬱多羅 1179-3-23
Dharmodgata 曇無竭1291-1-11
Dhātu 馱都 156-3-10, 1097-2-9, 1179-1-4, 1180-3-21, 1482-3-30
Dhāraṇī 陀羅尼 980-3-26, 1000-2-28, 1077-1-17, 1181-3-11
Dhāraṇīpada陀隣尼鉢1183-1-15
Dhāraṇī-samādhi 陀羅尼三昧 1182-3-12
Dhārtarāṣṭra 雁 234-1-6
Dhītika* 地底迦 1220-2-22
Dhūta 頭陀 1237-3-1, 1277-1-14, 1277-3-11, 1277-3-20
Dhṛtaka 提多迦 1148-3-11
Dhṛtarāṣṭra 持國天 607-3-7, 748-2-1, 1148-3-13, 1149-3-7
Dhyāna 禪那 678-2-14, 719-3-16, 976-2-1, 1053-1-21, 1062-2-21, 1067-3-13, 1177-2-26, 1181-1-5, 1181-1-19
Dhyāna-pāramitā 禪波羅蜜 1067-2-11, 1430-3-10
Dhvaja 馱縛若 1179-1-12, 1181-1-30, 1281-3-6, 1283-2-27

Na

Nakula 諾詎羅尊者 1775-3-22
Nakulī 糞褁哩 344-3-2
Nakṣatra 宿 775-1-10
Nakṣatranātha 星宿王365-1-12
Nakhapaśyāmi 納婆鉢奢弭 1298-3-19
Naga 娜伽 1296-1-9
Nagna 諾健那 1296-2-29
Naṭa* 那吒 1297-1-4, 1297-1-7
Nada 那他 1297-1-5
Nadī 那提 1297-1-25
Nadīkāśyapa 那提迦葉 190-2-2, 453-3-15, 1297-2-4
Nadī-puṇyopāya* 那提 1297-1-30
Nanda 難陀 207-3-2, 923-1-13, 1304-2-23, 1304-3-1, 1304-3-14, 1821-1-30, 1822-1-22
Nanda-upananda 難陀跋難陀 1305-1-7, 1305-2-8
Nandavardhana 難陀婆怛那 1449-2-20
Nandā 難陀 1304-3-10
Nandi 難提 1304-3-19
Nandika 難提迦 1304-3-28
Nandikāvarta 難提迦物多 1304-3-29
Nama-ārya那謨阿哩也1300-1-25
Nama āryāvalokiteśvarāya bodhisattvāya mahāsattvāya 南謨阿梨耶婆盧枳帝爍鉢羅耶菩提薩埵婆耶摩訶薩埵婆耶 1300-2-2
Namaḥ 南無1299-1-7, 1299-1-16
Namaḥ samanta-buddhānāṁ 曩莫三曼多沒馱南 1295-3-25
Namas 南無 247-2-1
Namas-kāra 那謨悉羯羅 1773-2-14
Namo 南無 247-2-1, 1299-1-16, 1300-1-11
Namo-buddhāya 南無佛 1299-3-27
Namo′mitābhāya buddhāya 南無阿彌陀佛 1299-2-22
Namo′mitāyur buddhāya 南無阿彌陀佛 1299-2-22
Namo ratnatrayāya 南無喝囉怛那哆羅夜那 1299-3-10
Naya 娜耶 1181-2-29, 1300-2-12
Nayuta 那由他 221-1-23, 1296-3-14, 1300-2-19
Naraka 那落迦 1215-3-30, 1295-2-4, 1301-1-4, 1776-3-20
Naraka-gati 地獄趣 731-3-18, 1824-2-20
Naradhara* 那羅陀 1301-1-23
Nara-narī 那羅那里 1301-1-27
Nara-mānava 那羅摩納 1301-2-8
Narendrayaśas 那連提黎耶舍 1301-3-23
Navanītaṁ 生酥味 573-2-14
Navavihāra 納婆毘訶羅1299-1-2
Nahuṣa 那睺沙 1296-3-6
Nāga 龍 232-3-9, 1296-1-11, 1416-3-13, 1416-3-3
Nāgakesara 那伽枳薩 1296-1-28
Nāgacitta 那伽質多 1296-2-25
Nāgalipi 那伽書 1829-1-1
Nāgavajra 水天 431-3-11
Nāgaśrī 那伽室利 1296-2-7
Nāgasena 那伽犀那 1296-2-1, 1775-3-27, 1798-3-30
Nāgasvaraśabdā 如龍音聲 1829-2-30
Nāgārjuna 那伽閼剌樹那 1296-1-24, 1800-1-22
Nāgendrarutā如龍王聲1829-3-2
Nāṭa 那羅 1300-2-26
Nābhi-maṇḍala 那鞞曼陀羅 1297-3-10
Nāma 那摩 1685-1-20, 1685-3-8
Nāmakāya 名身 734-2-5
Nāman 名 1291-3-1, 1291-3-6, 1299-1-10, 1681-3-8
Nāmarūpa 名色 930-2-5
Nāraka 地獄 1301-1-4
Nārāyaṇa 那羅延 431-1-17, 431-2-16, 1300-2-29
Nārīkela 那利羅 1301-3-14
Nālanda 那爛陀 1036-3-1, 1301-2-10
Nālaya-maṇḍala 那阿賴耶曼荼羅 1291-3-11
Nikṣepalipi 膩差波書1829-1-12
Nikṣepāvartalipi 尼差波跋多書 1829-1-20
Nigrodha (巴)尼瞿陀 3-3-10
Nityasiddha 常滿精神 961-3-5
Nidāna 尼陀那 936-2-28, 1331-1-30
Nidānamātṛka 尼陀那目得迦 1331-2-9
Niddesa (巴)尼涕娑 301-2-28
Nidrā* 尼陀羅神 776-2-25
Nidrā-tandri 單致利 1120-3-18
Nidhi 膩地 128-2-5, 1334-2-21
Nibbāna (巴)滅度 1734-1-4
Nimiṁdhara 尼民達羅山 298-1-5
Nimba 絍婆 1367-3-17
Niyāma 尼夜摩 1346-1-28
Niraya 泥梨 1216-1-1, 1216-1-3, 1295-2-6
Nirarbuda 尼剌部陀 1216-2-26, 1360-1-22
Nirukta 尼鹿多 1845-1-10
Nirupadhiśeṣanirvāṇa 無餘依涅槃 119-3-20
Nirṛti 涅哩底 776-3-17, 1260-3-6, 1377-1-7
Nirodha-āryasatya 滅諦 724-1-4, 1732-3-23, 1733-3-5
Nirodhasamāpatti 滅盡定 734-2-6, 1733-2-19
Nirkaṇṭhaka 尼建他迦1314-1-2
Nirgata* 涅伽多 1370-3-1
Niragraṇtha 諾揵那 1178-2-28
Nirgrantha尼犍外道 1300-2-17, 1313-2-29, 1776-2-14
Nirgranthaiñātiputra 尼乾陀若提子 433-3-19, 1313-3-5, 1314-1-5
Nirgranthaputra尼乾陀弗咀羅 1313-3-7
Nirdahana* 涅疊槃那 1370-3-6
Nirdeśa 偈利提勢 1411-3-18
Nirdhāpana 涅疊槃那1181-2-10, 1370-3-6
Nirmāṇakāya 應身 146-2-8
Nirmāṇarati 化樂天 406-3-30, 607-3-14, 1342-1-23
Nirvāṇa 涅槃978-3-15, 1260-2-6, 1371-1-28, 1734-1-4
Nirviṣī* 烏頭天 111-1-18
Nivāsana 泥縛些那 355-2-16, 911-3-5, 1260-2-30, 1337-2-20, 1375-3-15
Niśākara 創夜神 365-1-12
Niṣīdana 尼師壇 677-3-12, 911-3-4, 1316-2-14
Niṣkāla* 尼迦羅 1308-3-6, 1370-2-29
Niṣṭyā 尤宿 776-2-19
Niṣparidāhā 無熱惱聲1829-2-23
Nissaggiya-pācittiya (巴)尼薩耆波逸提 1315-3-13
Nīla-utpala 泥盧鉢羅 1260-3-7
Nīlakaṇṭha 儞羅建他1360-1-16
Nīlakaṇṭhī 儞羅建他 767-2-28
Nīlanetra 青目 1502-3-11

Nīlapiṭa 尼羅蔽茶 1360-1-27
Nīlavajra* 青金剛 1360-1-17
1360-1-19
Nīlotpala 尼羅烏鉢羅 1360-1-14
1811-3-26
Nujkend 笯赤建 1370-1-1
Nṛsiṁha 人師子 1365-2-4
Nepāla 尼波羅 1337-2-17
Nemiṁdhara 尼民達羅山
501-2-6, 921-1-27, 1342-2-25
Nairañjana 尼連禪河 23-2-27
1361-1-1, 1792-1-17
Naivasaṁjñānāsaṁjñāyatana
非有想非無想處 608-1-9
695-2-21, 1458-1-19
Naiḥsargika-pāyattika 尼薩耆波逸提 1387-1-26, 1480-1-27
Naiḥsargika-prāyaścittika
尼薩耆波逸提 1315-2-13
Nyagrodha 尼拘陀 647-2-6
1178-2-19, 1310-2-17, 1310-3-1

Pa

Paṁsukulika 糞掃衣 1547-2-6
Pakaṭī (巴)鉢吉帝 1421-3-26
Pakkhandin (巴)鉢建提
1394-3-25
Pakṣa 搏吃芻 1393-2-8
Pakṣapaṇḍaka 搏叉般荼迦
535-1-28, 535-2-10, 1394-1-17
Pajra* 波夷羅 934-1-20
Pañca 般遮 1434-1-18
Pañcakhādanīya 半者珂但尼
193-2-21, 1434-2-18
Pañca tanmātrāṇi 五唯
575-1-16
Pañcabhojanīya 半者蒲膳尼
1434-3-12
Pañcavārṣika 般遮于瑟
1434-1-25
Pañcavarṣikapariṣad 無遮會
般闍于瑟 1404-1-13
Pañcaśikhin 般遮尸棄 551-3-12
1434-2-27
Pañcābhijñāna 般遮旬
1434-3-2
Pañcāla 般遮羅 956-2-17
1434-3-16
Pañcālacaṇḍa 般遮羅揵荼
1435-1-11
Pañcika* 半只迦 620-3-28
1433-3-21
Pañjab 五河 1856-3-7
Pañjala* 半遮羅 1435-1-8
Paṭāka 波吒迦 1283-2-27
Paṭisambhidā 波致參毘陀
301-2-29
Paṭṭa 鉢吒 1397-2-16
Paṇasa 波那娑 1423-3-29
Paṇḍaka 半擇迦 535-1-27
Paṇḍuka (巴)般荼 1437-1-20
Patañjali 波顛杜羅 1483-1-17
Patākā 波哆迦 1397-2-9
1397-2-23, 1456-2-16
Pati 波帝 1423-1-16
Pattuṇṇa-paṭṭa (巴)蓋兜那波吒 1423-2-12
Pattra (梵)貝多羅 1441-3
Patnī 縛底 1452-2-3
Pada 鉢曇 295-1-8, 1397-2-14
1398-3-2, 1422-2-5
Padkāya 句身 295-1-8, 734-2-6
Padma 鉢特摩 318-1-22
1216-3-2, 1422-2-2, 1422-2-12
1423-2-16, 1424-1-19, 1437-2-11
1437-2-19, 1811-3-25
Padmāsana 蓮華藏印 1814-1-6
Padmapāṇi 蓮華手 1814-1-21
Padmavatī* 鉢摩婆底 1425-3-7
Panasa 半娜娑 1437-1-1
Panthaka 半託迦 1436-2-11
1775-3-25
Pandara* 般陀羅 1437-1-5
Pabbajita 鉢拔祇 1425-1-15
Pabbajīya (巴)鉢拔祇 1425-1-15
Paya 波耶 1425-3-14
Payas 婆耶 1453-1-25
Para 富羅 1543-3-8
Paracitta-jñāna 他心智證通
1232-1-17
Paranirmitavaśavartin 他化自在天 607-3-15, 1429-3-2
1454-2-5
Paranirmitavaśavartinas
他化自在天 1111-1-1
Paramārtha 眞諦 231-3-23
877-2-20, 1385-1-14, 1430-1-15
Paramārtha-satya 眞諦
1330-2-11
Parami 鉢羅弭 1430-1-20
Paramiti* 般刺蜜帝 1430-3-24
Parasmai 般羅颯迷 1191-1-18
Parāyuta* 鉢羅由他 1430-3-27
Parāvata 波羅越 1431-1-5
Pari 波利 1431-1-7
Parikara 波伽羅 1393-2-5
Paricaryāsaṁvarṇa 嚫身
索供養戒 1075-3-20
Paricitra 波利質多羅 1431-2-14
Parijñāna 婆哩惹儞 688-1-19
Parittābha 少光天 9-1-6
221-3-11, 607-3-20
Parideva 跛哩泥嚩 1457-3-3
Parinirvāṇa 般泥洹 1371-2-1
1422-2-22, 1431-3-25
Pari-maṇḍala 鉢履曼荼羅
1432-1-16
Parimāṇa 𤼵展 632-1-22
Parivarta 品 84-1-26
Parisaṁghāṭī* 般僧伽胝
1435-3-15
Parisrāvaṇa 鉢里薩囉伐拏
596-3-8, 1078-2-26, 1431-2-10
Parīttaśubha 少淨天 607-3-23
Paruṣalipi* 波流沙書 1828-3-17
Parūṣa 鉢嚕灑漿 182-1-22
Parūṣaka 波樓沙迦 1432-2-24
Paryāyatana* 波演那 1393-1-9
Parvata 鉢伐多 1018-2-6
1424-3-25
Palārdha 鉢羅 1426-1-3
Palikāmra 婆利迦菴羅 1455-3-19
Pavāraṇā 鉢刺婆刺拏 1429-3-22
Paśu 波戍 1396-3-2
Paścima 跛室制麼 1316-2-1
Pācittika (巴)波逸提 1120-3-17
Pātala 波吒羅 1398-1-1
Pāṭaliputra 波吒釐子 391-1-24
956-2-17, 1397-3-4, 1398-1-10
Pāṭhaka 唄匿 203-1-4, 1442-2
Pāṇi 播尼 1424-2-3
Pāṇini 波儞尼 1424-2-9
1482-3-29
Pāṇḍaka 般荼迦 1436-3-19
Pāṇḍaravāsinī 白衣觀音
1437-1-9, 1493-3-23
Pātimukha (巴)波羅提木叉
1425-3-9
Pātra 鉢多羅 1397-3-9, 1398-3-28
Pātrapiṇḍapātika 波怛囉賓荼波底迦 1398-1-5
Pāthola* 鉢晝羅 1399-1-26
Pādalikhitalipi 波陀梨佉書
1829-1-21
Pānīya* 波尼藍 1424-2-17
Pāpa-kārin 婆婆伽梨 1424-3-19
Pāpacāṭa 波婆遮吒 1424-3-21
Pāpīya 波旬 979-3-19, 1258-1-15
1425-1-9
Pāpīyan 破旬 1656-1-17
Pāyattika 波逸提 1386-1-22
1479-3-29
Pāyāsi (巴)蜱肆 1461-2-24
1569-1-18
Pāra 波羅 1459-2-29
Pāraga 波羅迦 1427-2-9
Pārajātaka 婆利闍多迦 1456-1-18
Pārājika 波羅夷 701-3-21
1426-1-4, 1479-3-20
Pāramitā 波羅蜜 1289-2-19
1430-1-24
Pārasa 波刺斯 1427-3-11
Pārasī 波斯 1395-2-3
Pārāvata 播羅縛多 1423-1-24
Pārśva 波栗濕縛 404-3-4
1431-2-24
Pālagotra 波羅陀 1428-2-16
Pālatā* 波羅陀 1428-2-16
Pālī 巴利 1455-3-23
Pāvā 波波 1424-2-27
Pāśa 播捨 1396-1-13
Pāśupata 播輸鉢多 1396-1-29
Pāsakamālā* 鉢塞莫 1397-2-8
Pāsādika (巴)破薩提 1395-1-24
Pāsenādi (巴)波斯匿 1395-2-22
Piṅgala* 賓伽羅 437-2-26
Piṭaka 比多迦 508-2-27, 614-2-30
1463-3-11
Piṭakakośa 此吒迦俱舍 1463-3-15
Piṭaghaṇṭikā 臂吒揵闥 1463-3-21
Piṭṭaka* 毘鐸佉 1488-2-28
1502-3-11
Piṅgala 冰揭羅 1478-1-5
Piṇḍa 段食 1184-3-22
Piṇḍada 賓坻 1480-3-4
Piṇḍapāta 分衞 1119-3-22
1502-3-21, 1568-3-4
Piṇḍapātika 賓荼波底迦
1502-3-24
Piṇḍavana* 賓陀婆那 1480-3-3
Piṇḍāra* 賓吒羅 1502-3-25
Piṇḍola 賓頭盧 1503-1-4
Piṇḍolabhāradvāja 賓頭盧頗羅墮 1503-1-15, 1775-3-19
Pitā 比多 1542-1-27
Pitṛ 卑帝利 1198-1-11, 1466-2-30
1542-1-27, 1569-3-12
Pitrya 卑帝梨耶 1466-3-2
Pinodhnī* 肥膩 1467-1-13
Pipīlī 臂卑履也 1467-2-25
Pipīlikā 比臂里迦 1467-2-25
Pippala 畢鉢羅 1466-1-6
1467-2-17, 1505-2-19, 1632-1-23
1645-3-20
Pippalāyana 畢鉢羅 1466-1-18
Pippalī 畢茇利 1467-2-19
Pilinda-vatsa 畢陵伽婆蹉
1466-2-10, 1792-3-1
Piśāca 畢舍遮 1461-3-22
1464-3-30, 1485-3-19
Pīlusāra 比羅娑洛 1478-2-15
Pukkaśa 補羯娑 1509-1-20
1626-1-16
Puṅgavardhana 奔吒跋多國
956-2-19
Puṇḍarīka 分陀利 1498-2-13
1547-2-9, 1623-2-4, 1623-1-24
1811-3-25
Puṇyatāra 弗若多羅 1540-2-17
Puṇyaprasava 福生天 607-3-27
Puṇyayaśas 富那夜奢 1539-3-16
Puṇyādarśa* 弗如檀 1540-2-21
Pudgala 補特伽羅 599-3-8
682-3-8, 1509-2-29, 1510-1-17
1533-2-9
Punaruktadoṣajahā 離重複過失聲 1829-2-29
Punarvasū 富那婆蘇 776-2-5
1539-3-28, 1568-2-17, 1821-2-2
Purāṇa-dvitīya 褒羅那地耶
1429-2-24
Puruṣa 補盧沙 632-1-26, 843-3-2
863-1-29, 1545-1-26, 1545-3-15
1545-1-15, 1546-2-13, 1588-1-5
Puruṣa-damya-sārathi 富樓沙曇藐婆羅提 906-3-7, 1261-1-5
1545-2-8
Puruṣapura 富婁沙富羅 1226-1-13
1545-2-17
Puruṣam 補盧杉 1545-1-23
Puruṣasya 補盧殺沙 1545-1-20
Puruṣāt 補盧沙頞 1545-2-4
Puruṣāya 補盧沙耶 1545-2-23
Puruṣeṇa 補盧沙拏 1545-2-13
Puruṣendriya 男根 474-2-16
Pula 富羅 1543-3-2
Pula-pādatra 富羅跋陀羅 1544-1-22

Pulkasa 補羯娑 1509-1-20, 1626-1-16
Pustika 補瑟置 569-3-21
Puska* 弗沙迦 1524-3-14
Puskarasārī 富沙迦羅仙人說書 1828-3-12
Puspa 補澁波 1423-2-28, 1523-2-30
Puspadeva 弗波提 1540-3-28
Puspa-nāga* 奔那伽 1623-3-11
Puspāhāra* 弗婆呵羅 1541-1-3
Pusya 補沙 1196-1-22, 1523-3-17, 1533-1-5, 1588-3-23, 1589-1-10, 1633-2-6
Pusyaka 弗沙迦 1524-3-14
Pusyamitra 弗沙蜜多 1525-1-2, 1542-2-25, 1589-2-6
Pusyalipi 富數波書 1828-3-30
Pusyavasu* 富那婆蘇 1539-3-24
Pustaka 補薩多迦 843-3-18
Pūtana 布怛那 556-2-9, 1416-3-4, 1531-1-10
Pūti-agada* 布倔阿偈 1540-2
Pūtimukta-bhaisajya 脯提木底鞞殺社 1212-1-16, 1590-1-27
Pūtimutta-bhesajja (巴)糞便藥 1212-1-15
Pūtimūtrabhesajja 糞便藥 1212-1-15
Pūrana kāśyapa 富蘭那迦葉 433-3-2, 1544-1-8, 1544-2-8
Pūrandhara 富蘭陀羅 1544-2-1
Pūrikā 布利迦 1544-2-26
Pūrna 富樓那 1544-1-6, 1545-2-26, 1617-2-23
Pūrnaka 分那柯 1568-2-15
Pūrna-ghata 本襄伽吒 1623-3-16
Pūrnabhadra 富那跋陀 1540-1-2, 1546-1-16
Pūrnamaitrāyanī-putra 富樓那彌多羅尼子 1479-2-1, 1481-3-28, 1540-1-5, 1544-1-18, 1545-2-27
Pūrnavar-man 補刺拏伐摩 1544-1-15
Pūrneccha 富那奇 1539-2-20
Pūrve āsādhā 箕宿 16-1-28, 776-2-18
Pūrva-dvitīya 故二 468-2-7, 1429-2-24
Pūrvanivāsānusmrtijñāna 宿命智證通 1232-1-18
Pūrvaphalgunī 張宿 776-2-9
Pūrvabhādra-padā 颰陀羅跋陀 1450-3-3
Pūrva-videha 弗于毘婆提訶 703-2-21, 1269-3-28, 1541-1-7, 1544-1-24, 1588-1-21, 1589-3-17, 1617-2-24
Pūrvavidehalipi 逋婁婆毘提訶書 1829-1-11
Pūrvaśaila 弗婆勢羅 1541-1-5
Pūrve prosthapadā 室宿 776-2-24
Pūrve-phalgunī 張宿 776-2-9
Pūsā 甫涉神 776-3-26
Prthagjana 必栗託仡那 1466-2-5
Prthivī 鉢里體尼 842-3-17, 1139-3-19, 1213-2-14, 1428-3-3, 1431-3-18
Prthukagopālā* 苾吒瞿波羅 1463-3-19
Prthvī-gomaya* 畢哩體瞿摩夷 1478-3-9
Peta-vatthu 卑多 301-2-27
Pedu 拔頭 1451-3-3
Peśī 閉尸 578-2-11, 1420-3-15, 1461-2-11, 1499-1-13, 1569-1-3
Paidva 拔多馬 1451-3-5
Potala 浮陀落 69-2-28
Potalaka 補多羅山 325-3-1, 337-3-19, 1531-1-29, 1584-2-26, 1588-1-14
Posadha 布薩 584-1-5, 1061-3-11, 1271-3-30, 1521-1-19, 1583-1-5, 1822-3-19
Posadhakhanda 布薩健度 1521-3-3
Paulkasa 補羯娑 1569-1-20, 1626-1-16
Pausa 布史 1255-2-8, 1522-1-5
Pausamāsa 寶沙麼洗 1583-1-6
Paustika 補瑟置 1523-3-8, 1523-3-16, 1587-3-14
Prakalā 鉢刺迦羅 1427-2-15
Prakrti 自性 842-3-2, 1421-3-26
Praksepalipi* 多書 1829-1-15
Pragāti 波羅揭締 863-3-29
Prajāpati 波闍波提 776-2-2, 1245-1-26, 1396-2-28, 1427-3-14, 1428-1-6
Prajñapti 波羅普提 654-1-12
Prajñā 鉢羅枳孃 1210-3-23, 1424-2-16, 1427-2-21, 1428-1-3, 1429-3-5, 1437-2-23, 1438-1-25
Prajñākara 般若羯羅 1437-1-27
Prajñākūta 般若拘羅 1439-1-11
Prajñāgupta* 般若毱多 1439-1-7
Prajñācakra 般若斫羯囉 1439-1-17
Prajñātāra 般若多羅 1439-2-9
Prajñādeva 般若提婆 1439-2-17
Prajñāpāramitā 般若波羅蜜 1198-2-11, 1430-3-11, 1439-2-27
Prajñaptivādinaḥ 說假部 1030-3-15, 1422-3-30, 1429-3-8
Prajñā bodhisattva 般若菩薩 1439-3-29
Prajñāruci 般若流支 1440-3-3
Prajñāvarman 般若跋摩 1439-2-22
Prajñendriya 慧根 474-2-24
Pranāma 鉢囉拏摩 247-3-1, 478-1-19, 1429-3-1
Pra-nāśabalin 鉢蘭那賒囀哩 1429-2-20
Pranidhāna 尼底 366-2-12, 1334-2-20
Pratikrānta 鉢刺底羯爛多 1429-1-8
Pratigha 瞋 734-3-9
Pratijñākāraka 多語毘尼 742-2-20
Pratideśanīya 波羅提提舍尼 1138-3-15, 1428-2-19, 1429-1-13, 1480-1-2
Pratideśayāmi 鉢獵帝提舍耶寐 1429-1-17, 1521-1-29
Pratinivāsana 副泥伐散娜 911-3-5
Pratibhāna 鉢底婆 1423-1-21
Pratibhānavatī 鉢羅底婆娜嚩底 1429-1-22
Pratimoksa 波羅提木叉 170-3-23, 172-1-22, 1428-3-9, 1429-1-25, 1738-1-10, 1788-1-2
Pratilamba 鉢耽嵐婆 1398-1-8
Prativāsa 鉢耽嵐婆 1398-1-8
Prativisa 波羅提毘叉 1428-3-6
Pratisamkaksika 副僧脚敧迦 911-3-9
Pratisamkhyānirodha 擇滅無爲 734-1-3
Pratīti 鉢刺底 1429-1-5
Pratyaya 鉢羅底也 135-1-6, 1429-1-27, 1479-1-12
Pratyekabuddha 辟支迦佛陀 135-2-29, 1427-2-1, 1479-2-17, 1496-3-17
Pratyutpannasamādhi 般舟三昧 1432-2-15
Prathama 鉢剌闍摩 1429-1-3
Pradaksina 鉢喇特奇拏 1429-1-29
Pranidhānapāramitā 願波羅蜜 1430-3-13
Pradāśa 惱 734-3-6
Prabhākaramitra 波頗 1424-2-20
Prabhākaravardhana 波羅羯羅伐彈那 1427-2-19
Prabhāvatī 波羅頗婆底 1429-3-13
Prabhāvara 波羅頗跛羅 1429-3-11
Prabhāsa 婆頗娑 497-3-11, 1453-1-3
Prabhāsvarā 明亮聲 1829-2-15
Prabhūta 蒱蔺復多 538-2-17, 1430-1-3
Prabhūtaratna 多寶 1387-3-11, 1430-1-5
Pramāda 放逸 735-3-3
Pramiti 般刺蜜帝 1430-3-24
Pramuditayanajagadvirocanā 喜目觀察衆生夜神 538-3-2
Pramuditā 波牟提陀 340-1-19, 1829-3-18
Pralaya 還歸 632-1-22
Pravanatu vara* 鉢囉嚩娜覩嚩囉 1429-3-21
Pravarī* 波婆離 1425-1-1, 1425-1-4
Pravarī-āmravana 波婆梨奄婆 1425-1-8
Pravārana 鉢刺婆刺拏 894-2-9, 1423-1-5, 1429-3-22
Pravāra* 鉢羅摩禰 986-3-10
Pravāsanīya 應滅擯 147-2-15
Praveśa 鉢羅吠奢 1430-1-9
Praśākha 婆羅捨佉 1453-3-29
Praśākhā 鉢羅奢佉 578-2-14, 1420-3-16, 1427-3-25
Praśāntarūtasāgaravatī 寂靜音海夜神 538-3-5
Praśrabdhi 輕安 735-3-10
Prasamgāti 波羅僧揭諦 864-1-1
Prasrtā 具足聲 1829-3-12
Prasenajit 鉢邏犀那恃多 845-3-13, 1395-2-22, 1427-3-5, 1463-2-22
Praskandha 鉢羅塞建提 1428-1-30
Prastha 鉢羅薩他 1427-3-10
Prāgbodhi 鉢羅笈菩提 1061-1-5, 1427-2-22
Prānyamūla-śāstratīkā 中觀論 859-1-13
Prāpta 鉢羅鉢多 1272-2-19
Prāpti 得 734-2-1
Prāsaka 波羅塞 1428-1-29
Prāsādika-sūtra 婆羅娑提迦 1453-3-26
Prīnika 畢哩孕迦 211-1-25
Prītisukhajānani 悅樂聲 1829-2-22
Preta 薜荔哆譯餓鬼 225-1-24, 1042-3-30, 1416-3-2, 1479-1-6, 1502-2-17, 1569-3-11, 1689-1-25
Preta-gati 餓鬼趣 731-3-19, 1824-2-21
Premanīyā 善愛聲 1829-2-25
Probhakta 布羅縛賀拏 890-3-10

Pha

Phataka* 發牒迦 1397-3-1
Phala 頗羅 315-3-15, 1385-1-16, 1425-3-29
Phalasa 婆羅奢 1453-3-28
Phalāhara 頗羅訶羅 1427-2-13
Phalguna 頗勒具那 1432-2-17
Phānita 頗尼多 1424-2-6
Phālguna 頗勒窶拏 1332-2-15
Phālgunamāsa 叵囉虞那麼洗 1427-2-28
Prkkā 畢力迦 1478-2-25

Ba

Badarī 婆杜梨 1449-2-26
Baddha 婆陀 1449-3-6
Bandha 滿馱 1445-3-6, 1669-1-28
Bandhuśrī 畔徒室利 923-1-11, 1434-1-16
Bala 跋藍 1455-3-8
Balakrti 伐勒迦梨 1456-1-27
Balana* 末麗囊 1665-3-30
Balapāramitā 力波羅蜜 1430-3-14
Balāka 婆羅廸 1453-3-21
Balākikā 婆羅廸 1453-3-21
Bali 皤唎 1431-1-18
Balin 末梨 1456-1-22, 1664-2-21
Balimani 婆利摩尼 1451-1-12, 1456-1-23

Bahujana 僕呼膳那 1626-2-10
Bahularatna 袍休羅蘭1387-3-11
Bahuvrīhi 有財 1844-2-23
Bahuvrīhisamāsa 有財釋 103-3-10
Bahuśrutīyaḥ 多聞部 1447-3
Bāni 婆尼 1452-3-30
Bārāṇasī 波羅痆斯國 956-2-15
Bārhaspatya 婆羅可波帝 1453-3-9
Bāla 縛羅 1453-1-17, 1453-2-21 1737-1-9
Bāla-pṛthag-jana 婆羅必栗託仡那 53-3-18, 1454-3-18 1737-1-16
Bālabhakṣa 婆羅婆叉 1454-2-29
Bālāditya 婆羅袟底也 1435-2-28 1454-1-8
Bālāha 婆羅訶 1453-2-23 1453-3-4
Bālukā 縛嚕迦 1005-2-23
Bāhikā 毘訶提 1482-2-12
Bāhū 參宿 776-2-4
Bicitra 毘貰多羅 1485-1-22
Bimbisāra 頻婆娑羅 1493-1-11 1504-2-29, 1569-1-10
Bindusāra 賓頭沙羅 1503-1-2
Bimba 頻婆 1504-2-16
Bimbara 頻婆羅 408-1-26
Biśākhā-upāsikī 毘舍佉優婆夷 1485-3-7
Bījaka 毘闍柯 1487-3-30
Bījapūraka 微若布羅迦1680-3-26
Bījika 鼻致迦 61-3-10, 1485-1-8
Buddha 佛 659-2-26, 797-1-15 1533-1-17, 1551-1-6, 1630-2-13 1740-2-9
Buddha-utaṅka* 佛圖澄 1563-3-20
Buddhakāya 佛身 1557-3-5
Budhakṣetra 佛刹 1559-3-24
Buddhagayā 佛陀伽那 232-3-25
Buddhagupta 佛馱笈多1561-1-3 1561-1-5
Buddhaghośa 佛鳴 1565-2-2
Buddhaciṅga* 佛圖澄 1563-3-15
Buddhajīva 佛馱什 1561-1-9
Buddhatrāta 佛陀多羅1561-1-15
Buddhadāsa 佛陀馱沙 40-1-11 1561-1-23
Buddhadeva 佛陀提婆 186-1-23 1561-1-17
Buddhapāli 佛陀波利 1561-1-25
Buddhabhadra 佛陀跋陀羅 1561-2-1
Buddhamitra 佛陀蜜多羅 1561-2-4
Buddhayaśas佛陀耶舍1025-2-16 1561-2-9
Buddha-lokanātha 佛陀路迦那他 906-3-13
Buddhavaṃsa佛種性經301-2-29
Buddhavarman 佛陀跋摩 1531-2-27
Buddhavāca 佛陀槃庶1561-1-28
Buddhaveda 佛圖陀 1567-2-5
Buddhaśāuta 佛陀扇多 1561-1-11
Buddhasiṁha 佛陀僧訶 1561-1-13
Buddhasena 佛馱斯那 1561-1-7
Buddhānāṁ 佛馱南 1301-3-30
Buddhāya 佛馱耶 1561-2-7
Buddhi 大 842-3-3
Buddhīndriya 五知根 842-3-7
Budha 部陀 728-1-6
Bulaya (巴)跋羅民衆 177-1-7
Bṛhatphala 廣果天 607-3-28 1763-2-24
Bṛhaspati 勿哩訶娑跛底 728-1-8 776-2-6
Bodhi 菩提 183-3-1, 864-1-5 1630-2-17, 1633-1-26
Bodhicitta 冐地質多 1633-2-3
Bodhideva 勃陀提婆 1633-1-13
Boddidruma 菩提樹 1632-1-18
Bodhidharma 菩提達磨 1183-1-21, 1632-2-14
Bodhimaṇḍa 菩提道場 1632-2-10
Bodhimaṇḍala 菩提曼拏羅 1175-2-7
Bodhiruci 菩提流志 1630-3-30 1632-3-27, 1633-1-3
Bodhivṛkṣa 菩提樹 1632-1-18
Bodhisattva 菩提薩埵1626-2-13 1631-1-4
Bodhisattva mahāsattva 菩提薩埵摩訶薩埵 1630-1-23
Bodhyaṅga 菩提分 1632-3-2
Bauddha 抱徒愍 1389-2-18
Brahma 婆藍摩 746-2-23
Brahmakāyika 梵衆天 607-3-16 1634-2-14, 1637-2-3
Brahmakṣetra 梵刹 1636-3-10
Brahmacārin 梵志 1635-2-28
Brahmajāla 梵網經 1641-2-10
Brahmadaṇḍa 梵壇 1637-1-13
Brahmadatta 跋羅哈摩達多 1453-3-15
Brahmadeva 婆羅賀磨天 1637-1-30
Brahman 婆羅賀摩天 676-1-24 1453-3-10, 1641-1-3, 1641-3-18 1641-3-21
Brahmapārṣadya 梵衆天 607-3-17
Brahmapurohita 梵輔天 607-3-18, 1637-2-3, 1640-3-1
Brahma-mani 梵摩尼1641-3-13
Brahmavallīlipi 波羅婆尼書 1828-3-17
Brahma-sahāmpati 梵摩三鉢 1641-2-30
Brahmasvararutāravitā 如梵王聲 1829-3-4
Brahma-hora-navagraha 梵天火羅九曜 1637-2-25
Brahmā 梵 1633-3-16
Brāhmaṇa 婆羅門 114-2-26 706-1-25, 1453-3-20, 1454-3-22 1781-3-27
Brāhmā 梵天 776-3-20

Bha

Bhaga 薄伽梵 776-2-8, 796-3-29 1443-3-30
Bhagava 跋伽仙 1443-3-29
Bhagavat 婆伽梵 232-2-6 817-2-5, 1028-1-26, 1444-1-8
Bhagavatī 婆誐縛底 1444-2-30
Bhagavate 婆誐縛帝 1444-1-9
Bhagavaddharma 伽梵達摩 232-2-7
Bhagavān 婆伽梵 906-3-21 1444-1-20, 1444-3-7
Bhaṅga 婆誐 1444-1-10
Bhadanta 婆檀陀 1151-1-7 1450-3-25
Bhaddāli (巴)跋陀和利1450-3-21
Bhaddiya (巴)跋提梨迦1450-1-9
Bhadra 跋陀羅 1450-2-13 1450-2-18, 1456-2-20
Bhadra 跋陀羅尊者 1775-3-23
Bhadrakumba 賢瓶宮 425-1-24
Bhadrakapilā 跋陀迦毗羅 1450-1-15, 1450-2-21
Bhadrakalpa 賢劫 411-3-9 1393-3-14, 1450-1-21
Bhadrajīva 跋陀耆婆 1450-1-19
Bhadradatta 拔提達多 1450-1-6
Bhadrapati 跋陀羅婆提 1450-3-6
Bhadrapāla 颰陀和羅 410-3-16 1398-3-17, 1449-2-29, 1453-1-1
Bhadrayānīkāḥ 跋陀羅耶尼 422-2-30, 1450-3-13, 1451-2-27
Bhadraruci跋陀羅樓支1450-3-15
Bhadraśrī,* 颰陀師利 418-1-11, 1450-2-23
Bhadrāsana 普賢跏 1518-2-17
Bhadrika 跋帝梨加 560-1-6 1449-2-11, 1450-1-9, 1451-2-22
Bhadrottama 賢勝 538-3-13
Bhandhiasura 婆稚阿修羅 1450-3-27
Bharaṇī 胃宿 776-3-19
Bharadvāja 頗羅墮 1428-2-5
Bhargava 跋伽婆 1031-1-6
Bhartṛhari 伐㗚呵婆 1451-1-9
Bhartṛhari-śāstra 伐㗚呵利論 1483-1-19
Bhallika 跋梨迦 1125-1-25
Bhava 有 113-2-4, 930-2-17
Bbavata 婆波他 1181-1-23 1191-1-27
Bhavati 婆波底 1191-1-22
Bhavathaḥ 婆波破 1191-1-26
Bhavanti 婆波底 1191-1-24
Bhavaviveka 婆毘吠伽 789-3-6 1453-1-16
Bhavarāga 有貪 111-3-25
Bhavasi 婆波斯 1191-1-25
Bhavāmaḥ 婆波摩 1191-1-30
Bhavāmi 婆波彌 1191-1-28
Bhavāvaḥ 婆波靴 1101-1-29
Bhādrapada 跋捺羅婆娜 1255-2-7, 1450-3-4
Bhādrapada 婆達羅鉢陀 1450-2-29
Bhādrapadamāse 婆捺羅婆捺麼洗 1450-3-9
Bhāradvāja (巴)婆羅墮跋闍 1454-3-1, 1454-1-6
Bhārgava 跋伽婆 796-3-29 1443-3-29, 1444-1-16
Bhāryā 婆哩野 1456-1-26
Bhāṣā 婆娑 1434-1-22
Bhāskaravaraman 婆塞羯羅伐摩
Bhikkhu (巴)比丘 1460-2-21
Bhikṣu 比丘 709-1-23 731-3-6, 1460-2-21 1465-1-3, 1483-3-23 1489-2-20
Bhikṣuṇī 比丘尼 709-1-23 731-3-7, 1465-2-30, 1484-2-10
Bhikṣuṇī āryā 比丘尼阿姨 1484-2-20
Bhikṣuṇī-khaṇḍa 尼犍度 1314-1-11
Bhikṣuṇīvinaya苾芻尼毘那耶 505-1-16, 1465-3-6
Bhīṣumagarjitasvararāja 威音王佛 1855-1-8
Bhīṣmottaranirghoṣa 毘目瞿沙仙人 538-2-13
Bhuḥkhāra 薄佉羅國 1393-2-13
Bhūta 部多 1550-3-12
Bhūtatathatā 部多多他多 879-1-19
Bhūtamati* 浮曇末 1539-2-6
Bhūtika* 餔多外道 1531-1-4
Bhūmi 步弭 1189-3-20
Bhṛindgirṭi 苾䕸吃㗚知 1479-1-3
Bheṣajapariṣkāracīvara 鞞殺社鉢利色迦羅 911-3-15
Bhairava 陪臚嚩 1442-3-21 1454-2-28
Bhaiṣajya 鞞殺社 1485-1-2
Bhaiṣajyaguruvaiḍūryaprabhāsa 鞞殺社窶嚕 1751-1-26
Bhaiṣajya-pariṣkāra 毘殺社鉢利色迦羅 1485-1-6
Bhaiṣajyarāja 俾沙闍羅所 1485-1-28
Bhojanīya 蒲闍尼 799-3-14 812-1-20, 1527-2-2, 1529-1-7 1588-1-10
Bhauma 地居 607-3-4
Bhaumadevalipi 浮摩提婆書 1829-1-8
Bhrāmara 拔羅摩藍 1454-1-8
Bhrāmaragiri 跋羅末羅耆釐 1454-3-20
Bhrukuṭī 毘俱胝 1484-1-1

Ma

Makara 摩伽羅 778-1-11 1648-3-26, 1652-3-17, 1653-1-8

Makandi 摩揵提 1654116
Makkhaligosāra(putta) (巴) 末伽梨拘除梨 1653-1-13
Magadha 摩竭陀 177-1-12, 956-2-15, 1626-1-19, 1648-2-14, 1653-1-3
Maghā 摩伽 776-2-8, 1652-3-14, 1652-3-25
Majjhantika 末闡提 3-3-30
Majjhima (巴)未示摩 4-1-8
Mañju 文殊 1668-3-9, 1725-3-15
Mañjugāthā 曼殊伽陀1668-3-12
Mañjūṣaka 曼殊顔 1663-3-14, 1669-1-21
Mañjuśrī 文殊師利 538-3-17, 1669-1-2, 1729-3-26, 1741-2-7
Maṇi 摩尼 717-1-2, 1662-1-13
Maṇicara 摩尼遮羅 1662-2-8
Maṇibhadra 摩尼跋陀 1662-2-11
Maṇḍa 滿荼 1489-1-6, 1669-1-30
Maṇḍaka 漫荼迦 1654-326, 1679-2-10
Maṇḍala 曼荼羅 1183-3-2, 1669-2-26, 1806-2-26, 1870-2-17
Mati 末底 735-3-7, 1657-3-7, 1658-3-25
Matisiṁha 摩底僧訶 1657-3-24
Matṛnandī 曼多難提神 556-2-10
Matsarya 母履衍 4 08-1-23
Matsya 麻蹉 1655-2-17
Mathurā 摩偷羅 956-2-23, 1657-3-15, 1665-2-23, 1661-1-15
Mada 憍 734-3-11
Madana 末達那 1656-1-23
Mada-māna 憍慢 1642-2-5
Madya 末陀 600-1-24, 1657-1-3
Madyāmaka-śāstra 中觀論 1209-2-29
Madhu 摩度 1090-1-23
Madhuka 末度迦 1659-2-28, 1660-3-3
Madhukula 摩頭鳩羅 1660-2-7
Madhugola 麻豆瞿羅 1660-3-5
Madhya 末陀 1658-2-14
Madhyadeśa 末睇提舍 788-1-24, 1658-3-26
Madhyākṣaravisttaralipi 末荼叉羅書 1828-3-28
Madhyāntika 末田底迦 1659-1-12
Madhyāhāriṇīlipi 末荼婆哂尼書 1829-1-24
Manaḥśilā 摩那屎羅 1661-2-21
Manas 末那 688-3-19, 842-3-9, 1161-2-16, 1661-1-18
Manaskāra 作意 735-3-9
Manasvatī 摩那蘇婆帝1661-1-25, 1661-2-22
Manasvin 摩那斯龍王1802-1-25
Mani* 波泥 1348-2-5, 1424-2-4
Manu 摩奚 1662-2-30
Manuṣya 摩奚 1660-3-8, 1660-2-26, 1661-2-17
Manuṣya-gati 人趣 731-3-20, 1824-2-27
Manuṣya-rudhira 摩努沙嚕地囉 1660-3-29
Manuṣyahan 摩奴跋沙杵 1661-1-7
Manaṣyānām 摩奚舍喃 1660-3-25
Manendriya 意根 474-2-14
Manojñā 悅意聲 1829-2-13
Manojñaghoṣa 秣奴若瞿沙 1661-1-5
Manojñasvara 末奴是若颯縛羅 1661-1-4
Manomaya 意成身 54-1-6, 1661-1-9
Manoratha 末奴曷刺他 1347-2-23, 1660-2-29, 1661-1-16
Manoramā 可樂聲 1829-2-14
Mano-vijñāna 分別事識 688-2-6
Mantra 曼怛羅 867-3-29, 1669-1-24
Mandākinī 曼陀枳尼 1669-2-21
Mandārava 曼陀羅 1671-3-8
Mandra 曼陀羅仙 1672-1-16
Māndhātṛ 曼馱多 1669-2-24
Mama 麼麼 1663-1-12
Mamakāra 磨磨迦羅 1642-2-7, 1663-1-18
Mamata 我 1642-2-3
Mamati* 摩摩帝 1663-2-9
Mayūra 摩由羅 296-3-18, 1663-2-30
Maraṇa 末剌諵 681-2-18, 1664-1-16
Marīca 摩哩者 1665-2-15
Marīci 摩利支 1664-2-3
Marīci-deva 摩利支提婆
Maru* 摩樓 1666-1-7, 1666-1-2
Maruka* 摩迦 1645-2-8
Markaṭa 麼迦吒 1648-2-5, 1655-2-30, 1674-2-21
Markaṭahrada 末迦吒賀邏馱 1648-2-9
Mardala 牟陀羅 1710-2-25
Marmacchid 斷末摩 1186-3-22
Marman 末摩 1658-3-8
Mala 摩羅 276-2-11
Malaya 摩羅耶 1663-3-24, 1664-1-21, 1664-1-30, 1664-2-23
Malaya-deśa 摩羅提 1664-1-8
Malayu 末羅遊 857-3-17, 1664-2-3, 1664-2-7
Malla 末羅 292-2-11, 1456-2-26, 1663-3-12
Mallikā 摩利迦 1664-2-16, 1664-2-26
Mavara* 摩婆羅 1662-3-26
Maskāri 摩揭梨 1652-3-9
Maskarī gośālīputra 末伽梨拘除梨子 433-3-5, 1659-1-13
Mahat 大 842-3-3
Mahallaka 摩訶羅 1652-2-23
Mahā 摩訶 50-3-8, 1122-3-12, 1436-2-20, 1645-1-29, 1653-3-4, 1653-3-29
Mahākapphina 摩訶劫賓那 1134-1, 1647-1-10
Mahākaruṇa 摩訶迦樓那 1647-1-23
Mahākātyāyana 摩訶迦旃延 191-3-10, 1127-3-22, 1647-1-13
Mahākāla 摩訶迦羅 462-2-19, 1132-1-19, 1647-1-19, 1647-1-25
Mahākāśyapa 摩訶迦葉 190-1-30, 1645-3-17
Mahākauṣṭhila 大拘絺那 1129-3-27, 1647-2-1
Mahāgiri 摩訶耆利 1647-1-29
Mahāgautamī 摩訶憍曇彌 1647-2-6
Mahā-caṇḍī 大准提 1144-1-26
Mahācandra 摩旃陀 1656-1-20
Mahācīna 摩旃至那 1648-1-1
Mahācittasattva 摩訶質帝薩埵 1647-3-27
Mahā-jñāna-mudrā 摩訶岐若勿他羅 727-2-29
Māhātantradhāraṇī 摩訶怛特陀羅尼 1648-3-21
Mahādiṅnāga 摩訶陳那伽 1648-3-24
Mahādeva 摩訶提婆 4-1-1, 538-2-29, 1149-3-16, 1648-3-14
Mahādhammarakkhita (巴) 摩訶曇無德 4-1-5
Mahānagna 摩訶諾伽那 1648-3-16
Mahānāga 摩訶那伽 1649-2-13
Mahānāma kulika 摩男拘利 560-1-10
Mahā-nāman 摩訶那摩 1649-2-23
Mahānīla 摩訶尼羅 1137-3-19, 1649-3-3
Mahāpadma 摩訶鉢特摩 318-1-29, 1216-3-3, 1649-3-19
Mahā-panthaka 摩訶半託迦 1650-1-4
Mahāparinirvāṇa 摩訶般涅槃那 1156-1-11, 1650-1-6
Mahāprajāpatī 摩訶波闍波提 6-3-27, 1123-2-3, 1649-3-8
Mahāprajñā 摩訶般若1650-1-13
Mahāprajñāpāramitā 大般若波羅蜜多 1156-3-21, 1649-3-24, 1650-1-20
Mahāprajñāpāramitāśāstra 大智度論 859-1-16
Mahāprabha 大光王 538-2-21
Mahābalin 摩訶沫麗 1651-2-7
Mahābodhisaṁghārāma 摩訶菩提僧伽藍 1650-3-25
Mahābrahman 大梵天 607-3-19, 1165-3-16, 1637-2-4
Mahābhāga 摩訶婆伽 1650-2-14
Mahābhuja 摩訶部社 1650-3-13
Mahābhūta 大種 725-3-21, 842-3-10
Mahābhūmikāḥ 通大地法 735-2-1
Mahāmaṇjūṣaka 摩訶曼殊沙華 1651-2-10
Mahāmati 摩訶摩底 1170-1-22
Mahāmandārava摩訶曼陀羅華 1651-2-10
Mahāmayūrī 摩訶摩瑜梨 1651-2-5
Mahāmaheśvara 大自在天 608-1-5
Mahā-māyā 摩訶摩耶 1651-1-9
Mahāmudrā 摩訶母陀羅 1651-1-4
Mahāmeru 摩訶彌樓 1651-2-13
Mahāmaitreya 摩訶妹咀履也 1651-1-8
Mahāmokṣapariṣad 無遮大會 1704-1-23
Mahā-maudgalyāyana 摩訶目犍連 586-1-16, 1651-2-19, 1737-3-20
Mahāyāna 摩訶衍 1144-1-30, 1645-2-19, 1652-2-10, 1652-2-20
Mahāyānadeva 摩訶耶那提婆 1146-1-16, 1652-2-12
Mahāyānapiṭaka 摩訶衍藏 620-1-11
Mahāyāna-pradīpa 莫訶夜那鉢地已波 1652-2-18
Mahāyāna-saṁghārāma 摩訶衍僧伽藍 1645-3-11
Mahāyāne 摩訶衽泥 1652-2-20
Mahārakkhita 摩訶勒棄多4-1-7
Mahāraṅga* 摩訶logue伽1652-3-11
Mahā-rattha 摩勒勒咤 4-1-6
Mahārāja 摩訶羅闍 1169-1-30, 1652-3-7
Mahāroṣaṇa 摩訶盧瑟拏 1652-3-13
Mahārgha 摩訶羅伽 1652-3-5
Mahārṣi 大仙 1147-3-9
Mahāllaka 大房 1075-3-23
Mahāvana 摩訶伐那 1649-3-30, 1650-2-16
Mahāvihāra 摩訶毘訶羅 1140-3-1
Mahāvaipulya 摩訶毘佛略 1650-2-18
Mahāvaipulyabuddha 摩訶毘佛略勃陀 1650-2-22
Mahāvaipulyabuddha-gaṇḍa-vyūha-sūtra 摩訶毘佛略勃陀健拏驃訶修多羅 1650-2-26
Mahāvairocana 摩訶毘盧遮那 1152-2-13, 1650-3-3
Mahāvaiśravana-deva-rāja 摩訶吠室囉末那野提婆喝囉闍 1650-3-16
Mahāśāla 大娑羅 1138-3-27
Mahāśālivat 摩訶沙利婆 1648-1-8
Mahāśrī 摩訶室利 243-2-11
Mahāsaṁgha 摩訶僧伽857-2-20, 1139-1-11, 1648-1-19
Mahāsaṁghāta* 大集經 1143-1-17
Mahāsāṁghika 摩訶僧祇 1139-2-7
Mahāsaṁghika-nikāya 大衆部 1648-1-23

Mahāsattva 摩訶薩埵 1140-3-18, 1629-3-10, 1647-2-21, 1648-1-11
Mahāsatya-nirgrantha 大薩遮尼揵子 1136-1-1
Mahāsamantabhadra 大普賢 1647-3-8
Mahāsamudra-sāgara 摩訶三母捺羅娑誐羅 1126-3-25
Mahāsammata-mahārāja 摩訶三末多 1647-3-2
Mahāsammatarāja 摩訶三摩尸羅闍 1647-3-1
Mahā-sarasvatī-devī 摩訶薩悉知婆底提婆佗 1647-2-26
Mahāsena 摩訶斯那 1648-1-5
Mahāsthāmaprāpta 摩訶那鉢 1014-3-26, 1649-2-29
Mahinda 摩哂陀 4-1-11
Mahisaka 彌酬迦神 556-1-30
Mahīśāsakaḥ 摩醯奢娑迦 395-3-1, 566-3-24, 1654-2-5
Mahīśāsaka-nikāya-pañcavarga-vinaya 彌沙塞部和醯五分律 857-2-21
Mahīśāsakavinaya 五部律 857-2-21
Mahīsa-maṇḍala 摩醯沙末陀羅 4-1-2
Mahendra 摩哂陀 1645-2-16, 1654-1-15, 1656-1-6
Maheśadatta 摩醯沙達多 1654-2-7
Maheśvara 摩醯首羅 1141-1-29, 1654-1-1, 1654-1-4
Mahoṭika(ā)* 摩呼茶迦 340-2-27, 1654-3-23
Mahoraga 摩睺羅迦 934-1-21, 1416-3-29, 1653-3-15, 1654-3-27
Mahoragalipi 摩睺羅伽書 1829-1-5
Māṃsa 摩娑 1655-3-2
Māgha 磨伽 1255-2-9, 1653-1-6, 1653-1-28
Māgha-māsa 摩佉麽洗 1653-2-10
Māṇavaka 磨納縛迦 984-1-21
Mātaṅga 摩鄧伽 1659-3-5
Mātaṅga-āraṇyaka 摩登伽阿蘭若 1659-3-23
Mātaṅgī 摩鄧祇 1659-3-6, 1660-2-4
Mātalin 摩多梨 1656-3-30
Mātala* 摩多羅 1656-3-14
Mātā 摩多 1656-1-27
Mātṛ 摩多 746-3-30, 1542-1-27, 1656-1-27
Mātṛka(ā) 摩得勒伽 556-2, 620-1-30, 1210-2-23, 1643-1-18, 1624-3-7, 1656-3-27, 1657-2-13, 1658-1-7, 1660-2-21, 1737-2-26
Mātṛgrāma 摩怛理伽羅摩 1657-2-23
Mātṛceṭa 摩怛哩制吒 1658-3-29
Mātratā 摩怛刺多 1763-1-8, 1764-1-11
Mātsarya 慳 734-3-3
Māna 慢 734-3-2
Mānatta (巴)摩那埵 1661-2-24
Mānavaka 摩納婆迦 1661-3-12
Mānuṣa 摩冕沙 1660-3-8, 7662-3-4
Mānuṣendra 摩拏產捺羅 1661-1-22
Māmākī 忙莽雞 493-1-15, 1663-1-21
Māyā 摩耶 538-3-11, 734-3-9, 796-3-19, 1663-2-22
Māyinī* 摩耶尼 1663-2-29
Māra 魔 1642-2-10, 1655-3-27, 1663-3-8, 1663-3-9
Mārakata 摩羅伽陀 1664-1-4
Māra-pāpīyān 魔波旬 1662-3-9
Mārga-āryasatya 道諦 724-1-6, 1398-3-151652-3-20, 1664-1-7
Mārgaśīrṣa 末伽始羅 1255-2-8, 1652-3-28, 1663-3-28
Mālā 摩羅 194-1-2, 1663-3-4
Mālākhāda 摩羅珂羅 1663-3-26
Mālāgiri 摩羅祁梨 1664-1-5
Mālādhara 摩離他羅 1665-2-27
Mālāvijaya 摩羅毘闍耶 1667-1-19
Mālikāra 摩利伽羅 1664-2-30
Mālinī 摩梨尼 1665-2-29
Mālyaśrī 摩利室羅 1665-1-28, 1665-2-20
Māllikā 末利 1658-3-15
Māṣa 摩沙 207-1-10, 1655-3-5, 1656-1-19
Mitra 密多羅神 776-2-15
Mithuna 雙女宮 778-1-4
Middha 睡眠 734-3-3
Mimaha 弭秣賀 1681-2-7
Milinda 彌蘭 1688-3-14
Milinda-pañha (巴)那先比丘經 1798-1-2
Miṣika 彌酬迦神 536-1-30
Mihira* 彌醯 934-1-15, 1673-3-13
Mihirakula 摩醯羅矩羅 1148-2-20
Mīmāṃsā 弭曼差 1681-3-9
Mukula* 屈摩羅 1811-3-29
Mukta 解脫長者 538-2-11
Muktāsāra 堅固解脫長者 538-3-14
Mukti 木底 437-1-14, 1738-3-7
Mukha 目佉 1736-3-4, 1737-2-23
Mukha poñchana 木佉褒折娜 911-3-11, 1737-2-29
Mukhaproñchana 拭面衣 1737-2-29
Mukhamaṇḍikā 目佉曼荼神 556-2-13
Mucira 目帝羅 1738-3-7
Mucilinda 目眞隣陀山 1738-1-27, 1738-2-12
Muṇḍa 文荼 1483-1-6
Muditā 喜 748-3-13, 761-2-22
Mudrā 慕捺囉 633-3-17, 1231-2-21, 1633-1-25, 1739-3-29
Mudgara 目竭嵐 1737-2-22
Muni 牟尼 1143-3-20, 1712-3-1, 1740-2-22, 1747-2-10
Muniśrī 牟尼室利 1713-1-14
Musāragalva, 硨磲 741-1-27, 803-3-24, 986-3-22, 1655-2-19, 1656-1-5, 1700-3-5, 1702-2-4, 1704-1-3
Muṣṭika* 牟致迦神 556-2-4
Musara 彗星 431-2-25
Musta 目窣哆 180-3-16
Muhūrta 牟呼栗多 1655-2-13, 1697-3-3
Mūrdhagta 文陀竭 1746-3-30
Mūḍha 愧 1663-2-22
Mūra 慄羅 1663-3-27
Mūrdhagata 文陀竭 1746-3-30
Mūla 尾 776-1-17
Mūragandhakuṭī 慕羅健陀俱尼 1633-2-17
Mūlabarhaṇī 尾 776-2-17
Mūlasarvāstivādanikāya 慕羅薩婆悉底婆拕尼迦耶 1633-2-17
Mūlasarvāstivādanidānamātṛka 根本說一切有部尼陀那目得迦 504-3-29
Mūla-sarvāstivāda-vinaya 根本說一切有部毘奈耶 505-1-20
Mūṣika 母蘗迦 1370-3-23
Mṛga 麗𤜶 686-2-14
Mṛgacakralipi 彌伽遮伽書 1829-1-6
Mṛgajā 蜜伽闍 1673-1-1
Mṛgadāva 1688-3-19, 1843-1-17
Mṛgamātṛ-prāsāda 蜜利伽羅磨多跋羅安多 1688-3-24
Mṛgarāja 彌迦王矜 556-2-1
Mṛgaśirā 觜宿 776-2-3
Mṛga-sthāpana 蜜栗伽悉他他鉢娜 1688-3-22
Mṛgāṅka 鹿形神 365-1-15
Mṛta 母娜 1614-1-18
Mṛta-manuṣya 母陀摩奴沙 1633-1-18
Mṛtā 母陀 681-2-18
Mṛdaṅga 鼓 1710-2-25
Mṛdukā 柔軟聲 1829-2-13
Mṛdvīkā 蔑栗墜槳 182-1-22
Mṛtyave 没哩底野吠 1740-3-1
Mekā* 彌迦 1673-2-11
Mekhala 彌迦羅 1673-2-15, 1673-2-17
Megha 彌伽長者 538-2-11, 1673-2-21
Meghaśikhara 彌伽釋迦 1673-3-4
Meghaśrī 德雲比丘 538-2-9
Megasāra 彌薩羅 1674-3-30
Meghasvaraghośā 如雲雷吼聲 1829-3-1
Meraya 迷隷 1090-2-21
Meru 彌樓山 797-1-1, 1689-1-8
Meṣa 白羊宮 778-1-2
Maitrāyaṇī 慈行童女 538-2-14, 1676-2-6
Maitrāyaṇī-saṃhitā 1856-3-24
Maitrī 慈 748-3-12, 761-2-22
Maitrīmanas 每怛利末那 1643-2-3
Maitreya 彌勒 533-3-17, 894-2-19, 1643-2-1, 1680-2-26, 1689-1-27
Maithunābhīṣanaṃ 麁語戒 1075-3-18
Maireya 迷隷耶 1647-2-15, 1725-1-2, 1725-2-28
Mokṣa 木叉 437-1-14
Mokṣadeva 木叉提婆 1146-2-16, 1738-1-18
Moggaliputta tissa (巴)目揵連子帝須 528-3-14, 1239-2-27
Moca 毛者槳 182-1-19
Moha 謨賀 361-1-27, 735-2-2, 1189-3-7, 1245-1-24, 1626-1-13, 1739-2-23
Maudgalyāyanaputra 沒特伽羅子 (目揵連子) 17401-2-11
Mrakṣa 覆 734-3-3
Mleccha 彌戾車 1478-2-26, 1577-2-7, 1689-1-23, 1689-3-28
Mīna 雙魚宮 778-1-13

Ya

Yakṣa 夜叉 1416-3-15, 1750-1-30, 1754-1-2, 1754-3-25
Yaksalipi 夜叉書 1829-1-2
Yaksin 藥厠泥 1752-3-15
Yajñadatta 耶若達多 141-1-5, 1755-1-16
Yajurveda 耶柔吠陀 1755-1-2, 1856-3-11
Yadbhūyasikīya 罪處所毘尼 742-2-22
Yama 焰摩 431-3-8, 776-2-28
Yama-niyama 夜摩尼夜摩 842-3-27
Yama-rāja 琰魔 142-1-22
Yama-loka 琰魔界 142-2-20, 1756-1-5
Yamāntaka 閻曼德迦 143-3-4
Yamī 預彌國 1771-2-19
Yamunā 閻牟那 144-1-2
Yavanī 耶嚩尼書 1828-3-14
Yaśas 耶舍 4-3-30, 1754-2-14
Yaśogupta 耶舍𡹾多 1754-3-3
Yaśoda 耶舍陀 1754-2-15
Yaśodharā 耶輸多羅 1754-3-4
Yaśomitra 稱友 293-2-20
Yaṣṭi 刺瑟胝 1770-3-5
Yaṭṣivana 杖林 133-1-10, 872-2-14, 1226-3-9
Yāna 乘 1748-2-12
Yānanikā 耶那尼迦書 1828-3-15
Yāma 夜摩 607-3-12, 1755-1-25
Yāmā 夜摩 140-2-4, 143-1-25
Yāmāntaka 焰漫德迦 222-1-19
Yāvaddaśottarapadasaṃdhilipi 耶婆陀輸多羅書 1829-1-23
Yukta 欲吃多 591-2-30, 1718-1-21
Yuktā 如理聲 1829-2-28

Yugaṁdhara 踰健達羅山 297-3-29, 419-3-11, 501-2-3, 921-1-20, 1759-3-1
Yuvarāja (巴)副王 3-2-10
Yoga 瑜伽 591-3-1, 1757-2-27, 1757-2-29, 1759-1-14
Yogakrman 瑜伽羯磨 1758-1-4
Yogācārya 瑜伽阿闍梨 1757-3-16, 1758-2-5
Yogācāryabhūmi-śāstra 瑜伽師地論 1758-2-7
Yogin 瑜祇 1757-2-29, 1759-1-14
Yoginī 瑜伽 1757-2-30
Yogī 瑜伽 1757-2-30
Yojana 由旬 1757-2-26, 1759-3-29, 1760-1-13
Yona 臾那 750-3-1
Yonaka-dhamma-rakkhita (巴)曇無德 4-1-4
Yonaloka 臾那世界 4-1-7
Yoni 女根 1350-1-15

Ra

Rakkhita 勒棄多 4-1-3
Raktamṛttikāsaṁghārāma, 絡多未知僧伽藍 1777-2-22
Raktaviti* 絡多未知 1777-2-23
Rakṣa 羅乞叉 1776-2-8
Rajas 刺闍 601-2-10, 651-2-11, 1768-1-23, 1772-1-3, 1775-3-27
Rati 樂 1772-1-4
Ratilambha 阿羅底藍婆 42-3-22
Ratna 囉怛娜(寶) 1780-3-21
Ratnaketu 羅怛囊計度 1780-3-24
Ratnakhaṇḍa 羅陀那健頭 1780-3-30
Ratnacitta 羅陀那質多 1781-1-2
Ratnacinta 阿寶眞那 27-2-18
Ratnacūḍa 羅陀囊那朱 1781-1-4
Ratnacūḍa-dharmaśreṣṭhin 法寶髻長者 539-2-18
Ratnatrayāya 羅怛那怛羅夜耶 1118-1-10
Ratnadeva 勒那提婆 1584-3-20, 1839-3-14
Ratnamati 阿那摩低 25-2-28, 733-2-9, 1839-3-17
Ratnavarmin 勒那跋彌 1839-3-15
Ratnaśikhin 勵那尸棄佛 373-1-27, 690-3-27, 1780-3-27, 1839-3-9, 1781-1-0
Ratnākara 刺那那伽羅 1781-1-11
Ravana 羅波那 1781-2-3
Ravita 囉尾多 1781-2-1
Raṣṭrapāla 賴吒和羅 1773-1-28
Rasa 阿羅婆 41-1-14
Rasas 味 842-3-11
Rasaviṣaya 味境 735-1-10
Rākṣasa 羅刹 40-3-16, 1082-1-19, 1416-3-6, 1754-3-25, 1779-3-12, 1780-1-11
Rākṣasadevatā 羅刹天 431-3-1
Rākṣasī 羅刹私 1780-1-12, 1780-2-21
Rākāśvāmin 囉迦沙彌 1775-1-4
Rāga 貪 734-3-6, 1279-1-21, 1775-1-6
Rājagṛha 王舍城 1774-3-15, 1780-1-2, 1782-1-8, 1849-1-12
Rāja-dhātu 阿剌闍界 40-3-18
Rājan 羅惹 1779-3-24
Rājavardhana 邏闍伐彈那 1780-1-4
Rājavṛkṣa 囉闍苾利久 1180-1-6
Rājikā 囉爾迦 1781-1-18
Rājñī 囉逝 1457-3-12, 1780-1-8
Rāma 羅摩 1781-3-11
Rāmagāma 羅摩迦國 177-1-7
Rāmagrāma 羅摩迦國 177-1-7
Rāvaṇa 囉嚩拏 1781-1-26
Rāśi 宮宿 775-1-11
Rāṣṭra-pāla-sūtra 賴吒和羅經 525-1-11
Rāhu 羅睺 285-1-2, 1778-2-11
Rāhuasura 羅睺阿修羅 1778-2-20
Rāhula 羅睺羅 208-1-18, 1774-3-5, 1775-3-26, 1778-1-6, 1778-3-8
Rāhulata 羅睺羅多 1779-2-28
Riktamuṣṭi 空拳 280-2-16
Rugṇapaṇḍaka 留拏 535-2-25
Rucika 樓至佛 1807-1-13
Ruciratna 留支勒那 1807-2-14
Ruṇapaṇḍaka 留拏 425-2-8, 535-1-25
Ruta 嚕多 1846-3-6
Rudra 嚕捺羅 44-2-8, 462-2-20, 776-2-4, 1807-2-24, 1808-1-7, 1846-3-11
Rudrākṣa 天目樹 13-2-20, 122-3-25, 484-2-21, 986-3-15
Rudhira 嚕地羅 1189-3-13
Rudhirāhāra 奈耻羅訶羅 1297-2-17
Rūpa 色 842-3-11
Rūpadhātu 界色 607-3
Rūpaviṣaya 色境 735-1-7
Rūpāṇi 色法 735-1-1
Rūpāniśūnyatā 色即是空 693-1-18
Rūpya 銀 44-2-11, 741-2-27
Repa* 立播 1791-1-7
Repha* 立播 1791-1-7
Revata 離波多 199-2-29, 402-1-19, 1789-3-5
Revatī 梨婆坻神 556-2-8, 776-2-26
Rocana 盧舍那 1806-1-23
Rohiṇī 畢盧 776-2-2
Rohiṇī Jyeṣṭhaghnī 心宿 776-2-16
Rohita 盧醯多(赤) 1845-3-3
Rohitamukta 赤珠 741-2-28
Rohitaka 囉醯多迦 1845-3-4
Raurava 嚕羅婆 374-2-10, 1847-2-29

La

Lakṣa 落叉 667-3-25, 1777-1-21
Lakṣaṇa 相 592-2-28, 1772-1-18, 1776-2-10
Lakṣā 勒叉 1824-2-2
Lakṣmī 吉祥天女 242-3-4, 243-3-11, 1776-2-4
Laguḍa 剌竭節 1775-1-2
Laghu 邏求 1776-2-28
Laṅkā 楞伽 4-1-21, 1802-2-2
Laṅkāvatāra-sūtra 楞伽阿跋多羅寶經 1802-2-18
Laṅghana 愛枝 1772-1-20
Laṭṭhi (巴)羅差 1779-3-9
Ladduka 攞都迦 1781-1-6
Lanpā 濫波 1783-1-4
Lambā 藍婆 556-2-14, 1783-1-9
Lalitavistara 莊嚴經 1829-2-1
Lalitā 顯示聲 1829-3-13
Lava 臘縛 1781-2-28, 1782-1-3
Lāṅgula* 慢求羅 1653-3-10
Likṣā 蟣 58-3-19
Licchavī 離車 177-1-11, 1785-3-5
Linga 生支 773-3-19
Lipi 哩比鞞 13-1-26
Lumbinī 嵐毘尼 18-3-9, 796-3-20, 1783-1-18, 1806-1-14
Lekha 離佉 843-3-19
Lekhapratilekhalipi 梨迦波羅低梨伽書 1829-1-14
Laiśkaṁ 假根謗戒 1075-3-25
Loka 路迦 1014-3-18, 1024-1-29, 1818-3-25, 1819-1-5
Loka-geya* 路伽祇夜 1818-3-30
Lokajseṣṭha 世尊 797-1-16, 1818-3-2
Lokanātha 路迦那他 1028-1-25, 1818-3-2
Lokavid 路伽憊 231-1-1, 906-3-2, 1018-3-5, 1026-1-25, 1197-2-22
Lokāyata 路伽耶陀 273-1-23, 992-2-26, 1806-3-14, 1819-1-7
Lokāyatika 路迦耶底迦(順世) 1818-3-15
Lokeśvararāja 世自在王 1028-1-11, 1370-2-23, 1806-3-9, 1818-1-23
Lokottaravādinaḥ 說出世部 1032-1-9
Lobha 路婆 408-1-23
Loha 路賀 1818-2-27
Lohiccha (巴)露遮 1846-1-9
Lohita 路伽多 1819-1-9
Lohitaka 盧伽 1437-1-20

Va

Vakkula 薄拘羅 1393-3-3, 1445-1
Vakṣu 縛芻 256-2-5, 686-2-9, 1394-1-9, 1394-1-9, 1446-3-19, 1447-2-12
Vaggo (巴)跋渠 84-1-24
Vaṅkṣu 婆叉 1394-1-9, 1446-3-19, 1447-2-12
Vaṅgalipi 鴦伽羅書 1828-3-13
Vajra 伐折羅 475-1-13, 484-2-26, 485-1-23, 934-1-14, 1386-3-13, 1396-3-23, 1445-2-21, 1873-2-14
Vajra-aṭṭahāsa 跋折羅吒沙 1447-1
Vajra-abhyudaya* 嚩明囉阿避庾 1445-3
Vajra-āsana 金剛座 483-3-6
Vajrakarma 金剛業菩薩 480-3-17
Vajra-kuṇḍalī 金剛軍荼利 479-2-7
Vajrakumāra 金剛童子 490-2-29
Vajraketu 金剛幢菩薩 491-1-2
Vajrakhyāti 金剛銳菩薩 476-1-13
Vajragandhi 金剛塗香菩薩 490-2-9
Vajragarbha 金剛藏菩薩 483-3-18
Vajragīti 金剛歌菩薩 477-3-30
Vajagoḍa 金剛熾天 431-2-18
Vajraghaṇṭa 金剛鈴菩薩 496-1-29
Vajra-cchedikā 能斷金剛經 491-1-26, 1383-2-28
Vajrajakṣa 金剛牙 480-1-4
Vajra-jaya 調伏天 437-3-9
Vajrajvala 伐折羅入嚩羅 1447-2-8
Vajratīkṣṇa 金剛利菩薩 495-3-8
Vajrateja 金剛光菩薩 479-1-6
Vajradhara 執金剛神 755-1-17
Vajradharma 金剛法菩薩 493-2-16
Vajradhātu 金剛界 476-1-23
Vajradhāra 伐折羅陀羅 1447-2-3
Vajradhūpa 金剛香菩薩 477-3-4
Vajranṛtia 金剛舞菩薩 492-3-28
Vajrapāṇi 金剛手菩薩 485-1-1, 1448-2-15
Vajrapāṇibalin 婆闍羅波尼婆里卑 1448-2-19
Vajrapāṇi-yakṣa 和夷羅洹閱叉 1848-2-21
Vajra-pāramitā 金剛波羅蜜多菩薩 491-3-17
Vajrapāśa 金剛索菩薩 481-2-13
Vajraputra 伐闍羅弗多羅尊者 1448-2-13, 1775-3-24
Vajrapuṣpa 金剛華菩薩 479-2-24
Vajrabala* 跋闍羅婆羅 1448-2-22
Vajrabodhi 跋曰羅菩提 487-2-14, 1445-3-18
Vajra-māla 金剛食天 431-2-24
Vajramālin 金剛鬘菩薩 493-3-8
Vajramuṣṭi 跋折羅母瑟知
Vajrayakṣa 金剛夜叉 494-3-4
Vajrayāna 金剛乘 486-3-9
Vajraratna 金剛寶菩薩 491-2-17
Vajrarakṣa 金剛護菩薩 481-1-4
Vajrarāga 金剛愛菩薩 475-2-13
Vajralāsī 金剛嬉戲菩薩 479-2-7
Vajralipi 跋闍羅書 1829-1-13
Vajrāloka 金剛燈菩薩 490-2-24

Vajravāsin 金剛衣服天 431-3-3, 1775-3-28
Vajravikīrṇa 金剛衣天 481-2-5
Vajraśṛṅkhalā 金剛鏁菩薩 482-3-21
Vajrasaṁdhi 金剛拳菩薩 479-3-15
Vajrasattva 金剛薩埵 481-2-25
Vajrasūci 金剛針菩薩 485-3-21
Vajrahāsa 金剛笑菩薩 487-1-2, 1147-1-27
Vajrahūṁ 縛曰羅吽 1445-3-10
Vajrahetu 金剛因菩薩 475-3-14
Vajrāṅkuśa 金剛鈎菩薩 431-3-7, 480-2-16
Vaḍiśa 婆利 1455-3-9
Vaḍiśa asura 婆利阿修羅 1455-3-15
Vatsa 筏蹉 1446-3-2, 1451-1-28, 1453-1-10
Vatsanābha 婆蹉那婆 1447-1-2
Vatsī-putra 跋私弗多羅 1446-3, 1449-1-20
Vadana 婆達 1449-3-5
Vadha 殺人戒 1426-2-16
Vana 婆那 1437-2-13, 1449-3-19, 1452-3-20
Vanavāsi 槃那婆私 4-1-3
Vanavāsin* 伐那婆斯1452-3-23
Vandana 和南 252-3-26, 372-2-9, 1436-3-10, 1437-1-21, 1452-3-25, 1457-1-17, 1636-3-29, 1657-1-21, 1773-2-13, 1844-2-12
Vandaāmi 槃那寐 1437-1-2, 1437-2-20
Vandi 件題 372-2-10
Vande 漫漫提漫泥 1669-2-6, 1672-2-2
Varacāmara 伐羅遮末羅洲 1411-1-13
Varaṭā 蒲扆 1617-2-19
Varadamudra 與願印1770-3-27
Varanāda 婆羅那馱 1454-2-3
Varāṅga 伐浪伽 1453-3-6
Varuṇa 婆樓那 776-3-23, 1007-3-30, 1456-2-7, 1456-2-7, 1666-1-7
Varga 跋渠 84-1-24, 1298-3-7, 1445-1-5, 1617-3-5
Varṣa 伐里沙 45-1-5, 1456-1-8
Varṣakāla 雨時 1255-1-25
Varṣāśāticīvara 雨衣 911-3-17
Varṣika 婆師迦 1446-1-1, 1665-2-16
Varṣikāla* 婆利史迦羅 1446-1-9
Varṣipālī* 婆師波利花1446-1-10
Valiśa 婆利 1455-3-9
Valgu 甘美聲 1829-2-15
Vaśī-karaṇa皤施迦羅拏569-3-22, 1395-2-11
Vaṣu* 婆藪神 776-2-9
Vasanta 漸熱時 1255-1-29
Vasanta-vayānti (vayantī) 婆珊婆演底 533-2-30, 1445-2-6
Vasantī 婆珊婆演底 538-2-30
Vasava 婆娑神 776-3-22
Vasiṣṭha 婆私咤 1446-2-3
Vasu 婆藪 1448-3-7
Vasudatta 婆須達多 1447-2-19
Vasubandhu 婆藪槃豆1027-3-18, 1251-1-22, 1448-3-28
Vasumitra 伐蘇蜜呾羅1018-2-30, 1447-2-26, 1445-1-21, 1853-3-11
Vasumitrā 婆須蜜女 538-2-26, 1447-2-26, 1583-3-5
Vastu 跋窣堵 1448-3-21
Vastra 縛薩怛羅 472-2-4, 1445-1-29
Vākyapadīya 薄伽論1483-1-22
Vājasaneyī-saṁhita 1856-3-26
Vāc 槃遮 1434-1-22
Vātāyanacchidrarajas 隙遊塵 430-2-3
Vātsīputrīya 婆麁富羅部 566-3-29, 1451-2-8
Vātyā 波樓那 1456-2-9
Vāmalokāyata(tika) 縛摩路伽耶陀 273-1-24, 1453-1-23
Vāya 縛臾方 1453-2-10
Vāyave 縛野吠 1453-1-27
Vāyu 婆瘦 431-3-2, 776-2-13, 842-3-16, 1453-2-6
Vāraṇa* 波羅那 1429-2-6, 1454-1-11
Vārāṇasī 婆羅拏斯 1429-2-7, 1454-1-22, 1454-1-30, 1849-1-16
Vārāhī 嚩羅呬 1258-2-16
Vāri 婆梨 1455-3-11
Vārṣagaṇya 毘梨沙伽那 1456-1-13, 1499-3-2
Vārṣikī* 嚩師迦 1655-2-29
Vārṣya 雨衆 105-2-6
Vāla 縛羅 1737-1-10
Vāṣpa婆師波 1446-2-26, 1447-1-7
Vāsuki 和須吉 1448-3-19, 1802-1-23, 1853-2-29
Vāha 婆訶 1443-3-20
Vāhrām 雲漢 728-1-4
Viṁvara 頻婆羅 1504-2-4, 1505-2-12
Vikarala* 毘羯羅 934-1-24
Vikārā 毘佉羅 1483-3-13
Vikīrṇa 微吉羅拏 1483-3-16, 1562-3-20
Vikramāditya 毗訖羅摩阿迭多 1241-2-4, 1459-1-9, 1483-3-18
Vikrīḍita 微吃哩捉多 1483-2-20, 1673-3-7
Vikṣiptakasaṁjñā散想291-1-17
Vikṣepalipi* 毘棄 1829-1-15
Vikhāditakasaṁjñā 噉想 291-2-16
Vigata 頻伽陀 1502-2-27
Vigatāśoka 韋陀輸 1857-3-5
Vigama 毘笈摩 1502-2-28
Vigāma 毘伽摩 1482-3-4
Vighna 維祇難 1763-3-10
Vicāra 毘遮羅 681-1-24, 734-3-5, 1487-1-16
Vicikitsā 毘職吉蹉 692-1-21, 734-3-7, 1485-1-11
Vichavapura 毘苫婆補羅578-3-4
Vijaya 毘闍耶 1487-1-11, 1488-1-14
Vijayā 微誓耶 1488-1-28, 1562-3-19
Vijayārtha* 毘闍耶多1488-1-16
Vijitaprabha 毘職多鉢羅婆 1485-1-20
Vijitavat* 毘指多婆多1485-1-18
Vijñapti 毘若底 1488-1-2, 1764-1-12
Vijñaptimātratā 毘若底摩呾剌多 1488-1-7
Vijñāna 毘闍那 930-2-4, 1488-1-9
Vijñānamātravāda 唯識 1764-1-13
Vijñānamātrasiddhi-triṁśati śāstra-kārikā 唯識三十論頌 1765-1-17
Vijñānamātrasiddhiśāstra 唯識論 1765-3-30
Vijñānānantāyatana 識無邊處 695-2-17, 698-1-7
Vijñāpanīyā 令他善了知聲 1829-2-27
Vijñeyā 善了知聲 1829-2-24
Vitaḍalipi* 毘多荼書 1828-3-18
Vitarka 毘怛迦 734-3-4, 1488-2-20
Vitasti 搩手 78-2-17, 1204-1-4
Vitāna 跋怛摁 1397-3-8
Vidagdhakasaṁjñā 燒想 291-1-20
Vidarśanā 觀 336-3-21
Videha 毘提毘 1269-3-6, 1411-1-15, 1488-3-20, 1541-1-8
Vidyā 尾儞也1464-1-5, 1489-2-22, 1490-3-8
Vidyācaraṇasaṁpanna 鞞多庶羅那三般那 906-2-28, 1488-3-6, 1682-3-19
Vidyādhara-abhiśekha 持明灌頂者 1222-1-22
Vibyā-dhara-pitaka 持明藏 1222-1-30
Vidvān 明智居士 538-2-17
Vidhāra* 鞞陀梨 1489-1-24
Vibhu 波奴 1423-2-13
Vinata 比那 1467-1-6
Vinataka 毘那怛迦山 298-2-4, 501-3-5, 770-1-25
Vinaya 毘奈耶 172-1-14, 1489-3-29, 1490-2-15, 1787-3-18, 1788-1-1
Vinaya-dvāviṁśati-prasannārtha-śāstra 律二十二明了論 857-3-5
Vinayapiṭaka 毘奈耶藏615-3-25, 1490-2-17
Vinaya-mātrikā-śāstra 毘尼母論 857-2-26
Vināyaka 頻那夜迦 340-3-23, 431-2-10, 431-2-24, 482-3-7, 1480-3-17, 1490-1-26, 1504-2-11
Vinirudha 尼彌留陀 1342-2-20
Vinītapaṭṭa 毘尼波吒 1490-2-26
Vinītaruci 毘尼多流支1490-2-22
Vinītā 調順聲 1829-2-17
Vinīlakasaṁjñā 青瘀想 291-1-11
Vindhyavāsa 頻闍訶婆娑 1502-3-20
Vipaḍumakasaṁjñā 壞想 291-1-13
Viparīta 微鉢哩多 1681-1-18
Viparvasta* 毘鉢囉哩曳薩多 1491-1-4
Vipaśyanā 毘婆舍那 336-3-21, 696-3-14, 1490-3-16, 1491-2-10, 1767-2-23
Vipaśyana-vipaśyana 毘婆舍那毘婆舍那 1491-3-8
Vipaśyin 毘婆尸如來 739-3-28, 1490-3-24, 1491-1-7
Vipaśyī 毘婆尸佛 329-1-12
Vipīka 毘播迦 1490-3-19
Vipākahetu 同類因 1819-3-11
Vipula 毘富羅323-2-28, 491-3-25, 1387-1-17, 1491-3-28
Vipūyakasaṁjñā 膿爛想 291-1-15
Viprakīrṇa 尾鉢羅枳剌拏 603-2-23
Vibhajya-vādin 毘婆闍婆提 1491-2-27
Vibhajyavādināḥ 分別說部 1549-2-14
Vibhājya 毘婆闍 1548-2-26
Vibhrakṣita* 微沙落起多 1675-3-20
Vibhāṣā 毘頗沙 149-3-25, 1446-3-12, 1491-1-30
Vibhāṣā-śāstra 毘婆沙論 1491-2-18
Vibhū 尾扶 1491-3-24
Vimarāja 毘摩羅闍 1492-2-30
Vimalakīrti 維摩 1492-2-24, 1766-3-12, 1858-2-30
Vimalacitra 毘摩質多羅 1492-1-30
Vimaladattā 維摩羅達 1695-1-3, 1767-1-30
Vimalamitra 毘末羅蜜多羅 1492-3-2
Vimalā 毘摩羅 1142-1-29, 1492-1-24, 1492-1-26, 1492-2-19, 1829-2-15
Vimalākṣa 卑摩羅叉 1467-3-20
Vimānavatthu 毘摩那 301-2-26
Vimuktaghoṣa* 毘目瞿沙 1492-3-16
Vimukti (巴) 毗术底 1492-3-5, 1492-3-18
Vimokṣa 毘目叉 1492-3-5
Viraṇī* 毘羅尼 1499-1-24
Viruca 毘盧遮 1500-1-10
Virucin 毘婁眞 1501-1-7
Viruddha 相違 632-2-6
Virūḍhaka 毘樓勒迦 607-3-8, 748-2-2, 1395-2-28, 1500-1-11, 1501-1-19, 1501-1-26, 1501-1-27, 1502-2-14, 1808-3-10

Virūpakṣa 毘流波叉 607-3-9
748-2-2, 1501-1-23, 1502-2-21
1396-1-17
Vilakṣa 畢洛叉 1478-2-13
Vilambā 毘藍婆 1783-1-10
Vilohitakasaṁjñā 血塗想 291-1-14
Viśākhā 毘舍佉 1178-3-16
1485-2-30
Viśākhe-(ā) 氐宿 776-1-14
Viśāla 毘舍羅 1487-1-18
Viśeṣa 毘尸沙 849-1-15
1485-1-14
Viśeṣamitra 毘世沙蜜多羅 923-1-17, 1488-2-14
Viśuddha 毘輸馱 1487-3-23
1488-1-19
Viśuddhasiṁha 毗戍陀僧訶 1488-1-22
Viśva 毘濕波 1485-2-11
1485-2-22
Viśvakarman 毘首羯磨 1487-2-22
Viśvacaraṇa* 毘輸遮囉那 1487-3-22
Viśvabhadra 邲輸跋陀 1465-3-8, 1517-1-16
Viśvabhū 毘舍浮 329-1-13
739-3-30, 1485-2-23, 1486-1-3
1488-2-17
Viśvāntara 毘輸安呾囉 1485-2-16
1487-2-18
Viśvāmitra 毘奢蜜多羅 538-3-12
1486-1-24
Viśve devāḥ 毗說神 776-3-19
Viśleṣa 比疎梨沙 1463-3-9
Viṣaka 毘濕迦 1485-2-20
Viṣaya 毘舍也 245-2-6
1487-1-12
Viṣṇu 毘紐 776-2-21, 1485-1-28
1488-2-19, 1489-2-16, 1858-1-14
Vispaṣṭā 分明聲 1829-2-24
Vihatī* 毘訶提 1482-2-12
Vihāra 毘訶羅 886-3-24
1244-1-13, 1482-2, 7, 2482-2-15
Vihārapāla 寺主 607-1-4
1453-2-13, 1482-2-29
Vihārasvāmin 毘訶羅渉弭
607-1-3, 1482-2-26, 1663-2-5
Vihiṁsā 害 734-3-7
Viheṭhaka* 毘醯勒 1484-3-20
Vīṇā 費拏 1467-1-11
Vitāśoka 韋陀輸 1488-3-13
1857-3-5
Vīraṇakacchapa 毘羅拏羯車婆 1499-1-20
Vīra-datta 比羅達 1478-2-14
Vīrasena 鞞羅羨那 1499-1-16
Vīrya 毗梨 735-3-3, 1499-2-27
1499-3-4
Vīryapāramitā 精進波羅蜜 1430-3-9
Vīryendriya 精進根 474-2-22
Vṛkṣa 苾力叉 1483-1-7, 1499-2-28
Vṛkṣamūlika 苾力叉慕里迦 1478-2-27

Vṛji 跋闍
Vṛjiputrabhikṣu 跋闍子比丘 1447-3-16
Vṛtti-sūtra 苾栗底蘇呾羅 1483-1-12
Vṛścika 蝎宮 778-1-9
Vṛṣa 金牛宮 778-1-3
Vṛṣagaṇa 毘梨沙伽那 1499-3-2
Vṛhatphala 廣果天 320-3-7
Vekhanasa (巴) 鞞摩那修 1492-2-16
Veṭhadīpa (巴) 毘留提國 177-1-8
Veṇūvana 竹園 527-2-10
1193-3-18, 1489-2-17
Veṇūvanakārandakanivāpa 竹林鵲園 979-2-6
Vetāla 毘陀羅 1489-1-23
1858-1-5
Veda 吠陀 724-2-26, 1464-1-7
1488-3-15, 1569-2-2, 1575-1-15
1688-1-30, 1856-2-4
Vedanā 受 735-3-2, 930-2-13
980-3-20
Vebhaliṅga 鞞婆履陵耆 1491-3-16
Vebhāra-guhā 畢鉢羅窟 1466-1-19
Verañja (巴) 毘蘭若 1499-2-20
Vela* 薜羅 1260-1-19
Velācakra 薛羅斫羯羅 1569-3-2
Veṣa 吠舍 1435-2-25, 1574-3-16
Vesthila 鞞瑟氏羅 538-2-27
Vesāli (巴) 毘舍利國 177-1-11
Vaiḍūrya 瑠璃 741-2-27
1576-1-21, 1808-1-28
Vaidehī 韋提希 1857-1-4
Vaidehīputra 吠題呬弗呾多 1575-1-19
Vaidharī* 鞞陀梨 921-1-15
Vaipulya 毘佛略 936-3-12
1387-1-17, 1467-2-30, 1492-1-7
Vaibhāra* 鞞跋羅 1466-1-19
1491-3-14
Vaibhāra-vana 鞞婆羅跋怒 527-2-6
Vairantya 毘蘭多 1499-2-14
Vairambhaka 毘嵐 1499-2-8
Vairocana 毘盧舍那 538-2-24
1499-3-24, 1500-1-14, 1500-2-26
1575-2-1, 1807-2-6
Vaivartika 鞞跋致 1491-3-4
Vaiśākha 吠舍佉 1255-2-5
1574-3-26
Vaiśālī 毘舍離 177-1-11
321-1-30, 956-2-14, 1487-1-29
1492-3-20, 1499-1-12, 1569-1-9
1575-2-2, 1767-2-22
Vaiśeṣika 衞世師 849-1-9
1488-1-27, 1575-1-8, 1864-3-26
Vaiśeṣika-śāstra 吠世史迦奢薩怛羅 849-1-6
Vaiśya 吠舍 706-1-28
Vaiśramaṇa 毘沙門 607-3-10
748-2-2
Vaiśravaṇa 毘沙門天 431-3-5
1486-2-20, 1487-1-28, 1569-1-19
1575-1-3

Vyañjana 相好 592-2-28
1577-3-27
Vyaṁjanakāya 文身 734-2-7
Vyākaraṇa 毘伽羅論 246-1-29
795-1-14, 936-3-14, 981-3-6
981-3-7, 1482-2-13, 1482-3-5
1845-1-6, 1851-3-19
Vyāghra 弊耶伽羅 1278-2-30
1569-3-29
Vyādhmātakasaṁjñā 脹想 291-1-10
Vyāmiśralipi 毘耶麻奢羅書 1828-3-23
Vrata 沒栗多 1633-1-19
1740-2-29

Śa

Śaṁkara 商羯羅 467-1-2
Śakārilipi 娑伽婆書 1828-3-16
Śakti 鑠訖底 799-3-6
Śaknī 舍究尼神 556-2-11
Śakra 帝釋天 431-2-20, 798-3-20
Śakra devānām Indra 釋迦提婆因達羅 801-3-18, 1101-3-29
Śakradevendra 釋提桓因 95-2-18
Śakrāditya 鑠迦羅阿逸多 799-1-20
Śakrābhilagna 釋迦毘楞伽 796-3-2
Śakrābhilagnamaṇiratna 釋迦毘楞伽 1499-3-17
Śaṅkara 賞迦羅 766-2-21
Śaṅkara-ācārya 商羯羅阿闍梨 816-3-18
Śaṅkarasvāmin 商羯羅塞縛彌 766-2-30
Śaṅkha 商佉 766-1-7, 767-2-4
Śacī 舍脂 805-1-11
Śacipati 舍脂鉢低 805-1-14
Śaṇḍa 扇提羅 1044-2-3
Śaṇḍira 珊底羅 834-1-18
Śaṇḍla 扇提羅 1044-2-3
Śatakri* 娑多吉哩 806-1-19
Śatabhiṣa 舍多毘沙 806-2-7
Śatabhiṣaka(ā) 危宿 776-1-23
Śata-śāstra 百論 859-1-14
Śatru 設覩嚧 807-1-17, 1033-1-8
Śanaiścara 賖乃以室折羅 728-1-10
Śantika 扇底迦 569-3-20
Śabda 聲 842-3-11
Śabdavidyā 聲明 573-2-21
735-1-8, 791-2-5, 1035-3-17
Śama 舍摩 809-2-15
Śamaka* 商莫迦 1050-3-3
Śamana 遮摩那 809-3-18
Śamatha 奢摩他 681-1-26
696-3-13, 809-3-3
Śamā 差摩 809-2-9
Śamitṛ 睒摩利 1050-3-20
Śamī 奢彌 810-1-20, 1050-3-24
Śambara* 捨婆囉 686-2-21

Śayanāsana 世耶那薩喃 1037-1-11
Śayita 捨以哆 1006-1-3
Śaradā 茂時 1255-2-1
Śarāva 捨羅梵 812-3-25
Śarīra 舍利 467-1-12
684-1-18, 813-2-24, 815-3-28
858-1-29
Śarīra-stūpa 舍利塔 814-1-8
Śalākā 舍羅 812-1-27, 1204-2-20
Śava 濕嚩 1036-1-24
Śaśa 野兎形神 365-1-15
Śaśin 懷兎 498-3-23, 1865-2-15
Śaśaṅka 設賞迦 1031-3-12
Śākya 釋迦 177-1-10, 216-2-25
795-3-15
Śākyaputrīya 釋子 800-3-25
Śākyamitra 釋迦彌多羅 796-3-16
Śākyamuni 釋迦牟尼 329-1-15
796-3-17, 797-1-21, 1384-1-4
Śākyeṣu 釋翅搜 801-1-12
Śāṭaka 舍吒迦 806-1-4, 807-2-4
Śāṭhya 諂 734-2-10, 806-2-1
Śānavāsa 商諾迦縛娑 785-2-4
Śātavāhana 娑多婆迦 806-2-2
Śāthā 舍締洲 1411-1-17
Śādhu 娑度 772-3-27
Śāna 商那 787-2-30, 806-2-24
Śānta-kātyāyana 散他迦多衍那 644-3-12
Śāntanika* 散多尼迦 644-3-15
Śāntika 迦底迦 978-1-6, 978-1-18
1046-1-28
Śābarī* 舍摩梨 810-1-19
Śāriputra 舍利弗 684-1-16
814-1-22, 814-1-26, 814-1-27
Śārī 舍利女 814-1-20
Śārdūlakarṇa 舍頭諫 807-1-5
Śāla 娑羅 428-1-19, 701-2-2
812-2-12, 812-1-22
Śālagupta 娑羅笈多 812-2-10
Śālavana 娑羅林 812-3-30
Śāli 米 471-3-18, 471-3-23
Śālistambha 舍黎娑擔摩 816-1-29
Śālīya* 奢利耶 815-3-24
Śāluka 舍樓伽 816-1-22
Śālva 薩羅 602-1-27
Śāstādevamanuṣyāṇāṁ 舍多提婆魔㝹舍喃 806-1-23
906-3-10
Śāstra 舍薩怛羅 805-1-1
Śāstrāvartalipi 奢娑多羅跋多書 1829-1-17
Śikṣamāṇā 式叉摩那 692-2-11
692-1-27, 731-3-8
Śikṣā 式叉 1845-1-5
Śikṣākaraṇīya 式叉迦羅尼 1471-3-3
Śikhin 尸棄 329-1-13, 690-3-26
739-3-29, 1637-2-5
Śitān 大白光神 365-1-14
Śiddhārtha 悉達多 744-3-12
Śirīṣa 尸利沙 231-2-2, 857-1-24

Śirīṣaka* 尸利沙迦 857-2-10
Śivarāgra 寂靜婆羅門 538-3-16
Śiva-śekharaシブの頭飾 365-1-13
Śiśira 盛寒時 1255-2-3
Śiśumāra 室獸摩羅 716-2-16, 1663-3-10
Śiṣya 室灑 744-1-10, 1262-2-22
Śigālo-vāda-sutta (巴)尸迦羅越六方禮經 688-1-10
Śītamarīci 冷光神 365-1-14
Śītavana 尸陀林 218-3-23, 724-3-25, 727-2-5, 759-3-30, 1003-2-22
Śīla 尸羅 156-2-30, 172-1-13, 856-1-2, 1783-1-3
Śīladharma 尸羅達磨 856-2-4
Śīla-pāramitā 尸羅波羅蜜 856-2-12, 1430-3-8
Śīlaprabha 尸羅鉢頗 856-2-10
Śīlabhadra 尸羅跋陀羅 161-3-21, 856-2-8, 856-2-23
Śīlāditya 戒日王 169-2-11, 856-1-16
Śīlpāsthāna-vidyā 工巧明 290-1-10
Śuka 叔迦 9-2-17, 595-2-4, 821-2-17
Śukaśakuni 叔迦娑嚕 595-2-4
Śukra 戌羯羅 728-1-9
Śukravisṛṣṭi 失精戒 1075-3-16
Śukriṇi 叔盤尼 823-1-23
Śuklapakṣa 白分 820-3-30, 983-1-11, 1495-3-3
Śuklayajus 白耶柔 1856-3-22
Śuklodanarāja 白飯王 823-1-16, 1498-2-6
Śuddhā 淸淨聲 1829-2-14
Śudhacandra 戍陀戰達羅 923-1-14, 988-3-14
Śuddhipanthaka 周利槃陀伽 830-2-22, 840-3-16
Śuddhodana 淨飯王 133-1-24, 216-2-28, 796-3-18, 836-1-30, 975-1-2
Śudhyanti* 戍輪聿提 991-1-8
Śuna 輸那 836-2-11
Śubhakara 術婆伽 989-2-10
Śubhakṛtsna 首訶旣那 607-3-25, 820-2-28
Śubhākarasiṁha 輸波迦羅 836-3-7, 989-3-4
Śusīma 修摩 3-2-1
Śūdra 戍陀羅 706-1-30, 830-2-14, 988-3-16, 1005-1-13
Śūnya 舜若 843-2-21
Śūnyata 虛空神 460-1-1
Śūnyatā 舜若多(空) 277-3-3, 281-3-8, 843-2-24
Śūnyapuṣpa 空華外道 280-2-23
Śūraṁgama 首楞伽摩 841-1-12
Śūraṁgama-samābhi 首楞嚴三昧 841-2-28, 1802-3-20
Śūla 輸羅印 840-1-13
Śṛgāla 悉伽羅 688-1-14
Śaila 世羅 1013-2-5, 1037-1-13
Śoṇa-pātra 舍羅鉢 208-2-18
Śmaśāna 舍磨奢那 219-1-1, 727-2-12, 759-3-30, 809-2-30, 1234-3-23
Śraddhā 信 735-3-2, 813-3-1, 861-1-12
Śraddhendriya 信根 474-2-22
Śradvarman 設喇陀跋摩 812-3-9
Śramaṇa 室囉摩拏 811-1-10, 856-3-11
Śravaṇa 失羅婆 856-2-15
Śravaṇā 女宿 776-2-21
Śravaṇīyā 樂聞聲 1829-2-16
Śraviṣṭhā 虛宿 776-2-22
Śrāmaṇera 沙彌 359-3-18, 709-1-27, 731-3-9, 810-1-23, 856-3-15
Śrāmaṇerikā 沙彌尼 709-1-27, 731-3-9, 810-3-28, 856-3-17
Śrāvaka 舍羅婆迦 792-2-26
Śrāvaṇa 室羅伐拏 856-2-25, 1255-2-6
Śrāvaṇamāsa 室羅筏拏摩洗 856-2-29
Śrāvastī 舍衞國 747-3-4, 808-3-20, 812-3-21, 816-2-8, 956-2-15, 1849-1-15
Śrī 室利 856-3-24
Śrīgarbha 室利揭婆 856-3-28
Śrīguṇa 尸梨伽那 857-1-1
Śrīgupta 尸利毱多 857-1-15, 1273-2-2
Śrīdeva 室利提婆 857-2-11
Śrībuja 尸利佛逝國 857-3-17, 1302-1-27
Śrīmaṇḍapa 尸利漫陀 857-3-19
Śrīmālā 尸利摩羅 1665-2-25
Śrīmitra 帛尸梨蜜多羅 1394-1-24
Śrīyaśas* 尸利夜 857-3-24
Śrīlabdha 室利邏多 747-3-7, 858-1-30
Śrī-vatsa 室利靺瑳 243-1-11, 857-3-22
Śrīvatsalakṣaṇa 室利靺蹉洛剎曩 1663-1-9
Śrīvāsa 室利縛塞迦 857-3-15
Śrīsaṁbhava 德生童子 538-3-16
Śroṇakoṭiviṁśa 二十億耳 1322-2-19
Śroṇā 女宿 776-2-21
Śrotra 耳 842-3-13, 991-1-13
Śrotra indriya 耳根 735-1-3, 474-2-12
Śloka 首愣迦 193-3-1, 841-3-15, 859-1-11
Śvaka* 戍博迦尊者 1775-3-25
Śvetabhagavatī·白身觀音 1497-2-13
Śvetavājin 白馬主 365-1-14

Ṣa

Ṣaṭsamāsa 六離合釋 662-2-30, 1844-3-19
Ṣaḍāyatana 六處 930-2-8
Ṣaḍ-varṣa 沙婆婆瑟 808-3-27
Ṣaṇḍa 散那 651-3-29
Ṣaṇḍila* 旃提羅 1044-1-10
Ṣaṇḍha 扇搋 535-2-7, 535-1-24, 1044-1-8, 1044-2-3
Ṣaṇḍhila 扇提羅 1167-3-27
Ṣaṇḍhilā 扇提羅 1044-1-11
Ṣaṇṇagarika 沙那利迦 807-3-5
Ṣaṇḍila* 旃提羅 1044-2-3

Sa

Saṁyamagatāni* 僧炎伽陀尼 1071-1-15
Saṁyuktāgama 雜阿含經 679-1-15
Saṁyojana 結 700-3-20
Saṁvara 三跋羅 654-2-15
Saṁvara-piṇḍala 曾婆羅頻陀羅 1094-3-28
Saṁvṛti 三佛栗底 658-2-16
Saṁvṛti-satya 俗諦 1330-2-11
Saṁsāra 輪迴 624-2-11, 1806-2-20, 1807-3-7
Saṁskāra 行 930-2-2
Saṁskāra 僧塞迦羅 1076-3-11
Saṁskṛtadharma 有爲法 735-1-1
Saṁskṛtam 僧柯慄多弭 1071-3-11
Saṁsvedaja 濕生 706-2-14
Sakya (巴)釋種 177-1-10
Sakṛdāgāmin 斯陀含 696-2-7, 1080-3-16, 1310-3-28, 1482-1-14
Sakhilā 說衆生心行聲 1829-3-19
Saṁkāśya 僧佉尸 470-2-9
Saṁkakṣikā 僧脚柯迦 196-2-1, 911-3-6, 1072-3-16
Saṁkāśa* 僧柯奢 1071-3-9
Saṁkrāntikāḥ 僧伽蘭提迦 1074-2-12
Saṁkleśa 僧吉隸鑠 1072-2-7
Sāṁkṣipta-vinaya 僧泣多毘奈耶 1072-1-18
Saṁkhyālipi 僧佉書 1828-3-21
Saṁgata 僧伽陀 1073-2-26
Saṁgha 僧伽 659-2-23, 817-1-2, 1070-3-17, 1073-1-20, 1861-3-12
Saṁghāṭa 僧伽吒 1073-2-17
Saṁghāṭī 僧伽梨 128-1-23, 199-3-20, 911-2-29, 1070-3-6, 1072-1-6, 1074-2-17
Saṁghadeva 僧伽提婆 1073-3-1
Saṁghanadī 僧伽難提 1073-3-9
Saṁghapāla 僧伽婆羅 179-1-17, 1074-1-2
Saṁghabhadra 僧伽跋陀羅 823-2-11, 1073-3-13
Saṁghabheda 破僧違諫戒 1075-3-26
Saṁghayaśas 僧伽耶舍 1073-1-29, 1074-1-8
Saṁgharakṣa 僧伽羅剎 1074-1-30
Saṁgha-vartī 僧伽跋澄 1073-3-22
Saṁghavarman 僧伽跋摩 179-1-17, 1073-3-26
Saṁghādisesa (巴)僧殘 1075-2-22
Saṁghānanda 僧伽阿難 1073-2-4
Saṁghānāṁ 僧伽南 1302-1-1
Saṁghāvaśeṣa 僧殘罪 911-3-28, 1075-2-22, 1479-3-24
Saṁghārāma 僧伽藍 233-1-28, 843-2-18, 1074-2-13
Sañjaya 珊闍耶 652-1-20
Sañjaya vairaṭīputra 珊闍夜毗羅胝子 433-3-8, 637-2-17
Saṁcaritra 媒嫁戒 1075-3-21
Saṁjayin vairaḍīputra 删闍耶毘羅胝子 637-2-17
Saṁjñā 珊若 652-1-17, 735-3-3, 1078-2-10
Saṇḍha 旃提羅 1044-2-3
Saṇḍhasaṇḍaka 扇搋半擇迦 1043-1-7
Saṇṇagarikāḥ 密林山部 1680-2-17
Sat 薩 1725-3-15
Satkāyadarśana 薩迦耶見 600-3-28, 1072-2-4
Satkāyadṛṣṭi 薩迦耶達利瑟致 866-2-12, 1737-2-18
Sattya 薩哆也 601-1-18, 806-3-14
Sattva 有情 106-1-9, 601-2-10, 601-3-8, 651-2-10
Sadaniśvara 薩他泥濕伐羅 601-1-10
Sadāparibhūta 常不輕菩薩 973-2-12
Sadāpralāpa 薩陀波倫 968-3-16
Saddharma 薩達喇摩 601-3-3, 1730-2-12
Saddharma puṇḍarīka 薩達磨芬陀利 601-2-16, 601-3-22, 1731-2-10
Sadvāhana* 娑多婆迦 806-2-2
Sanidarśanaṁ 有見 102-1-25
Sandhāna (巴)散陀那 647-2-6
Sandānika 散陀那 647-2-4
Sandhinirmocana 珊地涅暮折那 432-3-30
Saṁtuṣita 珊兜史多 651-2-18
Saṁdhinirmocana 删地涅摹折那 648-1-28
Saṁnidlāna* 三倔陀那嚩梯 652-1-9
Saṁnidhānārtha 珊倔陀那嚩梯 1412-1-7
Sapta-anitya 七種無常 733-2-7
Sapta-anuttarya 七種無上 733-1-18
Saptakoṭibuddha-mātṛ 七俱胝佛母尊 729-1-20
Saptadhana 七聖財 731-2-21
Saptaparṇaguhā 七葉窟 527-2-7, 601-1-12, 806-1-28
Saptabodhyaiga 七覺分 728-3-5

Sapratigha 有對 107-2-20
Sabhāgatā 同分 734-2-3
Sabhāgahetu 六異熟因 1819-3-12
Sama 三迷 666-3-29
Samanantara 三摩難咀囉 662-3-13
Samanta 三曼多 664-1-13
Samantagandha 三萬陀犍提 664-1-25
Samantagambhīraśrīvimala-prabhā 普德淨光夜神 538-3-1
Samantanetra 普眼長者 538-2-19
Samantapāsādikā (巴)善見論 857-2-30, 1058-2-27
Samantabhadra 三曼多跋陀羅 538-3-18, 664-1-16, 1465-3-9 1517-1-17
Samantasattvatrāṇojaḥśrī 普救妙德夜神 538-3-3
Samaya 三昧耶 662-2-7, 662-2-20 663-1-9, 782-1-22, 809-3-25 886-3-15, 1622-2-27
Samayajñānamudrā 三昧耶印 727-2-30
Samayapradīpikā 光三摩耶論 321-2-26, 414-1-4
Samayamaṇḍala 三昧耶曼荼羅 664-1-6
Samavāya 三摩婆夜 663-1-5 849-1-15
Samādhi 三摩地 602-3-24 661-1-18, 662-1-19, 681-1-26 735-3-11, 1222-2-29
Samādhīndriya 定根 474-2-23
Samāpatti 三摩越 662-3-24 664-1-12
Samāpanna 三摩半那 662-3-29
Samāpta 三波多 653-3-6 662-3-2
Samāhita 三摩呬多 662-2-25 1262-2-23
Samīkṣa 三彌叉 664-2-13
Samudaya 三牟提耶 666-2-27 724-1-2
Samudra 三母捺羅 667-1-7
Sammata 三末多 662-3-3
Sammatīya 沙摩帝 794-2-20 809-3-15
Sammatīya-nikāya 三蜜栗底尼迦耶 665-2-12
Sammākammanta (巴)正業 1405-2-26
Sammādiṭṭhi (巴)正見 1405-2-19
Sammāvācā (巴)正語 1405-2-24
Sammāvāyāma (巴)正精進 1405-3-1
Sammāsaṁkappa (巴)正思惟 1405-2-22
Sammāsamādhi (巴)正定 1405-3-5
Sammāsati (巴)正念 1405-3-3
Sammiti* 三彌提 664-2-15
Sammitīya 正量部 794-2-20
Sammukhavinaya 現前毘尼 742-2-8
Sampatti 三跋致 654-2-13
Sampuṭa 三補吒 656-3-23
Sambodhi 三菩提 766-3-14
Samyak-saṁkalpa 正思惟 1405-2-22
Samyak-saṁbudha 三藐三佛陀 111-1-22, 665-3-24, 667-3-1 789-2-14, 906-2-26
Samyaksaṁbodhi 三藐三菩提 666-1-6, 667-3-7
Samyak-karmānta 正業 1405-2-26
Samyak-dṛṣti 正見 1405-2-19
Samyakprahāna 正斷 707-1-26
Samyak-vāc 正語 1405-2-24
Samyak-vyāyāma 正精進 1405-3-1
Samyak-samādhi 正定 1405-3-5
Samyak-smṛti 正念 1405-3-3
Saṁpuṭa 三補吒 465-3-14
Saṁpradāna 三鉢囉陀彌難 654-2-25, 1411-3-28
Saṁprayuktakahetu 相應因 1819-3-11
Saṁprāgata 三鉢羅佉哆 653-3-14 1078-2-22
Saṁbuddha 三佛陀 658-1-22
Saṁbodhi 三菩提 660-1-26
Saṁmitīya-nikāya 三密栗底尼迦耶 666-1-13
Sarasa 娑羅娑 812-2-24
Sarasvatī 薩羅薩伐底 602-2-1 1163-3-2, 1482-1-20, 1726-1-17
Saritā 莊嚴聲 1829-3-12
Sarīra 身 471-3-23
Sarkī* 薩羅計 602-1-24
Sarjarasa 薩闍羅娑 600-3-4
Sarpa 薩跛 1570-3-29
Sarpā 蛇神 776-2-7
Sarpirmaṇḍa 醍醐味 573-2-15
Sarpiṣkuṇḍika-pāvara* 薩簸恕魂直迦鉢婆羅 527-2-8
Sarva-kleśa 薩羅吃隸奢 602-1-1
Sarvagāmin 徧行外道 538-2-22
Sarvajagadrakṣāpraṇidhāna-vīryaprabhā 大願精進夜神 538-3-8
Sarvajña 一切智者 64-3-27 602-1-11
Sarvajñatā 薩婆若多 65-1-23
Sarvajñānadeva 薩婆愼若提婆 602-1-9
Sarvatragahetu 遍行因 1819-3-11
Sarva-dharma 一切法 66-3-13
Sarvanagararakṣāsaṁbhava-tejaḥśrī 守護一切衆生夜神 538-3-6
Sarvaparṣadanuravitā 隨入一切衆會聲 1829-3-17
Sarvabhūtarutagrahaṇī 薩沙婁多書 1829-1-30
Sarvavṛkṣapraphūllanasukha-ṁsaṁvāsā 開敷樹花夜神 538-3-7
Sarvaśabdānupraviṣṭā 隨入一切音聲 1829-3-9
Sarvasattva 薩婆薩埵 602-1-3
Sarvasarasaṁgrahaṇī 沙羅僧伽何尼書 1829-1-29
Sarvasiddhārtha 薩婆悉達多 602-1-7
Sarvasvarapūraṇī 圓滿一切音聲 1829-3-13
Sarvākāravaropetā 諸相具足聲 1829-3-18
Sarvārddhā-sibdha 薩婆曷剌他悉陀 263-3-22, 601-3-24 744-3-14
Sarvāśā 薩羅縛奢 602-2-6
Sarvāstivāda 薩婆多部 117-3-20 504-3-12, 566-3-22, 1029-3-3
Sarvāstivāda-nikāya-vinaya-mātrikā 薩婆多部毘尼摩得勒伽 857-2-28
Sarvāstivāda-vinaya 十誦律 857-2-15
Sarvāstivāda-vinaya-vibhāṣā 薩婆多毘尼毗婆沙 857-3-3
Savinītā 善柔聲 1829-2-19
Sarvendriyasaṁtoṣaṇī 諸根適悅聲 1829-3-14
Sarvauṣadhiniṣyandā 薩補沙地尼山陀書 1829-1-28
Sarṣapa 薩利殺跛 602-2-8
Savitar 603-2-17
Savitā 娑毗怛利神 776-2-11
Sahadeva 娑賀祕縛 796-2-2
Sahabhūhetu 俱有因 278-3-1 1819-3-10
Sahasrabhujasahasranetra 千眼千臂觀世音 1041-1-29
Sahasrahasta 千手 1820-3-25
Sahā 娑呵 795-3-17, 795-3-19 809-2-13
Sahā-lokadhātu 娑訶樓陀(娑婆世界) 799-2-11
Sahitā 利益聲 1829-2-28
Sāgara 娑伽羅 667-1-8, 799-1-11 1802-1-23
Sāgaradhvaja 海幢比丘 538-2-12
Sāgara-nāgarāja 娑伽羅龍王 1801-2-15
Sāgaramegha 海雲比丘 538-2-9
Sāgaralipi 娑伽羅書 1829-1-13
Sāṇakavāsa 商諾迦縛娑 785-2-4
Sāṁkhya 僧佉 842-2-2 1072-1-19
Sāṁghika 僧祇 1072-2-9
Sāṁghikavinaya 僧祇律 857-2-18, 1074-3-7
Sāṁghikāḥ 僧祇部 1073-1-1
Sāta-rakṣita 806-2-11
Sātyavāhana* 娑多婆漢那 94-1-21
Sādhu 娑度 807-1-23, 1059-3-20
Sānavāsa 商那和修 806-2-26
Sāma 娑磨 809-2-7
Sāma-veda 糝摩吠陀 663-1-6 1856-3-11
Sāmānya 849-1-15
Sāmiṣā 有財 103-3-4
Sāra 舍羅 812-1-24
Sāraṇa 娑羅拏 812-3-15
Sārathī* 娑羅湊 812-2-5
Sārasakāraṇḍa 娑羅迦羅提 812-2-6
Sārikā 舍利 812-1-26
Sālendrarāja 娑羅王 812-2-5
Sālva 薩羅國 602-1-27
Sāhasraka* 娑賀拶羅 796-1-8
Siṁha 師子 703-1-18, 778-1-6 1071-2-26, 1073-1-24, 1074-1-7
Siṁhanāda 僧伽娜娜 1073-3-7
Siṁhala 僧伽羅 704-1-4 755-1-27, 1074-1-11
Siṁhavikrīḍitā 師子頻申比丘尼 538-2-25
Siṁhavikrīḍita-samādhia 師子奮迅三昧 705-2-26
Siṁhasvaravegā 如師子音聲 1829-2-29
Siṁhahanu 師子頰王 216-2-28 703-3-30
Siṁhāsana 師子座 704-1-17
Sikṣānanda 實叉難陀 120-1-26 900-1-15
Siggava 悉伽婆 528-3-14
Sitātapatra 悉怛多般怛羅 745-1-1, 1436-3-6, 1562-3-19
Sitātapatroṣṇīṣa 白傘蓋佛頂 1496-2-2
Siddhakoṣa 悉曇俱舍 745-2-11
Siddham 悉曇 745-1-4
Siddhānta 悉檀 704-2-23 747-1-2
Siddhārtha 悉多太子 744-2-21
Siddhi 悉地 747-1-16
Siddhirastu 悉地羅窣覩 745-2-27, 747-1-30, 1482-3-22
Sindūra* 申頭羅 878-3-20
Sindhu 信度 96-2-11, 686-2-7 878-2-26, 878-3-1, 878-3-12
Sindhu-deśa 㗚怒泥舍 245-1-5
Sindhupāra 辛頭波羅香 878-3-14
Silpakarmasthānavidyā 工巧明 573-2-23
Silpābhijña 衆藝童子 538-3-13
Sīgālo (巴)尸加羅越 1061-1-1
Sīma 界 759-2-19
Sukṣema* 蘇乞史摩 1080-1-25
Sukha 素佉 1776-2-30
Sukhāvatī 淨土 519-1-15
Sukhāvatīvyūha-sūtra 無量壽經 1725-2-10, 1720-2-30
Sukhendriya 樂根 474-2-19
Sugata 修伽陀 592-2-19, 820-3-10 906-2-30, 1063-1-16, 1080-1-6
Sugatamitra 蘇伽蜜多 1080-1-28
Sugandhara 塞建地羅 1081-2-3
Sugandhi 須犍提 823-2-10
Sucandra 妙月長者 538-3-15
Sucinti 須眞眠 825-2-27
Sujāta 善生 216-2-19, 828-2-18
Sujñāna 蘇若那 1038-3-10
Suta 蘇陀 710-2-24, 1087-2-20

Sutejomaṇḍalaratiśrī 妙德圓滿夜神 538-3-10
Suttanipāta (巴)尼波多301-2-26
Sudatta 須達831-1-29, 1005-1-26, 1062-3-29, 1087-3-6
Sudarśana 蘇達梨舍那 298-1-2, 501-2-4, 538-2-15, 608-1-2, 829-2-26, 831-2-10, 831-2-28, 1087-3-26, 1087-3-27, 1088-1-13
Sudāna 蘇達拏 830-3-7, 1087-2-26, 1087-3-24
Sudāya 蘇陀夷 1087-2-26
Sudina 須提那 830-3-20
Sudṛśa 無熱天 608-1-1
Sudhana 善財 1060-1-13
Sudhasyanda* 蘇陀扇陀 1087-3-5
Sudhā 須陀 830-2-26, 1087-2-20
Sudhāman* 須陀須摩 831-1-28
Suddhāvāsa 首陀婆 830-3-28
Sudhīra 須提羅 406-3-2
Sunakṣatra* 蘇氣怛羅 836-2-16, 1080-1-26
Sunāman 蘇那摩 1088-3-6
Sunirmita 須慖蜜陀 836-3-4
Sunetra 蘇泥怛羅 836-3-2, 1088-3-8
Sundara-nanda 孫陀羅難陀 1093-1-20
Sundari 孫陀利 1093-1-29
Sundarī 孫陀利 1093-1-23, 1093-1-28
Suparividita 蘇鉢喇味底多 1089-3-4
Suparṇin 蘇鉢剌尼 1089-2-26
Suparṇī 蘇鉢剌尼 213-3-6
Suputra 蘇弗多羅 1089-3-13
Suputrī 蘇弗窒利 1089-3-11
Supratiṣṭhita 善住比丘538-2-10
Suprabuddha 須波弗 836-3-12
Supriya 蘇畢利耶 1089-3-8
Sub-anta 蘇漫多聲 739-1-7, 1088-3-20, 1411-2-16
Subāhu 蘇婆呼 836-3-17, 1089-1-1, 1089-1-13
Subhaddo (巴)須跋陀羅 1451-3-26
Subhadra 須跋陀羅 836-3-20, 1058-1-20, 1089-1-28
Subhadrāṅgī 跋羅祇 3-1-30
Subhākarasiṁha 戍婆揭羅僧訶 1068-2-23
Subhāṣita 蘇婆師多 1089-1-24
Subhūti 須菩提 837-2-11, 837-1-25, 1005-3-9, 1089-3-15
Subhūma 須部摩 837-1-27, 1089-3-20
Sumagadhā 三摩竭 662-2-22
Sumati 須摩提 838-1-19, 838-2-29
Sumatī 須摩提 838-1-10, 837-3-27
Sumana 蘇末那 1090-1-8
Sumanā 須摩那 838-2-19
Sumāgadhā-sūtra 差摩竭經 809-2-24
Sumukha 蘇目可 1090-2-5
Sumeru 須彌 297-3-28, 501-2-2, 838-3-12, 921-2-8, 1005-3-14, 1725-3-3
Suyantu* 須延頭 820-2-24
Suyāma 須夜摩 820-2-18, 839-3-18, 1090-2-12, 1755-1-25
Suyāmadeva 琰魔天 143-1-6
Sura 素羅 840-2-5, 1244-2-13
Suratha 蘇刺他 1090-3-6
Surata 蘇囉多 1090-2-23
Surā 窣羅 600-1-8, 600-1-22, 1090-2-18
Surūpa 蘇樓波 1091-1-7, 1728-3-28
Surendrābhā 天主光天女 538-3-12
Suvarṇa 金 497-3-11, 741-2-26, 836-2-24, 1089-2-18, 1089-2-29
Suvarṇa-gotra 蘇伐剌拏瞿呾羅 1089-2-22
Suvarṇadeva 修越那提婆 843-2-14
Suvarṇaprabhāsā 修越那波婆蘇 843-2-17
Suvarṇaprabhāsottamendra-rājasūtra 金光明帝王經836-3-27
Suvarṣa 蘇婆利 1089-2-27
Suvāc* 須婆喉 836-3-16
Suvinīta 善柔聲 1829-2-19
Suvinda* 蘇頻陀尊者 1775-3-22
Suvīra 須毘羅 837-1-23
Suvrata 蘇嚩羅多 1089-2-12
Suśānta 蘇扇多 828-3-29, 1087-1-19
Susidhi 蘇悉地 1085-3-25
Susiddhikara 蘇悉地羯羅 1085-3-26
Susīman 修私摩 824-1-29
Susvāgata 善來 1069-1-18, 1086-2-25
Suhṛ-lekha 蘇頡里離佉 1080-1-30
Sūttagiri 脩陀祁梨 1077-1-14
Sūtra 修多羅 248-1-26, 829-2-28, 830-2-8, 936-2-21, 1087-2-9, 1760-2-11
Sūtrapiṭaka 素呾纜藏 619-3-20
Sūrya 蘇利耶 841-1-4, 1090-3-7, 1332-2-25
Sūryavaṁśa 日種 216-2-21
Setu 細覩 1395-2-5
Sena 斯那 1046-3-29
Senika 西儞迦 1017-2-29, 1047-1-1
Sainika 西儞迦 589-1-14
Saindhava 先陀婆 724-3-18, 1043-2-9, 1044-3-4
Sonadaṇḍa (巴)種德經836-1-25
Sotāpannaphala(巴)須陀洹果 696-2-6
Sonaka 須那迦4-1-10, 502-1-11, 528-3-13
Sopādhiśeṣanirvāṇa 有餘依涅槃 119-3-19
Soma 蘇摩 365-1-11, 710-2-29, 728-1-3, 776-2-3, 1089-3-28
Somadeva 蘇摩提婆 365-1-11
Soma-pātra* 蘇摩鉢 1090-1-16
Somabhūti* 蘇摩浮帝1090-1-18
Sautrāntika 經量部 253-2-13, 830-2-9
Saumanasyendriya 喜根 474-2-20
Skanda 塞陀鬼神 419-3-4, 556-2-2, 1081-1-30, 1857-2-3
Skanda-dattā 塞陀達多421-2-11
Skandha 塞建陀 152-3-8, 419-3-4, 419-3-19, 423-3-7, 511-3-14, 1081-1-12
Stūpa 窣堵波1088-1-1, 1088-1-18, 1113-3-6, 1209-1-1, 1278-1-28, 1533-1-17
Stotra 戍窣羅 603-3-2
Styāna 惛沈 735-3-6
Strīndriya 女根 474-2-15
Sthavira 體毘履 607-1-11, 745-1-2, 1105-2-12, 1113-3-2, 1139-2-8, 1466-1-17
Sthaviranikāya 悉他陛攞尼迦耶 745-1-8
Sthāman 勢力 1096-3-10
Sthāvarā 安住地神 538-2-29
Sthiti 住 734-2-2
Sthiramati 悉耻羅末底428-3-13, 742-3-8, 923-1-8
Sthilamati 悉耻羅末底 923-1-8
Sthūlātyaya 偷蘭遮罪 1088-3-3, 1209-2-13, 1278-3-19, 1289-3-6, 1480-1-12
Snātraśāṭaka 手巾 911-3-17
Snigdhā 流澤聲 1829-2-12
Sparśa 觸 735-3-5, 842-3-12, 930-2-11, 1080-2-5
Sparśaviṣaya 觸境 735-1-11
Spṛkkā 畢力迦 1478-2-25
Sphaṭika 玻璃 741-2-27, 1007-2-9, 1423-1-20, 1431-1-21
Smara 薩末羅 809-3-27, 980-1-17
Smṛti 念 735-3-8
Smṛtivinaya 憶念毘尼 742-2-11
Smṛtīndriya 念根 474-2-23
Smṛtyupast 念處 1378-3-17
Srota-āpanna 須陀洹 825-2-4, 831-2-29, 1005-1-18, 1090-3-28, 1771-3-12
Srotāpanna-phala 須陀洹果 696-2-6
Svabhāva 私婆婆 753-1-9
Svāmivacana 娑弭婆者爾 1412-1-4
Svaya-dṛṣṭi* 沒曳達利瑟致 1737-2-16
Svayam* 阿波拏 886-3-21
Svarṇabhūmi 金地國 4-1-10, 502-1-8
Svāgata 莎揭哆 796-1-13
Svātī 亢宿 776-1-13
Svāha 娑訶 602-2-19, 795-3-23, 808-3-10, 1080-1-4, 1091-1-9

Ha

Haṁsa 亘娑 234-1-7, 511-2-4
Haṁsaka 恒娑迦 511-2-8
Hata 害 156-3-4
Haya 何耶 206-2-24
Hayagrīva 馬頭觀音 39-3-18, 206-2-27, 1452-2-12, 1820-3-27
Hari 歇里 199-2-6, 209-3-1
Harikeśa 訶利枳舍 199-2-10, 210-1-19
Haridrābha 阿利陀山 210-2-24
Haridra 阿梨陀趾 210-3-1
Haribhadra 阿梨跋陀 211-2-19
Harivarman 訶梨跋摩 211-2-22, 703-3-2, 704-2-11, 1452-1-6
Harī 407-1-20
Harītaka* 阿力多柯 43-1-27
Harītakī 訶梨勒 212-2-3
Harta 呵利陀山 210-2-24
Harmita* 阿羅蜜 41-2-7
Halahala 訶羅訶羅 1447-1-2
Haṣarvardhana 曷利沙伐彈那 373-2-21
Hasta 手肘 78-1-26, 188-3-2
Hastā 軫 776-2-11
Hastin 有手（象） 105-2-1
Hastigana 象衆 676-1-22
Hahava 阿婆婆 42-2-2, 203-1-8, 328-3-12, 464-1-18
Hāṭaka*阿吒迦 41-1-14, 193-1-1
Hārītī 訶利底 210-3-3
Hālāhala 訶羅訶羅 207-3-27
Hāhadhara 虎虎婆 464-1-18, 1216-2-28
Hiṅgu 興渠 453-3-24
Hiṅgulī* 敏俱理 1479-2-9
Hiḍḍa 醯羅城 373-3-19
Hita 係多 208-2-15
Himatala 呬摩呾羅 247-1-9
Himavanta-pada 雪山邊國 4-1-9
Himālaya 雪山 1030-3-22
Himālaya-girirāja 921-1-8
Hiraṇyavatī 尸賴拏伐底23-2-29, 257-1-23, 475-1-12, 856-2-6, 1451-2-17, 1792-1-18
Hiraṇyasaptati 金七十論 258-2-1
Hila 醯羅山 373-3-21
Hīnayāna 希那衍 1020-3-24
Hūṁkāra 吽迦囉身 125-2-12
Hūṇalipi 摩那書 1828-3-28
Hṛd 汗栗馱 210-2-26, 218-3-19, 859-3-19, 1789-2-3
Hṛdaya 汗栗馱121-2-6, 210-2-26, 218-3-19, 257-1-27, 416-3-18, 428-1-17, 859-3-19, 1310-3-9, 1789-2-3
Hṛdayasaṁtuṣṭikarī 心喜聲 1829-2-21
Hetu 因 156-3-4, 373-1-6, 1429-1-28
Hetupratyaya 醯都鉢羅底也 373-1-11
Hetuvādāḥ 說因部 1029-3-25
Hetuvidyā 因明陀 97-2-18, 373-1-13, 573-2-25
He puruṣa 醯補盧沙 404-3-23
Hemanta 寒時 1255-1-26, 1255-2 2
Heraya* 醯哩 407-1-20
Haimaka* 何夷摩柯 171-1-19
Haimavatāḥ 雪山部 405-2-28, 1031-2-16
Homa 護摩 471-2-3, 569-1-28
Hrī 慚 735-3-5

織田 佛教大辞典

一九五四年一〇月 一 日 再刊発行
二〇〇五年 三 月三〇日 新装1刷発行
二〇〇九年 六 月一〇日 新装2刷発行

著者 織田得能
発行者 青山賢治
発行所 東京都文京区本郷三ノ二四ノ六
本郷サンハイツ四〇四
大藏出版株式会社
電話〇三(五八〇五)一二〇三
FAX〇三(五八〇五)一二〇四
http://www.daizoshuppan.jp/

印刷所 厚徳社
製本所 ブロケード

ISBN978-4-8043-0017-7 C0515